U1007234

国家『十一五』重点图书出版规划项目

全国古籍整理出版规划领导小组资助出版

主编 傅谨 副主编 谷曙光

京剧历史文献汇编

［清代卷］壹 专书（上）

本卷主编 谷曙光 吴新苗

凤凰出版传媒集团 凤凰出版社

图书在版编目（CIP）数据

京剧历史文献汇编. 清代卷 / 傅谨主编. -- 南京 :
凤凰出版社, 2010.12
ISBN 978-7-5506-0165-9

Ⅰ. ①京… Ⅱ. ①傅… Ⅲ. ①京剧—史料—汇编—中国—清代 Ⅳ. ①J821②J809.2

中国版本图书馆CIP数据核字(2010)第264480号

书　　名	京剧历史文献汇编(清代卷)
主　　编	傅　谨
责任编辑	李相东　韩凤冉　汪允普
出版发行	凤凰出版传媒集团
	凤凰出版社(原江苏古籍出版社)
	南京市中央路165号　邮编210009
	发行部电话025—83223462
集团网址	凤凰出版传媒网　http://www.ppm.cn
照　　排	江苏凤凰制版有限公司
印　　刷	南京爱德印刷有限公司
	南京市江宁区东善桥秣周中路99号　邮编211153
开　　本	880×1230毫米　1/32
印　　张	244.25
字　　数	6565千字
版　　次	2011年3月第1版　2011年3月第1次印刷
标准书号	ISBN 978-7-5506-0165-9
定　　价	1480.00元(全十册)
	(本书凡印装错误可向承印厂调换,电话:025—57928003)

前言

傅谨

京剧是中华文明的骄傲。

京剧是丰富而多元的中华文化的结晶，它最大限度地满足了近代以来中国广阔地域从王公贵胄、文人雅士到普通民众的文化娱乐追求，凝聚着从北到南不同民族、不同阶层的审美趣味。京剧是近代以来发育、发展最为迅速的艺术样式，在短短一百多年里，它走过了从萌生、发育、绚烂直到强势地对亿万中国人的精神世界和社会生活产生重大影响这一全过程，留下许多令人探究与遐想的空间。

京剧研究是中国文化研究最为重要、内涵最为丰富的领域。京剧诞生已经有一百多年历史，且恰恰处于近代学术高度发达的时代；然而，京剧研究的成果，却与京剧如此重要的文化地位极不相称，究其原因，固然可以找出许多，但有一个理由是人们经常提及的，那就是研究资料十分缺乏。中国近代以来涌现出无数京剧表演艺术大师，更令京剧成为中国文化最重要的标识之一，然而京剧研究的成果，远远无法和京剧表演艺术的成就相媲美。中国戏曲学院从1950年成立至今六十年的历程中，培养了一代又一代优秀的京剧表演人才，但是对京剧的研究，显然严重滞后于教育的发展。这些现象，都与京剧研究资料缺少系统完整的搜集与整理有关联。2004年7月我作为北京市特聘教授调入中国戏曲学院，学院对我或有许多期待，其核心就是开拓京剧学研究。资料之难以获取，立刻就成为我最切身的感受。如果我们将视野放大到整个京剧研究学科，不难看到，其基础之薄弱令人惊讶，其中又尤以资料搜集整理工作的粗疏零落为最。要想推动京剧学这个学科的发展,首先必须解决的难题,就应该是弥补京剧研究资料的严重匮乏。全面搜集整理与京剧相关的历史文献,为同行学者们从事京剧研究提供一个坚实的平台,方有可能推动京剧学科的研究,这就是我们立意编撰这部《汇编》的动机。

我想这大约是京剧界和学术界、出版界很容易达成的共识,因此,工作的开头出乎意料地顺利。2005 年北京市教委“人才强教”计划通过了我担任学术带头人的“京剧学研究”创新团队,编撰这部《京剧历史文献汇编》,就是“创新团队”的主要科研内容;在几个月里,承蒙各地与京剧研究相关且有一定文献功底的专家学者欣然加盟,形成了最初的编撰群体;更有幸得到凤凰出版社的鼎力支持,项目顺利纳入国家“十一五”重点出版计划和古籍整理重点出版计划。2006 年 4 月份,在北京召开了第一次有各地专家学者参加的会议,《汇编》的编撰工作正式开始启动。

我最初的设想,是在各地专家学者们的支持下,全面搜集从徽班进京以来与京剧的诞生以及发展相关的所有重要历史资料。首先确定把剧本排除在外,不是因为剧本不重要,而是由于京剧剧本流传较多,积累丰厚,前人已经做了很有价值的工作,它们的搜集整理固然仍需努力,却不像史料那么迫切。京剧脸谱和升平署扮相谱等等也是重要文献,但国家图书馆、艺术研究院、梅兰芳纪念馆都已经出版了各自的珍藏,研究者查找翻检并不困难。我们把资料搜集整理的重点,集中在散落各处的史料上,原来的计划,是要把所有重要的京剧历史文献,按时间为序分成近现代两部分,构成一部约 1000 万字,共分 15 卷的汇编。毕竟在此之前,研究者最常用的张次溪《清代燕都梨园史料》及其续编,总共不过 80 多万字,而且其中已经包含了部分民国出版的以清代戏剧发展为主要内容的史料。

项目真正展开之后,我才渐渐意识到这项工程如此浩大,此前有关京剧历史资料匮乏的印象,与史料存世的实际情况相去甚远;计划一再修改,几年时间里,调整了编撰队伍,在浩如烟海的资料逐渐进入视野后又调整了整体设想,确定先完成出版《汇编》清代卷。现在呈现在我们面前的这部《京剧历史文献汇编(清代卷)》,其规模已经接近我们最初为《汇编》全书制定的方案;经过搜集整理后的文献字数,早就是《清代燕都梨园史料》的许多倍。

原来从京剧诞生以来,仅仅自清中叶到清末的百来年,竟然就留下了如此之多的相关文献。这些史料内涵丰富,体例殊异。我们把这些资料分为10卷,分别是专书两卷;清宫档案文献一卷;报纸文章三卷,其中《申报》专门列为一卷;笔记、杂志、碑刻和序跋等文献一卷;日记一卷;画报等两卷。这些文献中有一部分是从事京剧研究的同行们熟悉的,比如那些曾经为《清代燕都梨园史料》和《中国古典戏曲论著集成》所收录的专书。但大部分都是第一次以经过整理的方式集中面世。在专书卷,包括了多部“养在深闺人未识”的珍稀文献,有古籍善本,也有稿本和钞本等,它们都是第一次得到整理。即便是《清代燕都梨园史料》等曾经收录的,我们也尽量找到原刻本,重新点校整理,弥补了前人不少疏漏;清宫文献部分,虽然早就有专家研究与整理,但是搜集在《汇编》里的比前人们所见的至少多了一倍,尤其是包括了以前尚未有人整理过的“穿戴题纲”和清宫里排戏所用的“串头”,它是中国京剧早期最完整的舞台美术规范和导演手记;《申报》中有关京剧的文章,早有搜集整理,但这次我们做了竭泽而渔式的全面翻检,找到的相关文献,数量几倍于原来的整理本。更不用说我们还首次从《正宗爱国报》《顺天时报》《大公报》《新闻报》等京津沪三地十多种清代的报纸里,搜集整理了100多万字与京剧有关的文献,加上台湾的两种报纸,成果颇为可观。清代的笔记小说和碑刻序跋向为人们关注,我们在前人基础上爬疏钩稽,多有增订,提供了更多可资利用的丰富史料。还有韩国影印出版的《燕行录全集》,为我们提供了从外国人的视角看中国戏剧的新史料。我们甚至还从各种清人的日记里,爬梳整理出数十万字与京剧相关的记载。加上清末数种极为珍贵的图文并茂的画报、百代公司第一次在北京灌唱片的宣传册子等等,其中和京剧相关的内容之多,远远超出我们的预想。这些资料就构成了现在我们所见的这部《汇编》。

因此，这些资料文献属于完全不同的类型。如何编排这些资料，一直是个令人踌躇的难题。它们很难找到某种统一的方式，整理编排，其中大量的错别字和异体字的处理，也颇费考量。

为方便今天从事京剧研究或有志于从事这一学科研究的使用者，我们没有采用影印的方法。尽管影印是最能保持文献原貌的方式，但是影印的文献不便于使用，尤其是无法检索。我们要做的是一部让大家可以便捷地使用，尤其是让现在正成长中的青年学者们可用且爱用的史料汇编。因此，收录在这部《汇编》里的所有资料都经过标点，采用简体横排的方式。不同史料里有大量异体字，只要不会造成疑义，就尽量按照现在通行的文字处理。在繁简转换的过程中，当然会遇到一些难题，有时有可能增加某些史料的歧义；将原来多为竖排的史料改为横排，一些本就难以连读的文献，或许会因格式的变化，衍生出新的问题。这些都是《汇编》在确定是否标点，是否采用简体横排时令人踌躇的因素，但是，既然鼓励更多人、尤其是更多青年学者利用这批资料，投入京剧研究这一魅力无限的领域，才是我们编撰这部《汇编》的最终目的，在确定编纂这部史料的基本方针时，如何给研究者提供更多方便，自然就是我们最为优先考虑的重点。尽管这些史料简体横排后，表面上与原始文献会有些出入，但如果研究者需要核对原始文献，也会因为这些史料经由了我们搜集整理，因而路径更为清晰，效率大大提高。我们现在的编排方式，是得失之间反复权衡的结果。

不过，文献里一些错字、别字和异体字、生造字的处理，需要稍做说明。如果从记录者的角度看，我们可以把《汇编》所包括的所有文献分为两大类，一类是文人的记载，一类是艺人的记载。京剧的传承主要依赖艺人而非文人，京剧传承的主要途径是口传心授，而非通过文字记载的典籍。文人的记载，书写时固然会力求规范，但是由于他们记载的依据是艺人的口述，将口头叙述转化为书面文本时，难免会因误听、误记、甚至想当然的改动而出现错误；而戏曲艺人在传统社会里，身处社会底层，几乎没有受教育的机会，他们的文字书写能力很难与文人相比，因此艺人记载的文献中，更会不可避免地包含大量错字和别字。既然京剧艺术的传承,重在口述,对于文字这种辅助性工具,艺人们就经常很不在意。所以京剧文献中的许多剧目、技法和艺人的名字,都常常出现同名异书、音同字异的现象。同样一出戏,剧名往往有多种写法;一个专用名词,可以有几种写法;甚至同一位演员,名字也可以有几种写法;至于简笔字、生造字和流行的或不流行的异体字,也屡见不鲜。除了生造字和异体字大致按现行汉字书写标准予以统一,我们并不主张按照通常从事古籍整理的标准,将文献中不同的书写方式完全规范化,因为在某种意义上,这些充满了错别字的文献,就是一种文化的特殊呈现,令我们透过这些文献,看到京剧艺人这个群体的思想方式和生活方式。更何况有许多场合,我们并不能简单地、武断地认定孰对孰错。京剧本就起源于社会底层,诸多剧目辗转流播,许多剧名并无确切的称谓,即使是经过严格的考证,确认了某个剧目的正确写法,我们还是要正视一个无法改变的历史事实——这些剧目在实际的流传过程中确实用过不同剧名。诸多艺人通用的术语,均由艺人口传心授代代因袭,旁人记录时会有多种表述方式,实属正常,关键在于无论我们用何种文字表述方式,在艺人和普通戏曲观众们看来不致产生大的歧义,就已经足够。至于艺人的名字有多种写法,有时是因他们在不同年龄段,曾经用过不同的名字,有时只不过是随手用了同音字——艺人们并不总是很在乎他的名字怎么写,有时在同一页文献里,同一人的名字就会有几种写法,更不用说全书。在这里,保留文献的原始形态是有价值的,擅加更正,完全可能因此出现新的错误。京剧研究史上多有文人自以为是地去校正艺人的错误而错上加错、误导世人的例子,我们不想重蹈覆辙。

本书既名为《京剧历史文献汇编》,所收录的内容,自当是与京剧相关的文献。但是事实上要准确界定哪些文献资料与京剧相关,并不是件容易的事。京剧界咸认为1790年扬州的徽班为乾隆皇帝祝寿晋京是京剧得以诞生的重要契机,但徽班进京不等于京剧诞生,也是毋庸争辩的简单事实。徽班进京孕育了京剧,但这个孕育的时期有多长,并无多少确切的事证可资推算。至于把“京剧”作为这种戏曲表演艺术的称谓,虽然在光绪二年二月初七(1876 年 3 月 2 日)《申报》的报道《图绘伶伦》里已经出现,但直到 1899 年底的二十多年里,在《申报》大量相关的报道中,“京剧”作为一个单独的名词,只出现过 4 次,可见它远非人们对这种戏剧样式的通用称谓。然而此时京剧作为一个独立剧种,早已成熟。从 18 世纪末到 19 世纪中叶这段时间,大致就是京剧经孕育而臻于成熟的过程。在这一过程中,最初的花部、乱弹、梆子、黄腔,到皮黄、京调、京戏等等,尤其是早期的乱弹和二黄,究竟能不能算是京剧,都很难做出“是”或“否”的非此即彼的简单判断;除昆曲和弋腔(京腔)以外,徽戏、汉调、秦腔、梆子这些互有关联的剧种对京剧的诞生与发展起到过什么作用,产生了哪些影响,仍需要更深入细致的研究;全国各地广泛流播的乱弹、皮黄等等,它们与北京的乱弹、皮黄是什么关系,各地的乱弹和皮黄艺人的跨地域交流的现象,应该如何纳入到京剧历史进程中,还鲜有准确的历史描述。因此,京剧的渊源,在京剧历史上,究竟哪个时期可以确认“京剧”这个戏曲剧种的诞生,哪个时期可以算它的成熟,哪些剧种给予它何种程度的影响,它又对其他各地的戏曲产生了哪些影响,都应该是开放性的话题。我们不想通过一些经过精心选择的材料,暗示某些结论,宁愿最大限度地收录各种相关史料,让研究者和爱好者们通过这些原始记载,自己去探寻答案。但有一点是肯定的——京剧的历史不能从“京剧”这个词见诸文献的时间开始计算,更不能从“京剧”成为这种戏剧表演样式的通用名词时开始算。既然京剧的渊源以及它诞生的过程,还在众说纷纭百家争鸣的阶段,那我想我们最好的办法,就是尽可能宽泛地收录所有可能涉及京剧起源、发展过程的文献。因此,从这项工作一开始,我就强调我们对文献的选择甄别,要立足于“宁滥勿阙”的原则。在时限上,必须包括那些涉及徽班进京的背景与过程的材料;在空间上,不能限于京城;在内容上,不能限于乱弹和皮黄。我们希望这些史料以目前经过整理的方式问世后,学界可以进一步深化对京剧的认识,京剧的历史轨迹会更清晰地呈现在人们面前。

在《京剧历史文献汇编(清代卷)》的编撰过程中,我们得到全国各地许多专家学者的指导、支持和帮助。一些朋友为我们提供珍贵的资料,或提供资料的线索,更有多位学者将他们已经整理完成的资料,无私地提供给我们,对于《汇编》呈现出最大限度的完整性,这些都是不可或缺的贡献。如果要在这里列出所有提供过帮助的人名,那将会是一个太长的名单。但无论如何,各位的贡献都已经镌刻在京剧史料搜集整理的历史丰碑上。

《京剧历史文献汇编》是一项大工程,仅清代卷的编撰就已是旷日持久。我们不敢说收录在《汇编(清代卷)》里的就已经是清代所有和京剧相关的文献,事实上就在这十卷的整理校订工作即将竣工之时,我们又陆续发现了一些新的有较高价值的史料,说明假如我们想要定目标为将清代京剧史料全部收录在内,只恐《汇编》出版遥遥无期。所以我们决定先出版这已经整理完成的十卷,而"补编"的编撰工作已经开始,至于民国卷的编撰,早就在计划中。编撰这样一套大书,我们深感各方面的准备都还十分欠缺,错讹不足之处,恐所在多有。还望方家读者不吝指教,以便有机会校订,并使得民国卷的编撰更臻完善。

我们期待《京剧历史文献汇编(清代卷)》的出版,能有效推动京剧学的学科建构与京剧研究,期待京剧研究进入一个全新阶段,期待更多人通过和利用这些文献迈入京剧研究领域,期待京剧研究不断涌现出新的优秀成果。

这不是结束,这是一个新的开始。

说　明

《京剧历史文献汇编(清代卷)》全书十册,汇集了从清代专书、报刊、官书档案、笔记、日记、序跋、碑刻、画报等各类资料中记载的与京剧研究有关的史料。由于各类文献性质不一,形态各异,所以在整部书稿的整理中本着“存大同,有小异”(即全书体例尽量统一,如资料形式特殊则做到局部统一)的原则,对书稿内容和体例做如下说明:

一、内容上,本书所收史料以与京剧相关的历史文献为主,戏文、剧本不予收录。专著一般整部收入,而历史档案、报刊、日记、笔记等,则是辑录其中与京剧研究有关的内容。

二、各卷、各部分大致按年代先后排序,参照书刊的刊刻出版时间;如刊刻出版时间不详,则按其成书时间;如刊刻出版与成书时间皆不明确,则依其大致年代排列。

三、专著、日记、笔记等,如有多种版本的,视不同情况,或采用最早刻本,或选择已经校订过的版本。

四、每种文献之前,冠以提要,简要介绍文献的作者、概况、整理依据的版本等,以便读者更好了解文献概况。

五、书中有整理者注释和原书注释两种,为了便于读者区分,整理者注释一般为页下注,偶有正文中说明文字,一律前加“编者按”三字以示区别。原书注释按照资料实际情况分为随行小字注和加括号楷体两种。

六、鉴于京剧文献的特殊性,诸如戏名、伶人姓字、特定术语等,存在不同写法的,一仍其旧,不作统一校改。至于明显的错字、讹误,视情况或径直改正,或出注说明。文献史料中存在大量的异体字,整理时尽量改为现行通行文字,但数量太多,情形复杂,恐无法通改,还请读者谅解。

七、整理中有少量原始资料文字模糊无法辨识,或存在原文阙漏的情况,以“□”代替。

八、资料中还存在少量明显缺字现象,整理中则予以补充,以[]表示,如[山]西话。

九、资料中有大量的曲牌名称,以〔〕表示,如〔风入松〕。

十、本书资料中的纪年以干支纪年和皇帝年号纪年为主,整理中一般在其后括注公元纪年,月份日期原文一般为传统农历,整理中也括注公历日期,以便读者阅读。

总　　目

第二卷　专书(下)

专书（上）

本卷主编

谷曙光
吴新苗

目　　录

秦云撷英小谱

《秦云撷英小谱》共七篇，为清乾隆时秦中优伶之传记，作者是乾隆间人严长明（作四篇）、曹仁虎（作二篇）、钱坫（作一篇）。由于此书成书年代较早，且兼谈及清代诸剧种、声腔的流变情况，故向为研究者所重视。谷曙光据清光绪二十五年长沙叶德辉辑刻之《双梅景闇丛书》本点校。叶氏郎园刻本前冠以重刊序言，今予保留。

重刊《秦云撷英小谱》序

严侍读长明《秦云撷英小谱》一卷，皆乾隆时秦中诸伶小传，中虽杂入曹宫允仁虎、钱明经坫两篇，其主名固仍属于侍读也。

诸先生激扬秦俗，托兴榛苓，凡秦伶一技一长，无不赖其嘘拂。然于声、色、艺三者之外，本不能别有见长。乃每推论题外之文，不惜连篇累牍。如因小惠工唱，而泛及乐律、五声，此虽于剧曲偶有牵连，已不免于词费。若三寿传中因其跋涉关山，详述所历荒徼险要，此则喧宾夺主，于文体尤属支离。

至所论昆曲、弋阳、海盐、安徽枞阳、湖广襄阳、陕西秦腔，流别异同，亦信手胪陈，未之分辨。不知昆山、弋阳同为金元北曲变体，唱虽不同，其戏文脚本则同。非若湖广、陕西，其戏文为七字句或十字句，（三字一句者，二句四字，一字者一句，合为十字。）流而为今之京二黄、梆子腔也。此等脚本，始于明之《王魁》。二者之中，唱各不同，故所用之乐器亦不同。二黄、弦索之外，杂以锣鼓；梆子、弦索之外，全用击筑。犹之昆山、弋阳，亦因唱不同，而乐器不同。昆山用笛板，弋阳用钟鼓也。（今南方通行弋阳腔，谓之高腔，不用钟鼓，改用锣鼓，盖取其便也。）侍读自诩知音，于南北戏文源流，全未深考，迨当时迷于色艺，固未尝一检视其脚本耳。戏文脚本之不知，乃斤斤谈律吕、辨宫商，岂不缪哉！

夫昆曲雍和，为太平之象；秦声激越，多杀伐之声。北曲唯见董解元《西厢》，已不知其演唱之法。又有《关公单刀会》、《昭君和番》二阕，《单刀会》仅寄存于弋阳腔中，《和番》则习闻于长沙妓院。盖自明万历中，魏良辅、梁伯龙改北曲为南词，臧晋叔复举元人百种曲，肆行点窜，移就吴音，于是昆曲代兴，遂缵北统。弋阳并起，亦复旗鼓中原。自明季逮国朝嘉道间，三百年来，京师、吴越，皆昆曲流行，弋阳则与湖广调并行于江西、湖南北、广西，然仍以湖广、陕西两腔为两大宗派。湖广行于南方，陕西偏于北地，由其戏文浅俚，闻者易知，士大夫乐其俳优，社会间便于习惯，固聆音之君子，亦有取焉。

咸同之交,徽人程长庚、楚人余三胜,于湖广调中精求所以调声运气之法,一唱三叹,听之使人荡气娱神,世称京二黄。二黄者,黄冈、黄陂,在荆湘,亦称为汉调。二黄既炽,昆曲遂微。独秦声以甘凉之雄,犹称劲敌。

论者谓声音之道,于世运相转移。汉调之夺昆腔,为文化将退之渐;秦声之胜汉调,为人心不静之机。当乾隆盛时,两川用兵,秦中地当孔道,兵徭之困苦,将士之丧亡,西北一隅,皆杀气所蒙幂。而其时,南人宦游斯土者,相率金迷纸醉,沉溺于北鄙之音,是殆气机所感动,莫知其然而然。光宣季年,京朝官酷喜秦声,几如侍读之阿好。不数年,革除事起,九鼎遂迁。季札观乐而叹德衰,师旷歌风而知声死。世运之隆替,胥于声乐照其瑞。

侍读此书,比之稗官小说,犹有可观。录而存之,亦足见人情好尚异同,于国家治乱兴衰,实有隐相维系之道矣。

岁在强圉大荒落孟娵月始雨水,叶德辉序

秦云撷英小谱序

村连韦曲,地本繁华;路入秦川,人工绮丽。南楼上日,已多陶写之欢;北府高才,更作嬉游之会。感越乡于庄舄,艳集梨园;甄妙伎于秦青,名高菊部。两床丝竹,遏云停玉女之盆;五夜灯球,醉月上铜仙之掌。沈隐侯腰肢渐减,不妨自讼分桃;张曹椽婉娈良深,宁惜微吟揽袴?酒酾香浓而后,第厥声容;风回雪舞之余,科其标格。如分花谱,天彭固冠群芳;譬志泉经,康谷奚殊上品?锓诸梨枣,足媲潜夫供奉之篇;刻以苕华,差同甫里小名之录。赋督邮之笛,未碍谈经;闻伽叶之琴,何嫌学道?羡此日君能好事,钟情各擅三英;倘他时我续前游,选胜应须四美。

兰泉王昶

题　词

吴江　徐晋亨(元九)

万千红紫古长安,到眼芳菲着意看。韦杜名花都赏遍,风流何似素心兰。(琐儿本名素。)

玉颜憔悴向秋风,镜里看花色相空。料得西泠春寂寞,海棠染做泪痕红。(色子于夏四月自秦之浙,欲依孙方伯西林先生,今西翁谢世,不知流落何处矣。)

钟吕筝琶杂赏音,风怀跌荡寄高吟。(谓严侍读道甫。)眼中犹有销魂种,潭水桃花深复深。(祥麟。)

玉山筵上正逢春,记得花开白似银。(银花。)莫折柔枝移别院,应须留伴苦吟身。(谓钱明经献之。)

十载簪毫侍从臣,偶因揽胜入西秦。(谓曹侍读习庵。)思王才跨应刘辈,剩有闲情赋洛神。(三寿。)

闻说凉州更陇州,如何踪迹漫淹留。(宝儿。)文园正抱相如渴,谁解琴心一片幽。(谓琅玡公子。)

银汉迢遥路正赊,佳期渺渺怅何涯。幽庭添得新秋意,闲煞牵牛一树花。(喜儿旧名牛儿。)

渭河北去旧知名,一曲《霓裳》四座春。西地梨园三十六,与郎细细辨秦声。(小惠儿。)

神仙偶现动离情,苦恨匆匆唱《渭城》。谁道人间忽天上,佛幢兰若证三生。(竹林为秋帆先生家歌儿。余于丙申秋南还,竹林同素儿、色子、祥麟相送青门外。戊戌夏复至,节署已下世。)

珠郎壁郎合作歌,含情含笑弄回波。可怜惜别江南客,秋雨秋风奈尔何。

慧是文人侠是仙,倾城不独斗婵娟。玉郎解道风流甚,何处相逢不可怜。

一卷新编写别情,新从秦岭觅云英。灯昏读罢人何处,正打谯楼第四更。

色　　目

祥麟

三寿

银花

小惠　宝儿　喜儿

琐儿

色子

金队子　双儿　拴儿　太平儿　四两　豌豆花

祥 麟

江宁 严长明(冬友)

申生祥麟者,小字狗儿,居渭南,故农家子。状妍媚,而性谌挚,不为父母所悦。会关中饥,将食他郡,以祥麟寄邻家。邻人责以治地,怠则鞭挞之,不能堪,乘间,乃逃入蓝田山,复越秦岭而西。昼食卉木,夜就岩庵栖其身,凡数月。时方熇暑,入山益深。一日,坐崇阜下,窥洞穴,林萝蔽之,入其中假寐。须臾,黑烟喷入,如火燎毛发有声,亟穿穴出。有巨蟒如瓮盎,不见其首尾,捽洞外,毒雾幂之,高三丈许。惊仆地,堕土室中。醒后自视,身首黝黑如漆。就山中乞食,群呼噪,指为鬼物,以刃梃殴逐之。自分必死,亡何,见灌莽中有物,若栲栳状,方饥甚,剖食之,浆白如乳。数日后,觉体中瘭痒不可耐,就溪涧浴,肤理忽蝉蜕,而貌转靡嫚,美于前。

祥麟故习秦声,出山后,由汉中渡江,南至武昌。其地有胡妲者,艺颇精,求其指示,欲藉以假食,不肯授。转啃同辈,揶揄之,愤弃去,佣于金弹儿家。金弹儿,汉阳名倡也。祥麟事之,见其一颦一笑,一举止,一饮食寤寐,明姿冶态,备极诸好。居一载,喜曰:"吾得之矣。"复请奏技,观者尽倾,如壮悔堂所传马伶演《鸣凤记》故事也。又数月,夜宿旅店,忽有白刃自牖飞揕其首,亟避,出视之,即胡妲也。知其地不可居,即日返渭南。方祥麟始去也,年十六。

又四载,归。入室后,父母尚在亡,有云见之山西者。复弃家渡河,由蒲州售技,至太原访之。一日者,演剧于沈竹坪观察署,傔从列侍中,有老叟似其父。时方登场,瞥眼不觉失声。询其故,令相识认,果然。其母亦在署,闻,亟趋出,抱持之,各相视,恸不能起。座中皆泣下。观察感动,厚赠之,令与俱归。返旧居,置田五十亩于涝河川原上,将事亲以终其身焉。

乾隆乙未岁,余客长安,苏显之前辈自太原来,与祥麟习,道其寻亲事特详,余为之心动。物色之时,年已二十余,容貌中人耳。然至逢场角艺,姿态横出,精彩相授。余学道且老,尚自觉瞿然失据,斯其服媚,固有术哉!丙申南归,欲挈以往,重利啖之,以亲老固辞。归后得旧游书,俱道祥麟感余意厚,每言及,必太息再四,至双泪交睫。信乎其至性有过人者。而显之之所述,亦诚不余欺也。因其请,特为之表著,复附陈其平时所历归之。时戊戌春,六十四日。

三 寿

嘉定　曹仁虎(习庵)

余引寓青门,于丁酉七月遇三寿于田商山太守署中。时始学为秦声,见人悚恧不敢前,初未之异也。明年二月,复于宋慎亭臬使座上见之。是时年十六矣,不施脂粉,而天然妍媚,迥异曩昔。少顷登场,曼声徐引,四座尽倾。余稍稍心动,三寿亦于稠人中数目余,然实未接一言也。逾月,中丞节署演剧,三寿与焉,始造余斋。与之谈,楚楚可听,因得悉其出身始末。

三寿,本赵姓,四川绵州德阳人,世居县北之黄甘堰,为农家子。数岁而孤,其母挈以转适人,而所适之家仍酷贫。三寿有兄在成都,为绫户佣,乃走会城,依其兄以居。值年饥,复不能共存活。有咸阳张姓者,负贩至川,见其娟秀,乞为假子。张由邛州西走打箭炉,复自打箭炉回蜀,取道秦栈以归。三寿年十四,徒步从之。蚕丛鸟道,奇险万状。路经天全州西之马鞍山,山外为三十种生番界。时方初春,积雪亘天,白光炯炯,射人眸子,不可正视。三寿蹑败屝,延缘绝壁间,罡风吹之,翕翕然时欲下堕,不自知足之何以运,而身之何以前也。所过铁索桥二十余道,皆下俯不测之渊。始则临崖瑟缩,不敢措趾,既而自思,一身如叶,随风飘荡,赋命穷薄,不如无生,顿觉无有恐怖,缘空疾走,如履平地矣。三寿貌孱弱如女子,不能胜衣,见者初不料其足茧万山,曾从旄牛徼外跋涉而来也。

三寿既留秦,顾时时念其母不置,私积半载所蓄,得白金二十两,不以告人。有觉之者,谓其将以供游荡资也。会郭太守耐轩由蜀中转调陕西候补,一日置酒延客,三寿乘间长跽,乞以书寄其母,而所蓄之白金在焉。郭君怜其诚,笑而许之,为函致其家。同业者多为三寿危，曰："汝师及汝假父方利汝金。知汝以金寄归，行将毒汝。"三寿曰："自吾离家后，吾母谓吾转于沟壑久矣。今幸尚存，何可不使吾母知也？"殆其天性有过人者耶。

三寿每至余斋，依依不舍去，捧书拂纸，执役如僮仆状。偶酬以金，辄辞，问所欲，则曰："吾母在德阳，而吾随人至此，欲归既不能，习为伶，实非愿也。且人方以吾渔利，而又虐以求之，吾何以堪？计可脱吾于苦海者，惟主人耳。倘蒙主人恩许，相随至京，虽死无憾。"言已，泪涔然下。余婉言慰之。自是每相见，必以此要余。余萍踪偶寄，行且俶装归，而三寿方以色艺称于时。余自度力不足以致三寿，恐终虚其愿，而又不欲没其意也，为记其实如此。

戊戌端午节后三日，寓西安使署之静寄园书

银　花

嘉定　钱坫（献之）

银花，姓张氏，陇西人，家贫，父母早丧。年十二，咸阳张某鬻为假子，将往成都，挈以西南行，时乾隆三十六年也。

银花性荡逸，工弦索，张亦习秦声。时方用兵金川，张以其地人众，可渔利，因居奇为乾没计，并市金珠、盛服饰银花，以为饵，夤缘附东南两路大营。比至，众果悦之，流转军中五载，而后得归。余再至西安之明年，戊戌三月，偶与严冬友侍读观剧节署，有演《琴操》、《春游》事者，举止娴雅，意赏之，唤以来，言讷讷，若不出口。翼日，复来谒，则屦服褴褴，然畀之衣，不受。讶之，冬友笑谓余曰："此子盖随某统军来者，闻其在宜喜时，居区脱中，辄傅粉施小朱，衣锦褔，缨络承之，辫发双委地，缀以明珠，贯镠金，约腕累数十。每营门月落，谯斗无声，则延缘鹿角，奏蛮中歌曲，杂筝杷，音调凄婉，闻者泣下，军中比之唐时李可及①云。"余骇，勿信，因询以彼中地域，自宜喜以东至达尔图当噶山，北至日旁山楸底，凡山梁碉卡，

① 原作"李可久"。按，《唐阙史》、《南部新书》皆言唐咸通年间有伶人李可及，今改。

所设险要,按图皆合。并云其地山皆峭壁,须架木层累而上,更上,复于岩罅中置木,土人谓之“拿栅”。但每一壁必高数百仞,稍顿足,即堕地死。或下积冰雪,则三四人抱臂坐顶上,乘势疾驶,如顺滩之舟,顷刻数十里,月必一再遇。视秦中栈道,奇险百倍,当时行止不得自主,今追忆犹若惮之。其去南路皆岭也。以三十八年六月七日先期出,故不及难。银花言军中每食面,斤钱千,食馎馎,一钱百,布粟贵,金帛贱,所有什物皆随手散落。张复先弃之,归,故卒至无聊赖。丙申正,噶喇伊破,统军先露布,行从至秦,戒曰:“汝义父在,可留此。”此银花所由至西安也。

银花貌不过中人,恂恂有儒士风,不意所历奇崛若此。士人守专室,执槁简呻吟,穷思幽窅,钩心险仄,自谓于世无不可知,得银花之说,又渺若河汉矣。因泚笔付之。

小惠宝儿　喜儿

严长明

曲部中以声擅长者,曰小惠。秦中各州郡皆能声,其流别凡两派。渭河以南尤著名者三:曰渭南,曰盩厔,曰醴泉;渭河以北尤著名者一:曰大荔。小惠,大荔人也。

余税驾周南,留滞中丞节署,时王梦楼太守、庄虚莽明经、毕竹屿部郎、竹涛郡丞、杜防如、朱秋岩、王丹崟、张止原诸上舍,咸在焉。诸君子生长吴越,习听昆曲,余于南北九宫,亦稍谙尺度,按部选声,无间昕夕。然偶值燕会,坐有秦声,则相与引避,赪首回面,若将浼而去之。一日,小集田商山太守署,商山久官陇右,耳熟秦声,引余共欣赏之。余以苦颠眴辞。

小惠故与余习,乘间请曰:“君固识曲听真者,乃亦复尔耶?”叩以故,曰:“君试抑志暂倾听之,数阕而后,仍以为不入耳,麾某等去,未晚也。”心异之,曰:“子姑出所长以试。”比登看场,甫发声,觉小异,再听之,其声清而扬,中商调。有顷,换羽移宫,穿丝咽革,缠肩绕脰,变态无方,尽一日夜始毕其技。归后,同人怪,问之。余曰:“天下事徒骛虚名以徇众志,未有不败乃事者。今于秦声、昆曲见之矣。盖秦声与昆曲,其中有同者,有不同者。识其所以同,则听秦声无异听昆曲也;识其所以不同,吾恐听秦声不复听昆曲矣。”诸君愕眙,请毕其说。

余曰:“演剧昉于唐教坊梨园子弟。金元间始有院本。一人场内坐唱,一人场上应节赴焉。今戏剧出场,必扮天官引导之,其遗意也。院本之后,演而为曼绰,(俗称高腔,在京师者称京腔。)为弦索。曼绰流于南部,一变为弋阳腔,再变为海盐腔。至明万历后,梁伯龙、魏良辅出,始变为昆山腔。弦索流于北部,安徽人歌之为枞阳腔,(今名石牌腔,俗名吹腔。)湖广人歌之为襄阳腔,(今谓之湖广腔。)陕西人歌之为秦腔。秦腔自唐、宋、元、明以来,音皆如此,后复间以弦索。至于燕京及齐晋中州,音虽递改,不过即本土所近者少变之。是秦声与昆曲,体固同也。至言其用四声,同也;二十八调,同也。声之中有音,喉、腭、舌、齿、唇是也;调之中有节,高下、平侧、缓急、艳曼、停腔、过板是也;板之中有起,有要,有底;眼之中有正,有侧。声平缓,则三眼一板;(惟高腔七眼一板。)声急侧,则一眼一板,又无不同也。其中微有不同者,昆曲佐以竹,秦声间以丝。然乐器中九调,自乙调、正宫、六字、凡字、小宫、尺字、上字诸调,丝与竹皆同也。秦声所以去竹者,以秦多肉声,竹不如肉,故去笙笛,但用弦索也。昆曲止有绰板,秦声兼用竹木,(俗称梆子,竹用筼筜,不用枣。)所以用竹木者,以秦多商声(《诗含神雾》),商主断割(邯郸绰《五经析疑》),故用以象椌楬,(《乐记》郑注:“椌楬,柷敔。”)声柷柷然,取义于止也(《释名》)、且也。商声驶烈(《元览》),绰板声沉细,仅堪用以定眼也。昔唐明皇与太真按乐清元小殿,所用乐器凡七,宁王玉笛、李龟年觱栗而外,上羯鼓、妃子枇杷、马仙期方响、张野狐箜篌、贺怀智拍板。手操实居其五,可知秦中用以节声者,唐时已若是。矧玉笛与觱栗,昆曲亦在所不用哉。至于九调,昆曲止用七调,无四合也。七调中乙调最高,惟十番用之。上字调亦不尝用,其实止五调耳。若正宫,音属黄钟,为主之主,乃自有昆曲二百余年,惟苏昆生发口即中中声,毕生所歌皆正宫调,嗣响者娄江顾子惠、施云章二人耳。近日歌昆曲者,甫入正宫,即犯他调,犯入他调,亦非中声。至秦中,则人人出口皆音中黄钟,调入正宫。而所谓正宫者,又非大声疾呼、满堂满室之说也。其擅场在直起直落,又复宛转关生,犯入别调,仍蹈宫音。(如歌商调则入商之宫,歌羽调则入羽之宫。)《乐经》旋相为官之义,非此不足以发明之。所以然者,弦索胜笙笛,兼用四、合、变宫、变徵,皆具。以故叩律传声,上如抗,下如坠,曲如折,止如槁木,倨中矩,勾中钩,累累乎端若贯珠,斯则秦声之所有,而昆曲之所无也。昔周有韩娥,秦有薛谈、秦青,汉有虞公、李延年,唐有方等女、郝三宝等。在昔相传,乐王曲圣,莘莘蓁蓁,然皆秦人,非吴人也。至于英英鼓腹,洋洋盈耳,激流波,绕梁尘,声振林木,响遏行云,风云为之变色,星辰为之失度,又皆秦声,非昆曲也。若夫调中有句,句中有字,字中有音,音中有态,小语大笑,应节无端,手无废音,足不徒蹈,神明变化,妙处不传,则音而兼容,在秦声中,固当复进一解,又无论昆曲矣。彼哉耳食之徒,窃附赏音,曰听昆曲,亦未知昆曲所善者何在,况能别昆曲所不善者何在乎?"

言未既,梦楼、虚斋诸君动色曰:"止,请歌秦声。"于是,次日复令小惠奏技,诸君咸曰:"冬友洵知言者[①],诚不我欺。"自是凡雅集,皆命秦中乐伎,而与昆曲渐疏远矣。继而钱竹初大令自毘陵来,公宴环香堂,听小惠歌。甫入耳,即笑拍余肩曰:"此霓裳羽衣遗响也。"又一载,曹习庵宫允、钱献之明经相继至,习庵、献之初听,尚格格不相入,不数日,亦拊掌称善。是知声音之道,不惟善听,亦以其善感也。

小惠姓樊氏,名云官。其同部中有宝儿者,长沙人,家于盩厔。其次有喜儿(一名小回),长安人,皆工同州腔(即大荔腔也),与小惠埒。惟是同州腔有平、侧二调。宝儿多侧调,不能高,其弊也,恐流为小唱。喜儿多平调,不能下,其弊也,恐流为弹词。则又审音者不可不知。然较他部中所歌,固已偶乎远矣。

---

① "知言"恐为"知音"之误。

琐 儿

严长明

曲部中以色擅长者，曰琐儿。余幼耽冶习，中岁薄游吴越、维扬十余载，访艳征歌，殆无虚日，然究不知繄古所称映珠冠玉，乘羊车、执麈尾者，果何如其人也。及年逮中阴，精胆销铄，爱流已涸，情网不萌。比岁游秦，益增罔沕，称贞缩屋，春非我春，间有契好以顾曲相邀者，则以陈思王语婉谢之曰："予愿清虚，未暇此游也。"

一日者，偶与梦楼太守饮节署之四来堂，颂酒之暇，倏举杯相属曰："足下以解脱因缘，铲除结习，诚善变矣。然此间曲部中有三绝，亦不可不知也。"叩之，曰："有祥麟者，以艺擅，绝技也；小惠者，以声音擅，绝唱也；琐儿者，以姿首擅，绝色也。"余以梦楼斯道总持，所言应不谬，姑听之，请先观琐儿。是时方用兵西徼，秦中当两川孔道，辎轩络绎，宴会频烦，须琐儿来往，承直其间，以故数月中卒不得一见。

又一日，中丞偶邀观剧，即琐儿所领曲部也，谆命之，务期其来。余私心喜，至日辨明，起，盛服以待。比日午不至，问之，则戟辕将士方拥之相酬酢也。又数刻不至，则莲幕友人方礳之道契阔也。余薄怒，谓来告者曰："此子固天上人耶？余尘土友，请弗敢见。"少顷登场，亦以病辞，不复出。

逾半载，秋气浸深，余方苦寥泬，躅步墙东，倏毕上舍，道先偕一少年姗然至，止，惊视之，神姿高澈，如琼树瑶林出风尘外，因亟前揄袂相语曰："子其琐儿耶？"曰："然。"曰："胡为来者？"乃跽而请曰："君与盩厔令相善乎？"曰："故交也。"曰："余固盩厔农家子，姓桃，名朱，有小弱弟，父母以食贫，故鬻村中某为子，闻近以奴畜之，心不忍，欲视前所得十倍偿之，但事已十载，余必得县令一言而后可。"余曰："此友爱事也。"适徐元九文学至，因致语，未几札来，曰："其弟已在，可亲领之。"琐儿因是还盩厔。时方九日，车骑入城，闲雅甚，都城中群聚观之，或数十人，至数百人，遮马首，不得前。比入署，人益众，拥门外，渐及堂庑，如堵墙，不能复出。盩厔令忧之，亟遣壮丁十余辈,以兵卫送,去城三十里,至黑水峪,始得还其家。琐儿性故恬憺,虽习处华靡,非所乐。归后留乡村,日与农人共事力作。然容色之皎丽,服色之鲜华,田中刈获时,两臂金玉腕阑尚著至数十串。乡里咸讶之,日往观,渐至邻近数十村落,转相告语,狃猕眙伫,不胜烦苦,因于丙申冬复至长安。时余将南返,匆匆不获相见。

戊戌再入关,询及琐儿,时方膺消渴疾,呼之至,则神蕊形茹,似不任乎罗绮。虽静好有余,而昳丽亦少减矣。顾数数省顾余。亡何,有某冬烘者,诣余斋见之,曰:"此《五行传》中所为人妖也,胡为至于此?"余笑应之曰:"君政坐读《五行传》不熟耳。志曰:五事,一曰貌,貌之不恭,厥咎为金沴木。木,岁星也。岁不登,民多被刑,或容貌丑恶。西秦于义为金,金水相生,木气条达,岁序屡丰,于人亦多美好,固其理也。庄生不云乎:'藐姑射之山,有神人居焉。肌肤若冰雪,绰约若处子,吸风饮露,使物不疵疠,而五谷熟。'其在斯人欤!其在斯人欤!"某闻之,乃匿笑而去。

色　子

曹仁虎

色子,姓岳,名森玉,长安人,以小字行。艺少不及祥麟,声少不及小惠,色少不及琐儿,而能奄有诸人之胜,曲部中之刘真长也。以故名噪一时,所至咸欲下交之。不数年,席厚赀,为富家子。色子固与三寿同部,因三寿往往过余斋,通款洽如平生欢。一日来过,神色凄惋,曰:"余将与公别。"叩以故,则随庄虚庵诣某大藩也。余曰:"某大藩,余同年友,清介素著,未闻与子周旋。庄公赋性妍华,然近于积习,颇事屏除,恐于子事未能大有济也。"色子泫然曰:"如公所言,固人情之常,必荐枕而后为欢,挂冠而后为密者也。"岂知天下相感,固有在语言形迹之外者。非我解,人莫之能识也。时意其妄言,亦姑妄听之。未几,其所领部至节署演剧,色子不与。呼三寿询,则已随虚庵南出关三日矣。

金队子　双儿　拴儿大平儿　四两　豌豆花

严长明

西安乐部著名者凡三十六，最先者曰保符班。保符班有太平儿，姓宋，名子文，色艺素佳。余至关内时，以年长不复登场。小惠、琐儿、宝儿、喜儿皆隶江东班。双赛班故晚出，称双赛者，谓所长出保符、江东上也。后以祥麟、色子至，又称双才班。南如（三寿字）、友泉（银花字）义兄弟，来最后，亦同在此部。及色子赴浙中，众又戏呼南如为赛色子云，惟是色艺难兼，性行各异。

余初至时，有四两（去）者，临潼人，色差逊于琐儿。后又有豌豆花者，三原人，声差逊于小惠。至艺，均可步祥麟后尘。二子留会城，惜皆不久去。金队子者，姓刘氏，醴泉人。双儿者，姓白氏，咸阳人。所隶名锦绣班，小有色艺，然固泾阳曲部也。以余辈赏之，遂留西安，不复归。又拴儿，居富平某部署中。贾拜三上舍常称之，后庄虚庵署令时挈以至西安。数子皆一时之选也。

昔潘之恒《金陵妓品》有“前辈风高”、“闭门未面”、“远游他适”三等，则此外当复大有人焉。然而繁华流荡，君子弗钦，余虽雅志闲情，亦在所不敢请已。

吾乡潘之恒有《秦淮剧品》、《艳品》诸作，祖唐人《小名录》、元人《点鬼簿》为之，皆记曲中士女殿最，焦文端序之，谓其盘游无已太康，而辞致无妨大雅也。祥麟与余识最久，三寿、银花以次，至逆者当筵奏技，例有缠头之赠。一日三子乘间请曰：“某等贱质，荷君子知，辱赠多矣。然一朝之惠也，倘破格宠以一言，则赐在毕生矣。”习庵、献之并嘉其意，即席挥毫付之。次日，诸子复牵连以请，未能峻却，醉墨离披，渐亦不复省记矣。未几，兰泉前辈札至，云于都中见梓本，艳其事，以弁语来叩之。诸子则以索观者众，苦于录副，付镂木家以传，不知何缘流转至京师也。

昔香山有赠妓阿软诗云：“绿水红莲一朵开，千花百草无颜色。”既而忘之。元九见于通州壁上，录以寄省，因复赋曰：“偶助笑歌嘲阿软，可知传诵到通州。”此长安旧事也，颇相类，因具委曲于后。异日,乐苑中必有侈为佳话,如荥阳氏书者。

是岁秋分日,秦中赘叟严长明

此冬友先生由关中南归,检赠先大父者。护面题字,为先生亲笔书。咸丰癸丑,粤寇陷金陵,庐舍图书同归一炬,此本以伯兄宦蜀,携入行笥中,幸未罹劫。友人拟以活字排印行世,亦此书续命汤也。光绪乙亥,花朝祖志漫记。(德辉按:祖志者,钱唐袁翔甫也。为随园先生第三孙,流寓上海。)

燕兰小谱

《燕兰小谱》，吴长元作。长元字太初，别署西湖安乐山樵，浙江杭州人。旅居京师十余年，著有《宸垣识略》等。此书完成于清乾隆五十年(1785)，计五卷，卷一专咏萃庆部伶人王桂官；卷二至卷四，咏赞乾隆三十九年以来北京花部、雅部旦角优伶六十余人；卷五为杂咏、轶事等，是研究清代戏曲流变发展的重要史料。《燕兰小谱》为现存清代梨园花谱中最早的一种，之后类似之作层出不穷，然在体例、写法等方面皆受其影响。谷曙光据国家图书馆藏清乾隆五十年(乙巳冬刻)刊本点校整理。惟国图乙巳藏本无“题词”一项，另从《双梅景闇丛书》本补入。

弁　言

《燕无兰传》记燕姞梦兰曰："兰有国香，人服媚之，是兰之气韵，无分乎南北也。"癸卯中夏，王郎湘云素善墨兰，因写数枝于折扇，一时同人赓和，以志韵事。余逸兴未已，更征诸伶之佳者，为《燕兰小谱》。始甲午迄今，共得六十四人，计诗百三十八首。又杂咏、佚事、传闻，共五十首。先之以画兰诗者，识原始也；继之以燕兰谱者，美诸伶也，终之以杂咏者，寓规讽也。诸伶之妍媚，皆品题于歌馆，资其色相，助我化工，或赞美，或调笑，或即剧传神，或因情致慨，其优劣略见于小叙中，而诗不沾沾于一律，大约风、比、兴三义为多。嗟乎！昔人识艳之书，如《南部烟花录》、《北里志》、《青泥莲花》、《板桥杂记》，及赵秋谷之《海鸥小谱》，皆女伎而非男优。即黄雪蓑《青楼集》所载，亦女旦也。惟陈同倩《优童志》见其《齐志斋集》中，惜名不雅驯，为通人所诮。《燕兰谱》之作，可谓一时创见，然非京邑，繁华不能如此，荟萃太平风景，良可思矣。后之继咏者当不乏人。余何惮投燕石而引夫宋玉也耶！

乾隆乙巳季秋安乐山樵太初自识

题　词

西风木叶，萧然摇落之晨；乌帽黄尘，老矣羁孤之客。看堂堂之去日，白发霜凝；闻略略之新声，青楼梦断。于无聊赖之中，作有情痴之语。嬉笑怒骂，著为文章；钏动花飞，通于梵乘。徵声角伎，偶同竿木以逢场；舞榭歌台，都供水天之闲话。此安乐山樵《燕兰小谱》之所由作也。山樵长湖山郡，住癸辛街，家世翩翩，性情落落。身留燕市，不求闻达而来；仆是吴侬，未识裙裾之乐。欲醒看书之眼，频上查楼；聊分问字之金，闲亲鞠部。玩游既数，题品斯真，阅历恒多，长言不足。人萃齐晋燕秦，蜀滇吴楚，如游群玉之山；技兼琴棋文酒，书翰管弦，若过五都之市。于是抽毫纪丽，骋秘图妍。凡兹载弁之钗,賸以有声之画。闲花野草,都归贮药笼中;黠鼠淫狐,莫遁照妖镜里。雅花列部,协正变于风人;正杂分编,配阴阳于易象。个个香浓语媚,却从尘外观尘;篇篇棒喝铃提,不向梦中说梦。如填花品,搜罗适合仙班;(葛宏《列仙传》仿《列女传》之例,皆七十二人。今谱中花雅部以讫杂咏所载,亦如其数。)试数流光,历览恰周星纪。(花雅部所载,断自甲午至今,凡十二年。)朱竹垞《风怀》二百韵,斗巧争妍;陈老莲《水浒》四十人,穷形尽相。可谓笔有生枯,意含美刺者矣。然而此其略也,窃有疑焉。黄金台畔,不栽燕姞之花;秋草丛中,孰采灵均之佩。顾斯名而安在,宁无说以征之。则有人来紫盖,巷本乌衣,称名而影满冰轮,问字知气蒸梦泽。韶年婥约,歌残杨柳之风;雁序娉婷,拆破琵琶之字。媚香楼上,邀龙友之新题;水绘园中,喜云郎之乍见。而乃舞衫才卸,翠墨裁笺;檀板初停,牙签读画。家有右军之沼,水被鱼吞;手挥左氏之香,毫真蕊结。枝枝带露,□争没骨之图;叶叶翻风,题满聚头之扇。此嘉名因之缘起,而小谱于以权舆也。嗟乎!帝京景物,美丽偏饶,盛世笙簧,臣民溥乐。流连光景,原达者之襟期;歌咏升平,洵才人之韵事。今日旗亭画壁,不减西昆;他年日下征闻,应夸南部。倘谓王逸少遣哀乐于中年,诚知我者;如曰杜工部咏雨云于巫峡,亶其然乎!

乾隆岁次乙巳初冬望日西塍外史漫书

例　言

一、是谱始于癸夏,成于乙秋。诸伶所在某部,据作诗时书之。嗣后更易,未暇改正。至名字、籍贯,惟著者得其详悉,余约略而已。

一、元时院本,凡旦色之涂抹、科诨,取妍者为花,不傅粉而工歌唱者为正,即唐雅乐部之意也。今以弋腔、梆子等曰花部,昆腔曰雅部,使彼此擅长,各不相掩。

一、诸伶叙次,惟部首数人略有轩轾,此下皆随意编录,无定见也。其殿末一人，颇深注意，不可漠视孙山。

一、魏长生开近年风气，序中颇致讥词，然曲艺之佳，实超时辈。今演昆腔，声容真切，感人欲涕，洵是歌坛老斫轮也，不与哙等为伍，置诸殿末，庶几齐变于鲁，为王刘赤帜。

一、陈、王、二刘，时称四美，以冠花部，允协舆情。若白二之歌喉，永亭之态度，洵梨园名辈，置于次卷之首，不忍没之。

一、雅旦非北人所喜。吴、时二伶，兼习梆子等腔，列于部首，从时好也。发官为殿，其曲终奏雅欤？

一、画兰诗为谱之原始，杂咏、杂感为谱之余韵，故编于首末。

一、谱中评品，皆得于歌馆，藉粉饰以供吟咏。若不钗而弁，恐白面郎无几，宁有子都耶？读者求之于风鬟雾鬓间，庶其似之矣。

燕兰小谱 卷之一

画兰诗（共五十四首，词共三首）

夫兰，国香也；画，韵事也；湘云，伶中之彼美也。美人芳草，臭味相同。画意诗情，唱酬胥协。爰以冠首，并附同人。

王郎湘云，虽隶乐部，颇嗜风雅，歌板之余，寄情笔墨，尝写兰扇贻少施氏，楚楚可爱。兰修为题诗四章。西宾张润斋和焉，索余同咏，为赋四断句，以志韵事。

墨池潇洒写同心，彩笔拈来胜断金。一片湘云萦澧水，王郎从此播芳音。

弱腕能将粉本描，聚头习习逞风标。虾皮韭菜撩情思，惭愧乌盆郑板桥。（某巨公戏题湘云画兰云“韭菜虾皮乱一丛”，讥初学之花叶相似也。郑板桥自题《破盆兰》云“早知不入时人眼，打破乌盆更入山”，以喻巨公。）

庾、鲍才华不自持，媚香入画更题诗。西园公子空萧索，春水无端皱一池。（杨龙友为妓李贞丽画兰，妆阁名“媚香楼”。）

自叹幽芳涧谷生，出山犹是在山情。倪迂惯作无根画，沦落天涯臭味清。

题湘云墨兰

喜见王郎试笔频，斜风丝雨不胜春。若教渐入芝兰室，只恐孤他海上人。（王荆公书如斜风丝雨。）

丝纶妙手补天衣，燕寝凝香客见稀。搦管忽收娇弟子，兰英新吐蕙苗肥。

友人以王郎兰扇索题，为书一绝

帙展南田仿效工，不将浓艳染东风。亭亭小阁乌皮几，闲写湘兰一两丛。（少施氏赠湘云《恽南田画册》，湘云日仿兰竹与菜，不事彩色。）

有学画兰者，伪署湘云名款索题

纵横薤韭任披纷，强作潇湘九畹云。寄语墙东君莫妒，米颠今又效羊欣。（湘云仿兰修，如婢学夫人。今又假湘云，是薛绍彭之讥米颠为重儓矣。）

湘云画兰一载，浓淡疏密，颇有法度，间布拳石，亦清雅不俗，署名数字拙而媚。友人以画扇索题，为缀数语识之

嫩叶纷披瘦蕊埋，香风散自粉坊街。王郎妙腕无人识，两字书名似折钗。（湘云居南城虎坊桥西粉房琉璃街。）

歌传檀板按梁溪，羞作南音唱大堤。兰韵已回燕谷暖，莨情宁共楚云迷。（湘云近习昆曲，颇佳。）

今夏居停移寓果子巷西，湘云继亦迁至，相与为邻。友人屡以扇属余索湘云画兰，戏题箑上

岂是燕兰韵语工，王昌今又住墙东。先生自有春风笔，太极圈儿万象融。（友人见《燕兰谱》，疑余为钟情湘云者，讵知其未识也。）

题湘云兰扇

风寒翠叶姿犹嫩，露浥檀花笑未开。好似行云巫岫女，乱头粗服返阳台。

南乡子（题湘云墨兰）

清影占幽芳，翠叶披披嫩蕊黄。堪与江梅同寄傲，潇湘有客，行吟只自伤。　乡思意难忘，写入云笺韵更长。欲向燕台频结契，王昌到处，逢人是媚香。

附同人作(随意钞录,未识姓名)

为耦堂题湘云画兰

一朵含风态崭新,枝枝叶叶淡无垠。品题忽忆东坡老,曾说春兰似美人。

似浓如淡不曾匀,欲整还斜太逼真。却笑羊欣好书格,被人强说学夫人。

九畹湘皋旧结邻,灵根元是此花身。自从楚客纫秋佩,不共蘼芜感弃人。

蜜蕊檀花不染尘,风来馥郁静含春。离离绕砌看都好,渠是乌衣巷里人。

仆题湘云墨兰屡矣,风枝露叶,数见不鲜。今耦堂以画箑索句,姑以即事题之

风搴翠带影离披,犹是潇湘雨后姿。想得晴窗闲弄墨,一双条脱拂笺时。

登登新起燕泥梁,室有图书砑壁光。他日从余乞题榜,也应唤作媚香堂。

题湘云兰扇(为郑定斋作)

偶从楚艳结幽姿,却被东风日夜吹。移向庭前比书带,清芬还散授经帷。

乱头粗服看俱好,笔势翩翩整复斜。记否一枝曾入梦,国香原属使君家。

为藕塘题兰扇

皲材堆几画盈床,消受炉烟茗椀香。不到粉坊街上住,那知天壤有王郎。

契比兰盟与石交，风流真使意都消。舆台却笑闲桃李，不是魂挑便目招。（藕塘属湘云画兰，自制小印赠之。）

长相思（题湘云画兰）

湘水清，湘月明，淡淡湘烟霭霭云，中含一段春。　　花素心，人素心，一样幽姿一样馨，同心应共盟。

湘云墨兰便面流播歌场，笔法娟秀，艺林赏之。适于韵湖斋中见太初、润斋两君题词，更为王郎生色也。未忘积习，偶触闲情，爰题五绝句，以志一时雅胜

题遍旗亭忆往时，双鬟惯唱白云词。忏除绮业原非易，又和东曹小史诗。（张季鹰《咏小史诗》最为绮缛，以况润斋。）

湘波缥渺正愁予，素质盈盈绘不如。谁染银毫摹粉本，恍疑九畹乍移居。

云髻双肩月堕怀，春兰秋蕙两相谐。乌衣子弟多佳客，裙屐翩翩款画斋。

画中缄恨最难抛，扇影桃花为解嘲。输与文孙弄柔翰，太初著作手频钞。（太初“春水无端皱一池”，韵湖击节不置。文字之契，洵非偶然。）

兰生幽谷閟芳姿，不似杨枝与柳枝。倘向云蓝窥姓氏，阿依家世本王摛。

太初居士以所题湘云墨兰同玩，戏成三首

湘烟为态雨为神，写出幽丛力未匀。闲向吴兴窥墨法，风姿讵逊管夫人。

往事风流竞占名，江梅百咏太钟情。陈髯枉诧云郎貌，弱腕何曾解写生。（用陈检讨与紫云事。）

楚天清露晓来多，云展春山黛色拖。好是江乡芳泽远，飞飞翠羽水如罗。

为藕塘书湘云兰扇

金台才子江郎笔,赋罢亲书幼妇词。欲向兰心通雅契,先从云叶寄相思。

猗猗九畹漫含情,爱尔欹斜小署名。想得竹萌兼菜甲,轩窗风味擅三清。(湘云近仿南田老人竹菜,余谓并写一幅,可称《三清图》矣。)

题湘云墨兰箑子

帘栊昼清润,佳客时在傍。柔荑拈弱管,墨渖流清光。相对惬素心,不言而自芳。出入君怀袖,挹此幽谷香。

戏题王郎画扇

燕姞梦传佳兆,罗含宅绘芳丛。绿雨能遮夏日,媚香群挹春风。(昔人以槐为绿雨。)

题湘云贻兰修居士、梅道人竹卷及所画兰

美人携妙迹,娇语何喃喃。欲乞鸥波笔,赠以梅花庵。轴展媚余香,瞥见鸾停骖。宛临潇湘浦,中有翠雨涵。闻当憩息时,纷披画元蚕。(兼学画竹。)即如此幅画,妙腕犹能参。叶长既婀娜。萼芳仍清酣。灵心疑独秉,歌音胜何戡。

题湘云墨兰

莫言帘幕已秋风,春色无端入蕙丛。昨夜月明鹦鹉语,只疑香影飐堂东。

怪底人称竟体芳,声名端欲胜云郎。从教檀板金樽误,方寸长怀九畹香。

为友人题湘云兰扇

绮石黄甃画作殊,离披清影映屠苏。梨园会有彭郎指,挑拨清

圆似此无。（彭万官工琴。）

仙史丹青擅一时，临摹粉本费寻思。高怀羞学长安妓，夸诵当年白傅诗。

清平乐（赠湘云画兰）

闲时挥洒，叶叶翻书带。松雪丰神差领会，一种柔情堪爱。

新笺帖近兰寮，春寒翠影描条。添入袁安卧处，风光宁减红蕉。

题王湘云墨兰

洒落芳姿别有神，香风习习研池春。依希露浥烟汀晓，影入湘潭自写真。

有以湘云兰扇索题者，为赋长律一首

清雅王郎玉不如，齐纨轻拂晓窗虚。花因露重檀心掩，叶被风搴翠带舒。芳性可纫君子佩，媚香还袭美人裾。而今画史添佳话，小署双名钗股书。

题王郎墨兰便面

乐部檀郎笔，江皋美女花。清风时拂袖，香梦落谁家？

同　作

赤日行堪畏，凉飔爽欲馨。却疑湘月下，解佩见娉婷。

题湘云墨兰

春风习习洒清辉，芳韵嫣然不厌肥。恰似晚凉新浴后，花前笑弹蝶绡衣。（湘云写兰多作丛，叶花极浓郁有致。）

友人写兰，伪署湘云名款，索题，赋小诗一绝

茶熟香温墨未干，画成漫拟秀堪餐。输他婀娜撩情思，露叶风

枝总耐看。

题湘云画兰

氼水沉香耐露寒,无边春色上毫端。如何南浦云深处,不画湘妃竹数竿。

应是春寒箭未多,纷纷翠影郁婆娑。曲江士女如相见,为问金钱掷几何?

题湘云兰石扇头

焦墨襹褷乱点苔,数茎含蕊倚风开。堪嗟湘女凌波袜,瓦砾堆中小舞来。(昔人谓名家书折扇,如美女舞于瓦砾堆。今湘云兰石似之。)

湘云兰扇二绝

三楚精神雅擅名,谱中纤影现娉婷。更怜数笔娇含露,争得心如宋广平。

春雨春风态度多,离骚芳意日摩娑。笑他赝笔今频见,讵独当年禊帖讹。

王郎湘云意态闲远,不与众伍,所画墨兰楚楚有致,为制《采兰曲》四首,写其人以题其画

灼灼韶华子,采兰湘水滨。叶长自容与,花好相鲜新。

采兰莫采叶,叶劲似侬心。贾客漫行乐,兰言胜断金。

朝采湘江头,暮采湘江曲。湘江风月清,爱他鸥鹭宿。

行行逢伴侣,相逐兰皋上。同伴不同心,彼此殊声响。

题湘云兰扇

数茎叶,春在手;君子心,美人口。

王郎墨兰漫书二绝

春风偶逗墨池香，不许湘兰旧擅场。真个丹青能养目，何须更借美人光。

人乘青翰来云梦，天与灵心写国香。博得孙郎七字句，未输绮语赋清芳。（上二语，孙某赠湘云联句也。）

题湘云画兰

芳佩澧兰沅芷，清姿畹露湘云。桃李漫山都俗，国香独有夫君。

燕兰小谱　卷之二

余咏画兰诗后，艳情绮语，触绪纷来，俯仰兴怀，不能自禁。爰取甲午至今，都中旦色之得名者，凡若干人，或在或亡，所闻所见，悉为题咏。各志数语品评，以觇大概。而余子碌碌，等之自桧以下云。

自题二绝句

百册新词缓缓讴，等闲罪过属风流。太平英彦多骚雅，愧我迂疏半白头。

南北伶伦妙一时，皇州风景系情思。定知传唱燕兰句，陋彼昌符婢仆诗。（唐李昌符久居长安，作《婢仆诗》五十首，皆中有所讳，一时盛传都下。）

花部（共一十八人，计诗四十六首）

陈银官（宜庆部），字渼碧，四川成都人，魏长生之徒。明艳韶美，短小精敏。庚辛间与长生在双庆部，观者如饱饫酰鲜，得青子含酸，颇饶回味，一时有出蓝之誉。嗣后闺妆健服，色色可人。其机趣如鱼戏水,触处生波。儇巧似猱升木,灵幻莫测。余见其《烤火》一剧,顿解易象。闻吾乡沈君作诗十二首,赏之,恐读渔洋《秋柳诗》,知其妙而未必能名也。今以银官为巨擘,惜乎交尽金失,苦羞涩者,但目逆而送之耳。

逸态翩跹青胜蓝,多情不作宝儿憨。怜他酝藉春风里,弱柳依依似汉南。

娇小儇翻巧则那,诙谐成趣惬心多。几回注目怡情处,道好声难唤奈何。(北人观剧,凡惬意处高声叫好,此非我辈所能。)

西州佳丽最堪思,怪尔风流擅一时。巫字山临巴字水,柳枝人唱竹枝词。

季子多金谊目连,五陵裘马态翩翩。饶伊杜牧风情远,名士由来值几钱。(慨沈君也。)

王桂官(萃庆部),名桂山,即湘云也,湖北沔阳州人。身材仿佛银儿。横波流睇,柔媚动人,一时声誉与之相埒。余谓“银儿如芍药,桂儿似海棠。其丰韵嫣然,常有出于浓艳凝香之外,此中难索解人也”。为少施氏所赏,赠书画、玩好,千有余金。故矫矫自爱,屡欲脱屣尘俗,知其契合不在形骸矣。

丰韵嫣然一笑间,湘云冉冉锁巫山。襄王不赴高唐梦,莫放春风作等闲。

风俗荆江乐事多,春田土鼓唱秧歌。何来窄袖青衫女,笑眼看钱卖馎饦。(演《卖饽饽》一出甚佳。)

身小缠绵似李娃,媚香叶叶向人夸。如何九畹湘兰秀,不解藏娇是二麻。

漫说纤腰舞翠盘,昵人娇态步蹒跚。欠伸图好从儿学,一种春情有两般。(少施所藏《欠伸美人图》,甚自珍惜,为湘云乞去。)

刘二官(萃庆部),名玉,字芸阁,云南安宁州人。长身玉立,逸致翩翩,一时王、刘齐名。然刘之美不似王之易见。《硕人》之二章曰:“手如柔荑,肤如凝脂,领如蝤蛴。”非善咏美人者,不能细心体状。而刘郎兼有之,性颇骄蹇,与豪客时有抵牾。近有太岳之裔,寒士也,以绮语结契,甚相爱重,岂少陵所云“文章有神交有道”乎?

虢国风流别有春,每嫌脂粉污天真。卯金故事堪持誉,帐里盈盈两玉人。(昭烈帝甘夫人事。)

剧传摹女悦男,晴丝袅袅吐春蚕。却怜南国生刘二,不似西州熟魏三。(芸阁仿婉卿《缝搭膊》一剧,终逊自然。宋魏野赠妓诗:“君为北道生张八,我是西州熟魏三。”)

臭味甘和似醴醪,无端作恶愤余桃。多情丁卯桥边客,力任调人不惮劳。

白傅歌词入诵难,顿教声价重长安。而今好向人夸诩,博得文园赋藻看。

刘凤官(萃庆部),名德辉,字桐花,湖南郴州人。丰姿秀朗,意态缠绵,歌喉宛如雏凤,自幼驰声两粤。癸卯冬,自粤西入京,一出歌台,即时名重,所谓“飞上九天歌一声,二十五郎吹管逐”,如见念奴梨园独步时也。都下翕然,以魏婉卿下一人相推,洵非虚誉。是日演《三英记》,无淫滥气象,惜关目稍疏,即剧调之。

流水行云兴若何,相逢无那逗情波。娉婷却胜如花女,不事施朱着粉多。

帝里新夸艳冶名,粤西声誉早铮铮。王(湘云)陈(渼碧)刘(芸阁)郑(兰生)超时辈,独许儿家继婉卿。

一剧张三认老婆,笑嬉怒骂尽都卢。卯金迁客欣相赏,直把文情拟大苏。

乍订鸾俦意已谐,反兵作合巧安排。怜伊未遂同衾愿,竖肉何时补缝来。(尝见演《三英记》,乃唐将王士英败至窦庄,窦老将女桂英与成亲。后女寇高兰英追至,桂英计醉以酒,为之撮合。今凤官扮桂英,未成亲而先使二人谐好,是黄花女作媒矣。因忆小说中吴汝玉与所欢凤姝相谑,举物视之,凤曰:"竖肉耳。"吴曰"非此何由补缝"之语以调之。○"竖肉",吴音同汝玉;"缝",借音凤。)

郑三官(保和武部),名载兴,字兰生,江苏吴县人,昆曲中之花旦也。癸卯冬入京,虽近而立之年,淫冶妖娆如壮妓迎欢,令人酣悦。台下好声鸦乱,不减婉卿。初至时,尝演《吃醋》、《打门》,摹写妒妇春情亵语,觉委鬼之《滚楼》不过阳台幻景,未若是之既雌亦荡也。惜豪客难逢,徒供酸丁饿眼。以身发财,岂易言欤?

谑浪风流妙一时,好声频送笑情痴。可怜误入梁溪队,空作花枝照酒卮。(昆曲非北人所喜,故无豪客,但为乡人作酒纠而已。)

东吴西蜀两妖娆,摹写春闺故故娇。莫问楼头疑雨态,妒情终是可怜宵。

吴下传来补破缸,低低打打柳枝腔。庭槐何与风流种,动是人间王大娘。(是日演《王大娘补缸》,杂剧中如《看灯》、《吊孝》、《卖胭脂》、《骂鸡》,何王氏之多佳话耶!)

约束登场态欲仙,玉奴弓样倍增妍。凭谁消受乌靴暖,冬去春来又一年。(有允兰生暖靴过冬者,竟属子虚,诗以嘲之。)

彭万官(宜庆部),字庆莲,四川万县人。工琴,大目浓眉,爽朗可爱,不似唱"杨柳岸晓风残月"女郎,故名擅歌楼,毁者几半。有时演小生,更觉风情洒落,机畅神流。兰修深赏之。去年随浣花公往楚,未入品题。今见其丰度与芸阁平泰,可称卢前王后,非于高辈所能蹑其后尘者。

誉岂无因毁有辞,输他桃杏斗芳姿。先生好致平章语,风味哀梨尽可思。

丰神洒洒二刘间，翠扫峨眉语带蛮。那似吴姬娇擫酒，拨弦低唱念家山。

黑帢红髾粉面妆，逾垣巧护锁云囊。绿林侠骨真堪羡，谁识人间窈窕娘。（演《锁云囊》女贼甚佳。）

琴声落落指生寒，不似筝琵错杂弹。曾说梨园有三妙，银儿幻术桂儿兰。（银官戏法、桂官画兰、万官弹琴，时称三妙。）

张莲官（太和部），山西太原人。年逾弱冠，秀雅出群，莲脸柳腰，柔情逸态，宛如吴下女郎，绝不意其为西人之子也。不趋时好，作妖媚之状，故豪客未之齿及。余闻诸韵湖居士，往观其剧，果属不凡。因叹如斯丽质，埋没于皤腹睅目之俦。遗珠之憾，宁有极耶！

鬓影脂光照眼新，轻盈态度半横陈。吴儿莫漫夸歌舞，自是西方有美人。

蜀伶浓艳楚伶娇，杨柳章台斗细腰。何似红莲低映水，香风微度酒痕销。

戈蕙官（余庆部），字晚翠，直隶景州人。姿态明艳，鲜有韵致，盖不从梨园法曲中来，徒事妖冶以趋时好。余甚惜之。歌楼称"赛银儿"，未免唐突西施矣。友人韵湖居士大为契赏，字曰"心香"，仅以诗扇相赠，恐悬马首于门而往市牛肉也。

灼灼争夸时世妆，竞将艳冶媚钱郎。可怜壮悔堂中客，镇日空烧心字香。

桃花不语下成蹊，无限春风送鸟啼。堪叹一枝红踯躅，漫夸烟雨欲凄迷。（上二句谓陈银儿。）

陈金官（余庆部），字丽仙，四川重庆府人。貌似银儿，绰有憨趣,丰致可人。虽曲艺未能精熟,而声容真切,罕肯依样葫芦,不患其不日进也。惜哑钟不响,若按律而使之能鸣,则善矣。与蕙官同部,静躁迥别。余谓犹红踯躅之于贴梗海棠,友人为之称快。

娇小婀娜逸兴赊,夜行秉烛步欹斜。真王佳气从儿现,赢得风开豆蔻花。(是日演《龙蛇镇》。)

一样娇红滟滟流,个中鲜翠有沉浮。饶伊欲赛银儿好,貌似先输第一筹。(蕙官称"赛银儿",金官貌似银儿,人往往误认。)

高明官(萃庆部),字素亭,直隶沧州人。小身弱骨,丰致娉婷,绝无浮艳之态,惜艺未娴熟,真趣不能流露。近有于三元颇带村气,不似明官媚秀。友人韵湖易蕙官之爱以爱明官,极誉其美,欲位置银官之后。余曰:"此固蚌胎,非同鱼目。然继照乘之珍,请俟他日。"或讥明官为小家女子,三元是乡里姑娘,亦切喻也。呵呵!

玉韫山辉媚有余,连城声价尚徐徐。心香本是无明火,莫向明儿赋子虚。(韵湖以"心香"字蕙官,今易爱明儿,诗以嘲之。)

翩跹小足踢球门,笑语咿哑尚带村。那似明儿娇欲滴,梨花春雨黯消魂。(明官演《小寡妇上坟》,甚是娇媚。若三元之《浪子踢球》,村不可耐。)

于三元(宜庆部),字湘竹,四川绵州人。巧笑蛮声,工于妩媚。友人韵湖契焉。余叙高明官,言三元颇带村气。韵湖与语,三元不解所谓,乃曰:"言汝《背娃子》一出,状乡里妇人,神情逼肖,故尔赞汝。"三元大喜。嗣后娇痴谑浪,无不与"村"字暗合,盖神似而非故为摹拟也。然声技颇工,故美璧以下,部中推一。作者近闻有豪客往还,门前颇不冷落,可谓"野花偏艳目,村酒醉人多"。诗以表之。

旧雨征歌喜共谈，阿依娇艳阿谁憨。绝怜野草关春意，荠菜花开三月三。（谚云："三月三，荠菜花儿上灶山。"言亦有得时之日。）

传神一剧《背娃娃》，村妇痴顽笑语哗。薄酒中人粗布暖，锦帏春色属谁家？

王五儿（萃庆部），名联官，顺天涿州人。年未弱冠，细肩瘦靥，秀色可餐。友人招与同饮，举止落落，无浮浪恶习。视之更觉妩媚，询其技，昆曲、京腔俱善。压于名辈，不能一展所长。五儿欲有所诉，余曰："姑饮酒，无作怪哉虫！"尝演《三荆记》、《打灶王》，活泼可喜。因未为众赏，诗以张之。其师弟六儿（萃庆部），姓张氏，名全官，涿州人。视下而瘦，面如削瓜，脂粉登场，有"似生色骷髅"之诮，方之五儿，未可云酥酪弟兄也。

歌坛声誉重王、刘，媚眼横飞好语稠。爱尔柔情似通德，无言拥髻最风流。

试将脂粉斗红妆，恰称王家十八娘。（五儿今年十八。）生色骷髅甘退步，盈盈骨细与肌香。（《慢亭集》载：明万历间女子王十八娘，自云天宝宫人，与东海生冥会，歌《菩萨蛮》词云："倾国斗红妆，人称十八娘。"考东坡《荔枝词》"骨细肌香，恰是当年十八娘"，盖十八娘，即荔枝也。《慢亭集》乃寓言耳。）

苏喜儿（宜庆部），大兴人。年甫弱冠，面白而妍，两辅微尖，双颧略起，身材五尺以长。阎福儿（宜庆部），顺天良乡人，本姓李，为阎九分子。年未冠，目秀多姿，较喜儿带媚，身材亦与雁行。二人妆束宛如姊妹，作姑嫂嫡庶更为神似也。其声技未见专长。福儿颇有活泼机趣，歌喉圆溜，皆后进中之出色者。

移并燕姬色更娇，舞衫歌扇足魂消。盈盈二妙相依倚，宛似江东大小乔。

春愁无奈影双双,蹙损蛾眉意未降。聊与为谋惟我尔,芭蕉夜雨滴幽窗。(是日双演《别妻》、《思春》。)

王升官(宜庆部),四川绵州人。妙齿小身,容仪修洁,憨非似庆(王庆官),媚不如联(王联官),落落丰标,自足怡人,情志固不在涂脂抹粉时矣。然声技之佳,颇为观者所赏。部中后起,于斯屈指一筹也。韵湖屡称其美,余亦乐道其良,诗以识之。

一曲清歌欲绕梁,纤腰宛转映霞裳。乌衣巷里春灯晚,解佩谁沾意可香。

任他浓艳舞春风,脉脉柔情静女同。却笑司空曾见惯,又添公案在墙东。(谓韵湖。)

蒋四儿(永庆部),直隶宣化府人,魏长生之徒。秀眉方面,颊有微麻,而柔媚嫣然,望之如瞻卜兜罗,别饶丰韵。所演皆梆子、秦腔,于羞涩中见娥媚之态,回视魂挑目招者,真桃李舆台矣。部中自长生外,观者咸为瞩目,洵堪蹑芳尘也。

蛙声阁阁柳依依,谑语相调笑辅微。欲识娇颜谁得似,春风吹放野蔷薇。

每于淡雅见新腔,瘦骨珊珊素影凉。无限含羞偏妩媚,烂桃繁李任披猖。(烂桃繁李谓三元、蕙官二人,最为妖冶。)

贾四儿(集庆部),大兴人。年未弱冠,秀目妍姿,身材绰约,其娇艳仿佛湘云,而歌韵则桐花伯仲也。近见其演《狐狸思春》,润斋谓如花解语,似柳传情。余曰:"若以花喻,是儿当如薁李,竞赏其秾郁鲜媚,而于淡宕闲神,差逊海棠、芍药。然千红万绿中亦堪睥睨群芳矣。"润斋为之击节称快。

一朵娇红压众芳，东风袅袅试新妆。欣看北地胭脂艳，漫向西州问海棠。

愁春未醒奈情痴，谁破春愁慰所思。恍似夕阳花影飐，消魂倩女欲离时。

得气桃花分外娇，蘼芜诗句最魂消。品题藉有张公子，谁遣幽斋慰寂寥。（“桃花得气美人中”，柳如是句也。）

谢女腰肢尹女歌，嫣然笑靥溜横波。堪嗟后进纷纷者，半是行尸奈若何。

燕兰小谱　卷之三

花部（共二十六人，计诗四十八首）

白二（永庆部），大兴人，原系旗籍，旦中之天然秀也。昔在王府大部，与八达子、天保儿擅一时盛誉。余乙未入都，渠春光烂熳，已开到荼蘼矣；然兴未阑珊，声名不减。庚辛间，魏、陈叠兴，门前始为冷落。今又数年，风致犹然，而景况萧闲，自觉不堪为使君新妇，不胜感慨系之。至其歌喉清亮，音节圆美，有绕梁遏尘之韵，非时辈所能企及。

察罕家风涅不侵，素娥小队是知音。梨花雪后荼蘼雪，撩得春愁几许深。（元察罕，西域人，生时月白如昼。国语以白为察罕，因以名之。仁宗赐姓白氏。）

未睹妖妍二月时，品题何处写芳姿。永新歌韵依然在，玉树临风只一枝。

宜笑宜嗔百媚含，昵人娇语自喃喃。风流占断葡萄架，可奈楼头有魏三。（尝演《潘金莲葡萄架》，甚是娇媚，自魏三《滚楼》一出，此剧不演。）

扇底相逢已十年，徐娘风致尚翩翩。先生惯作周郎顾，鬓点吴霜也自怜。

于永亭(萃庆部),俗号"耗子",山东即墨人。弱龄娇好,豪客争趋。今虽过夭灼之年,而丰肌露靥,犹然一朵玉楼春也。声技工稳,娴雅多姿,无折腰龋齿之态,视名下诸郎可称曹大家矣。诗以张之。

丰姿缛质映春衣,暖玉年来识者稀。小有芳名同鼠子,固应糠秕笑君肥。

闹扫妆成插鼠姑,(是日所演。)蛮声脆语似莺雏。宝儿憨态真殊绝,应把轻盈诮玉奴。

平泰儿(余庆部),姓刘氏,宛平人,五年前之风流旦也。小身白皙,面有微麻,目冉冉如欲语,撩人正在阿堵中。今颀而长兮,妍媚之态,视昔顿减,而齿牙松脆,风致洒落,如燕赵佳人,不乏俊爽。友人以余为相赏于风尘外者。

盈盈脉脉眼波融,转瞬能教密意通。昔日风流难忘却,桃花色借美人红。

莺歌呖呖圆而滑,燕语喃喃脆欲流。风度只今饶俊爽,白荷花好飐新秋。

杨四儿(宜成部),名芝桂,四川成都人。过季隗请待之年,而脸际生春,眉间带媚致,绥绥有狐意。尝着一羊裘,贴翠围金,炫耀夺目,于彼辈中亦云服妖人,多以"四苗子"称之。其技亦未见所长,尝演《吉星台》,作鬒髻妆,吸淡巴菰,颇饶姿趣,可以觇其大概矣。

一从伪伎出歌台,乐府开元按部排。何事儿家妖且艳,想因拜月幻形来。(叔孙通定郊祀,制伪女伎,此旦色滥觞之始。唐开元中,以伶工之佳者为立部伎,次为坐部伎,又次为雅乐部。元院本色目云:"旦之命名,义取于'狚'。盖狐之淫者。"狐狸顶髑髅向月而拜，则变为人形。）

翠钿金缕压襟裾，风致绥绥媚有余。自是苗人好妆束，红绫贴鬓笑轩渠。（鬓边贴红绫膏，如棋子大，其徒永春亦然，盖取媚也。）

杨五儿（双庆部），四川达州人。姿态村朴，有婢学夫人之状。弱冠时固名动歌楼也。魏三初演《滚楼》，五儿为之副色，一时魏、杨并称，犹金菊之借光芙蓉然。其它杂剧，风致亦楚楚可爱，知非默处囊中者。

莺声呖呖燕喃喃，龋齿迎人媚态函。自是野花偏艳目，称他窄袖与青衫。（尝扮卖婆，村伎甚是遒峭。）

偶摹闺阁礼雍容，浪有双名比蚷蛩。红蓼凌波秋欲晚，霜华那得似芙蓉。

孟九儿（大春部），山东历城人。颀长白皙，风韵老成，盖其年已数到星张翼轸矣。妙龄修饰，韶美可人。尝演《百花公主》，戎衣结束，秀媚中颇饶英气，想见秦良玉勤王召见时。其它杂剧，则梆子腔俱多，为京班别派。

一声檀板出倾城，扇底相看别有情。筝阮调高蛙漏促，踏摇娘苦月三更。

绣旗锦伞列前幢，剑气龙文鼎可扛。漫说将军无敌手，古来巾帼最难降。

薛四儿（太和部），名良官，山西蒲州人。西旦中之秀颖者，丰姿婉娈，面似芙蕖，于儿女传情之处，颇事酝藉，而台下"好"声寂然。吁！可怪哉！余谓好花看在半开时，闺情之动人，在意不在象，若观"大体双"，（南汉刘鋹，令宫女与人裸合，自拥波斯女观之，号"大体双"。）味如嚼蜡矣。

无限风怀旖旎情,春光微逗可怜生。红楼佳处多含蓄,羞向唐宫镜里行。

嘹呖京腔响遏空,勾音异曲不同工。雁门山上初飞雁,忆煞当歌盛小丛。(山西勾腔似昆曲,而音宏亮,介乎京腔之间。)

黑儿(王府大部),姓刘氏,大兴人。年仅弱冠,紫棠色,目闪闪动人,常与白二演《葡萄架》,作春梅,旖旎之态,犹是可儿,惜非雪点寒枝也。为一外吏所契,岂卯金之波斯女乎?

黑短无嫌媚自工,却教人忆贾南风。辛夷开烛霞光好,满院桃花枉烂红。(韩昌黎《辛夷花诗》:"清最辉辉烛霞日。")

未称池边瘦影寒,空怜旖旎半春残。风流太守曾相赏,一朵娇痴墨牡丹。

三寿官(双庆部),姓张氏,字南如,陕西长安人。奇葩逸丽,娟娟如十七八女郎,令人心艳。惜无歌喉,只演《樊梨花送枕》,摹写情态而已,余戏以"哑旦"目之。

复陶翠被出军门,街鼓春寒夜帐温。捧枕无言情脉脉,一枝红艳美人魂。

息国风流只自伤,桃花人面媚君王。儿家会得无声乐,哑趣传神许擅长。

张兰官(余庆部),四川叙州人。妖娆旦也,柔情绰态,如弱柳当春,临风自赏,在后进中不可多得。

史章官(余庆部),陕西西安人。貌仅中平,而弱骨多娇,似柳态三眠,低扬莫定,于彼中气习,可谓化百炼钢为绕指柔矣。其声技俱有可观,非碌碌无奇子也。

摇曳多姿态度妍，风流一曲霸王鞭。灵和殿角依依柳，说着张星倍可怜。

柔媚迎人无限娇，吴侬谁与斗纤腰。剧怜杨柳苏台种，一例销魂到灞桥。

张荣官（萃庆部），大兴人。腻质柔姿，面如鹅卵，惟嫌目分大小，不工妩媚。

陈美官（宜庆部），银儿之族弟，白面俏麻，风致楚楚。

二人夙有名誉，今半学易之年，不为时赏；然声容态度，尚有典型，视新进浮梁子弟，（宋时谚语："借浮梁为无良。"）藉涂饰以为娇、滥淫以为媚者，其丰范翛翛乎远矣。

赢得风姿半面妆，嫣然一笑强登场。双眸莫讶同梅婢，恰称新歌骂玉郎。（《艳史》：西门氏婢春梅，左眼大，右眼小。）

一笑相逢媚欲生，桃花细雨脸波横。到门未必能惊座，空使元方有令名。

永福儿（萃庆部），姓彭氏，直隶沧州人。眉宇爽朗，清雅不凡。本习小生，后改旦色，故举止落落，乏妖冶之态。今虽学步邯郸，而忸怩不宁，观者转增其媚。惜颧高口阔，非女儿家窈窕形容也。近见其演《佳期》，颇饶韵致，诗以酬之。

衫裙窄窄指纤纤，小步轻盈绕画帘。一点灵犀通内里，密云含雨锁眉尖。

半夜恩情慰积思，人间天上此佳期。如何钟动催归去，惹得王生惆怅词。（唐王涣《惆怅词》，用崔徽佳期事。）

满囤儿（萃庆部），姓王氏，名中官，陕西蓝田人。刘芸阁之徒。面目颇有回派，精悍可喜。其技长于跌扑，尝演《如意钩》、《擂台订姻》，如芍药翻阶，令人目眩，至末后一跌，似怜似怯,传情在无意间。为之击节欣赏,即剧酬之。

好姻缘共恶姻缘,契结三生岂偶然。入手漫拈新妇臂,翻身先饱女儿拳。(擂台先打退二人。)

乍睹金钩意已亲,略于偏反逗丰神。倾心一跌娇无力,儿女英雄两可人。

常永春(宜庆部),字煦载,一字妙莲,顺天涿州人。丰神秀雅,无媚容,无俗态,有翩翩佳公子之风。屈于旦色,恐未能学步邯郸也。闻曾习举业,应童子试。今夏见其书扇,摘《归去来词》云,("悟已往之不谏,知来者之可追;人迷途其未远,觉今是而昨非。")心甚恻然。张君润斋赠妙莲印章字之,冀其出泥不污也。近为琅玡君所契,安之若素,乃如之人,一至斯乎。昔尤西堂作西子文,有怜、爱、奇三义,余于永春,不觉兴感于斯焉。

清神皎皎映琼姿,几度相逢几费思。忆取西堂西子艺,我怜我爱我奇之。(怜其美少年,爱其文墨士,奇其变为无良子也。)

好从谢客分清艳,莫向张郎斗丽华。出自污泥原不染,称名不愧妙莲花。

罗荣官(宜庆部),顺天良乡人,旦中之夭桃女也。年未弱冠,何粉潘姿,不假修饰,令人目注。

施兴儿(宜庆部),直隶天津府人,当总角之年,明艳妖娆,颇饶风趣。

二人于曲艺未娴,梨园中只堪作坐部伎耳,然豪客征歌,屡为契赏。"如意馆中春万树,一时齐让郑樱桃",何必藉歌舞以乐少年耶!狡童之诗,吾为若咏。于戏!(二字读本音。)风斯下矣。

初日芙蓉写艳姿，张郎玉貌动情思。男儿已掷盈车果，何用乔妆假女为。（荣儿不宜作女妆。）

腰鼓声圆若播鼗，临风低唱月轮高。玉容无限婆娑影，不是狂奴兴亦豪。（是日演《花鼓》，甚佳。）

张喜儿（永庆部），河南祥符人。玉质翩翩，目如秋水。

杨宝儿（太和部），贵州贵阳人。素靥娇憨，有柔媚昵人之态。

二儿年俱十五，其技似莺雏学语，尚未成声。而"豆蔻稍头二月初"，豪客于焉瞩目。"婉兮娈兮，总角丱兮"，吾为二儿慨然也。嗟乎！两省伶工，都下素无闻者，今惟二童子争妍竞媚，谁欤为雉媒者耶！习俗之染人，一致斯欤！

歌楼弦管听应稀，豪客争邀伴醉归。已爱羞容桃灼灼，更怜柔绪柳依依。

抛离乡国上京华，十五盈盈正可夸。堪叹无瑕双白璧，《候人歌》韵属儿家。（《吕氏春秋》："涂山氏女命侍妾待禹于涂山之阳。女作歌曰：'候人兮猗。'实始为南音。"二儿自立门户以待豪客，故云。）

王庆官（集庆部），字荐庭，直隶天津人，杨四苗之徒也。年始成童，眉目轩爽，尝使陪饮，拇战豪呼，风生四座。似憨而黠，含媚于标，宜乎抹粉登场，浪荡妖淫，有不待揣摹而合拍者。嗟乎！童子何知，世风不古，若王联官之忸怩腼覥，我见生怜，不可同日语矣。悲夫！

娇憨无藉转星眸，正是瓜时始上头。为语联郎多妩媚，可人情处半含羞。

粉儿风致欠温馨，谑浪情怀笑语村。一片好声频送处，阿谁真个欲消魂。

谢玉林(萃庆部),江西新建人,为于永亭之徒。姿首清妍,身材纤小。昔人称李香为"香扇坠",若玉林,真可"怀中婀娜袖中藏"矣。其技不甚多见,而花枝摇飐,莺语惺忪,不减南国佳人风致。友人许君大加赏识,洵非爱者之虚言也。

人比黄花瘦影同,翩跹舞袖怯西风。当筵莺语调笙韵,环佩多应在楚宫。

雨态云情似漆胶,于飞无计效鸾交。阿师对此增羞涩,鸠鹊相喧孰解嘲。(是日演《倒听》,永亭作女状元,玉林为新妇,羞态愈觉可人。)

曹珪官(集庆部),字文达,四川筇州人。清姿丽质,瘦颊隆颧。其技未见所长,而机趣活泼,有媚态而无冶容,在部中可云闺闱之秀矣。闻其昔为小史,今入梨园,想习染未深,故多羞涩。相赏者当于时调外求之,或有契焉。

逸韵翩翩意态浓,清姿依约似芙蓉。羊欣惯仿夫人格,虽尔欹斜亦正锋。

曾侍兰台燕寝香,顿施朱粉入歌场。梨园弟子多卿辈,谁是新声田顺郎。

姚六儿(萃庆部),大兴人。姿仅中平,齿已加长,善于妩媚,丰度犹堪。昔在集成,夙有名誉。今入萃庆,友人谓其佳处只在飞眼撩人一笑间,至于弹琵琶、唱小曲,齿牙松脆,令人如睹燕赵佳人,粉白黛黑,固非后进之可企及也。

塞上春风猎地回,草青毡帐喜衔杯。琵琶不诉昭君怨,听唱新声阿滥堆。(是日所演。)

丰姿讵胜小妖娆,孙寿妆成百媚娇。最是眼波斜溜处,天游相见欲魂销。

马九儿（集庆部），四川重庆府人。丰姿秀媚，态度停匀，望之如妙齿女郎，问年已逾房老。昔马湘兰当半百之期，犹有少年欲娶为妇。盛颜久驻，天岂独钟于此辈耶？抑彼人自有术耶？向在大春部，藉藉有名，惜未留意。今相赏虽迟，而柳重桃酣，尚是春风得意时也。

腻粉琼妆宛转歌，恍逢天女散陀罗。十年丰韵浑如昨，何必樽前感逝波。

重来歌馆一番新，柳重桃酣占好春。自是家风能驻色，儿曹休莫笑陈人。

魏三（永庆部），名长生，字婉卿，四川金堂人。伶中子都也。昔在双庆部，以《滚楼》一出，奔走豪儿，士大夫亦为心醉。其它杂剧胄子无非科诨、诲淫之状，使京腔旧本置之高阁。一时歌楼，观者如堵。而六大班几无人过问，或至散去。白香山云："三千宠爱在一身，六宫粉黛无颜色。"真可为长叹息者。壬寅秋，奉禁入班，其风始息。今虽复演，与银官分部，改名永庆，然较前则杀（去声）矣。而王、刘诸人，承风继起，亦沿习丑状，以趋时好。余谓魏三作俑，可称野狐教主。伤哉！幸年届房老，近见其演贞烈之剧，声容真切，令人欲泪，则扫除脂粉，固犹是梨园佳子弟也。效颦者，当先有其真色，而后可免东家之诮耳。

媚态绥绥别有姿，何郎朱粉总宜施。自来海上人争逐，笑尔翻成一世雌。（王百谷《吊马湘兰文》云："固一世之雌也，而今安在哉？"）

镜殿春风作（去声）意描，阿翁瞥见也魂消。十香词好从儿唱，赢得罗裙几度娇。（"那识罗裙内，消魂别有香"，辽乙辛十香词句也，见《焚椒录》。）

触处相关儿女情，欢场喜见一番更。梨园旧曲无人顾，尽日闲愁白发生。

黯黯春云暖欲低,桃花红蕊乱莺啼。效颦邻女空娇小,未许侬家旧姓西。

燕兰小谱　卷之四

雅部(共二十人,计诗四十四首)

吴大保(宜庆部),字秀卿,江苏元和人,旦中之两头蛮也。姿容明秀,静中带媚,本习昆曲,与蜀伶彭万官同寓,因兼学乱弹,然非所专长。昔为河南公所契,今作出墙红杏,方驾王、刘。友人昌黎生,见谱中未有题赠,大加骇异,谓迟咏一日则增一日罪过,乃赋四诗,以赎前愆,今而后可以消灾延寿矣。

秀质妍姿迥不凡,应趋朵殿衣黄衫。如何点缀闲脂粉,惹得登徒两眼馋。(唐《礼乐志》:"选乐工姿秀者十余人,衣黄衫,文玉带,侍左右。")

嫩白纤柔晃似冰,蜃中有女势凌兢。怜伊幻出如花貌,恰笑珠胎结未能。(尝演蚌精,甚是娇媚。)

知交投分有莲卿,并处蛾眉妒不生。一自楚云萦远梦,陈相学许独铮铮。(万官,字庆莲。)

名誉王、刘竞一时,为伶罕见未摛词。忏除绮业惟风雅,从此消灾仗药师。(释曰:"消灾延寿药师佛。"韩君知医,故戏之。)

四喜官(保和部),姓时氏,字瑶卿,江苏无锡人。本贵邸小竖,幼习梨园。雪肤兰质,韵致幽闲,有玉峰、梁溪丰度。虽兼唱乱弹,涉妖妍而无恶习,与陈、王、刘、吴并邀时誉,而栀子含香,非秾李夭桃闲撩蜂蝶也。今齿长色衰,阑入集庆部内。歌楼谈之者,犹望彩云焉。

云阶月地见神仙，浓艳应夸供奉篇。每向歌楼欣一睹，杜兰香又下瑶天。

素质娉婷耐久看，天生粉面没包弹。樱桃树下多娇媚，颗颗珊瑚赛木难。（尝演《打樱桃》，口吐胭脂颗颗，愈增其媚。）

灯影摇红月影流，新妆窕窈胜王、刘。徐翁不解探花趣，醉里俄惊花见羞。（马观察家演萃庆部，四喜暮至，命专演一剧。徐水部太翁于灯下见之，大为称赏。“花见羞”，五代刘浔妾名。）

本是梁溪队里人，爱歌楚调一番新。蛙声阁阁三弦急，流水桃花别有春。

张柯亭（保和部），名鸣玉，初字珂亭，江苏长州人。神清骨秀，望之如带雨梨花。尝演《小青题曲》一出，人与景会，见者魂消。某巨公大加契赏，易其字曰“柯亭”。昔柯亭在南，为一墨吏所爱。辛丑，墨吏被逮入都，挈家北上，寄迹京班，常往探囹圄以慰岑寂。今春墨吏典刑，柯亭在戏场闻之，更衣奔赴，一恸几绝。虽所事非人，而感恩知己，不以衰荣易念，视见金夫不有躬者，相去何如耶？继而落落不偶，仍挈家南返。鸡鹜群中，忽睹寥天一鹤，为之三叹。

珊珊瘦骨出娉婷，几见幽窗泣小青。千古情根消不得，梦魂应傍牡丹亭。

不受风尘涅与磨，翩翩花下度清歌。金闺名彦多情甚，之子相逢咏伐柯。

树覆巢倾事可哀，感恩相伴逐舆台。未知金凤分飞后，曾为东楼一恸来。（优童金凤，为严世蕃所爱。）

振翮高飞迥不群，熏莸原是不同芬。从兹歌舞江南好，无限青峰散彩云。

周四官（保和武部），字玉奇，浙江仁和人。年始弱冠，素质艳光，略无妖冶。古愚居士品其色技，兼有时（瑶卿）郑（兰生)之长。有美一人,清扬婉兮,如遇于西陵松柏下也。三弦弹词,娓娓动人,良月风清,足怡情志。向因吾杭无人,谱中未免寂寞,今得玉奇,不全为他人作嫁衣矣。

淡妆浓抹忆西湖,婥约欣看美且都。陌上花开歌缓缓,吴侬犹记此音无。(《陌上花》,吴越武肃王时歌也。)

三弦清切语呢呢,灯火微明夜漏迟。无限风怀忘不得,何如听唱鼓儿词。

姚兰官(太和部),江苏扬州人。纤腰仄步,细颈寒肩,望之绝似柔媚女郎,不辨其为伪伎也。在西部中无有赏者。姻娅赵君,称其闲远有闺阁风。余曰:"此如日览名园,忽于村舍疏篱得小红数朵,迎风潇洒,不禁为之翛然神远。"然兰官之风韵,亦于斯窥一斑矣。

雄雌不辨态纤纤,歌绕梁尘韵自恬。但有谢家风致远,任他秀色灿珠帘。(珠帘秀,元歌伎名。)

落拓京华十载过,尚余逸兴爱征歌。饶他三庆多娇艳,雅韵宜人有太和。(谓萃庆、宜庆、永庆。)

锡龄官(永庆部),姓张氏,江苏长洲人,景山梨园子也。雅艳不浮,小身玉质,其技宜于苦戏。余谓长生昔事妖冶,衬以银儿;今事真切,辅以锡龄。银儿似春深芍药,锡龄如秋晚芙蓉,可称二美。然豪客喜春华而不喜秋实,故锡龄声誉无闻焉,为之兴叹!

漫说妖妍带露姿,殷红独占晚霜时。秋江冷艳无人赏,惟有闲鸥仔细知。

梁溪乐谱奉君王,歌韵争夸御史娘。不是九重远声色,人间那得有田郎。(御史娘子、田顺郎,皆唐贞元宫中乐人。)

双喜官（保和部），姓徐氏，江苏长洲人，亦隶贵邸，与四喜并宠。歌音清美，姿首娇妍。弱冠后，颀长堪憎，顾景自伤。尝演《玉环醉酒》，多作折腰步，非以取媚，实为藏拙。其心良苦矣。歌楼评四喜曰"妖"、双喜曰"高"（即长也），可以窥其优劣也。而声技之佳，征歌舞者犹流连于齿颊云。

芙蓉滟滟泛秋江，赢得佳名并蒂双。一朵彩云欣出岫，美人声价重南邦。

婀娜多姿柳带牵，临风摇飏玉楼前。儿家若作曹交妇，纵不齐眉也及肩。

严秀林（保和武部），字芝田，江苏无锡人。妙龄娟秀，白皙娇妍。昔人以江珧胜驼峰、熊掌，非虚语也。友人张君大加契赏，邀余观剧，以征所鉴之非谬然。修容似玉，压臂无金。吾为秀林怜，为张君愧矣。聊以情语解嘲，作如兰之雅券云。

玉素亭亭不自持，风前婥约好腰支。二分明月三分柳，个是芝郎写照时。（二分明月，觇光几许；柳色三分，未成浪也。感秀林之未遇。）

倜傥张公为赏音，情山奚止一钩金。从来豪客多轻薄，谁解如兰臭味深。

得发儿（保和部），姓周氏，字定珠，江苏武进人。靡容腻理，雅态柔情，擅名十余年，为昆旦中秀出者。幼曾为小史，后随主人出莅山右。

顾俊德（吉祥部），亦无锡人，靓妆秀质，美擅歌楼，昆旦中之翘楚。旋以他事回南，今来京，遂弃所业。而故交冷落，时有弃旧之感。尝与俞翁同饮，聆其语，已如商妇琵琶矣。为之慨然。

舞衫歌扇助轻盈，十载京华早擅名。不忘深恩依旧主，樽前时度啭春莺。

黛痕零落鬓丝鬅，冷语凄凉诮老馋。未睹梨园生白发，已教司马湿青衫。

桂林官(端瑞部)，姓刘氏，江苏元和人，昆旦中之韵胜者。玉貌翩跹，温文闲雅，绝不似乐部中人。喜书史，能举业，亦善画兰，骎骎乎有文士之风。戊戌春，予过友人寓，与之同饮，不知其为伶也。友人言及，颇以文士待之。继闻浙东某县佐，延入幕中书启。后回苏，不数年而殒。

秀骨棱棱孰与偕，相逢不是弁而钗。芳心一缕书千古，肯向泥涂抵死埋。

上苑巍科王右丞，琵琶一曲快先登。天梯若许侯门借，拔发屠龙叱亦能。(桂林曾冒北籍考试。)

周二官(保和武部)，江苏长洲人，旦中之房老也。其《卖鱼》一出，摹写网船嫩妇，形容曲肖，吴音调谑，如在金阊牙市中，令人叫绝。

小周四官(同部)，元和人，年仅成童，伶俐活泼，无非天趣，惜面方不媚，豪客未之赏焉。是日演《拷红》，眼色传神，跃跃欲语，不独齿牙吐慧，称可意侍儿。友人张君契赏已非一日，诗以识之。

蛤蚌团鱼满担沽，偶逢相谑巧支吾。南濠多少秧歌脚，风味萧骚似尔无。(南濠有少妇缝穷送暖者，多不缠足。人呼为"秧歌脚"。)

啼笑如真无限娇，担当风月小妖娆。可怜窗外窥情女，只是胡卢依样描。(是日有某官演《佳期》，兴致索然。)

李琴官(文保和部),江苏元和人。年仅弱冠,目妍而瞬,面瘦而腴,虽非谢氏闺英,亦属郑家文婢。尝演《裁衣》,风流酝藉,有企爱之神,无乜斜之态。诗云:“既见君子,我心则降。”吾于斯剧恍然也。若他人之始庄而终浪者,徒见其丑秽耳。

娇态临风弱不支,却于酝藉动情思。目光冉冉浑如语,想见寒花未嫁时。(寒花,归熙甫婢。)

狼藉瑶卿与秀卿,两头蛮触损清名。梁溪丰范从谁说,酥酪而今有弟兄。(其弟秀官,在永庆部。)

孙秀林(吉祥部),浙江德清人。丰神俊朗,眉宇轩豁,无柔媚可怜之色,昆旦中之矫矫者。在京班一二年,即弃所业。余去冬相见,翩翩不群。闻今春南返,在张湾舟中,已作泉下少年郎矣。“可怜无定河边骨,犹是深闺梦里人”,诗以伤之。

出墙红杏倍生妍,洒落春光媚远天。见说园中花事好,供谁攀折倩谁怜?

归帆稳称入东吴,啼遍春山旧鹧鸪。一夜凄风兼苦雨,可怜红蕊没青芜。

王翠官(庆春部),诨号“水蜜桃”,江苏元和人,昆旦中欢喜缘也。恬雅妍媚,水团面,笑容可掬,人见之未有不欢悦者,雅号于以称焉。尝演《絮阁搜妆》,恰称玉环娇态。今回苏,而是班之彩云零落矣。

侵晓冲寒叩紫宸,妒情娇语可怜春。饶他四面观音好,未底王昌态度匀。(苏旦有号“四面观音者”,以《长生殿》得名。)

玉容春盎润如膏,赢得人呼“水蜜桃”。却笑吴姬名亦尔,两般滋味尽酕醄。(友人云:金阊有伎,亦名“水蜜桃”。)

韩学礼(保和武部),浙江钱唐人。朴质无姿,齿已加长,宜于苦戏。盖南中梨园,不事艳冶,惟取曲白形容,令人怡情而已。新自苏来京,友人张君见其《送米》、《哭灵》,为之感痛,因以梓里,属余品题。余曰:“昔陈老莲之画美女,多鸠鹄形,以万壑千岩,其秀在骨,非吴下水乡,徒滋柔媚。吾杭越地也,爱学礼者,作老莲之美女观,可乎?”

洗涤铅华静不浮,哀弦苦调见风流。梨园尽是他乡侣,谁把杭州曲子讴。(白香山句。)

白傅深情只自伤,潇潇暮雨忆吴娘。十年抛却西湖好,怕听相思引恨长。(杨升庵云:“吴二娘,杭州名妓,有《长相思》一词。”白香山诗:“吴娘暮雨潇潇曲,自别江南久不闻。”盖子美之黄四娘也。)

李秀官(永庆部),江苏元和人。鲜肤秀色,文弱堪怜,腰未袅而多姿,眼不波而自媚,令人有宋玉墙东之感。向在永祥部,如玉韫椟中,歌楼罕觏,今则入五都之市,为有目者之所共赏矣。

纤柔定似柳丝丝,谁赠春风袅娜词。移向苏台斗歌舞,起眠情绪耐人思。

卸却新妆懒自拈,无因重见态纤纤。爱他帘隙窥人处,约腕金黄指玉尖。(卸妆后,揭帘偷视,腕指如玉,为彼中之难得者。)

金桂官(萃庆部),字缦亭,江苏常熟人。清姿瘦骨,腻理柔容,如俟城隅之静女,无桑间态,亦乏林下风。素习昆曲,曾为外吏衙前,今春阑入部内,匝月之间,泽车华服,气象改观。噫!为之执鞭,亦所欣慕焉矣。

薄施脂粉已嫣然，歌韵曾夸相府莲。为爱娇多身转怯，几形凫脰与鸢肩。（幼为南沙蒋氏小史。）

燕寝趋承宠爱浓，翩翩花影度春风。卯儿幻入霓裳队，漫把铜山笑邓通。

张发官（保和文部），江苏元和人。面如瓜瓠，弱不胜娇，雅韵闲情，有谢夫人林下风致，耽清静，解文墨，尝见余《燕兰谱》，略识此中款要，知非庸俗伶工矣。昔保和部本昆曲，去年杂演乱弹、跌扑等剧，因购苏伶之佳者，分文、武二部。于是梁溪音节，得聆于呕哑谑浪之间，令人有正始复闻之叹。嗟乎！梨园虽小道，而状古来之忠孝奸顽，使之感发惩创，亦诗教也。诗人之感，在士大夫；梨园之感，及乎乡童村女，岂曰小补之哉！部中皆梨园父老，惟发官年二十四，为最少，回视陈、王、二刘，不必出门合辙也。以之作殿，殆曲终奏雅欤？

弱质娉婷爱羽毛，琵琶羞唱郁轮袍。唐昌玉蕊真仙种，莫认玄都观里桃。

淡妆雅服出轻盈，意态丰姿宛转生。几度悠扬闻玉笛，江南风月最关情。

艳冶浮靡讵苟同，耽闲绰有士人风。燕兰妙谛渠能识，不羡家明韵语工。（南唐优李家明能诗。）

太平无象尽消摇，妙舞清歌乐圣朝。会得诗人风化远，郑声屏去奏虞韶。

燕兰小谱　卷之五

余叙列诸伶，以甲午为限。而前此名优之可采者，于斯附见焉。至于佚事、新闻，可征者述其颠末咏之。传闻者第寄一时兴感，其事则隐而不录，恐人言未的，不敢以之速咎。因分杂咏、杂感，聊寓讽诫，犹赋之有乱辞云。

杂咏(共一十八则,计诗二十八首)

友人言,苏伶有号"碧成夫人"者,姓李名桂官,字秀章,吴县人。昔在庆成部,名重一时,尝与某巨公乡谊,时佐其困乏,情好无间。后巨公莅外省,桂官亦脱身同往,于今十数年矣。闻其慷慨好施,颇无赀蓄,是优伶中之勇于为义者,是可识也。

漫将巾帼事倾城,雅意怜才别有情。赚得豪儿金似土,夜来闻唤状头声。

友人言,昔苏伶唐玉林、方兰如,长洲人,在庆成部一时之彼美也。秀州某贾与之契好。所有贸易之资,尽耗于浅斟低唱中。既而贾以逋负被絷,二人告其友曰:"贾之事,公所知也。倘藉公之力,为渠解纷,则二千金之助,吾两人在,何至废业失所?"友感其言,为之平章息讼。未几,贾复与他伶狎。二人怆然曰:"溺不可拯也,我不负贾,而贾实负我矣!"其金遂绝。噫!谁谓此辈中无真情侠骨者耶?为述其事书之。

雅遇周郎顾曲频,感恩知己两情亲。怜君金尽缘歌舞,羞作吴王宫里人。

乍可春回淑气和,欢场几见醉颜酡。桃花流水情无限,精卫辛劬奈若何。

友人言,京伶冯三儿,大兴人。昔在王府大部,旦中尤物,以声技蓄厚赀。弱冠后,颀长突弁,遂弃业为掌班,而颔下亦于思可玩。班素隶贵邸,一日,主人以旦色未佳,仍命三儿充之。因剃须复业,而孙寿之态毕露矣。

脱却须眉复效颦,应缘曾现女人身。侍儿瞥见多相笑,仙子麻胡两失真。

施朱施粉事妖妍,顾影真堪一笑先。昔日欢郎多冷落,夜来惟有细君怜。

友人言，昔苏伶天保儿，姓陈氏，常熟人。在大成部，色技精妙，大胜今日魏、陈诸郎。即《拐磨》一剧，非长生所能仿佛也。以获罪遣戍新疆，而周其困穷，保其开释，不乏有力之交。惜其福薄而殒，闻之慨然有感。

断袖何如割臂盟，胥靡犹系故人情。未知仗义孙宾硕，肝胆曾为若辈倾。

友人言，苏伶张蕙兰，吴县人。昔在保和部，昆旦中之色美而艺未精者。常演《小尼姑思凡》，颇为众赏，一时名重。蓄厚赀回南，谋入集秀部。集秀，苏班之最著者。其人皆梨园父老，不事艳冶，而声律之细，体状之工，令人神移目往，如与古会，非第一流不能入此。蕙兰以不在集秀，则声名顿减，乃捐金与班中司事者，挂名其间，扮演杂色。噫！为名为实，吾不能知，而其志则可嘉矣。

笙歌丛里早知几，莫俟门前车马稀。一棹江南烟水阔，舞衫何似绿蓑衣。

攀援声价附清音，名实难窥两可心。甘就经师执都养，应羞孔目擅词林。（友人言，蕙兰之在集秀，如为实，则耳濡目染，其技日进，犹执都养役于经师之门；若为名，是监生捐孔目，而自诩翰林先生矣。其语甚新而确。）

友人言，昔京伶八达子，系旗籍，在萃庆部。貌不甚妍，而声容态度恬雅安详。大小杂剧无不可人意者，一时盛称都下。于甲午年沃若而陨，今其名尚津津在人齿颊间。谱中不录，犹记旧院而无马湘兰，为歌坛一大缺限矣！余闻之有感，不忍以未见而弃焉。

歌坛豪客忆声容，名下诸郎未许同。乐伎即今腾众口，书生空愧老雕虫。

余作《燕兰谱》，惜杭伶乏人。符丈亭山曰："廿年前京班一昆旦，为杭人，忘其姓氏。演赵翠儿，一时独步，其它剧亦可观。”余忆丙戌秋，在桐乡与龙翔方丈让公观剧，一天竺僧谓余曰：“此班小旦作(去声)赵翠儿，真令人发渴。”让公有惭色。余曰：“阿师禅悟胜赵州茶矣。”相与大噱。今符丈所见，想亦发渴者耶？以乡人故，附录之。

廿载歌场杳莫追，就中绝艺尚堪思。吾乡亦有风流旦，缓步传神赵翠儿。(符云，翠儿途遇舒状元，与订姻后，数缓步最妙。)

昔同让老近歌台，衲子忘机语不猜。解道翠儿真发渴，茶禅滋味个中来。

友人张君示余《魏长生小传》，不知何人作也。叙其幼习伶伦，困厄备至。已亥岁随人入都。时双庆部不为众赏，歌楼莫之齿及。长生告其部人曰：“使我入班，两月而不为诸君增价者，甘受罚无悔。”既而以《滚楼》一剧名动京城，观者日至千余，六大班顿为之减色。又以齿长，物色陈银儿为徒，传其媚态，以邀豪客。庚辛之际，征歌舞者无不以双庆部为第一也。且为人豪侠好施，一振昔年委蘼之气。乡人之旅困者多德之。嗟乎！此何异苏季子简练揣摩，以操必售之具耶！士君子科闱困踬，往往愤懑不甘，试自思之，能如长生之所挟否乎？然机会未来，彼亦蜀中之贱工耳。时乎！时乎！藏器以待可也。

揣摩时好竞妖妍，风会相趋讵偶然。消尽雄姿春婉娩，无人知是野狐禅。(京班多高腔，自魏三变梆子腔，尽为靡靡之音矣。)

题桥宁让马相如，回首西州泪满裾。今日梨园称独步，应将佳话续《虞初》。

余近见陈银儿《烤火》一出，状女悦男之情，欲前且却，举多羞涩，既而欲念难消，肩背瑟缩，不能自禁，恍悟咸卦四、五两爻，由心而背，一节深一节，非以脢为漠不关情处。讲家谓脢在心上，不能感物，此春香之讥陈最良“一些趣也不知”也。识者当自领之。

两美相逢悦有余，目瞬肩耸更踟躇。顿教悟彻咸其脢，快读儿家无字书。

天香子寓中，有豪客数人，留连半日，抵暮而散，酒后兼有朱提之约。次日家僮不慎，几乎致讼。有大力者以白简吓之，诸人始为敛息。而大力者亦负螳螂捕蝉之诮焉。余曰："欧阳子云：'酒黏衫袖重，花压帽檐斜。'斯时，军流以下罪名，亦胡勿为，是可为诸人针砭矣。"

何来豪客事呼卢，雀角无端起黠奴。惹得侬家狂措大，袖中倾出醋葫芦。

见说螳螂欲捕蝉，谁知黄雀已擎拳。欧阳十字真成案，酒底花间好悟禅。

刘芸阁，伶中之卫玠也，一巨公颇为醉心。偶于冯氏席间，见吾乡徐又次封翁，言："芸阁必为赏鉴。"告以未识。巨公为之骇然，以芸阁常至冯氏也。封翁大蒙陈最良之诮。又山阴俞六爱，居京已久，于歌楼见芸阁，深悦之，作诗赞其美，携以示余，误以"刘"为"柳"，所用皆柳事。嗟乎！斯二人者，今之人欤？古之遗也。

苦思搜句赠知音，刚卯讹将柔卯侵。那似徐翁真洒落，桃花满树不关心。（"刚卯"取卯金义，见《史记》；"柔卯"言柳，柳为卯，本性柔。"桃花满树"，隐用刘郎。）

友人云，京旦之装小脚者，昔时不过数出，举止每多瑟缩。自魏三擅名之后，无不以小脚登场，足挑目动，在在关情。且闻其媚人之状，若晋侯之梦与楚子搏焉。余曰："闻昔保和部有苏伶沈富官，容仪娇好，缠足如女子，但未知横陈否耶？若偶渔婢，当有可观。"相与大噱，诗以解嘲。（"渔婢"，即渔妇跣足者。）

似月如钩瘦影埋，竞夸娇媚试提鞋。风流莫问横陈夜，羞与嫫嫫(读平声)小姐偕。(明周宪王《元宫词》:“帘前三寸弓鞋露,知是嫫嫫小姐来。”按:字书,嫫,嫩、软二音俱仄声,今当读作平声。)

友人言,蜀伶新出琴腔,即甘肃调,名西秦腔。其器不用笙笛,以胡琴为主,月琴副之。工尺咿唔如话,旦色之无歌喉者,每借以藏拙焉。若高明官之演《小寡妇上坟》,寻音赴节,不闻一字,有如傀儡登场。昔人云:“丝不如竹,竹不如肉。”口无歌韵,而藉靡靡之音以相掩饰,乐技至此,愈降愈下矣!

有丝无竹少清音,始自秦中带郑淫。莫笑当歌同傀儡,胜儿原是抱胡琴。(胡琴婢胜儿事,见《中吴纪闻》。)

友人言,近日歌楼演剧冶艳成风,凡报条有《大闹销金帐》者,(以红纸书所演之戏贴于门牌,名曰“报条”。)是日坐客必满。魏三《滚楼》之后,银儿、玉官皆效之。又,刘有《桂花亭》,王有《葫芦架》,究未若银儿之《双麒麟》,裸裎揭帐,令人如观大体双也。未演之前,场上先设帷榻花亭,如结青庐以待新妇者,使年少神驰目瞤,罔念作狂,淫靡之习,伊胡底欤?

楚雨巫云黯不开,好传消息到歌台。春风是处鸳鸯社,借问何人补缺来。(昔人以新妇未来,房中先设帷榻,名“待缺”。“鸳鸯社”见《妆楼记》。)

友人言,近时豪客观剧,必坐于下场门,以便与所欢眼色相勾也。而诸旦在园,见有相知者,或送果点,或亲至问安,以为照应。少焉,歌管未终,已同车入酒楼矣。鼓咽咽醉言归,樊楼风景,于斯复睹。

飞眼皮科笑口开,渐看果点出歌台。下场门好无多地,购得冤头入坐来。(俗呼豪客为“冤大头”。)

友人有以“歌楼一字评”相告,嫌其于诸旦,颇有未惬,乃以近时习见者为更定之。魏三曰“妖”;(以其开淫冶之风,旧评曰“骚”，未足以概之。）银官曰“标”；桂官曰“娇”；玉官曰“翘”；（宜于健妇而少韵致。）凤官曰“刁”；白二曰“飘”；（飘逸也。）万官曰“豪”；郑三曰“骚”；蕙官曰“挑”；三元曰“糙”（平声）。其它则未入品题也。至于昆旦，声容优劣有不可以一字概，当仿书画评，各缀数语为善，姑阙之，以俟赏音者。

尹谢风流绝世无，聊将一字拟形模。歌楼尽日争娇艳，笑是绥绥九尾狐。

闻昔年某伶于戏园遇一贵客，邀往酒楼，赞其色艺之妙，命仆携两元宝赠之。叩其寓，不告，云是粤省太守来京补观察者，不日即出京，毋庸往还也。次日，伶在别园，其客亦至焉。复招饮，赠银如前。将别，伶固请某日过寓午饭，其人沉吟，再四嘱以不须多费，只一二肴叙谈可也。是日其人盛从而来，持赠千金，抵暮欲去，固留宿，乃遣仆返，曰：“明日不须早来！”伶延入卧室，与谈甚洽，凡箱柜所有，悉告之。更余，举家皆寝，二人尚喋喋不休。次早，家人起，见门牖箱柜俱开，惟伶独卧榻上，唤之迷闷不醒，亟以水解之，乃觉，方知为盗，席卷逾垣而去。余曰：“斯伶亦盗也，以盗捐盗，讵知彼盗之巧哉！”

两贼汹汹今日逢，青蛇有意敌黄蜂。温柔乡里迷魂阵，可奈强良穿我墉。（谚云：“青竹蛇儿口，黄蜂尾上针。”皆毒物也。）

岂是千金怜季布，谁言一饭重王孙。巧偷积岁逢豪夺，剩有余欢绕梦魂。

金陵富商某者，于癸巳年在京捐纳别驾。初时爱玩玉器，无他好焉。不数月，于戏园相识二人，俗名“拉纤者”，招伶来寓，日引日多，家人以二鬼目之。于是富商豪情顿起，酒肴车马，率以为常，昼则歌楼酒馆，夜则豪饮呼卢，每晚必留一旦，在寓同宿。继为娶亲买屋，衣服器具皆备，一人不下千余金。凡五阅月，已为三人娶矣。都中之赀既竭，复往家取。其子来京，劝以南返，不听，而阿堵物不能裕如也。

后一伶索三百金,期彼数日,不能如约,其人在寓门诟詈,即前所与娶妇者。商闻之怨悔羞忿,至夜而缢。约计不及一年,所费万金以外。其子欲讼之官,乡人劝以勿彰父过,为之吞声隐泣。嗟乎!谁实致之?皆二鬼焉!居长安道者,可不慎所交哉!余闻之富商之邻,为所目击,因讳其姓氏,书之以为殷鉴。

大鬼昂藏小鬼嬉,招徕狐兔逐人迷。尊前听说金陵贾,一载春风化雉鸡。

狐媚依人似漆胶,狼贪藉物等菅茅。与君拂拭轩辕镜,莫为金陵作解嘲。(见隋王度《古镜记》。)

余十载京华,薄游歌馆,于白二之外,多不知其姓名。姻娅赵君来京一载,凡出名之旦无不识之。余问其故,曰:"见好花而不知名,可乎?"是诚深于情者。余甚愧昔之卤莽也,聊以禅悟解嘲,而燕兰之咏,于斯渐入花丛矣。

十年歌馆愧匆匆,访艳应输天水翁。何似拈花成一笑,不教色相落胸中。

世事何劳问假真,人人竿木自随身。年来我亦登场客,惭愧诸郎格韵新。

杂感(共一十八首)

余自癸卯至今,有所传闻,形诸歌咏。姑以得诗先后录之,无有伦次,亦不计其工拙也。

曾闻侍史辍征衣,结契王郎世所稀。莫讶春光三月暮,红深颔下燕初肥。

歌台狂客起风波,鸡肋难容奈若何。解借公猴通一笑,漫劳司马奋投戈。("公猴",明妓朱斗儿事,见《青泥莲花》。)

江东公子美无瑕,匕首难逢陆押衙。刎颈交情何惜尔,只愁误唱《后庭花》。(陆判官换美人头事,见《聊斋志异》。)

避君三舍礼逡巡,却笑先生见未真。待得啸梁频作恶,短长难禁路傍人。

三寿云亡泪黯然，阿谁娇好慰情牵。刘郎自是秋风客，莫道长晴不雨天。

艳阳回首即残春，浪絮浮花卷作苹。羞对浔阳江上妇，琵琶何处嫁商人。

仙史言欢忆艳歌，黠奴凭藉起风波。无端嫁祸虬髯客，和尚差哉会也么？（姚广孝贵显回苏，往视其友，闭门不纳，遥应之曰："和尚差哉！"）

修真学佛语惺惺，欲海波澜柁未宁。莫被秦宫花里笑，戚施面目太酸丁。

漫说天怀同柳下，鲁男今见几人存？道旁苦李何堪摘，也作酸梅沁齿痕。

余桃已失分甘爱，断藕犹牵别绪长。奚似杜陵鸥燕侣，去来亲近两相忘。

家世曾传八咏楼，酒垆饼肆见风流。狂奴气概犹堪取，争似谀文媚沐猴。

水绘园中迹已陈，搴芳图上又生春。泣鱼固宠纷纷者，几见流芬齿颊人。

撤瑟辰悲欲见难，愁容黯黯泪汍澜。床头玉匣休教殉，好付云郎画里看。

倜傥风流迥绝群，长卿才气欲凌云。可怜一握刘蕡泪，羞谱新声《白练裙》。（《白练裙》院本，明郑之文作，讥调马湘兰者。）

美人香草本《离骚》，金屋由来贮阿娇。珍重玉郎身似玉，艳情绮语写丰标。（为芸阁赋。）

名士缠头翰墨香，诸郎身价藉文章。湘云赋后桐花赋，更有新诗到海棠。（海棠诗卷，为渼碧作。）

豪情日日醉歌楼，佳话欣传若置邮。何似含毫清兴远，生香真色写风流。

沣兰沅芷总芳芬，漠漠湘波冉冉云。自我西郊密不雨，管教渴煞两参军。

癸卯端阳之后,伴鹤携扇一匣,嘱友人画兰,分赠诸伶之佳者。使宋朝之美,服燕姞之香,可谓一时韵胜矣。余以“燕兰”命名,盖仿于此。嗟乎! 倚翠偎红,浅斟低唱,人生行乐耳。能适其乐,而同海客之狎鸥者,其画兰主人乎? 是则余之小谱亦等诸雪泥鸿爪也。

披拂熏风写翠颜,芳香满袖落人间。与君妙选如兰契,漫说亭亭玉笋班。

北地胭脂滟欲浮,都含芳韵媚歌楼。先生好作《燕兰谱》,嫩白娇红尽解愁。

东风一曲紫山翁,旖旎无妨学道功。歌哭情怀聊漫与,任他人笑比顽童。

汲古缘深两眼宽,何来尤物可盘桓。忘机鸥鸟无心客,偶尔相逢也足欢。

燕兰小谱跋

安乐山樵《燕兰小谱》，凡诗二百二首，始癸卯重午，后暨今中秋所作也。予昔假馆于兰修丁香老屋，见湘云画兰，索山樵同咏。山樵更征诸郎之得名者，悉置品题，缓吟低唱，以抒写其沉郁无聊之概。特借径诸郎，故不必人求其备，诗惟其肖，其中隽永风雅，感慨调笑，得风人比兴之旨，而神韵直逼渔洋。盖其一片婆心，欲挽淫靡而归于雅正，非董爱江维扬《竹枝词》比也。山樵每脱稿，必示予，击赏已非一日。爰书大略，以贻同好。读者得其味于酸盐之外可耳。

乙巳小春月竹酣居士跋

消寒新咏

《消寒新咏》，清乾隆乙卯年(1795)刊，三益山房外编，成书略晚于《燕兰小谱》。张次溪编刊《清代燕都梨园史料续编》，所收只是目录，未见全书。全书四卷，卷一、二为正编，选优伶十八人，以花鸟譬喻其声色，分题合咏；卷三为纪实，以诗品评卷一、二所载诸伶擅长之戏；卷四为杂载。是书作者三人，铁桥山人，即李澐，山阴人；石坪居士，姓刘；问津渔者，姓陈；又有讷道人等十余人诗作，汇为集咏一卷，附刻于后。周育德先生曾校刊此书，惜未正式出版，流传不广。谷曙光据清乾隆乙卯年三益山房编刻本点校整理。

弁　言

诗可以兴,每因诗而赋物。物而不化,难体物以成诗。关雎、鹊巢,国风之始;澧兰沅芷,骚人之遗。缘情既贵绮丽,适意聊借揄扬。雪案风吟,九九之寒威易释;冰壶月暎,人人之生面重开。爰成众鸟之编,别撰群花之谱。特是扬州梦到,多缘柳陌佳人;未闻名士情牵,竟在梨园子弟。如真好色,何妨燃韩掾之香;皆可为容,奚啻留宓妃之枕!牢笼体态,尽十八人之数,未必个个皆贤;约略声容,想一二人之姿,实是亭亭特立。并播旗亭之曲,用征雅部之能。劝善戒淫,默华崇实。将檀板笙歌之队,尽入奚囊;为玉钗金粉之妆,咸登外史。况乎山温水软,不乏剪红刻翠之词;剑气琴心,岂无戛玉敲金之句?集成狐腋,书就鸿编,然非至好,何能多如此耶?所谓立言,亦甚似而几矣。嗟乎!遴伶选艺,异曲同工。精益求精,布帛与冠裳并列;幻而不幻,凄凉共欢乐同登。采尺璧于昆冈,瑕瑜不掩;探寸珠于合浦,大小齐明。差恨时乎不再,业换楼台;焉知人也何如,莫窥声色。重来渔父,迷桃源洞口之津;不见玉人,失昭阳掌上之舞。灰飞缇室,呵笔擅高下之评;酒醉曲江,含毫忆后先之美。苟非入五都之市,安能珠玉错陈?抑是庆三时之和,庶几人民胥乐者也。仆才同葑菲,迹类鷦鹩。窗下十年,虚度春风秋月;囊中一卷,不识渭浊泾清。虽贻笑于大方,何莫学乎小子?付之游戏,殊欠老成;质以高明,颇称新样。究竟酸咸之外,不系盐梅,色相俱空,如同水镜云尔。

乾隆乙卯春二月九九消寒日,宝塘问津渔者自识

消寒新咏题词

是书将灾梨,问津渔者既叙其缘起之义,铁桥山人复为诗以代跋。因不自揣,又变其体为填词六章。

石坪识

其　一

明窗净几,烧一枝残烛。几回欲把诗书再读,却又被寒严冷酷。万转千回,思消闲局。　　叹徐陵笔砚,珊瑚高架矗。空对着牙签玉轴,岂敢云三冬用足。趁此闲,评鸟啼花簇。

右调《侍香金童》

其　二

忆昔平泉绕径,品栽花木。更声声鸟啼林麓,满园无限繁华逐。刺眼娇红,刮耳笙簧续。　　到今朝何时,犹然感触。拴不住那灵犀鹿鹿。只为多少钩留,把笔歌墨舞,写出人如玉。

右调《锦缠道》

其　三

京华共乐升平福,到处新歌艳曲。出色炫当场,又绝尘离俗。骨相妙天成,各肖神情暴。　　既不羡琼楼仙族,更不羡娇藏金屋。种种风流,云竹烟袅,却无从绘其芳淑。恰位置花间,可醉红骄绿。

右调《忆帝京》

其　四

无心无绪情多蓄,瘦怯腰支束。小蛮当日垂杨柳,回风转轻速。再与樊素,乍启口,樱桃噈。谁似笙歌丛里,仅了丝竹。依稀百鸟巢林宿,栖月啼烟处。高弹古调清商促,觉神往情复。水荡风摇,悄与琴心相属。更有雅仪深致,添彼芳躅。

右调《劝金船》

其　五

比并名花馥,比并文禽共翻曳。红掩翠时,向万丛深谷。或掩映淡妆轻柔,或侵淫幽香浓郁。倩彼凌波,荷翻鸳浴。　　不是花神慧夙,不是鸟魂灵重育。因何巧语娇容。今生再鬻?洽欢颜,令人怀畅;诉别情,撩人心蹙。梨园众芳,一时称独。

右调《鱼游春水》

其　六

声价珠千斛，不让缠头盈幅。乘此天工少负，云罗霜縠。韶光倏，指顾千娇百媚，空付雨旸寒燠。　花王肃对，鸟官推鞠，都莫管繁华狱。凭着封姨勾消，粉黛情牍公同欲。且喜金兰共赏，聊假醒眉悦目。

右调《下水船》

石坪居士　雪窗余话

题　　词

南陵杜君玉

一曲歌楼引兴长，墨池雪浪费平章。君身应是护花使，谱出群芳字字香。

枝头好鸟亦关情，九九初寒未有声。借与词人添逸思，凭他彩笔嫁莺莺。

北平贾星桥

宜花宜鸟复宜人，缅上风流物外身。知是太平春似海，笙歌院落一番新。

益者三人利断金，围炉拥酒细沉吟。雪霏何处寻行迹，费尽菩提百八心。

河阳方杏村

莹然冰玉见清词，不用黄金铸牧之。莫笑研池呵冻笔，人间无药治相思。（集句）

旅馆寒灯夜不眠，舞衫歌扇旧因缘。风流肯让他人后，只有诗囊报可怜。（集句）

颍川陈蕚楼

文章老宿,诗词魁首。不任那风雪寒梅,别创出章台新柳。为情肠逗留,为情肠逗留,梨园伶幼,花容堪受鸟歌喉。想设芙容帐,闲登翡翠楼。

铜炉煨兽,银瓶烘酒。也为着泪湿青衫,却不见歌传红袖。试如何变求,试如何变求,乔妆闺秀,云鬟低就假温柔。非关乐奏曾无歇,只觉情牵不自由。

相思红豆,佳人知否?可怜你金玉相题,只落得笙箫来厚。匪琼瑶报酬,匪琼瑶报酬,清风双袖,博得含毫消瘦典貂裘。酒醉扬州梦,诗狂白下秋。

冰壶冬漏,湘帘春昼。才见得鹦鹉声传,却又是芝兰香透。据旗亭上游,据旗亭上游,珠玑穿就,青蛾消受姓名留。抵多少六朝名士,这相逢三益雅流。

右调《仙吕·桂枝香》

镜湖钱淡斋

蒙以契家之旧,赠之佳句之新。昔人三百篇,世寡和矣;古诗十九首,君突过之。戛玉敲金,犹可和其声,以鸣国家之盛;时花好鸟,自至同其气,而珍朋友之编。莫报襜褕,但藏巾笥。

凡　例

一、是书约略以正编、纪实、杂载、集咏分四则，始于甲寅冬至，成于乙卯春分，因时取义，名曰“消寒”。

一、正编十八人，据管见妄加花鸟名。原属假托，故序多牵强，诗欠精工。遑问其肖与否，镜花水月，识者谅之。

一、每人序文后，必缀以诗。不列作者号，即出作序者之手。节书以省观也。

一、考元时院本，曰“生”者，如范二官是也；曰“旦”者，如长生官是也。首以范二官，正其体也；不遗长生官，明其配也。其他小生、小旦，各取其长，见才子佳人之偶也。不以前后为轩轾，无成见也。终以王琪官，见之晚也。数以十八人，符九九也。

一、纪实一卷，皆就诸伶擅长之戏，加以诗评。多者数十出，少亦二三出。惟五福官不载，独得其窍，不可言传。

一、正编所咏诸伶，皆就三人好恶，谬加褒贬，其实美伶不尽此也。故不执成见，复选京中诸大班旦色，另为一卷，以公同好。

一、杂载诸伶次第，随意所定，不分高低。至其姓字里居，类多阙略。即正编亦多耳食者。

一、集咏系时贤佳作，一字一珠，风流雅正，借以忏梨枣之灾。

一、京师，首善之区，人文渊薮。题赠伶人诗词，谅属不少。倘有同志者，鸿章下贲，只将原稿付宏文阁，随到随刊。

一、现刊词曲，如昆班，已同李乾山老手校正工尺、点板；扬班、徽班，亦节选同刻。统俟工竣，另列数卷，便于当场翻阅，且以证仆等题戏之不诬云。

三益山房谨识

消寒新咏　卷之一

范二官(庆宁部,生)

序(梅花　白鹤)

铁桥山人

梨园演剧,借旧翻新。谓之歌舞升平也可,谓之欢娱耳目也可;即谓之演善演恶,终场了局,祸福显然,为警世醒俗,以代暮鼓晨钟,亦无不可。然而妙伶难得,求其声色俱佳,又具风神奕奕者,仆于京师五载,卒未数觏其人。故或按部就班,不过葫芦依样;或装模作态,终成东施效颦。面目巉岩,涂朱抹粉,俨登风月之场;语音呕哑,傍笛依笙,翻克生旦之队。当之者不自羞惭,观之者独深懊恼。甚至高声大叫,尽力嚣呼,岂真驴鸣犬吠,方足骇人听闻?直是蝉噪蛙喧,不过无理取闹耳。余与同人品题优伶,分花分鸟,效诗人托物写照之义,不禁恺切言之,首论及于先庆宁部之范二官。余曰:"范二官者,有声有色,卓卓冠时者也。彼其格高态老,非梅花、白鹤不足以方之。"适有客至,闻而讶曰:"梅为仙品,鹤乃仙姿,而举以况优伶。君何轻贱梅、鹤,贵重优伶耶?"余曰:"然。子会谈理,特未知说戏耳。且即以贵贱轻重论,帝王将相,至贵者也;忠孝节义,至重者也。岂优伶足以当之?而当场重开生面,居然忠孝节义,居然帝王将相,从不闻于优伶下干犯名分之诛,反惟恐其装之不肖。彼范二官者,摹形绘影,声情逼真,须眉活现,观者莫不快心醒目,啧啧称羡焉。夫帝王将相,忠孝节义,尚不禁其假托;曾是梅也花、鹤也鸟,独不可比拟乎?且我特不过存众卉独先、鸡群独立之意云尔,并非谓其有仙骨仙姿也。"客默然而退。余因赋梅花、白鹤诗,以庶几范二官云。

梅　花

谁似冰魂黯淡姿,铅华不御耐人思。萧疏点缀皆堪爱,瘦削横斜总得宜。(是梅是范,两意俱得。)带雪天为添艳素,巡檐我未觉情痴。夸红羡绿纷纷者，未到孤山那得知。

白　鹤

野禽相住日纷纷，独立昂藏迥不群。双翮健凌千仞举，一声清唳九霄闻。（写照范二，一言已足。）丹砂顶并霞光灿，素羽身疑雪色分。信是仙胎无俗态，却从华表伴流云。

梅　花

问津渔者

拟得孤山老干枝，瑶台歌管两相思。敲将檀板传丰韵，种出梨园挺秀姿。瘦影亦教香作骨，清光许借玉为肌。群芳不肯寻常谱，吟到梅花我又痴。

白　鹤

潇洒风姿鹤氅巾，想来胎化是前身。无端设境皆虚幻，何必当场认假真。江夏名楼宁见影，东坡作赋亦称神。眼前公案诚参透，不碍仙禽不碍人。（一语道破。）

范二官，铁桥山人以梅花、白鹤比拟，并序其缘起之意，诚为克当。余因其旧秋误入文武集亨部，令人扼腕，故又得七绝四首。

梅　花

独殿繁花破腊开，此生端的有仙才。罗浮梦醒香仍在，惹得孤山处士来。

昨日梅村烂醉归，满山荆棘刺人衣。无端玉骨埋芳草，剩有余香接翠微。

白　鹤

属意青云发啸歌，樊笼关锁待如何？空传羽族标宗长，疏肉丰毛带恨多。

鸡群独立自昂然，一鼓雷门彻九天。白羽偶遭尘俗染，缑山有日访真仙。

以梅花、白鹤比范二官，假托之意，铁桥山人序中言之矣。第如此隽才，误入优部，殊为可惜，余因作诗以慨之。

石坪居士

梅　花

石坪居士

群芳领袖属仙才，那得凡人也况梅。虽为凭空传色相，(怜才应尔尔。)却怜妙品困尘埃。

韵隽香清不俗花，借评歌舞小儿家。只怜粉饰为梅笑，误染东风玉有瑕。

白　鹤

(白鹤之比，取其异众而善鸣也。复仍前意作诗二首。)

似具云霄翮，何堪铁锁笼。啸天兼有韵，矫矫一群中。

不是花中鸟，偏为桥下仙。雪霜凭任受，博得主人怜。

王百寿官(万和部，小生)

序(玉茗　青鸾)

问津渔者

王百寿，姑苏人，万和部小生。风流文雅，十分可人，余窃心赏焉。适吾辈有物色优童之举，以花鸟况之，假物写照，大概仿佛其为人。余闻之跃然曰："呜呼！嫩白含香，茶中玉茗；清歌按节，海上青鸾。非今日之百寿耶？与梅作对，认傅粉之何郎；亦鹤为群，拟吹箫之子晋。(梅鹤字匠心太苦。)横拖秋水，厌却金篦；淡扫春山，何须石黛？此固有目共赏，非余一人私见也。特是世人心爱心藏之隐，多在乍阴乍阳之妆。如《燕兰小谱》六十四人，仅记小旦，而不及小生。岂当时无一人可称者？若然，芙蓉帐中谁与佳人作鸳鸯侣。此又余之所不可解。然天下人之见重于世，固有幸有不幸焉。”（千古同慨。）百寿幸矣。余固乐为传之，并诗以质吾辈。

玉 茗

浅深茶艳细评论，何必丹砂玉茗尊。色映梨云羞白昼，香邻梅月衬黄昏。雪霜劲节风流种，水木清华气味存。岂让临川南北谱，锄开词冢葬诗魂。（汤若士，临川人，有玉茗堂四种曲。）

青 鸾

谁识青鸾是后身，麻姑山谪不沾尘。声调箫管天然韵，步履中和自在春。桂子殿前秋月皎，菱花镜里紫云新。须防他日排仙仗，玉简银瓶悟夙因。

玉 茗

铁桥山人

贪看翠叶护层层，玉茗花开洁似冰。少态谁能施刻论，多香我不厌繁称。（个中人。）闲从曲槛频邀赏，恒觉娇容得未曾。须识何郎留本色，羞同儿女重脂凝。

青 鸾

出日自堪为凤侣，瑞禽珍重未多经。女床山上曾留迹，洪井岗头偶暂停。嗜嗜翔容惊异彩，锵锵歌舞庆安宁。（典雅。）成周代献氏羌国，何幸于今一显形。（尝见百寿演剧时，观者莫能形容其妙，第以瑞物目之。）

玉 茗

百寿于生旦中，尤美丰姿，娴音律，且终日歌舞不倦，故续赠之。

石坪居士

洗却铅华见本真，溶溶浅碧玉为神。风前雪里闲摇曳，不独梅花是美人。(句中有眼。)

画堂永日妙香闻,消受琼花不断芬。(迩日演剧,半是百寿登场。)真味醉人神倍爽,清能解渴有如君。

青　鸾

莫非贪恋杏花天,远自蓬莱到北燕。一吐云中箫管韵,(浑沦元气。)祥风瑞彩绕歌筵。

女床无树不双栖,自到花丛偶莫齐。究是曲高才和寡,人间徒听彩鸾啼。(万和部生旦无其匹偶,故云。)

徐才官(庆宁部,小旦)

序(海棠　鹦鹉)

石坪居士

夫奇葩异卉,各擅芳姿。巧鸟灵禽,每多慧性。顾红紫丛中,(接抡工整。)独堪屈梅作聘;簧笙队里,不必剪舌能言。斯其色艳春光,声娇羽族,(笔意虚灵,所谓"霜禽欲下先偷眼"也。)尤宜契名流而竞赏,共彼美以争妍也。然而寄怀托物,摹写蛾眉,古调已旧;借影生情,品题优孟,幻想尤新。第必取其神肖,不徒泛以形求,庶匪滥誉矣。迩有歌台献媚,自在娇娆;檀板传声,天然节奏。为之穷妍极态,如看月下海棠;有时缓啭轻讴,似听花前鹦鹉。如原庆宁部小旦徐才官者,态含新雨,音遏行云。(文则好句似仙,人则全神俱俱现。)一时占断风光,兼有西府垂丝之美;独尔敲将玉管,允称绿衣白雪之奇。是惟其秀在骨,其韵俱神,(二语却是真铨,移置他人便泛。)识者当有确评耳。若夫对海棠而无诗,子美岂真情薄?弄鹦鹉而作赋,庐陵信是文豪。仆今缘声色为写照,漫作依样葫芦;假花鸟以垂怜,敢道翻案文字。惟鄙词谫陋,未堪认作真铨;而之子音容,实足契人心赏。我辈时于锦绣堆前,金笼架下,略为仿佛,当不谓余言失实,徒多一番誉赠也。

海　棠

娇姿曾得拟杨妃，似此红鲜绿更肥。没骨神真传画谱，檀心态媚压香霏。小山对酒春如醉，金屋笼霞艳欲飞。烧烛莫教花睡去，夜深和月斗芳菲。

鹦　鹉

来从南越上瑶轩，直是巴陵自在仙。媚客不嫌声絮聒，撩人端爱语轻圆。朱门巧献秋千畔，玉局娇施粉黛前。乌鹊群飞难学舌，聪明似尔我尤怜。

海　棠

才官名噪都下，声色俱佳，惜面目少风情，究亦小疵，不足掩其瑜也。因戏赠之。

问津渔者

酿春花榭胭脂雨，不是夭桃带笑来。报道信风催社日，香霏阁里海棠开。

深红浅绿斗花枝，花自无情我太痴。乞得春阴才几许，却逢花睡未醒时。

鹦　鹉

才官后入庆升部，稍涉京中旦色恶套，不甚出台，尝数往不遇，故嘲之，以冀速改。

闲驰骄骏逐飞花，不见花飞见酒家。深倚画栏春昼永，惟闻声细唤烧茶。

夜深斜月照回廊，红豆相思惹恨长。扫榻宫人无觅处，隔帘频唤雪衣娘。

海　棠

铁桥山人

一枝鲜艳醉红妆，终日嫣然独自芳。尽道当邀金屋贮，可怜春睡不闻香。

鹦　鹉

嘉名曾号绿朝云，为解音歌自不群。觌面有情应尔尔，从来聪慧莫如君。

王喜龄官(集秀扬部，贴旦，一名双喜，江南金陵人)

序(芍药　黄莺)

铁桥山人

态浩香狂，无如芍药；声娇舌巧，首数鸧鹒。睹丽艳之一枝，名标近侍；听间关之百啭，响惬歌童。尔乃维扬异卉，幽谷灵禽。阶下翩反，怜风前之袅娜；花阴睍睆，爱树杪之绵蛮。斯固园林娇客，枝头好友者也。集秀扬部贴旦，有王姓名喜龄者，神情骨秀，面粉唇朱，既弱质以蹁跹，复清音之嘹亮。当歌馆而淡抹轻描，尽羡红娇粉醉；就梨园而怜香惜媚，咸称楚艳月娥。至其度曲红楼，遏行云而声声入谱；无殊流音绿树，向晓日而恰恰调簧。想醉靥之西施，方卿或可；缅黄衣之公子，比子差安。所恨香闻郑国，问投赠以何时；惟赖鼓吹诗肠，聆笙簧于暇日。聊尔寄意，用藉抒怀。

芍　药

佳卉由来得自难，独欣芍药可人欢。扬州在昔夸千朵，燕市于今博一观。暖艳常支春已暮，娇姿偏惜雨初残。姚黄魏紫余容继，应合群呼小牡丹。

黄　莺

羡尔金衣色相明，和风拂柳最关情。也知弱羽身徒好，无奈娇簧韵独清。斗酒携来凭鼓吹，双柑觅去爱春声。花阴寂寞依谁破，且喜稍头报雨晴。

芍　药

石坪居士

醉粉娇红傍画栏，月娥情艳耐人看。扬州仍作万花会，持赠应呼小牡丹。

黄　莺

绿柳堤边听好音，娇音百啭诉春深。固怜红树花都好，豁我诗肠尔善吟。

芍　药

问津渔者

广陵芍药绘成图，品出扬州美且都。二十四桥风雨夕，可能持赠一枝无？

黄　莺

百啭莺声自出群，金梭织柳乱纷纷。（仆尝见其演昆戏，规模殊欠静细，不脱乱弹习气，特音韵尚佳，为可取耳。）只因巧舌殷勤弄，惹得诗人细论文。（京师谓乱弹为“武”，昆腔为“文”，仆故借用“论文”二字。）

倪元龄官（集秀扬部，小旦）

序（水仙　翡翠）

石坪居士

癸丑夏，集秀扬部到都。闻其当行各色，富丽齐楚，诸优尽属隽龄。一日，友人式南，自歌馆回，艳称是部足冠一时，而心所倾慕，尤津津于小旦名元龄者。余初不属意，以武部声技，无当风雅。纵选得善才，度不免施娇作态，效女儿脂粉妆耳。岂似昆部，绘景传神，令人玩味不厌耶？阅数月，同好邀赴彩觞，演剧即是若部。开场后，观诸美少登台，艳丽夺目，尚不识元龄果居何等。时向午，晶日澄明，清飙嘘拂，弦缦疾徐相间中，瞥见一伶，冰姿玉质，翠羽双翘,扮作看会剧者。同好告予曰:"此即所谓元龄也。"余不觉心旷神移,凝眸睇视,几疑锦绣堂中猛逢洛浦神仙,笙歌会上幻出青衣女子。(《幽怪录》:袁洪,小名夸郎,罗翠鸟得之,忽失去。见一婢子在傍,问:"谁家青衣?"答曰:"王家二十七娘子。")然后叹武部中固大有人,并以征式南赏识之不诬。嗟夫!世间尤物,亦自有真,断难强托。即评别妙伶,且不得执成见以一概论。余素赏鉴旦色中,首取才官。今旦元龄,神如冯夷倚浪,技若小鸟凌波。允怡闲情,复堪持赠,则为配海棠以水仙,次翡翠于鹦鹉,皆神肖而非貌似者。我辈以为适当否?

水　仙

飘飘仙子出波心,袅娜风前怯不任。弱态俏凭花砌小,妙香清透绣帘深。冰池月满光云鬓,湘渚烟迷现雪襟。坐对好同兰作友,莫教佻达损瑶簪。

翡　翠

翠衣锦翼体轻柔,漫戏兰苕狎水游。鸣竹每从江月晓,穿花时逐涧云流。喜巢珠树双红雀,爱濯澄澜对碧鸥。若是美人神幻术,于今长忆白苹洲。

水　仙

问津渔者

前身疑姑射,幻作女儿花。玉貌随香染,全心带雨遮。若教曹植赋,应共洛神夸。罗袜轻盈处,湘江月影斜。

翡　翠

身小飞偏稳,沙眠水亦停。戏兰容更丽,傍竹色同形。借饰黄金钏,应珍碧玉屏。有时临沼上,急下蹴蜻蜓。

拟元龄以水仙、翡翠,石坪居士既叙而论之。然其玉容秀骨，体态斑斓，实予所不能恝然于心者。且其年甚少，逢场作戏，即梨园老手亦未必尽能若渠之酷肖。昔人云：花可爱矣，不如花之蕊；竹可爱矣，不如竹之笋。少年人宜如何珍惜也。余于元龄，实深嘉赏。因复为之赞，且系以诗。

铁桥山人

水仙赞

铁桥山人

心空目寄，物色风尘。何期歌馆，载觏美人。轻盈皓质，艳冶芳辰。丰容娴雅，语笑清真。春云作态，秋水为神。凌波仙子，姑射前身。

翡翠赞

听鹂馆外，玩鸭湖边，相彼兰苕，翡翠相鲜。锦衾绚烂，彩羽精妍。饮啄自得，意态翩翩。伊人不远，徘徊流连。对之感触，缅想当然。

水仙诗

既羡水仙堪拟子，为卿翻作水仙诗。月明洛浦冰容洁，风静湘江翠带垂。长对凌波情缥缈，何曾解佩梦迷离。香魂我自心常醉，赋学黄初未觉痴。

翡翠诗

珍禽青艳足妖娇，翡翠鲜新未易描。有色有声依草泽，相亲相浴戏兰苕。偶从水面轻浮掠，忽立梢头任动摇。天庇文身皆爱惜，钗留片羽等琼瑶。

李玉龄官（乐善部，小旦）

序（虞美人　秦吉了）

问津渔者

李玉龄，姑苏人。初到京师，为金玉部小旦。后在庆宁部，复在庆和部,又后在庆升部,才归乐善部。纷纷迁改,无从确指,而东依西傍,性情可识矣。然豪华贵客,莫不知都下有玉龄焉,想亦冶容媚骨之所招致耳。即今在乐善部,观者如堵,未始非不能忘情于玉龄之故。余因以"虞美人"、"秦吉了"名之。而或者曰:"虞美人,楚姬也。花亦有是名,南北九宫谱又有是名。何一名而人与物共,且脍炙于词人之口?"余曰:"虞美人,统辞也;楚姬,专辞也;花与谱,概辞也。玉龄当歌舞之场,蹉跎岁月,不知老之将至。(好景难长留,皆当作如是观。)何异玉帐佳人,坐老军中乎?"或又曰:"秦吉了,何也?"余曰:"我辈为是举也,皆妙龄稚子。彼独美且长(上声),柔情绣口,见则娱人。余故为彼怜,过此,将为人所弃。秦吉了,释云'情急了'也。欢笑几时,而春风秋月,不知珍重者多矣。"或闻而哗然笑,并索余诗以风之。

虞美人

花开花落总关情,开易欢娱落易惊。竖子无谋应误国,佳人有命岂倾城。香销白骨归何处,梦觉黄粱幸识名。须惜春残颜色改,(顶门针。)琵琶江上不成声。

秦吉了

话到春归莫肯留,伤情杜老起诗愁。可怜青柳娇新月,能比黄花耐晚秋。薄命莺莺忧再嫁,及时燕燕喜登楼。千金烧烛买长夜,不向西风怨白头。(温柔敦厚。)

虞美人

石坪居士

楚态惊留倾国貌,春妆巧试惹人欢。若非五色花如蝶,合拍无香人世难。(玉龄色技俱佳,惜装点过于妖冶,美中不足。然非如此,焉得娱人?识者谅之。)

秦 吉 了

如人有舌多情鸟，（元稹诗："吉了舌如人。"）惯为娇娃道寸心。来往春风秋月里，可曾珍惜好花阴？（余尝见玉龄演剧，间为击节，次日或声韵忽减。抑又何故？当亦少调护耳。）

虞 美 人

铁桥山人

虞姬于楚独多情，芳草犹留旧日名。非是闻歌堪起舞，只因吞恨不成声。（玉龄于数年前颇为庄雅，后则尽情调戏，想亦急欲传名，以争时好耳。）

前生也是太娇娆，何故柔纤自动摇。草号美人犹尔尔，当场难怪黯魂销。（玉龄妖娆，本属太过，然人之初见者，靡不欣赏。）

秦 吉 了

妆成妖态弄清音，檀板笙歌岁月深。试听一声秦吉了，可能惊起百年心？

鸟亦多情呼"急了"，舌如人意巧能言。春来忽忽悲秋至，乐事人生有几番。

李福龄官（集秀扬部，贴旦，一名金官，安庆人）

序（芙蓉　鹧鸪）

铁桥山人

以花比色，以鸟比声，此余与友人品评优伶之意也。顾花有色香兼备，亦有有色无香，有有香无色。至禽鸟为物，则天下并无无声之鸟也，特其声之巨细清浊，疾徐短长，要不一而足。且鸟亦未始无色，羽毛鲜美，陆离可爱，又不特有声而已。余辈不过约略举似，识者自能辨之。因次及于集秀扬部之福龄官。余曰：福龄者，韶华未晏，稚性可怜。嘉其登场演剧，颇能酷肖当日。余固有题赠云："爱尔天机烂熳真，芙蓉出水净无尘。歌台未必无雕饰，毕竟金官是可人。"又云："离合悲欢色相并，阳关一曲逼真情。观场也下伤心泪,如听钩辀格磔声。"(福龄善演苦剧,如《烤火》、《捡柴》数出,色色俱足动人。)未识有当否?而同人咸曰:"确。"因遂以"芙蓉"、"鹧鸪"目之。

芙　蓉

红萼绿苞发妙姿,水莲开后木莲迟。鲜鲜蜀锦裁千片,瑟瑟江风烂一池。淡抹胭脂频笑日,别饶丰韵不争时。闻临水畔逢秋赏,于露于霜总得宜。

鹧　鸪

花豸灵禽彩色迷,伤心行客听初啼。欲归不得声何切,懊恼频仍韵独凄。春后春前呼早暮,江南江北叹羁栖。只因向日哥哥唤,饶得诗人郑谷题。

芙　蓉

问津渔者

秋日飞霞透碧窗,芙蕖出水影双双。娟如静女霜林醉,彩挂西风拟涉江。

鹧　鸪

一泓秋水泪痕横,懊恼偏教百感生。传到别离行不得,北人新听唤哥声。

芙　蓉

石坪居士

绰约风姿压锦城,晓临秋水态横生。美人初醉娇无力,白颊红多带宿酲。

鹧　鸪

何处飞来锦地鸥，每逢晴日叫钩辀。若知旅馆多行客，莫向东风诉旧愁。

毛二官（万和部，贴旦）

序（栀子花　白鹭）

问津渔者

毛二官，行二，万和部贴旦，人咸以“毛二官”呼之。靥辅不甚白，而假脂粉妆，徘徊于花晨月夕，丰神韶秀，腰折回风，袅娜中彳亍有致，真所谓“匝来玉笋纤纤嫩，放下金莲步步娇”者。（可补《香奁集》一则。）余几忘其为旦色焉。因以花之栀子、鸟之白鹭名之。夫名者，实之归也。其有实者，名乃从之。栀子，木本，体瘦而高。白鹭，水禽，行必有序，皆白色。彼不甚白，夫人而知之矣，而乃举以名焉，是失实也。然白玉之白，亦白雪之白，白岂有定哉！此则取其神之肖，而非色之谓耳。韩翃诗云：“栀子同心好赠人。”施肩吾亦云：“不知山栀子，竟解结同心。”试想当场含情凝睇，巧笑悦人，肖耶？否耶？惜声无妙韵，仅如秋水塘边相呼相唤，虽著雪衣，终不若金衣公子能叫醒春梦也。是则彼之实也。实若不存，名又安附哉？

栀子花（一名鲜支）

玉质移教向月阴，水晶球踢系同心。鲜支浥露香销暑，素袖回风静入林。只见生花能解语，却看含笑不成音。满山凡木都殊性，好赠多情惹客寻。

白　鹭

次序行来烟雨时，荻塘应重雪衣儿。亭亭独立声何唤？振振于飞羽有仪。但与黄鹂相对咏，不能白鹤共成诗。（郑谷《白鹤诗》：“应嫌白鹭无仙骨，长伴渔翁宿苇洲。”）风流太露无仙骨，勾引渔郎宿水湄。

栀 子 花

石坪居士

的的临池俨木丹,孤芳应得赠林兰。香流玉质无尘韵,好傍浓阴月下看。

白 鹭

步出寒芦兴自酣,低昂舞影落湘潭。眼前风月霜翰现,为续瑶花赋一函。

栀 子 花

铁桥山人

毗舍由来色相空,此花曾否在林中?多缘素质非凡品,正与清修洁净同。

白 鹭

玉嘴霜翰与雪衣,荻塘闲淡日依依。渔人见惯驯相狎,把酒时看掠浪飞。(月正十二,会垣演剧,时颇有似曾相识之意,故云。)

金福寿官(万和部,小旦)

序(桃花　鹦鸽)

问津渔者

事不经见,传闻总虚。如万和部旦色名福寿官者,时人佥议其体膀而短,不胜妇女妆,殊刻论也。昨观其台上往来,姗然举止,丰韵天成。求之闺阁中,亦不多得。唇一点,小于桃英;眼双垂,尖于柳叶。面泛桃花之晕,载灼其华;声调鹦鸽之歌,亦剪其舌。蛾眉犀齿,秀色可餐,洵旦中之后劲者。余试置身春风中,如到武陵溪口,听八哥学人声。至其慧性腾芳,传神阿堵,能令观者目炫情怡,又其本领。乃为之歌曰:“云鬟低亚无雕饰,报以琼瑶乃相得。含情欲笑犹默默，佳人窈窕后妃德。（夭桃诗，美后妃德也。）或穿布帛青颜色，（浑融妙。）恍惚寒鹳（鹦鹆，一名寒皋，一名八哥。）舒两翼。一声相告殊为逼，灵心绣口真奇特。余欲无言太无识。”

桃　花

占断春光三月桃，满天红雨洒林皋。太真插鬓应销恨，道士栽花已费劳。带露涂朱侵晓镜，临风舒锦系宫绦。寻源玉洞终须到，莫学渔舟水半篙。

鹳　鹆

谁遣灵禽学唤茶，深笼关锁到人家。剪雏五日工夫巧，喻众三山色相嘉。饶舌画楼春昼永，奋飞歌馆月痕斜。青衣宛转先承宠，怕到黄岩化作花。

桃　花

石坪居士

歌舞场中拟丽姝，武陵曾见此花无？迎风灼灼消人恨，含笑青春踏锦湖。

鹳　鸲

巧作人言匪滥誉，功归断舌学飞初。但看今日翩翩舞，谢尚当年如不如。

桃　花

铁桥山人

曾入玄都路半遮，娇红鲜艳不胜夸。美人倾国应如此，莫向春风事怨嗟。

鹳　鸲

鸟会能言自不多,漫传丹凤惬音和。讵知鹦鹉咬咬后,剪舌如人号“八哥”。

消寒新咏　卷之二

胡祥龄官(五庆徽部,小生)

序(梨花　春燕)

问津渔者

歌台演戏,太平盛事。余与二三知己,把酒寻芳于深柳堂前、临春阁里。酒(“酒”字是一篇眼目。)酣兴旷,特少丝竹之音,终非快事。闻五庆徽部,啧啧人口,即借彼笙歌,大开局面。是时,树木交荫,(神来之交。)香气袭衣。繁林蓊翳中,望见白云掩映,素月澄辉。犹疑残雪在树,而奚奴报曰:“梨花开矣。”于是携金樽(应),吹玉笛,(张祜《梨花诗》:“偷把宁王玉笛吹。”)徘徊于其下焉。未几,有一小鸟,似曾相识,穿花而度。其即小桃谢后,燕子来时耶?余问花不语,如醉如痴(应),不知置身何地。复入席,众皆哂之,始知身在歌舞场中。倏见一童,素袖风流,淡溶溶之月色;花筵洒落,舞翩翩之羽仪。亦不知为何戏,第询其人,曰:“小生。”询其名,曰:“祥龄也。”噫!雪肤花貌,复入余目中,而更处我堂上耶?畴昔梨花之报,燕子之来,余将与子颉颃耳。然酒阑人散(又应),曲罢音沉,祥龄已归去矣。(妙手空空,渣滓悉化。)于我又何与焉?是时,月下梨花,帘前燕子,犹依然在目也。兴至,遂为赋梨花、春燕二章。

梨　花

玉梅开后斗琼妆,别有春来自在香。白骨非关花匠染,青旗应趁酒家忙。一枝带雨娇无限,几度回风舞亦伤。欲压象床云梦浅,依然沾我旧时裳。

春　燕

梁间紫燕自呢喃，道是春风三月三。白鹤翔云声已愧，青鸾舞镜影犹惭。（借鸾鹤衬，惜其误入花部也，而范二、百寿声价愈高矣。）也知叶落催寒急，亦解桑阴带酒酣。若使乌衣空旧垒，清明时节忆江南。

梨　花

石坪居士

春来金谷梨花洁，月色溶溶霏玉屑。艳冷神清少俗尘，临风恰是香生雪。

烟笼春水玉无瑕，映出销魂静女花。俏对东风容蔼蔼，洗妆酒熟亦须赊。（尔日，观五庆徽部，见祥龄声技工稳，眉目清妍，心甚惬。忽索袖金已尽，不能凝觑，勉强而归，亦算人生一失意事。）

春　燕

斜飞疾舞态偏多，掠水穿云眼带波。度到绣帘声细细，似怜春永奈如何。

百花栏外蹴花飞，（神来之作，当于言外求之。）惯惹香鬟自卷帏。笑拟婕妤宫里物，鹧鸪可似玉钗非。

梨　花

铁桥山人

春风剪刻梢头玉，尽日园林看不足。忽逢微雨洗娇姿，绝似杨妃罢新浴。（祥龄尝改妆小旦，故云。）溶溶月色蔼光浮，雪堕蝶翻清香酷。雅淡如尔只一枝，红艳满山皆粗俗。

春　燕

社前社后为春忙，新燕差池入画堂。漫卷珠帘时一盼，呢喃相对细推详。

李桂龄官(集秀扬部,小生)

序(含笑花　鸳鸯)

铁桥山人

桂龄官,李姓,一名大体,扬州人,为集秀扬部小生。丰神韶秀,语言蔼如,翩翩焉梨园之佳子弟也。每当登场演剧时,心情宛转,顾盼嫣然,余久以“含笑花”目之。今友人刘君石坪、陈君问津,欲与余取京师出色之生、旦,以花鸟品题,为吟咏之助。余即以桂龄为“含笑花”告。咸曰:“此花实足为桂龄替身,桂龄定应为此花再世。绘影传神,即所云‘六郎莲花,莲花六郎’,未必如此切当也。”及诘鸟,则奚似?余曰:“鸳鸯是。盖有旦不可无生,正如鸳鸯雌雄之不能相离。且其性和平,有情有义。”余曾闻其于一客某,意念缠绵,不以死生易心。求之风尘物色中,有不可多得者。初客某,一见桂龄,便为契赏。后与二三相好观剧无虚日。但当桂出台,则刮目相迎,精神倍觉诩诩。桂因颇识客之喜己,关注流连,与泛泛者殊。后客病,不能一至歌园,然每于友人观剧回时,则必问桂之何若。床褥呻吟间,有人言桂之美妙者,辄自夸曰“予之赏鉴,固自不诬”云。于是,得之友言者,一一皆著之于诗。同寓某君,一日招致诸美伶陪酒,桂在内。入门时,携至客榻前,以慰其渴想殷殷。桂一见客,即曰:“吾固疑长髯君缘何月余不一见?讵知病卧在床也。”友因代客达怜惜之意,并出客前所作诗以赠。时,客口占一绝,有“床头自愧无长物,赠尔诗章道寸私”之句。无何,阅两月,客竟不起。斯时,大梦初觉,尽属乌有矣。不意桂于后数日闻知,亲自奔至,痛哭流涕,哽咽不能出言。同寓诸公咸异之,渐稍止之数数。桂因且哭且言,谓:“自某时看剧后,仅于某处路上一相逢。前两月某日到此,乃知其病。月前喜龄、福龄来,予以他务羁身,不能赴命。回寓时,询此君病体,彼乃欺我以痊愈之言。孰料今竟至此!”月日时候,一一叙述无讹。复问客之家计何若?当此旅榇萧条,作何厝理?且何时得返家乡也?嗟乎!岂客之文章有神耶?何优伶中有此长情者?而或者曰:“是假也。彼其于歌舞场中,悲欢哀笑,何所不至!是亦不过于演剧时,一出悲哀之曲,传写恰肖耳。”噫！以此论人，未见其确也。士人平居所往来，朝夕所相见，共井同里，并非萍交可比。一旦病笃垂危，竟漠不关心，甚至幽明永隔，客舍凄凉，而情同陌路，曾不一视者何限！客于桂，未尝深交，不过怜惜之深，赠以诗篇耳。客已没，桂即置若罔知，即知之，仍恝然度外，以视士人平素交游，谊关桑梓者有差，初不得以薄情寡义责之。而桂哭涕若此，不可谓非，尚知一哭以答客之诗。即云假，亦假得其宜，犹胜生时酒食相欢，死日仇雠相视者。或又以为，为在寓诸公之生者，并非为死者。独计尔时之涕洟交流，何自来也？以此见桂之为人(应前作收)，有情有义。拟之禽鸟，惟鸳鸯差可比焉，亦与含笑花之目，俱肖乎其人而出者也。

含笑花

花卉多情孰可怜，惟兹含笑惹情牵。曾经识面香原好，略吐芳心态已妍。欲语似羞仍莞尔，俯眉如哂却嫣然。讵防倾国终非善，因向春风未敢传。

鸳鸯

不识衷情固结深，翠衿红掌有文禽。难将俦侣参差别，长羡雌雄对偶临。烟岛晴飞双比翼，池塘春浴两同心。人间薄幸胡为者，于尔雝雝仔细吟。

含笑花

桂龄官登场，必带微哂，故铁桥山人以含笑花目之。自在风流，善悦人意，不得不如题赠之。

石坪居士

另有春心向日开，娇多欲笑故徘徊。风流人解风流意，我自含情尔自猜。

又

友人见桂龄官登场，必高声叫好。想亦心契其妙，情不自禁也。渠亦必回头顾盼,若以意谢者,仍续成一绝。

君怕春归春思深,(友尝云:“观桂龄官剧,则惟恐其遽尔下场。”)多情花自解人心。嫣然若慰怜春意,带哂含颦谢好音。

鸳鸯

鸳鸯之目桂龄官,取其多情也。余尝见桂龄与元龄演《巧配》一剧,桂龄情意更真,故于鸳鸯及之。

两两文禽戏碧波,联情巧合缔丝萝。不徒交颈雌工媚,转觉雄心风月多。

真真假假总姻缘,学得鸳鸯意自专。惜尔空依花影里,夜来常觉梦魂牵。

含笑花

问津渔者

何处留情种,嫣然有所思。香虽传两颊,心已蹴双眉。欲吐娇仍止,将言意又迟。问花应解语,曾与故人期。

鸳鸯

不似春闺怨,朝朝理绣床。芙蓉花作帐,翡翠羽为裳。湘水双眠稳,巫山午梦长。东风莫相妒,究竟是乔妆。

刘大保官(原庆宁部,小生,今阑入文武集亨部)

序(丁香　秋雁)

石坪居士

维丁香之可爱,春将去而艳仍留。彼阳鸟之何灵,秋乍来而情似客。嗟乎!物盛将衰,惟赖余芳殿后;时光不再,固难快意如前。良可慨也!夫物既如此,人胡不然?尝见少年得意,炫靡夸妍。未几,壮士无颜,消声减色。是不独时贤多不齐之感,即妙伶见世态之常。原庆宁部小生刘大保者,当其独出冠时,俨若仙肌带露,孰意丧声失巧,竟等缄口衔芦!以彼风流宛在,谅为有目共知。而至笙管难调,实为造物所忌。香残艳歇,幽怀百结,孰复垂爱垂怜?势失形孤,独守三更,仆殊若憾若惜。爰拟以“丁香”,比之“秋雁”,其有以夫。

丁　香

满眼春光展物华,可人情客艳还奢。不缘红粉娇晴日,独有清芬傲紫霞。小口细含香舌蕊,柔肠雅称解心花。无端忽被东风妒,对尔徒深宋玉嗟。

秋　雁

为喜随阳出玉关,当秋摇落泊寒山。天边作字心虽壮,霜下弹笙兴已悭。频向湘云舒望眼,难将易水照愁颜。自怜也抱苏卿恨,静对西风月一湾。

丁　香

问津渔者

素艳翩翩美少年,柔心百结倚歌筵。不知情客愁何在,怪道诗人说可怜。春去春来春又暮,曲长曲短曲难传。丁香花下空惆怅,谁遣风光到眼前。

秋　雁

风动蒹葭白露凝,寒塘秋老雁飞腾。雝雝自昔闻犹可,肃肃于今得未曾。紫塞离群空有影,湘江暗度愧无能。世情冷暖长如此,暖莫欢娱冷莫憎。

丁香(并序)

铁桥山人

丁香以况大保,海棠以比才官,拟诸形容,石坪居士已有定评。二伶俱予所心赏者。无何,改弦易辙。怜香惜媚之意,不禁感慨系之。盖大保、才官,先时同在庆宁部,一生一旦,出必与偕。正所谓才子佳人,当场再现风流也。今才官改入庆升部,无其对偶,顿减风神,兴殊落寞,余曾以“再醮妇人”目之。至大保,今在文武集亨部,形声改变,尤为可惜。亦明知逢场作戏,何必认真,而必沾沾计较,未免痴情太甚。第就戏论戏,吾正不妨戏言耳。故咏丁香,并及海棠而长言之。

旧目丁香海棠婢,此论虽公吾不喜。海棠有色恨无香,敢把丁香奴婢视。从古文人所见新,凿破混沌求至理。试将旧案一时翻,我今权为修花史。园中贪看一齐开,蜀国美人宛陵子。(“紫”借用“子”。)有色有香两相欢,应羡天生夫妇似。风和日暖暄染深,娇艳清芬各依倚。佳人初醉睡未醒,情客扶持熏室里。(《西溪丛语》以丁香为“情客”,二伶尝演《卖油郎种情》一出,确有此情景。)乃知尤物不易全,配合凭仗人工尔。怜香惜媚倚栏杆,尽日园林醉双美。素面含情足供观,红纱映肉更绮靡。不期好事分移栽,嘉偶难逢今已矣。又不见丁香终日向春风,愁结无端少知己。君不见海棠独自艳红妆,空有娇容莫与比。

秋　雁

大保于去岁六月,出庆宁部;八月,充入文武集亨部。然余意中常为眷恋,今则杳不知所之矣。

秋排次序曳晴空,凝望欲栖又逐风。知到衡阳烟几许?送君常在手挥中。

人生漫道如鸿爪,并觉泥留迹也空。信是东坡传旧句,未应嗟惜与君同。

长生官(庆宁部,旦)

序(杜鹃花　杜鹃鸟)

铁桥山人

长生官,未曾询其姓氏,亦不知其为江苏何许人也。体癯面小。入都时,为庆云部贴旦,技艺平平,无甚动人之处。后阑入庆宁,改为正旦,坐作语默,简练揣摩,穷工极态,怒笑俱宜。盖与范二官可称对偶，俱非以艳色媚容取悦于世者。昔顾况诗有云："绿树村中谢豹啼。"谢豹者，杜鹃鸟也。余于范二官，既以"梅花"、"白鹤"为拟；若长生官者，于千古劳人思妇，聚散离合，即境传情。当夫登场度曲，苦心倾写，几至于口不流血不止。今则云散风流，真杜鹃所谓"不如归去"矣。且乐天诗："杜鹃花开子规啼。"然则花也、鸟也，二而一者也。夫花与鸟何与而遽蒙杜鹃之名？想亦杜鹃花开，适当子规之啼。子规不幸而流血，此花不幸而鲜红。两两相当，故以是名之。亦犹虞姬墓上花，亦谓之美人耳。长生官不过偶于苦剧见长，使其改途别业（存心温厚），吾乌得而知。第就其演剧，以品题其人，有不谓之"杜鹃"而不得。遂以长生官为"杜鹃花"、"杜鹃鸟"云。

杜鹃

鸟为多情思乐国，花曾何解怨东风。只因杜宇催归急，正值山花照眼红。醉杏不离脂粉内，夭桃究在笑迎中。惟兹踯躅逢春暮，开遍全山与根同。

杜鹃鸟

应计春光是与非，声声胡道"不如归"？山前急切啼残夜，树杪凄其叫落晖。（通首一气流转。）口血已将花瓣染，羽毛终逊岫云飞。空令客子频生感，益叹身心与愿违。

杜鹃花

石坪居士

前身岂是杜鹃鸟，化作啼红泣露花。人在他乡看不得，那堪忍泪对芳华。

杜鹃鸟

媚人花鸟竞芳时，入耳何当谢豹啼。远思纷纷抛又集，莫教再唱子规词。

杜鹃歌(为长生官赋)

问津渔者

台上蹙双蛾,啼出杜鹃血。纵有热心肠,何堪耐冰雪。可怜玉碎与香消,不御铅华卸翠翘。夜夜荆钗长叹息,朝朝杨柳折新条。当场虽作假啼笑,尔日忧愁俨维肖。(是花,是鸟,是人,面面都到。)妙龄稚子解相思,何异山红春月照。卿本飘蓬客,何堪断梗飞。长留都下无人问,怪道声声"不如归"!

潘巧龄官(五庆徽部,贴旦)

序(玉簪花　鹌鹑)

问津渔者

诗之作,由来尚矣。或假物以抒怀,或缘情而起义,要皆不泥乎物,不腻乎情为得也。二十四翻风信,花发乾坤;三十六宫春光,鸟歌朝暮。宁必玉簪耶?必鹌鹑耶?然考玉簪得名之始,有谓色美如玉,形肖惟簪者,则其名尚假托。又闻鹌鹑小而善斗,出入怀袖,豪少多爱畜焉。此固玉簪之名,鹌鹑之实,于人无与也。潘巧龄官,五庆徽部贴旦,又于玉簪、鹌鹑何与乎?岂宫鬟小髻,举止轻柔,或有当于玉簪插发耶?至其巧笑怡人,迥非善斗者比,岂性醇身小,或如鹌鹑之爱养于人耶?终不过假物抒怀,缘情起义而已。是耶?非耶?余又乌得而知耶。

玉　簪　花

阿谁季女巧相逢,十二金钗衬玉容。雪魄当窗花露冷,风鬟临镜鬓云浓。不施宫粉香犹在,未吐芳心意已钟。一夜凉生秋几许?搔头斜插绣芙蓉。

鹌　　鹑

轻于燕燕束宫纨,举手相亲若弄丸。锦袋为栏笼雀舌,斑毛不树斗鸡冠。醇和性格黄金买,少小身材白璧看。纵使鹑衣忧百结,怀中呼吸岂知寒。

玉 簪 花

铁桥仙人

雪魄冰姿色相兼，簪形惟肖玉纤纤。时人遍插侬无用，只合园林偶一瞻。

鹌 鹑

未识鹌鹑足戏嬉，闲曾诘问少年儿。言从锦袋收归后，终日依依不暂离。

玉 簪 花

石坪居士

云鬟斜插玉搔头，季女新妆态转柔。时觉花清香亦媚，爱卿固自恁风流。（初见巧龄演剧，有摇头弄舌之病。余原诗曾有"每惜冰姿香寂寞，此卿空负假风流"之句，今则尽改，便觉香多，故改赠之。）

鹌 鹑

牙牌锦袋总随身，养就斑毛斗又醇。瞥见甄甄（鹌鹑飞貌）飞上下，真堪消受眼前春。

李增官（松寿部，贴旦）

序（茉莉 百舌）

石坪居士

化工赋物，浓淡相成；声色娱人，隽雅尤永。以其妍媚殊俗，感人情趣，别有超于冶艳淫声外者。且俗尚虽易溺繁华，本性亦自分泾渭。往往红堆紫簇，瞥见质隽香清；鹊噪鸦喧，忽听音和韵雅。人即不知其隽，而必饫其芬；抑或未解其音，而共喜其雅。殆犹味饱浓鲜，乐得青子含酸以解秽也。迩来歌馆，盛兴武部。昆部如万和、乐善等，屡入馆而不开场，殊深向隅之憾。适松寿部自江苏来，优伶固皆幼稚，摆演且甚丽都。其部声技，求如原庆宁部生旦固难，惟贴旦李增儿，韶年隽逸，素质轻盈。未尝卖弄妖娆，体态生香,若对小莲于午夜;独自调和天籁,笙簧在舌,俨聆灵鹦于三春。一时座上客满,都下名传,所谓涤去浓华,独标隽雅。人之真好,自在此而不在彼也。同契喜其淡雅,品以"茉莉";爱彼讴歌,名为"百舌",则真月旦确评。而仆花鸟之咏,不禁吟肩又耸矣。

茉　莉

消将酷暑是清香,赖有琼英对晚凉。碾就冰蕤青玉洁,(典雅凝练。)劈开银蕊碧莲芳。玲珑月下花虽小,袅娜风前馥更长。岂必云鬟簪彩缕,始称恰肖丽人妆。

百　舌

小于鹳鸽大于莺,到晓还推尔善鸣。频向绿杨调巧舌,惯依红树诉春情。娇啼每醒花前梦,细语如闻叶里笙。若使过时还嚏嚏,太平鼓吹实先声。

茉　莉

铁桥山人

翠叶冰葩末丽秾,临风香细一重重。于今不改南人爱,应服东坡暗麝浓。

百　舌

众禽繁会太无情,绕树周遭各自鸣。我欲携笼收百舌,静听一一唱和平。

茉　莉

问津渔者

当年小玉已齐名,今在花中第几程?香气袭衣消酷暑,可怜柔婉只轻轻。

百　舌

林中巧弄千般舌，百鸟鸣时韵易兼。只恐怀春春去也，空余晓日照湘帘。

张三宝官（金升部，小旦）

序（瑞香　山鸡）

石坪居士

昔东坡诗云："骨香不自知，色浅意自深。"盖为瑞香写照也。又尝咏雉云："空中纷格斗，彩羽落如花。"只一二语，而文雉之羽毛体格，无不毕现矣。夫古人抒怀咏物，托景写情，未尝沾沾摹似。而即境传神，每流露于字句外，令读者玩其词如睹是物。抑或即是物，见所况之人。因而撷其绪余，缘为注脚。虽属架空翻新，不嫌旁引借证；则亦义取诸比，物维其肖也。仆迩于金升部中，见小旦张三宝者，齿仅十二三，声第上之下，惟是艳质柔姿，嫣然妩媚。观其宫装献酒，环佩玎珰，则所谓"雕玉香秾团瑞雪，翠翘春暖插轻霞"，庶其近之。及其阵演孙吴，搴旗战舞，靡不精彩炫人，又何异"绉翎翻草去，红嘴啄花归"也。至于唤作"熏笼"，别名"哑瑞"，声色之不齐，当必有辨之者。

瑞　香

瞥见春园着紫球，香多不愧号风流。僧闻亦为寻花去，梦醒还缘扑鼻投。岂是虹霞飞画槛，胜如兰麝出衣篝。当前雅称梅花婢，博得骚人把韵酬。

山　鸡

楚客曾惊是凤飞，却缘平野度春翚。彩囊每避山前树，紫绶徐舒顶上绯。善舞最宜临碧水，有文常喜映晴晖。只因评品传于颇，也惜和鸣中律希。

瑞　香

问津渔者

莫教剪破麝脐囊,分得庐山一睡香。锦被不将千百叠,午窗春梦自芬芳。

山　鸡

羽毛文彩亦娇娆,宁必歌声杂凤箫。春草笼媒未西去,也堪作赋慰中宵。

瑞　香

铁桥山人

浅春青紫斗芬芳,始信名花唤"麝囊"。若得移栽居士舍,卷帘晴看沁诗肠。

花发庐山称上瑞,午窗春睡梦魂香。风流不得熏笼醉,那识人间歉海棠。

山　鸡

最喜山鸡出艳妆,羽毛鲜彩错文章。非缘楚客千金误,本是依稀似凤凰。

自爱鬃襟迥不常,惯临清鉴舞方塘。从来彩羽争奇贵,翻草春深合盖藏。

陈五福官(庆宁部,贴旦)

序(蔷薇花　鹈鸪)

问津渔者

文无定体,诗有别肠。醉舞银毫,设新歌于优孟;闲裁花骨,因旧名以品题。虽乏黄绢之辞,贵慎青钱之选。乃有梨园子弟,情若牵衣;金屋佳人,形同插羽。如原庆宁部贴旦陈五福官者,冶容四面,殊落落以大方;诨语一翻,复丝丝之合度。斗红裙以悦俗,宜添买笑之钱;假青眼以照人,不诵戒淫之忏。俨形容之逼肖,观察庭前;欲留恋之像生,司马园内。金莲步步,娴雅孰若轻狂;玉笋纤纤，风流胜于清润。衣西子之衣，肖东施之靥，虚南方之秀，擅北平之名。到处留情，风动蔷薇之刺；此心喜合，天生鹁鸽之知。是之谓也，不亦宜乎？昔日童子场中，犹怨白圭玷缺；今朝佳人队里，尚贻青管芳名。业有花容，一团和气；虽无鸟语，满口娇声。岂徇偏好于世情，应重确评于我辈。庶几瑕瑜不掩，生其悔心；然而色相俱空，化为乌有焉耳。

蔷 薇 花

四面垂条入夏深，高红低绿满庭阴。闲游花里应输币，醉插池边易引针。到眼鸡苗香就手，牵衣牛棘刺钻心。狂蜂浪蝶须珍重，扫茨墙头着意寻。

鹁 鸽

爱宿人家两两飞，一生徒啄稻粱肥。赤绳虽系胜云足，黄阁空传斗雪衣。谁把金笼闲约束，得将佛塔奉皈依。当时何事呼名号，象意谐声又入微。

蔷 薇 花

铁桥山人

深红浅紫逞娇姿，正是蔷薇烂熳时。着意钩留人顾盼，临风低笑一西施。

陆郎空对暂遮贫，（皮日休《和陆鲁望蔷薇诗》："暂应遮得陆郎贫。"）买笑无钱未了因。若得丽娟金复许，（丽娟与武帝看蔷薇，帝曰："此花绝胜佳人笑。"娟曰："笑可买乎？"帝曰："可。"娟因输黄金以作买笑钱。）管教少府有夫人。（白乐天诗："少府无妻春寂寞，花开将尔当夫人。"）

鹁 鸽

佳人插羽日翩翩，空际铃鸣乐少年。笑我涅盘经写毕，不为添砚吸岩泉。

飞奴原号半天娇,风翮翩翻透碧霄。寄语翱翔须珍重,切防鹰鸷暗中撩。(似涉风谕,于五福正不得不尔。)

蔷 薇 花

石坪居士

艳满墙东花满篱,钩将春色刺连枝。当风巧学西施笑,原笑东君买笑痴。(五福甚秀敏,效闺阃妆亦颇肖。但卖弄过当,每于不应笑处,忽复嫣然。未习淑女之规,竟染村妓之态,殊为可惜。然亦有好处,世所共见。故余题鸽诗内,而勉其改辙也。)

鹁 鸽

蛊惑谁家有鸽铭,为凭豪少作娇形。回头飞入春花队,固识皈依念佛经。

王琦官(乐善部,贴旦,苏州人)

序(荼蘼　倒挂)

铁桥山人

余与刘君石坪,陈君问津,以花鸟品题优伶,互相迭咏,不觉积帙成编矣。一日,偶从同乐轩过,适逢乐善部开场,二君即欲往观。余曰:“此部惟有一玉龄官耳。岂尚未知之稔耶?何不于别部物色之?恐我辈未经寓目,或者尚有美伶,则于花鸟谱中足成九九之数,亦快事也。”而二君踌躇再四,若必欲一见,以征向之吟咏“虞美人”、“秦吉了”者,今其人果复何若。余因念作为赏花听鸟之行,则固未为不可,于是遂入座。不意檀板初敲,笙箫乍和,瞥见一小伶,眉清目秀,面嫩神闲,有恬雅之容,无轻佻之态。丰致姗姗,袅娜于一行一立之际,莫不妩媚可人。余不禁深为激赏,因讶前此何未之见。及细询之,乃知姓王氏,名琦,苏州人,今年十五,为玉龄之徒,前数日方登场。噫!玉龄如帐内佳人,此则如闺中处女。宋景文《咏荼蘼诗》有云:“无华真国色,有韵自天香。”可为斯人贻赠矣。而且腰一捻,轻于绿柳;唇一点,小于樱桃。彼禽鸟中有“倒挂”者,绿毛红嘴,小于鹦鹉，其声音色相，不又恍惚有合耶？第蓬莱宫中花鸟使，今胡翩然来前也。夫稚齿韶龄，如琦官之年华方幼，出身歌场，原未为晚。而以余品花评鸟，吟咏几遍，今乃获遇其人，则翻觉其迟。古人云："开到荼蘼花事尽。"似斯人迟之又久而后出，不可谓非遇合有时矣。从此，三益山房花鸟谱，始以梅花，已开众卉之先；终以荼蘼，爰得群芬之殿。而倒挂，又名"探花使"，名物通谓其日闻好香，则收藏尾翼间。然则斯人也，斯鸟也，即谓之为众花收香，可也。

荼　　蘼

深惊花事将开遍，却喜荼蘼续众芬。艳质应疑冰作骨，娇姿自合翠为裳。微微露湿匀轻粉，盎盎醺融发妙香。从此不嫌春寂寞，一枝堪赏日舒长。

倒　　挂

倒挂珍禽渺小闻，绿毛红嘴色缤纷。情耽饮露桐花集，性好收香羽翼芬。冠似凤凰谁得拟，形同鹦鹉莫能分。闲于春日曾相见，羡尔翱翔自不群。

荼　　蘼

石坪居士

关心花事看花频，天遣香琼送晚春。二十四帘风夜卷，月明姑射见仙人。

漫许金沙得效颦，生香白雪自精神。顿教桃李羞争艳，尽道梁园玉蕊新。

倒　　挂

岷江春暖翠云丛，五色灵禽集紫桐。日夜兴酣花露里，好香齐在绿衣中。

喜依红粉身偏小，爱压金钗性独驯。怪道美人争买得，一番对镜一番新。

荼　蘼

问津渔者

花仙不肯任春残，为遣荼蘼倚画栏。满架浓阴香已逗，一枝新蒂并应难。（是班无小生配合，殊令人怅怅。）

休教童子和书掩，好向佳人带醉看。惹得诗狂呼韵友，月明墙下自盘桓。

倒　挂

尝从花径带香归，五色斑斓羽翼稀。绿竹丛生鹦鹉粒，青桐枝映凤凰衣。身中馥郁收仍散，眼下蓬莱是也非。到底芳心谁买得，由来声价重南威。

三益山房花鸟新咏，原以五福附卷末，姑取之以观迁善而已。乙卯春，乐善部初开场，瞥见琦官。稚齿纤腰，纤徐合度，和蔼之气溢于语言。虽不美于徐才官、李玉龄、王喜龄、毛二官、金福寿等，而一种雅韵，见则生怜。荼蘼春尽，倒挂收香，持以赠卿，诚确当也。铁桥山人叙论之，又觉亲切有味。故易而殿后，取后劲之意耳，非谓五福能加人一等也。爰成长歌二章，以博知音一粲。

荼蘼花歌

问津渔者

后园压架花，色香供采撷。老梅同其韵，玉茗同其洁。羞杀梨花云，何必杜鹃血。红药埋芳草，海棠自怡悦。情客徒留春，含笑不能说。园林暑气清，栀子堪同列。芙蓉秋江上，已到重阳节。且贮麝脐囊，如沾姑射雪。美人初傅粉，搔头殊清绝。莫插茉莉瓣，应携夭桃结。原不数蔷薇，买笑奚容折。无奈荼蘼何，狂歌分巧劣。持以献知音，把酒味芳烈。

倒挂鸟歌

蓬莱花鸟使，白鹤青鸾伍。彩色匹鸳鸯，声音继鹦鹉。性同水鹭驯，不作山鸡舞。翡翠得其文，鹌鹑差比武。探花入花丛，情急非自苦。雁去燕又来，子规啼暮雨。君不见垂杨岸上鹧鸪飞，春残无莺织柳树。又不见新荷鸜鹆学人言，反舌无声正夏五。只有依人鸽，朝朝媚廊庑。虚度好时光，数之无足数。莫谓不曾抛，联翩恒诩诩。试看收香禽，绿衣好毛羽。

消寒花鸟咏卷末题诗十绝

数载京华迹浪游，敢夸笔墨写风流。圣贤经济儒生品，拟占当场第一筹。

北窗风雪冻梅天，结契消寒旧有缘。唐突美人呼稚子，个中参透老僧禅。

眼前风月泄机关，流水千条万仞山。开口岂如缄口好，是非不到白云间。

年少优人冠一时，太平歌舞耐寻思。非关醉饮刘伶酒，但觉狂生杜牧诗。

一翻设想一翻魔，花鸟情深发啸歌。手念菩提百八遍，不知于意又云何。

子弟梨园孰比伦，可怜零落不胜春。驱来歌馆装啼笑，从此人生失本真。

芳姿原是一鲜花，不断尘缘恋物华。堕入黑风三万劫，吹他片片落人家。

门前小鸟怨东风，虚度光天化日中。振翼不能飞上苑，方知人世有樊笼。

道是多情我又酸，怜香莫作等闲看。黄金难买时人眼，珍重春风骨肉残。

是空是色自分明，消受寒来九九程。才子多情吾岂敢，不将扯淡博虚名。

问津渔者自题并书

跋　后

消寒之咏,仆与陈、李二君戏为耳。乃茶珰雪案之余,检点已得百段十首。其间率口成吟,藉娱寂寞,岂堪冒昧问世耶?惟书坊好友谓:“借梨园以遣兴,亦犹浑语足解颐。天下事皆戏耳,何不编作剧本观?”二君首肯,仆亦哂付之。且跋词二阕,以代解嘲云。

寄托无端,幻形花鸟。恁扬播,捻红弄雀,声色寻因果。逸趣横牵,友倡频催,和惭疏惰,拾人残唾,得句涂于左。

右调《点绛唇》

强勉吟哦,回环玩索,宫商未必排妥。敢夸纸上烟云,状出镜中花朵。遗神掠影,究亦是囫囵吞过。只恐怕韵士骚人,到眼还嫌鄙琐。　　箧囊收拾将付火,好事反乐加梨祸。也怜悦世娇妍,不任随风摧挫。异卉名禽,做一轴缃函包裹。会须遇大笔留题,真幻一齐参破。

右调《东风第一枝》

石坪居士自跋

消寒新咏　卷之三

题范二官戏

吟诗(彩毫记)

石坪居士

明皇爱贵妃之色,重李白之才,于宫中饮酒,召白填词,诚千古韵事。但此剧专写李白之奇才隽致,最难摹仿传神。惟范于原词“云想衣裳花想容”及“名花倾国两相欢”之句,作濡毫落笔状,有意无意间,频频注视玉环,可谓体贴入微。及赐酒,作醉态,他伶不失之呆,即失之放。惟范拜赐,已露酒意,跪跌若难自持,不漫不呆,纯是儒臣丰致,略露才子酒狂。梨园无能学步者,因成七绝纪之。

洒落襟怀兴万千，挥毫金殿品婵娟。陶然斜戴乌纱帽，醉态模糊是酒仙。

吃茶（鸣凤记）

椒山为阻奸谋不遂，反被相仆奚落一番。不得已，谘及文华，胸中多少愤懑。乃文华当献茶时，偏夸为严相所赐。此刻，因物嫉奸之心，自必露于颜面。范二官当擎杯欲饮，一听此言，忽然目赤腮红，真是含怒者。以后诤辩、忿别，无不确肖当年。若非会悟忠臣梗概，焉能绘出全神。

神传骨鲠嫉朋奸，话到茶香忽赭颜。凛凛风规犹可惮，还从稚子认椒山。

打车（千忠戮）

程济于患难中，隐护建文，已十六载。一旦少离，主即被系。此时，忙寻奔救，忽见囚车，自应肝胆俱裂，疾视雠仇。但心酸气激情状，两处极难装点。范二官于车前哭诉，既色黯神伤；与震直辩论，复词严气壮。哀痛是真哀痛，怒骂是真怒骂。精忠劲节，咄咄逼人，允为梨园独步。

攀辕匐叩恨无穷，愤激踉跄恰个中。大义痛陈须发动，歌台犹想烈臣风。

诰圆（双官诰）

此出为全剧结局。举冯生之由贫困而富贵，大娘、二娘之变节蒙耻，碧莲、老仆之苦守膺荣，皆于诰赠时传出。所难表者，当冯生双酬节义，欢喜中隐含悲楚，感谢处寓有怨伤。固应两面都到，方不是潦草过场。惟范二官能知曲意，故赠冠而颜带寂，酬酒而泪双垂，皆从中情流露，则真做半面而得全神者，他伶何曾梦到也。

伤心底事意徘徊，笑不成欢泪落腮。节义双酬中有恨，尽传鼓乐送霞杯。

逼休(烂柯山)

问津渔者

世无少君孟光,鹿车牛衣中,不知委屈多少痴心汉。作者传至此,匠心亦苦矣。加以范二官绘水绘声之技,咄咄逼人,能不令观者发指?

变幻文心未易穷,谁将曲调巧求工。小伶领略其间意,当日痴情恰个中。

望乡(牧羊记)

秉节当场望俨然,一颦一笑总堪怜。无端绘出忠臣影,欲觅欢娱反涕涟。

杨本(鸣凤记)

披肝沥血劾权奸,大义皇皇岂等闲!歌管绘成原面目,四民无不识椒山。

弹词(长生殿)

铁桥山人

前生应是李龟年,领袖梨园莫比肩。偶步弹词歌一曲,曲高和寡尽教怜。

妆　疯

此剧演者屡矣,然或故意显假,又或故意装真,俱未得宜。惟范二官有意无意之间,最为入妙。

知是朝廷不舍公,故装病态效龙钟。场中识得传奇意,或假或真恰个中。

题王百寿官戏

百寿,通才也。每出台时,丰神闲逸,动辄得宜。我辈揄扬,原无过当语。虽优伶小技,而此中翘楚,究竟笔不能罄。无论冠带妆、风流妆、别离妆、愁苦妆、疾病妆、梦寐妆、妇女妆，无不色色动人。北平老人阮君，以“宝贝”呼之，宜矣。

拾画(牡丹亭)

问津渔者

年少惊春在客身，何堪竹外拾遗真。梦梅本是多情种，今见多情又有人。

叫画(牡丹亭)

风流名士总关情，纸上相呼不惜声。若使丽娘真有迹，好从今日唤卿卿。

惊丑(风筝误)

韩生暮夜而来，原属怜才心热，是以不顾名义。忽然花面相值，毛骨耸然，热心冰冷。观者细心领会，自觉他人举动，不过印板文章，而百寿远矣。

无限春情付阿娇，忽然中夜遇花妖。此中难觅形维肖，半是欢娱半寂寥。

跪池(狮吼记)

柔能克刚，理之所有。试问今日貌为丈夫者，有几人不惧内乎？此出作者因东坡戏嘲诗句，故刻于摹拟。苟非善技，委曲求工，难免过火之弊。

爱色应教作色奴，陈生岂得谓金夫？拟他杖落心惶恐，未必真真有是乎？

茶叙(玉簪记)

余乍见京腔演戏，生旦诨谑搂抱亲嘴，以博时好。更可恨者，每以小丑配小旦，混闹一场，而观者好声接连不断。呜呼！好尚至此，宜昆班之不入时俗矣。

品茶心透尚温存,笑语环生不带村。借问他人谁似得?此中应使薄夫敦。

探病(玉簪记)

此出中有老旦,万和部之最劣者。即双庆扮陈姑,亦不若才保。故只就百寿而赞其装病之酷肖也。

俨然病态气微茫,别是当场一样妆。若使医家无脉理,药囊收拾叹膏肓。

假妆(三笑姻缘)

丈夫筋骨体幽闲,玉质莹莹结小鬟。侵假前身周得并,又教欺杀祝枝山。

错梦(西楼记)

情到情真始入魔,梦魂犹自拥娇娥。饶他幻出虚无境,设处其中更若何?

赠马(西楼记)

执鞭赠马是知音,无奈王孙别有心。觌面相辞忙怎拟,痴情犹想到如今。

惊变(长生殿)

铁桥山人

乐天诗:"渔阳鼙鼓动地来,惊破霓裳羽衣曲。""惊破"二字,使当日情事,靡不毕现。今之演《长生殿·惊变》一剧者多矣,惟百寿则处处传神。即较之大保,且更为酷肖。甚矣!神似之难也。

自信今生永靡他,霓裳一曲乐何多。当年玉殿惊闻变,此日梨园细揣摩。胆战已教神失据,情深犹问醉如何。妙伶一一为传出,可与参观《长恨歌》。

埋玉(长生殿)

百寿官演戏,每于空处传神。即如《长生殿·埋玉》一出,事穷势迫,装出莫可如何之态,或人所能学步。独其垂头丧气,不言不语,又怨恨,又悲哀,种种难显之情,则此中难索解人也。

檀板笙歌日日开,摹情绘影孰全才。技夸百寿形神合,剧演明皇色相该。闭目无言虚缥缈,垂头多思郁徘徊。心慵意懒旌旗处,确是当年别马嵬。

打车(千忠戮)

演《打车》一剧,可以出色者,唯程济一人。扮建文君者,何处争奇?惟百寿于车前告语,悲咽凄恻,声口情神,靡不逼真。乃知妙伶,固自不同也。

美少玲珑若个胜,即于冷淡也难能。听当告语情凄恻,字字传神得未曾。

问津渔者曰:"'嗳!有负你一十六载,患难相随!'只此二语,令人心恻。"

错梦(西楼记)

余最爱其朦胧答应,确肖梦中欲醒未醒时也。

漫道精神足感通,讵知色相本皆空。醒来帐内昏迷语,口角犹然在梦中。

对雀(金雀记)

石坪居士

此为《乔醋》引子耳。在潘岳惟恐露出私交,夫人固知有私交,急索从前金雀,一时妆捏不来,抵赖不得,只好假作支吾。及见金雀复出夫人之手,又莫解私情何从败露。能不曲意奉承,以望容忍?是皆当日必有情理,百寿体会独深,故既左右张皇,又忽赧颜强笑。摹写入微,得未曾有。

已无金雀对原凭,初作支离后奉承。却笑情痴甘屈膝,借言未暇历阶升。(用原曲上阶错步韵。)

秋江(玉簪记)

人生伤情之事,最是年少别离。况属私效鸾凰,忽尔强为拆散!心中无限愁肠,未便明言剖诉。所以对面含意难伸,只好眉头暗传痛楚。百寿演此剧,于别离后,强作乘舟状:意难舍,举步行迟;心多酸,低头气丧。将当日别绪离情,从无词曲处体会出来,真能传不传之神者。

逼离无奈强乘舟,意懒眉低确是愁。何故重逢倏又别,伤神如对晚江秋。

详状(白罗衫)

是剧传神,固须老仆从旁指点。尤在看状时,先将一团疑窦,宛转推求,方是“详”字神理。独百寿着意求工,看到徐能名姓,忽然词色俱变,而若讶若惊,复自思自解。及老仆送茶偷觑,擎杯不接,乃又疑上添疑,出之有意无意间。至逗出原情,伤心欲绝,的的可人,应为有目共赏。

关情宛转度原因,变色惊疑故骇人。剖得前冤怜老仆,是惭是恼假皆真。

玩　钗

钗何足玩?美人之遗。况值旅夜孤栖,宵灯独对,忽拾押鬓瑶簪,撩乱客思,能不几番把玩也?百寿善体幽情,于此等剧,尤为得手。个中人,当于恬吟密咏时求之。

香盈素手把金钗,珍重还疑搅客怀。一缕幽情描写尽,读书灯下细摩揩。

题徐才官戏

题曲(疗妒羹)

石坪居士

自来惟才怜才,古今一辙。即或生不同时,未尝谋面,而遥情默契,有不期然而然者。况闺壶幽情,恒多婉曲。若假梨园传演，不得妙伶，安能酷肖？顷见才官演《题曲》一出，歌喉嘹呖，意致缠绵，将小青感叹杜丽娘神思，细意描写，则可谓仿佛当年，不徒形似者。

万斛春情满绣肠，借将歌馆写啼妆。新词题罢还虚想，仿佛灯前杜丽娘。

灞桥（紫钗记）

伤离泣别，传奇借为抒写者屡矣，梨园从此见长者亦多矣。惟才官演《紫钗记·灞桥》一出，其传杯赠柳，固亦犹人，乃当登桥遥望，心与目俱，将无限别绪离情，于声希韵歇时传出。以窈窕之姿，写幽深之致，见者那得不魂销？况予客京师多年，尤觉泪透。

宫妆结束别征镳，饮饯花亭赠柳条。送上灞桥遥一望，鱼沉雁落客魂销。

乔醋（金雀记）

是剧作者设想固巧，演者摹拟难工。惟会得曲中意外之意，方能绘出当日神外之神。才官质秀心灵，假己娇容，传他醋意。一颦一笑，无不逼真。是诚得此中三昧者。

多情却似总无情（用句），诳语潘郎自请荆。宛转刁难传假妒，明啼暗笑百娇生。

探病（玉簪记）

演剧虽小道，亦必原情写意，方不落俗套。即如《探病》一出，妙常伴观主同来，无限热心肠，因避嫌疑，不便遽达，只得傍椅而立。此时，猛见可憎模样，神倾意注，似呆似痴。忽然移椅，卒不及觉。方有惊扑情状，但只折腰俯首，略作欹斜乃妙。迩来常演是剧，玉龄太过，双庆不及，惟才官出之自然，是又纯以态胜者。

道装拂尘伴姑来，背立偷看意似呆。不觉椅移腰几折，因风摇曳柳新栽。

寺警(西厢记)

戏有从淡中取致者,非妙伶摹仿不真。如《寺警》全为君瑞写生,红娘等不过作惊慌状。独才官隽致可人,极恁张皇,转多灵敏。其妙处,诗中达之。

娇如侍女态轻盈,袅袅花枝不任惊。猛讯山僧能免否?万般妖冶怕时生。

偷词(玉簪记)

真是才子佳人,方有风流韵事。但从后来摹拟,非具秀质灵心,那得神情宛肖。

曾见才官同大保演此剧,俨然半幅花笺,凑合百年好事。而若羞若怯间,确是深闺情致,无半毫野俗态。才官固媚而贞者,于此等处,尤足动人。若必效时派,故意卖弄,则尽失其本色矣。

漏泄春光一纸词,怕郎偷觉受郎欺。何堪欲就还推去,想杀堂前轻薄儿。

雪夜(金瓶梅)

卖弄风骚,惟此等剧,尽可出色。乃才官天然妩媚,总只见其温柔,不露半点丑俗态。或有訾其不工调戏者,职是故耳。然是剧未见多演,度所欲擅长,端不在此。

一样春心异样娇,琵琶曲里度寒宵。那堪错配鸳鸯侣,幻作秦娥月弄箫。

反诳(翠屏山)

戏无真,情难假。使无真情,演假戏难;即有真情,幻作假情又难。《反诳》一出,真真假假,诸旦中无有形似者。惟才官装嗔作笑,酷肖当年,一时无两。

当场卖弄笑还惊,撒泼装娇曲写生。争似巧云多警变,却输柔媚不如卿。

种情(占花魁)

“非宿酲未醒,直海棠睡未足”,明皇评贵妃语也。才官演《花魁醉归》一出,娇姿婀娜,倦眼朦胧,风神端不减着露海棠。是剧大保为秦种,更添一番情致。然真遇如是佳人,怜香惜玉之意,固不仅秦种独浓也。

轻盈醉态怯难支,恰是名花欲睡时。唾罢宿酲春梦稳,空教帐外口香遗。

独占(占花魁)

是剧演者屡矣,独才官配合大保,足称两美。其间传杯写意,絮语倾心,假眖歌喉,表缠绵情致,得未曾有。自二人拆散后,别部再无惬意者,殊属恨事。

假姻缘扮宿姻缘,着意钟情款夜筵。若得花魁能尔尔,应将好色易贤贤。

走雨(幽闺记)

问津渔者

想应神女下阳台,故作娇啼踏雨来。彳亍泥涂都雅韵,教人惊喜好难猜。

抢伞(幽闺记)

天涯都是倦游人,看到离愁怕损神。幸得玉容亲倚托,只教含笑不教颦。

题徐才官戏(有序)

铁桥山人

徐才官,歌音浏亮,玉润珠圆,旦色中表表一时者也。特恬雅有余,而风情少歉。若稍加婀娜,人不知魂销几许矣。然每当度曲时,音清韵远,不杂瑕疵。声声入听中,足令人心旷神怡,又不觉其为略欠风情也者。亦贤者过情,美益求美,吾辈自不满足耳。其技艺之佳,多不胜述。今略纪其一二,亦全豹一斑之意云。

出塞(青冢记)

一幅昭君出塞图,灯光掩映认模糊。独怀此夕歌台下,把盏凝眸兴不孤。

歌音嘹亮遏行云,况杂琵琶静夜闻。马上轻挑弹几曲,泠然善也涤尘氛。

忆壬子春,友人邀赴彩觞。时庆宁部正当极盛,诸伶技艺莫不精工,而范二、大保与才官尤为出色。是晚,开演灯剧,蜡炬辉煌,瞥见才官手抱琵琶,于马上扬鞭就道,轻盈歌台内,比日间更觉可人。于是细笛微笙,轻弦按拍,缓缓倚歌而和之。夫才官音调,众所共嘉。此宵深人静,娇音呖呖,想霓裳羽衣,不过如此。是诚一刻千金矣。

余于才官,前后观剧,已经数载。惟此剧常系恋于怀,今犹不忘。特纪之,以质曾观是剧者。

戏叔(翠屏山)

才儿端静歉风情,剧演花魁也至诚。惟有堂前呼叔叔,嫣然一笑足倾城。

题李玉龄官戏

拷红(南西厢记)

问津渔者

此出各部皆演,依样葫芦,无甚动人之处。惟玉龄唱到“小姐权时落后”句,体会入微,确是小孩儿被人缠绕,又怨又怒之意。

娇声欲诉又怀刑,言到“权时”着意停。夫人夏楚休重挞,留与春风唱后庭。

絮阁(《长生殿》,集本出曲中字)

近见演此出者颇多,惟玉龄独肖杨贵妃当日醋意。愈看愈妙,总不厌人。只有如君者,未免心悸耳。

春情颠倒泪中宵,愁貌装来语又娇。尔日玉环多宠幸,假他拜拜转神消。

思凡(孽海记)

思凡之戏,一人出台,若不能刻苦求工,未免太寂。玉龄得之。

歌台谁不演优尼,尘尾袈裟鲜中规。(京班、昆班无不演此一出,非失之态度,即失之声音。)领取玉龄情热处,人间无药治相思。(用句。)

佳期(南西厢记)

石坪居士

是剧传神,固需从曲中逐句指点。然只状其大意,方不失相国丫鬟体段。玉龄官点染太过,在"一个娇羞满面",及"咬定罗衫耐"等处,其余俱足动人。

雨意云情想像真,巫山隔断不胜春。堪怜曲曲传娇态,故作痴迷恐误人。

戏叔(翠屏山)

妖娆一见动人心,假作调情兴转深。瞋笑尽流狂荡态,于今不数巧云淫。

佳　期

铁桥山人

佳期一曲太风骚,人自扬称我不褒。须识争奇成节外,何如淡淡反为高。

相骂(钗钏记)

芸香之来,心欢理得,不意夫人怒容相待。玉龄于初见时,陡然退后,似吓非吓,最为妙人。

心怀一路挟功能,何计登门答未曾。觌面陡惊情意外,应宜手足若无凭。

题长生官戏

逼休(烂柯山)

铁桥山人

五十年来志便酬,声声胡尔逼教休。今缘之子歌台演,怨偶方知信似仇。

刺虎(铁冠图)

怀恨难消一刺偿,临期犹觉畏彷徨。忠肝义胆俱流露,到底柔情是女郎。

阳告(焚香记)

问津渔者

无限离愁告窈冥,声声合拍不堪听。含冤匹妇自经死,惹我为他作墓铭。

相约(钗钏记)

石坪居士

宛如私约怯人知,乍认贫婆悄地窥。羞道芳名忙问路,恁般乖觉女孩儿。

相骂(同前)

重来实约恶言加,情极嗔生恨靡涯。几欲反唇还带笑,当场真个认灵娃。

题王喜龄官戏

铁桥山人

王喜龄，一名双喜官，余之所最心赏者。曾以“芍药”、“黄莺”为拟，既叙而赋以诗。盖美其品之佳，羡其音之好也。至其演戏精妙，足为集秀扬部出色传名，尚未暇及。不意于二月五日，忽尔云亡。呜呼！十六之芳姿濯濯，秀出江南；三千之客路漫漫，魂归燕北。荒烟蔓草，鬼馁坟孤。歌馆梨园，声销韵歇。忆杯谈于月夜，犹听清言；何物色于都门，翻成幻影。佳人难再，曷胜唏嘘！之子长离，殊深叹惜。今者芍药将开，黄莺乍啭，对名花而彼美不见，孰与争妍？听歌鸟而稚子无音，谁其共和？栏杆倚遍，难倾婪尾之杯；路曲迟回，慵载双柑之酒。名“双”而竟难得双，子可称独；字“喜”而不能长喜，卿实足悲。因即其所演戏，成诗十首以吊之，亦聊以寄慨云。

偷词（玉簪记）

新词题罢睡朦胧，无限春心兀坐中。讵意从兹归大梦，情长情短总皆空。

写真（万香楼）

曾临青镜写娇容，把笔沉吟意态浓。此日优昙空色相，楼台歌馆叹难逢。

围棋（万香楼）

骨秀神清窈窕儿，当场歌舞几何时。怜卿不必多生感，即是枰中来了棋。

下　西　洋

歌台不合演西洋，翻手成空女国王。命苦嗟同卿命薄，泉台沧海两茫茫。(“命苦”二字用本剧语。)

昭君出塞(青冢记)

琵琶马上扮昭君,一曲悲歌响遏云。未到玉门肠已断,残花摧柳吊荒坟。

长亭送别(南西厢记)

爱演长亭两手携,纷纷车马各东西。从今痛恨长离别,欲觅花魂草色迷。

乔醋(金雀记)

遗书拾读两眉攒,可是酸心未是酸。家在江南魂在北,新花被折恨无端。

下棋(南西厢记)

歌音圆润粉墙西,袅娜花阴月影低。只说千金怜一刻,于今真觉再休题。(余最爱其于是剧唱“再休题春宵一刻千金价”句,娇音呖呖,得未曾有。)

百花赠剑

戎装盛服衬蛾眉,笑固宜人怒亦宜。觌面多情将剑赠,似留今日割相思。

卖胭脂

(闻其新排《卖胭脂》一剧,即欲开场,忽尔染病,今则已矣。)

相逢携手问新排,记说《胭脂》一曲佳。不意歌台怜未卖,忽同香骨一齐埋。

续句

生长金陵似女郎,偶来燕北事歌场。韶华二八无双品,玉骨飘零足感伤。

每将戏剧细追寻，一度回思一度吟。除却还魂无可慰，飞花几见返高林。

下棋（西厢记）

石坪居士

巧施泼雨撩云手，卖弄偎香倚玉人。棋局明明皆戏局，刁红还藉若传神。

昭君出塞

玉貌含愁驰绝塞，莺声写怨弄琵琶。未堪回首汉时事，似此犹怜薄命花。

题毛二官戏

离魂（牡丹亭）

问津渔者

毛二官，声音本小，面色微黄。扮作病人，不假雕饰，而自合度也。且当连声呼苦，唇索口张，确是不治之症。无怪福寿扮春香，一望而却步者数次。

梦里伤春病已昏，纤腰难举气难吞。樱桃红谢犹张口，幻出亭亭倩女魂。（花残月缺，人易伤心。当此美人香销，不湿透青衫者，想必门外汉。即歌楼幻影，情亦犹里是耳。如果驾返瑶池，见之者又不知作何叹息。）

园会（衣珠记）

小鬟偷得美人妆，不避风情引赵郎。今日假中犹有假，依稀新配巧鸳鸯。

堂会（衣珠记）

诳得夫人坐画堂，无端又见一新娘。双眸低下频偷眼，状出痴情妒玉郎。

后亲(风筝误)

这般声韵有谁憎，字字珠圆爽气澄。母女相依情独切，又惊又爱又趋承。(毛二官态度娇娆，有目共赏。惜声音不亮，人多訾之。此出说白清爽，聒人耳者，更觉快人心。然以贴旦领正旦妆，终非雅部正矩。为师者欲显其长，故未暇计及耶?)

下棋(南西厢记)

十指纤纤对弈来，丰神端的号仙才。喜他忍笑身摇曳，一点春心不敢开。

佳期(南西厢记)

石坪居士

握雨携云作蹇修，红娘当日果牵头?无情门外相抛撇，淡淡摹来处处优。(此出玉龄官摹拟太过，几失本来面目，然人多爱之，而淡描者反不入时尚。甚矣！人之喜新也。)

花鼓(杂出)

学成新曲卖歌楼，小小腰肢体自柔。一步行来多少媚，未知赚得几缠头?

挑帘(义侠记)

铁桥山人

半身深隐赛娇娥，窈窕芳容态度多。非是男儿频顾盼，卷帘无奈送秋波。(其媚在目，令人神往。)

题倪元龄官戏

背娃娃

铁桥山人

元龄官，旦中最少者，才十二岁，而或歌或笑，妙极自然。岂此事亦由天定，虽小道必存乎其人耶?其演《背娃娃》一出，丰姿秀发，嬉笑逼真。观者如摩挲异宝，爱不忍释。余酷心爱，作四绝句以纪之。然其所以妙处，又如欧阳子跋梅圣俞诗，所谓“听之善，可得之于心而会以意，不可得而言也”。

乖巧无双处处宜，歌台雅爱背孩儿。掀帘袅娜初逢面，便似云霄降玉姬。

笑语行间自在仙，秋波频送彩楼前。腰儿几折娃儿哭，一句娇音一步莲。

异样娉婷见未多，是诚仙子偶凌波。（元龄曾以“水仙花”目之。）翻新戏说闺门事，笑谑风生脱旧窠。

情藏诓骗认亲家，莫笑痴呆信口夸。为尔甘心人几许，有谁懊悔有谁嗟！

遇　妻

石坪居士

邂逅长亭敌武豪，那知阿婿乍相遭。纤腰恰趁红裙舞，脚踩莲花步步高。

巧　配

娇如待字女孩家，幻作鸳鸯戏水涯。情到无何凭播弄，此中春意看时奢。

骂　灶

问津渔者

巧传悍妇话家常，手动头摇语又忙。何苦摧残亲骨肉，可怜花树更情长。

卖　解

轻烟笼鬓布为巾，独立青骢衬锦茵。疑是玉人新试马，长嘶芳草不胜春。

题李福龄戏

少华山

铁桥山人

伉俪初偕意便深,灯前依恋怯孤衿。可怜长夜眠难稳,虚负周旋一片心。

拟托丝萝喜靡他,重当逼别可若何。裙衩到此心诚碎,曷禁分离涕泪沱。

斯人一一与翻新,共讶当场即后身。羡尔年华今几许,(福龄今年十三岁。)何期技艺近乎神!

检柴

鞋弓袜小指纤纤,合向深闺绣线拈。妒母无端相逼迫,含悲无限泪痕添。

鬟堕钗垂小女儿,娇羞满面向何之。欲行不得情如许,屈曲行间步步迟。

悲歌一曲一酸辛,红粉何堪任采薪。那怪相逢频顾问,观场犹感惜花人。

调叔

嫂叔调情事本乖,何堪相谵逼身挨。伶人善状娇无那,洋溢春心处处皆。

学堂(牡丹亭)

此出演者几等家常茶饭,然俱未见出色处。近有一伶,声色颇为清秀。而且弱质轻盈,扮春香似乎得宜。乃当最良之面,肆无忌惮,居然指斥频仍。拷打时,回环辗转,脚舞裙翻;后于收场,竟将最良一推,几乎仆跌。殊为不近情理,令人发笑。惟福龄演是剧,处处入情,犹为差强人意。乐以诗纪之。

乖巧丫鬟莫比偷,席间袅娜故逡巡。私心毕竟闲偷戏,恐惧欢欣处处真。

未识诗书未识忧，学堂终日等悠悠。含情宛转无穷思，翻赘先生不自由。

打　饼

问津渔者

香酥细碾玉花飞，万叠圆成一月围。只见北平思食乳，福儿操作未曾违。

断　机

石坪居士

依然总角小孩儿，岂事装顽又学痴。直向堂前搬故态，形神还似在家时。

阵　产

鼙鼓惊翻香雾暗，红裙舞乱落花新。凭空忍痛眉频皱，媚态愁容面面春。

元龄、福龄，年岁相若，身材颉颃，即技艺亦相上下。第元龄宜笑，福龄善哭。论怡情，福龄少逊元龄之风致；论感怀，元龄不如福龄之逼真。各有好处，不容没也。余最爱其同歌合演，如《水漫》、《断桥》、《思春》、《扑蝶》、《连相》以及《忠义传》之扮童男幼女，彼此争奇，令观者犹如挑珠选宝，两两皆爱于心，莫能释手。斯诚一对丽人，可称合璧者也。

铁桥山人

水漫（雷峰塔）

铁桥山人

白姐（元龄）青儿（福龄）不胜娇，轻舟泛泛鼓兰桡。花容玉貌齐相埒，恍惚吴宫大小乔。

断桥(雷峰塔)

恩爱夫妻见面时,似嗔似怨各攸宜。相逢毕竟情难割,恨杀旁观一侍儿。

思 春

思春剧演尽堪看,相对如花色可餐。各自宣怀歌一曲,柔情无限韵姗姗。

扑 蝶

袅娜娉婷色笑俱,轻罗小扇共嬉娱。身随上下飞回蝶,可倩良工入画图。

连 相

清歌一曲一徘徊,各自呈能众妙该。游戏场中应尔尔,消闲人尽笑颜开。

忠 义 传

不识忧愁事势穷,行间嬉笑乐融融。男孩女幼原如此,烂漫天真到处同。

题刘大保官戏

壬子春,大保官才十三岁。丰神秀雅,声韵清圆。凡演一剧,虽梨园老手,有其声音,无其风度;效其科白,逊其灵通。洵小生中表表者。又得才官为配合,其剧愈觉神奇。何意未及两载,顿失其音,以致有长莫显,抱技难鸣。惋惜之意,已见前叙暨诗。乃友人等复咏及诸伶所演各戏,因忆大保官所赏于心者,尚约略其数剧,为之纪实焉。

见娘(荆钗记)

惊喜无端客宦情,萱亲欢养痛钗荆。王郎恨与江波永,那得如君为写生。

书馆(琵琶记)

酸楚难传对画图,伤神认妇猛相呼。一声哀叫一声泪,不似当年薄幸夫。

交账(翠屏山)

不因义重把身拘,侠气填胸向嫂呼。咄咄逼人男子概,精神全在强提壶。

偷词(玉簪记)

悄游禅室步松阴,觅得新词细细吟。巧作歪缠情不浅,花前约略露春心。

种情(占花魁)

探花花醉愈情痴,衣染余酲惜口脂。无限温存心一点,尽传解渴进茶时。

寺警(西厢记)

花笺半幅作媒评,握笔还停索证盟。才子风流整以暇,即今谈笑见张生。

独　占

问津渔者

章台柳色自青青,落絮沾泥梦不醒。谁使良宵亲择配,烟花队里赋三星。

男祭(荆钗记)

香蓺江边泪满襟,十朋遗恨到如今。羡他饮泣瞻亲在,一步回头一抚心。

题胡祥龄官戏

改妆(九焰山)

铁桥山人

生本男装忽女装,帘前颠倒着衣裳。雅人在在多风致,信是梨花白雪香。(祥龄,余以梨花目之。)

汴梁古井

翻身落井志何坚,恍惚桃源别有天。仙子宫娥争爱宠,如卿美貌尽教怜。

改妆

石坪居士

卸却生巾幻翠娥,三宫妩媚尽输他。轮杯得倚莲花面,香透春怀到口多。

比武(铁冠图)

色映梨花白战袍,身轻如燕善轮刀。须臾斗罢浑无事,犹见书生雅致豪。

题李桂龄官戏

调叔(武松)

铁桥山人

亭亭独立任流连,不受轻狂柳线牵。含笑自来多媚态,(桂龄有含笑花之目。)惟于此处却昂然。

跳墙着棋

如君蕴藉自风流,月影花移步步幽。暗向棋枰私指点,一番落子一回眸。

无限春怀日夕填,相期花下共流连。何当好事偏难就,怪尔空归兴索然。(桂龄于是剧收场处最为入妙。)

改　妆

风致翩翩语笑和，裙钗冠带自殊科。相看淡抹郎君面，宛尔仙娃得未多。

靠　火

灯前独坐兀沉沉，不计红颜色笑侵。君自忘情人自苦，可怜长夜守孤衾。

题张三保官戏

断桥（雷峰塔）

石坪居士

非关学妒不开唇，想到无情恨逼真。几爱秋波横一觑，教人倾羡楚宫颦。

藏舟（渔家乐）

无缘疑不到轻舟，确是娇娃怯又羞。拜宠腰轻荷贴水，凌波应共洛神游。

题福寿官戏

丙灵公（一种情）

铁桥山人

钗横翠贴女儿妆，日日红楼窈窕娘。不意丙灵公一曲，歌音洪亮赛王郎。（指百寿官。）

请宴（西厢记）

石坪居士

巧移莲步赛婵媛，细语娇生倚院门。未到华筵人早醉，秀容相对胜壶飧。

寄柬(西厢记)

也识相思为色牵,故多推却态增妍。询将诗句含颦听,尽把刁红巧慧传。

题李增儿戏

石坪居士

定亲(蝴蝶梦)

假情挑逗旧情睽,错认来情情更迷。淫荡心神传俏语,庄周那得不休妻。

杀惜(摘锦)

故多娇悍恁痴顽,意变情离诟谇间。谁惜香消怜薄命,当场聊借警红颜。

盗 令 牌

问津渔者

出生入死一裙钗,翡翠园中盗令牌。缓步徐行欺醉汉,增儿声价翠儿皆。

题潘巧龄官戏

卖 翠

石坪居士

娉婷窈窕小花姑,腰系雕笼翠待沽。猛作惊疑徐婉笑,风情端欲压红襦。

舟 遇

问津渔者

随母操舟忽遇郎,女儿羞态少轻狂。几番相唤犹遮面,好把闲情玉尺量。

射　雁

铁桥山人

轻盈弱质羡丰标，腻意柔情步步娇。射雁偶逢人似玉，形神相照却难描。

闹　书　房

剧传一出闹书房，能得翻新便不常。俗事俗情皆是戏，未经人道味偏长。

题王琪官戏

石坪居士

王琪官，妙龄秀质，姿致悦人，更饶聪慧。顷因取殿花鸟之编，尤恐技艺未造精妙。乃叠观其《亭会》与《送女》诸剧，媚态温柔，娇声凄切，皆能合拍摹神。岂真善才再世，何以演作俱工？殊为狂喜，复即戏书二绝赠之。

亭会（红梨记）

石坪居士

芳龄未到及笄年，妆就云鬟觉倍妍。如在西园花月下，固应错认是神仙。

送女（金锁记）

少小于归作妇初，盈盈愁泪落衫裾。几番肠断难分袂，是假偏真欲问渠。

题曲（疗妒羹）

铁桥山人

如卿妙质本轻盈，寂坐沉吟百媚生。妆阁无聊聊遣兴，含愁宛转足深情。

藏舟(渔家乐)

相逢无用太娇羞,宛是渔家小女流。雅爱娉婷频荡桨,纤腰款步两轻柔。

姑苏水围(浣纱记)

问津渔者

江苏游船,上用篷厂,下设栏杆,中具几榻。时花映日,绣幕临风。夜则纱灯银烛,照耀鲜妍。轻烟细雾中,水天一色,真觉爽人眉宇。两边不设窗寮,便人瞻眺。每当放船水面,双橹摇曳时,扑鼻风荷,沁心雪藕,清香一曲,彼美盈盈。万斛俗尘,到此涤尽。昨见乐善部演吴王姑苏水围。王琪官扮艄尾女子,剪彩束腰,贴翠盖顶,天然韵秀,更觉惊人,几令我兴怀于扬波鼓楫时也。诗以纪之。

前生应是采莲身,载得盈盈一段春。歌倚兰桡声细细,蓦然惊起北游人。

袖绕香风动白苹,俨观花艇映波新。蛾眉自在凝秋水,解佩投词笔有神。

附 轶 事

李福龄墨兰记

问津渔者

余客京师,几近十载。往来岁月,大半销磨于歌馆中。虽快举,而马齿加长,究亦伤心。然幸过焉辄化,从未涉放荡游。故诸伶寓室,不唯无花酒之约,并未一谋面者。乙卯春,我辈戏咏诸伶,将灾梨,福预知焉。要其师,踵门请谒,以觇实也。余亦喜,互问起居姓氏。福语言和蔼,一洗娈童旧习。解《诗经》,居然有郑婢泥中之对。语毕,出《燕兰小谱》一册,索当日命名之故。余曰:"是即尔曹当年擅名者。标以'燕兰',为湘云美其技。"福默而退,似有所思;怡然喜,若有所得。请曰:"福不敏,稍暇,即驰情笔墨,味兰之癖久矣!不识高人致喙否?"出往日所作者,余展玩焉。笔机生动,亦解“临风”、“悬崖”、“象眼”、“鼠尾”诸法。虽不甚工，以稚子得此，宁有限哉！湘云可以把臂矣。然而我辈之赏识，又在彼而不在此，奈何！因题二绝于画后，福持而去。记之，乃二月二十一日九九期也。

慧心不处不玲珑，笔笔生香兰蕙风。借得名人闲指点，也堪补入画图中。

从来稚子惯涂鸦，今见涂成九畹花。学得板桥三两笔，“鹧鸪”应号别人家。（唐郑谷以题鹧鸪得名。板桥，郑燮号。余见板桥兰卷末，印“鹧鸪”二字。前花鸟册以“鹧鸪”目福龄。将来画有精进，未必不以“鹧鸪”二字错列其间也。）

跋　　后

歌台一一戏评论，自笑多情不厌频。心为怜才无别意，颇长足录我犹抡。

人间得失雨茫茫，也是悲欢戏一场。莫谓伶人皆可鄙，现身说法自无妨。

潦倒京师莫可欢，二三相好结诗坛。新题占得频敲句，长喜濡毫墨未干。

呵冻分吟兴颇饶，梨园之子细心描。关门计日偿诗债，忽忽严寒已觉消。

《消寒新咏》积帙成编，今春将付剞劂，以存一时之遣兴。复得绝句四首，并书于后。时乙卯春二月二十一日，铁桥山人自题。

消寒新咏　卷之四

莲　　生

松寿部，小旦，年约十四五，苏州人。蛾眉杏脸，皓齿珠唇，抑又肩圆而小，腰细而柔，置之红粉场中，真所谓“婷婷袅袅十三余”者也。仆尝观其《茶叙》、《探病》二剧，态度幽静中，亦饶妩媚。即演《水漫》、《断桥》,善翻舞袖,曲写柔肠,无不认真,而一种娇愁踯躅之致,奕奕动人,洵妙才也。惜声韵不长,当繁弦紧拍时,微有悭涩。固不如增儿,滴溜调簧,余音绕梁耳。然具此色技,不自摧残,齿加长,韵当日进。亟为赠之,并寓跂望意焉。

石坪居士

寻芳未许撷芳多,曲槛雕栏几度过。弱卉含情娇解语,固堪把玩佐吟哦。

妖娆隐露笑歌中,滟滟桃腮印嫩红。春意初酣香尚浅,好迎丽日饫东风。

人有雅俗之辨,物分妍媸之殊。美恶并列,自然相形见绌。然位置得宜,则天地间并无弃材也。如万和部小旦,徐姓名双庆者,面目未见娇媚,体态亦少风流。演剧场中,无甚出色,谁其见怜。况毛二官之柔情秀冶,百寿官之慧性玲珑,又日夺于同行共队之中,斯益觉自惭形秽矣。然余尝观其演《乔醋》与《跪池》一剧,眉颊悉带酸容,举动俱形悍态,本地风光,便能活现。较之留心刻画,转觉自在游行也。嗟乎!戏剧与人维肖,是亦不可多得。譬如丑者,丑也,孰羡其美!而丑极妍生,翻解人颐,似有莫能言传其妙者。余于双庆,并非刻薄,第人多好言其短,余则乐道其长。故聊为辨之。

铁桥山人

姿容非具韵姗姗,多恐歌台入世难。石炼任教天可补,女娲无计削峰峦。(双庆,歌音颇亦清亮,惜面地无多,中岳横亘过峻,殊为碍目,故人咸以"大鼻子"目之,然亦无可如何也。)

从无欢笑欠丰姿,单写含酸也得宜。(指演《乔醋》一剧。)此曲自堪卿独擅,传神阿堵尽人知。

寿儿风采似新荷,面面玲珑得未多。雅喜庆儿扮狮吼,河东伊昔想无讹。(《跪池》一剧,百寿为陈,双庆为柳,人称百寿之传神,吾独谓双庆之确肖。)

玉 奇 官

万和部,旦色。年最少,娴雅无嚣陵气。眉目碧清,声音雪亮,真如新荷出水,嫩绿盈盈,不受一点尘氛染。余尝见演《太平庄》一出,折腰送曲,舞袖迎风,流丽端庄,疾徐有法,洵他年旦中出色者。惜不甚出台,未见多戏。或教者珍惜,不令学习乎?然南山豹隐,至此已窥见一斑矣。

问津渔者

春腮初破小桃红,玉腕香生不任风。唯有好花须爱惜,莫教虚度月明中。

不将螺黛画双蛾,总角传情语又和。一曲清歌声旖旎,莺穿杨柳织金梭。

沈 四 喜

庆升部,贴旦。余亦未暇询其为何许人,并若干岁。第五陵豪少艳称之,谓其秀媚在目,顾盼时必两睫交觑,何等有情,而不觉其近视也。且演剧能传神外之神、戏外之戏,观者莫不为之目炫神驰。余窃以为不然。夫昆戏,乃文人风雅之遗。借端生意,寓劝惩于笑骂中,科白规模无不合拍。虽属子虚,断非不近情理者。稍涉于邪,即乱乎正。倚门卖笑妆,余未见其可也。忆壬子夏间,四喜初到京师,在庆乐园演《天宝遗事》,马嵬驿贵妃杨氏伏诛,悲啼眷恋,宛转生情,犹不失本来面目。即演《水浒记·借茶》、《义侠记·裁衣》,男女欢情,都是本文所有,从未节外生枝。余当击节称快,谓可以化旦之徒工妖冶,以求时尚者。不意后亦效颦,并至当场演剧时,以一足踢后裙。试问妇人女子闺门中有此举动乎?昆旦之淫野,始于彼一人,五福特背师而学者耳。四喜非无女人态,两眉横翠,秀若远山。惟细审其声技,今与昔判若两人,几至不堪回首。惜哉!

问津渔者

浪得风流出世名,野狐献媚百娇生。持情不设商量语,恐误他人举止轻。

歌声合拍又清幽，便冀明珠百斛投。眉黛钩将春色在，教人低首是风流。

秀龄官

李氏，安徽人，为集秀扬部武旦。画戟长拖，梨花落袖，彩旗斜挂，蓉匣藏锋，娇若猿奔，疾同鸟落，真所谓“箫管声中闻战伐，绮罗筵上遍旌旗”者也。丰韵亦秀媚，无纠纠之容。修眉稚齿，肉腻神闲。渐近上流，而不随俗波靡。若以执戈扬盾，谓秀龄无女子柔顺态，则又未免唐突矣。他亦间演闺门戏，体肃而娇，声圆而正。惜丹田不足，不能信口悠扬。尽力成音，微有仰面妇人之诮。

问津渔者

红袖不插玉搔头，要学将军仗剑游。舞汗如珠香欲滴，等闲战罢又轻柔。

能如燕羽翩跹舞，不似莺喉睍睆歌。究竟阳春无别调，知音休笑韵无多。

双凤官

姓金氏，安庆人，三庆徽部旦色也。身高面长，殊失美人之体，然婷婷袅袅，嬉游于古木园中，危峦峰下，槎枒巉岩内，翻形妩媚可人。其歌喉宛转，虽不能如鹦鹉之润(徐才官)，黄莺之娇(王喜龄)，而音清韵亮，足冠部内群伶。且善哭善悲，可云传写逼真。求之若部中，鲜有其匹。特少年子弟，怜香惜玉，多在稚齿韶龄。如双凤之年逾三十，颇存花残春去之憾。然而过矣，其声技自不忍没也。

铁桥山人

隽品娇容本得难，优伶评赏格从宽。咸称双凤年如许，独惜芳残韵未残。

戏剧场中贵肖真，毋贪艳冶可怡人。哀音妆出悲肠断，确像当年骨肉亲。(余尝观其演《李桂枝查监》一剧,父女相泣,甚为凄切淋漓,今特拈出。双凤之技艺,已得其大概矣。)

春龄官

客腊曾以花鸟品题京中出色之生旦,暇日复取稍知名姓者,即声色平平,有微长足录,亦略纪而偶咏焉。不过一时遣兴,所谓只自怡悦,不堪持赠者也。友人醉香阅之,深为赞赏,继而心颇歉然,谓:“五庆徽部小旦春龄官者,何未之及?渠姓程氏,安徽人。年才十五。丰致闲雅,情意缠绵。如此妙伶,而吟咏独阙,毋亦子美诗中独失海棠,黄莺鼓吹惟有戴仲,若乃识耶?”余曰:“春龄官,何可以海棠、黄莺比?色粗而不艳,岂云翠袖佳人;声响而不娇,难言黄衣公子。谓其情意缠绵,吾不得而知。至谓其丰致闲雅,则未也。独其演剧时,颇能着意求工,不肯轻心以掉。而且流连顾盼,务为揣摩。是旦色之善迎人意者。噫!野花遍路,山鸟盈林,虽无甚关情,亦藉以点缀春光,喧鸣春意,矧春龄官尚有可取者哉!余试为援笔咏之,君以为何如?”

铁桥山人

漫夸情意足欢娱,须识私惭面目殊。非是柔肠频倦恋,人间那得入迷途。

丰神原欠态蹁跹,故把衷情着意牵。野草闲花凭秀发,春风春日自年年。

沈霞龄官

年二十六岁,三庆徽部小旦,大约安庆之某县人。声技工稳,态度多标,有确乎难惹之概。闻曾与同事偎红倚翠,酣花柳于彼姝;剪烛呼拇,彻风声于当事。同事被遣回籍,彼以末减见释。敛迹改容者数月,而后性情亦因之以和平。嗟乎!才不可矜,容不可诲,类如是也。矧若辈哉!霞龄眉目轩爽,骨肉停匀。假粉饰以登场,亦俨然行村落中见好花三两枝耳。而必效井里蛙,自骄其才之美,以为可以超群也。其不见哂于士大夫也,得乎?

问津渔者

少年举动易轻狂,况值门前车马忙。不是一番经挫折,柳随风舞更飞扬。

桃腮杏脸眼如神,宫样衣裳色色新。卷上绣帘歌子夜,金樽时醉玉楼春。

阛阓藏娇怯又憨,风情那许外人探。胭脂雨洗霞光丽,不见淫虹起涧岚。(余尝喜其演《郭华买胭脂》,风情隽美,不涉淫邪,此亦片长足录之意耳。)

苏小三

安徽人,三庆徽部贴旦。癸丑夏,余于广德楼观剧,见小三年近二八,演习未多。每妆云鬟小鬓,充作下陈。而添香把镜间,独觉体态轻柔,丰神韶秀,当即拟之"初生春草"矣。后余有昆戏之癖,两载不及留鞶。间有称道若部又添出色小旦,声技俱佳,不知即小三也。余疑焉,询之常观若部剧者,则笑且抵掌曰:"君犹留情'初生春草'乎?今则技如飞燕,美若舜华,声价殆不减双凤、霞龄也。同乡好友爱之,已有七绝数首,抒写闲情。君何不索玩焉?"余亟求原唱,并续俚言,以志邂逅相赏不谬云。

石坪居士

韶华掩映一枝新,嫩绿初娇属小春。到眼几经留意采,瓣香先已播词人。

闲作花评寄所思,瑶琴三弄夜敲诗。伊人落得高人咏,不负风流是故知。

歌楼即事(为苏小三官咏)

问津渔者

自笑青衫惹客尘,不将闲泪让他人。年年爱采苏州曲,辜负红颜认未真。

巧将螺黛画双蛾，宫样衣裳着地拖。无数缠颜新受宠，春风消息快人多。

谁教弱质扑尘埃，鸦鬓蓬松泪落腮。爱尔风流怜尔苦，他人欢笑赴阳台。（三庆徽部每演《杀奸》、《杀嫂》诸戏，皆系苏小三一人出台。弱质纤腰，何堪耐此波折。秋风零落，恐不为伊人任受耳，慨之。）

徐 四 官

廿年前，京中有“六大班”之名，“宜庆”其一。余初至京，同乡为余语，第诧焉，而不敢置喙。后往观其剧，规模科白，俱不从梨园旧部中得来，一味热闹喧呶而已。且人多面目黧黑，丑恶可怖，犹以花粉饰其妆而不知愧。以是故，余尝过而不问焉。一日，途遇廉泉，好友也。谈笑中，题“宜庆部新添一旦，楚楚动人。君修花鸟之史，宜无遗于葑菲，别有取乎羽毛，何不增入？庶几闻鸟于鸡骛之群，采花于荆棘之丛耳”。余颔之，犹不据信。越日，降格而往，陡遇伊人，即廉泉所称羡者。翠钿蝉鬓，浅黛低颦；蝶浪裙翻，鱼沉袖落。敲残檀板，遏巫峡之朝云；响彻瑶台，听潇湘之夜雨。身轻似燕，舌啭如莺。光燃暗室之灯，非同爝火；水染污池之浊，独见泾清。洵翘楚于其中，当赏识而不愧者也。须臾，日轮西坠，乌衣子弟下上于飞。人声沸腾中，倏见服平等衣，匍匐子弟前，若问讯状。大约梨园旧习，初至之人，与同队相好之人，称名执奴仆礼，亦未可知。余睨而视，将信将疑。盖卸却翠翘，未施脂粉，又是一番丰度也。靥圆而赪色，廉泉有“粉傅何郎面，脂凝杜子唇”相赠句。余以诗逼肖，沉吟太惜之声，不觉流露。茶博士闻而笑，趋而告曰：“君何相顾之频也！伊故非谁？宜庆大班新添旦色，四川人，徐四官，年才弱冠耳。”归而记之，并征廉泉相契之不诬云。

问津渔者

记得寻春强效人，春中常负看花身。谁知花重荒山价，别贮乾坤一段春。

张家姊妹李家姨,六幅湘裙着亦宜。鸾镜罢梳香汗滴,好从颊上嗅凝脂。

粉落香腮乍改观,风流且作小儿看。洛阳仙种夸如海(用句),花品何妨紫牡丹。

袅袅相随到画堂,蛾眉却换舞衣裳。回风折柳纤腰举,恰是从军窈窕娘。(是日,演孟良花园比武,歌喉声细,未及饱闻,然亦清幽可喜也。至轮棍之妙,甲于诸伶。宛转循环,无懈可击,技绝如此,爰著诸篇。)

邱 玉 官

三庆徽部,旦色也,世人咸赞其技。侑觞送曲,虽不能得风雅之遗,一种丰神,亦足以解人颐者。余到京数载,雅爱昆曲,不喜乱弹腔,讴哑咿唔,大约与京腔等。惟搬杂剧,亦或间以昆戏。时同座哂曰:“强为效颦,终不免东施诮耳!”然有一旦,名丘玉官,盖具兼长,而声色并茂者。余初观其演戏,每一出,调情卖笑,诨语淫行,几致流于狂荡,不能高人一筹。后数往观,亦复雅韵轻清,高下中节,此何异奇芳埋草径也!惜齿稍长,貌不甚隽。殆真善用其能,而以技悦人者耶。亟录之,以纪萍逢之别赏云。

石坪居士

何堪咿喔杂呜梆,急拍繁弦又一腔。聒耳乍聆莺燕语,欢生始觉躁心降。

檀板轻敲传秀韵,更饶丽质擅风流。当场会得霓裳意,未列仙班也不羞。

王 德 官

宜庆部,小旦。貌与罗荣官相埒。面圆如杏,饶有丰韵。丝弦咿喔中,声音亦复嘹亮。若以袅娜羞涩之度求之,殊非所肖。北风刚劲,少柔弱,习俗使然,亦无足怪。余尝见德官演《巧配》一出,不与集秀扬部同，串家之误，与渠无涉。第当敛衽香闺，含情绣阁，芙蓉帐里，鸳鸯枕边，两情相透，亦已足矣。何必袒裼裸裎，露瑞雪于胸中，蹴金莲于帐外，始为逼真？与庆和部小旦，余亦不必道其名，演《狐狸偷情》一出，场上预设纱幕，至其中以锦衾覆半体，假出玉笋双峰，矗然特立。而台下"好"声，接连不迭。呜呼！好尚竟至此哉！夫戏，本为劝善而戒淫，谁其作俑，为此肮脏？使子衿佻达者，兴酣花柳，而不知愧。人心风俗之系，可不慎欤？

问津渔者

云鬌花钿色色新，俨然歌舞女人身。自从幻作巫山梦，纵束纤腰我亦瞋。

非是寻欢我太迂，圣狂相去只须臾。人心从欲易于理，不过提醒彼丈夫。

芳　官

广庆部小旦芳官，今改入九庆部。余有友人爱京腔者，邀予往观。询何部，则曰："新出广成。"询何足观，则曰："部中有秃丑，极善诙谐。"余适神疲体倦，兼闷事膺怀，因乐借为醒脾之助。当开场后，搬《磨房演戏》一剧，所谓"秃丑"者，头圆颈短，状若傀儡。乍见即令人笑，不独巧弄舌头也。惟浑语一番，向绣帘低声唤出妹子，则见细步纤腰，含颦半笑，丰致直在小蛮、樊素之间。乃其使娇弄巧，恰似痴顽女孩，绝殊故作妖冶者。余为目注，同座哂曰："似此可解寂寥不？"然美才未多献其技，尔日尚莫穷其神。后叠观其演《戏凤》、演《醉酒》，不涉风骚，独饶妩媚，洵京腔花旦中翘楚也。余初拟为南人，及叩茶博士，则固北地人，名芳官。余特表之，以药效闺秀而肆轻狂者。

石坪居士

逢场何必较媸妍，为遣闲愁寄管弦。红粉班中甄彼美，藉端雅好续花笺。

效颦谁不工狐媚?美盼还教叹丽娟。若得俗情终莫染,风流应博雅人怜。

陈 喜 官

三庆徽部旦也。余因偏好雅部,未尝留意其间,故不知姓氏里居者多。且今之人,又称若部为京都第一。当演戏时,肩摩膝促,笑语沸腾。革鼓金铙,雷轰谷应,绝无雅人幽趣。余虽嫌寥寂,又畏喧呶。非憨也,性实不近耳。客秋,陈喜官出台。五陵豪少,艳称其美。如花露春山,烟笼秋月。明眸似水,秀色如脂。笋欲抽芽,爪破檀郎玉颊;莲犹遮藕,丝牵情客香魂。红娘月下西厢,好调琴瑟;白傅江边东道,忽听琵琶。桃叶能歌,柘枝善舞。含情欲诉,顾影自怜。余久耳闻,究未目击。今瞥见于香雪小斋,碧纱画舫,丰情娴雅,洗尽轻狂。人言虽过誉,亦十中六七,洵隽才也。至其嗜好由人,本不可强。而有美在中,余即偏好,也觉关情,不能置之于酸咸之外。

问津渔者

红楼十二尽留名,斜插金钗照眼明。博得素裙飘舞袖,昆山片玉倍晶莹。

金屋何人斗丽华,妖娆声价至今夸。可怜玉树后庭曲,传出歌词未着花。

朗于秋月照窗虚,歌绕明珠颗颗如。玳瑁筵前窥色相,年龄疑在破瓜初。

微瑕端的鼻梁边,鬼井神池大又圆。世事莫逢开口笑,好将丰韵问婵娟。

安 崇 官

陕西人,双和部小旦也。其技艺何若,余固未经多见。第询之西人,则莫不赞赏,谓双和部当以崇儿为最。一日,偶于友人寓所,有客某,西人也,余即举崇官为问。客盛称之,谓其体态端雅,若无娇容，然每当登场演剧，则尤云殢雨，靡不入神，固双和部表表出色者也。噫！公好所在，谅属不诬。惜余非知音，不能遽下定评，因即所闻而纪以诗。

铁桥山人

秦腔日日演京畿，不喜呜呜听本稀。记得隔窗惊瓦落，顿教栖鸽忽回飞。（忆某日在同乐轩，正当游心息虑，静听百寿度曲时，忽隔墙鸦噪喧腾，犹如山崩屋倒。询之，乃知双和部在彼处演剧，此盖喝彩之声也。噫！抑何喧哗至此耶？）

因于朋座偶空谈，漫说崇儿实可耽。雨态云情俱毕露，动人春色不留含。

沈翠林官

三庆徽部，旦色，年二十二岁，安庆人。究耳食焉，而非伊人亲相告语。其度则笑容可掬，秀色可餐。弹袖曳裾，风流闲雅。洵此中翘楚者。至其声韵之妙，别有知音。司马与文君，隐相契于琴瑟之表，而江郎彩笔，独费平章。不过游众香国中，沁其余芳耳。

问津渔者

由来韵事类痴情，倚翠偎红费品评。襟上酒痕随处有，无边风月属卿卿。

未闻娇语情犹媚，既见芳姿梦亦香。赤脚寻春无定在，漫夸云雨逐襄王。

双桂官　陈敬官

余庆部，闻于十年前，名著一时者也。待仆入都时，已渐稍衰矣。然尔时尚有一小旦，名双桂官者，四川人，年可十五六，其姓氏，则余忘之矣。丰神奕奕，度态翩翩。虽技艺不甚精工，然于歌台上循行数步，已觉妩媚不群。友人醉香酷爱之，余亦颇心赏焉。后桂以事旋里，余庆部因益以减色。今即有陈敬官，亦四川人，然色艺俱远不如桂。惟是奇形怪状中,而得一稍惬人意者,殊觉所见一新。犹如稠人广众内,而瞽者、跛者、佝偻者,否则人其形而兽其面者,又不然疲癃残疾者,纷纷来前。蓦见红颜女子,衣裳楚楚,语笑迎人,其不目为天仙下降者几何矣!敬官之于余庆部,固犹是也。

铁桥山人

美人面貌美人肩,戏演无多态自妍。长忆歌台频袅娜,胜如弱柳摆风前。

无端忽动归思计,知是红尘可等闲。今日梨园嗟寂寞,多情人自惜君颜。(以上二首指双桂官。)

敬儿何日接芳踪,闲向场中偶一逢。剧演胭脂歌上下,传情犹是逊娇容。(双桂常演《卖胭脂》,敬儿亦演,技艺约略相同,惜姿色不能及桂。)

娟娟缺月转秋波,一瞥含情几度过。丑劣人群逢少艾,顿教惊唤作仙娥。

高　月　官

安庆人,或云三庆徽掌班者。在同行中齿稍长,而一举一动,酷肖妇人。第丰厚有余,而轻柔不足也。华服艳妆,见之者无红颜女子之怜,有青蚨主母之号。善南北曲,兼工小调。尝与双凤、霞龄等扮勾栏院妆,青楼无出其上者。若〔寄生草〕、〔剪靛花〕,淫靡之音,依腔合拍。所谓入烟花之队,过客魂销;喷脂粉之香,游人心醉者矣。

问津渔者

佳人如玉命如云,纤小腰肢束绣裙。试拟太真新出浴,至今肥美有清芬。

就中老大抱琵琶,犹学娇声唱晚霞。占尽秦淮三月水,总教人不薄烟花。

万 龄 官

姓薛，年十四，扬州人，五庆徽部贴旦之至小者也。其戏未甚多见，然每演一出，辄柔情媚态，隐跃于一颦一笑之中，殊觉秀丽可人。独怪人情多艳称春龄，于万龄鲜有道及之者，岂春龄果胜万龄耶？大抵豪华贵客，观剧场中，偶得伶人之一盼，则不禁意惹情牵。春龄特善于应酬人情耳。若万龄，稚性童心，不识不知。演剧时，兢兢惟恐失误，何暇顾盼乎人。故人亦淡泊视之，所以有美弗扬也。其实，秀骨芳姿，春龄何能比及。余爱其宛如闺中幼女，似畏人，又若不畏人。含羞带怯中，纯是天真发露。视彼妆娇作媚，未免人情太熟矣。

铁桥山人

平生雅爱露天真，故意妆娇恶效颦。须识妍姿在风骨，半形羞涩更宜人。

歌场无用巧安排，不悖人情便是佳。戏托金莲聊打饼，万龄堪与福龄偕。

丰神恬雅绝浮嚣，缓步温存韵致饶。不信山人今刮目，试看他日定翱翘。

世人最不可交者，梨园子弟也（当头一棒）。彼虽出身微贱，自少而壮，罔知稼穑艰难。衣极其华，食极其美，珠玉锦绣极其欲，其果力之所致欤？要不过以媚骨谄容，窃人之物而不觉耳。堕其中者，见则生怜。倾囊而与，犹恐不得其欢心，是以悟之者鲜。忆余初至京师，见某旦与同乡李君游。出则舆，服且美，狡童隽仆，若仕宦然。风月酸丁，每以不得把臂为恨。夫李君，侠士也。挟不世才，往来士大夫之庭，待之皆恭且敬，胡不自高而下交梨园乎？友曰："诈交也，将以悟世焉。"一日，忽言归，车马之赠，酒肴之奉，无宁晷。及期，某旦亦为东道主，席布郊外，骇人听闻。友欲瞰其诚伪，为失意状。则见萧然行李，褴褛仓皇，策蹇驴就道，趋而赴席。某旦则顾而笑，若路人之不识者，而岂知友之诈耶？友反叩以故，且答且走，曰："为某当道祖饯耳，于尔何与？"友乃行，半途而返。

越岁,复至某旦家。和鸾鸣玉,衣服鲜妍,袖金而赠曰:“曩者,逆旅穷途,厚颜相值,实贻吾子羞。今幸矣,囊有余赀,持与子分。藉释曩日羞,皆子之赐也。”某旦于是改容拜其前,并非途中面目。友亦哗然而散。翌日,某旦焚香煮茗,设宴开樽,报赠金之局,并集诸君子之相厚者。酒酣夜半,友忽声其罪而责之,诸君子亦愤恨,寻绝交。自是,门前车马,不复昔年矣。友尝为余言:“有此举,世之迷者顿悟。小旦声势,亦稍稍贬损。”斯真迷香洞中闭门羹也。然非友人之侠,乌能若是哉!因传其事,而佚其名,以为世人劝。

集古七言句四绝

问津渔者

谁家红袖倚高楼,情绪牵人不自由。聊与东君说个事,是真名士自风流。

却恨青娥误少年,乘风游遍绿杨天。世情可待成追忆,洞在清溪何处边。

致得贫家不似贫,柳眉杨额倩妆新。故园歌舞黄金尽,从此萧郎是路人。

年年惆怅是春过,公子樽前奈若何。世界大千都看了,月中无树影无波。

消寒集咏

题 范 二 官

讷道人

与君呵砚共题梅,人去梅花雪里开。未许一枝轻折取,要留香色待人来。

题王百寿官

石墙居士

亭亭玉树羡临风,乐府新词到处工。桃李当春花事闹,一竿青竹自玲珑。

题徐才官

梦花楼主人

一曲歌声听凤箫，个中幽意向谁调？尘氛到此皆吹尽，皓月清风近碧霄。

其　二

翠钿新贴下珠楼，衣灿云生花径游。谁把娇姿深屋贮？空教笔墨记风流。

水仙（拟元龄）

桐村居士

洛浦风光别绪多，千年遗恨试凌波。芳春不作佳人面，一种缠绵奈尔何。

翡翠（拟元龄）

一点飞回珠树枝，金光翠羽弄娇姿。岂宜彩饰鸳鸯带，合看穿花戏水时。

芙蓉（拟福龄）

傍水团圞现晓妆，无端生意满池塘。就中更有销魂处，慢说红颜比六郎。

鹧鸪（拟福龄）

苦竹丛中春暮时，声声格磔唤高枝。江南二月蘼芜绿，一听行人泪两垂。

含笑花（拟桂龄）

合与含羞一并栽，嫣然百媚傍瑶台。春风无限多情处，都付花心带笑开。

鸳鸯(拟桂龄)

水云深处掠毛衣,波满银塘作对飞。不爱沙眠交颈处,怜他一步一依依。

水仙(拟元龄)

式南居士

鱼山丝竹问如何,翠被中流拥越歌。纵使薄妆知有色,刚从小冻记凌波。水寒吴馆金壶满,影落温家玉镜磨。雅与词人为近侍,俪兰芬馥占来多。

又

水波清浅袜生尘,忽漫相逢即当春。不是玲珑夸玉骨,此身合证采莲人。

桃叶江头击楫迎,女儿身长可怜生。每以冷落减芳绪,珍重梅花嫁广平。

法华诵过口生香,俪曲成连溯渺茫。红影一奁妆百宝,凭将金盏问琼浆。

题李玉龄官

语上居士

妙丽长如二八年,(年已廿余,丰姿犹若童男。)风流一种近天然。裙钗未必多俦侣,为问蓬莱第几仙。

秋波一转最关情,执盏徘徊百媚生。到处歌筵刚识面,应知遍地是欢声。

斜插金钗压翠翘,争妍斗宠不为妖。有时旧曲翻新意,认是霓裳度玉箫。

指甲纤纤玉琢成,搔人痒处带痕轻。笑看别部云仙队,浪费黄金照眼明。(小旦中多用金管指甲,彼独以玉为之,更觉雅致宜人。）

多情毕竟是红娘，握雨携云任主张。自有灵犀通一点，教人错怪太猖狂。（玉龄于《佳期》一剧，如醉如痴，忽歌忽笑。至春兴勃发，莫可排遣，最为体贴入微。）

狂蜂浪蝶莫相猜，往日春情眉上来。颠倒凤鸾缘底事，全身现处画图开。

未啭歌喉得所思，非颠非醉亦非痴。凡心尽逐回廊步，第一销魂是此时。（玉龄《思凡》，别具一种体态。其动人处，尤在撒袖浪游时也。）

食芒忽改旧容颜，胆自兢兢泪自潸。心事急于星火速，如何款步出重关？（或谓玉龄之《盗牌》过于张皇。试思死生介于呼吸，尚可作婀娜之态耶？）

赠桂龄官

华堂居士

玉板轻敲度曲迟，无端酒晕上花枝。我来省识春风面，不独嗔宜笑更宜。

仙子霓裳度态多，玉楼斜倚送秋波。班名"集秀"怜渠秀，无数宫娃未及他。

试易男妆作女妆，越增柔媚越轻狂。无双姿格称双绝，红粉佳人白面郎。

我亦逢场聊作戏，评花问柳浪侵寻。人间一笑千金值，罄箧那勾买笑金。

集秀扬部诸伶，杰出者，生则李桂龄，旦则王喜龄、李福龄、倪元龄，而余心赏者惟喜龄为最。盖其性格温柔，姿容皎洁。虽列扬班，无殊雅旦。舞态翩翻，恍睹阶前芍药；昆音浏亮，如闻花外娇莺。同人以"芍药"、"黄莺"目之，诚非谬也。忽闻遽逝，花谢鸟飞，殊深叹息。岂尤物为造物所忌耶？抑红颜薄命，喜龄亦犹是也。因成七绝六首，聊以志感，并及其所长数剧云。

古虞散人

明眸皓齿美丰姿,手把琵琶出塞时。此日传神肠已断,美人青冢不胜悲。(《昭君出塞》)

春情泄漏付清词,记得朦胧假寐时。忽尔芬魂随蝶化,人间无计解相思。(《偷词》)

乖巧红娘最可人,围棋妙技暗传神。归来默拟西厢角,怕见花阴寂寂春。(《着棋》)

艳丽妖娆不假妆,风流端的赛红娘。歌台若演西厢剧,月色谁看上粉墙。(《佳期》)

花开花落叹何曾,赋到花魂百感憎。若果还魂真有术,黑貂裘典饭高僧。

惜玉怜香我本痴,神交幸未挹娇姿。灵犀倘或曾相透,此恨如何有了期。

宋瑞麟

江苏长洲人。己亥冬入京,年甫十三岁。其父初以私事远适,势不能俱往。孑然独立,无可依倚者,遂寄托于翠秀部某氏,因学剧焉。瑞麟资性聪明,每演一剧,辄出人头地。甫数月,地无远近,观者皆争睹焉。至其天性纯孝,罕有知者。余曰:"孝,庸行也。于优伶中得之,是庸而奇也,不可以不传。因赋诗六章彰之,以纪实焉。"

式南居士

一腔心事恋亲闱,托迹歌场与愿违。(瑞麟本不乐于梨园,而天性纯孝,每言乃父苦况,辄呜咽流涕。)虽是梨园非乐境,霓裳权借作莱衣。

宁辞狐貉始心安,至情肫诚不畏寒。乞得羊裘惟感泣,三冬独念父衣单。(客有为制新裘衣者,辞曰:"麟有老父在,无以御寒,请解绨袍衣之足矣。"客遂以羊裘遗焉。)

思到劬劳出性真,入门无意谱阳春。堪怜废食还悲咽,只为生身太苦辛。(在某宅演剧,遇其父,悲咽不胜,至于废食,人咸异之。)

卖歌尽可富腰缠,瓶罄徒吟莫为怜。自得知音能慨赠,老夫始有杖头钱。(相赏者矜其孝,尝召伊父至家,为厚赠焉。)

不受多金孰谓贪,(客有赠金多者,辄分其半还之,以其不能奉父也。)承欢无藉尚怀惭。为思旅店凄凉甚,有子频来进旨甘。(其父寄居店中,日用皆取给于瑞麟,甘旨未尝有缺焉。)

春晖每忆尚余悲,(瑞麟幼龄失恃,迄今念及,犹不胜悲。)情挚宁为习俗移。问卜犹如怀弱弟,(其弟在苏,寄居姨母家,尝思念之,为求卜焉。)伶中孝友两无亏。

纪　梦

式南居士

金升部张大宝,吴人也。壬子秋,来京师。余与友人一见即赏,以为宋瑞鳞而外,大宝当在第一。从此以心相醉、以目相遇者久之,未暇接谈也。甲寅春,数遇大宝于友人寓所,丰致闲雅,举止安详,彬彬如也。秋月念五,余挈大宝与同部诸子弟,在裕兴园阅集秀部剧。隅坐随行,通部皆目为名门佳子弟,无瞰视者。不意八月四日,金升部适天津,大宝亦偕之而去。夫天津,天下之卫,四方宾客所丛集,大宝此行,吾知其必有合也。迩日数梦大宝,丰致每各不同,其即工部"故人入我梦,明我长相忆"之意乎?因不揣固陋,鲍昭累句,学步邯郸,戏成五古以纪之。时乙卯二月望日也。

客居憎言别,况是意中人。秋后一分袂,忽又逢三春。前夕入我梦,情意倍觉真。问汝违何久,道远来无因。今汝何处来,云来自天津。汝来今几日,道上几苦辛。解汝途中衣,脱汝头上巾。为汝治酒肴,与汝赏良辰。人情与世故,经久细细陈。笑语还如昨,头角倍峋嶙。杯盘尽狼藉,相接益如宾。我心正如结,我梦忽欠伸。非卿长忆我,胡为神相亲?明月照我床,反侧独吟呻。

余闲暇时,常寄情歌馆。各部中非无佳子弟,而心赏者殊寥寥也。辛亥秋,阅四庆徽部剧,颇为惬怀。就中以董如意为第一,其余亦复卓尔不群。因各为咏诗,以志鉴赏。

白斋居士

董如意(庐江人)

白斋居士

披褐军装合打围,舞看双剑似飞翚。入宫应不劳孙子,上马偏同泣汉妃。(《铁笼山》作蛮女,歌音甚为凄恻。)影好湘江云冉冉,声清阆苑玉霏霏。梨园见后欢无极,日作探花衣锦归。

有时妆出髻云松,淡扫眉尖远远峰。不许文君夸媚艳,定教神女妒芳容。隋堤柳弱眠初起,楚泽兰幽雾尚封。最是西厢情热处,那堪春意十分浓。(演《佳期》一剧,得情之至。)

舞袖轻随柳絮飘,淑姿情韵远尘嚣。颦眉宛转情多楚,醉态痴狂意更骄。(《扯伞》、《醉酒》二剧,最为擅场之至。)石氏翱风应步怯,霍家小玉亦魂销。谁知绝世偏双美,台上于今有二乔。(初闻与双喜为昆弟。)

童双喜(怀宁人)

仿佛亭亭萼绿华,徐妃半面莫相夸。不同妖艳迷流俗,自可清姿仿大家。玉漏声中千点韵,桂龄香外一枝斜。若非仙谪来人境,长向瑶池扫落花。(《扫花》一剧,可为斯伶小照也。)

曹印官(望江人)

绰约轻身舞捷便,眼波秋水碧涟涟。山乡少妇凝妆美,酒店多娇逸态妍。(《补缸》、《戏凤》二剧,可称佳绝。)剑影飞驰云外电,(扮刘金定,舞剑甚快捷。)珠胎掩映月中仙。(扮蚌精艳中有韵。)不胜无赖霜风后,瘦却黄花貌可怜。(自九月病后,神气不充,见者益生怜。)

陈桂官(怀宁人)

清芬不共艳阳花,月里香寒只自夸。杜宇凄声湘水韵,明妃素服野人家。(《捡柴》一剧,情态不胜凄楚。)多愁分外蛾眉蹙,别恨常将柳眼斜。闻道零丁真命薄,(闻其椿萱俱谢。)绿窗贫女泣琵琶。

小生彭鑶(望江人)

英姿秀质好容颜,照映清如近玉山。人在羊车看亦瘦,手同麈尾意多闲。风流独占嫦娥队,雅韵堪随鹓鹭班。知是碧霞宫里客,谪居何日到尘寰?

程　春　龄

何白华

花以富贵为工,玉以纯粹为美。比人于玉,谁同完璞之精?比色于花,未许牡丹之丽。余之寄情于戏也久矣,所阅梨园,不下数百。既冠者不足论,苏徽小部中佳子弟,亦复蜂集,而获我心者无人焉。近得五庆部安徽程春龄者,年甫十五,团辅圆颐,明眸皓齿。红颜素质,妍同倾国之花;雪泽冰肌,朗若玉山之月。真牡丹之富贵,完璞之精纯,兼而有也。至于风花景内,流利也端庄;剑战场中,鹰扬兮袅娜。天真洒落,节奏自成。尤非营心工致,巧笑逢迎者,所可同日语也。余特为序,复于箑头作玉堂富贵图,并题四绝以赠之,以志心赏云耳。

题《玉堂富贵图》(并序)

牡丹,花之富贵者也,昔人以富贵名其图。余爱此图,恨人无能似者。暨见程伶,恍若此图,其夙像也。观人玩画,觉图外有花,花内有图,酬我素心,洵非浅鲜。作图以赠,犹恐形容之不肖也。

不爱琪花不爱桃,玉堂风里映宫袍。当年月下清平调,早与仙娥品共高。

秾姿贵彩压群芬,万态当筵小不香。天女盘中谁惯见,教人难写蘸红妆。

百醉笙歌恋彩霞,沉香亭畔月光斜。爱他无语含情面,疑道图中不是花。

日倚栏边乐未休,朱颜掩映耀金瓯。筵前识得春风贵,应许名花第一流。

余癸丑入都,闲时寄情歌馆。而所钟爱者,集秀扬部其尤甚也。如昆旦王喜龄,妙质深情,得未曾有。兼之歌音清亮,色色怡人,不可多觏。次则倪元龄、李福龄与李秀龄,俱是场中出色者。至小生李桂龄,风流蕴藉,顾盼嫣然,我辈赏识多矣。余各赠以诗,窃自笑痴情太甚也。惟喜龄今春遽逝,前诗概删不录,仅将亡后纪挽,略存数首,亦聊以志不忘云。

九峰山人

王喜龄(和伊部张炯斋哀挽原韵四首)

九峰山人

芳姿接待已三春,长喜天涯若比邻。讵意夜台归去速,空余情话对谁申?琴嘶弦上悲来重,酒晕杯中泪下频。三岛十洲悬海外,茫茫何处访伊人。

簇簇梨园自在春,烟花队里莫教邻。擅长赠剑谁能似?作意胭脂惜未申。(新排《卖胭脂》一出,未及开场,即染病而殁。)雅调依稀云外绕,娇姿恍惚梦中频。从今脱尽风流障,薤露歌余闷杀人。

艳阳转盼变残春,倾国名花孰与邻?百种情根消不了,一团心曲向谁申?思量那得形声接,想象空存梦寐频。玉骨冰肌今已矣,未知仿佛属何人。

游春何事更伤春,子弟班行念旧邻。空忆怜香谈未已,今犹惜玉话难申。为因杂剧萦情重,屡向知音寄恨频。抛却霓裳嗟不再,还期歌馆有传人。

赠倪元龄

怜卿风调藐姑姿，娇好蹁跹可意儿。不比小家拘束态，浓妆淡抹总相宜。

少小莺雏便解歌，灵根慧性莫如他。试听一曲娃儿背，满院欢声道好多。

檀郎试作美人呼，一幅春风扑蝶图。笑貌声音都不假，座中冰鉴有真夫。

教坊新谱柳条青，郢曲那堪下里听。十二琼楼高百尺，后来居上是元龄。

赠李福龄

歌场久戏貌如花，何事登台眼半斜。信是芳心巴不住，春风春意兴偏赊。

洗尽铅华静不浮，哀弦苦调见夷犹。梨园多是他乡侣，惹得台边眼泪流。（福龄登场，悲欢离合，最为逼真。如《靠火》、《检柴》数出，尤为动人。）

赠李秀龄

仙子霓裳态度多，西厢月下待如何？（秀龄亦演昆曲，《跳墙着棋》一剧，丰韵宜人。）须知个里非无意，顾我频频逗眼波。

秀质苗条十五庚，擅长走马报军情。（秀龄原是武旦。）喜龄去后昆音续，意态丰姿宛转生。（迩来学习昆曲，颇觉追踪喜龄。）

赠李桂龄

梨园日日听歌声，风致应怜太瘦生。天上石麟小山桂，恰将双妙记卿名。

秋水为神雪作肤，含颦顾盼几踟蹰。纤腰一捻能如许，小字谁将"大体"呼？（桂龄一名大体。）

日下看花记

小铁笛道人著，第园居士、餐花小史参订。小铁笛道人，苏州人，曾在京师为官。第园居士，彭城人。餐花小史，云南青铃人。三人虽相距万里，但有缘同游日下，同看梨园名花，又同相品题。此书作于嘉庆八年(1803)，以诗歌吟咏嘉庆初年北京梨园各部优伶八十余人，诗前小序颇有史料价值，介绍了伶人的生平和技艺等。此书是考察清乾隆后期到嘉庆初年北京梨园及伶人概况的珍贵史料。谷曙光据清嘉庆八年刻本点校整理。

自　序

自伪伎兴而声容竞爽，由来旧矣。唐有雅乐部。宋时院本始标花旦之名，南北部恒参用之。每部多不过四三人而已。有明肇始昆腔，洋洋盈耳。而弋阳、梆子、琴、柳各腔，南北繁会，笙磬同音，歌咏升平，伶工荟萃，莫盛于京华。往者，六大班旗鼓相当，名优云集，一时称盛。嗣自川派擅场，蹈跷竞胜，坠髻争妍，如火如荼，日不暇给，风气一新。迩来徽部迭兴，踵事增华，人浮于剧，联络五方之音，合为一致，舞衣歌扇，风调又非卅年前矣。予也白首红尘，三年匏系，送尽如海风花，犹剩冶游余兴。客夏，偶阅各种花谱，均未惬心。其弊非专凭耳学，取择冗泛，即偶尔目成，因偏护短。辄撰《判花偶录》一卷，微旨所尚，颇具精严，然犹恐弃兰服艾，舍玉怀珉也。爰复就一二知己互证旁参，始信我之所日往来于胸中者，俱非臆断。又详加参改，录成一稿，名之曰《日下看花记》。梨园月旦，花国董狐，盖其慎哉。余别有《杨柳春词》一册，备载芳名，以志网罗无俾遗珠之叹。凡不登斯录者，毋怼予为寡情也。噫！彩云易散，晓月难留，敢诩一片婆心，聊写三春愁结。昔陈蕃不耐事一室，傅介子弃觚从军。可知牖下含毫，英杰所羞。况老无能为，降而作华林野史，不更可深长太息也哉！

时嘉庆癸亥九月，重阳后五日，小铁笛道人自序于

城东东北园丁香书舍

手抄《判花小咏》一册，赠朗玉，作骈体一章，书于册尾

我异浮屠断爱，人非太上忘情。冶游兴尽，无意探春。绮语缘销，何心顾曲？况腹里无多剩锦，怎当缠头？鬓边又点新霜，宁堪倚玉。顾一官蓬累，尚盼瓜期；两寄禅栖，空孤花信。遥抚韶光之

骀荡,弥增客思之清寥。于是省寻常酒债,买笑歌台;拓郁结愁怀,披襟舞榭。不随众好,敢矜皮置阳秋;自赏孤芳,偶借花申月旦。可笑看云冷眼,仅目成一树琼芬;遑顾惊座狂言,或恼杀几行红粉。盖惟朗卿,人如冠玉,心有灵犀,避分桃断袖之嫌,有铁董超瑕之色。情如处子,骨秀书生。瑞香流馥,熏低蛾黛三千;蓝玉霏烟,拂散巫云十二。即歌珠不吐,餐眉秀尽可忘饥;偶笑脸将回,挹目波大堪蠲忿。艺虽濡染于青蓝,品则根源乎情性。敢矢罗浮生誓,难摹姑射仙姿。夙世有报琼之分,扇赠银光;此生遂把袂之期,笺凭青鸟。我工辨玉,卿合司花。因葺醉后之闲吟,缮就灯前之小册。言非溢美,誉岂阿私。充杂佩以相贻,书练裙犹未满。闲房展诵,便当清淡;异地相怀,犹存旧墨。又及药栏香泛,神交已属心知;矧由薇省人传,韵事宁非佳话。雀号白翎,识此间为香土;树零红豆,料是处有玉人。

嘉庆壬戌孟夏,浣花节之次日,小铁笛道人书于未染胡同之风榆书塾

再续燕兰小谱序

驻马闻歌,三生顿感;翩鸿写影,一笑如逢。况乎檀板金尊,解语之花入坐;红灯绿酒,临波之佩当心。留明月于深宵,时作文君私盼;假行云于别馆,争看水部新婚。肉竹骈声,绮罗接写。自非无目,谁肯忘情。夫三市尘红,八街头白。应官悴于听鼓,索米病于吹箫。虫是可怜,树皆易天。卖珠补屋,伶俜成食字之仙;赊酒命筵,剥啄败题糕之兴。自非玉山朗我,秋水照人;何以摆脱百忧,消磨双毂。然而织锦天孙之室,忽住牛郎;散花佛女之场,笑参鬼母。一则姻缘非偶,一则种类难齐。鸮鹤同林,桂樗杂荫。神释之弄人已苦,好丑相形;山川之种秀易穷,嫫施各竞。肿腰试技,亦顾影而自矜;盲眼论才,且同声而附和。妍媸颠倒,但知所好从吾;啼笑凄凉,不愿有此知己。倘无月旦,且负星期。漫将白璧摩挲,直比黄金供养。此廿四花信之编,所以继《续燕兰小谱》而作也。以

夫高选，我愿借观，各有新知，君请辱听。试论花部，定首刘郎（朗玉），瘦不损姿，颀能入格。得中赤白，不能增减一分；无上修明，直可庄严七宝。工北南人之语，宜谑宜庄；善大小令之词，可群可怨。莺喉乍啭，回瞋于博望之胸；獭髓偏存，增媚于寿阳之额。兼之菖蒲通慧，脉望含灵。逢人诵白傅之诗，寿世宝坡仙之句。此又缘深文字，天与聪明，浊海青莲，葭丛碧管者矣。次则三影词人，双珠羽客（张双林），生邻娃馆，价重燕台，粉靥生香，朱唇宜笑。肌肤萃玉，十三女子之容；议论风生，千百英雄之语。记众中之索句，叨喑里之定情。拇战方酣，眉语忽昵。犹怜玉女，乃见金夫。僧占名山，马嘶芳草。闺中仙子，觅灵药而从；门外萧郎，望侯门而长叹。听匆匆之唱，何福能销；询渺渺之缘，来生更结而已。至于都中雅部，本少吴下名伶。众赏不归，佳人难得。就其翘楚，已若晨星；唱到玲珑，难留晓月。昆山片玉（张玉林），洛水千金（蒋金官）。绝足无前，名花有对。画图识面，费好手之传神；名士倾城，劳诸君之妒宠。昨展登高之会，欣陪顾误之筵。忽睹芳姿，顿开倦眼（朱长寿），弱于眠柳，嫩似雏篁。讶长袖之难抬，愁轻尘之易浣。掌中舞燕，风吹则欲上云霄；脸际垂桃，霞散则微疑赤汗。步趋稳重，大家林下之风；顾盼分明，小溪眸中之水。斯卷所失，尚请题名。鄙人所知，辄敢饶舌。

嘉庆壬戌十月初三日，群玉山樵题于京邸之小游仙馆

《再续燕兰小谱》，伴苍居士所著。商之于余。余以刘郎朗玉为冠，居士犹豫未决，请序于群玉山樵，始深信不疑。将付剞劂，终不果行。今《看花记》撰就，拣阅旧稿，此序犹存，因录入一并付梓。

兰问（为王翠林秀峰作）

餐花小史

客有问餐花小史曰："子之爱兰若是，则兰之为物也，毋乃甚可

贵乎?”小史曰:“然。”草木之花,可爱者甚繁,第未闻见重于古人、载诸经传者,惟兰则有之。《左氏》载,郑文公妾燕姞,梦天赐之兰而生穆公。《琴操》载,孔子自卫反鲁,隐谷之中见香兰独秀,喟然叹为王者之香。《越绝书》载,勾践种兰于渚山,其后遂为王羲之之“兰亭”。唯《路史》载,尧之世,金道华种兰,其事荒渺不足据,然亦可见兰之重于二帝三王之世也久矣。仆以为,兰之所以贵者有二:一则为守身之君子,一则为服媚之佳人。《易》曰:“同心之言,其臭如兰。”《诗》曰:“士与女方秉蕳兮。”《埤雅》:“兰,香草也,一名蕳。”《礼》曰:“妇人或赐之茝兰则受,而献诸舅姑。”兰之见于经者止此。《晋书·罗含列传》:“含致仕还家,庭中生兰,人以为德行之感。”《汉记》:“汉尚书郎进朝,怀香握兰,口含鸡舌。”束晳补亡诗《南陔》,孝子相戒以养也,曰“循彼南陔,言采其兰”。此兰之见于传记者也。其见于《离骚》者为尤夥,曰“既滋兰于九畹兮”;又曰“纫秋兰以为佩”;又曰“沅有芷兮澧有兰,思公子兮未敢言”;又曰“浴兰汤兮沐芳泽”;又曰“怀兰英兮把琼若”,皆以美人香草比君子。所谓君子者,屈平指怀王而言也。由此观之,兰为王者之香,不信然欤?

客曰:“子何陋也,昔濂溪《爱莲说》云:渊明爱菊,世人爱牡丹。燕山窦氏,丹桂五枝芳,则又以桂为贵矣。子乃不明古人之取意而固执己见,曾见古人亦有爱之者乎?子何陋也。”小史曰:“勿哗,仆请毕其说。世传牡丹为花王,仅言其富贵而已。若兰,则清虚无朕,惟德之馨。雪床磁斗,不以为荣;纸帐芦帘,不以为辱。《家语》曰:‘芝兰生于深林,不以无人而不芳;君子修德立道,不以困穷而改节。’故牡丹为花王,世俗之言也,取豪华璀灿之象也。兰为王者之香,圣人之言也,喻修德立道之君子也。《花经》言:‘蜂采百花之心,俱置翅股间,是并牡丹而亵之,独采兰则顶而献之。’此虽小物,有明征矣。周茂叔著《爱莲说》亦鄙牡丹,然以菊比隐逸,莲比君子,而不及兰,学者疑焉。不知以牡丹较莲,则牡丹为富贵;若以莲较兰,则莲又在华丽之例。何则世有‘金莲’之称,独兰不屑以金饰也。《经》言:‘莲台尊矣,而盂兰为无遮功德。’西方言莲界,而拈花微笑独证幽兰。兰不高于莲乎?茂叔之不言兰,正所以尊王者之香，而区别于群卉，以为舍兰之外而论花，宜莫如莲耳。不然，孔子称为王者之香，而茂叔乃弃之不道乎？颂象贤者曰：'桂子曰兰孙。'不知者以为兰卑于桂矣。岂知古人以抱孙不抱子之义比事属词，明示其颉颃之意乎？且桂之香清而浓，兰之香清而澹。君子之交淡如水。兰不又高于桂乎？"

客仰而笑曰："子真辩哉！子真辩哉！姑如子说，兰可贵若此，则子以之比人，且以之为字，不又亵乎？"小史矖然曰："非。仆之无稽也，式古训而已。自郑文公以梦兰生子，名之曰'兰'，而名兰者渐夥。楚怀王稚子名'子兰'，以其非人，世唾弃之。其后有并州斩汲桑之'田兰'，又有儒林之'刘兰'，善词之'卞兰'，及河内刻木之'丁兰'。女子则有晋之织回文者曰苏蕙，字'若兰'；梁之代父从军者曰'木兰'；《天宝遗事》载：双燕传诗者曰'郭绍兰'，皆有奇行可称。其小字'兰卿'者，惟《三国志》齐王芳一人。又《汉·儒林传》：'夏侯胜又事同郡简卿，简卿者，兒宽门人也。'注：简音奸，古通兰字。又焦仲卿妻刘氏名'兰芝'。仆之所法者，此也。且夫孔子圣人也，屈平荩臣也，而歌兰。郑穆贤君也，田兰侠客也，刘兰儒者也，丁兰孝子也，而皆名兰。王右军名臣逸士也，而为兰亭作叙。《家语》曰'与善人居，如入芝兰之室'；孙卿子曰'民之好我，芬若椒兰'，谓非守身之君子，得乎？兰芝节妇也，若兰才女也，木兰孝女而侠女也，郭绍兰才女而贞妇也，而或以名，或以字。汉武帝词曰'兰有秀兮菊有芳，怀佳人兮不能忘'；隋炀帝梦遇陈后主，问萧妃何如丽华？炀帝曰：'春兰秋菊，各一时之秀也。'苏东坡《题杨次公春兰诗》曰'春兰如美人，不采羞自献'；向谭词曰：'空谷佳人宜作伴，贵游公子不能招。'谓非服媚之佳人，得乎？兰之爱，无古今、贵贱、通塞，一也。然而世之论花者，阿其所好，巧诋力争。无识者又从而附会其说。服艾盈腰，幽兰不佩，不徒使与众草为伍，而并欲使兰摧玉折，萧敷艾荣，岂不谬哉！岂不谬哉！仆愿为护兰者。上尊圣人作歌之旨，广《易》、《诗》、《礼》、《左传》之义，次取荩臣、孝子、儒林、侠客、节妇、才女、侠女命名之意，兼收而一贯之。秉照心之镜，不为利害所惑，谣诼所移。排众志之成城，守一心如铸铁。

澹而弥久,佩而自芳。是所望于纫兰、伴兰、友兰、忆兰、听兰、知兰者之同心而共证矣。”

“昔者孙逖为集贤院修撰,宰相萧嵩会百官赋兰诗,继雅颂,使孙逖为序,猗欤盛哉!方今簪履仙才,风流骚客,云集花间,情文兼挚。倘聚同志而赋诗,挹群言而作叙,必当继孙逖而重兴高会,传佳话于艺林矣。仆护花无力,惜花有情。如再为发难,仆且以规为瑱也。”于是客乃释然,向兰再拜而退。

书赠陈桂林小山画蝶便面

鹿角峰樵

小铁笛道人于庆喜部,深嘉陈小山之《蝴蝶梦》,并赏其性情温婉,无浮嚣之气,已屡有题句贻赠矣。癸亥春仲,偕诸伶小集于“如松室”,道人各以名花俪国色,颇洽众赏。小山不欲以花名,因就其擅场之技,倩高君泖渔画蝶于便面后,录《南华经》语,缀以《蝶诗》二绝赠之。餐花小史亦心契小山,欣然作第二蝶扇以赠。时癸亥暮春上巳后二日也。道人题《蝴蝶梦》诗云:“皖江仙队并清新,风范梁溪定几人。激楚声容《蝴蝶梦》,歌台瑜亮顾偕陈。”顾谓长松,亦工此出者也。余素不喜观剧,试灯节偶偕盛大知庵,于雨中听梨园度曲,见小山登场,亦亟称之。惟漆园叟不为太庙之牺,逍遥自适,断不至于床笫之间,故设机险以相试。且鼓盆之戚,书有明征,后之人因昔者庄周梦为蝴蝶“栩栩然蝶也”之语,参以臆说而附会之。场上之情态愈工,而九原之田氏愈难为地矣。小山小山,吾愿尔习艺之无太工也。

三月初七日,鹿角峰樵者应小铁笛道人命,书赠小山

日下看花记题词

画眉仙史

砚屏春静捻吟髭,浅绿深红又几枝。销受晴窗风日暖,万花环

拥待题诗。

芙蓉山人

明窗染砚注花名，露滴胭脂玉案清。消受人天真慧业，众香国里一书生。

屏山宛转梦潇湘，罗幕低垂月过墙。听谱茵于三十曲，一枝碧玉夜深凉。

莲因居士

阿谁敢笑服模糊，日日寻芳兴自孤。醉倒春风无限感，白头人借万花扶。

胸中垒块几时平，绿竹何妨写性情。莫作寻常花谱读，一枝铁笛韵孤清。

日下看花记　卷一

首录八人

庆　瑞

姓刘,字朗玉,年二十一岁,顺天大兴黄村人。三庆部。魏长生之徒也。幼以小曲著名,娇姿贵彩,明艳无双,态度安详,歌音清美,每于淡处生妍,静中流媚。不惯蹈跷而腰支约素;不矜饰首而鬟髻如仙。《胭脂》、《烤火》,超乎淫逸,别致风情。《闯山》、《铁弓缘》,艳而不淫,古语"一笑倾城",刘郎足以当之。至《别妻》一出,手拨湘弦,清商一阕,轻风流水,令人躁释矜平,尝思松月山亭,烟波画舫,得此风调,累心都尽。谢仁祖企脚北窗弹琵琶,未可便作天际真人想。辛酉春暮,偕小樊居士观刘郎此出,交口称佳。次日又演《送灯》,宛遇洛水之神,精摇魄荡。时方红药盛开,对花怀人,吟笺满箧。嗣后缥缈娇云,频萦寤想。客春仍偕小樊访之,循若书生辞寡,心灵不浮不滞。连番雅集,著有《红药新唫》,乞序于味闲居士,表其方韵。今刘郎声华霞烂,襟抱泠然,喜接名流,倾心婵雅。近嗜学书,笔姿秀劲,梨园中佳子弟也。昔渼碧为婉卿高足,擅出蓝之誉。后秀黄村,性情色艺,何减前芳,籍甚一时耶!

此是人间第一丛,香分魏紫领春风。丰宜门外花千亩,解学刘郎算化工。

西州佳丽数陈郎,后秀黄村复擅场。一卷新吟红芍药,短檠了了照回肠。

过眼秾欢忆惘然,风情只似向前妍。曲高占得春光好,青胜于蓝早十年。(婉卿来都,年近三旬矣。)

几宵风月足千秋,雅调闲凭翰墨留。所怕将离终是谶,鞭丝拂动怎医愁。

群玉山樵赠句

急管繁弦不肯闲，瓜瓤藕节那能删。如何一霎心如水，为向高台看玉山。

八陌红尘压短眉，看花老眼未支离。春风魏紫花残后，领袖芳林此一枝。

拒粉辞脂面目真，舞衫脱却倍嶙峋。轻靴窄袖愁风剧，怕失轻盈掌上人。

芭蕉叶大鞋儿小，旧曲儿时播国门。忽地金戈成队出，玉肤花貌女将军。

桂　林

姓王，字琬香，年十七岁，江苏长洲人。金玉部。媚脸潮红，修眉横翠，清言屑玉，雅步生香。纵使玉树为屏，琼枝绕坐，王郎入户，自有一种华贵气。海棠舒艳，妍胜朝霞，定须金屋贮之。桃李漫山，舆儓属矣。其演《长生殿》诸剧，凝神渺虑，吐羽含商，清厉纡徐，追微入奥，云衫月扇，亦颇自命不凡。间演新剧，不蹈时派，色色俱佳。昔秋遇之于曼香居士席间，酒尽三巡，清歌一曲。一经上史，揄袂拥之。仰视碧空，纤云不翳，皓魄当庭，澄芬袭户。此身宛傍广寒，与素娥相对矣。

渔阳鼙鼓不堪听，欢宴方终酒未醒。看到马嵬魂已断，莫教更唱《雨淋铃》。

锦幕香凝漏响沉，楼东长此寂寥心。一宵恩宠难分却，写得情思如许深。

触处频将客思撩，杨梅街转认樱桃。不教著个王郎宅，畴把吴音解郁陶。

雅轮此日属谁扶，词组先征意趣殊。海内词坛分树帜，回澜手笔势同孤。

桂　林

姓陈，字仙圃，扬州人，年十八岁。三庆部。初见其登场，歌喉清滑，娇靥鲜妍，顾盼玲珑，风情柔韵。艺有《盗令》、《游街》、《学堂》、《思凡》、《拷红》、《戏叔》等出，灵心慧齿，如听百啭林莺，体段亦停匀合度，后来之秀应数此人。老眼无花，遇此活色生香，不觉心目为之一醒。本年夏，偶与对饮，卸妆杂坐，洒落不群，天性爽朗，无傲狠气，亦无脂粉气，天然妩媚，自是可人。余颇心赏之。嗜围棋，近闻歌喉稍逊于前，然色艺俱在，不能减其声价也。

小桃新艳倚风娇，纤柳才抽碧玉条。对尔不生明月梦，清歌抵得玉人箫。

眼角情波溜朵颐，月轮三五比风姿。最夸邂逅舒郎面，缓步神摹赵翠儿。

湘帘如水隔埃氛，爽朗风标自不群。却胜寻常花底宴，顿开远抱目晴云。

小山歌扇琬香笺，秋到重添结桂缘。(古诗：结交当结桂。)可惜不成招隐赋，频参无隐木樨禅。

龙　官

姓鲁，字云卿，年二十岁，安徽怀宁人。三庆部。已擅时名，余以老眼评花，惯采幽芳冷艳，名噪者往往忽之。壬戌春雨，见其《审录》，十分哀艳，遂致停觞。嗣演《醉阁》，断红映颊，乍转星眸，细落歌珠，轻回舞袖。因忆玉环佳丽，未免肥婢贻讥。而云卿登场，即宠爱三千，何足销其一醉。宜乎第园居士见鲁郎歌台，衣袂皆若多情也。客秋，云卿宴客于梨园。余诺朗玉之约往，一通款问，盖刘郎与卿如兄如弟也。酒阑人散，觉冉冉巫云，犹曳道人襟带间。迨欲访之，鲁郎已归棹矣。今夏复自南来，容妍如故，艺进于前。近见《海公案》内扮店家妇，青裙窄袂，风趣横生，但聆娓娓清言，足值明珠一斛，洵一朵雕栏白玉花也。

说到卿名交口夸，秾春最易铄容华。相逢及赠梅村句，珍重雕栏白玉花。

歌楼几度见红妆，豪竹哀丝泪数行。莫道惜花情尚浅，闻歌一字一停觞。

舞袖长纡宛转身，生憎燕环未停匀。长安春色留人住，眼福今朝算十分。

贺新郎去伴香闺，（鲁郎以完姻暂归。）荆布闲情休入微。再到只销蛾淡扫，故人雅抱未全非。（谓第园。）

二　林

姓陈，字意卿，年十八岁，安徽怀宁人。春台部。肤若脂凝，貌如玉莹。初见其《打番》、《打雁》，丰姿满态，宛肖当年"耗子"登场，惟嫌少风致耳。以为党太尉家，销金帐底，饮羊羔儿酒时，得二林为婢，按琴腔，歌一曲，正复相宜。嗣演《遇妻》、《踢球》，颇有风趣，妙处更在嫣然一笑间。其时，陈郎染病初痊，非比梅花影瘦，略减栀子香肥。遂尔神韵，迨扮花蕊夫人，翩翩书记，思落含毫，扫眉才子，何减名士风流。陈郎陈郎，偶值灯红酒绿，得与群雅游时，仍以花蕊夫人自况，则得之矣。

玉楼春合擅时名，今日意卿昔永亭。（"耗子"号。）词客心香名士句，为他添系护花铃。（近有蠡湖散人《燕台校花录》，标陈郎为冠。）

新赐云鬟使上头，（本花蕊夫人词句。）红笺翠管最风流。党家婢子工煎茗，纨扇临风比得不？

荆钗更试小家妆，花鼓声声唱凤阳。解得葫芦依样画，风情原不在矜庄。

偶对名花忿即蠲，非如惊蝶闹花田。菖蒲有节能通慧，绮语聊酬一笑缘。(《演武》,陈郎扮侍儿,报菖蒲花名。)

彩　林

姓刘,字琴浦,年十九岁,江苏扬州人。四喜部。螓首蛾眉,云姿月态,掌上身轻,柳枝袅娜,鬓边波溜,花格娉婷。初见《军门产子》,作七古,有句云:"腰支宛转枪花神。"又云:"平生兀傲诧狐媚,目逆名艳心柔驯。"刘郎风艳,动人不觉,铁笛铮铮,化为绕指,久旷征歌,惊鸿极目。见演《捉奸》、《服毒》,殊诮其不慎于择术,然而至矣!操此技而演《刺梁》、《刺虎》,必能奕奕骇人瞻瞩也。近复见演《玉鸳鸯》一回,梅花亭畔,合卺堂前,三妇新妆,倍增佳丽。闻刘郎为人颇文静,自持大雅赏之。

阵云愁结蹙双蛾,宛转腰支宛转歌。斜曳银枪香髻鬅,英姿销捐泪痕多。

北地胭脂数卯金,(谓朗玉。)彩云依样冠花林。远山浓映横波静,艳不宣淫艳始深。(《胭脂》一出绝佳。)

弓撲香鞋寸恰三,乌云挽起更妆男。人间不信黄崇嘏,笑煞红裙也变蓝。

花光绚烂眼光寒,不敢轻为白眼看。芸阁桐花芬歇绝,一株玉树照歌坛。

福　寿

姓吴,字春祉,年十六岁,扬州人。春台部。姿容明媚,骨肉停匀。演《学堂》,闺阁风仪,别饶韵致。《碧玉钏》扮小姑最佳。《惊变》、《埋玉》,王、蒋间并驾,未能允堪接轸。近见演《英雄谱》,扮霍玉蝉侍婢春花,"代主抵罪"一段,情辞激烈,声容哀艳,儿女英雄,令人泪下。吴郎洵徽部后秀中杰出也。曾于公所席上遇之,衣圭闲雅,辞色恬和,是能心领夫在山出山之旨,不卑不抗,斟酌尽善者。

师师举举与当当，误取韩诗比艳香。说是儿家隋岸住，分明描出绛仙妆。（初误吴郎姓李，并不知其系维扬人。）

误投鸳社可怜宵，好事端须明艳描。最爱佯瞋腕无力，眼波松后脸红潮。

愁喜无端变一时，绝怜闺阁被人欺。金钗不是温家镜，两下情根各自知。（灌畦居士赏其《相约》、《相骂》，谓吾吴名班技止此。）

香肩已会担风月，巧舌还能乱是非。如此多情兼任侠，人间何必羡崔徽。

百　福

姓产，年十七岁，安庆人。三庆部。生性玲珑，姿容俊俏，灵牙利齿，音调清圆。初见《打番》一出，信口赠云："牧马骄嘶敕勒秋，卢生结束尽风流。丈夫得志张仪从，如此佳儿少得不？"嗣演《探亲》，扮乡间女儿，倚怀而哭，情态极佳。近见其《花鼓》一出，点如白雨，腰若青杨，何减明儿当日，允堪独冠此时。第园亟赏之，转瞬间产郎当名噪凤城。

怕姑恶敢想夫怜，见母欣然复黯然。最是背人情态好，倚怀絮语泪如连。

粉面娇欺弹鬓花，蛮鼍促叠玉腰斜。宁输鼓舞陈元会，唐内催春手竞夸。

日下看花记　卷二

首 录 九 人

翠　林

姓王，名锦泉，字秀峰，年二十岁，安徽怀宁县山桥镇人。春台部。伶工中之铮铮矫矫者，昆乱俱谙，跌扑便捷，工小调，能吴语，丰神俊逸，姿容明秀，不事修饰，天然妩媚，无论健服华装，皆潇洒自如，有绝类超群之概，音律亦精细清圆。初在庆喜部内,见其《断桥》扮小青,及《湖船》一出,姿态尚丰满。嗣因病而瘦,然愈瘦愈秀,亦初不知其为秀峰也。昔秋与曼香居士闲话及之,始知其善墨兰,遂偕访之。一室之内,无非卷轴。园中无剧,即事毫素,兰笔娟秀,近更苍劲,性甘淡泊,杯酒论心,清言娓娓。兴逸则议论风生,天真烂漫。高人韵士,知其怀抱芬馨,不可遏抑,殊乐观其远致。香严居士谓王郎哺醊亦复可观,洵是解人。三秋题咏,墨兰盈卷,标曰《兰秋小咏》,壶天大隐序而梓行。其《军门产子》、《琵琶洞》、《一枝梅》尤为高下共赏,新旧剧内,数见登场,锦襜绣袴,骨飞肉腾,亦如其下笔纵横离披、颉颃尽致也。昔有王湘云善画兰,《燕兰小谱》称之。然湘云以色艺事人,兰亦蒙韭菜、虾皮之诮。秀峰在俦辈中,居然真香矣。

不图天壤有王郎,竟体清芬冠众芳。黛色东来峰独秀,采兰人免忆沅湘。

何处颀颀赋《硕人》,乱红堆畔碧枝新。逢场作戏如余事,大似诗狂吏隐身。

香含墨渖寄情遥,几辈诗人慰寂寥。莫叹床头金易尽,舞衫洒落俗尘销。

未遂初心向绿蓑,一声欸乃引愁多。何时稳唱回波曲,同泛鸳湖谱棹歌。

早甘兰洁之人赠句

芍药吟笺万口传,品题别有阆峰仙。玄都观外桃千树,谁向刘郎句里妍。(餐花小史为朗玉作《铁弓缘》歌;为秀峰作《荡湖船》歌,传诵于时,刊入《药吟兰咏》。)

咿唔双桨出吴阊,曾听清歈到上杭。却向东风寻旧梦,虎邱月色太凄凉。

秀骨珊珊自有姿,短衫窄袖也相宜。知卿别有分身法,笔底湘兰一两枝。

贺郎酒醒最消魂,一劫风花眼底昏。趁我鹔鹴裘未敝,为君典去买清尊。

桂 林

姓陈，字小山，年十九岁，安徽怀宁人。春台部。性情温婉，举止安闲。《独占》、《蝴蝶梦》，最所擅场。姿色未臻艳丽，而柔媚之趣深含。武技未至轻便，而《劈棺》一剧，描写仓皇惊愕神情，声容逼肖。《独占》至秉烛入帏时，情态殊佳。习见诸郎演此出，俱不及小山。眉语抵得几许临去秋波，殢人思忆也。卸妆与语，真挚无浇薄气。席间则酬酢殷勤，辞色和顺，又迥异见金夫不有躬者。友人琅圃尤心赏之。陈郎虽隶花部，覃精昆曲，堪为雅部名伶。近见其于《英雄谱》扮霍小姐一回，拍案叫绝，又胜于《劈棺》矣，因续题一绝云。

巧夺姻缘毒计深，剑花饮血快人心。可怜比翼分飞日，肠断天涯泪满襟。

皖江仙队并清新，风范梁溪定几人。激楚声容《蝴蝶梦》，歌台瑜亮顾偕陈。（长松亦工此出，或谓顾胜于陈，余谓做手不同，工力悉敌，二者未易轩轾。）

扇纨花映沈东阳，佳话曾传美目扬。踏冻来窥眉语细，老夫羡煞卖油郎。

月初圆满桂双攀，（金玉之桂林亦在坐，壬戌中秋事。）桂馥熏心酒上颜。此夕广寒在人世，不徒袖染国香还。（是集先观秀峰昼兰。）

曲尘风里唤同车，攀桂情随赠勺加。（癸亥春仲小集，朗玉亦在坐。）未了情缘忘料理，花情不妒柳生芽。（小山于杯酒间，每极称陶柳溪。）

金 官

姓江，字毓秀，年二十岁，安庆人。三庆部。与朱福寿皆新到京，擅场之艺颇多，初演《打洞》、《审录》，风神秀整，态度清佳,昆乱梆子俱谙,音亦清亮,圆转自如。家湛华居士曾观三庆《思春》,十数人登场,独赞江郎有女子态,细觇其香肩戌削,眉语传情,洵不诬也。偶交臂遇之,肆应中仍自谨持,无佻达轻儇之习,犹带芝兰臭味,不同凡艳争春,足以惬素心焉。近见其演《弑齐》及《醉阁》,亦极妙。

不看镜里画眉新,秀骨珊珊自可人。幽谷兰芬堪盖世,芳庭蕙质亦离尘。

前夫岂与后夫当,东郭姻盟看下场。如此佳人合倾国,春秋也不讳棠姜。

更喜身轻似绿珠,醉中争记侍儿扶。回身无力临风软,想见春胸腻欲酥。

醉后相逢散竹襟,绮罗丛畔展琴心。白头挥秃君家管,莫写萦梁绕欐音。

翠官(又名宁)

姓姚,字静芳,蜀产而寓于秦之三原,年二十四岁。双和部。双和固西班之雄者,姚郎在内称翘楚焉。余亦耳熟其名,适《看花记》将就,复采遗珠,访于歌栏,见方淡扫娥眉,浑身缟素,演《检柴》、《赠金》诸剧,愁容幽艳,如带雨梨花,始叹名下无虚,披榛采兰,有心人未易巧相值也。既而演《挈妆潜遁》、《遇暴脱身》,侠骨贞心,灵才慧性,并集于如花似玉身中。知凡剧俱有佳趣,惟自得其趣,则可以趣趣人。姚郎殆自知其趣,而神乎趣,观者忘其趣,而不觉身入趣中矣。虽人颇以花月妖目之,然辨味于酸咸之外,则镕金盂水,随性方圆。姚郎而肄昆曲,又未始非雅部翩翩佳子弟也。一日再访,适郎未至,而其余诸人既可憎恶,复不晓事,甚至管班伧父目道人为风颠,使少年血气,其人必饱老拳。道人为花而来,岂屑与村牛计较,司空见惯,殊恬如也。惟姚郎杂明珠于瓦砾之中,为可惜耳。偶于酒间与朗玉谈及,姚郎闻信奔至尊前,感愧交形，柔词谢过。道人愤恚既销，新交更挈，欢然大醉，即题四绝，乞餐花小史作淡墨小幅而题其上以赠。姚郎剧极多，色色俱佳，又闻其工墨兰，尚未一款清斋，观其放叶安花时婀娜韵致也。

华岳仙人姚玉京，小桃花面旧知名。却嫌阆苑春风少，别领笙歌下碧城。

短短芦芽瑟瑟风，一腮香泪落青骢。人间难算相思帐，梦到前村豆又红。

一任浮云蔽月华，（借用姚月华。）看花老眼不曾花。凤城多少风流笔，点到明珠有几家。

颠米迂倪未是奇，惜花心事只花知。无端衣碍蔷薇刺，莫怪旁观笑我痴。

玉　林

姓蒿，字可诠，年十八岁。其父即从前北部有名之蒿三本，保定籍，而娶于吴。可诠产自吾苏，长而居扬，故吴语、维扬语皆能言。春台部。丰神雅淡，音调清扬，擅场有《反诳》、《盗令》、《着棋》、《挑帘》、《交账》等剧，波眼传神，柳腰作态，自然窈窕生妍，未识当年郑氏知书之婢，陶家瀹茗之鬟，能似可诠风韵否？余一见即心赏之，频访不遇，忽有同心欢然共饮，无如入坐已至刘伶，一醉几成蒋济。然雾里看花，觉蒿郎断红映颊，秋水为神，何异诗堪已怒，四目相招，五体投地，无减过江仆射，醉胜人醒矣。题赠芳名“芙蓉”，冷艳结契骚人。

斜倚文楸落子稀，歌传捉搦夜光微。明眸剪取澄江练，不逐春光撩乱飞。

花攒螺髻忒风流，堕马环鸦绾玉钩。八字排梳梳笼后，有人亲见学扬州。（梨园妆饰，斗巧争新，蒿郎鬏髻花样俱自扬州购来，故妙绝一时。据槐亭居士云。）

秋老清挥照绿湄，拒霜粉艳自幽姿。天涯我亦西风客，会得遥情脉脉思。

老向花间作酒狂，笙歌丛畔快飞觞。彩毫零落难添色，(蜀州有添色芙蓉。)欲醉芙蓉看换妆。(芙蓉一日三换色，又名“三醉客”，可诠颇善饮而豪，故云。)

九　林

姓骆，字琴仙，年十六岁，安庆人。春台部。初到，见之眉目明秀，静穆自持，宛如读书子弟。及演《游湖借伞》，容庄色媚，语细音娇。同坐有嫌其太板者，余曰：“看新脚色登场，正如三朝新妇，带几分羞涩态，弥见其佳。太滑溜转味同嚼蜡矣！”嗣演《检柴》，目逆而送李郎时，情态尤妙，日落荒郊，青鬃已去，潸焉出涕，袅袅哀音，临风自诉，倍足动人怜惜。近演《白蛇传》内诸出，亦妙。花旦中具此风格，可取法乎上，慎勿蹈时派，变其素质也。

素艳还滋香土培，天然秀色渡江来。看君饶有闲情性，莫羡唐花烘托开。

旧是潮壖淹泊身，总宜船上往来频。(“总宜”，西湖船名。)打篷雨外新妆淡，相况娟娟趁棹人。

风袅罗衣四野寒，柔肠寸寸欲言难。凭谁解得芦花痛，合遣离魂逐去鞍。

桂　枝

姓彭，年二十岁，扬州人。春台部。三宝之师弟也。仅见其《思凡》一出，姿容清丽，态度便娟，无限情波含蓄于恬静中。玉麈才挥，凭栏而望者，“好”声鸦乱。惜擅场无多剧，寻即返棹。今复来都，见其于《福星照》内，偕蒿可诠扮仙姑一对。姑射琼姿缥缈，云中飘堕，令人神往移时。相隔逾年，定增他技。然具此兰姿玉质，花非解语，月固多情，不必征歌，即以彭郎作花月观可也。已散彩云，随风又至，芳筵注目，为倾三爵。

梦断云梯上广寒，仰天心歇一枝攀。颓唐酒国余清兴，金粟香飘到笔端。

凡心打破便成仙，小玉双成到眼前。三爵油油酬法曲，欢场人笑柘枝颠。

贵 笙

姓汪，字仙林，年十九岁，怀宁人。三庆部。神清骨秀，虽艳妆而无脂粉气，诗之咏美人谓“清扬婉兮”，清扬在眉目之间，地无些子，非细心领略，则天然之韵致不出。谢夫人林下风，亦只“清秀”二字足以尽之。求真色自当以此为上乘。如汪郎者，洵足当之矣。郎于癸亥秋间入都，名未甚著，以未尽其技也。当珠含玉韫，自不可掩。《戏凤》、《扫花》等出，观者已交口称赏。初写黄庭，恰到好处，拭老眼以看其将来。

秀是春山经雨后，清如秋水照人时。万花丛里矜初见，竹外新梅放一枝。

太平世界任风流，春色闲从野店收。莫羡当炉人有眼，奇缘还亚玉搔头。

翠凤翎毛耀九霞，春风不许浪吹花。胭脂满地谁收拾，小别多情萼绿华。

福 寿

姓朱，年十九岁，扬州人。三庆部。初到演《花鼓》，鹿角峰樵谓其脱离窠臼，崭崭生新。《买炭》、《斋饭》本詹双庆所擅场，今朱郎继响，声形笑貌，近似詹郎，然姿容神彩，焕发于詹、腴润于詹，音调更清脆于詹，宛然小家妇女。观细腻风光之剧，久而生倦，必得朱郎启吻醒之。如食美味珍羞后，偶陈野荠、香芹，清咀脆嚼，颇觉爽口。或有嫌其胸挺，及其音不柔软者,余谓其妙处正在此,不如是不能秀而野。

檀板初敲缓拨丝,嫣然一朵好花枝。当歌欲咏珠帘秀,沉醉东风定几时。

壮心销歇昵温柔,箫谱钞成迹尚留。一只湖船愁满载,又添春思落扬州。

又首录九人

双 全

姓陶,字柳溪,年二十岁,江苏元和人。霓翠部。雅部中之翘楚也。神情清妙,风致翩翩,其演《衣珠记》、《翡翠园》、《题曲》、《茶叙》等剧,色色俱佳,日看不厌。薄施脂粉,素艳欲流,一弯秋波,聪颖独绝,灵和柳态,玉岭梅魂,足以表其神韵。近演《巧奇缘》,扮秦惜惜,风流名妓,不减苏小当年。《双金牌》扮店家女儿,未免趋时,然不嫌于俗者,终以风趣胜也。杯酒寻欢,有秀峰之冷雅,无秀峰之洒落。

绰态初陈秀媚生,铅华不御见幽情。玉峰顶上梅花韵,又带灵和柳格轻。

黯惜孤芳采采迟,临风遥况碧云姿。依情淡似先生柳,字取青条信可儿。

细雨轻烟不受温,东风无计暖芳魂。一枝铁笛留清响,落日吹过五柳门。

久隔重闻白云歌,妆台泪点引愁多。不成浅醉匆匆别,影散斜阳唤奈何。

增 福

姓陆,字寿昌,年十六岁,长洲籍,本无锡人。金玉部。姿神秀彻,情韵幽闲,音调清谐,应弦合节,闺中仪范,林下风情,令人不可亵视。《思凡》、《茶叙》,可与时辈抗手。《问情》一出，尤臻神妙。金玉部王桂林外，即推此人。名流雅集，陆郎入坐，应对如流，敏慧无匹。余最爱其每吐一语后，粲然启齿一笑，音韵幽清如闻玉磬，释却春愁万斛。知乎画眉仙史为太白先生，此儿固是不凡。

凝脂点漆几回夸，陌上频逢掷果车。等到征歌吾已醉，不分明看雾中花。

阑干寂寞泪珠多，两下含情怨奈何。底事有谁能解得，漫将原委问花婆。

已分终为落溷茵，东风乍许拔红尘。匆匆一叙姻缘定，不爱蛾眉爱此身。

轻挥玉麈出歌楼，一缕心香散莫收。怎说梵经抛不得，绕栏遥赞尽名流。

小语无多数解颐，柔情款款送杯迟。秋波偏溜颓唐叟，便醉如泥总不辞。

金官

姓蒋，字筠谷，年二十岁，江苏吴县人。霓翠部。情柔意淑，形佳骨娴，艺极精严，神传微渺，歌如珠贯，衣亦云停。音才合节，我已愁躅，盼不流波，人皆心向。久观焰段皮科，试听蒋郎奏曲，何异绿绮徐张，声宣正始，净涤筝琶繁响，六气为之一清也。

姑射仙人月里娥，清妍姿致泥人多。不堪雅调临风赏，唤起乡愁可奈何。

袅袅情丝欲化云，一声保重泪纷纷。坝桥柳色旗亭酒，迸入离肠十二分。

玉貌云鬟苏幕遮，红蕖狎猎锦帆华。兰桡摇动流清响，不数当年雏凤夸。（保和徐老旦之子双喜惯演此出，京师贵游以凤雏目之。）

故园几辈托风怀，姓况相同分合谐。偶过点茶留客坐，难期清话片时偕。（过访不值。）

三　林

姓王，年十六岁，苏州人。集秀部。此部初自南来，闻风者交口赞美，则旦色之佳，有以动人也。是日亮台，座客极盛，意其必有足以登吾《花记》之选者，亟往观焉。脂粉如云，而登场接演者惟三林剧最多，其一班中之前茅欤。姿则艳而不靡，质则婉而有情。观其演《赏荷》，则幽娴贞静；演《金山》，则软款轻盈；及演《武曌》数出，则骆宾王所云"蛾眉不肯让人，狐媚偏能惑主"者，彼善诛心，此巧传神矣。一日之间，一台之上，王郎之能事，已不仅一斑之见也。其外有翠林陈郎，安庆人；沈郎凤林，杭州人，色亦尹邢，材如韩虢，尚未细为端详，第与三林连类及之，亦可想见矣。（近见有玉喜者，亦隶是班，颇著名。）

阿侬深愧说吴阊，虚负莺花鬓已苍。未了三生文字债，天教春色看他乡。

暮雨潇潇瓜步舟，梦回犹听唱苏州。歌栏双棹蜻蜓桨，画出金山月一钩。

谁令偏烧不断香，又招祸水入宫墙。芙蓉屏下横陈夜，莫遣鹦哥报六郎。

春风何事苦催花，容易光阴蕊变槎。雅爱森森诸玉树，一时姓字属王家。（谓秀峰、琬香。）

双　林

姓张，字竹馨，年十九岁，苏州人。四喜部。姿容丰冶，机趣温和，明眸善睐，绣口工谈。《雪夜》、《琵琶》是其绝技，他如《盗令》、《杀舟》、《寄柬》亦堪独步一时，群玉山樵所谓"肌肤萃玉，十三女子之容；议论生风，千百英雄之语"者也。诸郎中或以趣胜，或以韵胜，不名一格，总以不沾尘俗、有儒雅气者为可意。自朗玉而下，颇有喜近名流、结缘翰墨者，则慧种仙根，当是莲花化身，不落虫沙劫内矣。如张郎者，色艺岂必人所绝无，而一经品题，顿增声价，吹嘘送上，端赖文人。此逢人诵白傅之诗，寿世宝坡仙之句，山樵又别具只眼，有真赏识者存也。花信编既未果传，则《花记》采择，敢因长物而遗颔下之宝乎？

脉望能亲翰墨香，名流醉尔一觞觞。可知洗得胭脂渍，不为吴娃会巧妆。

褥隐芙蓉绮座开，春风一一报花来。曼陀不入人间种，怎费词人八斗才。

帘外花飞几尺深，檀槽缓拨酒频斟。妾心暖似郎心暖，不怕寒生压臂金。

谁怜倩女果离魂，曾向君前倒一尊。春色忍教人陌路，萧郎遮莫望侯门。

吉　祥

姓韩，陕西醴泉人，年十七岁。霓翠部。昔春小樊札至，极称保阳新到之伶韩郎，擅名于时，不久即来都，入三庆部。初演《思凡》，声容态度，颇类吴儿，弱不胜衣，柔于眼柳，曲白亦精细，抗坠如萦，缕宛似深，喻乎声中无字，字中有声之三昧者，始信小樊之言不诬。然初不知其为西人子也，嗣遇星槎，自诩其乡有名伶，专工雅曲，偕往观之，即韩郎也。芝草醴泉，原无根源。韩郎之艺如斯，殆师授高而天资敏慧也。近已入霓翠，叩其故，曰："不乐与徽部诸郎伍。"于此又足征其性情趣向焉。大雅颇契赏之，吾特异其柔于柔土所产，其殆如饵瑞珉之膏，食丹泉之粟，可积岁不饥者耶？抑或丽娟之后身，只恐其随风而去也。

莫非人柳是前身，怪底韩郎产自秦。笑口不含西向意，依依犹带灞桥春。

变雅原来是曲终,谁教鹦鹉入金笼。陇头春色箫台月,争似江天一笛风。

水国非家生性柔,爱从雅乐擅风流。五花爨弄红毹上,几辈名追菊部头。

钟鱼声里咒莲华,信有慈悲感木叉。别部楞严翻一过,绝怜谁与脱袈裟。

福　林

姓李,字兰轩,安庆人,年二十二岁。三庆部。生性柔驯,姿容芳软,戏颇做作。评花者比之秋海棠,肖其风情柔楚也。初见其《白蛇传》诸出,极佳。嗣演《昭君》、《西游记女国王》及《打饼》等剧,亦俱尽态极妍。《出塞》尤所擅场。然道人评花,如诗有别肠,总觉其神色低迷,不能秀露,可怜之情态愈深,可爱之心情转减,要其色艺究不可没也。仍登斯选,李郎宁尚以秋海棠之柔情,含怨于道人耶? 或曰:兰轩亦善画兰。

几度闻歌首漫搔,谁将花态尽情描。人间金屋原虚语,奈以秋心冷阿娇。

上马回头眷恋深,琵琶容易觅知音。曲中莫恨毛延寿,但把芳颜付与金。

字号兰轩嗜画兰,题诗一老眼光寒。风流名妓宗非易(马湘兰),学到纯乎君子难。(郑所南自题墨兰语。)

凤　林

姓刘,年二十岁,安庆人。四喜部。余素不常观四喜,偶尔凭栏,见有素咽修眉、莲巾羽帔而出者,则《思凡》也。音未极乎柔细,韵尚清圆;姿莫媲夫韶华,情殊愔嫕。初不知其为谁,今夏因若泉居士极称凤林为最,复往观焉。见《偷诗》一出,即昔之演《思凡》者,声音体态,再见增佳,讯之隔坐张君,云是凤林也。噫！玄都留迹，再看洞里夭桃；碧玉临风，迟引台前鸣凤。亟登斯录，以报知音。

歌楼飘堕羽衣仙，云样氤氲月样娟。也识畅姑风貌好，目挑情妒少游偏。

当作夭桃洞里开，探芳客去又重回。艳情不耐黄冠戒，丽句争歌赤凤来。

莲净争能净藕丝，分明一纸诉相思。他年双桨秋江上，也笑烧庵事不奇。

宝　林

姓朱，字香云，年十六岁，吴邑人。金玉部。姿色非上选，静默寡言，乍见奇之。及演《秋江》一出，艺过成人，始知有木鸡之毅力焉。毗陵殷君最心契之。偶尔招至，典斟，善戏谑兮，仍自存身分，肆应缠绵周致，无异王导弹指说兰阇也。越溪渔隐以合欢一杯酒，遂以丹桂目之。宝林相士之明，其殆有过于负羁妻亲观狐赵耶。然渔隐自酬一绝外，意殊洒然。而宝林至今拳拳然。我为宝林憾，更为渔隐愧也。

一曲秋江日已晡，吟怀饮兴被渠扶。不知殷浩为官去，怪事书来有泪无。（毗陵殷君之东，不久即物故。）

探芳合让虎头痴，一眼欣题丹桂枝。只恐手持修月斧，心情不似罥花丝。

日下看花记　卷三

首录十人

长　松

姓顾，字介石，年□十六岁，太仓嘉定人。三庆部。余里居即耳其名，今得观其擅场《蝴蝶梦》、《盗巾》、《刺虎》、《相约》、《相骂》及《双珠球》诸剧,艺臻极至,歌入云霄,情韵悠扬,神采秀发。武技亦复轻矫自由,俗赏霸王鞭,亦一时无两;手拨檀槽,俨然曹纲入座矣。顾郎虽旦脚,戛戛独造,时自露其风骨,眉飞色舞,于嫣红姹紫中,如松翠缤纷,弥增葱蒨,不料粉白黛绿间,挺此奇英。余幼客长安,偻指名伶,前后经见者夥矣,从未有全才如长松者。执歌坛老斫轮问之,能不放伊出一头地耶?

玉峰遥映练川清,赌曲旗亭旧著声。偶听人间红雪调,烟霄宜有凤鸾鸣。

也画蛾眉迴铁伦,英豪意气绮罗身。胭脂影落菱花镜,争及乔松满树春。

记偕游畔访思存,小榻茶烟笑语温。未识乌龙曾睡否?频过不敢浪敲门。(蓄有塞犬,状颇狞。)

故人解拓酒怀宽,特地招来一笑看。如尔才充觥录事,不辞沉醉到更阑。(故人谓和莽。)

三　宝

姓蔡,字莲芳,年二十八岁,江苏甘泉人。春台部。素著声于邗上,盖老斫轮矣。姿容媕婳,虽逊当年,而体态温柔,依然如旧。入都后,浏览梨园习尚,步武长生,别开生面,穷形尽相,一味淫佚科诨,以供时好。坡公所谓"嬉笑怒骂尽是文章",莲芳有焉。一时有"赛魏三"之目。然偶见其演昆部诸剧,活泼中仍自露其本领,固非后辈所能企及。音调则弦管相随,换羽移宫,自然入化。遍览歌坛,问有能学邯郸步者谁耶?或谓以蔡三较魏三,终一间未达。余谓心有灵犀,随时转变,即目前之伎,已足定其将来必能如魏三,专趣忠烈义侠,矫矫传奇矣。

华曳轻袿压绮罗,折腰翘袖嫦人多。不须截取中郎竹,齐唱扬州得宝歌。

桃花醋滴杏花酸，一曲谈娘博笑欢。簧舌巧翻河市语，宛乘泛宅傍江干。

歌珠赌取好声添，落手时名忽矫廉。辇下名公诗满匣，为赠行色抵金兼。

织组龙梭去复回，永新清调拂红埃。野狐妙旨须参透，欲借棉州作棒来。

四　官

姓沈，字云蓝，年三十岁，江苏吴县人。三庆部。《军门产子》众谓擅场，不如《反诳》、《独占》、《断桥》、《梳妆》、《跪池》等剧，令人屡看不倦。云蓝搴帏而出，齿牙清脆，弦管一新，素质珊珊，临风自赏。拟诸秋柳丰神，潇疏多致，娇嗔美盼，俱征蕴藉，忘却秋娘已老矣。然弹丸脱手之技，尽由积岁苦心研练而来，否则赴弦应节，流盼扬声，方叫曲之不暇，安能流水行云、自然入妙？

前度花飘绕梦思，定珠鸣玉有谁知。（追想保和诸郎。）惊鸿瘦影翻春态，销受横波又一时。

几句苏诗引兴谐，龙邱居士费安排。晓妆未理调鹦鹉，如此风情亦大佳。

知有前缘未可分，底劳飞锡困轻盈。《断桥》相遇柔肠断，未必人妖有此情。

白首重探紫陌春，秋娘风韵剧鲜新。卅年无限梨园感，犹未将卿当旧人。

文　林

姓王，字锦屏，扬州人，年二十五岁。四喜部。丰神潇洒，气韵淡逸，演剧如龙眠居士白描好手，动于天趣者，自咄咄逼真。神似之技，不在描头画角也。餐花小史谓："做戏如做文字,要求神与古会处;看剧如看文字,要取意在笔先处。不然东涂西抹,堕入烂墨卷套中,所做所取俱无是处矣。”余谓小史深于禅趣,又在拈花一笑之上。昔人题画梅诗云“前身应是九方皋”,即此意也。锦屏之剧,人所有亦有,人所无亦无。是亦犹做文题句一样,而文之不同,如其面也。论其色艺,其琬香、云蓝之前后身乎?

珠有清光玉有烟,莫将色相泥尊前。衣冠刻画随优孟,洗耳来听大小弦。

舞腰笑靥两非真,场上看人我亦人。袅袅柔情冲淡处,谁能更赋洛川神。

绝奇这段巧姻缘,狡狯神仙事偶然。爱看春宵争一刻,九华帐锁两婵娟。(演《玉鸳鸯》绝佳。)

果然措大太酸丁,雾里看花说眼青。七尺珊瑚沉底纹,苦从沧海数浮萍。

双 喜

姓李,年二十八岁,字兰亭,安庆人。三庆部。为人端重寡言,抑然自下,绝无轻浮气习。色不华而清妍自致,眼不波而秀媚自含。《打店》跌扑,身轻如一鸟过。《宛城》一战,尤堪叫绝。南湖渔者以莲花目之,谓其独立亭亭,出污泥而不染。李郎殆潜心习艺,自献所长,不随风气为转移者。

净土莲花洁自持,未曾相识两相知。横波固是多情物,蓄意酬卿只有诗。

生性温柔异逞娇,宛城鏖战泪盈绡。一枝带雨梨花致,便是曹瞒意也消。

桂 官

姓陈,名太小,字六儿,年二十七岁,顺天大兴人。恩庆部。年逾韶齿，犹姿容明靓，腰约鲜卑。初见其于平龄会内，扮缟素哭尸，星眸惊闪，眉翠含悲，掩面娇啼，极情尽致，已决其非《背娃》、《花鼓》等，技仅工飞眼传情了事者。及演《刺虎》一出，酒波流毒，笑靥藏锋，描摹入细。迨至揎袖徘徊，频侦虎息，霜飞剑影，云乱香鬟，虎立怒冲，虎死愤泄，大才小用，语激心摧，断丝烈竹。费宫人英魂未泯，犹疑驾云軿而降听也。嗟乎！观陈郎之奏技冶容，岂专资诲淫哉！

阵上尸还听哭声，缟衣少妇态轻盈。雍门莫度韩蛾曲，弹髻娇啼尽动情。

既醉拼将冤愤申，绿云撩乱剑光新。古来巾帼难能事，假面当场写得真。

小　三

姓苏，字文广，年三十三岁，安徽人。三庆部。初不甚著名，苦心习艺而成，今则居然名伶矣。身材瘦削，风致潇疏，自饶雅韵，眼波明秀，犹自冉冉动人。昆乱俱妙，跌扑矫健、自由。其演《小金钱》，背负刘郎，歌音激楚，蓉锷霜飞，娥翠脸霞，依然韶美，最堪击节。尝谓能眉语者，小山外数小三。年虽加长，要是徽部中未易才也。

清姿洗净靓妆痕，秀骨珊珊风韵存。一种潇疏闲意致，渔洋秋柳什中论。

鄢郢缤纷数逸才，贾其余勇复登台。脸霞鲜映吴钩雪，新带江南春色来。（时小三初领角色来都。）

万　林

姓薛，年二十四岁，江苏江都人。春台部。曾见其《乾坤镜》及《翠云楼》内诸出俱佳，《题曲》尤妙，曲白清细，跌扑亦儇捷。瘦而无华姿，丰神自觉秀韵。青裙缟袂，置诸竹篱茅舍间,持比和靖梅妻,泠然香洁,子美诗中黄四娘未能并美。老饕惯得味于世俗咸酸之外,每到持螯对菊,一襟风味,便忆斯人。

铅华不御有余清,篱落幽芳太瘦生。老眼秋来澄若水,偶逢荆布倍关情。

眉尖浅淡尽风流,一缕幽情百折柔。别有尘怀抛落处,魂消不为翠云楼。

挈子归宁意若何,吴江烟水易风波。将军不恃浑身胆,请听当年长坂坡。

香销粉冷含风秀,举向团云队里夸。岂若老莲绘鸠鹊,诗成郊岛自名家。

元　宝

姓顾,年十五岁,吴邑人。春台部。目长面阔,多欢容憨趣。《背娃》、《学堂》、《跌包》皆所习演,歌喉尖嫩,灼灼于时。每遇芳筵入坐,见其偶吐一语,必作妍笑以出之。故悦之者众,即同班中无有诋之者,亦契其和蔼可亲也。惟登场无内心,近乎躁,然立徽部中居然独当一面,能令敷坐称佳。雅部韶龄,无此能品。拟诸花品红踯躅,烂映春山,亦赏其娇妍足玩也。

结得人间欢喜缘,莺声呖呖笑嫣然。痴儿心企南山绢,借取豪名万口传。

《背娃》争看小娇妖,未吐歌珠几折腰。好似映山红踯躅,也堪娱目把人撩。

四　喜

姓韩,年十八岁,顺天宛平人。大顺宁部。色亦郁李争春,体则嫩篁挺节。《上坟》一出,技亦犹人;《打刀》之妙,谁堪继响？妙在巧言如簧，机锋不绝，态随唇转，眉逐情飞。捷给时，几疑剪一舌又生一舌，虽炙毂谈天之口，应亦望而却步。瑰奇变幻，俚语尽是绝妙文章。淹留人海，块垒填胸。一聆韩郎快辩，并剪哀梨，破除郁结，心神为之一爽，未可鄙其技也。

敷坐轩渠看《打刀》，皮科不绝眼波撩。底须七略宽怀抱，辩舌幡幡积虑销。

自采丰台红药枝，懒从北地觅胭脂。滑稽乃是奇文字，花格新标艳黠儿。

续录十五人

荣　官

姓陈，字荣珍，年二十四岁，安徽太湖人。春台部。擅场有《皮弦》、《四门》、《喂药》、《赏荷》、《游殿》、《打店》诸剧，姿容端淑，音韵和谐。淫逸之戏脱俗，别饶妍媚。昆剧亦工细合律，跌扑轻矫便捷。性情举止，无桑濮夭斜之态，有闺帏贞静之仪。与秀峰中表亲，同处一房，精围棋。玉指圆莹，而甲长寸许，二妙悠然相对，非吮墨挥毫，即展枰落子，隔院哔声若罔闻也。

态度柔嘉贞内含，不随群艳斗春酣。音宣郑卫迷情思，曾向歌台采二南。

也能儿女也英雄，假作真时艺自工。堪笑上场提傀儡，第随箫管闹东风。

风飐青帘十字坡，当垆暗笑客生魔。痴人解得无情剑，莫问斜阳路几多。

君与王郎卢李亲，如兰似蕙静涵春。一枰最是忘忧法，应笑吴耽是俗人。（予不知棋。）

声　明

姓何,年三十岁,安庆人。春台部。身跻花队,艺专雅奏,貌不甚扬,绝无有知其姓名者。余观春台剧最多,凡所擅场,俱经寓目。周规折矩,音律精细,恪守梁溪风范,后学允堪奉为圭臬。近演《谏父》一出,叩之吾乡老伶工,应无间言。苦心孤诣,寂寂无闻,不亦难乎?何郎平素与同班讲习外,不妄交一人,衣帽朴素无华,安分自守,泊如也,故特为表之。

古妆修整旧闺仪,内里声听半字移。(善歌者谓之内里声,载《梦溪笔谈》。)莫怅阳春希附和,俞琴能得几心知?

鹦哥谁教骂东风,冷暖人情计太工。能重盟言能白首,从来知礼半闺中。

齿冷人教冷眼看,此心织素一般难。也知不似何郎面,日暮能禁翠袖寒。

玉　林

姓葛,字温如,年二十四岁,扬州人。四喜部。体干丰肥,色亦中等,然颇饶柔媚姿致,措辞亦善体人意,毫无鞔俗气,可与雅游。《连相》一出,错杂于诸美中,风情自胜。《顶砖》一剧,较三宝《打门吃醋》,可称异曲同工。虽非掌上明珠,苟暖老无方,犹可替诗中燕玉也。

火云蒸处剧清凉,解语还应笑食糠。识得肥环情态好,不夸飞燕倚新妆。

梆声阁阁四弦遒,飞尽情波绕画楼。可待邻姬思葛勃,人间五马最风流。

双　官

姓杨,名天福,年十九岁,安庆人。四喜部。眉蹙蛾儿,脸围瓜子,演剧在淡中取态,其味当于隽永处求之。如《背娃》一出，自魏三擅场后，步其武者，工颦妍笑，极妍尽致。天福轻描淡写，活像三家村里当家妇人，脸不畏羞，口能肆应，可谓一洗时派矣。他剧未见出色，其尺有所短，寸有所长欤？

一颦一笑尽从容，不太寒酸不太浓。折取玉簪秋水照，可人倒胜木芙蓉。

诡谋巧取借娇娃，如此赚钱也肉麻。世上尽多刘二姐，逢人便欲对亲家。

庆 元

姓冯，本吴人，居京师，久家于此，年二十八岁。庆元部。初在太平班，颇韶美，苦无歌喉。今则歌音穿云振木，而身材几高不可攀矣。然听冯郎曼声一发，耳垢尽蠲，心神开涤，助以明眸皓齿，颦笑生春，玉立风标，转若减之太短，欣然诵“硕人颀颀”之句以赠。昔春演《刘氏招魂》一折，虽非盛年，犹足令人魂销。

俯视侏儒尽一班，美人淡冶似春山。若为十六天魔舞，选队谁装菩萨蛮。

萦烟罗袖曳霞裙，手未拿云响遏云。一曲招魂齐荡魄，佛香添作媚香熏。

金 官

姓孙，年十九岁，安庆人。春台部。色紫棠，质朴讷而不工妍媚。演香闺婉淑，落落大方，所谓大家举止，自有一种富贵福泽之像，不必妖姣妩媚也。间或龋齿一笑，亦颇楚楚动人，所谓性中流露，别有一种稳重端庄之态，不必佯羞故怯也。侪辈中戏以广东人呼之，不解所谓，岂面目间带炎风蜑雨之气耶？余好于冷处观人，如孙郎者，不可谓非嵇康之眼独青也。武技亦佳。

最宜象服作夫人,洗却铅华面目真。姹紫嫣红三十六,不须孙寿更传神。

飘扬旌旆下祥云,斜曳湘妃蝴蝶裙。笑指侍儿羞酒宴,分明争媚党将军。

庆　福

姓张,年十七岁,吴邑人。金玉部。姿态松秀,演《花鼓》、《刺虎》、《醉归》诸剧,尽有可观。搴帘初出,若大路青楼倚门献笑,春心透露,旖旎难持,真三生石上结欢善缘者也。巧笑倩兮,可以持赠。

试问春愁解未曾,眼波斜溜背银灯。偶然搔着麻姑痒,恰似宫中听裂缯。

情天孽海总红颜,牢笼英雄枕席间。纵有玲珑三寸舌,争逃明日翠屏山。

长　生

姓钱,年十六岁,元和县人,字瑞芝。金玉部。眼横秋水,眉扫春山,如篱落疏花,别饶秀色。双鬟执拂,真可意侍儿。不专以一艺擅场,而蕙茁夫妻,花开姊妹,立一郑家婢子于前,自然儒雅风流,正不可少之人,又不必规规争一节之长也。且喜近雅流,加膝未见其泣鱼,弃袍何衔于断袖?是殆冷暖自若者乎?

秀色迎人若可餐,梅花修到本来难。只须幻相空中见,绝胜檀槽拥髻弹。

走马寻芳莫认真,眼前俱是看花人。流莺纵到别枝啭,未了荼蘼也自春。

享　龄

姓杨，字玉卿，年二十岁，安庆人。春台部。擅场有《桂花亭》，今则人浮于剧，久不演矣。《狐春》一出，偶然演之。姿容光润，性情恬适，清歌袅袅，舞袖翩翩，秾艳扬芬，惯作亚枝傍蕊，绿衣风致，亦足怡情。

圆璧无瑕珠颗匀，纤蛾不点黛痕新。清商骇征从人门，粲粲含桃樊素唇。

围炉茗椀缅题屏，除腊匆匆岁又经。秋月春风闲似我，不教一唱《桂花亭》。

秀　林

姓吴，年十六岁，扬州人。春台部。与九林皆新到，演《挑帘成衣》不露淫佚，别饶幽媚。身材姿色，柔软相称，性情亦恬静，声音宛转关生，清和协律。花间月下，一二知己，细斟密酌，时秀林在侧，必能贴妥如人意也，道人颇怜之。

春风飘堕竹枝斜，碧玉生来似小家。记取芳莲参色相，香尘犹未涴清华。

妙手纤纤试剪轻，含颦带笑总关情。阿娘惯作氤氲使，引线穿针误此生。

正是春芳烂漫开，桃根桃叶渡江来。几回顾误如相识，诗句缠头当锦裁。

桂　林

姓李，年十八岁，扬州人。春台部。丰貌素姿，温其如玉，秉性静穆，胸无畦畛。《跳墙》、《着棋》扮莺莺，副以蒿玉林为红娘，闺秀闲雅，侍儿明颖，清姿淑质，天然如画。梨园馆一至，席间不交一语，觇其风格，无异大家子弟。满面书卷气，绝不以妩媚自呈。即席口占云："闲对文楸淡淡妆，幽闺风致耐思量。秋园丛桂知多少,数尔高攀月窟香。”嗣后惟见其扮小军、仙童,心颇疑之,后知失音之故。李郎具此妙质,即脱离苦海,亦复大妙;若未能舍去,安得歌喉复旧,方不致沉埋于打旗喝道间也。

悦耳莺歌春正融,无声反舌隐花丛。明知缄口犹难毁,谁分当场作哑钟。

珠玉何由咳唾生,回风重唱叶鸾笙。老衔石阙心难歇,犹想惊人试一鸣。

太　林

姓产,字雨香,年十七岁,安庆人。春台部。貌不甚佳,师得高传,故身段唱口颇极微妙。《园会》、《佳期》、《寄柬》等出,楚楚可观,小调亦足动听。近因喉变,久不见其登场。昔春曾以丁香画扇赠之,餐花小史题句有云“春愁无计避眉痕”;又云“心学芭蕉卷不开”。今日雨香心绪,能不怨及餐花诗谶,并恼道人以百结微芳为之兆乎?寄语雨香,当申纸绘声音树,仍倩餐花出敲金击玉之句,当羯鼓催春,导迎清籁来也。呵呵。

豆蔻香含已漏春,语花舞草避芳尘。扇纨题去莺声杳,莫摘时芳乱打人。

百结新愁锁上眉,好花好句惹疑猜。心聋谶得娇歌涩,何事能追老默来?(杨铁笛晚年自称老默。)

元　林

姓王,年十七岁。三庆部。情性温和,齿牙伶俐,衷言倾耳,软语勾心。其慧处真黄金锁子骨,天成非凡质也。第园居士颇称之。余始见于吉庆堂,皮相者或交臂失之。其剧颇有所长,在后辈中不以貌胜,同时云林似过之。

玉颜莫自怨寒鸦，许作东风解语花。廿四番中开落后，紫薇仍护碧窗纱。

情语醺人似酒浓，不辞花下饮千钟。衣圭未浣香痕淡，世事看来总好龙。

庆　林

姓戴，年十七岁，扬州人。春台部。初到长安，尚未奏其绝技，而《佳期》一出，已开门见山，腰肢丰约得宜，身材修短合度。或云炯炯双眸，不堪送媚。然造物生人，丰于此则啬于彼，如必仔细吹毛，恐陆押衙伎俩亦难应无厌之求。全材难得，可以微瑕而弃连城之璧乎？

陡入花丛眼觉生，连枝带叶未分明。满园不会关春色，且听黄鹂第一声。

想到惊鸿水一方，阴阳离合有神光。若教临去秋波转，多病多愁却怎当。

福　儿

姓马，名凤，顺天人，年二十三岁。和成部。姿容清秀，演《拷红》、《狐女思春》，俱北曲，而艺已极妍尽致。第园居士常为余言，其人轻盈伶俐。一日在歌栏见其跨骡而来，英姿飒爽，绝不类弁而钗者。及扮南海水月登场，法相庄严，真如青莲化出，狮驯象伏，令人尘心顿洗。其他戏闻亦绝佳，殆一事精百事精也。芙蓉颊上，数点梅花，天生一副寿阳妆，更十分妩媚。马郎云，同班有徐升官，亦角色。

繁丝缛管锦屏风，不断圆喉响彻空。细认歌容兼舞节，果然异曲也同工。

七宝庄严胜铸金，慈云一朵布雷音。若从人海施甘露，也愿皈依紫竹林。

日下看花记　卷四

小部录取十二人

寿　林

姓张,字润霞,年十四岁,吴邑人。金兰堂三多部。姿容丰艳,音韵清圆。《断机》、《刺虎》,曲尽情态,令人击节。鹿角峰樵以贴梗海棠目之。吴中俗语:"教童伶,如凿石头。"甚言教小部非易色也。张郎年逾舞勺,此中奥妙固已心领神会。天生情种,迥非依样画葫芦可比,不逾年而声华灼灼,可预卜也。有人题赠云:"醉眼溜人明剪水,春心触酒怒生花。"餐花题赠云:"东风吹入红妆院,绾住春情不愿飞。"又鹿角峰樵题赠云:"一院春风谁管领,海棠应占最高枝。"诵三君诗,张郎风韵可以想见,而标题第一,亦非道人一己臆断也。

胸中金屋有人专,小朵川红更取怜。搅得诗狂无料理,倩谁分作海棠颠。

娇霞灼灼傍眸生,疑有红香泛酒尊。烧烛不教花睡去,白头拼却玉山倾。

新莺乳燕妒歌喉,檀板金尊醉雅流。唱出吴歈三十曲,教人魂梦亦苏州。

缘是三生种得来,新诗千首酒千杯。餐花小史风流甚,不道名花也爱才。(餐花小史与张郎极厚,有评其色艺者必力争之。虽推许太过,论多不允,然情之至者,不易情,不足怪也。)

金　宝

姓杨,十四岁,扬州人。先在庆芳,近附金玉部,师事琬香者也。面如悬匏,浅白渗红,眉湾春柳,目剪秋波。技有《活捉》、《打番》、《借茶》诸出,颇体贴入细,亦彩云队里一雏凤也,将来能传琬香之衣钵者。聪慧过人,善于辞令。

茉莉香清秀一时，乌衣巷里许根移。儿能不耻居王后，指日云龙上下随。

不是恩情当作仇，香魂也自爱风流。三郎错走桃花运，生死仍居第二筹。

旗帜风飘晓日红，番儿争不畏英雄。功名富贵寻常事，可笑卢生是梦中。

元　宝

姓朱，年十四岁，苏州人。春台部。春台人倍他部，色稍次者即场上无分，以人浮于剧也。元宝于后秀中能脱颖而出，所演诸剧自然性灵，别饶风韵，使在氍毹小队，几何不作出墙红杏，而现在则昆山片玉，晶光未露焉。

绝似春风蝴蝶花，有香有色也清华。托根万紫千红里，谁把雕栏护碧纱。

呖呖莺声未卷帘，五铢衣压指尖尖。无端造出风流孽，添得愁痕入镜奁。

麒　麟

姓朱，字莲漪，年十二岁，吴邑人。金兰堂三多部。清姿秀质，艺本家传。初见其《思凡》，音韵态度已自不凡，尚嫌其学力未到，近演《断桥》居然入妙，敷坐称佳。从此苦心习艺，允堪俯视一切。卸妆毫无粉黛气，秀慧可人，咸以莲花目之。

花界澄芬挹小莲，皭然不滓映漪妍。含姣欲语房犹敛，露晓风清骨已仙。

弦管啾啾写《断桥》，白娘风态不胜娇。青儿頩怒仙郎畏，语怨情怜着意描。

元　宝

姓钱,年十三岁,顺天宛平人,由启秀归三多部。眉目疏秀,体干玉立,演《草桥惊梦》音调柔细,口齿清楚,不类燕儿,冉冉巫云,迷离恍惚,自是梦中来也。后秀中大有出息者,姿肤亦莹洁,不同浮艳。

解绘长亭别后神,巫云冉冉梦中身。歌终仿佛仙韶度,琪树分明阆苑春。

玉姿不似宝儿憨,畴锡嘉名偻指三。(钱郎外,顾郎、朱郎皆名元宝,故云。)若要当他钱树子,更名青选唤伊堪。

天　禄

姓蒋,字韵兰,年十三岁,扬州人,由启秀入四喜部。清妍有风致,初见《借茶》,登场不如场下。蒋郎情性,只宜闺门旦,不宜花旦,较天寿迥别。近闻演习渐近自然,满身风月矣。此儿艺进,大堪名著于时,即艺不能精,具此情韵,亦是可人。故一见即题句与之。

空谷重抽一箭春,淡然相对佩兰人。早矜有秀终须撷,为隔花丛未易亲。

清言拟借一尊持,嘉会翻攀连理枝。(谓凤青。)倾倒玉山真意外,卿卿意已被渠知。

陶情丝竹兴怡然,难得春宵月子圆。绕坐明妆皆不俗,更谁与尔斗清妍。

对尔青韶百感生,昨宵词组倍关情。花林知已心常系,爱我言深又有卿。

秀　林

姓史,年十三岁,安庆人。玉庆部。凭栏乍见,浑如映月梨花,婵娟多致,笼烟柳翠,摇曳生春。《双蝶》、《描容》数出,悲欢情态，曲尽其妙，音亦玉润珠圆。向山居士极称赏之，谓其慧口灵心，颇谙肆应，小伶中一枝水晶如意也。

乍见佼人赋懰兮，拈毫揎袖泥柔荑。玉姿不浼金银气，一点心光敌骇鸡。

目成妙质妒人夸，风月能担未破瓜。闲里思联销暑会，小玲珑可当冰葩。

财　林

姓钱，年十三岁，安庆人。玉庆部。初到见其《寄柬》，颇佳。性情温静，大似宝林。姿容亦清丽，目秀而无浮光，具此沉潜质地，何患习艺不工。赏之者颇众，登场未久，而缠臂之金已辉映衣袖间矣。

生小能为寄柬人，书生斋里漫藏春。曲终只恐匆匆去，揽袂先将姓字询。

诗咏千香身莫分，水风相遇暂成纹。满倾意外当歌酒，又擿巫山小朵云。

喜　林

姓章，年十三岁。玉庆部。异秀林之活泼、财林之驯谨，而神情秀整，齿稚而不挑，即其习艺镃基也。见其于《汉宫春晓》内，扮敕配吐蕃王，“昭君庙投水”一回，声容激楚，非童伶中所能骤及，玉庆得此三伶，不致若庆芳矣。

紫台一去路茫茫，剩有相思泪数行。短梦不堪重忆想，明妃祠外月如霜。

拚将玉骨付东流，许续良缘可自由。一恸临崖音决绝，管弦声杂水风愁。

天　寿

姓朱,字凤青,年十三岁,扬州人。四喜部。生性灵敏,滔滔善辩,真如生龙活虎,不可捕捉。与之饮,无有不醉者。客春见其《佳期》,已克担当风月。今春数集金兰,时与之狎,羁愁开溪,豪兴倍增。人云“朱郎冰雪聪明”,洵然。

得酒豪情不可靰,歌儿跌宕助行机。脱完老鹤栖皇态,戏逐华林幺凤飞。

白头销受几人怜,妒写新诗夙想偏。一笑挽须倾玉斝,故将壮健勉华颠。

添　龄

姓□,年十三岁,扬州人。三多部。姿貌白皙,天趣可人,演《学堂》、《拷红》,颇能体会。近演《南柯梦》中花鼓儿,别有韵致。自启秀归三多,剧多与麒麟同演,可称双璧,是殆小部中瓶花文鸟也。

依人小鸟动人怜,丰韵嫣然豁眼前。珍重歌喉珠一串,好从香国斗婵娟。

璧合珠联二美夸,尊前劝客醉流霞。自矜老眼清于水,不误歌楼姊妹花。

巧　龄

姓□,年十三岁,扬州人。面白而无华色,瘦骨嶙嶙,其秀在目。余未见其剧,每见其扮侍女仙童,羽服云衫,亦颇袅娜争妍。洞庭张君最心赏之,谓其秀在骨,非凡艳可比,而音调亦妙绝一时,一班之冠也,故终及之。

素质偏含虢国清,身材飞燕斗轻盈。多情曾有张公子,子夜寻芳帐月明。(张君一见巧郎后,眠思梦想,中秋夕约余往,值余已沉醉，遂步月独行，至则巧郎已赴他人约矣。）

广场隔坐等天涯，一笑回眸意可嘉。芳醑劝人当乞巧，寒窗补记水仙花。

补录前经寓目，今已散去者十四人

宝 官

姓张，十八岁，顺天人。恩庆部。古称“燕赵有佳人”，忆从前余庆之戈蕙官、萃庆之高明官，亦颇心赏。然究不如今日朗玉刘郎之惬心契意也。自遇朗玉后，北地胭脂无烦再讯矣。今年夏初，偶过恩庆观剧，见有演《背娃》一出者，搴帏而出，其光已摇夺目睛，宛如明月入怀，拓散红尘百尺，姿首丰华，毫无俗韵，遥而望之，妍于檐卜兜罗，别饶丰致，音调亦清脆动人，心焉记之。遇第园居士，问之，曰：“张郎宝官是也，较朗玉何如？”予曰：“媲美未能，可以追步芳尘矣。”及再往观剧，而张郎已为大有力者负之而去矣。《花记》将就，偶及之。

看花眼早不模糊，雨字心香笑韵湖。晚倚瑶林夸福分，更从意外见明珠。

鬓影脂光不可描，《背娃》情态十分娇。谁知省识春风面，赵北燕南人已遥。

葵 官

姓黄，年二十三岁，顺天人。旧在双庆部，魏三之徒也。丰姿艳质，笑容可掬。仅见其《探亲遇盗》，演此出恶劣者多，惟葵官于谑浪中自饶风韵，一双眸子更觉顾盼多情，自是婉卿一派。双庆散后不知所往。

送春去也不胜情，又见当场月态盈。珠翠满头矜剩物，葵心未忘米嘉荣。（是日登场所簪首饰，犹其师遗物。）

色授神相意已降，林中狗盗太愚憃。回身谁把芳尘步，也似人间铁笛腔。

翠　林

姓陈,字荪心,年十九岁,江都人。旧隶春台部。昔春小樊丈观剧回,极赏其《蹋球》一出。欲试小樊老眼,欣然往观,屡见其《打樱桃》、《遇妻》,《遇妻》不及二林,《打樱桃》可称擅场矣。风中弱柳,历乱生姿,歌颈频回,星眸环照,令人增抱玉擎云之绮思。惜乎声如碎竹,怅怨啼莺,色亦如花傍黄昏,贴妥而无光艳耳。红雨山人最心醉陈郎,谓其佳处更在行走间,觉其步步生香也。曾于红雨处,见陈郎赠章杉茨诗,内有"巧语鹦哥已被笼"之句,未审果出自陈郎否?今已随一宰官出都,偶尔言及,红雨犹凄然泪下也。

最难销歇是情波,未敢飞心傍翠蛾。闻道檀郎归去日,春明门外泪痕多。

梦醒重来续梦人,红蚕丝尽尚怀春。多情那有乔公笃,莫庇曼郎年少身。(陈曼郎,宝应乔学士家歌童,名重一时,后以获罪于长官,莫知所终。)

宝　珠

姓石,直隶天津人,年二十一岁。旧隶双庆部。客春为访朗玉不遇,屡遇石郎演《花鼓》一出,清恬婉淑,目之使人生欢喜心,觉当年萃庆明儿,技优于石而姿态不及此人。因朗玉一面无缘,意谓一颗珍珠亦堪稍慰寂寥。嗣既晤刘郎,无心再访石郎。昔夏偶从城东经过一门间,焕然楣标"宝珠堂",讯诸人,云:石郎近颇车马盈门矣。不数月,而石郎踪迹复杳然不知所往。

花开魏紫领华春,满院春芳尽可人。采玉无由酬梦想,明珠用慰寂寥身。

福薄何能两美兼，情丝绾住避猜嫌。隔墙花影分春色，回首空歌昔昔盐。

双　庆

姓詹，年十九岁，扬州人。三庆部。瘦骨棱棱，蛾眉淡扫，窥园老眼目之，宛似行尽花田，忽能一竿寒碧，不觉潇洒风情，因之呈露，吟哦清兴，竟欲窜入竹所矣。叩其擅场，见无他技，《青炭》、《斋饭》耳。然帷箔中极丑陋事，詹郎貌之，竟体轻容，纤儿乳抱，摹写幽闲情景，曲尽其妙，绝不憎其淫荡。今詹郎去，而步武有朱郎矣，英秀过之，然描摹深细不及也。犹忆沈楼云，曾与詹共饮，断红晕颊，浅醉时，愈增佳致。余答曰：遥想风韵，殆如竹醉耶？否则，目之以花则夹竹桃，亦清妍足玩也。

竟体香罗红映肉，双蛾淡扫自风姿。看他背拥姣儿卧，床笫柔情妙若斯。

扇纨风带乳花香，清簟幽闲夏景长。如此横陈良不恶，请看枯衲兴犹狂。

三　官

姓陈，年二十八岁，苏州人。旧在双庆部。美秀而文，有林下风。长生未殁时，偕演《香联串》，间演雅部剧，歌音清脆，响遏行云，绝少声誉。双庆散后，不知何往。噫！艺精而姿复娟秀，冀博一虚名不可得，殆有命焉。道人不略为表之，不更孤负几番酷暑严寒，看其登场度曲耶？

声容未必尽堪凭，也要星宫坐翼星。我看陈郎极娟秀，寂无标榜到旗亭。

有美真饶林下风，幽姿故令隐芳丛。管清弦脆凭谁听，说到昆腔耳尽聋。

凤　官

姓徐,年二十三岁,天津人。旧在三庆部。丰姿艳质,贝齿樱唇,一朵稳重玉楼春也。明眸善睐,眉翠清扬。审其标格,宜乎雉鳌戎服,否则霞帔珠冠,扮公主、夫人、女将、仙姝悉称,《花鼓》未免唐突西施。至《赶车》必得如三宝、于三元、王宝林辈,匪伊所思,鼓其喉舌,翩幡捷给,始能淋漓尽致,而科诨之妙,尚有余波。一露羞涩,便觉枯寂,观者亦索然兴尽,并埋没其天姿国色矣。凤兮凤兮,吾愿尔置身富贵神仙,毋再扮村野妇人、杨花歌妓也。后观三庆,徐郎已去,殆所长无他艺耶。

一朵秾华照眼开,拈毫须借谪仙才。如何扮作杨花妓,更自轻乘簿笨来。

舞宜萧史吹箫引,歌合秦姝系爪迎。(刘禹锡《秦姝行》:"插花女儿弹银筝。"又,"九雏成凤鸣朝[1]。""停弦时系爪",梁简文帝诗。"弹筝日系爪。")琼馆瑶阶春色丽,莫随轻燕逐流莺。

升　官

姓曹,年二十九岁,安庆人。旧在春台部。姿貌爽朗,歌音条畅。踏跷跌扑,鸾飞鸿翥,霞骇锦新,武旦中能品也。习见其《擂台》、《打店》,目眩神驰,星流电掣。间演雅剧,敛容赴节,按律宣音,刚化为柔,依然艳逸,韵既绕梁,说白亦清繄动听。然而无有道之者,故不久即怀其技而去。

一样能文能武才,如何空向日边来。掉头不顾摇鞭去,愿让薪枝续续堆。

老去惭侵软土尘,名倡材舞几番新。不如缡绰工标弄,怎向蘘娇夺艳春。

① 刘禹锡原诗为"九雏威凤鸣朝阳"。

七　官

姓李，顺天人，年二十五岁。旧在安庆部，今不知何往矣。演《崔华逼退婚》一回，浓花绕鬓，文绮萦身，语吐联珠，音清滴翠，如燕赵佳人，洒落中自饶俊爽，迥异南国妖姬，柔姿婉娩。客夏复见其演北曲《拷红》，声音如篆烟袅袅而上，予习闻其妙矣。至揽莺莺之袂，以俊鹘之眸，睇蒙鼓之面，俨然一幅西洋图画。吴越人睹之，无不哗然失笑。余虽老游北部，亦终莫解其妙。惟不以为怪，则观剧学问，庶几一间未达耳。

大姨夫即小姨夫，（白香山句。）好事全亏桀点奴。翩若惊鸿翻素影，语如簧巧赚量珠。

丝竹声停唱《拷红》，谁知异曲不同工。吴侬一笑缨冠绝，不转秋波泥塑同。

银　官

姓丁，年十九岁，无锡人。旧在四喜部。仅见其《花鼓》一出，流媚中符合得一"村"字。颇有赏之者，谓评花须用白圭法，取人所弃最妙。于某席间曾见之，紫棠色，觉其意态脱离乎南北两部，别有一种憨致。今夏以遇人不淑，饮酒起衅，系案，释归。菊史亦曾厚遇之，故附录焉。

有目缘何不识丁，辛夷花烛晓霞明。闻歌认是钟离产，家住芙蓉湖水清。

冬冬妙手几名喧，似玉如珠未到村。一劫风花春去也，东山归客最销魂。

大　翠

姓朱，字素屏，年二十九岁，安庆人。旧在春台部，兼掌班务。《百花点将》、《翠云楼》、《跑马》、《卖械》，夙所擅场。与江月芬同师，性情肫挚，喜与翰墨为缘，有王夷甫之风，口不言钱,梨园中有心人也。屡从公会席上见之,神情静穆,体态温和,素蒙美人蕉之喻。予谓山馆幽眠初起,一窗净绿,参差映几,固自宜人。若槐夏风清,扇仙在侧,倍觉竹襟如雪。比诸后庭玉树,秋锦斓斑,别饶幽致。纵大叶离披,轻红微着,想见秦良玉临阵英姿,大翠固是美人,何嫌凤尾之诮。惜未见其盛年,才得相逢,已被一声子规催春去矣。

翰墨为缘品自清,不言阿堵乃多情。《百花点将》风华在,畴取红蕉漫著评。

脱离粉黛觅心知,如尔堪为阿秀师。几句清言留一面,蕉窗点雨最相思。

春　林

姓程,字杏村,年二十九岁,安庆人。体貌丰腴,玉蕊琼姿,已动春色飘零之感,然横波流媚,一笑嫣然,犹带曩时丰韵。性嗜酒,一中狂药,指挥如意。复喜游狭斜,晓妆红粉,夜宿青楼,卖笑之金,仍以买笑了之。卿真达者,远胜狡童。芳池水暖,匹鸟情谐,倡予和汝,浅斟细酌,较诸赌曲旗亭,不啻霄壤。今久不见其到园,想亦床头金尽,废然而返矣。铗笛酒狂,不能作平原十日之聚,意殊缺然。

玉蕊曾标第一评,春风骀荡几番新。华姿黯减名心歇,跌宕青楼逐酒人。

迷香洞与藏春坞,会合惟难别更难。羡尔十年花里活,飘然自在去长安。

天　喜

姓孔,字柳依,年十四岁,扬州人。宝华部。识之于香岑寓中,风姿娟秀,辞令清妍,时作飞鸟依人之态。叩其娴习,有《学堂》、《佳期》、《拷红》、《思凡》等出,惜均未之见。偶从红雨寓斋小酌，孔郎在坐。红雨请为取字，赠以“柳依”二字，报余以小曲，袅袅清音，不觉为之沉醉。嗣后宝华出都，孔郎随班而去。近闻宝华仍欲来都，不知孔郎仍在此班否？人如“杨柳依依”，虽属韶年，其情致颇系人思想也。

柳乍舒芽月正新，不堪回首广陵春。忽闻软语擎杯劝，忘是扬州梦醒身。

妙绝风情未露时，评花一老已先知。垂梢豆蔻春光浅，别后凭谁善护持。

凤　翔

姓杨，年二十六岁，安庆石埭人。旧隶春台部。前在山左，擅名于时。昆部之曲颇多，沈楼星槎知之有素。近演《磨房串戏》，观者称佳；嗣演《吹箫引凤》、《和番》等剧，尤为出色。识之于梨园坐上，慧目浓眉，自饶灵秀气，傅粉施朱，依然韶美。音律恪守梁溪规范，犹存正始之音，仍复参用时妆，不违众好。今虽散去，回忆沈楼寓中数集，每每及之，知吾辈多情，凡习见林枝，定不忘于飘落时也。

远从汉使嫁单于，马上琵琶归思纡。掩面风沙珠泪迸，黄云塞路满红毹。

九灵萧引九苞禽，解弄参差缥渺音。博得舞衫常入梦，也堪为我拂尘襟。

见惯司空兴寂寥，红灯绿酒景偏饶。谁将月底潮春颊，推傍吟肩把思撩。（谓星槎。）

一唱骊歌解佩留，（沈楼赴蜀前夕，以玉佩赠杨郎。）青天蜀道不胜愁。旧人剩有何戡在，相见同嗟萍梗浮。（时星槎亦将出都，故云。）

补录梨园旧人三人

三　元

姓于,字湘竹,四川绵州人,年四十岁。旧在宜庆,后在双庆部,今不知所在。《燕兰小谱》以野花村酒目之。辛酉夏初,偕小樊赴园,见其《连相》、《摇会》,笑谑情态不异当年,姿容亦娇好如故,亦不可谓非尤物。壬戌秋,复于某席上见之,举止辞令依然村野,然面有皱痕矣。是日不克登场,为之怅然,口占绝句慰之。技虽不高,然魏三故后,三元犹在,居然鲁灵光矣。

绵州高木占华春,湘竹猗猗亦著声。翠管不孤题蜀锦,野花重见倍情生。(小樊丈《花间集》有题湘竹诗句。)

红药吟成一卷诗,(时《新吟》初刊就。)秋光霁照酒盈卮。潇潇白发潇潇竹,同是风怀未减时。

荣　官

姓罗,字湘帆,良乡人,年三十四岁。旧在宜庆,后入双庆。双庆散后,不知所在。弱冠时名噪一时,技虽不佳,《燕兰小谱》以夭桃女目之。昔秋再见登场,雉鳌绣甲,败阵悲歌,声泪俱下。嗣朗玉演《别妻》,罗郎秃襟小弁,通脱自如,俨然丈夫矣。闲行道左,往往遇之,颇有班荆道故之意。回忆何粉潘姿,曾几何时,零落尽矣。怅想华年,行自念也。

徒行抛却璧人车,忆逐兴儿竞爽初。(谓苏郎。)今日凭栏开笑口,怅春去也渺愁予。

初日芙蓉比艳姿,雉鳌银甲异当时。歌音激楚何堪听,捧檄人今雪满髭。

月　官

姓高,字朗亭,年三十岁,安徽人,本宝应籍。现在三庆部掌班，二簧之耆宿也。体干丰厚，颜色老苍，一上氍毹，宛然巾帼，无分毫矫强，不必征歌，一颦、一笑、一起、一坐，描摹雌软神情，几乎化境。即凝思不语，或诟谇哗然，在在耸人观听，忘乎其为假妇人。岂属天生，未始不由体贴精微而至，后学循声应节，按部就班，何从觅此绝技？《燕兰小谱》目婉卿为一世之雌，此语兼可持赠朗亭。

诙谐怒骂总天生，解唱雌风无限情。管领群芳春不老，居然占得部头名。

那识高芳是旧枝，曾嫌魏老占春迟。花游记得杭州乐，惜未相逢英妙时。（忆自辛卯以前诸伶，及经寓目，有《燕兰小谱》中未载者。魏三已属后来，安识朗亭？昔春友人指高谓余曰："此人近已属前辈矣！"不胜今昔之感。又云："高幼在杭州，予从未相遇也。"）

附录梨园已故者一人

三 儿

姓魏，名长生，字婉卿，四川金堂人，卒于壬戌送春日，年已五十有九矣。长生于乾隆甲午后始至都，习见其《滚楼》，举国若狂。予独不乐观之。迨乙未至都，见其《铁莲花》，始心折焉。庚申冬复至，频见其《香联串》，小技也，而进乎道矣。其志愈高，其心愈苦；其自律愈严，其爱名之念愈笃。故声容如旧，风韵弥佳。演武技气力十倍。朗玉刘郎乃其晚年得意之徒，谓可度金针者，惜师授未克尽传，长生已成逝水矣。然朗玉之剧，居然得其遗风余韵，悼婉卿之不复，即望朗玉于将来。朗玉勉旃。

最好春光醉画楼，重逢缟袂剧风流。一官憔悴名伶老，穷袴当场相况愁。

英雄儿女一身兼，老去登场志苦严。绕指柔含刚百炼，打熊手是玉纤纤。

侠骨棱棱百感生,仍余风韵动人情。君堪与我参同契,诗酒诙谐意气横。

烂漫春消鬓未霜,野狐参透境悲凉。一声杜宇随春去,无复歌台谢素娘。

海外咸知有魏三,清游名播大江南。幽魂远赴绵州道,知己何人为脱骖。

补遗三人

七十儿

姓李,名联瑞,本京人,年十三岁。新庆部。稚齿清姿,能演《奇逢》、《东游》数出,人颇称之。或有谓其媚而不妖、慧而不黠,当为后来之杰。余所品花部,至小部极意搜罗,稍不恶人意者,务尽登之,以见小年解意之难。如联瑞者,乌可遗于网外也。

隔水盈盈盼紫罗,仙根分自绛桃河。月华逼静人无语,飞出瑶空弋弋歌。

有缘何处不相逢,风雨沾衣蒋世龙。揭取三生前语在,天涯那隔一重重。

小三元

姓□,年十四岁,扬州人。春台部。演《胭脂》诸剧,咄咄动人。盖其年既幼,而技亦初解樵容。其不甚细腻处,即其天趣处。生爱生怜,不在油熟机调时也。同班中如顾元宝,圆熟流利,若与三元相角,则如春花秋月,一艳一庄,两不相妨,亦两不相谋也。

情字平分说小青,临风盼影可怜生。闻呼不问年多少,错认三元旧著名。(谓湘竹。)

鹦声曼转入云高,格格清音彻耳敲。一度蟾蜍沉汴水,胭脂错印在周桥。

福　儿

姓刘，本京人，年二十一岁。福成部。纤柔静细，凡所扮演，无不体贴入微。《拷艳》一剧，妆小红，舌慧心灵，一番剖析，强词夺理处，几使相国夫人喉如食鲠。《西厢》摹写入神，又不如诸郎之形容尽致也。余谓工作此等剧者，必有维摩娑之心肠、楼君卿之唇舌。锦帆居士称其为人颇俊爽而不浮，胜于韩四喜。

才说风流刘绛仙，咒桃仙种即仙缘。胭脂染出蓬山色，误向《西厢》笔下传。

黄村风韵压群芳，（朗玉家住黄村。）路出丰宜土亦香。何事标题分大小，后尘又见一刘郎。

《看花记》剞劂将竣，和春新班初亮台。偕友往观，初见《夜探》一出，有扮宫娥两人。在左者，眉目逼肖鲁龙官；在右者，神肖江金官，心焉记之。嗣演《收妲姬》一回，其伶之艺拍案叫绝。当讯诸友人，仅知似鲁龙者名三喜而已。道人记花之书已成，行将出都，不独新到三伶不能为之题序，即如祥林、福全等，属余所知，已不暇录入。此外诸部遗珠，应复不少。所赖餐花未去，第园将来。二君看花之缘未了，别后雁帛鱼书，时以芳名寄示，附以诸吟坛翰墨，俾鄙人遥挹清芬，销除尘网，较诸河桥杨柳，驿使梅花，其情味更有不同也。癸亥立春前二日，小铁笛道人记。

补录《红药新唫兰秋小咏》未刊诗什

书眉仙史题赠朗玉

舞榭歌楼过客情，玉山朗朗照人行。最能顾曲谁容我，颇解怜才尚有卿。局外无言增郑重，众中相爱莫分明。华年可惜如流水，一样踌躇四海名。

壶天大隐题赠秀峰

绝佳子弟动人怜,茗椀熏炉伴老禅。闲地一弓花数朵,费他清露几多年。

芳草天涯梦未通,无言几个两心同。如今分付罗含宅,好与勤遮六幕风。

增 录 题 句

画眉仙史题小铁笛道人赠增福水仙瓶梅条幅

香更清于水,临风意欲仙。本来无倚著,何处不天然。

世外梅花破蕊迟,闲情才放两三枝。相思一夜无人见,雪后寒山月上时。

附录:一峰居士赞语

秀峰亭亭玉立,秀骨天成,演《桴鼓阵》可谓健而秀;演《荡湖船》可谓媚而秀;演《一枝梅》可谓冷而秀;演《断桥》作青儿,可谓颖而秀。种种色艺不离乎秀者近是。

余论梨园,不独色艺,兼取性情,以风致为最。故刘郎朗玉最为余所心醉者也。今甲子初月二日,演《背娃》一出,一峰居士极为称赞,谓妙绝一时。是日惜未往观,然刘郎风致,遥想可知。由是知斤斤以色艺品许,刘与王俱不敢谓首屈一指。若论性情风致,朗玉、秀峰在道人眼中更无其俪矣。因一峰赞语,又附及之。

嘉庆癸亥冬，小铁笛道人《日下看花记》成，属餐花小史为后序。属小史者何？同游日下，同看花所记之人，又同相品题。同人有第园居士，居士偶别花而去，记花之语亦偶尔遗失。小史则恋恋京洛，序其所评，犹之乎居士序之也。所记之人凡八十四人，分四卷记之。例有九九者，何各从其类也？记之矣，何以必分类？艺与色相角有所浮，斯各不相下。平奇、浓淡不能兼；新故、盛衰不必蒙。适自限之也。花莫艳于春，如朗玉者。是自朗玉而下，以艳胜者八人。花莫秀于秋，如秀峰者。是自秀峰而下，以秀胜者九人。介乎艳秀间，则春和秋清备之为难。备之者其柳溪乎？附柳溪九人，皆近之。春华也，秋实也，衔华必佩实，取实以谢华，艺浮于色也。顾长松之流有十焉，继其后有十五人。以陈荣官为冠，次第而稽，非自桧以下也。至于髫龄稚齿，方含葩欲吐，春浓秋淡，尚待将来。而入斯选者，俱有渐入佳境之质。十四人中，固当推寿龄为翘楚也。春风秋月，聚散无常，张宝官等十四人，皆道人所惓惓者。室迩人远，不得如湘竹、湘帆、朗亭，待刘随州再来，重听米嘉荣旧曲，此所以分而记之也。魏三瘗玉之日，距今匝岁矣。道人于既老徐娘，重亲一面，必记于纸尾者，三十年看花老眼，于平奇浓淡、新故盛衰，历之深亦感之深，缘魏三而自惜年华也。如此九者各不相下，亦各不能兼，各不相蒙也。此八十八人者，同在日下，人所同看，即人人可记。他人不记而道人记之者，为看花记非为花记也。道人所记，不必同人之所记；有道人记，则他人即可不记。何也？日下名花尽于是矣。记中小序八十八篇，诗二百三十三首，附录诗十二首。或记色，或记艺，或记看花之时、看花之地、同看花之人，而乘兴笔之。是记也，未知于《燕兰小谱》、《梦华外录》、《凤城花史》、《燕台校花录》何如？顾记之之时，已不与诸书争短长矣。道人家姑苏，曾现官身，需次来都。号小铁笛者，因梦为杨铁崖后身。铁笛道人，本铁崖号。增一小字，示谦也。所以称号者，以游戏笔墨，知者自知，不必人人皆知。非如《燕兰小谱》诸书，满口雌黄，畏人讥弹也。餐花小史,滇之青铃人。相距万里而与道人聚于日下,同看花,同记事,亦奇遇也。所谓文字缘者非耶?序之时,小史来都之第三年,年二十五岁。并记之者何?作记、序记,亦看花之事也。看花可记则作记,序记之人亦当记也。第园居士,彭城人也。

片羽集

来青阁主人撰，其人生平不详，大约为科场蹭蹬之失意举子。此书写成于清嘉庆十一年(1806)，以诗歌题赠当时各部优伶数十人。其人酷嗜元遗山文字，故赠题诗皆集自遗山句，然而纯系文字游戏。谷曙光据《清代燕都梨园史料》[①]本点校整理。

① 本汇编所指《清代燕都梨园史料》及其续编，采用 1934 年北平邃雅斋书店和 1937 年北平松筠阁书店版本，下同，不再出注。

片羽集叙（集元微之诗文）

大凡物之尤者，未尝不流连于心。邑宰字人之官，当花对酒，乐罢哀余，通滞屈伸，悲欢合散。众君子皆注目而观艺，推是心而居其奥。从集群言，美绵绵而不绝，状累累以相成。自兹心洽迹亦洽，情至则尔，岂独古人？顾我筋骸官束缚，目不得闻淫艳妖诱之色，耳不得闻优笑凌乱之声。钻仰沉吟，仅于不窥园井矣。不知天下文章宗主，往往戏排旧韵，别创新词，雅郑之音亦□，而词旨简远，指事言情，盖吟写性灵，流连光景之文也。

嘉庆乙丑仲冬，楚北陪尾山樵题于倚鹤书堂

大凡（《崔莺莺传》）邑宰（《议举县令状》）当花（《寄乐天书》）众君（《马射赋》）推是（《乐为御赋》）美绵（《善歌者如贯玉赋》）自兹（《去杭州诗》）情至（《祭白翰林太夫人文》）顾我（《辛夷花》）目不（《论教本书》）钻仰（《诲侄等书》）不知（《上令狐相公启》）雅郑（《工部墓志铭》）

片羽集序（集遗山文）

遗山诗老，名章隽语，传播海内，金膏水碧，自然奇宝。程君集为一编，能事颖脱，心花怒生。当其沉涵酒间，管弦丝竹，穷日竟夕。兵府之良酝踵来，京洛之名讴自献。如登春台，醉尽花柳，紫云仙季，青梅瑞莲，不啻十数人，或多至十余首。伸纸引笔，若不经意，皆切于事。如弄丸、如运斤，无碍辩才。笔墨游戏，风流蕴藉，殆天机所至，香艳高绝，使人爱之不能忘也。请为题端，击节称赏，必有以余为不妄许者。

嘉庆十年，岁次乙丑九秋，同里芙蓉山人撰于昵书选梦之轩

遗山（《琴辩引》）名章（《临锦堂记》）金膏（《小亨集》）程君（《御

史表》)集为(《锦机引》)能事(《诗雅引》)心花(《乐府集选引》)当其(《送秦中诸人引》)管弦(《友山亭记》)兵府(《灵泉宴集记》)如登(《送李辅之序》)醉尽(《灵泉宴集序》)紫云(《友山亭记》)青梅(《陶然诗序》)不啻(《陶然诗序》)或多(《木庵诗集序》)伸纸(《紫虚禅》)如弄(《拙轩铭引》)无碍(《琴辨引》)笔墨(《黄华碑》)香韵(《斗兰序》)使人(《如庵诗文序》)请为(《鸠水集引》)击节(《木庵集序》)必有(《陶然集序》)

片羽集自序(集遗山文)

余游长安,结习未尽,日与酒俱,赖丝竹陶写之。裁红晕碧,醉尽花柳,穷日夕不少休。辄取合欢之意,紫云仙季,如某人某人。玉树清姿,奇秀温润,明静柔软。顾尝一望眉宇,以为幸甚,恨无佳句为摹写之耳。遗山诗老,元气淋漓,随物赋形,名章隽语,能道所欲言。余为之反复数过,盖常梦寐见之。虽不追指授,片言只字,牵合补缀,有不期而合者。如蓄未名之宝,闰月望日,集为一编,凡二十有三人,既列其姓名,以甲乙次第之。一时名士,未识某而爱其诗。杨户部为道所以然者,冠诸篇,过有褒拂,名动搢绅,良借力于吹嘘,甚非衰谬所宜称者。然欲脱去之而不可得也。今夫世俗惬意事,若见而有所得,爱而知所慕者,以余心忖度之,不腆之文,郁无所施。古人之精华,所以膏润其笔端者,殆若神劖鬼凿。巧助春情,无不适其当,则喜色津津然动乎颜间,乃人情之必至。余以事来燕都,流连光景,啸咏弥日。诗不工,乃复为好事者所宝玩,似不偶然者。虽然,余于此犹有未满者焉。所欲记者尚多,而未暇也。余所不知者,无可奈何,或不能执笔记姓名,其所知者忍弃之而不记耶?然终成之,而竟亦不成。留百许日,并州少年,不啻十数人,见约题诗,以嗣前作,横说竖说。有一人所私慕,有天下所共称,是则夙志为不可负,当次第及之也。愧汗之余,辄用韵为谢。十二月吉日,积雪盈瓦,沟池水冻结,人迹不及处,伸纸引笔,贪多务取,曲相奖借。如渠辈者,极口称道,固亦尽其技矣。非有意于文字之为工,不得不然之为工也。极其诗之所至,不自知其为余也。遗山道人岂余前身欤?他日以旧本证之,不毫末差也。凡若干首,共五十六人,当举酒落之。后数日取读,便觉瑕衅百出,分别太甚,镂刻太苦。仙材凡笔,固自不同,反复改定,犹见笑于大方之家,用是为愧负耳。雕虫之工,翰墨游戏,乃求与古人角胜负,误矣!其余愿见而不可得者,某不能识其妙处,故不敢妄论。他日虽百负之,亦不恨也。知者当不以余言为过云。

嘉庆丙寅上元来青阁主人题于慈云香雨之东轩,
时月色上窗,有负踏灯约矣

余游(《市隐斋记》)结习(《暠和尚颂序》)日与(《故帅严侯铭》)赖丝(《新轩乐府序》)裁红(《跋春日诗》)醉尽(《灵泉宴集序》)穷日(《雪景乘骡图序》)辄取(《外家别业上梁文》)紫云(《友山亭记》)如某(《西宁州同知张公碑》)玉树(《送崔梦臣序》)奇秀(《云峡序》)明静(《黄蔡花引》)顾尝(《萧斋引》)恨无(《济南行记》)遗山(《琴辩引》)元气(《杜诗学引》)名章(《临锦堂记》)能道(《王黄华碑》)余为(《两山行记》)盖常(《玉黄华碑》)片言(《跋苏黄帖》)牵合(《通真子铭》)有不(《毛氏家训后跋》)如蓄(《五翼都总领信公之碑》)闰月(《伤寒会要引》)集为(《锦机引》)凡二(《毛氏家训后跋》)以甲(《顺天府营建记》)一时(《孙伯英引》)未识(《通宗庵诗引》)杨户(《云严序》)为道(《周氏卫生方序》)过有(《别张御史诗跋》)名动(《送崔梦臣序》)良借(《送张子益序》)甚非(《答刘仲修诗引》)然欲(《任运堂序》)今夫(《送秦中诸人引》)若见(《陆氏通鉴详节序》)以予(《故物谱》)不腆(《闲闲公真赞》)郁无(《千户乔公铭》)古人(《杜诗学引》)殆若(《云严序》)巧助(《跋春日诗》)无不(《杜诗学序》)则喜(《送秦中诸人引》)乃人(《外家别业上梁文》)余以(《信武曹君表》)流连(《新轩乐府引》)啸咏(《张仲经诗集序》)诗不(《题张仲耽引》)乃复(《云严序》)虽然(《市隐斋记》)欲所(《南冠录引》)或不(《千户赵侯传》)其所(《南冠录引》)欲终(《刬开滹水

渠堰记》)留百(《答杨万户书》)并州(《跋雪后招王子襄饮诗后》)不啻(《陶然诗序》)见约(《无尽藏诗卷引》)以嗣(《通真子铭》)横说(《昭禅师语录引》)有一(《萧斋引》)是则(《两山行记》)愧汗(《萧斋引》)十二(《集验方序》)积雪(《张萱四景记》)人迹(《天坛诗跋》)伸纸(《紫虚碑》)贪多(《南冠录引》)曲相(《蘧然子铭》)极口(《酒里五言说》)固亦(《少陵药局记》)非有(《新轩乐府引》)极其(《东坡诗引》)不自(《记梦诗跋》)遗山(《外家别业上梁文》)岂余(《酒里五言说》)他日(《蘧然子铭》)凡若(《送李辅之序》)共五(《张萱四景记》)当举(《邢州新石桥记》)后数(《陶然诗序》)分别(《校笠泽丛书后记》)仙材(《两山行记》)反复(《陶然诗序》)犹见(《樊侯寿冢记》)用是(《闲闲公真赞》)雕虫(《别秦》)翰墨(《新轩乐府引》)其余(《陆氏通鉴详节序》)某不(《跋苏氏父子墨帖》)他日(《王黄华碑》)知者(《跋古意图诗》)

片羽集例言

一、原本讹处不一,虽经竹垞辨正,若留得才情,赵楼倚山舟侍讲改得作待,又竹垞所未及辨者。

一、《日下看花记》等诗,多指某人某曲擅长,某剧制胜,令诗境多所生发。此则句本无多,色艺且略而不论。虽诸人因色艺而得见,究之,人各有其为人也。

一、题赠者只二十有三人。友人急欲付梓,以贡同人一粲。拟赠而诗未成者,不一而足。此心不能恝然,爰先列姓氏以俟续刊。

一、诗无甲乙,先晤者先赠,先作者先录。至题赠诸人,另列名号出处,其次序半采诸舆诵,非敢私自扬抑也。

一、集中如冯天然、顾长松、陶柳溪、鲁云卿等,素未把晤,而登场具见,苦心孤诣处,自不可磨。俾观者知虽游戏而公道自在。

一、集中无复用句,如两用剩著新诗,句本出自两诗,诗后注明。

一、长安花美不胜收，旅怀潦倒者，安能看遍，保无沧海骊珠、始终遗漏者？须知此集原无足重轻，识者谅之。

岁在旃蒙赤奋若闰夏来青阁主人自识

片羽集题赠诸人

蒋云谷（名金官，年二十一岁，苏州吴县人，现在富华部。）

刘朗玉（名庆瑞，年二十三岁，直隶大兴人，现在三庆部。）

王浣香（名桂林，年十九岁，苏州长洲人，现在富华部。）

何玩月（名月卿，年十七岁，陕西长安人，现在大顺宁部。）

冯天然（年三十六岁，苏州元和人，现在和春部。）

顾长松（一字介石，年二十八岁，江苏嘉定人，现在三庆部。）

陶柳溪（名双全，年二十二岁，苏州元和人，现在三庆部。）

陆阆仙（名增福，一字怡香，年十八岁，苏州元和人，现在富华部。）

蒋韵兰（名天禄，年十五岁，扬州甘泉人，现在和春部。）

张蟾桂（一字香轮，年十三岁，苏州吴县人，现在富华部。）

吴双林（一字松年，年十九岁，江苏上海人，现在和春部。）

杨润卿（名德福，年十七岁，苏州吴县人，前在金玉部，今暂回苏。）

蔡莲舫（名三宝，年三十岁，扬州江都人，现在春台部。）

朱香云（名宝林，年十七岁，苏州吴县人，现在四喜部。）

章喜林（年十五岁，安徽怀宁人，现在四喜部。）

潘桂馥（本名景福，年十九岁，苏州吴县人，现在三庆部。）

张竹圃（名寿龄，年十七岁，苏州吴县人，现在三多部。）

田祥龄（年十八岁，扬州江都人，前在三庆部，今暂南回。）

朱雪琴（名福全，年二十岁，苏州吴县人，现在富华部。）

孙影莲（名三喜，年十六岁，苏州吴县人，现在庆宁部。）

施文鹿（年十四岁，苏州吴县人，现在富华部。）

朱素春（名麒麟，年十六岁，苏州吴县人，现在富华部。）

补赠一人

鲁云卿(名龙官,年二十二岁,安徽怀宁人,现在三庆部。)

嗣赠诸人

刘琴浦(名彩林,四喜部。)
范玉生(名天福,和春部。)
张瑞元(名才林,三庆部。)
查合浦(名双寿,和春部。)
汪桂芬(名双喜,三庆部。)
杨楚卿(名玉兰,和春部。)
潘五福(四喜部。)
王天喜(和春部。)
韩四喜(大顺宁部。)
江秀南(名金官,三庆部。)
沈秀云(名荣庆,庆宁部。)
周黛云(名翠林,富华部。)
陈翠林(三多部。)
陈意卿(名二林,春台部。)
张凤林(富华部。)
陈仙圃(名桂林,三庆部。)
朱凤青(名天寿,和春部。)
产春山(名百福,四庆部。)
骆琴仙(名九林,春台部。)
王国香(名兰林,三喜部。)
管庆林(三庆部。)
谢祥福(庆宁部。)
赵庆龄(三庆部。)
韩全福(和春部。)
张蘅香(名寿圆,庆宁部。)
倪云林(和春部。)

宋温如(名玉林,松寿部。)
韩吉祥(双和部。)
鲁福林(三庆部。)
张寿林(三庆部。)
曹福林(大顺宁部。)
张九如(松寿部。)
刘凤林(四喜部。)
罗霞林(松寿部。)
王锦屏(名文林,四喜部。)

片羽集(来青阁集元遗山句)

甲子闱后,间有逢场歌酒之集,遇燕兰之最佳者,拟作小诗赠之。适案头有《遗山诗》二册,客春万梅皋太史所赠,经梁山舟侍讲校正善本,余曾集其句作近体诗三十余首,入《行吟草》。因再戏集得七言律诗四十首,赠诸名花,名《片羽集》。

赠阆仙兼呈诸同好四首

剩醉荼蘼十日春,绿云红雪一番新。丁宁王谢堂前燕,同是邯郸枕上人。美酒清歌良有味,竹溪梅坞静无尘。归程未觉西庵远,会向篮舆认后身。(时余寓半截胡同观音庵。)

剩醉(《送李同年德之归洛西二首》之一)绿云(《甲辰三月旦日以后杂诗三首》之三)丁宁(《赠高君用》)同是(《留赠丹阳王炼师三首》之二)美酒(《送端甫西行》)竹溪(《续小娘歌十首》之七)归程(《寄杨弟正卿》)会向(《赠答晋安师》)

晚景萧疏画不成,感君兼有故乡情。非关小雨能留客,须信凡花浪得名。潦倒本无明日计,风阴新自夜来晴。试评掌上明珠价,付于时人分重轻。(阆仙,本锡山人,故亦有故乡之说。)

晚景(《野菊再奉座主闲闲公命作》)感君(《赠答要襄叔二首》之一)非关(《玄都观桃花》)须信(《紫牡丹三首》之二)潦倒(《出东平》)风阴(《仆射坡醉归即事》)试评(《赠李子范家儿子》)付与(《王子端内翰山水同屏山赋二首》之一)

同向春风舞一场,书生技痒爱论量。渭川云水三千顷,乐府金钗十二行。青女有功加粉泽,素娥多自怨昏黄。风山可是生来巧,合著黄金铸子昂。(琴川赵凤山明府亦深为推许。)

同向(《蓝采和像》)书生(《论诗第三十首》)渭川(《乔夫人墨竹三首》之二)乐府(《同严公子大用东园赏梅》)青女(《己亥

十一月十三日》)素娥(《中秋雨夕》)凤山(《代州门外南楼二首》之二)合著(《论诗三十首》之八)

所见今知胜所闻,却惭诗垒不能军。十年旧隐抛何处,一片灵台欲付君。只恐春丛笑迟暮,惜无佳句答殷勤。长安多少貂裘客,毫末清妍子细分。

所见(《大名赠答张简之》)却惭(《赵汲古南园》)十年(《怀州子城晚望少室》)一片(《赠訾子野高士三章》之二)只恐(《野菊座主闲闲公命作》)惜无(《同希颜卿叔即事二首》之一)长安(《息轩杨秘监行雪图》)毫末(《寄杜莘老三首》之二)

益津杂忆二十五首

阆仙八首

烂醉玄都旧有期,及时行乐恨君迟。功名富贵知何物,儿女青红又一时。杨柳搀春出新意,樱桃和露弹繁枝。此中未是无佳句,裁剪春风入小诗。

烂醉(《留赠丹阳王炼师三章》之二)及时(《过邯郸四绝》之二)功名(《感寓》)儿女(《人日有怀愚斋张兄纬文》)杨柳(《东园晚眺》)樱桃(《高平道中望陵川二首》之二)此中(《药山道中二首》之一)裁剪(《咏瓶中杂花七首》之七)

自省枯槎是客星,短长亭是断肠亭。天围平野莽无际,酒怯新秋醉易醒。浓李尚须羞粉艳,素娥无意惜娉婷。相思命驾非君事,絮帽冲风日再经。

自省(《赠萧汉杰》)短长(《出都》)天围(《滤亭同麻知几赋》)酒怯(《约严侯泛舟》)浓李(《张村杏花》)素娥(《己亥十一月十三日雪晴夜半读书山东龛看月》)相思(《留别仲泽》)絮帽(《十一月五日暂往西张》)

琵琶心事曲中论，去日攀车余泪痕。佛土休将凡境比，冰崖唯觉暮烟屯。只嫌憨笑无人管，留著残妆伴酒尊。惆怅良辰又相误，与君此别叹何言。

琵琶(《俳体雪香亭杂咏十五首》之九)去日(《高平道中望陵川二首》之一)佛土(《台山杂咏十六首》之八)冰崖(《送周帅梦卿之关中二首》之一)只嫌(《杏花》)留著(《张村杏花》)惆怅(《寄答溪南诗老辛愿敬之》)与君(《女几山避兵送李长源归关中》)

林园近与六街邻，同是天涯万里身。已就湖山揽奇秀，也随风土变真淳。秋鸿社燕飘零梦，酒榼书囊浩荡春。君问新居在何许，樱桃才得缀芳辰。(阆仙于客冬由梁家园移寓樱桃斜街。)

林园(《赵汲古南园》)同是(《惠崇芦雁三首》之三)已就(《梁都运乱后得故家所藏无尽藏卷子》)也随(《商正叔役陇山行役图二首》之一)秋鸿(《寄答赵宜之兼简溪南诗老》)酒榼(《赠张致远》)君问(《戏题新居二十韵》)樱桃(《杏花二首》之二)

日吉时良利动迁，旃车辘辘共流年。谁知拂月披风意，不到柴烟粪火边。东道漫悲梁苑客，籐溪空负子猷船。庵名未便遮藏得，晚岁邻居□有缘。(客冬，曹水部等招余，移寓于增福准提庵。)

日吉(《送穷》)旃车(《秋江晓发图》)谁知(《赋粹中师竹拂子》)不到(《论诗三首》之一)东道(《哭樊师》)籐溪(《夜宿秋香亭有怀木庵英上人》)庵名(《周才卿拙庵》)晚岁(《寄史同年二首》之二)

红妆翠盖惜风流，美酒清歌结胜游。云意旋装行路景，雁声仍带海门秋。高吟大醉无虚日，身去心留不自由。不是西风苦留客，为谁一步一回头。

红妆(《杏花杂诗》第十三首)美酒(《探花词五首》之四)云

意(《十月二十日雪中过石岭关》)雁声(《鸂亭同麻知几赋》)高吟(《跋酒门限邵和卿归图》)身去(《初发潞州》)不是(《为鲜于彦鲁赋十月菊》)为谁(《癸巳五月三日北渡三首》之一)

燕宿莺喧处处通,新郎走马杏园红。渠家王谢堂前惯,谁在琼瑶世界中。碧玉清流水仙府,秋千红索海棠风。螺台剩有如川酒,到手金杯不放空。(余抵霸台后,得丁解元辈书云:陆阆仙于四月十二日合卺,王浣香于二十日合卺。)

燕宿(《梁园春五首》之四)新郎(《雪行图》)渠家(《益都宣抚田侯器之燕子图》)谁在(《十月二十日雪》)碧玉(《蟾池》)秋千(《雪岸鸣鹌》)螺台(《吕国材家醉饮》)到手(《赠别孙德谦》)

楚楚儿郎小小娘,芙蓉脂肉紫霞浆。从教上界多官府,却被何人较短长。三尺丝桐尽堪老,一瓯春露澹相忘。因君唤起思乡意,陶令田园先已荒。

楚楚(《续小娘歌十首》之八)芙蓉(《乐天不能忘情图二首》之二)从教(《过寂通庵别刘丈》)却被(《论诗第三十首》)三尺(《智仲可月下弹琴图》)一瓯(《密公宝章小集》)因君(《送杜招府抚归西山》)陶令(《别董德卿》)

浣香四首

春风过水略无痕,梦里旗亭雪拥门。莫把声华动台阁,暂教泾渭各清浑。玉壶水鉴藏胸臆,末节繁文费讨论。浮议至今犹汹汹,寒梅空自怨黄昏。

春风(《周才卿拙庵》)梦里(《乞酒示皇甫季真》)莫把(《送张书记子益从从相北上》)暂教(《论诗三十首》之一)玉壶(《赠萧炼师公弼》)末节(《刘君用可庵二首》之一)浮议(《送弋唐佐董彦宽南归》)寒梅(《张村杏花》)

小雨斑斑浥曙烟,寸肠西去似绳牵。何时约我百壶酒,他日酬君九府钱。共爱鲜明照秋色,(浣香名桂林。)偶成期会殆天怜。也应嫌被红尘涴,今在长安若个边。(一本作班班。)

小雨(《山中寒食》)寸肠(《吴子英家灵照图二首》之一)何时(《刘远笔》)他日(《觅神霄道士古铜爵》)共爱(《野菊座主命作》)偶成(《望卢氏西南熊耳岭》)也应(《黄花峪十绝句》之九)今在(《怀叔能》)

别意春江谁短长,此回情话独难忘。春雷谩说惊坯户,落月无言满屋梁。衣上风沙叹憔悴,画中亭榭亦清凉。当时笑伴今谁在,知是何人与点妆?(久闻春雷名噪西部,尚未晤也。)

别意(《醉中别陈季渊》)此回(《与同年敬鼎臣宿顺天天宁僧舍》)春雷(《秋成》)落月(《五月十一日追怀樗轩老》)衣上(《羊肠坂》)画中(《覃彦清飞雨亭横披》)当时(《留赠丹阳王炼师三章》之一)知是(《同漕司诸人赋红梨花二首》之二)

门阑喜色到崔卢,一颂椒花更有余。世外原无众香国,花阴真是小华胥。画眉卢女娇无奈,绿发修郎玉不如。早晚扁舟载烟雨,白云闲伴五溪鱼。

门阑(《庞都运山水》)一颂(《乔夫人彩绣仙人图》)世外(《云岩》)花阴(《醉猫图二首》之二)画眉(《杏花二首》之一)绿发(《赠修端卿张去华韩君杰三人六首》之三)早晚(《渡湍水》)白云(《马坊冷大师清真道院三首》之一)

何玩月二首

素月流空散紫烟,玉壶冰簟酒如川。空令姓氏喧时辈,合著丹青与世传。摇笔尚堪凌浩荡,题诗端为发幽妍。相逢莫话支机石,寂寞菱花仍半边。

素月(《宿神霄北庵梦中作》)玉壶(《无尘亭二首》之二)空令(《再到新卫》)合著(《题李庭训所藏雅集图二首》之二)摇笔(《明日作》)题诗(《野菊座主闲闲公命作》)相逢(《赠萧汉杰》)

寂寞(《后芳华怨》)

一片灵台状亦难,多情常带楚梅酸。吸残灏霰瑶窗晓,散尽冰花碧海干。万叠寒云度归雁,六铢仙帔想骖鸾。尘埃长路仍回首,落日东园独倚栏。

一片(《赠写真田生二首》之二)多情(《眉二首》之二)吸残(《燕府白兔》)散尽(《明日作》)万叠(《别周卿弟》)六铢(《秀隐君山水为范庭玉赋》)尘埃(《出山》)落日(《东园晚眺》)

蒋云谷

绿娇红小不胜怜,多窃时名亦偶然。长白风烟最潇洒,吴儿洲渚是神仙。撑肠文字五千卷,试手清凉第一篇。满谷春云更堪喜,尽饶梅事得春偏。

绿娇(《杏花杂诗十三首》之三)多窃(《再题写真》)长白(《绣江泛舟有怀李郭二公》)吴儿(《济南杂诗十首》之四)撑肠(《密公宝章小集》)试手(《台上杂咏十六首》之一)满谷(《云岩》)尽饶(《官园探梅同康显之赋》)

张蟾桂

素艳来从月姊家,嫩香新粉玉交加。只应芳树知人意,暂为红尘拂鬓华。纪瑞定谁增旧谱,炼颜应自有丹砂。眼看桃李飘零尽,自是人间日易斜。

素艳(《赋瓶中杂花七首》之五)嫩香(《墨竹扇头》)只应(《张村杏花》)暂为(《昆阳二首》之一)纪瑞(《追赋定襄周帅梦卿家秋日牡丹》)炼颜(《为鲜于彦鲁赋十月菊》)眼看(《杏花杂诗十三首》之六)自是(《同梅溪赋秋日海棠二首》之一)

杨润卿

王后卢前旧往还,去年名姓在窗间。胜游每恨隔千里,(润卿最为江别驾、刘指挥所推许,今江赴南河,刘游山左。)隐雾难教见一斑。但喜诗章多俊语,(别驾临行,以润卿赠行诗见示。)颇思尊酒慰衰颜。剧谈不尽平生意,才得云林半日闲。

王后(《别覃怀幕府诸君二首》之二)去年(《俳体雪香亭杂咏十五首》之四)胜游(《绣江泛舟有怀李郭二公》)隐雾(《东平送张圣与北上》)但喜(《徐威卿相过同李辅之赠别二首》之二)颇思(《又解嘲二首》之一)剧谈(《过希颜故居四首》之二)才得(《登珂山寺三首》之三)

蒋 韵 兰

七十鸳鸯五十弦,芳兰谁为发幽妍。虚传庾信凌云笔,送与天公折聘钱。图上风烟有潇洒,座中人物半神仙。殷勤留著花稍露,未展幽香已可怜。(此首拟题小影。)

七十(《无题二首》之一)芳兰(《春日半山亭游眺》)虚传(《吕国材家醉饮》)送与(《洛阳卫良臣以星图见贶漫赋三诗》之二)图上(《秀隐君山水》)座中(《宿神霄北庵梦中作》)殷勤(《同儿辈赋未开海棠花二首》之一)未展(《宫园探梅与康显之同赋》)

张 竹 圃

绿发张郎名姓新,豪华落尽只天真。云窗雾阁有今夕,王后卢前尽故人。不见连城沽白璧,暂来闲处避红尘。无端种下青青竹,桃李从今不算春。

绿发(《赠张润之》)豪华(《花光梅》)云窗(《听姨女乔夫人鼓风入松》)王后(《赠王仙翁道成》)不见(《冀京父》)暂来(《溪上》)无端(《俳体雪香亭杂咏十五首》之八)桃李(《同梅溪赋秋日海棠二首》之二)

潘 桂 馥

小山丛桂姓名香,嵇阮经行旧有乡。百草千花遇春雨,琼枝玉蕊静年芳。水南水北相逢在,行雨行云有底忙。良酝暂留王绩醉,此回歌笑重难忘。

小山(《答定斋李兄》)稽阮(《别覃幕府诸君二首》之二)百草(《题德恒斋》)琼枝(《同漕司诸人赋红梨花二首》之二)水南(《送李同年德之归洛西二首》之一)行雨(《中秋雨夕》)良酝(《送吴子英之官东桥且为解嘲》)此回(《别董德卿》)

蔡　莲　舫

楼前谁唱绿腰催,嫁与桃花不用媒。重碧总夸燕市酒,习仙虚筑汉宫台。灵椿丹桂偶相值,落日行云一望开。日棹扁舟藕花里,小雏先与唤迎来。(客秋,莲舫倩谭蕊仙来招领。)

楼前(《闻歌怀京师旧游》)嫁与(《无题二首》之二)重碧(《乙未正月九日立春》)习仙(《十月》)灵椿(《岳家千里驹》)落日(《游天坛杂诗十三首》之六)日棹(《济南杂诗十首》之十)小雏(《孝纯宛邱迁奉》)

朱　香　云

石泉崖蜜破松黄,竹放新稍欲过墙。那得冰壶贮秋月,且烧银烛看红妆。河亭笑语归陈迹,陌上游人醉几场。一片朝云不成雨,能红能白更能香。

石泉(《空山何巨川虚白庵二首》之二)竹放(《刘光甫内乡新居》)那得(《下黄榆岭》)且烧(《中秋雨夕》)河亭(《别康显之》)陌上(《戊子正月晦日内乡西城游眺》)一片(《芳华怨》)能红(《同漕司诸人赋红梨花二首》之二)

田　祥　龄

随宜梳洗尽风流,似为良辰散客愁。留得寒螿泣秋月,胜于骑鹤上扬州。风光流转何多态,零落栖迟复此游。可是田郎心独苦,小诗供作锦缠头。

随宜(《杏花杂诗十三首》之五)似为(《即事呈邦彦》)留得(《隋故宫行》)胜于(《寄答仰山谦长老》)风光(《人日有怀愚斋

张见纬文》)零落(《漗亭同麻知几赋》)可是(《世宗御书田不伐望月婆罗门引》)小诗(《杏花杂咏》第十三首)

孙影莲二首

世事都销酒半醺,药笼仙品正须君。如何长伴王居士,寄谢东邻范史云。潭影乍从明处见,荷香偏向雨中闻。只缘山远无来客,今古仙凡此地分。

世事(《寄英上人》)药笼(《大名赠答张简之》)如何(《前高山杂诗七首》之五)寄谢(《白屋》)潭影(《石门》)荷香(《赵汲古南园》)只缘(《空山何巨川虚白庵二首》之二)今古(《武元直秋江罢钓图》)

绿净红香梦已空,偶从天巧见神功。青云有路人看老,祖道无诗鬼亦穷。谁与渠侬洗寒乞,更应熏染费春工。桃花一簇开无主,羡煞孙郎马首东。(时范部郎拟赎影莲出籍。)

绿净(《祖唐臣所藏樗轩书册二首》之一)偶从(《台山杂咏十六首》之三)青云(《送武诚之往渼陂》)祖道(《汴梁除夜》)谁与(《赠答张教授仲》)更应(《赋瓶中杂花七首》之二)桃花(《留赠丹阳王炼师三章》之二)羡煞(《赠别孙德谦》)

赠刘朗玉二首

别似刘君住玉华,绿云晴雪间红霞。黄杨旧厄三年闰,(余自甲子报罢,旅怀落拓,故晤朗玉独迟。)银烛光摇半夜花。化国楼台接瀛海,春风桃李是谁家。接篱倒著容山简,剩着新诗到处夸。(是夕治具,因浣香招饮,余于席间大醉。)

别似(《同希颜钦叔玉华谷还会善寺即事二首》之二)绿云(《台山杂咏十六首》之七)黄杨(《送曹干臣》)银烛(《西斋夜宴》)化国(《寒食》)春风(《吕国材家醉饮》)接篱(《赵汲古南园》)剩着(《出东平》)

几处春风揭绣帘，(三庆部常以一班分唱数处，俗名分包戏，朗玉常疲于奔命焉。)云间箫鼓夜厌厌。画图只爱残妆好，风露还疑此夜添。且就同游尽佳客，也应有意醉淘潜。长年自笑情缘在，说着浮名梦亦嫌。

几处(《梁园春五首》之二)云间(《秋风怨》)画图(《甲辰三月旦日以后杂诗三首》之二)风露(《癸卯望宿中霍道院》)且就(《黄华谷十绝句》之二)也应(《辛亥九月未见菊》)长年(《杏花杂诗十三首》之三)说着(《三乡时作》)

吴 双 林

忆着分明下笔难，两枝新绿倚高寒。风光烂熳供欢席，灯火青荧语夜阑。乞与云烟相媚妩，要从明润细寻看。凭君莫惜尊前醉，自笑平生被眼谩。

忆着(《眉二首》之二)两枝(《陈德元石竹二首》之一)风光(《甲辰三月旦日以后杂诗三首》之三)灯火(《晨起》)乞与(《天涯山》)要从(《晴景图》)凭君(《甲辰三月旦日以后杂诗三首》之一)自笑(《东山四首》之二)

章 喜 林

李下何妨也整冠，怪来歌酒百无欢。尽饶姚魏知名早，暗认曹刘可是难。(曹水部、刘指挥虽经赏识，而未倾倒也。)佳节屡从愁里过，(余尝置酒招之，因病不至。)写生何似镜中看。酒船早晚东行办，为说将军礼数宽。(常于某游府昆玉席间晤之。)

李下(《题山谷小艳诗》)怪来(《东园晚眺》)尽饶(《紫牡丹三首》之一)暗认(《益都宣抚田侯器之燕子图》)佳节(《同严公子大用东园赏梅》)写生(《燕府白兔》)酒船(《寄希颜二首》之二)为说(《即事》)

朱 雪 琴

白雪朱弦一再行,虚堂淅淅掩霜清。飞来野鹤聊堪喜,独爱寒梅恐未平。黄菊有情留小饮,还丹无用说长生。邯郸枕上人初觉,尊酒相逢意自倾。

白雪(《听姨女乔夫人鼓风入松》)虚堂(《秋怀》)飞来(《九日登定平涌云楼故基》)独爱(《杏花二首》之二)黄菊(《答赵宜之兼简溪南老诗》)还丹(《和仁卿演太白诗意二首》之一)邯郸(《送杜招抚归西山》)尊酒(《答石子章因送其行》)

冯 天 然

曾将心事许烟霞,无复张骞犯斗槎。借暖定谁留翠被,换根元自有灵砂。栖迟零落无颜色,文采风流有故家。谁念田文座中客,不来坚坐看纷华。

曾将(《题山亭会饮图二首》之二)无复(《吕国材家醉饮》)借暖(《为鲜于鲁赋十月菊》)换根(《同梅溪赋秋日海棠二首》之一)栖迟(《送张君美往南中》)文采(《赠高君用》)谁念(《蛟龙引》)不来(《西斋夜宴》)

顾 长 松

长松千种欲摩天,百草千花雨露偏。阵马风樯见豪举,(长松既工昆曲,又能作掌上舞,所演多慷慨节烈诸传奇。)青钱白璧买芳年。天公不禁人间酒,世上初无物外缘。剩著新诗记今夕,不来同作饮中仙。

长松(《王学士熊岳图》)百草(《台山杂咏十六首》之八)阵马(《送刘子东游》)青钱(《去岁君远游送仲梁出山》)天公(《醉后》)世上(《前高山杂诗七首》之五)剩著(《己亥十一月十三日雪晴,夜半读书山东龛看月》)不来(《绣江泛舟有怀李郭二公》)

陶柳溪

燕脂浓抹蜡痕新，金粉轻粘蝶翅匀。林影池烟设清供，柳塘花坞静无尘。空劳结伴归莲社，谁是东篱采菊人。剩著新诗记今夕，不来同醉五更春。

燕脂(《同儿辈赋未开海棠二首》之一)金粉(《紫牡丹三首》之一)林影(《别覃怀幕府诸君二首》之二)柳塘(《贾漕东城中隐堂》)空劳(《追怀曹征君》)谁是(《采菊图二首》之二)剩著(《与冯吕饮秋香亭》)不来(《药正卿饷酒》)

施文鹿

掌上宁儿玉刻成，岂知谈笑得新名。多情丹杏知人意，瘦杀寒梅枉自清。(是日浣香亦在座。)世外华胥谁复梦，就中秋蝶最关情。凭君莫问题诗客，孤负松风入砚声。(文鹿因徐参军索诗于余。)

掌上(《即事》)岂知(《徐威卿将往高唐同李辅之赠别二首》之二)多情(《浑源望湖川见百叶杏花二首》之二)瘦杀(《甲辰三月旦日以后杂诗三首》之二)世外(《江亭会饮图》)就中(《东平李汉卿草虫卷二首》之二)凭君(《太乙莲舟图三首》之二)孤负(《赋南中杨生玉泉墨》)

朱素春

洛阳桃李几番新，密露轻尘细洒匀。荡荡青天非向日，离离花影澹生春。只缘造物偏留意，比似全开更恼人。为向长安旧游道，黄金牢锁玉麒麟。(素春一名麒麟。)

洛阳(《追录旧诗二首》之二)密露(《甲辰三月旦日以后杂诗三首》之三)荡荡(《徐威卿相过同李辅之赠别二首》之一)离离(《惠崇芦雁三首》之三)只缘(《紫牡丹三首》之二)比似(《赋瓶中杂花七首》之六)为向(《刘光甫内乡新居》)黄金(《换得云台帖喜而赋诗》)

补赠鲁云卿

求凰一曲鬓丝长,无复题诗寄草堂。玉树瑶林照春色,物华天宝借余光。(云卿名龙官。)东君去作谁家客,彩胜空期某氏郎。每恨闻名不相识,却来闲处看春忙。

求凰(《王子文琴斋》)无复(《追怀曹征君》)玉树(《去岁君远游送仲梁出山》)物华(《别覃怀幕府诸君二首》之二)东君(《杂著四首》之四)彩胜(《清明日改葬阿辛》)每恨(《跋酒门限邵和乡醉归图》)却来(《戊子正月晦日内乡西城游眺》)

自题《片羽集》后十首

纸尾题诗一慨然,客怀牢落五更天。花中谁有张萱笔,俯仰随人亦可怜。

纸尾(《息轩秋江捕鱼图三首》之三)客怀(《榆杜硖口村早发》)花中(《寇氏赵庄赋杏花四首》之一)俯仰(《论诗三十首》之廿一)

小阑春事自升平,次第开花却有情。倒凤颠鸾金粟尺,每从游戏得天成。

小阑(《紫牡丹三首》之二)次第(《寇氏赵庄赋杏花四首》之四)倒凤(《赠答张教授仲》)每从(《胡寿之待月轩三首》之三)

百过新篇卷又披,殷勤那为惜花枝。纵横正有凌云笔,何处而今更有诗。(同时名噪者,若陈桂林、王国香等三十余人尚未补赠。)

百过(《寄谢常君卿》)殷勤(《杂著四首》之二)纵横(《论诗三十首》之廿一)何处(《李仲华湍流高树图二首》之二)

惨淡经营有许功,一番桃李又春风。长门谁买千金赋,世俗论量恐未公。

惨淡(《夏山风雨图》)一番(《汴梁除夜》)长门(《白屋》)世俗(《过希颜故居四首》之二)

未分枯槎是客星,案头多负读书萤。真书不入今人眼,一醉狂歌且自听。

未分(《约严侯泛舟》)案头(《过三乡女几村追怀辛敬之二首》之一)真书(《论诗三十首》之十三)一醉(《醉后》)

本无奇骨负功名,共笑诗人太瘦生。六月高楼汗如雨,为君忙了竟无成。

本无(《出鄂州》)共笑(《自题二首》之一)六月(《杨秘监雪谷早行图》)为君(《伦镇道中见槐花》)

了却逋悬百不忧,高天厚地一诗囚。世间妾妇争相妒,留待才情赵倚楼。(赵明府与余去取略同,今归琴川。)

了却(《镇平即事》)高天(《论诗三十首》之十八)世间(《益都宣抚田侯器之燕子图》)留待(《胡叟楚山清晓图》)

侯门书卷欲谁亲,晕碧裁红点缀匀。自读旧题还自笑,可怜无补费精神。

侯门(《洛阳卫良臣以星图见贶漫赋三诗》之一)晕碧(《论诗三首》之三)自读(《善应寺五首》之四)可怜(《论诗三十首》之二十九)

巫峡归云底处寻,燕城名酒足浮沉。黄金炼出相思句,还尽平生未足心。

巫峡(《出京》)燕城(《别纬文兄》)黄金(《自菊潭丹水还寄崧前故人》)还尽(《游天坛杂诗十三首》之七)

无才无德只痴顽,四海虚名只汗颜。纸尾不须题姓氏,诗狂他日笑遗山。

无才(《乙卯端四日感怀》)四海(《别覃怀幕府诸君二首》之一)纸尾(《紫微刘丈山水为济川赋》)诗狂(《天涯山》)

集选句二首

松坪居士

珍裘非一腋,哲匠感萧晨。异代可同调,新声妙入神。阳阿奏奇舞,腾步蹑飞尘。永日行游戏,端为谁苦辛。

秋风吹广陌,平楚正苍然。兰泽多芳草,时来亮急弦。朝霞迎白日,皓腕约金环。极宴娱心意,众工归我妍。

集玉溪生句六首

闲泉居士

自有仙才自不知,收将风纸写相思。明珠可贯须为佩,谁与蜘蛛乞巧丝。

今朝歌管属檀郎,亦要天花作道场。更阅前题已披卷,尽知三十六鸳鸯。

用尽陈王八斗才,不知迷路为花开。何当共剪西窗烛,一寸相思一寸灰。

绣檀回枕玉雕锼,与近高窗卧听秋。湘竹千条为一束,不知供得几多愁。

久留金勒为回肠,万里西风夜正长。著破蓝衫出无马,未妨惆怅是清狂。

一年生意属流尘,并觉今朝粉态新。顾我有怀同大梦,可堪无酒又无人。

集遗山句

丽渔散人

展读新诗眼倍明，诸郎难弟复难兄。卷中甚欲题诗句，五字韦郎画不成。

梦寐西南一径斜，小红谁记上林花。情知一段幽闲趣，酒伴相逢饮倍加。

万灶元珠一唾轻，裁红晕碧助春情。眼明今日题诗处，满纸清风月旦评。

歌音袅袅度冷风，偏近骚人怅望中。不必相思解销骨，酒尊能得几回同。

好句端如绿绮琴，春风纤指十三星。燕南赵北留诗卷，窈窕朱弦寂寞心。

飘零无物慰天涯，好句真堪字字夸。一语调君君莫笑，儿童他日记通家。

集剑南句

蓉塘居士

频报园花照眼明，每因羁旅惬幽情。风鬟雾鬓归来晚，小草新诗取次成。

列屋娥眉不足夸，未妨随事作生涯。东风忽送笙歌近，何处如今更有花。

常记东园按舞时，矮笺匀碧绿唐诗。个中疑是忘忧处，唤作清闲亦自欺。

为爱名花抵死狂，尚能寻句答年光。丈夫入手皆勋业，终胜登楼望故乡。

即今万事付茫茫，时向湖桥看戏场。小市莺花常痛饮，本来无事却成忙。

但知相遇且衔杯，犹解逢花眼暂开。占尽人间清绝事，已公茅屋赋诗来。

安得元龙百尺楼,锦茵银烛按梁州。京尘日念家山乐,别是天涯一段愁。(君在吴下,曾于半塘置绿云楼,以赠侍书秀英。故及之。)

即集集中句

东阳瘦生

剩醉荼蘼十日春,豪华落尽只天真。黄杨旧厄三年闰,同是天涯万里身。(甲子同下北闱。)

末节繁文费讨论,却见诗垒不能军。长安谁买千金赋,世事都销酒半醺。

裁剪春风入小诗,樱桃和露弹繁枝。胜游每恨隔千里,百过新篇卷又披。

琼枝玉蕊静年芳,同向春风舞一场。潦倒本无明日计,却来闲处看春忙。

求凰一曲鬓丝长,乐府金钗十二行。(余近作《燕台十二花词》。)每恨闻名不相识,书生技痒爱论量。

似为良辰散客愁,红妆翠盖惜风流。当时笑伴今谁在?(谓凤山、虞山、小约、山右。)留待才情赵倚楼。(凤山、小约虽出都,余每有所见,或得近作,必从邮筒寄,知凤山冬杪春初将赴铨矣。因集中两及之,故云。)

集玉溪生句

远亭外史

不拣花朝与雪朝,暂凭尊酒送无憀。此声肠断非今日,惟有衣箱染未销。

春松秋菊可同时,芳桂当年各一枝。神女生涯原是梦,非关宋玉有微辞。

隔得卢家白玉堂,众仙同日咏霓裳。从来此地黄昏散,肠断斑骓送陆郎。

年少因何有旅愁,不知身世自悠悠。相逢一笑怜疏放,更醉谁家白玉钩。

帐望银河吹玉笙，繁花疑是月中生。不知桂树在何处，未必圆时即有情。

锦瑟惊弦破梦频，宝钗何日不生尘。岂知为雨为云处，月里依稀更有人。

集玉溪生句

红豆词人

日下繁香不自持，清秋一首杜秋诗。自探典籍忘名利，濩落生涯独酒知。

一树浓姿独看来，自缘烟水恋平台。只知解道春来瘦，用尽陈王八斗才。

人生何处不离群，睡鸭香炉换夕熏。忆事怀人兼得句，欲书花叶寄朝云。

出云清梵想歌筵，对影闻声已可怜。闻道神仙有才子，五云章色破巴笺。

促漏遥钟动静闻，羁雌长共故雄分。嗟予久抱临邛渴，每到城东忆范云(谓范农部)。

不教容易损年华，少得团圆足怨嗟。独想道衡歌思苦，将来拟并洛阳花。

再集三十首，赠刘琴浦诸人

魏紫姚黄有重名，翻嫌金屑翳双明。刘郎也是人间客，犹欠风琴一再行。(刘琴浦惟于范公子席间匆匆一晤。)

魏紫(《杏花杂诗十三首》之十二)翻嫌(《台山杂咏十六首》之十)刘郎(《论诗三十首》之三)犹欠(《胡寿之待月轩三首》之三)

袨服华妆着处逢，六街歌鼓待晨钟。鉴湖春好无人赋，惭愧云间陆士龙。(陆鉴桥甫自南来，故集中遗漏。)

核服(《京都元夕》)六街(《汴梁除夕》)鉴湖(《论诗三十首》之十六)惭愧(《寄杨飞卿》)

了却香严一系缘,骅骝争道渺翩翩。休将人物轻题品,犹欠张郎白玉鞭。(余寓焦岩时,已识张瑞元,乙丑重九,重晤于燕台,故前诗未及。)

了却(《赋粹中师竹拂子》)骅骝(《送辅之仲庸还大梁》)休将(《西山楼为王仲理赋二首》之二)犹欠(《探花词五首》之三)

草堂人物列仙臞,杯酒殷勤兴不孤。桂树秋香月三五,喜于沧海得遗珠。(前集已成,始晤桂芬。)

草堂(《追用座主闲闲公韵上致政冯内翰二首》之二)杯酒(《寄杜华老三首》之三)桂树(《世宗御书田不伐望月婆罗门引》)喜于(《寄答飞卿》)

鹤发松姿余典型,天将五福畀康宁。卷中甚欲题诗句,好就川妃问乞灵。(木石山人为潘五福索诗。)

鹤发(《紫微刘文山水为济川赋》)天将(《郑州上致政贾右丞相公》)卷中(《题商梦卿家晦道堂二首》之二)好就(《晋溪》)

乐府新声出绮裘,莺儿调舌弄娇柔。北人不拾江西唾,(弋腔本出自江西。)合在元龙百尺楼。(小铁笛道人谓,韩四喜巧言如簧,自是确评。)

乐府(《追录洛中旧作》)莺儿(《杨柳》)北人(《自题中州集后五首》之二)合在(《论诗三十首》之十八)

兜罗绵界宝光云,凭仗儿童一问君。试向云间望光彩,丰山孤秀出尘氛。(沈秀云声容绝妙,而年最稚,席间无小伴,不能致也。)

兜罗(《台山杂咏十六首》之九)凭仗(《游天坛杂诗十三首》之五)试向(《内相杨文献公哀挽三章》之三)丰山(《十日登丰山》)

旬月无由一往还,因君我亦爱西山。诗翁自有无声句,时到霜林紫翠间。(翠竹寓西城,曾于刘指挥席间一晤。)

旬月(《寄女严三首》之二)因君(《赠李春卿》)诗翁(《雪谷早行图二章》之一)时到(《右丞文献公着色鹿图》)

袅袅熏风扇影间,攒青叠翠几何般。周侯见说应相笑,石绿香煤澹澹闲。(周翠林以黛云为字,即余所私赠。)

袅袅(《探花词五首》之一)攒青(《金山》)周侯(《春日书怀呈刘济川》)石绿(《眉二首》之二)

玉镜修眉十二环,绿云红雪拥三山。一般疏影黄昏月,兴在青林杳霭间。(长安评艳,以江秀南为梅花。庆林、祥林俱系秀南弟子,同寓三山堂。)

玉镜(《金山》)绿云(《梁园春五首》之三)一般(《杏花二首》之一)兴在(《望苏门》)

博士真堪补太元,明窗开卷亦欣然。十年紫禁烟花绕,试手东风第一篇。(友人作《燕台校花录》,以陈意卿为冠。)

博士(《李屏山挽章二首》之二)明窗(《太乙莲舟图三首》之三)十年(《过应州》)试手(《官园探梅同康显之赋》)

巷语街谈总入诗,燕南剩有桂林枝。北城佳处径行遍,落日飞鸿一线迟。(陈桂林于新秋始晤,故前诗未及。)

巷语(《杨焕然生子四首》之二)燕南(《追怀赵介叔》)北城(《济南杂诗十首》之九)落日(《永宁南原秋望》)

日照春山花满烟,山中多少地行仙。人间只道黄金贵,买尽青山不用钱。(雇春山蔼然可亲,所与游无俗容。)

日照(《春日半山亭游眺》)山中(《台山杂咏十六首》之十二)人间(《无题二首》之一)买尽(《前高山杂诗七首》之五)

白发刘郎老更痴,殷勤酿酒趁花期。当时膝上王文度,小景风流恰入时。(王国香常于友人刘君席上见之。)

白发(《杂著四首》之一)殷勤(《寄史同年二首》之一)当时(《题张彦宝陵川西溪图》)小景(《李仲华湍溪高树图二首》之二)

一夕西庵笑语温,只留孤影伴黄昏。青旗知是谁家酒,从此张村即赵村。(赵庆龄年稚,而自命不凡。)

一夕(《超然王翁》)只留(《长寿山居元夕》)青旗(《杏花杂诗十三首》之四)从此(《张村杏花》)

百壶清酒未消忧,乞与云休百自由。试遣红妆映银烛,后身还有化身愁。(云林神似郁芬馆主人,故云。)

百壶(《赠答同年敬鼎臣》)乞与(《寄答仰山谦长老》)试遣(《杏花杂诗十三首》之二)后身(《岳家千里驹》)

和气春风四座倾,画眉张遇可怜生。青山归计何时办,过眼十金一唾轻。(闻张凤林不善居积,有一掷千金之习。)

和气(《别王使君文从之》)画眉(《赋南中杨生玉泉墨》)青山(《武善夫桃溪图二章之二》)过眼(《东平李汉卿草虫二首》之二)

帘下歌童尽雅辞,旧家红线可无疑。仙乡白凤瀛洲近,也被人呼作阿姨。(凤青与韵兰,为异姓兄弟。)

帘下(《高平道中望陵川二首》之二)旧家(《真燕二首》之

二)仙乡(《寄谢常君卿》)也被(《启母石》)

一片春云雨未干,乾坤清气得来难。胎仙不比湘灵瑟,却就禅房觅画看。(琴仙嗜画,尝倩余乞木石山人写生。)

一片(《陈德元竹石二首》之一)乾坤(《自题中州集后五首》之三)胎仙(《听姨女乔夫人鼓风入松》)却就(《归义兴侍者溪山萧寺横轴》)

王翰何缘得买邻,六朝琼树掌中春。凭君记取题诗处,碌碌翻随十九人。(玉生最为王内翰赏识。)

王翰(《寄叔能兄》)六朝(《离著四首》之三)凭君(《郭熙溪山秋晚二首》之二)碌碌(《帝城二首》之一)

青山真得几时分,沙浦空明行暮云。却忆广陵刘老子,此生何计得随君。(刘明府曾倾倒合浦,今踪迹甚疏。)

青山(《寄英上人》)沙浦(《渡湍水》)却忆(《前高山杂诗七首》之六)此生(《石门》)

星斗龙门姓氏新,眼明惊见楚江春。写生正有徐熙在,难状灵台下笔亲。(徐太史为杨楚卿乞诗。)

星斗(《寄叔能兄》)眼明(《钱过庭烟溪独钓图二首》之一)写生(《杏花落后公韵得归字》)难状(《耀卿西山归隐三首》之二)

邂逅诗翁得胜游,膝前文度更风流。珠围翠绕三花树,一道云光插素秋。(胡比部同王倚云小集,影莲、庆龄俱在座。)

邂逅(《玉溪》)膝前(《王学士熊岳图》)珠围(《书贻第三女珍》)一道(《游天坛杂诗十三首》之九)

梦里琼枝十二楼,相从许久重相留。长安张敞号眉妩,空对红尘忆旧游。(张蘅香神似冷香校书。)

梦里(《卫州感事二首》之一)相从(《别周卿弟》)长安(《南冠行》)空对(《望崧少二首》之二)

鞍马匆匆去复还(谓耿明府),一卮芳酒且开颜。人间自有交枝玉,常在瑶林照映间。(宋玉林最为耿明府赏识。)

鞍马(《丹霞下院同仲泽赋》)一卮(《留赠丹阳玉炼师三章》之一)人间(《赋瓶中杂花七首》之五)常在(《别覃怀幕府诸君二首》之一)

酒面飞来片片春,凌波长恐袜生尘。吉祥止处无余物,留在秦音已可人。(韩吉祥系关中人。)

酒面(《杏花二首》之二)凌波(《紫牡丹三首》之一)吉祥(《空山何巨川虚白庵二首》之一)留在(《商正叔陇山后图二》)

可能仙掌不相招,(余本有关中之役,缘亲老未去。)瘦损春风十万条。不似南桥骑马日,小红灯影莫相撩。(余以《送灯》一出始晤全福。)

可能(《送周帅梦卿之关中二首》之二)瘦损(《杏花杂诗十三首》之十)不似(《续小娘歌十首》之五)小红(《春夕》)

兴到穷探亦未涯,吴儿洲渚记仙家。不知雾阁云窗晚,犹恨分香入棣华。(九如系瑞元之弟。)

兴到(《同希颜钦叔玉华各分韵二首》之二)吴儿(《寒食》)不知(《乔夫人墨竹二首》之一)犹恨(《追赋定襄周帅梦卿家秋日牡丹》)

天将文笔付家传,独恨无人作郑笺。马上哦诗无好语,明珠真见抵深渊。(族弟东桥同平阳郑君为吴蕙卿乞诗,因补赠。)

天将(《宋周日生子三首》之二)独恨(《论诗三十首》之十

二)马上(《北归经朝歌感寓三首》之一)明珠(《过诗人李长源故居》)

暗中摸索总非真,败笔成邱死不神。谁画风流王李郝,异时真是卷中人。(谓王秀峰、李双喜、郝双翠,皆经遗漏。)

暗中(《论诗三十首》之十一)败笔(《洛阳卫良臣以星图见贶漫赋三诗》之一)谁画(《题李庭训所藏雅集图二首》之二)异时(《耀卿西山归隐图三首》之二)

附丽渔散人赠章喜林句

彩胜空期某氏郎,且烧银烛看红妆。试评掌上明珠价,却被何人较短长。

所见今知胜所闻,惜无佳句答殷勤。剧谭不尽平生意,毫末清研仔细分。

落月无言满屋梁,此回情话独难忘。相思命驾非君事,行雨行云有底忙。

忆著分明下笔难,要从明润细寻看。凭君莫问题诗客,李下何妨也整冠。

来青阁主人集遗山句,作《片羽集》,一时诸名花争以有诗为荣,诚胜事也。集中人,余惟于章氏杏仙最为心赏。然只于梨园演剧时一见,酒间席畔从未把晤。丙寅新正,饮陆阆仙酒,招之不至,更余酒散,带醉过访,红烛光中,流波婉转,脉脉含情,益令人倾倒。因即集集中句,得四绝以奉一笑。

丙寅花朝,集得遗山杏花诗四首,再赠章杏仙

来青又稿

应接纷纷又浃旬,西园红艳眼中新。皇州春色浓于酒,从此他乡不算春。

攒头真似与春争,可是东君别有情。传语春风好将护,宝儿原

是太憨生。

桃李前头一树春,烟光水色画难真。天真不到铅华笔,未放黄徐下笔亲。(借用紫牡丹句。)

纷纷红紫不胜稠,春动香生百自由。看尽春风不回首,每逢花处尽迟留。

众香国

众香主人撰，其人生平不详。是书作于清嘉庆十一年冬至十二年夏间，设计独特，以艳香、媚香、幽香、慧香、小有香、别有香品评当时之旦角优伶，涉及三庆、春台、和春、四喜等部伶人七十人。谷曙光据清嘉庆刻本点校整理。

叙

惭非荀令，未闻三日留衣；亦异韩嫣，讵有千金买笑。佩兰室里，之子难逢；搴杜洲边，美人何处？若夫神游香国，通妙偈于华严；多因梦想春台，浥余馨于笃耨。人同卍字，情外勾情；果拟侧生，味中得味。遂托微词于宋玉，聊赓小谱于《燕兰》。印来鸿雪之踪，别画莺花之样。曰艳、曰媚、曰幽、曰慧、曰小有、曰别有，尽归把子莲中；如沉、如麝、如檀、如芸、如百和、如四和，幸到多罗树下。品题一过，口角含芬；领略移时，鼻根滋馥。特是徒垂冷眼，岂容韩掾之偷；争进缠头，谁擅韦青之妙。逆风闻处，广场之歌扇偏遮；邀月来时，秘室之重帘不卷。皆堪败兴，何计留芳。又或暖非燕玉，枯甚鲍鱼。避恶无方，虚然豆蔻；通灵有术，亦骇神犀。叶是知时，每过时而自落；草非怀梦，虽入梦其不芳。此则鸡舌徒含，檀心未许。更未易纵熏心之欲，而适以增掩鼻之羞矣。朴山游群玉台上，黄金间作冶游，遂多绮语。借云烟之过眼，述花月之新闻。梦异南柯，人怜西笑。赠来芍药，况是将离；修到梅花，真成大隐。庶几韩偓所云“春动七情，香生九窍”者欤？敢言月旦，聊作风狂。幸赏音于菊部，五色成文；续好事于旗亭，万花作障。

嘉庆岁次丙寅嘉平月众香主人自叙于京师之惜花轩

众香国凡例

一、是集仅就平日所稔知者采入，遗珠之憾，知不能免，观者谅之。

一、是集本拟每人各赠以诗，因匆猝出都，未遑属草，故于各部先缀题词数首，以志群芳。

一、征歌必先选色，是集甲乙，皆就现在论定。即向日冠歌坛而负盛名者，春老花残，不得不姑从抑置。

一、人之性情不一，动静殊科。是集分为六部：艳香、媚香、幽香、慧香、小有香、别有香。义各有取，分品类，不分次第也。

一、诸人年齿、乡贯,详载《日下看花记》、《片羽集》、《花月旦》诸书,是集不复赘及。

一、每人后仅缀数语,未足尽其梗概。兰芬蕙质,妙莫形容,亦自知其草率也。

一、诸人有约举大概者,有指其数出者,有指其一出者,皆即一时所见而言。

一、每部首选,俱以昆剧擅长者冠之,重戏品也。每部之末,俱以梨园中老宿殿之,志娄尾也。

一、诸人迁移无常,有向在此部,旋改彼部者。是集就现在所隶者言之,以归画一。

一、是集专录旦色,如三庆部小生张双全、景和部小生傅桂生、彩华部小生朱鸿元、庆宁部小生陈松林,艺非不佳,以拘于格例,故未之载。

一、是集因急欲付梓,尚有和春部中刘翠喜、高凤林,拟入艳香。四喜部中朱宝林,和春部中程玉林,拟入媚香。彩华部中凌吉庆,三和部中陆增福,拟入幽香。春台部中谭如意,三多部中高全林,拟入小有香。春台部中王翠林,三和部中罗霞林,四喜部中王小天喜,和春部中陈全福,拟入别有香。他如三庆部中江金官、骆九林、潘景福、吴五福,春台部中顾元宝、徐天元、杜双福,和春部中郝喜林,双和部中姚官德,三多部中陆福林、许湘云,三和部中余小麒麟,彩华部中蒿福元、孙巧林、许三喜,皆堪采录,以闻见不真,未遑月旦,姑志之以待品题于异日而已。

一、是集始于丙寅冬,止于丁卯夏,兹仍其旧本所录,诸人毫无增减。

众香主人识

众香国题词

月府仙樵

芙蓉结队锦添袍,法曲新翻点拍劳。月地云阶遍歌舞,教人看煞郑樱桃。

兰叶兰根总系情，春风词笔又纵横。此身端合楼台住，料理花枝过一生。

黄蘖庵主

小名录就写蚕眠，不住童初即易迁。笑指妙鬘云影下，无边色界有情天。

被拥黄紬早放衙，淋漓醉墨任攲斜。史才人鉴今无用，检点群芳进退花。

四于漫士

万花谷里品群仙，歌扇春风各斗妍。倚仗看花双眼豁，一齐都到大罗天。

由来潘卫赛花光，何事倾城属女郎。日下春深人似海，管弦吹出十分香。

琼枝瑰蕊任葩流，都在众香国里收。六部只消荣一字，桃源花格自春秋。

不重千金只重名，长安花榜竞争荣。几番香伴寻消息，都向龙头问一声。(各部歌郎，时探听花榜第一姓名。)

珠喉转处又秋波，风诡云移入揣摩。黄绢写花兼写曲，不教人说粉郎多。

遗珠犹恐怨琵琶，特地幽兰谱入花。(谓李兰官。)从识山公原不刻，遴芳只要各成家。

鸲蜂频更记注难，几凭芳讯几亲观。随囊一卷评花史，好把龙门传赞看。

千回稿易始开雕，未肯轻将甲乙标。寄语百花知道否？主人心似剥春蕉。

二松居士

结绮楼边玉树明，永安坊外柳丝轻。此心愿作桐花凤，裹着红绵过一生。

蜂黄蝶粉细评量,掷得潘郎果满箱。更贮名花三百品,他年分种向河阳。

听鹂馆客

声价词坛旧擅场,大罗天上记霓裳。间携五色江淹笔,重谱名花六部香。

绿酒红毹夜夜春,东风染尽素衣尘。灯前今日重摩眼,零落何戡尚几人。

望仪馆主

燕台风月费平章,品别真同玉尺量。毕竟人间重声价,缠头端合让雌黄。

北里佳名擅一时,何戡田顺易前期。旗亭若个推前辈,曾唱黄河远上诗。

懒顾花丛却为谁,平生独寄折琼思。因君枨触尊前梦,张绪风流异昔时。

我辈曾登选佛场,名经开处最难忘。从知菊部归珊网,沧海应无泣夜光。

红蕉馆主人

春风谁解郁轮袍,月旦评量一例操。相马不求形色似,前生应是九方皋。

漫作燕南小草评,但将幽艳抵倾城。凭君乞与珠千斛,要替香儿记小名。

瞑琴居士

过眼群芳不可留,漫传小谱艳千秋。品题端仗才人笔,杨柳樱桃一例收。

霓裳一曲感当年,天上风情我亦怜。今日小窗闲展卷,舞衫歌扇忆翩翩。

礼门道人

看花巨眼惯寻春，满幅珠玑咳唾新。六部香分联众秀，三生缘结识前因。多情敢诩称同调，大雅还须让主人。不是风流摩诘老，那能个个写天真。

辅初居士

小部东山说谢公，绛帷尤忆马扶风。如今裙屐飘零甚，醉向春明看落红。

玉貌谁夸冠一军，碧城仙望回如云。枯兰瘗到生香笔，青翰难追越鄂君。（卷中第一人闻已夭折，渠善写墨兰，零笺断幅犹自生香，而寂寂孤芳，不堪重嗅矣。）

剧怜哀怨太分明，絮语当杯话不平。莫问乌衣旧门巷，夕阳衰草是前生。（吴蔚蓝为余友，藕泉居士所眷，屡于席间相见，幽怨之色，见于眉端，汝南月旦，殆不虚也。）

半镕明月半裁花，潘令春城早放衙。一样风尘怨零落，有人清梦满天涯。

沁 园 春

南湖词客

鼻观微参，如海黄尘，木樨开不？正散髻斜簪，恣君跌宕。哀丝豪竹，忤我穷愁。伥子两行，顽仙十种，也算燕南骏骨收。无聊赖，向众香国里，法戒重修。　晾鹰台畔高秋，拼狂煞袁羊有主讴。问千骑东方，抑何强项。万花西笑，直恁低头。璧月黄昏，铜盘铭泪，第一横陈是粉侯。横陈处，将南丰一瓣，执挚温柔。

前 调

仆亦狂奴，呼啸淋漓，似鹰之秋。自剑铗弹来，歌还当哭。车茵唾后，髯尚如虬。花底秦宫，月中阚泽，谁分云烟过眼收。真饶幸,向小名录上,半晌勾留。　　还悲曩日嬉游,都付与浮名貉一丘。记钗挂臣冠,淳于大噱。酒香邻瓮,毕卓豪偷。小史尊前,团栾初日,亦有江关庾信愁。闲来忆,待几时见了,见了还休。

前　调

吾舌前存,抵掌为君,慷慨抟沙。从白马江头,铜丸擿鼓。金牛湖上,珠箔褰车。鹦鹉仙郎,琵琶弟子,此客非常道路夸。纵横甚,有黄须十辈,行炙纭拿。　　粲然玉齿吹花,更十五轻盈未破瓜。(谓素云录事。)问百二十骁,投琼何处?万八千户,修月谁家?我尚风狂,卿如雨绝,赢得登墙一笑赊。宵来梦,梦旧携手地,流水寒鸦。

前　调

开色界天,登选佛场,放诞如君。更慧业双修,早知供养,优昙一现,小证声闻。佳侠惊鸿,参军打鹘,况有何戡是旧人。(谓彩林。)卿休矣!尽金壶墨汁,洒遍秋云。　　宜嗔宜笑宜颦,总写上当筵白练裙。抵多少情痴,荀郎熨体。几回侥幸,韩掾销魂。花水年光,人天忏悔,老我杭州旧酒痕。羊车过,向檀糟罗帕,三沐三熏。

前　调

饮兰居士

旧梦依稀,回首春明,客思难消。帐眼底烟云,影留诗卷。耳边音韵,响过风箫。吟破丁香,歌残芍药,谁向群芳谱上标。多情处,试昼栏齐祝,浊酒频浇。　　风光又近花朝,合检点文园兴自饶。笑彩笔拈来,品题矜贵。金铃护去,料理藏娇。选佛缘深,惜花情挚,判断名香等第超。私衷献,盼清幽伴里,移种兰苗。(予意欲将慧香内李兰官,改入幽香,故云。)

众　香　国

艳　　香

若有神光惊蓦然，销魂不独使人怜。谁将百管生花笔，写出瑶台第一仙。

倾城颜色上春时，为语园官好护持。占得风光如许艳，花王毕竟是男儿。

采香人对可怜生，罗绮风吹无限情。一自张郎前度去，莲花今日属卿卿。

欲谱名花费剪裁，牡丹春傍紫阑开。便劳染尽胭脂笔，活色生香画不来。

众香主人题词

艳　　香

鲁寿林（字意兰，现在春台部）

余著《众香国》小部，始以孙影怜为弁首。既见意兰，清声妍弄，远出影怜上。而姿首明慧，几于施朱太赤，着粉太白。演《絮阁》、《后诱》诸出，神致艳佚。盖体物浏亮，与之俱化矣。允宜桃花人面，独出冠时。

吴寿林（字松□，现在双和部）

风光细腻，色泽天成。其眉目之清、骨格之隽，较鲁意兰之冶艳，不但在伯仲之间，且有过之无不及也。因所演《香山》、《拷火》、《檀香坠》诸出，秦多昆少，是以抑置第二。而春兰秋蕙，擅胜一时，固未尝轩彼而轻此也。

孙三喜（字影怜，现在庆宁部）

颜色鲜丽，如出水芙蓉，天然可爱。缠头而出，满座为之倾靡。庆宁得与三庆、春台诸部，旗鼓并张，特借影怜为重。余向以美而艳目之,近来光华稍敛,花开盖已烂熳矣。

章喜林(字杏仙,现在四喜部)

性缄默,寡言笑。丰姿挺秀,若不肯脂韦随俗者。而歌舞楼前,靓装淡抹,居然一姣好女郎,其光艳固自动人也。在四喜部中,当以杏仙为色胜云。

陆三林(字茗香,现在三庆部)

茗香与韩菊人同师。初,余过访菊人,适遇茗香,未甚留意。嗣观剧于禄寿堂,见有演《踢球》一出者,丰而逸,艳而明,雪韵花嫣,心焉许之。询其人,即茗香也。近演《上坟》之剧,风流跌宕,更为擅场。

谢天庆(字兰阶,现在三和部)

兰阶眉宇弯环,娈婉可喜,余尝遇于吴蔚蓝处。后见其演《雪夜琵琶》一出,情致斐然,靡不按腔合拍,其进艺殆未可量。

汪双喜(字桂芬,现在三庆部)

素质艳姿,生成富丽。诸伶登场,惟桂芬不施脂粉,而光彩照映,转胜他人。演《打桃园》、《出塞》诸出,颇有秀发飞扬之势。屡于友人席间相见,落落不作周旋态。岂质美者,固未肯自炫耶?

张才林(字琴舫,现在三庆部)

眉横黛绿,面晕潮红,见人辄作憨笑。即登场时,亦往往以此涉趣。其体裁长大,气宇轩昂,与汪桂芬相彷佛云。

查双寿(字合浦,现在和春部)

合浦专工武戏,每当戎装灿烂,雉尾飘摇,恍如红药翻阶,使人目炫。洵推艳品,盖风韵犹存,观者勿遽谓徐娘老去也。

媚　香

心情娇懒费支持，脉脉盈盈如有思。不是海棠花惯睡，泥人全在倦春时。

更有深情甚画眉，旗亭欢宴记当时。草兮城里簪花格，错认檀郎作燕姬。

丰神杨柳色芙蓉，故故嫣然一笑逢。好事儿家都占得，歌声初转酒初浓。

殢人春事太匆忙，每到花时兴转狂。便使琅玡为情死，销魂不觅返魂方。

众香主人题词

媚　香

陆双全（字韵初，现在四喜部）

韵初修短合度，凌波小立，迥出尘表。豪于饮，每当酒酣耳热时，旖旎更甚。所演皆昆剧，《相约》、《相骂》二出，设身处地，情景宛然，尤堪心折。以弁媚香，可谓毫发无遗憾矣。

刘二元（字青如，现在春台部）

体态珠圆，声音簧转，演《送灯》、《赠珠》二出，机灵神活，已足动人。及与之周旋广席，气味则兰芷同芬，品格则圭璋比润。其蕴藉处，固非皮相者所能知也。拟之温柔乡，夫何愧焉？

袁福寿（字芦香，现在庆宁部）

机神灵敏，如玉盘珠落，个个皆圆。登场后，绝少颦笑，疑于孤峻。而静观者，益觉妩媚也。兰生空谷，不言而自芳，岂洛阳对门女儿所可同日语哉！

王天喜（字倚云，现在和春部）

人呼倚云为小天喜，别乎程天喜而言之也。演《反诳》、《戏凤》诸出，媚骨柔肌，不愧温如之目。且能宛转随人意，与潘筠卿、朱凤青等踪迹最密,殆所谓惺惺惜惺惺者欤?

朱麒麟(字素春,现在三多部)

素春精于昆剧,演《红楼梦》全本,颦蛾敛黛,旖旎娇羞,宛潇湘妃子后身也。其《独占》、《藏舟》诸出,俱极弓燥手柔之妙。尝偕饮,嫣然媚态,尤觉怡人,盖侑酒征歌,两臻其胜矣。

蒋天禄(字韵兰,现在三多部)

韵兰技工而且富,其韵清,其态媚,其性情亦极温雅。向隶和春部时,论者以蒋韵兰为巨擘,信然。第翩跹舞袖,影摇千尺龙蛇,而杨柳腰肢,迥非袅娜,未免悔相逢之晚耳。

田祥林(字华玉,现在三庆部)

余到都,过访华玉,渠适有雀鼠之衅,为余琐述颠末,情辞委婉,一见心倾。以后时遇于歌场酒榭间,举止风韵,柔媚天成,从无疾言遽色,盖俨然闺阁中人云。

管庆林(字香岑,现在三庆部)

昔人论诗云:“格调易描,风趣专写性灵,非天才不办。”余谓戏亦如之。香岑长于风趣,其流眉送眼,最易撩人。演《花鼓》、《算命》、《碧玉钏》诸出,丰神绰约,妖冶绝伦,是媚而荡者。

鲁龙官(字云卿,现在三庆部)

余壬戌入都,时梨园之最著者,刘朗玉而外,竞推云卿。刘则美秀中含,鲁则丰神外露。余赠朗玉诗云:“从来国色原无妒,瑜亮何须怨并生。”为二伶言之也。演《玉堂春》、《背娃》、《打扛》诸出,横波流眄,百媚俱生。闻山右某公子,一见而挥数千金,其能令人倾倒如此。近虽名隶三庆,而容华已减,歌楼园馆中偶一至焉,不胜今昔之感云。

吴福寿(字春祉,现在春台部)

春祉性聪敏,所演《跳墙》、《下棋》,俨如闺阁名媛;《相约》、《讨钗》,酷肖宦家使女,当年闻有以雨醉桃花拟之者。近演武剧,盘旋自如,醇而能肆意,可香当为斯人焚之矣。

唐吉祥(字瑞怜,现在春台部)

肤如凝脂,眉宇间饶有媚气,腰肢瘦削,演《藏舟》、《偷诗》诸出,体态与音节皆宜。闻与周黛云同师,论者多及黛云,而不及瑞怜,殆有幸有不幸哉!

马双全(字秀峰,现在三和部)

体质轻盈,双蛾如画,演《庙会》、《思春》诸出,柔情媚骨,憨态可怜,虽内家娇,无以逾也。

聂双林(字卿云,现在三庆部)

柔而媚也易,健而媚也难。卿云朗目修眉,体裁峭拔,健矣。而清歌妙舞时,如对深闺静女,又何美秀而文也。刚健含婀娜,可以为卿云赠。

郝春林(字启秀,现在和春部)

启秀春风和气,平易近人,善应接,招之侑酒,座客无不尽欢者。演《园会》一出,亦能摹形刻状,流动生姿,是以柔为媚者也。

郑三元(字第仙,现在和春部)

骨细肌柔,温和之气袭人眉宇,登场则含羞娇怯,顾影自怜,有弱不胜衣之态。蔡连舫以艳冶见长,而第仙则以娆媚制胜。虽居两部,可谓工力悉敌者也。

幽　香

谁栽丛桂小山头,冷眼相看意最幽。怪道一枝题赠处,不宜春夏却宜秋。

为谁憔悴为谁嗔,只见双眉时一颦。修竹倚寒情悄悄,输他杜老说佳人。

不把铅华斗艳妆,偏从缟素见容光。罗浮梦里梅花落,不辨卿香是我香。

多缘眼界太分明,不肯逢人便有情。二月樱桃花树下,可能相对唤卿卿。

众香主人题词

幽　香

张蟾桂(字香轮,现在三和部)

香轮貌似处子,尝佐饮于友人处,吹玉笛、按檀板,曼声度曲,音欲绕梁,座中无不击节称善。对之,觉意态幽闲,言词雅饬,真可释躁平矜。诗曰:"温其如玉。"香轮有焉。

刘庆瑞(字朗玉,现在三庆部)

朗玉为魏婉卿高弟,魏固伶中之杰也。朗玉承其余绪,附骥名彰。演《拷火》、《闯山》、《胭脂》诸出,深得婉卿三昧。其余技又工小曲。为人秀骨亭亭,别饶幽致,势利浮嚣之习,一举而空之。棣园刺史有句云:"碧梧翠竹萧疏影,绿酒红灯烂熳春。"下句盖指鲁云卿,上句则朗玉也。可想见其概矣。

潘五福(字筠卿,现在四喜部)

筠卿意致冷落,乍见或疑其不情。洎相与接洽,乃知幽怀独抱,深于情者也。其爱寂静、厌繁华,自处深如,秉性然也。闻筠卿有老母,所得金钱,悉以奉朝夕欢。优伶中有孝德,论人者顾可忽诸?

王桂林(字浣香,现在三庆部)

貌不异人,而能倾倒王公贵客。盖远而望之,似有不可狎者。

近即之，则吹气如兰，芬芳可袭也。演《跪池》、《劓目》、《埋玉》诸出，声情刻露，顿挫悠扬。又善琵琶小曲，往往低唱浅斟，一弹再鼓，玉指珠喉，荡人魂魄。雅部诸伶，尤为一时无两云。

刘福宝(字拟玉，现在三庆部)

安详熨贴，无矜躁之气，有温厚之风。促膝论心，鱼鱼雅雅，颇类儒者气象。近闻去三和而隶三庆，出谷迁乔，拭目俟之。

周大翠(字黛云，现在春台部)

黛云淳而且憨，与人相处，浑浑然如不甚款洽，论者多为黛云惜。余正以此取黛云也。宁静无躁，宁朴无华，以视工粉饰、耀舆服而趾高气扬者，其雅俗殆不侔矣。

吴天林(字蔚蓝，现在三和部)

蔚蓝固旧家子，沦落梨园，虽日博盛名，猎缠头，志弗屑也。性寡合，疏于应接，见人常幽怨盈怀。及登场，演《花鼓》、《胭脂》、《独占》诸杂出，娇喉妙态，又未尝不杰出冠时。噫！才人厮养，今昔同嗟，余于蔚蓝感慨系之矣。

陶双全(字柳溪，现在三庆部)

体裁窈窕，婉而多风。曲中以闲雅称，每于献伎时，流连宕往，逸韵悠然，盖老成之风范犹存也。又闻柳溪颇具侠肠，求之渠辈中尤不易得。

范天福(字玉生，现在三和部)

玉生端庄有意致，于朴实之中，寓温柔之态。上场娟好娉婷，俨如闺秀，较下场为尤胜。与蒋韵兰、朱凤青、吴蔚蓝同师，而独与蔚蓝称莫逆，殆有襟期投合者欤？

武福庆(字小棠,现在双和部)

天性耿介,不为利动,不为势屈。每当同人雅集,小棠在座,凝重自如。倘臭味差池,虽币重言甘,亦不能强致。优伶而有气骨,不可没也。

蒋金官(字筠谷,现在三和部)

体度娴静,向隶霓翠部时,名噪凤城。演《题曲》、《别祠》、《拜月》、《独占》诸出,多幽怨之调,愁苦之音易好,宜为我辈赏心。而阳春不入里耳,近更门前冷落矣。

慧　香

溅得余芬溢齿牙,小红熏染未堪夸。东风有意吹方便,瓣瓣齐开智慧花。

缤纷五色破人愁,是否天花散未收。爱尔夙根多狡狯,尊前巧转串珠喉。

四照分开一色新,燕台裙屐斗三春。旗亭试唱冶游曲,解语花枝最可人。

合欢树下长联袂,称意花中住少时。一点灵犀心欲诉,人人分去作相思。

众香主人题词

慧　香

赵庆林(字仿云,现在三庆部)

仿云人呼为小庆林,盖别乎管庆林而言之,犹王倚云之名小天喜也。年甫总丱,而举动从容,齿牙伶俐,与之谈论,有理有条,辄中窾却,虽娴于词令者,不能不为所折服。异哉!

郝贵宝(字文玉,现在四喜部)

轻圆活脱,余素喜之。会友人招饮于潘筠卿处,文玉与焉。飞觞侑酒,合座生春。知其以灵心佐慧口,所由能博人欢也。

朱天寿（字凤青，现在三和部）

便利轻儇，长于肆应，是慧而黠者。演《捉奸》、《搧坟》、《檀香坠》诸出，尽态极妍，饶有风流之致。

谢祥福（字天香，现在庆宁部）

性倜傥，工诙谐。登场时，洗尽铅华，不施朱粉。演《打扛》、《卖饼》、《打樱桃》诸出，俱能随机谑浪，舌底澜翻，虽稍逊赵仿云之韶秀，而慧趣则居然伯仲矣。

张联喜（字馥才，现在和春部）

齿弱而文，无童子佻达之习。喜学书，随所至即磨墨作字，点画秀劲多姿。其语言应答，亦复楚楚有致，迥异浮嚣。

陈三宝（字妙莲，现在和春部）

天姿灵敏，善伺意旨为逢迎。尝偕友人小集，觥筹角逐之际，多方昵就，无不随心。虽舌本微嫌强涩，不碍其为慧巧也。井华明府亟赏之。

陈寿林（字瓣香，现在三多部）

福、寿、双、全，四林同时出场，并隶三多部。福、全、寿均有可观，而瓣香尤专于取悦者也。演《踢球》、《思凡》诸出，亦极停妥。相见时，应对殷勤，周旋便给，恍若飞鸟依人，庶几慧之近似者。

李兰官（字香谷，现在三庆部）

香谷肌肤莹洁，人以"白牡丹"目之，每发一言，即嫣然笑，盖天真烂熳，雕饰全无，能于诚实中见其慧者。闻其演《阳关》、《折柳》、《乔醋》诸出，俱有可观，惜乎未之见也。

小 有 香

也施红粉作新妆，只似杨花老更狂。化到浮萍浑不定，星星绿雪泛沧浪。

夹岸桃花树不高,中间来往放渔篙。若能引我天台去,纵未能仙亦足豪。

伯仲樊仙品第宜,风情尤在淡妆时。便教菊婢为新妇,也是花中好女儿。

惜花心事要缠绵,着眼皆成未了缘。茉莉似梅葵似菊,饶他风韵亦翩翩。

众香主人题词

小 有 香

李绿林(字绮琴,现在春台部)

姿容秀洁,妙倩无双,见其演《盗令》、《杀舟》,有情有景,绘影绘声。从前三庆部之陈仙圃,演《盗令》一出,可谓佳矣,而较之绮琴,犹觉有其灵活,无其刻露也。至《思凡》、《佳期》诸出,皆能于常中见奇,动人心目。髫龄擅此绝技,得于天者。优也后来居上,正不作第二人想耳。

许双喜(字文兰,现在三庆部)

眉目清秀,娇小堪怜。与赵仿云合演《思凡》一出,声情体段,乃在仿云之右。他如《题曲》、《赐珠》诸剧俱佳。循循雅饬,宛尔书生,自属后起之隽。

孙桂林(字香云,现在和春部)

纤眉细目,婉约依人,演《彩船》一出,音韵轻脆,如携双柑斗酒,坐听流莺小品也。亦妙品也。

王如意(字莩仙,现在和春部)

莩仙见赏于余友瀞轩,年虽稚弱,而意致可人。演《胖姑》、《回家》诸出,无不用心摹写,学步传神。以别于谭如意,咸称为小如意云。

吴小禄（字文涛，现在三和部）

文涛与蒋韵兰同一师，丰采雅似韵兰，故名小禄。论谈把盏，别具温柔。演《后诱》、《踢球》、《彩船》诸出，具见丰神，童子军有此，可以愧煞一切矣。

韩金福（字菊人，现在三庆部）

丰神秀饬，语言嬉笑间，盎然天趣。演《卖肉》一出，颇能曲尽情态，亦雏伶中之翘楚也。

郑三宝（字韵生，现在三庆部）

瘦小有神，所到处色舞神飞，刻无宁暇，座客俱为忘倦，盖生成水性也。演《小盘》、《卖肉》诸出，情致描摹，声音嘹亮，固有未可忽视者。

张发林（字凤鸣，现在三庆部）

白皙清癯，装束登场，酷似小家女子。演《打斋饭》一出，琐琐屑屑，愈俗愈佳，极游戏之能事。

钱彩林（字春岚，现在春台部）

春岚向隶山左玉凤部。甫垂髫，有姿态，余甚怜之。别来音问杳如，到都偶然邂逅，几若三生杜牧，不识云英。询其姓名、平生如悟，盖春雨梨花，非复柔枝冶叶矣。为之黯然。

余喜林（字金波，现在和春部）

余到都，识金波最早。恬雅温和，天机荡漾，浮觞促坐，令人心旷神怡。因不以技艺擅名，故规模较小，然比之京外诸别部，已有天渊之隔矣。

杨天福（字小艭，现在四喜部）

劲秀倜傥，演《背娃》、《胭脂》、《打洞》、《拜月》诸出，俱能擅长。

令之歌以佐酒,娇喉呖呖,闻者醉心。梨园中半解小曲,小艭则多而且善者也。以其体裁纤小,专工小曲,别号小艭,遂录以为小有香之殿。

别 有 香

不曾傅粉学时妆,妒煞杨花作意狂。几曲画兰风静候,背人偷舞白霓裳。

两点盈盈秋水新,回眸一笑倍撩人。难言见惯浑闲事,风趣如渠别有神。

毗舍园林解护禅,同心有恨倩谁传。人人说到销魂处,道是楞严十种仙。

冶游人已到天台,饱看红霞得意回。路转溪湾山更好,绝无人处一花开。

众香主人题词

别 有 香

顾长松(字介石,现在三庆部)

介石为梨园中老斫轮手,其登场纯以骨力取胜,有如健翮摩空,太阿出匣。工霸王鞭,手技一时称绝。齿虽加长,而歌喉清彻,犹自圆转如环,知其于此道三折肱矣。

陆鉴桥(字月湖,现在和春部)

月湖音韵铿锵,精神饱湛,与顾介石皆以技艺擅长。而顾以健胜,陆以静胜,牝牡骊黄之外,别有赏音。在老辈中,正未易数数觏也。

戴三官(字联香,现在双和部)

淫靡之派,出以娆柔,佚志荡心,莫此为甚,观者有“飞来凤”之号。闻联香蜀产也,昔婉卿、渼碧皆蜀人,一时蔚起歌坛,空前绝后,至今犹啧啧称道之。得联香,可以鼎足矣。蜀固多才也哉!

韩四喜(字秀篁,现在大顺宁部)

靡靡之音,本自入听。秀篁尤秦腔之杰出者。虽不及见三五少年时,然观其《打刀》、《打皂》、《葫芦架》诸出,时而悍,时而妒,时而淫,风骚活泼,使妇女种种情状尽传于阿堵间,真尤物也。魏婉卿而后,此其嗣响乎?

蔡三宝(字莲舫,现在春台部)

莲舫演剧,力趋骚亵一派,与韩秀篁异曲同工。其于儿女私情,闺中丑态,无不刻划尽致,亦写生之别技也。闻莲舫初入都时,年已二十余,不数年间,博取几致万金,岂偶然欤!

沈荣庆(字秀云,现在庆宁部)

曷别乎秀云,别其老也。秀云年十余龄,而别之以老者何?其为戏也,韵老、度老、神情节目俱老。纤纤弱质,竟歌坛之幽燕宿将也。不老其人,老其戏,故别之。

何玩月(字月卿,现在大顺宁部)

秾如桃李,而冷若冰霜。望其一笑,拟黄河之清。演《卖艺》一出,星飞电掣,咄咄逼人。演《檀香坠》一出,则又缠绵婉转,令观者真个魂销。神光离合,乍阴乍阳,如月卿者,庶几当之矣。

刘彩林(字琴浦,现在四喜部)

明眸善睐,年近三十,而丰采尚都。四喜部中,究是翘然特出者。昆调、秦腔兼擅其技,佳剧之多,较却启桂殆有过之。诸伶中如数多宝船,定当以琴浦为首选。

陈二林(字意卿,现在春台部)

意卿演《花鼓》、《遇妻》诸小出,俨然一村妆妇人,不假修饰,而于布素中特饶俊俏。近则技艺日进,而憨肥亦日益矣。柔姿非昔,别致犹存,尚可与蔡莲舫相颉颃云。

张寿元(字蘅香,现在庆宁部)

貌亦挺秀,而酬应微觉生疏。所演专长击刺之剧,如《杀惜》、《劈棺》、《刺虎》诸出,神情毕肖,踔厉无前,百炼钢耶?抑绕指柔耶?朴园明府谓:"庆宁部文则沈秀云,武则张蘅香。"诚确论也。

朱三喜(字晓苹,现在三庆部)

向来《卖艺》一出,以何月卿为绝唱。继起者,其晓苹乎?尝见其使拳,勇舞流星,居然神暇气静,水到渠成。月卿之外,一人而已矣。

郝双翠(字启桂,现在和春部)

启桂技曲甚多,全本杂出,美不胜收。每演一出,必出以刻骨镂心。所谓狮子搏兔,亦用全力者也。尤专工苦戏,声情激烈,悲壮淋漓,能令敷座为之色动。

马凤(字栖碧,现在大顺宁部)

英姿峭骨,不事描眉画目,而风致自佳。于踏跷后,愈见矫捷,乃旦色中别树一帜者。栖碧,晋产也。人呼为"顶门子"云。

孟玉贵(字韫珍,现在春台部)

别部中工小曲者三,三庆之刘朗玉、四喜之杨小艭,其一则春台之孟韫珍也。韫珍动静言笑,颇饶机趣。演《面缸》、《过关》诸出,无不自抱琵琶,歌喉柔脆,眉目传情。人苟有长,断未有湮没不彰者。

周桂林(字孤芳,现在三和部)

孤芳善于技击,动举有赳赳之气,拳勇刀棒,靡不擅长。工使双流星,舞时反正剞侧,如飞花滚雪,目动神摇,直与何月卿、朱小苹相继武矣。观剧者,讵可以貌取人哉!

高月官（字朗亭，现在三庆部）

朗亭为徽班老宿，脍炙梨园。近已年逾四十，故演剧时绝少。然偶尔登场，其丰颐皤腹，语言体态，酷肖半老家婆，真觉耳目一新，心脾顿豁。殿之以见戏之有别趣，亦犹诗之有别裁、文之有别情云尔。

附：望仪馆主《悼落花诗为鲁意兰作》

春归底事太关情，肠断楼头听雨声。一曲云回怜舞凤，几番风信误流莺。漫将纨扇图遗貌，可有银屏记小名。却悔寻芳真草草，啼红无计认前生。

岂有灵星应上台，三清沦谪几时回。同心剩许题渝墨，（曾见意兰所绘墨兰。）点额空教艳夺魁。（即谓《众香国》推意兰首选。）珠树只今谁是偶，绮筵从此不须开。多情独有罗浮月，曾照珊珊细步来。

好梦何因到谢池，最伤摇落五更时。红墙有句还堪忆，青琐无人许再窥。冶叶几曾凭露涴，轻时端不受风欺。便教獭髓重涂颊，非复红苏莹玉脂。

闷来花底更凭阑，怅望空枝泪眼酸。斜照竟催花顷刻，晓寒谁倚竹平安。香销已分魂无著，骨化从知画亦难。隔院红薇还似幄，闭门愁绝不能看。

辛未仲春，与望仪馆主邂逅江干，出示此诗，亟附卷后。尚有同岁生、粲花小史原唱及同人和章，俟购得再为续刻。庶使梅魁先谢，尚有微痕，不遽作春光婪尾看也。众香主人又识。

听春新咏

留春阁小史辑录，小南云主人校订，古陶牧如子参阅。三人生平均不详。书之《例言》云："先以昆部，首雅音也；次以徽部，极大观也；终以西部，变幻离奇，美无不备也。至蒋陶诸人，音艺兼全，盛名久享，自不屑与哙等伍，特以别集标之。"可知书分昆部、徽部、西部、别集，体例颇有特色，从书中可见清嘉庆年间北京剧坛各剧种的发展、竞争状况。按，此书通行本为张次溪《清代燕都梨园史料》本，然而整个昆部阙如，徽部也有十余人有目而无内容。谷曙光据内容全备之清代刻本点校整理。

序

莺花岁月，脂粉平章。双邀丝竹之星，再拓酒泉之郡。一声羽柳，才人愿号箫卿；十斛鹅螺，名士合呼眉匠。鱼笺雁纸，竹笑兰言；荷露松烟，红裁碧晕。我辈偶一为之，客中赖有此耳。留春阁小史，薰香荀令，爱乐谢公。水驿山程，仲宣旅思；楚琴赵瑟，小阮风流。于焉访北地之春多，占玉楼之风好。调狐打鹘，间凭赤玉阑干；捉絮拈花，私画乌丝格子。乃君也，十年箫管，播燕支颜色之谣；仆也，二月琴书，谢江左烟波而至。麝煤昼暖，学陶潜闲赋性情；螭烛宵明，听傅元善谈儿女。簸天钱，为妆助，星亦能豪；收雌霓，为缠头，山皆欲笑。鹍弦羯鼓，宝帐楼台，翠袖红腔，玉人镜槛。南浦珠来，雕鞍并载；西园月满，娇鸟犹啼。同领香天酒国之春，渐多捉搦迷藏之曲。爰有刻玉词人，瑶华叠寄；披香博士，芝帙齐开。鸾歌凤舞，求此友声；蚕尾蝇头，昭其心画。裁五朵之云，仙童拥至；剪半弦之月，倩女迎来。小史乃低呼虎仆，联成本事之诗；偷访官奴，写就小名之录。部虽分四，叩叩通香；谱是无双，行行缀锦。镜殿晨开，千花竞入；珠帘暮卷，百蝶争飞。他时赌唱旗亭，谁工杨柳；此日添题云笈，我盥蔷薇。君诚好事，犹胜燕市悲歌；世有大巫，莫笑吴儿轻薄。

小南云主人弁言

弁　言

留春阁小史以《听春新咏》底本见示，并属加墨。仆何人斯，敢膺此任？然尝阅《燕兰小谱》、《日下看花记》诸书，皆所重在人，题咏俱出一手，观者每有挂漏之疑焉。小史此集，编珠排玉，专采诗词，不为群花强分去取，亦不为群花强判低昂。余既喜其立意甚高，不落前人窠臼；且长安萍寄，十有余年，集中诸人，相识过半。其性情嗜好，知之最深，实有出于小史闻见之外者。翻阅之余，为之稍加删饰,导涓撮壤,尽其区区,不自知其僭妄也。倘云集中之次第未尽公,各部之遗珠犹不少,未达瑶章,强投花案,空名难列,盛气先施,则请以例言三复之,当必哑然而笑,嘿尔而息矣。附《浣溪纱》词一阕:

赏识从无似此真,排珠比玉部居匀,惜花判得费精神。　　愧我久偿绮语债,让君独折柳条新,笔端还许听余春。

天涯芳草词人题

题　词

云衣月扇斗娉婷,名到能题眼自青。多少才人多少泪,为他携酒访旗亭。

墨花灿灿洒金壶,百帧新辞幼妇呼。一样人间珊网密,那须象罔更求珠。

名花繁艳日边栽,花史瑶宫手谱来。亲向下方传法曲,一时齐听紫云回。

红蕉馆主人岘仙氏

腰鼓铃柈一笑哗,年年歌板按红牙。闭门细缉燕支谱,提唱宗风北部花。

吴兴仲子

缘　起

余赋质懦愚,疏懒成习。词章之学,素不经心;吟馆骚坛,未敢涉足。厥后浪迹都门,寄情山水,见人题咏,艳羡辄生,无不心识而手录之。其中咏花之作,什居五六,盖既悔早岁之多嬉,复触寻芳之夙好也。今岁长夏,闷坐一窗,检出吟诵,琳琅满目,齿颊流芳。因思造物生才,原非限地。乃或断髭无成,或叉手立就,良枯迥异,缺陷难平。倘令夜光照乘,长埋没于故纸败簏之中,更为可惜。爰取鞠部诸郎为题赠，所及者，犁为四部，各缀数言。既辑旧吟，复征新咏，与小南云主人、古陶牧如子往来商榷，汇录成帖，寿之枣梨。庶使铿金戛玉，无遭覆瓮之冤；雏凤鸣鸾，亦藉汗青之力。诗因人作，人以诗传。佳咏名花，争妍斗丽。闲窗翻阅，恍遇众香于卷帙间也，宁非遣兴袪烦之一助哉！

留春阁小史书于燕台客舍

例　言

一、是编专集诗词，非为评花起见，故长吟短咏，俱入搜罗；淡思浓情，无分去取。人亦不计妍媸，有诗即录。间有芳姿艳质，名噪歌坛，而集翠有花，征诗无句，姑从割爱，愿识者无诮遗珠也。

一、集中小传，只取登场情景，众所共见者，铺叙数语。至性情嗜好，杂技兼长，已于诸公题咏自为注出，故寥寥寸幅，绝少波澜。间作一二点缀，神之所注，笔亦随之，非自乱其例也。

一、集中褒多贬少，故偶见所优，即为绘出，善善从长也。至有艺臻神化，不可枚举者，第标数剧以见一斑，立言居要也。至于别集诸人，稍涉感慨，亦有触而然尔。

一、梁溪派衍，吴下流传，本为近正；二簧、梆子，娓娓可听，各臻神妙，原难强判低昂。然既编珠而缀锦，自宜部别而次居。先以昆部，首雅音也；次以徽部，极大观也；终以西部，变幻离奇，美无不备也。至蒋、陶诸人，音艺兼全，盛名久享，自不屑与哙等伍，特以别集标之。

一、各部中群芳林立，霞蔚云蒸，孰轾孰轩，难以强定。今惟以得诗之先后为次第。至若兼咏群花，一时并集，不得不稍分位置，然亦遍采舆评，不敢略存私臆。识者谅之。

一、前人已刻之诗，概不录入。是以各部名花，止登什之一二。倘诸君子不吝珠玉，惠以瑶章，再图续刻，幸甚。

听春新咏　徽部

徽部目录

王如意(字萼仙,扬州人,和春部。)
陈喜元(字春山,扬州人,三和部。)
刘松林(字□□,安徽人,春台部。)
管庆龄(字香岑,扬州人,三庆部。)
胡双玉(字珏香,扬州人,四喜部。)
杨松林(字芝仙,安徽人,和春部。)
陈庆寿(字秀峰,扬州人,三庆部。)
郑庆林(字寒香,扬州人,和春部。)
刘翠喜(字畹云,扬州人,和春部。)
孙双凤(字云扶,湖北人,三和部。)
韩小玉(字湘青,湖南人,四喜部。)
高全林(字田玉,扬州人,三庆部。)
李巧林(字云轩,安徽人,和春部。)
张兰芳(字佩仙,扬州人,和春部。)
王元宝(字絮云,扬州人,和春部。)
吴寿林(字楚云,安徽人,三和部。)
黄玉林(字寐兰,扬州人,春台部。)
李凤林(字仪卿,湖北人,春台部。)
钱珊元(字杏春,扬州人,春台部。)
郑玉秀(字韵田,扬州人,和春部。)
傅绮龄(字瑞生,安徽人,四喜部。)
王四喜(字玉仿,扬州人,春台部。)
张谱生(字秉蘅,安徽人,三和部。)
詹庆如(字凤英,本京人,三庆部。)
□贵元(字□□,扬州人,和春部。)
陈麒麟(字玉仙,直隶人,和春部。)
徐荣寿(字玉芳,扬州人,三庆部。)

附录

王添喜(字吉人,扬州人,四喜部,今在天津。)

听春新咏　徽部

小　庆　龄

姓赵，字仿云，又字小倩，年十八，扬州人。(三庆部。)色秀貌妍，音调体俊。霏霏白雪，匀来两颊之春；点点青螺，堆作双蛾之黛。曲艺本工，近得吴下名师张莲舫，(名蕙兰，始隶京中保和部，详《燕兰小谱》。)留心问业，更益精纯。故《思凡》、《藏舟》、《佳期》等剧，宫商协律，机趣横生。《春睡》一出，星眼朦胧，云罗掩映，尤得"半抹晓烟笼芍药，一泓秋水浸芙蓉"之妙，转觉卿家燕瘦，较胜环肥矣。寓居樱桃斜街之贵和堂，座无俗客，地绝纤尘，玉轴牙签，瑶琴锦瑟。见者正不得以菊部目之。或茶熟香清，或灯红酒绿。盈盈入室，脉脉含情。花气撩人，香风扇坐。即见惯司空，总为恼乱。拟诸巧笑之章，尚嫌未尽；冠彼撷香之册，夫岂偶然？

赠赵仿云

小南云主人

春光烘透玉阑干，宝帐香浓蝶作团。杨柳爱眠花爱睡，美人原合倦时看。(《春睡》最工。)

已怜腰瘦舞回波，况复情多惹病多。乞向仙人分一手，一回相见一摩挲。(匈农有仙人之号，屡为卿视疾。)

莫惮仙源远访劳，樱桃街近住樱桃。《十眉图谱》《香奁集》，叠遍纱幮几尺高。(室中多置书籍。)

湘帘半卷等云英，隔户先听响屧声。才露座中春意思，酒花烛蕊一齐明。

东飞伯劳西飞燕歌

芳草词人

东飞伯劳西飞燕，风隔云遮远难见。谁家少从美且都，便姗娶屑与世殊。搓脂为肤玉为骨，独立无言气英发。敛情含意回眼波，万花妒煞双眉娥。归来湿衣风露重，夜深难觅鸳鸯梦。

富不愿有大万藏，贵不愿佩紫荷囊。丈夫处世贵适意，皮傅荣辱何足计。美人长袖何飘扬，惠心妍貌临高堂。高堂尽日凝丝竹，履蹴明珠佩锵玉。酒车肉骑且自豪，试问何如戴子高。

桂宝

姓郝，字秋卿，又字丛香，年十八，皖江人。（四喜部。）芳姿独绝，秀骨天成。琼树一枝，英英玉立。珠尘十斛，冉冉波生。唯清标艳质之兼优，斯浓抹淡妆之俱称。至其丹唇外朗，皓齿内鲜，意有所得，则嫣然一笑，令人绪乱心迷，不自知情之何以忽荡也。《盘殿》、《四门》、《烤火》、《番儿》诸剧，虽并臻妙品，然秋卿佳处，在生质不在人工，是以杏苑争春，止让梅花第一。

春史氏曰："秋卿善手谈，寓八角琉璃井之春福堂，与章杏仙为近邻。今年春，余偶至其处。回廊曲槛，檐马丁东。庭栽盆树二株，修竹十数竿。室名金粟仙馆，一尘不染，万景俱清，与广寒不异焉。时卿患目疾，犹坐对一枰，丁丁落子，其酷好有如此者。芳草词人素称能手，对弈辄负，非国色之迷人，实慧心之制胜也。近又学画墨兰，颇得管夫人笔意。好名如是，可与萃庆部之王桂山、（字湘云，详《燕兰小谱》。）集秀部之王鸣珂（字湘菌）并垂不朽矣。"

赠郝秋卿

小南云主人

云鬟雾鬓月中身，清浅银河许问津。恰好略存名士气，嫦娥本是谪仙人。

玉犀编就衬朱樱，晕浅涡深倍有情。莫管隋宫诸女妒，迎头先爱太憨生。

眼界真从绝顶开，广寒深阙会仙来。青天碧海知谁伴，一个楸枰几笛材。（爱弈棋，所居庭畔植修竹数竿。）

琉璃井畔郁金堂,八尺珠帘剪水凉。细领粟中香万斛,是天香是女儿香。(居八角琉璃井,卧室名金粟仙馆。)

庚午春日,偕张留山、胡醇庵、祝仁泉、王小庐,
同访秋卿于金粟仙馆,一见倾心,流连尊酒,意致缠绵。
将次出都,作此留赠,兼志别怀。
此时灯影衣香,他日鬓丝禅榻,更不能忘情耳

停云居士

乍挹芳姿许共游,亭亭玉立擅风流。传杯问字工酬酢,(工于射覆,席间每问字殷殷。)剪烛论心酌去留。(商及南归之意。)浪掷千金艰一顾,暂疏十日抵三秋。(有缠头费去千金,而未邀一盼者,乃于鄙人独致拳拳。)尊前倾倒张司马,偏唱阳关惹别愁。

折得天香作小名,昵人灯畔态分明。酒痕染透春衫色,棋局敲残夜雨声。(善围棋。)花放碧桃刚送我,曲拈红豆最怜卿。他时京洛重携手,记取相逢此日情。

听竹道人

妙鬘参得木樨禅,特遣吟怀证夙缘。小史双鬟明月里,都官一曲晚灯前。香留锦字乌丝格,梦绕琼楼燕子笺。端的风流惊绝代,怎禁我见不生怜。

冰雪聪明红豆情,缠头处处压香棚。脱妆劫算银灯灺,挽袖弓开桂魄盈。(卿工棋、能射。)秋爽何人歌白石,春风有树哢黄莺。平生不任三蕉叶,竟欲从君引百觥。

添　寿

姓李,字菊如,年十七,扬州人。(四喜部。)艳比琼霜,清同莲露,一种雅静之气,令人挹之不尽。吉光之羽,优昙之花,惟此佳丽足以方之。且性情柔媚,谈吐温文。竹叶微醺,星眸斜睇。一颦一笑,能使骚客解颐、醉人醒梦。芳草词人与醉菊居士争欲绘图奉之,虽一时痴情,实千秋佳话。

《絮阁》、《偷诗》诸剧，眉黛含娇，秋波送艳，见者神迷。或以短视少之，殆犹食谏果而嫌其涩也欤？

赠李菊如

林香居士

纤眉曲曲远山横，京兆风流画不成。舞倦影随飞絮软，歌迟韵度落花轻。玉蟾光净云俱淡，金鸭香微梦转清。私把岁华书一遍，几人标格似秋英。

醉菊居士

不将脂粉擅风流，淡淡春山翠欲浮。生恐卷帘鱼避影，晓妆莫上水边楼。

烛影摇红雪映纱，寒宵独自演琵琶。青衫一样多情泪，薄幸终怜带雨花。

曲栏携手话喃喃，月下灯前思不堪。赢得离愁填满腹，更何情绪忆江南。

玉　兰

姓陆，字蕊仙，又字畹卿，年十六，苏州人。（和春部。）天生丽质，花妒芳姿，艳雪凝肤，新簧调舌。波光一剪，平分曲水之秋；蛾样双弯，欲夺遥山之翠。曜采则名花四照，舞腰则弱柳三眠。王戎琼树之称，卿真尔尔；卫玠璧人之目，我亦云云。虽金屋深藏，昙花罕现，而一餐秀色，便足忘饥矣。宜其甫入京师，香车宝马，时驰骤于软红十丈中也。

赠陆蕊仙

林香居士

软曳冰绡弱不胜，一枝兰静露华凝。珠喉细细歌金缕，银漏迟迟转玉绳。秋水波添香碗酒，春山影写绿窗灯。士龙善笑风流甚，似此嫣然得未曾。

甸农盛称陆蕊仙之美,余急于出都,欲访未果。前缘既失,后会可图,书二诗以寄甸农

小南云主人

风前痴蝶恋香心,树上新蝉怨别吟。且咏随园无赖句,想花心比看花深。

想到仙花记小名,玉英写就写兰英。隔年先作花前约,不负花开不负卿。(余拟明春入都。)

长　青

姓杨,字啸云,年十八,扬州人。(四喜部。)性耽六籍,艺冠群芳。凤鸣天半,秦弄玉五夜之箫;鹤语秋空,赵倚楼一声之笛。加以纤腰一捻,柳影摇风,笑眼双挑,珠光剪水。入兰室而闻香,柔情款款;凌霜华而挺秀,仙骨珊珊。其性情高简,每思脱屣歌场,而迫于其傅,健翮难飞。惟遇二三知己,细述深衷,虽烛烬参横,娓娓不倦。尝诵"天只生人情便了,情长情短有谁怜"之句,菊部有情人无有过于此者。《水斗》、《断桥》、《盗令》、《杀舟》、《独占》、《卖身》(《粉妆楼》第四本。)等剧,或慷慨悲歌,或温柔旖旎,令人忽惊忽爱忽喜忽悲者,无一不从"情"之一字来也。小泉来山人谓为静中带媚,淡处含情,其韵在神,其秀在骨,岂虚誉哉!

小南云曰:"仿云以韵胜,秋卿、菊如、蕊仙以色胜,啸云以艺胜,俱臻绝顶,不独在各本部中推为翘楚也。顾诸卿之美,人共赏之,而爱啸云者,什止五六,岂媚人无术与?抑曲高和寡与?然天生真才,自难屈抑,故特表而出之,以见珠光剑气,终为世所宝贵云。"

啸云借书于留云馆主人,率成二绝句赠之

湖墅小隐

不管旁人笑一痴,书生风味美人知。歌场酒地归来晚,想见挑

灯夜读时。

偷得工夫片刻闲，青灯黄卷伴红颜。思量觅个藏娇处，合在娜嬛福地间。

杨郎啸云音艺冠时，久为有目者所赏。昨见其扮女军，于对阵时持双刀作旋转之势，便捷轻灵，益增妩媚。观者多不经意，戏占二绝，以纪其妙

有时儿女亦英雄，黛色盈盈汗粉红。一片刀光围似雪，明珠旋转玉盘中。

飞燕惊鸿旧有名，短衣结束倍轻盈。杜陵诗笔今寥落，谁赋《公孙剑器行》？

赠杨啸云

小南云主人

帘波微逗玉玲珑，丝竹星中见柳星。一曲清歌当长啸，白云飞破远天青。

绿杨丝绕读书亭，鹦鹉教诗语燕听。不用研朱和晓露，粉花红点墨花青。（好读书。）

才学三眠已怕醒，短长情绕短长亭。一春恨雨愁颜色，叠向眉尖分外青。（屡诵"情长情短有谁怜"之句。）

细写杨枝上画屏，风前看影亦娉婷。怜他笑眼兼啼眼，总与垂杨相照青。（郎与甸农甚厚。）

己巳冬，予醉后失跌，甸农山人寄书嘲之，匆匆未有以应。后一日，见杨啸云演《水斗》剧，临罢失足仆地，啸云为甸农得意人，不可不相闻也。赋二绝句寄之，谓之《解嘲》也可，谓之《答宾戏》也可

芳草词人

不须决意绝尊罍，一月羁人醉几回。底事彩云留不住，也教平地玉山颓。

赢得当场唤奈何,捧心毕竟美人多。最怜藕覆深藏处,不许书生著手摩。

赠杨啸云

林香居士

人间无柳不多情,况是新眉二月生。镜里笑颦都宛转,酒边怜惜太分明。(甸农喜豪饮,郎辄为劝止。)性慵错铸端由我,春好缘悭转怨卿。(郎演《独占》尤工,余以未见为憾。)尽有诗肠须鼓吹,拚教日日听啼莺。

观啸云演剧,即景戏赠

松北闲鸥

缠头锦帕黛含颦,绘出莘娘绝妙神。底事痴情忘是假,一时妒煞卖油人。(《独占》剧。)

杀粉调脂懒整妆,蜂腰猿臂喜夸张。缘知绝代佳人意,即具千秋侠客肠。(《孔雀裘》剧。)

惜花行

留云馆主人

虚室宵分夜如水,太乙下降青娥起。不寄琵琶不抚琴,竞说风流杨小史。杨家小史旧知名,其秀在骨其神清。阿买生来能识字,都官自小最多情。瑶台装束比双鬟,领袖春风玉笋班。尽有缠头夸蜀锦,不因窥镜问铜山。棱棱傲骨不可使,玉轴牙签征所喜。乞取芸编照汗青,(曾向余借书。)一卷怡情而已矣。别有幽愁暗恨生,柔肠寸结杳难明。消渴文园口乍吃,离魂倩女泪先倾。自言我本良家子,旧住蜀冈西故里。学得梨园到上都,阳翟居奇从此始。无端弓影杯蛇误,薄言往诉逢彼怒。岂有明珠箧底藏,可怜薏苡终相侮。阿谁能使月常圆,阿谁搔首问青天。天只生人情便了,情长情短有谁怜?此时座客皆惊叹,此际无人不魂断。一声孤雁下寒云,切切凄凄漏将半。人生贵作有情客,相赏知音在裙屐。爱花应有惜花人，抱此区区究何益。风尘憔悴重相看，几度伤心话亦酸。怪事向空书咄咄，点金无术夜漫漫。书咄咄，夜漫漫，安得大开鹦鹉金羁绁，尽使世上多情破涕皆为欢！

蟾　桂

姓张，字香楞，年十八，苏州人。（三和部。）癸亥入都，年甫十一，貌美如玉，气静如兰。不特长安诸部莫与争妍，即求之画图中，亦罕其匹。莲花似六郎，卿果其苗裔耶？何神之肖也。始隶霓翠部，演《藏舟》一剧，唱到真切处，不觉涔涔泪下。见者无不叹绝。凡有宴会，惟以香楞一至为荣。近虽形体稍丰，美犹如昔，音艺更入精微，故八载长安，百忍堂前，时见轮蹄络绎也。其师弟万喜，姓金，字棣香，年十三，初隶庆宁，今则同隶三和。貌亦姣好，工《园会》、《藏舟》等剧，可见得依琼树，便异凡材矣。

赠张香楞

芳草词人

记得童真乍到时，病魔瘦损小腰肢。而今栀子肥如雪，不怕春风日夜吹。

不听吴娘夜雨歌，隔帘香梦冷春波。何当花底雏莺语，赢得卿心枕上多。

渔山主人

玉树亭亭映夕曛，歌场惯见杜司勋。倩谁新种辛夷树，似我曾裁白练裙。倜傥自能魁菊部，风流久已薄钗群。金阊亭畔垂杨外，应有含情问紫云。

添　喜

姓范，字如兰，年十七，扬州人。（春台部。）皓齿呈妍，娇生靥辅，清歌流韵，响出天然。且其逸趣风生，艳情花发，能于旧套中别翻新样。《铁弓缘》、《十二红》、《小寡妇上坟》,最为擅名,俊眼留春,浓姿献媚,一种目挑心与、色授魂飞之态,直驾刘朗玉而上之矣。其余诸剧俱能自成一派。诸部中惟四喜胡郎(双玉)与之近似。(刘朗玉,名庆瑞,昔隶三庆部,最工《铁弓缘》等剧,《日下看花记》中作群芳领袖。)

赠范如兰

芳草词人

歌场人解唱连环,叠韵双声妙最难。唱到水红花歇尾,无人不当女儿看。

笑成龋齿态偏佳,柔媚谁分弁与钗。侥幸书生微醉后,二分明月坠诗怀。

红蕉馆主人岘仙氏

几度仙舟近碧瀛,飘然人海著狂生。但看明月愁无赖,(郎维扬人。)只许幽花识有情。翠袖忍寒矜绝代,青衫制泪盼成名。霓裳每祝罗天奏,预恐春归唱《渭城》。

生怜弱骨畏经秋,便得秦和我亦愁。才向西风亲药裹,已教南部冷歌楼。(郎卧病两阅月,春台部声价顿减。)琼枝长愿成连理,瑶草还期访十洲。几见沉檀甘礼佛,为卿灾疢试焚修。

肘后繁钦叩叩囊,那因顾曲感周郎。且凭石证三生誓,可有珠拼十斛量。车子俊人原共赏,延年女弟敢轻忘。不曾容易垆头醉,絮语能消酒百觞。

绿杨城郭忆儿家,衣线年来泪点赊。莫认穿花迷舞燕,也知反哺羡归鸦。竹篱茅舍偏心许,檀板金尊任客夸。他日江村同志喜,替卿小字篆苕华。(郎小名添喜。)

叠前韵,再赠如兰

飘烟抱月问仙瀛,小谪三山悟此生。解识清才元宿慧,能消艳福是多情。十年杜牧防春恨,一顾周郎受重名。商略泥人秋意绪,合教长主曼卿城。

相思经日便三秋，钿笛床边散客愁。百宝任争才子座，千金小掷酒家楼。调鹦此日娱春节，放鹤他年访雪洲。谁与梅花堪作主，手钮明月几生修。

一枝绛蜡一奚囊，门外斑骓怕送郎。细数花期风不定，倪参情味海平量。韶华刚到重三候，嬉戏难教下九忘。遮莫背人贪倚醉，泥他浓笑劝停觞。

分明荡妇学卢家，白纻新歌一阕赊。圆是珠胎清是玉，碧宜螺子翠宜鸦。名花生怕将离赠，小草还将远志夸。重倩江郎题彩笔，描他团扇好容华。（陆研香和予诗，未亲见如兰也。）

小顽山人

无恙琼枝十二楼，倚阑重为惜花留。妆成龋齿真情种，窃得骊珠厌部头。茗碗春风惊绝艳，桃华人面识新愁。旗亭一样销魂处，底事双鬟唱未休。

赠范如兰

六观居士

历历星辰淡淡风，曲阑深处小楼东。夜深絮语无人觉，笑倚银缸两颊红。

同车郭外看花还，分得花光上玉颜。一种闲情君领取，尊前低唱九连环。

黄河远上谱新词，演我旗亭绝妙诗。剩粉零脂香细细，分明才是卸装时。

青鸟频烦报好春，别来消息又经旬。云林九曲桃花水，不是渔郎莫问津。

戏柬如兰

樱桃花下侬家住，（郎寓樱桃斜街。）年年爱种樱桃树。樱桃花放待郎来，马蹄莫逐东风去。

博山炉暖双烟袅,斗帐红珠度昏晓。枕边残梦不分明,隔窗日出闻啼鸟。

如兰病起,诗以志喜

小病逢秋弱不支,芳尊今日忽愆期。金陵楼外如霜月,犹记殷勤订约时。(八月十六日同在金陵楼,订余二十日饮酒其家,及期以病告。)

传来消息颇仓皇,日日看卿不厌忙。肘后金丹亲付与,无人知道是医王。(初病时,余日往视,为之处方,其家弗与服。)

一瓣心香供佛前,为卿低首祝长年。参苓原是凡间草,医得佳人便号仙。(至八月二十九日疾笃,始服余药,遂有转机。)

吹竽东郭正蹉跎,坐对芳颜唤奈何。一语感卿相慰藉,郎来不用夜中过。(余下第后,往视如兰,所以慰藉余者甚至。)

相逢又是月初三,笑语尊前酒半酣。喜极翻教清泪落,此中情绪少人酣。(如兰以十一月初三日病起,是夕饮酒,其家语及病中情况,深感余意,不觉垂泪。)

喧阗箫鼓忆歌楼,两月欢场阻胜游。(自卿病,余两月未观剧。)更拼明珠三百斛,为卿尽日作缠头。

小　彩　林

姓张,字小霞,年十四,扬州人。(四喜部。)一树夭桃,两泓秋水。花开四照,光同不夜之珠;价值连城,艳夺无瑕之璧。腰肢轻软,可想见赵飞燕佩环飘缈,歌临风送远时也。《送灯》、《胭脂》、《庙会》诸剧,娇喉宛转,顾盼留情,若近若远,传神无限。后来之秀,舍卿其谁与归?

赠张小霞

林香居士

一曲回风讶欲仙,凌云素袜步生莲。三春多少花如锦,可抵朝霞映水鲜。

莲炬移来软欲扶,(演《送灯》最工。)芳心暗为粉郎输。灯光合让花光好,卿是人间不夜珠。

蓉裳居士

绿纱帘底扇频遮,薄醉容颜艳绛霞。若向瑶阶含笑立,一枝新放碧桃花。

百种温柔一曲歌,登场博得好声多。阿侬欲叫还羞涩,只自低声唤奈何。

张郎小霞,情澹而绵,态浓而远。娇若红芙出水,冶如紫蔻含烟。歌扇迎风,则万花飞艳;舞衫回雪,则百鸟啼春。珊骨泠泠,珠腔缓缓。在金台诸乐部中,乃推一时之秀。余赋怀芳草,韵写名花,唐突数章,聊申雅惓云尔

碧城花史

珠飞黛舞月昏黄,剪水堆云一篆香。绝代风流让阳羡,浓情无墨写云郎。

彩夺琼枝秀绝群,风吹花气袅氤氲。涵烟叠翠双眉妩,占尽扬州月二分。

宜嗔宜笑尽温存,颊晕红潮带酒痕。无限春心撩客梦,东风吹荡海棠魂。

红栀灯下啭鹂喉,玉笛银筝韵欲流。安得阿姨三百万,为卿破费作缠头。

雾幔云楼别样春,琅琅响屧踏微尘。白鷴鸚唱情无那,俊眼斜飞可意人。

缠绵情茧吐丝丝,昵我偏多蕴藉时。一笑文园拼病渴,无心北地买胭脂。

谱翻部仗锦周遭,桂菊争芳月旦高,(谓秋卿、菊如。)毕竟花场春有价,秾华难替郑樱桃。

卿如飞絮我飘萍,酒底追欢眼独醒。他日五湖秋满棹,一蓑携去伴樵青。

九十九峰楼侍者

错疑云外有天香,秋菊春兰各自芳。(郎始字兰如,为菊如师弟。)记取后庭花发候,擘笺江令费平章。

冉冉风情薄似纱,凤头鞋子七香车。灵均雅惬同心佩,合占人间第一花。

玉 美

姓章,字韵仙,年十三,苏州人。(和春部。)艳可胜花,丰宜腻月,玉肌香暖,体熏山麝之脐:红晕春生,色染蔷薇之露。临风一笑,杏靥增妍,俊眼双飞,金波散彩。锦塘莲蕊,逊此轻盈;瑶圃兰英,输其妩媚。虽解绦无术,曾屈伏于樊笼;而擢秀有时,定舆台夫桃李。

赠章韵仙

小顽山人

幻出瑶台绝妙姿,善才合是化身时。莲花已作人间种,更向慈云乞柳枝。

只合芙蓉并蒂开,(郎兄瑶仙,在四喜部。)寒塘㶉𫛶影徘徊。扁舟载得秦淮去,与尔平分风月来。

牧如子

氍毹错认董双成,兰麝熏人分外清。玉笛飞声寒乍破,梅花带雪晓犹争。蜂粘袖底怜腰瘦,蝶弹钗头怯鬓轻。一梦青罗浑未醒,朝云吹傍枕边明。

渔山主人

阿娇金屋贮相宜,枉向苏台演竹枝。记得小红低唱处,垂虹桥畔橹声迟。

金羁白马冶魂销,枉向章华问细腰。记得盈盈楼上女,湘帘波浸不胜娇。(《踢球》剧甚妙。)

洞仙歌(为章韵仙作)

著花未斋主人

万人海内,此百全之美。(用东坡语。)璧月琼枝画难似。(郎初名全美,字琼枝。)早两行,倀子十种顽仙,霓裳队,不数春风十里。　当筵曾索笑,认取乡音,虎阜胥江动乡思。未断紫钗缘,幻影迷离,问小玉,前身应记。只秀颊春痕已难忘,有一点桃花盈盈波底。(郎颊上有赤点。)

连　喜

姓张,字芰香,年十五,扬州人。(和春部。)姿态端妍,丰神谐畅,于闺房秀质中,具林下风致。倚佳人于修竹,翠袖生寒;唳独鹤于秋霄,碧云如水。故《顶嘴》一剧,虽抑扬顿宕,活泼可观,而香山出家,莲座承趺,霜纨映肉,风清弦索,香溢氍毹,流韵绕梁,鱼鱼雅雅,尤足令人神怡心旷也。群玉山头,瑶台月下,可以想其品概矣。

赠张芰香

王小庐

团云队里倩谁同,玉立亭亭舞榭中。最是撩人魂断处。秋波斜睇月朦胧。

酒地花天此暂逢,剪灯余话亦从容。生成一样娇憨甚,薄幸何须怨阿侬。(友人谓芰香性甚冷落,与余周旋则大不然。)

琴山居士

隔岁尊前唱《渭城》,伤离伤别太痴生。重来喜拭看花眼,甲第争高鞠部名。

天然宜笑复宜颦,仙子瑶台记净因。花底银筝歌歇尾,更无莺燕与争春。

六荫底许驾斑骓,西舍东邻洽比宜。一种消魂忘不得,小亭凉月醉归迟。

心事年来寄酒尊,江湖憔悴那堪论。柔情怕惹新蛾蹙,莫放青衫渍泪痕。

小翠林

姓滕,字兰茗,年十八,扬州人。(四喜部。)刘琴浦(彩林)高弟,昔与大翠(姓周,字黛云,今隶三和部。)同隶三多,齿小于周,故人以小翠别之。肌理白皙,性格温柔,晋接倾谈,无分寒燠。与之静对,但觉花气袭人,久而自醉。《思春》、《醉归》、《金盆捞月》等剧,神情澹宕,动静合宜。论者谓菊如之下,即数兰茗。盖其气朗神清,实能越其傅之范围,而独标风格者。

赠滕兰茗

芳草词人

几度羊车见玉人,尊前重认小腰身。昙花笑佛非凡艳,珠树留仙绝点尘。尽扫铅华余绰约,忏除旖旎见天真。二分明月虹桥畔,归去何妨共卜邻。

密语无多意最深,双柑分得等黄金。酬知未遂书生愿,感遇空劳异客心。风宿桐花香断续,鹿迷蕉叶梦追寻。如何惆怅词成后,尚有风怀托短吟。

即席有赠

南浦曾携绿绮琴,传来衣钵总仙音。(刘琴浦以善歌闻于时,兰茗其高弟也。)依原不是桐花凤,偶戏兰茗学彩禽。

人传仙尉最风流,长笛何如赵倚楼。(心茗居士最重兰茗,今之官山左矣。)莫惜骊驹太匆促,好分清俸当缠头。

三 宝

姓郑,字韵生,年十六,扬州人。(三庆部。)浓纤合度,亦雅亦庄,挹其丰采,如于纷红糅绿中,忽睹牡丹一朵,艳丽夺目,使人爱玩不置。工于昆剧,偶作秦声,非其所好。《思凡》、

《交账》诸剧，淡宕风华，好声亦为四起，毋谓阳春白雪必曲高而和寡也。

春史氏曰："城南尺五庄，祖氏之故园也。亭池竹木之胜，甲于京师。其园外之东南隅，为小有余坊。池水清涟，土山环绕，南顶列于前，东顶峙于左。西山耸翠，排闼而来，列坐其中，真令人神怡心旷也。五月间，与漱石山人、渔山主人同至其处。梅雨初晴，荷风轻拂，各部名花，至者云集。乃或放花爆于池边，看纸鸭游湖之戏；或掷金钱于波底，笑村童翻水之奇。逐队喧哗，奔驰如织。而韵生与仿云（赵庆龄）俱静坐清谈，更觉可爱。漱石山人以琼花拟之，真可谓水仙并其幽闲，江梅同其清淑矣。"

赠郑韵生

芳草词人

才人未必尽相轻，领袖词场孰敢争。笑煞雏奴儇薄惯，也来长揖见先生。（查花农别驾席上初见，韵生向予长揖，称曰"先生"，盖学花农与予之称谓也。）

酒入情肠不自持，玉纤偷握笑侬痴。藕梢洁白羊脂腻，甲乙尊前各自知。（予谓周郎静莲两手妙绝人间，花农谓不如韵生。约于尊前相比，负者罚作东道主。乃周则肌理腻滑，丰若有余；郑则肢节秀削，柔若无骨。咸谓周逊于郑，予即欣然开尊。）

渔山主人

何缘酌酒共持螯，领取深情付彩毫。江上芙蓉堤上柳，丰姿怎及郑樱桃。

茂　林

姓许，字竹香，年十五，皖江人。（和春部。）姿容姣秀，音调清新，瘦不嫌寒，柔非无骨。尝见其《园会》、《楼会》二剧，一写风情，一摹病态，各极其妙。后知为张莲舫所授，（名蕙兰，详《赵仿云传》。)瓣香一缕,直接吴门,宜有是金科玉律也。至于一种旖旎之情,更使人爱不忍释。新荷出水,小鸟依人,可以想其情韵。表圣所云"坐中佳士,左右修竹"者,我于许郎得之。

听苏州蕙兰官弟子许竹香歌

石林野史

燕子楼深春思促,香水溪前秋草绿。零落人间老善才,何处歌声倚寒玉。天风吹下许飞琼,解唱当时羽衣曲。石榴衫子藕丝裙,玻璃窗槅金莲烛。淡妆浓抹总相宜(坡翁句),衍得新声殊绝俗。苏台歌舞到燕台,风雪旗亭看不足。看不足,诗思属。菊秀兰衰又一时,不为琵琶生感触。

庆　元

姓黄,字梨云,年十七,苏州人。(四喜部。)柔肌弱骨,皓齿明眸,艳若朝霞,音同鸣玉,结束登场,尽臻奇妙。而《寄柬》、《茶叙》诸剧,尤独冠时。盖徽部得人,四喜最盛。自集中所录诸人外,如陈天福之音韵铿锵,中添喜之神情淡雅,朱宝林之折矩周规,双喜之玲珑跳脱,至宝玉、祥林、王添然、田寿林辈,或则风华研媚,或则绰态娇憨。冀北空群,江南撷秀,几谓人材之美尽于斯矣。而梨云抑扬宛转,细腻风光,更于诸郎之外,另树一帜。余始于其傅朱香芸寓中见之,(名宝林,初隶金玉部,后入四喜,今已回南。)谓此郎必获出蓝之誉,今果能然,益信赏鉴不虚云。(添福、添喜诸郎,因无诗,故俱不立传。)

赠黄梨云

小顽山人

几番心事上眉头,小立花前也遣愁。我听琵琶曾泪湿,卿如杨柳只风流。每因顾曲频移坐,或恐听箫独倚楼。一纸萧娘魂断处,为郎憔悴为奴羞。(工《寄柬》。)

林香居士

一曲清歌怨落花，累人消瘦在天涯。云开玉宇蟾光洁，风漾珠帘燕影斜。绮语寄邀才子拜，(《寄柬》。)痴情病惹女儿茶。(工《茶叙》、《问病》。)洗妆我与梨云约，携取金尊兴不赊。

全　喜

姓宗，字芷香，年十五，扬州人。(和春部。)声欺鹦鹉，脸晕海棠，调笑诙谐，备极风雅。故豪客征歌，几无虚日。貌虽稍逊芰香(连喜)，而《顶嘴》一剧，婷婷袅袅，莫辨妍媸，婆媳也宛如姊妹矣。殆所谓薄施朱粉妆，偏媚倒插花枝态更浓者与？至《卖饽饽》一出，娇声媚态，尤足令人倾倒。漱石山人谓余曰："芷香固香矣，惜其尚有傻气。"余曰："宗郎之妙，全在于傻，倘一发彪，便俗不可耐矣。"闻者称快。

赠宗芷香

石林野史

欲采芙蓉涉远波，鸳鸯湖棹记新歌。经秋花事三分减，羡尔灵心四映多。月淡青蛾噙粉泪，天寒翠袖叠香罗。何时跨得扬州鹤，芝草衔来一煞那。(工《雄黄阵》剧。)

席上赠芷香

芸史氏

昵人姿态最盈盈，称得师门两玉名。(郎与芰香同师。)忆煞绣窗银烛下，小红一抹酒潮生。

修眉柳叶面桃花，讶许歌场众口夸。看到澹妆时更好，春光真在饼师家。(工《卖饽饽》剧。)

中酒伤春太放纷，加餐劳汝劝殷勤。(屡以节饮劝予。)那知故态狂偏甚，倚醉还题白练裙。

添　庆

姓谢,字云仙,年十七,扬州人,始隶三和,今入三庆部。丰神妍媚,玉貌婉娈,有芙蓉出水之姿,无蜂蝶撩人之态。若真置之闺秀中,"闲静"二字足以当之。始字瑞云,醇庵胡氏为易"云仙",知其赏鉴甚真也。《絮阁》、《寄柬》诸剧,歌喉圆亮,态度春容,出字收音,颇遵法律。间唱秦声,亦委婉多风,靡靡动听,宜仿云(赵庆龄)、啸云(杨长青)诸卿,称道不置云。

东飞伯劳西飞燕歌,为谢云仙作

芳草词人

东飞伯劳西飞燕,人生几度能相见。芝兰玉树谢家郎,宝剑瑶环锦作裳。长筵夜列阿房曲,银烛光中接芳馥。一线横波巧避人,佯为不理暗相亲。赤瑛盏内樱桃熟,隔座偷尝一点春。游仙好梦原难久,唱罢天鸡复何有。雨湿芭蕉冷到心,独拥香炉坐夜深。

葡萄堆满翡翠叶,下有佳人晕红颊。密语无多人不闻,罗襟绣带两难分。镜中重睹芙蓉面,凤炙鸾笙促开宴。一曲连环香韵流,明珠十斛当缠头。玉山半倒扶难起,一片银蟾入怀里。顷刻罡风散落花,秋深闲煞广陵槎。

双　喜

姓夏,字清槐,又字韵楚,年十四,扬州人。(和春部。)丰容妍丽,体态娉婷,看弱质之临风,爱柔情之如水。《藏舟》、《背娃》诸剧,皆楚楚动人,而《洛阳桥》一出,画舫藏娇,珠灯映媚,宛似洛浦神姝,风鬟雾鬓,隐约于波光棹影间,觉《感甄赋》所云"翩若惊鸿,婉若游龙"者,不得擅美于前矣。

庚午夏日题赠清槐

绳斋居士

十里邗沟廿四桥,乾坤清气丽春韶。阿谁真个令公喜,一笑能教百恨消。

绿杨城郭午阴清，生小红牙善倚声。我是词场称柳七，晓风残月不胜情。

莫把株林旧牒排，鸡皮三少自风谐。郎君欲问侬名字，双喜新镌玉篆牌。

滚滚红尘半热中，朱轩绣毂倚高崇。何人会得西来意，愿借清凉一扇风。（演《借扇》一出最佳。）

彩船停拍谱《藏舟》，出水红芙艳欲流。良会不须重踯躅，二分明月正当头。

翠袖红裆演《背娃》，眼波眉黛衬朝霞。风流不数春芳艳，一朵亭亭解语花。

紫金屈戌裹银屏，送客留髡几惯经。倚玉肯辞千日醉，画楼西畔有三星。

龙华缘法证空王，只合庄严礼瓣香。喜字愿书重卅六，从教芳遇寿缫缃。

添　福

姓张，本姓官，字香玉，年十五，扬州人。（三庆部。）翠羽眉痕，杨枝体态，玉琢粉妆，难形其妙。时与群芳并立，如游十里湖堤，桃红柳绿，而一树梨花皎然独秀，光彩更觉耀目。《赠珠》一剧，宛转轻圆，歌喉娇嫩，风韵绝佳。薛氏青衣，郑家文婢，想亦尔尔。视彼一味轻佻，装成蝶使蜂媒身段者，奚啻霄壤！四月间，松岩居士招饮，半入醉乡，香玉始至，琼筵甫即，眉语旋通，更为倾倒。

赠张香玉

松北闲鸥

妙态娇喉迈作家，临风玉树净无瑕。果然南国鲜妍品，不是丰台芍药花。

一从灯影认芳姿，转怕歌场觌面时。只为旧愁销不得，柔肠无处著相思。

双　秀

姓王,字卿珊,年十五,扬州人。(和春部。)姿首清妍,眼波流逸,昆腔诸剧,节奏俱工。而《扇坟》一出,歌声徐飏,如莺啼夏木,万种缠绵,艳思频撩,如花醉春宵,十分宛转,非粗浮者所能领略也。小南云主人叹为独绝,客问其故,主人笑而不答。今夏同观《关王庙》剧,先忧后喜,喜极生怜,一缕情丝,千回百转,仍复含而不露,令人于象外得之。小南云谓客曰:"此种妙处,又何可言?"

观王卿珊《扇坟》剧

小南云主人

帘波未动眼波流,一串明珠泻玉喉。薄怨浓情花下诉,飞来蝴蝶总勾留。

骨到珊珊秀可知,闻声犹自恨来迟。轻罗扇底回澜曲,少女风多不断吹。

观卿珊《关王庙》剧再赠

传来消息是邪非,扶病偷敲破庙扉。愿化仙裙为蛱蝶,先花扑上阮郎衣。

费尽双眸一寸光,忽悲忽喜忽怜郎。柳丝欲断游丝续,比到情丝总未长。

林香居士

旧梦游仙忆彩鸾,歌场枨触感情澜。天涯愁杀张三影,欲写痴情影最难。(时与小南云观《关王庙》剧。)

蕉心卷绿雨频催,为怯春寒尚半开。可奈游丝风力软,千回百转罥将来。

喜庆

姓罗，字稼云，年十三，苏州人。（三庆部。）张琴舫（才林）高弟。娟娟秀色，濯濯清姿，螺黛双弯，遥山耸翠，珠光两点，秋水澄波。虽蛾新脱茧，群怜腻粉初干；而花渐离苞，共羡香光四照。加以灵犀在抱，脉脉潜通，飞鸟投怀，依依可爱。此真撷虎阜之芳华，分狮林之余秀者也。《拷红》、《佳期》诸剧，声容场步，动合准绳。《炳灵公》一出，尤推独绝。去冬入京，松岩居士屡为称道，嗣因过访静莲，（才林之弟九如。）得接丰采，真若座逢荀令，香气袭衣，三日不散。

赠罗稼云

石林野史

十二琼枝露洗明，倚栏重听玉箫清。种珠绝好初呈媚，杀粉无多解卖情。燕市几人贪月色，吴儿何处按歌声。云郎解得相思味，焉惜梅花赋与卿。

松北闲鸥

海棠深院闭罗罗，尔许闲情付衍波。玉靥晕添桑落酒，珠喉圆转竹枝歌。琴心有约开三径，花谴无端笑八哥。明月一弯看不足，迩来春思为卿多。（郎工《佳期》、《拷红》剧。）

小喜林

姓章，字瑶仙，年十四，苏州人。（四喜部。）玉美之胞兄也。玉韫珠藏，不如乃弟。而灵心慧舌，秀目清眉，则无分伯仲。其《园会》一剧，写景摹神，为老梨园所不及。古所云，锦江滑腻，峨嵋秀幻，出文君与薛涛若二章者，真灵淑之气所钟哉！

赠章瑶仙

小顽山人

说到垂杨倍可怜，攀条曾此惜芳年。多情若向章台问，一样风流独占先。

树底莺儿花底尊,一台二妙尽销魂。(郎为韵仙之兄。)倩谁续谱双珠记,(见《海天余话》。)要使风情胜意园。

彩　芝

姓殷,字眉卿,年十三,苏州人。(和春部。)蒋云谷(金官)高弟。云谷有四弟子,长曰翠福,工小曲,又善弹琵琶;次曰彩芝;三曰多寿;四曰安喜,俱擅美名,而彩芝尤胜。貌极秀媚,性甚灵明,演《荡湖船》一剧,妖娆风韵稍逊雪琴,(徐贵保,庆宁部。)而吴歈精雅,科白清新,实堪并峙于一声欸乃中也。

巧月朔日初度,云谷携彩芝过寓,即席赋赠

芳草词人

生朝随意绮筵开,旧雨同浮酒一杯。谁想二分明月下,暗香先趁夜珠来。

一曲吴歈久不闻,无端羞涩忆双文。(席间歌西厢曲。)倘教玉笋班中去,谁弟谁兄未可分。(同人咸谓此郎入庆宁部,予深以为然。)

子畴氏

旗亭风雪酒初温,小忆吴儿昼掩门。赢得紫云能捧砚,梅花赋就也销魂。(适阅陈检讨云郎事。)

翠影临风趁晚晴,清歌一曲记分明。湖头烟景湖心水,绝胜吴娃打桨迎。(工《荡湖船》剧。)

三　喜

姓惠,字玉香,年十八,扬州人。(三庆部。)容貌清华,丰神倜傥,一颦一笑,宛转关生。其演《醉归》,则顾盼绸缪,瓣香云谷(蒋云谷);《独占》则声情旖旎,私淑柳溪(陶双全)。余既心赏其人,杏南仙史又极称其妙,而责以征诗,茫无以应,是以虚

悬日久，未列芳名。后于小顽山人集中，见有题赠，如获至宝，急为录入。可知底扇春风于口角，不求锦字于云笺，使各部多遗珠之憾者。岂独余之咎哉！

赠惠玉香

小顽山人

瑶台长忆好风光，犹有余情赠玉香。怪底桃花才一度，深山何处觅刘郎。（仅见卿演《醉归》一剧。）

菱花拂拭旧青铜，门巷愔愔怅落红。赢得阮郎归去后，不堪沉醉诉东风。

全　福

姓屈，本姓王，字曼云，年十六。原籍苏州，生长京师，读书甚慧，迫于生计，改业梨园，隶和春部。貌类环肥，音流簧润，盈盈秋水，点漆藏神；淡淡春山，新蛾绝秀。亦风亦雅，宜喜宜嗔。《闯山》、《捉奸》、《戏洞》、《炳灵公》诸剧，绘影描神，珠圆玉润。《施公案》内，与王萼仙连臂踏歌，尤称绝调。

赠屈曼云

蓉裳居士

买得长安十日春，好花相对自情真。灵均毕竟风流甚，香草天涯当美人。

白石阑边赋小诗，牡丹花下蝶飞迟。儿曹漫笑红酣甚，最是春风得意时。

看得春光几度新，后来居上岂无因。天边飞絮谁为主，吹向东风便惹人。

研香居士

红灯几度醉琼筵，秋月春风事隔年。额晕胭脂痕隐约，唾生珠玉意缠绵。莺声细啭增新曲，燕影重来续旧缘。最是分飞金凤后，劳卿到处访归鞭。

真个销魂饯别卮,抛来红豆尽相思。海棠睡足浑无奈,杨柳春多不自持。小有情怀凭耳语,大生欢喜倩眉知。重逢漫忆腰肢瘦,看取环肥出浴时。

绿　菱

姓李,字绮琴,年十八,皖江人。(春台部。)容貌整齐,声音清朗,慕王湘君之雅致,学为沣兰;同凌猗卿之闲情,喜临鹅帖。江干花片,春向梅梢,聆此佳音,辄为神往。苎萝村畔,许睹芳华;宋玉墙东,喜藏佳丽。(卿曾为余寓邻。)正不必携柑载酒,往听黄鹂,始为诗肠鼓吹也。

赠李绮琴

范亭居士

广座相逢目乍挑,几回错认小蛮腰。多情红豆能留韵,无价黄金不铸娇。隔院花飞闲度曲,倚墙春静夜吹箫。天街细雨斜街月,撩拨痴魂已半销。

庆　喜

姓赵,字秀岩,年十六,扬州人。(三庆部。)丰颐秀靥,静雅可人。余始于帘缝中偶一见之,谓此郎若作浓妆,正合"一枝浓艳露凝香"之妙。而应酬繁剧,不数登场,只见其《杀四门》一出,刀法轻灵,歌喉细润,绝无掣肘之态。林香居士以《诗品》品各部诸郎,于三庆一部,仿云为典雅,韵生为缜密,香玉为飘逸,秀岩为绮丽,比例确当,识者韪之。

赠赵秀岩

芳草词人

谩从镜里惜华颠,小住长安又八年。客馆琴尊愁里度,故园花柳梦中妍。偶听韩市停云曲,小费文园卖赋钱。把盏不劳频劝釂,已拚沉醉酒垆边。

倚玉闻香莫浪猜，暗乖青眼为怜才。聪明卿自留歌扇，瓠落侬今剩酒杯。（用义山诗意。）竿木逢场同此日，雪泥寻迹待将来。尊前莫唱连环曲，久觉柔肠解不开。

如 意

姓王，字蕚仙，年十六，扬州人。（和春部。）仪容丰丽，风度超群，一笑一颦，毫无俗态。《打面》一剧，娇媚多姿，观者无不称赏。洗妆易服，韵致更佳，真有玉树临风之妙。人皆以文秀书生视之。至若性安淡雅，服御不尚新奇，尤为清品。

春史氏曰："余自前岁入都，初见蕚仙，即为惊绝。盖其风度，澄之不清，淆之不浊。即位冠群芳，诚无多让。近因声价益增，应酬愈剧，花天酒地，无间晨宵。致令白雪阳春，渐作南陔华黍，妒者喜矣。爱之者何独不为卿计乎？"

一蕚红（廉山居士为蕚仙画梅花便面）

梦娜嬛山人

破春心，有横枝带雪，寒梦正沉沉。疏影初斜，仙魂欲堕，山远偏费人寻。几时共他明月约，背曲径，添上一分阴。待倩孤云，遮将冷玉，隔住飞禽。　携手旧时亭榭，笑蜂须蝶粉，怎晓春深。香欲倚人，蕊还逗雨，何时盼到而今。曾与东风密语，倘开后，唯许绿华簪。最是南枝伴伊，只有眠琴。

暗香（前题）

清玉山堂主人

红桥明月，应画栏照遍，癯仙肌骨。不受春怜，冷蕊疏枝斗霜雪。妒杀红罗艳曲，况唤渡桃根桃叶。记玉蝶飞下双双，轻点寿阳额。叶凄切，旧时节。想月地云阶，生香堪摘。流光电激，虚度东风绮尘陌。纵有同心栀子，终莫解丁香百结。只翠羽相伴也，含愁万叠。

疏影(又)

五更梦暖，叹皴玉谁温，罗浮人远。旧恨新愁，九夏三春，百种名花难绾。常留萼绿仙人处，只著色羊权玉管。看扇头琼蕊倚斜，一缕香魂凄断。　　回忆凉波寒岭，冰胶雪老，生机偏满。只为留情，欲折还迟不管。离怀深浅，拼教淡月黄昏候，照纸帐风萧露泫。算幽香尚许兰同，莫说孤芳无伴。

法曲献仙音(前题)

雪梦庵主人

月润仙臞，云医鹤瘦，春色顿教华膴。姑射神腴，寿阳粉褪，神仙眉妩。看疏影横斜畔，天风虚度去。　　相逢处，蕊宫春，绮烟绡雾。饶逸艳，不信玉环能妒。唤起倩妆人，算逋仙消受难许。林下人来，只青邱不道寒句。问西园歌管，玉笛霏霙如雨。

喜　　元

姓陈，字春山，年十九，扬州人。(三和部。)余友鹤汀道人之旧识也。声清似磬，肤滑如脂。前岁入都，余尝遇于鹤汀斋中，沉静幽闲，不作媚人之态，是霓裳队中以气韵胜者。但闲居日久，从未登场。近于三和部中，见其演《茶叙》剧，一朵彩云从空飞至，倘鹤汀迟整归鞭，当更为之销魂也。

余在维扬，曾识陈郎，今忽遇于京邸，
旧雨重逢，飘蓬一辙，有感赋此

鹤汀道人

两眉见说为君开，燕市相逢醉绿醅。前度桃花经雨湿，旧时春色逐人来。平山堂畔泥留印，卷幔楼头首重回。此日天涯同作客，江南曲奏使侬哀。

松　　林

姓刘，字□□，年十八，皖江人。(春台部。)貌美如莲，肤莹似玉，远山明媚，擅文君一角之奇；秋水澄鲜，极越女双眸之秀。小南云主人最为赏识。去年他往，为制《松郎曲》以赠之。今则合浦珠环，连城璧返，与范如兰（添喜）同演《双思凡》一剧，范则情思缠绵，刘则丰容妍丽，合之两美，正不必咏春兰秋菊，各当时也。

松郎曲

小南云主人

妙手搏人意不足，扫起千花炼红玉。欻化香云飞上天，大涯留得《松郎曲》。松郎华茂似春松，光照琼台第几重。秋生眼底无多水，山学眉痕别起峰。仙风吹到氍毹上，珠尘不动歌尘飐。春台添满十分春，台前蜂蝶都相向。争先一曲听回波，急脱弓鞋换绣靴。宝马香车断行路，迎花人比看花多。天花不合开城市，红霞夜拥霓裳起。裁作琼林第一枝，旧院春光淡如水。

大庆龄

姓管，字香岑，年十九，扬州人。（三庆部。）具苗条之态，多艳冶之姿，高蹴双翘，春情微逗。媚传两靥，俊眼斜飞，尝有顾影自怜，临风独赏之致。《檀香坠》、《巧姻缘》诸剧，浓情媚态，尽合时趋。鞠部中之力摹风气者。

赠管香岑

蓉裳居士

玉钩纤步记扬州，弱态依依怯素秋。万种温柔都写尽，登场不愧女班头。

十斛闲愁借酒降，笑呼檀板拍新腔。风流别有怡情处，莫看纱帏大体双。

眉能为语两情留，花样新翻第一流。曼转娇声呈皓腕，回身故整玉搔头。

双　玉

姓胡,字珏香,年十六,扬州人。(四喜部。)目似珠流,体如燕舞,眉痕疏朗,无殊淡墨春山;裙布翩跹,雅称村妆巧妇。曲白俱发童音,不假修饰,饶有天趣。《花鼓》、《卖饽饽》、《闯山》、《珠配》等剧,艳情波溢,荡思春浓,神与景会,事以人宜。想其格调,除范如兰(春台部。)之外,诸部中无能鼎足而三矣。

林香居士曰:"珏香演剧,俱能自出新机,不为法缚,而《花鼓》一出,眉眼勾挑,腰肢飘荡,更足迷人。泰林、(四喜部,今已南归。)百福(姓产,字春山,三庆部,今亦南归。)而后,斯为仅见者。且登场则形其浪,而灯红酒绿,浅酌深谈,绝少浮梁恶习。撷香主人谓其有味外味,真先得我心者欤!"

赠胡珏香

林香居士

花样新翻蝶也惊,饽饽不卖卖风情。(演《卖饽饽》剧绝妙。)娇声唤比莺声滑,值得明珠换与卿。(用贺知章事。)

艳比秾桃色相兼,眼波送媚舞腰纤。春风一笑能销恨,谏果还输崖蜜甜。

观胡珏香《花鼓》剧

湖墅小隐

催花时节鼓声娇,素手轻舒白雨跳。子夜歌成珠一串,尊前若个不魂销。

松　林

姓杨,字芷仙,年十五,安徽人。(和春部。)身同飞燕,口似悬河,波光旋转,玉盘盛两颗明珠;螺黛纤长,春岭衔半弦新月。提壶入坐,善解人颐,挽髻登场,巧迷众目。《扯伞》、《胭脂》诸剧,歌喉明润,神韵悠扬,动宕之中,参以沉著,非一味轻浮可比。即溪胡君极意赞扬,洵非阿私所好也。

赠杨芷仙

茭门居士

妙技神传按板初，天寒修竹展轻裾。果输崖蜜须回味，燕倚新妆想步虚。焦叶有心卿尔尔，昙花无梦我如如。倦寻芳后探芳讯，愁绝江南老蠹鱼。

庆　寿

姓陈，字秀峰，年十五，扬州人。（三庆部。）张莲舫（蕙兰官）入室弟子也。艳雪印心，琼瑰雕质，和光入座，吹来米玉之风；静气迎人，照彻谢庄之月。其演《铁弓缘》，声音浏亮，体度翩跹，论者谓有刘朗玉之风焉。至《佳期》、《藏舟》，则传派既佳，更臻妙境矣。盖自莲舫入都，仅经数月，而珊瑚半归铁网，桃李遍植金台。古人所云"伯乐一过，而冀北空群"者，小道且然，况其大焉者乎？

赠陈秀峰

茭门居士

黛染春山翠染衣，芙蓉出水淡清辉。雏鸾不是无情物，惯向寒塘学并飞。

开元乐府满江南，弟子犹怜曲调谙。（郎系张莲舫弟子。）愧我才非安乐叟，更从何处别青蓝。（用《燕兰小谱》意。）

庆　林

姓郑，字寒香，年十五，扬州人。（和春部。）丰姿秀媚，意态缠绵，工《雪夜》、《别妻》等剧。四月间，余于王小庐寓斋，见其赠诗二绝，内有"梅花修到本来难，与当作琼葩玉蕊看"之句，即心赏其人。近晤韵西居士，出诗商榷，谈及寒香盛称其妙，余因未亲香泽，不敢妄拟褒扬。然观妙技于歌场，情丝久系；闻芳名于鞠部，鼻观潜通。原不必倩媒曲蘖始足销魂也。

赠郑寒香

韵西居士

樱桃品格最销魂,唱出新声曲调翻。小蹴莲钩香有迹,暗舒雪腕月无痕。红栏风定扶花软,翠袖寒生仗酒温。情韵那堪消受处,怜卿解语转忘言。

翠　喜

姓刘,字榴仙,年十六,扬州人。(和春部。)斜溜娇波,细摇嫩柳。"立近晚风迷蛱蝶,坐临秋水乱芙蓉"二语,足以赠之。且品格端凝,神情淡雅,更为部中之冠。《独占》、《雄黄阵》等剧,俱静细有情,而苛求者每以声嘶少之。夫画里美人,镜中春色,得其意者,尚足忘餐,况实有此疗饥之秀色哉!(近又改字畹云。)

赠刘榴仙

林香居士

舞榭歌楼日半斜,春云齐护美人车。乘槎未遇支机石,侥幸涂林识此花。

百尺情丝绕镜台,芳姿真合号花魁。(工《独占》剧。)吟衫累我青如许,分得眉峰翠黛来。

双　凤

姓孙,字云扶,年十七,湖北人。(三和部。)蛾眉螓首,月貌花容。袅娜轻盈之态,步武云仙(谢添庆);而娇媚捷给,尤得人欢。广筵长席,醉月飞觞,无不欣然乐受。赵仿云与之最善(小庆龄)。每遇知交,揄扬曲至,故爱仿云者,必爱及云扶,而声价日增,几与相埒。《琴挑》、《醉妃》诸剧,或细针密缕,或跌宕风华,游戏神通,允推能品。

观孙云扶《琴挑》剧

子畴氏

一曲清商世未闻，香烧心字篆氤氲。朱弦乍抚窥青鸟，红豆相思寄白云。结习应怜荀奉倩，知音只许卓文君。孙郎最是风流处，此日登场独冠群。

小　玉

姓韩，字湘青，年十三，湖南人，俗号"苗子"。(四喜部。)身小而黠，齿稚而娇，歌喉虽不如王吉人(小添喜)之娇嫩，而尖锐过之。貌亦英爽多而柔媚少，故翠鬟绿鬓，未尽其长。《双官诰》、《寄子》诸剧，声情激越，意致缠绵，足令阅者泪下，是盖能传神于性情间者。

赠韩湘青

小顽山人

浅酌三蕉倦不胜，湘江微步想凌竞。香消梦后人怜寿，色到空时鸟化凭。短笛霜清声乍激，文梁风动曲初征。秋深好语衡阳侣，为尔曾挑五夜灯。

全　林

姓高，字田玉，年十九，扬州人。(三庆部。)丰肌似雪，艳质如桃，曲韵悠扬，规模安雅。《思凡》、《盒钵》等剧，沉静颇似韵生(郑三宝)；而流逸之趣，又与惠玉香仿佛(三喜)。且工于酬酢，一言一动，俱得人欢，故豪客征歌，虽日醉花前，终无倦色也。

耳田玉名久矣。而每至广场，弟见其人，未观其艺，赋此寄怀

茭门居士

尚想丰姿似洛神，争先快睹是何人。漫劳锦字三年约，虚负昙花一现辰。我愧新诗长庆体，卿为前世法华身。广陵散歇凭谁继，

须待逢场豁翳尘。

巧　林

姓李,字云轩,年十六,皖江人。(和春部。)修眉如画,秀色可餐。友人李苹香谓其有王萼仙之风雅,得张芰香之温柔。余谓萼仙如镜里芙蓉,芰香如风前芍药,云轩如雨后梨花,或浓或淡,各不相兼,俱足令人可爱。但部中群芳林立,几至百人,派戏难以遍及。余惟见其《折柳》、《淫骗》两剧,音节铿锵,丰神骀荡,纵铁石为心者,亦不觉意惹情牵矣。何必窥其全豹哉!

赠李云轩

王小庐

当场秀色许谁餐,旖旎风光不厌看。记得日长无个事,笑拈花朵拂青鸾。

羊车得得到来迟,辜负看花五日期。最是宵深忘不得,倚栏无语立多时。(卿期五日后过访,竟不至。)

兰　芳

姓张,字佩仙,年十五,扬州人。(和春部。)王倚云(添喜)高弟。姿容柔媚,吐属温文。万缕情丝,垂杨带雨;一声霓羽,娇鸟啼春。得衣钵于传心,无惭玉笋;睹佩环而刮目,不藉金钍。此日征歌,既非因师而及第;他年角技,定教轶后而超前。我为佩仙喜,还为倚云贺云。

赠张佩仙

石林野史

倚栏愁听望江南,唱彻琼枝那复堪。肩耸香云刚尺六,眉弯新月怜初三。风情就里休轻觑,心事儿家自小谙。促座兰言芳竟体,惜花心已十分酣。

寿　林

姓吴,字楚云,年十九,安徽人。(三和部。)前于双和部中,初演《香山》、《赠镯》诸剧,吭滑停云,肤光耀雪,能使观者如堵墙。詹天游"白藕香中见西子,玉梅花下遇昭君"二语,不禁为卿诵焉。厥后莺啼稍涩,裙带渐增,隶入三和,俊俏似输曩昔。然花名第一,仍标洛水之英;峰号飞来,终夺武林之秀。羊车卫玠,尚恐被人看煞也。

戏为楚云解嘲

范亭居士

雅擅秦声曲调新,江南梦断绿杨春。桐花一树今犹昔,休遣莺歌惯骂人。

双和飞出到三和,一样惊人白雪歌。从此青鸾欣作伴,阿侬毕竟凤毛多。(郎本与飞来凤同隶双和,去年转入三和,故部中亦有飞来之谑。)

元　宝

姓王,字絮云,初字柳汀,年十九,扬州人。(和春部。)口注樱桃,眉添桂叶。昔同燕瘦,曾看掌上飞仙;今类环肥,犹认阶前红芍。虽翠鬟绿鬓,艺亦犹人;而酒地花天,情殊可昵。卿诚自好,能拔队于脂粉之中;我见犹怜,愿相赏于骊黄之外。

停云偶住,憎惹缁尘;旧雨多情,忽贻红豆。
忆自倚花扶醉,酒痕则仙袂俱濡;对月清谭,情思则芳襟留识。
三生翠石,知有前因;一片丹霞,遂成妙果。
爰即嘉名之肇锡,拟将小字之重更。(郎初字柳汀,今改絮云。)
絮欲沾泥须识禅,心入定云如作雨。
倘教绮梦相逢,用赋短章,试参色相

情禅居士

姑射山人玉不如,蓉裳缥缈欲凌虚。深情一往知多少,潭水桃花识面初。

舞衫歌扇艳罗天,霓羽风流法部传。但解菩提空即色,秋花春月总癯仙。

絮影云踪结幻盟,龙华谁与证三生。裁将一幅红蕉纸,待附天随续小名。

玉　林

姓黄,字寐兰,年十八,扬州人。(春台部。)脸曜明珠,唇含白玉,裁琼作骨,团雪为肤。双蛾纤秀,无须京兆描来;两目澄鲜,不俟长康点出。加以幽闲成性,谈吐生春,座有寐兰,醉者醒而醒者醉矣。《水斗》、《瑶台》诸剧,神韵颇似雪梅,(张七官,金玉部。)而闲暇尤胜。林香居士心极爱之,谓有轻云出岫之姿,兼皓月悬辉之妙。非独具慧眼者,乌能道此?

赠黄寐兰

林香居士

一桁珠帘护靓妆,若兰倦倚合欢床。怜他香色双清绝,忘却携灯照海棠。

唱罢杨枝舞柘枝,却怜崇嘏得名迟。眉庵著意修眉史,买笑何人解赠诗。

珊　元

姓钱,字杏春,年十四,扬州人。(春台部。)眉弯若画,口小如樱,圆靥秀颐,雪肤玉质。珠光明媚,凝秋水以为神;曲韵铮鏦,偕金铃而叶响。其师兄二元,(姓汪,字清如。)明眸善睐,体态苗条,举止神情,与三庆部管香岑(大庆龄)仿佛,而三元得其风韵,汰其蕃芜。故《胭脂》、《庙会》诸剧,乐不流淫,隽不伤雅,宜《名花十友》中(六观居士著。)赞叹不置也。

歌场口占

小顽山人

珠光掩映画帘中，识面偷将隐语通。漫道儿家颜色好，唾壶比较十分红。（观《卖胭脂》剧。）

酒气浓于百和香，好姻缘误是昏黄。无情块儡难消尽，枉遣相思更断肠。（观《庙会》尤妙。）

小凤林

姓李，字仪卿，年十八，湖北人。（春台部。）柔姿嫩色，弱骨纤腰，两点春山，双弯秋水，尤极秀媚。余尝谓美人妙处，首在眉目，故古人吟咏，多于此乐道之。乃近时习气，不甚修饰，至有俊秀双瞳，为两眉所压，月翳云中，花藏叶底，观者未免模糊矣。凤卿之媚，良有以也。至《醉妃》、《庆顶珠》诸剧之工，有目者皆能赏识，无烦延誉云。

赠李仪卿

临沧山人

六六声传小凤情，碧梧三径露华清。不因箫史多情甚，怎使飞雏浪得名。

镇日湘帘匝地垂，碧纱窗映好花枝。秋英落尽空惆怅，（余久不观剧。）纨扇风流属阿谁。（守痴为书便面。）

书仪卿便面

守痴山人

悄立残阳听洞箫，一枝玦艳不胜娇。访花记得花间路，绿水斜通宛转桥。

一片红霞隔水明，漫回娇眼笑盈盈。文鸳倘有寒塘约，未必单行过此生。

玉　秀

姓郑,字韵田,年十七,扬州人。(和春部。)举止轻盈,言词爽雅,有翠竹苍松之秀,无抹脂障袖之风。初与芳草词人最善,后复订交于湘南胡君,只深把臂,不计缠头,虽其傅咆哮,不能禁焉。近闻胡君意有他属,踪迹稍疏,而卿每遇余,必问胡君近好。玉郎不负胡君,玉郎之所以可取也。其所演剧,俱瓣香于范如兰,虽或轩或轾,自有公评,然亦可谓皎皎自好者矣。

赠郑韵田

芳草词人

花到春兰格太清,只宜孤馆锁幽扃。玫瑰红腻荼蘼艳,捣酱还堪谱食经。

偏将平淡见风腴,生就温柔自有余。八尺龙须方锦褥,(冬郎句。)与卿同梦到华胥。

绮　龄

姓傅,字瑞生,年十六,安徽人。(四喜部。)目秀眉疏,腰纤体弱,余始于浙绍乡祠,见其往来酬应,俱得人欢,知非碌碌无奇之辈。后演《打线》一剧,歌喉虽欠明润,而俊眼双挑,浓情四射,峭媚之态,真令阅者神怡。尝读王渔洋诗,有"傅寿清歌沙嫩箫"之句,我见瑞生,辄思清溪长板桥于不置也。(郎又名金桂。)

赠傅瑞生(小樊山人索赋)

岘仙氏

几番春信满林花,吹到荼蘼漫夸。舞榭风姿元圃玉,琼筵酒晕赤城霞。十年彩笔藏鹦鹉,一阕檀槽感琵琶。记取樱桃枝亚处,故应常驻六萌车。(郎与范如兰同住樱桃斜街。)

牙期音赏敢轻忘,羡尔寻春杜牧狂。坐话莲花三箭促,醉邀桂月一庭凉。芳评日下争先后，密意江波论短长。那有琅琊肠断句，负他捧研唤云郎。

四　　喜

姓王，字玉仿，年十七，扬州人。（春台部。）酣若流霞，丰如满月，拟以洛阳春色，品格当在姚魏间。余久耳其名，今年初夏，于友人席上始一见之。琼筵甫即，青鸟旋催，未获细领其妙。而遍征佳什，亦复阙如，意常耿耿。昨小顽山人，持六观居士《名花十友》，与其赠郎二绝见示，朗诵数过，益恍然想见其为人。急为附入，并述得诗之由如此云。

为王玉仿作

小顽山人

珊网搜罗信有无，啄封应为泣遗珠。（鹤啄封事见《坚瓠集》。）春风到处留青眼，不负《名花十友》图。

金粉多情数六观，闲将心事托梅兰。安排毕竟风流甚，不作夫人一例看。（六观居士著《名花十友》，卿居第二。《燕兰小谱》有碧城夫人事，详别集罗霞林诗注。）

谱　　生

姓张，字秉蘅，年十五，安徽人。（三和部。）气韵清华，言词温雅，面如满月，极眉清目秀之奇。声似雏鸾，具玉节金和之美。《思凡》、《度卜》诸剧，风情洒落，娴雅多姿。近因张君易亭招饮，卿与马郎添喜，同坐侑觞。马则风流跌宕，若杏雨之沾衣；卿则细致温存，如蕙风之入抱，更番劝爵二妙联，情不自知玉山之倾倒也。

即席口占

六桥居士

一曲清歌韵绕梁，嫣然丰致胜吴娘。停杯仔细评花格，不是蔷薇是海棠。

天生艳质绝尘寰,更爱修眉月一弯。试问歌楼诸伴侣,阿谁见此好双鬟。

庆　如

姓詹,字凤英,年十二,本京人,始隶庆宁,今入三庆部。吴香芸(莲官)高弟。丰若有余,柔若无骨,弓腰贴地,红毹乘五采之虹;莲瓣擎天,层阁挂九苞之凤。盘丝洞里,幻出明珠;十字坡前,琢成香玉。加以回头一笑,媚眼双挑;度曲三终,牟尼一串,此尤杜牧见而魂销,李謩闻而心醉者也。乃论者每憾其傅之收回太急,而惜凤英之学艺未纯。不知舍己薪传,受人衣钵,恐庄岳久居,日挞求楚不可得矣。于其传乎何尤?

赠詹凤英

林香居士

素面争看月镜开,凌云妙舞绕层台。前身应是桐花凤,爱向枝头倒挂来。(《盘丝洞》内演穿桌剧,妙绝今古。)

杏衫飘漾翠鬟欹,曳绪萦尘独擅奇。湖面钓丝风影细,蜻蜓身小立多时。

湖墅小隐

香梦依稀到碧城,曲阑干畔问芳名。年来惯听江南弄,忘却燕支北地生。

自昔倾城一顾难,好花端合在长安。狂言买得千金笑,当作钱唐苏小看。(郎自言本京人,余以乡亲呼之,郎为粲然。)

刘郎前度惜匆匆,曾饮香名鞠部中。(《日下看花记》朗玉名列第一。)莫唱佳人难再得,桃花今比去年红。(甸农山人尝谓詹郎在部,日后声名定不减于朗玉,故云然。)

贵 元

姓□,字□□,年十五,扬州人。(和春部。)曲眉秀目,弱质柔姿,帘睐凝眸,宛如静女,而豪客征歌,逸情四溢,合座为之倾倒。《挑帘裁衣》诸剧,曲调清圆,神情宕往,堪与张芰香、夏清槐并美。小泉来山人,赏其风韵最佳,可为真识矣。

赠贵卿

石林野史

困人天气酒微醺,半为歌衫半舞裙。可是扬州明月夜,二分才唱又三分。

相将携酒过花丛,亚字墙西卍字东。闻说无名花更好,满山黄与映山红。(适忘卿姓,故云。)

贵卿演《挑帘裁衣》剧风致绝佳,即景复赠二章

每到春深恨转添,晓妆慵整线慵拈。早知身被多情误,煞悔当初一卷帘。

倩侬亲手制霓裳,一幅吴绫絜短长。寄语秋裁刀尺便,纤腰也合细思量。

麒 麟

姓陈,字玉仙,年十三,直隶保定人。(和春部。)眉纤目秀,仪静体闲。余尝见和春部中,自陆蕊仙、王萼仙、许竹香、刘畹云数人外,皆滑稽诙谐,玲珑跳脱,能得人欢。而玉仙静雅端妍,不苟言笑,别具一种可爱可怜之态。宁必观争凤于歌楼、聆连环于绮席,始足令人心赏哉!

赠陈玉仙

六桥居士

北地胭脂点染新,春山眉黛更含颦。岁寒何处寻三友,只伴罗帷两玉人。(卿与玉兰、玉美同寓。)

莺啼燕语报新春,玉雪佳儿话当真。枉使金钱供一笑,阿奴不是假麒麟。

荣 寿

姓徐,字玉芳,年十四,扬州人。(三庆部。)余尝见其《斋饭》一剧,声音浏亮,容貌清腴,一种瑟缩之态,能使见者生怜。九月间,同友人小饮,卿与凌琴心、(吉庆,迎福部。)张杏仙(小四喜,大顺宁部。)并至。凌则落花无言,张则秾桃逐水,玉芳处乎其间,艳放春华,静含秋实,温凉二气,得此交融,不觉为之酣醉。

埽 花 游

琴恬道人

嫩寒禁暖,正香篆金猊,屏开云母。海棠庭院。按新声,又恰好莺啼疏牖。倚遍阑干,此曲人间怎有?忙听取,怕玉树歌停,权作落后。　蜀冈西故里,甚燕市吹箫,旗亭送酒。阿奴一见,也怜生。那许琴挑杏诱。紧闭湘帘,新得紫云小友。休回首,想江南怨花凄柳。

七夕赠玉芳

韵陀居士

鹊驾翩跹渡绛河,人间巧会艳星娥。灵犀一点通眉语,季雅三升上脸波。未放天涯佳节过,从来城北美人多。看场怪道声声彩,新学吴娘白纻歌。

小 添 喜

姓王,字吉人,年十六,扬州人。(四喜部。)歌喉娇嫩,独出冠时,与三庆部之聂双林同门学艺。而临机变化,有出于其傅所授之外者。《拷红》、《打饼》诸剧,神情飞舞,憨态动人。《回头岸》一折,以佳人面目写孝子衷肠,更觉悱恻。貌虽稍肥，时有“肉丸子”之喻，要不掩其妩媚也。近往津门，故特附于部末，以作春光之殿。

怀王吉人

茭门居士

丰肌如雪黛如螺，几度魂销宛转歌。菱镜有情工对语，杨花无力好随波。偶经雨点啼春草，（工《拷红》、《回头岸》剧。）小试风流寄毕罗。（《打饼》亦妙。）惆怅酒阑人散后，津门天远暮云多。

听春新咏　昆部

昆部目录

陈福元(字雪英,安徽人,彩华部,今在天津。)

高嵩林(字绮梅,苏州人,迎福部,今暂回南。)

听春新咏　昆部

德　明

姓钱,字素香,年十五,苏州人。(庆宁部。)骨秀神清,气和韵雅,淡衬青衫,恰称钗荆裙布;偶施朱粉,即宜翠绕珠围,有声皆朗,无剧不工。余尤爱其《羞父》、《痴梦》两出,一于悲愤之深,弥含孺慕;一于懊侬之极,幻入痴情。徐熙绘水绘声,绘花绘影,此更得其妙于声影外者。梅为清客,杏为艳客,素馨为韵客,牡丹为贵客。若素香者,兼而有之。仙葩本是无双品,时艳难争第一流。

赠钱素香

小南云主人

要从蜂蝶未寻时,占得东风第一枝。自抱香心自珍惜,不将冷暖诉人知。

是啼是笑是真情,箫有欢声笛怨声。南部花枝北地雪,妒他丰格与聪明。

能知游戏即神仙,眉借新蛾鬓借蝉。花底《满江红》唱罢,珍珠一把打三弦。(偶施脂粉,更觉清妍,工唱《满江红》小调,又善弹三弦子。)

湖墅小隐

素衣练帨月明来,清到梅花合是魁。肯向东风斗颜色,纷纷桃李尽舆台。

洗尽铅华见雪肌,(东坡句。)有时浓抹也相宜。才名不肯居王后,占取琼林第一枝。

己巳十月二十三日，余自山西初回京邸，同湖墅小隐、陈髯翁、心茗居士、杏南仙史小饮，群花毕集，醉后失足破额，素香为余摩挲，情甚惶急，余感其意，赋此酬之

芳草词人

不是花枝不是香，一痕清气沁诗肠。故人惜墨如金久，作得长歌如许长。（时湖墅小隐即席作长歌一首，小隐钟爱龚墨痴，歌中叙述其事最悉，故留春阁主人列于龚郎之下。）

幕天席地惯平生，赢角无端也动情。真有春纤常拂拭，不妨日日玉山倾。

自吹长笛倚卿歌，槛外云停十斛多。听到破安州歇拍，缤纷花雨落秋河。

不宜调笑不宜颦，冰雪丰姿别有神。岂特难教脂粉汗，十眉何必样争新。

燕山亭

己巳初夏，余将有山西之行，同心茗居士小酌话别，召素香佐酒，赋此纪之。

一径飞花，客里饯春，不醉真痴绝。椿剪嫩芽，圆蛤长鱼，都是江南风物。十五吴娃，也尽解搓丝擫笛。堪惜。一抹眉痕，远山映碧。　何当策马临汾，有落日当关，断烟横驿。索郎酒酽，苜蓿诗成，多少客愁堆积。回望长安，真堪作故乡相忆。临别。浑不觉泪华碎滴。

五福

姓王，字倚云，年十三，苏州人。（庆宁部。）娇欲人扶，媚由天赋，幻仙花而现相，剪秋水以为眸。窥宋客之红墙，启石家之金谷，奚以过之？《盗令》、《反诳》、《秋江》、《跪池》诸剧，寻声赴节，妙合自然，作壁上观者，几忘其为垂髫童子也。若夫小酌未酣，瓠犀忽露，琪花玉树，掩映于银烛光中，尤堪骨醉。余谓素香具松风水月之清华，倚云得仙露明珠之朗润。

香泛罗浮，花开谷雨，俱足领袖群芳。

己巳冬日赠王倚云

牧如子

一枝红杏占春先，合倚晴云向日边。罗荐平铺移缓步，画栏细数记芳年。舞腰袅娜王恭柳，酒晕分明庾杲莲。烛影摇红人静对，秋波不转也嫣然。

于今天壤识王郎，不信温柔尚有乡。素面翻嫌金粉腻，冰肌可奈翠襟凉。卿真习静宜无语，我为怜花未忍狂。最好风光难忘却，春情如海月如霜。

醉后赠王倚云

小南云主人

暂引春光入小轩，书生禁得一销魂。艳无可比还余韵，情到难分转不言。翠袖寒轻呼近烛，红潮晕活倩停尊。笑余渐减狂奴态，容易青衫又酒痕。

即席口占

醉琴外史

朗然疑向玉山行，丰采能令四座倾。绘影亦香花气息，画眉工语月聪明。闲依玉笛歌声慢，薄试春醪酒晕轻。一种温存忘不得，倩侬泥饮到深更。

八月十八夜怀王倚云

芳草词人

词人老去笔花枯，剩有痴情付凤雏。绝似惊鸿栖不定，驿亭怨女忆髯苏。

周郎逋峭陆郎娇，几度尊前意也消。底事重城生隔断，抱云香梦更迢迢。

不枉长安住一回，嫩香新浥小玫瑰。至今孤馆灯残夜，尚有仙云入梦来。

屈指吟秋到广寒，玉梯风紧路偏难。何当借得吴刚斧，尽斫花枝共尔看。

同心人已惜分离，(谓湖墅小隐。)争拥仙云记往时。犹有文场余墨在，小窗添补听春诗。

游西山宝珠洞忆倚云

独游容易觉艰辛，便有闲情感宿因。始信深山猿鹤侣，不如心上比肩人。

观王倚云姑苏台剧

松北闲鸥

窄袖轻衣把舵牢，吴歌呖呖度云璈。阿侬生小乘船惯，不怕艅艎百尺高。

传言玉女·己巳冬赠王倚云

林香居士

眉黛山横，偷转盈盈秋水。香融粉靥，正海棠初睡。月下尊前，未饮教人先醉。三分羞涩，七分妩媚。　花娇无语，惹情痴，烛影里。东风倚软，这温柔解未？笑檀郎多事。春纤细认，又问芳龄有几。低声应道："儿年十二。"

风蝶令·赠王倚云

芳草词人

花底人如月，天边月似人。藏钩拳小白于银，爱煞平排寒玉，四条匀。　心有天然慧，情多别样亲。诙谐小语听偏真，爱煞平添红晕，一重春。

金缕曲

二月十五日同甸农山人、芳草词人小饮迟，倚云不至，即席戏填。

湖墅小隐

一半春光度。最无聊，困人天气，怀人情绪。飞絮沾泥浑不定，早又东风吹去。且呼取高阳伴侣，花信几番空负却，喜玉人，不远斜街路。忙折柬，邀莲步。　　桃花人面知何处，暗销魂，伤春杜牧，寻春崔护。底事三生缘太薄？惹得蛾眉相妒。凭爇着心香一炷。石烂海枯终不灭，会有时，花底重欢聚。将此日，离愁诉。

一　剪　梅

读赵瓯北诗，有“书生魂小不禁销”之句，余欲为倚云诵之。灯下戏作。

雪肤花貌玉精神，清也销魂，艳也销魂。文君眉黛远山横，笑也销魂，颦也销魂。　　入怀飞鸟惯依人，憨也销魂，倦也销魂。伤春最是杜司勋，见也销魂，别也销魂。

附录：芳草词人招饮启

盖闻占春梅萼，寻香贵数点珠胎；出海桂轮，下拜及初三眉样。娥新脱茧，应怜腻粉才干；莺乍迁乔，深爱轻簧尚涩。怅漫天之飞絮，宜珍重二月柔条；怨满径之落红，莫辜负半开芍药。物皆如此，人亦同然。如庆宁部中王郎五福者，金粟化身，玉清仙质，尘凡误谪，群惊隋苑灵狸；竿木逢场，人识秦台雏凤。梁间韵绕，槛外云停，固已集鞠部之芳华，擅梨园之绝技矣。然而疑年最稚，束发未齐，疑庾兰成作赋之时，尚输三载；方王子安趋庭之日，还欠两年。斗草簸钱，聪明尽有；长筵列坐，酬应殊难。或拈花而不言，怜下箸之无处。膝前文度，居然弱不胜衣；怀里衮师，几欲啼而却走。是以达官贵宦，藻鉴莫加；词客骚人，花评未及。歌成欢子，何来百尺青绫；曲罢懊侬，空进一尊白堕。此又数二十四番花信，怨春事之偏迟；绣三十六对鸳鸯，叹寄情之无所者也。仆十年沦落，千里羁孤，壮志未灭，闲情不浅。唾壶击碎，深喜铜琶铁板之词；蜡炬烧残，弥爱稚竹哀丝之奏。送陆郎骓骋，惆怅词传（谓朗仙）；歌杨白花来，妙鬘云远（谓长青）。

旅占叶吉，三索乃及少男；膜拜皈依，千佛亦怜童子。樱桃未熟，已教娇鸟衔来；鹦鹉能言，豫备雕笼留住。敢矜独得，愿证同人。地偏心远，不离梅市梨云；物换星移，恰值元宵灯火。未达灵犀之叩叩，先看飞鸟之依依。秀色忘饥，柔词堪醉，实客中消遣之良方，亦日后词坛之佳话。倘或耽恋书城，深愁酒债，陶学士烹茶炉畔，甘心贻笑于党姬；毕吏部盗酒瓮边，不惜见憎于邻叟。六张五角，事卒无成；乌邪满家，人怀奢愿。坐致牡丹，日午蜂蝶，都寻孔雀屏开；绮罗竞耀，门填车马，座集金貂。空望海上之三山，难买河清之一笑，悔无及矣。伤如之何！敬白微忱，恭疏短引。敢曰薛家车子，千秋传繁主薄之笺；聊同冒氏云郎，百首咏陈迦陵之句云尔。

贵　保

姓徐，又名桂林，字雪琴，年十五，苏州人。（庆宁部。）工小生诸剧，肤莹积雪，响遏行云。与其弟富林（同部，正生，字云鹤，年十一，老庆宁部中徐才宝之子，歌音洪亮，绝世无双。）同演《惨睹》、《白罗衫》等剧，毫发无遗憾，波澜各老成，允称双绝。至若薄施粉黛，益露清妍，媚眼鲜唇，秀眉丰颊。音声体态，虽娇莺啼露、乳燕迎风，亦输其妙。《思凡》一出，尤为摹绘入神，花满长安，殆无其匹。倘非细认丰标，真不知从方巾乌翅来也。昔李八郎喉啭一声，众皆惊服，不图于斯见之。迨夫杯酒论心，则豪情云上，爽气风高，迥非红氍毹上神情矣。徐郎，徐郎，我何以名之哉！

小南云曰："倚云天姿秀媚，正如出墙红杏，艳思撩人。名次素香，固为允当，而雪琴以才子风流，作佳人妆束，'清水出芙蓉，天然去雕饰'，仿佛似之，真堪伯仲，春色平分，为之帖服。"

赠徐雪琴

醉琴外史

万卉丛中见一枝，琢冰为骨玉为姿。绮琴白雪传神处，绿酒红灯昵语时。几辈略能当我意,为卿甘作有情痴。只缘标格禁描写,赚得萧郎数首诗。

广场一见便相亲,想亦三生有夙因。谑语未妨供巧笑,(时与倚云拇战辄负,甸农山人有“徐不如王”之谑。)好花难得共佳辰。偶缘病酒偏怜我,尽有痴肠解泥人。最是书生消受处,静中相对总天真。

即席有赠

人生能得几欢场,红粉当筵为劝觞。低首悄将心事诉,爱侬情致畏侬狂。

玉山醉倒有花扶,泥饮还能进一壶。生恐萧郎缘酒病,几番拇战尽情输。

小南云主人

丱角登场弱不禁,高歌欲问古知音。飞空花雨如春雪,吹送天风到素琴。旷代能伸才士气,(工《渔阳三弄》。)深山难锁美人心。(《思凡》尤妙。)每逢平叔情痴甚,多少偿来买笑金。(见醉琴、牧如辄憨笑。)

雾鬓云巾两并宜,当筵谁许比红儿。花光烛影香双印,酒尾歌头笛一枝。(工笛。)得解清谈才免俗,但存豪气不为痴。阿蒙姓字无人识,多谢尊前问讯时。(每于友人处询予。)

林香居士

争听阳阿绝妙词,梨云梅雪妒清姿。十分春色难为写,一笑柔情不自持。仙子怕教张硕近,桃源枉令阮郎知。(时同人小饮,招郎不至。)东风且为花香软,粉蝶魂销未是痴。

余久客京师,时萦乡梦,昨见徐雪琴演《荡湖船》剧,金阊风景,宛在目前,为赋《湖船曲》以赠之

芳草词人

华轩朗敞猩氍平,豪丝腻竹调新声。新声迭奏并佳妙,引喉妒

煞花间莺。中有徐郎貌如玉，窄袖轻衫善装束。鸦髻重蟠两翅高，凤翘新试双莲蹴。当筵作出湖船样，拼折腰肢荡轻桨。不管魂销两岸人，吴儿忽作渔郎想。尽解悭囊不是痴，移船就岸乍逢时。一篙春水痕深浅，隐语双关各自知。吴歈漫许夸同调，羞教碧玉回身抱。诉尽相思转五更，轻帆毕竟风吹到。侬是江南旧酒人，绿波画舫绮怀新。青泥谱就莲花记，拟伴鸳鸯老此身。无端十载长安住，香梦阑珊落何处。局促东华尘土中，倾囊剩有伤心句。郎自无心我泫然，乡音入耳倍堪怜。樊楼倘可同沽饮，便脱青衫当酒钱。感侬情重难相却，蒲芽荻笋重斟酌。金粟花枝记小名，银蟾影满芳年弱。顷刻优昙不肯留，署衔只我醉乡侯。秋来倘遂莼鲈愿，拟载桃根共一舟。

即席赠雪琴

牧如子

烛跋香残夜已沉，魂销此日握兰襟。眉端隐约来秋爽，座上缠绵话素心。娇艳何殊初日丽，酒波未抵两情深。分明雪影琴声里，又惹狂奴思不禁。

锦　　元

姓张，字小晴，又字筱晴，年十三，苏州人。（庆宁部。）修眉映月，浅靥旋涡，珠光溢座，都从眼角流来；兰气迎人，暗向词边吐出。风清月晓，露净莲香，辄思张六郎不置也。加以得来夙慧，盈盈解语之花，雅不工愁；冉冉忘忧之草，万柳萦纡。让伊情种，诸雏宛转，惟此可儿，其一往而深之致，俱自性府中流出，绝非献媚取怜者可比。至于登场奏技，无美不臻。状公子之冶游，则如玦树迎春，天然华贵；写才人之落拓，则如疏篁笑月，自赏风流。宫商洽御，五夜鸾鸣，裳襶翩跹，一身仙骨。《拾画》、《叫画》诸剧，颠倒痴怀，并欲痴及局外矣。若夫尊前烛下，密坐倾谈，王恭濯濯之姿，清堪医俗；张绪依依之态，影亦宜人。虽在无心，嬉笑皆添情海之波;任他不解,缠绵难免爱河之注。相对辄令人诵古人词曰:“忒煞多情。”

三月三日小晴初度

小南云主人

长安三月嫩寒消,检点芳丛尚寂寥。瞥见江南春一树,好将上巳当花朝。

杏云梨雪自春风,(指倚云、雪琴。)别有深情一笑通。私祝年年今夜月,写郎眉样酒波中。

林香居士

乍识云容语未通,新晴消息透帘栊。画栏香影荼蘼月,绮席春光杨柳风。花作生朝浇酒绿,诗传韵事擘笺红。(小晴生日匍农为之开筵,小南云赠之以诗。)笙歌队里声清绝,费尽评量有寓公。(小晴为匍农所字,又拟字以筱晴。)

醉琴外史

春风吹傍玉山行,一曲征歌万籁清。不用笑啼依旧谱,阿侬生就最多情。

当筵喜见张眉妩,善笑无如陆士龙。偏是有心偏不语,一痕香篆一丝风。

牧如子

新篁流韵晓风前,不是红妆亦可怜。(郎为部中小生。)小立池边偷照影,清姿端欲媚清涟。(郎又字筱晴。)

芙蕖烂熳溢金塘,那有天姿比六郎。漫道长安花似锦,花光多半是晴光。

桂　林

姓龚,字问云,又字墨痴。年十五,苏州人。(庆宁部。)仪容端雅，沉静寡言，自恨飘零，常怀抑郁。尊前月下，惟津津于文墨中，既令人爱，复动人怜。虽演剧俱工，聊以长歌当慨耳。

己巳十月二十二日同龚墨痴饮，归已沉醉，挑灯率成四绝句

湖墅小隐

漫夸裙屐擅当场，一曲清歌泪两行。小劫龙华何日尽，为卿亲解舞衣裳。

珊珊骨格涸风尘，花雨飞来竟著身。为尔摩挲还自笑，世间真有嗜痂人。（时郎患疥疾。）

歌罢当筵百琲投，芳心曾不解缠头。一枝斑管一丸墨，写出胸中万斛愁。（索余赠笔墨。）

一般沦落在天涯，诉到平生我亦嗟。想见当年白司马，青衫湿尽为琵琶。（即席余诵"同是天涯沦落人"，卿为之恻然。）

己巳十月二十三日芳草词人招饮，陈髯翁、心茗弟、杏南居士接踵而至，侑觞者为周徕青、潘小仙、龚墨痴、钱素香四人，即席纪事

湖墅小隐

朔风打窗声不止，萧斋清绝寒于水。搴帘一笑故人来，裼裘翩翩章公子。为言旅馆太凄然，不饮虚此小春天。与君同醉市上酒，及我尚有囊中钱。楼头买得玉壶春，顿忘门外驰风轮。陈君突入忽惊座，（陈大髯翁。）登筵不辨谁主宾。洗盏更酌重呼酒，刘伶一石青莲斗。元龙豪气尚未除，旗鼓相当逢子厚。自惭力弱不能军，壁上观之却欲走。酒酣耳热风怀新，记得墙东有玉人。含星松树为名字，顾曲周郎此后身。（周徕青名松官。）谁料髯奴解爱才，（谓陈大。）看花老眼频摩揩。为怜琼树朝朝见，呼取金莲步步来。（潘小仙名寿林，诸郎与陈对门居。）尊前吹出如兰气，掷果风流今未替。解语栽得河阳花，留人复招小山桂。（龚墨痴名桂林。）亭亭玉立钱家儿，珊珊环佩来何迟。（钱素香名德明，初字玉亭，后至。）一群么凤围歌席，四照名花映酒卮。登时蝴蝶化庄周，飞入芳丛烂熳游。桂花无声湿冷露,眉峰两点千重秋。(桂林一人向隅。)笑曳郎裾问何故,欲说伤心声复住。解事潘郎绝可人(寿林),从头代把生平诉。儿家旧住胥门里,读书未就阿爷死。巧心曾学嵇康锻,(其父曾开镊铺。)芳年争说樱桃美。饥驱身逐落花飞,强脱儒衫换舞衣。登场含泪度新曲,声容虽是性情非。知音不用夸歌喉,赏心不用争缠头。一枝斑管一丸墨,(郎性好笔墨。)背人偷写胸中愁。我亦天涯沦落者,听到凄凉泪如泻。还卿初服异日酬,为我尽欢今夕且。忽然破涕成一笑,烧烛重把群花照。芳草吟出池塘春,(心茗度曲。)杏花雨又江南到。(杏南最后至。)不辞泥饮百千巡,那管更筹重叠报。章君起舞剧欢呼,顷刻平地成崎岖。临风树影摇难定,点额梅花色太粗。(芳草词人醉仆伤额。)一事妒他最侥幸,玉山颓处玉人扶。

头绪繁多,皆以点化出之,于此见组织之巧。"湿冷露"句,尤用得蕴藉可喜。吴兴仲子跋。

蓉裳居士

亭亭玉树傍阑干,秀色天成未许餐。潇洒自余文士气,等闲不敢当花看。

逢人那屑斗娉婷,题曲应知胜小青。想见松花亲手涤,满窗晴日写黄庭。

冰壶秋月见丰标,弱水三千饮一瓢。为语评花诸雅士,新词休谱念奴娇。

吟声呖呖转春莺,枕畔还将一卷横。若把新诗疑曲本,伤心不独小书生。

赠龚墨痴二首,随兴所至,不计工拙,
聊与郎结一重翰墨缘也

小南云主人

一方福字一联诗,要觅簪花样一枝。夏氏帘衣马氏帐,共裁白璧琢云儿。（尝求芳草词人书福字及小诗联，又问字于湖墅甸农。）

肯教斗草误芳时，拱揖来寻弟子师。兰是同心开两样，素香香冷墨痴痴。（每以学生自称，见人辄拱揖，部中与钱素香最相得。）

寿　林

姓潘，字小仙，年十四，苏州人。（庆宁部。）语言捷给，容体妖娆。余始见其《跳墙》、《下棋》，神情不甚跳脱，忽而过之，后入迎福，转隶四喜。今秋复归本部，仍演是剧，笑貌音声较前大胜。至《拷红》、《巧姻缘》、《游街》诸剧，眉能传语，频回一转之波；情足迷人，愿证三生之石，迥非吴下阿蒙矣。我于潘郎几成皮相。

赠潘小仙

小南云主人

新巢燕逐柳风飘，丝管楼台学语娇。解道小姑能盗嫂，春心夜共烛花烧。（作《巧姻缘》饶有情态。）

莲花排着等花行，花到先看酒面迎。哑乐一番齐一笑，隔窗人只不分明。（小仙主觞政令，各摹作乐状。）

吉　庆

姓凌，字琴心，又字漪兰，年十八，苏州人。（迎福部。）丰姿韶秀，静雅宜人。素服淡妆，韵流香溢，观者如饱饫肥鲜之后，得试芳茗，顿觉两腋习习，清风生也。《偷诗》一剧，冷面热肠，描摩曲肖。殆与徽部李菊如（添寿，四喜部。）作赵家姊妹矣。

春史氏曰："琴心喜藏法帖，寓梁家园之东偏，内设精舍三楹，分上、中、下三等，视客之次第而处焉。余尝至其家，导入一室，几席整洁，笔研精良，陈设古雅，壁悬名人书画，不知其为何等，而清雅之致，已扑去俗尘三斗矣。"

余将次出都,小泉来山人招琴心饯饮,即席口占留赠

琴恬道人

弱质偏宜雅淡妆,风情先试越罗裳。歌裁绛雪工新调,春逗寒梅压众芳。青琐窗前人倚玉,卢沟桥外月如霜。征衫苦被飞鸿引,咫尺瑶台路渺茫。

喜　林

姓孙,字韵嵋,年十七,苏州人。(金玉部。)眉弯新月,色艳朝霞,态韵悠扬,眼波明媚。工《折柳》、《絮阁》等剧,睍睆和鸣,簧润三春之雨;宫商协奏,喉探径寸之珠。乍聆新声,(《思春》小曲独绝一时。)信堪骨醉。即闻古乐,谁复神疲。侈目皮之相难,云琼树文鸾;拟雅调之赓祇,有梧冈鸣凤。

赠孙韵嵋

湖墅小隐

爱向帘前斗舞腰,当筵一曲更魂销。春风柳浪莺声滑,乡梦依稀到六桥。

秋菊春松写未真,几人相赏出风尘。描摩愧乏生花笔,要倩陈思赋洛神。(郎为陈松岩所赏。)

小顽山人

菊部新声第一家,不将娇冶斗芳华。歌传乐府新翻李,人倚琼楼旧姓沙。南浦月明愁柳色,西宫玉立怨梅花。(最工《折柳》、《絮阁》等剧。)党姬绝好风流事,低唱尊前韵转赊。

张　七　官

名秀林,字雪梅,年十七,苏州人。(金玉部。)前三多部中张竹圃(名寿林)之胞弟,为王浣香高徒。(名桂林,三庆部。)韵比梅清,脸凝雪艳,流光剪水,转临去之秋波;弄舌娇莺,听新音于夏木。身材纤秀,袅娜多姿;场步安详,丰神和畅。《水

斗》、《活捉》诸剧，恬静宜人，叫嚣悉泯。心苕居士善解音律，不轻许可人，于雪梅赞不绝口。知音既遇，张郎可以无憾矣。

赠张雪梅

湖墅小隐

春山两点半含秋，河满声中泪欲流。修到美人例憔悴，不工欢笑只工愁。（郎工于苦戏。）

弱不胜衣秀可餐。晚风杨柳怯春寒。舞衫歌扇因缘重，最羡君家有二难。（郎系竹圃之弟。）

松　官

姓周，字徕青，年十四，苏州人。（庆宁部。）姿容秀雅，音韵轻圆，小生中亦称杰出。偶作婢妆，两颊生春，双眉耸翠。昔人作小青传奇有云："娟娟楚楚，如秋海棠花。"读此二语，恍见徕青。

春史氏曰："余最爱《无底洞》中《和乐》一剧，松官琵琶，德明弦子，胜林击鼓，时则轻拢慢捻，如和风细雨，兰气徐霏；时则促节繁弦，如撒豆抛珠，尘襟快涤。两行粉黛，都疑天女化身；十色鲜妍，尽是霓裳旧侣。可云随手乱翻雕玉佩，折腰争舞郁金裙矣。部中生旦兼优者，推徐雪琴（贵保）为第一，以徕青视之，当必曰：'湖船荡桨，我不如卿；少妇琵琶，卿不如我。'（雪琴《荡湖船》剧甚工。）"

赠周徕青

小南云主人

放眉天外斗春山，省识风前玉笋班。自唱新词还自顾，再无遗误到人间。

有花靧面即成花，不画双蛾画鬓鸦。荡妇春情才子泪，一时倾泻为琵琶。（作美人妆弹琵琶甚佳。）

双　喜

姓张,字薇香,年十三,苏州人。(庆宁部。)前庆宁部蘅香(寿圆)之胞弟也。姿容俊杰,品格清妍,鸾笙风暖,曲擅忘愁,犀席春生,香留宜爱。杯浮蚁酒,惟卿不负花辰;果掷羊车,累我亦投莲子。且赋性尤为灵慧,在部中齿最少,而工剧甚多。《雷峰塔》、《翠屏山》诸出,俱作倚云(五福)鱼婢,一时有两璧人之目。小南云主人、林香居士皆极称赏,谓将来必冠群芳,洵非虚誉。至其曲调清圆,殊得乃兄神味。见薇香者,益思蘅香不置云。

蘅香在前庆宁部,与袁佩馨(福寿)、沈秀云(荣庆)、孙影莲(三喜)以四美并称。今则吴云燕树,花梦都醒,灯炧酒阑,不胜怅触。

赠张薇香

林香居士

情深难药半生痴,一缕柔肠宛转丝。新月初生谁下拜,好花待放我题诗。娇藏鸳帐风还怯,轻曳鲛绡步尚迟。看取丰台春似海,江南红雨落多时。

四月初十日即事再赠薇香

漫送春归别绪添,又将春色问秾纤。难逢花语茶都醉,易累人痴粉怕沾。薇帐月明浸玉烛,香绒风软罥珠帘。牵衣执手情何限,赢得东君彩笔拈。

即事赠张薇香

小南云主人

携花便作访花缘,(时携倚云、雪琴、小晴同行。)最小花枝照眼鲜。清到蔷薇才有露,轻如蝴蝶易成仙。(体小衣轻,有以蝴蝶目之者。)新香凝膝双声倚,暖玉舒弯一握圆。怕负初三眉样月,背人先拜画帘前。(林香赠有"新月初生"句。)

附录：芳草词人赠张蘅香《浣溪纱》一阕

灯檠(去)烧愁小阁红，无边寒意不关风。病魔都在酒杯中。情到痴时难索解，诗言真处自然工。高怀只许那人同。

牧如子赠袁佩馨(又字秀芝)七律二首

酒垆曾共话佳辰，蕴藉当筵意倍亲。顾曲易成知己感，工愁生就可怜颦。相思南国缘卿重，欲买东风愧我贫。不惯逢迎自凝睇，樱桃红让几分春。

此事推袁也自宜，玲珑心曲玉丰资。花当娇艳偏无语，情到书生最易痴。入座气吹兰蕙馥，绕梁韵袅管弦迟。齐纨不尽缠绵意，我亦人间杜牧之。

多　福

姓秦，字月楼，年十四，苏州人。(庆宁部。)工《赏荷》、《长亭》等剧。貌极娇秀，体亦娉婷，一笑旋涡，双眉映月。其媚人之态，俱属天成，绝无效颦恶派。今春偶染微疴，力疾求工，忽然声哑，至今始渐复明。玉韫椟中，珠藏匣底，暂时韬晦，宁足为卿虑哉！小南云主人谓，秦郎声价，转瞬必增，诚物色之最真者。

赠秦月楼

小南云主人

无端浅笑又低头，不学寻常见客羞。柳最可怜最难为，一分春有十分柔。

寻芳私喜及芳辰，素袜盈盈不动尘。璧月珠帘银烛院，避人捧手上庄辛。

芳草词人

最难兼顾是痴情，偏有奇花照眼明。十斛相思填满腹，更教何处著卿卿。

何人能到月中楼,帘角微窥影一钩。深怕客魂销欲尽,绿杨不许啭莺喉。

容裳居士

漫夸燕瘦与环肥,一曲清歌世所稀。潇洒只宜名士赏,端庄难疗俗人饥。凉风曲榭香添袂(《赏荷》),斜日疏林泪满衣(《长亭》)。逸致闲愁都写尽,知君不屑斗芳菲。

太　平

姓朱,字心卿,年十三,苏州人。(庆宁部。)其父四官,最工昆剧。从幼入都,居京西之太平村,地不甚广,凡桥梁邱壑,无不名为太平者。郎生于是,故亦以是名之,犹称夷光为西施之意也。七岁时,即能演《拷红》剧。去秋始出歌台,聆其妙艺,则画槛凉生,纤歌云遏,曲调之工、音声之美,无有逾于此者。貌颇秀雅,体甚轻柔,性情尤极灵慧。《窥醉》一出,顾盼流连,饶有风韵。至与小生双全(姓王,字南瑛,年十二,吴人,工《藏舟》、《番儿》、《千秋鉴》等剧。《花报》一出,尤艳冶可喜。)同演《千秋鉴》全本,一则娇声绰态,狐媚真足迷人;一则倜傥风流,燕昵洵堪悦目。丱角儿郎,具此慧业,益令我有积薪之叹矣。

赠朱心卿

容裳居士

冰肌映雪净无瑕,豆蔻初含未破瓜。微步凌波看脉脉,前生合是水仙花。

寂寂书斋户半开,弓鞵纤小印苍苔。笑侬日日如泥醉,可有佳人踏月来。(工《窥醉》剧。)

福　寿

姓缪,字素瑛,年十四,苏州人。(庆宁部。)靡容腻理,弱质柔情。戊辰秋,余于瞿别驾席上见之,缕述来京始末,忸怩腼腆,悱恻动人。嗣后每遇歌筵，辄有恋恋故人之意。歌喉不甚响亮，而《和番》、《瑶台》、《藏舟》、《折柳》诸剧，却能工稳。近有豪客往还，门前车马，殊不冷落。余友张绣云，亦颇许可。名花将开，自不少寻香伴侣也。

赠缪素瑛

容裳居士

毡氅猩红耀雪肤，琵琶声惨月模糊。绘图欲问毛延寿，出塞明妃学得无。（工《和番》剧。）

偶缘酒病厌新醅，宝马香车叠叠催。最爱登筵无一语，泥人闲坐不持杯。

松北闲鸥

檀槽一曲按梁州，花底尊前好逗留。明月琵琶千古恨，晓风杨柳十分愁。朱丝栏细裁新谱，青锁窗寒怯素秋。端的聪明天付与，肯将妖艳博缠头。

胜林

姓张，字佩秋，年十四，苏州人。（庆宁部。）身材纤小，体态幽娴。擅眉清目秀之姿，具山淡云闲之度。所演诸剧，如《游园》、《惊梦》、《盘秋》，皆细腻风光，独得传神之妙，非粗浮者所能摹拟，亦非粗浮者所能领略。至《和乐》剧中击鼓，尤擅绝一时。且年甫髫龄，性偏简淡。凡佩秋在座，如有狂呼号呶者，则眉际微嗔，不觉流露。虽有匡鼎说诗之能，亦难为解颐也。牧如子云："与佩秋相对，令人躁释矜平。"是真佩秋知己。故每见牧如，尊酒论心，无一浅语者，良有以也。

赠张佩秋

小顽山人

曾向苏台演竹枝，可人情意是吴儿。魂销鞠部行云外，听彻渔阳入妙时。顾曲争传声慢慢,催花偏称雨丝丝。六郎休荷当年宠,小史而今会画眉。

喜　　贵

姓何,字逸云,年十五,苏州人。(金玉部。)雅称青衫,不矜红艳。歌喉宛转,正如玉磬金铃,自然圆彻,《阳告》、《夜课》二剧,含冤饮泣,韵动梁尘;《教子》、《思夫》,声吞丸荻,观者无不下泪。虽貌逊钱郎(德明),而体态柔和,神情俊爽,可称双美。牧如子《歌楼十二钗》画册所以为卿高置一座也。

赠何逸云

小南云主人

数行血泪十年盟,怨魄羞同薄幸生。(《阳告》一剧最工。)我替龙君作张主,向钱塘乞一枝兵。(用《柳毅传》。)

雎凤声悲么凤听,破窗灯影照眉青。从今璧月难为朗,帘外奴星内小星。(《夜课》神情,观者欲涕。)

九　　如

姓周,字静莲,年十七,苏州人,始隶(彩华、景星)部。粉不施而脸白,脂不点而唇红。黄莺声哢,银海光摇,其沉静如龚问云(桂林),而缠绵真挚,则与杨啸云为伯仲。(长青,四喜部。)始字静芳,余以静莲易之,取"出污泥而不染,濯清涟而不妖"之意。所演诸剧,俱细致可观,芳草词人最为心醉,题赠极多,不能尽录。近因不愿乔妆,改作巾生,与其兄琴舫(名才林),同隶三庆部。可见孤山冷艳,自不与桃李争妍也。

消息(听静莲后场打鼓)

芳草词人

试问花奴,怎时学得渔阳弄。绣甲狮环,花冠雉矗,乱颤钗头凤。两腕春酥,一弯腻雪,撒豆抛珠轻重。讶当场,千人侧目,已齐注帘衣缝。　急似奔车，轻于漏滴，十部龟兹都控。匝地雷惊，澄江鼍起，音节差堪共。画舫中流，绿杨村社，记得江南春仲。归来夜，小檐余滴，又萦乡梦。

一剪梅（赠周静莲）

才趁天风下玉京，花比伊轻，月比伊清。相逢不解世间情，密语眉成，密意心盟。　渐觉闲愁隔座生，目转春星，曲转春莺。霎时梦断晓鸡声，别酒杯倾，别泪衫盈。

长相思（独木桥体二阕）

雪难如，玉难如，一线横波点漆如。滞人春梦如。　漱泉如，贯珠如，听遍梨园总不如。春莺一哢如。

细葱如，软绵如，指爪麻姑恐不如。泥人红玉如。　愿难如，意难如，望断遥天万里如。怀人病酒如。

凤凰台上忆吹箫（独木桥体）

骨妒梅清，脸分菊瘦，孤高气味翛如。笑嫣红姹紫，总是难如。对我眉青一抹，春风卷弱柳稍如。文园里，一窗风雨，愁煞相如。

来如依人飞鸟。中酒后，微闻百和香如。爱春纤一握，玉笋尖如。漫说词人心细，偏相印，印印沙如。归来后，优昙早掩，枉如真如。

前词意有未尽，更得是作，可谓尽态极妍，情词毕露。然惟子都风韵，乃能称此；亦惟陈思才笔，乃能赋此。小泉来山人跋。

福　元

姓陈，字雪英，年十七，安徽人。（彩华部。）肌白音尖，性情高爽，朗朗如玉山上行，绝无时下扭捏习气。《相约》、《讨钗》诸剧，洒脱之中，仍含静穆，月到天心处，风来水面时，其妙可微会焉。近与其傅蒿玉林,同往天津,恐落落风标,难投时好耳。

浣溪纱(忆陈雪英)

松北闲鹤

纸帐绳床未忍眠,独垂清泪小窗前。个人小别又经年。却病未能因嗜酒,怀人最苦是春天。暗风疏雨倍凄然。

菩萨蛮(回文体)

薄寒春早花枝弱,弱枝花早春寒薄。人远寄鸿鳞,鳞鸿寄远人。　瘦知新病酒,酒病新知瘦。欹枕一深思,思深一枕欹。

城头月

个人去后无消息,日日肠如结。鹦鹉无知,偏向灯前几度将伊说。　原知痴想真无益,未许轻抛撇。料是难忘,索性将他丰度重相忆。

思佳客(赠陈雪英)

韵陀居士

贴地柔腰舞凤靴,绮年三五月明多。珠喉滑称新莺啭,玉骨轻宜细马驮。

催按拍,教征歌,客心孤迥奈愁何。绝怜照坐红妆艳,一瞥星眸滟酒波。

嵩　林

姓高,字绮梅,年十六,苏州人。前在景星,后入迎福部。明眸皓齿,修态姱容。清歌宛转,何殊一串之珠;妙舞轻盈,不减三眠之柳。工《折柳》、《相约》、《讨钗》、《盗令》、《番儿》诸剧。曩在景星部,与马初蓉(名双喜,又字兰萌。)相伯仲,彼时肌肤瘦削,楚楚可怜。且马郎风采翩跹,罕有其匹,绮梅似逊一筹。今则两颊微丰，一颦独绝，金温玉粹之姿，琼树瑶花之艳，使初蓉再赴锦城、同登罗荐，亦难轩轾其间也。

赠高绮梅

牧如子

洗妆楼外柳毵毵，不见题诗纪阿男。（渔洋山人句。）唱彻新声金缕曲，断肠春色在江南。（唐人句。）

欲识吴儿酒未温。番儿一曲已销魂。三弦弹出边关调，几许春光度玉门。

附录：芳草词人《赠马初蓉作》

未向迷香洞里行，先来领略闭门羹。绿帘委地无人迹，自有猧儿解送迎。（访初蓉不值。）

妙鬘仙影忽飞来，使我尘怀一刹开。两鬓蝉云梳不起，酒痕红上小玫瑰。（初见初蓉。）

听春新咏　西部

西部目录

王双保（字莲生，本京人，大顺宁部。）

金庆儿（字绣卿，山东人，大顺宁部。）

赵翠林（字玉琴，直隶人，景和部。）

张四喜（字杏仙，扬州人，大顺宁部。）

王榀寿（字佩珊，扬州人，大顺宁部。）

常秀官（字钿香，扬州人，双和部。）

居双凤（字星环，本京人，双和部。）

李小喜（字香蕖，山西人，双和部。）

吴采菱（字漪莲，扬州人，大顺宁部。）

张德林（字沁香，本京人，大顺宁部。）

周三元（字沅香，本京人，大顺宁部。）

周甲寅(字媚春,陕西人,双和部。)

听春新咏　西部

双　保

姓许,本姓王,字莲生,又字月卿,年十五,本京人。(大顺宁部。)秀骨珊珊,清姿濯濯。环垂左耳,徐妃半面之妆;响入行云,子野一声之笛。秋水共春山并秀,眉目含情;环肥与燕瘦平分,浓纤合度。临风摇曳,二月柔条;斗雪精神,先春绿萼。《赐环》、《胭脂》、《梅降雪》诸剧,梁间韵绕,槛外云停,真有清风徐来之致。至若分曹角酒,频倾北海之尊;剪烛清谈,似挹西山之爽。是何弱质,具此豪情?

赠许莲生

小南云主人

红藕花香记小名,凌波轻度许飞琼。池边风露篱边月,开向前头便作兄。(《听春小传》以莲生居菊人之右。)

香云和韵绕雕梁,镜里盈盈见靓妆。裹着红衣宿花雾,有谁修得到鸳鸯。

林香居士

出水红莲艳粉匀,色香领略总天真。飞琼宝相呈仙梦,叔子金环记夙因。(左耳常带金环。)有酒如淮难醉月,无风度曲易扬尘。十眉图里黄崇嘏,可抵听春第一人。

韵西居士

春城何处最关情,满树喧风百啭莺。漫说家明工韵语,争传傅寿斗新声。青窥柳眼曾怜我,绿卷蕉心总负卿。消受色香花雾里,彩鸳修到定三生。(小南云山人有"有谁修得到鸳鸯"之句。)

庆　儿

姓金，名元庆，字菊人，又字绣卿，年十五，山东兖州人。（大顺宁部。）琢玉成肌，裁琼作骨。春生镜殿，如游不夜之城；海涌银波，尽识飞仙之气。秋水为眸，有波皆活；昙花现相，无色非香。班孟坚所云“精曜华烛，俯仰如神”者，惟卿可以当之矣。至登场奏艺，靓雅宜人，林宗望之若仙，叔度淆之不浊，移时静对，使人之意也消。渔山主人曰：“绣卿眉黛含颦，更得西子捧心之妙。”真知味外味者矣。

小南云主人曰：“余于己巳早春入都，楂溪张明府首邀观剧，时绣卿初上歌台，一见即惊艳绝。作客频年，看花不少，或偎红映酒，或拥翠征歌，独与绣卿五角六张，情深缘浅。然慕绣卿之念，未尝移置他人，以为赏识最先也。二分眉月，爱摹他菊影双身；万缕情丝，愿寄与花风一片。”

余取长吉诗意，自号绣君。小泉来山人云：“是宜持赠金郎。”盖知余心赏最深也。因易卿字赠之，并缀七律二章

小南云主人

当作仙云一朵看，香风吹堕赤阑干。五铢衣软回身易，四照光多注目难。匝地珠尘输暖雪，经春花雨感啼兰。（眉蹙工愁。）新丝买得从郎绣，何限秾华妒蜀纨。

斋歈不唱唱秦声，怯怯珠喉度玉筝。入市卿愁真看煞，当场我觉可怜生。帘前蜂蝶迟香出，镜里星云等月明。（部中得卿增色。）多病损花无病俗，费商量处累痴情。（卿善病。）

翠　林

姓赵，又名小五，字玉琴，年十八，直隶定州人。（景和部。）姿容娟丽，体态娉婷，一笑嫣然，瓠犀增媚。“皓齿乍分寒玉细，黛眉轻蹙远山微”二语，真足为其写照。歌喉宛转，累若贯珠；而道白清圆，更为独绝。故每一登场，并臻妙境，不独

《富春楼》、《血汗衫》、《背娃》诸剧,为一时绝唱也。至若杯酒倾谈,和风扇座,虽号呶豪客,亦默化潜移。“北方有佳人,绝世而独立”,愿以咏李夫人者移赠之。

春史氏曰:“玉琴天性至孝,代母长斋。寓蔡家胡同之萃林堂,室不甚宽,而淡雅精洁,不染尘氛。应酬谈吐,恂恂然有文士风。视登场演剧时,几以为如出两人焉。近因母欲归家,弃业奉养,真菊部中之绝无仅有者,而论者每以术业之微为玉琴惜。然使玉琴身居穷巷,溷迹泥途,日与贩竖田夫为伍,虽孝行过人,谁复过而问焉者?今乃名垂舞榭,誉满京华,其业传,其人传,其孝亦赖以俱传。甚矣!业之不能囿人也如是夫。”

赠赵玉琴

小顽道人

惜花人识散花人,薏苡明珠判自真。杜牧三生羞薄幸,都官一曲误风尘。尺书有墨皆成泪,寸草无晖不是春。我本江南绝裾客,鹧鸪声里独伤神。(郎性至孝,近已归养。)

看花回(见赵翠林秋千)

林香居士

燕语莺啼百啭新,满院生春。逞娇不怕东风冷,最销魂。画板朱绳,为谁情意重,忒煞轻身。　点水穿花巧胜人,摇荡红云。一霎时珠楼惊堕粉,争怜他柳亸花颦。笑吴侬痴绝,错认为真。

寄怀赵玉琴

韵陀居士

彩云轻散渺愁予,后约兰期愿总虚。忆说桃花门巷近,清风明月店旁居。

长斋礼佛祝延年,乌哺心盟定更坚。须信净因皆夙植,谪来本自瑟篏天。

生成淑慧总天真，小露情怀一笑嚬。记否当筵留雅谑，五娘终竟蔡家人。（玉翠名小五，初寓蔡家胡同。）

薛访歌喉绝代无，惊鸿掠影想轻躯。虎贲尚识春风面，只有隋庭一颗珠。（和春部殷采芝，初名翠珠，颇似玉琴风韵。）

小窗密语忆年时，多半春愁付梦思。检点分香罗帕在，乌阑重写旧题诗。

小　四　喜

姓张，字杏仙，又字镜芙，年十五，扬州人。（大顺宁部。）

丰肌绰约，玉质玲珑。红晕生春，艳若半开芍药；银蟾散彩，皎同一树梨花。《百花亭》一剧，柔情宛转，惊喜交融，宾白数言，令人神往，此中旨味，惟细心人能领略耳。但以《换布》、《打都卢》赏之，犹还珠而买椟也。同部有隆福者，不详姓氏。容貌姣好，歌喉清婉。演《吞丹》、《戏叔》等剧，神情风韵逼肖于张。后知为杏仙高弟，十五儿郎，得传衣钵，亦是一大佳话。

题杏仙杏花便面

红蕉馆主人

绰约仙人赛绿华，舞衫红处艳明霞。坐憎桃李都粗俗，管领春风是杏花。

哀丝豪竹唱伊凉，蓟北征人易断肠。曾向尊前亲诉与，二分明月是侬乡。

倚醉斜飞一笑嫣，爱他微雨湿轻烟。掠花倘化红襟燕，不数庄生蝶是仙。

解连环（琴恬道人将出都门，为杏仙绘折枝杏花便面留别，属题此阕，并以赠行）

韵陀居士

芳丛尔许。恁活色生香，有缘蓦遇。嫣然一笑，看醉靥添潮，粉腮浣露。似此仙姿，原未合绿杨城住。恰移来天上，栽向日边，争妍艳谱。江南几番春雨,报先生归也,魂消岐路。怅吴侬飞絮浮踪,被春闹枝头,勾留不去。次第看花,剩几个高阳旧侣。判后时驿使缄香,和梅寄与。

福　寿

姓王,字佩珊,又字藕云,年十五,扬州人。(大顺宁部。)雪肤花貌,秀骨丰肌。眉痕眼色,与金绣卿而争妍(庆儿);晕活涡流,偕张杏仙而并媚(小四喜)。鲍明远“蕙心纨质,玉貌绛唇”二语,殆早为佩珊赋与。至若放开蛾绿,眉语随目箭齐飞;卷起衫青,玉貌共霜纨一色。此尤其艳绝一时者也。初上歌台,即演《裁衣》一出,写到醉思春浓、情肠丝绕,真有不可名言之妙。续演《剃头》、《写状》、《捉奸》诸剧,俱能描绘入神,见者无不色飞眉舞。绣云山人最为心醉,赠以“春满林园不当花”之句。惟有芳姿绝俗,始令才子钟情,益信此中自有定价。

赠王佩珊

绣云山人

分明玉咽泻流珠,花作芳颜雪作肤。累我频翻邻女赋,商量施粉与施朱。

暖风吹软小腰肢,况复蝉连劝酒卮。一抹酥胸双玉腕,十分炫耀解衣时。(《裁衣》一剧最工。)

丝管楼台日日哗,舞裙歌扇烂云霞。二分明月真无赖,春满林园不当花。

秀　官

姓常,字钿香,年十五,扬州人。(双和部。)清如纤月,皎若梨花。襁褓甫离,即尝梦至歌台,试枪度曲。厥后入都,为章云卿(名瑞林)高弟,三生慧业,一梦华胥,此事信有前因也。《胭脂》、《赠镯》、《檀香坠》诸剧,节奏铿锵,歌音清越,真堪沁入心脾。盖秦腔乐器,胡琴为主,助以月琴,咿哑丁东,工尺莫定，歌声弦索，往往龃龉。惟钿香与大顺宁之许月卿、景和部之赵玉琴（小五）、玉林（年约十余，不详姓字，无诗，故不立传。）为能。丝肉相比，非生有夙慧者，未易寻声赴节也。

赠常钿香

湖墅小隐

一字芳名恰称君，风流难得是温文。美人争说西方好，终逊扬州月二分。

堕溷飘茵不自持，灵犀一点已先知。最怜西向长安日，却是邯郸入梦时。（郎自言儿时屡梦登场演剧，今果应矣。）

双凤

姓居，字星环，年十七，本京人。（双和部。）气格清腴，腰肢袅娜，眉目之秀，近于甲寅；而蔼若春云，皎如秋月，一灯相对，更觉可怜。自李香蕖（小喜）回籍后，咸谓《香山》一剧已成《广陵散》矣！而星环继起，杨枝一捻，玉藕双弯，与李郎悉敌。盖西部《香山》与徽部稍异。徽部服饰庄严，西部则止穿背甲，非雪肤玉骨者，不轻为此。故必星环登场，始足令人情荡也。

赠居星环

小顽道人

一枝春色占芳容，晓入瑶台浥露浓。翠帐熏沉迷蛱蝶，水帘凉沁湿芙蓉。两行绝胜双鬟映，百琲难将一斛封。记得云中扶辇下，清声六六步春容。

小喜

姓李，字香蕖，年二十，山西人。（双和部。）丰神温雅，眉目清妍，颇有楚楚可怜之致。尝见其《香山》一剧，双湾纤藕，百啭新莺，与徽部张芰香各极其妙。去岁归家，不登场者数月。今春重返歌楼，演剧更妙。《虞初新志》载：“马伶入都三载，艺始无双。”

卿何与之相反耶?

赠李香蕖

小顽道人

好花不厌几回看,话到钟情入夜阑。南内月明檀板静,东墙人倚玉箫寒。杯浮蚁绿酡颜易,泪饮猩红怅别难。旅邸孤怀苦憔悴,好凭双鲤劝加餐。(时卿将回里。)

采林

姓吴,字漪莲,年十三,扬州人。(大顺宁部。)纤眉写月,媚眼涵秋。霏珠露于瑶墀,种兰宜瘦;护琼蕤于晶箔,映玉皆清。移来素袜,花外凌云;听到清商,风前罥雪。“无质易迷三里雾,不寒长著五铢衣”,玉溪生二语何其神肖与?矧复腰怜楚楚,杨柳让其三眠;情最深深,丁香输其百结。此尤不可多得者也。己巳冬,与小生三林同入京师,未出歌台,先传合璧。近见其《卖胭脂》、《檀香坠》、《缝带》、《登楼》诸剧,神情态度,旖旎动人,始信传闻不谬。

小南云主人曰:“漪莲未出歌台时,余与林香居士同往观剧。绣幕微开,璧人宛在,不觉目为之注,然犹仙树有花难问种也。郎即搴帘凝视,竟日不移,浅笑微颦,目挑眉语,一如深识我两人者。越半月,有友盛称漪莲之美,往视之,即前窥帘人也。是时漪莲芳名藉甚,豪家贵客争与之游;而于我二人输情送意、缱绻流连屡见,悉如前度。夙缘耶?慧眼耶?果何修得此耶?”

赠吴漪莲

林香居士

藏珠声似彩鸾声,飞下天风到眼惊。我是吹箫旧萧史,相逢更觉可怜生。

生来爱著紫泥罗,帐底潜流眼角波。飞近海棠双蛱蝶,每从花睡得香多。(演《登楼》、《揭帐》俱极妙。)

容光共讶月穿棂,又认明珠映画屏。梦到蓬莱仙界近,方知错认是张星。(余与小南云初认,郎姓张。)

赢得新诗远寄将,(小南云从津寄诗至。)惜花情重费评量。那知乍识春风面,恰好漪莲字六郎。(卿字,系小南云所赠。)

小南云主人

喜送东风侧侧过,一层帘漾万层波。归来顿觉春衫重,兜得珠光十斛多。

隔楼花眼为谁明,情重翻怜睡思轻。楼下有人心语口,思量何事总干卿。(屡见《登楼》一剧,情事如此。)

德林

姓张,字沁香,年十二,本京人。(大顺宁部。)歌喉清婉,舞袖玲珑。《卖艺》一剧,刀杖俱精,而流星双锤,如雪舞花飞,盘旋上下,嫣红一朵,隐约于珠光腾掷之中,神乎技矣。同部有桂林者,(姓苏,扬州人,今入三庆部。)亦工是艺,而气静神恬,沁香尤胜。昔公孙大娘舞剑器浑脱,少陵极赞其精,不谓丱角儿郎,直欲后来居上。

舞花行

小顽道人

何物老妪生此儿,莲花为骨香为肌。香肌玉雪生怜处,舞袖歌衫入妙时。京华半是钟情客,碧槛朱栏围绮席。倩郎妆束比双鬟,绝胜旗亭好风格。珠喉才试玉箫停,脱却罗裙撤绣屏。儿家自有惊人技,不独琼花唱后庭。轻舒猿臂猱身捷,短梃齐眉弄如叶。掀风搅雨卷春涛,骇人心目迷人睫。回身再整小蛮腰,余勇真能夺锦袍。天外云移雉尾扇,尊前风试雁翎刀。刀光闪烁不可视,矫如游龙疾如鸷。浏漓浑脱独冠时,绝似公孙舞剑器。须臾弃刀复运锤,双掣流星骇伏狮。初如月窟金波泻,渐看银河电影移。弹丸脱手难摹似,珠光圆转春光里。舞影风回人镜中,点点梅花落江水。尔时观者咋舌惊,注目摇首飞神情。逢场作戏等闲事,不图见此奇孩婴。添酒亟呼问踪迹,罗衫团扇风流绝。腼觍犹能说我家,黄金台畔人提挈。学书不成去学艺,艺到精时侬未知。即今沦落风尘内,俯首人间老曲师。我闻此语重咄咄,手击唾壶口欲缺。为卿翻作《舞花行》,舞尽花时还舞雪。舞花舞雪妙香生,曲院风光分外清。明月华灯相赏夜,娇歌休问郭芳卿。

三　元

姓周,字沅香,年十三,本京人。(大顺宁部。)本作武生,与德林同演《卖艺》、《别窑》诸剧。余以为此郎若作女妆,艳丽当不在镜芙下(小四喜)。后于《九钟罩》全本中扮作侍婢,桃痕晕玉,莲瓣钩春,窄袖轻躯,穿花点水,令人目不给赏。绣云山人不轻许可,以莲生、菊人之色艺,犹不能动其心,独于沅香一见魂销,大加叹赏。此中虽有夙因,而三郎之妙,已见一斑矣。

赠周沅香

小南云主人

花冠才卸整花钗,(以武生作武旦。)红粉光中月镜揩。引到情天开眼界,有人左右咏风怀。(谓绣云山人。)

好向灵均访美人,沅江香草一堤春。始知儿女英雄态,都是《离骚》笔化身。

甲　寅

姓周,字媚春,年十七,陕西人。(双和部。)眉凝蛾绿,映善睐之明眸;口比樱红,称承权之靥辅。陈思所云"华容婀娜,令我忘飧"者,卿为近之。今易旦为生,不复见曩时绰约。然天生媚态,随处皆宜,"即此便非尘世界,三山何必访蓬瀛。"我辈钟情,原不在珠围翠绕也。

赠周媚春

小顽道人

自洗胭脂懒画眉，更无人问好花枝。镜中鬓影生怜处，帘外春光欲逗时。玉笛声嘶寒入梦，金城人去雨如丝。东风好为传消息，笑语周郎知未知？

听春新咏　别集

别集目录

附录　何玩月(字月卿,陕西人。大顺宁部,今暂归。)

听春新咏　别集

蒋　金　官

字云谷,苏州人。(和春部。)凝香似菊,吹气如兰。昔年惊艳,曾疑谪降于瑶池;此日征歌,犹认联班于月窟。登场演剧,含商吐角,气静神闲。正犹道子写生,神传阿堵;易牙调鼎,味越酸咸。惜也人怀秾李,谁数孤芳?忆此名花,能无增感?

赠蒋云谷

蓬壶侍者

楼头瞥见动微嚬,重结三生未了因。寄语樊川狂杜牧,不须惆怅怨寻春。

万字阑干半隐身,丰肌弱骨自停匀。长安及第花无数,独占东风一段春。

休夸雏凤穿云曲(谓张凤林),莫羡瑶台似玉人(谓玉麟)。柳絮飘零秋色老,何如桃李总宜春。

回头几欲唤真真,旧雨偏如识面新。从此桃源应有路,不愁芳坞暗藏春。

当场偷眼暗形相,衣袂疑分月姊香。一朵桃花生醉颊,玉姿令我忆潇湘。

鬓云眉黛入时妆,不让秦川窈窕娘。只道小姑原姓蒋,系情深浅问江湘。

记得琼筵泛羽觞,却愁分手太匆忙。羡他三径人如菊,风动帘波映碧湘。

蓝桥有分溯裴航,刚被风吹又一方。巫峡停云空感赋,迷离烟雨隔三湘。

蓬壶以"春""湘"二韵诗赠蒋云谷，一时传抄，几于纸贵。戏占八绝，聊步后尘

筠冈居士

曾记琼筵接席亲，黄花后约笑无因。空怀金谷人如玉，独冠群芳占九春。

倘容三径往来频，直欲摩挲到锦茵。一自秦楼消息断，教人常忆杏花春。

金粟前身此后身，桃花红腻晚妆匀。一枝依约墙头见，放出人间自在春。

只教首肯已怡神，眉语须防座上宾。愿祝金铃好调护，怕逢风雨妒芳春。

我是樊川小杜狂，携来酒侣似高阳。曾听一曲云和瑟，江上峰青欲溯湘。

霓裳奏后卸轻妆，马上相夸白面郎。初日芙蓉去雕饰，赏心几度忆临湘。

繁英春月斗芬芳，引得游人欲断肠。无限相思无限意，不知何处是衡湘。

肯教容易盼登场，作事先愁遇角张。笑指匡庐真咫尺，偏如长路隔熊湘。

陶　双　全

字柳溪，又字柳庄，苏州人。（三庆部。）姿容秀洁，声调清圆。昔在霓翠、富华，与云谷（蒋金官）齐名，所演诸剧，无不摹神绘色，尽态极妍。今虽逾季隗侍我之年，而睹此朝华，犹不让后来之秀。论者谓云谷以自然胜，柳溪以揣摩胜。轩轾微分，然已如骖之靳矣。

赠 陶 柳 溪

芳草词人

老去莺花更可怜，后生毕竟畏前贤。飘零心事凭谁诉，证我维

摩觉后禅。

观陶柳溪《乔醋》

松北闲鸥

巫云枉遣驻空门,金雀花开酒满尊。薄怒未成还一笑,者番惜绪最销魂。

喜　林

姓章,字杏仙,年二十一,安徽人。(四喜部。)玉质冰肌,秀眉俊目,规模体段,不染轻佻,绰有大家风致。即杨(啸云)、郝(秋卿)诸卿,亦为推让。余见近时演《相约》、《讨钗》两剧,不作媒婆身段,即为恶婢情形,其中吞吐难言之隐,愤激莫诉之神,终未传出,惟杏仙能做到恰好处。至演《杀惜》则状彼咆哮,使人发指;《打樱桃》则恣其调笑,令我情怡。能事让伊独擅,名下毕竟无虚。

为杏仙作

芳草词人

吾家小阮本神仙,吹堕罡风剧可怜。歌罢霓裳还自笑,妙音原不异人天。

团扇亲书《十喜诗》,(予友胡向山赋《十喜诗》赠之,词翰双绝。时杏仙年止十三。)芳年记得十三时。而今不独樊川老,看此阶前玉树枝。

宾月轩前月最明,手谭不惜冷秋枰。(杏仙喜棋。)围棋象戏多输了,持底偿予欲问卿。

文　林

姓王,字锦屏,扬州人。(四喜部。)名满京华,艺工昆剧。声容场步,合节应弦,口齿亦颇清彻。《盗巾》一剧,人皆誉顾(长松)而忽王。余谓介石有忽起忽落之势,锦屏有逍遥容与之姿。盖法律精纯，故能人皆汲汲、我独闲闲也。知音者当不以斯言为河汉。

为王锦屏作

芳草词人

听春何必怨来迟，犹是莺声未老时。八尺氍毹平似水，何人解唱"袅晴丝"。

小顽山人

风光占得一枝春，不数开元许永新。听彻鹧鸪声断续，黄金台畔雨如尘。

廿四桥边记冶游，玉钩斜外月明秋。而今燕市钟情客，一样风流说虎头。(《盗巾》剧，卿与顾长松并妙。)

莲　官

姓吴，字香芸，又字广平，年二十，扬州人。(三庆部。)面似明蟾，肤如冠玉。粲瓠犀而增媚，依凤管而谐声。《闯山》、《戏凤》、《背娃》诸剧，得魏婉卿之风流，具高朗亭之神韵，(朗亭名月官，三庆部，工《傻子成亲》剧。)已堪睥睨群芳矣。而《玉蓉镜》、《珍珠配》，于婢学夫人之态，尤能描绘入微。又性喜画兰，间作小诗，亦颇有天趣。王湘云能画不能诗，安乐山樵已有"闲向吴兴窥墨法，风姿讵逊管夫人"之誉，倘遇香芸，更不知若何倾倒也。

赠吴香芸

槎溪钓者

书满奚囊酒满壶，登场羞仿旧规模。倘持彩笔留娇影，绝妙添香仕女图。

别具文人一种痴，自题团扇制新词。吟成未许狂奴见，茶熟香清独坐时。

素心人写素心花,臭味原无半点差。倘许赠携淮海去,朝朝长揖供香茶。

尊前无曲不销魂,听罢归来静掩门。一卷残书一杯酒,念君多半月黄昏。

刘 彩 林

字琴浦,安徽人。(四喜部。)姿容丰洁,月满琼楼,态度安闲,云舒春海。风送三秋之笛,曲擅《阳阿》;香围五色之屏,花名宝相。故其工剧甚多,而扮演《萧后打围》,趺坐瑶台,珠环翠绕,恰肖当时气象,非浅绿疏红所可仿佛也。

春史氏曰:"琴浦为人颇有侠气,缠头蓄积,随有随无。而怜爱其徒滕兰若,尤为独挚。故翼堂盐使,极意垂青。尝倩芳草词人赋七律八首赠之,一时传为绝唱。今其诗已轶,无从抄录,惜哉!"

哨 遍

翼堂居士

何处征歌,樊楼真是,今古消魂地。恰刘郎,乍返武陵源。身染桃花风味,便舞遍萦尘,歌残捉搦,世人那有佳于此。渐小转横波,勾人隔座,我欲振衣而起。正桦烛双烧,照琼枝,胜市上金钱看西施。月涌云流,柳依花就,这时情致。　算菊部瑶华,收来珊网无余矣。怎今宵,朱樱红药总难比。印粉腮圆,搓酥指滑,殢人颜色无些子。携我焦琴,送君南浦,志在一湾流水。记芳名,又含得别情离思。任蝶攘蜂喧,影迷离,谁识得个中深意。只怕待我归来,又减眉峰翠。琢玉成词,纫花为佩,两处牵情不已,尊前金缕唱新词,始信折花须早耳。

顾 长 松

字介石,吴人。(三庆部。)身材纤小,响彻云霄。昔吴下武班,推升亨为第一。介石为童子时,曾隶是部,声誉极隆。

后随其戚王桂林入都，同隶三庆，即以《霸王鞭》得名。演剧无不工妙。《盗巾》、《刺虎》诸出，矫变纵横，尤无其匹，盛暑中之清凉散也。（桂林字受和，陆玉兰即其高弟。）

赠顾介石

芳草词人

天涯剩此老何戡，唱到刀头泪点殷。我亦十年归不得，选词休谱念家山。

石家空说爱轻躯，不见分来百绯珠。我有画叉钱一注，共君觅醉到行厨。

介石为余近邻，南北分驰，从无识面。今岁入都，于广场始一见之。廿年企慕，聊慰渴衷，赋此持赠

小顽山人

清歌一曲绕梁间，领袖端推玉笋班。花底卿贪翻水调，尊前我怕听《阳关》。相思白玉应镌字，谁把黄金替驻颜。愁绝江南无好梦，昵人重谱念家山。

小　潘

以姓行，不详其名字，苏州人。（春台部。）问年已近翼轸，人犹以“小潘”称之，盖沿十余年前之旧号也。尝演《断桥》、《刺梁》诸剧，精神融结，曲调清腴。赵仿云（小庆龄）、郝秋卿（桂宝）每称其口齿颇清，而强作解事者，动欲吹毛求疵。然余闻广平叶氏（吴人，最精音律，著有《中原音韵》、《纳书楹》等书行世。）云：“旦色止取神韵，于字面不宜苛求，如‘皆’、‘来’之张口，‘车’、‘遮’之参牙，不到十分，则其音不足，必使小小樱桃不逾分寸，即西施、王嫱亦变成嫫母矣。”此虽恕词，实为确论，则潘郎之妙，宁第在引商刻羽间哉！

灯下戏赠潘郎

餐霞道人

轻梳绿鬓影珊珊,省识潘郎重倚栏。解语花开曾赋宋,相思鸟记旧名韩。灯残小阁针锋疾,月满前营剑气寒。(工《刺梁》、《刺虎》等剧。)怪底曲终人不见,擘笺那复怕更阑。

真　馥

姓陆,字阆仙,一字怡香,年二十三,苏州人。始隶金玉,继隶富华,后入三和部。寓居铁老鹳庙之世德堂。性格温和,言词爽雅,颇有侠气。不工媚人之态,而人自爱之。演剧无不工妙,而《独占》、《狐思》,与《小桃园》全本中,扮花大姐,尤擅胜场。初与芳草词人最善,题赠几于盈箧。所最著者《惆怅词》二卷、《风怀诗》百韵,久已脍炙人口。诸同人曾编《金钱记传奇》,纪其遇合,欲授梨园,为阆仙阻止。今虽青衫红粉,半就飘零,而袅袅情丝,尚遥结于风雨晦明之际也。

怀陆阆仙

芳草词人

铜盘烧腊夜征歌,几度尊前唤奈何。湿尽青衫君莫笑,酒痕不及泪痕多。

一曲眉山尽日颦,苎罗溪水记前身。等闲解得愁滋味,不是才人是美人。

不宜调笑只宜颦,自与才人气味亲。若说倾城在颜色,何如画里觅真真。

怕人知觉故回头,一线横波脉脉留。读罢人间断肠句,不知座上富平侯。

画山水便面赠阆仙,并题一绝句

惜画久如金,见卿心自许。持此远山青,斗尔双眉妩。

题阆仙小像

轻盈绝似风前燕，娟秀还如浥露兰。多少风华描不就，解人莫向画中看。

和芳草词人题陆阆仙小照原韵

饫芙居士

天风吹堕碧云端，气化巫云质化兰。为怕软红容易涴，幽芳未许俗人看。

正好瓜期饯脆寒，闲庭秋露泣红兰。多君示我真真影，细雨斜风秉烛看。

菩萨蛮(初见阆仙)

芳草词人

梨花蕊小初笼月，搓酥滴粉疑无骨。叶叶绮罗衣，都成蝴蝶飞。　　蒹葭依玉树，不觉芳心露。岂是怕侬看，秋风窗罅寒。

疏　　影

乡音入耳，况雏莺学语，轻倩无比。爱极悲深，泪湿鲛绡，底事男儿如此？幽兰雨后添娟秀，输多少娇红姹紫。怎禁他密语痴情，一一对人说起。　　不料清狂似我，识英雄俊眼，暗中先记。一样吴侬，冷落天涯，归梦隔三千里。青衫未换红颜改，恐落魄终为情死。判今宵醉倒垆边，不许玉人扶起。

洞　仙　歌

别离改月(竹垞句)，忽相逢花径，便折花枝戏相赠。笑仙姿，绝代卿自相忘，翻说我，别后容华越胜。　　双螭蟠玉玦，窄袖藏来，皓腕相形共光莹。密约我同归，黄叶声中，理蚱蜢，扁舟相并。莫心恋秋风桂枝香，便佩玉鸣珂，也无凭准。

摸鱼子

冷窗棂,方空蒙雾,绸缪好梦惊逝。蜂黄蝶粉消磨尽,默数臂盟心誓。新雨霁,看不断、炉烟一缕横窗际。重门早闭,有寒雀号风,暗蛩泣露,催我坐横涕。　　消魂语,终向柔肠牢系。思量剪断无计。小庭到处栽红豆,触目相思难避。亲手制,有短韵,言情作个团圞契。江东陆弟,问何日尊前,香风鬓影,再把去时袂。

洞仙歌(见阆仙乘马)

刘伶老矣,尽醇醪千石。底事劳卿暗相惜。看绿阴,如画溪水澄鲜,判醉倒,更有飞花如席。　　名驹新勒住,野性难驯,况是泥涂正深尺。偏要趁轻躯,袅袅鞭丝,越显得,六郎丰格。只累我心头鹿儿撞,有一缕惊魂,随他马迹。

浣溪纱(阆仙额有螺纹,葱翠可爱)

一抹青痕薄似烟,银弯压额月儿偏,螺纹当顶小于钱。　　对镜几回看不觉,低头初见倍堪怜,偷将纤指比轻圆。

添喜

姓王,字倚云,扬州人。(和春部。)月面蜂腰,细眉俊目。昔与蒋韵兰(添禄)、朱凤青(添寿)、范玉生(添福)同隶和春,并极一时之秀。今则韵兰、凤青隶入三和,玉生南归故里,时惟五载,天各一方。而倚云硕果仅存,丰姿犹昔,曲艺之精,且能步武云卿(蒋金官),俯视流辈。今年春季,余于松岩居士席上见之,为诵"落花时节又逢君"之句,倚云为之怃然。其徒兰芳,(姓张,字佩仙,年十五,扬州人。)聪明秀雅,能得人欢,亦后进中之娇娇者。

即席口占

芳草词人

相如无忌命名同,谁后谁先意可通。我似春光难著迹,年年花瓣一般红。(添喜为胡即溪钟爱,字之曰“倚云”。后庆宁部王五福来京,名誉藉甚,甸农山人亦以“倚云”字之,实不谋而合也。今秋即溪重至长安,与甸农相持不下。余举相如、无忌等名释之,两君皆服其说。至两“倚云”之甲乙,可弗计也。)

绛帷初卷夜征歌,风送尊前笑语和。我是太常终日醉,无人斟酌比君多。(即溪与倚云密语论心,每及夜半,余惟有酩酊大醉耳。)

才 林

姓张,本姓周,字琴舫,苏州人。(三庆部。)歌音清美,姿态温柔。饮量甚洪,每遇歌筵,谑浪诙谐,憨情可掬。与其弟静莲,同以真挚待人,绝少炎凉习态。工《戏叔》、《前诱》等剧,而武技尤为出色,盖拳勇其素擅也。《打桃园》、《招亲》诸出,便捷轻灵,虽介石、仿云,犹让卿出一头地。

赠张琴舫

芳草词人

暗风不断透寒衾,消尽文园卖赋金。莫道天涯少知己,故人情绪美人心。

爱结人间未了缘,胡麻一饭胜芳筵。如何阆苑书传便,同是霓裳旧日仙。

空悔无成遇角张,银湾底事绝裴航。布衾一夜寒于铁,还有丁家未烬香。

秋心几度对圆灵,金粟飘残玉斧停。更有断魂杨柳色。岸风江月忆长青。(指杨啸云。)

郑 三 元

皖江人。(和春部。)小身玉质,风致嫣然。昔与四美齐名,而艺尤较胜。顾功成者退,善刀而藏久矣。而文人笔墨,又喜赋春华、懒歌秋实,故题赠无闻焉。近与林香居士见其

《缝衣》一出,钩心斗角,活泼玲珑,神妙有不可言喻者。林香谓余曰:"如此绝伎,而集中不录,犹记旧院而无马湘兰也。我有诗在,子盍取之?"噫!郑郎真得一知己矣。

赠郑三元

林香居士

纤手缝裳百态妍,(演《缝衣》妙绝。)描摹色相总天然。藕丝宛转莲心苦,海样春情绝可怜。

妙舞清歌早擅名,春华可许压秋英。题花我比三秋月,照著秋花分外明。

二　林

姓陈,字意卿,皖江人。(春台部。)双瞳剪水,一笑生春。尽推翠凤声清,谁说黄莺啼老。甲子春,余于友人寓斋,见其手执《性命圭旨》一卷,津津乐道。别离五载,丰韵犹存,知其内景功深,故能盛颜久驻也。《打雁》、《抛球》诸剧,为卿所最自矜许者,殆可与吴大保之《杀四门》、徐才宝之《占花魁》并传矣。

赠陈意卿

茭门居士

几度雕阑听曲终,惊心不与百花同。昵他倜傥风流处,生就妖娆体态中。舞影暗摇金屈戌,歌声圆转玉丁东。阿奴休问明珠价,几许明珠换守宫。

霞　林

姓罗,字眉生,安徽人。(三和部。)娇憨习态,谑浪成风。所演诸剧,皆能以嬉笑成文章,故悦之者不少。甲子入都,与其师弟宋温如(名玉林),同隶金玉部,时有"蝴蝶双飞"之目。温如往矣,而眉生声价犹隆,既为罗卿幸,益为宋郎惜也。

赠罗眉生

石香旧史

休论提唱独专场，俊眼怜才别有光。能识英雄未遇日，桂郎以后见霞郎。（李桂官，吴中名伶，某达官未第时，即委心事之，后皆呼为“碧城夫人”，事详《燕兰小谱》。）

小顽山人

樱桃赢得比悬河，生就莲花舌本多。休说阿奴工巧笑，铜光只重镜新磨。

天禄

姓蒋，字韵兰，扬州人。（三和部。）始隶和春，为四美领袖，名高众部，秀绝人寰。莲步登场，羊车入市，黄童白叟，无不知其为韵兰也。乃“未几见矣，突而弁矣，硕人其颀”之句，若可为卿咏者。然体虽与齿偕增，艺则与年俱进。且秀媚之态，尚存于眉目之间，视彼色稍衰而名即无闻者，犹有捕蛇独存之喜焉。少陵云“老去渐于诗律细”，我为韵兰慰也已。

戏赠蒋韵兰

芳草词人

美人自古趁修躯，爱此亭亭玉一株。顾影不妨聊妩媚，笑依相对似侏儒。

不须天壤怨王郎，（翼堂王君素最钟爱，今稍弛矣。）炙手交情最易凉。几个春前旧蝴蝶，肯停寒翅觅秋芳？

王桂林

字浣香，苏州人。（三庆部。）肌肤似雪，态度如云。初隶金玉，与陆朗仙（真馥）、朱香芸后先济美。后入富华，与陶柳溪、朱素春同享盛名。乃数年以来，蝴蝶梦回，或遂莼鲈之愿；荼蘼开到，或分桃李之光。而浣香声价仍高，何独幸与？演剧全仿柳溪,同守梁溪正派。

赠王浣香

芳草词人

别有风华别有香,不须天壤怨王郎。即今惟有东头陆,曾见人如锦瑟长。(王郎与陆朗仙同隶金玉部。陆与余结契最深,故及之。)

卖赋长门未足哀,玉人俊眼解怜才。弦间心事眉间语,不是缠头换得来。

附录:芳草词人赠朱素春作(素春名麒麟,今暂回南。)

陆郎一曲忆春宵(谓朗仙),一样丰神别样娇。绝调当年谁擅得,可怜瘦损素春腰。

姚翠官

陕西人。(双和部。)艺臻神化,触处生春。誉之者皆以为得魏三气息。余谓婉卿《滚楼》等剧,形容太尽,毕竟少一含蓄,惟翠官酝酿深醇,含情不露。《温凉盏》诸剧,绘影摩神,色飞眉舞,动合自然,绝无顾盼自矜习气。故年齿日增,声誉未尝少减也。

赠姚翠官

石林野史

翠影凌寒澹素秋,海棠庭院月如钩。笑依一滴多情泪,流到花前便不流。

倾城佳丽倚沉香,占得花魁艳洛阳。一字昵卿商换取,当时品贵是姚黄。

韩四喜

字韵笙,本京人。(大顺宁部。)肌肤莹洁,体态苗条,作村妇妆，极其神肖。《背娃进府》能与姚翠争长，而双翘莲瓣，绝类婉卿（魏三），为近来诸部之冠。且其珠藏川媚，极色飞眉舞之奇；舌底澜翻，集巷语街谈之巧。一经点缀，便足解颐。略作妖娆，即成关目。尤为擅绝一时，名下无虚，于斯益信。

赠韩韵笠

小顽山人

清歌处处斗芳菲，欲启朱唇半掩扉。花底能消千斛酒，妆成可要六铢衣。金闺梦醒香初试，玉笛吹残雪乍飞。三径秋深人寂寞，几时好唱《阮郎归》。

飞来凤

姓戴，行三，年二十，四川人，始隶双和，今入三和部。玉肌莹洁，螺黛清疏，秋波一转，尤足消魂，淡服戎妆，传神俱肖。而《蓝家庄》一剧，描摩醉色，由白而红，非强为屏息者所能仿佛，歌坛中绝技也。

赠戴三官

石林野史

梦里昙花幻相呈，逢场妆点太分明。信知鸾影能旋舞，羞说蛾眉不弄兵。（武剧甚工。）才卧金铃惊月上，刚舒玉臂怕寒生。楼头不是箫声引，何处飞来彩凤声。

玩月

姓何，字月卿，年十九，陕西人。（大顺宁部。）姿容艳丽，体态嫕娟，秀媚之中饶有英气。壬戌、癸亥间，惟韩四喜为独绝，而何郎傅粉，光艳惊人，才出歌台，声名藉甚。《无底洞》、《杀四门》、《庆顶珠》等剧，戎衣结束，莲瓣飞扬，握槊持刀，有雪舞风回之妙，娘子军中洵堪领队。

春史氏曰："月卿色艺俱绝，人亦温润。有某生，才士也，见而悦之。赠一册页,各体悉备,词翰俱佳,一时传为盛事。卿亦感其钟情,什袭珍藏,不轻出示。后卿回籍半载,数年积蓄,尽供伊父呼卢。郁郁来京,未将此册带入,遂致情痴墨宝,淹没不传,惜哉!”(闻卿近又回西矣。)

赠何月卿

林香居士

身轻缥缈欲凌霄,双蹴莲钩一捻腰。风影万重花乱落,蜻蜓飞过绿杨桥。

星靥含情腻粉匀,红潮微晕色添春。登场便当姮娥看,皓月何曾少避人。

送月卿回陕西

小顽山人

折柳歌残欲断魂,蓟门何处望青门。春明梦入章台路,认取青衫旧泪痕。

征尘无那滞京华,芳草天涯正忆家。见说汪伦情最重,水深千尺只桃花。

听春新咏跋

娭光眇视，招屈子之魂；粉板华衣，入庄生之梦。吴姝越艳，代舞巴歈。纪红事于花初，迟蓝杯于酒末。联吟既久，新篇渐多。留春阁小史集而成之，所以网遗珠、总众美也。小史过夏金马之门，寻春碧鸡之肆。怜才有素，钟情无所。叹蜂江之不食，破鲸海而尚遥。以彼闲情，成兹韵事。集中所录，皆关慧业，半杂风骚。采上国之莺花，汇清才之鸿藻。红渠儿折，白波三迭，篇余百首，图轶十眉，莫不胜赏扶胥、秀情超拔者也。仆篴赋远游，遂成小别，轮蹄既返，梨枣已雕。小史乃出全编见示，琳琅满目，弥致叹于集狐；珠玉在前，敢贻诮于续貂。跋诸卷尾，用识倾心。

吴兴仲子书

评　花

缉香氏撰，清嘉庆间刻本。缉香氏（清嘉庆间人），南州人。真实姓名及生平事迹无考。该书记录了清嘉庆二十年至二十一年北京地区三庆、和春、四喜、春台四部戏班三十六名演员的籍贯、年龄、隶属戏班、演出剧目，并对这些演员的演技进行了评论。戴云据齐如山藏本整理。

总　序

余于乙亥孟冬入都，侨寓五百日有奇，中间为乡试之年。丹铅涂抹，兀兀案头，酒阵歌场，其过从之时甚暂。然雪泥鸿爪，一时之邂逅，岂乏前因；而酒琖诗简，他日之流传，竞留佳话。兹有山左之行，骊歌将唱，别绪萦怀，未免有情，谁能遣此。晴窗稍暇，爰就平日惬心贵当者，定为花案，得三十人焉，序列后先品。无轩轾尺，非量玉漫，夸剖璧之精，网有遗珠，尚望他山之助。

嘉庆二十有一年冬十二月南州缉香氏书于京寓之好春轩

题　词

邗江　常月卿

多少嫣红嫩绿，都被春风咻噢。燕子不归来，好伴莺儿飞复。清淑，清淑，我忆幽人空谷。　（调寄《如梦令》）

香锁一园秋，桂占花头。桃根桃叶旧风流，最是多情赢织女，顾盼牵牛。（双桂兄弟同演《鹊桥》一剧，见者魂销。）喜气压蜃楼，无限温柔。（全喜喜气迎人。烟花依旧让扬州，编中扬州人过半，双桂始，全喜终，皆扬郡籍。）细数群芳留画谱，者自添愁。　（调寄《浪淘沙》）

闽绥　鄢葵圃

花花相对复相当，谱入燕兰小字香。寄语繁英休斗艳，从今管领属东皇。

评花细细写鸾笺，展卷惊奇第一篇。记得鸽原夸竞爽，魁名今日果争先。

海底珊瑚一网收，解人可索最风流。何时雅结群英会，贯酒酣歌醉小楼。

美人芳草有同心，湘系由来寄托深。解识此中真意趣，骚坛千载附知音。

大兴　徐既若

羡君端合号风流,眼底莺花次第收。赢得琼函书小字,胜他十万赠缠头。

淡红香白品来精,腕下花生月旦评。声价从君新论定,环肥燕瘦不须争。

风调凭将玉尺衡,相人应不忆唐生。燕兰旧谱今翻样,谁说樱桃浪得名。

我曾载酒入情天,花月三生未了缘。他日重寻京洛胜,按图好索蕊珠编。

康乐　辛芝生

旗亭韵事继骚坛,四部春花过眼看。生受群芳称主领,者编真不数燕兰。

就中双桂冠群英,我见犹怜应得名。却惜舞衫轻不著,鹊桥无路听歌声。

芦沟泣别动征人,一曲阳关黯翠颦。料得江州情不尽,春衫试展泪痕新。

春明旧梦最风流,寄去花评代别愁。安得红牙亲按拍,为君一一啭歌喉。

雪水　於达泉

天生江管为判花,红紫丛中大笔加。从此群芳凭物色,歌楼谁复滥竽夸。

芙蓉独秀昔相遭,赠笺曾加位置高。(集中梅仙,予曾贻以诗笺。)今日披吟群艳谱,始知不数郑樱桃。

阳关三叠欲开樽,小传留题漫轾轩。好似旗亭争艳句,一回一唱一销魂。

眉史修成幼妇词,俨然玉尺较奇姿。凭君小试探花笔,兆取西清属草时。

目　　次

福　喜　三庆部
鹤　龄　和春部
彩　龄　三庆部
全　喜　和春部

副　册

天　元　春台部
翠　元　和春部
金　保　三庆部
翠　喜　三庆部
桂　龄　春台部
喜　龄　四喜部

评 花

四喜部，双桂，扬州人，年十五。色艺俱佳，而性极温雅，无曲部中习气。演《祭泸》、《鹊桥》诸剧，歌喉舞态，动合自然。《醉归》一出，情致缠绵，尤为秀出。是宜于士大夫之交游，非伧父所能识者。闻其在扬时，五经俱已成诵。乙亥秋，始入都门。友人传其能画兰，惜未之见也。所谓玉树临风，鸡群鹤立者，斯为近之。裒然首列用冠名葩。

附：双 凤

双凤，即双桂之弟也。貌较双桂略丰腴，性情之恬静亦相等。余仅见其演《鹊桥》装牛郎，因观剧之时甚少，未窥全豹，殊觉歉然，用附及之。

三庆部，天喜，姓张，扬州人，年十二。貌不及双桂，而性情和易，心地光明，殊不类风尘中人物。性不能饮，小醉时尤觉逸趣横生。余与之款接两月有余，每当喧哗嘻笑之时，独在案头，拈弄笔墨，所识字亦颇多。演《赐婚》及《寄柬》、《拷红》诸出，齿牙浏亮，殊可爱也。拔置第二，未必为众人所心服，然数年以后，当不负区区鉴别之衷。其兄全庆颇有赏之者。

春台部，天喜，扬州人，年十六。《琴挑》等出，身材袅娜，风致翩翩。使易冠而髻，当不亚秦淮烟月游也。都门久客，对此颇兴旧雨之怀。

四喜部，法庆，姓胡，苏州人，年十四余。初未之识，丙子九秋，偶见《卖花》一出，柔姿绰态，妙曼无双，歌喉亦极柔脆。述之友人，颇以所赏为不谬。值余诞日，招与同饮，犹记其自述生辰为四月四日子时也。觥筹交错，雅饬无哗。正如飞鸟依人，另具一种可怜之态。惜匆匆就道,未能曲尽盘桓,未之怅悒。其兄法宝逊其风致。

和春部,四喜,姓朱,字肖云,扬州人,年十三。心思灵敏,颖悟绝伦,尝从余学雕,覆辄能触类旁通。某明府与人接洽半载有余,后以分发出都,业已床头金尽,而依依肘下无异。曩时濒行之日,竟夕不寐。每谭天宝当年,泪必涔涔然下。《巧遇》一出,最为擅场。他亦美不胜收,诚梨园中之英物也。

四喜部,四喜,年十三。演《背娃》、《花鼓》、《碧玉钏》等剧,神采飞动,照耀耳目。其眉宇间常具一团太和之气,观者虽满腹愁思,对之亦当解颐。是可方之,以解语花也。与和春部四喜异曲同工。

春台部,全宝,余未与接谈,故籍贯、年齿者皆不能详述。仅见《喂药》一出,亭亭玉立,回顾嫣然。所谓翩若惊鸿,婉若游龙者,仿佛遇之。闻《碧玉钏》甚佳,惜未及见。

四喜部,五福,字梅仙,扬州人,年十五。演《拜年》、《饽饽》、《打刀》等剧,明珰翠钿,光艳夺目。而谈锋锷锷,尤足为一时之秀。某孝廉选择极苛,于四部中独叹赏五福不置,赠句云"秀出芙蕖三百辈,芳名端合号梅仙",其风采可想矣。

和春部,桂喜,姓程,字小香,安庆人,年十五。登场演剧,目光闪烁,生气回出。如《荷珠》、《赶妓》、《十二红》等出,皆脍炙一时。性极憨直,胸无城府,于余有"干阿妈"之称。余最赏其,风晨月夕,促膝谈心,娓娓动听,开北海之樽,剪西窗之烛,拊膺太息,每恨误入桃园。若稠人广众中,亦不觉其出色,惟拇战极豪,颇快人意耳。

春台部，桂喜，扬州人，年十八。入城至寓斋数次，余俱未及同席。饮量甚豪，神情恬雅，惟歌喉略逊，仅能演《缝衣》等剧。然回首当年，亦不在双桂诸伶以下。因马齿稍长，故抑之。

三庆部，连喜，扬州人，年十五。登场流目送盼，风致娟娟。《脚鱼》一出，靓妆淡服，秾纤得衷，人咸以先睹为快。侑酒亦恬静，可佳其动人处，约略与春台之天喜伯仲。偶饮于友人寓斋，因小嫌疑，成大决裂，颇为恨事。

和春部，小全福，姓谢，扬州人，年十三。为全喜同师之弟，能琵琶，登场以流动擅长，入座复温柔可喜。髫龄得此，他年未可量也。

四喜部，小天禄，关东人，年十三。面如满月，不施脂粉，自觉光彩焕然。演《戏凤》、《胭脂》诸剧，恍如十三四女郎初开情窦。写生妙手，允为曲中之冠。余屡欲招致使来，微闻其性略傲，终为坐客所阻。然良骥追风，惟在驾驭得法，他日请尝试之。

春台部，天禄，扬州人，年十八。能作小楷，某太史常为之作仿本。并闻其数年前识某殿撰于未遇，劝其励志读书，英雄巨眼，可敬可爱。演《点化》、《拷桃》、《五彩舆》等剧，弱不胜衣，居然巾帼，徐娘虽老，风韵犹存。

和春部，桂兰，字凝香，扬州人，年十五。原隶三庆部，貌不逾中人，而性情雅饬。满座喧阗之际，独能缄默自安。语稍涉游，面辄赤。登场亦佳，余仅见其《捉奸》一出，小调已足擅长。

三庆部，庆龄，苏州人，年十八。桂兰之师兄也，与桂兰最相友爱。善琵琶，《游船》一出，风神绝世，《斩貂》等剧亦佳。惟觌面缘悭，其席间酬应未能领略耳。

春台部,金龄,字妙云,扬州人,年十七。演《女店》、《降秀》、《缝搭包》诸剧,歌喉稍逊,风度极佳。余入都之次日,即识其人,故过从为最久。然席前应接,微嫌市派略重,若熏陶以大雅,当为此中翘楚矣。白璧微瑕,为之惋惜。

四喜部,天龄,姓钱,扬州人,年十七。演《湖船》、《橄榄》等剧,观者无不击节。明眸善睐,鲜艳无匹。时有三龄之称,谓三庆之庆龄、春台之金龄、四喜部之天龄也。名不虚附,信然。

和春部,福宝,扬州人,年十七。为武装演《天魔阵》,以袅袅婷婷之质,入轰轰烈烈之场。儿□[1]英雄,可称具体。《茶叙》一出,秀骨珊珊,愈形柔媚。歌喉圆朗,节奏从容,洵推杰构。其弟桂宝、长春亦有微名,而余则拟诸自郐以下矣。

三庆部,双全,年十四。其兄为福寿。《拜月》、《胭脂》皆二人同演,其佳处人所共知,余则谓双全为较胜。其前缘耶?抑嗜好有偏耶?为之一噱。

四喜部,天然,年十四。演《前诱》、《盗令》等剧,歌喉极佳,貌亦丰满。拟以芍药笼烟,庶几不愧。

春台部,长寿,年十四,天禄之弟也。貌近环肥,而歌喉极脆;性甚流动,而登场又极端庄。看花阆苑,此当为春晚海棠。

四喜部,天福,年十五。修洁娟静,秀色可餐,《赶驴》、《搬家》,颇有落落不羁之概,余剧皆清娇拔俗。

三庆部,翠兰,年十四。登场有生气,有媚骨。《吃醋》、《打更》

① 此字原空缺,据上下文,当为“女”字。

等剧，曲尽泼辣[1]妇女之态。

春台部，三喜，年十四，苏州人。《脚鱼》一出，与连喜齐名。《雪夜》、《琵琶》亦佳，置诸坐中，温柔腼腆，殊足令人心醉。余初入都门，即属意焉，嗣以假馆城东，终虚款洽。缘之所在，殆不可强。

和春部，双喜，字亦韡，扬州人，年十五。眉目韶秀，其妩媚出于天成。虽不登场，自有翩然之态。如《和番》、《赠剑》等剧俱佳，歌喉尤清越可喜。

三庆部，福喜。演《木兰从军》，男女变相，曲尽风姿。又能装大净，演《困曹》等剧，扑索迷离，几难测度。年方弱稚，亦属可儿。

和春部，鹤龄，扬州人，年近二十。余在都未见其登场，初秋遇于庆乐园，时已被酒，颊间红晕，正如海棠睡未足也。闻其立品甚高，窃自附于三龄之次。然当年张绪，犹可想见丰标。

三庆部，彩龄，姓陈，字浣云，年十五，扬州人。能琵琶，歌喉亦佳，性喜动而不喜静。胸次爽朗，凡所欲言，从无避忌。使非堕落风尘，当是剑侠一流人物。然言谈过直，鲜当人意，即同类亦排挤者不少。余每劝其易辙，颇为首肯，似非不可陶镕变化者。登场演武装更胜，亦性所近也。

和春部，全喜，姓王，字云卿，扬州人，年十七。静气迎人，殊无俗籁。不甚以粉黛见长，故名亦不重。置诸群芳谱中，当在梅菊之间，非胭脂牡丹也。演《拜月》、《访友》等剧，亦大致恬雅。某少尹素方正于此辈，从无缱绻者。京寓三载，始与全喜订交，乃倾盖相知，遂成莫逆，依依款洽，情绪较胜于他人，为之艳羡。向例，乡会

① 原作“泼辢”，据文意改。

试定榜,必以佳卷殿之。余落拓长安,不获操选佛之柄,以穷愁之措大,司曲新之芳华。略师此意,以全喜终焉。

副　册

春台部,天元,字花侬。善饮,能画兰。余在浙即耳其名,入都以后,未曾觌面。然而舞衫歌扇,迹虽阻于萍,逢粉泽脂香,情实殷于柯梦。同人述及,每切倾心。未知三生石上,尚有一笑因缘否?

和春部,翠元,姓詹,扬州人,年十五,字曰小环,余所赠也。洁白幽静,柔媚可嘉。性不善于逢迎,而情致颇为专一。惜登场过于矜持,无生动趣。《喂药》、《斩貂》,俱非绝技,然歌喉清脆,于昆曲尚宜。

三庆部,金保,字漱玉,扬州人,年十五。眉目秀媚,绝胜女郎,歌喉亦清越,其登场较胜小环。而应酬之柔顺,则不逮也。未能割爱,姑并录之。

三庆部,翠喜,年最稚。不甚宜于妆束,颇能自弹小调。与之燕坐,亦近于雅饬。迟之岁月,当有进焉。

春台部,桂龄,年十六。性极和顺,貌亦娟静。虽无奇技异能,而情绪依依,尚非俗派,惜未见其演剧耳。

四喜部,喜龄,年约逾二十。无日不登场,亦无剧不佳。绘态摹神,曲尽闺阁情状。至于丰姿绰约,尤属其余,是诚老于斫轮者。回想妙年,辄为心醉。相见恨晚,能无于邑。

花影参差花意娇,探花细细访花朝。可怜园外花多少,未入花仙淡笔描。何幸遗珠一一搜,六郎争上倚红楼。阿谁解识春风意,匹献花枝当酒筹。

邗江常月卿续题

花部农谭

焦循作。花部戏曲向为士大夫所鄙夷，研究者绝少。然而清代学者焦循却独具只眼，考证、评论了数种花部剧目的源流，可谓筚路蓝缕。谷曙光据国家图书馆藏焦循原稿本点校整理。

花部农谭

梨园共尚吴音。“花部”者，其曲文俚质，共称为“乱弹”者也。乃余独好之。盖吴音繁缛，其曲虽极谐于律，而听者使未睹本文，无不茫然不知所谓。其《琵琶》、《杀狗》、《邯郸梦》、《一捧雪》十数本外，多男女猥亵，如《西楼》、《红梨》之类，殊无足观。花部原本于元剧，其事多忠孝节义，足以动人；其词直质，虽妇孺亦能解；其音慷慨，血气为之动荡。郭外各村，于二、八月间，递相演唱，农叟、渔父，聚以为欢，由来久矣。自西蜀魏三儿，倡为淫哇鄙谑之词，市井中如樊八、郝天秀之辈，转相效法，染及乡隅。近年渐反于旧。余特喜之，每携老妇、幼孙，乘驾小舟，沿湖观阅。天既炎暑，田事余闲，群坐柳阴豆棚之下，侈谭故事，多不出花部所演，余因略为解说，莫不鼓掌解颐。有村夫子者，笔之于册，用以示余。余曰：“此农谭耳，不足以辱大雅之目。”为芟之，存数则云尔。

嘉庆己卯六月十八日立秋，雕菰楼主人记

花部所演,有《铁邱坟》者,一名《打金冠》,为薛刚打杀伪太子,夷其三族,逮其兄薛猛于阳河诛之。伪太子者,武氏私幸薛怀义所生,所谓驴头太子者也。徐勣悯薛氏之鬼馁,而乃自以其子,易薛之子,而抚育之。其《观画》一出,竟生吞《八义记》。乃《八义》之程婴,本诸太史公之《晋世家》,婴乃赵氏家臣,以己子易赵子,见其忠于所事;若勣于薛氏,既非故主,亦非深交,而公然以己之子,易薛之子,在己大为不仁,于薛亦不足为义,岂非无稽之至者哉!而何苦为之?及细究其故,则妙味无穷,有非《八义记》所能及者。《观画》之后,薛氏子去之韩山,起义师,直入长安,讨武氏。韩山者,邗上也,即徐敬业起兵之事也。今则不曰徐敬业,而曰薛交。若曰,以徐勣之人,岂得有此忠义之子,能起义兵为国讨乱?当日所谓徐敬业,实薛氏子薛交也。是徐勣之子也,而非徐勣之子也。徐勣之人,焉得有此忠义之子!作此戏者,假《八义记》而谬悠之,以嬉笑怒骂于勣耳。彼《八义记》者,直抄袭太史公,不且板拙无聊乎?

《龙凤阁》,慷慨悲歌,此戏当出于明末。《击宫门》一出,即隐移宫之事也。李娘娘,即选侍也;杨波即杨涟,涟之为波,其意最明;徐量即是徐养谅,但故谬为神宗事耳。神宗太后,虽亦姓李,其父李伟,有贤称。

陈家谷口之败,杨无敌与子延玉,并死于难。其端由于王侁忌功不救,时督师者潘美。业本欲待时而动,美不能用其谋。及侁遁,美不能禁,美亦沿河而去。业力战谷口,见无人,乃大呼:"奸臣误我!"还战遂死。则美之陷业可知,不尽关乎侁也。美,良将也,岂一王侁不能制?自此败之后,国威大损。宋之弱,实由于美矣。后太宗以足创甚,召寇准于青州,而寿王之位定。澶州一役,庶洗从前之耻。花部有《两狼山》剧,演杨业死事,则全归狱于美。延昭愬枉于朝,召寇准谳定其狱,而潘之害贤,寇之嫉恶,淋漓慷慨,豪发毕露,若曰:业之死,向令得准断之,则美之罪,当不止于夺官而已。宋之于辽,自潘而弱,自准而振。且恨当时未有忘身殉国、秉道嫉邪如准者，讯之，杖之，大声指骂之，假鬼神𠠝弄之，乃使美得逃其咎也。尤谬悠者，则潘方统重师，朝廷遣官逮之，莫敢动，适王侁怨美杀其兄，乃擒美致槛车，而侁即统其军。盖美陷业而委其罪于侁，史如其所委者书尔。而特于杨业口中出“奸臣”二字，美之为奸臣，实以此互见之，有《春秋》之严焉。为此戏者，直并将侁洗去，使罪专归于美，与史笔相表里焉。侁，音莘，演者或误为仄声，非是。

唐张仁龟，本张尚书之庶子，其嫡不容，尚书乃使远为张处士之子，有手书为据。仁龟稍长，渐知其为尚书子，乃窃据而逃之京师。既登第，仕为官，遂忘处士养育之义。处士以无据，郁恨而死。已而仁龟出使，自缢于驿亭，相传为张处士冥诉阴谴之。事载《北梦琐言》。花部中，演为《清风亭》剧。张处士仍姓张，仁龟则谬薛氏子，其本末略同。处士夫妇以织屝磨豆为生，拾得此子，有血书乞人收养，处士力贫抚育，得存活至十数岁。适其生母过此，乃窃血书逃去。登第，出使矣。张自此子出逃，其妇日诟，以思儿得疾，不复能磨豆。张日扶其病妇至清风亭望此儿归。盖年皆七十许矣。久之，愈衰老困苦，行乞而食。暇则仍延颈于清风亭。一日，传有贵官至，将憩于亭。坊甲洒扫，见二老人，因曰：“吾昨见此官，殊与翁媪之逃子面相似。明日官憩此，翁媪其潜于近处。吾验视诚然，来为翁媪告也。”二老人喜甚。明日，坊甲验视不错，乃欣然招二老人。二老人欣然至，入亭视之，良是。往呼儿，其子怒曰：“是何乞儿，妄谬至此！”翁媪乃历述十数年养育事，仍不动，惟曰：“持据来。”据则已窃去，固无有也。于是二老人乃匍匐叩头曰：“公贵人，我小民，岂敢以抚育微劳，冒认父子；但十数年相依，姑作一家仆乳婢，携我两人，生食之，死棺之，免饿殍于路，他无敢望矣。”其侍从奴仆感动，跪代为乞。此子曰：“此两乞丐，得二百钱，足矣。”乃以钱二百给之，掷于亭外。媪让翁曰：“儿恨尔，尔素督责其读书过切；我则保持之，虽长，未尝一日离诸怀也。尔姑退，我独求之，伊当怜念我。”媪复入，此子怒詈益甚。媪大哭，以钱击其面，触亭而死。翁见媪久不返,往视,见媪死,亦大恸,以首触地死。此子转诃斥坊甲勾引,坊甲亦强项不服。此子竟执驺从去。乃作天雷雨状,而此坊甲者,冒雨至亭下,见有披发跪者,乃雷殛死人也。视之,则前之贵官,右手持钱二百,左手持血书。坊甲乃大声数其罪而责之。此即张处士郁恨而死,仁龟得阴谴之所演也。郁恨而死,淋漓演出,改自缢为雷殛,以悚惧观者,真巨手也。据昆腔剧中,雷殛二事:一为《双珠》之李克成、张有得。克成以营长谋奸营卒之妇,罗致卒死罪,致其妇以死明节。此事见《辍耕录》。卒虽因妇死得释,所卖子亦归,惟营长未有报,故思得天雷殛之,为快耳。然作《双珠》剧者,营卒妻卖子投渊之后,既得神救不死,父子夫妻,后俱完聚。则李克成固亦天所不必诛也,故《双珠》之李克成、张有得,虽遭雷殛,尚不足以警动观者。至《西楼》之赵不将,只以口笔之嫌,构其父,父禁于叔夜不许私妓,在赵固泄私忿,而其言非不谠正,以是而遭雷殛,真为枉矣。盖袁于令与赵鸣阳素隙,心恨之,思得雷殛乃快。《西楼》之赵不将,即指鸣阳也。鸣阳人品学问,岂袁所及,故冯犹龙删改《西楼》,毅然删去此折,是也。余忆幼时随先子观村剧,前一日演《双珠·天打》,观者视之漠然;明日演《清风亭》,其始无不切齿,既而无不大快。铙鼓既歇,相视肃然,罔有戏色,归而称说,挟旬未已。彼谓花部不及昆腔者,鄙夫之见也。

王霸之子王英,既邂逅郭后,迎奉于山,后命往市中招集义兵。市中人欣然从之,争延王将军酒食。此从王霸遭市人揶揄,反面搬演。英往说姚刚,辞严气直,百挫不挠,作人忠义之气。

《魏氏春秋》云:“夏侯元、何晏名盛于时,司马景王亦预焉。”晏尝曰:“惟深也故能通天下之志,夏侯泰初是也;唯几也,故能成天下之务,司马子元是也;惟神也,不疾而速,不行而至,吾闻其语,未见其人。”盖欲以神况诸己也。子元即司马师也。师在正始间,与泰初、平叔并称名士,则其风流元谧,可想见矣。今平叔《论语集解》高列学官,与圣经同不朽;而泰初所为《乐毅论》,得王右军书之，学僮稍能习字，皆旦夕抚临，无不知有夏侯泰初者。而子元则花部中大净为之，粉墨青红，纵横于面，雄冠剑佩，跋扈指斥于天子之前，居然高洋、尔朱荣一流，所谓“儿能成务”之风，莫之或识矣。《晋书·景帝纪》称子元“饶有风采，沉毅多大略”，设令准此，而以生末为之，幅巾鹤氅，白面疏髭，谁复信为司马师乎？

花部中有剧，名《赛琵琶》，余最喜之。为陈世美弃妻事。陈有父母儿女。入京赴试，登第，赘为郡马，遂弃其故妻，并不顾其父母，于是父母死。妻生事死葬，一如《琵琶记》之赵氏。已而挈其儿女入都，陈不以为妻，并不以为儿女。皆一时艳羡郡马之贵所致。盖既为郡马，则断不容有妻、有儿女也。妻在郡，弹琵琶乞食，即唱其为夫弃之事，为王丞相所知。适陈生日，王往祝，曰：“有女子善弹琵琶，当呼来为君寿。”至，则故妻也。陈彷徨，强斥去之，乃与王相诟。王尽退其礼物，令从人送旅店，与夫人、公子，阴谓其故妻曰：“尔夫不便于广众中认尔，余当于昏夜送尔去，当纳也。”果以王相命，其阍人不敢拒。陈亦念故，乃终以郡主故，仍强不纳。妻跪曰：“妾当他去，死生唯命；儿女则君所生，乞收养之耳。”陈意亦怆然动。再三思之，竟大詈，使门者挞之出。念妻在非便，即夜遣客往旅店，刺杀妻及儿女。幸先知之，店主人纵之出，匿于三官堂神庙中。妻乃解衣裙覆其儿女，自缢求死。三官神救之，且授兵法焉。时西夏用兵，以军功，妻及儿女皆得显秩。王丞相廉知陈遣客杀妻事，甚不平，竟以陈有前妻欺君事劾之，下诸狱。适妻帅儿女以功归，上以狱事若干件令决之，陈世美在焉。妻乃据皋比，高坐堂上。陈囚服缧绁至，匍匐堂下，见是其故妻，惭怍无所容。妻乃数其罪责让之，洋洋千余言。说者谓，《西厢·拷红》一出，红责老夫人为大快，然未有快于《赛琵琶·女审》一出者也。盖《西厢》男女猥亵，为大雅所不欲观；此剧自“三官堂”以上，不啻坐凄风苦雨中，咀茶啮檗，郁抑而气不得申，忽聆此快，真久病顿苏，奇痒得搔，心融意畅，莫可名言，《琵琶记》无此也。然观此剧者，须于其极可恶处，看他原有悔心。名优演此，不难摹其薄情，全在摹其追悔。

当面诟王相、昏夜谋杀子女,未尝不自恨失足。计无可出,一时之错,遂为终身之咎,真是古寺晨钟,发人深省。高氏《琵琶》,未能及也。

《义儿恩》之儿,为其母前夫之子。母携来为人妾,而思以毒药谋杀其嫡。值妾兄至,嫡以妾所馈酒肉食之,兄中毒死,妾乃称嫡杀其兄。为此儿者,诚难自处矣,党其亲母,则枉杀嫡;鸣嫡枉,则杀其亲母。乃自认毒杀其舅。此子真孝子也。故曰义儿。行刑日,与一大盗同缚,盗斩而赦至。其嫡持敝席,来收儿尸,见盗首大恸。此本元人《赵顽驴偷马残生送》。

《双富贵》之蓝季子,以母苦其嫂,潜代嫂磨麦。又潜入都为嫂寻兄,行李匮乏,赤身行乞,叫化于街,观之令人痛哭。

《紫荆树》之枯死,竟为田三之妻斧斤所致。田大,士人也,二则胥隶耳。树死鸦散,终不肯析居,在田二,尤难得者矣。

莺花小谱

半标子定，判花人参。二人生平不详。书作于嘉庆二十四年(1819)，选当时四喜部优伶十三人，分别参评为文艳、婉艳、柔艳、丰艳等，并以词调《黄莺儿》赞评之。入谱者皆花部优伶。谷曙光据《清代燕都梨园史料》本点校整理。

莺花小谱自叙

种成山玉，来从群玉之山；服媚国香，去访众香之国。阆风绁马，则俯视九烟；沧海扬飒，遂难为一勺。盖探奇必聚所好，而揽胜当拔其尤。况大地茫茫，偶尔飞鸿印雪；予怀渺渺，因而落絮沾泥。杜牧之到处多愁，谢安石中年易感。有佳人兮在空谷，宜名士之悦倾城。将种树以忘忧，聊借花而写照。此半标子所以恋游仙之梦，惟四喜班乃可称选佛之场也。尔其雅致宜人，好音惠我，如搴兰茝，沾衣散十步之芬；譬种萱苏，见面愈三年之疾。价重连城之璧，未知璧可能完；光腾照乘之珠，但觉珠皆有慧。情中之情斯寄，味外之味谁谙？维彼月香，冠兹云队。鹤性闲而识字，鸥情逸而凌波。芦笳发车子喉声，玉麈混王郎手色。偷学昌宗之貌，除非出水新莲；巧传张绪之神，只许当风弱柳。又有发宝，厥名雨香，秀自骨成，品以韵胜。前身金粟，相逢忉利天宫；半夜蘅芜，留作相思种子。故推袁者有如附骥，而御李者亦号登龙。（双桂姓袁，发宝姓李。）倘并坐乎尹、邢，洵一时之瑜、亮。别有心如淡菊，号擅清蓉。冰壶濯而益显冰姿，绮曲新而略无绮习。林下孤标灯下影，自警琴心；雨中神女月中仙，（谓月香、雨香。）堪称鼎足。至于妖韶秾艳，则芸舫之修蛾敛怨、湘云之宝靥含春也；旖旎芊眠，则蕊仙之朗月投怀、天秀之好风入座也。杨蕙卿双声宛转，能为绛树之歌；叶秀芝百节玲珑，欲系丽娟之袂。南朝憨态①，王花农自是可儿；西子颦眉，瞿桂林居然静女。胡晴霞之艳质，风流自赏，剧怜合德温柔；项天录之豪情，兀奡难驯，转觉魏公妩媚。斯为美矣，余无讥焉。我所思兮，见此粲者，莫不娇能解语，清可辟尘。八音竞奏而各具宫商，五味异和而并陈醯酱。雪儿座上，馋猧食猫子腥耶；云母屏前，居士闻木樨香否？兹诚尤物，仆本恨人。春雨缠绵，长春心于红豆；秋风落拓，发秋思于青莲。逝者斯夫，后视今犹今视昔；言之

---

① 原文为“南朝憨熊”，据文意改。

戏耳,人中景生景中情。适当风月良辰,爰录《莺花小谱》。言求莺友,同听莺啭一声;替写花神,试看花开四照。祝花身兮不老,报花信兮无愆。作什么生,向空际现来优钵;说如是法,愿人间洒遍杨枝。念此如狂,呼之欲出。见惠允宜阿紫,伤心岂独小青。漫明快意,当前笑买椟还珠。先生休矣!但使解人,可索将按图觅骏,何日忘之?或谓此外岂乏赏心,又云从前正多佳士。则将应曰:汝不闻乎?何戡虽是故人,前鱼毋宁始弃;宋玉唯知臣里,他乐不敢请观尔。

己卯上元,半标子书于艺香草堂

莺花小谱题词

南仙吕入双调·步步娇

底事娲皇情天炼?酿出群花艳。怜花亦自怜。恁样风情,梦里都留恋。生怕青年,细描摹,别订神仙传。

醉扶归

喜孜孜竞把芳名写,絮叨叨拼将丽句填。情知道搦管惹思量,怎当他艳骨教人羡。从今酒后与茶前,快花容词笔同华赡。

皂罗袍

多只为花神倦,俏梨园,做了欲海情天。书生蓦地作花颠,也如蛱蝶深深见。红肥绿瘦,羁愁暗牵。香温玉软,丰姿又妍。愿时时省识春风面。

好姐姐

年来也,思曲传。奈形容、形容难遍。如何妙手,竟传上小花笺。移痴念,除非化做双栖燕,或者权为并蒂莲。

香柳娘

想前生夙缘，想前生夙缘，谪仙非僭，娇歌妙舞生前欠。绘全神几篇，绘全神几篇，笔底颊毫添，活把神全现。请从今细验，请从今细验，纸短意缠绵，直使名长擅。

尾声

春婆梦里如花眷，一十三弦谱算全，那不推袁为艳艳。

判花人倚声

莺花小谱题情

忒忒令

涌情波，离怀易萦；袅情丝，吟怀难定。情天情海，幻情身一瞬。畅好是擘红笺、按红牙、拈红豆，重将花谱订。

园林好

访梨园春光暂停，唤梨云春婆暗惊。把几曲阑干遍凭。从笔底惜惺惺，从纸上忆卿卿。

尹令

滟清尊玉山曾并，弄清光玉壶曾映，倚清歌玉箫曾听。心字香烧，仔细思量仔细评。

品令

痴顽自怜，鸿爪印痕轻。心中觅得，便向掌中擎。风流逸兴，不是无题咏。乌阑黄绢，化作满身花影。赢得个薄幸名儿，不枉做落魄江湖载酒行。

豆叶黄

是谁老妪生此宁馨？待丝丝绣出平原，待丝丝绣出平原，好付与知音心领。西楼红烛,南楼绿醽,恰许我蒹葭相倚。休笑我蒹葭相倚,抵多少乐府双鬟,下拜旗亭。

三 月 海 棠

芳满庭,新歌玉树为题品。向巫山洛水,摹下丹青。分明他国香种就香情性,天香配得香名姓。将仙骨,证佛心,不强如笙鹤上瑶京。

凉 儿 水

夹路遗潘果,同舟覆鄂衾。盼的是好风传到梅花讯,喜的是和风漾透兰花韵,怕的是罡风吹薄桃花命。掉下闲愁野恨,法曲凄凉,唱彻烟横雾瞑。

玉 交 枝

衣冠优孟,意孜孜亲卿爱卿,美人香草斯傒幸。捧一串明珠奉赠。邯郸驴学断肠声,槐安蚁闹销魂阵。恣人怜心盟臂盟,殢人愁酒醒梦醒。

侥 侥 令

密意泥沾絮,浮踪水醮萍。他日何戡重回首,可省识真真画里形。

尾 声

灯前谱就相思令,寡书生谁怜同病。只索要自注孙阳相马经。

半标子自识

莺花小谱目录

半标子定

判花人参

袁双桂(号韵兰,又号月香,扬州人。)

李发宝(号雨香,又号畹卿,扬州人。)

徐天然(号清蓉,又号蕙舫,扬州人。)

袁双凤(双桂胞弟,号竹香,又号蕊仙。)

胡发庆(号云卿,又号湘云,苏州人。)

李喜贵(号芸舫,又号云卿,潜山人。)

程天秀(号兰香,又号仿云,扬州人。)

杨发林(号蕙卿,又号韵香,扬州人。)

王四喜(号花农,又号荔香,深州人。)

瞿桂林(号枝香,又号小山,扬州人。)

项天禄(号芝仙,又号芳卿,山西人。)

胡红喜(号晴霞,浙江人。)

叶秀芝(号冷香,苏州人。)

右花部十三人

琴边酒畔染衣香,数见弥鲜味转长。摹得洛神风景在,小窗细写十三行。

替花欢喜替花愁,花也含情暗点头。绝似秦淮旧游处,轻烟淡粉十三楼。

艺香居士

评花十三首,调寄《黄莺儿》

袁双桂 文艳

体格冠群芳。玉无瑕,月有香。从来不许风流莽。春兰露瀼,秋梧雨凉,个中写出幽人样。漫思量,痴牛怨女,银汉隔红墙。

李发宝 婉艳

秋水湛精神。亦庄严,亦雅驯。性儿温克庞儿整。仙郎玉人,仙娥丽人,天人好向人天证。记芳痕,吴宫獭髓,的的小红新。

徐天然 柔艳

一点透灵犀。警芳心,月露凄。清幽到此知音几?蛾弯翠低,螺堆绿齐,尊前一笑非容易。惜芳菲,无言桃李,何处可成蹊。

袁双凤 丰艳

阿姊擅娇娆。论丰容,让小乔。凤兮谁敢题凡鸟?盟心鹊桥,伤心断桥,葬花心事花知道。占春韶,琼枝璧月,无奈是情苗。

胡发庆 秾艳

艳骨几生修?脸舒霞,眉黛浮。十分春色浓于酒。做情呵掉头,送情呵翦眸,卖花声里抛红豆。尽歌喉,钩辀格磔,到底擅风流。

李喜贵 娇艳

妖冶舞天魔。上氍毹,百媚多。下场冷澹些儿个。想芳容倦波,问芳情怨么?眉心底用葳蕤锁。细瞧科,恼人犹好,何况昵人那?

程天秀 妍艳

领袖散花天。小云郎，解语莲。春云意绪春风面。丽华般妙颜，丽娟般妙年。孙娘龋齿樱唇浅。最缠绵，佯羞薄怒，掷眼复凭肩。

杨发林 稚艳

小玉忒玲珑。学新妆，闹埽慵。善师教就琵琶弄。惊兮似鸿，游兮似龙。生成骨相疼人种。意惺忪，梢头豆蔻，也解惜春风。

王四喜 酣艳

天付眼眉腰。未消魂，意也消。海棠睡足春痕悄。憨多韵饶，慵多态娇，宜嗔宜喜风光好。小苗条，柔情一缕，休说郑樱桃。

瞿桂林 纤艳

脉脉复盈盈。若无心，若有情。淡妆浓抹都宜称。春山晓横，秋波晚征，西湖偶现西施影。可怜生，月华露气，俊煞许飞琼。

项天禄 芳艳

风味较争些。漫郎君，另一家。西人粲粲殊潇洒。英姿足夸，豪情更佳，高谈雄辩倾三雅。拟芳华，亭亭皎皎，火宅妙莲花。

胡红喜 浮艳

反舌已声干。舞东风，兴未阑。筵前笑泥司空惯。甘言转圜，灵机转关，渔郎易被桃花赚。秀堪餐，明眸皓齿，丰韵更姗姗。

叶秀芝 冶艳

细骨袅轻躯。尽堪酬，百琲珠。莺儿燕子娴歌舞。红灯上初，青尊酌余，慧心黠性蚕丝吐。笑壶卢，晕生腮斗，娇影倩人扶。

燕台集艳

《燕台集艳》，作者播花居士，未详何人。以二十四品甲乙当时名伶，一品一人。系之以评，缀之以词，集《西厢》、宋词而为之，炫其博学长才。计四喜部十人，春台部六人，三庆部四人，嵩祝部四人。吴新苗据清道光癸未(1823)刊本点校。

燕台集艳

情品见《后汉书·党锢传》

燕台集艳二十四花品序集《选》

自唐司空表圣撰《二十四诗品》,嗣是仿其例,作《续诗品》者有人;广其例,作《书品》、《画品》者亦有人。辞各美丽,余读而爱之。兹值雨窗无事,爰于四喜、春台、三庆、嵩祝四部中,就耳目之所及,戏拈二十四人,以伎艺优劣为高下,小变体裁,用成花品。至于臆见之私,遗珠之憾,则在所不免焉。道光癸未乞巧节,播花居士迦罗奴识。

高唐渫雨谢希逸《宋孝武宣贵妃诔》,飞阁干云何平叔《景福殿赋》。芳草被堤班孟坚《西都赋》,长杨映沼潘安仁《闲居赋》。日下壁而沉彩江文通《别赋》,月水幌而通晖谢惠连《雪赋》。华酌既陈宋玉《招魂骚》,秘舞更奏张平子《西京赋》。从逸游于角抵潘安仁《西征赋》,托末契于后生陆士衡《叹逝赋》。惟彼狡童任彦升《宣德皇后令》,此郊之姝宋玉《登徒子好色赋》,生于蒿莱之间张茂先《鷦鷯赋》,长于蓬茨之下王子渊《圣王得贤臣颂》。冠五行之秀气王元长《三月三日曲水诗序》,流千载之英声王仲宝《褚渊碑文》。美貌横生宋玉《神女赋序》,妙思天造陆士衡《叹逝赋》。荣其文身左太冲《魏都赋》,则音徽自远陆士衡《演连珠》之七;丐其余论刘孝标《广绝交论》,则延誉自高任彦升《宣德皇后令》。霞驳云蔚王文考《鲁灵光殿赋》,烟交雾凝鲍明远《舞鹤赋》。鸾凤之文奋矣吴季重《答魏太子笺》,钧天之乐张焉王元长《三月三日曲水诗序》。其形也曹子建《洛神赋》,若流波之将澜宋玉《神女赋》;其致也陆士衡《文赋》,若轻云之蔽月曹子建《洛神赋》。详而视之宋玉《神女赋序》,淡乎若深渊之静贾谊《鹏鸟赋》;迫而察之嵇叔夜《琴赋》,慠然有凌云之操石季伦《思归引序》。荣曜秋菊曹子建《洛神赋》,华纵春葩左太冲《魏都赋》。和顺内凝王仲宝《褚渊碑文》,英华外发沈休文《齐故安陆昭王碑文》。度白云以方洁孔德璋《北山移文》,谢朝华于已披陆士衡《文赋》。濯明月于涟漪左太冲《吴都赋》,吐清风之飂戾潘安仁《西征赋》。援绮琴兮生芳缛谢惠连《雪赋》,发皓羽兮奋翘英班孟坚《白雉诗》。姁偷致态傅仲武《舞赋》，特禀逸异之姿颜延年《赭白马赋》；睇眩流光曹子建《七启》，动有环佩之响范蔚宗《后汉书·皇后纪传》。翩翩然有以自乐也张茂先《鹪鹩赋》。于是天清日晏扬子云《羽猎赋》，岁阜民民陆佐公《石阙铭》。元巳之辰张平子《南都赋》，九秋之夕曹子建《七启》。五行布序班孟坚《灵台诗》，百卉含葩张平子《思元赋》。朝霞启晖赵景真《与魏齐赋书》，春萝罥月孔德璋《北山移文》。明室夜朗张景阳《七命》，素琴晨张江文通《恨赋》。瑰异日新张平子《西京赋》，倔佹云起王文考《鲁灵光殿赋》。越香掩掩宋玉《神女赋序》，珍树猗猗左太冲《魏都赋》。钟石毕陈颜延年《三月三日曲水诗序》，丝竹并奏魏文帝《与吴质书》。笙竽俱唱左太冲《吴都赋》，箫管齐鸣曹子建《七启》。乃正六乐陆佐公《石阙铭》，抗五声班孟坚《东都赋》，吹洞箫左太冲《蜀都赋》，发清角稽叔夜《琴赋》，戴翠帽张平子《西京赋》，动朱唇傅武仲《舞赋》。引商刻羽《宋玉对楚王》，抗昔高歌潘安仁《闲居赋》。振轻绮之飘飖曹子建《七启》，奋长袖之飒纚张平子《西京赋》。播芳蕤之馥馥陆士衡《文赋》，敷华蕊之蓑蓑张平子《南都赋》。如彼树芳颜延年《祭原文》，又申之以揽茝屈平《离骚经》。如彼锦缋潘安仁《夏侯常侍诔》，又缀之以江篱张平子《思元赋》。镜朱尘之照烂江文通《别赋》，夜光在焉班孟坚《西都赋》；扬翠气之宛延扬子云《甘泉赋》，华容备些宋玉《招魂骚》。"些"，原注音"娑"，去声。耳目之娱张平子《南都赋》，游戏之乐司马长卿《子虚赋》，何其壮也邱希范《与陈伯之书》，何其富也马孝良《长笛赋》！若夫丰约之裁陆士衡《文赋》，锦绣之饰李斯《上秦始皇书》。冰纨雾縠之积范蔚宗《宦者传论》，妍歌妙舞之容颜延年《三月三日曲水诗序》。吴蔡齐秦之声鲍明远《芜城赋》，韶濩象武之乐司马长卿《上林赋》。浥以藻绣张平子《西京赋》，画以仙灵左太冲《吴都赋》。饰以碧丹嵇叔夜《琴赋》，藉以翠绿何平叔《景福殿赋》。错以荆山之玉曹子建《七启》，漱以华池之泉孙兴公《游天台山赋》。熏以幽若曹子建《七启》，发兰蕙与芎䓖扬子云《甘泉赋》；糅以蘅芜司马长卿《上林赋》，杂杜蘼与芳芷屈平《离骚经》。桃李荫翳左太冲《魏都赋》，菡萏敷披潘安仁《闲居赋》。采采粲粲嵇叔夜《琴赋》，郁郁菲菲司马长卿《上林赋》。玩春翘而有思陆士衡《叹逝赋》，纫秋兰以为佩屈平《离骚经》。掩金觞而谁御江文通《别赋》，整神容以自持傅武仲《舞赋》。华莲重葩而倒披左太冲《魏都赋》,琼枝抗茎而敷蕊左太冲《吴都赋》。旦为朝云宋玉《高唐赋》,泄为行雨左太冲《魏都赋》。乍近乍远马季良《长笛赋》,若往若来傅武仲《舞赋》。神人之和允洽班孟坚《东都赋》,风舞之情咸荡王元长《三月三日曲水诗序》。于斯时也潘安仁《藉田赋》,巴姬弹弦左太冲《吴都赋》,伶伦比律嵇叔夜《琴赋》。荆艳楚舞左太冲《吴都赋》,吴歈蔡讴宋玉《招魂骚》。鞭洛水之宓妃扬子云《羽猎赋》,载太华之玉女张平子《思元赋》。其林蔼蔼束广微《崇邱诗》,其乐陶陶刘伯伦《酒德颂》。音要妙而流响成公子《安啸赋》,非假北里之操陆士衡《演连珠》之二十七;颜的皪以遗光张平子《思元赋》,不悦西施之影陆士衡《演连珠》之九。是以众庶悦豫班孟坚《两都赋序》,希世罕工任彦升《奉答敕示七夕诗启》。绵驹吞声马季良《长笛赋》,毛嫱彰袂宋玉《玉女赋》。丑父为之改貌潘安仁《射雉赋》,南威为之解颜曹子建《七启》。和氏之璧班孟坚《答宾戏》,未足语其丰左太冲《吴都赋》;夏后之璜刘孝标《辨命论》,不能为其气王子渊《洞箫赋》。使元施征舒枚叔《七发》,罔识所屈何平叔《景福殿赋》;风谣歌舞左太冲《三都赋自序》,莫测其端矣傅季友《为宋公修张良庙碑》。于是郑女曼姬司马长卿《子虚赋》,吴宫燕市江文通《别赋》,歌童舞女范蔚宗《宦者论传》,俳优侏儒司马长卿《上林赋》。或采明珠曹子建《洛神赋》,或隐碧玉左太冲《蜀都赋》。或言拙而喻巧陆士衡《文赋》,或名奇而见称左太冲《魏都赋》。缇幕与素濑交辉任彦升《齐竟陵文宣王行状》,音徽与春云等润王仲宝《褚渊碑文》。绮组缤纷班孟坚《西都赋》,若翡翠之奋翼宋玉《神女赋》;绡纨綷縩潘安仁《藉田赋》,若白鹭之下翔枚叔《七发》。集芙蓉以为裳屈平《离骚经》,靡薜荔而为席扬子云《羽猎赋》。游涉乎云林枚叔《七发》,流盼乎洛川曹子建《洛神赋》。竞娟取荣张平子《西京赋》,冶容求好张茂先《女史箴》。色授魂与司马长卿《上林赋》,志往神留陆士衡《文赋》。亦将有才人妙伎曹子建《七启》,弱冠王孙刘孝标《广绝交论》,骈部曲班孟坚《东都赋》,杂绮罗司马长卿《子虚赋》,朱英秀王元长《三月三日曲水诗序》,素华斐左太冲《吴都赋》,蒹葭𧄸左太冲《魏都赋》,形态和傅武仲《舞赋》。宴于兰房张平子《南都赋》,跻于罗帏宋玉《风赋》。明五采之彰施何平叔《景福殿赋》,漱六艺之芳润陆士衡《文赋》。济九成之妙曲刘孝标《广绝交论》,睹万方之欢娱班孟坚《东都赋》。聊游目而遨魂曹大家《东征赋》，愈情骇而神悚潘安仁《西征赋》。莫不缔恩狎刘孝标《广绝交论》，降氤氲班孟坚《东都赋》，悦心意李斯《上秦始皇书》，接欢欣也傅武仲《舞赋》。余少好音乐嵇叔夜《琴赋》，小事简牍杜元凯《春秋左氏传序》，虽乏乡曲之誉江文通《诣建平王上书》，窃高下风之行邹阳《上吴王书》。既游观中原曹子建《七启》，亦佣书成学任彦升《为萧扬州荐士表》。幸得遇圣明之世扬子云《解嘲》，扬乐和之声班孟坚《西都赋》。婆娑乎术艺之场班孟坚《答宾戏》，遥集乎文稚之囿扬子云《剧秦美新》。总会仙倡张平子《西京赋》，广求异伎繁休伯《与魏文帝书》。恣意所幸张平子《西京赋》，曲得其情王文孝《鲁灵光殿赋》。于是游览既周孙兴公《游天台山赋》，有怀妍唱谢惠连《雪赋》。述清都之闲丽左太仲《魏都赋》，集华夏之至欢何平叔《景福殿赋》。是用缀辑遗文任彦升《王文宪集序》，托清风什任彦升《奉答敕示七夕诗启》。掉三寸之舌扬子云《解嘲》，成一家之言班孟坚《典引》。以美风俗马季良《长笛赋》，以当谈笑陈孔璋《为曹洪与魏文帝书》。以为润色左太冲《三都赋自序》，以致太平也曹子建《求自试表》。乃撰四部要略任彦升《齐竟陵文宣王行状》，裁二十余篇孔安国《尚书序》。虽以一字为褒贬杜元凯《春秋左氏传序》，而文非一体魏文帝《典论·论文》，依类托寓司马长卿《封禅文》，辞义可观皇甫士《三都赋序》。又作传王子渊《四子讲德论》，以为之赞云袁彦伯《三国名臣赞》。其发凡杜元凯《春秋左氏传序》，年十三以上、二十以下范蔚宗《后汉书·皇后纪论》，二十人王仲宝《褚渊碑文》。弱冠秀发陆士衡《辨亡论》上，才捷若神曹子建《七启》，自一时之隽也魏文帝《与吴质书》。用成等级沈休文《恩幸传论》，都为一集魏文帝《与吴质书》。集录如左任彦升《王文宪集序》：二十许年任彦升《奏弹刘整文》，四人袁彦伯《三国名臣序赞》，多才丰艺潘安仁《杨荆州诔》，妙绝时人魏文帝《与吴质书》。虽殊其年潘安仁《杨武仲诔》，不可限以位貌任彦升《为萧扬州荐士表》，系之篇末范蔚宗《后汉书·二十八将传论》，聊复备数马季良《长笛赋序》。其余得失未闻任彦升《为范南书让吏部封侯第一表》，姓字不传谢惠连《祭古冢文》，未睹厥状魏文帝《与钟大理书》。此焉二等王文考《鲁灵光殿赋》、三等范蔚宗《后汉书·皇后纪论》，优劣异姿应休琏《与广州长岑文瑜书》，巧拙有素魏文帝《典论·论文》，未有殊尤绝迹司马长卿

《封禅文》。若斯之类左太冲《三都赋自序》，盖以百数班孟坚《西都赋》，不可殚书范蔚宗《宦者传论》，未之详也范蔚宗《后汉书·二十八将传论》。尺璧有盈左太冲《魏都赋》，玉卮无当左太冲《三都赋自序》。凡我四方同好之人蔡伯喈《郭有道碑文》，如曰不然沈休文《宋书·谢灵运传论》，以俟来哲潘安仁《西征赋》。太岁陆佐公《新刻漏铭》癸未刘越石《劝进表》秋七月班孟坚《封芜然山铭》，愁览余日潘安仁《西征赋》，独坐愁苦李少卿《答苏武书》。酒后耳热杨子幼《报孙会宗书》，慨然有怀夏侯孝若《东方朔画赞》。于是染翰操纸潘安仁《闲居赋》，缀而序之任彦升《齐竟陵文宣王行状》。

燕台集艳二十四花品题辞集唐

播花居士漫吟

舞腰新染曲尘罗牛峤，灯下妆成月下歌刘禹锡。瑶瑟玉箫无意绪关盼盼，繁华浓艳竟如何陈宫嫔妃。人间定有崔罗什李商隐，时俗犹传晋永和刘长卿。从此不知兰麝贵裴思谦，一生惆怅为伊多李郢。

万态千情料可知裴夷直，风流不减杜陵时韩翃。但经春色还秋色李山甫，莫遣佳期更后期李商隐。越女沙头争拾翠孙光宪，桃花纸上待吟诗张嫔。司空见惯浑闲事刘禹锡，醉煞长安轻薄儿贾至。

但凭春梦访天涯广利王女，扑手新诗片片霞薛涛。不是相如怜赋客李群玉，惟教宋玉擅才华李商隐。纤萝自合依芳树江陵士子，宫体何曾为杏花温庭筠。纵使笔精如逸少陆龟蒙，一分难减亦难加吴融。

行香天乐羽衣新王建，消息佳期在此春韩偓。弱柳未胜寒食雨张泌，花笺好作断肠人皮日休。漫夸书剑无知己许浑，别有诗名出世尘翁洮。过客不须频问姓翁承赞，东方曼倩是前身徐铉。

燕台集艳二十四花品评集《西厢》，词集宋

播花居士戏编

灵品见江淹《菖蒲赞》

春台部王小庆，号情云，又号云卿，安庆人，寓余庆堂。

〔评〕转秋波，调眼色，灵犀一点。酸溜溜心儿里，埋没着聪明。

横波眼溜春溪碧王文甫《回文》，海棠染就胭脂色杨炎。飞燕蹴红英秦观，流莺三两声晏几道。帕罗香自满史达祖，拂袖东风软谢逸。娇极不成狂方乔，斜窥秋水长向子諲。

调寄《菩萨蛮》

仙品见《宣和书谱》

四喜部杨发林，号熏卿，又号韵香，扬州人，寓明立堂。蕙卿色艺兼人，原当第一，然究系前度刘郎，故亚之。

〔评〕举止端详，自然幽雅，体态是温柔，性格是沉全，不见半点清狂。

凤屏清昼袅龙香邓肃，闲情正与春长王安。断来能有几回肠贺铸，秀出群芳赵长卿。更没纤毫尘态高观国，素娥洗尽繁妆楼扶。谁将消息问刘郎康与之？无恨思量秦观。

调寄《画堂春》

素品见上官仪《请致仕表》

三庆部汪双林，号霞卿，安庆人，寓敦素堂。

〔评〕宫样眉儿，新月偃，星眼朦胧，兀的不勾引了人魂灵。

湾湾浅黛长长眼张先，屏山翠入江南远毛滂。罗带轻分秦观，舞腰低软张景修，天然玉貌铅华浅晁补之。　　花间隔雾遥相见吕渭老，轻妆谁写崔徽面周密。醉脸春融苏轼，涂腮粉艳陈允平，芳心只共丝争乱欧阳修。

调寄《七娘子》

高品见《宋书·羊元保传》

春台部张全保,号蓉初,又号小玉,顺天人,寓鸿雪堂。

〔评〕玉宇无瑞烟笼罩,鹘伶渌老不寻常,穿一套缟素衣裳,将遍人间烦恼填胸臆。

鬓云低谢绛,歌袖窄翁孟寅,难托春心脉脉沈公述。前身清淡是梅妆史达祖,不迭寸眉愁碧吴文英。粉腻酥融娇欲滴杨长卿,酝造可人春色石孝友。杨花蝴蝶乱分身吕渭老,偏在翠深红隙周密。

调寄《满宫花》

逸品见《梁书·武帝本纪》

四喜部邹福寿,号畹香,苏州人,寓传经堂。

〔评〕千般袅娜,万般旖旎。何须眉眼传情,行近前来百媚生。

牡丹开尽正春寒张桂,香雾湿云鬟张炎。纷怯珠愁王沂孙,蕙羞兰妒王易简,无艳寄尘凡刘子翚。等闲莫把阑干倚万俟雅言,妨却一身闲崔与之。美玉轻盈郑觉斋,飞琼绰约李居仁,人在画图看谢逸。

调寄《少年游》

生品沈约《均圣论》

三庆部汪鸿保,号宾秋,安庆人,寓宝晋堂。

〔评〕脸儿清秀身儿韵,天生聪俊。情引眉稍,一团儿衠是娇。

芍药枝头红样小陈师道,湘裙忆着春罗史达祖。不须团扇障清歌张先,望中秀色毛观,无计奈情何向子諲。 好筑避风台护取刘克庄,酒边莫唱西河张炎。个侬无赖动人多贺铸,眼波微送谢绛,脉脉敛双蛾张耒。

调寄《庭院深深》

能品见《辍耕录》

嵩祝部席秀林,号珍卿,又号丽香,扬州人,寓松茂堂。

〔评〕忒聪明，多丰韵。俊是庞儿俏是心。乖性儿怕人家调犯，厌的扢绉了黛眉。

非烟非雾万俟雅言，风撼梨花树周紫芝。人间没个安排处李冠，偏向众中翘楚杨无咎。似花还似非花苏轼。花边蝴蝶为家毛滂。欲买青春无价管鉴，小怜初上琵琶王安国。

调寄《清平乐》

清品见《魏书·张芙传》

四喜部项松寿，号文涛，苏州人，寓松韵堂。

〔评〕恹恹瘦损，多愁多病身。亸着香肩柳腰儿，恰一搦。

轻蹑罗裙掩绛绡柳永，慵整翠云翘陈允平。一般妆样百般娇张先，第一是张炎眼眉腰谭宣子。　海棠枝上易祓，蔷薇花下蔡伸，情绪好无聊石孝友，算只有姜夔可怜宵贺铸。

调寄《燕归梁》

殊品见曹植《七启》

四喜部汪三林，号秋白，又号妙云，安庆人，寓福寿堂。

〔评〕天际秋云卷，柳遮花映，出落得精神别样的风流。

舞衣半惹凉云碎周密，瘦玉倚香愁黛翠李石。独抱相思王沂孙，无限柔情说似谁黄机。不堪对酒长亭别李弥逊，怎得人如天上月周紫芝。试问东风王十朋，人在珠帘第几重张孝祥。

调寄《偷声木兰花》

静品见秦镐崇《藩邸观莲花诗》

四喜部丁春喜，号梅卿，又号小蓉，安庆人，寓三和堂。

〔评〕人间天上，软玉温香，慢俄延，半晌抬身，情思昏昏眼倦开。

愁无际朱服，如何尽得相思意石孝友。相思意辛弃疾，一团纤软李邴，慢腾腾地周邦彦。东风捏就腰肢细无名氏《步蟾宫调》，《豹隐纪谈》以为阮郎中《赠妓词》，年年春事关心事赵令畤。关心事吴文英，云轻柳弱张先,艳妆初试晁补之。

调寄《秦楼月》

精品见《画史》

四喜部吴双喜,号婉兰,苏州人,寓德云堂。

〔评〕一事精,百事精。齐齐整整,袅袅婷婷,越越的闭月羞花。

酒面滟金鱼张先,一点醉红潮颊紫娘。约略颦轻笑浅李元膺,按梁州初彻郑獬。欲将心事付瑶琴岳武穆,谁解此情切郑意娘。空托绣罗金缕陈允平,却翠云千迭无名氏,绿意谓见《乐府雅词》。

调寄《好事近》

幽品见《宋书·明帝本纪》

嵩祝部许玉芳,号畹香,苏州人,寓槐荫堂。

〔评〕遮遮掩掩,穿芳径。红袖鸾销玉笋长,做多少好人家风范。

帘外残红春已透李玉,算枉了双眉长皱辛弃疾。芳草有情张耒,东风无力范成大,人共博山烟瘦毛滂。　钏阁桃腮香玉溜陈允平,尽占断艳歌芳酒周密。袅袅余音王易简,纤纤柔握陆游,春笋轻笼翠袖刘过。

调寄《夜行船》

新品见《宋书·颜竣传》

三庆部王得喜,号蓉卿,扬州人,寓敦素堂。

〔评〕拨雨撩云,颤巍巍。花梢弄影,小则小心,肠儿转关。

倦倚东风黄兰,宝钗争掩春心眼吴文英。锦屏香暖卢祖皋,零落梨花晚朱敦儒。　窄袖轻罗晏几道,暗露黄金钏欧阳修。双蛾淡王沂孙,为谁肠断吕渭老,故故回娇盼管鉴。

调寄《点绛唇》

乐品见《易林》

嵩祝部许兰秀，号佩秋，苏州人，寓永和堂。

〔评〕语言的当，音律又清，恁响喉咙，似呖呖莺声花外啭。

钗凤斜倚洪迈，玉困花娇越样宜张元干。相思一曲诉伊谁方有间，彩鸾飞高观国。　六么声断凉州续陈纪，心到郎边客已知陈师道。不须更画远山眉许棐，晓妆迟晏几道。

调寄《彩鸾归令》

佳品见刘克庄《题跋》

四喜部张心香，号妙卿，苏州人，寓青慎堂。

〔评〕淡白梨花面，嫩巍巍脸儿吹弹得破，贱却那人间玉帛。

眉黛远山长陈师道，终日清狂王铣。尽教淘写绣心肠程垓，一寸相思千万绪李冠，自检罗囊吕渭老。　茉莉拥钗梁张炎，红透肌香真德秀，昼长蝴蝶为谁忙张盘？绰约佩环风不定陈允平，欲下斜阳张辑。

调寄《浪淘沙》

异品见江淹《山中楚词》

三庆部汪玉兰，号澧香，安庆人，寓敦厚堂。

〔评〕身心一片，无处安排，风流况，似垂柳晚风前。

杏腮红透梅钿皱周密，翠腰羞对垂柳瘦陈允平。忍教三叠唱《阳关》洪迈，尽轻衫寒透杨旡咎。　酒深歌拍缓王观，犹记眼波微溜唐艺孙。催花无计问东风何卓，能得几回又何梦桂。

调寄《阳台梦》

选品见《梁书·徐勉传》

春台部杨玉环，号韵珊，安庆人，寓国香堂。

〔评〕年纪小，性气刚，可喜庞儿浅淡妆。娇滴滴，越显红白。

月微明吕渭老，霞散绮夏竦，斜领花枝交错里晁补之。调宝瑟周紫芝，理银筝曹良史，望中秀色仙都是韩元吉。　分香帕子揉蓝腻何卓，绶带双垂金缕细卢氏。年华浑是雾中看赵鼎,纷纷柳絮低还起张先。

调寄《木兰花》

华品见《宋书·乐志》

四喜部张五福,号似莲,又号婳侬,苏州人,寓福寿堂。

〔评〕粉颈低垂,烟鬟全堕,未语人前先腼腆,尽人调戏,只将花笑拈。

宝髻双垂烟缕缕杨无咎,艳溢香融宋徽宗,点点胭脂污真德秀。看到嫣红浑漫与陈从古,海棠半圻难禁雨周密。　锦瑟年华谁与度贺铸,笑里移春张炎,无限春情绪谢懋。垂柳不萦裙带住吴文英,客星容到天孙渚周必大。

调寄《蝶恋花》

画品见《唐书·艺文志》

春台部周小凤,号竹香,安庆人,寓余庆堂。

〔评〕朱唇浅淡樱桃颗,春心荡,似落花流水溶溶。

休休莫莫吴潜,半卷珠帘凭画阁杜郎中。莫莫休休尚希仲,一寸横波入鬓流吕渭老。　轻拢细捻陈以庄,豆蔻梢头春色浅谢逸。细捻轻拢苏轼,吹入云山第几重卢祖皋。

调寄《减字木兰花》

寒品见《梁书·武帝本纪》

嵩祝部沈三顺,号云仙,顺天人,原籍苏州人,寓锦春堂。

〔评〕春恨落眉尖,呆打孩,闲愁万种,行一步可人怜。

双枕细眉颦吕渭老,剪碎香罗浥泪痕无名氏《浣溪纱》,调见《能改斋漫录》。莫鼓琵琶江上曲刘过,愁人毛滂,我亦多情不忍闻杜安世。

朱粉不深匀张先,小滴胭脂浸绿云李演。一寸芳心浑未展石孝友,消魂韩缜,手捻花枝忆小苹江开。

调寄《南乡子》

附以下皆年过二十外者

奇品见《癸辛杂识》

四喜部胡发庆，号云卿，又号湘筠，苏州人，寓光裕堂。

〔评〕好模好样忒莽戆，斩钉截铁当居一，窃玉偷香上用心。

轻罗团扇掩微羞吕渭老，倦鬟理还休蒋捷。出群标格杨旡咎，天然窈窕舒亶，算也风流于真人。　芭蕉不展丁香结贺铸，何处合成愁吴文英？花边柳际谢逸，眉间心上范仲淹，情思悠悠史达祖。

调寄《秋波媚》

妙品见《宋史·文苑传》

四喜部王四喜，号花农，又号荔香，深州人，寓三和堂。

〔评〕娇羞花解语，温柔玉有香，笑呵呵，果是风清月朗。

淡妆偏称泥金缕陈从古，笑里盈盈语李冠。依稀绿惨更红羞石孝友，一任落花飞絮雨悠悠沈端简。　帘钩卷上梨花影洪迈，没个他风韵郑文妻孙氏。阑干到处是春风李彭老，多少闲情闲恨雨声中吴潜。

调寄《虞美人》

名品见《梁书·武陵王传》

春台部郑小翠，号凤卿，安庆人，寓余庆堂。

〔评〕春山低翠，秋水凝眸，杏脸桃腮，却似半吐的新生月。

琼楼十二葛郯，银屏十二洪瑹，更关情李莱老，画栏十二苏过。一曲春风曹良史，觉身在广寒宫里杨旡咎，想桃源路通人世张炎。

明眸似水吕渭老，柔情似水秦观。怎禁他蒋捷清寒似水王沂孙。玉暖酥凝陆游，都化作凄凉云气冯应锡，算只有江梅可比卢炳。

调寄《解佩令》

情品见《后汉书·党锢传》

春台部杨全喜,号念农,安庆人,寓日新堂。

〔评〕风流客,蕴藉人休题,眼角留情处,喜怒其间,打扮得娇娇滴滴的媚。

黛拂双蛾浅杨无咎,天教百媚生管鉴。水云飞佩藕丝轻赵与仁,看取无情芳草也关情张适。 殢酒恹恹病李玉,间花淡淡春张先。重帘不卷篆烟横毛滂,留恋海棠颜色过清明张枢。

调寄《南歌子》

都中伶人之盛,由来久矣。而文人学士为之作花谱、花榜者,亦复汗牛充栋。名作如林,续貂匪易。余何人斯?自知才力不逮,敢蹈覆瓿之诮,势不得不求味于兼采,取制于群狐。惟是既格陈言,又拘律调,浮辞满纸,慊意多端。友人未俟修饰,遽付剞劂。贻笑大方,希阅者谅之,则幸甚。播花居士又识。

金台残泪记

《金台残泪记》，张际亮著。张际亮，字亨甫，别号华胥大夫。为人有气节，负狂名，落拓不羁，遂寄情诗歌。著《金台残泪记》，状优伶事迹，往往寄其穷愁绮丽之思，然亦保存了道光年间众多戏曲史实。全书三卷，第一卷是杨法龄等二十一位伶人的传记，第二卷是与伶人交往的诗作，第三卷为杂记。吴新苗据清道光三十年(1851)刻本校定，较《清代燕都梨园史料》所收《金台残泪记》多出《题词》六首。

金台残泪记自叙

叙曰:孔子泣获麟后,天下有二泪焉。汉贾生之哭时事也,晋阮籍之哭穷途也。余居都门三载,深观当世之故,颇能言其利而救其弊。无荐之者,既不敢献策,复不敢著书,辄恸哭;遭家多难,顾影自悲,又恸哭。故人怜之,恐其伤生,每为征乐部少年,清歌侑酒,以相嬉娱。余于醉后则又恸哭。今将归矣,偶理旧衣,见向时醉后泪痕犹在,乃叹曰:嗟乎,余之泪尽矣! 此其残痕,然一时之情也不可忘。因撰次为传十篇、诗五十九首、词三阕、杂记三十七则。燕本黄金台旧地,故曰《金台残泪记》云尔。

太岁戊子腊八日

金台残泪记题词

刘家谋芑川侯官

当年子野每闻歌,明月清风唤奈何。寂寂夜台还六载,不知人世泪痕多。

衣谶山房诗集

林昌彝香溪侯官

老我人间抱百忧,寻声怕听古凉州。如何惊代张平子,泪洒金台亦感秋。

金粟山房诗集

张培仁子莲临桂

樱珠艳入玉堂春,扑朔迷离写未真。天与诗人怜碧玉,风吹雏燕落红尘。明明曾堕怀中月,袅袅空怜掌上身。一霎惊鸿渺何许,桃花何苦赚刘晨。

依旧花枝笑独眠,明珠无价酒无边。爱从绛树传新曲,耻向黄姑贯聘钱。湖海莫谈庄子剑,飘零犹上鄂君船。忧时泪即听歌泪,寂寞人间老谪仙。

独对秋花忆玉颜,眉痕宛似月痕弯。秦宫惯作鸳鸯梦,子野能歌菩萨蛮。手把芙蓉别尘世,笑骑鸾鹤入仙山。墨痕酒晕依然在,一曲天风紫翠间。

赌棋山庄诗集

谢章铤枚如长乐

一传中含百苦辛,才华如此竟烟尘。少年痛哭寻常事,我亦悲歌感慨人。

金台残泪记目录

卷　一

卷　二

卷　三

金台残泪记　卷一

杨　生　传

杨生名法龄,字韵香,扬州江都人。有二兄,故优也。生九岁即来都下,以色倾一时。尤善歌,尝遇雪天,独歌户外,听者至数百人。有车而过者,马皆仰沫悲嘶不行。于是生年十五六矣。自后歌不成声,三年始复。生意度闲静旷远,善清言,不喜饮酒。或遇客,终日不交一语,亦无所忤。每叹曰:吾但得廛田区宅奉老母,放浪于山水间,足矣。其母兄闻之独不乐,故生不能遽归。道光七年,矢死请于母,始弃其业。八年七月,全家返江都。

华胥大夫曰:余友□□□大令,江东才人。尝呼生为小友。又谓余曰:君才识诚异矣,然度未胜,日习生论议,其有进焉。余始遇生,盖在丙戌之冬。明年春,予以诗,生诵之甚悲。余旋以事屡出入都下,每见生,未尝不为余叹息。生弃业后,羁旅年余,余无一金以资其行。顾属余:它日过江都,宜相闻也。

徐　郎　传

徐郎桂林者,字曰听香。余友□□□大令为易之曰"小郄",故小郄之称藉甚。小郄既负绝代之姿,又善应对,进止容仪,如佳公子。所至生色,死心倾倒恐后。年十四,来都下。越五年,年十九矣,拥万金以归,盖戊子秋七月也。其家在安徽潜山、望江二县之间,地曰十牌。

华胥大夫曰:余丙戌夏□□报罢,居都下。客尝招之顾曲,意漠如也。及见小郄,始心动。其冬十月望日,有为吴伶礼佛于龙泉寺者,□□招同□□□往观。小郄在焉,始渐狎习,为作《徐郎曲》,颇传于人。余既识杨生,□□复南还,与小郄遂不数见。今年闻其归,为之咨嗟叹息者久之。语曰:"鸿飞冥冥,弋者何篡?"小郄其为冥鸿也哉!

吴郎传王德喜附

吴郎金凤者，字桐仙，苏州人也。风怀不群，绮姿秀出。能为摘诗、换字、射覆诸戏，尤喜画兰竹。湘烟渭雨，清韵翛然。尝自署曰“吴门吴凤”。王德喜，字蓉生，本扬州孔姓。颇识字。自讳其氏。

华胥大夫曰：余未入京师，闻梨园有“三法司”之目，谓法龄、法庆、法保。三法司并在四喜部。桐仙固法庆弟子。法保就婚南还，法龄、法庆因四喜部诸老曲师分为集芳部，所谱皆昆曲，无西秦、南弋诸陋习。顾听者落落然。以余所知，惟旧□邸□□主人、□□□阁学、□□□给事、□□□工部、□□□大令、□□□大令、□□□通判数人者而已。阁学亟喜法庆，尝于□□大令座上见桐仙，嗟叹久之。至于法龄数人者，皆望若晚霞丽天焉。去年春，遇□□□刑部时，同座皆诗人。刑部忽言法龄将归矣，皆怅惋，今年秋竟归矣。集芳部散矣，法庆、桐仙俱入春台部。阳春白雪，其寡和也，昔人慨之，余于今日乃亲见焉。天下人耳目嗜好，固有如此者哉？

丁春喜、张全保、张双全传

丁春喜，字梅卿，以善歌闻四喜部。其态常如倦睡，语言呢呢，常如少女。初四喜部诸老曲师既去，为集芳部，欲致梅卿，梅卿弗顾也。四喜部骤衰，始渐变昆曲，习秦、弋诸声，梅卿弗顾也。四喜部骎盛，则尽变昆曲，习秦、弋诸声，梅卿弗顾也。梅卿今年二十，扬州人。

张全保，字蓉初。癸未、甲申间，蓉初艳闻天下。余丙戌至京师，于春台部物色之，盖恐后焉。恒讯于众人，见有锦衣珠綦以过者，谓是竹香然；见有星眸霞靥以歌者，谓是纫香然；见有病若有余、怨若无端者，谓是碧湘然；久之而见有青眉楚楚然、白袷荡荡然，众人若不识姓字者，余曰：“是殆蓉初然矣。”嗟乎！盛衰易观，今昔异势，岂独蓉初然？而蓉初可感矣。蓉初今年二十二，娶妇三年。家在京师芦沟桥古桑干河水上。

张双全，字问梅，扬州人。齿如蓉初，色如梅卿。昔卫庄姜美而见弃,诗人为赋《硕人》。今问梅盖颀颀矣,其情乃类庄姜。观其怅惘睇眄,逶迟进退,抑当世幽忧摈斥之士,复何以异哉?嗟乎!问梅良家子也,而沦落至此。玉钩斜上,珠翠为烟;梅花岭下,春风若梦。问梅可堪回首邪?

华胥大夫曰:丙戌冬夜,尝与□□□大令一访小玉。丁亥春夜,又与□□□太史一访问梅。其时皆月姹酒干,风斜漏堕。小玉不遇,问梅数语。后不复过焉。每于春台、三庆二部中望见两少年者,良深隐叹。今年秋始见小蓉,慨然相与述之。夫转移于盛衰好恶之间,众人固不如小蓉邪。

陈长春、周小凤传

陈长春,字纫香;周小凤,字竹香,皆安徽十牌人也,以色艳动一时。纫香声伎独绝,善□殿撰□□,有"状元夫人"之目。

华胥大夫曰:昔乾隆间,李桂官周旋毕秋帆宫保于微时,其意有足感者。此"状元夫人"所由著也,今纫香其有同焉者欤?竹香初善越中□孝廉,赠之至万金。久而竹香颇疏之,孝廉父至都下,或乃以此诈竹香,索其数百缗而去。时有伶某亦善越中某孝廉,孝廉无以归,伶厚资之始行。嗟乎!若此伶者,其姓字乃不传,可慨也夫。

张青芗传

张青芗,字莲仙,苏州人。初,丙戌冬,莲仙年十四,余见之湖北李令□□宅中。容甚丽。为言于□□□□□□大令,□□亟喜之,尝貌其真,属余题焉。

华胥大夫曰:京师梨园乐伎,盖十数部矣。昔推四喜、三庆、春台、和春,所谓"四大徽班"者焉。余以丙戌始至京师,春台、三庆二部为盛。春台部以色著者,首纫香、竹香,次碧湘、蕙香;三庆部以色著者,首小郄、次莲仙,固皆尤物也。今二年之间,或死或去,其在部中者,或稍衰矣。惟莲仙尚如故。余乌知此后更二年,莲仙又当何如邪?魏文帝言:"年寿有时尽,荣乐止夫其身,未若文章之无穷。”每念斯语，慨然悲感，此所以论录诸人也。

吴伶传

吴伶名蕙兰，字碧湘，安徽十牌人。其死，□□为作《吴伶传》，故从其称云尔。幼无殊色，惟开声合伎，情态独绝，故以震动一时。死年十八，丙戌秋也。所善为治饰终之具甚备，其冬屡为礼佛于龙泉寺。明年春，为厚葬于都下安徽义冢之旁。

华胥大夫曰：□□既作《吴伶传》，属余为诗。□□宦吾乡，有神君之称。失大吏意，被禍去官。奉特旨始准纳锾，以此羁都下也。值西陲用兵，南河方堵，感激牢落，放而征歌。余诗有云：“十年空意障黄河，万里犹思荷铁戈。散尽田何诸子弟，江湖梦得独悲歌。”□□得之，悲吟泣下。呜乎！此岂少年浮薄所得借口也哉。

汪双林、汪三林、张心香、张五福、杨玉环、郁大庆传

汪双林，字霞卿，安庆人。

汪三林，字秋白，安庆人。

张心香，字妙卿，苏州人。

张五福，字婳侬，苏州人。

杨玉环，字韵珊，安庆人。

郁大庆，字芸卿，苏州人。

华胥大夫曰：此六人皆癸未、甲申间以声伎著者。阅岁几何，而响衰矣。余尝见婳侬，慨然疑非昔比。于霞卿诸少年，不可知邪。事有迩而暨远，物有微而喻大。自古权势之门，豪华之壑，当其怙宠于左右，固私于中外，岂不谓铁券可贪天，金弹无尽日。然而沉湎不悟，祸患相倚。郿坞烽销，邺台香散，此一时也；绿珠粉堕，紫丝帐荒，又一时也。至于铜狄铜驼，摩挲汉晋；青盖青衣，来去吴洛。回头陵谷之区，转眼沧桑之泪。虽极富贵，莫保终始。况乃悦已为容，事人以色，而欲延皓齿于朝露，驻朱颜于夕霞，是宜不可得矣。如其感激前鱼，化为大鸟，则樊笼无待死之翼，而江湖有相忘之波。余为是言，世必谓迂。呜乎，诚迂也，

诚悲之也。

孟长喜、冯红喜传

孟长喜,字蕙香,扬州人。豪宕放诞,好饮酒,醉后或漫骂。后屡骂□□□殿撰,□□毁其居。长喜忿辍业。今在都下,不复见客。冯红喜,字艺仙,苏州人。放诞颇类长喜,贾人尤爱之。

华胥大夫曰:丁亥冬,御史吴□□,奏参春台部伶人双凤醉死候补道曹堃宅。刑部讯得实,堃革职,其叔候补知县某遣戍。红喜拘质于刑部,其名至闻。戊子夏,提督者□奏拿博局,红喜复拘质于刑部,其名再入闻。狎比匪辟,累系讼狱,甚矣红喜之不慎也。长喜常醉骂士大夫,有满侍郎某,长喜醉批其颊,其足阶祸久矣。一忿而辍业,□□殆有以成全之邪?

王小庆传席秀林附

华胥大夫曰:人得于天而可爱者,才也,色也。二者自相为爱,又深于众人。众人爱之而已,自相为爱则相怜焉、相悲焉,而至于相殉焉。嗟乎!吹气皆韵,送目已通,清魂易消,芳心难闷,是惟才人,是惟美人。此宜其相爱。未陨先虞,不寒犹怯,年如似水,意若常秋。故才人必蚤衰,美人亦然;美人必善病,才人亦然。此宜其相怜。至于嫁于厮养,辱在仆圉,盖美人之薄命也。而才人有甚焉,送正平于江夏,则厮养不如;罪子长以宫刑,则仆圉不如。此宜其相悲。嗟乎,爱复奈何?怜复奈何?悲复奈何?不相殉而奈何?是故绮帏初卷,横波一顾,是为态殉;壁画黄河,舟邀青翰,是为意殉;卧病枕股,越礼奔琴,是为身殉。身殉而情可无憾矣。然而情天多陷,无石可填;情海多沉,无鹊可渡。是故又有思殉者焉。浦口别伤,门阑映断;寄书悄悄,度夜迢迢。此一时也,伤何如矣。又有疾殉者焉。镜羞改靥,黛损欺眉。衣外盈盈,我自语我;笛边黯黯,卿不知卿。此一时也,怨何如矣。又有痴殉者焉。青冢埋啼,红泉污粉。宫中帐里,惨淡姮娥;天上人间,凄凉信誓。况乃未曾平视洛川,思宝枕之投;乍感传观蜀道，掩香罗之泣。招寻九地，凭吊千春。代往哀来，愁多涕少。嗟呼，此一时也，则有冒非笑而不辞，结怅惘而如溯。如余今日之为小庆传，又岂非痴也哉？

小庆字曰情云，家本皖水。岁在癸甲，绝艳飙驰；运厄辰巳，芳龄溘逝。前此兰谱之书，梨园之论，皆谓一人而已。吾友□□太史言其十倍小郄，惜余未见。嗟乎！自昔才人皆往矣，然登峨岷而眺采石，则太白宫锦之豪如在焉；自昔美人皆尽矣，然探苎萝而游响屧，则西施浣纱之颦如留焉。且夫今日余临此风，是昔之美人团扇迎之，而有舒迟之色者也；今日余坐此月，是昔之美人绣帘望之，而有低徊之色者也；今日余听此雨雪，是昔之美人卧阁闻之，而有憔悴之色者也；今日余抚此丝竹，是昔之美人华筵奏之，而有绮靡之色者也。然则余于小庆，何时不见焉？何物不见焉？嗟乎小庆，姣婉其容，飘零其迹，可谓不幸。顾燕赵胭脂，生为夺丽；幽并尘土，死尚凝香。以视余萧瑟华年，羁孤朔塞；名虚荐简，爨断樵苏，则又幸矣。言者规余，好色已涉荒淫。乃陈彼狡之诗，违比顽之戒，于美人之称何取？嗟乎！天于人之色，亦如花之草木而已。阴精之美为荷蕖，阳华之美为杨柳，如其春水江南，夕照白下，万绵飞荡，一堕不归，有不为之俯仰太息者，岂人情邪？故余既传韵香以下十九人，终之以小庆。有席秀林者，字丽香，扬州人。以美闻嵩祝部，与小庆同时先后死。

金台残泪记　卷二

徐　郎　曲

徐郎家近龙眠山，问年十四来燕关。龙眠彩云不可见，化作徐郎春风面。瞳神皎映双华星，额角如画长眉青。桃花着露娇盈盈，欲笑未笑微分明。高台曲馆欢娱地，苏扬子弟多佳丽。争按伊凉宛转声，竹枝含怨柘枝媚。徐郎未至众皆默，徐郎一至争叹息。白袷轻衫步屧迟，满堂纨绮无颜色。登场结束扬细喉，乳莺百啭无其柔。余情掩抑若有思，观者忽作无端愁。回眸半顾翦秋水,却使翻愁作欢喜。同时吴郎亦擅名,可惜先为人看死。徐郎徐郎乃神仙,风尘流落宁非天?飞车日侍豪家筵,几曾蕴藉真相怜。我为徐郎歌,徐郎当奈何?即今十月繁霜多,翠被易损朱颜酡。江南肠断老姚合,平子四愁倍萧飒。金刀玉案谁赠答,每见情深恨语杂。语杂尚可寻,情深未敢道。男儿致身将相苦不早,激昂万事伤怀抱。安得玻璃春、葡萄醅,相逢痛饮三百杯。竟醉驱马黄金台,台端今古团圆月,曾照英雄歌舞来,月不缺时何足哀。我当为尔千徘徊,徐郎、徐郎,我当为尔千徘徊。

杨 生 行

杨生二十如文士,沦落风尘几知己?人前小坐抱幽怨,酒半清谈解名理。自言家本维扬城,九岁来作幽燕行。可怜薄命付歌舞,众人苦赏歌喉清。清歌亦是凄凉事,拍按红牙余涕泪。鹤在樊笼那返山,风卷飞花祗到地。十年姓字满长安,珊珊骨节疲雕鞍。香车懒入王侯第,颜色争求一见难。登场偶作好装束,风神秀夺万人目。含情含态宛转间,湘妃愁月苍梧绿。伶俜弱弟亦温存,宛如桃叶随桃根。豪贵叹嗟轻薄慕,那知骨肉对消魂。杨生有兄复有母,杨生有身不自有。古来失意伤心人,万言不如一杯酒。杨生满引双金壶,贵贱苦乐皆须臾。有酒不饮何为乎?杨生不饮毋乃愚。生不见六郎年少勇于虎,落笔纵横作风雨。意气徒看隘九州岛,功名何日垂千古?

苏州雨中口号

痛饮红亭醉不知,刚刚一月各天涯。相逢若说相思地,破楚门前暮雨时。

瓜步见秋柳

右安门外软如丝,临别亲劳折赠迟。今日秋风遍天末,知它摇落已多时。

为□□大令题画

黄幡歌曲念奴姿，我去江南别几时。宛向霓裳队中见，十分颜色果然伊。

帘押珍珠照王塘，鸳鸯对戏藕天凉。脸波娇到红衣外，笑尔花难似六郎。

河阳飞遍万桃花，柳絮杨绵忆放衙。何处风流似当日，画中对面即天涯。

曾费琼筵送酒杯，玉山自倒不须推。笛残歌散愁张翰，似唤周家小史来。

长至日饮斋中

京洛重来有是非，三郎独喜揽征衣。怪他眉妩新萧瑟，几望关山怨落晖。

三间老屋北风寒，迟莫重劳强劝餐。别后泪花愁里月，一时都向醉中看。

二年至日此天涯，相对金尊感岁华。同是飘零君更苦，江南十载竟无家。

三月十五夜集饮樱桃斜街寓庐

人月今宵算共圆，清歌浊酒意缠绵。梦中春怨仍千古，风后花魂又一年。香正灰心温久病，烛都垂泪照迟眠。东皇冉冉催归速，芍药桐华向夕偏。

杨生来话别

及此重相见，真疑梦寐中。关河暗斜日，天地起凉风。将母归非晚，依人计每穷。东南正秋色，怜汝逐冥鸿。

阅《燕兰小谱》诸诗,有慨于近事者,缀以绝句

露叶风条态可怜,天涯沦落感桐仙。丁香老屋何人见,四十年前旧楚烟。桐仙兰竹当不减湘云,然少知之者。

《海棠诗卷》久飘零,巫字山头句尚馨。狂杀吾乡危学博,清歌半隔画墙听。陈银官至今名在都下。《海棠诗卷》,当时所为作也。尝赁草厂□条胡同,吾乡试邸别屋,有危孝廉时留邸中,每侵晨,则闻其歌也。

邗沟皖口两迢遥,秋水丁沽送画桡。昨夜月明帘下泪,暗风吹上海棠梢。丙戌冬,友人定花榜。余谓小郄乃芍药,韵香则白秋海棠也。今年七月,皆由天津买舟归矣。

倦游司马更长安,谁与千金买赋看?欲绘玉郎前度影,桃花落雪点苍寒。今诸伶非金夫不得通一笑。如刘芸阁真可儿也,玉其名。家云南安甯州。

湘山西去桂山连,婀娜桐花艳照天。谁遣江南杨柳树,任他摇落向蛮烟。辛巳壬午,在会城见大吉升部全发、如意二伶,色甚丽。次年,见其部金秀龄,尤艳绝一时,皆安庆人。视凤官为不幸矣。

空作花枝照酒卮,兰生往日已堪悲。如今那见梁溪队,月晓风残又一时。今都下徽班皆习乱弹,偶演昆曲,亦不佳。

碧桃无语向东风,那似撩人踯躅红。处处乱烟繁雨在,春声消尽落花中。四喜部双凤者,字竹香,后人集芳部。周小凤因其名字,丰腻略似,声伎不如矣。又春台部小法龄者,因韵香而称;小庆龄者,因琵琶庆龄而称,皆如蕙官之拟银官焉。

薝卜兜罗别是春,碧湘已作陌头尘。还他儿女盈盈泪,别驾多情亦可人。吴伶碧湘,亦颊有微麻,柔媚殆如蒋四儿。去年春,吴人□通判□□,偕都下□秀才□□,为葬于安徽义冢。盛饰舆柩,仪如贵人,且买丐者作儿,如执绋状。闻碧湘之死□□于二君,此足以报之邪?

扇底相逢感鬓霜,十年犹听按伊凉。漫天吹尽荼蘼雪,何处尊前白二郎。韵香已归,如山樵之十年,白二不可得也。

翠钿金缕好风标,星点红绫贴鬓娇。记向玉人眉畔见,三年水阁泪通潮。吾乡会城,佳丽所居曰洲边、曰湾里。诸妃小病,有鬓边贴红绫膏者。余别此三年矣。

雁门山上雁初飞，萧瑟勾音怨落晖。唱断秋风同法曲，小丛何处泪沾衣。今山西旦色少佳者，所谓“勾腔”亦稀矣。

角枕盈盈送夕昏，艳红无语小温存。息妃今日空迟暮，消尽桃花一缕魂。今旦色多无歌喉，貌又不如三寿官，是“哑旦”之称亦愧矣。

泪到春风杨柳条，伶俜阿弟让伊娇。桃花细雨无情思，忆杀江东大小乔。韵香《折柳阳关》一出，其弟四儿为浣纱，颀长无态，不如美官视银官矣。

密云含雨锁眉尖，曾见王郎出画帘。白首黄门共飘泊，天涯愁我独恹恹。集芳部习小生者，曰王奇元，苏州人。年才弱冠，媚如好女。每登场，声容独绝。丁亥春，介□□□给事招之同宴游。近闻王郎入三庆部。给事(疑是衍文)其春杪出都，未知何往。给事敢言事，为忌者中伤，壮年退废。其子系□□□，发直隶为知县，弱龄夭逝，甚可悲也。

儿女英雄自可人，娇憨无力总风神。如今争作阳阿舞，龙笛鸾笙马足尘。近日乐部登场，必有扑跌一出。而嵩祝部又必有二出，使歌台之上尘土昏然，尤为可厌。

漫听梨园坐部歌，当筵相见总施罗。蓉初萧瑟花农老，北地胭脂黯奈何。当时讥施兴儿、罗荣官祗堪作坐部伎，今则皆然矣。又其时旦色多北人，今自张全保外，惟四喜部王四喜字花农者，乃深州人。

瓜时已觉减娇憨，都是盈盈十四三。开到桃花春色尽，东风二月断江南。当时因王庆官，伤世风不古，然彼已成童。今自南方来者，年十三四而已，然成童后非殊色，门前鞍马稀矣。

唱彻西风阿滥堆，桂郎顾影自徘徊。英皇一碧湘波泪，滴向眉边溜不来。数年前，四喜部袁双桂名绝艳。余见之集芳部，眼波当不减六儿，善琵琶。

桑干秋早北风凉，草木萧萧欲变黄。弹出四弦如急雨，一时关塞尽斜阳。三庆部庆龄者，以色闻。今齿长矣，然弹琵琶唱小曲，尚齿牙松脆。都下皆称为“琵琶庆”云。

一春恨事有沧桑，十载如何总艳阳。怪尔西州旧花貌，独看潘鬓惯秋霜。余丙戌来都下，诸郎之美者，今渐次憔悴。如九儿安可得哉。

人间都说魏三官，豪举于今见亦难。多少孝廉归不得，北风珠市泪花寒。魏长生，至今天下皆称魏三官。豪侠好施，其居西珠市口，传有蜀某孝廉,以贫偶愁坐其门阑,魏询知,因留于家,且为求贵人,得县令以去。

花事平章费绮才,个人迎寿复消灾。王刘陈魏埋香久,莫误芳兰逐臭来。继此谱而作者不一人。

梨花如雪雨如丝,吹上三郎一寸眉。同是情根消不尽,江南人去又多时。韵香演《小青题曲》得名十年,当不减柯亭也。尝诵“无情何必生斯世,有好都能累此身”二语,其风怀可想矣。

人间何处蒋金官,绝好娇痴再见难。头白侍郎江海去,风流文采罢长安。嘉庆初,四喜部蔡三保、蒋金官并以色名一时。□□□侍郎于□□□侍郎座上,命蒋演《小青题曲》,声容独绝。□今□□□□,□今□□□□,蒋则久不知何所矣。

法曲重闻罢景山,霓裳子弟出人间。相逢莫作琵琶怨,那为飘零始玉颜。谱云:锡龄官,景山梨园子也。余详后。

柳色三分月二分,春光夜思昔殷勤。即今院落溶溶际,照尽杨花卷暮云。余初见莲仙,亦如芝郎之未遇也。为言于□□大令,今则有压臂之金矣。

西子湖头照水春,掌书莲幕苦逡巡。不如迩日风流令,万树桃花一度人。嘉庆间,有旦色某郎,入赀为县令,曾官吾郡。后为巡抚颜公以“流品卑污”参革遣戍。然已甚于刘桂林之冒北籍考试矣。

十年五度醉金阊,吴语呢呢总不忘。惯向歌台感春梦,莺儿燕子话山塘。今都下乐部登场,作吴音调谑,皆绝似,不独当时周二官也。

霓裳合献水仙王,秋谷江湖放逐长。遗恨缠绵付弦管,百年声价有诸郎。王翠官,苏伶“四面观音”,皆以《长生殿》得名,而赵秋谷以此罢官,洪昉思舟过苕溪,一笑投水死。才人薄命,乃可慨矣。

小金山晓放舟迟,水似柔绵雨似丝。不向双修庵下醉,怕看眉妩似伊时。此去年过锡山作也。锡山有尼僧曰韵香,工画兰、作楷书,居城中双修庵,负盛名二十年。与□□□侍郎、□□□中丞、□□□侍郎、□□□制军先后交狎。杨生韵香因与同名,属便道访之,未果。今阅翠官“水密桃”语,故附录此诗。此尼去年十二月小除夕,竟为情死矣。

玉笛凄凉更洞箫,集芳散尽保和遥。当时亦似张郎少,明月相思廿四桥。韵香之在集芳,亦如发官之在保和部也。

织女牵牛感旧因,碧城何处问芳尘?□侯淹滞何堪死,赢得陈郎说替人。毕秋帆制府于楚军中卒时，戴笠，与姬人戏云："我是牛郎，卿是织女。"事见后记，陈见前传。陈不如李何矣。

受降西望远招魂，不见陈郎入玉门。鞍马有人从北塞，白山黑水月黄昏。数年前四喜部有全喜者，称绝艳。满侍郎□□以千金购为小史，侍郎今以家难从戍。

破楚门前顾曲迟，秋三夏五去年思。经师飘泊空都养，烟月江南擫笛悲。去年五月、九月，两过苏州。客招顾曲，问集秀部，于春夏之交散矣。

旧院湘兰剧可哀，当年达子忆低徊。生憎懊恼情云日，雪地风天有落梅。余于王小庆，亦如山樵于八达子。

阿师发褐太纷纭，黄帽红衫意不群。度得诸天大弟子，万花应护法王云。喇嘛僧，其衣皆红黄，其帽皆黄，如天竺僧之发褐者多矣。

落拓山樵苦待时，《长生》本事一嗟咨。人间季子貂仍敝，看到歌台总泪垂。

撩眼春光妙悟生，天然《易》理出音声。年来略解诗人意，痴妇豪僧怨女情。向年在会城，见演《醉打山亭》，乃悟诗人所谓"悲壮"。近见韵香演《小青题曲》、《游园惊梦》，乃悟诗人所谓"缠绵"。山樵解《易》，固非戏语。

桃花那得不关心，眼底逢人语太深。生死天涯余涕泪，落红吹满旧啼襟。□□□刺史，少年荡绮，老而不衰。尝欲为碧湘作挽词，苦思不就。余所亲见。近一二年乃见人作道学语。□□□□□□□□狎蕙香、小郄，于小郄之归尤恋恋，见人亦辄作道学语。

百蝶风裙正小开，双莲金地故低徊。凌波满目生尘路，洛水神妃锦水来。京伶装小脚，巧绝天下。谱云始于魏三，至今日尤盛也。

麒麟绝迹桂花稀，旧样葫芦画总非。魂断阿谁刚一瞥，雪肤红透半心衣。近日三庆部陈双喜，年未及冠，演《关王庙》一出如此。

下场一笑总冤头，飞眼迷离更倚楼。漫道西人浑不解，春风作意送歌喉。今问安诸习如故，惟不送果点。山西梆子部不问安，惟于声容送媚。

立部依稀见几人，歌残红豆有余春。三年一字论花价，苦付山樵作后尘。都下诸伶，韵香固不愧昆旦，然纫香、蓉初、梅卿亦皆习昆曲，声容甚佳。余亦尝为一字评曰:韵香"韵",纫香"媚",小郄"丽",蓉初"爽",梅卿"婉",桐仙"秀",问梅"宕",青芗"嫩",竹香"荡",蕙香"放",法庆"骚"。

拈花一笑且登场,天水风怀信老狂。已自蹉跎成倦客,不应飘泊任诸郎。

谁将活色写灵雏,明月梅花照影无。水绘园荒空岁晚,陈郎风雪独江湖。友人欲貌小郄真,竟不就。今不可得矣。

嫩白娇红尽解愁,劳歌醉哭谱清讴。一弦一柱华年瑟,指下无端已变秋。

疏影用姜白石韵,为韵香题画梅

婵娟似玉。记那年旧梦,林下曾宿。唤醒罗浮,双翠啼痕,斑斑欲化湘竹。仙云不堕春仍晚,甚处问、枝南枝北?恰夜来、墨影横斜,又是月明人独。　堪叹朱颜宛转,抱清怨,瘦损眉妩孤绿。可得东风,吹汝如花,只在空山茅屋。关河日夕愁烟暗,且莫听、笛中凄曲。便算他冷艳幽芳,也半落生绡幅。

扬州慢小郄归后作

华馆歌残,直沽春去,一家远上孤舟。看青天白浪,北雁点南秋。又回首,龙眠浅黛,似人无恙,残照当楼。想千年花月,都如江水东流。　六郎落拓,算关山、三载羁游。记拥雪酣风,红衫紫笛,同汝清愁。蜡泪酒痕如旧,知难再、倚醉扶留。但芳龄工怨,朝朝须惜眉头。

凤凰台上忆吹箫□□再题莲仙画像,

癸未遇洲边江姬莲莲,与莲仙貌略相似

雪色风神,月情云态,自六年隔霞关。尚记得红衣碧榭,翠敛低鬟。怜汝芳名小字,都一样流落人间。谁堪见,泪再溅花,眉再愁山?　偏令画图写出,秋波更盈盈,顾我清孱。正今日、江南水远,地北天寒。两处悲欢聚散,惊欲换、潘鬓霜斑。凭何逊,详细且话朱颜。

金台残泪记　卷三

杂　记

辛辅曰“相公”，援公孤之义；秀才曰“相公”，援宰辅之义，其来久矣。北方市人通曰“爷”，讯其子弟或曰“相公”；南方市人通曰“相公”，吴下自呼其子弟亦曰“相公”。京师梨园旦色曰“相公”，不知何时始，意亦子弟之义邪？

群趋其艳者，曰“红相公”；反是，曰“黑相公”。缘京师居势要者曰“红人”，尤者曰“红人头儿”；反是，曰“黑人”故耳。近日势要要转曰“阔人”，反是，曰“糜”，腐義。煤声。而“相公”或曰“先生”矣。

南方梨园，旦色半曰某“官”。考《燕兰小谱》所记，京师昔亦然矣。当时又有曰“某儿”者，今皆去朴而文，风尚可叹！

《燕兰小谱》所记诸伶，太半西北。有齿垂三十、推为名色者，余者弱冠上下，童子少矣。今皆苏、扬、安庆产，八九岁其师资其父母，券其岁月，挟至京师，教以清歌，饰以艳服，奔尘侑酒，如营市利焉。券岁未满，豪客为折券析庐，则曰“出师”，昂其数至二三千金不等，盖尽在成童之年矣，此后弱冠无过问者。自乙巳至今，为日几何，人心风俗转变若此！青芗言其离家亦九岁，其父引至阊门茶园，其师先在，出十数缗，署券既行，不以别母，心尝惘惘然。

西北早寒，凉秋九月，草上霜裘名翩然来矣。此后骨种、羊灰、鼠脊、猸腿、猞猁狲，因时递进。若乃风天倚笛，雪地传花，水獭、海龙，如云低亚。太史紫貂、宰相元狐，不足言焉。惟长夏水亭，芙蓉红飐，朱阑五六，照映玉颜，则尽以白袷侍青樽也。今春特禁服色，旬月间汰侈少减。

王桂官居粉坊街，又居果子巷，陈银官尝居东草厂，魏婉卿尝居西珠市。今则尽在樱桃斜街、胭脂胡同、玉皇庙、韩家潭、石头胡同、猪毛胡同、李铁拐斜街、李纱帽胡同、皈子庙、陕西巷、北顺胡同、广福斜街。每当华月照天，银筝拥夜，家有愁春，巷无闲火。门外青骢呜咽，正城头画角将阑矣。尝有倦客，侵晨经过此地，但闻莺千燕万，学语东风，不觉泪随清歌并落。嗟乎！是亦销魂之桥，迷香之洞邪?

右安门俗曰“南西门”，陶然亭在门内一里许。康熙间江某所建“尺五庄”，在门外一里许。乾隆间旗员所建。秋前春后，庄角亭头，水碧衣香，花酣马醉，殆无虚日。庄外宴游之地，即“小有余芳”，水榭竹篱，颇似江南郙落。每于东风三月，游丝送燕，碧荷一雨，返照传蝉，使人渺然有天涯之感。谁家团扇，几日冰盘?回头若梦，岂必在长板桥边丁字帘下邪?

去“小有余芳”一里而近，三官庙在焉。海棠十四五株，高四五丈。花时移尊，半士大夫。若乃香车载至，绛云堕衣，风燕亦双，洞箫不独，烂醉司空，固亦闲事。有醒眼而过之者，倍增惆怅耳。

枣花寺三月牡丹，悯忠寺九月菊花，皆极盛。以寺僧禁酒，故无醉卧绮云香雪下者，然斑骓则亦骎骎矣。文昌会馆、财神会馆在宣武门外，天和会馆、浙绍乡祠在正阳门外，梨园馆在绿寿堂今曰“荣寿”之北，燕喜堂在宴汇堂之东，相去约一二里。诸贵人宴集三会馆，二徽班春台、三庆为盛介眉设醴结发，飞觞之外，大抵停云祖道，旧雨洗尘。主原醉石之髡，客总分金之鲍。而其时笛交肉奋，璧人或感折柳之悲;鼓报声阑，星使或订催花之信。固征歌之韵地，亦表色之情天。昔唐宋尚贵内迁，元明渐荣外擢。至于今日，外之末吏，富于内之通侯。傥以饯宴为雉媒，欲对歌筵叹鸡肋。积重之势，相习不回，有心人则隐惕之矣。

听歌而已，无肆筵也，则曰茶园。园同名异，凡十数区，而大栅栏为盛。当夫夏山欲雨，快雪时晴，天如读画，马亦愁春。于是大鞍竞载，高座争先。门爱下场，几个忆收场之日?乐交中轴，此时来当轴之人。大抵天上星郎，都凛韬光之戒;六品以上诸公入茶园，先摘藏其顶。海边鲛客，每余坠泪之情。乡会试报罢者，每入茶园。若夫逐臭钱神，乞余门客，裳楚楚而叹蜉蝣;尾绥绥而怜狐狸。是故转喉车子，傅粉何郎，眉语双通，目成一顾。聊复尔尔，辄唤奈何;对此茫茫，佳难再得。又有卿原怜爱，剧于摩挲，既入门而与言，非鼓箦而并坐。怅蒹葭之倚玉树，适从何来；看翡翠之戏兰苕，相视而笑。其时狡童帘角，风汉池心，皆作壁上之观，欲献掌中之舞。岂知此辈固宜高阁置之，未必仙人尽好悬楼居矣。而乃斜阳影倒，横笛声阑，携手同车，适子之馆。驼峰瑶柱，欢穷山海之珍；鹤氅貂襜，色结烟花之艳。方其豪能拇战，慧解枚藏。我见犹怜，且卧大官之瓮；何知许事，任污丞相之裀。人间皆不夜之城，眼前即长春之树。相从言笑晏晏，固有信誓旦旦也。何况率彼旷野，招我游遨；亭共陶然，芳真小有。杨花柳絮，迹飘荡以颠狂；莲子藕丝，思断续而心苦。此时香罗小扇，红纱中单，一水阑干，盈盈护玉；半风莺燕，双双向人。则有低唱入怀，浅斟消渴，拥邺下之樱桃，石虎差堪为情死；得江东之鲈鲙，季鹰那更感秋归邪？“小有余芳”食多南味。是以始如饮醇，骨皆成醉；继如啖蔗，口不徒馋。子归而求之师，出乎尔者；鬼从而瞰其室。戏用《燕兰小谱》二鬼事。美矣君哉！王如好色，请毋好货；臣卜其昼，又继其夜。当其乍见金夫，躬于何有？已而化为铜狄，泪不能无。故夫就道或舍车而徒，冲寒或易裘而葛。台原无恙，避债奚容？馆亦依然，忘忧不可。每遇白施俏眼，甚于阮籍之狂；青不怜袍，难于萧韶之怒。盖问月中之毋忌，缺影原多；傥忆湖头之莫愁，流波不返矣。仆本十年杜牧，前度刘郎，曾吟张好之诗，亦顾何戡之曲。试拈花于昨梦，色即是空；抚遗肋于当筵，食之无味。罔知忌讳，为此诙谐。欢乐极兮哀情多，岂必在汾河箫鼓间哉！

凡茶园，皆有楼，楼皆有几，几皆曰“官座”。右楼官座曰“上场门”，左楼官座曰“下场门”。狎旦色者，曰“斗”，争坐下场门。楼下左右前方曰“散座”，中曰“池心”。池心皆坐市井小人。凡散座一座百钱，曰“茶票”，童子半之，曰“少票”。池心无童子座，署曰“池心不卖少”。乐部登场，坐者毋许径去，署曰“开戏不倒票”。官座一几，茶票七倍散座。二“斗”每据一几，虚其位，待旦色入座问安，立于仆竖之间。无茶票者曰“听阑干戏”。茶园左右前后，皆有酒馆，又曰酒庄。一食万钱，诚销金帐邪。谓贳酒曰“记帐”。嘉庆间曾禁挟优入馆,未几复故。

京师乐部登场,先散演三四出,始接演三四出,曰“中轴子”,又散演一二出,复接演三四出,曰“大轴子”。而忽忽日暮矣。贵人于交中轴子始来,豪客未交大轴子已去。《都门竹枝词》所云“轴读纣子刚开便套车,车中装得几枝花”者是也。《燕兰小谱》作“胄子”,误,宜作“轴”。

地安门外茶园一,宣武门外茶园一,崇文门外茶园一,正阳门外东茶园四,西茶园七。大栅栏凡五园,即正阳门之西也。

《燕兰小谱》据元院本色目云:“旦之命名,义取于狚,盖狐之淫者。”余忆唐乐部称天子为“崖公蚬斗”,殆豪客称“斗”之滥觞邪?

《燕兰小谱》记甘肃调即“琴腔”,又名“西秦腔”。胡琴为主,月琴为副,工尺咿唔如语。此腔当时乾隆末始蜀伶,后徽伶尽习之,道光三年,御史奏禁。

《燕兰小谱》记京班旧多高腔,自魏长生来,始变梆子腔,尽为淫靡。然当时犹有保和文部,专习昆曲。今则梆子腔衰,昆曲且变为乱弹矣。乱弹即弋阳腔,南方又谓“下江调”,谓甘肃腔曰“西皮调”。

嘉庆间,御史某车过大栅栏,路壅不前。见美少年成群,疑为旦色,叱之。群怒,毁其车。今大栅栏,诸伶之车遍道,几不可行。

乾隆末,魏长生车骑若列卿。出入和珅府第,遇某御史,杖之途。此风因息。今车行皆障以青帷。

魏长生旧宅,在西珠市口。今为梨园馆,士大夫于此宴会焉。

魏长生于和珅有断袖之宠,《燕兰小谱》所咏“阿翁瞥见也魂消”是也。长生,金堂人。其徒陈银官,成都人。故当时蜀伶而外,秦、楚、滇、黔、晋、粤、燕、赵之色,萃于京师,化二人也。

数年前,有某伶为满洲二等侍卫某所宠。一夕在侍卫宅侑酒,问伶嗜何食物?伶戏云:“嗜二等虾耳。”侍卫怒,遽令家奴数辈掖出递污焉。故诸伶自矜惜者,多讳言入内城。内城即正阳门内四隅也,多满洲贵家。蕙香善满郎中某,予画十数幅,每幅下蝇头楷书署曰“臣某恭进”,盖皆乾隆间内府所藏。

先朝诸王多畜乐部，父老云然。考《燕兰小谱》，有所云“王府大部”者。可见数十年来，此风已息。近年嵩祝部习小生某郎，有宠于□□王，王今薨矣。

丙戌冬，内务府散供奉，梨园南返。有不返者，仍入春台诸部。今春余居樱桃斜街，三月望夜，招□□□□饮寓庐。携某郎来，即其未返者也。

纫香居小火神庙，□殿撰署其卧室曰“葆贞”。

韵香居陕西巷，室无纤尘。名书法画外，古琴一、洞箫一、自鸣钟一而已。

三月十八日，诸旦色赛会迎神，曰“相公会”。

四月初一日，礼神于通州丫髻山。

□□□太史，书法名一时。诸伶必宛转求得之。少陵云：“贵戚侯门得笔迹，始觉屏障生光辉。”岂独有井水处争唱柳屯田哉。

嘉庆初，四喜部旦色某郎，何姓，绝艳。长芦盐贾查友圻，岁予万金。约以值查侑酒，毋许先客罢。时□□殿撰方年少，见而悦之。招之至再，何怅然曰：“君京朝士大夫子弟，安所得阿通铜山？此后毋庸，但见手书，来矣。”每在查所，□□招即去。查怪之，而两人暇则相要，致出入饮食如家人焉，查转辗讽□□父□□□□。一日何使人要□□，遇□□于门，始询其实。怒甚。持其人徒步至何寓。何出见□□，瞪视不能言，乃归痛笞□□。何使人探知，大恸。贻书自引咎，且劝学辞甚挚。□□感动，后竟及第。查以亏帑数百万，入狱。查未及四十之年，耗白金至二千万。天下称“查三标子”，自大学士□文端以下，多与通儿女姻。文端居内城，查尝饮于其宅。日夕矣，查令仆告正阳门守役，迟一时下钥。次日为御史所纠。乃言因某事欲助帑数十万，是日不出城则不得资也。其所为多类此。

韵香送余于“小有余芳”云：“达人不作痴想。”

小郄尝坐而叹息，余偶问：“何叹？”即应曰：“彼此同叹。”

道光三年，御史□□□奏永禁京师乐部。余窃谓教坊歌舞，唐代已详；院本流传，元人最著。然宋有营伎，明有乐户。故前朝达官侑酒,狎客看花;对泣青衫,总怜红粉。于优伶助谐谑而已。

本朝修明礼义,杜绝苟且。挟妓宿娼,皆垂例禁。然京师仕商所集,贵贱不齐,豪奢相尚。赵李狭斜,既恐速狱;田何子弟,乃共嬉春。盖大欲难防,流风易扇。制之于此,则趋之于彼。政俗递转之机,即天地自然之势。今欲毁竹焚丝,凭权藉力未尝不行,然以数十里之区,聚数百万之众,游闲无所事,耳目无所放,终日饱食,诲盗图奸,或又甚焉。故圣人之为治也,尝顺人情、驯民气、忍细故、全大体。夫优伶如海焉,狎者或溺,涉者或沉。虽无禁令,智者不褰裳焉。若以之纳沟渎之污,混鳞介之肆,则亦文武弛张之道,老氏溪谷之旨也。况大德曰生,习而相安,固贱贫自养之业;与民同乐,降而虽下,犹市井咸若之娱邪?今天下大计,在用申韩之法,核名实、严刑赏;用管商之法,理财用、强军国。若家习节俭,人怀教富,则本振而末无不毕,源澄而流无不清。蠹政者皆将自革,何待动白简哉?从前伯相即和珅贪擅,婉卿妖淫。《燕兰小谱》一书虽侈狐媚,可征龟鉴。及今利权,视昔敛抑。然汰侈未革,故余深致讥词;风俗所存,故余闲为纪录。若其无聊之语,有会之作,皆藉以写其抑塞之怀,消其豪宕之性。存而不废,天下可共知其过;婉而多怨,天下可共原其情。嗟乎,□君之意,未始非君子,惜未及大端,尚多急务;余之此编,未始非不肖,然新书犹在,罪言久缄。穷者,时也;困者,命也。酣嬉以保其生者,酒场歌板也。感激而出之予者,谁为为之邪?嗟乎!嗟乎!

京尘杂录

记载嘉庆、道光年间伶人活动及其艺术的《辛壬癸甲录》、《长安看花记》、《丁年玉笋志》、《梦华琐簿》，作者皆题蕊珠旧史。蕊珠旧史是杨懋建的别号，光绪十二年(1886)上海同文书局出版其四部笔记，合称《京尘杂录》。杨懋建，字掌生，广东人。少年时期，以文才受知于阮元；道光十三年春闱，本已中会魁，却因违例在填榜时被撤。此后，杨懋建又参加过两次科举，最后“竟以科场事遣戍”，落拓不羁而终老。吴新苗据光绪丙戌仲夏上海同文书局石印《京尘杂录》校定。

序

英雄老去，东山丝竹之场；妇女生愁，北地燕支之色。结真赏于牝牡骊黄而外，居然翰墨生香；定品题于须眉巾帼之间，毕竟人才难得。宦游如梦，空留镜面之缘；傀儡登场，重演石头之记。文章憎命，岁月催人。此渴司马未免有情，醉太傅于马增感也。则有杨君掌生者，蕊珠旧史，明月前身，以卢前王后之才，为赵北燕南之客。十年薄宦，一介书生。辰溪之戍梦轮回，京洛之风尘寸积，德音鸑鷟，妙句欲仙，崔珏鸳鸯，婆心是佛。有花有酒，浇磊块于胸中，选色选声，阅沧桑于眼底。逢场作戏，借物抒情，拈来记事之珠，数遍后庭之玉。心识耳闻目睹，著手成春；过去现在未来，从头说法，厘为四集，赞以一词，丈夫不遇于当时，良有以也；秀气独钟于男子，亶其然乎！爰有月地词人，云林高士，藏鱼生蠹，窥豹见斑，追思往日交游，浮生如寄，检出返魂遗草，炙口犹香。拟付手民，俾留心血，吉光片羽，遗将云鸟之音；印爪残泥，犹作飞鸿之字。天涯知己，长留文字之因缘；地下有灵，应念裳袍而感泣。兹当校雠蒇事，弁言简端。溯彼由来，志其缘起，长安日近，如听承平雅颂之声；江上峰青，胜读乐府琵琶之曲。

光绪丙戌夏四月上海同文书局主人序

辛壬癸甲录

序

道光丙申,春试报罢,余出居保定。适有小伶翠林,新自京师来,自言旧隶春台部。捧纨扇,乞填《柳梢青》词一阕。既而曜灵西匿,华灯继张,催花传箭,豪饮达旦。酒酣,相与纵论春明门内人物,乘醉捉笔,为《长安看花记》一册,授之。自序曰:"仆今说现在法,故但据目前为断。"虽第一仙人,广大教化主,如梅鹤堂之韵香,亦不得阑入。体例然也。嗟夫,仆年三十矣!万里未归,二毛将及,每念陈同甫"华灯纵博,雕鞍驰射"之语,能不怦怦。唐人王之涣与高适、李益、王昌龄辈,旗亭画壁,至双鬟发声唱"黄河远上白云间"之句,抚掌曰:"田舍奴,我岂妄哉!"诸伶官罗拜遮邀,尽醉乃罢。此千古美谈也。仆以负俗之累,久作寓公。日月逾迈,英雄儿女,一事无成,遂有燕市酒人之目。及时行乐,排日选欢,无过藉彼柔情,销我豪气。而任性疏脱,惯无羁检,虽不至如翁铁庵遽遭怡园爆竹炙面,《藤阴杂记》:康熙朝,宛平相当国。元夕张灯,翁铁庵太史乘醉踏月,过青箱堂门外,适值怡园歌姬归院,避之不及。从者怪其平视,以爆竹炙面而归。然黄仲则粉墨淋漓,歌哭登场。乾隆间,武进才人黄仲则,名景仁,居京师。落落寡合,权贵人莫能招致之。日惟从伶人乞食,或竟粉墨淋漓,登场歌哭,如唐六如、张梦晋大雪中效乞儿唱莲花落故事。详余所为小游仙诗第一首注。秀师拈槌竖拂,见诃者屡矣。尝自署大门曰:"南国衣冠,西京轮盖,东山丝竹,北海壶觞。"寻复易之曰:"敢拟蓬莱夸白傅,聊将丝竹慰苍生。"又集宋人句为楹帖曰:"书卷五千谁入室陆放翁诗,酒徒一半取封侯刘龙州词。"又集慢词长句云:"仗酒祓清愁,花销英气姜白石《翠楼吟》;纵家传白璧,谁铸黄金张弈山《渡江云》。"英雄习气,豪杰初心,情见乎辞矣。中秋后,杖策卢龙塞上,边关风月,感慨尤多。《扶风豪士歌》不堪更读,因自榜所居曰"梦侠情禅室"。九月三日,秋窗听雨,用吴谷人祭酒《高阳台》韵曰:"一桁帘垂,一枝灯剪,如烟如梦光阴。又近重阳,秋痕易上秋襟。

角巾已悔浮名误，甚传杯还劝深深？奈秋声，不住如筝，弹破蕉心。

客船换尽歌楼味，渐微寒斗帐，不耐罗衿。纵逼中年，谁曾惯听秋砧。樱桃记否开奁处，润琴弦、煮梦沉沉。剩今宵，笛里霖铃，自谱微吟。”时方学歌《长生殿·闻铃》《武陵花》一出。安定郡王《侯鲭录》载：“魏城君谓东坡曰：‘秋月色不如春月好。’王子霞则谓：‘奴所不能歌者，是“枝上柳绵吹又少，天涯何处无芳草。”’坡笑曰：‘我方悲秋，汝又伤春。’”案：《毛诗》传：“秋，士悲；春，女悲。”理固宜然。惟是言者心声，与境推移。长笛一声人倚楼，断非谢镇西著紫罗袴褶，据胡床，临城楼北窗弹琵琶情态。倘使桓子野闻之，亦当但唤奈何而已。仆以辛卯六月离家园，今计当俟明年戊戌试后，乃得南归。偻指正合八年之数。回忆壬辰入都时，有“辛壬癸甲”之语，殆为之兆也。五载长安，四番矮屋。文章憎命，魑魅喜人。京洛缁尘，遽集衣袂。刘伶荷锸，毕卓盗瓮，阮籍眠炉，大抵有托而逃。古今伤心人岂独信陵君？醇酒美人为不可说、不可思议哉。屠门酤肆中，酒食游戏相征逐，阅人多矣。物换星移，风流云散。岐王宅里，崔九堂前，梨园菊部中老辈，存者寥落如曙星。昔乾隆年人得吴太初郡丞撰《燕兰小谱》以传，嘉庆间虽有《莺花小谱》之作，今寂无闻焉。传不传固有幸、有不幸耶？近年《听春新咏》、《日下看花记》及时品中人物，余已多不及识。以余所识诸人，今亦半成老物。倘不及今撰定，恐更十年后，无复有能道道光年太平盛事者矣。丁酉入春以来，彤云酿雪，峭寒特甚。帘衣綷地，愁春未醒。西望帝城，好春如海。剪灯命酒，坐忆故人。各为撰小传，命之曰《辛壬癸甲录》。志缘始也。何平叔景福殿赋辛壬癸甲，为之名秩。断章取义，于文亦词，是为《长安看花记》之前集。其中所见异辞、所闻异辞、所传闻又异辞。善善从长，弗为溪刻。世之有心人，于寒夜重合，玉帏四垂，氍毹重叠，烧椽烛四五枝，参差列几案，设大小宣炉数事，选沉水结隔砂蒸之，温香静对，魂梦俱适。旁有知心青衣如紫云其人者，方且拨鼎中兽炭，暖越中陈冬酿，于梅花水仙影中，按拍引曼声，度《赏花时》北曲，不觉欣然，为浮大白。又或清暑招凉于竹林深处，六扇文窗，茜纱尽拓。簟文如水，帘影如波。

以大白瓷盂,贮新汲井华,水浸荔支三百颗,与调冰雪藕之人一同啖尽。已乃闻瓶笙声,水火相得,吟啸互答。当此之时,展此录、此记读之。此中有人,呼之欲出。如闻其声,如见其人。夕阳一片桃花影,知是亭亭倩女魂。是耶?非耶?以视落花时节,相逢定何如耶?中和节后三日,春风加厉,阴霾竟日,日色皆黄。窗纸淅淅作秋声,百花生日近矣。"二月边城未见花",今始信然。排闷折纸,自咏自写,遂已裦然成帙。昔余澹心之作《板桥杂记》也,援道君在五国城作《李师师传》为说,岂非以"佳人难再",故作此情痴狡狯耶?余读《竹垞词集》,自题《解佩令》曰:"十年磨剑,五陵结客,把平生涕泪都飘尽。老去填词,一半是空中传恨。几曾围、燕钗蝉鬓。　不师秦七,不师黄九,倚新声、玉田差近。落拓江湖,且分付、歌筵红粉。料封侯,白头无分。"抗节长吟,不觉唾壶击碎。呼童子起爇火,炙秫齐半罂,慨然釂三爵。起,奋笔题门曰:"燕巢岂足乐,龙性谁能驯?"呜呼!我辈钟情,狂奴故态,一时呈见矣。书之当佛前发露忏悔。

梦侠情禅室主人蕊珠旧史记

余读冯子犹所作《爱生传》,不禁痛哭流涕,长太息也。子犹之言曰:"天之纵生以慧者,适以祸生;而啬生以寿者,安知非所以怜生而脱之?"呜呼!千古伤心人,当万万无可奈何之时,往往故作达观,强为排遣,大都有此奇想矣。余自壬辰入春明门,日居月诸,岁不我与。郁郁无聊,颓然自放。所识第一仙人曰韵香。韵香者,林姓,吴人。来京师隶嵩祝部。于时京城歌楼擅名者,分为四部:曰"春台"、曰"三庆"、曰"四喜"、曰"和春",各擅胜场,以争雄长。嵩祝部既寥落不能自存,部中人稍稍散去。其教师父老,乃复招集后生子弟别为一队,曰"小嵩祝部",其中皆雏莺乳燕,呢喃学语。当筵顾曲,聊资笑噱,但堪抚掌,不值缠头也。韵香新从姑苏来,居传经堂,名曰鸿宝。传经堂故多佳子弟,道光初年二"双"、三"法"皆出其门。自乾隆间,蜀伶魏长生在双庆部,其徒陈渼碧在宜庆部,相继作秦声以媚人,京腔以次销歇。寻又有侍御于酒座批小生颊,遽登白简，落职去。由是朋酒之宴，相戒无敢复听王府大班者。今日惟和春尚是王府班，然吹律不竞久矣。四喜为嘉庆间名部，乃道光以来，部中人又多转入春台、三庆部。《都门竹枝词》所云“新排一曲《桃花扇》，到处哄传四喜班”者，今亦歌板酒旗，零落尽矣。一时征歌者必推春台、三庆，翕然无异词。辛卯，仪慎亲王生辰，征嵩祝部入府承值。鸿宝与上寿，捧红纸目录乞赏戏。吾乡林大令星舫时为王子师，一见诧曰：“此子不似若辈中人。王夫人有林下风，庶几近之矣。”鸿宝学歌舞才两月，即出临红氍毹上，按节度刌，铢黍不爽。而其秾纤得中，修短合度，进止动静，妙出天然。楼上下万目、万口、万手，啧啧称叹“是好郎子”！嵩祝部一时声誉顿起。座上客常满，有隔日预约，不得入坐者。从此征歌舞者，首数嵩祝，不复顾春台、三庆矣。今距韵香之没，逾三年。春台、三庆，名辈林立，且多后来之秀，望之如芝兰玉树，森列庭阶。而嵩祝座中人，不少减于畴昔者，韵香为之也。韵香既数奇，失身舞裙歌扇间，居恒郁郁不自得。虽在香天翠海中，往往如嵇中散土木形骸，不假修饰。而何郎汤饼弥见，自然知安仁羊车，良非虚语也。既工愁，复善病。日日来召者，纸片如山积。困于酒食，至夜漏将尽，犹不得已。每揽镜自语曰：“叔宝璧人，则吾岂敢。然看杀卫玠，是大可虑。”岁甲午，三年期满，将脱籍去。其师黠人也，密遣人自吴召其父来，闳之别室。父子不相见，啖以八百金，再留三年。既成券，韵香始知之。慨然曰：“钱树子固在，顾不能少忍须臾耶？”乃广张华筵，集诸贵游子弟，筹出笼计。得三千金，尽举畀其师，乃得脱籍去。于是定居臧家桥玉皇庙侧，署所居室曰“梅鹤堂”。其父故庖人也，时自入厨下调度，以故韵香家餚馔清旨冠诸郎。于时文酒之会、茶瓜清话，必在梅鹤堂。韵香周旋其间。或称水煮茶，或按拍倚竹，言笑宴宴，诚升平之乐国，欲界之仙都矣。而愁根久种，病境已深，居三月而疾作矣。疾不半载，竟死。死之日，扶病起，誓佛曰：“泪痕洗面，此生已了。愿生生世世，勿再作有情之物矣。”呜呼哀哉！先是香山郑舍人云巢廷桧，以韵香幽忧之疾不得瘳，谋所以乐之者。因授之以阿芙蓉膏，曰：“此泰西隽品，嵇含《南方草木状》、刘恂《岭表录异记》所未及详者也。"夏之日，冬之夜，欢愉嫌短，寂寞怨长。当此之时，于画阑青琐、重房曲室中，设七宝九华帐，四角悬百结流苏，四垂花朵，中央爇长明九微灯，角枕烂然。茶前酒后，轻拢慢捻，珍珠一滴，甜香四喷，吐纳烟霞，呼吸沆瀣。风生腋，露在掌，无此味也。毕吏部自言"持螯把酒，便足了此一生"。惜尔时未解此味，可更名"软饱"曰"软醉"。余粤人也，餉子粤产。倘愿长醉不愿醒，以此物了此一生，胜作酒人多矣。大火西流，凉风始至。纸窗竹屋，静对一灯。室中常作风过伽楠、露沃蔷薇，热磨琥珀，酒倾犀斝之味。韵香于此欣然，意良得。其冬，有人自粤中携精品百两来，云巢以二百四十金售之。以是日日在氤氲世界中。维摩病榻，热恼顿消，亦谓便足了此一生矣。无何，云巢以病死，三日，韵香亦死。时道光十四年十二月也。年才十八。呜呼哀哉。昔刘孝绰第三妹令娴诔徐悱曰"雹碎春红，霜凋夏绿；如听春鹃，如闻秋猿"矣。近日徽班习气，好买十岁小儿，教之歌舞。黄口乳臭，强使登场，伊吾如背书，应弦赴节，尚不能解，何论传神写照矣。韵香以成童之年，始来京师。从师学无几时，即以其色艺倾倒都人士。从此宾筵客座，招邀无虚日。油壁锦障，六街九陌，车如流水，马如游龙，招摇过市，日日如坐云雾中。夜分来归，则已绛蜡高照，红梁宿酝，茗谈瓜战，延伫已久。绝缨错舄，纸醉金迷，卜昼卜夜，欢乐未央。他人所叹羡、企望不能得者，韵香当之。乃出亦愁、入亦愁，以故不得更竟其业。仅以《赏荷》、《偷诗》、《吞丹》三出擅名。每当广厦细旃，长笛一声，四座寂然，无敢哗者。目有视，视韵香；耳有听，听韵香；手有指，指韵香。一似只应天上、难得人间，觉此身在绛霄碧落间。所谓玉殿吹笙第一仙，十四楼中第一声。昔人论文，谓单词只字，自足以传信，知贵精不贵多矣。其人肉与骨称，态与体称，神湛湛如秋水，气温温若春兰。使宋玉、陈思见之，当恨不为作赋。吾师吴学博石华先生尝言：癸未归舟过无锡，访清微道人比邱尼，王姓，名岳莲，"韵香"其字也。于福慧双修庵，命其女弟子定保出见。年才十三，能诵唐人诗数百首。修眉入鬓，清华如玉，生平所见，女子当以阿定为第一，真天人也。余尝谓天地生人匪易，生美人更难。美妇人不多，美男子尤少。美妇人吾未见，所见美男子惟韵香耳。陈其年《妇人集》述冒巢民语曰："妇人以姿致为主，色次之。生平所见，惟圆圆可称绝色。"余壬辰春曾于朱大司农菽堂先生斋中，见圆圆小像，丰融艳冶，不愧丽人。恨不得与韵香并世，使尹、邢觌面。今计阿定年犹未三十。他日放棹惠山，庶几见之。吾师生平不轻许可，其言非苟。然陆象山门人杨简《鸳鸯楼记》曰："自逊抗机云之死，天地灵秀之气，不钟于男子而钟于妇人。"善谑而虐。吾当使见韵香，为侮其师者一雪斯言。韵香之为人，渊然静穆，不苟言笑。而来前者，莫不各得其意以去。太原公子裼裘而来，大家风度故应尔尔。使为闺中秀，足当幽娴贞静之目。藐姑射之山有神人焉，绰约若处子，肌肤若冰雪，此之谓矣。每恨《红楼梦》曲子既唱遍旗亭，而般演宝玉者，率皆庸恶陋劣。金圣叹所谓"忤奴"，每见之辄令人三日不快。若韵香者，使为怡红公子，春容大雅，动合自然，庶乎仿佛遇之矣。韵香曩日为人弟子，意思翛然，非必沾沾然以口不言钱自诩。而胸次潇洒，自如青天片月，无纤云渣滓太清。故无私蓄，不名一钱，羞涩如阮囊。既得脱籍，居室草创，未几遂病，不能出门户。惟二三知己，日来为之检点茶铛，料量药裹。犹力疾强起，谈谐甚乐。咳唾落九天，随风生珠玉。无烟火气，无尘土味。娓娓然、惓惓然，听者亦申旦忘疲。至于金夫、铜仙，大腹贾、长鬣奴，素少相识。偶尔对坐，亦格格凿枘不相入，以故无有过而问焉者。及其卒也，敛手足，形几不能备含禭。诸文人闻讣麇至，束刍沐椁，凡附身附棺，皆翰墨之香也。龙子犹言：昔宋词人柳七郎中，不得志于时，落魄以死。赖诸名伎醵钱而葬。今爱生不葬于伎家，而葬于吾党，所以报也。则吾乌知今之所谓爱生者，非即宋之名伎中人乎？信斯言也。以只鸡絮酒酹韵香，韵香必含笑于九京曰："虽死之日，犹生之年。"嵩祝部，寓玉皇庙，传经堂刘，移居梅鹤堂。

高双林有女，许字韵香，将笄矣，忽欲夺以畀春山。杭州顾二西渔，锐身争之，乃得复归林氏。韵香未娶而没，其兄改聘之矣。兄收弟妻，五溪习以为常，且若辈亦不足深责也。高氏女未成为妇,抑犹可恕。顾二在京师居樱桃斜街,其斋中张韵香小影,行看子于壁,亦稍稍征人题咏。惜貌不甚似。然帝城双阙,春树万家,除此一幅外,他无粉本。心乎爱矣,过而存之,亦乌容已矣。壬寅立夏后一日,掌生记。

韵香间亦画兰,工力不深,而落笔潇洒。月舫藏一纸,甚佳。辛壬间作也。

江西刘奕山,武定太守公子也。尝为韵香作《少年行》,仿效元白长庆体新乐府,洋洋数百言。将来当访得其稿,钞入此录中。

杨法龄,字熏卿,当日所称"三法司"之一也。早脱乐籍,买屋石头胡同,杜门却扫,不蓄弟子。曰:"吾备尝种种苦趣,受无量恐怖、烦恼,幸得解脱,登清凉界。彼呱呱小儿女何辜,奈何复忍遽令着炉火上耶?"壬辰春,予从友人访之。言论风采,如太阿出匣,色正芒寒,令人不可逼视。觉扶风豪士在人目前,一洗金粉香泽习气。既而南枝兴思,一舸翩然竟归。人亦谓其此行作五湖长,不复出来矣。未几,复来京师。则所挟数千金,已尽散诸宗族亲戚闾鄗之贫者。慨然曰:"吾十余岁,家贫无所得食。父母卖我,孑身入京师。幸而载数千金以归,念吾宗族亲戚闾鄗之贫者,犹吾昔日也。不周之,吾昔日之事保不复见于今日。今日孑身入京师,固十年前故我。吾舌尚存,何害?"呜呼!由前之说佛也,由后之说侠也,若法龄者,今之古人哉。梅禹金作《青泥莲花记》记北里人,取周茂叔《爱莲说》"出淤泥而不染"意也。亭亭净植,中通外直,不蔓不支。所谓"太华峰头玉井莲,花开十丈藕如船",惟斯人足以当之。吾尝谓含生之俦,是有六等:人也、鬼也、神也、仙也、佛也、侠也。六者性情举止,种种各异。《石头记》中人品格:宝钗,人也;黛玉,鬼也;探春,神也;湘云,仙也;尤三姐,侠也。惟佛至今思之无可拟者,顺德胡赤石谓邢岫烟具有佛性,似近矣,然未敢定。附记于此,与世之有心人商之。四喜部,寓玉皇庙,传经堂刘,移居石头胡同。

熏卿居京师,从士大夫,长揖不拜。伧父颇用相訾謷,惟龚定庵礼部议论与余合。此正汲长孺所谓:"大将军有揖,客顾不重耶。”小蟾居春元堂，亦援熏卿例，见客长揖不拜。然熏卿既脱乐籍，终不畜弟子，超然蝉蜕，吸露吟风。其品格清高，岂凡流所能貌似？余又案：诸伶见客，皆屈膝请安。惟入诸王府承值，则必长跪。如尚书郎谒八座及藩邸，皆止请安，惟见阿哥则跪安。此亦梨园仪注小掌故也。因论法龄事附记于此。《金瓶梅》西门庆与客品论小优儿曰：“如此色艺，若使为妇人，早令其入座，不使捧壶侍立矣。”是明时伶人侑觞，惟以竹肉供奉，赏心缠头，惟在歌喉。至于觞纠酒录，非其职也。今为狭邪游者，犹不得挟优入平康里。其必不得已携与偕往者，入门必先呼“干阿奶”云。

宋全宝，字碧云，太湖人。安次香诗书弟子，世所称籁声阁主人也。次香曰：“道光朝，桐仙称文人。”不知碧云在嘉庆间早擅清名，而胸次洒落过之。尹、邢相见，几于小巫见大巫矣。所居深山堂，主之者曰余老四。乾隆五十五年，三庆徽入都祝釐时，即主其班事。弟子颇多，惟碧云有翛然出尘之致。道光朝，四喜部渐不竞，三庆与春台代兴而竞爽。传经堂由四喜转入春台，如楚有材而晋用之。碧云在三庆部乃如匡庐独秀，次香诒之楹帖曰：“有铁石梅花意思，得美人香草风流。”品题殊当。弟子知名者二人：小云以温润，妙云以潇洒，并是可人，殊有青蓝之誉。颜延之言：“测得臣文，竣得臣笔。”具体而微，象形惟肖，每与坐对，犹觉虎贲俨然中郎。故知斲梓染丝，非偶然也。二人皆能从文士游，入其室无绮罗芗泽习气。司空表圣《诗品》曰：“坐中佳士，左右修竹”、“落花无言，人淡如菊”。每咏杜老《咏怀古迹》诗“摇落空知宋玉悲，风流儒雅亦吾师”，辄令人想其标格不置。妙云、小云既皆相继自拔脱籍。碧云忽耽禅悦，欲游方以外，就长春寺斋僧九百五十余人。日日治衣钵、蒲团，皇皇如不及。次香规之曰“等闲休为出家忙”，每一诵之，令人失笑。既浩然思归，治移家船，为范少伯，为张志和。茗椀、香炉、笔床、茶灶，与所蓄法书、名画、钟鼎、彝鬲，杂然满载，携妻子飘然归五湖烟水间。赏萧子云有松石间意，望苏子瞻如神仙中人。"秋风江上,莼菜鲈鱼",一赋遂初,便可浣京华尘土矣。于是诸名士饮饯赠言,为四册子。征诗安十二次香,为之序,且赋七言六律。诗甚佳,今录之:"相逢日下正华年,一见心倾喜欲颠。子不读书真可惜,生能爱酒亦堪传。美人香草春如海,桦独红妆月满天。撒手便归归正好,无愁衣食是神仙。""日落金台此送行,夜凉何处不秋声。频看老大真狂客,又见人间太瘦生。上乘禅宜参大隐,如来心即是多情。长门丰调梅花赋,一样风流擅薄名。""此去齐梁次第过,吴头楚尾泛烟波。沙平大野归鞍稳,枫落寒江得句多。一雁南飞冲碧汉,群山东界走黄河。来时记得题名处,不是当年旧客何。""因前因后事茫茫,此日回头即故乡。无事便应成佛去,等闲休为出家忙。江南到处莲花界,湖上千秋水月场。我亦现身来说法,一心生灭自清凉。""三十尘缘悟已迟,萧萧禅榻鬓如丝。花飞绮阁三生梦,雪压严装万首诗。游戏烟云添画本,神仙眷属载燕支。男儿此际无多让,百战功成退足时。""画堂遥夜惜匆匆,骊唱苍凉听未终。月色依然千里共,天涯剩有一樽同。田园晚岁输陶令,丝竹中年感谢公。无限含情每南望,暮云春树大江东。"三庆部,寓韩家潭深山堂。

双桂,字韵兰,画兰款署"袁煊"者是也。道光初年擅盛名者,曰"二双"、"三法"。"三法"者,杨法龄熏卿、胡法庆小云,余皆与之游,王法宝则识之迟暮之年。在传经堂中,如浔阳琵琶妇,憔悴江潭,四弦掩抑,殆不自胜。惟"二双"皆三生石上无一笑缘。然于双桂曾望见颜色,且最早,盖在道光七八年间,余尚未入都也。是时粤中名部,曰"绮春"、曰"桂华"。有松林者,已弱冠矣,负冠绝一时名。而珠儿珠女之隶福寿部者,若阿来双凤小名、若阿苏双宝小名,并能以昆山调鸣其伎,不徒颜色照人。元和陈观察厚甫方应抚军成果亭先生聘,主越秀书院讲席。暇则召诸郎弹丝品竹,陶写哀乐,如谢傅蹑屐东山。时双桂新从京师来,声色既迥出辈流,出其余技,复足惊座人,于是时望翕然归之。赤城霞起,光景万变,殆不足喻。而德化相国方由楚帅持使节移督两广军,颇眷双桂,遂入侍相公起居。侯门深如海，外间人真乃如海上望三神山，山在虚无缥渺间，但见云气往来，可望而不可即矣。壬辰，德化相戍新疆，闻双桂执鞭弭、属櫜鞬，从荷戈周旋万里。至赐环，乃复间关从入玉门关。昔秋帆尚书谪西郿，李桂官杖策相随，论者谓桂官加人一等，不在前之具眼识英雄，而在后之患难不渝。所谓"岁寒知松柏"，贯四时而不改柯易叶。此在公门桃李，犹难言之，况杨花轻薄，顾安敢望其为冬青郁郁哉？呜呼，是诚不可及已。丁酉夏，翰林待诏武清杨四廷栋贻我韵兰画一幅，为双钩芝兰、水仙、盆石直幅。笔墨娟秀，想见其为人。款题"庚寅春日作"，则是在珠江时也。暇日闻桐仙言：桐仙始为韵兰弟子，韵兰出赴粤东，乃转而师小云。盖桐仙笔札之传，强半受之韵兰。其渊源固自可溯。又记：吴中女子林秋娘，名双桂。石氏青衣也，有小青、柳儿之憾。芳姿团扇，乃同遗骆仲，容人种未许骑驴。桃根击楫，留幻想于南部。枣花持脯，空着录于西河。有题壁诗流传。许兵部金桥，属戴中允醇士为画《悲秋图》册子，征诗画，作枯桂二株，在石栏干外。秋声秋色，顾影自怜。以云可悲，诚可悲矣。以视明人传奇所云"秋香亭得遇六如居士"者，同一侍儿也。而愉戚菀萃之间，相去岂可同年而语。戴中允复填《满庭芳》词二调，题于画册，作蝇头小楷，书之精妙，如文衡山，一时名流咸有歌咏。其事亦在庚寅，又以其名与韵兰偶合，因附记于此。乙未春夏间，葛太史蓬山，邀余同作和醇士韵词，适以杂事纠纷，未及命笔。孤此佳题，至今思之犹呼"负，负"！

邱三林，字浣霞，皖人。初入西班，后乃归徽班，春和堂卢禄驭弟子也。禄驭弟子有三人，一曰三才，字秋棠，其甥也。一曰方三林，字竹春，其妻兄弟之子也，与胖双喜演《十全福》，般妙玉得名，今自居春晖堂，得小秀兰为弟子，辉光日新矣。其一则邱三林，亦禄驭内戚也。三三并有声歌楼，而浣霞尤色艺双绝，倾动都人士。维时敦素堂潘巧书之徒曰："陈金彩、汪双林、孔德喜皆擅时名，与春和堂诸人并入时品，各擅盛场。"至今十余年后，谈之者尚觉津津然齿颊有余芬。当日风流，令人神往。此中人今惟陈金彩享盛名，拥厚资,即今三庆部掌班,宝善堂主人,小名“小元宝”者是也。浣霞与安次香为莫逆交。禄驭与宋全宝辈尝戏言:“梨园中文献,近日当推次香。嘉庆以还旧闻轶事,能言之累累如贯珠。”浣霞与游久,耳目濡染,亦能多所记忆。部中诸父老谈往事,往往呼浣霞印证之,辄就所闻者条举以对,可拟之为行秘书。他日次香在乐部俎豆不祧,则浣霞当分配享一瓣香矣。浣霞娶妇名玉卿,容光四照,朗朗如玉山,使望见颜色者魂消心醉,北方佳人也。后来惟国香堂芙蓉女儿仿佛其艳丽,当年侪辈中殆无其匹。婉娈燕好,双宿双飞,鹣鹣比翼,禽名并命,群艳羡之。闻浣霞没后,玉卿抱琵琶过别船矣。癸甲之间,有劝我学河西聘曼殊者,或以玉卿为言,同人多来怂恿。余笑谢曰:“深山大泽实产龙蛇,自维凉德薄福,殆不足以当尤物,固知其非书生耦也。”遂罢。三庆部,寓韩家潭春和堂。

陈金彩曩在敦素堂,隶乐籍,名曰“小元宝”。既掌三庆班事,乃更今名。其门下亦颇有佳伶,虽未能遽称大家、世家,与敬义堂、光裕堂抗颜行,然亦往往援盾拔戟,足以自成一队矣。高三庭玉言:“春台班有王元宝者,手挥霍数十万金,好摴蒱六博,每入场辄散数百金。金缠臂跳脱数十双,但供投壶一笑。所谓刘真长一掷百万,有其豪举。其妻苦谏,不见听。乃固要还乡,京城所有舍宇、店肆,贱价鬻之,尽室以行。元宝不获已,随之归。健妇持门,固犹不失为田舍郎。多牛为富,足谷称翁,亦足以豪也。归无何,不惯家食,复来京师,住旅店,裘马翩翩,甚丽都。好摴蒱六博如故,未几,博进负多,泻囊货骑,尽偿戏债。甲午、乙未间,竟展转为饿莩。其妇在南中固犹未之知也。‘可怜无定河边骨,犹是春闺梦里人’,锦绣万花谷中亦有此耶?”此高三目击其事,且曾以数缗钱赒之,故最得其详。盛衰荣悴,回首何堪。茵溷云泥,谁能遣此。因与宝善堂主人同小名,附记于此。

桂喜,居松秀堂,杨宝林螟蛉子也。宝林为三槐堂王福林女夫,与吴正田子为僚婿。既得桂喜为嗣,以色艺倾动都人士,一时游狭子弟竞饰厨传，积金钱愿纳交，惴惴然惟恐不得。当期年间，累四五万金。歌楼望桂喜如神仙中人，人人羡叹，桂喜亦风流自赏。顾不得于其继母。帅采林者，故其师也。有息女及笄矣，擎如掌上珠，琼林玉笋中相枚举，无足当意者。独许桂喜为可儿，以爱女归之。雀屏中目，鸿案齐眉。有时诩璧人之一双，无事偿聘钱之十万。其侪偶诸郎少年，相与羡极而妒。亦方谓良辰美景、赏心乐事居然得兼，真天上人间第一美满事矣。漏三商而委禽，歌二章而弋雁。玉睢之好伊始，爽鸠之乐未央。夫何方喜乘龙，遽闻赋鹏。子归刺耳，姑恶惊心。托芘松柏之阴，奈何部娄；岂识楸枰之乐，但有勃溪。奉倩不哭而伤神，申生无辞而即世。合卺共牢，式饮式食者，乃在阿芙蓉膏。汉庐江小吏焦仲卿夫妻，千古伤心第一事，乃今复见之矣。新郎才十六，新妇才十五，结褵才百日耳。哀哉！安次香改月老祠楹帖挽之曰："愿天下有情人，都学他愚夫妇，烈夫妇；此前生注定事，不知是好因缘，恶因缘。"一时传诵，以为妙于语言。帅采林在和春部居福泰堂，其徒玉凤改福安堂，其子玉桂又改安泰堂。玉凤字瑞卿，以《小尼姑》得名，后入三庆为福云堂，畜弟子颇有佳者。而安泰堂迄今门风不振，惟玉林妻兄弟清香字篆卿者，入春台差强人意。后别居素安堂，即常桂玉皇庙旧居也。桂喜在四喜部，寓樱桃斜街松秀堂。清香在和春部，寓李铁拐斜街福泰堂，转入春台部，移居臧家桥玉皇庙素安堂。玉桂、玉林仍在和春部，寓李铁拐斜街安泰堂。玉凤在和春部，寓李铁拐斜街福安堂，转入三庆部，寓陕西巷福云堂。

吴金凤，更名今凤，字桐仙。聪颖特达，文而又儒。近日文人所称"吴下阿凤"是也。其师小云，名法庆，故四喜部名辈，桐仙既入春台部，遂有出蓝之誉。风格洒然，谈谐笔札，色色精妙。所与游多当世文士，性复苦溺于学，故朱蓝湛染，厥功甚深。又能出其余以教其弟子，弟子曰小桐，《长安看花记》所推为压卷牡丹花者也。所居曰玉连环室，又有竹如意斋，插架皆精册帙，几案间错列旧铜瓷器数事，咸苍润有古色。过其门者，或闻琴声泠泠出户外，皆曰此中有人。诸名士以春秋佳日集其家，阄题分牌，桐仙必与参一席。墨痕淋漓襟袖间,与酒痕相间也。尤工绘事,师袁琴甫,学瓯香馆写生法,作没骨折枝花卉,殊有生趣。而酬应过繁,匆遽中往往金静川、安次香诸君为之捉刀。故外间兰亭颇多临本,然非曹洪倩人之比也。所作韵语,楚楚有致。暇复倚声学填长短句,亦自可诵。每于觥筹交错之时,偶出一语,指事类情,一坐尽倾。好从诸文士游,诸文士亦乐与之游也。以故年逾弱冠,而寻春车马犹烂其盈门云。先达中,乙丑一科人赏识桐仙者最多,往往以门生畜之。学作小楷,书殿试卷子,高积盈尺。我辈过夏举人且逊其勤苦。行草书亦皆秀润流利,不似时过然后学者。兹事虽关人工,殆亦由天授也。王子猷性爱竹,所居辄植之,曰"何可一日无此君"。东坡居士诗:"宁可食无肉,不可居无竹。无肉令人瘦,无竹令人俗。"吴大帝言:"顾公在坐,使人不乐。"而晋人又言:"坐无车,公不乐。"人亦可以审所自处矣。若桐仙者,可封潇洒侯。菖蒲下拜,甘蕉许弹。坐对此君,自尔翛然意远。春台部。寓五道庙春泉堂,移居陕西巷延陵光裕堂。

桐仙先画《对菊图》,自题五绝句,和者甚众。后又画《三友图》,征诗,自叠前韵为倡。诸题咏者尚多,和其自题《对菊图》五诗韵云。周太史艾衫,为作小品四六文序。工致秀韵,雅称才人吐属。以冷金笺书之,作《麻姑仙坛记》,楷法精妙绝伦。丁酉,桐仙乞题于余,未及命笔而难作。明年春,出戍湖南。友人为我料理行李者,遽收入箧衍。间关万里,相随来五溪。五溪人不识桐仙者,一展册如见其人。此亦香火因缘也,影里画中,如何如何。

王常桂,字蕊仙。壬癸之间,与韵香、冠卿鼎足而立,名在第二,目之曰蕊榜。是时韵香为广大教化主,是国香也,以韵胜;蕊仙,牡丹也,为艳品;冠卿,梅也,为清品。冠卿清不知秋,无复人间烟火气,标格过蕊仙,而风度不及。然蕊仙所以逊韵香者,亦正以美而艳为累,不得不让上界仙人出一头地耳。蕊仙丰容盛鬋,严妆袨饰,往复进退,光动左右。求之凡女子,殆无其匹。想见当日王明君，结束提琵琶，出汉宫，上殿辞别，光艳照人时。唐人呼太真为“解语花”，又曰“海棠睡未足”。而元微之《会真记》之状莺莺，则曰“娇羞融冶，力不能运肢体”。写美人浓艳凝香，千载下犹令人神往。不意蕊仙乃以一身备之。当日于锦绣万花谷中，如火如荼，压倒群芳，独占春光九十，使观者沉酣其中，目不给赏，岂浪得名哉。春台部，寓李铁拐斜街余庆堂，移居臧家桥玉皇庙槐庆堂。

庄福宝，字春山，三庆部郁大庆弟子也，后乃自居玉照堂。色艺不过中人，而语言妙天下。其为觞纠酒录也，座中无虑数十人，人各有性情、有面目、有技艺、有志趣、有喜忌，或动、或静、或默、或语，裙屐杂沓，觵斝横飞。春山从容酬答，或迎其意以发之，或导其意以达之，或如其意以偿之，或助其意以足之，莫不欣然开口而笑，各得其意以去。信乎春山为如意珠，虽取诸其怀而予之，不是过也。有时名流宴集，洗砚磨墨，折笺蘸笔，选香而添，掷花而润。当之者往往如张长史见担夫与公主争道，忽悟草书意势，触处洞然，风发泉涌，汩汩其来，不可方物矣。又如说评话，斗险语，径路既绝，风云未通，诸名士方且摇玉柄麈尾、擎铁如意，瞪目哆口如木鸡，春山往往于辞理将屈之时，如谢道韫施青丝步障为小郎解围，或竟如玉环妃子见皇帝博道已失，径放玉色猧子乱局，一笑而罢。生平对客，不为危言激论，而对之者未尝不意也消。谈言微中，可以解纷，春山有焉。曩家居时，见父执叶教习星曹，书赠六篷船中人，集句云：“秋菊有佳色，春兰如美人。”今日国香服媚，非韵香莫足当之。至若东篱把酒，坐对南山，伴柴桑旧宰，独占秋光，翛然世外，绝无点尘，幽香逸韵，自足千古，春山庶几近之矣。文盛堂弟子，在春山以前者，有萧玉林，字雪珊。后别居文林堂，予不及识其人。闻其色艺俱佳，当年与梅卿、浣霞、竹春、秋棠诸郎，皆诗品中人。老辈中论道光初年人物，必举及之。其得名在春山先，固不愧卢前王后也。迩来脸玉犹润，喉珠不圆，退处玉照堂中，日倾三蕉，自取酕醄。惟二三旧相识招邀谈宴，筹花喝月，媵谑贡欢，相与倾倒。暇或与其侪偶中知己数人，沉李浮瓜，亲戚情话，如说开元、天宝盛时,不复锦帕缠头,作囊日狡狯事。即或偶遇后生年少,兴高采烈,揎袖脱帽,汹汹拳拳,不过付之一笑。唐人《咏班倢伃》曰:“总向春园里,花间笑语声。”其超然远引,不欲多上人,为不可及也。郑秋江尝谓《莺花小谱》有曰:“反舌已声干。舞东风,兴未阑,筵前笑语司空惯。”刻毒哉斯言,闻之者能无痛哭?予识春山最迟,问其年曰二十。呜呼,乾隆年间,魏长生年廿七始自蜀来京师耳,比其入双清部享盛名,已当壮年。今日成功者退,乃在弱冠时,否者群起而姗笑之。乌知阿婆三五少年时,亦曾东涂西抹来哉?噫!

三庆部,寓大外廊营文盛堂。郁福宝出居玉照堂,初在王广福斜街,后移居石头胡同。玉林出居文林堂。

张双庆,字莲舫,扬州人。初入京,在宝善堂与小天禄、天寿、天然同居,隶嵩祝部。后入玉庆堂,亦隶嵩祝。其师吕胖子,故春台部小凤、小翠之师也。莲舫既聪颖异常儿,又得名师循循善诱,演《失约日月图》一出,声名即大噪。辛卯百花生日,即脱弟子籍,距客岁冬日长至登场,甫三月耳。后辈小蟾、小香,皆十五岁自立门户。梨园中拟之少年科第,弱冠衡文,令人艳说。如张柬之跪奉千佛名经,顶礼膜拜,慨然有成佛生天之想。以视莲舫,乃又如李长源以神童侍禁籞,总角婉娈,即厕身玉堂,读中秘书,恩遇无与为比。是真天仙化人,飞行绝迹,又非下界尘凡所敢望其肩背者矣。莲舫以道光十年二月来都下,期年而业成名立,家室完好。畜弟子三人,有齿长于其师者。师徒跳荡嬉戏,笑声日吃吃不休。是时莲舫年才十三耳。求之古名将中,如淮阴少年,一旦登坛拜将,将百万兵,指挥如意,一军皆惊。无论李广不侯,自叹数奇者,徘徊仰企,歆羡无已;即百战功成,图画凌烟,河山带砺,爰及苗裔,而劳逸难易,迥乎不侔。盖此事自有天授,殆非人力所能与矣。其居室在小安南营,曰莲舫堂,即长春旧室也。余识之稍迟,以阿芙蓉故,戢光敛采,几如李夫人转面向壁时,令人不禁有美人迟暮之感。然长身玉立,意思翛然,神采清澈,有蔬笋味而无酒肉气。如铁梗海棠,虽届春深,终不与芍药肥浓同争俗艳,固犹不失为清品也。初出师时，在三庆园演剧。方盛暑，部中人戏谓莲舫："盍饷我辈西瓜消渴？"则笑而应曰："诺。"百余人恣啖，顷刻尽卅余千。时甫自维扬逆其母至，大骇曰："费金钱虽无几，然此儿如此豪举，吾恐其它日难为继也。"至今歌楼中犹能道其事。当日豪华跌荡，光辉四映，彼委琐龌龊儿，对之能无汗颜？嵩祝部，寓韩家潭宝善堂，转入小李纱帽胡同玉庆堂。出师后自居小安南营莲舫堂。

天禄，檀姓，或云默斋教授之孙也。元时有歌伎真真，自言建宁人，西山后裔。姚牧庵为翰林学士承旨，于玉堂开宴日见之，为白丞相三宝奴，落其籍，以妻小史黄康。明德之后，门户陵替，遂乃往往有此，可为浩叹。今天禄与殷采芝、陈四同掌春台班事，闻人言给孤寺西夹道望江会馆亦天禄掌馆，则其部署固自可观。顺林者，字砚香或作艳香，天禄族人也。幼随其父入都，居国安堂，与天禄所居国香堂为辈行。二人皆名门，而后起殊无足数者。天禄有女曰芙蓉，明慧艳冶，有长安丽人之目。都人士闻声倾想，红襟小燕，入幕窥帘。思窃比西家宋玉者，以千方百计得玉香为快婿。于归之夕，催妆却扇，喜可知也。于时日下群公衮衮，识两家者咸会丰玉堂、国香堂两地，笙歌灯火，极一时之盛。花天月地，又添一段佳话矣。先是天禄畜一弟子，学唱武小生，颇秀慧。一日，酒楼演剧，座中有入觐刺史，怪其神情不类优儿，有所枨触。亟还寓，召之来，细诘姓氏、里居，及坠落之由，则从子。八九岁时迷失道，为人贩卖者也。刺史大恚恨，鸣之官。禄多方夤缘，乃得薄谴，论城旦春。岁满复归京城，依然傅粉登场，聚徒教歌舞，意气扬扬，甚自得也。余尝有诗云："茵溷无端堕落悲，幼芳狼藉有银儿。酒边更读王郎曲，天禄生还喜可知。"昔宋南渡时，伎薛幼芳为朱道学文公先生所窘，无服辞，但曰："不可以吾污士大夫。"乾隆间，陈渼碧被逮，荷校以徇，逐还四川。而国初苏州王紫稼，重入都，谒龚太常，竟为江南枝御史杖杀。薄命遭逢，又有幸、不幸焉。顾黄公有《读梅村〈王郎曲〉》题杂感绝句，自注序述王郎事甚详。所云"广柳纷纷赴盛京"，又云"争拍冰轮上马行"，皆指顺治丁酉科场事，吴汉槎诸君东戍宁古塔者而言也。旧与天禄齐名者,天寿。徐娘虽老,风韵犹存。今出临红氍毹,固犹得天禄之上也。顺林近日惟与旧相识数人往来,偶携弟子赴歌楼,亦不复酬应,盖已鬑鬑颇有须矣。天禄住春台部,寓朱家胡同国香堂。顺林在三庆部,寓百顺胡同国安堂。

长春,字纫香,春福堂主者。道光年所称"状元夫人"是也。乾隆初,毕秋帆先生春试报罢,留京师,李桂官一见倾倒,固要主其家。起居饮馔,供给精腆。昕夕追陪,激厉督课,如严师畏友。庚辰,秋帆尚书以第一人及第。时溧阳史文靖公重宴琼林,来京师,笑谓诸君曰:"闻有状元夫人者,老夫愿得一见。"一时佳话流传至今。随园诗所谓"合使夫人让诰封"者,正指此事也。皇都春色,百花争放,秋芙在群芳中如紫微善笑,又如蔷薇多刺。品格固未是高,然尚不至如"颠狂柳絮随风舞,轻薄桃花逐水流"也。北人呼长春花为"土抹丽",其花见日则敛,向夜复开,四时不断。而托根滋蔓,生不择地。既少芬芳,又复旦暮变易。当万葩竞秀时,培植妙卉,寸土尺金,顾容此无足重轻之小草蔓延庭阶,大是恨事。若长春者,其品格在百花中乃适如其所自名耳。海盐朱九朵山,以癸酉拔萃为户部郎,眷长春甚,几于非是食不饱、寝不安。英四相公筦度支,朵山兼捐纳房。于时长春长袖善舞,筑室畜弟子、教歌舞,赚游狭儿金自娱乐。而朵山于乙酉、丙戌联捷,廷对魁天下。世遂以状元夫人目长春。无何,捐纳房书吏雕印假照事发,诸曹郎失察者获谴甚众。朵山亦以此事罣吏议,罢归。岁甲午,乃复出山,仍为户部郎。自此踪迹亦疏矣。方朵山官尚书郎日,令叔虹舫学士有侍儿,曰"多姑娘"。美而艳,且慧警。朵山大有芳姿团扇之意,自书楹帖曰:"一心只念波罗密,三祝惟祈福寿男。"学士笑谓曰:"他日能得鼎甲者,当以此儿赐汝。"未几,朵山竟以第一人及第。多姑娘竟不愿为状元小妻,强之不得,遂罢。《板桥杂记》载:旧院伎刘元,遇一过江名士,不为礼,恚曰:"若不知我为名士耶?"元笑曰:"名士是何物,能值几文钱?"雅俗之间相去乃真不可以道里计。余尝以刘元二语填词,为《水调歌头》起句。朵山之于长春也,非长春能识朵山，朵山自爱长春耳。宜其重来，而踪迹遂疏也。长春有弟子曰联柱，字小蟾。自别居春元堂。高视阔步，落落寡合。余目为伶侠，以尤三姐拟之。方其初脱籍时，一切草草。谒其师，有所假贷，乃德色谇语，不可向迩，且固一毛未尝拔也。阿蟾衔之甚，往来遂绝。嗟夫，见金夫不有躬，长春则诚有之矣。若云具眼识英雄，则固逊其弟子百倍。此事本不足置齿颊，顾"状元夫人"得名，已久无识者，或艳称之，恐致惑世诬民，不能不辨。长春肌肤不甚白皙，当时轻薄者有煤炭捏成一联，余载之《琐薄》。至所云太仆仇人，则或讳之。其详不可得闻也。春台部，寓李铁拐斜街春福堂。

庆龄能弹琵琶，名"琵琶庆"，男子中夏姬也。嘉庆间即擅名，至今几三十年。年过不惑，而韶颜稚态，犹似婉娈。为男子装，视之才如弱冠。至若垂鬟拥髻，扑朔迷离，真乃如卢家少妇，春日凝妆。岂楞严十种仙中，固有此一类耶？酒人中推为大户，巨觥到手，如骥奔泉，未尝见其有醉容。又吸阿芙蓉膏，日尽两许。世传此为罂粟液合诸药所制，能铄肌肤、损颜色，服之者容光锐减。庆龄吸此廿余年，而面目丰腴润泽，视畴昔少好时，容华不少衰。洵是奇事。或谓其得斟雉之术，理或然也。演《宛城》，作张绣叔姆，余未及见。见其《荡湖船》小曲，抱琵琶出临歌筵，且弹且歌，曼声娇态，四座尽倾。烛影摇红之下，钏响钗光，鬟丝鬓影，无不入媚。盖其平居，入夜辄卧对一灯，往往申旦。朝曦已上，始拥被酣睡。亭午犹息偃在床。酒楼指名坐索，必俟日晚始徐徐而来。故茶园征歌，久不与列。而酒后灯下看美人，适得其妙，几忘其为东涂西抹阿婆矣。三庆后来之秀，林立庭阶。若论彼中人名辈，大半皆其孙、曾行。当其轻拢慢捻，流盼送媚时，偷睨场后小儿辈，骈肩窥帘，喁喁私语，往往吃吃笑不能自禁。故其当场意态，都无一定，随所感触，如风水相遭，自然成文，非他人所能及也。近日法林《荡湖船》亦擅时名，然颇似燕赵佳人，眉梢眼角时露劲气，不称吴娘肢体。福林态度温柔，而碧玉破瓜之年，未省人事。虽云绰约，终少妩媚。故至今三庆演此剧，终无以易庆龄也。娶妻妾，畜弟子。而弟子苦无佳者,以至门风不振。至于大妇、小妻,分曹列艳。鸳鸯七十二,花叶自相当。庆龄处其中,如豹仙紫云销魂。春娘换马,习为常事。款款蜻蜓,深深蛱蝶,秦宫一生花底活,不数金钗十二行矣。所营菟裘,曰"遇源堂"。其狡穴颇多:小妻居小椿树胡同者,为天人装,璎珞垂胸,绣袍綷地,见者惊犹鬼神;大妇旧住石头胡同,新移王广福斜街,南国佳人,风流自赏。吾曾见其小女,年才十岁余,娇鸟恋巢,慧丽柔媚,在枇杷花下扑蝴蝶、捉迷藏,殊有姿致。洛阳女儿,难得此宛转如意者。掌上夜光,珍重护惜,宜矣。太初山樵《燕兰小谱》以魏长生为殿,余作《长安看花记》以小天喜为殿,今此录复以庆龄为殿,同一例也。三庆部,庆龄居遇源堂,一在小椿树胡同,一在石头胡同,移王广福斜街。法林寓韩家潭春和堂。

大五福,字畴先。皖人,保定佳伶也。上谷为直隶省会,距京城三百三十里。日下歌楼淘汰簸扬,往往以余波润三辅。其间色艺稍可观、有声名者,又辄扬去,入长安。惟畴先始终居保定,凡十年。道光壬辰、癸巳间,表叔颜鲁舆制府为方伯,世兄阮小云观察摄廉访,余来迭主二公幕。时士大夫方以簿书期会勤职业。昔乾隆、嘉庆朝,合浦李海门太守,以县令起家,至郡将与吾乡涿州牧徐公用书,及余太岳祁州牧叶石亭先生并有好士名。公交车北来者,恃为东道主,供行李,无困乏。豪华跌宕,照映一时。今问诸父老,已鲜有能言前辈风流者。琦静庵通侯善琦方由蜀帅移节总督畿甸,风规峻烈,驭属吏严,戒诸长吏非檄召无得辄离职守。诸郡守、牧令,惴惴然几于非公事不敢至行省、谒上台。商贾坐阛阓,无由近利市三倍。于是会城客宿阒无人,乐部中人几口不言钱矣。尔时保定伶人分为二队:曰长庆部、曰三台部。长庆部既高自位置,不屑屑来悦庸俗人耳目。三台部则苟图足衣食,委曲婉转为容悦。以故长庆部益寥落不自存,多入三台部。畴先慨然谓部中诸父老曰:"吹律不竞,吾不复能抱琵琶弹《郁轮袍》,为诸父老羞。"于是敛笙、笛、鼓、板,不复与诸郎竞。畴先昔既以色艺倾倒都人士,又其行义高如鲁仲连,诸顾曲者心重之。所居曰金丝胡同,邻□叔先生祠堂。余以谒祠日从友人访之，温润如陈玉琴，潇洒如杨法龄，天半朱霞，云中白鹤，有超然出尘之致，亦不觉心重之也。又有小五福，字寿先，扬州人。隶三台部。自言小时与秋芙同舟北来，所演杂剧亦多与秋芙同。在保定诸伶中颇有声，亦庸中佼佼者。然其举动乃大似《红楼梦》中夏金桂。以视畴先，未免有名相如之谯。特以其名相同，如京师大小清香之例，故连类及之，附记于此，实则拟非其伦也。小五福闻秋芙出师事，意怦怦动。好事者复嗾之，承谳者又恫然以古押衙自任，遂开笼纵之出。然诸与相识者，咸心惕惕然，待之如京伶赵悬郎，相对有戒心焉。大五福在保定长庆部，寓金丝胡同。小五福在保定三台部，寓唐家胡同。

长安看花记

序

我生也晚,不及见乾隆、嘉庆间人。比来长安,四喜部诸人又多转入春台、三庆部矣。辛壬癸甲以来,淹留京邑,洛阳名园,日涉成趣。青衫尘满,翠袖寒多。回首前尘,但唤奈何。丙申夏五,适遇韵琴新来保定,皇州春色尚能言之。然所识已大半道光十六年内所生人矣。嗟夫!此中人不过五年为一世耳。仆北来曾几何时,已不胜风景不殊之感。金尊檀板,翠海香天。坐享盛名,消受艳福。爽鸠之感,乐果未渠央耶?仆旬日后将仍入春明门,辄篝灯记此,以授韵琴。他时良辰美景、赏心乐事,能念及软红十丈中,尚有人低徊慨叹,如桓大司马者在否也。佛说因果,曰:去、来、今。今仆说现在法,故但据目前为断。缀《莺花小谱》、《听春新咏》、《日下看花记》之后,与之别行。蕊珠旧史掌生记。于时,荷花生日,有约避暑古莲华池上,以使君五马所驻踟蹰,竟不果往。

汤临川自题所填南北曲云:"玉茗堂开春翠屏,新词传唱《牡丹亭》。伤心拍遍无人会,自掐檀痕教小伶。"嗟夫!解人索难,自古已然。小伶自教,固犹愈于执涂人而语之。不然而西子骇麋,其不遭按剑者几希?阿掌醉后又题。

暇尝集《世说新语》,得二事曰:桓子野闻歌唤奈何,王伯舆为情终当死。典午风流,令人神游心醉。世传俞华首大夫中考功法,其劾语曰:"稍有晋人风度,全无汉官威仪。"俞闻之笑曰:"全无汉官威仪,似我矣。晋人风度何止稍有?是非真知我者。"嗟夫,世岂真有此人哉?吾固将买丝绣之。

丁酉中秋,记于小霞所居梦侠情禅室

秀兰,范姓,字小桐。吴人。今日之牡丹花也。美艳绰约,如当年蕊仙,而品格过之。风仪修整,局度闲雅。金粉场中,艳而能静。拟之《石头记》中人，大似蘅芜君。天香国色，艳冠群芳，故应一时无两。尝演《马湘君画兰》，于红氍毹上，洒翰如飞，烟条雨叶，淋漓绢素。或作水墨，或作着色没骨体，娟秀婀娜，并皆佳妙。顿觉旗亭壁间，妙香四溢。诸游冶少年，争就场头乞得，珍重装池，锦带玉轴，什袭藏弆。有不能致小桐手迹者，自惭为不登大雅之堂，自惭为不韵。其见赏时誉如此，洵佳话也。师吴今凤，字桐仙，为小云高第弟子。小云者，故四喜部名辈胡法卿也。桐仙既别入春台部，自立门户，日从士大夫擅九能者游。文采照映，声施烂然。又得小桐，美而慧，比之如意珠矣。所演杂剧，如《葬花》、《折梅》、《题曲》、《雨词》、《瑶台》、《渡泸》，皆有可观。动止蕴藉，妙于酬答。对之者未尝见其有疾言遽色，而神韵渊穆，令人自尔倾倒。当日呼玉妃太真为"解语花"，其态度宛然在人心目中。所居曲房小室，张自画兰蕙小幅。袁琴甫为补缀盆石，韩春卿为题八绝句。绿窗人静，空谷生香。游人入"服香小坞"者，如置身李贞美十娘家。洗桐倚竹，言笑宴宴，迥非凡境。梨园中以光裕堂为第一世家，有以也。丙申暮春二十三四日，小桐于北孝顺胡同燕喜堂张筵召客。光裕堂既以三世擅盛名，小桐又以"和气汤"醉天下人心。于时窦霍豪家、五陵游侠、荐绅贵介、过夏郎君，莫不骏奔麇至，来会者六七百人。妙选春台、三庆、四喜、和春、嵩祝五部佳伶，合为一班。试云想之衣裳，奏锦城之丝管。卜昼卜夜，欢乐未央。笙歌灯火，极一时之盛。酒半，小云、桐仙、小桐率诸郎以次前，捧觞为客寿。客莫不欣然釂三爵。自乾隆丙午，陈渼碧为海门太守祖席，召客宜庆堂，五十年来复见今日，洵太平盛事也。犹忆春初元夕，同人小集五和楼。小桐即席乞镌"服香小坞"印，余时已被酒，车中携有青田，佳冻扶醉，仿曼生法，奏刀砉然，颇有汉人刻玉意。是夕，集玉连环室，复为桐仙作"竹如意斋"画印。围炉烧烛，铁笔纷披，狂奴故态，不堪回首。吾友赵友竹，贻我纨扇，画小桐小影，神情态度，无一不肖，命之曰"国香秀影"。凤翎尝乞填《国香慢》词，题所画兰。诺之，久未命笔。后检《樊榭山房集》，有咏素心兰《国香慢》一调，即以移赠。端居多暇，乃按谱依韵和厉太鸿词，题扇头小桐像。

画中人自足千古矣。春台部,寓陕西巷延陵光裕堂。

桐仙画《三友图》,自命为松,闰桐为梅,而以竹目小桐。余作《帝城花样》,命桐仙曰:修竹今乃移赠小桐,拟人必于其伦,桐仙所品题似觉未当也。图绘各半身,行看子分装为三巨册,遍征诸名士为诗歌。小桐一图像,形固不甚肖。以视友竹所画,展向春风,似曾相识。是耶?非耶?下笔有神耶?妙画通灵耶?方写真时,固未尝刻意摹仿,极力求肖,而传神写照,恰在阿堵中。好本天成,妙手偶得之。绘事何莫不然。余对簿日,书笈寄友人家。比就道,简行李,则友竹画扇不知谁何胠箧攫之去矣。年来在五溪戍所,殊有江州黄芦苦竹之感。每当风月娟好,花酒流连,坐忆故人,辄咏江文通赋。曰:"黯然销魂者,惟别而已。"余又有《春灯问字图》册子,乃余及内子小像,亦并攫去之。盗亦有道,可为喷饭。

鸿翠,俞姓,字小霞,初名绮文,更名雯。画兰款署"吴下阿蒙俞雯"是也。与韵香同里、同师。故其行动举止,都无俗韵。标格如水仙一朵,在清泉白石间。余尝以初度,夏偕友人访之。芍药已过,樱桃初熟,文窗四拓,帘波如水。柳绿竹影中,微扬茶烟一缕。径造其室,则小霞方独醉一壶。手黄唐堂《香屑集》,曼声讽咏。令人想见谢镇西夜泊牛渚,闻袁临汝郎隔舫咏史情事。见客初不甚酬对,而谈言微中,使人之意也消,洵佳士也。昔韵香居传经堂,以第一仙人为广大教主,望之者如藐姑射神人。嵩祝部一时声誉顿起,尔时虽有蟾桂、鸿喜同居,无能为役也。韵香既没,传经堂转入春台部,得小霞,乃殊有太原公子裼裘而来之概。昔郗公谓其门生:王氏诸郎,羲之最佳,正谓其能不自束缚耳。后来之秀,位置第二,乃拜虎贲,非认鲁公也。玉溪生诗云:"月没教星替。"若小霞者,神明玉映,可谓长庚伴月,又非三心五噣比矣。春台部,寓韩家潭传经堂刘。转入四喜部,寓石头胡同内羊毛胡同咏霓堂。

小霞,吴中旧家子。父故隶巡抚使者麾下,为材官。有男子,子八人,小霞行第三。以嘉庆二十五年庚辰生,故小名阿龙。晋人言"阿龙超阿龙，故自超"，此之谓矣。余曩遇阿龙，殊落落，故《看花记》为立传，着语殊寥寥。丁酉春，小霞既脱弟子籍，仍寄居传经堂，乃与余过从日习。秋七月，余以顺天科场事，逮系诏狱，小霞职纳橐饘焉。先是余效唐人曹尧宾体，作游仙诗十五首，述乾隆、嘉庆间轶事。一咏黄县丞仲则景仁云："琼箫金管集莺簧，广乐钧天奏未央。亲见生天黄仲则，淋漓粉墨又登场。"一咏罗山人两峰聘云："两峰鬼趣渚犀然，孤竹俞儿在眼前。岂是不能画鸡犬，薄他舐药便登仙。"小霞每以为戒曰："以子才华，如日在东。奈何效唐子畏、杨升庵、康对山诸公失意所为？窃恐文人无福，不幸言而中也。"嗟乎！言犹在耳。所谓楚王子围不能自克，以及于难。天实为之，谓之何哉！小霞能画兰蕙，水墨淋漓，落纸輙数十幅。其人胸次洒落，品格翛然。故笔墨超脱，非诸郎所可及。丁酉夏秋间，长日无事，界绢素作乌丝阑格子，为余写诗。日以七百字为率，或白日无暇，夜分归来亦必补足之。然对客无咬文嚼字态，所谓高出桐仙诸人上也。与许兵部金桥交最厚。后以金麟故，踪迹遂疏。丙申中秋，闻金桥为债家所逼，日向夕，亟驱车载数百千钱为偿之。先是小霞私蓄几二千金，供金桥挥霍尽，及出师，既成约，说金钱不能遽集。乃别筹，迟之又久，自秋徂春，始得蒇事。而金桥于暮春伤寒七日，不汗死矣。陈东皋鸿逵赠楹帖曰"常将肝胆酬知己，小占温柔即美人"，可谓知小霞者。小霞尝自题画兰曰："可怜一样庭阶种，流落人间当草看。"盖自庚寅入都，为弟子者凡十年。其师初令裹头为女子装，般《摇会》诸剧。不愿，乃改为小生。其遇可悲，其志可嘉也。丁酉秋八月，移居羊毛胡同，余为作汉碑额篆，榜所居曰"梦侠情禅室"，书大门曰"华首堂"。祝小皋兵部改题曰"咏霓堂"。戊戌春，率其弟子秀芸入四喜部，或者四喜部殆将复兴乎？

凤翎，陈姓，字鸾仙。菊部中推弦索好手，演《花大汉别妻》，弹四条弦子,唱五更转曲,歌喉与琵琶声相答。琵琶在金元时本用弹北曲。鸾仙齿牙喉舌妙出天然,媚而不纤,脆而不激,圆转浏亮,如珠走盘。真觉遏云绕梁之音,今犹未歇,非他人所能及。丰仪朗澈,笑语俊爽。双瞳人湛湛如秋水,一笑百媚,当之者莫不色授魂与。余每戏呼为"玫瑰花",以其英气逼人,大似探春也。仲云涧填《红楼梦》传奇,《葬花》合《警曲》为一出。南曲抑扬抗坠,取贵谐婉,非鸾仙所宜。然听其《越调·斗鹌鹑》一曲,哀感顽艳,凄恻酸楚,虽少缠绵之致,殊有悲凉之慨,闻者自尔惊心动魄。使当日竟填北曲,鸾仙歌之必更有大过人者。丙申二月二十九日移居藕香堂,联升旧居也。余为作小篆题榜曰"紫桐花馆"。鸾仙饮量不宏,而意态甚豪。能画着色兰蕙,虽不及小桐,亦自饶疏秀。拈毫弄翰,时时堆纸盈几案。所恨酬酢太繁,征逐日多,作辍不常,湘帘棐几往往孤负耳。春试报罢,余与黄镜生苦无聊赖。日日眠瓮头,卧垆侧,取浇磊块。与阿鸾日益习。一夕醉归,见余持六角白团扇,欣然把笔,仿瓯香馆写生法,作素兰一丛,曰将乞填《国香慢》一调。此梦窗自度腔,沧浪咏桂之作。所谓夷则商犯无射宫者也。余案:梦窗甲稿《玉京谣》自注亦云《夷则商犯无射宫》。私测制腔之意,因夷则商、无射宫皆用"凡"字煞,故合写其声也。思之未得其理,不敢贸然点笔。日月匆匆,不快于怀。顷在卢龙,忽检《樊榭山房词集》,有《国香慢》一阕,咏素兰。其落句云:"白凤梳翎,写影云窗。"名字事实,隐然相合。恍然忽悟此调乃周公瑾自度曲。蘋洲渔笛谱自注夷则商,是与《白石集·霓裳中序第一》正同。管色俱用"凡"字煞。与《国香慢》用"凡"字煞者亦同。且不犯无射宫,即以蔡元定毕曲之说证之,亦合也。樊榭老人百年前填词,一似预为今日题鸾仙此画而作者。文章有神,良足异矣。得意之极,不觉拍案狂呼,为浮大白。余有《紫桐花馆画扇记》详述其事,词繁不载,撮记其大略如此。三庆部,寓韩家潭敬义堂,移居小李纱帽胡同藕香堂陈。

鸾仙近日作画,大有进境。气韵不及小霞,而姿致殊胜小桐。作双钩渲染,尤娟秀可爱,所谓士别三日,便当刮目相待。鲁子敬惊非吴下阿蒙矣。天下事惟在有心人好自为之,岂独绘事小道为然。旧岁所持六角团扇，今夏在小有余芳园为友人强纂去矣。

玉香，潘姓，字冠卿，后起中前辈也。亭亭玉立，秋水为神。《聊斋志异》所谓"艳如桃李而冷如冰雪"，斯人近之。顾梁汾《咏梅·浣溪纱》云："物外幽情世外姿，冻云深护最高枝，小楼风月独醒时。一片冷香惟有梦，十分清瘦更无诗，待他移影说相思。"空山流水，冰弦一抚，清清泠泠，令人萧然意远。目为槛外人妙玉，可谓神情毕肖。暗香疏影，故应在孤山伴逋仙偕老矣。然其《掬月》一出，为韩国大姨，以瑶池之品，写金屋之姿。天上风光，迥非凡艳。而举体皆媚，柔若无骨。回翔旋折，飘飘欲仙。观者几欲使无方持衣裾，恐其因风而去，固宜瑶台独步。演杨妃春睡，旖旎翩跹，尤非人意想所到。《瑶台》、《藏舟》诸剧，皆其余事也。夙与韵香、蕊仙齐名。韵香已如优钵曼殊，昙花一现；蕊仙亦如春深芍药，顾影自怜。惜美眷之如花，惊流年之似水。今惟冠卿，风致犹存耳。娶妇名芙蓉，为国香堂爱女。璧人一双，一时称快，往往举以骄人。丙申四月十三日，花烛之夕，余为赋《贺新郎》。昔康熙朝汪蛟门舍人纳姬，徐方虎、王西樵、周雪客、陈纬云诸公斗险韵，同用此调。今辄依其韵谱之。不和迦陵云郎新婚之作者，嫌太熟也。词云："一桁帘衣卷。藕花中，并蒂移花，羊车初遣。莫笑一生花底活，未许露华轻泫。况红药，留春如茧。一笑并肩人镜里，问近来，眉样今深浅？紫云曲，谱亲展。　　国香服媚名逾显。记索郎，飞白瑶台，亲题禁扁。为检河魁翻秘笈，不吠琅嬛白犬。许平视，磨砖幸免。不碍二分春似水，算长安，添数看花典。圆月照，华灯翦。"曩于甲午初秋，闲坐丰玉堂大清香旧宅也，南海劳四谔士属为署额。因忆张南山司马《玉香亭词·咏白莲·浣溪纱》有"银塘风定玉生香"之句。当日南山以此词得妇，绝妙好词也。因命之曰"白藕花吟舫"，香山鲍太史逸卿，以冷金笺书之，揭楣端。故词中及之。三庆部，寓韩家潭敬义堂，移居李铁拐斜街荥阳丰玉堂。

双寿,钱姓,字眉仙,吴人。嘉庆以还,梨园子弟多皖人,吴儿渐少,岂灵秀所钟,有时销歇耶?眉仙如初日芙蓉,韶令天然。论者拟之以邢岫烟。神情态度,幽闲典雅,庶乎近焉。嘉庆二十年后所生人,道光十年后擅一时名者,韵香、蕊仙、冠卿、鸾仙、小蟾、小云次第脱身去。秋芙最后,亦于丙申夏初自立门户,小桐亦已有成说。惟眉仙、管霞犹作笼中鹦鹉。二人皆居韩家潭。管霞居极西道北,曰春和堂。眉仙居极东道南,曰三和堂,相去数十弓。两恨人望衡对宇,亦恨事也。眉仙既郁郁不得志,眉黛间常有怨恨之色,幽微掩抑,不能自胜。每诵"瘦影自临春水照,卿须怜我我怜卿","人间亦有痴于我,岂独伤心是小青"之句,清泪如铅水,往往以之洗面矣。

道光初年,京师有集芳班,仿乾隆间吴中集秀班之例,非昆曲高手不得与。一时都人士争先听睹为快。而曲高和寡,不半载竟散。其中固大半四喜部中人也。近年来,部中人又多转徙入他部,以故吹律不竞。然所存多白发父老,不屑为新声以悦人。笙、笛、三弦,拍板声中,按度刌节。韵三字七,新生故死。吐纳之间,犹是先辈法度。若二簧、梆子,靡靡之音,《燕兰小谱》所云"台下'好'声鸦乱",四喜部无此也。每茶楼度曲,楼上下列坐者落落如晨星可数。而西园雅集,酒座征歌,听者侧耳会心,点头微笑,以视春台、三庆登场,四座笑语喧阗,其情况大不相侔。部中人每言:我侪升歌,座上固无长须奴、大腹贾。偶有来入座者,啜茶一瓯未竟,闻笙、笛、三弦、拍板声,辄逡巡引去。虽未敢高拟阳春白雪,然即欲自贬如巴人下里固不可得矣。眉仙尝演《红楼梦·葬花》,为潇湘妃子。珠笠云肩,荷花锄,亭亭而出,曼声应节,幽咽缠绵,至"这些时,拾翠精神都变做了伤春证候"句,如听春鹃,如闻秋猿,不数一声"河满"矣。余目之曰幽艳。尝论红豆村樵《红楼梦》传奇盛传于世,而余独心折荆石山民所撰《红楼梦》散套为当行作者。后来陈厚甫在珠江按谱填词,命题皆佳。余最爱《画蔷》一出,《绣鸳》一出情景亦妙。而词曲徒砌金粉,绝少性灵。与不知谁何所撰袖珍本四册者,同为无足重轻,故歌楼惟仲云涧本传习最多。散套则有自谱工尺,故旗亭间亦歌之。然琐琐余子,无堪称作潇湘馆主人者。虽有佳品,非过于秾,即失之劲。盖冷艳幽香,固自与夭桃郁李不同,惟眉仙差能近似耳。《疗妒羹·小青题曲》一出,为小桐擅场,惜不令眉仙演之。三和堂主者曰叶老四,太湖人。其弟子在眉仙前者,有皖人丁春喜,字梅卿,后别居浣香堂。其面目性情皆与眉仙绝相似。安详静穆,对之令人躁释矜平。晋宋人所谓“春日携双柑,斗酒听黄鹂,可以为俗耳针砭,诗肠鼓吹”,正谓斯人。当时评者,以春喜为诗品中神品。所云“不着一字,尽得风流”者也。吾闻其语,未见其人,每对眉仙,辄起虎贲之思。四喜部,寓韩家潭三和堂,双寿移居石头胡同椿年堂,春喜移居浣香堂。

丁酉初夏,余在通州书眉仙此传,装潢讫,入都即授之。而眉仙已别居石头胡同椿年堂矣,为之一快。传中写出幽忧情状,自谓颇能绘影绘声,不忍弃置,仍使张之壁间。时管霞亦已脱籍,仍居春和堂。凡眉仙一辈人,皆自立门户矣。惟小桐屡有成说,卒不能自拔。古乐府曰“泻水置平地,各自东西南北流”,杂花生树,群莺乱飞;飘茵堕溷,各有因缘。命也如此,夫复何言!

陈玉琴,字小云,此碧桃花也。拟之《石头记》中人,极似宝琴。眉目肌理,意态言笑,无一不媚。而安雅闲逸,温润缜密,有时神明焕发,光照四座。对之如坐春风,如饮醇醪。古人称温柔,惟小云足当此二字。比德于玉,无愧璧人。好从文士游,讲论申旦,娓娓不倦,风韵固自不凡。其同居者,曰桂香,字妙云。色艺未是佳品,而举止殊有大方家数,亦好从文士游。盖俱为碧云弟子。碧云当日,温文尔雅,妙擅清誉。二人同师,家法固在也。《玉簪记·茶叙》《问病》,雨初演之,能状其痴情一点;小云演之,则慧心四映,可谓各得妙姑之一体。小云之为人,癯不露骨,丰不余肉,香而不腻,圆而不甜,风流蕴藉,无纤毫俗韵。将来此中人福泽,当以小云为最,他人不及也。昔无锡清微道人所居曰“福慧双修庵”,人间天上,二者难兼,若小云者,其庶几乎!妙云,吴人。小云,皖人,其父机匠也。碧云既南归,妙云仍处深山堂,小云别居辉山堂,即四顺堂旧宅也。自南中迎其父母偕新妇来,并携幼伶七八辈。正拟聘师起科班,而小云遽中法。丁酉冬夜,有筦库吏及户曹掾,招转饷官饮其家,从者误触巡城御史车。遂并逮小云,付秋曹。以所司钱谷出纳事,“群饮聚谋”,祸且不测。或为宛转维持,始得从薄谴。坐以吸食鸦片烟,论城旦舂,徒迁安。此狱山东司承谳诸郎官有曾为侍御史者,颇以恶谑作剧供笑乐,当之者几不能堪。迁安尉刘君勋鼎,河南人,平日玉楼金埒,踪迹颇勤。金铃十万,余乃以故意望之。杜牧湖州十年,乞宫上笺者,亦具有因缘也。然已狼藉如薛幼芳矣。时同坐系者,有伍兰凤,字韵秋,张绪当年,亦佳伶也。先是四顺堂以男女混杂,累北部尉及丞罢官。越一年,而小云又及于难。或谓宅相不吉,理或然欤?然余所评福泽之说,遂已不验。天下事不可料如此。噫?三庆部,寓韩家潭深山堂,玉琴移居辉山堂,妙云仍居深山堂。

翠霞,字青友,初居鸿喜堂,后为桐仙弟子,更字闰桐。桐仙于丙申画《三友图》册子,谓小桐、闰桐并已而三也。闰桐既出名门,渐渍熏陶,亦能作小幅着色兰蕙,娟娟楚楚如其人。吴伶王若兰,自言入都为教师十三年,所教小郎二百余辈,惟翠霞足当丽人之目。余从蓬山识青友,方蓬山壬辰举贤书时,青友才十三四。娟秀艳冶,肌理细腻,殆无比伦。古人所称“柔荑凝脂”,乃信有之。性尤警敏,殆真能以目听,以眉语。“金陵十二钗”正册诗,末首云“情天情海幻情身”,当日可卿兼美,偶现色身说法,遂能使绛洞花主于怡红快绿中,心醉欲死。其风姿令人梦寐见之。在群芳中品第是秋海棠。当碾冰为土,玉为盆,深贮之银屏珠箔中。灯红酒碧,茶熟香温,使按红牙低唱柳郎中“今夜酒醒何处也,杨柳岸晓风残月”,真乃有瑶台梦醒,天上人间之感矣。丙申天中节,偕金静川访之玉连环室。长身玉立,居然伟男,然恂恂犹如处子,弥令人回忆灵和殿前风流。吾尝谓:后来之秀,惟翠香意态融冶,是好女子。乙未冬,同友人为销寒之会,迭为宾主,日在香天翠海之中。一夕,扶醉送玉仙归日新堂。烧灯更酌,迟客未至。玉仙既不胜酒力,余亦玉山倩人扶矣。温伊初方携瑶卿执茶瓯就灯下商北曲《赏花时》工尺，闻余欠伸，遽揭帐肘余起坐曰："子亦忆香雾空蒙之诗乎？香暖春酣，较之石凉花睡，当何如？"是日压轴子玉仙方演《醉归》，情景尤切。伊初因笑谓余："昔载园先生为陈渼碧画《西川海棠图》，今日当为此儿补画《海棠冬睡图》矣。"宋人词"少年听雨歌楼上，中年听雨客船中"，诵之辄为怃然。玉仙迩来颇有声，然以视闰桐当年，固不免蒹葭倚玉树之叹云。嵩祝部，寓燕家胡同鸿喜堂，转入春台部，寓陕西巷延陵光裕堂。

丁酉春，桐仙遣闰桐复归鸿喜堂，所谓"三友"者，风流云散矣。每诵唐人《题长安酒家壁》诗，辄为废书三叹。嗟夫！悠悠行路，世情大都如此，于若辈乎何尤？

小兰，字韵秋。初居永发堂，后入敬义堂。梨园中以光裕堂为世家，敬义堂为大家。主之者曰董秀蓉，故出耕斋门下，以小生擅名。冠卿、鸾仙、小香，咸出其门。韵秋入门，适际盛时，余识之最早。壬辰二月，征鞍甫卸，春服既成，同人小集如松馆，为余洗尘。韵秋，芙蓉女儿，明秀无匹，姗姗来迟，媚不可言。坐对名花，遂至沉醉。绛蜡高烧，海棠睡未醒。予与周福门、韩季卿、冯竹生，荔生、余静川、朱子良诸君子，重房复室中环守之，至夜分乃相将送之归。乙未冬，在广和楼，即康熙时查家楼也。小兰演《藏舟》一出，声情幽咽，听者但唤奈何。日昳相携访之，雨鬓风鬟，江潭憔悴，灵和殿前风流，不堪回首。是夕，冠卿、鸾仙俱集。酒酣，冠卿更唱《山坡羊》二曲。璧月如水，银云不流。双笛吹凡字调和之，不能压其声。昔人谓"丝不如竹，竹不如肉"，信然。小兰自愧弗及，涕泗浪浪，弥不自胜。为咏"芙蓉生在秋江上，不向东风怨未开"之句以慰之。瑶台梦醒，天上人间。归路马蹄踏月，弥忆壬辰春夜、红烛笼纱时情事不能置。三庆部，寓朱家胡同永发堂，转入韩家潭敬义堂。董秀蓉初在百忍胡同耕斋，移居韩家潭敬义堂。

福龄，钱姓，字绮人，眉仙同怀弟。近日推大有堂桂云为嵩祝部首座,实非绮人比也。绮人娟娟少好,顾影徘徊,嫣然媚绝,而无姚冶之态,可谓"静女其姝"。贾姬扣扣,寄辟疆小札,用江文通"见红兰之受露"语,大为称赏。坐对绮人,令人殊有光风转蕙泛崇兰之想。自韵香去后,一枝翘秀,实难其选。绮人乃如隔水桃花,自然明媚。柳阴竹外,人面春风,寻春裙屐,不觉成蹊矣。眉仙在四喜部虽擅一时名,而居恒对影,郁伊善感,日念绮人不去怀。虽同在花天月地中,固不能对床欢语。每见客,必探绮人近状。有过观音寺前者,必寄声问讯。割一味之甘,赌五纹之佩。至情至性,感动旁人。呜呼!读棠棣之诗,孝弟之心可以油然生矣。其同师者,曰遐龄,字绮仙。如金在矿,如银在铅。光辉犹未发,越然婉约安详,无浮嚣习气。小子有造,与绮人共居。熏而善良,固应尔尔。其北则鸿喜堂在焉,翠霞所居也。同居者,曰翠云。以青友故,过客亦熏沐而登之,然未免有续貂之诮矣。嵩祝部,寓燕家胡同福升堂。

巧龄,字秋仙,与绮人为同门生。绮人为眉仙同怀弟,余推为嵩祝近年第一人。而秋仙盛时,余未之识也。平湖韩四季卿,属友人作题壁图小影,其旁捧砚者为秋仙。明秀艳冶,殆无其匹。虽当年青友、韵秋不足过。丁酉初秋六夕唐人皆以六夕乞巧,修秋禊,集右安门外尺五庄。《看花记》中人,来会者十有七人。季卿出图索题。见者咸谓"影里画中,呼之欲出"。蒋叔起为同人署观款毕,余屏坐水亭,悄然凝思。小霞携绮人继至,言秋仙未南归时事,娓娓不休。于时嘉树选荫,新荷媵香,枨触于怀,不能自已。书二绝句云:"桐阴如水梦如烟,又向情天证四禅。对此玲珑一片石,自怜心事得秋先。""画中声影梦中游,悔煞匆匆唱石州。我是中年桓子野,近来无赖渐知秋。"嗟夫!我生也晚,贺老、龟年皆不及见。乃春明门内,亦复咫尺天涯。隔花人远,中心藏之,而又交臂失之。仅仅从画图省识。珠勒珊鞭,匆匆九陌。回首前尘,能无怅恨!昔人谓三生石上,无一笑缘。随园老人生平最信佛氏因缘之说,纪文达公笔纪杂说议论亦复相同。吾今于秋仙亦云然矣。书此毕,怃然阁笔。嵩祝部,寓燕家胡同福升堂。

翠翎，王姓，字雨初。扬州人，冠卿弟子也。风骨未骞，而宛转如意。赵秋谷《海沤小谱》中所称"飞鸟依人"，大动人可怜色。是儿意态，近之如山茶花，秾而不俗。大家儿女固应尔尔。此蘅芜院中黄莺儿也。演《茶叙》、《观花》二出，俱有可观。尝尊前捧砚，乞留题。为署居室曰"听春楼"，楹帖曰"半榻茶禅圆梦夜，一帘花气酿愁天"。仆本恨人，强为排遣。飞鸿踏雪，动留爪痕。醇酒美人，前尘影事。曲尘如海，绿叶易阴。他日杜牧寻春，又添一番惆怅矣。三庆部，寓李铁拐斜街荥阳丰玉堂。

玉笙，字芝香，嵩祝部佳小生也。幼年亦裹头唱《荡湖船》。今年三十而色艺不少衰。其师王天喜绝钟爱之，欲以为子，故至今尚居槐荫堂。玉磬，字瑶仙。初与双庆同在玉庆堂，师吕胖子。后乃归槐荫堂。出师后，自居青莲堂。与槐荫堂望衡对宇，晨夕过从，如一家然。其妻，故王天喜所抚和春部胖松林女也。故瑶仙在和春部。和春故少佳品，惟玉磬、素香，差强人意耳。余识芝香已在弱冠后，举止安雅，无少年佻达习气。丰容阔步，亦殊似富家儿郎。吾尝谓：此中人他日福泽，当以小云为第一。若芝香者，亦庶几焉。大有堂桂云在嵩祝近日颇有名。然以视芝香，未免小巫见大巫矣。淘之汰之，岂盛难为继耶？即以貌取，亦殊觉拟非其伦也。玉笙在嵩祝部，寓石头胡同槐荫堂。玉磬转入和春部，移居青莲堂。桂云在嵩祝部，寓石头胡同大有堂。

德林，字管霞。虽无晴雯之艳，而性格近之。极似怡红院中林家小红。玉仙演《占花魁》，以憨见妙；管霞则正以慧见妙，各擅胜场。使尹、邢相对，能不爽然自失！冠卿亦以此出擅名。然冠卿遭际顺境，事事如意，所谓"强笑不欢，效颦不愁"。管霞则长身玉立，自顾头颅如许，幽忧怨愤，时积于怀。当夫檀板一声，亭亭扶影；眼光一注，茫茫大千，托足无地。此情此境，枨拨伤心。幽愁暗恨，触绪纷来。故其低徊幽咽，慷慨淋漓，有心人一种深情，和盘托出。借他人酒杯，浇自己垒块，不自知其然而然也。"木末芙蓉花，山中发红萼”，每咏王右丞《辋川杂事诗》，能无慨然？《燕兰小谱》有句云：“若教嫁作曹交妇，纵不齐眉也及肩。”趣语解颐，随园亟赏之。折腰龋齿，颇费周旋。文人无赖，遂有此口头罪过。冠卿年来亦有凫胫鹤膝之谯。菖蒲拜竹，举头天外，管霞乃如春笋出林，渐欲过母。故观场矮人，往往有元龙百尺之憾矣。性既疏脱，又惯无拘检，不顾忌讳，遂致口角招尤，殊费调停。虽然，长安人海，红尘缁尘，阅人多矣。六街蹀躞，马尽如龙；九陌遨游，士多于鲫。黄衫谁是？翠袖寒多。一击未能，九州岛自大。天荆地棘行路难，又何怪伤心人触处皆非也。六朝人乐府曰“蓼虫避葵藿，习苦不言非”，又曰“心非木石岂无感，吞声踯躅不敢言”，君子哀其遇而原其心焉可矣。三庆部，寓韩家潭春和堂。

联桂，黄姓，字小蟾。世俗所称“状元夫人”长春弟子也。昔吕青田作《女仙外史》，演说永乐朝蒲台女子唐赛儿事。言仙、佛之外，厥有魔道，是为三教。常日阿修罗与我佛比肩而立，意气固自不凡。小蟾行事，往往孳甲新意，不循轨度，是殆曼陀尼之亚也。其人疏节阔目，如小人家儿女，而意量自远。性伉爽，笑语甚豪。每以伶侠自处。所不当意者，往往如灌夫骂座，冷若冰雪。余尝戏呼为尤三姐。爱之者阿其所好，乃直欲以枕霞旧友拟之。小蟾欣然谓“掌生品评不谬”。足见其胸抱，亦可谓有自知之明者矣。李载园太守，少年下第，留京过夏。时蜀伶陈渼碧负盛名，常以白眼待人，独倾倒载园。每值梨园演剧，载园至，陈必为致殽核，数下场周旋。观者万目攒视，咸啧啧叹羡，望如天上人。或陈赴他台，闻载园至，亟脱身至。其相契有至深者。载园为画《西川海棠图》，征诗海门。诗钞有《自题海棠画卷》及《衙斋补种海棠诗》，皆忆渼碧作也。此千秋佳话，以视秋帆尚书遭际，殆有过之焉。《燕兰小谱》不载其事，殆未免文人相轻之习尔。吾乡黄镜生孝廉，丙申春试后，偕余及冯朗崖访小蟾，一见如旧相识。至夜分，余辈散去。小蟾独拉留镜生，命酒更酌，烧灯相对，诉欵曲。红日上窗，犹言刺刺不休。以视渼碧之于载园，殆又过之焉。自后友朋酒座，必相将俱来。二人无日不见面。或余辈故强镜生他赴，则春元堂使者相错于道。殆食息相随，如形影然矣。昔杨法龄既脱乐籍，不畜弟子，日与诸名士相揖让。小蟾援其例，亦不畜弟子，见客亦长揖不拜。往往高谈雄辨，惊其座人。顾好讦直，以招人过。人多不能堪，其侪偶咸嫉之，我辈亦多恨者。一时谤讟繁兴，二人不恤也。榜发，镜生报罢。小蟾固要，不令南归，隐然以秋帆尚书相待。余尝谓此子殆欲合桂官、银官为一人矣。佛言"一切众生各有因缘"，于兹益信。茫茫大千，每咏"不薄今人爱古人"之句，辄慨然为酹一大白。小蟾生庚辰，以甲午出春福堂，自居春元堂，年才十五，同辈中脱乐籍为最早。其色艺不过中人，且以阿芙蓉故，容光锐减，如春深海棠然。论其行事，则近今罕觏者矣。春台部，寓李铁拐斜街春福堂，移居韩家潭春元堂。

小蟾丙申秋随一县令赴江西，戊戌春复入京，寄居春福堂。予南戍期迫，未及见也。闻此来重理旧业，将谋畜弟子，不复如昔日效熏卿所为矣。甚矣！晚节之难也。

兰香，张姓，字纫仙。濯濯如春月柳，风流自赏，拈毫弄翰，怡然自得。字作欧阳率更体，清拔有致。每当茶瓜清话，把卷问字，捧砚乞题，墨痕沾渍襟袖间。此三庆部后来书呆子也。性既苦溺于学，而一洗咬文嚼字丑态。石韫玉而光辉，水含珠而川媚。无事张皇，自然流露，此香菱所为，高出时流也。吴儿性格，大抵温柔。纫仙风格洒然，散朗多姿，独有林下风。福云堂主者，曰玉凤，字瑞卿。故出福安堂，亦擅时名。有弟子六七人，其一曰素香，在和春部。意态颇似紫菱洲中二木头。有敦厚之质，少活泼之趣。和春为王府班，击刺跌掷是其擅场，中轴子为四部冠。今高腔即金元北曲之遗也，和春犹习之，又多作秦声。至于清歌慢舞，固无闻焉。若素香者，在瑶仙外亦可谓庸中佼佼者矣。兰香在三庆部，寓陕西巷福云堂。素香在和春部。

三元，字藕仙。翠香师弟也。面目媚秀，发初覆额，如新莺学峠,乳燕试飞,每登场与玉仙两两相比,尤宜小生。般《占花魁》秦小官,凝秀圆转,殊有意致。余尝谓翠香、三元、福林、爱林并是后来之秀。嘒彼小星,三五在东。东有启明,西有长庚。明星有烂,不愁明月去也。三元丙申移居东皮条营日升堂,其师殷采芝之弟也。是时朱家胡同复新堂有双喜,其师亦殷采芝之弟子。双喜不久转徙天津,更明玉环。而丙申冬三元亦出,赴长芦。《战国策》所谓以君中驷,敌其上驷,舍短用长,尺蠖之屈以求伸也。虬髯客一见太原公子,决计下海。此正高人一等,为不可及。保定三台部有小天喜,字雨香。神采未甚秀澈,而肌理娟好,意态婉帖。目之曰媚、曰腻,庶几有一体焉。在彼中已不可多得者矣。春台部,寓朱毛胡同日新堂殷,移居东皮条营日升堂。双喜寓朱家胡同复新堂,转入天津。三元亦转入天津。小天喜在保定三台部,寓唐家胡同。

大清香、小清香二人皆字莲仙。二人皆美而艳,其声名亦不相上下。大清香为小元宝弟子,后自居李铁拐斜街丰玉堂,即今日冠卿顶堂名而加以荥阳二字者也。小清香为余庆堂汪寡妇弟子,丁酉夏服阿芙蓉膏自尽矣。余庆堂夙多佳品,秋芙之师小凤,字竹香,亦其徒也。方开酌增常例,时有新建人曹君,以浙江太守援例得监司,入都。日日征歌选舞,极眷余庆堂双凤。一夕大醉不醒,周恤之数千金。后复为中部尉刺得,白巡城御史,送秋曹,竟以风流罪过罢官。从此余庆堂衰落,不复振矣。汪寡妇畜弟子,不惜重资聘师,教歌舞。衣轻暖,饫甘脆,视他人费倍蓰。而自余居京师,七八年所见,其弟子率皆阘冗下愚,无足当一顾者。盖此中盛衰,关乎气运,殆非人力所能强。全福堂汪亦从不产佳伶。然其平日乃与四顺堂、五柳堂、贵福堂相类,固无足怪也。吴振田在父老中最负重名。敬义堂董秀蓉以小生得名,即其高第弟子也。今三庆以敬义堂为大家,出其门者如冠卿、鸾仙、小香,咸翘然秀出。而耕斋在和春,寥落几不能自存。名门后裔,毫无树立,几令人有栾郄降为舆台之感。金玉堂玉莲,字午香,亦宝善堂弟子也。演《绣襦记·刺目》甚佳,与小云最契。其人温文尔雅,蔼然可观,亦佳伶也。惜其徒亦无可观者。郝桂林晒腹堂、王桂林荣发堂今皆后起无人，门风不振。大清香在三庆部，寓韩家潭宝善堂，移居李铁拐斜街丰玉堂。小清香在春台部，寓李铁拐斜街余庆堂。双凤亦居余庆堂。吴振田在和春部，寓百顺胡同耕斋。董秀蓉在三庆部，寓韩家潭敬义堂。玉莲在三庆部，寓韩家潭宝善堂，移居小李纱帽胡同金玉堂。

连喜，扈姓，字梅香。四喜部天喜兄也。能《四弦秋》全曲，声情掩抑，一倡三叹，有余音矣。其变为男子装，则局度安详，词旨婉约，无嚣陵习气。与小蟾为同门生。小蟾行事，不当于若辈中求之，然所演不过《卖饽饽》、《打杠子》、《花鼓》、《顶嘴》之类，色艺俱不逮连喜也。秋水菱花，连喜近之。近日把笔学画，着色蕙兰，楚楚有致。小霞邀同人画《九畹滋兰图》，梅仙与焉。从此学有精进，当大有可观。贻德堂莲生，亦春台部中人也，演《孙夫人祭江》，低迷凄咽，哀感顽艳。惜其非南北曲也，不登大雅之堂耳。其面神情大似金麟，亦是佳品。春台部，连喜寓李铁拐斜街春福堂。莲生寓李铁拐斜街贻德堂。

大玉林，字瑶卿。称大者，所以别敬义堂字佩珊之玉林也。其师故日新堂殷采芝弟子。别居后授徒二人，皆庸碌钗裙。瑶卿丰容多肌。当其不栉而巾，亦是寻常儿郎。至于熏燃梳扫，拥髻升歌，丰融旖旎，意态动人，酴醿香梦怯春寒，恍惚遇之矣。演《长生殿·小宴》《惊变》二出，于太真醉态，颇能体会。无矫揉造作痕。遂如陈思王所赋“进退无常，若往若还；动止无期，若危若安”矣。四喜部胖玉喜亦演《惊变》、《埋玉》，声大而远，悲凉激楚，非瑶卿之所能及，而态度远逊瑶卿。至于佩珊在敬义堂，如太邱长家，季方难为弟；松柏之下，其草不植，未免虚有其名。谢道韫所谓封胡羯末，莫不知名。不意天壤之间，乃有王郎若是夫。托根择地，亦有幸不幸也。所惜瑶卿如鹖旦不鸣，三弦不敢促柱，吹笛者往往宛转高下以就之。遂令人有铸钟过后之叹。格物者谓革性恶湿，鞞人之职，就燥为先。清润所蒸，几于太古之蒉桴而土鼓也。然徐文长之用缶坐击也，烧药物抟为陶鼓,扣之,其声乃镄镄然。物理固有不可解者,岂独王文成格庭前竹,七日不能得其理哉?然其人固是诚实无伪。昔乾隆间,歌楼一字评旦三元曰“糙”,谓其不文也。余按《中庸》注“慥”。“慥”,笃实貌。若瑶卿者,可命之曰“慥”。春台部,寓朱家胡同复新堂。玉喜在四喜部。小玉林在三庆部。

金柱,字粟香。曩以众人遇之。丙申天中节,始见其演《凤仪亭·掷戟》,为温侯。珠冠绣襦,挟画戟轩昂而上。英雄儿女,刚健婀娜,兼擅其妙。欲采芙蓉花,可怜隔秋水,能传此一片心事。惊谓镜生曰:“士别三日,便当刮目相待。今日非复吴下阿蒙。”镜生笑曰:“曩因用违其材耳。粟香此后勿复为裹头装,庶不失本来面目耳。”春台部小生,佳者颇不易得。小霞之外,惟三元可望有成,他不足言也。今得粟香,可使与参一席,后来殆无与俦。春台部,寓春家胡同熙朱堂。

小天喜,字秋芙,扬州人。王姓,或云是旧家子,诡云王姓。颜佩秋曰:“或言天喜夏姓,父早殁,母改适。”先年春台部有天喜,与天禄、天寿齐名,故呼秋芙曰小天喜。既而突过前人,天喜久为所掩。今歌楼但知秋芙名天喜,不复以大小别之矣。近年扈听香在四喜部大有声名,又称小天喜,以别于秋芙矣。以《卖胭脂》、《小寡妇上坟》二出得名。谑浪笑傲,冶容诲淫,浮梁子弟宋人小说谓无良曰“浮梁”。靡然从风,一倡百和,几有若狂之叹。乾隆间蜀伶魏长生来京师,广场说法,以色身示人,轻薄者推为“野狐教主”。吴太初撰《燕兰小谱》,以名教罪人归狱魏三,非无见也。近年演《大闹销金帐》者渐少,曾于三庆座中一见之。虽仍同魏三故事,裸裎登场,然坐客无赞叹者,或且不顾而唾矣。天下人耳目举皆相似,声容所感,自足令人心醉,何苦作此恶剧,以丑态求悦人哉?余癸巳春即耳其名,乙未夏乃识之。碎麻子被面如繁星,眉目亦不过中人耳。健谈,能饮,对壶杓意气豪迈。僭称大户,有俯视一切之意。然每与冠卿遇,搴旗摩垒,辄不敌也。每当春秋佳日,三五同好,各挟所知,载笙、笛、弦索、拍板入酒家，觞咏既陈，丝竹迭奏。秋芙既自命酒人，又自矜名下，睥睨余子，旁若无人。攘袖飞觥，汹汹拳拳，势将用武。余辄笑谓："取骰子来！"既至秋芙，辄据盆高座，雄若迷龙。众人杯盏盘碗，杂沓下注。余辄命巨瓯如钵者，满斟为孤注，喧阗笑语，呼卢喝雉，众声如殷雷。六子不再周，秋芙辙乱旗靡，如春雨洗花。当于香雾蒙中，高烧绛蜡，代月照其睡态矣。乙未冬，为消寒之会，秋芙无日不在座。余既数以此法困之，或以告，秋芙不悔也。既入座，贾勇酣战如故。其兴致固是不可及。尝为书楹帖云："花到生大才富贵，玉能延喜况温柔。"温柔，秋芙所不足，意以此箴之也。名流投赠甚多，当以高小楼太史一联为最佳，曰："南华秋水经常诵，北苑芙蓉画不如。"才人余事，虽若无意为文，而自然巧合无痕，温丽可诵。别有集唐"秋水为神玉为骨，芙蓉如面柳如眉"一联，不知何人手笔，未免俗套，几成恶札。此二语《孙西庵集》附载朝云《六如亭题壁》及国朝黄石牧《香屑集》皆有之。不如"太阿如秋水，初日照芙蓉"二语，在离即之间，犹不失读书人吐属也。其师曰小凤，字竹香，由余庆堂出居春茂堂，雅擅时名。南归，以秋芙畀李三。李故竹香仆也。既得秋芙，居性德堂，声称藉甚，五陵游狭儿载金钱奔走其门，夜以继日，如将不及。由是，李三偿债，买屋，设钱铺，拥厚资，多牛为富，足谷称翁矣。同辈中人，年齿相若，有声歌楼者，咸次第脱身去。李三故昂其直，以尼秋芙。秋芙愤甚。丙申夏夜，沉醉自外归，李三方喃喃语，鸡肋已安尊拳矣。历历自陈入门来未尝负汝状，又历历数其近年来负我状，忿忿自睡去。气壮词直，李三俯首无以对。且其家中人，虽至灶下养，亦皆不直李三也。诘朝，乃以"驱师"为词，施夏楚焉。面皆肿，且有爪痕。既而入歌楼，见者诘得其情，咸不平，怂之愬官。李三闻之始惧，不得已草草从之，非所愿也。余既习秋芙，悉知其行事。其为人，胸无城府，热肠可交。徒以登场卖笑，倡为淫哇，几为风俗之累。此则当日教师亦当分谤，秋芙不独任过矣。惟是率真任性，既不能作嗔拳，笑面对人，又往往有酒失，是其短耳。余尝戏谓："秋芙，此泼辣货。"南京所谓"辣子"，当年持门健妇王熙凤，是此品格。或乃以其面有雀斑,直欲以鸳鸯拟之,非其伦也。有时竟目以夏金桂,此则鄙人申申之詈,一时矫激,遂至指斥过当,实非笃论。余在保定日,小五福为余言:"小时与秋芙同舟北来,跳荡与凡儿异,其小名曰'二达子'。"乾隆间保和部有八达子,内城人也。然则"泼辣货"之评,洵不诬矣。记中以秋芙位置末座者,援《燕兰小谱》抑置魏长生为殿之例。《春秋》传曰"前茅,中权,后劲",固有深意也。春台部,寓陕西巷性德堂。小凤寓李铁拐斜街余庆堂,移居春茂堂。

翠林,字韵琴。余丙申夏五识之保定。姿致韶秀,眉目楚楚如画。言词举止,并皆安详,雅无市井倚门卖笑习气。玉水璇源,方流圆折,此部中翘秀也。周其齿曰十五。自云在京师居清河堂,隶春台部。余昔未之识也。酒半,捧纨扇乞填词。书《柳梢青》一阕付之,曰:"记否相逢?春山画里,春水波中。系马楼台,藏鸦门巷,归燕帘栊。好春生怕匆匆。歌扇底,芳心自同。蓝尾杯深,红牙拍紧,沉醉东风。"天津、保定,距京师在三百里内外。析津为长芦盐政所汇,上谷则总督大帅节钺驻焉。以故征歌选舞者,犹往往援京师例。然诸伶转徙无常,迭为宾主,饥依饱扬,大都无固志。走马长安者,至此但鸣鞭而过。开到酴醾花事了,能无慨然。韵琴在帝城,声称未著,至保定,则已独占百花头上开矣。昔郄诜对晋武帝"昆山片玉,桂林一枝"之言,未尝不叹皇州春色,目不给赏。而北极黄金星石下,以玉抵鹊者,为未免罪过也。山阴道上,霞蔚云蒸,千岩竞秀,万壑争流。及出到人间,已为第一泉。其是之谓乎?酒酣,相与纵论春明门人物,因命笔随事疏记,积成一册,此《长安看花记》之缘始也。起予之叹,焉能恝置。姜白石雪夜携小红过垂虹亭,为千秋佳话。予怀缈缈,如或遇之。是时保定又有双处,字云舫。徐娘虽老,风韵犹存。能弹琵琶,余为和梅村祭酒赠白生璧《双琵琶行》。是冬,来山海关,依临榆令尹都君都尔逊。江潭憔悴,顾影自怜。予亦如桓子野,闻人清歌,但唤奈何已。

丁年玉笋志

序

桐仙以丁酉首夏为花君，乞立传。一时诸郎咸愿得厕名《看花记》中，争请余顾曲，乞品骘色艺，冀得一言为重，招邀者踵武相接也。于时传写《看花记》者，几有洛阳纸贵之叹。余笑曰："陈寿乞米，许报佳传。此事乃容请托，不几如魏伯起秽史乎？"秋六夕，修秋禊尺五庄，略与同人商榷体制。秋试期近，未几难作，遂尔阁笔。重九前一日，余就逮。既下吏，从诏狱中谒椒山先生祠，摩挲手植榆树，因用顾梁汾寄吴汉槎《宁古塔·贺新郎》韵，填词二调。寒冬短晷，拥炉谋醉，醉则歌呜呜。乃命笔为《看花后记》。于是时，提牢主事桂林胡小初元博，随园外孙也。简斋先生与先光禄为戊巳同年生，故以年家子见，相得甚欢。戊戌元夕以《咏萍·高阳台》慢词索和，且以录，别为依韵谱之。曰："梦渐随云，春都成水，飘零别换心情。如此浮名，可知悔煞寻春。杨花谁说情根薄，尽缠绵，未放愁醒。肯贪看，五万春华，误了浮生。　衍波笺写回波曲，只约凭风片，护倩云根。似叶青衫，笛中怕听霖铃。遥怜花韵楼前柳，漾春波，竹水三分。忒匆匆，秋影依依，又换芦汀。"百花生日，荷戈就道。道中无事，篝灯对酒，复取草稿增删移改，命之曰《丁年玉笋志》。凡得传十二篇，其中如金麟、小秀兰，则先已有传，前略今详。吕子明所谓"士别三日，便当刮目相待"。吾知之不蚤，所以旌吾过也。翠香、福龄、爱龄，则直取本传移入。盖其年辈皆与后记中人相等，从其类也。人才不择地而生，岁时代谢，光景常新。跗萼相衔，华实并茂。吾曩恨不及见乾隆、嘉庆间人，今所见后来诸郎，婉兮娈兮，总角丱者，未几突而弁。将来子子孙孙，继继承承，勿替引之，和凝范质，衣钵相传，吾知其方兴而未艾也。谢太傅有言："佳子弟正如芝兰玉树，欲使其生于庭阶耳。"昔谓此中人不过五年为一世，吾居京师裁七八年，已及见其三世矣。因润色录之，都为一卷。

道光二十有二年,太岁壬寅,春三月三日,辰溪戍卒

嘉应杨懋建掌生自叙于茧云精舍之仰屋

戊戌夏到巴陵住八十日,与徐三稚青定交,临别为我画《茧云精舍图》,且为之记。洋洋洒洒数百言,相属望,意良厚。余亦书画中隙地,曰:"此掌生梦境也。蚕吐丝作茧,龙嘘气成云,所凭依乃所自为也,其缠绵亦其自取也。荷戈南戍,先写此图,留待他年筑室以实之。"秋九月,既到戍所,自署大门曰:"圣代即今多雨露,谪居犹得住蓬莱。"又一联曰:"仰屋著书,我用我法;杜门却扫,吾爱吾庐。"既而交刘大晓亭家光,辰溪佳士也。见稚青画,将为我更作。久未命笔。己亥冬夜,酒醒兴到,起援笔疾成之。为《四时图》,凡四,亦为之记。洋洋洒洒数百言,相属望,意良厚,如稚青也。不佞生平,良朋密友爱我者,既多且挚。每念知己,能不酸辛?因书《玉笋志》附志于此,庶知阿掌为天下有情人也。

秀芸或作筠,殷姓,字竹君,小名金宝。苏州人。从桐仙兄冬友入都,居光裕堂,学昆山调小生曲廿余出。丁酉三月始登台,人未之奇也。面目性情,大似小霞,俊爽超脱。余一见许为隽品。是日演《红楼梦·栊翠庵折梅》,为宝玉,固未足尽其所长。是时桐仙方张灯开宴,乞为花君补传,附入《看花记》中。群弟子咸侍,尊壶面鼻,各奏尔能。桐仙又与小桐合作黄荃徐熙派兰竹盆石小幅,酬余曰:"此郑荣润笔金钱花也。"诸郎环立如玉笋。观者乃真朗朗如玉山上行,目不给赏,心为之醉。谢康乐所言"良辰美景,赏心乐事",竟可兼而有之。后来之秀,辄私相计曰:经平子未几,如许子将兄弟,在汝南商度月旦评。时人物之延颈跂足,待品题者,心怦怦也。余独心许秀芸,为入目第一人。数数为小霞言之,颇不以吾言为河汉。秋八月,小霞既移居石头胡同内之羊毛胡同,秀芸乃定归咏霓堂。余力赞之,且为屏当部署一切,事乃得就。以重九前二日,入门称弟子。是时余以顺天科场事被逮,秋曹准牒摄对簿停案以待,

特以此事勾留二日。既蒇事，乃自诣吏。亦可谓痴如王济者矣。近日昆腔歌喉，盛推绮人、听香二人。绮人声大，然枯而不润；听香声高，然激而不和。以之起衰振靡则可，至于声音之道，则慨乎其未之有闻也。竹君发声，遒亮爽脆，而又圆润清和，累累如贯珠。所谓八音克谐，无相夺伦，惟斯人足以当之。虽前辈中冠卿、鸾仙不能过也。此中人有场上、场下之别。往往声容兼擅，而酬应非所娴习。虽金麟犹不能免纪渻木鸡之诮。夫高文典册用相如，驰书羽檄用枚皋。陆士衡所谓离之则双美，合之则两伤。每念与人不求备之言，辄不禁今日捉将官里去之叹。二难具、四美备者，能有几人？若竹君者庶几兼之矣。戊戌百花生日，余荷戈南戍。竹君随小霞设饯梦侠情禅室。别后每寄声殷殷讯平安。顾近日得小霞书，述竹君近状，乃几有阳春白雪、曲高和寡之憾。岂知希我贵耶？冯唐有言：先帝好文，而臣好武；陛下好少，而臣又老。李广第一，数奇不侯。俯仰身世，能不慨然。然咏霓堂已入四喜部，从此四喜部当增声价矣。跂予望之。春台部，寓陕西巷延陵光裕堂。转入四喜部，寓石头胡同内羊毛胡同咏霓堂。

秀芸在群芳中，异品也。初命之曰“绿牡丹”，继思明崇祯朝有作《绿牡丹》传奇以刺复社中人者，嫌其非佳名，乃更命之曰“绿萼梅”。当日上界仙人萼绿华，降羊权家，留赠白玉条脱而去。天仙化人，游戏神通，目无下尘，故应尔尔。秀芸在光裕堂不得于桐仙之妻，乃出之。桐仙意，固未忍遽舍也。初归咏霓堂，余实为盟主。甫入门，小霞笑谓余：“君于此子，犹子也。曩君颇眷雨初，今名秀芸，为秀芸字之曰‘晴初’可乎？”在坐者咸相视而笑。秀芸或作秀筠，字竹君，从其朔也。然桐仙门下花君，诸郎名辈行皆以小相为主字，并以从艸呼龙，耕烟种瑶草。如此妙卉，夫岂易得。余乃定书作秀芸。秀芸事事肖小霞，而歌喉高过其师远甚。荀卿有言：“青出于蓝”，“冰寒于水”，正所谓当让此子出一头地，不止沆瀣一气而已。毛初晴作教歌头，罗三行序曰：“罗三非歌人，乞毛生为作歌，庶人知罗三苦沉沦也。”故其诗援元、白例，按度刌节，颇为疏记，后有作者,犹可寻绎。此天下第一有心人也。唐太宗文皇帝为元奘法师制《圣教序》曰:“松风水月,未足比其清华;仙露明珠,讵能方其朗润。”善哉,可为妙于形容。然余所品题秀芸,闻吾言者,固疑信半焉。此中人语,固云不足为外人道也。

翠香,陆姓,字玉仙,吴儿之极媚者也。隋炀帝目司花女袁宝儿曰憨态可掬,是儿仿佛过之。如春烟笼芍药,秋水浸芙蓉,未是绝艳,要足令人心醉。目有曼光,双瞳翦水,执板当席,顾盼撩人。演《占花魁》《醉归》、《独占》,《雷峰塔》《水斗》、《断桥》,及《荡湖船》小曲,无不以憨入妙。许太常留溪师尝言:“若辈中人,往往十指如悬槌,一握为笑,令人索然意尽。惟翠香面目如曼陀罗,指掌如兜罗绵玉笋,班中可称第一手。”吾师雅人深致,有此绝妙品题。每念斯言,辄令人不忘相逢把臂时风趣。古乐府所谓“栏干十二曲,垂手人如玉”。又想见王夷甫执玉柄麈尾,与手同色,倾倒时流也。若置之梨香院女乐中,当是芳官品格。在群芳中当命之曰“胡蝶花”,即凤仙也。《本草纲目》谓之“急性子”。子熟时,有触即握拳露爪,此儿性格似之。余尝榜其居室曰“翠海香天”,楹联曰“翠袠竹边怜小玉,香词茶后谱中仙”。榜额余自书,楹帖则蒋叔起所书也。当传经堂多宝病革时,玉仙代为演《金雀记·乔醋》,与小霞为偶。憨中流慧,尤觉可儿。惜无几时,即以才宝易之,此调不复弹矣。《西游记》女儿国王娇痴之态,尤为擅场。日新堂昔演此剧者,曰全龄,所谓“铜丝扭就国王头”者是也,一二年间为其师赚四五万金。在春台十子中,曰“黄带子”。玉仙近日有“少爷”之号,亦谓其任性自恣也。殷采芝门下,惯育趾高气扬之人,真不可解。又有宝龄,久已不蹈歌场,亦不甚见客,侍采芝起居饮食。入夜则一灯相对,喁喁申旦。闻当年色艺亦是可观,今则反舌无声矣。日升堂三元之弟,曰三福,为女儿国相。意趣未能流动,而进止徘徊,眄睐自怜,亦后辈中可造就者。春台部,翠香、全龄、宝龄俱寓朱家胡同日新堂,殷三福寓东皮条营日新堂。

金麟，字绮人，春台部胡小云弟子也。小云为桐仙之师。金麟既出名门，意态皆能不失大家风范。绰约秾郁，自然可亲。拟之南州香草，当在夜合、含笑之间，又如黄梅花，虽未是清品，要其风味，正自酞厚。丙申暮春，在燕喜堂肩随桐仙执壶。于时光裕堂中，翠霞、秀莲皆捧觞随行，以次进酒。绮人乃如鹤立鸡群，置之诸郎中，固应翘然独秀。余初撰《看花记》，在丙申夏五，叙金麟者止如此。越一岁，则金麟已声名洋溢。走马帝城者，几不欲作第二人位置矣。南海颜佩秋，以书抵余曰："金麟歌喉独出冠时，作者何以记不及此，得无遗憾耶?"余笑而谢。既而见其演《絮阁》、《赐珠》二出，乃信名下固无虚士。近日雏莺乳燕，呢喃学语，细声窈杳，裁如游丝，气息仅属，几似龙宾十二，回翔应对时，三弦不敢促柱。凄凄咽咽，惟闻笛笙声。虽有师旷之聪，不能辨其五音六律。周郎顾曲，但唤奈何而已。绮人出为"狮子吼"，证声闻果，高视阔步。踔厉发扬，其意气固已足以陵铄一世。及其发声，遂乃如项王，喑呜叱咤，千人皆废，真可充满天地，俯视余子，声呜呜如泣、如诉、如怨、如慕，乃与蜩抱枝，蛰伏砌，不可同年而语矣。同日又得观其师小云演《费宫人刺虎》，作家举止，固自不凡。是日适遇各庄分包，故茶楼杂剧，春泉堂师徒独占三出，几与堂会指名奏伎者同。春台部，寓虎坊桥口内，五道头前春泉堂胡。

小天喜，字听香，扈姓。春福堂连喜胞弟。四喜部后来之秀也。近日昆腔歌喉，推金麟第一。听香出，遽掩其上。如洛钟之应铜山，蒲牢夜半鸣，足以发聋振聩。又如秋城画角，凄彻心脾，令人闻之有落日照大旗之想。盖听香之为人，得秋气多，故其发之于声，亦为秋声。其神情极似冠卿幼年时，特风姿微不及耳。举动吐属直截了当，又似小蟾，而雅驯过之，才艺亦居其上。昔章邱李中麓先生归田后，园林池榭，极一时声伎之盛，大治幸舍馆客。客有能以鹅管为笛者，吹之清脆激越，有遏云裂石之音。当日"即事诗"所谓"鹅管吹笙明月夜"者是也。后数十年，犹有能传其法者。假使听香临歌筵，得如李蓍者。其人掌鹅管笛和之，一片清商夷则，如夜静龙吟,天空海阔。以视韩娥三日绕梁之音,当何如耶?天下名山,黄山之外,惟雁荡为石山戴土。地僻境幽,虽有土气亦不甚厚。故不竹不笋,但觉清刚之气满人怀抱。若听香者,学山而至于山,则雁荡矣。在群芳中,则玉兰品格为近。迎春献岁,凌寒先放。四喜部如名园就荒,庶草繁芜,得此一枝,翘然独秀,从此好春消息来矣。眉仙在部中,巍如鲁灵光殿,如韩陵一片石,如江左夷吾雍容坐镇,而寥天一鹤,殊有独立苍茫之叹。得听香为之后劲,乃信曲高者和非寡矣。丁酉入春来,四喜部登场,座上客往往与春台相埒。每日不下七八百人。视前一二年,盖已倍之矣。天运循环,无往不复。善哉,司马季主之论卜也。四喜部屯极而亨,或者可复返嘉庆间旧观?则听香其先声乎。四喜部,寓朱家胡同云福堂甘。

福龄,字春波,郁大庆犹子也。自春山出居玉照堂后,文盛堂门前冷落车马稀矣。既得春波,门风复振。格局秀整,神采焕发。桃花靧面,光艳照人。尤不可及者,长眉入鬓,时露异彩。如春雨初霁,远山新沐,浓翠欲滴。昔隋殿脚女三十人,惟吴绛仙善画长眉。打桨踏歌者,群相仿效,有司日给螺子黛五斛,绛仙独得波斯真品,炀帝目之曰“秀色可餐”。坐对春波,仿佛想其眉妩。曹子建《感甄赋》曰:“修眉连娟。”《西厢记》北曲《惊艳》曰:“宫样眉儿新月偃,侵入鬓云边。”若春波者,固天之生是使然,非京兆尹所能点染,更无事乞灵于颊上添毫毛也。龚小玉尝谓春波之眉,鸾仙之目,使合为一人,当其秋波一转,能令天下铁石肝肠人一齐心荡。善哉,可为知言。史邦卿、瞿宗吉辈,填《沁园春》词,连篇累牍,固犹未免在温柔乡中为门外汉也。顾梁汾《登雨花台》词:“如此江山,刚换得才子几篇词赋。”可为片言居要。春波之为人,温克沉默,不苟言笑,其意穆然以深,不屑屑求人怜,亦未尝高自位置。自命不作第二流,而人亦自不能竟度外置之。钟夫人自是闺房之秀,斯之谓矣。三庆部近日玉笋环生,望之如瑶林琼树,要当以春波为翘楚,性情极似藕香榭中惜春。碧玉初年,身量未足,亦正如此。或言春波似藕官,亦近之。在群芳中当是素馨花,皓皓如雪,皎皎如冰,又复清而能腴，洁而能隽，岂凡卉中所能有其色香味。同人尝集福兴居之醉乡深处，座中有秋芙，绝缨错舄，语笑喧豗。秋芙自命酒人，欲矜大户，动以陈元龙湖海间豪气压人。淋漓酣嬉，颠倒如项王巨鹿之敌章邯，诸侯皆从壁上观；如光武昆阳之破寻邑，雷雨大作，屋瓦皆飞。意气之盛，几几乎有不可一世之概。一鼓作气，狂态尽露，莫可禁遏。不逾时，玉山自倒，非人推矣。春波微笑不言，而杯到不停。《三国志注》称邴原饮至一石，容色逾庄。黄叔度汪汪如千顷波，澄之不清，淆之不浊。古人所难，今复见之。可谓善《易》者不言《易》矣。雨初饮亦甚豪，以出冠卿门下，称酒世家。倾翻北斗，吸尽西江，有此雄概，然酒酣喝月，使倒行以当春波，固犹是中驷耳。冠卿每叹曰："当让此子出一头地。"三庆部，寓大外廊营文盛堂郁。

爱龄，字小香，亦后来之秀也。演《邯郸梦》为打番儿汉，绯缨绣袍，结束为急装，舞双枪如梨花因风而起。观者光摇银海，万目万口啧啧称叹。公孙大娘舞剑器浑脱，浏漓顿挫，有此妙手。三庆部如意《打桃园》，掣大刀旋转如风，擅一时技击名，不足敌小香也。吾在保定，尝见三台部双禄《卖艺》，拳棒刀枪，色色俱妙，最后舞流星，风驰电掣，乃如五色舍利，大放光明，普照世界，叹为绝伎。小香不及双禄之兼擅，双禄亦逊小香之专精也。使二人见面，各出所长，正当爽然自失耳。小香偶亦裹头作天魔舞，歌喉颇嘹亮，然究非所长。虽习武小生，而对人宛转如意，无介胄容，亦无脂粉态。大抵柔媚是吴儿本色，小香则别饶清致。秀外慧中，茶筵酒座，芗泽微闻，其风味如佛手柑。清夜静对妙香，可以忘言。纱厨窣地，桃笙腻滑，执瓟瓠斝，品梅花雪水，但觉清气袭人，不知身在瑶台第几层矣！古称可人，又曰可儿，小香有焉。潇湘馆中紫鹃也。闻小蟾言，曾有伧父以多金啖小香，屡逼之。小香如墨翟守宋，不穷于应。最后且恚且胁，不胜其黝，痛哭而罢。后来之秀，守身如玉，岂寻常迭被铺床者所敢望其肩背哉。爱龄在三庆部，寓韩家潭敬义堂，移居香雪堂。如意在三庆部。双禄在保定三台部。

常州陈少逸《品花宝鉴》第二十三回,有“兰保御侮”一条,其智有足多者。然以视小香,固有上下床之别。宋人蔡友古词有《洞仙歌》一阕,有绘声绘影之手。其结句云:“我只为相思,特来者度,更休推后回相见。”吾尝见友人慕秋芙者,如文园令病消渴,愿得金茎仙掌一滴露。网设鸿离,轨濡雉鷕。狐绥绥,虎眈眈,整冠昧李下之嫌,盗铃慰桑中之喜。然而鄂君未举夫翠被,神君犹隔夫绡帐。扑朔迷离,是耶?非耶?虽自命秦宫一生花里活,其如三生石上无一笑缘何?唐张籍乐府曰:“还君明珠双泪垂,恨不相逢未嫁时。”夫乃叹有情人都成眷属之言。此愿固未易偿也。觏闵既多,受侮不少。鄙人从旁盱衡久之,不忍其訽,乃录友古词,书折迭扇子贻之。见者莫不绝倒。爱我者或箴我:奈何作此虐谑,毋乃绮语罪过。虽然,区区之心,但祝回头,敢辞饶舌?歌以谇之,谇予不顾。吾未如之何也。已矣!小香与小蟾交最契。丙申秋,小香出敬义堂,方绸缪居室,小蟾适于重阳前有西江之行。春源堂舍宇器用尽举畀小香。今雪香堂中一切位置,皆仍小蟾之旧也。小蟾落籍时,年十五。小香亦十五岁自立门户。小蟾不畜弟子,今小香有弟子二人矣。以齿则师徒固相若也。嬉戏跳荡,嚣嘑喧呶,无家人礼,如魏叔子所传万安卖酒者郭节然。尝与友人论之,小蟾如蒋虎臣,梁山舟早赋遂初。小香则如侯官老儒,食报隔世,弱冠巍科,出掌文衡,文福兼隆,殆由天授。能使老师宿儒,艳说其事,羡极泣下。梨园中又添一段佳话也。

小秀兰,胡姓,初字韫香,更名香吏,春晖堂方三林弟子也。以其与小桐同名,故称“小”以别之,儿遂乃已知名。俯仰身世,小桐能不怃然。柳五儿为芙蓉女儿后身,此儿仿佛过之。其人有鸾仙之修整而不劬,有冠卿之秀澈而不冷。清而和,朗而厚,置之瑶林琪树中,风骨端凝,意态俊爽,可称东海秀影。予昔于《看花记》中品之曰:“其姿致如牵牛花,墙角篱根,娟娟一朵,点缀秋光,凉翠欲滴,秀色可餐。如当椎牛行炙之后,餍饫肥甘,忽进蔬笋一盘,入口脆美，清快无比。又如妃子酒后，啖荔枝过量，浆热体烦，得玉鱼含唇舌间，凉沁牙齿，顿觉举体清适。如苏易简月夜解酲，自称冰壶先生，不数金茎解渴。”是时与香吏殊落落，但见其局度安详，不竞不絿，不吴不敖，谓其得清气多故。其言如此，实未足以尽香吏也。宜黄符雪樵，于香吏极所醉心。始予不谓然，久乃信，非阿其所好者。香吏近学弄笔，作小楷，画兰蕙，并有可观。孳孳汲汲，如将不及。从诸文人问字，断断如也。可云有志之士。三庆部，寓韩家潭春晖堂。

秀莲，字花君，扬州人，桐仙得意弟子也。光裕堂先有天然、天秀，不久皆散去。后来者曰“三秀”。三秀者，秀兰、秀芸、秀莲也。秀莲入门最后，而最慧。意态爽闿，言笑举止并皆洒落，无委琐气。所般皆小生剧。先是，同师者有学《渔阳掺挝》，为祢正平骂阿瞒。伊吾久之，花君从旁窃听，则已尽得其节拍。扬枹振袂而出，神情态度参以己意，妙合自然，虽素所习不啻也。有伧父挠之，不令搬演而罢。桐仙乃竭一夜之力，篝灯按谱，摹仿为岳云骂秦桧剧，命名曰《快人心》。词曲、宾白、科诨、爨弄，悉与《渔阳掺挝》异，非依样胡卢也。桐仙以一夕成之，花君即以一夕习之。明日入戏园，登场般演，耳目一新。观者方啧啧叹新剧之妙，不知乃其师徒夜来灯下所为也。是时小桐方久享盛名，而余独称许秀芸为后来第一人，固未知花君也。桐仙为覼缕述其事，且乞立传。是夕张灯呼酒，命秀莲奏其伎曰：“努力博周郎一顾，将以实吾言之非谬也。”有所誉必有试，桐仙盖非偶然。因即桐仙所书，节略为润色之如此。春台部，寓陕西巷延陵光裕堂。天然、天秀俱寓春台部光裕堂。

天然昔在光裕堂，未免恃宠而骄，桐仙亦无如之何。天然颇挥霍，所得金钱，辄随手散尽，其师亦不得稽其出内也。桐仙惩往事，驭小桐辈颇严。又有阍人沈二，司钱谷，钩会甚密，故诸小郎殊局蹐。惟待花君多所宽假，起居一切得自如。丈夫爱怜少子，今亦有然矣。桐仙举动洒脱，略似魏晋间人。大有王夷甫口不言钱之意，落拓殊不治家人生产。几几乎如绛侯,问刑名不知,问钱谷不知。又极慕赵明诚之为人,欲学其居大学时典衣买书故事。每入琉璃厂肆,所见法书、名画、钟鼎彝鬲,杂然满载以归。或货郎负骨董造其家门,意有所向,费辄不资,不问度支能给与否,室中质帖常数十纸。肃霜告寒,光裕堂中诸郎始谋授衣,岁习以为常。曩年在春台部十子中目之曰“书呆子”。京华尘土,涅而不缁。王茂宏无事举扇相障,以视逐金弹工数钱者,相去何可以由旬计。然小桐谋脱籍,桐仙居奇货,昂其直,索八千金。故事久弗就。而秀芸之归咏霓堂,小霞亦费千三百缗。余许为后来第一人,力赞之,且为屏当部署,乃得成交云。古之人有言曰:惟俭可以养廉,旨哉言乎。

鸿喜,字雨香。其师檀天禄,春台部掌班也。天禄少负盛名,缘事论城旦,归京师复理旧业。得鸿喜,宛转如意,姿首清洒,而意趣秾郁如茉莉花。每当夏夜,湘帘不卷,碧纱四垂,柳稍晴碧,捧出圆月。美人浴罢,携小蒲葵扇子,着西洋夏布衫,花影满身。纳凉已足,就曲栏花下,设麋鹿竹小榻,八尺红藤簟。开奁对镜,重理晚妆。以豆青瓷合装茉莉蕊,攒结大胡蝶二支,次第安戴鬓旁。补插鱼子兰一丛,乌云堆雪,微掺金粟。顷之媚香四溢,真乃竟体兰芳矣。坐对雨香,有此风味。天禄同族者,曰顺林,居国安堂。有弟子小翠,字碧生;小凤,字次香。皆不及鸿喜。又保定有金福、银福,即顺林之徒小兰、小桂也。鸿喜在春台部,寓朱家胡同国香堂。小翠、小凤、小兰、小桂俱在三庆部,寓百顺胡同国安堂。小兰、小桂后出居保定,易名金福、银福,在三台部,寓唐家胡同。

小五福,曹石麟弟子也。演《瞎子捉奸》,弹琵琶丁丁然。旖旎融冶,“梨花一枝春带雨”,态殊似之。石麟本亦裹头人,今改唱小生,兼工技击,声容俱胜于畴昔。每日大轴子,《竹枝词》注:“轴”音“纣”。石麟必与胖双秀两两登场,此三庆部持门生旦也。胖双秀不习昆腔,而发声遒亮,直可遏云,《祭塔》一出,尤擅胜场。每当酒绿灯红时听之，觉韩娥雍门之歌，今犹在耳。开元末，许和子入宫，名永新，能变新声。高秋朗月，台殿清虚，喉转一声，响传九陌。此之谓矣。双秀与郁大庆居文盛堂，所教多佳弟子。而双秀、寿林俱尚分包银。人生遭际，菀萃不齐，大抵如斯矣。余昔所见《四进士》剧，般渔蚬妹者，次香悬揣是寿林，恐未必然。双秀昔与方竹春同演《十全福》，为妙玉。云极佳，惜吾未及见。或云演《十全福》扮妙玉者乃胖双喜，非双秀也。竹春即胡秀兰，香吏之师，今春晖堂主者也。三庆部，寓石头胡同春福堂。

汤鸿玉，徐桂林弟子也。桂林字听香，皖人。得名在蕊仙、冠卿之前。既脱籍，向吴中娶妇，主安次香兄铁笛生家。妇翁黄姓，故吾嘉应人寄居姑苏者也。既成礼，挈妇复来京师，不复与妇家通。余曾为一作寄书，邮问前讯，辄遇殷洪乔浮沉之，凡三四函无一得达云。听香居韩家潭，以其昔年所居"天馥堂"畀其徒为门榜，而自署所居室曰"云仍书屋"，意将以自别于乐籍中人。然人固当知"天馥堂"，无有知"云仍书屋"者。虽翘然自异，思比幽兰，不欲与众草凡卉伍，固未易得矣。鸿玉色艺亦止中人，在后来诸郎中无大出色。特以其系出名门，故多刮目相待。乃颜佩秋直欲以《红楼梦》梨香院女乐中龄官拟之。屈到嗜芰，或亦别好所钟欤？六朝人论州郡大中正之敝，"上品无寒门，下品无世族"，但以门地征辟，能有几人？张目不答江东米价，如王椽之不痴者。然则庞士元"拔十得五"之说，殆亦未可尽信矣。三庆部，寓韩家潭，鸿玉居天馥堂，桂林居云仍书屋。

素玉，刘姓，字韫仙，福云堂玉凤弟子也。初作《看花记》时，附之《兰香传》中，既撰《玉笋志》，以其年辈皆与后记中人相等，乃别为立传，移入此卷，使各从其类焉。《易系辞》传曰："方以类聚，物以群分。"许汶长《〈说文解字〉后叙》自明其例曰"分别部居，不相杂厕"，其是之谓矣。器局秀整虽少爽致，而时露劲气，不甚似吴儿柔媚体段，而又无扶风豪士雄迈气概。昔目之曰丁香花，花不胜叶，而细香琐碎,亦饶别趣。粤人目山丹花为“土牡丹”,虽非玫瑰花红香多刺之比,要亦自是艳品特辉光未能发越耳。置之南部烟花中,当是栀子花,品未必清,而味则殊秾。日新堂中藕仙,以拟此儿刚柔、轻重、迟速异齐,要其风趣,正复相似。若以《汉书·人物表》例之,其品第正不失为中上。又性好佻达,变动不居,击剑弄丸,皆其所习。平居汹汹拳拳,如将不及。余每戏呼为“无事忙”。偶然把笔学画兰蕙,风枝雨叶,纵横离披,亦殊有剑拔弩张之态。小霞邀画《九畹滋兰图》,韫仙与焉。太史公有言:“士固有附骥尾而致青云者。”其是之谓欤?其同师者,曰素兰,字琴仙。在瑞卿门下未是秀出之品,然三桓七穆,论者未尝或遗之。传曰:“松柏之下,其草不植。”诗又曰:“茑与女萝,施于松柏。”子游所谓:“夫子有为言之,非一端所可尽也。”若素兰者,虽非紫藤花浓香荫亩之俦,以视金雀、兔丝,托根得地,一朵嫣然,当夫春光明媚,邛有旨鹝,亦具香色。借其点缀,亦未始不足当胜日寻芳者停鞭一眄。三庆部,寓陕西巷福云堂。

文兰,字畹香,小元宝弟子也。三庆不少佳小生,文兰在后辈中亦可观者。宝善堂与敬义堂同掌三庆班事,其门下皆多佳伶。而小元宝在当日尤自擅盛名。至今其徒皆如王谢家子弟,未必尽佳,而举止落落大方,要自与白屋崛起者不同。文兰能弹琵琶,风神爽朗,谈吐清胜,眉目间亦时露英气。有似鸾仙,特微逊其修整耳。丁酉初秋六夕,同人修秋禊于尺五庄,归,夜集其家。觥筹交错,皆已半酣。余笑请文兰拨四弦为我解醒,则笑而应曰:“诺。君如能更浮大白者,当奏将军令为寿。”即起涤冰碗,满注陈酝,强予三釂。碗各受三升许,如刘景升三雅。同人鼓掌和之,促绝沥,哄然相视而笑。予玉山颓矣。比进檀槽,予不复能顾曲,遽起命驾疾驱归,吐车茵狼藉。明日,日加午犹卧不能起。酒徒闻之,莫不大笑。其同师者,曰清香,字兰生。幽秀温婉,恂恂如处子,无市井嚣陵习。暇复捉笔学作字,波磔殊有媚态,亦有志之士也。又有莲桂,字莲卿。于三人中齿最少,倜傥自喜,不拘拘规翔矩步,而风致翩翩，自觉动人。或为写《莲桂图》，书《圣教序》“桂生高岭，云路方得泫其华；莲出渌波，飞鹿不能污其叶”四语赠之。韩四季卿极所赏心，屡乞为立传，余诺之。久未能属稿，乃附记于此。《长安看花记》以小天喜为殿，《辛壬癸甲录》以琵琶庆为殿，皆援《燕兰小谱》以魏长生为殿之例，此志独以宝善堂为殿者，盖小元宝师徒色艺并有可观，不愧沆瀣一气之誉。求之今日玉笋班中，虽未能遽如敬义堂称大家，光裕堂称世家，然望之蔚然而深秀，固知玉辉珠媚，此中有人。三卿为主，可谓众矣。文兰、清香、莲桂，俱三庆部，寓韩家潭敬义堂。（当为宝善堂）

梦华琐簿

序

史部有记载类,《三辅黄图》、《西京杂记》之属是也;子部有小说家,《拾遗记》、《世说新语》之属是也,体例各殊。唐宋以来,遥遥千载,代有作者。乾隆朝,命儒臣因朱检讨锡鬯所撰,广之为《日下旧闻考》,煌煌作述,征文考献,鸿裁巨典,非詹詹小言所敢拟矣。余制《长安看花记》,复为前、后集。既成,厘为三卷。为诸伶各立小传,以佛法"过去、现在、未来"命之。黄金台下,按图索骥;三生石上,似曾相识。一展卷间,如见其三世人矣。顾其旧闻轶事,旁见侧出,耳目所及,书缺有间焉。卢龙尉陈五湘舟,与予过从既习,每于午窗茶话,各举歌楼杂事,藉资谈柄。湘舟长予十余岁,居京师卅余年,所述多嘉庆年事。余所不及见也。始余交成都安十二次香,其人风流倜傥,又多才艺。诸伶执贽学书画者盈其门。余从永平入都,访次香孔雀斜街四川会馆。日夕谈春明门内故事,如与湘舟纵谈时。而次香见闻尤广,且多身亲得其实。鄙性健忘,辄随事命笔录之。积日既久,褎然盈册。曩者顾曲,置簿大书曰:"及时行乐,排日选欢。"辛壬癸甲以来,八年于外矣。回念走马看花,都如梦里。宋人有《东京梦华录》,记汴梁全盛时事。国朝孙北海少宰亦有《春明梦余录》。余私淑诸人,愿窃比焉,因命之曰《梦华琐簿》。簿中以陈、安二君所述为主,而宾筵客坐,发难解嘲,故纸丛残,委巷琐屑,凡有关梨园掌故者,刍荛葑菲,杂沓采入。诸君子崇论闳议,莫不备书;而鄙人謏闻隟见,亦得疏记。随所得纂之,不复排比类次。凡得若干条件,系于左。荷戈南来,行道逶迟,复多笔削。所见异词,所闻异词,所传闻又异词。有修伶官传者,以是为长编而底簿焉可矣。"少年听雨歌楼上,中年听雨客船中",前尘影事,殊难为情。他日者,或叱覆酱瓿焉;或拉杂摧烧焉;或一日三摩挲,珍重爱惜,以之为记事珠,以之为衣贫珠,以之为珍珠船焉,听之而已，非鄙人所及知也矣。

道光壬寅春三月三日，仰屋生记于辰溪戍所之赁庑

嘉庆朝，湖州戴光禄璐久官京师，撰《藤阴杂记》，大半取材《日下旧闻考》。于都城古迹考证特详，云乾隆间查家楼、月明楼皆国初旧迹也。余道光壬辰北来，卸装即居永光寺西街八宝店，年伯朱漕帅菽堂先生家。所见惟查楼尚存，则今前门外肉市广和楼也。对门有小巷通大街，尚榜曰“查楼口”，或讹呼“茶楼”矣。戏园招牌皆曰“茶楼”。余初访月明楼，无知者。戊戌夏，云梦道中老仆杨升言月明楼即在永光寺西街。其地近枣林。世俗相传，有康熙私访月明楼之语，编为歌谣，演为杂剧，刻为画图。虽妇人孺子皆能言其事，顾鲜有知其地者。

有戏庄，有戏园，有酒庄，有酒馆。戏庄曰某“堂”，曰某“会馆”，为衣冠揖逊，上寿娱宾之所。清歌妙舞，丝竹迭奏。戏园前曰某“园”，曰某“楼”，曰某“轩”。然茶话人海，杂沓诸伶，登场各奏尔能。钲鼓喧阗，叫好之声往往如万鸦竞躁矣。寻常折柬召客者，必赴酒庄。庄多以“堂”名。陈馈八簋，羜肥酒薁，夏屋渠渠，静无哗者。同人招邀，率尔命酌者，多在酒馆。馆多以“居”名，亦以“楼”名，以“馆”名。皆壶觞清话，珍错毕陈，无歌舞也。间或赴酒庄小集亦然。

戏庄演剧，必徽班。戏园之大者如广德楼、广和楼、三庆园、庆乐园，亦必以徽班为主。下此，则徽班、小班、西班相杂适均矣。

今之戏庄宴客者，酒家为政，先期计开宴者凡几家？有客若而人？与乐部定要约。部署既定，乃告主人，署券为验。主人折柬以告客曰：某日集某所，乐演某部。届期衣冠必庄，肴核必腆，一献之礼，宾主百拜。自朝至于日中昃，肃肃雍雍如也。戏园听歌，酒馆买醉则不然。屏车骑，易冠裳，轻裘缓带，笑傲自得。放浪形骸之外，不复有拘束矣。酒庄则公宴、小集，听从其便。是合戏庄、酒馆为一者，特无歌舞耳。乾隆间金陵楼则与今戏庄异，而合戏园、酒馆为一者。雅座小卖，熊鱼兼美，任适口体，无愧醉乡。小屋垂帘，

分曹而饮,曰雅座。肥甘蔬笋,选味而尝,曰小卖。酒庄酒馆皆然。戏庄则无之。今戏园俱有茶点,无酒馔,故曰茶楼。金陵楼于五十一年丙午秋八月停市,今多不知其处。或以五和楼、东升楼当之,非也。广和楼盖即其地云。

广和楼柱,今皆欹斜南向,如金陵瓦官阁然。或言楼高,受朔风震荡。理或然欤?

《都门竹枝词》云:"某日某园演某班,红黄条子贴通阛。"今日大书,榜通衢,名"报条"。曰:某月日,某部在某园演某戏。尚仍其旧俗。盖诸部赴各园皆有定期,大约四日或三日一易地,每月周而复始,有条不紊也。广州城则每日梨园会馆悬牌,云某日某班在某处。

春台、三庆、四喜、和春,为"四大徽班"。其在茶园演剧,观者人出钱百九十二,曰"座儿钱"。此散座也,官座及桌子则有价。惟嵩祝座儿钱与四大班等。堂会必演此五部。日费百余缗,缠头之采不与焉。戏庄及第宅彩觞宴客,皆曰"堂会"。下此,则为小班,为西班。茶园座儿钱各以次递减有差。堂会则非所与闻。西班诸伶,则捧觞侑酒,并所不习。近日亦有出学酬应者。然召之入酒家则可,茶园为众人属目之地,有相识者亦止遣傔仆送茶,诸伶仍不登座周旋也。广州乐部分为二,曰"外江班",曰"本地班"。外江班皆外来妙选,声色技艺并皆佳妙。宾筵顾曲,倾耳赏心。绿酒纠觞,各司其职。舞能垂手,锦每缠头。本地班但工技击,以人为戏,所演故事类多不可究诘。言既无文,事尤不经。又每日爆竹烟火,埃尘涨天。城市比屋,回禄可虞。贤宰官视民如伤,久申厉禁,故仅许赴乡村般演。鸣金吹角,目眩耳聋。然其服饰豪侈,每登场金翠迷离,如七宝楼台,令人不可逼视。虽京师歌楼无其华靡,又其向例,生旦皆不任侑酒。其中不少可儿,然望之俨然如纪渻木鸡,令人意兴索然,有自崖而返之想。间有强致之使来前者,其师辄以不习礼节为辞,靳勿遣。故人亦不强召之。召之亦不易致也。大抵外江班近徽班,本地班近西班。其情形局面判然迥殊。本地班非无美才,但托根非地,屈抑终身。如夷光不遇范大夫,三熏三沐教之歌舞,则亦苎萝山下终老浣纱。虽有东施,并乃无颦可效。不亦惜哉。

前门外戏园多在中城,故巡城口号有"中城珠玉锦绣"之语。中部尉所治地或且因缘为利。"东城布帛菽粟,西城牛马柴炭,南城禽鱼花鸟，北城衣冠盗贼，中城珠玉锦绣”，此五城口号也。各举重者为言。

宣武门外大街南行，近菜市口，有财神会馆。少东，铁门有文昌会馆。皆为宴集之所。西城命酒征歌者，多在此，皆戏园也。内城禁开设戏园，止有杂要馆。外城小戏园，徽班所不到者，分日演西班、小班，又不足，则以杂要补之。故外城亦多杂要馆。西城果子巷内，街西旧有戏园，曰太和轩。西草厂胡同有吉阳楼。皆杂要馆。一年中演戏无几日。或云朝阳门外另有戏园，非东岳庙西之芳草园。余不知也。

城外小园凡五，在南城者二：崇文门外广兴，宣武门外曰庆顺。东城一，在齐化门外，曰芳草。西城一，在平则门外，曰阜成。北城一，在德胜门外，曰德胜。皆徽班所不到。惟嵩祝偶一莅之。亦但分下包而已。

旧时档子班打采，多在正阳门外鲜鱼口内天乐园，今为小戏园矣。

《都门竹枝词》云：“谨詹帖子印千张，浙绍乡祠禄寿堂。”谓酒庄也。禄寿堂在打磨厂，今尚存浙绍乡祠。未尝日日宴会，特堂会偶然借用其地，在虎坊桥之东。《藤阴杂记》言：向不知众乐园何在，后见李自实笔帖，云在“虎坊桥众乐园口”，乃知之。今道光年，李自实笔店乃在珠宝市，而虎坊桥则固无有知众乐园之名者。《竹枝词》又云：“每味上来夸不绝，那知依旧庆云堂。”又云：“恒德堂中尚可赊。”今日酒庄、酒馆，俱无此二家矣。往日银官为李海门召客于宜庆堂，今观音寺前有承庆堂，大栅栏有衍庆堂，然皆酒庄，非戏庄也。湘舟云：小李纱帽胡同口庆云堂，犹及见之。今承庆堂即其地。

今日三庆园，乾隆年间宴乐居也。其地昔甚广大，今当铺亦从此析出。又其旁有六合居，亦其地也。

乐部各有总寓，俗称“大下处”。春台寓百顺胡同，三庆寓韩家潭，四喜寓陕西巷，和春寓李铁拐斜街，嵩祝寓石头胡同。诸伶聚处其中者，曰“公中人”。聘歌师，食用俸者，曰“拿包银”。司事者曰“管班”，管班职掌分为三：曰掌银钱，曰掌行头，衣箱为行头。曰掌派戏。生旦别立下处，自称曰“堂名中人”。堂名中人初入班，必纳千缗或数百缗有差,曰“班底”。班底有整股,有半股。整股者四日得登场演剧一出,半股者八日,曰“转子”。诸部周流赴戏园,大园四日、小园三日一易地,亦曰“轮转子”。堂名中人有班底者,许偿其值相授受。其堂名多承袭前人旧号。彼往此来,鹊巢鸠居。虽系以姓氏,不嫌张冠李戴。也间有自立门户,别命堂名者,曰新堂名,必其人能自树立,到处知名者矣。然自纳班底外,宴部中父老及诸钟磬笙笛师,所费不赀。不如顶堂名者,有班底及一切屋宇器用,俱坐享其成,可免劳民伤财也。间亦有裹头居大下处者俗呼旦曰“包头”,大抵老夫耄矣。然吾尝见三庆部演《四进士》大轴子,其般渔家蚬妹者,乃艳如芍药、光采动人,约其年,当才二十许人耳。雨初云“此大下处中人”,并以其名告,余忘之矣。后问安次香,言其人即李寿林,计其年齿不相当,恐未必然。

四徽班各擅胜场。四喜曰“曲子”,先辈风流,饩羊尚存,不为淫哇,舂牍应雅。世有周郎,能无三顾?古称清歌妙舞,又曰“丝不如竹,竹不如肉”,为其渐近自然,故至今堂会终无以易之也。三庆曰“轴子”,每日撤帘以后,公中人各奏尔能。所演皆新排近事,连日接演,博人叫好,全在乎此。所谓巴人下里,举国和之,未能免俗,聊复尔尔。乐乐其所自生,亦乌可少?和春曰“把子”,每日亭午,必演《三国》、《水浒》诸小说,名“中轴子”,工技击者,各出其技。痀瘘丈人承蜩弄丸,公孙大娘舞剑器浑脱,浏漓顿挫,发扬蹈厉,总干山立,亦何可一日无此?春台曰“孩子”,云里帝城如锦绣,万花谷春日迟迟,万紫千红,都非凡艳。而春台,则诸郎之夭夭,少好咸萃焉。奇花初胎,有心人固当以十万金铃护惜之。嵩祝在当日,以韵香一人照映一时。石韫玉而山辉,水含珠而川媚。日午当天塔影圆,几令人有夔一之足思。今虽少佳品,犹能与四徽班抗颜行,非第一仙人一点灵光所照,不及此。

乾隆间,魏长生在双庆部,陈渼碧在宜庆部。同时又有萃庆部,或曰今之三庆班殆合双庆、宜庆、萃庆为一者也。余按四喜在四徽班中得名最先,《都门竹枝词》云“新排一曲《桃花扇》,到处哄传四喜班”,此嘉庆朝事也。而三庆又在四喜之先,乾隆五十五年庚戌，高宗八旬万寿，入都祝厘，时称"三庆徽"，是为徽班鼻祖。今乃省"徽"字样，称三庆班，与双庆、宜庆、萃庆部不相涉也。

陈银儿盛时，召侑酒者，非金陵楼不赴。其地在肉市，今为广和楼，即昔查家楼也。今日肉市，酒楼最多，而味最恶劣，无谙水火之齐者。余尝谓，携美人赴肉市饮食，亦焚琴煮鹤之一事。其南则晋元楼在焉，皆西商所集。其中不设雅座，诸伶足迹所不到。园中问"今夜宴集何所"，答曰"晋元楼"，则摇首径去矣。

戏园客座，分楼上、楼下。楼上最近临戏台者，左右各以屏风隔为三四间，曰"官座"，豪客所集也。官座以下场门第二座为最贵，以其搴帘将入时便于掷心卖眼。《竹枝词》："楼头飞上迷离眼，订下今宵晚饭来。"正如白乐天《长恨歌》所云"回头一笑百媚生"，梁武帝《晋白苎舞歌》所云"含笑一转私自怜"，汤惠休《白苎歌》所云"流目送笑不敢言"者是矣。官座而前，短几鳞次，曰"桌子"，渐远戏台，价亦递杀。惟正楼不横桌，盖旧例也。楼下周回设长案，观者比肩环坐，曰"散座"。其后亦设高座，倚墙矫足，可以俯视中庭。设案如楼下。而坐者率皆市井驵侩，仆隶舆儓，名之曰"池子"。余尝谓，此万人海，真乃众维鱼矣。从楼上凭栏，俯临下界，长儿列如方罫，大似白袍鹄立。橐笔试有司时，特不能衔枚静无哗耳。夹台基曰"钓鱼台"，亦以下场门为贵。至于上场门，鸣钲喤聒，目眩耳聋，客不愿座也。

《竹枝词》云："园中官座列西东，坐褥平铺一片红。"案：红色为一、二品官坐褥。今园中惟用蓝布坐具。庆乐园新葺，最华眩，亦止用回回锦。士大夫惟戏庄公宴，尊卑咸集；至于茶园嬉戏，说平等法，贵官例得用红坐褥者，亦当持体，不便降尊从诸侠少冶游矣。即如长安酒家速客者，在酒庄则达官贵人，鸣驺张盖来会。若酒馆小集，从无公卿效袁尹屏车骑看竹者。盖脱巾独步，买醉数钱，情之所钟，正在我辈。大僚顾惜官箴，动以恒舞酣歌、沉湎冒色为戒。"长安市上酒家眠"，不得不让"谪仙人"矣。豪客车中，皆自携坐具。官座倚阑干，前设短榻，后列高几，各施锦褥，别于客座。后设高座，以坐仆从。撤园中蓝布坐具，施之其散座，则座儿钱外加坐褥、茶壶钱百二十。又《竹枝词》云:“三寸红笺窄戏单。”案:今戏园无戏单,诸伶或书片纸置怀袖,备相识者顾问。惟堂会仍用红纸戏目。“堂会”,谓戏庄公宴及第宅家宴、会馆团拜也。堂会点戏、放赏,仍用短足炕几舁钱陈筵前。戏园亦偶有点戏者,但以一纸钱帖畀之而已。

《竹枝词》云:“双表对时刚未正,到来恰已过三通。”此嘉庆年事也。余案:红豆村樵《红楼梦传奇》凡例云:“丝竹之声哀,不可无金鼓以震荡之。”此言殊近理。今梨园登场,日例有“三轴子”:《竹枝词》注云“轴”音“纣”。“早轴子”,客皆未集,草草开场。继则三出散套,皆佳伶也。“中轴子”后一出曰“压轴子”,以最佳者一人当之。后此则“大轴子”矣。大轴子皆全本新戏,分日接演,旬日乃毕。每日将开大轴子,则鬼门换帘,豪客多于此时起身径去。此时散套已毕,诸伶无事,各归家梳掠熏衣,或假寐片时,以待豪客之召。故每至开大轴子时,车骑蹴踏,人语腾沸,所谓“轴子刚开便套车,车中载得几枝花”者是也。贵游来者皆在中轴子之前听三出散套,以中轴子片刻为应酬之候。有相识者,彼此互入座周旋,至压轴子毕,鲜有留者。其徘徊不忍去者,大半市井贩夫走卒。然全本首尾,惟若辈最能详之。盖往往转徙随入三四戏园,乐此不疲,必求知其始讫,亦殊不可少此种人也。今日开戏甚早,日中即中轴子,不待未正无为。李小泉言:“嘉庆初年,开戏甚迟,散戏甚早。大轴子散后,别有清音小队,曰‘裆子班’,登楼卖笑。浮梁子弟迷离若狂,金钱乱飞,所费不资。”今日虽有档子班,但赴第宅清唱,如打软包之例,不复赴园般演矣。京城旧日顿子房皆打软包赴人家,保定则班中诸伶亦打软包。又近来诸部大轴子恒至日昳乃罢,惟四喜部日未高春即散,犹是前辈风格。内城无戏园,但设茶社,名曰杂耍馆。唱清音小曲、打八角鼓、十不闲以为笑乐。南城外小戏园或暇日无聊,亦有档子赴园。然自是杂耍馆之例,非复当年大戏散相继登场意思也。

京城极重“马头调”,游侠子弟必习之。硁硁然、断断然,几与南北曲同其传授。其调以三弦为主,琵琶佐之。呼韵曰“辙”,谓换韵曰“换头”，所用韵即元人周德清《中原音韵》。南中歌伎唱“马头调”，皆小曲。北道邮亭抱琵琶入店小女子，唱“九连环”，带“都鲁”。每卸装，酤村酿解乏，听之亦资笑乐。皆与京城“马头调”不同也。孔东塘《桃花扇·听稗》一出，演说太师挚适齐一章，云是贾凫西刑部所制鼓儿词也。京城“马头调”即此意。

伶人序长幼，前辈、后辈各以其师为次。兄、叔、祖、师，称谓秩然，无敢紊者。如沙门法嗣然。堂名中人主家为事者，其傔仆呼之曰“当家的”，或曰“老板”。对之肃肃然如主人翁。檀天禄尝于酒座遇秋芙，沉醉，侧戴花边小毡帽，蟠大发辫于顶，披衣趿屦，作软棚装。称娖而前，笑曰：“檀师爷看我竟当何如？”天禄噤不能言，良久但期期曰：“我长汝师傅一辈，奈何取笑？”彼中人长幼之别盖如此。

堂名中人，其徒皆称之曰“师傅”。师傅有内行、外行之别，如翰林诸公之分内班、外班也。翰林以起家不由庶吉士官编检，径由别衙门转入者，为“外班”。后辈待之，但视庶常前辈，用红侍生帖。乐部中师傅，如秋芙之师李三，故竹香仆，是外行也。即檀顺林之父，本非京城歌楼中人，自南中携其子北来，纳班底钱入三庆部。如是者，亦外行也。

乙未冬，夜过日新堂，值其前厅事大会。从窗隙窥之，广筵肆设。一中年白皙人据上座，部中父老如李六儿、范四宝，及国香堂主人檀天禄、遇源堂主人琵琶庆、日新堂主人殷采芝、敬义堂主人董秀蓉、宝善堂主人陈金彩、耕斋主人吴震田八九人，皆与焉。翠香、三元、宝龄宝龄久不登场，但侍采芝起居饮食而已。及名下后生凡十二人环侍左右。问玉仙，答曰：“此吾师爷辈，落籍后，去为长芦盐商。今来京师从故人饮耳。”

俗呼旦脚曰“包头”，盖昔年俱戴网子，故曰“包头”。今则俱梳水头，与妇人无异，乃犹袭“包头”之名，觚不觚矣。闻老辈言：歌楼梳水头、踹高跷二事，皆魏三作俑，前此无之。故一登场，观者叹为得未曾有，倾倒一时。今日习为故常，几于数典而忘其祖矣。

伶人中如卢蒲嫳易内而饮酒者，最初惟五柳堂陶月仙一人。

曩时最为奇货,今自相窃妻妾,已成风俗。入其家,群雌粥粥,动曰“师娘”、“师姊妹”矣。然若辈中稍自顾惜者,犹屏弗与齿,故其徒仅窜名小班中。今则浸淫入和春、嵩祝矣。琵琶庆豁达大度,如杨越公不问红拂伎行踪,开阁遣去骆马杨枝之流以数十计,独不许冯子都当垆调笑,亦一奇也。其尤阴贼险狠者,莫如赵悬郎,即玉喜也。广设罟擭陷阱,雉媒鱼饵,日日含沙,伺射人影,中伤者踵相接也。今过其门者犹惴惴有戒心。

目前南城酒馆,以观音寺前福兴居、如松馆为要。裕兴居在杨梅竹斜街浪得名耳。福兴居即昔日义兴居,庖人能识美人嗜好,奔走者又能伺主人喜怒。某馔为某郎设,作何烹治,无弗当意者。东偏有小院,许金桥兵部目为“醉乡深处”,梁翰屏太史书榜揭楣端。余往来既熟,以“寻常行处”四字易之;又书“太白酒楼”,集唐一联曰:“劝君更尽一杯酒,与尔同销万古愁。”凡我同人,卧瓮头眠垆侧者,见之莫不大笑。丁酉夏秋间,又辟后院,葺屋五间。规模闳敞,酒人亦多来者。如松馆厨中殽品不逮福兴居,而西北隅别有一院,重房复室,境极幽邃,促膝谈心,无慁乃公事者,游人多乐之也。打磨厂西口东胜居,有窟室,后临护城河。入其中如伯有,饮酒亦是别趣。但恨膳夫不佳,且东城无美酿,是缺典耳。东城多沽涌金楼酒,绝少陈酝,逊全城远甚。

近日酒人登座,必先属曰:“全城,带票。”盖“全城凤记在观音寺前”陈酝最佳。来酤者以一纸署酒价,幂壶口,俾持归为验,故曰“带票”。余戏谓东坡有调水符,此“调酒符”也。

京师歌楼楹帖多佳者。虎坊桥浙绍乡祠一联云:“地居韦杜城南,日下衣冠,共听讴歌来上国;人在枌榆社里,风流裙屐,恍携丝竹到山阴。”吴学博师最赏心,亟述之谓无一字虚设。元本“上国衣冠,共听讴歌来日下”,余稍为移易之。庆乐园一联云:“大千秋色在眉头,看遍翠暖珠香,重游赡部;十万春华如梦里,记得丁歌甲舞,曾醉昆仑。”相传为吴梅村祭酒手笔。芬芳悱恻,感均顽艳矣。或云朱竹垞检讨作此,未必然。朱十入本朝,总角婉娈,涵泳圣涯,与阅历沧桑、俯仰身世、凄切心脾者不同。即云作在己未,未举鸿博以前，然言为心声，有何逼迫，大不得已，而为此哀以思之音也？丙申，园主人修饰栏楯，并此联新之，以退光漆填金字，俗劣令人不可向迩。曩见商邱陈氏，家藏旧拓法帖《乐毅论枯树赋》《文皇哀册》《廿种兰亭》，《廿种兰亭》今归常熟翁廷尉师二，督学广东日，以百六十金得之。其中最精者，定武淡墨本、天字不全本、唐神龙绢本、贾秋壑本，皆希世之珍也。并是纸墨精妙，古香盎然。而装褫皆殊庸下，雅不相称，大是减色。可惜也。广和楼长联起二句云："广乐奏钧天"，"和声鸣盛世"。下文不佳，出自俗手，亦不复记忆矣。

和春班大下处，在朱太傅旧宅对门。门前春帖子云"和声鸣盛世，春色满皇都"，典丽庄雅，不知谁氏手笔。

闻姑苏戏馆有集南北曲一联云："把往事今朝重提起；破工夫明日早些来。"清词丽句，运古如自己出，望而知其为才人之笔。又全浙新馆，在下斜街严介溪听雨楼旧宅也，中有楹帖云："墙头过酒闻乡语，花底移床梦故山。"古人谓：佳文字惟在言人所不能言，而又适如人人意中所欲言，如此乃不愧天地间真文字。

集南北曲之最佳者，月老祠楹帖云："愿天下有情人都成了眷属，此前生注定事莫错过姻缘。"次香挽松秀堂桂喜，即用此为粉本。陈荔峰少宗伯，少年典福建乡试，留题江山船云："此地有崇山峻岭，茂林修竹；只为你如花美眷，似水流年。"余留香小阁一联云："有情皆眷属，无事小神仙。"此二语，癸巳春余客清河道官舍仪征师家，孙南置为予仿曼生法刻小印，甚佳。虽止得半，亦自可诵。

凌仲子在扬州曲局修曲谱，又定《金元明人南北曲论定别裁》，于本朝独推洪昉思《长生殿》为第一；而明曲雅不喜玉茗堂，且谓《四梦》中以《牡丹亭》为最下。其中北曲尚有疏快之作，南曲多不入格。至于《惊梦》《寻梦》诸出，世人所瓣香顶礼者，乃几如跃冶之金矣。余于曲学未涉藩篱，固未敢奉一先生之说遽定指归也。癸未岁，白小山尚书督学广东，试嘉应诸生古学《桃李嫁东风赋》，以"嘶骑渐遥，征尘不断"为韵。表叔李湘宾，才人也。一篇之中，尽用南北曲。熏香摘艳，纸醉金迷。如有明盛时，珠江竞渡，豪家争以孔翠、珠贝饰船篷，璀璨陆离，令人不可逼视。其押"渐"字韵曰：

"过眼之絮飞渐渐",用东坡词"枝上柳绵吹又少"语,融化入妙。然其中如"新绣袜都涴泥,侬真命薄:小金铃怪疼煞,花也魂销",橐笔试有司,乃放笔为逾阈之言。乐也而淫,谑兮已虐。歌诗不类,跃冶斯讯,责备贤者,夫亦安逃?昔庚辰,顾耕石侍讲岁试嘉应,赋题为《江上琵琶》。湘宾作有曰:"烟波老汝,谁怜香梦如尘?罗绮输人,不管流年似水。"上句侍讲所易也。《玉簪记》对《牡丹亭》,庶几丽则不淫,无愧词人耳。

壬辰九秋,余由宁河赴保定,填《金缕曲》一调,题沙河店壁。新城令章邱李二戟门名廷棨行部见之,大有手迭花笺、抄稿去天涯,沿路访斯人之意。甲午夏,过新城,乃定交,留为平原十日饮。尽出其生平撰著盈尺许,相质。濒行,馈赆殊厚。翰墨缘、香火缘,夫岂苟然?然词殊不佳,大似曲子。宋人词皆付歌喉,故得尽情言之。金元以降,北曲既兴,重以南曲,而词之界限遂窄。高一分为诗,低一分为曲,朱子曰:"文章千古事,得失寸心知。"呜呼微矣!词附录于此,曰:"酒碧灯红夜。判今宵,艳竹哀丝,借他陶写。不耐天寒双袖薄,小胆空房生怕。忍料理、十千酒价。莫再琵琶轻易抱,我何曾惯听伤心话?约略似,桓子野。　年来走遍章台马。有个人,扫花风帚,寄香鲛帕。听说秋窗风雨夕,挑尽相思灯下。珍重托,瑶天鹤驾。过夏剩留书剑在,咒东风敢怨鹦哥骂。明年约,准归也。"

又:余壬辰冬填《喜迁莺》一调,其起句云:"软红帘隙,甚夜来酿就,欺人寒色。翠袖兜香,青衫拼醉,梦也何曾稳得?照井论情,回波顾曲,况是婆娑趁拍。为谁浮大白?自检点梦痕襟窄。"此亦大似曲子。然每与同人论及兹事,顾鲜有以吾为知言者。惟仁和葛四太史蓬山,许为知言耳。蓬山词学,受之妇翁谢观察椒石。笃信万红友四声之说。始与余同客阮小云世兄幕,闻余为学海堂经生,意是冬烘学究,相遇殊落落也。后谬闻黄陂邱五采臣言余好填词,乃以《蕉梦图》索题,为谱梦窗自度腔《梦芙蓉》一调归之,则大喜过望。因填《月底修萧谱》一调,为余题《春灯问字图》以相报。从此定交。然余《梦芙蓉》词用梦窗题赵昌所画芙蓉词,亦近曲子,殊不佳。蓬山守词律极细极严,余往往不能范我驰驱。蓬山引绳削墨,无所假借,一字之师,韦弦佩焉。吾两人剪烛对床,有所商榷,或他友至,辄以他语乱之。此中人语云,固不足为外人道也。

晃州通守，南陵何芰亭，先分守浦市，获盗贼。赃中有竹筒一，磨治莹腻，刻画精致，上作行楷，极秀媚。书七言律诗曰：“琅玕消息近来闻，玉冷空山堕小云。沧海西头裙自浣，翠微深处被亲熏。人来月殿分鸾守，草满芝田付鹤芸。香篆若能通御座，万枝真降一齐焚。”极似玉溪生集中“锦瑟碧城”之作。不知所谓，不敢强解也。款题二行云：“乩仙诗缥缈可爱。芝润作楷，蕊沚镌字，瑞芝阁主人清玩。竹瑛山庄。”下有颠倒鸳鸯印，色色可爱。惟小字别号无可稽考，大是恨事。所谓“瑞芝阁主人”者，不知何许人，或者如意馆中人耶？闻盗贼赃大半湘阴质库物，独此物不似金穴铜山中来者。其所从来，不可究诘矣。惜于时无好事者讯之盗口，为得其实也。

《竹枝词》云：“干支冠首换年年。”案：近日春帖子几同拆白灯谜。歌楼伎馆投赠联句，动以名字分隶对偶，已成俗套。牵强凑合，几至不成文理。惟幼时闻六篷船有细新者，吾州百花洲名伎也。嘉应之水曰梅江，达潮州以入海。往来皆乘六篷船，如浙之江山船。随园来岭南，以未得赏识六篷船为恨。潮州太守万子舆，有集句一联云：“细推物理须行乐，新得佳人字莫愁。”真乃如玉盒子，盖奇妙不可思议。所谓好语本天成，妙手偶得之。

每新岁，及乡会试场后，团拜公宴，日不暇给，则诸部分包。或遇传差，亦分包。传差者，官府公会，征诸郎承值也。大抵堂会或分二三包不等，其茶园开戏自若也。有时茶楼门首标红曰“传差”，不开戏，则必御史台传差，不敢分包者矣。

乡会试场后，各园及堂会必演《王名芳连升三级》，花面演《说题解》，以为笑乐。未免侮圣人之言。案：此体自汉魏六朝人已有之。假借同音，用资谈柄。玉茗堂尤擅此长，其最佳者《牡丹亭·闺塾》出，杜丽娘上场宾白云：“酒是先生馔，女为君子儒。”匡鼎解颐，可称无上妙品。

嘉庆二十五年，京师春台班忽无故散去，七月睿庙宫车晏驾。道光十三年癸巳，和春班散去，四月孝慎皇后升遐。盖普天率土，遏密八音，运会所值，气机先兆，莫知其然而然。

曲家“务头”二字，余向不解所谓。舞勺时读《桃花扇·教歌》

一出,李香君唱《牡丹亭·惊梦》〔皂罗袍〕“原来姹紫嫣红开遍”一曲,至“雨丝风片”,苏昆生曰:“误矣,‘丝’字是务头。”于时窃讶之。案:此曲工尺,“丝”字谱止“尺上”二字,非板并非眼,不识昆生所谓误者安在?凡遇曲师,即举此质之,莫能言其所以然。后阅《水浒传》,朱仝入歌院听“笑乐院本”,至“务头”停声,乞缠头。是“务头”又似“关目”,不关曲中节拍矣。《金瓶梅》亦屡言“笑乐院本”,是自元及明皆有“笑乐院本”,似通俗常演者,究不知是何院本?又不知“务头”毕竟如何?虽老歌师,无知之者。余舌强喉直,自愧不能学歌。于此事尤深抱陶隐居一事不知之耻。

万柳堂,益都相国冯文毅公所筑舍也。国初为清游胜地,坐论退食,蹑屐东山。门生追陪杖履,来游来歌。己未制科诸公集中,莫不矢《卷阿》之音。今荒烟蔓草,断井颓垣,几不能指其地矣。余住京七年,不知万柳堂何在。暇日问车夫醉王,乃知在沙窝틀察二门内。可谓“礼失而求诸野”。今日拈花寺,阮太傅辛未、壬申在都常游,又与朱野云补种柳花。详《揅经室诗集》。同治戊辰九月九日,掌生注。

丰台芍药,在昔为胜游。今则二三月间,南西门外三官庙海棠开时,来赏者车马极盛。城内龙爪槐,城外极乐寺,皆游春地也。游人皆自携行厨。惟陶然亭、小有余芳二处有酒家。陶然亭暮春即挂帘卖酒,小有余芳则迟至入夏乃开园。其地为尚书郎三君三竇尺五庄别苑。尺五庄有马鬣封三君爪发藏焉。过小桥出园,即为小有余芳。清暑招凉,调冰雪藕,大有江乡鰕菜之思。“西风斜日鲈鱼香”,不止“水村山郭酒旗风”也。每岁例以修秋禊为期,买醉者日不暇给。至中秋,则尽偿酒债,“十叩柴扉九不开”矣。南横街圆通观,大殿后垂花门外牡丹,左右各一本,浓艳凝香,迥非凡品。特其地近市,湫隘嚣尘,无过而问焉。每岁暮,挟诸伶出丰宜门,入花局,观窖中唐花、牡丹、碧桃、玉兰、迎春之属,先春争放。美人名花,香光照映。归则各乞数种载去。陈迦陵《邵山人潜夫传》,述林山人古度言:“乾嘉时,戚南塘开府镇海上,诸文人依之者,如鱼赴壑。每醉后,樗蒲之会积钱。”隐人余澹心《板桥杂记》则言:“诸名士会猎旧京,多集李十娘家,文酒之宴,费必百金,真可谓销金窝。”今京师冬月，出南西门看花一行，亦中人十家产云。

三官庙中，有“花之寺”。壬辰初入京，龚定庵招余，会公交车诸名士宋于庭、包慎伯、魏默深、端木鹤田诸公十四五人于其中。余初不知其地所在，年伯御史中丞朱公闻之，笑谓徐少司空师曰：“此必君同年生所为。”既而戾止，则绮疏尽拓，湘帘四垂，“花之寺”绰楔在焉。前后皆铁梗海棠，境地清华，颇惬幽赏。余诘定庵虬户铣溪徐彦伯：“涩体阿掌雅所不喜。君奈何亦堕此恶趣?”答曰：“此曾宾谷鼍言也。罗两峰梦前身为花之寺僧，故宾谷先生为署此榜额。”后二年余，阅宋牧仲《筠廊偶笔》，则花之寺实有，其地在青州。开卷有益，信然。培按：王渔洋《分甘余话》，沂水县有花之寺，不解其义。张杞园问之土人，云以寺门多花卉，而径路窈折如“之”字形，故以为名。周侍郎栎园诗：“月明萧寺梦花之。”其长子在浚有《花之词》一卷。与宋商邱所载地名不符。是一？是二？恨不起宋、王而共质之也。壬寅四月十五日，铁痴记。

后门外李广桥一带，明湖滉漾，大似江南水国。每过其地，辄令人起秋风莼鲈之思。有庆龙堂，水槛回廊，轩窗四敞。盛夏入其中一望，芰荷芦荻，时与凫鹭鸥鹭上下浮沉。熏风縢凉，心清香妙，恍如置身海上三神山。明时金鳌玉蝀，深闷禁籞。诸臣得承恩值西苑赏花钓鱼者，诩为希世之荣。圣朝与民同乐，西海子许游人来往。紫宸美富，咸得瞻仰。庆龙堂近依禁城，水木明瑟，别有林泉野趣，亦必不可少此境界也。嘉庆间有小天园，今无之矣。

“如意馆中花万树，一时都让郑樱桃”，今京城有樱桃斜街，惜无佳伶居之，负此雅名。高庆林有女，年及笄矣。许字韵香，既而悔之。将夺以畀春山。时杭州顾二西渔闻之，锐身以黄衫押衙自命，乃得复归林氏。惜韵香未娶而没也。

韩四季卿言：“有常州人，杨姓，善写真。凡诸伶之色艺擅名者，必为写照。装为巨册，凡百六十余人矣。其中以蕊仙为首。近日名下，十得八九。杜诗所谓‘必逢佳士亦写真’，可谓世之有心人。”余闻之喜跃不寐，将假得临摹，忽遽未能也。惜其中独无韵香小像，可云第一缺憾事。顾西渔家有韵香横看子，名流题咏已满，然神情殊不肖。姗姗来迟,是耶?非耶?宋人诗“意态由来画不成,当时枉杀毛延寿”,正此之谓矣。

韵香没后,柩权厝义园。既不能归,且未能葬。咏霓堂司阍者,河间人刘二,故韵香仆也。午夜无事,每与余言及韵香生时事,往往唏嘘不能自已。丁酉秋,中元节,余约小霞以一盂麦饭、一陌纸钱同酹韵香。先一夕,余忽有河鱼之疾,竟负约不能从。为之悒快累日。昔桥太尉谓曹公:“他日不以斗酒只鸡上冢者,车过三步,腹痛勿怪。”吾于韵香,能不拊心呼“负,负”!

传经堂刘天桂,三法之师也。有弟曰刘老二,家政出纳皆主之。韵香、小霞之师曰刘正祥,天桂子也。既没,其弟刘二主家事,有钱癖。其徒脱籍者,溪壑不易盈。正祥之妻心弗善也,然亦无如之何。正祥有女,曰阿瑛。寡母珍惜如掌上珠,许字小霞。己亥二月,得阿霞书,言去岁自南中迎其父母来京,秋间阿瑛于归。嘉偶曰妃,善时为婚,家室完好矣。为之一快。

传经堂弟子,余所及见凡三辈,辈三人。其名皆以“鸿”、“宝”二字为之枢纽。当日三法:法龄、法庆、法宝也;次则三鸿:鸿宝、鸿喜、鸿翠也;后则三宝:福宝、多宝、才宝也。韵香为广大教化主,即此亦其一端。

京师有“春台十子”之称:金凤曰“书呆子”,常桂曰“软棚子”,长春曰“煤黑子”,金龄曰“黄带子”,其六人余忘之矣。纫香面目黧黑,有“墨牡丹”之诮,金龄则高视阔步,纵恣不羁。十子者,或论其性情,或肖其容貌,或品其行事,象形惟肖,如见其人。韵香尝笑谓:“尚有‘干杂子’一人,何不厕其间?”闻者莫不大笑。或集为偶语云:“司狱情人,太仆仇人,朱状元夫人,煤炭捏成庄子妇;纫仙师弟,韵香兄弟,殷采芝徒弟,铜丝扭就国王头。”《蝴蝶梦·劈棺》为煤黑子所演剧,黄带子演《西游记》女儿国王,其行步首自动摇,颤颤巍巍如也,故以为笑。

桐仙本名金凤,以其字不雅驯,且以严东楼家优同名为嫌,乃易之为“今凤”。或疑二字于文不雅,余按明嘉靖时冒伯麐所集“秦淮四美人”,有赵今燕与马湘兰齐名。今桐仙有佳弟子曰秀兰,演

《马湘兰画兰》剧，是亦佳话也。又春晖堂弟子小秀兰既与小桐同名字，韫香又嫌与鸿宝字“韵香”同音，乃更曰“香吏”。电白潘石樵所定也。

金鱼池在昔盛时，几如唐之杏园、曲江池。今则已无酒肆，但有窑舍，人皆掩鼻而过之。能无今昔盛衰之感？惟市人鬻生鱼者寄畜池中耳。京师最重白鳝，一头直数缗。潞河鲤鱼、滦河鲫鱼，价亦不赀。何曾日食万钱犹嫌无下箸处，非虚语也。市中日过午，即以白鳝及诸生鱼寄金鱼池，笱而畜之。早起复贮以盆、盎，担入市。过酒家者，必清晨先谕留之，乃得供晚餐。否则鱼已入池，不可复出，未免弹铗而叹矣。

入伎馆闲游者，曰“打茶围”，赴诸伶家闲话者，亦曰“打茶围”。有改“一去二三里”诗者曰：“一去二三里，堂名四五家。灯笼六七个，八九十碗茶。”伶人家备小纸灯数百。客有徒步来者，临去则各予一灯，囊火以行。中北城所属胡同，入夜一望，荧荧如列星，皆是物也。余戊戌春灯谜有俗语一条，隐〔四弦秋〕曲子一句曰“到相公下处空坐不摆酒”，隐《茶别》出“这村夫不过是茶客”！谑也而虐矣。

有“歌楼一字诀”：曰“瞧”，叶音“悄”。翔而后集也。曰“好”，叶去声，谓“叫好”。兼所爱也。曰“要”，定于一也。曰“叫”，来何暮也。此有二义：一则恨相见晚，所谓“一日三秋”也；一则翩何来迟，所谓“千呼万唤”也。曰“闹”，情所钟也。曰“溺”，音“鸟”，去声，京师谓任性曰“溺”。怜生畏也。又即“不是冤家不聚头”之意。曰“戳”，音“慥”。及于乱也。曰“跳”，得新弃旧，名为“跳槽”。见异思迁也。曰“漂”，去声，京师谓逃债弗偿曰“漂”。《竹枝词》所谓“一回漂惯尔三回，包管从今叫不来”是也。难为继也。斯事始终，八字尽之。事有相因，势有必至。此欲觉晨钟也。

有茶园三字经，凡十句。余但记其最后三句，皆殷仲堪所谓咄咄逼人者，曰“舀茶来”。有客例先献茶，此复重言以申明之者，逐客令也。既醉翁之意不在斯，君子之交淡如水。挹彼注兹，瓶之罄矣。鼹鼠饮河，已盈其腹。大如五石瓠，岂仅卢仝七碗，仅为消渴解嘲，所谓“日旰君勤，大夫夙退，侍坐者请出”矣。曰“点灯笼”。

郎近夜来,千金一刻。清风细雨杂沓来,土上出金火照台。不引看剑之杯,空烧检书之烛。骊驹在门,麻蒸见跋。束缊以请,王不留行。斯乃古文《大誓》所谓"前歌后舞师乃蹈"矣。曰"明儿会"当归既赠,芍药将离。薄送我祁,瞥然而逝。翩若惊鸿,矫若游龙。宾不顾矣。是耶?非耶?黯然销魂者惟别而已。尔道是"河中开府相公家",我道是"南海水月观音院"。侯门一入深如海,从此萧郎是路人矣。活画一语言无谓、面目可憎、无可奈何应酬情状。翻手为云覆手雨,岂独阮嗣宗能为青白眼哉!何所闻而来,何所见而去?可为知进而不知退者戒。又入门一语曰"那儿来",已隐然有"适从何来,遽集于此"之意。

杭州吴氏撰《燕兰小谱》,天津张氏撰《秋坪新语》,皆在乾隆庚戌、辛亥间。备载魏长生、陈渼碧盛时事。张君则及见银儿之败,故其书载李载园令满城时,周旋银儿事甚悉,曰君子以为难。至所记银儿被盗事,则以告者过不如是之甚也。老仆杨升,年七十余,随余赴戍。道中无事,茶前酒后,辄呼使说京城旧日琐事,以余所闻印证之,或合或不合。纪文达公出塞,往往从老校退卒谈论采入笔记中。不特东坡好强闲人说鬼,姑妄言之、妄听之,作无可奈何消遣也。杨升言:"魏三年六十余,复入京师理旧业,发鬑鬑有须矣。日携其十余岁孙赴歌楼。众人属目,谓老成人尚有典型也。登场一出,声价十倍。夏月般《表大嫂背娃子》,下场即气绝。"魏三为野狐教主,以《葡萄架》、《销金帐》二出。杨升所云云,我未之前闻也。

魏三有弟子二人,长曰金官,今人但知银官而已。金官白皙,银官微有雀麻。兄弟同买屋孙公园,别宅而居。今相传直隶总督温公承惠宅即其地,非也。银官宅在后孙公园,当日呼"亢家花园"。闻其中有茔地在焉。园既归银官,复赂亢氏子孙,使迁葬。大兴土木,穷极侈丽。不三月而祸作。门外筑马墙犹未竟也,先是有游僧坐关银官门外,募千金施,靳弗与,未几遂及于难。僧亦不知所往。此与西门庆施五百金营梵刹事,相类而相反。

梁家园在虎坊桥,或云故真定相园也。其南则下洼子在焉。

是为先农坛后。梁园亭榭树石无存者。有僧营佛宇其中，曰寿佛寺。募诸善男子、善女人，日费八金为糜粥，以食饿者。五城惟冬春之际设饭厂，独寿佛寺粥厂无间寒暑。其西又有义学，大门春帖子曰："为善最乐，读书便佳。"近年京城有东西悦生堂，皆寿佛寺倡之，可谓无量功德。相传众乐园在虎坊桥，究不知其地。必非梁家园也。

朱九胖子，太傅文正公从孙，畸人也。日遨游歌馆中，人见之呼曰"九哥请坐"，即便就座。问以今日某部在某园、某人演某剧，言之累累如贯珠。一曲未终，翩然又去矣。大有晋人风度。唐太宗呼虞永兴为"行秘书"，九胖子可当其目。

京城拜客，用三寸红纸，拓木刻姓名，而备载住宅街巷于纸背，以便阍人登记门簿，名曰"小片子"。惟翰林诸公谒前辈，概用白帖子。其余师生衙门内阁、国子监、都察院官。前后辈衙门吏、礼二部，及科道官。俱用红纸大片子，以代全柬。老辈书札必用副启，有名正具、名另具之别。外省拜客用单片，必注曰"附全"。盖单片止载姓名、里居，其称谓仍具全柬中也。今一切趋简易，副启久废不用，而片后亦删"附全"二字。循名责实，俭吾从众，亦无不可。《藤阴杂记》载：曾于斜街庙地摊，买得"客氏拜"三字名纸。毛西河《曼殊别志》书砖言"寒冬晨起，呵冻书刺"，是康熙初年名纸仍必亲笔书也。小片子用木刻印拓，不知始于何时。今友朋交际，来往书帖，款式已不复用居中一行。惟乡间则虽平常通问，仍遵曩规，书中行，下半截曰"某人拜"。无论馈遗候问皆然。此所谓"礼失而求诸野"矣。独京师诸伶人谒士大夫，或治酒馔邀乞过临，其柬必曰"门下某人拜"。其字书居中下半行，虽王正登门贺新岁亦然。但俱用小片子耳。士大夫自谒前辈外，门刺止用小片子。惟喜庆事，以货财为礼者，速客用大片子，名曰"请分子"。伶人则请分子亦小片子也。八旗职官，拜谒用单帖，裁为三条书，衔名于下半行，曰"职名"。部院官坐班公会，用职名亦同此式。

王渔洋早朝口占《嘲南海程周量》云："轿中端坐吃槟榔。"国初，京城前三门为新修石路，不许行车。京朝官并坐轿。今惟一、

二、三品大员乘轿,四品惟顺天府丞得乘三人轿,下此皆乘车矣。乾隆初年,尚以骡车为市侩代步,京官尚乘驴车。大约如六朝人贵犊车之意。今日内城间有佳驴车,外间驴车直是寒乞相,惟以骡车为通用。但官车用大鞍,市车用小鞍,以是为差别耳。嘉庆年,官车率用毡帷,飞檐后档。道光年大半从俭,坐布帷圆篷四六档车,而引马则多于往日。此亦一时风处也。闻昔年伶人出入皆轩车骏马,襜帷穴晶,引马前导,几与京官车骑无辨。今日此风已变,舆马虽华泽,不复敢用大鞍,且其傔仆皆跨辕,并无骑而从者矣。即部院经承、书吏亦然,其小鞍车有顶马、跟马者。惟提督府有领顶番子头目耳。《都门竹枝词》云:"止有貂裘不敢当,优伶一样好衣裳。诸君两件须除却,狐腿翻穿草上霜。"按:诸伶虽服饰僭拟,小帽俱用红骰,独大帽仍用矮梁,外褂仍用元青,至行褂则大半石青矣。各衙门惟供事入署当值,衣石青外套,此外凡部寺经承、书吏、库丁及番子头目,概用元青外褂,至皂隶、禁卒则袍褂并穿青色。此亦饩羊仅存矣。伶人仆从外服俱用元青,又例不着靴,大道中车声辚辚,躐行而过,可一望而知之也。

诸五寿原述其尊甫怡亭先生言:"嘉庆间严查亏帑,直隶一县令坐挪移,逮系诏狱,将论死。令蜀人也。有蜀伶慨然曰:'蜀人居京师者不少,何无一援手者?'乃锐身自任,出五百金为倡,沿门拓盏,旬日得万余金,为偿官,令乃得脱。惜忘其名。"乾隆朝擅名者魏三、陈银,皆蜀人。今乐部皖人最多,吴人亚之,维扬又亚之,蜀人绝无知名者矣。

伶人早起,必大声习六字:先为合口呼三字,曰"咿"音伊、"哑"音亚、"呜"音婀,后为开口呼三字,曰"嘻"、"哈"、"呵"。软红《竹枝词》所谓"鸡鸭鹅"是也。国书十二乌珠"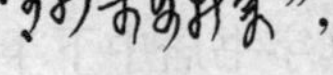",对汉音"阿、额、伊、鄂、乌、谔",至"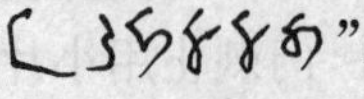"二句,则皆对汉音"傲、欧、优"。西域三十六字母统于十二摄。以迦结始,以钩歌终。中国古音无六麻一韵,自婆罗门翻切之学流传内入,始有之。其字半从歌戈、半从虞模韵转入。然天地元音实从"阿"麻韵字为始,试验小儿初生啼声,开口必先曰"哑,哑"!此人声自然,不可诬也。国书出于蒙古,蒙古书出于华严梵文。夫有所受之,非武断臆说。《汉

书·儒林传·东方朔》曰:“伊优亚者,词未定也。”然则西京已有此语。乐府“妃呼狶羊伊吾”之类,亦即此理。特自古在昔未有笔之于书者,故无从传习耳。天文、算法之最精者,中法皆不如西法。然“地员”出于《曾子》,“九重”见于《楚词》。而泰西人谓借根方为“东来法”。宋人测圆海镜已有立天元一法,是中西合法,殊途同归也。等韵之学,梵语谓字母曰“悉昙迦佉”,至劣蕤是也,谓切韵曰“昆佉罗冈康”,至玃荦是也。《玉篇》用二十四字母,多所兼并。至《正字通》乃欲尽改。用音和,则于通广局狭之理,概乎其未之闻矣。智创巧述,范围不过。民可使由,不可使知。师师相传,委蛇行。可从迹焉。圣人复起,因而重之,识大识小,亦何常师。故曰“礼失而求诸野”。则韵理与天文、算法二者,其尤彰彰也。

辽人制契丹大小字。金人初无文字,太祖命完颜希尹制女真字。依仿汉人楷字,用契丹字制度为之。熙宗别制女真小字,以希尹所制者为女真大字。国朝天命六年三月,命巴克什达海加国书圈点,布在方策,至今遵守。余自恨未得读钦定《同文韵统》,不识五十二母。故然三合翻切之理,未得观其会通。思之,心辄怦怦。

明人作九宫谱,强为分析,如理棼丝。今人恨不起高氏子于九原,使抽刀断之。凌教授仲子廷堪曰:“此特燕乐商调之太簇一韵耳。多立名目,徒自苦也。”丙申夏四月浴佛日,谒阮仪征师,乞假凌君《燕乐考原》六卷读之。师笑曰:“明日发榜矣,尚有此闲情逸致耶?”因言金元北曲未兴以前,唐宋人所填词皆以合乐。曩抚浙日,检宋人词数十调,授尚衣,命伶官谱工尺歌之,不能谐婉悦听,且多不能作谱者。予于是为备陈:“古乐与今乐中间,尚隔燕乐一关。古雅乐以琴,燕乐以琵琶,今俗乐以三弦。琴之幺弦,即琵琶之大弦;三弦又即琵琶四弦,而去其第一弦。由古及今,弦递小,声亦递高,其间盖递隔二韵。如琵琶用工字调,三弦用上字调,斯无不合矣。毛西河不明此理,以唐宁王宫中玉笛谱工尺,推雅乐,是以今乐强合古乐,无怪其扞格不通。唐宋人填词合乐,皆以合燕乐,叶琵琶。今歌师所习南北曲,叶以三弦。即求与金元人合琵琶之北曲,尚难强合,况上合燕乐,能不参差?此其故。固无梨园子弟所能明也。"师大称赏。详具余上师书中。

常州陈少逸,撰《品花宝鉴》。用小说演义体,凡六十回。此体自元人《水浒传》、《西游记》始,继之以《三国志演义》,至今家弦户诵。盖以其通俗易晓,市井细人多乐之。又得金圣叹诸人为野狐教主,以之论禅悦、论文法,张皇扬诩。耳食者几奉为金科玉律矣。《红楼梦》石头记出,尽脱窠臼,别辟蹊径。以小李将军金碧山水、楼台、树石、人物之笔,描写闺房小儿女喁喁私语,绘影绘声,如见其人,如闻其语。《竹枝词》所云:"开谈不说《红楼梦》,纵读诗书也枉然。"记一时风气,非真有所不足于此书也。余自幼酷嗜《红楼梦》,寝馈以之。十六七岁时,每有所见,记于别纸,积日既久,遂得二千余签。拟汰而存之,更为补苴掇拾,葺成《〈红楼梦〉注》。凡朝章国典之外,一切鄙言琐事,与是书关涉者,悉汇而记之。不贤者识其小者,似不无小补焉。其禅悦文法,托诸空言,概在所屏。似与耳食者不同。今匆匆十余年,未能脱稿,殊自惭也。嘉庆间新出《镜花缘》一书,《韵鹤轩笔谈》亟称之,推许过当,故独窃不谓然。作者自命为博物君子,不惜獭祭填写,是何不径作类书,而必为小说耶?即如发榜谒师之日,百人群饮,行令纠酒,乃至累三四卷,不能毕其一日之事,阅者昏昏欲睡矣。作者犹津津有味,何其不惮烦也?《红楼梦》叙述儿女子事,真天地间不可无一、不可有二之作。陈君乃师其意而变其体,为诸伶人写照。吾每谓文人以择题为第一义,正谓此也。正如《金瓶梅》极力摹绘市井小人,《红楼梦》反其意而师之,极力摹绘阀阅之家,如积薪然,后来居上矣。顾余有私见欲献而商之者:《宝鉴》中所称士大夫,我辈为尊亲贤者讳,礼固宜之;至其中小人,如奚老土之类,夫也不良,歌以谇之,不忍斥言,亦忠厚之至。独至杜琴言等十伶官,亦别立名目,此大不必。若辈方幸得附骥尾而名益显,奈何忍使湮没弗彰乎?桐仙为余言,杜琴言即桐仙也。书中推为第一,未知信否?其十人者,曰杜琴言、袁宝珠、苏蕙芳、陆素兰、金漱芳、林春喜、李玉林、王兰保、桂保、秦琪官。十人者皆不知所指,不能求其人以实之。素兰、春喜、玉林,虽有其人,皆与此书所述不称,必别有所谓也。余丁酉夏从严州友吴立臣达案头见之，迫欲借抄，未得其便。闻季卿言："少逸馆内城一尚书郎家。"咫尺天涯，未能一握手为笑，殊恨无缘。暇日作尺一书致少逸，述鄙见质之。方把笔而难作，书未及达也。立臣亦缘事论城旦，所谓《品花宝鉴》者不知落谁何人之手，或者如欧公文，有蛟龙妒且护之耶？《宝鉴》是年仅成前三十回，及己酉，少逸游广西归京，乃足成六十卷。余壬子乃见其刊本。戊辰九月，掌生记。

吴中旧有集秀班，其中皆梨园父老，切究南北曲，字字精审。识者叹其声容之妙，以为魏良辅、梁伯龙之传未坠，不屑与后生子弟争朝华夕秀。而过集秀班之门者，但觉夭桃郁李，斗妍竞艳，蒹葭倚玉，惟惭形秽矣。道光初，京师有仿此例者，合诸名辈为一部，曰"集芳班"。皆一时教师故老，大半四喜部中旧人，约非南北曲不得登场般演，庶几力返雅声，复追正始。先期遍张帖子，告都人士，都人士亦莫不延颈翘首，争先听睹为快。登场之日，座上客常以千计。听者凝神摄虑，虽池中育育群鱼，寂然无敢哗者。盖有订约，四五日不得与坐者矣。于时名誉声价，无过"集芳班"。不半载，"集芳班"子弟散尽，张乐于洞庭，鸟高翔，鱼深藏、又曰西子骇麋，岂诳语哉？《燕兰小谱》记有伶入自京师归，谋入集秀班，纳重贿始收之。论者或谓"有志之士"，或谓是"监生捐孔目"，居然翰林老先生矣。集秀班名重一时，即此可见。闻常熟蒋听松言：吴中集秀班，道光年间亦已散去云。

伶人所祀之神，笠翁十种曲《比目鱼》传奇但称为"二郎神"，而不知其名。《比目鱼·入班》出宾白："凡有教，就有一教的宗主。二郎神一我做戏的祖宗，就像儒家的孔夫子，释家的如来佛，道家的李老君。我们这位先师，极是灵显，又极是操切。不像儒、释、道的是主都有涵养，不记人的小过。凡是同班里面有些暗昧不明之事，他就会觉察出来。大则降灾祸，小则生病生疮。你们都要紧记教心，切不可在犯他的忌。"纪文达公《滦阳消夏录》曰："伶人祀唐明皇，以梨园子弟也。"余案：灌口二郎神，为天帝贵戚。元人作《西游记》，盛称二郎神灵异，非伶人所祀也。伶人所祀乃老郎神。粤东省城梨园会馆，世俗呼为"老郎庙"。安次香曰：伶人所祀神，乃后唐庄宗，非明皇也。次香盖闻之宋碧筠。然亦但以《新五代史》有《伶官传》，故臆度当然，实亦未有确据。余每入伶人家,谛视其所祀老郎神像,皆高仅尺许,作白皙小儿状貌,黄袍被体,祀之最虔。其拈香,必以丑脚。云昔庄宗与诸伶官串戏,自为丑脚,故至今丑脚最贵。今人班访诸伶者,如指名访丑脚,则诸伶奔走列侍。其但与生旦善者,诸伶不为礼也。今召伶人侑酒者,间呼丑脚入座凑趣,斯为行家。每演剧,必丑脚至乃敢启箱,俟其调粉墨笔涂抹已,诸花面始次第傅面。广州佛山镇琼花会馆,为伶人报赛之所。香火极盛,每岁祀神时,各班中共推阿脚一人,生平演剧未充厮役下贱者,捧神像出龛入彩亭,数十年来,惟武小生阿华一人捧神像,至今无以易之。阿华声容技击并皆佳妙,在部中岁俸盖千余金云。然老郎神为何人,卒无定论。余尝见伶人家堂,有书"祖师九天翼宿星君神位"者,问之不能言其故。小霞为余言:"闻诸父老,老郎神耿姓,名梦。昔诸童子从教师学歌舞,每见一小郎,极秀慧,为诸郎导,固非同学中人也。每肄业时,必至。或集诸郎按名索之,则无其人。诸郎既与之习,乐与游。见之则智慧顿生。由是相惊以神,后乃肖像祀之。"说颇不经。然吴人晨起禁言"梦",诸伶尤甚,不解其故。如小霞言是,禁言"梦"者,讳其神名也。此事载籍无可考,所传闻又多不尽可信。姑附记,以俟博物君子。区心庐言:"梨园会馆有碑,载老郎神事甚悉,惜不记其文。"梨园会馆在广州城归德门内魁巷。心庐此言在岳州,时戊戌中秋也。异日当寓书家弟蕴生,使就其地搨文。但恐秉笔者言之无文,未免令人有枫落吴江之慨耳。壬寅立夏日记。

湘舟言:曩在都时,观阳春班后改盛春班,今无之矣。小伶演《铁冠图·费宫人刺虎》。正当饮刃时,摇头散发,假髻遽堕落。宫装结束,上垂大发辫,令人绝倒。又见演《闯山》,幼伶登场,结束不严,趋走急遽,忽失去假足一只。倚丑肩,彳亍不能行。丑笑曰:"我固谓黄口小儿,勿令登场。今果然。我今日兼作乳母矣!"遂抱之入。余忆昔闻有演桓侯者,揭帘出,遽堕其须。同伴遽问:"来者为谁?"答曰:"我张公子也。"笑曰:"小子无用,可去唤乃父有须者来!"机警捷给,往往足以解颐。又有演《琵琶记·卖发》者,方对镜,两缠臂金条脱,艴然呈露。忽闻人呼曰:"可先将金钏卖去!"此后观画《陶母剪发图》,指摘其误画金钏故事脱化来。天下往往有眼前事，想之不值一笑者，大都类此。黄教习子超尝谓：日下习气，以雏莺乳燕，强使充歌舞。其弊之所极，不至于襁褓登场不止。不料竟有此一段笑柄，述之与湘舟皆大笑。余又案：陈银儿年十七，始自蜀来，从魏三儿学歌舞。魏则初入都时，年已二十七。若使生近今，当何以为情耶？

湘舟又言：友人丁四，与米伶交最密。从之学度曲，声容毕肖。米伶知医，人称米先生。以正生擅一时名。刻意求精，家设等身大镜，日夕对影徘徊，自习容止。积劳成疾，往往呕血。丁日日周旋茶铛药碗间。米伶般关帝，不傅赤面，但略扑水粉，扎包巾出。居然凤目蚕眉，神威照人，对之者肃然起敬。今京师歌楼演剧，不敢复般关帝，固由凡有血气莫不尊亲，声灵赫濯，不敢亵侮，亦缘米伶之后难为继也。一日，歌馆指名索米，米病不能往。飞骑迫促再三，不获已。丁往代之，登场扬袘振袂，须眉意气，笑语动止，宛然米伶，客仓卒不能辨也。余谓我辈伊抑无俚，逢场作戏，借此一写狂奴故态。昔乾隆间，黄仲则居京师，落落寡合，每有虞仲翔青蝇之感。权贵人莫能招致之，日惟从伶人乞食。时或竟于红氍毹上，现种种身说法。粉墨淋漓，登场歌哭。谑浪笑傲，旁若无人。如杨升庵在滇南，醉后胡粉傅面，插花满头，门生诸妓，舆以过市。唐六如与张梦晋，大雪中游虎阜，效乞儿唱莲花落。才人失意，遂至逾闲荡检。此亦幸际圣朝，容其傲兀耳。道光初，有中书舍人，于酒筵沉酣，登楼歌舞，为御史所纠，落职。去年又有大理丞，以往来伶人家，为延尉刺得，劾论如律。其外吏获谴者，山东盐运司，以狎优纵酒，挂弹章。又开酌增常例时，有郡守人都纳粟，擢观察使，以歌童沈醉不醒，事几临不测。其季父郡丞，竟论西戍。坊官亦缘此，累罢官。同生盛世，而遭逢亦有幸不幸矣，可不慎欤！康熙朝，洪昉思、赵秋谷、潘稼堂、朱竹垞诸公，以国忌日听歌，同罣吏议。所谓“可怜一曲《长生殿》，断送功名到白头”者是也。闻其事，实由一郡守入京朝觐，应酬不周，致图报复。盖中宿归装蒲葵五万，亦能累人。戴光禄官给事中时，曾于刑科本库检得当日弹章，云凡十余人，详载《藤荫杂记》中。

打茶围者，京城谓之“串门子”。世有一种人，徒辄数十，黩以再三,又顾之他,惟日不足。虽征于色,发于声,标诸大门之外,而有腼面目,恬不知耻。粤人直名之“打水围”。盖仆仆不惮烦,虽水亦将不给也。六篷船遇此辈来,不胜其嬲,则日积败叶,煎汁盈瓮,如牛溲然,来则酌以巨盎。直是《红楼梦》所讥“饮驴”之不如。冯贽《云仙杂记》载:宣城伎史凤,待客有等差。其最下者曰“闭门羹”,啜毕即令去,不与晤。言犹未至若斯之甚也。昔元魏人耻言饮茶,命之曰“水厄”。今之不自爱惜者,比之匪人,呼朋引类,动曰“打茶围”,若此者真可谓之水厄!

余尝以盛夏,赴广德楼听春台。热甚,葛蓬山、李蔼如、金云卿、张吟舫先在焉。赤日行天,四阿无纤云,马喘如吴牛。适有酬应,必不可已。强往投数刺,以故最后至,至则汗出如浆,烦闷不复可耐。凭阑下瞰,万人海中,殷殷阗阗笑语。所蒸如釜中气,腾腾上触。秋芙方于场头演《卖胭脂》,媟狎无度,弥觉闷腻。遽解带搭阑干,尽弛暑服,袒裼摇扇,瞰西瓜尽一枚,良久乃得清凉。楼上下万目瞪视,识与不识皆曰:“此狂生!”明日都下盛传有肉袒入戏园者。爱我者以为言且箴我,谓:“名教中自有乐地也。”余笑曰:“虽非羸国,本是倮虫,何妨裸游?我非狂生,人贵适志耳。”癸巳春,余曾为张海门学博刻“我非狂生”小印。

余系诏狱时,提牢主事胡小初,风流儒雅人也。戊戌元夕,放灯五日,同人为春灯谜之戏。钩心斗角,各极巧思。余以六角白纱灯,画着色折枝花十余种,皆《看花记》中佳卉也。题之曰“梦痕花影”,所编廋词隐语,皆日下佳伶一人名。如“凡鸟”,今凤也;“齐眉”,双寿也;“董贤少年为大司马”,冠卿也;“蔡伯喈骨肉团圆”,琵琶庆也。皆佳。郑九主事筱岩,所撰亦多佳谜。记其一条云“都是小生的不是”,隐四书一句曰“则平旦之气”,甚妙。

余量不胜三雅,而好从酒人游。“长安市上酒家眠”,淋漓酣嬉,颠倒习以为常。汪钝翁《说铃》载竹垞举鸿博,与高念祖偕入都。日暮泊舟,辄失朱所在。及高往求之,已阑入酒肆中,醉卧垆下矣。狂态可想。余所见三庆部最多大户。琵琶庆如百战宿将,功成归第,奉祠奉朝请不复出,与余子相驰逐。所谓“二十四考中书令,万八千户冠军侯”,此“太师尚父中书令汾阳忠武王”也。近日冠卿据首座,假如设酒一石,我与余子未必能尽一斗,冠卿乃不啻如陈王“独占八斗”。淮阴将兵,“多多益善”,固天授也。春波好整以暇,史称“曹公如不欲战”,信然。余目之为邴曼谷复生,雨初平居温温,独至对酒当歌,豪情郁勃,往往如“颖考叔拔郑伯之旗,蝥弧以先登”,“褒公鄂公毛发动,英姿飒爽来酣战”。然不能如临淮旌旗、条侯壁垒也。春台部中人,瑶卿不欲以“高阳酒徒”自见,每如曳柴伪遁,而以逸待劳,屡称后劲。秋芙则意气凌云,如蒙马以虎皮,如燧象十荡十决,再接再厉,前歌后舞,师乃掐。会须一饮三百杯矣。然淳于髡一斗亦醉,一石亦醉,但强颜为薛王解嘲耳。余每目之曰“虎痴”,不可有二,不可无一也。五人者,性情意态,种种不同,每于旗鼓相当时,从壁上观之,亦一乐也。又或轻骑小队,致师靡垒,投石超距,拔戟成队,自为偏师,亦一乐也。又或如妙手空空儿之于聂隐娘,一击不中,翩然遂逝,神龙在云中,首尾鳞爪偶然一露,亦一乐也。如松馆北小院,曲径通幽,乃真醉乡深处,余为署曰“酒痕花韵之居”。飞鸿踏雪,回首怅然。

戊戌,余论戍湖南。百花生日,荷戈就道。小霞既邀《记》中有传者十七人为余设饯,复集能画者九人,合画兰蕙帐额贻余。录别题曰“九畹滋兰图”。或作水墨,或作双钩,或作着色没骨体,各有意趣。九人者,吴今凤桐仙、陈凤翎鸾仙、扈连喜梅仙、刘素玉韫仙、陆翠香玉仙、张兰香纫仙、胡秀兰香吏、范秀兰小桐、俞雯小霞也。阿霞复赋二绝云:“迢迢湘水腻于脂,云树苍茫系梦思。写出幽花空谷恨,赠君权当柳丝丝。”“可怜天与好才华,沦落偏遭失路嗟。大抵词人多历劫,生生谪伴贾长沙。”

镇平邱东麓,应戊戌春官试,携六如居士砚,云得之吴门市上。昔子畏以科场事放废,吾子遭际相同,故以赠别。砚,端石也。广二寸,修三寸,厚四分弱。背为椭圜,刻小篆“六如居士”四字,其旁行书六字,左曰“弘治三年”,右曰“子畏”。面刻八分书,铭于上方。不题名,但有小印日“华白”。下方参差横列行书云:“此砚得于涂林废井中。”砚侧镌“赋山珍藏”四字,不知何许人也。先是劳谔士为余简料行李,见都无长物,语人曰:“是真康对山,止存大小鼓三百面矣。”友生爱我,动称前贤,未免拟非其伦,令人惶恐无地。然二公与吾家用修先后同朝,并皆沦落不偶。而升庵戍金齿时,黄夫人远在蜀中,仅传“其雨其雨”、“曰归曰归”之诗。虽诸伎纸袱乞书,固不能如王子霞为学士一圆春梦也。梁四声谷,为其友索题《琵琶美人图》,余醉后援笔书二绝句云:“天涯沦落试回头,红袖青衫一样愁。莫为美人轻写照,有人怕听四弦秋。”“才人惭拟对山豪,内阁家兄不目逃。大小鼓存三百面,琵琶肯谱郁轮袍。”内子瑶华女士,亦赋一诗,题其后云:“丰貂玉佩俨神仙,阿子居然我见怜。尚有知音司马在,春明门外莫凄然。”

吴太初司马,撰《燕兰小谱》,颇以谱中所载无杭州人为憾。后乃得张柯亭一人,其行事亦有足多者,随园采其诗,并载其事入诗话。盖钱唐苏小是乡亲,维桑与梓,未免有情。钱武肃王之归杭州也,夙昔钓游之地,山石树木尽被锦衣观过。知仁忠厚之至,君子有取焉。幼时闻故老有言:“魏三儿故吾嘉应所属之长乐人,徙居四川者。魏于长乐为大族,徙蜀者固多。”然此事文献无征,所谓未经平子,未敢信也。乙未春,岳州通守黄石泉之仆赤五,为余言:“吾州有贾于姑苏者,罗姓,有子二人,皆入京,隶乐部。”余闻之,心怦怦动,谋所拔出之。乃三四年中踪迹杳然。管子言:“五方之民,山川风气,囿于其地,不相为谋。”西河检讨罗三行,于昆山调、水磨腔源流节度,言之颇详,其曰“松常舌钝浙齿顽”,盖当时耳目所验,实有其事,必非臆说也。京师诸伶,盛衰消长,各有其时,有莫为莫致者。

戊戌夏,余到岳阳小住八十日,得识徐三稚青庶咸,佳士也。诗文字画,并皆佳妙,复工度曲。与余交莫逆。一日得长沙彭实庵书,示余。读之云:“瓣香负气去长沙,适常德有连元者,随之行。”余亟询“瓣香何如人”,曰:“是名猗兰,长沙普庆部佳伶也。有侠气。其举止不似此中人。实庵之眷眷瓣香,犹子之眷眷小霞也。”余亟属稚青致实庵,幸具瓣香行事告我,将为立传,附之入《看花记》。稚青则曰“诺”。未几,实庵书来,道瓣香事甚悉。且曰:“瓣香之得齿于南州高士,幸也。”然实庵闻掌生如此至性,如此迍邅,窃自危也。失意人惯作得意事，岂独杨君哉？实庵将以此一段背面因缘，缄致瓣香。使其地北天南，必当力图一面，以酬知己。盖瓣香胸次落落，视“河间姹女工数钱”者，蔑如也，故无私蓄。其部中人有殁不能具含敛者，同人遍呼将伯，莫之应。时秋风渐厉，将授衣矣。瓣香仅一絮袍资，尽举畀之，乃得沐椁藏狸首。此亦不可及之一端。其去长沙也，有长鬣者迫之，色举翔集，岂鹑鷃所能知哉。若连元者，又幸而附骥尾而致青云者矣。秋九月朔，余过长沙，得识实庵，即以曩所为与阿霞交者书扇诒之。于时独无一语探瓣香行止者，盖余自分此行必经武陵，当得一面也。比月半，泊常德，舣舟，即步行五六里访之。始得元秀班居处，则方演剧。复趋赴歌楼，召问其掌班，则中秋后已复归长沙矣。计余晤实庵时，猗兰当已归长沙。设尔时一语相问，何难一见？乃中心写之者，卒交臂失之。三生石上无一笑缘。随园老人生平最信我佛因缘之说，能不谓然耶？其冬，实庵备以此事告瓣香。书来，颇代致拳拳，兼缄封瓣香所画水墨折枝梅花一幅寄余，又题一绝句云云。瓣香姓曾名超，昔在洪江，桐城朱啸崖在摄会同令朱抱荷幕中，颇眷之。后乃随星桥来长沙。其画梅，所教也。谭铁痴言：普庆部寓所与铁痴家为邻，朝夕过从，知其行事甚悉。瓣香学南北曲最多，长沙诸郎中殆无其偶。吐属尤风雅。铁痴尝谓之曰：“子名猗兰，何独取瓣香为字？”笑曰：“此吾家物也。”典雅潇洒，颇似京师桐仙，而行义过之。余撰《长安看花记》，所记皆辇下诸伶，猗兰远在湖南，例不得羼入。因忆纪文达公《滦阳消夏录》作书在居盛京日，而所载有归京师后事，自序明其例曰“陆放翁诗洋洋洒洒，平生万篇。不尽作于剑南，而总题之曰《剑南集》。兹录盖用其例也。”余因窃比斯例，收猗兰入《琐簿》中。暇日因并天津、保定诸伶，及八年前家居时所闻见粤中佳伶，咸为补传，附载记中。其例实自瓣香始也。壬寅三月二十四日。

燕台鸿爪集

《燕台鸿爪集》，作者粟海庵居士，即杨维屏，福建侯官人，嘉庆己未举人，与华胥大夫（张际亮）有交往。清道光八年至十二年旅居京城。吴新苗据咸丰元年（1851）刻本校定。

燕台鸿爪集题词

粟海庵居士自题

马客幽州鬓欲丝，酒徒燕市少新知。半生谁觅游仙梦？一卷翻成小史诗。檀板金尊闲顾曲，隐囊方褥醉支颐。雪鸿留作他年忆，此亦天涯一段奇。

张际亮亨甫

击筑谁闻屠狗歌？青衫跌宕酒场多。废台风色寒云满，销尽黄金奈汝何。

斜街小巷半樱桃，石虎有僮曰郑樱桃。今都下诸郎所居曰樱桃斜街、杨梅竹斜街、胭脂胡同，其名亦颇风雅。灯影门前马骨高。枨触人间谁市骏？不堪听到《郁轮袍》。

一纸飞传油壁车，少年曾与话天涯。顺郎可在何戡老，闲忆东京录梦华。

泽国重逢感鬓丝，旗亭纵酒负清时。更无人问黄河曲，莫怅孤鸿海上迟。君此稿不以示人，盖忧谗畏讥之意也。故用曲江诗话，且广其意。

鄂　联

重别燕尘十七年，歌台骈簇景犹妍。难除少日嬉游习，日选名花办酒钱。

尊前尔汝话喃喃，颠倒宜人淡墨衫。同是桂郎酣舞队，有谁容易学秋帆毕尚书号。

休文结客兴殊佳，日逐风花上酒牌。记曩寻诗寻酒处，四更凉月樱桃街。

回环情绪忆前尘，七十二章绮语新。今后欢场当并叙，何休也是卧花人。

叶云滋绛音

藉他檀板与金尊,排日梨园乐事论。一曲歌成王紫稼,肯将才调让梅村。

选取花枝伴酒卮,有情能脱岂嫌痴。空中色相虽无着,不是诗人总不知。

醉里思量闷里歌,客边藉此写怀多。可堪矮屋支颐夜,梦境依稀费揣摩。

闻说尚书有桂郎,百花头上占春光。欢场佳话君重继,走马看花一样忙用毕秋帆先生事。

柳枝十五最堪怜,菊部中兴仗大年。从此鹍弦谱新句,赢他豪客掷金钱。

千秋此集独名家,一枕游仙拥万花。艳福中年消得著,不须短梦感天涯。

酒怀燕市未全消,又与江山话六朝。丁字帘前灯舫闹,月明好听玉人箫。

与君京辇早论心,乡国重逢醉梦深。他日软红尘再步,旗亭话旧又题襟。

苏廷魁赓唐

南风手妙响朱弦,目送飞鸿兴渺然。燕市交游论古调,秋心摇落待谁传?旗亭小史霏霏玉,佛院昏鸦点点烟。一样闲愁人海阔,无端拼集鬓丝边。

张人寿幼川

擅场色艺各风流,一卷燕台纪盛游。莫作寻常歌馆看,诗人吟院酒人楼。

檀板金尊忆昔欢,春明花事未阑珊。石林远宦谓芸卿南丰去谓少坡,此调逢君得再弹。

金粉繁华话六朝,清歌菊部亦魂销。筝琶顾曲开心夜,杂记还应续板桥。

十年聚散感抟沙，曾未过从紫稼家。安得京尘重捧襼，要揩老眼看枝花。

林懋勋少唐

金尊玉笛足风流，菊部烟花阅历周。不惜倾囊拚买笑，此生多半为情留。

寄迹天涯客思多，花晨月夕喜同过。阿侬也是钟情甚，每遇欢场唤奈何。

冶南外史

一别京华二十霜，海天回首感茫茫。文章老我知何用，歌舞如君岂是狂？芳草有情萦别路，残花无梦驻春妆。旧人可更何戡在，梦得重来总断肠。

禺谷山人

谱燕兰，真珠圆玉润，莺语总间关。街访樱桃，台寻芍药，春明梦醒长安。想年少不禁忍俊，纤腰扶上钿车看。明月金樽，春风银甲，倚遍阑干。　　今日陇头流水，只清清泠泠，草野花蛮。白雪歌喉，紫云画态，多应改变朱颜。问谁更喁喁尔汝，唱"黄河远上白云间"。剩得烟花南部，小传伶官。调寄《一萼红》

燕台鸿爪集

赠汪兰卿云林

拨闷来寻菊部头,看场斜日小勾留。细腰鼓响明妆出花鼓,恼乱南朝许散愁。

悄访仙人十二楼,流萤相引月华幽。彩云缥缈羊车远,懒醉他家白玉钩。

五铢新换上清衣,入座翩然色欲飞。妙绝胡荽随手撒,四筵颠倒沈元机。

道是无情却有情,醉中意态不分明。玉山欲倒偎肩坐,絮语凭人唤小名。

雪藕浮瓜冰齿凉,云浆一盏许亲尝。汝南鸡唱空归去,笑煞斑骓送陆郎谓陆三彤甫。

一方罗帕付相思,入手闲搓半晌痴。争得才如虞学士,杏花春雨绣新词。

代郭宝岩题便面赠陈小芗庆福

曾探恒春树底花,残宵错叩几人家。玉香独见拖鞋出,鹦鹉传声唤客茶。

别抱琵琶剧可怜,渭城春泪滴铜仙。谁知换羽移宫后,转觉新弦胜旧弦。

南朝风貌阮何双,花影笼身捧玉缸。惆怅夜深连璧去,空余凉月照纱窗兼谓兰卿。

豆蔻年华芍药时,二分明月系相思。小芗,广陵人。风情可似王秋柳,手写灵雏便面诗。

访兰卿不遇

岂比浮华著口边,私期密意款云仙。十千难兑余杭酒,一曲空歌相府莲。天上寄愁应有地，水中捞月亦无缘。六张五角平生惯，甘被花枝笑独眠。

夜偕璧修、宝岩过王菊仙玉喜饮

有闷能消醉，无聊始纵狂。佩壶同楚客，赌酒就王郎。绛蜡连番翦，黄花作意香。天涯殊未料，容易过重阳。

夜邀璧修、雁汀、翊云、宝岩同梅仙鹤林、芝香玉笙、碧珊法宝、莲仙清香、菊仙，饮兰卿宅

碧云尽卷绛河明，手轴犀帘挂曲琼。映烛愁看花影乱，倚阑笑指月华生。人疑群玉峰头见，身似山阴道上行。若把浮名轻换却，千秋齿冷柳耆卿。

杂　诗

梦里时时为破颜，相思不断玉连环。得人怜处无多子，只在凝眸一笑间。

一朵幽兰细自怜，荡愁惹思入吟边。输他骢马朝天客，早办初明十万钱。

代宝岩赠陈素霞青莲

矫矫朱霞客，英英白石郎。折琼雕楚佩，擘锦制秦裳。舞态黄鹅跌，歌声赤凤翔。招邀看卫玠，消息报王昌。杯唤传鹦鹉，裘拼曲鹔鹴。到门疑月堕，入座俨珠光。款款随调笑，依依道胜常。苾刍思败道性天禅师，羁屑忘离乡。皂鹤翻新格，红螺醉渴羌。自甘当百罚，不觉过三商。家近涂金塔，居连解玉坊。车听停翠幰，梦许到红墙。小别魂犹绕，重寻眼更狂。酪奴清一呷，灯婢灿双行。郁烈芳松枕，雕镂蹙柏床。未亲鄂君被，空接令公香。促去愁天远，归来觉夜长。游仙一百首，私咏替曹唐。

十一月十六夜饮、席赠潘冠卿玉香

赵氏连城璧,当前快一呼。如何歌得宝,久使叹遗珠。启椟光难定,盈怀暖欲苏。亟宜焚意可,莫便赠文无。静听莲花漏,低斟竹叶壶。酒香怜客醉,灯影笑僧癯。尚恨邻难买,冠卿新移寓韩家潭,其旧居与玉极庵邻。犹欣愿未孤。回头语燕石,始妒伴狂奴。

有　忆

衔雨歌唇湿,裁云舞袖新。芳兰何竟体,明月可前身。别乍回肠急,思多入梦频。谁呼赤丁子,为致白茅人。

赠张莲仿双庆

云肩合袖隐花裳,鬓朵珠翘堕马妆。拼得思量抛得恨,可怜何晏换闺装。

即席赠小琴天秀

电釂千钟以建瓴,龙头快泻不教停。幻云娇玉知多少,旗鼓谁当小酒星。

和赖榴海原韵榴海与余同寓玉极庵

玉梯横绝广寒楼,自向云溪觅醉侯。腕底麟毫埋秃笔,腰间虎气闷纯钩。急呼白堕狂濡首,低拍红牙缓转喉。三万六千场可准,飞鸿身世付悠悠。

铁凤玲琤钟磬沉,双林夜午绝招寻。煨垆芋熟邀僧话,欹壁灯残伴月吟。笑我枯蚕痴作茧,逢君焦尾忽知音。天涯结客须豪饮,肯学扬雄著酒箴。

童子无方心自安,乾坤更有醉乡宽。拈花不碍传真谛,化炭谁曾污内丹。张绪风流殊楚楚,郦侯骨节最珊珊。迦陵何福能消受,拥得云郎恣眼看。

燕市明灯夜欲中,荆高旧侣一尊同。纵非贳酒金貂客,难得行觞玉雪童。座少车公先兴尽，昨同宝岩饮，招榴海未至。诗惊王播值纱笼。何时重画旗亭壁，尚有双鬟语未通。榴海道重庆部研香、顺林色艺俱绝。

赠范珊珊福喜

余自去腊九日，识珊珊。与之宴饮流连，殆四阅月，未免有情不能已已。爰摭本事，得诗二十章，聊抒予怀，未罄彼美也。

帘前半面便魂销，急倩青禽宛转邀。捧定琼姿看初日，不虚人道阿龙超。宝岩性天恒誉珊珊，一日见其搴帘窥客，流目送盼，宛宛可怜。真云韶翘楚也。

歌台绛树曲将残，犹自当前一见难。可是将身比明月，不教侬近许侬看。识珊珊次日，闻其当演杂剧，因往观，期一面。乃珊珊不知余至，未得促坐款谈，怅然而返。

颦轻笑浅欲拼娇，握手凭将软语挑。如此丰神宜饮酒，肯教辜负可怜宵。夜过珊珊，许啜茗小坐。因留饮，并招冠卿。

鹤氅飘然望若仙，瑶林玉树共标鲜，琅玡诗思无人会，拥鼻微吟快雪天。珊珊、冠卿，踏雪来寓。因忆王次回集中"冲寒越显凝酥面，避雪微欹削玉身"二语，为之低吟者久之。

金叶初拈指未匀，欲翻红鹤问频频。藉将瘦语通微谑，一脔秋眸溜杀人。珊珊不解叶子戏，泥余教之。

梵宫咫尺接仙居，桐树门前顾不虚。记得那宵残月里，归来逢着六萌车。余万玉极禅林，与珊珊相邻并。

憨态灵心迥不群，乞书索研独殷勤。最怜弄笔明窗底，弱腕斜挥五朵云。珊珊以其姓字作押，颇工妙，来辄书满纸。

临行泥饮玉交卮，欲却还羞又莫支。意里明知侬左袒，道侬百罚不攒眉。珊珊辞将归，宝岩强之饮。珊珊顾谓余："君命饮几何则几何矣。"嗣尽三斝而归。

酒酣意态剧轻狂，玉白花红较短长。一语撩人真绝倒，请将汤饼试何郎。宝岩称莲仙之美，珊珊讥其傅粉。宝岩因戏之曰："子得无犹是耶？"珊珊请即靧面看如何。

钿辕初散漏声稀，乘兴还来撼凤扉。怜我连宵通未睡，背人只道不如归。同珊珊酒楼小饮归,复偕宝岩过访,令出酒作长夜饮。珊珊知余数夕纵博未卧,阻勿再饮,因归。

归来睡眼已麻茶,谁料重餐脸际霞。我见道儿未尝足,莫嗔动即到君家。归已脱衣卧矣,复被榴海促起往饮。

只言斶忿有灵犀,不道重逢尚勃溪。两小无猜终一笑,解围亏煞玉东西。珊珊、素霞酒间偶忤,他日尚未释然,余擎杯酒,左右令饮,始同展笑如初。

等是楞严十种仙,玉郎谓冠卿相见倍相怜。酒边连臂争调谑,曳雪牵云唤不前。

街头火树息银花,屈戌轻敲索斗茶。钿笛无声宵似水,璧人随月落谁家?元夕访珊珊不遇。

蝶使殷勤几往还,认香猜影意回环。萧韶不作分身将,恰恼江南庾子山。榴海、宝岩招小琴、素霞皆来,独珊珊留他处,屡催不至。

意钱旁舍闹如雷,射覆当筵冷似灰。怪底一双惊蛱蝶,几番飞去懒飞来。同榴海、宝岩就珊珊饮,榴海招韵珊、双禄,适有博者,亦其素识,两地周旋,座中颇形寂寞。

锦髻红裈唱鹧鸪,正欣得见雪肌肤。无端被客拦教饮,错过当前一斛珠。珊珊演《山歌》一出,恒卸袒服以自矜衒,余未之见也。偶过梨园,闻当演是。会被胡晓槎挽入酒肆,珊珊登场而余已去矣。

邂逅勤斟酒一巡,何来飞鸟亦依人。都中谚语,以与彼辈不期而遇为"飞来凤"。星星细语深深恨,桃核中间别有仁。同冠卿饮某处,与珊珊遇。

沈腰骤转动星眸,嗔向人前作闹侯。何意肯当三爵后,身同楚水入淮流。珊珊颇自矜持,一日酒坐,顿易旧观,意殆醉也。

真珠密字写乌丝,碎事零星只自知。谁似西川杜工部,等闲漏却海棠诗。宝岩谓余独于珊珊无诗,故云。

刘藜仙落第,归有期矣。忽作过夏之计,喜而戏赠。藜仙近与杨曼卿庆喜昵

杜鹃啼月客思家,谁悟当归作计差。我爱三山狂小四,勾留一

半为杨花。心香先生自称刘四，有“不敢骂人”印，藜仙亦第四，有“小四”印。

赠汪一香全林

学得铜鞮第一歌，前身莫便是韩娥。回腔入破摧藏久，煞调添声顿挫多。清历语音如戛玉，轻盈体态不胜罗。世间只有情难遣，玳瑁筵前奈汝何。

玉李星低烛影红，帘钩惊响见秦宫。含情偶授兜罗手，不语频回翦水瞳。风纸招来愁缓缓，羊车捧去苦匆匆。低头欲下曹邱拜，石烂难忘说项功。珊珊善一香，屡向余称其长。昨饮珊珊宅，复以为言，因招之至。

又　赠

闪电窗前月似潮，独骑白凤下三霄。投壶勾得群仙笑，乱掷莲花五十骁。

南山种豆唱乌乌，一吸何妨罄百觚。却恐白云人醉死，顿将玉手夺银壶。

金筒私递语函胡，碧唾黏香醒酒无。从此相思消不得，残宵愁对淡巴姑。

四月十五夜，宝岩邀同藜仙及曼卿、韵兰双林、珊珊、一香饮稚琴天然宅，席间赋

劝君满酌金屈卮，听我狂歌金缕衣。如此良宵如此酒，人生能得几多时。

四月十九日即席赋赠一香，时冠卿在座

雨后半轮月，相随到绮疏。有人深妒汝，何意又怜渠？骨弱花难匹，肤清玉不如。谁能辞酩酊，一笑百砗磲。

赠毛莲仙广陵人

本是琼花种，何来得两株。名羞盲子夏，三庆部有清香者，亦字莲

仙。目短视,某赠诗有云"慧眼能开一寸光"者是也。人因呼莲仙为"小清香"以别之。曲擅小单于打番。舌底回文锦,胸中记事珠。兼能谙食法,请客好监厨。

友人有訾莲仙者,作此调宝岩,并解友人之惑

莲仙姿态耐人看,无怪濂溪割爱难。佳境可能同啖蔗,当门何至遽锄兰。满轮月肯教星替,径寸珠谁向雀弹。妙语解嘲齐一粲,风吹池水孰相干。

醉后狂吟

未容俗眼识狂奴,快意当前拍手呼。飞上青天抱明月,车干海水看珊瑚。琼舟花泛双骰酒,银管尘飘一串珠。归制樱桃新乐府,更扶残醉问吴趋。

朱抱和席上晤柏芸湘霞林,抱和为索诗,赋此以赠。时抱和将出都矣

赤城天半起朱霞,回首天台万里遐。十色九光描不尽,错教小谢擅诗家。

口占赠玉珊三寿

十指纤纤软玉枝,当筵蘸甲捧琼卮。不辞一吸西江尽,愁绝姜芽欲敛时。

答友人问

蝴蝶庄周都有情,移居喜近草兮城。狂呼何与旁人事,痛饮焉知后世名。自料羲之当乐死,更怜叔宝独神清。麻姑送酒长源笑,笑指花梢月又生。

赠李瑶卿玉庆

红罗百匹柘枝颠,何处闻歌不可怜。一串明珠抛更转,几人得

似李延年。

赠怜慧音法林，戏为叶兰谷作

纤弱乍逢疑善病，温存一见许多情。石林居士风旛动，六尺桃笙梦不成。

闹中怀诸小史

小衖如弦矮屋开，此间难遣酒人怀。漫将凫盏成孤醉，安得鹅笼带尽来。头上焰光劳想象，梦中颜色动疑猜。朦胧睡眼揉难醒，讶是东邻趁月回。

齐朗山饯予于冠卿宅，予使陈鸾仙凤林弹琵琶，歌以侑酒

仙云扰扰玉亭亭，劝酒鹍弦不暂停。月底恰宜歌宛转，尊前惟解醉沉冥。空花现影原无着，短梦催人苦易醒。他日重逢谁料得，可怜潘鬓渐星星。

见有题小史十人甲乙于旗亭壁间者，一香乃居第九，漫赋示一香

尽将珠玉付量称，十客推排若足征。数到元长偏第九，世间月旦更何凭。

将之楚南，留别兰卿

三眠三起亦何心，回首金城思不禁。荀令熏垆空自爇，王公玉枕杳难寻。人间路有燕台远，望里情如楚水深。从此懒书换鹅帖，记携丝竹醉山阴。兰卿喜草书，余教作“鹅”字。

别一香

杜宇声催奈若何，尊前不觉唤荷荷。回眸再认凝酥面，入骨难

忘散雪歌《赶三关》。背影浅斟推我醉,斜肩悄语怕人多。销魂滋味非今日,更遣江郎赋绿波。

别冠卿

一度相看一惘然,清愁冉冉思绵绵。催将去后难成醉,行近前来便可怜。堕落几时容脱劫,思量无计得升天。填胸此恨凭谁诉,不独离歌惨别筵。

赠汪韵香双禄

昔艳花游曲,今逢玉骨仙。芙蓉岂初日,杨柳尚当年。早抱三生愿,虚留一面缘。谁如房次律,终始得相怜。谓某。

韵香,一香之兄也。一香白皙纤长,巧笑善睐。然燕赵丽人,虽极妖冶,而温雅之态不足。韵香独以韵胜。道光戊子夏秋间,余以应京兆试,客都门。韵香年十四矣。见其演《花鼓》一出,柔情绰态,冠绝侪偶。眠梦中啧啧不置,迄今四年矣。然当朋饮,商佐酒者,或举韵香,余辄乱以他语。迫之,则曰“待吾行,当与饮”。众以余口惪之而已,后遂无言韵香者。壬辰九月,京兆报罢,先出都二日,夜偕赓唐、宝岩过珊珊,遽折简召韵香。时韵香尚羁他所,未能即来。彷徨凝伫,惟恐其不至。众为愕眙,独珊珊竖一指目余微笑。余颔之。盖珊珊以是测余之将行矣。呜呼,结三年之铁网,只为珊瑚;泻百斛之珠尘,敢遗明月。乃待檀公计定,阮籍途穷,始与侧帽花谈,掎裳月坐。摅怀未罄,握手遽离。余独何心为是不情哉。因成短什,聊当劳歌。兼示珊珊,当同惘惘已!

对影闻声意早移,招邀何事待将离。春蚕作茧先防缚,秋蝶寻花敢恨迟。市骏终偿怜骨愿,画龙恰到点睛时。多情转似无情极,只许铜盘绛蜡知。

别 珊 珊

都护歌残剑气盘，买丝合绣范珊珊。腹中鳞甲撄人易，皮里阳秋可意难。笑我尚余狂态在，昨珊珊谓余曰：“君尚能狂耶？”得卿只当酒徒看。蛇蛇酷有相怜处，莫怪临分两拗欢。

三小史诗并引

一香与其兄韵香，同属春台部，先后齐名。足微蹇，登场促步若横行。然趁作姿媚，转益其妍。京师尚楚调，乐工中如王洪贵、李六，以善为新声称于时。一香学而兼其长。抑扬顿挫，动合自然，口齿清历。又燕产也，昵昵作燕儿女子恩怨尔汝语，声情曲肖，令人心动。时无出其右者。一香不好与众狎，众谓其恃长而傲，咸嫉之，独珊珊与之善，极口称誉。座有一香，欢笑辄倍于平时。珊珊不甘居人下，何倾倒一香如是？言曰：“不知子都之美者，无目者也。”彼珊珊者，殆不甘为无目人哉。

镜里轻鸾舞，琴中大蟹行。憨传儿女态，凄动别离情。郢曲声声妙，燕言字字清。怪招同伴妒，早掩阿千名。

冠卿闻本良家子也，戌削明靓，口微吃而善歌。眉间时形恨色，诘之，辄强笑语，终不自明。余以是怜之。师贫，服饰苦旧。莲仙常讥之，然不以掩其美也。冠卿尝属余为推算星命，余漫应之。忆去秋，歌楼遥见，即为心醉。适屡有从旁挠之者，迟至仲冬，殆从款洽。是区区燕聚，迟速间亦若有数存焉，况其它乎！数不可变，命不可夺。冠卿之为冠卿，诚其命也。虽然，美伶艳倡闇然不彰者，古今不知凡几，而冠卿独能以色艺倾动一时，其亦可以无恨矣。

眉黛愁含思，腰肢瘦着人。莺喉圆善转，燕语急难匀。自有西施美，何妨南阮贫。幽香非俗艳，生及菊花辰。

珊珊温雅可念，然有所忤，辄形于色。好使酒骂座，有灌夫风。尝与优劣诸伶,心折一香,而韵香次之,余皆羞与伍。余前诗所云“腹中鳞甲撄人易,皮里阳秋可意难”,指此也。珊珊善谈笑,余好与语。一日从容谓之曰:“子齿亦长矣,不当自为计耶?”珊珊凄然曰:“如君言。谁肯以千金相赎者?”珊珊意盖嘱余,余谢曰:“吾不能。若豪华子,日与若辈相征逐,其能视眉睫为俯仰者,恒倾囊与之不少吝。子则谁肯以千金相赎者?”语未竟,珊珊慨然曰:“已已!命也。吾弗能改已。”时其同列,色艺或与埒,或且逊之,而声价每出其上。非其不自贬损以取合于时,有以致之耶?余于一香取其姣,于冠卿取其婉,于珊珊取其狂。呜呼,若余者,非珊珊之知己欤!

独解怜真色,终难和众香。我看偏妩媚,人道太轻狂。一柱非无观,千金未有方。佩刀持赠意,知为割愁肠。

留别诸小史

何福能消倚玉缘,痴心但祝月长圆。欢场放手无三日,酒国遨头近一年。见惯浑忘谁主客,情多都觉费周旋。花间暗把香名记,恨未书残九万笺。

唱彻阳关酒半酣,夕阳影里暂停骖。梦回春草人千里,情在桃花水一潭。蜡泪有心怜杜牧,歌喉无处觅何戡。天教重踏长安路,认取当年熟魏三。

别宝岩

黄菊初花蟹正肥,等闲分手出星畿。与君直是同功茧,一样疏狂一样归。

花天尘梦录

《花天尘梦录》作者种芝山馆主人，清道光时人。从序文得知这是一个屡上公车又屡次落第的士子，滞留京城时，逐日征歌，与伶人广泛交接，陆续著《凤城花史》正续编、《吃余丛记》、《评花韵语》正续编、《燕台花镜录》等笔记，合成《花天尘梦录》九卷。吴新苗据马彦祥藏钞本整理。

目　录

题　词

御街行题《凤城花史》

春　帆

殷勤细把芳名数，又斟酌、成新谱。绘声绘影绘心情，知转遍、柔肠千缕。管城花满，眼中人在，直不放春光去。　者番应惹东君妒。笑彼美颜常驻，好从香国拜词仙，总不怕夜来风雨。最忙人处，蛮笺竞写，早惊动寻芳侣。

金缕曲题《评花韵语》

皃　葊

帝里春如瞥，盼芳时，流莺唤起，唬鹃催彻。一刹那中留幻影，浅碧深红争发早。又是花飞时节。十万金铃难护惜，怎匆匆、付与闲蜂蝶。花有恨，向谁说。　多君彩笔评量切，擘银笺，齿牙生慧，艳于霏雪。冶叶倡条都入品，重把名芳分别，只廿四、司空诗

① “艺余丛记”当作“呓余丛记”，例言云：“丙午复成《呓余丛记》一卷。”

格。可许蕢花风约住。将娟娟,翠筱窗前列。予请以竹生易蕢仙,竟得从予更定焉。君试度,水晶尺。

沁园春题《燕台花镜诗》

潭影轩老人

月地花天,歌台舞榭,景丽春明。喜鹍笙象管,莺娇蝶媚。凭君彩笔,绘色传声。妙思拈来,好诗吟就,万颗珠光灿列星。成佳话,写梨园色艺,手敏心灵。　　爱他逸趣纵横,怅旧梦依稀恨又生。想尊开北海,曲征南部。骋怀游目,别有柔情。仙子丰裁,女郎身价,可许鲰生问姓名。携东绢,约香光谓云槎遍访,取次图形。

一萼红题《燕台花镜诗》

丹石山樵

展新编,看长城五字,百二抵秦关。菊部名优,梨园小队,都教谱入吟笺。曾吹彻,廿番风信,看花信早惹暮春天。最是多情画,贻团扇俞小霞有赠先生画扇,宴启连环。范小桐有玉连环室,公宴启。

遥忆春明乐地,列氍毹十丈,粉黛争妍。吹竹弹丝,偎红倚翠,撩人舞榭歌筵。消不尽烟花锦债,更吟诗,使我梦魂牵。何日长安走马,醉倒花前。

风流子题《凤城花史》

品藻余夫

皇都春景丽,丝管沸,歌吹杂人声。看红袖风前,粉侯脂相,青尊月下,檀板银筝。长安市,乐游天不夜,烂醉酒难醒。大有奇缘,十分可意,不须真个一样倾城。　　翩翩裘马客,五陵美少年,意气纵横。若个当场著眼,心苦分明。算风月平章,难为此老莺花留守,亏了先生,绾住流光多少,风雨阴晴。

沁园春

拂桐山人

伊胡为者，有此写生，斑管一枝。将帝里风光，图成粉本；长安春色，谱向乌丝。一片缠绵，十分爱惜，蜂抱群芳酿蜜时。真眼福，自燕兰谱后，又见新词。　　几番掩卷猜疑，便写尽伤心付阿谁。况滚滚红尘，当场着我。盈盈翠袖，转瞬非伊。早岁光阴，中年哀乐，且试从君陶写之。留片语，共雪泥鸿，爪折证相思。

绝句四首

梨园曲罢酒初醒，春光匆匆去不停。赖有写生一枝笔，抵他十万护花铃。

粉红骇绿舞东风，乳燕争春怯未工。莫把妍媸论高下，一般俱是可怜虫。

北地胭脂画入神，小名录上一番新。他年再到征歌地，可见岐王宅里人。

廿四番风力未齐，一编金粉艳新题。卷中亦有何戡在，重到桃源路已迷。

绝句六首

苹　屿

万选梨园各擅场，桃花笺上姓名香。文章游戏通三昧，画出江南协律郎。

格仿楼罗艳入神，名花争放帝城春。何须更读群芳谱，玉蕊琼枝别样新。

不数红儿与雪儿，伶元色艺冠当时。等闲谱出承平象，艳绝珊瑚笔一枝。

檀板金尊唱紫云，淡红香白一群群。用韦端己句。头衔翻笑司花史，管领春风总让君。

评花品遍咏花诗，见惯司空意更痴。诗品性情花品貌，廿番风信到吴儿。

愧我无才赋冶游,枉教皮里著阳秋。一编多少怜香意,佳语争传菊部头。

七律一首

小藏书龛居士

云璈湘管奏当筵,春到长安景倍妍。一卷传神推彩笔,三生识面悟前缘。拼将诗品翻花品,著就新编续旧编。何日寻芳问仙侣,莫教岁月负华颠。

绝句二首

太平闲史

多少闲情赋洛神,小名重写一编新。瑶笺捧出殷勤看,愿拜当时顾曲人。

阳春白雪日征歌,惆怅桓伊唤奈何。羡煞春风一枝笔,韶华驻向此中多。

绝句四首

绿绮外史

司勋绮语最多情,燕燕莺莺记小名。一样看花同入梦,输君有笔写倾城。

未曾相见已相怜,余初入都,先于先生扇上识蕊仙小影。乍喜相逢最少年。游遍碧穹三十六,只容子晋作神仙。

生来秀骨自珊珊,天许齐名玉笋班。佩秋色艺为都下近来第一,惟蕊仙得与齐名。此时当筵一尊酒,定牵双梦过江关。

菊芳兰秀品评真,不是红裙更可人。愿乞此编笼袖底,万花丛里遍寻春。

都门浪迹去住有年，观剧之余不无杂感。戏集藏园九种曲为截句以遣兴。适阅种芝山馆《花天尘梦录》，因汇成十二章。书之卷首，聊当题词

棣华馆主人

芳意相关信有之，不曾相见已怜伊。偎红倚翠初承领，执手难分一样痴。

纷纷秾艳竞韶华，翠袖持觞晕脸霞。逗入花丛幽梦里，今宵酒醒胜天涯。

分明群玉峰头见，舞袖歌裙记曲娘。静对幽丛共徙倚，胎中曾带女儿香。

楼中执手花前坐，骙女痴儿这点情。随着东风为定止，就中消息未分明。

词客相逢卖酒楼，不风流处转风流。青天再谪仙人下，不及卢家有莫愁。

仙宴才终日未移，当时手赠玉交枝。三生留下相思债，肠断魂消若个知。

且约花前饮玉杯，并刀剪水漫裁开。情场福分谁堪并，眼角眉稍一盼来。

一点余芬沁肌骨，绿云鬟下送横波。心头越地添留恋，懒向尊前唤奈何。

累我思他十二时，寻常梦里便逢伊。人间只有情难尽，自己酸辛自已知。

都是生前堕劫人，冷吟闲醉独伤神。多情惯惹无情罚，可惜聪明上界身。

保护花魂一树幡，重将因果证诸天。江郎彩笔开生面，花气香含墨气鲜。

一片奇香染素衣，香兰聚影胜新知。藏花代筑留春槛，碧杜芳蘅贻赠谁。

绝 句 八 首

铁石洺州渔叟

题遍霓裳队里仙，珠香翠暖斗芳妍。俊游合有清闲福，片片优昙落眼前。

舌生莲瓣笔生花，玉貌图成绝点瑕。先生藏有佩秋小照。空谷幽兰原第一，盈盈十五爱春华。

玉骨冰肌秀可餐，寒梅香绕十重栏。绮罗自醒繁华梦，未许旁人冷眼看。时梅生甫南归。

珊网搜罗集众芳，深红浅碧助诗狂。依稀情影来灯右，午夜犹闻纸上香。

蝶媚莺娇燕语清，歌楼色艺想倾城。刚肠素未轻低首，才得相逢已种情。谓郝小霞。

万种芳香妙墨留，写生手段竞风流。年来我亦钟情甚，犹觉于君逊一筹。

花品争传月旦高，情痴何异醉芳醪。目成各有前缘在，难逐人人痒处搔。

挑灯掩卷自疑猜，认取名花是处栽。一段柔情千种系，知他谁入梦中来。

集录中句代题

咏花外史

红氍毹上识倾城，燕燕莺莺记小名。羡煞春风一枝笔，绘声绘影绘心情。

评花品遍咏花诗，芳意相关信有之。此是太平全盛事，《燕兰谱》后见新词。

阳春白雪日征歌，懒向尊前唤奈何。一段柔情千种系，帝城春色恋人多。

愿乞此编笼袖底，生香浓爱士同熏。年来我亦钟情甚，管领春风总让君。

出都后寄题八绝句

餐胜客

春暖华堂绛烛烧，主人按拍客吹箫。亦知金粉皆空色，绮业年来未肯销。

风流杜牧才名擅，珍重梨园月旦操。从此流传新乐府，不须重问郑樱桃。

记取桃枝与柳枝，护花心事有谁知。他时倘画旗亭壁，定唱黄河远上词。

檀板金尊落日斜，春风细细酌流霞。素心更结兰为佩，第一人宜第一花。

花月流连酒一卮，高怀洒落信吾师。凤雏桐乳今何在，为语东君好护持。

半载京华感旧游，离筵争唱畔牢愁。临行多少西风泪，分付当时鞠部头。

自笑疏狂本性生，敢云名士悦倾城。琵琶水上弹幽怨，都作今宵急雨声。

浮云西北是情天，望断蘼芜路渺绵。怪底蓬山风却引，本无艳福作神仙。

题词

较量色艺谱新编，花史闲修到舞筵。岂有三生钟艳福，可怜一笑总情缘。尊前标格摹能出，楼上歌声听更妍。博得群芳齐下拜，红儿也爱姓名传。

留春春住一家家，几度寻芳走钿车。已信佳人是男子，但看丽色即名花。痴如说梦情终幻，品到传神意自夸。惆怅绮厅诗酒地，重来可认壁笼纱。

绝无文笔与词翰，高下从心取自看。谱得帝城花样去，春风差不负长安。

小名录上唤卿卿，自笑中年百感生。此是太平全盛事，不须丝竹讳陶情。

红红白白万花枝,痴绝毫端费艳词。待得十年重展卷,名香爇到返魂时。

细选娇童浪主盟,比他红粉较关情。编成已醒繁华梦,莫怪人传薄倖名。

戊戌秋九月种芝山馆主人自题

例　言

一、《花史》上下编成于道光戊戌。所载都门五部名伶,皆以数年来余所及见为断。聊以传信,亦以自娱。遗珠之诮,知不免也。同人见者,谬为嘉赏。癸卯秋重来京师,友人辄以续编为请。因就近所得见随时登记,逾一载而成帙。乙巳冬日于坊间得吴太初《燕兰小谱》,是成于乾隆乙巳者,迄今适甲子一周。爰投笔起曰:可以已矣,赏音者盍姑于斯叹观止乎!

一、五部诸伶详略迥异,非有弃取于其间也,以余熟春台,故所载较多。前编叙春台为上卷,次三庆、四喜、嵩祝、和春为下卷,配之续编。虽杂载而和春仍止数人,此外实未获一面缘也。同时看花者慎勿以挂漏见罪,则幸甚,幸甚。

一、《花史》前列之三四名皆准一时之公论而定,见者当不谓谬。此外有不可强分甲乙者,随手记载,都无轩轾。真乃万花竞秀,群鸟乱飞矣。矧顾曲人多,赏心事异。或以色取,或以艺升,或嘉其德性之婉和,或爱其风情之佻荡。凡此无端之契合,各有莫解之因缘。近有人传新句云"休问佳人谁第一,是侬知己便倾城",人亦各好所好,而勿訾其品评未的,可乎?

一、《花史》续编成于乙巳,越一岁而始抄定成帙,故有阑入丙午年事。丙午复成《呓余丛记》一卷,载诸名伶佳话,皆取见闻极确者记之,以征一时韵事。其名流题赠,择所见之尤佳者录之,而以拙作诗赋附焉。结习难忘,亦钟情有素也。他如纪事之诗,惜芳之序,聊取证风俗习尚之殊,岁月迁流之速云尔。

一、《评花韵语》为兰士氏补作也。先是，兰士氏成序一首，而难其评品。凫莽持以示余，嘱撰成之。秋窗夜雨，篝灯戏笔为《名花二十四品》，而于余花则取成诗为写照。凫莽实参定之。此戊戌年事，岁丙午而续品，亦因以成编。

一、《燕台花镜诗》为观剧作也。信手拈配，错杂成文，有对必工，无词不炼。初因人而识其戏，复因戏而系以人。脱稿成百韵，即为友人所传钞，益至百二十韵而题词见赠矣。续增至百六十韵，今仍删定成百二十韵。

序　文

凤城花史原序

忆予丙戌春初上公车，年二十有五，不识所为愁也。下第后从事笔耕，渐依人为糊口计，往往抑郁无聊，闭户咄咄作殷浩书空状。继乃囊书匣剑，走青齐、渡黄河，滕阳假馆、吴下泛舟，赏端节于邗江、度残年于睢水。足迹所历，凭吊良多。俯仰山川，兴怀陈迹。其间春明屡上，毷氉为常。潦倒青衫，自伤憔悴。凡士女莺花之会，琴尊诗酒之游，他人所视为行乐者，其中皆有不堪回首者在也。张船山先生有句云“人到中年感慨多”，信有之矣。丙申岁留滞都门，于歌舞丛中薄有所识。今春北上，已不禁风流云散之嗟。因念褐衣虽释，墨绶未膺。对春色之撩人，叹流年之似水。行将买车东返，仍寻磨铁生涯，屈指重来当须数载。异日燕市听歌，定知燕燕莺莺都非旧侣。求如梦得所云“旧人惟有何戡在”者，亦何可必哉？秋雨连绵，篝灯濡墨，取近日之目习耳熟者拉杂书之，不三日而成帙。将来于箧笥间偶一检阅，未始非驻景之灵砂，留春之秘笈也。情之所钟，正在我辈，岂不谓然。然亦可以证雪泥之痕，寄岁月之感已。

道光戊戌秋八月下浣种芝山馆主人自识

凤城花史小引

盖闻欲海无边，同张爱网；情天不远，藉破愁城。是以俏影登场,争识莲花之面;灵心照座,轻回杨柳之腰。拉杂筝琶,花能傍蝶;流连尊酒,蝶解寻花。或一见倾心,早通眉语;或几番觌面,未许目成。美恶攸分,爱憎斯判。舞衫歌扇,正须欢笑。年年秋月春花,莫误韶华冉冉。定真评于甲乙,此中各有嗜痂;选丽质之精华,以外更无遗璞。毫端集艳,绮语生香。纸上传神,群芳设色。记儿家之门巷,轻车尽可寻春;写月窟之楼台,宝马惯能识路。从此按图相索,目迷五色之花;展卷重看,心艳三春之景。

道光乙巳小春下浣绿绮外史书于静能安斋

评花韵语序

盖闻五行之秀,钟于人者为多;百年之中,当其少也最美。况乎国色天香之品,惟牡称丹;鸳文凤藻之华,得雄者艳。映丽之誉,端有归矣。则有吴苑名花,皖江秀品。以南朝之金粉,作北地之胭脂。备子弟数登场,宿谙六引;现妇人身说法,即是三摩。宜乎燕姬赵女,粉黛为之不光;袖子施孙,珠玉所由专美也。然而爱河虽溢,亦当辨别淄渑;花市频经,讵未周知香色。以绮怀之深浅,分湘管之等差,厥有数端,所堪缕述。若夫公子多情,玉郎初嫁,春风识面,恍记三生。夏日相思,难消一昼。我固非伯牙之琴不听,卿亦惟涣之之曲方歌。搴帘则阿堵撩人,入席则醉乡庇我。小腰一捻,三眠软玉之枝;大体双呈,五夜销金之帐。斯固兰因絮果,自有前根。腻粉酥红,亲于凡艳矣。亦有以爱及爱,无情有情,以我客之结欢,幸彼姝之常聚。酒楼寄兴,曾吟媚子之诗;歌馆闻声,已识念奴之曲。兰蕙原视为清友,蒹葭亦倚于玉人。若此之类盖亦繁矣。至于逢场作戏,携榼听莺,我无一面之缘,卿有十分之色。惟众好之必察,亦有艺之皆庸。鄂君自美,本无翠被之情;小玉堪怜,未识黄衫之客。苟其人可取,亦于我无遗焉。风怀所寄,月旦斯评。言择其尤,廿四花之品格;编书各部,一千佛之名经。盖远之仿《画舫录》之遗规,而近以继《燕兰谱》之坠绪也。仆长安作客,梦说春婆。短景怀人,愁深秋士。簪缨未继,怜痴同纨绔之儿;文字无灵,卖赋作金台之序。噫!世非无目者,请观曲部班头;我亦个中人,自笑名场傀儡。

道光著雍阉茂秋九月守安居士兰士氏书

续评花韵语序

客有读予《评花韵语》者，惜其零落过半也。前席而请曰："目今杂花生树，活色生香，不乏佳品。子既重来日下，曷不更加删缀，俾群芳竞艳，勿令观者有落红狼藉之慨。岂非一大快事耶?"予笑曰："唯。不然。人生天地间，远者百年为一世，近则三十年为一世。苟非有大功德能自不朽，虽尊为宰相、贵如鼎甲，不数十年而湮没无闻者，不知凡几。况歌舞场中，昔人有言'五年一世'耳。朝荣夕萎，亦固其常。惟补造化、夺天工者，赖此笔在，庶几贻若辈驻景之丹，绘吾人留春之谱。得与王郎、李郎两歌并传，幸矣。不然，彼圬者王承福、种树郭橐驼，不有韩、柳二公为之作传，安能至今不朽哉？予之为是录也，传不传正未可知。信如子言，当其人之存，有目共赏，评语自不见可贵。迨人去，而并其名亦去之。将李代桃僵，谁是不同归于尽者？又何用仆仆焉浪费楮墨哉!"客乃矍然而起，逡巡而谢曰："某不敏，敬闻先生之命矣。然一片惜花心，独不为后来者竖一护花幡乎?"予曰："诺。是则仆之所深愿也。"遂援笔而论次之，复成《续韵语》焉。

道光乙巳夏五月种芝山馆主人自序

花天尘梦录　卷一

凤城花史上编

盖闻吴苑莺花,占温柔于佳丽;燕台风月,选色艺于优伶。听弦管兮楼高,聊尔偎红倚翠;醉笙歌之院落,何须傅粉涂脂。爰摘艳以熏香,曷秤珠而量玉。人到春台部里,往来幸少白头。编成秋雨窗前,品第如登黄甲。

张金麟,字倚云,苏州人。其父为寿凝,嘉庆间供奉内廷,曾随侍热河行在。洵梨园老善才也。其舅则三庆部中阿金,亦一时度曲名手。倚云生京师,三年始从其父南归。十四岁重入都,隶集秀部,旋入春台部。居春泉堂,为胡法庆弟子。宜其度曲能工也。丰容庄貌,举止安舒。一串珠喉圆转如意,戏多且精。能演《长生殿》全本。当时以状元目之,无闲言。岁戊戌,年十九,出师。移居陕西巷,自署其堂曰"丽春"。量善饮,兼精觞政。所交多名流贵介,不亢不卑,若远若近,莫能指其瑕疵。遇同侪以礼。有相狎侮者,或正言戒之,或婉辞谢之,故咸知敬服而莫敢怨。其性格之和平,言论之温淑,亦概可见矣。

张金兰,字倚香,修莲为易作"猗香"。苏州人。本习清音,少倚云一岁。年十六始至京,居朱家胡同熙春堂。登场名噪,度曲不失分刌。演《舞盘》,能合曲中节奏;演《寻梦》,尤尽曲中情态。他如《佛庇》、《情誓》、《搜庵》、《冥追》、《闻乐》、《掷戟》、《双拜》等出,妙皆体会入微。每当嫩凉薄暖之天,着翠蓝袍,腰围一束,美如冠玉。立璧人于尘海之中,顿觉光采耀目。又岂待髻挽乌云,面施红粉,始称妩媚哉!丙申岁,修莲居士入都,与之善。曾于中秋节日招诸同人集其延秋室中,雪藕生凉,罗衣荐爽,联吟赌酒,射覆征歌。月白灯红,酣呼达旦,相得意甚欢也。未二年,出师,别居东皮条营,题其堂曰"留春"。性傲岸,顾影自矜。遇才人(按:原书为

“人才”。)词客,燕笑婉言,倍极风雅。其有使酒谩骂者,亦能助其谐谑。至龌龊之辈与之语,再三不答。同侪中品格少低,则鄙弃尤甚。故声名虽与倚云相颉颃,而友朋宴集,非至好莫敢邀与同座。然色艺双绝,究不碍其车马填门也。当时咸推为榜眼云。

张翠香,字玉仙,苏州人。居日新堂,在李铁拐斜街。其师殷彩芝,教曲名手,春台部老掌班也。先有庆林者,色艺俱佳而年渐长。玉仙踵其后,声名顿起。当时目为探花。貌丰腴,明中秀外,不厌环肥。登场尤姣丽,盖秾艳之品也。性倜傥,浩浩落落。同席非甚相识,翌日再晤不强作周旋;而知交过从,虽力疾必出见焉。善饮啖,酒酣度阔口曲,中音满足,惜场上珠喉不能圆亮。予撰《评花韵语》,定燕台二十四花品,以玉仙为海棠。近闻有《咏海棠》七字绝唱,曰“花到海棠香不得”,大可为玉仙解嘲也。同时有三元字藕仙者,喜扮生脚,配玉仙演《独占》,可称双璧。未久即南归。近又有师弟二,曰福喜,曰福寿。福喜,朱姓莲卿,日铮铮其有声矣。

张三福,字梅生,苏州人。癸未年五月二十七日。生性坦易,不设城府。年十四初登场,扮《卖鳜鱼》小剧。娇音弱骨,见者啧啧赞不已。继乃演《玉簪》诸剧,缠绵幽艳,体会入微。演《跳墙》、《下棋》则有幽闲自好之情,演《草桥》、《惊梦》则有凄惋可怜之色。式端凝之风度,女儿国之太师也;逞飒爽之英姿,镔镂峰之洞主也。他如《楼会》之温柔宛转,《刺虎》之愤激悲哀,《巧遇》之流连荡佚,无不各尽其妙。间复演《昭君》、《奇双会》以投俗好,而态度亦自妍丽。歌喉圆朗,直如一串骊珠。不二年间,声名突过流辈,一时以传胪之名属之。本日新堂弟子,别立月新堂于小李纱帽胡同。依夏珠香为师。珠香名宝林,柔媚娇涩,讷于语言,善病。不乐登场,专倚梅生支持门户。戊戌春,将归娶吴门。时所知有官闽中者,寄百金为催妆资,乃书达而金不至,无从责寄书邮,几不能归。梅生竭旬日力,遍告知好,醵二百金以壮其行。同人咸义之。珠香既南旋,梅生益自好。所居窗明几净,笔研精良,每晨临《松雪帖》二三百字。尤好临过庭《书谱》,四壁图书多出名手。厅事清洁,养鱼种花,倍极雅玩。喜结文字缘,有以诗词赠者,必珍重藏之。故文士乐为题赠。予曾贻七律四章,书之扇头。又即七字成楹联,美之曰"梅影清宜人比瘦,生香浓爱士同薰",其标格略可想见。蓉城外史定其品曰"幽秀",洵不诬也。近蓄一师弟曰金福,钱姓字丽生。亦苏州人,年十四,楚楚可人。

王长桂,字蕊仙,扬州人。年十四五时,眼波流荡,娟秀喜人,有四大名班状元之目。初演《巧姻缘》、《晒鞋》、《喂药》时曲,娇媚艳冶之态倾倒一时。比来年二十许,姿容尤自姣丽,专习昆曲。演《草地》、《窥浴》、《亭会》、《寄扇》等剧,又别具一种温雅幽艳之容矣。珠喉圆转,高下皆宜,以故声名历久不替。初居樱桃斜街之余庆堂。现自立槐庆堂,在玉皇庙前。

范秀兰,苏州人。居陕西巷光裕堂,为桐仙吴金凤弟子,故字小桐,以字行。桐仙与倚云同师,能诗善书,工度曲,尤精画兰,名动公卿间。小桐从之学,笔端濯濯有秀致。每演《马湘兰画兰》,当场挥毫,四座倾倒。爱演《红楼梦》之《葬花》、《折梅》诸剧。《祭泸江》扮忙牙姑,曼声佚态,压倒时流。演《香山》,自度昆曲,不屑为习俗靡曼之音。性恬淡,寡言笑,长身玉立,顾影自怜。所交无论疏密,终日庄雅相对。与之语,微哂而答声低婉,无疾遽容。丁酉岁,年十八,别居寒葭潭。自题其堂曰"承裕",辟小园亭,叠山导池,台榭曲折自成邱壑,得雅人深致。然风尘沦落,时形感慨。尝自画兰一册,遍乞名流题咏者。余为作《画兰赋》,修莲居士题其后,有句云"曾向水晶帘下见,一床斑管似书生",其静穆之容亦可谓摹写毕见矣。

黄联桂,皖之太湖人,字小蟾。白皙比玉,温润有光。炯炯双瞳,如翦秋水。春福堂陈纫香弟子。甲午岁,年十五,即自立春元堂于寒葭潭,近移玉皇庙前。演《女儿国》扮太师,别具一种华贵气象。扮《顶嘴》,满装尤称。至《下河南》、《卖饽饽》、《上坟》等剧,则不雅不俗,若灵若蠢,宛然城市间一姣好佳人。年才二十许也,而《吃面》扮丫头又居然十四五岁,雏鬟娇憨可掬。故见者只觉其秾纤得中,修短合度而已。若其丰致之安闲,态容之淡冶,齿牙之爽脆,声韵之娇柔,更有神明于其技者。近见其《惊变》一折,态度亦极端丽。性伉爽戆直,有侠伶之目。某上舍识之未出师时,囊中数万金尽用之春福堂中。比其出师,而已贫不自存。小蟾一力周助,年终出二百金,俾摒挡债务为度岁计。又为具行李,送之所亲任所。别后遇上舍知好,必问音耗,意甚拳拳也。所惜意气豪迈,不轻下人,故同侪中多不直之。

夏天喜,字秋芙,扬州人。颀而长,操土音,略无过人处。比换妆登场,眉黛弯环,弓鞋纤小,肩若削成,腰如束素。上下秋波,嫣然善笑。一举手、一回头,无不动合自然,宛如绝色丽姝飞来人世。而娇音宛转,浏亮清圆,又如恰恰新莺弄簧柳上。演《烈火旗》、《移山阵》、《玩花溪》、《金铃关》、《娘子军》、《开金锁》等剧,于女儿之情,英雄之概,描摹并见。而《上坟》、《送灯》、《胭脂》、《饽饽》、《翠华宫》、《巧姻缘》诸折,妖娆光艳照彻四隅,尤足勾摄情魂,荡摇心志,有与小蟾异曲同工者。以故观场千百人,无不目有视,视秋芙;耳有听,听秋芙;口有道,道秋芙也。本春茂堂周小凤弟子。小凤出余庆堂,曾负一时盛名。后将南归,以秋芙畀其仆李三居信德堂。出师后自立裕德堂,居王广福斜街,复移李铁拐斜街,后迁百顺胡同。性坦率和易,豪于饮。每与畅政,兴会淋漓,真可谓英姿飒爽来酣战也。善戏谑,而不为虐,故人乐招致。有人即其字集成句,赠楹帖云"太阿如秋水,初日照芙蕖",大方极矣。又一联云"秋水为神玉为骨,芙蓉如面柳如眉",尤天然凑拍,亦惟秋芙足以当之。

高联升,苏州人,字子琴,一字子卿。其师曰法龄,乃蒋金官弟子,故居诒德堂。自立承德堂于朱家胡同,即熙春堂旧居也。性岑寂,不多酬应。氍毹一上,态浓意远,调朗音清。其精神之凝注,能使身容声色处处毕到。都人士盛称其《祭江》一折，实则《赎身》尤胜。志决情深，声泪交迸。专以串工见长，较之逞游词竞佚态者，立品独高矣。

吕秀莲，扬州人，字花君。亦桐仙弟子。乙未岁，年十二，与秀芝扮《香山》之童男女。娇小双雏，明慧可爱。继乃兼习生旦。配小桐演《楼会》，扮于叔夜；配秀芝，则扮素徽。演红楼梦之《葬花》、《折梅》、《祭芙蓉》，扮宝玉。而《祭泸江》、《女弹词》、《阳关》、《双拜》等折，皆能演其师传新谱。快人心，增利图，亦颖异动人。窈窕娉婷，姗姗有致。度曲朗润，性憨而狡。工觞政，不多饮，而颇好胜。秀芝隶三庆部，详下卷。

丁鸿宝，字雪香，扬州人。堂名鸿雪，在樱桃斜街。黰而艳，亦能画兰。性豪放，入座喜诙谐。量善饮，立尽数巨觥，神色不变。貌魁梧，有鸿侍卫之目。然换妆登场，别饶丰致。演《纺花》、《杀皮》、《嫁女》、《双铃记》等剧，著短布衫，拖散脚裤，金莲贴地，罗帕当风，道京城人口白，居然城内外小家妇。而或恣其淫荡，或肆其凶狠，或逞其刁狡，或形其战惧，无不揣摩毕肖。至《闯山》、《查关》诸折，富丽堂皇，正复大方体面。洵一时绝技也。有师弟顾桂宝，字露香，苏州人。

姚联元，苏州人。亦纫香弟子，故字小香。同师有扈联喜者，字梅仙，与小蟾年相若，专习昆曲。率小香演《送客》、《闹院》两折，合座称美。满业去，小香尽学所学。演《挑帘》、《后诱》、《反诳》、《回话》，腰肢娇娜，妍笑工颦，一翦秋波，传情送抱。见者以为纫香复登场也。与阿四演《回头岸》，一时推为双绝。性伉爽，不嗫嚅作女子态。豪饮狂呼，而谐谑颇有界限。故酒绿灯红之下，不至见弃于君子云。

严长喜，字芝仙。本苏州清音子弟，能拨三弦。入都居国香堂,在猪毛胡同。其师为檀天禄,字兰卿,负盛名者二十余年。芝仙貌清癯,眉目韶秀,有狷洁自好之致。寡言笑,眉间有一赤痣,登场远望,咸以为寿阳点额妆也。入座如飞鸟依人,弱骨姗姗,动人怜惜。有师弟曰俞鸿喜,字雨仙,浙人。与芝仙配《沉香阁》,又各演《玩月》、《走雨》诸折,芝仙以《活捉》为擅场。而雨仙复与其师弟双喜配《抱盒》,双喜扮陈监。歌时曲,名动一时。兼善《小显》、《叫城》等戏。《下河南》扮媒婆,于小蟾外别树一帜,能令人人叫绝。至《八扯》一出,更无能嗣其音者。张姓,字莲仙,短于视。安徽人。

赵玉凤,苏州人,字蓬仙,又字芙初。居余庆堂,在樱桃斜街。堂中毛莲仙、王蕊仙色艺久为一时冠。车马填门,无间昕夕。壬辰、癸巳间,修莲居士与莲仙交最习,曾为余道其佳丽,因稔其名为清香。丙申秋,邀同过访,始知其别立蓉庆堂于猪毛胡同。亟往,叩其门,值外出不得见。戊岁重来,而莲仙已物化矣。蕊仙既居槐庆堂,余庆堂中遂以蓬仙为称首。同居四人:陈芝兰,字霓仙;褚鸿福,字绛仙;张翠凤,字问香。皆吴人。问香未久即他去,霓仙、绛仙日有声,而蓬仙名最著。年十七,蛾眉凤目,杏脸樱唇。衣服鲜华,好自修饰。登场婀娜,宛一贵家第宅中侍婢也。蓉城外史见而悦之,倾客囊买醉其家。勾留月余,别后犹时致音问云。

尤天寿,苏州人,字梅伸。容光莹净,腻白如脂。笑口生香,秋瞳注漆。初学昆曲于四喜部,娇柔静婉。入春台信德堂,在陕西巷。其师以其接武秋芙也,使尽弃所学而学秋芙焉。人各有能、有不能,若靡曼之音、淫荡之态,固非梅伸所能也。况秋芙之技已臻神化,极盛之下更难为继。强而为之,未免东施效颦之诮。不导引其所能,而迫责以所不能,君子惜其不善用才焉。今所演昆曲,仅《交账》、《送礼》较曲犹胜。年十七,性格沉潜,心思灵敏。遇同辈和而能让。有人就其名与字为联,贺其生辰曰"梅妻鹤子伸知己,天马云龙寿此身”,不诚良工心苦哉。

王九龄,字玉卿,扬州人。居复新堂。丰肌莹玉,曼睩腾光。楚楚臻臻,娇憨有致,宛然一美丽女娃也。演《铁弓缘》、《荷珠配》、《庙会》、《缒城》、《代父征》,无不精妙。而《送亲演礼》一折,又逼真一村居富媪初入城寰气象——举止无措,耳目顿呆。尤妙无做作态,故能压倒诸部。不独度曲清朗,而宾白之婉腻明脆,尤为一时所称所云。

叶福林,字篆云,苏州人。居陕西巷嘉裕堂。戏不多而神能肖,貌非美而骨不俗。春山横黛,秋水凝波。玉纤尤柔腻如绵,性闲雅善谈笑。喜与文士交,潇洒出尘,有大家风致。量极洪,觞政精严。余从友人就饮其家,篆云即席以其字乞撰楹联。因书对赠之曰“篆瞻有斐思君子,云出无心幻美人”,搜索枯肠,良可笑也。

柏子香,名凤林,苏州人。居小李纱帽胡同涌泉堂。白皙长身,色艺犹人。以能琵琶故,人多称道之。性恬静可取。师弟二,皆吴人。张翠福,一作翠馥,字蝶仙。专习昆曲。李翠林,一作翠翎,字兰仙。发肤眉目,颇似倚香,惜未及其清耳。习时曲。

富春堂朱双桂,字蕊香。耳其名,未之见也。丙申岁,有弟子崇玉香者,京都人。年十三。精琵琶,拢捻挑拨为都门第一手。马头调工,而且多,宾白爽俏无匹。未一年,童音骤失,不能出声。去不知所之,而檀槽亦绝响矣。近又有巧林、法林者,其姿态与玉香相等,所习昆曲多可观,竟无复娴琵琶者。巧林,字慧仙。法林,字冠香。皆苏州人。而冠香性尤和婉,声名亦日著云。

玉皇庙前素安堂,有沁香者,崇姓,字篆卿。姿容丰厚,音韵娇柔。结束登场，宛若吴门画舫中姊妹。工琵琶，歌马头调。扮《茶别》、《别妻》两折，恰得古诗中“昔为倡家女，今为荡子妇”二语神致。演《面缸》，扮蜡梅。云和斜抱，妩媚传情。直将南北道上卖唱双鬟一齐压倒，更无论夜度娘矣。班中蓄弟子者，率以五年为满。五年中所得财物悉归诸师，无敢私。相知有出重资者，于年未满时赎之出，是谓出师。动居奇至数千金，故出师者悉别居，其满业者亦然。篆卿年十九，满业已二年，怜其师之贫且惫也，相与居不忍去。其笃于师弟之谊，不加人一等哉。

陈纫香，十年前名伶也。皖之潜山人。名长春。因其有状元夫人之名，艳之者争以一见为荣。丙戌岁，曾见演《说亲回话》，真乃传神逼肖。迩来年近三旬，尚演《万事足》、《玉宝瓶》等剧。登场妖艳，望之若二十余岁妖好佳人。其殆天生尤物与？所蓄弟皆有名，是真工于教诲而勤于督察者。联元而下，曰联珠，陆姓，字意卿，一呼阿四。联庆，胡姓，字艳霞，一呼阿五。皆苏产。

韩发桂，字葆香。与倚香偕至京，为熙春堂谢玉庭弟子。扮小生，与倚香名相亚。《回猎》、《寄子》二折，声情并至，一时莫与抗手。又与金桂演《变羊》亦佳甚。《情誓》与倚香配，而《梳妆》、《掷戟》扮吕布，则让金桂出一头地。其女妆惟扮《搜庵》之申大娘，亦善传神。然不乐以歌管为生涯。比倚香出师，从玉庭南归。盖别有志也。丙申秋，数与过从，曾有延秋室即事诗。及出都，复有无题诗。今重至都门，而故居已非旧主。追念昔游，附录及此。金桂，叶姓，字粟香。亦返吴门。其自熙春堂出者，一翠霞，曾见其《瑶台》、《跪池》等折皆佳，惜早殁。又周蟾桂，字月香，亦苏州人。工串演，歌喉圆润，近犹为春台砥柱也。

传经堂玉福、翠云无可录，录其先多宝者。字韵珊，苏州人，佚其姓。美丽无双，群推花中之冠。岁乙未，年十五。生有夙慧，负盛名，兼具侠气。所交游若富室贵介，虽厚赠受之帖然。遇寒素者流有所赠,辄坚却之。且曰:"先生读书未偶,侨寓京华,长安居大不易。笔墨生涯所得有几,奈何以之填此无底坑。辱蒙青睐,诚为深幸,又何必赀此戋戋,方为见爱耶?况侬当此时,倘来物得之甚易,有此不加多,无此不见少也。"或以恐失师意,强之。则曰:"藉诸君子垂爱,每日营趁,颇足报命。人各有志,虽师亦无如何也。"惜未数月,遽以琐事拂怀,染疫暴殁。昙华一现,猝尔凋零。人咸哀之。厝葬五圣庵,前友人凫莽过其地,吊以诗云:一寸落花三尺土,伤心岂独玉钩斜。惜全稿不能记忆矣。同师有刘法保,字珍卿,以艺胜。去之津门。

花天尘梦录　卷二

凤城花史下编

夫春明有梦,销魂半系于春台;而秋士多愁,集艳续编于秋夜。梨园队里,次数三庆叶平;菊部班头,旧推四喜。爰博观而约取,乃并蓄而兼收。言择其尤,非敢矜夫月旦。姑从其节,亦聊加以品题。下至嵩祝、和春,悉略采以备录。

郑连贵,一作莲桂,苏州人。居寒葭潭宝善堂,主人陈金彩,三庆部旧家也。字莲卿。年十七,名动一时,姣丽不及王蕊仙,而姿态近之。眉目清秀,身材瘦削。工跳击,善舞刀剑,有飞花滚雪之妙。演《娘子军》、《扈家庄》、《祥麟现》诸剧,有巾帼丈夫气概,不徒以妖冶狐媚竞长也。歌喉娇柔圆亮,口白清婉有节。心思尤聪慧,每入座,嬉笑言论颇饶风趣,而不流于谑。去来饮啖,悉率真,不作态。以故人咸乐招致之,然狡狯异常,不入其牢笼者鲜矣。

庄清香,字兰生,常州人。长莲卿一岁。居同堂,而名亦相埒。貌丰润而神完,态端凝而意适。故傅粉登场,倍极秾丽。而洗妆入座,弥见安闲。演《玉簪》诸折,歌喉朗脆。工琵琶,不轻对人弹。性诚朴鲠直,不喜酬应。而饮兴甚豪,尤严觞政,真酒社监军也。

同时陈双喜、陆文兰、钱如意皆附宝善堂以名者。

陈凤林，字鸾仙。居小李纱帽胡同，堂名藕香。室中字画精妙。所演剧多与秋芙同，而眉宇间时露英气。齿牙犀利，多噍杀之音，不似秋芙娇婉也。《雁门关》、《乾坤带》、《雌雄镳》、《胭脂虎》、《赶三关》、《玉玲珑》、《双合印》、《贪欢报》、《红鸾喜》、《延安关》等剧，无不各尽其妙。而《面缸》、《别妻》，尤饶别趣。年十九，已娶妻蓄弟子矣。而名不稍减，其姿容光艳有出莲卿、兰生上者。工画兰，不好署款，但押小印曰"陈凤"，盖隐然欲与桐仙之款书"吴凤"者抗衡。不甘与小桐、小霞相伯仲也。而弹四条弦子，唱马头调，尤独步一时云。

潘玉香，字冠卿，苏州人。貌明艳，歌喉朗彻，和之者几欲吹裂笛管。居丰玉堂，在李铁拐斜街。为国香堂檀天禄爱婿，璧人一双，时称嘉耦。比来年逾弱冠，身材过长，不乐与雏莺乳燕争飞矣。戊戌春，抱鼓盆之戚，泪痕界面，终日醉乡。凡所知好，虑奉倩之神伤也。载酒过从，强为排遣，虽冠卿不能不破涕为笑。而孤鸳独处，中夜无人，玉容寂寞泪阑干，其憔悴有由来矣。

胡秀兰，字香吏，苏州人。居寒葭潭春晖堂。耳其名久矣。戊戌夏，钱丽生初出场，见者称摹本香吏。秋七月，同人集天和馆。隔座见一伶，与丽生酷相似，而幽静过之，意必香吏也。询之，果不谬。弱不胜衣，清真彻骨，娟娟秀媚，恰如小草幽花，别成标格。世有谓可怜虫者，殆是类与？兰生空谷，秀色可餐，斯人庶不愧斯名。彼丽生者，未几而面阔肌厚，非复往日青青之致。真赝无难立辨矣。

谢素玉，字韫仙，苏州人。居陕西巷福云堂。其师李玉凤，三庆部名家也。丙申秋，余从友人误入其室。不知主人谁何也，但见四壁图书，悉出嘉庆初年名手。琉璃窗隔，四照晶莹，室内施地板几炕,珍玩色色精良。烹雨前茶,清馥袭人。入座良久,直疑身在江南红楼翠馆中。友人错以为凤林居也,一所谎桃源,竟尔棹空转矣。今年春,真至藕香堂。中槅间有篆书摩诘诗联,感触昔游,慨然曰:"到门不敢题凡鸟,信矣。岂看竹竟何须问主人耶?"因即其门径,供玩为习。于三庆之友人举似之。皃莽曰:"此素玉宅也。主人性高雅,精绘事,好仿南田没骨设色为各种花卉。独不画兰,以若辈中能者已数见不鲜也。兼善书法,然孤僻自好,不乐与人周旋。非文士不轻相见,见亦大半友事之。故落落寡合,不利于众口。"亟拉余同过访之,图画依然,如梦初寤。主人延客,颇殷殷致礼。清茗一瓯,宿酲顿醒。见其《断桥》扮白娘子,怨恨爱怜,声泪俱下。演《戏凤》,饶有风趣。《雅观楼》倍见英姿,而《红霓关》一折描摹情态,象外传神尤为都下无两。歌喉清朗。同师有兰香者,字纫仙,扮小生亦颇相称。

杨素兰,字琴仙,亦苏州人。与韫仙同居,而别具一种丰致,能自成家数。居常辟一小室,精洁有逸趣,几上挂闺秀昼美人小幅。极工细,题句雅称。有贻寿山洞石印二方者,一镌琴仙杨素兰印,一镌"一生爱好"四字。摘玉茗词句,能曲肖其神致。面貌精灵,真能目授情,眉传语,殆俗所谓"小鬼头"者。而"小低咕"之名通国皆知,则俗语之又俗者也。演《挑帘》、《做衣》、《说亲回话》、《相约》、《讨钗》,皆臻绝妙。配韫仙,扮《断桥》之青儿。《红霓关》扮侍婢,神色尤善体会。真福云堂之后劲也。

龚福林,字春波,苏人。居文盛堂。先是,有庄福宝,字春山,负一时名。年二十,即自伤老大,退居玉照堂。春波踵其后。双眉浓扫,瞳人点漆。演《拂奔》颇露英气,雄于饮而不自矜。酒至辄干,不计杯之大小。同席有债之代者,欣然饮之。故虽习与处者,莫能测其量之究竟也。

敬义堂,三庆部旧家也。陈鸾仙出其门,主人董秀荣,在寒葭潭。近有弟子曰鸿喜,字雪香,安徽人。

天馥堂鸿玉,字宝云。年约十六七,演《狐思》姿态柔媚,歌曲清扬。其师弟小鸿喜,字浣霞。《盗盒》一折,亦颇出色。闻是妙云弟子,实则曼云弟子也。妙云与小云同居碧云门,其名曰"桂香居"。深山堂弟子名鸿绣,演《钟馗嫁妹》。小云名玉琴,陈姓,居辉山堂。负盛名后改福山堂,其弟子春兰一时翘秀,皆不弱于天馥堂也。同在寒葭潭。又春和堂钱如兰,字香依。年十三,亦幼伶之佳者。

俞鸿翠,字小霞。本传经堂弟子,吴人。幼即不屑为裹头装,专习小生,与叶福保配。演《风筝误》、《盘夫》、《乔醋》诸折,名动一时。扮造化小儿,尤英异。比出师,别居咏霓堂,在羊毛胡同。由春台改四喜部。以名辈自诩,有潇洒出尘之概。善书,爱临米南宫,间学真卿。工画兰,款款曰"俞雯"。解吟诗,不轻示人,亦不自题画。品其技者,有"小霞名士,小桐美人"之称,非虚语也。与粤东杨掌生善,尝手钞掌生诗词成帙。掌生春闱下第,自愤奇才不遇,所为诗多变徵之音。小霞读之叹曰:"昔老杜遭时多故,抑郁无聊,其诗故多感慨。近来黄仲则虽遇昌时,而功名略无成就,牢骚尚非无因,然且促其寿命。足下早掇巍科,生际圣明。扶摇直上,意中事也。奈何为此无病呻吟?恐非吉兆。"未几掌生以科场事牵涉被逮,人咸服小霞之识。掌生困狱中,小霞职纳橐饘,拜为上下营救。比被罪出都,为具行李。掌生篆"梦侠情禅室"额赠之。作《长安看花记》,外另为立传。惜未暇录其稿也。

咏霓堂弟子竹生者,殷姓,亦吴人。初与秀莲、秀芝同师,故名秀筠。入咏霓堂,声名顿起。奔走豪门酒肆中,刻无少暇。漏四下甫归,而座上客犹常满,张灯煮酒,往往静候逾时。有与小霞款洽者,则师且代为酬应焉。竹生本明慧,姿容昳丽。觞政精严,每入座搴旗对垒,必张劲旅以待。演《骂曹》,独操天池生昆曲。又配其师演《乔醋》、《盘夫》诸折时,有出蓝之誉。即《四弦秋·送客》一折,亦不让扈梅仙独步也。渎井散人赠楹帖云:“愿得对花兼对竹,相将长乐更长生。”用其字,仿并蒂法,清新有致。又有集句仿并头式一联云:“竹影横斜水清浅,生香不断树交花。”亦妙。

秀筠既入四喜部,桐仙乃留其弟子秀莲率翠兰居春台,复分其弟子秀芝率蕙兰隶三庆。骎骎乎三秀齐名矣。秀芝,汤姓,字紫衫,亦吴人。戏与花君同姣,媚过竹生,而未及花君之清。双瞳翦水,柔腻多姿。聪慧之性,时露眉宇间。以故嘉赏者日益众,同游诸君子方以一爱花君,一爱竹生也。且皆推所爱,爱及紫衫焉,况诚于爱紫衫者乎!蕙兰、翠兰年尚幼,然欲继美三秀也,难矣。

春喜,字饫香,丁姓,苏州人。颇称环肥,四喜部名伶也。因班中旧有丁春喜者,人遂以胖春喜目之。居猪毛胡同福寿堂。丰腴姣秀,肌理洁白,滑腻如脂。凤眼微睁,天然妩媚。梳掠登场,姿态尤胜。云鬓蓬松,月眉弯细,见者目荡神怡,不觉心醉欲狂矣。《摇会》扮大娘,道京城口白,为时世妆。举止安闲,自然合度,一喜一怒啼笑皆真。《山歌》、《湖船》二折,着小罗衫,胸酥微露,兜肚猩红,拖散脚裤,弓鞋弯小,态度妖媚。宛然十八九岁绰约女子,情窦初启,春意方浓情状。丙申秋,见其演《诱别》一折,流丽动人,不愧名手。脱籍后,于新秋返吴门矣。

小天喜,字听云。与饫香同居,为姚联元胞弟,以小称别秋芙也。近来四喜部推听云为首座矣。面庞丰满,微赪而润,光华四照,神采充盈,略似乃兄十四五岁时意态。演《盗巾》、《借茶》等剧,歌喉朗脆,响遏行云,不借丝竹映带也。配春喜《摇会》,扮二娘;《山歌》扮来福,时称二妙。举止笑言,恰到好处。演《上坟》,几入秋芙之室。入座饮兴豪迈,传杯赌酒亦不弱于秋芙。而宛转圆快,若如意珠。谈笑风生,独远粗劣,又非复座上虎贲也。

陆天禄,字品香,苏人。丁酉岁,与褚鸿福同舟北上。年俱十三，遂盟为兄弟。比至京，鸿福入春台余庆堂，天禄入四喜福盛堂，在樱桃斜街，比邻居。然以不同班故，不获时相见。品香每入座，座上有识绛仙者，必怂恿使招之至一叙契阔。所学戏相等。彼此较艺，唱《番儿》，跳纵对舞，殊解人颐。品香演《冥勘》，宾白有节，清歌朗润，听者称快。他如《学堂》、《游园》、《盗令》、《花鼓》等折，娇小雏娃，体态酷肖。性好饮，工拇战，能奕明慧韶秀健于言笑者也。於陵外史在都时，日招之旅寓。倩云槎居士为写小影于白团扇上——一手持柑，一手挥扇，笑容可掬。佥谓得其顽态云。

张蟾桂，字可香，苏人。与品香同堂居，年稍长。丰容盛鬋，双瞳闪灼。演玉茗堂《惊梦》，娉婷娇艳，颇负时名。有习与处者，翌日别有所招，辄愤恨不平，几于用武。人戏目为"石榴花"，盖云醋醋也。

张福源，字宛香，苏州人。倚云从弟也。丙申秋，见之月新堂珠香席上。乃熙春堂弟子，倚香荐之于邑阳逸客。年才十四，身略长于椅背。目动眉飞，面貌精灵。初出场，仅见其扮《闻乐》中捣药仙童。尔后每与逸客饮，必饮之。入座，拇战精滑。略能饮，负不倩人代。倚香恐其醉，时促逸客代之。回忆酒绿灯红之夕，月色当天，夜凉如水，曾几何时而去者去、留者亦别居不多见。近来所习与游者，惟珠香之弟子梅生耳。是丙申岁，问年，与福源同庚者也。福源改四喜部，居福泰堂，易字渠仙。亭亭玉立，长过梅生。春暮观剧庆乐园，相见不相识矣。知其在四喜部也，故犹能指认之。有所知邀余过访，为话往事，不能记忆矣。抚今追昔，曷禁怃然，因走笔记之。

三和堂者，四喜部第一大家。其师为总掌班，在寒葭潭。有钱双寿者，字眉仙，苏州人。负重名，演《葬花》，宛然颦卿再世，凄艳动人。专工昆曲。年十九，未有为赎身者，尝自吟"瘦影自临春水照，卿须怜我我怜卿"之句以寄慨。丙申秋，别居椿年堂。以所积赎其弟绮人于福升堂。其天性友爱过人远矣。绮人,名福龄,在嵩祝部,迩来三和堂最著者。福寿演《赶奴》,扮鸨儿,清癯俏丽,恰有飘逸之态。正如野草闲花,别饶丰致,居然老名妓也。歌曲浏亮,尤易醉人。又有玉兰,字绮香。雪肤玉映,亦自姣好。为访新福故,见之三和堂中。新福,姓顾,为桂宝同怀兄弟。本姓宋,号晓云。习正旦曲,幼而已工。爱之者携与过从,遂留此一段识面缘也。又有王兰凤者,演《鱼钱》、《赐针》等戏颇佳,惜未审其所居矣。

赵玉芝,字韵香,皖人。王天喜弟子,与唐玉笙齐名。居槐荫堂,在石头胡同。其师为嵩祝部总掌班,致巨富。玉笙亦其弟子,后选为婿,别居承荫堂。望衡对宇,真洽比其邻矣。玉芝年十七,声名日盛。登场时,云鬓松掠,薄罗短试,秋波翦水,娇喉啭莺。艳冶足冠时流,不独在嵩祝部中出一头地也。《下河南》扮媒婆,仿佛小蟾风致。戏多且精,尤工跳击。入座喜诙谐,豪于饮,未免有粗放处。同部若大有堂桂云,字曼丞。连福堂松林,字莲舫。皆武旦之极出色者。又龚翠兰,善琵琶,工小调。于陵外史见之友人席上,亦槐荫堂弟子也。

王玉笙,字宾仙,本京人。年十八,居小李纱帽胡同金钰堂。以唐玉笙旧有名,人多以小玉笙呼之。隶和春部,故王府大班,与春台、三庆、四喜并称四大班有年矣。近以其堂名中多卖妇女为娼,蓄弟子不求色艺,但借以支持门户,渐不齿于三部。薠仙(前作"宾仙")貌柔媚而性刚果,激烈有英气。初居五柳堂,年才十四,即恶其习之秽。翦发自誓,耻作氤氲使。其师无如何,纵之去。自立金钰堂。亭亭自好,专以色艺见长,勉与三大部名伶相颉颃。有识者嘉其志,亦遂以青眼相加。而薠仙之门居然高车驷马,尽日喧阗矣。和春向给事庄亲王府。戊戌春暮,薠仙入府演戏,留月余。群哗然,谓得王欢,用千金买断不复出矣。同时与之交者,辄吟"侯门一入深如海,从此萧郎是路人"之句以志感。七月中旬,偶同友人为持螯之会于新露居。座有旧相识者,于酒楼隔席望见之。惊且喜，急招其从者询之。知自府中出已两月余，遂邀入座。时已薄醉，春色满容，倍形娇媚。是夕访诸其家，居室后辟容膝居，幽邃寂静，大可谈心。从此每有宴集，时共征逐，恂恂然佳子弟也。噫！和春之不競久矣，得蘋仙又添此一段佳话，亦可志已。同时有素香者，本福云堂弟子，工昆曲。近与其岳翁同居三槐堂。又有小玉凤，字竹香，居如意堂。

玉桂，浙人，字韵香。不著其姓。本宦家子，父以官事逮刑部，死狱中。家无所依，其生母卖之梨园中。为四喜部名伶。形佳骨娴，皮媚色称。性聪慧，好修饰。演《闯山》、《喂药》等剧。出师后，转和春部。年渐长，日贫困无以自存。是儿命薄一至此耶！往往见若辈中有骨格清奇，大似读书种子，其家世亦多不堪深问。若玉桂者，略见一斑已。吁！可慨也矣。

花天尘梦录　卷三

凤城花史续编

驹隙流光，寒暄易换。燕台尘梦，茵溷难齐。长安之去五年，幻影如经一世。春明重莅，秋日多佳。莞尔相逢，喜故人之无恙；纷然莫识，宜今雨之不来。略辨妍媸，倘未目迷其色；漫征居址，大都耳食其名。聊综诸部，以续登用，志频年所及见云尔。

倚云、梅生，在前录早推鞠部首。迄今七易裘葛，而色艺兼长，声光愈盛。同时齐名若倚香、玉仙、小桐，既各舍业去，以故酒楼征歌，凡有胜筵，靡不签名促登场者。京师五大部中，可谓无独有偶焉。倚云既端丽丰腴，益形美秀。梅生亦温文雅静，倍见安恬。癸卯九秋，与梅生重觏，执手问讯，相晤甚欢。殷殷然，有故人之意。知出师后仍宅旧居，已娶妻生子，将试周矣。因再至其家，抱子出见。询其名，曰“昆玉”。读壁间诗，倒和其韵，为书金花笺赠之。后倩云槎为写二十二岁小影，并图其子。则甲辰秋日事也。至如槐庆堂王蕊仙,十五年前即有蕊榜之誉。迄今珠喉玉貌,不减当年,是真尤物,莫可伦比。其他名动一时、今犹声称不替者,藕香堂陈鸾仙,净香堂郑莲卿,闻妙堂庄兰生,印雪堂丁雪香,佩珊堂谢韫仙,馥森堂陆品香与裕德堂夏秋芙,连福堂方莲舫数人而已。其依乃师旧居者,富春堂冠香,春和堂香浓耳。此外虽有门户,大半倚弟子为生活。余则风流歇绝,即有一二存者,亦皆不堪回首矣。

阿全,华姓,佩秋其字也。故或谓阿荃,其小字曰阿兰。常州无锡人。侨寓吴阊,遂亦为苏州人。庚寅年六月二十二日生。居净香堂,为郑莲卿弟子,在樱桃斜街。秀真彻骨,弱不胜衣。一种清华之气,时露眉宇间。坐对移时,令人扑去面尘三斗。莲卿既由三庆入春台,弟子遂兼隶两部中。而佩秋出,为之冠,殆不食人间烟火者。视当年花君之清,则又过之。惟其清而不枯,能以韵胜也。品之者咸曰"心细性灵,神清韵足",一时名动,皆以甲辰状元目之。演《湖船》柔媚姣丽,《拂奔》俊爽风流,《思凡》则身手步法,色色入彀。《学堂》则嬉笑唾涕,声名逼真。他如《花鼓》、《私媾》、《搜巷》、《盗巾》、《狐思》、《梳妆》、《掷戟》、《游湖》、《借伞》、《水斗》、《断桥》、《琴挑》、《独占》,莫不揣摩尽致,体会人情。而《舞盘》一折,另有一副华贵气象,不减倚香当日神致。每监觞政,多雅令,亦善饮。聪明安雅,妙于语言,往往排难解纷能得举座欢。而筵前疏密,正自分明,诚如意珠也。其人态以情胜,愁以慧兼。以负日下盛名故,操心积虑,终日奔走歌筵酒座间。而夜以继晷、漏尽方休者,率以为常。甚或朝暾已上,始克就寝。每当酒酣烛灺,倦极思卧时,辄拊膺太息曰:"心血用尽矣!为人作嫁耳,干卿何事耶!"情见乎辞矣。余为书楹联云"生比红蕖先两日,清教白鹤逊三分",纪实也。文士投赠颇多,余独爱三十六湾橘者一联,云"香生南国宜纫佩,花到东篱最耐秋"。蕴藉自然,具见身分。余倩云槎为图小影,自题四绝句贻之。佩秋颇心契焉。至其度曲清圆,宾白明婉,真得莲卿师法。出口固自不凡,色艺双绝,宜乎压倒群流矣。出师后，自立福新堂于朱家胡同。

春福堂陈纫香弟子最盛。自联元出师后，而阿四、阿五遂负声。庚子、辛丑间，又有阿六者。名爱莲，字素卿，从联元居春寿堂，今皆不足为有无矣。年来推花丛第一者，惟宝琴。少佩秋一岁，为赵玉凤胞弟。癸卯秋，重晤玉凤于杨梅竹斜街。车前问讯，憔悴自伤。翌日谒余于歌馆中，知出余庆堂后，蓄弟子不得志。薄游济南、武定者几一载，近搭全胜部，非久计也。因为道及宝琴，时余尚未与识面。甲辰春，乃接席焉。初居福云堂，纫香得之，精于教导。每登场，必坐立其后，视听并用，故艺日进，而名日起。字紫仙，拂桐山人易曰“芷仙”。杏脸樱唇，春容娇嫩。丰姿略似乃兄，而灵慧过之。入座，嬉戏跳荡无少休暇。所交多风雅士，娇憨习惯，往往有出人意想处。而相知之深者，复又情意绸缪，能各得其欢心。有时就饮其家，则款洽周旋，颇尽主人之礼。拂桐山人称其寄慧于憨，寓情于恝，有如《洛神赋》所云“神光离合，乍阴乍阳”者。殆自阅历得。座有不当意者，恒终席不能邀其一盼。歌喉朗润尤串串演。如《乔醋》、《折柳》、《借伞》、《偷诗》、《舟过》、《挑做》、《双拜》、《小宴》、《女弹词》、《琵琶行》、《回头岸》等剧，无不入妙。而《惊梦》、《寻梦》两折，尤传神到玉茗佳处。其屈居榜眼者，正以姿态绝艳稍逊佩秋之清耳。实则一时瑜亮也。出师后，自立景云堂于大外廊营。

翠官，陈姓，字梅仙。长佩秋一岁，苏州人。貌清癯，性狡狯，双瞳闪烁，寒芒逼人。齿牙尤犀利，登场精神满足。声色逼肖，歌喉爽脆，说白尤峭。专工时剧。演《上坟》、《赶会》、《烧灵》、《赠珠》、《入府》、《胭脂》、《巧姻缘》、《金玉坠》、《荷珠配》、《闺房乐》、《樊江关》、《金铃关》，妙绝一时。秋芙、鸾仙而后，此其继声。当时目为探花。盖不若配秋之闲雅，又少异芷仙之婉媚，宜其在甲辰为第三人也。衡品者以俏丽许之。余庆堂本春台旧家，自玉凤出师后，芝兰、鸿福相继别居，皆不得志以去。得翠官而声名大起，都人士盛称誉焉。饮兴极豪,精拇战。巧言健笑,往往哗闻隔座。搴旗对垒,所向无前,真酒坛劲敌也。其师弟曰翠珠、曰金珠、曰翠兰。翠兰为少胜,王姓,字薇仙。梅仙近日居百顺胡同,名春庆堂。

甲辰年梨园中鼎足而三者,既群推佩秋、芷仙、梅仙矣。其传胪非宝笙谁堪此座者?李姓,字兰舫。与芷仙同庚复同师。苏州人。文静高雅,颇称逸品。专习小生,突过联珠,当年即士红亦未许与抗手。演《惊梦》、《折柳》、《乔醋》、《舟配》、《借伞》、《偷诗》、《藏舟》、《后约》、《说亲》、《琵琶行》、《女弹词》、《回头岸》,与宝琴、宝琳配。《游街》、《亭会》,与小三福配。《独占》、《赠剑》、《奇双会》,与福云配。《断桥》与玉喜、玉琴配。《楼会》与翠林配。《奇逢》与美玉配。《桂花亭》与寿林配。工度曲,善传神。歌喉清润,宾白有节。其《见娘》、《看状》、《拾画》、《叫画》、《玩笺》、《错梦》皆佳,《守门》、《杀监》慷慨激烈,尤动观听。迩来小生颇难其人,拔兰舫高置一座,庶几风厉而振兴之。

邢福云,字梅卿,扬州人。日新堂弟子。甲辰年十七,逾一岁始出师。居承新堂,在寒葭潭。性格温谨,庄雅自持。度曲娇婉,串演安闲,时有步趋梅生之意。与人交最圆转。工画兰,小桐而后当场弄笔者,此第一手。喜近文墨,入座爱行雅令。流觞剔翠,往往即景生情。谈言微中。遇善画者必细叩用笔之意,构短幅以自临摹。或以酸子呼之,不顾也。余为作《画兰后赋》赠之。演《跪池》、《独占》、《茶叙》、《问病》、《跳墙》、《下棋》、《赠剑》、《点将》、《捞月》、《昭君》、《女儿国》、《二度梅》、《奇双会》皆佳。而《画兰》一折,著名尤甚。有师弟寿林,演《园会》、《下山》等皆可观。郁姓,字芝仙,亦苏州人。

胡小金,字秀卿,又字语山。苏州人,或曰绍兴人。吟秀堂弟子,自立春秀堂。岁甲辰,年二十,是辛丑年称状元者也。今已容光渐减矣。初演《学堂》、《佳期》剧有声,后演《挑做》、《荣归》、《换花》、《巧合》等剧，而《锦绣功》一折独新耳目。所最擅场者乃《拾镯》一出，真右军初写《兰亭》，恰到好处，他人不能及也。然究亦小家儿女情态，其佳处实正在此。惟能揣摹尽相，意境逼真，遂乃一时无两耳。要其姿容映荡，时露光泽，知非浪得名矣。弟子罗金宝，归日新堂。

福云堂谢韫仙、杨琴仙既别居而兰香又殁后，起若士红、宝香、宝珠，是亦辛丑年鼎甲之选也。皆苏州人。士红，张姓，字紫卿。扮小生，名出兰香上。宝香亦张姓，字韫卿。文静有致。演《游园》、《惊梦》、《寻梦》、《折柳》、《亭会》、《三错》、《游湖》、《借伞》、《琴挑》、《偷诗》、《跳墙》、《下棋》、《乔醋》、《后亲》，体会极真，举止尤雅，度曲清稳，渐欲继声倚云矣。《济贫》饶有别趣，《书馆》、《双拜》，宝珠为不称。而宝珠之《诱别》、《独占》、《跪池》、《赠剑》、《上坟》、《后亲》、《说亲回话》、《奇双会》，则又佳甚。光艳狡狯，迥非庸品。字曰蕊仙，沈姓。迄今《红霓关》仍推韫仙独步，而扮丫鬟早以蕊仙代琴仙矣。三人皆以甲辰冬出师，韫卿、蕊仙各立门户于寒葭潭，一名莲清堂，一名联星堂。紫卿则立咏华堂于猪毛胡同，自易其名曰莳红。有弟子小红演天池生《骂曹》极佳。

小金凤，姓陆，字翼仙。吟秀堂弟子。知名在小金以前，歌喉久不亮矣。而娉婷之致与朱莲卿相上下，以貌胜。自立桐云堂。有弟子殷天喜归福安堂，入嵩祝部。近另蓄一弟子名福喜，严姓。虽与莲卿同名，不似乃师之可与颉颃也。

春山堂玉秀，字丽卿，郝姓。居百顺胡同，近移玉皇庙前。本深山堂弟子。洁白如玉，秀色可餐，惟斯人不愧斯名。举止妩媚，笑言婉腻，大有秋芙当年丰致。癸卯甲辰间，名震一时。演《红鸾喜》、《卖胭脂》、《赶妓》、《背板凳》、《嫁女》、《梦怕》，妙有姿趣。《交账》、《送礼》、《说亲回话》等剧，皆可观。近入四喜部，与其弟子小玉配演《金玉坠》亦佳。

福安堂法宝,王姓,字采仙。苏州人。在猪毛胡同,出师后立寿安堂于陕西巷。所演多时剧,颇能入妙。姿容明媚,光采欲流。举止言笑,动见矜持。登场姣丽,歌喉朗彻。说白则专学京城妇女口吻,而出声靡曼以淫,自是另一家数。演《女店》、《送面》、《双铃记》、《开金锁》等戏皆佳。《荣归》一折,尤为入情入理,神致逼真,洵一时独步也。其师弟法林,王姓,字眉仙。标格略相近,而柔腻逊之。今已之津门矣。采仙近入四喜部,有弟子鸿福。

喜禄一名长庆,胡姓,字蔼卿。敬义堂弟子。苏州人。自居安义堂,在陕西巷,与语山年相若。歌喉朗彻,婉媚多姿,尤善笑。演《桂子图》,绰约似十六七岁聪颖婢子。《扇坟》俏丽,《血手印》著名一时。其《赶三关》、《玉玲珑》、《玉堂春》、《昭君》等剧,直与鸾仙、梅卿抗衡。宜其久负盛名矣。弟子翠林,蒋姓,字芸香。能弹琵琶。

孙玉香,字佩仙,余庆堂弟子。苏州人。长梅仙一岁,肤色洁白,面微麻,短于视。姿态明婉,心性温和。配梅仙演《闺房乐》、《金玉坠》极相称。又自演《桂子图》、《情叙》、《打雁》、《喂药》、《胭脂》等剧,博一时誉。出师后,复演《玉堂春》、《玉玲珑》、《打金枝》、《玩花溪》、《红鸾喜》诸折,颇有步武鸾仙之意。丙午春,值梅生南旋,因迁其居室,自名景庆堂。

鸿雪堂自雪香别立印雪堂于小李纱帽胡同,桂宝、得宝相继去,年来支持门户者,惟玉宝。王姓,字韫香,苏州人。甲辰年十八。诚笃无诳语,更坦直无匿语。洪量善饮,举止安闲。粉面生春,秋瞳翦水,一种风流蕴藉之致,使人旷然神怡。演《借茶》、《藏舟》、《讨钗》、《刺梁》、《絮阁》、《小宴》、《花鼓》等剧,姿态各肖。乙巳春,出师,自居怡红堂。歌喉不润,日惮登场,未久即从所知以去。其师弟聚宝,吴姓,字花农。亦吴人。自韫香出师后,不能自立,偕鸿雪堂相率赴津矣。严宝琳,字韵珊,苏州人。春福堂弟子。

甲辰秋七月登场，年才十三。未三月而名噪。歌喉圆转，姿态丰腴。串演极知认真。初配芷仙演《双拜》、《游园》、《寻梦》、《送客》，即雅相称。后乃自演《女弹词》、《配乔醋》、《后诱》、《说亲回话》、《挑做》、《后约》、《滚楼》、《拷桃》、《琵琶行》、《回头岸》，色艺俱佳，光泽四溢。双瞳点水，明秀有神。性最灵敏，心计颇深。衣服玩好，务求美丽。爱之者惟恐拂其意，有所欲争立致之。年少气盛，真有炙手欲热之势。迩来鼎甲之选，谁谓玉笋班中不当以斯人为领袖耶！

张玉美，字丽仙，苏州人。岁乙巳，年十七，深山堂弟子。姿貌明润，性情婉和，意态更极柔腻。饮量极宏，能行雅令，酒场中劲敌也。工画兰，兼绘蝴蝶，闲亦画各种花卉。楷工整。居室雅洁，笔砚精良。四壁图书，位置得所，可谓雅人深致。演《木兰从军》一时盛称道之。歌喉圆亮，昆曲尤佳。累累乎真如贯珠，所演《吞丹》、《偷诗》、《斩窦》、《投渊》、《女弹词》、《花鼓》诸折，皆能出人头地。《折柳》扮小生，亦可观。《顶嘴》、《荷珠配》、《闺房乐》，别有姿趣。年来声名日盛，得与韵珊抗衡者，咸屈指是人矣。出师后，自立韫山堂，在李铁拐斜街。有师弟二：多福，张姓，字曼仙；多寿，查姓，字眉仙。亦苏州人。

周宝莲，字藕香，苏州人。甲辰冬，由四喜部改入净香堂。年十五，丰容盛鬋，昳丽端凝，戏之者曰“翩翩浊世之佳公子也”。温厚和平，最娴酬应。遇文静之士，庄雅自如，笑言有则；与谐谑者值，谈笑风生，趣语解颐。故一时知好，咸乐与周旋焉。量能饮，而又好胜。分曹赌酒，英气勃勃，往往所向无前。专工昆曲，演《守门》、《杀监》、《寄子》、《番儿》，得誉最早。近演《盗库》、《断桥》、《情誓》、《佛庶》、《舞盘》、《刺虎》、《絮阁》、《搜庵》、《游湖》、《借伞》、《相约》、《讨钗》、《交账》、《送礼》，体会绝妙。而清歌婉脆，尤能响遏梁尘，宜其与韵珊、丽仙称鼎足已。

吟秀堂自小金出师,有吴小福者,字听仙,声称不能自树。小香出,而门前车马复喧阗焉。钱姓,字蝶仙。与韵珊同庚。苏州人。静密深沉,不轻言笑。态度安雅,时自矜持。歌楼座上,但见方行矩步而来者,必蝶仙也。专习小生。昆曲能演《亭会》、《拾画》、《叫画》、《玩笺》、《错梦》、《偷诗》、《桂花亭》、《寄子》等剧,时曲如《荣归》、《山歌》、《巧姻缘》、《金玉坠》之类皆可观。武戏最为出色,工《神州擂》、《父子圆》、《凤凰台》、《迷魂岭》、《青龙棍》、《岳家庄》、《破神镳》,跳击极精。结束登场,真令万口叫绝也。其戏《目莲》,唱高腔,有别趣雄。《黄阵》虽以砌彩胜,而观者每称誉在白鹤童子,无怪负时名矣。其同师曰小玉,胡姓,字瑶仙。长蝶仙一岁,扬州人。为名武旦。拳勇刀捧,靡弗擅长,尤工跳跌。能使双枪、双流星,飞花滚雪,独冠一时。《卖艺》、《出月》、《香上》、《青龙棍》、《泗州城》、《迷魂岭》、《罗家洼》、《鸳鸯瓶》、《破神镳》、《神州擂》,都门五部中莫有与抗手者。虽不必以貌取,而头角峥嵘,自尔奕奕有致。登场尤姣好,纤柔居然女子,不似他人之赳赳也。姿性灵慧,宛转可人。量能饮,拇战颇健。一时名噪,直与蝶仙称二美云。

赵宝珍,字聘卿,苏州人。福云堂自韫卿三人出师后,所赖支持门户者,恃聘卿耳。甲辰年十四。姿貌不及蕊仙,而聪慧近之,可谓黰而黠者。戏尤足步后尘。又能演《绣房》、《别祠》、《藏舟》、《剐目》、《盗令》、《杀舟》、《醉归》、《挑做》等剧,无不出色。以故串演独当一面,迩来众口亦啧啧赞不置云。丁未春,出师,自立佩珠堂于李铁拐斜街。

倚云既以度曲名手居丽春堂,其弟子宋玉喜,字砚香。甲辰年十五,苏州人。丰颔短颔,炯炯双瞳,一时有小老虎之目。或云是庚寅年生人,乳名虎儿也。近工号绣君,演《认子》、《斩窦》、《题曲》、《絮阁》、《断桥》、《教刀》、《拜年》,歌喉清婉,颇为不负师傅风月宝鉴。扮凤姐非其所长。春台部高子琴演《赎身》、《志决》,神凄,声泪俱下,最为体会入微。子琴去而砚香代,扮花魁虽不能不让前人独步，亦可谓善继声者。配其师弟玉琴演《抱盒》、《拷冠》诸杂剧，砚香一跌，最足叫绝。《见娘》去小生，亦可观。玉琴，姓王，字韫仙。亦苏州人，少砚香一岁。初专习小生。《认子》去江流儿，时称二妙。工时曲，善学都下名手，登场要誉。演《教子》、《花亭》、《扫雪》、《出猎》、《六殿》、《沙桥》、《观画》，皆出色。闲演轴子若《献长安》、《断密涧》、《四进士》、《宫门挂带》、《桑园寄子》、《让成都》之类。女装扮《香山》，后乃扮《顶嘴》、《断桥》。近则专习女脚，能演《赐珠》、《赚花》等剧。又善吹笛，能画山水小帧，其聪颖盖可知已。

太平，茹姓，字心香。光裕堂弟子，苏州人。乙巳年十五，面清癯，有秀色。入座健谈，鹤步驼肩，戏之者曰“此老翰林酸气可掬也”。从其师学画兰，时亦登场弄笔。兼工生旦，演《茶叙》、《问病》、《秋江》、《送别》诸折，见之者多谓其扮潘郎尤胜于扮陈姑也。故所演多小生戏，《回猎》、《寄子》、《番儿》皆佳。有师弟曰玉香，刘姓，字蓝生。扬州人。与心香配演《栊翠庵》、《寻梅》，一时称善。又配演《谢冠》、《夺配》时曲，亦颇相称。

陈春林，字曼香，景春堂弟子。其师朱莲卿，与梅生同师，久不登场矣。甲辰岁，曼香年十五。演《湖船》、《盗库》、《调青》、《独占》，即颇出色。每学戏，必讨论其人其事之始末，故体会最得神。又与寿林配《断桥》之青儿，人竞誉之。配翠林演《写真》，配玉笙演《窥柬》、《端阳》、《水斗》，扮白娘子。歌喉清朗，姿态明丽。串演有青出于蓝处。清癯跳脱，性极机警。喜观书，粗通史事，好考核古人时代，驳正时曲之谬。尤熟《水浒》，谈论辄侃侃不倦。又工弈棋，入座高雅。酬应周匝，拇战极豪，酒监军之健儿也。玉笙，亦陈姓，字兰初，同苏州人。为梅生弟子。初登场年才十二，楚楚臻臻，动人怜惜。演《学堂》、《寄柬》等剧，歌喉亦亮。《白牡丹》，生新可观。《看谷》颇出色。近见与曼香演《双思凡》，亦绝有致。梅生南旋时，以玉笙赠莲卿，遂为景春堂弟子，更名全林。

朱双喜,字琴仙,又字韵秋,苏州人。梅生之内弟也。甲辰年十三,入净香堂。性最聪敏,貌亦洁净。温文善笑,能与人结欢喜缘,故誉之者日众。奔走酒筵歌座间无少暇,几欲抗衡藕香矣。所演《学堂》、《湖船》、《收青》、《思凡》诸剧,潇洒自如,雅有丰致。入座婉腻,而不失大家举止。同师陆双林,字倩香,长佩秋一岁。本苏州清音子弟。歌喉圆朗,态度端庄。演《小宴》、《琴挑》、《梳妆》、《掷戟》、《湖船》。又与佩秋、藕香配《搜庵》、《私媾》、《学堂》、《求草》、《水斗》、《断桥》,与琴仙配《收青》,皆可观。惜质地稍粗,且与多丽同居,未免相形见绌耳。又阿三者,专习小生。配《拂奔》、《掷戟》皆佳,《寄子》、《回猎》,尤善传神。性孤僻,不乐见客,未久即送之南旋矣。近又添二师弟:袁顺喜、周贵喜,皆苏州人。

小凤,字桐生,国姓。安徽人。甲辰年十五,居藕香堂。貌端洁,时露媚姿。笑言婉腻,绝似小女儿呢呢私语情状。心地浑朴,性情和厚,与人交最能耐久,以故凡所知好无不快然满志者。演《女店》、《搧坟》、《补缸》、《杆子》、《打棒》、《吃面》、《铁弓缘》,口白歌喉爽脆殊逊师傅,未可云雏凤清于老凤声也。然而人材难得,若桐生,已为称数所必及矣。其师弟小林,余姓,字兰史。

程增福,字曼云,苏州人。居寒葭潭佩珊堂,谢韫仙弟子也。貌明秀,性灵敏,工言笑。与人相处,在离即之间。演《痴诉》、《后诱》、《藏舟》、《折柳》等剧。登场颇出色,串演极知体会,而歌喉亦润。年才[1],颇能自树立,而声誉亦日盛云。

小长桂,居闻妙堂,在李铁拐斜街,庄兰生弟子。字蕊卿,亦姓王,亦扬州人,故称"小"以别之。然以槐庆堂与之较,虽十年以长,其风致尤胜少年也。性机警,貌略似宝珠,而黰不减鸿宝。妖娆自赏,时露赳赳之概,颇负日下名。曾见其《赎身》一折,全不相宜。

① 原文如此,有阙文。

而《双铃记》、《送盒子》、《打灶》、《摇会》诸剧，声色神吻无不逼肖，惜风流而未能蕴藉，不克绍师门声价耳。出师后，别居闻声堂。有师弟二，宋如意，字小兰。丙午年十五，善言笑，娴酬应，最工琵琶。演《算命》、《别妻》，弹四条弦唱马头调极佳。昆曲以《盂兰梦》知名。邵林桂，字幼卿，年十四。能演《学堂》、《断桥》等戏。配长桂演《摇会》。皆苏州人。

小金林，李姓，字芝香。苏州人。乙巳年十七，居李铁拐斜街裕桂堂。其师大贵喜，久称四喜名伶。以芝香隶嵩祝部，登场名噪，压倒同侪，见者辄以名妓目之。丰姿明媚，态度娇憨。低笑欲羞，清盺斜睨。一种动人处，真令举座魂消也。《拾镯》不及小金，《上坟》略似宝珠，《湖船》、《挑做》等曲颇知要好。入座相狎相优，邢梅卿即席飞觞，以"轻薄桃花逐水流"讥之，闻者龈然。迩来声称既盛，日自矜重。几与小金宝珠齐名已。

郝玉美，字韵仙。安徽人。长芝香一岁。姣媚润泽，明婉幽娴。登场颇似宝珠，而歌喉圆转则又过之。工昆曲，演《楼会》、《独占》、《乔醋》、《折柳》、《鹊桥》、《药店》诸折，安雅有情韵。年来推嵩祝之冠者，端属此人，恐小金林未是敌手。近演《梅玉配》全本尤佳。居槐荫堂，出师，别立春新堂，仍在石头胡同。其师弟陶小翠，字眉仙。少韵仙一岁，苏州人。明秀有致。演《荷珠配》、《铁弓缘》等戏，早有声。后演《烈火旗》、《赶三关》诸折，不让玉芝当年。《梅玉配》去少夫人，尤饶丰趣。

小鸿宝，字胪卿，任姓。甲辰年十四，亦槐荫堂弟子。轻儇秀润。从玉美演花鼓，一时争誉之。后演《小天宫》、《番儿》颇出色，又能演《折柳》、《药店》、《借伞》诸昆曲，《荣归》、《打饼》诸时曲，未二年而声名突过流辈。《请清兵》扮通使官，英姿倜傥，能为国语，尤妙绝云。

双喜，袁姓，字听泉。苏州人。本福寿堂弟子，自立倚树堂，与其师比邻居，在猪毛胡同。貌庄雅，工昆曲，为四喜中近来翘楚。有弟子阿金。其师弟新喜，字听云，貌去听泉远甚。谢双贵，人称后起之秀。皆以昆曲称，仍居福寿堂。又黛泉堂翠林，字意莲，以时曲称，在陕西巷。

陆品香自立馥森堂，与福盛堂对门居，即鸿雪堂旧宅也。能自成事业。有弟子钧喜，杨姓，字小香。亦苏州人。乙巳年十六，貌明润，性婉和，颇娴酬对。饮量极洪。演《面缸》、《别妻》，能自拨琵琶唱小令，歌声圆脆。昆曲清稳朗足。演《佳期》、《讨钗》、《盗令》、《杀舟》、《鱼钱》、《刺梁》、《说亲回话》等折，不愧师传。《雪夜》一出，以昆曲兼琵琶小令，尤为极尽其妙。品香突于是年五月以瘵疾卒，年二十一岁。寡妻弱女，家无期功亲。薄棺一具，厝萧寺中。其妻誓死不嫁，抚幼女守志极贞。而钧喜亦能自树立，俾馥森堂不堕其业，良可嘉已。出师后，品香之妻女遂别。小香即其旧宅自立森宝堂。

福盛堂自品香出师后，近所知名者曰莲升。字幼香，杨姓，本京人。丰姿似小长桂，而顆几过之。扮《嫁女》、《借妻》、《下河南》等折，登场姣媚，口白爽脆，大可步武雪香也。有师弟亦名鸿宝。

沁芳堂罗宝玉，字润卿。四川人。家学自承，可称堂构，年逾弱冠矣。颀而长，面有微麻。工书，能画兰。举止过自矜饰，时有名下自命之意。演《琴挑》、《偷诗》、《说亲回话》、《瑶台》、《刺虎》等剧，歌喉犹亮。

小连贵，字蟾仙，林姓。山东济南人。居敬业堂，亦四喜中名部也。庚辛间颇负时名，有“小山东”之目。盖山东不产歌儿，正以罕而见奇耳。然洗妆入座，究不似吴儿婀娜也。登场颇极姣丽。初习时曲，能武戏，曾见其《打刀》一折，不减李兰仙当年。近亦闲习昆曲。有师弟江联珠，字桂卿，人呼为“小耗子”。专习武戏。其幼者曰联喜，谢姓，颇可以观。

董桂枝，字香云。居三槐堂。年十八九矣。曾见其《活捉》一折，大似敬义堂鸿善。《抱娃进府》，村俏之状逼近自然。貌平整而讷于言，性朴厚而深于情。士人有习与游者，忽遘疾，殁于旅寓。乡人无过，桂枝闻信，奔赴出资为具棺殓。其所为诚近今罕觏矣。友人为述梗概，亟存之，勿使没其善焉。能画山水，兼工着色花卉，笔极鲜秀。弟子王小。

连福堂方松林，字莲舫。嵩祝名武旦也。后入四喜，转春台，近归和春。有弟子翠林，姓章，字小莲，本名双全。苏州人。聪颖秀洁，向在春和堂演《舟配》颇有致。久不相见矣，一日偶观四喜，竟来入座。因询悉其转徙之由。比转春台，相晤愈数。能演《楼会》、《写真》、《寄柬》、《变羊》等戏。玉如意阁主人赠联云"翠雨花浓，林容撷秀；小窗风净，莲影生香"，书悬厅事，连福堂生色多矣。旋返嵩祝，后复改四喜，入福盛堂。

延庆堂蟾桂，字月香，江姓。以跳击一时驰誉，能使双流星，居大外廊营，年将二十矣。得吟秀堂小云为弟子，颇足继声。演《双凤岭》、《红桃山》于嵩祝部，遂乃秀出班行。同时有金桂者，陈姓。色艺与月香相埒，年亦相等。居春桂堂。本三庆部春福堂弟子，其师曹喜林，以武旦改武小生。月香之师潘德奎则武老生也。程长庚亦有弟子桂祥，曰金兰，居四箴堂。蟾桂有师弟薛三桂，字朗仙，居荛庆堂。配谢玉兰演《回头岸》全本，人多称之。金桂有师弟二：宣玉桂，字琼仙；曹双桂，字宝蟾。苏州人。双桂丙午年十四，于数人中最为出色。演《杀惜》善折腰一枝梅，身法、步法俱入彀。《思凡》、《学堂》、《相约》、《讨钗》、《铁弓缘》，各有情致。《交账》、《送礼》扮银儿，《卖花》扮丫鬟，皆与玉桂配。而一时赏鉴者每每携配色赴酒楼去，玉桂颇心妒之。貌精洁，性灵敏。与人接，若远若近。爱之者，自不能遐置之。

翠玉,五年前以《连相》著名者。年来身既长大,不复扮演,然涌泉堂中竟无后来居上者。《打刀》不及翠林当日,《度柳翠》唱广颡,颇高朗。《拾镯》扮媒婆,直臻化境,惜未得与小金合演之。工琵琶,与师弟天香同演《琵琶亭》,皆自弹唱。天香,字桂仙。能学为诗,楷书端整。好演《吞丹》、《狐思》、《拒奔》、《画眉》等剧,令人辄忆柏子香登场时也。其又少者曰双林,郝姓,字小霞。皆安徽人。所演戏与桂仙同。丙午年十八,性朴诚和顺。喜弄墨学点画,入座每好书字。辨质四声,尤能发笑,往往哑哑不自止。同人以傻大姐戏呼之。饮量极洪,又喜劝人饮。铁石洺州渔叟心赏年余,始与结契。曾赠联云"双鱼密寄相思字,林鸟偷窥解语花",其钟情亦可见矣。

福山堂张寿林,字鹤卿。安徽人。居寒葭潭。其师陈小云,夙负重名。鹤卿端谨肫挚,能任本色。演《拷寇》、《挡亮》、《叫关》、《小显》等剧,颇得一时誉。而《闹海》一折,跳跌尤称妙云。

蕊仙立槐庆堂于玉皇庙前,回廊复室,院宇宏敞,浚池起榭,种花养鱼。古鼎名书,画屏珍玩,色色高雅。一榻一几,皆花梨紫檀为之,洵歌坛第一福地。所蓄弟子多未出色,殆极盛难继与?近有小三福者,金姓,字香云。甲辰年十五,苏州人。演《亭会》、《游街》颇可观,《喂药》视玉香不相上下,《巧合》则不及翠官。又与其师弟喜官从其师演《窥浴》,识者仍嘉誉其扮贵妃者。喜官,字鸾卿。稚弱短小,演《连相》,一时绝技。时配香云演胖姑。近习武戏,演《乾元山》、《界牌关》、《登云山》,跌扑颇动目也。

宝善堂自莲卿、兰生别居后,文兰等亦相率出师去,非复旧日之盛矣。近来以玉喜为称首,《说亲回话》直欲追步纫香,扮武小生极佳。乙巳南归。其师弟凤林,杨姓,字仪仙,或曰赵姓。姿容明洁,跳系颇捷。戏多而精,兼为男女装。出师后,自立鸣山堂于李铁拐斜街。演《万事》全本颇出色。又有李双喜,浓眉秀目,善跌扑，以《绿牡丹》著名。与玉仙配，武戏极多，人称合璧。其桂林则歌喉可取，而质地太粗矣。

王双喜，字莲香。居如意堂，在朱家胡同熙春堂故宅也。苏州人。貌丰满，性灵狡。以工琵琶故，时与文酒之宴。所演《面缸》、《算命》外，又有《斋饭》、《戏凤》诸杂剧。昆曲能演《思凡》、《牛混》，惜歌喉顿涩。未一年而遽殁。有师弟寿喜，演《杀惜》一折，腰肢棉软。未久已先之津门，近蓄一幼伶孙莲凤，亦能琵琶。

陈美玉，字蕴仙，安徽人。鸾仙之从侄孙也。其师江姓，携二弟子自南来，其一曰明珠，故名玉珠堂。初与藕香堂对门居。蕴仙貌清神秀，玉立亭亭。乙巳年十四，登场有声。性聪慧，渐有傲岸自矜之意。能演《送灯》、《代亲》、《拷火》、《奇逢》、《戏叔》诸时曲，近以所居湫隘，移寒葭潭三和堂旧宅居焉。

陆文兰自立松桂堂于樱桃斜街，有弟子天桂，字月香，汪姓。扬州人。工时曲，能演《打棋盘》、《卖饽饽》、《眼前报》等剧，《嫖院》扮老鸨，大有女档子神致。丙午迁寒葭潭。

传经堂，主人刘姓，歌部旧院也。今分为二。自小霞出师后，久乏隽才，其在百顺胡同者为南传经，居三庆部。佳者曰兰香，双眉浓扫，姿容明洁。幼时扮《小开》平王最入妙，与配演戏者翠香，非其匹也。幼者曰彩凤，较之锦春堂彩凤亦颇相埒。北传经在樱桃斜街，居春台部。曰桂香、桂枝、桂珠。桂珠自立丽珠堂，近与锦春堂同入嵩祝部。

松茂堂顺喜，钱姓，字蓉仙。以能诗称，与文士交，有惺惺相惜之意，故爱之者乐为延誉。戏亦甚多，近改小生，专工昆曲。其师弟有阿四者，字小香。略有声。又槐香堂馨兰，聂姓，字芷香。武旦之铮铮者。

明斋之天喜,和春部巨擘也。次则天保堂三元,人谓一时匹敌。其师弟曰连元、曰福喜,皆有声。莲香堂连桂,字佩仙。丙午年十八,亦颇为班中之秀。又宝山堂小松,一名长青,由嵩庆入嵩祝。近自名桂香堂,亦入和春。流荡生姿,一时多誉之。此外松保堂小凤,亦和春部中人。四喜则大有堂崇天云,字雨香。声名颇噪。为崇玉香胞弟。其玉珍、玉凤,则张二奎弟子也。三和堂尚有弟子曰小彩、曰玉林。嵩祝则韵仙堂宝玉,竹深堂连桂,槐荫堂长寿。姿容技艺,间各有声。真如野草闲花,芬芳庭砌。春色满园,一任狂蜂浪蝶自迷恋耳。

马喜,苏州人。专工正旦,歌喉明润,一时名重。由三庆入春台。陈双喜,亦三庆久知名者。歌曲清朗,串演亦佳,与马喜配《廊会》可称双璧。蕊仙常约各部名伶为清音部,名“钧天乐”。有李胜奎唱正生最佳,惜已殁。小生姚双,副净姚五,亦然。他若老生之王春林、阴大、李耀名、吴炳南、华凤,小生之祝兰生、贾增寿、陈金爵、周四,净之姚二、方三、周双,副净之宋四、杨三,丑之陈永年,正旦之云林,作旦之王寿,皆一时昆曲名手。间以各堂名伶参佐之,以备第宅吉筵之选。诚今之雅乐也,岂独余三胜称时曲巨擘哉!附举其名,用见都下梨园正音原未消歇云尔。姚二,年六十余,与李耀名、周双皆曾供奉内廷者。

花天尘梦录　卷四

咤余丛记

李皃莽绘《江上诗情图》赠小霞,韩春卿嘱重摹纨扇上自题《乳燕飞》一词,云:“一株朱霞好。恁迢迢,画里春城,那愁春老。措点伯牙台畔路,诗境者番寻到。且划取,几分残照。吟入绿杨深处去,只柔条绾住、情多少。应怜我,玉尊倒。　红泥亭子供凭眺。把寻常月月光阴,等闲换了。瘦似秋山情似水,除是闲鸥解道:莫任做江天词稿。便唱阳关三叠曲,恐西风催放江南棹,回首处,碧云杳。"后跋云"梦侠情禅室主人",余五年前京洛旧交也。金门小隐有名士风,忆甲午新秋,时时过从。或评觞政,或订茶经。象戏未终,鸾萧已奏。工吟咏,不轻示人。临池弄墨,初学平原《多宝塔》,今渐入欧阳之室矣。写墨兰一二枝,颇似六如手笔。今年余复上长安,知已出恨海而登宝筏,苍梧词所谓"怕众草为群,独自亭亭欲绝"者,其斯人之谓与!李君凫莽绘《江上诗情图》以赠余,丐重摹并缀以词。庶几清风徐来,如见故人;明月不落,言思君子云尔。此戊戌秋日事也。因忆六月中旬,从敦夫、春帆、凫莽踏月过咏霓堂,访竹生不值。小霞以凫莽至,出相见。啜茗清谈,高雅脱俗。余适携白团扇,因乞作画。小霞欣然就灯下命笔,写墨兰,署双款。自呼愈雯,字极苍秀,押印曰"小霞俞三诗画"。此扇余至今藏之,所恨舞衣早卸,黄土轻埋。春卿闻之,当为陨涕也。

戊戌秋杪,余撰《评花韵语》成,范小桐拟即二十四品中人公宴玉连环室,与余结相见缘。好事者代拟公宴启,云:夫南洲草色,易先蒲柳而零;北地萍踪,误似烟花之堕。眉目学语,咸云嬉不知愁;心神转凄,甚且歌将代哭。命不红颜而共薄,人谁青眼之态?怜则有洙水名流、雩门狂客,破绮语,戒发菩提心。慨彼登场,偶焉弄笔,长安看遍,一编录尽。小名《艳冶游便》,百卉翻成新谱。妃青俪白,如摹西子之笑颦;骇绿纷红,多谢东君之抬举。是谁戏拈翰墨,姓名借著于千秋。岂独一经品题,声价顿增于十倍哉。兰等并蒙披采,愧少芬芳。纷如沙数三千,占断风番。廿四赏不因乎识面,感倍切于知音。桃李难攀,琼琚思报。将以十月既望日,齐集玉连环室中。修公宴之仪,为长者之寿礼也。网户晨启,华镫夕张。篱菊滋荣,淡如人意。江梅欲放,春在谁边。亦饮亦歌,卜昼卜夜,作暖炉会,偷梨园半日之余。间证文字缘,播燕市一时之佳语。谨修端楮,遍告同盟。

下第制义二比,全套金正希《德行》(两般秋雨盦刻)。近复有套之以写观剧者,颇资一噱。其文云:"斗大莫能容,所欲见者相公,而于老生无取也。设诸公非与相公游,挟其聪明才望,学术文章以奔走四方馆与幕,与一切诗社文坛,固自易易。何自困若斯也?而诸公不悔也。戏园真乐地,所自信者情痴,而银钱则不敢必也。设诸公不以结识相公故,当其袍褂靴帽、字书画籍,以博细局之一笑,且下及夫青厂鱼池,岂不甚豪。何固执若斯也?而诸公不变也。”殆有慨乎言之者,然阅历亦深矣。更有入直枢垣者,即事成制义二比,裁对工整,格调锵和,一时传诵。云:“寅初入如意之门,流水桥边,唤取衣包于厨子。而浓茶一盏、画烛三条,两班公鹄立枢堂,幸当夫八方无事之时。奉朱笔而徐商起草,未正发归心之箭。夕阳窗下,频催钞折于先生。而随手数行,封皮两道。八章京鹓翔直幄,共循夫四日下班之例,交金牌而预约看花。”两文一谐一庄,前后似甚不论。然究皆游戏文章,况“看花”二字,何弗阿会为解语花乎,见者哂之。

杨掌生《辛壬癸甲录》记韵香之卒,文人麇至,束刍沐椁皆翰墨之香,至今人犹传诵。冯荔生所赠挽联云:“天本无情说什么花常好、月常圆,待到了草长莺飞,谁留春住;空不异色毕竟是镜中花、水中月,试招向梅边鹤外,定有魂来。”韵香居梅鹤堂,林姓,字鸿宝。初居传经堂,隶嵩祝部。传经堂又有多宝者,字韵珊。乙未年十五,隶春台部,负盛名。时有一恶少,佩白玉搬指佳甚,是其先人罹刑肇衅之端也。解赠韵珊,不受,强置诸室,意将强暴及之。韵珊愤恨,染疾遽殁。临死语其仆曰:“余所收藏诗词玩物,大都雅人投赠。今将死,其诗词不能易钱者为余焚之。玩物任吾师货卖,无恨也。惟某公子玉搬指,是不义物,强掷于此。务早还之,勿贪其利以污余于身后。”仆感其言,亟匿之,婉言璧诸赵,不令其师见焉。凫莽过其厝葬处,为诗吊之,遂得传其梗概。至《两般秋雨盦》所纪韵兰,殁未二十年,已莫考其为谁家弟子。特录其《惜兰词序》云:桃开千岁,人间为短命之花;昙现刹那,天上乃长生之树。从来朝露本苦无多,况属彩云尤甚易散然。而水莲泡幻,达观久付虚空;泥絮沾濡,情种能无抑郁也乎。如春台部兰郎者,泥巢乳燕,花苑灵狸。家住玉钩斜。骑鹤下翩翩之影,善歌金缕曲;啭莺闻呖呖之声,芳名则雅爱。兰香绝调已盛称杨叛,固已蜚声乐籍,驰誉燕台矣。爰有浙西名士,久噪雕龙;日下寓公,新来鸣鹤。偶顾绿么之曲，顿生红豆之思。于是众里目成，暗中心许。赭白马城头，蹀躞公子，相逢金错刀，袖底铿锵美人赠我。每见潘车掷果，携手相将。保母鄂被，薰香销魂。真个妒之者以为失身之凤，爱之者以为比翼之鹣。而乃长乐难期，短缘已促。杏林深处，难探及第之花；芍药开时，原是将离之草。于是数声杜宇，一阕阳关。方期玉玦之分，以冀金环之合。孰意扬花命簿，桐树生孤。莲药侬心，菖蒲郎面。此也秋雨卧相如之病，彼也春风作王粲之游。既而长剑归时，大刀唱后，不惜黄金似土，来作缠头；岂知紫玉成烟，已伤委骨。用是怆怀珠璧，堕泪琼瑰。犹思人约黄昏，去年元夜；依旧门临碧水，今日桃花。早已平量恨海之波，待涸爱水之水矣。然而空谁非色，短岂殊修。使问天，果属有情；得知己，死可不恨。向使郎果金台终老，落拓梨园，玉籍长流，浮沉菊部。将春残杨柳，飘零京兆之眉；秋后莲花，憔悴昌宗之面。未必鬑鬑潘貌，能消黯黯江魂。则与为弥子瑕之色衰，毋宁作卫叔宝之看杀。而况樱桃一曲，芳名总在人间；霓羽千秋，旧谱已归天上。以视桃笙秋老，断袖先凉；萧瑟风悲，买丝谁绣者。一则名花似草，一则弱絮留萍。如彼如斯，孰得孰失。乃我有怜香，情重破壁，神伤缠绵。则玉藕牵丝，惆怅而金荃赋什。顾或谓终宵角枕，空生秋士之悲；一集香奁，究损冬郎之德。既蜂腰之中断，何雀脑之思深。岂知钗挂臣冠，宋玉原非好色；酒黏郎袖，殴公亦自多情。而况书剑飘零，檀槽知遇？岂有生前倚玉，曾留春帐之情；殁后沉珠，不吊秋坟之魄者乎？由是敷陈丽藻，抒写哀思。乞我弁言，题之卷首，化笔墨烟云而如画。请看北苑春山，悟迷离扑朔之非真；试读《南华·秋水》中段于无可奈何之中作解脱语，是亦子才子“美人有寿已无恩”诗意。

余谓十载笙歌，久驰美誉；半生泉石，稳乞闲身。如梅生之脱然尘鞅，其才识福命固是过人。即纫香之功成身退，置房屋蓄弟子。昔也长袖善舞，今也多钱善贾。又岂韵兰辈所敢望其崖岸哉？更有所谓飞眼无真斗，翻身即软棚者，以视韵兰又万万不及矣。可慨也夫！《两般秋雨盦》载“燕台小乐府五部”，写都下奢靡习尚。诈巧情伪，描摹尽相，深得诗人之意。《录梨园伶》云：“软红十丈春风酣,不重美女重美男。宛转歌喉袅金缕,美男装成如美女。楼云十二醉春风,过午花稍日影红。此际香车来巷陌,此时脆管出帘栊。帘栊掩映娇妆束,场屋频频滚弦索。须臾花枝照眼明,飞上九天歌一声。歌声未罢欢声满,就中谁得秋波转。曲罢翩然下座旁,犹留粉晕与脂香。凭将眉语通心语,好把歌场换酒场。酒楼携得人如玉,自占藏春最高阁。闲泛鹅儿弄斝尊,不容鹦母窥帘幙。承颜伺色最聪明,射覆藏钩靡不精。欲即偏离抛又近,情无情处动人情。情多不及黄金贵,几束吴绫谋一醉。梦里温柔镜里人,甘心竟为他憔悴。憔悴青衫兴已阑,一鞭又跨别人鞍。试看花底秦宫活,谁念车傍范叔寒。"

都门酒楼雅集,知己相逢,必招歌伶以监觞政。而一时名噪者,往往日十数局,奔走不遑。酒数巡,辄告假去。有人仿《阿房宫赋》戏撰《酒楼宴集赋》,摘数语云:"入门一哄,春光融融。告假欲去,风雨凄凄。一时之内,一座之间,而气候不齐。"可谓揣摹入化。

歌儿中以画兰著者,吴凤推第一手。善书能诗,尝自题画云:"风枝雨叶足精神,墨沈淋漓洒未匀。空谷幽芳原自赏,可怜依是素心人。"桐仙而后,惟小霞兼工书画。笔端挺秀,字尤苍劲,写墨兰极有生趣。惜其不永年也。次则鸾仙,则小桐。鸾仙仍负日下名。而小桐南旋后,屈身厮养,亦足哀矣。日来如宝珠、福云、玉美、太平、小凤,无不画兰,一时互相标榜,而书法工楷者惟玉美耳。

丙申仲秋,余偕修莲居士、秋吟阁主人与猗香、珠香、葆香互赌酒于月新、熙春两堂中。同座者惟凫阳逸客与宛香耳。时梅生尚偶参末座也。出都后,秋吟阁主人成《无题》四首怀珠香,云:"儿家曲巷未容车,月新堂旧在朱家胡同内火神庙前,轻扣铜环识面初。妙解温存终觉静,略无笑语岂嫌疏。重帘香篆微沉后,半榻茶烟小飏余。去也匆匆留不得,斜阳一抹碧窗虚。""何须更见女郎身,窄袖长衫惯泥人。密递心情频握手,暗通眉语略含颦。轻喉度曲娇无力,弱腕临书怯未匀。小字写来还一笑,阿谁看作掌中珍。""漫言年少不知愁,舞罢氍毹尚带羞。醉倚灯光偏耐夜,病扶药里独禁秋。笙歌队里迷前梦,罗绮丛中倦旧游。无限幽怀谁共语,一回相问一低头。""合欢不赠赠将离,酒绿镫红尽费思。春色半归莺亦懒,醉乡难恋蝶何痴。一年迟我看花约,千里劳卿载梦随。留得泥痕付鸿爪,自研金粉写乌丝。"余成《延秋室即事》二律,别葆香有句云"臣不如人非独命,卿真怜我倘因才",修莲居士最喜诵之。后亦成《无题》五章。戊戌至都,延秋室已易主人。珠香、葆香皆南旋,猗香别居留春堂,而修莲又不复至,踪迹遂疏。所谓"金粉乌丝"者,尚存梅生壁间,而亦非旧居矣。以梅生素曾相识,重申旧好。凡同人雅集,必约襄酒政。得绮怀四章书扇赠之。癸卯春,余再至都。尘冗匆匆,未暇过访。闰七月,重游日下,与梅生再见。闻珠香复来都,携所存"金粉乌丝"去。壁间易樊玉农金书《留别》三诗,佳句如"邓尉风光团雪早,帝城春色恋人多",语极浑脱。又"品从淡处羞桃李,韵到天然谢绮罗",直能写出梅生心性品格。摹小影于蛮笺,令人玩味不置。末首"啼烟浥露镇低垂,花亦如人怨别离。便倾玉碗从今日,更倚琼枝定几时",洵情意肫挚之作。余倒和其韵,为书金笺小帧,云:"燕市晨星感故知,相逢休恨落花时。频年不见常教忆,此日重来幸未迟。有客漫矜酬远志,阿侬翻记赠将离。清歌一曲销魂甚,玉手依然大小垂。""鬓丝禅榻旧维摩,曾写新诗托扇罗。一片□□容我证,五年红粉替人多。姓名犹记修花史,标格谁还斗月娥。毕竟罗浮仙境好,冰肌玉骨认婀娜。""千亿何当见化身,放翁诗句寄情真。不除傲骨羞名士,别有柔肠对美人。直以淡交成久约,聊从后会悟前因。翦镫闲续春明话,阅尽轻红十丈尘。"梅生近益高雅,歌酒之暇,好约友人对弈,间或为叶子戏。常自临过庭《书谱》等帖,为人书扇。时学弹琴。长夏无事,约二三知己手谈其家,或茶瓜清话,或杯酒小集,抑或家庖数味,相共晚餐。将一切世俗周旋,删除净尽,可谓形迹俱忘矣。此亦清游中一乐趣也。乃梅生固已急流勇退,归计早营,卜居于穹窿山前。买田筑室,绕屋种梅花三百树。今且于丙午仲春,翩然一舸,尽室南还。古人云"知足不辱,知止不殆",可於斯人信之矣。试问花月良辰,山水佳处,一壶酒、一张琴,泠然发声,陶然薄醉之余,尚一忆二三知己之扰攘于红尘缁尘否耶?《画兰赋》,余所作以赠小桐者也。

故以秀色可餐,吹气如兰为韵,赋曰:“妙柘舞兮善才,翘梨园兮领袖。喉玉转其清音兮,毫翠分夫眉秀。拂绢素于广场兮,写湘兰于晴昼。乍一幅之新裁,早四筵之兢购。尔乃驱毂,偕寻敏门初识,瞳翦水而神清,脸横波而笑匿。苏台梦绕,生来脂粉溪边;燕市春浓,住近樱桃巷侧。言若兰兮室有馨,扇染翰兮花弄色。既而绮阁重来,锦筵促坐。帘垂晶箔兮网户无人,酒满金尊兮瑶琴伴我。顾影衫长,回身袖亸。最爱幽芳自赏,问竟体其谁知;却怜冶叶纷披,盟素心而未可。含情欲诉,相对忘餐。虫吟砌外,蟾霁檐端。蘸冰瓯而笔涤,开玳匣而砚安。腕约金而怯重,芽染黛而始乾。与花传神兮芳心警,早将花写照兮蕙影描。难宛转生花之管,沉吟取格之时。风叶雨叶,三枝两枝。画屏悄倚,罗袂凉吹。托香草以怀人,年年春恨;制湘花而为佩,夜夜秋思。仆本恨人,悲哉秋气。嗟萍泛而迹同,感萧骚而心欷。香生十步,空谷曾怜。画赠尺缣,知音益慰。长淮水碧,忆送客之玲珑。是春二月,陈郎紫绶,送我于袁江。绣幕灯红,赋连环而仿佛。玉连环室,小桐斋名。爰为之歌曰:生小吴郎十五余,氍毹舞罢夜翻书。冰弦自谱幽兰怨,花影娉婷玉不如。银筝乍歇钿笛吹,徐清商袅袅,倚声和诸答曰:瑟瑟琐窗寒,当窗写畹兰。并蒂予怜汝,同心浓赠欢。惜花莫放春归早,好护东风碧玉阑。修莲题后曰:吴郎十五正盈盈,舞罢氍毹四座倾。曾向水晶帘下见,一床班管似书生。小朵湘花写素纨,玉人心事托豪端。东塘才调梅村曲,一样柔情赋画兰。十载京华易感秋,当筵怕听钿箜篌。一般谙尽风尘味,闲与何戡话旧游谓珠香。此丙申秋,作书成未贻小桐而去。戊戌重来都下,小桐已别居寒葭潭,颇擅园亭之胜。次年而小桐南归矣。近来以画兰擅名者,首推梅卿。丰姿秀韵,吐属闲雅。其风流蕴藉之致,出小桐上。乙巳夏,将卜新居。为成《画兰后赋》美之,赋曰:送春天气,逝水年光。相思不已,相望何妨。渺良时兮难再,嗟余情之信芳。画本犹存,坐客半多倦客;兰因重梦,登场又见换场。则有隋苑名伶,邗江小史。居临文选楼高,家自蕃厘;观徙梅清比骨,小字堪题。兰静同心,芳声恰似。羌度曲兮红氍快,挥毫于素纸尔其风雅。性耽聪明天赋,黛痕狼藉而夋堆，墨汁淋漓而衫污。检晴窗之韵，偷学吟哦；摊雨夜之书，勤搜掌故。闲情剔翠，时成即景之词；逸兴飞觞，大有惊人之句。忆夫车攒绣毂，路转斜街。扣铜环兮扉阖，敞珠户兮尘揩。万石罗文，琉璃匣贮；一双牙管，翡翠床排。爱他便面钩来，芬芳欲袭；情到聚头赠处，言臭都佳。莺出谷而待迁，燕营巢而始筑。枣绿帘沉，茜红窗覆。移来楚畹之真香，散作兰房之清馥。为谁濡翰，恍幽客之才过；助彼临池，称美人之新沐。鸬鹚杯泛酒初浓，鹦鹉笼呼茶正熟。名流访遍，自甘百拜。师投妙墨携归，不惮终朝画读。况复莲心知苦，蕙质凝馨。怡神貌香祖，寄志写骚经。翠袖双垂，影回雪舞。珠喉一串，响遏云停。叶放须长，羡尔芳情脉脉；移根及早，居然玉立亭亭。歌曰：绣幕雕阑春似海，湘花芬畹新芽在。镜中人影画中香，不比芙蓉易采采。又曰：檀板金尊弄玉箫，锦堂花暖醉深宵。国香服媚人如是，画出江南景更饶。愿郎兴画同长寿，珍重风前斗楚腰。“镜中”句用韩斋主人赠诗。因合前赋书成金笺小帧，并倩云槎为画青绿山水相配，以佐补壁。梅卿于歌酒清暇，偶一讽诵，其亦动今昔之感而益知自好欤？

梅卿有画癖，曰“临池弄笔，为人画兰不倦”。家藏顾南雅先生墨兰小帧，极佳。闻饯春社主画兰名，多方购求。一日于席间晤秋吟阁主人，甫问姓，即以为饯春社主也。长跽乞画，并请受业。蓉城侍者鉴其诚，代乞四幅贻之，急自装潢焉。夏四月，同人集才盛馆。梅卿演画兰，甫脱稿，好事者索来，筵上合座传观。黛汁淋漓，污染绢素。饯春社主，假场上笔为补根以掩护之。真为马月娇后身写照，不让青溪佳话矣。梅卿注目谛视，恨不能洗妆一拜座前。翌日晤余，嘱道感谢，并求一见。惜饯春社主匆匆出都，未及与面。留一诗记其事，曰：貌得湘兰更擅场，镜中人影画中香。灵根为尔当筵补，衬出春风几叶长。近见梅卿画兰，多好写根，可知心香一瓣，敬奉不忘也。十月初，高丽人以年例到都，有于歌楼见梅卿画兰者，景佩之至。各取清心丸作彩，连抛场上。而皆里以钱帖，旋倩人购所画兰幅以去。是日都下盛传，谓梅卿名动海外。比之鸡林贾人易白传诗云。

甲辰初夏,余与佩秋初相识。珠光四照,明慧出群。一日招之至,偶感风寒,强自支持。适修莲在座,为诊脉立方,先遣之归。复偕至其家,料量药裹,一服而愈。佩秋至今时感念之。六月二十二日,其生辰也。余倩云槎为写照,而自题四诗赠之。曰:"一串珠喉听啭莺,红氍毹上识倾城。秃襟小袖风流甚,玉立亭亭太瘦生。射覆藏钩巧构思,雅人深致有谁知。尊前妙语真颐解,亲见名流拜倒时。""绝代聪明绝代情,最繁华处转愁生。茫茫人海谁知己,陡觉伤心误盛名。生占荷花二日先,香风冉冉醉芳筵。桐阴小坐余清兴,净洗冰磁试雨前。"佩秋读之,心契颇深。所交多风雅士,凡诗词投赠,必珍存之。尤好倩人代为解说。案上书常满,暇辄手一编以自娱。遇有豪富自矜者,往往掉头去不顾。而所与订知己者,虽寒素,亦倾心事之。甚至形迹两忘,淡而弥永焉。余尝谓佩秋"清"、芷仙"艳",两人之品不同,而性格颇相类。闻者每多谓然。乙巳岁,二人先后出师。芷仙未三月而移居,佩秋于丙午嘉平始卜宅朱家胡同。其恬澹自如之致,盖真有委心任运者。斯人良足嘉已。

甲辰七月,余偕拂桐山人闲作文酒之会。一日于梅生处,为云樵饯别。行西厢令,梅生固老作家。而佩秋亦颇有妙悟,能即席生风,谈笑解围。有掣得科头饮者,时方盛暑,咸谓合席当饮矣。梅生独创一解曰:是只宜云樵饮。科头者,鼎甲之兆也。饮此以作明春殿撰之券。佥云得体。云樵亦欣然遵令。佩秋掣得一签,秘不示人。因有不敢言笑者,不敢出座者,不敢吃烟挥扇者。佩秋默然若不见也。良久而言与,笑者有之,出座者有之,吃烟挥扇者又有之,佩秋仍寂然若弗闻也。无何令有得大杯者,亦值云樵。云樵本善饮,所招韫香量尤洪,其分饮代饮常也,无足怪。饮既尽,佩秋出筹以示曰:"代饮者罚天杯。"韫香无以辨,立尽一巨觥,举座称快。又有得善舞饮者,咸谓诸郎莫能辞矣。梅生故作不解所谓舞者,以问拂桐山人。方举手比示之,佩秋会其意,急起曰:"我辈之能舞,犹夏日之科头也,宜也。"令举手相示者,乃真善舞者也。拂桐山人亦无以辨,为进一觞。是日同坐,有芷仙、梅仙,皆一时名噪者。

月之下浣，虞臣将出都。拂桐山人饯之同庆楼，虞臣所招必桐生，是日益以梅仙。席间有招兰舫者，芷仙、佩秋自咸在座也。行“问官答花、问花答官”令，芷仙最敏捷，终席不错。是夕，余复张饮于纫兰室。宾主仍四人，而兰舫、梅仙则未得与入席。行“剔翠”令，书典于覆盂以赌酒。初行数巡，不过“花信风”、“秋夜钲”、“阑干筝”、“桂学士”、“看羊”之类。酒半，佩秋发一翠于虞臣，彼此互剔，间一及桐生。已至二十二数，虞臣度必“桥”字或“诗品”字，决然以二十四数剔还。佩秋辗然，举盂而笑曰：“廿五数奉敬矣。此一杯饯行酒也。”视之乃“小凤待我”四字，虞臣不悦曰：“二十五年后，非但我之鬑鬑者变而于思于思也，即桐生且不惟鬑鬑矣。”佩秋曰：“阁下不言明春入都耶，今年甲辰，明年乙巳，非道光二十五年而何?”虞臣翻然色喜，举翠杯一饮而干，曰：“是儿可人，真用典能活矣。”拂桐山人为首肯者再，曰：“今日为虞臣饯行，于‘待我’上着‘小凤’二字，已见慧心。更能下此转语，那得不令人拜倒耶!”真一时佳话也。未几都下遍传，咸服佩秋之雅云。

云槎居士善写照，驰名京师者有年。甲辰夏，以云樵嘱为韫香写照。既为《菱洲图》，芷仙于纨扇作女子装，又为写本来面目。从拂桐山人请也。余题《念奴娇》一阕云：“一枝红药，正烟笼露凝去声，饱酿春色。倦倚东风扶乍起，蓦地悄窥帘额。花认前身，人怜小影，香艳矜标格。嫣然浓笑，欲寻何处寻觅，最爱展绡晴窗。紫云静对，柔翰冰瓯涤。　　着个美人相比并，姣丽天然无匹。座上袁丝，尊前李白，招我同为客。兰心蕙性，却教补入吟笔。”嗣是有长跽以求者，有具酒食以求者，又有写照后而同人争备酒酌为润笔者，更有谆嘱再三而终未得所求者。佩秋、梅生、鸾仙、蕊仙遂各得写照以去，至今惟语山犹喃喃怨东君不已也。

棣华馆主人悦小金有年矣，每至都必数与过从，有饮局必招之，至辄逾月流连不能去。既又悦宝珠，亦匪一朝夕。乙巳秋重至都，出所谱《情悟》、《怀珠》两杂曲见示，文深于情矣。留案头旬余，参末议以还之。适佩秋在座，问何书，语之，则曰：“他日君盍为梅生与侬各谱一套乎?”闻者谓其妙于语言焉。

甲乙年间,佩秋、芷仙、梅仙同负盛名。入座英姿勃勃,屹然鼎足,大有魏、蜀、吴纷争之象。每约同局,艳羡者谓精华聚于斯,然殊费调停也。就中佩秋最明婉,往往排难解纷,善于应变,合座为之尽欢。而梅仙则必自树一帜,与芷仙略不相下。此中气习,要自有泾渭之分。读书变化气质,即读曲亦何莫不然哉。令(今)之昆乱,古之雅郑也,君子益信术之当慎已。

云槎既为佩秋写照,旋复摹一帧赠余,颇称神似。其写芷仙女装纨扇,亦有副本置余处。乙巳秋,绿绮外史入都,睹扇而悦之。因访其人,甚倾心焉。濒行,题《沁园春》于扇背,复成《仿十忆诗》以记事。录其二章云:深深门巷认儿家,有客闲停访艳车。记得酒阑人意倦,水晶帘卷品秋花。骊珠一串转轻喉,梦醒歌声绕画楼。记得觅花拼起早,半窗红日看梳头。诚韵事也。词中如"娇小生怜,轻儇增媚,影也销魂况倚侬"句,尤佳妙。

丹石山樵《燕台花镜诗题词》有云"何日长安走马,醉倒花前",盖预为之兆也。乙巳春,偕余同上长安。因与践看花之约,见桐生而爱之,时共杯酌。将出都,值桐生小病。凌晨走视,即以握别,情意颇挚。抵家,寄《无题》四章。佳句如"扶病强支春困懒,含愁难遣别情浓"、"握手殷勤坚后约,倍添惆怅是临歧",又"曲巷何时重访翠,归途从此不看花"尤妙。秋日,桐生介友人转寄旧帕一方贻之。复成四诗寄怀,最佳者如"万种幽怀千种恨,累他检点旧巾箱"、"应知日下添新侣,难得天涯忆故人"、"怜他白纻新词稿,伴我青衫旧酒痕"、"吴绫细卷牢牢护,恐有才离倩女魂",可谓情见乎词矣。摘录数联,桐生大为生色。

堂中赠联佳句最多,如倚云之"天教红杏三春丽,人共黄花一月生",梅生之"与佛共生仙共醉,愿花长好月长圆",子琴之"莲性只宜君子爱,琴心未许俗人知",俱极风趣。其拈名号作并头式者,如"佩宜君子结,香赠女儿熏"。作并蒂式者如"秋容艳似留人桂,香梦酣于出峡云",兼并头并蒂者如"翠暖花天,其人如玉;香生月夜,有酒学仙",又有比肩式者则秋芙之"南华秋水经常诵,北苑芙蓉画不如"。其同心式曰"花到生天才富贵,玉能延喜况温柔",是又嵌其名也。其集句为叶底花者，玉兰之“良玉比君子，春兰如美人”；为根上花者，玉美之“清言霏玉屑，幽兰如美人”，皆极大方。更有拈名与字各成一句者，如“小楼度曲人如玉，瑶岛看花客是仙”。其颠倒鸳鸯体如“凤毛无碍小，桐乳可怜生”，并皆佳妙。又小玉之“小技具征狮子力，玉姿时现龙女身”，独见老到。又集句如语山之“语言妙天下，山水有清音”，亦能无斧凿痕。近见一联云“人间梅福神仙尉，天上卿云太史书”，梅卿、福云恰好名字平嵌作对。堂皇工巧，文心之妙于斯，尽矣。

甲辰夏秋，每多雅集，席间偶得佳话即载之。岁乙巳，虽饮局时预，略无可资谈柄者。棣华馆主人与语山交最深，乙巳在都时，值其南旋，情殊怅怅。丙午春复至都，意语山当不作燕市游。而语山则已于小除夕重来日下，早登场演剧矣。余见而告之。疑信参半，访之春秀堂新居，相晤甚欢。自此同人聚饮，棣华馆主人必与语山偕至焉。一日语山有小疾，不可以风。爰别招心香，主席者铁石洺州渔叟，所注爱惟小霞，是目成年余而始与识面者也。余则仍招佩秋座中。秋吟阁主人心爱丽仙者久而未通一语，隔座相窥，益加赞赏。佩秋为之介绍，引来同席，亦奇遇也。心香与丽仙皆工画兰，而蝶仙亦于是日初与南园生订交。丽仙即席出画帧赠蝶仙，并与心香论画理。佩秋、丽仙、心香皆善饮，小霞量尤洪。觥筹交错，宾主极欢。同座惟兰陵饮者无所招，而倾倒心香实甚。棣华馆主人则念念犹在语山也。慎余居士因事他适，未暇共酌。向虽一无所招而心赏独多得与按席者，小莲、桐生、琴仙、宝蟾皆是也。棣华馆主人集九种曲句为七绝八章以纪，事妙皆确切有情致，因备录之，亦数年来不多得之良会也。诗曰：花有根元玉有芽，纷纷秾艳竞韶华。黄金先铸同心结，翠袖持觞晕脸霞。灵鹊填河无定期，不曾相见已怜伊。庄生晓梦迷蝴蝶，不作风流到几时。浅斟低唱送韶华，纸笔俱飞作片霞。天下多情谁似你，同心人赏素心花。词客相逢卖酒楼，郎宫何逊最风流。意中人称人中意，新得佳人字莫愁。幽兰花放无人赏，芳意相关信有之。一片柔情难衬贴，水推不断是真丝。枝枝叶叶太牵缠，自古多情损少年。睡起莞然成独笑，余香吹落在谁边。郎君腕力游龙变,花气香含墨气鲜。脱帽当筵衣欲褪,酒龙诗虎两神仙。重转仙人白玉楼,不风流处转风流。心头越地添流恋,不许愁人撇却愁。

丙午春分后一日,梅生南旋。其同事缪青臣书赠长联,云:“辛勤有此庐,抽身归矣。喜鸟啼花笑,三径常开。好领取竹簟清风,茅檐暖日。　萧闲无个事,闭户恬然。对茶熟香温,一编独抱。最难忘别来旧雨,经过名山。”用秦硐泉学士题瞻园楼句,颇雅切有趣。予亦有《赠行诗》六章,另书金笺贻之。云:“燕市遨游十二年,繁华过眼等云烟。翩然一舸抽身早,羡尔移家葛稚川。”“归去湖山作散人,棕鞋箬笠称闲身。新居小筑穹窿下,万树梅花结比邻。”“慈竹灵椿绕砌兰,天伦乐事叙团栾。最难挽鹿同心耦,椎髻荆簪遇亦安。”“负郭田应二顷谋,课农终日坐溪头。沿堤雨过多青草,笑引儿童看放牛。”“客至花前时对奕(弈),兴来月下自弹琴。瓮头酿得村醪熟,闲约渔樵话素心。”“十载论交意气真,劳劳愧我逐风尘。可容便买胥江棹,会向苏台访隐沦。”

秋吟阁主人于丙申秋识珠香,杯酒过从,相得颇欢。珠香南旋后,不复别有所招。及今十年,突于酒楼隔座间窥见玉美,以素所称誉,故招来入座。自是间与一聚。适玉美小病,拉同人往视之。玉美工画兰,为写小幅,署款端好,押印曰“丽仙学画”。珠香、玉美天然绝对,辉映后先,亦佳话也。秋吟阁主人为赋四律赠之,云:“听遍鸾箫与凤笙,天风吹下步虚声。也知弄玉非凡艳,合唤飞琼当小名。何处闲情迷醉蝶,无边春色恼雏莺。十年不作游仙梦,又逐轻云到碧城。”“窄襟小袖影珊珊,未许旁人隔座看。邂逅定知缘不浅,招邀翻惹思无端。闲云卷雨消除易,飞絮粘花去住难。留得春痕心上掐,今宵酒醒不胜寒。”“画廊宛转阁珑玲,曾向西厢扣玉扃。体态病添千种媚,眉痕瘦上一分青。红窗小立寒犹怯,绣幔低垂梦乍醒。可许维摩晨对影,药炉香里写金经。”“领略歌喉一串轻,粉云酥雨总倾城。约来不信甘心误,忙里应怜会面生。愁绪我拼珠十斛,欢闻谁唱玉双声。只看小幅吴绫帕,点染湘花亦有情。”

南园生自与蝶仙晤,眷恋颇深,迥异往时晤曼香情况。凡有酒筵，必招致之为快，大似蛩驱之不可离也。秋吟阁主人代撰《咏蝶》七律四首，为书金字短帧以赠。“□眼繁华为底忙，翩跹初着舞衣裳。不闻花气心先醉，一入芳丛梦已香。未必有情回燕睇，应怜无计避蜂狂。游人欲问春消息，指点南园细品量。”“偶逐飞红上绣茵，翾风本是女郎身。仙裙欲化空怜影，粉版轻裁替写春。草色渐薰芳意懒，柳烟不卷翠眉颦。可容唤入庄生梦，留伴狂花浅醉人。”“烟景暄妍日正迟，神光离合乍来时。零金碎粉三春艳，弄影团风一晌痴。入画定教迷色界，寻花莫但恋繁枝。无端飞鸟依人态，赢得樽前醉不辞。”“衣香扇影太匆匆，恼杀枝头少女风。几度阶前呼凤子，一生花底赚秦宫。多情只觉卿怜我，无相休论色是空。愿乞天钱三十万，买春常住玉壶中。”

秋吟阁主人既成四律，书赠丽仙。复作四律，书金字，帧赠瑶仙。描摹刻画之妙，真能颊上添毫，不啻为瑶仙写照矣。因录之，曰：“不与群芳斗艳名，玲珑瘦骨本天生。歌喉那羡莺莺巧，舞掌真怜燕燕轻。雅称钗头题紫玉，可曾海上报双成。登场莫叹红颜误，便著风尘亦有情。”“唱遍霓裳与六么，婳姹小队肃弓刀。星精照夜惊天棓，魔女飞空绚锦袍。竟使名花回羯鼓，顿教急雨换檀槽。旁人骇煞观场眼，一捻腰身未觉劳。”“小召未识早怜伊，雪月精神别样姿。已分风前迷醉蝶，无端花外罥游丝。伶俜瘦影依人处，宛转灵心劝酒时。莫道钗光同掠削，帽檐衫袖总相宜。”“短梦低迷未肯醒，几番赌酒过旗亭。多磨那便逢张角，避面何须笑尹邢。半榻茶烟情脉脉，一檐花雨思冥冥。当筵赢得横波顾，柳眼春来分外青。”

自棣华馆主人即席集九种曲，诗成，同人吟与颇豪。佩秋因向余索诗，乃取旧日书赠楹联，足成四律，书以金笺。并倩咏花外史绘水墨山水，装成琉璃双挂屏贻之。诗曰：“三年京国漫勾流，忆得寻春上翠楼。碧藕风前初解佩，露桃花里不知秋。用唐人句。问名雅称无瑕璧，题品端居第一流。蕙性兰心付冲淡，素怀长与致绸缪。”“歌坛领袖酒监军，濯濯丰姿迥不群。生比红蕖先两日，清教白鹤逊三分。情深只觉如人意，语妙真能解客纷。惆怅翠樽容易竭，女墙一抹几斜曛。”“自笑登场傀儡看，酒醒人倦独凭阑。回翔剑佩携红拂,簇拥花冠上翠盘。悦耳谁怜歌曲苦,知心原较赏音难。闲情冷暖惊多少,清夜羸教泪暗弹。""罗浮清晓梦初醒,空谷秋心绕画屏。交久人真如菊淡,坐来室亦有兰馨。凭将紫玉箫声引,时共红牙拍板听。茶熟香温闲晤语,一帘花影照娉婷。"

藕香性情和婉,姿貌丰腴。迩来歌喉益亮,留心串演,尤乐从文人指正。一时知名,遂与韵珊、丽仙称鼎足焉。芙蓉城外史赠诗八章,为书金字折叠扇,记其二云:"不独莲香藕亦香,风流争道似张郎。芝兰气味芙蓉面,卿住温柔第几乡。""一串歌喉澈底清,朱唇启处四筵倾。亭亭独出风尘外,不愧红莲是小名。"笔致松秀,巧不伤雅。咏花外史集国朝名人诗词,赠一联云:"藕花风静鸳鸯睡,香径春深蝴蝶飞。"工雅绝伦,尤为一时传送(颂)。一日咏花外史访藕香不值,归成《采莲歌》一阕曰:"有佳人兮芳年,伫江头兮采莲。望江南而不见兮,结遥想于谁边。愿渡江而就所思兮,无一叶之莲船。镜形影之憔悴兮,滴双泪而珠圆。对群花而懒折兮,忆解佩之飞仙。搴一花以自览兮,悟莲因之夙缘。净不染夫泥滓兮,香气袭其余妍。朝兰桨而夕桂櫂兮,万叶纷其田田。羌花之如郎面兮,苦妾心而缠绵。怅无人以解语兮,抱明月而孤眠。"乙巳初夏,笔架山樵曾约梅仙共杯酌。丙午春,重至都。歌楼遥望似曾相识,而梅仙不即至,因而别招韵珊。翌日与梅仙觌面遇,一笑问讯,旋访其家,遂重招致之,意欲平分春色。而梅仙不自安,遂成决绝。韵珊见同人有赠丽仙诸郎金字诗帧,嘱笔架山樵依样为之。秋吟阁主人慨然捉刀,为书四律云:"玲珑琐骨妙鬟香,第一温柔是此乡。为有新声歌得宝,漫将妒意问秋娘。不须度曲心先醉,自后有花眼更狂。三五芳华三五月,肯教孤负好容光。""偶然樽酒与卿同,便觉身居最上峰。脸晕眉痕情宛转,浅嗔浓笑态惺忪。平看金屋三千色,不信蓬山一万重。手把兰芳新结佩,涉江休更采芙蓉。""掠削云鬟卸舞衣,绿杨城郭倚斜晖。蜂团香阵痴犹抱,蝶恋花丛倦不飞。一点灵心通脉脉,几番情绪话依依。同来纸醉金迷地,环燕何须论瘦肥。""新愁陡地上眉尖,眼底娇婆分外添。小影猧儿空有觉,前头婴母定无嫌。珠帘璚阁茶香细,翠袖金尊酒政严。我是寻春狂杜牧，拼将飞絮为花黏。”韵珊自此声价日高，群谓花丛第一仙矣。

秋吟阁主人积十年面壁之功，因丽仙现壁间相而破戒。自后每月余必一聚丽仙，为画兰花小帧。作七律四章赠之，书金字，帧悬诸卧室，时丽仙犹在深山堂也。出师后，立韫山堂于李铁拐斜街。七月杪，日边红杏猝遭贯索之厄，致令玉堂仙吏牵逮谪居，长安花事倏尔阑珊。即不列清班者，谁不闻棒喝而及早回头哉。秋吟阁主人复成四律，题画帧上，是以发乎情止乎礼义者，殊无愧风人之旨也。诗曰：“瑶想无端结蕙纕，幽情甘与淡相忘。须知有色才生相，便到无言亦自芳。初服谁贻公子佩，前身曾带女儿香。春风鬓影空回首，不读离骚已断肠。”“寻芳曾到碧山深，病叶疏花瘦不禁。月好便思清影共，风天生怕嫩寒侵。漫夸世界香为国，难得佳人素是心。一幅冰仙如解语，和他琴雅托知音。”“小字凭教弱腕书，一双牙管恣临摹。那容艳想抛红豆，剩有春情对碧芜。上巳风光犹旖旎，空山梦影易模糊。天涯芳草青于昨，忆著王孙怨也无。”“十分爱护十分怜，极浦相思望悄然。花已有情人绝世，空原是色佛生天。寻来因果迟前日，话到沅湘隔暮烟。天女维摩同一笑，妙香闻处已皈禅。”

笔架山樵于庚子岁识香侬，嗣后每至都必一再聚。乙巳夏，复与梅仙订一面缘。丙午重来，忽独眷韵珊，缱绻备至。自是每与友人饮，韵珊必参一座。间一招梅仙，已有尹邢避面之嫌，旋亦竟视为楼东花矣。虽香侬每见，意颇殷殷，又何能有复召时耶？蓉城侍者，香侬之旧介绍也。闻其事，谱寄《望江南》六阕代香侬写恨，深得怨而不怒之意。词曰：“郎薄幸，忆否饯郎时。羡煞双鸳曾左顾，生憎乳燕惜分飞，数载盼郎归。”“郎薄幸，好色学登徒。得宝新歌翻玉树，明珠旧赠系罗襦。丹乞驻颜无？”“郎薄幸，恩爱忍相孤。郎若痴心仍未改，侬今热念不如初。郎意竟何如？”“郎薄幸，情爱不能终。漫诩佳人逢绝世，莫教他日弃如侬。愁怨五更风。”“郎薄幸，双影斗婵娟。便博欢情浑似昨，自惭侬貌不如前。不敢意含酸。”“郎薄幸，团扇入秋遗。纵使郎心常似石，可怜侬意总如痴。

可有转心时?”孰料寄词未至,而韵珊又若沟水东西,欲一望见颜色而不可得。则昔日之拾翠心情、采兰况味,岂复能萦怀耶?是不可以不记。

咏花外史既以访藕香不值,作《采莲歌》矣。翌日,复作《相逢行》赠之,并书诸自绘山水小幅之上方。诗曰:“绣尘十丈嬉春风,韦杜城南万萼红。客里伤春游赏倦,花枝窈窕蓦相逢。相逢乍识莲花面,丰姿映貌娇无限。一笑搴帘信有缘,歌台舞榭时时见。胭脂汇畔樱桃斜,抵得耶溪访浣纱。几曲横塘花叶净,藕香深处是儿家。远山眉黛秋波目,宜笑宜颦看不足。风流度曲艳周郎,天半歌声动珠玉。才罢歌场又酒场,到处签名唤藕香。烧残蜡照听残漏,无夜无明作嫁忙。传觞接座欢声噪,端庄不学轻调笑。解语如花真可儿,瘦(廋)词隐谜天然妙。试倩当筵一曲歌,玉箫金管间云和。痴情欢态迷离甚,似诉如愁掩抑多。却坐衔杯不能语,个侬孰识莲心苦。冷暖闲情最恼人,落溷飘茵难自主。自言生小住吴阊,从学都门旧顿杨。鞠部浮沉数迁徙,萍踪才到净香堂。用本事参差荇叶随波漾,新愁蘋水添惆怅。莲花何日拔青泥,误煞色身生幻相。我闻此语重沉吟,人到中年感慨深。纵知红粉飘零恨,即是青衫憔悴心。叹我客游如泛梗,琴书作伴关山冷。颂酒刘伶未是狂,登楼王粲空怜影。万事抟沙岂有真,镜花水月暂相亲。鸬鹚对杓鸳鸯醉,悟到莲花是夙因。十年不踏长安市,冷眼看花艳桃李。无多相识却怜伊,未免有情难遣此。此时晤对总如痴,不独花前酹酒卮。记得相逢意无尽,莲开并蒂藕牵丝。”

莲香以琵琶得名,与太平闲史交旧矣。丙午新秋,病殁。十月,小丁香馆主人成截句吊之云:“一朵名花想见之,萧条秋色冷焉支。绿波东去西风紧,空忆红莲出水时。”太平闲史感而和之,成五绝句。录其三首云:“花未全开两妒之,深红颜色褪燕支。东皇最是无情甚,忍见琼枝委地时。”“偶因问病一探之,弱骨珊珊苦莫支。今日招魂何处是,不堪回忆坐怀时。”“酒狂时复一中之,合座轻红劈荔支。此日持杯偏感旧,玉儿筵上手斟时。”他如“可怜人比昙花现,二八年光一瞬时”亦佳。又杉云居士和章“琵琶弦断人何处,肠断旗亭贯酒时”，亦切。

芷仙在春福堂中早有出群之誉，甲辰岁与佩秋并称花榜魁首，识与不识竞推许之。凡所知交不下数十百辈，相与同心共命者，惟一拂桐山人耳。山人自识芷仙即推诚相接，久而弥永，真有无日无时不念念在芷仙者。芷仙亦倾心事之，家无巨细事无弗与闻。即出师一节，虽探囊别有豪客，而筹度襄赞，山人亦心力交瘁矣。芷仙既得别居，迎老母娶妻室，积一二年，而感恩知己，仍事事悉禀命于山人。山人亦时时为之计久长、考赢缩焉。余与山人交既深，又素善芷仙，因得其旧赠诗。录之曰：“占断名芳第一流，吴侬生小不知愁。碧桃照影初临水，红杏当春正倚楼。妙有情怀怜旖旎，天然丰韵露娇羞。清歌一曲浑闲事，爱煞新莺百啭喉。”“凄绝江头送客行，琵琶哀怨诉分明。寻来好梦春无迹，拜到香闺月有情。金雀一双调笑意，玉关三叠断肠声。凭阑暗掐红牙拍，好共新词唱柳卿。”“亲向蓝桥敏晓关，索诗轻擘紫霞笺。欲图素影心先醉，才近花香骨已仙。密递柔情贻旧帕，频呼小字配么弦。慈云座下卿忘否，此是龙华未了缘。”“情到浓时转不禁，柔肠百折暗惊心。也知飞絮沾泥易，怕见狂花堕溷深。是处征歌翻白雪，谁家布地有黄金。可容身脱藩篱早，留取春光护绿阴。”拂桐山人近复嘱秋吟阁主人赠诗四章，云：“东风搓絮水飘萍，聚散无端亦有情。凤子当花殊绚烂，鹦哥解语太聪明。春回紫陌浑闲事，梦到红楼唤小名。狂煞樊川今日眼，勾来愁绪说三生。”“不住秦台住楚台，襄王席上几追陪。斜阳城郭丝丝柳，春水林亭滟滟杯。为有美人花易醉，未妨巧语燕生猜。偶然笑掷樱桃颗，赠得回眸一顾来。”“矜庄态度俨娥媌，结束云鬟插翠翘。江上秋情商妇怨，亭前春梦女儿娇。知音自有同心赏，接座何须素手招。便是蓬山天样远，刘郎不到也魂消。”“曾记旗亭邂逅时，玉纤亲递酒盈卮。等闲便作留仙想，毕竟难忘绝世姿。小阁玲珑花月暗，神仙缥缈雨云凝。袖中携得惊鸿影，独茧空余未尽丝。”砚香既出丽春堂，为倚云高弟，又颇知自好。安雅从容，不愧大方，举止端溪。钓客见而悦之。虽无杯酒缘，而心赏殊切。偶观剧，冀得一见为乐，书蝇头细字扇赠之。一日得七律四章,情词婉挚可爱,因亟登之曰:“丰容昳貌自超群,炯炯双瞳翦水新。携手几曾邀共语,同心何必定相亲。翩跹红袖空怜影,潦倒青山太误人。莫谓三生虚后约,仙源终许问芳津。”“一颦一笑一增怜,信是前生有夙缘。眉斗远山春窈窕,曲翻红豆意缠绵。漫书花片通青鸟,欲诉琴心托杜鹃。飞絮风怀浑不解,手题纨素代吟笺。”“朝天素面谢铅华,洗砚熏香护碧纱。几叠清歌珠有韵,一枝峦艳玉无瑕。平添春色三分丽,虚惹闲情十倍赊。六曲晶屏镫四照,酒阑人散月西斜。”“相逢蓦地惹相思,二八年华未嫁时。傲骨羞争凡卉艳,素心不许俗人知。窥窗赚我频回首,说地怜他妙解颐。最是横波斜睨处,含嗔含笑总情痴。”

云阳樵者以甲辰春识韫香,嘉其为人诚笃,盘桓数月。乙巳重来,韫香已别居,不自支,苦无力以扶持之。又尝心赏芷仙,为友人所眷,未得招致。而同席相晤,两人颇心洽焉。继乃独眷藕香,聚未两月即别去。丁未春仲,尘装甫卸,亟趋访之。适有蓟上之游,翌日重过,力疾出见,据叙甚欢。因与咏花外史订莫逆交。乃以引例回避,匆促出都。藕香出咏花外史扇,索诗,为书留别四律。云:“情天一缕荡吟魂,重敏枇杷花下门。为说寻春孤蜡屐,却怜扶病伴芳樽。绕梁更觉歌音脆,接座时闻笑语温。莫道杯盘易狼藉,城头又挂夕阳痕。”“当时相见已相怜,万叶田田唱采莲。交甫未容留玉珮,相如空自恋琴弦。秋风红豆相思颗,春雨清江送别船。恼煞昨宵迷晓梦,赚人香国误游仙。”“风廊水榭藕初香,瀹名清谈兴正长。几度买春容我醉,前宵踏月趁人忙。略添酒力神逾王,便著云鬟态亦庄。讵是翩翩矜格调,生来原不解轻狂。”“风引神山路阻迟,不开红药已将离。春留郎面花应似,苦抱侬心药未知。闲听清歌偷按拍,笑携纨素索题诗。那堪又是三年别,寄语东君好护持。”

修莲居士自甲辰出都,不通音问者三载。丁未重来,出《春明杂忆》诗六首见示,所忆皆十年中名伶,惜已零落将半,而友朋之感存其间矣。《忆猗香》云:“夜夜天街访璧人,朝朝歌管动梁尘。霓裳艳曲谁还记,丁卯桥边墓草陈谓金桥。”《珠香》云:“绿阴如水映朱门,消夏常开北海尊。看写泥金书百幅,一堂秋雨坐黄昏。”《秋芙》

云:“缟衣风致最翩跹,笑掷歌珠一串圆。无复重听广陵散,洪崖仙蜕已多年谓介轩。”《梅生》云:“旧日杨枝眼尚青,渭城常共故人听。何戡弟子今余几,记得垂髫出画屏。”《佩秋》云:“清气如兰扑画筵,酒酣眉语胜婵娟。纤腰弱不胜衣惯,一束红装更可怜。”《芷仙》云:“簸几年纪最娇痴,芍药含烟欲语时。无计将伊金屋贮,愿天速化作红儿。”

桐仙吴金凤,知名二十年矣。采绿词人识之甫登场时,广为提唱,遂曳盛名。比出师,兴(与?)有力焉。桐仙工书画,抛歌板者又已数年。采绿词人自乙未出都,丁未复至长安,桐仙喜故人重晤,置酒高会。并画兰于扇以赠,采绿词人因索同人题咏。清如居士谱《台城路》一阕云:“十年梦绕燕台路,相思几回肠断。点墨抽芽、舒衫放叶,约略当时柔腕。情浓意远。算竟体清芬,满怀幽怨,写赠同心,染来双袖泪痕暖。 重逢俊游渐老,尚留香国影、曾照琴案。惜别尊前、销魂扇底,可似盈盈初见。寻芳恨晚,便看到兰荪,倍添凄惋。一握临风,背人常自展。”修莲居士填《减字木兰花》云:“前游暗记,人与湘花俱绝世。话旧凄然,钿笛抛残,又十年银毫染黛。画里风姿浑未改。他日相思嫩叶,疏华似对伊。”

修莲于甲辰岁眷芷仙颇密,每日必相见,越三日必小饮。凡有所欲,必立购以贻之。濒行饮饯于春福堂中,意颇殷殷。今岁重晤,已若未经谋面者,为述旧事,亦茫然不能追忆。修莲感成一诗,云:“坐来咫尺似山河,虚听当时子夜歌。休讶相逢不相识,三年小杜鬓丝多。”其寄慨深矣。继乃特鉴韵珊,许为近来花丛之冠。匆匆促装,复倩咏花外史为绘纨扇,并题二绝句贻之。云:“天涯丝竹易沾巾,眉语盈盈□动人。但使春山终日对,不辞重踏软红尘。”“潦倒樊川鬓渐华,旧时莺燕付搏沙。临歧略慰飘蓬恨,又见长安第一花。”

紫达斋生手录宋词八幅,赠景春堂莲卿,以示桃花乡怀,嘱叙端末,志感也。夫浮光似水,陈梦如烟。观剑气于夔州,心悲朱袖;听琵琶于溢浦,泪湿青衫。人世可怜,古今同忧。况乎鞭鸣北里,鸿印曾留;返棹南江,鱼缄遂杳。怅三秋之远别,忽千里之重来。

京路相逢,杜牧是放游之客;渭城再唱,何戡原旧识之人。华烛摇红,金尊漾绿。累十觞而不醉,合四座以追欢。数锦难酬,唾书应碎。呜呼!琴书落寞,仅本恨人;天地苍茫,徒为知己。稽叔夜自安疏懒,阮嗣宗不悔清狂。湖海蜚音,仿元龙而未得;星辰主命,遇磨蝎以何辞。易浩叹为长歌,寄闲愁于集景。临池吮笔,未免效颦;按谱填词,犹惭病吃。幸解人之可索,曾自伤落蕊随尘;愿故我之无忘,莫终似浮萍依梗。附书纸尾,共摅今日之怀;预赋刀头,好作他年之券

余前所集,目见为多。丙午夏,七十三泉吟叟来都,共沽燕市,纵谈昔游,因取耳闻之确者载之。叟言陈纫香未出师所居亨裕堂,其比邻为恒豫堂。蕙兰姣媚不及纫香,而秀逸过之,一时声名相埒。甫出师,以暴疾遽殁。诸文士醵钱营奠,亲视含殓,良可痛也。他如桂芬堂庆福、槐荫堂福喜、松寿堂陆鹤龄、天馥堂徐桂林、得月堂仇三龄、三和堂小福喜,以及张桂喜、钱天龄、天然、天元,皆当时知名。诸人间有出和春、重庆、金钰部者,今则或去或殁,不堪重问矣。

宝善堂李全宝,山东安邱人。家极贫,其父质之梨园中。出师不数年,载二万金东归。买田宅,布衣粗食,射馌田间,甘为农夫以自适,诚有心人也。而鸿雪堂张全宝,虽与同负盛名,纵欲暴珍。有以六百金买海龙尾褂赠者,服稍长,抽佩刀遽裂之席上。客畀以钱帖,略不如意,辄焚诸灯上。亦未数年,卒为饿殍。观两全宝之相去何如,而天之所以报施者亦良不爽矣。

吉祥出日新堂,字纫秋。七十三泉吟叟旧交也。自立复新堂。壬寅岁,叟重至都,设席其家,邀纫香、蕊仙作竟日之饮。迩来已携弟子之津门。余初耳其名,而未悉其居址。今闻叟言,乃知即当日九龄、松龄师也。九龄近改正生,颇有声津上。而松龄作山右之行。叟故时得见之。

新建曹观察以优伶沉醉不醒事罣吏议,《梦华琐录》曾载之而未详。七十三泉吟叟曰:“此丁亥年事。歌儿名双凤,查姓,字文卿。性好饮而量亟洪,出余庆堂,自立绮云堂于小马神庙。一夕,

在观察寓中承值。大醉，卧热炕上，为煤气所中，喷血而殒。凌晨，其从者载之去，为巡街人所发，遂成巨案。”是时叟已出都，其友人贻书数行云：“纫秋已移寓猪毛胡同，复新堂光景颇下得去，惜吾兄东归不能时至其家。蕊仙时时询问足下，小孩子甚属有情。福喜相见若不相识，真如陌路人矣。文卿之事，想已闻知。独恨其榇埋异地，魂淹他乡。好梦难寻，血痕犹在。言念及此，能无潸然。”盖文卿曾于席上偶患鼻红，友人取其拭血纸藏之箧笥，故书中及之，亦真有情人哉。

余庆堂双凤之前有小庆、小凤，同负时名。小凤字竹生，夏秋芙师也。久抛歌扇，遍谒诸旧游之官外任者。卒无所依，近复来都为教师于余庆堂。小庆则不知所之。七十三泉吟叟述《准提巷即事》短古一章云：“望小庆，盼小凤，庆与凤，日来哄。天街鼓冬冬，未醒招提梦。昨日筵前亲噙口，今日人前反掉首。无情有情卿知否，楼上何人不老斗。归来检点青狐裘，珍重前宵襟上酒。”

七十三泉吟叟述《竹枝新词》云：“某班某日某园开，某戏某人又出台。记取双全《小寡妇》，四天一度《上坟来》。天街已是打三更，座上才来小彩龄。再叫催催天禄去，厨郎封火略停停。”又云：“道是哥儿红也未，到来已是四更天。”妙能写出酒座歌筵情状。天禄即檀兰卿，双全、彩龄则皆不可考矣。又有赠庆龄句云“挟着琵琶飞去眼，教人那得不魂消”，可想见琵琶庆当年丰致。

又骈体小引云：“亭亭态度，生小无愁。楚楚衣裳，天然爱好。抑扬高下，字字吐朱唇皓齿之间；厚薄亲疏，人人在目语眉听之内。是女郎耶，是男优耶，迷离扑朔，令人莫辨雄雌矣。”

又《清夜游》五律云：“踏月前门外，寻花曲巷中。汗沾衫透雨，腿急裤兜风。汤到心先热俗以歌儿好语为灌米汤，干来面陡红又以访歌儿不值为吃干。归时轻剥啄，梦醒怕门公。”诙谐颇趣。

帝里繁华由来旧矣，丹凤城南，全赖此燕燕莺莺点缀春色。太平景象，锦绣年光，于斯长住，正不得概以销金窝鄙夷之也。且其中侠骨韵事多有传者，自来硕学名臣不少风流佳话。人亦顾大节何如耳,是岂足为名公巨卿玷哉?如国初王紫稼与合肥龚芝麓宗伯交好,事载梅村集《本事诗》。雍正间刘三侍李玉洲太史,助张少仪观察救父。乾隆间李秀章识毕秋帆尚书于风尘,约同居处报捷鼎元,都人以碧岑夫人呼之,事载《随园集》、《燕兰小谱》。陈渼碧倾倒李载园太守于下地(第)时,载园为画《西川海裳图》,征诗海门。《诗钞》有《自题海棠画卷》及《衙斋补种海棠》,诗皆忆渼碧作也。事载《长安看花记》。此外如唐玉林任侠,侍方毓川中丞;方兰如识庄本醇殿撰于未第,《花间笑语》补及之。即《随园诗话》载张柯亭在南时为一墨吏所爱,比吏被逮,挈家随之入都,寄迹京班,恒往视囹圄中。吏典刑西市,柯亭奔赴,一恸几绝。旋亦举家南返。虽所事非人,而感恩知己,有非庸人所能及者。亦可传已。

《花间笑语》又载莺花词客过三山堂访秀南,诗云:"艳绝琼林回出群,皖江山色楚江云。牟珠一串销魂曲,书遍羊欣白练裙。"可想见其人风采。秀南,名江金观,在三庆部。《长安看花记》以《燕兰小谱》不载渼碧与载园事,讥为文人相轻之习。《花间笑语》又以《燕兰小谱》不载王得儿、高朗亭、沈霞林、朱喜桂,《日下看花记》列等未公,兼有遗珠为憾。可知嗜好不同,见闻难遍,载笔者安能每人而悦之哉?

长安歌伶,乾隆间得太初山樵撰《燕兰小谱》以传,其书至今尚有印本。嘉庆间《莺花小谱》,近已不可获睹。酿花使者著《长安品艳》仅于《花间笑语》中得其名。年来于坊间得蠡湖散人《燕台校花录》一册,所载四喜、春台、迎祥、庆喜、霓翠、玉庆六班,皆癸亥以前人,尚不克接《燕兰小谱》。乙巳后,又《众香国》一册,则众香主人成于丁卯者,与《校花录》足相后先,所载四喜、春台外又有双和、三和、庆宁、三庆、和春、三多、大顺宁诸部。凡例称诸人年齿乡贯详载《日下看花记》、《片羽集》、《花月旦》诸书,是以仅于分类题诗后各缀短评,而诸书皆不可觏闻。有《评花艳史》一书最为大观,惜无从觅此钞本。蕊珠旧史著《长安看花记》前后三卷,所传皆道光十六年以前人。予从友人手借钞之。其中半多及见者，然所见异词，所闻异词，间有与鄙人所述未尽同处，夫亦各传所信云尔。

咏花外史闻余于《燕兰小谱》外博访杂著，出《评花新案》一册见示，是雪舫渔郎著于嘉庆己未者。又适在《校花录》以前矣。所载惟迎祥班见《校花录》。他如赏遇、彩芳、迎福、锦秀、双庆各班，别本皆不见。又载三多改荣春，三庆改华林，和秀改春林，五庆改春台，大都称名时有更易，不能细考也。其中诸伶名字亦多见于《校花录》、《众香国》两书。所录诗词，要以耘花外史为最。摘其赠陶双全七娘子词云："清歌妙舞霓裳奏，可怜顾盼消魂候。柳絮同轻，梨花同瘦，紫云冉冉舒春岫。娇喉宛转声如溜，三生杜牧难消受。翠点金钿，香沾罗袖，送情不碍行来后。"又《巫山一段云》云："新燕迎风候，娇花趁晓天。一回相见一回怜，一顾更增妍。家共三千里，人才二八年。春光何处鬓云边，他日倚栏杆。"又赠杨天福《减字本兰花》云："盈盈秋水，不怕勾人憔悴死。小袖轻罗，绰约临风态。更多樱桃红碎，一曲阳春清又脆。镇定情怀。那禁回身劈面来。"赠徐龙生《桃源忆故人》云："个人小立歌台畔，医好无边春倦。手拥团栾纨扇，卖弄黄金钏。朱唇一点眉痕浅，碧玉秋波如翦。却好掀帘相见，笑溢梨花面。"颇能道出眼前情致。佳句可摘者，如赠田玉林《一剪梅》有云："寸心能有许多怜，别也消魂见也消魂。"赠郝玉林《画堂春》有云："是何情态惹相思，眼角回时又春夜。"怀冯天然《浪淘沙》有云："瘦去那堪频入梦，陡地魂消。"诗句如赠田玉林云："雪肤红晕带胭脂，会尚增怜别可知。偏是客居分手易，除非花债此身司。怕防春冷衣休换，爱煞情多酒不辞。一刻缠头本无价，千金买笑莫愁痴。"又《送吴天林归维杨》有云："一寸柔心分两地，可怜长是意中人。"所载春林部潘双寿，字远峰，年十八。怀宁人。其母梦折梅枝而孕，生时梅香盈室。性沉静，颖悟超群，幼为族人所赚，寄籍梨园。眉淡目清，无媚人俗态。而乐与文士交，时有以孤冷议之者，不知其心有所恨也。白斋居士最契赏之，歌诗积数百首，曰《望梅集》。有句云："长安陌上无穷树，独有梅花不染尘。"至送其南归云："相逢顾我缘非浅，到处怜卿梦亦多。”又:“无多别泪堪持赠,独有离魂可伴行。”亦一则佳话也。倚玉居士即席赠蒋金官句云:“劈面葡萄笑唾来,口脂香触醉颜开。”真神来之笔。雪舫作当以“檀郎惯认隔帘声”为最出色句也。

《船山诗草》有云“好色未除才子气,坐怀如现女郎身”,席上赠歌者才宝句也。诗作于辛亥,而《评花新案》成于己未,已不及列才宝之名。可知滚滚红尘中,弱絮飞花,随风飘荡曰不知凡几。幸得名人,一经品题,庶留姓字于天壤耳。无惑乎乐与文士交者之比比然也。

都门春联,久以和春部大下处门对为最佳。曰:“和声鸣盛世,春色满皇州。”近见馥森堂门联集古赋句曰“播芳蕤之馥馥,发青条之森森”,尤朴雅可爱。莲清堂门联曰“莲花比君子,清风来故人”,亦大方有致。

安邱李全宝事,既以闻于七十三泉吟叟载之矣。品藻余夫见之,曰:“是可传人也。叟所言未足以尽其美。”因言全宝小名傻子,里居不可考。幼亟贫,随其父母流徙安邱,鬻之李氏梨园中,遂家焉。后数年,李氏中落,梨园星散。金宝年二十始入都,登场名噪,填门车马无门昕夕时。安邱官京师者止一人,素与之无杯酒交。而全宝以乡大夫故,每岁时必踵门叩贺,历年不替。有弟产于安邱,故小名安邱,貌尤美。其父复鬻之梨园,得八百金。已成交矣,全宝始知之,泣请于父曰:“儿幼遭贫困,失身乐籍,不得已靦颜卖笑,多方营趁。日在花天酒地中,而人不知其苦也。今幸得一家饱暖,奈何复以陷吾弟。老人每日杖头钱儿自能给,勿更事此。”亟出囊金八百赎其弟还。积累得二万金,乃挈家返安邱,买田宅,营商贾,布衣疏食,躬习劳苦。弟亦淳谨守分,相与务本业,居然田舍翁矣。其旧主李翁,家业早已荡尽,赖妻子守私积仅能糊口。翁故倔强,不家食,躬负畚服劳以自赡。全宝到家访知之,亲谒翁奉二百金以为翁寿。翁亦再三却之,不肯受。然其行义可嘉也。且自以执业贱,虽遇村夫野老必抑然自下。尊礼维谨,以故里党间咸善视之。至今交称誉焉。噫!若而人者,诚近今所罕觏者矣。夫岂得以优伶而少之哉。爰复录之,以为世劝。

花天尘梦录　卷五

评花韵语上编

名花二十四品

牡丹花　张金麟，字侍云，丽春堂。苏州人。
朝酣国色，夜染天香。太平楼阁，富贵花王。
阑干倦倚，云想衣裳。春城第一，艳冠群芳。

菊花　张金兰，字倚香，一作猗香，留春堂。苏州人。
室敞延秋，淡妆旖旎。佳色篱边，寒花鬓底。
骨傲凌霜，味甘沁水。帘倦西风，晚香独倚。

海棠花　张翠香，字玉仙，日新堂。苏州人。
翠欲倦纱，香宜贮屋。一笑嫣然，春酣睡足。
锦烂霞红，高烧银烛。富贵神仙，可人如玉。

梅花　张三福，字梅生，月新堂。苏州人。
万山春霁，惟梅生花。是香雪海，名萼绿华。
清极转艳，瘦影横斜。仙人姑射，梦到林家。

兰花　范秀兰，字小桐，承裕堂。苏州人。
于世斯爱，列候维馨。月明空谷，时见美人。
临窗弄笔，画外传神。《离骚》一卷，幻影前身。

芍药花　王长桂，字蕊仙，槐庆堂。扬州人。
婪尾春浓，丰台一望。不信可离，烟笼雾障。
伊谑成风，赠之水上。近侍香闻，花中作相。

山茶花　黄联桂，字小蟾，春元堂。安徽人。

繁镫照雪,翠盖藏春。曰曼陀罗,玉茗花神。
宝珠韵胜,盘玉装新。自然雅素,寒梅比邻。

桃花　夏天喜,字秋芙,裕德堂。扬州人。
青春含笑,丽珠在郊。不胜狂艳,红日初高。
风去销恨,雨来助娇。迷人洞口,一树夭桃。

罂粟花　陈凤林,字鸾仙,藕香堂。安徽人。
绝代繁华,米囊灿蕊。万顷花田,锦云昔比。
娇态酣初,艳妆睡起。涂粉调脂,芍药之婢。

蔷薇花　郑连贵,字莲卿,净香堂。苏州人。
春花钩来,琉璃红碎。艳索人扶,娇嗔日晒。
宝相团栾,堆翻锦被。一笑西施,风前沉醉。

木芙蓉花　庄清香,字兰生,闻妙堂。常州人。
绰约风前,红妆一面。玉润冰明,娟娟美眷。
耐冷宜霜,彩霞飞遍。醉客初来,妙闻鼻观。

荷花　吕秀莲,字花君,光裕堂。扬州人。
若远若近,盈盈一水。自出污泥,不染尘滓。
风定香生,露浓瓣洗。世界华严,花之君子。

桂花　高联升,字子琴,承德堂。苏州人。
山头古香,花中佳客。木犀禅参,瑶林夺席。
露泾无声,月明有色。招隐成歌,留人今夕。

水仙花　俞鸿翠,字小霞,咏霓堂。苏州人。
清骨俪兰,玲珑香晕。不事铅华,无尘有韵。
罗袜凌波,盈盈步近。前身玉清,风鬟雾鬓。

栀子花　丁鸿宝，字雪香，印雪堂。扬州人。
檐卜六出，不闻余香。同心何恨，有质自芳。
鲜支近雪，涴粉成霜。晶球艳冷，避暑银塘。

梨花　潘玉香，字冠卿，丰玉堂。苏州人。
潇洒轻盈，一株香雪。惆怅栏东，玉容寂寞。
淡淡笼云，溶溶浸月。翠袖金壶，洗妆芳阁。

秋海棠花　胡秀兰，字香吏，春晖堂。苏州人。
薄罗初试，小样红妆。幽质自媚，柔情自伤。
所思不见，泪洒断肠。北窗姣好，八月春光。

玫瑰花　丁春喜，字饫香，福寿堂。苏州人。
丽日千层，明霞一片。有色有香，谁贻锦段。
紫玉凝妆，飞琼侍宴。顾影徘徊，佳人春倦。

樱桃花　姚天喜，字听云，福寿堂。苏州人。
红萼融酥，一枝茜媚。傅粉云装，飞英雪缀。
乍闻流莺，下堪折未。香拂玉壶，春浓客醉。

丁香花　谢素玉，字韫仙，佩珊堂。苏州人。
柔香百结，素面含情。镂冰有韵，碎玉无声。
自然修洁，之子远行。春宵客语，明月中庭。

素馨花　杨素兰，字琴仙，心如堂。苏州人。
妙香真色，十斛珠明。银丝结缕，雪瓣攒茎。
酷暑能避，沉醉可醒。月明华屋，枕簟风清。

茉莉花　赵玉芝，字韵香，槐荫堂。安徽人。
芙蕖千亿，玉缀搔头。香真宜月，艳不知秋。

玲珑雪皎,乡梦温柔。临风巧笑,人醉红楼。

凤仙花　殷秀筠,字竹生,聚庆堂。苏州人。
题名最上,菊婢休嗤。紫团绯绕,是好女儿。
春霞萃色,秋日含姿。雕栏锦槛,密与护持。

荼蘼花　陆天禄,字品香,馥森堂。苏州人。
玉英雪碎,琼绶香温。阑珊花事,雅韵能存。
冰肌掩映,清梦酣云。留春独步,一琴一樽。

於戏!选色必兼选艺,评花无异评诗。十二对之金钗,回环侍我;廿四番之风信,点窜从余。别列花花,非敢阿私所好;杂书草草,或云曲肖其神。借作画图,聊供晤对云尔。

花天尘梦录　卷六

评花韵语下编

众 芳 汇 品

春福堂陈长春,字纫香,因其有状元夫人之称,定为杏花。郑谷诗曰:“女郎折得殷勤看,道是春风及第花。”

吴金凤,字桐仙,光裕堂。以名士自命,比之修竹。吴孔嘉诗云:“相对此君殊不俗,幽斋松径伴梅花。”

钱双寿,字眉仙,椿年堂。工颦善讴,有憔悴自怜之意。摘玉茗堂词,判为碧桃花云:“错教人留恨碧桃花。”

周蟾桂,字月香。登场十数年,柔媚不少减。拟以月季花,舒亶词云:“不管雪消霜晚,朱颜长好。”

夏宝林,字珠香,月新堂。娇怯善病,丰韵可人。目为林擒花,史邦卿词曰:“香肌丰靥,韵多香足,绿匀红注。”

韩发桂,字葆香,熙春堂。旧地重来,不免人面桃花之感。李德裕《玉蕊花》诗曰:“今来想颜色,还是忆琼枝。”

严长喜，字芝仙，国香堂。眉间有小赤痣，真寿阳点额妆也。判为黄梅花，冯子振诗云："从今宫额翻新样，变作眉间一点黄。"

尤天寿，字梅伸。肤色莹白，冠绝一时。取白乐天《枇杷花》句云："回看桃李都无色，映得芙蓉不是花。"

叶福林，字蒖云。自为撰联，后见辄殷殷。无名氏《木兰花》诗曰："从此时时春梦里，应添一树女郎花。"

福盛堂张蟾桂，字可香。为人有醋意，以石榴花目之。王安石诗曰："万绿丛中红一点，动人春色不须多。"

赵玉凤，字芙初，一字蓬仙。明媚善笑，真含笑花也。邓润甫诗曰："自有嫣然态，风前欲笑人。"

汤秀芝，字紫衫，光裕堂。姿容昳丽，比以山矾花。杨万里诗曰："玉花小朵是山矾，香杀行人只欲颠。"

姚联元，字小香，春福堂。登场姣丽，拟之绣球花。陈鸿句云："淡姿向晚迷蝴蝶，艳色争春看牡丹。"

柏子香，名凤林。韶姿樱口，专演《画眉》。取王采《咏木瓜花》词意曰："京兆画眉樊素口，风姿别是洞房秀。"

陈芝兰，字霓仙。明秀能解人意，品以玉兰花。沈同诗曰："韵友自知人意好，隔帘轻解白霓裳。"

褚鸿福，字绛仙。精明婉秀，品曰迎春花。赵师侠词云："纤秾娇小，也解争春早。"

福云堂兰香，字纫仙。专习小生，配韫仙、琴仙演剧。卢肇《金钱花》诗曰："时时买得佳人笑，本色金钱却不如。"

朱福喜，字莲卿，日新堂弟子。后立景春堂。娇媚以色胜，评曰百合花。陈淳句云："夜深香满屋，疑是酒醒时。"

李翠林，一作翠翎，字兰仙。妍丽颇似倚香，以瑞香花美之。张抡词曰："浅春不怕峭寒侵，暖彻薰笼瑞锦。"

张福源，字蕖仙。短于视，时有愁怨之色。比之牵牛花，林逋诗曰："天孙滴下相思泪，长向秋深结此花。"

三和堂福寿，字雨香。俏丽别娆姿致，大似徐娘老去丰韵。目以柳花，李长吉诗云："柳花偏打内家妆。"

顾新福,本姓宋,字小云。淡雅自安,评曰秋葵花。刘纹句云:“黄花冷淡无人看,独自倾心向太阳。”

王玉笙,字蒉仙,金钰堂。姿态姣秀,春色满容。取王采《咏棣棠花》词曰:“摇曳绿罗金缕带,丹青传得妖饶态。”

富春堂法林,字冠香。潇洒清艳,取王介甫《咏玉簪花》诗曰:“万斛浓香山麝馥,随风吹落到君家。”

崇沁香,字篆卿,秾厚之流也。品以鸡冠花,罗邺句曰:“晚景乍看何所似,谁家新染紫罗衣。”

王九龄,字玉卿,复新堂。和婉宜人,目为青棠花,韩琦句云:“最是清香合蠲忿,累句风送入窗纱。”

钱金福,字丽生,月新堂,后立维新堂。幼时颇秀媚,取张镃词意,以菱花评之曰:波底红娇翠婉。

俞鸿喜,字雨仙。秾秀明媚,引白香山《辛夷花》句曰:“红宴脂染小莲花。”

张双喜,字莲仙。短视尤甚,而别有神致。刘克庄《咏橘花》诗曰:“微风玉屑撼缤纷。”

钱如兰,字香侬,春和堂。幼读书能为小楷,颇工整有帖意。沉静无俗韵,比之蕙花,杨巨源诗曰:“清润潘郎玉不如,一庭蕙草雪消初。”

陆联珠,字意卿,又字璧香,一名阿四,春福堂。静雅宜人,王渔洋有句云“枣花帘子水沉薰”,因借品以枣花。

胡联庆,字艳霞,一呼阿五,亦春福堂弟子。韩文公《咏杜鹃花》云:“踯躅初开艳艳花。”

文盛堂龚福林,字春波。品貌浓厚,比之锦带花,杨巽斋诗曰:“万针簇锦若垂绅,围住春风稳称身。”

大有堂桂云,字曼丞。初自天津入都,擅一时名。取温飞卿萱花诗意曰:“宜男漫作后庭草,不似樱桃结子红。”

方松林,字莲舫。身颀而软,袅娜娉婷,不碍跳击。拟以凌霄花,摘东坡词曰:“翠飐红轻,时堕凌霄百尺英。”

玉兰,字绮香,三和堂。洁白文静,取梅尧臣诗目为蓼花,云:

“临风轻笑久，隔浦淡妆新。”

陈双喜，知名于三庆部者最久。姿容丰厚，端庄有度，尤工度曲。比以杨花，取孙月镜句曰：“莫欺春到蘼芜老，更有杨花落后飞。”

敬业堂凤仙，字云仪。色艺平平，年渐长而颇好与人周旋。目为李花，李义山诗云：“自明无月夜，强笑欲风天。”

陆文兰，字畹香，亦宝善堂弟子。目为夹竹桃。李觏句云：“同时尽娇艳，无地著檀栾。”

陈玉琴，字小云。轻儇明媚，负一时盛名。居辉山堂，后改福山堂。故取以为殿，而以红豆结之，王维诗曰：“愿君多采撷，此物最相思。”

於戏！芳从众取，妍丑难齐。品以汇收，薰莸易混。高高下下，原非第以后先；见见闻闻，亦聊存其梗概。各从所好，请君盍往观乎？毋笑我痴姑，待后之论者。

花天尘梦录　卷七

续评花韵语上编

名花十二品

素心兰　华陀全一作阿荃，字帆秋，福新堂。常州人。

其秀在骨，其清在神。格高韵雅，湘澧美人。

素心自洁，竟体皆芬。是名香祖，兰佩秋纫。

重台牡丹　赵宝琴，字芷仙，一字紫仙，景云堂。苏州人。

一枝浓艳，富贵花开。金裙玉佩，酒醒重台。

锦帷初卷，丽人朝来。如闻仙语，紫凤徘徊。

白芍药　陈翠官，字梅仙，春庆堂。苏州人。

皎皎月娥，铅华初御。妆淡学梅，仙裾飘素。

友近艳生，客来娇遇。赠谑情多，香闻郑句。

紫薇花　李宝笙,字兰舫,春福堂。苏州人。

高调客来,词臣官样。艳艳霞红,霏霏雪绛。

伴坐晴窗,锦枝长放。紫绶斜拖,凤池相望。

耐冬花　张宝香,字韫卿,莲清堂。苏州人。

幽姿雅素,淡粉微施。寒山影瘦,冰雪偏宜。

寻春入梦,艳谱香词。花丛儿女,漫比琼枝。

长春花　胡小金,字语山,春秀堂。苏州人。

花开不厌,长红胜春。霞分桃丽,雪斗梅新。

香娇色嫩,馡馤缤纷。翩如稚女,风流独闻。

蜡梅花　邢福云,字梅卿,承新堂。扬州人。

不种孤山,岁寒同守。艳艳金光,折来纤手。

香晕檀心,蕊含磬口。化作黄姑,素儿忆否。

海红花　沈宝珠,字蕊仙,联星堂。苏州人。

南中嘉树,新罗海红。娇姿生韵,丽华比容。

燕支雪染,鹤顶霞烘。宝珠名艳,独占春风。

红梨花　王法宝,字采仙,寿安堂。苏州人。

别有妍华,居然凤止。绡雾笼香,绮霞结蕊。

天半歌声,柔枝旖旎。玉面春浓,丹砂红起。

白桃花　张玉美,字丽仙,韫山堂。苏州人。

素面朝天,花容倾国。雨洗尘红,月明苔碧。

何处飞琼,天台路人。皎若临风,玉姿独立。

紫藤花　严宝琳,字韵珊,春福堂。苏州人。

霞被云裳,春曦满覆。繁艳蒙茸,温如红玉。

罨画溪边，佳人梦足。锦色初调，留香金屋。

合欢花　周宝莲，字藕香，净香堂。苏州人。

曲中红豆，庭下青裳。有歌必雅，清韵琅琅。

赠侬欢合，蠲尔忿忘。茶甘酒美，温柔是乡。

於戏！清才罕觏，艳质难求。既少二而寡双，虽无独而有偶。教成歌舞，或以艺称；学就风流，亦能名起。慧性随明眸俱转，俏容与娇态争辉。光泽所存，声名斯远。拔尤以取数，仅备乎阑干。此类必精品，仍譬诸草木。

花天尘梦录　卷八

续评花韵语下编

众芳汇品

桐云堂陆金凤，字翼仙。姿容美丽。己庚间，面首推群花冠，亦金榜及第花也。吴仁璧诗曰："浅绛浓香几朵匀，日镕金铸万家新。"

安义堂胡喜禄，字蔼卿。颀而长，以善笑称，比之巧笑花。王安石句云："正是美人初醉着，强抬青镜欲妆慵。"

咏华堂张莳红，字紫卿。素饶雅度，目为文官花。杨巽斋诗云："闻道沈腰易宽减，何妨留与系青春。"

春山堂郝玉秀，字丽卿。姣媚可人，比之睡香花。朱淑真诗云："最是午窗初睡醒，薰笼赢得梦魂香。"

春新堂郝玉美，字韵仙。姿态温柔，丰神娟秀，评曰女使花。徐安道诗曰："天然初不事铅华，此是无尘有韵花。"

李金林，字芝香。裕桂堂弟子。媚骨天成，姿容柔腻，品以雪瓣花。周域云："妙香真色自天然，羞御铅华学女妍。"

倚树堂袁双喜，字听泉。性闲雅，态明媚，定为红杏花。吴融诗云："粉薄红轻掩敛羞，[花]中占断得风流。"

王玉宝,字韫香。居怡红堂。诚朴深于情,爱之者多不忍恝置之,品曰黄磬花。许棐云:"情味于人最浓处,梦回犹觉鬓边香。"

闻新堂小长桂,字蕊卿。登场妖艳,品以御米花。吴幼培云:"含烟带雨呈娇态,傅粉凝脂逞艳妆。"

馥森堂杨钧喜,字小香。清腴雅淑,不事雕饰,目为木丹花。朱淑贞句曰:"玉质自然无暑意,更宜移就月中看。"

小连贵,林姓,字蟾仙。敬业堂弟子。娇丽擅一时,誉评之曰金凤花。晏殊诗云:"题品直须名最上。"

孙玉香,字佩仙,自立景庆堂。好为何郎面,姿容颇腻,取赵抃郁李花句云:"红红白白缀繁枝。"

沁芳堂罗宝玉,字润卿。媚骨时矜,颇有顾影自怜之意,评曰朱槿花。玉溪生诗云:"朱槿花娇晚相伴。"

涌泉堂翠玉,态度近雪香,上下场迥若两人。定以徘徊花,徐夤曰:"春成锦绣风吹折,天染琼瑶日照开。"

三槐堂董枝枝,字香云。姿容丰满,朴厚有情,定为金雀花。翁元广诗云:"管领春风知几春,也将俗态惹香尘。"

钱小香,字蝶仙。居吟秀堂。明慧洒落,傲骨珊珊,品为拒霜花。范成大诗云:"冰明玉润天然色。"同居胡小玉,字瑶仙。头角崭然,有异相,以跳击称。定为米囊花,王建句云:"一树玲珑玉刻成。"

丽春堂宋玉喜,字砚香。圆面短颈,双眸炯炯,目为旋覆花。谢幼槃曰:"一滴梅霖一滴金。"其师弟王玉琴,字韵仙。濯濯有姿致,取赵抃茱萸句曰:"红萸浥露香。"

佩珠堂赵宝珍,字聘卿。明慧,工串演,拟以绣竹花。晏殊词云:"古罗衣上金针样,绣出芳妍。"

光裕堂茹太平,字心香,后起中白鹤花也。梅村有句云:"醉里从他宝髻斜,如今化作一枝花。"

珮珊堂程增福,字曼云。明静秀婉,目为桐花。元微之曰:"明月满庭池水绿,桐花垂到翠帘前。"

景春堂陈春林,字曼香。清臞灵敏,善弈棋,定以洗手花。姚文奂诗云:“脉络引丝起,一片珊瑚瘦。”

朱双喜,字琴仙,一字韵秋。净香堂弟子。憨嬉活泼,大似如意珠。元微之紫荆花曰:“庭中栽得红荆树,十月花开不待春。”

闻妙堂宋如意,字小兰。丰腴聪婉,工琵琶,目以疗愁花。孟郊句云:“萱草女儿女(花)。”

曹双桂,字宝蟾。居南春福堂。灵慧喜人,杨万里扶桑花诗曰:“扶桑花吐四时艳。”

国小凤,字桐生。藕香堂弟子。生有媚骨,人多赞之,评以月旦花。向子諲词曰:“玉骨云腴,倾国称姝。”

章翠林,字小莲。温文娟秀,定以麝囊花。东坡句云:“骨香不自知,色浅意殊深。”

槐荫堂任鸿宝,字胪卿。清润灵透,目以柑花。刘克庄句云:“柑花似雪斗芳新。”

玉珠堂陈美玉,字蕴仙。秀媚有姿,评以禁花。张丰(耒)诗曰:“万紫千红休巧笑,人间春色在檀心。”

陈玉笙,字兰初,更名全林。由月新堂入景春堂。雏弱明静,目为木犀花。谢懋词云:“绿云翦叶,低护黄金屑。”

邵桂林,字幼卿。洁白和婉,定以棠梨花。王冕句曰:“山梨小结丹砂红。”

如意堂王双喜,字莲香。工琵琶,拟以蜀葵花。徐夤诗曰:“锦水饶华艳。”

鸣山堂杨凤林,字仪仙。宝善堂弟[子]。定为金铃花。杨巽斋句曰:“天孙斜插鬓云香。”其同师李双喜,字心香。浓眉秀目,取温飞卿楝花句曰:“宫紫晕流苏。”

槐荫堂陶小翠,字眉仙。丰姿韶秀,引赵汝鐩《春桂花》句云:“七里香风远。”

福安堂王法林,字眉仙。貌明媚,品为玉女花。刘禹锡诗曰:“玉女来看玉树花,异香先引七香车。”

福盛堂杨连升,字幼香。黰而艳,是雪香小蟾一派,定为黄葵花。潘德久诗曰:“一树黄葵金盏侧,劝人相对醉西风。”

陆双林，字倩香。净香堂弟子。丰姿淡远，无卑滥之习，定以水红花。张翥有词云："秋容冷淡，凭谁点缀。"

黛泉堂翠林，字意莲。登场颇有媚姿。引翁元广《咏秋罗花》曰："谁把风力翦薄罗，极知造化著功多。"

光裕堂刘玉香，字蓝生。登场俏丽，比以木香花。黄山谷句云："日色渐迟风力细，倚阑偷舞白霓裳。"

槐庆堂小三福，字香云，金姓。楚楚臻臻，略似小家女儿。王文公石竹花曰："麝香眠后露檀匀，绣在罗衣色未真。"其师弟喜官，字鸾卿，短小精跌扑。刘克庄《游龙花》云："分红间白汀洲晚。"

深山堂张多福，字曼仙。貌清臞，性狡点。引香山句评之曰："红蕉当美人。"

福山堂张寿林，字鹤卿。朴直可嘉，品以芦花。董思白句云："苇花平岸带霜容，总似窗前书带丛。"

涌泉堂郝双林，字小霞。陈傅良《山丹花》云："金蝶窥丛何婀娜。"

蒋翠林，安义堂弟子，字芸香。以琵琶称。皮日休《润笔花》诗曰："谩向人前逞颜色。"

余庆堂王翠兰，字薇仙。娇小明润，拟之冬青花。林景熙诗曰："五月深山护微雪。"

松桂堂汪天桂，姿貌未佳而颇有声，目为槐花。杨万里诗曰："花吹黄雪洒宫槐。"

明斋樊天喜，和春部翘楚也。耳其名而来之，见，终以殿后花。范成大曰："绿地缕金罗结带，为谁开报可怜春。"

於戏！艳质天成，必芳声之常在；清歌云遏，因众口所交推。或格本不高，而当时竞誉；或年方甚稚，而后起可期。眼底纷来，任伊滋蔓；耳边热听，供我搜罗。连茹遂许以同登非种，特锄其太甚；断章博采譬比类以分题，异卉无多，姑变名而错列。

花天尘梦录　卷九

燕台花镜诗一百二十韵依古韵通用

花雨惊春睡张宝香《惊梦》，
瑶台蚁斗时潘玉香《瑶台》。
喜逢门四辟吴小福《四门》，
战庆女三齐胡喜录、陈金桂、王长桂《女三战》。
好梦寻难再张女兰《寻梦》，
佳期到匪迟杨钧喜《佳期》。
拜年闻吉语宋玉喜《拜年》，
问病得心医张三福《问病》。
萝国传花报张蟾桂、陆天禄《花报》，
香山广布施范秀兰《香山》。
佛缘劳度翠罗金宝《度柳翠》，
凡念动披缁华阿全《思凡》。
舟狭潜龙影程增福，
盘高舞凤姿张金兰《舞盘》。
赎身千两足高联升《赎身》，
送客四弦悲赵宝琴、李宝笙《琵琶行》。
湖舫摇轻叶陈春林《湖船》，
湘花写嫩枝范秀兰《画兰》。
多愁聊寄扇王长桂《寄扇》，
小胆竟偷诗赵宝琴、李宝笙《偷诗》。
翠袖朝翻曲张三福《楼会》，
瑶琴夜系思华陀全《琴挑》。
赠欢三尺剑刑福云、李宝笙《赠剑》，
疗妒半枰棋陈长春《打棋盘》。
水滑窥同浴王长桂、金三福、喜官《窥浴》，
香烧诉有痴程增福《痴诉》《点香》。

葬花偏惹恨吕秀莲、范秀兰《葬花》,
折柳重伤离张宾香、张士红《折柳阳关》。
岸许回头忍谢玉兰、薛三桂《回头岸》,
人羞剔目窥赵宝珍《剔目》。
错逢迷路女李宝笙、陈美玉《扯伞》,
巧遇下山尼张三福《下山》。
晚浴金毛鼠李双喜、赵凤林《无底洞》,
春思玉面狸华阿全、陆双林《狐思》。
盂兰幽梦入宋如意《盂兰会》,
栊翠暗香携茹太平、刘玉香《赠梅》。
橄榄消长夜郑连贵、华阿全《卖橄榄》,
芙蓉竖短碑吕秀莲《祭芙蓉》。
种情郎受吐赵宝珍《醉归》,
谱恨女弹词严宝琳《女弹词》。
草地心初话王长桂《草地》,
渊泉泪独挥张玉美《投渊》。
棓精龙出没钱小香、胡小玉《青龙棍》,
雄阵鹤褵褷钱小香《雄黄阵》。
一虎贞能殪周宝莲《刺虎》,
双牛混互訾王寿喜、王双喜《牛混》。
园梅教手折曹双桂、宣玉桂《折梅》,
亭桂赚心知钱金福、朱福喜《桂花亭》。
夜雨哀题曲张宝香《题曲》,
春朝罚跪池沈宝珠《跪池》。
公堂吟鬼辨张金麟《鬼辨》,
驿路趁冥追张金兰、扈联喜《冥追》。
女意浓开店王法宝《女店》,
郎情薄试椎郝玉秀《红鸾喜》。
守门诛逆监李宝笙《守门杀监》,
观画泣孤儿张金麟《观画》。

枉死魂能返周蟾桂《琼林宴》，
贪欢报不稽陈凤林、丁鸿宝《贪欢报》。
钥联金锁配王法宝《开金锁》，
峰据铁镗危张三福《铁镗峰》。
演礼嗤村媪蒋翠林《送亲演礼》，
行媒仗太师张翠香、张三福《女儿国》。
草桥惊梦断张三福《草桥惊梦》，
絮阁感恩私周宝莲《絮阁》。
药肆开新市郝玉美、任鸿宝《药店》，
花亭笑泛卮宋玉喜、王玉琴《花亭》。
吃来娘子面国小凤《吃面》，
画出使君眉郝双林《画眉》。
门外荣归丐王法宝《荣归》，
坟边哭认嫠夏天喜《上坟》。
献余妃翦发张金麟《献发》，
庇仰佛垂慈周宝莲《佛庇》。
月夜姑听嫂张金麟《双拜》，
风筝姊误姨张士红、张宝香、沈宝珠《风筝误》。
铁弓酬壮士曹双桂《铁弓缘》，
铜鼓赛蛮姬汤秀芝《祭泸江》。
病写璃闺貌章翠林、陈春林《写真》，
盛宣石砫司胡小金《锦绣功》。
猎才回白兔韩发桂《回猎》，
关已破虹霓谢素玉、沈宝珠《虹霓关》。
钏馈欢如水孙玉香《情叙》，
鞢留睡似泥王法林《庙会》。
卖花闻婢唤曹双桂、宣玉林《卖花》，
看谷虑儿饥陈玉笙《看谷》。
镫下霜锋涴曹双桂《杀借》，
松梢月影筛金三福《失约》。

夜寻筝馆艳陈凤林《面缸》,
春械玉堂赢胡喜禄《玉堂春》。
国语臣能译任鸿宝《请清兵》,
卿才妾愿随陈凤林、丁鸿宝《玉玲珑》。
缘真夸独占邢福云《独占》,
会果验双奇沈宝珠《奇双会》。
阖户更番诱程增福《后诱》,
空亭隔宿期李宝笙、金三福《亭会》。
巾牵联小大华阿全、陆双林《私媾》,
镳授识雄雌陈凤林《雌雄镳》。
幼子邻邦寄周宝莲《寄子》,
娇奴绣闼规金三福、喜官《规奴》。
家门憎顶鞘陈双喜、张玉美《顶鞘》,
商肆杀缝皮丁鸿宝《杀皮》。
礼送逢交账尤天寿《交账送礼》,
帘挑继做衣李金林《挑帘做衣》。
秧歌售馎饦黄联桂《卖饽饽》,
衫影艳胭脂陈翠官《胭脂》。
催试秋江送吕秀莲、汤秀芝《秋江》,
和番塞马骑张三福《出塞》。
怕偏由梦见叶福林《梦怕》,
醋却试乔为李宝笙、赵宝琴《乔醋》。
亲说才回话赵宝珍《说亲回话》,
淫宣反诳辞严福喜《反诳》。
查关乘暮墨丁鸿宝《查关》,
打杠截途歧国小凤《打杠》。
梦为花笺错李宝笙《玩笺错梦》,
箴先宝镜违宋玉喜《风月鉴》。
拂奔星影淡华阿全《拂奔》,
绡盗月轮低胡秀兰《盗绡》。

惯设移山阵夏天喜《移山阵》，
难追烈火旗陶小翠《烈火旗》。
歌应惊院闹陆联珠、胡联庆《闹院》，
滚定恋楼迷赵宝琴、李宝笙、严宝琳《滚楼》。
玉镯当门拾胡小金《拾镯》，
熏笼入夜欹李翠林、陈美玉《烤火》。
赚教花被辱王玉琴《赚花》，
捞岂月能持邢福云《捞月》。
入网鱼舟配赵宝琴、李宝笙《舟配》，
投崖雁塞啼邢福云《二度梅》。
二人球竞踢严长喜、俞鸿喜《踢球》，
十棒鼓同嬉华阿全《花鼓》。
阵破祥麟见郑莲贵《祥麟见》，
关追怖鸽飞陈凤林《赶三关》。
济贫蛩负驱曹双桂《一枝梅》，
悟幼石怜芝范秀兰、吕秀莲《悟幼》。
抱盒藏良巧宋玉喜、王玉琴《抱盒》，
烹茶叙最宜庄清香《茶叙》。
雨声吟琐户张金麟、范秀兰、吕秀莲《雨词》，
镫影射重围杨凤林《射红灯》。
嫁妹媒空倩郝玉秀《嫁妹》，
调郎乐共怡陈翠官、孙玉香《闺房乐》。
双摇铃索辨丁鸿宝《双铃记》，
八扯磨房推孙桂林、连升《八扯》。
擂转流星疾孙小云《双凤岭》，
城惊骇浪堕胡小玉、吴小福《泗州城》。
俏魂灯闪闪董桂林《活捉》，
冤狱雪霏霏宋玉喜《斩窦》。
打灶晨分爨小长桂《打灶》，
从军夜别妻宋如意《别妻》。

寇穷狼塞北谢素玉《雅观楼》，
令赚雁门西陈凤林《探母》。
卖翠街头遇金三福、李宝笙《游街》，
交鸳帐底移夏天喜《巧姻缘》。
潜移官库帑陈春林《盗库》，
默相汉宫妃杨钧喜鱼《钱刺针》。
白府媒饶舌黄联桂《下河南》，
蓝桥妇解颐巧林、法林《小蓝桥》。
烧灵人再嫁陈翠官《烧灵》，
盗令夜何其赵宝珍《盗令》。
俎豆雷峰塔陆联珠、胡联庆《祭塔》，
琵琶雪夜帷杨钧喜《雪夜》。
缒城矜女弱王九龄《缒城》，
市马替爷衰张玉美《代父征》。
艺卖神乎技胡小玉《卖艺》，
花圆鬼自疑张士红、张宝香《三错》。
墟凭刘姐趁陈翠官《赶会》，
庄直扈娘依郑连贵《扈家庄》。
莲戏真登岸吴小福、钱小香《戏目莲》，
苗条恰受笞华阿全《学堂》。
山歌闲谑浪吴小福、钱小香《山歌》，
水斗强撑支陈林春、陈玉笙《水斗》。
丹度尘都脱陈玉笙《白牡丹》，
青收计共归朱双喜、陆双林《收青》。
南唐灵药喂孙玉香《喂药》，
西谍小番驰茹太平《番儿》。
隔牖看惊虎陈翠官、孙玉香《金玉坠》，
通天力救犀郑连贵《通天犀》。
鞋空蝴蝶晒王长桂《晒鞋》，
台有凤凰栖钱小香、吴小福《凤凰台》。

墙狂跳能入张宝香、赵宝珍、张士红《跳墙下棋》，
珠怜赐竟辞张金麟、宋玉喜《赐珠复召》。
金铃关独守夏天喜《金铃关》，
桴鼓甲亲披郑连贵《娘子军》。
山闯鸾胶合丁鸿宝《闯山》，
宫殿凤履遗夏天喜《翠华宫》。
骰摇双妇会丁春喜、姚天喜《摇会》，
云锁一囊机崇天云《锁云囊》。
面送调邻妇王法宝《送面》，
中偷骇仆厮华阿全《盗巾》。
春游花灼灼俞鸿翠、叶福保《游春》，
情誓意孜孜张金兰、韩发桂《情誓》。
茶借频留盼王玉宝《借茶》，
庵搜未脱羁华陀全、周宝莲、陆双林《搜庵》。
苦心机杼断周蟾桂、王玉琴《教子》，
弱腕水牢提陈凤林《双合印》。
窥简诗便约陈春林、陈玉笙《窥简》，
悬图像预题张士红、张宝香、沈宝珠《书馆》。
女归惭赝配陈翠官《荷珠配》，
子认拜沙弥宋玉喜、王玉琴《认子》。
钗讶雏鬟讨曹双桂《相约相骂》，
金叨点婢贻郁寿林《园会》。
纺将棉搭絮丁鸿宝《纺花》，
拷到玉腰肢陆金凤《拷红》。
桂子图联耦胡喜禄《桂子图》，
棠姜数遘奇赵玉凤《辟尘伯》。
盗还刀密授宋玉喜《教刀》，
掷去戟轻麾华阿全《梳妆掷戟》。
檀板喧稠市钱□□《连相》，
金钗敏短扉章翠林《寄东》。

变羊仍系榻叶金桂、韩发桂《变羊》，
戏凤辄过篱谢素玉《戏凤》。
茶别情空热崇沁香《茶别》，
江沉恨暗赍高联升《祭江》。
断桥终恕若周宝莲、朱双喜《断桥》，
借伞早怜伊华阿全、周宝莲《游湖借伞》。
义胆宫娥拷宋玉喜、王玉琴《拷寇》，
奸魂鼓吏褫殷秀筠《骂曹》。
瓶沉还厥宝吴小福、钱小香、胡小玉、樊天喜《鸳鸯瓶》，
镫送结其褵陈美玉《送灯》。
侯府娃争抱董桂枝《抱娃进府》，
僧桥妓悟非郝玉秀《赶妓》。
打惊鸿雁落孙玉香《打雁》，
卖唱鳜鱼肥程增福《卖鳜鱼》。
戏叔翻逢怒赵宝珍《诱叔别兄》，
盘夫婉用咨俞鸿翠、殷□《盘夫》。
洞缘求草叩陆双林、周宝莲《求草》，
兵为玩花滋夏天喜《玩花溪》。
套出天宫小任鸿宝《小天宫》，
幽勘地狱卑陆天禄《冥勘》。
刺梁神怵惕王玉宝《刺梁》，
拾画眼迷奚钱小香《拾画》《叫画》。
梦授钧天乐张金兰、叶金桂、韩发桂、扈联喜、张福元《闻乐》，
声惊动地鼙张金麟《小宴》。
驾桥双翼鹊郝玉美《鹊桥》《密誓》，
埋玉一株梨陈双喜《埋玉》。
四面观音现章翠林、小彩、玉珍、玉凤《四面观音》，
千重□惟罹张翠珠《盗盒》。
绣房笼宝篆赵宝珍《绣房》《别祠》，
深院袅晴丝赵宝琴、严宝琳《游园》。

增利图延庆吕秀莲《增利图》，

升官报受禧李宝笙《连升三级》。

春和思志乐，

嵩寿祝彤墀张福源、胡联庆、朱双桂《长生乐》。

戊戌秋日，旅寓无聊，取都门五大部名伶所演戏，编成五言排律百二十韵。首末联内隐嵌五班名字，以示起结。中间翦裁，任意组织成文。雅调互赓，淫哇竞进，固无能别后先矣。每句下系歌郎名并戏名，用备征访。今重来都下，闻见益宽，而代谢过半。因细加推敲，合新旧佳伶，广为参缀。其独步一时者，悉仍其旧。更有当时串演而今不传者，亦备存之。惟五部详略不匀。是虽与春台、三庆较熟之故，然亦妍丑不齐，未可一概登之也。丙午仲冬下瀚种芝山馆主人撰并识。

灵台小补

《灵台小补》，作者金连凯，“平生最恶，莫胜梨园”，故此书极力抨击梨园、贬斥戏曲。虽然卫道的迂腐之论不少，但其中涉及戏曲与民间会社之关系等资料也颇能反映古代戏曲文化的一个方面。吴新苗据道光十六年重刊本校定。

灵台小补序

余既撰《梨园粗论》并戏题诸作，因书签曰《灵台小补》，尚欲付之剞劂，刊印广施，求诸同志。客有疑而问焉：夫梨园小部，由来久矣，习此艺者，亦已多矣，独尔深恶若此，比诸万丈深渊，复怜且叹，开人所未闻之迂谈，创从来未有之谬论，虽非好人之所恶，亦可谓恶人之所好矣。且尔又非业此技者，何言之太详？何比之太苦？何讥之太刻？将若辈之险阻艰难，辛勤困苦，摹写如画，是以问焉。余应之曰：诺。若长言絮论，虽更数仆侍侧，舌疲唇焦，亦难诉尽；虽罄南山之竹，石砚磨穿，亦难书尽。今姑略陈其概，有烦清听。窃念余自幼观剧，甚富且丽，优人内亦识二三，是以备尝此中滋味，真可谓过来人也。况余受此中欺，被此中骗，因此招愆取辱，三十余年，不可胜数，已往之事，追悔无及，实言者伤心，听者酸鼻，姑置勿论，付诸浩叹耳。然余被此波累，亦可谓三折肱矣，岂不心寒意冷，懊悔前非。祸由自取，非无妄之灾。莫怨他人，实有因之过。真所谓负薪灭火，定有延烧之患；救人从井，必遭沉溺之虞。岂止自陷，更陷他人。非但自害，亦害他人。自苦尚轻，他人尤甚。正所谓爱之反害之也。再四思维，肝肠欲断。兴言及此，涕泗交流。如是招尤取辱，灰颓志向，此心此意，亦当痛绝，此念之痴，尚津津有味，搜索枯肠，拈髭摇膝，埋头窗下，作论敲诗，徒自取苦，真自哂迷而不悟之极也。然余平生心性，迂阔太甚，自念三十余年，岁月久矣，受谤招愆，数亦多矣。非但不能救人之患难，反害人之身家。致累他人白头慈母，有倚闾之叹；壮年孝子，受荷校之殃。古之荷校，即今之披枷也。是谁之过欤？皆余一己之咎戾也。今痛定思痛，想后追前，神驰梦忆，一事无成，徒遗话柄，一腔忿恨，满腹牢骚。若不趁此几净窗明，青年壮岁，假管城子，代诉余心，托龙宾代明余志，青春难再，回首斜阳，将来盖棺之后，使天下后世，当视余为何如人也。然此尚事之小者，况余本草野布衣，居国东土，若吾侪车载斗量，又何足算。窃闻一时劝人以口，百世劝人以书。盖口之劝人有尽,书之劝人无穷,此立言之所以不朽也。余撰此鄙俚谬论,粗浅拙章,正欲奢望后世之仁人君子,观余是作,谅余苦心,略为采纳斯须,则后世之良家子弟,阴受其福,不至沉沦恶业,传染污俗,为人所贱。傥余九泉有知,亦可目瞑魂安,定当衔感无憾矣。且余更欲请教:夫九夏炎天,赤日当空,我正水榭乘凉,松亭纳爽,冰碗列于前,风扇搧于后,畅谈欢笑以随心,沉李浮瓜而应手,竹簟籐床,湘帘纱牖,开襟跣足,北窗高卧。尚蹙额而言,今朝甚热,须饮益元散,服六合定中丸方可。看彼场上优人,扎靠涂面,狠斗迎敌,彩火熏前,锣鼓震后。汗如雨下,喘若牛耕,目眩头晕,呕吐昏迷,惨同釜内游鱼,劳过途中报马,果是蒸笼螃蟹,真成热地蚰蜒。再三冬冷候,朔风大作,我正暖阁如春,红炉添炭,轻裘著体,美酒盈尊,地炕多温,毡帘高挂,玻璃窗风不透而光明,狼皮褥棉难胜而坐卧,真醉饱忘寒,荣华安富。尚蹙额而言今朝甚冷,须熬伏姜片,对普洱茶最妙。看彼场上优人,单衫高髻,万舞蹁跹,背阴之处,风劲台高,四通八达,彻骨冷苦甚贫穷,透心寒难同乞丐,耳如刀割,面似枪攒,眼泪乱落,鼻涕长悬。此中最苦者,用力鏖战,跳跃蹎翻,热汗淋漓,层层湿透,喘声急骤,满口生烟,锣鼓一停,遍身冰冻,心摇骨颤,舌燥肠枯。是剧也,无非供我赏心娱目,乐则乐矣,任彼拼命劳伤,苦太苦耳。夫恻隐之心,人皆有之。彼人也,吾亦人也,吾何太逸,彼何太劳,是可忍也,孰不可忍也。且己所不欲,勿施于人,他人有心,余忖度之,诚恐足下不耐彼劳,易地则皆然也。

且余尚有请者:如足下之桂子兰孙,承欢左右,尊意欲其读书出仕耶?欲其串戏登场耶?客曰:欲读书。余又曰:足下之令郎,固应读书出仕矣;然则他人子弟若何?客曰:无不可,听之而已矣。余不禁抚掌大笑,继之以悲,点头长叹而言曰:足下之令郎,必欲其读书出仕,他人之子弟,则无不可为。即此足下胸中之人我、亲疏、公私、好恶,可概见矣。且此二者,尊意早有成算安排,孰尊孰卑,孰贵孰贱,孰逸孰劳,孰苦孰乐,孰是孰非,余虽不敏,樗栎庸材,敢请足下,明以教我。客笑而不言,余谆问再四,客又曰:优伶之苦辛,被尔形容已尽,姑置勿论。吾想若辈,串就诸技,跳跃相持,演熟俗套，亦可谓习惯成自然耳，未必如是觉劳；且图观者厚赐，或自不知其苦，亦未可定也。余曰：不然，夫人情大都好逸恶劳，即百工之艺，挑担推车，磨肩压背，诸苦生涯，皆是无可如何，万不得已为糊口计，谚云："谁有发而好当秃耶？"诚所谓"山寺日高僧未起，算来名利不如闲。"唐伯虎醒世辞云："清闲两字钱难买，苦把身拘碍。"即此可见古今同辙，非余饶舌。足下此论，真谬论也，尚谓余谬论耶？况剧之字义，艰也；戏之字义，謔也。顾名思义，真可谓观艰看謔矣，无怪乎业此技者，若是之艰难也。再呼若辈为优人，夫优者，即优劣之优，字义饶也；饶者，字义益也；益者，字义进也；所谓有益无损，均属好字面也，何为优人如是之贱。然此中字义，非余杜撰，以余愚意，另有一番解也。此须按测字之法，则了然矣。试看"優"(优)之一字，系"人"字偏旁，加一憂(忧)愁之"憂"，岂非人忧是业之贱乎？人忧是业之困苦乎？不然，何以独唤之曰"優人"？诚恐意在斯乎？若以优劣之优取意，则不通矣。夫梨园子弟曰优人，众皆视为卑贱，若按本字之意：优者，饶也，益也，好也。岂非好人？夫好人能如是乎？能视为卑贱乎？此余据理而论，幸高明勿罪也。且余论虽鄙俚浅陋，真敢自许言词简易，后世诸公，观余是编，若毫无心动生怜者，真可谓天下第一忍人也，又可谓天下第一狠人也，更可谓天下第一不近情理之人也。足下尚谓余谬论耶？且余深悲此技，如是之苦，如是之劳，如是之卑贱，今人皆言玩一班戏，或言打一班戏，从未闻学一班戏。即以戏文而论，曰填词，夫填者，字义塞也，可见其文，无情无理，尽皆塞耳。再如吟诗作赋，从未闻填诗填赋之称。至串之字义，穿也，亦习也，然学习非学串，读书习字，亦未闻有言读书串字者。足下既言若辈习惯自然，不觉其劳；余窃料九夏三冬，岂敢唐突，将来如遇不寒不暖之候，春融秋爽之时，敢请足下自略试之，大约半出《闹庄》，深恐贵体不耐彼劳，不知作何愁苦万状也。足下何易言哉？

客又曰：任尔好辩，吾不服也。且尔戏题诸作中所言"唐明皇作俑"等等不庄之句，尔何人也，无乃亦觉侮慢古之帝王耶？余未待言终，不觉捧腹狂笑不止，复正色而对客曰：足下谓余好辩，若闻如是之谈,实不得不辩。余岂好辩哉?真万不得已也。且足下责余侮慢古之帝王,则吾岂敢。今之论,欲罢不能,不得不与足下较也。伏望海涵,宥余重咎,方敢直陈。客曰:一任诙谐,吾不罪也。余是以整肃衣冠,离席长揖于客座右,自复就坐而言也:以余观足下,真可谓梨园,染患戏癖最久之老伶工也。余如此殷勤苦劝,尚如是执迷不悟。且足下何尊敬明皇之若是?夫唐明皇虽一代人君,实亡国之君也。姑以眼前易晓之事言之,足下独不闻白乐天之长恨歌日“渔阳鞞鼓动地来,惊破霓裳羽衣曲”,又曰“六军不发无奈何,宛转蛾眉马前死”,以及“君王掩面救不得,回看血泪相和流”,并“夜雨闻铃肠断声”后之“梨园弟子白发新”,等等诸句。又赋梨园弟子七言截句云:“白头垂泪话梨园,五十年前雨露恩。莫问华清今日事,满山红叶锁宫门。”又杜子美《收京》之作云:“须为下殿走,不可好楼居。”并“忽闻哀痛诏,又下圣明朝”,末句之“叨逢罪己日,沾洒望青霄”,等等诸句,足可为后世为君之殷鉴。当是时,若非郭汾阳之伟烈丰功,勋勷捍御,唐之宗社,尽属他人矣。且国君死社稷,彼安禄山之乱,唐明皇车驾变迁,尚美其名曰幸蜀,甚至不能自保妻孥,自身仅免,歌中所谓“君王掩面救不得”等句,真成“对泣风天类楚囚”也。堪叹明皇为君,隆仪扫地尽矣。况乃祖父东荡西除,南征北讨,开创何难;至伊子孙,选舞征歌,朝欢暮乐,委弃甚易。彼梨园小部,一曲霓裳,致酿马嵬兵变,红粉捐躯,千秋忍辱,万世包羞,无限生灵,尽遭涂炭。余深虑唐明皇殁后,不知何颜入伊宗庙耶?再洪昉思之《长生殿》填词内之埋玉曲中所谓“堂堂天子贵,不及莫愁家”,并一切窘迫悲哀,分离情状,形容如画,以及杨玉环自缢于梨花树下等剧,夫唐明皇以梨园弟子为美谈,杨贵妃即自缢于梨花树下,翘首苍天,天道好还,甚可畏也。且余更欲请教:夫《长生殿》之戏文,通按《长恨歌》而作,此中惟后之冥追、情悔、哭像、神诉、看袜、尸解、私祭、仙忆、改葬、怂合、雨梦、觅魂、补恨、寄情、得信、重圆等剧,略近敷演离奇,不然难以收场也。况怂洽、重圆,此二出曲白中扮牛郎、织女者,尚称唐皇李隆基之名,并李三郎等语,虽系伪扮仙真,究出优人之口,此岂非梨园自写小照、自己形容、自相侮慢耶？彼局内人尚欲搬演传奇，作尽百般情状，且直呼其名，岂不更自侮慢所奉前代老师耶？况余局外之人乎？余谓唐明皇非幸蜀，逃蜀也，至剑阁闻铃，尚作《雨淋铃》之曲，异哉唐皇，真荒唐也。当时正值流离颠沛，卧薪尝胆之际，尚有何心情，苦苦不忘音律，无怪乎身后为梨园所奉也。再唐皇幸蜀，闻铃声，左右云“似言三郎琅珰”，故名琅珰驿。此《一统志》之所载也。夫白乐天之《长恨歌》，首句以汉易唐，甚明君臣大义，亦伊万不得已之苦衷耳。诚所谓讽刺之中，不忘敬爱，讳而歌之。再歌中所有“缓歌慢舞凝丝竹，尽日君王看不足。渔阳鞞鼓动地来，惊破霓裳羽衣曲”等等诸句，均指唐皇而作也。彼唐明皇因梨园而倾国，至今梨园仍奉祀为师，是始终不知其非，总未能觉悟也，足下尚代唐皇报不平耶？《语》云：“王孙贾问于孔子曰：‘与其媚于奥，宁媚于灶，何谓也？’”我至圣先师，尚以为非，曰：“不然，获罪于天，无所祷也。”按祭法，夫灶为司命正神，居七祀之一，圣人尚言其媚，不可祈祷；何况彼梨园所奉之三郎、金花、俳神、清音、鼓板公婆，等等诸号，实不经不典，不庄不重之名，足下尚责余作不庄之句，侮慢唐皇耶？彼梨园既奉此等不庄之神，亦莫怪余作此不庄之句。且非礼之祀不祥，无福有祸；今之梨园，以敬正神之香烛、纸锞，牲牢等等有用之物，祀诸戏场所奉等等不庄为患之神，真可令人忿懑太息也。余言若此，足下以为何如？

客又曰：梨园所奉诸神，亦被尔强辞辩去矣，尔所撰之《梨园粗论》诸篇，只知怜彼优伶之苦辛，不明吾侪玩赏之快乐，实尔姑息太甚，见识浅薄，果妇人女子心肠，无暇同尔辩也。然尔此论中言彼登场挑战等等杂技，以吾观之，无非孩提游戏耳，何至于引人为非，诱人不法。甚至虑及伏蠢动之机，又言是剧搬演伪寇，致招教匪窥窃流涎，盗贼争夸得志，并言起祸之端倪，招邪之领袖。实乃小题大作，张广其词，何太迂哉？尔言过当，吾不取也，可能再辩乎？余曰：恶，是何言也？足下诚膏粱子弟，肥马轻裘，不知小人之劳，毫无怜下之意，余亦无暇细校也。然此尚不足絮论，余方以足下斗山重望，明见万里，孰料亦是华而不实，徒有其名，与在下酒囊饭袋之人,所差无几耳,尚笑余见识浅薄耶?若论国初平定疆陲等等事迹,布在方略,历历可考,以及乾隆六十年之川、陕、楚三省教匪滋事,始末情由,不但言之太长,余窃恐足下未必能理会也。今即以嘉庆癸酉季秋月望禁城入寇一事,略为足下陈之,此余所目睹也。当是时,首逆林清,谋为不轨,以市井无赖匪徒,辄敢妄窥神器,久蓄狼贪怪异之心,非一朝一夕矣。是以于嘉庆十八年九月十五日,夺门犯阙,穷凶极恶,诚天人共愤也。回忆当年,从东华门窜入之贼匪,尚问伊同伙之贼,言金銮殿在于何处,并一切持刀乱闯,肩插白布小旗,口中贼号。再该逆攻中正殿门时,胆敢刀砍门闩,喝令喇嘛,快快投降,免尔一死等等悖逆胡言,可见尽是串戏来由。且风闻正阳门外大栅栏内,于是日晌午时,正开场演戏,突来一人,不知说了一个甚么暗号,抽身急走,即收场不演矣。旋忽散去,两班优伶,其人甚众,恨忘其班名,诸如此等情形,大有可疑。又闻兵围滑县时,逆匪牛亮臣,穿大红八卦道袍,坐八人亮轿,巡城喊骂。贼众称为军师,并伪称天皇、地皇、人皇。胆敢妄以三皇治世取意,此即梨园搬演黄巾作乱诸剧内之张角等等所称天公将军、地公将军、人公将军者,该叛逆皆有所本也,皆有所仿也。再如逆匪李文成等,均留发包网,蟒袍玉带,所用之服色,均戏班内之彩衣。甚至廷讯逆匪冯克善、屈四时,该犯尚口吐人言,说俺招安他们去,受刑时复呼我主,尽是一派演剧口气。即今之湖南猺匪滋事,辄敢戕害官兵,大员阵殁,县令殒亡。该逆猺赵金陇,身穿绣金龙黄马褂,伪立年号,即该逆猺之名金龙元年。猺匪内有名青旗大将、蓝旗大将者,亦均穿黄马褂。更有去冬拿获教匪王老头子、尹老须,并镶蓝旗满洲披甲人尼莽阿,即唐八,伊名狮子卧佛。又闻伊等所建之庙名飞龙寺,顾名思意,其居心大不可问。即此扁额,罪在不赦矣。并有一觉罗常肅同王法中,均称之曰哼哈二将军等等名色,此即白阳教之余氛耳。再当癸酉季秋,拿获逆犯王幅禄时,首逆林清,已伪封伊为飞笔丞相,并有血花袍。余曾亲见搜出此物,是件旧白布汗衫,上有血迹,皆言夜来向灯一照,即点画分明,字迹可辨,系封号该逆犯之官衔。如此怪诞不经等等奇谈,足下独不闻乎?由是观之:该逆匪猺匪,均苦苦欲踵梁山泊之流弊耳。谁生厉阶,岂非戏场恶境耶?即如盗甲时迁者,显然一穿窬狡贼也,醉酒刘唐者,居然一劫掠大盗也,真所谓“搬演开生面,观听起贪心”也。其关系如此重大,足下尚视若泛常,漫不萦怀,并哂余小题大作,见识浅薄,迂论饰词耶?夫梨园小部,为害甚大,深而且久。悲苦世人,迷而不悟,酷玩其华者多,猛省其非,明此中招邪宣淫,痛除巨恶者少。实所谓漏脯充饥,鸩酒止渴,非不爽口,祸已随之,只图转瞬之欢娱,遂忘终身之忧患,牢不可破,大有可悬,岂浅论哉?非余斗胆,讥诮折证,以余论足下,真可谓之坐井观天也。且今夏亢旱非常,圣主恐惧修省,无时稍解,亲制祝文,步祷摅诚。诏下广开言路,闻有镶蓝旗宗室文举人者,条陈六端感雨,十事消邪,此中有严禁鼓词一事。内载“此书多演怪力乱神,供人捧腹,似乎无害。然辞气抑扬之间,但图热闹,总以拜师学法,驱役鬼神,啸聚山林,劫夺法场等为贤;小民何知正史,信以为真,此邪教必滋事之所由来,为害甚巨,可不禁乎”等语。所陈不为不通,然此尚害之小者。更有甚焉,不可不论。夫古词野史,实满纸荒唐,敷演离奇,虚幻不经,究诸实害,尚系纸上空谈,似无痕迹。至彼梨园演剧,实穷思极想,代佞臣贼子传真,替鬼怪妖魔作祟,诡异百出,邪淫奸盗,形容摹画,千态万状,乐记所谓:“故歌之为言也,长言之也,说之故言之,言之不足,故长言之,长言之不足,故嗟叹之,嗟叹之不足,故不知手之舞之,足之蹈之也。”今之演剧,即同此意,必欲造其极而后已,较比古词,煽惑庸愚,明彰声色,耳目易晓,致开邪教酿祸之端,岂不更滋流弊,为害甚巨中之尤巨也。且喜听古词者,亦无非老妪、稚子,几畔窗前,数人而已,万不及酷好观剧者,百千余众,奔走若狂,此中贤愚莫辨,贵贱难分,蚁聚蜂屯,排肩叠足,招聚闲人,莫此为甚。夫古词者,世俗之小疵也;梨园者,世俗之痼疾也。奈何不治其本而治其末,有是理乎?由是观之:无怪余反复详言,殷勤剀喻者,实观彼演剧招邪,尤当严禁也。况乎国家制度,凡五城内,例禁开设戏园,从未闻严禁说书厂也。兴言及此,余又忆及一事,似亦当禁。夫五城内如地安门外六街三市,耍弄拳脚,其名把势,聚闲人,图微利,此亦诸年幼之患也。夫辇毂之下,万方都会,理宜整肃威仪,无论旗民,各务本业,素位而行,岂容不肖匪徒,恃勇斗狠。相习成风,余独忧也。且夫力者,以强凌弱,以众暴寡,专用血气而不顾义理者也,亦我至圣先师不语之一端也。远虑深谋,能无禁乎?《语》云:“可与言而不与之言,失人;不可与言而与之言,失言。智者不失人,亦不失言。”窃念余一介庸夫,今向足下凭此三寸不烂之舌,信口澜翻,重重复复,可谓失言太甚矣。况质本凡材,愚鲁寡闻,未尝学问,是作也,毫无文义,皆市井俗谈,余本意定欲唤醒百千万世之愚夫愚妇,虽渔樵耕牧,不假思索,皆得易晓此中利害,方大快余心至愿。况苦海无边,回头是岸,屠刀放下,立地超凡。

余是书名《灵台小补》,夫心为方寸灵台,必当时时涵养栽培。余奢望后世诸公,观余是作,彼此留意,务须自爱,慎勿荒淫无度,丧德败行,为人所憎,有累椿萱,大不孝也。更有朝列诸贵中,因演戏而受责污名,黜爵夭寿,则吾不敢言其人,更不忍言其人也。余是论,傥能十人中可望一人省悟,百人中可望十人省悟,千人中可望百人省悟,万人中可望千人省悟。以是推之,由少而多,由近及远,扩而充实宇宙,亦可谓小补矣。至于梨园子弟中,若有明心见性,聪慧敏捷者,观余是作,自当心悦佩服,知感知愧,再三嗟叹,迅速回头,休得错寻头路,沉溺孽海,误尽平生,上败尔祖父之声名,下遗尔子孙之患难。火坑中岂可片刻停留,若不急急抽身,转瞬钟鸣漏尽,谁能救汝,追悔何及。余更奢望后世诸少年,观余是作,互相劝戒,慎勿甘居卑陋,为人所贱,自暴自弃,以玩票为美谈,甚可惜也。傥能十可化一,百可化十,千可化百,万可化千,以是推而广大,百千万亿,皆为良家清白子弟,以忠孝传家,惟诗书永宝,亦可谓小补矣。余更有奢望中之奢望,傥后世更有大智慧,善知识,痛扫梨园恶业,净洗戏馆污俗,其功德高比须弥,深如大海,百福骈臻,千祥云集,其人定永寿无量,等恒河沙数矣。余生前不能遂愿,身后定要如心,亦不枉受谤言数载,被欺骗多年,孝义两亏,精神俱瘁,真堪流涕,实可伤心。且夫人生在世,即如大梦一场,余以梦中身而说梦，痴呆性里谈痴。余撰是序，已逾万言，阅五昼夜，皆亲弄笔，删重复而补阙遗，检鲁鱼而校亥豕，从未假手于人，尚恐搜罗多漏。自笑余挑灯夜半，废寝忘餐，虽不敢望有补于国计，亦可谓无害于民生。惟愿后世仁人上士，博学高明，谅余苦心，全余未了之愿，观余是编内，傥有不实不尽，或舛错谬误之处，希惟大方，随时改正，续入雄谈高论，余得效抛砖引玉之幸，如蓬蒿而附芝兰，荣耀多矣。有朝一日，是书如是叨光，今之小补，即他日大补也，足下许之乎？

客笑曰：尔所撰《梨园粗论》并戏题诸作，以吾观之，语无伦次，东拉西扯，劳刀（唠叨）琐碎，不胜其烦。空费笔墨，惘用心思，徒自取苦，尚痴望普劝世人，吾料未必，何太迂哉？余应之曰：诚如足下高论甚明，使在下茅塞顿开，翻然大悟，何快如之，果当头一棒，喝醒无知，余亦窃料未必定能感化世人也。言虽如此，余尝窃闻自古以来，三坟五典，圣经贤传，以及感应诸篇，劝孝、禁赌、戒淫、戒杀、劝惜字纸、劝放生灵、等等教善除恶诸书，不可枚举。无非垂训后世，使人人咸知善者可法，恶者当戒，善有善因，恶有恶报。裨得家喻户晓，信受奉行，尊君亲上，孝弟忠信，礼义廉耻，实先儒一片苦心，满腔热血，殷勤恳切，至再至三。文中子所谓劝戒之词，古今名论叠叠，书记中无处不有，其殷勤恳切，至再至三，总是要人听信而已。我辈读圣贤书，看昔人如此教人念头，语语婆心，当为之太息流涕。夫千百年以下之人，与千百年以上人，何所关系，而苦苦训诫若此。盖见那些不肖人，眼中看不过，心里忍不过，前车既覆，后车又随，实可怜悯。急欲将一句说话，唤醒千百年人，如此血诚语，岂可草草看过。读古人书，须念作者苦心，毋负前人接引后学之意，诚哉斯言。果字字珠玑，言言金玉，真所谓书之劝人无尽也。甚至佛经道箓，亦同此意，儒教所谓正心养性，释教所谓定心见性，道教所谓修身心炼性，实三教圣人导之以正，同轨相符，大同小异也。诚一片婆心，群生普济。奈慈航虽大，渡不尽世上愚人。又云“众生好度人难度”，此正阎浮世界，千古久病难医之根源也。譬如杀人者死，自汉高祖入关，约法三章，即有此语，至今孰不闻乎？然今之谋害人命者少耶?劝孝、禁赌、戒淫、戒杀、劝惜字纸、劝放生灵等等善论,孰不闻乎?然今忤逆嫖赌、悖理乱常、贪饕口腹、断编残简任意作践、网罟射宿、禽荒无度者少耶?俗所谓这里获盗追赃,枭示正法,那里尚打家劫舍,害命图财。实冥顽不灵,毫无忌惮,堪恨堪悲,良可浩叹也。敬惟古圣先贤,并天尊佛老,至言要论,垂训世人,真牙籤万卷,珍藏四库,充栋盈车,布满寰宇,流传中外,道德五千,大乘三藏,玉简金绳,镌石刻木。尚未能普劝苍生,为千古至圣,未满志愿;何况余半篇粗论,数首拙诗,无游戏诙谐,鄙俚不通,直同梦呓,真所谓"犹以一杯水,救一车薪之火也"。夫皓月当空,岂萤火之光可能争辉分寸。此即余之拙作,曷敢与古时诗文较量短长耶?不要说古时文人学士,即今之黉门秀士,余亦不敢班门弄斧,贻笑大方,徒自取辱耳。此何待足下驳余,余早自驳也。然余尚有一言:窃闻传习邪教者,立有红阳、白阳、天理、大乘、荣华、圆顿等等诸名,究其源,实古所谓黄巾、赤眉之余氛耳。实同一邪教,恐干犯王章,此名败露,犯事拘拿,其漏网者,仍是此类,复改一名,故态依然,萌心不泯。故分门别类,更改名头,混人耳目,妄希作福消灾,书符治病,聚钱惑众,实流毒无穷,乱世污民,莫此为甚。引诱愚夫愚妇,堕其术中,至死不悟,深堪痛恨。其所欲分门别类,更改名头者,余切思之,真如狡兔营三窟也。鬼计百出,实阳世之魑魅魍魉,非人类矣。且更有怪诞悖谬之册籍,均系前明刊板,亦妄以经名之,其文如"赵州狗子太狠心,咬了金刚脚后根"等等,冒渎神圣,怪异之句。更有今已绞决会匪王老头子即王法中,来京传习邪教,并唐八即尼莽阿,聚众结会。经科道访闻,严密封奏,由步军统领衙门先后获犯多名,奏交刑部,究出王老头子即王法中,习教来京传徒,欲图结交太监胡常庆等,藉端敛钱。及同教之直隶南和等县民人阎老得等,与唐八往来,互送诗扇书信。并阎老得曾向王法中告知飞龙寺会匪,甚不安分等情。随在唐八幼女身穿袄内,搜获书信。一面飞咨直隶总督查拿阎老得等,并查起诗扇经卷等物去后。旋据该督将阎老得等拿获,同起出诗扇经卷等物,先后解案。复隔别严鞫,该犯供词内所称,缘王老头子即王法中，籍隶直隶任县，与已故之同县人赵理并赵顺青，及隆平县人李老欣，均相认识。嘉庆十年间，有已故之河南涉县人申老叙，常至任县等处贩卖花椒，曾向王法中等，谈及红阳系释迦佛掌教，白阳系弥勒佛掌教，红阳劫尽，白阳当兴。现在月光圆至十八日，若圆至二十三日，便是大劫。伊素习白阳教，即圆顿教，可以避劫获福，劝令入会拜师，传授南无天圆太宝阿弥陀佛，及南无无量圣佛救苦观音十字佛号，并荣华经一部，未来星斗图三张，内开南斗十二星，北斗十三星，东斗十五星，西斗十九星，中斗三十星，十八阎君星，五十四祖星等语。又有未来易经一部，内叙五祖相传，中央戊已土系王姓，东方甲乙木系张金斗，南方丙丁火系李彦文，北方壬癸水系刘姓，西方庚辛金即系申老叙。又将河图、洛书，俱加圈点。八卦增添二爻，改为十二卦，内加兴、吉、平、安四卦。六十四卦改为一百四十四卦，内加用、则、高、王、江、河等八十卦。又十二时增添纽、宙、唇、末、推、酬六时，为十八时。九宫增添红、皂、青，并多一“白”字。其余多系叙述王姓等四人，悟道亡身，语多鄙俚。又给李老欣家补卷一部，内载牛八以灭，木子兴兵，大闹幽州等语。余俱叙入刀兵水旱，瘟疫劫数，语尤不经。申老叙令赵理、赵顺青等收藏诵习，并言将来自有用处。王法中素不识字，仅止口授经卷语句。十九年冬间，申老叙在家病故，王法中等推赵理为当家，转传次女吴赵氏入教。因吴赵氏素不识字，自将申老叙所画未来星斗名目，用红绸书写，名为降龙宝，假托吴赵氏，明心见性，忽能写字，故示神奇。又赵顺青自分得未来易经后，参以已意，将一百四十四卦，仍以垢、得分列两旁，刻成内方外圆卦图，名为天盘，印出后仅止给与王法中阅看。经王法中索得一纸，交伊堂婶王唐氏收藏。其赵理分得荣华经、未来星斗图，辗转分交李老欣、李相富收存。后于道光三年间，王法中与李老欣谈及赵理父女相继病故，教中甚为冷落，忆及吴赵氏临死，曾嘱伊往北传徒，随创为旗门即佛门之说，起意进京，复兴此教。并因习教年久，蛊惑已深，妄以申老叙等所遗经卷红绸，道理深奥，欲将各物进贡邀赏，嘱李老欣敛钱接济。九月间，王法中走至良乡县地方，因闻圣驾经过，欲在道旁跪接，当被县役盘获,解县递籍。十一月间,李老欣措办盘费,送王法中来京,在广安门外张大户店内居住。王法中在京捡粪,李老欣当即回家,向同教人敛得银钱,陆续带交王法中收用。五年二月间,王法中因张大户欠钱未还,控经宛平县断追钱文,完案后,搬至俞姓客店,并李六家居住。王法中稔知李六与肃亲王府太监胡常庆,系属姻亲,欲令李六带往,面商进贡之事。李六见其积有银钱,起意诓借,随即应允,陆续向王法中借用京钱一百六十余吊。王法中因李六延不带见,屡向催迫。经李六三次将王法中带至肃亲王府前,嘱其在茶馆等候,独自往他处暂歇,捏称胡常庆外出,向其支饰。王法中又因其徒铁匠杨大,曾言常至海甸御马圈修理铡刀,认识王姓官员,复嘱杨大带见。杨大亦乘便向伊诓借京钱十四吊零,将王法中带至海甸附近歇息,捏称王姓员因有事,无暇接见,回覆而散。王法中并闻其徒王三曾拜顺承郡王府逃出太监、现充卧云山庙道士之傅空静即傅三娃为师,欲嘱王三带见,因山路遥远,即中止。十一年五月间,王法中托其徒刘大引进,搬至赁住觉罗常鼐坟房之郭五所开木匠铺内寄住,即传郭五为徒,并劝常鼐及院居住之唐八即尼莽阿入教。唐八因陆续借用王法中京钱九吊零,亦即允从。常鼐不甚相信,并未入教。王法中不时回籍,以在京传道,官员内监甚见信重,即可进贡邀恩之言,向同教人夸耀。教中人多有资助,计银一二两至十余两,钱数百文至十余吊不等。又于七月间,其徒阎老得、张其德、宋维等,先后来京,与唐八并常鼐等晤面。阎老得因唐八左手曾被烫坏,拳曲状如狮爪,即以颇似唐山县庙内狮子卧佛之言,向其比拟。并称旗门即是佛门。唐八同常鼐均系旗人,又在城门附近居住,如佛寺把门之哼哈二将一般。王法中复买扇二柄,嘱唐八书写诗句,以便带给教中人观看,敛钱帮助。唐八贪利应允,即央常鼐编作诗句。常鼐编就“不辞千里访宾朋,遇见知己细谈心”二语,令唐八续成。唐八将首句用清文单字在扇上书写,复信笔编写十余字,俱无文理。王法中将扇分给张其德、宋维带回,向同教人告称,系京中大人书写,以实前言。九月间,阎老得向素识交好,另入井陉县人杜玉教内之颉老毛谈及,颉老毛亦欲与唐八交往，随同阎老得赴京。路经灵寿县，阎老得编成信稿内称，“俺今得了旗门入，会会哼哈二将军，俺今入门来进贡，单等两个端供人”等语，央颉老毛素识之已革该县工房书吏李正身书写，封固，面贴红签，填写“旗大人玉展”五字，到京后，递给唐八收存。切思该犯王法中，始则传习邪教，继复来京溷迹，以借贷市惠，借图结交官员太监，其心叵测。并将伊师申老叙遗留经卷，呈进邀恩，并借此惑众敛钱。至经卷内所载王姓等，据申老叙言及，早经获罪身死，经内俱已载明。又据阎老得等供称，因王法中告称旗门即佛门，伊等曾见佛寺门前，均有哼哈二将塑像，是以将唐八等比作哼哈二将，并称为旗大人。又因闻知胡常庆、傅空静均系太监，是以名为端供人，因未经见面，所以信内有单等两个端供人之语。此案，王老头子即王法中，先经听从已故之申老叙学习白阳教，复创为旗门即佛门之说，传徒多人，并敛钱来京煽惑，实属邪教。为首王老头子即王法中，合依传习白阳教拜师传徒惑众者为首例，应绞立决。已革马甲唐八即尼莽阿，身系旗人，辄因图借银钱，听从王法中入教，并写给阎老得等诗扇，追阎老得等以“狮子卧佛”、“哼哈二将军”、“旗大人”等词妄加比拟，既不即行呈首，复将书信交伊女收藏衣内，实属丧心昧良，任意妄为。唐八即尼莽阿例应销除旗档，发新疆给官兵为奴，再加枷号三个月。常鼐身系觉罗，不自检束，辄容留王法中在其坟房居住，并于唐八写给张其德等诗扇时，揧作诗句，追阎老得以“哼哈二将”妄加比拟，又不即行呈首，应请旨将常鼐发往吉林交该将军严加管束。至肃亲王府太监胡常庆，并顺承郡王府太监傅三娃即傅空静，均讯明并未与王法中交往，应免置议。其余各男犯女犯尚有百余名之多，俱依律重轻，分别拟结。此王法中等习教，来京传徒，遗留经卷，欲图结交太监胡常庆等借端敛钱之原委也。余何以独知此案各犯供单甚详，因刑部广西司审理此案，该司经承内有余认识相好之人，是以深悉，甚详且细，故知之也。除此，尚有分在别司审理教匪之案，先后另行完结者甚多。如该犯尹老叙即尹资源，接管刘四离卦教，自称南阳佛，创立朝考等场、黑风等劫名目，神奇其说。煽惑至数千人之多,勾结至三省之远,狂悖已极,现在该犯审明,已凌迟处死。伊子尹明仁听从伊父,习教多年,实属世济其恶,亦已处斩。又另案拟结之萧老尤即吉三白,先经听从已正法之孙惟俭,传习大乘教,于具结免罪后,复起意兴教。商令在逃之李如陵,伪造敕宝,张贴揭帖,种种逆词,任意编写。且牵列良民,注明谋逆,平空陷害,狂悖已极。萧老尤即吉三白,亦已凌迟处死。并前案伏法之尹老叙即尹资源各犯,均奉旨将该犯伏法后,仍传首犯事地方,以昭炯戒。至该教匪各犯供单,非但不得深知其详,且供词所载甚繁,无暇细论,今姑聊举其概,大略言之。并切思该犯尹老叙即尹资源,萧老尤即吉三白,王老头子即王法中,唐八即尼莽阿等等各犯,实与癸酉年叛逆教匪首犯林清、李文成、牛亮臣、徐安幗、冯克善、屈四、曹纶,并逆贼刘得财、刘金、张太、高广幅、王幅禄、阎进喜、杨进忠等,同一邪教。该犯尹老叙、吉三白、王法中、尼莽阿等,只于尚未谋逆耳。然此幸犯案甚速,已煽惑千余人之众,若年复一年,日久因循,该犯流毒年久,其人愈众,省分愈多,必至酿成不测之患,恐万余人不止。所谓:“星星之火,能燎于原,涓涓不杜,终成江河。”实系养痈贻患,其害曷胜言哉!今得迅速发觉,实上赖圣天子之洪福,下可保全亿兆苍生。为良家子女,咸知警戒,庶不致传染蛊惑,堕其邪术矣。诚如圣训煌煌:“朕勤恤民隐,惟日致之,常思惩凶顽于已著,儆邪慝于未萌,法纪肃而吏不为奸,渊薮靖而罔干予正。”大哉王言,虽三代以来,二典三谟,亦不过如是也。实令吾侪小民,感激涕零,望阙泥首,莫知所措。伏思吾皇,圣德如天,自御极以来,爱怜蒸黎,如保赤子,筹旸雨,课农桑,省刑罚,薄税敛,占云子夜,祷雨天坛,稍有偏灾,恩赈蠲租,无微不至,实令遐迩小民,何以仰畣高厚鸿慈于万一;惟有守分安常,四民各务本业,共乐升平盛世。凡人之初生,其性本善,无如年齿渐长,知识渐开,薰陶日久,邪正分途,近朱者赤,近墨者黑。言及于此,余又忆及梨园优伶矣。即以其人而论,从未闻自胎里初生,即能串戏者。推而言之,读书识字,亦未闻自胎里初生,即能读书识字者。此即邪正分途,总在年齿渐长,知识渐开,任伊父兄之指引耳。虽言生而知之，亦无非天资纯粹，颖悟超群，不待琢磨，易学易成耳。何况该教匪萌心不善，聚众敛钱，流毒无穷，煽诱无知，实惑世污民之陷阱也。其所以深信不疑，如奉神明者，实不可解。若论该犯传习之邪经，实无情无理，毫无文义，毫无祸福，毫无利害，念之不懂，听者难明，如赵州狗子诸句，纽、宙、唇、末等时，大都若此，乃该教匪传授之经也。且该教匪窃取天理二字，为邪教名目，凡人孰无天理，今被该犯如此败污。又窃取大乘字面，为邪教名目，妄充释教，以伪乱真，实名教中必诛，佛教内不赦，果杨朱、墨翟之流，无父无君之辈，实禽兽不如也。彼阿鼻地狱，正为该教匪而设也。再该教匪，更有好人之所恶者，视凌迟斩绞极刑，为超升证果，惟愿速速就戮，即可作大官矣。此非讹传，亦癸酉季秋，禁城入寇之后，所有拿获诸逆匪，绑赴市曹，明正典刑甚多。曾闻后绑之贼匪，见先刑者，即痛哭不已，其行刑之人问以畏死耶，该逆尚言非也，我看他先就戮，先作高官，我后就戮，不及他矣，被他捷足争先，夺标得彩，我恨落后，迟作高官，是以哭也。如此冥顽悖谬，荒怪已极，真猪狗不如之畜类，丧心病狂，状类疯魔，以典刑为授职，如是之邪，至于此极。以上诸语，窃闻朝列诸贵言之，非市井讹传也。足下如未深信，余愿同往一问，便了然矣。且吕祖之全书，正宗诗集内所载戒杀歌曰："我书戒杀歌，奉劝世人读。物类形体殊，岂甘遭惨毒。利刃刺肝心，尖刀割肠腹。皮掀肉颤摇，喉断身颠扑。血溅满砧儿，悲号动墙屋。鳗剁尚盘旋，鱼烹犹跳跃。大痛何可伸，极苦难逃脱。诸兽牛不群，其形按列宿。非彼代人耕，农事倩谁役。于世大有功，何忍啖其肉。马匹载乘劳，战征亦为国。报晓赖德禽，看家惟义畜。更有几微灵，亦且伦常属，乌能返哺亲，羊且乳跪足，雁有信义宾，鳢知夜朝北。大命须当怜，小命亦无忽，睹彼盘盂间，亿万生灵逐，活溺盐酱中，生投汤沸镬，一餐尚不饱，入腹味难复，何苦强搜求，省口多积福。曾见匿刀牛，跪向屠人哭，又言狗能言，乞怜免割剥，怜儿寸断肠，莫射山中鹿，为母肯投崖，身碎田间犊，鳝化黄衣童，梦求厨下仆，螺放水中光，欲免舟人获。我曾昔为儒，典制虽未博。茹毛饮血时，上古无嘉谷。相沿直至今,流弊世相续。然而不忍心,宰割非所欲。燔牛只祀天,鸡豚亦不数。古有恤生人,聊为君一录,汤有解网恩,齐能舍觳觫,大哉孔子心,不纲不射宿,天子释羔羊,不忍无穷戮,恩官禁泽梁,呼号动水族。微生能报人,人亦当怜育,蚁度状元桥,鼠分宰相粟,救雀报投环,放鲤贡双玉,蛇衔梁上珠,龟献藏珍壳,舍鳖救伤肤,聚蝇出冤狱。戒杀故有功,杀生报亦确,屠牛形似牛,杀狗狗形托,此日具人形,转眼生毛角,轮回实可怜,早修今面目"等句,伏思天道好生,纯阳慈悯,垂劝世人,戒杀放生。彼禽兽牲畜,甚至昆虫鳞甲之微,尚知求生畏死,俗所谓"蝼蚁尚且贪生,为人何不惜命"。夫死有轻如鸿毛,重若泰山者。再文不要钱,武不怕死,为国捐躯,虽死犹生,丰碑懋绩,万代流芳,自古以来,不磨要论。若以该教匪之视正法为作官,实蝼蚁之不若矣。虽天道好生,亦无从曲佑也。余因此复思该教匪如是之妖言,惑众陷人,罪至大辟凌迟,尚自以为高升官职,至死不悟,余料该犯名登鬼簿,必自以为姓列仙班;余独诧异,若此怪诞悖谬不经之言,何能尚诱愚夫愚妇约从。嘉庆十年以后,至今二十八年之久,该匪已煽惑将及数万人,尚恐不止,倾心皈命,信受无疑。

余之俚句,虽粗浅不佳,诚敢自命,劝人自爱,勿甘居下流,为人所贱,有益无损,毫无干名犯义之处,何劳足下再四戾驳,多方问难。该教匪实丧心病狂,衣冠禽兽,敛钱聚众,煽惑庸愚,前车既覆,后车亦随,泯不畏法,估恶不悛,真所谓诱人,误尽终身,灭族巨祸,岂止有损,必欲置之凌迟大辟而后已。夫人之好生恶死,本具天性,况人为万物之灵,何至被此邪慝蛊毒若此。翘首叩天穹,生民何罪也。足下何不向该教匪穷追盘诘,将该犯所授之经卷,逐一细询耶? 余之论,不足以感劝世人,彼教匪之乱语胡言,倒足以引诱世人,此所谓冠履倒置也。且余所作粗论拙篇,虽不敢上同古今劝世之诗文比较,然若以此下等之下无等之悖谬荒怪不经之"真空家乡,无生父母,飘高老祖,赵州狗子"等等无情无理之句论之,余之作大可自命高高乎居其最上等之又上等也。且余论中,有何悖理乱常之文,荒怪离奇之句。况余前已言明,奢望后世诸公,观余是论，倘十能化一，百能化十，千能化百，万能化千，此无非十分之一耳。再白乐天所作新制布裘五古诗云“丈夫贵兼济，岂独善一身。安得万里裘，盖裹周四垠。温暖皆如我，天下无寒人”诸句，岂有如此之大裘乎？无非志之所在，意味深长也。虽奉九重之恩命，亦碍难应诏遵行。足下以余之论，不足感劝后世之百余人，彼教匪邪经乱咒，倒可引诱今世之千万人，有是理乎？然劝人修身，导之以正，古今同辙。夫大千世界，亿兆苍生，有忠有佞，有正有邪，有智有愚，有贤能，有败类，岂可概而论之。余所作之粗论拙篇，后世诸公观之，有是有非，有好有恶，有褒有贬，有欣慰，有悲悯，又岂可概而论之。总之一语，惟求吾心所安，惟愿上智首肯，此所谓君子一诺，价值千金，亦不枉余一腔热血，九转枯肠。将来皮囊腐后，此论流传世上，虽死犹生，无遗恨也。今情义俱备，言尽于斯，敢求足下金诺，然耶否耶？

客又曰：尔论之可否，姑置未定；然尔诗中所赋“更有邪淫不忍闻，清夜扪心当自愧”诸句，此何意也？余曰：足下果不知乎？或有心故问耶？《书》曰：“玩人丧德。”又曰：“比顽童，实为乱风。”注云：“比，昵也。倒置悖理曰乱。”夫诗载墙有茨三章，其首章云：“墙有茨，不可扫也。中冓之言，不可道也。所可道也，言之丑也。”次章云：“墙有茨，不可襄也。中冓之言，不可详也。所可详也，言之长也。”三章云：“墙有茨，不可束也。中冓之言，不可读也。所可读也，言之辱也。”今姑言其概，亦不必撰文套语，大都好男风者，居此梨园多半，只此一言而尽，尚待余饶舌耶？余窃料今之贵家公子，观诸《感应篇》、《丹桂籍》、《配命录》、《敬信录》等等劝善戒淫诸书，能不摇头吐舌，通身汗下者，有几人哉？况亦未必观也。今足下诚能自许衾影无愧乎？且孰无子弟，能保身前，恐难保身后耳。再出乎尔者，反乎尔者也，悦心集所载无名氏仿邵康节先生醒世诗曰“各自回头看后头”之句，善哉斯言，意味深长也。今之时，不犯此戒者几希。况鸡奸幼童，律应斩，此实伤天害理，丧德败度之恶习。且彼此俱损，人我何益，只图片刻之欢娱，误尽平生之品行，孰轻孰重，孰暂孰长，敢请足下细酌。夫万恶淫为首，余窃恐无间地狱，有待斯人也。且余即深受此累,真不白之苦心,人皆笑余,戏谓余曰:“糟鼻不好饮,枉自担虚名。”余情甘担此虚名,不受实祸,中心无愧也。此所谓只求吾心所安,无愧心,即无愧神,若是欺心,便是欺神,更不必管对诸大众也。

客曰:尔曾言因此受谤招愆等等诸论,岂非实祸乎?尔今复言不受实祸,岂非自相矛盾耶?余曰:不然,此另有一番议论也。余前所言受谤招愆者,谚所谓“慈悲生祸害”也。然揆诸余心本意,真敢自许诚意救人,实非有意陷人也。欲保全人之品行,非败坏人之声名,况实系两相情愿,非强求也,此中所差者,未臻全美,筹画欠通,亦太急烈耳。然观彼梨园弟子,如困劲旅之中,愚意速解重围之厄,不得不急,奋不自顾,背若负芒,尚何暇三思耶?余虽受谤招愆,祸则祸矣,然同一祸字,大有区别也。况听天由命四字,自古名言,谋事在人,成事在天,机不密则祸生矣。画虎不成,皆定数也,亦计拙也。且上苍早有安排,岂人力可能强也,可能预料,可能窥测万一也。白乐天放言之句云:“周公恐惧流言日,王莽谦恭未篡时。若使当年身便死,一生真伪有谁知。”余所遭遇是非,后世自有公论,究诸中心,实无愧也,亦无憾也,更无悔也。足下以为何如?客怒曰:适尔问吾衾影无愧。斯言太重,此意何居,再四思维,实不甘心。吾今问尔,真敢自许衾影无愧乎?余应之曰:足下果敢自信乎?客勉强而对曰:亦敢也。且尔甫言无愧无憾无悔,此亦尔曾言之,追悔无及,因何转瞬即改口言更无悔也?何前后之不相顾也如此。余曰:适言追悔无及者,追悔未臻全美,筹画欠通耳,实非谓一己而追悔也。客又曰:天道福善祸淫,尔所自叙已往之事,一切遭遇,以吾观之,皆逆境非顺境也。且尔自言三折肱矣,岂非萌心未善,自罹殃咎耶?吾恐福善者未必如是也。况“达者知机早避殃”,此亦古人之妙句也,尔明知其非,何苦自取祸事,自甘作孽耶?余曰:诚如足下高论,责余切当,余何敢强辩。且余因此受谤招愆,岂非因淫而致祸也。虽百喙难辞,一任巧舌如簧,莫能辩也。然窃念余自获谴后,岁月未周,即邀恩赦,若果余存心淫乱,利己害人,今非但不能复蒙恩赦,且恐身命亦难保耳。回忆丁亥获咎之后,至戊子将及一载，实梦寐不敢妄忆，何得侥幸复叨天赦，岂非冥冥之中，暗邀神明默佑也。切思丙戌嘉平之误，丁亥小阳之愆，非不知轻举妄动，自疏检点，实预将祸福置诸脑后，早料吉凶未定也，知机而不能避殃也，诚然至愚，大非上智也。且凡事自有定数，死生荣辱，莫能逃也。再《曲礼》有云："临难无苟免。"大丈夫作事，雷厉风行，救拔无能，乃天意也。祸则祸矣，何孽之有。余平生心性，真敢自信，重义轻财，从未患得患失，瞻前顾后，只晓"己所不欲，勿施于人"，此余之所以患病最久，酿祸最深之来源也。况余至亲，即系同病迥异，未满三旬而殁，兴言及此，哽噎吞声，岂忍言哉。昔有同胞兄弟，共好梨园，各有所谓，弟乐兄苦，乐已夭折，苦今尚在，此即明效大验，是非立辨也。余虽不敢妄希福善，亦可庶免不致祸淫也。敢请足下明以教我。且余言不足信，今案头所置《敬信录》第三卷内所载赵石麟先生戒淫十八律中第五题曰《情外》，试与足下吟之，其诗曰："姻缘虽巧岂宜男，渔猎纷纷作美谈。淫创乾坤所未有，怒撄神鬼实难堪。赧颜对面谁无耻，秽行污身竟自甘。禽兽不如君愧否，双雄相逐恣娇憨。"客闻诗未竟，即怵惕动容，忸怩不安，起身欲去。余亟援手而止之曰：足下真可谓大丈夫，奇男子，诚然衾影无愧也。余之拙句亦验矣，实所谓迂言逆耳也，足下既厌闻之，余亦不敢频频絮论，自取憎恶，自招罪戾耳。敢再请足下尚有何驳，恳乞足下再为教诲，再为责善，再为下问，余谨候奉畲，敢不惟命是听。客闻是语，俯首沉思，其颡有泚，耳红面赤，良久不语，潸然泪下，忽应之日：吾过矣，吾过矣，尔之言然。

余方敢援笔书诸简端，是为之序。并系以铭曰："灵台小补，迂论俗讴，一字一泪，痛指酸眸，梨园孽海，谁救幽囚。知我者谓我心忧，不知我者谓我邪谋，后世公论，付与东流，呜呼哀哉，怜尔无数俳优。"

时道光十有二年，岁在元默执徐，仲夏月望，白山自序。

道光十有六年，岁在丙申，元旦，白山详酌删改，重刊印施

梨园粗论

余平生最恶,莫甚梨园,比诸孽海,万丈深渊,从古至今,为患久矣。陷人子弟,误人功名,邪人心术,败人家风,引人为非,诱人不法,悖理乱常,莫此为甚。君如不信,试略言之。实名教内之应除,法司中之当禁,恶同聚赌,贱甚乐工。若夫熙朝盛世,鼓吹升平,歌颂圣德,调宫弄徵,即中和韶乐之类,布在典策,绘入皇图,诚大廷仪制,礼乐并行,岂可稍阙。况我朝世德、庆隆,喜起诸乐,超迈千古,万世嘉祥。更有平定廓尔喀以及缅甸、回部各国藩乐,不可胜数,真万国衣冠,图王盛会也。至士大夫之家庭,嘉宾宴会,作寿称觥,略为点缀,亦不过檀板轻敲,浅斟低唱,足可赏心娱目。况五音令人耳乱,五色令人目昏,诚千古不磨至论。世俗之乐,郑、卫之音,齐宣王耻之,不敢对诸孟子,则曰:“寡人非能好先王之乐也,只好世俗之乐耳。”今之梨园,实世俗之乐不如,郑、卫之音相似,真极淫乱之技也。此非独余固执妄论,敢请观诸《乐记》所谓“郑卫之音,乱世之音也”。又曰:“流辟邪散,狄成涤滥之音作,而民淫乱。”又曰:“世乱则礼慝而乐淫,是故其声哀而不庄,乐而不安,慢易以犯节,流湎以忘本,广则容奸,狭则思欲。感条畅之气,灭平和之德,是以君子贱之也。凡奸声感人,而逆气应之,逆气成象,而淫乐兴焉;正气感人,而顺气应之,顺气成象,而和乐兴焉。”又曰:“是以君子反情以和其志,比类以成其形,奸声乱色,不留聪明,淫乐慝礼,不接心术。”又曰:“今夫新乐,进俯退俯,奸声以滥,溺而不止,及优侏儒,獶杂子女,不知父子,乐终不可以语,不可以道古,此新乐之发也。”注云:“进俯退俯,谓俯偻曲折,行列杂乱也。”今之打把子者是也。“奸声以滥,即前所谓涤滥之音,谓奸邪之声,侵滥不正也。”今之乱弹腔者是也。“溺而不止,即前章所谓狄成之音,谓其声沉淫之久也。”今之连八、连十六等等轴子是也。至乐记注云“及俳优杂戏”,更了然矣。注云:“侏儒,短小之人,如猕猴之状。”今之跟头虫,打筋斗人是也。“不复知有父子尊卑之等”,今之梨园所谓当场不让父者是也。“作乐虽终，无可言者，况可与之言古道乎。”今之诸淫乱之戏，无情无理，实戏毕无可论者。再不可以道古，今之梨园，只晓古词野史，内如敬德、秦琼、孟良、焦赞者，即可算道古矣，又安能知其的确古道耶？且子夏对于文侯曰：“郑音好滥，淫志；宋音燕女，溺志；卫音趋数，烦志；齐音敖辟，乔志，此四者，皆淫于色而害于德，故不可用也。”以上所载，皆古之论新乐如此。今之串戏优倡，实踵此患，有增无减，更有甚焉，况层层比较，若合符节，无怪乎人所贱之也。窃念余自幼懒学，读书善忘，亦不敢论古谈文，此余直解《乐记》，幸高明勿责。

今夫梨园，姑以粗浅谬语，略试陈之：若论戏场陋习，指不胜屈，其为最者，称帝称王，实属僭越，曰仙曰佛，莫此招愆。更有幻鬼充神，造下许多罪戾，伪奸仿佞，空招无数声瞋。亲父子百般辱骂，且有鄙俚不通之语，曰“当场不让父”，“假父子万种殷勤”，最坏人之心术，最引人之邪淫。更有甚焉，不忍施诸笔墨，实丧德败度污俗，可恨可耻，恶习一二，不肖自知，何待余言。傀儡小技，误尽青年，一场儿戏，风化攸关，扮女扮男，作尽百般丑态，假文假武，造出无限讹传。若遇智者，必叹痴人说梦；傥逢上士，定怜心病生疯。扩而深思，夫盗弄潢池，未有不以此为可法，天王元帅，大都伏蠢动之机，更有平天冠、赭黄袍，教匪窥窃流涎，又是瓦冈寨、四盟山，盗贼争夸得志。专心留意，无非扫北；熟读牢记，尽是征西。《封神榜》刻刻追求，《平妖传》时时赞羡，《三国志》上慢忠义，《水浒传》下诱强梁，实起祸之端倪，招邪之领袖，其害曷胜言哉？此观剧之患也。

余悲悯梨园，视为囹圄，苦怜优伶，真是囚人。念彼点鼓排场搬演，真如传梆排衙严鞫。串熟曲白作法，恰同串就供词押记。更有走场人，堪比三班皂隶，众随手，无非禁子牢头。叹彼衣靠盔杂，苦甚披枷带锁，恨他刀枪剑戟，毒逾刑杖枷床。勒网可比上脑箍，扎靠堪比披麻法。套头与囊首相同，勾脸同刺面何异。三冬时比寒冰地狱，中伏候赛炮烙熔铜。各种切末作彩，尽是跪炼拶夹；诸般跳跃相持，堪叹癫狂拼命。每逢佳辰令节，几万遍作无罪叛亡，绑赴市曹,虽传奇实属不祥;常遇贺喜上寿,数千遭妆刚强猛勇,殁于战阵,即演义亦觉非分。忽假冒道德之神仙,鹤氅莲冠,又充虚富贵之公卿,蟒袍玉带,界牌关罗通殉难,裸体蹶趋,浔阳江张顺翻波,赤身跳跃,对叉对刀,极凶极恶,蟠肠乱箭,最狠最残。再朝天灯,铁板桥,擘腿揍腰,千般蹂躏,又堆罗汉,跳百索,挺胸弯背,万种磨砻。舞花狮,伏地伛偻,喘声太骤,爬布城,登梯骁勇,汗沫直流。四肢筋络酸疼,彻夜呻吟饮泣,展转实难,一身骨节跌伤,半世熬煎困苦,零丁谁救。折肱搓掌,刻毒莫诉,青紫肿绽,苦楚休言。堪悯堪怜,可惜可叹。幼年何罪,受此非刑,髫龀无辜,遭兹惨祸,嫩筋嫩骨,倘有所伤,一生残废,改业无能。孰能养赡,若个慈悲?彼如是苦,我如是乐,苦实在真苦,乐未必真乐,欣然观剧,于汝安乎?且百工之艺,此艺最艰,百工之艺,此艺最贱。一般受暑冲寒,非打即骂,千般凌辱,万种苦辛,忍饥忍渴,尽心力而为之,温故知新,无非些古词野史,生知、学知、困知,亦不过徽调秦腔。跌扑努伤,终身残废,臌痨呕血,半事无成,所谓何来,真堪痛哭。且夫《虞书》所载"扑作教刑,教之以正"也,《学记》详言"夏楚二物,收其威也",亦系耳提面命,绳愆纠谬之意。今之梨园串戏,一般如此,惨酷更甚,岂非大相反背,虐中之虐?驱人下流,教之以邪,甘为匪类,能无仰天长叹,含酸肠断也。夫幼而学,壮而行,大丈夫志在四方,气凌霄汉,名镌钟鼎,形画凌烟。今之演剧,一般如此,然亦是幼而苦,壮而累,年老气衰,内外俱伤,百病攒身,其难自知。凡为优伶者,观余是论,岂不伤心泪下耶?再志在四方,不过台前台后,上下场门。颂声载道,无非叫好喧阗,满棚满座。戏台难与云台并,梨园岂可杏园同。功名成就之时,盼到纸鸢画影,亦可算凌云之志;熬成泥花塑像之候,聊充刻钟鼎之名。更有茅房高凳插屏,胜彼德政丰碑,庙场抄卖角本,强他锦绣文章。此叹演剧之苦,并讥诮其中勤习之愚,所谓与恶者同居,如入鲍鱼之肆,不觉其臭也。余自幼心性,独恶此技,视若仇敌,又深悯焉。余有十可惜,书于迂论之后,希惟高明之士教之。有用子弟,甘学卑鄙之艺,一可惜也;有用才华,徒填怪诞之文,二可惜也;有用心神,施诸无用之事,三可惜也；有用筋力，任诸无用之劳，四可惜也；有用聪明，尽诸无用之地，五可惜也；有用绫罗，制诸无用之衣，六可惜也；有用铜铁，铸诸无用之器，七可惜也；有用木石砖瓦，造诸无用之台，八可惜也；有用颜料零星杂物，费诸无用之嬉笑怒骂，谑浪不经之技，九可惜也；有用财帛，散诸无用之营生，十可惜也。是谁之过欤？唐明皇真千古作俑者也。虽至圣鉴临，必从吾言矣。

附录七截八首

欲话梨园万种愁，少年何苦不回头。千磨百折身为贱，祖父儿孙类马牛。

髫龄子弟数千千，埋没梨园太可怜。酷暑严寒都受尽，万般辛苦几文钱。

徽班卑鄙叹成群，更有邪淫不忍闻。清夜扪心当自愧，迂言逆耳劝诸君。

征歌选舞乐升平，既乐升平放郑声。淫乱奸邪真恶态，寿筵开处尚称觥。

古词野史甚荒唐，谬论讹传满戏场。怪异离奇真说梦，濡毫磨墨费思量。

昆弋吹腔并二簧，五音六律尽乖张。梨园实是无良地，作俑宣淫詈老郎。

锣鼓喧阗闹不休，李逵张顺斗渔舟。诸公莫认如儿戏，盗贼扬眉暗点头。（按《水浒传》，浔阳江琵琶亭宋江初遇李逵、张顺故事，下文即题反诗，套假书，劫法场，火烧无为军等剧。）

聪明有用施无用，锦缎绫罗制彩衣。满腹牢骚双眼泪，条陈丹陛庶几希。

戏题梨园脚色

生旦净末丑，跟头老虎狗。轰轰烈烈美名标，喧喧嚷嚷高台吼。这样雄威岂可当，团场散了分钱走。堪怜堪叹亦谋生，何不长街去卖酒。（此言卖酒之微末生涯，亦男儿谋生糊口之计，是以旗人无饷,作小营生者居多,独不许身充优伶,即干法纪,律应销除旗档为民。由是观之,此技之尊卑品行,已可概见矣,能无浩叹。)

戏题梨园所奉诸名号

冲天风火院,一个老郎魔。田、窦二元帅,清音鼓板哥。公公三百数,婆婆八百多。这样尊封号,焉能不磋磨。(按,伊梨园名号直书,难调平仄。)

三郎金花俳神等赞

三郎三郎太琅珰,三郎三郎太颠狂。邪僻奸淫汝作俑,陷尽后世好儿郎。三郎三郎,罪孽难偿。(按《一统志》:"保安府上亭驿在梓潼县,唐明皇幸蜀至此,闻铃声,左右云:似言三郎琅珰。故名琅珰驿。")

金花娘娘,俳神端公。聚妖作祟,不端不公。如此显应,信受奉行。(以上清音童子、鼓板郎君、三百公公、八百婆婆,诸名号,均按刊板《玉匣记》末页所载,并非杜撰。)

念四言对一副

上联

梨园孽海恶风波,从古至今,不知埋没了多多少少聪明子弟。

下联

戏场苦境狠心肠,自幼到老,岂止枉费尽千千万万智慧精神。

七字匾额一面

误尽青年到白头。

是书成,名《灵台小补》,复自题四截句

平生烈性火添油,忿向梨园作对头。毒害青春堪痛恨,苦怜聪慧尽俳优。

灵台小补喜编成，浅陋庸言自品评。莫笑胸中无好句，乱弹腔调岂堪听。

由来序短本文长，我撰兹篇另有方。不使层层多问难，何能诉透九回肠。

一万八千九百余，（是编内所有引载经书，并古人诗文以及钞入供词，俱未核算字数。）写优全赖管城摅。更兼勋重（六品典仪）元章技，（苏东坡诗云："元章作书日千纸。"）无限云烟倾刻书。（余撰《梨园粗论》并前后题词以及《灵台小补序》，约计字一万八千九有余，皆亲弄笔，然片纸只字，西抹东涂，余只起草，无暇誊真，至校对清厘，尽委之善书者王勋重工楷钞录一分，统计九十四页之多，未逾一月，迅速而就，亦赖伊挥毫之助也。）

《灵台小补》一书，明余志向耳，今既开雕刊竣，续成二律，缀诸简末，实未计句之工拙也。希惟仁人君子，博学高明，赏玩兹编，尚其谅之。非独仆一己幸甚，实亿兆苍生幸甚幸甚

灵台小补已（一作付。）雕刊，独（一作兀。）坐幽斋静里观。缅忆当年增隐痛，追思往事倍含酸。兰釭明灭神初倦，莲漏丁东夜欲阑。愁绪万端书不尽，（一作非赋句。）几回掩卷再三叹。（一作萦怀抚枕涕汍澜。）

莫因小技不关心，无限青年受害深。镜面拈花徒怅望，水中捞月杳难寻。半生迂性伸粗论，一点痴情付（一作寄。）苦吟。风雨凄凄虫切切，悲夫何处觅知音。（一作茫茫大地几知音。）

时道光壬辰乞巧日，校刊印施。

附题戏馆门设各种切末

戏园门首胜酆都，鬼怪妖魔面具铺。（平声，陈切末也。）引祟招邪惊稚子，升平歌舞好形模。

余撰《灵台小补》甫就,偶忆昔年,曾闻已弃梨园有一过来人向余尝言:当伊髫龀时,实未晓此业之卑贱,只逞一时心性,好胜痴顽,亦不觉如此之难。至学诸技艺,虽间受凌逼,毫不介意,诚易事耳。此后知识渐开,方晓此业卑贱,被人藐视侮慢,又兼呕血,伤巨擘,挫腰胯,并痞症诸累,辛苦备尝,是时欲罢不能,进退两难,空自追悔,无方解释矣。因感是语,滴泪濡毫,悲成拙句三首,并识数语于后

淡(谈)何容易那优俳,聪慧天生不介怀。手眼口心都熟练,人人如此岂能柴。(尝闻梨园内愚鲁钝学者谓之"柴头",是以诗中末句,隐藏讽刺之意,休怪。)

争强好胜又痴顽(孤雁出群),为患遗殃误少年。到老方知空自叹,劳伤大半有谁怜。

临崖勒马收缰晚,船到江心补漏迟。万苦千辛悲往事,细思今日悔当时。

窃闻入幽兰之室,久而不觉其馨;入鲍鱼之肆,久而不知其臭,近朱赤而近墨黑,此均不磨之论,诚必然之理也。伤哉恸哉,彼青年子弟,可正可邪。况人之初生,其性本善,全赖父兄之引领耳。孟子所谓:"鸡鸣而起,孳孳为善者,舜之徒也;鸡鸣而起,孳孳为利者,跖之徒也。欲知舜与跖之分,无他,利与善之间也。"虎,猛兽也,尚爱其子而不忍食,何况人乎?陷亲于败类,义方之训安在,清夜扪心自问,能无愧乎?贤哉,孟母三迁,慈爱择邻,至深切矣。凡为人父者,教子成名,光前裕后,可不慎欤!又题:

教子成名有义方,梨园深陷实堪伤。千辛万苦身为贱,欲话先垂泪两行。

最难最累最辛勤,卑贱低微不可云。何忍当场肆言笑,彼犹人也岂无闻。(夫观剧者,贵贱难分,皆得列坐,良可浩叹。)

梨园说

优伶光荣，灯头之焰。恍兮惚兮，如虹如电。蜃结楼台，不可登眺。老健春寒，流萤熠耀。唐伯虎醒世词云："拜将封侯，是英雄钓钩。"又云："休慕云台，功名安在哉？"此乃建功立业，至人尚不肯为；何况彼梨园弟子，充神作鬼，扮女妆男，伪忠伪孝，假文假武。才称五殿阎罗，又对钢叉跳跃，早唤仙翁，晚呼奸相，升天入地，造孽弥深。更可令人耻笑者，真父子百般辱骂，假父子万种殷勤，夫妇毫无半点恩情，昆弟更难一些友爱，万岁山呼，不过几声长叹，分茅列土，无非画饼充饥。真仇恨，良朋莫逆；假仇恨，敌国相持。更有带锁披枷，拶指夹足，常听真骂，幸吃假打。又入血湖，上刀山，割舌剖腹，碓捣磨研，锯解油锅，熔铜腰铡。押赴市曹，手桠脚镣，蓬头垢面，囚服插招，抢地呼天，伤心惨目，虽云幻也，究属不祥，大非吉兆，此实无辜受罪，替乱臣贼子遭刑。不要说大半子虚齐东之语，都从古词小说得来，以讹传讹，愈出愈奇，即或偶仿纲目正史，实有其事，当其人或报国捐躯，或蠹国伏诛，亦不能至再再三。最可笑，今朝曹操，明日朱温，侵晨薛刚，傍午匡胤。左闯帐，右闹庄，几身透汗。早五台，晚三气，满口生烟。重重复复，劳刀琐碎，非蟠肠大战，腰中藏彩，即突围乱箭，面带胭脂，三番五次，死而复生，生而复死，永无完结，经年累月，何时是了，深堪怜悯，大可伤悲。将有用之精神气力，施诸无用之幻境傀儡。谚云："十年得中状元，十年难成子弟。"即此劳逸分明，贵贱立辨。然状元子弟，孰辱孰荣，请自三思，勿遗后悔。刍荛无忌，奉劝上智高明，傥蒙采纳斯须，幸甚多矣。

心上篇（仿香山居士池上篇，上下平韵合用不拘。）

梨园遗害，只此两端：第一好胜，其次痴顽。确乎其确，然乎其然，由来久矣，误尽青年。群居终日，状类疯癫，不觉其劳，嬉笑喧阗，不觉其贱，奋勉争先。灵台小补，已付雕刊，愚者藐视，智者含酸，临崖勒马，待渡修船，时光易过，苦海无边。老之将至，有谁见怜，内外俱伤，百病身攒，呕血痨瘵，跌折摧残，及早回头，且莫俄延。直言逆耳,良药难餐,昨非今是,尚可图安,一误再误,孽重纠缠。泪随笔落,悲恸长叹,所言非谬,大有因缘。忆昔曾见,一子纤妍,丰姿冉冉,秀丽翩翩。自幼不幸,流落梨园。天资纯粹,聪慧非凡。孝悌两尽,闻见罕焉。鸡群鹤立,蔓草生兰。学诸技艺,毫不为难。过目不忘,倾刻都完。尚有余暇,并无疲烦。偷闲要硁,狠斗挥拳。一朝之忿,怒发冲冠。十伤八九,惹怨招嫌。刚强性暴,烈焰油添,皆由髫龀,未诵书篇。近朱者赤,至论难删。自古大圣,孟母三迁,况乎后世,尚复何谈。翻然猛省,利害相连。良禽择木,打破迷关,老牛力尽,殷鉴深谙,知机自警,对景情牵,前车既覆,后车惊眩,半师半友,尚受迍邅。严冬裸体,炎夏穿棉,梨园魔障,何可详言。解衣愁看,偏身汗斑,脖项两膀,背后胸前。沉埋数载,回想熬煎,越思越痛,积恨如山。又兼瘩痖,是以心寒。易如反掌,顿悟求闲。全身远害,追悔多贪。飘然独往,历尽危颠。泰来否极,苦尽方甜。昔陷污泥,今上青天。书斋清净,镇日安恬,有时缓步,有时酣眠,或拈斑管,或展芸编,丹青四壁,僮仆才三,优哉游哉,消除万虑心宽。

道光甲午季春月朔,乐斋金连凯题于鸟歌花笑之楼

昙　　波

四不头陀作，其人姓许，余不详。书成于咸丰二年(1852)。此书以清、逸、艳、静、淡、俊、丽、洁、婉诸品，品藻衡鉴道咸年间优伶朱莲芬、沈廷桢、周稚云等九人。向有清咸丰年间刻本传世，马彦祥藏有一评点本，而评点者恰与四不头陀孰稔，原文与评点对照而阅，尤觉亲切。谷曙光据马氏评点本整理。

叙

两大清淑之气，不妄钟于等伦。而优伎之流，间多俊秀。就中尤物，几有百里一见、千里一见，并举世而仅一见者，盖钟灵若此之难也。彼苍者天，既不为靳之，又不少为重之。卒使之黜于侏儒优杂之场，日以争妍取怜为长技，岂真造物者之好恶与人异心，故为之颠倒反复于其间耶？抑赋予之后，本自无心，听其为轮为弹，如风花之飘堕，不必证其因果耶？夫天下贤知多矣，即瑰意琦行，超然独举之士，亦非绝无其谊矣。乃负盛名而厄奇运，终日坎壈缠身。振古如兹，可胜浩叹，独优伎也与哉！天道茫茫，谁其搔首而问之也。吾友四不头陀，以跌宕之笔，写绮丽之辞，品藻论才，极妍尽态。固风流之韵事，抑亦有慨于中而不能已者。则巴人下里之词，（适为题词三章。）或者其有当于寄托乎？

勉斋谨识

序

大千世界，无非傀儡之场；第一功名，亦等俳优之戏。叹世间颠倒，尽容巴客滥觞；笑我辈婆娑，未免矮人逐队。众人皆醉，举国若狂，是戏是真，即空即色。然而衣冠优孟，其中正大有人；弦管楼台，此间得少佳趣。几行玉立，体段风流；一串珠穿，歌喉云遏。现女郎身说法，为古人事传情。尽态极妍，燕瘦与环肥并妙；新声逸韵，秦筝与赵瑟同工。洵日下之繁华，萃人间之艳丽。固宜书之银管，用识雏莺乳燕之名；贮以锦囊，合有问柳评花之句者也。况复心枯秋士，梦醒春婆，感丝竹于中年，触琵琶于此日。胸中磊块，借杯酒以频浇；眼底珍奇，操鉴衡而自定。作梨园主宰，居然榜列珠宫；为菊部平章，何异才量玉尺。经品题而增价，留姓字以皆馨。色艺俱传，兼写性情之春煦；（眉批：亦有取性情者，就中如翠玉一人，性情却好。）评量各当，讵嗤头脑之冬烘。君意良深,我心先得。盖以绝艳惊才之笔,绘香珠暖翠之神;以热肠冷眼之思,为惜玉怜香之作。人皆好色,谁是知音?此《昙波》之所以成书,四不头陀之所以寄兴也。仆长安羁滞,短剑飘零;一名未成,万里空涉。(眉批:写不得意处,能关合梨园,自是妙手。)孙兴公戏头自著,态笑狂奴;狄武襄铜具常随,面惭故我。任揶揄于鬼物,学游戏于神仙。偶尔逢场,翩然入座。花惊郎目,漫夸秋菊、春松;钗挂臣冠,无取鄂香、董袖。自分心如木石,未免有情;相看貌似莲花,不禁忍俊。顾春蚕力薄,恒抽独茧之丝;秋燕情多,空系销金之缕。殷殷留客,楚楚依人。爱同掌上之珍,因结意中之果。纵使未能免俗,何须真个销魂。事有同心,言皆惬意。读丁卯花间之集,(眉批:作此谱者许公,故有丁卯句。)真成香国春秋;题甲乙簿上之名,不负琼台月旦。吹绉一池春水,何事干卿?听残满树秋风,多愁似我。敢陈芜语,聊缀简端。搔首问天,好句谁如谢朓;哀歌斫地,何期乃有王郎?共此呻吟,相为慰藉,翻去伶伦旧谱,看青莲学士之章;编来乐府新篇,寓香草美人之意云尔。

咸丰昭阳赤奋若桂月,罗浮痴琴生谨序
于春明浥露轩(眉批:何不自署为莲芬老斗?)

自　叙

三十年来,高搴兰芷;四千里外,倦赋琵琶。易水变声,燕云作态。(眉批:文亦变声作态,读之令人拔剑斫地,搔首问天。)玉珂断其消息,珠树领其风情。气短英雄,聊取青梅煮酒;歌传懊恼,且看红杏裁衫。盖与其桂窟含冤,空对友朋扼腕;何如梨园买笑,犹邀子弟倾心也。(眉批:四语作《昙波》本旨。“友朋扼腕”四字,原作系主司糊眼,余苦劝乃易。盖此编原自写其牢骚不平之气,然亦当留余地。若笔墨太刻,亦觉损福。次段写听戏。)不选良辰,但凭正午。浮将绿蚁,醉游消夏之园;扑得青蚨,飞入争春之馆。笙箫沸地,楼榭排云。有菊部之芳卿,上兰台而恼我。几回蝶板，三度霓裳。怪他裹足缠头，较胜青衣侍者；对此歌裙舞扇，逼真红粉佳人。固已耳绕八音，目迷五色。洎乎下场，于焉上座。（眉批：此写上座。）纷披花柳，各露天姿。净洗铅华，好看本质。当之以冷眼，绕之以热肠。渠皆顾影自怜，我则纵心孤往。就中丽者，果然霞举轩轩；以外童兮，岂足竽吹一一。效王龙标画壁，佳品冥搜；拟张燕国摩珠，香名暗记。当夫金乌西坠，玉兔东升；共订雅游，更饶余兴。（眉批：此写上酒楼。）唤得佳儿似雪，邀来胜友如云。马足蓬飞，向灯楼而解脱；车轮雷动，过酒肆以招摇。把臂倾谈，猜枚斗胜。觞令行而点举，烛影照而摇红。自非顾盼生姿，安得风流相赏？（眉批：摹写入神。）柳腰低折，何珊珊其来迟；鹤膝微弯，遂缓缓而归矣。玉楼歇赏，金屋藏娇。（眉批：此写到本宅。）净窈窕之房栊，荡迷离之金碧。欢未终而夜步，杯重把以筵开。清写龙头，香吹象口。今宵何处，唱"晓风残月"之词；此中有人，称缓带轻裘之度。拍红牙而再按，腔白雪以闲调。凉云满空，微霜点鬓，则又愁宴娱之易逝，叹良会之难陈者也。无端生感，有为而言。阅历既多，品题难已。可人姓字，胥归夹袋之中；骚客心灵，半贮锦囊之内。（眉批：说入作谱。）描出群芳一谱，不负宁馨；妆成众美全图，何嫌优孟？问儿声价，从此登龙；（眉批：编中如玉庆、翠玉、桂玉、巧福诸伶，亦不能藉此以增声价。）殚我才华，真如修凤。笑人间秽史，但付几命之官；看世上谗碑，徒遗万年之臭。闲情似此，快意奚如？况复蒿艾不收，芝兰是采。分雁行之次第，陋鱼目之混淆。既定鉴衡，始精品藻。盖征歌而选舞，必遗貌以取神。相马有真，在牝牡骊黄之外；好龙非假，岂常鳞凡介之俦。我是知音，卿应解语。百年鼎鼎，谁修皮里之春秋；（眉批：你评者亦未必当，唾骂者甚多，你不知也。）四海茫茫，难别胸中之泾渭。无惑乎量才玉尺，颠倒而持；何异乎司命朱衣，鬼神是听。嗟乎！世多怪事，仆本恨人。沦落既同，悲歌何极？看眼前之儿女，即是苍生；擎掌上之珍珠，都宜怜惜。倘或漫夸断袖，自诩缠腰，前席方虚，后庭重问。强下陈蕃之榻，直登子反之床。是又搴芳公子,别具肺肠;逐臭庸夫,毫无顾忌者也。(眉批:骂得痛快,然此风实难挽矣。自《商书》有此顽童一语,厥后周秦汉唐,风气日盛,见于史传者历历可考,《李雨村诗话》言之甚详。安得幻出数千万四不头陀,为之当头棒喝也。夫《国风》好色,取其不淫;我辈言情,在于有节。逐臭庸夫,合依高胪一茂才说,当堕入阿鼻地狱。无如近时诸伶,皆属毛遂,桃源辟与渔郎便,则吾又奈之何哉!)狂澜既倒,雅道宜存。佛欢喜而皈依,天有情其奚补?婆心不死,生面自开。抚兹月旦平章,聊当香花供养。庶几沉沉黑海,来度苦之慈航;滚滚红尘,变闻香之净域。噫嘻乎!老夫耄矣,少者怀之。敢拂花笺,用成小引,强分流品,贻笑大方。

壬子仲冬月望六日,四不头陀自叙于莲燕双清之精舍

评:以无量佛说有情禅,用菩萨心,脱儿女劫,此情此意,可泣可歌。余询之四不头陀曰:"'头陀'二字,不言而解。而独曰'四不'者何?"曰:"不奉佛,不削发,不持斋,不戒色也。"

题 词

南国生

三年丝竹委尘埃,孤负宫花寂寞开。一自笙歌天半起,人间重见郑州来。

缥渺楼台望不真,娉婷忽见女儿身。灵心一点情千缕,飞上眉梢巧殢人。

廿四番花取次看,葳蕤春销玉阑干。多情丁卯桥边客,拣尽繁枝下笔难。

修成金屋贮娇深,一样平生呪笋心。婉转青丝相对吐,绿章夜夜奏春阴。(时著《丁壬烟语》。)(眉批:《丁壬烟语》,楚南李舜卿孝廉作,自丁未至壬子,倡楼中所品评者。未梓。)

凤凰客

（眉批："凤凰客"三字，令人捧腹。）

宝马雕轮走玠车，梨园曲部盛京华。珠围翠绕春常醉，人影衣香日易斜。绝胜丰台观芍药，何须商妇诉琵琶。凭他玉树临风态，写出江郎笔底花。

绕梁余韵几勾留，二十年前记旧游。选胜时经杨柳岸，征歌曾上酒家楼。（眉批："酒家楼"对"杨柳岸"，亦太不讲究。）云烟过眼浑如梦，弦管宜人又一秋。我是天涯憔悴客，晓风残月不胜愁。

勉　斋

菊部新腔按小伶，舞衫歌扇总婷娉。只今犹是南巡曲，谁见周郎掩泪听？

拣得如花五六枝，征歌选舞岂情痴。凭将落溷飘茵意，说与司风使者知。

一曲缠头百万奢，人间几见顿琵琶。坡公旧句君知否？优钵昙花岂有花。

遁隐者

山眉谱恨，水盼描妍，江毫约住轻颦。未要窥图，寻思已是销魂。扫螺做弄，春色剩艳评。聊付吟尊杜郎老，甚酒痕和墨，尚带芳温。　一样看花心。眼底樱桃重见，冷了歌茵。绮梦惺残，章台愁送斜曛。青衫近来悴损，怎消他鸾袖殷勤？醉归也，怕尘香都化彩云。

希蕺山人

（眉批："希蕺山人"四字别致。）

绝调不逢魏良辅，登场几见陆开三。传来白嫩银箫曲，留待金罍助美谈。

周妻何肉谁无累，白日黄鸡唱不停。近为章台翻旧案，（时予

《章台》院本新成。)欲将院本度诸伶。

书　舫

一偈波罗蜜,优昙次第红。(眉批:妥贴,是题《昙波》集语。)文章小游戏,身世老英雄。此曲亦何绮,予怀殊未空。拈花参妙谛,微笑倚东风。

南海生

天女何年为散花,几枝零落在天涯?多君一笑都拈出,会爇心香礼释迦。

世界浮沉皆苦海,流年何事不堪悲?欲凭现在除烦恼,且看昙花乍放时。

儿女苍生太可怜,慈航有愿总缠绵。爱河难满无边岸,看取灵犀一点圆。

思尔多情真似佛,行踪如我亦枯僧。年来色界蹉跎甚,也向连华悟上乘。

重揩老眼向风尘,品第名花有夙因。慧海搜来诸子弟,情波荡尽几才人。莲华色相空中谛,兰叶丰姿画里春。如此锦心文字业,也应说法现童真。(眉批:就中比较,自应以莲芬、金兰为压卷。)

粉墨登场似站坛,几重离合几悲欢。偶摹娘子军中像,颇耐诸郎壁上观。(眉批:两语,惟仁秀堂之小珍、小元,足以当之。)豆蔻有心非木石,樱桃无泪不波澜。天吴紫凤常颠倒,第一人间割爱难。

豪竹哀丝有旧堂,掉头也阅小沧桑。量来玉尺诗书画,超出琼枝色味香。身后褒讥留艳史,眼前傀儡即文章。司空品外添花品,珍重词人什袭藏。

菊部征歌有状头,蝉联姓字写双钩。一花一传推香主,三沐三薰记粉族。话到南朝余涕泪,名非北里亦风流。燕台他日分襟去,也算鸿泥爪迹留。

评:右诗为维扬沈同年题《昙波》集句也,书余扇头。细玩其诗,眉目固是不清,然词旨雅艳,读之令人香生齿颊,不无可取。因渠无刻资,遂摒弃不录,则此谱所收录者,岂足为定评耶?

品　次

清品

福寿

逸品

小添喜

艳品

翠琴

静品

金兰

澹品

玉庆

俊品

小兰

丽品

翠玉

洁品

桂玉

婉品

巧福

昙　波

四不头陀著

赞

福寿(清品)

金谷花放,瑶台月明。饶有风露,不著尘氛。
就中佳丽,秋水神清。瞥惊鸿影,时闻鹤声。
珊珊其来,骨节自鸣。神光离合,夺人目精。

小添喜(逸品)

白云出岫,鸣鹤在林。风送花气,月移柳阴。
于裙屐间,如见晋人。和露簪菊,焚香鼓琴。
有飘逸态,无尘俗心。西山爽气,在我胸襟。

翠琴(艳品)

璧月夜满,琼树朝新。歌台舞榭,睠此丽人。
容华照灼,春色二分。如鸟试羽,如花在林。
百和交起,香生软尘。是真娇艳,一顾倾城。

金兰(静品)

红雨初过,绿阴乍宽。万籁俱寂,古琴一弹。
山色隐隐,水声潺潺。若有人兮,仪静体闲。
心如止水,气如幽兰。蔚然深秀,令我忘餐。

玉庆(澹品)

云度银汉,月洗琼楼。荷香午净,菊影晚幽。
中有一人,蛾眉自修。意煦如春,神莹若秋。
铅华弗御,酝藉夷犹。太羹元酒,古味长留。

小兰(俊品)

风好过竹,雨疏洒蕉。赤城霞起,华屋月邀。
招来之子,饶有丰标。英姿飒爽,顾视清高。
骑金埒马,佩金错刀。百尺楼上,横笛吹箫。

翠玉(丽品)

湛湛朝露,油油远风。好花初放,摇绿颤红。
憾删亭北,笑倚窗东。卧雨云里,来星月中。
侍儿扶起,娇态怜侬。身遐心迩,微波可通。

桂玉(洁品)

春水波回,秋山雨过。红软消尘,绿净难唾。
有美人兮,出泥不涴。绮罗里行,松雪间卧。
莲濯清泉,供法华座。是真修洁,熏香独坐。

巧福(婉品)

新柳初绽,好花半开。酒杯春贮,香国人来。
如山平远,似水潆洄。色相不著,天趣自佳。
回头一笑,顾影徘徊。是真婉约,款步歌台。

福 寿

福寿,名延禧,姓朱氏,字莲芬,年十八,吴县人。垂髫时,其兄挈之来京。兄故业优,强之学,遂工南北曲。顾雅自爱,喜读唐贤小诗,尤善行楷。色艺与诸名优埒,而神气清朗,吐属隽永则过之。(眉批:烟霞今世,冰雪前身。如此安得不目为琼台领袖?)冬日,吾友虞吏集同人饮于其水芝仙馆。时燕仙、稚云均在座。燕仙萧洒,目无下尘,独心折莲芬。莲芬亦殊与款曲。稚云跌宕,曾负盛名,辞气间恒与之抗。莲芬怡然相对,竟席微笑,间与戏谑,究无一毫自矜气。虞吏雅重之,为书"琼台领袖"横幅,并纪以诗云:"百花头上倚寒开,一日凭阑看一回。指点斜街西畔路,(眉批:住樱桃斜街景春堂。)彩云深护玉楼台。""藐姑仙骨翦云丝,绰约宫腰弱莫支。好是翩跹红影里,天风吹唱步虚词。""餐英袭露饮流霞,手把芙蓉驾凤车。下睨尘沙三万劫,碧霄游戏驻年华。""浆珠醴玉夜调笙,华月当头喝倒行。沧海波明盘露回,苍凉无那广寒城。"嗟夫!以莲芳之质,或生而贵介,生而寒畯,当不难唾手青紫。顾世间侥幸者,更仆难数。莲芳即然,亦未必为人所倾倒如此。其度《折柳》、《茶叙》、《偷诗》、《惊梦》诸曲俱妙绝。余曾各系以词,附载于后。

贺新凉(折柳)

唱到阳关曲,看卿卿,风情争似,霍家小玉。一片柔肠千载憾,都倩歌喉吐出。且休说,开帘动竹。只倾这杯中别酒,已魂销桥畔垂杨绿。长此听,杜鹃哭。　莲卿何事纤眉蹙。岂怜他,才郎弃旧,女郎无福。从古好花容易堕,防尔亦如秋菊。叹沦落,供人娱目。便有黄衫来作合,早声声痛彻青灯屋。试回想,弃膏沐。

倾杯乐(茶叙)

莲座生春,竹林滴翠,妙常如见。启帘幕,潘郎到了。正旃檀爇,恰团茶献。芳情半上红妆面,佩环敲动,却又泪痕一线。断肠无算,羞把霞杯抚遍。　听絮语,花娇叶颤,道随风逐浪,都非愿。悔前番,珠弄维摩,绾向大雄宝殿。岂看过昙花一现,真撩得尘心一片。捧玉茗,聊当那兰房小宴。

木兰花慢(偷诗)

傍莲台绕遍,藕心动,吐情丝。只黛隐春山,珠含秋水,消息难知。歌儿,绘声绘影,仿佳人遣闷暗裁诗。真个吟魂化蝶,焚香暂聚遐思。　偷期,郎意较依,痴才订,云雨时。想陈姑旧憾,卿卿痛彻,故锁纤眉。凄其,酸辛泪点,纵煎来难把薄情医。试看仙花落后,游蜂不上残枝。

浪淘沙(惊梦)

肠断牡丹亭,此曲难听。梅边淡白柳边青。争似丽娘欢会处,艳梦刚醒。 知否会幽冥。小像通灵。倩卿眉宇现婷娉。几度钩人魂魄去,如醉湘醽。

评:嫣然一笑竹篱间,桃李满山皆粗俗。莲芬佳处,当于静中看出。行楷皆善,可称色艺双绝。

小 添 喜

小添喜,姓沈氏,名廷桢,字怀寿,号燕仙,年十八,扬州人。妩媚飘逸,翛然尘表。(眉批:八字品题极当,无怪度曲时,两边儿一个一个都瞧着他。)其清俊微逊莲芬,而灵慧殊过之,未易轩轾。俯视诸伶,则轩鹤避鸡群矣。喜临池,工手谈,间作小诗。其《寄怀》截句云:"雪压参差树,云横黯澹山。长江几万里,何处是乡关?"雅有风人吐属。赋性尤孝。总角时,其父挟之来京师,落魄,遂分散。后有自扬州来者,云其父病。燕仙痛甚,出所私蓄为寄药饵。其师素不良,或以告,痛笞之,几至殒命。及闻其父噩耗,遂日饮泣。有某生者,素契燕仙,为醵金脱籍。吾友萧君佩之为之立传,并纪以诗。其诗云:"为卿度曲便登楼,蝶板莺簧半带愁。道唱奈何天一阕,那知风木感扬州。""黑貂裘敝书难上,红杏衫裁曲漫工。安得乘风便归去,五湖烟水与卿同。"嗟夫!燕仙以幼年鬻身,且业歌舞,度有为习气锢蔽者,卒能不忘其本,赖某生力,得以自拔。虽其遇有幸,然亦铮铮皦皦也哉!余曾综其始末,为作《燕子曲》一章,附载于后:

吟魂欲堕重奋飞,风帘云幕垂四围。中有仙禽隔窗语,云思主人今来归。主人飘零傍花柳,镇日芳丛觅莺友。铁鹞半投游子怀,金鹰时立健儿肘。逡巡回辔长楸间,鸾想云髻鸦垂鬟。巷转乌衣窈而曲,桥通朱雀清且湾。一鸟翻然自来舞,翠翅修翎好毛羽。碧缕寒抛杨柳风,红襟湿带杏花雨。降生香国记扬州,乘兴时为瓜步游。廿四桥边看璧月,十年梦里绕珠楼。一自芹泥落淮泗,便随霜露过幽蓟。连天大厦不容栖,薄幕危巢恐遭忌。四顾曾无相识人,吞声含泪三五春。引吭宛转随歌拍,侧翼翩跹蹴舞尘。况复呢喃历朝暮,回首江天隔烟雾。不夸雏凤发清声,但学孝乌思反哺。碧落一朝通悃忱,绿章连夜为沉吟。满山啼尽杜鹃血,遍海填将精卫心。缥缥排云出阴巘,卜居直上宜春苑。珊瑚架上何玲珑,玳瑁梁间自华婉。巢营翡翠敢偷安,台灿金银心尚寒。凭谁出尔樊笼困,长忆傍人门户难。嗟哉主人似鸥鹭,苦海茫茫问何渡?愿言从汝曹神仙,春风握手三千年。

评:梨花雨腻,杨柳风疏。余初不识燕仙,一日在春台菊部,看唱《思凡》一出,余指之曰:"是妖娆儿,翩翩婉约,将无是乎?"四不头陀首肯曰:"君亦具有正法眼藏。"

翠琴

翠琴,姓周氏,字稚云,年十六,长洲人。早知名。庚辛两载,笙歌阒寂,各部名优风流云散。稚云髫龄妙质,独出冠时。迨音乐重开,莲芬以清婉之品,驾而上之。稚云名稍减,然其风流自赏,固不肯甘落后尘也。一日饮玉波生斋中,顾曲生招之来。稚云神采飞扬,不平之气溢于眉宇。其急思脱籍,顾影生愁,亦似微伤其迟暮者。(眉批:老来时有甚么结果?此布袋和汉[尚]为他笈着,长眉大仙为他愀着。)搗尘子即席赋诗二章云:"丁香初结蔻初胎,翠羽啁啾破细苔,蓦地春光遽如许,梢头渐到五分开。""碧篁新箨嫩抽簪,恰称凌云一寸心。莫更烟梢和露长,高寒容易绿成阴。"顷于稚云箑头,见吾友吴君超甫长句云:"奏技燕台旧擅名,秋风憔悴可怜生。(眉批:今已昂然一伟男子,而仍未能脱籍,年长色衰,将何用耶?昔有诮落拓优伶者云:"打围宵寂寂,挨局书匆匆。转眼无真斗,翻身入软棚。"曲尽伶人世故。)长卿洒脱难求友,屈子牢骚合结盟。月果常圆宁抱憾,花因欲落倍关情。好将一曲《长生殿》,谱向人间诉不平。"二君未谋面,而为稚云写照,若出一手。虽云笔墨有灵,抑亦稚云牢骚,倾之即吐也。

评:不遂从心之愿,转萦入骨之愀。儿女英雄,同声一哭。

金 兰

金兰，姓汤氏，字幼珊，年十五，长洲人。静婉有度，与稚云相伯仲。每当酒阑人倦时，憨态横生，娇羞微露。其度《舟配》一曲，淡妆素抹，尤有凌波微步之致。冬日，彭君勉斋，偕吴君同甫暨余就幼珊饮。勉斋性清介，独雅眷幼珊，曾记其本事。诗云："凭阑瞥见绮罗新，镇日无言独笑春。桃李自秾兰自秀，前身合是息夫人。""燕云蓟树怅飘零，秋色撩人倒酒瓶。一样天涯赋沦落，君衫红杏我衫青。"昔人谓宋广平心如铁石，作梅花赋偏饶妩媚，余于勉斋亦云。"花如解语还多事，石不能言亦可人"二语，余于幼珊亦云。

评：水照疑仙，人皎若月。具此艳质，若得一昆仑奴为之提出，则上有情天、下无恨地矣。

玉 庆

玉庆，姓杜氏，名堃荣，字蝶云，年十四，吴县人。骨秀神清，穆然意远。一颦一笑，不肯委曲媚人。往往绮筵杂沓，酒骤花驰，而蝶云酬对从容，群嚣顿息。度《琵琶行》一出，声态双超，感均顽艳。四座无言，青衫有泪，弥望皆白司马也。（眉批：嗳呀！昔日把一个白江州无端哭坏，今又教那普天下不得意的人儿泪同洒！）善画兰，尤爱诵《心经》。或叩之，曰："兰，洁而香，性所耽也，因写以自怡。我辈托业猥下，以命蹇故。日诵此经，虽未果忏悔，庶几渐离苦趣耳。"吾友李君香宰雅重蝶云，蝶云独倾心事之。壬子秋，香宰下第，将还西蜀，蝶云置酒祖行。既悲香宰之不遇，又知其不能留也。（眉批：此念此情，堪怜堪惜。吾恐薄情人，纵相留，都半是心儿假。）持心经属香宰，缮书一通，默求佛力呵护归人，且祝再见云。吾尝谛观蝶云，在诸伶中独往独来，洒然出尘，足征夙根之厚。惜香宰驰驱数千里，杖策款关，不得发挥襟抱。盛名之下，坎壈缠身。尘海茫茫，知心寥落。而蝶云独能慰藉于寂寞之中，使香宰舒忧娱悲，不坠元龙豪气。（眉批：芋仙古怀抗云，蝶云慧眼若月。才子、名伶，两下里都牵挂。）然后知蝶云之用情专一，其为香宰虑者深而远,岂非伶而任侠者哉!吁,可传已。香宰赠蝶云诗甚多,缠绵悱恻,如其为人。朋好争诵之、慕之。集隘不能备载,为录其前后《梦蝶词》十二首如左。

梦　蝶　词

银烛光摇彩笔挥,个中心事话依稀。剧怜梦入南园里,荡作琼花一阵飞。

荷花生日前三日,瞥见娉婷出画楼。惹得柔肠浑欲断,浔阳江上四弦秋。(眉批:送客一出,是其擅长。)

珠喉宛转佩丁当,绝世聪明绝世妆。多少红儿私羡汝,一生消受百花香。(眉批:谁羡他?亦你羡之而已。所谓心之所好,不在妍媸也。)

春山眉黛蘸秋波,坐久犹疑对素娥。最是个侬心折处,自然风味得天多。

生来艳福与花宜,说著春愁了不知。一种怜才意无限,愿他飞上最高枝。(眉批:蝶云未必能当此,而芋仙一种怜香惜玉之心,令人钦佩不尽。)

惯醉花阴酒一尊,暂时分手亦销魂。此情耿耿卿知否?恐有前生未了恩。

续梦蝶词

竭来日下豪华地,亦是天涯沦落人。僮仆揶揄群小妒,不图得汝慰风尘。

爱汝便同亲骨肉,知予独抱古心肠。青衫黯澹罗衫冷,中有怜才泪万行。

三年误入画楼飞,惜汝临风试舞衣。家在江南身冀北,杏花春雨几时归?

羡君气味最清醇,合与幽兰结近邻。长日卷帘摊画帙,画成先赠素心人。(眉批:蝶云最喜画兰,然亦小儿初学,无足取也。)

闭门无事酒孤斟,风雨苍凉百感侵。相忆辄书君姓字,一波一磔见侬心。(眉批:世间何物似情浓?)

亲知睽隔几经年,西望岷峨路七千。不到芳洲寻杜若,只应愁煞李青莲。

评:年小多髭,殆周灵王之亚欤?其佳处可想而知。李君独雅重之,所谓色关易破,情关难破也。李君蜀人,余同年友也。善书工诗,囊空如洗,性好购书,室中邺架万签。其与蝶云交,始终如一。然终能存雅道,自是可敬。所得润笔资,悉为倾去。世有改李延年歌者云:"一顾倾人囊,再顾倾人箱。能不知倾囊与倾箱,飞眼最难当。"噫!世之倾囊倾箱者多矣,独芋仙也哉!

小　兰

小兰,姓萧氏,字者香,年十六,扬州人。双瞳秋水,两颊红晕,眉宇间饶俊爽气。(眉批:十五字是者香小影。想初生时,借三分春色,二分明月,搓就琼肤。)其师长庆,色艺冠一时。虽六郎老去,而三庆部犹倚之为重。小兰以俊爽之品出其门下,自是后来之秀。超甫曾赠以诗云:"犹忆高歌宴佩珊,(眉批:佩珊堂在韩家潭,福龄、寿龄寓此。)阳关一曲酒初阑。柔情缭绕千丝柳,小字芬芳九畹兰。""出水新荷争比艳,过墙修竹喜成竿。参军别有留情处,记取生绡画里看。"素善上江某生,某生甚眷恋之。其脱籍也,为之醵金。闻以数千计,亦可想见其声价矣。夫以若辈飘零,自拔良难,而卒有大力者,不惜援手,使之得以自立。余尝有句云:"千间广厦庇寒士,万个金铃护落花。"茫茫苦海中,安得尽如痴愿哉!

评:竞体芬芳,其秀在骨。者香与吾乡戴同年善。一日,戴携予访者香于安义堂。适者香偶沾小恙,遂直入其卧室。绮阁迷离,香凝宝鼎,灯光镜影,不减金屋阿娇。者香卧拥绣衾中,闻予等至,遂强起应酬。坐次间,见其愁向眉缄,病随骨紧,娇容困态,楚楚可怜。亦知龙阳有主,何事干卿?然予心不能不怦怦也。以手按之,知无别病,不过感受风寒。询其仆人,云已二日矣。遂书饮子(眉批:古人以汤药为饮子,杜甫诗

“饮子频通汗”。[注]此指柴胡饮子也,柴胡性能发汗。)数种,命检服之。覆以锦被,俾其通汗。予等遂去,并嘱其善为珍摄。后二日见之,者香感谢不已。云四更时,已脱然而愈。罗浮痴琴生曰:“者香之病,遇君幸矣。然者香之命,亦贱矣。”盖谓余素不精岐黄也。予少至三庆部,未审其近状何如。而戴君亦重换新弦,不复恋者香矣。噫!易求无价宝,难得有情郎。薄幸人安得青藜杖为之打杀耶?

翠　玉

“独倚阑干眼倍明,歌衫舞扇总关情。况经秋水眉梢逗,恰似珍珠掌上擎。绝世笑颦空菊部,万花管领属芳卿。当场莫漫笙箫寂,顿老琵琶喜再生。”(眉批:独此篇高唱而入,殊觉破例。)“莫笑诗狂与酒颠,大家同约醉花前。听残玉漏欢犹涌,赏到风流我欲仙。应有金兰通臭味,非关弦柱托缠绵。此生此夜如常好,记取肤云鬓影边。”(眉批:二诗于一气旋折之中,仍复款款深深,风流自赏。虽于黛仙不无溢美,然就诗论诗,其真气自不可泯也。)此吾友同甫所作以赠翠玉者也。翠玉,字黛仙,年十四,姓陈氏,安庆人。六七岁时读毛诗,甫成诵,以贫故就商,已而偕其母兄来京师。其兄美玉,旧有声春台部,黛仙遂习其艺。当八音宣播,二三妙伶集于春台。黛仙稍后出,故未见称于时。余尝于登楼之暇,留心物色。一日,见其演《折柳》一出,冶艳绝伦。同甫尤剧赏之。屡招余饮。盖初次登场,即为识曲者所倾倒如此。黛仙灵心妙悟,善解人意,而蕴藉深婉,纯露天机,相对怡情,略无梨园恶习。(眉批:即余评性情甚好者。)勉斋语余云:“座无莲芬、黛仙,使人不乐。”岂阿好哉!

评:别具只眼。聊参侠女传云:“举止生硬,毫不可干。”黛仙演戏生硬,至其立品,殊不生硬也。余见友人赠以联云:“水如碧玉山如黛,诗家眷属酒家仙。”

桂　玉

桂玉,姓张氏,字蟾仙,一字稚兰,年十五,苏州人。闲适修洁,对之令人神爽。雅喜粉本,著墨饶有生趣。其度《藏舟》一曲,音节哀怨,真如闻小女儿泣诉声也。海南吴君古樵为余述梗概,并索定品。余应之曰:"洁。"闻者疑为过情。余曰:"旧院有歌妓,字贞美。人诮之云:'美则有之,贞则未也。'贞美谢曰:'儿之不贞,命也。'言已泫然。今稚兰以髫龄稚齿,堕劫沙数,积威约之,不得不腼颜向人,为其主作肥生活计。其洁,命也;其不洁,亦命也。"独念菊部诸伶,染结习,多嚣且尘上者。稚兰寡言笑,慎举止,秾纤修短,雅与服称,自不可多得。使爱稚兰者,发须菩提愿,而与之以洁,是则稚兰之幸也夫。

评:何必掺入?文亦支离,此所谓貂不足,狗尾续也。

巧 福

(眉批:此春台巧福,若四喜巧福,颇有声。)

巧福,姓金氏,字畹香,年十五,苏州人。善吹箫笛,兼工琵琶。婉娈闲默,无城阙佻达之习。吴君超甫赠以诗,所云"未免有情偏缱绻,不妨无语得风流"者也。貌与某伶相似。每当诸伶环集戏谑时,闻独于某伶前则词气和婉,雅相爱敬。(眉批:间与金兰同怀,两人面目酷似,然色艺应酬,逊金兰远甚。)询诸所素契者,某伶乃其胞兄弟也。总角时先后入京师,初不相识,久与洽。始知以未脱籍,不敢认,故犹从人姓云。吾友舒君子秋,闻余道畹香事,因折柬招之,若恨见畹香晚,酒阑赋截句四章。其一云:"春灯无语正缠绵,颦笑依人绝可怜。谩说风怀删老衲,情根欲证四禅天。"其二云:"香温翠暖座生光,莲漏沉沉月转廊。欲向花前问消息,同根原有不言芳。"其三云:"倩界乌丝写洛神,娇憨一例见天真。郑兰谢草难重觅,争似珠儿最可人。"其四云:"紫箫吹彻又琵琶,飘玉霏烟醉碧霞。十二阑干无定所,层城何处是侬家?"(眉批:诗佳传佳,付梓时,四不头陀本欲删去,因不忍割爱,故存之。)嗟乎!天性之爱,不分流品,而特以未遑脱籍,莫遂联床。悲异地之埙篪,怅深宵之风雨。金赎无人,珠还何日?窃为畹香慨也。

评:直笨伯耳。婉于何有?去年脱籍后,无赀搭班,流落数月,近见其入双奎部矣。

跋

京师为人才荟萃之区,笙歌之美,甲于天下。乾嘉以来,此风尤盛。间尝访故老之传闻,览私家之纪载,风流佳话,播于南北。盖其时海内殷富,士大夫吟风弄月,亦不以是相诟病。而一二妙伶尚知风雅,故艳而传之也。递至今日,余韵稍衰。然以物色所及,如所称莲芬、燕仙诸伶,清资妙质,倘受镕冶,又岂出徐紫云、李桂官(眉批:徐紫云、李桂官皆蜀人,乾嘉时擅名京师。)下哉!吾友四不头陀,冷眼看花,婆心护法,寄怀高旷,移情绵缈。于是写曼衍之戏,作狡狯之珠。悟色相于菩提,征因缘于现在。而各伶之性情色艺,与夫二三同志流连赠答之作,毕著于篇。假再阅数十年,名花已老,(眉批:"再阅数年,名花已老",十字可删去。)春梦重寻,则此一编也,又将感慨系之矣。

南国生谨跋

法婴秘笈

双影盦生编于清咸丰五年(1855),录鞠部各堂优伶六十余人,仅录弱冠以下者,以年齿长幼为序,记其姓字、年龄、籍贯与堂号。因仓促付梓,未能题咏。谷曙光据清咸丰乙卯年(1855)刻本点校。

序

向之为燕台花谱者，凭臆妍媸，任情增减。壬癸之年以后，甲乙之籍更多。岂知云台烟阁，论功犹有未平；雪岭墨池，逞笔何尝足据？况乎月旦半类风闻，或尊嫫母而黜仍妃，或出刘賨而入李郃。殊嫌蛇足之加，无当于事；倘召蛾眉之妒，转取其愆。仆乃别出心裁，定为齿录。百花皆采，莫笑蜂狂；一字不加，何嫌蠡测。序群芳之月令，不妨矾弟梅兄；集大地之春光，岂有姚王魏后？更为详其籍贯，隶以堂名。石州粉黛，匪逊南都；溪水胭脂，无惭北国。轻烟澹月，是十二之名楼；员峤方壶，尽三千之福地。小名有录，大会无遮。其或臣瓒所未知，则亦自郐之以下。至于品列名流，年过弱冠，流莺啼倦，或志遂以还乡；雏凤声清，早情同于退院。舞衫歌扇，已属前尘；酒国诗坛，渐疏故侣。凡斯之类，不列于篇。虽联星之珠光耀采，韫山之玉树临风，概不搜罗。转防漏挂，亦以善其体例，非敢削其精华。普愿阅是编者，石佩茗华，香熏迷迭。苟按图而索骏，益增价于登龙。从此桂宫姓氏，织云锦以为文；何时蓬岛因缘，集霓裳而同咏。

时咸丰乙卯秋七月双影盦生识

法婴秘笈

徐馥森,字琴香,苏州人,年二十岁。　清馥堂
萧小兰,字者香,扬州人,年二十岁。　畹清堂
陈小琴,字桐初,苏州人,年二十岁。　吟秀堂
沈添喜,字燕仙,扬州人,年二十岁。　宜春堂
罗巧福,字笑仙,顺天人,年二十岁。　醇和堂
朱延禧,字莲芬,苏州人,年十九岁。　景春堂
周翠琴,字稚云,苏州人,年十九岁。　春晖堂
单小翠,字黛仙,苏州人,年十九岁。　安义堂
鲁翠云,字霓仙,安徽人,年十九岁。　余庆堂
汤金兰,字幼珊,苏州人,年十八岁。　景福堂
周湘筠,字竹香,苏州人,年十八岁。　韫山堂
张桂玉,字稚兰,苏州人,年十八岁。　景春堂
沈定儿,字浣秋,顺天人,年十八岁。　荣树堂
郝秀兰,字雨卿,苏州人,年十八岁。　宝香堂
陈翠玉,字黛仙,苏州人,年十八岁。　韫辉堂
张小喜,字雨亭,苏州人,年十八岁。　安义堂
严添寿,字眉仙,安徽人,年十八岁。　敦福堂
韩全喜,字嬾卿,安徽人,年十八岁。　霭云堂
胡添寿,字凤仙,安徽人,年十八岁。　维新堂
曹双兰,字畹香,苏州人,年十八岁。　鸿馥堂
周寿龄,字鹤仙,苏州人,年十八岁。　佩珊堂
杜玉卿,字蝶云,苏州人,年十七岁。　倚树堂
李小珍,字宛仙,苏州人,年十七岁。　吟秀堂
朱小圆,字吉仙,苏州人,年十七岁。　吟秀堂
洪小荷,字静卿,苏州人,年十七岁。　闻妙堂
梁小玉,字卞卿,苏州人,年十七岁。　闻妙堂
戴桂保,字亦仙,苏州人,年十七岁。　春复堂

黄小琴，字韵仙，顺天人，年十七岁。　　南传经堂
朱绿琴，字绮仙，苏州人，年十七岁。　　桐阴堂
刘双凤，字桐云，顺天人，年十七岁。　　来仪堂
汪连元，字桂秋，安徽人，年十七岁。　　福寿堂
汪连升，字芙秋，顺天人，年十七岁。　　福寿堂
袁小芝，字桂仙，苏州人，年十七岁。　　安义堂
吴双寿，字稚芙，苏州人，年十七岁。　　净香堂
俞玉笙，字润仙，顺天人，年十七岁。　　忠恕堂
徐宝翠，字莲卿，苏州人，年十七岁。　　青云堂
沈宝玲，字荣仙，苏州人，年十七岁。　　松保堂
张金凤，字绮琴，安徽人，年十七岁。　　松茂堂
陈小亭，字绮香，扬州人，年十六岁。　　吟秀堂
朱福保，字幼云，苏州人，年十六岁。　　丽春堂
蒋兰香，字玉珊，苏州人，年十六岁。　　诒德堂
郝小桂，字月仙，安徽人，年十六岁。　　春福堂
钱喜禄，字畹卿，顺天人，年十六岁。　　敬业堂
朱宝玉，字韵仙，苏州人，年十六岁。　　青云堂
程玉翠，字羽仙，安徽人，年十六岁。　　忠恕堂
程鸿喜，字可卿，顺天人，年十六岁。　　宝善堂
张庆林，字芷馨，苏州人，年十五岁。　　春华堂
沈寿儿，字眉仙，苏州人，年十五岁。　　联星堂
徐棣香，字亦仙，苏州人，年十五岁。　　闻德堂
徐小玉，字茗生，苏州人，年十四岁。　　安义堂
范小金，字镜仙，苏州人，年十四岁。　　余庆堂
刘奎喜，字星垣，顺天人，年十四岁。　　北传经堂
江巧龄，字蕙仙，苏州人，年十四岁。　　醇和堂
杨玉喜，字粹卿，苏州人，年十四岁。　　三和堂
沈瑞莲，字芙初，苏州人，年十四岁。　　宜春堂
高玉芝，字桂仙，顺天人，年十四岁。　　裕福堂
文长庆，字兰卿，顺天人，年十四岁。　　宝庆堂

张添馥,字芝仙,苏州人,年十四岁。　　维新堂
徐金儿,字芷仙,苏州人,年十三岁。　　闻德堂
蔡瑞兰,字畹香,苏州人,年十三岁。　　宜春堂
姚桂芳,字秋蘅,苏州人,年十三岁。　　春复堂
徐小鸿,字飞卿,苏州人,年十三岁。　　春复堂

余之为是录也,初拟遍索诸人所生月日,以为同岁之序次。忆停云馆主人见其稿本,急欲出征同人题咏。仓促卒付之梓。固知询访未周,遗漏不免,舛误亦多。俟题词集后,再当厘正,且补月日,以成定本,幸弗嗤其卤莽也。双影盦生又识。

燕台花史

蜃桥逸客、兜率宫侍者、寄斋寄生三人合著，书成于咸丰九年（1859）。作者生平均不详，盖亦旅居京华之文人结伴歌场，平章花月之所作。此书品题鞠部优童二十余人，津津于优童之色相。谷曙光据张次溪《清代燕都梨园史料》续编本点校整理，此为张氏当年从潘光旦处借录者。

燕台花榜题词序

曾闻楼居尽是仙人，国色可当名士。是以洛阳三月，争登蹴踘之场；建业千秋，犹结探花之队。过邯郸之里，耳热鸣筝；经燕市之台，心倾度曲。盖子南之在郑国，掷果偏多；城北之有徐公，搴裳不去。岂独环肥燕瘦，莫御铅华；然而代马越禽，各宜水土。当其迟迟丽日，牡丹占四序之先；霭霭长安，鼓吹沸五都之会。邈矣中原之苍莽，逾乎西蜀之繁华。路回织锦，坊东簇金钱十芳榭；月上吹箫，市外横磁笛于旗亭。天宝宫人，流出数声羯鼓；岐王门客，传来一曲琵琶。是知燕子颉颃，只舞宜春之苑；芜蘼络绎，唯栽长信之宫。观夫斗鸡韦曲之闲，走马章台之候。乃有翩翩爱子，簇簇花乡。袅杨柳之腰，相携裁红而晕碧；拭芙蓉之面，每疑滴粉与搓酥。迎叔宝之羊车，翩其绵羽；挟安仁之雀弹，鹭彼圆吭。极乐世间，抹倒三千游女；莫愁湖畔，群夸二八阿侯。况乎雾鬓风鬟，百媚齐生，天乎帝矣；星宫月殿，众仙同咏，是也非耶？酒果忘忧，漫洒南朝金粉；花堪长乐，莫非北地胭脂。奈何百子池头，莲难一色；三珠树上，鹤久群栖。晻霭球堂，纵春人之似织；参差绣幄，须风剪以裁成。于是仆本情侬，愧居知己，为列风流小队，暂膺花月分司。夸江左之风流，似曾相识；持汝南之月旦，自诩无私。唯其名不挂于春官，安容附骥？世共赏为奇士，自应登龙。然而卵坠覆巢，犹非穷鸟；石填沧海，原有冤禽。待他薄命吟诗，盟心白水；续我登科有记，再造青天。即此一百五日之风光，缘飞蝴蝶；二十四番之花信，红绽樱桃。故将蕊榜高张，以赏梨园佳制。播后之代，居然雁塔题名；询其前身，恰是鸳笺小谱。

咸丰己未夏五月，寄斋寄生书于嫩蕉窗下

燕台花史题词

寄斋寄生

芙蓉新筑塞边城,谁使樱桃太憨生。佑酒绿鬟偏可意,临笺青眼亦多情。风飘鸾袖香盈座,月送羊车夜几更。暂署头衔花御史,为开蕊榜漫题名。

花里珠喉百啭迟,歌楼风月屡分司。玉阑倚遍闲寻画,金谷相逢怕说诗。千古痴心蝴蝶梦,六朝春怨杜鹃时。证盟谁扣三生石,绣像焚香拜牧之。

群 芳 目 录

蜃桥逸客品次

桂林
云林
采芝
味香
蕊仙
玉笙
棠仙
连魁

燕台花品

菊仙(春容)

蒙蒙香雾,霭霭春云。松风披拂,花雨缤纷。
邀来之子,华颜微醺。朝迎芳泽,夕挹兰芬。
望之若远,即之愈殷。如将不尽,大雅出群。

芷侬(风华)

碧桃夹路,红药当阶。金华公子,翩如其来。
身游香国,马走闲街。度金缕曲,唱玉茗牌。
蜂情蝶绪,燕侣莺侪。丰标若此,旷我襟怀。

蓬仙(骀宕)

云行太空,舒卷自如。好风过竹,微波荡蕖。
有美一人,其来于于。或曳长袖,或拖轻裾。
修容自喜,动岩不拘。水流花放,悠然有余。

琼仙(潇洒)

弱柳临风,新荷出水。华屋月邀,赤城霞起。
披鹤氅衣,着凤文履。所谓伊人,寻芳衡沚。
皎如思曼,翩若长史。潇洒出尘,后先继美。

幼芙(温婉)

喃喃乳燕,呖呖新莺。容与俯仰,宛转关生。
黄华二陖,绛树双声。置之翠幙,贮之雕甍。
浅斟低唱,饶有风情。温其如玉,月下吹笙。

梅五(秾艳)

夭桃过雨,红杏粘林。余霞朝染,浓露晨侵。
瞥眼佳丽,玉佩华簪。度红牙板,开绿绮琴。
燕支波暖,翡翠巢深。导来阿蒨,醉倚花阴。

桐仙(新颖)

好花初胎,含情欲语。茜抹蜂须,香留燕羽。
顾影无俦,当筵谁侣。翩如凤毛,妍若鹿女。
秀骨珊珊,芳心缕缕。杜宇声中,韶光几许。

兰卿(俊逸)

金门射策,玉树临风。筒中佳士,快绿吟红。
放怀渭北,托迹湘东。饲千年鹤,抚百尺桐。
浩浩流水,落落长空。衣冠晋代,花草吴宫。

秋霞(韶秀)

如莲斯碧,如蕙斯馨。有人独步,宛若婷娉。
爰拾其绿,爰采其英。和蔷薇露,贮水晶瓶。
酬以风月,醉以醁醽。西山擢秀,对之忘形。

兰仙(轻盈)

盈盈秋水,袅袅佳人。凌波微步,对影常颦。
碾荷为骨,浥露为神。作掌中舞,现画里身。
弱比飞燕,痴笑太真。霓裳一过,大罗皆春。

天　寿

寄斋寄生著

天寿,姓赵氏,字菊仙,江苏长洲人也。性恬静如处女,对客寡言笑,而深于情。闲从人论古今书法,颇有会心处。善横吹及南北曲,演《游园》、《惊梦》诸出,妙绝一世,都人士知不知,咸啧啧称羡。时年十有六。

兜率宫侍者著

天上谪来第几仙,舞衫歌扇剧堪怜。青春本是良家子,绛树争夸美少年。宛转氍毹催凤管,玲珑节拍赴鹍弦。星眸炯炯传新曲,一度红牙一怅然。

一串珠喉韵绕梁,登场出试舞衣裳。琵琶幽怨咽流水,环佩琤纵度响廊。射覆藏钩花月榭,倚红偎翠木稚堂。瞢腾梦里春如海,唤醒痴情杜丽娘。

调寄《鹧鸪天》

寄斋寄生著

竹里花闲月一钩,丽珠百啭费娇喉。如何对客偏无语,怕说新愁触旧愁。　　春扰扰,梦悠悠,从今王粲不登楼。画成小像焚香拜,一任多情唤隐侯。

磬　芳

磬芳,姓万氏,号芷侬,江苏人也。性聪慧,学曲日熟数百言。庞面美丰姿,目盈盈若秋水。工演《番儿》、《搜庵》、《回头案》、《双官诰》诸出,有超尘绝俗之概,穿云裂石之音,一顾倾城,可当名士。时年十有四。

兜率宫侍者著

长安车马似游龙,絮果兰因无定踪。几曲笙歌传海澨,半窗风雨忆吴淞。典裘沽酒情难遣,援镜簪花态倍慵。漫说何戡人几辈,筵前惆怅唱阿侬。

调寄《西江月》

蜃桥逸客著

处处笙簧几许，年年花月无穷。大千春色付东风，道是谁家么凤。　曲度芙蓉城外，神传烟雨楼中。人间天上一般同，怪底游人情重。

蓬　仙

寄斋寄生著

蓬仙，以字行，姓汪，名笙官，直隶顺天人也。任侠负奇气，口吃吃而多言语，尤嗜嘲笑，落落然有狂士风。与人交尚义，不以锱铢权轻重。士大夫或挑之，即变色曰："读书人何轻薄乃尔！"遂拂衣去。喜书画，法墨山水特所癖爱焉。尝从吾友蜃桥游，蜃桥性多慢，或日一再造其居，或月不一造其居。岁余，蓬仙事愈谨，或诘其故，曰："此中事，外人那得知。"闲从余学《大江东去》曲，闻客习《游侠传》者，必固请详其语，日出入无倦听云。时年十有三。

优昙慧业解风骚，分韵擘笺拟薛涛。觞政歌催金缕曲，箫声谱换郁轮袍。灯前软舞抛檀板，酒后雄谭说宝刀。菊部佳伶推几辈，当行不数郑樱桃。

调寄《鹧鸪天》

寄斋寄生著

曾在蓬莱第几峰，者般儿女亦英雄。铜琶铁笛关西汉，遮莫停歌拜下风。　车似水，马如龙，酒旗山郭路匆匆。赢他花月知多少，都付周郎一曲中。

玉　磬

蜃桥逸客著

玉磬，姓高氏，号琼仙，江苏人也。风度洒然，喜修洁，性倜傥。不以颦笑假人，语言谐妙，无狎词。爱画兰及草衣设色法。尤嗜手谈。所演《拾画》、《看状》等出，丰神濯濯，人谓似张绪当年。时年十有五。

琼筵高会结芳情，仙侣分曹合让卿。韵向花间流处远，神从竹里过来清。偶逢夜话原惊别，大助春愁太憎生。最是临行添客思，徘徊低语两三声。

调寄《满江红》

春色无边，休辜负，探花时节。正长安看遍，韶光未歇。翡翠栏边蝴蝶梦，荼蘼架上杜鹃咽。问卿卿、何事恁多情，经年别。　楚馆外，秦楼北。肠一缕，思千结。岂侬情似水，我心如铁。万里春风刚过眼，连年别恨不须说。趁今番、把折柳阳关，歌一阕。

幼　芙

蜃桥逸客著

幼芙，姓徐，号蕖卿，江苏人。性温婉而尚雅淡，虽脂粉不施，貌娟娟如好女。吾友春君，固长者，独雅惓幼芙，若有夙缘。去岁夏六月，与春君过其居，入室，案榻光洁，无尘氛气。茶毕，忽两仆展氍毹于堂上，俄幼芙具衣冠出拜。余愕然，询知系幼芙初度，遂罗酒浆，作尽日欢。春君颓卧，余与幼芙饮且谈，鸡鸣始罢去。幼芙时年十有四。

调寄《西江月》

袅袅迎风弱柳，田田出水新荷。月明花下影婆娑，知是阿侬风过。　抛却十年春恨，度来一曲清歌。灯红酒绿兴偏多，休管海棠梦破。

兜率宫侍者著

一曲新声《菩萨蛮》，明珠翠羽灿香鬟。翩翩簇拥迎红袖，倚槛真如望远山。

梅　五

寄斋寄生著

梅五，字福官，姓张，江苏人也。性聪慧，学歌曲，数过即合拍。每演一曲，恣态横生，几令人忘为男子。弋调《拾镯》，尤为绝调。善诙谐，侍客席间，酒半酣，辄以聚头扇击节而歌，琅琅作珠玉声，愈唱愈高，座客罔不大悦。与人交，笃于倩，不以势利论厚薄。时年十有五。

兜率宫侍者著

春闺倦绣逗芳心，蝶粉峰黄感不禁。瞥眼偏留交甫佩，满场击节看停针。（《拾镯》绝妙一时。）

调寄《临江仙》

蜃桥逸客著

睡起海棠初过雨，居然风露清愁。怪他红叶御沟流，闲情抛万种，春恨锁眉头。　　一幅红绡虚溅泪，教人目注神留，那堪呖呖穿珠喉，魂销游子梦，客语酒家楼。

金　兰

蜃桥逸客著

金兰，姓王氏，号桐仙，直隶顺天人也。性灵警，能知人。骨珊珊若神仙，有侠气。尝与友人过其居，与之论古今豪杰，瞭如也。每以家贫废读为恨，习于酒，酒酣辄执剑作天魔舞。或嗤之，金兰曰："吾侪堕泥溷，奚所乐，特以剑谈消块垒耳。"与蓬仙同师学，性翕然无少间，人谓之"二侠伶"云。时年十有三。

调寄《卖花声》

花事遗春愁，看遍歌楼。六朝粉黛付阿侯。写尽闺中多少趣，万种风流。　　落日晚妆收，顾影无俦。桃花无语杏花羞。客子相思蝴蝶梦，五夜勾留。

兜率宫侍者著

秀骨珊珊小侠伶,风生掌上舞青萍。紫云歌者知名久,采入群芳姓字馨。

天　秀

蜃桥逸客著

天秀,号兰卿,姓郝氏,直隶顺天人也。其父旧以歌名驰京师,及天秀习父业,度歌童,气宇开朗,性情悃款。与湖南某君游,某固名下士,天秀雅爱重,每食必俱后。某以铨选出都门,天秀饯别,为歌《临风送远》一曲,声泪俱堕,某亦涴澜去。天秀时年十有六。

兜率宫侍者著

怕听骊歌唱《渭城》,筵前旖旎太多情。红绡一掬相思泪,未了因缘寄此生。

调寄《唐多令》

蜃桥逸者著

明月漫相邀,神仙出碧霄。如花美眷胜阿娇。春到人间看不尽,才今日,又明朝。　　换酒脱金貂,相逢每夜招,恐将别泪染冰销[①]。万里乡关同一醉,情无奈,总魂销。

秋　霞

寄斋寄生著

秋霞,号绮侬,江苏人也。貌韶秀如玉人,性喜静,腼腼不惯与生人[②]语,对熟客差强。好事者闻其美,争欲识之。秋霞陪待如一,终无少轻重。唯登场一顾,情常露于眉目间。演《湖船》、《挑

---

① “冰销”,恐为“冰绡”。

② 原作“主人”,应为“生人”。

帘》数出，可称绝技。时年十有三。

调寄《如梦令》

蜃桥逸者著

岂是霍家玉树，淡淡梨花著露。不敢画蛾眉，只恐莺骄燕妒。且住，且住，端的是花是雾？

兜率宫侍者著

么凤啁啾集紫桐，梅花三弄玉玲珑。潮痕半褪猩唇染，恰似杨妃一捻红。

新　保

蜃桥逸者著

新保，号兰仙，姓陈氏，江苏人也。体态轻盈，意度娴婉。喜临池，爱画兰菊。时作小诗，亦秀削可喜。其师兄宾蝶，以书名，善诗画。士大夫争招致之，谓之韵友。兰仙心羡甚，尝谓吾友雪翁云："薛涛、苏小辈尚知名，吾侪[①]男子寂寂无闻，殊可耻。"其志向如此。若描浅眉，度新声，缓歌曼舞，尽态极妍，特其余事。时年十有四耳。

兜率宫侍者著

清癯弱质不胜衣，绣佛拈花一笑微。偶共阿通联小句，慧心佳想入非非。

调寄《水调歌头》

蜃桥逸者著

袅娜随花去，花外倍增妍。不知香国深处，几度来蝉娟。漫说

① 原作"无侪"，误，应为"吾侪"。

南朝金粉,只者慵妆淡抹,多应惹人怜。一曲云璈奏,神韵落花前。

抛歌扇,卷翠幙,卸珠钿。不应有恨,何事花下啼杜鹃?怕的燕台风月,共那莺歌蝶板,一向化云烟。从此海棠梦,都付五花笺。(好学书画。)

韵仙(和厚)

绾臂曾逢刘小史,缠头又见薛阳陶。拚将客绪同卿醉,典尽霜裘换绿醪。

玉芝(绚烂)

绣袜猩红衬雪肤,香囊四角押流苏。燕台掷果人争羡,艳语前身是子都。

芷芬(绰约)

紧蹙蛾眉唱《断桥》,登楼一顾一魂销。吴中旧恨同流水,偏惹金山起暮潮。(《金山》、《断桥》等曲最佳。)

小秋(幽静)

琵琶弹迸四弦秋,满座无言动客愁。唱到梦回肠断处,青衫泪洒白江州。(工演《琵琶行》。)

泉宝(风骚)

风情端的占花曹,淡扫双蛾误薛涛。最是酒阑人去后,瞢腾犹忆首频搔。

琳仙(缠绵)

折柳依依唱晚风,送君肠断五花骢。旁人只道愁如海,那解魂销一曲中。(《折柳》最甚。)

桂林(娇痴)

小折蟾宫第一枝,簪花待尔绾青丝。妆成已被嫦娥妒,揽镜何须更扫眉。

云林(清冲)

人面梨花是与非,怜侬雪貌不胜衣。春归一任东风懒,不肯轻轻化蝶飞。

采芝(娴雅)

低眉敛袖态如何?花事春愁减翠螺。一幅慵妆添旧恨,凭栏唱《忆秦娥》①。

味香(明净)

逢场低语说弹词,画出平康儿女姿。欲诉侬情情不尽,琵琶声里散相思。(工《女弹词》。)

蕊佛(柔媚)

拈花一笑本嫣然,妆罢登台应自怜。曲度霓裳犹未了,教人误入大罗天。

玉笙(英爽)

蜃桥逸客著

把剑长歌四海空,芙蓉队里小英雄。纵然化作鸳鸯侣,脱尽纤纤娘子风。

棠仙(松)

兜率宫侍者著

飘洒丰姿甚可人,晓风淡月步芳尘。花前莫漫歌婪尾,酝酿天

① 诗之末句疑有讹夺。

工待殿春。

连魁(恬淡)[1]

寄斋寄生著

褒衣博带小神仙，独坐春风三月天。一曲琵琶千古恨，有人误认李龟年。

蜃桥逸客著

搴帘争看小须眉，潇洒风流别有姿。廿四花飞春去尽，杜鹃声里学拈髭。

连魁，号稚秋，姓吴，直隶顺天人。性恬适，美丰标。时演《醉仙草状》，须眉如画，人望之，居然李白前身。其《探母》、《捉放》、《骂曹》、《戏妻》等等，俱称绝调。每余韵一过，绕梁三日，用作群芳之殿，何异国士无双。时年十有四。

① 原作“怗淡”，今改为“恬淡”。

燕台花史跋

帝里笙歌，乾坤春霭。燕台风月，锦绣才多。聚荆艳与越吟，来吴头兮楚尾。梨园韵事，菊部佳伶，夫固有待谱，向吟笺品资彩笔者也。彼夫编侍儿之名牍，艳溯南朝；搜侠妓之锦缄，志留北里。何况三生慧业，修道梅[1]；一度新声，争传玉树。坠情天之浩劫，参色界之菩提。听说法于远公，弥天花雨；助吟情于刘子，铺户梨云。样换花坊，悲青琴之易老；调翻鸳谱，怜绛树之绝伦。如水鉴衡，难淆轩轾；争春梅雪，殊费平章。此蜃桥诸公所由志以传赞，而杂以讴吟也。余台赋黄金，词惭白雪。值弹铗吹箫之境，仿镂金错采之章。蕊榜高骞，阴浓桃李；兰言雅集，露盥蔷薇。写小品以遣情，不觉春风满座；谱大罗之雅韵，恰当明月连桥。

咸丰己未，夏五月，圆峤花主跋于宣武城南之集翠轩

此吾友蜃桥逸客、兜率宫侍者、寄斋寄生三先生平章花月之所作也。三先生才各纵横，性皆放诞，共住乌衣之巷，结为皂帽之俦。逸唱停云，高张风视；清歌尽日，屡作鸾吟。每当花下尊前，听彼菖蒲艳曲；遂尔楼头扇底，倚他芍药新声。衮扑金蝉，寻乐于芳池翠馆；斜行红蚕，遍书于绣帕罗裙。挟硬句兮高鹄盘空，旁愁腕脱；摛藻思而春蚕食叶，笑欲眉飞。于是锦瑟二千，唯奏元微之曲；铜琶丈八，争传玉局之词。兹更翦绿裁红，编成小帙；品花题月，缀以闲吟。麝粉榻来，光映扬州明月；绞绡里就，香生汉水春风。恐白傅柳条，自此梨园不习；董公蓉渡，渐知菊部羞歌矣。仆游客邹枚，攀交李杜。章台走马，各为北地之游；班管续貂，愧说南宫之跋。开府文皆是玉，齐中犹滥竽吹。繁昌碑上生金，洛下行看纸贵。

己未五月，闲闲道人跋于沁藕亭

---

① 此句疑有脱漏。

明僮合录

此书由余不钓徒《明僮小录》与殿春生《明僮续录》合成。《小录》作于咸丰六年(1856)余不钓徒南归之时,而《续录》是同治六年(1867)由安徽歙县人殿春生续作。书之内容不外征歌狎伶,所谓“听雅奏于梨园,寓深情于藻鉴”。此书在同类梨园花谱中,刻印精良,流传较广。谷曙光据清同治六年(1867)撷芷馆刊本点校,书内云“丁卯年六月撷芷馆刊”,“版存琉璃厂东门桶子胡同龙文斋”。

明僮合录序

夫数廿四番花风，爰著群芳之谱；洒十八部法雨，因名千佛之经。真灵则位业成图，高士亦闲情作赋，况乎绮怀如结，瑶想别开。抒客里之羁愁，辑闲中之杂录。不足令闻而心醉、读者眉飞乎？则有骚坛词伯，燕国酒人，听雅奏于梨园，寓深情于藻鉴。每值云璈按罢，星驾归时，十幅瑶笺，因时寄兴；一枝珊管，不断生香。徐陵之妙序未镌，许劭之新评重续。界乌丝之细格，摹来宋艳班香；排雁序之芳名，分出王前卢后。金迷纸醉，非花是花；璧合珠联，今雨旧雨。都为一册，辱下诿以弁言；厥有数端，请代标夫纲目。盖其碧蕙心灵，红蕖骨艳。眉不峰而何黛，眼非水而亦秋。衣熏荀令之香，从风未歇；巾拭何郎之汗，出水尤鲜。邺下闻歌，认樱桃之的的；灵和写影，怜杨柳之依依。则尝坐卫玠之羊车，驾陆郎之骓马。熏天绛蜡，谁家宋玉之钗；飏日青帘，几处陈遵之辖。银瓶索酒，画壁哦诗。藏钩弋之拳，引襄成之袌。分曹射覆，绰有余妍；同伴吹花，藉征小慧。一石亦醉，齐赘婿炙锞之谈；四座勿喧，郭舍人俳谐之口。何必红牙轻按，始令杜牧魂销；倘教青眼偶邀，定愿琅琊情死矣。别有鸡碑精选，雀箓丛钞，初写黄庭，兼通碧篆。苏长公燕瘦环肥之喻，别有会心；赵明诚吉金乐石之编，不迷慧眼。骚人韵事，墨客清言，何惭裙屐风流，岂等文章游戏。至于五陵裘马，纷纷结客之场；三月烟花，黯黯伤春之地。叹飘零于碧鹳，怜憔悴于黑貂。倾越橐之千金，不殊敝屣；洒鲛人之双泪，尽化明珠。既分鲍叔之财，旋毁冯驩之券。云天高义，潭水深情，不图此风重见今日。若夫采兰洁养，士类当矜。负米忘劳，末流罕觏。而乃蓼莪入手，一编孝子之诗；萱草萦怀，千里高堂之梦。问江南之鲑菜，别冀北之莺花。探珍果于怀中，尚余陆橘；舞霓裳于膝下，即是莱衣。但观天性之独超，尤觉风尘之杰出。他如珠喉甫啭，共识绵驹；翠袖初翻，辄呼彩凤。乍回眸于去扇，或凝睇于低帷。抱月飘烟，想离魂之倩女；飞花滚雪，观舞器之公孙。凡为众口所交推，仅缀片言而非略顾。或谓金刀玉案,张平子自写牢愁;瑶草琼枝,屈左徒藉摅幽怨。古来寓意,每有借词;两君所为,得毋类是?然而书非咄咄,色岂成空?画是真真,呼之欲出。读四角盘中之字,如见其人;织千回锦上之文,乃成斯集。无双无对,不杂粉桃郁李之名;亦谐亦庄,偶书鄂渚秦宫之事。观其止矣,窃有请焉。夫昆山片玉,有美弗彰;幽谷芳兰,无言自闷。椽间取笛,谁怜识曲偏迟;海上携琴,或恐知音未遇。所望勤搜珊网,广纂瑶编。庶几玉沼鱼多,不作暴腮之鲤;玳梁燕小,皆为接翼之禽。慧出牙余,相殊皮表。则仆将命俦啸侣,选胜征奇。涤北海之尊,启东山之墅。燃金鸭玉螭之炬,列星凫露鹄之肴。执镜招鸾,按图索骏。听新乐府人间唱遍,何殊井水词清;看小名录日下传来,定卜洛阳纸贵矣。

同治六年岁次强圉单阏荷花生日,芟山剑石主人

叙于宣武城南之扑红词馆

明僮小录序

软红十丈，珠温玉暖之乡；拾翠三春，蝶醉蜂迷之候。过枇杷之门巷，室尽如兰；住杨柳之楼台，人原是璧。入时梳裹，西家返而效颦；绝世丰神，南威望而却步。尔乃歌场雅集，广座姗来。染翠黛于楼中，散红芳于帘外。貌婵媛之旧事，犹在人间；谱霓舞之新音，只应天上。目招屡屡，青眼伊谁；耳语匆匆，黄昏有约。于是招邀胜侣，荟萃吟朋。帘影泥人，垆头迟汝。双行押字，命鸠鸟以迎来；一笑搴帘，倏惊鸿之至止。省识庐山真面，裙屐风流；争看虢国修眉，铅华净洗。松醪挹注，无妨大斗之斟；鞠膯兴辞，更屈高轩之过。遂乃同车，有美氤氲。奉倩香留越巷，停骖依约秦宫。花底指儿家兮，是处绛蜡迎门。偕姝子以登堂，银蟾在户。曲房窈窕，人窥小有之天；绣榻横陈，花种长生之地。密密翔鸾之字，补壁书工；疏疏待燕之帘，临窗镜启。笔床研枏，观涂乙于新诗；绣履香囊，衍秘辛之杂事。数遍檀栾位置，东鲽西鹣；揭来萍聚因缘，南鸿北燕。三蕉战拇，从看钩弋张拳；百万回眸，莫负杯行到手。罂粟香浓之右，腻友吹才；胡麻饭罢之时，仙郎归未。兰釭背却，一握情赊；莲漏催残，三通鼓遍。缓须臾以命驾，且住为佳；听嘈杂以呼灯，不留也去。是知桃花洞秘，曾无易问之津；山木枝遥，每有闻歌之感。正使瑯玡情死，颠倒难忘；奈何溱洧思空，迷离莫辨。仆都门印爪，驿路濡毫。目限窥蠡，腹惭饮鼹。舞衫歌扇，长安之旧雨无多；柳宠花骄，出谷之新雏自贵。爰就见闻所及，粗为梗概之陈。藉慰牢愁，非矜藻饰。所愿花宫月窟，争传千佛之名；会看酒国诗坛，更践三年之约。

时咸丰丙辰孟夏，余不钓徒序于峒峿旅舍

明 僮 小 录

春华张庆龄，字芷馨，年十六，隶四喜部。不假雕饰，独出冠时,秾纤得中,仪态闲逸。当其酡颜半醉,倚榻微眠,星眸乍回,色授神与。无言却对,使人之意也消。工《小宴》、《诧美》诸剧。容华都丽,俨然姬姜。及为齐妇琵琶,如怨如慕,又能使青衫泪湿也。圆璧方珪,无施不可。其艺尤有过人者,以之弁冕,谁曰不宜?

闻德徐棣香,字亦仙,行二。俊爽无媭,婀态登场,亦多作丈夫装,顾眉宇间别饶妩媚。与弟阿三,同隶三庆部。演《巧姻缘》、《桂花亭》诸剧,雅擅胜场。而三有盛名,附和者多。轩三而轾二,然二难竞爽,固非大相径庭者。阿三名金儿,字芝仙,闲静自然,有出尘之致。与人酬酢,无浮嚣习。时誉归之,以为无两。余固未观其深。三与二同居,然长者车辙,为二来者鲜矣。

维新张添馥,又名昆宝,亦字芝仙。年十五,隶四喜部。善杂剧,《连厢》尤工。如承蜩,如弄丸,颇擅时誉。貌仅迈中人,而登场则粉腻脂柔、韶秀倍蓰。席间尝吹樱桃为戏,含而鼓之。距唇寸许,倏忽升降,累黍不差。同辈百方效之,胥莫能及。或从而攫取,亦不得也。与人交,深情若揭。顾酬对不为昵就,态似落落无城府者。能书,楷法峻整。曾见其灯下背临《兰亭》数十字,具有法度,嗜之不倦,亦可名家。

春复姚桂芳,字秋蘅。丰采甚都,登场尤胜。所少者,林下风耳。饮兴甚豪,屡同宴集,顾未一造其庐。一夕,偶偕二三知己,乘月访之,屋宇修洁。蘅适他出,同师者小鸿出肃客,年方舞勺,酬酢儇巧,无羞涩态。鸿徐姓,字薏香。

松保沈宝玲,字蓉仙。风流放诞,媚态横生,演荡妇尤神似。妖韶自诩,嗔喜不常,真若有一顾倾城者,而名亦噪甚。

丽春朱福保,字幼云。疏眉豁目,轩爽可人。席间喜谈骨董,区别真赝,或述笑柄资谈助,娓娓可听,于侪辈有独辟町畦之致。云与稚芙皆余旧识。而云有时名,无待故人之慰藉。在都时,曾未一招致,而与稚芙周旋。舍如市之门,登罗雀之庭,不能强吾性之所不习也。云其谅我。

净香吴双寿,字稚芙。方其盛时,靡肌腻理,绰约逾常。壬子、癸丑之间,曾与款洽。今春复相遇,则病魔缠扰,鬓发俱衰,老大蛾眉，门庭冷落。感怀畴昔，良用恻然。恒折简招之，以慰其意。同人或以嗜痂为诮，所不计也。故春明宴集，偕稚芙为多，而镜仙次之。

余庆范小金，字镜仙，年十五。工颦眇视，弱不胜衣。俯仰之间，神如静女。隶春台部。春台方不竞，镜浮沉其间，未得与名流角逐，故无旌旗飞扬之态，寻芳者亦罕识之。一日，镜偶从人观四喜剧，与余联坐，遽与目成。招之来，一见如故。爱乌者，或于余前称镜为逸品，虽或过誉，万一似之。嗟乎！盐车骏足，毳帐阏氏，如镜仙者，亦何异名场风汉乎？萍踪小聚，遽唱骊歌。寒士品评，未能为镜增声价，抑又慨然矣。镜同师有小银者，年才十二，广颡丰颐，粉墨登场，当现宰官身而说法。未观其艺，姑阙所疑，优而柔之，亦后来之秀。

明僮小录题辞

并州挹翠主人

辛酉长夏，梅雨积阶，烦襟若渴。获读斯录，清风忽披，字珠照艳，足令玉笋班中顿增声价。曩岁珥笔春明，屡预文宴。大酒肥鱼之局，斜街炒栗之灯。回溯前尘，抚感今昔，聊成七截五章。

艳绝珊瑚笔一枝，蚕眠小字写乌丝。锦氍毹上三生影，幻到春明入梦时。

霓裳小队演《长生》，并蒂花开擅盛名。一事难忘惆怅处，不将残墨吊云英。（春晖主人与棣香昆季善演《长生殿》诸剧，惜彩云易散，故及之。）

悔踏天街十丈尘，《玉台新咏》谱前因。樱桃门巷春如海，何处吹箫教玉人。

芙蓉旖旎玉温存，泥醉曾销一段魂。底事轻悬徐稚榻，大江烽火怨黄昏。

长安我亦负看花，赢得樽前两鬓华。漫向南州争赋艳，青衫一例感琵琶。(芷馨善演《琵琶行》。)

锡山晚晴庵主

网千丝,笺十色,约略艳如许。润到樱桃,旧雨间新雨。不须真个销魂,玉人天上,尽消受,酒边眉妩。 漫来去,几人席帽黄尘,赋尽断肠句。清浅蓬莱,准拟伴他住,累侬刻骨相思。红墙那角,偏难说,梦曾游处。(调寄《祝英台近》)

古歙殿春生

传来小录署明僮,排比班真玉笋同。我欲随风花底去,一生常得傍秦宫。

几向天街踏软行,三千弱水隔蓬瀛。可怜造凤雕龙手,难竞灵狸乳燕名。

生面重劳妙手开,不虚造物此生才。君家自有琉璃砚,新咏应成续《玉台》。

春明陈迹已天涯,牢落饥驱鬓亦华。身世若增迟暮感,也应珍重过时花。

武林籽芗居士

五色笺书小录工,燕台歌舞艳帘栊。羡君兴采评花细,愧我心情黏絮同。好梦曾圆纨扇月,旧游已断翦刀风。枇杷门巷殊今昔,陈迹徒劳忆软红。

双轮辘辘走如龙,市上长安春色秾。檀板漫教歌一曲,杏帘拼醉酒千钟。翻新月旦非私好,别有风姿记阿侬。老眼未能看拨雾,拈毫何以涤尘胸?

采蕺山词客

千佛名经,群芳合谱,写得情深如许。曾记莺俦燕侣,檀板清歌,霓裳妙舞。问长安归客,今人面桃花何处?恨世间,会少离多,惆怅琼楼玉宇。 应念关山修阻,月夕风晨,独抱相思情绪。休

说都门税驾，烛灿银葩，曲翻金缕。指京华旧路，又春水，暗生南浦。约明年，人到蓬莱，握手重联旧雨。（调寄《夺锦标》）

渝江渔者

苕水新词，燕台旧谱，晌息烽烟如许。多少云鸿失侣，扪虱空谈，闻鸡起舞。问天天聋矣！拚寻个桃花深处，忽忆他，玉冷香温，争忘冰轮碧宇。　偏是痴情难阻。芍药樱桃，老却风流张绪。余亦浮沉海国。杏薄红绡，柳萦青缕。望蓬山隔路，似齐妇，诉愁溢浦。问谁歌，天上霓裳，叫破巴山夜雨。（调和前韵）

云闲啜醨生

孝穆才名孰与齐？华词读罢首频低。软红羡睹群花笑，闲向丰台细品题。

艳编菊部姓名存，动我风怀旧梦温。回首十年前顾误，王郎一曲最销魂。（追忆歌者王长生，故云。）

于越梦玉居士

秦宫花底，玉台艳笔分明记。承平京洛欢游地，感我青衫，绮恨重提起。　家尽江南风月里，可怜市骨千金意。梦华旧谱今谁拟？凤彩鸳文，十幅萡笺腻。（调寄《醉落魄》）

明僮续录序

夫程形于定镜,则渥饰自呈;寻声于绝弦,则繁音故在。是以睹先施之影,都人因而冶容;聆月华之歌,艳姿宛其按节。岂不以华稔易谢,芳馨载流,对来轸之方遒,谂前欢之未已哉!曩者,吾友余不钓徒来游京师,以好奇兼爱之心,为选色侔声之举。清眸皓齿,发其瑶思;玮态瑰姿,镂之银管。斯时也,翩鸿一顾,精魂与以回移;素蜺下垂,神光为之离合。盛矣!丽矣!是邪?非邪?无何,越人大去,攀山木而无枝;夫君未来,搴江苹而谁忆?秋风掩泪,沉吟弃扇之词;翠被凄馨,块独熏香之夜。此则云车窈窕,青童无再返之期;锦瑟悲凉,素女乏长年之术。苕颜渐老,蕙叹方滋。怼曜灵之不留,怨淑明之忘我者矣。洎仆之来也,舞台未改,鸾影遽收;歌扇初开,莺声新啭。经过赵李,言寻娱乐之方;来去尹邢,已见容颜之易。嗟乎!愿安弱体,怨茵席之代更;信美余情,羌荃茆之善变。有不悟成亏之理,攄迟暮之怀者乎?顾尝以为盈辉生于朏魄,繁英缀于衰枝。苟由昔以视今,何矜晚而怨早。然而明月耀夜,随指即呈;名花当春,赏心斯寄。惟陈迹之难追,而当境之足控也。爰乃广彼前闻,裒为续录,用遗同好之士,不辞效颦之讥。庶几使知音者见求于盛时,悦影者流连于异日云尔。

同治五年,青龙在摄提格,招摇指亥,既生霸。

古歙殿春生叙

明 僮 续 录

春龢刘庆禄,字倩云,皖人。师为梅巧玲,负时名,授徒众,而倩其称首。所演唯《舟配》、《游湖》数剧,雅非所好,故登场绝少。而人亦不以此少之。习篆书、工铁笔,遒润有法,似具宿慧者。貌清扬婉娈,秀色可餐。如处子,如冰雪,爱好天然,纯以韵胜。东家之颦,徒取病耳。性和易,无疾言遽色。与人游,不以喜愠区厚薄。

而孰贤孰否，恒心识之。夫风尘物色，巨眼实难。倩尚弱龄，涉世也浅。乃能称物平施，明辨以晰。谓之未尝学问，可乎？吾爱之重之。青出蓝，蓝谢青，古也有之，而何异于巧玲。

巧玲者，字蕙仙，景龢主人也。齿加长，与倩比肩者，皆其后辈。色艺不具论，论其轶事。蕙与某公善，居久之，某公得监司，贫无以治装，蕙贷以赀，且不责券。某公强予之。囊橐既具，未成行而某公殁。会吊日，甫辨色，蕙遽至，人谓为索逋来也，相愕眙。蕙入帏哭且拜，探怀出券，就烛焚之，大恸去。今之古人哉！乃于伶也一遇之。嘻！异矣！

怡云王彩琳，字绚云，淮阴人。孤芳自挺，目无下尘，于侪辈中有鹤立鸡群之概。而柔情艳思，时于氍毹一露之。其演《醉归》、《独占》诸剧，粉艳香酣，宁仅卖油郎心醉欲死也。含茹泠隽，町畦独辟。虽朝夕所与游，淡然恝然，不少假借，似不苟为妩媚者。脂韦之俗，匿其性情，尚虚车以逢世者多矣。吾不知绚所操术，其真洁清自好者欤？抑亦矫饰售欺者欤？

丽华沈全珍，字芷秋，吴人。玉立亭亭，擅硕人其颀之胜。演《游园》、《惊梦》、《鹊桥》、《密誓》等剧，体闲仪静，缠绵尽情。每登场，恒芷依偶，璧合珠联，奚啻碧桃花下神仙侣也。强多力，擅拳勇，举碌碡如弄丸。距跃曲踊，视短垣犹户阈焉，然不以豪气伤其艳。时论谓与"二云"同工异曲，一时鼎足，嗣响其难，知言哉！

棣华万希濂，字芷依，吴人。秀骨天成，意态闲适。貌骚人墨士，惟妙惟肖，性相近也。吐属温雅，无叫嚣之习。善弈、工书，孜孜不倦。笔意似赵吴兴，秀媚可喜。十余年来，诸名伶唯莲芬工行楷，以能书著称。芷依晚出，书名几与之埒，可谓能自立者。

畹春郑秀兰，字素香，吴人。神清骨秀，顾影无俦，以演剧雄于时。娴丝竹、琵琶，尤胜捉弦运指，有雨洒芭蕉之韵。雅自矜重，羞作数钱姹女；态径行直，遂倜傥不羁。顾用情则独挚，与某君善，时济其乏。逼岁阑，某君妙手空空，深虑无以酬素也。素微闻，迫见之，多方慰其意。会有饷以巨金者，即转纳某怀，俾卒岁。吁！世不乏风义自高者。居恒诩诩，视朱家、郭解，未足多寻，诿诿及之，则瞠目结舌,谢不遑矣。若素也,其未奉教于君子乎?

绮春时小福,字琴香,吴人。瑰姿靡丽,神采飞扬。当其被袆,翟尚琼英,细步登场,俨然华贵,盖酞粹胜也。善谈噱,觥筹交错时,舌本澜翻,辄倾四座。所谓人皆劫劫,我独有余。尤善昵就人,故乐道者众。与素香齐名,今则骎驾其上。芝兰空谷,曷若桃李漫山。斯世悠悠,宁唯是耶?噫!

联星沈振基,字燕香,吴人宝珠之子也,故又曰小宝。性聪警,善解人意。眉目娟秀,俊爽不群。口素吃,期期艾艾,拙于言辞,唯度曲则应弦赴节,圆转如珠,致足异也。初宝珠以色艺擅盛名,蚤殁。燕时仅七龄耳。泊舞勺乃从执籥,后慧中秀外,绰有父风,尝演《双官诰》,至童牙孤露处,辄声泪俱下,盖中心是悼、随感而生。观者咸叹异之。夫误读金根,贻笑千古。燕少失怙,鲜辟咡之教。毁龀且后于诸郎,乃能负荷析薪,颉颃名辈,其视胥原皂隶、景升豚犬,何如也?诗云:"无忝尔所生。"燕香有焉。

春华陈润官,字芷衫,皖人。丱角登场,即有声菊部。人见其括发丫叉,环而覆额,遂以"小辫"名之,沿至今未改。明眸皓齿,真香粉孩儿也。喜技击,所演多长剑大戟。英姿飒爽,振采欲飞,一洗粉腻脂柔之态。英雄儿女,傥其人欤?

桐华任小凤,字仪仙,邗江人。娭光眇视,蛾眉自然,躁释矜平,不同浮艳。值佐尊俎,则渊乎有思,意态恬适。凤兮凤兮,诗所谓"静女其姝"者欤?而人或以寡言笑少之。

景莲汪小庆,字曼仙,皖人。盼睐生姿,具百万回眸之致。溺于饮,醉后酡颜乜视,憨益甚焉。不矜情饰貌,乱头粗服而不损其媚。酬对落落,唯意所适,犹近于率真者。

春华张蓉官,字芷芳,皖人。貌仅中人,而以趫捷著。演《卖艺》,兔起鹘落,渐近自然。信乎,承蜩桔槔,非寓言也。支公谓:"贫道赏其神骏。"余于芷芳亦云。同时有艳侬者,善演《连厢》,艺亦相匹。艳,李姓,德华名,燕产也。肌不甚丰,而圆姿替月。自昆宝殇后,《连厢》一剧几如广陵散矣。艳实继之。周中规,折中矩,俯仰进退,尽得风流。如失伯英章草,见右军书,顿还旧观也,巧夫!

饮和钟凤龄，字雁秋，吴人。少孤，唯母在。髫年入都，为醇和弟子。及长，蛾眉瓠齿，婉丽中别饶神韵，盖春穌流亚也。生有至性，白云亲舍，时切所怀。脱籍后，甫定居，亟丐人辇其母。而吴下频年兵燹，人多流亡，其母踪迹不可知。屡以书往，不得一报，乃奋然为寻亲计。人以其隳成业也，咸劝阻之。秋则曰："吾之不惮征缮，为将母地也。今不得母耗，何恋此贱业哉！"尽货其所有，不再谋而行。嗟乎！但有远志，无复当归，豪杰之士且侈言之矣。秋也一雏伶，乃能动于属毛离里之思，无所回惑，却顾率性以行其志，是不大可风乎？余恐其阅时久而湮没也，附书之以殿于后云。

明僮续录跋

《明僮小录》为丙辰南旋所作。吾友殿春生见而韪之，促命手民。尘事胶扰，未之及也。今岁展觐来都，则吾友方观政爽鸠，晨夕过从，互探陈话。稔录中人，多牢落不偶，为怅惘者久之。深憾表章之不蚤也。夫崔护一呼，桃花复活；而樊川再至，绿叶空存。我之数奇耶？人之薄命耶？伤已！乃吾友复勒为《续录》一编，将并鄙作登之梨枣。余卒读一过，质而不俚，文而不缛。踵事增华，余之作，覆瓿可也，续云乎哉！然有是续，而余所录若而人并赖以传，岂唯余之私幸耶？用覼缕书之，以志余迁延之过。而吾友实为余补过如此云。

时在同治柔兆摄提格阳月下浣，余不钓徒跋

明僮续录题辞

鹅湖铸铁生

山鸟悲鸣，厥有笙磬之奏；众流怒泻，乃闻鼓钟之音。灵芬郁呈，奇气间作。雕华镂丽，则琼瑰夺其工；陶质出真，则卉木掩其色。故其滂沱于毫芒，冥发于诚素。目无凡鸟，手此雕虫。伤已！仆缁染半生，郁伊十载。石氏之唾壶击缺，王郎之长剑歌哀。谓为若人导扬慧业乎?抑亦自摅其老丑也。

不必求神仙,饮酒被纨素。落落投风尘,草草怨迟暮。生花结古欢,绸缪慰中路。此间得佳趣,谁复知其故?蝴蝶一万里,鸳鸯两三行。黄金叩虚牝,接轸飞新阳。岂徒惜颜色,况复含芬芳。华簪易凋谢,及时劳断肠。营营笑南荣,富贵空尔为。世无百年人,况此琼瑶姿。秋霜亦罄折,飞藿终朝移。愿乞造化仁,长葆三春时。蓬山不可期,引之亦可至。中有绰约人,此境毋乃类?春风方骀荡,天涯已憔悴。安得胡卢中,控彼寸心累。

五亭旧隐

忆初逢,半遮团扇,画阑携手私语。秋深多少相思恨,都上病时眉妩。留不住,化一缕游丝,便逐歌尘去。柔情漫诉,算人面当年,衣香竟日,此事总轻负。　群芳谱,娇紫嫣红几许?只今风月长聚。独怜啼宇催春色,惆怅落花无主。君记取,借翠管鸾笺,替写伤心句。招魂是处,但院落莓苔,墙阴薜荔,徒倚碧云暮。(调寄《摸鱼儿》)

明僮合录跋

明僮合录者,余不钓徒及殿春生之所著也。燕市征歌,忽入周郎之顾;中流搴芷,偏知越客之心。是以车子引声,謇姐惭其余弄;襄成揄袂,卫姬输其可怜。固已顽艳均思,婵娟可玩矣。况复秋风红豆,伤心独活之名;江水青枫,远道当归之寄。但令捉麈,即是清流;妙解挥毫,居然名士。若斯之类,尤有取焉。嗟乎!芙蕖之生下泽,自振芳馨;鹦鹉之在雕笼,顾怜文采。夫其植根擢秀,殊智异心,存乎其人,实惟作者。两君于是悟浮欢之易尽,稔慧业之可传。殚厥瑶思,证兹纨质。仙人芍药,重编本事之诗;乐府樱桃,会补小名之录。

丁卯且月,碧里生跋于宣南水心云意之轩

燕市群芳小集

（一名《群芳小集》，又名《增补菊部群英》）

此书一名《群芳小集》，又名《增补菊部群英》，麋月楼主谭献撰。谭献字复堂，浙江杭州人。清同治年间举人，曾官安徽知县。是集分上、逸、丽、能、妙五品，对当时菊部名伶徐小香、朱莲芬、梅巧玲等予以品评。此书向有清代刻本传世。中国最早之文学期刊《瀛寰琐记》曾刊载之(见第五卷，1873 年 3 月)，题名《燕市群芳小集》，且题赠诗词较后来刻本为多，今据之整理。又，张次溪《清代燕都梨园史料》本有姚茫父之跋文，且附有周作人、姚茫父谈此书之信札，颇有价值，一并录入。谷曙光校定。

叙

无双妙品，人疑玉树之花；第一情天，春满金台之柳。红毹贴地，串串珠歌；蓝帊当筵，娥娥粉笑。固已咏仙童于岭上，无烦夸赵女于楼头矣。加以生小聪明，心原藕比，随身宛转，骨是花栽。银鹦之绮舌偏调，翠凤之香笺解答。绿蛮窄袖，三年藏豆蔻之词；碧晕纤眉，隔坐送芙蓉之语。爱风流之小史，洵婉娈之宜人。已则有风城仙客、燕市寓公，来从西子之湖，解作东风之主。于是分曹贯酒，排日邀欢。乌巾屡侧，人来柘枝之台；金络频嘶，马识樱桃之巷。梅花笛里，红豆含情；莲子杯前，黄河赌唱。朝呼莺而夕呼燕，卿怜我而我怜卿。厥有记事之篇，遂续燕兰之谱。麝霏宝墨，题遍春风；玉界乌丝，镌来小字。瑶馆之丰姿如画，琼枝之品藻都真。花月平章，亦参狐笔芳兰，声价倍长龙门者矣。仆乾萤自守，缩马不前。自爇戒香，已断摩登之梦；何来绮障，别生兜率之天。想花底之灵狸，对卷中之么凤。珊珊欲出，絮絮安禁？三叠红牙，不是莺啼之序；几时青眼，来寻蝶路之春。

山阴王眉子诒寿序于戴园之校经庐

王眉子题词

洞　仙　歌

樱桃窗下，展瑶编一读。簌簌飞红满吟屋。尽如花年纪，似燕身材，都写入、小字乌兰诗幅。　　凤城杨柳暗，粉约脂期，懒听春风杜娘曲。娇月照幽坊，帘影灯痕，想吹罢一双笙玉。把绮瘦罗肥细评量，问修到梅花，几生香福？

前　调

春寒料峭，是落英时候。客里闲情镇迤逗。奈花边金犊，柳下银骢，早又是、惜别啼痕盈袖。　　临歧珍重话，如此销魂，愁病书生怎禁受?无处觅平原,买得香丝,算只有粉郎堪绣。又手擘檀笺赋新诗,似画出玲珑,东风红豆。

前　调

翩翩惊蝶,正江南烟柳。依约筝堂羽衣奏。记银罗索扇,红烛题诗,曾密语、六曲画鹅屏后。　鬓丝今老矣。绮梦依依,撩破禅心十年久。把卷更沉吟,才调如君,料姓氏尚提香口。且细捩钿箫为君歌,须识我三生,红衫昙首。

辛未六月山阴眉子撰

河阳生题辞

一醉长安卖酒家,东西劳燕话天涯。团团舞扇空明月,楚楚铢衣散绮霞。道远凭谁寄芳芷,朝寒犹自惜春华。年来法曲飘零尽,珍重人间谱琵琶。

仁和朱虎儿题词

湘春夜月

悄无人。落花啼煞流莺。多少嫩紫娇红,怕细诉飘零。一夜一番月色,又一番风影,愁满春城。问樱桃斜畔,重重门巷,醉也还醒。　空阶露湿,银笙不语,玉佩无声。如梦房栊,更曲曲围屏遮住,半不分明。少年影事,有坠欢夜雨重听。算此际,笑青衫柳七,征歌载酒,来换浮名。

寄飘生题词

端居无那感春华,记看丰台绝色花。只为胭脂羞北地,宾云不按按宾霞。

小名笺出艳陈芳,施粉施朱费较量。何必按图真索骥,空群端不在骊黄。

春明花榜自年年,争看霓裳舞绮筵。要为各花齐吐气,毡书别署大罗天。

舞衫歌扇久沉酣，秋菊春兰品各谙。我识吴中花月惯，不堪影事梦江南。

长安游侠儿题词

青衫破帽出春明，落拓江南载酒行。何处更寻裙屐会，坠欢如梦不胜情。

几树夭桃忆旧栽，嫣红姹紫遍春台。倘教重到玄都观，可识刘郎去又来。

厌听江南北里词，枇杷花下惯倾卮。不堪回首金台柳，犹向春风舞柘枝。

燕兰重谱价增高，彩笔花垂五色毫。胜读唐贤小名录，不知谁里郑樱桃。

吴门小史薛宝笙瑶卿题词附

金　缕　衣

玉笛临风语。诉年来香愁，粉怨坠欢谁袖。惆怅歌场留浅梦，依约春痕似雨。更莫问、柘枝新舞。同有天涯沦落感，胜霓裳法曲吟仙侣。听未足，变凄苦。　　铢衣小试冰弦抚。算我亦娇传口技，羞添眉妩。回首红箫传恨字，恨入金台乐府。并难附燕兰旧谱。惭愧吴中支败局，喜陈芳许作群芳主。花九锡，志恩遇。

某滥竽乐部，按笛明湖，一曲云回，荡春波而活泼；二分月出，映人影而冥濛。猥辱评花，不遗小草；自惭倚玉，敢赋杨枝。兹得见《群芳小集》一册，粉红骇绿，灿作笔花，豪竹哀丝，写其芗泽，恍标题于诗品，足纪胜于歌场。爰缀小词，用志欣幸。所惜苏台烟月，圣水风花，今尚凋零，未能与日下竞秀也。倚声及此，弥用怅然。

宝笙附跋

群芳小集

麋月楼主撰

上品三人。

逸品先声二人,继起有待。

丽品先声四人,继起六人。

能品先声四人,继起四人。

妙品先声四人,继起三人。

五长三绝,领袖群芳者为上品

岫云主人徐小香,字蝶仙。

评曰:蝶仙如锦城弦管,汉官威仪。

蓟树迟回阅古春,廿年前见玉精神。未须白发谈天宝,曾见名场几辈人。

紫阳主人朱莲芬,字水芝。

评曰:水芝如缑岭吹笙,湘灵鼓瑟。

斜阳芳树最相思,憔悴芙蓉江上枝。献赋即今犹被放,人生难得杜门时。

景龢主人梅巧玲,字慧仙。

评曰:慧仙如香熏百合,霞吐九光。

故人天末去匆匆,留与当筵唱恼公。歌板酒旗无恙在,水晶帘外晚霞红。

风韵雅远,秀骨天成者为逸品

先声:

蕉雪主人王顺福,字佩仙。

评曰:佩仙如光风转兰,流云吐月。

朱霞写影覆春流，几叠青山几叠愁。十万莺花都草草，独携璧月一登楼。

景龢王湘云，字湘云。

评曰：湘云如仙人张乐，名士渡江。

花雨旋教五色霏，香车过处锦成围。天风重展霓裳舞，劳我宫墙掀笛归。

自然倩盼，光艳照人者为丽品

先声：

绮春主人时小福，字琴香。

评曰：琴香如碧树晓莺，红楼晴雪。

吴宫入抱玉成烟，留醉青春绛树前。珍重名花如茧栗，丰台风月又今年。

闻慧主人曹小福寿，字韵仙。

评曰：韵仙如杂花生树，飞鸟依人。

百罚深杯醉不辞，亭长亭短柳如丝。风神约略同张绪，只恐飞花有别离。

嘉颖主人李德华，字艳侬。

评曰：艳侬如香散檀云，光圆宝月。

犀辟尘埃玉辟寒，玲珑帘子曲阑干。琼花自是无双种，人在蕃厘观里看。

醇和沈凤林，字镜秋。

评曰：镜秋如粉图锦蝶，丝绣文鸳。

凤兮五色自成文，化作瑶姬日暮云。无那神光离合处，变歌一曲是欢闻。

继起：

春复诸桂枝，字秋芬。

评曰：秋芬如天女散花，山鸡舞镜。

流盼花前尽一觞，长圆不定晓珠光。从渠禅鬓维摩榻，不染天花亦染香。

春华范芷湘，小字蕊官。

评曰：芷湘如绿芙照水，红药当阶。

如絮歌云不动尘，溶溶初日屋梁新。愿参十地童真果，一现人间小史身。

馥森周琴舫，字韵桐。

评曰：韵桐如越酒甘辛，唐花繁丽。

晴烟花韵曲阑初，风定帘栊画不如。豆蔻春心通宛转，盈盈年纪十三余。

丹林李玉祥，字佩秋。

评曰：佩秋如金尊泛滟，琪树婵嫣。

银河西畔听吹笙，解唱云璈第几声？绝似成蹊桃李下，最多情处是无情。

景龢余紫云，字艳芬。

评曰：紫云如夜帐调筝，春灯翦彩。

镂檀散麝作楼台，玉蕊临风细细开。枨触闲愁如水起，笛家重唱紫云回。

联星陆素兰，字静芳。

评曰：静芳如凤雏仙羽，莺友春声。

倚遍云和曲调稀，碧桃天上自芳菲。汉宫旧事谁重省，细唾新裁碧画衣。

艺事精妙，登场独步者为能品

先声：

蕴华主人张芷芳。

评曰：芷芳如木难流辉，水沉散馥。

细腻风光得未曾，氍毹奏技复精能。酒边剑术从卿论，篋里先看黑卫腾。

联星少主人沈宝儿，字燕香。

评曰：燕香如元圃仙人，乌衣公子。

倡条冶叶为卿芟，意气当筵自不凡。畅好章台春走马，珊瑚鞭子杏黄衫。

玉树主人王小玉，字荆仙。

评曰：荆仙如刘生宝马，公瑾醇醪。

翩翩白袷世无双，沦落歌场意肯降。宫体文章江令在，人间花月满春江。

景春陆小芬，字薇仙。

评曰：薇仙如汉宫杨柳，秋水芙蓉。

清词不负《牡丹亭》，翠翦春衣觉有情。庭院无人鸣鸟歇，丁香花下坐调笙。

继起：

岫云董度云，字桂秋。

评曰：桂秋如子夜清歌，宝儿憨态。

酒边款语每深深，韵向朱弦指外寻。风月昭阳防姊妒，一吟宫怨待知音。

春华顾芷荪，字小侬。

评曰：小侬如林禽学习，神骏就羁。

爽气西山齐拄笏,豪情北海共衔杯。杨枝宛转风前舞,合向灵和殿里栽。

景龢张瑞云,字瑞云。

评曰:瑞云如怨女出闺,名花绕砌。

垂杨省识玉人家,卷幙春烟曲曲遮。如怨瑶阶风露冷,海棠合是女儿花。

闻德王桂官,字楞仙。

评曰:楞仙如芳洲杜若,曲院蔷薇。

评跋琼芽作牡丹,春深著意斗轻寒。最难调护花情性,只合楼台远处看。

风情恬雅,举止安详者为妙品

先声:

春馥主人郑素香,字秀兰。

评曰:秀兰如红冰化泪,碧唾成花。

娭光曼睩何缠绵,压倒尘世千婵娟。《金缕衣》曲那堪听,怕有镜中人见怜。

丽华主人沈全珍,字芷秋。

评曰:芷秋如海上明珠,城隅静女。

谁遣真灵下碧霄,步虚声度海山遥。紫房幽咽清歌起,愿得余年谥洞箫。

宝善主人陈芷衫,字紫珊。

评曰:芷衫如解佩湘皋,停琴海上。

笼罩当筵几许人?六朝裙屐出风尘。如卿位置原奇绝,名士倾城合一身。

春和主人刘庆禄，字倩云。

评曰：倩云如江心宝镜，句漏丹砂。

约素能教下蔡迷，银筝曲调是乌栖。刘郎婉娈游仙侣，试向天台觅旧题。

继起：

岫云徐如云，字蓉秋。

评曰：蓉秋如花花相对，燕燕于飞。

欢踪来去似惊鸿，背烛微酡酒一盅。三五韶华人似玉，香名闻已冠明僮。

诒德孔元福，字莲卿。

评曰：莲卿如桃李无言，筝琶有韵。

珠冠玉佩炫新妆，林雨频婆别有香。障面却宜团扇举，荼蘼红衬薄罗裳。

春华张福官，字芷荃。

评曰：芷荃如余霞成绮，谏果回甘。

澹烟疏雨掩轻屏，敛袖花间太瘦生。消受卷帘通一笑，洗头时节最倾城。

附　录

次溪先生大鉴：

手书敬悉。前读《晨报》上大文，知有梨园史料之辑，甚为钦佩。关于《群芳小集》一书，略有所知。曾拟奉闻，因未知住址，以致延阁。此书弟有一册，其续集亦刻在内。麋月楼主，即谭复堂(献)。作序者眉子，即王眉叔(诒寿)。序及词，均见《笙月词》卷四中。续集有甲戌(同治十三)兰当跋。兰当即陶子慎(方琦)。唯《汉孳室文钞》中似未收耳。尊著出版，极想附骥写一小序。唯因对于戏曲茫无所知，未能如愿，尚祈鉴察为幸。专此奉复。顺颂

大安

十月廿三日　周作人启

次溪仁世兄左右：

得书读悉。星樵遗韵，成一绝尘览。见示事太侔书一纸，并缀一行缴还。近日腰部不支，苦甚。笔墨事乃真不堪也。伶史材料，敝处亦无甚珍材。惟屑闻可记者，亦可资谈助。俟腰少健，记出可奉闻耳。本庵、水月庵无考，容代访之。

华顿首姚茫父

长庚以前伶史，多是昆部中人。故今梨园前辈，仅及长庚而止。以前又别为一段也。此当北阜郭下搜之，如王紫稼例。

增补菊部群英跋

古工师皆瞽人。其奏也乐，其节也舞，其声也诗，其容也礼。以致之天子，而锡之诸侯，有官司焉。逮于民者，庠序所教，以时习之。节奏声容之美，于人也普矣。故附庸而上，莫不国有。其《风》彬彬焉，与《雅》、《颂》并列，皆其国人之所歌也。自乐正失其官，庠序失其教，民之循者，自赡其生而惟恐不给。然而，无用之民且自放于礼法，往往任其聪明谑浪，自适以成一艺之长。于是王豹、绵驹、薛谈、秦青之徒闻。秦汉以来，博士所属呫哔不遑，号为治经。

然礼乐益残缺，歌者益得挟其术，以为治生之具，而四民固不悉娴。于是也，歌者万数，汉李延年独传其传也。以为郎他不奏，御者不知其几，史失诸野，无征焉尔矣。六朝、隋唐殆缘此。则虽王郎、昙首、谢傅、安石并擅歌名，然名家贵盛，无与于斯业。其余载籍所书，皆王谢之比。惟诗人讽咏，不遗微小，一篇一什，时得所考据。读刘随州之作，而何戡得名，今之优人宜祖。于是至龙门传滑稽而录优孟，庐陵史五代而独著伶官，皆官司之选，宋元相仍。教坊色目，前闻至多，大抵为士夫之所玩弄，鄙屑猥贱，甚于市井。其能自振拔于流俗，蔚然以文采相矜，周旋于士大之间，使夫含毫吮墨之伦，不自惜其珠玉，歌者继何戡而作，作者嗣随州而起。则有清一代，优人之所擅，虽所操至贱，享名独优。殆缘其人之善自熏陶，抑亦时会使然习之也，岂一朝一夕之故耶！予尝考其所由，其原起于明季。士人自托豪放，不拘小节，以冠盖之望常自夷，而与舆台穷乞相逐，六如梦晋，其显焉者也。明社既屋，人心不死。匹夫之贱，不忘忠爱，时以歌哭，致其悱恻。有为当世士夫之所闻而生愧者。又尝以微长末技奔走清流，恢复之谋不成，而其名已远，如苏昆生、柳敬亭者，其何愧朱氏之逸民欤？苏、柳之与士夫习也久，其吐属至娴雅，台公巨卿十九优礼，以士夫接之。迦陵、芝麓诸家遗集犹在，可一一数也。自是而后，承其业多不肯自贬，益以风流自喜，而士夫宠之益高。王紫稼之狱，一时名流投简[①]相援者，不绝于途，可以知一时之所好尚。又，清法职官狎娼律最严。杯酒之场，尤不可以无狎客。宅第相连，声伎相闻，乌衣子弟时弄粉墨，每每以优为师。士风豪习，兼濡并染，既无寒瘦可怜之风，亦少金银市侩之气。师传弟受，世世相承，常以不劳而致丰泽，故习其业者日众。国家无事，上下朝野相率以声色为欢。殊方遐土，能自致一第至京师者，莫不投缟素、豁耳目焉。快于一时之遇，辄不自已而吟咏之。或最录且被之篇章，以夸其秀。每春官贡士，则菊部一榜，殆若成例。然其文或传或不传，予不及见其盛也。自戊戌入都，闻榜孟小

① 原作“投间”，应为“投简”。

如以下十人;癸卯再来,又见榜王琴侬以下十人。迄于甲辰贡举悉罢,菊榜亦绝。不及十年而国变矣。建国元年,横被厉禁,而优人与士夫始绝。嗟夫!一业之微,而其盛衰乃与前朝一姓兴亡为终始。若是者何耶?夫其兴也,既承明季士流提倡之余,而又乘以塞外不事诗书之族,遂致贵贱之防,独施于优人。且教坊既废,不设官司,内廷燕享,取材民间,优人所接益贵盛。其尤名者,至使至尊动容,侯王纳交,公卿论友,天下之美几若蔽于是焉。而天下之人,亦时时各输其材,以为之奉。其势既成,亘延二百余年。逮至晚近,每一政变,莫不与优人有连。呜呼!其盛若此,又孰知其斩然而遂止于是乎?是虽细故,然于民生之所托业,犹足以考见古今之变,又系夫一朝之掌故,乌可以无记也?尝欲网罗旧闻,列举前录,自《燕台花事录》以次,连得《帝京花样》、《怀芳记》、《粉墨余谈》诸作,而《燕兰谱》、《莺花小谱》、《金台残泪记》则或存或亡,其他与其事而先后成一篇者,当益不乏其人。东莞张次溪先生博学好古,最喜搜集菊部史料,先后所得凡三十余种。近又得山阴王眉子《菊部群英》,驰书见示。予喜夫取材之地益宏,因更以昔之所见,益以今之所感,书其尾而归之。

贵筑姚华茫父识于宣南莲华盦

评花新谱

吴兴人艺兰生作，其书类《明僮合录》，录燕都伶人二十余人，系以小传，以诗赞之。与《宣南杂俎》、《凤城品花记》、《侧帽余谭》三种合辑为《鸿雪轩纪艳四种》。谷曙光据光绪年间申报馆丛书本点校。“鸿雪轩纪艳四种题词”亦附于内。

评花新谱序

软红醉踏，风暖六街；大白狂浮，春深三雅。恨江南之草长，怨煞王孙；看冀北之花浓，忽逢仙子。春风香径，地尽铺金；夜月红楼，人皆倚玉。羡翩翩之裙屐，洛下风流；叹碌碌之琴书，客中愁绪。是宜招邀胜友，荟萃吟朋，联雅集于梨园，寓深情于藻鉴。赋王子渊洞箫之句，裁李玉溪锦瑟之诗。名刻茗华，印钤兰篆。靡不雕琼镂璧，摘艳撷英。拂十样之鸾笺，订群芳之雁序。已则有宏农望族、燕市寓公，当兰成作赋之年，饶杜牧寻春之梦。江湖载酒，羡君先得骊珠；花月怡情，愧我忝居骥尾。每当曲尘春暖，璧月秋高，霓裳咏罢，星驾归时。菊部倦游，绮情脉脉；杏帘在望，逸兴绵绵。凭青鸟以传，来搴帘一笑；听黄鹂之啭，起把箸三挝。乃至玉漏春催，金尊酒罄，寻芳客去，步月人来。凤笛鸾笙，看我辈真能行乐；莺期燕约，到儿家且住为佳。窝入销金，认枇杷之门巷；人携联璧，登杨柳之楼台。于是蜡再烧红，蚁重泛绿；筵开玳瑁，觞捧珊瑚。何处吹箫，梦绕梨花院宇；伊谁弄笛，香飘桂子阑干。何须闻江上琵琶，青衫始湿也。应感中年，丝竹红豆闲抛矣。况复紫曲寻娇，无非遗恨；黄金买笑，只为多情。蕙质兰心，犹是相思之种；瑶林琪树，依然绝代之姿。问字谈诗，亦耽大雅；熏香傅粉，各具丰标。且品有兰茝之芳，操秉芙蕖之洁。谁云蕉叶有心，未能卷雨；杨枝无力，只解随风乎？则尝韵写蛮笺，词霏翠管。骚兰颂菊，固异曲而同工；咏袖题襟，亦写声而绘影。或表弹丝之技，或推染翰之长，或传玉貌之娉婷，或记珠喉之宛转。梨痴棠醉，各述情怀；玉润冰清，难分甲乙。不有佳作，谁知风月无边；一遇词人，顿使莺花增价。仆鬻文入洛，联武游春。慨成迹之难留，怅浮欢之易尽。歌珠舞翠，绮恨重题；醉墨题香，瑶思可证。听新乐府，倚阑唱遍，争传郑氏樱桃；看群芳谱，信手编成，咸贵丰台芍药矣。

同治甲戌季冬之月香溪渔隐序

评花新谱序

曩读余不钓徒、殿春生《明僮合录》,叹其赵瑟燕筑,善陶性情;申椒畹兰,自乐佩带。数年华则不逾象舞,排姓氏而差肖雁行。固不啻摹向巷中,呼来纸上已。吾友艺兰生,以惨绿之年,恋软红之梦。湖州重到,岂恨生迟;长安可居,休言不易。入彼姝之兰室,粉笑盈盈;听法曲于梨园,珠歌串串。尔乃情移琴工,兴托豪素。侧理增色,隃麋腾芳月旦;悠其品评,香国长夫声价。萃冀北之名骏,寄江南之故人。水曲兰苔,珍丛可数;汉宫杨柳,粉本如描。或绰约如处子,或洒脱若高人,或擅翰墨之长,或工竹肉之技。盖《评花新谱》之作,与《明僮合录》相辉映焉。乃彼则檀板荒凉,车辙冷落,荀令之香久歇,秦宫之燕已飞。曾日月之几何,倏烟云之都过,而仆于是重有感焉。夫曜灵易谢,芳华难留。当其朱颜媚春,缠头之锦争掷焉;及其青鬓凋镜,同心之结虚藏焉。则虽铃善系金,幡争翦彩;而花终泣雨,絮必沾泥。是非采勾漏之砂、乞姮娥之药,不足蠲兹离恨、涤此幽怀也。

时同治十一年壬申一阳生日铁花岩主序

自 跋

春风沉醉,梦绕梨花;秋月闲吟,香飘桂子。踏华严之色界,地尽铺金;居姑射之仙山,人原如玉。当夫青衫入洛,紫陌扬尘。赏芍药于丰台,听樱桃之乐府。银屏倚遍,几多燕约莺期;金勒嘶骄,恰值梅肥菊瘦。则有粉郎十队,齐号团云;绛树双声,羞歌暮雨。绿绮闲调之际,燕寝凝香;黄河赌唱之时,貂裘贯酒。固已逞豪北海,莫肯贻笑东风矣。然而空谷芝兰,终含芳以自闷;漫山桃李,虽媚春而无言。用宜貌彼婵娟,写入乌丝之格;且喜感均顽艳,抛来红豆之词。爰命管城,累登翘楚。鸳鸯小小,珍偶堪怜;杨柳依依,风流可爱。春浓婪尾,写梨痴棠醉之怀;谱订同心,仿葛嫩李香之纪。则是编也，聊以遣兴，深惭秃管不芳；未免有情，愿与好华同寿尔。

同治十有三年岁次阏逢阉茂未月哉生霸吴兴艺兰生书于燕都之朐罗廿八宿馆

评花新谱题辞

武林惜花老人

一枝花管散芳芬，燕瘦环肥次第分。淡我心怀同水月，艳君香梦续梨云。樱桃门巷春常满，杨柳楼台日渐曛。落拓青衫无赖甚，且揩醉眼读奇文。

长安有客倦题桥，曾记评花十载遥。（甲子春曾定花榜。）联句罚依金谷酒，倚声谱入玉人箫。迷离梦暖知香醉，枨触愁多感絮飘。昨夜华堂开绮宴，重提往事倍魂销。

长白山人

评花妙手惜花心，展罢瑶编春意深。但是有情皆满愿，新书一卷值千金。

楼台深处是儿家，遥指樱桃曲巷斜。余亦天涯潦倒客，漫将心事诉琵琶。（谓梅卿。）

一曲清歌谱绿腰，含情脉脉黯魂销。干卿底事伤春甚，闲把筝琶慰寂寥。（谓亦仙、小侬辈。）

鲸饮千杯兴未休，敢将诗酒傲公侯。阿侬别有关心处，拚醉垆头为解愁。（谓蓉秋。）

传来小影幻灵和，一笑微微红透涡。冰雪心肠冰雪貌，莲花毕竟让郎多。（谓楞仙。）

烛灿银葩照座明，尊前丝竹最关情。玉人相顾时时笑，喜听琼箫断续声。（谓薇仙、湘航。）

武源梦蕉居士

悔踏天街听碧箫，绮怀今日已全消。一枝彩笔凭君写，香沈应教遍绿蕉。

长安市上我曾经,檀板金尊梦乍醒。粉腻脂柔如觌面,笑他周昉枉丹青。

湘湖散人

蟾宫一一旧知名,玉笋班联次第清。试展瑶编证仙籍,霓裳风度记分明。

芝兰玉树好丰姿,写入生花笔一枝。我亦长安曾看遍,愿抛红豆寄相思。

古歙饮香词客

劳将韵事纂瑶编,菊部群芳记北燕。铁绰铜琶容我醉,莺歌燕舞让君怜。庄辛狂语留成迹,张绪风流感少年。抬举烟花凭妙手,安排翠管写鸾笺。

枇杷巷里雨霏霏,游子天涯梦未归。琼液拚教人一醉,冰弦不惜手千挥。门留白板家犹是,浆饮蓝桥事已非。增我青衫零落感,春风杨柳认依稀。

于越琴余阁主人

一曲帘栊梦里箫,思量歌榭夜迢迢。樱桃不是无情种,应倩编排上素绡。

漫道脂香与粉痕,料回眸处最温存。红氍忽下惊鸿影,争不观场欲断魂。

酒滴金尊密意酬,问谁玉貌占风流。燕环肥瘦休相较,斜露弓弯应解羞。

低峭歌喉小步迟,闻君说着惹相思。阿侬此去京华路,也折如花第一枝。

香溪渔隐

莲花妙相鬘云黑,华严世界众香国。一枝湘管绘春风,梨醉棠痴皆弄色。金台韵事结重重，飞上瑶编舞墨龙。历数秦宫春色好，擎来朵朵玉芙蓉。韩潭烟月灯明灭，楼台处处清讴发。别有丰姿记玉人，艳如桃李冷如雪。（谓妙珊。）歌声和月画楼西，华宴初停破晓鸡。柳絮随风空缱绻，怜花依旧隔花迷。（谓亦仙。）软红十丈情波起，年年沉梦梨云里。而今绮障渐消除，莫向蓬莱求弱水。

（用温飞卿《春江花月夜》词韵。）

西爽看霞客

裘马长安献赋年，闲将韵事写瑶笺。影图杨柳青春丽，名拟苕华翠琬镌。十朵花分新姊妹，三生石记旧因缘。平章风月参狐笔，纸贵争看洛下传。

鸿城涛华潭主

弘农才子少年场，狎客欢呼酒满觞。濡墨疾书一小传，天风散作好花香。

东风昨夜逗帘旌，展谱闲看花小名。回首三年前顾误，碧梧枝下倚桃笙。（忆凤宝旧事，故云。）

珠江泛月客

试读评花谱，飘然意欲仙。新声歌白纻，小字写红笺。目醉众香国，情生兜率天。酒痕犹故在，争奈此娟娟。

洞庭铁笛生

一管凌云笔欲仙，果然风月浩无边。秦宫千载无真史，留待君家腕底传。

一枝浓艳压群芳，花史修成句亦香。润饰承平添韵事，题红品绿未荒唐。

北平红豆词人

赞姚黄，评魏紫，莲舌粲如许。走马长安，题遍画屏句。玉人真个销魂，酡颜乜视，又添上、几分媚妩。　春将去，艳君口角噙香，闲把众芳数。翠盖飘零，莫说鄂君渚。惹侬入骨相思，桃花人面，感崔护、旧曾游处。(调寄《祝英台近》)

稽山老樵

岭上仙童咏玉台，心花到此一齐开。杨株身段芙蓉面，赏对风前合举杯。

《菊部群英》新纪艳，《明僮合录》旧分编。凭君又长莺花价，珠玉随风落九天。

白门攀柳童子

花谱，花谱，艳绝秦宫歌舞。几多玉暖香温，惹得游人断魂。魂断，魂断，纸上呼来如见。(调寄《调笑令》)

羊城听春楼主

征奇选胜兴弥豪，帘外春风试翦刀。百宝栏前花斗艳，伶官新奏《郁轮袍》。

好凭青鸟迓鸾车，粉笑娥娥画不如。一曲《梁州》珠一斛，舞筵更试九华裾。

一醉长安不计年，昵他小史自翩翩。兰因絮果从头证，试问谁参解脱禅?

镜湖钓徒

少年偶上玉京游，评跋琼枝藻思抽。莫值等闲风月看，凭他点缀帝王州。

不负金尊潋滟开，一编略试史臣才。杨肥赵瘦工评骘，曾向兰台秉笔来。

沈阳倚云阁主

几多韵事萃花晨，鄂渚歌翻一曲新。芍药朝酣金作带，芙蓉秋艳玉为神。试看蕊谱标名候，何异蓬瀛得意人。千古痴情钟我辈，芳尊和泪饯残春。

旖旎风情绰约姿，几回相见几相思。舞衫歌扇翻新样，檀板金尊忆旧时。司马泪多愁白傅，罗虬体效比红儿。（谓麋月楼主。）春窗一觉梨花梦，镜里樊川鬓欲丝。

棠城护花尉

笙歌处处闹芳晨，品绿题红锦字新。梨醉棠痴逾艳冶，梅肥菊瘦见精神。双声绛树无双谱，一曲杨枝第一人。（谓蓉秋。）荀令翩翩方入坐，画堂香暖不胜春。

碧桃红药好丰姿，隐约帘栊系梦思。蜡烛娇啼添绮恨，羊车游冶及芳时。偶然解语真倾国，似此宁馨最可儿。按谱莫愁花事了，鸳针暗度一丝丝。（和倚云阁主元韵。）

鸿雪轩纪艳四种题词

（艺兰生以《纪艳四种》函索题词，各赋二截句赠之。）

评花新谱

侧帽当筵态欲仙，清歌妙舞泥人怜。如何燕赵佳人外，别有群芳谱一编。

樱桃声价重当时，开卷翻嫌识面迟。客里闲情消不得，拈毫戏谱品花词。

凤城品花记

风月闲情老未忘，凤城春色属群芳。劳他一管生花笔，姹紫嫣红费品量。

书剑飘零感岁华，人生会合等抟沙。客中我亦钟情者，不信才人例爱花。

宣南杂俎

十年京洛旧知名，过眼飞花感易生。旧雨不来春欲去，戏拈斑筦赋闲情。

工愁未许此身闲，《锦瑟》新篇仿义山。我亦三生狂杜牧，无题诗句未全删。

侧帽余谭

翩翩裘马出乡闾，十载长安感客居。煞羡风流杨万里，软红尘里著新书。

嘲风弄月兴逾狂，韵事流传未忍忘。几度燃脂劳记载，要留佳话在词场。

海昌饭颗山樵题

评花新谱

艺兰生录

岫云徐如云，字蓉秋，本姓杨，吴人。二八年华，美丽自喜。隶四喜部，善演昆剧。姿态富艳，神韵幽闲，演玉环尤肖。性潇洒，对客落落大方，不以贫富区厚薄。选胜菊部者，咸以状头相许。饮兴甚豪，国色朝酣，益饶妩媚。知之者谓其藉此浇愁。盖蓉本乌衣子弟，以乱故失其家。假父卵翼之，挂籍梨园，雅非所愿。故红氍一曲，时作哀怨之音。嗟乎！秦宫花底，秀逸沉沦，使蓉而无转蓬之恨，安知不为造凤雕龙手也？噫！

赞曰：霓舞散绮，宫纨掩红。春风沉醉，芍药烟笼。一声杨叛，曲曲帘栊。千金论市，冀北群空。

闻德王桂官，字楞仙，燕人。年十三，隶四喜部。明眸皓齿，绝世丰神，一时有看杀卫玠之目。轩爽无昵就态，登场恒为男子装，与同师桂林合演《鹊密》诸剧，逸韵悠扬，深情若揭。又时挽两丫髻，着红袴褶作天魔舞。清歌一曲，则满座皆怡。盖不啻北林明月，共艳王郎也。豪于酒，善拇战，坐客或玉山颓倒，而楞犹舌本翻澜，娓娓不倦。时誉尤归之。夫证妙响于楞严，吾闻如是；列广寒之仙队，我见犹怜。窃恐人未悉其深，故亟为之表彰如此。

赋艳词人赞曰：如月之皎，如水之澄。梅花面目，冷拟于冰。兀傲自喜，凭客爱憎。玉也待沽，美讵徒称。

春华范芷湘，字亦仙，吴人。年十四，隶四喜部。柔情艳态，独占风流。每当花趺贴地，一串红牙，正如十七八女郎唱“杨柳岸晓风残月”。性和顺，酬酢出以温柔。明月入怀，飞花媚春，似能仿佛。诗云：“静女其娈。”亦仙有焉。

麋月楼主赞曰：如絮歌云不动尘，溶溶初日屋梁新。愿参十地童真果,一现人间小史身。

景和余紫云,字研芬,淮阴人。年十五,隶四喜部。娉娉袅袅,锦瑟身材。当其叠湘裙、曳罗袖,横波乜视,窄步轻移,飘飘然如红蕖之出渌水。娴丝竹,尤擅琵琶。其演《四弦秋》也,翠销红泣,韵自情来,正不徒江上余音,青衫泪湿矣。或曰,乃父即三胜,道咸间负重名。醴泉有故源,嘉禾有旧根。谅哉!

麋月楼主赞曰:镂檀散麝作楼台,玉蕊临风细细开。枨触闲愁如水起,笛家重唱紫云回。

声振夏鸿福,字雪舫,维扬人。年十六,隶三庆部。诙谐滑稽,英爽绝伦。登场多效丈夫装,盖以须眉自居,不屑小儿女态者。所演博四十余剧,时而长枪大戟,时而羽扇纶巾。听者神飞,观者心折。香溪渔隐始与之洽,月夕风辰,辄偕胜友造饮其庐,清谈娓娓,逸兴遄飞,佥以坐中不可无舫云。

赞曰:不拘形迹,独见精神。狂放善谑,倏忽笑颦。坦然胸臆,烂漫天真。须眉毕现,似晋唐人。

近信孟金喜,字如秋。年十三,隶春台部。风流蕴藉,宜喜宜嗔。登场以浓艳胜,演荡妇尤神肖。眄睐生姿,足令观者心醉。迨卸妆垂手,又翩翩一顾影少年也。初入都无知者,后声誉鹊起。长者车辙,时盈户外。是知以门第增光者,终属寻常纨袴耳。

赋艳词人赞曰:一笑生媚,其神在眸。天香国色,群芳之尤。嗔喜善变,顾影寡俦。驰声菊部,客争缠头。

文安刘双寿,字眉卿,一作梅卿,燕人。年十四,隶四喜、春台两部。广颡丰颐,具林下风致。喜谈噱,座有向隅者,闻其言无不粲然笑。善琵琶,触指翛然,知音者谓有雨洒芭蕉之韵焉。嗟嗟!门巷春深,愁倚樱桃之曲;胡麻饭罢,空迷采药之踪。我本怜卿,卿其谅我。

赋艳词人赞曰：弹丸脱手，明珠走盘。春风识面，舌本翻澜。宾筵酬酢，斐然可观。诗吟彼狡，花名合欢。

佩春乔蕙兰，字纫仙，又字郑芗。年十三，隶三庆、四喜两部。丰神绰约，顾影寡俦，度曲甚佳。惜不轻易登场，只见其《折柳》一出，缠绵缱绻，一往情深，令人想见霍小玉送别时也。性温和，耽诗史，尤工楷法，簪花妙格，秀劲可玩。山阴道人挟之游，契订兰馨，淡而弥永，尤足风者。

麋月楼主赞曰：争许情移海上琴，又从弦外得余音。花潭千尺盈盈水，共此青莲一片心。

瑞春姚宝香，字妙珊，小字锁儿，燕人。年十五，隶四喜、春台两部。笑秘春风，光流艳雪，所演多时剧，舞衫歌扇，妙绝一时。其神静，其音清，如瑶天笙鹤，不具尘俗气者。心性颇高，不屑随波逐流。吐属简雅，具有气骨，真菊部中所仅见。青莲亭亭，自拔淤泥，行将拭目俟之。同师有宝玉者，姓刘字璧珊，年稍亚。当现宰官身而说法，崭然头角，略见一斑。

赋艳词人赞曰：春花一簇，秋水一方。可人如玉，无言自芳。孤标独赏，志将高翔。世有伯乐，马斯其良。

又赞宝玉曰：轩轩器宇，落落意境。外呈浑朴，内蕴机警。戆态解颐，冷语耐省。一丈氍毹，须眉绘影。

春馥江双喜，字俪云，冀人。丽质天生，不假修饰。性格娇腻，酬酢间有飞鸟依人之致。师为郑秀兰，擅时誉，蓄雏伶三两，而俪其翘楚也。演剧不多，亦雅非所好，盖慧根欠净耳。

赋艳词人赞曰：白也无敌，允矣宁馨。譬诸璞玉，雕琢未经。选花以色，何目不青。聊将持赠，一点犀灵。

春馥钱桂蟾，字秋菱，吴人，隶三庆部。清扬婉娈，秀色可餐。

善昆剧,其演《折柳》、《思凡》诸出,气韵娴静,独出冠时。工书法,笔意似赵王孙,丐题者踵相接也。平阳生多所雌黄,独于蓤,目为逸品,旋赠兰焉。同师诸桂枝,早驰声誉。蓤始与颉颃,今则骎出其上,可谓能自强者。

麋月楼主赞曰:江左风流不易逢,神清卫玠最雍容。人间乍听湘灵瑟,数遍青青江上峰。

德春阎桂云,字朵仙,燕人。年十四,隶春台、四喜两部。明姿靓态,骚艳无伦。每当约束登场,微一揎帘,欢声雷动。及观其艺,香酣粉辨,光采射人。征歌回者每曰:"余心荡。"顾下场,则体度闲雅,绝无搔首弄姿习。嗜手谈,酒阑灯炧,常嬲人为此戏。曾见其与闻人生静对一枰,情韵远出娟娟,此豸煞是可儿。

赋艳词人赞曰:樱桃郁李,娇莺乳燕。巧笑倩盼,幼妇黄娟。绮情脉脉,芳怀恋恋。色相示人,妖冶之选。

春华顾芷荪,字小侬,一作筱农。年十五,隶四喜部。丰裁庄雅,不类梨园中人。而静艳之致,时于氍毹间一露之。工昆曲,每演必与芷湘偶,珠联璧合,奚啻咏霓仙子也。和易近人,泛应曲当,故鲜有拂逆。殆亦善于涉世者欤?吾不意于荪也见之。

麋月楼主赞曰:爽气西山看拄笏,豪情北海共衔杯。杨枝宛转风前舞,合向灵和殿里栽。

维新范双喜,逸其字,燕人,隶四喜部。洁清自好,目无下尘,以演剧雄于时。技与雪舫埒,而色微不逮。性严正,矜任侠,苟忤其意,艴然不少假借。侪辈咸敬悦焉。对客则英姿飒爽,谈吐风生,神骏之目,殆无逾此。后忽脱籍去,不知所之。

赞曰:堂堂须眉,天然豪放。挥麈神清,风流自赏。俊鹘秋高,侠情云上。缑岭吹笙,飘然独往。

绮春秦凤宝,字艳仙,燕人。年十二,隶三庆部。笑晕生涡,雏发未燥。与人晋接,言词伉爽,真朴净俗尘三斗。性灵慧,嗜文翰,稗官野史,过目不忘。书法遒劲,画写意人物,多奇气。乐坊中耽翰墨者,向推郑芗、秋蓤,得艳,鼎足而三。梦蕉居士谒选入都,以香溪先容急招致之。居士被酒,辄击节曰:“何地无才!”

赋艳词人赞曰:质朴而华,性和而介。情挚而正,语妙而快。嗜史耽诗,独辟灵界。轨操真鉴,愿与同话。

景春陆小芬,字薇仙,隶四喜部,吴产也。气韵沉着,仪度幽闲。工《游园惊梦》诸剧,粉腻脂柔,真足令柳郎情死也。解音律,筵间每以筝琵为乐。与人酬答,从未出一戏谑语,真所谓落落大方者。而名亦噪甚。

麋月楼主赞曰:清词不负《牡丹亭》,翠蓊春衣觉有情。庭院无人鸣鸟歇,丁香花下坐调笙。

安义翟佩芝,小字寿儿,燕人。工杂剧,隶春台部。每一登场,秋波流媚,曼声动人,使人之意也消。与印香主人甚相得。天性不喜饮,涓滴辄生红晕。文宴之间,恒沮主人勿与鞠蘖生近,虽乱觞政不顾也。钟情惟所欢,应客颇岑寂。妒玉人者,即以此少之。呜呼!颠矣。

赞曰:绰约居然绝世姿,金莲贴地按歌迟。鬓云松挽燕钗坠,魂断春娇满眼时。

春华张芷荃,字湘航,吴人。隶四喜部。善弈工书。貌仅中人,而天性纯厚,恂恂有文士风。常结束作内家装,意态幽娴,俨然闺秀。妙识声律,竹肉齐陈,不靳其奏。与人交无疾言遽色,谈论间层次井然,令人听之忘倦。是盖以度胜者。

麋月楼主赞曰:澹烟疏雨掩轻屏,敛袖花间太瘦生。消受卷帘通一笑,洗头时节最倾城。

诒德孔元福,字莲卿,年十六。光盈宝月,艳夺绮霞,有太真之肥,翟茀登场,雍容华贵。当筵试曲,亦复流走如珠,儇巧能得人欢,故乐道者夥。盖香桃艳骨,质自天生,莲也岂习为脂韦以逢世者乎?

麋月楼主赞曰:珠冠玉佩炫新妆,林雨频婆别有香。障面却宜团扇举,荼蘼红衬薄罗裳。

维新钱双莲,字蕖仙,吴人,隶四喜部。神致萧闲,异常隽永,其用情也微而挚。犹忆寒夜往访,适瑶雪盈阶,不能移趾。余呼灯欲出,而蕖苦留之,治肴佐饮,曲尽款洽。嗟呼!茅容二簋,末俗尤难,矧出盛具,以敬不速之客乎?彼学河间姹女者,无惑乎绝交有书也。以之殿春,知音者当不余訾。

赞曰:其侠在骨,毋相以皮。乱头粗服,秀质华姿。春�一瓮,瑞雪盈墀。风雨潇潇,为君诵之。

是谱作于壬申之秋,藏诸败箧,秘不示人。后得赋艳词人、麋月楼主各赞,春风披读,如证心头,爰欢喜无量,亟登篇左,以符体格。间有略者,拙句补之。甲戌夏日艺兰生识。

鞠部群英

邗江小游仙客编辑，成书于清同治十二年(1873)。编者本名王小铁，同治年间曾在京任职，暇时留意梨园，旁咨博访，汇为上下两卷，先刊下卷，上卷因需汇集题咏，未同时刊刻。但后来上卷实未续刊，故是书只有下卷。本书搜罗全备，按堂号排列，对艺人的家世、生平、住址、师承渊源及擅长剧目、扮演脚色等多有绍介，史料详尽，一册在手，颇得“按图索骥”之便。本书版本较多，后被整本收入《都门纪略》，流传更广。谷曙光据清同治十二年刻本点校。

鞠部群英自序

仆燕台匏系，十余年来，雅有征歌之癖。然闻其声而莫辨其人，美哉犹有憾。因于庚辛以还，暇时留意梨园，旁咨博访，汇为上下两编。搜集尚未全备，友人索观甚夥。爰取下卷先为校定，付之欹劂，以公同好。上卷并诸公所赐题咏，容俟汇齐续刊。

同治十二年岁次癸酉三月，邗江小游仙客谨识

凡　　例

一、是编专就时下梨园子弟，全行搜录。其有从前名下翛然尘外，不事应酬者，未及备载。

一、各班人名，悉照脚色序列；各堂次序，悉依住址编列，并非意存轩轾。

一、各堂子弟无多，悉数编入；各班脚色人数极繁，仅择其尤。遗漏之处，诚知难免。

一、各脚色宗族姻亲，向隶梨园籍中，亦就访得者注明，尚恐缺而不备。

一、各堂主人曾系籍隶梨园者，备书籍贯等项。即物故者，亦略分注于下。非是者但系以姓。

一、各堂主人所出门下，亦皆备载，以识渊源。其有老辈年深无从考究者，阙以俟补。

一、各堂主人多系以艺擅名，惟现不登场者，无从睹记，概从略焉。

一、梨园脚色，向分付、贴、净、末等名目，此编分注概从俗称。

一、戏名所传不一，如《小宴》即《醉妃》、《琵琶行》即《送客》、《七星灯》即《五丈原》、《八大锤》即《朱仙镇》之类。兹编所载，亦皆从俗，俾阅者易晓。

一、京都旧有《法婴秘笈》刊本，现在物色维艰，其中编列人

名,无凭查注,留俟续增。

一、京都高腔及各小班,颇有擅长脚色,惟素鲜见闻,难于搜辑,姑从割爱。

一、是编匆促付梓,各脚色籍贯、技艺等项,难免遗漏。且恐传闻有误,率尔操觚,尚希大雅鉴正。

一、是编仅就各脚色籍贯、技艺等项,详细考订,不加赞语,识者自能辨之,无俟词赘。

一、是编梓成后,有续增改正者,请付本铺照办,以期美备,且能历久常新。

鞠部群英

邗江小游仙客

保安主人鲍秋文

名翠玉，苏州人。丙戌生。前隶和春部，唱昆旦。出天保。住韩家潭。

少主人黑子

号兰笙，辛亥生。隶四喜，唱小生。永胜奎花面徐宝成之婿。

《群英会》周瑜；《黄鹤楼》同上；《辕门射戟》吕布；《白门楼》同上；《凤凰台》孙策；《借云》赵云；《盘河战》同上；《监酒令》刘章；《烈火旗》狄青；《延安关》同上；《取洛阳》岑彭；《穆柯寨》杨宗保；《破洪州》同上；《镇檀州》杨再兴；《八大锤》陆文龙；《岳家庄》岳云；《飞虎山》李存孝；《雅观楼》；《反五侯》俱同上；《举鼎观画》薛蛟；《孝感天》郑叔段；《绝缨会》唐交；《御碑亭》柳生春；《清河桥》养由基；《翠屏山》石秀；《胭脂虎》王寻玉；《玉玲珑》韩世忠；《得意缘》罗昆杰；《虹霓关》王伯当；《红鸾喜》莫稽；《五方阵》严成芳；《马上缘》薛丁山；《三休》同上；《打金枝》郭暖；《双沙河》高将军；《教枪换带》杨怀谅。

法　龄

姓万，号□□，本京人。己未生，隶春台、四喜，唱胡子生。

《八扯》小二；《挡谅》康茂才；《白门楼》吕布。

喜　儿

姓刘，号稚芗，本京人。辛酉三月初三日生。部同。唱老、小生，兼昆生。能书。前松保刘小凤之子。辛未出台。

《伏虎》济颠；《冥勘》炳灵公；《寄子》伍兴；《回猎》咬脐郎；《八扯》小二；《挡谅》康茂才；《骂曹》祢衡；《白门楼》吕布；《飞虎山》李存孝。

树德主人孔元福

号莲卿,本京人。丙辰四月初二日生。隶三庆部。唱昆旦,兼青衫。出诒德,壬申新立。住韩家潭。

《水斗》青蛇;《断桥》;《盗库》俱同上。

《彩楼配》王宝川;《探窑》;《回龙鸽》俱同上;《戏妻》罗敷;《宇宙峰》赵小姐;《乾元山》碧云公主;《落园》;《二进宫》李燕妃。

桂　喜

姓沈,原名爱林,号韵秋,小名长顺。本京人,己未生。隶三庆,唱花旦。四喜武旦沈定儿之子。本师醇和罗巧福,辛未出台。

《扛子》小娘子;《卖饽饽》王三姐;《打灶》李三春;《入府》李妻;《女店》陈氏;《打刀》女掌柜。

主人杨桂庆

前隶四喜部,唱旦。出□□。癸酉移附树德。

贵　云

姓阎,号朵仙。本京人,辛酉生。隶四喜,唱花旦。壬申出台。

《扛子》小娘子;《打灶》李三春;《卖饽饽》王三姐;《入府》李妻;《面缸》周腊梅;《摇会》二娘;《女店》陈氏;《闯山》董金莲;《查关》旗婆;《烧灵》刘氏;《荷珠配》荷珠;《铁弓缘》姑娘;《打刀》女掌柜;《嫖院》;《顶砖》;《背凳》;《上坟》萧素贞。

维新主人钱金福

号□□,苏州人。前唱□□。出日新。瑞春钱阿四之胞兄,住韩家潭。

双　莲

姓钱,号莲仙。本京人,戊午生。隶四喜,唱花面。

《捉曹放曹》曹操;《骂曹》同上;《二进宫》徐彦昭;《断密涧》李密;《锁五龙》单通;《黄金台》伊哩;《法门寺》刘瑾;《牧羊圈》中军;《探母》杨延昭;《打金枝》郭子仪;《断后》包拯;《打龙袍》同上。

双　玉

姓孙,号梅仙,小名石头。本京人,己未生。部同。唱老旦。前春台青衫孙六之子。

《断后》李宸妃;《打龙袍》同上;《辞朝》余太君;《探窑》老夫人;《戏妻》秋母;《牧羊圈》朱母;《伎叉记》;《教子》薛义;《探母》杨宗保;《打金枝》郭暖;《黄金台》燕太子。

中山主人汤金兰

正名延庆,号幼珊。苏州人,戊戌正月初一日生。传赞载《昙波》。前隶四喜部,唱昆旦,善画兰。出春福,堂名旧署春如。住韩家潭。

桐华主人任小凤

号仪仙,小名宝儿。本京人,前隶四喜部,唱旦。出桐义。传载《明僮合录》。住韩家潭。

景秀主人张秀兰

号佩秋。前隶春台部,唱昆旦。出春秀。住韩家潭。

双　玉

姓□,隶春台,唱□。双玉已去。

杏春主人宋福寿

号芝珊,顺天人。壬子九月初三日生。隶春台部,唱花旦。出青云。壬申自天津回立。三庆昆正旦宋兴福之婿,住韩家潭。

《闯山》董金莲;《摇会》二娘;《双沙河》公主;《胭脂虎》石中玉;《玉玲珑》梁红玉;《破洪州》穆桂英;《艳阳楼》高妻;《下河南》媒婆;《龙凤配》同上;《御碑亭》王妹;《滚钉板》陶氏。

乐安主人孙彩珠

号绚华,又号芷沅。苏州人,甲辰生。隶永胜奎部。唱旦,兼昆乱。出西福云,堂名旧署梯云,庚午重立。住韩家潭。

《相约相骂》云香;《盗令》赵翠儿;《水斗》青蛇;《断桥》同上;《定情》杨贵妃;《絮阁》同上;《琴挑》陈妙常;《姑阻失约》同上;《双拜月》蒋瑞莲;《游园惊梦》杜丽娘。

《虹霓关》丫环;《彩楼配》王宝川;《击掌》;《探窑》俱同上;《打金枝》升平公主;《金水桥》银瓶公主;《芦花河》樊梨花;《宇宙峰》赵小姐;《玉堂春》苏三;《五花洞》妖怪;《戏妻》罗敷;《孝感天》郑叔段夫人;《牧羊圈》赵景棠;《天水关》刘禅;《黄鹤楼》周瑜;《战太平》二夫人;《探母》公主。

闻德主人徐阿三

名金儿,正名畇,号芝仙,又号椒怀。苏州人,癸卯四月十五日生。前隶三庆部,唱昆旦。出兄本堂,岫云徐小香之胞弟。传载《明僮合录》。住韩家潭。

桂　林

姓任,本姓王,号燕仙。本京人,戊午四月初四日生。隶四喜,唱昆旦。春台丑汪永泰之子。

《狐思》玉面姑姑;《捞月》韩国夫人;《后诱》阎婆惜;《挑帘裁衣》潘金莲;《上坟》萧素贞;《打番》卢生;《后亲》柳夫人。

桂　官

姓王,号楞仙。本京人,己未四月初四日生。正名树荣。部同,唱昆生。怡道人有传。

《寄子》伍兴;《回猎》咬脐郎;《看状》苏公子;《冥勘》炳灵公;《舟配》陈春生;《荣归》赵廷玉;《后亲》韩琦仲;《长亭》张珙。

全:

《打番》桂官、桂林番儿;《游园惊梦》桂官柳梦梅、桂林杜丽娘;

《醉归》桂官秦钟、桂林花魁;《独占》桂官、桂林同上;

《琴挑》桂官潘必正、桂林陈妙常;《姑阻失约》桂官、桂林同上;

《吞丹》桂官李余林、桂林狐狸;《乔醋》桂官潘岳、桂林夫人;

《藏舟》桂官刘蒜、桂林邬飞霞;《亭会》桂官赵伯畴、桂林谢素秋;

《后约》桂官唐伯虎、桂林秋香;《赠剑》桂官海俊、桂林百花公主;

《回头岸》桂官刘达牛、桂林吴氏;《大小宴》桂官吕布、桂林貂蝉;

《奇双会》桂官知县、桂林夫人;《说亲回话》桂官王孙、桂林田氏。

桂芸

姓赵,号聘仙,小名恩赐。本京人,庚申生。部同。唱昆旦。

《寄柬》红娘;《舟配》周玉姐;《回头岸》丫环;《盘丝洞》蜘蛛;《后亲》戚小姐。

桂芝

姓薛,原名玉福,号□□,小名锁儿。本京人,庚申生。部同,唱昆旦。旧属盛安。桂芝已去。

《打番》番儿;《拷红》红娘;《学堂》春香;《冥勘》馨娘;《荣归》小姐。

全:

《游湖借伞》桂官许宣、桂林白蛇、桂芸船妇、桂芝青蛇;

《水斗》桂官哪吒、桂林木吒、桂芸青蛇、桂芝白蛇;

《双官诰》桂官冯雄、桂林何碧莲、桂芸二娘、桂芝大娘;

《乾元山》桂官哪吒、桂林太乙真人、桂芸石矶、桂芝碧云公主;

《鹊桥密誓》桂官唐明皇、桂林杨贵妃、桂芝牛郎、桂芸织女。

崇德主人徐阿二

正名馥,号棣香,又号亦仙。苏州人,庚子九月二十四日生。

唱昆生,岫云徐小香之弟,出兄堂,旧居闻德。传载《明僮合录》,住韩家潭。

《惨睹》建文君;《看状》苏公子;《见娘》王十朋;《书馆》蔡伯喈;《藏舟》刘蒜;《乔醋》潘岳;《醉归》秦钟;《独占》同上;《前后亲》韩琦仲;《瑶台》淳于棼;《琴挑》潘必正;《絮阁》唐明皇。

保身主人刘赶三

号宝山,天津人,□□□六月二十六日生。隶永胜奎部。唱丑,兼胡子生。出□□□,住韩家潭。

《群英会》蒋干;《拾镯》刘媒婆;《绒花记》崔八;《虹霓关》孝子;《双铃记》王先生;《鸿门寺》皂头;《红鸾喜》金松;《赶考》店家;《金玉坠》店妈妈;《浣花溪》鱼夫人;《入府》李瓶儿;《探亲》乡下妈妈;《演礼》太太;《逛灯》瞎子;《摇会》邻居;《思志诚》老妈;《请医》医生;《玉玲珑》鸨儿;《贪欢报》张旺;《龙凤配》狗阴阳;《审头刺汤》汤勤;《双沙河》魏小生;《小猪告状》;《下河南》公子。

《八扯》小二;《捉曹放曹》吕伯奢;《教子》薛保;《赶三关》薛平贵、穆宏;《跑坡》薛平贵;《回龙鸽》同上;《打金枝》唐王;《金水桥》同上;《探窑》老夫人;《戏妻》秋胡;《天水关》诸葛亮;《胭脂褶》白皂隶。

少主人金奎

号树仙,外号猴儿头。隶永胜奎,唱胡子生。

《探母》杨延辉。

小 辫 儿

姓□,部同。唱花旦。辛未出台。

《八扯》小姑娘;《打灶》李三春;《探亲》旗婆;《拾镯》孙玉姣。

秋 芙

姓□,部同。唱花旦。

《探亲》妞儿。

保儿

姓□，部同，唱丑。

《八扯》小二；《探亲》儿子。

蕴华主人张芷芳

名蓉官，安徽合肥县人。辛亥八月二十二日生。隶四喜部。唱武旦，出春华。保身刘赶三暨前忠恕张二奎之婿。传载《明僮合录》。住韩家潭。

《卖艺》姑娘；《泗州城》龙母；《无底洞》老鼠；《青龙棍》杨排风；《火棍》同上；《清风岭》徐凤英；《白水滩》徐绯珠；《红桃山》张月娥；《蔡家庄》蔡芙蓉；《打店》孙二娘；《罗家洼》；《英雄义》俱同上扈三娘；《丁甲山》扈三娘；《神州擂》同上；《攻潼关》余小姐；《蟠桃会》猪婆龙；《青石山》狐狸；《金山寺》水怪；《飞叉阵》公主；《湘江会》钟无盐；《取金陵》；《芦花河》樊梨花；《孝感天》郑叔段夫人。

菊秋

姓张，正名椿，号忆仙，小名利儿。本京人，庚申十二月初六日生。隶四喜。唱昆旦兼青衫。辛未出台。

《湖船》张大姐；《女词》李小姐；《学堂》春香；《游园惊梦》同上；《独占》花魁；《琵琶行》花秀红；《舟配》周玉姐；《挑帘裁衣》潘金莲。

《彩楼配》王宝川；《探窑》同上；《祭塔》白蛇。

韵秀主人尉迟喜儿

号韵卿，本京人。丁巳九月初六日生，隶四喜部，唱胡子生。壬申新立，出咏秀。前春台胡子生尉六之子，西安义胡喜禄之婿。住韩家潭。

《樊城》伍子胥、申包胥;《昭关》伍子胥;《醉写》李太白;《骂曹》祢衡;《打金枝》唐王、郭子仪;《取荥阳》纪信;《天水关》诸葛亮;《黄鹤楼》赵云;《上天台》汉光武;《二进宫》杨博;《芦花河》薛丁山;《采石矶》徐达;《探母回令》杨延辉;《御林郡》马方;《烟墩》申侯;《攻潼关》姜子牙;《青石山》关帝;《斩子》杨延昭、八贤王。

韫山堂张

前主人名玉美。住韩家潭。

蕙芳

姓郑,号月芬。本京人,丁巳生,正名元珍。隶四喜部,唱胡子生。堂名韫辉,主人现附盛安。

《樊城昭关》伍子胥;《醉写》李太白;《捉曹放曹》陈宫;《骂曹》祢衡;《教子》薛保;《戏妻》秋胡;《打金枝》唐王、郭子仪;《金水桥》唐王;《回龙鸽》薛平贵;《芦花河》薛丁山;《五雷阵》孙膑;《取荥阳》汉高祖;《上天台》汉光武;《黄鹤楼》刘备;《战成都》刘璋;《天水关》诸葛亮;《定军山》严颜;《洪洋洞》杨延昭;《探母》;《斩子》俱同上八贤王;《换子》徐策;《审刺》闵觉;《扫雪》刘子明;《法门寺》赵廉;《南阳关》伍云召;《青石山》关帝;《二进宫》杨博、徐彦昭;《断密涧》李密;《金马门》李太白;《借云》刘备;《寄子》邓伯道;《打嵩》邹应龙;《求计》乔松山;《战北原》诸葛亮;《状元谱》陈伯敏;《清官册》寇准;《定天山》薛仁贵;《瑞云庵》傅世年;《白良关》尉迟宝林。

佩春主人章丽秋

名桂芳,小名小道士。苏州人,甲辰生。隶三庆部,唱青衫,曾善耍钵。出春复。住韩家潭。

《追荐》;《彩楼配》王宝川;《击掌》同上;《教子》王春娥;《宇宙峰》赵小姐;《二进宫》李燕妃;《金水桥》正宫;《探母》四夫人;《玉堂春》苏三;《落园》;《孝感天》郑叔段夫人;《打金枝》升平公主。

蕙　兰

姓乔，号纫仙，小名桂祺。冀州人，己未生。隶三庆、四喜，唱昆旦。善书。辛未出台。

《花鼓》婆子；《折柳》霍小玉；《藏舟》邬飞霞；《偷诗》陈妙常；《盗绡》红绡；《琵琶行》花秀红；《戏叔》潘金莲；《挑帘裁衣》同上；《说亲回话》田氏；《游园惊梦》杜丽娘。

声振堂陈

住韩家潭。

少主人鸿喜

小名保儿，癸亥生。隶三庆，唱花面，辛未出台。

《上天台》姚刚；《斩黄袍》郑子明；《断密涧》李密；《二进宫》徐彦昭；《御果园》尉迟敬德；《沙陀国》李克用。

鸿　福

姓夏，号雪舫，小名来官。本京人，原籍扬州，丁巳十月十一日生。隶三庆、永胜奎，唱胡子生。前载福夏秋芙之子。

《樊城昭关》伍子胥；《醉写》李太白；《捉曹放曹》陈宫；《骂曹》祢衡；《教子》薛保；《戏妻》秋胡；《打金枝》唐王；《金水桥》同上；《赶三关》薛平贵；《回龙鸽》同上；《芦花河》薛丁山；《五雷阵》孙膑；《取荥阳》汉高祖；《绑子》汉光武；《黄鹤楼》刘备；《战成都》刘璋；《天水关》诸葛亮；《定军山》黄忠；《凤鸣关》赵云；《绝缨会》楚庄王；《清河桥》同上；《探母》杨延辉；《斩子》杨延昭；《牧羊圈》朱春登；《法门寺》赵廉；《胭脂虎》李景让；《南阳关》伍云召；《御林郡》马方；《戏凤》明正德；《二进宫》杨博、徐彦昭；《黄金台》伊哩。

双　喜

姓张，号□□，小名全儿。本京人，庚申生。隶三庆，唱胡子生。辛未出台。

《上天台》汉光武;《斩黄袍》宋太祖;《断密涧》王伯当;《二进宫》杨博;《斩子》杨延昭;《沙陀国》程敬思。

国顺堂李

住韩家潭。

金兰

姓王,号丽笙。本京人,壬子十二月初五日生,隶三庆,唱青衫。善耍戏法。主人。

《彩楼配》王宝川;《击掌》;《探窑》;《跑坡》俱同上;《回龙鸽》俱同上代禅公主;《赶三关》代禅公主;《打金枝》正宫、升平公主;《金水桥》西宫、银瓶公主;《探母》公主;《戏妻》罗敷;《斩子》穆桂英;《芦花河》樊梨花;《牧羊圈》赵景棠;《玉堂春》苏三。

双兰

姓张,号蒂香。本京人,己未生。部同。唱花旦。辛未出台。

《戏凤》李凤姐;《荣归》小姐;《关王庙》玉堂春。

春兰

姓胡,号□□,顺天人。庚申生。部同。唱胡子生。壬申出台。春兰已去。

《打金枝》唐王;《二进宫》杨博;《取荥阳》纪信;《断密涧》王伯当。

连茂主人周长顺

正名玉辉,号韫山。山东聊城县人。庚戌正月十九日生。隶四喜部。唱武旦,出春茂。住韩家潭。

《泗州城》龙母;《清风岭》徐凤英;《八蜡庙》张桂兰;《白水滩》徐绯珠;《蔡家庄》蔡芙蓉;《红桃山》张月娥;《扈家庄》扈三娘;《金钱豹》丫环;《攻潼关》徐小姐;《无底洞》老鼠;《双包案》同上;《青石山》狐狸;《破洪州》穆桂英;《打店》孙二娘;《罗家洼》;《二龙山》;《射红灯》;

《英雄义》俱同上;《快活林》蒋妻;《昊天关》萧桂英;《恶虎庄》母老虎;《三岔口》;《金沙滩》;《恶虎村》;《罗四虎》;《武当山》。

春华主人朱双喜

正名士敏,号韵秋,外号“羊毛笔”。苏州人,壬辰三月初五生。前隶四喜部,唱昆旦。出净香。住韩家潭。

芷　荪

姓顾,名长明,号筱农,行十。本京人,戊午十一月十一日生。隶四喜,唱昆生,兼昆旦,善鼓板。本师棣华万芷侬。

《胖姑》小孩;《花报》探子;《问探》同上;《游湖借伞》许宣;《断桥》同上;《跳墙》张珙;《下棋》同上;《桂花亭》唐伯虎;《梳妆掷戟》吕布;《荣归》赵廷玉;《巧姻缘》孙玉郎;《卖甲鱼》厨子;《瑶台》淳于棼。

《湖船》张大姐;《女儿国》丞相;《狐思》欢姑;《琵琶行》艄婆;《昭君》王嫱。

芷　荃

姓张,名富官,号湘航,行十一。江苏吴县人,乙卯正月十四日生。部同。唱昆旦。善书弈,工管弦。昆老旦张亭云之子。

《胖姑》娘子;《花报》探子;《游湖借伞》白蛇;《断桥》同上;《跳墙》崔莺莺;《下棋》同上;《梳妆掷戟》貂蝉;《卖甲鱼》鱼婆;《女儿国》国王;《狐思》玉面姑姑;《琵琶行》花秀红;《瑶台》公主;《双官诰》何碧莲;《挑帘裁衣》潘金莲;《说亲回话》田氏;《舟配》周玉姐;《盗令》赵翠儿;《杀舟》同上;《相约》云香;《落园》;《讨钗》;《钗钏大审》俱同上;《乾元山》碧云公主;《活捉》阎婆惜。

芷　茵

茵一作蘅,姓吴,名杏官,原名鸿宝,号也秋,行十二。本京人,己未四月十二日生。部同。唱昆旦,善吹笙。本师春连朱莲桂。

《湖船》张大姐;《花报》探子;《跳墙》红娘;《下棋》;《佳期》;《拷红》俱同上;《断桥》青蛇;《荣归》小姐;《巧姻缘》周蕙娘。

芷 湘

姓范,名蕊官,号秋舲,又号亦仙,行十三。本京人。原籍苏州,庚申四月初八日生。部同。唱昆旦,善弹弦。前余庆范小金之子。辛未出台。

《湖船》张大姐;《花报》探子;《寄柬》红娘;《跳墙》;《下棋》俱同上;《游湖借伞》青蛇;《桂花亭》秋香;《巧姻缘》丫环;《昭君》婢子。

全《思春》。

宝善主人陈芷衫

名润官,小名磬声,外号“小辫子”。本京人,原籍安徽,壬子四月初二日生。唱昆生,兼武生。工隶书,善画兰饮弈。出春华。清馥徐阿福之婿。传载《明僮合录》。

《看状》苏公子;《折柳》李益;《问探》吕布;《雅观楼》李存孝;

《探庄》石秀;《青龙棍》青龙;《清风岭》李虎;《白水滩》十一郎;《蔡家庄》郑天寿;《岳家庄》岳云;《黄鹤楼》周瑜;《孝感天》郑叔段。

二主人陈荔衫

小名连元,本京人,原籍安徽,辛酉五月二十四日生。隶四喜部,唱昆生兼武生。壬申出台。同胞兄弟同住韩家潭。

《寄子》伍兴;《回猎》咬脐郎;

《探庄》石秀;《蜈蚣岭》武松;《雅观楼》李存孝;《乾元山》哪吒。

春连主人朱莲桂

号蕙仙,本京人。庚戌生。隶四喜部,唱青衫。前三庆丑朱三喜之子。自天津来,住韩家潭。

《探窑》王宝川;《打金枝》升平公主。

遇顺主人张桂兰

号蕙香，本京人，丁未生。前隶四喜部，唱旦。出国顺。住韩家潭。

春　芳

姓□，号菊如，本京人，丙辰生。隶三庆，唱青衫。辛未出台。

《彩楼配》王宝川；《探窑》同上；《教子》王春娥；《打樱桃》小姐。

春　喜

姓陈，号小梅，本京人，戊午生。部同。唱花旦。辛未出台。

《湖船》张大姐；《卖饽饽》王三姐；《打樱桃》平儿。

遇顺两徒皆去。

闻憙主人曹福寿

正名服畴，号韵仙，本京人，辛亥六月二十九日生。唱昆旦，善画兰。旧属双贵，出闻德，改署谯国。住韩家潭。

《连相》；《花鼓》婆子；《昭君》王嫱；《折柳》霍小玉；《独占》花魁；《偷诗》陈妙常；《藏舟》邬飞霞；《鹊桥密誓》杨贵妃；《小宴》同上；《挑帘裁衣》潘金莲；《后诱》同上；《游园惊梦》杜丽娘；《游湖借伞》白蛇；《草桥惊梦》崔莺莺；《双官诰》大、二娘；《巧姻缘》周蕙娘；《莲花塘》大娘。

西安义主人胡喜禄

正名国梁，号艾卿，行二，扬州人。丁亥十一月初五日生。管春台部。前唱青衫。出敬义。前桐义胡庆福之胞弟，前安义胡三来之胞兄。住韩家潭。

六　儿

姓马，名桂莲，号爱秋，小名群儿，行六。本京人，丙辰生。隶三庆、春台，唱武旦。旧属东安义。

《卖艺》姑娘；《青龙棍》扬排风；《火棍》；《打焦》俱同上；《清风岭》

徐凤英;《泗州城》龙母;《无底洞》老鼠;《金山寺》水怪。

来福

姓何,号玉珊,行八,淮安人,丙辰生。部同。唱昆旦。

《思凡》赵尼;《折柳》霍小玉;《独占》花魁;《乔醋》夫人;《断桥》白蛇;《楼会》穆素徽;《琴挑》陈妙常;《偷诗》同上。

财宝

姓刘,号笛仙,小名才儿,行九。本京人,甲寅十二月初六日生。部同。唱武生。旧出桐义。

《探庄》石秀;《雅观楼》李存孝;《青龙棍》青龙;《清风岭》李虎;《蜈蚣岭》武松;《白水滩》十一郎;《八大锤》陆文龙;《淮安府》贺人杰;《八蜡庙》同上;《三岔口》任棠辉;《泗州城》猴儿、三咤;《夜巡》都头。

现已出京。

寿儿

姓翟,号佩芝,行十。本京人,丁巳生。部同。唱花旦。庚午出台。

《湖船》张大姐;《上坟》萧素贞;《入府》李妻;《荣归》小姐;《荷珠配》荷珠;《巧姻缘》周蕙娘;《铁弓缘》姑娘。

馥森主人陆鸿福

号竹卿,外号"肉丸子"。苏州人,乙巳十月二十日生。前隶三庆部,唱昆旦。出诒德。住韩家潭。

琴芳

芳一作舫。姓周,号韵笙,小名二定。本京人,丁巳九月二十九日生。隶三庆,四喜,唱昆旦。怡道人有传。

《湖船》张大姐;《女词》李小姐;《拷红》红娘;《舟配》周玉姐;《独占》花魁;《乔醋》夫人;《夺食》秋香;《后约》同上;《琵琶行》花秀红;《挑

帘裁衣》潘金莲;《游园惊梦》小姐;《寄扇》李香君;《园会》荷珠;《折柳》霍小玉;《亭会》谢素秋。

瑞 生

姓仲,号秀芳,本京人,辛酉十一月二十七日生。隶部同。唱昆旦。壬申出台。

《寄柬》红娘;《佳期》同上;《拷红》俱同上;《后约》秋香;《游园惊梦》春香。

韵 芳

姓范,号□□,小名三儿。天津人,庚申生。部同。唱花旦。壬申出台。

《扛子》小娘子;《卖饽饽》王三姐;《入府》李妻;《女店》陈氏。

韵芳已去。

素 芳

姓周,号馨秋。本京人,戊午十一月十六日生。部同。唱昆生。癸酉出台。

《寄柬》张珙;《佳期》同上;《折柳》李益;《乔醋》潘岳;《亭会》赵伯畴;《游园惊梦》柳梦梅。

锡庆主人陆玉凤

号素仙,外号"鹿尾儿",苏州人。隶春台部,唱昆旦,兼青衫。出忠恕。壬申新立。住韩家潭。

《思凡》赵尼;《金山寺》白蛇;《戏目连》观音;《搜孤救孤》公主;《铡判官》柳金蝉;《四进士》扬淑贞;《孝感天》郑叔段;《打嵩》常保童;《审头刺汤》雪艳;《殷家堡》褚兰香;《龙潭镇》骆宏勋;《混元盒》黑狐狸。

少主人小芬

号薇仙，小名福儿，丙辰五月二十九日生。隶春台，唱昆旦、兼青衫，善胡琴。出景春。怀新陆翠香之婿。

《湖船》张大姐；《游园惊梦》杜丽娘；《独占》花魁；《醉圆》巫姬；《三怕》柳夫人；《偷诗》陈妙常。

《探窑》王宝川。

乐安主人孙心兰

号性香，本京人，己酉生。隶三庆部，唱青衫。出东安义。住韩家潭。

《彩楼配》王宝川；《探窑》同上；《打金枝》升平公主；《祭塔》白蛇；《祭江》孙夫人；《斩子》穆桂英；《芦花河》樊梨花；《战太平》二夫人。

玉　林

姓□，号□□，山西人，戊午生。隶三庆，唱昆旦。辛未出台。

《独占》花魁；《小宴》杨贵妃；《舟配》周玉姐；《茶叙》陈妙常。

玉林已去。

诒德堂蒋

前主人名兰香，住百顺胡同。

长福

姓卢，号悦卿。本京人，原籍直隶昌平州。乙卯四月十七日生。隶三庆，唱昆旦、兼刀马旦。现住四箴。

《水斗》白蛇；《断桥》；《盗库》俱同上。

《无底洞》老鼠；《青石山》狐狸；《乾元山》石矶；《湘江会》钟无盐；《射红灯》孙二娘；《扈家庄》扈三娘；《攻潼关》余小姐。

双　福

姓杨，号梅卿，本京人，戊午生，小名羊儿。部同。唱武生。

《探庄》石秀；《蜈蚣岭》武松；《飞虎山》李存孝；《雅观楼》同上；《火云洞》哪吒；《水斗》；《无底洞》；《青石山》；《乾元山》俱同上。

凤　玲

姓戴，号仪云。本京人，辛酉生。部同。唱昆旦，兼花旦。本师醇和罗巧福，辛未出台。

《湖船》张大姐；《花鼓》汉子；《学堂》春香；
《烧窑》；《顶嘴》。

金　保

姓郑，号玉如。本京人，壬戌生。部同。唱昆旦，兼花旦。壬申出台。

《女词》李小姐；《琵琶行》花秀红；《花鼓》婆子；《思春》；
《卖饽饽》王三姐。

丽华主人沈芷秋

正名全珍，苏州人。丁未十二月十一日生，唱昆旦。出春华。前净香郑莲桂之婿。传载《明僮合录》。住百顺胡同。

《思凡》赵尼；《下山》同上；《游园惊梦》杜丽娘；《寻梦》；《圆驾》俱同上；《鹊桥密誓》杨贵妃；《絮阁》；《小宴》俱同上；《捞月》韩国夫人；《醉归》花魁；《独占》同上；《琴挑》陈妙常；《偷诗》同上；《折柳》霍小玉；《藏舟》邬飞霞；《乔醋》夫人；《梳妆跪池》柳夫人；《楼会》穆素徽；《盗令》赵翠儿；《后亲》戚小姐；《断桥》白蛇；《瑶台》公主。

金树堂张

前主人名旺儿。住百顺胡同。

金　福

姓雷，号蓉仙。本京人，已未生。隶四喜、春台，唱花旦。

《连相》;《扛子》小娘子;《卖饽饽》王三姐;《入府》李妻;《友店》陈氏;《摇会》大、二娘;《嫖院》鸨儿;《打刀》女掌柜;《背凳》;《顶砖》;《双沙河》公主;《玉玲珑》鸨儿。

金 林

姓汪,号燕仙。安徽人,丁巳生。部同。唱胡子生。

《昭关》伍子胥;《骂曹》祢衡;《醉写》李太白;《乌盆记》绸缎客;《赶三关》薛平贵;《跑坡》;《回龙鸽》俱同上;《打金枝》唐王、郭子仪;《金水桥》唐王;《芦花河》薛丁山;《斩子》杨延昭;《上天台》汉光武;《南阳关》伍云召;《探窑》老夫人。

金林巳去。

金 善

姓胡,号莱仙,本京人,丙辰生。部同。唱花旦,兼青衫,善弹琵琶。

《面缸》周蜡梅;《别妻》王氏;《嫖院》鸨儿;《顶砖》;《彩楼配》王宝川;《探窑》;《跑坡》俱同上;《赶三关》代禅公主;《回龙鸽》同上;《打金枝》升平公主;《金水桥》银瓶公主;《芦花河》樊梨花。

仝:

《教子》金福薛义、金林薛保、金喜三娘。

《戏妻》金福秋母、金林秋胡、金喜罗敷。

金 凤

姓黄,号芸仙。本京人,原籍绍兴,丁巳生。隶四喜,唱花旦。壬申出台。

《摇会》大、二娘;《入府》李妻;《打樱桃》平儿;《荷珠配》荷珠;《铁弓缘》姑娘;《双沙河》公主;《玉玲珑》梁红玉。

金树现兼瑞和成。

瑞香主人张天元

号瑞香，天津人。隶三庆部，唱青衫兼花旦、刀马旦。出□□。庚午自天津来立。住百顺胡同。

《探窑》王宝川；《探母》公主；《戏妻》罗敷；《二进宫》李燕妃；《赶三关》代禅公主；《宇宙峰》赵小姐；《三休》樊梨花；《芦花河》同上；《胭脂虎》石中玉；《翠屏山》潘巧云；《摇会》大娘；《杀狗》萧氏；《湘江会》钟无盐；《破洪州》穆桂英；《玉玲珑》梁红玉；《延安关》双阳公主；《彩楼配》王宝川；《击掌》；《跑坡》；《回龙鸽》俱同上，代禅公主；《金水桥》西宫、银瓶公主；《教子》王春娥；《探母》萧太后；《面缸》周腊梅；《双沙河》公主；《攻潼关》余小姐。

咏秀主人朱小元

号吉仙，苏州人，八月十五日生。隶四喜部，唱武旦，出吟秀。住百顺胡同。

《卖艺》姑娘；《泗州城》龙母；《无底洞》老鼠；《青龙棍》杨排风；《火棍》同上；《清风岭》徐凤英；《白水滩》徐绯珠；《红桃山》张月娥；《殷家堡》褚兰香；《打店》孙二娘；《英雄义》；《丁甲山》；《罗家洼》；《神州擂》；《夺锦标》俱同上；《扈家庄》扈三娘；《攻潼关》徐小姐；《四杰村》鲍金花；《八蜡庙》张桂兰；《骆马湖》李佩妹；《杀四门》刘金锭；《蟠桃会》猪婆龙；《青石山》狐狸；《金山寺》水怪；《飞叉阵》公主；《取金陵》；《独虎营》。

玉　儿

姓□，隶四喜，唱昆旦。辛未出台。

《独占》花魁；《打樱桃》小姐。

玉儿已去。

四　十　儿

姓周，号丽卿。本京人，庚申生。部同。唱花旦，兼昆旦、青衫。辛未出台。

《扛子》小娘子；《女店》陈氏；《卖饽饽》王三姐；《打樱桃》玉儿；《入

府》李妻;《花鼓》婆子;《芦花河》樊梨花;《舟配》周玉姐。

升 儿

姓王,名喜云,号霨卿。本京人,辛酉七月十一日生。部同。唱胡子生。壬申出台。

《醉写》李太白;《挡谅》康茂才;《攻潼关》姜子牙;《上天台》汉光武;《教子》薛保;《打金枝》唐王;《五雷阵》孙膑;《御林郡》马方;《芦花河》薛丁山;《昭关》伍子胥。

珠润主人李小珍

号畹仙,苏州人。隶三庆部,唱武生。出吟秀。住百顺胡同。

《淮安府》黄天霸;《独虎营》同上;《二龙山》张青;《恶虎庄》杜明;《射红灯》石秀;《蔡家庄》郑天寿;《破洪州》杨宗保;《胭脂虎》王寻玉;《安五路》;《八蜡庙》黄天霸;《连环套》;《恶虎村》俱同上;《九龙杯》;《探庄》石秀;《翠屏山》同上;《英雄义》燕青;《红桃山》花荣;《神州擂》同上;《昊天关》花凤春;《艳阳楼》同上;《群英会》周瑜;《黄鹤楼》同上;《借云》赵云;《凤凰台》孙策;《界牌关》罗章;《反西凉》马超;《白水滩》十一郎;《镇潭州》杨再兴;《攻潼关》三咤;《双包案》猫;《状元谱》陈大官;《赵家楼》华云龙;《金沙滩》;《五人义》;《泗州城》;《无底洞》;《青石山》;《金钱豹》。

敬善主人曹春山

名福林,安徽人。隶四喜部,唱昆老生。出□□。住百顺胡同。

《访鼠测字》况钟;《金山释放》周羽;《草鞋夜课》冯仁;《搜山行车》严正直;《梳妆跪池》苏轼;《双铃记》汉御史;《四平山》隋炀帝;《千里驹》义士;《九莲灯》富奴;《黄河阵》燃灯;《德政坊》萧大亨;《梅玉配》苏旭;《棋盘山》将官;《寄扇》杨文骢;《教歌》阿二;《拐儿》大骗;《花鼓》汉子;《仲子》;《鸿门寺》赵玉;《浣花溪》崔宁;《雪中人》吴六奇;《双官诰》冯仁。

敬福

姓张,号紫仙。顺天人,庚申二月初六日生。隶四喜,唱昆旦,兼青衫。旧属聚得。

《学堂》春香;《藏舟》邬飞霞;《借茶》阎婆惜。

《祭塔》白蛇

敬禄

姓江,号荷仙。本京人,癸亥生。部同。唱昆旦。壬申出台。

《学堂》小姐;《规奴》;

《教子》薛义。

敬喜

姓郭,号瀛仙,又号韵梅。本京人,庚申五月十三日生。部同。唱花旦。癸酉出台。

《面缸》周腊梅;《别妻》王氏;《关王庙》玉堂春;《铁弓缘》姑娘;《上坟》萧素贞;《扛子》小娘子;《翠屏山》潘巧云。

联星主人沈阿寿

号眉仙,苏州人。辛丑九月□日生。唱旦,兼昆乱。出兄本堂。前四喜名旦沈宝珠之胞弟,住石头胡同。

《水斗》青蛇;《断桥》同上;《游园惊梦》春香;《刺梁》邬飞霞;《芦林》庞夫人;《说亲回话》田氏;《黄河阵》琼霄;《娘子军》平阳公主;《千里驹》吕小姐。

《破洪州》穆桂英;《双沙河》公主;《贪欢报》李湘兰;《马上缘》樊梨花;《夺锦标》薛芳娘。

少主人小宝

正名振基,号燕香。壬子二月十八日生。唱昆生,兼武生。现隶春台。出西福云。前四喜名旦沈宝珠之子,闻馨王长桂之婿。传载《明僮合录》。

《独占》秦钟;《大小宴》吕布;

《探庄》石秀;《岳家庄》岳云;《蔡家庄》蔡吉全;《八大锤》陆文龙;《观音山》小龙;《莲花塘》同上。

桂　喜

姓贾,号露香。本京人,庚申生。隶四喜,唱花旦。庚午出台。

《扛子》小娘子;《打灶》李三春;《杀狗》萧氏;《查关》旗婆;《卖饽饽》王三姐。

蕉雪主人王顺福

正名琪,号佩仙,小名二歌。本京人,辛亥十月二十二日生。隶四喜部,唱青衫,兼花旦,识名人字画。出保身。闻馨王长桂之婿。

《彩楼配》王宝川;《探窑》;《跑坡》;《回龙鸽》俱同上代禅公主;《打金枝》正宫、升平公主;《金水桥》西宫、银瓶公主;《戏妻》罗敷;《芦花河》樊梨花;《拾镯》孙玉姣;《探亲》妞儿;《绒花记》;《金玉坠》;《乘龙会》东海龙母。

二主人王湘云

改名缃芸,号次潇。本京人,乙卯十月二十四日生。隶四喜部,唱昆旦。同胞兄弟。出景龢。同住石头胡同。

《湖船》张大姐;《游园惊梦》杜丽娘;《折柳》霍小玉;《小宴》杨贵妃;《舟配》周玉姐;《狐思》玉面姑姑;《打樱桃》平儿。

春龢主人刘倩云

名增福,正名庆禄,小名龙儿。本京人,原籍安徽望江县,丙午六月十三日生。前隶四喜部,唱旦,工篆书。出景龢。本师福盛杨三喜。传载《明僮合录》。住石头胡同。

梅　清

姓张，号小倩。本京人，原籍苏州，辛酉十二月□生。隶四喜，唱昆旦，兼青衫。张桂凤之子。

《湖船》张大姐；《舟配》周玉姐；《游湖借伞》白蛇；《探窑》王宝川。

醇和主人罗巧福

号笑仙，本京人。原籍苏州，乙未十二月十二日生。传赞载《昙波》。前隶四喜部，唱旦。出福盛。住羊毛胡同。

少主人百岁

己未生，隶四喜，唱丑。辛未出台。

《扛子》强盗；《面缸》知县；《打灶》二哥；《上坟》刘鹿京；《摇会》邻居；《清风岭》江老鼠；《赶三关》穆宏；《偷诗》进安；《烧窑》；《入府》李瓶儿；《雅观楼》班方腊。

保春主人张梅五

名福官，本京人。隶永胜奎部，唱花旦、兼青衫。出保身。住羊毛胡同。

《拾镯》孙玉娇；《探亲》旗婆；《摇会》大娘；《打灶》李三春；《入府》李妻；《下河南》媒婆；《绒花记》二小姐；《红鸾喜》金玉奴；《双沙河》公主；《雁门关》铁镜公主；《贪欢报》李湘兰；《背凳》；《思志诚》；《探窑》王宝川。

近信主人陈四儿

名连元，号玉卿。本京人。原籍安徽，壬子二月二十二日生。正名庆元。隶永胜奎部，唱胡子生。庚午新立，出西安义。西安义胡喜禄之婿。

《骂曹》祢衡；《斩子》杨延昭；《审刺》闵觉；《五雷阵》孙膑；《战北原》诸葛亮；《天水关》同上；《打登州》秦琼；《镇潭州》岳飞；《龙虎斗》宋

太祖;《牧羊圈》朱春登。

二主人陈五儿

名连珍,号佩珊,本京人,原籍安徽。乙卯正月二十二日生。正名庆芳。隶春台部,唱武旦。同胞兄弟。出西安义。同住猪毛胡同。

《卖艺》姑娘;《清风岭》徐凤英;《无底洞》老鼠;《泗州城》猴儿、水怪;《青石山》狐狸;《金山寺》蛤蜊;《奇女福》荀灌娘;《锁云囊》梁上君;《红桃山》张月娥;《殷家堡》褚兰香;《四杰村》林四妹;《飞叉阵》公主。

玉　奎

姓余,号瑶仙。本京人,戊午九月□日生。隶春台,唱胡子生。现附盛安。

《昭关》伍子胥;《醉写》李太白;《金马门》同上;《教子》薛保;《戏妻》秋胡;《挡谅》康茂才;《芦花河》薛丁山;《黄金台》田单;《法门寺》赵廉。

金　喜

姓孟,号如秋,又号珩仙、丽仙,小名月儿。直隶故城县人,庚申三月十四日生。部同。唱花旦。辛未出台。

《喂药》刘金锭;《荣归》小姐;《荷珠配》荷珠;《关王庙》玉堂春;《闹洞房》新娘;《贵子图》丫环;《胭脂虎》石中玉。

春馥主人郑秀兰

号素香,小名寄生。苏州人,己酉十月十六日生。管四喜部,唱青衫,善饮,工管弦。出本堂。本师元春姚桂芳。传载《明僮合录》。住猪毛胡同。

《彩楼配》王宝川;《击掌》;《探窑》;《跑坡》;《回龙鸽》俱同上代禅公主;《赶三关》代禅公主;《打金枝》正宫、升平公主;《金水桥》西宫、银瓶公主;《雁门关》碧莲公主;《探母》公主;《教子》王春娥;《戏妻》罗敷;

《斩子》穆桂英;《祭江》孙夫人;《祭塔》白蛇;《斩窦娥》窦娥;《南天门》曹玉莲;《二进宫》李燕妃;《三休》樊梨花;《芦花河》同上;《牧羊圈》赵景棠;《玉堂春》苏三;《一捧雪》雪艳;《朱砂痣》江氏;《宝莲灯》王桂英;《泗州城》观音;《孝廉卷》柳氏;《乘龙会》舜华公主;《御碑亭》王妻。

双　喜

姓江,号俪云。河间人,庚申生。隶四喜,唱青衫。本师瑞香张天元。辛未出台。

《教子》王春娥;《戏妻》罗敷;《探窑》王宝川;《赶三关》代禅公主;《宇宙峰》赵小姐。

双　福

姓郑,号倚云。本京人,庚申二月二十二日生。部同。唱花旦,善弹琵琶。壬申出台。

《面缸》周腊梅;《送盒》同上;《女店》陈氏;《打樱桃》平儿。

绮春主人时小福

正名庆,号琴香,别号赞卿,小名阿庆。苏州人,丙申九月初九日生。唱旦,兼昆乱。善饮弈。出春馥。本师清馥徐阿福。传载《明僮合录》。住猪毛胡同。

《挑帘裁衣》潘金莲;《折柳》霍小玉;《小宴》杨贵妃;

《彩楼配》王宝川;《击掌》;《探窑》;《跑坡》;《回龙鸽》俱同上代禅公主;《赶三关》代禅公主;《打金枝》正宫、升平公主;《金水桥》西宫、银瓶公主;《法门寺》宋巧姣;《探母》四夫人;《教子》王春娥;《戏妻》罗敷;《斩子》穆桂英;《祭江》孙夫人;《汾河湾》柳迎春;《斩窦娥》窦娥;《南天门》曹玉莲;《二进宫》李燕妃;《宇宙峰》赵小姐;《芦花河》樊梨花;《牧羊圈》赵景棠;《玉堂春》苏三;《虹霓关》丫环。

云　仙

姓张,名连仲,号玉芬。江苏清河县人,丁巳生。隶三庆,唱青衫。本师春秀李银保。

《彩楼配》王宝川;《探窑》;《回龙鸽》俱同上;《赶三关》代禅公主;《打金枝》正宫;《教子》王春娥;《戏妻》罗敷;《祭江》孙夫人;《祭塔》白蛇;《斩窦娥》窦娥;《汾河湾》柳迎春;《宇宙峰》赵小姐;《三休》樊梨花;《芦花河》同上;《玉堂春》苏三。

凤　宝

姓秦,正名宝鼐,号艳仙,外号"小和尚"。天津人,庚申四月初一日生。部同。唱老小生,兼昆生。辛未出台。

《醉写》李太白;《打金枝》唐王;《上天台》汉光武;《教子》薛义;《扫雪》刘丁生;《朱砂痣》韩天赐;《汾河湾》薛丁山。

《回猎》咬脐郎;《看状》苏公子;《见娘》王十朋;《乔醋》潘岳。

春复主人陈兰初

名全林,苏州人。甲午二月二十一日生。前隶三庆部,唱昆生。出景春,本师三复。住猪毛胡同。

桂　亭

姓陈,号秋园,园一作原。本京人,原籍苏州丙辰生。隶三庆,唱昆生。名生陈金爵之孙,四喜昆生陈永年之子。

《游园惊梦》柳梦梅;《琵琶行》白居易;《亭会》赵伯畴;《藏舟》刘蒜;《独占》秦钟;《寄柬》张珙;《佳期》;《拷红》俱同上;《折柳》李益;《游湖借伞》许宣;《水斗》;《断桥》俱同上;《夺食》唐伯虎;《后约》同上;《乔醋》潘岳;《琴挑》潘必正;《偷诗》同上;《鹊桥密誓》唐明皇。

桂　枝

姓诸,号秋芬。本京人,丙辰四月初一日生。部同。唱昆旦,善弈。诗词传赞载《别录》。

《思凡》赵尼;《游园惊梦》杜丽娘;《琵琶行》花秀红;《亭会》谢素秋;《藏舟》邬飞霞;《独占》花魁;《寄柬》红娘;《佳期》;《拷红》俱同上;

《瑶台》公主;《折柳》霍小玉;《鹊桥密誓》杨贵妃。

桂蟾主人

姓钱,号秋滢,又号荇香。本京人,原籍苏州,乙卯八月初四日生。前春和钱如兰之子。部同。唱昆旦,善画,工管弦。壬申出师。

《思凡》赵尼;《游园惊梦》杜丽娘;《亭会》谢素秋;《藏舟》邬飞霞;《醉归》花魁;《独占》同上;《折柳》霍小玉;《狐思》欢姑;《游湖借伞》青蛇;《琴挑》陈妙常;《偷诗》同上;《鹊桥密誓》织女;《梳妆掷戟》貂蝉;《后亲》戚小姐。

桂凤

姓刘,原名小芳,号菱仙,又号秋芳。本京人,戊午生。部同。唱昆旦。前景春朱福喜之徒。壬申移此。

《湖船》张十姐;《女词》李小姐;《寄柬》红娘;《佳期》同上;《独占》花魁;《琵琶行》花秀红;《游园惊梦》春香。

盛安堂汪

辛未新立。住猪毛胡同。

玉官

姓张,号蓝田。本京人,己未十二月初二日生。隶四喜、春台,唱青衫。

《彩楼配》王宝川;《探窑》同上;《祭塔》白蛇;《戏妻》罗敷;《荣归》小姐;《宇宙峰》赵小姐。

郭全福主人

号雪香,本京人,乙卯生。隶春台部,唱青衫。出声振。壬申移附盛安。

《彩楼配》王宝川;《回龙鸽》同上;《打金枝》升平公主;《金水桥》银瓶公主;《牧羊圈》赵景棠。

嘉颖主人李艳侬

正名得华,小名套儿。顺天人,辛亥九月初九日生。唱青衫,兼昆生,善弹琴、吹笛、弈画。出嘉荫,瑞春钱阿四之婿。传载《明僮合录》。住猪毛胡同。

《连相》;《游园惊梦》柳梦梅;《醉归》秦钟;《独占》同上;《折柳》李益;《藏舟》刘蒜;《琴挑》潘必正;《梳妆掷戟》吕布;《后亲》韩琦仲;《金山寺》许宣。

《祭塔》白蛇;《探窑》王宝川;《跑坡》同上;《宇宙峰》赵小姐;《芦花河》樊梨花;《戏凤》李凤姐。

琴官

姓崔,号桐仙。本京人,辛酉生。隶四喜、春台,唱昆旦,兼花旦,善弹琵琶。壬申出台。

《女词》李小姐;《舟配》周玉姐;

《面缸》周蜡梅;《荷珠配》荷珠。

顺儿

姓爱,号丽琴。本京人,癸亥生。唱昆旦,兼武生。

《独占》秦钟;《舟配》陈春生;

《乾元山》哪吒。

松荫主人李福寿

名小韵,号□□,安徽人。前唱青衫。出□□。壬申重新,住猪毛胡同。

玉寿

姓李,号菊仙。本京人,庚申生。隶春台,唱花旦。

《上坟》萧素贞;《荷珠配》荷珠;《卖胭脂》王月英。

嘉荫主人陈兰仙

名心宝,苏州人。申辰八月二十四日生。前隶四喜部,唱昆旦。出维新,住陕西巷。

蔚华主人陈芷香

名全元,安庆人。□□五月初四日生。隶春台部。唱青衫。出春华,住陕西巷。

《彩楼配》王宝川;《探窑》同上;《战太平》二夫人。

春　林　堂

壬申新立,住陕西巷。

登　云

姓□,隶三庆、春台,唱花旦。

桐云主人陆金凤

医名廷章,号翼堂。苏州人,嘉庆庚午二月十一日生。前唱□,业医,外科,堂名同荫,出□□。住大外郎营。

少主人四儿

号□,行□,壬戌生。隶春台,唱昆旦,兼青衫、武旦。庚午出台。

《打番》番儿。

《教子》王春娥;《鸳鸯瓶》鲇鱼。

桂　喜

姓薛,号芹香,小名馨儿。本京人,丁巳生。部同。唱武旦。

《青龙棍》青龙;《蜈蚣岭》武松;《八蜡庙》贺仁杰;《三岔口》任棠辉;《忠义乐》薛丁山;《鸳鸯瓶》乌□□;《阖家欢》;《顶灯》;《背凳》。

来喜

姓段,号紫香。本京人,丁巳生。部同。唱武旦。

《青龙棍》杨排风;《火棍》同上。

三喜

姓王,号月香。本京人,丁巳生。部同。唱丑。

《火棍》孟良。

仝:

《打店》四儿张青、桂喜武松、来喜孙二娘、三喜;《琵琶洞》四儿蜘蛛、桂喜鸡、来喜孙悟空、三喜蝎子。

宝铃

姓赵,号鸾仙。本京人,丙辰生。部同。唱昆旦,兼青衫、花旦。庚午出台。

《醉归》花魁;《吞丹》狐狸;《奇双会》夫人;

《教子》王春娥;《忠义乐》樊梨花;《顶灯》;

仝《跑马卖艺》。

桐云现兼瑞和成。

琪树主人韩宝芬

号蕊珊,小名山儿。本京人,壬子生。隶四喜部,唱青衫,善胡琴。出瑞春。壬申出台。住李铁拐斜街。

《彩楼配》王宝川;《打金枝》升平公主;《金水桥》银瓶公主。

丹林堂李

前主人系西安义胡喜禄之妹丈。住李铁拐斜街。

玉祥主人

姓李，号佩秋。本京人，乙卯六月十五日生。隶四喜，唱青衫，兼花旦。

《彩楼配》王宝川；《探窑》同上；《祭塔》白蛇；《戏妻》罗敷；《宇宙峰》赵小姐；《女店》陈氏；《天水关》刘禅。

玉福

姓李，号侣秋。本京人，壬戌生。部同。唱昆旦。癸酉出台。

《湖船》张大姐；《花鼓》婆了；《挑帘裁衣》潘金莲；《荣归》小姐；《学堂》小姐；《独占》花魁。

玉庆

姓曹，号艳仙。本京人，壬戌生。部同。唱花旦。癸酉出台。

《扛子》小娘子；《赶会》刘二姐；《荷珠配》荷珠。

景龢主人梅巧玲

正名芳，号慧仙，又号雪芬。苏州人，原籍泰州。壬寅八月二十一日生。掌四喜部，唱旦，兼昆乱。工隶书，精鉴金石。出醇和。本师福盛杨三喜。传载《明僮合录》。名生陈金爵之婿。住李铁拐斜街。

《思凡》赵尼；《刺虎》费宫娥；《定情》杨贵妃；《赐盒》；《絮阁》；《小宴》俱同上；《折柳》霍小玉；《剔目》李亚仙；《赠剑》百花公主；《说亲回话》田氏；《双铃记》赵玉；《万事足》邱夫人；《红楼梦》史湘云；《雪中人》夫人；《梅玉配》韩翠珠；《黄河阵》云霄。

《彩楼配》王宝川；《赶三关》代禅公主；《回龙鸽》同上；《打金枝》正宫、升平公主；《金水桥》西宫；《探母》萧太后、公主；《雁门关》萧太后；《二进宫》李燕妃；《芦花河》樊梨花；《汾河湾》柳迎春；《三进士》王氏；《玉堂春》苏三；《虹霓关》东方夫人；《翠屏山》潘巧云；《乌龙院》阎婆惜；《胭脂虎》石中玉；《玉玲珑》梁红玉；《浣花溪》任荣卿；《得意缘》云鸾；《闺房乐》管夫人；《德政坊》穷不怕、夫人；《真富贵》邵真真；《红鸾喜》金玉奴;《延安关》双阳公主;《双沙河》公主;《破洪州》穆桂英;《摇会》大娘;《变羊》柳夫人;《探亲》旗婆;《贪欢报》李湘兰;《思志诚》女老板;《盘丝洞》蜘蛛;《乘龙会》柳毅。

紫　云

姓余,正名金梁,号砚芬,小名昭儿,行五。湖北罗田县人,乙卯七月初七日生。隶四喜,唱昆旦、花旦,兼青衫,善弹琵琶。前胜春余三胜之子。

《湖船》张大姐;《琵琶行》花秀红。

《面缸》周腊梅;《别妻》王氏;《贪欢报》李湘兰;《巧姻缘》周蕙娘;《虹霓关》丫环;《闺房乐》;《真富贵》俱同上;《摇会》二娘;《盘丝洞》蜘蛛;《戏凤》李凤姐;《荷珠配》荷珠;《彩楼配》王宝川;《探窑》;《回龙鸽》俱同上;《赶三关》代禅公主;《金水桥》银瓶公主;《教子》王春娥;《祭江》孙夫人;《二进宫》李燕妃;《芦花河》樊梨花;《宇宙峰》赵小姐;《梅玉配》秀兰;《乘龙会》琼莲公主;《翠屏山》潘巧云。

瑞　云

姓张,号蔼青,小名五十,行六,本京人,戊午八月二十二日生。部同。唱武生。四喜昆旦张多福之子。四喜武旦沈定儿之外甥。庚午出台。

《探庄》石秀;《打虎》武松;《打店》;《蜈蚣岭》;《快活林》俱同上;《青龙棍》青龙;《清风岭》李虎;《八蜡庙》贺仁杰;《雅观楼》李存孝;《蔡家庄》郑天寿;《雁门关》四郎子。

福　云

姓孙,原名财喜,号□□,小名有儿,行七。本京人,原籍天津,己未生。前四喜武旦孙玉兰之子。部同。唱武旦。前玉树王小玉之徒。辛未出台,壬申移此。

《卖艺》姑娘;《青龙棍》杨排风;《火棍》《打焦》俱同上;《清风岭》徐凤英;《打店》孙二娘;《罗家洼》同上;《蔡家庄》蔡芙蓉;《奇女福》荀

灌娘;《快活林》蒋妻。

啸　云

姓陈,号□□,小名拴儿,行八。本京人,原籍苏州,丁酉生。部同。唱老、小生,兼昆生。壬申出台。名生陈金爵之孙,前四喜昆生陈永林之子。

《寄子》伍兴;《回猎》咬脐郎;《冥勘》炳灵公;《大小宴》吕布。

《醉写》李太白;《挡谅》康茂才;《教子》薛义;《扫雪》刘丁生;《朱砂痣》韩天赐;《汾河湾》薛丁山。

瑞春主人钱阿四

名玉寿,苏州人。隶四喜部,唱昆正旦。出南班。名生陈金爵之婿。住樱桃斜街。

《后亲》柳夫人;《盘秋》夫人;《拜冬》同上;《痴梦》崔氏;《双官诰》何碧莲;《阳告阴告》殷桂英。

少主人宝莲

号秀珊,小名文玉,甲寅生。隶四喜、春台,唱昆旦,兼花旦。

《独占》花魁;《小宴》杨贵妃;《茶叙》陈妙常。

《纺花》。

宝琳主人

姓田,号玉珊,小名德主。本京人,癸丑生。部同。唱青衫,善胡琴。旧属西福云。

《彩楼配》王宝川;《击掌》《探窑》《回龙鸽》俱同上;《打金枝》正宫;《金水桥》银瓶公主;《二进宫》李燕妃;《芦花河》樊梨花。

宝琳重立瑞云,附聚得。

宝　香

姓姚,号妙珊,小名锁儿。本京人,戊午生。部同。唱花旦,兼青衫,善弹琵琶。庚午出台。

《面缸》周腊梅;《卖饽饽》王三姐;《玉堂春》苏三;《彩楼配》王宝川;《探窑》同上;《打金枝》升平公主;《教子》王春娥;《戏妻》罗敷;《芦花河》樊梨花;《击掌》王宝川;《回龙鸽》同上;《二进宫》李燕妃。

宝 云

姓谢,号□□,小名昭儿。顺天人,庚申生。部同。唱昆旦、花旦,兼老旦、胡子生。辛未出台。

《女词》李小姐。

《望儿楼》窦太后;《探窑》老夫人;《回龙鸽》同上;《戏妻》秋胡;《教子》薛义;《纺花》;《打金枝》郭子仪;《二进宫》杨博。

宝 玉

姓刘,号□□,本京人,壬戌生。部同。唱胡子生。壬申出台。

《打金枝》唐王;《醉写》李太白;《金马门》同上;《教子》薛保;《戏妻》秋胡;《击掌》王永;《回龙鸽》薛平贵;《挡谅》康茂才;《金水桥》唐王;《芦花河》薛丁山。

文安主人范春桂

号葵仙,苏州人。隶四喜部,唱旦。出保安。四喜丑夏福保之婿。住樱桃斜街。

《梅玉配》苏玉莲;《绒花记》小姐;《艳阳楼》高妻;《莲花塘》大娘。

双 寿

姓刘,号眉卿。本京人,己未生。隶四喜、春台,唱花旦,善弹琵琶。

《面缸》周腊梅;《扛子》小娘子;《入府》李妻。

紫阳主人朱莲芬

名福寿,正名延禧,行二。苏州人,丙申十二月十一日生。赞载《昙波》。唱旦，兼昆乱，工书，善管弦。出兄堂。前景春朱福喜之胞弟。旧居景春。春台胡子生顾合祥之婿。住樱桃斜街。

《思凡》赵尼；《寄扇》李香君；《游园惊梦》杜丽娘；《寻梦》同上；《题曲》乔小青；《水斗》白蛇；《断桥》同上；《乔醋》夫人；《醉圆》同上；《醉归》花魁；《独占》同上；《后亲》戚小姐；《活捉》阎婆惜；《盗令》赵翠儿；《芦林》庞夫人；《盘秋》谢素秋；《大小宴》貂蝉；《梳妆掷戟》同上；《琴挑》陈妙常；《偷诗》同上；《梳妆跪池》柳夫人；《三怕》同上；《双拜月》王瑞兰；《楼会拆书》穆素徽；《戏目莲》观音。

《芦花河》樊梨花；《贪欢报》李湘兰；《双沙河》公主。

聚得堂薛

前主人名三桂，住樱桃斜街。

采兰主人

姓□，号畹秋。隶四喜，唱昆生，兼花旦，善画。本师怡云王彩琳。

《画兰》余百谷；《赠剑》海俊。

《摇会》二娘。

采　清

姓周，号兰芬。本京人，己未生。部同。唱花旦。

《嫖院》；《送盒》周腊梅；《卖饽饽》王三姐。

三　元

姓张，号佩秋。江苏清河县人，庚申生。部同。唱花旦。绮春张云仙之胞弟。庚午出台。

《面缸》周腊梅；《嫖院》；《算命》。

聚得诸徒皆无。

春茂堂陈

住樱桃斜街。

少主人桂宝

号丹仙,又号声凯。戊午十月二十八日生。隶三庆、四喜,唱武生。

《探庄》石秀;《打虎》武松;《蜈蚣岭》同上;《夜巡》都头;《大夜奔》林冲;《反西凉》马超;《岳家庄》岳云;《雅观楼》李存孝;《反玉侯》同上;《八蜡庙》贺仁杰;《英雄会》万金诏;《武当山》明太祖;《金兰会》岳云。

桂　寿

姓陈,号蟾仙,小名顺儿。本京人,己未七月二十七日生。部同。唱花旦,兼昆旦。庚午出台。

《佳期》红娘;《拷红》同上;《独占》花魁;《琵琶行》花秀红。

《扛子》小娘子;《打灶》李三春;《卖饽饽》王三姐;《女店》陈氏;《打刀》女掌柜;《入府》李妻;《戏凤》李凤姐;《烧灵》刘氏;《下河南》媒婆;《龙凤配》同上;《上坟》萧素贞。

桂　芬

姓汪,号美仙,又号艳秋。本京人,庚申生。部同。唱胡子生。前四喜武生汪年保之子。辛未出台。

《昭关》伍子胥;《醉写》李太白;《挡谅》康茂才;《戏凤》明正德;《五台山》杨延昭。

岫云主人徐小香

正名炘,原名馨,号蝶仙。苏州人,原籍常州,辛卯十二月初十日生。唱小生,兼昆乱。出吟秀。旧主德闻。住小安南营。

《游园看状》苏公子;《赏荷》蔡伯喈;《见娘》王十朋;《游园惊梦》柳梦梅;《拾画叫画》同上;《剔目》郑元和;《水斗》许宣;《断桥》同上;《乔醋》潘岳;《醉圆》同上;《奇双会》知县;《醉归》秦钟;《独占》同上;《起

布》吕布；《闻探》；《三战》；《大小宴》；《梳妆掷戟》俱同上；《芦花荡》周瑜；《梳妆跪池》陈慥；《三怕》同上；《楼会拆书》于叔夜；《玩笺错梦》同上；《惊丑诧美》韩琦仲；《雪中人》查伊璜；《探庄》石秀；《雅观楼》李存孝；《对刀步战》李洪基。

《群英会》周瑜；《黄鹤楼》；《取南郡》；《临江会》俱同上；《辕门射戟》吕布；《借云》赵云；《盘河战》；《跃檀溪》俱同上；《回阵》韩彦直；《孝感天》郑叔段；《监酒令》刘章；《取洛阳》岑彭；《凤凰台》孙策；《延安关》狄青；《四平山》裴元庆；《反五侯》李存孝；《佘塘关》杨业；《雁门关》杨八郎；《镇潭州》杨再兴；《破洪州》杨宗保；《淤泥河》罗成；《打金枝》郭暧；《玉玲珑》韩世忠；《岳家庄》岳云；《八大锤》陆文龙；《举鼎观画》薛蛟；《御碑亭》柳生春；《得意缘》罗昆杰；《玉堂春》王金龙；《连升三级》王名芳。

少主人如云

名连馨，正名玉栋，号蓉秋。丁巳九月二十九日生。怡道人有传。隶四喜，唱昆旦，兼青衫。

《湖船》张大姐；《花鼓》婆子；《寄柬》红娘；《跳墙》崔莺莺；《下棋》；《长亭》俱同上；《搜庵》大娘；《夺食》秋香；《桂花亭》；《后约》俱同上；《茶叙问病》陈妙常；《舟配》周玉姐；《游园惊梦》杜丽娘；《寻梦》同上；《戏目莲》观音；《思凡》赵尼。

《教子》王春娥；《戏妻》罗敷；《探窑》王宝川；《祭塔》白蛇；《祭江》孙夫人；《戏凤》李凤姐；《挂画》马娘娘。

度　云

姓董，名连庆，号桂秋，小名“钮儿”。本京人，丁巳十月二十日生。怡道人有传。部同。唱昆旦，兼花旦。

《连相》；《湖船》张大姐；《花鼓》婆子；《跳墙》红娘；《下棋》同上；《长亭》车奴；《搜庵》小尼；《茶叙问病》同上；《游园惊梦》春香；《折柳》霍小玉；《上坟》萧素贞；《挂画》马娘娘。

多　云

姓郑,名连福,号桐秋。本京人,原籍苏州,庚申生。部同。唱丑,兼胡子生、昆生。前净香郑莲桂之子。

《连相》;《花鼓》汉子;《寄柬》琴童;《跳墙》;《长亭》俱同上马夫;《搜庵》小尼;《茶叙问病》进安;《挂画》;《昭关》伍子胥;《乌盆记》绸缎客;《教子》薛保;《戏妻》秋胡。

《折柳》李益;《叙茶问病》潘必正;《游园惊梦》柳梦梅。

五　云

姓陈,名连保,号芙秋。本京人,己未生。部同。唱昆旦。前宝德陈宝云之子。

《连相》;《长亭》红娘;《搜庵》王士珍。

现属嘉礼。

亦　云

姓李,名连喜,号梓秋。本京人,甲子生。唱昆旦,兼小生、丑。四喜昆生李若云之胞弟。壬申出台。

《连相》;《长亭》琴童;《搜庵》王士珍、小尼;

《朱砂痣》韩天赐。

嘉礼主人杜阿五

正名世荣,号步云。苏州人,甲辰生。隶四喜部,唱昆旦。出□□。前嘉树杜蝶云之胞兄。壬申新立。

《刺虎》费宫娥;《拷红》红娘;《刺梁》邬飞霞;《劈棺》田氏;《秋江》陈妙常;《絮阁》杨贵妃;《小宴》同上;《拜冬》万俟小姐;《游园惊梦》春香;《金山寺》青蛇;《四平山》朱贵儿。

二主人杜阿十

正名保荣,号季云。苏州人,辛亥生。隶四喜部,唱武生,兼刀马旦。出□□。前嘉树杜蝶云之胞弟,前净香郑莲桂之婿。同住小安南营。

《对刀步战》李洪基；《五方阵》岳云；

《湘江会》钟无盐；《凤凰台》大乔；《烈火旗》双阳公主；《穆柯寨》穆桂英；《杀四门》刘金锭；《竹林记》同上；《黄河阵》碧霄；《盗魂铃》妖怪；《夺锦标》顾大嫂；《丁甲山》孙二娘；《扈家庄》扈三娘；《庆顶珠》萧桂英；《岳家庄》；《铁笼山》。

少主人狗儿

隶四喜，唱昆生，兼武生。杜阿五之子。

《起布》吕布；《问探》；《大小宴》俱同上；

《探庄》石秀；《蜈蚣岭》武松；《黄鹤楼》周瑜；《八大锤》陆文龙；《二龙山》张青；《小天宫》造化小儿；《金钱豹》豹。

现隶小和春。

蕴玉主人石双贵

号桂仙，本京人。隶四喜、春台部，唱青衫。出维新。辛未出台。维新钱金福之婿。住小安南营。

《彩楼配》王宝川；《击掌》；《探窑》；《跑坡》；《回龙鸽》俱同上；《打金枝》升平公主；《教子》王春娥；《戏妻》罗敷；《探母》公主；《斩子》穆桂英；《芦花河》樊梨花；《二进宫》李燕妃；《牧羊圈》赵景棠。

洪　福

姓□，隶四喜、春台，唱胡子生。壬申自天津来。

《五雷阵》孙膑；《芦花河》薛丁山；《御林郡》马方。

洪　喜

姓□，部同。唱花旦。壬申出台。

《扛子》小娘子；《女店》陈氏。

瑶花梦影录

《瑶花梦影录》是笙月词人、麋月楼主、南湖渔隐、河阳生等咏赠海上旦角优伶薛瑶卿的诗词小集，刊于《瀛寰琐记》第十二卷(1873 年 10 月)。薛瑶卿本姓边，自同光以来，一直居沪杭一带，然并未享大名，文献间有零星记载。此类咏伶专集，清季北地常见，而沪渎则不多觏。谷曙光据《瀛寰琐记》所刊整理。

瑶花梦影记

夫杂灵莞干，发爬之泽，不抑其幽馨；潜特珠子，从确之川，无掩乎宵镜。夫渠秋洁出淤泥而自芳，梅花春寒冠众香以独绝。如瑶卿边生，有足多也。生红衫能歌，素面不俗，学泰娘之眉妩，身原吴苑之花；认苏小作乡亲，寓近西泠之柳。小字则玲珑，月底试听银叶之笙（小名宝笙）；芳年则罗绮，风前才过木兰之信。生成玉质，藉甚香名，而乃瘦影自怜，孤心冷抱。促娇鼍之节，嫩上红氍；卷画蝶之衣，厌熏翠饼。绿鞲挟弹，不逐雕陵少年；白袷寻春，得遇丹阳公子。朱慕庵者，诗裁花骨，月证吟身，余情洵芳，本紫云之解拍；卿意良厚，遂青眼以高歌。脉微波以通词，叩香囊而结佩。皎皎秋月，同兹素心；的的明琼，嵌以红豆。织橦花之锦，为谱金荃；传玉珰之缄，辄呼翠羽。可谓荡回肠于九转，结芳果于三生者矣。时则雁灯欲灺，鹊炉未寒，宛转工愁，流连絮恨。怅碧云其易暮，感青春以自伤。由来蕙抱，本自耽书，如此琼姿，忍教坠溷？念莺花之小劫，回首五年；作风月之主人，何辞一诺。遂乃小拓琼楼，别开桂户，屏围镜壁，轴插罗厨。南朝宫体，非无刻叶之篇；汝阴夫人，大有簪花之格。雁头擘粉，午蝶催吟，鹳眼揩云，晨螺仿字。听书声于月里，银箭三更；商笛语于梅边，金缸二等。灵心犀镂，岂匹诊痴之符；小部鸾回，永谢跐离之幻。将刮目于三日，讵换骨于九还。临风玉树，即成宗之之俊才；竟体芳兰，非直谢生之雅度。仆也越溪愁客，明湖寓公，十载题诗，已觉扬州之梦；一官听鼓，相逢阆苑之仙。以为少府筵前之戏，无怍乎斗猴参军；帘外之讴，为殊于唱鹘衣冠。善媚尚效，俳优崽弱，何知偏羞歌舞。诚宜瑶华深护，展崔家五色之旛；岂云璧月多情，种楚国连枝之树。前番扇影，乍识何戡，两度衣香，曾留荀令。鸟依人其宛似，马知途以自惭。传玉台之诗格，不辞著录于绛纱；洒金粉作文章，先已增春于青镂。

望　湘　人

(岁云暮矣,风云阻归,单影空楼,

冻鸦对语。谱此柬慕庵,兼怀瑶卿)

怪多情风雪,去尽清寒,峭帆生被留住。寂寂高楼,孤吟无绪,挨过黄昏几度。帘底瑶花,灯前玉树,坠欢难补。怕梦魂飞遍楼台,迷却调笙庭户。　　我是年年羁旅。早孤眠惯了,归期任误。只绿萼枝边,遮断幺禽来路。金尊密约,翠笺芳讯。愁绝冷云冻冱。悄无语,一片江城,隐隐几通更鼓。

珍　珠　帘

(偕仲仪饮娱园迟瑶卿不至)

绿波影里闲庭宇。约词仙,来共评琴商句。□□□□□,□梅花多处。松渌一壶香四坐,更不辨是谁宾主。休去。便醉倒金尊,倩花扶住。　　如此俊赏佳辰,称画屏题罢,清歌分付。日暮碧天云,怅玉箫声阻。一曲春江清浅水,问可有青禽飞度。休误。待娟月幽坊,坠欢重补。

前　调

(三月二十九夜,瑶卿过城东寓庐,谱此赠之)

绿梅粉月深深院。盼青禽,还记阑干凭遍。不分蓦相逢,正黄昏寒□。红豆灯前人似玉,论标格谢家曾见。风颤。怕尚怯帘声,薄罗香倩。　　恰称促坐分茶,忍将伊一例,较莺量燕。天赋与琼姿,惜风尘飘转。算我青衫仍落魄,也同是一般凄断。春倦。任吹笛楼台,杨花撩乱。

蝶　恋　花

(水香庵饯春同仲仪作)

禅阁茶香烟缕缕,一阵东风,一阵桃花雨。芳草帘前深几许,碧痕都向眉峰聚。　　燕子归来天又暮，有约寻春，无计留春住。惆怅斜阳钿笛语，画屏几点天涯树。

雪渔文一首

（进　伶）

边伶，苏州人也，以色艺名于杭。年十九矣，幡然悔焉，而弃其业，诵诗读书，效儒家子。朱慕庵甚惜之，携以谒予，乞为一言。予曰："是固王于一、侯朝宗所见诟于后来者也，吾不为之续。"虽然，扬雄不云乎"在门墙则挥之，在夷狄则进之"，夷狄且尔，何况于伶？今夫牛不可驰驱，马不可耕耘，龙不可蓄于家，鸡不可戾于天。其于人也，喑不可言，聋不可听，瞽不可视，籧篨不可以仰，戚施不可以俯，受于天者，然也。非是，则在于人为，言有口，听有耳，视有目，俯仰有身。天所以与汝者，圣贤豪杰何以异哉！况以效儒家子也。反污而洁，反沉而升，反辱而荣，反愚而明，志之所向，必可至之。伶勉乎哉！吾进汝矣，伶勉乎哉！

麋月楼主词三首

点绛唇

（临平道中寄怀瑶卿）

侧帽东风，轻桡剪断朝来雨。去年客路，愁听车铃语。　　黛色临平，影作眉痕聚。春如许，玉人心绪，恐被眉痕误。

洞　仙　歌

（初秋访瑶卿作）

杨枝弄碧，系天涯心眠。几日凉风便零乱。画桥边，一片流水无声。人独立，暮角将愁吹断。　　春城烟雨里，如梦帘栊，曾拂檐花笑相见。我已厌闻歌，玉笛苍凉。又吹起，十年清怨。问采采芙蓉隔西洲，却树下门前，为谁留恋？

蝶 恋 花

(水香庵饯春同眉子作)

零乱柳枝千万缕,今日浮萍,昨日还飞絮。禅榻鬓丝春又去,东风不伴闲花住。　　几点绕帘梅子雨,润到屏山,画个江潭树。门外天涯芳草暮,眉颦深浅无言语。

藕湖七夕生词二首

陂 塘 柳

悄无人翠帷垂处,灯儿红得如豆。前番青岛传芳讯,约略上更时候。今夕又,正吹罢,银笙花影和人瘦。君还知否?记璧月初圆。荔墙那角,双钥夜曾扣。　　重回首,一片地衣红皱。画衫刚舞垂手。梅花笛里偷声谱,换了晓风杨柳。银屏后,尽剪烛、题诗宫饼添金兽。柔情暗逗。愿化作香丝,冰纨扇上,还把粉郎绣。

浪 淘 沙

(水香庵待瑶卿不至归谱此解)

帘卷竹枝斜,影透文纱。东风吹送燕归家。惆怅茶烟禅杨畔,几点飞花。　　归路听□笳,凉意些些。小窗淡月正啼鸦。曲曲画屏遮断处,便是天涯。

南湖渔隐词六首

洞 仙 歌

偕调伏庵主访边郎不值,归后谱《洞仙歌》一解见示,缠绵婉笃,读之魂销。仆本工愁,何能遣此倚声奉答?情见乎辞。

棠梨厌白,照黄昏愁眼。刬地风来暗香乱。画堂前,一片丝雨无痕。春已去,云外残莺啼断。　　玉阶凉露夜,夜已三更,如雾如烟待相见。悄悄绣帘垂，何处高楼。又吹起，玉龙哀怨。问瘦影花边几时来？却凭遍雕栏，有人依恋。

薄 幸

瑶卿旧庐在城西小巷，春日曾数过之；今则燕子移巢，重门冷落矣。

夕阳秋晚，有悄悄，樱桃旧院。乍听得乱蛩凄紧，惹相思无限。记画堂，疏雨重帘，花枝漫燃羞相见。算一霎时光，隔窗报道，已是三更三点。　曾儿日阑干外，携手处庭空人远。重重门巷暗，西风落叶，秋声不管骚人怨。月明谁伴，悄无言极目，黄昏清角吹烟断。更无人处，还有数行新雁。

夜 合 花

（秋夜赠瑶卿）

金缕披云，镜笙吹月，香风一曲霓裳。无多时节，花阴渐入回廊。搅芳镜，对残缸。笑何时，换了宫妆。画帘垂处，匆匆问道，几个昏黄。　空庭夜气初凉。重与分茶擘果，素手相将。凭阑不语，也应怕听唬蛩。漫伤别，系回肠。算天涯，只隔红墙。昨宵花下，明宵枕上，一样思量。

望 湘 人

眉丈寄示，风雪阻归，有怀瑶卿一解，词旨悱恻，倚声和之，有老杜旧雨之感。

渐枝头吹落，戚戚萧萧，冷花低卷无数。挨到黄昏，灯儿不语，愁入酒边眉妩。两地相思，三更孤梦，只依和汝。便天涯肯寄音书，休说调笙庭户。　惆怅光阴易度。乍登高节过，又逢岁暮。怕枝上幺禽，忘却向时来路。宝笺往事，瑶台旧约。生被冻云留住。算此际，只有烟鸿，惯了年年羁旅。

南楼令

(秀州道中有怀瑶卿)

帆影剪明霞,波寒点暮鸦。倚东风,竹外枝斜。青漆双门香一片。知道是,那人家。　何处问琵琶。情长路更赊。怎春来,偏是天涯。昨夜海红帘底月,孤负了,故园花。

瑶花

自秀州至沪渎,风雨连日。达泗泾漏沉沉,已三下矣。箫鼓不闻,灯火俱寂,今夕何夕,离怀惘然。走笔谱此,寄仲仪、眉子,听水声淙淙,若相和也。

离亭春晚,挨到黄昏,便一声风笛。亭长亭短,全不管帘外瑶花如雪。问花无语,也知道,芳心难说。更几番,花落花开,误了天涯消息。　纵教梦里寻春,奈梦醒江船,依旧今夕。听风听水,还听过几处吹笳遥驿。青春老矣,怎忘得尊前蜂蝶。记夜深,曲曲屏山,月下吹笙时节。

蝶恋花

(长安舟次赠瑶卿)

镜里两蛾愁黛聚,画到眉痕,恐被青山妒。卷起珠帘春事暮,前头双燕浑无语。　一枕东风兼落絮,过了黄昏,忘了天涯路。终日行云何处去,门前几点相思树。

前调

(题瑶华梦境帐颜)

门内颦蛾愁几许,门外班骓,忘却天涯暮。连理枝头侬与汝,千华百草无重数。　数到春风春不住,一枕相思,一枕黄昏雨。蝴蝶怕将芳信误,晓来却望江南路。

河阳生词一首

蝶　恋　花

（和慕庵韵）

黯黯春人春几许，卷起珠帘，不道春光暮。千里行云谁共汝，怕将花事从头数。　　忽被游丝轻系住，梦醒天涯，又听风和雨。多事年年芳草误，无端遮断城南路。

一番春梦，鼓曲登场，十载天涯，飞花坠溷。忽逢青眼，为拍红牙，遂雅集之追陪，得名流之题品。抽黄对白，六朝金粉之篇；坠絮吹香，双调莺花之谱。龙门倍价，鸠质增惭。今者调笙楼上，已抽罗绮之身；问字堂前，来作琴书之伴。慕庵主人缉蕙纕之众制，付枣镂以成编，露盥红薇，函开缥叶。镜中影瘦，敢夸玉树之枝；卷里香多，永结秋兰之佩。

同治癸酉仲夏瑶卿边琬

群英续集

縻月楼主谭献撰，为《群英小集》（即《增补菊部群英》）之续作，故名。作于同治十三年（1874）。内容包括沧海遗珠、昆山片玉、群英续选等，所选优伶均赋七绝一首为赞评。谷曙光据《清代燕都梨园史料》本点校。

沧海遗珠四人

艾而张罗，时有逸翮。以志吾过，采此珠璧。

雏凤丹山去不还，梧桐华下掩珠关。平生爱作空中语，人在虚无缥缈间。

江左风流不易逢，神清卫玠最雍容。人间乍听湘灵瑟，数遍青青江上峰。（熙春主人钱桂蟾，字秋蓤。）

争许情移海上琴，又从弦外得余音。花潭千尺盈盈水，共此青莲一片心。（佩春乔蕙兰，字纫仙，一字郑芗。）

婉娈檀林护好春，分明镜槛洗纤尘。照侬如燕身材后，莫照寻常第二人。（佩春张小芳，字菱仙。）

昆山片玉

永嘉之末，正始之音。峨峨山高，洋洋水深。

如梦莺华似六朝，春流和月影迢迢。江山文藻今无主，独采崇兰读楚骚。（馥森周素芳，字绚秋。）

群英续选十一人

如金三品，披榛伐山。水流月明，天上人间。

韩潭烟月玉人家，紫陌芳尘第几车。点首我闻如是语，灵山妙响是频迦。（瑞春姚宝香，字妙珊。）

帖地弓腰弯复弯，十余年纪正韶颜。便骑竹马来嬉戏，跌宕衣冠只等闲。（咏秀茹喜瑞，小字福儿。）

肯从冶叶斗芳菲，脱个团圞小带围。清冷杨花飞作絮，玉阑干畔不胜衣。（景龢朱蔼云，字霞芬。）

蓬莱婀娜复檀栾，留得仙云一片寒。泛滟羽觞参位置，殿春花发借人看。（绮春秦凤宝，字艳仙。）

郁金裙子不成妍,试读南华秋水篇。玉树人家好兄弟,依然白袷永和年。(春华陈芷芸,字荔衫。)

蓟门柳色已无多,两两春筵斗绮罗。安得枣花帘子下,晓笙遍倚雪儿歌。(瑞春刘宝玉,字壁珊。谢宝云,字月珊。)

韦杜城南五朵云,杨枝最小絮纷纷。博山何日香徐发,一气双烟自不分。(岫云李亦云,字艳秋。)

日出东边雨落西,无情也合隔花迷。镜中润靥交相映,陌上蘼芜叶复齐。(春馥江双喜,字俪云。)

雪肤花貌不参差,绝似人间好女儿。铸就小名金匐叶,轻盈如与斗腰支。(丹林李玉福,字芙秋。)

中年哀乐客辞家,丝竹登场有岁差。一样天涯好明月,青衫重与听琵琶。(遇顺陈喜凤,字桐仙。)

书后三绝句

肠断西楼一曲歌,倪家阁子闷烟萝。刻华小玉浑难见,奈此茫茫古恨何。(夏郎亦秋没数年矣,其弟鸿福终未一见。)

月骨花魂皆第一,平生任育误多情。春明门外天涯路,酒未寒时侬出城。

客里寻春复送春,等闲落溷与沾茵。神仙三堕罡风劫,花月平章待后人。

附　录

金缕曲 都门春感,为周郎赋四阕

如梦春云晓。遍天涯、东风院宇,燕莺啼觉。草长红心江南路,留得王孙未老。正绿鬓、杨枝俱袅。忽堕明珠金尊侧,有车轮乍向肠中绕。休浪说,被花恼。　青袍踏遍长安道。最难忘、分花拂柳,乌衣年少。细雨残红飞难定,只有闲愁待扫。浑不似、当年怀抱。鹦母前头三生话,便相逢不分今生早。无一语,玉山倒。

落絮翩翩影。任天风、参差吹断[1]，都无凭准。翠翦铢衣神仙侣，玉袖徘徊自整。便珍重、千言难尽。愿得化为尘与土，且因风吹上卿斜领。劳拂拭，一临镜。　笙歌草草人初定，剩无多、银屏画烛，泪花红凝。题遍人间芳华怨，弹到瑶琴弦冷。算宛转、留渠应肯。门外香车须早去，怕夜深风露还凄紧。嘶骑远，酒才醒。

芳草知时节。忒匆匆、流莺啼后，珍丛消歇。多少花前惊心事，曾与断红细说。已廿载、伤春伤别。碧海青天迢递梦，照楼台无恙今宵月。斜汉畔，几圆缺？　人间宝镜红绵拂，尽留渠、团圞样子，影儿难觅。红豆江乡相思种，无处寻消问息。又付与、柔肠千结。帘外轻红阶下雨，早花花叶叶无颜色。春正好，未须折。

没个消魂处。最迷离、空庭晚照，无人来去。昨日棠梨今日柳，留得春痕几许。恁客子、光阴非故。沉水香残还对镜，问菱花可解闲言语？双鬓乱，甚心绪。　芳尘婉娈雕鞍路，不分明、脂憔粉悴，风城烟雨。十二阑干添几曲，试把回肠细数。者一片、新愁谁诉？萍絮因缘还自笑，我知君不问君知否？聊擫笛，唱金缕。

中年哀乐倦闻歌，寂寞山河带女萝。不信入门知自媚，枯桑海水竟如何。

玉蟾化作团圞镜，铸此千秋万古情。依绪分明托明月，年年明月照空城。

客子逢春不当春，自怜零落等秋茵。朝霜白日愁相见，不独魂消堕劫人。

河阳生题

《群英续集》者，选燕都娄尾之春，赓菊部状头之录。新巢翡翠，拣翿而登，小海珊瑚，数珍以出。婵娟此豸，琚瑀所联。况复丰

① 原作“参差顼断”，不通，《宣南杂俎》亦收此词，作“吹断”，今改。

台芍药,绿阴易成;曲巷樱桃,好华难寿。则又楙春心之苐郁,缔瑶想之婵嫣矣。当夫绛树双声,粉郎十队,慧匈琯朗,姣妒镜空。春梢豆蔻之香,水曲兰苕之戏,便嬛妆制,绰约情文,世有同心,谁能遣此?麋月楼主攀海燕之珍丛,仞雪鸿之旧印。鬓丝客里,河满君前。蓬莱之浅水难量,忉利之情天易老。颛巩单珩,重费平章。小扇轻衫,更杌要绍,唾风台絮,九月迷花。佩小史之风流,寓中年之哀乐。但见徐陵珊管,著手成春;谁怜杜牧珠帘,伤心迟暮。仆缁衣入洛,金尊饯春。一曲琵琶,闲觅青鹦之院;二分尘土,偶随青犊之车。哀艳未忘,清愁罕祓。则三年之梦,一卷之书,得无怀思曼于当年,引琅玡为同调也乎?

甲戌夏五兰当词人纂

宣南杂俎

吴兴艺兰生辑。编者在京师时，与友人出入歌台舞榭，选色征歌，乐此不疲。是书系辑友人风怀篇什，录而存之，“聊备宣南掌故”。卷末有平阳酒徒光绪元年(1875)之跋。书之内容驳杂，有赋艳词人《梨园竹枝词》三十余首，及诗文、书札、歌郎小传等。谷曙光据清光绪年间申报馆丛书本《鸿雪轩纪艳四种》点校。

梨园竹枝词

赋艳词人

老斗

挥霍金钱不厌奢，撩人莺蝶是京华。名传“老斗”浑难解，唤向花间兀自夸。

像姑

脂柔粉腻近仙姝，两字驰名是“像姑”。不信头衔臻绝贵，声声赢得相公呼。

学戏

自从乐籍挂芳衔，雏凤新声总不凡。为问教坊何所尚，部居第一是青衫。

试喉

晓鸡未唱发清讴，面壁声声试玉喉。一曲漫夸儿技熟，耐寒怜煞五更头。

出台

一声喝采打帘开，小凤谁家新出台。喉似贯珠人似玉，芳名有客费疑猜。

站台

隐约帘栊半面窥，亭亭玉立雁行随。秋波最是传情处，一笑瓠犀微露时。

唱戏

须眉巾帼偶无猜，装罢登场试一回。离合悲欢浑未解，也从就里演将来。

上 座

轻移玉趾步翩翩,数语寒暄对客前。一握柔荑无限喜,好花相映各争妍。

赶 条

天街辘辘斗香车,蝶使分传四大居。最是莺花撩乱处,如松馆里上灯初。

斟 酒

搴帘省识主和宾,遍酌当筵酒一巡。斟到郎行杯更满,儿情浓似玉壶春。

搳 拳

寂寞垆头少管弦,欣看钩弋乍张拳。怪他慧黠知人意,葱指玲珑让客先。

代 酒

一觥飞到手忙擎,生怕郎君困酒兵。豪饮肯辞儿量浅,可人何处不多情?

飞 座

青鸟何曾一柬通,酒坛蓦地集飞鸿。深心不肯多留恋,恐有新人在意中。

留 条

人来不速静无哗,莫道蜂狂错认衙。拼却十千沽美醉,尊前添得一枝花。

摆　酒

何必珍羞列满筵，玉壶但送酒如泉。生生几味蔬和果，飞去京蚨四十千。

装　烟

莫负殷勤美意虔，纤纤亲送几筒烟。笑他老大生涯贱，惯向人旁胁两肩。

清　唱

清歌一曲任昆黄，绝好当筵侑酒觞。把箸三挝浑合拍，不须檀板按宫商。

生　日

先期密约去儿家，共赏芳辰醉碧霞。嫌煞门庭春黯淡，故从星斗乞光华。

摆　饭

日食万钱讵便奢，天台一饭贵胡麻。酒能解渴充肠未，毕竟今番果腹夸。

拜　节

佳节终须拜斗台，香车过处疾如雷。可怜芳版空投遍，十叩高门九不开。

索　靴

耳边细语听偏真，不索缠头更可人。儿慕绿袍新进士，乌靴赐处宠殊伦。

听　戏

酒佣定得座儿还,一柬相邀听别班。雅集何当花似锦,满园春色不能关。

吃　醋

花鸟相依两两欢,一枝别恋太无端。鸟声怡悦花容妒,风送香来也带酸。

角　口

齿牙即席逞玲珑,语斗新尖面透红。恰似呢喃花底燕,双双相对骂春风。

隐　语

别传隐语耐思寻,燕语翻成鸩舌音。本是好花当解语,如何语语具深心。

结　盟

菊部风行尚订盟,一般声气结群英。金兰簿上生香色,玉笋班中序弟兄。

堂　会

早是歌场擅盛名,差传堂会奏新声。笑他几辈寻芳客,今日梨园见不成。

逛天宁寺

古寺天宁好景开,晚秋黄菊早春梅。看花到此销魂定,有客携尊赴约来。

逛琉璃厂

新春相约踏琉璃，古玩琳琅列整齐。但是玉人心爱物，解囊那计值高低。

下天津

歌场冷落几年春，觑得庐山面目真。到底品花先品格，格低无奈下天津。

改籍

鸥鸟无心任所依，一枝暂寄莫高飞。移花接叶分明是，出谷迁乔殆庶几。

出籍

身价千金客为偿，天空独鹤任翱翔。而今不寄人篱下，秋月春花自主张。

老班

莺花队里称仙伯，风月场中作主人。回首十年春绚烂，舞衫歌扇证前因。

娶妇

营得新巢稳碧梧，求凰古调入时无。杏花笑怨东君误，遣嫁人间小丈夫。

师父

日责缠头俗老伶，夜来风雨不堪听。种花人作摧花暴，谁向花间好系铃。

跟 班

剧饮酣呼兴未阑,嗽声帘外促情欢。问卿何畏花奴甚,香国渠居耳目官。

题后三绝句

艺菊叟

高烧桦烛诵新裁,一片华云眼底开。我欲乘风天际去,吹箫长傍凤凰台。

小部音声名士觞,翩翩裙屐兴何长。仙桃醉后分明艳,勾引汪伦入梦乡。(词人所欢曰艳仙,善饮,故调之。)

数枝琼树立亭亭,纸醉金迷梦不醒。三十六宫春色满,别开生面写宁馨。(词数三十六,故云。)

将赋归与赠姚郎宝香

香溪渔隐

莫道归家喜气随,客途也怕说分离。明知此别为时短,总觉将来见面迟。两载赖君消旅况,一生证我是情痴。阮囊愧乏千金赠,握手临歧只有诗。

读赋艳词人明僮赞语因书其后

铁笛生

菊郡群英回绝尘,脂柔粉腻暗生春。赖君彩管标题出,胜展冰绡画美人。

竹枝词已补风谣,妙解名花慰寂寥。写到深情无限处,酒阑灯灺倍魂销。

读罢瑶章意欲仙,诗人独辟有情天。一编抵得梨园史,宜与清词一例传。

又戏赠赋艳词人

铁笛生

瑶草琪花着意栽，东皇昨夜诏书来。如何桃李称前辈，孤负寒梅岭上开。（谓梅卿。）

摘艳熏香重有情，偶从小部听莺声。众香国里花枝笑，争及桐阴雏凤清。（谓凤宝。）

绮恨乍萦金缕曲，新声又唱竹枝词。零香剩粉知多少，分付诗人好护持。

题姚郎小影

香溪渔隐

烟月韩潭第一家，芳名艳说遍京华。偶然乞得徐熙草，描出瑶台富贵花。

绝妙丹青写素纨，画图真作璧人看。生香活色风流态，只恐龙眠绘亦难。

何须鄂被暗生春，解得相思便是真。最好含情相对处，画中爱宠意中人。

凭空现出六郎莲，别有华严色界天。驻得玉颜常不老，算来画史是神仙。（影为粤士潘惠南仿西法摄取者，长洲画士沙子春加之润色，颇能耐久。）

醉踏天街十丈尘，寻芳到处品题新。为披日下评花谱，（艺兰生有《评花新谱》。）供养烟云有几人？

王楞仙像赞

长洲进士

水曲鸥鸟，闲静宜人。阶前素兰，幽香媚春。灵犀一点，颇有净根。妙华严峰,试问前身。

前题集《诗品》

护花尉

素处以默,妙契同尘。脱然畦封,如写阳春。可人如玉,花草精神。金尊酒满,明月前身。薄言情晤,识之愈真。缑山之鹤,庶几斯人。

以梅花画扇赠艺兰生,戏题其上,以逐句首字见意

西爽看霞客

梅花消息逗芳春,卿霭初笼翠黛匀。楞月朦胧刚见影,仙姿潇洒总无尘。真从此地销愁好,可有多情索笑频。人在西窗清梦醒,也留香意伴吟身。

题　壁(有序)

护花尉

霞芬朱郎为余爱友,乙亥夏日饮于泰丰楼,见壁上有赠霞芬四绝句,酒后技痒,戏和其韵。

春风杨柳斗腰支,绰约丰神系我思。最好笙歌明月院,嫣然一笑入帘时。

舞袖郎当弱不支,春愁无赖几沉思。四弦切切弹幽怨,想见青衫泪落时。(善演《琵琶行》。)

绮罗襦罩嫩燕支,脉脉无言倩女思。别有深情忘不得,酒阑灯炮向人时。

解媚频将玉臂支,累侬刻骨几相思。年来欲补莺花序,为写琼枝独秀时。

梨云梦

惜花老人

东风闲度似流霞，三月好莺花。春愁无限，千杯绿醑，三叠红牙。　　春光容易催人老，心事诉谁家？浔阳江上，青衫泪湿，顿易天涯。（调寄《眼儿媚》）

都门春感为周郎赋

麋月楼主

如梦春云晓。遍天涯、东风院宇，燕莺啼觉。草长红心江南路，留得王孙未老。正绿鬓、杨枝俱袅。忽堕明珠金尊侧，有车轮乍向肠中绕。休浪说，被花恼。　　青袍踏遍长安道。最难忘、分花拂柳，乌衣年少。细雨残红飞难定，只有闲愁待扫。浑不似、当年怀抱。鹦鹉前头三生话，便相逢不分今生早。无一语，玉山倒。（调寄《金缕曲》）

落絮翩翩影。任天风、参差吹断，都无凭准。翠翦铢衣神仙侣，玉袖徘徊自整。便珍重、千言难尽。愿得化为尘与土，且因风吹上卿斜领。劳拂拭，一临镜。　　笙歌草草人初定。剩无多、银屏画烛，泪花红凝。题遍人间芳华怨，弹到瑶琴弦冷。算宛转、留渠应肯。门外香车须早去，怕夜深风露还凄紧。嘶骑远，酒才醒。（前调）

芳草知时节。忒匆匆、流莺啼后，珍丛消歇。多少花前惊心事，曾与断红细说。已廿载、伤春伤别。碧海青天迢递梦，照楼台无恙今宵月。斜汉畔，几圆缺？　　人间宝镜红绵拂。尽留渠、团圞样子，影儿难觅。红豆江乡相思种，无处寻消问息。又付与、柔肠千结。帘外轻红阶下雨，早花花叶叶无颜色。春正好，未须折。（前调）

没个消魂处。最迷离、空庭晚照，无人来去。昨日棠梨今日柳，留得春痕几许。恁客子、光阴非故。沉水香残还对镜，问菱花可解闲言语?双鬓乱,甚心绪。　　芳尘婉娈雕鞍路。不分明、脂憔粉悴,凤城烟雨。十二阑干添几曲?试把回肠细数。者一片、新愁谁诉?萍絮因缘还自笑,我知君不问君知否?聊擫笛,唱金缕。(前调)

即席赠王郎桂官

山阴道人

酩酊千杯后,氍毹一露初。灵和丰致倩谁图,却把芳名争向月轮呼。　　学字偎人久,拈毫信手涂。苔笺十幅写模糊,笑道墨痕浓淡合时无?(调寄《南歌子》)

解嘲说

涛华潭主

珠江泛月客善歌童,曰"菊秋",貌仅中人,而性质直,不娴于世故。其侍客也,放诞无所顾忌,往往大声疾呼,不知手之舞而足之蹈。虽频戒之,勿改也。顾遇泛月客厚,故泛月客终中心好之,盖相交已期年矣。其友闻人生辈,数与秋同席。以秋之无品也,渐恶之。群焉置喙,日相讥嘲,恒以此白眼向泛月客。客素重友谊,且不堪诟责,思欲改弦,以谢诸君。而心牵旧好,割爱为艰,中情犹豫,无所为计。因请解嘲之说于香溪渔隐,渔隐未有以应也。涛华潭主起而谓之曰:"噫,异哉!子何拙于辞也?他人之于秋,容未知之深,而以皮相,秋其恶之也宜;若子与秋情好如此,讵不能一言排众议耶?子坐,吾为子言。夫秋方年稚,狂憨若性成。欲强率真之人而矫揉造作,工揣摩,修边幅,不惟所不能,抑亦所不必。譬诸长风入松,夜雨过溪,泠泠之声,虽非若丝竹之赴弦应节,然天籁也。又况歌场酒地,梨醉棠痴,献笑贡谀,习焉不察。秋之放,安知非秋实耻之?故托佯狂玩世,以自贬其声誉者乎?即不及此,而雪白梅香,各编一格,赏心所寓,见人人殊。嗜痂之癖,毋使易地相笑可矣。子以斯语语诸君,诸君其何嫌乎?秋更何尤于子?而子仍旧贯又何伤？质诸香溪渔隐，以为何如？”

香溪渔隐读之而叹曰：“有是哉！涛华潭主之善于解嘲也。夫玩世不恭，昔贤难免。以头濡墨，醉呼呜呜，其胸中非不知为流俗所嫉者，特藉此为佯狂计耳。秋其玩世不恭者欤?！何令人人见嫉一至于此？独观其与泛月客厚，则又非无情者。虽然，人情善变，好恶不同，吾不能为闻人生辈左袒，吾又乌能强泛月客之遽绝秋也。设今日一旦弃之，他日复有论秋之善于泛月客前者，泛月客又将何如哉！”

答菊秋代索书扇启

云间孝廉

连日少叙，意兴阑珊。爱篱边之佳色，梦想徒劳；盼水际之伊人，溯洄宛在。前蒙赠缟，早已报琼；又请发棠，何殊求剑。本应割爱，甘居薄幸之名；未免有情，忍作绝交之论。只以待贾而沽，合欢易购；乞邻而与，作楷难求。又况嘱书雅篆，几于李代桃僵；何能谬托相知，便尔鹊巢鸠占。迟迟之故，卿其谅之。然而遍观菊部，历数梨园，寡妇《上坟》(戏名)，既下台而减色(联星、桂喜)；多儿《连相》(戏名)，复掷地而有声(岫云、多云)。宝钗之踪迹犹疏(瑞春、宝香)，遭逢萍水；玉女之丰姿虽美(丹林、玉福)，轻薄杨花。至若金兰空谷(近信、金喜)，实为王者之香(谓王君)；桂子天香(德春、桂云)，早赘刘郎之婿(谓刘君)。自他有耀，与我何关？唯卿也，色舞眉飞，意浓态远。姗姗微步，正陆荀会座之时；飘飘欲仙，访郭李同舟之谊。如入山阴道上，应接偏忙；曾从相公家来，瞢腾未醒。不堪回首，黯然销魂。微时之故剑难抛，爱水之情波未竭。弗嫌烦渎，蝇头再索于良朋；莫笑痴顽，貂尾续成于此日。倘使无忘旧好，将为梧凤之栖；如其转赠新交，权当屋乌之爱。

论 琴

赋艳词人

琴绮(近信金喜别字),十五雏伶也。擅时誉,顾以美,不能自洁。客有言之于披沙子者,曰:“琴不自好,若此子何取焉?”披沙子曰:“是乌足为琴也责哉!夫伶,贱业也。一纸飞去,双波送来,非其贱也耶?琴而非伶则已;琴既伶矣,则贱其业也,又乌所为自好也哉!况琴之为琴如此,安知非琴而琴者,不皆琴也耶?夫我辈固以其贱可招而招之,娱情耳,遣兴耳。何必为此曹论黑白、辨清浊,有所去取于其间哉!”客唯唯不能对。平阳生起而谓曰:“否!不然。夫吾辈讵狭邪者流?顾往往各操衡鉴,得一以为乐者,固心赏其人,以为出淤泥而不染也。于是引而近之、爱之、重之,不忍复贱之。斯吾之居心何如?其正而待之之意又何如?其厚夫既若是,则当始终爱之、重之。人言不足听,己见不可夺。有毁之者,则斥之曰:决无是!岂有吾所心赏而为此者?如此岂不高自位置而厚以相期耶?如子言,非惟薄视此辈,抑且自居何等矣。”披沙子未然其说。赋艳词人闻之曰:“两君之见,均无当也。闲尝论之,譬之于花,皆取以娱目也。然高人爱梅、逸士爱菊、君子爱莲、骚客赋兰蕙,彼其意,非明明有所择耶?非以其孤高芳洁超出于众卉耶?非以熏莸不能无辨,而雅俗不可以齐观耶?今披沙子重视名节,以为非可期诸若辈。不知古今来,贱隶以名节见者,如雷海青辈,正复不少,特以贱,故史册湮没者多耳。此事予窃恨之。盖名节出于士大夫,非大者不足称。惟其贱为优隶,虽偏端亦觉可贵。伶之托业,固以容悦为事;然但求自洁其身,岂亦不可得耶?曾是区区者,而遂谓之名节,遂以为不可责诸若辈耶?尤谬者,以一例百,漠不加察,概视为不足责之数,是何异聚玉石而焚之,曰‘皆瓦砾也’;杂熏莸而处之,曰‘皆朽腐也’。得无为高人君子所窃笑欤?何以言平阳生之见亦无当也?其谓‘心赏之而爱之、重之,不忍复贱之’,是也;其谓‘人言不足听,己见不可夺’,则未尽是也。盖物不能皆恶，亦不能尽美，美于前未必不恶于后。所谓西子蒙不洁，则人皆掩鼻而过之矣。必欲固执成见，挟一甚厚之意视此辈，则流于坚僻，而其失也不明，是固矫披沙子之枉而过于正者也。故曰‘均之无当也’。然则若之何而可？曰：‘当其见为善而不见为恶也，则爱之、重之，不欲贱之。及夫毁言之与耳谋也，则不必遽信之，亦不必矫辨之，道在用吾之察而已。察焉而不知其诬也，则仍爱之、重之，而不少疑之；察焉而知非诬也，则远之、绝之，而不少恕之。若此者，岂不足以训耶？”

艺兰生曰：“余与赋艳词人相处久，知其精鉴衡、慎结纳，故所论亦斤斤以立品为高。然《诗》云：‘采葑采菲，无以下体。’君取节焉可也。”

与香溪渔隐书

护花尉

香溪足下：仆入都已两月矣。思欲摭一韵事，为足下作下酒物而不得也。一昨忽于居易斋主案头获读手况，具见足下眷念友朋，虽远犹迩，慰甚喜甚。所云聆曲金阊，歔欷累日，仆在南中亦有此感，正不徒足下以桓子野自况也。又言不知妙艳当日，记否座中有穷措大云云。辄叹天下有情人，何心心相印若此。因忆乞巧三日，眉卿芳诞，设席文安以介眉寿。斯时群芳满座，妙珊亦与焉。妙知余自南来，因问曰：“南中曾晤香溪否？香溪起居安否？”余一一答之。又问：“当何日北上？”余曰：“糕节左右，会当见卿于此堂。”妙欣然举觞为余寿，并度《金枝》一曲侑酒，其声呜呜；然至按拍处，故迟声以媚座客。余感夫妙之情之深，与君用情之挚，千里相通。遂口占二截句云：“华堂启宴烛凝辉，烂漫排成锦绣围。座上有人偏忆旧，酒阑故唱阮郎归。”“未免有情谁遣此，这回相见不无因。风流年少推徐孺，能动明僮几度询。”微吟之际，妙问何谓，余约略解之。妙喜，因悄谓余曰：“儿自得侍诸君子后，未有见如香溪之深于情者，君知香溪者。”言未已，眉卿急问何絮絮乃尔。余以其语语之，眉卿甚欢喜妙之蕙心兰舌，且赞叹香溪何修得此天南地北事艳情浓。正拟鹄待旌，旋作菊花饮。不谓来示竟有迟至来年之意，此无论忍心舍妙。即或忍之，仲冬之际，此间忽发催归符，胁令来都，尔时翔风正紧，水腹将坚，足下其玩此简书乎？抑别有筹策乎？愿足下实图利之。此间诸友兴会如常，惟潭主与雏凤略形割爱，绚烂而归平淡，亦阅历人所为，非仆所能置喙也。

日下新出《鞠部群英》一书，系麋月楼主所撰。就中分为五品：曰上，曰逸，曰丽，曰能，曰妙。而五等之中，又判为先声、继起。放眼一观，皆旧相识。妙珊居续选十一人之首，其诗曰："韩潭烟月玉人家，紫陌芳尘第几车？点首我闻如是语，灵山妙响是频迦。"虽未尽妙之为妙，与妙之所以妙，亦可见名花当春，有目共赏也。大著《凤城品花记》盥诵一过，不胜钦服。苟不珍秘，则倩上海申报馆排印行世，甚宜。使芳名流播人间，亦盛德事，但好名之念可不必存耳。都中入秋以来，金飙飘发。夜间危坐陋室，闻纸窗作飕飕声，不禁归思大动。想足下于翡翠楼头，调琴之暇，浅斟低唱，当无此凄凉景状。然而樱桃门巷，月夜叩扉，宝炬凝红，香醪倾碧，闻车声辚辚，有妙人搴帘，一笑姗姗来迟者。斯时斯境，香溪岂无意乎？书不尽言，伏维纳福。

覆护花尉

香溪渔隐

护花尉吟席：别来年余，渴尘奚止万斛！所以久稽裁候者，一则居易斋主邮筒常递，两地均可深悉；一则阁下知我之深，当可谅我也。昨同无睡生酒肆小饮，薄醉而归，见案头一书，取而视之，乃尊札也。初阅一过，心甚疑焉；再阅数遍，不觉面有喜色；及反复至数十遍之多，乃不知手之舞而足之蹈。何意数千里外，尚有念我如姚郎者，真不可多得。仆何人斯，敢邀青盼？自知书生福薄，数年来已消受殆尽。一自南旋，但冀诸韵友不致骂我寒酸，已大幸事。所以明年北上，且图忏悔风流罪过，不谓藕丝未断，旧恨重牵。苍苍者天,究竟欲我何为?即今岁已告晏,断难就道。但等涛华潭主一到,即便启行。大约杏花春雨时节,当可约梅同醉耳。拙著叙事言情,谫陋万分,殊不足当大雅一噱。窃恐遗落人间,作覆瓿资也。《鞠部群英》务求购一本,即须寄下,此仆所郑重视之者,幸勿度外置之也。万祷万祷,泐此复请著安。

秦凤宝小传

无睡生

秦凤宝,原名宝骕,字艳仙,直沽人。少侠而慧,好读平阳《三国志》,能辨别当世人贤否。既隶乐籍,其师绮春主人时小福教之习昆曲,节奏调和,遂精音律。挂名四喜、三庆两部,耻为女子装。所演《吟脱》、《见娘》诸剧,青莲、梅溪神情毕肖。时岁在辛未,仅十二龄也。丰姿清隽,与宝香相伯仲。尝被酒慷慨言曰:“吾生不幸,以歌曲娱人,贱同隶卒,尚何言哉?虽然,朝入永安之宫,暮登铜雀之台,伺人意旨,狐媚以乞取金玉锦绣。视朴素不华之儒,纵伏龙凤雏,其人白眼加之不少假。是固若辈所沾沾自为得计者,吾虽死不出此也。幸得如三国时周郎者事之,吾之至愿焉。”香溪渔隐闻之,叹赏不置,绳之赋艳词人。词人者,当世之贤士也。其南也,南邦之英豪俊杰争与交游。青兕词客尤敬爱之,谓其英敏沉毅,非己所及。傺侘无聊,辄与之饮于市。临觞促膝,纵谈今古相乐焉。已而相泣,旁若无人者。癸酉夏,词人北行,闻渔隐语,笑应之,令之来前,惊其轩爽绝伦。叩以汉魏之战争、孙刘之得失,能凿凿言之,色飞眉舞,绝无婀娜态。词人乃重其人,时引而近之,不以梨园相目。凤宝出语人曰:“向之欲得如周郎者事之,今遇之矣,吾无憾已。”人皆掩口笑,凤宝夷然不顾。又语宝香诸人曰:“吾侪遭际,悉非轻薄子、硕腹贾流,我与若宜善事之,毋二三其德,以贻俗辈口实。”宝香曰:“微子言,余岂终始易其情哉?虽然,子之言实获我心也。”乃相喻于无语。凤宝固善书画,至是度曲余暇,益从事翰墨,笑傲群侪。摹兰亭帖,圆匀秀雅,深得右军法;绘人物花卉,跃跃有生气,并皆佳妙。词人曾倩其成拓箑一柄,寄赠青兕。见之者,佥以此多凤宝,啧啧称羡。青兕曰:“不然。凤宝之所以足多者,在彼不在此。”

姚宝香小传

无睡生

姚宝香,字妙珊,小名锁儿,燕人。幼聪慧,粗解韵语。父母贫不能自存,鬻诸瑞春堂。隶四喜、春台部。庚午,年十三登场演剧。曲眉丰颊,秀外慧中,发清商之音,泠然善也,见者靡不倾倒。京师风尚,延宾会友往往进雏伶侑酒。一时耳宝香名者,争欲罗致之。顾宝香虽入乐籍,而清介绝俗,羞与骄贫谄富者伍。厚币招之,辄托故不往。有亲之者,不移时已为所薄,悻悻而去。无一人成耐久交,以是人皆艳其貌而畏其人。宝香顾严以接人,而独尊礼名下士。酒酣耳热,清谈娓娓,相依不忍他适。且从未以诗自炫,(艺兰生按,此乃夸词。)恂恂如目不识丁。然香溪渔隐,诚厚君子也,家素不丰。辛未秋,敝囊败箧作冀北游。性嗜酒,尤好选声征歌,所识多人;而金尽床头,究未能博一人欢心,鄙之且自悔。居久之,遇宝香于酒家,神静气清,一洗梨园习。异之,与之语。虽不尽解,要自胸中有定识,不为势利侵乱者,益异之,因与往来。宝香知渔隐之为诚厚君子也,而耗于财,敬之有加,礼不琐琐于缠头之赠。癸酉春,宝香病肺,嗽不止,渔隐有忧色,无计疗之,或戏之曰:“非岭南新会橙不可,顾都中无其物也,奈何?”适旧友某至自粤东,渔隐驰见之。问无恙外,不暇出一语,即索其橙。某廉得其情,曰:“橙固有之,子何用焉?橙医嗽药也。今无嗽,子何用焉?”渔隐固求不已,某乃笑而与之。渔隐得橙大喜,不遑言别,疾趋至宝香处,亲煮而饮之,乃始归。归而不知橙之能治否也,终夕不成寐,昧爽即披衣起。门甫启,又疾趋至宝香处,而宝香果豁然愈已。于是渔隐大喜,于是宝香亦愈德之、愈亲之,视眼中之人莫渔隐若者。于是渔隐亦专意于宝香,昕夕相见无间。渔隐豪于饮,沉醉非所恤。宝香虑其婴疾,每酌,必正色裁止之,乃不受困于欢伯,宝香之力也。渔隐素淡于科名，宝香以京兆试逼，诫之曰："士君子舍此无出身地，矧双亲在南，期望必切，岂高隐时耶？"渔隐感其言，课举子业无辍。宝香每饭必私祝，以期其捷。数奇，卒被放，愧不欲见宝香，宝香又多方慰藉之。渔隐既放，父母命之还。甲戌孟春，爰以诗留别宝香。将行，宝香集同人饯于其居，酒半，含泪执笺而前，曰："向之不敢以诗鸣者，以宝香之句不足名诗也。今君行矣，敢不徇子之请。"遂拂笺书七言二绝，并泰西所照小景一纸以赠。诗曰："吟风赏月已经年，何事刀环梦骤牵。离别更深摇落感，燕台从此有谁怜？""形影相依不染尘，伴君书剑出天津。云山万叠人千里，尊酒何当话旧因。"渔隐南旋，语其友青兕词客。词客愀然曰："宝香洵解人哉！倾心于子者深矣。子盍思所以报宝香乎？"相与欷歔者弥日。渔隐曰："宝香有至性，其母与人争口角，不胜，自经死，故对客恒惨然不乐。其同学者曰：'枕函之畔，时有泪痕焉。'同学名宝云者，谢姓；名宝玉者，刘姓，皆婉好，貌称其技，时人谓之'瑞春三宝'云。"

跋

右《宣南杂俎》一卷，吴兴艺兰生辑其友风怀篇什，录而存之者也。艺兰生富于年，湛于学，性豪迈，鄙章句。闱期近矣，余访诸胸罗二十八宿馆，见其方录此帙，吮毫伸纸，意得甚，戏曰："是亦抱佛脚耶？"笑答曰："聊备宣南掌故耳。"因就其手读之，如食五侯鲭，各有俊味。其命名"杂俎"者，义亦类此。搜罗惜尚俭，满幅琳琅，愿以俟诸异日。

光绪纪元秋孟平阳酒徒读竟偶题

撷华小录

沅浦痴渔撰。其人名余嵩庆，字子澄，湖南武陵人。光绪二年进士，曾为户部主事，后改官河南，终于湖北知府任上。是书作于光绪二年(1876)，集京师梨园优伶李德华等十余人，评为逸品、丽品、能品等，又补充“继起之英”数人。谷曙光据清光绪二年刻本整理。封面有“己未夏五，钵僧书端”字样，题“沅浦痴渔撰，清凉旧衲书”。

撷华小录序

粤自歙州感遇，《合录》斯成。邗上搜奇，《群英》毕纪。展《昙波》之几帙，佳传居多；留《艳澥》之一尘，胜游如昨。阅兹数种，自成香国新书；蔽以一言，胥本《法婴秘笈》。然皆情天广覆，色界穷探。扇暖衫轻，只快游仙之梦；花骄柳宠，未开选佛之缘。裙屐翩翩，果谁心赏。笑言晏晏，几许目迷。夫珉玉同缫，拱璧因之而失贵；赀兰合畹，国香由是以不珍。体例无闻，空入成均之讽；搜罗虽富，徒增艳异之编。谁似是书，成于吾友尔。其居邻湘水，工美人香草之思；客到蓟门，入大酒肥鱼之社。三年遍阅，无分夕秀朝华；一字定评，略寓王前卢后。数苗条之玉树，丽容合列璧人；聆宛转之珠喉，能事兼推车子。抑兹韵友，别具逸情。或纸擘硬黄，规橅章句。或琴调寒碧，轸惜爨桐。弹棋则黑白分奁，兼精象戏；作画则丹青尺幅，雅似龙眠。都从夹袋收来，尽付柔毫写出。仿国风之篇次，识来芳草名多；比明月之团圞，闻得木樨香遍。间有药名独活，虫是可怜。对月凝愁，悼闲花之迟暮；临风写怨，伤弱草之飘零。亦为点缀成文，靡不淋漓尽致。陆子小名之录，笺姓字以都香；孟家本事之诗，绘声情而逼肖。尤服其品题特慎，界画从严。未逾舞象之年，弗登斯选；纵擅惊鸿之誉，任轶其名。稚燕娇莺，亦靳西园之翰墨；纷桃郁李，讵参南部之烟花。辱示鄙人，属营赘语。君真作者，即斯觇董史之才。仆有请焉，盍为补陆郎之传。

光绪丙子冬孟下浣，古茂苑好丽殷勤客，缀于
都门乡馆之群玉山房

自　序

日下春多，酒边花笑。旧雨今雨，寻绮梦于青门；柳枝柘枝，记香痕于红豆。有怀欲诉，辄唤奈何！盖自初涉燕台，旁征花事。金

尊檀板,晓风残月之时;翡翠兰苕,人影衣香之地。酒浮大白,尘蹋软红。啸侣飞觞,半是雏莺乳燕;推襟送抱,靡非夕秀朝华。信四美之能兼,问百年其有几?离离芳草,袅袅秋风。杜少陵同谷作歌,空怅三年皮骨;刘司马玄都访旧,试寻千树桃花。则见惨绿成阴,落红如海。碧梧枝老,栖幺凤以翩翩;玉笋林高,簇新篁之个个。几许轻尘朝雨,酿来无限春痕;曩时冶叶柔条,都复出人头地。何戡犹在,莫尽低徊;子野闻歌,弥多枨触。爰以瀹茗焚香之暇,抒滋兰艺蕙之情。合琼花玉树以成林,想见当年张绪;幸蝶粉蜂黄之未褪,漫云天壤王郎。秾艳如新,容华不减。或神光离合,姿替月以俱圆;或情韵缠绵,思停云而共远。或听珠喉之历落,炙暖鹅笙;或洒墨汁以淋漓,摹残茧纸。凡兹韵事,孰匪名流。抚岁月之婆娑,历烟云之变幻。铅华易洗,陈迹难寻。能无倦眼重揩,秃毫独染,绘群玉山头之粲者,结三生石上之良缘乎?或谓梅根兰畹,尽多老干丛苗;水佩云裳,不少繁花嫩蕊。数真灵之位业,月三五而犹盈;撷香国之菁英,风廿番而未暮。谁云妙选,只在中年。不知乔木阴森,早入群芳之谱。琼芽质弱,待分膏露之华。未了缘多,不辞杜举。它年论定,讵乏江毫?唯兹清友之重逢,所幸韶光之我假。用摹逸致,以写幽怀。敢云滴粉搓酥,貌出风光旖旎。窃愿鸾飘凤泊,都成仙佛团圞。

光绪二年乞巧前二夕,沅浦痴渔

撷华小录

沅浦痴渔撰，清凉旧衲书

标目

逸品

若有人兮，翛然尘表。或惠或夷，庶几近道。
纷纷裙屐，搔头弄姿。鹓雏黄鹄，孰为得之？

嘉颖主人李德华

砚农清标玉映，神情蕴藉，襟带闲殊，有晋人风概。善鼓琴抚弦，动操得世外远致。近复雅意学绘事，俯焉孳孳，甚欲不后于人。植品清峻，亦不鄙夷流俗。圆神方智，亦介亦和。士大夫能操斯术，以往诡随激烈之讥，吾知免矣。

锦雯主人刘润

眉卿美风仪，秀外慧中，吐属驯雅。少即善谈名理，近更练习世故。清言娓娓，能使听者意移。赋性尤笃实，一二旧雨别去，经年念之，辄怆然不乐。自脱籍后，锐意学书。晨兴即搦管临摹，笔力秀劲肖率。更嗜说部书，研析字义，探讨原委，不肯草草过眼，有经生家所不逮者。曩令生长清门，以蚤慧之姿得所禀承，岂非芝兰玉树？飘茵堕溷，孰寔为之。为眉卿惜，不能不为化工憾也。

熙春主人钱青

秋薐作行草,秀拔流利,扇头小草尤工。体洁神清,宛然经生风范。其得名也蚤,兼之善书,纳交者更踵相接。而襟抱潇洒,纨褐一视,靡不服其高致。时俗凉薄,愿以此君医之。

佩华主人张棻

菱仙气度闲雅,静穆自好。不屑俯仰侧媚取贵人欢,坐是屡困,不为动。唯凭几作草书,日数百字,至篝灯未休。字亦娟秀如其人。以此苦心精进不已,吾乌能测其所至也。

麟春主人诸桂枝

秋芬磊落自喜,善饮,能手谈,拇战尤豪。然爽迈之中,仍不失绳墨尺寸。豪而不纵,质而不俚,众香国中别调也。

遇顺陈喜凤

桐仙温醇有书生气象,善弦索,琵琶尤工。捻拢挑抹,曲尽其妙。近又学鼓琴,甫娴数操,亦能得琴中趣。花骄柳宠之中,错以斯人,大堪坐镇雅俗。

丽　品

燕子帘栊,梧桐庭院。中有璧人,不钗而弁。

神骏可爱,高谈转清。珠玉在侧,此焉移情。

乐安主人孙采珠

绚华蚤饮盛名,今兹重见之,齿逾三十矣。姿色犹娟洁,靓妆登场,光艳夺目,转喉亦清婉入听。演《黄鹤楼》、《群英会》诸剧,为公瑾后身。衣服丽都,神采飞动。嫣然一笑,倾阳城、迷下蔡,不足多也。少时貌尤艳绝。坐事讼,系徙塞上,遇赦得还。自是不应贵人召,不蓄弟子,唯精治衣饰。日奏一剧,其识解殆超流辈矣。

韵秀主人尉迟喜

韵卿细骨丰肌，眉目娟好，姿色之姣，故是可儿。稚齿时负名誉，不易与人款洽。近乃折节自贬损，语笑婉约，谐噱间作，非复曩时顾元叹之风。以是轩车过从，门复如市。

绚春主人姜双喜

丽云少最妍皙，佐以憨柔，为一时翘楚。比年加长，体加丰，然天性肫诚，中无城府，语多直抒胸臆，嬉戏如丱角时。诈谖诪张，世所恒有；丽云独纯以天游，亦林樊之逸翰也。

近信孟金喜

如秋姿首秾粹，肌理细腻。神光离合，朗朗如玉山照人。第多病工愁，伊郁善感，见者或以冷艳少之。有时含睇宜笑，启齿粲然，非不别具风神，细心人当自领之耳。

咏秀王喜云

霨卿色泽莹净，顾盼生姿。曩癸酉甲戌间，年甫舞勺，扮生末登场，眉目如画，音响清澈，度薛访车子，不是过也。今兹酒肆重逢，犹是翩翩美少，而声沉响寂，不复能唱渭城，岂造物妒才，予之角者去其齿欤！谁识其咎，能无喟然？

保安刘小喜

稚芗广颡丰颐，总角时即敏给可喜。比年阅历世故，所遭不偶。颇颔侘傺，于酒边烛底时一发之。第茫茫人海，肝胆向谁。押衙何人，安得于吾生数遇之也。噫！

能　品

红尘软处，檀板催时。谁能遣此，时复中之。

呖呖飞花，声声入破。陶写羁怀，唾壶在座。

胜春主人余紫云

研芬性情和易,音调谐润,清脆如新炙簧。演《祭江》、《教子》、《战蒲关》诸剧,声情激越,节奏哀婉,抑扬抗坠,曲尽其妙。同时唯琴香如骖之靳,余子弗逮也。

(琴香齿较长,为鞠部中先辈。且《明僮合录》已详之,释彼登此,初非意存轩轾。)

绚华主人张芷荃

湘航貌甚臞,举止纡徐,退然不与时流竞。初娴昆曲,近改习二簧,吐词清折,音和而调稳,不以伉厉为工,固愈于有声无词者。

遇顺桑连奎

蕙仙貌仅中人。登场现宰官身,则容止俨然,无郊岛气。演《牧羊传》、《黄金台》诸剧,悲欢变幻,神情毕肖。发声中节,足遏行云,当为后来之秀。忆庚午辛未之际,童子以艺著者,鸿福、蕙芳皆与今之蕙仙埒。鸿福貌尤妍秀,音尤清越,负盛名。不数年,鸿福游止漠北;重返春明,非复当年张绪。蕙芳声华阒寂,亦已堕下乘禅,逸响难追,几同鹍旦。何戡犹在,可胜怃然!或谓成童时发音高迈,亟应善为摄持。若曹骤履名场,喜自矜炫。主之者又挟以徼利,竟夕驰驱,外强中干,恶能持久?蕙仙而有鉴于是,其善自宝哉!

右十五人,就余丙子岁所见甄录之。年皆逾十五外者,其有容色而齿太稚者不录。时乎不再,荣悴难期,奚必强已披之华,与孕秀含苞者比烈也。痴渔自识。

《撷华小录》既成,客有谓是录仅登名流,而继起之英,苕发颖竖,不可无述,以谂同人。爰采数人附录于后。信手编列,都无甲乙,缘品流未判,岁月方新,不敢以一人之私,据为论定。时俗好立鼎甲,前列名目,以鄙俗所艳羡,加诸彬雅之林,拟不于伦，未遑从众。

景龢朱霭云

霞芬亭亭玉立，秋水为神。年甫成童，而气度春容，绝无疾言遽色，殆有夙根者欤？

杏春许燕香

燕香弱不胜衣，其清在骨。习昆曲《冥勘》、《回猎》、《断桥》、《游园》诸折，音调清越，周折中规矩，同队鲜出其右者。

咏秀茹福儿

莱卿圆颊丰肌，语言敏给，习技刺拳勇，跳荡轻捷，有倜傥不群之概。

春馥蒋双凤

扶云纤媚有态，灼若芙蕖。颖敏之中，再能出以谨厚，未始非一时之隽。

文安田双庆

云卿方瞳丰下，类富家子，举止矜重，不染纤佻习气，得之稚齿良难。

杏春白五儿

燕芬容止纤俏，目微瞬，应对颇警捷。

杏春吴六儿

燕芳机警解人意，貌亦妍皙。

安义□春喜

春喜冠带登场，庄谐中度，发声亦清朗可听。

丹林李玉福

芙秋姿洁而心慧,能画兰,雨叶风枝,颇具婀娜之致。学二簧能为高调,亦佣中佼佼也。

景龢陈啸云

琴芳貌微寝,然气宇矜庄,不失大家风范。蚤岁孤露,登场奏《扫雪》一剧,潸然堕泪,足觇其挚性矣。

燕台花事录

蜀西樵也编撰。其人名王增祺，成都华阳人。是书成于光绪二年(1876)之冬，亦选色征歌之作，分三卷，上卷品花，介绍品评优伶；中卷咏花，汇集作者及友朋等人咏赞伶人诗词；下卷嘲花，乃札记，略带戏谑玩笑之意。谷曙光据清光绪年间上海申报馆丛书本点校。

序

《燕台花事录》何为而作也？明人有言：穷措大抱床头黄面婆子，自云好色，岂不羞死！此言固也，而义未尽。人间真色，要不当于巾帼中求之。不则历遍青楼，亦只得赝物耳。京师女闾，视临淄奚啻十倍。瞢腾过眼，尤觉无花。而选笑征歌，必推菊部。其间不无粉饰，亦判媸妍。所谓天然美好者，岁要得一二人焉。岂西山多白樱桃花，秀气所钟，故生尤物耶。良由人间真色，固在此不在彼也。灯窗无俚，冥想前游，一夕成此。盖惧美人迟暮，藉以稍留颜色。虽然，人情无正色，悦目即为姝，香山早经道破。遗珠之憾，仆也先群芳而雪涕矣。长安道上，大半看花，各举所知，是望诸寓公之好事者。

蜀西樵也识

燕台花事录　卷上

品　花

朱霭云,字霞芬,京师人。年十五,丙子花榜状头,为梅主人高弟。姿首如碧桃红杏,亭亭玉立,秀削可怜。性敏慧而蕴藉,士夫多自视弗如。吐词尤隽,每发一语,辄倾座人。花晨月夕,景龢门外车马喧阗,大都为郎来。而酬应纷纭,入夏病几殆。今幸愈。天生此才,所当珍惜护持者。

孟金喜,字如秋,直隶故城人。年十七,甲戌花榜第二人,近信弟子。貌白皙而丰润,性温婉,对客殊落落。而与交久,辄有飞鸟依人态。其销魂荡魄,尤在星眸斜转时。花天酒地,久噪芳名。去岁病几殆,近渐愈。而体多倦,深夜招之来,每倚肩作枕,阖眼朦胧。同人怜之,无怪其不工酬应者。

贾主人桂喜,字露香,京师人。年十七,出联星。予识之在癸酉夏。年甫十四,其秀在骨,其媚在神。刚健婀娜,兼擅其胜。所演《打灶》诸剧,有独步燕台之誉。乙亥重晤,则非复张绪当年矣。性不谐俗,于同辈亦少许可。时人比之梅花,故门前车马稍稀云。

绚春姜主人双喜,字俪云,直隶河间人。年十七,出春馥,亦于癸酉识之。眉目疏秀,雅善修饰。性憨,喜谐笑,不与人忤,故人多招之。春馥近有弟子蒋双凤,字扶云,年十四,回波流媚,貌亦白皙。是为后起之秀。

锦雯刘主人双寿,字眉卿,京师人。年二十,出文安。予癸酉入都,首识之。姿首娟秀,过于所识诸郎。性温和,不见喜愠之色。顾不能饮,甫举杯则红潮晕颊矣。近喜阅《聊斋》、《红楼》诸说部,学书饶有力。文安现有弟子田双庆,字云卿,年十四,颜色如桃花,能演《挡谅》诸剧。

乔蕙兰字纫仙,江苏人。年二十,佩春弟子。知书习史鉴,喜与文士清谈。闻其先本宦族,沉沦若此,亦可悲矣。

姚主人宝香,字妙珊,京师人。年十九,出瑞春。结束登场,俨然庄妇。而歌喉清婉，尤有绕梁韵。其得名在癸酉前，见人殊落落。近则阅历世故，每与谈，辄如听柘枝儿，声声打入心坎中。

谢宝云，字月珊，年十六；刘宝玉，字碧珊，年相若，俱京师人，瑞春弟子。当癸酉时，谢生刘净，与姚妙珊合演《进宫》诸剧，令人耳目一快。近则姚、谢已不能登场。而刘音益清健，且其躯复伟岸，乍见之，如贵介中人。至所绘兰，亦有誉之者。

王喜云，字霨卿，京师人。年十七，甲戌花榜第三人，咏秀弟子。颜色如朝霞和雪，是具子房之貌而兼有魏征妩媚者。故演《挡谅》诸剧，不掩其姿。其弟茹福儿，字莱卿，年十三，丙子花榜第二人。面如满月，酬应如成人。以武剧名。

李玉福，字芙秋，京师人。年十六，丹林弟子。貌白皙，尤善修饰。性聪颖，解作书画。善演《思凡》诸剧。而灯红酒绿，尤喜唱大江东去，其亦巾帼中有须眉气者耶！

陈喜凤，字桐仙，京师人。年十六，本绮春弟子，今归遇顺。貌不逾中人，兼有期艾之病。顾妆束登场，则歌喉清婉。且善琵琶，工琴。与人交落落大方，无狐媚态。

陈啸云字琴芬，京师人。年十五，景龢弟子。音清越以长，对面楼头，人声腾沸中，能闻其语。童牙孤露，每演《扫雪》诸剧，泪随声下。性尤诚实不欺，人以此多之。

艾顺儿，字丽琴，京师人。年十五，嘉颖弟子。英爽不群，音复清越。演《乾元山》诸剧，令观者眉飞色舞。近易丈夫为巾帼，岂砚师欲束其不羁之态耶。

张翠喜，字桐仙，京师人。年十五，声振弟子。初颇静默，近稍狡狯。石顽道人谓其姿首足驾如秋而上之，予则感其有爱我之言。

白喜林，字燕芬，直隶人；吴爱林，字燕芳，京师人。年均十三，杏春弟子。白眼波含媚，语呖呖如新莺，初不与人洽，偶抚之辄欲啼，近则颇工酬应矣；吴俊快解人意，而貌差逊。又，其弟燕香，齿尤稚，演《冥勘》诸剧，名过两兄，以昆弋腔较胜也，其秀亦在目。

梁亦琴，字倩侬，涿州人。年十四，馥荃弟子。额秀腰纤，语音清脆。歌场一见，殆移我情；中以小隙，往还遂疏。然知予所在，必径来佐酒,亦复楚楚可怜。且予青衫落拓,感喟良深,其言间有如吾意者,故至今犹为耿耿也。

梁双喜,字兰君,京师人。年十四,景福弟子。灯红酒绿间,星眼迷离,微露玉梗。于当年露香,盖十得四五焉。无怪鹣鹣君之倾倒,而予亦对新人如觌旧好也。

陆春燕,字蕊仙,京师人。年十四,安义弟子。妆束上场,宛如好女。腰肢袅娜,体态轻盈,只合以香扇坠目之。音尤清脆,隔帘娇语,殆如去年之霞芬。天地生才,初不稍吝。明岁花榜状头,舍此奚属耶! 其同怀兄春兰,年十六,貌仅中人,歌喉浏亮,独出冠时。

都门小住阅人多,好色其如好德何。暂把彩毫留丽质,落花一任去来波。

蜀西樵也丙子仲冬临川寓所书

后录

范主人芷湘,字亦秋,江苏人,年十七。名优小金子,出春华,癸酉时正负盛名。予初入歌场,见其作《出塞》小鬟,手捧紫檀琵琶,侍王嫱侧,脂香粉腻,俏眼含波,不禁心醉。迨凤阳公子招来佐酒,细视双眸,略具雌雄,而妖冶之态,荡妇弗啻也。工弦索,能度《湖船》诸曲。乙亥重晤,尚询公子客死况,殆亦若辈中之有情者。

雷金福,字蓉仙,京师人。年十八,金树弟子。癸酉时隶瑞和成部。日日演剧,予往观最多。貌白皙,而笑靥微涡,天然美好。或感微疾,剪银叶膏,较含桃大,贴两眉角,尤增丰致。甲戌花榜,定作第七人,盖亦以色选也。亥子屡宴其所,待人殊拳拳,顾不免徐娘之感。近已脱藉还家,舞衫歌扇,往事如尘,无复登场献技矣。

王主人桂官,字楞仙,京师人。年十八,出闻德。善演武生剧,名久噪。盖其结束登场,群以“香孩儿”目之。近病重听。其同堂兄桂林,貌白皙,尝演《断桥》诸剧,亦有名,近沦落不可问。又,宝善陈荔衫亦以武剧名,近病殁。

刘喜儿，字稚芗，京师人。年十七，保安弟子。貌丰润，双瞳剪水，一顾撩人，几与孟如秋相伯仲。设粉黛登场，必有狂惑失志者。善演《醉写》诸剧。又，绮春弟子秦凤宝，字艳仙，貌最丰。时以“小和尚”呼之。工度曲，亦演生剧，名出刘上。乙亥秋病殁。

张菊秋，字忆仙，本名椿，广西人。年十七，蕴华弟子。少喜憨跳，近善歌。其弟贾蕙秋姿首过之，演《卖艺》诸剧，其武技有足多者。

张敬福，字紫仙；郭敬喜，字韵梅。俱京师人，年十七，敬善弟子。张歌喉较胜，与人言温婉可听。郭工琵琶，为近时陈桐仙之亚。有真性情，每语及同辈沦落者，辄泫然泣下。

余钱张顾有时名，底用区区月旦评。为惜凡葩易摇落，拾将残渖续群英。

十二月立春后二刻蜀西樵也志于浒湾榷局

燕台花事录　卷中

咏　花

诸堂联帖，佳者殊鲜。必大雅而稳切，斯足尚耳。录惬心作如左，鄙作亦附焉。

素香云：“素心何如天上月，香意不减春前花。”

福云云：“神仙家世传梅福，京雒才名愧陆云。”（云为梅主人弟子。）

露香云：“前身曾饮百花露，小坐能留三日香。”（莲溪生赠。）

予重入都赠之云：“南国惯生红豆子，西山多种白樱桃。”

如秋云：“如花解语，秋水为神。”予云：“如是我闻聊复尔，秋来客感甚于卿。”

遇顺桐仙云：“焦桐入听，有仙则名。”

声振桐仙云：“桐云拂翠迎幺凤，仙露溥花护晓莺。”（蜀青山人赠。）

余将出都赠之云:“桐院月明秋擫笛,仙人风结客回帆。”

芙秋云:“芙蓉如面柳如眉,秋水为神玉为骨。”

芙名玉福,予云:“难得玉容如处子,可分福命到书生。”

福儿云:“清福谁堪风月主,是儿生有雪霜姿。”(陇西君赠。)

云卿云:“云和雅奏原空俗,卿子英姿合冠军。”(湘舟撰,宴丞赠。)

蓉仙,予云:“蕊榜新开,芙蓉镜下及第;云璈叠奏,神仙队里逢君。”

倩侬,予云:“曼倩诙谐词绝妙,吴侬烟水气都消。”

蕊仙,予云:“蕊榜会看新及第,仙人闻说旧吹笙。”

诸郎壁上、扇头,诗词颇有可观,惜未多为钞记。如霞芬扇头之“未应小坐香三日,真觉无言动四筵”。露香扇头之“容易蹉跎联袂后,最难消遣送钩时”。均忘全首,兹录其尚堪追忆者。

梅主人处有长沙李君(寿容)《墨兰》并题句云:“兰梦低徊感夙因,为君援笔写丰神。春风山下蘼芜路,一笑相逢是旧人。”

澄江渔子《为眉卿题画六绝句》,录四云:

“层岚泼翠水挖蓝,春影蓬蓬晓润含。桥上赤阑花上雾,天涯三月梦江南。”

“好山如髻柳如眉,绛树双声酒一卮。天也奈何应补石,花虽顷刻莫沾泥。”

“花潭千尺去来波,烟雨江干落絮多。双浆渡将根叶去,爱河流尽是香河。”

“西陵松下旧同车,袅袅风前小树花。彷佛樱桃斜畔路,重沿春水觅胡麻。”

高阳酒徒出都后《怀诸郎绝句》,录十一云:

“俗世而今无赏音,几人真个解琴心。青衫赢得多情泪,翻觉琵琶怨恨深。”(遇顺桐仙。)

“盈盈十四妙年华,一缕春烟隔绛纱。如此娇憨谁得似,前身合是女儿花。”(霞芬。)

“个侬生小解温存,曾为将离劝玉尊。别样风流天付与,眉梢眼角总销魂。”（如秋。）

“流莺清脆啭珠喉，若个娇憨未解愁。赢得尊前一凝注，盈盈秋水剪双眸。”（丽琴。）

“衣香新爇麝兰膏，酒绿灯红兴自豪。纵为东风开笑口，也应珍重白樱桃。”（偭云。）

“一笑嫣然劝玉觞，须臾举座客如狂。销魂岂竟能真个，不信温柔别有乡。”（朵仙。）

“人生能得几良俦，别后相思未肯休。欲把梅花描小影，一般傲骨有风流。”（露香。）

“底事怜卿转负卿，夙缘岂竟有三生。樱桃馆里花多少，一样春风忒薄情。”（芙秋。）

“呢喃小语隔窗纱，掌上轻盈未足夸。可惜画堂双燕子，只飞双影入王家。”（燕芬燕芳。）

“多情如此太缠绵，泪湿青衫我亦怜。却羡周郎时顾曲，醇醪一醉即神仙。”（声振桐仙。）

“挥手天涯感不禁，如卿傲骨少知音。只缘一曲离亭宴，牵惹相思直到今。”（荔衫。）

“征骖将发且勾留，手拂丝桐四座秋。漫向桂堂调彩凤，有人背烛替花愁。”此遁园花隐《送曹邱生出都四绝句》之一，盖有所指。

钟子安《寄都门诸友》之一云：“回首欢场乐事违，翻疑昨是叹今非。酒痕泻碧留花醉，波影流黄带月归。秋老孤鸿嗟独去，春来双燕傍谁飞。为言沈约多情甚，瘦减腰肢尺二围。”春来句指杏春、燕芬、燕香也。

高阳酒徒《题露郎淡墨风兰》云：“夜月沉沉更漏永，仙人醉卧蓬莱境。扑鼻忽闻空谷香，当头望见姮娥影。姮娥旧住广寒宫，天上何年谪软红。手拍紫云歌一曲，满衣香惹桂花风。风流旖旎真无两，记得前身金粟相。芸管传来秋水神，花名书上春明榜。春明榜出长安城，走马看花剧有情。闻说旗亭曾画壁，相传缑岭爱吹笙。吹笙骑鹤趁清景，天涯聚首飘萍梗。情天未证维摩禅，仙风敢诩旌阳井。翻怜曲罢顾周郎，一笑相逢酒绿场。曾惠好风留画扇，恰怜清露被微香。香国琼姿谁第一,天挺芳兰夸秀质。豪量吞残李白杯,彩笺艳过徐陵笔。兰兮兰兮谢繁华,梨园无此好奇花。自昔诗标君子格,只今春在美人家。美人迟暮寻常耳,难得余芳常竟体。隋苑能争秋菊名,楚词合共申椒美。吁嗟乎!秾艳夭姿斗靓妆,国香如此合称王。樱桃馆里花千树,输与秋风桂子芳。”

遁园花隐前题云:“燕草凄凄冷碧丝,素心从古赏心迟。临风写就离披态,愁绝香郎运腕时。如此幽姿未出尘,国香无主叹沉沦。劝渠改画桃枝艳,应许飞花上锦茵。明僮墨迹寓公留,天壤王郎惯种愁。漫向芳魂歌楚些,护花不力此生休。纫芳我亦怅前因,楚泽迢遥莫问津。欲与同心契兰臭,展图何处觅佳人。”

梦余倦客前题云:“旖旎临风逞淡妆,自将清梦托潇湘。笑他桃李夸秾艳,谁向花丛号国香。漫将空谷叹沉沦,荆棘丛中远俗尘。领取孤芳惟自赏,多应写照自传神。”

且闲生前题,调寄《两同心》:“自然幽雅淡,绝丰神。写照中销魂真个,无言处竟体清芬。不争似、锦帐韶华,紫陌香尘。况是画里真真,别有人人。抱素心谁怜蕙质,傍空谷夙证兰因。平分取、一寸相思,一缕啼痕。”

滋莽前题,调寄《满江红》,用《聊园词钞》首阕韵云:“道种灵芽,又几蒨、临风茁也。各抱幽香衿品格,难分高下。独与素心人共对,铅华净洗真潇洒。想冰壶濯魄几多时,挥毫者。　香国里,春归社。花丛外,风连野。把丰标万种,一齐倾泻。寂寞软红尘里客,茜纱窗下杯同把。为他年开卷便相思,殷勤写。”

馥森东壁有《金缕曲》四阕云:

“如梦春云晓。遍天涯、东风院宇,燕莺啼觉。草长红心江南路,留得王孙未老。正绿鬓、杨枝俱袅。忽堕明珠金尊侧,有车轮乍向肠中绕。休浪说,被花恼。　青袍踏遍长安道。最难忘、分花拂柳,乌衣年少。细雨残红飞难定,只有闲愁待扫。浑不似、当年怀抱。鹦鹉前头三生话。便相逢不分今生早。无一语,玉山倒。”

“落絮翩翩影。任天风、参差吹断,都无凭准。翠翦铢衣神仙侣，玉袖徘徊自整。便珍重、千言难尽。愿得化为尘与土，且因风吹上卿斜领。劳拂拭，一临镜。　笙歌草草人初定。剩无多、银屏画烛，泪花红凝。题遍人间芳华怨，弹到瑶琴弦冷。算宛转、留渠应肯。门外香车须早去，怕夜深风露还凄紧。嘶远骑，酒才醒。”

“芳草知时节。忒匆匆、流莺啼后，珍丛消歇。多少花前惊心事，曾与断红细说。已廿载伤春伤别。碧海青天迢递梦，照楼台无恙今宵月。斜汉畔，几圆缺。　人间宝镜红绵拂。尽留渠、团圞样子，影儿离觅。红豆江乡相思种，无处寻消问息。又付与柔肠千结。帘外轻红阶下雨，早花花叶叶无颜色。春正好，未须折。”

“没个销魂处。最迷离、空庭晚照，无人来去。昨日棠梨今日柳，留得春痕几许。恁客子光阴非故。沉水香残还对镜，问菱花可解闲言语？双鬓乱，甚心绪。　芳尘婉娈雕鞍路。不分明、脂憔粉悴，凤城烟雨。十二阑干添几曲，试把回肠细数。者一片、新愁谁诉。萍絮因缘还自笑，我知君不问君知否？聊擫笛，唱金缕。”

按：此乃麋月楼主为素芳周郎作。郎即甲戌花榜第一人，见为馥云主人者也。

沅浦痴渔《翟家庄旅壁题〈望江南〉》词云：

“情脉脉，劳燕各西东。芳草涉江何处碧，樱桃隔巷可怜红。无计效秦宫。　冰雪意，卿我两心同。吹笛梦飞湘上月，散花人醉小寒风。春到又匆匆。”风韵颇不对。缘细注有“癸酉十月出都，眉卿来送”云云。眉卿时居樱桃斜街，予入都首识之，未免薄幸，故赠联云：“眉心似绾连环结，卿我应修福慧缘。”读此殆难为怀。丙子询诸眉卿，则作者已登两榜矣。

朱西斋为月珊作牡丹并题《浪淘沙》云：“锦幄护琼英，过了清明。姚黄魏紫斗倾城。误信胭脂容易买，却费调亭。　旧约记三生，试订香盟。娲皇炼后倍珑玲。几度欲描描不得，五日才成。”

且闲生将出都门，赋《长亭怨慢·本意》云：“看多少凤城春色。一醉醒来，又成分折。酒里猜枚，镜中窥影，更何日、断肠无那？生怕听宵来笛。笛纵有情时，也只解、声声凄恻。　安得买金铃十万，省却落花狼藉。樱桃树下，别离后、问谁怜惜。算此去、一缕相思,亘千里、长空寒碧。叹同是天涯,衫上啼痕红湿。”其兄高阳酒徒途中赋寄《百字令》云:“碧天空阔,似一行飞雁,无端分折。握手临歧才数语,偏又征车催发。卷地惊沙,参天枯树,红透霜林叶。君应输我,万山看遍残雪。　　最是小鸟依人,雏莺解语,也惜尊前别。偿尽相思无限债,更向阿谁分说。酒绿猜枚,灯红度曲,风味全消歇。者般离恨,都从情字流出。”《看花曲·本意》云:“一瞬,把歌场往事,都成离恨。断肠几时了得,索红友相邀,青天重问。思量此乐,除却五千年不分。今夜里无限相思泪,和蜡烛,总灰烬。

凄绝,梦魂难寄顿,半只为旧家轻俊。惆怅黏花系月,渺渺关山,东风无信。燕台那边,历乱愁丝没理论。算王昌便为情死,也合和花殉。”

桃源客赠蓉仙联帖云:“乡梦惹蓉城,趁帽影鞭丝,万里壮怀来日下;秋心托仙子,看花团锦簇,一年游兴寄天涯。”酒间援笔立成,不愧才人吐属。客寓都门日久,屡散千金。癸酉晤于青城主所,人极温雅,惟花天酒地中,不免次公狂耳。某郎呼为“醉刘”。予作歌赠之云:“伯伦一去二千载,醉乡之春今尚在。攫金莫笑刘又愚,几回酒渴思吞海。君家岂其苗裔耶,十年看遍长安花。有时乘兴忽大叫,青天白日餐流霞。醉来每被青楼笑,得遇王郎作同调。燕台杨柳无新枝,惟有樱桃花绝妙。劝君更尽酒一尊,随我闯入群芳园。金铃万个护不得,芙蓉一朵风中翻。置酒中庭为花惜,只恐秋容变成白。叆叇春云出岫来,清歌便布瑶台席。夷甫有癖不言钱,次公之狂毋乃颠。佳人亲口赠名字,‘醉刘’乃以先生传。吁嗟乎!男儿三十不称意,久住都门甚矣惫。床头散尽千黄金,到口只期谋一醉。醉中又踏天台山,桃花洞紧拂衣还。我亦青袍苦尘渍,天香枉向蟾宫攀。曲生风味聊复尔,孝廉船上香盈底。破瓮知谁作主人,饮糟也合称名士。人生何者能无愁,呼奴为我营糟邱。君不见满天风月正无价,如此清凉有‘醉刘’。”

旧为露郎赞云:“身材秀削,语音清脆。落落大方,一笑生媚。更可人怜,盈盈欲泪。微嫌不足,任性负气。”南昌君见之,笑曰:“其不足处正佳。”予首肯者再。朱眉君舍人诗云:“庆郎娇小太憨生，花里樱桃换女贞。授色尚能存古意，赏音谁与赋闲情。客愁黯淡期同调，卿辈流连莫殉名。大愿有船应共载，笑凭佛钵保良婴。”与予情事差合。《癸酉出都赋别某郎》云：“为底情深为底痴，樱桃花下立多时。明知不是春风主，偏学流莺占一枝。”“杜牧休辞薄幸名，酒和泪点滴盈盈。朱衣不管青衫湿，断送西州太瘦生。”“扑朔迷离太不堪，爱他情性最娇憨。学书教仿平原格，特地撩人共手谈。”“清脆歌喉一串珠，亭亭瘦影怯人扶。下场粉黛浑抛却，赢得双眉别样粗。”“怕人烦恼爱人怜，一笑回身恰并肩。亲把碧璃杯赠取，醉舒纤腕叫张拳。”“画梁吹过少男风，乳燕含娇语最工。情急偏生无一语，只将清泪点双瞳。”“任是无情未忍休，本来生小不知愁。太湖烟水泮柯月，别有离人一段秋。”（谓钱如树勋。）“敝车羸马别东华，从此天涯更有涯。欲折断肠花忏悔，慈云一笑手拈花。”《追感前事》云：“见时欢笑语喁喁，忍再当筵唱恼侬。生受玉缸纤手递，芳醪留不住萍踪。”“记占重阳一日先，偶乘风雨话缠绵。怕听失意将离别，泪点罗襟绝可怜。”“两约天街发榜时，过听帖报莫来迟。明知好事无凭准，耳语相商苦太痴。”“陶然亭子祀文昌，签兆都含桂蕊香。虔炷旃檀祈一纸，可堪天壤有王郎。”“教书名字趁宵分，真假从人问转殷。一落孙山动凡想，仙才都让沈休文。”“愁里闻歌没奈何，非关尘海有风波。些时欢笑些时恼，累煞纤眉锁处多。”“分将蜀锦作缠头，砚箧楹联取次留。只是科名听不得，怪他偏索状元筹。”“道我多时见太非，何曾相爱便相违。生生软语难禁受，酒尽天寒怕典衣。”“柔情密意已全谙，难作空花镜里含。怪得前宵分橄榄，尝将苦味好回甘。”仲冬六日置酒某堂话别，后二日夜，青城主复饯于此，《车中感赋》云：“双趺踏遍玉尘沙，除却樱桃不是花。日暮寒天江水远，断无游子尚天涯。”“劝我迟留意最长，会逢恩诏出明光。蟾宫不织登科记，枉说城西制锦坊。”“丹砂无术点黄金，剩有萧郎一片心。置酒要烦歌折柳，无端鸩鸟集前林。”“教裁蜀锦换缠头，教觅西江碧玉瓯。教制蛮靴护纤体，笑渠原不是莲钩。”“约我闲房话别离，送行应有断肠时。四牌楼里新居远，只是摇头不遣知。”“才离一日胜三秋，赖有良朋举酒筹。情到极时翻淡漠,更无余意强遮留。""硬说相抛各一天,自家情事自家怜。师门何计能离却,翻向黄姑乞聘钱。""埋怨多般未肯言,知从何地解烦冤。痴心苦把离愁说,才得双瞳惹泪痕。""一面缘成百面缘,记渠私语倍愁牵。京华强别休回首,车马何时赋北旋。"《再忆》云:"帖报惊传第一声,喜闻同姓急闻名。怪来说是阳平客,乡里空烦记得清。""艳福从知酿祸胎,非关奴辈利吾财。偶因小隙真成恼,亲受牵裾屈膝来。""静爱蛄蛄宛转鸣,花壶纤手笑相擎。教藏怀袖休轻放,候暖时闻一两声。""阿芙蓉染指头香,火热轻挑半段枪。清瘦合教怜阮瑀,怪人多事口先尝。""也知时命偶相遭,文字何曾若个豪。生怕酒阑愁思起,几回低劝别牢骚。""四更人倦梦无聊,清脆唤声声也樵。一出都门三十里,宵来才算可怜宵。"又见江郎扇头诗云:"官到广文原太冷,客非骑省却悲秋。"多情人固同此浩叹也。翁覃溪先生有言:"夫痴不过招厌,狂则必招忌。若予殆痴而不狂者欤?"后见赋别八绝句,为惜春生登诸《申报》,并跋云:"仆小住燕台,兴耽风月。樱桃花好,买醉难辞。偶于某某堂上,见也道人留别某郎之作,觉情文之斐亹,更感慨而嘘唏,作者其有忧患乎? 至作者姓氏,询诸某郎,笑而不答,殆深于情欤?"数千里外,竟获赏音,附书志感。

《丙子出都志感》三律云:"蝶浪蜂狂负好春,秋花合伴苦吟身。偶然忍泪谈遗墨,才信深心出美人。文岂能工偏誉我,情如此重转伤神。怜渠赠别难为语,含笑从知未是真。""别后真成一见难,怪渠生小话无端。差池燕羽惊初见,溜滴琴心却再弹。已隔天涯犹想像,重来人海定盘桓。明知情尽愁难尽,忍与空花比例看。""桐阴拂翠月空明,见我时萦惜别情。娇小何曾识文字,缠绵端不羡科名。竟将遗墨收藏好,却惹归人感慨生。十四言中无限事,宵深乘醉手挥成。"

偶与所善某郎忤,既而悔之,填《簿幸词》,制绣帕遗之,云:"一声长叹,谁分遣柔肠寸断。便断也教人怜惜,忍把负情侬唤。奈罡风吹下梳翎,天涯认作将归雁。纵酒满金尊,花飞玉笛,赢得泪珠偷咽。　端怕煞凄凉境,浑不耐些时不见。怪来迟片晌,佯嗔忍笑，寒更数尽重开宴。者般留恋，算鳜生薄幸，樱桃错打黄金弹。从今过犯，折却相思一半。”

忆昨《蝶恋花》六阕云：“天半朱霞惊乍见。旖旎风流，眼角含娇盼。问姓便将侬姓唤，争禁得者般温婉。　小坐余芬都不散，霭霭春云，惯逐东风转。只惜芳名生小擅，宵深忍病陪欢宴。”

“雅俗伶渠都得半。拨尽檀槽，又把丝桐按。弹到仙翁肠欲断，临风肯逐霓裳伴。　艾艾期期听总惯。喜遇知音，一凤当筵唤。莫道登场歌婉转，青衫湿透红颜涴。”

“喜是杏林春日燕。个甚憨痴，解捧云郎砚。袖底芬芳浑不辨，偎肩故故防人看。　一笑登场妆束换。酒后茶余，却又清谈惯。别样聪明流到眼，十三年纪今刚满。”

“记得歌场刚一见。秀入眉峰，更瘦腰轻倩。侬为情痴应趁愿，宵深强便持笺唤。　亦有闷怀难自遣。谁分琴徽，中道鹍弦断。无限花飞春不管，重欢已是离亭宴。”

“生怕秋深花事短。漏泄春光，幻作红衿燕。削额发垂刚不掩，朱唇小结樱桃半。　道是蕊珠仙被谴。絮语呢喃，妒煞新莺啭。袅娜妆成偏汝惯，尽呼醋醋将谁怨。”

“玉笛悠扬声不断。顺口歌成，爱个儿清婉。窄袖短衣妆束惯，登楼忽露红妆面。　一体灵狸谁解辨。绮丽丛中，且把胡琴乱。只是从人邀拇战，当筵依旧豪情见。”

燕台花事录　卷下

嘲　花

金溪朱春舫戏赠秋芙联语云：“九串空花，春舫依然漆黑；三拳潦草，秋芙到处装红。”谐语殊堪喷饭。

尝携诸郎游天宁禅院，指佛出句云：“者和尚长伸手，只想要钱。”某郎略解对而不对，为润色之云：“那相公瞎淘神，不会冤斗。”闻者大噱。

十三旦者，秦伶，有盛名，京师妇孺皆知之。同乡某水部子甫数龄,善属对。人举此命对,即应声曰“六一翁”。庐陵有知,得无干笑。京师旧传一律,中四语云:“得意一声拿纸片,伤心三字点灯笼。资格深时钞渐短,年光逼处兴偏浓。”写事最入妙。

又五言律云:“万古寒渗气,都归黑相公。打围宵寂寂,下馆(戏馆也。)昼匆匆。飞眼无专斗,翻身即软篷。陡然条子至,开发又成空。”孽海中尚有如此苦恼。

《都门杂记》有云:“捐班新到快嬉游,戏旦连宵闹不休。博得黄金买歌舞,终归潜夜度芦沟。”语虽粗率,而予目击此等事,殆非一次矣。

“思思复思思,走走重走走。问女何所思,问女何处走。女亦无所思,女亦无处走。昨夜见纸条,樵也大摆酒。同行六七人,独不与我偶。往岁客京华,同年多且有。亦作狭斜游,舞袖大垂手。开筵孰主宾,雄辨倾左右。行乐未及央,弃予如敝帚。独自冒雨归,茫茫丧家狗。”此青城主调予作也。

予戏寄孑周云:“为我殷勤问某郎,年时玉体较前长。楼边有眼飞新斗,灶下何心怨老王。《打扛》(去)莫宽红结束,《上坟》应着素衣裳。更饶一出《查关》好,十四娇娃旗下妆。”

某溺于珠郎,约偕遁,格于郎傅不果。计无所出,遂就缢。时人悲之,挽以四字,云:“珠斗高悬。”可谓雅切。

京师照相馆,近有数家,当以寓且园者为最。有一纸,桐仙危坐鼓琴,莱卿佩洋表、执雕扇听之。予笑谓人曰:“此当名‘雅俗共赏图’。”

中书君语予曰:“蔚卿热中有冷,如秋冷中有热。”予笑曰:“此何必言冷热,直谓之炎凉可耳。”

有自谓与某郎交厚者,刺刺不休,或厌之。予私为之解曰:“此君不让古人。”怪诘其故,则应曰:“子不读明人文乎?所谓相公厚我厚我,且虚言状者也。”彼此不禁捧腹。

观小郎与客作象棋戏,郎局将败,予戏曰:“象过河可免。”郎疑不可。因告之曰:“他人不可,若则可。”客讶问故,曰:“佛有云‘象、马、兔三兽渡河’,即此注脚也。”相与轩渠不已,而郎面有嗔色。

诸郎间有诨号，如霞芬之“小表嫂”，可对筝秋（郑丽芳）之“老同年”。最奇者，人呼朵仙（杨桂云）为“山楂糕”。诘其故，则笑曰：“所为又红又甜也。”为之绝倒。

小郎问予曰：“状元几年一个？”告以故。则迟疑曰：“设无其人，奈何？”因言方今人才极盛，岁取之不尽，不似若辈花榜状头之每艰其选也。郎甫首肯，一醉汉大笑曰：“你莫信他，哄小孩子话。”

或于灯红酒绿间，导予以谒当道之利。笑谢曰：“仆诚愚贱，窃谓向达官低首，不如向相公屈膝。”

凤城品花记

香溪渔隐撰，赋艳词人、艺兰生戏注。三人均为吴中赴闱举子，结伴梨园，征歌京华，风雅自属。香溪渔隐与歌郎姚宝香（妙珊）相狎，而此书即为妙珊而作，所叙不外文士与伶人之韵事。谷曙光据清光绪年间申报馆丛书本《鸿雪轩纪艳四种》点校。

凤城品花记序

香溪渔隐于余为总角交，又同时被辟北上。公退之暇，常与戴折角巾，冲风雪，觅醉长安市上。声伎满前，觥筹交错；酒后抵掌谈时事，歌呼呜呜，泣数行下，旁若无人。尝欲濡笔纪其事，会图南未果也。迨重入都，而渔隐方省亲勾吴。其友赋艳词人出《凤城品花记》一册，示余曰："此渔隐于客冬之夜，烧三条烛立成者。"余受而卒业，其记事文而不缛，质而不俚。乃叹向欲濡笔纪之而未果者，渔隐已实获我心矣。词人既以此册见示，复与余戏缀评注其下，各录副本，缄之行箧久矣。今奉檄来沪，僦居榷署之絜园。于时冬也，冻云不飞，密雪荡影。客有饷乌程醸者，苦无下酒物，忽忆此帙，启缄出之，相与翻一叶，酌一螺，似不减读《汉书》已。

光绪二年丙子小除夕艺兰生书

凤城品花记

香溪渔隐撰　　赋艳词人、艺兰生戏注

辛未秋九月,余偕诸君子被辟入都。从公之余,尚多暇日。都门素尚梨园,韵事颇多。艺兰生为余言之津津,余耳熟已久。窃疑秦宫鄂渚,未必真有神仙;断袖分桃,亦姑妄听之耳。然亦不可不一领略,因与披沙子同往观三庆班,遍阅诸伶,无一妙人。惟一貂冠艳服者,演《秋胡子戏妻》一剧,作丈夫装,意态似佳,亦未甚惬怀也。归述诸艺兰生,并斥其言之妄,生笑置之。后复与同人至四喜部,见佳丽满前,似较三庆胜。中有雏伶,年可十二三,服饰不华,而顾盼生姿,娟好如美女,心窃爱之,(渐入彀矣。)而亦不知其为谁何也。越翌日,复同艺兰生听三庆,遇长白山人、泛月客两人,携一伶在焉,睨之颇端好。询其名,知为丽云,隶四喜部者,因与俱座。须臾,复有一童来就坐,即前日貂冠而艳服者也。私叩泛月客,悉其姓夏名鸿福,字雪舫,以演剧雄于时,人无不知者。戏散后,长白山人力邀入酒肆小饮,且招丽云辈数人侑酒。余及艺兰生未折柬也,因恐不及入城,且在席诸伶,一无当意,遂与艺兰生逃席归。(观此,知香溪君非滥于用情者。)时正阳门方阖,仅容一身逡巡而入,窃笑诸君之嗜痂焉!(且休笑,窃恐笑人者笑于人。)

一日偕艺兰生出城,复遇山人、泛月客于途,拉往垆头小饮。未几,诸伶毕至,艺兰生为丽云怂恿,遂招梅卿,复强余,余以未识庐山真面为辞。山人固荐鸿福,余未首肯,而朱笺数行已作青鸟使矣。无何,雪舫来,(雪舫是宾。)言论诙谐,飒爽不群,差强人意。嗣后遂屡屡招之。每值公退,辄造饮其庐,余非雪舫不醉,而坐客亦非雪舫不欢也。(浃洽乃尔,何意后日。)值冬至日,同人均听四喜,见二童演《双湖船》,颇极夭冶之致。一齿稍长,一即日前所见者。或告余曰:"长者名芷荪,少者名芷湘,皆属春华堂。"时诱春子方与芷荃善,荪湘皆其师弟也,余始恍然。是日诱春子即招饮春华,至则窗明几净,壁上皆名人书画,案头设绿萼梅一盆,清芬扑人,无纤毫尘俗气。(初次入门,故叙述甚详。)谈次适芷湘归,遇于屏间,因招之来,一见如故。(凡一见如故者,往往鲜克有终。易合必易离,理所固然。此君子之交所以淡如水也。)湘字亦仙,年十三,柔情艳骨,尽得风流,第年太稚,罕有知之者。时余方与雪舫密,虽甚怜爱,而形迹颇疏。次年,以其有萧宏之癖,诛求无厌,不甚器之。(雪舫之见弃,实自为之。)因专意于亦仙焉。(雪舫绝矣,亦仙亦是宾。)亦仙情致缠绵,宛转可人,意甚相得,自是尊酒联欢,殆无虚夕。即荃、荪辈亦以亦仙故,数招致之。不数月,都人士颇闻亦仙名,长者车辙,时盈门外。(亦仙声价,香溪君增之也。是时都人士亦颇闻香溪君名。)顾亦仙天性孤僻,目无下尘;苟有不合,辄作白眼忤座客。群焉置喙,谮言盈耳,强余割爱。余诚不能忘情于亦仙,第重违友人请,稍稍疏之。而亦仙误会余意,颇有怼言,甚至路遇若秦越然。(因误会而生怨,亦是常情,何至路遇若秦越人之不相识?深于情者,顾如是耶?)余亦不便以"我本怜卿、卿其谅我"之说告亦仙也,徒付诸一叹而已。自是与亦仙绝,(亦仙绝矣。)万虑俱消,杜门枯坐,而都门积习,文宴往来,往往不能无此辈,未能免俗,聊复尔尔。然从此用情不能专矣。(激而为此,势所固然。)每预宴桌,随意擘笺,妍媸不计,长安春色领略殆遍。艳仙、如秋、蓉秋、楞仙、纫仙、秋芬、梅卿等皆名重一时,咸经予品题焉。(楞仙以下数人,更是宾中之宾。)其中为余所最赏识者,惟艳仙、如秋、蓉秋三人而已。(三人是宾中主,主中宾。)艳仙隶三庆部,天真烂缦,秀外慧中,耽书史,喜读《三国志》,与论蜀魏吴事,辄凿凿道之。能书楷,工整有法;画写意人物,跃跃有生气,同辈中罕有其匹。如秋柳眉香颊,玉质仙姿,为群芳之冠;且吐属清朗,绝无浮嚣习,故时誉咸归之。若蓉秋则风流秀逸,雅俗共赏,性善饮,用情尤挚,不以贫富区厚薄,轩冕韦布,款接如一。(赏识者三,而一以才胜,一以韵胜,一以度胜,是香国真管领,方不负品花二字。)三人皆与余最善,而余亦乐与之游,故半年来相偕良多。

于斯时也,花天月地,酒绿灯红。门巷认樱桃,楼台恋杨柳。有人皆玉,无地不春。红烧桦烛,筵开树玉之庭;绿泛瑶尊,香满金莲之地。当夫日暖风和,秋高气爽,清歌乍罢,逸兴遄飞,向菊部以倦游,指杏帘之在望。惊鸿下影,尽教蝶使传来;挝羯催花,又听莺声啭起。迨夫楼头残照,酒家晚烟,人影已归,衣香渐散。既耳语之匆匆,犹情怀之眷眷。乃命高轩驾,或携夜光珠,醉眼迷离,几误吴娃之径;香风飘拂,遽登艳史之庭。于是弄笛敲棋,各寻韵事;高吟清话,悉惬素心。宿酲未醒,华宴再开;群芳重集,狂兴又回。纤纤玉笋,喜看钩弋张拳;脉脉绮怀,敢负杯行到手。值斯良会,谢太傅自足怡情;对此芳辰,杜牧之亦应乐死。窃谓人生适意事,至此已臻其极,颇有观止之叹。只恨花宫月窟,亦销宋玉之悲;酒国诗坛,愧乏江郎之句耳。

讵知珊瑚铁网,尚遗沧海之明珠;桃李春山,犹有芝兰空谷。至年余而又识妙珊其人。(何珊珊其来迟也。)妙珊(妙珊是主。○以起作接,绝似马迁合传意境。)姚姓,宝香名,小字锁儿,十五龄童子也。父母皆燕人,操贱业,贫无依,鬻诸瑞春堂,隶四喜、春台籍。初习花旦,以性非所近,改青衫。时都下不尚昆曲,故所演多杂剧。歌裙舞袖,名动一时,其神静,其音清。艺兰生品为瑶天笙鹤,不具尘俗气者。性简默,若不屑角逐歌场,尤为町畦独辟。(至此方是作记正主,是通篇一大关键。故作者极意摹写,而句亦华贵绝伦。)先是泛月客与之游,不甚浃洽。余一见即奇之,而妙珊亦颇属意于余。(有缘无缘,分毫勉强不得。)会其父姚叟向瑞春主人索负不遂,复遭诟谇,且送官重笞焉。归而述诸姚媪,媪痛夫之受刑也,遽于昏夜潜缢于瑞春之门。(此姥亦太痴。)主人觉,大窘,阴啖姚叟及邻右重金,得罢讼。妙珊自母死后,娇啼宛转,痛不欲生,幸乃父力挽始止。然身隶乐籍,虽抱戴天之恸,亦惟吞声饮泣,无可奈何。从此玉容惨淡,笑涡顿收。每侍客饮,辄复向隅。虽艳如姚李,而冷如冰雪。(桃李而冰雪,乃想见其为人。)余弥怜其情,益敬爱之。或笑余痴,余亦不复置辨焉。(如何笑人者果笑于人矣。)

时拔沙子已南下,忽贻余书曰:“闻足下与湘君忽尔参商,心窃怪焉。然以足下雅度,何遽薄幸若此,岂其中有故耶?刻下必当别选名花,以供清赏。梨园物色,定有知音。第酣红醉绿之场,非独具只眼，不能得其人。我辈素有雅癖，苟于若辈中得一知己，亦可以无憾。不当执流俗见，徒以粉桃郁李杂投也。愚意鞠部中，惟妙珊颇具清骨，似不食人间烟火者。然非足下与仆，鲜能识之深。若得与此君交，必能气味相投，未知足下已先得我心否？”余得书（香溪君自得此书，而招妙珊之意始定，则披沙子可图画于瑞春堂中。）大喜曰：“披沙子知我。”而招致之念遂决。（始而奇之，继而敬爱之，至是而招致之念遂决。何等纡曲！何等郑重！与遇于屏间，一见如故者固自有别。）翌日，即邀同人出城，至肆头，呼笔疾书一柬，付酒佣去。窃喜半载神交，至此始偿宿愿，然犹恨相见晚矣！比妙珊来，相视无言，一笑而已。（无言一笑，若有情、若无情，是为至情。）由此三五日辄与妙珊叙，顾于艳仙、如秋、蓉秋辈未敢冷落。每饮除妙珊外，必更致一以副之。深以寒士品评，黄金无色，未能兼顾为虑。

一日，偶会云间古香居士于友人处，谈论甚欢。居士富于学，且深于情。闻其与如秋最相善，久而弥笃。我知如秋之遇居士，他日得有所托，固其幸也。而余亦从此可以息肩矣。（如秋息肩矣。）适同时，蓉秋名噪甚，骚人墨客，日接于门。余度其阅人既多，不难得一知音，因并从割爱。（蓉秋割爱矣。）而厥后所常偕者，惟妙珊、艳仙二人焉。自余得双璧，意愿良足。而妙珊与余用情尤渥，盖以神不以迹者。（神字、迹字，须细细咀嚼之，非个中人不能领会也。）其为人也，庄重不佻，或入以游词，则面赪不置一语。每与谈论，辄肃然相对，不自知其所以然。（妙妙！可谓相对忘形。）余尝谓落花无言，人淡如菊，于妙珊庶几近之。余豪于饮，每饮必醉，醉后辄病。妙珊恒劝余勿与曲生近，余不忍拂其意，故友人招饮，虽未能力戒酒，而自是总不作醉乡游矣。（幸亏如此，否则醉眼模糊，恐坐对名花而不能领略耳。）

犹记壬申之十一月十一日，始与妙珊款洽，（招致之时，未详日月。方疑作者疏忽，至此大书特书，眉目一醒，益服文笔之善于用曲也。）至除夕迄未一过其庐。新正四日，乃与同人往访于樱桃斜街。时妙珊方患嗽，扶病而出。春山带蹙，秋波欲流，一种娇怯之态,令人可爱可怜,(宛如一幅《病美人图》。)不数语,珍重而别。归后思念颇切,或告余(或者何?香溪君之氤氲使,亦妙珊之天医星也。)曰:“海南新会橙可治嗽,惜都中少此物耳。”余百计求之不得。适闻人生自南粤来,携有佳果数种,橙亦与焉。亟往乞分惠[①]。生故作难色,余笑揖之,(故作难色,趣。笑揖之,更趣。)且告之故,遂见赠。疾驰啖妙珊,嗽果渐瘳。(嗽之瘳非橙为之,香溪君至诚为之也。)于今思之,良可哂也。

先是艺兰生曾著《评花新谱》一卷,略加品题,未定甲乙。盖以花之中秾艳如桃李,幽雅如兰蕙,富丽如牡丹,灼洁如芙蕖,芬芳如桂,清高如梅,要皆争奇竞秀,各擅胜场,有未可轩此而轾彼者。(具此藻鉴,方得品花真际。)至是,艺兰生坚欲定一花榜,(艺兰生多事。)余不以为然。而生即与泛月客逐一编次,以如秋弁冕,楞仙次之,丽云、妙珊、梅卿又次之,强余序名,拉出城即席召如秋辈,出榜示之。群艳咸屈一膝道谢,独妙珊默不发声,似有悲戚意。余疑其屈居第四故,因慰解之。妙珊蹙然曰:“余讵以是为荣辱哉!独念我辈沦落风尘,已属人生不幸事,即使声价顿增,亦犹是梨园子弟耳,何计名次之高下为?”(有如此志气,必非久困风尘者。)余闻之愀然动容,窃叹其志向之高,遂不欢而散。嗟乎!蹭蹬名场,头颅渐老;天涯落落,知己难逢。(无限凄凉。)于我且然,独妙珊也乎哉!特是妙珊抱出世之姿,孤芳自赏,宜其门庭寂寞,问津者鲜矣。(读至此,当为怀才不遇者同声一哭。)然士大夫往往争欲见之,车马之迹日益喧阗,盖其色艺之足以动人,(世所取者,以色艺耳。可叹,可叹!)而皮相者流,未必知余取妙珊之旨也。(取意殊旨,雅俗判然。〇妙珊之言曰:“与我善者,或数日而交绝矣,或数月而爱替矣,久者亦不过半年耳。求如香溪君之用情弥深,始终如一者,我见亦罕。”)妙珊不解酬应,多脱略,以是不甚得人欢。盖自丧母后,无心于此也久矣。

时惟仲夏,炎暑逼人,寻芳韵事,极觉阑珊。会居易斋主、赋艳

---

① 原作“患”,今据《清代燕都梨园史料》本改。

词人奉檄入都，披沙子亦来京谒选，同乡赴北闱者，又复络绎萃集。胜友如云，又添一番雅兴。披沙子知余与妙珊游，促作东道主，遂与诸君会饮于瑞春堂，并招艳仙焉。居易斋主素迂谨，一见妙珊，即啧啧称羡，许为群芳领袖。（正法眼藏。）赋艳词人则别垂青眼，独赏艳仙。（词人独赏艳仙，自是怜才，自是巨眼。凡他人推毂而得者，与亲眼物色得者，其赏心必有差。君相取士，何尝不然。）初，词人于燕桌间意有所属。时如秋有状头之目，因佥以如秋先容，且代擘笺焉。经数四招致，而不甚惬意。（所谓有缘无缘，分毫勉强不得。）至此，颇许艳仙可，特不欲夺余所好。余会其意，因笑曰："实不相欺，昔余一睹其丰姿，甚惜其磊落聪明，而遭逢不偶，故特罗而致之，留待怜才者之真鉴耳。况仆既得陇，又安望蜀？"因力举之。甫数日，闻词人已招艳仙，两人情好，一如余与妙珊然。（艳仙又让美矣。）余心慰甚，窃喜我辈胸襟，可谓不谋而合。自是用情益专于妙珊焉。（看他一一出脱干净，前如新月出未高，众星尚争光；至此如扫却浮云障雾，一轮明月皎然当空。）

七月中旬，偶与艺兰生访妙珊。言谈之间，妙珊牵余袂至静处，移坐近前，悄谓其师性贪，日责缠头。不满欲壑，辄以指掐腕肤，不堪凌虐，因示之臂，爪痕宛然。且曰："局促辕下，火坑不可以久居。而所交多纨袴，难与吐肺肝。感君诚笃，能以千金脱籍否？"余曰："寒素之士，惟有一缕情丝堪献知己。年来所费，已竭绵薄。睹子荏弱，扼腕良深，其如力不逮心何！"（有力者心不副，有心者力不逮。真情种每出于寒素之士，为之三叹。）妙珊闻之，凄然不乐，相对欷歔。时闱期已近，余因慰之曰："仆何吝千金之赠，只以世情炎凉，无从呼将伯耳。无已，倘今科得捷，必能措置数百金，竭力报子何如？"妙珊曰："诚然，则余且旦夕焚香，祝朱衣神暗点君头耳。"（惟有此焚香暗祝之人，故不可不售；亦惟有此焚香暗祝之人，故不必遽售。）相与一笑而罢。入闱后，三艺颇极经营，二三场亦不草草。录示同人，皆许以可售，心窃自幸，冀有以对妙珊也。揭晓日，中心彷徨，肠如辘轳。日暮，泛月客仓皇入曰："香溪君下第矣！"（文章既可售，又有焚香祷祝者，而朱衣卒靳一点头，殆妙珊所谓命耶？噫！)时方蒙被卧，闻言惊起，泫然流涕。(下第已不可堪，因下第而无以报妙珊，则愈难以为情。所以不以功名为念之香溪君，至是不觉泫然流涕也。)同人多方慰藉，始稍解。由是嗒焉若丧，愧不欲见妙珊，盖不出户庭者月余。或述诸妙珊，妙珊寄意劝慰，托友人(解愠风耶？撮合山耶？奇已。)强余出城，见之对坐默然，殊不可堪。妙珊解之曰(他人于此，必作绮语曰："甚好风吹得到此。")："功名自有前定，君文不得售，余愿亦莫能遂，命也。("我未成名君未嫁"，伤心者不独罗江东也。)且君既有此心，徐徐待之又奚害？"(解语花不当尔耶。)遂各释然。

妙珊有师弟二，一名宝云，字月珊；一名宝玉，字碧珊。各擅妙技，登场合演，名盛一时，人呼为"瑞春三宝"。(与"春华三芷"遥遥相映。)余每登其堂，咸出款客，三五日辄止。宿其庐，欢然相接如家人。(此境殊不易到。)妙珊喜观剧，余时携往听他班。玉树亭亭，人皆称羡。尤嗜围棋，常与闻人生角胜负，旗鼓相当，而生故下之。(闻人生得韵字三昧矣。)余雅不善手谈，楸枰之间，但为之数黑论白而已。余与妙珊相处三年，其中韵事颇多，笔不胜述，惟择其可录者录之焉。嗟呼！游子天涯，情人遥夜。方谓客途岑寂，无计浇愁；不图香国繁华，引人入胜。抛江南之鹤梦，恋冀北之莺花。纵彼美可慕，未许真个销魂；而余情信芳，且喜别开生面。是盖三生灵石，旧是因缘；遂使十丈情波，都成魔障。惜乎！琅环地方夸艳福，离恨天又惹新愁。("多情自古伤离别，更那堪冷落清秋节。")行将远别，知何年再踏软红？何以为情，聊此日共浮大白。盖余明春将着归鞭矣，而仆于是重有感焉。(下段如神龙入海，百川朝宗，足令读者神飞目眩。)

夫秋月春风，韶华易度；吴云燕树，芳信难通。我不知他年翱翔云路，以高车驷马上玉京游乎？抑青灯黄卷老牖下乎？而如妙珊辈，欢笑年年，幸而惜花有人，舞衫卸、歌扇捐矣；不幸而落花无主，朱颜改、青鬓摧矣。(情生文，文生情，使若辈读此，当为之泣数行下。)运会升沉，各有难定；兴言及此，忧从中来。转忆年来金屋寻娇，玉壶买醉；逸情雅兴，似醉如痴。其间乍离乍合、忽断忽续，与夫爱憎之异用、盛衰之迭乘，曾岁月之几何，而恍惚已如梦境矣。噫！其梦耶？其真耶？其真而以为梦，抑梦而以为真耶？（余为下一语曰：以是为梦，即便是梦；以是为真，即便是真。以为非真，即真亦梦；以为非梦，即梦亦真。本无取真，本无取梦；何者为梦？何者为真？何者非梦？何者非真？何者非非梦？何者非非真？此其故，问诸造物，造物不言；问诸花，花不能解语；即问诸品花者，亦不自名其妙也。○有此一段以回抱作总束，于文机则圆，于文势则紧，于文情则斐，于文境则高，令满纸都化为云烟，其妙殆不可思议。）虽然，仆本恨人，尘缘未净。有难为太上之忘情，因叙其颠末如右。敢诩彩笔生花？聊作组珠记事云尔。

赋艳词人曰："香溪君，洵多情者。其与雪舫也，则尝谓非舫不醉矣；与亦仙也，则尊酒联欢，殆无虚夕矣；与艳仙、如秋、蓉秋也，则有观止之叹矣；及其与妙珊也，则且爱之极而敬之、畏之矣。向使舫也无萧宏之癖，则无有亦仙，何有于三人者。即舫绝矣，而亦仙不以白眼相加，则我本怜卿，虽至于今可也。至激而为不计妍媸，长安看遍，虽赏识者三要亦无心得之耳。然非邂逅妙珊，则香溪君之情不足动，而三人之爱亦不分。无何，明珠获于沧海，芝兰出于空谷，而未敢冷落之，心犹有勉力兼顾之意。无如寒士品评，黄金无色；息肩有所，用爱始专。此时之香溪君，阅历渐深，前车可鉴，故虽脱略不能得人欢，而其情亦固而不摇矣。虽然，妙珊之于香溪君，非有夙缘不及此。"

又曰："此作有三难。大凡纪述之书，事多傅会，易于求工；而此则所以纪实，一难也。寻常纪述，凡写一人一物，作者置身题外，不难设色描摹；而此则不啻自传，二难也；两年中，芳情韵事，头绪纷烦，而欲其详略得中，宾主分明，三难也。此作亦有三胜：叙事则用疏宕高古之笔，写景则用风华渲染之笔，描情则用飘逸蕴藉之笔。笔笔换，笔笔转，写来分外出色，一胜也。雪舫之合，人作之；而其散也，则舫自致之。亦仙之合，自作之；而其散也，则人致之。艳仙辈三人之合，于泛泛中自得之;其散也,则渐渐自遣之。至于妙珊之合,自主之而又人作之,则亦遂永好之。离奇变化,妙造自然,二胜也。他传必有结局,而此则溯洄既往,推思将来,不结而结,结而不结,令人引兴无穷,三胜也。非妙人不能有此妙事,非妙手不能有此妙文。”

艺兰生曰:“香溪君曷为而作《品花记》也,曰‘为妙珊也’。则记中之妙珊,譬诸珠也;作《品花记》之笔,譬诸龙也。乘风破雾,嘘云吸雨;而龙睛龙爪,总不离乎珠。作者有此巨手,观者安得不用巨眼。”

怀芳记

萝摩庵老人撰，其人不详，并有麋月楼主附注。书成于光绪二年(1876)仲秋，亦《明僮合录》之流亚。其书搜罗较广，所述类皆实录，而麋月楼主谭献之附注亦资补充，颇可参考。谷曙光据清宣统年间《香艳丛书》本整理。

怀芳记序

京师歌伶，甲于天下。人原是璧，室尽如兰，一经品题，声价何止十倍。记咸丰丙辰，吾友余不钓徒展觐入都，招胜侣、萃吟朋，选伎征歌，寻花问柳，曾有《明僮小录》之刊。勤搜珊网，广纂瑶编，盛事一时，贻芳千载。可以按图索骥，执镜招鸾焉。兹萝摩老人《怀芳记》一记，成于丙子仲秋。相去十年，用情一致。舞衫歌扇，当年之旧雨无多；宠柳骄花，出谷之新骀更贵。想见软红十丈，珠温玉暖之乡；拾翠三春，蝶醉蜂迷之候。清眸皓齿，发其瑶思；玮态瑰姿，镂之银管。盛矣！丽矣！幻耶？真耶？窃恐陈迹之难追，所贵手民之是付。传来日下，何殊千佛之经；唱遍人间，犹是群芳之谱。

光绪五年岁次己卯闰三月武林云居山人序

怀芳记

张金麟,字倚云,苏州人。其舅为三庆部之阿金,度曲名手也。倚云初入都,隶集秀部,为春泉堂胡法庆弟子。法庆不解度昆曲,倚云乃独工。离师后,题所居曰丽春堂。性情庄雅,举止和婉。体微丰,妆杨太真为最宜。名噪一时,为樱桃第一枝。

与倚云同坐,忘其为伶人,倚云亦自忘也。法庆者,以琵琶擅名,后以洋烟事遣戍。

张金兰,字倚香,苏州人。少倚云一岁,年十六始入都,为熙春堂弟子,亦工度昆曲。离师后,所居曰留春堂。性孤介而貌早瘁,不能与倚云比。有弟子妆花旦者,人目之曰“狐狸精”。艳不免俗,亦倾动一时。(咸丰丁巳、戊午间,有八十二者,妖冶动一时,人目之为狐。)

倚云得近士大夫者殆二十年,倚香不过五六年耳。然爱倚云者,无不惜倚香也。

张翠香,字玉仙,苏州人。殷采芝弟子,所居曰“日新堂”。慧中秀外,顾盼生姿,登场尤亭亭可爱。

玉仙不畏暑,当夏不汗,所谓“冰肌玉骨自清凉”者。

张三福,字梅生,苏州人。所居曰“月新堂”。性坦易,貌姣好,而眉黛间常有恨色。演《刺虎》最工,亦以其愁娥双蹙相称也。颇解作字,净几明窗,杂陈古帖,兼之鱼盎花瓶,别饶清趣。(予以丁巳入都,此四伶皆不见。忆三福尚于冠带筵前一把晤耳。)

王长桂,字粲仙,扬州人。年十四五,娟丽无匹;二十许,艳冶如故。是余庆堂弟子,离师后,堂名槐庆。房栊曲折,帘幕深沉;茶熟酒香,魂销心醉。游者视若迷楼焉。

范秀兰，字小桐，以字行，为吴金凤弟子。金凤，字桐仙，能诗，解属文，为何尚书所爱，有盛名于时。小桐恬雅寡言笑，亦能书画，尝自画兰，请名流题咏。离师后，居寒葭潭，是芥子园之一隅。怪石清池，可以娱客。然知音终寡，以其性太高洁，不入时耳。桐仙堂曰"光裕"，小桐堂曰"承裕"。

倚云擅场二十余年，声名最高且久，终以贫悴死。梅生略有余资，遽谢其侪偶。返故乡，思为田舍郎，为亲族所嬲，赍恨死。蕊仙好樗蒲，尽产以偿博债，僦居败屋中，抑郁死。嗟夫！士之怀才不遇为可概，既遇矣，而晚节末路，或颠沛困踬，不保厥终者。陆敬舆、李文饶且抱此憾，何有于三小史哉！（北里南部之书，未见及此。）

夏天喜，字秋芙，扬州人。长身玉立，回眸一笑，观者惝怳不能自持。王蕊仙与秋芙美艳相匹，蕊仙固是好女，秋芙则近于荡姬矣。苏长公谓食河豚值得一死。余谓秋芙倘是女子，为我作妾，亦值得一死也。所居曰"裕德堂"，或赠以楹帖曰："秋水为神玉为骨，芙蓉如面柳如眉。"为时所传诵。

秋芙不能度曲，但以色胜。其戏以萧素珍《上坟》为最工，有时作武旦，亦顾盼生姿也。秋芙不复登场，其师弟天寿，亦扮《上坟》，刻意效之，毫厘不失，用心良苦。顾其貌劣，在秋芙种种态度，人见为可爱者；以天寿出之，则以为可憎。信乎东施效颦，见者望而却走。（予见秋芙，已鬑鬑有须。其兄子云林，年十二，未登场已倾衣冠。黄侍郎字之亦秋，演《画兰》愁蛾婉约，赋色写生，恐当时马守真无此玉貌。十年后重至春明，秋芙早死，云林沦落津门，次年玉碎珠沉矣。）

黄联桂，字小蟾，皖之太湖人。白皙温润，瞳子如翦秋水。是春福堂陈幼香弟子。幼香名长春，为朱殿撰所眷，亦有"状元夫人"之称者。小蟾离师后，堂名"春元"。性伉爽，有侠伶之目。

郑连贵,苏州人。堂名“净香”。妆武旦,态度绝伦。凡武旦皆以跳掷相扑为长,连贵独以步骤胜。前乎连贵,后乎连贵,以武旦名者,皆莫能及也。予尝谓《洛神赋》“翩若惊鸿,宛若游龙”,以此两语状美人,疑其不类。必见连贵之扮戏,乃知此语形容之妙,亦惟连贵可以当之。(连芳扮《金山寺》,殆可接武。)

庄清香,字兰生,常州人。旧家子弟,沦入风尘。意致高远,不屑与流辈伍,落落不肯随众调笑。饮酒甚豪,所居曰“闻妙堂”。

陈凤林,字鸾仙,皖人。所居曰“藕香堂”。言论磊落超迈,眉宇间有英气,席间尝傲睨俗子。陈相国爱之。扮戏则《得意缘》、《玉玲珑》之类。齿既长,乃于《群英会》妆周郎,其豪可以想见。(周郎衣钵,近年推蝶仙。)

鸾仙后随黄中丞出都,略有余资,商于汉口,可以温饱。

丁鸿宝,字云香,扬州人。鸿云堂弟子。离师后,堂名曰“印雪”。色黔而格俊,举止洒落,诙谐谈笑,倜傥不羁,而不迕客,故近之者众。侯郎中最爱之。庆郎中迁观察,贫不能治行,余与侯醵金资之,雪香亦以二百金为助。庆官不进,卒无以偿也。(《明僮合录》书梅慧仙亦有焚券事,士大夫奈何不愧之。)

杨素兰,皖人,所居曰“心言堂”。清丽特异,姿态天然。每一登场,神采流映,观者靡不眩目动心。惜为摴蒲所误,车马未稀,门庭尚在,遽忧悴以殂,犹未娶妇也。是可伤已。

朱福喜,字莲卿,苏州人。所居曰“景春堂”。稚齿静婉若幼女,稍长温雅若书生。绝无纤媚之态,而蕴藉宜人。相对清谈,如乌衣子弟;侍坐依依,不觉其为梨园小史。戏只《湖船》、《醉归》、《独占》、《水斗》、《断桥》数出,其扮《独占》,态浓意远,情文深至,令观者真妒羡秦小官焉。禀气稍弱,惮于转喉,履氍毹时恒少。(景春堂自莲芳出，樱桃花下，车毂如云。莲卿弟子小兰，字畹香，幽怨如空闺病女，貌中人，亦不甚解文义。然喜从寒士游，卒不得时誉。年既长，遂为四喜部小杂，扶旗出场，泪恒承睫。噫！寒士固不可近哉！稍后有郝天秀者，字兰卿。依其母居，无师。予赠联云："飞鸟依人，白袷翩翩佳子弟；旗亭画壁，青尊日日对莺花。"）

潘玉香，字冠卿，苏州人。姿貌明倩，歌喉清润。所居曰"丰玉堂"。是国香堂谭天禄之婿，妇貌亦美，人称佳偶。

俞秀兰，字香吏，苏州人。娟秀出尘，清可彻骨。能作飞白书，所居曰"春晖堂"。香吏与小桐皆卓然雅品，非俗眼所能赏，故座客终希。

俞鸿翠，字小霞，传经堂弟子，吴人。所居曰"咏霓堂"。妆小生，能书，亦写兰。有潇洒拔俗之致。（汤金兰能画兰，云林出，遂不敢登场演百谷故事。）

华阿荃，字佩秋，无锡人。柔媚旖旎，弱不胜衣。所居曰"福新堂"。

胡小金，字语山，苏州人。吟秀堂弟子，所居曰"春秀堂"。夏秋芙之后，论姣丽以语山为第一。一笑百媚，光采动人，如径寸珠，能照十二乘。当之者，莫不神魂失据，甘为之死。（咏秀堂弟子笙儿，冶荡下劣。有福儿，十龄童子。扮《回猎》咬脐郎、《乾元山》哪吒，真如龙蛇，捉不住也。）

张莳红，字紫卿，苏州人。所居曰"咏华堂"。扮小生，举止大雅。

张宝香，字蕴卿，苏州人。所居曰"莲清堂"。文静婉约，亦有书生韵致。昆曲极工,可媲张倚云。

国恤遏密,倚云出都,为人仆。蕴卿服贾。倚云所托,非知音者,悒悒死。蕴卿遇寇,折阅殆尽,遂成窭子。两人度曲,实超越寻常,而遭际若此。凡所业至精者,所遇必极蹇,虽一技莫不然矣。(京华鞠部,真堪顾曲者,十不得一。维新堂弟子昆宝,丰容盛鬋,色艺俱胜。唱曲知辨阴阳、喉舌,务头、衬字,遇人辄问。继之者湘云,戏则不多,《游园惊梦》、《小宴》、《七夕》,步武音节,皆有悟境。昆宝负盛名,已未,公车招之者几废寝食。稍一料理,数千金可立致。顾以不暇自谋,终未脱弟子籍。盛筵易散,郁郁早夭。湘云童年酣嬉,少长厌弃贱业。离师后,依其兄顺福以居。裹足不入歌楼,旧相识三五人晤语款曲,只道家常。喜从赏鉴家辨论法书名画,为篇翟中清凉居士。)

沈宝珠,字蕊仙。仪容艳逸,神采飞腾。每入座中,竦动群客。吐属可爱,真如聪慧女郎。语山可比夏秋芙,蕊仙可比王长桂,其美皆国色。以蕊仙较语山,则蕊仙独多清气矣。扮《双拜月》、《赠剑》等戏,观者神为之往。(予识宝珠,已掌四喜部矣,清气犹昔。)

赵宝琴,苏州人,张倚云之妹婿。娇憨绰约,态度天然,亦倾动一时,晚乃贫额。

□金林,字紫香,吟秀堂弟子,堂名曰“□□”。妖韶婉娈,楚楚可怜,有飞鸟依人之致,扮《拾镯》最动人。

胡喜禄,一名长庆,字蔼卿,敬义堂弟子。长身俊眼,别具妩媚。自云苏人,殊不类吴产。工于黄调,且能为西音,但扮《血手印》,则观者如堵。(喜禄自立安义堂,弟子以小为名。小玉最号璧人,小枝郁勃有奇气。)

张玉美,字荔仙,苏州人。深山堂弟子,所居曰“韫山堂”。姿色秾粹，情意柔腻，望之如画中人，就之若芝兰玉树。能饮酒，能画蝴蝶。

袁双喜，字听泉，苏州人。所居曰“倚树堂”。性和柔，吐属可人意。雪肤玉肌，冠绝流辈，何郎固不傅粉也。（弟子增福，号杏卿，出师居倚云堂。貌肥泽，予喜呼为“天官赐福”。性最温粹，无冶习。后不知其所终。）

徐小香，字蝶仙，苏州人。年十三，登场即名噪一时。性极聪警，而能静密。柔情慧语，宛转可怜。十五六扮《拾画叫画》，神情远出。齿长后，扮演益工。凡名伶皆乐与相配，遂为小生中之名宿。（小香居岫云堂，弟子五人，皆以云名。室题“五云深处”。度云者，倜傥善谈笑。）

蝶仙得一弟子，询知为旧家子孙，还其家，不索值。东南寇作，大府生死不可知。其子乃就蝶仙家置酒，蝶仙责而谢之，义声播于都下。（乱定入都，有石门故家子沦入鞠部，乡人醵资赎之归，读书为博士弟子矣。又有杭州陶童子，亦良家子。甬上同年生得其家世，亦约予辈为落其籍。比南还，不愿读书，屡逃学。三年后仍为厮仆。世家大族子姓，尚不说学，如原伯鲁，何暇责若辈哉！）

朱双喜，字琴仙，一字韵秋，苏州人，梅生之妻弟也。净香堂弟子，所居曰“春华堂”。十三四时，风趣天然，不假雕饰，真如出水芙蓉。喁喁吴语，眼嫥眉清，见者莫不爱之，号之曰“羊毛笔”，喻其柔也。长益妍丽，擅名十余年。晚蓄弟子，亦皆有盛名于时。自春福堂陈长春后，惟韵秋最为称意，而“羊毛笔”之号不衰。（“羊毛笔”席丰厚者二十余年，近闻散遣弟子，挈家南归，曲中殆不能有二。）

严宝琳，字韵珊，苏州人。春福堂弟子，十三岁登场，倾动城市。招之者日日坌集，至于应接不暇。姿态丰艳，亦有天真烂漫之趣。

韵珊与韵秋同时。两人同坐,璧人相对,光采互映,观者莫能轩轾。厥后韵秋席丰履厚,衎衎燕乐;韵珊乃为曲子师。士之有遇有不遇,固如此哉!(乌知名优有求为曲子师不可得者在。)

周翠琴,字稚云,苏州人。倚云弟子,质丽神清,有藐姑仙人之目。未久告殂,知与不知,莫不嗟惋。有挽之者曰:"生在百花前,万紫千红齐俯首;春归三月暮,人间天上总销魂。"盖稚云以花朝前一日生,而其卒也正当春尽,故云。一时传诵,流闻禁中。(稚云以三月死,予以七月入都,有"蕃厘观琼花已归天上"之叹。)

论者谓:稚云上掩诸美,小史菁华钟于是,即尽于是,不但一身不永,后亦无复有丽人可继芳躅者。信哉斯语!可谓知人知言。

王翠官,蕊仙之从子。婀娜流丽,姿态横生,是夏秋芙一派。爱之者众,惜早夭,一时亦有玉树生埋之叹。

稚云死,倚云遂穷。翠官死,蕊仙遂大困。

王长贵,字蕊卿,皖人。风貌流宕,齿牙俊快。十四五扮花旦,倾动一时。三十许后,结束登场,丰姿如故。(长贵蓄弟子,皆学其师,以冶荡悦车子市儿,无一知名者。长贵年过四十,日日登场演《进府》、《赶庙》诸戏,令人欲呕。)

朱福寿,字莲芬,莲卿胞弟也。视其兄尤静雅,稚齿喜作字,后乃益工,得者珍如珠玉。度曲亦极精,亭亭物表,独步一时,无与抗者。潘侍郎极赏之,莲芬遂谢却梨园,闭门种花临帖。若旧相知招邀,坚令偶持歌扇,观者益愕眙以为幸矣。以莲芬方吴桐仙,有过之无不及。二十年来,亦惟此两人为足当大雅之目耳。(水芝已杜门数年,忽失潘侍郎意,不能自存,复上歌场,风情不减。)

余自庚子年，乃命俦啸侣，把酒征歌。至癸丑出都，凡十四年。所见鞠部中风华出众，令人不能忘情者，皆具于此。虽其标格不同，才伎各异，要其为美则一也。坡诗曰："短长肥瘦各有态，玉环飞燕谁能憎？"仆持此意以评花，不限以一格。此外则等诸中驷下驷，无足记述。惟有桂喜者，长身秀骨，如瑶林琼树，迥出风尘，其品概在王蕊仙、沈蕊仙之间。长王四五岁，长于沈及袁听泉皆十余岁。乃与听泉同演《梅玉配》，齿已极长，风韵犹倾动观者。余仅见其登场，未与接杯酒之欢，遂未悉其世族，为可恨耳。其他如宝笙（妆小生）可作小奚，鸿福可作细婢。（鸿福，夏秋芙之子，以黄腔负盛名，为朱邸激赏。）中驷之上者，如得宝、春林；（莲卿弟子。）则中驷之次者，如小玉；（妆武旦，后投军得官，战死。）小太平、玉宝，则下驷也。有法宝者，下驷之下，而贵官某公赏之，殊不可解。

徐馥生，字琴甫，苏州人。本在清音队内，以善歌自拔，列于鞠部。

萧小兰，字者香。评者谓娇憨可拟赵宝琴。（此小兰不知即维新堂弟子否？）

罗巧福，工黄腔。评者谓响遏行云，恒在筝笛之上。

沈庆林，字燕仙。评者谓姿致可俪稚云。（燕仙室中，无时人书画。）

汤金兰，字幼珊，苏州人。评者谓其愔愔大雅。（幼珊颀长，至鞠躬见客。尝学填词，有《良宵奈何》，一时传诵。）

姚桂芳，字秋蘅。评者谓其清俊拔俗。（秋蘅病目几眇，困悴出都。）

张芷馨,苏州人。朱韵秋之甥。(芷馨名小庆龄,以其似张倚云也,有孝名。)

张芷仙,亦韵秋之甥。评者谓两人可称联璧。

余自癸丑出都,庚午始返,凡十八年。以上数人,皆得之友人简札中者,妍媸不能决,姑以耳为目焉。迨后见所谓金兰者,则憔悴枯槁,绝似垢面黄馘,不复有几微姿态。盖自芙蓉烟盛行,近之者损颜色、败精神,或且易形体。齿甫壮,而姣好化为老丑者,比比然也。(公车中,好事者恒以鼎甲目伶人。莲芬、燕仙、幼珊为一科,桂芳、昆宝、芷馨为一科,桂芳凡劣,五人者皆有致。此己未以前品题也。后人益以私意高下,谬种流传,与科目同为一邱之貉。)

梅巧玲,字慧仙,泰州人。巧福弟子,所居曰"景龢堂"。态丰气静,娴婉有度,可以追俪张倚云。能作字,善谈笑,待客殷勤,屋宇修整,酒食精良,客皆乐过之。既工昆曲,又工黄腔,并扮《得意缘》、《胭脂虎》等杂剧,用志稍纷,未免夺昆曲之分际矣。

沈芷秋,苏州人。朱韵秋弟子,所居曰"丽华堂"。举止洒落,矫矫不群。工昆曲,静细沉着,不作浮响。每一啭喉,座客无复喧呶者。一声初动物皆静,四座无言星欲稀。芷秋度曲,有琴理焉。

余见芷秋,年已二十余矣。其在春华堂,稚齿时有吴舍人悦之,欲购为侍史,力不能致,竟吞生鸦片以死,亦可谓情痴矣。前二十余年,有甘太史自经死,或谓沈蕊仙致之,而殊不然。蕊仙其时已自立门户,与甘情好方深,无阻之者。其日方开筵宴客,蕊仙亦在座。入夜客去,甘约蕊仙清晨过寓,联车出游。次晨蕊仙至,室未启扉,隔窗呼之不应,抉门入视,则缢矣。其家人言客散后,得家书,无他事,特怪其用钱太多,言嗣后不复筹寄旅费。此亦何至轻生,只是醉后神昏,无端愤恚,邪鬼乘之,理或然也。(春华堂同师韵秋者,先后十余人。芷馨最长，芷芳演武伎擅场，《泗州城》、《卖艺》、《青龙棍》，其独步也。稍后，王小玉演武生，甚票姚。入座恂恂如处女，与芷芳皆刘家黑牡丹，妍媚在神情中。芷芳最为嘉定徐太史赏异。小玉喜淡交，时出冷隽语，十九岁死。春华堂离师自立者，芷秋、芷衫之下，有芷侬，能书善弈，演《游园》、《看状》最入神，已蓄徒矣。浙达官某秉节，芷侬往依之，乃弃其业。弟子小侬，转师韵秋，名芷荪，以小侬为字，演《凤仪亭》温侯，合座叫绝。亦妆旦，演明妃，顾盼幽抑传神，惜不能弹琵琶，徒入抱耳。又有芷芬，扬州人，芷馨、芷衫之胞哉。）

陆小芬，苏州人。父曰玉凤，是名伶张尔奎[①]之弟子，工黄腔，为正旦。小芬乃从朱莲卿学昆曲，性情和婉，举止安雅，绰有苏州风范，度曲亦工。（小芬字薇仙，歌《牡丹亭》诸曲入妙，所谓“清词不负《牡丹亭》”也。年稍长，车马稀，改习黄腔，阜成部以厚赀聘之，独步一时。不惜歌者苦，但伤知音希。昆曲云乎哉！）

李艳侬，大兴人。所居曰“嘉颖堂”。无脂粉气，无卑陬态，无谑浪语。朗如秋月，蔼若秋云。待人在若远若近之间，而见者辄心醉。语曰：“兰无言而自芳。”又曰：“桃李无言，下自成蹊。”艳侬之谓矣。初唱黄调，不为工。后扮昆曲之小生，乌巾白袷，玉山照人，乃极相称。自江南用兵，苏扬稚幼，不复贩鬻都中，故鞠部率以北人为徒，虽亦有聪俊狡狯可喜者，而体态视南人终逊。惟艳侬亭亭独立，如王谢家儿，可以凭班丝隐囊，捉玉麈柄清谈竟日。即追求于昔年南产诸郎，尚不易觏，不意得之于北产。其家本在庆丰闸傍，殆钟潞水之秀欤？

品花各有所见，评泊高下，不能一致。独致艳侬无訾之者，殆如西湖擅天下最胜，无贤愚莫不心赏也。（艳侬名德华，为维新堂陈新宝弟子，同时戊辰会试时所称状元也。出场不

① 一般写作“张二奎”。

逾年,即离师,新宝因之获重赀。艳侬娇娇自好,蜀人李少石授以琴调,粗解安弦,衣冠益叹赏。京师名伶拥赀后,非买夏屋取赁直,即张米煤小肆。艳侬独买天津瘠田二百亩,有课耕之志,嗜好固与俗殊。篇中誉之不无稍过。予以为人不可作乡原,李郎固歌馆中原人也。)

沈阿寿,字眉仙,蕊仙弟也。伉爽类兄,颜色词令差逊。扮《活捉》、《刺虎》极工。(《水斗》剧中,无莲芬则阿寿扮白蛇;水芝出,阿寿扮青儿矣。)

沈小宝,蕊仙子,妆武生,颇有英气,惜口吃。与眉仙同居,仍称"联星堂"。(联星堂当戊午己未间,有桂林者,仅能扮《湖船》,而以冶态倾俗目。)

徐金儿,字逸仙,蝶仙之弟,人恒呼之曰"阿二"。妆小生,昆曲最妙。蝶仙虽压倒一时,而知音者皆谓逸仙实胜之。譬之于书,蝶仙不免侧笔取妍,逸仙则笔笔中锋也。与芷秋并演,如红莲渌水,相得益彰。所居曰"崇德堂"。(蝶仙产过中人,"阿二"则大困。)

杜蝶云,以字行,苏州人。所居曰"玉树堂"。余见时,齿已长矣。本扮旦,至是则生末净,恣意为之。或妆吐火判官,观者哗讶,是聪颖人也。有弟曰阿五,能度昆曲,妆正旦,其声清脆动听,常只奉藩郎。(蝶云出都,至上海为客串,生净杂扮,科白草草,而名重沪渎。)

曹福寿,字韵仙,闻德堂弟子。离师后,堂名"闻憙"。扮花旦,风情娟丽,妍而不妖。盈盈袅袅,大似苏产。洗妆入座,风神顿减,而性格憨柔,亦可赏也。(韵仙亦扮太真,颇佚丽,出都依四川一监司而不终。)

王桂官，字楞仙，闻德堂弟子。年可十三四，弱柳当风，新花出水，可以方其韶冶。扮戏极多，《回猎》、《西谍》固已可爱，妆伍子胥《寄子》尤工，观者或为之泣。凡小伶年与相若，尽在下风，可以继艳侬之美而夺其席。燕台花案，大抵亦阅三年而一为论定。若有持衡者，必以楞仙为首选。楞仙自谓是北产，而殊不类。（有续《燕台花谱》者，品桂官为牡丹，容光照人，惜目大而无神，有时木立如痴。十五六时，耳忽聋，又不能饮，而喜嬲。天生丽质，何以遂自弃哉！）

余紫云，楚人，景龢堂弟子。父曰三胜，黄腔中老乐工，有盛名于时者也。齐名者三人，三胜之外，尚有程长庚、张尔奎。三人者，名满海内。凡工黄腔之正生，既负重名，则薄视诸旦，不屑与伍。长庚、尔奎乃蓄弟子，令妆旦，从客饮酒，非旧法，三胜心弗善也。顾其子乃妆花旦，三胜如在，必不肯听。紫云婉昵，尚有女郎之致。能弹琵琶，唱小曲。（同时有吴凤鸣者，亦净末，黄腔之选。蓄弟子玉凤，湖州人，温雅不恶，后沦落，乃歌场卖酪。）

软红重踏，乐府都非。可供赏鉴者，只此十数人，艳侬、楞仙便为翘楚。然追忆昔时诸美，终隔数尘。以艳侬方莲卿，以楞仙方宝琴，差似而犹未逮，向上者更无论矣。或以慧仙方倚云，则郑之配雅也。尚有有名者曰：绮春堂时小福，字琴香；春福堂郑秀兰，字素香，犹可相近。其次宝善堂陈芷衫、馥森堂陆竹卿、蕉雪堂王顺福，皆木强人也。又有春和堂刘倩云者，前数年颇有盛名，徐娘已老，无复风情，相对令人败兴，特不至如汤金兰之老丑耳。岫云堂弟子五，曰“五云”；春华堂弟子四，曰“四芷”，皆憨跳鄙倍，所谓顽童者是矣。凡平生未至都门者，一入春明门，但见“五云”、“四芷”辈，瑶环瑜珥，文袿绮襦，置之檀板金尊间，便以为是天下之佳丽。又见艳侬、楞仙，更诧以为是骖鸾骑鹤、天上仙人，非世间所有。而不知“五云”、“四芷”，固不足当一盼。即艳侬、楞仙，上拟旧时名辈，风流亦远不逮也。人才日替，即秉钧衡、建节钺者，往往有“一蟹不如一蟹”之讥,矧在区区主讴哉!(时小福当同治初国恤时,以清唱登场,有弦索无金鼓,揭帘一声,重垣属耳,遂负盛名。性又谐媚善合,久而巧龄妒之,至置药茗饮中,哑其喉,治之愈。后至歌场,自携饮食,不啜杯水。巧龄乃教弟子余紫云,尽习小福所能之剧,欲以掩之,紫云名遂噪。出师后,所居仍名胜春堂。啭喉发响,终不及小福之自然。予观巧龄之毒小福,乃知太行孟门,岂云险绝,人生世上,何在而非危机哉!◯郑秀兰年既长,遂创阜成部。性幽远,曲室中絮絮倾谈,绝似朋旧久离,一旦促膝。◯芷衫爱玩文墨,喜近雅人。◯竹卿最谐,俗名为“肉丸子”。近得一弟子周素芳,字绚秋,所谓永嘉之末,复闻正始之音,不知与卷中所许倚云、倚香何如?若予所见之宝珠、宝儿,尚非其匹。详见《群芳续集》中。◯予撰《群芳小集》,以顺福及弟湘云为逸品,固一人之私言。而此卷评论,似亦见其杜德机也。◯“五云”、“四芷”,小时鄙倍,诚如所讥。后来长成,亦惟度云、芷荪可为谈友耳。)

或谓予:“此辈北产,固不如南产。顾常至苏州,见歌者率凡猥无可爱,则何也?”予曰:“北人俊,病在生硬;南人婉,病在暗弱。必以南产置之北地,濬其性灵而振其骨采,则精神发越,不同奄奄无气者矣。倘以北产携入南中,导以和柔之词令,教以娴雅之举止,亦必远胜于苏州之庸庸者,在化南北之短,而集其长耳。且都中歌伶之教子弟,雅步媚行,绰有矩度;掉头掷眼,各具精神。虽雅俗不同,而一颦一笑,皆非苟作。故如“五云”、“四芷”,亦足以动人观听者,半系乎此。苏州则但知度曲而已,于语言笑貌,绝无修饰,故不能致人爱也。”(离乱二十载,都中南产几尽,惟时琴香、郑素香为吴人,张芷芳为皖人,尚应客,年皆近三十矣。)

都中歌者之侍饮,稚子如骄子之戏于侧,长者如姬妾共谈衷曲,可以娱情而适意。外间歌者之侍饮,则如仆隶,兢兢焉恐失主人意,是有何乐哉!

余谓曲子师,今苏产既不可致,尝以燕产童子慧黠者,附海舶往苏州，就清音队学度曲。四五年后，不但曲调娴习，并动作声音亦改观。乃挈归，再教以扮演登场，使与吴娃无异。闻者心善之而不能从。再阅数年，南产终不可得。目前之知名者老去，恐传派益失其初。才皆下劣，而昆曲有腔无韵，亦成《广陵散》矣！

补　遗

陆金凤，字翼仙。所居曰“桐华堂”。（桐华堂后有任小凤者，色艺可望前人。潘侍郎与水芷绝后，乃赏之，不使见客。）

松龄，隶和春部。色艺压同辈，名噪一时。齿既长，颜色不衰。既蓄须谢去，司事者啖以重金，薙须复登场焉。殆五十余岁，评者以为人妖。

都中菊部，曰“四喜”、曰“春台”、曰“三庆”、曰“和春”。四部虽齐名，和春独不为士大夫所与，衣冠公宴未有呼和春者。市井小夫乃乐观之。有友呼别部群应，而特从和春招松龄来演《翠屏山》，余得寓目，妖冶诚无匹也。

旺儿，是茶寮中捧盘童子，貌白皙，心性儇巧，遂为好时者怂恿入鞠部。为花旦，振动一时，趋之者如蚁附膻。余入都后，见其登场，黄腔最工，惟步武不中绳尺，盖小时未从师之故也。

歌伶虽贱技，而品格不同。其为贤士大夫所亲近者，必皆能自爱好，不作谄容，不出亵语，其令人服媚，殆无形迹之可指。爱身如玉，尤如白鹤朱霞，不可即也。别有一派，但以容貌为工，谑浪亵渎，无所不至。且如柳种章台，任人攀折。此则我辈所恶，而流俗所深喜者。松龄、旺儿，固流俗所喜，似可置而不论，然皆绝顶聪明，超绝流辈，譬之婆罗辟门支果，虽落旁门，其精诣亦未可磨灭也。（都门二十年前，惟长庚、三胜、尔奎以黄腔负重名。青衫旦、刀马旦往往年稍长，艺始长。近五六年,师以教其弟子,即有喊黄腔,妆武旦,为异日包钱地。一变而为西皮,则秦声激越,哀怨盈耳,无雅俗趋之若骛,坐上客满,至不能容。“万方声一概,吾道欲何之?”吾有私叹。○西讴中有十三旦者,登场如惊风蛱蝶,所扮演皆淫佚之剧。广庭属目,如陈秘戏。江河日下,遂至于此。)

三十六声粉铎图咏　铎余逸韵

《三十六声粉铎图咏》是清末画家宣鼎创作的戏曲人物图咏册，所画皆丑角戏，主要是昆剧，包含少量花部“时剧”，计三十六出，每戏一画，配合一首古体歌诗，书后附《铎余逸韵》七绝十九首。宣鼎约生活于清道光至光绪年间，字子九，号瘦梅、香雪道人，安徽天长人。清末，上海申报馆曾将《三十六声粉铎图咏》的文字部分辑录成书，石印出版。谷曙光据清光绪年间上海申报馆丛书本点校。

天长宣氏三十六声粉铎图咏

山　门

酒肉穿肠过，佛在当中座。阿师解此是真禅，那肯禅床忍饥饿。五台山，何青青，山花十里锦绣屏，春如中酒常酩酊。老方丈，何愦愦，饥时吃饭困时睡。不参米汁枯肠胃，鄙哉无福知此味。英雄大叫出门游，欲向前村觅残醉。不念法华经，不做盂兰会。囊底空空无衬钱，那有三百杖头费。咄哉酒佣愚可怜，不爱英雄惟爱钱。舌本垂垂一尺涎，欲咽不咽如奔泉。强遏馋魄聊与语，贯酒不赖偿老拳。酒佣鸡肋如何当虎爪，弃酒潜逃事便了。万丈愁，一齐扫，打倒三世佛，踢翻四金刚，半山亭子声琅琅。支脚一觉天地小，腹中牛肉生奇香。

云山到处僧依陈章侯本写意。所题若以梵音歌之，当可放怀。

过　关

守城厢，司锁钥，晨启扉，夜击柝。开阖有微劳，官卑无大恶。迎送尽穷忙，薄俸无大乐。忽闻一声莺燕娇，如此艳税须纳交。莺啼燕语各飞去，就中尤物还风骚。声声慢，节节高，唱淫词兮艳曲，逞目送兮眉挑。眉挑目送神飘荡，不知人间是天上。花枝飐动蝶魂忙，柳丝牵引蜂须扬。一唱一和歌声柔，蓦地相思蓦地愁。举止蹙促如沐猴，上官呵叱诚可忧。且逍遥，且游戏，莫畏官箴耽恐悸。君不见党家姬、石家妓，杨家屏风肉匝地，高爵厚禄几色奴，而况区区一蝨吏。头上乌纱钞换来，旋掷旋得等贸易。

是此花身馆主子九氏画。

大　小　骗

光天化日魑魅见，以幻欺幻谁习见？请观场上大小骗。甲遇乙兮意揣,乙遇甲兮神惊。乙言餂甲甲亦驯,鲜衣砑帽加我身。加我身,摇且摆,共走要津游宦海。天然一副好形骸,惜少追随小僮崽。乙曰已已,甲曰休休。郑樱桃,不易求。郭芍药,从何收?然而执鞭御李亦细事,富而可求公何羞?且剃尔须,且童尔颏。酒三杯,笑兀兀,蓦得腰间阿堵物。厨人更骛鬼莫识,志在鲸吞渠已测。各自分路去无踪,倾盖交情徒顷刻。呜呼!猓獠而人冠,傀儡而人面。幻中之幻幻绝伦,请观场上大小骗。

瘦梅仿元人钩墨浅绛法,时癸酉新秋荷花再生日,小住任城,笔墨遣兴。

拿　妖

王法师,不自量;讽斗经,骨突帐;踏斗罡,葫芦样。奈何黄冠羽衣成孟浪。登坛点神将,遣神不遣六甲与六丁,唯遣巡方使者揭地神。手执龙泉喝律令,速擒妖魅毋消停。妖魅在何许?角髾髾兮发缕缕。可怜幻出美娇娆,一样远山斗眉妩。纤眉窄窄双蛾长,满头乱插山花香。到此来观傀儡戏,那知法师铺排场?排场虽大无法力,巡方揭地对妖揖。云中甲马惨不哗,大手无端施霹雳。王法师,遁无迹,妖在兰房笑吃吃。

前身罗浮山香雪道士新制步虚词。

写　状

兴来不漏月,摘花不留叶。用笔不用刀,杀人不见血。熟读邓思贤,子孙拚绝灭。犹复勤翻贝叶经,我佛如来当笑绝。贝叶经,翻不出勘语与牒文;毗耶城,寻不出萧何与曹参。须陀洹中无皂隶,七宝池上非公庭。奈何口善而心恶,耳听双柴人剥啄,三尺钢刀烦尔捉。捉耶否耶不肯言,笑指佛座生炉烟。强人所难太不揣,投尔所好岂无权。弥勒龛边棐几窄,何物在袖声铿然?铿然作响,朱提廿两。眼忽迷瞑,心忽奇痒。可以酬,不可攘,登时忘却无无明,顷刻幻出非非想。非非想,全仗一枝秋兔毫。不知是笔还是刀?但闻春蚕食叶声萧萧。含沙射影鬼神怒,反黑为白罔两嚎。

贝叶既莫写，佛像亦莫描。描不出心上佛，且写泥犁狱中狱，一转念间真莫测。

古千秋人瘦某传神，并题铎谣。

贾　志　诚

巾但不折角，靴但不露脚。衣服但奉身，若个敢相谑！只重衣冠不重人，咄哉举世人情薄。薄如云，可怜生，引动长街担水人。冠服假中假，面目真且真。如何一去旧褴褛，便教莺燕来相迎？谁穿针，谁引线，若个吹嘘若个荐？且充杜老寄书邮，塞鸿代看娇娘面。竹肉互作海陆陈，中堂早设千金宴。陪宴多阿娇，凤管与鸾箫。有酒不饮酒星笑，有花不折花神嘲。酒阑忽作大解脱，依然赤体精条条。剥去假冠服，露出真面目。才将纤手携，顿饱老拳毒。一样寻芳拾翠人，世态炎凉何太速！君不见浪子痴于娃，恋酒还恋花。缠头昨甫买一笑，转眼乞食呼三叉。自家妻妾下堂走，翻从别艇弹琵琶。琵琶弦，不坚固；琵琶声，泣且诉。浪子如君何其多，只恐广厦万间不容住。

铎史警俗词。

点　　香

盲目不盲耳，痴面不痴心。哀啼怜煞小娉婷，泣求蓍草元龟灵。邻婆粥，装满腹；女儿花，忽碰足。不知威凤栖，错当卢令伏。身蹈黑盆冤，且诉而且哭。炉内香绵绵，眶中泪簌簌。不用断肠歌一曲，那惜虔心为汝卜。咄哉！人无义，天无知。金闺弱质伤陵夷，牛栏豕栅群儿欺。幸哉！我无瞳，天有眼，否极泰来机暗转，璧合珠还犹未晚。痴儿莫啼亦莫悲，灶下权作鹪鹩枝。蜗庐何亚杜陵厦，而况恤幼急难兼扶危。危莫危兮巢覆，密莫密兮网毒，瓜蔓杪兮四寻，虎狼丛兮环瞩。谁识貌如花，谁辨颜如玉？不盲而盲兮人所同，盲而不盲兮公所独。

芥子须弥馆粉本。

贺 举

石麟自有种,醴泉岂无源。贼人多假子,患难多象贤。沉沦十八载,幻出冤中冤。冤矣哉!戕其生而逼其死,攘其妻而夺其子。子方呱呱啼,家世从何知。朝暮入书塾,摇笔工文辞。文辞工,当秋风,搴裳游泮壁,联步登蟾宫。蟾宫先折一枝香,禹门更汲千层浪。喜煞胠囊操檝人,拜贺雄谈画筵上。大哥教子多义方,居然文坛作健将。美矣哉,好儿郎。青年早掘程朱窟,黑夜还钻孔孟墙。盗文章兮窃青紫,我辈亦复叨荣光。奈何醉语道阿姥,几泄三春春信长。噫嘻!郎既莫疑,渠亦莫讽。明年此日掌乌台,千人扶兮万人捧。快矣哉!醴泉岂无源,石麟自有种。老奴捧出白罗衫,报应之捷不旋踵。

瘦梅小品。

草 相

工相士,具神识,口如悬河眼如月。处草莽,救豪杰,胸有智珠眼有尺。不然鼾声纵作狮子鸣,谁解穷途是柱石。伟哉一语动暴客,生死人兮肉白骨。良与暴,瞒不出。子双瞳,知与识。穷得透,人寸衷,古来风鉴无其雄。我闻相法远自姑布子卿始,辨别贤愚判生死。面相不如心相精,鉴人毫发当似此。但操此术游人间,牛渚燃犀等闲耳。

铎主人子九氏诗书画。

回 话

一对小罗浮,权作怜才奴。一双金凤子,权作青鸟使。青鸟使,传好音,花并蒂,玉同心,不怕师弟伤人琴。怜才奴,传好语,结鸾俦,团凤侣,雪卷麻裙易文组。洞房寂寂银筝鸣,谁耐孤枕听残更。鱼钥沉沉好明月,感谢苍头寄红叶。红叶与红丝,牵引休迟迟。今夕是何夕,牛女逢佳期。佳期促,燃画烛,新眷属与旧眷属。佳期长,薄命郎,断头香与返魂香。呜呼!仙人变化何可测,倘真有之忍且刻。糟糠相伴十余年，一片胸襟岂不识？何待幻此身外身，始能悟彻物交物。老蒙庄，漆园客，几乎斫破天庭骨。

拟乐府《刺促行》。瘦道人。

别　弟

难莫难兮困穷，危莫危兮从戎，惨莫惨兮离别，亲莫亲兮弟兄。可汗昨点兵，兄名在行列。希粮救我饥，谁知适塞绝？弓刀裹衣行，伤心不可说。弱弟送长兄，珍重语烦屑。语语出至诚，字字心上血。家有白头乌，风烛当晚节。兄早立功回，手足重喜悦。兄曰弟莫悲，请观天上月。人生有别离，明月有圆缺。若论适戎行，生死那敢决。马后有桃花，马前有残雪。行行重行行，切切悲切切。漫歌杜甫《兵车行》，五里桥边水呜咽。

虎口逋客子九氏写青藤小人物。

茶　访

小团月，当不得秦庭镜；新脚铛，铸不出九州鼎；爨下桐，燃不着牛渚犀；石澄泉，照不出神奸影。大范老子人中英，素知此郡多猾民。下车翩翩微服行，臣心皎洁茶同清。访民情，入茶肆，饶舌乃有茶博士。荷盘托出露珠圆，黑盆打破冤情事。且说且止畏其威，我公视之直狗彘；且说且伤怜无辜，我公痛哭枯鱼枯。前度长官木偶耳，一任枭獍林中呼。活水煎，活火炙，解此即是抚民术。火烈未忍加纯民，水懦何堪驱暴物。暴物已在掌握中，凛凛法网难疏慵。从此萧何龛子侧，兼祀陆羽与卢仝。噫嘻！茶博士，尔无罪，能助黄堂缚魑魅。瓮云千家泪，冤中冤，味中味。

天长宣生瘦梅谨绘并题。

活　捉

文无司马才，那有文君奔？武非犹龙望，那有红拂临？鄙哉刀笔一小吏，三更魑魅防叩门。而况比红为汝死，午夜毕兮当显魂。

漫歌玉连环,漫倾金凿落。莲漏沉沉鸡未嚎,耳听双柴声剥啄。莫当隶催租,莫当吏击柝。醉语软腻神暗惊,自起开门秉烛索。开门秉烛索无人,忽闻娇语犹相亲。人间早筑鸳鸯冢,地下新营翡翠屏。千呼万唤才一见,幽魂蓦地风中线,请郎细认桃花面。

太瘦生秋灯夜雨时所画。

演　官

官人样,名利图;乞丐骨,府中趋;体生硬,妆舒徐。一顶乌纱是何物,能赚此辈纽腰躯。恨不斫筋削骨就规矩,断鹤续凫胡为乎?伧父面庞比田字,急迫恐惧有奇致。阿舅授法如授经,夏楚虽威当受制。既演笑,又演愁,宛转幻出双弥猴。既演迎,又演送,醉屐猩猩任簸弄。既演步,又演呼,步如寒鹭呼如凫。笑绝山村人牧猪,优孟之徒岂敢伤时而玩世!台上衣冠本儿戏,一般傀儡竿木家,问甚经天与纬地!

子九氏宣鼎作于是此花身馆中。

借　靴

箜篌既莫鼓,锦瑟亦莫调。四座且莫语,听我歌结交。结交行,何刺促?天之南,地之北,登鸡坛,敬首祝。天公地母证此心,异姓弟兄亲骨肉。不惜好头颅,藐矣双吉莫。吉莫靴,何足夸?下有此,登云霞。橐橐可比老臣素,几几克拟元公华。不然切云冠,灿复灿;含风裾,烂复烂。若少一对小乌皮,赤足毋乃野人粲。宜乎重靴者多,借靴者惯。何独刘郎独不然,蓦听奇语惊泪涟。钢刀欲割心上肉,鸡犬哗噪僮仆颠。是即车笠联盟者,昨甫歃血呼苍天。天无言,地无语;朝者秦,暮者楚。结交之人多如毛,那有闲情辨尔汝。呜呼!泰岱之石无屐痕,河海之水无靴纹。海枯石烂又改变,令人想煞平原君。

君子之交淡如水,小人之交甘如醴。人当胶漆正浓、雷陈互证时,请以此编三复,冷下心来想想。铎主人宣鼎画于任城客次并志。

刺　汤

汤裱褙，是何物？龌龊儿，狡狯贼，严东楼家一清客。助元凶，杀忠直。如此嗾狗身，只合乞丐釜中炸尔骨，犹讨佳人手诛死真值。夜何其，三鼓初，朦胧醉眼娈僮扶。月黑天边鬼车泣，昆仑夜索骷髅枯。红烛摇摇白虹起，佳人厉声呼贼奴。贼奴听我语：今日之事吾与汝。既受我主恩，奈何陷我主？我主头虽假，幸汝头尚真。我主虽不死，汝莫想得生！妾一女子耳，杀汝当分明。明目张胆正其罪，然后挥刃一决头颅轻。呜呼！莫家一巾帼，一臧获。身可戕，志不辱。小丑歼，大仇复。视彼狡狯之贼龌龊儿，一在天堂一地狱。留下床头人，又伴它人宿；留下骨董珍，又入它人椟。想见灯昏夜雨时，淫魂捧首啾啾哭。

铎佛奴诗书画。

访　鼠

苏台树色摧寒烟，下有晶莹虎阜泉。崇祠金碧绵俎豆，吴侬犹说况青天。街柝沉沉夜如水，民有沉冤急须理。牵出釜中魂，夺下刀头鬼。通通夜叩都堂门，都堂含怒为公起。都堂都堂莫怒嗔，为民乞命而已矣。铁案如山谁敢翻，胥吏自危公自闲。震怒自霆谁敢遏，多少苍生待公活。都堂如虎谁敢捋虎须？公不畏虎那怕虎剥肤！民为邦本，忍令死糊涂。再三前致词，勒限都堂许。秦镜瞩穷奇，学作君平侣，神座西边与贼语。一朝洗出冤中冤，都堂虽虎亦色沮。况青天，真父母，非捕盗，乃捕鼠。

宣鼎写生并著歌词，以颂公德。

遣　义

两字弥陀不离口，一串牟尼不离手。对着神天起杀心，匣中宝锷蛟龙吼。如此善女人，西方恐乌有。心毒如蛇，眉竖如帚。杀人如杀蛙，嗾义如嗾狗。义来前，听娘言，与我杀人毋留连。请看三尺钢龙泉，更有雪花银十两，能易柴米能变钱。事成朱提还请益，否则尔居无一椽。咄哉小朱义,顽皮尚孝悌,毅然承命心则违,滑稽跳出是非地。贤哉小朱义,一心解报恩,当时居然慷慨去,萧萧易水摧心魂。我闻魔母生九子,揭钵无能乾急死,挥手来攻不坏身,戈戟到处莲花紫。老刘老刘,当是魔母俦,罗刹之国多女流。

写成令我苦趣横胸,埋忧无地。一身落魄,四海无家。壁下蛩嚎,枕边蝶冷。出门西望,正黑云如幕时也。瘦道人香雪甫自记。

麻　地

前度刘郎今又来,觅故剑兮寻遗钗。记否当年牧马处,惟见陇头密密桑麻栽。村墟暧暧晚烟碧,桑麻中有牧儿出。犊鼻裈,雅头髻,公是贵人渠不识。借以问糟糠,借以访消息。说出苦中苦,道出冤中冤。碾乾坤兮两磨,挑山河兮一肩。夫婿远出兄嫂逼,偷生忍辱真贤媛。牧儿且说泪且迸,刘郎闻之益深信。此日填海一冤禽,他日正宫号绍圣。不舍牛衣对泣人,可见龙飞不忘晋。牧儿牧儿梦为鱼,鲽鲽顷刻偕圉圉;牧儿牧儿梦旟旐,旌旆飞扬看引导。牧儿漫指杏花村,合欢会见开金尊。牧儿莫奏无腔笛,恐怨垂杨征妇泣。噫嘻!丈夫落魄困蒿莱,妻孥冻馁良可哀。若能草野识天子,个个牧竖登三台。伤心莫唱扊扅曲,前度刘郎今又来。

瘦某宣鼎写意。

相　梁

能谈相人传,不上宰相书;能相天下士,耻曳侯门裾。君不见,侯门前,杜李忠魂现;侯门内,燕赵歌姬怨。白昼青磷游,黑夜火城炫。宰相正退朝,车马轰雷电。狭路相逢不掩藏,偷观如铁森森面。面森森,且沉沉,既见子面见子心。良与暴,当自省;生与死,听我云。冰山倒塌三日内,巫咸下诏阿旁寻。宰相怒曰咄,相士惊且跪。随我府中趋,不验头颅坠。宰相势焰如火荼,荆卿聂政今已无。那知孙寿秦宫侧,歌舞已伏雌专诸。噫嘻!奸党二字向谁赠,绛帐至今有余恨。不及麻衣老辩才,能助娇娃泄奇愤。伊何人?

万家春，隐风鉴，神乎神。

宣鼎。

势　僧

流不尽五里桥边水溶溶，捉不住阿师面上容，拿不稳处士疑信之悲衷。回忆遭苦厄，毕命投清溪。临流得不死，佛子来提携。弥勒龛边容我宿，剩此数根穷饿骨。不打口头禅，不拜欢喜佛。稽首慈云二十年，心若死灰身槁木。忽听阿师言，令我暗枨触。谁家眷属锦一窝，名氏依稀是张禄。我公疑，死灰岂热枯岂稊；我公信，枯木重春灰再烬。公信公即真，阿师再拜那敢嗔；公疑公即伪，阿师坐骂那肯跪。真耶伪耶翻自疑，阿师旋拜旋坐如举棋。君不见，阇黎面目本莫测。壁上笼诗才顷刻，又听钟声来逐客。

到处云山行脚僧说法。

思　饭

老婆子，太龙钟，三日不炊腹内空，手持即栗如摇风。无儿尚有人念老，有儿那复人怜穷。穷澈骨，不肖之子真恶物。婆子婆子毋怨天，养而不教有今日！子伊谁？张驴儿，人以驴名非饰词。怕负剑阁放翁走，来将燕山贞姑欺。阴霾惨惨天地暗，硬坐贞姑杀人案。花容雪貌黑盆冤，缚出千人万人看。弱者唏嘘啼，文者坐愁叹。强者大声疾首呼：驴儿顽毒官糊涂，悠悠苍天何为乎！呼声未已，浓云突起。惊霆一鸣，驴儿击死。重轮洞开，六合青紫。至今人过朐阳峰，道旁彳亍逢老农，犹说含冤古齐娘，三年不雨甘霖穷。驴母魂归九府下，知否腹毒贤郎攻？老婆子，太龙钟。

香雪词人阁咏。

扫　秦

三字狱，千古冤，浙脸忍耻秦头偏，东窗拨尽寒炉烟。长脚贼，长舌妇,牝鸡一啼狮子怖,万里长城由汝破。撼山易,撼岳难,相公一去民何安,金牌到处重摧残。我佛慈悲小游戏,赤脚飞下南山南。此日感悟亦何益,广长之舌徒澜翻。冷泉亭,小于笠;飞来峰,小于笔。不及白苏堤外几顽铁,千秋万岁表奸迹,五丁巨灵动不得。当其地狱变相时,妖牝犹自乐朝夕。惟有蓑衣之仙早鉴此,跳入佛门了生死。长脚长舌伉俪身,不及长须一奴子。

佛弟子瘦梅仿龙眠寒山变相大意。

盗甲

铁裲裆,金锁甲,服之御刀兵,舍之藏锦匣。寒具之手不许污,翻羹之衣不容压。宝重不亚璆与琳,护以深楼几重闼。不易假,不易窥,而况午夜来取携。取之携之原不易,何物小丑工偷鸡。鸡尚能啼甲不语,雕梁下瞰头倒垂。猧儿安眠鼠子动,街柝远震灯火微。翻身负甲出门走,跛足蹀躞偏迟迟。呜呼!匹夫只坐怀璧罪,此甲漫藏了无味。视若不值分文钱,犹得安身充宿卫。一旦穷迫堕术中,为小失大何愦愦。金锁甲,铁裲裆,鼓上早,真跳梁。鸡鸣狗盗有豪杰,恨尔不逢田孟尝。

香雪道人图咏,写意而已。

滚灯

不须舞鹧鸪,不用提壶卢;不歌池水清,不唱酒家胡。别翻花样悍妻虐懦夫。夫来前,听使驱:灯一盏,加尔颅;灯堕地,剥尔肤。懦夫承阃命,俨奉将军令。灯光闪灼歌声长,腰自纽折灯自定。歌宛转,神从容,犹如孤罴作势蹲古峰,又如饥鹰侧翅盘秋空,旋如惊蛇出壑猱升木,倏如辘轳运水蓬当风。泰山正压卵以上,明珠陡落盘之中。观者不知,犹疑宾伽媚阿母,讵知床头菩萨戏海童。噫嘻!前生因,今生债。牝鸡啼,须忍耐;狮子吼,急跪拜。不然纤爪能开满面花,银牙早啮浑身癞。纵说此身能变羊,醋盆淹断爱河爱。君不见季常枉戴方山冠,是谁衍下传灯派?咄哉!是谁衍下传灯派,家家有个夜叉在。

鼎生平遭际百不如人，唯闺中无狮吼之声，可以自信陈。

仲　子

墦间不及于陵幽，祭余不及井李美。鹅鶂之肉尚不甘，那复乞灵向墓鬼。目无见，耳无闻，顷从何处逢齐人。彼有一妻尚不足，汝妻辟纑甘清贫。彼多一妾犹自适，汝妻蓬首斯饥泣。倘若饿毙廉介身，彼当攫汝坟头羹，此羹亦必母手制，不然哇吐意中事。若非离兄甘独居，正是翩翩显者弟。噫嘻！汝遇齐人慎莫骄，比较犹属齐人豪，揣摩会当乘时出，富贵利达左券操。彼此相遇复相诮，是何异于蚓笑螬。

铎处士墨戏。

狗　洞

天关不肯开，地户不肯裂。蓝无本兮白已曳，胸无墨汁呕出血。神可不由门，鬼可不由限。翻羡神鬼无忌惮，十载寒窗悔已晏。伊何人？状元公。不识一丁字，捉刀相府中。宝研磨墨声隆隆，纸光如雪羞颜红。司阍人，狠如虎，咄咄刺人作冰语：口中之窦少人行，墙下之穴亦汝阻。相公久已作卧龙，汝且守夜蜷左庑。状元前致词：春少铜兽知多时，钻隙纵违古圣训，白腹之人何敢辞。呜呼！前日走马京华重，多少穷儒侧目送。奈何兔颖千金提不牢，跳过龙门钻狗洞！

鼎铸。

下　山

哑哑喜鹊传好语，角角山鸡求野牡。何物尼雏遇僧雏，合十双双呼救苦。苦海之苦苦无边，邛须求友心茫然。借尔背上作舟楫，中流照见红裙鲜。既渡苦海水，须结静好缘。连理木，并蒂莲，依稀牛女相俄延，慎勿说谎归西天。尼曰止止，撒手在此。及早回头犹未迟，一堕迷津悔莫已。君不见铁围山下吞铁丸，刀山剑树心胆寒。若效火宅娶梵嫂,冥罚莫想阎摩宽。僧曰否否卿何酸。卿既不惜青春残,我亦忍此须臾鳏。卿不见曲躬树,散花室,相思鸟,锁子骨,吞针何曾损罗什?不愿皈依僧、皈依法、皈依佛,但愿男有心、女有心,一寸光阴一寸金,地狱深深何足云。

铎禅墨戏,并说偈子,以媚欢喜佛,何如?

教 歌

抛却千金裘,弃却五花马。昨日钟情郎,今日悲歌者。坠鞭入院曾几时,下流容态自描写。人人哀王孙,王孙转潇洒。腹中奇响如辘轳,回肠度曲卿聊且。噫嘘嘻!千金一饭何时酬,八倡十丐何曾羞。长歌未已短歌续,曾否行过旧画楼?楼上美人好眉妩,又抱琵琶媚他贾,分寒送暖解人怜,那识郎君此时苦。美人一曲珠一斛,郎君一曲饭一掬。何独男儿不值钱,荡子闻歌当痛哭。悲哉!既负师保训,又耗橐囊金。独唱古蒿里,下媚长眠人。他时五马剑南道,鹣鲽双双纵有情,终属下流徼幸何足云。

瘦尊者诗画。

盗 牌

柔莫柔于娇娃,卑莫卑于公差。居然报恩且尚义,飞去飞来宰相衙。宰相衙,那怕深如海,那怕戈戟摆。一在衙中一衙外,志在囹圄救公冶。公冶可惜好头颅,坚牢不及珠娘珠。酒雾露沉沉孽龙卧,颔下之物岂易图。比聂隐,抗红线,柳腰莲舃桃花面。蚁穿九曲肠,燕入几重院。秋波灼灼比月明,一睃直注杀人券。飞出救狱囚,俏语呼馒头。虎狼之穴吾能入,狴犴之窟汝能游。速救郎君毋夷犹,速走乐土毋勾留,吾亦子母宛转还汀州。噫嘻!胜国诸藩与阉宦,多少忠良被倾陷。闻者发指,见者胆颤。间有朱家郭解流,仅一女子小人何可羞!

鼎画并题新乐府。

后 金 山

前番解，后番解，前解伤悲后解快。悲者快者何两歧？天理安排奚狡赖。世路何尝险，险于自植荆棘丛；王法何常酷？酷于自钻烦恼笼。当日害人不留一寸地，此日亦复请君游瓮中。员外漫瑟缩，听我一分白。遑豪不多时，云雨手反复。头上有天堂，眼前即地狱。天道岂无知，报应有迟速。自债自家偿，那用吞声哭。金山云，断后续；金山树，黄转绿，金山叠岫重且复。何须妙笔仿荆关，可当报应图一幅。报应如斯天未肯，夜有神人来换枕。呜呼员外长不醒！

铎居士新翻果报图并题醒世词。

请　　医

春风二月吹黄埃，街上医生飞轿来。赫赫火炬街鼓下，夜寂医士奔车回。《难经》、《素问》那曾读，绰楔自表良相才。草树根皮本无用，冤魂济济攒招牌。呜呼！下药不问病，杀人不抵命。五花侩子牛头神，一般残毒谁凭信。惟有此公能自知，说出疏慵丑行径。始知市上悬壶人，惟仗十年好时运。运盛阿堵工搜罗，即是卢扁缓与和。运衰门前故鬼多，体夫累及床头婆。一声声，蒿里歌，时不利兮医奈何！

问香庵主游戏笔墨。

问　　路

橐驼能种树，不能种桃李。桃李花，满天涯，郎君、郎君宿那家？画中爱宠魂迷斜，翻教橐驼兴嗟呀。梦中情郎得鬼趣，翻教橐驼躭忧惧。过岭南，踉跄去，欲寻郎君向何处？不遇郎君逢髡童，衣衫瑟瑟当秋风，露出袍花艳与袖花紫，更有泪痕淹渍酒痕浓。既衣我郎衣，当知我郎踪。柳押衙，去避害，风中柳花无定在。天涯海角不可知，想蹈司马临邛派。橐驼闻言哭失声，髡童大呼马肿背。

东鲁游人宣鼎画。

前　亲

玉漏催,银烛炧,洞房忽地罗巾卸。一般才子遇佳人,相逢何必相惊讶。昔见何其妍,今见何其丑?犹向人前风摆柳。往事既莫题,锦被亦莫揭,鹦鹉前头偏漏泄。我闻月下老人配最工,刻画媸俊分雌雄。千山万水能缩地,红丝一系胶漆浓。女勿想夫怜,男勿歌恼公。摩登一般善狐媚,无盐入选翻情钟。嫫母岂无人问鼎,东施奚必长守宫。但解灭烛暗摸索,一样鱼水偕溶溶。天上银河正渡鹊,人间新郎莫恶谑。十州铁,铸个错,曾引渔郎鼓棹来,洞口娇红犹未落。君不闻,丑妻是宝无人攫。

铎痴翰墨。

打　差

假虎威,赶近前,欺孤苦,殊可怜。那问鸡竿赦在先,那问雨露邀皇天,那问无辜事多年,那问已过之事不值分文钱。但道有钱则已,无钱则缉黑索去。去向石头城下住,犹如饥鹰来搏兔。欺孤苦,假虎威,恼动黄家游侠儿,眼中火星迸起一千丈,爪痒借擦魍魅皮。一击犹作饿鸱叫,再击已变寒鸦啼。抱头鼠窜那辨东与西,得路则逸那问高与低。噫嘻!公门修行竟如此,碧翁紧闭双瞳子。举世若无游侠儿,孤苦之人将被人欺死!

寿眉灯下墨。

拾　金

滕六夜舞花满天,党家姬妾开夜筵。一曲金钱掷如雨,那知世上有卑田。卑田院中人瑟缩,床头金尽谁能怜。一尺琼瑶压檐角,开门去唱莲花落。玉楼起粟银海摇,大地粉妆兼玉琢。依稀铁丐身,朝村而暮郭。村郭久已少人行,谁弃黄金光晶莹。雪中得此好颜色,黄白衬映娇有情。能令乞儿喜,翻令乞儿惊。喜若死别生离忽团聚,惊若水穷山尽得佳遇。惊喜不定心旌摇,手足舞蹈无所措。有他时节何等豪,妻妾朋友容我骄。横行一世鲜敢敌,此权惟有钱神操。噫嘻！雪中之炭莫轻送，乞儿乞儿须珍重，宁用黄金毋为黄金用。

行年四十，始谛钱神之尊。仆当以香花作供，朝夕顶礼，不敢懒懈，自取罪戾。瘦梅宣伯子并记。

铎余逸韵

雨窗无俚,集小戏三十六出,绘成短册,各系小乐府一首,名曰《三十六声粉铎图咏》。盖欲警自家之聋聩也。图后更附七绝十九章。非敢卖腹笥、贾余勇。悲从中来,有不知其然而然者耳。更名之曰《粉铎余韵》。

闲来珊管写优伶,痴念何当让小青。稽首临川称弟子,买丝欲绣《牡丹亭》。

客岁兖州市上购得临川集残本,填词略得心法。

自到任城时闭门,寓庐咫尺即名园。懒随裙屐观新剧,恐听哀弦欲断魂。

寓西即长春园,梆鼓之声,时扰清梦。

毛颖君与万石君,龙宾楮友怕离群。一窗风雨灯如豆,演出人间小戏文。

文房四友皆有神,神皆有名氏,见《茶余客话》。鼎每至小除夕,必以香火酬一年劳瘁。

痴人说梦不妨颠,事自迷离理自玄。何异豆棚瓜架底,西风相证野狐禅。

曾集狐仙诗词成小册,题签曰《野狐禅》。

粉鼻贤愚亦不齐,插科打诨讨便宜。此君面目偏尊贵,为奉心香独眼儿。

老郎神乃李鸦子,非明皇,俗说误。

许多酸泪灌愁肠,排遣无端骂玉郎。贻臭留芳俱不朽,当年谱出《返魂香》。

幕游桃源，谱《返魂香》传奇一部，纪胜国沃忠勇王道人事迹，脱稿待梓。

夜雨秋灯手一篇，寓公身在奈何天。蹉跎不上凌云赋，且与稗官结幻缘。

近著《夜雨秋灯录》，脱稿甫一百余篇，功未蒇也，付梓更无此力。

挟瑟无门剧可哀，文通邂逅笔花开。岭云底事能持赠，为识柯亭爨下材。

先写廿四页，赠江小梅司马，颇邀欣赏。

竿木随身小竖儒，赚人掩口笑胡卢。如何傀儡棚中物，不入花之鬼趣图？

吾乡呼竿木家为“儿戏子”。罗雨峰独遗此种。

若个灯窗闲磕牙，摹神肖影不争差。漫言台上衣冠假，也算须臾锦上花。

第三句借用珂雪师语。

悟澈阎浮最上乘，一瓶一钵伴行縢。指头见出那罗偈，不负头衔署野僧。

近复自号“云山到处僧”，又号“堕落行脚”。

万事劳心不放闲，沉忧毕竟损朱颜。而今一例全抛下，怕惹邯郸到枕间。

四十年心力交瘁。数之所在，何可挽回？唯有临风呼奈何而已！

黑丑曾闻入药笼,雏伶底事小名同?身如药树能医俗,何惜须眉付画工。

海滨有女伶,工丑脚戏,面黧,人多以"黑丑"呼之。

几人滴泪听盲词?若个临风舞柘枝。身在戏中还看戏,自家面貌那曾知?

世所谓个中人者,皆戏中人耳。铎史自警之语,非敢讽世。

登场欢笑散场悲,且运新声入画诗。画是形容诗是画,更无灯火下楼时。

前人评"笙歌归院落,灯火下楼台"一联,极富贵,极惨淡。

说到沧桑雁过楼,哀蛩啼处便深秋。可怜一觉游仙梦,入海无非一土牛。

得暇尚拟画"梦游图三十六",历纪生平梦境之奇,亦墨戏小品之一也。

此卷还皮书画船,依稀萧鼓镜中天。双鬟漫画旗亭壁,恐遇西风化杜鹃。

此册章幅虽隘,可借归舟篷窗把玩。

填词褒贬柄专操,说孝谈忠泪雨抛。同是美人香草意,那须痛饮读《离骚》!

客在任城,获见名画甚夥。其尤绝者,陈章侯《痛饮读离骚图》,孙氏收藏。

粉墨从何变铎铃,披图只为动秋声。若教郭秃生今日,纸上神情合自惊。

郭秃,乃傀儡家始作俑者。

孝子康叔故里、阎罗包老部民、得二百五十二甲子瘦梅甫宣鼎灯下走笔。时同治癸酉岁秋七月写就。是夜正逢七夕良辰，天上人间，何离合之不同、悲欢之各别？为之掷笔三叹！

子九甫又记

萧萧笔札走幽燕，傀儡登场剧可怜。写就斯图成一笑，自歌自遣总天然。

痴聋唤醒费精神，说法何妨屡现身。偌大乾坤都是戏，解人还赖个中人。

瘦梅吟仁兄，予至交也。相别五载，兹一从任城来淮，离悰话余，袖出斯图属题，率成二绝，即希斧政。

时癸酉小阳春月淮上介清傅卓

是我是人，现诸法相。
说破即着，画出即像。
惟知之者，当头一棒。

瘦梅先生近耽禅悦，因题数语，以当释家说法小偈。知不值方家一笑也。

伯蓉陈墉漫记

笔记及其他

本卷主编
陈恬
谷曙光

目　　录

笔　记

檐曝杂记

【清】赵　翼

赵翼(1727—1814),字云崧,一字耘松,号瓯北,常州府阳湖县(今江苏省武进市)人,清中期著名的史学家、文学家。赵翼一生撰述繁富,《檐曝杂记》六卷,非一时之作,乃作者一生零散笔记的汇编,内容涉及军务政事、风土人情、读书笔记等。陈恬据嘉庆湛贻堂刻本辑录标点。

本书笔记部分均为陈恬辑录整理。

卷一 庆典

皇太后寿辰在十一月二十五日,乾隆十六年届六十慈寿,中外臣僚纷集京师,举行大庆。自西华门至西直门外之高梁桥,十余里中,各有分地,张设灯彩,结撰楼阁。天街本广阔,两旁遂不见市廛。锦绣山河,金银宫阙,剪彩为花,铺锦为屋,九华之灯,七宝之座,丹碧相映,不可名状。每数十步间一戏台,南腔北调,备四方之乐,侲童妙伎,歌扇舞衫,后部未歇,前部已迎,左顾方惊,右盼复眩,游者如入蓬莱仙岛,在琼楼玉宇中,听《霓裳曲》,观《羽衣舞》也。其景物之工,亦有巧于点缀而不甚费者。或以色绢为山岳形,锡箔为波涛纹,甚至一蟠桃大数间屋,此皆粗略不足道。至如广东所构翡翠亭,广二三丈,全以孔雀尾作屋瓦,一亭不啻万眼。楚省之黄鹤楼,重檐三层,墙壁皆用玻璃高七八尺者。浙省出湖镜,则为广榭,中以大圆镜嵌藻井之上,四旁则小镜数万,鳞砌成墙,人一入其中,即一身化千百亿身,如左慈之无处不在,真天下之奇观也。时街衢惟听妇女乘舆,士民则骑而过,否则步行。绣毂雕鞍,填溢终日。余凡两游焉。此等胜会,千百年不可一遇,而余得亲身见之,岂非厚幸哉!京师长至月已多风雪,寒侵肌骨,而是年自初十日至二十五日,无一阵风,无一丝雨,晴和暄暖,如春三月光景,谓非天心协应,助此庆会乎?二十四日,皇太后銮舆自郊园进城,上亲骑而导,金根所过,纤尘不兴。文武千官以至大臣命妇、京师士女,簪缨冠帔,跪伏满途。皇太后见景色钜丽,殊嫌繁费,甫入宫即命撤去。以是,辛巳岁皇太后七十万寿仪物稍减。后皇太后八十万寿、皇上八十万寿,闻京师钜典繁盛,均不减辛未,而余已出京不及见矣。

卷一 大戏

内府戏班,子弟最多,袍笏甲胄及诸装具,皆世所未有,余尝于热河行宫见之。上秋弥至热河，蒙古诸王皆觐。中秋前二日为万寿圣节，是以月之六日即演大戏，至十五日止。所演戏，率用《西游记》、《封神传》等小说中神仙鬼怪之类，取其荒幻不经，无所触忌，且可凭空点缀，排引多人，离奇变诡作大观也。戏台阔九筵，凡三层。所扮妖魅，有自上而下者，自下突出者，甚至两厢楼亦作化人居，而跨驼舞马，则庭中亦满焉。有时神鬼毕集，面具千百，无一相肖者。神仙将出，先有道童十二三岁者作队出场，继有十五六岁、十七八岁者。每队各数十人，长短一律，无分寸参差。举此则其他可知也。又按六十甲子扮寿星六十人，后增至一百二十人。又有八仙来庆贺，携带道童不计其数。至唐玄奘僧雷音寺取经之日，如来上殿，迦叶、罗汉、辟支、声闻，高下分九层，列坐几千人，而台仍绰有余地。

卷二　梨园色艺

京师梨园中有色艺者，士大夫往往与相狎。庚午、辛未间，庆成班有方俊官，颇韶靓，为吾乡庄本淳舍人所昵。本淳旋得大魁。后宝和班有李桂官者，亦波峭可喜。毕秋帆舍人狎之，亦得修撰。故方、李皆有状元夫人之目，余皆识之。二人故不俗，亦不徒以色艺称也。本淳殁后，方为之服期年之丧。而秋帆未第时颇窘，李且时周其乏。以是二人皆有声缙绅间。后李来谒余广州，已半老矣。余尝作《李郎曲》赠之。近年闻有蜀人魏三儿者，尤擅名，所至无不为之靡，王公、大人俱物色恐后。余已出京，不及见。岁戊申，余至扬州，魏三者忽在江鹤亭家。酒间呼之登场，年已将四十，不甚都丽。惟演戏能随事自出新意，不专用旧本，盖其灵慧较胜云。

乾隆英使觐见记

【英】马戛尔尼

清乾隆五十八年(1793),大英帝国派遣以马戛尔尼为首的庞大使团,以给乾隆祝寿的名义出使中国。马戛尔尼在日记中详细记录了出使的过程和在中国的各种见闻,具有重要史料价值,1916年刘半农先生将其译成中文,由中华书局出版。

吾船停泊之地，适在全埠[①]中央，居总督行辕之前，岸上与吾船正对处，贴近水边，有中国式之戏园一座，乃临时所造，专供欢迎吾辈所用者。此戏园构造虽不坚实耐久，然装饰颇佳，四周用五色锦绣扎彩，微风动之，红紫缤纷，目为之眩。吾船下碇之后，园中即金鼓大作，文武艺员，出场奏技，有神怪之剧，有人事之剧，至剧目数更历数小时之久，始辍演。

十八日，礼拜三。先是，余得华官通告，谓皇帝万寿之庆祝典礼，虽已于昨日举行，而今日宫中，尚有戏剧及各种娱乐之品，为皇帝上寿。皇帝亦备有珍品多种，亲赐群臣，且将以礼物赠诸贵使。贵使可仍于晨间入宫，一观其盛。至今日晨间，余如言与随从各员入宫。至八时许，戏剧开场，演至正午而止。演时皇帝自就戏场之前，设一御座坐之。其戏场乃较地面略低，与普通戏场高出地面者相反。戏场之两旁则为厢位，群臣及吾辈坐之。厢位之后有较高之坐位，用纱帘障于其前者，乃是女席，宫眷等坐之，取其可以观剧，而不至为人所观也。吾等入座未几，皇帝即命人招余及史坦顿二人至其前，和颜言曰：朕以八十老翁，尚到园子里来听戏，你们见了，可不要骇异。便是朕自己，平时也以为国家疆域广大，政事纷繁，除非有什么重大庆典，像今天一般，也总觉没有空儿，常到此间来顽。余曰：贵国治安日久，方有此种歌舞升平之盛况。敝使东来，适逢其盛，殊以为快。……戏场中，所演各戏，时时更换，有喜剧，有悲剧，虽属接演不停，而情节并不连串。其中所演事实，有属于历史的，有属于理想的。技术则有歌有舞，配以音乐；亦有歌舞音乐均屏诸勿用，而单用表情科白以取胜者。论其情节，则无非男女之情爱，两国之争战，以及谋财害命等，均普通戏剧中常见之故事。至最后一折，则为大神怪戏，不特情节诙诡，颇堪寓目，即就理想而论，亦可当出人意表之誉。该所演者为大地与海洋结婚之故事，开场时，乾宅坤宅，各夸其富。先由大地氏出所藏宝物示众，其

① 此日马戛尔尼至天津。——编者注

中有龙、有象、有虎、有鹰、有鸵鸟,均属动物;有橡树、有松树,以及一切奇花异草,均属植物。大地氏夸富未已,海洋氏已尽出其宝藏。除船只、岩石、介蛤、珊瑚等常见之物外,有鲸鱼、有海豚、有海狗、有鳄鱼,以及无数奇形之海怪,均系优伶所扮,举动神情颇能酷肖。两氏所藏宝物,既尽暴于戏场之中,乃就左右两面,各自绕场三匝。俄而金鼓大作,两方宝物,混而为一,同至戏场之前方,盘旋有时。后分为左右二部,而以鲸鱼为其统带官员,立于中央,向皇帝行礼。行礼时,口中喷水,有数吨之多。以戏场地板建造合法,水一至地,即由板隙流去,不至涌积。此时观者大加叹赏,中有大老熟人,座与吾近,恐吾不知其妙,故高其声曰:好呀!好呀!余以不可负其盛意,亦强学华语,连呼好好以答之。演戏时,吾辈所坐厢位,作通长之式,不似欧洲戏场,各厢互相分隔者,故座客尽可自由往来,随意谈话。于中有大员数人,情意颇为殷恳,时时离其原定之坐位,至吾座旁闲谈,然以鞑靼为多,汉人则甚少。

及狮子船已经开到广东黄圃之息耗,后长大人导吾辈至戏园中观剧。(自注:所演者为喜剧,优伶均系一时名角,长大人派人往南京雇来者。)即于园中设宴款接,肴馔之盛,既为吾毕生所未见,而长大人招待之殷勤,亦足令吾心感靡既。

二十日,礼拜五。晨起,戏园中金鼓已作,优伶已粉墨登台。余乃大奇,后闻华人言,中国官场接待上宾,当于宾客到馆之一日起,至离馆之一日止,令伶人继续演剧,自晨至暮,不可稍休,休则即系失礼。然吾以此间之戏园,适建于吾所居院落之前,若终日连演不已,不特观之生厌,而且金鼓之声,足喧扰人耳,使不能治事。苟于中国成法无背,吾必声请长大人罢此重礼,或请长大人令伶人不必日夕开演,至吾莅园之时乃演之。然吾恐将来乾隆皇帝遣使至英国时,雇用伶人演剧以娱之则可,若欲罗致名伶多人,日夕开演,则势有所不能也。

藤阴杂记

【清】戴　璐

戴璐(1739　1806)，字敏天，号菔塘，一号吟梅居士。归安(今浙江省湖州市)人。清乾隆进士，历官工部郎中、太仆寺卿。《藤阴杂记》凡十二卷，是戴璐为工部郎中时，就京师五城并及郊区，搜访坊巷名迹，掇拾闻见，汇集而成。书中对于京师五城沿革、科名甲第、典章制度等考订精审，并存录当时诸多名家题咏。此据嘉庆石鼓斋刻本辑录标点。

卷　五

《亚谷丛书》云:京师戏馆,惟太平园,四宜园最久,其次则查家楼、月明楼。此康熙末年酒园也。查楼木榜尚存,改名广和。余皆改名,大约在前门左右,庆乐、中和似具故址。自乾隆庚子回禄后,旧园重整,又添茶园三处,而秦腔盛行。有魏长生、陈渼碧之流,悉载吴太初《燕兰小谱》。近又见《瑞云录》以续《燕兰小谱》,皆好事者为之。

京腔六大班,盛行已久,戊戌、己亥时,尤兴王府新班。湖北江右公宴,鲁侍御赞元在座,因生脚来迟,出言不逊,手批其颊。不数日,侍御即以有玷官箴罢官。于是搢绅相戒不用王府新班。而秦腔适至,六大班伶人失业,争附入秦班觅食,以免冻饿而已。侍御居官鲠直,曾奏官兵过境扰累,覆奏千言,视南漕铮铮有声。归江陵十余年,因荆州水决,全家溺毙。毕制府沅吊以诗云:“最怜豸绣乌台客,披发何由诉大荒。”

卷　九

《亚谷丛书》云:京师戏馆惟太平园、四宜园最久,名亦佳。查家楼、月明楼其次。比年如方壶斋、蓬莱轩、升平轩最著。今考诸园俱废,查楼仅存木榜。惟方壶斋屡易新名,人尚称为方壶斋;城西仅此一馆,春初尚盛,在永光寺西街。

扬州画舫录

【清】李　斗

李斗，字艾塘，又字北有，江苏仪征人。著有《永报堂集》三十三卷。《扬州画舫录》十八卷，乃李斗家居扬州期间，因目之所见，耳之所闻，积三十余年陆续写成，举凡扬州之城市区划、运河沿革、工艺商业、园林古迹、风俗戏剧、文人轶事，无不备载。此据自然盦初刻本辑录标点。

卷五　新城北录下

天宁寺本官商士民祝釐之地。殿上敬设经坛,殿前盖松棚为戏台,演仙佛麟凤、太平击壤之剧,谓之大戏。事竣拆卸。迨重宁寺构大戏台,遂移大戏于此。两淮盐务例蓄花雅两部以备大戏,雅部即昆山腔,花部为京腔、秦腔、弋阳腔、梆子腔、罗罗腔、二簧调,统谓之乱弹。昆腔之胜,始于商人徐尚志征苏州名优为老徐班,而黄元德、张大安、汪启源、程谦德各有班。洪充实为大洪班。江广达为德音班,复征花部为春台班,自是德音为内江班,春台为外江班。今内江班归洪箴远,外江班隶于罗荣泰。此皆谓之内班,所以备演大戏也。

乾隆丁酉,巡盐御史伊龄阿奉旨于扬州设局,修改曲剧,历经图思阿并伊公两任,凡四年事竣。总校黄文旸、李经,分校凌廷堪、程枚、陈治、荆汝为,委员淮北分司张辅、经历查建珮、板浦场大使汤惟镜。

修改既成,黄文旸著有《曲海》二十卷,今录其序目云:“乾隆辛丑间,奉旨修改古今词曲。予受盐使者聘,得与修改之列,兼总校苏州织造进呈词曲,因得尽阅古今杂剧传奇,阅一年事竣。追忆其盛,拟将古今作者各撮其关目大概,勒成一书。即成,为总目一卷,以记其人之姓氏。然作是事者多自隐其名,而妄作者又多伪托名流以欺世,且其时代先后尤难考核。即此总目之成,已非易事矣。”

城内苏唱街老郎堂,梨园总局也。每一班入城,先于老郎堂祷祀,谓之挂牌。次于司徒庙演唱,谓之挂衣。每团班在中元节,散班在竹醉日。团班之人,苏州呼为戏蚂蚁,吾乡呼为班揽头。吾乡地卑湿,易患癣疥,吴人至此,易于沾染,班中人谓之老郎疮。

梨园以副末开场,为领班;副末以下老生、正生、老外、大面、二面、三面七人,谓之男脚色;老旦、正旦、小旦、贴旦四人,谓之女脚色;打诨一人,谓之杂。此江湖十二脚色,元院本旧制也。苏州脚色优劣,以戏钱多寡为差,有七两三钱、六两四钱、五两二钱、四两八钱、三两六钱之分。内班脚色皆七两三钱，人数之多，至百数十人，此一时之胜也。

徐班副末余维琛，本苏州石塔头串客，落魄入班中。面黑多须，善饮，能读经史，解九宫谱，性情慷慨，任侠自喜。尝于小东门羊肉肆，见吴下乞儿，脱狐裘赠之。其时王九皋为副末副席。

老生山昆璧，身长七尺，声如镈钟，演《鸣凤记·写本》一出，观者目为天神。自言袍袖一遮，可容张德容辈数十人。张德容者，本小生，声音不高，工于巾戏，演《寻亲记》周官人，酸态如画。

小生陈云九，年九十，演《彩毫记·吟诗脱靴》一出，风流横溢，化工之技。董美臣亚于云九，授其徒张维尚，谓之董派。美臣以《长生殿》擅场，维尚以《西楼记》擅场。维尚游京师，时人谓之“状元小生”，后入洪班。

老外王丹山，气局老苍，声振梁木。同时孙九皋为外脚副席，九皋戏情熟于丹山，而声音气局，十不及半，后入洪班。

大面周德敷，小名黑定，以红黑面笑叫跳擅场。笑如《宵光剑》铁勒奴，叫如《千金记》楚霸王，跳如《西川图》张将军诸出。同时刘君美、马美臣并胜。马文观，字务功，为白面，兼工副净，以《河套》、《参相》、《游殿》、《议剑》诸出擅场。白面之难，声音气局，必极其胜，沉雄之气，寓于嘻笑怒骂者，均于粉光中透出。二面之难，气局亚于大面，温暾近于小面，忠义处如正生，卑小处如副末，至乎其极。又服妇人之衣，作花面丫头，与女脚色争胜。务功兼工副净，能合大面二面为一气，此所以白面擅场也。其徒王炳文，谨守务功白面诸出，而不兼副净，故凡马务功之戏，炳文效之，其神化处尚未能尽。

二面钱云从，江湖十八本无出不习。今之二面皆宗钱派，无能出其右者。同时钱配林，技艺虽工，过于端整，为云从所掩，后入洪班，方显其技。三面以陈嘉言为最，一出鬼门，令人大笑，后与配林合入洪班。

老旦余美观，兼工三弦，本京腔班中人，后归江南入徐班。正旦史菊观，演《风雪渔樵记》在任瑞珍之上。瑞珍口大善泣，人呼为阔嘴。幼时在沈阳从一县令,会县令被逮,瑞珍左右之。县令死,瑞珍经纪其丧,始得归里。后入洪班。

小旦谓之闺门旦,贴旦谓之风月旦,又名作旦,兼跳打谓之武小旦。吴福田,字大有,幼时从唐榷使英学八分书,能背《通鉴》,度曲应笙笛四声。苏州叶天士之孙广平精于音律,称大有为无双唱口。许天福,汪府班老旦出身,余维琛劝其改作小旦,"三杀"、"三刺",世无其比。后年至五十,仍为小旦。马继美年九十为小旦,如十五六处子。王四喜以色见长,每一出场,辄有佳人难再得之叹。

徐班以外,则有黄、张、汪、程诸内班。程班三面周君美,与郭耀宗齐名,君美即陈嘉言之婿,尽得其传。正生石涌塘,学陈云九风月一派,后入江班,与朱治东演《狮吼记·梳妆跪池》,风流绝世。大面冯士奎,以《水浒记·刘唐》擅场。韩兴周以红黑面擅场。老生王采章,即张德容一派。小旦杨二观,上海人,美姿容。上海产水蜜桃,时人以比其貌,呼之为"水蜜桃"。家殷富,好串小旦,后由程班入江班,成老名工。老外倪仲贤,有王丹山气度。老旦王景山,眇一目,上场用假眼睛如真眼,后归江班。黄班三面顾天一,以武大郎擅场,通班因之演《义侠记》全本,人人争胜,遂得名。尝于城隍庙演戏,神前阄《连环记》,台下观者大声鼓噪,以必欲演《义侠记》。不得已演至《服毒》,天一忽坠台下,观者以为城隍之灵。年八十余,演《鸣凤记·报官》,腰脚如二十许人。张班老外张国相,工于小戏,如《西楼记·拆书》之周旺、《西厢记·惠明寄书》之法本称最。近年八十余,犹演《宗泽交印》,神光不衰。老生程元凯,为朱文元高弟子,《写本》诸出得其真传。刘天禄小唱出身,后师余维琛,为名老生,兼工琵琶,其《弹词》一出称最。张明祖为小生,与沈明远齐名,后从其父为洪班教师。三面顾天祥,以《羊肚》、《盗甲》、《鸾钗》、《朱(十)义》为绝技。同时谢天成爪指最长,亦工《羊肚》诸技。大面陈小扛,为马美臣一派。小旦马大保,为美臣子,色艺无双,演《占花魁·醉归》,有娇鸟依人最可怜之致。老旦张廷元,小丑熊如山,精于江湖十八本,后为教师,老班人多礼貌之。汪颖士本海府班串客,后为教师,论没手身段如《邯郸梦·云阳》、《渔家乐·羞父》最精，善相术，间于茶肆中为人相面。

洪班半徐班旧人，老生张德容之后为陈应如。应如本织造府书吏，为海府班串客，因入是班。次之周新如，以《四声猿·狂鼓史》得名。又次之则朱文元，文元小名巧福，为程伊先之徒，演《邯郸梦》全本，始终不懈。先在徐班，以年未五十，故无所表见，至洪班则声名鹊起，班中人称为“戏忠臣”。

徐班散后，脚色归苏州，值某榷使拘之入织造府班，迨洪班起，诸人相继得免。惟吴大有、朱文元二人总管府班，不得免，家益贫，交益深，乃相约此生终始同班。逾年，文元逸去，入洪班，三年乃归。大有侦知之，拘入府班十年。是时大有家渐丰，文元贫欲死，挽大有之友代谢罪。大有恨其背己，而知其贫也，乃求于榷使罢之，遂归德音班。先是文元去后，洪班遂无老生，不得已以张班人代之。及江班起，更聘刘亮彩入班。亮彩为君美子，以《醉菩提》全本得名，而江鹤亭嫌其吃字，终以不得文元为憾。及文元罢府班来，鹤亭喜甚，乃舟甫抵岸，猝暴卒。

小生汪建周，一字不识，能讲四声。李文益丰姿绰约，冰雪聪明，演《西楼记》于叔夜，宛似大家子弟。后在苏州集秀班，与小旦王喜增串《紫钗记·阳关折柳》，情致缠绵，令人欲泣。沈明远师张维尚，举止酷肖，惟声音不类，后入江班。

白面以洪季保擅场，红黑面以张明诚擅场。明诚为明祖之弟，本领平常，惟《罗梦》一出，善作句容人声口，为绝技。

任瑞珍自史菊官死后，遂臻化境。诗人张朴存尝云：“每一见瑞珍，令我整年不敢作泣字韵诗。”其徒吴仲熙，小名南观，声入霄汉，得其激烈处。吴端怡态度幽闲，得其文静处，至《人兽关·掘藏》一出，端怡之外无人矣。后南观入程班，端怡入张班，继入江班。

老外孙九江，年九十余，演《琵琶记·遗嘱》，令人欲死。同时法揆、赵联璧齐名。周维伯曲不入调，身段阑珊，惟能说白而已。

老旦费坤元，本苏州织造班海府串客，颐上一痣，生毛数茎，人呼为“一撮毛”，歌喉清腴，脚步无法。

副净陈殿章，细腻工致，世无其比。恶软以冷胜，演《鲛绡记·写状》一出，称绝技。恶软，苏州人，忘其姓名。小丑丁秀容，打诨插科，令人绝倒。孙世华唇不掩齿，触处生趣，独不能扮武大郎、宋献策，人呼为长脚小花面。

小旦余绍美，满面皆麻，见者都忘其丑。金德辉步其后尘，不相上下。范三观工小儿戏，如安安小官人之类，啼笑皆有可怜之态。潘祥龄神光离合，乍阴乍阳，号“四面观音”。德辉后入德音班。

江班亦洪班旧人，名曰德音班。江鹤亭爱余维琛风度，命之总管老班，常与之饮及叶格戏，谓人曰:“老班有三通人，吴大有、董抡标、余维琛也。”抡标，美臣子，能言史事，知音律，《牡丹亭记》柳梦梅，手未曾一出袍袖。

小旦朱野东，小名麒麟观，善诗，气味出诸人右，精于梵夹，常欲买庵自居。老生刘亮彩，小名三和尚，吃字如书家渴笔，自成机轴，工《烂柯山》朱买臣。

副末沈文正、俞宏源并称。宏源演《一捧雪》中莫成，谓之“中到边”。善饮酒，彻夜不醉，鼻子如霜后柿。

大面王炳文，说白身段酷似马文观，而声音不宏。朱道生工《尉迟恭扬鞭》一出，今失其传。二面姚瑞芝、沈东标齐名，称国工。东标蔡婆一出，即起高东嘉于地下，亦当含毫邈然。赵云崧《瓯北集》中有《康山席上赠歌者王炳文沈东标》七言古诗。

王喜增，姿仪性识特异于人，歌曲多意外声，清响飘动梁木。金德辉演《牡丹亭·寻梦》、《疗妒羹·题曲》，如春蚕欲死。周仲莲喜《天门阵·产子》、《翡翠园·盗令牌》、《蝴蝶梦·劈棺》，每一梳头，令举座色变。董寿龄工为侍婢，所谓倩婢、鬆婢、淡婢、逸婢、快婢、疏婢、通婢、秀婢，无态不呈。

大面范松年为周德敷之徒，尽得其叫跳之技，工《水浒记·评话》，声音容貌，模写殆尽。后得啸技，其啸必先敛之，然后发之，敛之气沉，发乃气足。始作惊人之音，绕于屋梁，经久不散;散而为一溪秋水，层波如梯。如是又久之，长韵嘹亮不可遏，而为一声长啸，至其终也，仍嘐嘐然作洞穴声。中年入德音班，演铁勒奴盖于一部，有周德敷再世之目。其徒奚松年，为洪班大面，声音甚宏，而体段不及。

二面蔡茂根演《西厢记》法聪，瞪目缩臂，纵膊埋肩，搔首踟蹰，兴会飚举，不觉至僧帽欲坠。斯时举座恐其露发，茂根颜色自若。小丑滕苍洲短而肥，戴乌纱，衣皂袍，着朝靴，绝类虎邱山拔不倒。

洪班副末二人：俞宏源及其子增德；老生二人：刘亮彩、王明山；老外二人：周维柏、杨仲文；小生三人：沈明远、陈汉昭、施调梅；大面二人：王炳文、奚松年；二面二人：陆正华、王国祥；三面二人：滕苍洲、周宏儒；老旦二人：施永康、管洪声；正旦二人：徐耀文及其徒王顺泉；小旦则金德辉、朱冶东、周仲莲及许殿章、陈兰芳、孙起凤、季赋琴、范际元诸人。周维伯（柏）善外科，施药不索谢，敬惜字纸，遇凶灾之年，则施棺槥，此又班中之好施者也。

后场一曰场面，以鼓为首。一面谓之单皮鼓，两面则谓之荸荠鼓，名其技曰鼓板。鼓板之座在上鬼门，椅前有小搭脚仔凳，椅后屏上系鼓架。鼓架高二尺二寸七分，四脚方一寸二分，上雕净瓶头，高三寸五分。上层穿枋仔四八根，下层八根；上层雕花板，下层下绦环，柱子横圹仔尺寸同。单皮鼓例在椅右下枋，荸荠鼓与板例在椅屏间。大鼓箭二，小鼓箭一，在椅垫下。此技徐班朱念一为最，声如撒米，如白雨点，如裂帛破竹。一日登场时，鼓箭为人窃去，将以困之也，念一曰："何不窃我手去？"后入洪班，其徒季保官左手击鼓，右手按板，技如其师，而南曲熨贴处不逮远甚。后自京病废，归江班。张班陆松山亦左手击鼓。江班又有孙顺龙，洪班有王念芳、戴秋朗，皆以鼓板著名。弦子之座后于鼓板，弦子亦鼓类，故以面称。弦子之职，兼司云锣、锁哪（唢呐）、大铙。此技有二绝：其一在做头断头。曲到字出音存时谓之腔，弦子高下急徐谓之点子，点子随腔为做头，至曲之句读处如昆吾切玉为断头。其一在弦子让鼓板，板有没板、赠板、撤赠、撤板之分。鼓随板以呈其技，若弦子复随鼓板以呈其技，于鼓板空处下点子谓之让，惟能让鼓板，乃可以盖鼓板，即俗之所谓清点子也。此技徐班唐九州为最。九州本苏州祝献出身,无曲不熟,时人呼为“曲海”。同时薛贝琛,曲文不能记半句,登场时无不合拍,时人呼为“仙手”。今洪班则杨升闻为最,升闻小名通匾头,九州之徒,尽得其传。其次则陆其亮、璩万资二人。笛子之人在下鬼门,例用雌雄二笛,故古者笛床二枕,笛托二柱。若备用之笛,多系椅屏上。笛子之职,兼司小钹。此技有二绝,一曰熟,一曰软,熟则诸家唱法,无一不合,软则细致缜密,无处不入。此技徐班许松如为最。松如口无一齿,以银代之,吹时镶于断腭上,工尺寸黍不爽。次之戴秋阆最著。庄有龄以细腻胜,郁起英以雄浑胜,皆入江班。有龄指离笛门不过半黍。今洪班则陈聚章、黄文奎二人。笙之座后于笛,笙之职亦兼锁哪。笙为笛之辅,无所表见,故多于吹锁哪时,较弦子上锁哪先出一头。其实用单小锁哪,若“大江东去”之类,仍为弦子掌之。戏场桌二椅四,桌陈列若丁字,椅分上下两鬼门八字列。场面之立而不坐者二:一曰小锣,一曰大锣。小锣司戏中桌椅床凳,亦曰走场,兼司叫颡子。大锣例在上鬼门,为鼓板上支鼓架子,是其职也。至于号筒、哑叭、木鱼、汤锣,则戏房中人代之,不在场面之数。

郡城花部皆系土人,谓之本地乱弹,此土班也。至城外邵伯、宜陵、马家桥、僧道桥、月来集、陈家集,人自集成班,戏文亦间用元人百种,而音节服饰极俚,谓之草台戏,此又土班之甚者也。若郡城演唱,皆重昆腔,谓之堂戏。本地乱弹只行之祷祀,谓之台戏。迨五月昆腔散班,乱弹不散,谓之火班。后句容有以梆子腔来者,安庆有以二簧调来者,弋阳有以高腔来者,湖广有以罗罗腔来者,始行之城外四乡,继或于暑月入城,谓之赶火班。而安庆色艺最优,盖于本地乱弹,故本地乱弹间有聘之入班者。京腔用汤锣不用金锣,秦腔用月琴不用琵琶。京腔本以宜庆、萃庆、集庆为上,自四川魏长生以秦腔入京师,色艺盖于宜庆、萃庆、集庆之上,于是京腔效之,京秦不分。迨长生还四川,高朗亭入京师,以安庆花部合京秦两腔,名其班曰三庆,而曩之宜庆、萃庆、集庆遂湮没不彰。郡城自江鹤亭征本地乱弹,名春台,为外江班,不能自立门户,乃征聘四方名旦,如苏州杨八官、安庆郝天秀之类。而杨、郝复采长生之秦腔，并京腔中之尤者，如《滚楼》、《抱孩子》、《卖饽饽》、《送枕头》之类，于是春台班合京秦二腔矣。熊肥子演《大夫小妻》、《打门吃醋》，曲尽闺房儿女之态。

樊大睅其目而善飞眼，演《思凡》一出，始则昆腔，继则梆子、罗罗、弋阳、二簧，无腔不备，议者谓之戏妖。

仪征小鄢，本救生船中篙师之子，生而好学妇人，其父怒投之江，不死，流落部中为旦。后舍其业贩缯，死于水。

郝天秀字晓岚，柔媚动人，得魏三儿之神，人以“坑死人”呼之，赵云崧有《坑死人歌》。

长洲杨八官作盛夏妇入私室宴息，迫于强暴和尚，几为所污，谓之《打盏饭》。谢寿子扮花鼓妇，音节凄婉，令人神醉。陆三官花鼓得传，而熟于京秦两腔。

曹大保性好游，每旦放舟湖上。尝以木兰一本，斲为划子船，计长二丈二尺，广五之一。入门方丈，足布一席，屏间可供卧吟，屏外可贮百壶。两旁帐幔，花晨月夕，如乘彩霞而登碧落，若遇惊飙蹴浪，颠树平桥，则卸阑卷幔，轻如蜻蜓。中置一二歌童擅红牙者，俾佐以司茶酒。湖上人呼之曰“曹船”。

京师萃庆班谢瑞卿，人谓之小耗子，以其师名耗子而别之也。工《水浒记》之阎婆惜。每一登场，座客亲为傅粉，狐裘罗绮，以不得粉渍为恨。关大保演阎婆惜效之，自是扬州有谢氏一派。

四川魏三儿，号长生，年四十，来郡城投江鹤亭，演戏一出，赠以千金。尝泛舟湖上，一时闻风，妓舸尽出，画桨相击，溪水乱香，长生举止自若，意态苍凉。

凡花部脚色，以旦丑、跳虫为重，武小生、大花面次之。若外、末不分门，统谓之男脚色。老旦、正旦不分门，统谓之女脚色。丑以科诨见长，所扮备极局骗俗态，拙妇骙男，商贾刁赖，楚休(咻)齐语，闻者绝倒。然各囿于土音乡谈，故乱弹致远不及昆腔。惟京师科诨皆官话，故丑以京腔为最。如凌云浦本世家子，工诗善书，而一经傅粉登场，喝采不绝。广东刘八，工文词，好驰马，因赴京兆试，流落京腔，成小丑绝技。此皆余亲见其极盛，而非土班花面之流亚也。吾乡本地乱弹，小丑始于吴朝、万打岔，其后张破头、张三网、痘张二、郑士伦辈皆效之，然终止于土音乡谈，取悦于乡人而已，终不能通官话。近今春台聘刘八入班，本班小丑效之，风气渐改。刘八之妙，如演《广举》一出，岭外举子赴礼部试，中途遇一腐儒，同宿旅店，为群妓所诱，始则演论理学，以举人自负，继则为声色所惑，衣巾尽为骗去，曲尽迂态。又有《毛把总到任》一出，为把总，以守汛之功，开府作副将。当其见经略，为畏缩状；临兵丁，作傲倨状；见属兵升总兵，作欣羡状、妒状、愧耻状；自得开府，作谢恩感激状；归晤同僚，作满足状；述前事，作劳苦状；教兵丁枪箭，作发怒状；揖让时，作失仪状；闻经略呼，作惊愕错落状，曲曲如绘。惟胜春班某丑效之，能仿佛其五六，至《广举》一出，竟成广陵散矣。

本地乱弹以旦为正色，丑为间色，正色必联间色为侣，谓之搭伙。跳虫又丑中最贵者也，以头委地，翘首跳道及锤铜之属，张天奇、岑瘩峡、郝天、郝三皆其最也。瘩峡名仙，磊落不受乡里睚眦，年四十，厚积数万，施之梵觉禅寺，造万佛楼，建坐韦驮殿，辟群芳圃，护火焚晋树二株。铸大铁镬，饭行脚僧。趺坐念佛，不拘僧相，自称曰岑道人。郝三曾随福贝子康安征台湾，半年而返。刘歪毛本春台班二面，后为僧，赤足被袈裟，敲云板，高声念南无药师琉璃光如来佛，得钱则转施丐者，或放生，数年，坐化于高旻寺。

戏具谓之行头，行头分衣、盔、杂、把四箱。衣箱中有大衣箱、布衣箱之分。大衣箱文扮则富贵衣即穷衣、五色蟒服、五色顾绣披风、龙披风、五色顾绣青花五彩绫缎袄褶、大红圆领、辞朝衣、八卦衣、雷公衣、八仙衣、百花衣、醉杨妃当场变补套蓝衫、五彩直摆太监衣、锦缎敞衣、大红金梗一树梅道袍、绿道袍、石青云缎挂袍、青素衣、袈裟、鹤氅、法衣、镶领袖杂色夹缎袄、大红杂色绸小袄；武扮则扎甲、大披挂、小披挂、丁字甲、排须披挂、大红龙铠、番邦甲、绿虫甲、五色龙箭衣、背搭、马褂、刽子衣、战裙；女扮则舞衣、蟒服、袄褶、宫装、宫搭、采莲衣、白蛇衣、古铜补子老旦衣、素色老旦衣、梅香衣、水田披风、采莲裙、白绫裙、帕裙、绿绫裙、秋香绫裙、白茧裙；又男女衬褶衣、大红裤、五色顾绣裤、桌围、椅披、椅垫、牙笏、鸾带、丝线带、大红纺丝带、红蓝丝绵带、丝线带、绢线腰带、五色绫手巾、巾箱、印箱、小锣、鼓、板、弦子、笙、笛、星汤、木鱼、云锣。布衣箱则青海衿、紫花海衿、青箭衣、青布褂、印花布棉袄、敞衣、青衣、号衣、蓝布袍、安安衣、大郎衣、斩衣、鬃色老旦衣、渔婆衣、酒招、牢子带。盔箱文扮平天冠、堂帽、纱貂、圆尖翅、尖尖翅、荤素八仙巾、汾阳帽、诸葛巾、判官帽、不论巾、老生巾、小生巾、高方巾、公子巾、净巾、纶巾、秀才巾、�聊巾、圆帽、吏典帽、大纵帽、小纵帽、皂隶帽、农吏帽、梢子帽、回回帽、牢子帽、凉冠、凉帽、五色毡帽、草帽、和尚帽、道士冠；武扮紫金冠、金扎镫、银扎镫、水银盔、打仗盔、金银冠、二郎盔、三义盔、老爷盔、周仓帽、中军帽、将巾、抹额、过桥勒边、雉鸡毛、武生巾、月牙金箍、汉套头、青衣扎头、箍子、冠子；女扮观音帽、昭容帽、大小凤冠、妙常巾、花帕扎头、湖绉包头、观音兜、渔婆缬、梅香络、翠头髻、铜饼子簪、铜万卷书、铜耳挖、翠抹眉、苏头发及小旦简妆。杂箱胡子则白三髯、黑三髯、苍三髯、白满髯、黑满髯、苍满髯、虬髯、落腮、白吊、红飞鬓、黑飞鬓、红黑飞鬓、辨(辫)结、一撮一字。靴箱则蟒袜、妆缎棉袜、白绫袜、皂缎靴、战靴、老爷靴、男大红鞋、杂色彩鞋、满帮花鞋、绿布鞋、踯场鞋、僧鞋。旗包则白绫护领、妆缎扎袖、五色绸伞、连幌腰子、小络斗、连幌幌子、人车搭旗、背旗、飞虎旗、月华旗、帅字旗、清道旗、精忠报国旗、认军旗、云旗、水旗、蜘蛛网、大帐前、小帐前、布城、山子；又加官脸、皂隶脸、杂鬼脸、西施脸、牛头、马面、狮子全身、玉带、数珠、马鞭、拂尘、掌扇、宫灯、叠折扇、纨扇、五色串枝花鼓、花锣、花棒槌、大蒜头、敕印、虎皮、令箭架、令牌、虎头牌、文书、铡砚、签筒、梆子、手靠、铁链、招标、撕发、人头草、鸾带、烛台、香炉、茶酒壶、笔砚、笔筒、书、水桶、席、枕、龙剑、挂刀、短把子刀、大锣、锁哪、哑叭、号筒。把箱则銮仪兵器备焉。此之谓"江湖行头"。盐务自制戏具，谓之"内班行头"。自老徐班全本《琵琶记》,《请郎花烛》则用红全堂,《风木余恨》则用白全堂，备极其盛。他如大张班《长生殿》用黄全堂，小程班《三国志》用绿虫全堂。小张班十二月花神衣，价至万金；百福班一出《北饯》,十一条通天犀玉带；小洪班灯戏，点三层牌楼，二十四灯,戏箱各极其盛。若今之大洪、春台两班,则聚众美而大备矣。

卷九　小秦淮录

顾阿夷,吴门人,征女子为昆腔,名双清班,延师教之。初居小秦淮客寓,后迁芍药巷。班中喜官《寻梦》一出,即金德辉唱口。玉官为小生,有男相。巧官眉目疏秀,博涉书籍,为纱帽小生,自制宫靴,落落大方。小玉为喜官之妹,喜作崔莺莺,小玉辄为红娘,喜作杜丽娘,小玉辄为春香,互相评赏。金官凭人傲物,班中谓之"斗虫",而以之演《相约相骂》,如出鬼斧神工。徐狗儿清拔文雅,羸瘦玉削,饮食甚微,坐戏房如深闺,一出歌台,便居然千金闺秀。三喜为人矜庄,一遇稀姓生客,辄深颦蹙额,故其技不工。顾美为阿夷女,凌猎人物,班中让之,而有离心焉。二官作赵五娘,咬姜呷醋,神理亲切。庞喜作老旦,垂头似雨中鹤。鱼子年十二,作小丑,骨法灵通,伸缩间各得其任。季玉年十一,云情雨意,小而了了。秀官人物秀整,端正寡情,所作多节烈故事,闲时藏手袖间,徐行若有所观,丰神自不可一世。康官少不慧,涕泪狼藉,而声音清越,教曲不过一度,使其演《痴诉·点香》,甫出歌台,满座叹其痴绝。瞽婆顾蝽粥其女于是班,令其与康官演《痴诉》作瞎子,情状态度最得神,乃知母子气类相感,一经揣摩,便成五行之秀。申官、酉保姊妹作《双思凡》,黑子作红绡女,六官作李三娘,皆一班之最。后场皆歌童为之。四官小锣,又能作大花面,以《闹庄救青》为最,其笑如范松年。教师之子许顺龙,亦间在班内作正旦,与玉官演《南浦嘱别》,人谓之生旦变局。是部女十有八人,场面五人,掌班教师二人,男正旦一人,衣杂把金锣四人为一班。赵云崧《瓯北集》中有诗云:"一夕绿尊重作会,百年红粉递当场。"谓此。

宸垣识略

【清】吴长元

吴长元，字太初，浙江仁和人，久居北京。生卒年不详，约乾隆三十五年(1770)前后在世。《宸垣识略》十六卷，记载北京的历史沿革、名胜古迹、衙署府邸、名人故居、州县会馆等方面的情况，此据北京古籍出版社1983年整理本辑录。

卷 九

精忠庙在东小市西,本朝康熙年建,有乾隆戊子大学士刘统勋碑,门外铸秦桧夫妇跪像,旁有喜神。庙为梨园子弟公所,有乾隆丙申詹事刘跃云碑。

卷 十 六

景山内垣西北隅有连房百余间,为苏州梨园供奉所居,俗称苏州巷。总门内有庙三楹,祀翼宿,前有亭,为度曲之所,其子弟亦延师受业,出入由景山西门。

南花园今改名南府,为梨园子弟所居,称南府学生,其出入关防甚严。

春明丛说

【清】俞　蛟

俞蛟(1751—?),字清源,又字六爱,号梦厂居士,会稽山阴人。所著《梦厂杂著》十卷,记述其游历各地之见闻,文笔清新可喜。此据清刻深柳读书堂印本辑录标点。

楚伶传

王桂,湖北沔阳人也。娟好若女子,入萃庆部,清歌妙舞,名冠梨园。尝学画兰于余秋室太史,都人士得其片纸为幸。余见所绘便面,虽不甚佳,亦楚楚有致。因题〔祝英台近〕一阕云:“贮黄磁,滋九畹,幽谷素香软。修禊良辰,采向竹篱畔。输他子固多情,芸窗移对,时付与、写生斑管。 楚天远,偏来湘浦雏伶,濡毫运柔腕。雨叶烟丛,知有墨花澣。但教枕上轻挥,余芬微度,也赢得、梦魂清婉。”施学廉侍御,与有断袖之好,寝食必俱。以其楚产,字之曰湘云。大兴诸生方惟翰者,作《湘云赋》,倩人持赠之。桂装潢锦轴,悬之室中。方时屡踬场屋,抑郁无聊赖,喟然叹曰:“主司不赏余文,棘闱可以绝望;优人能读余赋,梨园转有知音。夫人生最难遇而最可感者,惟知音耳! 优人与主司贵贱虽殊,其为知音则一也,乌可以优人而忽之?”乃执贽踵门,如弟子礼。都人咸笑其妄,而不知其有托以讽世也。虽然,欲抒一时之愤,而不顾身名之污,亦无谓甚矣!

蜀伶陈银遇盗记

蜀伶陈银,走数千里来京师,入宜庆部。短小精悍,顾盼自喜。演剧时,虽傅粉调朱,弓鞋窄袖,效女子装束,而科诨诙谐,亵词秽语,丑状百出。屠沽及舆台隶往往拍案狂叫,欢声雷动。其臭味相投,所宜然也。久之,士大夫亦群起叫绝。剧中无陈银,举座不乐。数年间,侑觞媚寝,所得金绮珠玉累数万。陈银于是居奇炫异,谓京国好尚者如此。凡踵门求款曲者,无缠头之赠,赠或不丰,皆拒不纳。一日,日既暮,有客乘后轮车,被服炫丽,仆从如云,云粤西参议,计偕来京,握手道相见之晚。语次,颐稍动,一健仆奉千金至,曰:“聊以表数年来万里思卿之意,待公事毕,尚拟略尽绵薄。”语毕辞去。陈银私谓此人真奇货,持其裾,欲留信宿,以罄其囊橐。客沉吟再四曰:“余甫入都门,诸事蝟集,无已,明晚当就教,过此无隙矣。”次日,陈银设盛筵,并出其妻妾,艳妆侑酒,履舄交错,杯盘狼藉。客令群仆返寓，而屏诸侍席者于重门之外。夜分人寂，潜以迷药入酝中，遍觞诸人。少选，皆昏仆。客一声呼啸，群仆从屋上跃下，陈银数年所蓄侑觞媚寝之赀，倾筐倒箧而去。

玉 儿 传

李重华，江左诸生也，纳雍赴北闱。时都下乐部中有李玉儿者，色艺双绝，名冠梨园；达官巨贾，或纨绔儿，如蝇蚋趋膻秽，日相征逐。他人惟凝睇而望，不敢近。欲登其堂，必执贽；贽不丰，相接亦落落，茶一杯，寒暄数语即退，不能腆颜久踞宾座也。生偶过歌楼，见之神魂飞越，不能制；思与握手道款曲，而客囊羞涩，莫尽绵薄，惟日携杖头钱，往院中观演剧。久之，赀尽，典质亦空，不能作顾曲周郎矣。因访其居址，日伺门外，俟登车，即先于其所往候之，如是半年。玉儿窃怪于中，欲询之而未发也。一日，大雪迷漫，赴显者之约，元阴昼晦，衢路人稀，而平日之踯躅道周、眈望颜色者，又冲寒冒雪，侍立车侧矣。玉儿问曰："君何为者？"生泪涔涔下，呜咽不能语。邀之入室，叩知其故，玉儿笑曰："君既读书，当思奋迹云路，以图进取；不宜妄自菲薄，濩落至此！虽然，士为知己者用，女为悦己者容，足下我之知己也！请为君作居停主人，勉供膏火，复理慧业何如？"生唯唯。适某显者诞日，玉儿属生赋诗百韵以进。时祝嘏者联幛累轴，而名作独推生，显者大悦。由是玉儿益爱敬生，联床语夜，隔座衔杯，凡可以娱生意者，靡不尽。逾年，秋闱报捷，继登进士，入翰苑，重华属卮酒，抚玉儿肩曰："余向者丧志落魄，几堕泥涂，微卿何以有今日？敢叙雁行，用答高义！"玉儿因呼生为兄。凡平日相与往来之达官巨贾及纨绔儿，皆谢绝不复与通。后生出知某州，既典郡，自簿书外，皆玉儿一人总持之。相从数十年，交情不替如一日。重华卒于官，复经纪其丧，抚其幼子，若犹子焉。嗟乎！天下之至微极贱者，莫优伶若矣。乃亦知有知己之感，引手穷途，及知其怀才不偶，虽衣敝履穿之士，亦敬奉之，不敢忽，若预料其能发迹于异日者，孰谓伶人也，而可忽诸？

履园丛话

【清】钱泳

钱泳(1759—1844),原名鹤,字立群,号台仙、梅溪居士,江苏金匮(今无锡市)人。《履园丛话》辑旧闻杂记二十四卷,内容广而杂,所记多为作者亲身经历,即使得诸传闻,也必指出来源,具有较大的参考价值。此据道光十八年述德堂刻本辑录标点。

卷七　骄奢

今富贵场中及市井暴发之家，有奢有俭，难以一概而论。其暴殄之最甚者，莫过于吴门之戏馆。当开席时，哗然杂遝，上下千百人，一时齐集，真所谓酒池肉林，饮食如流者也。尤在五、六、七月内，天气蒸热之时，虽山珍海错，顷刻变味，随即弃之，至于狗彘不能食。呜呼！暴殄如此，而犹不知惜耶！

卷十二　演戏

梨园演戏，高宗南巡时为最盛。而两淮盐务中尤为绝出，例蓄花雅两部以备演唱，雅部即昆腔，花部为京腔、秦腔、弋阳腔、梆子腔、罗罗腔、二簧调，统谓之乱弹班。余七八岁时，苏州有集秀、合秀、撷芳诸班，为昆腔中第一部，今绝响久矣。

演戏如作时文，无一定格局，只须酷肖古圣贤人口气。假如项水心之何必读书，要像子路口气，蒋辰生之愬子路于季孙，要像公伯寮口气，形容得像，写得出，便为绝构，便是名班。近则不然，视《金钗》、《琵琶》诸本为老戏，以乱弹、滩王、小调为新腔，多搭小旦，杂以插科，多置行头，再添面具，方称新奇，而观者益众。如老戏一上场，人人星散矣，岂风气使然耶？

明斋小识

【清】诸 联

诸联，字星如，号晦香，青浦人，生于乾隆三十年(1765)，卒年不详。所著《明斋小识》十二卷，凡乡邦山川人物，舆俗土风，邮亭歌咏之章，闾巷诙谐之语，一一具备，文字亦典雅可读。此据民国上海进步书局石印本《笔记小说大观》辑录。

卷一　演戏坍桥

大通桥在小西门内，两岸皆市廛，无隙地，港小而浅。三十九年夏，船上演戏，人多伫立于桥。乘舟者藉避炎歊，泊桥下。日稷桥圮，压损无算，水为之赤。有孙氏妇首碎脑流，及殓，以杓舀脑注首。

卷二　踹死童子

城隍庙观剧，人每争先占楼上。四十年春，赛神演戏，两楼人满，遂捐其梯。未几，邻突烟腾，讹传火起，楼上客纷纷鼠窜，未知梯之已去也。先下者坠，继下者蹶之而亦坠，愈积愈多，愈不能起，竟与楼齐。后下者并不晓足下之为人，皆踹之。逾刻烟定，有六童子相枕如蒟酱。是逃生而反得死也，哀哉！

卷三　曲场

歌谣本乎人情，幺弦独奏，不若唱和同人。忆愚泉叔结会于酿花书屋，与者为陈花南、庄季生、钱文耀、蒋草亭、钱天泽，皆翩翩年少。红牙檀板间，竞唱新声。慷慨淋漓，则气如虹吐；缠绵旖旎，则语作兰香。予虽不能为周郎之顾，而听之怡情，正如观西子者，不必知其姓而后以为美也。

卷五　疑做戏

予同许莱英北盦、蔡古匏寅钟、庄茶村如璋、邹黄国砚、方受之祖范、陆鲤塘晋云、潘南陵信籽、顾秋槎景澜应试，过浒关。土人疑为梨园子弟，便问何处演戏，仆从答以南京贡院中。庄曰：予等本皆傀儡，未知何人能做一场好戏。

卷九　花鼓戏

花鼓戏传来卅年，而变者屡矣。始以男，继以女；始以日，继以夜；始于乡野，继于镇市；始盛于村俗农甿，继沿于纨绔子弟。胡琴弦子，俨号宫商；淫妇奸夫，居然脚色。戏场中演出怪怪奇奇之阵，而海滨逐臭之夫，或集诗歌相赠，假曰多情，斯文扫地矣！

卷十　十月祝釐

己巳日月会于龙□，初六日为皇上五十万寿诞期，各省府县俱演戏恭祝，民间之颂升恒祝昌炽者，滥乎六合，至青邑，而优伶无从寻觅，祗拈香向阙叩首而已。初十日又为皇后千秋诞期，恭祝之仪悉如皇上，复演戏六日，满城华灯彩胜，欢声彻天。

卷十二　优伶

某制府至松观兵，阅海塘，逗留三日，供亿浩繁，只糖食一品，用银四百两，他物无论。事竣返苏，驻山塘，属吏承奉尤谨，遍选优伶环伺之。内一伶，色艺双绝，赏给无算，最后给一鼻烟壶，光彩夺目。时制府已醉，丕唯曰：此系前年主子所赐，今转赐尔。伶叩首不谢，捧以出，明日赂仆反缴，咸谓是伶能识大体。

榆巢杂识

【清】赵慎畛

赵慎畛，字遵路，号笛楼，湖南武陵人，嘉道间以进士官至制府。《榆巢杂识》上下卷，搜辑当代典章文物，与夫名臣之嘉言懿行、塞外之山川风土。此据民国上海进步书局石印本《笔记小说大观》辑录。

卷　上

雍正十三年,谕丧葬循礼,不得于停丧处所,演戏闹丧,及举殡时,扮演杂剧戏具等事,违者按律究处。又谕居丧,毋得嫁娶,自齿朝之士,下逮门内有生监者,三年之丧,终丧不得嫁娶,违者夺爵褫服。

卷　下

嘉庆九年甲子二月三日,上幸翰林院,凡隶馆职者,皆令与宴,凡二百二人。昣以御史随编检后,位列东廊下。上由清秘堂更衣出入数番,瞻对天颜,不逾咫尺,小臣欣幸无极。是日内府梨园承值,首演《群仙聚庆》,内东方曼倩作老前辈语,上顾朱宫传大笑。与宴诸臣中,科分唯朱最深。继演《十八学士登瀛洲》。上复谕膳房,令诸臣各携回所撤之馔。昣捧馔领赐而归,非常旷典,荣被一门,不胜感幸。领赐御制味余书室全集一部,九家杜诗注一部,绢笺二张,宣纸二张,风字砚一方,宁绸二卷,茶叶二瓶。

浪迹丛谈·浪迹续谈

【清】梁章钜

梁章钜(1775—1849),字茝中、闳林,号茝邻,晚年自号退庵,祖籍长乐,后迁居福州。嘉庆十年起历任礼部主事、湖北荆州知府等职,累官至广西、江苏巡抚,一度兼署两江总督,不久以疾告归。《浪迹丛谈》十一卷,作于道光二十六至二十七年,杂记清末时事、人物、典章制度和扬州一带的名胜掌故等。《浪迹续谈》八卷,作于道光二十八年,多记温州、杭州、苏州等地的名胜、风俗和物产,及明清戏曲、小说旧闻掌故。此据道光二十七、二十八年刻本辑录标点。

丛谈卷六　张居正

近日梨园有演《大红袍》全部者,其丑诋江陵张文忠与奸佞同科,并形容其子懋修等,为乱臣贼子之不如,殊为过当。张太岳当前明神宗朝,独持国柄,毁誉迄无定评。要其振作有为之功,与威福自擅之罪,俱不能相掩。即其子懋修等,亦并非纨袴下流。考《湖北诗录》载,张懋修字子枢,万历庚辰廷试第一,授修撰。遭文忠家难,冤愤投井,不死,绝粒累日,又不死,手抱遗籍,泪渍纸墨间。天启辛酉,文忠墓忽有白气,如云如烟。越明年,奉特旨昭雪,时子枢年八十矣。其《渡江津有感》云:"秋色满林皋,霜天雁唳高。野花寒故细,浊酒醉偏豪。白雪知孤调,青山有二毛。从来仲蔚宅,匝地起蓬蒿。"弟允修,字建初,荫尚宝司丞。崇祯甲申正月,献贼掠荆州,忧愤不食,死。有《绝命词》云:"八十空嗟鬓已皤,岂知衰骨碎干戈。纯忠事业承先远,捧日肝肠启后多。今夕敢言能报国,他年漫惜未抡科。愿将心化铮铮铁,万死丛中气不磨。"俱可想见其忠义之气。至文忠之曾孙别山先生同敞,在桂林死事尤著,然则文忠之泽,固久而未斩也。

续谈卷六　文班武班

剧场有南戏、北戏之目,不过以曲调分;近人有文班、武班之目,文班指昆曲,武班指秦腔,则截然两途矣。余金星不入命,于音律懵无所知,故每遇剧筵,但爱看声色喧腾之出。在京师日,有京官专嗜昆腔者,每观剧,必摊《缀白裘》于几,以手按板拍节,群目之为专门名家。余最笑之,谓此如讲古帖字画者,必陈《集古录》及《宣和书画谱》对观,适足形其不韵,真赏鉴家,断不如是也。忆在兰州日,适萨湘林将军由哈密内召入关,过访,素知其精于音律,因邀同官以音觞宴之。坐定,优人呈戏本,余默写六字曰:"非《思凡》即《南浦》。"握于掌中,将军果适点此两出。余曰:"君何必费心,余已代为之矣。”开掌示之，合座皆笑。湘林正色语余曰：“戏虽小道，而必以雅奏为高，若猥语乱谈，则舆隶所乐闻，岂可以入吾辈之耳。”余曰：“君言诚是，然既已演戏，则征歌选舞，自以声色兼备为佳。若徒赏其低唱恬吟，则但令一人鼓喉，和以一笛足矣，又何必聚一班数十人于后台，为之结彩张灯，肆筵设席，而品评其行头之好，脚色之多乎？”合座群以为然，而湘林为之语塞矣。比年余侨居邗水，就养瓯江，时有演戏之局，大约专讲昆腔者，不过十之三，与余同嗜者，竟十之七矣。

续谈卷六 工尺

工尺等字，宋辽以来即用之。宋《乐书》云，黄钟用合字，太簇用四字，夹钟、姑洗用一字，夷则、南吕用工字，无射、应钟用凡字，中吕用上字，蕤宾用勾字，林钟用尺字，黄钟清用六字，大吕、夹钟清用五字。辽世大乐，各词之中，度曲协律，其声凡十，曰五、凡、工、尺、上、一、四、六、勾、合。按：此即朱子所谓半字谱也。

续谈卷六 封神传

余于剧筵，颇喜演《封神传》，谓尚是三代故事也。忆吾乡林樾亭先生，尝与余谈《封神传》一书，是前明一名宿所撰，意欲与《西游记》、《水浒传》鼎立而三，因偶读《尚书·武成篇》“惟尔有神，尚克相予”语，演成此传。其封神事，则隐据《六韬》《旧唐书·礼仪志》引、《阴谋》《太平御览》引、《史记·封禅书》、《唐书·礼仪志》各书铺张俶诡，非尽无本也。我少时尝欲仿此书，演成黄帝战蚩尤事，而以九天元女兵法经纬其间；继欲演伯禹治水事，而以《山海经》所纪助其波澜；又欲演周穆王八骏巡行事，而以《穆天子传》所书作为质干，再各博采古书以附益之，亦可为小说大观，惜老而无及矣。

续谈卷六　陈季常

南戏有《跪池》一出,北戏更演为变羊一事,尤为诞妄绝伦。但其事亦有所本,而皆以为陈季常,则不可不辨耳。《艺文类聚》载,京邑士人妇大妒,常以长绳系夫足,唤便牵绳。士密与巫妪谋,因妇睡,士以绳系羊,缘墙走避。妇觉牵绳而羊至,大惊,召问巫,巫曰:"先人怪娘积恶,故郎君变羊,能悔,可祈请。"妇因抱羊痛哭悔誓。巫乃令七日斋,举家大小,悉诣神前祷祝。士徐徐还,妇见,泣曰:"多日作羊,不辛苦耶?"士曰:"犹忆啖草不美。"妇愈悲哀。后略复妒,士即伏地作羊鸣,妇惊起,永谢不敢。按此事与陈季常无涉,而陈季常之惧内,则自古著名。季常名慥,与东坡交好,坡诗有"龙邱居士亦可怜,谈空说有夜不眠。忽闻河东狮子吼,拄杖落手心茫然"。次公注云:"龙邱居士,指言陈季常也。季常妻柳氏,最悍妒,每季常设客,有声妓,柳氏则以杖击照壁大呼,客至为散去,故因诗戏之。"又《容斋三笔》云:"黄鲁直有与陈季常简云:公暮年来,想渐求清净之方,姬媵无新进矣,柳夫人比何所念,以致疾耶?又一帖云:示谕老境情味,法当如是,河东夫人亦能哀怜老大,一任放不解事耶?"则柳氏之妒名,固已彰著于外,故苏、黄亦不妨质实言之耳。《在阁知新录》云:"世以妒妇比狮子,而《续文献》称狮子日食醋、酪各一瓶,吃醋之说,殆本此。"

续谈卷六　一捧雪

《一捧雪》传奇,他处少演者,余惟从苏州得观,盖即苏州事,故苏人无不能言其本末。所谓莫怀古,乃隐名,若谓莫好古玩,好古如以手捧雪,不可久也。沈德符《野获编》云:"严分宜势炽时,以诸珍宝盈溢,遂及书画骨董,时鄢懋卿以总鹾使江淮,胡宗宪、赵文华以督兵使吴越,各承奉意旨,搜取古玩,不遗余力。"传闻有《清明上河图》手卷,宋张择端画,在故相王文恪家,难以阿堵动,乃托苏州汤臣者往图之。汤以善装潢知名，客严门下，亦与娄江王思贤中丞往还思贤名忬，弇州山人世贞之父，乃说王购之，王时镇蓟门，即命汤以善价购之。既不可得，遂属苏人黄彪摹一本应命，黄亦画家高手也。严时既得此卷，珍为异宝，用以为诸画压卷，置酒会诸贵人赏之。有妒中丞者，直发其为赝本，严世蕃大惭怒，顿恨中丞，谓有意绐之，祸本自此成。或云即汤姓者，怨弇州伯仲，自露始末，不知然否。又王襄《广汇》云："严世蕃尝索古画于王忬，云值千金，忬有临幅，绝类真者，以献。乃有精于辨画者，往来忬家，有所求，世贞斥之。其人知忬所献画，非真迹也，密以语世蕃。会大同有虏警，巡按方恪（《明史》作方辂）劾忬失机，世蕃遂告嵩，票本论死。"《广汇》所载稍略，而情节与《野获编》相同。又孙之騄《二申野录》注云："后世蕃受刑，弇州兄弟赎得其一体，熟而荐之父灵，大恸，两人对食毕而后已。诗画贻祸，一至于此！况又有小人交构其间，酿成尤烈也。"按所云诗者，谓杨椒山死，弇州以诗吊之，刑部员外况叔祺录以示嵩；所云画，即指《清明上河卷》也。又按汤臣即汤裱褙，今苏州装潢店尚是其后人，闻乾隆间，尚有汤某者精于此艺。余初至苏时，则群推吴文玉者为绝技，余所得字画颇佳者，皆以付吴，其工值不论贵，而装成自然精绝；继至，则吴文玉已物故，有子继其业，虽一蟹不及一蟹，然究系家传，海内殆无第二家矣。

啸亭杂录

【清】昭梿

昭梿(1776—1829),自号汲修主人,又号檀樽主人,为清太祖努尔哈赤第二子代善之后,袭礼亲王爵,后以事被削,郁郁不得志。《啸亭杂录》一书所记史事多出于昭梿之亲身经历与见闻,保存了大量有关清道光初年以前政治、军事、经济、文化、典章制度、文武官员的遗闻轶事和社会习俗等方面的资料。此据中华书局整理本(何英芳点校,1980年出版)辑录。

正录卷八 秦腔

自隋时以龟兹乐入于燕曲，致使古乐湮失，而番乐横行。故琵琶乐器为今乐之祖，盖其四弦能统摄二十八调也。今昆腔北曲，即其遗音。南曲虽未知其始，盖即小词之滥觞，是以昆曲虽繁音促节居多，然其音调犹余古之遗意。惟弋腔不知起于何时，其铙钹喧阗，唱口嚣杂，实难供雅人之耳目。近日有秦腔、宜黄腔，乱弹诸曲名，其词淫亵猥鄙，皆街谈巷议之语，易入市人之耳。又其音靡靡可听，有时可以节忧，故趋附日众。虽屡经明旨禁之，而其调终不能止，亦一时习尚然也。

正录卷八　魏长生

魏长生，四川金堂人。行三，秦腔之花旦也。甲午年入都，年已逾三旬外。时京中盛行弋腔，诸士大夫厌其嚣杂，殊乏声色之娱。长生因之变为秦腔，辞虽鄙猥，然其繁音促节，呜呜动人，兼之演诸淫亵之状，皆人所罕见者，故名动京师。凡王公贵位，以至词垣粉署，无不倾掷缠头数千百，一时不得识交魏三者，无以为人。其徒陈银官复髫龄韶秀，当时有青出于蓝之誉。长生既蓄厚资，乃抽身归里，陈遂继其师业。当时百官殷富，习俗奢靡，故二子得以媚取。为和相所觉察，因荷校银官于缇帅署前以辱之，为缓颊者，皆贬谪有差。乃遂陈银官归川中，其风稍息。银官不知所终。嘉庆辛酉，长生复入都，其所蓄已荡尽，年逾知命，犹复当场卖笑。人以其名重，故多交结之。然婆娑一老娘，无复当日之姿媚矣。壬戌送春日，卒于旅邸，贫无以殓，受其惠者，为董其丧，始得归柩于里。长生虽优伶，颇有侠气。庚子南城火灾，形家言，西南有剑气冲击，长生因建文昌祠以厌胜。又纳兰太傅孙成安者，初与其狎昵，后遇事遣戍归，贫无以立，长生尝赠恤之，亦其难能也。

正录卷八　烟兰小谱

自魏长生以秦腔首倡于京都,其继之者如云。有王湘云者,湖北沔阳人,善秦腔,貌疏秀,为士大夫所赏识。有宗臣某,尝拆其园中楼阁,为其偿逋债。湘云性幽蔼,善绘墨兰,颇多风趣。余太史集为之作《烟兰小谱》,以纪一时花月之盛,以湘云为魁选云。后湘云改业为商贾,家颇富饶,至今犹在云。

续录卷一　大戏节戏

乾隆初,纯皇帝以海内升平,命张文敏制诸院本进呈,以备乐部演习,凡各节令皆奏演。其时典故如屈子竞渡,子安题阁诸事,无不谱入,谓之月令承应。其于内廷诸喜庆事,奏演祥征瑞应者,谓之《法宫雅奏》。其于万寿令节前后奏演群仙神道添筹锡禧,以及黄童白叟含哺鼓腹者,谓之《九九大庆》。又演目犍连尊者救母事,析为十本,谓之《劝善金科》,于岁暮奏之,以其鬼魅杂出,以代故人傩祓之意。演唐玄奘西域取经事,谓之《升平宝筏》,于上元前后日奏之。其曲文皆文敏亲制,词藻奇丽,引用内典经卷,大为超妙。其后又命庄恪亲王谱蜀汉《三国志》典故,谓之《鼎峙春秋》。又谱宋政和间梁山诸盗及宋金交兵,徽、钦北狩诸事,谓之《忠义璇图》。其词皆出日华游客之手,惟能敷衍成章,又抄袭元、明《水浒》、《义侠》、《西川图》诸院本,曲文远不逮文敏多矣。嘉庆癸酉,上以教匪事,特命罢演诸连台,上元日惟以月令承应代之,其放除声色至矣。

续录卷四　莺花小谱

近日京都优人以四喜部为第一,花旦姿首美者甚多,戴香三比部咸宜写作《莺花小谱》,以咏诸人。其摹拟处,颇得其人风神,一时争传诵之。其中如徐清蓉天然、李雨香法保、瞿小山桂林，姿容婉秀，实与处女无异。张翰风孝廉琦尝绘天然小照，日夕供奉，颇为时人所讥，然亦可谓情种矣。

续录卷四　檀栾卿

春□部有花旦檀栾卿之馨者，姿容艳丽，性格柔婉，所演剧甚多，俱能体贴入妙，时有“花王”之称。又善楷书，所临《黄庭》、《洛神》，殊多丰韵。与龙殿撰汝言最善，殿撰非栾卿不能安寝。尝与予谈史事，娓娓不倦，亦若辈中翘楚也。寓玉皇庙道院中，四壁纷披，皆词林投赠之作。烹茶挥麈，谈锋敏捷，人皆为之倾倒。或云其为檀默斋侍御后裔，少时被人诱出，遂落风尘，良可叹也。

续录卷四　杨眉卿

杨郎眉卿，名寿令，安徽潜山人。在三庆部，姿首韶秀，一时称为翘楚。性聪慧，喜近文墨，摹《灵飞经》，颇有丰姿。又从朱农部滦学画梅竹，写生逼肖。架上庋《文选》、帖阁诸书，谈古今事，颇知原委。一日告予欲弃风尘而以文士自命，予告以安心任命之道，眉卿颇以为然。亦彼道中之自洁者也。

竹叶亭杂记

【清】姚元之

姚元之（1776—1852），字伯昂，号廌青，又号竹叶亭生，晚号五不翁，安徽桐城人。姚元之一生博览群书，能诗善画，然而生前寥无撰述。《竹叶亭杂记》八卷，是其后人编辑校订，于光绪十九年（1893）刊行。此据中华书局整理本（李解民点校，1982 年出版）辑录。

卷　一

圆明园福海之东有同乐园，每岁赐诸臣观剧于此。高庙时，每新岁园中设有买卖街，凡古玩估衣以及茶馆饭肆，一切动用诸物悉备，外间所有者无不有之，虽至携小筐卖瓜子者亦备焉。开店者俱以内监为之。其古玩等器，由崇文门监督先期于外城各肆中采择交入，言明价值，具于册。卖去者给值，存者归物。各大臣至园，许竞相购买之。各执事官退出后，日将晡，内官亦至其肆市物焉。其执事等官，俱得集于酒馆饭肆哺啜，与在外等。馆肆中走堂者，俱挑取外城各肆中之声音响亮、口齿伶俐者充之。每俟驾过店门，则走堂者呼茶，店小二报账，掌柜者核算，众音杂遝，纷纷并起，以为新年游观之乐。至燕九日始辍。盖以九重欲周知民间风景之意也。造办处笔贴式徐君善庆每岁入直，言之最详。晚间仍备嘎嘎灯焉。嘉庆四年此例停止。

两般秋雨盦随笔

【清】梁绍壬

梁绍壬(1792—?),字应来,号晋竹,钱塘人。道光辛巳举人,官内阁中书。《两般秋雨盦随笔》凡八卷,是一部著名的丛著杂纂类笔记,内容大致可分为四类:稽古考辨、诗文评述、文坛逸事、风土名物。此据道光振绮堂刻本辑录标点。

卷二　戏名对

同人小饮，集戏名对偶为令，兹择其尤工者录之。《惊丑》《风筝误》对《吓痴》《八义记》，《盗甲》《雁翎甲》对《哄丁》《桃花扇》，《访素》《红梨记》对《拷红》《西厢记》，《扶头》《绣襦记》对《切脚》《翡翠园》，《开眼》《荆钗记》对《拔眉》《鸾钗记》，《折柳》《紫钗记》对《采莲》《浣纱记》，《麻地》《白兔记》对《芦林》《跃鲤记》，《教歌》《绣襦记》对《题曲》《疗妒羹》，《春店》《万里缘》对《秋江》《玉簪记》，《哭像》《长生殿》对《描容》《琵琶记》，《败金》《精忠记》对《埋玉》《长生殿》，《三挡》《麒麟阁》对《七擒》《三国志》，《逼试》《琵琶记》对《劝妆》《占花魁》，《打虎》《义侠记》对《骂鸡》《白兔记》，《看袜》《长生殿》对《哭鞋》《荆钗记》，《刺虎》《铁冠图》对《斩貂》《三国志》，《乱箭》《铁冠图》对《单刀》《三国志》，《拜冬》《荆钗记》对《赏夏》《琵琶记》，《告雁》《牧羊记》对《嗾獒》《八义记》，《思饭》《金锁记》对《借茶》《水浒记》，《斩窦》《金锁记》对《刺梁》《渔家乐》，《投井》《金印记》对《跳墙》《西厢记》，《送米》《跃鲤记》对《拾柴》《彩楼记》，《相面》《宵光剑》对《审头》《一捧雪》，《醒妓》《醉菩提》对《规奴》《琵琶记》，《盗令》《翡翠园》对《偷诗》《玉簪记》，《饭店》《寻亲记》对《酒楼》《翠屏山》，《北樵》《烂柯山》对《西谍》《邯郸梦》，《落院》《绣襦记》对《借厢》《西厢记》，《小妹子》时剧对《胖姑儿》《慈悲记》，《闹天宫》对《游地府》《安天会》，《醉易放易》《鸣凤记》对《相梁刺梁》《渔家乐》，《大宴小宴》《连环记》对《前亲后亲》《风筝误》。

卷三　京师梨园

京师梨园四大名班：曰四喜、三庆、春台、和春。其次之则曰重庆，曰金钰，曰嵩祝。余壬午年初至京，当遏密八音之际，未得耳聆目赏。次年春始获纵观，色艺之精，争妍夺媚，然余逢场竿木，未能一一搜奇也。丙戌入都，寓近彼处，闲居无事，时复往观。四班名噪已久，选才自是出人头地。即三小班中，亦各有杰出之人，擅场之技,未可以桧下目之。此外尚有集芳一部,专唱昆曲,以笙璈初集,未及排入各园。其他京腔弋腔西腔秦腔,音节既异,装束迥殊,无足取焉。表弟苏蔚生雅有今乐之好,取自四喜以下七班,某日至某园,一月之中,周而复始。谱为小录一编,界以乌丝之阑,装以红锦之里,题其签曰燕台乐部,为日下梨园录,而属余为之序云:首善繁华之地,太平歌舞之时。几处旗亭,能讴水调;谁家箫鼓,不按凉州。既纸醉以金迷,复花交而锦错。楼台十二,一时卷上珠帘;裙屐三千,几个偷来铁笛。固已猜疑长乐,仿佛广寒矣。爰有家居浙水,人号斜川,爱当定子之筵,屡顾周郎之曲。衫裳倜傥,襟袖温存。每当灯酒良宵,春秋佳日,今雨旧雨,无花有花,未尝不高倚阑干,俯临珠玉。评量粉黛,环肥燕秀之间;品藻冠裳,贾佞江忠之列。红牙拍去,青眼搜来,莫不采菲无遗,存花有案。爰集都下名班,曰四喜、三庆、春台、和春、重庆、金钰、嵩祝,分隶七部,合汇一编。排如春水鱼鳞,准递年年之信;序似秋风雁翅,不愆月月之期。其间粉墨登场,丹青变相。铜琶铁板,大江东高调凌云;翠绕珠围,小海唱低歌醉月。选声选色,取貌取神;宜喜宜嗔,可歌可泣。于是按图集锦,照谱征花,看来欲遍长安,佳处争传日下。群仙簇彩,大罗自有因缘;一佛拈花,下界都来供养。亦足遍邀袍泽,同听霓裳也已。其他舞彩之行,尚有集芳之部。然而此曲只应天上,序班未编人间。不隶梨园,难归菊部,爰已同于割玉,情匪类于遗珠。至若赵北新音,西秦变调,仰天抚缶,但唱呜呜;匝地繁弦,惟闻艾艾。已同桧下,概比郑声,凡此旁搜,俱不赘列。顾或者恨撷芳玉籍,未识雏莺乳燕之名;采艳金台,不画董袖鄂香之事。岂知酒阑灯灺,茶熟香温,但陈玉笥之新编,不类燕兰之小谱。然而三年宋玉,好色虽异于登徒;十五王昌,薄倖迥殊乎崔灏。使仅阑凭依袖,亦知过眼烟云;倘教钗挂臣冠,未必心同木石。而兹著寄情丝竹,用佐琴樽,聊寄娱耳之资,不叙销魂之事云尔。

卷四 韵兰

韵兰者，京师春台部中名旦也。色艺冠绝一时，顾性傲睨，少所青眼。孝廉某君极眷恋之，形相色授，颇见妒于同侪。而捉月盟言，誓同枯菀，盖不仅被中之鄂，花底之秦焉。年十九，以瘵卒。某君哭之恸，赋惜兰词二十章，征同人哀诔，而属余为之序云：桃开千岁，人间为短命之花；昙开刹那，天上乃长生之树。从来朝露，本苦无多；况属彩云，尤其易散。然而水莲泡幻，达观久付虚空；泥絮沾濡，情种能无抑郁也乎！如春台部兰郎者，泥巢乳燕，花苑灵狸。家住玉钩斜，骑鹤下翩翩之影；善歌金缕曲，啭莺闻呖呖之声。芳名则雅爱兰香，绝调已盛传杨叛。固已蜚声乐籍，驰誉燕台矣。爰有浙西名士，久噪雕龙；日下寓公，新来鸣鹤。偶顾绿么之曲，顿生红豆之思。于是众里目成，暗中心许。赭白马城头蹀躞，公子相逢；金错刀袖底铿锵，美人赠我，每见潘车掷果，携手相将；保毋鄂被薰香，销魂真个。妒之者以为失身之凤，爱之者以为比翼之鹣。而乃长乐难期，短缘已促。杏林深处，难探及第之花；芍药开时，原是难离之草。于是数声杜宇，一阕阳关，方期玉玦之分，以冀金镮之合。孰意杨花命薄，桐树生孤；莲药侬心，菖蒲郎面。此也秋雨卧相如之病，彼也春风作王粲之游。既而长剑归时，大刀唱后，不惜黄金似土，来作缠头；岂知紫玉沉烟，已伤委骨。用是怅怀珠璧，堕泪琼瑰。犹思人约黄昏，去年元夜；依旧门临碧水，今日桃花。早已平量恨海之波，待涸爱河之水矣。然而空想非色，短岂殊修，使问天果属有情，得知已死可不恨。向使郎果金台终老，落拓梨园，玉籍长留，沉浮菊部。将春残杨柳，飘零京兆之眉；秋后莲花，憔悴昌宗之面。未必鬑鬑潘貌，能销黯黯江魂。则与为弥子瑕之色衰，毋宁作卫叔宝之看杀。而况樱桃一曲，芳名总在人间；霓羽千秋，旧谱已归天上。以视桃笙秋老，断袖先凉，萧瑟风悲，买丝谁绣者，一则名花似草，一则弱絮留萍，如彼如斯，孰得孰失？乃我友怜香情重，破壁神伤，缠绵则玉藕牵丝，惆怅而金荃赋什。顾或者谓终宵角枕,空生秋士之悲;一集香奁,究损冬郎之德。既蜂腰之中断,何雀脑之思深。岂知钗挂臣冠,宋玉原非好色;酒黏郎袖,欧公亦自多情。而况书剑飘零,檀槽知遇,岂有生前倚玉,曾留春帐之情;殁后沉珠,不吊秋坟之魄者乎?由是敷陈丽藻,抒写哀思,乞我弁言,题之卷首。化笔墨烟云而如画,请看北苑春山;悟迷离扑朔之非真,试读南华秋水。

卷四　王紫稼

渔洋山人称李琳枝为真御史。李巡按江南日,有优人王紫稼及三遮和尚,淫纵不法,皆杖毙之。王紫稼者,即龚芝麓、吴梅村、钱虞山、陈迦陵诸公所咏王郎者也。

卷四　李郎

毕秋帆尚书沅李郎之事,举世艳称之。袁大令、赵观察俱有《李郎曲》,而袁胜于赵。余最爱其中一段云:“果然胪唱半天中,人在金鳌第一峰。贺客尽携郎手揖,泥笺翻向李家红。若从内助论勋伐,合使夫人让诰封。”写得有景有色。溧阳相公呼李郎为状元夫人,真风流雅话也。

卷六　燕台小乐府

京师奢靡甲于天下,而诈伪亦甲于天下。余尝作《燕台小乐府》五首,《梨园伶》云:软红十丈春风酣,不重美女重美男。宛转歌喉袅金缕,美男妆成如美女。楼台十二醉春风,过午花梢日影红。此际香车来陌巷,此时脆管出帘栊。帘栊掩映娇装束,场屋频频滚弦索。须臾花枝照眼明,飞上九天歌一声。歌声未罢欢声满,就中谁得秋波转。曲罢翩然下坐旁,犹留粉晕与脂香。凭将眉语通心语,好把歌场换酒场。酒楼携得人如玉,自占藏春最高阁。闲泛鹅儿弄斝尊，不容鹦母窥帘幙。承颜伺色最聪明，射覆藏钩靡不精。欲即偏离抛又近，若无情处动人情。情多不及黄金贵，几束吴绫谋一醉。梦里温柔镜里人，甘心竟为他憔悴。憔悴青衫兴已阑，一鞭又跨别人鞍。试看花底秦宫活，谁念车傍范叔寒。

养吉斋丛录

【清】吴振棫

吴振棫(1792—1870),字仲云,号宜甫,钱塘人。嘉庆十九年(1814)进士,授编修,道光二年(1822)后历任大理、登州、沂州、济南、凤阳知府,贵州粮储道、按察使,山西、四川布政使,云南、山西督抚,四川总督。咸丰七年(1857)改任云贵总督。《养吉斋丛录》二十六卷,以典章制度为主,兼及宫殿苑囿、饮食服饰、游娱庆典等;《余录》十卷,除增补宫内典故外,尚有蜀滇风情、文坛佳话等。此据中华书局整理本(童正伦点校,2005 年出版)辑录。

卷十一

仁庙六旬万寿，举行盛典，最称繁丽。侍郎王原祈为万寿盛典总裁画图，长二十余丈，李公绂为之记，胪载甚悉。今撮其大略，并匾联之佳者录其后。

由畅春园花洞东，过双闸，至宫门前，五色锦绘彩墙一座，结“万寿无疆”四字，左右彩坊各一。过小东门，东为清梵寺，诸皇子于寺内建庆祝经坛、演剧彩台一，旛竿二，寺外结坊一。由清梵寺前径南折而东，曰太平庄，为直隶九府臣民庆祝界。道旁有通州进鱼回民百余。又前，路左演剧彩台一，台前有淮、扬、徐沿河耆民及河兵建黄幛彩坊。前列万寿亭，左右旗仗、宫灯、黄伞，中陈进上冠服及土宜食物。又前，路右有漕运旗丁数百人庆祝，陈设与淮、扬耆民同。又前，夹路彩廊，左为耕图，右为织图，用绢为田夫红女，按农桑事次第，各录御制诗一篇，凡四十楹。又前，路左演剧台一，木质而竹理。又前，折而南，为葡萄长亭，以绿彩为之，横荫数亩，中设御座，旁翼以百蝶小轩，外周花篱。其前，过小桥折而东，路右连像歌台，以童子结束，歌甘凉西音。过台为小关帝庙，有膳房诸臣庆祝经坛。庙前为龙棚，棚前有彩坊，坊左右为鼓亭。循鼓亭折而前，过街彩坊二，前立表棚一，旛竿五。出坊，路右演剧彩台一。稍前，路左有庵，曰兴隆，有算法人员庆祝经坛。庵前灯坊一，坊左右灯楼各一，直坊路右表棚一，旛竿三。又前，为节节高歌台，以童子结束，耸立人肩，从高歌舞，颇类连像，尤加诙诡。又前，连像歌台一，路左雕木演剧台一。前接杏花林，周遭花栏六十丈，内十番平台一，长草亭一，方草亭一，六角亭一。又前，路右有包衣昂邦庆祝龙棚，前建彩坊。又前，路右庙曰皇庄关帝庙，庙旁为松亭。又前，松墙百余丈，路左鳌山重台一，座下演剧，上节节高歌台。前为牡丹圃，圃下为荷池，池底以板为之，清波潆洄，锦鳞翔泳，台后石山矗起，林木蔚然，皆绘茧结撰者。又前，为直隶臣民接驾处，左右各有坊。又前，为万寿宝阁，阁三层。前有彩坊，坊左右有彩屏，屏下彩狮六,各高丈二尺。直坊路右,大彩墙一,结“天子万年”四字。墙左表棚一。又前,有包衣人庆祝龙棚,棚外旛竿二,左右鼓亭,前立彩坊,坊下有彩桥,过桥旛竿四。又前,路右演剧彩台一,鼓亭二。又前,夹道彩坊二。稍前,有彩坊,曰“民和年丰”。进坊,为苏州臣民庆祝界。坊左鼓亭一,路右有演剧棕台,台脊棕结“衢歌巷舞”四字。又前,为皇棚,彩帘四映,周栏为黄幔三层,下绕以朱栏,中设御座。座旁大理石屏二,后设红哆啰呢幔,金书天保九如诗。棚后小轩五楹,陈设文玩盆花。左右园林小景,曲廊横亘。左有松亭,右有柏亭,亭外杂植桃李。前建彩坊,联曰:“万年人庆长生节,三月天开四海春。”坊左右为灯廊,中设庆祝表屏;坊前有耆老贡献土物百盘;坊下彩桥一,左右小红桥二。过彩桥,路左大彩墙一,广四丈,彩结大“寿”字五,左右为抱角灯棚。又前,路右有演剧棕台,台脊棕结“民安物阜”四字。直台路左,为耆老接驾棚,前设龙亭、御杖、旗伞,后张百寿黄幔,长三丈,绣“寿”字百。又前,过街彩坊一,过坊为江南江、常等十三府庆祝界。路右有候选候补官员建黄棚一,内设万寿图屏,金书“寿”字各体者万。左右鼓亭各一。又前,路左为松江府在籍诸臣及耆民庆祝皇棚,左右彩廊、直棚,路右为表棚。又前,夹路彩坊二。又前,路右为演剧彩台。又前,为小景棕亭,亭前为花篱,蔓延二十余丈。又前,路左为十三府庆祝皇棚,中设御座,前陈古鼎、蟠桃、长生花、万民宴、万民衣。左右彩廊,木施陛楯,右平左墄,高数尺。棚前大彩坊,棚左右松柏亭各一,花架四,外周以彩廊,外左右鼓亭。直坊路右为表棚,棚左右灯楼各一。又前,路右演剧台一。又前,夹道彩坊二。迳两坊间,折而东,路左有庵,曰百祥庵。前有彩坊,过坊为浙江臣民庆祝界。坊左有通州坐粮厅庆祝龙亭,设大鼎一、龙烛二,烛长丈。又前,有通漕七省旗丁陈设庆祝龙亭香,又有一统万年青亭。万年青,草名,高尺余,叶青葱可爱,四时不凋,一名千年运。又前,有过街彩坊,过坊,路右演剧彩台一。又前,有过街彩坊,过坊,路右有扮演故事台,演海上群仙。又前,有过街彩坊,过坊,路左为皇棚,中设御座,旁引两廊,杂陈古玩,廊外左右鼓亭,前建彩坊。直坊路右灯棚一，棚左右故事台二，左三星，右五老。又前，有过街坊。过坊，路左为浙江耆老接驾棚。又前，路右故事台一，演瑶池仙乐。又前，有四角击壤亭，中设玻璃屏，书击壤颂。又前，有过街彩坊，过坊稍折而东，路右有庙，曰茶棚关帝庙。前为江宁、苏州、杭州三织造庆祝经棚。棚前有彩坊，左右为鼓亭，直坊路右为表棚。又前，路左右彩坊，过坊，路左有演剧彩台，又有香亭一，夹道鼓亭二。由茶棚关帝庙东行，有过街彩坊，过坊，为福建、山东、江西、河南、广东、广西六省臣民庆祝界。路左为耆老接驾棚，路右演剧彩台一。又前，路左木龙亭一，亭八角，前柱金龙对蟠，鳞爪腾攫，中设御座，左右灯廊双引，前辟卷棚五楹。棚前有大彩坊，高三丈余，藻绣纶连，下接于地，颜曰："万寿。"联曰："两地参天，日月冈陵开寿域；锡畴敛福，凤麟河岳献贞符。"匾联皆铜质，闪烁夺目，丽日烛之，不可迫视。坊下彩狮二，尤狰狞。亭左右各辟小园，花阑周数亩，圜窗曲径，杳冥相通，各建小轩，珠灯密布，与花柳掩映。出花阑，由万寿坊前过小桥，直坊路右为表棚，棚左右鼓亭各一。又前，路右有重楼，上悬名灯，下奏十番清乐。又前，松亭一，亭下三面周以花阑。又前，路左有彩坊。又前，路左八角演剧台一，有联曰："天乐动南薰，彩凤高临青玉案；瑶池供寿酒，彤云轻护紫霞杯。"路右六角演剧台一。又前，路左牡丹棚一，路右柏亭一。又前，路左有灯楼，过楼折而东，地名大柳树，有古柳一株，万丝拂空，垂荫盈亩。过大柳树，有过街彩坊，进坊，为四川、陕西、山西、湖广、贵州、云南六省臣民庆祝界。路左五彩重台一，上以绢制群仙，下陈设古玩。过台折而南，有彩坊。又前，路左柏亭一，路右棕亭一。又前，路左有灯楼，路右演剧台一。又前，路左为皇棚，棚据高地，俯视平畴，澶漫靡迤，陛楯郁律。历级而上，三阶重轩，镂楹文棍，干霄蔽日。中设御座，前列粔籹如寿桃者数千。棚外大彩坊有联曰："天申命用休，四方来贺；皇建其有极，万福攸同。"左右鼓亭一，直坊彩桥一。桥三洞，经以彩阑，偃月垂虹，蜿蜒数丈。棚左右龙旗二，竿绝高，缥缈拂霄汉。直坊路右十番彩台一，台前表棚一。又前，路左有灯楼。又前，有演剧彩台。又前，夹道彩坊二。又前，有清音台。

又前,有过街彩坊。出坊,有寺曰慈献。过慈献寺,有寺曰隆昌,长芦商人建庆祝皇棚。棚前有彩坊,直坊为牓棚,棚左右鼓亭一。又前,路右故事台一,演木公金母诸仙。又前,路左节节高歌台一。又前,路右为小花园,园中六角亭一。又前,夹道演剧台二,鼓亭二,过街彩坊二。又前,路左有寺曰广通,有五旗诸王建庆祝经坛于内。寺前彩坊三。稍前,过街彩坊左右各一,右坊外路右为诸王接驾处。直中坊路右牓棚一,旛竿五。棚后迤右演剧彩台一。又前,路左有庙曰天仙。过天仙庙,为真武庙,有巡捕三营将校建庆祝经坛。庙前为龙亭,亭中以童子演八仙,陈蓬瀛仙乐。左右彩坊各一。直亭有彩坊。稍前,有庵曰五圣庵,旁牓棚一。又前,路左有演剧彩台。又前,路右有西直门市民建彩坊。出坊,过石桥,有过街彩坊。过坊,进西直门,有过街大彩坊,则皆提督九门步军统领隆俄多所建也。图中大驾卤簿竟此。又桦皮厂胡同内西三官庙有吏、户部二部尚书以下诸臣建庆祝经坛。临街设龙亭一,亭前有彩坊,坊左右鼓亭。循亭折而前,过街彩坊各一,右直两坊间彩坊一,坊后灯楼一,楼下为牓棚,棚后旛竿五,棚左演剧彩台一。又前,路右马香儿胡同内关帝庙,有西四旗前锋统领、护军统领以下诸臣建庆祝经坛。临街结彩坊三,坊前彩结须弥座,座上为万寿景命亭。亭后设金书百"寿"字围屏,左右堆纱屏各一。屏外为鼓亭,亭外周以彩墙,广十有七丈。循墙折而前,过街彩坊二,路左牓棚一,旛竿五。又前,路左北草厂内万福庵,有宁寿宫老福晋建庆祝经坛。临街建皇棚,棚外彩坊三,左坊外鼓亭一。折而前,有过街彩坊,右坊外鼓亭一。折而前,有过街彩坊,坊路右牓棚一,旛竿五。棚左右有彩坊,有放生彩台,日放鸟雀无算。厂内又有寺曰万寿,有内务府正黄旗包衣参领以下、护军以上建庆祝经坛。临街建皇棚一,棚外八字彩墙,中辟圜门,门外彩亭一,左右鼓亭、旛竿各一,前结大彩坊三。左右折而前,过街彩坊各一,直两坊间路左牓棚一,旛竿七,演剧彩台一。又前,路左东三官庙,有大理寺、太常寺卿以下诸臣建庆祝经坛。临街建八角万寿松楼,楼左右松棚各一,棚右演剧彩台一,楼前鼓亭二,过亭彩坊三。左右折而前,过街彩坊各一。直两坊间路右牓棚一，旛竿七，棚左右松棚各一。又前，路左崇正观，有正黄旗满洲、蒙古、汉军都统以下建庆祝经坛。临街为经棚，棚左右为鼓亭，前建彩坊三。左右折而前，为过街彩坊，直两坊间路右牓棚一，旛竿五。出坊过石桥，路左演剧台一，台左右彩结海山，如赤城霞起，巑岏可观。又前，路左北广济寺，有礼部、刑部、国子监、光禄寺、鸿胪寺尚书、祭酒、卿以下诸臣建经棚。寺外左右鼓亭一，前结彩坊三。稍前，左右过街彩坊二，直两坊间路右牓棚一，旛竿五。出坊，演剧彩台一。过此为新街口，折而南，路右祝寿寺有兵、工二部尚书以下诸臣建庆祝经坛。寺外左右鼓亭，前结彩坊三，左右稍前，过街彩坊二，直两坊间路左为牓棚，棚前上谕龙亭一，棚后旛竿五。又前，路右龙泉寺，有都察院、通政司、太仆寺、顺天府、六科及大、宛二县五城兵马司诸臣建庆祝经坛。寺外左右鼓亭，前结彩坊，坊前大彩坊三。又折而前，为过街彩坊。出坊，路左演剧台一。又前，路右有东四旗满洲、蒙古、汉军都统以下建百老献寿台。台九级，扮百老人各执金“寿”字，层累而上。又前，路右帽儿胡同关帝庙，有东四旗前锋统领、护军统领以下护军以上建庆祝经坛。出街有彩坊，坊前鼓亭二，左右有彩坊。直两坊间路右牓棚十六楹，棚前彩亭二，棚后旛竿十四，路右演剧台一，路左彩坊三。又左有过街彩坊。又前，路右宝禅寺，有九门步军统领以下将校建庆祝经坛。寺前彩坊一，稍折而左，有彩坊一，出街，大彩坊一，坊前鼓亭二，左右过街彩坊各一。直两坊间路左牓棚一，旛竿五，坊外路右演剧彩台一。又前，路右普庆寺有内阁、翰林院、詹事府、中书科诸臣建庆祝经坛。有彩坊，寺外为经棚，左右鼓亭，棚前彩坊三，过街彩坊二。直两坊间路左牓棚一，旛竿五，出坊外，演剧彩台一。又前，路右石牌胡同西方寺，有镶红旗满洲、蒙古、汉军都统以下建庆祝经坛。寺前有彩坊，稍前有彩坊一，出胡同左右鼓亭，前结彩坊三，过街彩坊二。直两坊间路左牓棚一，旛竿五，出坊外路左演剧台一。又前，路右般若庵，有镶蓝旗满洲、蒙古、汉军都统以下建庆祝经坛。庵前彩坊一，左右鼓亭前结彩坊三。左右折而前，过街彩坊二，两坊间为牓棚，棚内万寿诗屏二,棚后旛竿五。出坊,路右演剧彩台一。又前,为毛家湾,路左有副都统赖都母吴苏氏接驾龙亭一。又前,为街心观音庵,有大市街北小民建庆祝经坛。庵外经棚一,旛竿二。又前,路右真武庙,有正红旗满洲、蒙古、汉军都统以下建庆祝经坛。庙前彩坊三,坊前彩门一,左右为彩墙,墙左右为鼓亭。循鼓亭折而前,过街彩坊二,路左面北演剧台一,台以五色缯帛结为流苏,网户当目,辄嵌小镜,灿若千星,亦奇观也。又前,路右双关帝庙,有直隶都、抚、提、镇率所属来京诸臣建庆祝经坛。庙前有彩坊,坊前设鼓亭、旛竿,左右为彩墙,近墙彩坊一,彩亭二,左右过街彩坊二,直两坊间路左为牓棚,棚后旛竿五,出坊,路右演剧彩台一。又前,路左旃檀寺有庄亲王建庆祝经坛。临街为皇棚,棚外彩坊三,坊左右鼓亭。折而前,过街彩坊二,直两坊间路左为牓棚,棚后旛竿五,左右彩坊二,出坊,路左演剧彩台一。又前,为四牌楼,图中旗手卫乐器自此陈设,直至西安门。四牌楼迳南,市民夹道为灯廊百余楹,有过街彩坊,图中陈设卤薄始此。巨象神驹,与御辇间列,望之如山岳,如云霞然。又前,过街彩坊,过坊路左关帝庙,有西安门外小民建庆祝经坛。廊前有彩坊。又前,为皇城西安门。进西安门,路左四十库口内,有上三旗三十家包衣人,因天王殿旧址建寺唪经,庆祝万寿。奉敕赐名慈云寺。前夹道新植松柏百余株,临街为彩坊,坊左右鼓亭,亭外济贫钱棚。循棚折而前,过街彩坊二。直两坊间路右为演剧彩台,台左为济贫饼棚,右为牓棚,棚后旛竿六。出坊,路左有包衣妇女千百人于此接驾。又前,有包衣三旗广储司人员庆祝彩坊。左右鼓亭一,循鼓亭折而前,过街彩坊二,右彩坊内,路左演剧彩台一。出左坊稍前,路左有内务府官学教习及官学生庆祝彩坊。左右鼓亭,循亭折而前为过街彩坊。出坊稍前,路左有新选诸臣建庆祝皇棚,棚为六角,饰以五彩,左右六角鼓亭,前结大彩坊,又过街彩坊二。直两坊间路右牓棚,旛竿五。出坊又前,为金鳌玉蝀桥。过桥由团殿后折而北登堆云积翠桥,望隔河西北旃檀寺,有上三旗内大臣延喇嘛千众建庆祝经坛。梵声殷地,幢影拂空。过桥有寺曰白塔,有上三旗包衣佐领等建庆祝经坛。坛前有大彩坊,坊外左右鼓亭。由堆云坊北折而东，路左为经棚，棚左右为灯棚。折而前，过街彩坊二。直两坊间路右为演剧彩台。出坊稍折而北，路右有太监等设接驾龙牌仪仗。又前，有过街彩坊。过坊，路右有演剧彩台，遥望西岸团殿，东有镶黄正白二旗包衣、护军、参领以下将校演剧彩台，若相应和焉。又前，过石桥，进雪池红门，夹道灯廊数百楹，半道左右鼓亭各一。又前，有过街彩坊。过坊，夹道彩坊二。又前，僧道经棚各一，夹道彩墙直接景山。南瞻禁城，双阙耸出霄汉。北顾五龙亭，波光森动。绣幕相连，笙歌互起，金石千声，云霞万色，盖莫能殚述焉。是时京城内外，金碧相辉，锦绮相错，华灯宝烛，霏雾氤氲，弥漫周匝。其翠华未历之境，若海淀则有上清正一嗣教真人张继宗建金箓醮坛于永宁观，翰林院编修高舆率领浙江耆老三百余人建千佛道场于万寿寺。地安门外，则有养心殿、武英殿、御书处、景山玻璃厂各监造诸臣建经坛于药王庙。正阳门内，则有太医院诸臣，外城则有提督四译馆、太常寺少卿以下诸臣，行人司司正以下诸臣，各建经坛于衙门内。候补、候选诸臣建经坛于仁威长寿观。正阳门外，士民商贾万余人建经坛于珠市口。郊畿则有两淮商人集黄山僧众建经坛于西顶广仁宫。莫不树坊立木，张乐燃灯。宝榭层楼，成于俄顷；宫墙绮陌，忽改常观。至于溢巷阗街，肩摩毂击，周遭百里，延历数旬。万户千门，繁丝脆竹，深坊小巷，绣阁珠帘，诚非丹青所及详，毫翰所胜载矣。

卷　十　三

同乐园在圆明园大宫门东，转东楼门乘舟里许乃至。乾隆间年例，自正月十三日起在园酬节，宗室王公及外藩、蒙古王公、台吉、额驸、属国陪臣，俱命入座赐食听戏。又万寿庆节前后数日，亦于此演剧。正屋凡五间，圣驾临莅，主位亦从观焉。诸臣命听戏者，先数日由奏事处以名单奏请，皇子及内廷王公、大学士、尚书、御前大臣、军机大臣、内务府大臣、南书房供奉、翰林皆与，例坐于东西厢。某某同屋一间，亦先期指定，皆赐茶酒果物。演剧台深广约十丈,凡三层,神祇仙佛由上一层縋而下,鬼魅则自下一层穴而上。所演有《清平见喜》、《和合呈祥》、《青牛独驾》、《万年甲子》、《太平有象》、《环中九九》、《瑶林香世界》等名目。其余传奇、杂出,与外间梨园子弟扮演皆同,特声容之美盛,器服之繁丽,则钧天广乐,固非人世所得见。闻道光间,每日不过演十余出,大抵自辰至申即罢。优伶向由织造、监督、盐政等采选送京,并有眷属同居者,谓之外南府。按:康熙间即有南府之名。道光初元,将南府人一概遣还。自后宫内演剧,皆用内监为之,盖亦昭德示俭之一端也。

按:同乐园听戏,乃行庆令典。至于深宫清暇,宣唤乐工,则随处别有排当,不在此制。如嘉庆间,宣宗在藩邸三十寿辰,蒙仁宗于如意洲一片云赏戏,其一事也。又同乐园听戏,向来词臣不与,嘉庆间,始命南书房翰林与宴。

附录:乾隆五十九年,驾驻热河,赐扈跸诸臣诸臣观剧于清音阁。自七月二十四日始,至八月十五日,凡二十日,每日卯刻入班,未正散出。日赐茶果、克什三次。

附录:苏州优伶,旧时亦有入内务府三旗者,然只准一、二人,以其占包衣人等俸饷也。其日侍左右者,谓之什子。

卷二十一

和声署,隶礼部,正朝庆贺,取市贩鼓吹者流充数。乾隆间以内府梨园承值易之,以其习于音律,究胜于潦倒佣伎介厕冠裳也。后改隶乐部。

卷二十五

顺治十六年,裁革教坊司在官女乐。先是,女乐尚沿前代之旧,其服色及内廷承应,及改用内监作乐。旧《会典》载之甚详。按:乾隆御制诗注云:康熙时数不盈千,雍正时减十之七,乾隆年间则无一焉。

按：国初沿前明乐户，即官妓也。故京城有教坊司。《钦定日下旧闻考》所载，有东院、南院、本司胡同教坊司也、勾栏胡同、演乐胡同、马姑娘胡同、宋姑娘胡同、粉子胡同，谓皆当时北里。今虽仍旧名，而明时污俗洗涤尽矣。

陕西教坊乐籍，浙江绍兴府惰民丐籍，江南徽州府之伴倘，宁国府之世仆，苏州、常熟昭文之丐户，广东之蜑户，雍正间俱命削除其籍，与编氓同列。

清　嘉　录

【清】顾　禄

顾禄，字总之，一字铁卿，自署茶蘑山人，清嘉道咸年间苏州吴县人，生卒年月不详。《清嘉录》十二卷，记吴区风俗，凡岁时景物、市井好尚、街谈巷议、农谚山谣，皆出耳闻目见，非饾饤因袭者可比。此据民国上海进步书局石印本《笔记小说大观》辑录。

卷七　青龙戏

老郎庙,梨园总局也。凡隶乐籍者,必先署名于老郎庙。庙属织造府所辖,以南府供奉需人,必由织造府选取故也。每岁竹醉日后,炎暑逼人,宴会渐稀,园馆暂停烹炙,不复歌演,谓之散班。散而复聚曰团班。团班之人,俗称戏蚂蚁。中元前后,择日祀神演剧,谓之青龙戏。迤逦深秋,增演灯戏。灯戏出场,先有坐灯,彩画台阁人物故事,驾山倒海而出,锣鼓敲动,鱼龙曼衍,辉煌灯烛,一片琉璃。盖金阊戏园,不下十余处,居人有宴会,皆入戏园,为待客之便,击牲烹鲜,宾朋满座。阑外观者亦累足骈肩,俗目之为看闲戏。有无名氏《新乐府》云:“金阊市里戏馆开,门前车马杂沓来。烹羊击鲤互主客,更命梨园演新剧。四围都设木阑干,阑外容人仔细看。看杀人间无限戏,知否归场在何地?繁华只作如是观,收拾闲身闹中寄。”

案:钱思元《吴门补乘》:“老郎庙在镇抚司前,梨园弟子祀之。其神白面少年,相传为明皇,因明皇兴梨园故也。”又引郭璞《山海经》云:“骢山,耆童居之,其音常如钟磬音。”云:“耆童,老童也,颛顼之子。”“老郎,疑即老童,为音声之祖。郎与童,俱年少称。”介休刘澄斋观察有《老郎庙》诗,亦作唐明皇,有句云:“梨园十部调笙簧,路人走看赛老郎。老郎之神是何许,云乃李氏六叶天子唐明皇。”王梦楼太守又谓是唐庄宗,尝题老郎画赞,有句云:“人言天宝,我为同光。”沈朝初《忆江南》词云:“苏州好,戏曲协宫商。院本爱看新乐谱,舞衣不数旧霓裳。昆调出吴阊。”

得一录

【清】余 治

余治(1809—1874)字翼廷,号莲村、晦斋、寄云山人,晚署木锋先生,江苏无锡人,近代戏曲作家。咸丰八年(1858)由附生保举训导,同治五年(1866)充广方言馆监督。好戏曲创作,作品甚多,内容多为劝人行善,宣扬忠孝节义。《得一录》十六卷,为余治所纂总汇慈善章程的善书。此据清同治八年(1869)得见斋刻本辑录标点。

劝收毁小本淫词唱片启

从来愚蒙之性，从善为难；淫秽之词，移人最捷。有如淫词小说，伤风败俗，例禁久严。往年苏郡绅士曾禀奉大宪出示，设局收买，将各书店淫书板片一律缴毁，勒碑永禁，使数百年风俗人心大害一旦扫除，快事也，亦盛事也！但恐奸商射利，此散彼聚，辗转贩售，妖焰仍炽，非得有心人时相提倡，照案续办，频频收毁，则毒种必难永断。尤可恶者，近时又有一种山歌小唱，摊簧时调，多系男女苟合之事，有识者不值一笑。而辗转刊板，各处风行，价值无多，货卖最易，几于家有是书，少年子弟略识数字，即能唱说。乡间男女杂处，狂荡之徒即藉此为勾引之具，甚至闺门秀媛，亦乐闻之，廉耻尽丧，而其害乃不可问矣。此而不为加意禁绝之，恐愈传愈远，祸及海内。是圣贤千言万语，十人中不及领略一二者，反不如此等粗淫小书，知之者几十有七八也。嘻嘻！何物狂夫，编此秽语，灾梨祸枣，遍布人间。谁司风教，而顾令此等妖淫毒种，户诵家弦，远出于圣经贤传之上，为吾教之仇敌，能无痛心疾首，共为发指耶？惟愿四方善友，吾党同人，广推卫道之心，共展回澜之手，收一书则杜一书之害，禁一邑即挽一邑之风。更得贤父母登高而呼，严禁刊刻，吊板销毁，立碑永禁，不许发卖，庶致搜罗净尽，永绝根株，其所以培风化而正人心者，非浅鲜也。愿与同志共勉之。

各种小本淫亵摊头唱片名目单

新满江红	倭袍唐诗	门依栏杆	王文赏月	
王文赏月	堂名摊头	姑嫂开心	姑苏摊头	
四季相思	公偷媳妇	情女望郎	五更十送	
送花楼会	小板捎	十八摸	闹五更	
湘江浪	十弗攀	哈哈调	杨柳青	小郎儿
姨娘叹	九连环	长生歌	男风化	女风化
雌赶雄	武鲜花	绣荷包	红绣鞋	十不许
白洋洋	新码头	买草囤	暗偷情	琴挑

偷诗　　荡河船前本　　荡河船山歌　荡河船吽船
荡河船卖布　荡河船小板捎　　落庵哈哈调
十二月花名　　搭脚娘姨摊头　　唱说拔兰花
来富唱山歌　　男女哭沉香　　情女哭沉香
绣花绷算命　　好一朵鲜花　　王大娘补缸
文必正楼会　　赵圣关山歌全传　王小姐卖胭脂
小尼姑下山　　文必正送花　　三戏白牡丹

以上各种,不许沿街摆卖。此外名目尚多,不能备载。望各自行检点有语涉淫亵者,一并送局焚毁。自禁之后如再敢沿街摆卖,及将已毁之板重刻私自印卖等弊,一经察出,立即送官重办,治以应得之罪,勿谓言之不早也。

儒先论今乐

张横渠先生曰:郑卫之音悲哀,令人意思流连,又生惰怠之气,从而致骄淫之心。虽珍玩奇货,其始感人也亦不如是之切。故圣人必放郑声,亦是圣人经历过,但圣人不为物所移耳。《孝经》曰:移风易俗,莫善于乐。有以夫!

王阳明先生曰:古乐不作久矣!今之戏子,尚与古乐意思相近,今若要民俗反朴还醇,取今之戏子将妖淫词调俱去了,只取忠臣孝子故事,使愚俗百姓人人易晓,无意中感激他良知起来,却于风化有益。

陶石梁曰:今之院本,即古之乐章也。每演戏时,见有孝子悌弟忠臣义士,激烈悲苦流离患难,虽妇人牧竖,往往涕泗横流,不能自已。此其动人最恳切,最神速,较之老生拥皋比讲经义,老衲登上座说法,功效百倍。至于《渡蚁》《还带》等剧,更能使人知因果报应,秋毫不爽,杀盗淫妄,不觉自化,而好善乐生之念油然生矣。此则虽戏而有益者也。近时所撰院本,多是男女私媟之事,深可痛恨。而世人喜为搬演,聚父子兄弟,并帏其妇女而观之,见其淫谑亵秽,备极丑态,毫不知愧。曾不思男女之欲如水浸灌,即日事防闲，犹恐有渎伦犯义之事，而况乎宣淫以导之？试思此时观者其心皆作何状，不特少年不检之人情意飞荡，即生平礼义自持者，到此亦不觉津津有动，稍不自制，便入禽兽之门，可不深戒哉！

邱嘉穗订音律文云：今之演剧，即古乐之遗也。今之调曲，即古诗之遗也。然古之诗乐，粹然一出于正；而今之剧场词曲，皆流于淫僻而不可训。盖不独中声之亡以至如此，抑亦剧场词曲中所谱之事，悉属增悲长欲之具，而人无所视以为法戒故也。自汉以来，儒者类欲复古诗乐，而徒较其音节于声律字句之末，至使议论纷纷，而未有以决，而古乐古声卒不可复。即幸而复之，而不以其事见之舞蹈，则亦使斯人无所观感兴起，如爰居之听钟鼓而却走耳。窃谓居今之世，而欲追求古乐之声，以复于先王之旧，势必不能。何如仿古乐诗遗意，召集名儒取今之所谓剧场词曲者，一一较而订之，其淫艳而伤风教，与其善之不足以为法，恶之不足以为戒者，概从禁绝，而其所编撰成曲，颁行天下者，必皆古今忠孝节义可歌可泣可法可传之事，至其器与声，亦不妨从今之优伶，稍取其明白正大抑扬有节者可也。安在今之乐不犹古之乐也？如曰演剧不足以当古乐，词曲不足以当古诗，而欲离而二之，以听其自止自行于天下，则古之诗乐，既不可以卒复。而剧场词曲之流于今者，将日入于郑卫之淫靡而未知其所止，雅与俗两失之矣。草莽私忧，愿与司风教者商之。

李文贞公奏定乐章札子有云：《孝经》曰："移风易俗，莫善于乐。"故乐无分于朝野也。后世虽有议及乐章者，典之有司，不过施之宗庙朝会而已。而教坊词曲，儒者每鄙其淫亵荒唐不之道。孟子曰："今之乐犹古之乐也。"古之田夫歌曲，即如今之优伶所演也，故皆足有所感发兴起云云。臣儿时，见所演凡忠臣孝子贞女义士，虽宿儒端士，靡不沾襟。惟近时唱则皆流为淫靡荒乱，而俗乐亦亡。宋时太常雅乐及教坊俗乐，皆以有司领之，犹存古意。倘取今之坊曲，删其荒淫悖谬，但存其忠孝节义之事，其底本则采之史传志说，其姓名与事不全无征者，以演唱化导，未必非转移风俗、鼓吹休明之一助也。

李文贞公榕村语录有云:某看礼乐亦不是难事,如今把礼斟酌,令至易简,人不难行,自然乐从。乐便把如今的戏整顿起来,就是乐。孟子断得直截,今之乐犹古之乐。人多在律管上讲究,即使得了虞舜的律管,作起韶乐,亦不必一时便凤仪兽舞。安上治民莫善于礼,移风易俗,莫善于乐。若只郊庙中作乐,就是云门咸池韶获大武,亦只天地鬼神闻之,如何天下风俗就会移易?自然是人人见闻,才能移风易俗。如今人看戏,到那忠孝苦难时,便涕泗交流,移风易俗可见不难。朝庙之乐,实能歌咏祖宗功德,字字确实,明创业之艰难,道君臣之一德,悯将士之憔悴,咨黎庶之勤劬便好。然古之作乐者,非徒以朝庙为重也。移风易俗,全以用之乡党、用之闾巷者为要。盖朝廷郊庙之乐,臣民得与闻者有几?惟家家户户皆得见之,方能兴感。至於词,汉即用乐府,唐即用诗,宋以后即用诗余曲子,无不可者。编纂皆要设一局,礼局、乐局、天文局、书算局,讲求在这里,便有举而用之之时。各省大吏,多以优伶为性命,无怪其然,即吾辈之几本书也。不尔,政事之暇,如何度日?古人暇时,便有琴瑟歌舞。先王知道人身心必有所寄,因其势而利导之,以归于正,样样都动得手,故有用,不是全靠读书。如今礼乐久废,只得守几本书,检束身心,开广知识,若移而之他,则放僻邪侈,不可言已。古时必有民间之乐,韶武岂士庶可用?宵雅肄三亦不可用于燕间。使徒九庙明堂之间作韶護,而天下即风移俗易,恐无此事。如今即将古书中忠孝廉节之事,制为词曲,去其声容之无情理者,令人歌舞之,便足以移易风俗,感动人心,不妨从粗处做起。连日因宴蓝总兵演戏,做到入情时,未有不感动者,以此见得乐之效速。若就元人百种中,选其忠孝节义有事实者,改其义理不通处,每事四出,此外诲淫导欲者禁之,亦粗足以感人心而成风俗矣。

窃尝谓是非者,天下之定理,是非存而人心于以不死。自《水浒》戏文出,而是非颠倒,定理亡矣。夫英雄好汉义士,美名也,以之加于盗贼,颠倒孰甚焉!即如《神州会》一出,其主将陈元摆列擂台,招集义勇,其意固欲团练一方,杀尽梁山大盗,为国灭贼者,岂非真英雄真好汉耶?顾竟至为逆贼所败,败矣,而看戏诸人或尚能为之惋惜，为之不平，是是非尚未尽泯，人心犹然不死也。乃遍察今日看戏之人，则异口同声，无一人不笑陈元之败绩，而快梁山之得胜者。呜呼，人心死矣！无怪乎结党争雄者，效尤日甚，举凡贪财亡命之徒，均以水浒落草为逋逃薮也。有世道之责者，可不急为之加意也哉！又见《秦叔宝三挡》一出，末有程咬金劝叔宝数语云：兄弟还做甚么官？不如随我到瓦冈山上做强盗的好。试思此数语，虽一时愤激之词，窃恐观场万众不尽有识，必有闻之而动心起念者矣，尚可令其再播梨园，流毒无尽耶？

演戏敬神说（遂安洪子泉先生著）

演戏敬神，为世俗之通例。既曰戏，敬于何有？既曰神，戏岂欲闻？然则演戏敬神之说，其果有耶？无耶？而吾曰：有之。有之于神不厌人演戏之深心，有之于人不忘敬神之至意，此其说可得而言矣。今夫神之为灵昭昭也，神不能与人言，而有可代神立言者，莫如戏文所演忠孝节义等事。盖能一朝一夕，移风易俗，劝得千万人回心向善，宜其神听和平，而有许愿而来者，无不各如其愿而去也。此神不厌人演戏之深心，有明证也。若夫点演淫戏，令人丑状注目，妖态攒心，此稍知自守而具天良者，皆欲恶此而逃，望望然去之，岂有聪明正直之谓神，而耳忍闻目忍睹者乎？戏弄神明，敬心何在？将一部劝世文，改作一幅活春宫，引诱良家子弟，目见耳闻，性荡情摇，因此伤风败俗，渎伦犯义，其害有不可胜言者，皆由点此淫戏，而阶之为厉也。所谓不忘敬神之至意，竟安在哉？夫梨园演曲，以昭盛世之元音，必谓戏为无益，原属不通之论，抑思善者可以感发善心，恶者可以惩创逸志，三百篇之遗意固如是也。不忘此意，是为得之也。夫岂有敬神而反以亵神者？岂有劝世而反以惑人者？岂有祈福而反以求祸者？诚如是也，则所谓非徒无益而又害之者也。余甚为之不解，而作此说，以为世之敬神而演戏者劝。

翼化堂条约

一、梨园演剧,例所不禁,而淫戏害俗,则流毒实甚。特近世习俗移人,每逢观剧,往往喜点风流淫戏,以相取乐。不知淫戏一演,戏台下有数千百老少男女环睹群听,其中之煽动迷惑者何可胜数。故欲为地方挽回恶俗者,宜以禁演淫戏为第一要务。

一、地方迎神赛会,各业议规,必多演戏,原属人情。特既一经开演,花费多少钱粮,耽误多少工夫,哄动多少男妇。而不于此中多点劝善戏文以资感化,反任其扮演淫戏以惑我齐民,是何异买鸩毒以自戕其子弟耶?噫!

一、各处城乡庙宇,多有戏楼,庙壁上必须立碑永禁点演淫戏。楼上不便立碑,或砌石入壁,或悬木榜,写明奉宪示禁字样,并书明如演唱一出,定议扣除戏钱一千文,不准徇情宽贷,恃强不遵者,禀官究责。

一、《西厢记》《玉簪记》《红楼梦》等戏,近人每以为才子佳人风流韵事,与淫戏有别。不知调情博趣,是何意态,迹其眉来眼去之状,已足使少年人荡魂失魄,暗动春心,是诲淫之最甚者。至如《滚楼》《来唱》《爬灰》《卖橄榄》《卖胭脂》等戏,则人人皆知为淫亵,稍知自爱者,必起去而不欲观,即点戏人亦知其为害俗而不敢点。则风流韵事之害人入骨者,当首先示禁矣。

一、《水浒》一书,矫枉过正,原为童贯蔡京等作当头棒喝,然此辈人而欲借戏文以儆之,则恐见而知戒者,百无一二,而见而学样者十有五六。即如祝家庄蔡家庄等处地方,皆属团练义民,欲集众起义,剿除盗薮,以伸天讨者,卒之均为若辈所败。而观戏者反籍籍称宋江等神勇,且并不闻为祝蔡等庄一声惋惜。噫!世道至此,纲沦法斁,而当事者皆相视漠然,千百年来,无人过问,为可叹也!

一、汉唐故事中各有称兵劫君等剧,人主偶信谗言,屈杀臣下,动辄招集草寇,围困皇城,倒戈内向,必欲逼胁其君,戮其仇怨之人以泄其忿者。此等戏文,以之演于宫闱进献之地,藉以讽人主,亦无不可。草野间演之,则君威替而乱端从此起矣。又戕官戮吏,如劫监劫法场诸剧,皆乱民不逞之徒,目无法纪者之所为,乃竟敢堂堂扮演,启小人藐法之端,开奸佞谋逆之渐,虽观之者无不人人称快,而近世奸民肆志,动辄拜盟结党,恃众滋事,其原多由于此。履霜集霰,发端甚微,而其祸直流于悖乱,司风教者何不一为图度耶!

一、元人百种传奇,有传有不传。其传者大都列入《缀白裘》,惜所选者大都沿于积习,不免瑕瑜参半。且多切于朝庙官绅一派,其可为闾巷小民说法劝戒者,寥寥无几。徒有妙方,药不对病,非徒无益而又害之。则《缀白裘》之急宜删定,诚目前要务矣。

一、《盗皇坟》乃大逆无道之事,《偷鸡》乃下愚不肖之极,而出于《水浒》中所称英雄好汉,无怪于学英雄好汉者多,而偷鸡盗坟者之接踪于世也。戏文中积习为常,大率如此,一为道破,能无怦然!

一、奸臣逆子,旧剧中往往形容太过,出于情理之外。世即有奸臣逆子,而观至此则反以自宽,谓此辈罪恶本来太过,我固不甚好,然比他尚胜过十倍。是虽欲儆世而无可儆之人,又何异自诩奇方,而无恰好对证(症)之人,服千百剂亦无效也。

一、淫盗诸戏,最系地方风化,宜约集耆老图董立议永禁。一乡则责成乡董,一族则责成族长,均须于庙宇公处,或祠堂善堂,立议永禁。如某族人有点演淫戏者,祠中究责以不孝论,不改者立加斥逐。

一、《打店》《杀僧》,世人每乐点演。噫!黑店杀人而食,世上必无此凶恶之辈,乃亦称为梁山好汉,而所杀之僧又系欲灭梁山而伸大义者,乃亦竟为此辈所害。害矣而杀人者既逃王法,又逭冥诛,天理何在?此事尚可为训耶!

一、《打鱼杀家》《血溅鸳鸯楼》等剧,以小忿而杀及全家,皆足使观者称快,然其主人固有可杀之罪,而其合家中数十余口何罪?诸如此类,皆作者欲图快人意,信笔写去,未及究其流弊耳。藐法纪而炽杀心,更适足开武夫滥杀之风,破坏王法,端在于此。

永禁淫戏目单

凡其他新戏之近于调情密约者,一概永禁,不准点演。

晋阳宫　打花鼓　翠华宫　卖胭脂　打连相　别妻　服药
关王庙　葡萄架　翠屏山　困龙船　捉垃圾　思春　倭袍
荡河船　卖甲鱼　前后诱　拾玉镯　打樱桃　思凡　下山
打面缸　闹花灯　唱山歌　卖橄榄　卖青炭　借茶　三笑
卖草囤　红楼梦　把斗关　财星照　端午门　游殿　送柬
请宴　琴心　跳墙著棋　佳期　拷红　长亭　斋饭　搬家
吃醋　挑帘裁衣　偷诗　三戏白牡丹　交账　送礼　滚楼
月下琵琶　琴挑　追舟　私订　定情　跌毬　奇箭　送灯
嫖院　梳妆掷戟　修脚　捉奸　爬灰　摇会　戏凤
坠鞭入院　亭会　秋江　吊孝　背娃　吞舟　醉妃　扶头
种情受吐　劝嫖　达旦　上坟　卖饼　踏月　窥醉

右诲淫各种戏文,如敢点演,立将班头送官究责,或罚扣戏钱三千文,以儆将来。

以上各种风流淫戏,诲淫最甚,而近世人情,沿于习俗,每喜点演。试思少年子弟,情窦初开,一经寓目,魂销魄夺,因之堕入狭邪,渐成痨瘵,究其流毒所极,甚至贞女丧贞,节妇失节,桑濮成风,廉耻丧尽,推原祸始,此实厉阶,上宪禁示,盖以此也。乾隆时,扬州一商人卫某,喜点淫戏,后妻女多外交,著丑声,卫某知之,怒骂其妻女,妻女反唇笑道:“你平日喜点风流戏取乐,我辈不过谨遵台命,学他好样耳,何怒之有?”卫某气极,得瘢病死。妻女更无所忌,如墙花路柳焉。此前鉴也。今人各有妻女,孰不欲妻女守清贞,全名节?各有子弟,孰不欲子弟务正路享大年?而乃喜点此种戏文,煽惑人心,害人无量,试回顾家中子弟妻女,呜呼噫嘻,天理循环,恐将有不可问者矣!

禁止演淫盗诸戏谕(丙申四月容山教事录)

为谕止演淫盗诸戏,以正人心,以消乱萌事。盖闻圣王治人性情,必以礼乐。礼教起于微眇,而乐之感人尤深。优戏,亦乐类也。演忠孝节义之事,则愚夫愚妇,亦感激奋兴,或叹息泣下。是有司教化之所不及施者,优戏能动之也,虽谓胜于古乐,可也。演夭冶亵狎之状,则静女良士,亦荡魂摇魄,不能自主,私奔苟合之丑,往往繇此而成。是有司刑禁之所力为防者,优戏能败之也,是甚于郑声之乱雅也。且演戏以乐神也,神聪明正直,岂视邪色听淫声也者。非直不视不听而已,必致反干神怒,凡水旱疠疫之不时祈祷之无应,安知非淫戏渎神之所致哉!或者谓有元黄之正色,不废红紫;有松柏之贞姿,不废桃柳。凡忠孝节义,与夫男女之悲欢离合,须相杂而成文,岂其事涉风流,在所必绝?然如《折柳》一曲,夫妇依依恋别,能增人伉俪之重。仆婢相窥,不及于乱,此所谓发乎情止乎礼义者也,何不可娱心意悦耳目,而乃必《跳墙》《庙会》《卖胭脂》,备诸秽态乎?古者淫声凶声有禁。而当今功令,《水浒》一书,亦在禁限。盖观《水浒》者,至戕官篡囚,辄以为快。不知上下有定分,乃天经地义。父虽不慈,子不可忤;官虽失德,民不可犯。宋江等三十六人,横行天下,一夕尽为张叔夜所杀,载在正史,凡为不轨者,可以鉴戒。今登场演《水浒》,但见盗贼之纵横得志,而不见盗贼之骈首受戮,岂不长凶悍之气,而开贼杀之机乎?案优伶为本学所统管,凡有点淫盗诸戏者,仰班头即请更换。尔士民亦宜慎择之,以助本学正人心、消乱萌而逛神贶,是所厚望。

奉劝勿点淫戏单俗说

庙宇演戏,本以敬神。及至点戏,把个敬字全忘了,每每好点淫戏。请教你,想想这淫戏,神圣喜看不喜看?是敬神呢,是慢神?台下人看了,有益呢有损?就是你点淫戏的,设或到人家,撞见父子师生,聚在桌上看春宫,岂非大奇文?然亦天下必无之事也。何独父子师生同在戏馆里,看台上演的活春宫,就毫不知怪了?你想想看庙宇神圣生日,多有摆供的,设或有人,陈设一本春册与人看,岂非大奇文?然亦天下必无之事也。何独戏台上对了神圣演活春册,就不碍了?你且想想看。呜呼!你不知不觉,提笔在朝板背上轻轻一点,这一点墨不知点污了世间多少清白,可为伤心痛哭也。谨恳仁人君子,凡逢执笔点戏,务点忠孝节义等戏,慎勿再点淫戏,亵渎神明,而断送人家子弟也。戒之望之。(清音堂名款待华筵,近人亦喜点摊簧,更关廉耻,更为十恶大罪。)

京江诚意堂戒演淫戏说

甲午年,本郡岳庙戏台楼屋一进,突于十一月廿一日焚毁净尽,人咸骇然,觉神庙不应如是。及推原其故,乃前一日鞋店演戏酬神,曾点《挑帘裁衣》《卖胭脂》等淫戏,故廿一日晚即有此异。核并无人,只贮戏箱数只,竟不识火所自来。且台后木香亭,地至切近,而花籐丝毫无损,惟独毁斯台,足见淫亵之上干神怒也。要知在庙酬神,惟宜演忠孝节义诸戏,庶昭激劝。若好演淫邪,图悦耳目,则年少狡童观之意荡,无知妇女见之情移,丧节失身,皆由于此。抑思见人好淫,尚宜劝阻,今乃告之以淫事,悦之以淫辞,惑之以淫态,若惟恐人不好淫而必欲诲之以淫者,有是理乎?即稍知礼义人,尚目不忍视,岂可干渎神明?嗣后邑人酬愿,务贵虔诚,切勿祈神而反亵神,不能修福,而反以造孽也。事关风俗人心,愿乐善君子敬体神意,广为劝谕,幸甚。(道光十五年嘉平月)

教化两大敌论

从来天下之治乱,系乎人心。人心由乎教化,教化一日不行,则人心一日不转。教化者,圣王驭世之微权,实人心风俗转移向背之机,不可一日或废者也。顾欲兴教化,而不先去其与教化为敌者，则教化必不能施。譬之治病，苟邪气未除，则补剂必不能受，此理势之所必然者也。我朝崇儒重道，正学昌明，学宫之外，书院义塾乡约宾兴，久著为令。凡所以训诫小民者，固已无所不至。又复表扬善类，采访频仍，凡属孝子悌弟贞女节妇至行可嘉者，例得褒旌，岁费帑金数十万，建坊立祠，聿昭盛典，俾人人知所观感。凡若此者，皆所以振聩觉聋，宏宣教化也。维风俗，正人心，于是乎在猗欤休哉。固宜薄海内外，悉主悉臣，而无敢逾越者矣。孰知近世竟有坏法乱纪，敢与教化为大敌，可为痛哭流涕长太息者，厥有两端，一曰淫书，一曰淫戏。夫圣人之立言垂训也，何一非导人于正，而淫书之作，则惟恐人之弗入于邪。先辈钱竹汀先生云：古有三教，今则三教之外又添一教，曰淫词小说。佛道犹劝人以善，而小说专导人以恶。少年子弟，情窦初开，一经寓目，魂销魄夺，因此而荡检逾闲丧身亡家者，比比皆是。是贤父师训迪十年，不及淫书一览之变化为尤速也。是圣贤千言万语引之而不足者，淫书一二部败之而有余也。此固教化之大敌，可为痛哭流涕长太息者其一也。俗语云：风流淫戏做一出，十个寡妇九改节。又有云：乡约讲说一百回，不及看淫戏一台。盖淫戏一演，四方哄动，男女环观，妖态淫声，最易煽惑。遂致青年子弟，璇阁姬姜，牵惹情魔，难完白璧。是国家岁旌节孝千百人，不及淫戏数回之观感为尤捷也。是千百正人君子扶之而不足者，一二贱优狎客败之而有余也。尤教化之大敌，可为痛哭流涕长太息者又其一也。是二端者，一则登诸梨枣，毒固中于艺林；一则著为声容，害且及于帷薄。在作之者固属丧心病狂，在刊布点演者尤属寡廉鲜耻。吾不意尼山删定之后，文字之祸，乐章之坏，其流极一至于斯也。吾不意我朝崇儒重道，正学昌明，而尚有此纵横放诞败常乱俗者，蔓延肆毒至于此极也。呜呼！此夏廷之洪水也，此成周之猛兽也，此人心之蛊毒、政治之蟊贼也，此圣道之荆榛、师儒之仇寇也。吾辈含生负性，忝列彝伦，孰非沐浴圣化以有今日者。谓宜心伤发指，切齿同仇，不与共戴天日可也。谓宜声罪致讨，扫荡廓清，不使稍留余孽可也。读圣贤书，所学何事？所志者又何事？何千百年来，拥皋比为多士师者，后先林立,乃熟视之若无睹,一任其鸱张簧鼓,惑我齐民,而曾不少为措意也?何普天之下矜硕学号圣人徒者,一堂济济,乃心恶之而卒置之,一任其扬镳竖帜,淩蔑先民,而曾不一为过问也?岂以为小丑无足介意,吾但自固其藩篱,彼将不战自退耶?岂以为耀德无取观兵,吾但自舞其干羽,彼将不日来格耶?噫!其然也?其不然也!昔夫子之与颜子论为邦也,曰"放郑声"。孟子之言正人心也,曰"息邪说,放淫辞"。当是时,天下之弊政弊俗,当革当除者亦多矣,乃一则曰"放郑声",一则曰"息邪说,放淫辞"。如治病然,邪未除,总不敢言补。从可知古圣贤救世之方,挈领提纲,急其所急,其所重者,盖可想见矣。且春秋时之郑声,不过以其近于柔靡,易以惑人,断未有如今日之甚也。战国时之淫辞邪说,亦不过以其言之诞妄,恐遂流荡,亦未有如今日之甚也。而孔孟已大声疾呼,排斥不遗余力,非以其负嵎之势已成,显然与吾道抗,有不可不鼓全力以除之者。则今日淫戏之宜禁,邪说淫辞之宜毁,非为治者第一要务耶?虽然,淫书淫戏之宜毁宜禁固矣,而世固有聪明自负之徒,逞其才辨,颠倒是非,转若谈笑处之,以为无损盛德者。是大敌之外,不啻又有张其焰而助之攻者,为可慨也!习俗移人,贤者不免,末流横决,砥柱伊谁?非有当代名世大君子出为之登高而呼,力排众议,恐邪氛日炽,愈出愈奇,浸浸乎且有倒戈内向为吾道忧者,更不知伊于胡底也。一肩世道,只手狂澜。噫!微斯人,吾谁与归?

从古礼法为名教之大防,自淫书淫戏出,而礼法坏,大防决矣。顾或者谓智者见智,仁者见仁,过眼空花,何须胶柱。噫!此上等人见地,岂可概诸中材以下耶?天下上智少而中材多,庸耳俗目,识见易淆,受其毒者,何啻恒河沙数。此司风教者所宜痛心切齿,誓欲灭此朝食者,杞忧窃抱,蒿目徒殷,有能垂念及此,作登高之呼,为名教干城者乎?山人虽老,犹能执鞭从事也。

晦斋自记:淫书本干例禁,自宜官为严禁,立予销毁。惟官府如传舍,恐旋作旋辍,日久懈弛,仍复滋蔓。必须札饬各邑善堂义学乡约绅董,就善堂中另筹一款,设局收毁,随见随收,随地察办,永为定例。其淫戏则亦由各善堂知照各乡董,各就社庙一体立碑永禁，永远不许点演，如违，罚扣戏钱若干各字样。绅董中有心人不少，必有能相率兴起，为地方主持风化者，千钧一发，只手狂澜，跂予望之。

禁止花鼓串客戏议

近日民间恶俗，其最足以导淫伤化者，莫如花鼓淫戏。吴俗名摊簧，楚中名对对戏，宁波名串客班，江西名三脚班。所演者类皆钻穴逾墙之事，言词粗秽煽动尤多。夫床笫之言不逾阈，中冓之言，丑不可道，一自当场演出，万众齐观，淫态淫声，荡魂摄魄，当此而能漠然不动，等诸过眼云烟者，有几人乎？少年情窦初开，操持未定，凿开混沌，一决难防，从此斲丧真元，沉酣欲海，背其父母，狎及奴婢，病从此生，身从此殒，为害已不可问矣。况乡间耳目逼近，高台演唱，男妇纷来，习以为常，全不为怪。演者尽情摩绘，无非密约幽期；观者注目流连，暗动痴情幻想。遂至寡妇失节，闺女丧贞，桑濮成风，变端百出，流毒更何忍言哉！俗语云：摊簧小戏演一出，十个寡妇九改节。向特以为甚言之耳，乃今观于某乡，因演摊簧数日，两月内，屈指其地寡妇改醮者十四人，多系守节有年，一旦改志者。更有守节十余年，孤子年已近冠，素矢不嫁，而忽焉不安其室，托媒改醮者。闻其子泣陈不从，怫然改适，其子愤恨，欲首告倡首者，因地方多人劝阻而止。然此特言其害之显而易见，近而可征者耳。更有因此而荡检逾闲，淫奔苟合，因想成病，因奸致杀，暗中受害者，更何可限量耶！盖此戏俚俗不堪，最易学习，地方男妇耳濡目染，皆能摹仿声容，互相传习，一人唱出，合巷皆闻，兄弟姊妹，初无顾忌。狂荡者又往往藉此为勾引之媒，即有稳重贞姬，幽闲淑女，欲其保全名节也难矣。至此则未看淫戏之妇女亦日夕习闻，心移神往矣。吁！其可畏也！夫我朝尊崇贞节，凡青年矢志，白首不渝者，例得褒旌，或建坊，或立祠，所以鼓励廉耻激扬风化者，无微不至，以故人人感奋，奇节苦行，远过前朝。而穷乡僻壤，偏有此等狂妄之徒，日以诲淫为事，惑我齐民，是国家岁旌节孝千百人，不敌花鼓淫戏数回之感化为尤速，为可痛也。抑又闻之,演此戏者,多为聚赌窝匪之计,以故淫戏一开,赌风日甚,盗贼潜生,案牍繁多,株连无已。近世民间恶俗之可为痛哭流涕长太息者,孰有过于此者哉!阳明先生《传习录》深言淫戏之弊,可见此事为风俗大害,先儒固早虑及此。自来贤明官长,每严申谕禁,而其风终不可绝者,非尽由于地方官之奉行不力也。地方官以民为子,未有坐视吾子之沦于禽兽而漠然不救者。盖若辈串通胥吏,奉票下乡,得钱即纵,蒙混禀覆,互相隐瞒,官长清查,差房中饱,比比然也。吏胥之有心肝而实力奉行者,正不可多得。即有贤邑宰留心风化,加意严缉,立拏到案,亦不过聊示薄惩,斥逐出境耳。夫斥逐出境,固可冀绝迹于此方,而面目依然,势必仍流毒于异地。盖彼既习为此业,势难骤改,此散彼聚,出没无常,更得地方棍徒包庇其间,其根遂不可拔矣。又况奉行上命,勤惰不同,禁令稍宽,即为若辈潜踪之薮,良有司实心斥逐,卒不免以邻国为壑。即查拿到案,当官发卖,而安分军民,每多不屑,其愿买者仍多若辈化身,名为领卖,实则取赎。若辈声气广通,为营救者必多。甘言媚词,官长为所蒙蔽,以为自此从良,可不至再蹈前辙矣。然而一出监禁,仍习故业,未受挫折,祗耗银钱,若辈更何所畏!此亦势之无如何者也。然则其风竟不可止乎?窃尝再四筹之,此辈皆无知愚蒙,误于幼习,含羞糊口,既难别事营生,法重情轻,更难置以极典。欲图本原之拔,必求善处之方。宜由上宪严申禁令,晓谕各属,严勿得以此等淫戏,教习妇女,并责其就地教习蚕桑,以务本业。并于省会中设一禁锢教习局,严绝内外,如外监之例而变通之。公举老成方正者数人主其事。院内备纺织具,雇民间老妇数人,任其教习。凡遇演唱花鼓妇女,除拏到先行惩责外,随即解入省垣,收入此局,教养一二年,日给两粥一饭,使老妇督其蚕桑,蚕桑事毕,即教习木棉纺织。月课其功,半年后,即可取其课利入公,仍不啻自食其力。如不愿学习,或懒于操作者,即减其粥饭,察出严责之。俾知改悔。至一二年后,业已学成,心已灰败,方许其出而从良,如有再犯,定行严办不贷。办摊簧妇尤急于办门娼,盖门娼虽是陷阱,然尚是愿者上钩,若摊簧妇则登台演唱,终日诲淫,酿成多少桑濮风气,其为害尤酷,故惩办尤宜急也。

其男者拏到，即照例重治，刺面为记。吏胥私放，察出严行斥革，至徇庇摊簧之辈，照地棍例重治，尤不稍宽。如有徇庇属员，不能实力查拿者，一体参究。严办摊簧妇女，地方官每以法重情轻，恐防造孽，又卑词乞怜，故多不忍加以酷刑。今此办理，乃革其旧习，名为禁锢，实引以正路，有功无过，可不畏造孽，不妨勤加查检也。如是，则已犯者自可改图，未犯者皆闻风知戒，庶几风俗可以还醇，人心可以复古。初不必用严刑酷法，而挽回者盖不少矣。收禁一摊簧妇，可免数千百人之害，若此事一举，使人人不敢习学摊簧，并可免数千百年之害，功德之大，未有过于此者。又收养一人，止可活一人之命，若收禁一摊簧妇，则可活千百人之命，盖以其一人足以害千百人，今受害者少，自全活者多也。此拔本塞源之道，上可以辅国家旌扬贞节之典而峻其大防，下可以杜闾阎淫靡之俗，而安其本业，而治化有不蒸蒸日上者哉！世不乏有心人，能奏请谕允，严申禁令，通饬各省，并禁戏班不得搬演淫戏，茶坊中不得招留弹唱摊簧男妇。近来茶坊中又有弹唱一流，男女对白，所唱者多闺房丑事，竟与摊簧戏无异。又有在胜会场茶坊中坐唱摊簧者，哄动多人，为害日甚，尤须严禁。于以杜淫根而示正轨，此国家之福，而亦天下苍生之福也。愿与扶世立教大君子共图之。通省业此者多不过数百人，即禁锢收养，所费有限，而为利极溥。况至一年后，即可自食其力，则筹费更属无难。有志君子，幸早筹之。又郡县幅员甚广，耳目难周，务请上宪饬地方官劝谕城乡父老，设立禁约，违者议罚。以本地人除本地弊，既不许无赖子弟敛钱演唱，复何虑差役包庇，得贿容留。法简易从，地近易察，心齐可久，罚严难犯。所谓官禁不如私禁者，此也。实心劝谕，是在良有司开其先耳。

劝禁演串客淫戏俚言（宁绍名串客）

淫戏本不可演，而串客淫戏更不可演。盖大班王戏多，淫戏少，拣戏者既勿点淫戏，班内断勿敢自做。若串客之花鼓淫戏，则全是丑恶可憎之淫戏，并无一出正戏。且都系游手好闲不习上流之子弟，平日毫无廉耻，专喜淫荡，把一种小本唱片买来，你唱我和。及至上台,一花面,一旦脚,妆做男女,备极丑态,装尽油腔。而其白口油觜,又都是土话,使妇女小儿们听了,句句记得。做的既扬扬得意,看的自恋恋不舍。所以大班演戏,妇女看的还少,若打听得某处有串客戏,则约妯娌、会姊妹、带儿女、邀邻舍,成群结队,你拉我扯,都去看戏。做一日,看一日,做一夜,看一夜,全然不厌。做串客的见了年轻妇女越多,他装做淫相越丑,顿使妇女们当下眼花撩乱,欲火焚烧,已有按捺不住之势。再加以轻薄子弟,游荡淫棍,从旁百般戏谑,无所不至。此刻在妇人恐怕当场出丑,隐忍不敢声张;在男子私喜暗地无知,猖狂任其戏弄。况情欲既动,胸中便无把握。其或素爱名节女子,虽不至失身于人,而情魔缠绕,难免因想成病,因病丧命之患。若是没廉耻妇女,淫念一起,奸情百出,往往看此戏后,有私期偷会的,有密约拐逃的,有不顾贵贱,主仆通奸的,有丈夫久出不归,勾引狂童入室的,有孀妇空房难守,招揽光棍当家的。种种伤风败俗之事,都从看串客起因。自有串客淫戏,直使人人走入禽兽一路。想到此处,令人不胜发指。这样匪类,倘不速为禁止,其流毒岂有穷尽!奉劝各处绅士乡耆,公禀县尊请示严行禁止,并恳贤父母官饬差到处查察,见地方上有演串客淫戏者,立将为首之人及行头主一并扭送到县,重责不贷。庶几匪类永绝,淫风自清,请高明者细心想之。

禁串客淫戏告示

为出示严禁事。据绅士陈掌文等呈请,窃照演戏酬神,例所不禁,惟串戏一项,本系游闲无耻之徒,专习淫亵词调,扮演男女私情,当街搭台,备极丑态,以致男女聚观,乘机诱惑,败坏风化,莫此为甚。前于咸丰年间,迭经各绅士呈请示禁。蒙前道府二宪并县主会衔出示,并严查惩究在案。自此城乡各处,咸知畏惕,不敢演唱。无如逆扰以后,城中尚知敛迹。四乡恃以路途广远,查察难周,仍然故态复萌,胆敢聚众串演。而且奸徒藉此图利,开场赌博,愚民无知,被其局骗。种种弊端,不堪指屈。因思乡各有塾,塾必有士,村各有族,族必有长,如果各乡各村该宗房长与读书明理之士,督同地保,互相查禁,岂容奸徒聚众开场,任意串演。为此亟亟公叩恩准会衔出示申禁,饬差查拿究办,并传各图地保到堂严谕,饬令各具甘结,以端风化而靖地方等情。据此查演唱串客,最为风俗人心之害,经前道府县会衔示禁在案。兹据该绅士等呈请申明禁令,合亟查案会衔示禁。为此示仰城乡内外军民人等知悉,自示之后,尔等务各安分守业,毋再罔顾廉耻,演唱串客。倘敢肆行无忌,一经访闻,或被指控,立将该图地保并行头主,及为首敛钱、在场串戏之人,严拏究办,一面追取箱笼衣物乐器等件入官。并令各乡村宗房长与绅士等,督同地保,随时随地互为查禁,访察得实,立即指名报告。该地方查禁不严,无论该地保有无贿隐情弊,一并从重惩治,决不宽贷。各宜凛遵毋违,特示。

公禀秘邑尊呈稿

为政令方新,敢萌故智,禀叩签提究禁事。窃宁波城乡,往往置办服箱,扮演串客,实为赌博起见。俗所谓庙会场,其所做戏剧,只有一丑一旦,非勾诱通奸,即私奔苟合,丑态万状,淫曲千般,哄动就地男妇人等,挨肩擦背,混杂其间,从此淫风流行,言难胜述。前经呈明道府县各宪,历奉出示严禁,并于一图之内,责成地保,一族之中,责成宗长,如能首先通报者,立予赏给,各在案。兹当仁宪荣任,政令方新,讵有东乡四都六图之李沈两姓,胆于本月初九日,定得混号新友癞头所置之三星堂串客班,并有四都地方族长邵和俊,开设赌场,图勾赌脚,胆于本月十二日,定得屠宁沛所置之得胜堂串客班,分头扮演,故智复萌。地保邵太顺俞观成极力理阻,肆无忌惮,来城通报,始得惊知。似此淫剧诱人,大坏风化,在串演者廉耻道丧,无足为奇,而观看者恶习移人,伊于胡底!为此禀叩云云。

各村议规

盖闻百事以奸为最丑,万恶以淫为最先。吾宁串客一项,耑演男女奸淫,丑态万状,既无情节可观,又无果报可据。不想无知之辈,藉此为欢,非彻夜狂歌,即连天扮演,遂致男人败度,女子怀春。或成童情窦初开,顿萌色欲;或寡妇贞操颇固,忽改初心。败俗伤风,莫如此甚;寡廉鲜耻,无以复加。现奉道府县三宪会衔各处申禁,诚恐村庄乡野未及周知,爰于一图之内,责成地保,一族之中,责成宗长,务须明白开导,自相警戒。倘图内怙恶地棍,恃霸不从,即由该地保密禀宪署;族内不肖子孙,执迷不悟,即由该宗长密禀宪辕。庶几各畏王法,自保门楣,则串客不绝而自绝,风气不古而自古矣。此启。赏格附后。另贴告条。

奉道府各宪严禁串客事。嗣后再有违禁肆做者,有人访闻确实,准其赴宁邑庙体仁局通报。司事查明,赏给大钱五千文。

上海道通饬示禁淫戏颁发永禁碑式

苏松太兵备道应,为通饬示禁事。照得搬演杂剧,律内止许妆扮孝子顺孙义夫节妇劝人为善之事。近来戏班所演之戏,非特不能劝人为善,且多演唱各种淫戏,竭尽丑态,导人为恶,其情最堪痛恨。然使演戏之家终不点演,则亦无能惑人。乃有一种浮荡之徒,往往喜点淫戏,自命风流,不虑观之者目炫心迷,荡魂失魄,甚至害及己家闺阁子弟,诚不知其是何居心。且乡间演戏,皆为酬神邀福起见,试思聪明正直之为神,顾可演淫戏以亵渎之耶?至花鼓淫戏本干例禁,班内男女混杂,向后苟且暧昧之防,一切情事,何堪闻问。演之者皆图诱人聚赌,尤为风俗人心之害。去年业经通饬严禁,兹本道访闻此风仍未尽绝,各处多有演唱,自应一体严加示禁,以正人心而端风俗。除刊刻告示外,合行札发通饬,札到该县即便遵照,将发去告示转发各属,代为标判,遍贴晓谕。并于常年淫戏最多之戏，竖立禁碑，俾众触目惊心，以垂久远。其乡间演唱花鼓淫戏、开设赌场之人，应如何拏办，以靖地方，其寻常戏班演唱淫戏，应如何劝谕，绅士随时随地开导禁止，以挽颓风，均即由（府州厅县）各就地方情形，酌议具覆。总期事归实际，毋得徒托空言，是为至要。切切，特札。

同治六年十一月　日札

止园笔谈

【清】史梦兰

史梦兰(1813—1898),字香崖,直隶乐亭人。道光二十年(1840)举人。著有《尔尔书屋诗草》、《古今谣谚补注》、《燕说》等。《止园笔谈》八卷,作于光绪四年(1878)。此据上海古籍出版社1996年整理本辑录。

卷　三

京都戏园中，每遇春秋两试士子出场后，辄摘其试题及闱卷中字句，编为科诨。道光丙申会试，首题系“小人闲居”至“而著其善”四句。优人假作试官者，亦以出题舛误，致士子哄于堂，群哗言曰：“去年乡试主司以发策有误被劾，此亦当列弹章。”试官曰：“今科会试钦命四书题尚误，何有于我？”或诘其故，曰：“原是‘大人闲居为不善’，乃误‘大’为‘小’，原是‘见君而后厌然’，乃误衍‘子’字。”举座为之咋舌。此语非优伶所能道，亦非优伶所敢道，当必有阴为教之者，然舌锋亦太犀利矣！

听雨丛谈

【清】福 格

福格生平事迹不详,《听雨丛谈》十二卷,多记典章制度,尤详于满洲情况,如八旗制度、内阁官制、考选题目出身,以及顶戴服饰等都有涉及。此据中华书局整理本(汪北平点校,1984 年出版)辑录。

卷十一　科班

菊部子弟，以童稚教习而成者为科班。京师唱旦者言其投师学艺之年，亦曰某科。凡同科者，则序弟兄，迟一科者，则论先后辈，无敢抗礼，亦可噱也。按宋时官妓为出科，私妓为不出科，是贱役窃士大夫之名久矣。

水窗春呓

【清】欧阳兆熊　金安清

《水窗春呓》上下卷，记述清代中叶道光、咸丰、同治各时期的政治、经济、社会风尚、人事言论等。上卷作者欧阳兆熊，字小岑，湖南湘潭人，道光十七年(1837)中举，曾任湖南新宁县教官。下卷作者金安清，字眉生，号傥斋，浙江嘉善人，曾任湖北督粮道等职。此据中华书局整理本(谢兴尧点校，1984年出版)辑录。

卷下　河厅奢侈

河厅当日之奢侈，乾隆末年，首厅必蓄梨园，有所谓院班、道班者，嘉庆一朝尤甚，有积赀至百万者。绍兴人张松庵尤善会计，垄断通工之财贿，凡买燕窝皆以箱计，一箱则数千金，建兰、牡丹亦盈千。霜降后，则以数万金至苏召名优，为安澜演剧之用。九、十、十一三阅月，即席间之柳木牙签，一钱可购十余枝者，亦开报至数百千，海参鱼翅之费则更及万矣。其肴馔则客至自辰至夜半不罢不止，小碗可至百数十者。厨中煤炉数十具，一人专司一肴，目不旁及，其所司之肴进，则飘然出而狎游矣。河厅之裘，率不求之市，皆于夏秋间各辇数万金出关购全狐皮归，令毛毛匠就其皮之大小，各从其类，分大毛、中毛、小毛，故毛片颜色皆匀净无疵，虽京师大皮货店无其完美也。苏杭绸缎，每年必自定花样颜色，使机坊另织，一样五件，盖大衿、缺衿、一果元、外褂、马褂也。其尤侈者，宅门以内，上房之中，无油灯，无布缕，盖上下皆秉烛，即缠足之帛亦不用布也。珠翠金玉则更不可胜计，朝珠、带板、攀指动辄千金。若琪南珠，加以披霞挂件则必三千金，悬之胸间，香闻半里外，如入芝兰之室也。衙参之期，群坐官厅，则各贾云集，书画玩好无不具备。昔琦侯为两江，赏一手卷，乃元人王野云龙舟图，中绘数千人，面目无一同者，已还价一千五百金，次日询之，则中河厅万君以二千金购之去矣。琦遂劾万，终身以此废弃焉。

同时奢靡者为广东之洋商，汉口、扬州之盐商，苏州之铜商，江苏之州县，其挥霍大半与河厅相上下。广东、汉口予所未至，但耳闻而已。道光中陶文毅改票法，扬商已穷困。然总商黄潆泰尚有梨园全部，殆二三百人，其戏箱已值二三十万，四季裘葛递易，如吴主采莲、蔡状元赏荷，则满场皆纱也。黄之子小园与予交好，予至其家，晨起则小碗十余，各色点心皆备，粥亦有十余种，听客所嗜。予讶其暴殄，其仆则曰："此乃常例耳，若必以客礼相视，非方丈不为敬矣。"

卷下　音通乎政

道光十五年,倡优度曲侑觞,辄歌《惨睹》及《弹词》,即仅能一阕者亦然,俗语遂有“家家收拾起,户户不提防”之目。其音噍杀哀厉,洵非盛世之音。未几而泽患起,粤寇继之。可见声音之道,有关治忽,其中殆有天焉。

卷下　方靴渐废

京朝官皆用方靴,外官道府以上亦然,即州县及司道首领官皆如之,盖雍容袍笏之象。自甲午以后,一概用尖靴,虽朝端大老及词林中皆是,且多薄底不及数分者,取其行走便捷。合京城惟卓相一人方靴而已。识者皆忧其兵相。自来戏剧皆用昆腔,其时亦全改二黄及西皮者,亢厉激烈,如闻变徵,时局乃亦与之转移,可畏也!

妙香室丛话

【清】张培仁

张培仁，广西贺县人，生卒年不详，道光二十七年(1847)进士。此据民国上海进步书局石印本《笔记小说大观》辑录。

卷八　义伶

徐牧斋记义伶兰官事云:兰珊北里之花,烂熳兰薰之曲。每叹人之好尚有不同者,然而薰香傅粉中,大有人在。如李桂官之俊眼,魏琬卿之侠肠,人尽知之。更有蒙宠爱于生前,全孤寡于生后,如某兰官者,其尤足传矣。兰官忘其姓,相传为川东人,幼隶梨园部。心性明慧,丰姿韶令,尤精度曲,为燕兰谱中后起之秀。时有楚南某孝廉,充景山教习,于歌楼中一见心倾,遂订三生约,盖孝廉故饶于资而深于情者。未几教习满期,出宰河阳,偕以俱去,以其办事了当,派司阍。兰官虽艳如桃李,而冷若冰霜,遇事每敢言直谏,遂为同时挤排,主人亦习爱成憎。遂幡然告假,并索千金之赠,泣拜而去,不通音问凡六七年。谁知樱桃不种,蔓草易滋,功名则如日烘花,事业亦如汤沃雪。旋因军需案牵涉,竟被瓜蔓之抄,遂撄苶苜之疾,抑郁以终。斯时也,奴星尽散,老仆仅存,茕茕八口,留滞省垣,虽饔飧不给,无有过而问者。一日,忽有裘马翩翩排闼而进者,则兰官也。入门大咤曰:繁华忽变,好梦难回,一至于此!老仆引见主人之母于堂下,孝廉祇一子,甫垂髫,一见曰:此幼主耶?执手涔涔泪下。遂出橐中金为之料量归计,整顿行装,偕老仆护家口,扶灵柩,间关千余里,自洛阳抵于长沙,择地安葬。就近置宅一区,买水田二百亩,俾老仆奉主母幼主以居焉。事毕,主母劳之,则曰:此皆老主故物,与奴婢何力之有?遂泣拜其主之墓而去。初兰官挈千金资,并未回家,为浮梁贩茶客,权子母,积赢余,若预为主人身后家口计,其用心又何深且远也。嗟乎!金丸易冷,翠被犹温,祸虽惨于焚巢,情独深于完卵。以视世之盟蹇车笠,誓负宛生,其有愧于斯伶多矣!谓之曰义,谁曰不可?

窦　存

【清】胡式钰

胡式钰，字青坳，上海人，道光诸生。所著《窦存》四卷，有道光二十一年（1841）刻本。此据中国书店1985年影印本辑录标点。

卷三 事窦

都中戏园以苏班、徽班为贵,少年幼旦之美者称为相公,词人韵士及纨绔贵游多溺惑焉。予客京时,闻若辈声价已较二十年前大减,然每一侍酒,在座者犹须人赏白金二两也。吾郡倪友方壮,到都应举子试,有苏旦朱四芬者,年十四,与徽旦中至美者刘爱红,京城并称第一花,因刘长一岁,人又呼朱为亚红,倪狎之。一日,倪宴客,予亦在座,朱来佐觞,明眸皓齿,约态柔情,烛下谛视,不亚处子,命之歌《藏舟》剧〔山坡羊〕一曲,一客擫笛,一客调笙,予亦乐为节板,起句曰:“泪盈盈做了江干花片。”盖此曲本哀感者,而朱才启朱唇,目予嫣然微笑焉。歌毕,予为口占一绝以调之云:“看花灯下爱花明,花为人看花有情。粉面春风年十四,樽前笑唱泪盈盈。”朱曰:“殆谓歌此曲不应笑耶?”因又唱《跌包》剧〔红衫儿〕一曲,嫩喉凄利,神色惨至,合座倾听,不觉泣下交颐。倪乃前抱之曰:“勿再唱矣!”予私心窃叹此辈之果足溺人也。倪橐资三千余两旋罄,复南归得二千余两来京,昵朱益至,朱倍妮妮。越一载,倪由此得疾,不三月遂亡,而家已荡然矣。然得疾后,朱仅一往视之。

金壶七墨

【清】黄钧宰

黄钧宰（约 1826—1895），一名振钧，字宰平，别号天池生，江苏淮安人。《金壶七墨》十八卷，记游幕期间之亲见亲闻，成书于光绪二十一年（1895）。此据同治十二年（1873）刻本辑录。

遯墨卷二　伶人

京师宴集,非伶人不欢,而甚鄙女妓。士有出入妓馆者,众皆讪之。结纳雏伶征歌侑酒,则扬扬得意,自鸣于人,以为某郎负盛名,乃独厚我。伶恃娇憨,饰风雅,闻有书画名者必索之。某公善画,工花卉,酬应日烦,厌苦特甚。一日有巧伶索画,伶故以色艺噪一时,他人所欲结交而不可得者。某乃自出买绢,欣然搦管,聚精会神,惟恐不工且速也。既成,冒雨携赠,伶道谢曰:我戏言耳,乃竟烦公!某甚喜,谓自今纳交,庶几心藏不忘矣。越数日,复往,一语不发,面冷于冰,久之乃请姓名,若不相识者。某恚而返,自是痛恶伶人。

逸墨卷一　义伶

巧玲者,忘其姓,字曰蕙仙。居京师日,与某公故相善。久之某得监司,贫不能治装,蕙贷与资,且不责券,某强予之。囊橐既具,未成行而某公卒。会吊日,甫辨色,蕙遽至。众皆愕眙,谓其索逋来也。蕙入帏哭拜已,探囊出券,就烛焚之,大恸去。

逸墨卷一　孝伶

苏州李春江隶大雅班,伟躯润嗓,技艺冠群,伶人中杰出者。性灵敏,尝于肆中购残缺耕织图一帙,暇辄临摹,久而有得,作人物无不入神。又与诸画家晨夕切磋,声誉日增,岁得润笔资,倍于岁值。然终不肯弃伶卖画,曰:伶本业,画余技。且班中脚色无多,缺一不办,我去,奈众人何?弟某,性顽劣,不事生计,母偏爱之。李得赀,悉数奉母,弟辄浪用。不敢怨弟有所忤,亦笑抚之,不与较,盖恐伤母意也。洪逆之乱,有人见其负母挈弟出胥门去,不知所终。

钟凤龄，字雁秋，苏州人。少孤，髫年入都，遂堕梨园。而常以思母故，背人涕泣。脱籍后，甫定寓屋，亟丐人挚其母。会吴下频年兵燹，人多流亡，屡以书往，不得报，乃奋然为寻亲计。人以堕成业也，咸劝阻之。秋曰：吾不惮征缮，为将母地，今不得母耗，何恋此贱业为哉？尽货所有，不再计而行。

瀛壖杂志

【清】王　韬

王韬(1828—1897),初名王利宾,字兰瀛,后改名王瀚,江苏长洲人,中国近代很有影响的早期改良主义者之一。《瀛壖杂志》八卷,为其客居上海时之见闻随笔,记载不烦琐细,不啻为上海别乘。此据民国上海进步书局石印本《笔记小说大观》辑录。

卷　一

沪人喜梨园歌舞，有聚芳、集贤二局，皆富室子弟为之，竞以豪奢相尚。每当薰香剃面，鹄立氍毹，极悱恻缠绵之致，令观者目炫神移。尝演《思凡》、《断桥》二剧，尽态极妍，合座为之倾倒。某广文恶其儇薄也，遂欲穷尽其事，倩人多方哀吁，仅而获免。歌舞未终，忧患及之矣，噫！

沪人观剧不喜昆腔。而昆腔之在沪者，以鸿福为领袖，其次若宝和新剧，亦高出一筹。荣桂年十五六，丰姿绰约，绝似好女子，聆其音虽雏燕娇莺不啻也。有三多者，纤腰婀娜，态有余妍。其他诸伶皆擅绝技，每发诙谐，满座为之头没杯案。予在沪偶观之，聊抒幽绪，若见弋阳等腔，则掩耳走矣。

卷　五

教坊演剧，俗呼为猫儿戏。相传扬州某女子擅场此艺，教女徒，率韶年稚齿，婴伊可怜，以小字猫儿，故得此名。沪上北里工此者数家，每当装束登场，戏锣初响，莺喉变徵，蝉鬓加冠，扑朔迷离，雌雄莫辨，淋漓酣畅，合座倾倒，缠头之费，动至不赀，是亦销金之锅也。噫！邗上繁华，惨遭兵燹；吴东士女，犹喜笙歌。抚昔感今，能无腹痛！

海陬冶游录

【清】王　韬

王韬小传见前。《海陬冶游录》三卷，附录三卷，余录一卷，循《板桥杂记》之例，以雅游的品轶事分隶之。此据民国香艳丛书本辑录。

卷 上

教坊演剧，俗呼为猫儿戏。相传扬州某女子擅场此艺。教女徒悉韵年稚齿，婴伊可怜。以小字猫儿，故得此名。沪上工此者数家，清桂，双绣，其尤著者。每当传粉登场，锣鼓乍响，莺喉变徵，蝉鬓加冠，迷离扑朔，莫辨雌雄。酣畅淋漓，合座倾倒。每演，少者以四出为率，缠头费破费主人四饼金耳。

卷 下

西园演剧无虚日，而弋阳腔为多。小旦曰长寿，颇白皙，能妆束作武后及穆桂英，胡天胡帝，妩媚异常。下台视之，眉目间殊乏娟秀之致。昆腔则有鸿福保和，皆擅绝伎。旦如三多，行步婀娜，以态度胜。荣桂妍丽，如好女子。《佳期》、《偷书》两出，媚情冶态，观者倾动。富者携妓同来，谓之戏局，东西二楼几满，当事以为诲淫，屡禁不能绝也。

淞隐漫录

【清】王　韬

王韬小传见前。《淞隐漫录》是王韬晚年为"追忆三十年来所见所闻，可惊可愕之事"（《自序》）而作，内容庞杂，有亲身经历，有得诸耳食，也有根据历史传说敷衍而成。此据人民文学出版社2006年整理本辑录。

卷十一　东部雏伶

济南多女乐，土人名为“档子班”。所演杂剧，足与菊部诸名优抗衡。至其靓妆袨服，妙舞清歌，则有过之无不及也，以故趋之者如鹜。乙酉夏，大吏严谕禁止，诸伶无大小，悉拘归官鬻，且定令人二十千，不得适听鼓人员与橐笔幕客。于是镊发鳏叟，历齿牛儿，以及走厮灶养，皆得解囊，人购其一。嗟乎！以桑榆暮景，而配驵侩下材，李清照且慨乎言之，况兹皆妙龄弱质哉？夫亦可谓煮鹤焚琴，锄兰刈蕙，大杀风景者矣。爰记一二于左。

莲熙，字蓉卿，沂州兰山人。隶莲喜班。年始十五，粹质秾姿，目长而曼，每回眸一顾，令人魂消。所演能兼生旦，而尤工昆曲，《卸甲》《探营》《水斗》《琴挑》之属，皆所擅长。班中姊妹行十余人，莲独为之冠。又有小喜者，面如皎月，聪慧善解人意。每嘉客至，偎傍肘下，有如飞燕之依人。年仅十二耳，故未甚藉藉。怀珠山人时为某观察署中上客，管领风花，支持月旦，与紫曼陀罗馆主称莫逆交。曲巷闲门，时相过从。一见莲熙，即眷爱之，暇辄与友过访其家。莲款待甚殷，然其举止之间，若常有羞涩可怜之态，盖天性然也。未几，山人因公赴东郡，与莲话别，彼此黯然。山人以素帕留赠，莲亦以卵色罗报，且曰：“归时当并验，以见泪痕之谁多也。”山人过茌平，见壁间有王子梦湘题《忆秦娥》一阕，颇饶风韵，因步其韵，以寄莲曰：归心急，银河咫尺人犹隔。人犹隔，梦中欢笑，醒时悱恻。　撩情几缕垂杨碧，销魂一片桃花色。桃花色，重逢人面，再拚一月。既返，设宴其室，选色征歌，极一时之盛。历下亭者，济南之名胜也，在大明湖中，一水浮空，群峰环碧，四面遍栽芙蕖，杜浣花诗所谓“海右此亭古”者是也。山人乃折简邀宾，大会诸名士于中，或弹棋，或赋诗，或作画，或写泥金团扇，则皆诸伶所丐也。莲与诸姊妹乘一叶扁舟，拨绿分红而至。见诸人之吮毫也，为之研隃麋，展赫蹄，随物位置，悉能如人意指。晚则氍毹一展，歌吹四流，几疑《霓裳》一曲只应天上，人间那得几回闻矣。嗟乎！曾几何时,而已尽风流云散哉!局中人思之,能无腹痛!

阎九,字玉香,东昌聊城人。隶四喜班。顽石道人曾撰《历下记游》,已详载之。色艺为诸部之冠。然九之登场也,宜弁而不宜钗,方其角巾褒衣,丰姿玉映,顾影罕俦,真有翩翩浊世佳公子之态。至演小乔夫婿,则又英姿飒爽,如见名将风流。当时或以他出许之者,犹皮相也。紫曼陀罗馆主,今之广大教主也。为花月之平章,作风雅之领袖,尝至其家,或呼之侑酒持觞政焉,喜其举止落落大方,绝无脂粉习气。时同游者为陆玉遐孝廉,与之最昵,《记游》中所谓泪湿罗帕者,即玉遐事也,亦可谓钟于情者矣。后择配令下,适一俗子,颇怏怏。红颜遗恨,千古同嗟。

黑妮儿,不知其真姓名,隶福喜班。面亦颇洁白,非名副其实者。其演剧也,生旦净丑、文武杂出,皆优为之。尤善诙谐,闻其科诨者,无不颐为之解,眉为之轩,故能于诸部中别树一帜。门外车马喧阗,贵客常盈座。后适人去。紫曼陀罗馆主以并未一至其家为憾事云。

巧玉者,直隶吴桥人,隶吉升班。艳名久著。今虽徐娘半老,而一种楚楚可怜之状,尚足动人。能唱正生。其演《进蛮诗》《审刺客》诸剧,摹绘情形,惟妙惟肖,其调高响逸处,尤能绕画梁而遏行云,盖古之韩娥类也。至其登场,面目随时更换,演《一捧雪》之莫成,则忠义奋发,勃勃若有生气,至代戮时能涕泪俱下,观者亦不觉线珠之滚滚也。客至其家,款接之殷渥,吐属之风雅,他雏姬皆不能及,诚尤物也。巧玉已有所主,然不免在二十千之列云。

潘玉儿,小字天仙,大梁人。年十有三龄,即隶喜庆。初为正生。豪情逸韵,击节高歌,听者为之神移,而自不觉座之前也。旋为三升以重价聘去。偶见藕卿装束登场,旖旎风流,心窃慕之,潜自揣摩其形状,久之,悉擅其所长,柔情媚态,更出其上。适藕卿为一显者所昵,代脱乐籍,玉儿遂兼为小生。性颇柔婉,缠头之费,从不与人计较,以故枇杷巷底,车马喧阗,一时声价倍增。梦琴仙客久旅历下,最喜玉儿,每闻玉儿演剧,虽远必至,隅坐静听,辄为之正其节奏。下场见之,必招令入席侑觞,告以曲折有误,必令按腔改唱，自称为顾曲周郎。玉儿慧敏受教，不以为忤，而以为乐，如是者有年。及县令鬻妓令下，凄然曰："宁为才子妾，不愿为俗人妇也。顾我阅人多矣，从未有一相识者可托终身。惟梦琴爱我，然格于例；至年齿迟暮，所不计也。"盖梦琴为幕府上客，当道甚器重之，年亦六十余矣，鹤发童颜，尚称矍铄。鸨以玉言走告梦琴，梦琴跃然起曰："个妮子果有斯志，当代筹之。"遂倩他人应名，而别营金屋藏娇焉。于是每逢花气侵帘，月光入牖，梦琴擫笛，玉儿奏歌，为消遣计。不意好事多磨，梦琴遽以消渴疾卒，旅橐萧然，无以为殓，盖虽为名幕，而南辙北辕，挥霍已惯，去家千里，孑然一身，自友朋外，无一戚串。玉儿尽出其钗钏衣裙，鬻诸市，供丧费，并购地于趵突泉旁，埋其骨焉。事既毕，即往某尼庵，削发入空门，绝无依恋。玉儿自谓此系命焉，不可强也，决弃舞衫歌扇之因缘，而为茶版粥鱼之生活，莲性潜胎，荷丝竟杀，烟花中人，又何不可立地成佛哉？

娟儿，一字慧珠，东昌人，隶福庆班。年仅十四。明眸善睐，容态动人，而一串珠喉，有若晓莺雏凤，故选色征声者，辄推为巨擘，以是艳名独著。瓜字将分，风情半解，眉语眼波，销魂真在个中。所居邃室曲房，尤为幽静。庭中多栽秋海棠，片石孤花，别饶雅趣，入其室者，几忘近于市廛、甚器尘上也。工小曲，颇记近事。出语诙谐，妙解人颐，顾非与客素相稔者，不轻发声。至若粉墨临场，则又慷慨淋漓，哀感顽艳，倾其一座；装束既改，面目亦更旖旎温存，别有一种情致矣。时有山右王君者，硕腹贾也，赏其明艳，拟出千金为之梳栊，然娟儿弗愿也，婉辞却焉。王忿甚，索还所赠物。娟遽出己资，入阛阓售物如客所赠者凡三四，令王自择，王惭而去。娟卒随一贫士，伉俪甚相得。初入门，见己平日所弹琵琶悬于壁间，遽起掷之阶下，裂焉。宾客尽愕，莫解娟意。娟曰："今为良家妇，岂复需此？不能断我手，故假乐器以明志耳。"乃尽叹服。娟之能自立，亦可见矣，宜其出淤泥而不染也。

凤儿，小字玉鸲，武定人。进高升班时年止十五，歌舞超群，已称绝艺。演《天水关》《二进宫》等剧，音调高逸，声情激越，听者尽怡。有客于红氍毹上见之，疑其志厉风云，词成廉锷，眉宇间棱棱有逸气;逮乎歌衫既卸,妍态毕呈,顷刻顿若两人。苹香榭主曾与之订欢,往来莫逆,缠头罗绮之属,馈赠盈箧笥,无所吝也。凤亦先意承志,曲尽缱绻。一日,以有事将去历下,凤特邀诸姊妹,盛设祖帐,饯行于蔚蓝轩,肴馔既陈,笙箫并作,合演《长亭》《草桥》诸出,尽态极妍。演竟,重复入席,洗盏更酌,诸妓更以罗帕锦带赠客,为别后相思之征。众谓数十年来,无此风流韵事矣。

锦儿,字宝慧,章夏人。以家贫,堕落平康,致为鞠部雏伶,非其志也。年十五,犹梳双鬟,一切皆尚吴门装束。工颦善笑,谑浪自喜,女中之东方曼倩也。态度潇洒,举止蕴藉,既扮小生,轻衫小扇,流盼生姿,居然翩翩顾影美少年也。隶四喜,推为翘楚。眉黛时有隐忧。客或有诘之者,俯首不答。固问之,则曰:"其中自有不可言之隐在也。"或有代为之谋者,则又含涕以谢。耕烟羁客往来会垣,所至以锦儿为主,资用出纳,衣服浣濯,一切皆锦儿所司,锦儿亦愿嫁之,托以终身。后客别有所眷,遂与锦儿绝,因是大为姊妹行所白眼,盖锦儿倚门卖笑所蓄,悉以畀客,而为客所乾没也。锦儿叹此中不可以处,一日,自剧场归,手调紫霞膏,以自毕命焉。呜呼!客非人也,负锦儿多矣。

珠儿,小字如意,籍本兰山,自幼寄居天津之吴桥。年已及笄,姿态娟妙,丰神独绝。唱《折柳》阳关三阕,柔情缱绻,韵致缠绵,殊令人之意也消;其余所娴词曲甚多,而此为独步。每演是出,座客常满。珠儿尤以歌胜,韵可绕梁,脆堪裂帛,其错落若走盘,尤不愧珠之一字。顽石道人常偕友往访之,珠儿知其为名下士,款待周旋,尤为优渥。时道人将回江左,友人即于珠儿妆阁饯行。酒半,抗声高歌,响震金石。歌竟,捧觞为生寿,曰:"儿不愿久于风尘,意将择人而事,特意中尚不知有谁何。笔墨稍闲,敬乞作一小传以表彰之。"道人当时诺之而未果。明春,忽患时疸,遽尔怛化,丛葬北邙。吁!亦可伤已!

天南遁叟曰:"齐馈女乐,见于《春秋》,意者其亦管敬仲女闾三百之遗风与?维扬谓之'髦儿戏',不知始于何时。上海向亦行之,今废。粤东女班不亚于梨园子弟,始则歌衣舞扇,粉墨登场,继则檀板金尊，笙箫侑酒，真曲院之翻新，绮游之别调也。余友顽石道人著《历下记游》，阅之聊当卧游。紫曼陀罗馆主之至也后于道人，亦复缀其近闻，出以示余。余虽不得至，心向往之，笔之以代耳食。”

卷十一　名优类志

戏院之闳丽，优伶之美备，征色选声，多材善艺，莫如上海，他省悉弗及焉。客有自汴州返者，述及汴中向有“两天”之谣，一为酒馆天景园，一为伶人天凤也。天景园烹饪得宜，颇具江浙间风味，人多乐就之。天凤隶福庆班，为豫省第一名旦，诸曲皆工，而色尤冶艳。凤年未及冠，貌如处女，当装束登场，一种秀逸之态，妩媚之情，真足荡魂摄魄。曾在北帝庙演剧，有小家女见之，心大爱慕，垂注良殷，归而眠食俱废。其母苦加研询，则曰：“此生不嫁则已，嫁非某伶不可。”其母不许，女涕泣求死。不得已，遣人往询天凤，而凤室固有妻在，还告女。女曰：“得嫁某伶，虽居妾媵之列，亦所愿也。宵征抱裯，并无所悔。”凤闻而深感焉，亦遣冰人往求，许以纳聘礼，竟嫁为小星，婉娩相依，极称顺淑。凤妻貌远出女下，见女吐曰：“此祸水也，将倾我家矣！”妒女甚，百端虐待。女顺受无怨言，且屈意事妇，终不得其欢心。未半年，凤病遽逝，女竟吞阿芙蓉膏以殉。凤妻未释服已从恶少去。嗟乎！如意有珠，返生无药，如生者，亦足悲矣！闻其班中人言，女貌亦与凤相埒。武清梁念庭久客大梁，习知近事，悉凤事甚详。严君紫缦有记，余故得稔其颠末。

小梅者，亦著名之优，旦中之杰出者也。豫省梨园有三部：曰荣升，曰庆福，曰福喜。其为优伶者，多本省子弟，装服黯淡，音节侏离，几于索然厌听，味同嚼蜡。小梅隶荣升班，庸中佼佼，独能冠其侪辈。匡晴皋，豪士也，家本黄州。生平足迹，已半天下，一日见小梅演《思凡》一出，心大嘉赏，自此闻小梅登场，必往观之。同幕诸君俱习见京中名优，咸不以为然。紫缦曰：“诸君何过泥也？夫乘舟于万柄莲香中，临风映日，别样鲜妍，见者或不以为异；至于斋院之间,一盆一盎,植藕其中,或开一二花焉,则珍而视之矣。今小梅在此中,得无类是?”皆笑而颔之曰:“然。”由是小梅名益噪,而于匡君颇有知己之感云。

沪上昔日盛行昆曲,大章、大雅、鸿福、集秀尤为著名。鸿福班中之荣桂,集秀班中之三多,俱称领袖。一登氍毹,神情态度,迥尔不同。三多身材纤小,行步婀娜,其声纡徐以取妍,清脆而合度,真可谓色艺并擅者也。荣桂绮年玉貌,洵如尤物,足以移人。每演《跳墙》、《着棋》、《絮阁》、《楼会》四出,观者率皆倾耳注目,击节叹赏不止。荣桂容尤娇艳,两颊微红,浑如初放桃红,益增其媚。时沪上蒯紫琴、陈子卿辈方以清客串戏,创名“集贤班”,会演于西园,一时来观者,翠袖红裙,楼头几满。王子根又招演于其家,余忝首座,特呼荣桂隅坐,执壶殷勤相劝,于是沪城之妓前来侑觞者,几空冀北之群,可谓极花月之大观,尽笙歌之盛事。今不复见此乐矣。荣桂后蓄厚资,自为领班。

近日盛行京腔,弋阳腔徽班次之,至昆曲,则几如广陵散矣。然吴人尚能为此调,余所心赏者,得二人焉:一曰凤林,一曰桂林。凤林字桐荪。工书,尤善钟鼎文字。能作小词,执贽申左梦畹生门下为诗弟子。生平事母极孝,出入必告,以弦歌之资奉甘旨外,购田宅于吴门为退步计。客有日暮途穷者,桐荪解囊佽助之,其人得不困。慷慨好义,士大夫且难,况得之梨园中人哉?足以风矣。梦畹著《粉墨丛谈》,以桐荪冠一军,良有以也。甲申之秋,桐荪度曲于满仙园,一时贵官毕集。既夕登场,诸技曲呈,无不尽态极妍,座客咸称善。翌日,金粟庵病脚僧与桐荪弹棋于汶水台茗园,桐荪出奇制胜,远出其上,病脚僧自叹弗如。是时桐荪之名噪甚,铭佩农尚衣招同徐畹荪令尹、潘东园郎中张宴于拙政园,桐荪所演诸剧,群蒙赞赏,龙门既上,声价益高。在沪相识多名流,诗词赠答,几盈卷轴,而其性情和平蕴藉,绝无时下优伶积习,洵有足多者。意琴室主谓桐荪能诗而又任侠,较近日之自命为诗人、自负为侠客者,亦远甚矣,赋二十八字赠之云:一曲移情孰与俦,梧桐栖凤几生修。仙心侠骨非凡品,信是梨园第一流。

桂林字蟾香。以同时亦有桂林,故加小字以别之。来沪仅数月,在三雅戏院,年止十九龄。先以桐荪为师,意韵缠绵,情致曲折,别有心授。每演《折柳》《絮阁》两出,意态逼真,听者为之神移。桂林不能饮酒,量几不胜蕉叶;又素不习拇战,惟端坐席上,人与之言,则作腼觍色。秉性聪敏,于曲谱之阴阳清浊,一见即辨。近日读秦九、柳七词,颇有所悟,戏填《如梦令》一阕,妙合宫商云。

京师素重优伶,色艺甲天下。近得此中翘楚者十人,亦堪与桐荪、蟾香并驾齐驱。有好事者特加品题,为区甲乙,操芳丛之月旦,志香国之风流,备列姓名,登之花榜,每人均比以一花,而系以一赞。

一曰兰卿。隶春桂班。芬芳幽洁,有似兰花。赞云:宛宛幽谷,实生猗兰。仙人采之,游戏云端。顺风翔步,进止闲安。唇侔鲜樱,眼晕微澜。魏女罢缝,楚妃惭叹。嫣愁展笑,为众宾欢。兰卿丰格娉婷,腰肢轻亚,逸韵闲情,自然有致。比以王者之香,夫何愧焉。

二曰珊珊。隶永和班。艳冶娇憨,有似杏花。赞云:珊珊明秀,产于燕野。肤昭雪映,脸晕霞赭。转喉清妙,应弦高下。宾从络绎,贤愚同冶。高不违俗,谑亦谐雅。杏花晴日,以拟粲者。珊珊容敛朝霞,眸凝秋水,圆姿秀靥,别具风流。比以杏花之绰约妩媚,庶几似之。

三曰三顺。隶荣庆班。清净娟妙,有似莲花。赞云:静女其姝,丰容愉愉。处嚣若寂,含慧如愚。诵言则笑,听言则俞。宾筵高张,佩帨安徐。天然之宝,无假范模。我言匪谀,如莲出污。三顺貌似六郎,面如满月,凌风出水,摇曳多姿。拟以荷花映日,窃谓过之。

四曰如意。隶德魁班。窈窕冶媚,有似桃花。赞曰:娟娟如意,灼灼流光。吹管调丝,招我由房。隽言清辩,四座莫当。罗衣绮襦,左右回翔。善谑匪虐,不薰而香。桃花犹在,刘阮神伤。如意善于词令,齿颊流芬,含芳蕴艳,丽自天生。桃花流水,掩映夕阳,亦足以传神阿堵矣。

五曰湘云。隶涌泉班。红艳生娇,有似海棠。赞云:颀颀湘云,北里之美。明月照雪,清光四起。十指削葱,双瞳剪水。宜嗔宜笑,娇于纨绮。高名在口,不矜以喜。敢借春阴,护兹琼蕊。湘云素面呈妍,清眝流盼,长身玉立,有如玉树临风,自然名贵。拟之露□海棠,别饶润泽。

六曰素芬。隶玉莲班。烂漫绚丽,比以木芙蓉。赞云:玉池采莲,素芬远出。含芳佩华,皎若圆月。娟娟丰容,珊珊秀骨。微笑无声,清言徐发。薄采秋花,伦拟素质。晴江澄练,清怨未歇。素芬娟秀微妙,有似绚烂之后,归于平淡。拟以木芙蓉,盖神似也。

七曰笑梅。隶山泉班。丰丽秾粹,似芍药。赞云:英英笑梅,壮气喷薄。解我绣襦,披我罗幕。任情独往,谁美谁恶。翩翩冠玉,艳质斯托。高屐翩跹,长裾绰约。安仁可作,赠之芍药。笑梅倜傥风流、端庄流丽兼而有之,故以芍药媲美焉。

八曰小翠。隶宝树班。色丽容娇,似玫瑰。赞云:马缨花下,列屋重重。小翠攸宅,意远态浓。艳花当月,流波泛风。尊酒未终,香肢告慵。色授魂与,众宾融融。柔枝冶叶,玫瑰攸同。小翠具柔媚之姿,出以矜持,目可得而玩,手不可得而触,有似玫瑰。

九曰翠云。隶兰馥班。花浓雪聚,似绣球花。赞曰:兰馥第九,美名接武。翠云晚出,亦为时许。温如玉润,浓若花聚。香肩承颐,长鬓压辅。维其静逸,无损媚妩。畴云绣球,非众芳伍。翠云玉润珠圆,别饶丰致,绣球之比,言其实也。

十曰小卿。隶宝树班。香远质丽，似真珠兰。赞曰：太璞浑浑，良质温温。南有小卿，亦以色珍。外逸中慧，迹疏情亲。虽居嚣尘，慎于语言。孤芳自馨，静志不喧。敢援珠兰，窃比玉人。诸伶皆产自北，小卿独来自南，别饶丰韵，自具芬馥，比以珠兰，洵无不宜。

拳乱笔记

【德】瓦德西

瓦德西（Alfred Heinrich Karl Ludwig, Conut von Waldersee, 1832—1904），德意志帝国军人。1900 年 6 月，俄、英、美、日、德、法、意、奥等八国组成侵华联军，10 月，瓦德西抵达北京，正式就任联军司令，次年 6 月解任离华。王光祈从《瓦德西回忆录》的英文节译本中摘译瓦德西任联军司令期间的日记、笔记和往来文件，始自 1900 年 8 月 7 日受德皇电旨任命，迄 1901 年 11 月回国后给威廉二世的报告，题名《瓦德西拳乱笔记》，由上海中华书局 1928 年印行。

1900 年 10 月 22 日之报告

就宫内情形而言，又可证明该宫最大部分可以移动之贵重物件，皆被抢去。除少数例外，只有难于运输之物，始获留存宫中。至于皇室所居之房子——因其狭小之故，不应以"宫"字名之——未尝受着损害。反之，其余附属宫中之各处房屋，如戏园、庙宇、吏室、仓库等等之曾经封锁者，均被横加劈毁；所有其中存物，凡认为没有价值者，皆抛置地下以及院落之内。

为收拾宫中房屋，以作司令部驻所起见，曾用九十人，一连整理十日。现在虽已略可居住，但欲完全扫除就绪，则此刻尚不可能。所有戏台装束、浣濯用品、破碎之磁器玻璃、打烂之什物家具，直至今日，犹堆积各处未被司令部划归应用之屋内。

1900 年 11 月 23 日之日记

今日余曾到中国戏场之内。中国人极嗜戏剧，北京方面设有不少戏园，最富之人并往往筑有私家戏场。余曾被（中国）年老商人邀请多次。直到最后余将请帖领受之时，于是大宴演戏一次。余与随员人等备受优礼迎迓，并导入特设雅座之厢内，其中安置备有桌面之桌子一张，除了此地无时或缺之清茶以外，更有香槟酒、果子、糕点、雪茄烟等等，以享余等。最初开演两折毫无意义之短剧。所有女角，皆以男子代之。盖因女子素来极少在公众之前露面也。同时并杂有音乐于其间，足使石头化软，或者说得切实一点，以便使人头痛。所有观剧之人，坐在小桌之旁，大抽烟筒，饮茶吃果，亦复同样喧哗不已。中国人吃茶高呼"好"字，以代替（我们）Bravo 按，即"妙哉"之意一字。终场更以王侯、厉鬼、战士等等跳打一阵，此种跳打技术，实为余生平尚未见过者。当余挨过一点半钟以后，复坐余车之中，于是不胜庆幸（得离苦海）。

霞外攟屑

【清】平步青

平步青(1832—1896),字景荪,别号栋山樵、霞偶、常庸等,山阴人。同治元年(1862)进士,历任翰林院庶吉士授编修、侍读、江西粮道并署布政使等职。平步青长于目录之学,校书88种,晚年自订所著为《香雪崦丛书》,今所见《霞外攟屑》即为其中之一。此据上海古籍出版社1982年整理本辑录。

卷九　难中福

近沪上戏园新剧有《难中福》一出，事见《平定粤匪纪略·附记四》，云镇江失守时，贾周某自城逸出，遇贼队，匿迹尸下。贼去欲起，复闻呵殿至，伏不敢动。俄有曳其发起立者，见一官着古衣冠，熟视之曰：此应死龙王庙前王三麻子手者。释之去。周知为神，惧甚，乘夜急行，循江七八里，得渔舟，亟登之。有一家五六人先在焉，舟人以无资逐之，泣涕求载，不允，周怜之，探怀得十余金，尽□舟人。风浪不可行，次日风益甚，舟人强挂帆行。周素怯，不敢北渡，跃身上岸，舟乘风倏达北，复大悔，忽念死已前定，径趋龙王庙门坐待之。日晡，贼对络绎过，皆未顾问。尾一骑至，持矛刺周喉，周亟呼王三麻子，骑马贼抽矛，诘以何处相识。周述神语，贼云：死妖何能知？偏欲释汝。周告以逃亦无资，不如死。贼掷一纸裹与之，扬鞭去。解视则黄金二十余两，乃雇舟至仙女庙得免。刊人皆知其事，剧中关目亦相类，第益以胡文忠公督师鏖战，周说王反正，则剧场附会，为砌末热闹地耳。《里乘》卷十五作赖事，略异。

见闻琐录

【清】欧阳昱

欧阳昱(1838—1904)，字康士，号宋卿，江西宜黄人。清代学者、教师。平日钻研经史，著述颇多，有《见闻琐录》、《桑蚕简要录》、《春秋左传事萃》、《崇本堂文集》、《寄感记》等。此据岳麓书社1986年整理本辑录。

观　剧

德晓峰中丞抚吾省，最喜观剧。章门无名优，由上海招二人至，曰双林、双凤，年轻而俊美。又有曰八斤旦者，中丞尤昵之。每日给钱九串为常，赏资在外。计一人一年所费何止三千串。而林、凤二人，闻每日所给亦不下十四五串。余稍次脚色甚多，每日又需数十串。大约中丞此款，每年不出二三万串之间。南昌县汪以诚亦以演剧为命。章门优伶中，略可人者曰四九，扮旦脚，汪极爱之。嗣是一抚一县，尝令四优递演，不问民事。某日，为中丞生辰，汪以茉莉花扎一戏台，费白金一千二百两。四优宠极而横，尝在城外争渡，打死二人。抚、县置若罔闻，后经控发，汪以钱贿和寝事。人因撰诗三十章，讥刺其事。流入都中，经御史奏参，中丞委过于汪，汪遂褫职去矣。中丞贪极，卖缺多平分，缺可二万金，每年分万金；缺可万金，每年分五千金；缺可五千金，每年分二千五百金，故囊橐甚富。

燕下乡脞录

【清】陈康祺

陈康祺(1840—1890),清代鄞县(今属浙江)人,字钧堂。同治十年进士,累官刑部员外郎,后任江苏昭文知县。著有《郎潜纪闻》四十二卷,记叙清代政治、经济、文苑、典制、社会习俗等方面的史事。《燕下乡脞录》又称《郎潜纪闻二笔》,凡十六卷,光绪七年(1881)刊于暨阳。此据中华书局整理本(晋石点校,1997 年出版)辑录。

卷　一

徐文穆相国本，予告归杭州，适里中社事正盛，昼夜相竞，立戏场数处，各以台上灯联求书。却之不可，乃大书曰：防贼防奸防火烛，费钱费力费工夫。复书一匾曰：戏无益。众喻其意，遂止。是真士大夫居乡之轨范也。

卷　三

阿芸，苏州女伶也，失其姓。超勇公海兰察平定台湾，还过吴，当道饯之虎丘画舫。芸出侑酒，公大钟爱，为脱籍挈之去，宠专房。公性粗躁，纵嗜欲，芸婉曲陈谏，多所保全。公子安禄尤不检，芸能裁抑之。公殁之日，芸不哭泣，独絮絮向安禄规劝，语以功臣子孙不易为，贵家门户不易守，安禄甚感其言。是夕，芸投缳殉矣。公喑呜叱咤，气盖万夫，偏有此缠绵悱恻之贞姬，报公一死。英雄儿女，奇事奇人，惜无谱宫商以流传乐府者。

椒生随笔

【清】王之春

王之春(1842—1906),字爵棠,号椒生,清湖南清泉县人。弱冠从戎,先后作为曾国藩、李鸿章和彭玉麟的部属,参与镇压太平天国起义,历任山西巡抚、安徽巡抚、广西巡抚。著作有《国朝柔远记》(后改为《通商始末记》)、《瀛海危言》等。此据岳麓书社点校本(喻岳衡点校,1983 年出版)辑录。

卷三　黑相公

京伶之冷落者号"黑相公",好事子咏之云:"万古寒酸气,都归黑相公。打围何寂寂,应局故匆匆。飞眼无专斗,翻身即软蓬。忽闻条子到,喜色上眉峰。"有湘兰者,亦黑流也,友人朱君独赏之,大为称美。后以其呼为老头儿,朱遂大愠,乃绝之。寄来一诗云:"梨园声价重京师,南国人来罄旅资。夙债已偿清兴减,头衔博得老头儿。"此语蕴藉,不似前作之轻薄也。

读书稀庵笔记

【清】陈恒庆

陈恒庆(1844—1920),字子久,山东潍城人,光绪十二年(1886)进士,历任工部司员、御史、知府,清廷逊位后弃官还乡。《读书稀庵笔记》,又名《归里清谭》,乃记宦游见闻及家乡风物之作,于民国六年(1917)集结成书。此据虞初近志本辑录。

崔灵芝

予在京时，名优有三灵芝，曰丁，曰李，曰崔。李美秀而文，不善歌而能作小诗，颇有雅趣，河间府献县人，不知其乡有纪文达，予乃赠以《纪氏五种》一部。丁则善唱戏，而貌微寝。崔则无美不备，令人见而神倾，以故声价极高。一日，予凌晨赴城署，出正阳门，见数十人立于桥上，似将迓予。旋见众人罗跪车前，呈递呈词。予略阅之，谓曰："到城听断。"乃相率至城署。细阅所诉，乃两戏班争崔一人。此曰："崔先受我三百金，允入班唱戏一年。"彼曰："崔旧在吾班中数年矣，不辞而行，实不合理。即索三百金，亦愿予之，何故舍旧而新是谋。"崔言后所得三百金，业已用罄，无力偿还。予谕之曰："此事易易耳，每日为两班演唱，或先或后，听汝自便。都中皆夸汝为美人，又夸汝歌喉，谓能绕梁三日。一日演两出，吾知听汝戏者，仍趋之若鹜。且一岁得六百金，视宰相年俸尚优，岂不善哉。"予知两班无不乐从。两班齐声曰："遵断。"崔曰："多得金固好，惟一日演两出，恐劳累以死。"予厉声曰："人皆爱汝，予独不爱汝。劳累以死，正合予意。遵断勿得违，违即笞尔臀。尔身为优伶，亦当保尔臀也。"群笑而退。僚友谓予善作游戏文字，第谑而虐耳。此后日演两出，园主及观剧者，啧啧颂予功德。予曰："功德止此耳。"

大老板

咸同间，京师名优曰程长庚，以文人不得志，降为此业。持身严正，一介不苟取，名其室曰"四箴堂"。扮老生脚，喉音高亮；演昆曲，则平上去入，字字能叶。予犹及见之。菊部称曰大老板。每逢戏园演剧初开场时，十六七岁优伶，白面拭粉，华衣饰体，群立于场上，作倚门之态。于是纨袴子弟，轻薄狎客，神游目击，望眼欲穿。至四五出以后，后台呼曰："大老板到。"则倚门之伶潜身远避。每年冬季,长庚则演汉室三分全剧,不袭《三国演义》之说,按陈寿《三国志》演之,忠臣义士,俨若再生。予见时,已年逾六旬,口齿已落其三四,咬字微觉费力。其徒汪桂芬、谭鑫培,只能效其落齿时之音,其中年之音,不能仿佛,所谓调高寡和也。长庚之孙,幼赴德国学校肄业,言语文学,尽能通晓。归国后,为外交部译官,保为道员。先尚讳言家世,今共和告成,五族不分等差,缙绅大夫乐与订交。予闻之而喜。

京师戏园

菜馆京师戏园非一人一家自建也。其始醵金建之,各有地段,如楼上下池子,各有主,若地亩然。日后或转买典于他家,开戏时派人收票。缘京中居人,无地可种,故以此为业。最惧者,因闹事封门,则有若荒年矣。予巡中城,虽遇争斗之事,向不封园门,判责而已,恐赖此业者,失所望也。且一园之中,每逢演戏,卖茶果者,卖点心者,送戏单者,送手巾拭面者,皆贫民藉以糊口,乌可断其生计?惟陆军兵士,不免恃强滋事。其时姜军门桂题统兵,予婉告之,时加约束。数年间,竟晏然无事。俗传园中正面楼一间,为备巡城御史观剧,非也。清例官员不得入戏园酒馆,处分綦严。如遇团拜,在会馆观堂会戏则可,宴集在饭馆庄则可。饭庄皆名某堂,招牌上书"包办筵席"四字。昔毛尚书爱吃太升馆之馔,命改曰太升堂,并挂"包办筵席"招牌。李文忠公爱吃聚丰堂之荷包鱼翅及鳜鱼片,因系饭庄,故常偕友前往。至正阳楼之炮烤羊肉,其薄如纸;太和楼之蒸螃蟹,其大如盘,均系小馆,大员不能前往,唤至宅中宴客则可耳。自交涉日多,出使大臣络绎回国,沾染洋习,遇有宴饮,多在洋饭店中,予时得追陪。以乡村粝食之腐儒,亦能大嚼洋味,痛饮洋酒。习俗移人,殆不能免,殊可笑也。

津门杂记

【清】张　焘

张焘，字赤山，祖籍浙江钱塘，生于北京，幼年随父寓居天津。《津门杂记》三卷，仿《都门杂记》、《沪游杂记》之体例，凡天津一地之城邑河渠、军政海防、风俗人物，数十年之兴废变迁，一一载录。此据民国上海进步书局石印本《笔记小说大观》辑录。

卷上　四月庙会

四月庙会最夥，初六初八日，天津府县城隍庙赛会，自朔日起至初十日，香火纷繁，而灯棚之盛，历有年所，尤为大观。各所分段搭造席棚，或三或五，两庙相联，灯彩陈设，备极华丽，文玩字画，鼎彝尊罍，相映成辉，俱系大家所藏者，皆能借用壮观。两庙戏台纯用灯嵌，晚间请有十番会同人，在县庙戏台上，奏古乐数曲，随有昆曲相倡和，皆旧家读书人也。府庙后楼罩棚亦有戏台一座，于正会之次日，有祝寿会演戏一天，为神祝寿，灯彩尤精妙。戏台上有梅君宝璐题联云："善报恶报，循环果报，早报晚报，如何不报？名场利场，无非戏场，上场下场，都在当场。"颇寓劝惩，使他处挪移不得。又寝殿题联云："惟神则明，无惭衾影；夫微之显，不爽毫厘。"凡出会正日，热闹排场，不亚皇会。下午随驾有装扮各色鬼形者，或身高丈余，或身矮三尺，面貌狰狞，摇头摆手，奇形怪状，不一而足，令人可怖。并有书役皂隶，文武仪仗，旗锣伞盖，斧钺金瓜，宝扇提灯，对马执事，蟒袍兽补，按辔徐行。炉鼎缤纷，旃檀缭绕，鼓吹音乐，清韵悠扬。又有因病立愿者，是日身扮罪囚，衣以赭衣，系以缧绁，名曰红犯，亦复不少，俱随城隍神出巡，于西郊赦孤，游人格外纷沓。

卷中　档子班

档子班一名小班，亦妓女之流亚也。堂名在侯家后，蓄雏姬数人，玉貌绮年，颇能度曲，所唱名曰档调。莺歌燕舞，倾倒一时，诚堪引人入胜也。

竹枝词　　　　唐尊恒芝九

小班档子著芳名，别有优伶骨骼轻。若使论才兼论价，拙于沪上贵于京。

卷中　下处

优伶美其名曰相公，即像姑之讹音，言其男而像女也。向居侯家后，其寓所曰下处，主人曰老板，多半亦梨园子弟出身，积有余资，遂蓄雏伶，自立堂名，教之歌舞，或唱老生，或作花旦，后来之翘楚，为本色之生涯。凡张宴请客，有以清宴不欢者，必书小红纸，传唤歌童来侑觞，曰叫局。童应命赴局，谓之赶条子。来则执壶劝酒，情致缠绵，大有翠袖殷勤捧玉钟之概。或拇战，或高歌，谈笑诙谐，差强人意，令人如饮浓醪，醉不自觉。按京都狎优，不过征歌侑酒，逢场作戏，无伤风雅，彼此尚知自爱，不必实事求是。而天津私坊，品格较低，供人狎昵，任所欲为，后庭一曲，真个魂销，其命薄无奈如此！

叫局

褰帘省识主和宾，遍酌当筵酒一巡。斟到郎行杯更满，儿情浓似玉壶春。

转局

拇战腔疑百啭莺，西皮唱罢意将行。只因转局难终局，无限伤心落箸声。

卷下　戏园

天津戏园有四，一名庆芳园，在东城外袜子胡同；一名金声园，在城内鼓楼北；一名协盛园，在北门外侯家后西首；一名袭胜园，在北门外大关桥口迤西。所有戏班向系轮演，有京二簧，有梆子腔，生旦净丑，色艺俱佳，饶歌妙舞，响遏行云，是足动人观听。每日宾朋满座，尝有雏伶三五成群，周旋座客，秋波流媚，粉腻衣香，旁观者不觉延颈举踵，目光灼灼。昔人有咏官座云："左右并肩人似玉，满园不向戏台看。"概可想矣。惟座后看白戏者人数壅塞，环绕如六曲屏山，挥之不去，致足厌也。各班角色聚散靡恒，不能备载。

小伶上座　　赋艳词人

轻移玉趾步翩翩,数语寒暄对客前。一握柔荑无限喜,好花相映各争妍。

装烟

莫负殷勤美意虔,纤纤亲送几筒烟。笑他老大生涯贱,惯向人旁胁两肩。

春冰室野乘

【清】李岳瑞

李岳瑞(1852—1927),字孟荇,陕西咸阳人,曾任工部员外郎、充总署章等职。《春冰室野乘》三卷,发表于宣统年间之《国风报》,记录清代朝野秘闻及文坛轶事。此据宣统三年(1911)广智书局初版辑录。

卷下 咏雏伶五九事

京师雏伶五九者,以色艺名丁戊间,南海张樵野侍郎昵之。侍郎之谴戍也,门生故吏,无敢往送行者。五九独弃所业,追送至西安而后返。都下一时,称为义伶。两家集中,各有《氐州第一》一首,即咏此事。王云:“何事干卿,笙风唤起,当歌对酒情抱。舞扇留云,边笳诉月,凄绝荣华露草。三五年时,记旧约拢房深窈。张绪风前,秦宫花底,负春多少? 又试新声莺燕小,话前事、乱愁谁扫。迷蝶春心,闻蝉客思,甚梦醒人杳。乍开帘惊见处,歌尘惹、闲情绝倒。玉笛从今,定愁翻、伊凉别调。”朱云:“轻薄筝尘,零乱钿粉,当筵恨压眉小。密绪连环,清吭掩扇,凄隔秦天缥缈。蕃马屏风,有暗月窥人偷照。玉杵深盟,金钱浅掷,顿催欢老。 八九惊乌栖树少,定输与、羁雌鸣绕。毳幕思新,珠田梦远。蓦并归愁抱。惹花前闲泪落,停杯处、相看一笑。谁打鸳鸯,锦塘空、孤眠到晓。”

沪游杂记

【清】葛元煦

葛元煦，杭州人，太平天国战争期间旅居沪上。《沪游杂记》成书于光绪二年(1876)，仿《都门纪略》体例，凡沪上风俗、人物、食货、吟咏，无不备载。此据光绪二年仁和啸园刊本辑录标点。

卷二　时式衣履

洋泾浜一隅,五方杂处,服色随时更易。自京班来沪,一时官商士庶强半京装。其甚者,男则宽衣大袖学优伶,女则靓妆倩服效妓家。相习成风,恬不为怪。上海初不知二黄调,今则市井儿童亦能信口成腔,风气移人,一至于此。

卷二　戏园

文班唱昆曲皆姑苏大章、大雅两班所演,始于同治二年。自徽班登场而文班减色,京班出而徽班皆唱二黄。迩来京班以丹桂茶园、金桂轩为最,金桂武戏较胜文班,惟三雅园皆吴下旧伶,惜知音鲜矣。其次富春茶园,脚色有大小,天仙茶园京徽合演。此外丹凤园、同乐园亦以徽调间京腔。尚有帽儿戏、花鼓戏,早奉查禁。至广东戏音调仅分男女,无生旦净丑之别,所演小说居多,刀斧悉画五彩。两次来沪,看客无多,停止数年。丙子七月复来,瑶仙玉班在石路北丰乐园旧基开演,改为庆乐园。十月间仍归大雅班开演昆戏矣。

卷三　洋泾浜序

西泠漱华子

海天富艳,景物饶人。花月清阴,春光醉我。香迷十里,爰开歌舞之场;丽斗六朝,敢续烟花之记。则有地名北里,美集西方。花灿堆银,天真不夜;火齐列树,星有长明。杨柳帘栊,送出笙歌一派;枇杷门巷,围来粉黛三千。或步软绣而寻芳寻芳里,或听钧韶而同庆同庆里。水边多丽丽水台,排翡翠之香楼;桂下原馨桂馨里,构蟾蜉之暖窟。百花里敞,双秀堂开。兆添富贵荣华,当驻香车宝马;锦昼东西南北,偏多翠羽明珠兆富、兆贵及东昼锦、西昼锦等,皆里名，教坊俱聚于此。松风吹弦管之声松风阁，桐月丽妖娆之色桐月楼。吴绛仙之冷艳，黄菊经霜吴素卿，鞠部其选也，以下都一时名姝；谢小娥之娇憨，绿芙出水谢宝琴。仙渡银河之鹊李巧仙，娥分白玉之蟾吴月娥。万缕回文，兰言锦织沈文兰；一枝金粟，桂殿香分金桂、桂林。朱粉不施，冠花枝于南部朱南官；翠颦淡扫，迟琴韵于西楼翠琴。本月阙之仙人，尘间小谪月仙；是云中之彩色，天上飞来彩云。杜兰香丰韵娉婷张韵兰，袁宝儿秀姿妩媚蔡秀宝。解汉皋之佩，卿意云何佩卿；赋洛水之仙，雅人深致雅仙。鹅绫十幅，全描锦字于环中十全；鸾镜双窥，喜立情郎于影里双喜。文皆争宝，两称苏小芳名诸文宝、周文宝，时齐名；爱祗为卿，愿向君王广觅沈爱卿、黄爱卿、小爱卿，名此者甚多。要皆具可餐之秀色，秉绝世之英姿秀英。杏白梨红，关心细认；荷珠兰玉，过口犹香。而且花既含娇，叶还竞媚。泥中小婢，惯通蜂蝶之蹇修；帘底妖姬，窃学鸳鸯之野偶。琼浆一盏，便嫁云英；玉宇三椽，即留阮籍。乍离乍合，空谈朝暮之期；予取予求，不记氤氲之簿。心岂同夫栀子，头偶并夫莲花。只须十五嫁王昌，无俟三年窥宋玉也。若夫曲艳霓裳，歌翻玉树；记广寒之旧谱，度金缕之新腔。本为桂府传来，桂看列四金桂、丹柱、攀桂、同桂，皆戏馆名；听到雅音迭奏，雅可成三三雅园。翠绕珠围，一纸下红妆之牌；烟斜雾散，满庭流春海之芳满庭芳，亦戏园名。管则急而弦则繁，乐府新来北地；婉以柔而清以越，吴歌总说西昆。寺启金山，图开铁冠《金山寺》、《铁冠图》，以下皆戏名。黑沙洞里，鬼帜神旗《黑沙洞》；青石山前，雨师风伯《青石山》。淮安府虎狼竞闹《淮安府》，赵家楼蝴蝶寻花《赵家楼》。金凤描来《描金凤》，白蛇传出《白蛇传》。楼中结蜃，宝光腾海气之结《蜃中楼》；阁下回龙，仙仗焕朝仪之彩《回龙阁》。冠裳入座，艳夺红菱《红菱艳》；巾帼登场，钗横紫玉《紫玉钗》。莫不炙燕莺之脆舌，泻珠玉之歌喉。他如鼓击花奴，丝牵木偶花鼓戏、牵丝戏，现诸天之魔舞，宣大地之音声。有馆皆歌，无街不绣。别有厨非香积，市等长安。金斗十千，吴姬劝酒；玉盘百品，易牙调羹。豹舌熊蹯，何止脍毋厌细；玉杯象箸，果然器必求精。同兴则帘卷水晶同兴楼，益庆则窗横云母益庆楼。味擅东南之美，雅说新楼新新楼；羞调西北之珍，共推泰馆泰和馆。神仙留玉佩，卿相解金貂，洵不虚矣。至于万里云写其间情万里云,一洞天涤其雅抱。清泉则春暖烹茶,醉墨则秋高掀笛清泉楼、醉墨林。胜难枚举,国可香称。明知色味馨香,回头是梦;争奈莺花风月,过眼兴怀。未免有情,小志沪滨之韵事;于斯为盛,来添海国之清谈。

卷三 上海感事诗

忏情生

客到申江兴便狂,纵饶悭吝也辉煌。四元在手邀花酒,八角无踪入戏场。但看衣裘原绮丽,若论事业竟荒唐。只愁三节辰光近,欲避无台债孰偿。

时装广袜与京鞋,结束风流子弟佳。丹桂园方呼狎妓,同新楼又拥娇娃。腾空高坐蓝呢轿,点戏荣书白粉牌。才拟招魂惊落魄,惨经宝善一条街。

卷三 沪北十景

薪 翘

桂园观剧

相传鞠部最豪奢,不待登场万口夸。一样梨园名弟子,来从京国更风华。

夜市燃灯

电火千枝铁管连,最宜舞馆与歌筵。紫明供奉今休羡,彻夜浑如不夜天。

卷三　申江杂咏百首

邗上六勿山房主人稿

戏馆

丹桂天仙接比邻，还饶金桂斗时新。京徽且漫评优孟，等是登场傀儡人。

卷三　浪游琐事词

调寄《蝶恋花》　半禅居士

戏馆

吴浙青阳纷竞演，妙舞新歌，北部今称冠。处处逢场邀采伴，香风溢巷云軿满。　地火灯屏明灿烂，傍玉偎兰，入座听忘倦。三叠霓裳宵未半，四维罗绮偏先散。

女优

小队登场姿婉娈，袅袅婷婷，早入勾栏选。一曲凌波罗袜浅，临风欲把仙裾挽。　忽引娇吭歌调变，侧帽宫花，斜压蝉云颤。巾帼须眉俄顷换，雌雄扑朔浑难辨。

花鼓

一角彩旗斜挂处，小小茶楼，忽打鼕鼕鼓。未出画屏声早度，销魂最是莲花步。　新样时装新乐府，兰芍欢情，争睹婆娑舞。騃女痴男观似堵，宵阑不避行多露。

出局

一寸红笺传蓦地，阿母催妆，刺促珠帘底。俟我乎而须早诣，玉楼小宴梨园戏。　檀板金樽筵未散，且住为佳，并坐牵罗袂。

杜宇催人缘底事,抽身酒半留无计。

卷三　申江感事词

调寄《蝶恋花》　梦觉人

其四

锣鼓声喧朝又暮,脚色京都,绝艺兼文武。灯火自来高下布,座中人满无空处。　　才下肩舆争引步,不坐包厢,正桌英洋五。少待片时无意绪,纷纷叫局红笺去。

卷三　海上十空曲

香鹭生

戏馆

锣鼓声中,鬼帜神旗气象雄。奇幻《盘丝洞》,艳冶《描金凤》。咚!异曲更同工,京徽争哄。士女纷纭,错坐几无缝。君看优孟衣冠总是空。

花鼓戏　髦儿戏

异处求工,淫逞妖姬狂逞童。花鼓新腔送,卖眼春心动。咚!丑态帽儿同,干戈虚弄。一样排场,难把周郎哄。君看轻薄桃花总是空。

卷三　沪上新咏仿

七笔勾体　失名

其一

鞠部名优,争看春奎杨月楼。正桌红妆侑,出局乌师候。嗏!

国忌不停休。闲消白昼，慢道功名，一曲《长生》负。可叹把礼法王章一笔勾。

卷四　丹桂、大观、天仙各茶园名班脚色

孙春恒　《空城计》孔明、《寄子》邓伯道、《审头》陆炳、《请宋灵》岳武穆。

孙鞠仙　《文昭关》伍员、《天水关》武侯、《捉放》陈宫、《战荆湖》宗泽。

刘均喜　《李陵碑》杨业、《造白袍》刘先主、《乌盆记》绸缎客。

林连桂　《琼林宴》范文正、《八大锤》王佐、《乌龙院》宋江。

刘久奎　《凤鸣关》赵云、《一捧雪》莫仁。

陈万有　《取成都》刘璋、《洪羊洞》杨延昭。

麻子红　《芦花河》薛丁山、《海潮珠》崔抒。

张云亭　《斩黄袍》高怀德、《焚棉山》介之推。

赵祥玉　《伐子都》颍考叔、《打严嵩》严嵩。

小秃三　《陈塘关》哪吒、《赶三关》薛平贵。

杜蝶云　《状元谱》陈大官、《贩马记》赵县令、《闺房乐》赵子昂、《讨荆州》周瑜。

杨吉祥　《卖胭脂》郭华、《黄鹤楼》周瑜、《取洛阳》岑彭。

任　七　《翠屏山》石秀、《连环套》《恶虎村》《落马湖》黄天霸、《蜈蚣岭》武松。

黄月山　《伐子都》子都、《四杰村》俞千、《赵家楼》华云龙、《泗州城》孙悟空。

李春来　《三岔口》任唐辉、《八蜡庙》黄天霸、《四杰村》俞千、《摩天岭》薛仁贵。

陈春元　《四杰村》俞千、《挑华车》高宠、《无底洞》孙行者。

贵　小　《连环套》朱光祖、《九龙杯》杨香武、《三叉口》刘利华。

王八十　《界牌关》罗通、《武当山》朱太祖。

沈韵秋《界牌关》罗通、《九龙杯》季全。

一斗金　《跪楼》罗章、《走国》姬光。

大奎官　《白马坡》颜良、《盗御马》窦尔敦、《取洛阳》马武。

谢梅卿　《昊天关》花逢春、《四杰村》濮天雕、《落马湖》万金诏。

王兆奎　《焚绵山》介之推、《凤鸣关》赵云。

孟　七　《收关胜》关胜、《飞叉阵》祁虎豹、《白莲寺》和尚、《狮子楼》武松。

赵殿奎　《北极观》蔡天化、《美人计》张飞。

董三雄　《取洛阳》马武、《绝凤岭》庞士元、《九龙杯》黄三太、《天水关》姜维。

环　九　《辰州擂》燕青、《八蜡庙》张桂兰。

张大四　《武文华》武文华、《四美图》蒋忠、《艳阳楼》青面虎。

袁世奎　《牛头山》金兀术、《锁五龙》单雄信。

田　黑　《盗御马》朱光祖、《霸王庄》杨相和。

赵德虎　《潮金顶》周将军、《白水滩》青面虎。

周松林　《状元谱》坟丁、《梅玉配》周婆、《借妻》张骨董。

周来全　《贪欢报》张旺、《讨鱼税》教师、《滚灯》。

朱二小　《绒花记》崔其发、《双铃记》奸夫。

李毛儿　《卖皮弦》客人、《双钉记》吴能手、《十二红》毕朋。

秃扁儿　《阎王乐》阎王、《翠屏山》海阇黎。

陈吉太　《双跑马》张三、《三上吊》窃贼、《三岔口》刘利华。

李棣香　《雄黄阵》白蛇、《群英会》周瑜。

赵宝龄　《双钉记》白金莲、《红鸾禧》金玉奴。

朱翠凤　《三休》樊梨花、《回龙阁》、《打金枝》公主。

谢宝林　《蟠桃会》猪婆龙、《梅玉配》少夫人、《海潮珠》崔杼妻。

刘凤林　《上坟》小寡妇、《卖饽饽》大嫂子。

陈彩林　《取金陵》凤吉公主、《打花鼓》花婆、《四郎探母》公主。

万盏灯　《上坟》小寡妇、《双摇会》二娘、《翠屏山》潘巧云、《乌龙院》阎婆惜。

十三旦　《回龙阁》公主、《佘塘关》佘赛花、《八大锤》陆文龙。

十四旦　《海潮珠》崔杼妻、《佘塘关》佘赛花、《四郎探母》公主、《十八扯》妹子。

一盏灯　《刺目》李亚仙、《拾玉镯》宋玉姣、《双摇会》二娘。

小桂寿　《拾玉镯》宋玉姣、《抱娃进府》表大奶奶、《送灰面》大嫂子。

吴兰仙　《来唱》二奶奶、《双摇会》二娘。

黑　儿　《四杰村》鲍金花、《演火棍》杨排风、《泗州城》龙母、《金山寺》白娘娘。

韩桂喜　《五福堂》白牡丹、《演火棍》杨排风、《泗州城》龙母。

淞南梦影录

【清】黄式权

黄式权，南汇人，曾任《申报》主笔。《淞南梦影录》于沪滨俗尚、名园胜游、时人诗文乃至北里韵事，皆一一记录之。此据民国上海进步书局石印本《笔记小说大观》辑录。

卷 一

梨园之盛，甲于天下；缠头一曲，最足消魂。昔年负重名者，如小桂寿、邱阿增、刘凤林、小十三旦、葛子香、陆小芬、万盏灯之类，六七年中，都风流云散，莫可问其踪迹。即偶有存者，而老去徐娘，风流顿减；病来霍玉，情绪都非。未免有情，夫亦不堪回首矣！后起之秀，昆班中有周凤林之《挑帘裁衣》，吴兰仙之《湖船》、《惊梦》；京班中有蔡桂喜之《梅龙驿》，月月红之《贵妃醉酒》，想九霄之《三上轿》，王翠喜之《十八扯》，婴宁旦之《红鸾禧》。花飞钏击，亦足娱目骋怀，何必寻翠被之余香，味樱桃之芳液，始足销魂荡魄哉！

无业游民及梨园子弟之失业者，纠土娼数辈，薄施脂粉，装束登场，荡态淫声，不堪听睹，名曰花鼓戏。向年新北门外吉祥街一带，不下十数家。自叶顾之观察宰我邑时，严行禁止，有犯必惩，其风始息。比年，虹口及西门外幽僻之处，时或一演，苟为捕房访闻，无不即时逮案。方整鸳鸯之队，旋罹犴狴之灾，而若辈遂不敢明目张胆矣。

京师梨园子弟，年长色衰，门前冷落，不得已束装至津门，徐娘老去，重整笙歌，虽莲出污泥，至此终不能洁身自好矣。俗语谓之下天津，彼中人深以为耻。自沪上京戏盛行，而优伶之失业者，皆航海南来。近年如陆小芬、真十三旦之类，大抵马齿既增，蛾眉已改，而沪人士之厌故喜新者，犹复誉不绝口。霓裳一曲，掷缠头者纷如雨下。是岂别有动人之处欤？何俗子之喜食蛤蜊也！

卷 二

沪上优伶，向俱来自苏台。同治初年，徽人开满庭芳于南靖远街，都人士簪裾毕集，几如群蚁附膻，而吴下旧伶，渐若晨星落落矣。嗣后京戏甚行，燕台雏凤，誉满春江，而徽班遂无人问鼎。如宝善街之金桂园，六马路之宜春园、天仙园，四马路之满春园，俱推此中巨擘。上灯时候,车马纷来,鬓影衣香,丁歌甲舞,如入众香国里,令人目不暇赏。迨至铜龙将尽,玉兔渐低,而青楼之姗姗来迟者,犹复兰麝烟迷,绮罗云集。诚不夜之芳城,销金之钜窟也!此外又有山西班、绍兴班、广东班,时开时歇,论者等诸自桧以下。而选胜名流,听歌雅侣,未免掉头不顾矣。

戏馆之接客者,谓之案目。目字俗读如上声。案目就日夜之戏,印就小红笺,分送看客,谓之戏单。客招妓同观,谓之叫局;妓应召而至,谓之出局。新年及令节,妓请客观戏,连设两几,以高脚玻璃盆满盛花果,谓之花桌子。袛一戏馆,而一日一夜,费至数千金。推之马车、东洋车、小车,烟馆、酒馆、妓馆、茶馆、书馆,无益之资,诚不可以数计。据云,就租界一隅而论,日需瓜子四十石,蜡烛五六百斤,地火灯、洋油灯不在其内,烟馆灯油,一日且二三十篓。习俗豪奢,至于此极。即使邓氏山高,郭家穴巨,数年挥霍,未有不一败涂地者。杞人之忧,乌能已已!

卷　三

小桂寿者,天仙部中名旦也。眸凝秋水,脸晕朝霞,颦笑皆工,诙谐间作。善演《红鸾禧》、《双钉记》、《小上坟》诸剧,氍毹帖地,倩影娉婷,舞态歌声,老技师自谓不及。诚如白香山所谓"曲罢常教善才服,妆成每被秋娘妒"者也。每演剧,辄与丑脚小金生俱,虚凰假凤,不啻藕官之与文官,以故羡之者多,妒之者亦复不少。独我友梦蕉生,心赏不置,谓其袅娜缠绵,无微不至,偶一倾听,令人意消。辛巳冬,桂寿病故,埋香之日,金生一恸几绝。嗣是屏迹苏垣,不复登场演唱,人有招之者,辄托故告辞,未几亦郁郁以死。噫!假假真真,可否梦醒蝴蝶;生生死死,终教翼比鸳鸯。世有多情如金生者乎?海曲陬生,敬爇心香以拜。

杨月楼者,幼为某相国侍史,相国殁后,隶春台部中为老生。歌喉嘹亮,响遏行云,而技艺之精娴,科诨之谐妙,尤为独出冠时。丹桂园主人聘之来沪,未及一年,芳誉大噪。每一登场,青楼中趋之若鹜，几如卫洗马丰姿，令人看杀。顾月楼荒淫桀骜，恶迹良多。癸酉冬以聚众械斗，为大吏访拿。方幸珠旛高护，未致花催，明年又以诱娶某姓女，被人告发，定以城旦之罪。后虽遇赦邀免，而玉损香蒍，无复昔时意绪矣。丙子丁丑间，重来沪上，开鹤鸣戏园。嗣以谣诼声多，舍之他去，迄今不知所终。

戊寅夏日，予戏撰《梨园艳影谱》，以《西厢》艳句，品北地名花。红豆枝头，相思易种；白桃花下，韵事争传。不谓三五年中，风流云散，旧时曲部，零落无存。如小桂寿则化去矣，小十二旦则脱籍矣，万盏灯、王翠喜则他往矣，邱阿增虽在沪上，而憔悴风姿，迥非昔比。有情人于此辄唤奈何，安得绛雪丹还，常使红颜不老哉！

历阳海上钓客，作客申江，听歌甲部。猩屏记曲，新歌传玉茗之词；凤纸描愁，小集俪金荃之体。碧桃天上，易结相思；红豆风前，时萦绮恨。偶趁三余之暇，戏成四美之吟。其赠想九霄云：柳想腰支花想容，九华灯下唱吴侬。高唐神女知何处，云雨迷离十二峰。周凤林云：名擅苏台正妙年，还来海上逗鹍弦。微云淡墨天风下，一树梨花湿晓烟。水上飘云：不群风致自飘然，恍惚灵妃出洛川。两部哀丝豪竹里，一声河满泪如泉。李长生云：旖旎丰神绰约姿，个中谁复辨雄雌。泥人更作含颦笑，娇过桃花着雨时。此外如月月红、吴兰仙、万盏灯、蔡桂喜、小桂凤，俱以色艺冠梨园，竟尔珠遗沧海，亦一憾事也。

灯戏之制，始于同治初年，先惟昆腔戏园偶一演之。嗣天仙、金桂、丹桂、宜春、满春等园相继争仿，所演如《麟骨床》、《福瑞山》、《凤莲山》、《馨泉池》、《洛阳桥》、《宝莲灯》、《为善得道》、《万里寻夫》之类。红毹乍展，光分月殿之辉；紫玉横吹，新试霓裳之曲。每演一戏，蜡炬费至千余条，古称火树银花，当亦无此绮丽。先期园主人遍散戏单，招人观赏，至是轻貂怒马，蚁拥蜂喧，隔座花枝，向人招展。直至银蟾彩匿，珠凤烟消，始唱陌上花开之句，诚菊部之大观，花丛之盛事也！先是吴中某绅士以余莲村明经所谱劝善乐府，禀请监司颁发各梨园，每夜必登场试演。嗣以观者寥寥，旋作旋辍，近则已如广陵散矣。

卷　四

小伶王翠喜,隶大观乐部,如绮芳龄,恰合阑干之数。翩翩顾影,别具风流,卫洗马玉貌羊车,几欲令人看杀。迨虾帘低卷,装束登场,则又袅袅婷婷,不啻姑射仙人,徐步玉梅花下,真《六才子》所谓"出落得精神,别样的风流"者也。辛巳春,予会于绮筵一见之,虽灵犀一点,暗逗春情,而独茧丝抽,究未同功织就。至秋间重过歌场,则已人面桃花,无复旧时鸿印矣。尝赋《翠儿曲》记其事曰:银箭丁丁月如昼,枣花帘卷花呈秀。不信西山开白桃,竟令南国吟红豆。儿家家住古燕城,翡翠兰苕誉望清。花市偶然留艳种,梨园久已占歌名。因愁北地燕支贱,南游携得桃花扇。现出惊鸿绝世姿,等闲便许花前见。镜中双照玉天仙,云髻梳成分外妍。八字扫烟眉妬柳,双趺贴地步生莲。花枝招展氍毹布,千娇百媚频回顾。惨绿丰裁怨绮春,雏红意绪迷芳雾。九天九地歌一声,白云凝遏梁尘惊。忽地须眉忽巾帼,无端游戏亦关情。曾见其演《十八扯》一剧。听歌屡过风流地,菊部如云鲜当意。仙桂曾闻月府扃,谓小桂寿。杜兰早已风尘弃。谓吴兰仙。当筵一顾便心输,雏发初干态已殊。衹恨蓬山花外隔,情丝一缕但萦纡。看花翻惜花开早,骤雨狂风催易老。欲将此意诉花枝,多情转恐被花恼。登场重唱定风波,袍笏将阑唤奈何。千种相思千种恨,吟成付与雪儿歌。

新城顾竹城大令,风雅多情,老而弥笃。喜昆曲,能唱"绣户传娇语"。宰鹤沙几十载,栽花之暇,时至沪上寻春。说者谓彭泽之闲情,非司勋之落魄也。与姚倩卿校书善,尤爱雏伶周凤林,文酒之宴,必招使侑座。凤林吴门人,隶天仙乐籍。芳龄细数,才过碧玉瓜期,宛转娇羞,大有飞鸟依人之态。时十三旦方驰声菊部间,沪上人众口交称,几类附膻之蚁。而大令独提倡凤林,有"记取刺桐花发处,闲携玉笛等卿来"及"分明一握圆灵镜,现出诸天称意花"之句。此诗一出,声价益增,团扇画屏,遍传佳话。今秋大令以墨误落职,凤林闻之,呜咽不欢,几忘寝馈。谁谓花底灵狸,独少多情种子哉!

梨园子弟之享艳名者,不数年间,大抵姬姜蕉萃,蕣华易谢,亦由斲丧过多欤?小桂凤至海上最后,貌亦最佳,婉丽苗条,无异弱柳迎风,三眠三起。予尝见其演《双摇会》一剧,薄怒佯嗔,声情如绘,真十五六绝妙女郎也。尝赠以诗曰:绮游如梦复如云,小阁呼灯夜乍分。桂府群仙乘月访,凤城旧曲隔花闻。秋边㧞笛调琼尺,醉后题诗写练裙。我亦苏州狂刺史,柔肠恼乱半因君。

地火之制,已称奇闻,行之数年,人皆称便。近有西人名立德者,在租借创设电气灯,其法以机器发电气,用铅丝遍通各处,用时将机括一开,则放大光明,无殊白昼。初行时,当道者惑于谣诼之言,恐电发伤人,咨请西官禁止。后知其有利无害,其禁遂开。今日沿浦路旁,遍设电灯,以代地火之用。而戏园酒馆、烟室茗寮,更无不皎洁当空,清光璀璨。入其门者,但觉火凤拏云,普照长春之国;烛龙吐焰,恍如不夜之城。古称西域灯轮,谅不过是。

瘦鹤词人看花沪渎,每以青楼为安乐窝,粉墨登场,往往弃而不顾,独倾心于金桂部吴兰仙。时或红帘月皎,黛阁秋深,携手并肩,了无避忌。甚至鄂君绣被,香染芙蓉;弥子余桃,甘回齿颊。人以《品花宝鉴》中田春航嘲之,夷然弗顾也。癸未秋,词人辑《春江花史》,备纪风月繁华,独兰仙摒不录入。予戏占一绝调之云:遍从沧海网珊瑚,紫姹红嫣细细摹。独有幽兰在空谷,秋风蕉萃泣遗珠。不知词人见之,亦有感于中否也?

朝市丛载

【清】李虹若

李虹若名象寅，以字行，河南大梁（今开封一带）人，光绪年间进京复试而寓居京师，工楷书、行书。《朝市丛载》八卷，举凡禁城之壮丽、衙署之纷繁，以及名人书画、厂肆珍玩，下至游宴饮馔、戏班名优，无不备载而详说之，堪称清代北京旅行指南。此据北京古籍出版社 1995 年整理本辑录。

卷四　风俗

京师最尚繁华，市廛铺户妆饰富甲天下。如大栅栏、珠宝市、西河沿、琉璃厂之银楼缎号，以及茶叶铺、靴铺，皆雕梁画栋，金碧辉煌，令人目迷五色。至肉市、酒楼、饭馆，张灯列烛，猜拳行令，夜夜元宵，非他处所可及也。京师最肖应酬。外省人至，群相邀请，筵宴、听戏、往来馈送，以及挟优饮酒，聚众呼卢，虽有数万金，不足供其挥霍。

卷六　翰墨

学君臣，学父子，学夫妇，学朋友，汇千古忠孝节义重重演出，漫道逢场作戏；或富贵，或贫贱，或喜怒，或哀乐，将一时离合悲欢细细看来，管教拍案惊奇。

广和楼戏园台上抱柱，在前门外肉市中间路东。

同是梨园翻旧曲，不须笙管嗷嘈，自有一番趣味；胜于菊部斗新妆，即此衣冠脱略，更添无限精神。

在定府大街同胜茶肆，说白清唱时所作。又切字号，句法新奇，妥帖。

卷六　戏园

广德楼　在大栅栏西头路北。

庆和园　在大栅栏中间路北。

同乐轩　在门框胡同路西。

三庆园　在大栅栏中间路北。

庆乐园　在大栅栏东头路北。

中和园　在粮食店北头路西。

广和楼　在肉市中间路东。

裕兴园　在抄手胡同中间路西。
天乐园　在鲜鱼口小桥路南。
广兴园　在崇文门外茶食胡同。
隆和园　在齐化门外路北。
芳草园　在齐化门外路南。
德胜园　在德胜门外路西。
阜成园　在阜成门外路南。
泰华轩　在东四牌楼路东。
景泰轩　在隆福寺路北。

卷六　戏班

三庆班　三庆园初一至初四，
广德楼初五至初八，
庆和园初九至十二，
广德楼十三至十六，
中和园十七至十九，
庆和园二十至廿三，
广德楼廿四至廿七，
中和园廿八至三十。
四喜班　庆和园初一至初四，
广和楼初五至初八，
同乐轩初九至十二，
三庆园十三至十六，
庆和园十七至十九，
广德楼二十至廿三，
庆乐园廿四至廿七，
广德楼廿八至三十。
春台班　广德楼初一至初四，
三庆园初五至初八，

广德楼初九至十二，
同乐轩十三至十六，
三庆园十七至二十，
庆乐园廿一至廿三，
广和楼廿四至廿七，
三庆园廿八至三十。

瑞胜和　广和楼初一至初四，
庆乐园初五至初八，
广和楼初九至十二，
中和园廿一至廿三
三庆园廿四至廿七，
庆乐园廿八至三十。

源顺和　庆乐园初一至初四，
中和园初五至初八，
庆乐园初九至十二，
广和楼十三至十六，
同乐轩十七至二十，
广和楼廿一至年三，
中和园廿四至廿七，
庆和园廿八至三十。

庆顺和　裕兴园初一至初四，
同乐轩初五至初八，
天乐园初九至十二，
裕兴园十三至十六，
裕兴园十七至二十，
裕兴园廿一至廿三，
裕兴园廿四至廿七，
天乐园廿八至三十。

吉立班　同乐轩初一至初四，
天乐园初五至初八，

裕兴园初九至十二,
广和楼十三至十六
广德楼十七至十九,
天乐园二十至廿三,
同乐轩廿四至廿七,
广和楼廿八至三十。
永成班 中和园初一至初四。

各班脚色

三庆班

杨猴子 老生
卢台子
桂 庆
曹 六
三 斧 文花面
黄 三 武花面
黄 五
紫 仙 青衫
石 头
彩 珠 花旦
宝 琴
刘赶三 丑儿
贵 官 小生
麻德子 武三花
钱同喜 二花面
四十儿 武旦
侯连儿
李 三 老生
李 五 武老生

四喜班

时小福　青衫

余子云

孙菊仙　老生

谭叫天

冰王三

小　慕　花面

刘明九

桂　云　花旦

六　儿

罗百岁　丑儿

顾芷孙　小生

砚　农

汪大升　武花面

姚增禄　武老生

杨　泉

赶　生　丑儿

桐　仙　武旦

青　皮

春台班

菊　生

汪桂芬　老生

许　处

陈大嗓

王仙舟

何　九　文花面

刘　春

小　齐

德　处　青衫

长　利

元　福　花旦
田　元
小　芬　小生
黄三能　丑儿
华　虎
高得禄　武二花
李五魁　武三花
大　四　武生
二　平
小德子　武旦
莲　芬　昆旦

瑞胜和

达子红　老生
杨娃子
小茶壶
金厢玉　青衫
想九宵　花旦
人人红
麟　儿
秀　云
胖小生　小生
黄胖儿　武生
春　兰
秦　玉
银　玉　武二花
金　茂
连　仲
张　黑　武三花
小不点　武旦
小　银

源顺和

小元红　老生
八百红
舍命红
六月鲜　青衫
盖陕西
麻　怪　花面
油糕旦　花旦
红菊花
德福子　小生
不赖丑　丑儿
瞎　董
春　来　武生
和　祥
和　吉
刘　七　武三花
四　虎　武二花
王黑凤　武旦
双　印
桂　五

庆顺和

十二红
十四红
葫芦红
盖兰州
睡不着
八十儿
周二庚
董三虎
四　喜

卷七　都门吟咏

小绺

街头杂乱属今年,小绺新添几万千。零物亡失犹未觉,归来仍唱《荡湖船》。

饭馆

园馆居楼各处开,尽凭雅座好生财。每逢戏散刀砧响,客带优伶几个来。

观音寺

东邻园馆日笙歌,乡近温柔夜若何?过往热车无歇断,看来俱是像姑多。

戏园

携来绝妙雨前茶,苦水烹煎味迥差。何物最能消酒渴,提壶人卖杏仁茶。

像姑车

斜街曲巷趁香车,隐约雏伶貌似花。应怕路人争看杀,帘垂一副子儿纱。

团拜

同乡团拜又同年,会馆梨园设盛筵。灯戏更闻邀内眷,夜深歌舞尚流连。

善会

善会年年寺观开,红笺请客共施财。住持平日交游广,早有阔优凑份来。

挂像姑

捐班新到快嬉游，戏旦连朝闹不休。博得黄金买歌舞，终归潜夜渡芦沟。

观剧

茶园楼上列纷纷，宦款游来气焰熏。坐褥横铺盘腿坐，手摇团扇假斯文。

公子

翩翩公子甚斯文，也向楼头惯解醺。左右玉人肩并倚，不知谁是小郎君。

老斗

老斗从来体贴周，雏伶偏自解风流。不知果是朱衣未，上坐居然也点头。

官坐

坐时双脚一齐盘，红纸开来窄戏单。左右并肩人似玉，满园不向戏台看。

斋戒

典衣看戏是京师，谊重亲朋莫可辞。恰遇忌辰斋戒日，算来还是占便宜。

二黄腔

二奎今日已沦亡，三胜由来没准常。若向词场推巨擘，个中还让四箴堂。

玩票

缘何玩票异江湖，车笼当年自备储。为问近来诸子弟，轻财还似昔时无?

喊嗓子

袅袅娇莺响更高,梨园子弟不辞劳。若非日出东方亮,隔巷分明是鬼嚎。

卖座

入门齐嚷这边瞧,空座随凭自己挑。最是桌头容易卖,绝无人订也粘条。

查堂

查堂柜上一声呼,惊得闲人片语无。跟座车夫齐踮起,此时威势比金吾。

茶票

当十青铜一吊三,付来观剧也怡然。恨他有意相欺哄,牌上偏书小制钱。

彩戏

堂会虽然有彩钱,朝朝俗剧不新鲜。而今都爱观灯晚,四喜新排《戏目莲》。

卖艺

歌童粉旦妙娉婷,小戏多从四喜听。卖艺最宜灯下演,夜间要耍火流星。

《思志诚》

黄报粘来《思志诚》,诸公可去验人情。不然误入迷香洞,个里原依样式行。

名优

优伶早把姓名传，甫出场门叫好连。若是无人来指道，任他绝技阿谁怜。

戏园子

几处名班斗胜开，而今梆子压春台。演完三出充场戏，绝色优伶始出来。

叫相公

厚底靴儿彳亍行，入门一笑最关情。三拳两胜匆匆去，十吊京钱改日清。如当时付局钱系短客，并且人谓外行也。

三借庐笔谈

【清】邹弢

邹弢，字翰飞，号潇湘馆侍者，亦称司香旧尉，江苏人。生卒年均不详，约清光绪十年（1884）前后在世。幼年作客，历馆姑苏，几及十年，居沪上亦甚久。尝写妓女苏韵兰事，为《断肠碑》（一名《海上尘天影》）六十回。《三借庐笔谈》十二卷，甄采山林逸稿、闺阁残编。此据民国上海进步书局石印本《笔记小说大观》辑录。

卷五　纫秋馆

吴子芹菊部，名畹芬，别字纫秋馆主人，梨园中之名旦也。色艺均佳，与想九霄、周凤林、小桂寿、小桂凤、万盏灯等齐名，园中人皆呼为兰仙。顾主人虽膺盛名，深自韬晦，见人呐呐然，如不出之口。性耽风雅，习艺之暇，即学写生，所画墨梅墨兰，尤得新田笔意。惟不甚多作，时人得其墨迹，珍若连城。主人有《小栏花韵午晴初》手卷，名人如杨见山岘、杨绥臣靖两太守，倪云劬司马鸿辈，题咏殆遍，余亦曾题二首。甲申夏，主人自申返吴，余郁郁不自得，寄二律云：花前狎酒酒边吟，萧史初逢惬素心。曾倚清歌倾四座，难消艳福值千金。别时瘦鹤长相忆，去后仙鸾不可寻。寄语登场须保摄，严寒已是十分深。来既无时去已休，灵河月冷阻虹虬。湘波铩怨情难写，银管题诗泪不收。芦荻江边犹暂住，霓裳队里怕重游。倘怜小友相思苦，好附征鸿一纸投。主人见余诗，黯然久之，若有大不得已者。呜呼！莲性易胎，藕丝难杀，有情人大抵皆然，况吾辈耶！

天咫偶闻

【清】震钧

震钧(1857—1920)，出身满族官宦世家。庚子以后，任江苏江都知县，宣统二年(1910)执教于京师大学堂。不久入江宁将军铁良幕府，并任江宁八旗学堂总办。著有记述北京历史掌故的《天咫偶闻》十卷，是具有较高史料价值的地方历史文献。此据北京古籍出版社 1982 年整理点校本辑录。

卷　五

明代勾阑，皆在东城，故有勾阑、本司之名。至本朝裁教坊，其地尽改民居。即迤南之泡子河一带，所谓昔之歌舞场者，亦不可问。而正阳门外以西，则改为花柳之窟矣。未几，西四牌楼左近，复变歌吹之林。始只砖塔胡同寥寥数家，继则方以类聚，日变逾多。今则闾阎扑地，歌吹沸天。金张少年，联骑结驷，挥金如土，殆不下汴京之瓦子勾阑也。

卷　七

《藤阴杂记》谓：京师戏园，止剩方壶斋。今园久废，其地尚名方壶斋。查楼，今中和园，余皆不可考。京师士夫好尚，亦月异而岁不同。国初最尚昆腔戏，至嘉庆中犹然。后乃盛行弋腔，俗呼高腔，仍昆腔之辞，变其音节耳。内城尤尚之，谓之得胜歌。相传国初出征，得胜归来，军士于马上歌之，以代凯歌。故于《请清兵》等剧，尤喜演之。道光末，忽盛行二黄腔。其声比弋则高而急，其辞皆市井鄙俚，无复昆、弋之雅。初，唱者名正宫调，声尚高亢。同治中又变为二六板，则繁音促节矣。光绪初忽竞尚梆子腔，其声至急而繁，有如悲泣，闻者生哀。余初从南方归，闻之大骇。然士夫人人好之，竟难以口舌争。昆、弋诸腔，已无演者。偶演，亦听者寥寥。

京师内城，旧亦有戏园。嘉庆初以言官之请，奉旨停止，今无知者矣。以余所及，如隆福寺之景泰园、四牌楼之泰华轩皆是，东安门外金鱼胡同、北城府学胡同皆有戏园。余髫年时，如泰华轩、景泰轩，地安门之乐春芳，皆有杂爨，京师俗称杂耍。其剧多鱼龙曼衍，吐火吞刀，及平话、嘌唱之类。内城士夫皆喜观览，其优人亦间通文墨，吐属近雅，有宋明遗风，今已成广陵散矣。诸园亦废。

眉庐丛话

【清】况周颐

况周颐(1859—1926),近代词人,临桂(今广西桂林)人。《眉庐丛话》为况氏野史掌故方面的名作。全书内容广泛,以清代宫廷轶闻、朝野逸话、典章制度为主,稍及前代历史。原连载于《东方杂志》,后有单行本行世。此据《东方杂志》原本辑录。

光绪朝，江西巡抚德馨酷嗜声剧，优伶负盛名者，虽远道必罗致之。节辕除忌辰外，无日不笙歌沸地也。新建令汪以诚者，有能吏名，专为抚辕主办剧政，即俗所谓戏提调也。邑署中事无大小，悉付他员代之。是时赣人为制联曰："以酒为缘，以色为缘，十二时买笑追欢，永夕永朝酣大梦；诚心看戏，诚意听戏，四九旦登场夺锦，双麟双凤共销魂。"额曰："汪洋欲海。"四九旦、双麟、双凤，皆伶名也。稍后，柯逢时抚粤西，颇不洽舆情。无名氏制联云："逢君之恶，罪不容于死；时日曷丧，予及女偕亡。"额曰："执柯伐柯。"两联额皆嵌姓名同格，粤联集句尤浑成。

京师名伶梅巧玲色艺冠时，丰姿侠骨，都人士称道弗衰。今日声名藉甚之梅兰芳，其父曰竹芬，巧玲其大父也，殁于光绪壬午冬，先桑尚书文恪一日。文恪寿逾八秩，梅年仅四十耳。京曹某撰挽联云："陇首一枝先折，成都八百同凋。"殊典雅工切。相传某省孝廉某，以下第留京师，与梅昵，罄其资，长物悉付质库，几不能具饔餐。唯一仆依恋不忍去。会春闱复届，竟不能办试事，方踌躇无措间，俄梅至，仆愤懑，□之门外，且谓之曰："为汝兔故，虽典质亦无物，即功名亦何望矣。汝兔胡为乎来，岂尚有所希冀耶。"梅婉言逊谢之，至于再三，仅乃得见。则袖出百金遗孝廉，嘱屏当赴试，并尽索其质券，及中空之行箧，郑重别去。比孝廉试毕返寓，梅则以箧至，而向之珠者还，璧者归矣。榜发，孝廉捷，壹是所需，梅独力任之，若李桂官之于毕灵严也。孝廉感且愧，仆尤感激涕零，鞠跪亟谢，称之如其主，且谓之曰："曩唐突，谬兔君，诚吾过。幸恕吾，兔吾可。"梅仍逊谢之，然无得色。此事梅固难能，此仆亦岂易得耶。又某太史，亦以昵梅故致空乏，顾举债于梅数百金，旋逝世，无以敛。诸同乡同官集而为之谋。久之，殊无绪。俄传梅至，以谓理债来也。梅入，哭甚哀，出数百金券，当众焚之，并致赙二百金，叙述生平，声泪俱下。闻者多其风义，为之感动，咸慨慷脱骖，咄嗟而成数集，得举宾返妻孥焉。梅之轶事，类此尚多，此尤荦荦者。

曩余客京师时，燕兰妙选，首推四云：曰秦云，以娟静胜；曰华云，以浓粹胜；曰怡云，以莹润胜；曰素云，以秀慧胜。秦、华早驰芳誉丁光绪壬午、癸未间。怡、素稍晚出，素尤工书法，往往契合骚雅。宁乡程子大《都门杂诗》云：旧游闲忆道州何，索画凭肩几按歌。今日四云寥落尽，更谁抛髻唱黄河。

前话载梅巧玲义侠事，兹又得程长庚轶事一则，亦可以风励薄俗，愧当世士夫，亟记之。方长庚之掌北京三庆班也，有道员某，以非罪被劾，当褫职，旨将下矣。某愤不欲生，兼仰事俯蓄，唯一官是恃，挽回乏术，则冻馁随之，实亦无以为生也。戚友来慰问者，为之百计图惟，殊未得一当。友人某，尤踌躇久之，忽拍案而起曰："道在是矣！"则群起亟问之，友曰："兹事回天大不易，非枢府斡旋不为功。方今黜陟大柄，操之恭王。唯程长庚，为王所最赏识，最信任。得其片言，冤可立白，曷姑试求之？"某亦瞿然曰："诚然。幸尝与长庚通郑重。"则亟偕友往，婉切白长庚。长庚曰："仆溷迹软红，唯曲艺进身是愧，自好益复龂龂，向于王公大人，虽促膝氏掌，未尝干以私，尤不敢与闻官事。矧人微言轻，言之亦未必有济，敢敬谢不敏，幸原谅，勿以诿卸为罪也。"某固请不已，友亦为之陈恳，至于再三。长庚曰："幸被劾诚非罪，差可措词，当勉效绵薄，视机会何如耳。"则亟谒恭邸，值王憩寝，良久，仅乃得达，王则诃谒者，谓将命胡迟迟也，并为长庚道歉仄。长庚白来意，主始有难色，谓旨已交拟，恐不易保全。既而曰："尔固不轻干人，事虽难，吾当尽力图之。"长庚称谢肃退，王曰："少休，勿亟，吾正欲与尔闲谈也。"诘朝，谕旨下，竟无某道褫职事，则参折已留中矣。某德长庚甚，赍厚币，自诣谢。长庚拒弗见，馈物悉返璧，命侍者出传语曰："请某官还以此整顿地方公事，毋以民脂民膏作人情也。"且从此不与某道相见。有人问此事者，长庚力辨其必无云。长庚字玉山。

午窗随笔

【清】郭梦星

郭梦星，山东潍县人。《午窗随笔》四卷，有清光绪二十一年刻宝树堂遗书本。此据上海古籍出版社1996年整理本辑录。

卷三　相公

《常谈丛录》云:宋宰辅加封国公,则称相公。自明以来,乃移以称诸生。其实相公之称不自宋始,韩昌黎《寄张使君诗》"相公亲破蔡州回",又《赠刑部马侍郎诗》"暂从相公平小寇"。且唐人诗题中如裴相公、柳相公、令狐相公、门下相公等字样,层见迭出,是此称在唐已盛行矣。至云今日苏州人父称其子、京都人称优伶皆曰相公,则违礼不经,谬妄甚,无谓亦甚。

汪穰卿笔记

【清】汪康年

汪康年(1860—1911),字穰卿,晚号恢伯,浙江钱塘人。1892年中进士,后参与维新,创办《时务报》、《昌言报》、《京报》、《刍言报》等。《汪穰卿笔记》八卷,系其卒后由弟汪诒年集辑而成。全书所载多以作者亲历亲见亲闻,凡时政史事,域外见闻,闾巷琐事,异闻秘辛,莫不备载。此据中华书局2007年整理本辑录。

乙酉,国丧禁戏,而梨园子弟实不能枵腹以待,而以园屋为业者,则往往以演影戏为度日计。久之,乃请于警厅,但唱而不举大乐,不涂面,不着新衣,然观者不多。已而则遇戏剧中本用丧服者,则仍挂衣;有时全本皆不挂衣。忽一二人独善之,或小戏中花旦独着衣,正似颓垣败础中,忽现牡丹一朵,极为可笑。后则虽有说白清唱之名,而一切如常,但不用锣鼓而已。上海则租借中各园不能尽如教令,嗣以官场极力相争,卒至藉外人相抗,三日后即演戏如故。于是与南市之戏园相去不数里,而喧寂顿易。虽各报有以为诮者,然生计所在,安能尽以苛礼责之。逮持之过激,而以外人为盾,此固不必尽咎若辈也。

近来戏曲盛行二黄,内中脚色复以老生为最贵重。前数十年群推程长庚为绝响,近来则汪桂芬、谭鑫培齐名,然二人声价绝高,汪性尤劣,往往受人重聘而延不登台,以此涉讼屡矣。谭亦自高位置,班中每日演戏外,如有堂会戏须其登台者,每出须五十金,两出则百金,尚须主者夙与联络方肯至,两出而止,不能增多。近杨莲帅为北洋大臣,酷好观剧,偶闻谭至津,一日与某盐商言,欲得谭入署演剧。往请之,不可,曰:"吾来津以游故,安暇屑屑为此?"固哀之,犹不可,然某盐商以取悦大帅,乃求与谭友善者更往,譬说万端,类乞其垂怜者,并许以千金,乃许,然仅一出而止。莲帅大悦,赏八百金。计是日所得,都凡一千八百金,吾国盖未始有也。闻者咸咋舌不已。

闻常时挽谭者,若不得当,则必往求其妻并其长子,复须别有赂遗,故即赏金亦不止五十金也。

京中人喜谭之唱殆有奇癖。中和园号为谭所开,时有署谭名于戏招而不上台者,顾人终不以其失信之故而下次为之减少,并有谓若谭死愿以身殉者,亦可谓奇矣。

或讽谭绝人太甚。谭曰:君殊不解事。使吾闻召即至,人将贱视吾与常优等,且东呼西唤,奔命不遑。孰若示人不可近,使人俯而就我之为愈。且质言之,此等歌曲实亦何足听,若日聒于耳,人且唾弃不暇,故与其随人以招厌,无宁自高以取重。

近来优伶以新党屡言泰西重视优人，遂稍与善举，遽欲与衣冠齐等，辄自名为艺员。不知既以娱人耳目为业，而其操术又极卑下，遂欲援一二不根之说，欲人尊己，吾国所谓新者乃如是耶。

近京城剧场中有丑脚赵仙舫，嘲谑敏捷，涉事成趣，而于新学界中尤甚。六月中留学生试毕授职者，行团拜礼于织云公所，遍召名脚，独不及赵，盖畏其口也。

同治甲申会试，首场三题。“滕文公问为国”一章，闱墨某卷，于出题处有“臣请为王言之”之句，考官亦未经意。于是某乐部大张广告于通衢，准于某日特演新戏“滕文公进封王爵”。经坊官禁止之，未克演。然闻排斯剧者，即下第之举子，其中科诨多可发噱，而以孟子为周天子简任之册封正使，为全出之关键云。

又，是科首场首题为“君子坦荡荡”。其时十三旦名正盛。某日演某剧，丑插科曰：“吾今贺汝，汝之名，已达于九重，不仅老爷们爱汝也，即万岁爷也时时念汝。且恐人不尽知也，故以汝名为题而试公车，斯诚殊荣矣。吾焉能不贺。”十三旦应之曰：“乌有是哉？子勿欺谑人也。今科试题皆出圣经贤传，与我何涉？而谓以我名为试题，乌有是，其证安在？”遂历诵各题以诘之。丑曰：“即首场钦定之首题也，汝果不知耶？试为若言之。‘君子坦荡荡’之‘坦’字，析之乃十一旦，而‘荡’字中各藏一小旦，两‘荡’字即得两小旦，以荡荡之小旦而加以十一旦，非十三旦而何？万岁爷如不念汝，何为首题即藏汝名于中？余言岂欺谑哉！”于是座客咸抚掌。

欧洲戏剧，凡见怪出，则先后均有火，正与吾国同。惟我国火在场前，而彼则在场后。盖平常门之旁另有一门，鬼出由此。甫出则骤扬一火，出后门即自闭。入时亦然。地相去数万里，而此小节乃同，可怪也。又作戏术者，西人亦以方布为遮掩计，此则因于自然，非仍袭也。

今人动谓西俗重优伶，并盛称其佣价，一出有至数千镑者。吾杭俞琴怡郎部言，此等大身价之优人，在欧洲亦不多见。若平常班中著名之脚色月金甚大，顾班主甚恐其积金多，则将弃旧业；若为女伶，尤恐其嫁人，则以术多方愚弄之，俾月入常不足用，常至举债。债无可假,必将借诸班主,则此名角者自不能离此班而他适。其羁縻之道如此。

有喜观想九霄演剧者,近想九霄以事被逮,且有永远监禁之说,其人对同游者顿足曰:"于今他不叫想九霄了,到是我们在这里想九霄。"

国闻备乘

【清】胡思敬

胡思敬(1869—1922),字漱唐,号退庐,江西新昌人。光绪二十年(1894)进士,历任吏部考功司主事、辽沈道监察御史、广东道监察御史,宣统三年(1911)挂冠离京,主要著作有《退庐疏稿》、《驴背》等。《国闻备乘》四卷成书于宣统三年。此据中华书局2007年整理本辑录。

卷一　学堂流派之杂

女学堂兴而中国廉耻扫地殆尽,识者恒引以为忧。其尤可怪者,方外防侵夺,集其徒众,设计保丛林,遂立僧学堂;京师名优谭鑫培、汪桂芬等皆以善歌积赀累万,遂立伶学堂;狎客慕风雅,慷慨倾囊,悦其所私,遂立妓学堂。彼其所学犹是异国语言文字,与官立各学堂不相出入也。赵尔巽署户部尚书,设计学馆,令司员赴学,已而刑部设法律馆、兵部设兵学馆、工部设艺学馆、吏部设吏学馆,翰林院开学会,彼其所学亦不外异国语言文字,与僧伶优妓无以大过也。予闻吏部人语同僚云:“今新署林立,我而不开学馆,将无以自存,渐为他部所并。”当时士大夫保全禄位之意,其卑鄙大率类此。

卷二　京师梨园

京师人好听戏,正阳门外戏园七所,园各容千余人,以七园计,舍业以嬉者日不下万人。子弟中最负盛名者曰汪桂芬、谭鑫培。鑫培每入场,座客各增百钱,一日鬻技过百金,私宴酬赠尤多。桂芬声价出鑫培右。癸巳顺天乡试,同门诸友宴大学士裕德于湖广馆,遣使赍八十金相约,已诺之矣。裕德闻有桂芬,终宴不疲,待至四鼓,促请络绎载道,竟不至,举座为之索然。同时有路三宝,妆束妖冶,善新声,立三嬖之。拳匪之难,立三被戮,亲故畏祸,皆避匿。三宝携酒祭西市,哭泣甚哀,取头贮铜盘,吮其面血,闻者莫不义之。德处亦京师名优,故相穆彰阿之孙,崇绮之甥,其叔萨连,官兵部左侍郎。

卷三　闾阁奇节

同庆班优人刘鸿升,京师名角也,唱须生,价重一时,获金甚巨，衣食外无侈费，瘗而藏之。己酉，甘肃大饥，人相食。委员四出募赈，鸿升悉发所藏，遇劝捐者辄书之，或百金或数十金，尽隐其名，人无知者。戊申，两宫升遐，虽禁止演剧，百日后，托清唱为名，仍私行开演。唯鸿升不出，同庆班主百计求之，许馈千金，终不应，必俟服除乃出。天地之正气，日流行于两间，断无止息之时。有时不钟于衣冠士族，一二乡里愚贱分其余闰，孤行一意之所安，反足以维持世教。予纪此二事，以愧当时士大夫，且自警云。

燕市积弊

【清】庄荫堂

庄荫堂，亦作荫棠，约生于同治八年（1869），卒于1930年代。原籍江苏武进，久居北京，长期为《北京新报》、《爱国报》、《白话中国公报》、《实事白话报》等报纸撰稿。《燕市积弊》共三卷八十四篇，专记北京旧时社会风俗，评说各行业、店铺和作坊，以“待余生”之名发表于《北京新报》，后为多家报纸转载。此据北京古籍出版社整理本（张荣起校注，1995年出版）辑录。

戏馆子

本地管着戏园子叫“戏馆子”，离开北京都叫“戏园子”，并且本地叫作“听戏”，外省通叫“看戏”（足见外江派的好老是只能看，万不能听啦）。俗语说：“百里不同风”，先不必计较他。惟独戏馆子这行买卖，真是拿着银碗讨饭，好汉子不干，赖汉子没有那么些个钱。在有五城的时候，各馆子的正面儿楼直不能卖，净得预备车轿班儿，甚至五城的小马儿都得应酬到了，一个挑眼，不是打架，就是摔茶壶。从打二十八年天乐园开市以后，就显出文明进步，后来又一上捐，这才算是真正买卖生意（早先直是擂台）。前台各地，向来都有名目，什么东台、西台、南台、北台（看是那们的场），三厅，三廊子，大墙，踏板，柱眼，小池子；楼上左、右、正分为三面儿，靠里为内官，外首里为外官，现截开的名为夹官，尽里头的叫倒官座儿，靠正楼如不夹官，可以卖坐桌儿。堂里有总巡，有散巡，拦门的是在门口儿（下堂、摆摊儿的都得给他们钱），各地有各地的卖座儿的，余外还有个堂头。每地多少桌，由一至十的算，加空，撂凳儿，现来现说。柜上有坐帐（管银钱出入总数），有小买（净管画数儿，不管银钱），堂里如交现钱，单有管现钱的（早先九四、九二都有，近来铜子可不知怎么抠），票子跟钱要不一样，堂里头就算合了式啦，票子臭交票子，钱臭交现钱，不论查得多严也是作弊，往往见卖座儿的蹲在地下在钱板上打算盘，就是合计怎么抠钱哪，要偷上数儿，神仙也瞧不见。您想一千多人焉能都不出去？只要有空子，就能张冠李戴，再遇见个楞儿，更得受他们指使啦（花钱买座儿），他硬敢报客。说了半天，还都不算病，顶大的病根子，就是座儿一多没人管，给他票子懒得找钱，假如三位五吊不找，六吊也不爱找。要是柜上收茶钱，爽兴你更不用喝茶啦。再一柜上卖票，进去是没人儿理，你拿着票转磨，他们是旁若无人。记得上半年我在文明戏园去听戏，买得是散座儿票，一进门儿，真是男客满座，女眷如云，喊了半天，也没个人儿管，只好自己找个没苍蝇的地方坐坐儿吧，拿了一个凳儿加在下场的柱眼(就是斜对台柱)。喝,立刻卖座儿的不答应啦(侵他的主权啦),他对我说:"您要加凳,得按照次序(我不懂),总得先紧靠台柱(瞧不见),然后才能往外加(诚心作对)。"我只好对他说:"你先尽着卖别人,我先站在这儿等着,多咱应该加在我这儿,我再坐下。"问的他无话可对,这才网开一面,幸又遇着熟人,才张罗了张罗。要是不遇着熟人,我真是得甘受他们的气。亏了是我,要是山楞,只好白给钱吧。诸如此类,一言难尽,多能事的园主,受这种影响的居多。凡是这路碎催,他一瞧见上座儿,他就脾气大了,只顾他们穷抠,可不管人家万金血本为的什么呀?以后再若开戏[园],这类毛病大可以整顿整顿,因小失大,是那个值的多呀!

清稗类钞

【清】徐　珂

徐珂(1869—1928),原名昌,字仲可,别署中可、仲玉。浙江杭县(今杭州)人。光绪举人,著述甚多。《清稗类钞》是关于清代掌故遗闻的汇编。从清人、近人文集、笔记、札记、报章、说部中,广搜博采,仿清人潘永因《宋稗类钞》体例,编辑而成。记载之事,上起顺治、康熙,下迄光绪、宣统。全书分92类,13500余条。涉及内容极为广泛,许多资料可补正史之不足。此据商务印书馆1917年印本辑录。

宫苑类　颐和园戏台

戏台在大院中,三面可观,有楼五层,一层如例程,二层如寺庙,以演神鬼杂剧,三层为布景之用。两旁皆平房,其外有廊,为恩赏王公大臣听戏处。正对戏台者有屋三间,高一丈,孝钦后听戏所坐。偏右一间,为休息室,临窗有长坑,坐卧可随意,有时锣鼓喧天,孝钦能酣眠不醒。戏中布景暗合西法,皆太监为之,每出竣事,亦如西剧之分幕。且孝钦暇时,喜阅小说,常自排戏以为能也。

恩遇类　王景琦以二簧晋秩

穆宗好微服冶游,从者仅一二内臣。尝至著名饭庄宣德楼,时王景琦太史适偕某部郎小酌,王工唱二簧,部郎长昆曲,乃以红牙檀板,各献所长。一曲终,忽隔座一客欣然至前,询太史等姓名官阶,曰:“所奏曲良佳,盍为我再奏一曲。”太史心知其异,乃如命为之再歌。歌未竟,蓦有二少年被服华服,立帘外探望,见客,则拱立肃然。俄而车马喧阗,轰传恭王至,行马数十,拥一朱轮车,停楼下,恭王从容下车,入与客耳语。久之,客始微颔,怏怏从之去。客登车,恭王为之跨辕,游龙流水,顷刻已渺。太史与部郎皆心惊,知遇皇帝也。不数日,上谕下,二人皆不次晋秩。部郎以枉道为耻,辞不拜,太史则以是迁至侍郎,宏德殿行走,所以鼓惑上者,无所不至。上竟以此得痼疾不起,所谓出痘者,医官饰词也。及崩,有撰挽联讽其事者云:“宏德殿,宣德楼,德业无疆,且喜词人工词曲;进春方,献春策,春光有限,可怜天子出天花。”王后为陈六舟中丞彝所劾,革职永不叙用。

恩遇类 孝钦后赏福寿字

故事，内外臣僚，除内廷供奉之南、上两斋及内务府外，非官至二品不得赐福字，非年至五十不得赐寿字。孝钦后不然。盖孝钦好观剧，嫌南苑伶工无歌喉，南苑戏班皆由太监为之，故无嗓音也。遍传外班，如谭鑫培、孙菊仙、汪桂芬、杨小楼等，皆入宫演剧。晚年，尤喜观杨剧，杨入宫，必携幼女同往。一日演毕，特召杨携女入见，指案上所陈猪羊及一切馎饦之属，谓之曰："皆以赐汝。"杨跪地碰头曰："奴才受恩深重，此不敢领。"问何故。杨曰："此等物已蒙赏赉不少，尚求老佛爷赏几个字。"孝钦曰："联耶？扇耶？"杨曰："求赏福寿字数幅。"因复碰头不已。孝钦立命以纸墨进，书大福字大寿字数方，并前所指案上各物赐之，云："此赏小女孩可也。"及光绪辛丑回銮以后，兴致顿衰，偶传戏入座时，未半，则倦而思卧矣。时供奉诸伶，则为余庄儿、孙怡云诸人。

隐逸类 汪笑侬隐于伶

汪笑侬名僢，自号伶隐，皖人，仕而优者也。光绪中，以明经得乡选，大挑用知县。挟资次京师，自以新贵将得官，乃谋置一妾与之省，不知其适为宗室女也。事闻于台官，奏之朝，按验，例当斩。汪有家奴私请曰："其无救乎？"汪曰："救可为，惟必有任其罪者，乃得耳。"奴曰："诚能乞得主人命，奴万死不辞也。"汪曰："审乎？"奴曰："第勉为之，奴誓无悔也。"汪知其诚，乃出资贿朝贵，遂坐奴买献罪。

谏诤类 刘赶三谲谏

京伶赶三儿，刘姓也，善谲谏。光绪戊戌垂帘后，一日，饰皇帝，将据座，忽吊场而言曰："汝看吾为假皇帝，尚得坐，彼为真皇帝者，长日侍立，又何尝坐耶？"自是以后，德宗觐孝钦，不植立矣。

讥讽类　腹中满贮稀粥

张文达最爱演戏,有僧虚舟者,日在邸中,为戏提调,甚宠昵。刘赶三谑之曰:“有一僧死,见阎罗王,王斥其戒律不严。僧极陈守戒清苦,可请验。王命剖视其腹,则满贮清菜豆腐也。继一尼至,王斥如前。尼亦力辩,且引僧为例。王又命剖视,则满贮稀粥而已。”盖北音稀粥,音近虚舟也。后被言官弹劾,逐虚舟出都。

讥讽类　戏提调

京师梨园最盛,公宴庆祝,别有演剧之所,名曰戏庄,将有事,择能肆应者一人司其事,曰戏提调。或作《戏提调歌》云:“众宾皆散我不散,来手班中管事之目。未到我已到。巍然独踞下场门,赫赫新衔戏提调。定席要便宜,点戏夸精妙。怒目看官人,是日必向司坊中借二三执鞭者在门前弹压,名曰官人,又曰小马。软语磨车轿。老师及各堂官车轿夫饭钱最难开销,且易得罪,故须磨以软语。徧索前年旧戏单,烂熟胸中新堂号。京师旦脚曰相公,所居之寓曰某堂。知其堂知其人,始能点其戏。大蜡新试三枝头,曰受热,曰坐蜡者,皆京师俗呼为难者之别名。此语有双关之意。靴页偶装几千吊。京官多穷,故曰偶装,亦见其所费不菲矣。小香到,提调笑,喜禄病,提调跳。锁得长庚跟兔,暂向柜前存,待到半夜三更,自己转湾仍放掉。吁嗟乎,三更曲罢尤可怜,昏花二目饥肠穿。左有牙笏右掌柜,小马纷来满堂前。堂前灯火全不见,阴森疑到阎罗殿。此时提调锦囊空,只余三字明天算。”

讥讽类　等老也而多寡分焉矣

京伶谑词,有令人解颐者。同治乙丑会试题为“上老老而民兴孝”，第三人某文中有“天子有老，庶人亦有老。天子之老，聚于一堂；庶人之老，散于四境。等老也，而多寡分焉矣”诸语。闱墨出，都人为之哗然。会新进士宴总裁、同考官于文昌馆，优人饰耆老数人相见，各问讯年齿，有云九十者，有云八十者，有云七十、六十者。一人曰：“吾辈皆老矣！”又一人曰：“虽皆老，然甲之齿多于乙，乙又多于丙，丙又多于丁、戊，不能一律以老概之。”又一人则恍然点首曰：“等老也，而多寡分焉矣。”听者哄堂。四总裁及本房同考官皆恧然，未终席而去。

讥讽类　作官亦识字么

京伶小百岁者，丑角也。一日，演《法门寺》，去小监，科白时，谓扮赵廉之生曰：“作官亦识字么？吾道你只识洋文，不识国文呢。”又尝于《五花洞》中，自唱“做官不论大小，懂得洋文就好。”其言若有意，若无意。又都中妇女往往喜衔卷烟，一若表其时髦者，而不知泰西惟妓女吸之也。即十三四女郎，亦复如是。伶即假《法门寺》中之科白，谓宋玉姣曰：“千岁赐你锭银，不可将去买卷烟，中含尼古丁质，吸之有毒也。”

讥讽类　毋宁为完全之伶人

伶界中有平等思想者，德珺如一人而已。珺如为相国穆彰阿孙，以荫生内用，尝官某部主事，而其父与程长庚交甚挚。珺如既长，好与伶人游，唱青衫，歌反二簧，喉舌间，似奏笙簧细乐。及父卒，益放浪形骸，以客串为乐，遗产殆尽，各园主以其声调久足以左右座客也，遂劝之搭班，于为伶人矣。有叔曰萨廉，字检斋，官至侍郎，止之曰：“优伶，贱业也。吾家何堪为此？”珺如曰：“吾日用至奢，叔能我助乎？倘能助我，将改业，如其未也，请许我自。优亦营业之一，亦何尝辱及先人哉？叔必令余弃优而仕，试问今日之官之心理之才识，超出伶人之上者能有几人？与其为龌龊之官吏，毋宁为完全之伶人,贵贱非所计也。”萨无以难之,及曰:“即为伶人,亦不宜唱包头。”珺如曰:“改唱小生,何如?”明日,即唱《黄鹤楼》,儒将风流,宛然公瑾,喜怒哀乐,描摩尽致。次日,演《夺小沛》,羽翎一发,直贯戟心,尤为他人所不及。由是珺如之名噪于京师,惟不供奉内廷,惧以门第获谴也。

诙谐类　追你这忘八旦

京伶刘鸿声好诙谐,为净角时,尝与某邸串演《锁五龙》。邸饰单雄信,败走时,刘饰尉迟敬德,追之曰:“追你这忘八旦。”邸大怒,即以鞭痛击其足,折胫,后遂步履不良。

诙谐类　排五排六排七见客

光绪时,京师梨园丑角首推刘赶三。赶三演剧以善诙谐得孝钦后欢,谑浪笑傲,无所不至。一日,演《秦淮河》一剧,高声呼曰:“排五的排六的排七的都出来见客呀。”盖指惇王、恭王、醇王也。都中妓院,其妓以次行而无名字,故赶三以是相谑,宫人莫不掩口胡卢,即孝钦亦乐闻之。惇王闻之怒,立叱侍者擒下,杖四十。

诙谐类　剥黄马褂拔三眼花翎

刘赶三赴湖广会馆堂会,所演为《探亲相骂》。赶三每演是剧,辄乘其所豢黑卫,以博欢笑。是日登场,又牵卫而出,以鞭指之曰:“尔勿动,否则即剥尔之黄马褂,拔尔之三眼花翎。”一堂为之哄然,盖指李文忠也。李方督两广,其时李之长子伯行兄弟俱在座,闻之,怒不可遏,因属家丁数十人,伺于湖广馆门首。须臾,赶三演毕出,及门,李之家人蜂拥而上,拳足交加,几毙,众和解之,始释。其徒舁之归,比至家,已不省人事,一夕而死。

诙谐类　娶妻当如王秀云

泗州杨莲甫制军士骧督直隶时，值五十初度，群僚醵金，召鞠部以为寿。津门习尚，男女合演。时女优王秀云色艺噪一时，杨召之入，演《卖胭脂》、《小上坟》诸剧，冶艳绝伦，观者神荡。有某贵人者，见之而太息曰："娶妻当如王秀云。"而秀云身价自是遂益高。

婚姻类　伶人同姓为婚

伶人之同姓为婚者颇多，张芷芳娶张二奎之女，陆小芬娶陆翠香之女，意殆谓同姓不同宗，婚觏无碍也。或谓孙心兰与孙八十两家亦有秦晋之好。

婚姻类　票友与伶人结姻娅

非自幼习戏至中年而始为伶者，曰票友，许处、龚处、德处等皆是也。穷而售技，遂與伶人结姻娅，许处、德处皆以女嫁谭鑫培之子，张毓庭娶李顺亭之女，王又宸娶谭鑫培之女。

婚姻类　恩晓峰嫁姜春桂

恩晓峰，京旗人，为某相孙女，家故素封，其父行皆有周郎癖，暇辄弄弦索以为乐。晓峰固聪慧，辄自屏后记其节奏，于闺中肄习之，似小叫天，惟嗓音较小，然曲折幽怨，虽巫峡猿啼，衡阳鹤唳，不能过也。光绪壬寅，始至津奏伎，称一时独步。兼唱武生，如《落马湖》等出，亦不落凡响。汪笑侬排《戏迷传》，伶界皆展转仿效，津门能此曲者，曰麒麟童、小桂芬。顾二伶喉皆瘖，不尽善，其能如初写《黄庭》恰到好处者，晓峰而已。丹桂闭，晓峰遂南下，旋嫁姜春桂。姜初为下天仙小生，自得晓峰后，月俸千金，遂安坐而食，不复操故业矣。

孝友类　刘昭容教弟

刘昭容,一名十三旦,汉口女伶也,唱花衫。其为人也,婉静俭约,寡言笑。幼字于韩,而早失怙恃,遗两弟,曰森,曰庚。时森年十四,庚年十一,而昭容十六,乃以针黹度日,使森、庚出就外傅。既而见女伶之为世所重而易得多金也,乃曰:"森、庚学费不赀,仅仰十指,非久远计也。森、庚而果成立者,吾虽死,吾亦甘之,更何耻于伶?吾其现身舞台以说法乎?"好事者怂恿之,于是遂隶乐部,京、津、沪、汉,所至享盛名,而月入多不妄费。自是而森、庚益得肆力于学,入大同学校,更勖之曰:"而姊以色身示人,不得已也。若勉之,若不自立,而姊终身不嫁矣。"

义侠类　程长庚脱某道罪

名伶程长庚,字玉山,人呼之为大老板,其掌京师三庆班也。有道员某以非罪被劾,当褫职,旨将下矣,某愤不欲生。戚友来慰问者,佥为之谋,某踌躇久之,忽拍案而起曰:"道在是矣。"则群起亟问之,友曰:"兹事回天大不易,非枢府斡旋不为功。方今黜陟大柄操之恭王,长庚为王所赏识,得其片言,冤可立白,曷姑求之?"某亦瞿然曰:"诚然。幸尝与长庚通款曲。"则亟偕友往,婉言告长庚。长庚曰:"仆溷迹软红,方以曲艺进身自愧,自好益复断断,向于王公大人,虽促膝抵掌,未尝干以私,尤不敢与闻官事。矧人微言轻,言之亦未必有济,敢敬谢不敏。"

某固请不已,友亦为之陈恳,长庚曰:"幸被劾诚非罪,差可措词,当勉效绵薄,视机会何如耳。"则亟谒王。值王憩寝,良久,仅乃得达。王则诃谒者,启事官之职如古谒者。谓将命胡迟迟也,并为长庚道歉忱。长庚白来意,王始有难色,谓旨已交拟,恐不易保全。既而曰:"尔果不轻干人,事虽难,吾当尽力图之。"长庚称谢肃退。

王曰："少休，勿亟，吾正欲与尔闲谈也。"诘朝，谕旨下，竟无某道褫职事，则参折留中矣。

某德长庚甚，赍厚币，自诣谢，长庚拒弗见，馈物悉返璧。命侍者出，传语曰："请某官还以此整顿地方公事，毋以民脂民膏作人情也。"且从此不与某道相见，有人问此事者，长庚且力辩其无。

义侠类　程长庚为某园挽危局

都中某戏园门前冷落，座客寥寥若晨星，园主坐柜旁，乍见程长庚过，即疾趋而出，殷勤问好，并诉艰难困苦之状，乞其助。长庚怦然心动，乃谓园主曰："尔毋恐，有我在。"园主闻言，揖谢者再。长庚曰："速四出驰报，我将为尔挽危局，即当登台唱《战长沙》也。"园主欣喜过望，遣人四出招徕，凡在他园之听客，一闻"大老板战长沙"六字，罔不舍其原在之戏园，而仓皇奔至某园。于是某园得利市三倍焉。

义侠类　程长庚赈伶界

同治甲戌冬，穆宗宾天，都门各戏园照例停演二十七月。时戏园有三庆、四喜、义顺、和源、顺和等数家，合各项角色计之，不下二千余人，有将流为乞丐者。程长庚忧之，乃以平日所积，易米施粥，以赈伶界之无食者。咸感之，为立长生木主，曰"优人大成至圣先师"。

义侠类　程长庚徐小香恤同侪

光绪辛巳，孝贞后崩，歌台阒寂，优人大困。程长庚与徐小香固同在三庆班，至是，则哀之诸富贵子弟，醵金以拯之，贫苦之零碎角色，皆间数日得小米五六升，遂赖以存活。

义侠类　葛四待杨三

都中苏班名伶有杨三、葛四二人者,皆苏人,皆唱昆丑,二人交至密。鬻技京师,杨尝语葛云:"君技胜我,所在皆可求食。君在京,则人皆贱我矣,君能去乎?"葛曰:"诺。"遂去。之河南,之山东,所至为人所重。杨自是遂独以技名京师。葛暮年病盲,仍留山东不去,曰:"我不负杨也。"既盲,仍时演剧,每演,必《尼姑下山》一剧,神采飞动,台步整齐,背负一人,其行如驶,见者不知其盲。盖精熟既久,权衡在心也。论者多其重交游,不轻然诺,故挽之演剧,争厚馈之。杨在京,亦时与通问讯,两家往来如姻娅。葛子文玉,小名虎子,亦能唱昆曲。扮武生,身段绝佳,惜喉闭不能发音,然已矫矫于世,人谓葛四醇厚,宜有子也。

技勇类　朱文英掩肠捷走

朱文英与俞菊笙同时为京师武旦,交莫逆,艺亦相埒。俞以武旦不足出人头地,改武生,朱实左右之。朱善走,尝以一日而走二百余里。俞既以武生噪一时,同业嫉之甚。一日,演剧庆乐园,将束装,突有人自外入,向俞疾驰,朱亟拦而诘之,其人不及刺俞,则径投刃而窜。刃入朱腹左,急拔之,肠随出,然尚能捷走如平时也。遂左手掩肠,右手持刃,追及屋顶,掖之而下,始觉痛,延伤科治之,经月愈,复能舞跃如平时矣。

狷介类　李吉瑞不与女伶配戏

李吉瑞为武生中之卓有声誉者,性耿介。演剧于津门,不与女伶配戏。女伶勾引之,不为动。尝衣大布之衣,遨游廛市间,不与恶少游。

豪侈类　程长庚与某王赛鼻烟

程长庚中年以后，名誉益著，凡堂会戏，几以无程为缺憾。一日，至某王府演戏，王知其嗜鼻烟，因尽出所藏，分装各色烟壶，使品之，曰："汝非至予处，一时断不得闻如许名烟。"程恶其谩己也，谓王曰："某亦略有所蓄，王曷临况，一评其优劣乎？"王诺之。次日，王至，程以所蓄各种烟列于几，烟壶或玉或翠，亦各以类分，每一类可分为数种或十数种，五光十色，纷陈王前，乃笑谓王曰："此视王所蓄者何如？"王惭而去。

明智类　刘桂庆了然去来

京伶刘桂庆工王帽戏，一日，赴内城某宅演剧，侵晓归，而语其家人曰："吾心如落叶空山，了无归宿，恐将逝矣。"家人以为诞。刘偃息在床，日加午，遽卒。此殆了然于去来者欤？

疾病类　钱宝峰病革呓语

钱宝峰为花面中之老手，《芦花荡》、《长板(坂)坡》、《金雁桥》、《夺阿斗》，皆其著名之剧，而尤以扮《儿女英雄传》之邓九公为得侠士卤莽情状。光绪中，病革，呓语曰："阎君召我演剧。"此事近妄，而都下盛传其言。

师友类　程长庚闭门授徒

道光戊戌，英吉利以鸦片入广东，戊申，入长江。程长庚闻之，大愤。咸丰时，发、捻、回、苗遍国中，诸贵人燕乐不衰，长庚则闭户不出。或怪之，则泫然流涕曰："京师首善乃若此，吾不知所税驾矣。"乃择门下之贤者教之，曰："京师乱且作，毋使广陵散绝人间也。”咸丰丙辰,英人破广州,缚粤督去。江南军大溃,捻势益炽。庚申,英法联军入京师,文宗狩木兰,长庚痛哭去。未几,和议成,俄罗斯夺龙江、吉林边地七千里,英法始订市长江。辛酉,文宗崩,穆宗幼,两宫听政,返京师,恭忠亲王领枢府,始设译署理外交,诸贵人燕乐如故。长庚丧乱且贫,则复治故业,孤怆抑塞,调益高,独喜演古贤豪故事,若诸葛亮、刘基之伦,则沉郁英壮,四座悚然,无不流涕。久之,而简三、杨月楼、汪桂芬、谭鑫培之徒出焉,皆长庚忧乱时所闭门授业者也。

师友类　谭鑫培交李某

名伶谭鑫培好立崖岸,与之交者颇不久,惟内务府茶库李某与狎,久而不衰,岁贷金钱不可胜数。而李固不吝,以获交伟伶为荣。人家婚诞演剧,欲延谭而不得者,往往卑礼厚币,介李以请,得李一诺,谭必至矣。故李因谭,亦终岁受人馈遗燕饮无虚日,颇用是以自多,光宠交游,此之谓矣。

文学类　集戏名联

有以戏名集联而极自然者,如《潘烈士投海》对《孙夫人祭江》,《花园赠珠》对《草船借箭》,《背娃入府》对《打侄上坟》,《武松打店》对《曹操逼宫》,《哪吒闹海》对《徐策跑城》,《乌龙院》对《白虎堂》,《三岔口》对《十字坡》,《春秋配》对《宇宙疯》,《紫霞宫》对《白云塔》,《四郎探母》对《九美夺夫》,《卖身投靠》对《打子放逃》,《问樵闹府》对《打渔杀家》,《挂印封金》对《赠剑点将》,《花蝴蝶》对《玉麒麟》,《鸳鸯剑》对《雌雄鞭》,《日月图》对《乾坤带》,《七星灯》对《五雷阵》,《卖马》对《偷鸡》。

音乐类　孙春山雅善歌唱

光绪中叶，京师知音之士以孙春山部郎为最。春山雅善歌唱，尤工青衣，旦亦曰青衣。字正腔圆，非伶界所及。日常携二三朋辈，召集歌郎，画壁旗亭。伶界有难谐之字，不达之腔，无可问津者，必造春山请业。雏伶相见，咸呼以师。每集，则羊卫多人，环而受教惟谨。春山亦不厌不倦，或为之循声按拍，或为之砭误正讹，低唱轻敲，徐然下酒。宴饮他室者，往往辍杯就听，帘外重足一迹，赏叹深之。

音乐类　梅雨田善胡琴

梅雨田，名大锁。精于乐，初以笛名，能吹昆曲三百余套。以昆曲不盛于世，乃改习胡琴。胡琴以手能发音者为佳，俗谓之手音。人之指肉有厚薄，故音有高下。琴瑟贵甲肉之音，胡琴则纯贵肉音。梅体肥而肤润，故发音为天下第一。又性聪，闻声，辄能摹效，俗谓之耳音。深得神趣。丝竹到手辄善，有孔能吹，有丝能弹，天生佳质也，而尤工者为锁呐、胡琴。

胡琴本无奇声，自梅弄之，凡喉所能至，弦亦能至，柔之令细则如蝇，放之令洪则如虎，连之令密则如雨，断之令散则如风，呼吸通神，清脆高响。他琴师皆板板数调，取足和音而止。梅自开板，俗谓之过门。即出新声，至唱处，更丝丝入扣。大抵人之喉音，能密能久，丝则一响即杀。梅鼓之，尺寸加密，凡一隙，均加一音，节节填满，不令有丝毫空漏。手指上下，急如风轮，密如蛇足，而某音应深按使切，某音应浅抚令泛，虽繁不胜记之中，而以耳会，以神通，无不入妙入微，曲尽其趣。其二黄开板，迥不犹人，不独倜傥舒和，而煞尾处撮六七音于一轮指之中，如联珠并流，如轻环急转，紧处加密，而余处仍故放令疏，戛止徐来，界限清楚。其取径皆大方家数，又非徒以繁弦急管见长，唱调无穷，弦亦复无穷。每换句调，则易其法,每弄过门,则更其声,五花八门,层出不已。他人虽拾得一二,莫能窥其涯涘也。

音乐类　陈彦衡善胡琴

陈彦衡,蜀中世家子,曾为吏,善鼓琴。自幼往来京师,即注意于唱,以喉短,遂师梅雨田,习胡琴,多传其法。而手音亦与之相亚,凡唱法、读字法、弄琴法,用力颇勤,均得梅之衣钵。梅死,首推陈,伶界、乐界均尊上之。陈亦善于指导,经其教授,无作门外唱者。名伶谭鑫培至沪,以琴师无当意人,重值聘陈往,以其曾为吏,故尊视之。惟陈本纨袴子,性骄亢,与谭等,致不能终其交。

戏剧类　今剧之始

六朝以还,歌舞日盛,然与今剧为不类。自唐有梨园之设,开元朝分太常、俗乐,以左右教坊典之,乃为今剧之鼻祖。伶人祀先,明皇是称,固其宜也。惟唐人以绝句入歌,朝有佳作,夕被管弦,昌龄画壁旗亭,"黄河远上"一曲,遂成千古。其事简易,去今调远甚。盖院本始于金、元,曲调大兴,按谱填词,引声合节,乃为昆曲之所自出。今剧由昆曲而变,则即谓始自金、元可也。

戏之劣处,无情无理,其最可笑者,如痛必倒仰,怒必吹须,富必撑胸,穷必散发,杀人必午时三刻,入梦必三更三点。不马而鞭,类御风之列子;无门故掩,直画地之秦人。举动若狂,情词并拙,此犹可云示意于人也。至于手不执圭,障袖若琵琶之遮面;人孰我问,登台如小鸟之呼名。王曰孤王,寡人绝对;父曰为父,王季多逢。而且汉相秦臣,有匈奴大人之号;下官必称上官为大人。齐兵魏卒,得满洲壮士之称。凡扮胡人,必红顶花翎,称其卒伍曰巴图鲁。包孝肃以文正为名,贾半闲以平章作字。将军裹甲,必右袒以搴旗;袍带戏往往曳一袖于地,庙堂坛坫恐万无此式。美女捧心,却当门以掩袖。且两袖恒交掩于腹下。种种乖谬,思之哑然。大抵今剧之兴,本由乡鄙，山歌樵唱，偶借事以传讴；妇解孺知，本无心于考古。故剧词自为一类，过雅转觉不伦；本事全出稗官，正史绝无所采。或用平话之称谓，或遵昆曲之排场，积久相沿，遂成定例矣。

戏剧类　戏剧之变迁

国初最尚昆剧，嘉庆时犹然。后乃盛行弋腔，即俗呼高腔，一曰高调者。其于昆曲，仍其词句，变其音节耳。京师内城犹尚之，谓之得胜歌。相传国初出征凯旋，军士于马上歌之以代凯歌，故于《请清兵》等剧，尤喜演之。道光末，忽盛行皮黄腔，其声较之弋腔为高而急，词语鄙俚，无复昆弋之雅。初唱者，名正宫调，声尚高亢。同治时，又变为二六板，则繁音促节矣。光绪初，忽尚秦腔，其声至急而繁，有如悲泣，闻者生哀，然有戏癖者皆好之，竟难以口舌争也。昆弋诸腔，已无演者，即偶演，亦听者寥寥矣。

戏剧类　欧人研究我国戏剧

晚近以来，欧人于我国之戏剧，颇为研究，英人博士瓦儿特，德人哥沙尔、那洼撒皆是也。

瓦儿特著一书，曰《中国戏曲》，分四期：曰唐，曰宋，曰金元，曰明，并就《琵琶记》及其他戏剧之长短略评之。

哥沙尔著一书，曰《中国戏曲及演剧》，分八章：一中国国民精神与其戏曲，二中国之舞台俳优及作剧家，三中国之剧诗，四戏剧之种类，五人情剧及悲剧，六宗教剧，七性格喜剧与脚色喜剧，八中国之近世剧。

那洼撒著一书，曰《中国及中国人》，虽非戏剧专门之作，惟其中一章，有就我国戏剧各种方面加以评论者。

此外尚有《中国戏剧》二册：一为法人巴散著，一为法人格兰著。

戏剧类　昆曲戏

昆曲戏创始于昆山魏良辅,以前仅有弋阳、海盐二腔。魏出,始能以喉转声,别成一调,遂变弋阳、海盐故调为昆山腔,盖以地名。梁伯龙填《浣纱记》付之,即王元美诗所谓“吴阊白面冶游儿,争唱梁郎雪艳词”者是也。

或曰,创自明季之苏昆生,盖以人名。意者曲调相沿已久,昆生曾出新意润色之,声律乃益完密,好事者即以其名名之欤?

康熙朝,京师内聚班之演《长生殿》,乾隆时,淮商夏某家之演《桃花扇》,与明季南都《燕子笺》之盛,可相颉颃。淮商家豢名流,专门制曲,如蒋苕生辈,均尝涉足于此,故其时为昆曲最盛时代。而昆山之市井鄙夫及乡曲细民,虽一字不识者,亦能拍板高唱一二折也。

嘉、道之际,海内宴安,士绅宴会,非音不樽。而郡邑城乡,岁时祭赛,亦无不有剧。用日以多,故调日以下,伶人苟图射利,但求窃似,已足充场,故从无新声新曲出乎其间,《缀白裘》之集,犹乾隆时本也。

道光朝,京都剧场犹以昆剧、乱弹相互奏演,然唱昆曲时,观者辄出外小遗,故当时有以车前子讥昆剧者。浙江嘉、湖各属,时值春秋二季,尚有卖戏于闹市者,盖浙人犹有嗜之者也。

咸、同之季,粤寇乱起,苏、昆沦陷,苏人至京者无多。京师最重苏班,一时技师名伶,以南人占大多数。自南北隔绝,旧者老死,后至无人,北人度曲究难合拍,昆剧于是不绝如缕。

光绪时,沪上戏园仅有天仙、咏霓、留春诸家,皆京剧也,惟大雅为纯粹之昆剧。依常理论,昆剧应受苏人欢迎,顾乃不然。虽竭力振作,卖座终不能起色。维持数载,卒以顾曲者鲜,宣告辍业。社员大半皆苏产,相率归去,或习他业,或为曲师,贫不能自存,几至全体星散。越数载,始有人鸠集旧部,组织聚福园,开演于苏垣之府城隍庙前,虽不能发达,然尚可勉支也。及阊门辟马路,大观、丽华诸园接踵而起，冶游子弟趋之若鹜，聚福遂无人顾问，不得已遂又歇业。然诸伶既聚则不可复散，乃易其名曰全福，而出外卖戏。频年落拓，转徙江湖，旧时伶工，凋亡殆尽，继起者又寥寥无几，宣统时阒如矣。

戏剧类　乱弹戏

自乱弹兴而昆曲渐废。乱弹者，乾隆时始盛行之，聚八人或十人，鸣金伐鼓，演唱乱弹戏文，其调即合昆腔、京腔、弋阳腔、皮黄腔、秦腔、罗罗腔而兼有之。昆腔为其时梨园所称之雅部，京腔、弋阳腔、皮黄腔、秦腔、罗罗腔为其时梨园所称之花部也。若徽腔，则在京腔之中。

或曰，乱弹即马上戏，盖军乐之遗也。乾隆末叶，江宁有之，伧者载以舟而娱客，穹篷巨舰，踞坐其间，直如鸡鹜一群，哑哑乱噪，了不悉其意旨，然一日之赀，亦需给一二千钱。

戏剧类　昆曲戏与乱弹戏之比较

昆剧缜密，迥非乱弹可比，非特音节、台步不能以己意损益，服饰亦纤屑不能苟。《剪发卖发》一出，扮赵五娘者，例不得御珍饰。吴郡正旦某，一夕演此剧，偶袒其常佩之金约指，台下私议戚戚。某即颦蹙向台下曰："家贫如此，妾何人斯，敢怀宝以陷于不孝。"言次，袒约指掷诸台下曰："此铜质耳。苟真金者，何敢背古人发肤之训，剪而卖之乎？"私议乃息。

戏剧类　弋腔为昆曲皮黄之过渡

弋阳梆子秧腔戏，俗称扬州梆子者是也。昆曲盛时，此调仅演杂剧，论者比之逸诗变雅，犹新剧中之趣剧也。其调平板易学，首尾一律，无南北合套之别，无转折漫衍之繁，一笛横吹，习一二日，便可上口,虽其调亦有多种,如《打樱桃》之类,是其正宗。此外则如《探亲相骂》,如《寡妇上坟》,亦皆其调之变,大抵以笛和者皆是,与以弦和之四平腔如二黄中之《坐楼》。及徽梆子,如《得意缘》中之调,即就二黄之胡琴以唱秦腔,似是而非,故只可谓之徽梆子。均不类。昆曲微后,伶人以此调易学易制,且多属男女风情之剧,故广制而盛传之,为昆曲与徽调之过渡,故今剧中昆曲已绝,而此调则所在多有也。

戏剧类　皮黄戏

自有传奇杂剧,而骈枝竞出,有南北之辨,昆弋之分,宋以来绵延弗断,此所谓雅声也。然弋腔近俚,其局甚简,有纤靡委璅之奏,无悲壮雄倬之神。至皮黄出,而较之昆曲,尤有雅俗之判。皮黄者,导源于黄陂、黄冈二县,谓之汉调,亦曰二黄,不知者乃于黄上加竹为簧者,误。又以其一出于黄陂,又曰西皮。初甚简单。昆之唱系于曲牌,此则辨于诸板,板之类甚稀,第变化得神,错落有致,自能层出而不穷矣。

皮黄以二黄为正宗,西皮若或为之辅。盖二黄为汉正调,西皮则行于黄陂一县而已。其后融合为一,亦不可复分。徽人至京者,以多艺名,出鄂人上,且多变换音节之处,故以徽调称。实则徽固无调,犹北方不产茶而善于薰制,故京茶转有名也。初时能者皆真徽人,其后都人学之而善,徽人遂至绝迹,故南人转谓之京调,犹外人改造土货称为洋货者是也。皮黄盛于京师,故京师之调为尤至,贩夫竖子,短衣束发,每人园聆剧,一腔一板,均能判别其是非,善则喝彩以报之,不善则扬声以辱之,满座千人,不约而同。或偶有显者登楼,阿其所好,座客群焉指目,必致哗然。故优人在京,不以贵官巨商之延誉为荣,反以短衣座客之舆论为辱,极意矜慎,求不越矩,苟不颠踬于此,斯谓之能。故京师为伶人之市朝,亦梨园之评议会也。虽光绪庚子以后,风已稍替,而老成矩镬,知者犹多。若外埠之立异呈奇,固多有不待终场而去者矣。能使人不去者,谓之挂座。能于末出登场而人皆耐而相待者，谓之压胄子。胄子者，武剧也。武剧能恋人，而欲以唱工加胜武剧，以征观者之去留，非有真技足以动人者，不敢尔也。

戏剧类 文宗提倡二黄

文宗在位，每喜于政暇审音，尝谓西昆音多缓惰，柔逾于刚，独黄陂、黄冈居全国之中，高而不折，扬而不漫。乃召二黄诸子弟为供奉，按其节奏，自为校定，摘疵索瑕，伶人畏服。咸丰庚申之乱，京师板荡，诸伶散失。穆宗嗣位，乃更复内廷供奉焉。

先是，京师诸伶多徽人，常以徽音与天津调相混合，遂为京调。然津徽诸调，亦均奉二黄音节为圭臬，脚本亦强半相同，故汉津徽调皆可通。文宗后益有取于汉黄，而诸人固能合众长为一者也。

戏剧类 昆曲戏与皮黄之比较

昆剧之为物，含有文学、美术如《浣纱记》所演西子之舞。两种性质，自非庸夫俗子所能解。前之所以尚能流行者，以无他种戏剧起而代之耳。自徽调入而稍稍衰微，至京剧盛而遂无立足地矣。此非昆剧之罪也，大抵常人之情，喜动而恶静，昆剧以笛为主，而皮黄则大锣大鼓，五音杂奏；昆剧多雍容揖让之气，而皮黄则多《四杰村》、《八蜡庙》等跌打之作也。

戏剧类 徽调戏

徽调源于汉调，初流行于皖、鄂间，其后桐城、休宁间人变通而仿为之，谓之徽调。当承平时，桐城人官京师者，济济有众，乡音流入，殆亦有年，必不始于咸、同之世。然初仅一二杂剧，自立分支，后以昆曲式微，弋调不足以独立，是调聆音易解，高朗悦人,都人嗜者日多。皖、鄂又不梗于戎马,入都者众,而程长庚亦挟技入都,于是始有徽调。其初行时,谨守绳墨,不能恣意豪放。继而改用胡索,二黄之声大振,奏琴好手亦应时而出,而昆曲转黯淡无闻矣。

咸、同之际,京师专重徽班,而其人亦皆兼善昆曲,故徽班中专门名词亦往往杂以吴语,如呼减短连唱曰马前,呼纨袴学唱曰洋盘之类,至今剧界犹沿其称。而北地无此名词,故不能通其义,益杂糅于苏班之旧称,遂成为专门之谜语矣。

其时徽班有四:四喜、三庆、和春、春台是也。评骘者于四喜曰曲子,以其春容大雅,不为淫哇之声也。于三庆曰轴子,以其所演皆新排近事,连日接演也。于和春曰把子,每日亭午必演《三国》、《水浒》诸剧,工技击者,各出其技,以悦人也。于春台曰孩子,以其诸郎皆夭夭少好也。

又有谓四喜、三庆、春台、嵩祝为四大徽班者。三庆得名最早,乾隆庚戌,高宗八旬万寿,入都祝釐,时称三庆徽,是为徽班鼻祖。后乃省去徽字,称三庆班。四喜在嘉庆时亦有声,《都门竹枝词》云:“新排一出《桃花扇》,到处哄传四喜班。”嘉庆庚辰,春台无故散去。七月,仁宗崩。

嵩祝班声价之隆,亦不亚于三庆、四喜、春台,当时堂会必演四大班,足征嵩祝之驰名一时也。其后以不能自存,部中人始稍稍散去。好事者乃复召集后进子弟,别为一队,曰小嵩祝部,中皆乳燕莺雏,呢喃学语,当筵顾曲,聊资笑噱而已。

戏剧类　全本戏

全本戏专讲情节,不贵唱工,惟能手亦必有以见长。就其新排者言之,如《雁门关》,如《五彩舆》,皆累日而不能尽,最为女界所欢迎,在剧中亦必不可少。然以论皮黄,则究非题中正义也。

戏剧类　出头

出头，谓出人头地也。粤人于简短之戏，谓之出头，殆以戏虽简短，而为精华所聚，且以出而讹为尺欤？

戏剧类　应时戏

京师最重应时戏，如逢端午，必演《雄黄阵》，逢七夕，必演《鹊桥会》，此犹荆楚岁时之意，犹有古风。自光绪庚子以来，专尚新异，辍不演矣。

戏剧类　武剧趣剧秽剧

皮黄合生、旦、净、小生四角外，惟外多唱。至近时，外即以生充之，故无专充外角者，可毋论也。五者之外，皆不重唱，如副与武生多武剧，贴与丑多趣剧、秽剧。秽剧即顽笑戏也。

武剧中向以"八大拿"见称于世，盖专指《施公案》黄天霸戏而言。如招贤镇拿费德公，河间府拿一撮毛侯七，东昌府拿郝文僧，淮安府拿蔡田化，茂州庙拿谢虎，落马湖拿铁臂猿李佩，霸王庄拿黄隆吉，恶虎村拿濮天鹏是也。此外如《狮子楼》，如《三打店》，皆人数无多，情文并至，亦武剧中之暇逸之品，而技术仍不埋没。观武剧者，以上各出，可叹观止。而如《八蜡庙》、《四杰村》等，一味乱战，殊乏味矣。总之，武剧中之人物，有大将，有莽夫，有剧盗，有神怪，其类至不齐，而演之者须性格各具，并能完全体贴为上，盖不若文剧之从容，得有临时商榷之余地也。

武剧以有武生为主，以有情节者为贵。如《恶虎村》、《落马湖》、《盗御马》，皆以说白胜，不专专于互相厮打也。其最难者，以《挑华车》、《长坂坡》二剧为最吃力，场面太繁，身段太多，说白牌唱，干戈挥舞，一人精力有限，往往一出未终，汗下如雨矣。

武生之腰胫，必自幼练成，及长，仍日有定程，时时演习，乃能转折合度。或凌空如落飞燕，或平地如翻车轮，或为倒悬之行，或作旋风之舞。以王梦生所见于京师者言之，其人上下绳柱如猿猱，翻转身躯如败叶，一胸能胜五人之架叠，一跃可及数丈之高楼，此种柔术，殊不多觏。要之，剧场所必不能无者，则两两挥拳，双双舞剑，虽非技击本法，然风云呼吸之顷，此来彼往，无隙可乘，至极迫时，但见剑光，人身若失，为技至此，自不能不使人顾而乐之。他如掷棍、抛枪、拈鞭、转锏，人多弥静，势急愈舒，金鼓和鸣，百无一失。而且刀剑在手，诸式并备，全有节奏，百忙千乱之际，仍不失大将规模，非如近今武角，仅以多翻善跃为能，气粗以横，不可向迩也。

趣剧以丑为主，以活口为贵。见景生情，随机应变，谓之活口。往时著者，如《连升三级》，最为丑角难题。每遇科举之年，各班必演此剧，场后题出，以用趣语解释三题，联为一气，最为悦听。其强为穿插处，真有匪夷所思者，不得谓梨园中无隽才也。他如《拾金》、《捉夫》等，亦皆丑角专剧。与贴配者，则秽剧多矣。

秽剧以贴为主，以不伤淫为贵。内分四种：一专尚情致，一专尚淫凶，一以口白见长，一以身段取胜。甲种如《闺房乐》、《得意缘》，尚不涉于淫秽。其次则《卖胭脂》、《拾玉镯》，斯近荡矣。乙种如《杀皮》、《十二红》、《双钉计》、《南通州》，皆淫凶不可向迩，在所宜禁。丙种如《坐楼》、《翠屏山》、《闯山》、《查关》等剧，皆以说白取胜，此种品格略高，稍加改良，固可人意者也。丁种如《马上缘》、《小上坟》，皆看身段步法，在顽笑戏中别为一类，此亦无伤大雅者也。惟《马上缘》之脸儿相偎，《小上坟》之其欲逐逐，则宜略留分寸耳。

戏剧类　串戏

俗谓演剧曰串戏，其言始于明。明彭天锡串戏妙天下，多扮丑净，千古之奸雄佞倖，经天锡而心肝愈狠，面目愈刁，口角愈险是也。

戏剧类 反串

反串为戏之最无味者，如旦改唱生，生改扮贴，拿腔作势，直反常为妖，然社会好奇，往往以此为乐。

咸丰中叶，京伶于三胜每遇新角对演，必反串以难之。盖因某伶演《法门寺》，某伶未至，台下观者急不能待，班主乃乞三胜饰赵琏。然三胜，武生也，忽扮须生，众哗然。三胜出台，乃长歌一曲，听者亦皆击节焉。

谭鑫培去须作丑，扮《盗魂铃》之八戒，田际云挂须为生，唱《让城都》之刘璋，以示贤者之无所不能，偶一游戏，未为不可。鑫培唱秦腔，能学元元红，老元元红，光绪中叶已殁，秦腔中之圣手也。际云唱西皮，能学汪桂芬，固亦煞是能事也。

戏剧类 说戏

说戏云者，以此伶所能，告之彼伶之谓也。盖戏中忽缺一脚，欲某伶充数，或贵官特欲令演，而适非所习，故就能者乞教，告以唱词台步，俾临时强记，率尔登场，佳伶当之，虽不成熟，亦能得占优胜。盖词皆俗语，又皆不出其类，场面台步，各有定名定式，如武剧中花样繁多，然每式均有名，如三出枪、五出枪之类，观者目眩不觉，实皆联各式而成一场，无无名无式者，故一说可能也。习戏既久，举类可通，故一说登台，如所夙习。以谭鑫培唱《探亲》之村婆，其为临时猝说可知，词句繁多，又为剧中正角，且唱调变腔，此难之难者，非彼不能，亦非宫廷之威，不能令其发此一汗，竭力从事也。

戏剧类 海派

京伶呼外省之剧曰海派。海者，泛滥无范围之谓，非专指上海也。京师轿车之不按站口者，谓之跑海。海派以唱做力投时好，节外生枝,度越规矩,为京派所非笑。京派即以善于剪裁、干净老当自命,此诚京派之优点,然往往勘破太过,流弊亦多。

戏剧类　规矩

昆曲规矩最严,皮黄渐替。昔时副末开场,生旦送客,晚近已废。津、沪剧园,终场时尚有乌帽凤冠者二人,出而将事,然大抵如童稚游戏,冠而不裳,草草一恭,不复成礼矣。

京师戏园未开场以前,例设绣旗八面,分插三隅,台累两案为台,上悬朱幙,中设印符各事,若为将军戎幄者然。前台鼓乐,三奏三擂,乃开首剧。若唱堂会,尚有跳加官等事。客至点戏,有贴执笏至坐客前为礼,谓之抱牙笏。演剧时,贴执朝笏及戏名册呈请选择,择意所欲者一二出令演之,曰点戏,余由伶人任意自演。此与《教坊记》所载者异。记云:“凡欲出戏,所司先进曲名,上以墨点者即演,不点者即否,谓之进点。”曲终有犒,亦贴着朱衣,当台顿首以谢,谓之红人。此种规章,后已渐归淘汰。他如伶在前台,犯规有罚。后台坐次,各有定箱,列箱四壁,有大衣箱、二衣箱、盔头箱等称,惟丑可乱坐,余则生可坐大衣箱,旦仅能坐靴箱,规律甚严。其人遇有事,同赴精忠庙申诉,听会首处分,赏罚重轻,仍取决于公议。

伶界公例,以登台最后为最佳,以名角自命者,非压胄子不肯出。戏在末者,俗称为后三出,与此者皆上选。其前为中胄子,日中时例应有小武剧,故谓之中胄子。中胄前后者皆中选。再前为头三出,开台未久,客均不至,以下驷充场,藉延晷刻,不特上选断不与此,即中角亦无为之者。

戏剧类　格律

旧剧格律至严,昆曲尚矣。即以皮黄论,声音、腔调、板眼、锣鼓、胡琴、台步姿势、武艺架子,在在均有定名定式,某戏应如何,某种角色应如何,固丝毫不可假借也。

戏剧类　情节

徽戏情节，凡所注重者在历史，而惜非真历史也。其原本全出于《列国演义》、《三国演义》、《水浒传》、《西游记》、《封神演义》诸书，加以明季仕宦阉党之遗闻，《玉堂春》、《四进士》、《雪杯缘》、《审刺》、《打嵩》、《法门寺》等。国初京师四方之巨狱，《马四远》、《送盒子》、《杀皮》、《十二红》、《南通州》等。再以《缀白裘》中之昆戏，稍事变通，亦成今剧，意在以往事动人兴感。而事苦不真，且编戏者又非通人，故唱工虽佳，而能入情者绝少，转不如秦腔各剧，注意家庭，猥琐之中，却有令观者入神之妙。盖皮黄偏重忠孝二义，秦腔则推而广之，如《芦花计》以教人之为继母者，《打柴训弟》以教人之为兄者，《杀庙》以教人之为仆者，《对影悲》以教人之为嫡妻者，《双官诰》以教人之为妾者，《算粮登殿》以教人之为妇翁者，《三疑计》以教人之为师者，他如《八义图》则重在友，《六月雪》即《斩窦娥》。则重在姑，《狮子楼》则重在邻，较《水浒传》增出邻人吊丧伴宿一层，事近不情，然颇足长人敦里睦邻之念。《小磨房》即《十八扯》，本梆子戏。则重在小姑叔，凡伦常交际之地，有可戒可风者，皆编入戏文，以资观感。初仅行于太行以西，为乡人谣唱，姑其俗视关东稍近敦厚，亦未始非先辈提倡兴感之功。若与徽戏沟而通之，亦未尝无益于薄俗也。

戏剧类　做工

做工之能事，无穷尽，如唱《盗宗卷》必忠直，但饰为痴，则谬矣。唱《空城计》必闲雅，若露为诈，则远矣。为《天雷报》之老父者，必如乡愚，方为合格。为《白虎帐》之元帅者，必力持镇定，乃近人情。非然者，不厌则疏，过犹不及。曩时名伶，必经数十年之揣摩阅历，始能现身示人，惟妙惟肖。观于《壮悔集》中之马伶，欲扮严嵩，必鬻身于权奸之门，窥探三年而后得。《阅微草堂笔记》中之某伶，欲充妇人，必先自忘为男子，贞淫喜怒，先拟境于心，然后登场自合,其难其慎,概可知矣。

戏剧类　台步台容

于做派、白口之外,更进而求其次者,曰台步,曰台容。台步之考究,以昆班为最,京班则不甚注意,然恒为演剧之辅助品,不可漠然忽之也。台步之施设,亦因戏而异,袍带戏宜端重庄严,文巾戏宜从容闲雅,而靠把戏若《九更天》、《阳平关》等,更宜于匆促之中,求其稳重,务必丝丝入扣,不可躁急失检,以致紊乱。至于台容,演剧者类多淡漠置之,譬之演剧者为二十岁,则无论其挂黑须,挂白须,戏中人为五十岁,为八九十岁,自观剧者视之,但见其为二十岁人,此不知化装之故也。日本人演剧,以一人于一剧中扮数人,而各异其貌,即谛视之,亦不能辨。且多喜涂脂施粉,即七八十岁人,亦颜色娇嫩,殊不可解,是非研究化装,不足去其病。近见评剧者,每谓天生一副老旦面目。夫老旦面目,天生固足以豪矣,而其他诸角色,固不能专恃天生,必以化装之美恶为台容之美恶也。

戏剧类　戏必有技

戏之难,非仅做工,尤必有技而后能胜其任。武技俗谓之把子。无论,即以文戏言之,其能事在衣装一方面者,则如《黄鹤楼》之冠,皇叔应以首上冠掷丈许,落于拉场人手。《李陵碑》之甲,不能见解脱痕,且须合板。《琼林宴》之履,生一出台,便须以足掷履,以首承之,不得用首扶助,自然安置顶上方合。《乌龙院》之靴。宋江应于旦膝上左右旋其靴尖,与指相和,必相左以速而善变其方位为能。其能事在用物一方面者,则如《九更天》之刀,时刻促而准。《战蒲关》之剑,且炷第三香时,生立旦后,剑自落手。《杨妃醉酒》之爵,衔而折腰。《采花赶府》之花,招手而出,近戏法。《虹霓关》丫鬟之盘,以两指旋转之,飞走而衔其杯,走定盘正,置杯甚速,皆须应节,甚难。《打连厢》稚妓之鞭与扇,式甚多,皆非久练不能。其技皆应弦按节,炫异惊奇,非夙能者,苟易人为之,断不能灵敏新奇也。

戏剧类　扮戏

伶人扮戏时之苦,不可言喻。湿帕幕首,由眉际上矗为鬓,挟眉俱起,故成掉梢,凛然有豪杰气。初试紧束,如孙悟空之紧箍咒,颇不能堪,久乃由勉即安,不至岑岑如戴山矣。花旦上装,两颊匀脂甚厚,以视北地胭脂,不止倍蓰。若觌面相看,色如深醉,颇不适目。惟登场之后,远近皆宜,卓文君颊际芙蓉,望而可见。戏衣缎绣,皆极粗糙,而彩色特艳,与面色相配,均与常人不同。若衣之以行通衢,虽在剧场以为美观,亦将骇而却走。盖宜于灯光远视,非真颜色动人也,此亦光学审美学之别科也。

戏剧类　打筋斗

打筋斗,颠覆旋转其身以为戏也。筋斗亦作金斗、觔斗、跟头,盖以头委地而翻斗跳过,且四面旋转如球也。

戏剧类　排场

戏中排场,亦曰过场,穿插停匀,指示显露,如报名唱引,暗上虚下,绕场上下,《寄子》中之乱兵。走场缓唱,《黄金台》之头一场。又如马童备马,《伐子都》。摆对相迎,《黄鹤楼》。以及雷雨绕场,《天雷报》。兵卒绕场,《收关胜》。云水绕场,《大赐福》、《金山寺》、《泗州城》等。与一切大小起霸,《长坂坡》之四将递出,为大起霸;《四杰村》之英雄改扮,为小起霸。长短吹牌饮酒时唱"举杯庆东风"之类。等,皆人人所知,习成定式者也。

戏剧类　切末

切末,点缀景物之谓也。《桃花扇》之十六万金,为最耗财力。昆曲尚切末,徽班规模甚狭,取足应用而已。曩时天津有班曰太庆恒,最以切末著称,如《金山寺》中之水法,以泰西机力转动之水晶管,置玻璃巨箧中,设于法海座下,流湍奔驭,环往不休,水族鳞鳞,此出彼入,颇极一时之盛。又演《大香山》一剧,诸天罗汉,貌皆饰金,面具衣装,人殊队异。而戏中三皇姑之千手千眼,各嵌以灯,金童玉女之膜坐莲台,悉能自转,新奇诡丽,至足悦观。惟班中唱做无人,未久即废。

京师切末,大率不外龙虎羊犬、奎星土地、鬼面佛面及桥亭云树数事而止,其他则《长生殿》有鹊,《战宛城》有兔,惜亦不尽有。惟内廷演剧,此类孔多,出鬼入神,备六殿诸天之胜。

上海自新剧既兴,以西法布景,绘形于幕,自视旧制为优。然画背景者,必用油画法,此派传自西方,故所绘景物,亦多为西洋式。厅堂桌椅无论矣,乃至古树矮屋,小桥曲径,其形色姿态,亦异中土,而戏中人乃峨冠博带作汉人古装,岂非大不相称耶?

京剧以声歌代语言,以姿势表动作,故精神上之能事极缜密,而物质上之布置转多忽略不备。扬鞭则为骑,累桌则为山,出宅入户,但举足作踰限之势,开门掩扉,但凭手为挽环之状,纱帽裹门旗,则为人头,饰以伪须,则为马首,委衣于地,是为尸身,俯首翻入,是为坠井。乃至数丈之地,举足则为宅内外,绕行一周,即是若干里。凡此,皆神到意会,无须责其形似者。自有舞台,乃多用布景,器具必真,于是扞格附会,反多支离。如上床安寝,何以未卸裙履?未入房户,何以能见联屏?乘车者既有真车矣,骑马者何以无真马?交战时,背景一幅山林,而相打者乃转来转去,追逐半日,不离寻丈之地,此皆不可通者也。

戏剧类　行头

戏具谓之行头，分衣、盔、杂、把四箱。衣箱、盔箱均有文扮、武扮、女扮之分，杂箱中皆用物，把箱中则銮仪兵器，此为江湖行头。

昔时排一新本，必以多金特制之。如淮商排《桃花扇》一剧，费至十六万金之多，可谓侈矣。自入本朝，人尽髡头，衣皆袍褂，剧演古事，略存汉官威仪，二百余年以来，大端未易，而踵事增华之处，则无时无之，以较古代衣冠，当亦有不觚之叹。洎光绪初年，虽尚华丽，然斟酌于其人其事，相沿有定，某戏应着某式，某角应服某色，某场应易某制，固皆井井有条，不稍紊乱。及癸巳玉成班由沪入京，袍笏冠带，无不穷极奢丽，都人睹之而善，后遂互相效仿，不复讲旧时规制。庚子以后，益亡等矣。其最触目者，女伶贴界，彩绣分披，终场屡易，且姑毋论，即如黄天霸之罗巾，珠缨遍耀，武二郎之板带，金绣齐辉，黄官副戎，武为戍犯，其必不相称，属想可知。然武剧皆少年英雄，尚可不必呆讲，至若白须丞相，粉鼻朝官，袍皆数寸之缘，边皆绯红之饰，神游目想，在古必无。而且戏场化装，贵在神肖，故昔时《拾玉镯》之旦必荆布，《小上坟》之贴必缟衣，今则任意增妍，有被罗绮而披彩色者矣。甚且冠帔不悦目，则悉易衫裙，巾幅不动人，则乱攒珠玉，尚文太过。至新戏出，而又全从时式，一切以质矫之，虽演《红楼梦》之尤三姐，书中明标红袄绿裤，亦改从时尚雅素一流。过与不及，其失也均，固咸失戏之本意矣，必求其似人，斯为无负十六万金之装饰，若非专就其人特制，亦安用是多金为哉！

戏剧类　化装之名称

化装之颜色，总名彩色。老生以胭脂粉和两颊曰上彩，花脸开脸曰勾脸，花旦装跷曰踹跷。剧中去冠时露出之竖发曰水发，妖怪或神将及头陀披发之发曰蓬头，发之绕成一结，如褚彪《八蜡庙》等戏。脱帽时露出者曰发纠。须之总名曰口面。老生之三绺长须，黑者曰黑三,白者曰白三,花者曰彩三。花面之长须,白者曰白满,黑者曰黑满。须之左右较长,中间略短,演剧时可左右抓开者,红曰红抓,黑曰黑抓。耳上之毛曰鬓毛。须上虬结成团者曰虬髯四喜。小丑短须之向上者曰一簇,小丑之三绺短须曰丑三,须之下颌用鬃丝吊挂短髭者曰吊达。短髭之作一字形者,黑者曰黑一字,白者曰白一字,花者曰彩一字。

戏剧类　前场

在戏台拉前场,非易事也。场面节奏,须全熟于胸,方无临事周章之失。将跪则需垫,将坐则移椅,稍不应节,殴詈偕来,故非斲轮老手,不易称职。所尤难者,为放焰火。焰火者,以纸媒引火,夹于指间,手撮松香屑盈握,冲火而出,俾到地仍燃,其焰之浓淡长短急徐,须与戏相配。如《火烧木哥寨》一出,用焰火最多,此起彼颠,前仆后继,或绕场连炽,或当胸忽燃,或迅如流星之光,或断如磷火之焰,最难在收场之际,其人俯躬以入,火即从其俯处倒掷而出,光如匹练,作抛物线,到地熊熊,并发火焰而止。能此者,阖座之人无不鼓掌称善。

戏剧类　后场

琴师、鼓员能曰后场,亦曰场面。场面之位次,以鼓为首,一面者曰单皮鼓,两面者曰荸荠鼓,名其技曰鼓板,都中谓之鼓老,犹尊之之意也。若李四之鼓板,梅大锁之胡琴,皆名手也。伶人负重名,则自置场面。同业宴会,必邀其鼓老或琴师与俱,尊以首座,其他云锣、唢呐、大铙等不与焉。

昔时鼓板之座在上鬼门椅前,有小搭脚、小凳椅,后屏上系鼓架。鼓架高二尺二寸七分,四脚各方一寸二分,上雕净瓶头高三寸五分,上层穿小枋四八根,下层八根,上层雕花板,下层下绦环柱子,横扩尺寸同单皮鼓例,在椅后下枋,荸荠与板例在椅屏间。大鼓箭二，小鼓箭一，在椅垫下。昆腔犹此制，京班微有异同，而奏技时位次首列则一也。自改舞台，悉驱后场于台侧厢楼之上，鼓员面台前，列而坐，目注演者，迎合其步武手口以为疾徐高下之节，然不良于施展，恒以为苦。北伶南下，狃于故习，犹坐其自置场面于台口一隅，然实不雅观，有时亦足妨碍一部分座客之视线，即其坐席，亦复凌杂无次矣。

戏剧类　胡琴鼓板与唱戏之关系

唱戏之事，宜先研求板眼腔调，尖团吞吐，唇喉齿舌，平上去入，得此十六字诀，方可言戏。然无真嗓子，或中气不充足，则又徒然，天工、人力二者固不可缺一也。至艺成以后，尤有种种困难，配搭不得人，不可，胡琴、鼓板不得人，尤不可。胡琴、鼓板不得人，则唱者自唱，拉者自拉，南辕北辙，背道而驰矣。故欲拉与唱能黏合在一处，不使有丝毫扞格之虞，必平素尝在一处讨论，知其行腔使调用何种方法，因其势而利导之，调门之忽高忽下，嗓音之在家与不在家，全恃胡琴衬托得宜。即或唱者偶有微疵，不经意而脱略，拉者能随机应变，补苴罅漏，如天衣无缝，不着痕迹，斯为妙手也。

鼓板为胡琴之前导，导之东，则不能西也。故鼓板打错，则胡琴不得不拉错，虽明知其错，亦不能不随以俱错。惟可临时向之纠正，然必在未打之先，若既经打错，则无可如何矣。

板眼分二种：有一板三眼者，有一板一眼者，西皮、二黄皆然。三眼者：慢板二黄、慢板西皮、慢板反二黄、二黄快三眼、西皮快三眼、反二黄快三眼是也。一眼者：原板二黄、原板西皮、原板反二黄、西皮二六板、四平调是也。无眼连击者，快板是也。不受板之拘束者，为倒板、摇板。西皮、二黄皆然。至西皮、二黄拍板之各异者，一，三眼之板，二黄起迄皆在板上，间有落中眼者，西皮则每句分三节，首节起迄在中眼，次节起于板，迄于末眼，末句起迄皆在板上，亦间有落中眼者。二，一眼之板，二黄起迄皆在板上，西皮则分三节，首节起于眼，迄于眼，次节起于板，迄于眼，末节起于板而迄于眼或板,二六板起于眼而迄于板。三,无眼连击之板,即所谓快板,须字字皆在板上而后可。

西皮、二黄原板、正板等鼓板之点,皆有一定,即出台与动作之鼓板,亦有一定之名称,若所谓长锤、双长锤、凤点头、急紧风、节节高、四击头、扭丝等是也。与管弦杂奏者,又有〔落马令〕、〔泣颜回〕、〔将军令〕等调。此数事者,皆以鼓凡言鼓皆小鼓,其鼙鼙者,以大鼓二字别之。为领袖。寻常腔调,鼓师皆所素习,自无错误。若有新腔,则非熟手不办,否则每至转折处,彼辄心慌手颤,疑为走板,而刻意为之补救,愈弄愈差,带水拖泥,终无是处矣。

胡琴亦然,寻常腔调,犹可无甚差谬,若有新声,而行腔过于巧险者,必须预为练习。故胡琴之妙,不以过门之花点为能,而以随腔为难也。盖过门之花点,是胡琴自身之妙,与唱工初无关系,若不能随腔,则无取乎有花点也。

所谓随腔者,即其工尺与唱者之腔调,委婉曲折处,一一吻合,无稍参差,而弦音高低,与喉音亦须一致。凡唱曲者,其声调之高低虽有一定,然每至拔高处,不能无勉强之弊,而沉下处又每觉其幽闷,此等处,皆须有胡琴妙手为之补苴衬托。所谓补苴衬托者,每至将拔高之前一二句,先将弦音略为放低,则唱者虽用高腔,亦不觉其吃力;若遇将沉下之时,又将弦音预为拔高,使唱者腔虽沉下,而音调却不觉其幽闷。凡能此者,始得目为胡琴中之妙手也。

拉胡琴,须两手皆有工夫,左手指音须活泼不滞,右腕拉弓须灵敏而有力。指音不佳者,则字眼不能明晰;右腕无力,则弦音不能清越。是故同一胡琴也,或能响,或不能响,或字眼绝清,或仅模糊影响,则视乎其左指右腕之工夫如何耳。是故名伶之琴师,每能洞悉其歌曲中之症结所在,而设法为之掩饰,抑扬高下,无不一一为之衬托,遂使音节格外隽妙。一旦易以生手,便不能圆转如意矣。

乾、嘉时,某昆部中,有鼓师朱念一者,将登场,鼓箭为人窃去,将以困之也。念一曰:“何不并窃我手。”易以他箭,奏技如常时。又满人有鼓双、鼓寿者,亦以善鼓著称,其擂能急能徐,能轻能重,能于缓处忽焉加多，紧处忽焉减少，《琵琶行》中所谓如急雨如私语者，仿佛近之。花色生新，专奏已足适听，若与诸金并奏，更能出色当行。诸金中如大锣、小锣，均以备阴阳二声者为上，阳声散放，阴声手抚，相间互奏，一器而得数音，虽戏场不用〔十番〕、〔灯月圆〕诸杂牌，皆金鼓专调之名，如〔玉莲环〕、〔大富贵〕等，皆昔时元宵佳奏也。而群手能合能分，起止应节，固亦足为戏剧增美。否则一节稍凌，一声稍误，全场顿足，阖座叫嚣，鼓师浃背汗流，虽佳剧亦减色矣。

戏剧类 弦管

剧中弦管常用者，丝惟胡琴、月琴、三弦即俗称咸子者，是盖阮家制也。三种，竹惟笛、海笛、唢呐三种。唢呐、海笛，非吹牌不用，笛非唱昆、弋腔不用，恒用者惟丝。然丝中惟胡琴必不可离，若月琴、三弦，则非旦唱不甚用，旦唱亦与反调、慢板用时较多，余亦不轻作响。胡琴以过门包腔即和唱也。为贵，然各种牌调，亦委婉动人，如《骂曹》中之〔夜深沉〕，起落急徐，与大鼓相应，颇堪适耳。又如《战宛城》中之〔柳青娘〕，即贴看兔时胡琴之调。以能揉弦者为佳，幽咽铿锵，极荡冶孤凄之致。此亦非高手不办，寻常琴手仅足给事，无专能令人喝彩者。梅大锁、陈某以外，都中惟有张某，尚能奏花调，知钩勒，然手音亦不能异众，其余更等诸自郐矣。

北曲宜弦索，南曲宜箫管。丝之调弄，随手操纵，均可自如，竹则以口运气，转换之间，不能如手腕敏活，故其音节，北曲浑脱浏亮，南曲婉转清扬，皆缘所操不同，而其词亦随之而变，有不能强者。就弦索言之，雅乐以琴瑟为主，燕乐以琵琶为主。自元以降，则用三弦。近百年来，二弦即胡琴。独张，此弦索之变迁也。

戏剧类 后台

后台管理，难在派戏，某与某配，某先某后，某某性情是否相合，某某声调是否相合，预为支配，必公必平，不惬众情，动起责难，稍用压力,必致失场,故充此选者甚难。下此则看衣箱一流,预知某戏某装,未事料量,临事裹束,过事折叠,千忙百遽中,亦必料理井井而后可也。

戏剧类　禁演圣贤之事

优人演剧,每多亵渎圣贤。康熙初,圣祖颁诏,禁止装孔子及诸贤。至雍正丁未,世宗则并禁演关羽,从宣化总兵李如柏请也。

戏剧类　禁内城演戏

光绪辛巳闰七月初七日,丁鹤年请禁内城茶园演戏。李莼客云,什刹海演剧,恭王之子贝勒载澂为之,以媚其外妇者。大丧甫过百日,即设之,男女杂坐。内城效之者五六处,皆设女座,采饰爨演,一无顾忌。澂与所眷日微服往观,惇邸欲掩执之,故恭邸论指鹤年疏上,即日毁之。外城甫开茶园一日亦罢。

戏剧类　南府

内廷掌戏曲者曰昇平署,其后令年幼太监习之,谓之南府。南府之名,始自康熙时。道光初元,将南府人役一概遣散,光绪朝复之。

戏剧类　颐和园演戏

颐和园之戏台,穷极奢侈,袍笏甲胄,皆世所未有。俞润先初次排演《混元盒》,其一切装具多借之内府。所演戏,率为《西游记》、《封神传》等小说中神仙鬼怪之属,取其荒幻不经,无所触忌,且可凭空点缀,排引多人,离奇变诡,诚大观也。戏台广九筵,凡三层,所演妖魅,有自上而下者,有自下突如其来者,甚至二厢楼亦作化人居，而跨驼舞马，则庭中亦满焉。有时鬼神毕集，面具千百，无一相肖。神仙将出，先有十二三岁之道童作队出场，继有十五六岁、十七八岁者，队各十人，长短一律，绝无参差，举此则其他可知也。又按六十甲子，饰为寿星六十人，旋增至一百二十人。又有《八仙庆贺》一剧，所扮道童，不计其数，至唐玄奘雷音寺取经之日，如来上殿，迦叶、罗汉、辟支、声闻，高下计分九层，列座几千人，而台仍绰有余地也。

光绪某年，颐和园演剧，某伶献《让成都》一戏，孝钦后聆其词句，谓左右曰："我前年出京时，大有此光景也。"言时不胜唏嘘。

内廷或颐和园之演剧，名优均须进内当差，若辈因自称曰供奉。传差一次，赏银二十两，若谭鑫培、罗百岁等，岁且食俸米二十石。惟内廷门禁至严，须有腰牌，乃可出入。又如于午前见太监，必道老爷吉祥，午后则道老爷辛苦，亦惯例也。

供奉诸伶入内时，孝钦后恒谕以暇时即宜读书。某岁七夕，传戏后，孝钦制一谜语，面书四"多"字，底为两时令名，命内监出示诸伶以试猜之。某伶灵慧，独猜中，乃除夕、七夕也。书呈，颇得厚赏。又尝出"三春三月三"五字命诸伶对，某伶对"半夏半年半"，亦赏之。

光绪辛丑，孝钦后自西安回銮，谭鑫培曾传差三日。一日，命演《镇潭州》，小生杨再兴，则李莲英也。又大内乐部，凡大小太监，无不极口规摹谭调。

戏剧类　堂会演戏

优人演段者，始于伊耆时罗氏鹿女，其后尤盛于东周，至汉代元会为百戏之一，明人因谓之为戏，京师公私会集，恒有戏，谓之堂会。其优人有名者，士大夫无见不见，辄能举其名。刘韫斋侍郎昆言湘中歌者，有京师之声，且以王壬秋将出京，不及待其堂戏再集为憾。

戏剧类　京师戏园

京师戏园，惟太平园、四宜园最久，名亦佳，查家楼、月明楼其次也。雍正时，以方壶斋、蓬莱轩、升平轩为最著。查家楼者，人简称之曰查楼，在肉市，为明巨室查氏所建，戏楼巷口有小木坊，书“查楼”二字。乾隆庚子，毁于火，仅存木坊。后重建，改名广和。

嘉庆时，京师戏园擅名者，分四部：曰春台，曰三庆，曰四喜，曰和春，各擅胜场。大抵午后开场，至酉而散。若庆贺雅集，假其园以召宾客为堂会戏者，辰开亦酉散，无夜剧。其为地，度中建台，台前平地曰池。对台为厅，三面皆环以楼。堂会以尊客坐池前近台，茶园则池中以人计算，楼上以席计算。故平时坐池中者，多市井儇侩，楼上人谑之曰下井。若衣冠之士，无不登楼，楼近剧场右边者名上场门，近左者名下场门，皆呼为官座，而下场门尤贵重，大抵为佻达少年所豫定。堂会则右楼为女座，前垂竹帘。楼上所赏者，率为目挑心招、钻穴踰墙诸剧，女座尤甚。池内所赏，则争夺战斗、攻伐劫杀之事。故常日所排诸剧，必使文武疏密相间，其所演故事，率依《水浒传》、《金瓶梅》两书，《西游记》亦间有之。若《金瓶梅》，则同治以来已辍演矣。

光绪庚子以前，戏园定价，每座售钱百三十文。自经拳匪之变后，蠲除旧例，各自为谋，各园戏价始参差不一矣。

庚子以前，京城之戏园戏班，分而为二，戏园如逆旅，戏班如过客。凡戏班于各戏园演戏，四日为一周，周而复始，生意之盈亏，视班底之硬挣与否，而戏园不蒙其影响。盖当时各戏园有团结力，互相调剂，不至偏枯，法至良，意至美也。其后复稍稍一变，班与园合而为一，亦如沪上仅有园名，而无戏班之名称也。

戏剧类　奉天戏园

奉天为边陲开府之首区，戏园之多，固不为异，乃至一县一镇一村落，亦皆有之，而每园必男女杂糅，写声写色，外县为尤甚。其戏台之构造，与天津相等，为京师所弗及，女伶亦美。

戏剧类　开封戏园

开封地处中原，财丰物阜。同、光之际，歌咏升平，以论戏剧，本处优等地位。盖当时名优以京师为中心点，初被挤，则至山东之济南，再被挤，则至河南之开封，故就当时之统计，开封戏剧之盛，位置实为第三。花旦天凤名满天下，凡过开封者，无论士商，咸以不见天凤为恨。其时开封有两天，一天景园，肴馔最佳，一即天凤。天凤具绝色，尝有某名媛愿委身事之，天凤辞以有室，媛请为媵，不许，遂至寝疾。天凤怜而迎之，归未久，天凤病夭，媛绝粒以殉。时戏剧古风未泯，昆黄并重，凡隶籍梨园者，亦必兼通昆曲，此盖开封戏剧之极盛时代也。

厥后流风相沿，至光绪甲辰、乙巳间，某抚莅汴，雅好京剧，以汴中戏园之简陋，出廉俸付人，建巨场一所，赁与菊部。于时名伶有所谓牡丹红、八千红、樱桃红、粉桃红、林小芬、万盏灯辈应运而出。斯时有人为之比较，而知京师、济南、上海之剧日进化，开封犹在幼稚时代。时津、汉剧界亦在幼稚时代。然当时昆曲，已如黄钟大吕，不数数觏，此盖开封昆剧衰落，二黄犹盛之时代也。

洎宣统末，徽班昆黄剧，开封谓之徽班。之势日落千丈，向者为四五，至此仅余一班。掌之者时有顶替，时而名为春仙，时而名为富贵春，班中既毫无秩序，而观者亦绝无仅有。尝有座客仅集十数人而开演者，菊部末运，于斯为极，此盖为昆黄衰落之时代也。

戏剧类　郭某始创戏园于苏州

苏州戏园，明末尚无，而酬神宴客，侑以优人，辄于虎丘山塘河演之，其船名卷梢。观者别雇沙飞、牛舌等小舟，环伺其旁。小如瓜皮，往来渡客者，则曰荡河船，把桨者非垂髫少女，即半老徐娘。风雨甚至，或所演不洽人意，岸上观者辄抛掷瓦砾，剧每中止。船上观客过多,恐遭覆溺,则又中止。一曲笙歌,周章殆甚。雍正时,有郭姓者,始架屋为之,人皆称便,生涯甚盛。自此踵而为之者,至三十余家,卷梢船遂废。

乾隆丁亥,江苏布政使胡文伯禁戏园,商贾乃假会馆以演剧。至光绪时之戏园,则皆在阊门外矣。

戏剧类　上海戏园

上海戏园,向仅公共租界有之,其戏台客座,一仍京、津之旧式,光绪初年已盛,如丹桂、金桂、攀桂、同桂,皆以桂名,称为巨擘,他若三雅园、三仙园、满庭芳、咏霓、留春亦著。客之招妓同观者,入夜尤多,红笺纷出,翠袖姗来,么弦脆管中,杂以鬓影衣香,左顾右盼,真觉会心不远。戏馆之应客者曰案目,将日夜所演之剧,分别开列,刊印红笺,先期挨送,谓之戏单。妓女请客观戏,必排连两几,增设西洋玻璃高脚盘,名花美果,交映生辉。惟专尚京班,徽腔次之,而西昆雅调,真如引商刻羽,曲高和寡矣。庚子以后,间有改良新剧焉。

丹桂为刘维忠所设,尝语人曰:"世无百年不朽之业,吾之丹桂,他日或为人有,亦无所憾,惟必仍此二字耳。"故后虽易主,而商标如故。以宣统辛亥言之,上列各园之名称,皆已消灭,而丹桂则岿然独存。

上海昔有山陕班所设之戏园,商标曰义锦,在广东路之宝善街,久废。

光绪戊申秋,有商办新舞台崛起于南市之外马路,剧场全部构造,悉仿欧制,戏台为半月形,可旋转,并有一切布景,每出必易,加之以电光,建筑告成,即以丹桂全部实之,兼演新旧剧。

各舞台之剧资,较旧式之所谓茶园者为昂,而皆以银币计之,分别座位之远近,日夜且又不同。日戏为大餐间一圆,二层楼特别包厢六角,头等正厅四角,三层楼包厢三角,二等正厅二角,三等座一角,夜戏为大餐间一圆五角,二层楼等别包厢一圆,头等正厅、三层楼包厢均八角，二等正厅四角，三等座二角。至孩童之减半，佣仆之五分，则日夜皆然。点心及茶，另计资，而不强人。其著名之剧，为《李陵碑》、《阴阳河》、《完璧归赵》、《探寒窑》、《三娘教子》及改良各新剧，座客日夜填咽，车马盈门，营业之盛，得未曾有。于是大舞台继起于汉口路，新剧场再起于法租界，其剧场建筑，一以新舞台为圭臬，而旧式之茶园，则仅一二髦儿戏班，如群仙、丹桂者，若鲁灵光之巍然独存而已。

上海各戏园之至腊月也，四方过客皆纷纷言归，家居者料量度岁，方日不暇给，戏园之生涯自必锐减，至是而案目商于园主，有请客之举。请客者，以戏券售之于向识之看客，恒较常日为昂，俗谚谓之打野鸡，即打秋风也。看客念其终岁伺应之勤劳，辄许之；园主以其时之方虑折阅也，故亦不拒案目之请焉。

戏剧类　广州戏园

广州素无剧场，道光时，江南史某始创庆春园，其门联云："东山丝竹，南海衣冠。"未几，怡园、锦园、庆丰、听春诸园，相继而起。番禺许霞桥孝廉祵光尝招倪鸿劬辈赋观剧词，得数百首，刻之。汪芙生《观剧诗序》有云："偶来顾曲，多惨绿之少年；有客吹箫，唤小红为弟子。人生行乐，半在哀丝豪竹之场；我辈多情，无忘对酒当歌之日者，足以见一时文酒风流之盛。比年以来，闾阎物力，顿不如前，游客渐稀，诸园皆废。自客岁羊城兵燹之余，畴昔歌场，鞠为蔓草矣。"盖指咸丰朝英兵入粤及红巾扰乱言之。光绪初，惟繁盛街市之神庙，或有戏台，遇神诞建醮，始演戏，如渡头北帝庙、油栏直街某神庙之属是也。及刘学询于其所建之刘园，演戏射利，又于刘园附近建广庆戏园，是为西关有戏园之始。自是而南关、东关、河南亦各有戏园，然广庆不久即废，余亦往往辍演也。

广州戏班有外江、本地之别，外江班所演关目，与外省同，本地班则以三昼四夜为度。开台之第一夜，必首唱《六国封相》，昼则演正本，夜则先演三出头，再演成套，演至天明，又演一尾戏，曰鼓尾。

及省河之南与东关、西关诸园继起,每园缴捐至巨万,商业因以兴盛。更有将戏本改良,如优天影之扮演戒烟,及关于家庭教育各戏者,无不穷形尽相,乃大为都人士所欢迎矣。

戏剧类　猫儿戏

教坊演剧,俗呼为猫儿戏,又名髦儿戏。相传扬州有某女子名猫儿戏,擅此艺,开门授女徒,大率韶年稚齿,婴伊可怜。光绪时,上海北里有工此者,每当装束登场,锣鼓初响,莺喉变徵,蝉鬓如冠,扑朔迷离,雌雄莫辨,淋漓酣畅,合座倾倒,缠头之费,所费不赀,亦销金之锅也。

金奇中曰:"俗以妇女所演之剧曰髦儿戏者,盖以髦发至眉,儿生三月,剪发为鬌,男角女羁,否则男左女右,长大犹为饰以存之,曰髦,所以顺父母幼小之心也。又俊也,毛中之长毫曰髦,因以为才俊之称。《诗》:'烝我髦士。'士中之俊,犹毛中之髦也。又选也,《诗》:'誉髦斯士。'誉,古通与,语助辞也,选斯士也。谓之髦儿戏者,意谓伶之年龄皆幼,技艺皆娴,且皆由选拔而得,无一滥竽者也。"此奇中之所解释者也。王梦生则曰:"昔以妇人拖长髻而饰男子冠服,至可一笑,故有此称。"

光、宣间,猫儿戏渐见发展,其优异之处,亦有胜于男伶者。以此类推,女子之资性能力,无事不可学,而文学、美术固尤所优为者也。

戏剧类　京师有猫儿戏

光绪时,京师有猫儿戏一班,然惟堂会演之,声势寥落,非观剧者所注意也。

戏剧类　秦淮有猫儿戏

秦淮河亭之设宴也，向惟小童歌唱，佐以弦索笙箫。乾隆末叶，凡十岁以上、十五以下声容并美者，派以生旦，各擅所长，妆束登场，神移四座，缠头之费，且十倍于男伶。

戏剧类　沪有猫儿戏

同、光间，沪上之工猫儿戏者有数家，清桂、双绣为尤者。每演，少者以四出为率，缠头费仅四饼金。至光绪中叶，则有群仙戏馆，日夕演唱，颇有声于时。

戏剧类　档子班

女伶之外，有所谓档子班者，一名小班，始于嘉、道间。所歌之曲，书于扇，且仅演剧而不侑酒，亦即猫儿戏也。杭州陆应有诗云："一片氍毹贴地红，双鬟装束内家工。不须曲记相思豆，但看坤灵扇子中。此豸分明禁脔看，当筵未许侑杯盘。任教诵遍摩登咒，戒体依然著手难。"

若光绪时，天津所在有之，居侯家后，一堂辄有雏姬数人，玉貌绮年，所唱曰档调。而江西亦有档子班，以广信府之人为多，且远至广州，达官豪商每招之侑酒，然皆以度曲为事而不演剧也。

光绪中叶，上海亦有档子班，其人率来自江右，居之安李氏，其最著者也。居之安，为公共租界福州路中市之里名，未几而室为主者改筑，因徙会芳里，恐问津者之或迷途也，仍颜其门楣曰居之安。其家有小戏台，凡就宴者，可命其登台歌舞，亦可出外演剧，且侑酒也。

戏剧类　演《探亲相骂》

《探亲相骂》一剧,原为昆曲中之梆腔杂剧,虽京戏亦演之,然悉仍其调。盖道、咸之际,乐风渐变,趋重京剧,自后内廷传唱,常例皆京昆并奏,故率将昆曲阑入,各地伶人遂亦相沿成习,意谓亦在京戏范围。实则此剧纯用吹腔,固犹是昆曲之面目也。惟服装做工,则因时会而迁移,间有不相沿袭者,而唱白腔调,悉与《缀白裘》同,调门悉用〔银绞丝〕曲。中有不合者,殆为沿讹。惟依昆曲原本,尚少末后与男亲家相遇、重延解劝、两亲家母和好如初一段,大率为演京剧者所删矣。至其剧情,则为乡间亲家母胡妈妈背布袋骑驴入城,探其名野花者之女也。先是,女见母诉苦,旋与亲家母相见,则一村一俏,无不相形见绌,且谈吐之时,每被奚落。旋以语及野花之傻,一则苛求,一则回护,遂至争执相骂,不欢而别。

戏剧类　演《新安驿》

《新安驿》戏,一名《女强盗》,盖侯俊山登台逞奇,自行编演者也。剧中情节,脱胎于《文武香球》,然事实人名,均与小说不尽符合,盖拉杂编凑,亦一时遣兴之作。略按其事,则张桂英曾与龙官宝订婚,及官宝下山,久不得耗,桂英甚念之,遂乔扮男子,下山访寻。路遇新安驿,宿一逆旅,黑店也。主人为媪女二人,女常乔装为男盗,以杀人越货为事。是日,媪见桂英装重金多,遂先以蒙汗酒醉之使倒,令其女持刀入房行劫。女见桂英之俊美,欲以身委之,遂解除男装,露出庐山真面,以清水喷桂英,使醒,召媪述其意。桂英姑允之。彼此又略较武艺,女见桂英技不精,意益满。及合卺后,女为代解罗襦,则一缠足之女子,大惊,急询其故,桂英详述之,始知亦巾帼也。此剧离奇变幻,本无寓意,惟忽而笄,忽而弁,忽而浓须撩鬓,忽而搔首弄姿,为足增观者兴趣耳。沪上名伶之演此者,以七盏灯为独步。

或曰，《新安驿》一戏羌无故实，实为俊山而设。初，俊山至京，主者患无以揄扬之，某太史为制此剧，故始则红须装束严急，令人但闻其声，已而去须，已而改为艳装，已而又改为便服，装束雅淡，顷刻之间，变换数四，无不绝妙。于是一二日间，名即大噪。后竟因以致富，乃于张家口及其旁近之地，广设商店矣。

戏剧类　串客

土俗尚傀儡之戏，名曰串客，见《温州府志》。后则不然，凡非优伶而演戏者，即以串客称之，即以串客称之，亦谓之曰清客串，曰顽儿票，曰票班，曰票友，日本之所谓素人者是也。然其戏剧之知识，恒突过于伶工，即其技艺，亦在寻常伶工之上。伶工妒之而无如何，遂斥之为外行，实则外行之能力，固非科班所及也。

京师称票友改而业唱者，曰某处某处，实则"处"乃讹字，应作"出"，盖有斯人一出目无余子之意，重之之称也。孙菊仙在京师称孙出。出字，惟孙当之无愧色，余则出与不出等，改出为处，宜也。

雍、乾间，士夫相戒演剧，且禁蓄声伎，至于今日，则绝无仅有矣。

戏剧类　魏耀庭串花旦

光绪庚寅、辛卯间，户部有小吏曰魏耀庭者，能演剧，尝串花旦，人戏呼为魏要命。其人年近不惑，及掠削登场，演《鸿鸾禧》等剧，则嫣然十四五闺娃也，措齿微涅，不瓠犀耳。南皮张文达公之万极赏之。文达书画至不易求，有人见其赠魏精笔，一面蝇头小楷，一面青绿山水，并工致绝伦。

戏剧类　王贝子串戏

光绪末，宫中盛行客串，太监宫女，冠履杂沓，王、贝子亦扮演出场。

戏剧类 王君宜唱谭调

京师票友,实繁有徒,有学部主事王君宜者,名益保,实为个中翘楚。其唱以谭鑫培为归,喉音本极相近,又与陈彦衡为友,得鑫培行腔读字之法,每一引吭,人几疑为鑫培在座也。一日,酒楼宴唱,适鑫培过其下,闻而善之。由是君宜之名,益日以起,都中识与不识,介人以盛筵相约者,趾恒相错。君宜亦不自吝秘,酒酣必为一奏,以是贵游子弟,就之者多。顾其人温雅循谨,舍酒食外,无所取于人,特非上流社会,不与周旋,亦不轻向市廛串票,故人尤重之。鑫培继响,伶界推刘鸿声,然以野战得之,不若君宜之温润醇厚,尺度娴稳也。

戏剧类 观剧有南北两派之别

观剧者有两大派,一北派,二南派。北派之誉优也,必曰唱工佳,咬字真,而于貌之美恶,初未介意,故鸡皮鹤发之陈德琳,独为北方社会所推重。南派誉优,则曰身段好,容颜美也,而艺之优劣,乃未齿及。一言以蔽之,北人重艺,南人重色而已。

北方之音刚以杀,酷喜梆子。南方之音柔以佻,惟中州与汉上之音洪爽,故黄调最合南北之嗜。而道白必推中州,以其清越谐和,庄栗有节也。北人于戏曰听,南人则曰看,一审其高下纯驳,一视其光怪陆离。论其程度,南实不如北。宣统末,沪人雅能听曲,然喜高嗓而不辨神韵,喜激昂而不乐镇静,至于能拍板眼,明音率,求做工,审情节者,实不数觏。而北方则纨袴、贩夫,皆能得此中三昧也。

戏剧类 喝采

名伶一出场，即喝采，都人谓之迎帘好，以好之多寡，即知角色之高下，不待唱也。故有老手已不能唱，而每出仍举座欢呼，谓之字号好，盖以其著名已久耳。

戏剧类 李长寿观剧

李长寿，粤寇之投诚者也，雄于资。尝游沪，至丹桂戏园观剧，至则据厅事而独坐，诫案目，禁他人入座，惟召妓侍观，环侍左右，顾盼自豪。

戏剧类 恭王嗜昆剧

恭亲王溥伟喜观昆剧，能自唱，其左右亦能和之。每遇小饮微醺，辄歌舞间作，偶倦，即令左右赓续以为乐，曲罢，恒赐以酒。又尝召伶演武剧，忽顾左右曰："若曹亦可与之厮打。"众不谙武艺，莫敢应，则力促之，谓当赏白金。时孙菊仙在侧，起而言曰："君等宜努力，王爷固有人各一锞之赏，或且可得膏药一张也。"王顿悟，令止之。

戏剧类 杨文敬好观剧

杨文敬公士骧勤于为政，偶亦观剧，闻谭鑫培至津，一日，与某盐商言，欲得谭入署演剧。往请之，不可，曰："吾来津，以游故，安暇屑屑为此！"固哀之，犹不可，某乃求与谭友善者更往，譬说万端，并许以千金，乃允，然仅一出而止。杨大悦，赏数百金。是日谭所得有一千数百金之多。

戏剧类 京师妇女观剧

道光时,京师戏园演剧,妇女皆可往观,惟须在楼上耳。某御史巡视中城,谓有伤风化,疏请严禁,旋奉严旨禁止。而世族豪门,仍不敛迹,园门虽揭文告,仍熟视无睹也。某愤甚,思有以创之。一日,赴园,坐楼梯旁,遣役登楼宣言,谓奉旨明禁妇女观剧,宅眷自谙禁令,来此者必为妓女,今召尔等下楼,候点名。宅眷不听,某又使人传谕曰:"果为宅眷者,则弁髦圣旨之罪,当更加等,速言夫家、母家姓名、官职听参。"诸人大惧,图窜,乃勒令各具不再观剧甘结,事乃寝。

京师戏园向无女座,妇女欲听戏者,必探得堂会时,另搭女桌,始可一往,然在洁身自好者,尚裹足不前也。

光绪庚子,两宫西巡后,京师南城各处,歌舞太平如故也。辛丑和议成,巨室眷属悉乘未回銮前,相率观剧,粉白黛绿,座为之满。迨薄暮车归,辄为洋兵所嬲,受辱者不可以数计。有一妇道出某处,为守门德国兵所止,驱之下车。妇既下,忽一德兵遽牵其腕而调之,妇大怒,以手举车凳击德兵,德兵受伤却退,妇乃乘间登车,急扬鞭驰去。然自光绪季年以至宣统,妇女之入园观剧,已相习成风矣。

戏剧类 河南妇女观剧

咸丰时,张观准夙以道学自名,尝官河南知府,甫下车,即禁止妇女入庙观剧。虽畏法暂戢,而皆移之城外四郭之祠庙,每演剧,妇女辄空巷往观。一日,西郭某庙又演剧,张微服往,携胡床,坐庙门外,命役守后门,男子悉驱出,乃令役宣言曰:"官谓若辈游庙,必爱僧徒,将命一僧背负一妇出。"于是众乃相持而泣。郡绅闻之,急诣张,为之缓颊,自是穷乡小市,妇女且不敢入庙矣。

优伶类　像姑

都人称雏伶为像姑，实即相公二字，或以其同于仕宦之称谓，故以像姑二字别之，望文知义，亦颇近理，而实非本字本音也。朝士之雅重像姑者，殆以涉迹花丛，大干例禁，无可遣兴，乃召像姑入席，为文酒之欢，然亦未必谓真个销魂，不食马肝，即为不知味。如王文简公、钱牧斋、龚芝麓、吴梅村辈，诗酒流连，皆眷王紫稼，毕秋帆且持状元夫人以去，动于情感，亦尚无伤大雅，固未可与断袖伧奴同日而语也，

伶人所居曰下处，其萃集之地为韩家潭，樱桃斜街亦有之，悬牌于门曰某某堂，并悬一灯。客入其门，门房之仆起而侍立，有所问，垂手低声，厥状至谨。俄而导客入，庭中之花木池石，室中之鼎彝书画，皆陈列井井。及出，则湘帘一桁，瀹茗清谈。门外仆从，环立静肃，无耳语声，无嗽声，至此者，俗念为之一清。

光绪中叶，士大夫好此者尤盛，韩潭月上，比户清歌，诚足为点缀升平之一助也。

伶互相语而指其所交之客，则曰老斗。

京师雏伶皆蹑靴，必离师独立始履，而仆亦称之曰主人矣。堂主之子曰少主人。伶出见老斗，凭其肩，致寒暄。资格深者，伶直呼其字。曰爷者，疏远之词也。

伶既出师而积有余资，得蓄雏以自立，而自身尚周旋于酬应场中者，固数数觏。然亦有侘傺无聊，几难存活者。或有诗咏之曰："万古寒渗气，都归黑相公。打围宵寂寂，下馆戏馆也。昼匆匆。飞眼无专斗，翻身即软篷。相公之落拓至甚者，每至软篷为龙阳君。陡然条子至，开发又成空。"孽海中而有如此苦恼，人不知也。

客饮于旗亭，召伶侑酒，曰叫条子。伶之应召，曰赶条子。光绪中叶之例赏，为京钱十千，就其中先付二千，曰车资，八千则后付。来时，面客而点头，就案取酒壶，遍向座客斟之，众必谦言曰："勿客气。"斟已，乃依老斗而坐，唱一曲以侑酒，亦有不唱者，猜拳

饮酒,亦为老斗代之。

老斗在剧场,为台上素识之伶所见,戏毕下台,趋近老斗座,屈膝为礼,致寒暄,曰飞座儿。嘉庆时,或作《都门竹枝词》云曰:“园中官座列西东,坐褥平铺一片红。双表对时交未正,到来恰已过三通。坐时双脚一齐盘,红纸开来窄戏单。左右并肩人似玉,满园不向戏台看。帘子才掀未出台,齐声喝彩震如雷。楼头飞上迷离眼,订下今宵晚饭来。”

老斗饮于下处,曰喝酒。酒可恣饮,无热肴,陈于案者皆碟,所盛为水果、干果、糖食、冷荤之类。酒罢,啜双弓米以充饥。光绪中叶,酒资当十钱四十缗,赏资十八缗,凡五十八缗耳。其后银价低,易以银五两。银币盛行,又易五金为七圆或八圆,数倍增矣,然犹有请益者。

老斗与伶相识,若已数数叫条子矣,则必喝酒于其家,大率必数次。或为诗以纪之,中四语云:“得意一声拿纸片,伤心三字点灯笼。资格深时钞渐短,年光逼处兴偏浓。”拿纸片者,老斗至下处,即书笺,召其它下处之伶以侑酒也。点灯笼者,酒阑归去时之情景也。

老斗之饭于下处也,曰摆饭,则肆筵设席,珍错杂陈,贤主嘉宾,既醉且饱。一席之费,辄数十金,更益以庖人、仆从之犒赏,殊为不赀,非富有多金者,虽屡为伶所嬲,不一应也。

老斗之豪者,遇伶生日,必摆饭。主宾入门,伶之仆奉红氍毹而出,伶即跪而叩首。是日,于席费犒金外,必更以多金为伶寿。簉座之客,且赠贺仪,至少亦人各二金,伶亦向之叩首也。

优伶类　伶有花榜

官署文告之揭示,俾众周知者,曰榜。若文武考试之中式者,其姓名亦次第列之,亦曰榜。就会试而言,则有状元、榜眼、探花诸名目。而京朝士大夫既醉心于科举,随时随地,悉有此念,流露于不自觉。于是评骘花事,亦以状元、榜眼、探花等名词甲乙之,谓之花榜。光绪壬寅春季，蜀南萧龙友订壬寅杏谱，于菊部之俊秀者取十名，评其姿态，述其家世。谱中首选为安华堂主人王琴侬，像姑之最著名者。次朱幼芬，次姜妙香。王温文尔雅，举止大方，朱俊伟，姜明丽。且朱能书，姜善画，并师吴根梅。根梅日必一至二伶家，抗颜据讲座，彬彬儒雅，方驾横渠矣。

优伶类　京伶狎妓

宣统时，京伶日事冶游，如姚佩秋、佩兰兄弟之于泉湘班喜凤、松凤班双喜，日夕狎媟，丑声四播。而南妓花翠玉至非梅某不欢，都人咸诧为异事。宋芸子观察育仁则谓两美相合，惺惺相惜，此情理之可言者。惟润卿之嫁俞振庭，玉仙之嫁田际云，则甚不可解。振庭面首不佳，际云年逾不惑，而润、玉二子，在北里中极负盛名，何求不得，而乃甘与贱奴为伍，真奇闻也。

优伶类　角色

俗称娼优之著名者曰角色，亦曰名角。盖古有角妓，以艺相角胜为优劣，故今谓娼优等色艺足以自树一帜者曰角色。

角色又曰脚色，盖梨园以副末开场为领班，副末以下老生、正老、老外、大面、二面、三面七人谓之男脚色，老旦、正旦、小旦、贴旦四人谓之女脚色，打诨一人谓之杂，此江湖十二脚色，固元代院本之旧制也。

京师梨园角色将成之时，必遍游京、津附近一带，以历试其能，然后重返都门，声名突起，始得称为名角。若艺成之伶，在京演唱，无人过问，不得已而出京者，则呼之曰下天津。

角色命名之义，实寓劝惩。正末，能指事之当场男子也。副末，即昔之苍鹘，以其能击贼，故谓为鹘。狚，淫兽，狐属，后讹曰旦。狐，扮官者，后讹曰孤。靓，取义于傅粉墨供笑谄也，后讹曰净。猱，猛兽，食虎脑，亦狐属，故以猱为妓之通称。又元人杂剧向有十二科,而以神头鬼面、烟花粉黛为最下乘。

或曰,戏中角色,都凡生、旦、净、末、丑、贴、副、外、杂九种,后人求其解而不得。有谓皆反言者,如生有须,是老而将死,故反言生。旦为妇人,昏夜所用,故反言旦。末本用以开场,故反言末。净本大污不洁,故反言净。外充院子,日常在内,故反言外。丑皆街猾,鸡鸣不起,故反言丑。此说亦自有致,然非本义。其本义盖皆以人色分定其名,间以标志符号,特伶人粗伧,识字无多,始而减笔,继而误写,久之一种流传,遂为专门之名词,明知其误而不可改矣。譬如外,员外也。生,生员也。末,末将也。副,副帅也。小旦,小姐也,先去女旁,后又改且为旦,但图省笔而已。丑,醜之代音字也。净,须净面而后缋,方能着彩,此符号标志也。贴,须贴花钿也,亦符号标志,言与旦之素装不同也。杂,杂色也。九种名称,此为确解。

京剧角色之名称,曰生、旦、净、丑。汉剧则别为一末、二净、三生、四旦、五丑、六外、七小、八贴、九夫、十杂十行。末即京剧之白须生,净即京剧之大面。大面之名,见于《乐府杂录》云:"大面出于北齐兰陵王长恭,才武而貌美,常着假面以对敌,击周师勇冠三军,齐人壮之,为此舞以效其指麾击刺之容,谓之《兰陵王入阵曲》。"而汉剧分净为红净、黑净、粉净,红净如姜维、李克用,黑净如高旺、包文正,粉净如姚期、曹操等是也。生即黑须生,旦即青衣,外即做工老生及文武老生,贴即花衫,夫即老旦,杂即武二花,丑则京、汉文武皆同。

二黄各剧,以正生为多,故正生为二黄之中坚,其它皆副材也。亚于正生者惟武生,则以工架为能事。

武旦分三派:一专讲技击,一专尚柔术,一专讲排面。

花旦派别最多,大抵不出闺门旦、即青衣旦。顽笑旦、刀马旦、与武旦微别。粉旦数种,而以口齿犀利、情态逼真为贵则一。

京班分青衣旦为二派:一为二黄花旦,一为梆子花旦,各以一人专习,无兼唱者。二黄花旦则口齿须锋利,梆子花旦之唱工尤须以哀艳取胜,令人有百回不厌之能力而后可。

花旦须得喜怒哀急四字诀,二黄花旦有喜字怒字,而无哀字急字，如《双沙河》、《破洪州》等戏，四字不能得一字，《鸿鸾喜》、《马上缘》等戏，仅占一喜字，尚不能痛快淋漓，《探亲相骂》、《乌龙院》等戏，仅占一怒字，均不能令阅者夺目。梆子花旦如《新安驿》、《胡蝶梦》、《红梅阁》、《烈女传》、《日月图》等戏，则兼四者而有之。余如《梵王宫》、《真珍珠》、《拾玉镯》等戏，但缺一怒字，而唱工亦至可听。要之，态度须深沉，装饰贵素净，大雅不凡，无儿女气者，斯为上品。

俗呼旦脚曰包头者，盖昔年伶人皆戴网子，故曰包头。晚近则梳水头，与妇女无异，乃犹袭包头之名，诚哉觚不觚矣。

京旦之饰小脚者，昔时不过数出，举止每多瑟缩。自魏长生擅名而后，无不以小脚登场，足挑目动，在在关情，其媚人之状，若晋侯之梦与楚子搏焉。

丑角以优孟、曼倩为先声，开幕最早，伶界以此为最贵，无论扮唱与否，均可任情谈笑，随意起坐，不为格律所拘，相传唐明皇曾为之。至本朝，高宗亦尝扮此，故人人尊视，异乎其侪。此角以利口为长，而真有学力者，究以台步技术并优者为上。昆曲无论矣，若在皮黄，则以能唱《群英会》中之蒋干，《吊金龟》中之张益，有白有唱，谐正兼行者为首选。

戏园中有跑龙套者，其品格甚低，而其为用则甚大。每逢要角登场，此辈必全数出台，或执旗呐喊，或跕班助威，实戏场中不可少之附属品也。

伶界有所谓戏包袱者，言无所不能，若衣包然，生旦净末之装，悉可收贮，故以包袱名，殆随取皆是也。伶界亦颇重之，班中亦不可少。盖拾遗补阙，若医门败鼓之兼收；问字传声，作野寺闲钟之待叩。先辈之仪型在目，虽不能效而能言；剧场之词句填胸，虽不可歌而可风。其人或本名伶，或原杂外，非废于病，即限于天，穷老可怜，令其饮啜于此，亦梨园养老之不可无者也。

燕舞环歌，女伶远祖，近三百年，当以陈圆圆为第一。圆圆为李自成唱昆曲，李不胜其柔细，而自唱秦腔，殿下皆呼万岁。以是知其善于扮唱，非妓实伶，不仅能琵琶工小调已也。传者谓其色甲天下之色，声甲天下之声，一侍明思宗，再侍李自成，三侍吴三桂。三桂因圆圆冲冠一怒，乃出关借兵，其人有关世变，实非常人可比。外此则顾眉楼扮《燕子笺》一剧，亦举国若狂。李丽贞教其女香君学歌，苏昆生辈复为之按腔谱节，遂亦名盖南都，声动朝列矣。

女伶之以生、净、丑、外、末诸角著者，虽不乏人，然终不若旦之易于出色当行，殆限于天禀也。且若辈唱曲，以童声为贵，教者防护甚密，若与人通，则歌喉不复圆润，发口转吭，便已知之。

京师旧无女伶，光、宣间始有之，固不若天津、奉天、武昌、上海之久著也。

台湾之梨园子弟，垂髫即穴耳，傅粉施朱，俨如女子。

优伶类　伶之派别

伶人初无所谓派别也，自程长庚出，人皆奉为圭臬，以之相竞。张二奎名在长庚下，于三胜英挺华发，独据方面，是为前三派。汪桂芬为长庚琴师，谭金福亦在长庚门下，平日模楷，各自不同。长庚既谢世，分道扬镳。桂芬则纯宗长庚之法，谭鑫培已旁得三胜之神，惟孙菊仙特立孤行，不事阿附，说者已谓其有似二奎。然兹三人，亦能确乎不拔，谓为后三派亦无不可。夫所宗何派，即有何剧之长。长庚所长为《文昭关》、《取成都》、《战长沙》，而桂芬与之相同。三胜所长为《李陵碑》、《捉放曹》、《乌盆记》，而鑫培亦精。二奎所长为《回龙阁》、《乾坤带》、《打金枝》，而菊仙亦并能焉。谭派即鑫培。之人，如张毓庭、王雨田、贵俊卿，皆确守榘矱，不可剷灭。汪派即桂芬。惟王凤卿一人，魄力自雄。孙派则双处既老，后起无人。至于奎派即二奎。中人，昔有杨月楼、炉台子等，后惟许荫棠、白文奎。王九龄一派，昔有王仙丹，后惟时慧宝而已。若夫做工，则贾洪林具有典型，此外皆不足当正流焉。

优伶类　徽班世家

嘉庆以还，京师苏班日就衰微，徽班乃遂铮铮于时。班中上流，大抵徽人居十之七，鄂人间有，不及徽人之多也。其初入都，皆操土语，侨居数代，变而为京音，与土著无异。伶界最重门阀，而徽、鄂人后裔之流寓在京者，大抵均世其业，称为世家。诸家姻娅相连，所居皆在正阳门外五道庙一带。

优伶类　伶人畜徒

京师伶人，辄购七八龄贫童，纳为弟子，教以歌舞。身价之至巨者，仅钱十缗。契成，于墨笔划一黑线于上，谓为一道河。十年以内，生死存亡，不许父母过问。

同、光间，京师曲部每畜幼伶十余，人习戏二三折，务求其精。其眉目美好，皮色洁白，则别有术焉。盖幼童皆买自他方，而苏、杭、皖、鄂为最，择五官端正者，令其学语、学视、学步。晨兴，以淡肉汁盥面，饮以蛋清汤，肴馔亦极酞粹，夜则敷药遍体，惟留手足不涂，云泄火毒。三四月后，婉娈如好女，回眸一顾，百媚横生。惟貌之妍媸，声之清浊，秉赋不同，各就其相近者习之。或曰，八九岁时，恒延师教曲于家，必先习须生而喊嗓子，每日黎明，至广漠之处，或林边水隈，随意发声，由丹田冲喉直呼，仿佛道家之炼呼吸。久之，愈喊愈宏，则登场发声，自能充满四座。若喉小，始习青衫，其次习小生，貌劣者习花脸，纤妍而嗓不高者习花旦。盖伶界最重须生，其次青衫，其次花旦，小生又其次也。

童伶学戏，谓之坐科。三月登台，谓之打炮。六年毕业，谓之出师。鬻技求食，谓之作艺。当就傅时，鸡鸣而起喊嗓后，日中归室，对本读剧，谓之念词。夜卧就湿，特令发疥，痒辄不寐，期于熟记，谓之背词。初学调成，琴师就和，谓之上弦。闭门教演，师弟相效，禁人窃视，凡一嚬笑，一行动，皆按节照式为之，稍有不似，鞭棰立下,谓之排身段。凡此种种,皆科班所必经,其难其苦,有在读书人之上者。故学者十人,成者未必有五。剧词满腹,无所用之,不得已,乃甘于作配角,充兵卒,谓之挡下把。否则为人执役,谓之润场;料量后台,谓之看衣箱;前台奔走,谓之拉前场。伶人至此,一生已矣。

优伶类　程长庚独叫天

程长庚,字玉山,安徽潜山人,咸、同以来号为伶圣。初,嘉、道间,长庚舆笋估都下,其舅氏为伶,心好之,登台演剧,未工也,座客笑之。长庚大耻,键户坐特室,三年不声。一日,某贵人大宴,王公大臣咸列座,用《昭关》剧试诸伶。长庚忽出为伍胥,冠剑雄豪,音节慷慨,奇侠之气,千载若神。座客数百人皆大惊起立,狂叫动天。主人大喜,遍之客已,复手巨觥为长庚寿,呼曰叫天,于是叫天之名遍都下。王公大臣有宴乐,长庚或不至,则举座索然。然性独矜严,雅不喜狂叫,尝曰:"吾曲豪,无待喝彩,狂叫奚为!声繁,则音节无能入;四座寂,吾乃独叫天耳。"客或喜而呼,则径去。于是王公大臣见其出,举座肃然。天子诧其名,召入内廷,领供奉,授品官。长庚亦面奏毋喝采,且曰:"上呼则奴止,勿罪也。"上大笑,许之。终其身数十年,出则无敢呼叫者,用此叫天之名重天下。

长庚既以善皮黄名于京师,三庆班乃延之主班事。班人呼主者为老班,长庚名德才艺,并时无两,无论何班,皆呼之为大老班。京师伶界,设机关于岳忠武庙,谓之精忠庙会,有公守条件,违者议罚,例以老成人掌之。长庚为众所仰,掌之终身,人皆呼以大老班,亦以此故。士大夫雅好其剧,更贵其品,故亦以人之呼之者相呼矣。

长庚专唱生戏,声调绝高。其时纯用徽音,花腔尚少,登台一奏,响彻云霄。虽无花腔,而充耳餍心,必人人如其意而去,转觉花腔拗折为可厌。其唱以慢板二黄为最胜。生平不喜唱《二进宫》,

最得意者为《樊城》、《长亭》、《昭关》、《鱼藏剑》数戏。又善唱红净，若《战长沙》、《华容道》之类，均极出名。尤以《昭关》一剧为最工，后人并力为之，终不能至，故此剧几虚悬一格，成为皮黄中之阳春白雪。长庚本工昆曲，故于唱法字法，讲求绝精，人皆奉之为圭臬。

长庚日课甚严，其在中年，到班时刻，不差寸晷。每张报将演某剧，至期，风雨必演。日取车资，京伶无包银之说，每日唱后但取车钱而去，不过京钱四十千而止。

长庚唱不择人，调可任意高下，必就人之所能。而每一发声，则与之配戏者，往往自忘其所演，专注耳以尽其妙，台下人笑之，不觉也。传者谓当演《草船借箭》时，乐工或停奏痴听，忘其所以，固无论其它矣。

长庚与小生徐小香善。小香积资颇丰，屡欲辍业，苦留之。一日，小香不辞而别，径返苏州。长庚知之，即谒某亲贵，托其函致苏抚，押解小香回京。小香至，长庚谓之曰："汝既受包银，何得私遁？促汝来者，整顿班规耳，岂果非汝不可耶？不烦汝唱，请汝听戏可也。"自是，长庚每日除老生戏外，必多排一小生戏。凡小香所能者，长庚无不能之。小香愧服，自是仍入三庆。

长庚晚岁上台，须人扶挽，而喉音仍清亮如昔。一日，演《天水关》，唱"先帝爷白帝城"句时，适嗽，白字音仿佛拍字。次日，都人轰传其又出新声，凡唱此戏者，莫不效之。

有以长庚晚年登台而讽之曰："君衣食丰足，何尚乐此不疲？"则曰："某自入主三庆以来，于兹数十年，支持至今，亦非易易。且同人依某为生活者，正不乏人，三庆散，则此辈谋食艰难矣。"及杨月楼入京，见之，叹曰："此子足继吾主三庆。"极力罗致之，卒以三庆属月楼，谓之曰："汝必始终其事，以竟吾老，庶不负吾赏识也。"故月楼亦终于三庆。月楼殁，诸伶复支持年余，始解散。

长庚晚岁不常演唱，而三庆部人材寥落，故每日座客仅百余人，班主至万不得已时，走告之曰："将断炊矣，老班不出，如众人何！"于是诏之曰："明日帖某戏，后日帖某戏。"红单一出，举国若狂,园中至无立足地。然往往不唱,必为此者三四次,始一登台。久之,群知其惯技,亦不上座,必三四次,方往观。一日,又帖一戏。及到园,坐客仍百余人,恚甚,自立台上,顾坐客而言曰:“某虽薄有微名,每奏技,客必满坐,然此辈不过慕程长庚三字名而来耳。若诸君之日必惠临,方为吾之真知音者。今当竭尽微长,博诸君欢,以酬平日相知之雅。愿演二戏,戏目并由诸公指定可也。”坐客因共商定二戏,长庚无难色。次日,凡有戏癖者知之,莫不懊丧万状。自后程又帖戏,群往听,程仍不到。或到园,仅在帘内略一露面,及曲终,仍不见。盖窥见人多,即曰:“此辈非真知戏者。”不顾而去。自此或唱或不唱,人无从测之。有时明知其不登台,然仍不敢不往也。

梨园俗例,扮关羽者,涂面则不衣绿袍,衣绿袍则不涂面。而长庚独不然,以胭脂匀面,出场时,自具一种威武严肃之概,不似近人所演之桀骜也。

长庚晚岁颇拥巨赀,一日,忽析产为二,以一与长子,命其携眷出京,寄籍于正定,事耕读;次子居京,仍习梨园业。人问其故,则曰:“余家世本清白,以贫故,执此贱业。近幸略有积蓄,子孙有噉饭处,不可不还吾本来面目,以继书香也。惟余去都,无人不知,若后人尽使读书,设能上进,人反易于觉察,是求荣反辱矣。今使吾次子仍入伶界,庶不露痕迹。且伶虽贱业,余实由此起家,一旦背之,亦觉忘本。”光绪辛卯,其孙已食廪饩,次子以无嗓音,为月楼鼓手。孙长儿为武生,执业于杨全之门,所演《八大锤》、《探庄》诸戏绝佳,时年仅十六耳。

优伶类　炉台子为程长庚配角

程长庚性傲,而独礼重读书人。有炉台子者,卢姓,因喜渔男色,人以其姓卢而呼之。或云为安徽举人,流落京师。其人夙有戏癖,尤崇拜长庚,日必至剧场,聆其戏,久之遂识长庚。长庚询得其状,颇怜之,遂留至寓中,供其衣食。炉亦以功名坎坷,无志上进,愿厕身伶界。长庚复为之延誉，凡演戏，非炉为配角不唱，炉因是得有噉饭地矣。

炉之唱工平正，长于做工，演《盗宗卷》、《琼林宴》等剧，容色神肖，台步灵捷，能人之所不能，故亦有声于伶界。至光绪中叶而衰老，喉涸无音。唱时仅及调底，且痰闭气短，多为断续，方能终调，犹时为巧腔曼声，聊以示意。都人重牌号，每唱，犹必以喝彩报之，实则废灶无烟，生气久尽矣。

炉善排戏，三庆部所演全本《三国志》，由马跳檀溪起，多出炉之手笔，词句关目，均有可观，虽他伶演之，亦能体贴入微，栩栩欲活，故一时有活张飞、钱宝峰。活曹操、黄润甫。活周瑜徐小香。之号。孔明一角，炉则自去。长庚殁，炉仍在三庆，誓不他往，自谓非遇长庚，久潦倒而死矣。

优伶类　杨月楼扮猴子

杨月楼，安徽怀宁籍，自称顺天，非也。少时鬻于张二奎家，习武生，兼习须生。甫登场，名即噪。后为蒋某以千金赎之去。蒋有姊，适林氏，其夫方握浙藩篆，苦无嗣，言于蒋，欲以月楼充假子，蒋诺之，月楼遂之浙。咸丰粤寇之乱，浙围急，林弃城，遁入云栖，乃披薙为僧。寇既平，月楼奉义母至上海，隶刘维忠所设之新丹桂茶园，以所入供养膳。如是者约数年。已而卒，月楼驰书告蒋，蒋持其丧归湖北。月楼旅居上海既久，渐习轻浮，其演剧，时效世俗所谓钓蚌珠故事，虽丰躯干，而面莹洁，每着胭脂，带雨桃花，无斯艳丽，以故妇女皆趋之若鹜。

武生为武剧之主脑，其人必神采奕奕，而又长于技击，熟于台步，娴于金鼓节拍，乃始尽善，若更能唱，斯第一人矣。月楼独能兼此数者之长，人称之曰杨猴子。演《西游记》悟空，必以武生绘面为之，或竟有不绘面者，此角以超距灵捷、舞棒圆熟为工。月楼本善武生，扮相绝佳，而技击、台步、身段、打把，又靡不精。每扮悟空，如《芭蕉扇》、《五花洞》、《蟠桃会》、《金钱豹》等剧，皆灵活如猴，有出入风云之概，故以猴子见称。且武生最重在胫，无论猿超鹤立，必脚踏实地，毫不倾倚，方为能手。月楼工力甚至，舒转自如，且力大于身，虽长剧如《长坂坡》，身在重围，七进七出，备诸牌调、架式，而始终不汗不喘，一丝不走，恢恢乎游刃有余，而又喉宽善唱，腔调兼胜。其子曰小杨月楼，颇得家法，扮武生，亦精悍绝伦。惟面色微绀，辉丽不逮老凤，喉音之坚实洪敞，亦若稍逊。惟两胫熟练，动止合节，稳重不陂，固犹能继武也。

优伶类　汪桂芬以醇酒妇人死

汪桂芬，徽人，伶界世家也，以额广，人以大头呼之。幼习戏，无异常童。十五后，倒仓闭音，不复能唱。习胡琴，能工，初仅为常伶之琴师，后以音调见赏于程长庚，乃为长庚技手，久随不去。凡唱，必恃琴善和，乃益发音，且转折间可节力，小有偷减，腔中换气，琴如其调，贯而注之，人不觉也。若琴与唱左，则唱者非惟罔所假力，且牵而谬焉。能久随者，其人声调，耳熟能详，某剧作某调，某段应某腔，得手应心，事诚两便。从长庚久，于其所能者，无不能于手，然固未尝拟以喉也。

长庚死，桂芬殊无聊，为人言长庚声调。人谓君何不自为，曰："我喉久闭，不能也。"强试之，殊高，遂劝其登台。自讶曰："我未冠失音，今乃未失耶?"惟初用微狭，台步本夙习，因试唱老旦，人疑长庚复生。初登台，即声誉翕然，乃自壮曰："唱不过尔尔，吾苟知者，为之久矣。"至是，乃肆力于唱。唱日进，喉亦日佳，虽不甚宏，而中声自足，又甚精锐，名遂大起。

桂芬在京，孝钦后拟传入演剧，太监代奏其已蓄发为道士，不敢来。孝钦谓可剃发进内当差。太监遂授意于桂芬，乃剃发登场，演《举鼎》、《昭关》等戏，孝钦大喜，并嘉其削发之诚，赏给五品头衔，以示优异。于是相传汪大头奉旨剃头，钦赏五品顶戴。

桂芬晚年至上海，上海女闾繁盛，乐此不疲，日夜无休息，不恒执其业，而其喉固不衰。光绪庚子复入京，人以其老而不久于世，益相倾重。时妻子皆死，削发作外家装，忽往忽来，居无恒所。与南妓林桂生狎，每至，同游者嬲之唱，无或诿，尝自午至夕，屡唱不停，且得意引吭，尤多佳韵。后数年，卒以醇酒妇人病瘵死，徽调遂绝。

优伶类　孙菊仙为老乡亲

孙菊仙，天津人，津中呼为老乡亲者是也。初为商，以喉佳，雅好唱，在津为票友，即有声。及入都，尽聆当时诸名家之唱，试之以喉，罔不利，乃入四喜班，为巨角，唱压胄子剧。与汪桂芬、谭鑫培鼎足而三，各有至处。其喉宽窄高下，攸往咸宜，尖腔嘎调，不经意而自出。尤难在每唱煞尾，倾喉一放，如雷入地宫，殷殷不绝，世谓之曰孙调。其调大抵宽宏处多，花腔不甚用，以简老痛快胜，而唱时亦自有花尖各腔。惟效之者专就重浊短秃处求之，轰轰突突，实如连放花炮，不成声调矣。

菊仙不善台步，而体魁梧，背微偻，拱手阔步，自近大方。扮方巾鹤氅员外一流，最为闲适，得山林气。其初入班，于读字法略欠讲求，后亦日进，如演《渑池会》，扮蔺相如，其说白干板垛字，此四字为戏家紧要名词。沉着痛快，得未曾有。有时好作游戏，如光绪癸巳夏，演《朱砂痣》，时忽雨雹，至吴相公卖子归，倒携雨具，即以途中遇雹为问。雹字北音读如包，乃以南音读之曰白，阖座叫绝，是亦不独以唱胜矣。

优伶类　谭鑫培为伶界大王

谭鑫培，鄂人。其父某唱武老生，长于技击，喉音狭而亢。南方有鸟曰叫天，其音哀以戾，鑫培之父音近之，人呼之为叫天，因而及于鑫培，遂以小叫天称之。初学老生，未几，喉败不能任，乃改武生，以技名于近畿。中年还都，喉复出，仍唱老生。由于于三胜派。

派而变通之,融会之,苦心孤诣,加之以揣摩,越数年而声誉鹊起。其唱以神韵胜。本工昆曲,故读字无讹;又为鄂人,故汉调为近,标新领异,巍然大家。他人袭其一二余音,即以善歌自命。其实神化于此,唱无定法,初不着力,至筋节处,慢转轻扬,或陡用尖腔,或偶一洪放,清醇流利,余音绕梁,盖全在吞吐急徐处着意。故乍闻似亦平平,及应变出奇,人直不知为声何以能至于此。其于旧本剧词支离过甚者,辄求通人改削,字不协律,复以己意定之,故其戏文,与常伶迥异。至于运喉弄调,潇洒不群,如唱《碰碑》,正调已佳,反调更胜,字音清利,韵调悠扬,愈唱愈高,递转递紧,扬之则九天之上,抑之则九渊之下,喉之任用,直如意珠,而且憔悴之容,刚烈之气,又时时见于眉宇。为剧至此,可叹观止,宜其有伶界大王之号也。

谭在京师三庆圆时,其唱工复取法于冯瑞祥,惟习焉不精,与张毓庭相仿佛。后因程长庚责其为小家派,遂发奋自雄,极力改正,就程、于、冯三人之所长,取精用宏,合而为一,乃始不同于凡俗。

谭尝奉召入内廷,使为内务府小伶工之教习,时有恩赏,遂有称之为谭贝勒者。

谭与汪桂芬齐名,声价绝高。汪性颇劣,往往受人重聘,而延不登台,屡以此涉讼。谭亦高自位置,班中每日演戏外,如有堂会戏,须其登台者,每出须五十金,尚须主者夙与联络,方演两出。人于延请时,若不得当,则必往求其妻及其长子,且须别有赂遗,故即赏金亦不止五十两也。

都人喜谭之唱,殆有奇癖。中和园号为谭所开,时有署谭名于戏招而不上台者,顾人终不以其失信之故,而下次为之减少。且有谓若谭死,愿以身殉者,亦可谓奇矣。或讽谭绝人太甚,谭曰:“君殊不解事,使吾闻召即至,人将贱视我,与常优等。且东呼西唤,奔命不遑,孰若示人以不可近,使人俯而就我之为愈也。质言之,此等歌曲,实亦何足听,若日聒于人耳,人且唾弃之不暇,故与其随人以招厌,无宁自高以取重也。”

都中江苏会馆团拜，名伶麕集，谭独抗传不到。时吴江殷李尧方掌山东道御史，拘谭至，絷诸厅事以辱之，待演剧既毕，方释之去。后此逢会馆戏，闻命即赴，不敢或违矣。

谭与人语，好引剧场中之故实为谈资，又好效人腔调以供嗤点。光绪某年南下，渡海时，舟中时时效孙菊仙或杨月楼，酷摹其状，一时观者，咸轩渠不已。

王福寿，南府之三十年老供奉也，于伶界鲜所许可，谓当今之世，仅有个半人，个自谓，半则谭也。

谭面瘦削，而一经扮装，则精采奕奕，两目尤神。居常嗜阿芙蓉，临场非二人携具，更迭料量不可。每日睡起必在夕阳以后，饮食居处，奢侈无度。有妻有妾，有子有媳有孙，岁进不为不多，而恒患不足。其子均不肖，不能继业。仲唱旦，每与之同演《庆顶珠》，作渔家装，扮萧恩女，以真父子为父女，人乐道之。余或唱武旦，或唱武生，轻裘肥马，类五陵豪。每出，舆从相随，酒肆茶楼间，群焉尊以爷称，俨然贵游子弟矣。

昔时各班历转诸园，四日一易。谭虽慵惫，而四日中少必两至，至时虽迟，亦必酉末戌初，无过晏者。其后愈延愈久，成为惯例，往往日戏至亥初始登。座客忍饥，电灯待炽，人人暂堕黑暗饿鬼道，而终无一人不待而去者。宣统初元，国丧遏音已久。及开禁，谭有登场消息，人人奔走相告，甚或辗转属其戚党，预以期告，为据地计，直若景星庆云之一现者。一日，演《天雷报》，时已夜九时后，慷慨激昂，千人发指，并肩累足，园中直无容人行动之余地。至叟触壁死后，谭已入场，座客久饥，俟其唱毕应散，后台逆知人意，故于后半全不扮演。讵谭指说时许，人已入神，视台上之张继保，如人人公敌，非坐视其伏天诛，愤不能泄，故竟不去。诸伶草草终剧，乃相率出门。

优伶类 张二奎工于做

张二奎，徽人。善徽调，唱不奇而工于做，老生中有所谓奎派者,其流裔也。不贵花腔,喉音近干,故学奎派者以干腔为贵。干腔者,简老无枝、枯直不润之谓也。

优伶类 于三胜为老生中之不祧祖

于三胜,鄂人,老生中之不祧祖也。其唱以花腔著名,融会徽、汉之音,加以昆、渝之调,抑扬转折,推陈出新。其唱以西皮为最佳,《探母》、《藏剑》、《捉放》、《骂曹》,皆并时无两。而二黄反调,亦由其创制者为多,如今所盛传之《李陵碑》、《牧羊圈》、《乌盆计》诸剧,皆是也。且知书,口才甚隽,能随地选词,滔滔不绝。惟择配至严,若与旦配,非喜禄登台,必不肯唱,宁舍车资而去,从无强而可者。一日,唱《坐宫盗令》,喜应扮公主,已出场,适喜以事迟至,前后场汗下如雨,三返与商,易人作配,卒不可,然愿久唱以待。不得已,亦姑听之。及开板,唱杨延辉坐宫院一段,旧本有"我好比笼中鸟有翅难展,我好比失水鱼困在沙滩,我好比中秋月乌云遮掩,我好比东流水一去不还"四句,于随口编唱,连唱我好比至七十四句之多。后台使人要喜至,草草装束,抱儿而待,于方合眸缓唱,其兴犹未艾也。知喜至,乃以常词终。时历数十分钟,使者往返七八里,固犹未误。座客含笑静听,知其有待,以爱其唱,亦姑忍之。后有问之者曰:"设再延不至,将奈何?"则曰:"我试以八十句为度,若仍未至,可以说白历叙天波家世,虽竟日可也。"

三胜善诙谐,能望文生训,即景生情。旧时台规至严,诸名宿之台步、身段、场面、说白,从不偶误。一日,扮一君主,銮卫出场,例有内官四人执戟前导,入场,分半而左右立。适其人荒莽,前一队已分立,后队竟误投一方,成左三右一之式。三胜出,顾而怒,视以目,不觉,不得已,乃于唱引后,忽增唱摇板云:"这壁一个那壁三,京音读曰撒平声,在花麻韵。还须孤王把他拉。"唱毕,牵其一以右之。台上下均哄然失笑,不可仰视,其人亦惭沮自笑,逡巡去。场规本不应妄增,非谑剧不应打诨,惟重其名,又乐其敏,故观者不以为侮,反群起而誉之。

优伶类　陈彩林倾倒一时

同、光间,上海有名伶陈彩林者,隶金桂园。其初居京师胜春奎班,班为内监某所蓄。时彩林尚髫龄,以不赴某侍御召,侍御衔之,因劾宦官不得私蓄梨园,上韪其言。班散而彩林遂至海上,登场四顾,倾倒一时。

优伶类　许荫棠有许八出之号

许荫棠为票友出身之须生,歌喉以宽宏厚实见长,宜于富丽堂皇之剧,尤以王帽著。每句拖音袅袅,历久不绝,所以示其能力有余也。惟所演之戏不多,有许八出之号。在光绪中叶,负盛名,与谭鑫培、孙菊仙、汪笑侬埒,称许老板。每剧毕出园,恒有多人围绕,盖以得瞻颜色为幸也。

优伶类　贾洪林痛诋端刚赵董

贾洪林,小字狗儿,受业于张胜奎,故一切规模有酷似孙春恒处。又为谭鑫培之私淑弟子,尝与刘永春、罗百岁合演全本《乌盆记》,即摹谭派也。为人豪迈不羁,光绪庚子,拳匪肇事,孝钦后与德宗西狩。一日,在天和馆演《骂曹》,以时事改为白文,痛诋端、刚、赵、董辈,慷慨悲愤,不可一世,观者为之声泪俱堕。

优伶类　黄三演《骂曹》被杖

黄三演奸雄之剧最肖,尝供奉内廷,与谭鑫培同演《骂曹》。黄演至修书黄祖一节,孝钦后遽传旨笞杖。杖毕,厚赏之,曰:“此伶扮奸雄太肖,不得不杖。而演剧如此聪明,又不得不赏。”

优伶类　谢宝云为名角之配

谢宝云,幼名昭儿,演须生,《金水桥》、《二进宫》均著名。其发音苍秀而高寒,倒板亢而圆,刘鸿升、谭鑫培皆远不及,如文家善用逆笔,云垂海立,石破天惊,行腔之陡峻,并世无第二人也。然挟此异术,仅为名角之配以餬口,亦可伤矣。

优伶类　时慧宝有父风

时慧宝,吴人。父琴香,同治时,以善昆曲知名于时,并善徽调,与郑秀兰同师,皆有声望。琴香尤善于酬酢,曾在某园演《赶三关》,皖人御史徐某置酒于台栏上,以戏剧为下酒物,而琴香遽浮一大白,同观者为之绝倒。慧宝长,有父风。父殁,家中落,绮春堂旧居之在朱茅胡同者,鬻于人矣。或诮之,慧宝愤然曰:“父析薪,子不克负荷,非丈夫也。”遂殚心竭虑,专习须生,所演如《法门寺》、《上天台》等出,闻者无不谓其音节苍凉,一空凡响也。

慧宝平居安贫自得,酷嗜翰墨,于名人碑帖,虽重值,必称贷以购。尤喜大小篆,每日折纸为范,作数百字,然后治他事。

优伶类　汪笑侬演新剧

旧剧伶人,编演新剧最早者,厥惟汪笑浓。笑侬,名僢,字冷笑,亦字仰天,富有思想,兼善词章,唱做之佳,犹余事也。所编《党人碑》一剧,乃采《六如亭说部》东坡逸事,略加附会,暗刺政府,而科白关目,亦能鼓舞观者兴趣。如在酒楼独叹时,酒保误蔡京为菜心,司马光为丝瓜汤,谓苏东坡有三弟:曰西坡、南坡、北坡,东扯西拉,诙谐有趣。至题诗一段,高唱“连天烽火太仓皇,几个男儿死战场。北望故乡看不见,低声私唱小秦王。长安归去已无家，瑟瑟西风吹黯沙。竖子安知亡国痛，喃喃犹唱后庭花”，腔调抑扬，不袭皮黄陈套。花字由低而高，延长至二十余音，宛转自如，尤为难得。在专制政府之下，笑侬竟能排演革命戏，胆固壮，心亦苦矣。

宣统末，刘永春与汪笑侬均在济南演剧，刘隶鹊华居，汪隶富贵茶园，以营业竞争，渐成仇敌。汪尚有涵养，刘则逢人便骂，辄曰："汪笑侬何能唱戏！"一日，值某会馆堂会戏，主者以二人皆负盛名，强令合演《捉放》，刘去曹操，出场唱"八月中秋桂花香"句，改"香"字为"开"字。唱罢，目视汪，汪应声曰："弃官抛印随他来。"座客咸以汪之才思敏捷，叹赏久之。刘自是誓不与汪合演，而骂如故。

笑侬所演之剧，皆自撰，即演旧有之戏，穿场唱白，亦与常伶不同。其演《斩马谡》一剧，城楼一段正板、西皮及二六，一字一句，自出心裁，而不离《出师表》之大旨。入后，闻马谡失守街亭，白云："当年先帝在白帝城托孤之时，曾对山人言讲，马谡为人言过其实，不可重用。山人以平南之役，马谡有攻心为上之论，颇晓兵机，故每畀以重任，不想今日失了街亭。如此看来，知人之明，不如先帝多矣"云云。此等念白，断非俗伶所能梦想及之者也。

优伶类　陆小香[①]为小生巨擘

小生之难，难于小旦，以腔与旦等，而须杂用宽喉，又戏兼武功者多，做工科诨，亦所在多有，故旷世得人无几。此中巨擘，识与不识，咸推陆小香。小香南人，为昆曲小生，亦善徽调，喉音与旦绝不相蒙，天然宽润，是雄非雌，特与老生之过洪有别，一闻而即知为小生，与以旦唱充数者迥然不类。其工力至深，昆曲台步，日必按折递演以为常。且室悬巨镜，日必作周瑜装，临镜自照，凡一噘一笑，必揣摩《三国演义》中之意义，达之于容，喜怒藏奸，必备一种少年

① 疑为徐小香之误。——编者注

英雄好胜下急之态。且常伶冠插雉尾,往往扫眉荡口,左右不适于用,甚或动而坠地。小香于雉尾用力颇勤,每一低头,则其上作左右转,盘旋上矗,如双塔凌空,且不露挺颈努力之状。纵有极力摹之者,亦仅能互逐并旋,欲左俱左,欲右俱右,绝无天东去而日西来,各为轨道,如扶摇羊角之相对而舞者也。

优伶类　德珺如由旦改生

德珺如为穆彰阿之孙,酷好唱旦,家人不能禁,监守之,辄逸去。初本客串,称为德处。以不谨故,销除旗档。后无所得食,乃遂入班为优矣。其唱喉音绝佳,高响圆润,无一不备,腔亦纯熟。未几改小生,颇能以意出奇。惟唱时故为吐茹,喉际含蓄太过,多断续哽咽之音,肆意急徐,无复规律,用喉如哨,论者比之唱滦州影戏也。

优伶类　俞菊笙为武生中铁汉

俞菊笙者,武生中之铁汉,性躁急,故以俞毛包见称。毛包者,都人称性暴之谓也。精悍无伦,力亦绝大。其演剧,出门上马,盛气如虹,勇猛精神,溢于眉宇。至唱时,凡乐工、前场、配脚等,小有不合,则以气相凌,无丝毫之假借容忍。其登场演剧,同列咸有戒心,而裂冠掷带、拍案顿足乐工不能依节和奏,唱者对之顿足即为痛詈。其势愈重者,则詈亦愈深,与面辱人尊亲无异。之事,仍靡日靡有。且胸挺眉竖,时时若有余怒,故无论唱者、观者,皆以毛包呼之,转有不知俞菊笙三字为其姓名者。其唱以《挑华车》一剧为最得手。此剧场面身段,至为繁重,愈后愈紧,叱咤生风。他人不待终剧,精力已疲,惟菊笙举重若轻,无懈可击,至挥舞紧急时,则如电闪风驰,直使人目迷神骇,旋歌唱牌子。旋舞,真能品也。

优伶类　张八十、张长保剧半入场

武生不尚翻转，专讲气度及刀剑能事。有八十、长保者，皆姓张，长于技击，无论短衣盔靠，往往剧半入场，专以往来对敌、挥舞捷密取胜。兵将多人，递出奏技，而两人仅倚剑左肩，于从容大雅中，作一足之飞旋而止，戏中谓之打飞脚，以声响而距高者为上。衣发不乱，气宇雍容，不似时流之猱犬其身，与下把同其起伏，失大将体也。长保且善扮悟空，长于超跃，并工昆曲，凡武场各种牌调，靡不能之。武场牌调最多。八十体肥，不尚柔术，惟台风伟丽，又挥剑戟如风，每出不过一二场，观者已心满志足矣。

优伶类　尚和玉有真能力

尚和玉，宝坻人，确有真能力之武生也。一步一跃，一击一刺，皆具有尺寸，妙合音节。或独立如夔，或平翻似燕，从容稳练，绝无努力吃重之痕，不偏不陂，适可而止。每唱《拿高登》、《金钱豹》等剧，伶人均往窃视，察其舞弄作何花式，台步作何尺度，急徐间若何与金鼓相应。盖以其学力深至，悉具老成典型，固非后生专恃质敏力裕猝欲学步者所能也。有时绘面演《四平山》，扮李玄霸，其双锤在手，重若千钧，转动有时，低扬有节。每抬足，则靴见其底，戏中谓之亮靴底，非足抬平不见。每止舞，则乐终其声。戏中谓之家伙眼。且盔靠在身，略无紊乱，平翻陡转，全符节拍。未事时不形匆遽，已过后直若无事。然种种艺能，多出于昆曲中牌场旧式，而从心化之，用得其当，固不独以一剧一艺显也。

优伶类　张占福犷悍矫捷

张占福，即张黑，为开口跳，犷悍矫捷，其演《汉银壶》、《九义十八侠》、《大莲花》、《铜网阵》，殊有江湖豪侠气概。

优伶类　旺儿为花旦

同治初,京伶旺儿为茶寮中捧盘童子,面白皙,性儇巧,遂为好事者怂恿入鞠部,为花旦,振动一时,趋之者如蚁附膻。其唱以黄腔为最工,惟步武不中绳尺,盖未从师之故也。

优伶类　田桂凤负盛名

京伶之贴中巨子曰田桂凤者,负盛名,每唱,则举国若狂,奔走恐后。貌清丽,微削,两睛略露凶光,为美中不足。其扮戏,以闺门有情致者为妙,如《拾玉镯》、《鸿鸾喜》是也。

田善装束,每登场,必有数人伺应之,梳发者,贴花者,着衣者,夏则挥扇者,冬则持炉者。且笃嗜阿芙蓉,临演,非二人更迭装置不可。其妙在身材袅娜,秾纤修短,雅近妇人,而冠服钗钿又至精绝华,盖皆自出心裁,制从新式,故益动人目。扮时一钗一发,加意安排,鬓若刀裁,眉经新画,衣裙合度,珠翠盈头,于一容字,备极工细。故好之者众,虽姗姗迟至,众颇耐之。

田性骄,向例末剧皆演胄子,后则有老生作殿者,贴则仅在中剧。自田出,而贴乃为后劲焉。其睡起最迟,虽夏日,亦及暮。光绪癸巳、壬辰之际,与谭鑫培同主春台部,故多与之配戏。谭到已晏,而有时犹须待田。及剧止场终,往往柳梢月上矣。田以多得贵人眷,颇致富。

优伶类　杨桂云善扮贴

杨桂云,字朵仙,体胖,善扮贴。面横阔,多酒肉气,喉带北鄙杀伐之音,半哑而近豺,故长于作泼悍剧。最佳者,如《双钉计》,如《送盒子》,如《马四远开茶馆》,其猛如雌虎,极奸刁凶淫之致。而又词锋凿凿,层出不穷,他人为之,无狂厉至此者。次则如《杀皮》、

《十二红》、《南通州》等剧，凡谋夫害子为淫妇而具凶悍性者，举能效之。善哭善笑，面备春秋两气，见所欢，惟恐不尽其欢，见所恶，惟恐不恣其恶，顽妇情态，描摹入细。且每至主凶时，心亦似馁，而必强嗤所欢为无丈夫气，挽袖登床，抽刀便断，至此声色俱厉，喉皆变徵，若惴惴而强以自支也者。及至讼庭对谳，词胜则上逼官府，词败则杂以诙谐，刁狡淫凶，可叹观止。

优伶类　胖巧玲工贴剧

胖巧玲，一作铃，又作林。京师人，以贴剧著。体貌厚重，扮相化妆之后谓之扮相，南人谓之台风。不佳，而舌具灿花，如呖呖莺声啭于花外，长言短语，妙合自然。如《胭脂虎》中之史钟玉，《浣花溪》中之任容卿，说白皆骈语雅辞，与寻常科白不类。常伶不谙文义，按图索骥，如拙童背书，断续梗塞，文理全失。且又多引古书古语，满篇之乎也者，读顿颇难，稍不留心，全无收束。如容卿道白中之“舜何人也，予何人也，有为者亦若是”数句，更为难读，非略通文义，以精神贯之，殊无可取。巧玲貌虽不扬，而心有灵犀，于诸剧雅词，不啻若自口出，以此见赏于上流人物，不以环肥而少之。

某邸与巧玲善，其卒也，某往送其丧，而惧人之指摘也，乃便衣步其后，两仆捧衣冠从焉。某侍郎闻而笑之曰：“此颇似《红楼梦》中贾宝玉在芙蓉池上祭晴雯时也。”某邸闻之，不以为忤，犹服为隽论。

优伶类　于紫云为旦界名宿

于紫云，须生三胜之子也，为旦界名宿。其唱声柔脆而坚，绝非后辈虚浮一派，去台远坐，字音绝清，《彩楼配》、《御碑亭》、《赶三关》、《祭江》、《别宫》、《坐宫盗令》等剧，皆委婉动人。晚年稍近游戏，好演《虹霓关》一剧，效婢子装，见夫人与伯党论婚，腹诽眉语，方只手擎盘茗而出，见之而怒，乃衔杯而指弄其盘，迅急如风，官体并用,喉仍作唱。其唱西皮二六一段,至“自古常言讲得好,最狠狠不过妇女心肠”等句,字字酸心,针针见血,观者点首太息,深入人心。四十以后,不恒登台,以常奔走达官贵人之门,能鉴别古器,遂以贩鬻古董为业,颇致富。如端忠愍公、杨文敬公,皆常与讲论金石、购觅书画者也。其子小小于三胜,能绳祖武,年十三四,即登台演《李陵碑》等剧,饶有家风,老辈见之,谓尚不失三胜旧范也。

优伶类 一汪水为戏中婴宁

一汪水,京师金店艺徒也。性荡,好作妇人妆,梨园中人有导之入班者,龙门一登,身价十倍。以目波韶秀,体复清润,故有一汪水之称,其姓名不可得而详也。扮戏专重淫荡一流,如《卖胭脂》、《战宛城》,以色身示人,备诸亵状,做工唱工,举所不讲。戏规本以笑场为大忌,水荡极,故多笑,笑而近美,故人不以为失场,转乐观之。凡与配戏者,必以金店为讽。都门金店,皆筦捐纳、铨选等事,偶演《得意缘》等剧,生为旦按摩,原本以赴京应举为讲,以水故,辄以到京捐纳为言。台下适有此贾,怒将用武,而水不为辱,亦不还答,每闻妙谑,辄以巾掩口,笑不可仰,倍饶韵致,论者称之为戏中之婴宁也。

优伶类 时小福唱青衣

时小福,吴人,唱青衣,名出于紫云、常子和上。素与宜兴任筱园制军道镕善。光绪辛丑,任以山东巡抚陛见入都,与时遇,时已鬑鬑满颊,久不登场,任再三强之,乃为之剃须而唱《落花园》一折,酬以三千金,不受。

优伶类 王瑶卿有名贵气

王瑶卿少时姿首不过中人,而有一种名贵气,盛饰衣冠,俨然贵族。与谭鑫培同供奉内廷,有青衣叫天之号。孝钦后甚眷之,每颁赏，必与谭埒，故颇饶私蓄。

优伶类 姜妙香擅名一时

姜妙香以青衣小生擅名一时，颇孤介，工绘事。其妻，国色也，至剧场观剧，为俞五所见，百计夺之，妙香竟不能与争，遂郁郁得咯血疾。乃辍演，杜门不出，一意画兰，尝自题其端，有“幽花只作闭门香”之句。

优伶类 旦之诸名角

闺门旦须有贞静气，当推田桂凤、王蕙芳，姚佩秋亦差近似。顽笑旦须有泼悍气，当推杨桂云及五九。刀马旦须有富丽气，如《反延安》、《马上缘》、《破洪州》之类为贴剧，非武旦剧也。短衣披氅者方为武旦。当推杨小朵及蕙芳。粉旦须有淫荡气，当推一汪水及桂凤。此外则专重说白，如《胭脂虎》、《玉玲珑》、《浣花溪》、《下河南》等剧，固全以长舌取胜之。

优伶类 五九为张樵野所眷

五九为光绪时京师之美伶，张樵野侍郎荫桓嬖之甚，尝招之至家，使改妇人妆，侍左右，日酬以五十金，令家人仆役呼之为少奶奶。久之，亦遂视之为少主妇也。

优伶类 杨小朵为武子彝所眷

武子彝，滇人。任江西知县，尝以解饷入都，昵杨小朵。桂云之子。流连久，囊金罄尽，则为小朵司簿记，小朵呵叱如仆役，子彝安之，怡然若甚乐者。后其同乡以子彝迷溺玷乡誉，迫小朵逐之，不得已，回赣，每语人云：“吾平生最愉快者，独为小朵司会计时耳。”

优伶类　想九霄屡受辱詈

想九霄即田际云,色艺兼优,风流籍甚,而屡为士大夫所辱詈,工部郎中龚才杰口角锋利,偶于会馆堂会中,见九霄至筵前请安,辄呼之为兔儿。九霄闻之,反身即去。是日九霄应唱之堂会戏,竟排而未唱。遣人往催,则语来人曰:"想九霄为供奉王爷之人,非尔等穷措大之玩具。"会馆中人竟无如之何。未几,龚竟为御史所劾,去官。文芸阁学士亦以其骄而恶之,尝詈之为忘八旦,闻者谓此语可为想九霄三字之的对。其后竟以弄权纳贿,怙恶纵淫,奉旨拿办,忘八旦三字不意成为考语矣。

优伶类　宝珊秀美天成

光绪中叶,京伶颜色最丽者,有宝珊,秀美天成,扮《卖饽饽》、《拾玉镯》等剧,唱做不必甚工,而能使人目注神痴,其丽可想。每出入园市,随而环视者如蜂屯,如蚁聚。后得故旧提携,改节读书,为人记室以终。

优伶类　朱素云美秀而文

朱素云美秀而文,工书善歌。光绪甲申以前,犹未露头角也。然李莼客侍御慈铭识之于前,樊云门方伯增祥眷之于后,而尤为陈小亭所昵。小亭,户部书吏子,家饶于财,昵素云最早,饮食宴处,悉在其家者十年。素云性挥霍,皆小亭所供,既竭其藏金,复售屋得三四十万金以继之。

优伶类　谢宝琨放意怠工

谢宝琨唱老旦,喉调尚佳,入内廷供奉,孝钦后闻而赏之,遂膺每剧二金之赐。内廷赏赉有等，以次递加。谢以初唱即获慈赉，荣而自骄，放意怠工，唱日以退，甚至有走板失调之弊。再入内廷，遂被逐。

优伶类　四十花门最多

四十者，京师四喜班有名之武旦也，传枪转棒，花门最多，如唱《蟠桃会》、《嘉兴府》等剧，或多人互掷齐抛，或一人单转双弄，奇而不乱，紧而不乖，金鼓和鸣，使人目炫。抛掷一类，戏中谓之传家伙；转弄一类，戏中谓之捻鞭，非水到渠成者不办。手目偶疏，便虞闪失，场面一失，全节俱隳矣，而四十独无之。

余庄儿色艺均备

京师武旦，自四十以后，效颦者多，卒不能至，惟余庄儿技与相埒。庄面整意侈，善歌，且工技击，矫矫不群，士大夫好与往还，颇负时誉。自编新戏多种，以《十粒金丹》为最。庄扮十三妹，挺然有女丈夫风，奇技侠情，见者心醉。其于传弄各式，亦精熟圆紧，为武旦中色艺均备之材。光绪朝，供奉内廷，德宗颇赏之。一日，在大内演《十粒金丹》毕，未解妆，德宗召至内殿，携手顾隆裕后曰："此子可称文武全才。"隆裕以其近御坐，大怒，将诉之孝钦后。上惧，乃以庄所佩倭刀为真者，将律以御前持械罪，挥之出，曰："送刑部。"庄遂贿部吏，报病故，不敢复出，京中谓之报黑人。埋头燕市，近二十年。至宣统时，乃稍稍与人晋接焉。

优伶类　两阵风翻转凌踔

两阵风，不知何许人，由秦腔改入徽班之武旦也。其柔术精绝，翻转凌踔，倒行旋舞，种种新式，均非常人所能。与武丑张黑演《卖艺》，各奏所能，皆矫然不落恒径。

优伶类　何桂山有铁喉之目

何桂山,即何九,净之名角,有铁喉之目。曾与程长庚配戏,长庚亦服之。其喉之高响宽洪,罕与伦比,随用随至,从无一时音闭或唱久稍疲者。惟其人为登徒一流,男女色靡不笃好。每日演剧毕,即挟资为冶游,或与同班旦贴之流,相期于南下洼之芦中以卜昼。俗称伶与伶相偶者谓之同单。单者,北人呼衾之谓也。桂山之同单,多至不可纪数,有财则散之,无则取诸其偶,人以其诚直,多乐就之。性又好酒,靡日不醉,酒色戕伐至甚,而喉固不失其佳。至老,其好不衰,而其唱亦不衰,异材也。

桂山之演剧,不落恒蹊,而天性躁急,每日兴至则入园,入园即扮演而出,或时已晏而压胄子不为荣,时或早而头三出亦不为辱,持钱而去,每不知所之。

其唱纯取中声,无一字一句不在至响极高之域,虽园广数亩,楼高数仞,座客仰而静听,虽至远者,亦如觌面促膝,声声如在左右,每一放响,诚有贯耳如雷者。惟唱之迟早,难以预定,闻名而来者,午饭稍延,及到园而已去矣。何本昆曲能手,后以乐工配角不备,佳剧亦不能多,惟《钟馗嫁妹》、《五鬼闹判》等,为都人所笃嗜。前场随手及各觔斗虎戏界谓赤身朱裤,专打觔斗之下把,每戏或四或八者,谓之觔斗虎。经其教演,尚流传未绝,且此两剧皆他人所断不能为者,桂山死,遂成绝调矣。

优伶类　李牧子为净界大家

李牧子,京伶净界中之革命大家也,自李出而黑头之唱一变。其唱以鼻音正音兼用,花腔最多,峭拔铿锵,颇足娱耳,如《天水关》中姜维一段,《御果园》中敬德一段,皆燕市人人所效慕者。然学之不善,辄陷为轻薄子,花腔过多,必至无腔,滑调过多,转不成调,故自李之后,即谓净界无人亦无不可。

优伶类　钱宝峰唱做并佳

钱宝峰以鼻音胜，尤能一啸震人，剧中谓之哇呀。直如海浪簸舟，人身为之起落者再，声巨至此，疑古人啸旨不外是矣。其唱以兼戏谑者为最佳，正唱如《沙陀国》、《取洛阳》，兼谑者如《白虎帐》即《斩子》。中之焦赞，《大名府》中之李逵，《岳家庄》中之牛皋，极魏征妩媚之长，有阿叔不痴之概。光绪中叶，年已六十以外，头童齿豁，犹能发巨响以惊人。净以绘面为难，其花色极精极细。从前师弟授受，有专谱备载其式，谓之脸谱。宝峰固以绘面见长者，唱做并佳，各艺咸备，亦净界之名家大家也。

优伶类　金秀山为净角第一

金秀山，京人，咸、同间在某部为官役。官役者，专伺官吏而司奔走者也。操作之余，恒引吭高歌，声若洪钟。闻者咸惊异之，谓之曰："若之艺宜可以雄长曲部，睥睨一世，岂怀才而以潦倒终耶？"秀山心动，于是毅然辞役，而师何桂山。艺成，隶嵩祝成班。当是时，有小穆者，名净角也，铜锤架子，无不擅长，与孙菊仙同隶嵩祝成。秀山亲炙其绪余，益致力于铜锤，其艺乃骎骎乎驾诸名净而上也。

胜春、同春、四喜先后立，秀山实终始其事。光绪庚子拳乱后，同春蹶而复起，秀山在其中，与谭鑫培偕，论者推为净角第一。其为剧也，雄壮沉着，端凝浑厚，喑呜叱咤，四座为之震惊。晚年则苍劲更甚，凡就听者，莫不为之神往。

优伶类　小穆用鼻音

小穆，即名净穆凤山。黑净唱腔之用鼻音，小穆实作之俑。盖以气弱，遂藉鼻孔出气以取巧也。将登场，辄先以烟酒、大麦之属遍饷后台小角及前台之看座者,令俟其出台皆为之喝彩。梨园中人之不满于小穆者,佥谓小穆之享名即由于此。

优伶类　刘鸿声唱善用气

刘鸿声,京师阛阓中人也。以喉佳,能摹拟诸家唱法,人争誉之。遂入班,唱黑头,多创新调,声名鼎鼎,见重一世。惟酷好酒色,兼容并包,夜无虚夕。积久,体不支,两胫竟废,失业贫甚。基库李某怜之,舆至其家,为之饮食医药。期年渐起,久之遂能步,后竟杖而行。未几大健,复能登台,惟略跛耳。李年老而慈,于刘有再生恩,刘遂父事之。初出,犹止宿其家,后乃自为室,而仍间日往省,李亦时时顾之,事无大小,多秉命而行。性绝骄,园人不能御,惟李可以强之。每近色,则李之所以防而戒之者严,故不至横逸,其技之进,皆李左右之也。

刘病起,气较弱,以净用力多,改唱生,而生唱中仍时时杂以净,盖习之久耳。其唱响脆高洪,以善用气,故能延极长之声,虽时以太过取讥于人,而音之充满,究特异于众也。

优伶类　刘赶三敏于口

京师名丑之以有白有唱谐正兼行者,前有杨三胖丑,后有刘赶三。赶三敏于口,词组能欢座人,如扮《闯山》中之周鼎,《查关》中之娑罗院,皆尽扫陈言,独标新谛。扮贴者舌战少弱,为所窘者不知凡几矣。

刘于昆曲、徽调皆能之,居常一驴一笠,往来长安市。唱《探亲相骂》时,即以驴上台,驴亦熟谙台步,不异萧梁舞马也。惟詈人太过,往往口给取憎。然性至木强,屡辱不改,肆口伤众,受桎于巡城御史署中溺桶旁者屡矣。后以获罪亲贵,颇知悔,渐谨饬。每行,见车有前导者,则鞭驴避道。或喝问之,辄下骑,去顶上所盘发辫,垂手屈一膝作礼,敬对曰:“小的刘赶三。”其人乃大笑而去。

优伶类　罗百岁为丑界翘楚

罗百岁，京师人，专唱丑角，而唱工特胜，能效汪桂芬、谭鑫培各音，故于丑界为翘楚。说白清利圆稳，有真能力，做工、台步靡不精到。扮蒋干，扮贾贵，均为人所难能，而独唱《拾金》之声调之佳，合唱《活捉》之台步之敏，更不可复得，固非以专工俚语，便可作丑也。

罗与秦腔老生十三红最莫逆。盖罗初甚窘迫，十三红与有解衣推食之谊。迨罗声誉既起，同辈争与交好，罗辄不为礼。问之，则曰："十三红与我不同道，爱我而好我若此，是真知己也。若辈回想前数年待我如何者，可以休矣。"

优伶类　赵仙舫满口新名词

赵仙舫，名丑也。以隆准故，人以大鼻子呼之。都中好作此类谐称，如从前名丑大骨头之类，奇称甚多。齿牙伶利，语妙如环。光绪庚子以来，海内尚新学，赵颇通文理，专以新名词见长。每登台，改良、进化诸名词，满口皆是，妙在运用切合，不知者或误以为东瀛负笈归也。宣统辛亥以前，病死京师，后遂无继起者。然沪伶之似此者则较多，固不仅夏月珊、夏月润、潘月樵诸人已也。

优伶类　草上飞张黑之纵跃

草上飞、张黑，京师武丑之旷世罕有者也，皆捷如猿猱，迅如飞燕，任意翻倒，随情纵跃。唱《三上吊》时，贯索两楼之颠，由台飞跨而上，或往或来，或倒悬，或斜绊，或踞坐其上，或徐步其端，最后以发挂而口衔之，掣令其身上下，此二人所并能者也。

草上飞不知其姓名，以鲤鱼打挺为最奇，平卧于地，初则身高五六尺，次八九尺，再则一丈以外，每下，复落于原处，不知何由运力也。张黑幼习拳术,殴人亡命,遂入梨园。其得意者为《卖艺》、《三上吊》等剧,能以手拍圈椅两足,跃而登,旋翻而上,即以手持椅,与之同翻,以椅之足为其手,足起则椅落,椅起则足落,凭空增其半身,翻腾自若。后以楼上有人议其微瑕,飞而及楼,将与寻衅。未至楼,而人掷以茗具,颠,遂伤胫腰,不复能奏奇技,一从事于说白,辄演《盗御马》中杨襄武之类,以自矜异。

优伶类 张桂芬演女剧

光绪初,沪有女伶张桂芳者,专演女剧。其女芷香能继之,则扮小生、官生角色。

优伶类 周处演御果园

沪有女伶曰周处者,以唱净著。一日,有豪客临剧场,使演《御果园》,语之曰:“果能袒裼登台,当以巨金为犒。”盖《御果园》中之饰尉迟恭者,每赤身出场,客故云云。周利其金,竟从之。其实周登台时,有长尺许之假须,披拂胸前,两乳被掩无迹,此外虽袒以示人,原无别于男子也。

优伶类 金月梅以做工胜

女伶金月梅初以晋人而久居南方,故柔媚如苏杭佳丽。其于戏,用心甚至,每扮一角,必有所揣摩,或贞或淫,或悲或喜,或贤妻慈母,或静女妖姬,传意传神,惟妙惟肖,大抵尤以悲惋有情致者为最得手。且以识字,能阅小说,往往自排新戏,如演《占花魁》中之花魁,《怒沉百宝箱》中之杜十娘,抑郁牢骚,俨同实事。初著称于海上,一时名士颇有欲纳之者。且月梅有戏癖,悲欢一发于戏,故揣摩能工。后嫁伧伶李长山,致富数十万金,蛰居津门,母丧后亦不复出。女伶以做工胜者,惟此一人。惟做戏过近人情,口白亦流走太过，似新戏非旧戏，于戏界究为别派也。

优伶类 谢珊珊演彩楼配

光绪癸卯冬，御史张元奇以某贵人狎妓，有失大臣体，具折严参。盖某美丰仪，喜狭邪游，南妓谢珊珊至京，某宴客于城东余园，招之侑觞。酒酣，就余园剧场演剧，与珊珊合演《彩楼配》，为张所闻，据实上奏也。其父某方绾枢要，怒甚，遂令南营将士悉将妓馆封闭数日以示惩。

优伶类 王克琴有得意之作

女伶王克琴在津，亦以技名，惟喉音过尖，唱颇刺耳。性颇暴，往往于台上詈人。特尚能京语，较津音略佳。演《双钉计》等剧，凶焰大张，习与性合，亦为得意之作。他如《翠屏山》、《梵王宫》、《浣花溪》，或尚做工，或尚态度，或尚口齿，均能近似，然欲以名家则尚远也。

优伶类 杨翠喜长身玉立

天津女伶，以杨翠喜为最著，实亦浪得虚名也。以亲贵某见而垂青，经台垣一疏，遂传不朽。某旋即内不自安，上疏请解职，疏略云："臣系出天潢，夙叨门荫，诵诗不达，乃专对而使四方；恩宠有加，遂破格而跻九列。倏当时事艰难之会，本无资劳才望可言。卒因更事之无多，遂至人言之交集。虽水落石出，圣明无不烛之私；而地厚天高，局蹐有难安之隐。所虑因循恋栈，贻衰亲后顾之忧；岂惟庸懦无能，负两圣知人之哲。不可为子，不可为人。再四思维，惟有恳请开去一切差使，愿从此闭门思过，得长享光天化日之优容。倘他时晚盖前愆，或尚有坠露轻尘之报称。"

翠喜貌本平平，惟长身玉立，有弱柳迎风之致，观者重之。其唱口不佳,说白亦仅平稳。原籍本文安,稍长,从母鬻技津门,居常不与人往还,尚守伶界清律。盐商王五夤缘得近之,旋与之约,以三千金贮之金屋,乃与有交。事定,适贝子至津,观之而善,以佳人难得为叹,为翠喜所闻,恐入侯门,遂急践五之约,得半价。其母挟以返里,料量田宅而归。五遣人伴之,虽来往过都,实未驻足,更无入府复出之事,至津即归于五。每梨园演剧,时与诸姬往观,人多识者,疏中所云"水落石出",即指此也。

优伶类　恩晓峰举止大雅

恩晓峰,幼读书,酷好听戏,心领神会,于名伶所长,咸能默悟。及长,遂献艺梨园。唱工摹谭鑫培派,间有孙菊仙、汪桂芬之余音。镕冶既久,自树一帜,举止大雅,恰合须生,台步之佳,犹其余事也。

优伶类　尤鑫培为吴绶卿所眷

吴绶卿中丞禄贞督办延吉垦务时,佩边防大臣印驻节沈阳,跅弛自憙,朝饮麈血,夕走脂坡,歌台舞榭中,无日不有其踪迹,尤赏女伶尤鑫培。尤以夭媚蜚声一时,既受吴眷,名益著。未几,以五千金聘之而去。宣统辛亥秋,石家庄之变,吴既被害,尤在津门,仍操故业矣。

优伶类　金玉兰夙慧

自鲜灵芝由津入都,而京都始有女伶,于是杨翠喜、刘喜奎相继而往,未几而金玉兰亦至。玉兰本贫家女,或曰京师人,或曰扬州人,不可知。父早死,其母携之寓天津,与下天仙戏园邻。时翠喜方驰誉津门,其出入也,怒马泽车,装饰眩丽,润色并及其母。而玉兰之母艳之,乃以玉兰师某伶,教之剧曲,学秦腔。玉兰夙慧,未一岁,即通其技,合拍中节,遂登场演剧。久之,名噪甚。有某将军者，深赏之，乃出二千金为之梳栊。

宣统辛亥，改革事起，吴绶卿死于滦州，六镇兵哗，天津乱兵亦乘机抢掠，伶人星散。玉兰与母逃之乡，途为乱兵所掠，见其母老，欲戕之，玉兰力求免母，愿杀己以代。兵怜而从之，仍挟母女行。俄有二卒尾至，相与拥玉兰入道旁丛冢间，欲递淫焉。方缠缚间，玉兰视旁一卒若有不然色，乃急呼曰："某叔，岂忍视我辱耶？"卒于剧场中固识玉兰者，乃大呼，起斥众，不当行强凌一弱女子，且谓此吾盟侄也，何可污。于是众谢不知，以玉兰付卒，卒脱玉兰衣饰与众，携之俱归。玉兰深感卒义，拜为义父，且告卒以某将军视己厚，倘语之，必可得济。时某将军驻兵近畿，卒持玉兰手书诣之。将军大动，出金，令二人偕卒往，慰玉兰，并召之，自此玉兰遂寓将军所，卒亦得玉兰力，补伍。将军欲纳玉兰，而母望奢，将军不能如所欲，因不果。

燕　行　录

《燕行录》是古代朝鲜使臣或其子弟、随从记录中国见闻的文献。韩国东国大学于2001年影印出版《燕行录全集》一百卷(林基中汇编),所收文献数百种。这里所节取的部分,主要反映了清康熙后期至光绪年间北京宫廷演剧和市井演剧的盛况。这些演剧史料多是学界未曾注意或未曾利用的,故略加按语,以利使用。所据底本既有刊本,也有写本或抄本,鲁鱼豕亥在所难免,本文大抵一仍其旧,未能辨识或难以确凿之处则以□相标识。

程芸辑录,节选自《九州学林》2010年春夏季卷(上海人民出版社2010年10月版),又据《燕行录全集》原书予以校订。

燕行日记(金昌业,1658—1721)

卷 四

入一店房少憩,至下处,在察院西过,与去时所宿家隔数家。家舍颇宽敞,而有旁落光景,天井及窗纸皆穿。伯氏入于外屋,余入中门内东过屋。巷内有一簟屋,即设戏子处也。男女杂集如堵。伯氏往副使所寓家,与副使、书状同观。戏屋相对处人家门内,有一炕,群女满窗。善兴欲引余坐其中,群女不肯,避去,遂坐门外。群女中有一胡女,年可十二岁,姿貌丰盈,不施朱粉,穿浅绿锦衣,髻插花钿,耳垂珰,手执白锡壶,制甚精巧,乃茶器也。以小钟频频斟茶自呷,亦观劝。同伴见其气止,似非下贱人也。见戏移时,归寓,吃夕饭。有两胡入来,自称秀才,略有问答。一人李永绍,年二十六,一人杨大有,二十九云。善兴又报戏事,益张可观,遂复出看。俄而,罢戏事。前后可演凡五事。初有一少年穿衫戴巾,自屋中出来,坐于椅上;又有一人打扮官员模样,与少年对立,手持一卷授少年,降椅受之。于是有五队旗麾,导少年回转数四,还入屋中。其节次颇多,而不可尽记。使驿辈问所演何事,或云《班超万里封侯》云,其言未可详。又有一人戴朴头,穿红袍,束玉带,自屋中出来,坐椅据桌,顾眄厉唾。侍者数人,左右趍走。其人下椅徘徊一遭,还坐椅上。俄而,侍者皆散,其人于桌上展纸,点笔欲书复止者数次。自起,向外四张,若觇人有无状,又还,持著作剔烛状,又沉吟一回,遂书于纸上;方书之际,亦频频四顾。既写毕,卷入袖里,又左右顾望。既已,其人时惊自动,不安其坐。忽有炮声起于空中,其人即仆地,作晕绝状。从者自屋中出来,扶起其人,良久,其始开眼,而恍惝不省。有一中年女人出来,与其人对坐,有所言。其人闻言,点头。是则谓演《秦桧上本》,构杀岳武穆事也。其烛下欲书还止、频频张望者,恐有人窃听也。其时时惊动者,既杀岳飞,心不自安之状也。其炮声发而仆地者,为岳飞魂所击也。其女人,即桧妻,东窗赞计者也。秦桧瞻视,不正面,而上涂粉抹朱,见之尤可恶。髯则编以人发,击于颔下,其状□服色,仿佛《三国演义》所画曹操之状也。又有一女人背包裹,右手持伞,作远行状,向人告诉,聆其音节,呜咽往往,似辞曲,此则以为其夫远游不归,故女自寻访而来,盖如《姜女望夫》事也。其女人,即前扮做秦桧妻者,其实男子也。其声音容态,酷似女人。又有一肥胖人穿红衫戴巾者出来,背手徘徊状,甚可憎。有一人持衣包与其人,人人掉臂不顾,偃于椅上,仰面大笑,摇扇不已。持衣包者去而复来者数次,缕缕有言,而其人恬然无动意。观者无不笑,持衣者亦笑而去。或言红衣者,乃秀才之称相公者,典衣酒店,久而不赎,酒保以衣其来者要赎。而所谓相公,白赖不肯,其状类我国优人所作先辈戏也。最后,有披甲戴胄者坐于椅上,军牢三对,持旗帜枪刀之类,排立左右,军官打扮者数人自外趍入,跪于前,有所禀命。此三戏,亦必有题目,而不知其为何事也。其军官军牢服色,颇似我国制度,而但毡笠檐,挟顶高,其项子及红缨皆同。以此见之,我国军服亦仿华制而为之也。戏屋之制,长仅三丈,广二丈许,上皆覆簟,去地六七尺,铺板为棚,分其前为轩,后为室。室三面围簟为壁,室轩之间隔以帷。凡戏子共十余人,而惟登场者在轩,余皆在室中。每扮戏,自室中出来,其换服色,又还入室中,盖戏具皆藏室中也。其登场者,每到节拍换处,辄引声唱曲,室诸人皆应声相和,丝管并奏,声甚清婉可听。但歌曲辞意不能解,殊无味。盖戏子所唱辞曲,虽此处人不能皆解。通官吴玉桂亦来见,余问:"戏辞君能解否?"吴曰:"未解。"盖其辞皆句语,而或杂谜语故也。闻戏子皆从南方来,无远不到,凡州府村镇市坊繁盛处,皆有戏屋。而其无屋处,皆临时作簟屋设戏,多至十余日、小或数日而罢,又转而之他所。至男女奔波,或自数日十里外来观,观者皆施钱财,费亦不赀。然其所演,皆前史及小说,其事或善或恶,使人见之,皆足以劝惩。而前代冠服制度,中国风俗,可观者多如今日。汉人之后生尤羡慕华制者,未必不由于此。以此言之,戏子亦不可无也。闻译辈言,北京戏子在正阳门外,设棚大街上。自今十三日始为之,服色尤华丽云。

清康熙五十二年(1713)二月二十一日,在永平府。

湛轩燕记(洪大容,1731—1783)

《燕行杂记》卷四

《场戏》:场戏不知倡自何代,而极盛于明末。奇技淫巧,上下狂荡,甚至于流入大内,耗经费,旷万机。至于今,戏台遍天下。尝见西直门外,有戏具数车,皆藏以红漆柜子。使人问之,答云:“自圆明园罢戏来。”盖皇帝所玩娱也。正阳门外有十数戏庄,自官征税,有差。其大者,创立之费银已八九万两,修改之功不与焉。则其收息之繁富,亦可想也。盖一人一日之观,予之三四两银,则不惟戏玩之娱而已。茶酒果羞极其珍美,饱嬉终日惟所欲,所以绮纨富豪耽嗜而不知止也。此其淫靡杂剧,王政所必禁。惟陆沉以来,汉官威仪、历代章服,遗民所耸瞻,后王所取法,则非细故也。且以忠孝义烈,如《五伦全备》等事,扮演逼其真。词曲以激扬之、笙箫以涤荡之,使观者愀然如见其人,有以日迁善而不自知。此其惩劝之功,或不异于《雅》、《南》之教,则亦不可少也。正月初四日,观于正阳门外。其楼台器物,布置雄丽,程度巧密。虽其淫亵游戏之中,而节制之整严,无异将门师律。大地风采,真不可及也。其屋上为十三梁,倚北壁筑数尺之台,围以雕槛,即戏台也。方十数步,北隔锦帐,帐外有板阶一层,上有六七人,皆执乐器,笙簧、弦子、壶琴、短笛、大鼓、大钲、牙拍等诸器备焉。锦帐之内,戏子所隐身换装也。左右为门,垂绣帘,戏子所出入也。门有柱联一对,句语妍丽,上有扁,曰“玉色金声”,曰“润色太平”。周悬羊角、花梨、绡画、玻璃,诸灯皆彩线流苏、珠贝璎珞。台之三面环以为阶,以坐观者。其上为板楼一层,亦三面,周置高桌,桌上西瓜子一楪,茶椀七,糊胶一钟,其香丝一机,终日不绝火,为吸烟具也。桌之三面,俱置凳子,恰坐七人,以向戏台。后列之凳桌更高一层,令俯观无碍。凡楼台上下,可坐累百千人,凡欲观戏者,必先得戏主标纸粘于桌上,乃许其座。一粘之后,虽终日空座,他人不敢侵。标座既满,虽光棍恶少,不欲强观,习俗之不苟也。始入门,门左有堂,有人锦衣狐裘,设椅大坐傍,积铜钱,前置长桌,上有笔砚及薄书十数卷,红标纸数十局,标纸皆印本。间有空处,余就而致意,其人曰:“戏事已张,来何晚乎?”无已,则期以明日,强而后受铜钱五十文,取标纸填书空处,曰“高丽老爷一位”,又书钱数。余受而入中门,中门内又有椅坐者,亦辞以座满。良久,呼帮子,与标纸。帮子由层梯引余登楼,遍察诸桌,无空处。帮子亦以标纸辞余,期以他日。余见楼东有粘标而坐空者,余请于帮子,少坐以待座主。盖余自初强聒,既大违其俗,乘虚攘座,真东国之恶习,而苟悦目下,不俟明日,又东人之躁性。其戏主及帮子之许之,若不欲拘以礼俗然也。同坐者皆相□避身,亦有厌苦色。时过年才数日,一城衣饰既鲜,况观戏者多游闲子弟,是以楼上下千百人,袨服红缨,已为戏场之伟观也。盖一场人山人海,寂然无哗声,虽缘耽看,俗实喜静。至戏事浓奇,齐笑如雷。其戏事,闻是《正德皇帝翡翠园故迹》。有男子略施脂粉,扮作艳妓,态色极其美,往往为愁怨状。每唱曲,则众乐齐奏,以和之。或有官人披帘而出,据椅有怒色,前列旗鼓,少间即下帷假寐。问于同坐,答云“按察”也。盖其戏事少变,必鸣钲以为节。其官人皆着网巾、纱帽、团领,宛有华制。耸肩大步,顾眄有度,所谓汉官威仪者,其在斯矣。但既不识事实,真是痴人前说梦,满座欢笑,只从人哀如而已。东归至玉田县,见街上设簟屋张戏,乃与数两银,拈戏目中《快活林》以试之,乃《水浒传》武松醉打蒋门神事也,比本传小异,或谓戏场之用,别有寅本也。此其器物规模,视京场不啻拙丑。而既识其事实,言语意想约略解听,则言言解颐,节节有趣,令人大欢乐而忘归,然后知一世之狂惑有以也。

清乾隆三十一年(1766),在北京。

燕行记(徐浩修,1736—1799)

卷　二

和珅进御前,手指历而对皇旨曰:"使臣等就宴班。"铁侍郎引余等坐于各国使臣班,而首为朝鲜使,次为安南使,次为南掌使,次为缅甸使,次为生番班位。亲王、贝勒、贝子、阁部大臣坐于东序,重行西向北上,而亲王、贝勒、贝子在前,大臣在后,蒙古回部、安南诸王、贝勒、贝子、各国使臣坐于西序,重行东向北上,而诸王、贝勒、贝子在前,使臣在后。卯正六分闻戏,未正一刻五分止戏,曰"清平见喜",曰"合和呈祥",曰"愚感蛇神",曰"文垂凤彩",曰"多收珠露",曰"共赏冰轮",曰"寿星既醉",曰"仙侣倾葵",曰"笼罩乾坤",曰:"氤氲川岳",曰"鸠车竹马",曰"檀板银筝",曰"修文偃武",曰"返老还童",曰"芬菲不断",曰"悠久无疆"。凡十六章,有扮仙佛者,有扮神鬼者,有扮帝王者。节奏声调,随章各殊,而大抵多迓庆祝寿之词。或如来庄严三十二相,趺坐莲花台上,开方便门,辟恒沙界,则数百罗汉左右簇立,戴紫金圆光,被锦绣袈裟,螺髻相联,珠眉互暎,云间妙音,天际法蠡,随梵呗而上下;或桂父茅君,飘霓裳,驭云车,逍遥于玄圃,大阐三十六法则,顶金带玉之仙官,被甲伏剑之神将,列侍拥卫,雍雍肃肃,以都雅之仪度,而兼雄豪之气像;又有仙童数百,彩衫绣裳,折旋进退,还丹则匝阳镜而九转,祈筹则擎寿扇而层抽,齐唱《绿玉黄金》之曲,和笙箫而浏亮;或河神海鬼,报涛旗而环旋,逐逐摇摇,气势汹涌,骑龙驭鲸、乘楂(槎)驾鹤之群仙,汗漫来游,龙腾鲸跳,喷水如雨;或萓阶三级,封人颂嘏于神光,尧瑶池五云,王母献桃于周后,珠旒山龙,穆穆煌煌。(榕村李光地《语录》云:"章服,代各异制,而惟优人不禁。扮高力士者,尚戴紫金冠,盖唐制,中官必着紫金冠,不敢乌纱帽也。做那一朝戏,则用那一朝衣冠,方是名优。"按:今天下皆遵满洲衣冠,而独剧演犹存华制,后有王者,必取法于此。)若取前史所载忠孝节义、可以敦风励俗者,扮迹协均,感发人心,则由今乐返古乐,未必不在于此,宁比仙佛神鬼之徒为观美而已哉!

清乾隆五十五年(1790)七月十六日,在热河。

卷　二

晓,通官引三使到严正门外朝房暂憩。黎明,通官引余等入演戏殿西序夹门外朝房暂憩。少顷,皇上御殿,通官引余等就宴班。卯正三刻开戏,未初一刻五分止戏。曰"稻穗麦秀",曰"河图洛书",曰"传宣众役",曰"燕衎耆年",曰"益友谈心",曰"素蛾绚彩",曰"民尽怀忱",曰"天无私覆",曰"重译来朝",曰"一人溥德",曰"同趋禹甸",曰"共醉尧樽",曰"煎茗逢仙",曰"授衣应候",曰"九如之庆",曰"五岳之尊"。凡十六章。

清乾隆五十五年(1790)七月十七日,在热河。

卷　二

晓,通官引三使到严正门外朝房暂憩。黎明,通官引余等入演戏殿西序夹门外朝房暂憩。少顷,皇上御殿,通官引余等就宴班。卯正十分开戏,未正二刻止戏。曰"宝塔凌空",曰"霞觞湛露",曰"如山如阜",曰"不识不知",曰"天上文星",曰"人间吉士",曰"花甲天开",曰"鸿禧日永",曰"五色抒华",曰"三光丽彩",曰"珠联璧合",曰"玉叶金柯",曰"山灵瑞应",曰"农政祥符",曰"瑶池整辔",曰"碧落飞轮"。凡十六章。

清乾隆五十五年(1790)七月十八日,在热河。

卷　二

晓,通官引三使到严正门外朝房暂憩。通官黎明引余等入演戏殿西序夹门外朝房暂憩。少顷,皇上御殿,通官引余等就宴班。

卯正一刻五分开戏，未正三刻十分止戏，曰“寿域无疆”，曰“慈光有兆”，曰“紫气朝天”，曰“赤城益筹”，曰“霓裳仙子”，曰“鹤发公卿”，曰“化身拾得”，曰“治世如来”，曰“齐回金阙”，曰“还向丹墀”，曰“偕来威凤”，曰“不贵旅獒”，曰“爻象成文”，曰“灶神既醉”，曰“太平有象”，曰“万寿无疆”。凡十六章。

清乾隆五十五年(1790)七月十九日，在热河。

卷 二

皇上自内殿御常服乘肩舆出，由西序北夹门入戏殿参宴，诸臣出跪西序南夹门外迎驾。殿南为戏阁，三层，上层曰“清音阁”，中层曰“蓬阆咸韺”，下层曰“春台宣豫”。作乐扮戏于阁中，卯时始戏，未时止戏，而皆演唐僧三藏《西游记》。殿庭排列奇花异草，升沉香烟，亦如热河，而以盆桧盘屈为掾，象鹤鹿形，柯叶青新，神巧绝等，热河所无也。始戏，后宣馔，凡三度。

清乾隆五十五年(1790)八月一日，在北京圆明园。

卷 二

礼迄，皇上御肩舆，自内诣设戏殿。诣臣退之昨日舣船处，上船，溯流，下船于天香斋前。乐声始动，皇上已御殿。卯时始戏，未时止戏，而演《西游记》。参宴班联，宣馔仪节皆如昨日。止戏前，和珅领钦赐各种，颁于诸臣。

清乾隆五十五年(1790)八月二日，在北京圆明园。

卷 二

晓，通官引三使至拒马木内宫门外朝房少憩。黎明，入勤政殿庭，皇上已御宝榻。殿内殿陛下，东西班联，及召见文武应选人，皆如昨日。礼讫，皇上御肩舆，自内诣设戏殿，诸臣退至舣船处，上船溯流到天香斋前下船,入戏殿东西序。卯时始戏,未时止戏,而演《西游记》。参宴班联,宣馔仪节,亦皆如昨日。

清乾隆五十五年(1790)八月三日,在北京圆明园。

卷 二

晓,通官引三使至拒马木内宫门外朝房少憩。黎明,入勤政殿庭,皇上已御宝榻。殿内殿陛下,东西班联,及召见文武应选人,皆如昨日。礼讫,皇上御肩舆,自内诣设戏殿,诸臣退至舣船处,上船溯流到天香斋前下船,入戏殿东西序。卯时始戏,未时止戏,而演《西游记》。参宴班联,宣馔仪节,亦皆如昨日。止戏前,军机大臣阿桂,领钦赐各种,颁于诸臣。

清乾隆五十五年(1790)八月四日,在北京圆明园。

卷 二

晓,通官引三使至拒马木内宫门外朝房少憩,黎明逾五门到舣船河岸,上船溯流到天香斋前下船,入戏殿西序。卯时始戏,未时止戏,而演《西游记》,间设黄门戏。黄门十余人,戴高顶青巾,着阔袖黑衣,击鼓鸣钲,回旋而舞,齐唱祝禧之辞;或二丈余长身男女,俱着阔袖淡黑衣,男戴青巾,女戴发髻,翩跹狎嬲;或竖三丈余朱漆双柱于殿阶下,柱头为横架,七八岁小儿着短衫缘柱而升,捷如猱,挂足横架,倒垂数刻。天子高居,万国来朝,而萧肃宫廷,胡为此淫亵?不待史氏之讥,余已辞颜。参宴班联,宣馔仪节,皆如昨日。止戏前,军机大臣阿桂领钦赐各种,颁于诸臣。

清乾隆五十五年(1790)八月五日,在北京圆明园。

卷 二

晓,通官引三使至拒马木内宫门外朝房少憩,黎明逾五门到舣船河岸，上船溯流，到天香斋前下船，入戏殿西序。卯时始戏，未时止戏，而演《西游记》。参宴班联，宣馔仪节，亦皆如昨日。止戏前，军机大臣福长安领钦赐各种，颁于诸臣。……每日扮戏时，太监盛彩笺笔墨于黄函，擎进御前。御制或律诗或绝句，御书以下太监，擎入内殿。

清乾隆五十五年(1790)八月六日，在北京圆明园。

卷 二

七日乙卯，晴，留圆明园。以初十日太祖皇帝忌辰，斋戒不设戏。……九日丁巳，晴，留圆明园。以斋戒不设戏。

清乾隆五十五年(1790)八月，在北京圆明园。

卷 二

十日戊午，晴，留圆明园。晓，通官来言，即见礼部指挥公文。今日设九九大庆宴，各国王、贝勒、使臣、从臣当进参。余与正使、书状至拒马木内宫门外朝房少憩，黎明逾五门到舣船河岸，与军机大臣、蒙回诸王、贝勒，与安南王、南掌缅甸使臣、安南从臣、台湾生番，分上三船，溯流到天香斋前，下船入戏殿东西序。皇上已御殿，卯时始戏，未时止戏。曰“八洞神仙”，曰“九如歌颂”，曰“象纬有征”，曰“遐龄无量”，曰“仙子效灵”，曰“封人祝圣”，曰“海屋添筹”，曰“桃山祝嘏”，曰“绾绂盈千”，曰“清宁得一”，曰“百龄叟百”，曰“重译人重”，曰“庆涌琳宫”，曰“瑞至香国”，曰“日征十瑞”，曰“桃祝千龄”。凡十六章。参宴班联，宣馔仪节，亦皆如六日。止戏前，和珅领钦赐各种，颁于诸臣。

清乾隆五十五年(1790)八月十日，在北京圆明园。

卷　二

太和殿礼成,通官引三使由左翼门出,东北行到养性殿东戏阁,即宁寿宫也。正殿二层有左右序,戏阁三层,上层曰“畅音阁”,中层曰“导和怡泰”,下层曰“壶天宣豫”,规制一如圆明园戏阁,而稍窄小。皇上内殿礼成,即诣戏殿参宴,诸臣由右序夹门入,宗室、亲王、贝勒、阁部大臣坐于东序,重行,西向北上,蒙回诸王、贝勒、安南王、朝鲜、安南南掌缅甸使臣、台湾生番坐于西序,重行东向北上。辰时始戏,午时止戏,曰“蟠桃胜会”,曰“万仙集箓”,曰“王母朝天”,曰“喜祝尧年”,曰“升平欢洽”,曰“乐宴中秋”,曰“万国来译”,曰“回回进宝”,曰“五代兴隆”,曰“五谷丰登”,曰“家门清吉”,曰“群仙大会”。凡十二章。宣馔二度,而第一宣御桌所排,第一各具一盘。撤馔后,皆宣酪茶。始戏时,仙童六十名各奉饽饽,象仙桃,饰以彩花金寿字,歌祝辞向御座。内监下阶受之,列置御桌上。

清乾隆五十五年(1790)八月十三日,在北京圆明园。

热河日记(朴趾源,1737—1805)

卷三　《驲汛随笔》

戏台:寺观及庙堂对门,必有一座戏台,皆架七梁,或架九梁,高深雄杰,非店舍所比。不若是深广,难容万众。凳桌椅□凡系坐具,动以千计,丹雘精侈。沿道千里,往往设芦簟为高抬,像楼阁宫殿之状,而结构之工,更胜瓦甍。或扁以“仲秋庆赏”,或扁以“中元佳节”。小小村坊无庙堂处,则必趁上元、中元设此簟台,以演诸戏。尝于古家铺道中,车乘联络不绝,女子共载一车,不下七八,皆凝妆盛饰,阅数百车,皆村妇之观小黑山场戏,日暮罢归者。

清乾隆四十五年(1780)七月,在新广宁至山海关间。

卷四 《关内程史》

小憩店中。栏外有数十美童结队行歌,锦袍绣袴,玉貌雪肤。或鼓檀板,或吹笙簧,或弹琵琶,联袂缓唱,妍好都冶。此等皆皇城丐儿,游市肆中,求媚远地客商,一宵接枕,或给数百两银子云。道傍连簟蔽阳,处处设戏,有演《三国志》者,有演《水浒传》者,有演《西厢记》者,高声唱词,弹吹并作。千百玩戏之物,摆列卖买,皆为孩提片时供玩之资,而非但物料稀奇,其制作莫不精巧,或触手破碎,而工费不下数两纹银。桌上列数万关公像,横刀立马,其大才数寸,皆纸造,而巧妙入神。此是小儿戏具,而其多如此,则他可推知。

清乾隆四十五年(1780)七月三十日,在三河县东白千店或段家店。

卷六《太学留馆录》

晓,使臣入班听戏,余睡甚倦,仍卧稳睡。朝饭后,徐行入阙,则使臣久已参班。任译及诸裨皆落留宫门外小阜上。通官亦坐此,不得入。乐声出墙内咫尺之地,从小门隙窥之,无所见矣。循墙十余步,有一小角门,门扉一掩一开,余欲略入,立则有军卒数人禁之,只许门外张望。门内人皆背门而排立,不少离次,不摇身,如植木偶。无□闯可窥,只从人项间空处隐隐见一座青山,翠松苍柏,转眄之顷倏忽不见。又彩衫绣袍者面傅朱粉,腰以上高人项出,似垂轩也。戏台相去不远,而深邃阴森,如梦中盛馔,吃不知味矣。门者丐烟,即给之。又一人见余久翘足而立,提一凳子,令我登其上望之。余一手托其肩,一手拄楣而立。呈戏之人,皆汉衣冠,四五百迭进迭退,齐唱乐歌。

清乾隆四十五年(1780)八月十二日,在北京。

卷 十 八

戏本名目:《九如歌颂》、《光被四表》、《福禄天长》、《仙子效灵》、《海屋添筹》、《瑞呈花舞》、《万喜千祥》、《山灵应瑞》、《罗汉渡海》、《劝农官》、《檐葡舒香》、《献野瑞》、《莲池献瑞》、《寿山拱瑞》、《八佾舞虞庭》、《金殿舞仙桃》、《皇建有极》、《五方呈仁寿》、《函谷骑牛》、《士林歌乐社》、《八旬焚义券》、《以跻公堂》、《四海安澜》、《三皇献岁》、《晋万年觞》、《鹤舞呈瑞》、《复朝再中》、《华封三祝》、《重译来朝》、《盛世崇儒》、《嘉客逍遥》、《圣寿绵长》、《五岳嘉祥》、《吉星添辉》、《缑山控鹤》、《命仙童》、《寿星既醉》、《乐陶陶》、《麟凤呈祥》、《活泼泼地》、《蓬壶近海》、《福禄并臻》、《保合大和》、《九旬移翠巘》、《黎庶讴歌》、《童子祥谣》、《图书圣则》、《如环转》、《广寒法曲》、《协和万邦》、《受兹介福》、《神风四扇》、《休征叠舞》、《会蟾宫》、《司花呈瑞果》、《七曜会》、《五云蓭》、《龙阁遥瞻》、《应月令》、《宝鉴大光明》、《武士三千》、《渔家欢饮》、《虹桥现大海》、《池涌金莲》、《法轮悠久》、《丰年天降》、《百岁上寿》、《绛雪占年》、《西池献瑞》、《玉女献盆》、《瑶池杳世界》、《黄金扶日》、《欣上寿》、《朝帝京》、《待明年》、《图王会》、《文象成文》、《太平有象》、《灶神既醉》、《万寿无疆》。

八月十三日乃皇帝万寿节,前三日后三日皆设戏。千官五更赴阙候驾,卯正入班听戏,未正罢出。戏本皆朝臣献颂诗赋若词,而演而为戏也。号立戏台于行宫东,楼阁皆重檐,高可达五丈旗,广可容数万人。设撤之际,不相□碍。台左右木假山,高与阁齐,而琼树瑶林,蒙络其上,剪彩为花,缀珠为果。每设一本,呈戏之人无虑数百,皆服锦绣之衣,逐本易衣,而皆汉官袍帽。其设戏之时,暂施锦步障于戏台,阁上寂无人声,只有靴响。少焉掇帐,则已阁中山峙海涵、松矫日翥,所谓《九如歌颂》者,即是也。歌声皆羽调,倍清,而乐律皆高亮,如出天上,无清浊相济之音,皆笙箫、篪笛、钟磬、琴瑟之声,而独无鼓响,间以叠钲。顷刻之间山移海转,无一物参差,无一事颠倒。自黄帝尧舜,莫不像其衣冠,随题演之。王阳明曰:"《韶》是舜一本戏,《武》是武王一本戏,则桀纣幽厉亦当有一本戏。"今之所演,乃夷狄一本戏耶!既无季札之知,则未可遽论其德政,而大抵乐律高孤亢极,上不下交矣。歌清而激,下无所隐矣。

中原先王之乐,吾其已矣夫!

清乾隆四十五年(1780)八月。

燕行日记(李在学,1745—1806)

《芝圃遗稿》 卷十三

初三日寒且风,留南小馆。此俗,自正朝至初八,设演戏及幻术于处处,游观之人逐日成群。四大门外大街上,有戏子台,行中诸人多往见者,故问其状,则以为一台构层楼,三面复道,共百余间,排列盘凳茶钟香炉之属,牌示来玩人。各赍票钱七十八文,有票钱后始许坐阁中。栏下稍北作戏场,而揭"乐庆韶舞"四字,柱之左右牌刻题"学君臣学父子学夫妇学朋友,汇千古忠孝节义,历历说道逢场;或富贵或贫贱或喜怒或哀乐,将一时得失悲欢,重重荣教演戏"五十字。阁后,藏诸般戏具及乐器。戏子四十人,各服其衣,迭呈其戏,如创业时、亡国时事,及慈孝的、不慈孝的,健讼的、伤风的、感化的、忠臣烈士殉国复仇的、荡子情郎花酒忘家的、英豪名将树功封爵的,段段句语起头,转轴演成小说,逐条分回者,凡八班。而其用天子仪仗,则黄凉伞、龙凤扇、旄钺玺符、云冕衮服、玉带牙笏也;战阵服色,则黄金鍪绣、花袍锁匣、战巾、画戟、赤刀、旌旗、钲鼓也。其他歌娥舞女,鼓瑟倚市之态形形色色,无不毕具。盖自江南作俑,转入京中。究其本,则似出于劝善惩恶之意,而状多骇异。至于永历事,亦为戏具云,尤令人不可正视矣。

清乾隆五十九年(1794)正月,在北京。

热河纪行诗(柳得恭,1749—?)

《扮戏》:清音阁起五云端,粉墨丛中见汉官。最是天家回首处,居然黄发换朱颜。(戏名《返老还童》,曲名〔黄发换朱颜〕。)

《圆明园扮戏》:督抚分供结彩钱,中堂献祝万斯年。一旬演出《西游记》,完了《升平宝筏》筵。(《升平宝筏》,戏目。)

清嘉庆六年(1801),在北京。

蓟山纪程(徐长辅,1767—?)

卷　二

《紫光阁》:是日,皇帝设紫光寓,三使入参,余亦从焉。天明由西华门入福华门内,皇帝乘黄流苏屋轿,侍臣数人奉黄金炉盏等器,左右分列而前导。皇帝露面顾视,可一见而祥矣。鬓髭颇小,面方而丰,下盖深黄色。三使随入宴班,而余则自外观之。杯盘狼藉,磬管俱作。有百十红衣军,手奉一队黄布帐,自西而前,瞬息间遮其庭,设为三门,而场戏之具皆从门入,各藏假面,其阔袖圆领幞头大带,一应先王法服,或绝类东制,此所谓"礼失而求诸野"者也。皆执一木板,而以金字各书一字于一板,合而看之,则"嘉庆万寿"。又作假花如羽扇样,执而摇之,低昂合节。又摇尻折腰,雀跃蟹行,其技酷似我国花郎,而可谓曲尽其妙。又立一大柱,使八九岁儿裸身登柱,倒悬横立若踏平地。其余角抵戏、狮子舞及红棒环逐之状,皆次第设戏。皇帝还驾,颁赏有次。宴罢入阁,阁凡二层,而扁曰"紫光阁"。乾隆诗揭壁者,四五处。殿设宝榻,是皇帝所御,而殿砌皆玉栏。"龙塔燃香袅袅纤,紫光高阁玉编帘。优人竞奏公庭舞,赏赐黄金又白缣。"

清嘉庆九年(1804)正月十二日,在北京。

中前所城南门外,以自簟构二层屋,架设倡戏于前,观者云屯。

有两人装以女子红妆，其云髻粉白，少无毫发之殊，手持画扇一把，翻而摇之，齐声作艳唱。其声袅袅，虽不知为何语，而浓脸倩笑，莲步轻盈，百般情态，眩人观瞻，此真以声音笑□为者也，翻然入绛帐中。又有白发二老人联臂而出，其发白者亦假面也。一着阔袖团领头帽腰带，一应我国朝士之服，跪揖进退皆中节奏。大抵胡儿见我国朝服之人，则必曰倡氏云者，盖以此也。此等戏具，皆演稗史奇书，以一回所录作一场戏，戏讫而辄换以他回，故知者犹可摸捉名物，而不知者不解其何样趣味，况我国人则又不识言语酬酢之妙处乎！路旁有关帝庙，此亦大刹。又有所谓虫圣庙，意其享西陵氏马头娘之类也。

"清筆楼台绛帐垂，城南大路迎胡儿。王风委地求诸野，礼乐衣冠尽在斯。"

清嘉庆九年(1804)二月十四日。

茗山燕诗录(成佑曾,1783—1864)

风俗类　卷四

北京之内，倡楼千余所，钲鼓丝竹之声日相闻焉。余与山石丈及诸人往观，至一所，楼阁丹青不下寺刹，广可四五十间。上设层栏，已有踞凳而坐者累百人。余乃循栏而上，俯视楼下。北壁有房门，而设帷，即倡夫着衣之所。门前别设游戏之场，四面为栏干。闻房中乐作，少焉，乐工执器而出。初为天子朝会之像：或着金冠，其制方而不圆；或着纱帽，其屋甚低，角则画以金彩，或为曲角，朝服不为团领而直之，带以玉以金，如我国也字带。一回后，为关公战争之像：甲胄剑戟，森严有霜雪之气，军伍相斗，挥刀弄槊，使人可惊。嗟乎，中州衣冠扫地而尽，乃因倡戏而见，岂不痛哉！继而为男女淫亵之戏，意必西门庆潘金莲之类也。其终日观者，无少喧哗，但闻笑声。他人所坐之凳，不得杂坐，坐者不复立，盖防于瞻视故也。倡夫所用器械衣服,莫非金银绫罗,计直为累万;面不带假具,或以粉涂其两目,而女昌(倡)之状真有绝代之色,盖以男子之美貌者为之也。

"森严仪仗匝红床,文物依如古汉唐。金面龙袍皇帝出,两边珠翠粲生光。"(有侍女五人)

"中间楔子殊排布,三国英雄共一场。虎须提出青龙剑,威风如是古关王。"

"剑眉星眼女将军,金甲横遮七宝裙。腰下长绳擒两敌,丫鬟歌舞贺成勋。"

"白面秀才楼下出,袖包银子拜虔婆。居然偷得红裙子,帐里娇娥醉后歌。"

清嘉庆二十三年(1818),在北京。

燕辕直指(金景善,1788—?)

卷　四

初五日晴,留馆。饭后与副使及诸人为游观,从正阳门出,过广德堂戏台(别有《场戏记》及《诸戏本记》)。

清道光十三年(1833)正月,在北京。

卷　四

《场戏记》:场戏者,概如我国山棚戏,自古有之,而极盛于明末。淫巧奇技,上下狂荡,甚至流入大内,人谓不祥之兆。无论中外,凡演戏之处必有戏台。其出财营建者,谓之戏主。其创立之费银已七八万两,又逐岁修改,招戏子,设戏收息,上纳官税,下稠戏雇,其余则自取之。其收钱之多,可知也。戏台之制,筑砖为广厦,高可六七丈,四角均齐,广可五六十,间间皆长梁。就北壁下截九分一设间架，隔以锦帐。帐左右有门，门垂帘子，盖藏戏具而换服之所也。帐前向南筑方坛，周可七八间，此则演戏之所也。自方坛前至于南壁下，叠置长凳，前者稍低后者渐高，使观者鳞踞，便于俯观也。南西东三壁别作层楼，每一间各有定贯，南壁正中最上楼贯为白银十两云。南壁西隅只设一门，一人守之。观者到门，先收钱乃许入。观者之众寡，债为之低仰。戏事方始，戏主为设茶酒果羞及溺器于各人之前，观到剧处齐笑齐止，无或喧聒。虽淫亵嬉慢之中，节制之整严，有如师律之不可犯，亦足见大地规抚之一端。东俗，则凡系观光，大冠、阔衣簇立数匝，喧哗不止，加以饼饵酒草沽衔之声，半之后来者无由观听，挤挨之不已，甚至于投石相扑，视此岂不媿哉！《燕记》曰：其淫靡杂剧，王政之所当禁，而汉官威仪、历代章服、遗民所耸瞻、后世所取法者在于此，则非细故也。盖自黄帝尧舜，莫不像其衣冠，且以忠孝义烈、五伦全备等事扮演逼真，词曲以激扬之，笙箫以涤荡之，使观者愀然如见其人，有以日迁善而不自知，此其惩劝之功不异于《雅》、《南》之教矣。王明阳曰："《韶》是舜一本戏，《武》是武王一本戏，则桀纣幽厉亦当有一本戏。"今之所演，乃清人一本戏耶！既无季札之知，则未可遽论其政之得失。而大抵乐律高孤亢极，上不下交，歌声太清而激下，无所隐，其言似有理矣。从正阳门出，将向册肆，路经广德堂戏台，圣申与裨译入见，良久而回。其言以为入其门，贯得西壁一楼以观之。见戏者有数人，置一大椅于戏坛之北，面南，其左右列小椅十余，乐工八人，以红衣黑巾，各执乐器，序坐坛之南边，作乐。乐止，于是有美髯者一人，头戴幞头，蟒袍玉带，缓披帐帘出，坐大椅上，高拱端默，举止俨然。又有二人，服饰如我国官服，从帐中出，分坐东西椅；又有二人出来，顶无角乌巾，穿广袖黑周衣，分立东西；又有红帻红周衣者六人，罗立其前。蟒袍者出一令，以次传之，红帻者高声一呼，乃有甲胄佩剑者数十人，奋迅如飘风飞鸟，结阵于坛上四方，若听指挥。少顷，或离或合，旋坍数回，皆披帷而入。又有戎装者一队出来，其中四人头戴小帻，如我国战巾样，身披黑色短后衣，各持双剑对舞，始缓渐急，手势烂熟，芒锷闪烁，浑如梨花乱飞，或不见人形，踊跃击刺,真若有杀伐之气。诸乐工鸣金鼓以助声势,观者皆悚懔畏缩。已而,有短后黄衣者四人,左执枪右执干,出而冲突,舞剑者皆披帷走入,盖败走也。又有二人,一则黄衣黑袴,一则黑衣红袴,出而唱歌,盖胜战曲也。歌竟,蟒袍者下椅入去,其余诸人亦随之,一坛寂然。

有唐妆一老妪,头发尽白,扶杖而出,满带怒色,对观者无数胡说。又有一少娥,年可十八九,唐衣、弓鞋,头插碧玉钗四五股、珊瑚枝数茎,缀以彩花,柳眉樱唇,体态绝妙,颇带愠意而来,向老妪语,喃喃不休,似是其姑妇而相勃蹊。老妪之向人说者,讨其妇之恶也;少娥之向妪言者,诉自己之冤也。盖戏子辈费千金买年幼美姿容者,名曰娈童,浓妆盛饰,尝习女娘之态,但其足大,故藏之袴裹,为假弓足以系足下云。少娥低声解颜入帐后,手捧一楪饼饵而出,恭进老妪。妪受而唾弃于地,忽有一大犬从账外出,啮其弃饼而去。少娥又入帐后,捧茶钟出,以进老妪,妪受而掷之地,犬又出来,含钟而去。于是,少娥忽变色,推仆老妪,据其腰乱殴,老妪不胜愤怒,大声疾语。忽有一少年携猎具而来,卸炮于桌,挂绳于椅。少娥敛容退立,老妪怒甚,摇头挥手对少年说了一场,少年听毕,对少娥数语,少娥略答之。少年不慌不忙,皱眉入帐后,手持长剑而出。少娥见之,急躲帐后。少年逐之,环坛数回。少娥自披其发,突至妪前发□,妪亦对诘。少年按剑熟视,忽又大犬出来,仰首挠尾,穿绕三人而行,少年挥剑断其头,盖人蒙犬套,而头则假也。犬携头而走,三人亦皆走入帐后。

有唐妆一少女,甚艳冶,出而度曲,声极纤袅。又有狭袖者一人,负瑟,坐少女之后,似其家丁也。又有一秀才,唐巾阔袂,出坐椅上,频眄少女,甚有情思,乃暗招负瑟者,低语数句。负瑟者向少女密语,移时,少女始若却之,终乃起身,来坐对椅,取其瑟自弹自歌,意态宛转。又有一僧携酒而至,暗招负瑟者坐一隅,互相劝饮,务得其欢心。酒酣,附耳细语,负瑟者又以语少女。移时,少女下椅,若有就僧之意,忽有一人披帷突出,带得不好意,似是其夫也。僧与唐巾者皆走避,其人与少女略叙数语而去。其女随入帐后即复出，坐椅上唱歌。负瑟者又与一美少出来，其人使负瑟者传语于女，女屈指以答，似是计日为约也。其人复入帐后。女又唱歌，姿态益妙娆，少顷，其人又出来，坐对椅。负瑟者设烛台茶钟等物，似是相约之夜也。两人相对，或语或笑。负瑟者闪坐椅后，女又弹瑟唱歌，娇艳可掬。其人先问女姓，次问其夫做甚事，女以娇声随答。其人自夸，以卖买饶业，至有典铺五六处云。女又唱歌，似闻其饶而喜而歌之也。其人击节称赏，乃以茶果互相酬酌。渐入佳境之际，其夫又闯至，一手披帷，顾与人相语。女闻其夫声，急卧其人，纳于椅后大柜，锁之。藏弃茶具，笑迎其夫。其夫坐于椅上，说了多少语。雇招二人担柜，随往典铺，并锁钥，讨银三百两，纳于怀中而归。盖先有数人设典铺于坛之西隅，立标而列坐其下矣。柜中人大声数语，铺人大惊，相顾瞠然，或挠头或挥手，语刺刺不止，盖疑物久而神，不知何状邪魔接住柜中也。最后，一人大胆轻步，附耳柜边，闻其所言，始乃以手叩柜，嚬眉啧啧，似是始闻本事，乃觉其同铺之人非魔也。其所啧啧者，责其涉险至此也。于是揭开柜门，其人圉圉而出，诸人争批其颊，交口迭责，遂皆披帷而入。

有一队戎装者，各持枪棒、旗帜、斧钺、弓刀，或舞剑或发矢，或胜或败。又有四个美女，亦出而舞剑，能与男子对敌，比向者剑舞尤为绝奇，观者不能正视。乃以筋斗、角抵等戏杂之，使观者应接不暇。问其戏本，则始为《地理图》，次《金桥》，次《杀犬》，次《跪驴》，次《英雄义》云，未知其辞曲如何，且不解语音，有如瞽者丹青，全没意趣。未竟场而还云。

《诸戏本记》：自沿路至北京，见人家往往蓄戏本杂录，皆板本也。其名不可胜记，而撮录若干条，余皆仿此：《盗令》、《黄鹤楼》、《王会图》、《山灵应瑞》、《朝帝京》、《罗汉渡海》、《尧传舜受》、《豳风七月》、《王女献杯》、《献野瑞》、《虹桥观海》、《惟皇建极》、《渔家欢饮》、《函谷骑牛》、《习礼大树》、《武士三千》、《四海安澜》、《万年觞》、《华封三祝》、《重译献雉》、《应月令》、《七曜会》、《缑山控鹤》、《乐陶陶》、《蟾宫会》、《如环转》、《广寒法曲》、《长恨歌》、《东囱弄橘》、《星坛祭风》。

清道光十三年(1833)正月初五日。

卷　六

乐器皆沿明制。大朝会用乐工六十四人，引乐二人，箫四人，笙四人，琵琶六人，箜篌四人，筝六人，方响四人，头管四人，龙笛四人，杖鼓二十四人，大鼓二人，板二人。盖协律郎先期陈悬于丹墀，銮驾将出，云麾仗动，则协律郎举常旗，唱奏〔飞龙引〕之曲，俟五云驾座，常偃乐止，鸣赞官唱胪，协律郎又奏〔风云会〕之曲。百官行拜叩礼毕，诸亲王陛殿，国公阁辅随陛，分班而坐，协律郎又奏〔庆皇都〕、〔喜升平〕之曲，曲毕而罢朝。乐工服色：曲脚幞头，红罗生色，画花，大袖衫，涂金束带，红罗拥顶，红结子，皂皮靴。

乐声爽亮，使闻之者自然心目俱清，可知其制器也，金石丝竹，精炼中度，非外国之比也。是以今之乐，音节促迫，纵乏希缓之意，然其声律清高白直，无阐缓哀怨之意，则亦非乱世之音也。

琴制：厚漆，玲玲，弦凡为七，左渐细而右渐粗，右四弦并用丝缠，虽非旧法，犹属古雅。音韵铿越，若金石声。凡大小宴会，见诸乐工皆似优伶，而惟琴不与焉。惟太常乐官及士大夫好古者为之，则尚属雅器，不归于贱技，可知也。

玄琴：北京人皆不喜之，惟栅门人甚喜，以为筝也。每一鼓，妇女亦群聚而听之，岂风气近东而然欤？持玄琴而与琴并鼓之，则玄琴浮浊粗浅可知，非古乐也。且玄琴近听则太喧，隔壁则已微矣。若琴，则近听极清静，远听益琅琅，其器之优劣可定也。

台琴：与奚琴大同，但桶面铜板而傅蟒皮，张四弦，又以二小弦分入于大弦之间，取其双声，比奚琴益爽烈。

洋琴：出自西洋，桐板金弦，声韵铿锵，远听则虽若钟盘，然其太条荡，近噍杀，不及于琴瑟远矣。小者十二弦，大者十七弦。

琵琶：与东制同。盲人行乞者且行且鼓，或唱曲而和之。

筝：本秦声，或曰蒙恬所造，或曰父子争琴，各入其半，仍名为筝。故本十二弦，而或有十三弦，即傅玄赋所谓“上崇似天、下平似地，空中似六合”。柱弦拟十二月，后加一弦，盖拟闰也。其制略同伽倻琴，伽倻琴则绝不可见，似非近俗所尚也，本出于东国，则或未入中土而然欤。

弦子：一名阮。其制为圆筒，径尺许，厚三四寸，前后傅蚺蛇皮，以乌木为柱，方二寸许，长四尺余，张三弦，右大而左细。

笙簧：略如东制，其管或十四，或十七，簧叶薄如蝉翼，其室古用匏，而今用木，加之以漆，或用白铜者，尤佳。或别有曲嘴者，其长尺余，坐而吹之甚便云。

笛：比东制差短，且细而薄，声亦浅轻。

其宴乐，用笙簧、琵琶、台琴、洋琴、弦子、竹笛六种，如东俗三种乐为一部。其戏台，则并以钲鼓牙拍为之音节。其丧乐，则以喇叭、唢呐、方响、锣鼓等分为两部鼓吹。

辎轩续录(姜时永,1788—?)

卷 三

二十四日晴。与游荷出正阳门，由东月墙到燕喜堂，即戏楼也。燕京戏楼非一二处，而此则朝士所游之所，故朱轮华毂填咽门巷，可知贵游者之已到矣。楼制极宏敞，栏槛四围如口字。中设戏场，可以倚栏而临视。梁椽之间，下垂铁索，悬以羊角绣灯，几为数百颗，所以备夜燕也。楼上间间障隔，而每设床桌椅子，所以处观戏之人，而每间贳银四两，饮食之需亦入其中云。皇明时，巨室查氏建戏楼于此，扁曰“查楼”，清人改为“广和戏楼”。魏之琇《观剧诗》曰：“春明门外市声稠，十丈轻尘扰未休。雅有闲情征鞠部，好偕胜侣上查楼。红裙翠袖江南艳，急管哀丝塞北愁。消遣韶华如短梦，夕阳帘影任勾留。”既上楼，倚栏而坐，酒保进酒，列于桌上，如南京西凉史国公葡萄之属，品几四十余种。余以数品沾唇，酒保旋即撤去。次以蔬菜来列，菜品亦为四十余种。须臾，撤去。如饼属、汤属、炙属、果属，皆以类而进，各准四十余种。器皿无一叠进，楼上下几千人，一时供馈，无一差池，亦是壮观。戏具则先以《渭水河》设焉，即文王猎渭载车之事，具仪卫象人物，有足可观。次以红纸小签书示"天水关"三字，即戏名，乃武侯假扮姜维之事；又以"荣归"二字书示，即朱买臣暗怀会稽太守之章，归于故乡，给其妻、责其奴之事；又以"蝴蝶梦"进戏，即庄周给妻扇冢剖棺更生之事，事在稗书中，今古奇观，见之绝倒。向所谓买臣妻者，复扮作庄周妻，彩衣变为素服，而故是一人，即所谓戏场"沙吾但"也。(此是华音，而实则小旦也。)此是十五六岁男子，而形貌绝佳，态度淑艳，肌肤与手势一似女子，谛视而难辨，可谓倾国之色。闻南京人作戏具，先以千金周行海内，买得此物，然后始备戏器来游北京，而以男色优劣定其戏场高下。今此戏楼为皇城第一，故"沙吾但"亦为极品云。少顷，又进一阕，即《骂曹》也。祢衡裸衣，作渔阳掺，面辱曹瞒，而曹瞒愤不自定，孔融、程昱俱在座劝解，又堪一笑。次以"康茂才"书示，即明太祖胜战奋武乐矣。及暮而还。

清道光十年(1830)正月，在北京。

燕行日记(朴齐寅，生卒年不详)

卷　一

到草河口桥，见树林边设五六处架屋，皆覆以芦簟，男女数百群，扰扰来往，即是唱戏处也。书状已过去，上使先到，下轿于树荫下，余亦下轿，同往戏处。见最巨架屋之上设高棚，以红碧绣帐中分而障之。帐内即是诸戏汉妆着戏具、换面改头、做出戏本之地，而帐外即是戏基，设长桌，有吹笳弄笛之人踞桌而坐。左右栏边设交椅，使观光者踞之。与上使设交椅于棚下而坐。且有女群之来观者，皆妆盛饰乘车而来，驻车于棚下，仍乘车观玩，容止极其都雅。所驾骡牛，举皆卸却衔勒，放散于山限丰草间，任其饱吃以至罢归。各自牵致，人无杂沓扰攘之弊，马无横迭换错之患。其他观玩之人，或立或坐棚上棚下，如堵如海。诸戏汉进一小帖子，录众戏名色，请设《临潼山》戏，未知此戏始自何时，而亦未知演起何样壮观。须臾，一个汉自帐中出来，身着白本彩画衣，头戴一具乌帽，腰系一条黑画带，衣似章服，帽似纱帽，带似角带，未详何朝冠服，立于棚上，或唱歌、或谐语、或咆哮，词曲嘈晰，语音急促，俱无以解悟。那汉入去，又有一个汉，饰女子巾服而来，所戴所着不甚华美，制样极其乖常，又能嘲谐，或张袖而舞，或牵踞而语，少顷入去。又有二个汉，头戴赤帕身着画襦，唱歌而来，须臾入去。又有四个汉出来，二汉头戴黄金兜，身着彩画战袍，二汉头戴黄帕，身着黄衣，或称汉昭烈，或称张翼德、马超、赵云，手提枪锋，咆喝呐喊，如交战之状。几回所见，尽是众汉之迭着戏具、嘲谐唱喝，而且未能解晓言语，但观服着动作而已，殊觉没味也。

清咸丰十年(1860)四月二十九日。

卷　二

卯时，通官来促，天未明赴阙。礼部员外郎豫章、通官二人德禄、海龄，禄给入门单于阍官，始入阙门。此是阙之东夹门也。书状官以下皆不得入焉。入三重门……又沿流转入小港，舶舟登岸，有岧峣高楼，楼檐下仍成翼屋，仍为虹门，题曰“雨花弥天”。此是同乐园，听戏所也。自东而进，有长廊，甚广，列坐于廊下。少顷，自楼上乐作，延入，诸王以下随末班而入。庑下，有天子踞床而坐。通官导之，就前行礼。天子先问国王安否，次问在途无事、年形何似等语，皆向通官答述。退与郎中通官并坐于翼廊，同参听戏。庭中有一高楼，楼之中间虚通，而四面皆有厅板，设栏杆其中，可达十丈旗。楼下设补阶板，板上铺白毡，边幅设栏杆，以西洋布为幔帐，画云纹五彩。自檐楹壁栏，一色涂抹，如设丹雘。高开凉棚，以细芦簟贴覆之，如削割之状。以朱漆木作间架，椽栋不失尺寸，以芦簟为檐，蔽于棚之左右，引朱绳而挈之。朝阳则垂东边簟而下之，夕阳则垂西边簟而下之,上覆殿屋,点阳不漏。东西阳过去,则卷去上覆簟及左右簟而悬之,以通风气。北殿设门棂,皆以青丝贴之。檐下设御座,铺以黄褥,此是皇上听戏处也。东西两庑各设一间为隔者,凡数十间,皆有囱棂,而因今番宴戏,尽为撤去。下铺黑毡,上铺白毡,茅三重,俱是红毡方席,此乃群臣听戏处也。楼上作细乐,戏楼之前面垂云纹画帐,开闭中幅。戏子自中幅入来,歌舞呈技,轮回出入。许多戏技,回回各异。或金冠彩帕,锦袍罗衫,手持金莲、灵芝、蟠桃,且歌且舞,皆是祝寿也。或有女子盛装随男子而出,叙话说情,若茶肆酒楼洞房会合离别之状;其状不一,其形殊诡,而不能解其词曲言语,未知演出何样小说。或有王者具冕服旒衮,伞扇仪仗,俨若帝王,对作交椅,呼唱几回而罢。或有佛子具袈裟香烛,诵梵呗,对坐于层层椅子而罢;或有手持彩方扇,合则为一,展而为二,外面书寿福禄,内面书六甲,自甲子至癸亥,盘旋周回,诵祷而出,此是万年甲子也。有佛子乘大柳槎而入,柳槎之制高几数丈,广长可三四围,以竹片结构,若灯篐样。中有四轮,后是木轮,前是铁轮,而铁轮则稍小于木轮,外裹彩布,若柳槎样,下垂画布,图以海涛水势。中有人挽运而出,外样看之,柳槎自浮旋环,而实有挽运之人故也。又有骑龙而出者,头尾蜿蜒,望若生活。有骑象骑虎骑鹿骑马骑狮骑鲤,而鱼样不一。有骑鲸者,盘旋累回,婉转徘徊,忽自口中喷水一道,骤雨直上飞阁檐桶之上,其气横亘十余丈,几度喷水,满庭沾湿。又有冰雹碎如豆大,喷入虹霓,未知何术,必有人在鲸肚中持喷水机转斡而使然。又有骑凤骑鹤者,凤鹤之胫高可丈余,胫上设丁字木板,缠足于木板上,外垂羽毛,步行旋回,真奇技也。此果鱼龙曼衍之戏也欤。有才人数十筋头扑地,旋扑旋起,有两人以手承之,越掷于肩头上,则又转旋而立,或有连三次越掷者,形形色色,不可尽记。

清咸丰十年(1860)六月初八,在北京。

梦游燕行录(李遇骏,1801—1867)

卷 下

初二日,晹。……饭后,同安生出正阳门外观棚戏。西入一胡同,路右有戏台,台为二层,四面各三四十间。下台筑砖,高尺许,上构层轩,周以木栏,广设凳桌,以便围踞。凡观戏者,前期送人付标以某位,设有不至者,终日虚其坐,他人不敢占云。人各出钱,有差,无钱者坐之阶下,上下可坐数千人,男左女右,不相杂乱。室中动乐设戏,当中靠壁处设幔帐,内藏戏具,不使人见之。时时出入,变幻百态,有不可名状。见一女子自室中出来,头饰圆髻,身着唐衣,年可十四五,柳腰莲步,袅袅婷婷,且唱且前,真燕语莺声。蓦然一秀才入来,戴儒冠,着青袍,容止端雅。一见娇艳,便将言语挑之。一交一推,旋携手入卧帐。帐闭,闻解衣声,良久而出。此则演《西厢记》崔莺莺会张生事也。又有一女子弹琴自歌,春情浓甚。忽一矮汉,身才三四尺,形如螃蟹,头戴尖帽,唱个大喏,彼嗔此嘻,因相私昵,便将许多器皿锅铛之属摆列于前,女筛面,男执炊,当炉造饼,旋作买卖之状。此则演《水浒传》中潘金莲嫁与武大事也。又有一女子身披甲胄,升帐高坐,威风凛凛,持剑列侍者数十人,一队肃静。俄又鸣金鼓、耀戈甲,有行军号令之状。此则演唐平阳公主事也。以上三件事,皆草草收了。最后演《三国志》中赤壁一事,彼此曲折,节节无漏。凡戏子,不下四五十人,而除登场外,皆在帐中,每打扮出来,将换服色,又还入帐中。登场者每到节拍处,辄引声唱曲,帐中皆应声相和,丝管并奏,甚清婉可听。其肯綮处专在于言语俳谐之间。彼人观者往往哄笑如雷,我人则默然痴坐,不知为何样语,殊为无味。然其戏皆演诸史及小说,而三国事又所稔知,故按节循次,犹有可观而解颐者矣。且前后所见女子,其实皆男子打扮,而声音容态无不酷似,娇娘则有娇娘之态,女将则有女将之容,虽以男子言之,打扮孔明则儒雅似之,打扮公瑾则颖悟似之,打扮子敬则老实似之,至如曹操之奸态,孙权之英气,各得其一样。且取诸室中,百物皆足。如曹操临殿,则宝榻设焉;诸葛舌战,则坐椅列焉;军中置酒,蒋干见也;帐外打更,周瑜醉也;飞矢满船、鼓进而挐旋,孔明借箭也。此其大略,而当日事如在目击。可喜当时东风一炬火能烧散了北船,使吾辈得见千古一快活事也。其余杂戏如我国倡夫,而奇技绝巧,有不可同日而语。盖自正月为始,尽三月而止。凡州府村镇市坊都会处,皆有戏台,男女奔波,争施钱财,诚亦痼弊,然而其事或善或否,足使观者有所劝戒,而中华衣冠、前代风俗,于此乎亦有可征者矣。

清道光二十九年(1849)正月,在北京。

北辕录(姜长焕,1806—?)

初二日庚申,雪,甚寒。留馆,上副使晓赴重华宫听戏,书状例不入参。还馆后闻之。则使臣进熙和门外小憩,日出后由隆宗门至内右门,千门万户极其壮丽。仍赴重华宫,咸丰设椅于东廊平坐,王公诸臣侍立,引见我使及琉球使臣,坐于月台上御座近处,仍设戏。所谓戏者,不过优倡杂戏也。

清咸丰六年(1856)正月,在北京。

燕行录(徐有素,1799—?)

历路有戏子屋,屋甚广大,起层楼,扁曰"广盛楼"。环楼四面设彩栏雕窗,楼之上下遍置凳椅,皆观戏人之所坐也。戏子辈齐会,或读小说,即其所演事也;又各持刀棒,作踊跃击刺之状,亦习其戏者也。楼上供三座塑像,前列花果纸绽灯烛之属,似是戏者之祈福处。门外揭榜,即嘉庆皇帝丧期已阕许设戏之文凭也。其傍又揭榜曰"新正月某日演某班",盖其戏各有班号,曰春台班、天庆班、四喜班、庆德班，如是者凡十余目。戏子辈都是无赖之流，酒博妄游，失其产业，四无归属，辄投戏屋，粗悖豪荡，浮杂儇利，此处人亦奴视优畜，耻于共齿，如我国山棚丧都、楚傩居士之类。然此皆汉人，无一满人。盖满人皆入于仕籍、旗籍，各有恒产，不必行此俳优贱恶之事也。

清道光二年(1822)除夕，在北京。

往广和楼观倡氏戏。自正阳门从东月城子门出，至肉市胡同，有戏屋，牓曰"广和楼"。四面设层楼，雕窗朱栏，金碧新鲜。中央起一屋，隔半为室，戏徒与戏具皆在其内。室外有厅，宽广，布龙文大毡，为设戏之所。楼之上下及庭，遍置凳椅，观者已填满。东西楼上各一间已备坐椅，待我人之来观。一行分而坐。盖此处设戏之法，异于我国。戏魁以某日某处设戏之意，张榜于通衢，观者预送名帖及钱于戏屋，戏辈受而付标于所坐处。次日，观者各从其付标处坐，虽贵人豪客，不能夺已定之座。不出钱者，初不来观也。且座皆殊价，随其远近深浅，乃有多少之差。以其坐处远而深，则不便于观戏，而近则利于观也。故于座处各书其价。张青云为行中一流，自当其费，预定座处，遍请之。既坐定，以香一炷茶一器遍供之，此戏屋之例也。其戏都是倡优之技，不足为奇，惟其服饰之华丽、器物之精备，非数万金不能办。如演汉时事，则用汉衣冠，周秦唐宋之事又各用其国衣冠。至于天子诸侯后妃嫔妾之服，文宦武官、仙释儒生之服，各以类制。幢节麾盖、甲胄干戈、旗帜戈剑之属，无所不具。戏魁在室中，随其所演以次应给之。堂上列乐，亦随其演，或作或辍，或缓或急。始见一将军以甲胄东向坐，又有一老翁以巾服，东向坐，一人紫袍金带，北向坐，一人峨冠博带，西向坐。外列剑戟，内设樽俎，奏乐开□，觥筹交错。老翁忽举其衣傍玉佩以示将军，将军视而笑之，于时紫袍者、峨冠者皆有惨惔之色。少焉，一人自室中出，双手持剑而舞，频睨紫袍者。忽有一人起于座，掣其佩刀而舞，每折旋周回，以身蔽紫袍者。良久，有一将军容颜粗壮、气势豪雄,拥盾瞋目而出,西向而立,默视甲胄将军。将军按剑而跪,因赐豚肩与酒。于是拥盾者作拔剑饮嚼之状,因与甲胄将军有所谈话,旋复起去,坐峨冠者之侧。紫袍者先起去,老翁拨剑击其前席,作悔惋忿激之状。此即《鸿门宴》一回也。又有一妇人以后服出坐,一人以白袍小冠来,呈书缄。后览其书未毕,双□□□□□抱小儿为乘舟急行样。有摇橹者,有操柁者,行色甚忙。已而,有一将军横矛而出,大声咆喝,后哭而骂之。少焉,又有一将军带剑而至,拜跪陈说,后乃止哭,与语,声极凄楚。将军屡屡开谕,后终不听,将军遂夺其怀中小儿而去,后骂之不已。即《赵云截江夺阿斗》一回。又有紫袍者列王者威仪出坐,一班文臣锦袍玉带、剑佩锵锵,来坐于左,一班武将画盔金甲戈戟□□,来坐于右。有一人紫纶巾鹤氅衣,手持白羽扇,坐于客位,纵横辩论,良久而罢。此即《诸葛亮舌战群儒》一回也。又演《齐王拜无盐女为后》一回。王与后各以其服坐,宦官宫姬数十人左右列侍,宦官貂珰绯紫,佩短剑,捧盖纛幢翣而立,宫姬凤冠绣衫,服珠翠,持盒奁盘炉而侍。又演《孙悟空往西天输经》一回。猪公、鹿客、天女、妖童,各具其形。又演《梁山泊》一回。武松、李逵、宋江、鲁达等数十人,迭出呈戏。又演《花蝶戏》,最可观。美女十六人,其八人双手持纸花,其八人双手持纸蝶,持蝶者各从持花者,以双蝶加于双花之上,东入西出,左旋右回,既去复来,众进还退,双双作队,细唱相和,少焉而止。又有十六丈夫,其八人各掣双剑,其八人各挺双矛,纵横进退,坐作击刺,双矛双剑闪忽低仰,拟头擗颈,曲踊跃踊,东驰西突,右去左来。少焉,俄见十六美女又持花蝶从室中翩然出来,与十六丈夫周旋进退,出入驰逐,纷纷花蝶,闪闪剑矛。尤可异者,一堂中三十二人,双行双止,类进类退,少不乱次,鱼贯鸟翼,各随其耦,百无一失,可知平日预有熟习也。其所佩服,无非华饰,锦绣绮罗、金玉珠贝,璀璨辉煌,骇人瞻玩。少焉,美女丈夫弃其所持,各张空拳,互相作势,踊跃出没,或倒立或筋斗,此则我国倡夫之技也。忽有虎狮犀象鹿豕狐兔之属,一齐跃出,虎狮之威猛,犀象之魁奇,鹿之骄、豕之躁、狐之妖、兔之狡,各象其形,备尽其态。盖戏子冒其假儡，以两手两脚为兽前后足，虽是人为，或仿佛焉。

清道光三年(1823)正月初二，在北京。

往广德楼视倡氏戏，张树亭所请也。其戏与昨日所见者，大同小异，惟《众仙朝天》、《众鬼入狱》两戏颇可观。堂上设彩幔屋，牓曰“上都太清之殿”，堂之四角以木刻云物遍挂之，又列木鹤木鸾之属，以象上清。一人以衮冕，执珪端拱，号曰“玉皇上帝”。男女群仙共二十余，或持彩花，或捧幢节，又奏仙乐，就帝座前拜跪进退。又以黑幔为城，摆列剑戟，以象酆都地狱。有鬼卒十余人，皆奇形怪状，或双头四目，或赤发黑面，拿人而至，或荷校，或锁头，或缚肩，或绊足，皆押送狱中。有一人以王者之服，设椅高坐，称为阎罗大王，二判官左右跪侍，手持文卷，就阎王前作奏谳勘律之状，各书罪名与当施之律，曰：某人平生阴贼，杀人甚众，合置极辟，出付舂磨司；某人平生贪吝，骗人取物，合置重辟，出付刀斧司；某人平生阿谀，滥取好官，合置大辟，出付釜锅司；某人平生醉酗，慢辱人物，合置次辟，出付桁杨司。次又拿十余人至，各蒙牛马六畜猪蛇之头，亦勘其罪也。戏子辈不着假面，以彩画妆其面，只挂假须。又择其中貌美者做女子，貌样与真女子无别；又取小童绝美者盛饰呈技。闻戏子辈将设此戏，先买美童，价至数百金云。

清道光三年(1823)正月初四，在北京。

赴燕日记(作者未详)

往还日记

十三日辛巳，晴。饭后步出崇文门(正阳门之东上门也)观倡戏。城内外倡戏之楼数百其所，而屋制宏大，器具侈丽，其服色与器械决非我国可办。而戏法亦殊，假如鸿门宴，则戏子辈各差一任,有项羽焉,有沛公焉,张良、樊哙、范增、项庄等各扮其人,有舞有唱,乐随节奏而作,袍笏甲胄、衣裳冠带、枪剑幡幢、旗帜畜物之属,各样进呈,皆精致新鲜。乐夫皆踞椅而作,周以层栏,看者无叠遮复立之患,闲闲雇坐亦甚便好有规矣。

清道光八年(1828)六月,在北京。

十四日壬午,晴。皇帝在海甸,有旨十五日设戏宴游,盖平戎识喜也。有我国使参宴之报,余亦随往。

清道光八年(1828)六月,在北京。

初四日壬寅,晴。午后骤雨。雇车往粗旗庙,访张孝廉。坐定,陈伯游以一律诗持赠,余乃展看。佩之,答以才短,应钵从当奉酬。张请余偕往观倡戏,屡辞不获。俄有吴雅继至,同与出门。张已为备一车,余独车居先,彼三人并乘,而后至一所,即戏楼也。戏具与前看者大同小异,戏可观而语难解,甚宛然。其交锋之戏,枪剑闪铄,非手法之精熟者末由如是。踊跃觔斗、滚滚交接之际,不觉慢然。至午时,楼外已雨滂沱矣。余欲先起,连被苦挽,要向酒家,余书示云“中州士大人入酒家,不拘耶”,答云“无拘”。余乃与张同车。而观戏之际,有蒋生叙话同坐。因与陈吴并一车,至酒肆饮绍兴酒。

清道光戊子年(1828)七月。

《风　俗》

音乐节奏促杀可恶,不无缓急之相间,而皆羌胡之风。奏乐之法,到底精熟矣。到连山关,道中始见倡戏。盖以芦簟结构为高楼,作浮阶,隔以帷幔,金鼓在里,外设月琴、弦子、嵇琴、筚篥、笛、箫等乐具。戏子辈入幄内,易服画面而出,每奏一回,其状百端。

另着异样衣冠，或作丈夫，或作妇女，君王则具龙袍玉带，将军则金铠银甲。凡他颜色，皆锦绣绫缎，极其鲜好。杂用器具皆完新浩烦。凡倡戏云者，皆有事实依样。假如鸿门宴，则有刘、项焉，有庄、增焉，哙、良等诸从者、军卫剑戟者，每回如是。我国倡优以一人而兼作诸般态戏，而彼倡戏者，各设所掌，不知几数十人。其打扮者，妇女是真个近似，将军是真个疑信，口诵咒唱，依节动作，蹲蹲万舞，东入西出，乐随高低。到燕京观倡，街路红纸揭榜云“某坊某官某事庆喜新演”云云。至其处，则有十二梁大楼，方正层阁，内为八十余间，中央作堂，倡辈游戏于此。铺以氍毹，高床椅桌左右排置，帷幔幡幢旗帜剑枪备在。楼前金额及柱联金字，照耀有光。乐夫主壁各踞椅而坐，隔间后面若室，倡夫易服于此，金鼓吹锣之具皆在其中。东西设门，垂以锦幄，戏西出而东入。楼四面作层轩浮栏，层层坐人观望。四均楼上积千百坐桌，周置庭中井，井作间逐行定坐，各主一床，而坐后者架两叠床，正对戏楼，无枳蔽妨碍之患。楼上自一二间至于庭中坐床，各有贳钱定价。楼上第一间贳钱至二十缗。罗床成行，面背相当，又设长大高床于对面两间，以烟饮啜茶果食物左右卖买。观光之人，以床满为限。坐床既尽，则阻门不纳。始于幄内出大鼓吹，先出美人及戏夫小童，男色美者凝妆而出，其外王公将军、鬼国硠礌、枪手剑客、龟狮驴马熊虎之属，尽是打扮，更出佚入，纷纭作戏。但恨言不可解，莫知何端，而大抵以艳为戏者也。最可观者，枪夫四人、剑夫四人混杂飞腾，是交锋戏也。八个人夫翻转觔斗，倒之如坠，超之过丈，狡捷如猱，浑是一球子，而枪刀交接之中，倏忽出没，令观者魄慑。时时改服，各各换面者，不知几十遍。乐具之赡丽，服色之鲜粲，楼轩之宏大，游戏之广张，略计创□之费，则殆过屡万银两矣。乐一回为三食，顷则连旬之戏，不知为几回，每有异观。器械不同，则其设置器具，可想矣。乐器无长琴、大瑟，都无飒飒希音；乐法有章有回，不类我国之歌一章乐一作舞一队之例。天子宴演，皆用倡戏，而驾前乐乐与音节稍异倡戏之曲，促迫则不免，而雅亦近之。

内演诸曲未得历历，而此廿七回亦是倡戏之名：《八佾舞虞庭》、《点将》、《争印》、《交锋》、《负荆》(此五曲,《锦绣图》);《延禧锡作》、《入享来王》、《始倩冰人》、《旋要娇容》、《璆(谬)□乘龙》、《徒邀跨凤》、《洞房娱救》、《仙岛奇藏》、《图书载现》、《戈戚维扬》、《诸番息战》、《万国同球》(此十二曲,《太平王会》);《福禄寿》、《纯阳祝国》、《勾芒展敬》、《山灵瑞应》、《士林歌乐社》、《喜洽祥和》、《四海升平》、《三元百福》、《太平有像》、《万寿无疆》(此十曲,《千秋节奏曲》)。

燕蓟纪程(朴思浩,?—1828—?)

《紫光阁记》:紫光阁,在玉蛛桥南,是乃试射较艺、图画功臣、宴享外藩之所也。阁内有柱联一对,曰“干羽两阶崇礼乐,舟车万国集冠裳”。东壁画平两金川战迹,西壁画平回子国战迹,中设宝榻。皇帝乘大宛马,缓辔徐行,到阁门下马而入,侍臣皆步从,使臣祗迎路左,仍随入班,诣宝榻下。皇帝亲酌授之,饮讫,退坐殿陛。千官排班,乐作,进宴桌。有红衣军数百,以黄布帐遮殿庭三面,中设三间,百戏竞作。戏子各妆假面、幞头、大带、阔袖、团领,手执假花、羽扇,雀跃蟹行,低昂盘旋。角抵戏、狮子舞,红棒环逐等状。未食,顷而罢。皇帝还驾,后颁赏于阁庭,锦缎秀囊各有差。噫!倡优之戏,夷狄之乐,胡为乎天子之庭!廷绅藩价幸而不见于夹谷之会,得免夫子之诛也!

《演戏记》:演戏,戏也,亦关中国之沿革。盖清初有人闷其历代衣冠之无传,设为此戏,涂人耳目云。信斯言也,岂不诚远虑哉!演戏厅设大阁三层,上层环以栏槛,下层铺以长杠,如鱼鳞排错,中层设戏台,后面设幔,幔中备置各种戏具。每设戏,自幔出入。一戏才罢,一戏继出。外设一小门,观戏之人入门便收钱,钱多者坐上层,钱小者坐下层,一无争坐之弊。坐者或起去,复还坐处,固自如。上下层坐处尽满,无隙地,则守门者不许人添入。阁中井井有序,亦无喧哗纷沓之弊。终日观戏,坐吃果糖酒肴之属。中国之人,虽戏场亦有规模,是则可法也。其演戏名目,有《秦始皇阿房宴》、《楚霸王鸿门宴》、《汉高祖南宫宴》、《魏武帝铜雀宴》、《晋武帝云龙宴》、《隋炀帝西苑行乐》、《唐太宗七德舞》、《宋太祖清流关战》、《金太祖龙王庙战》、《元世祖浑河战》、《明太祖金陵战》,其外《钜鹿大战》、《赤壁大战》、《西园雅集》、《旗亭故事》、《王昭君出塞行》、《乌孙公主琵琶行》,若此之类,不可殚记。其衣冠,皆依仿历代之制,人物皆肖像各人之貌。每设一戏,必先挂一牌,以示其名目。而形容当时之事迹,又杂以谐谑,以供玩笑。初见宝座如天、高排宴桌、剑佩趋跄、伞扇拥卫、击缶而歌,忽变为青油王帐、拥盾直入、撞破玉斗、剑舞翩翩,忽变为拔剑击柱、醉酒妄呼,忽变为宫妆细马、绣辇影从、唱《清夜游曲》,忽变为干羽舞庭、猛将献馘、酋长起舞,忽变为画布层城、麾兵斩关,或铁骑突出、刀枪齐鸣,或楼舡扬帆、旌旗绕城,或沉舡破釜、横槊赋诗,或文人词客、临水赋诗,或美人拥楼、唱《玉门曲》,或羌笛弄春、红妆落泪,或马上弹曲、音调凄凉。大抵演戏之妙处,专在于驰逐回旋之际,言语酬酢之间。观戏之人有时哄笑如雷,而我国人语音不通,坐如泥塑人,不识何状。余心生一计,招所亲邻铺人张青云,使之一一替传其语,又使一译绎张也之语而听之,一边见其名目之牌,想象其事迹而观之,稍可领略,而疑者阙之。竟夕而罢。

梦经堂日史(徐庆淳,?—1894—?)

编 四

与小东同往中和堂,即戏楼也。皇城戏楼非一二处,而此是朝士游观之所,故朱轮华毂填咽门巷,可知贵游者之多至矣。楼制极宏敞,栏槛四围如口字,中设戏场,可以倚栏而临视。楼上间间障隔,而各设床桌椅子,所以处观剧之人。而楼下设长桌长椅,次第列坐。日已向申,戏亦过半。戏者各执刀枪作战斗状,问其名,曰《徐中山击铁木》也。又有一美人凝妆盛服,与男子调戏,问其名,曰《唐伯虎赚秋香》也。美人所谓戏场"沙吾段"(此是华音,而实则小段也),此是十五六岁男子,而形貌绝佳,态度淑艳,肌肤与手势一似女子,谛视难辨,可谓倾国之色。闻南京人备戏具,先以千金周行海内,买得小段,然后制戏器来游北京。而男色优劣,定为戏场高下。今此戏楼为皇城第一,故沙吾段亦为极品云。小顷,又唱歌阕,即《阳关三叠》也。唱毕人散,出门外,与小东相别。

清咸丰六年(1856)正月二十日,在北京。

燕辕日录(作者不详)

卷　二

茶罢,往仓氏戏。与东升堂隔一重墙垣而已,遂登楼看戏。第一戏名是《回朝》,殷太师文冲出征回朝,规谏商纣者也。其忠肝义胆,直言正论,如睹其人矣。余不觉感慨嗟吁。第二戏是《骂曹》,乃大汉献帝时祢衡骂曹操,而操怒甚,脱其衣冠,使之击鼓受辱也。使人不觉毛发竖起矣。第三《黑风屯》,第四《打皂》,这不甚解。第五《打金枝》,是唐朝郭汾阳之媳妇即公主也,于汾阳寿诞之日,公主傲慢不礼于舅姑,郭驸马乘醉而怒打公主。公主忿恚不食,尽日哭泣,汾阳妃惊惧,劝解道:“老身有不肖子,至有此举,当拜而谢之。”因拜于公主,公主急忙扯之还礼,然怒有未息。汾阳王亦诣公主宫,无数称罪,而犹不听。因诣阙,诉于皇后,皇后诉于皇帝。皇帝宣驸马父子入朝,汾阳王俯伏丹墀,叩头称罪,上使近侍扶起,敦谕驸马进前,跪奏公主之无常。上再三劝谕,使其息怒,而因给尚方剑一口,曰:“上自公主,下至宫奴,如再有违误者,当先斩后启。”驸马遂谢恩而出。这一桩快事。第六是《结好缘》,张君瑞在普救寺,请白马将军退了敌兵,解了莺莺之危,遂与结婚者也。第七是《杨文华》,亦不甚解。第八是《火云洞》,乃《西游记》唐三藏至攒头山枯松涧火云洞,洞中妖王红孩儿变为小孩儿,挂于松梢,哀哀救活。三藏使孙大圣解其缚,负之而行,红孩儿出了个重身之法,压了大圣，弄了神通，摄去三藏。大圣掼碎了负的妖儿，寻至火云洞，与红孩儿大战。红孩儿本是炼火的妖精，喷了满天神火，烧了大圣。大圣大败，往南海请观音大士收服红孩儿者也。盖戏子之诸般妆出来的，完如真境，无异目击矣。日已昏，而戏亦完了，因下楼回馆里。

清光绪十九年(1889)正月二十三日，在北京。

卷 二

茶饭毕，欲往观仓戏，而以国忌，彻宴乐不得演剧云。

清光绪十九年(1889)正月二十五日，在北京。

卷 三

十八日晴和。午后出正阳门外看戏，迫暮而归。

二十五日阴而风冷。午候与同伴四五往同升堂吃点心，归路看戏。

二十九日，昨同。皇上明日卯初还宫。卯正二刻入座，吃肉毕还海。午后出正阳门外听戏，后与同伴入酒肆，高楼轩豁，俯瞰城市，胸襟爽然。

清光绪十九年(1889)二月，在北京。

卷 四

(护国寺)殿前台基上，有一队戏子设幔而唱歌调。众女子簇拥着戏子，各踞小凳而坐，或粉白黛绿、绮罗绫锦者，或淡扫蛾眉、不施脂粉者，或有头插七宝奇花者，或有插野花者，迨至五六十人，而无一字半句聚首相与之语，但樱唇脉脉、星眼齐齐而已，毫无鄙野轻薄之态，俱有沉默优如之色，举皆丰盈粹美、眼彩滢滢，如秋水之映日，真个是一班花朵矣。殿后又有一殿，而月台下左右各有两檐八面碑阁,巍然特立。台上光景,台下布设,亦如前殿。凡如是者五重,比于隆福寺殆为伟焉。而但可惜者,殿宇荒凉,丹碧剥落,且无僧居,欲焚香参拜而不得焉。因周玩了一回儿,但见得女娘三三五五,或买缎绸首饰花朵者,或买团扇器玩绣鞋者,或买香茶瓜子糕饼之属,坐于市凳之上坦然而吃者,来来往往、烘烘热热。若一错观,则同伴几乎相失矣。又于第二重殿庭除之东、左庑之前,围匝了几重人,其中有吆喝之声,因往见。则有两人,俱两袒露体,持五尺长的小杆三枝,战轮转舞,弄弄得奇巧难状。众人齐声喝彩,余亦赞叹不已。因周视,则只有男子,而女子则虽孩提之童绝无一人矣。

清光绪十九年(1889)三月初八日,在北京。

碑　刻

本辑所录，主要是北京、苏州、广州、昆明、西安、泽州（山西晋城市）、沙市等地的梨园行会碑刻。由于年代久远，迭经变故，清代梨园碑刻原物损毁严重，即便拓片亦不易查找。本辑碑刻是在拓片整理的基础上，参考《北京梨园金石文字录》（张次溪辑，见《清代燕都梨园史料》）和《江苏省明清以来碑刻资料选集》（江苏省博物馆编，三联书店1959年版）及相关文献报道搜集整理而成。鉴于《京剧历史文献汇编》的民国卷将不再专门收录碑刻，故而将数通民国碑刻一并辑录于此。

兹将收录各地梨园行会碑刻的情况，介绍如下：

北京梨园碑刻收录十二通。张次溪辑《北京梨园金石文字录》里的九通碑刻，皆予收录。另增补东岳庙、江南城隍庙两处喜神殿碑刻三通，系据台北"中央研究院"历史语言所图书馆所藏拓片整理。北京梨园碑刻还参考了日本东京大学东洋文化研究所编辑的《北京工商行会资料集》。

苏州翼宿老郎庙碑刻，全部拓片总计二十三通，除保留于中国艺术研究院图书馆以及苏州等地外，尚有江苏省博物馆编《江苏省明清以来碑刻资料选集》、刘念兹著《戏曲文物丛考》等予以著录。今据中国艺术研究院馆藏拓片选录，并参考刘念兹整理本校订。

苏州义慈巷祖师庙梨园公所碑刻，总计二十五通，转录自《江苏省明清以来碑刻资料选集》，并著录行款。因碑刻大多为捐款花名姓氏碑，且无碑记，故这种碑均以《花名碑》代名。

广州外江梨园会馆碑刻，现存拓片十二通，《中国戏曲志》(广东卷)等书有收录。今据中国艺术研究院图书馆所藏拓片选录整理校订。

昆明老郎宫及观音殿梨园碑刻，现存二通，藏于云南省博物馆。《云南歌舞戏曲史料辑注》(云南省民族艺术研究所戏剧研究室编，1986 年版)曾著录碑文及行会相关地契文书。今据云南省博物馆所藏拓片整理。

西安四圣行宫梨园会馆碑刻及庄王庙碑记，有苏育生文予以报道整理。中国艺术研究院尚存《老郎庙碑记》一通，实为四圣行宫碑刻。今据碑刻整理，并参考苏育生文著录。

泽州五聚堂梨园会馆、望城头村明皇宫梨园会馆，是清代后期存在于山西泽州地区的两处梨园行会，现存碑刻保存于晋城市博物馆以及望城头村。冯俊杰《山西戏曲碑刻辑考》(中华书局 2002 年版)对两处会馆碑刻文献予以整理，因碑刻残损，故据冯俊杰整理本转录点校。

沙市老郎庙碑刻，拓片存湖北省戏剧工作室，且有整理本登录于湖北数字网。今据此转录。

王馗整理辑校，其中北京碑刻，由谷曙光整理。

北京梨园碑刻

梨园馆碑记

（在右安门内陶然亭，今已磨毁）

义冢，朋友以义合者也。居处相倚，缓急相恃，忧乐与共，盖甚重乎其义也，而况于死生之际乎？《鲁论》记孔子交朋友之义，朋友死无所归，曰："于我殡。"孔子立万古人伦之极，后世敦伦常、笃气谊，不欲以伦薄自处者，皆取法焉。间有为人所不能为之事，盖亦贤豪者流也，然而往往难之。今夫人有高下、品有雅俗、术有贵贱，亦不同之极，致而揆之，方以类聚、物以群分之意，各有俦侣，各有相爱、相恤之道。其不同者，类也；无不同者，情也。义缘情而起，欲立欲达者，秉彝同好也。安在流俗中必无古处自期，而敦伦仗义，不复见于里巷间乎？众等梨园馆中侪伍也。夫梨园为小技，梨园之子非大人之侣、非君子之俦，而持其患难死生，必无有异情焉者。又况背井去家，寄迹数千里外，亲族党所不能顾向，而一抔之土未营，七尺之躯安托？众等恻焉念之。义冢之设，盖诚笃于义者也。于是辟草披荆，计亩若干，东至西至南至北至，置之门内，以备同侪无以厝其骸骨者。斯举也，勒之于石，以垂不朽，梨园之子生而有业、死而有托也已。夫死生贵贱，乃见交情。衣冠文物中，观光帝畿者不少。当共握手缔交、文章酬酢、酒食言欢，指金石而矢同心，自命为君子之朋，一日可足千古。一旦蝇头微末、得失所分，心如冰炭，掉臂不顾，而歧路彷徨，莫一援手者，尽然也，又况于死生之际乎？此亦梨园之子所深耻而不为，而斯久愿为之。呜呼！其亦人杰也哉！其诚笃于义者哉！（右安门内）

大清雍正拾年岁次壬子中秋前三日吴门闵源栋撰

大成班箱上众等　和成班箱上众等　惠成班箱上众等
瑞祥班箱上众等　紫林班箱上众等　桂林班箱上众等
桂云班箱上众等　永兴班箱上众等　玉成班箱上众等
公府班箱上众等　紫英班箱上众等　桂□班箱上众等
桂□班箱上众等　宝成班箱上众等　紫成班箱上众等
玉秀班箱上众等　裕和班箱上众等　嘉成社箱上众等
秀雅班箱上众等

会首邹致善系顺天府宛平县人　李□文系保定府深州长家屯徐家庄人　□□桂系山西太原府阳曲县人　孙国豹系山东兖州府滋阳县人　□芝贵系直隶人　郭凤山系山东人

重修喜神祖师庙碑志

(在崇文门外精忠庙)

盖闻诗书典籍,深严褒贬之词;杂史歌曲,亦□利美之意。是以千百世以上之行焉,千百世以下,犹在目前也。文人学士,诗书触目惊心;庸夫愚子,无□□终为昏□。何以趋善,何以□过?能得性情之正而已。夫得性情之正者,贤愚共乐,莫善梨园之戏剧也。夫戏者,创自明皇天宝元纪矣。其出剧叶其宫商,虽小子顽童,无不悦观而乐听□。是以□身□□□以恶其奸,是以补经史之不及也。然出剧宫商,必待伶官,始演其真情,□□□泣□□□□□□以□□□现今□□□□□□□□□□□精忠庙侧,立祖师庙焉。孰知年深日久,风雨损坏,于乾隆三十二年,梨园□□□□□□□□□□报不数月而焕然一新,美奂美轮,流丹飞阁,更显然梨园之盛举也。今将以为□□注意重修之功,□□□□原以传不朽云。

赐进士及第内阁学士兼礼部侍郎钦命提督江西学政加三级刘

跃云撰文

大清乾隆乙巳年

举诚弟子　十番□□　钱粮处　中和乐　□索学　外二学　内三学　公官众等　信官众等　景山钱粮处　三学　掌仪司斛斗房　双和班　戬谷班　保和班　裕庆班　端瑞班　余庆班　萃庆班　大成班　王府新班　和成班　大春班　四和班　寿春班　集成班　宜庆班　永庆班　太和班　萃芳班　景和聚　新和聚　和合班　金环班　金庆班　金银班　□□班　金成班　贵成班　太成班　宝成班　玉成班　永祥班　禄和班　松寿班　大德盛班　庆龄班　万家楼　广和楼　裕兴园　长春园　同庆园　中和园　庆丰园　庆乐园

乾隆五十七年三月十八日长庆班油饰山门旗杆见新

引善弟子进冠袍带履、宝兴金铺叶霖仓、叶光华　宜庆班蒋朝品、王天贵、陈炳、张先德　裕庆班夏玉官、黄保官、姚兰香　萃庆班谢玉龄　长庆班王庆宁

乾隆五十三年后阁油饰见新萃庆班助戏一台

乾隆五十五年三月十八日萃庆班弟子姚德□、谢玉龄合龙门助银壹百两　王天贵助油饰彩画银十两、献磬一口　宜庆班弟子刘祥官助油饰彩画银二十两、进献冠袍带履一分　王明远助油饰彩画银十两、进献欢门排旛一件　刘庆贵进献黄缎桌围六个　会首弟子贯义宗、冯文彬、田大汉、郭明

重修喜神殿碑序

(崇文门外精忠庙)

盖闻乐府曲部,相传旧矣,非徒窜易耳目,实寓劝惩之助也。肇自上古葛天氏兴八阕之歌,阴康氏启华原之舞,太昊作离徽之乐,伶伦造黄钟之律,以通神明之贶,以合天人之和,修真理性,反其天真,而歌舞乐音自是兴焉。古人律其辞之谓诗,声其诗之谓歌,词曲之作,岂权舆是耶?太史公谓古诗三千余篇,孔子删取三百五篇,篇中皆弦歌韶武之音。三代而下,莫盛于汉文。其时刑措不用,独于礼乐之事,亲为创立乐府。迨至明皇游入月宫,闻天上之乐,归制霓裳曲部,此乐府曲部所以建焉。其后宋金元明,文人墨客采诗博典,演为传奇,内中褒忠扬孝、贬佞除奸,实勉人为善去恶,济世之良剂也。渡蚁还带、雷报海潮,实劝人知因果报,惊愚之木铎也。於戏!古孔子曰:"诗可以兴,可以观,可以群,可以怨。"今举忠佞贤奸,见为当场榜样,足能善劝恶惩,亦能振聋起聩,此则大有醒世之机,夫何亵于曲部哉!方今圣人御宇,正宜讴歌节奏,庶可上报圣明载覆之深恩,次答祖师护佑之宏庥。燕都精忠鄂王庙侧,旧有喜神圣殿,连年频遭风雨,以致殿宇朽坏。为此同人乐助,庀材鸠工,有者重修重补,无者新创新建。期年前后落成,上下焕然一新,庶还答报圣恩有所,尤欣神人共受其庇,非敢妄为壮观娱目,实如慎终追远,至意谨序。今将尊祖师庙历年重修重葺善士名目恭勒于左:

重修阁下喜神殿圣像两旁配像十尊,及冠袍带履全新,系安徽春台班领袖弟子陈孔蒸并同事李华贵等乐助于嘉庆十七年二月吉日。重修喜神阁三间,彩画油饰见新,亦是春台班弟子陈孔蒸并同事李华贵等乐助于嘉庆十九年三月吉日。修其两旁配殿六间,系安徽四喜、三庆、和春班领袖弟子众善人等并同事会首人等乐助修葺全新。又垂花门楼系直隶和成;山陕双和、顺立班领袖弟子众善人等并同事会首人等乐助修葺一新于嘉庆二十一年三月十八日。

是年会首高朗亭、胡大成、潘兰亭、陈士云、霍玉德、韩永立，公同商议重修戏楼罩棚，其修理工资除在京大小各班、居楼园馆众善士乐助，名目载列于后。

镇国将军绵总敬书，安徽弟子程祥翠撰。

引善弟子梁邦彦　承办弟子叶光华

和成班　双和班　三庆班　春台班　顺立班　四喜班　和春班　新兴班　公和班　万庆班　金玉班　如意班　义成班　景和班　太祥班　和瑞班　恩和班　裕春班　宝兴班　中和园　裕兴园　庆乐园　广和楼　三庆园　庆和园　广德楼　天乐园　同乐园　庆春园　庆顺园　广兴园　隆和园　阜成园　德胜芳草园

万兴园　太庆园　万庆园　六和轩　广成园

道光六年九月补修后阁墙垣，系庆成班及阖班众等领首。重修阁上下圣像，春台班领首。阁上下彩画及两廊，嵩祝班领首。所有京城大小各班累年修理油饰，恭勒于上，永垂不朽。

会首弟子韩永立、殷彩芝、高朗亭、陈士云、池宝财、李三元

本庙住持弟子李如顺　走庙弟子井德泉

道光七年三月十八日

重修安庆义园关帝庙碑记

（在崇文门外四眼井戏子坟）

京都崇文门外四眼井地方，设立安庆义园，自明迄今，新旧有二处，基址毗连，各有限制，境界无越，管理之人亦有专司。惟园旁关帝庙一所，则同郡之公宜享祀者焉。奈百十年于兹，风雨飘零，墙垣倾圮，几致守伺者无所凭籍，而异乡公事纠费为难。若不及时修理，则神位之香灯、客坟之吊祭，倘有荒弃，夫何忍焉？爰约在京同乡诸君子，亟筹经费，量力捐输。园无分乎新

旧,庙勿别乎公私,身在异乡,情殷同郡。因于道光丙戌冬月择吉鸠工,原照庙之旧规,居地从新拆作,即于丁亥春日落成。此项筹费未敷,仍在新义园岁祭,余资帐内弥补。用刻琪石,以志其颠末云尔。

道光七年岁次丁亥孟夏之吉

安庆新义园董事高朗亭、陈孔蒸、程御诠率领同善人等公立

安庆义园接买新地挑塘捐输故名列后:

傅学士　张鉴万　董东来　王彤万　何奉峨　叶桐椿
李华贵　汪亮彩　何声名　沈韵亭　韩存犹　李郁才
程腾远　郝栢祥　佘启远　郝应兰　潘寿康　李继美

重新造屋,修摸故冢,功德名目开后:领首监修程御诠,承办高朗亭、陈孔蒸、郝可贞、殷采芝、郝呈祥、查桐鸣、刘照远、吴正田、叶翠亭、黄翠保、卢禄驭、陈金彩、米应先、姜新盘、程殿楹、潘德逵、檀汝弼、陈邦泰、董秀荣、汪瀛洲、何俊儒、檀兰卿、郝梁臣、汪德泰、傅鸿升、汪少霞、潘兰亭、王炳瀛、孔容生、苏德宽、陈词雅、刘润浦、王国元、任三林、张耀林、伍任泰、杨翠英、吴广义、徐兰仙、甘鹤龄、李兰亭、潘乔舒、徐月亭、蒋咏兰、王绮云、周小凤、陈纫芗、张松年、韩庆元、程祥翠、冯艺仙、宋碧筠、陈莲卿、汪有仁、曹梅仙。

特授顺天府大兴县正堂加十级记录十次胡为禁约事

照得本邑绅士陈孔蒸、程御诠等,置买焦起恒房地一所,作为义冢,洵属义举。诚恐无知小民在此地起土,以致骨骸暴露,实为可悯。为此示仰军民人等知悉,嗣后毋得在此地内刨土滋扰,倘有不遵,许管义园人鸣同地总赴县,据实指名禀报,以凭拿究重惩,决

不轻贷。各宜凛遵勿违，特示。
右仰通知

道光十一年十一月　日
永勒安庆同仁义园

合将各位捐输永垂不朽，芳名列左：
陈邦泰捐京钱壹百吊　陈孔蒸捐京钱伍拾吊　殷采芝捐京钱伍拾吊　蒋咏兰捐京钱伍拾吊　王绮云捐京钱伍拾吊　陈纫香捐京钱叁拾吊　汪龄书捐京钱叁拾吊　吴正田捐京钱贰拾吊　傅鸿升捐京钱贰拾吊　何吉祥捐京钱贰拾吊　陈金彩捐京钱贰拾吊　张少骞捐京钱贰拾吊　程御诠捐京钱贰拾吊　郁致廉捐京钱贰拾吊　徐月亭捐京钱贰拾吊　卢禄驭捐京钱贰拾吊　潘德逵捐京钱贰拾吊　檀汝弼捐京钱拾吊　宋碧筠捐京钱拾吊　甘鹤龄捐京钱拾吊　孔容生捐京钱拾吊　张汉云捐京钱拾吊　陈青莲捐京钱拾吊　叶汉英捐京钱拾吊　张耀林捐京钱拾吊　王寿仙捐京钱拾吊　苏德宽捐京钱拾吊　章凤先捐京钱拾吊　陈货盈捐京钱拾吊　李鹏交捐京钱拾吊　查兰玉捐京钱拾吊　王贵喜捐京钱拾吊　汪庆隆捐京钱拾吊　严全保捐京钱拾吊

春台班义园记

（在南极庙街南极庙旁）

义园系乎春台者，别乎梨园之义园而言也。皖省各班向有合置梨园义冢一所，凡业梨园者歿，听其或厝或葬，或起棺扶归寿藏，或永寄居兹佳城，历有年矣。近因坟冢渐增，累累然几无余地，我春台陈公孔蒸、蒋公云谷二公，是以续有此举。兼以同人协心乐捐，访得左安门内南极庙左侧有郭姓废地一区，计地十六亩，势居平旷，堪为义冢，东西南北周围四至，仝步其界，特此凭中说合，购于道光十五年八月初七日，价费若干，应契蒙批恩免纳税。但法在垂久,事保无虞,必竖碑以防湮没,更筑堵以阻游牧,方使旅魄得安,不致异魂无寄。且恐岁月既久,其后坟冢将亦累累无几,因议此园本专属春台,则亦惟春台之人始许其厝葬,庶足以善后也。所有乐捐姓氏及葬次规条,并勒于世也。

大清道光十七年岁次丁酉清和月谷旦春台班等公立

陈长春捐钱二百吊文　谢锦源捐钱一百六十吊文　殷彩芝捐钱一百六十吊文　吴桐仙捐钱一百六十吊文　汪麟书捐钱一百六十吊文　刘庭兰捐钱一百六十吊文　朱鉴荣捐钱一百四十吊文　李占鳌捐钱一百四十吊文　王长贵捐钱一百十吊文　陈邦泰捐钱八十吊文　郝良臣捐钱八十吊文　郝呈祥捐钱八十吊文　毛清香捐钱八十吊文　黄联贵捐钱八十吊文　何富宴捐钱七十五吊文　王春兰捐钱七十五吊文　胡湘云吊捐钱七十五吊文　胡双林捐钱七十五吊文　傅鸣升捐钱七十五吊文　檀兰卿捐钱六十吊文　陈孔蒸捐钱一百吊文　蒋云谷捐钱二百八十吊文　张金兰捐钱六十吊文　高兰生捐钱五十七吊文　汪全林捐钱二十六吊文　陈秋痕捐钱二十六吊文　叶沁香捐钱二十六吊文　俞鸿翠捐钱二十六吊文　夏天喜捐钱二十六吊文　张金林捐钱二十六吊文　朱福喜捐钱三十吊文　何翠林捐钱三十吊文　陈鸾仙捐钱三十吊文　谢发林捐钱三十吊文　张之福捐钱三十吊文　姚连元捐钱二十吊文　钱金福捐钱二十吊文　丁鸿宝捐钱十吊文　尤天寿捐钱十吊文　姜新盘捐钱十吊文　阖班众姓捐钱一百吊文　旧存公项三百吊文

共捐钱三千五百二十三吊文

地圆十六亩,周围树木、院墙,门楼一座,神殿三间,厢房二间,甬路、井台、界石全。公立义园,永远不准看地人栽种。

潜山义园记

（在右安门内盆儿胡同）

安庆旧有义园在崇文门外，为一郡设也，其地颇隘，葬几满。今春同里陈君盛江告以族人庚鉴与周君瀛买地一区，置潜山义园。潜为安庆属邑，地瘠多山，民每轻去其乡，佣贩自给。近年故乡兵火，避地北来者尤众，奔走衣食，谋生不遂，往往客死，无过而问者。幸而官给殓具，瘗之漏皋，青磷白骨，丛杂于荒烟蔓草间，生不识为何方之民，殁不辨为谁氏之鬼。悲夫！二君恻然，因有是举，此诚仁人君子之用心也。使天下之游斯土者皆如二君之用心，将无邑不有义园，俾死有所归，游魂无馁，岂不足以劝将来、厚风俗哉！故乐为之记。

赐进士出身敕授承德郎刑部湖广司

翰林院庶吉士望江倪文蔚撰并书

大清咸丰七年岁在丁巳孟夏月谷旦立石

首事周瀛　郝学言　徐廷奎　潘润昌　李长明　章可纯

韦文波　韦文锦　周延龄　韦文绣　陈盛江　曹显猷

余运秀　张金生　郭焕廷　余永谟　陈盛茂　严嘉宾

郝厚卿　张倚云　徐绍峰　郝占林　张占鳌　郝有章

郝知礼　孟耀文　查用宾　李绍堂　郝左元　郝永升

郝鹤年　郝恒翠　孔艳清　张新广　余凤九　产得元

张锦坦　陈兰芝　金春荣　产艳伦　祝东来　徐亨英

方福林　余三胜　陈兰初　陈庚鉴　程玉珊

安苏义园碑

（在右安门内猪营松柏庵）

盖闻天地有好生之德，圣贤多安死之方。由好生之念推之，不独生者当全其生,即死者亦当全其死,虽死亦如生矣。京都八方环集,商庶骈阗,各省卫人挟艺营利,蹴居长安者,动以亿万。计其中贫病飘离,孤孑失所,死无殡地者,不知凡几。生无以养,死无以全,蔓草荒磷,枯骼遗胔,半残于蝇蚋狐狸之吻,此真仁人孝子所不忍闻,伤心惨目孰过于斯耶!前人义园之建,专为同乡殁无依赖者掩而葬之,使得全其死,事至善也。吴门徐蝶仙,慷慨好义,不吝解囊,商之同里朱莲卿暨皖中程玉珊,创首共图斯举,广为劝募,集赀营造,购得大猪营隙地一区,坐落宣武门外横街南下洼之西,东至许姓茔地,西至龙泉寺□边大道,南至陈姓茔地,北至官道,其中建设安苏义园一所,为同乡孤苦客死都下者埋掩之地。援松柏庵僧人恒实看管作为之善策,于虖仁矣。夫人得全其死,无异得全其生,推桑梓之情,悯尸骸之暴。累累黄壤,寸寸丹忱。异地孤魂,同声感泣。其事不可湮没弗彰,其地不可颛顸弗考,使后之同志者广为推恩,勤加修葺,则造福庶无涯涘矣。爰笔而乐为之记,时在同治九年岁次庚午仲秋月中浣。

国史馆详校方略馆校对内阁中书本衙门撰文协办侍读浙西武林王堃厚山氏撰记并书。

文宅捐银壹百两	伊宅捐银壹百两	无名氏捐钱壹百吊
陈柏岩捐钱壹百吊	朱韵秋捐钱壹百吊	梅慧仙捐钱壹百吊
朱莲芬捐钱壹百吊	徐椒怀捐钱壹百吊	陆竹卿捐钱壹百吊
徐王氏捐钱五拾吊	张子明捐钱壹百吊	陈兰初捐钱壹百吊
陈兰仙捐钱壹百吊	袁听泉捐钱壹百吊	杜蝶云捐钱壹百吊
朱吉仙捐钱壹百吊	张芷芳捐钱壹百吊	

重修天喜宫祖师像碑记

(在崇文门外精忠庙)

溯自前明建立精忠庙,其左旁有天喜宫,奉祀祖师圣像,历有年所。嘉庆、道光中,建有重修碑碣。迄今数十年,风雨摧残,楼殿倾圮。咸丰间,先师张君士元往来奠祀,有意重修,心愿未遂,遽尔仙逝。光绪初年，复有会首程君椿不忍坐视，起意修葺，工程浩大，独力难持，商之同人徐君炘、梅君芳等，均愿乐从，共襄盛事，始有规模。适值孝贞显皇后国服，程君及梅君先后作古，徐君旋里，因是中阻。前人之心愿未完，不无遗恨。苗等屡沐神庥，无由报祀，际兹众志成城，群情感戴。是以首倡捐赀，告厥成功，勒碑永奠，亦不过继绪前徽已耳，是为之志。

谨将众善芳名开列于左

王有廉捐银九千捌百两　广德楼捐银十两　三庆园捐银十两

中和园捐银十两　庆和园捐银十两　时庆捐银壹百两

迟春香捐银十两　徐承瀚捐银十两　周长山捐银五两

承修庙首弟子杨久昌、督工刘锡田、走庙弟子阎兆庆、精忠庙焚修王有廉

梨园聚议庙会碑

（在崇文门外精忠庙）

古者伶官代异其制，然音律则无不同。自十字谱行，而院本以作，于是昆山之剧、弋阳之歌，竞奏于通都大邑间。大要借因果为劝惩，即咏歌为讽谕，而感人之道寓焉。先胜国时，设教坊司，殿中韶乐其词出于俳优，多乖雅道，十二月乐歌按月律以奏，及进膳、迎膳等曲，皆用杂剧为娱戏。流俗喧哓，淫哇不逞。正德时臧贤以伶人进，与诸佞幸角宠窃权，教坊取隶益猥杂，筋斗百戏之类日盛于禁廷，而豪族富民效尤于下，选色品声，靡靡之音充于京师。御史汪珊有屏绝玩好之请，然未能尽革其风也。国朝乾隆初，命张文敏制院本进呈，各依节令奏演，如屈子竞渡、子安题阁之属，谓之“月令承应”；其于内廷诸庆事奏演祥征瑞应者，谓之“法宫雅奏”；其于万寿令节奏演群仙诸佛添筹锡禧，以及黄童白叟、含脯鼓腹者，谓之“九九大庆”；又演目莲救母事，析为十本，谓之“劝善金科”，于岁暮奏之，以代古人傩祓之意；演唐玄奘西域事，谓之“升平宝筏”，上元前后数日奏之。嘉庆癸酉军兴，特命罢诸连台，上元日惟以“月

令承应”代之,放除声色之意,远超于胜国。以故梨园供奉内廷者,率法惟谨,亦无敢以新声巧伎进。又恐无以束修其俦侣也,特立庙于崇文门外西偏,有事则聚议之。岁时伏腊,以相休息。举年资深者一人统司之。□□□□□典至巨,意至善也。今将复新其庙貌,思得文言以永于石,因述缘起,并系以铭:

大雅之音,式和且平。萃处既协,咏歌以兴。聿修丹雘,胥调箎笙。吉日令辰,明祀攸行。神具醉止,喜气充庭。既匡既敕,福禄来成。于万斯年,鸣此和声。

赐进士出身诰授奉直大夫兵部主事北平孙汝梅撰

赐进士及第诰授光禄大夫协办大学士刑部尚书

军机大臣南皮张之万书丹

大清光绪十三年岁次丁亥季秋谷旦

江南城隍庙梨园喜神殿碑

(在外城南横街东口江南城隍庙)

盖闻孔子明道鬼神,以为天下则。故教人反古复始,不忘其所由生,以至其敬发其情,竭力从事,以报其德,不敢不尽也。水源木本,上下有同。情报追远之思,以崇其德,尤当不失主敬之礼。查燕都宣武门外,江南城隍庙内之喜神殿,年久失修,荒葺不堪。未有重修,殊非敬祀神明追远之道也。今梨园同人有鉴于此,追念祖师之圣德,特为开会公议。外则重修殿宇,内而尽其敬神之志,以享以祀,为昭永远。所有工程用项,皆系梨园同人愿自捐资建修,并无在外慕化等情。现已工程告竣,特勒之于碑,而垂永久。敬为供奉祖师喜神,享祭无疆矣。

梨园同人敬立

石世五撰书

戊辰巧月望日谷旦

城隍庙梨园诚修喜神殿碑

（在外城南横街东口江南城隍庙）

梨园各会、各科全体同人，愿自捐资，诚修燕都宣武门外江南城隍庙内之祖师喜神殿。重塑金身，现已工程告竣，特此刻石存念。列开：

文武生行维持会

小生行维持会

文武占行联合维持会

文武净行义志永同会

文武丑行互相维持会

音乐科

经励科

容装科

剧装科

容帽科

剧通科

交通科

武行

流科

戊辰巧月望日立

梨园重建喜神殿碑

（在朝阳门外东岳庙）

燕都朝阳门外东岳庙，开山宗师张公留孙始建于元代，祀天齐仁圣帝。两庑从神如林，俨若官舍，人禽鬼物，各有职司，迄今五百季，香火称盛。其西廊喜神殿，即南府供奉所修，以奉梨园祖师者也。唯地处幽僻,经久荒芜,甚非崇惪报功之道焉。梨园同人既约集公会,为议事联欢之所,更恐数典忘祖,不足以昭示来兹。岁戊辰,陈德霖、朱文英诸人倡议重兴。就正殿后廛东北隅静室上下六楹,奉祖师喜神于中。醵资鸠工,顿呈轮奂,洵为盛举。视程玉山、张二奎、梅慧芳、王耀庭之于京师内外喜神别祠,足辉映矣。昔吴敬梓谓吴人祠泰伯深合祭法,较俗传立梓潼社祈福者异。今梨园诸子倡斯善举,与吴人同为务本之意,岂致力于淫祀乱神者可同语哉！虽然,皇天无亲,惟善是与,诸子以正祀神。神之所福,宜莫先于此。爰乐为之记。

陕西张鼎乾课书

河南王廷弼篆额

苏州翼宿老郎庙碑记

奉宪永禁差役梨园扮演迎春碑文

（原碑在苏州镇抚司前一六号梨园公所，碑高一六七公分，宽七八公分）

雍正十二年六月二十二日，具呈人金永锡、陈义先、张玉成、马武功、陆彬文等具呈。为公吁宪仁，通饬勒碑永禁，以分良贱，以安艺民事。切永等生当盛世，欣戴尧天，业习梨园，家传清白。今恭逢圣天子兴行教化，体察民隐，凡有闾阎杂泛差徭，悉予厘剔蠲除，普天率土，无一夫之不获。永等梨园习成本业，与百工技艺，同为里党清白良民。每逢岁时，恭值各宪祝圣祈年，罔弗敬谨伺候；或遇地方酬神颥福，亦竭力趋跄，久在各宪大老爷洞鉴之中。惟有每年节届立春，县衙出票，唤令各行承值迎春、走春名色，扮演故事，以为喜庆。查向例妆扮风调雨顺，乃系丐户应值。近因小甲行头，串同县衙人役，竟将梨园传唤，同扮故事，不分皂白，混派承当，卖富差贫，桃僵李代。伏思皇仁广被，豁除民间杂泛差徭，永等先经具呈前任抚藩二宪，均蒙饬行禁革。继逢大老爷下车，又经衙情上叩，恩蒙饬行府县查禁。宪德如天，各家老幼靡不感戴。因思饬禁在于一时，勒碑垂于久远。为此连名再叩，伏恳宪天大老爷俯电舆情，始终矜恤，恩赐移文抚藩二宪，转饬长、元、吴三县存案永禁。永等情愿捐资勒碑，恭颂皇仁宪德，革除非分之差徭，超豁良民之苦累，公侯万代。上呈蒙督理苏州织造郎中兼理浒墅关税务世袭拜他喇布勒哈番加一级纪录三次大老爷海批准，移文抚藩饬长、元、吴三县存案永禁可也。随蒙移文抚藩，为据情咨移请事。据合郡梨园金永锡、陈义先、张玉成、马武功、陆彬文等呈，为公吁宪仁，通饬勒碑永禁，以分良贱，以安艺民事。等情前来。据此。除抄粘原呈外,为查梨园肄业,其来已久。迎春扮妆故事,既经例用丐户,可免遗累梨园,合行咨移请,仰希贵部司院,转饬长、元、吴三县存案永禁。俾梨园金永锡等,自行捐资勒碑,以垂永久。庶县胥不致差徭滋扰,各梨园得以保全廉耻,不与丐户同俦。为此合咨移贵部院请烦司烦,为查照转饬施行。本年七月二十九日,蒙太子太保兵部右侍郎兼都察院右副都御史总理粮储提督军务巡抚江宁等处地方世袭三等阿思哈尼哈番大老爷高回咨,为据情咨请事,准贵织造咨会梨园金永锡等呈请,免值迎春情由,希饬长、元、吴三县存案永禁。俾自行捐资勒碑等因,到部堂,准此。为查梨园迎春,先经前院据龚云程、王上资、宋茂芝等具呈,批发苏州府,饬县永行禁革有案。今准前因,除行苏州府,转饬长、元、吴三县,迎春扮演故事,既往例系丐户,不系梨园扮演,嗣后仍照旧例行。并饬金永锡等自行捐资勒碑,毋许胥役借端滋扰外,相应咨覆。

具呈人:

张玉成　詹子望　陈吾省　许奕侯　李舜华　金瑞卿
毛仲卿　朱学源　马锦云　张陛仙　张弘文　李兆祥
沈约如　金永惕　汪尚玉　顾寿眉　金天祥　钱云从
曹茂兰　顾九桓　徐御天　陆良臣　沈瀛仙　浦明周
王九皋　吴天益　陈义先　陆彬文　沈天如　金瑞侯
孙玉卿　龚闻衣　吴琪玉　王尚宗　张上詹　郭继辉
富石渠　顾松龄　沈天玉　马武功　李御臣　杨九如
曹六吉　□□□　潘良侯　史旭明　王尚志　汪宏升
王汉臣　朱瑞林　朱瑞琛　奚天质

赵汉臣

董事:吴启珍　小甲:曹子茂

马士林

雍正十二年仲秋谷旦

感恩碑记

（原碑在苏州镇抚司前一六号梨园公所，
碑高一四四.五公分，宽七三.五公分）

大抵物必待雨露，而后长养；人必待教育，而后成名，此一定之理也。即今梨园一道，蒙织造部堂海大老爷，仁风时扇，惠泽长流，为之鼎新庙宇，革除旧弊，整肃规模，绵泽香火。此真不世出之洪慈，从未有之旷典。合郡梨园，无不沾恩。恐日久废驰，泯辜宪德，于是勒之贞石，以垂永久。

钦命督理苏州织造内务府郎中兼浒墅关税务世袭拜他喇布喇哈番加三级纪录五次海大老爷奕世感恩碑

汤鸣卿　陆子云　龚在丰　徐子仲　王丹山　董美臣
陈云九　马继美　金瑞麟　张灿如　孙上珍　王观山
陈翼九　丁瑞珍　殷子成　周公凡　马胜如　潘嗣岳
张御升　朱子璜　曹连碧　王碧如　张殿仙　王清选
任瑞玉　王九如　吴尔发　徐洪先　金瑞生　吴御天
朱茂芳　杜宪甫　金茂苑　杜玉琪　陈允文　费清远
潘永年　任瑞珍　李仲侯　沈子德　施子宾　王必荣
朱在明　潘载岳　王德新　宋廷甫　王大生　徐秉臣
吴在文　王尚荣　马晋臣　吴在明　李腾霄　杜宪章
汤武侯　徐柱臣　林天佑　祝御臣　曹义成　周德敷
王天球　金鸣一　王尚佐　王佐天　王尚珍　陆瑞生
织造部堂海府内班：梁绍芳　褚广文　唐瀛公　赵御章
许丸龄　陈圣嘉　徐国梁　绍德升　姚国珍　沈绍华
杨玉麟　陈汉文　孙天成　盛辅臣　孙云翰　章天益
戴元臣　闵汉侯　陈麟祉　孙大成　柏尊三　周谦益
陶士成　徐绍荣　钱嵩璧　金玉如　马文兆　沈九锡
张子吉　薛天嘉　陈茂芳　刘灿文　胡廷玉　张德嘉

曹晋臣

乾隆元年七月　日立　部堂小甲:唐永年　刘陈锡

花名碑记

(原碑在苏州镇抚司前一六号梨园公所,
碑高一四六.五公分,宽七二公分)

夫梨园之道,由来旧矣,自唐迄今,代代有之。不徒袭声音笑貌之逼肖,无非欢□□□之大□。故矜重于唐,而有梨园三百之称。即今恭逢盛世,欣遇昌期,虽曰大成之乐具在,而吾辈宣扬休烈,咏歌太平,未必非□舞太□之一得。无如积年误传,竟有迎春一事,凡在同道,无不含垢忍耻。直至癸丑冬极,蒙景山总管大人邵,暨内廷供奉诸公,维植梨园,笃念桑梓,因同钦差织造大人海,合德同仁,洗除此弊。已蒙各宪台通详,请督抚大人鸿章勒石,永垂不朽。夫以多年不洗之耻,皆邵公为吾辈洗之;积岁□治之荒祠,邵公为吾辈治之。其为吐气于梨园,增辉于老郎神者,为如何也耶!夫恩泽□者,则感悦者众。合郡同志,无不以手加额,而相庆曰"若邵公者,吾侪当家祝而户颂者也。"感其荣施者有之,脍炙其事者有之。虽然感之于一时,孰若念之于永久。于是相与命工泐珉,志其大略。不惟同时之人俱得耳而目之,而后之登斯祠而观斯文者,皆知戴邵公之德于靡穷也。是为记。

景山总管老爷:邵字圣嘉　陈字黄在

内廷供奉诸公开列于左:

周文卿　张长六　祝景翔　卫士元　邱□□　祝元卿

□□□　朱宪文　□□□　陈翰章　吴静若　杨旭林

陈章侯　胡绍□　王焕文　邹金生　吴吉成　顾九皋

赵曰干　沈禹公　□□□　王武荣　顾遂征　祖黑哥

李赤文　樊宪臣　陆秀元　陆惠文　张元吉　王庭臣

李金章　□天池　周成章　祝裕民　薛宗礼　钱亮公

江际云　董玉成　潘毓英　潘尔岳　石文碧　施子俊

京都庙上会首：王汉翔　吴御礼　陈国弼　杜玉芝　李四逵
黄显公　许天祥　金德禄　王佩仙　汤振乔

乾隆元年七月　日立

翼宿神祠碑记

（原碑在苏州镇抚司前一六号梨园公所，
碑高一五〇.三公分，宽七六公分）

乐之原出于天，太虚之宇，谓之橐籥。蒙庄氏之言，倏忽谲诡，不可端倪。其论乐，以众窍为地籁，比竹为人籁，而必极之于天籁。所谓调刁喁于者，苟非天籁，则众窍不能为其声，比竹不能为其律。又曰："乐出虚。"虚者，乐之所积也。金虚其郭而有声，革虚其匡而有声，琴瑟虚其腹而有声，竽笙虚其孔而有声，下逮近古杂器，莫不皆然。故知无形之区即乐也，积气之地即乐也。夫无形而积气者，岂非天乎？自古音降而为乐府，再降而为诗歌，又降而为词曲，于是乎爨弄降而搬演，宾白降而科诨，北宫降而南宫。今之所谓昆调者，乐之小而近者也，然不可谓非乐之流。沿其流而讨其源，则不推其原之出于天不止。苏之以伶为业者，旧有庙以祀司乐之神，相沿曰"老郎神"。其名不知何所出，其塑像、服饰亦不典。近适有重修之役，予为易其祀，曰"翼宿"之神。星之精，各有所司，而"翼"，天之乐府也。诸杂祀皆于其始作之人以云报也，自吹竹定律以来，制乐者、好乐者，即一讴、一歌，善于其业者，皆不乏人。然而托之圣贤则已贬；炫之名位则已诬，必指其人以实之则已凿。钧天有乐，翼实尸之。通之于精灵，推之于本始，兵家祭蚩尤，文章家祭文昌，马祭天，驷车祭轸，蚕祭房，此物此志也。崇廊复宇以宫之，繁会乐康以迎之，缓节安歌以飨之，以福其人而昌其业，于是乎在。抑又惟伶之为技，感人最深，明善恶，示劝戒，亦有助焉。近奉厘正乐曲之命，凡害道伤义者有禁。唐人云：金石谐婉，国有大庆。凡歌舞太平、轩翥康衢者，精能以习其业，淳良以和其心，勤俭以食其力，亦执技以事上者之一，而以是邀神贶，此则予持节善俗之意也。夫是为记。

钦命督理苏州织造部堂兼管浒墅关税务内务府员外郎加三级四讳德 立。

乾隆四十八年岁次癸卯十一月 日谷旦。吴郡刘万传镌。

维扬老江班院宪内班捐银清单

维扬老江班捐银诸公台玉列后：

余维琛 余宏元 沈文镇 胡瑞玉 刘亮采 周星时
石蓉堂 沈明远 陆方川 周维炳 陆尚珍 费奎元
王锦荣 吴仲熙 吴端一 徐耀文 朱也东 金德辉
张元秀 陆九如 殷秀芳 王炳文 朱道生 范嵩年
谢士元 陆正华 沈东表 周洪儒 滕仓洲 郁启英
周绍南 孙圣龙 王茂芳 璩万资 徐圣瑞 倪恒山
倪茂英 沈宏远 杨声闻 吴天荣

四十五年分共捐银一百三十五两七钱；
四十六年分共捐银一百五十二两四钱，又六三钱八十六两；
四十七年分共捐银一百零六两二钱一分，又六三钱四十九两；
四十八年分共捐银一百零七两三钱；
四十九年分共捐银四十两三钱七分。

维扬大安店老张班捐银诸公台玉列后：

张元章 陈元凯 吴炎洲 张蕡珇 张象瞻 张国相
沈鸣玉 张耀延 张玉亭 金鸣玉 吴殿华 马其玉
倪殿章 阮良臣 成聚玉 颜圣卿 颜润卿 周宜也
陈赞和 王六王 杨宝成 陆嵩山 李丹峰 夏瑞玉
蒋永祥 李永康

四十六年分共捐银七十五两一钱三分；又钱一百五十文；

四十七年分共捐银三十六两八钱二分；又钱十五千零三十文；又六九钱三两；

四十八年分共捐足钱四十九千五百五十文；

四十九年分共捐足钱十七千三百十三文。

维扬院宪内班诸公捐银台玉列后：

周兆年捐银十两　戚万基捐银十两　杨坤发捐银六两　程映南捐银二两　程坤一捐银四两　张云仙捐银五两　顾开祖捐银二两　潘素存捐银三两　沈裴存捐银三两　张南阳捐银二两　沈静远捐银二两　诸学生共捐银十二两。

四十七年分公捐足钱九千七百七十文；

四十八年分公捐银十八两一钱、足钱十千文。

乾隆四十五年分四十六年分各姓捐银花名碑

乾隆四十五年分四十六年分各姓捐银数：

王九皋　六三钱二两　赵乾初　六三钱二两

蔡茂根　六三钱四两　陈天佐　六三钱一两六钱

徐耀文　六三钱四两　金君华　六三钱二两

陆正华　足钱六千文　夏永昌　六三钱三两

刘慎徽　足钱七百文　陆岐亮　六三钱二两

钱君卿　足钱一千二百七十文　林玉珍　六三钱一两

庄有临　银一两零五分，又钱一两二钱　李君兰　六三钱二两

毛凤章　六三钱五两　葛圣表　六三钱十两

王炳如　　　　　　　葛洪表　六三钱五两
　　　　六三钱四两八钱
钱如元　　　　　　　张洪钧　六三钱一两

杨秀章　六三钱二两　倪凤山　六三钱一两

　　　　　朱裕文
湖广小班局　　　　足钱六千文　陈蕴玉　六三钱五两
　　　　　陆文元

杨锡凡　六三钱一两　王肇秀　六三钱四十两

庞士美　银一两零五分　唐联芳　六三钱四两

永秀班　捐串钱八千四百文　赵廷选　六三钱五两
瞻云班　捐串钱三千三百文　张文灿　六三钱五两
姜松年　六三钱二两　陈耀廷　六三钱一两
周君茂　六三钱二两　杨澧兰　六三钱五两
石君弼　六三钱三两　俞文英　六三钱一两
朱锦亭　六三钱二两　浦云吉　六三钱五两
张庶安　六三钱三两　高鸣喈　六三钱五两
汪继能　六三钱一两　桑见龙　六三钱五两
张明臣　六三钱三两　周天瑞　六三钱五两
邱瑞明　六三钱二两　许蕴山　六三钱十两
丁庆成　六三钱二两　洪秀元　六三钱五两
朱士荣　六三钱五两　钱御海　六三钱一两
李廷璧　六三钱五两　巴锦文　六三钱一两
唐受天　六三钱五两　黄成禄　六三钱三两
吴德明　六三钱五两　如意会徐文仪　一两二钱
江景山　六三钱五两　丁圣年　六三钱一两二钱
张惟上　六三钱五两　潘耀宗　六三钱三两
陆文璧　六三钱五两　马龙章　六三钱五两
高在天　六三钱五两　永安会　公捐念壹两
毛庶珍　六三钱五两　柳时明　六三钱三两
汤昌霖　六三钱五两　周席珍　六三钱一两
周翰臣　六三钱五两　潘鸣瑞　六三钱五钱
张联芳　六三钱十六两　吴介藩　六三钱五两
孙秀明　六三钱五两　王熙春　六三钱五钱

花　名　碑

张钦思　六三钱五钱　项万成　六三钱十二两
任文玉　六三钱一两　蒋成秀　六三钱五两
张士龙　六三钱五钱　姚锡芳　六三钱五两

高毓文　六三钱一两　陈邦和　六三钱五两
周上达　六三钱五钱　杭州瑞宁班诸学生公捐六两
周天祥　六三钱五钱　王耀祖　六三钱五两
周文璧　六三钱一钱二分　孙汉章　六三钱五两
潘士华　六三钱五钱　冯士奎　六三钱二两
王彩章　六三钱三钱　黄发揆　六三钱三两
石在东　六三钱三钱　宋秀文　六三钱二两
高秉臣　六三钱一钱二分　长庆会公捐六三钱三十八两
周上德　六三钱一钱二分　钱进瑞　六三钱一两
金玉成　六三钱五两　孙茂苍　六三钱二两
倪仲贤　六三钱五两　陈耀廷　六三钱一两
姚嘉宾　六三钱五两　孙世华　六三钱五两
李文仪　六三钱十两　吴柏田　六三钱一两
张玉廷　六三钱三两　吴玉川　六三钱五两
费奎元　六三钱五两　周仲莲　六三钱五两
李廷标　六三钱五两　秦上远　六三钱一两
徐天荣、徐天其　六三钱五两　黄蕴芳　六三钱十二两
何瑞玉　六三钱十两　唐大宝　六三钱一两
刘亮来　六三钱十两　叶士龙　六三钱一两
周兆年　六三钱十两　赵连城小班上湖广　六三钱念两
戚万基　六三钱十两　余克明　六三钱二两
杨坤发　六三钱六两　余维深　六三钱五两
程映南　六三钱二两　唐秀岩　六三钱二两
程坤一　六三钱四两　欧芳林　六三钱一两
张云仙　六三钱五两　唐汉明　六三钱五两
顾开祖　六三钱二两　夏七太爷　六三钱十两
潘素存　六三钱三两　徐茂林　六三钱三两
沈裴存　六三钱三两　王廷佐　六三钱五两四钱
张南阳　六三钱三两　陈元恺　六三钱三两
沈静远　六三钱二两　戴大伦　六三钱四两

浙江宝华班周裕如　六两　张玉亭　六三钱一两五钱

吴成玉　六三钱六钱　何旋吉　六三钱八两

吴文龙　六三钱五钱　吴炎州　银一两

冯在年　六三钱六钱　张鹤年　六三钱三两

周文奎　六三钱一两　吴永加　六三钱五两

徐世发　六三钱一两二钱　孙汉章　六三钱五两

李廷玉　六三钱一两　潘秀林　六三钱一两

朱天章　六三钱八钱　陆岐亮　六三钱二两

曹文焕　六三钱二两　朱福山　六三钱三两

花　名　碑

四十六年分　维扬小洪班捐银十两零四钱七分

四十七年分　维扬小洪班捐银廿两

四十七年分　维扬小洪班捐钱八千文

四十八年分　维扬小洪班捐足钱七千七百七十七文

四十九年分　维场小洪班公捐银卅三两;又钱九千六百/四十九文

五十年分　维扬小洪班公捐钱三十一千三百六十文

五十年分　维场广/德太平班公捐钱三十二千五百十五文

五十一年分　[维]扬老江班公捐银四十一两一钱三分

又周召南捐银一两七钱三分

五十二年分　维扬老江班公捐七十串钱九十两零三钱四分

恒府班　徐四观、沈贵观捐银二两二钱五分

周召南捐银一两七钱

沈东表捐银一两二钱三分

小洪班捐银二十两

邳州内班捐足钱九千一百五十二文

姚锡芳小班长兴局捐足钱十千文

石廷碧迎福班捐足钱十二千三百文

京局余玉昆捐七折钱一两二钱

胡明华捐七折钱一两二钱　朱元祥捐七折钱一两二钱

杨秀章捐七折钱乙两二钱　周新如捐六三钱五两

仪征张府班唐在天、滕文祥等捐银十一两四钱，又钱三千四百七十文

何旋吉小院班通班诸公共捐足钱三十千零四百卅四文

南京庆丰班通班诸公共助足钱二十千零六十分

上林班池州局本家王捐六三钱四两

邳州署内石尚珍助七折钱四两

支文灿领赵士明金声班山西局捐钱十两

邹洪兴捐钱三千文　天津卫陆凤和捐六五钱五两

朱耀章福建局捐六三钱六两一钱

朱耀章小班济南局捐六折钱六两

保定顾捐六三钱十两

天津小班

施本观捐银一两　顾仁观捐银五钱

顾四观捐银一两　叶福林观捐银五钱

承宗观捐银五钱　高三观捐银八钱

张龙观捐银一两　官宝观捐银五钱

十全观捐银五钱　陈二观捐银五钱

陈满观捐银五钱　吴天观捐银五钱

杨六观捐银二钱　王永宁捐银一两

花名碑

郁文表　六三钱三两　张秀章　足钱一千文

杨锡蕃　六三钱一两　邱才观　七十钱三两

石廷璧　六三钱二两四钱　小江班周四喜观　六六钱一两

王蕴山　六三钱十二两　萃庆小班徐　六六钱一两

朱茂康　六三钱一两　河南局汪名扬　六三钱三两二钱

周禹德　六三钱二两　程殿章　六三钱二两

邱克明　六三钱二两　陈德传　足钱二千文

集华班　六三钱三两四钱　吴秀山　六三钱五两

倪干德　六三钱五两　嘉兴宋心揆　六三钱一两

吴清滨　六三钱二两　清江浦松秀班　七十钱五两

施文璧　六三钱一两五钱　何旋吉　七十钱三两

秀华班谢　足钱一千七百四十四文　陆瑞林　六三钱三两

二升秀班　六三钱三两二钱　华云龙　银一两零七分

山东局张廷彪　十二两　朱彩章　六三钱三两

张慎思　六三钱四两　吕景龙　六三钱三两

戴云从　六三钱四两　陆方川　六三钱一两

陈山辉　六三钱三两　戴秀荣　六三钱一两

玉林班串头　足钱二千九百八十五文　薛耀宗　六三钱二两

张季芳　六三钱六两　许东乔　六三钱一两

潘锦文　六三钱七两二钱　升林班　六三钱十一两

王玉秀　六三钱一两五钱　仙籁班　六三钱七两二钱

曹二观　一千四百文　隆秀班　六三钱四两

徐裕原　六三钱二两　上海局　洋钱二个

陆二观　三千一百文　安庆赵旭占　六三钱四两

朱道生　六三钱二两　来凤班陆天观　六三钱一两

台湾局　六三钱三十一两　余洪元　六三钱一两

无锡聚华班　四两八钱　陆九如　六三钱四两

一元班　一千四百文　谢再扬　足钱一千文

杨声文　六三钱五钱　湖广局王绍武、陆元龙　足钱一千四百文

昭生观　六三钱八钱　王云支　六三钱廿一两

汪福观　六三钱一两八钱　王廷佐　七拾钱十六两

李金玉观　六三钱一两六钱　郭永年　六三钱四钱

三多观　六三钱一两　镇江松秀班　足钱四千文

谢士元　六三钱三两　季瑞如　六三钱一两二钱
潘起凤　六三钱二两　汪大宝　六三钱一两
李秀林　六三钱一两　张双观　六三钱一两五钱
葛圣表门徒五位　六三钱廿五两　张福隆观　六三钱一两
王蕴山湖州府班　足钱廿三千五百四十八文　周廷玉　六三钱五两
张耀宗　六三钱廿五两　王蕴芳仝弟　六三钱三两
胶州局李　六三钱十二两　张在中　六三钱一两

花　名　碑

沈宸昭　银一两一钱　汪又叙　六三钱五两
陈文祥　六三钱五钱　六合局　六二钱十六两
季华班　一千八百九十二文，又行头上钱一千文
姚瑞芝　六三钱五两　顾云山　九九钱三千文
张仲芳　七十钱十两　张季芳山西局　银□两一/钱八分
华大宝观　钱五千文　蒋鹤林　六五钱一两
集秀班共捐串钱廿五千五百六十五文
聚秀班共捐串钱廿九千五百九十四文
结芳班共捐串钱廿四千一百七十八文
集锦班共捐串钱十四千零六十文
永秀班共捐串钱廿二千八百廿五文
萃芝班共捐串钱十五千一百廿文
品秀班共捐串钱十九千七百零四文
坤秀班共捐串钱十二千二百十八文
九如班共捐串钱十千七百九十八文
庆华班共捐串钱八千九百文
迎秀班共捐串钱十千二百七十五文
聚芳班共捐串钱九千零八十七文

保和班共捐串钱二千二百十二文
汇秀班共捐串钱六千八百廿文
宝秀班共捐串钱三千九百廿三文
宝庆班共捐串钱三千七百五十文
宝华班共捐串钱五千五百四十文
锦秀班共捐串钱八百文
集芳、萃芳班共捐串钱廿九千九十九文
发秀班捐串钱二千一百文
祥秀班捐串钱一千四百文
升亨班共捐串钱廿千七百八十文
同庆班共捐串钱十三千七百五十文
升林班共捐串钱十七千二百文
升平班共捐串钱十四千一百六十三文
庆裕班共捐串钱八千一百九十文
升秀班共捐串钱十九千三百七十二文
升庆班共捐串钱二千六百八十文
又公捐戏价一本,六七钱八两
升云班共捐钱一千文
已上各班捐串,俱四十六年七月起,四十六年五月止。

王国相　汪殿华

编者按:是碑起止年份,当有误。按原碑拓片照录。

公府内班众弟子捐资助玻璃碗碟桌面碑文

(原碑在苏州镇抚司前一六号梨园公所,
碑高二七.五公分,宽六一公分)

公府内班众弟子捐资助玻璃碗碟桌面,今将各人尊名开列于左,以勒铭永记不朽矣。

沈文镇助拾元 毛聚五助拾元
王如纶助拾元 蔡洪发助壹元
陈永德助伍元 吴岐山助肆元
欧芳来助拾元 程天佐助拾元半
周源葵助叁元 喻仲贤助两元
余在中助壹元半 范松年助两元
顾君兰助伍元 朱德修助肆元
沈秀荣助伍元 张孝思助两元
钱天禄助壹元 张景山助两元
周玉鸣助两元 王鸣玉助贰元
时蓉塘助叁元 单玉章助伍元
张锦芳助两元 尤永昌助伍元
孙胜龙助壹元 杜宝山助两元
季灿华助壹元 戚茂先助贰元
周召南助壹元 杨声闻助壹元
沈宪章助肆元 杨秀祥助壹元
王国瑞助壹元 朱载春助伍元
赵启云助两元 孙允培助叁元
潘志元助叁元 姚鸣岐助壹元
吴锦荣助两元 马文魁助叁元
马 宏助两元。

乾隆伍拾陆年九月日立石

钦奉谕旨给示碑

（原碑在苏州镇抚司前一六号梨园公所，
碑高一五五.五公分，宽七七公分）

兵部侍郎兼都察院右副都御史总理粮储提督军务巡抚江宁等处地方事务费

为晓谕事。照得钦奉谕旨。元明以来,流传剧本皆系昆、弋两腔,已非古乐正音。但其节奏腔调,犹有五音遗意;即扮演故事,亦有谈忠说孝,尚足以观感劝惩。乃近日倡有乱弹、梆子、弦索、秦腔等戏,声音既属淫靡,即其所扮演者,非狭邪媟亵,即怪诞悖乱之事,于风俗人心,殊有关系。此等腔调,虽起自秦皖,而各处辗转流传,竞相仿效。即苏州、扬州向习昆腔,近有厌旧喜新,皆以乱弹等腔为新奇可喜,转将素习昆腔抛弃。流风日下,不可不严行禁止。嗣后,除昆、弋两腔仍照旧准其演唱其外,乱弹、梆子、弦索、秦腔等戏,概不准再行唱演。所有京城地方,着交和珅严查饬禁,并着传谕江苏、安徽巡抚,苏州织造、两淮盐攻,一体严行查禁。如再有仍前唱演者,惟该巡抚、盐政、织造是问,钦此。钦遵。查乱弹、梆子、弦索、秦腔等戏,淫靡媟亵,怪诞不经,最为风俗人心之害。今钦奉谕旨,饬查森严。即应先令民间概行摒弃,不复演唱,则此种戏班无技可施,庶不致辗转流传,竞相仿效。除行司转饬查禁,如系外来之班,谕令作速回籍,毋许在境逗留。其原系本省之班,如能改习昆、弋两腔,仍准演唱外。合亟出示晓谕,为此示仰阖属军民人等及各戏馆知悉,嗣后民间演唱戏剧,止许扮演昆、弋两腔,其有演乱弹等戏者,定将演戏之家及在班人等,均照违制律,一体治罪,断不宽贷。各宜凛遵勿违。特示。

嘉庆三年三月初四示

建兴　建恒　建安　建礼

吉祥　建永　建新　建仁　永安

合郡梨园　八音　各会公立

如意　建福　建泰　建义　长庆

建隆　建升　建宁　建智

董事金玉成立石

钦奉谕旨给示碑(二)

(原碑在苏州镇抚司前一六号梨园公所，
碑高一五九公分，宽七三.五公分)

钦命督理苏州织造部堂兼管浒墅关税务全

为严切示禁事。照得一切乱弹、梆子、弦索、秦腔等戏，经前任织造部堂舒钦奉谕旨，通饬示禁，并晓谕改习昆、弋两腔等因，各在案。查向来苏郡，止有昆、弋两腔，其扮演故事，亦皆谈忠说孝，足以观感劝惩。其乱弹等戏，俱系外来之班，所演淫亵怪诞，最为风俗人心之害。本部堂钦承简命，莅任伊始，恐有阳奉阴违情弊，合再通行示禁。如有外来乱弹等班，潜居郡城，及官绅士商违禁唱演等事，除密访查办外，并转行地方官严密查拿。一经败露，即将起班头人，照违制例定罪。其余在班脚色，各予枷责，仍行递解原籍收管，断不轻纵。其本处昆腔诸班，向例每年演习新戏，嗣后亦必按照史传实事，择其中忠孝节义、足以劝善惩恶者，方准扮演，毋得稍涉淫靡。仍于开演之前，将各传奇缮本呈送，以凭去取。如有将淫亵怪诞新剧私演，一经查出，定当严办。本部堂言出法随，断不姑贷。为此通行示谕。各宜凛遵勿违。特示。

嘉庆三年五月二十五日示

合郡梨园：葛圣表　金德辉　张声闻　陈锦明　姜俊夫
陈赞和　蒋天章　段纯熙　刘亮彩　王肇修　陈鸣山
蒋廷璋　陆嵩山　张永祥　郎文耀　王鸿英　钱茂发
叶金林　王元发　马嘉宾　唐乐山　赵永祥　曹坤德
钱绍川　葛秀章　张明祖　蔡以兰　后嘉炳　赵佐虞
葛洪表　孙鹤山　陈鹤林　赵士明　蒋文耀　秦耀祥
高景范　陈又实　钮瑞祥　许百福　张元臣　戴秋明
戴大伦　庄天桂　汪尚荣　裴东升　浦凤样　王秀明
唐廷爵　王炳文　余文英　朱云友　金玉成　张明臣
董文魁　周维柏　唐受天　刘明远　余洪元　陆坤玉

杨绍成　陆正华　张联芳　顾兴宗　高在天　沈文振
朱裕文　吴魁占　周廷玉　吕茂芳　同人公立

编者按:《江苏省明清以来碑刻资料选辑》所列“合郡梨园”姓氏,与刘念兹本略有差异,兹附录刘本于下:

合郡梨园

葛圣表	姜俊天	刘亮彩	王炳文	金玉成	周维柏
余洪元	陆正华	高在天	吴魁占	陆嵩山	王鸿英
王元发	赵永祥	葛秀章	赵佐虞	赵士明	陈又实
戴秋朗	裴东升	金德辉	陈赞和	王肇修	余文英
张明臣	唐受天	陆坤玉	张联芳	沈文振	周廷玉
张永祥	钱茂发	马嘉宾	曹坤德	张明祖	葛洪表
蒋文耀	钮瑞群	戴大伦	浦凤祥	张声闻	蒋天章
陈鸣山	朱云友	董文魁	刘明远	杨绍成	顾兴宗
朱裕文	吕茂芳	郎文耀	叶金林	唐乐山	钱绍川
蔡以兰	孙鹤山	秦耀祥	许百福	庄天桂	王秀明
后嘉炳	陈鹤林	高景范	张元臣	汪尚荣	唐廷爵
陈锦明	段纯熙	蒋廷璋	长庆会同人公立		

吴郡老郎神庙之记

(原碑在苏州镇抚司前一六号梨园公所,
碑高三二.五公分,宽九八公分)

乐以治,神人和,上下以乐德。乐舞教国子,舞《云门》《大卷》《大咸》《大磬》《大夏》《大濩》《大武》,大司乐之所以特重于《春官·宗伯》也。我皇上久道化成,累洽重熙,鼓吹休明,和其声以鸣国家之盛。今之乐由古之乐,上自郊庙朝廷,下达于乡党闾巷,足以起尽孝之思,劝惩之念,使人有所感,且有所法,讵不珍祎懿铄哉。余往来京师,见有老郎庙之神。相传唐元宗时,耿令公之子名光者,雅善霓裳羽衣曲舞,赐姓李氏,恩养宫中,教其子弟。旋光性嗜梨,故遍植梨树，因名曰“梨园”，后代奉以为乐之祖师。盖霓裳羽衣本为天乐，天乐总司即南宫朱鸟二十八宿之翼宫第二十二星，老郎神殆权舆于此欤。吴郡得山水之佳，故人物之秀丽，衣冠之彬郁，有非诸郡之所同者。吴郡亦有老郎神庙，屡加修葺，殿庑之外又建堂室，回廊复宇，黝垩丹漆，靡不备焉。吉日灵辰，盼蛩苾芬。成礼兮会鼓，传芭兮代舞，姱女倡兮容与。春兰兮秋菊，长无绝兮终古。是以仰答神庥，正乐协律之功，共仰太平之盛事欤。爰书以记之。

赐榜眼及第中宪大夫前刑部员外郎翰林院编修署山东提刑按察使司按察使分巡山东兖沂曹黄河兵备道阳湖孙星衍撰文。

赐探花及第奉直大夫户部浙江司主事加一级前翰林院编修平江潘世璜书。

赐状元及第荣禄大夫兵部右侍郎兼署户部左侍郎教习壬戌科庶吉士前礼部右侍郎内阁学士兼礼部侍郎日讲起居注官提督浙江全省学政加三级平江潘世恩篆额。

嘉庆九年岁在甲子仲秋

司事:沈永振、赵士明、周星如、陈以选

如意会仝人公具碑

（原碑在苏州镇抚司前一六号梨园公所，

碑高四〇.七公分，宽一〇二公分）

盖闻工艺虽多，必当立规谨守；行业甚广，自然定例恪遵。吾如意会，虽则向有旧规，前因日久废弛，条例紊乱。于乾隆二年，奉织造部堂海刊碑定例。今又年远，仍复不遵规例。恐蹈前辙之弊，不得不整立规条。今又嘉庆丁丑年，重整新规，凡入吾业者，须出上会银贰拾两零伍钱正，入庙注簿存贮，以待修葺庙宇创建鸠工之费。今议得一应中小班等，吾行叨增钱串，以公仝如议通行划一。再者吾业迩来人数非鲜，因内有贫富不等，往往有家寒身故，至于棺椁无措。前于甲戌岁间，在会诸友，公同酌议乐捐，增设文愿。每友俸食一钱者，捐利一文；资厚者，照例而行；在外营业者，每岁捐利三百六十文,所捐之项入庙登记存贮,以备棺椁茔葬之费。于己卯年桃月,众会公置得义地一区,计拾伍亩,坐落郡西吴邑二十都下扇十二都二图而宇圩木渎镇一云山羊肠岭,以作瘗地。凡吾业中有友,贫乏身故,不能置办后事者,报庙载簿,领棺成殓,另给斗(七十)串钱一两正。倘入义茔瘗葬,一应工费在庙承办。如若不愿入瘗,欲另自安葬,或有祖茔,听其自便。倘家裕身故者,七中在捐项中出,给奠仪斗(七十)串贰两正,以视一体仝义之谊。嗣后一应公捐出入,每年务必汇算销清楚理。倘有镠镐错误,司事经手难辞其责。今吾会中重立新规之后,各宜黾勉始终,以垂永固如一。谨书勒石,永远存记。

金渭伦因取洋钱贰百零壹元,永不入会。

董事

朱九凖

司年:金玉琦、姚肇瑛

大清嘉庆贰拾肆年十一月十二日立

如意会仝人公具

苏州织造部堂示禁碑

(原碑在苏州镇抚司前一六号梨园公所,

碑高一三〇.五公分,宽六一.六公分)

钦命督理苏州织造部堂兼理浒墅关税务加五级纪录十次文

为示禁事。据清音任瑞珍等禀称,清音梨园合立公所,供奉老郎神像,每年捐厘存贮,以备公用。自张兆业接管以来,竟将房屋盗卖,侵吞捐厘。同业查知,将其斥退。张兆业复敢蛮霸滋扰,扬称寻死图害,环求张兆业革逐。并据梨园赵元发、曹文灿禀称,恐遭牵害,求恩一体示禁等因,前来本部堂。查苏城老郎神庙,为梨园、清音集议之所。每年捐厘存贮,自应秉公经管。张兆业竟敢侵肥入已,又复恃蛮扰害,殊为不法。除饬差查明押逐外,合行出示严禁。为此示,仰梨园司事赵元发、曹文灿,清音司事任瑞珍等知悉，嗣后一切庙规班务，及厘头出入，即着尔等谨慎经理，务宜循照旧章，不得始勤终怠。倘狥私弊混，一经察出，定行重究。至张兆业押逐之后，如敢再行进庙，寻衅滋扰，许该司事等立即扭禀，以凭发交。地方官从严惩办，决不宽贷。各宜凛遵毋违。特示。

道光贰拾柒年正月廿七日示

发老郎庙。

苏州府正堂碑记

（原碑在苏州镇抚司前一六号梨园公所，

碑高一〇五公分，宽四七.五公分）

署理江南苏州府正堂加十级又随带加二级纪录十次钟

为环求等事。道光二十八年六月二十七日，据长、元、吴三县民赵元发、曹文灿、任瑞珍、李廷标、杨炳文、李维琥、李宏足、周熊安、华绍铨、方坤标等禀称，身等梨园清音为业，吴境镇抚司前地方，向有老郎祖师神庙，身等供奉香火。每逢神诞之期，以及朔望，俱蒙榷宪亲临行香，岁荷给发祭品银十二两。去冬又蒙文大人悬立匾联，历奉内廷挑选等事差徭，俱在庙公议承应。所需岁修香火，均系身等各苏班、清音同业，捐厘抵办，相安年久。上年因司账之人经理不善，以致房屋失修，油漆剥落。身等禀奉榷宪示谕驱逐，并着身等同业自行经办。今房屋修理漆油，亦一律完工，庙貌聿新。恐有无知匪徒在庙作践滋扰，并于庙门聚赌躺卧，以及恶丐游方僧道强讨硬索等项情事，为合联名禀叩给示永禁等情。据此。除批示并行长、元、吴三县，一体示禁外，合行出示严禁。为此示。仰该庙司事及该地保人等知悉。自示之后，如有外来无知匪徒在于庙门赌博滋扰，并恶丐游方僧道强索等项情事，许即扭禀，以凭究惩。地保、丐头，狥隐察出，并提重处。各宜凛遵毋违。特示。

道光贰拾捌年柒月初三日示。

长元吴三县碑记

(原碑在苏州镇抚司前一六号梨公所,碑高一〇〇公分,宽五二公分)

江南苏州府长洲、元和、吴县正堂加十级纪录十次秋、周、王

为示禁事。蒙署苏州府正堂锺宪札,据长、元、吴三县民赵元发、曹文灿、任瑞珍、李廷标、杨炳文、利瓦伊琥、李宏足、周熊安、华绍铃、方坤标等禀称,身等梨园清音为业,吴境镇抚司前地方,向有老郎祖师神庙,身等供奉香火。每逢神诞之期,以及朔望,俱蒙榷宪亲临行香,岁荷给发祭品银十二两。去冬又蒙文大人悬立匾联,历奉内廷挑选等事差徭,俱在庙公议承应。所需岁修香火,均系身等各苏班、清音同业,捐厘抵办,相安年久。上年因司账之人经理不善,以致房屋失修,油漆剥落。身等禀奉榷宪示谕驱逐,并着身等同业自行经办。今房屋修理漆油,亦一律完工,庙貌聿新。恐有无知匪徒在庙作践滋扰,并于庙门聚赌躺卧,以及恶丐游方僧道强讨硬索等项情事,环叩给示永禁等情。札县会同长、元两县,一体示禁等因。蒙此。除饬地保、丐头,随时稽查弹压外,合就示禁。为此示。仰该庙司事看役地保丐头人等知悉。嗣后,倘有外来匪徒在庙作践滋扰,聚赌躺卧,以及流丐游方僧道恃强硬索等项不法者,许即指名禀县,以凭立拿严究。该地保、丐头,务须随时稽查弹压,如敢狥纵容隐,察出并处不贷。凛遵勿违。特示。

道光贰拾捌年柒月十五日示。

重修老郎庙启镇抚司呈

(原碑在苏州镇抚司前一六号梨园公所,
碑高二八.五公分,宽七三公分)

谨启。镇抚司前老郎神庙,向系吾等同业供奉香火。因殿庭音乐台各处,年久失修,致房屋间有倾损,黝漆剥落,均需重加修

造，方足以昭诚敬而肃观瞻。爰于道光二十七年间，本庙吉祥、八音会各友，公议合办，现已工竣。今将实用工料、零星各项，以及动支存款，并捐助各数开明，勒石以志悠远，而质神明。

计开：

一，付水木作工料、破土祭礼香烛、完工酒菜、酬谢作头把作各匠喜封等项，共享洋六百零五元、钱一百零一千三百二十一文。

一，付漆匠工料并修漆匾对、完工酒菜等项，共享洋一百三十一元、钱十七千一百三十四文。

一，付修明瓦天幔工料等项，共享洋十二元、钱一千文。

一，付添置零星物件，并零用一切，共享洋三元、钱二十千零四百七十六文。

一，付重造后门、请水利厅告示并联单等项，又酬方长赏更夫看夜支更，共享洋十元、钱二千八百八十文。

一，付吉祥、如意、八音、长庆会于二十四年公同绝买本庙东首李姓房屋六间房契投税洋十四元、钱九百六十文。

以上统共享洋七百七十五元、钱一百四十三千七百七十一文。另有用过钱洋细数，总簿存庙备查。

动支捐款项下：

一，吉祥会各友应捐一半（洋三百八十七元半、钱七十一千八百八十五文）。在于旧章。洪福、大雅、大章、全福四老班，每本捐存七十串一钱内并出门在苏彩钱各一分。又各戏馆每月捐洋一元。又洪福、大雅、大章、全福四老班，每班各捐助一本戏价。又康宁会捐助钱二十千文。各款内支付清讫。

一，八音会各友应捐一半洋三百八十七元半、钱七十一千八百八十五文，俱于旧章。出门堂名捐存每七十串钱一两，内提捐二文项下支付清讫。

一，马杏园捐画音乐台上窗心、挂屏。

一，李廷标捐送匾额、对联、窗心、挂屏、写字笔资。

谢菱芗　张雪香

曹文灿　谈晓莲

吉祥会司事赵元发　吴廷玉

张锦荣　崔小鸳

金耀祥　陈月卿

道光二十九年正月日等公识

杨炳文　华绍铃

任瑞珍　李宏足

八音会司事

李廷标　周熊安

李雏琥　方坤标

府署东首穆大展　刻字局程芝庭镌

翼宿星君铁鼎炉铭文

乾隆五十二午八月,前辈捐助建立。于咸丰十年兵燹以来,被匪毁碎。今蒙绅商助捐,吾等同业各姓捐助,特将台衔开列于左:

潘畊金恒裕堂戈方峻德各捐助洋十元　金粟影助洋五元　薛远香助洋六元　顾一鸣助洋四元　西账房许尢助泮四元　张晚香助洋二元

马志福　聚锦堂刘　聚德堂陈　予成堂马　敬业堂潘　敦礼堂许　敦善堂何　王仁和　罗敦仁　吴少白　彭宝庆　凝德堂朱　杏贻庆　徐韵记　赵德煃　汪温山　葛少山　张锦峰　各助洋一元

吉祥老会赵晓泉　沈桂堂　李瑞福　叶茂松　张顺永　梁云亭　王银槎　华双寿　吴景山　姜鸿宾　吴松亭　各助洋一元

淡莲森助洋二元

仁义礼智四会:

陈兰坡　华顺福　陈福来　郑松涛　顾松坡　王鹤鸣　张荣春　陆云乔　吕双全　范辅卿　王松林　徐锦堂　各助洋一元

陆样林助洋二元

邱彬之　邱彬基　张茂松　田成虎　吴顺卿　陆耀山　林松

溪 王顺金 赵礼堂 姚禄寿 黄春森 陆全福 华四寿 丁兰亭 许和卿 汪招福 陈锦云 尤廷楠 李季生 金锦福 王元宝 李莲甫 徐兰亭 徐喜林 姚蔼仙 施四喜 各助洋一元

淡雅芳助洋五元 葛子芗助洋五元

倪锦仙 钮多福 王潄卿 邱筱卿 李元顺 施松福 各助洋一元 吴松林助洋二元

殷桂深 杨鸣山 朱润卿 沈瑞福 袁二林 张冠卿 方金宝 王松亭 徐景春 张松寿 各助洋一元

浙湖洪福班孙助洋四元

如意会众姓助钱十两

长庆会众姓助钱十两

康宁会众姓助洋十元

八音会:洪福堂李 鸿秀堂徐 洪翠堂姚 富寿堂李 葛和堂高 金溪山 各助洋二元 花萼堂李 清和堂石 金福堂马 多福堂史 洪国庆 宋增福 顾毅卿 添福堂沈箱 龚如柏 房朱安 昔备助洋一元

同治十二年四月日重建

领募杨鸣山、陈锦云敬立

重修老郎庙捐资碑记

(原碑在苏州镇抚司前一六号梨园公所,
碑高二六.五公分,宽七九公分)

老郎庙始为苏城昆腔演戏、各班聚议之所,大殿供奉祖师神像。每逢朔望拈香,惟愿同志。自咸丰庚申发逆蹂躏,苏城失陷,各班分散。逃避在申者尚存百十余名,在夷场分设两班开演,计文乐园、丰乐园,暂为糊口。迨至同治三年,省城克复,同人先后来苏者见吾庙仅存屋椽,神像、神龛、装折均被贼毁,不忍坐视。是以在申集议,仍照旧章抽捐,重塑神像、神龛及装折、门庑一应等物。但屋椽修葺,尚难支持。于七年陆续回籍,在本庙开设试演,以济捐资修费。然数载以来,尚不能轮奂一新。光绪四年,大殿屋脊又被龙风倾伤,幸未坍倒。为此急议另捐,择于七年三月廿六日拆卸兴工,今已赍事。今将另捐台衔,勒石于左,永垂不朽矣。计开:

姑苏聚福老班众友,捐助洋念捌元、钱叁百玖拾文。聚福班内外各执事,总助洋拾元。建仁义礼智永安会公,助洋拾元。如意老会公,助柒折串钱拾两足、洋肆元、钱贰千五百廿文。长庆老会公,助柒折串钱拾两足、洋六元、钱贰百八十文。孙富泰、李莲甫,各助洋肆元。李墨堂,助洋叁元。

郑祥发　戴荣川　华元发　方山福　陈锦云　王鹤鸣
李季生　陈福来　张松寿　徐唤章　马大镛　李瑞福
梁云亭　李子美　王莲福　陈锦钰　陈兰坡　顾松坡
尤凤章　徐锦堂　金椿林　陆咏顺　章福来　陆杏泉
王菊香　林松溪　曹润卿　许和卿　吕金福　方廷铨
陆咏仙　徐兰亭　钮兰馨　刘浚川　周宝生　杨鸣山
朱慎夫　袁仁山　朱关松　沃梅卿　王松亭　孙瑞廷
姚小云　均各助洋壹元。

张嘉生　刑梅廷　谈兰方　杨德泉　张文龙　倪长贤
吴听生　均各助洋半元。

以上共收到助洋壹百拾五元五角正、钱叁千壹百九拾文。

一,付周木作净包工料用旧添新轧实洋壹百拾元正。另有细帐,开列在册。

一,付石条刻字,共计洋叁元钱五百廿二文。

除付出余存钱叁千有零,入在大帐帖。修大门加高暖阁一切费用,前各会公助椅台灯彩一应之物,另有细帐,登记在册。

前今有等经理班务不良之辈,将众友资不交入庙,吞捐自用,本当名姓记石,祈祷祖师神灵鉴察,永不昌盛,视伏人心。

光绪柒年六月。仝人公启。

苏州老郎庙民国补契碑记

缘吾昆弋二腔、梨园清音一业，向有梨园公所，原名“翼宿星君”，又名“老郎庙”，创自前清国初，为昆弋二腔、梨园清音同业公共集议事务之所。惟公所房屋基地之契，据自洪杨时遗失，后迄未请领新契。兹有同业徐景祥、张云卿、沈斌泉、尤凤皋、周凤林、陆益山、陆寿卿、陈聚林、马锦芳、史少亭、顾星堂等十一人，将公所房屋间数，绘其图说。禀奉吴县知事公署，补给新契一纸，并附绘图一纸，以资执守。除将领到新契，公推司年轮流保管外，爰再按照新契式样，勒碑如左，以垂永久。

吴郡公署补给之新契。

谨将同人捐资领契收支数目开列于后：

陆寿卿　　赵桐卿

沈斌泉　　姚□宝各助洋壹元

吉祥会尤凤皋各助洋壹元　　高天孙

周凤林　　八音会徐金元

陈聚林　　顾星堂

永安会张云卿助洋壹元　　陆益三

文全福班众友合助洋拾贰元　　史少亭各助洋壹元五角

马锦芳

徐景祥助洋贰元。

以上共计助洋叁拾元

拓旧碑洋两元　　领新契洋两元二角

买呈禀洋五角　　水木匠工洋壹元二角

代书禀帖洋两元　　刻新契房屋图碑记洋拾陆元

登报并更正洋四元三角四分　　修理挂灯洋壹元七角六分

以上共计付洋叁拾元

中华民国肆年陆月立

李孝子传碑

乐部李湘舟者,名涌,苏州冶长泾人也。少时家贫甚,乃习为杂剧,以养父母。稍长兼通绘事,尤善人物,生动与演剧同。然笔墨古雅,非俗工也。天性孝友,庭闱雍睦,有贤士大夫风。吾友徐子云德原爱之慕之。时朱廉访钧、王太守玉璋、黄处士鞠,并以丹青名满吴下,而一见湘舟,咸器重之,折节下交焉。庚申之变,为贼所虏,将抵金陵,得间逸去。因父母均陷苏州未出,复入城访寻,遂遇害。季甫三十有一,死后贼搜其身,得小画一帧,盖平日所图双亲容貌云。刘九畴曰:生死之际,亦大矣!白刃当前,慷慨引决,在士大夫犹难之。湘舟,一优人耳,生不忘亲,死不辱身,合乎忠孝大节,殆所谓优其人而士其行者耶。爰为论次如左。

萍乡刘九畴撰

仁和冯崧生书

极天烽火痛流离,饮刃犹呼阿母时。芝草醴泉随地出,海青身本是男儿。刻《李湘舟传》竟因题。杨象济

苏州义慈巷梨园公所碑记

重修苏州义慈巷梨园公所捐款碑

（原碑在苏州阊门外三乐湾义慈巷一二号梨园公所，
碑高二九公分，宽七九公分）

诸大善士之台衔勒石，以志永久。

收到捐款先后为序

齐天舞台　二十年五月二十四日

卢翌兰　洋三十四元　张韵楼　洋十五元

王瑞林　潘宏勋　于玉贵　以上各位助洋十元

童月娟　李君玉　以上每位助洋七元

沈艳琴　金佩云　梅春奎　小凤池　宣刚　以上每位助洋六元

宋玉珊　赵志秋　陈鸿奎　吴竹香　王呆公　傅小波　以上每位助洋五元

琴碧霞　庄啸峰　以上每位助洋四元

刘瑞春　金鸿兰　徐甫庭　潘月山　曹甫臣　王桂春、秋以上每位助洋三元

冯春发　许敬臣　陈瑞庭　沈鹤鸣　王元芳　周菊芳

王艳芳　墨玉茹　陈文瑞　董月山　王胜瑞　周尧芳

陈之杰　吕春奎　袁梅林　王清凤　以上每位助洋贰元

王正卿　洋壹元五角　杨宝亭　大洋壹元、小洋叁角

夏永年　大洋壹元、小洋贰角

王九龄　潘志高　彭少芳　赵德才　朱少亭　李永提

董月波　邢福喜　柴根生　吕顺奎　郭少兴　刘庆元

花名碑(一)

(原碑在苏州阊门外三乐湾义慈巷一二号梨园公所,
碑高二九公分,宽八二公分)

苏胜杰　孙庆顺　孙玉来　张月升　李鸿福　刘双增
沈飘香　王泰胜　沈永奎　李起山　萧文元　王水泉
王小德山　朱翠英　陈小红　宗艳秋　罗月英　夏美英
云中燕　薛鸿霄　王长林　陈林宝　以上每位助洋壹元
段大雨　洋八角　姚桂喜　徐茂凤　潘凤英　庄和尚
筱宁波　彩上飘　徐炳龙　朱宝生　张三男　以上每位助洋陆角

田玉成　王双林　李胜和　谢小毛　王桂凤　柏富伦　以上每位助小洋陆角

常德顺　胡小海　常春奎　胡四喜　胡小、少喜　吴宝生　以上每位助洋五角

姚小毛　刘阿大　以上每位助洋四角
刘锁柱　曹福生　陈小马　李阿毛　以上每位助小洋四角
总共收大洋贰百五拾八元五角、小洋五拾七角
小世界　五月二十四日
唐月樵　单德元　以上每位助洋贰元
金雪艳　崔韵玉　张月红　汤文甫　毛桂芳　王丽云
马良臣

花名碑(二)

(原碑在苏州阊门外三乐湾义慈巷一二号梨园公所,
碑高二九公分,宽八二公分)

王巳成　刘春林　张文田　李月山　张玉顺　李祥芳　以上每位助洋壹元

赵宝义　王翠莲　张奎官　李宝华　张云升　高荣祥
刘益芳　周莲生　陈永亭　刘高喜　小林桂　王玉成
张庆山　赵福海　陈毓青　冯富贵　孙德桂　谢春祥
任庆桂　应大奎　范富山　陈和尚　刘顺如　薛德山　以上每位助洋五角

总共收洋贰拾九元

大世界京剧场　六月三日

陈善甫　汪佩钧　以上各助洋四元

女叫大　洋三元

景艳芳　白叔安　筱震廷　孙赓虞　王瑶卿　景玉峰
盖天红　汤桂芳　丁福禄　以上各助洋贰元
宦宝亭　宦义宝　宋福田　刘长林　陈斌雨　范永庆
张来奎　陈凤英　佟彩芬　佟月红　王双喜　俞永祥
范福元　汪阿金　马永利　文德奎　李宝荣　王保桂
安庆顺

花名碑(三)

(原碑在苏州阊门外三乐湾义慈巷一二号梨园公所，
碑高二九公分，宽七九公分)

蒋少华　许庆云　冯子莲　张筱有　景佩芳　景秀芳
高庆珍　刘玉奎　潘炳坤　田根生　张天喜　杨炳荣　以上各助洋壹元

孙桂林　缪达源　韩阿毛　潘桂春　王根宝　以上各助洋五角

李西泉　顾占鳌　以上各助小洋四角

总共收大洋陆拾贰元五角、小洋八角

新新公司京班　六月三日

武庆秀　洋拾元　何名氏　洋五元

陆刚芳　陆福庆　花想容　张福奎　朱友奎　王云喜

王竞妍　张铭轩　李莲芬　以上各助洋贰元
汪志奎　张永福　张云鹤　郭长华　曾元仙　沈玉山
张云清　刘凤亭　关少林　朱根寿　张铭华　梁子善
易均安　赵云飞　邱德利　张信云　王福元　陆文仪
洪福如　黄阿根　许芝庭　赵勇义　卢玉成　无名氏
李寿仙　俞阿堂　以上各助洋壹元
崔聚臣　阎素云　何秀英　以上各助小洋六角
李天忠　洋五角　张老虎　洋五角

花名碑(四)

(原碑在苏州阊门外三乐湾义慈巷一二号梨园公所,
碑高二九公分,宽七九公分)

任玉林　小洋五角　郭小友　小洋贰角
总共收大洋五拾八元、小洋贰拾五角
先施公司京班　六月三日
应宝莲　洋贰拾元
张连奎　麒麟豹　张美英　洋拾元　小张文艳　洋五元
郭金茂　洋五元
张小艳　张小楼　张小芳　洋五元
马筱甫　张美霞　姜丽云　刘荣轩　任长海　张艳霞
刘玉春　以上各助洋贰元
宗良云　寿百岁　徐艳霞　张彦坤　李人杰　方寿臣
刘春泉　吾清如　武国起　姚连升　王义德、大头　以上各助洋壹元
刘文斌　董培钊　刘小泉　陈月芬、昌林　郭启山　刘洪楼
刘凤舞　李宝田　以上各助洋五角
阎太全　洋四角　刘昆仑　陈德奎　郭云仙　沈福生
陈建章　朱长海　郭云龙　王桂仙　曹幼亭　苑振奎
左少山　张长生　徐宝祥　周连发　宛学文　高玉来

陆祥云　以上各助小洋四角

徐小顺　洋贰角　张连喜　袁金柱　李德义　筱阿二　以上各助小洋贰角

花名碑(五)

(原碑在苏州阊门外三乐湾义慈巷一二号梨园公所，碑高二九公分，宽七九公分)

总共收大洋六十九元六角、小洋七十六角

大舞台　六月十日

高庆奎　洋五百元　林树棠、勋、森　洋壹百元　黄全生　洋五拾元

荀慧生　洋四拾元　王虎辰　洋贰拾元　赵君玉　洋贰拾元

言菊朋　韩金奎　张桂芬　高雪樵　吕慧君　苗胜春　以上各助洋拾元

袁小楼　李慧琴　粉菊花　陈嘉璘　张少泉　曹伯泉　以上各助五元

金仲仁　马富禄　赵桐珊　张春彦　曹连孝　吴坤芳　以上各助洋四元

谢水福、德声　洋叁元　于莲仙　洋叁元　陈春海　孙庆芬

毕春芳　何润初、长清　程少余　金庆奎　王荣森　以上各助洋贰元

夏如云　潘少岩　李茂芝　张赶七　张杏生　王永利

卢庆元　朱德芳　袁瑞亭　谢春利　董胜奎　朱素林

刘福全　吴金奎　张胜候　蔡紫红　岳占林　阎皓明

徐素云　陈月梅　以上各助洋壹元

李振武　小洋六角　张德仙　小洋五角　张玉凤　洋四角

花名碑(六)

(原碑在苏州阊门外三乐湾义慈巷一二号梨园公所,
碑高二九公分,宽七九公分)

全永奎　卞嘉梁　张春利　王森奎　张云森　关洪林
史青云　吴景春　德庆海　万秀奎　王少奎　以上各助小洋四角
刘春奎　王福卿　陈燕芬　以上各助小洋贰角
共收大洋八百八十四元四角,小洋六十壹角
苏州新舞台　六月十一日
夏良民　洋四元　金利元　洋三元　花美玉　朱韵声
云艳霞　林新云　贺云祥　以上各助洋贰元
彭坤华　程国栋　徐剑鳌　盖春来　邵素珍　阎海山
韩桂云　金友贤　朱桂生　马笑云　韩金生　何学明
周永春　刘正廷　曹兆蓉　张文云　仇长寿　朱灵芝　以上各助洋壹元
蒋石峰、周斌奎　洋壹元　虞炳泉、朱长发　洋壹元
王雨田、陈永奎　洋壹元　王春寿、红　洋壹元
陈云江　刘雅云　赵云我　刘寿山　沈长根　以上各助小洋六角
施惠生　杨瑞卿　毛阿金　叶连奎　张仁生　以上各助洋五角
相水根　张信安　以上各助小洋四角

花名碑(七)

(原碑在苏州阊门外三乐湾义慈巷一二号梨园公所,
碑高二九公分,宽八〇公分)

殷桂荣　小洋贰角　周阿七　小洋贰角
共收大洋四拾壹元五角、小洋四拾贰角

苏州蓬莱世界　六月十一日

杨耀洲　洋贰元　夏进龙　严毛头　蒋艳琴　蒋双喜

胡文鹤　以上各助洋壹元

夏中林　李光耀　杨大雨　周春桂　蒋巧仙　徐庆德

霍幼山　沈翠兰　俞秀英　以上各助洋五角

杨剑影　洋四角　王霞云　李用方　以上各助洋贰角

陈福智　小洋贰角　实收洋拾贰元四角

永安公司京班　六月十二日

谭红梅　洋五元　叶锷声　洋五元　陆子良　陆少林

曹凤兰　王奎元　赵少云　张慧春　谭鹤龄　白玉琴　以上各助洋贰元

印德山　周克斌　杨月来　张宝元　郭坤泉　贡永春

陈菊笙　赵君茂　刘先臣　刘云声　刘国学　张月来

李冠卿　李立三　董兰亭　袁振芳　陆毛豹　李全永

陈汉卿　丘德成　朱云仙　张福明　孙老四　刘来宝

华俊臣　胡燕云　米根福　李松山　陆子安

花名碑(八)

(原碑在苏州阊门外三乐湾义慈巷一二号梨园公所，碑高二九公分，宽八〇公分)

张景春　蒋宝春　李俊才　苏兰芳　金素琴　贾璧云

刘文美　尹九霄　景韵琴　小赵君玉　王慧兰　赵竹卿

陈君霞　李祥云　沈素秋　张宝康　李春利　孙庆春

马俊山　焦庆利　王合云　孟鸿茂　李春棠　刘坤华

盖小山　刘永庆　王春茂　赵喜禄　吴四宝　林圣祥

赵小祥　姜松亭　姜竹清　张世恩　黄承运　夏来顺

程荣生　赵宝荣　阎振奎　范连奎　曹胜奎　王来吉

刘长山　张少福　刘进奎　张德山　张广甲　徐茂庭

张斌芳　蒋宝亭　张运良　杨锁来　郭连喜　马明奎

何顺仙　张庆树　张炳福　杨天林　张五宝　潘老黑
吴锡恩　吴锡林　殷松林　赵云卿　刁庆林　龚三奎
陈三宝　赵连祥　刘升平　吴连卿　戴金福　朱阿三
袁文斌　戴登庆　李少奎

花名碑(九)

(原碑在苏州阊门外三乐湾义慈巷一二号梨园公所,
碑高二九公分,宽八〇公分)

杨子禄　金凤喜　赵福喜　谭大贵　马秀云　赵福林
高升芳　刘琴仙　于桂芬　邢春如　周兰芳　霍万元
陈吉瑞　林万卿　王廷臣　霍万森　吕灵芝　陈艳芳
王桂林　赵海山　杨龄童　以上各助洋壹元
俞兰亭　筱芳兰　蒋邦立　王福元　孙炳林　李阿涛
张国掌　张金贵　张俊泉　王剑秋　张福宝　韩复兴
印小山　程河水　马玉奎　王秀峰　丘云笙　以上各助洋五角　共收洋八十四元五角
汉口共舞台　六月十三日
筱香、月、菊红　洋拾元　高德虎　洋三元
赵菊存　李韵声　韩长宝　石荣芳　王少卿　孙真荣
赵志廷　昝树云　王文祥　董志成　以上各助洋贰元
马兰亭　洋壹元六角　张志芳　万顺利　周红艳　李玉春
周顺田　梁俊圃　余太来　周筱芳　孙喜明　李守一
沈香元　刘伯承

花名碑(十)

(原碑在苏州阊门外三乐湾义慈巷一二号梨园公所,
碑高二九公分,宽八一公分)

常云恒　洋念元　陈鹤峰　洋拾六元六角六分

董志扬　洋拾四元三角三分

李鑫培　董舒良　蒋宝印　以上各助洋拾元

李瑞亭　金碧玉　方玉楼　以上各助洋陆元六角六分

葛华卿　彭文艳　马丽云　胡玉楼　以上各助洋五元

彭春珊　陈永奎　各助洋四元六角六分

刘桐轩　于连升　各助洋四元三角三分

陈福寿　韩文奎　各助洋四元

李庆棠　马义兰　焦宝奎　各助洋叁元六角六分

尹声涛　刘斌昆　各助洋叁元三角三分

尤金圭　洋三元　于菊仙　傅长才　各助洋贰元六角六分

周振和、海　洋贰元五角　杨善华　何英奎　谢鸿奎

何颐馨　以上各助洋贰元三角三分

张玉高　陈少甫　刘振九　各助洋贰元

张莘佩　王奎官　各助洋壹元八角三分

张燕飞　洋壹元七角六分　杨桂林　洋壹元七角三分

曹胜元　李活猴　张俊奎　王永海　王桂馨　以上各助洋壹元六角六分

夏义宝　洋壹元六角　陆英琴　洋壹元五角六分

张崇福　王庆海　各助洋壹元五角

张广福　洋壹元四角三分

周云鹤　张桂卿　姚元春　刘福芳　徐盛祥　聂德春　以上各助洋壹元三角三分

朱春林　李得奎　各助洋壹元贰角

花名碑(十一)

(原碑在苏州阊门外三乐湾义慈巷一二号梨园公所，
碑高二九公分，宽八〇公分)

吕慧春　刘寿芝　钱志范　郝德华　吕云芳　陈秀芳

赵玉美　李桂森　李宝龙　夏鸿珊　任春奎　贡浓春　以上

各助洋壹元

薛顺奎　王大奎　吴永太　张美如　凌连根　赵云峰　以上各助洋五角

冯长平　赵顺义　张小元　吴志明　曹喜云　胡春奎

马德山　曹小亭　彭连顺　张鑫海　王德海　赵玉峰

筱文艳　以上各助洋四角

张宝林　何顺奎　以上各助洋三角

共收洋陆拾七元四角

三星舞台　六月二十六日

赵如泉　毛韵珂　谢月奎　陈筱穆　王英武　刘坤荣

赵旭声　小孟七　赵东升　毛燕秋　孟筱帆　王瀛洲

吴桂芬　刘雨田　郑君麟　谢德宝　赵君甫　陈顺来

黄慧庵　刘春秀　钱月楼　李连甲　刘玉瑞　康松乔

张玉田　张凤云

花名碑(十二)

(原碑在苏州阊门外三乐湾义慈巷一二号梨园公所，碑高二九公分，宽八〇公分)

张宝芳

共收用肆百拾元零三角五分

更新舞台　七月一日

周筱卿　洋壹百元　陈嘉祥　洋五拾元

赵锦棠　洋贰拾元　张国斌、质彬　洋拾八元三角三分

金碧莲　洋拾五元五角五分　刘奎英　洋拾三元八角八分

绮罗香、兰　洋拾壹元一角一分　陈佩卿　洋拾元零五角六分

王永山　洋拾元　白凤英　洋玖元七角二分

苗鑫茹　洋捌元三角三分　娄玉楼　洋陆元一角一分

贾少棠　洋伍元五角五分　樊春楼　洋伍元三角三分

韩凤奎　洋五元　史永春、福、升　洋肆元七角七分

苏云甫、蕙兰　洋叁元六角六分　侯云庭、九阵风　洋叁元陆角一分

李人俊　洋叁元三角三分　许奎官　洋叁元三角三分

鸿艳芳　洋叁元　周五宝　洋贰元七角七分

筱春楼　潘奎芳　以上各助洋贰元七角七分

查天影　洋贰元六角六分　王洪奎　洋贰元五角六分

孟宏垣　洋贰元五角　赵文彬　洋贰元四角贰分

朱瑞云　洋贰元三角八分　厉彦芝　洋贰元三角三分

潘奎祥　洋贰元贰角二分　黄秋成　王逢春　李海亭

苏维坤　以上各助洋贰元　朱春庭　洋壹元九角四分

于福和　洋壹元八角六分　韦永茂　洋壹元八角三分

李福祥　蔡桂卿　张永林　王成章　刘凤海　以上各助洋壹元六角六分

韦三奎　洋壹元六角三分　许幼田　洋壹元五角

张镇邦　张永亭　各助洋壹元贰角五分

鲍德山　洋壹元贰角　王仲平　洋壹元一角三分

陈明山　韩长山　王才宝　李吉祥　以上各助洋壹元一角一分

侯云际　洋壹元壹角

李双兴　王庆星　各助洋壹元零六分

侯云祥　洋壹元零三分

花名碑(十三)

（原碑在苏州阊门外三乐湾义慈巷一二号梨园公所，

碑高二九公分，宽七八公分）

石桂山　洋壹元零三分　贾长顺　洋壹元零贰分

王蕙云　张福通　伏庆洪　白永泉　以上各助洋壹元

鲍林发　洋玖角五分　刘胜爱　洋玖角三分　孙德林　洋玖

角壹分

孙东林　王玉江　刘恩德　李鸿勋　以上各助洋玖角

陈双柱　洋八角六分

陈春永　洋八角五分　筱春喜　洋八角四分　朱金棋　洋八角三分　黄振海　李云卿　各助洋八角

陈宝山　袁三春　各助洋七角八分　刘宝立　洋七角六分　董长发　洋七角四分

李燕亭　胡茂堂　王玉奎　以上各助洋七角三分

崔永庆　洋六角七分　郭恩成　洋六角七分　薛大奎　洋六角六分　张文清　洋六角六分

马桂亭　洋六角一分　王才富　洋六角

王仲英　袁庆英　刘桂元　筱美英　以上各助洋五角三分　侯云华　洋五角一分

刘进才　郭金海　各助洋五角

周璧臣　洋四角六分　陆根生　洋四角　宝龙童子　洋三角三分　四童子　洋三角三分　十六云童洋贰元六角六分　三女士　洋壹元四角　明根　洋贰角

共收洋肆百拾壹元零八分

神仙世界坤班　七月五日

九老板　洋壹元　芙蓉花　洋壹元　周月英　洋壹元

俞兰卿　陈鸿宝　张云仙

花名碑(十四)

(原碑在苏州阊门外三乐湾义慈巷一二号梨园公所，

碑高二九公分，宽八〇公分)

石叔岩　高少亭　查桂芬　以上各助小洋六角

金秀山　小洋五角　钱君玉　小洋五角　筱玉红　小洋四角　王玉峰　小洋四角　冯云卿　小洋三角

紫金红　方升奎　陆阿凤　沈根弟　柴阿妹　顾小妹

沈济川　杨阿三　以上各助小洋贰角

共收大洋叁元、小洋七十三角，合洋玖元四角四分

首都城中大世界美化京剧院　七月七日

汤三老板　洋五元　李宝利　洋五元　彭幼宸　洋贰元　吴三泉　洋贰元

张菊影　王云卿　宫济川　张玉福　季庆亮　孙华亭

胡少鹏　李小龙　杜喜奎　苏镜坤　郭红艳　雪明珠

郑连霞　甄艳霞　陈星桥　羊德清　沈斌如　郑连奎

张喜海　傅福喜　蔡桂卿　王月搂　朱延芳　张正祥

李少臣　以上各助洋壹元

张庆云　熊奎一　江连卿　安庆玉　张玉山　李福山

孟金山　胡来成　张宝贞　刘桂卿　刘连发　筱福寿

张玉祥　筱天佑　阎春双　傅奎双　丁夔臣　陈亭友

张明星　葵小仙

花名碑（十五）

（原碑在苏州阊门外三乐湾义慈巷一二号梨园公所，碑高二九公分，宽七九公分）

汪祖芳　赵庆文　祝兰生　刘和尚　洪福如　孙殿鳌

夏增宝　张顺子　朱炳福　钱少亭　丁瑞清　王桂生

陶杏泉　苏荣生　陆连奎　陈余庆　张义华　张来英

姜阿林　姚顺桂　陆松林　诸金浩　蒋培卿　李克斌

虞阿发　刘正明　时雨滋　朱德瑞　陈金宝　李升泉

李福东　周筱成　毛广源　陆桂春　房二成　王凤翔

张义芝　王吉秀　丁炳洪　张步樵　张玉山　郝香桂

范炳根　黄来喜　任永发　王学元　赵学清　林世祥

赵宝亭　尉迟雨成　左文逵　张德林　范德林　陈顺发

刘玉书　赵更生　彭华清　朱巧生　张玉龙　张老二

鑫连生　筱福全　熊双庆　胡文斌　范锡霖　杨启芳

邵宝山　郁宝庆　杨来顺　张钰春　王菊生

花名碑(十六)

(原碑在苏州阊门外三乐湾义慈巷一二号梨园公所,
碑高二九公分,宽七九公分)

筱杏仙　景小虎　王星福　陈庆芝　张长贵　刘心玉
傅松楼　凤鸣皋　以上各助洋五角
李子红　陈笑尔　王长祖　孙耀龙　阎芝惠　于德奎
王春雷　舒庆叶　陈正亮　张玉荣　以上各助小角四角
共收大洋五拾叁元、小洋四拾角
授剧励治社　七月十二日
关鸿宾　洋贰拾元　产宝福　洋贰拾元
许紫云　马宝刚　关星樵　樊耘卿　范叔年　房宝成
李琴仙　程毓章　伍月华、凤春　以上各助洋拾元
杨玉楼　洋六元　刘璧麟　王润卿　刘君麟　梁喜芳
刘占虚　王幼春　周君铭　仇月祥　瑞德宝　郜俊卿
王文华　熊九龄　顾仰天　周文慧　戴幼宸　许亮宸　以上各助洋五元
王君全　洋贰元　郎德山　洋贰元　诸鼎元　洋壹元
共收洋贰百贰拾壹元
箱行励治社　七月二十日
王善卿　洋拾元　丘福宝　洋拾元　谢玉珊　洋拾元
沈季生　洋拾元

花名碑(十七)

(原碑在苏州阊门外三乐湾义慈巷一二号梨园公所,
碑高二九公分,宽八一公分)

段罗汉　夏少云　叶锷声　刘家声　于友林　徐品记

朱廷德　曹春山　王来福　徐良友　朱长林　双玉堂
王阿五　以上各助洋五元
米祖良　李鸿奎　张连生　柏文华　李树棠　叶春荣
赵月楼　陈致忠　顾宝森　张仁生　明兴培　杨梓卿
周柏生　李荣卿　朱广玉　以上各助洋四元
石福堂　洋三元　薛茂林　方明善　朱炳南　李文玉
王来发　张祥瑞　邹锦棠　胡万元　汪聚才　吴阿三
刘连升　王富亭　孙德隆　华荫培　高少亭　陈同章
宋永福　陈和尚　丁三元　蒋三子　周世礼　邹瑞福
刘玉山　张智恒　步女士　张文标　惠光亭　郑德喜
蒋筱洲　王阿才　杨来喜　马全福　谢雨耕　以上各助洋贰元
蔡小春　蔡连义　周纯昌　王安生　陈良子　丁子卿
陈云群　郭启山

花名碑（十八）

（原碑在苏州阊门外三乐湾义慈巷一二号梨园公所，
碑高二九公分，宽八〇公分）

周宝奎　王顺兴　周文甫　张毛儿　陈汉卿　田老二
钱金安　钱福根　高正明　张寅海　徐友亮　张智杰
胡德生　马良臣　董长有　马春富　曹庆森　金余德
钱炳龙　尹长贵　刘　祥　夏顺子　唐绍荣　张永生
蒋正荣　李少臣　邹水福　陈殿云　王同福　杨金生　以上各助洋壹元
夏来顺　程锦明　施阿坤　杨阿根　朱老五　李锦亭
乔裕茂　梁振卿　汪大旺　朱阿大　戎月才　赵连城
鲁世奎　黄殿成　周金子　马盛茂　赵广东　王阿大
吴阿毛　马老三　吴宝林　黄水金　伍宇森　徐文卿
韩复义　马德奎　刘才宝　顾鹏皋　陆芝姚　取上各助洋五角

共收洋叁百五拾七元五角
天蟾舞台　七月二十四日
周信芳　洋壹百零三元四角　杨慧侬　洋陆拾六元三角三分
杨鼐侬　洋拾五元　刘汉臣　洋陆拾元　刘奎官　洋念元
王芸芳　洋五拾六元六角六分

花名碑(十九)

(原碑在苏州阊门外三乐湾义慈巷一二号梨园公所,
碑高二九公分,宽七九公分)

汪汉卿　张福林　冯润生　各助洋壹元壹角六分
骆庆成　苏连华　各助洋壹元零六分　陈凤清　张三庆
王德山　郝玉昆　于桂泉　张炳元　以上各助洋壹元
周荫亭　周兰卿　罗俊生　梁万才　以上各助洋玖角三分
杨炳泉　洋九角
赵福同　夏凤卿　倪大毛　陈庆有　以上各助洋八角六分
崔万顺　李德昌　各助洋八角　杨玉山　洋七角三分　谢三福　洋六角六分
陆根福　史根章　王和千　王金贵　四人合助洋壹元七角
共收洋四百九十八元二角三分
江浙张记大舞台　八月三日
胡月山　洋拾元　李玉楼　洋五元　达子红　洋五元
潘云芳、小楼　洋四元　张文铭　洋三元
张文兴　洋三元　林少梅　朱君侠　各助洋贰元
筱月楼　筱月樵　王永奎　沈小香　谢春奎　高金奎
毛永利　王庆利　张振武　沈春荣　张少棠　韩桂轩
吴明奎　潘登云　以上各助洋壹元
蒋瑞亭、小亭　洋壹元　胡锡金　洋六角　何顺福
洋六角　蒋三海　洋五角　陆兰芬　洋五角　陆阿祥
孙锡根　张阿何　方玉琴　缪阿毛　以上各助洋四角

花名碑（二十）

（原碑在苏州阊门外三乐湾义慈巷一二号梨园公所，碑高二九公分，宽八〇公分）

沈奎奎　茅连福　沈得子　俞顺荣　各助洋叁角

胡海珠　洋贰角　箱行诸同志　洋壹元七角

场面诸同志　洋壹元叁角

共收洋五拾七元六角

苏州田记大舞台　八月三日

王监田　洋叁元　陈艳芳　洋贰元　王福田　方义亭

王福荣　王心田　赵幼庵　华菊笙　陈金喜　陈仲民　以上各助洋壹元

王桂生　张宝奎　庄金和　张俊卿　徐小根　董一奎

蒋金奎　李大毛　许招财　筱台州　李子红　蒋福林　以上各助小洋陆角

徐阿同　余炳生　金和尚　谭来发　程启沐　吕根生　以上各助小洋四角

共收大洋拾三元、小洋九十六角，合洋念壹元六角四分

司台励治社　八月二十九日

邹根生　陈阿巧　梁根生　丁六叶　房根福　浦耀庭

王忠惠　刘锡坤　以上各助洋贰元

陈金福　于阿泉　孙庠赓　周老表　徐桂生　钱祥麟

谈金宝　汪金荣　以上各助洋壹元

花名碑（二十一）

（原碑在苏州阊门外三乐湾义慈巷一二号梨园公所，碑高二九公分，宽七七公分）

徐小林　小洋八角　罗雨亭　洋六角　倪毛头　洋五角

李仁涵　洋五角　周振国　洋五角

唐阿炳　王聚宝　王锦顺　沈国鸿　任阿大　敖大钰

张德宝　以上各助小洋六角

李炳南　陆阿二　王友生　赵小培　朱楼宝　张荣发　以上各助小洋四角

郭根生　周荣生　各助小洋贰角

共收大洋贰拾六元壹角、小洋七十八角,合洋叁拾贰元八角九分贰厘

南通剧场前后台诸善士　共助洋五拾元

孙乃卿　洋拾元　蓉丽娟　洋拾元　孙春生　洋叁元

卢春龙　洋壹元

伶界音韵部琴行　九月十一日

万增峰　冯春发　姜竹清　田桂芳　苏维坤　厉彦芝

徐金元　杨炳荣　周金海　张长根　英少奎　俞振亭

张俊芬　黄海金　黄云林　夏福宝　随凤祥　任耀根

查银山、衡山　陈志卿　王君全　陆云生　朱根生

王荣富、荣贵　穆植田　杨汉卿　孙玉泉　富子泉

许长海　陈如卿　刘汉全　于鹏飞　袁杏宝　程铭珊

范彬卿　王百水　瑞凤臣　共助洋五拾元

花名碑(二十二)

(原碑在苏州阊门外三乐湾义慈巷一二号梨园公所,碑高二九公分,宽七四公分)

永安公司坤班　九月三十日

朱东海　洋拾元　朱淑良　吴月楼　孙麒童　李贤臣

醉春容　王小云　各助洋壹元

王凤彬　徐金良　朱阿大　各助小洋六角

彭春来　李顺荣　各助小洋四角

卢瑞林　小连芬　小妙珍　刘连仲　汪连奎　查金奎

汪大旺　各助小洋贰角

小德宝　小洋壹角

共收大洋拾六元、小洋四拾壹角，合洋拾九元六角四分八厘

童张氏、秋芳　助洋拾元

后收天蟾舞台共计洋五百陆拾九元八角九分

总共收大洋叁千捌百九拾叁元壹角三分

中华民国念年十月　日修葺竣工、勒碑报销

上海伶界联合会执行委员会、迁筑委员会立

募建苏州祖师庙捐款碑

（原碑在苏州阊门外三乐湾义慈巷一二号梨园公所，

碑高二九公分，宽七九公分）

苏州祖师庙，于民国二十年五月起，由本会经募捐洋叁千八百九十三元壹角三分。已于民国二十年十月，将　诸大善士台衔勒石刻铭。今再将民国二十年十月以后捐款，刻碑报告。

收永宁会杨永泉、徐浩良、刘庆生各友诸善士助洋贰拾元

收银行存款息金洋贰拾元另四角七分

收广东新春秋剧团诸位大善士热心演剧售款助洋壹千另拾九元

以上总共收经募演剧息金大洋四千九百五拾贰元六角

民国二十一年十一月止共付水木作及各项洋三千五百另五元五角三分七厘

另有细账前已印刷报销

民国二十一年十一月止两比应存大洋壹千四百四十七元另六分三厘　此款存在本会

由民国二十二年二月起至二十四年六月止总共付出川资丈量费登报费又找付前清粮串洋及添造前进及两厢房屋重行修理中进后殿造价杂项大洋贰千三百元另五角连民国二十一年十一月止两

共用洋五千八百另六元另三分七厘

以上收进不敷支出透用洋八百五十三元四角三分七厘此款由大会垫付

自民国二十二年二月起至二十四年六月为止支付清账另有印刷报销　于民国二十年第三届执行委员会由林树森主席接收刘老太太将苏州祖师庙及义地契据一切手续,过户与上海市伶界联合会执管。并有委员风信芳、赵如泉、常云恒、周筱卿、陈嘉璘、陈嘉祥、伍月华、韩金奎、李逢南、王瑞林、谢福棠、会员张魁胜等协同办理募捐重修。中途因时局不靖,以致工程停顿。至民国二十三年第六届委员会主席常云恒、委员伍月华、潘宏勋、王瑞林等重行办理,添造房屋,前后修理。以前所募　诸善捐款刻石留名,永久纪念。除募捐不敷由本会垫足付清。另有印刷细账报销。

中华民国二十四年六月　　　　　　上海市伶界联合会建立

苏州梨园祖师庙郑公长泰暨童氏夫人纪念碑

(原碑在苏州阊门外三乐湾义慈巷一二号梨园公所,
碑高一〇五公分,宽五〇.七公分)

郑公长泰,燕之故城县人。幼慕朱家、郭解之为人,从名师学武术。艺成,以行侠尚义,闻于乡敞间。及长隐于伶,粥艺自给。拳捧矫捷,善状孙悟空,见者誉之为活猴,遂以赛活猴为艺名。后之演西游记者,皆奉为圭臬焉。清同治十三年,河南张梦九协镇,闻公才,聘为武术教练官,继擢补用都司。在官多年,廉洁谦让,有足称者。旋以不惯虚拘辞官,仍操伶业,入选为清庭供奉。壮岁后,遁迹江南,艺名借甚。遂不复作北归想,娶吴城童氏夫人,因家江南。公好佛,光绪十五年,渡海朝普陀山,偶触禅机,悟七心之尽妄,从此绝欲戒荤,礼佛益虔,而胸襟亦视前为淡泊。光绪十六年,薄游吴下,见同业鳏寡孤独之穷无所归者,比比皆是,尝恻焉悯之。每欲建屋收容,以免失所,于是其志愈坚,而苦力有不逮。乃效法此丘之苦行，奔走募化，不遗余力。幸苏织造董志明尚衣赣抚德晓峰中丞鉴公意诚志坚，慨捐万金，乐助其成。于是在阊门三六湾购置土地，鸠工庀材，监视缔造。经年而落成，命名曰苏州梨园祖师庙。规模宏大，神象庄严，堪与吴中诸名刹埒。又鉴于同业髫龄失学之众，另辟余屋，创菁莪学校，以培植之。逮庙成校立，而公之精方亦瘁矣。遂弃伶业，摒妻子，栖身庙中。除昕夕以济贫育材，为公众谋幸福外，得暇则参禅诵经，一志修真，以方外人自居。历三载许，至宣统三年冬乃殁。学校遂停办，其后庙产，归童氏夫人保存多年。所有历年完纳赋税修理屋宇等资，皆由夫人节衣减食，独力支持之，从不向人捐募分文。夫人之克承夫志，盖承有足多者。寻庙契为管理僧人盗押于某寺，夫人知之，典售衣饰，向之赎归，暂自保管。数年后，庙之附近，商业日盛，地价飞涨。觊觎者乃日众。有教士西人某欲得此产，以甘言厚利诱夫人，夫人严拒之。军阀当国，庙频为军队所占，军队去，则庙中栋梁俱毁，户牖亦不全。夫人展出私资，为之修葺一新，前后所费不赀。既而复为地痞所据，私设赌窟，亦由夫人设法驱逐之。夫人虽女流，而其言必信，其行必果，不为威屈，不为利动，寻常须眉不如也。迩者，本会决议整理各埠梨园公产。夫人阅之，毅然以全部庙产契据交存本会保管，其深明大义为何如。是在此廿年来屡频于危之苏州庙产，今日能仍为我伶界有者，夫人之力也。同人佩其苦心孤诣，实有不可使之湮没不彰者。并感郑公之德行，乃为之勒石于此，垂示后人焉。

上海市伶界联合会立　吴门汪仲贤撰　虞声哈九成书

中华民国二十四年八月　日立石

广州外江梨园会馆碑刻

外江梨园会馆碑记

粤省外江梨园会馆始创造于乾隆二十四年,钟先廷及各班建立。后刘守俊不忍坐视荒,于三十四年暨四十年,邀仝各班捐费,修整二次。奈此时来广贸易者,寡偶少助,公项不敷,以致神台前后俱缺费迟搁。幸迩来接踵至省约有十余班,神灵赫跃,诚为万古不朽矣。是以公议出首事刘守俊　杨国定　李国兴　李云山四等,复议重修。讵众班闻风,即踊跃争先,捐银千金。自庚子春兴工修理,至夏六月告竣,非神灵点佑,何以辉煌若斯之盛耶。然楼台画栋,神威固肃观瞻;规条严明,人心更加约束。于是同侪之虞忭胥泯,万古之烟祀常留。谨将公议条规开列于后,以永垂不朽云。

一议,修理会馆需费千数余金,所存公银,不敷用度,今各班捐金凑用,业以完竣。新班到粤,先上会艮一百两,入会开台酒三席。

一议,各班招牌俱入会馆。凡赐顾者,必期至会馆,指名某班,定戏付钱。老城内外台戏拾二元,加箱四元,每元重七钱足,如收轻者,查出公罚。新城外戏台一十二元,加箱四元。下乡开台,四元。

一议,各乡到城定戏,揔以先后为主,价钱高者,可做。如不依,查出其艮,尽罚入会馆。

一议,两班合做有赏,公分。恐唤各班另赏,归与本班。

一议,官差悮下,听其定家,另调别班。本班送往别班可也。

一议,各班邀请脚色场面人等,须凭会馆言明,两班各自情愿方可。不得私自刁唆。凡包者须一年,分者公议。还清公帐,方可出班,如有本人私自投别班者,公罚,各班不许收留。

一议，来粤新班，俱要上会入公。如有充官班不上会，官戏任唱，民戏不准。

一议，各班下乡，每场提花钱一元；充公在城，每本艮一分。钱入会馆，以作公费。此项各班公派。

一议，各管班在本班，行事不公，肥囊入己，查出，公堂向会馆议罚。

一议，各班不许私自上门揽戏，查出，戏金入公，管班罚戏一本。

一议，凡有新班到，管班先上会银拾两，然后方可出名拜客，投手本。如无不准。

一议，倘有在各衙门主东处，谈论别班长短者，查出，听罚。

一议，各班内抬扛自办，亦不时常辞班，仍蹈前辙，知会各班，不得收留。

一议，班内有事赴会馆理论，先备茶点，理亏者凭公处罚。

一议，会馆不许屯留闲杂人等居住。各班抬箱人在馆闲住，有班者，试问该管班；无班者，惟看馆人试问。

一议，定戏鞾金，除本城衙门及士商各行等，俱无鞾金。

乾隆四十五年七月初三日外江总寓会首公具

刘祚昆　曾　福　容龚圣

谭赐宝　梁文灿　冯瑞耕

文彩班刘守俊　郑国明　戴超元　陈世九　捐银陆拾八两正

徐廷相　顾万英　陆振廷

赖禧满　孙峻明　邓成广

沈国志　刘庭龙　陆绍荣

刘天定　夏云吉　冯联胜

李自瀚　顾士英　刘超荣

周伯纲　易明弟　杨再□

陈云开　李凌贵　陈王翠

汪松林　宋宾贤　侯匹贵

			刘朝曾	刘文恩	徐廷诰	
湖		汪雅林	邝元祥	陈泰友	刘占宾	
	祥泰班	廖铨衡	李自登	袁应龙	萧敬义	捐银陆拾捌两正
南		杨国定	钟惟善	邱如叔	刘满官	
			陈维礼	陈元怀	吴松翠	
			许先魁	陈彩凤	谢三秀	
			罗朝宣	张天惠	谭朝纲	
			袁光华	刘鹤鸣	杨彩祥	

		方晓阳	吴起龙	郑翠华	江徐林	
			陈凤彩	樊易泰	姜有万	
		李云山	龙振国	殷佑明	范翠吟	
			李弘贞	王在中	聂秀官	
安徽	文秀班	袁宏高	杨鹤清	黄陞罡	王凤高	捐银陆拾捌两正
			萧瘦北	袁乘龙	董振大	
		傅廷辉	程苍吟	陈北顺	陈坤山	
			汪吉陞	刘定国	李克念	
		张有贵	汪南山	胡万春	孔振远	
			张殿臣	熊楚材	刘义容	
					汪祥三	

			王明泰	黄三元	焦雅明	
			汪金源	张寿官	金允成	
			姜焰柏	姜翠华	杨一七	
		方恒启	杨文仁	胡金王	周东山	
安		陈怀父	姜定高	何珮元	钱明九	
	上陞班	舒相国	姜绍皆	陈霞彩	李兆稀	捐银陆拾捌两正
徽		陈昇远	蔡有志	姜英翠	姜效从	
		省华章	徐文元	钱寿官	颜世福	
			侯求山	李圣才	郝圣爵	

陈朝荣　陆仲芳　陈志高
潘连庆　高永年　张士建
姜玉彩
产永高　产二保　朱连陞
程佩植　产长生　张增福
赵迎祥　刘福官　黄双喜
安　张次声　刘双庆　钱全福
保和班产豪士　刘禄贵　程应官　捐银陆拾捌两正
徽　产泰周　刘双福　李百顺
柳先春　刘玉翠　黄长乐
张燕贵　产吉庆　张双全
姜盛华　张双全　石凝官
王五彩

胡圣才　吴兰官　陈焰华
刘步清　杨开拱　张云起
汪文魁　程美元　王位侯
陈茂翠　周宝官　许仲远
安　黄定攀　陈潜玩　陈敬堂　王银山
翠庆班陈南山　卢明传　刘邦恒　黄明万　捐银陆拾捌两正
徽　程君典　何武魁　张云才　胡周起
汪裕万　陈经贵　黄攀桂
汪占魁　杨林赞　徐大坤
陈中元　周夔侯　陈爵高
陈相栢　王仲先　邓福有
姜文华

罗智尧　侯万龙　王禹亮
董思永　赵汝茂　邝成振
方利东　杨陞官　李朝鼎

集庆班徐凤山　张道嵩　宋正远　徐凤长　捐银陆拾捌两正
曾心崙　许四官　顾大官
王升甫　毛廷琚　蔡长官
刘国荣　赵重杨　欧洪光
杨开三　胡保官　刘及潮

陈连喜　程凨官　段超万
谢林江　董留官　张同春
吏福寿　丁元官　张广材
刘池宫　陈三官　曾选书
胡秀芳　潘星官　刘文献
安徽上明班胡集万 杨万清　张国凯　聂爵官　潘尔雅　捐银陆拾捌两正
陈宝官　汪谐官　何文义
汪天陞　孙凨官　李四汉
杨胜高　熊正周　刘合官
陈宁官　鲁金明　潘朝一
潘节官　潘凨官

袁洪恩　张九高　王明九　王小娃
产杰士　笪云从　程正伦　章德宝
孙凤美　姚方玉　何效彩　王大贵
安徽百福班李金玉 黄廷兰　李荣芳　陈大本　王宗廷　刘思坤
李聚山　黄世光　刘凤仪　石凤林
徐松山　徐文赞　李聚芳　冯文荣
张朝恩　杨正高　罗喜官　何观钟
卢海龙　甘开文　方五宁　汪加爵
李国兴捐银五十三两六分　众姓捐银拾五两正

四寿官　孙国举

安徽	春台班汪飞云	姜桃官 汪秀庭 胡方翠 汪诏官 李豹章 张元官 产会三 何福官 徐兆书 王翠官 石大元 赵谐官 张在遇 杨何官 徐运官 黄凌官 陈华官 何　官		捐银陆拾捌两正
江右	江易班	陈江焰 袁时三 刘永清 胡必贵 朱祖封 熊万荣 张庄文 熊榜泰 王龍虎 熊蒙瑞 胡文秀 王茂春 刘士佐 王龙寿 巢传彩 吴　心 金其昌 阎显仁 罗国臣 邓矶龍 李长春 袁文达 胡绪文 罗福长 王见龍 李锦圆 黄全秀 李茂林 陶维周 严聚秀 熊祖贤		捐银陆拾捌两正
江西	贵华班	万昇才 冷文元 简凡达 梁步龙 邹锡章 李兴万 王彩翰 周德义 万全伍 葛依凯 冷文解 张芝麟 萧臣选 舒化龙 胡国选 熊壁华 谢文魁 汪国发 张如英 汪广裕 罗山寿 赵仙友 李荣立 鲁七官		捐银陆拾捌两正

彭建榜　吴胤广　傅瑞灿
李风山　符学信　王贵保
杨云从

江金山　吴六官　姜秀元
何迪赐　汪增寿　张焰南
徐绍汤　龚庆华　汪洪泾　吴才高
安　曾国聘　何国安　潘文凯　鲁孔昭
荣陞班魏觐臣　曾魁士　吴凤山　汪廷赞　捐银陆拾捌两正
徽　陈天乐　贾华四　陈福官　程育文
杨祯模　杨逢春　郑德美　杨孔谓
王开元　严佩朝　汪友进
杨亚九　谢富才　陈翠云
刘国贤

文彩管班刘守俊
祥泰管班杨国定
文秀管班李云山
上陞管班舒相国
保和管班产豪士
翠庆管班程君典
集庆管班徐凤山
百福管班黄廷兰
上明管班杨万清
春台管班汪飞云
江易管班刘士佐
贵华管班萧臣选
荣陞管班曾国聘
集秀管班郑锡九
□□管班刘天锡

云南昆明老郎庙碑记

修建观音殿碑记

修建观音殿碑记

盖闻佛本三世，尤传崇奉观音；法属空门，自具琳宫宝殿。然而身光幻化，本系天宫；而安灵妥祀，实赖修□。省会东城内有宝宿宫，为戏班众姓奉祀老郎之所。惟奈殿宇逼拟，原奉观音大士于前殿焉，未免妥奉不公。众善等朝夕奉持，于心歉然，特移本宫内之。后殿西有旧庑三楹，□□□□□足建修殿宇，移奉观音。独是工程非一木可支，善举赖仁人普助。伏惟宰官大人、现世菩萨，慈悲喜舍，共替乐成，佛天均感功德不朽。今将宰官庶士捐助功德姓名开列。

计开：

东院内班

曾立尧助艮弍十四两八分　陆定珍助艮八两　悟静堂阎　助艮弍两

陈文清　助艮弍十两　　庞春林助艮八两　乐善堂陈　助艮弍两

爱蝠堂刘　助艮弍十五两　王又珍助艮七两　树德堂　助艮弍两

永安堂刘　助艮弍十一两　王受田助艮五两　德闰堂　助艮弍两

文海堂陆　助艮弍拾两　　杜元凯助艮五两　树慈堂　助艮弍两

陆万苍　助艮弍拾两　　沈启承助艮弍两　王携李　助艮弍两

陈秀章　助艮式拾八两　聂锦芳助艮式两　李炳文　助艮式两

刘国祥　助艮式拾两　祝永菜助艮式两　聚　升　助艮式两

孙文元　助艮式拾两　沈大年助艮式两　内班众姓助艮五拾四两

兴　安　助艮式八两　那　助艮式两　院班众姓助钱乙百千文

富大人东院内班助钱捌拾八千四百文

西院内班

谭门朱夫人助艮拾式两　陆门钱氏助艮五分　那木甲助艮式两　陈□

孙门柴安人　助艮八两　嵩桓轩　助艮四两　金志贤助艮式两　刘□爷

邓门杨氏　助艮四两　嵩华庭　助艮四两　陈光国助艮式两　□二爷

陆门周氏　助艮四两　三　堂　助艮四两　周起论助艮式两　□相公

王门杨氏　助艮四两　孙晓东　助艮四两　费永献助艮七两　陆大爷

李门陶氏　助艮四两　庄德荣　助艮四两　仁寿堂周　三槐堂王　心畊堂李

宁门蔡氏　助艮三两　世德堂　助艮四两　爱我堂王　百运堂张　世德堂沈

邓门李氏　助艮三两　王焕章　助艮四两　畊石堂周　秀芝堂陈　孙鉴湖

刘门杨氏　助艮三两　棣　堂　助艮三两　唐西沈　陈森兰　章　亭

金门蔡氏　助艮乙两　怀鹤堂　助艮三两　王三爷　刘　吉　华　秀

谭大人西院内班众姓二爷助艮拾九两四钱

二十位共助艮壹佰弍十七两五分

吉祥班杨仙官室人纪氏　重修
老郎宫益于城内立地基殿宇起　共助功德　银壹佰零弍两五分
钱四佰九十七千文

大清乾隆癸丑岁太簇月吉日住持刘阳兴仝立

重修老郎宫碑记

滇省会城内建有老郎宫者，由来久矣。各班人等于兹聚集，虔礼菩萨，公同庆祝，各班赖以兴隆。奈日久坍残，未经修葺，殊觉减色。今各班人等公捐余金，重为修理，换一新，庶昭诚敬而壮观瞻。将来财禄丰盈，各享安康，未有不自今始也。今将各善姓芳名并条规，刊列于左，永垂不朽。计开：

众议：挂新班牌，上功德银肆拾陆两。挂旧改班牌，上功德银叁拾陆两。本家管事上功德银捌两。箱主上功德银捌两。各班面牌，每班银肆千文，庙主亲送。各班送贺礼对子火炮菓蝶会公送。阖班先生、场面，上功德银壹两贰钱。生脚先生上功德银壹两贰钱。花脸、末、外先生，上功德银壹两贰钱。老旦、正旦先生，上功德银壹两贰钱。小旦先生上功德贰两肆钱。代学生相公，唱那行，上那行功德。管箱抬杂上功德银壹两。伙房、打杂，上功德银肆两。梅花当子班上功德银拾捌两。清音当子、动笛子、丝弦，上功德银捌两。

总领萧楚珍助银贰拾陆两。倪炳高、淡斯尧助银捌两。胡钟灵助银捌两。蔡鸿元助银捌两。

会首张昌明助银贰两。刘先瑚助银贰两。沈文贵银贰两。伍鸿勲银贰两。萧贵林银贰两。

道光二拾二年十二月吉旦

西安梨园行会碑刻

西安梨园会馆碑记

盖闻大地尽福田,由人自种;圣神皆灵感,积善乃通。省会骡马市四圣行宫,创自双寨班,而众班合之者也。工兴于丙申七月,落成于庚子十二月。前殿五宇,老郎端居于宝座;后宫三楹,关帝高位呼崇台。左右配祀,财神药王。两庑山门已备,而未能工巧。虽人力之经营,实神圣之感应。难云尽善尽美,庶神灵安妥而人心欢庆矣。所可虑者,庙内乏钟鼓之设,何以昭赫灵而壮观瞻?弟子孝等,发心建造钟一口,鼓一面,为圣神耳目之观。非敢贪功,聊述始末。谨勒诸石,以志一时之盛云尔。

首事人　白廷孝　权必龙　申大狗儿　白双官　张小狗儿

支持僧　演升　演训　敬立

大清乾隆岁次庚子葭月上浣穀旦

重修庄王庙神会碑记

自古干舞教化,以移风易俗;至唐教梨园弟子,以娱情畅意。今之演戏,即其遗风,由来久矣。艺虽微末,而酬神庆贺,亦不可废。是以京城并各省,均有庙貌会事。西安乃陕西之总汇,借斯业以资生者,亦复不少。而庄王盛会,久未画一。且近来在官差役人,遇各坊城乡之戏,每借名以官价唤演,致我等衣食不济。无奈以罔利害众等事,禀各大宪及府厅县,恩案恳请,示谕遵照。幸蒙各宪俯念贫苦,恩施格外,示谕严禁各差役,无得借端拘押、勒索、滋扰，各谋生案。此诚各宪作养之特恩，而以赖神灵之默佑也。是以集诸同道，重起会事，立碑记之。

嘉庆十二年四月吉日立

山西晋城梨园行会碑刻

五聚堂纪德碑序

五聚堂纪德碑序

丹川翟冲霄撰文并书

五聚堂者何？梨园寓所也。梨园何以有寓？为支差而设也。堂何以五聚名？五属梨园皆得寓于斯也。中奉开元皇帝，梨园所自始也。左祀三官，祈赐福也。右配财神，祝多富也。曲辨铿锵，人苦跋涉，是以大王、咽喉、山神附焉。其先官戏一役，除给口食外，每日只发戏价钱一千文。时久口食被蚀□顶□重复之弊更多，子弟苦之。庚戌□国制，遏□音乐，苦愈甚。时觉罗万公祖署泽，□班赴辕吁恳裁除，蒙恩裁去官戏十二台，仍旧酌给口食，复严禁顶冒重复之票。及檄下县属，宝坻李县尊又大沛特恩，再裁一十七台，饬以轮流支应，以均苦乐，诚盛德也。二公德政何止于此，此特波及梨园者耳，乌可以不纪？因将喻示勒石，以垂永久。是为序。

具禀状人文盛班张百耐、长盛班翟正昌、协春班樊正斌、贵升班翟起林、庆升班郭长庆、永魁班郭小银、春元班郭富余、玉盛班赵嘉玉、昌盛班张永林：为差事日增，苦累不堪，恳恩饬除，以正祀典事。窃人生各有执业，赖以养家糊口。凤邑西南一带，山多土薄，梨园一行，大抵皆自幼迫于饥寒所致。业虽不同于农工商贾，而恃以仰事俯畜，则无有不同。早年官戏一役，每岁犹只万寿节、文昌宫、关帝庙、城隍庙、火神、马王等庙数处而已，近来增至六十余台，每天仅给官价钱八百文。本属苦累不堪，而胥役更加舞弊，有一次祭祀而出票叫戏三、四班，挨次索取打点，终使一班支奉者；有此衙门已经出票，彼衙门又复出票者，纷纷滋扰，并无定期筹备。遂至写戏之家或因失误日期，纠众抢箱；或因缚捆掌班，而聚众攒殴，几于酿成案件者屡矣。小的等因在城内设立五聚堂寓处，顾觅班头一人支应差务，期于公私两便。奈积弊已深，难以剔除。竟有一岁支应五六次差务不能告竣者，亦有终岁不支一差即可无事者。伏查所增官戏，皆是以先不列祀典，后来在官人役，偶起社会，朦混增添之戏，岂足以昭诚敬而娱鬼神？昔狄梁公巡抚江南，毁淫祠一千七百余所，而今啧啧人口。宪天表率五邑，生佛万家，若肯于列在祀典之外大施裁割，来年传戏酬神之时，定以轮流支差，免其出票。再酌加口食，使公私两便，其颂声当不在梁公之下也。为此，备列条款，叩恳宪天大老爷恩准，饬县备案，出示遵行，戴德无既。

道光三十年六月初六日在泽州府投递

初七日先发朱谕一纸，十五蒙批：查演戏酬神，例所不禁。惟称官戏每年增至六十余台，内有不在祀典者十二台应行裁除。至称尔等轮流支差，以昭平允，以杜出票之弊，亦属可行。但尔等所雇班头，恐更换不常，致误公事，亦当报名存案，以便期年后传唤。又称不论何班，每日领价十千，殊属非是。查戏班子弟，有多至七八十人，少至二、三十人不等，断无一概笼统给价十千之理。应计口授食，每人每天发给饭食钱四十文，庶于尔等不致有亏。姑仰凤台县存案，出示晓谕。尔等亦当遵谕，投县报明班头姓名，毋违。粘单附原呈并发。

应支官戏列后：□照壁：正月十四日，三天；府隍庙：正月十四日，三天；县隍庙：正月十四日，三天；拦车司：正月十四日，三天；箭道：正月二十七日，三天；府仪门外：二月初二日，三天；县仪门：二月初二日，三天；文昌祠：二月初二日，三天；府隍庙：五月□日，三天；箭道：五月十二日，三天；经厅：五月十二日，三天；关帝庙：五月十二日，三天；龙王庙：六月十二日，三天；府马号：六月二十二日，三天；箭道：六月二十二日，三天；县马号：六月二十二日，三天；拦车：六月二十二日，三天；文昌祠：七月初七日，三天；县隍庙：七月十二日，三天；府隍庙：八月二十一日，三天；东关帝庙：九月十二日，三天；县隍庙：十月初一日，三天；骡马会：十一月初二日，三天。

大清龙飞咸丰元年岁次辛亥正月朔日泽州府五属戏班同勒
玉工王永魁镌

碑 阴

署府正堂觉罗万谕文盛等戏班知悉:尔等呈恳裁除每年额外增添官戏十□台,致尔等受累难堪,本府已批饰裁除矣。至称轮流支差,尔等公寓设立班头支应差事,各衙门不必出票滋扰;俟期年后,传戏献神之时,各衙门均不必传票,亦准报明班头姓名支应。又称尔等赔累过多,除戏价外,每人酌给饭钱四十文。各宜凛遵,不可有误。六月初七日谕。实贴该班等寓所。

特调凤台县正堂加五级记录十次李为晓谕事:案蒙前署府宪,饬审府属土戏文盛等班禀请裁除新添官戏等情到县。蒙此,当经讯。据该戏班等咸称,实缘旧应各衙神戏之外,尚有新添数台。近年以来,班少戏多,委难支应,是以由府呈恳裁除。据此,随饬各该班头,即将每年支差神戏,逐一单开,具禀到案。本县逐加祥察,应可裁者二十余处。今将裁汰演唱日期、处所,合行分晰胪列,出示晓谕。为此示仰各该戏班知悉:自示之后,尔等即当遵照,除后开裁汰之外,所有演唱之处,自当预为传知,按期轮流支差、领价,小心伺候。勿再托故耽误,致干咎戾,各宜凛遵勿违。特示。

计裁:县马号:正月十五日,三天;县隍庙:二月初四日,□□;七佛门:二月十八日,三天;五月初八日,三天;东关帝庙:五月十五日,□□;骡马会改为四台;府快班:六月二十四日,三天;府仪门外:七月十二日,三天;县隍庙:七月二十日,三天;春秋阁:七月二十日,三天;府仪门外:七月二十□日,三天;县仪门里:七月二十九日,三天;府大堂:八月初十日,三天;万寿节:八月初十日,三天;箭道:九月十二日,三天;经厅:九月十五日,三天;府快班:九月十二日,三天;县隍庙:九月二十四日,三天,十月初四日,三天;万寿节:十月初九日,三天;箭道:十月初九日,三天;县马号:十月初九日,三天;宴公庙:九月十六日,三天。

右仰通知

道光三十年九月十七日(印)

告示押　实贴五聚堂

重修开元宫庙碑记

重修开元宫庙碑记

此庙创建于道光甲申岁，历五十（阕文）颓不堪。□神事而动观瞻，诚可悯也。兹有翟君（阕文）轮赀□，又募化四方布施钱壹佰千有余。实（阕文）竣。□圣像新装，金光耀彩，殿庭生色（阕文）而动观瞻矣。□将捐输姓名刻石亦（阕文）善士姓名列左：

泽郡凤邑望城头村文童郭（阕文）□永福施钱四千贰佰文

屯邑 和盛班施钱三千文。冯永庚施钱贰千五佰文

潞府三义班施钱贰千文。王天赐施钱□千文。冯金□施钱□千文。屯邑仓顺班施钱贰千文。冯金裕施钱贰千文。郭永玉施钱贰千文。

翟瑞瑞施钱二千□佰文。郭□□施钱壹千□佰文。岳邑和成班施钱壹千五□文。冯金仙施钱壹千五□文。郭怀琳施钱壹千二佰文。（阕文）

凤邑新成班施钱贰千文。郭会会施钱壹仟二佰文。翟厚昌施钱二千。（阕文）

长邑李长春、襄邑协盛班、黎邑张添仓、李寨宋天义、安春成、郭丑会、翟德松、郭庆春、徐群狗、郭骡骡、翟锁锁、翟景秀、郭保太、郭进山、郭王八各施钱壹千文。安戊成、安义成、安毛□、安小和、安福生、□家田（阕文）、郭栓□，各施钱七佰文（阕文）

时大清同治十三年岁（阕文）

湖北沙市老郎庙碑

重修沙市老郎庙碑

盖闻圣贤之学,礼乐为先;百艺之首,出之上古。流传之业,周公演礼乐,列国贤人先儒孟施效之为始□。我等后辈尊先师而立庙祭焉。先辈建老郎神庙,春秋设祭,庙貌一新。爰□公所公同议事,□□持奉,供立先师圣像。求福之地,此皆先辈建业之艰苦。及今年□月,□风摧残,围墙倒塌,砖石一空,不但酬神无所,而壮观□且无颜,我等难以求福。今各班公同,各行各出厘金,踊跃重建老郎神庙以壮大观。

一议,有外来客班卦(挂)牌上会,入庙钱三十六串。

一议,箱主上会,入庙钱十二串。

一议,恐有行箱转主,上会钱十二串。

一议,中山会上会钱四串六。

一议,教带徒中山会钱一串六。

一议,恐有接来师友得班银,上会钱每□□。

一议,吉祥会钱二串四佰。

一议,如意会上会钱一串六佰。

一议,长生会钱五串六佰。

一议,恐有上庙讲话派茶钱一串六佰。

一议,敬神香钱四佰。

一议,卦(挂)牌寓先生开笔资钱四佰。

一议,恐有外班卦(挂)牌讲话酒席二桌。

一议,新班卦(挂)牌,各班麦筹一佰根。

以上各条,交钱上庙,准其生理。

一议,恐有不遵者,罚钱五串。

道光二十四年菊月一日

序　　跋

戏曲序跋(包括序言、弁言、题辞、总论、凡例、导言、跋语等),是研究戏曲发展演变的重要文献史料。有鉴于本汇编不收剧本,特辑录若干清代剧本选集、文人剧作及曲谱的序跋,以裨研究。所收序跋,按时间顺序排列。同时说明版本,照录原文,并对其书和作者作简略介绍。谷曙光辑录整理。

《新定十二律京腔谱》

王正祥编纂。其人生平事迹不详，还编有《新定十二律昆腔谱》。此书是当时盛行于北京地区的高腔(即弋阳腔在北京的变种)之曲谱，王氏名之曰“京腔”。编者鉴于“京腔盛行，惜无曲谱”，于是总结了京腔的格律、音乐、体制等，编成此书，是迄今仅见的高腔曲谱。有清康熙年间停云室刻本，书前之序撰于康熙二十三年(1684)。

京腔盛行,惜无曲谱。兹故选曲归律,定其腔板,更附《考正音韵大全》,《重较问奇一览》,汇成全帙,并附梓人。诚词坛之宝筏,而亦曲部之指南也。

序

原夫六经皆载道之书也,而乐之寓义綦大。盖古昔圣贤格神人,协上下,胥赖乎乐。乐也者,可以验气数之盛衰,推政治之得失者也。以故季札往观周乐,预识兴亡;太史遍采国风,悬知消长。厥后,秦火之余,《乐经》既失罕觏,其传秦汉而还,犹取璇玑玉衡之说,以合五音诠次,如宫商角徵羽,分属君臣民事物是也。即渐而流为乐府,即今郊社享祀之歌章,多出于此。递相纷更,遂有北曲。北曲者,隋开其径,唐继其美,而大备于元。至于南曲之所从来也,果安在哉!三百篇后,因而有诗,诗余有词,词又变而为曲。诗盛于唐,词行于宋,而曲始兴于明,排场既具,昆弋遂分,是为南曲。由此观之,则曲分南北,相去宵壤,未可同日语也。按及元人宫调,仙吕等宫,是为六宫;大石等调,是为十一调。即今《百种》诸书,其所彰明较著者,如是而已。然而考其所本,则甚谬也。尝观律吕相合河图洛书之数,无非阴阳相配之义,无关论乐取裁。至于五音律吕之论,考其宫声七调,乃有正宫、高宫、中吕宫、道官、南吕宫、仙吕宫、黄钟宫,皆生于黄钟者也。商声七调,乃有大石调、高大石调、双调、小石调、揭指调、商调、越调,皆生于太簇者也。羽声七调,乃有般涉调、高般涉调、中吕调、平正调、南吕调、仙吕调,黄钟调,皆生于南吕者也。角声七调,乃有大石角、高大石角、双角、小石角、揭指角、商角、越角,皆生于应钟者也。而惟独徵音七调则缺之。或以其变徵而不能成声乎?夫变徵而无其调,似也。而宫音为变宫,何独仍有其调乎?是可疑也。更可异者,既名七调,何以宫声之调皆谓之宫商,羽声之调乃谓之调,角声之调则又谓之角?夫此等宫调,皆北曲所取法者,已混淆如是。更观其以黄钟为宫,太簇为商,姑洗为角,蕤宾为变徵,林钟为徵,南吕为羽,应钟为变宫，其所见如是者，盖不过君臣民事物一岁之事也，无关于乐也。及阅蔡氏新书，其说又复不同。其五调皆用外转，黄钟为宫，则无射为商，夷则为角，中吕为徵，夹钟为羽，大吕为变宫，蕤宾为变徵，以其在宫调之内，故俱谓之宫。惟夷则为正角不用，而用南吕为宫，余皆依其本律。黄钟宫一也，无射为高宫二也，南吕宫三也，蕤宾为道宫四也，中吕宫五也，夹钟为正宫六也，大吕为仙吕宫七也，其商角羽调皆仿此，其说如是。夫以在天之五行，配乎言乐之五音，秩然罗列，犹有难解。而蔡氏之言，又从而纷，更倒置之，是其臆见，妄为赘解。予甚不满焉。且其言宫而非专属乎宫，言调而非专属乎调，甚无谓也。及查宫调总论，旋相为宫，以律为经，复以律为纬，每律得十二调，合之十二律，共得八十四调。盖其时未有牌名，因调而为之歌章，故有诸宫、诸调之称谓，即如古歌行、少年行等类，存其名以便于歌者。自盛唐以来，始有牌名，后复甚繁。而北曲所唱者，较之八十四调，与牌名迥异。唱头原以牌名，当是时也，及至欲去其宫调之名，而奈因优伶之辈，借正乐而为糊口之计，岂可舍其宫调之名欤？因而于中生巧，言宫调太繁，省其八十四为四十八，可见愚蠢之至也。按，其数八十四、四十八，并无成数关碍，无非四字，那上八字移下文，人可不哂哉！大抵既有牌名，则断乎不可更以宫调称谓之矣。乃元人所分六宫十一调，杂乱无章，已非后学典则。至若曲分南北，声音迥异，又不啻秦越人之相去远也。大抵北曲宗派，乃系乐府歌章，以及院本源流，故隋谓之“康衢戏”，唐谓之“梨园乐”，宋谓之“华林戏”，元谓之“升平乐”，又有行家生活、戾家把戏之别。其有煞尾者，谓之套数。时行小令，谓之叶儿套数。当是时也，傅粉墨而登场者亦有之，而搬演之辈，寥寥无几，若狚若靓，若狐若鸨，若猱若捷讥，若引戏，若正末，又谓之末泥，若执磕瓜以扑靓之副末，皆与南曲剧场宗派大相迳庭，是南北曲各别之故，大略可见矣。明时虽有南曲，而其所尚，犹有弦索官腔，至嘉隆间乃渐改旧习。玉步既更，始备众乐器，而剧场乃为大成。以此论之，则南北曲大不相侔者。夫人而知之矣，何以词隐所定九宫，亦以北曲宫调而仿佛之乎？夫南曲通行几三百年矣，而曲谱之行于世者,则无不竞宗九宫,此则予之所不可解者也。夫北曲所取宫调,已属大谬,况乎南北异音,岂可又宗其谬,而究不得指归。盖既欲另定南曲之谱,自当探索本原,另分曲部,何得亦拾北曲宫调之唾余,而为南曲之条目乎?查其仙吕、正宫、黄钟、南吕、中吕,乃五宫也。彼若欲以北宫为宫,予则不解其缺,其一也。又查其商调、越调、羽调、大石调、小石调、般涉调、双调、仙吕入双调,乃八调也。彼若欲以北调为调,则不解其既缺其四,而又谬添一仙吕入双调也。不特此也,彼名曰九宫,而仅有其五;附十三调,而仅有其八,此皆更不可解者也。或曰:彼欲以月令为宫也,而揆之月令,则忘其九,盖止有黄钟、中吕、南吕也。欲以五音为调也,而按以五音,则失其三,盖止有商与羽也。此予不可解之中,而恨不能起词隐而质其故也。况其曲体不一,每存又一体之名,注解支离,常有姑阙之等语。至于不叙联套,不辨紧慢,或称过曲者有之,或称慢词近词者有之。即使词隐自思及此,恐亦不可解也。其他如犯调之考核,未协牌名之整犯交错,衬字混入正文,平仄彼此各异。其不可解处指不胜屈。而欲居然为词曲之仪型也,不亦难乎!若夫《南音三籁》,虽能博采联套,而其不可宗者,在乎兼存歧路。《南词新谱》虽能较查犯调,而其不足取者,在乎偏论旁枝。皆非所以为九宫补过,而适足为九宫滋弊者也。然则九宫之固陋如是,而通行已久,亦独何欤?盖幸也谱中有昆板存焉,所以填词之士,奉为章程;歌曲之俦,遵为模范耳。殊不知虽定其板,未辨其腔,其于审声以知音之说,亦已不可问矣。协律之谓,何忍令其紊杂如斯乎?乃若弋曲之与昆曲并行也,实行于未有昆腔之先,于今为盛,词隐自藏其拙,竟不能定板核腔,而后人亦无有能著弋谱者,无怪乎世俗之弋曲,以信手之板为板,而以信口之腔为腔者也。颓波泛滥之下,不有砥柱于中流,讵不为词坛欠事耶!予不自逊,因欲成一弋腔谱,盖以从前之所未有而亟为指南也。但词曲一道,虽非古乐矣,而不得不以五音十二律定之。盖五音各异,其于分贴十二律最为详确,如春行木令,而太簇、夹钟、姑洗,皆宜属角焉。夏行火令,而中吕、蕤宾、林钟,皆宜属徵焉。秋行金令,而夷则、南吕、无射,皆宜属商焉。冬行水令，而应钟、黄钟、大吕，皆宜属羽焉。惟土令分旺于四时之季月，是则姑洗、林钟、无射、大吕，俱有宫音也。然而应钟为阴将尽而阳生之始，故其律实为变宫；蕤宾为阳已尽，而阴生之始，是徵也，而实为变徵矣。黄钟乃一阳初动，本属于羽，而旺于四季，故又得宫音之名也。予今所定新谱，惟以曲腔之低昂扬抑，而细为审度之，分其门，别其类。若者为阳生之曲，则宜归于黄钟也；若者为阴生之曲，则宜归于蕤宾也。其他如由一阳而至于过盛，由少阴而至于当复，皆以曲情之若何而体认精明，以分晰之，使歌声者领会于其间，自不致出入乖违也。曲类既别，后正曲体，定其一定之板，分其各异之腔，不袭夫古法，不狃于偏见，较核精详，名曰《十二律京腔谱》。盖即子舆氏所谓不以六律不能正五音之微意也。至如音韵大全，则切音精晰，分合得宜也。《问奇一览》，则注释详明，典故兼备也，是亦有心词学之一助也。均附谱后，不亦宜乎？卷次既列，因欲申明予所以定谱之意，故更赘数语以序之。序之者，有得于心而纪之也。

时康熙岁次甲子仲冬长至前一日，友竹主人题于黄山梵室

总　论

尧民鼓缶而歌，夷斯一唱三叹，歌唱之所由来也旧矣。自卿云有歌以成揖让，箕山有歌以成隐逸。厥后麦秀歌、沧浪歌、龟山操、蟪蛄吟，皆古人感其遇而畅其心之所欲言耳。《传》曰：“子与人歌而善，必使反之，而后和之。”韩昌黎云：“燕赵多感慨悲歌之士。”则歌之大义，唱之所从出也。夫曲之藉乎丝竹，相协者曰歌；一人成声，而众人相和者曰唱。古人所以别歌唱之各异也。歌之声也柔和委婉，唱之声也慷慨激昂。古之乐府歌章，院本源流，规模已列。迨乎有明，乃宗其遗意，而昆弋分焉。昆曲之相传也，犹赖有诸词名家，如高则诚、唐六如、沈青门、梁少白辈，较羽论商，而腔板始备。若夫弋曲之失度也，则其音虽存，而知者鲜矣。尝阅《乐志》之

书,有唱、和、叹之三义:一人发其声曰唱;众人成其声曰和;字句联络,纯如绎如,而相杂于唱和之间者曰叹。兼此三者,乃成弋曲。由此观之,则唱者,即起调之谓也;和者,即世俗所谓接腔也;叹者,即今之有滚白也。精于弋曲者,犹存其意于腔板之中,固泠然善也。无如曲本混淆,罕有定谱。所以后学惘愦,不较腔板,不分曲滚者有之;不辨牌名,不知整曲犯调者有之矣。夫昆弋既已并行,而弋曲之板既无传,腔多乖紊,予心愍焉。而忍令其荡废如是乎?爰操三寸不律管,而孳孳焉从事于不容已也。夫平章日月,检点歌声,诚非予事。然而际兹盛世,赓歌吁叹之余,正不妨考律研词,而神游于羲皇以上也。顾弋曲荡废如是,而一旦以为己任,果何从而定乎?予则屏去北曲之六宫十一调等名,而以月令之全律定之。盖以曲既分为南北,所以变其成法,即如整衣者必挈其领,而得手应心之道在是矣。十二律既定,而闰月律附之。至于各律之外,更别其为通用附录犯调,列此三等之曲,皆名曰调。予盖以月令之目次而定诸律之曲,所以改《九宫》之按律未全也。分别曲腔之相似者合为一律,所以较《南词新谱》之为《九宫》翻案,而究致叙曲紊杂也。曲体则考核之而归于一格,衬字则删去之而止存正文,所以改《九宫》之曲文字句不一也。联套则品第之兼用与,慢词、紧词则条分之、缕晰之,所以正《南音三籁》之为《九宫》补过,而犹有重载同一牌名之曲也。重句止按通行而不循其旧格,牌名整犯无混,引尾联属成章,所以改《九宫》之乖谬而无伦次也。曲有与各律俱不相似者,则另归一调,所以正《南音三籁》之复蹈、《九宫》之前辙而不辨歧音也。曲有流通取用者,则另归一调,所以正《南音三籁》之尚守《九宫》之鄙见而不知变通也。曲有未经通行者,细为选择于其间,载之而不遗,所以较《南词新谱》之既为《九宫》辅佐而又无匡救之术,卒致混杂遗漏也。犯调所犯句数考对确当,而犯之不能自然与夫任意牵合者,概不滥收。勉强注疏者,即为重核,所以较《南词新谱》之既为《九宫》演派,而徒多蔓延之葛藤也。无所可用之曲,不堪入选者,概为删除,所以改《九宫》之仅存虚名也。如是参考,罔或缺略。乃又从而慎选其词,必求其曲体正格,以便行于今,以便传于后。是谱也，不谓之弋腔谱而谓之京腔谱者，言非世俗之腔所可同年语也。盖庶几哉填词家有所宗矣，高唱者有所法矣。一切臆见纷纭，妄为聚讼者，与夫随意下板，信口成腔者，亦可憬然如有获矣。而予前此之怒焉不安者，今始快然无憾也已。律之既定之，予岂乐为之问世哉？或名山藏焉可也，或枕中秘焉可也，置之座右而为娱心志之一助焉可也。然而吾知其必不能藏之、秘之，而止自娱者也。则知我者，其惟此《十二律京腔谱》也。

凡例

一、词隐《九宫》，茫无定见，乃窃取北曲宫调，强为列次，又且舛错不伦。殊不知北曲宫调，已属效法乖谬。既定南曲全谱，岂可袭其陋习？予今所定新谱，何所凭而定？乃尽善乎？予思曲乃乐之绪余，言乐者自不能舍五音十二律而他求也。今以十二律合五音之宗旨，以分诸曲部之纪纲。全律既定，又定闰月律，以叙与各律俱不相似之曲。盖太簇以逾大吕，一岁推迁，人所易辨也。然而此谱之自黄钟始者，何也？一取其天统以肇基，一取其一阳初动，为词音发源也。六律属于阳，六吕属于阴，但云律而不及吕者，阳兼乎阴之意也。但云十二律，而不及闰律诸调者，名既正而言自顺也。

一、凡音有五，宫商角徵羽是也。宫为土，为君，附于月令之姑洗、林钟、无射、大吕，其声也典雅沉重。商为金，为臣，合于月令之夷则、南吕、无射，其声也呜咽凄怆。角为木，为民，合于月令之太簇、夹钟、姑洗，其声也富贵缠绵。徵为火，为事，合于月令之中吕、蕤宾、林钟，其声也雄壮激昂。羽为水，为物，合于月令之应钟、黄钟、大吕，其声也轻清隐逸。更如应钟为变宫，阳将尽而数当变。蕤宾为变徵，阴复始而数当变。黄钟为一阳初动，属于子，亦附于宫，此即十二律吕，分贴五音之本原。其他如隔八相生，所论黄钟为宫，太簇为商，姑洗为角，林钟为徵，南吕为羽。盖黄钟乃一阳初动，君象也。太簇为春之首月，庶职初举，臣也。姑洗为春之季月，农工伊始,民也。林钟为夏之季月,耕耘孔亟,事也。南吕为秋之仲月,万有告成,物也。此等疏解,颇称切当。然其所详者,不过言及君臣民事物之大义而已。至于璇玑玉衡,其说本之于《书》;河图洛书,其说本之于《易》。暨及所云隔八相生之说,则又诸子相传,以为如是。虽皆配合律吕,各有图识,然其所指证之处,专在天文,实与论乐一道,俱无干涉也。因而概不细载。兹谱中各律之内,俱按五行之阴阳升降,而以各曲分析于其间,盖亦审之至精,而辨之至微矣。

一、弋腔之名何本乎?盖因起自江右弋阳县,故存此名,犹昆腔之起于江左之昆山县也。但弋阳旧时宗派,浅陋猥琐,有识者已经改变久矣。即如江浙间所唱弋腔,何尝有弋阳旧习?况盛行于京都者,更为润色,其腔又与弋阳迥异。予又不满其腔板之无准绳也,故定为十二律,以为曲体唱法之范围,亦窃拟如正乐者之雅颂,各得其所云尔。况乎集众美而归大成,出新裁而辟鄙俗,则又如制锦者之必求其华赡也,尚安得谓之弋腔哉!今应颜之曰京腔谱,以寓端本行化之意,亦以见大异于世俗之弋腔者。

一、定律之大意虽出新裁,而叙曲之有法原宗旧派。盖京腔故老所传来派,其腔板虽非画一,而曲音尽可入耳。故谱内一律之曲,以其音调仿佛者以类而叙。即如〔长短拍〕之与〔排歌〕同律,〔狮子序〕之与〔宜春令〕同律,岂有毫发之舛错乎?可见京腔乃词曲正宗,而定律者非有矫强于其间也。若夫《九宫》所分宫调,一宫之中,曲音高低不等;一调之内,曲情徐疾不同。此皆叙曲失于考核,词家又无所权衡,刻意奉为成法,以致一剧之中,音调参差,岂不为知音者长叹息乎?今兹谱内所叙之曲,最为详慎,原不与《九宫》之叙法相同。由此观之,即以昆腔而论,《九宫》亦不可宗,愈见京腔新谱为不可少。而此谱之既成,诚可为知者道也。

一、京腔词曲,虽通行于外者,每有混淆字句。此无他故也,一则浅学词人未能究心于其间,或损或益,渐失曲体之真;而歌声者识见不广,亦竟不为之探讨而强谐腔调,甚至以衬字认为曲文,滚白混入词句者,谬而又谬。皆因无谱相传之故也。夫曲文之中,何句不可用衬？然而论其正体，何尝有一衬字？即如五言绝、七言律、诗余、诸调令中，岂有一字之衬乎？京腔无谱，所以混淆如是。而昆腔现有《九宫》，而衬字多寡不一，并无一定之格，岂可为词学典章？今特查明，各曲字眼之过多者，即系衬字，而为减去；字少者即为添准，斯为全璧而可传矣。又如《九宫》中有衬字之曲，尽有不必去衬而连衬为曲者，如〔红衲袄〕一曲，《九宫》之〔丈人行〕一体，若再去其衬字，则字句短促，腔调难于舒展。兹故将“吃的是煮猩唇”一体并衬字而合正文，以成〔红衲袄〕之正格，庶使情文兼备，腔板相协，永垂模范可也。此又于务必去衬之外，而又有此以衬入曲之例也。

一、古传奇中，即如《荊》、《流》①、《拜》、《杀》，其中曲文句头，衬字多寡，犹可不较，盖彼时并无曲谱之故也。乃《九宫》既定之后，尚有二曲同名，实则句头多寡不等，如〔博头钱〕一曲，《金印》之与《卧冰》，大不相同。查《金印》之曲通行，《卧冰》者不可为法，予则概取其通行，不必存又一体之说也。所以谱中之曲，止取一体为格，而将“又一体”之字句多寡、平仄背谬者，或另改其名。如〔小桃红〕之又一体改为〔小红桃〕，〔五韵美〕之又一体改为〔五美韵〕是也。又或查明，句头之所犯何调而存于“犯调”之中，如〔太师引〕之又一体改为〔太师令〕，〔渔家傲〕之又一体改为〔渔家挂山灯〕是也。如是考核妥切，以便后之好学深思者，凡遇旧本传奇，每有一样牌名而曲文各别者，不妨按律而更改之，盖止正其曲体，而无碍其词藻也。又如《九宫》之曲旁，分注平上去入，亦为画蛇添足。夫曲体之文，平仄已列，何必另外附及？况若不识曲文之平仄，安敢填词乎？兹谱概不载及，以碍行款。

一、前人所著联套之曲，接续得宜，排场始觉接洽。《九宫》无联套之曲，亦无紧慢之分，岂非词部缺陷？观其过曲、慢词、近词之名，皆系院本杂剧。队舞细舞，弦索官腔，以及各方俗尚所记曲名，此乃北曲源流，无关南曲之体也。大抵声音之道，与时偕行。即使

① 流：按，应为刘。

清庙明堂,郊社雅奏,而时移世改,亦有变更矣。孰谓词曲而可仍旧贯乎?乃若《南音三籁》,虽有联套,其所分宫调,亦按《九宫》偏见,殊未妥叶。况其所载联套,每将一套之曲,载及两套曲文。或选于传奇,或选于时曲,甚至载及三四套不等者。彼不过欲分天地人三等词曲,以为评章高下之计耳。殊不知选曲不论其词华,但取其当行可法,平仄相宜,以便于歌唱而已。如有俚鄙之曲,而可以为曲体者,即当录用;苟非然者,即字字珠玑、行行锦绣,而于曲体正格实为背谬,又何足取?即如汤临川四大梦诸作,词语隐僻,而于曲律一道,全然不谙。世俗以为拱璧奇珍,妄加叹赏;而有识者视之,不啻如覆瓮之需耳。况乎选曲以为法则,原不专重词华。如但以其文采流丽而选之,则艺林充栋,文翰如林,何书不可入选?而乃沾沾焉必以剧场歌唱之备,为耗费心思之具欤!是其识见不广,学问卑靡可知,而不为大方非笑者几希矣。且其兼用之与单用一概不辨,凡在必需之曲,未能详载,此又较之《九宫》而更不如者也,岂可为度曲之津梁也?至于彼所取《三籁》之名,先已失体。夫籁乃因风成韵,天地间自然之音。如天籁者,风声动也;地籁者,草木万物为风所撼也;人籁者,言语喧嚣,自远而闻于近,无非风之所从来也。若夫词曲皆由唇齿间出之,又安得以籁为比拟乎?更查《南词新谱》,亦无联套。其舛错与《九宫》相类,其固陋与《三籁》依希。灾梨祸枣,俱无取裁。予所以掩卷而不胜三叹也。兹谱叙明联套,以便词家取用。今故先列次序,以定联套规模,以见某律某调之中,有此几套也。次定目录以查曲体名数,以见某律某调之中,有此几曲也。但各律各调所载,每有一二套数,其中所用之曲大同小异。即如〔园林好〕为首,而套内有〔江儿水〕、〔玉交枝〕等曲,亦有〔沉醉东风〕为首,而套内亦有〔江儿水〕、〔玉交枝〕等曲,诸如此类。若将曲文按套全载,则恐犹是牌名。而曲文平仄稍异,犹非定格矣。况乎犹是一曲,除止宜套数中用,止宜单用之外,更有套数、单用俱宜者。用处虽有不同,而曲文字句无非一格,所以不必重载。无论套数单用,总之即查一曲之体,以为法则也。至若所叙联套牌名,宁叙其全,概不减省。或者剧场联络之处,不须用及全套者，自可于中少为减去一二，但不可以不在套内之曲而添入之也。今各律各调所叙曲体，先叙联套，再叙兼用，更叙慢词，终叙紧词。总无重载以辨曲文之定格也。十二整律，一例而叙。惟闰月律止有慢词。曲体通用，调皆通用；曲体附录，调无兼用。紧词曲体犯调，无紧词曲体，种种区别，俱具深思。

一、京腔独无点板之曲谱，以致今人随意下板。夫西调小令尚有一定腔板，岂南北通行之曲，而独无一定之腔板乎？然则京腔旧唱，自信有板，而问其板，则漠然不知；信口成腔，而究其腔，则惘然无本。旧派唱头，止将一二偶然走板出调者恣意讥评，殊不知整曲尚无准板，何独以此相纠？是不知大纲而专求小节者也。即如曲中〔园林好〕，乃各本传奇皆有，伶人常唱之曲。而《寻亲》之"念卑人"，唱头则有似〔解三醒〕；《琵琶》之"儿今去"，唱头又似〔风入松〕矣。犹是一曲，唱头各异，岂非腔板无传之故欤？今将各曲点定其板，以示一定成规。更计曲中每句末字，乃是词句段络之处，应当止点头、腰、底三板者，逐一点明。倘或遇此一字，乃是上去二声，则较之平入二声字，其腔稍长，而板数难以尽载。如欲与行腔比例，而唱又觉稍短。兹于谱内，凡遇句头之上去二声字，但点一头板，而注一短竖，有如 i 式，以明其不拘板数也。更如一律之中各曲，末句几字不等，而临了板数则一。今将诸律曲终不论句段，止取末句几字点定，一样模范。惟有临了一字，止点头板，不点腰底，亦不点上去之一竖者，何也？盖因或有联套牌名暨及其二牌名之接板者，常有不用前曲临了一字腰底之板，而板数多寡难以一概而定也。更计凡在一律之曲，以其曲终临了几字，板数相同之故，皆以"○"为式，而先为点明于某某律。首篇纲领之下，其通用调、附录调，各种之板各异，又不与以前各律同论。若夫犯调之板，例遵整曲句头，查明某句，一例而点，故不赘及。至于所定全谱之板，一定慢唱者，止载一曲之曲文，而点明慢板。更有一等之曲，每有其一其二皆唱慢板者，曲中板数虽同，而惟独首句唱法有所不同。盖其一之首句或者无板，而其二之首句一定有板，是以不得不辨。今兹谱内，凡有应当两曲皆慢唱而无换头者，查其首句无板者，止载一曲,而将首句双行载之,各自点明其板。如首句业已有板,则不必双行载矣。若夫联套之曲,乃是一定规模,所以不必载及。紧板若遇兼用单用之曲,或情景不同之处,未可与联套一概而论,必有紧板慢板各别者,故必将前词重载之。而点明紧板,即于前词之下注明“紧板”二字,犹之昆腔之有赠板、无赠板之说也。更如有换头者,则必另写一曲,以见换头之起句不同也。除换头几字另点板数外,以下曲文字句与前词相同,亦有照前一例而点。然亦有另点一种板数者,何也?盖因曲文既为换头,不妨亦换其板,使伶人另成巧腔耳。如是分析妥切,而定板之苦心可知矣。

一、谱内之曲,皆以京腔唱为正格,而或间有可以昆腔唱者,如〔朝元令〕、〔二犯江儿水〕、〔赛观音〕、〔人月圆〕之类。若用在宴会同场,原可京腔唱;若用在起兵演阵之处,全以威武取胜者,必须昆腔唱,庶使乐器相助而便于排场。以故凡遇此等之曲,虽点京腔板,而于牌名之下注明“亦可点昆板”五字。又如紧词之曲腔本来短促,难以成其妙音,故此断不可与京腔板之曲同列。况点缀排场,正需此等小曲,以便接续剧场上下,原不必京腔唱也。所以各律之有紧词者,皆点昆腔板。

一、板既有定,则腔调亦当区别,而曲乃大成。兹将腔分三种:曰行、曰缓转、曰急转;调分三种:曰翻高、曰落下、曰平高。行腔者,句头之中,下余两三字,则于其间顿挫成声,故谓之行腔也。缓转腔者,曲文句头,止余一字,势在难行,而其腔又累累乎如贯珠者。然于斯时也,必击鼓二声以谐音调,故谓之缓转腔也。急转腔者,曲文句头,止余一字,而其腔亦仅不绝如缕,腔宜急转乃可收声。二声之鼓可以不击,故谓之急转腔也。翻高调者,从低唱而至高之谓也。落下调者,从高唱而至低之谓也。平高调者,从高唱而至本句之终之谓也。以上各种,分疆别界之处,若不注明恐无所辨。若欲于曲中字旁详明注疏,奈为行款、字句所限,难以罗列。兹故概以圈点竖分析之。如遇‖式者,行腔也;●式者,缓转腔也;▲式者,急转腔也;○— —▽之式者,翻高调也;△— —○之式者,落下调也;— —之式者,平高调也。又计诸律曲腔,各有相似之曲,此亦如引尾之有统辖也。各律表明相似,以便后学易知。又恐一律之曲,颇有世俗未经通行者,故独举人所共知之一曲,以示本律之曲,其腔大约类此。如黄钟律曲腔皆似〔二郎神〕,大吕曲腔皆似〔八声甘州〕也,所谓举一可以概百也。若夫当行当转,与夫宜翻宜落宜平各律,俱有不同之处。每有高低一调而收者,又有由高而就高者,更有由低而就低者;又有无行腔者,亦有无缓急转腔者;更有无翻高、落下、平高等调者。十二整律与闰月律种种不一,故为逐一注载于某某律首篇纲领之下。

一.论滚白,乃京腔所必需也。盖昆曲之悦耳也,全凭丝竹相助而成声。京腔若非滚白,则曲情岂能发扬尽善?但滚有二种,不可不辨。有某句曲文之下加滚已毕,然后接唱下句曲文者,谓之加滚。亦有滚白之下重唱滚前一句曲文者,谓之合滚。然而曲文之中何处不可用滚?是在乎填词惯家用之得其道耳。如系写景、传情、过文等剧,原可不滚;如系闺怨离情、死节悼亡,一切悲哀之事,必须畅滚一二段,则情文接洽排场愈觉可观矣。今兹谱内诸曲,用滚关键概不拘定,以见是曲可滚。而宜加宜合,惟精明词学者量度而用之。予又谓凡著传奇,宜于曲文段落之处,或用四六诗句,或用长短文法,语句联属,近情切理,不拘几段双行,另载于其间。在京腔即作滚白用,即使昆唱开演,亦可作宾白用。或者嫌其太繁,词家宁可全备,使后人自可酌量删改。至于滚白之界限既可通融,而句数长短亦无一定。所以,板数多寡亦无一格也。若夫合滚之后,再唱前句曲文,则此句曲板,又不同前唱之板矣。亦如滚白一例随声下板可也。故不另载板数。

一、查《九宫》曲文,有重句处,似乎一定不移。然而京腔唱头,但要腔板相协,可重则重,不必拘定古法也。即以昆腔而论,如〔双声子〕之九句十句,《九宫》皆有重句,而通行则不重唱。入破套内并无重句,而通行必须重唱。由此以知重句之不可拘泥也。今于各律各调之曲逐一较阅,如遇应当重唱之句,正文虽无此格,唱头则有此体,重之可也。如遇《九宫》虽重,而通行之京腔、昆派皆不重唱者,谱内概不重载。

一、天道有盈虚消息之数,故闰月所由成。谱中另有一种之曲,其音与十二律各不相似者。如〔锁南枝〕、〔孝顺歌〕之类是也。即以昆腔论之,每遇此等之曲,笛音相和,必须出调而唱。至若京腔唱之于收腔末字等处,另须泛出一调,乃得其音之正,所以有异于诸曲也。惟其有异于诸曲,故于整律之后置一闰月律,以叙此等之曲。

一、曲中如〔红衲袄〕、〔不是路〕、〔入赚〕、〔鹧鸪天〕之类诸套曲文,前后俱可取用。《九宫》必分列于某宫,甚矣!其不知通融也。兹谱内将此等曲,以类叙之,另成一卷,谓之通用调。调之云者,盖云律外之曲,以备各律通行取用之选也。但本调曲腔不能如一,亦有昆板者,亦有无板者,今为分列点明,以为词部取裁而已。其末句几字之板,亦不能归于一格,所以不比以前诸律而详载也。

一、词隐所订《九宫》,未能索本探原,所以止定昆谱,而且尚有遗漏之曲。如〔渔灯儿〕一套,虽为北调宗派,而准作南曲。自《露绶》、《水浒》用之,脍炙人口矣。何以《九宫》谱中与《南词新谱》皆不载入?予细审其音,原可京腔唱,何忍弃置。但其曲腔与诸律以及通用又不相似,故另行叙为附录,而亦名之曰调者,外之之辞也。然调中之曲不无拗体,未免板数多歧。所以末句几字之板,亦不能归于一格,亦不比以前诸律而详载也。

一、《九宫》更有未点昆板之曲,词人视为虚器。予为于中采择,点明京腔板,而亦归于附录调。但此等曲体颇拗,偶有几句稍似某律者,即于牌名之下注明。稍与某律相似,然不附入本律者,何也?盖因曲系变格,不可混入各律也。此调将〔河传序〕等类列为联套,其叠字〔锦渔夫〕第一等曲,叙为慢词,以见昆腔无板之曲,兹亦可传,不使沧海遗珠耳。

一、查〔雁鱼锦〕一曲,其中句头所犯各律最多,昆腔以为犯调而叙之。及至逐一考较,颇有不贴切之句,不知所犯何调也。若欲彻底较正,势必添减字句,此亦何难?然而京腔旧派《思乡》,全剧加以滚白,通行已久,似无庸损益其词也。兹故连曲带滚,仍存旧名〔雁鱼锦〕,而不必纠其杂犯。然而此曲既不可混在整律,闰月又不可入，于通用犯调置之附录，殊为得所。又查《彩楼·祭灶》之〔销金帐〕、〔灞陵桥〕二曲，颇堪入耳。但其句数长短，与曲体甚是不同，疑为曲中带滚，以致越格耳。若欲弃之，又觉可惜。今查《词林万选》，乃知此二曲即诗余之〔春霁〕、〔秋霁〕也。今正此名，而录其《封神》之"暗想"、"慈亲"二曲，亦存为附录，以定楷模。

一、犯调之曲，《九宫》有分为本宫犯，以及各宫互犯者。夫曲文既犯，何必强为分别？况词曲而至犯调，无非学士骚人遣兴炫才，以发难端于歌者，原非词曲正体。而《九宫》每将犯调各曲，或相杂于整曲之间，或妄置于某宫之后，皆不得其宜也。至于《南词新谱》，务以多集犯调为能事，夫展转凑箔，犯之不已。将来何所限量，岂能是犯皆收？况其所注句头，亦有不叶之处，何以服众？兹谱录及犯调，止为采择其通行可用者。或接笋吻合如无缝天衣者，或联络成章如一气呼吸者，始为重较所犯某曲某句而选入之。至于叙曲之法，亦查其可以联套者，叙明前后联成套数。其他如兼用慢词，亦如各律各调之例，挨次叙之，但无紧词耳。若夫犯调之板数，以及三种腔调，俱查所犯某曲第几句，句头遵依整曲，一例而点之，一例而详载之。更如整曲，曲终常有重唱之句。但犯调所取句头，俱在曲文之中，难以重唱，故并无重句，而惟独末句当重则重。以故每有重句，盖亦遵定各律各调之整曲，一例而收声也。

一、查《九宫》犯调曲内，所注犯及某曲之某句，尽有并无本曲者。如〔月云高〕末二句，注为犯及〔渡江云〕，而《九宫》全部，并无〔渡江云〕之曲。予则核其字句，实与〔驻云飞〕末二句相合，今注为犯及〔驻云飞〕可也。又如〔锦庭乐〕所注第五六七句，注为犯及〔满庭芳〕，而《九宫》全部，止有〔满庭芳〕之〔引子〕。则辨其无，本归为整曲而叙可也。又如〔金络索〕末三句，注为犯及〔寄生子〕，而《九宫》全部，并无〔寄生子〕之曲。三换头第四五六七句，注为犯及〔蜡梅花〕，而细查本曲，并无相似句头。予则各归为整曲，以类而叙可也。又如〔风云会〕、〔四朝元〕以及〔渔家灯〕等曲，据《九宫》小注所犯，与各曲句头比对，甚不贴切。予乃考较允协，改其名为〔水柳围桥〕、〔江风令〕者有之，改名〔两红灯〕者有之。盖核实其所犯某曲句头,而不得不改其名也。诸如此类,《九宫》概名犯调,予所以改正之。至若《九宫》整曲之又一体,亦有详核句头而归于犯调者,予于较正曲体,一例言之详矣。

一、曲之有引,自宜冠在曲前。然一律有一律之引,各有联属。如黄钟之引,不可用于大吕曲前是也。是谱将各律之引,各叙本律之首,使引得其所而不相奸,所以提纲挈领也。其通用附录犯调俱无引。

一、词家易视尾声,随笔而书,未尝不谐丝竹。殊不知一律之曲,自有一律之煞,平仄上下,分别最微。如应用尚轻圆煞者,不可用情未断煞也。兹将各律之煞考核妥切,止列平仄之式,概不载及句语,亦为分派详明。凡有一律,即将本律之煞附后。至于通用附录犯调,既无其引,所以亦无其煞。

一、引尾之用十二整律以及闰月律,既各分别矣。若夫通用附录犯调剧场诗句,上下原可不必引尾,或者排场局势,亦须引尾,则当如何曰有道焉。通用附录,可视本剧紧慢若何,而于十三等引尾之中,选择借用。至于犯调,即视所犯某律句头多者,即查某律引尾用之,以示不忘水源木本也。

一、《九宫》附载之曲,除可以京腔唱者,虚衷遴选,点明京腔板外,更有如雌雄画眉、山东刘衮三十腔之类,板既难明,腔亦难辨。予尝反覆讨论,终不能以谐音调。犹如异域瑰丽之物,莫得而识之也。或者世有周郎,必欲使之成声,则《九宫》具在,较之可也。兹谱删而不载,勿使传信之书,更令人传疑耳。

一、查《九宫》内之〔番竹马〕、〔玉札子〕、〔道合〕三曲,按其腔调,无论昆腔、京腔,皆有似乎北调,兹故删去而不存,以见传奇中遇此三曲,皆当北唱也。如欲查此三曲之昆板,则亦考之《九宫》。

一、按《中原音韵》,久为词曲权衡。然其中亦有歧音、紊杂,殊不谐于歌唱,亦予所歉然者也。况其一韵之中,尽有可分为二者,或二韵三韵可合为一者。今为考核字音之母,因悟众音之正,不能自秘。因将各韵改移,音有各别者分之,部伍安其所也;音有相似者合之,位置得其宜也。务使罔或游移,无相越俎,而更叙明先阳后阴，更其名、正其义，加之以切音，按之以次序，另成全帙，以附曲部之后，亦以见书必同文，而不为偏隅异域、聚讼饶舌者之所惑也。此其间有至理存焉，故名之曰《音韵大全》，非独填词歌曲者所当知也。

一、字有音，音归韵。韵中遇有鼻音、满口音、撮口等音，在昆唱者或致不辨，而京腔所唱，人人皆知，是以概不赘注。惟有闭口音最易误认，是以不得不辨。今兹所定《音韵大全》，有严兼、吟心二韵，乃闭口音也。谱内一应曲中，如遇此二韵中之字，皆于字外加圈，使人触目会心，以寓考核精详之意。

一、四方音有不齐，故韵或稍异。前人填词，皆按《中原音韵》，尚且不无臆见参差，多致出入者。如齐微偶借支思，鱼模滥混歌戈之类，亦姑存其曲而不为较正。盖《中原音韵》本不可宗，而予既定《音韵大全》，识者自能遵奉，所以不必苛求旧曲之旧韵也。

一、尝阅豫章张氏所著《问奇集》，其中考较字音，有一字而数音者，以明各有所宜，误读诸字，以正前人之咎；异音骈字，以警习俗之非。凡在留心学问者，不可不知；而填词歌曲之人，尤不可不解也。予因其蓝本而更为探讨，于其间援据确典，附汇成书，以备参考。至于原集所载怪诞诸字，自有字汇海篇可查，兹故不录。若夫切韵捷法，犹属未妥。各方乡音，何庸比对，分毫字辨，人所易知。凡此三者皆不具载。

《缀白裘》

清代昆腔和乱弹戏舞台演出本选集。现通行本《缀白裘》十二集由清人钱德苍(沛思)据旧本"删繁补漏,循其旧而复缀其新"(《缀白裘新集序》),于乾隆二十八年(1763)至三十九年(1774)十余年间陆续编辑而成,苏州宝仁堂刊刻。乾隆四十二年,四教堂加以翻刻,调整次序,整编增删,遂成为后来最通行的定本。《缀白裘》的特点与价值在于,所选皆彼时歌场中之流行剧目,不仅收录雅部昆曲,更包罗了花部乱弹诸腔,如梆子腔、西秦腔、时调杂出等。它还是名副其实的"场上之曲",曲文、科白等悉以戏班之实际串演本为标准,颇为实用方便,故刻印以来,极为风行,书商竞相翻刻。现据清乾隆年间宝仁堂刊本辑录各集之序言。

《缀白裘》新集序

尝观宇宙之间，六合之内，人生一大戏场耳。其中否泰穷通，悲欢离合，虽圣贤不有焉。克瑜之然，同是人也，而善恶邪正，形如冰炭，色若墨硃，其可遁情哉！圣人作《春秋》，褒贬贤愚，后人工传奇，优劣善恶。则剧之来，始由优孟之感楚王，继因缁绰之奉天宝，夙日隆矣，于此益盛。玩花主人所编《缀白裘》，广搜博采，罗如绮绣，非仅悦人心目，深可醒豁后起，岂与艳史淫词蹈人荡检者同例语也。第其中去取损益，犹未尽美。乾隆癸未夏，有钱子沛思删繁补漏，循其旧复缀其新，欲证当世之知音者。向予索序，以付梨枣，随阅而玩之。辞调虽不类于诗歌，意旨固自殊乎雅颂，其所以感发惩创，似可与篇章三百异道同归也。是编未出，天下之明词曲者有之，不明词曲者亦有之。是编复出，天下明词曲者益明，即不明词曲者亦可得而渐明矣。优人藉以善其技，学士假以扩其怀。谓为明剧编固可也，谓为明词编亦可也。因从其请，书此以序于端。

乾隆二十九年春月，松陵李克明书于宝仁书屋

《缀白裘》合集序

尤西堂以世界为小梨园，廿一史为一部传奇，则大地岂非一戏场乎？夫忠孝节义流芳，阴邪奸险遗臭，其善恶殊途，不啻霄壤，乃派定生旦丑净作势装妖之脚色也。人生富贵贫贱不同，夭寿穷通各异；然电光石火，终归一梦，犹敷演悲欢离合，顷刻戏完之散场也。屈指劳生，应无百岁之期；名牵利绾，枉作千年之计。光阴弹指，玉走金飞；良辰美景无多，月夕花朝有限，莫惜追欢寻乐，何妨浅酌高歌？凭今吊古，感慨多燕赵；寻宫数羽，世不乏周郎。

玩花主人向集《缀白裘》，钱子德苍搜采复增辑，一而二，二而三，今则广为十二。其中大排场，褒忠扬孝，实勉人为善去恶，济世

之良剂也;小结构梆子秧腔,乃一味插科打浑,警愚之木铎也。雅艳豪雄,靡不悉备;南弦北板,各擅所长。撷翠寻芳,汇成金璧:既可怡情悦目,兼能善劝恶惩。虽梨园之小剧,若使西堂见之,亦必以此为一部廿一史也。是为序。

乾隆庚寅春季永嘉程大衡书

《缀白裘》二集序

古人云:人生如戏,聚散无常。富贵功名,撒手便假。堪叹举世营营,终其身韁锁于其间,岂不怪哉?《金刚经》上有曰:如梦幻泡影,如电复如露。正警人勿错认真耳。所以古人秉烛夜游,坐花醉月,慨光阴之有限,娱情致于当躬,良有以也。

玩花主人编《缀白裘》集,汇已往之传奇,悦世人之心目,意取百狐之腋,聚而成裘,咸叹置人于春风和蔼中矣。第玉显珠埋,漏遗可惜;宝仁主人步武前哲,续出二集,披览之,觉后集之胜于前也。

甲申季冬松陵李宸序

《缀白裘》三集序

唐人多以绝句为乐府,往往甫经脱稿,即已被之管弦。观旗亭画壁,而黄河远上,遂为千秋佳话。迄乎元代,倚声按谱,而乐府乃有专家矣。

钱君沛思,先有《缀白裘》一二集之辑,以公同好;今复拾翠采芳,汇为三集:艳而不荡,婉而多风,衣冠啼笑,足使观者无端。从此清尊檀板,一曲凌云,酒旗歌扇之间,不亦传盛事于将来也哉?

时乾隆丙戌花朝日元和许仁绪书

《缀白裘》四集序

仆浪迹苏台，跌宕欢场，寄情风月，每酒旗歌板之间，扇影衣香之侧，浅斟低唱，选妓征歌。回风飞雪之舞，遏云绕梁之音，未尝不目眩情移，倾耳忘倦。夫《折杨》、《皇华》，下里之曲，一经博雅之士，叶以宫商，被以管弦，繁音缛节，不啻抚渌水、扬白雪，使人有望洋之思、观止之叹焉。

钱子复辑是编，新声逸调，不特梨园乐部奉为指南，抑亦鼓吹休明，激扬风俗之一端也。

丙戌仲秋青浦陆伯焜并书

《缀白裘》五集序

名存其旧，会善歌之继声；意取乎新，获知音之嗣响。一辙源流，调五音而沥液；屡经剞劂，踵四集以传神。虽无吹角含商之妙，亦擅振聋发聩之灵。惟兹编也，采择群芳，讵嫌剿说；旁搜众美，不患雷同。遣烦衷，则快读一过；醒倦眼，则寻味无穷。播诸管弦，雅士咸称隽逸；绘其笑貌，俗夫羡其形容。至于步伐停匀，不外文章条理；情词婉转，方知曲调弥工。朗朗乎如闻江上琵琶，珊珊兮宛睹庭中窈窕。仿佛梨园续谱，依稀乐府遗音；非关养性之资，亦是陶情之助。故当别开生面，俾已往者未敢专美于前；独辟精思，令将来者犹堪步尘于后。不必屡趋而屡下，何妨愈出而愈奇？于是慨当年白雪孤吟，因窃喜今日白裘多和云尔。

乾隆戊子仲夏朗亭沈瀛书于绿荫草堂

《缀白裘》六集序

词之一体,由来旧矣。未有不登雅而斥俗,去粗而用精,每为文人学士所玩,不为庸夫愚妇所好也。若夫随风气为转移,任人心所感发,词既殊于古昔,歌亦逊于畴曩,非关阳春白雪,仅如下里巴人,一时步趋,大抵皆然,亦安用刓劂为哉!醉侣山樵曰:"否否。词之可以演剧者,一以勉世,一以娱情,不必拘泥于精粗雅俗间也。"

余因披是编而阅之,知其类有二焉。一则叶律和声,俱按宫商角徵,而音节不差;一则抑扬婉转,佐以击竹弹丝,而天籁自耿。宜于文人学士有之,宜于庸夫愚妇者亦有之,是诚有高下共赏之妙,较之《白裘》五集顿觉改观;则六集之举,势不容已。是为序。

时乾隆岁次庚寅季春上浣桃坞叶宗宝题并书

《缀白裘》七集序

钱君出《缀白裘》七集,嘱予一言以弁诸首。原夫今人之词曲有二:有案头,有场上。案头多务曲,博矜绮丽,而于节奏之高下不尽叶也,斗笋之缓急未必调也,脚色之劳逸弗之顾也;若场上则异是,雅俗兼收,浓淡相配,音韵谐畅,非深于剧者,不能也。流水高山,知音安在?阳春白雪,顾曲伊谁?其所由来久矣。

钱君每岁辑《缀白裘》一册,已成六集。其间节奏高下,斗笋缓急,脚色劳逸,诚有深得乎场上之痛痒者。故每一集出,梨园中无不奉为指南,诚风骚之余事也。

辛卯夏日朱禄建序

《缀白裘》八集序

梨园之词曲，由雅颂变骚赋，而再变者也。文人志士，惟举业之是问，何有关于梨园之曲哉！

钱君沛思，髫年英俊，屡蹶场屋；然豪放不羁，性好音律，常遨游于燕赵齐楚，诸王公贵人，莫不羡其才，愿罗而致之幕下，钱君不屑也。唯跌宕于酒旗歌扇之场，岁辑《缀白裘》一册，自歌自咏，若醉若狂，凡七刻矣。今复以八集问序于予，惭予素不辨宫商，何敢赘言？独怪夫今世之人，云翻雨覆，厌旧喜新，趋利者往往盗袭元明词曲，改作新剧，惟务荒诞不经，怪异无伦。而优伶辈争相构演，奏之氍毹，愚夫俗子无不称奇颂艳，大为风俗人心之害，良可慨也！

今观君所辑八集，卷帙虽窄，别具《鸣凤》之忠，《寻亲》之孝，《荆钗》之节，《党人》之义，而绝无荒诞怪异之出，其志亦可知矣；何为乎举业之不问，而沉酣于梨园之曲哉！噫！吾知之矣。夫戏，幻境也；人生，亦幻境也。荣辱得丧，不过瞬息；戏场一散，尽归幻境。今君抱经济之才，而犹浪迹江湖，珠光剑气，埋没风尘，其一腔愤懑，满腹牢骚，聊复寄之于幻境也。虽无关于举业，而忠孝节义之词，亦维风化俗之一端云。

乾隆癸未年孟春吴门许永昌序

《缀白裘》九集序

《缀白裘》之行于世久矣，自初集以至八集，见者无不击节。所以辑是编者，广搜博采，嗣八集而踵起也。夫自开辟以来，其为戏也多矣：巢、许以天下戏，逢、比以躯命戏，苏、张以口舌戏，孙、吴以战阵戏，萧、曹以功名戏，班、马以笔墨戏。至若偃师之戏也以鱼龙，陈平之戏也以傀儡，优孟之戏也以衣冠，戏之功用大矣哉！孔子曰："诗可以兴，可以观，可以群，可以怨。"今举贤奸忠佞，理乱兴亡,汇而成编,其功不在三百篇下。

夫雍词艳曲,虽云导欲增悲;而铁板铜喉,间足振聋发聩。今钱君又编是集,余观其所缮本,具如百间之屋,非一木之材;五侯之鲭,非一鸡之跖。其取精多而用物宏,不啻聚狐而取腋,故是书屡出,而其名终不可易。嗟乎!今日为古人写照,他年看我辈登场。戏也年戏,非戏也,无非戏也。展阅之余,不禁拍案大叫曰:"君之编是集也如积薪,后来者居上!"因书此于简首。

乾隆壬辰榴月上浣时元亮书

《缀白裘》十集序

昔田文献狐白裘于秦,夜走函谷,人皆归功于客,而不知缀裘者,早与争能也。增损失宜,何取乎缀?连属有痕,又何藉乎缀?惟统寸长尺短,悉成无缝天衣。斯艺夺化工,而所缀之数,抑亦盈千累万矣。顾十也者,数之成也;缀底于十,已足该终始,而毕骋其才。

古吴钱子沛思,擅场词曲,向辑《缀白裘》九集,递刊行世,兹复踵成是编。其中示劝惩,娱耳目,与前编亦大略相似。而一种剪红刻翠,翻陈出新处,实则自有别肠,洵所谓同工而异曲者。行见继九集而奏之,则宁玉也;合九集而奏之,如贯珠也,奚止迈八阕而媲九成哉!吁!世之人守缺抱残,诩诩自得,此特如野夫负暄而已。虽视一狐之腋,若拱璧然。谓能若是之倾筐倒箧而层出不穷,我何望焉?夫知拙于缀者之无可纪,益知长于缀者之不容叙也。作《缀白裘》十集序。

乾隆壬辰中秋月桐乡朱鸿钧书

《缀白裘》十一集序

且夫戏也者,戏也;固言乎其非真也。而世之好为昆腔者,率以搬演故实为事，其间忠臣孝子，义夫节妇，奸谗佞恶，悲欢欣戚，无一不备。然设或遇乱头粗服之太甚，豺声蜂目之叵耐，过目遇之，辄令人作数日恶。无他，以古人之陈迹，触一己之块垒，虽明知是昔人云“吹绉一池春水，干卿甚事”，而愤懑交迫，亦有不自持者焉。若夫弋阳、梆子、秧腔则不然。事不必皆有征，人不必尽可考。有时以鄙俚之俗情，入当场之科白，一上氍毹，即堪捧腹。此殆如东坡相对正襟捉肘，正尔昏昏欲睡，忽得一诙谐讪笑之人，为我持羯鼓解醒，其快当何如哉！此钱君《缀白裘》外集之刻所不容已也。抑吾更有喻者，诗之为风也，有正有变；史之为体也，有正有逸；戏亦何独不然？然则戏之有弋阳、梆子、秧腔，即谓戏中之变，戏中之逸也，亦无不可。

时乾隆甲午季春金陵许道承渭森氏书

《缀白裘》十二集序

盖闻宝鼎赤雁，开乐府于齐梁；白纻红盐，极绮声于唐宋。词变为曲，体兼小令长歌；曲别有音，调叶银筝檀板。以故璧月琼树，争夸江令才华；风片雨丝，恒数临川佳制。虽坐观海市，未必皆真；而行过屠门，贵且快意。

吾友钱君，审音按律，刻羽引商，游戏丝簧之府，流连金粉之场。鹅笙象管，无须玉茗新翻；白雪阳春，悉按红牙旧谱。集杂剧之精于节拍者，为《缀白裘》十二集。腋惟其集，不嫌踵事而增；声惟其和，尤贵不淫而丽。仆惭慧业，鲜辨舌唇齿颚之微；君实才人，能通高下清浊之妙。传来瑟部，已落梁尘；付彼船娘，定飘庭叶。洵属升平之乐府，无忝名士之风流矣。

甲午长夏葵圃居士漫题

《错 中 错》

清代道光年间文人创作的乱弹剧本。《错中错》是传统的才子佳人式言情剧，全剧四卷三十六出，虽按传奇体例编纂，然而曲文却不用曲牌体，更近似花部乱弹剧本的体式。《贩书偶记续编》、《清人室名别称字号索引》、《明清传奇史》等书将《错中错》作者认定为周道昌，皆误。其实最早注意并研究《错中错》的学者是傅惜华，其《皮黄剧本作者草目》云："《错中错》三十六出，纪荫田撰。原题'瀛海勉痴子偶编'。荫田，嘉道间人，著有《痴说语录》一书行世。此剧演南宋何良璧、吴良弼二人，与吴妹侠、周冰素二女配合事。有道光九年怀清堂刻本传世。"傅氏发现之功不可磨灭。按，纪荫田，名树森，荫田为其字，河北献县人，其祖父是纪晓岚的胞兄纪晫。

序

文无定格，而千古寿世之书，则又未有不从至理至情推勘而出。荫田先生，性成方严，志尚质素，而折衷今古，尤精而无奇。认理之真，推情之恕，故凡生平吐属，悉有关于世道人心。无论一切歌舞繁华，大拂所好，而胸中锦绣，珍若宫坊。即于风云月露，亦从未见虚抛一笔。乃者箕山牵志，空谷兴思，适出《错中错》传奇一编，以示同好，曰："此予游戏之作也。"而论者亦曰："先生素不为此，得无傥视功誉，情驰乡井，意藉笔墨，预为自娱林泉计欤?"吁！是诚浅之乎视此编，亦浅之乎视先生也。先生克己励行，涉历宦场者几四十年，洞鉴人生是非缪辖，日在错中。固有知错故错，亦有将错就措，或无错而疑错，或见错为不错，或阳为悔错而阴实护错，或意冀改错而求全更错。有心无心，朋阿踵效；误人误己，互相欺容。颠倒异同，等归于错。是固非中之是，是中之非，深者见深，浅者见浅，而反躬自省者，百无二三。先生热中虽无，婆心难已。而又深知世趋同欢，断非庄言能夺。于是慷慨悲歌，偶托传闻，翻成绝调，机投世俗之好，端发民心所同。或于箫鼓板弦之会，偶得聪明。予知触目惊心，当局梦梦，旁观了了。而彼苟情恕已，善文其错者，诚不啻如当头棒喝，恍叹昨非，而更何敢侈言今是乎？况写男女隐诚，借寓经权妙略，会变交错，因错生奇，无理无情，近情近理。而于言关义体，事著节行，尤皆一衷于至理至情，画笔戏文，傀场炯鉴。以之行世，其有裨于世道人心者，犹尚不止功著於一时，而又乌得以笔墨游戏目之耶！予素受知于先生者最深，故所以知先生者亦最切。矧念切婆慈，文工化妙，不惟于徐西云先生批点全本尽之，而吊场十韵，《偶识》一篇，并经质明其意。爰缀斯语，以志钦服云尔。

己丑仲春月，古樵郭彬图撰

小引

一麾出守下，车自丹荔亭边；千里提封报，最只绿荷厅上。面寒似铁，心净于冰。榻小小以高悬，屐双双而不著。纵教早退，肯征西闬之歌；便到中午，懒听东山之竹。何以琼英绛萼，宋广平忽赋梅花；铁板铜弦，苏学士豪吟赤壁。呼彩云之旧部，试红豆之新词。盖其佛性三生，婆心一片，翻《江南》之七曲，对酒呜呜；借《河满》之一声，示人了了。此《错中错》传奇所由作也。夫朝云暮雨，高唐神女之篇；回雪流风，洛水丽人之赋。命意自归于乌有，选言可奈其不庄？下及传奇，尤乖正始。即非卓女而面定芙蓉，未是小蛮而腰仍杨柳。袖一双之凰舄，胡为径出阍奴？登百丈之蜃楼，何乃自求夫婿？况复西厢待月，青璅偷香，东阁床前，悄入寻梅之梦；南柯郡罢，多逢荐枕之姝。作家原是色是空，观者辄如痴如醉。所以才人之绮语，欲忏已迟；而乐府之新声，虽删亦可也。先生则自抽寒白，一浣春江。描侠客之只身，剑锋三尺；貌贞姬之几辈，冰影一壶。出阃无声，碧玉非小家之女；名门通德，青衣知大礼之书。信乎宜雅宜风，亦葩亦正者矣。顾其以错名篇者，岂唯是写灯月之迷离，赋江风之灵幻，使目无停眩，情有余眈云尔哉！抑意主于省躬，而道通于觉世也。独是浮生似梦，为乐几何？自在优游，且论三万六千是；留些混沌，安知四十九年非？笑检点以空劳，即模棱其亦可。不知大千著脚，方寸扪心，成国公之省三，昌黎伯之箴五。失之忙里，悟自闲中。半枕刚醒，百端交集。正恐聚六州之铁铸亦无方，更教披三绝之编纂终未得。又况佩漆园之高论，彼一是非，此一是非；参齐相之微词，可而有否，否而有可。譬之镜开四照，看面面以都圆；路介三叉，问头头其孰是？车指南而不定，楼更上以奚从？虽然，履愬愬考其祥也，震苏苏未有当也。惟辟咎而后能无咎，思厥愆而何必罔愆？日在过中，大君子幸言提其耳；人谁无者，我众生盍谋及乃心？

外江痴鹤周道昌撰

题　词

梨园艳调逐时新，舌底莲生总效颦。一部中声追正始，主持风教属斯人。

三生石上话前因，镜影悲欢幻亦真。共仰冰心坚似石，红楼夜月不知春。

茫茫孽海幻缘多，敢向奇男眼底过。一剑凌霄刚在手，顿教平地不风波。

人生每向错中求，覆雨翻云死不休。一自金绳开觉路，英雄儿女各千秋。

几回东阁绮筵开，乐府新声次第裁。唱到大江东去后，天风海雨逼人来。

卧阁风高二十年，此心如佛亦如仙。悟空道窍游三昧，总是婆心觉大千。

晚节凌霜鬓未残，东山丝竹借盘桓。此行不为秋风起，肯向严滩寄钓竿。

数卷琳琅寓性真，圆冰四照指迷津。复从南国翻新谱，留赠棠阴爱树人。

中江熊太占吉堂

《蜃中楼》，《南柯梦》，荒唐虚把墨兵弄。《牡丹亭》，《长生殿》，迷人空带风流箭。锁江飞铜虎,月照须眉古。平生不征歌,倦弄催花鼓。人畏金刚面如铁,天边花雨飞不彻。那识菩提心,多运广长舌。绮语浣尽得虚通,半鬼边神都谢绝。绿荷厅,敲醒木,摹就侠儿贞女图一幅。明珠九曲一线穿,平拥奇峰三十六。词成付与菊部头,铜弦铁板歌高楼。招得扬州二分月,绿酒一洗江南愁。

竹君周道立

人不必仙与佛,事不必鬼与狐。偶弄江侯五花管,描来一幅儿女图。图成六女兢如玉,脂红黛绿一字无。词白战,意子虚,矶亦无彭郎,山亦无小姑。胡为二分明月里,有人姗姗来迟丽且都。乃知文章非小技,中有大力者负之趋。吁嗟乎!百花生日成此书,登场丝管歌呜呜,那得不销他北海酒千觚!

午桥黄伯暄

山行马易堕,江行舟易覆。三千大千世界中,偶一投足便失足。见功迟,见过速,百年三万六千朝,何时不与过相逐?韩箴五,寇悔六,中生胡为自鹿鹿?我今手此编,四座镜影圆丝管。当场付菊部,如听雅材百五唱宾筵。噫嘻!人苦不自觉,晨钟一声天外落。问他六州四十二县,铁可能铸者《错中错》。

湘浦周东星

蜃楼海市,幻影无穷。独开生面,力挽颓风。牟尼个个,贯串玲珑。参透消息,心在天中。

浮生梦梦,日在过中。风雷谁凛,厥蔀已丰。新声谱就,唤醒愚朦。愈错愈巧,鬼斧神工。

南屏应锡介谨题

偶 识

奇以错传，亦万一之想也。而谓或有寄托深情，则非鄙思所及。盖以人生日在错中，而偶知反躬自省者，百无二三。惟喻自勉之难，益悲众生之苦。妄想觉世，隐切婆心，奈以形奇志异之书，既邀时趋共赏；而荡女狂儿之调，更为世逐同欢。语近方严，闻者倦听；事涉平易，说者羞谈。然而春怀秋怨，固属淫情之媒；鬼妄神元，尤皆贼理之寇。而如矫枉过正，势又过强。众难无已，杞忧兼防已甚。以故轻凭臆见，权骋强词，写奇错于意想天开，不外实理；叙男女之隐诚幽绪，一衷至情。不惜煞费苦心，无非珍护完节。侠男贞女，如无错巧奇缘，便拂时好；竹润兰芳，苟非霜严冰净，亦弗敢传。而因错生奇，一腔百转，欲将出彼，必先入兹。端发民心所同然，机投世俗所共好。无情无理，至理至情。而乐而不淫，悲而有节。傥得聪明自是，偶一猛省沉思。犹或不止慨泣，流连于一时。此诚婆心妄想所不揣。偶传错奇，而实别无他意也。如谓不然，试绎全本三十六折之中，远伏如狳谋义救，近逼如遇劫横辱，与夫筹代认嫂之诸，凡类此，似写本文之详情，实借共策为引线。而证奇总结，十韵吊场，非皆意之显然易见者乎？

己丑如月，瀛海勉痴子率记

跋

古人云：文章亦如女色似也。而曰好恶之系于人，则殊不能无疑焉。苟睹绝色，妒妇亦怜。而间有弗怜者，知必粉白脂红，仍非绝色也。果为至文，老妪亦解。而恒多未解者，自必踵成附派，究非至文也。荫田先生，性直行方，虽于赋月吟风，均非所好，而辟论卓议，类皆至理名言。非惟炙教亲承，莫不倾心馁气。而于所著《痴说语录》一集，传读者尤多铭坐书坤。论者犹谓，先生生平吐属,率发前人所未发,而附倡争和,或亦众情喜奇之故耳。乃适卒读先生《错中错》传奇一编,而益恍然于文章女色之论,因更心折于先生。识蕴原自迥不犹人,而发为文章,自无异乎名言出人意表,而至理入人情中也。用白描,事多虚写,而尤独开从来传奇法门所无者。叙儿女之玉志冰盟,不事春怀秋怨,而侠诚媲美,挚情倍笃于钟情;绘闺阁之贞娟淑秀,无烦引柳比花,而雁采争殊,素影尤妍于丽影。然则以至文传绝色,既无艳质之词,又无腻饰之句。况止魂呈魄现,并非实睹其人,而珍仰同情,有目共赏,岂镜涵月印之绝色也。犹然而于传此绝色之至文,乃反好恶系人乎?矧以错名篇,悟空道窍,颠倒寰宇,谁则能无?是又先生婆心觉世,一任天机流行,不但至文造妙已于徐西云先生批点全本,与前后序跋内,互相发明,而化工之笔,亦非谫陋所能窥到,率附所见,藉志诚服云尔。

纯庵曾守锐跋

跋

传奇之作,汗牛充栋,至今日滥觞极矣。花晨月夕,选部征歌,不出杨柳风月之词,荡妇狂且之态,神鬼荒诞之说。义既绝于劝惩,教何关于风化?其他之悖理害义,陷人心而漫风俗者,尤不可更仆数。夫剧部之设,昔止视为俳优,今并沿为乐府。自唐设教坊,而流风遂畅,其咏歌舞蹈,拟诸形容,而发为声音者,原皆本于兴观群怨之旨,与夫事父事君之节,以及夫妇昆弟朋友之行。而其贞邪丑正、离合悲欢,能使观者油然自动于中,怒发上冲,鼓掌称快,良心之发,不能自已。其感人也,视教令为甚速,故虽戏剧,而化道存焉,所谓“今乐犹古乐”也。荫田先生深识此义,慨俗剧之失其旨,因于箕颖兴思,寄情高蹈。适著《错中错》传奇一集,其立义也新,其取义也正,其构思也巧以丽,其类情也雅以则;道不越乎伦理之常,事则尽乎物情之变。绝去一切风月狂荡荒诡之习,而反之于亲义序、别忠信之行,所谓“发乎情止乎义礼”者,诚哉!其含“兴观群怨”之雅思，足以感人心而维风俗，有合于古人作乐化民之意也。夫先生居官行法，皆关风俗人心之大计，生平著作，已汇为成书。曾命介参与雠校，丕绩嘉猷，不一而足。而是编也，虽以将退之身，适情游艺，而不忘世道。若此，其用意之深远，读者即未以探其本，亦可想见先生之为人矣。传奇云乎哉！

己丑中和月，南屏应锡介谨跋

《极乐世界传奇》

书题“观剧道人原稿、试香女史参评”，自序又有“道光二十年九月十六日，惰园主人书于如是住庵雨窗下”。按，作者姓名无考，约为清嘉庆道光间人。此剧系采撷蒲松林《聊斋志异》之《夜叉国》、《罗刹海市》等篇敷演改编，凡八卷八十二出，有光绪七年京都隆福寺路南聚珍堂刊本。自序有云“戏至二簧陋矣，而吾谓非二簧陋，作之者陋也”，而“陋”之缘由即“特以词不雅训，为识者所摒耳”。故作者创作此剧，欲以提高皮簧戏之文学性。

自序

戏至二簧陋矣，而吾谓非二簧陋，作之者陋也。使执笔者得《西厢记》之王实甫、《离魂记》之汤若士、《长生殿》之洪昉思，吾知天下锦绣才子，必有拍案叫绝者，户户银筝，家家檀板，安在逊南北九宫哉！或曰："二簧之陋，非其词陋也，音节陋也。"是又不然。自元迄今，为南北曲者不啻数千家，而传者不过数十，每家传者又不过数折。其湮没不彰者，音节非不谐也，特以词不雅训，为识者所摒耳。不然，则空歌工尺，不更超超元箸乎？且声音之道，随时变迁，自雅颂而乐府，而倚声，而杂剧，作者必不是古非今者，唯欲投时好叶俚耳，使吾可歌可泣之情，家喻而户晓，必求音节之正，则《关雎》、《鹿鸣》，宫商具在，胡不规而抚之？南北九宫已陋，而必陋二簧，是真五十步笑百步矣。今日二簧盛行，而雅训（驯）者殊少。仆思在无佛处称尊，因制《极乐世界传奇》以娱人。而自娱其词，虽未知于《西厢》、《牡丹》、《长生殿》何如？然较之梨园所演者，即以为能掩其陋也可。

道光二十年九月十六日，惰园主人书于如是住庵雨窗下，时年五十有四矣。

元白张王皆古意，不曾辛苦学妃狶。解人自知耳。

试香女史

凡例

一、梨园脚色，向止十人，迩来踵事增华，指不胜屈。稿中唯于贴旦外，增一小旦，其余皆以杂概之，俟排演者斟酌。

一、龙珠、一枝花绝不同场，故皆以贴扮之。然一枝花究当另用今日所谓花旦扮之为宜。

一、南曲每以数人杂唱，文气最难贯穿，乱弹更甚矣。今遵北曲例,皆用一人唱,间有合唱者用昆。

一、二簧之尚楚音,犹昆曲之尚吴音,习俗然也。今将以悦京师之耳,故概用京音,间有读仄为平者,元人北曲已有其例,幸勿嗤为谬妄。

一、曲子向不禁重韵,今局于诗赋成例,概不重仄,非敢因难见巧,结习未除耳。

一、二簧上句入韵,最利歌喉,故稿中前后皆平仄入韵。

一、上场引子为诸传奇所无,然颇为排场生色,惜缺而未备,且于得意急书之际,科白亦多未详。有欲排演者,当为补之,仆自乐此不为疲也。

一、罗叉国、夜叉国,皆取材异史,以蛮触相争,无干忌讳也。马骏号龙媒,故三女皆以龙起义。徐商者,徐姓商人也。其余不过率意命名,绝无讥刺,阅者勿刻舟求剑。

跋

英雄儿女,福贵神仙,人情之极乐也。然使生而得之,或不知其乐,唯于四者也,几几乎得之,又几几乎之失;几几乎失之,而卒毕得之。既得之矣,然后历历追忆其未得之时,几几得乐矣,几几乎失亦乐,几几乎失而卒归于得为尤乐。于是,或笑,或涕,或惊骇,或庆幸,七情交作,皆乐之变相矣。身历者如此,心历者何独不然?先生之作此也,予白侍左右,见其或瞑目危坐,或绕径缓行,或拔剑起舞,或奋笔疾书,以至或浩歌,或痛哭,或悻悻如怒,或融融似喜,千态万状,如颠如狂。予固知先生之以一心,实履乎极乐世界之地,以一心遍化为极乐世界之人,其几几得,几几失,以至得无不得,皆实以一心萦绕乎其中,故七情交作而不自觉也。夫相由心生,一念之辗转,即与一生之阅历等然。则英雄儿女,富贵神仙,先生固已备有其乐,从此晴窗灯案,朗诵一通,即享受一度,念念不忘,谁谓非世世生生,长有此英雄儿女、富贵神仙之乐哉!嗟乎!造化弄人,诗书误我,才人薄命,今古同悲。天下如先生而终身困顿者，知不乏人。读是篇时，无愿其皆以一心萦绕乎英雄儿女，富贵神仙。

己卯夏六月，从意园主人处假读一过，瞽道人志

《庶几堂今乐》

余治(1809—1874)撰。治字翼廷,号莲村、晦斋、寄云山人,江苏无锡人,为近代著名慈善家、剧作家。早年肄业于江阴县暨阳书院,曾五应乡试不中。其人一生以"挽回风俗"、"救正人心"为己任,敦行善事不辍。余治充分认识到戏剧的高台教化功能,欲借梨园演剧化导乡愚,宣扬忠孝节义,劝人行善,并惩戒奸盗邪淫,遂作剧数十种,总其名曰《庶几堂今乐》。有光绪六年(1880)苏州玄妙观得见斋刻本,收剧作二十八种。

序

天下之物最易动人耳目者,最易入人心。是故老师巨儒坐皋比而讲学,不如里巷歌谣之感人深也。官府教令张布于通衢,不如院本平话之移人速也。君子观于此,可以得化民成俗之道矣。管子曰:"论卑易行。"此余君莲村所以有善戏之作也。今之戏,古之优也。《左传》有观优鱼里之事,《乐记》有优侏儒之语,其从来远矣。弄参军之戏,始于汉和帝;梨园子弟,始于唐明皇。他如踏摇娘、苏中郎之类,无非今戏剧之权舆。而唐咸通以来,有范传康、上官唐卿、吕敬迁等,弄假妇人为戏,见于段安节《乐府杂录》,然则俳优不已,至于淫媟,亦势使然乎?夫状第之言不踰阈,而今人每喜于宾朋高会、衣冠盛集,演诸秽亵之戏,是犹伯有之赋"鹑之贲贲"也。余君既深恶此习,毅然以放淫辞自任,而又思因势而利导之。即戏剧之中,寓劝惩之旨,爰搜辑近事,被之新声,所著凡数十种,梓而行之。问序于予,予受而读之,曰:"是可以代遒人之铎矣。"《乐记》云:"人不能无乐,乐不能无形,形而不为道,不能无乱。先王耻其乱,故制雅颂之声以道之,使足以感动人之善心,不使放心邪气得接焉。是先王立乐之方也。"夫制雅颂以道之,诚善矣。而魏文侯曰:"吾听古乐,则惟恐卧;听郑卫之音,则不知倦。"是人情多喜郑卫而厌雅颂也。今以郑卫之声律而寓雅颂之意,所谓其感人深,其移风易俗易者,必于此乎在矣。予愿世之君子,有世道之责者,广为传播,使此戏通行于海内。谁谓周郎顾曲之场,非即生公说法之地乎?

同治十二年德清俞樾序于吴下寓庐春在堂

自　序

古乐衰而后梨园教习之典兴。原以传忠孝节义之奇,使人观感激发于不自觉,善以劝,恶以惩,殆与《诗》之美刺、《春秋》之笔削无以异,故君子有取焉。贤士大夫主持风教者,固宜默握其权,时与厘定,以为警瞭觉聋之助,初非徒娱心适志已也。

无如沿习既久,本旨渐失。贤士大夫既不暇留心及此,一任优伶子弟颠倒错杂于其间,所演者遂多,不甚切于惩劝。近世轻狂佻达之徒,又作为诲淫诲盗诸剧,以悦时流之耳目。演《水浒传》,则以盗贼为英雄,而奸民共生艳羡;演《西厢记》,则以狭邪为韵事,而少年群效风流。其他一切导欲增悲不可为训者,且纷然杂出,使观之者荡心失魄,以假为真,而古人立教之意,遂荡焉无存,风教亦因以大坏。

甚矣,乐章之兴废,实人心风化转移向背之机,亦国家治乱安危之所系也。《周子通书》有云:“移风易俗,莫善于乐。”又云:“不复古礼,不变今乐,而欲至于治者,远矣。”窃以为周子名世大儒,所见必非细故。古礼之复,诚非易易;若变今乐,则只在贤士大夫一反手之间耳。当有宋之初,乐章之败坏,未有甚于今日也,诲淫诲盗之风,亦未有如今日之极也。周子已重虑及此,则今日今乐之当变,更何可缓耶!

余不揣浅陋,拟善恶果报新戏数十种,一以王法天理为主,而通之以俗情。意取劝惩,无当声律,事期征信,不涉荒唐。以之化导乡愚,颇觉亲切有味。自知下里巴人,不足当周郎一顾,而彰善瘅恶,历历分明;触目惊心,此为最捷。于以佐圣天子维新之化,贤有司教育之穷,当亦不无小补也。孟子云:“王之好乐甚,则齐其庶几乎?”天下之祸亟矣,师儒之化导既不见为功,乡约之奉行又历久生厌。惟兹新戏,最洽人情,易俗移风,于是乎在,即以是为荡平之左券焉,亦何不可也。名曰《庶几堂今乐》。庶几哉,一唱百和,大声疾呼,其于治也,殆庶几乎!

咸丰十年春正月,梁溪晦斋氏余治自序

题辞

余　治

蒿目首频搔，叹人生大劫遭。老苍架起无情炮。（天老爷本来好生，忽然大变面孔。）大戏场焰腾霄赤，紧的摇山震谷，昆冈烈火一齐烧。（何等光景！）风萧萧，雨飘飘，鬼哭神号，羽书络绎心如捣。（岌岌乎殆哉！）岂尚能苦中作乐，效山人伎俩，持简板把渔鼓轻敲。（那有如许闲情？）不过是草野臣一片心，半生来杞忧窃抱。（原是愚公之见。）到今朝不忍瞧，平白地自寻烦恼，把今古闲愁一担挑。（吹皱一池春水，干卿底事？）独无奈樗散材不合时宜，颇不耐趋投热闹。（薄福书生，天生穷骨。）只合与二三父老话桑麻，吹豳击壤私念感皇朝。（天良未昧。）

想我朝开国来舜日尧天，那一代不是圣明有道？（想想看。）二百年承平日月，吾宗吾祖那一个不同被恩膏？（享了多少平安日子，不见恩德，直到今朝方见。）即如今我皇上待尔曹，也算得如天浩浩同怙冒。（到底不曾待差你。）为甚的跳梁小丑奋螳臂，忘恩负义反面做长毛？（可惜都是大清朝好百姓，不过念头一错，便反转面孔。）最可怜愚俗人被招谣误归邪教，痴心都想天门跳。（上了圈套，个个做梦。）谁知他说天话父，多半是胡言乱道送命杀人刀。（到颈方知悔不及了。）可恨他自命高灭像欺神，不管你三教门头，都弄得七颠八倒。（惟我独尊，夜郎王由他自大。）听呼号，泪暗抛，霎时间，城门失火池鱼一例受煎熬。（丑人带累好人，莫甚于此。）

到此时铁石人也动心，谁无父母？谁无妻小？（身家一样。）也应该戴天不共，怎让他杀人如草，到处肆咆哮？（急煞。）想世间受他人一饭恩，尚且思感激图报。（良心人人皆有。）为师友出身犯难，方不愧气谊投胶。（道理故应如此。）况且是君父恩地厚天高，尤不可寻常计较。（君恩与亲恩同一罔极。）只如今国家有难，还望我小百姓竭诚报效，敌忾奋同袍。（望眼将穿，义旗谁起？）想皇上为我们筹饷招兵,那一日不愁肠似搅?(苟有人心,也应感泣。)即如那各将帅各当道,那一个不卧薪尝胆忠义薄云霄?(谁人体及?)只恐怕费用烦、度支空,兵粮缺少粮台吵。(千难万难。)不得已,劝我们勤王助饷章服待勋劳。(如能捐饷,在国家原未尝亏负一点。)有肝胆、有天良,极应的树义旗,为国分忧,毁家纾难伸天讨。(现在遭劫,地方多是毁家济贼,并无一个肯毁家纾难。)方见得百姓们报君父,同心戮力热血一腔包。(必如此方为可敬。)最可怜守钱奴,紧握双拳,生平度量胡椒小。(比荠菜子略大些儿。)兀自的醉酕醄盘乐怠傲,几人花底正吹箫。(好心绪,真适意。)劝捐饷、劝完漕,做哑装聋,为儿孙多作千年料。(方自以为传家秘诀。)岂知道米烂陈仓,金藏地窖,只落得天灾到子撇妻抛!(一声何满子。)

路迢迢背一个衣包,走三径蓬蒿。遇强梁,赤条条性命依然要。(不比圣朝宽典,由你推三阻四,多方规避呢。)幸而逃颠连无告沿门抄,光景苦难描。(还是圣王宇下可以谋生苦度。)急忙忙走西东,鹤唳风声魂灵儿早已飞天表。(如画。)悔当初惜财如命,昧大义自把祸殃招!(原来自取。)

提起来发冲冠刀出鞘,恨不得一口气把那贼兵扫!(耳后风生,心头火出。)方出我胸中气虹霓万丈,赤手搏灵鳌。(过屠门而大嚼,虽不得肉,行且快意。)苦无奈七尺躯,学剑未遑,缚鸡力少,奋空拳只把苍天叫!(奈何!)即欲效涓埃报,又无奈半生来不事生产,家徒四壁剩箪瓢。(更奈何?)只有那舌三寸,笔一枝,不厌唠叨,苦衷一点天堪告。(自分迂疏,只求天鉴。)庶藉以贡刍荛,宣圣教化,鸱鸮略拄急流篙。(惟恐篙短力绵,吃他不住。)只指望化一人做良民,幸得他南柯梦觉。(所期化莠为良,同归善道。)即为我国家少一敌,薪抽釜底内患暗中消。(区区之心,窃慕此耳。)

况今朝乱嘈嘈劫共遭,强半是天下人心肠不好。(无奈自己总不肯认错。)因此上天心震怒,森罗铁网未肯宽饶。(知戒惧否?)若不是回天怒,挽人心劝忠劝孝,恐以后灾殃未了。(正恐后患方深。)但愿得人心转即天心转,太和感召赛过他虎略龙韬。(愿为小助。)叹人生数十年石火电光,今朝未识明朝保。(人命在呼吸间,谁能说得嘴响。)糊涂涂把一生错过了,岂不是入宝山空走一遭?(白做了一世人,不曾做一点好事,岂不大可惜耶!)舌如剑,笔如刀,锦绣才华到头来难与阎王拗。(阎王老子那管你才华好歹。)力拔山、气盖世,石崇豪富,惟有那臭皮囊难把光叨。(看你有本领保得此身常在否?)一寸阴一寸金,看日月如梭不住的东西绕。(看惯了不觉其快。)猛回头把手招,同舟共济劫海浪滔滔。(《公无渡河》)

叹世人积习深非一朝,问狂澜孰回既倒?(那个问及?)古文词汗牛充栋,半多覆瓿蠹鱼销。(可惜。)学时髦,自诩风流,见几多艳曲淫辞,灾梨祸枣。(文章之厄,莫胜于此。)美年少习轻佻,伤风败俗,人心蛊毒此中包。(真堪痛恨!)所以俺近年来编几本劝世文,带病医人。也不过是管中窥豹,(老实话。)只求他愚蒙易晓,初何敢效文人结习感愤更牢骚?(光天化日之下,何用牢骚感愤。)兔园册训童蒙,信手挥毫,猢孙王头脑冬烘自吟自啸。(咦?)化愚民作歌唱,聊自比候虫时鸟,无暇细推敲。(方家见谅。)又尝在乡约台话哓哓,舍敝唇焦,嗤木铎人称老,(掀髯一笑。)反唇诮白眼遭,总由我周身病痛莫怪世风刁!(惟有反躬内疚。)

再四想没路跑百折千回,而今只得翻新调。(穷极计生。)老着脸,粗着话,窃自愿从梨园子弟一例混渔樵。(予向有句云:老我面皮三寸厚,愿他聋聩一齐开。今日做戏班头颇为确切。)遂演出新戏文,矢口成吟,把许多白雪阳春都变做常言道。(但求属和者多,何敢自矜高调。)试看他善有报,恶有报,只认定昭昭天道,姑学那诙谐曼倩试偷桃。(笑骂由他笑骂。)演一回唱一回,一任他顾曲周郎批评我南腔北调。(试看班门弄斧。)忽而啼,忽而笑,更自笑呆头呆脑,聊靠着衣冠优孟权做一时豪。(以穷措大雄据梨园万户侯,不愿封也。)

悔当初瞎奔跑,经几度秋风毷氉,科名何物催人老。(半生上当。)把有限光阴、把有用精神消磨多少!喜沾沾小技虫雕,(不值一笑。)旧面目不堪描故纸,蝇钻几上他两个圈儿套。(几乎套住。)幸而今梦醒早,硬头皮把名缰利锁一笔勾销。(快哉!)遇着那素心人把臂邀,浮大白开颜一笑。(笑什么?)笑年来独脚登场,生涯迂拙,越做越蹊跷。(什么蹊跷?)话蹊跷,古乐沦亡,鞠部新腔多半是诲淫诲盗。(习惯已极。)致愚民观而感,教升猱防闲溃裂,作奸悖乱此根苗。(着眼。○咸丰七年,山东东平州知州吴公获盗,供称结义兄弟已有一百零五人,照梁山水浒天罡地煞之数,各有混名,尚少三名,待一百零八人数满,即将起事云云。始知此伙谋反,都是为《水浒》所误。幸早破案,得免大患。○又有扬州某好点淫戏。一日看戏回,其女已随厨夫逃逸,中途被获解官,某立时气死。)

干天怒,坏人心,流毒贻殃,酿成大劫何人晓?(召乱之阶,大半由此。)如洪水、如猛兽,乱纷纷谁司乐正,尼山不料有今朝。(不意老夫子反鲁正乐之后,流极至此。)窃自抚旧头颅,把穷措大的老头巾一朝撇了,偏撇不了的七寸三分帽。(所谓天下事各样穿破,惟有高帽子尚不破也。)初何敢腆颜人面,向当场多方弄巧,妄夸欲挽世风浇。(更不自量。)况我生动得咎,是非招说不尽,怪怪奇奇,扪心清夜千般懊。(不堪自问。)

说什么屈宋风骚,说什么应刘才调,不堪回首叹无聊。(通身汗下。)忙碌碌急煎煎,主人翁,东扯西牵,开场应识收场早。("下不来"三字,误尽了多少英雄。其实真正英雄,最能自己收场,断无下不来事。)愿终身杜门思过菜根咬,回光照,眼睁睁自求至宝,何心再斩水中蛟。(再不敢学冯妇。)失人身万劫难,带水拖泥,神龙尾大将难掉。(几几乎矣。)生何来,死何去,黑漫漫半生昏眊,此中容易失厘毫。(死生事大,安得不自己细细打算。)且放下万虑消,一任他六贼纵横,我只是照管宫中静观妙窍。(不足为外人道。)一杯水,一炉香,安排鼎灶,一腔心事托歌谣。(妙吓!)

安得遇有心人,题倡登高,主张风教,领袖我润色隆平,长言舞蹈。(倘得有仔肩世道大君子,分布梨园,登高提倡,吾愿瓣香以奉。)忧悄悄,乐陶陶,上下千秋风行四海,无人不识贬和褒。(所愿惟此。)并愿得播弦管,叶笙匏,转瞬间默化潜移同风一道。(此班头第一痴想。)即是我区区志与人同,善书生报国此勤劳。(野人献曝,原是一点愚诚。)每日里祷祀求,愿乱民聋瞽齐开,卜得他悔过投诚、改头换貌。（闻此中大半悔恨，无奈欲罢不能，可见得从贼的到底各有天良，都是好好百姓。所恐招抚不得其人，致此辈投诚无路。几回新戏权当楚歌，作者固有微权，观者亦应心动。）庶几乎化暴为良，风移俗易，依旧是清平世界，普天率土颂箫韶。（说到此，不自觉鼓之舞之，奋袂而起。）

独自念伤孤露，君亲大恩未报，毕生恨事真难了。（千古罪人，不堪自问。）思手泽，愧头衔，虚声纯盗，予怀渺渺碧天寥。（每怀靡及。）更孤负旧师友，眼垂青乐育熏陶，生平知遇逢多少。（知己感深，屈指可数。）只有把新院本当凯歌，斡旋小补，存心聊当报琼瑶。（别无他物。）我本是田舍翁伏泥途，想当年荷笠荷蓑护良苗，学得个诛茅锄草。（想见本来面目。）到于今芸人田何时得了，归来好闲云野鹤，青山有路任飘摇。（到此方认清路头。）从此后意嚣嚣，竿木随身，任呼牛马浮名，不上香钩钓。（向又有句云：才有贪心便上钩。此中久已识破。）且同来试观场，闲凭眺，放开双眼北望九天遥。（深情无限。）

引　古

陶石梁曰："今之院本，即古之乐章也。每演戏时见有孝子悌弟、忠臣义士，激烈悲苦，流离患难。虽妇人牧竖，往往涕泗横流，不能自已。此其动人最恳切、最神速。较之老生拥皋比讲经义，老衲登上座说法，功效百倍。至于《渡蚁》、《还带》等剧，更能使人知因果报应，秋毫不爽。杀盗淫妄，不觉自化。而好善乐生之念，油然而生矣。此则虽戏而有益者也。近时所撰院本，多是男女私媟之事，深可痛恨。而世人喜为搬演，聚父子兄弟，并帏其妇女而观之。见其淫谑亵秽，备极丑态，恬不知愧。曾不思男女之欲，如水浸灌，即日事防闲，犹恐有渎伦犯义之事，而况乎宣淫以导之！试思此时，观者其心皆作何状？不特少年不检之人，情意飞荡；即生平礼义自持者，到此亦不觉津津有动，稍不自制，便入禽兽之门，可不深戒哉！"

王阳明先生曰:“古乐不作久矣。今之戏子,尚与古乐意思相近。今若要民俗反朴还醇,取今之戏子将妖淫词调俱去了,只取忠臣孝子故事,使愚俗百姓人人易晓,无意中感激他良知起来,却于风化有益。”

丘嘉穗《订音律文》云:“今之演剧,即古乐之遗也。今之词曲,即古诗之遗也。然古之诗乐粹然一出于正,而今之剧场词曲,皆流于淫僻而不可训。盖不独中声之亡,以致如此。抑亦剧场词曲中所谱之事,悉属增悲长欲之具,而人无所视以为法戒故也。自汉以来,儒者类欲复古诗乐,而徒较其音节于声律字句之末,至使议论纷纷而未有以决,而古乐古声卒不可复。即幸而复之,而不以其事见之舞蹈,则亦使斯人无所感观兴起,如爰居之听钟鼓而却走耳。窃谓居今之世,而欲追求古乐之声,以复于先王之旧,势必不能。何如仿古乐诗遗意,召集名儒,取今之所谓剧场词曲者,一一较而订之,其淫艳而伤风教,与其善之不足以为法,恶之不足以为戒者,概从禁绝。而其所编撰成曲,颁行天下者,必皆古今忠孝节义,可歌可泣、可法可传之事。至其器与声,亦不妨从今之优伶,稍取其明白正大,抑扬有节者可也。安在今之乐不犹古之乐也。如曰演剧不足以当古乐,词曲不足以当古诗,而欲离而二之,以听其自止自行于天下,则古之诗乐既不可以卒复,而剧场词曲之流于今者,将日入于郑卫之淫靡,而未知其所止。雅与俗,两失之矣。草莽私忧,愿与司风教者商之。”窃尝谓是非者,天下之定理。是非存而人心于以不死。自《水浒》戏文出,而是非颠倒,定理亡矣。夫英雄好汉,义士美名也。以之加于盗贼,颠倒孰甚焉!即如《神州会》一出,其主将陈元摆列擂台,招集义勇,其意固欲团练一方,杀尽梁山大盗。为国灭贼者,岂非真英雄、真好汉耶!顾竟至为逆贼所败,败矣,而看戏诸人或尚能为之惋惜、为之不平,是是非尚未尽泯,人心犹然不死也。乃遍察今日看戏之人,则异口同声,无一人不笑陈元之败绩,而快梁山之得胜者。呜呼!人心死矣。无怪乎结党争雄者,效尤日甚。举凡贪财亡命之徒,均以水浒落草,为逋逃薮也。有世道之责者,可不急为之加意也哉!〇又见《秦叔宝三挡》一出,末有程咬金劝叔宝数语云:“兄弟还做甚么官,不如随我到瓦冈山上做强盗的好。”试思此数语,虽一时愤激之词,窃恐观场万众不尽有识,必有闻之而动心起念者矣。尚可令其再播梨园，流毒无尽耶！

张横渠先生曰："郑卫之音悲哀，令人意思留连，又生惰怠之气，从而启骄淫之心。虽珍玩奇货，其始惑人也，亦不如是之切。故圣人必放郑声，亦是圣人经历过，但圣人不为物所移耳。孝经曰：'移风易俗，莫善于乐。'有以夫。"

李文贞公《奏定乐章札子》有云："《孝经》曰：'移风易俗，莫善于乐。'故乐无分于朝野也。后世虽有议及乐章者，典之有司，不过施之宗庙、朝会而已。而教坊词曲，儒者每鄙其淫亵荒唐不之道。《孟子》曰：'今之乐，犹古之乐也。古之田大歌曲，即如今之优伶所演也。故皆足有所感发兴讽'云云。臣儿时见所演凡忠臣孝子、贞女义士，虽宿儒端士靡不沾襟。惟近时所唱则皆流为淫靡荒乱，而俗乐亦亡。宋时太常雅乐及教坊俗乐，皆以有司领之，犹存古意。倘取今之坊曲，删其荒淫悖谬，但存其忠孝节义之事。其底本则采之史传志说，其姓名与事不全无征者，以演唱化导，未必非转移风俗、鼓吹休明之一助也。"

李文贞公《榕村语录》有云："某看礼乐亦不是难事。如今把礼斟酌，令至易简，人不难行，自然乐从乐。便把如今的戏整顿起来，就是乐。孟子断得直截：今之乐犹古之乐。人多在律管上讲究，即使得了虞舜的律管，作起韶乐，亦不必一时便凤仪兽舞。安上治民，莫善于礼；移风易俗，莫善于乐。若只郊庙中作乐，就是云门、咸池、韶頀、大武，亦只天地鬼神闻之，如何天下风俗就会移易？自然是人人见闻，才能移风易俗。如今人看戏，到那忠孝苦难时，便涕泗交流，移风易俗，可见不难。"

又云："朝庙之乐，实能歌咏祖宗功德，字字确实，明创业之艰难，道君臣之一德，悯将士之憔悴，咨黎庶之勤劬，便好。然古之作乐者，非徒以朝庙为重也。移风易俗，全以用之乡党、用之闾巷者为要。盖朝廷郊庙之乐，臣民得与闻者有几？惟家家户户皆得见之，方能兴感。"

又云："至于词，汉即用乐府，唐即用诗，宋以后即用诗余曲子，无不可者。编纂皆要设一局，礼局、乐局、天文局、书算局，讲求在这里,便有举而用之之时。"

又云:"各省大吏,多以优伶为性命,无怪其然。即吾辈之几本书也,不尔?政事之暇,如何度日?古人暇时,便有琴瑟歌舞。先王知道人身心必有所寄,因其势而利导之,以归于正。样样都动得手,故有用,不是全靠读书。如今礼乐久废,只得守几本书,检束身心,开广知识。若移而之他,则放僻邪侈,不可言已。古时必有民间之乐,韶武岂士庶可用?宵雅肄三亦不可用于燕间。使徒九庙明堂之间作韶頀,而天下即风移俗易,恐无此事。"

又云:"如今即将古书中忠孝廉节之书,制为词曲,去其声容之无情理者,令人歌舞之,便足以移易风俗,感动人心。不妨粗处做起。"

又云:"连日因燕蓝总兵演戏,做到入情时,未有不感动者,以此见得乐之效速。若就元人百种中,选其忠孝节义、有事实者,改其义理不通处,每事四出,此外诲淫导欲者禁之,亦粗足以感人心而成风俗矣。"

先辈评论梨园处甚多,略举数则,以见一斑。

答客问

庶几堂主人既作新戏,合班试演,客有见而嗤之者谓:"曲必求高,阳春白雪所以见重于世也。若吾子之所为,下里巴人耳。村歌野曲,何足登大雅之堂?而子顾斤斤以此为务,腼然播诸弦管,妄冀赏音,毋乃太不自量!"予闻之,蹶然起曰:"唯唯,客责我良是。顾鄙人尚有下情,可容一毕其说乎?"客曰:"嘻!子姑言之,我姑听之。"予乃前席而请曰:"古人作戏之意,非将欲以忠孝节义故事当场演出,使人观而感乎?"客曰:"是,固然矣。"予曰:"既欲以忠孝节义使人观感,则欲使观而感者以多为贵乎,以少为贵乎?"客曰:"自宜多多益善。"予曰:"吾子既欲使观感者多,则巴人下里属和者数千人,岂不足以资哄动?既欲求其多而仍从事阳春白雪,何异缘木求鱼也？客亦可以谅我矣。”

客又问：“旧时梨园杂出，所演忠孝节义，多有善恶果报，何一不可劝人为善？今吾子必欲另开局面，窃恐标新领异，总不脱前人窠臼，毋乃画蛇添足！”予又应之曰：“客所言亦是。请问古人作戏为上等人说法耶？为下等人说法耶？”客曰：“大约上下兼该耳。”予曰：“上等人读书明理，有经史训言，儒先格论在，无取乎戏也；即中等人，亦有近时所传劝善诸书在，亦无取乎戏也；所以演戏者，为不识字之愚夫愚妇耳。彼愚夫愚妇既不能读书明理，又不能看善书，即宣讲乡约以晓愚蒙，而近世人情又皆厌听，故特借戏以感动之。譬如医者之用药，须对病立方，乃得见效，既为下等人说法，自须切定下等人用意乃为对病。予之所作，大约按切近日下等人所犯恶习，多作对病，方期以补旧时梨园所未备耳。若以云标新领异，吾又何敢？”

客顾而笑曰：“有是哉。子既以下里巴人自居，吾亦不多求于尔。顾俚辞巷语，赏俗而不能赏雅，子竟自以为对病方可乎？”予因再诘之曰：“医家治病，膏粱之体，藜藿之体，有异治乎？”客曰：“膏粱藜藿，体既不同，用药安得不异？”予乃曰：“吾子既知此，即可知近日梨园杂剧大都药不对病者矣。古人作传奇，命意各有所在，如《长生殿》立意在讽谕人主，是为居南面者作前车之鉴，宜演于宫闱，与乡民无涉；《精忠记》立意在劝戒人臣，是为食禄者作当头棒喝，宜演于官场，与乡民亦无涉。至一切战阵胜负、设计用谋之戏，是皆为行伍兵勇，激发忠义而作，宜演于戎行，乡民观之，适以开好勇斗狠之习，是何异以治膏粱之体者，治藜藿之体耶？不特此也。古人立方，君臣佐使等分，各协其宜，如应用一二分者，或用至一二钱，已嫌太过；若用至一二两，则非但不能愈病，害且立见矣。古人传奇又往往牢骚感愤，借题发挥，畸重畸轻，未免形容太过。不知写人之恶，必写到十二分，非理非情，无不人人发指，窃恐为恶者见之，非特不引以为戒，必反藉以自宽。（若谓古人之恶，过我十倍，以我之过较之特小焉者耳，庸何伤？）是何异应用一二分之药，而用至一二钱，或竟用至一二两，恐适足以益其病而速之死也。徒有妙方，苦不对病,此予所由忘其鼻鄙,不禁怦然勃然,窃欲一贡其愚也。"

客佛然起曰:"噫!子言过矣。古之人心思才力百倍于今人,旧剧中所演忠孝节义,岂无为乡曲小民作对病方者?如子言,毋乃以良医自居,而为古人所作无一可取也?坐井观天,夜郎自大,何其妄也!"予以客素好合药施送,因复进而诘之曰:"吾子喜合药济人,请问,所合之药治何病居多?"客曰:"大约时疫急痧,疟痢疮疡,世人常犯之病为多耳。"予又问客:"有奇病、怪病,如人面疮、百鸟朝王之药乎?"客曰:"此奇怪之病,千万人中所仅见,何烦制备耶?"予乃晓之曰:"客更见及此,亦知近日梨园所演,皆奇病、怪病,而非人人共犯之通病乎?予之所作新戏,虽俚俗不文,却颇切近人通病,而奇病、怪病不与焉,非与古人争胜也。"

客又问予:"所言通病,可一一闻乎?"予乃为屈指数之曰:"五刑之属三千,罪莫大于不孝,故王法最重。而逆伦大案,尤为地方官第一干系事,无不思设法化导者。近世乡里间不孝子媳不少,通病也,问旧戏中有足为逆子逆媳警戒者否?"客曰:"古来传奇中,如《琵琶记》、《芦林记》、《寻亲记》,均属孝子孝妇,何得云无?"予曰:"此皆有劝无惩,终难悚动。且《琵琶记》为状元夫人,《寻亲记》则事值其变,而《芦林》亦属古贤人之事,皆小民所不敢望,且不常有,非对病方也。"客又言:"逆妇戏却少见,至逆子杂出,则《清风亭雷打张继宝》,岂非佳剧乎?"予笑问曰:"是矣。然试问:天下古今有如张继宝其人者乎?世人有犯此病者乎?是奇病也、怪病也(张继宝自幼家贫,过继异姓作螟蛉子。继父母恩养多年,因躲学,窃去过房文据,逃归本生母家。后竟中状元,继父母已贫而丐,非但不知迎养,而且到门不礼。再三哀告,仅掷钱二百文,逐出闭门不纳。卒至二老人气愤撞死门外,始见张继宝天雷打死。),千万人中所不一见者也,天下古今亦断无有其人其事者也。戏场千百人中,岂无一二不孝子,及观此戏以状元而遭雷殛,不孝子何尝不同声称快?而描写逆状,出于情理之外,窃恐抚掌之余,适足为逆子自宽之地,岂非非徒无益而又害之耶?若谓我虽不孝,然较之此人,尚为远胜。设我若中状元,断不至此,小小悖逆又何妨也?是无异立方用药应用一二分者,竟用至一二觔矣,不适足以益其病而速之死耶！至逆妇，则有《变狗记》，而以狗粪包团奉姑，亦属大过。夫逆子逆妇，罪大恶极，有心世道者，无不痛心疾首，思欲挽救于万一。而旧戏中警戒子媳者，仅见有此，犹失之过当，而不可为训。此吾新戏中所为于逆子逆妇三致意也。

盗贼风起，通病也。地方官亦最为关切，而亟思有以清其源者也。试问："旧戏中，有一回足为盗贼作当头棒喝者否？吾见盗贼也，而以为英雄好汉矣，观剧者且无不人人艳羡矣。官长亦明知其害俗而不遑加意严禁，以遏其流，何怪乎盗贼之侈然胆大，而犯案重重耶。偷鸡，毛贼也；盗皇坟，大逆也，乃公然搬演，以为皆梁山好汉之所为，又何怪乎发棺之案之接踵而起也！"客应之曰："梁山水浒之诲盗，是固然矣。如《白罗衫》一部传奇，岂非盗贼之对病药耶？子何得云然？"予曰："《白罗衫》之盗，天下古今有第二个者乎？是奇病也、怪病也。为盗者非但不引为戒，反藉以自宽者也。（谓我辈虽为盗，尚不至此，必无人议我后而破我案者也。）此予新戏中所为处处与梁山水浒作对面攻击者，职此故也。

赌风、讼风、诈风，通病也。地方官无不切齿痛恨者也。试问：旧戏中有足为赌风、讼风、诈风，小惩大诫者否？无有也。他如堕胎、溺女、焚棺、抢孀、骗寡、宰牛、捕蛙、轻生自尽、藉尸图害、争田夺产，无一非世俗通病也，亦官长所屡出示谕，思欲严行禁止者也。而旧戏中及此者，亦不多见。其它作孽造罪之事不一端，如轻弃字纸五谷，杀生害命，好谈闺阃，奢华暴殄，虐婢虐媳，皆通病也。而按之旧戏中，总属寥寥，又何异合药施送者，多合奇病、怪病之药，而于时气通病之药，反不多为之备也，概目之为忠孝节义，恐囫囵吞枣，而于古人，随方立教，委实裁成之意殊无当也。客又以为何如也？"客固好施药，至是乃恍然称快曰："吾过矣。吾向者所言，真随声附和，囫囵吞枣，而未及悉心考核者矣。不意眼前道理一经说破，有如此之切中时弊者也。"乃相与把臂剧谈者竟日。

上当事书

余 治

窃天下之大势,全在人心。人心视乎政教,人心不可或二,即政教不容两歧。从古驭民之术,未有政教两歧,而可以一道同风者。我朝崇儒重道,正学昌明。即有二氏之教,与儒稍异;然其徒皆奉公守法,不敢自外。即有过犯,有司官得执法治之,与平民无异。其教首如僧纲道纪诸司,本系印官僚属,无敢一毫徇庇,从未闻有恃教主作护符,以扰我政权者。以故,数百年来,相安无事。二氏之外,又有回民。然除口外回部不免妄逞螳臂外,此杂处中国之民,数百年间亦少滋生事端。盖回民之奉教虽异,亦不过自守师傅,自成部落,初未有四出传教之事。且其徒亦恪遵功令,未闻恃教主之势,动辄与地方官相龃龉。乃以今观之,有不可不早为熟筹者。何则?天无二日,民无二王。入教之民,皆中国之子民也。二百年食毛践土,何一非中国畏神服教之民?即何一非中国尊君亲上之民?乃释道回三教,有司官得而治之。非此三教,则有司因多窒碍,或不全治以中国政令。夜郎自大之流,更复恃势招摇,逢人煽惑,其志益骄,其情益纵,而其气亦日益横。长厚懦弱者,固羡其势之可恃,即贪饕无厌、酗酒打降之辈,亦乐其不必持斋戒杀。甚至作奸犯科群不逞之徒,且以此为逋逃薮。入者既众,彼方各挟其私,日与民相訾謷,细故微嫌,辄成大狱,积不相能,则犄角之势成。败类逞私报复,藉势称干,至是必左右为难,稍一不当,时事将不可问。此际积薪之渐也。闻之扬汤止沸,莫如釜底抽薪。为今之计,莫如出全力以治我国之政教。日以正教导我民,以一我国之人心。先入者既为之主,后来者自无所容。正教既明,异论自息。曲突徙薪,于是乎在。谨拟条陈数则,则刍荛之见,是否有当,伏候采酌。

(节录)

一、梨园宜一律厘定也。

从来施教者，每以不能家喻户晓为虑。予窃以为有一家喻户晓局面，一举而感动千百万人，大可移风易俗，而又可不费一钱者，惜无人为之整顿于其间，转致伤风败俗而不可问，良可叹也。或曰："国家立教之方无所不至，学宫、书院、义学、乡约、节孝坊祠，岁费帑金数十万，无非为教化斯人计。然日久不免具文，终不能家喻户晓。而子顾以不费一钱，即可以家喻户晓，何言之易也。"予因进而诘之曰："宋江、晁盖三十六天罡、七十二地煞，以及张生、红娘，普天下之三尺童子皆知之。如此家喻户晓，海内遍传，予以为其故安在?"或曰："此看戏中来也。"子既知由看戏中来，则梨园演剧岂非一极好家喻户晓局面，而又可不费一钱者耶?"或乃悚然起曰："然则吾子将奈何?"予曰："古来乐府，隶于太常，本宜官为统率。降及后世，士大夫每以为戏而不遑过问，悉听曲子相公自为主张，自为去取。而劝善惩恶之地，转变而诲盗诲淫，几至倒戈内向，为教化之大敌。当国大臣仔肩世道，焦心竭虑，日期教化之行，但于义塾乡约，力求推广。卒之所费甚巨，收效无多。而于梨园一节，不费一钱，即可家喻户晓者，转不为之措意，舍易求难，非计之得也。《孝经》云：'移风易俗，莫善于乐。'今乐虽与古乐悬殊，而梨园演剧所以传忠孝节义之奇，使人人观感激发于不自觉，实足为风化人心之助。宣讲乡约，人皆厌听，若以乡约之法出之以戏，则人情无不乐观。试演一日，必有千百老幼男妇环观群听，耳濡目染之余，必有默化潜移之妙。此真极好劝善局面，一举而可使千百万愚夫愚妇，无不入耳警心。较之乡约之功，何啻百倍，何忧不能家喻户晓耶！为今之计，亟宜以振顿梨园为拯时要务。应请通饬各属，凡有梨园，必官为厘定，其不可为训者，悉删之，永禁不许演唱。凡可通行演唱者，必取其有益近日人心风化之剧，选定名目，一律颁行，责成有司官严行示谕。再另撰劝善新戏，按切时事，作对病方，颁发各班，责令一体学习。如无此戏者，不准在境演唱。如此则普天之下，人人得于观剧时触目惊心，隐动其固有之良。即默坚其先入之见，但得当道一提倡间，即可转移风化，中流砥柱，只手狂澜于是乎？在草茅下士翘首期之。（第八条）

例言

一、坊本《缀白裘》所选多系昆曲,久已风行海内,惟阳春白雪赏雅,不能赏俗。兹刻原为劝喻愚蒙起见,皆系皮簧俗调,习之既易,听者亦入耳便明。词白粗鄙,明知不足以登大雅,识者当能谅之。

一、传奇全部太长,若摘取一二出,又觉没头没脑,观者毫不知其原委,有何意味?兹所刻皆就其事之始末演成一回,不分段落,不能摘取,庶观者一望而知。

一、传奇往往凭空结撰,未免海市蜃楼。兹刻所选,均属眼前实事,庶可征可信,不落荒唐。

一、古曲本多有非情非理,不可为训者,《西厢》、《水浒》各种,足为风俗大害者无论矣。即如《三国志·关侯训子》一出,不过对小孩说一篇夸张大话,全不像圣人训子口吻,何足言训?又《单刀会》不过把关侯做成一个恃蛮倨傲之人,与当时一心为汉、权辞回谢情节,大有不合。至《清风亭》、《善宝庄》等曲,更出情理之外,世上断无此人,不足以为惩戒。兹刻所取,均准情酌理,不敢矫诬古人,庶足以悚观听。

一、古人不作无益事,况演戏一台破费多少钱钞!哄动多少男女!耽误多少工夫!而不于其中略寓些些惩劝,便是玩物丧志,与流荡忘返者无异。兹所选处处在风化人心上着眼,读法耶,振铎耶,乡评月旦耶,吾不敢言,然而其义,则窃取一二矣。

一、旧剧中间有遗漏其事节,有足为悚动之具者,即拟添补一二,均属事所必有,一经补插,更觉耳目一新,质诸古人,当亦心许也。

跋一

《庶几堂今乐》四十种,梁溪余孝惠先生撰,原刊备优伶肄习,匆遽付雕，字句脱误甚夥。同治甲戌春，重加编勘，并拟补撰六种，分为三集，精刊行世，旋归道山，未竟厥志。及门薛君（景清）、李君（金镛）、缪君（启潜）、方君（仁坚），搜罗遗稿，得原刊本九种、钞本十一种、残稿十四种，订正弁言一卷。因先取《后劝农》、《活佛图》、《文星现》、《劫海图》、《绿林铎》、《同科报》钞本六种，募赀付刊，卷帙整齐，校勘精当，足称定本。越五年，光绪己卯，香山郑君陶斋谋以全稿付剞劂，予因就残稿十数种，删存粘合，得成《义民记》、《海烈妇记》、《屠牛报》（《义牛冢》并入此本）、《回头岸》（《铁莲花》、《滚钉板》并入此本）、《风流鉴》（系《义侠传》末卷）、《烧香案》（系《义侠传》首卷）、《阴阳狱》（《靖逆记》、《狂吠记》、《劫海图》后并成此本）、《福善图》（《卖老记》并入此本）八种；又取原刊本《同胞案》（亦名《贰好图》）、《英雄谱》（亦名《穷极图》）、《延寿禄》（亦名《修心改相记》）、《育怪图》（亦名《红蛇记》）、《老年福》（亦名《惜谷记》、《斋僧记》）、《前出劫》、《后出劫》、《公平判》、《硃砂痣》，及钞本《岳训扫螺记》、《义犬记》、《推磨记》、《酒楼记》十四种，弁言一卷，详加校正，俾付梓人，合之薛君诸人募刊者，凡得二十八种。考之余君重编目录，初集凡十六种，今已全璧；余十二种，因即编为二集，各系小序，仍初集例。惟阅原刊目录及札记，所载尚有《苦节记》、《状元匾》、《巧还报》、《人兽记》、《五雷报》、《孝友图》六种，今未及见。搜罗有得，当编成三集，勉副先生之志。若云戏者敬之敌，三代上无戏，而人心厚；三代下有戏，而人心薄。与其劝善而失之于戏，不如禁戏，以反之于敬。则请俟禁绝梨园之后，斧此板，火此书，以归于三代之治。不然，此书岂无裨哉！

光绪庚辰春日，望炊楼主人识于桃花坞之废园

跋　二

金匮余莲村先生敦行善事，垂五十年，大江南北，无贤愚疏戚，目之为“余善人”。其徒数十人，承其师说，凡济物利人之事，靡弗

为。而先生晚年独取近世足为劝诫事，演为杂剧，收童竖之无告者，令梨园老伶教以歌歙，而自为之行列节奏，携以出游。资用屡困，谤讥间作，先生力经营之不少衰。至病作不能自强，乃散诸僮，各为之所，而以所演杂剧编订付梓，将俟有力者终成其事。工未竟而先生归道山，故世未尽见也。余求之有年，光绪己卯望炊楼主人为转辗搜辑，得先刻小板九种，近刻六种，稿草十余种，参互厘定，得二十八种，尽付梓人。凡孝悌节义、可戒可劝之事，约略备具。刻成，将约同志牍呈当路，颁诸梨园，令日演一二折，而严禁淫媟诸戏，犹先生志也。先生尝谓：人纪之坏，乱狱之丰，其始无不起于耳目濡染之微。自悬象读法，教化不行，常人耳目所倾注而易于感动者，惟观剧时尚有其机其声容情事入于人心，而不能忘。而不识字愚无知人，其感尤至。通都大邑，鞠部盛鸣，男女杂沓，每为靡声妖态，以供谑浪。乡村赛社，尤而效之，则淫僻之事，寖不可制，以其习于恶而恶之易，则知习于善而善之无难也。君子于此，宜为之防而导于正，不当相与纵任，如见溺而不为援，见焚而不之扑灭也。嗟乎！以先生阅世之深，用心之切，而穷老尽气所自任者，惟是之为极，则非阔疏迂浅而无效可知也。苟推行而无废，使世人闻见所及，油然以兴，怵然以戒，罪罟消于无形，善良薰而成俗，斯岂惟先生之幸？抑亦凡有耳目者，所共幸者矣。先生殁之日，出所著袪邪崇正条议、教化两大敌论，贻廉访使应公宝时，谓淫书宜毁，淫戏宜禁。又尝自撰楹帖云：自晋头衔木铎老人村学究，群夸手段淫书劈板戏翻腔。其惓惓如此。今淫书之禁且十数年，而演戏如故，未有以改革之。余故于是刻之成，中叙其说，以要同志大雅君子，或不以为小道末务而鄙忽之也夫？

光绪庚辰春，香山郑官应书后

《后劝农》(劝孝弟力田也)

院本《劝农》一出，想见循吏风流，与民同乐，近世梨园竞演之，田夫野老乐观之，诚佳剧哉！顾力田而不知孝弟，厚其生未有以正其德，亦长吏之缺事也，省春耕更应省秋敛。作《后劝农》。

《活佛图》(劝孝也)

孝道之衰久矣。烧香不远千里，奉亲缺于一堂，俗情颠倒，比比皆是。不知佛法首重报恩，未有不孝其亲而可以求生西方者。此披衾倒屣之说，所以自古传闻，足为忘亲求道者，作当头棒喝也。作《活佛图》。

《同胞案》(劝悌也)

手足同胞，谊关一体，至情至性，本乎彝良。奈何变起天伦，情伤同气，区区财产，辄肇争端。噫！蔽也甚矣。良知自具，非动以至诚，则蔽不能开，此当湖先生断案，所以妙绝千古也。作《同胞案》。

《义民记》(劝助饷也)

世教久衰，民皆忘本，食毛践土，帝力浑忘。既尊君亲上之不知，竟作奸犯科而无忌。一旦有变，非但不能同仇敌忾，甚至抗霸钱粮。噫！风俗至此，岌乎殆哉！尚可以教化为迂远事耶！作《义民记》。

《海烈妇记》(表节烈，惩奸恶也)

奸徒狭邪，往往乘人之急。贫寒难妇，于风尘漂泊中，依人作计，而欲保全白璧，难矣。毗陵道上，穹碑卓立，庙貌焕然，过往士民，瓣香展拜，引领唏嘘，无不羡烈妇之完贞，快奸徒之授首。百世而下，可以风矣。作《海烈妇记》。

《岳侯训子》(教忠教孝也)

院本有《关侯训子》一出,命题极好,而按其曲白,满纸都是夸张威武,诩诩自矜,全不似以父教子口气。盖传家庭训贵有义方,以教忠教孝为大旨,庶观感激发于风化人心,大有裨也。作《岳侯训子》。

《英雄谱》(惩诲盗也)

英雄好汉,为千古义士美名。自《水浒》一书出,而大奸巨猾公然冒其名以相夸耀,近世更演成戏文,则无识愚民多从而艳羡之、附和之。及至效尤无忌,法网躬罹,始悟戏文之误我,为世人笑。此赵文雄除暴锄奸,所以正名定义也。作《英雄谱》。

《风流鉴》(惩诲淫也)

导淫一端,莫甚于戏,亦莫捷于戏。而近世士大夫观剧,每喜点演,以博风趣。少年子女,情窦初开,环观群听之下,有不荡心失志者,罕矣。取乐只在一堂,流祸且及海内,奸拐之案,层见叠出,职此故耳。不知天道好还,害人终当自害,请君入瓮,盖有不旋踵而自及者,勿疑造物者之巧而毒也。作《风流鉴》。

《延寿箓》(记修心改相也)

人之修短本乎天,定数也。而相即应之,有不爽累黍者。然相由心造,心一改而相亦应之,理之所在,数自可回。救人即以自救,其予夺之权天主之,而亦未始非人心主之也。作《延寿箓》。

《育怪图》(惩溺女也)

近世恶俗，至溺女一端，忍极矣，亦惨极矣。呱呱堕地，即遭戕害，蔑伦伤化，言之痛心。访问各乡，往往而是。在官长既不遑访求而严禁，绅士复不为设法而救援，辗转效尤，无人唤醒，卒之草菅人命。相习成风，积此杀机，上干天怒，久之必酿成大劫，此世道之大可忧者。作《育怪图》。

《屠牛报》(儆私宰也)

私宰耕牛，本干例禁，而匪徒藐法，毫不顾忌。官长既视为不急之务而不加禁，即或循例出示，而役吏复从而贿庇，地棍因得以逞。奸宄之杀气血光，上昏天日，亦造劫之一端也。作《屠牛报》。

《老年福》(劝惜谷也)

天生五谷，所以活人，其恩等于父母；不惜者，其罪即等于逆父母。雷霆之震，半为此辈，非无故也。世人习焉不察，任意狼藉。于修斋供佛，则不惜千金，独于惜谷一事，不肯岁费数十金，另雇一二贫老专司其任，莫大功德，眼前错过，此天台老僧所以不免饶舌也。作《老年福》。

《文星现》(劝惜字也)

圣贤垂教，首重文字。师无此即无以为教。百世之师，受恩何似？故不敬字即为背师。蚩蚩之民固不足责，而身列士林者亦且惮举手之劳，高视阔步，以为琐屑而忽之，“礼失而求诸野”，所以犹望之田夫野老也。作《文星现》。

《扫螺记》(劝放生也)

放生之说本于佛氏,儒者或非之,不知圣人万物一体,仁民必兼爱物,盖天心好生,物情畏死,即螺蛳鱼鸟,莫不皆然。故能放生者,即上合天心,下尽物性。彼法中一念慈悲,即吾儒胞与全量也。作《扫螺记》。

《前出劫图》(劝孝也)

语云:"在数者难逃。"数之所在,理不可知,而实不知数,仍以理为断,往往有本。在劫中,而一念之诚感动天地,因之顿超大劫者,百行之原,莫先乎孝,至性所发,自足动天地而泣鬼神,岂有不默为护佑耶?作《前出劫图》。

《后出劫图》(劝救济也)

急难遇救,关系性命,最为天心所喜。张焕文以十五金救难民于垂死,而在劫之人竟能留于刀下。无他,救人心切,其心本有生机也。救人即以救己,此好生之天,一定之理。理之所在,数自可回,只在本人转念间耳。作《后出劫图》。

《义犬记》(惩负恩也)

生人食禄受恩,便有报主之谊,不独臣之于君也。东宾主仆之间,无不各有所当尽,然趋炎避祸,相习成风。乐人之乐者,几不知忧人之忧。呜呼!犬马恋主之为何而顾旧巢却走也?先生以是作《义犬记》。

《回头岸》(嘉贤妻、孝女也)

糟糠之妻,贫贱求去;犁牛之子,干蛊自豪。世风凉薄久矣。如张大年者,嗜赌滥交,受诬论死,妻女宜何怨恫,乃间关求雪,死诉冥廷,诚之所至,鬼泣神惊。谓不足励薄俗而为狱吏败子作棒喝乎!先生以是作《回头岸》。

《推磨记》(儆虐童媳也)

视亲生骨血罔不慈,然孝子卒鲜,况责隔膜之媳以孝哉!至于贫家养媳,适遇悍姑,上既不慈,下岂能孝?然惟孝不慈之父母,斯为纯孝。夔夔齐栗,瞽瞍允若,竟于弱女子中见之。盍举钱秀贞为逆媳,风逆子愧耶!先生以是作《推磨记》。

《公平判》(惩不悌也)

钱财重而骨肉轻,弟兄姑嫂之间,每如陌路,甚以爱博不专,怨望父母,渐而腹诽,渐而犯颜,无复人子之礼,不知殴骂亲长,律有明条,国典幸逃,冥刑不赦。朱福郎、周大郎两案,足为龟鉴也。先生以是作《公平判》。

《阴阳狱》(惩邪逆也)

祸乱之兴,必有借口处,至仁至圣之朝,忽无端而思逞,苟无一说,焉陷其心于禽兽,何至丧心谋逆至此?虽然,曾几何时血肉糜烂,谁为戎首?宜各寒心。神道设教,或补刑政之穷乎?惩逆以作忠,黜邪以崇正。先生以是作《阴阳狱》。

《硃砂痣》(劝全人骨肉也)

世有不孝父母,未有不爱妻子者,至不得已而生离,肝肠寸寸裂矣。兵荒之后,子女流离,不仁者或贱畜之,或利市之,但闻息妫不言,不见文姬归汉。呜呼!天道好还,韩氏还妻可慕也。先生以是作《硃砂痣》。

《同科报》(劝济急救婴也)

报应之理夫岂无凭?然曷可有为而为哉!诚使见义所在,不计利害以为之,斯不求报而报,自神观于毕君恤婴,林公救急,几置荣辱于不问,然无不于十六年后获报,意外是尚,可刻舟求剑也耶?先生以是作《同科报》。

《福善图》(儆轻生图诈也)

谚云:"三场人命一场火,绝大人家也要破。"是人心中甚不愿有人命也。恕道日衰,动欲加人所不欲,或以死恫喝,或藉尸要求。自害害人,事外生事,不举李承纪冥罚以告世,案狱日滋繁矣。先生以是作《福善图》。

《酒楼记》(戒争殴也)

礼让之风寖衰,眦睚小故,动至角口挥拳,视身命如儿戏。甚者蓄怨而施暗箭,假端以图贾祸,此心尚堪问哉!不知问官,即难发覆冤鬼,岂肯相饶?狄三之成事可鉴也。先生以是作《酒楼记》。

《绿林铎》(儆盗也)

盗贼不无漏网，国宪若有穷时。不知官吏访拿，可避冥司勾摄，难逃事主追捕，可宽冤鬼相随，不脱计蒋两盗，足为谋财害命者殷鉴矣。至于禁赌以靖盗源，又望贤有司作先事谋也。先生以是作《绿林铎》。

《劫海图》(分善恶、劝投诚也)

兵戈既作，死丧无算，一若玉石之俱焚，不知死忠死节，与恶贯满盈者，先各有一不避死之心，天故不必其不死。外此者，天无不遂其所志，求生得生，冥冥中自有微权也。疑团不破，惩劝无权。先生以是作《劫海图》。

《烧香案》(戒妇女入庙也)

男女狎邪，众人侧目。妇女入庙，习为固然。不知天下之害，每在不及防检之中。三姑六婆，无非淫盗之媒。名门闺媛，被诱自尽，且不敢举发者，所在多有。虽曰果报相循，冥冥中枢机默握，然亦风教之大害也。先生以是作《烧香案》。

《梨园集成》

《梨园集成》是清光绪六年(1880)刊刻的皮黄剧本选集,收剧本四十八种。编者李世忠,号松崖,河南固始人,约生活在清道光至光绪年间。其人曾参加太平军,后受招抚降清。世忠酷爱戏剧,后在安庆办戏曲科班,以培养伶人、演剧为务。《梨园集成》收录之剧本盖系艺人口述,再由文人捉刀修改而付诸刻印,世忠为主事者而已。此书由安徽倒扒狮竹友斋刷印,卷首题"遵班雅曲"。

自　序

盖自白雪兴歌，奏大声于江上；紫云度曲，留逸响于人间。分乐府之支流，亦风亦雅；添词场之幔令，宜宫宜商。既选色而征歌，亦陶情而适性。仿西京之钟鼓，我岂妄哉；数南内之琵琶，谁能遣此？锡梨园之佳号，演菊部之新词，有句皆香，无语不艳。板敲大汉，杯劝小鬟，此画壁才人，赌韵在旗亭筵上；捧砚妃子，含笑于群玉山头者矣。然而三都乍出，尽是传抄；一阕未终，允堪记诵。使鲁鱼之多舛，将鸾凤其奚调？非古非今，疑真疑假，雅俗未能共赏。字字胥乖，南北各操土音。非非徒想，全凭口授，莫遂手披。弹到绿么，倩周郎而难顾；卧看碧落，非蔡邕而谁知？所以载酒问奇，徒书咄咄；因之击缶高唱，但听呜呜。非关音律之不谐，实由简编之无据。有由来矣，良可惜焉。仆也心耽丝竹，耳厌筝琶。早阅繁华，如装傀儡；中年哀乐，不擅排场。听钧奏于箫韶，仙乐曾闻天上；骑闲游之款段，啸歌尚恋湖头。小集班联，慨世事无非是戏；高谈按拍，笑我辈未免有情。不遇龟年，江南花落，怕混鱼目市上。草笺迩来，频约善才，删除赝本。用是搜罗妙曲，汇集大成，爰付手民，广资心赏。庶几广寒宫里，永垂下界霓裳；逍遥楼楣，漫写上清梵字云尔。是为序。

时光绪四年岁次戊寅季秋下浣　蓼城良臣李世忠跋

自　序

盖自桓笛嬴箫，可代董狄之笔；吴歈越调，足当许劭之评。嗣后，鞠部才人，选声征色，梨园子弟，傅粉涂朱。苏内翰铁绰铜琶，为唱“大江东去”；汤临川诗才赋手，因证幻梦《南柯》。理本乎情，格外文章圈外注；空即是色，水中明月镜中花。虽曰游戏之场，实寓和平之旨。使之一本若是班乎？所虑者南北之韵不同，未克按腔合拍;古今之调不一,亟须协徵调宫。期雅俗之兼收,排成鳞次;思妇孺之尽解,莫混鱼珠。此一以贯之之为难也。仆籍隶中州,家居蓼邑,少依畎亩,长列戎行。昧阳春白雪之音,晓下里巴人之调。拟周郎之顾曲,愧少会心;学贺监之知音,有乖大雅。虽值仓皇戎马,不虚丝竹管弦;及当闲散江湖,欲补遗亡放佚。为达人之知命,尽删空际浮花;效巴客之登场,代创闲中小草。白云黄竹,都教补入诗篇;野草闲花,总许写成粉本。杜司勋扬州梦觉,转瞬十年;白江州浔阳愁添,新声再度。漫说逸情云上,僭侔古昔霓裳;庶几旧调日新,不愧当年雅颂。集千狐之腋,有惭截狗续貂;为一孔之谈,窃欲镌梨刊枣。所冀文人学士,代指其讹;骚客仙郎,闲摭其失。窃以心得,付彼手民。从此大罗尺咫,众仙同日而吟;小隐宽闲,逸调临风而演。幸居圣代,藉以鼓吹休明;消此浮生,用是删除淫艳。敢说乐天诗句,价重鸡林?庶同冯老文辞,园成兔册云尔。

时光绪四年岁次戊寅秋杪　蓼城松崖氏再叙

《长生殿时剧》

此剧一名《定中原》，题“四乐斋主人撰”，其人生平事迹不详。剧演唐玄宗、杨玉环之情事及安禄山之乱，以郭子仪戡乱为主。有光绪二十三年(1897)排印本，由亦嚣嚣斋主人校订并付印。

《长生殿时剧》(俗名《定中原》)

光绪丁酉三月排印

《长生殿》八折原系游戏之笔,于一切时剧腔调或多未谐。倘有演唱者,不妨随意更改,但不可为俗笔所误耳。时在光绪十一年乙酉秋九月,四乐斋主人识。

二十三年丁酉四月亦嚣嚣斋主人排印并校字

《改制皮黄新词》

题济南慧山明湖闲游戏主人改、黄河曲九峰山顶啸月樵客评，二人皆不详。是书为清末文人游戏之作。作者曾居京师，观看过皮黄鼻祖程长庚之演出，并结识之。其人有感于皮黄戏词鄙俚，遂选择若干出（折）戏加以修改，润色词句，以收翻新出奇、别开生面之效。又倩友人加以点评，体例颇有特色。此书原欲刊刻，后未果。据吴晓铃藏钞本整理。

序

人心之邪正、险夷、仁忍、智愚，人不得见也，而见于所行之事。顾一事也，或历数日而成，或数十百日而成。甚有事在当世，而当世之人无从辨其心之为邪为正、为险为夷、为仁为忍、为智为愚。否则持论不一，亦难遽定其为邪为正、为险为夷、为仁为忍、为智为愚。及其定也，已事过境迁，迟之数百年后矣。从未有片时之闲，取数日而成之事，数十百日而成之事，其人心之邪正、险夷、仁忍、智愚，并其喜怒哀乐、郁舒谨肆之情，毕见于当场，原始要终，显豁呈露，使数百年后之人不啻身在当世，亲睨其事。又若当世之事，本甚易定，其心之为邪为正、为险为夷、为仁为忍、为智为愚者，目与之谋，神与之游，感激零涕，拍案叫骂，以为天下快事无逾于此者已。呜呼！此古人梨园演剧之所由来，而相传至今之所以不废也。吾乡演剧最尚皮黄歌，余弱年好弄，心窃慕之。稍长渐工，颇为梨园名家刘和昆、谭天福辈所称许。辛未、壬申间，读书城西潭西精舍，又得与姚七、葛四、邵霞林数共晨夕。姚七等以伊所学旧词数见不鲜，且多荒谬鄙俚，请为改制新词。时方攻举业，故未遑也。迨游京师，闻有程长庚者，为善歌巨擘。因浼同年友介绍得相识焉。聆其词亦数见不鲜，且多荒谬鄙俚，如姚七等所云者。亟欲改制，会有入蜀之役，遂投笔而辍。今日者，林下萧闲，昼长如岁，自问平生所作诗、古文、词无一可传，兀坐无聊，濡毫伸纸，忽忆昔年有志未逮之事，虽其细已甚，然亦未尝不可使假面装点于氍毹之上，宛转而吐，慷慨而陈，以传我暮年放诞、变不失正之文章。即以识各剧中人心之邪正、险夷、仁忍、智愚，并其喜怒哀乐、郁舒谨肆之所以然，藉为法戒，不第作演剧观也。是则余改制新词区区之心也夫。

光绪二十五年岁次己亥秋八月，济南慧山明湖闲游戏主人

自序于禹登山寺之凝秀精舍

序

昔人以天地为梨园，古往今来为戏场。余每有味乎斯言，一部廿四史，便是一出绝妙戏文。不过用全副生旦净末丑脚色，登场搬演，遂做出许多悲欢离合、曲尽人情之事，在有心人自为领略耳。自昆曲变为弋阳，弋阳变为皮黄，所变愈下，而知音愈少。试问今日红氍毹上，参得此中三味者几人？亦不过拍板门槌大家厮混，做一场插科打诨，淫格哇僸，毫无道理，殊不可耐。此游戏主人皮黄新词之所由作也。主人以龙门史笔擅文章，声价三十余年。今山居多暇，复集人间轶事，演成绝妙好词，豪情云上，逸响风生，凡得若干出，汇为一册，将付歌者，而握管命余序。殆以余为看官乎？不知余引宫刻羽，配丝调竹，亦宇宙间一个戏子耳。向尝编《镜中花》院本，其中多叙侠义事，犹未极情殊事异之无不备也。观于皮黄新词，始知人间自有真场面，非优孟衣冠所得伪为者。傥一日酒酣耳热，假古人须眉现身场上，以吐胸中磊落不平之气，虽无缠头酒一润枯喉，而杨升庵有知，定当许为入室弟子。世所传《廿一史弹词》，升庵笔也。此其嗣音欤？

关西铁绰板道人撰

序

优孟衣冠传为美谈，由来旧矣。自李唐梨园歌剧而后，大抵皆褒贬善恶、示劝示惩，隐然具《春秋》之遗义。乃日久相沿，失其本来面目，徒以佐觞侑酒，竞妍斗媚，丑态百出，甚有以丧心害理、败坏风俗之事，辄于红氍毹上装点成出。彼浮薄子弟，方且手舞足蹈、喝彩缠头，乐观之而不倦，其失愈远，其流愈下。若无士大夫从而维持于其间，恐淫哇四起，亦世道人心之忧也。游戏主人解组归田，于所作诗、古文、词编次成集而外，慨古道之云遥，虑歌政之将坠，谓昆曲希淡，难致老妪亦解，而秦腔杂剧又蹈下里巴人之鄙俚，于是核讹补缺而不事拘牵,翻新出奇而自开生面。其情则剥蕉抽茧,其声则遏云裂帛。凡夫智愚贤奸、悲欢离合之事迹,皆足为古人写照,而激发今人之天良,流于当时,传之后世。其有裨于世道人心实匪浅鲜,歌剧云乎哉!

乐安布衣香芜氏序

序

余官京师二十年,所见梨园皮黄歌部中正生名脚,以程长庚为最。其神采声调,皆足以动人之听睹,独其词句则有大可嗤者。尝与同舍郎某君观剧归,余方惜其词多谬劣,恐为长庚盛名之累;而某君乃亟称其词之佳,且谓颇似诗赋。余询其佳者何词,某君曰:"今日所演《二进宫》,杨博向太后告老辞官,词内所云退居林下,愿以春夏秋冬、风花雪月、渔樵牧读、琴棋书画自娱,滔滔不穷多至十六项,藻采纷披,非诗赋而何?此必翰苑中人所作无疑也。"余曰:"呜呼!怪哉!子真不可与言,而吾又不能不为天下人言也。自国家以八比时文取士,入翰林后则专业诗赋。于是纤小之夫束书不读,揣摩坊刻时文试律诗赋,至有不知史册名目、朝代先后、字书偏旁者,始而汩其聪明,久且并其忠孝本来之性亦销铄尽矣。即如此出,杨博本是忧国恋阙,而势不得不先言欲去,以坚太后信任之心。其言亦不过谓老聩不堪托孤,愿乞骸骨已耳。如子所称退居林下十六项自娱之辞,非惟臣子所不宜言、不敢言,亦臣子所不忍言。其词之复杂酸腐,犹末也。无才无学无识,且无人心,乃敢作皮黄歌词,何其不自量也耶!"某君又曰:"皮黄歌词竟若是之难作乎?"余曰:"此词向无善本,必欲使之情见乎词,俗不伤雅,斟酌尽善,可读可传,非具太史公作《项羽本纪》、施耐庵作《水浒传》手段断不能工。惜乎世俗所传皆其梨园部中之狡黠,略识几字者之所为;而有才有学有识之深心人,又不肯留心此道,且鄙视之而不屑为,此所以《二进宫》退居林下十六项自娱之词,其闻之而叹美不置如子者,恐比比然矣。"时有余乡人在座,以口孽见规,乃不复言。某君亦面从而退。此已事也。今读游戏主人所著皮黄新词，先得我心，故忆而书其大略如此。

庚子仲冬山阴听琴散客

例　言

一、西皮二黄之名，人多不知所从出。西皮者，山西及南皮之调也；二黄则黄陂、黄冈也。始于国朝康熙年间，后人递变其调，且减字并称之曰“皮黄”。

一、书名新词，但重词耳。至戏中一切场面，并行止进退、神色体段，概未标注，防挂漏也。然能细玩其词，设身处地，自可悟出一切场面，并行止进退、神色体段来。

一、各戏有为从前所有而加改者；有为从前所无而自制者，故曰“改制”。

一、新改词二十出，分为上卷；新制词二十出，分为下卷。

一、各词以须生正脚为主，余皆是宾。然宾词亦未稍略。

一、戏中脚色，分生旦净末丑五项。于初上场时注明何脚扮某人上，以下白唱及上场下场皆注以戏中人名，以免牵混。

一、皮黄戏词要合皮黄派头，过文则近昆曲，粗人不解；过俚又似乡间梆子腔，不堪入耳。特为斟酌尽善，高下皆宜。

一、调分皮黄，板分慢、快、倒、摇、二六、回龙，每于起调起板处注明何调何板，若遇改调改板，随改随注。

一、皮黄之有正调、反调，人多习之。至戏中所演，或病重冷极，有所谓阴调者，最难按腔合拍，特为作便于阴调之词，以待有志。

一、近来时尚，有于慢板中用促节快唱，且使之字句错落蝉联、抑扬有致者，俗谓之“圆板”，新制各戏中特为作宜于圆板之词，以便避熟趋新。

一、丑与丑旦及小旦之扮北国女子者，白词口吻皆摹肖京话，使清脆动听。

一、戏中习用之字有字书所无者,有字书虽有而音义不符者,以便于达意,概从其旧。

一、唱词押韵与诗赋不同,如用八庚韵,尽可通用东冬真青蒸等韵,由此可以类推。

一、唱词上句末一字,亦宜以仄声叶韵,句方呼应流走。

一、俗本唱词押韵,多有强用仄声字者。《捉放》、《战北原》词用最窄,又无他韵可通之五歌六麻韵,是以此病尤甚,皆为换用他韵。

一、俗本熟句,其用仄声字押韵可以叶作平声者,亦间存一二。

一、俗本于戏中现在之帝王,皆称其身后之谥,如楚王称"平王",汉帝称"献帝"之类,皆为更正。

一、俗本戏名传讹者,如《困荥阳》作《取荣阳》;戏名缺字者如《长亭会》作《长亭》之类,皆为更正。

一、俗本以讹传讹之字,如荥阳"荥"讹作"荣",逄丑父"逄"讹作"逢",铫期"铫"讹作"姚",折太君"折"讹作"佘",很毒"很"讹作"狠"之类,皆为更正。

一、俗本白词有字句不通,而各戏中常用者,如你可知某人某事之故耳者也、是不得不已之类,皆为更正。

一、俗本如《困荥阳》以齐顷公为齐庄公、《上天台》以光武帝为王莽甥孙、《打金枝》以唐代宗为唐明皇之类,皆为更正。

一、俗本戏中,有情节牵强者,如《牧羊卷》侯爷玉碗竟与讨饭人用;有情词背谬者如《捉放》陈宫欲杀曹操,恐连累店家之类,皆为更正。

一、俗本戏词遇项籍,皆称其字曰"项羽",遇诸葛武侯皆自称"山人",以习惯顺口,故仍其旧。

一、俗本戏词天子诸侯皆称其妻为子童,未知何解,以习惯顺口,故仍其旧。

一、俗本称谓不古,如大人、大老爷、太爷、老爷之类,以习惯顺口,故仍其旧。

一、各戏有出自正书，而大略相符者；有出自正书，而间有不符者；有正书所无，而凭空结撰者；亦有出自小说，而互有异同者，皆未深究。

一、新改各戏词中，其承接斗笋处，间有与俗本不同者，皆具有斟酌。

一、新制各戏词，或本正书、或取小说、或出杜撰，要皆取义正大，间有词涉诙谐处，亦具概世醒世之意，无些子淫秽悖乱语。

一、老派戏中唱词，皆以七字、十字为一句，近来时尚花样，一句有多至丨数字，甚至有二丨余字者，必操习纯熟，方能按腔合拍。

一、白难于词，故语云“七分白口三分唱”。是书于白词，翦裁洗伐，几至一字不可增减，学者切勿忽过。

一、词虽毕具，至白时唱时，其口吻吞吐之抑扬、轻重、缓急间，非加意揣摩不能妙肖，所谓神而明之，存乎其人。

一、词中各字读法，三十年前北人学戏者，亦遵徽班传授，是为南派。粤匪之乱，此道南方遂绝，而京师名脚辈出，相习成风，是为北派。其读字之法与徽班所传多有不同，今惟宜参酌去取，总以脱俗为佳。

一、近来京师演戏，往往于全本中摘演一两场，删去枝叶，独撷英华，改制各词，亦间从此例。

一、白词断处用“、”附号，唱词断处用“○”附号，调旁用“△”附号，阴调旁用“△△”附号，板旁用“□”附号，人名旁用“丨”附号，以清眉目。

一、皮黄戏丑词中，偶有用梆子腔、锯缸调者亦从调例，用△附号。

一、各戏多有时代不可考者，故以脱稿之先后为编次。

一、自来皮黄戏词多笼统落套，未能真切。是书比事属词发挥尽致，庶几文不负题。

一、是书虽戏词，然非有心人深于此道者，不能识其妙处。

一、一人之精神有限，改制各词中傥遇有错误脱漏，及未尽叶处，尚望高明指示，但不许俗手妄意增减。

一、余虽以笔墨消遣,犹未暇及皮黄戏词。适遇梨园女班诸名脚殷勤求教,辞不获已,故有是作。

一、是书方成,坊友闻之,便来怂恿付梓,因笑而付之。

《乘龙佳话》

何塘作，其人别署古越高昌寒食生，浙江绍兴人，字桂笙，生卒年不详，约为清同光时人，曾任《申报》主笔。此剧原载《点石斋画报》。据阿英编《晚清文学丛钞·传奇杂剧卷》（中华书局1962年版）收入。

序

自有京调梆子腔,而昆曲不兴,大雅沦亡,正声寥寂。此虽关乎风气之转移,要亦维持挽救者之无其人也。昆班所演,无非旧曲,绝少新声。京班常以新奇彩戏炫人耳目,以紫夺朱,朱之失色也宜矣。三雅昆班,近年来无人过问。去年秋诸同志有欲振兴正雅者,招昆班来沪开演。初时亦不乏顾曲之人,两月以后,座客渐稀,生涯落寞,渐将不支。班中人以为旧戏不足娱目,爰将旧稿翻新,而卒无补于事。余慨夫雅乐之从此一蹶恐难复振,因自撰《乘龙佳话》传奇一本,取《唐代丛书·柳毅传》中事,点缀成之,与李笠翁所著《蜃中楼》绝不相蒙。惟曲文取其少而易,排场取其奇而新,凡灯彩角色,悉心处置,不使有重复牵强之弊。虽不敢自诩知音,然以较诸京班中之新戏,全系铺排,别无意义者,觉迥乎不同。奈以填谱者濡迟时日,且老伶工皆不知通变,但知守旧,不欲谋新。至今年二月,昆班停歇,此曲仍未付氍毹,意颇惜之。及门黄险生茂才亦为扼腕,因怂恿附入画报,并为各绘一图,庶几不能实见之于歌台者,犹得虚拟之于报简。并使见此戏者,不仅海上诸同志,其声音笑貌直可播诸万里而外,传之百世之遥,亦一大快意事。而正声之所维系者,亦将以是为千钧之一发焉。遂许之,而叙其缘起如此。

光绪十有七年太岁在重光单阏,日月会于析木之次,

古越高昌寒食生自识。

《维 新 梦》

春梦生撰，其人不详。剧本原刊1903年《新小说》。此《维新梦》与载于《绣像小说》之同名剧本内容完全不同。据阿英编《晚清文学丛钞·说唱文学卷》(中华书局1960年版)收入。

序

感慨今时,伤心往事,遂有《维新梦》之作,用东海诗句意也。作者喜谈笔墨革命,欲于嬉笑怒骂,发启新思。甫有西皮之唱,刺时人之善学皮毛者,余复促其为此。奈当日事未能一一省记,适客海外,又无书可藉稽考。而好事若余,索观太亟,匆匆脱稿,挂漏之处,在所不免,阅者谅焉。

初拟作为传奇,奈昆曲近成绝响,而沪上所演《铁公鸡》、《左公平西》之类,发扬蹈厉,感人实深,声色并传,雅俗共赏,亦别开演说一生面也。

京调与广东戏不同,传情惟肖,流行尤远。此作排场板拍,一一入扣,知音者当共赏之。

春梦生识于新世界

《崖山哀》

一名《亡国痛》，作者汉血、愁予，其人真名、生平皆不详。剧本原刊1906年《民报》第二号。据阿英编《晚清文学丛钞·说唱文学卷》（中华书局1960年版）收入。

导 言

一、本剧一名《亡国痛》,乃知人生之痛,莫大于亡国也,而身家无足论矣。痛莫大于亡国,则当使国民于未痛之先,能自救其痛,既痛之后,毋自忘其痛。语云:痛快!痛快!盖世未有不经痛而能快,又未有既经痛而不快者。咄!咄!咄!我国民其欲报复异族屠毒,黄汉沦夷之大痛,而博我中国前途之无量数大快乎?则请视兹剧。

一、本剧专写胡元亡宋之惨状。其于异族之猖獗,宋廷之昏愦,刀兵屠戮之暴,人民流离之苦,类皆喷血挥汗,滴泪呕心。无非以使我国民引古鉴今,明夷辨夏,激动种族之观念,唤醒社会之良知为目的。

一、此剧本从《新小说》中《痛史》编出,以彼小说之功用,间接于通人者为多,普及于社会者尚少,故取而编为戏曲,则晓譬而讽喻,词俚而情真。作者闻之,当亦拊掌而表同情也。惟原书尚未出完,如能续出更妙,倘其书中止,亦当继续编以其他价值相当者为偿。

一、原书本小说体裁,结构自能一致。按诸戏曲,则有排场起伏转折之分。故本剧中截长补短,删繁就简之处,似与原书稍有抵牾。然细察之,仍丝毫不漏也。

一、原书中亦有《水浒》上其人者,作者命意,盖欲使我国民生英雄之气概,起复仇之腕力也。本剧如此类之排场,唱白亦当慷慨激昂,使英雄豪杰之面目胸襟,直集于阅者之视线,而奋起尚武之精神。

一、原书已出至第十四回,其于忠臣勇将烈士义夫之热诚血性,描写十分精细,可谓语语刺心,字字结泪矣。然尚无提及女界,如李香君其人者。本剧重在振吾族之疲风,拔社会之积弱,则女权不可不尊。盖我中国女同胞,至今日已沉沦极矣!斯时编剧,大率以改良班本为目的,倘复插入弱女子故态,非但舞台不足以生色,即女界阅之亦有余憾。故本剧于叶宫人一场，从原书稍稍变更，改为骂权尽节。特排入正出，配以正旦，写以沉痛激烈之词，亦《桃花扇》骂筵之意，非故意附会改窜，作者谅之。至若写吕文焕妾媚媛等，当仍从原书。

一、中国何以亡？以汉奸故。汉奸何以能亡中国？以其所学媚外事敌故。蠢尔禽兽，起衅边陲，不过肆咆哮而图利欲，固不知中国有所谓帝王也，制度也，礼乐也，典章文物也。自有汉奸为之捉刀，然后异族始知中国专制君主之尊荣，世界无匹，益盘踞而无退志。日新月异，乃大张其养奴隶、防家贼之威。彼汉奸者，诚戮尸碎骨，夷族灭宗，不足蔽其辜也。故本剧于汉奸之声音笑貌，模绘惟恐不尽，或从正入，或从旁衬，无非使其失心烂肺之丑态，生生活活现于舞台之上。我国民睹之，自能勃生痛恨悲愤之心。

一、原书以"制朝仪刘秉忠事敌"为开卷第一回，本剧亦如之。惟于制仪之前，特增一出，以描写胡元野蛮情状，直呼起下出汉奸刘秉忠所以昧心事敌之由。其间排场科白，不免近于滑稽诙谐，阅者当于言外寻之；若绳以风人之旨，则大误矣。

一、本剧目的重大，当收绝大之效力，非寻常酣歌恒舞可拟。故于神仙鬼怪之荒唐，功名富贵之俗套，淫邪绮腻之丑状，自当一概屏绝。然间有合于第二、第三者，亦必出于嬉笑怒骂之反射力，皆有所为而言，非主目的所关也。

一、编剧最忌太文，文则滞，滞则不能雅俗共赏，且不能流露于管弦；而一般社会中人，尤难深印脑蒂。近来编之者多，而演之者少，职是故也。编者盖素有周郎癖，于此中曾三折肱矣。故本剧力反前弊，排场唱白，设科打浑，均从时伶所演诸剧中胎出。其要在变其大而易其重，尤在坐而言者，能起而行也。

一、本剧以唱少白多为主。然剧中如脚色重大者，凡其哀痛悲壮之情，有非说白所能尽者，则以长辞咏叹之。又述前事之处，已有说白，则代以唱，无说白者，仍以简括说白表之。

一、本剧说白，以中国通行语演之，以便阅者易明，而造句亦须新警有趣。

一、唱辞皆时伶谙熟,出口成歌之句。不拦入新字及新名词,以免拉杂成文,一般社会中人难于探讨。

一、脚色者,本随其人之身分而定也。本剧重在华夷之别,其当场脚色,于宋人则能确定,于胡人则不能。然揣其野蛮酋种,腥膻骚臭之形状,总不过牛鬼蛇神之类也。故生丑净旦,则多定以宋人。若胡人虽有配以此等脚色者,亦为暂时借用。至于排演时,当事者宜随时变通,如时下诸剧之排场,亦无不可。胡人衣服,亦如此例。

一、以上所述,皆本剧之宗旨及其内容,用特琐陈,以告阅者。

戏　　目

乾隆三十九年春台班戏目

周明泰旧藏，为艺人手抄本。封面有“生财大道”、“乾隆三十九年巧月立”、“春台班戏目”等字样。内收各种名伶、私寓戏目七百余种，似非一时所钞。封面虽题“乾隆三十九年巧月立”，然内中皆乾嘉年间乃至其后的戏目。此剧目1933年曾在北平图书戏曲音乐展览会上展出，据王芷章《中国京剧编年史》，或为梨园世家方家之方国祥（秉忠之父）所手抄。真伪虽可存疑，但仍不失为一份难得的珍贵史料。戏目类由谷曙光整理。

《乾隆三十九年春台班戏目》

编者按:封面题“生财大道”;“乾隆三十九年巧月立”;“春台班戏目”

《玉宝瓶》 五本
《应天球》 四本
《混元盒》 四本
《红兰镜》 四本
《武香球》 六本
《英雄概》 四本
《巾帼丈夫》 十二本
《天星聚》 六本
《双保龙》 四本
《节义廉明》 四本 又名《四进士》
《天马山》 四本
《齿舌香》 八本
《晋阳宫》 四本
《熊虎报》 六本
《五彩舆》 拾本
《金沙滩》 六本
《游龙传》 七本 又名《预示祯祥》
《天保图》 四本
《窃兵符》 四本
《西唐传》 四本
《忠烈图》 八本
《忠义节》 二本
《大造化》 四本(未写底)
《秋牡丹》 四本

《九丝绦》　八本
《小阳春》　四本
《破潼关》　四本
《双铃记》　二本
《阴阳镜》　二本
《浣花溪》　二本
《雌雄标》　二本
《春秋笔》　二本
《怀肉记》　二本
《南界关》　二本
《衔恩报》　二本
《淮安役》　头段
《收亮祖》　二
《献长安》　二本
《双节烈》　二本
《桃花洞》　二本　又名《桃源洞》
《续浣纱》　五本
《烈女缘》　十本
《奇巧报》　九本
《株林记》　二本
《惜蜂亭》　二本
《赠绨袍》　四本
《澶州役》　六本

《龙潭虎空》《春光明媚》《合阁文章》

《失街亭》
《斩马谡》
《黄金台》《搜宫》

三国志戏

单出总讲提刚(纲)全付

《温明圆》

《陈宫记》

《乐嘉城》

《濮阳城》

《凤鸣山》

《取南安》

《天水关》

《骂王期》(朗)

《失街亭》

《斩马谡》

《斩马腾》

《反西凉》

《战渭南》

《冀州城》

《葭萌关》

《献成都》 上下本

《瓦口关》

《定军山》

《阳平关》

《伐东吴》

《五丈原》

《收庞德》

《长坂坡》 上[本]

《汉津口》 下本

《群英会》

《赤壁记》

《陇上麦》

《兴汉图》

《出祁山》
《黄鹤楼》

春台班
杂出总讲提刚(纲)全付
《黄金台》
《富贵双全》
《七子圆》
《甲子重周》
《吓蛮诗》
《金台传》
《女中杰》
《金钟罩》
《潞安州》
《玲珑配》
《小尧天》
《完璧记》
《夺魁元》
《琉璃塔》
《金铃关》
《女儿国》
《万寿冠》
《巴丘役》
《柴桑口》
《淤泥河》
《两狼关》
《打登州》
《九焰山》
《选元戎》
《闹花灯》

《降铜马》
《无瑕璧》

杂出总讲提刚(纲)全付

《万事足》
《日月同春》
《五老集庆》
《摇钱树》
《胭脂褶》
《射红灯》
《寒江关》
《龙凤翔》
《建章殿》
《窘得福》
《才人福》
《红鸾喜》
《胭脂虎》
《通天犀》
《桑园寄子》
《棉山》
《取金陵》
《平太仓》
《桃花洞》
《荥阳城》
《沉香亭》
《审解二》
《监酒令》
《夺昭关》
《朱砂痣》
《三红图》

《天雷报》
《战荆湖》
《卧虎坡》
《桃园报》　又名《搜孤救孤》
《皇姑庵》　又名《清泉洞》
《平五路》
《耒阳判》
《藏梅寺》
《飞虎山》
《雄州关》
《有父风》
《兴隆岭》

杂出提刚(纲)
《齐天乐》
《探母回令》
《双精忠》
《反五侯》
《收再兴》
《托兆碰碑》
《破洪州》
《绝缨会》
《采石矶》
《战樊城》
《凤鸣关》
《清河桥》
《摩天岭》
《新金枝》
《焚烟墩》
《三进士》

《绒花记》
《回龙鸽》
《太平桥》
《兴隆传》
《延安关》
《南阳关》
《受禅台》
《八卦图》
《探监斩娥》
《玉玲珑》
《盗宗卷》
《金水侨》(桥)
《湘江会》
《金锁阵》
《下河南》
《白帝城》
《马芳围城》
《双合印》
《贪欢报》
《盘河战》
《战太平》
《双沙河》
《芦花河》
《造白袍》
《南天门》
《耒阳判》
《打车》
《窃草》
《击鼓骂曹》
《花亭射妖》

《祭泸江》
《泗州城》
《大造化》

杂出提刚(纲)
《神州雷》(擂)
《独虎营》
《蔡家庄》
《朱仙镇》
《雅观楼》
《娘子军》
《清江浦》
《八蜡庙》
《丁甲山》
《刺王僚》
《前度梅》
《两度梅》
《穆柯寨》
《白水滩》
《祥麟现》
《让帅印》
《收关胜》
《打豆尔惇》
《艳阳楼》
《孟平关》
《淤泥河》
《牧羊卷》
《恶虎山》
《二龙山》

杂出提刚(纲)

《哪吒闹海》
《天台山》
《代父征》
《桃花山》
《白绫记》
《金兰会》
《白门楼》
《孝廉传》
《狮子楼》
《打严嵩》
《审头刺汤》
《打桃园》
《斩黄袍》
《打金砖》
《骂阎罗》
《仪凤山》
《舞盘》
《天坡楼》
《钟馗嫁妹》
《赶三关》
《舍子抵命》
《绿牡丹》
《邮亭计》
《御果园》
《五龙会》
《白璧关》
《青石山》
《赚洛阳》
《青石岭》

《对松关》
《剐王莽》
《斩雄信》
《战铜台》
《回头岸》
《白良关》
《收罗成》
《五虎平西》
《横河关》
《下河东》
《卖马》
《玉门关》
《龙凤岭》
《射画戟》
《独木关》
《乾元山》
《双官诰》
《沙桥荐别》
《红桃山》
《九龙峪》
《青石洞》
《洞庭湖》
《断密涧》
《蜈蚣岭》
《万里侯》
《豪天关》
《钗钏记》
《小天公》
《打窦瑶》
《梅花山》

《奇女福》(全有)

总讲提刚(纲)全

《回龙阁》
《双沙河》
《十二红》
《选元戎》
《穆柯寨》
《斩阳坡》
《京遇缘》
《斩雄信》
《武挡山》
《双精忠》
《荥阳城》
《托兆碰碑》
《过昭关》
《江东桥》
《战太平》
《打登州》
《三家店》
《娘子军》
《祥林现》
《取金陵》
《平太仓》
《法门寺》
《高平关》
《夺魁元》
《雅观楼》
《搜孤救孤》
《卧虎坡》

《清江补》
《父子会》　又名《恶虎山》
《薛屠袁》
《兴隆会》
《狮子楼》
《对松关》
《桃花山》
《画鸟记》　二本

全班戏名

《黄金台》
《女中杰》
《快活林》
《红桃山》
《绿林坡》
《收关胜》
《胭脂虎》
《贪欢报》
《破洪州》
《延安关》
《烈火旗》
《玉玲珑》
《红鸾喜》
《赶三关》
《清泉洞》
《罗四虎》
《八蜡庙》
《战樊城》
《一捧雪》
《盘河战》

《南阳关》
《芦花河》
《审解二》
《清河桥》
《取帅印》
《绝缨会》
《探母回令》
《金水桥》
《洪洋洞》
《新金枝》
《盗宗卷》
《八卦图》
《采石矶》
《山海关》
《焚烟墩》
《岱州城》
《太平桥》
《万寿冠》
《淮安役》
《收亮祖》
《兴隆会》
《取洛阳》
《白水滩》
《通天犀》
《界牌关》
《断密涧》
《白璧关》
《桑园记》
《刺王僚》
《白良关》

《挂玉带》
《白帝城》
《蔡家庄》
《金钟罩》
《状元谱》
《八大锤》
《翠屏山》
《斩窦娥》

新戏未开总讲
《盗萧后马》　二本
《天赐金》　一本
《奇冤报》　一本
《瑞迷罗》　全本

藕香堂
《铁弓缘》
《女店》
《纺花》
《补缸》
《杠子》
《打棒》
《吃面》
《赠扇》
《冥勘》
《挂画》
《佳期》
《战樊城》

净香堂

《私媾》

《湖船》

《舞盘》

《梳掷》

《学堂》

《收青》

《泗洲城》

《白水滩》

《吞舟》

《火棍》

景春堂

《独占》

《水斗》

《湖船》

《盗令》

《端阳》

《调青》

《看谷》

《寄柬》

《窥柬》

《学堂》

余庆堂

《贵子图》

《金玉坠》

《樊江关》

《闺房乐》

《翠花宫》

《送盒子》
《赠珠》
《巧合》
《上坟》
《入府》
《烧灵》
《珠配》
《晒鞋》
《情叙》
《面缸》
《胭脂》
《戏凤》
《背娃》
《送枕》
《点化》
《演礼》

槐庆堂
《亭会》
《盗绡》
《喂药》
《失约》
《巧合》
《寄扇》
《草地》

景福堂
《回头岸》
《琵琶行》
《后约》

《乔醋》
《游惊》
《舟配》
《折柳》
《说亲》
《挑做》

丽春堂
《香山》
《打洞》
《送金》
《赠花》
《折柳》
《痴诉》
《点香》
《梳跪》
《绣别》
《题曲》
《赐珠》
《献发》
《窥醉》
《盘夫》
《谏父》
《相讨》
《盗杀》
《昭君》
《祭泸江》
《女词》
《窃草》
《教子》

《女儿国》
《捞月》
《戏妻》

景庆堂
《黄金台》
《贵子图》
《金玉坠》
《浣花溪》
《打金枝》
《玉玲珑》
《红鸾喜》
《游龙传》
《情叙》
《玩月》
《交送》

日新堂
《独占》
《雪夜》
《柳翠》
《祭江》
《赐环》
《赶妓》
《荣归》

春庆堂
《金铃关》
《樊江关》
《嫁女》

《入府》
《过年》
《喂药》
《巧合》
《抢僧》
《缝衣》
《打刀》
《打灶》
《樱桃》

玉珠堂
《双节烈》
《奇逢》
《拣柴》
《送灯》
《反诳》
《跪池》
《代亲》
《奇双会》
《赠剑》
《栲桃》

松桂堂
《楼会》
《活捉》
《后诱》
《茶叙》
《打棋盘》
《杠子》
《饽饽》

《打棒》
《佳期》
《拷红》
《库银》
《琴挑》
《醉归》

《天官赐福》
《富贵双全》
《财源辐辏》
《猿猴献果》
《群仙增寿》
《访仙问寿》
《万国来朝》
《五子夺魁》
《五老集庆》
《日月同春》
《蕤宾节届》
《扫花三醉》
《仙圆》
《三台》
《献瑞》
《召登》
《荣归》
《贺子》
《三代》
《五福》
《升官》
《卸甲》
《笏圆》

《追信》
《访素》
《投渊》
《羊肚》

《遇龙》
《封官》
《访贤》
《夸才》
《卖柴》
《大保》
《进宫》
《回朝》
《夜探》
《骂殿》
《绑子》
《困曹》
《教子》
《戏妻》
《斩子》
《虎斗》
《临潼》
《救驾》
《滚鼓》
《探营》
《武庙》
《换子》
《解宝》
《观星》
《二取》

《写状》
《骂寨》
《打弹》
《五台》
《銮驾》
《斩包》
《遇后》
《望楼》
《风帕》
《审头》
《金龟》
《表功》
《战山》

《定情》
《踢盒》
《惊变》
《埋玉》
《闻铃》
《弹词》
《劝农》
《冥判》
《拾叫》
《回营》
《打围》
《伏虎》
《醒妓》
《见娘》
《云阳》
《孙诈》

《刘唐》
《势僧》
《报喜》
《惠明》
《北诈》
《佛会》
《议剑》
《小逼》
《阳告》
《三挡》
《拾金》
《茶坊》
《扫秦》
《渡江》
《北饯》
《演官》
《辞阁》
《吃茶》
《访普》
《疑谶》
《探监》
《拔眉》
《沙桥》

《称庆》
《嘱别》
《南浦》
《坠马》
《请郎》
《花烛》

《访鼠》
《测字》

《四进士》
《应天球》
《混元盒》
《天宝图》
《五彩舆》
《游龙传》
《春秋笔》
《献长安》
《雌雄镖》
《怀肉记》
《琼林宴》
《窃兵符》
《英雄概》
《晋阳宫》
《百寿图》
《户家庄》
《庆阳图》
《荐诸葛》
《小尧天》
《射红灯》
《战同台》
《庆顶珠》
《完璧记》
《双合印》
《烧棉山》
《孟平关》
《天雷报》

《辞朝》
《赏荷》
《思乡》
《拐儿》
《庙会》
《书馆》
《拆书》
《玩笺》
《错梦》
《起布》
《问探》
《花荡》
《痴梦》
《泼水》
《钗钏大审》
《谒师》
《贺喜》
《游园》
《看状》
《闹庄》
《救青》
《别母》
《乱箭》
《鸿门》
《撇斗》
《功宴》
《别姬》
《十面》
《搜山》
《打车》

《出祁山》
《造白袍》
《清官册》
《兴汉图》

《温明圆》
《濮阳城》
《乐嘉城》
《群英会》
《赤壁记》
《收庞德》
《斩马腾》
《反西凉》
《战渭南》
《冀州城》
《葭萌关》
《战历城》
《献城都》
《定军山》
《瓦口关》
《伐东吴》
《凤鸣关》
《骂王朗》
《失街亭》
《陇上麦》
《阳平关》
《西川图》
《纵曹记》
《黄鹤楼》
《摩天岭》

《二龙山》
《七子圆》
《战荆湖》
《夺昭关》
《乌龙院》
《艳阳楼》
《豆尔墩》

《三岔口》
《南天门》

余三胜　王九林

余三胜之戏

《探母回令》
《绝缨会》
《南阳关》
《战樊城》
《打金枝》
《盘河战》
《金水桥》
《荥阳城》
《清河桥》
《赶三关》
《芦花河》
《白帝城》
《一捧雪》
《清官册》
《伐东吴》
《定军山》

《洪洋洞》
《太平桥》
《双精忠》
《献成都》
《桑园记》
《审解二》
《空城计》
《取帅印》
《骂曹》
《卖马》
《碰碑》
《造白袍》
《黄金台》
《金沙滩》
《状元谱》
《忠烈图》
《阳平关》
《锤换带》
《叹骷髅》
《法门寺》
《庆顶珠》
《琼林宴》
《刺王僚》
《纵曹记》
《五彩舆》
《盗宗卷》
《清泉洞》

周上奎之戏

《回龙鸽》

《赶三关》
《打金枝》
《法门寺》
《南阳关》
《绝缨会》
《庆阳图》
《大保国》
《二进宫》
《战樊城》
《芦花河》
《文昭关》
《沙陀国》
《金水桥》
《换子》
《辞朝》
《沙桥》
《绑子》
《荐葛》
《扇坟》
《赐环》
《百寿图》
《高平关》
《献成都》
《取洛阳》
《斩子》
《斩黄袍》
《斩雄信》
《探母回令》
《洪洋洞》
《问答》

《探营》
《宫门带》
《捉曹记》
《搜孤救孤》

童应喜之戏
《探母回令》
《双精忠》
《伐东吴》
《白帝城》
《造白袍》
《兴汉图》
《清河桥》
《审刺客》
《清官册》
《洪洋洞》
《伍丈原》
《出祁山》
《芦花河》
《赶三关》
《樊城》
《昭关》
《献城都》
《斩子》
《太平桥》
《一捧雪》
《桑园记》
《骂曹》
《托兆碰碑》
《荥阳城》

《换子》
《天水关》
《临潼山》
《天雷报》
《叹骷喽》
《盗宗卷》
《夺昭关》
《受禅台》
《陇上麦》
《斩马腾》
《坐楼杀惜》
《挂玉带》
《黄鹤楼》
《群英会》
《翠屏山》
《清泉洞》

王九林之戏
《凤鸣山》
《黄鹤楼》
《反西凉》
《战渭南》
《冀州城》
《斩马腾》
《战历城》
《两将军》
《战城都》
《摩天岭》
《献长安》
《断密涧》

《淤泥河》
《临潼山》
《监酒令》
《高平关》
《南阳关》
《战樊城》
《荥阳城》
《山海关》
《采石矶》
《龙虎斗》
《斩子》
《棉山》
《焚烟墩》
《斩阳波》
《定军山》
《八卦图》
《打登州》
《取帅印》
《金沙滩》
《取金陵》
《平太仓》
《赶三关》
《一捧雪》
《夺昭关》
《小尧天》
《收庞德》
《完璧记》
《骂王朗》
《战荆湖》
《翠屏山》

《阳平关》
《三红图》
《骂曹》

陈鸾仙之戏

《探母回令》
《金水桥》
《芦花河》
《胭脂虎》
《雌雄标》
《四进士》
《天宝图》
《五彩舆》
《游龙传》
《献长安》
《贪欢报》
《双沙河》
《玉堂春》
《破洪州》
《延安关》
《红鸾喜》
《赶三关》
《烈火旗》
《回龙鸽》
《西唐传》
《面缸》
《别妻》
《阴阳镜》
《黄金台》
《双合印》

《群英会》
《黄鹤楼》
《坐楼杀惜》
《翠屏山》
《清泉洞》
《借妻》

郑连贵之戏

《雅观楼》
《祥林现》
《取金陵》
《平太仓》
《清风岭》
《娘子军》
《扈家庄》
《蔡家庄》
《仪凤山》
《穆柯寨》
《庆顶珠》
《绿林坡》
《收关胜》
《卧虎坡》
《射红灯》
《白水滩》
《孟平关》
《桃花洞》

丁鸿宝之戏

《探母回令》
《金水桥》

《五彩舆》
《游龙传》
《贪欢报》
《双沙河》
《延安关》
《翠屏山》
《清泉洞》
《四进士》
《琼林宴》
《十二红》
《下河南》
《赶三关》
《玉珑珑》
《双铃记》
《杀皮》
《摇会》
《玩月》
《查关》
《闯山》
《探龙》
《栲桃》
《回龙鸽》
《群英会》
《黄金台》

道光四年庆升平班戏目

据周明泰《道咸以来梨园系年小录》，退庵居士藏《旧戏目》一册，系道光四年庆升平班领班人沈翠香所有之物。戏目共二百七十二出，封面写“道光十二载闰二月嵇永林、嵇永年”。按，翠香名金兰，江苏常州府江阴县人，演昆旦兼花衫。永林系安徽安庆府太湖县人，演昆旦，为程长庚同科之师兄。兹将戏目录之。

《道光四年庆升平班戏目》

《大财神》
《满床笏》
《汜水关》
《陈公计》
《虎牢关》
《借赵云》
《盘河战》
《战濮阳》
《夺小沛》
《白门楼》
《许田射鹿》
《闻雷失箸》
《马跳潭溪》
《三顾茅庐》
《博望坡》
《长坂坡》
《舌战群儒》
《临江会》
《群英会》
《借箭打盖》
《祭东风》
《华容道》
《取南郡》
《取桂阳》
《取长沙》
《柴桑口》
《拦江救主》

《取雒城》
《定军山》
《阳平关》
《瓦口关》
《葭萌关》
《战冀城》
《战渭南》
《取成都》
《战合肥》
《反西凉》
《甘露寺》
《凤凰台》
《伐东吴》
《白帝城》
《安五路》
《渡泸江》
《凤鸣关》
《天水关》
《战街亭》
《葫芦峪》
《七星灯》
《战东兴》
《铁龙山》
《除三害》
《审刺客》
《桑园寄子》
《双尽忠》
《孝感天》
《焚烟墩》
《清河桥》

《绝缨会》
《湘江会》
《海潮珠》
《黄金台》
《五雷阵》
《完璧归赵》
《渑池会》
《樊城昭关》
《鱼肠剑》
《庄周扇坟》
《马蹄金》
《烧棉山》
《喜崇台》
《搜孤救孤》
《度柏简》
《定华夷》
《攻潼关》
《青龙关》
《陈唐关》
《取荥阳》
《盗宗卷》
《监酒会》
《战蒲关》
《未央斩信》
《取洛阳》
《云台观》
《草桥关》
《飞叉阵》
《闹昆阳》
《绑子上殿》

《上天台》
《恶虎庄》
《探五阳》
《太行山》
《查关》
《临潼山》
《贾家楼》
《探登州》
《虹霓关》
《当锏卖马》
《白璧关》
《断密涧》
《锁五龙》
《御果园》
《宫门带》
《望儿楼》
《惊梦背楼》
《叫关小显》
《让帅印》
《龙门阵》
《凤凰山》
《对袍访袍》
《独木关》
《越虎城》
《淤泥河》
《摩天岭》
《汾河湾》
《闯山》
《白良关》
《马上缘》

《三休》
《芦花河》
《闹院》
《河阳》
《举鼎观画》
《九焰山》
《飞虎山》
《擒五虎》
《沙陀国》
《太平桥》
《困曹府》
《高平关》
《金桥》
《华山》
《打瓜园》
《风云会》
《打窦瑶》
《斩黄袍》
《下南唐》
《竹林记》
《喂药》
《下河东》
《龙虎斗》
《骂殿》
《金沙滩》
《御状》
《清官册》
《穆柯寨》
《赦子》
《九龙峪》

《二天门》
《青龙棍》
《打火棍》
《演火棍》
《孤鸾阵》
《破洪州》
《金莲会》
《太君辞朝》
《双钉记》
《神虎报》
《血手印》
《琼林宴》
《双包案》
《铡判官》
《铡美案》
《三侠五义》
《遇后》
《打龙袍》
《打銮驾》
《花蝴蝶》
《乌盆记》
《铡包冕》
《京遇缘》
《烈火旗》
《延安关》
《昆仑关》
《祥云会》
《镇潭州》
《八大锤》
《挑滑车》

《金兰会》
《五方阵》
《拿杨么》
《玉玲珑》
《娘子军》
《雄州关》
《潞安州》
《岳家庄》
《燕子山》
《请宋灵》
《胡迪骂阎》
《曾头市》
《乌龙院》
《闹江州》
《闹江》
《玉麒麟》
《翠云楼》
《翠屏山》
《巧连环》
《扈家庄》
《祝家庄》
《借圣威》
《收关胜》
《红桃山》
《神州擂》
《蔡家庄》
《青风寨》
《丁甲山》
《女三战》
《龙虎峪》

《庆顶珠》
《昊天关》
《艳阳楼》
《白水滩》
《通天犀》
《赵家楼》
《四郎探母》
《雁门关》
《杨七吃面》
《萧后打围》
《陈林抱盒》
《拷寇成玉》
《登云山》
《三岔口》
《二龙山》
《泗州城》
《青风岭》
《迷魂岭》
《卧虎坡》
《武当山》
《青石山》
《朝金顶》
《百草山》
《蟠桃会》
《九世图》
《画春园》
《摇钱树》
《金沙洞》
《无底洞》
《盘丝洞》

《小天宫》
《黄河阵》
《混元盒》
《三教寺》
《飞波岛》
《黑沙洞》
《四美图》
《绿牡丹》
《四杰村》
《龙潭镇》
《武文华》
《豆尔墩》
《九龙杯》
《连环套》
《霸王庄》
《盗金牌》
《淮安府》
《普球山》
《落马湖》
《恶虎村》
《拿谢虎》
《殷家堡》
《双盗镖》
《虮蜡庙》
《左青龙》
《清烈图》
《江都县》
《河间府》
《洗浮山》
《五里碑》

《小东营》
《庆安澜》
《莲花塘》
《五人义》
《金钱豹》
《代父征》
《禹门关》

四喜班戏本簿

齐如山旧藏,为清光绪二十二年(1896)四喜班交给宫廷演剧机构的剧本目录。

《四喜班戏本簿》

四喜班交上

《天齐庙》(底本撤回)

《打龙袍》(底本撤回)

《铡包勉》(底本撤回)

《红霓关》 头二本

《翠屏山》 头二本 十二月十五日上安

《审头刺汤》

《雪盃圆》

《双包案》(底本撤回)

《战太平》(底本撤回)

《定军山》(底本撤回)

《奇巧循环》 二十本 十二月初七日交头二三本已交杨大师付四五本于十九日交讫

《醉写》 交下缮写

十二月十二日四喜交来

《连升三级》

《举鼎观画》 十二月十五日上安

《八大锤》 十二月十五日上安 十二月十四底本撤去

《胭脂褶》 正月初一日上安交下一本

《一捧雪》 头二本 十二月十四日底本撤去

《凤鸣关》

《草桥关》

《蟠桃会》 十二月十五日上安交下一本

《摔琴》 十二月十四底本撤去

《遇龙封官》 十二月十四底本撤去 以上均交下缮写

《庆顶珠》 此本尚未交下

《祭江》　十二月十五日上安
《祭塔》　十二月十五日上安
《牛头山》
《五彩舆》　头二三四
《宇宙峰》
《芦花河》

二月十五日交来
《五彩舆》　五六本
《普天乐》　一二三四本

二月卅日交来
《高平关》

三月廿七日交来
《飞虎山》
《无底洞》

长春宫外学戏目（十种）

《长春宫外学戏目》十种，周明泰旧藏。此为清宫旧物，包装讲究，每种外罩黄绫包，内经折装，以伶人为单位录其擅长剧目，抄写极精，赏心悦目，或为呈献帝后点戏之御用品。清亡后散出，为周明泰购得。实物上有藏书家周叔弢钤印"叔弢眼福"。

谭金培之戏

《平顶山》	二刻
《绝缨会》	四刻
《李陵碑》	三刻
《伐东吴》	三刻
《琼林宴》	四刻
《状元谱》	二刻五
《除三害》	三刻
《失街亭》	四刻十
《打嵩》	三刻五
《清官册》	三刻
《斩子》	二刻十
《卖马》	二刻
《盗宗卷》	二刻十
《教子》	二刻十
《银空山》	四刻十
《赶三关》	三刻五
《盘河战》	三刻五
《樊城昭关》	四刻五
《牧羊圈》	四刻
《捉放》	四刻
《洪洋洞》	四刻
《雄州关》	四刻
《法门寺》	四刻十
《战长沙》	四刻五
《乌盆计》	四刻
《战太平》	四刻五
《朱仙镇》	六刻
《探母回令》	六刻
《滚钉板》(《九更天》)	七刻

《一门忠烈》	三刻
《庆顶珠》	三刻十
《定军山》	三刻十
《胭脂雪》	三刻
《战浦关》	二刻五
《一捧雪》	三刻十
《戏妻》	三刻
《阳平关》	四刻五
《汾河湾》	三刻十
《南天门》	二刻五
《搜孤救孤》	二刻十
《黄金台》	一刻五
《芦花河》	一刻十
《宝莲灯》	三刻
《寄子》	三刻
《天雷报》	四刻
《审刺客》	二刻
《审头刺汤》	三刻五
《醉写》	二刻
《跑坡》	二刻十
《御碑亭》	四刻
《雪杯圆》	三刻
《连营寨》	六刻五
《七星灯》	二刻
《骂朗》	一刻五
《法场换子》	二刻
《善宝庄》	二刻五
《绑子上殿》	二刻
《珠帘寨》	七刻

金秀山之戏

《忠孝全》	四刻
《打嵩》	三刻
《法门寺》	五刻
《双包案》	二刻
《五花洞》	三刻
《双天师》	一刻五
《锁五龙》	一刻
《捉放》	四刻
《牧虎关》	三刻
《穆柯寨》	三刻十
《取帅印》	四刻
《回朝》	一刻十
《白良关》	三刻
《忠保国》	三刻
《天水关》	三刻
《草桥关》	四刻
《五台山》	一刻五
《百寿图》	二刻
《铡美案》	一刻十
《战北原》	三刻五
《阳平关》	四刻十
《黄鹤楼》	三刻五
《骂曹操》	三刻
《渭水河》	二刻五
《群英会》	五刻
《鱼肠剑》	三刻五
《四进士》	十六刻
《二进宫》	二刻五
《断密涧》	二刻十

《逼宫》	三刻
《御果园》	一刻五
《铡包勉》	二刻

李宝琴之戏

《祭江》	二刻
《孝感天》	二刻十
《玉玲珑》	二刻十
《乾坤带》	三刻五
《芦花河》	二刻
《拾玉镯》	二刻五
《下河南》	二刻
《查关》	二刻
《入府》	一刻十
《戏妻》	三刻
《胭脂虎》	三刻
《一匹布》	三刻
《打樱桃》	二刻十
《打金枝》	三刻
《戏凤》	一刻十
《得意缘》	五刻
《回龙阁》	五刻
《探亲》	二刻
《延安府》	三刻

龚云甫之戏

《孝义节》	二刻五
《戏妻》	三刻
《回龙阁》	二刻十
《金水桥》	四刻

《钓金龟》	二刻五
《探窑》	三刻
《药茶计》	二刻十
《滑油山》	二刻
《望儿楼》	一刻十
《别宫》	四刻
《六殿》	一刻十
《辞朝》	二刻
《孝感天》	三刻
《天齐庙》	二刻
《行路寻子》	三刻十
《棉山》	二刻
《劝善金科》	三刻十

孙培亭之戏

《少华山》	二刻
《翠屏山》	四刻
《双锁山》	三刻
《卖胭脂》	二刻
《拾玉镯》	二刻
《观阵》	一刻十
《烈女传》	三刻
《烈火旗》	二刻
《海潮珠》	三刻
《三疑计》	三刻十
《七星庙》	二刻
《五雷阵》	二刻
《英节烈》	八刻
《错中错》	七刻
《戏凤》	三刻

《赐环》	一刻十
《送灯》	二刻
《谢冠》	一刻五
《芭蕉扇》	四刻
《断桥》	二刻
《柳林池》	二刻
《凤鸣关》	十二刻
头《春秋配》	四刻
二《春秋配》	四刻
三《春秋配》	三刻五
《珍珠衫》	三刻
《新安驿》	三刻
《头本十万金》	四刻
《二本十万金》	四刻
《忠孝图》	三刻
《芦花计》	四刻
《蝴蝶杯》	二刻
《破洪州》	三刻
《香山寺》	二刻十
《富春楼》	二刻
《延安府》	三刻
《五福堂》	三刻
《佛门点元》	八刻五

杨小楼之戏

头二本《连环套》	八刻
《金钱豹》	三刻五
《青石山》	四刻
《战宛城》	七刻五
《霸王庄》	三刻十

《殷家堡》	四刻
《恶虎村》	三刻五
《落马湖》	七刻
《八蜡山》	三刻
《艳阳楼》	三刻五
《铁龙庄》	二刻五
《牛头山》	三刻
《溪黄庄》	五刻
《水帘洞》	四刻
《下河东》	四刻
《长坂坡》	五刻
《武文华》	二刻五
《泗州城》	二刻五
《金锁阵》	二刻
《临潼会》	七刻十
《朱仙镇》	五刻十
《界牌关》	二刻五
《嘉兴府》	二刻五
《飞叉阵》	三刻
《蜈蚣岭》	二刻
《翠屏山》	五刻
《金沙滩》	二刻十
《反西凉》	五刻
《贾家楼》	四刻五
《黄鹤楼》	三刻五
《赵家楼》	四刻
《回龙阁》	二刻
《阳平关》	三刻五
《收关胜》	二刻
《盘河战》	三刻五

《恶虎村》	
《战冀州》	四刻十

瑞得保之戏

头二《连环套》	八刻
《红桃山》	二刻
《独木关》	二刻五
《界牌关》	二刻
《花蝴蝶》	三刻
《八蜡庙》	三刻
《四杰村》	四刻
《十字坡》	二刻十
《淮安府》	三刻
《普求山》	三刻
《摇钱树》	二刻
《牛头山》	三刻
《泗州城》	二刻十
《铜网阵》	
《剑峰山》	二刻十
《洗浮山》	四刻五
《霸王庄》	三刻十
《画春园》	三刻五
《拦江》	二刻
《摩天岭》	三刻五

朱素云之戏

《托兆小显》	一刻十
《射戟》	二刻五
《马上缘》	一刻五
《玉玲珑》	二刻十

《胭脂虎》	三刻
《镇潭州》	三刻十
《岳家庄》	二刻十
《穆柯寨》	三刻十
《临江会》	四刻五
《延安关》	一刻十
《黄鹤楼》	三刻五
《群英会》	五刻
《得意缘》	五刻
《虹霓关》	四刻
《破洪州》	四刻
《借赵云》	二刻
《打金枝》	三刻
《雅观楼》	一刻十
《飞虎山》	三刻
《御碑亭》	五刻
《玉门关》	二刻十
《白门楼》	三刻五
《美人计》	四刻
《夺小沛》	三刻
《朱仙镇》	六刻

王瑶卿之戏

《牧羊圈》	三刻十
《汾河湾》	四刻
《御碑亭》	四刻
《乾坤带》	三刻
《落园》	二刻五
《玉堂春》	三刻五
《樊江关》	二刻十

《芦花河》	一刻十
《孝感天》	三刻
《探母回令》	六刻
《孝义节》	二刻十
《银空山》	四刻十
《跑坡》	二刻十
《沙陀国》	二刻五
《南天门》	二刻十
《回龙阁》	二刻
《打金枝》	三刻十
《祭江》	三刻
《戏妻》	三刻
《赶三关》	二刻十
《金锁记》	二刻
《探窑》	三刻
《宝莲灯》	三刻
《彩楼配》	二刻五
《寄子》	三刻
《女起解》	二刻十
《祭塔》	二刻
《击掌》	二刻
《宇宙锋》	三刻十

王凤卿之戏

《赶三关》	二刻五
《群英会》	五刻
《战太平》	四刻
《天水关》	三刻
《探母》	三刻五
《伐东吴》	三刻

《黄鹤楼》	三刻五
《定军山》	三刻十
《捉放》	四刻
《战城都》	三刻
《乌盆计》	四刻五
《取帅印》	四刻
《战长沙》	四刻
《樊城昭关》	四刻
《飞叉阵》	四刻
《骂曹》	二刻五
《鱼肠剑》	五刻
《戏凤》	二刻十
《二进宫》	二刻五
《打金枝》	二刻五
《举鼎观画》	三刻五
《朱砂志》	三刻五
《华容道》	一刻十
《乾坤带》	三刻
《五雷阵》	二刻五
《凤鸣关》	二刻
《跑坡》	二刻
《镇潭州》	三刻十
《芦花河》	二刻
《阳平关》	四刻十
《风云会》	二刻
《南阳关》	三刻
《宫门带》	二刻五
《取荣阳》	四刻

清宫戏目

1932—1933年出版之《国剧画报》，影印过不少故宫博物院提供之清宫戏目，除类似周明泰收藏的长春宫外学戏目外，还有昆腔、武戏、乱弹、轴子、本戏等戏目。据《国剧画报》影印之诸种清宫戏目收入。

杨得福

《探亲》	二刻五
《过年》	二刻
《摇会》	二刻
《下河南》	一刻十
《乌龙院》	四刻
《双钉计》	五刻五
《翠屏山》	五刻
《双铃计》	五刻五
《贪欢报》	五刻
《一匹布》	三刻
《玉玲珑》	二刻十
《入府》	一刻十
《十二红》	三刻五
《破洪州》	四刻
《穆柯寨》	三刻十
《打樱桃》	二刻十
《胭脂虎》	三刻五
《浣花溪》	四刻五
《马上缘》	二刻五
《阴阳合》	一刻十
《荷珠配》	二刻十
《双沙河》	二刻
《查关》	二刻
《红鸾禧》	五刻十
《得意缘》	五刻
《虹霓关》	四刻
《樊江关》	二刻十
《打面缸》	一刻十
《拾玉镯》	二刻

《荣归》	一刻五
《闯山》	一刻十
《戏凤》	二刻十
《顶砖》	一刻十
《铁弓缘》	三刻
《打皂》	二刻

侯俊山

《伐子都》	四刻五
《翠屏山》	四刻
《烈火旗》	二刻
《双锁山》	三刻十
《卖胭脂》	一刻五
《戏叔》	一刻十
《珍珠衫》	三刻
《拾玉镯》	二刻
《延安府》	三刻
《少华山》	二刻五
《送灯》	一刻五
《海潮珠》	三刻
《新安驿》	四刻
《铁弓缘》	三刻
《蝴蝶梦》	四刻十
《芭蕉扇》	三刻十
《紫霞宫》	三刻五
《英节烈》	九刻五
《狮子楼》	四刻
头《凤仪亭》	五刻五
二《凤仪亭》	四刻
《回荆州》	三刻十

《迎亲》	二刻五
《双合印》	一刻五

朱四十　朱裕康

《取金陵》	四刻
《战蒲关》	二刻五
《蟠桃会》	三刻五
《泗洲城》	二刻十
《娘子军》	三刻
《摇钱树》	二刻
《蔡家庄》	二刻十
《打金枝》	三刻十
《八蜡庙》	三刻
《法门寺》	五刻
《夺太仓》	五刻
《十字坡》	二刻五
《三岔口》	二刻十
《卖艺》	二刻
《打焦》	二刻十

罗寿山

《绒花计》	四刻五
《背凳》	二刻十
《定计化缘》	一刻五
《打沙锅》	二刻
《卖饼子》	一刻十
《嫖院》	一刻
《送亲演礼》	一刻

昆腔目录

《昭君》	二刻
《访贤》	二刻五
《假颠》	一刻五
《回猎》	一刻
《思乡》	一刻十
《封王》	一刻
《游园惊梦》	二刻五
《起布》	一刻
《牧羊》	一刻五
《跪池》	一刻十
《定情赐盒》	二刻
《琴挑》	一刻十
《逼婚》	一刻五
《亭会》	二刻
《看状》	二刻
《望乡》	二刻
《小宴》	一刻五
《絮阁》	二刻
《断桥》	二刻
《瑶台》	二刻
《乔醋》	二刻
《独占》	一刻五
《奇双会》	三刻十
《思凡》	一刻十
《偷诗》	二刻
《回营打围》	二刻十

文戏目录

《审七》	三刻十

《下边庭》	三刻十
《斩郑恩》	三刻十
《铁莲花》	三刻
《临江会》	二刻十
《连升三级》	二刻十
《五湖船》	一刻五
《油漆罐》	三刻
《摔琴》	一刻十
《五雷阵》	二刻
《拦江》	二刻
头本《雁门关》	八刻十
二本《雁门关》	四刻五
三本《雁门关》	三刻五
四本《雁门关》	五刻五
五本《雁门关》	三刻五
六本《雁门关》	三刻五
七本《雁门关》	二刻十
八本《雁门关》	三刻
九、十本《雁门关》	四刻十
头本《梅玉配》	五刻
二本《梅玉配》	四刻十
头本《四进士》	四刻
二本《四进士》	四刻
三本《四进士》	三刻
四本《四进士》	五刻
《嫁妹》	二刻
《湘江会》	三刻
《英雄义》	三刻
《彩石矶》	一刻十

《清河桥》	二刻十

武戏目录

《五人义》	三刻
《英雄会》	三刻
《四美图》	一刻十
《丁甲山》	四刻
《九龙杯》	三刻五
《三岔口》	二刻十
《昊天关》	二刻
《茂州庙》	二刻十
《反西凉》	二刻十
《打瓜园》	二刻十
《九龙山》	四刻五
《青峰寨》	三刻
《绿林坡》	二刻五
《瓦口关》	三刻五
《二龙山》	三刻
《五花洞》	三刻五
《罗家洼》	一刻五
《双天师》	一刻十
《青峰岭》	二刻
《八美图》	二刻
《取洛阳》	三刻
《白水滩》	二刻
《淮安府》	二刻十
《金沙滩》	三刻
《擒张任》	二刻五
《罗四虎》	二刻

乱弹目录

《得意缘》	五刻五
《樊城昭关》	七刻五
《战长沙》	五刻五
《虹霓关》	五刻
《取帅印》	五刻
《鱼肠剑》	五刻
《滚钉板》	六刻
《翠屏山》	四刻十
《乌龙院》	四刻十
《镇檀州》	四刻五
《洪洋洞》	四刻
《捉放》	四刻五
《庆顶珠》	三刻五
《天齐庙》	四刻五
《定军山》	四刻五
《荷珠配》	三刻五
《胭脂虎》	三刻五
《骂曹》	三刻
《行路寻子》	三刻
《破洪州》	三刻
《白良关》	三刻
《审七长亭》	三刻
《孝感天》	三刻
《朱砂痣》	四刻
《搜孤救孤》	三刻
《彩楼配》	二刻十
《玉玲珑》	二刻十
《战城都》	二刻十

《快活林》	二刻五
《普求山》	三刻
《泗洲城》	二刻十
《巴骆合》	七刻
《女三战》	二刻十
《凤鸣关》	一刻五
《蟠桃会》	三刻五
《神州擂》	二刻十
《五党山》	二刻
《莲花湖》	四刻十
《钓金龟》	二刻五
《卖马》	二刻五
《二进宫》	二刻十
《铁弓缘》	二刻
《闯山》	二刻
《药茶计》	二刻
《望儿楼》	一刻十
《探亲》	一刻十
《送亲演礼》	二刻
《滑油山》	一刻五
《六殿》	一刻五
《孝义节》	三刻五
《打嵩》	三刻五
《武家坡》	二刻十
《芦花河》	三刻
《回龙阁》	二刻十
《十面》	三刻
《琼林宴》	四刻
《乾坤带》	四刻

《华容道》	二刻五
《赶三关》	三刻五
《牧虎关》	三刻
《浣花溪》	二刻十
《玉堂春》	四刻五
《绑子》	一刻十
《拾玉镯》	二刻十
《太君辞朝》	二刻十
《徐母骂曹》	二刻十
《牧羊圈》	三刻十
《伐东吴》	二刻十
《探窑》	二刻十
《举鼎观画》	二刻十
《探阴山》	一刻五
《乌盆记》	二刻十
《法场换子》	二刻五
《落园》	三刻
《母子会》	一刻十
《劝善金科》	三刻十
《审头刺汤》	四刻
《摔琴》	二刻
《回朝》	一刻十
《御果园》	一刻十
《天雷报》	四刻五
《一门忠烈》	三刻五
《盗宗卷》	三刻五
《状元谱》	三刻
《风云会》	二刻五
《五台山》	二刻

《女起解》	三刻
《雪杯圆》	三刻五
《凤鸣关》	二刻
《铡美案》	四刻
《天水关》	三刻五
《别宫》	二刻
《戏妻》	三刻五
《失街亭》	六刻五
《下河东》	四刻五
《黄鹤楼》	三刻五
《战北原》	五刻五
《盘河战》	三刻十
《打樱桃》	二刻十

武戏目录

《战宛城》	八刻十
《溪黄庄》	七刻
《贾家楼》	五刻十
《长坂坡》	五刻
《取金陵》	五刻
《殷家堡》	五刻
《飞叉阵》	四刻十
《莲花湖》	四刻十
《画春园》	四刻十
《蟠桃会》	四刻五
《四杰村》	四刻五
《丁甲山》	四刻
《剑峰山》	四刻
《草桥关》	四刻
《艳阳楼》	四刻

《花蝴蝶》	四刻
《恶虎村》	四刻
《普求山》	四刻
《赵家楼》	四刻
《无底洞》	四刻
《霸王庄》	三刻五
《钱塘县》	三刻
《双包案》	
《八蜡庙》	三刻
《金沙滩》	三刻五
《泗州城》	三刻
《界牌关》	三刻
《摩天岭》	二刻十
《飞波岛》	二刻十
《摇钱树》	二刻十
《嘉兴府》	二刻五
《十字坡》	二刻十
《蜈蚣岭》	二刻十
《白水滩》	二刻五
《恶虎村》	二刻五
《十美图》	二刻五
《朝金顶》	四刻
《红桃山》	二刻
《快活林》	二刻
《武文华》	二刻
《青峰岭》	一刻十
《二龙山》	一刻五
《青龙棍》	一刻五
《连环套》	九刻

《落马湖》	八刻五
《淮安府》	三刻五
《英雄会》	三刻
《昊天关》	二刻
《反西凉》	二刻五
《罗四虎》	二刻五
《朱仙镇》	七刻

昆腔目录

《天官赐福》	一刻
《弹词》	二刻十
《访谱》	二刻五
《财源辐辏》	一刻十
《鹊桥密誓》	二刻十

纣(轴)子目录

《金山寺》	四刻
《青石山》	四刻
《庆安澜》	四刻五
《安天会》	四刻五
《水帘洞》	四刻
《五花洞》	四刻
《雄黄阵》	四刻五
《洛阳桥》	四刻五
《百花山》	三刻
《莲花塘》	五刻

本戏目录

头二《花田错》	七刻
三四《花田错》	六刻

头本《合欢图》	五刻
二本《合欢图》	六刻
三本《合欢图》	五刻
四本《合欢图》	五刻
头本《得意缘》	五刻五
二本《得意缘》	五刻十
三本《得意缘》	四刻
四本《得意缘》	四刻十
头本《锋剑春秋》	七刻五
二本《锋剑春秋》	五刻
三本《锋剑春秋》	五刻
四本《锋剑春秋》	四刻

“百本张”戏目两种

清代中叶以来，北京出现一批专门售卖戏文、曲词抄本的书铺，其中最著者为百本堂，主人姓张，自称“百本张”，地址在北京西直门大街高井胡同路北。百本张抄售的唱本数量可达一千余种，除昆曲、皮簧外，还有子弟书、单弦牌子曲、大鼓词、莲花落等曲艺。本书所收两种皆吴晓铃所藏，抄写年代约为清末，时代略有先后，内容大同小异，姑且两存之，以利研究比较。

皮簧剧目(即“百本张”)

《赐福》	一本	三伯六
《四郎探母》	六本	两吊
《探母回令》	两本	五伯二
《五雷阵》(十冬)	四本	壹吊
《桑园寄子》	五本	壹吊八
《断密涧》	五本	壹吊八
《斩黄袍》	四本	壹吊八
《摘缨会》	四本	壹吊四
《清河桥》	四本	壹吊
《洪洋洞》	四本	壹吊二
《捉曹放曹》	四本	壹吊四
《沙陀国》	四本	壹吊二
《辕门斩子》	四本	壹吊三
《击鼓骂曹》	四本	壹吊四
《法门寺》(笑)	四本	壹吊四
《定军山》	四本	壹吊二
《牧羊卷》	五本	壹吊四
《黄金台》	四本	壹吊六
《取荥阳》	六本	两吊
《取洛阳》	四本	一吊四
《黄鹤楼》	四本	壹吊八
《血手印》	四本	壹吊二
《三上轿》	四本	壹吊二
《虹霓关》	四本	壹吊
《十二红》	四本	壹吊二
《双钉记》	八本	四吊
《下河南》	八本	四吊
《龙凤配》	八本	四吊

《一疋布》	八本	四吊
《清官册》	四本	壹吊六
《庆阳图》	四本	壹吊二
《秋瑚戏妻》	四本	壹吊一
《天门走雪》	四本	壹吊一
《彩楼记》	一本	叁伯八
《击掌》	一本	四伯
《探窑》	两本	六伯四
《跑坡》	三本	壹吊
《赶三关》	三本	壹吊
《回笼鸽》	两本	捌伯
《南阳关》	两本	六伯八
《叫街打砖》	一本	四伯二
《荡湖船》	两本	七伯
《打面缸》	两本	七伯
《打刀》	两本	七伯
《打皂》	两本	七伯
《卖饼子》	两本	七伯
《背娃入府》	两本	七伯
《鹿京回家》	一本	四伯四
《打牙巴骨》	一本	四伯
《双别窑》	两本	六伯
《卖胭脂》(粉)	两本	六伯
《送灯》	两本	六伯
《双玉镯》	两本	六伯
《翠屏山》	两本	六伯
《乌盆记》	两本	八伯
《造白袍》	四本	壹吊二
《借赵云》	三本	八伯
《斩吕布》(《白门楼》)	三本	八伯
《天水关》	四本	壹吊

《凤鸣关》	两本	六伯
《姜维探营》	一本	四伯四
《骂王朗》	两本	五伯八
《空城计》	一本	四伯
《大报仇》	一本	三伯六
(定抄)《伐东吴》	两本	七伯
《白帝城》	一本	四伯
《草船借箭》	两本	六伯四
《苦肉计》	一本	四伯
《挡曹》	一本	四伯
《灞桥》	四本	一吊
《滚皷(鼓)山》	两本	六伯四
《取西川》(《西川图》)	三本	一吊
《柴桑口》	两本	五伯
《七星灯》	两本	六伯
《荐诸葛》	两本	七伯
《受禅台》	五本	一吊五
《搜杯》(《一捧雪》)	三本	壹吊
《阎罗殿》	两本	壹吊
《战潼台》	两本	八伯
《遇龙封官》	两本	九伯
《余(佘)太君辞朝》	两本	六伯八
《闻太师回朝》	两本	六伯八
《望儿楼》	一本	二伯八
《排王鑑》	一本	四伯
《铁冠图》	一本	四伯
《打洞》	一本	三伯四
《宫门挂带》	一本	三伯四
《十条陈》	三本	壹吊
《鹞子观星》	一本	三伯
《怀德挂印》	一本	三伯六

《高平关借头》	两本	六伯四
《药王卷》	一本	四伯
《赶黄袍》	一本	四伯
《定生扫雪》	两本	六伯四
《打銮驾》	两本	八伯
《铡美案》	两本	八伯
《断后》	一本	四伯四
《五台会兄》	两本	五伯六
《南唐探病》	两本	六伯四
《太平桥》	两本	九伯六
《输华山》	两本	六伯八
《三家店》	两本	六伯八
《卖马当锏》	两本	壹吊
《金沙滩》	两本	六伯
《五郎出家》	一本	四伯
《打金砖》	一本	二伯八
《打秋莲》	一本	二伯八
《拣柴》	一本	四伯
《王允赐环》	一本	三伯四
《文王卜卦》	一本	三伯二
《贺氏骂殿》	两本	六伯四
《钓金龟》	两本	六伯
《庙会赠金》	两本	六伯四
《戏牡丹》	两本	六伯四
《缝褡苞》	两本	六伯
《卖皮弦》	两本	六伯四
《马方困城》	一本	四伯四
《香山》	一本	四伯
《救主》	一本	四伯四
《滑油》	一本	四伯四
《斩窦娥》	一本	四伯四

《王英骂寨》	两本	六伯四
《薛蛟观画》	两本	六伯六
《竹林记》	一本	四伯四
《宇宙锋》	两本	五伯
《蓝芳草探监》	一本	四伯
《卞九州出家》	两本	九伯
《杀狗劝妻》	两本	六伯八
《金马门》	一本	四伯八
《削道冠》(尔)	一本	四伯六
(定抄)《九龙杯》	两本	八伯
《彩石矶》	一本	五伯
《御果园》	四本	一吊
《昊天关》	两本	八伯
《阴送堆鬼》	一本	四伯
《夜宿花亭》	两本	六伯四
《秦穷观阵》	一本	四伯
《战国进表》	一本	五伯
《芦花记》	两本	八伯
《查关》	两本	八伯
《战长沙》	四本	一吊二
《战北原》	二本	六伯八
《辞曹》	三本	一吊
(昆腔)		
《装疯》	五伯	
《十宰》	五伯	
《三气》	三伯六	
《功宴》	五伯	
《嫁妹》	五伯	
《五台》	五伯	
《打虎》	五伯	
《醒妓》	六伯八	

《夜奔》	三伯四
《刺虎》	六伯
《判官上任》	七伯
《昭君》	五伯
《水斗》(代板眼)	一吊
《春香闹学》	六伯
《花鼓子》	六伯
《尼姑下山》	四伯
《相调》(《僧尼会》)	四伯四
《花子拾金》	四伯
《寿荣华》(《夜巡》)	六伯
《报信三挡》	一吊
《蜈蚣岭》	八伯
《义侠记》(《杀嫂》)	贰吊
《阳告》	五伯
《阴告》	四伯
《弹词》(代工尺板眼的一吊八)	一吊
《回猎》(代工尺板眼的一吊八)	一吊
《赐福》(代工尺板眼一吊五)	四伯
《花报》(代工尺板眼)	一吊五
《瑶台》(代工尺板眼)	一吊五
《山门》(代工尺板眼)	一吊五
《别姬》(代工尺板眼)	六伯
《大十面》(代工尺板眼)	两吊八
《扫花》(代工尺板眼的两吊)	四伯
《三醉》(代工尺板眼的两吊)	六伯
《闻铃》(代工尺板眼的一吊)	四伯
《赏荷》(代工尺板眼的一吊五)	四伯四
《冥勘》(代工尺板眼的一吊)	四伯
《遣番》(代工尺板眼的一吊二)	四伯
《叙阁》(代工尺板眼的一吊八)	八伯

《琴调》(代工尺板眼的一吊八)	五伯
《偷诗》(代工尺板眼)	两吊
《思凡》(代工尺板眼一吊二)	五伯
《藏舟》(代工尺板眼的一吊八)	五伯
《佳期》(代工尺板眼的一吊二)	四伯
《小宴》(代工尺板眼)	一吊二
《折柳》(代工尺板眼的一吊八)	八伯

二簧戏目录(一吊二)

百本张　别还价
住西直门大街　高井胡同路北

《赐福》	一本	四伯
《四郎探母》	六本	两吊
《回令》	两本	六伯
《五雷阵》	四本	一吊
《桑园寄子》	五本	一吊八
《断密涧》	六本	一吊八
《斩黄袍》	五本	两吊
《摘缨会》	四本	一吊二
《清河桥》	四本	一吊
《洪洋洞》	四本	一吊三
《捉曹放曹》	五本	一吊四
《沙陀国》	四本	一吊二
《辕门斩子》	四本	一吊三
《击皷(鼓)骂曹》	四本	一吊四
《法门寺》	五本	一吊四
《定军山》	四本	一吊三
《牧羊卷》	五本	一吊四

《黄金台》	四本	一吊六
《取荥阳》	六本	两吊
《取洛阳》	四本	一吊四
《黄鹤楼》	六本	两吊
《血手印》	四本	一吊二
《三上轿》	四本	一吊二
《清官册》	四本	一吊六
《庆阳图》	四本	一吊二
《戏妻》	四本	一吊一
《南天门》	四本	一吊一
《花园降香》	一本	四伯
《彩楼配》	一本	四伯
《击掌》	一本	四伯八
《探窑》	两本	六伯四
《跑坡》	四本	一吊
《赶三关》	三本	一吊
《回龙阁》	两本	八伯
《南阳关》	两本	六伯八
《芦花河》	三本	一吊
《战城都》	两本	六伯八
《审刺》	两本	七伯四
《托兆碰碑》	两本	五伯六
《文昭关》	四本	一吊二
《黑风帕》	两本	八伯
《战樊城》	三本	一吊
《金水桥》	一本	四伯八
《乾坤带》	两本	七伯四
《祭江》	两本	六伯
《打金枝》	两本	五伯六
《渭水河》	两本	五伯六

《醉写》	三本	一吊
《挡将》	一本	三伯八
《祭塔》	一本	三伯六
《三娘教子》	两本	六伯四
《双官诰》	两本	六伯四
《法场换子》	两本	五伯六
《大保国》	四本	一吊
《头进宫》	一本	三伯六
《二进宫》	二簧两本	五伯六
	梆子一本	四伯
《叹皇陵》	一本	三伯六
《洒金桥》	一本	三伯二
《叫关》	一本	三伯六
《托梦》	小显一本	四伯
《秦王吊孝》	一本	四伯
《锁五龙》	四本	一吊二
《讲三字经》	三本	一吊
《玉堂春》	四本	一吊
《百寿图》	三本	一吊
《摔琴》	一本	四伯四
《姚刚游街》	一本	三伯六
《绑子上殿》	两本	五伯六
《斩姚期》	一本	四伯四
《游武庙》	两本	六伯四
《困曹》	两本	五伯六
《窃困曹》	两本	四伯
《双观星》	一本	二伯八
《龙虎斗》	一本	四伯八
《八扯》	两本	六伯四
《叫街打砖》	一本	四伯四

《荡湖船》	三本	一吊
《打面缸》	三本	一吊
《打刀》	两本	七伯四
《打皂》	三本	一吊
《下河南》	八本	四吊
《龙凤配》	八本	四吊八
《何珠配》	六本	两吊
《双钉记》	八本	四吊
《一疋布》	八本	四吊八
《虹霓关》	四本	一吊二
《十二红》	四本	一吊二
《卖饼子》	三本	一吊
《背娃入府》	两本	七伯四
《鹿京回家》	一本	四伯四
《打牙巴骨》	一本	四伯
《探亲》	两本	七伯四
《红鸾禧》	四本	一吊四
《闯山》	两本	七伯四
《查关》	两本	七伯四
《双别窑》	两本	六伯四
《卖胭脂》	两本	七伯
《送灯》	两本	七伯
《拾玉镯》	两本	七伯
《翠屏山》	两本	七伯
《双沙河》	四本	一吊四
《海潮珠》	两本	六伯四
《马上缘》	一本	四伯
《铁弓缘》	四本	一吊六
《背凳子》	三本	一吊四
《卖皮弦》	两本	六伯四

《缝褡苞》	两本	六伯
《戏牡丹》	两本	六伯四
《造白袍》	四本	一吊二
《借云》	三本	一吊
《白门楼》	三本	一吊
《天水关》	四本	一吊
《凤鸣关》	两本	五伯六
《姜维探营》	一本	四伯四
《骂朗》	两本	六伯
《空城计》	两本	六伯四
《大报仇》	一本	四伯
《白帝城》	一本	四伯
《蒋干盗书》	一本	四伯
《草船借箭》	两本	六伯四
《苦肉计》	两本	六伯四
《挡曹》	一本	四伯
《灞桥》	四本	一吊六
《滚鼓山》	两本	六伯四
《西川图》	三本	一吊
《柴桑口》	两本	六伯
《七星灯》	两本	六伯四
《荐诸葛》	两本	七伯四
《受禅台》	五本	一吊八
《战长沙》	四本	一吊二
《战北原》	一本	四伯八
《状元谱》	四本	一吊四
《琼林宴》	两本	八伯
《棉山》	两本	一吊
《太君辞朝》	三本	一吊
《太师回朝》	两本	六伯四

《望儿楼》	一本	二伯八
《排王鉴》	一本	四伯
《铁冠图》	一本	四伯
《打□》	一本	三伯六
《宫门带》	一本	三伯六
《十条陈》	四本	一吊一
《鹞子观星》	一本	三伯
《怀德挂印》	一本	三伯六
《高平关》	两本	六伯四
《药王卷》	一本	四伯
《赶黄袍》	一本	四伯
《定生扫雪》	两本	六伯四
《裙边扫雪》	两本	五伯六
《打銮驾》	三本	一吊
《铡美案》	两本	八伯
《断后》	二本	一吊
《打龙袍》	二本	一吊
《乌盆记》	两本	七伯四
《五台会兄》	两本	六伯四
《庆顶珠》	三本	一吊
《善宝庄》	两本	六伯四
《打严嵩》	四本	一吊八
《云台观》	两本	六伯四
《宝莲灯》	三本	一吊
《下南唐》	两本	六伯四
《竹林记》	一本	四伯四
《三岔口》	一本	四伯四
《八蜡庙》	四本	一吊四
《六殿》	两本	六伯四
《红桃山》	一本	四伯四

《泗洲城》	一本	四伯四
《英雄会》(打豆尔墩)	两本	二吊
《神州擂》	六本	叁吊五
《青石山》	三本	一吊
《五人义》	三本	一吊
《彩石矶》	一本	五伯六
《九龙杯》	两本	八伯
《昊天关》	两本	八伯
《蜈蚣岭》	一本	四伯四
《太平桥》	三本	一吊
《输华山》	两本	六伯八
《三家店》	两本	一吊
《卖马当锏》	两本	一吊
《金沙滩》	两本	六伯八
《五郎出家》	一本	四伯四
《打金砖》	一本	三伯二
《打秋莲》	一本	三伯二
《拣柴》	一本	四伯四
《赐环》	一本	四伯四
《文王卜卦》	一本	三伯六
《骂殿》	两本	六伯四
《三疑记》	四本	一吊二
《夜宿花亭》	两本	六伯四
《秦琼观车》	一本	四伯
《钓金龟》	两本	六伯八
《庙会赠金》	两本	七伯
《御林郡》	一本	四伯四
《香山》	一本	四伯
《救主抱盒》	一本	四伯
《滑油》	一本	四伯四

《斩窦娥》(《六月雪》)	两本	六伯
《太行山》	两本	六伯四
《薛蛟观画》	两本	六伯四
《宇宙锋》	两本	六伯四
《探监》(蓝芳草)	一本	四伯
《卞九州出家》	三本	一吊
《杀狗劝妻》	两本	七伯四
《金马门》	两本	六伯四
《御果园》	四本	一吊
《白良关》		一吊
《阴送堆鬼》	一本	四伯
《战国进表》	一本	五伯
《芦花记》	两本	八伯
《战太平》	两本	六伯
《定计化缘》	四本	两吊
《一捧雪》	四本	一吊二
《游地狱》	三本	一吊二
《战潼台》	两本	六伯八
《遇龙封官》	四本	一吊二
《盘河战》	两本	八伯
《打御》	两本	七伯四
《三进士》	四本	一吊六
《哭灵上路》	三本	一吊二

(昆腔)

《妆疯》	七伯
《十宰》	七伯
《三气》	四伯四
《功晏》	七伯
《嫁妹》	七伯
《五台》	七伯

《打虎》	六伯四
《花子拾金》	五伯六
《寿荣华》(《夜巡》)	一吊
《报信三挡》	一吊二
《蜈蚣岭》	一吊二
《义侠记》(《杀嫂》)	二吊
《阳告》	五伯
《阴告》	四伯
《弹词》(代工尺板眼的一吊八)	一吊
《回猎》(代工尺板眼)	一吊八
《赐福》(代工尺板眼)	一吊八
《醒妓》	一吊
《夜奔》	四伯四
《刺虎》	八伯
《判官上任》	一吊二
《昭君》	七伯
《水斗》(代板眼)	一吊八
《春香闹学》	一吊二
《花鼓子》	六伯八
《尼姑下山》	五伯六
《相调》(《僧尼会》)	六伯
《花报》(代工尺板眼)	一吊八
《瑶台》(代工尺板眼)	一吊八
《山门》(代工尺板眼)	二吊
《别姬》(代工尺板眼)	八伯
《大十面》(代工尺板眼)	三吊二
《扫花》(代工尺板眼的三吊)	五伯
《三醉》(代工尺板眼的三吊)	七伯
《闻铃》(代工尺板眼的一吊八)	五伯
《赏荷》(代工尺板眼的两吊)	五伯六

《冥勘》(代工尺板眼的两吊)	四伯八
《遣番》(代工尺板眼的二吊)	六伯
《叙阁》(代工尺板眼的两吊)	一吊二
《琴调》(代工尺板眼的两吊)	七伯
《偷诗》(代工尺板眼)	三吊
《思凡》(代工尺板眼两吊二)	八伯
《藏舟》(代工尺板眼的两吊五)	八伯
《佳期》(代工尺板眼的一吊八)	六伯
《小宴》(代工尺板眼)	一吊八
《折柳》(代工尺板眼的两吊八)	一吊二
《饭店》(认子)	一吊五
《刘唐》	一吊二
《激良》	一吊二
《借靴》	一吊五
《惊变埋玉》	一吊五

剧目两种

吴晓铃藏，具体年代不详，所收戏目有昆剧，有乱弹；有本戏，有折子戏，内容十分丰富。

剧目二种

《单刀会》 一册
《卖菜》 一册
《送杯》 一册
《出猎》 一册
《神虎报》 一册
《刘唐》 一册
《争功请罪》 一册
《闯山》 一册
《猪八戒成亲》 一册
《闻铃》 一册
《茶叙问病》 一册
《琴挑》 一册
《梳妆跪池》 一册
《徐母骂曹》 一册
《打番》 贰册
《罗成托梦》 一册
《罗卜济贫》 一册
《偷诗》 一册
《肃苑》 贰册
《戚继光祭姬》 一册
《吃糠》 一册
《百子呈祥》 贰册
《温泉会》(吕不韦) 贰册
《岳公刺字》 一册
《闹昆阳》 一册
《佛旨度魔》《魔王答佛》 一册

《瓜瓞绵长》	厚一册	
《璧月呈祥》(红绿协吉)	一册	
《万年甲子》	一册	
《磨斧》(李逵)		
《吕布起布》	一册	
《昭君出塞》	一册	
《扫秦》	一册	
《尼姑觅花》	一册	
《膺受多福》	一册	
《祥征仁寿》	一册	
《蒋干盗书》	一册	
《女祭》	一册	
《追舟》	一册	
《神偷》	一册	
《夜奔》	一册	
《草地》	一册	
《胖姑》	一册	
《勘问吉平》	一册	
《报喜》	一册	
《吃茶》	一册	
《快火林》	一册	
《通天犀》	一册	
《古城相会》	一册	
《庵会》	一册	
《楼会》	一册	
《徐庶见母》	一册	
《错梦》	一册	
《妆疯》	一册	
《辞阁》	一册	(夏桂州)
《佳期》	一册	

《瑶台》	一册	
《罗卜行路》	一册	
《风云会》	一册	
《千金闸》	一册	（济小塘）
《天保九如》	厚两册	
《太平有象》《万寿无疆》	一册	
《列宿遥临》《双星永庆》	一册	
《封相》	贰册	
《包公上任》	一册	
《百岁团圆》	一册	
(《罗衫记》)《看状井遇》	贰册	（徐继祖）
《清平见喜》《和合呈祥》	一册	
《渔樵乐业》	一册	
《红门寺》	三册	
《苏武小逼》	一册	
《福寿双喜》	一册	
《鸿门撇斗》(沛公)	贰册	
《转轮运世》	一册	
《火云洞》	贰册	（红孩妖）
《花魁醉酒》	一册	
《徐彦能五代登荣》	一册	
《娘子军》	一册	
(赵匡胤)《腾龙寺》	贰册	
《普救寺》	一册	崔莺莺
《罢宴》	一册	
《灌女传》	一册	（杜曾入叛）
《思凡》	一册	
《梁山伯访友》	一册	
《承乾介寿》	一册	
《箕畴五福》	贰册	（钟魁）

《玩笺》	一册	
《张文远借茶》	一册	
《思乡》	一册	
《眼前报》	一册	(王小借粮)
《假癫》	一册	
《三代》	一册	
《佾舞虞庭》	一册	
《三气周郎》	一册	
《庆成》	一册	
《御制》	一册	
《哭城》	一册	
《敬德赏军》	一册	
《咬脐郎回猎》	一册	
《六国封相》	一册	
《佛会》	一册	
《搜孤》	一册	
《罗卜[行]路》	一册	
《万寿开祥》	一册	
《问路闯界》	一册	
《拾金》	一册	
《打虎》	一册	
《题曲》	一册	(乔小青)
《贞娥刺虎》	一册	
《下得海护文》	一册	
《和尚下山》	一册	
《宋定太平》	一册	
《月下追韩信》	贰册	
《五郎五台山》	一册	
《吕祖扫花三醉》	贰册	
《探庄》(石秀)	一册	

《灵山称庆》	一册	
《万寿无疆》	一册	
《祯祥集庆》	一册	
《别母乱箭》	一册	
《麒麟阁》	一册	(《激秦》)
《闹庄救青》	一册	
《疑谶》	一册	(郭子仪)
《游园惊梦》	一册	
《赵普访贤》	一册	
《功宴》	一册	
《空泊》	一册	
《踢球》	一册	
《曹操献剑》	一册	
《梳妆掷戟》	一册	
《投渊》	一册	
《堕马》	一册	
《棋盘会》	贰册	
《拷红》	一册	
《行围行瑞》	一册	
《金庭奏事》	一册	
(舒秀才)《盗令》	一册	
《七襄报章》	一册	
《丹桂飘香》	一册	
《张生寄柬》	一册	
《奸遁》	一册	
《万氏问荣》	一册	
《絮阁》	一册	
《争劫乍美》	一册	
《百福骈臻》	一册	
《关公训子》	一册	

《醉圆》	一册	
《侦报》	一册	(郭子仪)
《心田福》	一册	
《神天叶庆》	一册	
《小妹子》	一册	
《云霞洞》	贰册	
《花鼓》	一册	
《倒打杠子》	一册	
《万象春辉》	一册	
《南极增寿》	一册	
《红罗山》	一册	
《拾画》	一册	
《徐继祖游园》	一册	
《群仙庆贺》	一册	
《太和保合》	一册	
《项梁四麟符》	一册	
《繁禧懋锡》	一册	
《祝枝山文星现》	贰册	
《秦叔宝赚潼关》	一册	
《杨宗保功勋合》	一册	
(杜国臣)《盘龙岭》	一册	
《米新应未央天》	一册	
《三寿作朋献紫觞》	一册	
《天保九如》	厚贰册	
《圣寿升天》	四册	
《回头岸》	贰册	
《万国嵩呼》	四册	
《乔醋》	一册	
《东皇布令》	一册	

《献剑》　一册
《贺喜》　一册
《遣子经商》　一册
《扯伞》　一册
《卖子》　一册
《见都》　一册
《功宴争花》　一册
《杨兵》　一册
《廊会》　一册
《评话》　一册
《庵会》　一册
《前诱》　一册
《痴梦》　一册
《相面》　一册
《平章拷姬》　一册
《雪艳刺汤》　一册
《游园惊梦》　一册
《错梦》　一册
《嵩寿》　一册
《酒楼》　一册
《破谋》　一册
《招商》　一册
《绣房》　一册
《遣义》　一册
《读书》　一册
《上路送子》　一册
《激良》　一册
《梳妆掷戟》　一册
《付孤》　一册
《问答》　一册

《告贷》	一册
《边信》	一册
《盗孤》	一册
《遣清杀德》	一册
《奸遁》	一册
《点将》	一册
《北芦林》	一册
《误伤》	一册
《南醉》	一册
《缝靴拐驴》	一册
《观画》	一册
《别弟》	一册
《剪发葬亲》	一册
《悔嫁》	一册
《后诱》	一册
《逼休》	一册
《魂游》	一册
《刘氏辱尼》	一册
《刺梁》	一册
《相梁》	一册
《借靴》	一册
《五瘟魔障》	一册
《踏勘》	一册
《寄柬》	一册
《写真》	一册
《见娘》	一册
《狐思》	一册
《拷婢养子》	一册
《痴诉》	一册
《规奴》	一册

《下海投文》　一册
《刺血》　一册
《测字》　一册
《相约》　一册
《访素》　一册
《益利讨油》　一册
《逼婚》　一册
《十朋祭江》　一册
《跪门》　一册
《剪卖发》　一册
《吃糠》　一册
《三错》　一册
《牌谱》　一册
《打子》　一册
《忝相》　一册
《卖子》　一册
《麻地》　一册
《罢宴》　一册
《报喜》　一册
《问情》　一册
《宫花报喜》　一册
《荣归》　一册
《寿庆》　一册
《祥芝应瑞》　四出
《香莲帕》　一册
《乐寿长生》　一册
《佛会》　一册
《召试咏古》(《边臣进石》《翰苑献诗》　两出)　一册
《福禄天长》　一册
《祝寿》　一册

《山灵应瑞》	贰册
中秋宴戏承应(《丹桂飘香》《霓裳献舞》)	一册
《吉曜承欢》	一册
《五方康阜》《万宝光华》	一册
《敷德化芝含雨露》	一册
重阳承应(《仙女降贞》《华阳成道》)	一册
冬至承应(《邻女分光》《野人献曝》)	一册
元旦承应(《林氏佳话》)	一册
七夕承应(《七襄报章》《仕女乞巧》)	一册
《哪吒闹海》	一册
《如愿迎新》	一册
腊日承应(《孤山送腊》《萧山寻僧》)	一册
《万民感仰》	一册
冬至承应(《王女献盆》)	一册
《迎年献岁》	一册
《仙圆》	一册
元旦承应(《椒柏屠苏》《放生古俗》)	一册
《句芒展敬》	一册
《天开寿域》	一册　十出
《瑞应祥征》	一册
祀灶承应(《太和报最》《司命锡禧》)	一册
《平安如意》	一册
《百福骈臻》	一册
行幸翰苑(《群仙导路》《学士登瀛》)	一册
赏雪承应(《梁苑延宾》《兔园作赋》)	一册
《天花集福》	一册
重九承应(《江州送酒》《东篱啸傲》)	一册
《年年康泰》	一册
《天保九如》	十二出三册
《七盘山》	四出一册

一出	《夜觇》
二出	《营关》
三出	《大战》
四出	《误擒》
《四奇缘》	八出一册
一出	《仙谕开宗》
二出	《升平盛概》
三出	《万花祝寿》
四出	《西戎起衅》
五出	《穷途感叹》
六出	《主宾议决》
七出	《出阵交锋》
八出	《忠良效命》
《衍庆长生》	八出一册
一出	《绥眉介祉》
二出	《信讹换容》
三出	《诧夫受诓》
四出	《误索仙丹》
五出	《信为箕真》
六出	《错问截路》
七出	《还丹识斗》
八出	《同介长生》
《绥丰协庆》	八出一册
一出	《神农考瑞》
二出	《万物矜祥》
三出	《开樽设彀》
四出	《乘隙遂谋》
五出	《冒充误认》
六出	《疑假为真》
七出	《祯灵倾藿》

八出　《嘉颖称觞》
《祥符太极》　八出一册
一出　《检芝交芽》
二出　《真膺相淆》
三出　《循根索叶》
四出　《返本还原》
五出　《合词指证》
六出　《报讯辨明》
七出　《太极祥开》(即八)
八出　《群仙斗武》(即七)

《衍真仙庆》　十出一册
一出　《庆寿欣归》
二出　《心思成道》
三出　《孔雀幻形》
四出　《巧遘良缘》
五出　《紫阳访迹》
六出　《幻形相争》
七出　《肃慎遇仙》
八出　《问祝诉因》
九出　《蛮夷助战》
十出　《准提收鸟》

《昭护九成》　八出一册
一出　《南熏奏雅》
二出　《上瑞休征》
三出　《瑞叶二南》
四出　《翱翔五凤》
五出　《河洛效灵》
六出　《云龙昭瑞》

七出	《祥臻五瑞》
八出	《乐奏九成》
《福寿同天》	十出一册
一出	《释元议祝》
二出	《洲岛传真》
三出	《伯道欢饮》
四出	《赤发巧嚼》
五出	《秦精嗔爱》
六出	《换牒被赚》
七出	《条山误盗》
八出	《变形受经》
九出	《诳吉救助》
十出	《神京献寿》
《箕筹五福》	十二出一册
一出	《清平洪福》
二出	《饮时五福》
三出	《丰年布福》
四出	《大明盛福》
五出	《百子祥福》
六出	《三星祝寿》
七出	《万方集福》
八出	《聿怀多福》
九出	《来仪景福》
十出	《千禄百福》
十一出	《攸同万福》
十二出	《无疆寿福》
《福寿荣》	六出一册
一出	《勅遣月老》
二出	《俞府称庆》
三出	《西洋女国》

四出	《大晋兴师》
五出	《郡主投降》
六出	《御赐完姻》
《寿益京垓》	八出一册
一出	《普陀梵唱》
二出	《九阳慕道》
三出	《南山寿现》
四出	《蓬莱仙集》
五出	《羽童感格》
六出	《群真向化》
七出	《方外来宾》
八出	《环中拱瑞》
新编《欣见太平》	廿四出一册
一出	《开场大义》
二出	《宋王拆柬》
三出	《擒住文姬》
四出	《告禀母氏》
五出	《唐兵接应》
六出	《宋王失利》
七出	《卸甲得病》
八出	《众仙送魂》
九出	《关帝显圣》
十出	《惊死高母》
十一出	《别母出战》
十二出	《美容射敌》
十三出	《符完见后》
十四出	《群臣接驾》
十五出	《途中接本》
十六出	《回宫见后》

十七出	《冲营大战》
十八出	《灵前哭母》
十九出	《相见宋王》
廿出	《大败唐兵》
廿一出	《史魁见驾》
廿二出	《驾临帅府》
廿三出	《御祭高母》
廿四出	《君王回都》
《瓜瓞绵长》	八出一册
一出	《跻堂祝嘏》
二出	《葵藿怀丹》
三出	《寿征百耋》
四出	《瓜实千年》
五出	《争添寿算》
六出	《竞献遐龄》
七出	《欢腾忭舞》
八出	《瓜瓞绵长》
《天开寿域》	十出一册
一出	《福曜联辉》
二出	《远入向化》
三出	《争呈文锦》
四出	《喜渡沧溟》
五出	《披锦失踪》
六出	《示佥遗迹》
七出	《讹认误还》
八出	《追寻拷问》
九出	《拒索归逃》
十出	《释纷诣祝》
《金鸡岭》	八出一册
一出	《武帐哭儿》

二出　《驰骓遇杰》
三出　《崇候克殄》
四出　《姜尚倾输》
五出　《开屏大战》
六出　《袒臂遭擒》
七出　《陆压回营》
八出　《准捉伏禽》
《桃花岭》　四出一册
一出　《执婿》
二出　《放麟》
三出　《捉拿》
四出　《劫姑》
《天香榜》　六出一册
一出　《奇兵制胜》
二出　《误托家书》
三出　《故败骄蛮》
四出　《洞房惊错》
五出　《假信招降》
六出　《误敌遭毙》
《包公双钉记》　八出一册
一出　《恩诏起程》
二出　《调情谋夫》
三出　《熨斗告状》
四出　《风飘朱佥》
五出　《诉庙审问》
六出　《阴告遣鬼》
七出　《大审双钉》
八出　《阴阳果报》
《双熊梦》　十出一册
一出　《朝审》

二出	《监会》
三出	《宿三》
四出	《狱盟》
五出	《批斩》
六出	《见都》
七出	《踏勘》
八出	《测字》
九出	《辨明》
十出	《释放》
《鱼篮记》	八出一册
一出	《群妖游戏》
二出	《邀婿同居》
三出	《香闺惊变》
四出	《水族设谋》
五出	《包相遭欺》
六出	《天师被感》
七出	《神兵逐怏》
八出	《大士收鱼》
《云瑞天然》	一册
《玉露秋香》	八出一册
《温泉会》	八出一册
一出	《开筵定计》
二出	《践约入秦》
三出	《设伏调兵》
四出	《解环败起》
五出	《仗义泄机》
六出	《温泉赴洛》
七出	《突围斩将》
八出	《破术斩妖》
《宝珠寺》	四出一册

一出　《山操八阵》
二出　《店诛双僧》
三出　《投邸巧遇》
四出　《赚关夺寺》
《倒铜旗》　四出一册
一出　《方旺督兵》
二出　《倒旗救援》
三出　《法不顾亲》
四出　《劫遁全义》
《蜃中楼》
一出　《耳卜》
二出　《上寿》
三出　《结蜃》
四出　《双订》
五出　《婚诺》
六出　《怨遣》
七出　《姻阻》(即六)
八出　《受诀》(即七)
九出　《述异》(即八)
十出　《离愁》
十一出　《望洋》
十二出　《杭姻》
《下河南》　六出二册
(正德年)《财星照》　八出一册
一出　《示因》
二出　《牧读》
三出　《知螟》
四出　《诉穷》
五出　《借富》
六出　《妒恶》

七出	《国计》
八出	《逆萌》
《列国》	八出一册
一出	《金霞请救》
二出	《召遣诸神》
三出	《破阵擒妖》
四出	《黄盖全楚》
五出	《专猛施威》
六出	《遭雪遇救》
七出	《齐营诛妖》
八出	《斗法惊猛》
一出	《仙翁救急》
二出	《释怨联姻》
三出	《赛花突围》
四出	《回营定计》
五出	《复困金沙》
六出	《火牛破围》
七出	《骊山大战》
八出	《驱雷击梦》
一出	《回兵解困》
二出	《双英交武》
三出	《见驾联姻》
四出	《赏春定计》
五出	《排兵设伏》
七出	《合兵遣将》
七出	《弈棋争强》
八出	《江楼遭困》

一出	《晏婴献计》
二出	《诳骗廉颇》
三出	《求请充行》
四出	《兵打剡城》
五出	《合兵困赵》
六出	《保奏赛花》
七出	《廉氏施威》
八出	《术破邯郸》

《七国》	八出一册
一出	《庆祝遐龄》
二出	《充姻诧使》
三出	《乔借代魏》
四出	《误入神沙》
五出	《二难远达》
六出	《可园遇侠》
七出	《行聘设谋》
八出	《借夺闹房》

一出	《齐师接援》
二出	《闻报辱涓》
三出	《泣诉陈情》
四出	《回兵解书》
五出	《燕丹思忆》
六出	《魂返云梦》
七出	《田文派将》
八出	《夜劫齐营》

一出	《献俘西魏》
二出	《诉因结义》

三出	《二探庞涓》
四出	《五义演操》
五出	《互抢行劫》
六出	《报信改妆》
七出	《报店订姻》
八出	《双美收雄》

《楚汉》	八出一册
一出	《陈豨救邯》
二出	《立解赵围》
三出	《项羽告捷》
四出	《司马传信》
五出	《执诏拘使》
六出	《陈余约背》
七出	《陈豨说羽》
八出	《章邯归楚》

一出	《困中画策》
二出	《纪信诳楚》
三出	《复攻荥阳》
四出	《二臣死节》
五出	《驰起夺印》
六出	《借箸借筹》
七出	《仇童释难》
八出	《计取成皋》

一出	《王陵中箭》
二出	《迂谈守义》
三出	《背水破赵》
四出	《义释左车》

五出	《捷至兵临》
六出	《假言讲和》
七出	《随何说燕》
八出	《顺天归汉》

一出	《计借张良》
二出	《威镇函关》
三出	《为国忘家》
四出	《张良从沛》
五出	《峣关大战》
六出	《暗袭分兵》
七出	《赚进峣关》
八出	《攻取峣关》

一出	《负盟回军》
二出	《乐宴传花》
三出	《十面埋伏》
四出	《会垓大战》
五出	《霸王别姬》
六出	《吹散楚军》
七出	《楚截乌江》
八出	《一统万年》

《光武》	八出一册
一出	《诈脱危城》
二出	《芜蒌进粥》
三出	《草桥遇显》
四出	《夜失雄关》
五出	《兵阻滹沱》
六出	《解冰结厄》

七出　《邓禹说杨》
八出　《入赘遭陷》

一出　《岑彭救主》
二出　《杜茂赚计》
三出　《全孝归汉》
四出　《刘仲捐躯》
五出　《私议择王》
六出　《马武救主》
七出　《夺汜水郡》
八出　《取蓝乡城》

一出　《分途远镇》
二出　《遣媒联姻》
三出　《粜粮遇贤》
四出　《失言被获》
五出　《坚镡归汉》
六出　《求弓诛亭》
七出　《宛城遭困》
八出　《任光救主》

一出　《狂言突围》
二出　《定谋附寇》
三出　《献伎投军》
四出　《盗牌失散》
五出　《惧罪征兵》
六出　《三英归汉》
七出　《拖肠大战》
八出　《合兵破围》

一出	《劫营全胜》
二出	《捷报宛城》
三出	《八奸私议》
四出	《二臣遭诛》
五出	《王邑回奏》
六出	《闻报安众》
七出	《军民欢迎》
八出	《擒诛逆党》

《白袍薛礼征东》	八出一册
一出	《恩褒英贊》
二出	《华英故里》
三出	《认父安功》
四出	《碧霞幻相》
五出	《仁贵点将》
六出	《咬金探营》
七出	《奉命埋伏》
八出	《智取凤城》

一出	《金牙演法》
二出	《劫宝生衅》
三出	《赍献明珠》
四出	《智胜番夷》
五出	《群虎保救》
六出	《龙楼宴赏》
七出	《御甲遭风》
八出	《灵官显休》

《宋历史》	八出一册
一出	《洞蛮应诏》

二出 《姑侄寒盟》
三出 《交兵御寇》
四出 《夺寨逢甥》
五出 《归唐返宋》
六出 《别舅寻亲》
七出 《众蛮败宋》
八出 《双媛勤王》

一出 《桃兵会战》
二出 《胁主亲征》
三出 《光庭救主》
四出 《朱李勤王》
五出 《延巳伏诛》
六出 《刘澄纳款》
七出 《父子全忠》
八出 《兄弟尽孝》

九出一册
一出 《巨恶遭焚》
二出 《诬蔑贤贞》
三出 《孤帏尽节》
四出 《移花接木》
五出 《李代桃僵》
六出 《畏敌强兵》
七出 《怜才收阵》
八出 《设阱罗英》
九出 《破围巷战》

七出一册
二出 《悍妇开樽》

三出　《观书拟战》
四出　《派将鏖兵》
五出　《诳骗蒙童》
六出　《嬉偷印信》
七出　《露机夥僨》
八出　《袭地肤功》

八出一册

一出　《刘崇议兵》
二出　《张忠迎驾》
三出　《二将失机》
四出　《父子议计》
五出　《怀德受柬》
六出　《劫营受窘》
七出　《智取严关》
八出　《松林救驾》

一出　《拈阄议赛》
二出　《妇妹投河》
三出　《节孝空悬》
四出　《渔人得利》
五出　《得臣义救》
六出　《继祖奇谋》
七出　《师陈关外》
八出　《帅困水心》

一出　《遣师渡江》
三出　《遣兵劫寨》
五出　《问病盟郎》
七出　《克城振旅》

二出　　《令赟水战》
四出　　《纵火返风》
七出　　《献俘奏捷》
八出　　《入赘圆亲》

《大明》　　八出一册
一出　　《乔妆截夺》
二出　　《授庙受暑》
三出　　《霞云卖身》
四出　　《奸陷救侠》
五出　　《误中飞石》
五出　　《遣将迎师》
七出　　《春芳怯敌》
八出　　《陈英失机》

一出　　《绣幄杨成》
二出　　《会合临阵》
三出　　《大展飞刀》
四出　　《梅氏落难》
五出　　《七义安邦》
六出　　《乃潮呈逆》
七出　　《班师擒寇》
八出　　《太平盛世》

十出一册
一出　　《拜师谋叛》
二出　　《元勋退敌》
三出　　《佞臣奸奏》
四出　　《妒妇谏夫》
五出　　《湘如恸父》

六出	《碧氏思亲》
七出	《金兰重会》
八出	《教授被辱》
九出	《豪奴被执》
十出	《边将施英》

《大明历史》	八出一册
一出	《柳营情救》
二出	《秘室佥谋》
三出	《陶凤斗宝》
四出	《昆仲分离》
五出	《广平侠遇》
六出	《边塞分兵》
七出	《蛮氛肆志》
八出	《群虎解围》

一出	《笑引因缘》
二出	《情钟幻梦》
三出	《夫女怜才》
四出	《崆峒造叛》
五出	《别友痴尊》
六出	《饵婚诳脱》
七出	《闻惊奇兵》
八出	《陈师迎战》

一出	《权臣奸遁》
二处	《乃潮奈章》
三出	《绿林试武》
四出	《边将奠灵》
五出	《总镇退敌》

六出　《山盗鏖兵》
七出　《兄妹殡父》
八出　《义士施英》

一出　《御勘奸佞》
二出　《奸相留宾》
三出　《天保伸冤》
四出　《游园捉奸》
五出　《看状诛凶》
六出　《议救总戎》
七出　《群雄侠义》
八出　《蟒怪兴妖》

一出　《乘云边衅》
二出　《飞燕拜邻》
三出　《钦巡代狩》
四出　《瞽目生谋》
五出　《短路劫夺》
六出　《仗义窃银》
七出　《访拿强霸》
八出　《武场盟誓》

《大明历史》
一出　《金殿诉冤》
二出　《趸油调戏》
三出　《大夺膺杨》
四出　《霞乡私订》
五出　《容儿托身》
六出　《误赃首告》
七出　《援兵兴师》

八出	《恢复神护》
一出	《回城遇救》
二出	《降勅除凶》
三出	《朱氏闻信》
四出	《打众监门》
五出	《保麟诉因》
六出	《成计入宫》
七出	《扫雪告状》
八出	《车轮中计》

大明《玉鸳鸯》	八出一册
一出	《奉勅降凡》
二出	《术音继子》
三出	《改妆下山》
四出	《七夕圣会》
五出	《山堂愚美》
六出	《大操倭兵》
七出	《营壁复任》
八出	《渡海肆掠》

竹 枝 词

竹枝词是由古代巴蜀间的民歌演变而来的诗体，其作品既有文人搜集保存下来的民间歌谣，也有文人创作的具有浓郁民歌色彩的诗作。本书辑录清中期至清末与京剧相关的竹枝词。

陈恬收集整理。

北 京

燕九竹枝词

小儿花鼓凤阳调，士女周遭拍手笑。又有一班装更奇，十番车上诸年少。

锣鼓喧阗满钵堂，鸾弹花旦学边妆。三弦不数江南曲，惟有啰啰独擅场。

秧歌初试内家装，小鼓花腔唱凤阳。如蚁游人拦不住，纷纷挤过蹴球场。

斋房甘露降何方，花鼓秧歌沸羽觞。薄暮子城斜立处，夕阳一片酒人场。

早春戏馆换新腔，半杂秧歌侑客觞。偏是醉归人似蚁，太平鼓闹蹴球场。

《燕九竹枝词》：康熙三十二年(1693)袁启旭刻。

百戏竹枝词

吴音：俗名昆腔，又名低腔，以其低于弋腔也。又名水磨腔，以其腔皆清细也。谱分南北，今之阳春矣，伧夫殊不欲观。

阳春院本记昆江，南北相承宫谱双。清客几人公瑾顾？空劳逐字水磨腔。

弋阳腔：俗名高腔，视昆调甚高也。金鼓喧阗，一唱数和，都门查楼为尤盛。

查楼倚和几人同？高唱喧阗震耳聋。正恐被他南部笑，红牙槌碎大江东。

秦腔:俗名梆子腔,以其击木若柝形者节歌也。声呜呜然,犹其土音乎?

耳热歌呼土语真,哪须叩缶说前秦。乌乌若听函关曙,认是鸡鸣抱[檏]人。

乱弹腔:秦声之缦调者,倚以丝竹,俗名昆梆,夫昆也而梆云哉,亦任夫人昆梆之而已。

渭城新谱说昆梆,雅俗如何占号双?缦调谁听筝笛耳,任他击节乱弹腔。

四平腔:浙之绍兴土风也,亦弋阳之类,但调少平,春赛无处无之。

越客吟随澌水空,柯亭谁辨数竿清。剧怜禹庙春三月,画舫迎神唱四平。

《百戏竹枝词》:康熙三十五至四十五年(1696—1706)李声振著。

都门竹枝词

半膘无事撞街头,三五成群逐队游。天乐馆中瞧杂耍,明朝又上广和楼。

两脚奔波黑汗流,敝车羸马满街头。飞沿后档骡车里,中坐梨园小部头。

完得场来出大言,三篇文字要抡元。举人收在荷包里,争剃新头下梨园。

同乐轩中乐最长,开来轴子未斜阳。打完八角连环鼓,明庆新班又出场。

《滚楼》一出最多情,花鼓连相又打更。谁品燕兰成小谱?耻居王后魏长生。

打来皮磕怪尖酸,踹出跷来更受看。怪得满园齐道好,今朝《烤火》是银官。

保和宜庆旧人非，又出名班三庆徽。双凤遐龄新脚色，一双俊眼满园飞。

林丑矮张逗笑嚬，贴来满座抖精神。亮台新戏今朝准，《寡妇征西》十二人。

小旦亲来为执壶，两边官座碧纱厨。日斜戏散归何处？宴乐居同六合居。

《都门竹枝词》：乾隆六十年(1795)杨米人著，有道光十二年(1832)荫堂氏抄本。

燕台口号一百首

执事排来异样新，一番赛鼓拜迎神。请看热闹城隍会，都是梨园馆里人。

偷得工夫上戏楼，写来长票不持筹。忽然喝彩人无数，未解根由也点头。戏馆内看全本者给一票，又尝论剧给筹。

梨园南北两争奇，得法儿骄施四儿。招子但寻茶馆去，花钱人又占便宜。

广和楼畔几来游，掌柜人还认面否？只合常常侬过此，分明悬匾是查楼。广和戏楼为余族人旧宅，门前"查楼"二字匾额尚悬。

连相儿曲唱更阑，铁拨琵琶错杂弹。笑博众中时一顾，受他指骂更颜欢。歌童唱北音小曲，号"连相儿"，亦曰"凳子"。

《燕台口号一百首》：疑为查揆所作，写作年代在嘉庆初年(约1798年左右)，有道光年间抄本。

都门竹枝词

街 市

某日某园演某班，红黄条子贴通阛。太平锣鼓滩黄调，更有三堂什不闲。

最好京腔李老公,狐狸特聘内城中。听完杂耍闲携手,扁食楼中我的东。

时尚

分子于今事更新,央人到处杂邀宾。但将二两银交去,看戏何须问主人。

谱得燕兰韵事传,年年岁岁出新编。《听春新咏》《看花记》,滥调浮词也卖钱。

公会筵开白昼间,嗷嘈丝管动欢颜。新排一曲《桃花扇》,到处哄传四喜班。

候选

捐班初到爱欢游,戏旦连朝闹不休。何日到班何日选?夜深潜已渡芦沟。

观剧

园中官座列西东,坐褥平铺一片红。双表对时交未正,到来恰已过三通。

坐时双脚一齐盘,红纸开来窄戏单。左右并肩人似玉,满园不向戏台看。

帘子才掀未出台,齐声喝彩震如雷。楼头飞上迷离眼,订下今宵晚饭来。

轴子刚开便套车,车中装得几枝花。前门一带都该账,恒德堂中尚可赊。

义兴天德厌喧哗,小有余芳问酒家。不是春光解领略,南西门外跑飞车。

干爹爱吃南边菜,请到儿家仔细尝。每味上来夸不绝,那知依旧庆云堂。

席钱戏价不嫌多,分子原来只为他。循例一杯空尔尔,连声犹说费张罗。

各种秋风不可当，扬州新到戴家香。春茶冬笋寻常事，更有年糕票几张。

典到无衣兴未衰，三分九扣借将来。可怜短票都花尽，暂向今宵漂一回。

泄底依然不下台，一回漂惯两三回。明朝说补何曾补，包管从今叫不来。

《都门竹枝词》：佚名著，嘉庆十九年(1814)刊行。

草珠一串

妇 女

花边衣服又钉金，袖口宽如独睡衾。不是姻亲俱庆寿，戏庄楼上好登临。

市 井

茶园演戏之所。楼上最消魂，老斗小旦呼悦己者曰老斗。钱多气象浑。但得隔帘微微笑，千金难买下场门。

班中昆弋两蹉跎，新到秦腔粉戏多。近时班中每写新到秦腔。男女传情真恶态，野田草露竟如何？

名班小曲最迷人，一转秋波万象春。岂止有情腮上笑，绝风流处善能颦。如唱“两泪偷弹”等句，则眼中堕泪，声若断肠，真绝技也。

一闻沟调此调始自热河西沟，故云。便开颜，无《绣荷包》不成班。更爱舌尖声韵碎，上场先点《九连环》。此曲每折将终，必作滚舌音以擅长。

火树银花绕禁城，太平锣鼓九衢行。今年又许开灯戏，贵戚传柑到四更。

游 览

都言戏子会三月十八日大会。当看，抬阁中旛也壮观。京城大会，必有中旛，名曰旛鼓齐动。恶少花娘齐乱挤，不兴讼狱看来难。

《草珠一串》:得硕亭著，嘉庆二十二年(1817)刊行。

续都门竹枝词

和风荡荡艳阳天，自拨琵琶剧可怜。北调南腔浑不辨，有人搀入《荡湖船》。

三庆琵琶数庆龄，有琵琶庆之称。《湖船》一曲动人听。兰仙更有吞丹妙，徐秀龄号兰仙，善饮多媚。酒后偏饶狐媚形。

谁家挹得国香来？票尾樱唇吮墨才。几叶幽兰工写照，似他风韵小身材。四喜部双桂喜画兰。

春蚕到死丝难尽，泉路温柔亦有乡。天上人间情总切，夜台和泪唤三郎。四喜部李贵宝，号浣香，演《活捉》、《题曲》两出，一种雅淡神情，用以诗志。

牡丹亭畔种情根，沁入情肠一缕温。题曲独传千古恨，居然倩女乍离魂。

过年倩作不胜悲，角口京腔舒翠眉。手语传情人道好，须知吃尽哑巴亏。

曲按红牙演《跪池》，貌如桃李吼如狮。檀奴却可名天禄，自有青藜杖一枝。春台部檀天禄演《跪池》一出。

纤指勾挑韵亦香，阿侬生小解宫商。微开一曲天台印，流水溶溶赚阮郎。金钰部百福，今入春台，时演《刘阮入天台》一出，古韵悠扬可听。

和春不似当年盛，老去冬郎也向隅。赖有庆王皮壳好，薙将小丑六旬须。庆王年将望六，剃须。

二双双桂、双凤。三发发宝、发庆、发龄。戏偏嘉，俏演吴娘唤卖花。更有鹊桥情切切，双星今夜落谁家？

樱桃铁拐两斜街，但看门牌字尽挖。门牌填有唱戏字样皆挖去之。未必司坊无觉察，皆由惜玉在心怀。

大栅栏西一带过，巷中比户有弦歌。侵晨更把喉咙喊，字字分明鸡鸭鹅。三字即咿哈喉，相公早起，以此练音响嗓。

茶园切末摆来精，茶园于未演剧时，必先有陈设铺排戏园。尺许红条等戏名。间有贴新戏亮台者。栗子葡萄梨共枣，更饶瓜子落花生。

梆子腔名若个留，《九连环》曲也听油。于今唱出新声巧，带打都卢咿哈喉。

未开轴子已查堂，码画苏州纸一张。查堂画码名为苏州码。看座报来浑不信，几多少票闹攘攘。少票者，小儿听戏者也。

斜跨车沿想事由，此人绰号唤"从优"。行监坐守浑无赖，三窟经营仗尔谋。

宝丰无日不喧哗，庄子新开曲道斜。五采三星县正室，款联真假认乌纱。乙丑年此庄开设廊房三条胡同，雅座最多。

东兴如意面参差，别味尝鲜各有私。毕竟前门听戏便，预先贴座最相宜。近多称打磨厂东兴居面美。

《续都门竹枝词》：嘉庆二十四年(1819)张子秋著，有道光十二年(1832)荫堂氏抄本。

都门杂咏

香车宝马日阗阗，百戏棚开瓦厂前。一棒鼓声和笑语，无风人聚看场园。

昆调秦腔换羽商，百钱随意坐伶场。闲来也趁街头鼓，冷眼看他傀儡忙。

笼铜百面鼓如雷，乐部清音缓缓催。到处歌台停一日，梨园庙下赛神来。

舞槊弄钵各分曹，科诨登场又一遭。谁识参军打苍鹘，座中喝采忽声高。

茶园车马似鸡栖，箫鼓场中假笑啼。输与街头佣贩乐，盲词听到日平西。

《都门杂咏》:方元鹍著,收录于嘉庆年间刊印之《铁船诗钞》。

都门杂咏

观剧

茶园楼上列纷纷,宦款游来气焰熏。座褥横铺盘腿坐,手摇团扇假斯文。

公子

翩翩公子甚斯文,也向楼头惯解醺。左右玉人肩并倚,不知谁是小郎君?

黄腔

时尚黄腔喊似雷,当年昆弋话无媒。而今特重余三胜,年少争传张二奎。

老斗

面目何分黑与麻,衣裳总是要豪华。身无百万黄金锭,老斗名难买到家。

官座

捐班新到快嬉游,戏馆连宵醉不休。博得黄金买歌舞,终归潜夜渡芦沟。

斋戒

典衣看戏是京师,谊重亲朋莫可辞。恰遇忌辰斋戒日,算来还是占便宜。

嵩祝班

时兴嵩祝戏新鲜，都下传闻数十年。永庆徽班刚唱座，如何卖票就抽钱？

卖艺

歌童粉旦妙娉婷，小戏多从嵩祝听。卖艺最宜灯下演，夜间看耍火流星。

卖座

时兴小戏得人和，四大徽班势倒戈。虽是园中不上座，原图堂会彩钱多。

《都门杂咏》：杨静亭著，道光二十五年(1845)刊行。

燕京杂咏

戏场三面敞园庭，豪竹哀丝一曲听。欲识黄金挥洒客，但看上座几雏伶。

《燕台杂咏》：褚维垲著，收录于《人境结庐诗稿》。

增补都门杂咏

戏园

携来绝好雨前茶，苦水烹煎味迥差。何物最能消酒渴，提壶人卖杏仁茶。

黄腔

二奎今日已沦亡，三胜由来没准常。若向词场推巨擘，个中还让四箴堂。每有贴戏，长庚必写四箴堂程，余直书名而已。

喊　嗓　子

袅袅娇莺响更高,梨园子弟不辞劳。若非日出东方亮,隔巷分明是鬼嚎。

彩　戏

堂会虽然有彩钱,朝朝俗剧不新鲜。而今都爱观灯晚,四喜新排《戏目莲》。

《增补都门杂咏》:李静山著,附刊于同治十一年(1872)《都门彙纂》本中。

北京杂咏

韩家潭谣

韩家潭边明月圆,韩家潭里笙歌繁。金尊夜夜娱宾客,寂寞谁寻芥子园。

昔日樱桃芍药家,家家座上醉流霞。梨园子弟今零落,半掩朱扉月未斜。

醉琼林与宴春园,隔巷笙箫不断闻。歌罢酒阑欢会散,灯光淡白月黄昏。

东门市场行

内城寂寂几经年,互市场开别有天。游客不知庚子变,都夸富庶胜从前。内城向无戏园,寺庙演剧偶一聚观,朝朝管弦,自市场始。

左男右女座分明,演剧新添义务名。短短阑干三尺隔,若逢青鸟莫叮咛。丹桂、吉祥各茶园。都中戏园向无女座,自文明戏园因皖粤赈捐,创名义务,各梨园继之,维士与女咸往观矣。

《北京杂咏》:汪述祖著,收录于《佘园诗稿》。

京华百二竹枝词

三十年间尚记曾，戏园加凳偶然能。而今日日都如此，中国真堪富庶称。当年戏园，必遇极著名之脚色，演极得意之戏剧，始有加凳之事；而今各戏园中，日日加凳，如谓中国贫苦，夫孰能信？

夜戏公然见帝京，争将歌舞绘承平。缘何不许金吾禁，都有章章义务名。京师向无夜戏，现各班均以义务开演，争奇斗胜，日盛月增，从此夜夜演唱，不复禁止。

园自文明创始修，开通破例萃名优。各家援例齐开演，男女都分上下楼。自文明茶园创立，始有妇女赴园观剧之事。男女只以上下楼别之。嗣后内城外城，诸戏园争援此例，开演夜戏。将见戏界日益发达，不可限量。

戏剧改良本热怀，此中大有出群材。报端乐为征诗句，这个灵芝却姓崔。西腔班中有崔灵芝者，名重一时，颇有改良戏剧思想，屡经报纸称赞，且有为其征诗者。

善唱青衣兼老生，是何老妪产宁馨。西腔时调称双绝，塞满京华马五名。小马五，天津人，年仅十三四，唱西腔之青衣、老生，绝无仅有。其唱时调，又独出冠时。凡戏剧曲词，一经其口，必超出寻常蹊径。每逢登场一演，观者无不众如堵墙，其名不著，群呼为“小马五”云。

像姑堂子久驰名，一旦沧桑有变更。试看樱桃斜巷里，当门不见角灯明。旧日像姑堂子，门内必悬角灯一盏。樱桃斜街素称繁盛之区，今已寂无一家，即韩家潭陕西巷等处，亦落落晨星矣。

供奉内廷恩遇隆，金钱累赐未医穷。就中最有愉心事，确是堂堂四品翁。老伶谭鑫培，绰号“小叫天”，老生中称巨擘者。供奉内廷有年，赏四品顶戴，时蒙厚赐。而性喜挥霍，每叹空囊，金钱不能救贫，大是怪事。

日见梨园声价增，呼名一改旧时称。硃红笺写黄金字，雅篆高超无上乘。昔日梨园名脚，或称绰号，或称小名，或称某脚色，而加起姓于上。其因玩票而改业者则称某处。近日一律改称名号，如谭鑫培、汪桂芬、俞振庭、杨小楼、何桂山、黄润甫、陈德林、余玉琴、罗寿山、孙菊仙、德珺如、许荫棠、龚云甫诸名伶，不复有“小叫天”、“汪大头”、“小毛包”、“小杨猴”、“何九”、

“黄三”、“陈石头”、“余桩”、“罗百岁”、“孙处”、“德处”、“许处”、“龚处”或“龚老旦”之称矣。西腔名脚，尚仍其旧。

后来居上耐观瞻，渐入才知佳境甜。名脚登场特优异，电灯不点不挑帘。京师戏园旧习，开场者几不堪入目，入后一出胜于一出，引人入胜，最后一出，日暮始演，即第一名脚也。今则日晚一日，非上灯后不露矣。人一挑帘，电灯忽耀，辉煌齐整，振人精神，优待名脚，可谓已极。

《京华百二竹枝词》：兰陵忧患生著，有宣统年间铅印本。

京华慷慨竹枝词

小　班

都来饱饭黄昏后，谁忆江山白日斜？商女不知亡国恨，城南犹唱后庭花。

戏　园

管弦鞞鼓一楼中，怪怪奇奇总毋同。曲罢不知人在否？余音嘹亮尚飘空。

《京华慷慨竹枝词》：宣统二年(1910)吾庐孺著。

天　津

津门竹枝词

饥民零落不成双，乞食声哀夜到窗。只有儿童偏快乐，满街学唱二簧腔。

清凉茶肆瀹汤初，座上盲翁讲法如。一自梨园夸弟子，三弦冷落说唐书。茶馆

逐队幢幡百戏催，笙箫铙鼓响春雷。盈街填巷人如堵，万盏明灯看驾来。天后宫赛社，俗称皇会。

戏园七处赛京城，纨绔逢场各有情。若问儿家住何处，家家门外有堂名。戏园起于近年，伶人寓此者五十余家。

琵琶清脆响流珠，宛转歌喉学凤雏。小曲近来兴北调，当筵赢得一狂呼。小班

《津门竹枝词》：崔旭著，道光六年(1826)刊行。

山　　西

太原杂咏

风流儿辈泥歌郎,也算梨园弟子行。可惜善才容易老,公然锦瑟比人长。优伶自都来晋,半皆长大。

《太原杂咏》:崔旭著,道光年间刊行。

上　　海

续练川竹枝词廿八首

敬神一月戏纷纷，赌博场开盗贼闻。可晓当年陆清献，自家禁止有明文。俗传十月廿五日为城隍神诞，演戏敬神，至十一月中，合邑如狂，盗贼因之踵至。故老相传：神即陆稼书先生。华亭董含《三冈识略》曾载先生为嘉定城隍神事，则非无据也。然公宰此邑时已有禁神诞演戏告示，载《三鱼堂集》中。

《续练川竹枝词廿八首》：瞿中溶(1769—1842)著，收录于《古泉山馆诗集》。

海上竹枝词

十番如意九连环，锣鼓声喧澈浦滩。行近石桥音调别，二簧高唱学京班。

一枝清影占花天，独步南园剧可怜。醉浅日长消未得，霓裳一曲听云仙。

寻欢选胜旧知门，蝶馆蜂房莫具论。北部登场丹桂好，内园高会素兰尊。夷场戏馆名丹桂者，班皆北部，最擅胜场。郡庙有内园兰花会集此，花多高品。

《海上竹枝词》：袁翔甫著，有光绪二年(1876)莫厘许氏版。

沪上竹枝词

丹桂园兼一美园,笙歌从不间朝昏。灯红酒绿花枝艳,任是无情也断魂。戏园不下数十所,丹桂一美其最著者,一美即满庭芳。招妓同观,俗称叫局,夜剧来者较多。

《沪上竹枝词》:袁翔甫著,有光绪二年(1876)莫厘许氏版。

续沪上竹枝词

自有京班百不如,昆徽杂剧概删除。门前招贴人争看,十本新排《五彩舆》。京班来而各班衰。《五彩舆》演明鄢懋卿故事,为京都内城新戏。

金桂何如丹桂优,佳人个个懒勾留。一般京调非偏爱,只为贪看杨月楼。戏以丹桂为较优,而勾栏中人独趋金桂,致招物议。杨月楼故显宦之家伶,玉立亭亭,艺兼文武,现称串客焉。

案目朝朝送戏单,邀朋且尽一宵欢。官人请客微分别,两桌琉璃高脚盘。案目,各戏园应客者之称。将日夜所演之剧分别开列刊印红笺,先期挨送,谓之戏单。官人请客观戏,必排连两几,增设西洋玻璃高脚盘,名花美果,交映生辉。

鸦娘雏婢侍筵前,密意全凭暗底牵。双眼胜他鹰眼疾,万人丛里认装烟。诸妓到戏园中遇相识者,必使人装水烟以将意。稠人广众辨别分明,侍儿辈之灵敏,咸叹服焉。

戏园请客易调停,酒席包来满正厅。座上何多征战士,纷纷五品戴蓝翎。巨商富贾或因喜庆包借戏园,广宴宾客,峨冠博带,半多显秩,岂皆军兴以来无足重轻之职欤,抑莫须有之事欤?烂羊胃,都骑尉,都督狗,满街走,其是之谓乎?

丹桂茶园金桂轩,燕歌赵舞戏翻新。人人争看齐称好,闲煞笙箫山雅园。

红旗赤帜将登台，鼓击三通疾似雷。一阵花香香扑鼻，回头行过丽人来。

吴娘唤到淡妆同，醉脸霏微浅露红。隔座忽传鸳牒下，花香钗影去匆匆。

周春奎曲妙通神，任七郎还技出人。新到争传韩桂喜，一时抹煞众伶伦。

一出登场众伎收，徐陈李杜数名流。有人偏说寻常甚，必竟输他杨月楼。

俏眼斜睃不自禁，先生也许订知音。为郎爱听京腔调，不弄琵琶换月琴。

好是吴中窈窕娘，春风一曲断人肠。只因听惯京班戏，近日兼能唱二黄。

吉祥街却不寻常，惟见行人站两旁。忽听一声锣鼓响，髦儿戏正闹头场。

南北茶园号不同，班分文武演相同。西人门首严看守，戏目皇皇贴满红。

招友身依六幅窗，京徽调响间昆腔。登楼坐阁凭予便，片纸鲜红目已降。

茶烟先敬点微迟，男女连肩意欲痴。看毕小生来大面，末来小旦好丰姿。

出众声音出式衣，窥来目炫手频挥。许多节义兼忠孝，看罢抽身且暂归。

回来意兴乐何如，满眼形容认不虚。寄语红楼须早到，黄昏约定接香舆。

夏服轻罗冬服狐，时花斜插色堪娱。夕餐未毕心先急，扶掖丫鬟已早呼。

狂生到馆志昏迷，点戏须从板上题。局到恰逢串此出，只优果是好无秕。

京式烟筒京式鞋，墨晶眼睛手频揩。两行红粉齐回首，第一消魂是坠钗。

中宵妓女忽思回,莲步方移靡眼来。多少情深无语会,临行低首意徘徊。

士语纷纷笑语频,红尘是处有迷津。听残锣鼓喧阗甚,欲往仍留一种人。

最为巧妙绝烟氛,地火光明面半醺。上下楼台都照澈,暗中机括孰能分。

瓜子消闲声隐喧,手中连把送频频。更深漏尽人将散,摸取囊钱散不论。

歌台暖响不知寒,睡眼朦胧尚倚栏。小巷私街知已闭,二三知己且盘桓。

一夜怡情看未还,晓鸡齐唱报开关。群开倦眼窗前望,果是天明各散班。

明朝跃跃人来前,金桂那如丹桂艳。鸣庆童多山凤老,个中贤否我能宣。

演剧每逢礼拜朝,规模最好在芳宵。行家得眼争前看,遍贴优名预作标。

戏文有彩最难抛,名妓台前影已交。远盼两廊多认识,佳人身上挂香包。

几个娘姨兴赤豪,腰非杨柳口非桃。水烟袋去低头语,翠鬓轻松首乱搔。

闺门妇女亦随波,有似新娘有似婆。时式衣裳时式髻,神凝目定语无多。

一坐园中眼已花,红妆偏对夕阳斜。欠身恨惹旁人看,娇倚娘肩首故遮。

寻常姊妹作凄凉,彼此同情作艳妆。接耳交头争坐位,便宜还是拟包厢。

几等游人已定踪,赏心豁目倚窗楹。玉环金钏铮铮响,纤手原来举茗烹。

戏牌一挂著优伶,脚色全完演不停。剧到出神齐喝彩,喧天锣鼓醉应醒。

台挂彩球廊挂灯，阑干几曲只低凭。参差上下难交接，相对无言漫唤朋。

刚才流盼忽凝眸，半作欢颜半作愁。为底悲愉形尽致，霎时良贱不相侔。

本是无心算有心，无端忠佞当知音。可怜世态如春梦，长叹一声不自禁。

多方劝善静中参，绘形绘声分外酣。堪笑轻狂年少子，腹饥眼饱两难堪。

观剧连朝神倍恬，临回栗碌月当檐。最无聊处提灯转，云散风流兴转淹。

逢场作戏信非谗，过眼奢华望里芟。敬劝青年须郑重，戏园垂盼易贪馋。

《续沪上竹枝词》：袁翔甫著，有光绪二年(1876)莫厘许氏版。

再续沪上竹枝词

案目单将戏目开，逢人分送笑颜堆。一言附耳低声话，始解原因讨账来。案目讨戏资，以分送戏单为名。

京都戏子竞豪奢，衣服披来特地华。形得苏班如乞丐，囚头丧面向人嗟。京优衣服最觉奢华，不似苏班之潦倒也。

缘何妓女号官人，海上风光异样新。楚馆秦楼千万户，不拼戏子不超群。官人之称，惟申江有之。近日京优之翘楚，无不暗与官人密约来往。

《再续沪上竹枝词》：袁翔甫著，收录于《谈瀛录》。

申江杂咏

菊部风华比顿扬，红□紫玉韵宫商。穷通得失无多日，尘世沧桑即戏场。戏馆皆在大马路旁。

《申江杂咏》:朱炳清著,收录于《碧琅玕馆诗抄》。

续刊上海竹枝词

洋场杂咏

宝善街边石路前,清风淡淡夕阳天。箫管断处琵琶续,多少人家设绮筵。

市声喧闹路迢迢,朗朗歌喉隐隐箫。为问大观何处是,红栏碧瓦晚烟飘。

群仙娇小影伶俜,幽雅歌喉隔后庭。学得京腔新制曲,不教人近只教听。

沪北杂景

席间未肯便相陪,女串还工《二度梅》。装得粤东大模样,何人肯把大厅开。

天炎懒把酒樽开,小小点心亦快哉。素面麻菇糕扁豆,同人三雅戏园来。

青楼

频唤肩舆到画堂,灯光似海照红妆。沪上戏多用自来火。一双罗袖兜清怨,丹桂戏园名。留人夜夜长。

女伶

春申江上泛扁舟,曾为寻芳小滞留。数遍勾栏谁当意,最销魂是杏花楼。茶楼

海国风光本绝伦,相逢况是故乡春。生成一种温存态,扮作男儿更可人。宝和

玉体丰肥拟太真,登场舞袖转轻盈。眉如新月肤如雪,两道秋

波别有情。九珠

休论软语惯撩人，两瓣莲钩已醉心。不索缠头索诗稿，知他翰墨也缘深。宝云

丰姿消瘦态轻清，合把梅花当小名。安得常来妆阁里，调将金粉传卿卿。梅林

谑浪能教百媚生，解人颐处动人情。微怜莺舌调难稳，格磔钩辀听未清。阿桂

老去秋娘态尚娇，腰肢杨柳鼻琼瑶。十年前若相逢早，定使吴侬意也消。阿男

无限柔情与艳思，而今回忆每神痴。最怜客馆凄凉夜，正是高楼歌舞时。

《续刊上海竹枝词》：佚名著。

上海县竹枝词

花鼓淫词蛊少孀，村台淫戏诱乡郎。安排种种迷魂阵，坏尽人心决大防。最坏者花鼓淫词、村台淫戏，引诱子弟，游荡废业。

练技拳场到处开，迎神赛会敛多财。诸无赖总为魁首，群饮三更聚赌来。迎会演戏，会首鸠财。各村赛祭，引诱招摇，酿成奸窃。甚至跳习拳勇，聚为赌博。

《上海县竹枝词》：光绪二十九年（1903）秦荣光（1840—1904）著，光绪三十四年（1908）刊行。

黑　龙　江

龙江纪事一百廿首

南人曾此作俳优,塞上讴歌足解愁。旧部梨园谁尚在,可怜云散与风流。嘉庆年间,塞上优伶皆闽广江浙流人,为之登场演曲,风雅犹存。今其人率皆老死,优伶来自奉天,无复南音矣。

《龙江纪事一百廿首》:张光藻(1815—1891)著,收录于《北戌草》。

辽 宁

沈阳百咏

万姓称觞献寿来，神棚争向北风开。知他一点留心处，容易阳光照戏台。帝后诞辰合成，商贾醵钱搬演梨园，谓之祝万寿，此亦百姓感戴君天之常事。所异者，戏台南向，令上皇上修北面之伐，殊为大谬。

祝嘏酬神每借词，聊将歌管贺清时。年年任作摊钱会，横绝东西各四旗。众商向立公议会，东西各分四旗。每值祝嘏酬神，则于东南角楼外及外攘关外搭台演剧，高插大旗，并书奉旨字样。众商此时往往假威以欺凌氓庶，地方官莫如何也。

繁弦急管斗诸伶，人倚欢场倒玉瓶。美酒一杯歌一曲，主宾都在醉乡听。近年于西北关复设戏园，并于园中包办酒席，巨商会客者往往便之。

《沈阳杂咏》：太素生著。

江　苏

重五唐湾竹枝词

曲部携来号六苏,下师老去赏音孤。游人但改十番样,铃唤星星钹唤铺。六苏,歌师集苏人六为一部,因名。铃曰星,钹曰铺,盖乡音之故。

檀槽银钹按当胸,慧姊纤输福姊秾。只是闻歌不知处,云溪落日隐芙蓉。福、慧并歌女著名者。

《重五唐湾竹枝词》:刘纶(1711—1773)著,收录于《毗陵诗录》。

姑苏四季竹枝词

春　台　戏

前村胜会可寻欢,集秀名班必要看。何物疗饥堪解渴,荸荠甘蔗苧头团。

《姑苏四季竹枝词》:不著撰人,录自《岂有此理》。

扬州竹枝词

求条签去修双脚,嗅袋烟来剃个头。等戏开台寻坐凳,看汪班内老名优。

章句语儒转见疏,梨园一曲重璠玙。为裁子弟缠头锦,不买儿孙满腹书。

娇歌连像动人心，流水高山没赏音。寄语生儿工傅粉，不须古调学弹琴。

小老妈怀抱小官，小朝奉大小爷欢。扬州时道当群小，戏子灯笼小乱弹。

丰乐朝元又永和，乱弹班戏看人多。就中花面孙呆子，一出传神借老婆。

酒店歌台浪得名，江天社鼓昔年情。登场顾曲销魂事，泪满秋衫赠马生。

《扬州竹枝词》：乾隆五年(1740)董伟业著。

扬 州 杂 咏

梨园各部奏宫商，最是徐班足擅场。楚舞吴歈臻绝妙，无烦曲误顾周郎。

《扬州杂咏》：边中宝著，收录于《竹岩诗草》。

续扬州竹枝词

总门黄考李家开，招致才人数举杯。献出《扬州画舫录》，大都声色一齐来。

老昆小旦尽东吴，一色浓妆艳紫朱。张二官偕陈大保，思春狐狸叫姑姑。

苏班名优维扬聚，副净当场在莽仓。王炳文真无敌手，单刀送子走刘唐。

乱弹谁道不邀名，四喜齐称步太平。每到彩觞宾客满，石牌串法杂秦声。

喧阗锣鼓手中叉，急管繁弦静又哗。嵩祝却教新改后，魏三留得铁莲花。

世故周旋总是和,逢场作戏近来多。十番大小男为女,不必三姑与六婆。

女戏惯为街市客,轿窗傍晚影模糊。就中谁是驰名者,马凤英仍像小姑。

《续扬州竹枝词》:林苏门(1748—1809)著。

邗江竹枝词

时新女戏果然奇,蔑得财翁不肯离。可惜年轻难共枕,无非闹酒与顽皮。

邗江戏馆叫茶园,茶票增加卖百钱。茶果大包随意吃,时新正本闹喧天。

走班小旦实风骚,打扮穿衣媚且娇。装出百般流动戏,盐台焉得不魂消。

年轻无业学滩簧,别得苏腔不落堂。才懂弹时夸特等,逢人假说局中忙。

三国名公王景山,炼成戏派学曹奸。鼻烟常嗅真堪厌,细软逢人便请安。

假说烧香雇小舟,邀朋同把夜湖游。琵琶弦子弹时调,淮调京腔唱得柔。

《邗江竹枝词》:不著撰人。

续扬州竹枝词

倡优一样有名传,等戏开台望眼穿。旦角喜看春狗子,面缸打过又湖船。

《续扬州竹枝词》：臧谷（1834—1910）著，收录于《菊隐翁诗集》。

海陵竹枝词

锦氍毹上照明灯，选歌征舞夜不胜。竟把官场真演出，名班合让小荣昇。

《海陵竹枝词》：储树人著。

浙　　江

温州竹枝词

乡评难免口雌黄,演出《荆钗》话短长。此日豆棚人共坐,盲词同唱蔡中郎。《荆钗记》为史浩门客所作,污蔑梅溪,盖仿《琵琶记》而作也。

鳌山台阁列层层,傀儡频年百戏增。惟有寒家新制巧,花名标出竹丝灯。温俗正月争以抬阁为灯戏,又有傀儡戏名串客。竹丝灯温制最精,各社分贴花名,如太平花、长春花之类。

迎神赛会类乡傩,磔攘喧阗满市过。方相俨然司逐疫,黄金四目舞婆娑。温郡赛会逐疫每以三月,犹有古风。

弦管朝朝那得闲,歌声人语总绵蛮。当筵不爱西昆曲,更唤滩簧档子班。

粉墨登场笑语欢,满楼灯烛烂银盘。笙歌聒耳浑忘寐,观剧人归夜已阑。温俗喜演夜戏。

鼓楼高峙三层峻,戏阁宏开两扇分。日暮双桥人影集,恍疑仙乐半天闻。

《温州竹枝词》:方鼎锐著,有同治间刊本。

瓯江竹枝词

金鼓喧阗演戏文,庙廊游女正如云。一班年少真轻薄,炯炯双眸盼翠裙。

台前灯彩衬高低,串客衣冠亦整齐。傀儡登场频一笑,有人暗里费提携。灯市以木人演剧,名曰串客。

观剧游人好夜行，庙门演剧到天明。梦中风送云璈奏，恍惚身居不夜城。时夜演剧。

《瓯江竹枝词》：郭钟岳著，有同治十一年(1872)和天倪斋写刻本。

福　　建

南安竹枝词

淫哇小唱数营前,妆点风流美少年。长日演来三脚戏,采茶歌到试茶天。

《南安竹枝词》:陈文瑞著,收录于《瘦松柏斋外集》,道光三年(1823)刊行。

江　西

西江竹枝词

鱼龙曼衍赛神时，鼓吹喧阗彩仗随。也得三傩先世意，漫言风俗等儿嬉。

弹弦卖唱都卢橦，多年邻封逐此邦。还有逃荒好身手，生涯花鼓凤阳腔。

《西江竹枝词》：陈文瑞著，收录于《瘦松柏斋外集》，道光三年(1823)刊行。

丰城竹枝词

不用湘裙窄称身，衣红裤绿项圈银。龙舡福会梨园戏，又约中秋看赛神。

西来山下水青青，香火因缘仗佛灵。善女善男浮艇过，目莲演剧血盆经。

《丰城竹枝词》：陈文瑞著，收录于《瘦松柏斋外集》，道光三年(1823)刊行。

龙江竹枝词

岳神赛罢赛都神，演出河台戏曲新。两岸灯笼千百管，水中照见往来人。向来三月初行万寿会，迎东岳大帝，又行太平会，迎五都元帅。

行灯走鼓,百色千声,市人助兴。灯笼会,捐钱演戏,两岸男女纷沓,极一时游观之盛。

慨赏梨园花粉钱,优觞一曲醉当筵。乡愚不识男装巧,问是谁家女少年。

《龙江竹枝词》:童谦孟著,光绪间刊行。

山 东

济南竹枝词

藕花衫子翠罗绦，来听梨园法曲高。暗掐纤纤偷记板，归家亲谱《郁轮袍》。戏场妇女甚多，勾栏中人大半善昆曲者。

《济南竹枝词》：孙兆溎著，收录于《花笺录》，同治四年(1865)刊行。

湖　北

汉口竹枝词

市　廛

沈家庙里戏酬神，一节于官二百文。求福人多还愿众，戏台押得一包银。庙供关帝，愿戏颇多。管台者率以一本得钱二百，闻具押银五百两，亦诧事也。俗以五百为一包。

无数茶坊列市阛，早晨开店深夜关。粗茶莫怪人争嗑，半是丝弦半局班。女唱曰丝弦，屠户、茶佣聚集而唱曰局班。

时　令

岳神诞日进香来，人海人山挤不开。名是敬神终为戏，逢人啧啧赞徽台。东岳庙在旷野，三月廿八庙前搭徽台。

后　湖

沿湖茶肆夹花庄，终岁笙歌拟教坊。金风呵香都绝妙，就中第一简姑娘。有名歌妓，不一而足，其最出色者尽为予友及同乡娶去，不敢形之笔墨。然皆小曲有余，乱弹不足，声雌气陷，固巾帼之常也。简姑陈姓，修眉广额，姿格清疏。小曲韵叶筝琶，声迟以媚；乱弹神完气足，有金石音，无脂粉气，可谓歌院魁杰也。

茶香烟雾袅灯光，为恋清歌不散场。四座无言丝竹脆，望湖泉外月如霜。望湖泉今改络石泉。他馆亦卖夜茶，未有如此热闹者，以有简姑在也。

欲把深情寄与哥，当场无奈熟人多。琵琶遮面秋波溜，郎自吃茶侬自歌。此中情景，当局者惟以心领之，旁观者能以笔写之。

芦棚试演梁山调，纱幔轻遮木偶场。听罢道情看戏法，百钱容易剩空囊。梁山调所扮，皆淫媟之事。

闺阁

热闹场中总到临，莫教豪兴让男人。西施颜色东施貌，两样人材一样心。汉有游女，余风未殄。烧香也、看会也、龙船也、下湖也、看戏与看花也，地方稍有胜举，逐队成群，出头露面，谈笑无忌，饮啖自如，一任轻浮子弟评肥量瘦，眉语目挑，恬不为怪。

河岸宽平好戏场，子台齐搭草台旁。浓妆岂为梨园到，半倩郎看半看郎。野地演戏，谓之“草台”，旁搭高厂以安妇女，谓之“子台”。优伶未到，游女先来；富阃名娼，依次而坐。淫词艳曲，荡目动心；浪蝶狂蜂，品香论色。习俗之敝，至此极矣。

吴讴楚调管弦催，翠鬓红裙结伴来。除却寒风和暑雨，后湖日日有花开。

望湖泉里听笙歌，半是衣冠半绮罗。歇着数乘空轿子，惹他门口聚人多。

杂记

乱弹才唱古偏调，哈哈呵呵学担挑。习俗潜移人品坏，优伶材料脚夫苗。

各帮台戏早标红，探戏间人信息通。路上更逢烟桌子，但随他去不愁空。

把门汉子狠如罴，酒戏开场士客齐。丑煞旁人贴对子，眼中虽饱肚中饥。酒戏有人守门，其强入而靠壁者谓之“贴对子”。

梨园子弟众交称，祥发联升与福兴。比似三分吴蜀魏，一般臣子各般能。汉口向有十余班，今止三部。其著名者，末如张长、詹志达、袁宏泰，净如卢敢生，生如范三元、李大达、吴长福（即巴巴），外如罗天喜、刘光华，小生如叶濮阳、江天林，夫如吴庆梅，架如杨华立、何士容。

月琴弦子与胡琴，三样和成绝妙音。啼笑巧随歌舞变，十分悲切十分淫。唱时止鼓板及此三物，竹滥丝哀，巧与情会。

曲中反调最凄凉,急是西皮缓二黄。倒板高提平板下,音须圆亮气须长。腔调不多,颇难出色,气长音亮,其庶几乎!

小金当日姓名香,喉似笙箫舌似簧。二十年来谁嗣响,风流不坠是胡郎。德玉、福喜俱胡姓。

德官演戏总精良,《活捉张三》更擅场。行走如风身不动,鬼魂不信是人装。德玉工于苦戏,掩袂娇啼,动人心魄,《活捉》一事,尤为出色。然非余德安之丑,亦不能作对手。

巧将情态揣香奁,一曲崇台值一缣。写出柔肠真寸断,不须别恨赋江淹。

风前弱柳舞纤腰,宛转珠喉一串调。情景逼真声泪并,《祭江》《祭塔》与《探窑》。此闺旦之大戏也,二胡及张纯夫均臻其美。

洋蓝褂子白缣裙,杨柳腰支叹十分。一剪秋波飞座上,侬非老斗亦销魂。花旦张红杜,俗呼"人参叶",叶双凤俗呼"黄安",皆能以媚眼撩人。

绣甲珠冠雉尾飘,弓鞋三寸月牙翘。百回舞跃氍毹上,不羡春莺织柳条。武旦姚秀林、王金铃、程颉云皆佳。

座有歌郎酒易干,应酬却比上台难。风流蕴藉谁称最,惟有湖南高十官。

嫣然一笑总胡卢,春笋尖尖捧玉壶。长爪倘容搔背痒,蔡经何必羡麻姑。湖南人和班高十,名秀芝,美目巧笑,爪长六七寸,善饮不乱,应酬酒席,雅静宜人。

俗人偏自爱风情,浪语油腔最喜听。土荡约看花鼓戏,开场总在两三更。

灯前幻影认成真,热了当场看戏人。一把散钱丢彩去,草鞋帮是死忠臣。俗谓高兴曰热,赏识者曰忠臣。

《汉口竹枝词》:叶调元著,道光间刊行。

荆沙竹枝词

酬神各庙常多戏,惟有忌辰锣不开。今日有无台演剧,老郎庙首看牌来。老郎庙有戏必挂牌。

文庙一年戏两台，监生相伴秀才来。奎星照耀文星显，剧演然灯席始开。

各帮会馆尽堂皇，演剧偏多是武昌。江渎三清雄两观，道人闲散庙宽长。江渎观、三清观庙最久，地最宽。

层层雉堞耸崔巍，何首乌盘墙上来。演戏酬神归本地，相邀都上紫云台。

班子人分上下河，近来名脚恨无多。汉腔偏是客帮重，调爱荆河本地哥。

腰挂表同茶墨镜，戏场擢去巧尤轻。觅娃钓票寻常有，日向街头听锣声。

春祈秋报各方同，土地人多供奉隆。二八月间迎赛盛，搭台唱戏竟成风。

一年两度各为东，赴会归来作醉翁。挤满大街听坐唱，家家门口点灯笼。

茶摊命棹西洋镜，顽意多般集便河。真是赏心闲散处，戏场各庙聚人多。会馆每天有戏。

《荆沙竹枝词》：竹孙氏著，光绪间刊行。

广　东

岭南杂事诗钞

剧怜宛转曼声歌,裙屐游踪卜夜多。郑卫淫哇曾厉禁,靡靡风俗竟如何。琼郡以土音演剧,谓之土戏。淫词既肆,丑态毕呈,妇女悦观,达旦不倦,因之荡检逾闲,弊端百出,最为恶习。

毂击肩摩杂沓来,眉飞色舞上春台。若非香饵投纶去,引领难收入彀才。粤俗酬神演戏,两旁搭棚与人坐观,谓之子台。每有罔利之徒先期出钱若干赁受,转售以取赢余,谓之投子台。

三出笙歌柏翠堂,频年朔望不相忘。分明世事多泡幻,天地中函大戏场。臬署有古榕,翠色参天,不知何代所植。相传树神最喜看戏,每逢朔望日必演剧三出,始获平安。

《岭南杂事诗钞》:陈坤著,有广东省城艺苑楼刊本。

广州竹枝词

男　女　班

外江班子足温柔,几个优伶艳粉头。不即不离昆与乱,酒阑灯灺亦风流。

本　地　班

和声鸣盛理当然,菊郡风光别一天。台大人多场面小,价银累百动成千。

整 本 戏

不兴杂剧喜传奇，整本开来事事宜。唐宋元明随便改，千篇一律几人知。

翻 金 斗

冲场一战起因由，逃难投亲闹不休。最有一般真绝技，全身披挂打跟头。

勾 脸

野史从来入战场，三花大净漫更长。曾闻竟有新鲜样，绿脸红须出孟良。

脚 色

花旦出场逞艳姿，出音啁哳使人疑。矜庄严重方巾丑，不向人前逗笑儿。

缺 欠 多

锣鼓喧天闹不休，辉煌金□阔行头。旗幡砌末花灯彩，一概全无不讲求。

名 班

普天乐与丹山凤，到处扬名不等闲。牛鬼蛇神惊众眼，看来不及外江班。

封 相

封相出头戏不新，无人着意看苏秦。此出正角谁为主，季子车前执盏人。

《广州竹枝词》：果勒敏著，收录于《洗俗斋诗草》。

广　西

富川竹枝词

城隍庙

显忠王庙祷祠开,四月笙歌闹舞台。怪得人过官道拥,都从庙里赛神回。每年四月廿八日演剧,聚赛于庙,拈香者不可数计。明洪武战鄱阳湖康郎山,以兴国路城隍有拥护之功,封显忠王。

江山庙

同归观剧女行迟,男女休教杂沓施。郎自向前侬退后,长街正是别途时。庙祀韩将军也,醵钱为会,演剧于庙门外,岁一举,士女皆往观之。

《富川竹枝词》:谭日为著,收录于《小有洞诗钞》。

四川

蜀中中秋竹枝词

梨园一曲好排当，绝妙歌声最擅场。恼杀少年遮短篴，不听凤管看鸾妆。

《蜀中中秋竹枝词》：谢攀云著，收录于《翠围山房诗集》。

锦城竹枝词百首

玉泰班中薛打鼓，滚珠洒豆妙难言。少年健羡多花点，学向元宵打十番。

戏演春台总喜欢，沿街妇女两旁观。蝶鬟鸦鬓楼檐下，便益优人高处看。二月沿街演戏，名春台戏。

无数伶人东角住，顺城房屋长丁男。五童神庙天涯石，一路芳都近魏三。各部伶人都在东顺城街、五童庙、天涯石及东校场一带地方住。魏三初在省城唱戏时，众亦不以为异，及至京都，则声名大噪矣。《燕兰小谱》云："魏三以《滚楼》一出奔走豪儿，士大夫亦为心醉。"又云："观者如堵，而六大班几无人过问，或至散去。"谓为野狐教主，信不诬也。有别宅在省城东校场口，台榭颇佳。

共解人身神是宝，眼光多受折年多。名优羞老长生死，不见段三曾五么？壬戌在京都之魏长生死，五城人交口传之。省城中前有段三死，未着之遗裘，尚值七百余金。近曾五死，家亦饶裕。二人均色艺冠一时，虽得年在三四十间，而傅粉调脂，皆以花旦始终，未曾少改脚色也。

姜七爷称老曲师，碎头李下好围棋。棋因赌彩难相让，曲令舒颐部也知。碎头李本前人短铁拐李之称。

见说高腔有苟莲,万头攒看万家传。生夸彭四旦双彩,可怜斯文张士贤。苟莲官在乡班中,每一进省,则挤墙踏壁,观者如云,其实貌亦中人,艺特超群耳。彭四扮生丑戏,机敏圆活,随侍前任保制台至伊犁数年,还省后仍技痒度曲,不惯闲也。曾双彩初出台时,貌美如花,一时无两,亦颇能画山水花草,有人欲以八百金买出之,班主不从。今彭、曾俱在舒颐部中,张士贤在上陞班扮净,唱胡琴腔,一气可作数十折,吞吐断续往往出人意外。性好读书,亦知作诗,茶园酒肆中,时与人论文字,灯下高声诵唐宋大家古文数篇,习以为常,因有张斯文之名。

新修庙宇佛光开,钟鼓焚香会首来。优扮灵官斋戒后,八抬迎上万年台。新塑神像完成谓之开光,戏台成则称接灵官踩台。伶人先期必变食明衣,斋戒数日,至期扮如神像,众鼓乐香花前往迎之。又戏台一呼万年台子。

庆云庵北鼓楼东,会府层台贺祝同。看戏小民忘帝力,只观歌舞飏天风。

戏班最怕陕西馆,纸爆三声要出台。算学京都戏园子,迎台吹罢两通来。省城演戏,俱不限以时,独陕西会馆约放纸爆为节,头爆二爆三爆,三爆后不开场,下次即不复再召其班。京都戏园子,必先打头通鼓,次打二通,又次打三通,三通打则人齐开场矣。又本京人以打头通为吹迎合。

《锦城竹枝词百首》:六对山人著,三峨樵子注,有嘉庆九年(1804)刊本。

成都竹枝词

会馆虽多数陕西,秦腔梆子响高低。观场人多坐板凳,炮响酬神散一齐。

过罢元宵尚唱灯,胡琴拉得是淫声。《回门》《送妹》皆堪赏,一折《广东人上京》。

灯影原宜趁夜光,如何白昼却铺张。弋阳腔调杂钲鼓,及至灯明已散场。

每逢佳节醉人多,都是机房匠艺哥。一日逍遥真快活,酒楼酌罢听笙歌。

纱帽街中做戏衣，梨园子弟喜追随。夏天纨扇无多值，都是荣昌半画师。

《成都竹枝词》：定晋岩樵叟著，有嘉庆间刊本。

成都竹枝词

名都真个极繁华，不仅炊烟廿万家。四百余条街整饬，吹弹夜夜乱如麻。

川人终是爱高腔，几部丝弦住老郎。彩凤不输陈四喜，泰洪班里黑娃强。

蚕桑纺绩未曾挨，日日牌场亦快哉。听说北门时演戏，牵连齐出内城来。

《成都竹枝词》：吴好山(1797—1876)著，收录于《笨拙俚言》稿本。

老人村竹枝百咏

梨园歌舞会场开，时式新妆逐日来。莫笑香闺多好戏，一年只唱两三台。

《老人村竹枝百咏》：王昌南著，收录于《灌志文征》。

竹枝词二十四首

酬神几日唱秧苗，看戏人将比户邀。椒眼竹篮珠万颗，声声唤卖紫樱桃。

《竹枝词二十四首》：涂宁舒著，收录于《高梁耆英集》。

桂溪四时竹枝词

赛神一例拟迎猫,陇畔人将看戏邀。牧女村童齐拍手,前溪今日唱秧苗。

《桂溪四时竹枝词》:程伯銮(1779—1826)著,收录于《桂溪耆旧集》。

梁山竹枝词

四月村庄赛社时,雨催稻子绿盈陂。逗钱唱本秧苗戏,尽是高腔木棒椎。

《梁山竹枝词》:孙太钧著,收录于《高梁耆英集》。

梁山竹枝词

高搭竹竿挂布围,儿童窥见足飞驰。邻家又唱观音戏,班子新来木棒椎。

《梁山竹枝词》:蓝选青著,收录于《高梁耆英集》。

南广竹枝词

春台只唱上文昌,持戏人兼妇女忙。一处年来添雅集,瀛洲草绿各冠裳。往时,上下文昌宫演戏庆祝,谓唱春台,近下街停戏矣。士女聚观,喧杂尤甚。瀛洲阁、文昌祠,官绅诹吉日另祭,称整肃焉。

新迁首事遍城乡,随驾炉烟冉冉香。一曲笙歌旗五色,最繁神会是城隍。办城隍会除首事、书差、士庶十二人外,另有盐、当、钱店等十行，分期演戏。自道光八年始，于十二人外，九里更添二人，办会比往时更盛。

《南广竹枝词》：万清涪著，收录于《南溪文征》。

徙阳竹枝词

秦腔迭唱间三弦，荡桨人多望欲仙。喜得一城狂拍手，大家随着采莲船。元夜采莲船灯，用俊童妆船娘，杂唱秦腔。

城隍会恰昨宵终，今日离宫庆演同。多少神祠俱寂寞，荒凉殿宇草芃芃。火神祠演剧，在城隍会后。

禁山气势甚雄豪，英烈祠吞万顷涛。最好酬神逢九日，聊因观剧一登高。英烈祠在禁山麓，祀英烈侯。祠遥瞰落溪，波涛万顷，如在目前。

《徙阳竹枝词》：杨甲秀著，光绪十年(1884)刊行。

绵州竹枝词

山村社戏赛神幢，铁拨檀槽柘作梆。一派秦声浑不断，有时低去说吹腔。俗尚乱淡(弹)，余初见时，颇骇观听，久习之，反取去不通，足资笑剧也。

《绵州竹枝词》：陆箕永著，收录于《绵阳县志》。

青　海

湟中竹枝词

梨园不解唱西昆,巴客登场酒一樽。数曲未终红烛灺,娟娟霜月早侵门。演戏多梆子腔。

袍带冠裳旧绮罗,笑他金缕耐消磨。何年裁剪鸳鸯锦,阅历笙歌共几多。

亦有名优说擅场,清歌一曲唱伊凉。当筵竞学邯郸步,魑魅无端作艳妆。

《湟中竹枝词》:恭钊著,收录于《酒五经吟馆诗》。

新 疆

乌鲁木齐杂诗

风 土

山围芳草翠烟平，迢递新城接旧城。行到丛祠歌舞榭，绿氍毹上看棋枰。城旧卜东山之麓。观御史议移今处，以就水泉，故地势颇卑。登城北关帝庙，戏楼、城市，皆俯视历历。

游 览

玉笛银筝夜不休，城南城北酒家楼。春明门外梨园部，风景依稀似旧游。酒楼数处，日日演剧，数钱买座，略似京师。

越曲吴歈出塞多，红牙旧拍未全讹。诗情谁似龙标尉，好赋流人水调歌。《王昌龄集》有听流人水调子诗。梨园数部，遣户中能昆曲者，又自集为一部，以杭州程四为冠。

樊楼月满四弦高，小部交弹凤尾槽。白草黄沙行万里，红颜未损郑樱桃。歌童数部，初以佩玉、佩金一部为冠。近昌吉遣户子弟新教一部，亦与相亚。

半面真能各笑啼，四筵绝倒碎玻璃。摇头优孟谁描写，拟付龙门作品题。简大头以丑擅场，虽京师名部，不能出其上也。

逢场作戏又何妨，红粉青蛾闹扫妆。仿佛徐娘风韵在，庐陵莫笑老刘郎。刘木匠以旦擅场，年逾三旬，姿致尚在。

老去何堪出玉门，一声楚调最消魂。低徊唱煞红绫裤，四座衣裳涴酒痕。遣户何奇能以楚声为艳曲，其红绫裤一阕，尤妖曼动魄。

《乌鲁木齐杂诗》：纪昀（1724—1805）著。

杂　　志

《二十世纪大舞台》

《二十世纪大舞台》,中国最早的戏剧杂志,1904年(光绪三十年)10月创版于上海。半月刊,仅出两期,遭清政府查封。陈去病(佩忍)主编。欲通过改良戏曲,达到改革恶俗,开通民智,唤起国家思想之目的。分论说,传记、小说、传奇,班本等栏目。发表了《安乐窝》《长乐老》等剧本,《论戏剧之有益》等戏曲理论文章。吴新苗辑录整理。

第 一 期

《二十世纪大舞台》丛报招股启并简章

同人痛念时局沦胥、民智未迪，而下等社会尤如狮睡之难醒，侧闻泰东西各文明国，其中人士注意开通风气者，莫不以改良戏剧为急务。梨园子弟遇有心得，辄刊印新闻纸，报告全国，以故感化捷速，其效如响。吾国戏剧本来称善，幸改良之事兹又萌芽，若不创行报纸布告通国，则无以普及一般社会之国民，何足广收其效？此《二十世纪大舞台》丛报之所由发起也。月出两册，内容丰富，招股五千，满限即止。凡吾国民，吾志士、吾青年、吾侠少、吾贵介公子，如有以改革恶风俗，开通下等社会，提倡民族主义唤起国家思想为已任者，当必力赞其成，扶持此举，本社同人有厚望焉。

（一）宗旨　本报以改革恶俗、开通民智、提倡民族主义、唤起国家思想为唯一之目的。

（二）编辑　本报内容以论说、传记、小说、传奇、班本、丛谭、诙谐、文苑、歌谣、批评、纪事、译编、杂录、调查、答问、来稿，凡十六类为编辑之大纲。

（三）文体　或尚文采，或演白话，不拘一例。

（四）图画　凡中国古今及泰东西各国之男女名优肖像，及戏园之摄影，按期印入首页，以供赏鉴。

（五）通音　凡海内外同志，如有以所著诗文、或新编之戏曲、歌谣等类见示者，本社当择尤登录。

（六）发行　月出两册，朔望为期，洋装精印一厚帙。

（七）株本　招股五千圆，计分五百股，每股拾圆，满限即止。

（八）筹捐　本社事当创始，财力薄弱，凡海内外如有心契此举，以巨赀慨助者，本社当推举为名誉赞成员，登诸题名录。并按赠赀多寡，随时将报送阅，不再取赀。例如赠赀百元者，送全年报十五分，或永远送本报一分。十元者送报一年，五元者送报半年，余可类推。

（九）会计　以集股多数者，由众推为经理。

（十）补遗　此系草创章程，有不备者，容后重订。

题词一

铜琶铁板当生涯，争识梨园著作家。此是庐山真面目，淋漓粉墨漫相加。

手挽颓风大改良，靡音曼调变洋洋。化身千万傥如愿，一处歌台一老汪。

笑侬自题

题词二

历史四千年，成败如目睹。同是戏中人，跳上舞台舞。隐掺教化权，借作兴亡表。世界一戏场，犹嫌舞台小。

笑侬题词，慧宝手书。

猗欤滔天，东方大侠。眷我宗邦，奏其骁捷。一击不中，去而为优。潜龙勿用，我心孔忧。

白浪庵滔天　玉照。

垂虹亭长题赞

发刊词

亚　卢

风尘澒洞，天地邱墟，莽莽神州，虏骑如织。男儿不能提三尺剑，报九世仇，建义旗以号召宇内，长驱北伐，直捣黄龙，诛虏酋以报民族；复不能投身游侠之林、抗志虚无之党，炸丸匕首，购我自由，左手把民贼之袂，右手揕其胸，伏尸数十，流血五步，国魂为之昭苏，同胞享其幸福。而徒唏嘘感泣，赤手空拳，抱攘夷恢复之雄心，朝视天，暮画地，末由一逞。寤而梦之，寐而言之，执途人而聒之,大声疾呼以震之,缠绵忠爱以感之。然而明珠投暗,遭按剑之叱,陈钟鼓于鲁庭,爰居弗享也。泪枯三字,才尽万言,日暮途穷,人间何世?盖仰天长恸而不能已。

“朝从屠沽游,夕拉驺卒饮。此意不可道,有若茹大鲠。”局天蹐地,郁郁无聊,已耳已耳,吾其披发入山,不复问人间事乎?然而情有难堪矣。张目四顾,山河如死,匪种之盘踞如故,国民之堕落如故,公德不修,团体无望,实力未充,空言何补?偌大中原,无好消息,牢落文人,中年万恨。而南都乐部,独于黑暗世界,灼然放一线之光明,翠羽明珰,唤醒钧天之梦;清歌妙舞,招还祖国之魂。美洲三色之旌旗,其飘飘出现于梨园革命军乎!基础即立,机关斯备,组织杂志,以谋普及之方,则前途一线之希望或者在此矣。一缕情丝,春蚕未死,十年磨剑,髀肉复生,吾乃挥秃笔,贡卮言,以供此《二十世纪大舞台》开幕之祝典。

研究群理,昌言民族,仰屋梁而著书,鲰生拘曲,见而唾之,以示屠夫牧子,则以为岣嵝之神碑也。登大演说台,陈平生之志愿,舌敝唇焦,听者充耳,此仁人志士所由伤心饮恨者矣。顾我国民,非无优美之思想与激刺之神经也。万族疮痍,国亡胡虏,而六朝金粉,春满江山,覆巢倾卵之中,笺传《燕子》;焚屋沉舟之际,唱出《春灯》。世固有一事不问,一书不读,而鞭丝帽影,日夕驰逐于歌衫舞袖之场,以为祖国之俱乐部者。事虽民族之污点乎,而利用之机,抑未始不在此。又见夫豆棚柘社间矣,春秋报赛,演剧媚神,此本不可以为善良之风俗,然而父老杂坐,乡里剧谈,某也贤,某也不肖,一一如数家珍。秋风五丈,悲蜀相之陨星;十二金牌,痛岳王之流血,其感化何一不受之于优伶社会哉?世有持运动社会鼓吹风潮之大方针者乎,盍一留意于是?

蟪蛄不知春秋,朝茵不知晦朔,其生命短而思虑浅也。麟经三世,有所见世、有所闻世、有所传闻世。大抵钝根众生,往往泥于现在,不知有未来,抑并不知有过去,此二百六十一年之事,国民脑镜所由不存其旧影欤?忘上国之衣冠,而奉豚尾为国粹;建州遗孽,本炎黄世胄之公仇,反嵩高以为共主。以如此之智识,而强聒不舍，以驱除光复之名词，宜其河汉也。今以《霓裳羽衣》之曲，演玉树铜驼之史。凡扬州十日之屠，嘉定万家之惨，以及虏酋丑类之慆淫，烈士遗民之忠荩，皆绘声写影，倾筐倒箧而出之。华夷之辨既明，报复之谋斯起，其影响捷矣。欧、亚交通，几五十年，而国人犹茫昧于外情，吾侪崇拜共和，欢迎改革，往往倾心于鲁索、孟德斯鸠、华盛顿、玛志尼之徒，欲使我同胞效之，而彼方以吾为邹衍谈天，张骞凿空，又安能有济？今当捉碧眼紫髯儿，被以优孟衣冠，而谱其历史，则法兰西之革命，美利坚之独立，意大利、希腊恢复之光荣，印度、波兰灭亡之惨酷，尽印于国民之脑膜，必有欢然兴者。此皆戏剧改良所有事，而为此《二十世纪大舞台》发起之精神。

波尔克谓报馆为第四种族，拿破仑曰："有一反对之报章，胜于十万毛瑟枪。"此皆言论家所援以自豪之语也。虽然，热心之士，无所凭借，而徒以高文典册，讽诏世俗，则权不我操，而阳春白雪，曲高和寡，崇论闳议，终淹殁而未行者有之矣。今兹《二十世纪大舞台》，乃为优伶社会之机关，而实行改良之政策，非徒以空言自见，此则报界之特色，而足以优胜者欤？嗟嗟！西风残照，汉家之陵阙已非；东海扬尘，唐代之冠裳莫问。黄帝子孙，受建虏之荼毒久矣。中原士庶，愤愤于腥膻异种者，何地蔑有？徒以民族大义，不能普及，亡国之仇，迁延未复。今所组织，实于全国社会思想之根据地，崛起异军，拔赵帜而树汉帜。他日民智大开，河山还我，建独立之阁，撞自由之钟，以演光复旧物推倒虏朝之壮剧、快剧，则中国万岁！《二十世纪大舞台》万岁！

论戏剧之有益

佩　忍

曩游东国，交接其士庶，见其习尚风俗，无一非我皇汉二百六十年前所固有之习尚风俗也。出而过于市，则吴服商店，鳞次栉比于康庄之左；长裾缝腋，广幅垂襟，又无一非我皇汉二百六十年前所固有之端衣法服也。退而读其书，则唐巾、唐襦之称，且参错杂出而不一。乃揖其人而进之,问:“所服安乎?”则对曰:“安且吉也。”问:“与西洋孰优乎?”则对曰:“西洋不若也。”窃心焉感之。其人乃反叩吾以所服,辄惭耻嗫嚅而不能对,甚者或群聚玩弄之以为笑,咸相怪曰:“此支那装”,“此今日之支那装”,若有不胜轻薄者。其老诚者,心知其故,乃问:“如我服者,今日支那其犹有存焉否乎?”则答之曰:“无有矣!”彼辄惊叹。若曰:“今僧道犹有存者焉,今演剧益备存焉,今士夫黎庶之婚嫁老死且恒服焉。”彼时闻之,则一若有大慰者。余见之,乃益羞耻,益感伤,尽裂其冠,毁其服而不之顾。

西还归乎吾祖国,人民则犹是其屈伏也,风俗则犹是其萎靡也,匪种之政府且犹是其盘居而施厥专制也,我伯叔、我昆弟、我亲戚故旧,固犹是冠胡冠而服胡服,以苟安其奴隶也。不宁惟是,乃且尤我,乃且罪我,谓我之不奴隶也。我不得已冠胡冠、服胡服,以见我伯叔兄弟,接我亲戚朋友,而后我伯叔、我昆弟、我亲戚朋友、乃始欢然释然而怡然慰焉。呜呼!生无益于宗邦,徒蒙缨笠;死莫期于旦夕,难正冠裳。而南都金粉之场,流风未沫,酣歌恒舞,粉饰方新,檀板金鐏,豪情如昨。贵池、阳羡、梁园、宣城之伦朅来,马龙车水,徜徉驰骋于春江花月之宵,相率以继赓踵步于《燕子笺》、《桃花扇》之后尘者,固仍仿佛乎其弘光故事也。“万事不如杯在手,人生几见月当头”,我青年之同胞,赤手掣鲸,空拳射虎,事终不成,而热血徒冷,则曷不如一决藩篱,遁而隶诸梨园菊部之籍,得日与优孟、秦青、韩蛾、绵驹之俦为伍,上之则为王郎之悲歌斫地,次之则继柳敬亭之评话惊人,要反足以发舒其民族主义,而一吐胸中之块垒。此其奏效之捷,必有过于劳心焦思、孜孜矻矻以作《革命军》、《驳康书》、《黄帝魂》、《落花梦》、《自由血》者,殆千万倍。彼也囚首而丧面,此则慷慨而激昂;彼也间接于通人,此则普及于社会;对同族而发表宗旨,登舞台而亲演悲欢;大声疾呼,垂涕以道,此其情状、其气概,脱较诸合众国民,在米利坚费城府中独立厅上,高撞自由之钟,而宣告独立之檄文,夫复何所逊让?道故事以写今忧,借旁人而呼肤痛,灿青莲之妙舌,触黄胤之感情,吾知轩羲有灵,其亦必将蜺旌羽葆乘云下降，以证斯盟也。宁直此汉种同胞，拍掌叫绝，表示同情而已哉！

或曰：吾辈青年，希望甚大，咄尔俳优，奚屑污我？且子纵善之，顾宁独不闻夫韩愈之言乎？愈以六朝人文格淫靡，动以优俳目之，鄙不屑道。今中国夷祸日亟，百废待举，培养公德，保持国粹，研究科学，扩张知识，规其行而矩其步，骎骎乎冀以造成第一完全人格，一朝突侪于伟大军国民之列，崭然露头角焉。宁有先务不急，乃坠乃落？腐败不足，乃沦地狱？悲夫嘻哉！吾中国青年之志气，应不至若斯之丧失也。

予乃辗然笑应之曰：洵如君言。吾中国万岁，吾中国国民万岁，吾中国国民前途万万岁。虽然，吾试问吾中国今日之人群，有无愧此国民之芳誉乎？则无有也。抑吾又试问吾中国前途之事业，有可以仅仅希望为目的得达之极点乎？亦未可也。夫搏搏大地，既无美人香草之踪；而莽莽中原，又绝一线生机之望。然则吾一般社会青年，既不仕虏廷，效杨坚、郭威之烈，又不隐山泽，逐黔布、彭越之钟，徒日扰扰奔走于通商之场，高言运动，无补当时，断发胡服，依然域外之民，痛饮清歌，终化泥中之絮。如鬼如祟，如梦如呓，首鼠射工，精乎其技，盖造福不足而败事有余，较其人格为优几何？则吾转不如牺牲一身，昌言坠落，明目张胆而去为歌伶。"朝从屠沽游，夕拉驺卒饮"，逍遥跌宕，聊以自娱，亦宁非于今新学界上灿灿烂烂突然别起一生力军，临风飐飐而高树一独立自由之帜乎？

抑子宁薄俳优而笑之耶？则吾且与子道古。仲尼曰："移风易俗，莫善乎乐。"孟轲氏曰："今之乐，犹古之乐也。"彼戏剧虽略殊，顾亦未可谓非古乐之余也。（观《左传》观优鱼里之事，《乐记》有优侏儒之语，则其所从来者远矣。）盖自雅颂之声衰，而后风诗以兴，风诗兴而郑卫靡靡之音作，靡靡之音作而音乐之势力乃且浸淫普及于一般社会之中。而变古以为今，浸假而歌舞焉，浸假而俳优侏儒焉，而戏剧之端肇于兹矣。是故知礼如魏文侯，而不能对古乐免于思卧；好贤若渴如楚庄王，且必待优孟而始动于其心。则今乐之移人，洵速且捷哉！何况《云门》、《咸池》、《韶濩》、《大武》之音，以享郊庙,则雍容安雅而咸宜,以化里巷,则不敌其一儿童之笑啼。盖宋玉有言,“曲高和寡”,固自然之理也。

抑吾闻诸师:当洪杨时,梁溪有奇人余治者,独心知其意。尝谱新剧数十出,皆皮簧俗调,集优伶演之,一时社会颇欢迎焉,即今所传《庶几堂今乐》是也。惜其所交皆迂腐曲谨不阔达之流,不复屑赞助,故其班不久解散,而余治死矣。吾尝求其书读之,觉其所谱演,揆之今日,虽不甚相浃,然其以感发兴起为宗旨,则要足多焉。治之言曰:“古乐衰而后梨园教习之典兴,原以传忠孝节义之奇,使人观感激发于不自觉。善以劝,恶以惩,殆与诗之美刺,春秋之笔削无以异,故君子有取焉。贤士大夫主持风教,固宜默握其权,时与厘定,以为警聩觉聋之助,初非徒娱心适志已也”。又曰:“天下之祸亟矣,师儒之化导既不见为功,乡约之奉行又历久生厌,惟兹新戏,最洽人情,易俗移风,于是焉在。庶几哉!一唱百和,大声疾呼,其于治也,殆庶几乎?”呜呼!吾一读其语,吾未尝不佩其议之坚,识之卓,而惜其不复见于兹日也。

且夫今者外祸之来,以较洪杨当日,亦愈亟矣。欧美之学术,既优胜以来前;而北虏之淫威,复侈然以相逞。凡衿缨冠带之伦,苟其稍具普通知识,固罔不知载异族之为非,而吾黄种同胞,沉沉黑狱,殆二十禩,瞢瞢黔黎,逾四百兆。彼其见解,其理想,以为吾自祖宗以来,知有珠甲;生世以降,即蒙辫发。明社虽屋,吾仍有君,黄帝其谁,何关血统?凡此酖毒,深印脑筋,非极惨睹,不能转变。矧乎薮无才盗,巷无才侠,卑卑票布,徒以收拾亡命,不足鼓动平民。一朝举事,又祗劫掠为务,罕有大志。以故累起累蹶,而卒尠成功。太平天国已矣,惠州之风云,亦罕受其影响。然则茫茫前途,吾巴科民族,殆永无脱离苦海,还我净土之日乎?惟兹梨园子弟,犹存汉官威仪,而其间所谱演之节目、之事迹,又无一非吾民族千数百年前之确实历史,而又往往及于夷狄外患,以描写其征讨之苦,侵凌之暴,与夫家国覆亡之惨,人民流离之悲。其词俚,其情真,其晓譬而讽谕焉,亦滑稽流走,而无有所凝滞,举凡士庶工商,下逮妇孺不识字之众,苟一窥觏乎其情状,接触乎其笑啼、哀乐,离合悲欢，则鲜不情为之动，心为之移，悠然油然，以发其感慨悲愤之思，而不自知。以故口不读信史，而是非了然于心；目未睹传记，而贤奸判然自别。通古今之事，变明夷夏之大防；覩故国之冠裳，触种族之观念。则捷矣哉！同化力之入之易而出之神也。（闻当清人入关时，北方贩夫走卒，类多有投河而死者，未始非由戏剧感人之故）。犹煊染然，其色立变，可不异夫！

综而论之：专制国中，其民党往往有两大计划：一曰暴动，一曰秘密，二者相为表里，而事皆鲜成。独兹戏剧性质，颇含两大计划于其中。苟有大侠，独能慨然舍其身为社会用，不惜垢污以善为组织名班，或编明季稗史而演《汉族灭亡记》，或采欧美近事而演《维新活历史》。随俗嗜好，徐为转移，而潜以尚武精神、民族主义、一一振起而发挥之，以表厥目的。夫如是而谓民情不感动，士气不奋发者，吾不信也。矧夫运掉既灵，将他日功效之神妙，有不祗激厉此区区汉族者而已。则渐离之筑，唐庄宗之事，夫何不可再见诸今日哉！嗟嗟！变法胡服，武灵乃计灭中山；杀身成仁，孔子直许为志士。凡我黄胤，果有血气，将万死其又奚辞？而况乎是固欧西学校所注意也。其事微，其功多，此吾国青年所由习之于海外乎？非然者，持棋莫下，全局将翻，伶伦弗甘，奴隶重苦。安见今日之祗辱于肃慎者，不且再辱于凡为肃慎之邦？今日之犹留夫遗制者，或并取其遗制绝之。则炎黄之血祀斩，汉唐之声威灭矣，不其悲欤？

予草此文后，即连续登诸《警钟报》，月来颇见其效，故重为删定，录诸卷首。自记。

舞台掌故

垂虹亭长

迮青厓

吾乡迮青厓先生鹤寿，为六十年前经术大家，其所笺注之王氏《蛾术编》，久为学界所推重。尝因春日里中演剧祈年，先生亦随众往观。适台上演《草诏》一出，中间描写靖难兵之入犯，方正学麻衣上殿,以追敲牙割舌诸惨状。先生阅未半,忽大哭不止,面莫能仰,同人急扶之归。自是终身不复观此剧。或曰先生本正学后裔,其远祖避十族之诛,遂改今姓,隐遁于吴江之莘塔云。

皮　匠

吴下风俗,每春秋祈报,必演剧以酬神。一日,某村正筑台开演,有一皮匠往观之。适唱《扫秦》一出,疯僧指天画地,对着秦桧痛骂万状,极尽激昂慷慨之概。皮匠睹之,始则称快,继而愤愤,怒不能遏。时怀中正藏有皮刀一柄,匠阅至痛快处,忽大叫一声,耸上台来,手捉秦桧之发,提起皮刀,砍将下去。须臾,血渍淋漓,一颗头颅早已滚下。众大哗然,立缚之赴有司。讯之,皮匠曰:“吾杀秦桧耳,何为有罪?”官曰:“此戏耳。岂真秦桧哉!”皮匠恍然曰:“是戏耶?吾以为真秦桧,故愤不能平,特助疯僧杀此贼耳。噫!今误矣,误矣。愿甘受罪。”官喜其热忱不欺,遂宥之。

风 波 亭

有某官者因事宴会,特召菊部以娱嘉宾。酒半酣,台上为演《风波亭》故事。剧中叙述秦桧夫妇之如何设计昧良,岳家父子之如何含冤殒命,一时观者莫不同声感喟。而某官尤愤慨不平,立命左右呼扮秦桧王氏二人者下,各褫去其衣,笞责数百板。二优呼冤,某官曰:“吾不责尔,吾恨秦桧这奸贼,不得不将尔痛责耳。”二优乃大懊丧。

嵊 县 疯 人

浙江嵊县有某甲者素以疯癫著称,一日县中演剧,某甲往观之。见台上演《黄金印》一出,心大欢然。逾晨,邑中哗传有人于夜半直入县署,杀令并盗其印而去。立捕得之,则即某甲也。诘其何为无故杀令?甲曰:“吾昨见《黄金印》中人物,痛夫官吏之奸恶,却遇有一个豪侠杀了,吾心不觉大快。因念吾邑县令,其种种贪酷、暴横如某事,如某事,其与《黄金印》中官吏有过之而无不及,乃却无一个豪侠为民除害，吾心甚为不平。故特于晚间直入署内将彼杀却，取印而归，盖亦聊以一泄吾愤云尔，岂有他哉？”众曰：“是固官也，尔小民岂容妄动？”甲曰：“彼奸恶若此，宁尚未可杀耶？”众不能屈，乃以平日疯状上报，谳遂定。

杭州裁缝

杭城外西湖上有雷峰塔者，固俗谚所称小青、白娘娘二蛇精镇于其下者也。其世俗流布之《白蛇传》弹词，在戏剧中亦常常演之。一日湖畔剧场，正演《合钵》一段故事。有某裁缝师往观之，见白氏为法海和尚所伏，将钵罩去。白氏顶着法钵，如负千钧之重，惊皇异常，台下观者莫不中心惨怛，代为担忧。而所谓许仙者，对之独神色自若，漠然罔觉。裁缝师大愤，谓不义之夫，负情若此，该杀，该杀。适袖中携着利剪，遂匆匆登台，拉许仙直刺之，几至酿命。

某氏女

吴门某翁年逾大衍，膝下犹虚，仅有一女慰情，聊胜于无，故爱之若掌珠，珍之若拱璧。女年十六，能通词翰。偶与乃父往梨园观剧，询知皆古人之事也，乃积思成疾，大有替古人耽忧之意。翁不知其病源，延医治之，迄无效。疑其愆期有感也，欲与论婚。女力白其非，谓儿之病由读诗始也，唐人诗云“前不见古人”，而戏园中所演皆古人事，岂儿身已入过去世界耶？翁无法可治，乃招梨园子弟到家演剧，携女纵观。并令优人于下场后，共至女前卸装，一一指示之曰：“此乃今人，非古人也。”女始霍然以愈。说者谓戏剧感人，离奇若此，亦诚所未闻之事耳。

金声桓

当明季时，金声桓据南昌，未有归明志。及在署演剧，见红袍乌纱之制，慨然于已身衣冠之秽，遂立志叛清。又李成栋守广州，挟一爱妾，乃松江所得之妓女也，知成栋有归明志，乃朝夕讽动之。时成栋眷属在松江，有难色。爱妾曰：“吾敢独享富贵乎？先死尊前,以成君之志。”遂取刀自刎,成栋抱妾哭曰:“女子乃能若此。”遂具疏迎永历。(见《荆驼佚史》)呜呼!娼优之人格,最为卑下,中国久已视为贱民,不齿之于人类矣,乃其影响于汉族者,犹能若此,其功讵不伟哉!

英国女优之衣裳

英国伦敦市上有女优,名斐安纽者,姓维忒氏,生平以善演“克拉马斯”剧著称。闻其登舞台时,其身所服衣裳,上有坿着之金刚钻石,价值十五万余英金。平日由一银行员保管之,每剧前则携以来,至剧终即携之而去。诸菊部中人,对之咸艳羡不止。

奥京歌妓之伟力

奥国维也纳京城,有歌妓名美利者,姓达鲁纳得氏,平生善以四肢揞拄风琴奏曲。其法先支其手足于床,旋置一坚固之演台于腹,以腰带围结颈项,通过演台下之铁环而连系之,然后使有力者四人担置半吨重之风琴于演台之上。准备毕,乃使其夫乐师达鲁纳得氏徐登演台,奏《惠绿踊》之一曲终,美利连续而奏恋歌之一曲,抑扬宛转,备具声情,全不露分毫怯状,亦足见其揞拄力之伟大矣。

轩渠志

垂虹亭长

老大国观剧记

扶桑以西,天竺以东,渤海天山之间,有老大国焉。斯国肇基王迹,盖四千年于兹矣。国人之衫长扫地,发束成条。观其政治,无甚设施,惟见演剧而已。剧场之设,普及全国。梨园子弟,大半鹤发鸡皮。其佩紫垂青,则老莱子之戏彩斑衣,可为比例矣。其伶人最擅胜场者,莫如戴花面壳一,出门时朱顶鸟翎,花衣蟒服,呼吸雨露,叱笑风云,大有不可一世之概。迄乎洋兵来攻,太白不能答蛮书,孔明不能擒孟获,及老官一出,笑面相迎,则洋兵可以立退。

昔有著名伶人名十八子者，合肥人也。登坛奏技，已非一日，观者咸以白鼻哥目之。其所演著名出头，如“凉山得胜”、“天津议和”、“台湾割让”、“总统逃亡”、“辽东退兵”、“强邻愤恨”，二万万长付东流，四百五十兆输归西域。相司马出使马关，降将军捐生鸭绿，诸如此类，不可殚纪。又有伶人名端君旺与江芝凉者，精演技艺戏法，西人称之曰法术戏。诸伶人登坛，身穿八卦袍，手执桃木剑，书符诵咒，声称不畏枪炮，可以击退番兵。庚子八月之秋，适演是剧，所演诸出，则有若连军队八国陷都城，避寇氛两宫奔野井等类，观之令人可歌可泣可笑可怜，诚希世之活剧也。自是以来，旧班稍稍失势。一时妙年子弟，复联新班，登廿纪之大舞台，演翻陈出新之花样，其剧有“百粤易服色”、“学生扮丫鬟”、“三楚办警察”、“兵丁戴纸帽”、“兴学校太守奉关爷”、“考策论都戎弄鸡蟹”、“兴赌饷西法效葡荷”、“设商部贵胄游花柳”，诸如此类，亦令观者或歌或泣可笑可怜。近又有一怪物伶人名麞芝冻者，绰号二铁先生。生平有一枝铁笔嘴，一副铁牙较，最擅胜场。至若着实工夫，则非其所梦见。伊尝为三缸两壶大总管，傀儡登场，颇尽心力。虽曰优孟衣冠，亦足令观者目迷心眩，伊本旧班子弟，后见时势所趋，遂转而入于新班。说者谓先进礼乐，后进礼乐，彼自以为无不精通。该老官实以一身而有君子野人之性质云。数月以来，东亚剧场，又且大演惨剧。扶桑之民，与鹫旗强族，日演武于渤海之滨，而老大国之老官，亦多欲逢场作兴。现方忙迫从事，束草为人，剪纸为马，大元帅准备统之出关云。一时两军对演，万国来观，鱼泳水而成雷，杆无线而生电，举凡水火戏技术戏，莫不大集于东方，硝烟弹雨之活剧，夫固大有可观尔。

偕光汉子观汪笑侬《桃花扇》新剧

佩 忍

久无人复说明亡，何意相逢在剧场。最是令侬凄绝处，一声肠断哭先皇。

八月十九之夕,春仙园主熊文通以续演《桃花扇》见招,因偕同人往与斯会。枨触旧感,情不能已,爰各赠绝句一章如下。佩忍。

孙 菊 仙

旧事重提和者谁,中原名士尽伤悲。北朝供奉真奇绝,却唱南都懊恼词。(菊仙在内廷供奉已二十余年矣。)

伶隐汪笑侬

也作云亭也敬亭,满腔悲愤总沉冥。知君别有兴亡感,特借南朝一唤醒。

周 凤 文

休云金粉散如云,犹有斯人拾坠芬。第一写将情侠出,令侬心醉李香君。(凤文演李香君《却妆》一出,尤为出色。)

观《缕金箱》新剧

佩 忍

胡然临难遽逡巡,仗此贞魂励荩臣。痛惜虞山老宗伯,一泓孤负柳夫人。

偕笑侬观《玫瑰花》新剧

佩 忍

白话道人真解事,闲来却说女玫瑰。村中恶虎村人捕,错见引将猎户来。

分明当日思陵事,李闯张王起竞争。恼煞平西太卤莽,无端借得大清兵。

于今大错已铸就,志士欲谋光复难。不见太平天国事,徒令骨肉再摧残。

挈君同观戏中戏,大家暗地一伤心。珠申王气今何在,会见欧西白祸临。

自题《桃花扇》四绝

笑　侬

风流输与杨龙友，扇底桃花写出来。却被云亭收拾去，我今一跃上歌台。

南朝金粉慨兴亡，无主残红自主张。谁谱桃花新乐府，扇头热血几时凉。

欧刀划尽牡丹芽，偏写人间薄命花。儿女英雄流热血，一齐收拾付红牙。

饶他燕子弄簧舌，谁解桃花扇底铃。侬是登场老赞礼，将身来替孔云亭。

题汪笑侬《桃花扇》京剧，即以寄赠

梦　和

沉沉日月天何醉，惨惨笙歌我独来。一曲桃花南渡影，是谁恸哭到西台。

人自酣嬉国自亡，春灯燕子太仓皇。斜阳不照冬青树，剩有寒蛩泣晓霜。

钩党纷纷祸有芽，竭来扇底问桃花。眼前多少兴亡恨，敢为苍生惜齿牙。

旧曲翻成新乐府，伤心不数雨零铃。若容杯酒论肝胆，君是昆生我敬亭。

题《万国演义》后

松　岑

洪荒草木有春秋，祖鸟哀龙遍地游。八十万年天不曙，钧天开幕舞猕猴。

创世亚当孙悟空,翻云覆雨仗英雄。诗吟荷马歌维达,演出精奇惝恍中。

商权海权腓尼基,武育神教雄波斯。希腊解崩罗马蹶,日耳曼族森林飞。

历山东征出印度,该撒西去入英伦。长驱亚骑凌欧陆,禁煞儿啼铁木真。

孔佛耶回百劫灰,华拿光焰烛天开。辟新世界哥仑布,不借人间旧舞台。

教派争平种祸罹,君权推倒戢群魔。汗青点点玄黄血,万古兴亡一刹那。

三千余年老大国,二十世纪太平洋。红楼跳舞聊斋梦,满地江湖一宋江。

活剧排人说可怜,武装鼓吹上当筵。格兰斯顿俾斯麦,抵得京华小叫天。

题有妫血胤清秘史

感　惺

垂虹有一士,眼光大如斗。古义怀鲁连,叱咤千夫走。山中日著书,搜索穷陈旧。秘府录焚余,记事珠在手。笔底灵犀明,罔两呈奇丑。披图见迷楼,纪实同流寇。从知游牧奴,匪我神明胄。狺狺圣武声,悠悠途路口。赖兹禹鼎功,象物妙无偶。持以悬国门,群伦一回首。我闻亡国时,杀戮到鸡狗。(用杜)扬州嘉定间,碧血浓于酒。至今三百年,遗事伤耇耇。如何黄帝魂,宛转埋尘垢。招手向九天,起听雄狮吼。

崇拜大舞台

崇　鼎

呜呼!浩浩神州,吾知其必有陆沈之一日也,吾甚望其免此陆沈之一日也。狼嗥当道，蝗飞蔽天，前途之黑暗如漆如墨，大地之芜莽如荆如棘，其不载胥及溺者，毫发间耳。抱杞忧者，朝履虎尾，夕蹈春冰，奔走祷之，俯仰瞩之，哀楚呼之，彼鼾睡之狮尚沉沉乎其未醒也。呜呼！时至今日，吾欲哭无泪，欲呕无血，泪干血竭，吾将与神州俱沉矣。吾不意耸立神州之巅者，固大有人焉。彼将轰天鼓、声大金，向深邃之黑甜乡怒鸣疾吼而惊之，披发狂歌而惊之，作种种怪象而惊之，出烈烈危言而惊之，吾知大梦者必有狂醒之一日也。斯人也，何人也，创起大舞台之伟人也。神州有如是伟人，吾安得不震之慑之爱之服之，鞠躬屈膝五体投地而崇拜之！夫申江为中原之重心点，舞台为申江之重心点，陈君佩忍、汪君笑侬等为舞台之重心点，其关系顾浅鲜耶？经始灵台经之营之，伟人攻之，不日成之，如火如荼如锦如绣，他日大舞台之奇观也。采采流水，蓬蓬远春，此日大舞台之进步也。吾崇拜之，吾将率四万万同胞合掌欢呼，崩角稽首而崇拜之。

请看！请看！！大舞台之青年

时慧宝（录《花世界时评》）

甚矣，支那庶务之不振也！即一游戏事，亦坠废几绝。试问今日人人出入于衫歌舞袖中，有一二知声音者乎？人之誉之者，吾亦从而美之，依赖性之可耻，无独立性之可痛，此支那之所以亡国也。吾为支那哭，吾先为游戏事痛哭。支那戏界如上海者，亦可谓雄且厚矣，而卒无人知戏之所以为戏，声之所以为声。徒取二三拉杂不堪之事，神奇鬼怪之说，以惊骇庸腐之耳目。噫嘻！此支那人心之所以不振也，吾望支那兴，吾先望支那戏界兴，吾尤望支那戏界之青年兴。青年者，发新思想，开新社会，定新中国者也。老朽者不可作，无学者不可教，咄咄时慧宝，空前绝后，喜为今日戏界中一青年也。精书画，乐与士大夫游，绝无一丝流氓气。而其发声也，纯乎宫商之音，非一般野狐禅之可比。慧实慧宝，勉之勉之。吾辈以笔舌化人者也，汝以身色化人者也，曷牺牲此身，以救全国社会乎，改革全国社会乎?何谓救全社会,即演剧时声泪俱下之演说也。何谓改革全国社会,即演剧现英雄之惨剧也。汝之担任国民义务匪轻,汝之声精矣详矣,今日之上海大舞台上莫可与汝抗也。则吾其愿共谒此心,以暴白于天下也。汝之技传矣,吾之心安矣。

小保成、小保珊为丹桂莫大之功臣　(录《花月报时评》)

保成、保珊,皆童伶也。丹桂部立于海上,已历有年所,固有不此二童是赖者。虽就今日丹桂之全体论之,如三灯者("七盏灯"、"十五盏灯"、"十七盏灯"),客星也,不能常为丹桂有。其常有者,自夏月润、张顺来、林步青、羊长喜以及小子和夙著声誉外,率皆无足重轻之人。观其每日之剧文,此二童均能以一剧自擅其长,为全部生色。音节浏亮,心手调和,吾爱此二童,吾不能不为丹桂贺也。或曰保珊稍劣于保成,然天之生材,从无一例。若斤斤言论及此,亦未免失之苛矣。

梨园杂志

记横滨中华学堂之特色

中华学堂,自改良后,其学科益臻完善。华历六月十二日,为该校学生卒业之期。是日校长仿西国学校之例,命诸生试演新戏,以增智识。所演新旧竞争,师生相谈,尚武精神诸剧,备极巧妙。其余弹琴、绘画、体操、演说、诵诗、唱歌诸艺,皆由诸生顺次演之,大博喝采。该校改良不过数月,而成绩之良,过于别校,诚海外各埠一完美之学校也。兹录该校生徒所唱之歌如左:

光复歌(其一)

四万万人,四万万人,都是亲兄弟。今被那异种人,将我作奴隶。一心呀,一意呀,结个好团体。去尽呀,非我种,伸我国民气。

(其二)

二千万里,二千万里,好个大陆地。久在那,异种人,势力范围里。一心呀,一意呀,结个好团体。光复那,旧山河,共雪当年耻。

爱国歌(其一)

我今告我国民,人人当奋精神。国亡二百余载,何不勃然而兴。日俄战争,无论谁胜,总是同胞受害非轻,总是同胞受害非轻。

(其二)

我今告我国民,莫再昏睡沉沉。外侮欺凌日惨,当思光复鼎新。且看欧美,进化之人,共能振起爱国精神,共能振起爱国精神。

记育材学生之唱戏

沪城育材学堂之学生,自去冬以来,即亲自排演各新剧,迄今半载有余,业已演就纯熟。前因八月二十七日系先圣孔子诞辰,该学生等遂发起举行祝圣典礼。即于是晚八点钟,起至二点钟止,在校内开演。并预送入场券五百张,其戏目第一出《刺马》即张文祥故事,子目为"被虏"、"结义"、"私逃"、"投曾"、"立功"、"受职"、"背盟"、"行刺";第二出《拘叶》,即粤督叶名琛故事,子目为"开警"、"召衅"、"攻城"、"焚馆"、"下书"、"陷粤"、"出虏";第三出《张廷标被难》,第四出《监生一班》,子目为"乡试"、"回乡"、"访友"、"开学"、"散馆"、"遇驱"、"醒酒"、"被劫"、"遇友"、"约亭"、"行窃"、"报官"、"质审"、"押候"云。又其两壁以五色菊花扎成"金声玉振"四大字,并悬挂花灯甚多。

记江西戏班之改良

汪伶隐新排《瓜种兰因》,久已风行海内。现江西有志士陈某购得班本,以教本省名班小福兴,闻教成之日,当于该班寓处之关帝殿演唱云。

记《缕金箱》之内容

春仙茶园隐伶汪笑侬与夜来香近又演唱《缕金箱》新剧。案:《缕金箱》为明季杨文骢、方芷故事。当满清兵南下时,文骢逡巡苟活,其妾方芷以缕金箱一具视杨。杨启视之,则刀绳具在,隐约劝以殉节。杨尚迟回,方芷先自刎以坚其志,杨遂悬梁而死。侠情奇烈,青史生香。惟迄今二百六十一年,未尝谱之弦管,殊为憾事。兹有隐名"红光"者,特编此剧,赠诸笑侬,复由笑侬加以润饰。笑侬自扮杨龙友,夜来香则扮方芷,中间描写满洲兵南下之残酷,汉人出城逃难之悲惨,与方芷力劝龙友之殉节,隐讥显刺,妙绪环生。夜来香口齿清锐,辨若悬河,其激烈处,声色俱厉。较之前演李香君《却妆》一节,尤为切挚。以故新党抱亡国之痛者,观之莫不悲从中来,伤心一恸云。

案:本社社员金一尝来函,言及宜多编简单诸剧,使传习较易云云。今笑侬独能实践其事,吾知普及江湖无疑矣。

记《长乐老》之内容

《长乐老》一出亦系"红光"所编,个中节目,系描写一明朝相国,始而从贼,继复附满。有友人张瑶星者亡国遗民也,自号白云山人,隐居江表,声光暗然。(其行事略见桐城方苞所作《白云山人传》)一日,某相往谒,张设盛馔宴之,并召优伶演曹阿瞒、严嵩故事以隐讽。相国大惭,请易之。张命伶人别演《长乐老》新戏,长乐老者,即显刺某相国也。其人头戴满洲帽,拖双眼孔雀翎,身穿滚龙袍,并饰以马蹄袖,足履蒯屦。登场后,诙谐百出,无非嬉笑怒骂之词。某相愈滋不悦,拂衣而去。张以讽刺不悟必遭报复,乃托黄冠以终,此汉族亡国后一段轶事也。是晚笑侬扮瑶星,李连仲扮某相,改其姓氏曰"王国恩"。何金寿扮某相之化身,俱激昂慷慨,色舞眉飞,亦谁谓戏剧不足以激动人心哉?

记 时 慧 宝

慧宝恂恂如书生,而好拈笔墨。昨经某君劝其演技之外竭力读书,并许以东林党《离魂病》新戏本偿之,慧宝亦愿屏志向学云。

记金镶玉

镶玉日应芜湖桂仙茶园之聘，离沪一月。近因期满，已于念三日乘轮抵埠，现居惠香里三弄。已将烟霞旧癖，划除净尽。从此珠喉一串，余音绕梁，海上之音乐家，又可一洗筝琶之耳矣。

记林小芬

前过吴门，见丽华茶园林小芬所演《定军山》一出，较去岁在玉仙时尤觉英姿飒爽，模样精神，但不知何日珠还合浦也，不禁拭目俟之。

记刘永春

玉仙茶园自聘时慧宝后，生涯陡盛，而搭挡颇难其人。故又邀聘黑净刘永春同莅该园，择定十月初三日偕武生盖叫天、李少棠，小生小金红同日登台。永春为个中前辈，后起均莫能望其肩背。李龟年重莅江南，从此歌场当又有一番佳话也。

记李春利

副净李春利，俗呼武二花，振刷精神，声光日起。而其不轻弃玉仙，其义气尤不可及，自非可以寻常伶人一例看也。

记天津名伶四则

小兰英前往哈尔滨中途，被马贼绑票，以六百金赎回。刻下哈尔滨虽尚繁盛，然战事渐渐逼近，终非久居之地，故兰英亦甚盼来津云。

下天仙新到薛凤池，前晚演《盘肠》大战，精神百倍。其在桌上一跌，又令人不可猜测。初七晚，赛活猴演《金刀阵》，是其最拿手之戏，非他人所可及也。张七演《浣花溪》，能写出最悍最妒之官场妇人丑态，令人绝倒。小杨猴演《八大锤》，左冲右突，如入无人之境，写出当年英雄气概。

第二期

告女优

醒 狮

唉！世乱荒荒，我们这班中国人倒尚是个醉生梦死，歌舞升平，快活个不了，岂不真真要笑死了人么？但是对着愚的人说醒话，譬如对牛弹琴，他那里懂得来呢？所以我们几个朋友，想出个法子，道若是果真要开通这班痴汉，唤醒那种迷人，除非要全靠着你们一班唱戏的身上才好。如今那里几个男子的名角呢，他倒十二分明明白白，一心要商量唱这新戏，同我们开了一个报馆，其名就叫做“二十世纪大舞台”，每月出着本报也叫是《大舞台报》。中间的意思呢，是一心指望着借这戏儿激动激动这人心，或者就此可以懂得一点事儿也未可知。但是据俺想来，那男女是一样的，他们京班里头既然有这姓汪的、姓孙的、姓周姓熊的，和着夏家弟兄们，在那春仙、丹桂两个戏园子里能勾唱什么《瓜种兰因》、《桃花扇》、《缕金箱》、《长乐老》、《玫瑰花》这种新戏，你们这班姊姊妹妹平日里头都是个聪明伶俐得了不得的，谁说碰着这件事情倒就此退缩不前，追步不上了么？

嚇！争一口气儿，你们姊姊妹妹总要赌胜了他才是。我们大舞台里头，原是没有成见的，你们姊姊妹妹倘能够唱得好，也会做出新戏，也会借着激动人心劝劝世人，唤醒唤醒这班痴迷的汉子。我们大舞台里人自然也把你们一班可敬可爱的姊姊妹妹竭力揄扬起来，使得大家都晓得这髦儿戏班子是很有人才的，岂不是你们的名声就慢慢儿大起来了么？

而且还有一桩事情俺要告诉你们，大家听听。就是这女子串戏的事，原是不独我们中国有的，就是那外国无论什么东洋西洋总是一样都有的，不过西洋女子串的戏大概都是拖着长裙，上台的时候把那长裙儿飞也似乱舞，又依仗着这电光灯电光镜照耀在这身子上边，一闪一闪发出那种希奇古怪的光彩，弄得看的人大家都眼迷了，就算他的本领完了。从来没有会把古来忠孝节义的事体，打成一本戏曲好好儿在台上演唱的。所以细论起来，那西洋串戏的女子他只说是个跳舞的好手罢了，若要吊起那嗓子来恐怕这唱工总远不如我中国哩。至于讲到那东洋女人串的戏呢，他们国里头叫他是个艺妓，不过说是妓女，能会各般武艺罢了。俺去年在日本的时候，不知看见过了多少他的本领呢，也只是搬演各种的技艺，如我们山东人弄把戏一般。在着台上穿了那种淡黄色的汗衫，不是钻云梯，就是弄缸甏，没见过一齐齐整整、会唱、又会串如我们中国髦儿戏那种聪明伶俐的。

咳！照怎样儿看起来，我们中国的髦儿戏在世界上也算得是数一数二的了。但是如今据世界上人的公论，总道是西洋的女优和那东洋的艺妓都好来了不得，却从没有提起我们这髦儿戏的好处。这究竟什么缘故呢？咳，说也可耻，只是西洋的女优和那日本的艺妓人人都能识字，人人都有爱国的心，不论在着自己国中，或在外邦谋生，总是爱恋着自己的国家，一心要想尽力保护的，从不说道国家的事情我们小百姓是不管帐的。咳，就这一桩看来，那外国串戏的女子，自然是大家要敬重他了。我们髦儿戏虽说是好，但是这件事却那里能及得他来呢？字虽认识了几个，若说到那爱国的心，就一点都没有了。凭你什么混帐王八蛋的异种人来做我们中国的皇帝，我们总是奉承他，他要奸就是奸，他要淫就是淫，总不一违拗的。想想那俄国的优伶，有投身秘密党中行这暗杀的，日本艺妓在那东三省谋利的，也往往探听俄国人的举动，暗通消息，密告国家的。比较起来，我们中国的男女，倒不是可耻得很么！

如今他们的名声大了，我们比他不过，没法子，难道就此罢了不成？据俺想来，那外国串戏的女子，我们且不要去管他，但是那京班里头会唱新戏的一班先生，究竟与你们姊妹比较起来，是没甚高下的。他们会唱新戏，这名声就好来了不得，难道你们这班姊妹就输上他了来么？古人说得好，“有志者事竟成”，又说道“彼丈夫我丈夫，我何畏彼哉”，他们如今既然高着兴儿唱这新戏，要改变那些恶习,论起理来也不过是有点志气罢了。究竟这新戏呢,也不是天大的事情,十分难学得来的,有什么希罕。只要大家用点心儿,照着他学习学习,隔几天那是你们一班姊妹也可以照样串这戏了,有什么难处呢?

咳!你们这班髦儿戏里头的姑娘,可晓得俺说的话,一句儿不是乱道的。你们大家想想看,做了人那一个不要争气的阿?如今他们京班里头既然抢上前去,难道你们就让了他么。俺这儿虽是个旁观的人,心里头倒有点儿不甘服,极愿意你姊妹们快快儿做个预备,把这些《瓜种兰因》、《长乐老》、《玫瑰花》、《缕金箱》、《桃花扇》,照着他一出一出的演唱起来,这是真真了不得哩。不要说他们汪笑侬这班人大家要来佩服,就是我们大舞台报馆里头,也少不得做篇文章来极力揄扬揄扬才是,不知你们意下如何?

日本大运动家名优宫崎寅藏传

佩　忍

梦既醒兮,花既落兮。华严之梦,索之于空花之域兮;文明之花,植之于化人之国兮。如潮如海之志,望余既得如花之诺兮。半面之情爱与半面之希望,相伴而相逐兮,撒手归来,抚身世其寂寞兮。

嘻,是歌也,果伊谁之所作耶?何其凄绝而悲凉以至于极也。则谨答之曰:是固有大恢杰,足为吾祖国光,为汉族前途庆,且为吾宗邦志士所宜崇拜而欢迎者。其人谋事不遂,颓丧而归,翻然变计,屈身以投入优伶社会之际,悲愁无聊,凄然嗷然,发兹浩唱,以写厥忧者,所谓落花之歌是也。斯人也何人也,盖一东方磊磊落落之魁奇男子,白浪庵主人滔天君,宫崎其姓,寅藏其名者是。

当是时,寅藏方从吾国兴中会首领孙逸仙谋改革,航海往来于支那日本者,殆数四。自由神降,大和魂归,独立旗翻,革命军起,堂堂哉皇皇哉,振臂一呼,敌兵四溃。使寅藏于此登富士巅而西望神州,应快然于河山之光复,黄胤之昭苏。鸣铙击鼓而高唱夫凯歌，独何至侘傺失志，悲慨穷途，颓然放废，而甘心坠落哉？则以惠州事败，三色旗摧，警电遥传，烈士授首，长白山王气犹存，汉家儿时机未至，壮士五百终返荒岛，热血一腔徒随流水。已而已而，中原大业不可期矣。栖栖风尘，徒慚朽蠹，则何如起大忏悔、求大解脱、立大决心，潜伏窜匿于优伶社会之中，以静待厥机，为计之得欤。此寅藏之志也，而亦为余今日所欣慕者，故予特乐述寅藏。

且夫论人者，不于其貌，而于其心；不于其形式，而于其精神。故使其人果热心社会，蓄爱国之观念，恳恳乎以救世为务，则若人虽卑贱欤，犹丈夫也。不然，而阳托赞助之名，阴逞诡谲之计，朝东向而夕西倾，翻手云而覆手雨，兹虽伟躯壳，犹妾妇耳。彼滔天君，虽优人乎，然其纯粹之思想，专壹之方针，业已直超乎一般梦梦者之黄人，而屹然不摇，宁尚可以寻常匹夫目之哉。盖君当髫龀时，即亲受教育于其母，恒以豪杰相勖。其长兄某，固常主张自由民权，以明治十年革命事起，死于难。滔天君日心慕之，在村塾辄放任自得，狂态可掬。虽触怒师长，遭同辈之排挤，不顾也。所居荒尾村，去加藤州银杏城西北十余里，山深地僻，尘嚣不闻，流水常清，芳草自媚。君诞育于是，说者谓其禀有淑气云。家故贫，父又早丧，有兄七人姊三人，停辛伫苦，至为凄悲。赖母氏贤，时节衣食，赀遣诸儿四出游学，以是君亦得列于德富苏峰之门，入大江义塾受业。苏峰者，以自由放任著，其门人常称以先生，不之应，而令呼其名，为猪一郎。猪一郎喜谈法国革命史，每诸生环侍，四座寂然，彼乃振精采，逞口辩，滔滔汩汩如黄河之一泻千里，色舞眉飞涎沫喷吐，至佳绝处，辄令闻者脱帽投地、拔剑击柱不能已，而寅藏尤心醉焉。

无何溺情酒色，为同塾所厌。遂辞大江归，一日过耶教堂，闻其宣讲，说之，遂投身焉。数月又去之芝浦，访猪一郎。仍得其介绍见小崎君，求耶氏之名理，至秋复返。进早稻田专门学，以贫故，与友四人僦屋丰岛村，炊爨自给，人称之曰五贫轩云。后其次兄与友宍户君，自大阪来，乃同寄居于麹村之客馆。每宵深人静，齁声四起,兄则辄屏寅藏,与其友娓娓密语,或泣或歌,秘莫测其故。寅藏殊心疑之,乃坚叩,得其解,则进图支那之大方针焉,遂狂喜不自持。呜呼!龙蛇起陆,非有雷雨不足以显神,奇爆弹横飞,非有导线不足以扬猛烈。恢恢滔天君,使非有哲兄良友激荡磨砺于其先,则彼后日者,亦安能发大愿心、佐大豪杰、举大事业于南部支那,以图恢复汉室为吾黄胤吐气哉?噫嘻!信若此,而其兄与友,实滔天君一生进趋支那之原动力也。

既而归里半年,始赴熊本,旋至长崎。友一西洋乞者,曰亚布拉哈麻,因其媒介,得缔婚前田氏。又拟兴学校,为警吏所制而罢。郁郁将游布哇,为其二兄所闻,急电阻之,且喻以运动支那策。于是寅藏乃遂乘轮船赴上海,时西历一千八百九十一年也,实日本明治二十四年之五月云。未几,又以赀尽,垂翅归。始与前田氏结婚,家居无聊者四年。会其友朝鲜亡命士金玉均,在上海为仇家洪钟宇所杀,君闻变大悲恫。当是时,东亚三国之战剧开,中日之军方激烈冲突于黄海之津,而鼓其义勇。官以君曾游支那,将召为通绎,君不得已,乃定三策。先赴函馆会女侠名玉者得其赠金;再与其兄访无名之英雄于东京市,决进趋之策;三乃发神户历香港,赴暹罗,以殖民事变,立归国。则其二兄客横滨病矣,然犹尽气力作长函密告君机事,并勉以运动支那之方,毋隳毋堕。而君终以殖民事未了,再西行暹罗,又以时疫丧其徒十数人,以兄促归急,乃整装返。嗟嗟!英雄蹭蹬,既怜一事之难成,而骨肉团栾,庶幸同胞之无恙。岂非对床话旧,尚有余欢;促膝谈心,聊抒积愫哉。宁料灾生平地,祸降自天?哀哉!哲兄一朝撒手耶,盖君方省母毕,而兄之恶耗至矣。

悲哉!天下事之最足以伤人心、僇人意、动人哀思、灰人情兴者,莫如以美满之希望,一旦掷之于流水,致使已往之事,如空花幻影,徒存梦想,飞踪绝迹,不可挽留。夫岂非千古情人志士所为废然中沮,而扼腕悼痛者欤?乃天独令寅藏遇之,奇矣。盖寅藏之心乎支那,实缘其兄勖励成之。其兄死,而可恃之泰山倒,将前途之希望尚谓可得其实际乎?此寅藏之所以一悲思而一痴绝也。虽然,英雄者,非境遇可得挫,而或转因其境遇以益振精神,若寅藏之英雄,宁遂默默然而已乎?

时则吾国奇士有陈白者,居横滨介,曾根君以招寅藏。寅藏乃再游支那,由香港历澳门,至广州,一一踵奇士之门识之。既闻孙氏将自英伦赴日本,乃驰归迎见之于横滨。数月,复偕南万里入中国,南万里走北京,君仍赴粤。会南洋之风云,急其志士。有来香港者,君倾心交结之间,则与三合会会员抵掌谈天下事,甚快。值康有为自北廷逃归粤,其门弟子谒君,谋拯救。君乃与康氏之东京,而南万里在北京,亦挟梁启超来于是,与往还者半载。当是时,为明治帝之三十一年春二月。菲立滨之大统领阿圭拿度方树三色旗,与美洲人战,南万里在两湖亦与哥老会相结纳。孙氏之党员尤纷纷谋起事,独孙氏意有待,乃创议佐阿氏军以助其成,然后急转余势以入支那,则汉族之恢复成矣。遂从孙氏策,以远藤四郎、南万里等入菲岛,更石君入西比里,亚吞宇君入湖湘,君赴香港探动静。既至,晤陈白,而湖南同志哥老会头目毕永年亦来,约起事。乃合哥老、三合、兴中三会党,立盟决议。分道三:一向广东西,一向浙闽,一向上海,而君与陈白归日本,捧大统领印以献孙氏。三十三年六月,孙氏乃遂命大举南征,至香港,君复建议入新嘉坡说康氏。顾康氏疑之,拒不见,君愤极作书绝之。而行刺之疑问已布,致为警吏所拘。越六日,始得释,因返香港,又为警吏制,乃偕孙氏归日本。明年庚子,孙氏又趋上海会唐才常,事泄,戮于汉。孙氏乃趋台湾,遂起惠州军,立电君速送军械赴前敌,而君为中六所误,事卒无成。值孙氏亦至自台湾,乃命君赴上海,冀有所希望,数日仍无成,遂归国。

于是中原事不可为矣,明治三十五年三月二十三日,君遂至芝爱宕町下,寄席八方亭,访桃中轩云右卫门,叩头再拜而乞为弟子云。右卫门者,今日本所称,弟是相貌魁梧,到了五六岁上聪明出众,只是生成一个桀骜不驯的性子,顽劣异常,淘气起来,莫说平人说他劝他不听,有时父母教训他几句,也是不服气。年交七岁便到学房里去读书,他大是颖悟,到口成诵。到十一二岁,便把经书念完。只是他心地虽是灵通,性情却欠淳静,才有些知觉,便要搬驳先生。那先生往往就被他问得目瞪口呆,无言可答。他就不服气,同先生拌嘴,先生气得浑身乱抖,要去责罚他。他就顶撞起来,同先生打架,说道:“你甚吗,敢打老爷,老爷同你是一样个人,可是你胡乱打得的?”闹得个烟雾尘天,后来近地教书先生都望影而逃,没有一个敢收他做徒弟。他离开了学房,一似溜了缰的野马,益发淘气得无法无天,就天天跑到荒野里去,把近地所有的孩子都聚在一处,足足也有七八十个。不是练着挥拳弄棒,便是学着打仗冲锋,大家顽耍。后来不知那里来了一个落魄江湖,无心进取,卖艺营生闲汉,见了他虎头燕额,知不是等闲人,就收了他作徒弟,逐件的指点他些马枪步箭杆子单刀跳高爬绳的本领,他越发高兴。(下期续印)

舞台掌故

垂虹亭长

张苍水

先明张苍水先生煌言为永历孤臣,尝孑身崎岖岭峤,出入江表者数年,终以恢复不成而死。千古痛之,生平著有《奇零草》一集,中列宫词十章,大抵皆咏入关时事。其第一章云:平明供奉入彤闱,亦舞霓裳唱羽衣。千骑骖骝知待猎,挥鞭驰道拥明妃。六章云:十部梨园奏上方,穹庐天子亦登场。缠头岂惜千金赏,学得吴歈进一觞。二诗事实虽不可考,然亦足以窥见当时北人之好尚矣。

吴梅村

同时有张南垣者以善叠假山名,游公卿间,人颇礼遇之。一日,有客设宴招吴梅村祭酒,张亦在座。因演剧,吴点《烂柯山》一出,以是剧中有张石匠,欲以相谑。梨园碍于张,每唱至张石匠辄讳为李。吴笑曰:“此伶甚有窍。”后演至张必果寄书有云“姓朱的有甚亏负你”,张不禁拍案大呼“此伶太无窍矣。”吴闻之,逃席而去。

陈其年

阳羡陈其年先生维崧，馆于冒氏，与一歌童狎。童将合卺，先生为赋《贺新郎》词赠之。曰："小酌酴醿酿，喜今朝、钗光簟影，灯前滉漾。隔着屏风喧笑语，报道雀翘初上。又悄把檀奴偷相。扑朔雌雄浑不辨，但临风试取弓鞋量。　送尔去，揭鸳帐。六年孤馆相依傍，最难忘、红蕤枕畔，泪花轻飏。了尔一生花烛事，宛转妇随夫倡。努力做藁砧模样。只我罗衾浑似铁，拥桃笙难得纱窗亮。休为我，再惆怅。"见者绝倒。

阿芸

阿芸，苏州女伶也，佚其姓。长白超勇公海兰察自台湾还，过吴，当道饯之虎丘画舫。芸出侑酒，海大钟爱，挈之去，宠专房。海固粗躁纵嗜欲，芸婉曲陈谏，多所保全。海子安录尤不检，芸独能事事裁抑之。海殁之夕，芸不哭泣，惟絮絮语安录以"功臣子孙不易为，贵家门户不易守"，安禄甚感其言，而芸遽投环殉矣。

徐采

康熙季年，都下有优人徐采者，以给事藩邸，嗾其佣杀人事，下九卿议。群咸欲脱采罪，以佣抵，独赵恭毅公申乔据刑剖谳，论采主使，坐绞。已而，采仍减死充边。及雍正嗣位，乃始逮采于边，论如律。一时豪强大猾为之悚然，而赵亦大得褒奖。

《琵琶记》

读毛氏《琵琶记》总论，乃知东嘉此著实为规讽王四而发，要自不诬。顾其中尚有力擘牛僧孺、蔡节度一段，阅者多不明其出处，今考此说实出于周达观《杂说》。据云：唐牛相国僧孺有子名繁，与乡人蔡生同举进士。才蔡生，欲以女弟适之。蔡已有妻赵氏，力辞不得，遂成婚。氏与赵相得甚欢，蔡后至节度使。予按此说虽不足引证，然亦不可谓非异闻，故录之。又考唐玉泉子载邓事，亦与此略同。可见天下事常无独有偶也。至蔡邕父名稜,字伯直,见《后汉书》注。又周氏书影云:“邕早丧二亲,年逾三十,叔父抚之犹若童稚。”此皆可证高氏假托之奇。

《鸣凤记》

杨椒山先生在台谏时,以劾严分宜死节,举国莫不冤之。故未几,即有《鸣凤记》传奇出世,一时流布教坊,演唱殆遍,即今所传写本《斩杨》诸出是也。惟撰者何人,未之深考。闻余姚黄梨洲先生之太夫人尝因寿日召梨园宴客,适演《鸣凤记》,太夫人见之不禁大恸,盖自伤忠端之被祸正同也。语见梨洲子百家跋子刘子所作寿序后文中。

椒山传奇

清初有吴薗次者,夙负才望,以词曲名。顺治九年,由拔贡授中书舍人,奉命谱椒山传奇。谱成称旨,即以椒山官官之,时以为奇荣雅遇。闻薗次有入署拜椒山先生祠,时奉命谱椒山传奇诗,惜未之见。按薗次所著,当别有一本与《鸣凤记》不同,惟书经进御,世无传本,故人多误以为一耳。

《万金记》

同时金陵书肆有刻传奇名《万金记》者,不知何人所作。大意以方字去点为万,钱字去戋为金,盖隐指是年二主考姓,备极行贿通贿状,一时流布禁中,遂兴大狱。主考方猷、钱开宗,房考李上林、商显仁、叶楚槐、钱文灿、周霖、张晋、朱萓、李祥光、田俊民、李大升、龚勳、郝维训、朱建寅、王国桢、卢铸鼎、雷震生等,凡十八人,俱骈戮于市。其余举子若吴汉槎辈,悉发边瘴充军,终其身不得返,皆此记一言之害也。先是,场前严霜积三寸,锁闱后鬼嗥不止,识者咸谓非吉兆,已而果然。案:是年北闱李振邺、张我朴,亦有张千李万之谣,事发被诛者至数十人。

《长生殿》

康熙朝钱塘洪昉思太学升，著《长生殿》传奇成，即授内聚班演之。上览之，颇击赏，立赠优人白金二十两。于是诸亲王及阁部大臣，凡有宴会必演此剧，而缠头之赏，殆不赀。内聚班优人爰请开筵，为洪君寿，而即演是剧以侑觞。一时名流之在都下者，罗致殆遍，而不及某给谏。给谏乃奏谓皇太后忌辰设宴乐为大不敬，请按律治罪。上览其奏，命下刑部狱，凡士大夫及诸生除名者几五十人。益都赵赞善伸符、海宁查太学夏重，其最著者。后查改名慎行，登第。赵竟废置终其身。

在沪观汪笑侬演《缕金箱》新剧

黄　天

人生一死原非易，再四逡巡死不来。无可奈何先自刎，始知方芷是奇才。

贺《大舞台》报

敌　公

忍令河山着死灰，黄炎魂失绝堪哀。物归故主男儿事，携手同登大舞台。

本来面目敢遗忘，说及屠城愤欲狂。须演腥风和血雨，他年旗鼓好重张。

闻《大舞台》出版投此为赠

天助自助者

剧史新緐大舞台，念家山破笛声哀。从知慷慨悲歌者，会见文明鼓吹来。

游侠传宜子长和，党人碑合广场开。千秋莫为伶官惜，欧九于今让俊才。

读《大舞台》报

稽　弦

舞台之名词，译自欧罗巴，厥义有广狭，诠解劳齿牙。中外两世界，历史纷腾拿。此属最广义，天演冥猜差。若夫优侏儒，登场粉墨搽。等诸一傀儡，狭义安足夸。二十此世纪，膑蹩生有涯。风潮卷地来，都在吾中华。怪剧千百状，莽莽龙为蛇。所最怵目者，剖豆而分瓜。甲午迄今兹，交涉纷如麻。略举其大概，岁月沈恫赊。越南法也版，印藏英则衙。辽河翻俄旗，台岛鸣日笳。德攘胶州湾，意索海门沙。美亦旅进退，黄海浮兵槎。凡百受要挟，贫弱日以加。埃及、土耳基，岌岌吾前车。一二忧时人，痛哭长叹嗟。外交及内治，亟望改革家。而我密调察，新旧徒嚣哗。病根脑膜印，梦呓何由瘥？相公乏司马，将帅无赵奢。论和复筹款，赤子枯疮痂。维新一切事，纷饰耳目夸。燕雀处堂矣，富贵犹骄邪？于是诸乐工，崛起相嗟呀。我亦有舞台，胡勿羯鼓挝。大声警梦梦，国民思想奓。匍匐奴隶者，视若井底蛙。创为一报章，名誉动迩遐。歌哭《党人碑》，离骚屈子些。无限爱国心，涌现筝与琶。新曲即新理，力洗诸淫哇。噌吰自由钟，摆脱专制枷。阁老唾《长乐》，士女谣《茶花》，热血吐肝胆，一望何槎枒。卢梭、康德书，庶几肇萌芽。嗟夫优与伶，举世所揄揶。曼音叶宫角，媚骨被罗纱。社会最下流，比诸弥子瑕。乃能为此言，世敢轻皇荂。改良俱乐部，黑暗生朝霞。洸洸一巨帙，俪丽雄词葩。同胞异哀乐，但向痒处爬。激昂以慷慨，剑也弹镆□。掩卷想其人，岂真蝓与蜗。有托乃逃此，忍垢水就洼。牺牲彼一生，幸福祈灵娲。庸耳暨俗目，慎勿烟雾遮。其遇大可哀，其志殊足嘉。在昔旃若孟，得毋此类耶？朔风人凄厉，北斗天横斜。偶作俳体诗，百辈嫌涂鸦。

题《长乐老》剧本

胎　石

大厦难求一木支，沈沈世界太离奇。我生不杀卖国贼，此恨绵绵无了期。当场奸竖梦魂惊，自有斯人气不平。抱得百般诸懊恼，海天深处一雄鸣。地尽东西飙战尘，痛砭俗耳苦无人。何期一入舞台上，慷慨悲歌迥绝伦。文字难争日月光，孤躯七尺日昂藏。也知终老是乡乐，怎奈荣华耐不长。

自题《东林党》新剧甲本

无　闷

自制新词遍上林，几家联袂试春灯。北人欢笑南人哭，风雨漂摇过孝陵。

内府传歌夜未休，南朝天子惯无愁。可怜一片白门柳，屡见降幡挂石头。

漫识妖书止一年，福王用尽卖官钱。要知半壁膏腴地，断送江南燕子笺。

已去天心不可回，蛙争鼠斗两庸才。漫移四镇防家贼，胡马胡兵动地来。

沪上喜晤汪笑侬伶隐赋赠

镜　龛

落花时节快逢君，所见从知胜所闻。多少古今兴废感，篇诗尊酒吊斜曛。

一胆包身百卷书，燕台剑气近何如。剧怜风雪漫天夜，寂寂江南旧草庐。

文章多分哭秋风，枕上邯郸梦易终。豪士胸襟才子泪，一齐收拾管弦中。

狂来饮酒吾儒事,人醉能教我独醒。演到伤时悲惨剧,舞台一哭当新亭。

傀 儡 歌

乾 乾

造化小儿真戏耳,抟人乃遣女娲氏。大千世界好排场,开辟鸿濛作傀儡。傀儡大者为帝王,后有千古前洪荒。封禅岂止七十有二代,征诛揖让纷登场。傀儡细者倮虫长,醜醜索索日攘攘。一尺之面七尺身,逢场谁把作戏想。可怜面目到人间,偃师窃得神鬼权。一例葫芦依样画,开棚见尔心怦然。红尘插脚平常事,却怪形容太尽致。富贵场中春梦多,鼓笛歌完人散易。如何撺掇上竿头,便学当年楚沐猴。叔敖衣冠假优孟,锦裆丛里欢愉讴。年年与世浮沈态,既微且肿复聋聩。平城不解曲逆围,狐骀反被侏儒败。遂令磔毛拳发羊犬群,狙诈狡狯来纷纷。攘臂捉领弄股掌,于思弃甲无能军。纸糊阁老既潦倒,沟犹瞀儒犹舞蹈。机械宁知鬼斧奇,风俗反把𫐈狼傲。受人愚弄复愚人,束缚驰骤争狂狺。毁冠裂冕何足道,蹒跚学步腥氈尘。岂知视人仰气息,尸居何异杨越国。等天立地好男儿,宁受他人恶作剧。公等休矣听我歌,我歌未已屡傞傞。不赋大人赋么么,穷形尽相非殊科。盘铃响处舞天魔,间容老子时婆娑。观场须防冷眼多,吁嗟乎,观场须防冷眼多,从来刍狗万物意,簸弄其如天地何?

跋《大舞台》丛报后

胎 石

一纸风行,满胸雪亮。扩人智识,吐我牢骚。刷二千年社会,不惮舌敝唇焦。哭四百兆人民,都是痴心热血。揽兹一读,不厌千回。窃尝谓人心久窒,进化难几。文人既十载苦磨,愚竖则一丁不识。茫茫大地,何日光明。济济众生,不事振作。不有人雪其脑筋,惊其聋聩,无文野之各判,期雅俗之兼收,使读书界有感于斯文,道旁人悉明夫大义,其何以尽国民之职务,复旧日之山河哉?而乃逢人振铎,先我着鞭,组织新编,发明原理。借戏剧以写照,使妇孺皆欢迎,虽非乐天之诗,老妪都解,然而后庭一曲,商女忘忧。若非借己形人,现身说法,亦孰能保祖国之精粹,下末世之针砭乎?至于笔墨之新,理论之确,则自有大雅品评,无待鄙人颂祷矣。

观《长乐老》剧愤书

胎 石

呜呼!乐则乐矣,老则老矣,如必谓乐能长乐,老能长老,则虽昏闇愚懦之民,一知半解之士,亦知其断无是理,况洞达世变者乎?云"长乐老"者,讥之之词也。贰臣一传,遗臭万世,"家国"二字,不知云何。徒求目前之富贵,身为奴隶而不辞。呜呼!其亦知祖宗饮泣于泉下,而子孙不能生有于宇内乎?即有一二志士,叫嚣于耳畔,痛斥其行为,而彼竟忍而受之,以为不过一时之羞辱,转瞬间即能泄其隐忿,残害忠良。庸讵知志士者,亦能飘然远举而不落其陷阱乎?呜呼!王国恩在矣,后世如王国恩其人者,诚不知几什百万也,亦安有张瑶星出而当场辱詈,不啻挝正平之鼓,使天下丧心病狂卖国求荣者有以摄其魄而惊其魂哉!举世昏昏,溺身名利。斯剧也,不啻贾生痛哭流涕之书,人安可视之而弗见,听之而弗闻,竟茫然不知其何谓乎?噫!

书《玫瑰花》剧本后

枕 仙

呜呼!祖国将亡,人心已死。梦梦政府,济济众生,日惟衣食身家之计往来于胸中,而弱肉强食优胜劣败之理,一若有不遑念及者,是岂一朝一夕之故哉?数千年来,海禁未开,夜郎自大,猛虎在山时,决不闻有入虎穴探虎子之人,其稍具强硬手段,抱残忍主义者,专以抉人之财、虫人之脑为事。甚且护持一己,终至卖国于人,而不顾此,无他,无种族思想国家思想也。即间有一二豪杰挺生其间,非为奸竖所播弄,即为他人所侵凌,必待杀身后而稍有热血者始动其无用之感情,虽竭追悼之诚,而于实际则毫无效益也。呜呼!今猛虎已出山矣,且已有他人为我搏之矣,夫搏虎者何心,而指此搏虎之人入室者又何心,人皆茫然不知。其何谓而昏昏沉沉,如大狮之酣睡然,一若非此不足以生存于世界也。呜呼,痛哉!我国四百兆人民,竟长此为他人束缚,而竟无自由之一日哉。夫蛰龙久困,未必无腾云之日;大木将萎,未必无复苏之时。压制愈深,文明始启,此千古不易之公理,奚待以口舌争之。旧者自旧,新者自新,无论其真旧与伪新也。而志士早播其种子,女学已见其萌芽。异日者,团体日坚,社会日固,我国之青年得以吐气于万一,岂不快甚!虽然,此适方兴未艾之时也,亦在自新者之得其道耳。若徒袭他人之皮毛,效西欧之装束,满口不关痛痒之新名词,叫嚣于毂击肩摩之地,非独不能启人之智识,吾恐新少年将见此而转觉其顽固之父兄为近于理矣。呜呼!志士其勉之哉。如必谓永无光复之日,吾何心,吾固不忍以此寒其心也,志士其勉之哉!

记玫瑰花

白话道人

玫瑰花,女杰名,其事早载于《中国白话报》。小子和者,名伶也。八月二十四夜,子和自扮玫瑰花,为演其事。曰钟国洪夏月润为之,林步青为包断宗,断宗即张止东更名,实卖玫瑰村者也。观者千数众,咸疑包即吴三桂,钟即史可法,至若玫瑰花则中国数千年犹未有其人,故无以似。自开幕至终场,拍掌之声凡数十起,震于丹桂戏园之四壁。

论风俗之害

录《新闻报》

古人谓声音一道感人最深，吾独谓戏剧以今人之面目演古人之事实，其开通心思、增长识见、鼓动精神尤能感人入微。试观袍笏登场、檀板铮钬，或演忠臣、孝子、烈士、节女、义仆，离合之境，悲欢之情，捐躯守义，杀身成仁，百折不回，未有不油然心动志气兴发者。然一观夫奸相、逆子、荡妇之狼心辣□忘恩负义，则又切齿痛恨，人人有食肉寝皮之想。盖人心未死，善善恶恶之良自在也。沪上风俗奢靡，工部局于诲淫戏剧持禁颇严，罚锾最巨，殆亦防人心为风俗所坏耳。不谓沪上近有达官富绅之子弟，甘拜伶人为师学习戏剧，自命风流，一若不知廉耻为何事者。夫改良戏剧，乃今日救危之要端也。中国人民智慧不开，记者方拟撰游历亡国记，详述波兰、印度、琉球、安南以及非洲之黑奴，美洲之红种为列强所吞并者，将当日灭亡之恶因以迄今日灭亡之惨况，绘形绘声，谱之管弦，敷以粉墨，为我同胞四百兆人民警告。俾知触目惊心，鉴于犹太人无政府之苦，受人欺虐，合群进化，咸求抵制之策，共筹挽回之方，再造中国，不为波兰、印度诸亡国之续，此亦有心人觉世之苦衷矣。使官绅之子弟，能见及此登大舞台而现身演说，未始不可借喜笑怒骂如优施、敬新磨诸人，作振聩发聋之助也。无如所演习者，非勾引之艳曲，即淫荡之新声，实诲淫之且非警世之资，殊可悲矣。夫以清白之胄，身出诗书名门、阀阅望族，席先人余荫，衣食有余，宜何如发愤自爱，精习实业，或入完备之学堂，或至泰西而游历，异日出身握权，未尝不可以救国难而济时艰。计不出此，株守先业，惜身爱名，可也。初不料逸居无教，串习淫剧，寡廉鲜耻，相率不返。少年子弟见异思迁，一人作俑，万夫效尤。彼不肖者之荡产倾家，无论矣。而自误误人，使沪上清白人家子弟亦复以此为乐。登歌舞之场，逐粉黛之队，引贼入室，中冓遗羞，此则人心风俗之大害也。为父兄家长者，溺爱不明，视为末节不加约束，童蒙一误，贻害终身，后悔岂能及乎？窃愿为父兄家长者严为范围，尤愿聪明少年勿为匪人所惑,急宜猛省改悔,犹未为晚也。呜呼!法人绘战败之图,国祚中兴。黄人如能演灭亡之剧,国势亦安知不可复振耶?名优改良,志士提倡,各有责任所在,非少年子弟之事也。乃不图上进,甘入下流,以串戏为陶情之豪举,业已不合人格,况□不能串极新警世之剧,专演极旧诲淫之剧,以遂其勾逗之私,此真无耻之尤者也。记者惧末流之不返,痛大局之难支,深望改良戏剧警动人心,而沪上少年子弟如此淫靡,迁流所极,岂特关系人心风俗之害而已哉!

绍介《大舞台》

《中国日报》

戏剧司教育权之一大部分,渐为吾国有心人所公认,并故优界改良之运动,颇有其人,而最得风气之先者,为上海一埠。盖志士名优,同萃一方,无怪乎有此思想,便即能见诸实行。如名伶汪笑侬所演之《党人碑》、《瓜种兰因》、《桃花扇》等剧,使阅者惊心动魄,视听为之一变,不徒声伎之工,传诵一时已也。近复组集同志,刊行优界杂志一种,每月二卷,每卷二毫,其中精神高尚,词藻精工,歌曲弹词自成格调,读之令我国家民族之思想悠然兴发,不能自已。远承惠赠书,此以介绍同志。

梨园杂志

记京师乐部

近日京师乐部中之声名鹊起者,仍以叫天儿、汪大头为著。叫天炉火纯青,工力悉敌;大头则到底不懈,处处精神。此外如金秀山之净面,虽体段不见魁梧,然实大声宏,上震屋瓦,亦晚近不数觏之才。至旦之中如崔灵芝、李灵芝,名誉夙著。俗云"丁灵芝的相,崔灵芝的唱,李灵芝的浪",洵不诬也。自崔李以下,如小朵、五月鲜、想九霄诸人,亦鼎鼎有名。憔各具杨太真之体,不免失之痴肥,转不如小凤凰(仅十一岁)之娇小玲珑,姿容绝代也。

记耍儿票

耍儿票者，京师王公大臣子弟，彼此相约多人，或生或旦或净或丑，各从所好，有时上台客串，题曰子弟爷台，犹上海昆腔之有某某集也。即以泰西而论，其大学校生徒，无不能上台演剧者。脚本多取历代兴亡之史，编纂成词，盖勉其为造世界之英雄，识时务之俊杰也，亦有时述鬼神之异（如犹太古时事及回教风俗之类），状男女之私。译书具在，可取观也。

记京剧之别裁

剧本以昆戏为最良，以一戏有一戏之程度，非若京戏之千篇一律也。然京戏亦有别裁者，如武戏一经开打，必须斩杀若干人，或生擒数人，而《莲花湖》则既不伤人，亦不将韩秀及手下人擒斩一人，演至"拜师"为止，彼此言归于好，实为各武戏中别开生面。又花旦戏中之《绒花记》，自始至终，纯系白口，并无唱句，亦甚特别。又《春秋配》一出，无台无凳；《探阴山》如仅演《探山》一出，亦无台凳。《包公案》只在生死板上略坐，又《华容道》一出，美髯公始终闭目，是皆与别戏不同者。

覆金一书

瘤 庵

承辱书，欲观《血花霏》，弟敢不承教。特此书乃少年所作，推崇□□未免过当，犹有□□之陋习，非所以入大雅之目。盖当时宗旨如此，至今思之，自觉惭愧。且其中词曲，北曲居多，而科白亦有四六习气，一钱不值何须说，信然。近日填《风洞山》传奇，此书颇觉惬心，上下都廿四出，已成十二出。此书系将瞿式耜、张同敞为主；借王永祚之子开宇，于元烨之女绀珠为生旦；而当时永历帝遗轶为经纬。痛哭南朝，插写北兵残暴。以孔有德为副净，为先圣惜也。兴亡如梦，涕泪模糊，大好河山，忍此终古。俟蒇事后，当就正于足下，并求题词也，其许我乎？来书辱问填词之道，弟何以敢附知曲者,谨就管窥所见,质之足下,愿足下匡我所不逮,当倒地谢之。近来填词家多率尔之作,而于音律、科白、打诨、南北,毫无所知,贸贸然操觚应世,真笑死人也。

音律者,宫调也,黄钟为宫,余律为调,共变化之得三百数十余调。如八卦之数,后人取以制曲,仅有二十八调。而今世所传者,止九宫十三调而已,仙吕、羽调、正宫、大石、中吕、般涉、南吕、黄钟、越调、商调、小石调、双调、角调是也。

用韵不可不慎,南曲苦无韵本,诸类韵本,决不可用。无已,则取周德清《中原音韵》,去其入韵而押之,以入声另备一格,亦可。盖《中原音韵》为北曲而设,非南曲可用也。且北曲无入声,皆支配于平上去三音中,故不可不去其入声,以另备一格。

曲牌各以宫调而分,如〔念奴娇序〕〔人月圆〕〔长寿仙〕催拍为大石调,〔泣颜回〕、〔好事近〕、〔石榴花〕为中吕调之类,每出用一套,套中不可以大石调之曲混入于中吕调中。何则?各宫调各有住字,如仙吕调为上字住,正宫调为六字住,或用浊混为合字住之类,各调皆有一定,故曲牌万不可混杂。

曲中要知某牌是几句、几韵,某句是几字,某字为衬字,某句用何如之平仄,何如之阴阳,何如之清浊,然后按以律而填入之。则一串骊珠,尽善尽美。所谓阴阳者,平声分阴阳也。东钟韵以东冬为阴,以同筒为阳;江阳韵以姜江为阴,以阳扬为阳之类。总之声雄而大者为阳声,尖而高者为阴。阴者为清,阳者为浊。推之仄声中,亦复如是。每句相间,用之无有不美听者。

传奇中往往有南北合套者,如〔北醉花阴〕〔南步步娇〕一套者,〔北点绛唇〕、〔南剑器令〕一套者,皆宫调相同,故可以如是。

科白之难,甚于词曲。填南曲则科白不可用北音,填北曲不可用南音,总之宜省宜洁净,宜蕴藉风流,切不可将市语搀入。即净丑诸角色,打诨必不可少,然讨便宜、说粗话,万万不可,此李笠翁词曲所以见笑于大方也。

何谓白,说白也;何谓科,排场也。排场更难于说白,上台之后,但说不做如木偶一般,有何好看?故排场之难,较白十倍。近见《坦园六种》，其中排场之妙，无以复加，真是化功之笔（惟词曲不合音律，此为失之）。

砌末之妙，莫如《桃花扇》，鲜艳生新，诚哉不可及矣。近阅《江苏革命军》、《新中国》二种，可笑之至。邹慰丹上台至下场，坐也不坐，动也不动，耍也不耍，张着口一口气唱到下场，仅叹了数口气完结了，排场之不讲究，如此其极。《新中国》亦然，令人忍俊不禁。传奇旧学也，用新仪制，则不合矣。然演东西人之遗事，则新仪制诚哉妙矣，至演中国之事，则皆前明衣冠可也，何必改西服洋装而始为美观哉。

曲中有犯调者，如〔春归犯〕、〔普天乐犯〕之类，皆取同宫调者而犯之。如仙吕上字住，双调亦上字住，故可于仙吕曲中犯双调，或于双调曲中犯仙吕调。宫调不同者，必不可以如此。

辱承下问，一时难以罄言，姑将以上诸则而告之，其或未当处，尚祈教我！

李笠翁《闲情偶寄》、《啸余谱》，方仰松词尘《九宫谱》，戈顺卿《词林正韵》（此书虽专言词韵，而南曲亦可通用），皆可为用。其余如高则诚《琵琶记》，袁凫公《西楼记》二种传奇，曲调音律，一字不苟，可以为法。至北曲则蒙，非所知，不敢浪加言语，谅之。

专此上复，即颂侠安。

致汪笑侬书

美国留学生

笑侬足下：顷居海外，见友人之自上海来者，言足下与三数同志采泰西史事，描写新戏，以冀动国人危亡之惧，起爱国之念。鄙人闻之，不禁大喜。谓笑侬此举，洵于开民智中多一利器矣。不宁惟是，盖仆观海外之所谓名优者，大率有品有学洁身自爱，君相士夫，莫不重之。而吾中国则不然，胸无点墨，识若鹿豕，其人比比皆是。徒恃一具响喉，取媚座客，甚或诱引良家妇女，贻羞闺阃，因此遭人鄙薄，等诸下流，谓非自取之咎乎。虽然，物竞天择，适者生存。世不我重，我正宜修我学、高我品，以与此狭窄不能容物之俗相竞,使不得不重我然后止,如此则斯可谓之丈夫矣。噫嘻!吾抱持此思想也久,不谓今果得之于笑侬。吾愿笑侬勉之,不惟改变优伶社会,使皆为有品、有学、有益、有用之国民,且愿笑侬率尔社会之人,以战胜此狭窄之陋俗,使不得不重视此有品有学之优人,斯则可矣。笑侬勉乎哉。欲造新世界,除非鼓吹文明,感动大众,使之咸思奋起,则一国兴矣。今笑侬以新戏改良,处处激刺国人之脑,吾知他日有修维新史者,必以笑侬为社会之大改革家,而论功不在禹下也。希望正大,不尽所言,谨候学安。

中历九月三日,美国留学生某上。

其他杂志

收录《新小说》《绣像小说》等杂志中的有关资料。吴新苗辑录整理。

论小说与群治之关系

梁启超

欲新一国之民,不可不先新一国之小说。故欲新道德必新小说,欲新宗教必新小说,欲新政治必新小说,欲新风俗必新小说,欲新学艺必新小说,乃至欲新人心,欲新人格,必新小说。何以故?小说有不可思议之力支配人道故。

吾今且发一问:人类之普通性,何以嗜他书不如其嗜小说?答者必曰:以其浅而易解故,以其乐而多趣故。是固然。虽然,未足以尽其情也。文之浅而易解者,不必小说,寻常妇孺之函札,官样之文牍,亦非有艰深难读者存也,顾谁则嗜之?不宁惟是,彼高才赡学之士,能读坟典索邱,能注虫鱼草木,彼其视渊古之文,与平易之文,应无所择,而何以独嗜小说?是第一说有所未尽也。小说之以赏心乐事为目的者固多,然此等顾不甚为世所重,其最受欢迎者,则必其可惊、可愕、可悲、可感,读之而生出无量噩梦,抹出无量眼泪者也。夫使以欲乐故而嗜此也。而何为偏取此反比例之物而自苦也?是第二说有所未尽也。吾冥思之,穷鞫之,殆有两因:凡人之性,常非能以现境界而自满足者也。而此蠢蠢躯壳,其所能触、能受之境界,又顽狭短局而至有限也。故常欲于其直接以触以受之外,而间接有所触有所受,所谓身外之身,世界外之世界也。此等识想,不独利根众生有之,即钝根众生亦有焉。而导其根器使日趋于钝、日趋于利者,其力量无大于小说。小说者,常导人游于他境界,而变换其常触常受之空气者也。此其一。人之恒情,于其所怀抱之想象,所经阅之境界,往往有行之不知,习矣不察者,无论为哀、为乐、为怨、为怒、为恋、为骇、为忧、为惭,常若知其然而不知其所以然。欲摹写其情状,而心不能自喻,口不能自宣,笔不能自传。有人焉,和盘托出,澈底而发露之,则拍案叫绝曰:善哉!善哉!如是!如是!所谓:“夫子言之,于我心有戚戚焉。”感人之深,莫此为甚。此其二。此二者实文章之真谛，笔舌之能事。苟能批此窾，导此窍，则无论为何等之文，皆足以移人。而诸文之中能极其妙而神其技者，莫小说若，故曰：小说为文学之最上乘也。由前之说，则理想派小说尚焉。由后之说，则写实派小说尚焉。小说种目虽多，未有能出此两派范围外者也。

抑小说之支配人道也，复有四种力：一曰熏。熏也者，如入云烟中而为其所烘，如近墨朱处而为其所染，《楞伽经》所谓迷智为识、转识成智者，皆恃此力。人之读一小说也，不知不觉之间，而眼识为之迷漾，而脑筋为之摇扬，而神经为之营注。今日变一二焉，明日变一二焉，刹那刹那，相断相续，久之，而此小说之境界，遂入其灵台而据之，成为一特别之原质之种子。有此种子故，他日又更有所触所受者，旦旦而熏之，种子愈盛，而又以之熏他人，故此种子遂可以遍世界，一切器世间有情世间之所以成、所以住，皆此为因缘也。而小说则巍巍焉具此威德以操纵众生者也。二曰浸。熏以空间言，故其力之大小，存其界之广狭；浸以时间言，故其力之大小，存其界之长短。浸也者，入而与之俱化者也。人之读一小说也，往往既终卷后数日或数旬而终不能释然，读《红楼》竟者，必有余恋、有余悲；读《水浒》竟者，必有余快、有余怒。何也？浸之力使然也。等是佳作也，而其卷帙愈繁，事实愈多者，则其浸人也亦愈甚。如酒焉，作十日饮，则作百日醉。我佛从菩提树下起，便说偌大一部《华严》，正以此也。三曰刺。刺也者，刺激之义也。熏浸之力利用渐，刺之力利用顿；熏浸之力在使感受者不觉，刺之力在使感受者骤觉。刺也者，能使人于一刹那顷忽起异感，而不能自制者也。我本蔼然和也，乃读林冲雪天三限，武松飞云浦厄，何以忽然发指？我本愉然乐也，乃读晴雯出大观园，黛玉死潇湘馆，何以忽然泪流？我本肃然庄也，乃读实甫之琴心、酬简，东塘之眠香、访翠，何以忽然情动？若是者，皆所谓刺激也。大抵脑筋愈敏之人，则其受刺激力也愈速且剧。而要之，必以其书所含刺激力之大小为比例。禅宗之一棒一喝，皆利用此刺激力以度人者也。此力之为用也。文字不如语言，然语言力所被不能广、不能久也，于是不得不乞灵于文字。在文字中,则文言不如其俗语,庄论不如其寓言,故具此力最大者,非小说末由。四曰提。前三者之力,自外而灌之使入,提之力,自内而脱之使出,实佛法之最上乘也。凡读小说者,必常若自化其身焉。入于书中,而为其书之主人翁。读《野叟曝言》者,必自拟文素臣;读《石头记》者,必自拟贾宝玉;读《花月痕》者,必自拟韩荷生若韦痴珠;读《梁山泊》者必自拟黑旋风若花和尚。虽读者自辩其无是心焉,吾不信也。夫既化其身以入书中矣,则当其读此书时,此身已非我有,截然去此界以入于彼界,所谓华严楼阁,帝网重重,一毛孔中万亿莲花,一弹指顷百千浩劫,文字移人,至此而极。然则吾书中主人翁而华盛顿,则读者将化身为华盛顿;主人翁而拿破仑,则读者将化身为拿破仑;主人翁而释迦、孔子,则读者将化身为释迦、孔子,有断然也。度世之不二法门,岂有过此?此四力者,可以卢牟一世,亭毒群伦,教主之所以能立教门,政治家所以能组织政党,莫不赖是。文家能得其一,则为文豪,能兼其四,则为文圣。有此四力,而用之于善,则可以福亿兆人;有此四力,而用之于恶,则可以毒万千载。而此四力所最易寄者,惟小说。可爱哉小说!可畏哉小说!

小说之为体,其易入人也既如彼,其为用之易感人也又如此,故人类之普通性,嗜他文终不如其嗜小说,此殆心理学自然之作用,非人力之所得而易也。此天下万国凡有血气者莫不皆然,非直吾赤县神州之民也。夫既已嗜之矣,且遍嗜之矣,则小说之在一群也,既已如空气、如菽粟,欲避不得避,欲屏不得屏,而日日相与呼吸之餐嚼之矣,于此其空气而苟含有秽质也,其菽粟而苟含有毒性也,则其人之食息于此间者,必憔悴、必萎病、必惨死、必堕落,此不待蓍龟而决也。于此而不洁净其空气,不别择其菽粟,则虽日饵以参苓,日施以刀圭,而此群中人之老病死苦,终不可得救。知此义,则吾中国群治腐败之总根原可以识矣。吾中国人状元宰相之思想何自来乎?小说也。吾中国人佳人才子之思想何自来乎?小说也。吾中国人江湖盗贼之思想何自来乎?小说也。吾中国人妖巫狐兔之思想何自来乎?小说也。若是者,岂尝有人焉,提其耳而诲之，传诸钵而授之也？而下自屠爨贩卒，妪娃童稚，上至大人先生，高才硕学，凡此诸思想必居一于是，莫或使之，若或使之，盖百数十种小说之力，直接间接以毒人，如此其甚也。（既有不好读小说者，而此等小说既已渐渍社会，成为风气，其未出胎也，固已承此遗传焉，其既入世也，又复受此感染焉，虽有贤智，亦不能自拔，故谓之间接。）今我国民惑堪舆、惑相命、惑卜筮、惑祈禳，因风水而阻止铁路、阻止开矿，争坟墓而阖族械斗、杀人如草，因迎神赛会而岁耗百万金钱、废时生事、消耗国力者，曰：惟小说之故。今我国民慕科第若膻，趋爵禄若鹜，奴颜婢膝，寡廉鲜耻，惟思以十年萤雪，暮夜苞苴，易其归骄妻妾武断乡曲一日之快，遂至名节大防，扫地以尽者，曰：惟小说之故。今我国民轻弃信义，权谋诡诈，云翻雨覆，苛刻凉薄，驯至尽人皆机心，举国皆荆棘者，曰：惟小说之故。今我国民轻薄无行，沈溺声色，绻恋床第，缠绵歌泣于春花秋月，销磨其少壮活泼之气，青年子弟，自十五岁至三十岁，惟以多情、多感、多愁、多病为一大事业，儿女情多，风云气少，甚者为伤风败俗之行，毒遍社会，曰：惟小说之故。今我国民绿林豪杰，遍地皆是，日日有桃园之拜，处处为梁山之盟，所谓“大碗酒、大块肉、分秤称金银、论套穿衣服”等思想，充塞于下等社会之脑中，遂成为哥老、大刀等会，卒至有如义和拳者起，沦陷京国，启召外戎，曰：惟小说之故。呜呼！小说之陷溺人群乃至如是，乃至如是！大圣鸿哲数万言谆诲之而不足者，华士坊贾一二书败坏之而有余。斯事既愈为大雅君子所不屑道，则愈不得不专归于华士坊贾之手，而其性质其位置，又如空气然，如菽粟然，为一社会中不可得避不可得屏之物，于是华士坊贾，遂至握一国之主权而操纵之矣。呜呼！使长此而终古也，则吾国前途尚可问耶？故今日欲改良群治，必自小说界革命始，欲新民，必自新小说始。

《新小说》第一卷第一期，光绪二十八年

小说原理

别士

人之处事,有有所为而为之事,有无所为而为之事。有所为而为之事,非其所乐为也,特非此不足以致其乐为者,不得不勉强而为之;无所为而为之事,则本之于天性,不待告教而为者也。故有明知某事之当为而因循不果,明知某事之不可为而陷溺不返者多矣。读书为万事中之一,亦有有所为而读者,有无所为而读者。有所为而读者,如宗教、道德、科学诸书,是其书读之不足以自娱,其所以读之者,为其于生平之品行、智慧、名誉、利养大有关系,有志之士乃不得不为此嚼蜡集蓼之事。无所为而读者,如一切章回、散段、院本、传奇、诸小说,是其书往往为长吏之所毁禁,父兄之所呵责,道学先生之所指斥,读之绝无可图,而适可以得谤,而千方百计以觅得之,山程水驿,茶余饭罢,亦几几非此不足以自遣。寖假而毁禁呵责斥人之长吏父兄道学先生,亦无不对人则斥之,独处则玩之。是真于饮食男女声色狗马之外,一可嗜好之物也。然而此习无人不然,其理由则无人能解,今为条析其理,未能尽也。以为解人嗜小说之故之发轫云尔。

人生既具灵明,其心中常有意念,展转相生,如昼如话,自寤彻寐,未曾暂止,内材如此,而又常乐有外境焉以雠对之,其雠对之法,粗者为游,精者为谈,较游与谈更精者为读。今将陈于纸上之物,为人所乐玩者,第其可乐之甲乙。

看画最乐。

看小说其次。

读史又次。

读科学书更次。

读古奥之经文最苦,此除别具特性,苦乐异人者外,常情莫不皆然。试观其所以不同之故,既可知人心之公理。盖人心之所乐者有二：

甲曰：不费心思。

乙曰：时刻变换。

人所乐者，肉身之实事，而非乐此缥渺之空谈也。惟有时不得实事，使听其空谈而如见实事焉，人亦乐于就之。惟人生所历之境，至实亦至琐。如举一书房言之，有种种玩好，种种书籍，种种文具，以及几案毯罽等等，其琐甚矣。若一厨房，则琐更甚。故举似者，必与之相副，而后能使闻者如在目前。如在目前之事，以画为最，去亲历一等耳，其次莫如小说。且世间有不能画之事，而无不能言之事，故小说虽稍晦于画，而其广过之。史亦与小说同体，所以觉其不若小说可爱者，因实有之事常平淡，诳设之事常秾艳，人心去平淡而即秾艳，亦其公理，此史之处于不能不负者也。且史文简素，万难详尽，必读者设身处地，以意历之，始得其状，尤费心思。如《水浒》武大郎一传，叙西门庆、潘金莲等事，初非有奇事新理，不过就寻常日用琐屑叙来，与人人胸中之情理相印合，故自来言文章者推为绝作。若以武大入《唐书》、《宋史》列传中叙之，只有“妻潘通于西门庆，同谋杀大”二句耳，观者之孰乐孰不乐可知也。科学书与经典更无此事，所以为下。总而言之，除画为不思而得外，小说者，以详尽之笔，写已知之理者也。故最逸。史者，以简略之笔，写已知之理者也，故次之。科学书者，以详尽之笔，写未知之理者也，故难焉。经文者，以简略之笔，写未知之理者也，故最难。而读书之劳逸釐然矣。

人使终日常为一事，则无论如何可乐之事，亦生厌苦，故必求刻刻转换之境以娱之。然人自幼至老，生平所历，亦何非刻刻转换之境哉？徒以其境之转换也，常有切身之大利害，事前事后，常有无限之恐惧忧患以随之，其乐遂为其苦所掩也。故不得不求不切于身之刻刻转换之境以娱之，打牌、观剧、谈天、游山皆是矣。然此四者，必身与境适相凑合，始能有之。若外境不副，则事中止焉。

于是乎小说遂为独一无二可娱之具。一榻之上,一灯之下,茶具前陈,杯酒未罄,而天地间之君子、小人、鬼神、花鸟,杂沓而过吾之目,真可谓取之不费,用之不匮者矣。故画、有所穷者也;史、平直者也;科学、颇新奇而非尽人所解者也;经文皆忧患之言,谋乐更无取焉者也。而小说之为人所乐,遂可与饮食、男女鼎足而三。

人所以乐观小说之故既明,作小说当如何下笔亦可识,盖作小说有五难:

一、写小人易,写君子难。人之用意,必就己所住之本位以为推,人多中材,仰而测之,以度君子,未必既得君子之品性;俯而察之,以烛小人,未有不见小人之肺腑也。试观《三国志演义》,竭力写一关羽,乃适成一骄矜灭裂之人。又欲竭力写一诸葛亮,乃适成一刻薄轻狡之人。《儒林外史》竭力写一虞博士,乃适成一迂阔枯寂之人。而各书之写小人无不栩栩欲活。此君子难写,小人易写之征也。是以作《金瓶梅》、《红楼梦》与《海上花》之前三十回者,皆立意不写君子,若必欲写,则写野蛮之君子尚易,如《水浒》之写武松、鲁达是,而文明之君子则无写法矣。

二、写小事易,写大事难。小事如吃酒、旅行、奸盗之类,大事如废立、打仗之类。大抵吾人于小事之经历多,而于大事之经历少。《金瓶梅》、《红楼梦》均不写大事,《水浒》后半部写之,惟三打祝家庄事,能使数十百人一时并见于纸上,几非《左传》、《史记》所能及,余无足观。《三国演义》、《列国演义》专写大事,遂令人不可向迩矣。

三、写贫贱易,写富贵难。此因发愤著书者,以贫士为多,非过来人不能道也。观《石头记》自明。

四、写实事易,写假事难。金圣叹云:最难写打虎、偷汉。今观《水浒》写潘金莲、潘巧云之偷汉,均极工;而武松、李逵之打虎,均不甚工。李逵打虎,只是持刀蛮杀,固无足论;武松打虎,以一手按虎之头于地,一手握拳击杀之。夫虎为食肉类动物,腰长而软,若人力按其头,彼之四爪均可上攫,与牛不同也。若不信,可以一猫为虎之代表,以武松打虎之方法打之,则其事之能不能自见矣。

盖虎本无可打之理，故无论如何写之，皆不工也。打虎如此，鬼神可知。

五、叙实事易，叙议论难。以大段议论羼入叙事之中最为讨厌，读正史纪传者无不知之矣。若以此习加之小说，尤为不宜。有时不得不作，则必设法将议论之痕迹灭去始可。如《水浒》吴用说三阮撞筹，《海上花》黄二姐说罗子富，均有大段议论者。然三阮传中，必时时插入吃酒、烹鱼、撑船等事；黄二姐传中，必时时插入点烟灯、吃水烟、叫管家等事。其法是将实景点入，则议论均成画意矣。不然，刺刺不休，竟成一《经世文编》面目，岂不令人喷饭？

作小说者，不可不知此五难而先避之。吾谓今日欲作小说，莫如将此生数十年所亲见、亲闻之实事，略加点化，即可成一绝妙小说。然可以牟利，而不可以导世。若欲为社会起见则甚难，盖不能不写一第一流之君子，是犯第一忌；此君子必与国家之大事有关系，是犯第二忌；谋大事者必牵涉富贵人，是犯第三忌；其事必为虚构，是犯第四忌；又不能无议论，是犯第五忌；五忌俱犯，而欲求其工，是犹航断港绝潢、而至于海也。

曲本、弹词之类，亦摄于小说之中，其实与小说之渊源甚异。小说始见于《汉·艺文志》，书虽散佚，以魏晋间之小说例之，想亦收拾遗文，隐喻托讽，不指一人一事言之，皆子史之支流也。唐人《霍小玉传》、《刘无双传》、《步非烟传》等篇，始就一人一事，纡徐委备，详其始末，然未有章回也。章回始见于《宣和遗事》，由《宣和遗事》而衍出者，为《水浒传》；由《水浒传》而衍出者，为《金瓶梅》；由《金瓶梅》而衍出者为《石头记》，于是六艺附庸，蔚为大国，小说遂为国文之一大支矣。弹词原于乐章，由乐章而有词曲，由词曲而有元、明人诸杂剧，如元人百种曲，汲古阁所刊《六十种曲》之类，此种专为演剧而设，然犹病其文理太深，不能普及。至本朝，乃有一种虽用生、旦、净、丑之号而曲无牌名，仅求顺口，如《珍珠塔》、《双珠凤》之类，此等专为唱书而设。再后则略去生、旦、净、丑之名，而其唱专用七字为句，如《玉钏缘》、《再生缘》之类。此种因脱去演剧、唱书之范围，可以逍遥不制，故常有数十万言之作，而其用则专以备闺人之潜玩。乐章至此,遂与小说合流,所分者,一有韵,一无韵而已。

此种小说,流布深远,无乎不至,其力殆出六艺九流上。而其为书,则尽蹈前所云小说五弊:所写主书之生旦,必为至好之人,是写君子也;必有平番、救主等事,是写大事也;必中状元、拜相封王,是写富贵也;必有骊山老母、太白金星,是写虚无也。惟议论可无耳。犯此诸病,而仍能如此之普及,非上文所设之例,有时不信也。因此辈文理不深,阅历甚浅,若观佳制,往往难喻,费心则厌,此读书之公例,故遂弃彼而就此。作此等书之人,既欲适神经最简者之目,而又须多其转换,则书中升沉离合之迹,皆成无因之果,不造骊山老母、太白金星以关键之不能,此皆事之不得不然者也。使以粗浅之笔,写真实之理,渐渐引人入胜,彼妇人与下等人,必更爱于平日所读诞妄之书矣。

综而观之,中国人之思想嗜好,本为二派,一则学士大夫,一则妇女与粗人。故中国之小说亦分二派,一以应学士大夫之用,一以应妇女与粗人之用,体裁各异,而原理则同。今值学界展宽,士夫正日不暇给之时,不必再以小说耗其目力,惟妇女与粗人,无书可读,欲求输入文化,除小说更无他途。其穷乡僻壤之酬神演剧,北方之打鼓书,江南之唱文书,均与小说同科者。先使小说改良,而后此诸物一例均改,必使深闺之戏谑,劳侣之耶禺,均与作者之心,入而俱化,而后有妇人以为男子之后劲,有苦力者以助士君子之实力,而不拨乱世致太平者,无是理也。至于小说与社会之关系,诸贤言之详矣,不著于篇。

《绣像小说》第三期,光绪二十九年

观 戏 记

失 名

记者越太平洋而客美洲也,登岸,见所谓吾广东人,衣广东之衣，食广东之食，言广东之言，用广东之器具，举饮食玩好，服饰器用，无一不远来自广东；声音笑貌，性情行为，心肠见识，起居嗜好，无一不如在广东焉。所异者，一顶黑洋帽，服尚黑色耳。记者惊曰：斯地其广东乎？外国哉？何广东之流寓此地者，或数世，或数十年，或十余年，或数年，毫不为他国风潮之所变迁，政治之所沾染，文明之所吹嘘，而依然完全无缺，至死不变之广东人也？广东人其有独立之风哉？其有唐三藏取经西方，过火焰山，有齐天大圣之火扇，火不能伤之术哉？俄而为友人引而观戏，其所演班本，又广东戏也。花旦小生白鼻哥，红须军师斑头婆，无一不如广东旧曲旧调、旧弦素、旧鼓锣。红粉佳人，风流才子，伤风之事，亡国之音，昔在本国已憎其无谓，今岂复堪入耳哉？不忍卒观而去。记者闻昔法国之败于德也，议和赔款，割地丧兵，其哀惨艰难之状，不下于我国今时。欲举新政，费无所出，议会乃为筹款，并激起国人愤心之计。先于巴黎建一大戏台，官为收费，专演德法争战之事，摹写法人被杀、流血、断头、折臂、洞胸、裂脑之惨状，与夫孤儿寡妇、幼妻弱子之泪痕。无贵无贱，无上无下，无老无少，无男无女，顷刻惨死于弹烟炮雨之中，重迭裸葬于旗影马蹄之下，种种惨剧，种种哀声，而追原国家破灭，皆由官习于骄横，民流于淫佚，咸不思改革振兴之故。凡观斯戏者，无不忽而放声大哭，忽而怒发冲冠，忽而顿足捶胸，忽而磨拳擦掌，无贵无贱，无上无下，无老无少，无男无女，莫不磨牙切齿，怒目裂眦，誓雪国耻，誓报公仇，饮食梦寐，无不愤恨在心。故改行新政，众志成城，易于反掌，捷于流水，不三年而国基立焉，国势复焉，故今仍为欧洲一大强国。演戏之为功大矣哉！

记者又尝游日本矣，观其所演之剧，无非追绘维新初年情事。是时国中壮士，愤将军之专横，悲国家之微弱，锁国守陋，外人交侵，士气不振，软弱如妇人女子，乃悲歌慷慨，欲捐躯流血以挽之，腰扎白布巾，横插双剑，一以杀人，一以杀己，遍走诸侯王，说以大义。其日夜聚议所，或在娼寮酒馆，漫天大雪，携剑出门去，顷刻取仇人头归以下酒，以起舞樱花门外，血如樱。前者死，后者继，起义兵与旧党相争,不惜冒叛逆名。会津城中,一日饿死十余万人。当时人捐银一毫以为兵费,镕锅釜以为兵器,积骸迭尸,家亡身死,而志士仍不顾也。久之,政府知民气之不可遏,乃急急改革。政治年年改良进步,日本人乃有今日自由之乐,与地球六大强国并立。日本人且看且泪下,且握拳透爪,且以手加额,且大声疾呼,且私相耳语,莫不曰我辈得有今日,皆先辈烈士为国牺牲之赐,不可不使日本为世界之日本以报之。记者旁坐默默而心相语曰:为此戏者,其激发国民爱国之精神,乃如斯其速哉?胜于千万演说台多矣!胜于千万报章多矣!于是追忆生平所视之剧,而验其关系于国种社会何如而论次之。

记者生于广东之惠州,面山而背海,伏处穷乡,见闻谫陋。然闻吾广东戏班有五种:曰广州班,曰南海班,曰潮州班,曰惠州班,曰过山班。南海班吾未之见,惠州不脱广东窠臼,且声不逮之,无足观者。广州班为全省人士所注目,其名优工价,至于二三千金,声价甚高,然大概以善演男女私情,善鼓动人淫心,为第一等角色。故其日戏,尚有无风起浪,事急招兵,奸臣当国,太子回朝尽诛奸党,国泰民安等节段,以触人分别奸贤之心。至于夜间,所谓出头者,则尽是小姐、丫环、公子,专显花旦、小生之手面,绘影绘声,牵连撮合,皆野合、私奔、匀脂粉、挂蚊帐等事。深夜沉沉,淫情勃勃,以淫夫淫妇之行为,反而致状元夫人之荣贵,愚夫愚妇何知,有不怦怦心动,相率为桑间濮上之行者哉?虽其间亦有一二如《苏武牧羊》、《李陵碑》等,述忠臣义士之遗迹,其词可泣可歌者。然《苏武牧羊》不演其拒卫律、李陵之招降,十九年啮雪吞毡,抱汉节之苦心,而因其娶有胡妇,妄造猩猩女追夫之事以乱之,或且连昭君出塞而为一出。夫苏武武帝时人,昭君元帝时人,相去百余年矣,乃演者以二人连辔归国,俨若同时,以上取之,则无精神,以下取之,则非事实。其他陈陈相因,毫无新词,声音靡靡,郑卫衰亡,又不其论矣。此有心人观戏,所以不能终曲也。潮州班用福潮佬方音,故乡俗谓之福佬班。其所演乃与广州班大异。广州班往往取小说之一节、一茎、一花、一木而牵合之,潮州班其所演小说,积日累月,尽其全部而后已。《三国演义》、《水浒》、《隋唐演义》等书，当其常演之本，不独只字不遗，即其声音笑貌偶有差错，万目哄之，故观其演《三国》也，如置身于鼎足之场，而亲其雄君、桀士、武臣、健卒，设谋致勇，以争割据土地也。其演《水浒》也，如与宋江、武松为伍，杀贪官，诛淫妇，民权兴，官权灭也。其演《隋唐演义》也，如亲见昏君以天下为己私产，采致良家子女无数，日夜纵淫于内，兴土木，建宫室，使民带刑作工，草菅兆姓于外，英雄混混，乃群思拨乱而为治，开新国，除淫昏也。盖尝论之：广州班似于尚文，潮州班近于尚武；广州班多淫气，潮州班多杀气。以是之故，其人民之感召，与山川风俗，极为影响焉。

广州受珠江之流，故其民聪明豁达，衣冠文物，胜于他土，然智过则流于诈伪，文多则流于柔弱，此其蔽也。惠潮嘉以东，禀山泽之气，故其民刚健猛烈，朴鲁耿介，胜于他土。然过猛则战斗时作，过介则规模太隘，此其蔽也。记者自有知识以来，见我州中倡革命者，盖十数起矣。其视革命之事，如食饮衣服之不可离，其视死于战斗，若荣庆焉，官虽痛剿杀之，毫不能也。然而打家劫舍之事，则不屑为之也。若夫省会之地，抢劫如林，省城以西州县，夜不安寝，行水之收，岁至数万，而揭竿之举，鲜有闻焉。东江有会党而无绿林，西江有绿林而无会党，此广东东西江人种性情之大别也。然而于当今万国竞争自存优胜劣败之际，求其有军国民之性质，尚武刚烈之气象，则吾虽东江人，不能不私赞之，私喜之，以为吾东江人稍有近于是也。虽然，东西江大别所由来，何自始乎？曰：亦始于潮州班、广州班所演宗旨不同而已矣。潮州班重鼓鼙，广州班重弦笛，鼓鼙之声，使人闻之心壮，弦笛之声，使人闻之心颓。然而潮州班守其方音，不能通行于全省，且专演前代时事，全不知当今情形，其于激发国民之精神，有乎古而遗乎今者也。广州班则无精神，无事实，闻有如仙花法新华者，能撮《红楼梦·晴雯补裘》为一出，《三国演义·刘备招亲》为一出，既戛戛乎难得，至于陈腐之曲本、诲淫诲盗之毒风，尤数见不鲜，足以伤风败类，皆不可不大加改革者也。

若夫过山班，则俗谓之杂班。自桧以下无讥焉，广东之戏尽此矣。广东之于中国,言语特殊于各省,习尚特殊于各省,下至民间所演之戏,亦特殊于各省,盖中国之视广东如一外国焉。北清之人,多称广东省为广东国者。几于名称其实矣。昔法国名士评拿破仑之文曰:“生于哥塞牙深山大泽,议论自存国风。”广东之人爱其国风,所至莫不携之,故有广东人足迹,即有广东人戏班,海外万埠,相隔万里,亦如在广东之祖家焉。中国京师,吾未至,吾弗知。昔在上海,闻有同庆茶园者,广东戏也,与春仙、丹桂各外江班抗行,未久即归消灭。盖外江班能变新腔,令人神旺,广东班徒拘旧曲,令人生厌,宜其败也。外江班所演多悲壮慷慨之词,其所重在武生;广东班所演多床第狎亵之状,其所重在花旦。武生有英雄气象,花旦有腐儒气象。英雄使人敬,腐儒使人憎。广东班若不从新整顿,吾恐十年后,皆归消灭无疑也!外江班所演《打鼓骂曹》、《大红袍》等戏,颇有诛奸灭恶之心。所撮《铁公鸡》,述洪杨与满清战争时事,两军兵士皆无纪律,扎营则彼此聚赌,闻战则归队伍,官军淫掠无异洪军,于满清中兴国史外,稍存一公道信史,使汉人耳目不至全为所蔽。噫嘻!成败虽曰天命,岂非人事哉。近年有汪笑侬者,撮《党人碑》,以暗射近年党祸,为当今剧班革命之一大巨子。意者其法国日本维新之悲剧,将见于亚洲大陆欤?且夫班本者,古乐府之遗也,乐府者,古诗之遗也。诗三百五篇,皆被之管弦,以正风俗,以宣教化,乐者感人最深,故岁终使者采风以入乐,使知民间疾苦,而时变其政。是故十五国风之诗,皆十五国所演之班本也。《汉书·礼乐志》、《房中歌》、《郊祀歌》、《大风歌》、《秋风歌》、《匏子歌》等,类汉时所演之班本也。至于魏、晋、隋、唐,凡士大夫有佳篇雅什,才经脱稿,即播人间,如王之涣、王昌龄、高适等,旗亭饮酒,女优遍唱各人诗,始及“黄河远上白云间,一片孤城万仞山”。是魏、晋、隋、唐之曲本,即当时之诗词也。宋元以后,诗与乐离,士大夫所咏者,不可谱之于乐,于是始创曲本《西厢记》、《明珠记》、《琵琶记》出焉。源流滋多,又有南腔北腔,南曲北曲之分。行于燕、赵、秦、晋间者,谓之北曲;行于吴越者,谓之南曲。南北之方音既不同,而中原乐器,经三国五胡之乱,散失无存。北方所用之乐,大都由东胡北狄西域而来；南方所用之乐，大都由滇南、川西边界而来，年远代湮，不可殚述。乃自元以来，华夷无限，贤人君子不得志于时者，思为移风易俗之助，往往作为曲本，以传播民间，如汤玉茗之《牡丹亭》、《临川四梦》，孔云亭之《桃花扇》传奇，蒋心余之《冬青树》、《一片石》、《香祖楼》、《空谷香》、《临川梦》等类，共成九种曲，皆于一时之人心风俗，有所关系焉。蒋心余之言曰：天下之治乱，国之兴衰，莫不起于匹夫匹妇之心，莫不成于其耳目之所感触，感之善则善，感之恶则恶，感之正则正，感之邪则邪。感之既久，则风俗成而国政亦因之固焉。故欲善国政，莫如先善风俗；欲善风俗，莫如先善曲本。曲本者，匹夫匹妇耳目所感触易入之地，而心之所由生，即国之兴衰之根源也。记者曰：蒋君其知本哉？虽然，岂特此哉？夫感之旧则旧，感之新则新，感之雄心则雄心，感之暮气则暮气，感之爱国则爱国，感之亡国则亡国，演戏之移易人志，直如镜之照物，靛之染衣，无所遁脱。论世者谓学术有左右世界之力，若演戏者，岂非左右一国之力者哉？中国不欲振兴则已，欲振兴可不于演戏加之意乎？加之意奈何？一曰改班本，二曰改乐器。改之之道如何？曰：请详他日。曰：请自广东戏始。于是乎记。

《清议报全编》卷二十五，光绪二十九年

中国之演剧界

蒋观云

拿破仑好观剧，每于政治余暇，身临剧场，而其最所喜观者为悲剧。拿破仑之言曰："悲剧者，君主及人民高等之学校也，其功果盖在历史以上"。又曰："悲剧者，能鼓励人之精神，高尚人之性质，而能使人学为伟大之人物者也，故为君主者不可不奖励悲剧而扩张之。夫能成法兰西赫赫之事功者，则坤讷由(Corneille)所作之悲剧感化之力为多。使坤氏而今尚在，予将荣授之以公爵。"拿破仑之言如是,吾不知拿破仑一生,际法国之变乱,挺身而救时艰,其志事之奇伟,功名之赫濯,资感发于演剧者若何?第观其所言,则所以陶成盖世之英雄者,无论多少,于演剧场必可分其功之一也。剧场亦荣矣哉!虽然,使剧界而果有陶成英雄之力,则必在悲剧。吾见日本报中屡诋诮中国之演剧界,以为极幼稚蠢俗,不足齿于大雅之数。其所论多系剧界专门之语,余愧非卢骚不能解《度啘德兰犹》也。(卢骚精音律,着一书名曰《度啘德兰犹》,痛论法国音乐之弊,大为伶人间所不容。)然亦有道及普通之理,为余所能知者。如云:"中国剧界演战争也,尚用旧日古法,以一人与一人,刀枪对战,其战争犹若儿戏,不能养成人民近世战争之观念。"(按义和团之起,不知兵法,纯学戏场之格式,致酿庚子伏尸百万,一败涂地之祸。演战争之不变新法,其贻祸之昭昭已若此。)又曰:"中国之演剧也,有喜剧,无悲剧。每有男女相慕悦一出,其博人之喝采多在此,是尤可谓卑陋恶俗者也。"凡所嘲骂甚多,兹但举其二种言之,然固深中我国剧界之弊者也。夫今之戏剧,于古亦当属于乐之中,虽古之乐以沦亡既久,无可考证,经数千年变更以来,决不得以今之戏剧,谓正与古书之所谓乐相当,然今之演剧,要由古之所谓乐之一系统而出,则虽谓今无乐,演剧即可谓为一种社会之乐,亦不得议其言为过当,夫乐,古人盖甚重之。孔子之门,乐与礼并称,而告为邦,则曰:"乐则《韶》舞。"在齐闻《韶》,三月忘味。其余论乐之言尤多,盖孔子与墨子异,墨子持非乐主义,而孔子持礼乐全能主义,故推尊乐若是其至也。而古之乐官,若太师挚、师旷等,亦皆属当世人材之选,昭昭然著声望于一时,而其人咸有关系于国家兴亡之故。夫果以今之演剧当古时乐之一种,则古之乐官,以今语言之,即戏子也。呜呼!我中国万事皆今不如古,古之乐变而为今之戏,古之乐官变而为今之戏子,其间数千年间,升降消长,退化之感,曷禁其枨触于怀抱也!抑我古乐之盛,事属既往,姑不必言。方今各国之剧界,皆日益进步,务造其极而尽其神。而我国之剧,乃独后人而为他国之所笑,事稍小,亦可耻也。且夫我国之剧界中,其最大之缺憾,诚如訾者所谓无悲剧。曾见有一剧焉,能委曲百折，慷慨悱恻，写贞臣孝子仁人志士，困顿流离，泣风雨动鬼神之精诚者乎？无有也。而惟是桑间濮上之剧为一时王，是所以不能启发人广远之理想，奥深之性灵，而反以舞洋洋，笙锵锵，荡人魂魄而助其淫思也。其功过之影响于社会间者，岂其微哉！昔在佛教，马鸣大士，行华氏国，作赖吒和罗之乐，使闻者皆生厌世之想，城中五百王子，同时出家。是虽欲人悟观空无我之理，为弘通佛教之方便法，然其乐固当属悲剧之列也。今欧洲各国，最重沙翁之曲，至称之为惟神能造人心，惟沙翁能道人心。而沙翁著名之曲，皆悲剧也。要之，剧界佳作，皆为悲剧，无喜剧者。夫剧界多悲剧，故能为社会造福，社会所以有庆剧也；剧界多喜剧，故能为社会种孽，社会所以有惨剧也。其效之差殊如是矣。嗟呼！使演剧而果无益于人心，则某窃欲从墨子非乐之议。不然，而欲保存剧界，必以有益人心为主，而欲有益人心，必以有悲剧为主。国剧刷新，非今日剧界所当从事哉！（曩时识汪笑侬于上海，其所编《党人碑》固切合时势一悲剧也。余曾撰联语以赠之，顾其所编情节，多可议者。望其能知此而改良耳。）

《新民丛报》第三年第十七期，光绪三十年

论开智普及之法首以改良戏本为先

箸　夫

方今环球，一绝大之话剧哉！波诡云谲，龙争虎斗，急管弦愈演愈烈，吁，异哉！乃世之人往往游忽于当前，而系恋于已往，茫昧于现象；而致慨于陈迹。彼其感情之敏速，可于观剧时见之。当夫柝既鸣，幕既撤，满园阒寂，万籁无声，群注目于场上，每遇奸雄构陷之可恨也，则发为之指；豪杰被难之可悯也，则神为之伤；忠孝侠烈之可敬也，则容为之肃；才子佳人之可羡也，则情为之移。及演者形容尽致，淋漓跌宕之时，观者亦眉飞色舞，鼓掌称快。是以上而王公,下而妇孺,无不以观剧为乐事。是剧也者,于普通社会之良否,人心风俗之纯漓,其影响为甚大也。中国成周优孟衣冠,为剧之滥觞。及李唐时,梨园菊部,一时称盛。厥后愈传愈讹,久而渐失其真。其所扮演者,多取材于说部稗史,综其大要,不外寇盗、神怪、男女数端,如《水浒》、《七侠五义》,非横行剽劫,犯礼越禁一派耶?《西游》、《封神记》,非牛鬼蛇神,支离荒诞一派耶?《西厢》、《金瓶梅》,非幽期密约,亵淫秽稽之事?在深识明达者流,固知当日作者,不过假托附会,因事寓言,藉他人酒杯,浇自己垒块,亦视为逢场作戏,过眼烟云已耳。而闾阎市侩,乡曲愚氓,目不知书,先入为主,所见所闻,祗有此数。每于酒阑灯灺之候,豆棚瓜架之旁,津津乐道,据为典要,且以一知半解,夸耀同侪。呜呼!锢蔽智慧,阻遏进化,非此阶之厉乎?况中国文字繁难,学界不兴,下流社会,能识字阅报者,千不获一,故欲风气之广开,教育之普及,非改良戏本不可。善乎粤东程子仪之新撰曲本,以改良乎!其法议招青年子弟数十人,每日于教戏之外,间读浅近诸书,并灌以普通知识,激以爱国热诚,务使人格不以优伶自贱。复于暇日炼以兵式体操,将来学成,赴各村演剧,初到时操衣革履,高唱爱国之歌,和以军乐,列队而行,绕村一周,然后登台。先用科诨,将是日所演戏本宗旨、事实,演说大势,使观者了然于胸。而曲中所发挥之理论,可藉此展转流传,以唤起国民之精神。已撰成者,如《黄帝伐蚩尤》、《大禹治水》诸出,不胜枚举。中国旧日喜阅之寇盗、神怪、男女数端,淘汰而改正之。复取西国近今可惊、可愕、可歌、可泣之事,如波兰分裂之惨状、犹太遗民之流离、美国独立之慷慨、法国改革之剧烈、以及大彼得之微行,梅特涅之压制、意大利之三杰、毕士麦之联邦,一一详其历史,摹其神情,务使须眉活现,千载如生。彼观者激刺日久,有不鼓舞奋迅,而起尚武合群之观念,抱爱国保种之思想者乎?日本维新之初,程效之捷,亦编译小说之力居多。吾国而诚欲独立,角逐于二十世纪大舞台也。舍取东西洋开智普及之法,其孰与于斯?

《芝罘报》第七期,光绪三十一年

中国诗乐之迁变与戏曲发展之关系

渊　实

划成一新纪元于中国之文学史上，放陆离之光彩者，元代之杂剧及传奇也。于南北两宋，自诗余转化而来，人皆知之；而其诗余又古乐府之流别，人亦知之。虽然，叩以古乐府以如何动机而变化为诗余，诗余以如何理由而转移于杂剧及传奇，虽斯道专门之诗家者流，对之而有亲切明畅之辩解者极少。此之故，乃文人学士，读杂剧传奇及诗余乐府，犹读诗赋文章，徒论其文字之妍丑好恶，绝不研究音乐之故耳。夫杂剧传奇及诗余乐府者，非如司马相如以下李杜韩白之辈，所作之诗赋文章，非文字之诗也，非目之诗也，非美文也，乃声之诗，耳之诗，与音乐相待为一，以传于天下。故音乐之变迁，一乐府、诗余、传奇、杂剧之迁变也；音乐之灭亡，一乐府、诗余、传奇、杂剧之灭亡也。欲知乐府、诗余、传奇、杂剧之性质，宜先自上古至于今日上下四千余年间，于历史上研究音乐之变迁与兴亡，不然则无由知其真相。此本篇所欲论者，则在于中国音乐如何起灭，如何变迁，而其结果与大汉民族有如何影响之问题也。

在中国之上世，诗乐一致，三百篇皆可歌，无复赘辩。传曰："《诗》亡然后《春秋》作。"由此语而推想之，则至东周之季，王道衰微，风俗赴于浇漓，人情流于浮薄，所谓风雅颂温柔敦厚之教旨，全归湮没，诗遂减亡。但《左传》特书吴季札之观乐，而列国士大夫于宴会之席上，往往赋诗言志，由是观之，诗之作者虽绝，而歌咏之方法，即音乐之一部犹依然存也。虽然，至于战国时代，各家之书史传记，不复记此等之事，并其乐律而至于绝灭者当在此时。自此以后，炎汉运隆，乐府乃兴。自乐府而诗余，自诗余而杂剧、传奇之起源之一大远因也。

战国之末，楚之屈原，始发荆楚怨诽之声，作为《楚辞》，首《离骚》、《九歌》以下二十五篇，在当时必皆可协于乐律。如其《九歌》，在楚汉间,为祠庙祭祀之神乐,以奏于神前者,曰《云中君》、曰《湘夫人》、曰《湘君》、曰《东皇》、曰《太乙》,则皆其土神之名也。自此而荆楚之歌调,渐弥漫天下,到处莫不耳楚声。即就于今日所流传之歌篇而检之,则《荀子》所录《成相》之歌,楚声也;荆轲《易水》之歌,楚声也;项羽《虞兮》之歌,亦固楚声也。若夫司马迁作《史记》,于《项羽本纪》,淋漓大书,如“夜闻汉军四面皆楚歌,项羽乃大惊曰,汉皆已得楚乎?是何楚人之多也”云,若例作者以稗官舞文之笔墨,断为无此等事实,则非也,盖在当时能楚歌者非仅楚人,可想而知也。

战国而为秦,秦亡而为汉,万般之事态,虽颇有所改革,而至于歌咏之一道,则面目依然,秋毫不变,且全土皆风靡于楚声。彼高祖之《大风歌》、《鸿鹄歌》,亦楚声也,《史记》高祖惮吕后,欲立宠姬戚夫人所生赵王如意为太子而不果,故写哀痛悲切之意,以作《鸿鹄》之歌,酒酣,对戚夫人曰:“我为尔楚歌,尔为我楚舞。”然则“鸿鹄高飞,横绝四海”之高歌,非楚歌之明证乎?外之如高祖之宫人唐山夫人,尝作《房中乐》。《房中乐》者,于汉初为唯一之乐歌,以二南之遗声称,改名《安世乐》,用之于郊庙焉,可谓当时之国乐。然案诸《汉书·礼乐志》所明记者,犹纯然楚声也。又如武帝之《秋风歌》、《瓠子之歌》,乌孙公主之《黄鹄歌》,其体裁格调,颇类似屈原《九歌》,宋儒朱熹夙取而收之于《楚辞后语》,亦可为楚辞之遗声。由是观之,则自战国之际,涉于秦汉,其间乐歌,可谓一切为楚声所支配,楚风何其竞也。此无他,风雅颂与乐律既亡,而他国之诗,又不逼于歌,可歌者惟楚诗而已,故一时备受到处欢迎,而一百七十余年间,楚声遂波及于中国。

虽然,武帝之时代,汉家之国运,最称隆盛,文物典章,最放光华之时代也。文人学士,以博学高才被知遇者辈出,故乐歌则自楚调以外,新声渐兴,辞赋则韵文美文亦起。盖辞赋者,溯其渊源,出于古诗三百篇之苗裔,取义于六义中赋比兴之赋字以名之者,班固遂称之为古诗之流别。然其体裁,一仿于《离骚》,且滥觞于屈原之门下士宋玉、景差,而成功于贾谊、司马相如。其作意之倾向,在事物之铺张扬厉，其修辞之宗主，在文字之侈丽洪衍。《楚骚》一变而为一种之韵文、美文，虽与音乐无有何等关系，然既自《楚辞》变化得来，则亦为楚体而已。若夫解释韵文美文为广义之诗，则乐诗之出也，虽与词赋同时，然二者可谓全相分离者。何则？词赋之基础，不存于声，而存于体，非耳之诗而目之诗也。

汉代诗赋之端，陆贾最先叩之，时犹际于草创，述作至少。降而贾谊，以雄逸之才气，赋《怀沙》，赋《鹏鸟》，斯道为之振作。及司马相如、枚乘出，词采如景星，华藻如庆云。继起者，则枚乘、东方朔、王褒、刘向、扬雄、班固之徒，皆以能手称。其著作丰富，仅孝武一世所录，亦已千余。然其体雍容华贵，踏一韵脚，巧于组织，一长一短，任意挥洒，才子衒才，大抵流于浩瀚，莫知归著。且以型式一仿《楚辞》，若以比诸三百篇之平和中正，判若云泥。是以儒家者流，追想三代古风，慕温柔敦厚之旨义，企图诗篇之复古，致力于三百篇近似之著作，如楚元王之师傅韦孟所作谏诗，企仿四句四言之例，可想见当时一般之趋向。虽然，汉诗之距周代，星霜已三四百年，人文风气，夙已变迁。以三百篇之型式，求其适合于当时之人心，固不能之事，故行世者极少。于是武帝前后，苏武、李陵之徒，病《楚辞》如彼其繁冗，古诗如彼其古质，苟欲于一定之秩序内，自由发挥当代之理想，非别有所发明不可，乃创成一种所谓五言诗者，遂为近世诗学之渊源，识诚伟矣。要亦天籁之发于自然，而非人力所能强成乎？

词赋之光华如彼，新诗之精神如斯，武帝时代韵文美文之发达，前古殆无其比也。虽然，唯有一事，其阙典为当时上下一般所遗憾者，则以一切新声付于音律均不成声也。武帝天资豪迈，必欲补此阙典，于兹始设乐府。乐府者，音乐之官府，即律吕之研究所也。何幸此时通音律者得有李延年，文学则司马相如以下，才学卓绝一时者数十人，济济多士，旷典聿修。然其所谓诗赋诗者，非一切皆可歌也，即所谓支配全社会之《楚辞》，然欲用之于郊庙大典，则宜庄重典雅，其体裁亦非切合也。故司马相如、李延年等，奉命欲倡作一种特别之新声，而研究之结果，第一所制定者，郊庙歌辞也,次制定者为军乐鼓吹歌辞也,横吹歌辞也。乐府之研究,渐渐进化,欲遂举海内之歌谣一切付于新律。赵、代、秦、楚之诗乐无论矣,即下迄樵唱牧歌,咸泛采博取,定其曲谱,选童男童女七十余人,每夜清诵而讲习之,此即今日尚存古乐府中一部分,所谓《相和歌辞》也。相和歌辞出,海内歌谣,纵非楚声,亦皆可歌,特其付于乐律,谱于乐歌者,实非韵文美文之五言诗也,即有能被于管弦者亦仅矣。虽然,乐府固多五言者,而谓其实非,则又何也?无他,所谓五言诗者,大抵于秩序一定之型式以内,自由发挥自家之意想,或深远,或幽邃,或慷慨缠绵,必反复玩味,始自得之,所谓目之诗也。乐府则反之,以声为主,如彼郊祀歌词,用于天地宗社之大礼,于体裁上固隆庄严典雅之旨,然必使若师旷之徒,一度聆其声,即可溯其意,自余之歌词,则更近焉,苟不然,则乐歌之效用殆不显。且以音乐之易入于妇竖童蒙之耳者,必不在文人学士挥洒满腹之学问才气,或高尚,或曲奥,所作之抒情诗,却在写街谈巷议云,或可悲,或可喜,或可恐,或可愕之事实之叙事诗。故当时被选采于乐府者,非苏武、李陵之徒集注一代精神所作之抒情诗,而为不知作者姓氏之叙事诗。彼亦五言也,此亦五言也,其姿貌形骸,殆无所异。而彼则主于目,主于文字;此则主于耳,主于声音,精神殆全相异也。夫然后彼此之间,划一鸿沟,阅星霜,经时代,各相背驰,向一方面,愈进步,愈发达,有可歌者,有不可歌者,则其由来亦可谓远矣。

三国鼎立之时,屈指而鸿博之徒,蜀吴至寥寥;魏跨大国,多奇才,曹氏父子,以绝代之才气,嗜好文学,建安七子之徒,相和而起,能继承汉代之诗,而扩张之,特立一种卓荦之风骨,为百世所师表,亦中国文学史上有一书之价值也。曹氏父子,夙企图诗乐一致之复古,子建所作,可付于音乐者特多。虽然,社会变迁,一般文学之趋向,自此时渐重文字之诗,魏晋间一大作家阮籍者,《咏怀》诸作,与汉代之乐府,全异其趣,及其述作推行,而乐府音节,次第澌灭。一部之时谣,仅依于酒馆茶楼之妓师,以整理流行。及东晋江左偏安,即此亦散亡。其间真可付于乐律者,唯存清商曲辞之一体而已。

清商曲辞者，先自三国时代之吴地发生；及晋南渡，定都南京之时，盛行于南方之一种俗谣也。其歌调基础于扬子江上，渔郎篙师，羁旅渡客，当无聊之余，发为口头之吟咏，以及沿岸南北之水神丛祠，黄童白叟，降神进奏，俚俗之神乐所配合者，如《子夜歌》云"芳草香所为，冶容不敢当，天不夺人愿，故使侬见郎"。如《团扇郎歌》云"御路薄不行，窈窕决塘横，团扇障白日，面作芙蓉光"。之类，皆此清商曲辞之一也。唐郭振之《子夜吴歌》云"陌头杨柳枝，已被春风吹，妾心肠正断，君怀那得知！"亦拟此而作者。其歌辞简短，其音调俚俗粗，类日本之追分节。追分节者，依于北海回环之舟子而传者也。清商曲辞者，依于扬子江回环之舟子而传者也，然则其意境亦同。而此清商曲辞，后来分为二种，为韵文、美文者，即为今日所流传之五言绝句之祖；为乐府者，即入唐而为新乐之发端。虽为一极浅微、极简纯一小歌辞，而于四千年诗乐之迁变上，有绝大之影响，正吾人所亟当注目者也。

乐府之衰灭如斯，然彼美文韵文之五言诗，则自汉之枚乘、苏武、李陵，魏之建安七子，系顺相承，迄阮籍以后，更经潘安仁、陆士衡、左太冲、陶渊明、谢灵运之徒，促长足之进步，齐梁之际，沈约、谢朓之徒出，发前贤未发之秘，惊倒一世，更创为四声八病之说，无端而向于从来之五七言诗，加一大革新，遂于兹划古今之大限，诗愈不可歌矣。盖沈谢之为四声八病也，元欲为诗赋整顿语格。盖诗之所主，在于有秩序之文字，则当四声未判以前，固一任自然之音节，以外不复有何等之手段。及自此四声之发见，其不能不通用者，则语法必乱，即诗非乐府，乐府非诗，一主于目，绝不主于耳。虽然，若语格苟乱，则何以为诗？此所以沈谢四声八病之说，一度出世，而风靡天下，其研精之结果，遂至唐初，有所谓律诗者出。律诗者何？盖律者何？乃规律之律，非音律之律也。即以四声斟酌文字，调和轻重高低抑扬开阖之间，然虽严设规律，于音律上无有何等之关系。今之人，或有误律诗之律，为音律之律者，故疑沈谢声病之说，一自音乐上之关系，讶为讲究歌唱之方法，欲成诗歌一致之盛业者,则非也。

所谓五七言诗者,自斯愈不可歌,而汉魏以来,乐府之灭亡,亦既久矣,但在齐梁时代之诗,时有其题为乐府者。虽然,此唯取其题而已,未尝协其律,依一时之感慨,或仿佛古体,或擘画新作,名以乐府称,其实绝非音府之声调。固在當時,不免为一种之诗,降而及唐,李白、杜甫、白居易之徒,或以古题,或以新题,频自作之,亦名乐府。其实一切不可歌,亦同为文字之诗,目之诗而已。以此则唐初无复有一诗一歌之可付乐律者为足证也。

唐太宗以不世出之英,成拨乱反正之功,振作六朝以来之颓教,及见贞观之治,特感其必要者,礼乐也。虽然,乐之亡也既久,即欲复之,亦不能企图复古。太宗乃追慕胜朝隋太祖统一南北之时,患中国之乐谱一切失传,专采用外国之音乐,仿其故智,不分界限,输入音乐,欲混合而大成之,先称燕乐,制定一大乐部,分为十部。其中中国本土之所有者,唯自晋代以降,扬子江沿岸所传清商曲辞之遗声清商乐而已,其余率皆外国之声。第一,西凉州也,西凉州,今甘肃省西方一带之地;次天竺也,天竺者,今之印度;次高丽也,高丽即今之朝鲜;次龟兹也,龟兹者,今之中部亚细亚叶尔羌之都会乌什,当时为一部之独立国,音乐早发达,即如元宗所最玩赏之霓裳羽衣曲者,亦自彼地之新曲取来,而试演于宫中者也,次安国也,安国为今之波斯;次疏勒也,疏勒为今之喀什噶尔;次回纥也,回纥为今之额鲁特;次康国也,康国为今之撒马儿干,即帖木儿之旧都也。太宗实如斯采取诸方之音乐,始定自家之乐部,非器度豪迈,识见超卓,其能为此大计划乎?虽然,亦不过汉魏之音,夙失其师授,以万不得已之结果,乃施此大穷策也。然史编且大书特书,谓“大唐统一天下,政教加于化外,普天率土,来宾来王,竞贡声技,以示诚服”。则又何谓也?抑非夸欤?

新乐采取而制定矣,然欲演之于歌词,则又大难。何也?盖诗赋一道,入唐则诸体皆备,复何问然,特皆不可歌,可歌者,惟清商曲耳,即寥寥四句二十字之五言绝句而已。以如此单纯之歌调,而欲附诸复杂组织之音乐,则困难至甚,一时又茫然自失,以种种研究之结果,遂以清商曲辞之歌法,为一般之基础,调和新来之乐律,虽不完全,尚可试诸绝句,于兹始制定所谓大曲及小曲,对于梨园及教坊,使演习之。然则以如何手段定之?虽记录散失,今不能详,若就诸家之传注以推之,犹可考信。所谓大曲者,始《水调歌头》,而次《胡渭州》、《凉州》、《甘州》、《伊州》等词,乐曲极多。此等之乐曲,皆自外国新来者,歌调颇冗长复杂,故欲以寥寥短篇之绝句配之,到底非所相敌。故当时之乐师,费诸般之工夫,将当代名士所作之绝句数首,彼此相联,斯所谓有节奏也。今举其一例:如大曲《水调歌》中之第一迭,则歌张子容所作之"平沙日落大荒西,陇上明星高复低。孤山几处看烽火,战士连营候鼓鼙"一绝,第六迭则歌杜甫所作之"锦城丝管日纷纷,半入江天半入云。此曲只应天上有,人间那得几回闻"一绝,《水鼓水》中第一迭,则歌张子容所作之"雕弓白羽猎初回,薄夜牛羊复下来。梦水河边秋草合,黑山峰外阵云开"一绝,《伊州歌》中第一迭,则歌盖嘉运所作之"闻道黄龙戍,频年不解兵。可怜闺里月,偏照汉家营"一绝,第二迭,则歌"打起黄莺儿,莫教枝上啼。啼时惊妾梦,不得到辽西"一绝,《凉州歌》中之第一迭则歌张子容所作之"朔风吹梦雁门秋,万里烟尘昏戍楼。征马长思青海上,胡笳夜听陇山头"一绝,可以证矣。其他王翰《凉州词》"葡萄美酒夜光杯,欲饮琵琶马上催。醉卧沙场君莫笑,古来征战几人回",王之焕《凉州词》"黄河远上白云间,一片孤城万仞山。羌笛何须怨杨柳,春风不渡玉门关",张籍《凉州词》"风林关里水东流,白草黄榆六十秋。边将皆承主恩泽,无人解道取凉州",张祜《胡渭州词》"亭亭孤月照行舟,寂寂长江万里流。乡国不知何处是,云山漫漫使人愁",此等绝句,亦为教坊梨园之伶人所采取,付于新乐而歌唱者也。而其云胡渭州、云凉州、云甘州、云伊州,皆唐土边陬之地,接壤于中部亚细亚之各国,即当于采取音乐之初,一切经此等各地地方官之手,贡于朝廷者,故特以地名名其曲,今举其一例,元宗开元中,西凉府都督郭知运进《凉州歌》,帝嘉纳之,特笔于史传,尚足征也。

后之论者,或谓唐之绝句,同于汉之乐府,若就其色相上观,则此说亦足成立。虽然,若其歌法,苟无论何时,皆并联同体同调之五七言绝句,圆转回环,千篇一律,万口同声,绝少变化,则决不足以悦耳。万事趋新,人情亦然,歌者听者,渐生厌倦。于是彼等音乐师,被促于时代之希望,研究工夫之余,发明一种新案,先于弹唱之际,为其节奏之神妙,篇与篇之间,插入散声,或和声也。散声者何?和声者何?即俗所谓"间手"也,"拨"也,今举其一例。从来《伊州歌》第一迭,则歌"闻道黄龙戍,频年不解兵。可怜闺里月,偏照汉家营"一绝,第二迭,则歌"打起黄莺儿,莫教枝上啼。啼时惊妾梦,不得到辽西"一绝,于新案则于第一迭与第二迭之间,即前篇之尾,歌"偏照汉家营"之五字已终,而后篇之首,欲歌"打起黄莺儿"之五字未始时,则加チ、チ、ンテン乎,或加ツ、ツンツントン乎,从时协节,或用"间手"或用"拨"也。夫若是,则於原歌之字数句数,虽秋毫無所增減,而依于乐律之调和,使其节奏时或比文字可以长,时或比文字可以短,从寻常一样之四句短诗,至其歌法渐生变化,得免所谓千篇一律,万口同声之讥。虽然,此一本于教坊梨园之伶人乐师所发明,所传习,为其微妙之乐节,即散声与和声,一切不能不传之于其人,故虽歌辞之作手诗家者流,非依赖于伶人乐师而付节奏,则自家不能歌自家之诗,不便亦甚。于是诗家者流,深遗憾之,冥想一度见其文字,一目之下,有可能分别其曲节调拍之方法,种种研究之结果,亦遂发明一个之新案,尔来基础于其曲谱,向于绝无文字处之散声、和声,同于诗之本文,装填文字,若见所装填之文字,则一目之下,即明知其为何之曲节。此方法也,实为诗余之发端。所谓倚声,即倚于声而填其词者也,故称之为"倚声填词"云。倚声填词者,中国特有之文字也,中国之文字,与东西洋诸国绝异。日本与欧洲,其文字之性质,非一字一音,一音一义者也,故アイウユオ与 AEIOU,对于倚声和声,装填其一字一音,不复有何等之意味。中国则不然,于乐歌上之便宜独多,故倚于声,而填其字,非唯其文与本文之词相贯串已也,更可生无数之新意味,使人悠然神往焉,此为文字优美之特色也。自此填词之绝句出,渐此发达,在其初,所谓散声和声,插入于数首绝句之篇与篇之间，或句与句之间，或转句“可怜闺里月”与结句“偏照汉家营”之间，或字与字之间，即插入“频年”与“不解兵”之间，或“可怜”与“闺里月”之间，千变万化，更一变而至于“闻道黄龙戍，频年不解兵”诗句之本文，一切削除，唯剩其散声及和声，以联络之。作为一种新体之歌辞，若后世之填词，尚存绝句之型式者极少，故填词其句必不限于五言七言，有一句九字者，如欧阳修之《瑞鹤仙》云：“睡觉来冠儿还是不整”有一句八字者，如王云之《倦寻芳》云：“莫节韶华又因循过了。”有一句六字者，如张世文之《解语花》云：“曾过云山烟岛”有一句四字者，如黄叔旸之《沁园春》云：“晓燕传情，午莺喧梦。”有一句二字三字不等者，如孔尚任之《得胜令》云：“萧条，满被尘无人扫，寂寥，花开了独自瞧。”或长句，或短句，错落参差，篇幅之长，达于百字，或二百字。故使其人若不能解此间之消息者见之，鲜不疑此长篇大作，如之何其为自彼寥寥数语之绝句所生出也。

如此乃经唐晚及五代，至宋之时，彼绝句之乐律，全失其传，上自王公大夫文人学士，下迨倡优舞妓，付诸丝竹而可歌者，唯其倚声填词之诗余，如柳屯田、秦少游所作，特传播于远迩，女子亦脍炙之。其中或有以嗜好之余，移情而至死者云，则当时如何之流行，尚堪想见也。虽然，物极必变。及赵宋南渡之后，作者辈出，中间有味于曲谱者，时亦仿为之，体裁渐坏，成为一种之段物。段物者何，无他，联续断填词之数曲，叙述一事为一种之长歌，如宋人赵德邻所作之《商调蝶恋花》之词，及金人董解元所作之弦索《西厢》，即是也。赵德邻《商调蝶恋花》之词，将唐元微之所作之《会真记》，稍改作平易，中间处处装填《蝶恋花》之词，多及十二曲，在当时称为“诨词”，鸣物入之，讲坛用之。董解元之弦索《西厢》，元为弹词之一种，在当时为供瞽女之弹唱，其歌法粗同于日本平家之琵琶物语，而此等之弹词与?词实为后时元代崛然兴起杂剧及传奇之发端也。

元人之武功烜赫，版图广大，古今殆无其比。方其未取南宋以前，太祖成吉斯汗之雄略，夙怀席卷中部亚细亚之全土，使长子求赤攻略里海之北钦察部,更西进而出俄罗斯之境土。特其孙拔都之西征,掠东部欧罗巴之地,开府于窝尔瓦河町之萨来,至受俄人之朝贡。其交通之利便,固非有如今日者。然而欧亚二大洲之通路全开,依于天山南北之两路,彼我旅客相往来者极多。加之世祖忽必烈,襟怀豁达,复不问人种之异同,一以才能而登庸之,故近则阿剌伯波斯,远者意大利、法兰西,军人学者文士画家技术者等,争来事元,同时输入其炮术、天文、数理等之新学,开文化东渐之端。如希腊之古剧,亦乘此机运以入中国。然在中国,恰好唐宋以来之填词,渐生变化,所谓为诨词、为弹词,将开一进转机之时也,故此希腊演剧之新型,与填词之破体之段物,亦如唐时之五七言绝句,与诸外国之乐律相结合者,同其趋向,俄然而相结合,以作一种幼稚之相和歌辞。此填所谓杂剧及传奇之始也。于彼宋代非常隆盛之倚声填词,至此全灭绝其歌法,复无传者。此亦如唐宋之间,填词兴,绝句之歌法,失其传者一般,古今变迁之理至,岂万事皆同然乎?

元之杂剧及传奇,有南北二曲。二曲之别,其一存于形式上,则北曲一出,通用一人唱,若上半出一人唱,下半出又一人唱,则必换过一宫。南曲则不然,生旦净丑,苟登场,皆可唱,盖以曲为长言咏叹之词。其一系于精神上者,则北曲者,盖元人从来所用之胡乐也,其音调凄紧,为习惯之所存。及其入中国也,中国所特有之歌词,多和平中正者,绝无足以快其耳,故特发明一种之新声而用之者。若南人之耳,即惯于悠扬和缓之调,亦不谐于北曲,故复作特种之体而用之者。北曲之所长,在其劲切雄丽;南曲之所长,在其清峭柔远;北曲则字多而音促,促之处最足赏;南曲则字少而调缓,缓之处最可佳;北曲辞情多声情少,南曲辞情少声情多,北曲之力在弦,南曲之力在版;北曲宜合奏,南曲宜独奏。自南北二曲之一度制定也,其流行之所至,家家皆作者,上自公卿,下至优妓,各就古今之事态,苟有所感触,必按曲谱,反覆歌之,宛转唱之,故述作续出,编于群英,流传后世者,全部为五百五十六本,其中称无名氏者一百七本,称娼妓者十一本,亦可谓盛矣。虽然,杂剧之体裁,一曲一套四折，每一曲定写一事，绝无变化，结构颇简单，足称者尚少。后有斯道专门之名家王实甫者，另出一种之手眼，着北曲《西厢记》，四倍后来之折数，为四套十六折，一曲之结构，颇为复杂，其进境大有可称者，而一折尚为一人之专唱，为从来之习惯未尽改也。元末之词家高则诚，有见于此，作南曲《琵琶记》，每折必供众人之分唱，无复遗憾，此为当时之剧界破天荒之事也。

由斯以论，则于中国大陆之地，自先秦之时代，经汉、魏、六朝、唐、宋，上下三千余年之间，几无演剧，至元之时忽焉兴起者，则又非然也。于战国时代，诸侯五宫中，有所谓优伶者，演一种之道化，犹散见于记录。在汉、魏、唐、宋之际，何尝无此事？不过以儒教之势力甚强，缚束天下之人心，此等滑稽淫靡之游戏，所谓戾于温柔敦厚之教义，一切排斥而无所顾恋，故遂不见尺寸之发展，以及于元代。

元之有天下也，不过寥寥八十余年而已，中国之杂剧及传奇，何以景运兆兴，于如此短岁月之间，如此其发达，良有以也。盖以元人之未入中国也，凌风雨于韦韝毳幕，医饥渴于膻肉酪浆，与彼犬羊穷处于朔漠之野，营凄切寥寂之生活已耳。一旦得志，突据中原，安宅于文物光华之域，眼之所触，耳之所接，心醉于虞夏殷周以来，经数千年之星霜，完成优美之风化，其性情，其志气，均起一大变化，于往时勤俭力行之反动，增长奢华淫侈之风，现出铅粉营花之地，自可供其耳目之娱乐材料之必要上，促唱曲之发展。加之中国人民，则以元人入主，新建胡国，文物制度，荡焉无存。且九世不共，不立其朝。才智之徒，既不能驰骋中原，灭此朝食，又不复躬行实践，天命斯承。郁郁不得志，流极之余，一以抒其性情，一以应时俗之要望。漓淋挥洒，慷慨激昂，遂以促此长足之进步，为千古不朽者，非欤？

及元之亡，而明兴焉，天下复为南人所有。南人者，汉人也，南人之耳，惯于柔远缓和之调，不谐于北曲，故北曲自此时乃渐衰，五家之村，十户之邑，到处盛行者，南曲而已。巨擘如《琵琶记》，涵虚子选择元词之名家，无一语及高则诚者。由此观之，则在元代，或有为世所不知,至于此而声价百倍,朱门绮席,茶寮酒馆,非此曲则不歌,以至于明之末。至于明之末,河南侯雪苑南闱下第,出金陵时,名妓李香君送至桃叶渡上,奏其一阕,夸为盛事,概可证也。如彼之北曲《西厢记》,明代乐师李日华改为南调,以便梨园之演唱,可推想时俗之嗜好,于南曲何如也。但杂记所传,有金陵当乐院之名妓刘丽华,于世宗嘉靖二十年,以口授刻《西厢》古本,海阳之黄嘉惠,以隆庆某年刻董解元弦索《西厢》,以传于世,则他曲虽未尽绝,然此寥寥者,亦可谓好事之特癖也。虽然,久经岁月,时势迁移,乐律亦随之变,今日非昨日也。故后之演南曲者,先以现世所变迁之乐谱为基础,更填补削改其词曲。故把明代所翻刻之《西厢记》、《琵琶记》诸传奇,与古本相比较,则词曲之间,必有见及于其文字增减之迹者。然后之论者,或云无学文盲、优伶之徒,为便口耳,玷破此精金美玉,为文字累如此。夫以优伶之恶笔,增减原词,诚不可也。虽然,若不增减,则不协律,不可歌,即万不得已为之,亦少假矣。

明之末,自汤临川出《玉茗堂四梦》以降,江湖之名士,仿之作者极多。及福王南京即位,一代之奢侈,学六朝亡国之故态,建兴宁宫,起慈禧殿,诗酒宴乐,朝夕歌舞,取快一时。上至所好,下必甚焉,旧院之花,秦淮之月,茶寮酒舍之繁华,随时俗之要求,致前代未有之盛。虽然,以作者多则亦如宋末之诗余,将衰亡之时,中间或多有味于音节者,亦频流行于世,且以清兵南下,社稷覆亡,楼阁付兵燹,衣冠归尘土,优伶舞妓,离散四方,同时乐谱之散亡,旧本失其师傅,至不复可歌者亦不少。今举其一例:如清初尤西堂《黑白卫》之自序:"王阮亭最喜黑白卫,携赴如皋,付冒辟疆之家伶,欲亲为顾回,吴中士大夫,亦往往购求抄本,皆授教坊,为宫谱之失传,虽梨园之父老,亦不能为乐,良可慨也。"若即此语而按之,则尤西堂所作传奇,此《黑白卫》之外,有《读离骚》、《吊琵琶》、《桃花源》、《清平调》、《钧天乐》等凡五种。此五种者,皆于清初得付演奏,唯此《黑白卫》之一种,元为明末之著作,依于当时所存之宫谱而填词者,其宫谱则于明之亡而殉之亡,故今不能协和也。由此观之,地覆天翻,衣冠涂炭,沐猴窃位,风月伤情,其如何于传奇大发展时生一大顿挫,良可慨也。及清康熙三十九年,山东曲阜孔尚任著《桃花扇》传奇,为其填词也,先以曲本示于前明之末金陵秦淮之伶人歌客名播远迩者丁继之之朋友王寿熙者,待其熟解,始依谱而填之,及成一曲,则寿熙按节而歌之,不稳之处,即就改制之,其苦心可称也。虽然,此亦清初之填词耳,若比于前代已足证如何之衰微。况也,更经二百余年,其间阅几多摧残颠倒刻剥之星霜,以至于今日如《西厢记》、《琵琶记》、《玉茗堂四梦》,虽典丽高雅之歌辞,依然千古,而乐律失传,不复可歌。文人学士,酒后茶余,花前月下,从为为日之词,与诗赋并论而已。其改窜面目,试演氍毹,大抵丑陋浅易,于前代殆无闻者,仅由于村优里娼之口歌于酒旗歌扇之间者而已矣。

要之,杂剧传奇,自宋之诗余出,诗余自汉之乐府出。乐府、诗余乐也,曲也;传奇,亦乐也,曲也,纵其脚色,虽分生旦正副,是特由于技舞之动作以显之,然其所主者,在歌唱而已。如俳优者,自有识者视之,则计其色艺之巧妙,无仍取其歌喉之宛转,此所谓非以目取,乃以耳求者也。是则中国音乐之发达,固已夙矣。然今日则实可谓之为绝灭之时代则又何也?是亦诸君所喜研究者乎。

满清之入关也,其英武达略不如元人,其小慧术智,固远胜于元人。然自明太祖之逐元也,首提倡民族主义。加以自宋以来,理学日盛,其间莫不含有复仇思想,明之学者,更推而扬之。故明之亡也,东南之起义兵,倡光复者不绝,清人经百战汗血始克统一。其间监谤之功,自不得不厉,故康乾之间,文字之狱,数见不鲜。考其传记,时有内廷演剧,有伤感情,戮及供奉者。故一时内廷乐部,凡有装演,必为牛鬼蛇神,千变万化,如孙行者、杨二郎、飞天夜叉、金龙四大王等类,一时金鼓噔嗒,旗马杂蹋,方以为快。盖清人之起也,由于小部落,不知音乐美术为何物,宜其出此。特其所长者,在射御技击,其所短者,在政治文学。其大酋欲利用其所长,以压制多数之民族,故使其全族皆兵,不得入词林,不得为商贾,读《东华录》康熙一朝时事,则每下明谕,谆谆然以此相戒勉,宜其重视彼,而轻视此也。然至今日,北京之炎族民兵,游手游食,衣食概不完,尚多口唱梆子,手提鸟笼,终日沉醉于茶园者,此为作者所目击,岂严氏所谓将欲爱之,适以害之乎?然而结果,则使汉人有朝不保夕之虞,不暇一商量于美学,以陶写其性情;使清人有口粮豢养之习,造成一不识不知木石鹿豕之人,是亦偵矣。虽然,今日更非昔比矣,泰西之新声,共太平洋澎湃而来,其诸乎,复有唐太宗时代,元世祖时代之结果,而发明者乎?固为今日一般社会之所必要,示为一般之学者有一研究之价值乎?

跋

右文承著者寄稿,自云从东文译出,惟未言原著者为谁氏。以余读之,殆译者十之七八,而译者所自附意见,亦十之二三也。其中所言沿革变迁及其动机,皆深衷事实,推见本原,诚可称我国文学史上一杰构。惟其结论论有清一代诗乐衰息之故,而专归咎于异族之篡国,則窃以为未免偏至之论也。夫元之与清,其地位正同,元代法网之密,未见其不如清代,而剧曲反极盛于彼时,是知其原因别有所在,此不足为原因。即为原因,亦不过其小部分之原因,而非全部分之原因,且非重要部分之原因,明矣。然则其原因究安在?自唐代以诗赋取士,宋初沿袭之,至王荆公代以经义,然旋兴旋废。及元,遂以词曲承乏,荣途所在,士趋若鹜,故元曲之发达,非直空前,且绝后焉。清承明旧,专用八股。八股之为物,其性质与诗乐最不兼容,是此学所以衰落之原因一也。宋代程朱之学,正衣冠,尊瞻视,以坚苦刻厉绝欲节性为教,名虽为儒,而实兼采墨道。故墨学非乐之精神,于不知不觉间,相缘而起。然宋学在当时政府指为伪学而禁之,其势力之在社会者不甚大,逮元代而益微。及夫前明数百年间,朝廷以是为奖励,士夫以是为风尚,其浸润人心者已久。清代学术虽生反动,而学风已成,士夫与乐剧分途,不相杂厕,俨为一种之社会制裁力,莫之敢犯,是此学所以衰落之原因二也。与宋学代兴者,为考据笺注之学,而其学又干燥无味,与乐剧适成反比例。高才之士,皆趋甲途,则乙途自无复问津者,是此学所以衰落之原因三也。宋、元、明以来,皆有所谓官妓者,而阀阅之家,又咸自蓄声伎,文人学士,莫不有焉。及本朝则自雍正七年，改教坊之名，除乐户之籍，无复所谓官伎；而私家自蓄乐户，且为令甲所禁。士夫之文采风流者，仅能为“目的诗”；至若“耳的诗”虽欲从事，其道末由，而音乐一科遂全委诸俗伶之手，是此学所以衰落之原因四也。综此诸原因，故其退化之程度，每下愈况。然乐也者，人情所不能免，人道所不能废也，士夫不主持焉，则移风易俗之大权，遂为市井无赖所握，故今后言社会改良者，则雅乐俗剧两方面，其不可偏废也。

饮冰识

《新民丛报》第四年第五号，光绪三十一年

论写情小说于新社会之关系

松 岑

伟哉！小说之有不可思议之力支配人道也。吾读今之新小说而喜。虽然，吾对今之新社会而惧。

吾欲吾同胞速出所厌恶之旧社会，而入所歆羡之新社会也。吾之心较诸译小说者而尤热，故吾读《十五小豪杰》而崇拜焉，吾安得国民人人如俄敦武安之少年老成，冒险独立，建新共和制于南极也。吾读《少年军》而崇拜焉；吾安得国民人人如南美、意大利、法兰西童子之热心爱国，牺牲生命，百战以退虎狼之强敌也。吾读《秘密使者》而崇拜焉，吾安得国民人人如苏朗笏那贞之勇往进取，夏理夫傅良温之从容活泼，以探西伯利亚之军事也。吾读《八十日环游记》而崇拜焉；吾安得国民人人如福格之强忍卓绝，以二万金镑博一千九百二十点钟行程之名誉也。吾读《海底旅行》、《铁世界》而亦崇拜焉；使吾国民而皆有李梦之科学，忍毗之艺术，中国国民之伟大力可想也。吾读《东欧女豪杰》、《无名之英雄》而更崇拜焉；使吾国民而皆如苏菲亚、亚晏德之奔走党事，次安绛灵之运动革命，汉族之光复，其在拉丁斯拉夫族之上也。吾又读《黑奴吁天录》而悲焉;谓吾国民未来之小影,恐不为哲尔治意里赛而为汤姆也。吾又读《风洞山》(吾友吴癯庵著稿,已写定,尚未出版。)《新罗马传奇》而泣且笑焉;谓吾国民将为第二之亡国,抑为第二之兴国,皆在不可知之数也。其他政治、外交(去年《外交报》译英文多佳者)、法律、侦探、社会诸小说,皆必有大影响潜势力于将来之社会无可疑焉。是故吾读今之新小说而喜。虽然,吾读今之写情小说而惧。

人之生而且情之根苗者,东西洋民族之所同,即情之出而占位置于文学界者,亦东西洋民族之所一致也。以两社会之隔绝反对,而乃取小说之力,与夫情之一脉沟而通之,则文学家不能辞其责矣。吾非必谓情之一字吾人不当置齿颊,彼福格苏朗笏之艳伴,苏菲亚、绛灵之情人,固亦儿女英雄之好模范也。若乃逞一时笔墨之雄,取无数高领、窄袖、花冠、长裙之新人物,相与歌泣于情天泪海之世界,此其价值,必为青年社会所欢迎,而其效果则不忍言矣。天下有至聪明之人,而受至强之迷信者,文明国之道德与法律是也。非独文明国然,彼观《游山》、《烤火》、《御碑亭》之剧本,与夫《聊斋志异》、《聂小倩》、《秋容》、《小谢》之鬼史,或尝以见色不乱,反躬而自律焉。南山有鸟,北山张罗,使君有妇,罗敷有夫,凛然高义之言,其视宓妃、神女之赋,劝百而讽一者,固殊矣。故吾所崇拜夫文明之小说者,正乐取夫《西厢》、《红楼》、《淞隐漫录》旖旎妖艳之文章,摧陷廓清,以新吾国民之脑界,而岂复可变本而加之厉也?夫新旧社会之蜕化,犹青虫之化蝶也,蝶则美矣,而青虫之蠋则甚丑。今吾国民当蜕化之际,其无以彼青虫之丑而为社会之标本乎?曩者,少年学生,粗识自由平等之名词,横流滔滔,已至今日,乃复为下多少文明之确证,使男子而狎妓,则曰:我亚猛着彭也,而父命可以或梗矣。(《茶花女遗事》今人谓之外国《红楼梦》。)女子而怀春,则曰:我迦因赫斯德也,而贞操可以立破矣。(《迦因》小说吾友包公毅译,迦因人格向为吾所深爱,谓此半面妆文字胜于足本。今读林译,即此下半卷,内知尚有怀孕一节。西人临文不讳,然为中国社会计,正宜从包君节去为是。此次万千感情,正读此书而起。)

精灵狡狯，惑媚男子，则曰：我厄尔符利打也，而在此为闺女者，在彼即变名而为荡妇矣。《双线记》一名《浅红金钢钻》欧化风行，如醒如寐，吾恐不数十年后，握手接吻之风，必公然施于中国之社会，而跳舞之俗且盛行，群弃职业学问而习此矣。（西俗斗牌，颇通行男女社会，此亦吾民俗所欢迎也。）吾东洋民族国粹，有大胜西人者数事：祖先之教盛行一也，降将不齿于军事二也。至男女交际之遏抑，虽非公道，今当开化之会，亦宜稍留余地，使道德法律得恃其强弩之末以绳人，又安可设淫词而助之攻也？不然，而吾宁主张夫女娲之石，千年后之世界，以为打破情天、毒杀情种之助。谓须眉皆恶物，粉黛尽骷髅，不如一尘不染，六根清净之为愈也。又不然，而吾宁更遵颛顼（颛顼之教，妇人不避男子于路者，拂之于四达之衢）。祖龙（始皇励行男女之大防，详见会稽石刻）之遗教，励行专制，起重黎而使绝地天之通也。呜呼！岂得已哉！

《新小说》第二卷第五期，光绪三十一年

论戏曲

三 爱

戏曲者，普天下人类所最乐睹、最乐闻者也，易入人之脑蒂，易触人之感情。故不入戏园则已耳，苟其入之，则人之思想权未有不握于演戏曲者之手矣。使人观之，不能自主，忽而乐，忽而哀，忽而喜，忽而悲，忽而手舞足蹈，忽而涕泗滂沱，虽些少之时间，而其思想之千变万化，有不可思议者也。故观《长坂坡》、《恶虎村》，即生英雄之气概；观《烧骨计》、《红梅阁》，即动哀怨之心肠；观《文昭关》、《武十回》，即起报仇之观念；观《卖胭脂》、《荡湖船》，即长淫欲之邪思；其他神仙鬼怪，富贵荣华之剧，皆足以移人之性情。由是观之，戏园者，实普天下人之大学堂也；优伶者，实普天下人之大教师也。

虽然,若以迂腐之儒士观之,则必曰:世界上有用之学多矣,何必独取俚俗淫靡游荡无益之戏曲耶?况娼优吏卒,朝廷功令,不许其过考为官,即常人亦莫不以无用待之,今尔赞优伶,诚谬论矣。虽然,此乃知二五而不知一十之言也。人类之贵贱,系品行善恶之别,而不在于执业之高低。我中国以演戏为贱业,不许与常人平等,泰西各国则反是,以优伶与文人学士同等,盖以为演戏事,与一国之风俗教化极有关系,决非可以等闲而轻视优伶也。即考我国戏曲之起点,亦非贱业。古代圣贤均习音律,如《云门》、《咸池》、《韶濩》、《大武》等之各种音乐,上自郊庙,下至里巷,皆奉为圭臬。及周朝遂为雅颂,刘汉以后,变为乐府,唐宋变为词曲,元又变为昆曲。迄至近二百年来,始变为戏曲。故戏曲原与古乐相通者也。戏曲之类,分梆子、二簧、西皮三种曲调,南北通行,已非一日,若声色俱佳,则更易感人矣。孔子曰:“移风易俗,莫善乎乐。”孟子曰:“今之乐,犹古之乐也。”戏曲,即今乐也。若必云戏曲不善,而墨守尊重古乐,是犹使今人不用楷书,而代以篆体,能乎不能,不待智者而后知也。抑音乐者,亦由时而更易,今古不同,以今之人,闻古之乐,固知其莫谙,即知今之昆曲者亦寥寥也。昔时魏文侯耳古乐之声即欲卧,而楚庄王睹优孟之状即动心,何也?盖亦由开古乐中之风俗言语,均与当时差异,闻之不知不识而使人生厌也。故今奏以古乐,言语曲调与今异,亦必使人生厌心,而现之西皮、二簧均用官话,人皆能知之,故遂易感人矣。若云俚俗,此即使俚俗人知之也。若云游荡无益,则戏曲无非演古劝今之虚设事。不但此也,且有三长所焉。吾侪平日不能见,而于演戏始能见之,一即古代之衣冠,一即绿林之豪客,(如《花蝴蝶》、《一枝桃》、《闹嘉兴》等类。)一即儿女之英雄,(如《穆桂英》、《樊梨花》、《韩夫人》等类。)欲知三者之情态,则始知戏曲之有益,知戏曲之有益,则始知迂儒之语诚臆谭矣。

演戏虽为有益,然现演者之中,亦有不善处,以致授人口实,谓戏曲为无益,亦不足怪也。故不能持尽善尽美之说,以袒护今日之俳优,不善者宜改弦而更张之,若因微劣而遂以无益视之,亦非通论矣。今条述其优劣于左:

（一）宜多新编有益风化之戏。以吾侪中国昔时荆轲、聂政、张良、南霁云、岳飞、文天祥、陆秀夫、方孝孺、王阳明、史可法、袁崇焕、黄道周、李定国、瞿式耜等大英雄之事迹，排成新戏，做得忠孝义烈，唱得激昂慷慨，于世道人心极有益。旧戏中之《吃人肉》、《长板坡》、《九更天》、《换子》、《替死》、《刺梁》、《鱼藏剑》等类，亦可以发生人之忠义之心。

（二）采用西法。戏中有演说，最可长人之见识，或演光学、电学各种戏法，则又可练习格致之学。

（三）不可演神仙鬼怪之戏。鬼神一语，原属渺茫，煽惑愚民，为害不浅。庚子之义和拳，即是学戏中天兵、天将。例如《泗州城》、《五雷阵》、《南天门》之类，荒唐可笑已极。其尤可恶者，《武松杀嫂》，元为报仇主义之善戏，而又施以鬼神。武松才艺過人，本非西门庆所能敌，又何必使鬼助而始免于败？则武二之神威一文不值。此等鬼怪事，大不合情理，宜急改良。

（四）不可演淫戏。如《月华缘》、《荡湖船》、《小上坟》、《双摇会》、《海潮珠》、《打樱桃》、《下情书》、《送银灯》、《翠屏山》、《乌龙院》、《缝褡禣》、《庙会》、《拾玉镯》、《珍珠衫》等戏，伤风败俗，莫此为盛。有谓戏曲为淫靡，优俳为贱业，职是之故，青年妇女观男优演淫戏，已不能堪，何况女优亦现身说法，演其丑态，不知羞耻，而易人入其脑，使其情欲不能自禁，故是等戏决宜禁止。

（五）除富贵功名之俗套。吾侪国人，自生至死，只知己之富贵功名，至于国家之治乱，有用之科学，皆勿知之。此所以人才缺乏，而国家衰弱。若改去《封龙图》、《回龙阁》、《红鸾禧》、《天开榜》、《双官诰》等戏曲，必有益于风俗。

我国戏曲，若能依上五项改良，则演戏决非为游荡无益事也。现今国势危急，内地风气不开，慨时之士，遂创学校。然教人少而功缓。编小说，开报馆，然不能开通不识字人，益亦罕矣。惟戏曲改良，则可感动全社会，虽聋得见，虽盲可闻，诚改良社会之不二法门也。

《新小说》第二卷第二期，光绪三十一年

附:白话版《论戏曲》

论 戏 曲

三 爱

列位呀,有一件事,世界上没有一个不喜欢,无论男男女女、老老少少,个个都诚心悦意,受他的教训,他可算得是世界上第一大教育家。却是说出来,列位有些不相信。你道是一件什么事呢?就是唱戏的事啊!列位看《俗话报》的,各人自己想想看,有一个不喜欢看戏的吗?我看列位到戏园里去看戏,比到学堂里去读书心里喜欢多了,脚下也走的快多了。所以有没有一个人看戏不大大的被戏感动的。譬如看了《长坂坡》、《恶虎村》,便生些英雄气概;看了《烧骨计》、《红梅阁》,便要动哀怨的心肠;看了《文昭关》、《武十回》,便起了报仇的念头;看了《卖胭脂》、《荡湖船》,还有动那淫欲的邪念。此外象那神仙鬼怪、富贵荣华,我们中国人这些下贱性质,那一样不是受戏曲的教训,深信不疑呢!依我说起来,戏馆子是众人的大学堂,戏子是众人大教师,世上人都是他们教训出来的。列位看我这话说得错不错呢?

但是有一班书呆子们说道,世界上要紧的事业多得很,有用的学问也不少,怎么你都不提起,何必单单说这俚俗淫靡游荡无益的戏曲,果真就这样要紧吗?况且娼、优、吏、卒四项人,朝廷的功令,还不许他过考为官,就是寻常人家,忘八戏子吹鼓手,那个看得起他们。你今把戏子的身分说得这样高法,未免有些荒唐罢!哈哈,列位呀,我看书呆子此言差矣。世上人的贵贱,应当在品行善恶上分别,原不在执业高低。况且只有我中国,把唱戏当作贱业,不许和他人平等。西洋各国,是把戏子和文人学士,一样看待。因为唱戏一事,与一国的风俗教化,大有关系,万不能不当一件正经事做,那好把戏子看贱了呢!就是考起中国戏曲的来由,也不是贱业。古代圣贤,都是亲自学习音律。象那《云门》、《成池》、《韶濩》、《大武》各种的乐，上自郊庙，下至里巷，都是看得很重的。到了周朝就变为雅颂（就是我们念的《诗经》），汉朝以后变为乐府，唐宋变为填词，元朝变为昆曲，近两百年，才变为戏曲。可见当今的戏曲，原和古乐是一脉相传的。按戏曲分梆子、二簧、西皮三种曲调，南北通行，已非一日。若是声色俱佳，极其容易感人。孔子常道："移风易俗，莫善乎乐。"孟子也说过："今之乐，犹古之乐也。"戏曲也算是今乐，若一定要说戏曲不好，一味尊重古乐，恐怕也合叫现在人用的字，都要写篆体一般。原来这音乐一事，也要随时代改变，今古不同，现在的人，漫说听了古代《云门》、《咸池》古乐不懂，就是懂得昆曲的人，也不甚多了。所以古时有个魏文侯，听了古乐便要睡觉，楚庄王见了优孟（合现在的戏子差不多），方才动心。你道是什么缘故呢？原来古乐的风俗言语，都和当时不同，那听不懂的怎样不要生厌呢！譬如我们忽然奏起中国古乐来，言语曲调，列位都不懂得，列位也要生厌哩。所以现在的西皮、二簧，通用当时的官话，人人能懂，便容易感人。你要说他俚俗，正因他俚俗人家才能够懂哩。你要说他是游荡无益的事，到也不见得，那唱得好的戏，无非是演古劝今，怎算是无益呢？况且还有三件事，我们平日看不着的，戏上才看得见。你道是那三件呢？一是先王的衣冠，一是绿林豪客（象《花蝴蝶》、《一支桃》、《闹嘉兴》等类），一是儿女英雄（象《穆桂英》、《樊梨花》、《韩夫人》等类）。列位要懂得这三件事的好歹，便知道书呆子的话是未免有些迂腐了。

但是唱戏虽不是歹事，现在所唱的戏，却也是有些不好的地方，以致授人口实。难怪有些人说唱戏不是正经事，我也不能全然袒护戏子，说他是尽善尽美。但是要说戏曲有些不好的地方，应当改良，我是大以为然。若是说唱戏全然不是正经事，正经人断不可看，实在是迂腐的话，我断断不敢承认。戏曲究竟是不是正经事，以前已经说过。至于各种戏曲有好的，有不好的，有应当改良的地方，待我一一讲来，各位唱戏的弟兄姊妹们听着。

一、要多多的新排有益风化的戏。把我们中国古时荆轲、聂政、张良、南霁云、岳飞、文天祥、陆秀夫、方孝孺、王阳明、史可法、袁崇焕、黄道周、李定国、瞿式耜等，这班大英雄的事迹，排出新戏，要做得忠孝义烈，唱得激昂慷慨，真是于世道人心，大有益处。就是旧有的戏，象那《吃人肉》、《长坂坡》、《九更天》、《换子》、《替死》、《刺梁》、《鱼藏剑》，这些戏，看起来也可以发生人忠义的心理。

一、可以采用西法，戏中夹些演说，大可长人识见。或是试演那光学、电学各种戏法，看戏的还可以练习格致的学问。

一、不唱神仙鬼怪的戏。鬼神本是个渺茫的东西，煽惑愚民，为害不浅。你看庚子年的义和拳，不都是想学戏上的天兵天将吗?象那《泗州城》、《五雷阵》、《南天门》这一路的戏，已经是荒唐可笑得很。尤其可恶的，是《武松杀嫂》，本是报仇主义的一出好戏，却要弄鬼来。武松武艺过人，本没有不能敌挡西门庆的事理，何必要鬼来帮助，才免于败，便将武二的神威，做得一文不值。这样出鬼出怪，大大的不合情理，真要改良才好哩。

一、不可唱淫戏。象那《月华缘》、《荡船湖》、《小上坟》、《双摇会》、《海潮珠》、《打樱桃》、《下情书》、《送银灯》、《翠屏山》、《乌龙院》、《缝搭褲》、《庙会》、《拾玉镯》、《珍珠衫》，这等的戏，实在是伤风败俗。有班人说唱戏不是正经事，把戏子当作贱业，都因为有这等淫戏的缘故。看戏的年青妇女多得很，遇了男戏子做这些淫戏，也就难看了。何况还有班女戏子，他也居然现身说法，做出那些丑态，丝毫不知道羞耻，妇女们看了，实在是不成话说。这等戏要禁止的呀!

一、除去富贵功名的俗套。我们中国人从出娘胎一直到进棺材，只知道混自己的功名富贵，至于国家的治乱，有用的学问，一概不管，这便是人才缺少，国家衰弱的原因。戏中若改去这等荣华富贵的思想，象《封龙图》、《回龙阁》、《红鸾禧》、《天开榜》、《双官诰》等戏一概不唱，到也很于风俗有益哩。

我们中国的戏曲，要能照以上所说的五样改变过来，还能说唱戏是游荡无益的事吗!现在国势危急，内地风气，还是不开。各处维新的志士设出多少开通风气的法子，象那开办学堂虽好，可惜教人甚少，见效太缓。做小说，开报馆，容易开入智慧，但是认不得字的人,还是得不着益处。我看惟有戏曲改良,多唱些暗对时事开通风气的新戏,无论高下三等人,看看都可以感动。便是聋子也看得见,瞎子也听得见,这不是开通风气第一方便的法门吗！听说现在上海丹桂、春仙两个戏园,都排了些时事新戏,春仙茶园里有个出名戏子,名叫汪笑侬的,新排的《桃花扇》和《瓜种兰因》两本戏曲,看戏的人被他感动的不少。我很盼望内地各处的戏馆,也排些开通民智的新戏唱起来,看戏的人都受他的感化,变成了有血性、有知识的好人,方不愧为我所说的世界上第一大教育家哩！

《安徽俗话报》第11期(1904年9月10日)

春柳社演艺部专章

报章朝刊一言,夕成舆论,左右社会,为效迅矣。然与目不识丁者接,而用以穷。济其穷者,有演说,有图画,有幻灯(即近时流行影戏之一种)。第演说之事迹,有声无形;图画之事迹,有形无声;兼兹二者,声应形成,社会靡然而向风,其惟演戏欤？挽近号文明者,曰欧美,曰日本。欧美优伶,靡不学博洽多闻,大儒愧弗及;日本新派优伶,泰半学者,早稻田大学文艺协会有演剧部,教师生徒,皆献技焉。夫优伶之学行有如是,国家所以礼遇之者亦至隆厚,如英王、美大统领之于亨利阿文格(氏英人,前年死,英王、美大统领皆致词吊唁,葬遗骸于寺院,生时曾授文学博士与法律博士学位),日本西园寺侯之于中村芝玩辈(今年二月,西园寺侯宴名优芝玩辈十余人于官邸,一时传为佳话),皆近事卓著者。吾国倡改良戏曲之说有年矣,若者负于赀,若者迷诸途,虽大史提倡之,士夫维持之,其成效卒莫由睹。走辈不揣梼昧,创立演艺部,以研究学理,练习技能为的。艺界沉沉,曙鸡哓哓,勉旃同人,其各兴起！息霜诗曰:"誓渡众生成佛果,为现歌台说法身。"愿吾同人共矢兹志也。专章若干则如下:

一、本社以研究各种文艺为的,创办伊始,骤难完备,兹先立演艺部,改良戏曲,为转移风气之一助。

一、演艺之大别有二:曰新派演艺(以言语动作感人为主,即今欧美所流行者),曰旧派演艺(如吾国之昆曲、二黄、秦腔、杂调皆是)。本社以研究新派为主,以旧派为附属科(旧派脚本故有之词调,亦可择用其佳者,但场面布景必须改良)。

一、本社无论演新戏、旧戏,皆宗旨正大,以开通智识,鼓舞精神为主。偶有助兴会之喜剧,亦必无伤大雅,始能排演。一舞台上所需之音乐、图画及一切装饰,必延专门名家者,平日指导,临时布置,事后评议,以匡所不逮。

一、本社创办伊始,除醵资助赈助学外,惟本社特别会事(如纪念、恳亲、途别之类),可以演艺,用佐余兴。若他种团体有特别集会,嘱托本社演艺,亦可临时决议。至寻常冠婚庆贺琐事,本社员虽以个人资格,亦不得受人请托,滥演新戏,以蹈旧时恶习。

一、本社所出脚本,必屡经社员排演后,审定合格,始传习他人。出版发行,所有版权,当于学部、民政部禀明存案,严防翻刻。

一、入社者分三种:

甲　正社员。凡愿担任演艺事务,及有志练习者属之。

乙　协助社员。凡捐助本社经费,或任各职务者属之(凡正社员、协助员,本社均备有徽章,惟现在经费未充,所有徽章价值,乞各社员自给)。

丙　名誉赞成员。凡中外士人,赞成本社宗旨,扶持本社事务者属之。

一、本社临演艺之时,或有人愿扮脚色,与赞助其他各执事者,虽平日未入本社,但有社员绍介,本社即当以客员相待。赞助本社出版事业,无论翻译、选述或承赠书画及写真等,有裨于本社之印刷物者,亦皆以客员相待,概不收会费。一应办之事,约分二类:

一　演艺会。每年春秋开大会二次,此外或开特别会临时决议(开会时,止社员、协助员皆佩徽章入场,另呈赠特别优待券二枚,以备家族观览,客员、名誉赞成员,各呈赠特别优待券一枚)。

二　出版部,每年春秋刊行杂志二册(或每季一册,另有专章）。又，随时刊行小说、脚本、绘叶书各种（凡正社员、协助员、客员、名誉赞成员，所有本社出版物，每种皆呈赠一份）。

一、无论社员、客员、名誉赞成员，于本社事务有特别劳绩者，本社公同商决，当认为优待员，敬赠特别勋章一枚，以答高义。更须公议，以本社印刷物若干，为相当之酬报（仅捐资者，不在此例）。

一、正社员每月须出社费二元以下，三十钱以上（均于阳历每月初交本社会计处）。协助员愿按月捐助与否随意。一春柳社事务所暂设于东京下谷区洵之端七轩叮廿八番地钟声馆。若有寄信件者，请直达钟声馆，由本社编辑员李岸收受不误。此专章已经同人公认，应各遵守。其有未能详审处，当随时商酌改定。

《北新杂志》第三十卷，光绪三十二年

剧场之教育

天僇生

天僇生曰：国之兴亡，政之理乱，由风俗生也。风俗之良窳，由匹夫匹妇一二人之心起也。此一二人之心，由外物之所濡，耳目之所触，习而成焉者也。是一二人者，习于贞则贞，习于淫则淫，习于非则非，习于是则是。其始也起点于一二人，其终也被于全国。造因至微，而取效甚巨。此义也，孔子知之，司马迁知之。孔子曰：“声音之道，与政通矣。”司马迁曰：“雅颂之音理而民正，噪噭之音兴而人，郑卫之音动而心淫。”是以古之圣王，设官以世守之。本之性情，稽之度数，而制为五音，以化成天下。春秋之世，王失其纲，圣人不作，雅乐丧缺，谲谏之士，渐有扮古衣冠，登场笑谑，以讽时政者。盖乐歌仅有声，而演剧则兼有色，其大旨要不外惩恶而劝善。历数千载，暨于隋氏，戏剧乃大兴于时。隋谓之“康衢戏”，唐谓之“梨园乐”，宋谓之“华林戏”，元谓之“升平乐”。元之撰剧演者，皆鸿儒硕士，穷其心力以为之。赵子昂谓良家子弟所扮者，谓之行家生活,倡家所扮者,谓之戾家把戏。关汉卿亦言扮演戏剧,须士夫自为之。盖古人之重视演剧也如此。明承元后,作者代起,如王渼陂、康对山、梁少白、陈所闻诸人,凡所撰新剧,皆自行登场,无有敢从而非议之,呼之贱行薄伎,如今世之所为者,诚以其所关大也。至本朝雍正中,以演剧为大戒,士夫不得自畜声伎。自此以降,而后移风易俗之权,乃操之于里妪村优之手。其所演者,则淫亵也、劫杀也、神仙鬼怪也,求其词曲驯雅者,十无一二焉,求其与人心世道有关者,百无一二焉。吾闻元人杂剧,向有十二科,忠臣烈士,孝义廉耻,叱奸骂谗,逐臣孤子,居其四,而以神头鬼面,烟花粉黛为最下下乘。可知戏剧之所重,固在此而不在彼也。又元人分配脚色,咸有深意存其中。曰正末,当场男子,能指事者也;曰副末,昔谓之苍鹘,鹘者,能击贼者也;曰狚,狚狐属,好淫,后讹为旦;曰狐,妆官者也,后讹为孤;曰靓,傅粉墨,供笑谄之义,后讹为净;曰猱,妓之通称也,猱亦狐属,能食虎脑,以喻少年爱色者,如虎之爱猱,非杀其身不止也。由是以观,是古人之于戏剧,非仅借以怡耳而怿目也,将以资劝惩、动观感。迁流既久,愈变而愈失其真。昔之所谓杂剧,寖假而为京调矣,寖假而为西皮、二簧矣,寖假而为弋阳、梆子矣。于古人名作,其下者读而不之解,其上者则以是为娱悦之具,无敢公然张大之者。于是而戏剧一途,乃为雅士所不道也。而世之观剧者,不得不以妇人孺子及细民占其多数。是三种类者,其脑海中皆空洞无物,而忽焉以淫亵、劫杀、神仙、鬼怪之说中之,施者既不及知,而受者亦不自觉,先入为主,习与性成。观夫此,则吾国风俗之敝,其关系于戏剧者,为故非浅鲜矣。

昔者法之败于德也,法人设剧场于巴黎,演德兵入都时之惨状,观者感泣,而法以复兴。美之与英战也,摄英人暴状于影戏,随到传观,而美以独立。演剧之效如此。是以西人于演剧者则敬之重之,于撰剧者更敬之重之。自十五、六世纪以来,若英之蒿来庵,法之莫礼蔼、那锡来诸人,其所著曲本,上而王公,下而妇孺,无不人手一编。而诸人者,亦往往现身说法,自行登场,一出未终,声流全国。夫西人之重视戏剧也如此,而吾国则如彼,即此一端,可以睹强弱之由矣。吾以为今日欲救吾国,当以输入国家思想为第一义。欲输入国家思想,当以广兴教育为第一义。然教育兴矣,其效力之所及者,仅在于中上社会,而下等社会无闻焉。欲无老无幼,无上无下,人人能有国家思想,而受其感化力者,舍戏剧末由。盖戏剧者,学校之补助品也。今海上诸梨园,亦稍稍知改良戏曲矣。然仅在上海之一部分,而所演新剧,又为诸剧中之一部分,即此一部分中,去其词曲鄙劣者十之三,去其宗旨乖谬者十之三,去其所引证事实与时局无涉者十之三,则夫异日所获之实亦仅矣。吾闻华严入法界品,有所谓婆须密多者,吾愿吾国戏剧家咸知此义,以其一身化亿万身,以救此众生。吾尤愿吾内地十八行省,省省得志士,设剧场,收廉值,以灌输文明思想。吾更愿吾海上诸名伶,取旧日剧本而更订之,凡有害风化,窒思想者,举黜弗庸,以为我民造无量幸福。仆也不才,夕夕而祝之,旦旦而祈之。

《月月小说》第二卷第一期,光绪三十四年

学校剧之沿革

LYM

学校演剧,肇于欧西,近我国教育家颇有提倡之者。留学界中,曾一再实习,评判遂多。赞同者,谓于社会上,教育上皆有裨益,反对者,诋为废时荒业,隳靡学风。要之,舍短取长,端在善择。是篇详述沿革,足资考镜,故译登之,以绍介于研究是问题者。

学校剧者,创于中世纪盛行之神秘剧,实现今德国诸剧之祖也。文明史家耶密衣尔氏研究演剧之变迁,于学校剧殊注重,其言曰:学校剧公开于数世纪间,所演皆正则之技,故于一般民间剧有重要关系云。

学校剧在昔德意志地方最为发达,民间诸剧因之亦进步异常。如各国市民农夫所装演之杂剧,类以俳优辈为之指导,而此地则反仰诸学校教员。故德国演剧史中,其最负名誉之俳优,概属学生。串剧者,亦皆以学校所兴行者为标准。

学校剧所以如斯其盛者,目的在教育上之补修,盖利用之以操练拉丁语,实习演说谈话,及发挥美术之思想,有种种便益也。

十五世纪末,为学校剧繁荣时代。当时罗马文明,因之大为输入。最盛者,则以寺院所管之宗教学校为首。至宗教改革时代,属改革派者,其对于学校剧,不唯信其无害而已,且视为语学教授必不可缺之端,故奖励之不遗余力。

昔路德临某学校喜剧之席而发言曰:学童之演喜剧,决无可禁之理,且当保护而奖励之云。米兰可多亦曾于学校演剧之际,痛驳反对论,而胪陈学校剧于风教上之价值。故当时学校规则中,有公然以演剧事记入者。如加特力派诸州,发达尤着。

迨后时势变迁,而学校剧之目的渐易,教育倾向,次第薄弱,渐等于普通剧,迎合阅者之意,以娱乐为方针,流弊日滋,遂养成营利之劣性,薄给教员竟藉剧所得以赡其家。盖初时非教员生徒及学校有关系者,无阅览之权,乃因评判既佳,嗜剧家之求参观者伙,遂至纳相当之费。则夫人皆许入观,此其堕落之原因也。

波靡日甚,而改革之论以兴,一时高级僧侣、学校长等,皆以救弊为事。惜当三十年战争之际,万事倾颓,各地学校剧亦同时衰歇。曩者繁盛之况,遂成过去之梦华。

迨战事既完,国民对于演剧之嗜好,翻然顿异。一般普通剧皆力趋时尚,舞于歌扇,簇簇生新。惟学校剧则云散风流,无复再兴之望。

然则学校剧遂绝迹于近代乎?是又不然。如瑞典国则往古风尚,遗传至今。一八八二年伯伦市所开学校剧,耶卑德斯王登场,用希腊语谈话,可想见其盛矣。

要之,学校剧者,自来皆以增进语学为目的。他如传古代之神秘剧,为俗工所不解者,亦其特长也。故非娱乐之具,而为研究文学之方,其奖励之也,岂无故哉。

且学校剧与普通剧,其关系极深。如德国之奥披剌 Opera(乐剧),必集寺院及学校之音乐科生始能演奏。彼王室附属之奥披剌座,名特列士丁者,初亦由索逊王国之寺院音乐队所组成。罕普鲁希之奥披剌座,其大部分皆以富于音乐思想之美音家及音乐学校生充之。

盖学校生徒,从事于奥披剌者,迄前世纪犹盛行之。缘是以观,昔年日本音乐学校中设歌剧研究会,聚男女生徒为奥披剌之演奏,有自来也。

《学报》第十期,光绪三十四年

改良剧本与改良小说关系于社会之重轻

棣

迩来主改良剧本,以为开通民智之助力者,众口一词矣。则以愚夫愚妇目不识丁,一见夫优孟衣冠,傀儡登场,敷演其事迹,做作其色相,歌唱其神情,皆足以印其人之脑筋,而为之感动故也。孩提随其父兄入于剧场,伶人之做手如何,腔口如何,本不甚能分辨。然其装面具,饰须眉,一举一动,观者当场,无不眉飞色舞;及观剧既毕,随父兄回寓,犹津津焉谈道弗衰。较夫授以《诗》、《书》,使口诵心维,其过耳目而不忘者,诚不及其观剧感情之万一也。见夫奸邪逞势也,为之欲泣;平蛮诛佞也,为之喝采。片刻间而灵魂活动,七情变用,一若为场上诸优伶之电力所吸摄而去者。诚不料易性移情,一至如是其极哉!演者唱者,一出之中,不必遂有其事迹,而殆实有其情理。有其情以为即有其事,当前即是,百感随生,而神经为之一变。是则剧本之感人,固如是其不爽也。

诚然,剧本之感人至矣。顾其能感人心,究是否有益人心,此则吾不敢言也。其剧本与人心之关系如何,须视其剧本制造文野之如何。吾尝有言:广班之剧本,殆每况愈下,大都从野史摭拾一二,而参以因果祸福之说,串插而成。故一套中,不有困谷,必有过岭;不有抢子,必有搜官;不有谏君,必有试妻;不有劈网巾,必有写分书。千首雷同,如出一辙。如朝臣之唱调也,写分书、打和尚、劈网巾之口白也,又如语不离宗,人人同此演唱者。若夫穿插之桥段:则中间用兵,必先败而后胜;忠臣际遇,必先屈而后伸。旧之江湖十八本,与今之著名戏本,大约皆同。故夫吾粤戏本也,惟于平蛮讨伐外,则诚足以触发观者种族之感情,而此外其有关系于民智与风气者,吾未之见也。夫以剧本之感人如是,而当此斗智时代,竟无少补于风气之进步与民智之开通,则能感与不能感人等耳。然则改良剧本之说,其影响于普通社会之前途者,固亦一最当研究之问题也。

剧本者,小说界之一部分也。剧本既当行改良,即为小说当行改良之一证。虽然,今日之所谓改良剧本,不必在乎新奇,而如神权之迷信,仙佛之因缘,鬼魔妖怪之诞幻,与种种大同小异之桥段,势不能不先去之者也。骤演唱以科学之精深,与法理之妙微,观者听者,尚如盲人夜里观花耳,无当也。但使去其锢习而导以新风,如其政治之改革,种族之分限,风俗之转移,以是为初级之改良,即足以开国民之脑慧。然持此以第一级改良戏本,即可持此以为第一级改良小说。盖当此半开化之时代,国民之心思眼力,固宜顺其程度以致开通,即著作家宜顺其程度以为立论。然准此以观今日之新小说,固大半异夫前轨矣。

特以文学之风气,因时而迁,究其间不无矫枉过正者。或文饰其词曰:吾之笔法,自成一家。否则曰:新世界之文字,固当如是。甚则满纸芜词,绝无意境开发,意则平平庸淡,而字句间或过于雕斫,将以是为矜奇;而一篇之中,有散漫无结束,有铺叙无主脑,有复沓无脉络,前后无起伏,穿插无回应,见事写事,七断八续。行诸戏本,必不足发听者观者之神经;行诸小说,必不能辟观者听者之脑力。如绘事焉,调墨未知,遑论下笔?如音乐焉,腔调不合,遑论高低?总而言之,则文法不协,何足以语优劣?更何足以引人入胜?如是而欲借以开通国民之知识,乌夫信也。然则所谓改良者,固不在高奇,而在去锢习而导以新思,顺眼光以生其意境,如是而已。彼夫各国之著名小说，其具转移社会之大力者，非有他也，无中国之迷信陋习耳。改良小说乎，改良班本乎，其亦知所从事哉！

右之所陈，固为改良剧本、小说之要点。然今日小说界之进步虽速，究竟改良戏本者，尚视言改良小说者为尤夥也。由前之说，剧本固为小说之一部分，且串戏本者，大半跟原小说而来，而其对于社会之功用，实二而一耳。观剧者如忠奸贤佞，离合悲欢，神经既皆随时交易，观小说者亦然。若者英雄，为之爱慕；若者奸邪，为之嫉愤；若者忠良，为之钦敬。是小说与剧本，有共同之效力，即当有共同之改良明矣。顾效力同，而效力之大小不同也。观剧本者聚于一堂，而观小说者布诸四方；观剧本者在于一时，而著小说者行诸百世。有著书者即有观书者；有说书者即有听书者。一书风行，无远弗届。准此则改良小说之效力，又更宏于改良班本也。更由前之说，串剧本者大半跟原小说而来，有新小说而后有新剧本，犹有新事而后有新戏，则小说之改良，尤为首要矣。论者曰：有《水浒传》出，而元末之英雄四起；有《金瓶梅》出，而西北淫浇之风，如骤登龙门。其进步如此，风气亦因之而渐进。是小说之至要，固今日人群所公认；从而改良，吾知有改良者必更有进步。则此后之关系于民智，其程度速率，尚不知何如也。小说日见其多，小说日见其重。著作者知所别择，即购阅者知所别择。改良乎！改良乎！小说家其亦知所从事哉。

《中外小说林》第2年第2期，(1908年2月21日)

其他报纸（下）

本卷主编　吴新苗

目　　录

大 公 报

《大公报》，日报，1902 年(光绪二十八年)6 月 17 日英敛之创刊于天津。英敛之受康、梁的影响，在报纸上积极鼓吹维新。本报此一时期有关京剧的新闻，主要报道天津、北京地区的戏曲演出，尤其关注京剧改良。《大公报》在英敛之后，几易其主，办报宗旨也迭经变化。

吴新苗、高潇倩辑录、整理。

光绪二十八年(1902)

歌舞升平

日前,大内传戏已排谭鑫培《鱼藏剑》。该伶因病未到,伦贝子愿承斯乏,其声艺较之谭鑫培有过之无不及。太后慈怀愉乐,特加温奖。

光绪二十八年六月初一日/1902年7月5日第3版

行旅戒心

某伶人前在上海负欠该处青莲阁执事人邹四之资,为数甚巨。该伶已回北京,邹遂搭新丰轮船北来索债。昨抵塘沽,下船换乘三板赴车站时,三板中人见其孤身无伴,异言异服,知其懦弱可欺,乃绐之曰:“塘沽车站脚行向有十大恶,非抢即劫,度汝异乡穷旅必遭毒手。”又极言乘船到津较为稳妥,邹信之,遂雇该船送至紫竹林,不料行至咸水沽下,船中人拔出刀械威吓,并将邹衣服剥尽,推上河岸,扬帆而逸。

光绪二十八年六月初七日/1902年7月11日第4版

查禁淫词

广庆园开演包头男落子,败俗伤风,莫此为甚。且未遵例纳捐,经该管西官查明严禁。

光绪二十八年七月初六日/1902年8月9日第5版

太平歌舞

自六月下旬以后,大内无日不传诸伶供奉,故近日谭鑫培、汪桂芬、余庄儿等甚为忙碌。盖慈圣于诸伶恩眷甚隆,犹忆去冬,余庄儿迎銮至汴,立蒙传入,谕曰:不想你这小子倒还有良心,但此刻不能用你。立命赏银,令其回京。近时余紫云应差迟误,有某邸代其告病。奉谕:既有病,不必登台,赏药资伍拾两。其余赏四五品衔俸,及赏银锭尺头者,尤不胜枚举。

光绪二十八年七月十七日/1902年8月20日第5版

准演夜戏

苏州阊门外,向例禁演夜戏。今由各戏园主联名投禀商务局,以市面清淡,急筹挽回之法,愿月缴巡捕捐一千元,请准演夜戏云云。已由朱竹石廉访,立传工程局委员戴子迈明府面询情形,准予开演云。

光绪二十八年九月初十日/1902年10月11日附张

演戏何多

迩来戏班非常忙碌,接应不暇,盖作寿者多而堂会日甚一日,且嫁娶亦有演戏者。非北京之财源复旧,实人心愈斗浮华也。庚子九月粒食艰难,而今则"商女不知亡国恨,隔江犹唱后庭花"也。吁!

光绪二十八年九月廿七日/1902年10月28日第4版

梨园人语

万寿在迩,故内廷供奉一流人物异常忙迫,演习新剧以便慈意点戏。盖内廷供奉,为诸伶以此为最苦之事,一经点戏,虽平素不能唱者亦须勉强为之。近来汪桂芬及小朵等,慈眷之隆,尚在余庄儿、想九霄之上。

光绪二十八年十月初四日/1902年11月3日第4版

进呈戏衣

万寿在即,旧日戏衣已不鲜明。现由苏杭定织顾绣戏衣全份,为现今时代最为求新之款式,已于初六日进呈,盖共需银六万两云云。

光绪二十八年十月初八日/1902年11月7日第4版

编戏曲以代演说说

昨读贵报说演说一篇，不禁有感于心，不能已于言也。谨作短著一篇，以质诸秉笔人，更愿假我篇末，以公诸天下。

日本犬养木堂君曰："天下开化之事有三：曰学堂、曰报馆、曰演说。"然而行于今日之中国皆有名无实也。何以言之？学堂之设也，教育之术不明，教科之书未备，蒙学小学未立，遽人大学可乎？况乎师范无人，仍以旧学之乡先生为教习，其与平日之书院何异乎，亦不过仅添一外国语言科而已。此学堂之有名无实也。中国报馆不能尽责任，不能全义务，盖言论不能自由，思想不能自由耳。以不能自由之报章，而委以开化之重任，势必不能。此报馆之有名无实也。演说一事，虽未举行，然而有志之士必有大声疾呼，而唤醒国民于梦中之日。虽其时之迟速未可知，然有因必能结果也。但演说一事，行之于租界，不能行之于内地；行之于教会，不能行之于国人；行之于将来，不能行之于现在。此演说之不能遽行，纵行之亦有名无实也。

蒙虽不敏，固以开化自任者也。尝终日不食，终夜不寝，以求所谓开化之术。求而得之曰：编戏曲。编戏曲以代演说，则人亦乐闻，且可以现身说法，感人最易。事虽近戏，未尝无大功于将来支那之文明也。盖听戏一事，上而内廷，下而国人，无不以听戏为消遣之助。去年上海伶隐汪笑侬《党人碑》一出，其登台演说时，具爱国之肺肠，热国民之血性，能使座中看客为之痛哭、为之流涕、为之长太息。独是此等戏曲编者不多，诚能多编戏曲以代演说，不但民智可开，而且民隐上达。昔优孟衣叔敖衣，而上感楚王，设非以戏感化而能神速若是乎？今不欲开化同胞则已，如欲开化，舍编戏曲而外，几无他术。但戏曲一事，宜编时事，不宜编古事；宜编真事，不宜编假事。吾甚愿有心人多编戏曲，以开化我同胞乎。同胞幸甚，大局幸甚！

光绪二十八年十月十二日/1902年11月11日第2版

戏馆滋事

天乐园托杨某代邀德君如、龚处来津演唱,报单已贴,并未登台。昨日在园滋斗,坐客和之,旋为警兵拘去。

光绪二十八年十月十九日/1902 年 11 月 18 日第 4 版

借戏行骗

前纪天乐园茶资加价,名优不唱,坐客滋斗一则。兹闻杨锦江、李锦山、刘万波等由京邀来各伶,拟赁该园演剧,讵杨等收取茶资避匿。该伶不肯登台,滋事时经警兵将杨等同伙刘某等五人扭送总局,昨经曹游戎讯明,将刘等申责判,各罚洋二十三元,交该园以充看客茶资。俟将杨等获案追出洋银,再行偿还刘等云。

光绪二十八年十月二十日/1902 年 11 月 19 日第 3 版

叫天演戏

叫天谭鑫培连日在天和馆演《定军山》、《打棍出箱》、《卖马》诸戏,观者如堵,座无隙地。噫!叫天之戏固佳,何爱国家者不如爱戏子乎。

光绪二十八年十月廿五日/1902 年 11 月 24 日第 4 版

军队演戏

日本军队定于十二月二十九日回国,即中国十月三十日也。前一日在肃邸旧府演戏,是日下午开演,遍请日本旅华士商,并印有请客券分送,无票不得入观。

光绪二十八年十月廿九日/1902 年 11 月 28 日第 3 版

进呈戏本

十六日太后慈驾由湖还海驻跸,所有预备接驾戏之戏子,例应先期呈进戏本,恭缮全本戏文。内廷均是看本听戏,此等戏本内务府抄呈,其戏本皮面用黄色龙绫裱成,此种书籍积如山立,然不在《四库全书》内也。

光绪二十八年十一月十八日/1902 年 12 月 17 日第 3 版

时 事 要 闻

皇太后于本月二十四日还宫，即召福寿部梨园并召各该内廷供奉诸色人等，闻自二十四日起至二十七日止，共演戏四日。

光绪二十八年十一月廿八日/1902年12月27日第2版

淫 戏 禁 止

近日有等奸民在台澹门外搭台演唱《采茶》戏曲，宰牛聚赌，最为地方之害。经柯护抚访悉，已饬令南昌倪廷庆大令禁止矣。现闻仍照常演唱，唯迁避数里耳。

光绪二十八年十一月廿八日/1902年12月27日第4版

枢 臣 会 宴

本月二十五日，某中堂大置酒筵延请荣相，并召梨园侑觞。荣相大欢，直饮至三更始命驾返。

光绪二十八年十一月三十日/1902年12月29日第3版

王 宅 演 戏

王夔石中堂十一月二十一日寿辰，正在斋戒期内，不得演戏。故自二十四日起，演戏至二十八日止。又十二月初二日起，演戏至初四日止。其前五日为本宅演戏，后三日为某员所送之戏，均在喜雀胡同相府开演。演戏之日，开筵请客，极一时之欢。

光绪二十八年十二月初二日/1902年12月31日第3版

时 事 要 闻

内务府人员传说云：此次冬至，宫内庆贺、赏赐、筵宴、演戏之费计共用银三十余万两云。

光绪二十八年十二月初五日/1903年1月3日第3版

光绪二十九年(1903)

内廷传戏

初一二日至初四、初八、初九、初十、十五六等日演戏,如汪桂芬、小叫天、菊生、麻穆子、金秀山、刘七百岁、余庄儿、四十小朵之属,均皆传差。所演之戏,亦属吉祥止止,均各赏纹银一锭,其每人食俸百金、二百金者仍如去年颁发。

光绪二十九年正月初九日/1903 年 2 月 6 日第 5 版

恭祝千秋

初十日为皇后千秋,所有王公百官祝嘏如仪,并召梨园演戏,以庆良辰。是日官场庆贺,均着蟒袍补服一日。

光绪二十九年正月十三日/1903 年 2 月 10 日第 4 版

示抽戏捐

前日厦防厅出示,略谓:抽收戏捐,漳属久已举行。兹据金协和职员等禀请,包办岁缴洋三千六百元,并先缴课银六百元,除给谕开办外,合行晓谕官商大小各戏班人等,一体凛遵云。

光绪二十九年正月十六日/1903 年 2 月 13 日第 4 版

忌辰斋戒演戏

本月十一日为孝全成皇后忌辰,十四日为宣宗成皇帝忌辰,十二十三十四三日又因祭辛皇帝入斋宫在三日斋戒之内,向例忌辰斋戒均不得演戏。某军门自十一至十四日在通州演玉成全班戏,四日后又流连二日,至十七日全班始能回京。

光绪二十九年正月十八日/1903 年 2 月 15 日第 4 版

禁演淫戏说

戏园之设，由来远矣。自优孟托讽感动楚王，已识为触目警心之具，厥后衣冠巾帼，妆点如生。历世相沿，当不仅唐代梨园艳绝一时也。观夫贤愚毕肖，既操鉴别之权；忠佞曲形，更握旌诛之柄。藉面目以呈心术，假歌舞以寄襟怀。工是艺者何难，使观听诸人发动慭(劝)真性乎？故凡通都大邑，所在多有。即环球各国，罔不矜奇斗胜，群树为观感之资。则戏园之设，有裨于世道人心，殊非浅显。虽稗官野史，恒多附会铺张，然游戏场中，足以感人于寤寐。信乎未可厚非也。慨自世风不古，习俗日漓，近来各戏园每多演唱淫戏，具形容尽态处，已足使少年子弟意荡神飞。尤可恶者，登场角色竞尚女流，且所演皆《百万斋》、《关王庙》、《卖胭脂》、《杀子报》、《珍珠衫》等剧，传情作态，无异白昼宣淫。须眉歌舞之场，竟变为淫荡颠狂之状，真有耳不敢闻，目不敢见者在。各园中不过罔利居奇，冀博观者一餐耳，不知引诱童年，贼害心性，较娼窑妓馆为尤甚。夫娼窑妓馆，稍有畏忌，即不肯入。年最少者罕到，亦断无妇女进门。独至入园听戏名目甚正，故座客半多童子，近又有妇女而包厢者矣。目女角一唱淫戏，演到秽亵不堪，放浪已极之时，座中之客既神驰于戏台之中，旋目注于包厢之内，居心用意，其间盖有不可知者。设严为禁绝，不至淫风流行，而害尽苍生不止顾。或者谓园中一禁淫戏，势必生意减色，一朝断绝，必至驱利于外人，为租界增一利薮矣。殊不知法领事曾有禁演淫戏之公函，经前任海关道宁复函照准，有案可稽。况吾所谓禁者，非禁其戏，禁其淫戏耳；非禁其演戏之女角，禁其女角所演之淫戏耳。设以女角而但唱袍带冠冕等戏，吾又何必禁止。查近数年来申江南通州禁唱《杀子报》，前蒙乡甲总局宪台禁止落子馆及幼女演唱时曲，并庙宇街市所设□洋篇春册，□□禁开男下处。北京禁阻妇女入馆听戏。从前贤大令并禁妇女入庙烧香，诚有见于淫风一开，其伐性伤生，祸烈于洪水猛兽。而廉耻一丧，必至奸淫邪盗，接踵而兴。而地面遂因之不靖，变而愈下，则人心世道有不堪设想者矣。有地方之责者，果能出示严禁，先就女角演唱之淫戏，一朝而断绝焉。其维持风化之功德,岂有涯涘乎,不禁馨香祝之。

光绪二十九年正月廿五日/1903年2月22日第6版

肃邸传戏

本月初五日,肃王府演戏,已传定天乐园全班,并外串谭鑫培、汪桂芬等名角云。

光绪二十九年二月初六日/1903年3月4日第4版

福晋寿辰

初四日为肃王之母太福晋寿辰,各王公大臣各使馆人员前往祝寿者,络绎不绝,并召玉成菊部演戏云。

光绪二十九年二月初八日/1903年3月6日第3版

演戏志盛

掌贵州道巡视北城监察御史成子蕃分察昌之父,尚书衔花翎头品顶戴、前任山东布政使崇方伯保,现年八十九岁,奉旨准其重赴鹿鸣筵宴,并赏给太子少保衔。本月十六日为方伯庆九十寿辰,假骡马市大街湖广会馆演戏。闻是日传汪桂芬、小叫天等著名戏子多人,演各种出色之戏。现在已分送寿帖,邀宾于是日前往观戏云。

光绪二十九年二月十五日/1903年3月13日第4版

演戏志盛

初一日炸子桥嵩云草堂,为浙江京官团拜之所,召菊部演戏一日。初四日,又有借贵州馆演戏作寿者,为汪聘宸主事锡珍之封翁六旬晋五太夫人六旬双寿之期,往贺者车马络绎于途,异常热闹云。

光绪二十九年三月初六日/1903年4月3日第4版

传戏未果

此次两宫恭谒西陵，本拟召集各戏子前往演戏，诸戏子以差事太苦，恳免传差，始免。然已有回宫后传差十日之信，未知确否。

光绪二十九年三月十三日/1903年4月10日第3版

停戏一天

北京梨园于十八日放官工，停演戏一日，所有班内应兴应革事宜，均于是日在药王庙会议。

光绪二十九年三月廿十日/1903年4月17日第3版

传谕看戏

十四日晚，皇太后在保定行宫传各优演戏，并传蒙养学堂学生五十名入内观看云。

光绪二十九年三月廿一日/1903年4月18日第4版

传戏姑志

十八日回銮驻跸行宫有次，□派差入京传戏之事，目前连运出桌椅颇多云。

光绪二十九年三月廿二日/1903年4月19日第4版

拟编新戏

有某志士拟在南洋各埠招款二十万金，回京编各种开化之新出，以饷同胞。先在北京开演其武戏，以《封神演义》为本，因其多主革命，又为乡愚所乐者。其文戏趣戏，则以《党人碑》、《拳匪记》等类为主，然造因虽有是人，而结果尚非朝夕所能就也。

光绪二十九年五月十三日/1903年6月8日第3版

演戏纪闻

十六日，安徽会馆公请诚中丞及张宫保，已志前报，兹悉是日演玉成全班,并不带灯。

光绪二十九年五月十六日/1903年6月11日第3版

演剧改期

十六日安徽同乡公宴,诚中丞张香师一节,因求雨之故,不便演剧,已改明矣。

光绪二十九年五月十九日/1903年6月14日第3版

戏子太忙

五月二十三日新鼎甲之各会馆,俱皆演戏。又其住宅亦演戏,又内务府正堂继禄宅内亦补演戏。各戏馆中自二十三至二十六日,俱因忌辰未能演戏,至二十七日又家家演戏。一日之中,出入奔走,络绎不绝,戏子何太忙若是耶?

光绪二十九年闰五初二日/1903年6月26日第3版

时事要闻

近有某侍御条陈,嗣后官商人等,凡因团拜宴客庆寿各事演戏者,均不准唱夜戏,以清街市,而弭盗踪。闻已奉旨照准,交顺天府五城出示晓谕云。

光绪二十九年六月初三日/1903年7月26日第3版

补演戏剧

内务府大臣济禄五月作寿,原拟演剧。当因求雨之故改期。兹于初六日补演福寿菊部,是日贺客盈门,颇为拥挤。

光绪二十九年六月初十日/1903年8月2日第3版

饬借戏台

本邑某绅旧有自造活戏台一座,所有物料皆可拆落移运。今届二十六日,庆贺皇上万寿圣节,袁宫保饬由天津县唐大令借该戏台以备届期演戏。已于昨日运至河北会公祠内,先行观看式样,以便是日应用云。

光绪二十九年六月廿一日/1903年8月13日第4版

拟开戏园

崇文门内大街西有空地一区，谭鑫培等拟在该地方修盖戏楼，纯用木置。将来开演章程，均仿上海办理，晚间照常开演，亦不禁卖堂客，现在已勘地绘图矣。

光绪二十九年六月廿三日/1903年8月15日第3版

华洋戏园

北京某银行某与二西人合办华洋戏园，在奥国使馆界建造戏楼，日夜演戏，凡西人及中国人男女皆可往观，据云七月间即行开张。

光绪二十九年六月廿四日/1903年8月16日第3版

召戏纪闻

此次万寿演戏，特召玉成、同庆、福寿三菊部入内演各种吉祥新戏，戏本已由内务府缮妥进呈。

光绪二十九年六月廿六日/1903年8月18日第3版

演剧作贺

营口公会商人以防华人染患灾疾，曾经筹款修建医院一所，刻已落成。公会商人等于六月二十六日于院前演戏一天，以为庆贺之计云。

光绪二十九年七月初六日/1903年8月28日副刊

戏园停办

东单牌楼修建洋楼开戏园一节，已迭志本报，兹悉因股东意见不合，暂作罢论，而一切木料尚在。

光绪二十九年七月初七日/1903年8月29日第3版

戏园停止原因

东单牌楼华洋戏园停止一节,已见本报。兹悉因某邸以其将演夜戏,且卖女座,有违定例,特通过某公使令其拆去,彼等自谓股友不合,盖饰之也。

光绪二十九年七月初九日/1903年8月31日第3版

演 戏 庆 寿

上月十六日护院生辰演剧三日,阖城司道府县以及候补各道,并有世谊者,均设筵款待。四班戏子合唱,各得赏钱八百余串,属员祝礼只收屏封(风),其余璧谢。

光绪二十九年七月廿六日/1903年9月17日第5版

将 军 演 戏

前数日城内某家在某饭庄作寿,有近支宗室某将军登台演《琼林宴》一出,颇蒙观者所叹赏云。

光绪二十九年八月初一日/1903年9月21日第3版

时 事 要 闻

十三日颐和园正演剧时,急接某省电奏,太后命即停演。闻系军务紧要电奏故也。

光绪二十九年八月十八日/1903年10月8日第2版

闻 韶 开 演

前纪新设戏园一则,顷悉名为闻韶茶园,于本月初二日设筵请客,即于是日开演云。

光绪二十九年九月十四日/1903年11月2日第4版

梨 园 进 化

新民丛报社所出《小说报》,风驰海外,闻已销至万余本。而其中《黄萧养回头》一部,近日广东戏班已有演习者,曾到港中开演。

近日在附省四乡大舞台上传唱，一时观者如堵，莫不叹为新奇。

光绪二十九年九月廿二日/1903 年 11 月 10 日第 4 版

内廷日日演戏

日前召见某某两宫保时，内廷尚在演戏。两宫保奏对毕，均奉旨赏听戏。闻至今无日不演戏如故。议者谓为时局艰危，圣母春秋高，不堪经此焦虑，皇上以养志为天下先，殆欲以演戏者为排遣计耳。

光绪二十九年九月廿四日/1903 年 11 月 12 日第 3 版

庆寿盛举

冯中翰汝怀为萱堂庆六秩寿，于二十四日在八宝店本宅召玉成部演戏称觞。先一日设宴预祝，车马盈门，极一时之盛。

光绪二十九年九月廿六日/1903 年 11 月 14 日第 3 版

争天娥旦

优人天娥旦由上海来津，于前日抵埠。甫下船时，即有袜子胡同天仙茶园及官银号旁未开张之大观茶园，各派人等候截夺。两造各不相让，互有殴伤，惟天仙茶园人多，遂将天娥旦抢夺而去。

光绪二十九年九月廿六日/1903 年 11 月 14 日第 4 版

戏园斗胜

街市各行商铺萧条日甚，而近来开设戏园者，颇为兴盛。现有某某等拟在县署东靠马路北边地方，又设立戏园一处，昨已兴工建造房间云。

光绪二十九年十月初二日/1903 年 11 月 20 日第 3 版

停演原因

闻韶茶园不能开演各节，已叠登前报。现闻有孔氏中人，因闻韶二字用于戏馆，亵渎孔子，必须更换方准设立云云。按该园上下场门横额,一系“尽美”一系“尽善”,语意双关,固是极妙。说者谓“闻韶”二字,听戏者岂非自比于孔子?无怪孔氏之挑也。

光绪二十九年十月初七日/1903年11月25日第4版

演剧庆贺

皇太后万寿,由县传集各梨园优伶,于初九日在督署内演剧,以志庆贺。

光绪二十九年十月初九日/1903年11月27日第3版

戏衣进呈

日前由江南织造运到内廷供奉伶人之彩衣数箱,据内务府人云,彩衣上绣“太平有象”等吉祥花样,衣之四边均绣小“万寿”字。定于二十三日进呈云。

光绪二十九年十月廿一日/1903年12月9日第3版

兵不如优

京师自庚子后,兵丁粮饷减去三成,而京营于放饷之月,遇有小建,仍然扣折,以致兵丁倍形困苦。而各班优伶,自庚子后反觉丰足,所有在南府应差之优人,除月间领银若干外,犹每季领米数石云。

光绪二十九年十一月初八日/1903年12月26日第3版

戏园减色

闻韶茶园开演并办理不顺各节,已屡登本报。讵料开演十余日,而座客甚为寥寥,目下已贴招减价,尚不知观者能如前踊跃否。

光绪二十九年十一月十四日/1904年1月1日第4版

拿送官戏

本月初间为粮道某氏寿辰,日前倩人来省雇福盛和菊部,即闻韶戏园包演之班也。该班掌订以每天戏价百串,而名角之费在外,雇者以其有要挟之意，遂由德州投函致首县出票传差，该班始悚然听命，即于上月晦日出省前往。夫以粮道权势之尊，演戏庆寿谁敢阻之，乃该班欲以重价为拒绝之计，以卵击石，何不自量若是耶？

光绪二十九年十一月十九日/1904 年 1 月 6 日第 4 版

庆贺寿辰

二十六日为那琴轩尚书之太夫人寿辰，连日送屏帐礼物者纷纷不绝，闻曾邀谭鑫培、汪桂芬诸名角演唱以侑彩觞。

光绪二十九年十一月廿七日/1904 年 1 月 14 日第 3 版

歌舞太平

初一日某王府因有寿辰，特召梨园演剧。外串汪桂芬、谭鑫培、余庄儿等演各种新戏，并代灯。噫！若某王者，身列宗藩，当此时势阽危之时，仍不改其乐，为士民者更无足责焉。

光绪二十九年十二月初四日/1904 年 1 月 20 日第 3 版

听戏宜慎

袜子胡同天仙茶园每日坐客甚多，常有遗失物件者。前晚正在演唱完毕之时，有小绺多人在园内依靠坐客之物件，有一小绺将某甲银表一枚偷在手内，随被甲抓获，正在责打之时，随有本园之人同警兵向前说合，将该小绺释放。

光绪二十九年十二月十二日/1904 年 1 月 28 日第 5 版

戏馆发封

南京为省汇之区，人类不齐，城内设有戏馆一所，每有流氓滋事。夏五月曾经江宁县封闭，至九月间又私自启封演剧，并未禀报地方官长。某日，曾有某学堂毕业生某某往该馆听剧，戏伙杨姓将该生认为流氓，竟将该生衣服物件抢剥一空。日前由该学堂学生禀请江宁县提讯，该县袁大令随将该馆发封，并将该园园主提讯，永远不准开演云。

光绪二十九年十二月十七日/1904 年 2 月 2 日第 4 版

光绪三十年(1904)

大内照常传戏

连日大内仍照常传戏,按时开演,惟两宫均未临阅,所以不停止者,为安民心耳。

光绪三十年正月初八日/1904年2月23日第3版

定期团拜

内阁衙门定于十八日在湖广会馆团拜,演福寿部,有灯戏,无外串。癸卯科同年亦附人搭桌。

光绪三十年正月十七日/1904年3月3日第4版

赶作戏衣

内廷交内务府片,令其赶作戏衣,以备万寿之用。

光绪三十年正月廿一日/1904年3月7日第4版

戏园热闹

近闻营口西街开一戏园,异常热闹,观剧者实繁有徒云。

光绪三十年正月廿四日/1904年3月10日第4版

戏园被封

本月二十六日午后一时许,前门外粮食店新开之中和茶园,正在开演之际,忽有地面差人封闭,未知何故。

光绪三十年正月廿九日/1904年3月15日第4版

旅顺依然歌舞

据自旅顺来者述及,该口虽日俄开仗,炮声震天,而口内依然演戏，此正月中旬事也。特补志之，以告冷血人。

光绪三十年二月初三日/1904年3月19日第3版

戏园又开

某侍御因向中和园索座不得，立刻饬司发封，已志前报。其封门之时，戏尚未散，座客如云，为之罢兴而出。以为该园将膺严办，乃次日即行开封，虽云钱能通神，然狐理狐滑，亦大失乌台之身分矣。

光绪三十年二月初五日/1904年3月21日第3版

又禁灯戏

闻韶茶园全靠灯戏上座，方有利益。去年经首府县禁止灯戏，嗣有当道诸公设法弛禁各节，早登前报。现因日俄开仗，兵事方亟。当道者云，如此歌舞，似非时势所宜。遂请于大府，即日禁止，该园主甚为扫兴。

光绪三十年二月初六日/1904年3月22日附张

团拜纪闻

本月十三日某某四科团拜，假湖广会馆地方召福寿菊部演各种灯彩新戏，恒舞酣歌，兴高彩烈，亦盛事也。

光绪三十年二月十一日/1904年3月27日第3版

察院团拜

二十日为五城察院团拜之期，但系清局，并不演戏，当此时局可谓知礼。

光绪三十年二月廿三日/1904年4月8日第3版

一德同风

津门自去岁以来，钱行生意不能支持，歇业者竟至一百三十余家之多。其市面之萧条艰窘，不言而喻。独至戏馆、曲班两生意繁盛不减于昔,以区区一埠,戏馆竟至八九家之多。且日夜开演,座客常满,而各家□□争奇斗胜,花样翻新,以招座客。法界聚兴戏园,年前邀南妓谢珊珊串演三天,而园中骈肩接踵,至无插足之地。回台掷赏者,竟至数百元之谱。足见北地豁达者多,而赏音者众也。此次该园复由京中邀请叫天(即谭鑫培)来演,其包厢每间售洋至八元之多。讵十数日前,厢座已被各阔老包尽无余。夫叫天为梨园老名角,上海群以内廷供奉称之,歌喉婉转,刻征引商,洵有遏云绕梁之概。夫岂乡曲腐儒所能解其高妙,上有好者,下必甚焉者矣,岂徒然哉。

光绪三十年二月廿八日/1904年4月13日第5版

戏园梁崩

优人谭鑫培所开之中和茶园,日前大梁忽然崩折,幸未落下,故并未停戏。说者谓该园前经封闭一次,兹又无故折其大梁,皆以为不祥之兆。其实该大梁年久朽坏,故尔摧折,无关吉凶也。

光绪三十年三月十二日/1904年4月27日第3版

淫戏宜禁

刻下津郡戏园,添设包厢,多有良家妇女幼童观剧。前晚大观茶园坤角王双凤与吕月樵演唱《傻子成亲》一剧,据闻所作之态,十分淫荡,不堪入目。按前坤角冯月娥演唱淫剧,伤风败俗,因此驱逐回籍。今大观茶园又演唱此等淫剧,想当道一经查悉,亦必禁止之也。

光绪三十年三月廿十日/1904年5月5日第5版

禁演坤戏

中城地面天和馆于十七日开坤戏园,演唱女戏。刻经中城某侍御派差驱逐,并将倡办人带至公所究办,内有日本人一名,亦随同前往云。

光绪三十年三月廿一日/1904年5月6日第3版

官商筵宴

商务部左参议王清穆氏到津一则，已纪本报，兹闻商务公所绅商宁、卞、王、么四君等，会同三十余行商董等，于昨午在豫章会馆内设筵演剧，恭请王清穆氏及单镇氏宴会，并请天津府凌太守坐陪。司道各官亦于昨日在海关道署设备晚筵，恭请商务部侍郎陈璧氏、左参议王清穆氏及张部郎允言氏宴会云。

光绪三十年三月廿七日/1904年5月12日第4版

寿觞预纪

昆筱峰相国养疾家居，于今三年。现在薪疴既释，方复出朝效用，举宅庆幸。爰于本月初九日为相国六十晋九寿辰，其公子柱臣部郎、栋臣学士特召玉成部并外串名角如汪大头等多人在宅称祝，想届时门生故旧，车马喧绎，必有一番热闹云。

光绪三十年四月初二日/1904年5月16日第3版

示禁演戏

川省风俗，素信敬神，每岁仲春以至初夏，各街清醮会有演戏者，有设醮者。演戏街台，尤以南门为盛，本年因警察示禁，各处多设醮不演戏云。

光绪三十年四月初五日/1904年5月19日大公报附张

歌舞升平

榆关自古为名胜之区，虽非通都大邑，然亦富庶之地也。故赛会演戏等事，岁几十数起。而自庚子年联军在境，则终无一举焉。日前关外某稽查局委员某太守自捐鹤俸，备置戏衣等件，招集本城旧有之梨园子弟，重整旗鼓，在公馆内演戏五天。阖城绅士及各衙署中人，均得遂顾曲之愿，外此则不得其门而入。歌舞升平，太守有焉。

光绪三十年四月三十日/1904年6月13日第4版

两湖团拜

本月十二日,两湖同乡在湖广会馆团拜,演玉成菊部,不带外串,仅带灯彩。

光绪三十年五月十四日/1904年6月27日第4版

团拜演戏

本月十七日,癸丑、丁酉、丁卯三科同年在湖广会馆团拜,并演各种新戏。

光绪三十年五月十八日/1904年7月1日第3版

新贵团拜

十八日为今科会榜新贵团拜之期,假座虎坊桥湖广会馆,公请四大总裁,并各同考试官邀宝胜和班演剧,宾主皆兴高彩烈,至月落参横,始鸣驺而返。

光绪三十年五月廿二日/1904年7月5日第3版

戏诚无益

二十八日鲜鱼口天乐戏园开演新本《铁公鸡》,兴高采烈,观剧者人山人海,眼花缭乱。时忽东阑高凳为众力挤压,訇然而断,众人被惊蜂起,误为楼塌,一时风起潮涌,鼓噪如雷。迨园主解说少定,而衣物大半遗失楼上。某甲惊极,跳落台端,被伶人欧伤头面。此外幸未伤人,园中器皿,毁坏无遗矣。

光绪三十年六月初三日/1904年7月15日第3版

戏园改名

闻韶茶园现已改名闻善,盖因有人建言“闻韶”二字,未免亵渎孔子,园主恐被谴责,故亟改之。

光绪三十年六月初八日/1904年7月20日附张

新贵团拜

本月十二日为本科新进士团拜之期，是日在湖广会馆演同庆菊部，并外串名优多人。本科总裁及同考官均于是日午间前往观剧，少时即去。

光绪三十年六月十五日/1904年7月27日第3版

内廷传戏

本月初七日，内廷传戏，所有供奉之优人咸入内听候点戏。

光绪三十年七月初十日/1904年8月20日第4版

说　戏

天下最容易感动人心，转移风俗的，没有比唱戏再快的了。从坏变好了也容易，从好变坏了也容易，因为是眼里看着，耳朵里听着，久而久之把那真情实象全印在脑子里，洗也洗不下去。所以如今有志正人心、正风俗的仁人君子，出主意改良戏本，新编些个可以激发人自立的志气，养成人爱国的热心的好戏，演给大家看，实在是最要紧的一件事。现在上海有一个伶隐汪笑侬，编了一出新戏名叫《瓜种兰因》，是按照波兰国当日的事情演成了的。这波兰国已经被别的国瓜分了，这出戏拿波兰国的事给中国做个镜子，中国人看惯了，自然就知道亡国的情景，自然就知道爱国了嗐。说到此处，再看看天津的人心风俗。哎呀，真算是坏到极处了。自从庚子乱后，戏园子唱戏全搭配女角，起初不过是一两个唱胡子生的，后来又添了唱花旦的。直到如今，戏园子要是没有女角，简直的没人听去。女角扮花旦的，形容出来的神景非常的淫亵，不能说的话满嘴里说的极滑溜，那一派神景实在是难以入目，那一派淫荡的话实在是难以入耳。那知道单有一派人专好看这个，专好听这个，叫好之声，连连不断。哎，唱戏的不要脸，听戏的也不要脸，最难堪的是良家妇女，坐在包厢里头，两眼看着，两耳听着，这算是怎么一回事呢！人都说上海的风俗太繁华，其实近来天津坏的更甚，上海从没有男女合演淫戏的，单有一种猫儿戏，一个男角也没有。独是天津这二三年以来,戏园子里要是没有能唱淫戏的女角,那个戏园子就不大上座儿。你说这个人心坏到什么样了,这个风俗坏到什么样了。可惜地面官不严为禁止,这也是地方政治的一大缺陷。就有人说中国地面官禁止唱淫戏,外国租界里戏园子还是[照]旧的演唱,竟在中国地面禁止有什么用处。那知道外国租界定的戏园子章程也是不准演淫戏,倘要演淫戏是要受罚的。但是一件,领事官坐在屋里,那里知道他们演什么戏。故此租界里戏园子演的淫戏更烈,害各国领事官要打算整顿租界,是必须禁止的,不然于租界里的名誉也是有碍呀。

光绪三十年七月十四日/1904年8月24日附张

直解戏名

向例南府各太监于八月十五日演戏,每人头戴兔耳,刻下正在排演之际,询系名为"天下清节"。有一儿童不解其义,问其塾师曰"天下清节"有何解义?师答曰:天下者,地球之上也。清是清朝,节是礼节,天下清节者,乃是天下惟清朝有此文明礼节也。

光绪三十年七月廿四日/1904年9月3日第4版

尚书传戏

本月二十五日为鹿芝轩尚书眷属寿辰,由宝聚源特传宝胜和全班在宅内演戏,带灯并外串。诸等名角戏价二百五十金,各名角均有加赏云。

光绪三十年七月廿九日/1904年9月8日第3版

内廷传戏

本月十二日,内廷传戏,所有供差之名优咸往候旨派戏云。

光绪三十年八月十五日/1904年9月24日第3版

优伶之滑稽者

潮属戏班,凡演武戏,其先锋必带旗军四名,此常套也。日前有某西秦班到本埠某会馆演唱,因棚内子弟人少,故开台演武先锋只带旗军二名，看戏者为之哗然，谓减却旗军二名也。其扮先锋者闻之，颜为之赧，乃说白云："小将奉元帅之命征剿贼巢，无奈年来国帑空虚，故兵只存一半，叫小将怎措？"闻者为之大笑。

光绪三十年八月十七日/1904 年 9 月 26 日附张

演戏贺张

本月十九日某大军机开德盛昌银号一处，特在湖广会馆演各种吉祥新戏，同行往贺者颇多，堂客亦复不少，一时车马络绎于途，夜晚始散。

光绪三十年八月廿四日/1904 年 10 月 3 日第 5 版

风化攸关

本月初七八两日，东单牌楼金鱼胡同某尼庵演戏，其生旦净末等戏并不甚多，如路三宝《双铃计》、《双钉计》，大五月仙全本《杀子报》、《珍珠衫》、《卖胭脂》，小福才《送灯》、《双沙河》等出，按次开演，形容丑态。是日则专卖堂客，凡搭桌者，除戏价之外，尚须写香资缘簿，并不卖官客座云。

光绪三十年九月初十日/1904 年 10 月 18 日第 2 版

学生看戏闹事

镇江有某学堂学生三人，逢星期无事，前往某戏园看戏。当因写账口角，戏园中人即出言不逊，学生自恐众寡不敌，即行归堂。日来运动镇江各学堂学生，约定初八齐至戏园，占满座位，与之为难。幸经县学堂教习叶君知悉，竭力排解，始允罢休。刻由巡查周锦堂氏传语郭景，令其服礼完结云。按，日前吴江学生亦有因看戏闹事者。近来学生风气日趋浮嚣，学界前途何堪设想。今镇江学生又作此等丑事，本社姑隐其学堂之名，与闹事学生之名，深愿管理该学堂者与学生诸君力求实际，勿再蹈此等恶习，以为顽固者所借口也。以上录《警钟日报》。

光绪三十年九月廿二日/1904 年 10 月 30 日第 5 版

内廷传戏日期

皇太后颐和园内,自本月二十一日起,召各菊部名优入内演戏三日。

光绪三十年九月廿三日/1904年10月31日第3版

王公庆贺

本月十九日为定王之郡主于归之期,是日王公贝子贝勒以及诸大臣咸往贺喜,邸第悬彩三日,颇为热闹。又二十日那大金吾宅内鼓乐喧闹,车马盈门,闻悉有庆贺事,特召菊部演戏一日云。

光绪三十年十月初四日/1904年11月10日第3版

预纪恭贺万寿事

皇太后七旬万寿圣节,阖城官商庆祝,已志前报。兹闻届期龙亭演戏一台,督署内妥备戏台两座,署后之操场搭设戏台一座,洋务局前一座,银元局前一座,均于是期演剧庆祝。并约各学堂教习学生同往观看,纲总约集之皇会亦属不少,其南头窑之法鼓等会,已然料理矣。督署并有电影戏一台,拟由新铁桥至老铁桥接设电灯,以照行人,阖郡各署及宫所地方,均搭灯棚。沿马路各商所设之灯棚,约有数十座之多,想届时必有一番热闹也。

光绪三十年十月初四日/1904年11月10日第3版

名优祝嘏

京中名优十三旦系张家口产也,姓侯名俊山。客岁回家,因结亲家,已将胡须留起。今年万寿伊来祝嘏,并带来物品进呈,当蒙赏银二百两,并蒙召见,恩语有加,又着将须剃去,照常当差云。

光绪三十年十月初九日/1904年11月15日第3版

学生挑戏

师范生大闹总办各节,已纪本报,正值余怒未息,大府令各生赴皇华馆听万寿戏,乃学生一到戏棚,即云演的不好,执事者恐其滋事,赶即另演好戏以顾大体。

光绪三十年十月十八日/1904 年 11 月 24 日大公报附张

女伶被拘

津埠女优之盛,甲于各处,已登台者二百名左右,未登台者比比皆然。虽经禁止,仍复阳奉阴违。其蓄女伶之徒,一人获利,而十人效之,几至无所底止。而所蓄之女,多半由拐卖而来。近有张连弟者,丹徒县人,伊女张杏儿被拐失迷,闻有女伶林黛玉在申买去,带至本埠学剧。张访知下落,在丹徒县呈诉,当经该县令移文来津关传。日昨已蒙邑侯唐大令饬派差役王某将林及张杏儿等拘县严诘,以凭核办云。

光绪三十年十月廿七日/1904 年 12 月 3 日第 4 版

设筵饯行

钦差唐少川京卿绍仪,在津少作勾留,赴藏。司道府县各官定于十一月初二日在城内浙江会馆设筵演剧一天,恭请饯行,已于昨日下帖云。

光绪三十年十月廿九日/1904 年 12 月 5 日第 4 版

淫戏宜禁

近来天津的风俗,比庚子年前,日见其坏,此后恐怕越坏越甚,不知坏到什么样子。别的不用说,就说戏园子罢,要是没有女角,必没有人乐意看,要是没有演淫戏的女角,座客也必不多。必须多邀些个淫荡的女角,配搭男角,演唱着污秽的戏,在大众面前,活现一副秘戏图。你听那叫好之声连连不断,唱戏的不知害羞,看戏的兴高彩烈。这算是怎么一回事呢?最难堪的是包厢里的良家妇女,当这个戏演到极淫荡的时候,你是看是不看?当这无数男女的面前,一男一女在台上宣淫,所好者只是中衣未曾解下。嗐!怎么天津有这种坏事,官面竟不过问呢?近日更有用十一二岁女孩子扮演淫戏的,这是谁家的儿女,忍心教他落到这步天地。开戏园子的家里都没有儿女吗?伤风败俗,坏人廉耻,没有比这个事再烈(厉)害的了。我想官面不管的原故,大约是因为戏园子没有演淫戏的女角不能兴旺,园子不兴旺怎么纳捐钱呢,故此任着他们去罢,不管他怎么败坏风俗,只要是按时纳捐钱,在公事上就算交代下去了,要不然是因为什么不管呢。就有人说:官就是管也无益。租界里照旧的演唱,有什么法子办呢。那知道租界的章程,也是不准演淫戏。中国官要是真心维持风俗,不妨到各国领事馆,同领事官面商中外地界一律禁逐,各国领事官也未尝不愿意维持风俗。况且租界曾有不准演淫戏的定章,演淫戏的是我们中国人,中国官同外国官商量禁止,中国人在租界演淫戏也不算是中国官干预租界地面的事,即或是在公事上说不下去,也可在私交上商议,也算是保全租界名誉的一件好事。我想领事官也没有不愿意办的,即或是租界里办不到,我们中国地面先除绝一件坏事,也未尝不好。为什么一点也不管呢,真是教人纳闷。

光绪三十年十一月初二日/1904年12月8日第5版

女优何多

本邑男女合演淫戏,为全国绝无仅有之事。女优已登台者,前后共有二百余口,大者二十余岁,小则八九岁。未登台者尚不知凡几。优人见其有利可图也,于是纷购女孩,排演戏剧,不特各处拐案日多,而津邑风俗亦即从此败坏而莫可救药。有优人宁宝山者,寓居道署西箭道,蓄养女孩数十口,每日排演戏剧,欲其速成,遂屡屡毒打女孩,哭泣之声闻之令人酸鼻。不知道宪亦有所闻否?据闻该优曾设法运动署中某某等,故得为之弥缝掩盖云。噫。一优人而蓄养女孩数十口,此数十女孩皆从何而来耶?且蓄女孩排戏剧者不止宁优一人,其余各优蓄养之女孩又皆从何而来耶?查警察制度,凡妨害公众德义之事,均在应禁之列。吾不知有巡警之责者,亦曾留意此事否也。

光绪三十年十一月初七日/1904年12月13日第4版

附件

昨天听见朋友说一件事，又可气又可叹。是什么事呢，据说自从天津男女合演淫戏的风气一开，那轻薄浪荡人全喜欢看。排演女戏的，也大获其利，四处购买女孩子。那良家女子败坏名节的，不知有多少，也有家贫自己将女孩儿卖去的，也有被人拐卖的。如今天津有一家也不把女孩儿卖去，也没被人拐了去，是女孩儿的母亲看着这些唱女戏的女孩子每一月就赚几百块洋钱，于是乎心中羡慕，竟教女孩儿学唱戏剧。嗐！这个风气一开，将来一家跟着一家学，不知要毁坏多少良家女子咧。这家住在什么地方呢，是住在城外，也不便说出他详细的住处。本是一个好人家，这女孩子十五六岁，他哥哥是估衣行，是个爱脸面的人。他母亲要教他妹妹学唱戏，他屡次劝阻，他母亲不听。后来果然教他妹妹学唱戏了，他自己想，我本是一个正道生意人，我家也是正道人家，如今我妹妹学唱戏，我还有什么脸见人。想到此处，心中一气，生意不做了，带点儿盘缠跑到上海去。后来给家里寄来一封信，说是以后不必再惦念我，从此以后家里就算没有我这一个人了。并且听说这学戏的女孩子，还有一个已出嫁的姐姐，因为妹妹流入下贱，脸上羞愧，也搬在上海居住去了。众位听听这件事，可气不可气，可叹不可叹，从此天津的风俗就不必再打算好了。要打算好，除非是官长想法子维持。嗐！官长那里肯办这个好事呢！

这段白话刚写完了，有人来登一段告白，说是听说日本租界天仙茶园新演《烈女人头芳》一戏，内有毁谤中国大员等情，现由某都护某观察在津声明，经华洋官长严禁在案。众位明白事理的看看，毁谤大员的戏该当禁止，这男女合演淫戏，当着大众宣淫，就不该当禁止了吗？毁谤大员的戏，既可以经华洋官长禁止，这男女合演淫戏当着大众宣淫，就不可以经华洋官长禁止了吗？难道说作官的不怕宣淫，但怕人毁谤吗？真真教人不解。据我们看那毁谤大员的戏，当着可以教作官的警警心，少作点儿误国害民的事，正是维持风化，大可以不禁止。男女合演淫戏，大众宣淫，那才算是的的确确伤风败化的一件事,为什么偏不禁止呢?

光绪三十年十一月十一日/1904 年 12 月 17 日第 5 版

金行宴会

本月初十日前门外西河沿正乙祠演戏,车马络绎于途,探系金行延请商部堂司各官请商事件,借以宴会。是日振贝子左右堂及章京等到者颇多。

光绪三十年十一月十五日/1904 年 12 月 21 日第 4 版

戏园纪盛

近日十三旦、朱素云到京搭玉成班,而戏园门为之塞。以致小叫天之班亦皆每日演戏两出,且有某公子逐日往观,其于叫天上场时,手持双电灯以照之。盖北京唱戏,不准用灯,有此公子则大放光明,而座中人亦无不感激而颂扬之,或亦将开夜戏之兆欤。

光绪三十年十一月十六日/1904 年 12 月 22 日第 4 版

侍郎作寿

本月十九日为胡云楣侍郎寿辰,在本宅召玉成菊部,并带灯彩,外串。演各种新戏三日,第一日为接待官场,第二日接待亲友,第三日为家宴云。

光绪三十年十一月廿二日/1904 年 12 月 28 日第 4 版

何故相殴

近来大观茶园罗致女角数十名,以故青年子弟咸乐观之。日前有某学堂学生在该园听戏,不知因何与该园执事相殴,后两造皆投赴有司控告云。

光绪三十年十一月廿二日/1904 年 12 月 28 日第 4 版

名优就擒

优人嫩豆花,陈姓,夏间在双流县倩人仇杀其徒李四,分尸灭迹。经尸家访闻，控案□双流县张贤符大令，因未得尸身，供证亦不确实，遂准保释。后经锡帅访闻，实系该优所为，并有血衣。遂将大令撤省候参，大令畏罪告病归里。该优遁往下河叙府、江安、纳溪、重庆等处演戏。巴县傅大令狎之，旋经锡帅札饬拿获解省，现由成都府发往双流县归案审办。

光绪三十年十一月廿四日/1904年12月30日附张

戏本改良（广东）

程子仪等创办改良戏本，以开发下流社会，并闻股份已齐，定于十一月开办。其办法：议招少年子弟六十人，均年在十五岁以下者，每日于教戏之外，另以两小时教以读书识字，并灌以普通知识，激以爱国热心，使之养成人格，不以优伶自贱，而于新撰曲本，亦能心知其意，庶几演唱之时令观者有所感发兴起。班中衣服饮食，纯以学生相待，事事从优。间以暇日，教以兵式体操。将来学成后，赴各乡演剧，于登岸之际，均一律穿着操衣，头戴草帽，足穿革履，高唱爱国之歌，和以军乐。排队而行，向村外环绕一周，然后登台。开演之前，先由男丑登场演说，将是日所演戏本其宗旨若何、事实若何，一一宣布，并将戏本当场发卖，使观者于此事之始末了然胸中，而曲中所发挥之理论借此展转流传，亦可为开通风气之一助。现已撰成曲本若干种，如曩者开台所演之《六国封相》，今则改为《黄帝伐蚩尤》。正本所演之《诸神朝天》，今则改为《大禹治水》，此外所拟戏目尚多，不能尽举，而一以唤起国民之精神为主义云。

光绪三十年十一月廿七日/1905年1月2日附张

金吾母寿

日前二十五日，为那大金吾母太夫人寿辰，有僚属公送某菊部彩戏。那太夫人因皇太后万寿，尚力崇节俭，故将戏辞退未演云。

光绪三十年十一月廿八日/1905年1月3日第2版

说改良戏剧

天津戏园男女合演淫戏的坏处,本报说过不止一次了,但是官府绝没有信息禁止,也不晓得是什么缘故。后来听说唱戏的女角,全有官场人同他们来往,狠有个关照,故此不肯禁止。昨天忽然听见一个传言,说是官府要禁止女戏,不知道是真是假,据本馆看,这个信息恐怕不确。我们想官府必不肯禁止,我们给作官的想一个权变的法子,教作官的同开戏园子的两不至于为难。是什么法子呢?就是禁止女角扮演淫戏,其余不演淫戏的也可以不禁止,这是通权达变的法子。顶好是想法子把戏剧全行改良,那些淫荡污秽合邪魔外道的戏一体禁止,不准演唱,但挑选那忠孝节义可以感受人心的戏,准其演唱。现在广东有一位程子仪,设法子改良戏本,办法甚好。天津虽然不能照这样办理,也可以把那些无益有害的戏断净了。你们看现在天津所演的戏,越闹越坏,所有新排的戏除了妖魔鬼怪就是阴曹地府,这种戏不但没有益处,并且还有坏处。如今各处设立学堂,原为的是开民智,这戏园子里屡屡排演闭塞民智的新戏。一面开民智,一面闭民智。开者其难,闭者甚易,可见这戏剧是不可不改良的了。但是改良戏剧也狠非易事,先从禁止无益的戏剧下手,要禁止无益的戏,第一先从禁止女角演淫戏下手。

光绪三十年十一月廿八日/1905年1月3日附张

光绪三十一年(1905)

官场筵宴

前纪藩宪宝方伯,前往安州查勘案情一则,刻已由安回省,于初八日在淮军公所恭请新任山东巡抚杨莲帅筵宴观剧,藉资祖饯云。

光绪三十一年正月初十日/1905年2月13日第3版

不允开设戏园

年前德商华士体,欲在九江城内开设戏馆,关道瑞莘儒观察答曰:外租界以应归华官管理,九江地侧民贫,商务不盛,开设戏馆,势难获利,且易滋事,劝其作罢。该商必欲试办,且藉口芜湖镇江二处办有成案,坚持不允,尚谓用去千金,意图要挟,经瑞观察禀奉江督,由芜湖行辕电复,略谓洋人在租界外或城内开设戏馆,向无此办法,闻芜镇二处,亦无洋人开戏馆之事,俟□宁托德领转嘱云云。

光绪三十一年正月十一日/1905年2月14日附张

粤官团拜

初九日粤东全省同乡京官,在南横街粤东馆演戏团拜,一时极为热闹云。

光绪三十一年正月十四日/1905年2月17日第3版

戏班赴保

同庆全班角色十一日乘坐芦汉火车前往保阳,闻系保府某大员演戏四日,故有此全班赴保之举,即车价已不菲矣。

光绪三十一年正月十四日/1905年2月17日第4版

江苏团拜

昨日江苏会馆团拜,阖城司道府县文武印委各官是早斋集,并会宴观剧,至晚始散。

光绪三十一年正月十四日/1905年2月17日第4版

大张筵宴

初九日各局所总办,及现任司道,醵金敬备彩觞,公请鼎帅假座皖江公所,鼎帅转宾为主,即请学宪观剧,水陆并陈,笙歌盈耳,尽欢而散,致足乐也。按皖江公所,即新建之李文忠祠。

光绪三十一年正月十六日/1905年2月19日附张

分别款待

李文忠公木主入祠各节,迭志本报。兹悉于二十四日入祠后,该祠执事诸君拟在本祠设筵演剧,款待阖城司道府县文武印委各官。拟在浙江会馆设筵演剧,款待阖郡绅商。拟在阖津公所设筵演剧,款待阖郡水会人等。其筵席菜品皆同一律云。

光绪三十一年正月廿十日/1905年2月23日第4版

豫官团拜

河南省各官员订于昨日在李文忠祠团拜,并设筵演剧以睦乡谊,恭请袁宫保于昨午后一点半钟出门,诣祠赴宴云。

光绪三十一年二月初三日/1905年3月8日第4版

官场宴会

海关道梁观察于初十日在本署设晚筵演剧,恭请司道局厅候补各官宴会,彼时赴燕者有运宪陆都转、天津道王观察、天津府凌太守、天津县唐大令、候补道徐口周、学熙陈昭常、洪恩广、曹嘉祥、李振鹏、何炳莹、梁如浩、周长龄、王崇烈、徐华清、晏振恪、吴家修、陈同书、蔡绍基、徐桢祥诸观察及席郎中淦、屈太守永秋、何别驾朝华等官,共三十余员,至夜十二点钟宴罢而散云。

光绪三十一年二月十二日/1905年3月17日第4版

戏 园 免 捐

县署傅饬上天仙等戏园报捐学费各节，已登前报。兹悉于日前，经邑侯唐大令亲讯各戏园班主郭宾善等，供称每年公众仅可凑捐津钱五百吊等语，邑侯因捐款无多，从宽豁免，俟梨园公所讲妥章程，再行核夺云。

光绪三十一年二月十五日/1905年3月20日第4版

传说将禁女戏

年前当道拟禁女戏未果，近来女角演唱之淫戏，更不堪入目，外间传说又有议禁女戏之说。究不知确否。按：人有评论天津、上海两地风俗者，皆云上海风俗太坏，天津不久亦将变成上海之恶俗等语。殊不知上海风俗虽坏，卒无男女合演戏剧者。天津所演之淫戏，且有为上海中外官所不准演者，以此观之，天津之风俗将有败坏至极而不可复救之势，甚可叹也。

光绪三十一年二月廿二日/1905年3月27日第4版

髦儿戏又将开演

芜湖髦儿戏（即女戏）经前办巡警童观察因其男女混杂，有伤风化，饬令停歇。自本月十二日更换黄观察接办巡警局务，某髦儿戏馆即于是日在门首黏贴大张红纸金字戏牌，大书到有某某名脚，择日开张云云。有谓该伶人情托委员说项，求蒙黄观察准予弛禁者，然黄观察甫经到差，该园尚未具禀奉批，即行黏贴戏牌，亦太自专擅矣。

光绪三十一年二月廿七日/1905年4月1日第4版

谕禁妇女观戏

巡警第五局所管地面茶园□奉正巡官传谕，不准妇女赴园观戏，违则惩罚园掌云云。于日前经五队巡弁华恩祝君饬兵协同地方胡吉升，将大兴等戏园掌柜某某等，均传属谕戒云。

光绪三十一年三月初九日/1905年4月13日第4版

内廷传戏

本月初九日内廷传戏三日,所有灯彩戏箱咸于初八日抬进大内,俟皇上回銮,即可开演。

光绪三十一年三月十一日/1905年4月15日第3版

戏园设赌

前经巡警总局传验各戏园具结,不准聚赌在案,近日侯家后天福茶园内以演唱蹦蹦戏为名,公然在楼上设立麻雀赌局,引诱赌徒多人聚赌,实属有意违抗,不知有司亦有所闻否。

光绪三十一年三月十一日/1905年4月15日第4版

内廷演戏

本月十二日内廷传戏演《马思远》及《铡判官》,并新排全本之《三国志》等戏,其灯彩词调均非外间所得见云。

光绪三十一年三月十五日/1905年4月19日第4版

官兵拆毁戏园

驻扎南苑之姜军三营,著乾字号衣,于四月初一日放假入城观戏。先在广和楼,因占官座,原定主已到,令其膽座,一时触怒,登即将该楼窗全然打毁,愤愤而出。又至庆乐园,满占官座,经该园主人与其通融,允为代觅他处,该兵前怒未消,后又发作,将全楼桌凳拆毁,并楼房门窗户壁以及物件无不被打碎,幸在正楼有驻扎寄孤寺之周统领在内弹压,见其势甚凶,手持令箭前往威吓,立绑六名,其他各兵不甘服从,将所绑之六名劫去。周统领亦无可如何,飞禀姜军门,登时前往庆乐园查看被伤情形,允为认真究办。当该兵拆毁之时,楼下座钱全有收去,楼上者尚未收,一时共散,并有受伤之人云。按官兵原为弹压地方,调驻京畿,每遇放假,戏园妓馆屡次骚扰,商民因受连累者颇多。此次若不认真惩办,日后贻患无穷,是在为其上者,严行整顿,庶免屡害地方。

光绪三十一年四月初四日/1905年5月7日第4版

传戏接驾

闻初七日皇上南郊礼成,后还海,已传谕南府预备演戏接驾,旋经南府转饬各菊部,务于是日进内当差无误云。

光绪三十一年四月初七日/1905年5月10日第3版

中堂作寿

初九日昆中堂宅内传玉成班菊部演戏,并串名角,闻系作寿云。

光绪三十一年四月十二日/1905年5月15日第4版

中堂传戏

昆中堂初九日赐寿传戏一事,已志本报。兹悉又于十四日传玉成菊部,带灯以祝寿辰。

光绪三十一年四月十六日/1905年5月19日第3版

听戏落泪

日前庆乐园演《桑园寄子》一出,神情凄楚,悲痛欲绝。当父子抱头大哭之时,弃子负侄之际,一种哀感之情,令人不忍注目。时下场门第六座有一老者,偕一幼子凝神观看,忽见老者以袖拭目,泪落不止。座右一少年瞥见,大笑高声指告隔座之友人,一时观剧者视线交集,众目西望,移其观剧之眼转而共属于老人。有数人竟大声叫好,老人大窘,徐云如此惨剧,真令人伤心也。按戏剧感人最易最速,如有人能将近来外人虐待华人情状演出警戏,使人观看其感动下等社会,必较报章增加速率也。

光绪三十一年四月廿三日/1905年5月26日第4版

侍郎作寿

本月二十五日为胡云楣侍郎寿辰,是日招玉成菊部并带灯采,外串名角,一时门前车马络绎不绝云。

光绪三十一年四月廿七日/1905年5月30日第3版

新戏开演

前本报纪有某志士拟编新戏,实践开化之义,业已选得青年百人,编出新戏数出,于日前在天乐园内开演。仍□稍寓开化之旧戏中场然后接演新戏,颇为动听,果能日渐推广,北京人民不患无开通之一日也,拭目俟之。

光绪三十一年五月廿一日/1905年6月23日第5版

戏园将设电话

闻中和园掌班因见京城各茶园纷纷设立电话,独戏园无此文明举动,因思该园谭鑫培都中菊部之冠,当此□□□□。拟在该园剧台柱上安设一电话,刷贴广告,如有愿听叫天戏曲者可订定。如甲家初一,乙家初二,届时摇铃报告,则此家无谕何人,皆可倾听,不必赴园而自聆妙音矣。言明每月戏价若干,愿听他出名角者加价若干。此实为戏界之奇闻,亦二十世纪之特色也。

光绪三十一年五月廿一日/1905年6月23日第5版

庆祝万寿

二十八日恭逢皇上万寿圣节,督宪面谕天津府厅县,于二十六日晚九点钟至十二点钟在督辕接待各国官商,茶会演剧庆祝。二十五日早,阖城司道提镇府厅县文武各官,俱穿蟒袍补服,齐集节辕筵宴观剧,共展庆忱。并用知单传知各学堂、学董,均遵于昨早齐集督辕庆祝。今日早四点钟,袁宫保督同阁属各官齐到龙亭行庆贺礼,并在龙亭演剧一台,又在户部造币厂后演剧一台,以备各学堂学生观看云。

光绪三十一年六月廿六日/1905年7月28日第4版

庆祝万寿

东关外陆军第三镇及南关外新改陆军第一镇,各统宪因昨二十六日为皇上万寿圣节,先期传谕均在操场搭盖席棚,悬结灯彩,并招梨园子弟演剧,颇极一时之盛云。

光绪三十一年六月廿七日/1905年7月29日第4版

优人运动

省垣彩霞街旧有仪凤戏园，歌舞升平已二十载，比年因与学界中不羁之士屡有冲突，迭起风潮，遂为文武有司所封。虽园主两次求庇于洋人，而不得地方官之认可，卒不能重张旗鼓，现不知如何运动当路，准其另造戏园，已卜地于王府园，鸠工庀材，大兴土木。又有领髦儿戏班者亦备银五千金，在中正街购买地皮，兴造髦儿戏园。据云已得有制府给予特权之凭照，更有租东牌楼旧演傀儡戏之房屋以开髦儿戏园者，是可见优人之能力矣。

光绪三十一年七月初八日/1905年8月8日大公报附张

停止传剧纪闻

前有某大军机与某宫保奏请停止观剧，以恤时艰而崇圣德一折，略云：每岁传剧费用三十万金之谱，当此库款奇绌之秋，百政维新之始，似宜节省糜费，以举庶政。若仍不时传戏，不特有碍听政，且多耗内帑，实于俭德亦亏，请停止传戏以为大小臣工炯戒等语。闻皇太后颇以该摺所言为然，拟嗣后除每逢朔望日传戏外，平时一律停止传演云。

光绪三十一年八月初三日/1905年9月1日第3版

天津县详请禁止男女合演淫戏及蹦蹦戏文并批

为详请事案，据县属候选道、前台州府知府徐士銮等禀称：窃查近日津郡戏馆日多一日，男女合演淫戏亦日甚一日，丑态百出，肆无忌惮，妇女入座听戏，亦毫不知羞，伤风败俗，莫此为甚。查津郡女戏之兴，渐由德国租界而开，彼时虽女角登台，尚无男女合演淫戏之事。自庚子后，毫无忌惮，竟敢男女合为一班。唱者高其声价，听者争先快睹，遂使买卖幼女者日益繁多。其间无耻之徒有女不嫁，专教演戏，并有匪棍诱拐良家女孩，卖为女优。此等事件，层见叠出，虽经出示严禁，但禁者自禁，演者自演，几成积重难返。今欲概行禁止，戏馆皆有捐输，又恐此禁彼开，禁犹未禁。窃拟依照上海租界章程，恳请照会各国租界领事等官，禁其男女合演，不禁其男女分演，各家戏园男优只入男班，名其戏馆曰某茶园；女优只入女班,名其戏馆曰坤剧馆。以从其类,不准混杂,违则将园主重惩。如此变通,不但不致杜女优生活之路,而依照上海租界定章照会津郡租界,事同一律,亦易于奉行。至于各种淫戏,更须择尤禁演,在读书明理之士,见其淫有淫报,或可借为惩劝之资。所虑者惟蒙养小学堂之学生,每逢休息之期,不免有相邀观剧之事,当此血气未定之年,忽睹此等男女宣淫之戏,恐其情窦萌芽,不能遏抑,必至暗废学界发运之机,必须厉禁不准演唱。倘敢故犯,叫掌班及园主以诲淫之罪。最可恨者外来蹦蹦戏,在河东河北西头等处演唱,其戏价既廉,听者日众,则其诲淫尤甚,且男女同入散座,挨肩并膝,殊属不成事体。窃拟以为妇女听戏,必须包厢,不准入散座,违则一律严罚绅董等。为挽风俗、正人心起见,故不揣冒昧,敬献刍荛,如蒙采择,伏赐严明告示,勒诸碑石,以垂久远。违则从重惩办,庶津郡一方之人心从此日趋于正,而淫风靡俗亦可挽救于万一矣。除通禀外,理合联名叩恳批示遵行,实为德政等情。据此,卑县查该职等所禀,依照上海租界章程示禁戏馆茶园,不得男女合演,准其专设坤剧馆,择尤禁演淫戏及外来蹦蹦戏,系为正人心、维风化起见,自应照准严禁。惟必须各国租界一律禁止,方能收效。除详请津海关道先行照会各国领事,立□照办;一面传集各戏馆,谕令禁止。外拟合具文详请宪台查核,俯赐批示立案,为此备由具册具呈,伏乞照详施行。须至册者督□□批据详□悉男女合演淫剧,大为风俗人心之害,所请依照上海租界章程示禁戏馆茶园不得男女合演,准其专设坤剧馆,禁演淫戏及蹦蹦戏,应准立案。仰天津道饬县传谕各戏园遵照,并□□道照会各国领事,一律禁止,以维风化,此缴。

光绪三十一年八月初十日/1905年9月8日第5版

伶人与学

前玉成班班长拟建学堂,已志本报,兹又闻伶人香九霄、王(汪)大头二人日前递呈学务处,情愿集款开办学堂,为改良戏谱起见,略称筹款之法,系言每日登台唱剧,愿加演一剧,即以此项剧价作为学堂经费，则年中可集巨款，以资兴办。

光绪三十一年十月初二日/1905年10月29日第3版

破坏学界

本埠绅士广设学堂以来，即迭次禀请严禁淫戏，盖恐青年学子为其败坏，乃三令五申，而演唱如故。其中尤甚者，以侯家后金福茶园之崩崩(蹦蹦)戏为最丑态秽声，不堪闻见。登场一阕，是直活秘戏图出现。倘有各堂学生观场，知识将开，能勿被其摇荡，其贻害良非浅鲜。虽经官府悬示厉禁，而该园仍无恙，自称在某处每月纳费若干，恃以无恐。按现在有地方之责者，无不保护学界，严御史胥其自称在某处纳费一节，断无此事。

光绪三十一年十月初三日/1905年10月30日第4版

整顿风化

侯家后金福茶园因唱淫词于初三日被侯家后二局二区抓获，讯办已具甘结，以后不准演唱淫词，并不准男女混杂，若再故犯查出，从重究办。按：开设茶园一流，本无善类，虽经此次整顿，难保不阳奉阴违，串通蒙混，日久弊生，姑志之以观其后。

光绪三十一年十月初六日/1905年11月2日第3版

内廷传戏

闻日前两宫面谕内务府大臣，饬知南府转传各班，著于本月初九、初十、十一进内伺候演剧，并谕军机大臣等官，初十日均赏看戏半日。

光绪三十一年十月初十日/1905年11月6日第4版

戏衣窃案

南府日前失去戏衣多件，已由内务府奏明在案，将戏衣库司员议处矣。

光绪三十一年十月十一日/1905年11月7日第4版

演剧祝嘏

南开外陆军第一镇,东关外第三镇,均招集菊部演剧三日,以庆圣典。

光绪三十一年十月十二日/1905年11月8日第3版

谕戒演剧

现闻官府谕饬所有京都各项会馆、庙宇及绅商之家,一概不得演剧庆贺,以戒奢华,而厉风俗诚,要务也,特恐实行之不易耳。

光绪三十一年十月廿三日/1905年11月19日第3版

更正前报

日前本报纪有二童在茶园被殴一节,兹探悉各情诸多不确,合亟更正以昭信。实惟本埠学务方兴,所有茶馆概不准演唱淫词,破坏学界,已有明示在案,而该园违禁演唱引诱青年亦属目无法纪,又不知当何以处此。

光绪三十一年十一月初一日/1905年11月27日第3版

风俗攸关

妇女入园观剧近年盛行,而奥界为尤甚。访闻日前河东于家厂德仙茶园于夜晚散剧时,竟有无数匪徒蜂拥而出,将某氏妇挤至野中,许久声喊遇救。噫!光天之下,竟容畜类蛮行,令人发指,然亦自取侮辱云。

光绪三十一年十一月十七日/1905年12月13日第3版

庆戏园封闭

正阳门外大栅栏之三庆戏园,自开演后因无甚名角,座恒不满。乃忽于前日停演关闭,并有局条二纸交互封粘于门上。细访原因,传言系班主及园主均亏空帐目,大有不了之势,系自行请封,一俟帐目清理后,明春仍行开演云。

光绪三十一年十二月十九日/1906年1月13日第5版

三庆园照常开剧

三庆戏园前曾因账构讼，业经请封，兹悉该园讼案已结，于十七日揭封照常开演矣。

光绪三十一年十二月廿四日/1906年1月18日第4版

败 坏 风 俗

茶店口西陆河茶园内，前晚演唱《和尚打茶围》之淫戏，百般丑态，满口淫词。妇女观剧，毫无避忌，实于风化有关，优伶无知，固不足责，而观剧之妇不知回避，更属无知矣。示禁以后，尚复如此，敝俗莫挽，良可喟叹。

光绪三十一年十二月廿四日/1906年1月18日第4版

光绪三十二年(1906)

严禁淫戏

目前南段总局传饬各局于初八日起严禁戏园演唱淫戏,每日于十二点钟将次日之戏目定准,由本区巡警去取,送呈总局查核,倘有不合之处,两点钟示令更改,至两点后不改,方为准许演剧。须按堂会唱法,不准装作淫态,以正风化,刻下各局区已遵照办理矣。

光绪三十二年正月初九日/1906 年 2 月 2 日第 6 版

观剧者咸有戒心

河东水梯子四远茶园,有谢某因观剧口角,被北段某局巡警兵多名,私用军棒痛殴毒打,几置死地,复以火箸烧红烙其右手,血肉溃烂,伤痕甚重。扭至本段,该管官偏听一面,棍责二百释放,舁至家中,昏而复苏者再,种种惨状,已迭志本报。兹经本馆探实,谢某为木作手艺中人,与人向无冲突,而巡警兵之啸聚群殴实别有原因,盖以该段警兵时常入园观剧,不名一钱,园主畏其官势,不敢作声,转加优待,但求不至逢彼之怒而已。

光绪三十二年正月十四日/1906 年 2 月 7 日第 5 版

商会团拜

日前京中商会特开会团拜,仍如往昔,亦无演说,惟听戏欢饮而已。

光绪三十二年正月十五日/1906 年 2 月 8 日第 5 版

书业大会

北京旧书业向于二月初三日举行文昌会,并演戏聚饮,以通声气。日前初三,各书业又援例在福寿堂举办,先于早间用全副执事,黄亭舁送文昌像于福寿堂,沿途鸣炮示敬,观者颇多。噫,当此文明进化之时，尚有此种举动，而出自最开通之书业家，亦可叹也。

光绪三十二年二月初六日/1906年2月28日第5版

书楼改作戏园

成都会府北街吴氏可园前两年禀准开为阅报书楼，园内附设味西轩番菜馆。去腊复禀准商会将书楼改为戏园，其楼每间预定洋三元，堂中设百余座，每座取洋三五角不等，于腊月中旬开演。三百官民争座，几致肇事，遂即停歇，闻今春尚欲举办。

光绪三十二年二月初八日/1906年3月2日第6版

庆和园重开之消息

庆和茶园自庚子兵燹后，即行歇业，迄未复开。兹闻该园主人邓某近与某木厂连次筹商集款合办，现已稍有成议，不日可望兴工修理，重舞霓裳云。

光绪三十二年二月十二日/1906年3月6日第4版

戏园加捐

北京卫生局传集各戏园园主谕以不日加捐，其章程尚未筹妥，而戏园□议请添演夜戏，并卖堂客座，且云虽卖堂客座，而亦遵照定章不伤风化。

光绪三十二年二月十六日/1906年3月10日第5版

剧资兴学

都下鞠部代表因浙杭惠兴女士之问题大动感情，禀请官府定于三月初五、初八、十二，计三日内在湖广会馆演戏，所收戏价悉数汇寄杭州贞文女学校，以资经费。并于月之二十日在同兴堂筵请助善诸公便酌，热心学界一至于此，庶可为士大夫之向导乎。

光绪三十二年二月十九日/1906年3月13日第4版

戏捐将开办

戏捐一事，传闻已久，未见实行。现在卫生局已议立章程，决意开办,日内即可通饬各园主挂号认捐矣。

光绪三十二年二月廿十日/1906年3月14日第4版

谕戏馆有伤风化

乙巳十二月之二十日,余于夜阑烛灺星稀雪白时,凭几而坐,如有忧思,忽闻有声入耳,咄咄逼人,听之知是各剧馆观戏人之喝彩声也,余不禁揽衣而长叹,曰是何恶作剧。

明日始询悉某剧馆演《杀子报》一出,并闻道及该出之个中滋味(即风流焰口,色僧与淫妇如何奸荡),剧馆中之得意风景者(即观剧者妇女如云,秀色如何可餐等语),言之者侃侃而谈,听之者津津有味(秽语甚繁不具录)。其一种鄙亵不堪之词,不足以污笔墨,吾所以略述之者,借以见风俗人心不堪入人耳目也。

吾津风俗之害,影响于社会者,莫过于入庙降香、剧馆观戏二事,而以妇女观戏为尤甚。试举河东一隅,以比例之夫河东僻处乡隅,民智缺点(庚子拳匪启衅于河东,民智亦可概见),少所经见,多所可怪,野蛮恒情匪今伊昔,既经开设剧馆,阖乡妇女鲜不翘足而待,拭目以观,意谓自今以往,不隔一衣带水(曩因剧馆隔河阻于不便),而吾侪女流即得于特别绝妙之材料场,以新人耳目,以饷人素愿,幸何如之(鄙言原非过苛,情实如此)。乌虖,噫嘻!河东如此,比处皆然。此近来剧馆之创设,鳞次栉比,妇女之观戏,如蚁附羶,风化斯伤阶之厉也。不宁惟是,且津郡剧馆不下数十余处,而河东一隅居十之四五,戏价仅铜元数枚,坤角反引人入胜,所演之戏大都奸盗邪淫等出,台上则眉目传情,台下则魂飞色舞。乐声奏处,词曲模糊,妇女无知,唯于形式上领略其神味,况观戏者男女各占自乘之数,挨肩接座,礼节难禁,递茶递水,不便孰甚。试问当时蚩蚩男女,面面相觑,一副痴心,两双活眼,能保其无他顾乎,无他意乎。孔子曰:男女授受不亲。竟弁髦于何地耶?

窃闻泰西教育家有言,小说感人最深,可以移风易俗,吾于剧馆谓其亦然。何以故?闻尝见青年妇女,无问昼夜,接踵联袂,缓步当车者,赴剧馆以观戏也。髫龄童孺,街巷吟讴,习为口头禅者,剧馆常演之戏词也。夫当此民智不开,女学无教之时,而剧馆感人之深也，既如彼戏本鄙亵之甚也，又如此，长此种因，易成恶果。倘当轴诸公，鉴其刍言，因势以利导之，改良而矫正之，遏此劣风潮，换其新思想，将见江流千里一泻大荒，借开民智，收效无疆。

右稿为津郡文豪张蔚臣先生所著，意在砥砺风俗，振厉人心，故不嫌言之过激，譬之飞沙障天，白昼晦冥，弥漫天地，杳不见人，忽睹一线光明现于目前，以导我归路，此物此志也。特恐醉生梦死者，仍不之觉耳。

光绪三十二年二月廿二日/1906 年 3 月 17 日第 2 版

戏园何辜

广和楼戏馆每日皆有内监索座，两楼之人不给戏资者，殆占十之四五，而且陆军步队之兵亦复萌故态，前往各园看戏。二十一日有陆军步队二十一标，夜卫三棚之兵，竟携其友辈十余人看戏，蛮横已极，且屡有滋事形状，戏园既已收捐，即应被保护，幸有斯责任者留心弹压可也。

光绪三十二年二月廿四日/1906 年 3 月 18 日第 4 版

梨园一炬

河东奥界朱家坟地方德仙茶园于二十三日早四点余钟失慎，至七点余钟始熄，该茶园均行焚去，并延烧住房十余间。

光绪三十二年二月廿四日/1906 年 3 月 18 日第 4 版

改良戏曲

卫生局以现在各处戏园业经分别纳捐，所有开演戏曲宜速切实改良，以端风化，现已拟定章程，严禁演唱邪淫怪诞等戏，日内即饬谕各该园主一体遵办。

光绪三十二年二月廿九日/1906 年 3 月 23 日第 5 版

庆邸寿辰

前月三十日为庆邸七旬晋一寿辰，是日宾客之盛，车马之多，难以笔述,并召菊部各名角演戏三日云。

光绪三十二年三月初四日/1906年3月28日第4版

梨园义务

河东奥界诸戏园,近拟公助国民捐。据庆乐茶园已定于本月初九日,仿照大观茶园之举,演唱一天,早晚两次,将所有票费全归国民捐款。其余兴隆、德来、立华等茶园亦均择日乐助,其勇于国民之义务已可概见矣。

光绪三十二年三月初六日/1906年3月30日第5版

文明新戏续演之确闻

北京访函云:都中各戏园拟俟福寿堂演剧事毕后,公(共)同编定日期,续演潘子寅烈士及惠兴烈女死事,并《波兰女子爱国》新戏,又调取上海汪笑侬新编之《党人碑》、《苦旅行》等曲本,以便开通下等社会云。按,北京戏界果能如此改良,则我辈之对待菊部,宜如何敬重耶。

光绪三十二年三月初九日/1906年4月2日第4版

大动观感

三月十四日夜沪上丹桂、春桂、天仙、春仙各戏园奉到小万柳堂印刷女子国民捐简章,及吴女士演说传单,特于座客齐集时,由各园主一律分布,俾各带回家中劝谕妇女,共尽义务云。

光绪三十二年三月廿九日/1906年4月15日第5版

禁演淫词

东安市场日益繁华,辄有演唱淫词艳曲者,接踵而至,颇于人心风俗大有关碍。日前由该场管理员逐一查明,除各种卖艺者不禁外,其余演唱曲词者已经一律驱逐。

光绪三十二年三月廿七日/1906年4月20日第4版

是 何 恶 剧

河东奥界兴隆茶园于初七日晚九点余钟正在兴高采烈之时，忽来某国苦力，同有华人闯入园内，将该园物件砸坏若干，不知何故。

光绪三十二年四月初九日/1906 年 5 月 2 日第 4 版

戏园滋事结果

昨纪奥界兴隆茶园被某国苦力多名捽砸一节，实系奥署马夫马少田，因看戏口角，带领多人捽砸。随经奥官将马某送交南段巡警总局讯办，将马某重责一百二十，罚充苦工。

光绪三十二年四月初十日/1906 年 5 月 3 日第 5 版

破 坏 风 化

近日本埠之小戏园星布各处，日见其多专引良家妇女听戏，深夜男女混杂，易生意外之事。昨夜东南隅马路同义戏园内，有某甲听戏，于散戏后尾随某妇于家内，幸经有人看破，逐之而去，得免起风潮。

光绪三十二年四月十六日/1906 年 5 月 9 日第 5 版

票 友 教 员

闻顺治门外某学堂自开办以来，内容如何，尚不得知。近闻算学教习某君目前身穿学服上罩竹布褂在棉花四条某姓家走票，演唱某某一出，若不知身为教员也者，将来造就之学生概可想见。

光绪三十二年四月廿三日/1906 年 5 月 16 日第 4 版

鞠 部 大 观

奥界内闻有在官汛后创盖大戏园一座，禀明专利禁止小戏园唱戏之说，并闻每月纳捐八十元。

光绪三十二年四月廿三日/1906 年 5 月 16 日第 5 版

戏 剧 文 明

都中戏界渐次开通，前田际云编演《惠兴女士传》，分演三日，为北京改革戏剧之发起人。兹于二十四日前门外肉市广和楼戏园,义顺和班班长又编演《女子爱国》新戏,观者坐为之满。

光绪三十二年四月廿八日/1906年5月21日第3版

戏曲改良

二十五日义顺和班新排《桑陆战纪》一剧,又名《女子爱国》。其内容为震旦不兴,各国窥伺。东亚国为震旦土地,以致与北强国开战,有某女志士恨祖国不能自立,与其兄往东亚留学,以兴祖国。当两国战时,极有声色,燃放炮竹以助军威。此戏之命意撰词,均大有益于社会,次日尚演一天,闻此戏为名优崔灵芝所排,以资开化云。

光绪三十二年四月廿九日/1906年5月22日第4版

胜于演说

北京义顺和班排演新戏已志本报,次日所演者为某县知县卞良法力矫官场积习,访求公正乡绅郭粹存,以教育蒙童为己任。又有女志士自东瀛留学毕业,归国力劝戒缠足,兴女学,使女子足以自立,唤醒同胞。是日看客为之感动,咨嗟叹息之声与拍掌喝彩之声,洋洋盈耳。以名优而演时事,感人尤易。可与汪笑侬之新戏,南北竞争矣。传闻天津新排之《自强传》一戏,情节浅露,恐非学邃识优者所为也。

光绪三十二年闰四月初一日/1906年5月23日第4版

新戏余志

前月二十八日为新戏之第四日,是所演者女学堂已开学,教习演说,又解地球自动之理,及八大行星之位置,又讲解办学堂之秩序,及用人方法。

光绪三十二年闰四月初三日/1906年5月25日第4版

文明戏剧之感动力

初五日广德楼田际云(即香九霄)扮演《惠兴女士传》,正在众宾拍掌之时,忽闻哭声起于南楼之下,一时观剧者皆左右回顾,甚或高立桌上。哭声大号不止,警兵闻知,即前去劝解,方始停哭。

细询原由，实因观剧触发感情之故。说者谓北京戏园二百余年，此乃感动之第一声也。又是日未开演之先，台上案前张列一纸，上写“爱国”两大字。王子贞演说爱国之字义，谓国之字形是外四围而或字居中，四围者，国界也，或者，或为尔，或为我，或为他之公共名词也，或居中央者，以见家在国界之内，国不保，家断不能存也。言浅义深，对于多数人演说，实开通风气之唯一妙法，其视报章，不且百倍其速率耶。

光绪三十二年闰四月十三日/1906 年 6 月 4 日第 4 版

梨园进步

义顺和戏班首编《女子爱国新戏》以开风气，兹于十七日起又演此戏，并闻十九日所有戏钱一律送入国民捐，大小角色各尽义务，又闻该班灵芝草立誓不演《珍珠衫》及《杀子报》等戏目。

光绪三十二年闰四月十九日/1906 年 6 月 10 日第 3 版

戏园蛮横

西门外小道子兴盛戏园内，日前有冉得胜听戏，因该园戏票打完，复行索票，以致口角。园伙夏二、何二等将冉殴打踢咬，遍身鳞伤，当被岗兵查知，救护始罢。当将园主陈桂九、韩奎五及伙计夏二、何二等带局究办。

光绪三十二年闰四月廿五日/1906 年 6 月 16 日第 4 版

改良鞠部三则

天津乔君荩臣精通英文，长于音学，近更提倡社会教育，因约集友人改良戏曲。闻在京演《女子爱国》、《潘公蹈海》诸新戏，诚足以感动女学界爱国之心，鼓舞国民自强之气。每一试演，观者为堵，点头鼓掌，惊心陨涕者颇不乏人。如能将中国历史、西洋诸大豪杰之事迹，编排而试演之，当于公群更有裨益矣。又王鸿寿者（报称三麻子），假北马路绘芳茶园，每日所演诸戏，多系忠臣孝子、义士烈女诸事迹，洵足以发扬忠义之气，久为士林所推重。今更编出《自强传》，形容潘宗礼蹈海轶事，惟妙惟肖，曾经连演数日，学界商界中人观者尤为感奋。或者谓正人心维风俗,戏曲之力居多,然最要者在情理兼尽,雅俗共赏,为难能可贵也。

光绪三十二年闰四月廿七日/1906年6月18日第4版

内廷传演新戏

闻初一、初二、初四等日,内廷演戏,将传义顺和菊部入内演《女子爱国》一戏,所有名角均入内廷供奉,故广和楼停演三日云。

光绪三十二年五月初五日/1906年6月25日第4版

戏园尚武

昨有友人自榆关来,云该处新设之天恩戏园,势力颇大,时有凌虐座客之事,并闻该园备有枪械等件,以备斗殴等事,孰谓鞠部遂乏尚武之人哉!

光绪三十二年五月十五日/1906年7月6日第4版

《女子爱国》新班本发行

梁巨川中翰为义顺和班所编《女子爱国》新戏,已由崔灵芝演唱,感发社会动力颇大。兹已由该班主排印成书,在宾晏楼等处寄卖,每本五百文。闻宾晏楼铺主云,自寄卖后不及五日,已销售至六百三十余本矣。

光绪三十二年五月廿八日/1906年7月19日第3版

严禁淫戏

外城各分厅,现以各茶园演唱淫戏,虽已迭经禁止,而竟置若罔闻,殊于风俗人心大有窒碍,故拟严行禁止,嗣后倘再违演,定即切实罚办,以儆其余。

光绪三十二年六月初九日/1906年7月29日第4版

新戏出现

优人三麻子排《自强传》一剧,业经演唱。闻该优已经奉派在提学司内排演时务新戏，每月薪水颇丰云。

光绪三十二年六月十三日/1906年8月2日第5版

演唱淫戏被罚

外城警厅于禁演淫戏一事，不啻三令五申，而各戏园竟尔视为具文，任意演唱。日前宝胜和班演唱《杀皮》一出，听者颇多。事为警厅所闻，当将该园主罚洋三十元，以示惩儆。

光绪三十二年六月十五日/1906年8月4日第4版

观　剧

奏事处奏准二十五六两日，德和园赐戏之王公大臣：东边照料，恭亲王溥伟、礼亲王世铎、醇亲王载沣、庆亲王奕劻，载洵、载涛、溥伦、载泽、溥倬、载搏一间，鹿传霖、瞿鸿玑、荣庆、徐世昌、铁良一间，世积、增崇、孙家鼐、那桐一间，奎俊、溥良、清锐、溥兴一间。西边照料……(后漫漶不清)

光绪三十二年六月廿四日/1906年8月13日第3版

演曲提倡国民捐

王子贞君现又约集国风雅韵及文韵畅怀各票友同尽义务，自前月二十八日起至三十日止，假座三庆园，演唱华工受虐等改良词曲，所收茶资悉数归入国民捐，以资提倡。子贞君可谓煞费苦心矣。

光绪三十二年七月初三日/1906年8月22日第3版

新曲动人

三庆园于日前由王子贞君约请子弟八角鼓演唱华工受虐新曲，声调凄凉，形容悲惨，座中人具有种族之思想者，对此触动感情，不觉双泪俱下矣。

光绪三十二年七月初五日/1906年8月24日第4版

新戏来津

京都玉成班田际云因杭州贞女学堂,惠兴女士为创办学堂筹款殉节,见其意烈可钦,按照前情排演新戏。今春三月初五、初九、十二等日,在北京福寿堂恭请北京大小名角共办勗学会,文请各城票友是日各尽义务,演唱三昼夜,大众不取分文,共筹款五千余元,由日升昌汇寄杭州将军瑞转寄贞文学堂。闰四月下旬,玉成班又在广德楼演唱《惠兴女士》新戏两日,是日每座加钱五百文,均交户部银行,上国民捐,蒙巡警部奖赏银牌一面。今又有赵广顺老板到京特约田际云,将所有演《惠兴女士》原戏角色至津演唱,所加洋元均上国民捐,定于七月内在日租界天仙茶园准演。是日并请学界诸公入座观剧,亦文明之举动也。

光绪三十二年七月初八日/1906年8月27日第5版

戏园失慎

初七日晚五点余钟,北营门内石桥旁德和戏园忽然失慎,由邻右煤油铺起火,所有看戏男女拥挤而出,闻已烧斃人命若干。随经该处巡警将班主李四,房主李二弟兄一人,传局审讯。

光绪三十二年七月初九日/1906年8月28日第5版

名优爱国

本月初九、初十两日,名优田际云在日租界天仙茶园演唱《惠兴女士》,所得外加戏价,均归国民捐,曾纪前报。日前已将加钱送至东门外天齐庙宣讲所国民捐局,计英大洋五十元、小洋五百四十四角、铜元四千零八十枚,如数交讫。并闻该名优由都来津,需用川资零费洋一百一十余元,尽由前后台赔垫,并未动用戏价分文,是不但名优爱国,即园主班主之爱国亦可由此如见一斑云。

光绪三十二年七月廿五日/1906年9月13日第5版

新戏出现

前由津郡学务总董林墨卿诸君禀办戏曲改良,已蒙提学宪转详宫保批准在案，曾记前报。兹闻林君在城隍庙内暂假房室，设立移风乐会研究所，并请邑绅刘君子良为会长，邀某文人编辑新戏，现已编出《破迷信悔前非》、《潘公投海》等戏，将来准在何处戏园演唱，尚未得知。查北京新戏改良，多蒙奖励，天津各戏园尚无此种思想，今既有移风乐会之戏本，各戏园之主人及各长班何不早为请领排演出台，以为捷足先登耶，姑志此以动观念。

光绪三十二年八月廿二日/1906年10月9日第4版

改良戏曲

演唱淫戏，大伤风化，刻经大观茶园李远斋等禀请提宪司，拟将戏曲大加改良，裨益风俗，业经学宪批示，仍仰妥商办理，借挽浇风而动观感。

光绪三十二年九月初七日/1906年10月24日第4版

编演新戏

义顺和班现又编成庚子纪念新戏一出，演出拳匪之种种怪现象，并华人受伤之惨情，洵可激起人心自强之观念，日内即禀请警厅，核准立案批示后择期演唱。

光绪三十二年九月十四日/1906年10月31日第4版

开民智莫善于演戏说

津门张蔚臣来稿

蒋子心余之言曰：天下之治乱，国之兴衰，莫不起于匹夫匹妇之心，匹夫匹妇之心莫不成于其耳目之所感触，感之善则善，感之恶则恶，感之正则正，感之邪则邪，感之既久则风俗成，而朝政亦因而移易。故欲善朝政，莫如先善风俗，欲善风俗，莫如先善戏本，戏本者，匹夫匹妇耳目所感触易入之地，而心之所由生，即国之兴衰之根源也。

蔚臣曰：有是哉，蒋君其知本矣。盖剧馆者，俨然一下流社会之活动学校也；戏本者，俨然一下流社会之教科新书也。故演戏之移易人志，如照妖镜、如下水船，无所逃遁，无往不利。泰西教育家谓小说感人最深，可以移风易俗，吾于戏馆谓其尤甚。盖以演戏者有左右世界之力量也。

尝考诗三百篇皆被之管弦，以正风俗，以宣教化。乐者，感人最深，故岁终使者采□以入乐，使知民间疾苦，而时变其政。是故十五国之风一变而为古诗，再变而为乐府，又变而为曲本也。顾自晚近以来，诗与乐离而为二，士大夫所咏者，不可谱之于乐，于是戏本一种始有开幕之第一期。然所演者皆古之小说，积日累月尽其全部而后已。使明君贤相、武臣健卒、英雄志士、污吏贪官之声音笑貌，肝胆心肠，如指掌纹，如数家珍，神情毕肖，眉目皆现。观剧者，勃勃有诛奸灭恶之心，凛凛有英雄悲壮之气，如置身于其间，如亲见于其事，世道人心因之而振，风俗教化因之而良。吾故曰：演戏者，有左右世界之力量也。

不□惟是。昔法国之败于德国也，割地赔款，创巨痛深，其艰弱窘迫之状，较我国庚子时有过之而不及也。而法国乃于巴黎创一大戏台，专演德法战争之事，摹写法人被杀流血，哭身訇格。宫阃之处，里闾之间，枪林弹雨之下，断头者、折背者、穿胸者、裂肤者之悲哀惨酷之状，与夫帝后蒙尘，缙绅戮辱，孤儿寡妇、娇妻幼子，无论男女老少，贫富贵贱，顷刻枕叠同死于马嘶旗飘之下之烈剧。复又追原国家破灭，皆由于官习如何骄横，民智如何淫侈之原。故凡观斯戏者，莫不发为之竖，眦为之裂，顿足搥胸，握拳透爪，咸思誓雪国耻，誓报公仇，众志成诚（城），咸与维新。不三年，而国基大定，不十年而国势富强。乌虖！未始非演戏之力量有以致此也，是尤为我国前车之殷鉴耳。

今者我国戏班名优坤角，声价甚高，其工价有多至二三千金者。由斯以观，我国人又未尝不重戏也。然问其所注重，大概以善男女私情，善鼓动人淫心为第一等脚色。绘声绘影，荡性荡情，以花旦小生之手面，摹写淫夫淫妇之行为。腻红脂粉，□金罗帐，深夜沉沉，春情勃勃，后日状元夫人之荣贵，皆自今夜偷情递简所得来。以情窦将开之学生，家庭无教之妇女，观之有不怦怦心动者哉？

自桧以下，更为等诸无讥。间虽有一二出，具臣当道，太子回朝，诛奸锄党，国泰民安等故事，然观戏者大有闻古乐则令人思卧之概，此其劣根性为何如也。居今日而言开智，而言自强，尤莫如改良戏规为着手。改良奈何？一曰设俱乐部，二曰简定专官，三曰创行戏报，四曰择定班科，五曰审定音乐，六曰编制曲本，七曰奖励编才，八曰禁止淫戏，九曰开女戏馆，十曰改建馆式，十一曰划一戏价，十二曰不用坤角。以上十二条，乃为粗拟大纲，若其详细，请俟佗(他)日。

光绪三十二年九月十九日/1906年11月5日第2版

陆军第九镇严禁各军挟妓观剧札文

为札饬事，照得军人之资格最为高尚，一胆视之微，一跬步之细，苟检察稍疏，即□招舆论之指摘，损军队之名誉。矧将校为目兵之表率，将校行止不端，则目兵效尤，禁令惩罚，俱虚设而无效果。是则军人之道德，其修明与堕落所关系于军队者大也。前因马队营有排长方敬先身署军服，携带妇女入戏园观剧一事，当派正执法官前往查办。旋据查明回覆，观剧者实系其家属，并非挟妓等情。惟是身穿军服与妇女同坐观剧，究属有玷军人之身分，即经从宽撤差，免予究办在案，诚恐各标营将校仍间有不知自爱，沾染挟妓观剧之陋习，亟应剀切申戒，凡我全镇军人，当知一入军队，即属以身许国，荷绝大之责任，为四民所钦仰，凡一般社会之习惯嗜好，早当痛除净尽，始克完葆其纯洁高尚之人格。古来善将兵者必与士卒同甘苦，饮食居处，公诸士卒，并不自有其家，更何论一身之娱乐，见诸史册，传为美谈。即近今东西各国，设有海陆军人俱乐部，星期无事，群聚欢饮狂歌起舞，在战胜之国民亦恒有之，其英光浩气，流著于杯酒间，具有英雄豪杰，睥睨一世之概，尚不以放弃礼仪为嫌。至若堕志绮靡，萦情声色，于稠人广坐之中狎伍娼妓，即不为人所诟病，试问其自居何等。江南成镇未久，教练之成绩尚未昭著，正我军人卧薪尝胆之秋，更不可不谨小慎微，以免贻羞远迩。本统制为整饬军纪起见，深愿各将校顾全个人之名誉，即以顾全全镇之名誉，嗣后断不可有挟妓观剧情事，设有不遵，无论中下级官长，一经查悉，定当执□严绳，不稍宽宥,其本营队目兵即责成各官长告诫而约束之,合行札饬札到该司令官、统领、统带、管带、队官,即便转饬,遵照毋违,特札。

光绪三十二年九月廿八日/1906年11月14日第5版

将开夜戏

京师戏园尚不准演夜戏,刻有西人在三庆园演电光跳舞各戏,因而各戏园拟禀请总厅援照开演夜戏,不知能邀批准否。果尔,则该段警察多事矣。

光绪三十二年十月初三日/1906年11月18日第3版

茶园移演

锦州车站四盛茶园,经该商高雁亭在奉天财政局禀明开设,每日捐洋十二元,拨归县立小学堂经费,惟茶座终未畅旺。皆缘铁路工人暨奉军驻队,看戏均不开票,并有碍客位之故。经田大令出示晓谕,无论军民人等一律开票,因之大起风潮,田大令恐生事端,随令该茶园迁移城内西北隅空闲之地,搭盖席棚开演云。

光绪三十二年十月初五日/1906年11月20日第5版

缓开夜戏

京师各戏园禀请警厅,拟援照三庆园开演电戏之案,各园均请加演夜戏一节,已志本报。兹闻警厅对于此事并未□然批驳,惟令各园均俟电灯全点之后,方可开办,以免往来马车时有冲撞拥挤之处,致碍路政。

光绪三十二年十月初八日/1906年11月23日第4版

严禁演戏

乡间报赛演戏,大为地方之害,不但徒耗民财,而且伤风败俗。田大令为保安地面起见,传谕□□□老,以后报赛酬神不准演戏。所节之款,留后来作地方有益之举,恐未周知,复出示张贴严禁。

光绪三十二年十月初八日/1906年11月23日第4版

请筑戏园

职商穆文熙呈请警厅，拟领天桥西南荒地建筑楼房开演夜戏，一切办法均按津沪夜戏定章。现经警厅核议，略谓天桥西南之荒地并未招领，该商所请建筑楼房应于天桥迤北，接连市房之处租地办理方可。

光绪三十二年十月十一日/1906年11月26日第4版

戏园滋事

义界庆业戏园于十四日晚，有奥捕在园观剧，不知因何口角，被该园殴打。该捕随赴奥署禀明情，领华洋巡捕二十余名赴该园寻仇，将看戏人等放出，随将园主并伙友等扭往奥署讯办。

光绪三十二年十月十六日/1906年12月1日第5版

暂缓演戏

首府吴太守原拟月之初间为其太夫人称觞演戏，刻因钦使将到，遂暂缓办理。

光绪三十二年十月十六日/1906年12月1日第5版

改良新剧

前天仙茶园扮演新戏有《好男儿》一剧，观者以为美哉，犹有憾。兹经移风乐会大加改良，以期完备，拟不日在大观茶园开演，届时津埠绅商，谅必先睹为快云。

光绪三十二年十月三十日/1906年12月15日第4版

寰球中国学生会演剧之宗旨(上海)

寰球中国学生会定于今晚八点钟在大马路小菜场楼上开演新剧，兹将其所刊说帖列下：

因吾国轻视优人，几屏之于四民之外，较之西人之尊曲本名家显格斯非为诗王者，相去几何！本会欲以欧西之文化，顺流而东，特组织此演剧大会。登场者皆为有学问有职业之人，俾国民皆知演剧为教育界最显活泼之现象,即为社会界最可尊贵之事业,且从此进而益上,并可令外人知中国非无显格斯非其人也。

因本会愿力宏大,经费不足,致应办各项事业尚未实行。兹以得未曾有之特色,绍介于吾社会,以筹款项而充公益。在座诸君即以怡情之举为修德之地,一举两得,乐莫大焉。或不以此剧为东施效颦,贻笑方家也。

光绪三十二年十一月廿三日/1907 年 1 月 7 日第 6 版

戏名《光绪四十二年之中国》

第一出　社会改良。某顽固老者之子嗜赌博,吸洋烟;又有某顽固老者之女,缠足而佞佛。此一子一女相配成婚,洞房花烛之夜,新郎与贺客聚博无何,互相争斗,新郎受伤。新妇遣走卒乞灵于庙神,并誓以愿酬。病愈,夫妇二人步行往庙,将践夙愿。乃至中途,均彳亍不能行,盖以瘾发,一以足痛也。厥后有新学家出,将旧社会之风俗逐渐改良,而此夫妇二人亦同归于善。

第二出　要求立宪。新学家以时不可失,遂草一要求立宪禀稿,持往各处游说。请各学堂各学会赞成签名,某学会请新学家前往演说,并在该禀稿上签名,以表同情。

第三出　内阁会议。军机大臣以国民公禀呈入御览,君主命即日编订立宪草章,军机处会集各部尚书在内阁开议国务,书记官宣读草章。学部大臣之意,谓选举权宜以学问为限制。民政部以书反对之,经众大臣决议,以学部尚书所议为然。即日入奏君主,当蒙俞允,传旨宣布实行立宪,并命陆军会操为纪念。

第四出　陆军会操。陆军总司令官晓谕全军,体操,兵操,军歌。

光绪三十二年十一月廿三日/1907 年 1 月 7 日第 6 版

译　报

法租界权仙电戏园主声称该园拟定不日开演新戏,所入戏价以百分之七十五作江北赈捐,其下剩之二十五作为该园灯火人工杂费。

光绪三十二年十二月初十日/1907年1月23日第7版

伶人多力

中和园优人殴伤看戏人一案，现在伤痕并未平复，而谭鑫培竟运动某府设法将殴人者先打开释，优伶之势力可畏哉。

光绪三十二年十二月十六日/1907年1月29日第4版

戏园议罚

京师著名优伶谭鑫培自中和园冲突后，气势愈张。前日晚间偕同内眷在中和园观看电影戏。该园定例，非堂客不准上楼，谭某以偕眷故，必欲同上楼观看。该园执意不允，两造相持不下，势将决裂，幸有鲁仲连辈排解，其事始息。而谭优终坐于楼上，后为巡警查知，谓官客不应上楼，该园有背警章，应加以罚办。

光绪三十二年十二月廿三日/1907年2月5日第5版

光绪三十三年(1907)

乐 极 生 悲

日界天仙茶园座客众多,实居津埠剧园之冠,现值新正,老幼男妇,座为之满,几于人海人山。日前下午五点余钟,正兴高彩烈之际,忽灯房煤油不知因何燃着,一时火焰飞腾,人声鼎沸,喧叫者、啼哭者、夺门者、倾跌者、由楼上跃下者、挺(铤)而走险,壶盏齐鸣,幸经多人扑灭,仅失物件,并未伤人,险哉。

光绪三十三年正月初七日/1907年2月19日第6版

京师演戏募捐

江北灾难,惨不忍闻。京津各志士多不辞劳怨,出而募捐,实同胞中一大幸事也。现京师又有名优田际云建议在福寿堂演戏助赈,自二十四日起接演十日,所得戏资全济灾区,该会中人已约谭鑫培、汪桂芬二名角共襄义举矣。

光绪三十三年正月廿一日/1907年3月5日第4版

戏 资 助 赈

中华茶园铺掌,因江北奇灾,生民涂炭,大动感情,订定将二十一日所收戏资,尽数助赈。池子两廊,价仍照旧,惟每包箱(厢)收大洋四元,可见乐施好善,人之同情,想各善士定必不吝义金,争先踊跃往观也。

光绪三十三年正月廿一日/1907年3月5日第5版

纪中华茶园茶资助赈

昨晚中华园茶资助江北赈捐,座客颇盛,计卖四元包厢十二间,计洋四十八元;一元包厢两间,计洋二元;池子二元,卖津钱十九吊三百文，换入洋九元，点曲十二元，统共洋七十一元。俟集成数，仍由户部银行汇解灾区，该园掌乐善不倦，足以风已。又林全喜，念切灾民助洋六元，一并汇集。

光绪三十三年正月廿二日/1907年3月6日第5版

纪广益善会

昨广益善会之戏在李公祠早晚俱开演，来宾甚盛，共售大洋一千八百四十四元二角，外有售《醒俗画报》及捐款四十二元五角，是晚即闭会。

1907年3月7日第5版

纪广益善会

广益善会演戏筹赈，昨晚在李公祠为开演之第一日，压场为叫天、王瑶卿之《汾河湾》，包厢共售十一个，洋二百六十元；散座一百三十四个，洋二百六十八元，共合收洋五百二十八元。会中众人以座客不满，因价太昂之故，议定从明日起，散座售洋一元。由英敛之登台宣布，并议定初四、五、六、八四日所收之款全数充赈。惟初七日一日所收之价，充戏班开消，不足由发起人助备，此次并不向座客募捐。

光绪三十三年二月初五日/1907年3月18日第4版

普仁会续行演戏

京师普仁义会为劝募江北水灾，开演义务戏，九日所入票价捐款为数有限，是以乔尽臣、田际云诸热心志士，续行禀请于十六日至十九日仍假福寿堂开演新戏，特约汪桂芬、谭鑫培演戏。男女客座兼卖，想届期前往助赈者必较上次加多云。

光绪三十三年二月十七日/1907年3月30日第4版

演戏助捐

北京志士以江北浩灾，各处筹款助捐以尽同胞之义务，现已定于二十六至二十八日在余园饭庄特演剧三日,所收票价悉数捐解灾区,以期于赈务小有裨益。北京花界开办赈灾会,专为江北一带劝募赈款,原定本月二十、二十一两日在三庆园演唱,现在又拟定二十四、二十五夜间开演云。

光绪三十三年二月廿十日/1907 年 4 月 2 日第 4 版

演戏助赈

京师城内东四牌楼王姬贞女士,慨捐五百金,开演新戏。以所入之款,一律助江北灾赈一节,已迭志本报。兹悉定于三月初三、初五、初七日在二条胡同余园内开演小吉祥班灯彩新戏,并约请票友往尽义务。正票价一元五角,副票价五角,刻已预为布置。

光绪三十三年二月廿六日/1907 年 4 月 8 日第 4 版

伶界演戏救灾

北京花界业于前月在福寿堂演唱助江皖赈灾,现又有伶界中王凤卿、姜妙香、王琴侬、姚佩秋等发起,分布传单,禀请总厅将假地演戏,以所收入票价一律汇至江皖助赈,谅赞成者必不乏人也。

光绪三十三年三月初九日/1907 年 4 月 21 日第 4 版

演戏募捐

连子周君现因筹措学堂经费,特于二十、二十一、二十二,四月初一、初二、初三等六日假福寿堂演戏募捐,已禀呈警厅批准。又乐绶卿、吉静怀二君,亦因筹款兴学,禀准警厅,于余园演戏募捐,并请谭鑫培、汪桂芬同尽义务,刻正商酌开办日期。

光绪三十三年三月廿十日/1907 年 5 月 2 日第 4 版

南花结会

北京花界前有北妓在福寿堂演曲助江皖之赈,居然募得一千余元。刻有南妓花四宝发起仍在福寿堂开演戏曲,定于四月初一、初二两日,开演业由《迩报》馆主笔二君出名禀请总厅,候示开办。

光绪三十三年三月廿九日/1907 年 5 月 11 日第 4 版

新戏特色

前纪天津移风乐会会长刘子良氏新编《民强基》一出，昨日午后在鼓楼北桂仙戏园开演，该戏系劝戒鸦片，作出种种惊讽节目。路三宝扮女角罂粟花，赵仙舫扮烟楼掌柜之尹也大，郭凤仙扮被解臂腿之辛不齐，冯惠林扮劝友戒烟之时劝达，随段加以演说，情节极为沉痛。开演之先，由刘君邀本报社长英敛之氏登台演说戏曲有关社会之大意，及祸福自召之理由。戏毕，复由刘君致谢坐客，是日来宾甚盛，无不欢欣鼓掌称善云。

光绪三十三年四月初九日/1907年5月20日第5版

戏班被控

北乡李家嘴村有幼童十余人，均在永平府吴聚才之戏班内学戏，前有某甲等在巡警局控称，该童等均是被人诱拐等情。十四日由永平府关传来津在县堂讯，据吴及班主王显等，均称是租该童等学戏，每年交洋十元，二十四个月为满等语，是否属实，尚须复讯。

光绪三十三年四月十六日/1907年5月27日第6版

演戏筹款

文石泉等君禀准警厅于福寿堂演唱义务剧，为崇实学堂振华学校识一小学筹措经费，刻已于二十日至二十三开办，赞成者颇不乏人云。

光绪三十三年四月廿三日/1907年6月3日第4版

演惠兴女士传

杭州惠兴女学堂总理贵中权君，于日前来京，田际云特于二十六日在广德楼开演《惠兴女士全传》，请贵君登台演说惠兴学堂之历史，并致谢京中志士提倡之热心，是日特约同志多人前往听演云。

同上

批准演戏助捐

法部录事延昌,禀呈警厅,拟于十六、十七、十九、二十一四日假余园地方演戏筹款,赈济江北灾区。现经警厅批准,调取所订章程及戏目,以备存查。

光绪三十三年五月初五日/1907年6月15日第5版

演唱淫戏被罚

河北天桂茶园日前演唱淫戏,名曰《五百银》,当经二局一区查知,除传局议罚外,复禀明总局,重申前禁,一体严查,以维风化。

光绪三十三年五月十六日/1907年6月26日第6版

优人被逐出境

旧城西门外义兴茶楼演唱哈哈腔淫戏,有优人冯坏水等伤风败俗各事,不堪言状。昨经五局三区区长周桐春派副官王连吉督同警兵拿获该优人,带局讯斥,令其当日离境,不准在津逗留。

光绪三十三年五月廿七日/1907年7月7日第6版

谕赐大臣看戏

闻内廷人云日昨内奏事处奉两宫传谕,本月二十六日军机大臣暨御前大臣等均赏看戏,以示优宠。

光绪三十三年六月廿四日/1907年8月2日第4版

演剧有觞

提学朱公奉命调京,二十九日同城司道设筵饯行,假座吕祖祠之题壁堂,兼设菊部演剧侑觞。至灯灺更深,始尽欢而散,闻于七月初间,尚有同乡公饯之举。

光绪三十三年七月初九日/1907年8月17日第6版

纪丹桂演戏助赈

昨午丹桂戏园演戏所入票价全数充作直隶水灾赈捐,是日该园上下客座皆满，演戏数出后，由本馆社长英敛之登台演说筹款助赈大意，次由移风乐会会长刘子良演说。并有《人镜画报》馆散卖画报，收入之价助赈。赞成诸君于肩摩肘击中往来奔走，照料各事，湿汗透衣，并不少懈，尤足令人起敬。计是日收入，戏价大洋一百一十一元，小洋五百四十六角，铜元九千四百零八枚，现募大洋五十二元，小洋一百八十三角，铜元一千七百七十八枚半；画报售入大洋一元，小洋二十八角，铜元二百二十八枚；以上三项共大洋一百六十四元，小洋七百五十七角，铜元一万一千四百一十四枚半。即于是晚交于商会，又后台高福安并捐助两日戏箱之价十元，园掌柜郑玉焜助四元，亦热心难得者也。

光绪三十三年七月十二日/1907 年 8 月 20 日第 5 版

再纪丹桂演戏助赈

昨午丹桂戏园演戏所入票价，仍为充作永固水灾赈捐。是日该园客座稍逊于前，演过数出，既由英敛之登台演说如前，次由刘子良君演说，仍有《人镜画报》助赈并赞成诸君照料各事。计是日收入戏价大洋六十二元，小洋二百六十角零五分，铜元合九六钱一百二十四吊。现募大洋五十三元，小洋一百三十三角五分，铜元一千一百一十四枚，《人镜画报》及电报局捐统归现募项内。捐款名单列本报之后，外有陆君光熙助洋一百元。

光绪三十三年七月十三日/1907 年 8 月 21 日第 5 版

演戏助赈

日界下天仙戏园因直隶水灾甚重，订定于二十七、八两日白昼戏价全数助赈。日昨为开演之第一日，座客满堂，门无隙地，所演各出，又皆推陈出新，观者无不喝采。是日所进各款，尚未核算，疑俟终场后，统共清结，汇寄灾区。见义勇为，当仁不让，我津人士有焉。

光绪三十三年七月廿八日/1907 年 9 月 5 日第 6 版

禁止演剧

大兴县以近来各村镇酬神演剧,动辄虚糜巨费,现值国步艰难,殊非体国保身之道。刻已通饬所属,嗣后即将演剧酬神之举一律革除。所省之款或于各村设立学堂,或以之扩充他项生计,不得仍蹈前辙,致令有用之财悬置于毫无实际之地。本县当随时派员密查,如有阳奉阴违者,即行从重罚办,以儆效尤。

光绪三十三年七月三十日/1907年9月7日第5版

演戏助赈

顺直一带水灾甚惨,京中诸志士纷纷筹议演戏助赈之善举。本月二十六、二十八、三十等日为李毓臣、乔尽臣、田际云等在福寿堂演戏之期,惟所收捐款,尚须提若干成,拨归普仁戒烟会经费,闻特聘汪桂芬按日到园演唱,以期座客踊跃。

光绪三十三年七月三十日/1907年9月7日第5版

纪天仙演戏助赈

二十七、八两日下天仙戏园白昼演戏助直隶水灾赈捐,系由朱景沂君发起,邀同商界诸君分担散票义务,复承该园前后台老板慨然愿尽义务,卖价全数充赈,各名角及全班人等皆不受分文,尽力做戏,毫无怨色,尤觉难能而可贵。计两日园中现卖大洋共三十五元,小洋共三百九十角零五分,铜元共九十九吊五枚。外募大洋共三十四元,小洋共九十八角,铜子共二千二百零五枚,以上各款已交商会,至诸君担任售出之票千数百元,俟收齐核清后再行登报,详细声明。

光绪三十三年七月三十日/1907年9月7日第6版

论禁淫戏

总局添设戏园监临,已志前报,日昨又传集各戏园面谕,禁止淫戏,不准男女混座,滋生事端,并晚谕设立监临之益处,饬各遵守。

光绪三十三年八月初九日/1907年9月16日第5版

演戏祝寿

闻十七日为直隶提督马宫保寿辰，刻已邀定丹桂茶园福庆班前往演剧，半月演费洋四千元，定于十四日全班由津乘火车赴通州，另有女优多名前往演剧祝嘏，当此灾患频仍，倘节此糜费助赈，德莫大焉。

光绪三十三年九月十二日/1907年10月18日第5版

关优优伶

优人小杨猴、老元元红在奥界天仙圣园演戏，包银甚巨，乃该二人违背合同，竟中道停演进京。该园亏累难支，因而关闭，园掌孙某据情赴南段巡警总局禀请传究，日前该局已行文北京巡警总厅，提传该二人矣。惟该优等系内廷供奉，手眼当必不小，恐总厅未必果能传到耳。

光绪三十三年九月廿十日/1907年10月26日第5版

借整风俗

西门外义兴茶楼哈哈腔演唱淫戏，引诱妇女无业游民人等，同座拥挤，伤风败俗，不成事体。经五局三区区长周兰田君查知，将掌柜杨起等拘案讯明，谕以嗣后不准男女同座，杨起情愿认罚洋二元，取具结保释放。

光绪三十三年九月廿八日/1907年11月3日第6版

棍责园主

九月十七日为某宫保寿辰，由天津邀去丹桂茶园全班男女优伶演戏庆贺，共价洋四千元，曾见前报。兹悉共演十日，在公馆内演五日，在营盘内演五日，而在营盘演唱时，女角均未登场而去，某宫保大怒，急派马队数十名将女角追回，因园主抗命，责军棍八十。

光绪三十三年十月初一日/1907年11月6日第6版

淫戏宜禁

奉天之天仙戏园于某晚男女合演《珍珠衫》一剧,其丑态淫声,实令人不堪闻见。又《斗牛宫》本非淫戏,而男女优人亦故作出一种淫亵状态,殊于风化攸关,有警察之责者,宜留意而严禁之。

光绪三十三年十月初三日/1907年11月8日第5版

演戏祝嘏

初十日万寿圣节,杨莲帅饬于是日在行辕演戏祝嘏,接待各国官商茶会,预于初九日各官均赴督署听戏,筵宴府县,已遵谕简约矣。

光绪三十三年十月初八日/1907年11月13日第5版

排演新戏

移风乐会会长刘子良君偕同票友某某等现排演新戏两出,一名《好男儿》,系演张良与力士狙击秦始皇故事,已将排成,不久即可登台演唱;一台《醒世姻缘》,是演妇女天足之文明,并形容缠足妇女之种种弊害,此出现尚排演未成云。

光绪三十三年十一月初三日/1907年12月7日第5版

戏园吹倒

旧城西南隅赵家窑,前歇业之大兴戏园,于十六日早四点钟被风吹倒楼房八间,幸未伤人。

光绪三十三年十一月十七日/1907年12月21日第4版

咨传优伶归案

优伶小杨猴被孙在田在南段巡警总局控案,日前备文咨请北京外城总厅催传,将杨家训(即小杨猴)解津,以凭讯断。

光绪三十三年十二月廿五日/1908年1月28日第6版

光绪三十四年(1908)

某尚书演戏为乐

探闻某部尚书,新年以来,未到衙门。其原因由连日自演戏剧为乐,故无暇到署办公云。按京都为俳优出产地,至贵族中,登台奏曲,尤属当行出色之事。原贵族多不肯勤奋求学,令以唱戏补教育之不足,亦未可厚非者。然寄语个中人,当多唱《铁冠图》,少演《让城都》,则来日大难羽衣惊破时,或当铮铮有气骨也。

光绪三十四年正月十二日/1908年2月13日第5版

演戏筹款难期踊跃

杨铁庵、雷震远诸君,为筹款创设戒烟会,又在福寿堂演戏。闻第一日进款仅一百二十元,而每日后台开销须百数十元,福寿堂五十元,其余灯费杂费又数十元,倘终于此数,恐不但经费无从筹出,且将赔累矣。

光绪三十四年正月十六日/1908年2月17日第5版

纪开新戏园

法界权仙电影之佳妙,屡经本报揄扬,为识者所赏。今春经该园于南市西首(即俗名三不管之西)分设开新戏园一所,座位洁净,一切电影及西洋戏法、西女跳舞、日本曲艺与权仙无异,惟价则较廉。影片加多,好雅趣者盍往观之,以赏心悦目也。

光绪三十四年正月廿四日/1908年2月25日第6版

女伶将禁

省五里沟自去岁设立咏仙茶园,昼夜作剧,男女合演,观者如蚁之慕羶。兹大宪嫌其有伤风化,首□将出示禁止,历下人闻之,恐其不得常睹,观者益倍于从前,为茶园计,殆如塞翁之失马也。

光绪三十四年三月初二日/1908年4月2日第2张第2版

藩署卫队与戏园冲突

十四晚苏坦(垣)阊门外,春仙女戏园有藩辕小队,新兵数人,强欲入内观剧。园中人拦之不服,遂相互殴。当被唤捕拘住七兵,正欲解送捕房,讵众兵引为大辱,立即纠合同队持械蜂至,拥入内园,将椅桌茶碗等物捣毁一空,并将保险灯打下,霎时火流满地,几酿巨祸,幸即扑灭。各流氓亦乘势混入,抢劫看客衣饰钱物,一时哭喊声喧,欲逃无路,群将园傍短墙打破,始得夺门而出。男女客之误被带伤者,约有十余人,另有一男头颅已破,血流满面。一妇一小孩挤倒在地,人从身上践过,均已息奄奄。后经衙队队官等闻警驰至,乃将各兵喝在一面,由通班巡捕临场弹压,始克分散。次日由工程局委员陈大令等齐至该园踏勘,其两旁各店邻亦以众兵肇事,或遭连累,故已赴向几名公控矣。

光绪三十四年三月廿八日/1908年4月28日第2张第2版

示禁索赔看戏之损失

藩署卫队在春仙戏馆冲突一事,戏馆被毁各物业经工程局勘明,允为给价赔赏,惟各看客抢失各物,均向戏馆索价,连日颇为纷扰。昨经工程局陈介卿大令特发示谕一道,略谓春仙戏园开设马路有年,向本安分。十四晚有自称营兵者多人,硬欲入内观剧,与守门人争执互殴。复有流氓地痞乘势混入滋闹,打毁器具什物,为数不资,该园遭此痛创,亏累可知。园役先须保护洋灯,自不能兼顾看客,致被乘机抢失之事,固属在所不免,除经巡捕当场拘获,肇事各人收捕惩办外,已谕令该园照常开演,以安商业。惟闻被抢物主间有向该园索赔者,试思该园已遭此损害,何堪再令赔累,想明白看客决不以区区失物为心,惟恐有不明事理之人借端需索,有意骚扰,许该园主指名禀究云。

光绪三十四年四月初二日/1908年5月1日第2张第2版

居然开演

咏仙茶园内男女合演淫戏封闭,已纪昨报。海帅因在商埠开演,以便招商,但不准演淫戏耳。然闻著名坤角已散,又须聘请,近日尚不能热闹。

光绪三十四年五月十五日/1908年6月13日第2张第2版

苏垣巡防队勇丁打毁戏馆(江苏)

观前某戏园被兵哄闹,已志本报。并悉被毁者为西察院场之聚福戏园,自去年添卖女座后,听客顿盛,吵闹打架之事,时有所闻。初八日,驻扎本城之巡防队勇丁多人前往观剧,偶因细故,与伙争闹互殴,致被扭住,三勇迭请中路巡警局惩办,责释该勇等回营后,心怀忿忿。次日适逢星期,遂纠集同队,脱去号褂,手持棍木,齐往报复。该园是日适有清客串,男女看客格外拥挤,至五点钟时,众兵赶至,不问缘由,先将守门人打倒,蜂拥入内,将桌椅茶碗等件故向看客头上飞掷,致被击破头颅者甚众。一时人声鼎沸,群向台后后门奔逃,门小人挤,自相践踏者不可数计。中路巡官巡长闻警赶至,弹压不住,直至上灯后,始有巡防队官一员,带勇十余人,手持令箭,飞骑到场,喝住各勇不准动手,良久始押之回营。其时观前街一带,惶乱异常,各店相率闭门。迨二鼓时,始渐安静。长元两县闻信齐往查验,当晚即上院禀明一切。次晨陈伯帅特传该营统领陈玉笙镇军到院大加训斥,谕令赶为持平办理。

光绪三十四年五月廿二日/1908年6月20日第2张第2版

函请禁演淫词

河东义界五福同发,俄界富春□戏园演唱崩崩之戏,淫词妖妆,有伤风化一节,曾纪本报。近关中□办理交涉,各官已照会该二国之领事,严禁演唱,尚不知可能禁止以维风化否。

光绪三十四年五月廿八日/1908年6月26日第5版

九江演戏酿命详情

九江函云:岭南会馆年例,以五月十三为关神诞日。今年德化陈令曾出示,禁止演戏。讵小校场三圣庙二十六至二十八日演戏三天,府城隍庙亦于二十九日至五月初一日演戏。粤帮援本地士民之例,遂亦演戏,会馆与中学堂相去不过数武,学生等无日不入会馆看戏。十四复有数学生踞坐神案,高瞻远瞩,司事等劝之不听,继而老羞成怒,拂袖而去。讵一□间即纠得学生数十人,入内横冲直撞,直士女座旁观不服喝令驱逐。挤拥之余,遂致哄斗。司事人等喝止不住,一时内外大乱,旋有学生五人受伤,一罗姓者最重,众学生遂将罗舁入会馆,将关神牌位撤去,而扶罗居神位上。正乱闹时,罗父赶至,嘱受伤四生匿伤勿报,独以罗伤报府县请验。俄而浔守仓、德化令陈均至,始饬扶罗下,问凶手何在。众学生指一邓姓,一刘姓者。邓不知何处人……(后文漫漶不清)

光绪三十四年六月初十日/1908年7月8日第2张第2版

禀请演戏筹款恤孤

商人张钟骏禀呈总厅,以已故商人治静亭身后萧条,请准于东安市场演戏筹款济恤孤婴等语,未悉能邀允准否。

光绪三十四年六月十七日/1908年7月15日第2张

淫词宜禁

河东义俄两界演唱蹦蹦淫戏一节,前经该处绅商联名禀请禁演,义界已停捐严禁,以免交涉。而俄界仍旧,故该戏园随各迁往俄界,大张旗鼓,日夜演唱,男女入园观剧者拥挤异常。而有该管地方之责者,若……(后文漫漶不清)

光绪三十四年七月初五日/1908年8月1日第5版

因帐兴讼

昨有日界天仙茶园股东张丹林、董云生在审判厅呈称:光绪二十九年与孙雅桥、刘小舟等伙开戏园,该园归张刘二人经理,伊等外出谋生。刻间回津，欲将帐目清算，张刘二人延而不算，伊恐中有欺朦情事，恳请传案当堂算清，以明赔赚。

光绪三十四年七月初五日/1908年8月26日第3张

演戏助赈

自前次拱宸桥妓界发起演戏助赈水灾，近又有天仙茶园伶界同人发起仿办，拟假城内安徽会馆开演，现正广售入场券，有普通、优待两种，售价两元、一元，所得戏资，悉数助赈。闻有商界中人为之臂助，想届期必甚热闹□。噫。人之欲善，谁不如我，莫谓娼优中竟无热血志士也。至演期业定于二十六日起，共演三天云。

光绪三十四年九月初四日/1908年9月28日第3张

志演戏助赈之救星

浙省演戏助赈一事，本报早有所闻，兹悉初二、三、四三日之日戏，一应开销约五百元之谱。初二日日戏仅得一百二三十元，开销犹嫌不足。幸而变计，于初三、四两日接演夜戏，看者踊跃异常，初四日尤甚，开销虽大而获利良多，除开销外统计约有四百元左右可以助赈云。

光绪三十四年九月十八日/1908年10月12日第3张

恩赏达赖观剧

近日内务府遍传名伶入颐和园演剧，闻两官恩赏达赖喇嘛观听云。

光绪三十四年九月廿二日/1908年10月16日第2张

申禁梨园

南段总局以各戏园新排《人头芳》一剧捏造事迹，诬引大臣，种种谤毁，殊堪痛恨。前虽示禁在案，无如日久玩生，近复有演此剧者，实属胆大已极。昨特重申前令，通饬永远禁演云。

光绪三十四年十月初二日/1908年10月26日第4版

安康淫词宜禁

演唱安康(俗呼滩黄),动人最易,苏浙一带,随地皆有,而尤以杭城为最盛。贫富人家,凡有喜事聚会,以及消闲,大概用之。妇女喜听者,向占多数。其改良词曲,隐寓劝惩之旨者固有,然大都以淫亵之语,摹轻薄之状,年轻妇女每为所惑。城厢内外,业此者不下数百人。日来又值财神会之期,大街各商号招集此辈晚间说唱,男女混迹,其间毫不介意伤风败俗,莫此为甚,有地方之责者,亟宜查禁。

光绪三十四年十月十二日/1908年11月5日第2张第2版

征兵大闹戏园之余闻

南京征兵与戏园冲突,已志前报,兹探其冲突详情如下:宁军自十月初四日挨次拔队,赴皖会操。故于拔队前一日,均行放假,当局者恐蹈客岁开赴浙省之覆辙,特派陆军督察及各团队将校分途查□,并关照戏园如有兵士来园看戏,均毋须取资,每日由司令部津贴洋五十元,以免冲突。十一日晚,某□兵□□看戏时,困坐甚倦,小立片时以舒疲备(惫)。讵无意识之堂役某谓其看不要钱之戏已属无味,尚复搅乱园规,诚□可耻,无怪人言丘八大爷无人格等语(丘八即兵也)。某兵士以其□意侮辱,向之理论,不谓□堂役恃□陆军督察在傍,更形猖獗,肆口詈骂,并呼陆军督察速替宁办,遂致激放公愤。各兵士一声呼啸,将茶碗椅桌各件捣毁,幸陆军督察上前拿获二人,余众见之,均纷纷各鸟善散。闻此次所毁约值洋十余元,司令部已如数赔偿,想如此亦可了事矣。

光绪三十四年十月廿七日/1908年11月20日第3张第1版

恩赏优伶钱粮

昨闻管理南府内外戏班继大臣,口传太皇太后遗旨:所有各班当差优伶等名角,应领钱粮,着格外加恩赏给五成,其米石仍照例开放,以示体恤云。

光绪三十四年十一月十五日/1908年12月8日第2张第1版

镇道照会停演影戏

镇江近有德人租赁大街实凤戏园设立义利公司，开演活动电光影戏，变幻离奇，光彩夺目，往观者拥挤异常。事为常镇通海道刘观察所闻，以戏园人众，最易滋生事端，特照会驻镇德领事，请饬该商即日停演，免酿交涉。

光绪三十四年十二月初十日/1909年1月1日第2张第2版

梨园诉苦

省城丹桂茶园，自闻国丧传饬停演，乃该园主以为满二十七日即可弛禁，故梨园子弟仍聚而未散。现该园主因供给不资，特行登报诉苦，并拟呈请援照租界茶园，准予开演。

光绪三十四年十二月十一日/1909年1月2日第2张第2版

开演电影

省城剧园自遭国丧后，饬令停演，该园空闲至今已经月余，开演之期尚未能定。现有日本商人租该戏园售看电光影戏，已定于初六日晚准行开演。

光绪三十四年十二月十四日/1909年1月5日第2张第2版

演剧被控

福建琯头花会盛行，某钱庄猜压得中千余元，爰在该处演剧谢神。高朋满座，若不知有国丧者然。武生某聆悉，迳登其门，责以猜压花会已干例禁，况值国丧期内，胆敢演剧作乐，罪名当加一等。赔钱庄自知理屈，特央去毒社某社员出为斡旋，奈武生不允，闻已在五虎司衙门告发矣。

光绪三十四年十二月廿十日/1909年1月11日第2张第2版

运动开设戏园

京师外城戏园除市场由总厅定有限制准其开设外，其余他处，概不准开演。兹有某商前经禀请，于烟袋斜街演戏，由厅批驳刻，又倩厨役杨某为之运动乌恪谨侍郎，并许之达到目的每日演戏以铜元二百枚酬答杨某云。

光绪三十四年十二月廿一日/1909年1月12日第2张第2版

严禁观剧

南段总局近以节届新正,各租界戏园书馆均行开市,昨特通饬各局区队,凡属警界中人,概不准私行往听,有违国制,致干重咎。

光绪三十四年十二月廿七日/1909年1月18日第6版

宣统元年(1909)

请禁戏园男女合演

沪道蔡观察查悉公共租界丹凤戏园自本年元旦日起,有男女优伶合演情事,实与风化有关,因特照会领袖领事,请即饬令禁止。

宣统元年正月廿十日/1909年2月10日第2张第1版

观戏受惊

镇江天仙茶园生意极盛,日前该园正在演唱入妙之时,有楼面三大间因观者人众,忽然倒塌。满座皆受大惊,闻被伤者其数不少。

宣统元年二月初九日/1909年2月28日第2张第2版

尤禁戏园男女合演

上海公共租界丹凤戏园新正以来男女合演,经沪道札饬公廨,照会领事传谕禁止。昨闻公廨接领事覆函,据称此事业经工部局各董议定,准限华二月底为止,即着该园不得再行合演云。

查封戏园

前晚八点余钟,见有府县差役手持封条多张,竟将河北等处大观、元升、兴盛、天桂、广胜等戏园均行查封,并将园掌带案责押,其因何事故,俟有闻再登。

宣统元年二月十四日/1909年3月5日第5版

演戏伤人

台郡黄岩城内药王庙,系由宁绍会馆建筑工程,美丽可冠全城。年来因宁绍商人在黄者少,以至渐形毁坏,近有宁波药商以庙中素奉药王,可作药业公所,倡议集资重加修葺,业已工竣。日前特专人至石浦□到曲部一班,在庙开演,不料城乡愚民少见多怪,以为宁波戏曲色艺绝伦,一时远近哄动,路为之塞。探闻初演之夜,空巷来观,竟有老妪二人,以龙钟故致被晒伤云。

宣统元年五月廿三日/1909年7月10日第2张第2版

鹦歌戏伤风败俗

湖郡向有鹦歌戏,男女合演,伤风败俗,最足贻害地方。历任邑宰,无不悬为厉禁,前次埭溪镇西乡杨墩街曾搭台演唱,经地方官访悉,饬差往拿。将班主拘责,并驱逐在案。刻闻相近毛坞之某村,有鹦歌班演唱此戏,该村距镇遥远,官府耳目难周,幸有公正绅士王君亦安力主驱逐,勒令该班不得逗遛。孰意村民迷信神权,以为定干神怒,群起与王绅为难,滋扰不休,王绅怒,欲据情控究,村民胆怯,始得安然无事。

宣统元年五月廿七日/1909年7月14日第2张第2版

演剧助赈

镇绅某某等以甘肃奇荒,上海新舞台、春桂等戏园业已演剧助赈,资属见义勇为,因动令本埠长春戏园于上月二十二三四等日演日戏三天,看资全数解充甘肃赈济。经该园主允准,遍发传单,预期告知,此诚所谓恻隐之心人人皆有,彼升允之匿灾不报,于今三年,对于各名助赈之善举,能毋愧死。

宣统元年六月初二日/1909年7月18日第3张第1版

严禁戏园演唱淫剧(湖北)

汉关道齐观察访闻华街之同乐等戏园及英租界之怡园,并各租界内新扮之花鼓戏,每日所演,大抵杂以淫戏,伤风败俗,莫此为甚。日前特札饬夏口厅切实查禁,传知该戏园等将导淫等戏一律删除,不准再唱。另派署中亲信之人,不时前往稽查,至在租界内者,应同租界会审委员吴令凯元随时知照领事,一体查禁,如敢故犯,立即发封。

宣统元年六月初四日/1909年7月20日第3张第1版

女伶热心助赈

上海新舞台演戏捐助甘赈,已纪前报。兹又有人发起女伶演戏助赈,并先期刊有短启云:启者,甘肃旱灾待赈孔急,敝馆等同人不揣绵力,发起约集女伶名妓,假座丹凤茶园演剧,得款助赈。丹凤园主慨然愿假班底,诸伶妓等亦知大义,允尽义务。兹已择定六月初一、初二两夜演串,所收戏资交义赈公所汇解灾区,以为杯水之助云。繁华报馆娜嬛杂志社。

宣统元年六月初七日/1909年7月23日第2张第2版

名优之好行其德

北京名优田际云特请画师黄益如在马戏场绘画条幅屏扇,所得润资充作甘肃赈捐,及普仁戒烟会善款。由二十一至二十五在该场助赈五日。

宣统元年七月廿十日/1909年9月4日第2张第2版

又有演剧移助甘赈者

保定绅学商界刻因甘省旱灾待赈孔亟,公议假准军公所地址自初七日起至初十日止演唱戏剧,所收之款,全数移助甘省赈捐。

宣统元年九月初十日/1909年10月23日第2张第2版

开 演 晚 戏

张家口虽已设有戏园数处,然晚来向不演唱,今因火车通行,商贾云集,下堡内得胜戏园自本月初起每晚八钟开演,至十二钟停止,是亦地面日见繁盛之一证也。

宣统元年九月十五日/1909年10月28日第2张第2版

热心新剧

大观新舞台原为王钟声所创办,曾由督宪批准立案,极力提倡。一月以来,所演各新剧颇蒙观者赏识,每日坐客亦甚拥挤。本月十九日忽然停演,闻系股东某某将所入资斧,概行提回之故。夫以王君半年经营,一腔热血,而为出资者所中止,就事而论,未免可惜。闻王君将另筹资本,接续再办,诚能若是,始不负社会之所希望矣。

宣统元年九月廿三日/1909年11月5日第5版

淫戏被禁

河东俄界富春宴福两戏园演唱蹦蹦,有伤风化一事,早经海关道照会俄署禁止在案,兹闻该界工部局昨已批准,定于十月十四日一律封禁。

宣统元年十月初一日/1909年11月13日第5版

歌舞升平(山西)

省垣晋府街所闻松鹤茶园由北京邀到名角多人登台演唱,择于十月初二日先行请客。是日应召来观者颇形踊跃,兼有不速之客亦复闻风而至,一时门限几为之穿。钟鸣二下,正在锣鼓喧天,料理出台之际,忽署巡警道志廉访差人来传令停演,盖怒其请客未周也。于是阖园之人,乘兴而来者,无不扫兴而反。现经园主极力运动,闻已许其开演且生意颇佳云。

宣统元年十月十五日/1909年11月27日第2张第1版

梨园中愿尽义务

北京梨园中人因现在各处发起筹还国债之举,日昨各名角班长联络会议,拟禀请总厅准各戏园演唱夜戏,所得戏资另提六成专为补助筹还国债之用,以期稍尽义务。

宣统元年十一月廿六日/1910年1月7日第2张第1版

演戏有期

昨纪津商吕君劝才、赵君子斋、陈君梦九、陈君寿臣等纠集同志，拟在河北三马路兴华茶园演戏两日赈济贫民一节，顷接吕君来函，谓已择定初四、初五两日准演，想届时诸大善士之痌瘝在抱者，定必慷慨解囊共襄义举也。

宣统元年十二月初三日/1910年1月13日第5版

宣统二年(1910)

优人特色

河东同乐新舞台内有名角光华者,本系广东三水县人,姓徐名文翰,曾在本埠天津府官立中学堂毕业,素于运动课门首占臣擘,此次投身戏界,亦为开通民智计也。

宣统二年正月十六日/1910年2月25日第5版

新剧可观

河东同乐新舞台定于今晚开演《国会热潮》新戏一出,乃去年湖南善化徐君断指送国会代表故事,是剧装演者除该园各名角外,尚有中国报馆经理石聘之、主笔郭养田,文明书局经理杨功甫,直隶宁政研究会书纪潘云巢,宣讲所演说员王伯辰诸君登台演唱云。

宣统二年正月十七日/1910年2月26日第5版

严禁演唱淫戏

安徽咨议局前次提议演唱淫戏有关风化,而于新岁正月为尤甚,呈请大吏出示严禁。兹经朱中丞批准,撰就白话告示,刊印多张,发给各属实贴宣布,如有违抗不遵者,严行惩罚,官吏查察不力,亦当从重议处。

宣统二年正月十七日/1910年2月26日第2张第2版

请禁淫戏

绅民郑葆善等为演唱淫戏有关风化事,前曾备具说帖,陈请议事会设法禁止,当经该会□情申请南段总局妥议办法。

宣统二年正月廿四日/1910年3月5日第5版

观剧肇祸(浙江)

嘉郡北门大街江西会馆上月二十八日演戏酬神,因剧场逼窄不堪,一时顿集数千人,拥挤异常,致将三四千斤重之铁香烟推倒在地,跌折三段,压伤四五人,幸尚无性命之虞,亦云险矣。

宣统二年二月十三日/1910年3月23日第2张第2版

严禁军人经营剧馆

江南第九镇徐统制近特示禁各协标营队,略谓南洋劝业会已定于四月开会,其间设有髦儿戏园两座,本为振兴商业起见,与本镇原无关系。乃本统制风闻此项戏园内有本镇所属官佐组织其事,且有输入资本以担任经理者,闻之疑信参半。夫演戏已非正当营业,髦儿戏园尤近狎邪,凡我军人皆具有洁白之精神,高尚之身价,与演戏营业之性质正相反对。且目兵看戏,曾奉督宪严禁,是观望犹且不可,况输入资本以为营业计,复从而经理之乎?官长为目兵之表率,以官长而干涉戏园之营业,岂复能禁止目兵看戏乎?本年秋间又值本镇校阅,典礼至重,第九镇之名誉,均此次校阅判定优劣。凡我镇属官佐,自二月以迄七月皆为预备校阅时间,举凡教育、操练、内务诸大端,朝夕从事犹虞不给,尚何有闲暇时刻经营此等事业。则夫输入资本而担任经理者,更非我军人所甘为,必知其不可为而不为矣。本统制视僚属如子弟,深不愿有此不名誉之举动,亦并不以风闻之游词而遽谓我最高洁之军人实有此行为,特涓涓不塞,将成江河;悠悠之口,可以集矢。杜渐防微,不得不严申禁令,以肃军纪云云。

宣统二年二月廿一日/1910年3月30日第2张第2版

是宜严禁

有王君从周等因见各戏园座客叫好,淫亵之声不堪入耳,前曾备具说帖,陈请议事会转中巡警总局出示严禁,昨经该会议覆准如所请,闻不日即移请南北段警局严行禁止,以维风化。

宣统二年二月廿七日/1910年4月6日第5版

关 心 风 化

自治预备会会员刘恩鸿为日界蹦蹦戏仍行演唱,有伤风化,昨复投递说帖于议事会,恳即申请权宪亟早禁止。当经该会议复此案,已据前递说帖申请关道宪照会日领事认真严禁矣。

宣统二年三月初五日/1910 年 4 月 14 日第 5 版

优 人 爱 国

侯家后协盛茶园内有名优张黑者,武场中人。闻于登台演戏之时,每每演说筹还国债事,语极痛切,并引据印度、越南、高丽诸亡国之惨状,满园听者莫不鼓掌叫绝,较之演唱淫句大伤风化者,可谓有霄壤之别。噫!优人如张黑者,洵属不可多得哉。

宣统二年三月廿七日/1910 年 5 月 6 日第 5 版

粤中女伶之热心公益

粤中升平公司新康年女班在上海海宁路鸣盛茶园演唱数月,生意颇见兴盛。近接粤省来电,有人以重金聘之南归,该班主及女伶等以离沪在即,桑梓之情何能恝置,爰于十六、十七连演两日夜,以十六日夜所得戏资助充广肇医院经费,以十七日夜所得戏资助充广志学堂学费,所最难得者初非由让医院该学堂所运动,实出于班主及女伶等之热心议定后,始向前途知照。故十六日看客尚不十分拥挤,迨十七日则园中座为之满,盖皆慕义闻声而往也,语云十步之内,必有芳草,此言信然。

宣统二年三月廿八日/1910 年 5 月 7 日第 2 张第 2 版

艺 人 特 色

闻日前晚间河东奥界宴乐茶园内有艺人韩亨斌及皮恩荣者,演唱双簧一段,本系俗艺也,然其词句之中编有“现值预备立宪时代,我等国民宜具热心共理地方自治,高丽、越南的国民无自治的能力,遂至灭亡,我等虽在技艺之界,不能追随大人先生之后,亦宜于词句中稍加改良,唤醒同胞以尽国民之义务,而报食毛践土之仁恩”等语。一时听者无不鼓掌叫绝，声若雷鸣。据是以观，我国民并非知识不开，爱国心薄，不过须人时为提倡之耳。

宣统二年四月十五日/1910年5月23日第5版

败俗宜禁

河东韦驮庙前同心戏园自开演以来，两廊票价铜子二枚，以故女客常满。而一班无知少年，每日藉名听剧，眉飞色舞，丑态百出，甚至暗昧不经之事，亦时有所闻。未悉该管警局亦会有所闻知否。

宣统二年五月十三日/1910年6月19日第6版

维持风化

绅民杨君等为改良坤戏，肃清女界事，前曾备具说帖，呈请议事会妥议章程，以端风化等情。昨经该会议覆，谓缔禁女戏，实造福女界，但天津为通商口岸，果按所陈办理，是否有碍难之处，候请巡警道核复，再行详议。

宣统二年五月廿四日/1910年6月30日第6版

再版《梨园娱老集》题词

数千年来劫未终，神州黑雾何濛濛，拔剑斫地地诈哑，举酒问天天装聋。君轻民贵此义昧，君权愈烈民权穷。况我女子二万万，四重奴隶缚厥躬。欧美文明入中国，道穷则变变则通。先生首在破专制，次向自由发其蒙。昔者我祖南华叟，逍遥鹏翼游太空。继凫断鹤悲矫造，至人无己神无功。君之时集寓言耳，厥意与此将毋同。大言炎炎定宗旨，大同直把五洲融。少儒俗子争著述，调言休得混乃公。荫翳潜消烛火息，扶桑拥出日轮红。高歌直觉鬼神动，铜琶铁板和江东。题词愧我无大笔，孟郊声细如寒虫。君之诗词岂小补，光我女界思独隆。愿唤同胞诸姊妹，五体投地拜下风。

宣统二年六月廿九日/1910年8月4日第2张第2版

工人大闹吉庆园志闻

张家口本月十二日夜,吉庆茶园演唱新剧,有工人数名强行进园看戏,经园伙阻之不听,遂生口角。弹压巡警劝解完事,逾时忽又有工人五六十名,各持木棍蜂拥入园。于楼上楼下站满,以木棍敲打楼板,大声扰乱。园伙巡士阻拦,不但不听,而且将悬挂灯笼全行打坏,顿成黑暗世界,人声鼎沸,继以枪声。警士无法鸣笛,工人即持械拒捕,尚有开枪者。宣化练军闻枪声赶至,见势汹汹,无从下手,亦以鸣枪恫吓。约二钟之久,始行获得滋事工人某某等十名,并夺获器械无数,闻格斗之时,有一人刀刺入腹而死,未知确否。

宣统二年七月廿三日/1910年8月27日第2张第1版

优人治病

优人驴肉红不谙歧黄,得有峻剂数方,专治妇女。每日向鼓楼西板桥胡同,找该优求诊者络绎不绝。近闻有蓝某之女,患血枯之症,气血双亏,一经该优诊断,反用泄剂,遂于日前毕命。虽蓝某懦弱怒不敢言,然旁观者颇为不平。

宣统二年七月廿八日/1910年9月1日第5版

土棍大闹戏园(张家口)

土棍李小八者日前率领多人至福庆茶园大肆骚扰,任意摔砸,经该区巡官李荫岚君拿获数人,讯明情形,随即收押,未悉将若何惩办。

宣统二年八月初九日/1910年9月12日第3张第1版

禁演淫戏

警务公所总办黄太守维翰以淫词淫曲本干例禁梨园,只图招致座客,不知与风化有关。日昨特严谕会仙茶园,嗣后不准再演各种淫戏,以正风俗,倘敢故违,定行严惩不贷云。

宣统二年八月十五日/1910年9月18日第3张第1版

先设学而后演戏

昨有村董刘鸿庥者禀称，宛平县请禁演戏，以设学堂等情。唐大令批示云：村中演戏，人人乐从，独以此款办学，则众皆不顾。各处一律，非尽不法者如是，即士君子亦然。盖礼主敬，乐主和，礼收敛，乐发舒，乡民终岁劳苦，遇有演戏则筋脉发、性情乐，竟若不演此戏，则一年之辛苦甚于十年者。然则，戏之不可废也如此。今欲移戏款办学堂，恐一年勉强为之，以后仍不能行之久远，不如与之改议，非先立学堂不准演戏垂为定例，则兴办较易，参之如何云云。

宣统二年九月三十日/1910年11月1日第2张第1版

梨园之欢迎国会

梨园公会自颁布缩减国会年限谕旨后，特开会议妥拟欢迎之法，刻已决定所有内外城各剧，一律减收票价四成，前后三日，以表示鼓舞欢欣之意。

宣统二年十月初七日/1910年11月8日第2张第2版

某亲贵私观夜戏之述闻

京师近年来演唱夜戏，警厅取缔极严，分别男坐楼下，女坐楼上，所以别男女之嫌而防其或有扰乱也。探闻日前有最有权势之某亲贵，私往天乐园观剧，隐匿于楼上柱后。经巡警查知，以其有违秩序连同随带之太监四名一并强令下楼。该亲贵深服该警士之能尽责任，始终并未动怒，且连声称好而去。

宣统二年十月廿五日/1910年11月26日第5版

演 戏 未 准

商民胡锦波拟在河北玉皇庙附近起盖戏园一节，曾经工程总局查验无碍路政在案，昨闻警务公所以玉皇庙内原有官立小学堂一处，若在该处设立戏园，未免锣鼓喧嚣，有碍学务，当即批覆不准。

宣统二年十月廿九日/1910年11月30日第6版

淫剧又见

本埠各戏园男女合演各种淫戏,自经地方人民投递说帖于议事会,禀请巡警道出示严禁后,已略有成效。无如日久玩生,故态复萌,警界禁令亦渐废弛,因之《翠屏山》、《打樱桃》、《小上坟》、《拾玉镯》种种淫剧,刻又公然开演。风化攸关,责任所在,未念有该管之责者,亦会有所闻知否。

宣统二年十一月廿九日/1910年12月30日第6版

戏子动武

西门外小道子兴盛茶园园主张某、李某等,日前因与后台掌班某甲清算帐目,小有龃龉,讵该掌班竟尔喝令后台众武行将园主李张二人殴伤甚重,当由该处岗警抓获十数人,送请审判厅发落。

宣统二年十二月初二日/1911年1月2日第5版

改良戏曲

本埠梨园诸同人为改良戏曲、力挽颓风起见,现拟仿照申江成案,将旧有梨园公所改为公益会,并创立梨园秦伶小学堂,详定章程招生肄业,以期造就立宪国民之技艺,此举若果实行,庶于世道人心不无裨益。

宣统二年十二月廿三日/1911年1月23日第5版

宣统三年(1911)

戏园弛禁

河东义公署前因时疫流行,不令各戏园演剧一节,已纪本报。兹闻该界绅董等昨曾缮具洋禀在该管领事官处投递,略谓:本界地瘠民贫,生意甚少,自有戏园数处,而小生意日见其多,租界亦日渐兴旺。今忽饬令各戏园停演,殊失振兴租界之本旨,惟有恳恩弛禁等语。当经领事官准如所请,并传谕各戏园照常开演。

宣统三年正月十五日/1911年2月13日第6版

闲评一

自天津疫症发见,注意卫生者莫不以扫除污积、清理街衢为防疫第一要义。

戏园为众人聚集之地,气味薰蒸,于卫生最有妨碍,故某租界中有禁止开演者。

然戏园固当禁,而藏垢纳污究以妓院为最,故吾谓禁戏园不如禁妓院。

不知妓院者,官场之消毒品也,一经关闭,则官场所得之造孽钱从何销路耶?故戏园可禁妓院独不可禁。

宣统三年正月十七日/1911年2月15日第4—5版

改良戏曲

戏曲改良有关政治及社会风化,已尽人皆知。惟本埠改良戏出之移风乐会自袁项城去任后,无人维持,沉沦已四年之久。近闻该会会长刘子良诸君以此事关系甚重,于昨投递说帖于城议事会,闻其办法系由城会禀请巡警道,谕令各戏园凡移风乐会编出之戏出,不许不演,并拟定所编各新戏均用旧法演唱,以从社会之习惯。

宣统三年正月廿三日/1911年2月21日第6版

买良为优

河北电灯房后有民妇黄氏者,素以养人为业,近由外乡买来良家女子一名,每日教演淫戏,偶有不合,鞭打从事,乞怜之声达于户外,比邻皆为不平,至如何虐待,容俟访明续登。

宣统三年正月廿四日/1911年2月22日第6版

请看小菊仙之势力

此次蒋焕庭观察交卸,实由小菊仙运动之力所致,推原此事之肇因,蒋观察亦有不合之处。盖当时小菊仙上禀请演,蒋道批驳则可,万不应假端骂人,以得罪于同寅也(闻其批禀之中有曰该伶不但运动各处,并且要结司道夤缘官绅,该伶不知大体本不足道,而若辈甘为下贱折节而与该伶出力运动者,其人品为如何耶,云云)。因之各司道见此禀后,大为生气,群起而攻,运动中丞,以致蒋道两次上禀中丞之前,即遭中丞之大骂,并将蒋道立时撤任以辱之。数日以来,汴省官界传言,无不畏小菊仙之能力。何意小菊仙复出报单,定于初十日演戏,各界见之无不大异。闻此次小菊仙之开演,实系汴抚之意见,盖欲使其仍演,以丢蒋道之脸。刻闻蒋观察已赴河南府一带观览龙门胜景,一俟游后,即行赴京云。

宣统三年二月廿三日/1911年3月23日第3张第1版

官场宴会

阖城司道府县文武官员,于昨日下午二点钟设筵河北李公祠内,敦请督宪陈制军及藩宪凌方伯宴会观剧。

宣统三年二月廿五日/1911年3月25日第5版

戏曲改良

本埠移风乐会自刘君子良纠合同志,复行组织后,业已呈递说帖于城议事会，并禀请提学司巡警道批准在案。兹闻该会内容分伶工传习所（专与各伶工讨论一切戏曲），俱乐部（则延聘文学家编纂句本），艺术研究所（则为弹唱戏耍人等研究之所），惟统以改良社会，发达人民爱国思想为宗旨。

宣统三年三月初六日/1911 年 4 月 4 日第 6 版

新戏将演

现闻移风乐会编辑改良新剧，计由正月至三月共出七本：(一)《十全会》一本，命意劝人行善；(一)家庭教育两木，命意提倡母教；(一)治魔鬼两本，命意提倡人权；(一)新教子两本，命意提介自由结婚。一候官府批准，即行演唱。

宣统三年三月廿四日/1911 年 4 月 22 日第 6 版

学生观剧之感念

浦东中学校学生倪维廉昨致商团联合会函云：十八日赴新舞台观演《国民爱国》剧，慷慨激昂，苦口婆心，诚当头棒喝，唤起国魂不少。金钱争掷，惟恐或后，人心未死，国运或有豸乎！在座有涕泗交头，掩面饮泣者，实由有动于中不能自已，不知悲何自来也。足征该艺员热心至诚，感人钦仰。钦仰今附上时计一枚，充贵团经费之需，区区微忱，聊尽我心而已。至于贵团操演为国家捍患御侮，仆极赞成，惟今留学浦东，往返不便，不克如愿，且俟下半年出校之后，当即前来报名也云云。

宣统三年四月初九日/1911 年 5 月 7 日第 3 张第 1 版

筹办义务戏

闻有发起人刘子良、刘伯年、丁振之、叶伯玓、杨润甫、田星五、徐翰臣、刘子芳、梁涌泉、毛荫魁、姚樾甫、赵允乡、杜笑山诸君，议拟邀请京津著名角色，假丹桂戏园演唱义务戏三天，所有是日戏资尽数拨归体育社作为经费，并闻发起人暨该戏园并各名角均尽义务，分文不取，刻正筹办一切，不日即见实行。

宣统三年四月十七日/1911 年 5 月 15 日第 5 版

新剧将演

本埠移风乐会所编各种新戏,业蒙巡警道审批准演唱在案,兹闻该会会长刻正邀集诸会员逐日诵读曲本,一俟排演娴熟,即假座广东会馆择日试唱云。

宣统三年四月十七日/1911年5月15日第5版

演剧有期

移风乐会编订改良戏出定于五月初一日,假广东会馆先行试演,并闻所演《新教子》一剧,排演者,除戏界各名角外,尚有绅商学各界之人。又将该戏场数、白、唱印刷成书,随座散给以便观者咸知编辑该剧之真相。又该会所编《治魔鬼》、《家庭教育》两出,前已禀呈巡警道宪审查,兹闻所奉批示如下:禀悉据呈《治魔鬼》、《家庭教育》两出,业经本公所详加审查,或系激发国民忠义,或系表彰母教效果,具见作者苦心,应暂准该会商同各茶园先行试演,并禀由本公所派员监视,如果无碍再行详咨立案,给予版权。

宣统三年四月廿十日/1911年5月18日第6版

淫伶被辱

本埠各戏园演唱淫剧,近已居然照旧,而以河北天仙茶园为尤甚。日前该园淫伶宋连仲演《拾玉镯》一出,淫态异常,座客切齿,群用茶壶砍破该淫伶面部,鲜血淋漓,抱头而遁。

宣统三年四月廿三日/1911年5月21日第5版

田际云案有将定之耗

御史瑞贤受人指使,奏请拿办优人田际云等一案,自拘获后,审判厅严守密秘,故一切办法外间鲜能知其底细。兹探闻案内各犯,已由审判厅直接送入法部,俟分别核定罪名,即可覆奏。日前萧德霖之被拘,系奉法部咨交,并闻此案之未经大理院,直送法部者,其中亦自有故。盖田等各犯亦自知为贻某所运动,供词之中多有牵涉贻某与法部之处,贻案前未经大理院过堂,若此次送交该院，则必详细追讯，推翻前案，其中风潮极大，至于法部则原钥开原锁，必得易于解决。传闻如是，未知确否。

宣统三年五月初九日/1911 年 6 月 5 日第 2 张第 1 版

淫伶游街

鼓楼东盐商姚序东之妾海金桂，于昨二十五日夜间逃走。翌早该家属报明探访局，即经队官张立山带领暗目等至姚宅查验情形，见该宅厨役某甲衣箱内藏有逃妾之物，一并带局经杨观察讯明，供称该妾因与优人元元红姘识，日久异常亲热，拟将该妾带至唐官屯家中隐藏等语。当即派差将该妾及元元红等，一并拘案，严行重责，并于昨日押令游街示众。

宣统三年五月廿八日/1911 年 6 月 24 日第 6 版

新剧将演

天津移风乐会近又编演《家庭教育》及《潘公投海》、《新旧辩》等出，定期开演，并闻该会因上次所演之《新教子》所有进款既为伶界诸人分去一半，而于戏出并不正当演唱，辜负观客，深抱不安，故此次扮演者皆系绅学界热心志士，所收进款除经费外余则捐助北京龙泉孤儿院，以襄善举。又此次所编各出，多得力于黄小亭（即黄处），昼夜将事，不辞劳瘁，可谓热心公益者矣。

宣统三年六月初一日/1911 年 6 月 26 日第 5 版

淫伶定罪

淫伶元元红奸拐盐商姚序东之妾海银桂一案，业经督宪陈制军批准，判罚苦工十年，不准纳锾赎罪。已于初四日由警务公所送交习艺所矣，其海银桂及李升父子等一干人犯，亦均于是日由县署提往警署讯问毕，除将李升父子送交地方审判厅从重罚办外，海银桂仍在警署管押，尚不知若何判结。

宣统三年六月初六日/1911 年 7 月 1 日第 6 版

演戏改地

本埠移风乐会定于十八、十九两晚开演《家庭教育》、《庚子纪念》两剧,已纪昨报。兹闻演戏地址原定在河北升平戏园,现已改在李公祠内,并拟定十八晚只演各剧之头本。十九晚接演二本云。

宣统三年六月十八日/1911年7月13日第6版

新剧可观

本埠移风乐会于昨十八、十九两日在李公祠内所演之《家庭教育》及《庚子纪念》两出,演唱诸君扮作得宜,声调尤佳,颇为社会所欢迎,较诸前在广东会馆时大有进步,想基础已定,将来编演日多,于维持地方公益定有效力也。

宣统三年六月廿一日/1911年7月16日第5版

田际云案已经入奏

日前(初三日),交旨法部奏京师地方审判厅审明,交拿人犯,按律定拟一折,着依议,钦此。兹闻该折内容,确系今春御史瑞贤参劾瑞星桥、田际云、李云阶等一案,其办法大略系分别从轻定拟罪名,可以罚金了结。

宣统三年闰六月初六日/1911年7月31日第2张第1版

田际云案奏结之内容

田际云一案,已经法部奏结其内容,探录如下:田际云原参案内情节甚重,有殴死人命,招摇聚赌,演唱犯禁戏剧等款,现均查无实据,仅处以八等罚金。旨下,随即释放。瑞星桥原参,谓其借洋医为名,在外招摇撞骗。部奏并无招摇实据,虽会代人买药骗银十七两,照例应处罚金。查系县丞,应照职官品行卑污律革职,并交该旗严加管束。鲍滐原参,谓其开办商场,迹近招摇。部奏查无实据,惟究□不应为而为,本应罚金。查系法部候补员外郎,应论交阁议处。李范氏原参,谓李范氏外号母老虎,专为人行贿卖法,凡遇运动官缺者,则曰吾与某王爷有交情,凡遇要办实业者则曰吾与农工商部尚书有关系，遇诉讼官司则曰与法部堂官有内援，诸如此类，实非寻常妇女可比。部奏该氏口供均不承认，且亦查无实据。

李云阶原参，谓其冒充职官，自称李三老爷等语。部奏据供，向充长随，因有二子，一捐佐杂职衔，一优武备学堂毕业生，故人皆称为李三老爷等语，似不得谓之冒充职官。李厚田、果香林原参，一切情节未详，惟与李范氏、李云阶等因买卖事，本在刑科第一庭诉讼部。奏应将李范氏、李云阶、李厚田、果香林等交该庭并案审讯。老朱（即朱仔良）、钟声（即王熙普）、陈镕，部奏以上三人均罚金十五两，且系不安本分，除罚金外，并递解回籍，交地方官严加管束。乔稽氏，部奏该妇实属不安本分，非寻常女流可比，即行驱逐回籍，不准在京逗留。刘树楠、朱旭东等，部奏一系经商，一系音乐教习，并无一点过犯，应免议。萧德林等，部奏萧德林虽无过犯，然以在案之人而将原案登入所开之京都日报，虽非违犯报律，究属不知顾忌，应罚金十两完案。按此案初发现时，外间风声颇属骇人听闻，不知如何拟结，今观部奏竟如此轻轻了过，真所谓雷声大雨点小也。我国官场办事，大率尔尔。

宣统三年闰六月初七日/1911年8月1日第2张第1版

改良乐部

自变法以来，热心时局者多，谓戏曲改良可以转移社会，维持人心，故一般文人志士，多有牺牲一切，极力提倡者。现闻又有学报绅商各界郭宗汉、姚志祖、辛鸣培、陈嘉瑞、于超、李玉荪、潘云巢、沈笏臣、杨昌年、杨景煦、丁振之、张子桥、王建侯、杜葆咸、王伯臣、王琴轩、吴雨泉、王书田、邬逵宾诸君发起社会教育俱乐部，以编演新戏改良风俗为宗旨，并闻内部组织将次就绪，不日即可成立，从此社会中又多一良师益友矣。

宣统三年闰六月廿一日/1911年8月15日第5版

优人摔毙

城西小道子兴盛戏园优人魏大铁，即小黑灯，因于月之初九日晚演唱《收关胜》,由高桌上朝下一跃,摔伤甚重,延至十九日下午一钟,竟尔殒命。当经尸弟魏二铁协开该管地方郑□升赶赴审判厅,请准免验,具结殓埋。

宣统三年七月廿二日/1911年9月14日第6版

女优热心

女优金翠娥等姊妹三人,昨将在天喜茶园演戏,所得戏资全数捐助侯家后众志恤贫社,以备冬季施放□面之需。并闻该女优等,拟从此每月演义务戏一日,以助该社赈济,亦可谓热心公益者矣。

宣统三年八月初一日/1911年9月22日第2版

演剧有期

社会教育俱乐部自成立以来所编新剧甚夥,惟以景物不全,碍难排演,近由各部员将《潘烈士投海》一出演习精熟,旧戏之可存者亦由部员择善而演,并邀请雪印轩、芙蓉仙馆苏媛媛、朱蟾香、小达子三客串,诸人助唱,各种有趣戏剧。定于十五日在广东会馆演一昼夜,有周郎之癖者,届期盍往一观。

宣统三年八月十四日/1911年10月5日第5版

排演新戏

南开私立第一中学堂教员学生所编各种新戏,定于十六日在该堂礼堂内排演,并闻该出中多目前政治状况,其意不外发达民智云。

宣统三年八月十五日/1911年10月6日第5版

庸人自扰

自鄂省乱事传来,本埠人民几有风声鹤唳,草木皆兵之象。顷闻前晚河东奥界东天仙茶园正在演戏时,因有洋捕二人在楼观剧,旋即下楼,后随华人二名。园中座客瞥见,始则猜疑,继则起立,终竟纷纷出门而去,后经园掌大呼并无别故,众人乃各安然就座。

宣统三年九月十四日/1911年11月4日第5版

新剧将演

本埠社会教育俱乐部现为筹集冬赈起见，特邀剧界名角汪笑侬君帮同部员排演各种新戏，拟于十七、八、九三晚假南市丹桂茶园开演。

宣统三年九月十六日/1911年11月6日第5版

演剧助赈

敬启者：今年湖北变乱，市面奇窘，兼以时届隆冬，津郡城厢内外鳏寡孤独以及老弱残疾之人，势必饥寒交迫，失业流氓到处皆是，实堪悯恻。特约同仁演戏助赈，已与各界发起人商定，于本月十三日晚在奥租界东天仙，十四日晚在日租界下天仙，准演新戏，所得戏资全归赈济。公订戏价包厢八元，池子五角，两廊三角，各加铜子两枚，如定包厢者宜早赐信订定为要，倘过十二日之后，则坐客满矣，无厢可匀。东天仙之厢票在该园对门源记转运局代卖，下天仙厢票在聚和成饭庄代卖，所有后开之发起赞成之名角、坤角，均登台演唱，可谓集一时之胜事，拯困苦之穷黎，所有官绅暨梨园发起赞成，各衔名开列于后，所演戏目容后再布。官绅、商董发起人：李星北、阎俊卿、汪春斋、方药雨、李捷三、顾梦臣、宁星普、王松樵、么藾洲、张月丹、郑省三、徐少文、彭禹门；赞成人：张敬元、鹿允卿、王竹林、王瀛孙、刘仲誉、杜筱琴、刘丹甫；各园名角发起人：时惠宝、尚和玉、张雅樵、刘鸿升、张玉顺、赵广顺、白文奎、九阵风、陈善堂、高福安、刘永奎、张吉林；赞成人：张黑，陈文起，马长奎，小达子，刘凤樵，赵东升，王德山，吴堃芳，李长山、王芝玉、梅荣斋、薛凤池、吴彩霞、张春荣、姚长海、李吉瑞；各园坤角赞成人：王克琴、刘喜奎、张桂林、小香水、小菊芬、小翠喜、金月梅、张凤仙、姜桂喜、小兰英、小荣福、金玉兰。

宣统三年十一月初九日/1911年12月28日第6版

警钟日报

《警钟日报》,1903年(光绪二十九年)12月5日创刊于上海,原名《俄事警闻》,系对俄同志会主办的刊物,1904年2月改名为《警钟日报》,1905年3月遭查封。

吴新苗辑录、整理。

告　优

失　名

你们唱戏的人，自己看得狠轻，别的人看你们也狠轻，都因为近几朝的律例，把你们这个行业，算是下流做的。做过这个行业，就不准考。中国人的考试这件事，和外国的选举议员一样，这明明是屏在公民外面了。就是北京的相公，也有被王公大臣结识的，也有受文人学士器重的，但究竟带点轻邈的意思，不过做个玩物，和花草虫鸟一样罢了。但是你们流品虽然狠低，力量到是狠大。无论什么样穷僻的地方，一年总有几台戏，热闹的地方，差不多天天唱戏了。无论那一类的人，没有不高兴听戏的。我们中国本来没有强迫的教育，不识字的人，不知多少。这些人既然不会看书，又没有什么阅历，他的思想，他的行为，他的口头言语，多半是听戏时候得来。因为唱戏的情节是活灵活现的，又配着乐器，很容易动情，不知不觉的牵动了。看忠臣孝子的戏，就不觉发起忠孝的志向来；看英雄好汉的戏，就不觉羡慕起英雄好汉的气概来；看了武戏，就想打仗；看了淫戏，就想偷情。这个功效比那进学堂上历史班的工课大多了。所以各处的戏场，就是各种普通学堂，你们唱戏的人，就是各学堂的教习了。中国古时候，看得乐舞狠重；现在西洋各国的人，看唱戏的人也狠重。有许多人列名在文学家里面，你们还怎么自己看得这样轻贱呢？你们要说自己虽看得尊重，无奈别人总看得轻贱，是没法的。这又不然，你们现在唱的戏，不过讨俗人的好看，这是自轻自贱，怪得别人轻贱你么！就是周朝、秦朝，大家看优人，已经不狠重了，但是里边有两个名优，是名传万世的。一个叫做优孟，楚庄王时候的优人。楚王有一匹马死了，想照大臣的葬法，许多臣子谏，不肯听，还说要杀了谏的。优孟就说照大臣的礼葬还太薄，要照国王的葬法，那么人家才明白大王是重畜生不重人的啊！楚王就悔悟过来。那时候楚国顶好的宰相孙叔敖死了，他的儿子狠穷，竟没有人帮助他的，照这样子，好人都要灰心。优孟就著了孙叔敖的衣服，学他活的时候说话和举动，去见楚王。楚王竟说是孙叔敖没有死，又要他做宰相了。他就说我不愿意做好宰相,好宰相的儿子穷到没吃饭哩。楚王也就悟了,赶紧拨许多田,给孙叔敖的儿子。优孟这两件事,都是有益是国的。一个叫做优旃,是在秦始皇的时候。始皇有一天在一个地方饮酒,护驾的人都在外面,忽然下雨了,都淋得了不得。优旃是狠矮的;就在里面对他们说道:哈哈!你们纵然长,到立在雨中;我纵然矮,到站在屋里。始皇听了,觉得雨中的可怜,赶紧叫他们换班。有一天,始皇要把他的御园放大几百里,把许多百姓的房子拆掉了,始皇想了一想,就罢了。优旃这两件事都是替同胞的百姓争权利的。这两个名伶,不但当时的人,人人推重他,到汉朝时候,太史公司马迁做《史记》,把这两个人的事迹记在《滑稽传》里头,连后来的人,也个个仰慕他呢。所以你们只要自己振作,不要愁别人看轻你们。况且现在俄国人夺了我们东三省,各国都要来分我们的中国,中国的人,个个要吃苦,你们也在里头的。要救这一场大祸,只要叫中国人个个都想拒俄的法子,但无论怎么样的办报,发传单,演说,总有许多地方行不到,有许多人不会看,有许多人不愿听,这是要用着你们的手段了。你们编出一套新戏,同行中就都传开了,不多几天各处要看到这个戏了。现在你们最好把俄国人在东三省什么样不好,我们不去理他,各国都要什么样,我们要什么样吃苦,我们什么样的齐心协力起来去打俄国,有什么样的力量,后来有什么样好处;都一套一套的编成戏曲,演起来,传到各地方去,一定好感化许多人,到比我们天天写的字画的图,功效大得几十倍呢!你们既然有这个功劳,还怕别人看轻你们么!

《俄事警闻》第34号

改良戏剧之计划

健　鹤

《警钟》三月初七日“地方纪事”。有潮属方姓者,索培植梨园子弟,闻于日前赴省,在各大吏处禀请将全潮戏剧改良,不然则禁止演唱。闻已经大吏允许,将通饬各属,实力举行云云。斯事也,使予狂喜,使予神旺,使予神经受一种刺戟而起无限感情。盖为中国普通社会开通智识输进文明计，吾必推绘影绘声之演剧为社会第一教育矣。凡各省之热心改革者，对于戏剧改良之问题，不可不援潮属方某计划，以为一般改良问题之解决也。虽然，方某果具此改良戏剧之学问否，大吏果热心赞成方某之计划否，其真际俱不可知，然天下事既种善因，必获善果，吾敢言此事若成，必为改良社会开第一殊勋也。

夫中国之剧，自有完全成其为中国剧者在。中国剧固有一种之特色也。考中国剧之所由来，远在千七百年前，盖戏剧之渊源与诗歌之渊源为同一之蜕化物，三代之雅颂，两汉之乐章，六朝之乐府，实其渊源也。自开元、天宝间，一代风流天子提倡此事，特命李龟年制谱教歌，为梨园子弟之导师，今日称曲部曰梨园，盖昉于此。沿至五代，以及于宋，往往开新生面，乃有大调、小调之名，盖欲以别于唐末迄五代时词曲小令之名故也。而剧本之曲谱，乃日渐具体矣。

就中国剧之取材言之，盖中国剧之材料，或简于普通小说，或采脚本，原无一定之例者也。至如小说之分类，如《水浒传》、《三国志》等，则为平话体小说；如《燕山外史》等，则为韵文体小说。他如记录汉唐诸说部，如《汉武内外传》、《洞冥记》、《搜神记》、《飞燕外传》、《杨太真外传》、《梅妃传》、《会真记》、《杨偈》、《李娃》二传、《再生记》、《灵鬼志》、《虬髯客传》、《剑侠传》、《黑昆仑传》，皆演剧之材料也。而是等平话体之小说，泰半属传奇体，夫以演剧而采传奇为脚本者，实始于元代，如《西厢记》、《琵琶记》、《牡丹亭还魂记》、《金钱记》，其材料之丰富与词曲之哀艳，实撷汉唐说部之菁华改头换面而出之，目为剧场之一大进步可也，惟从小说侧面观察之，古今之相差，殊不甚远。特自元迄明，尚采取汉唐之制作以为脚本，至于本朝，则仅剽窃元明之曲子已耳。近人俞曲园氏有言曰：今人之学问，远不逮古，非特诗文歌词，即院本传奇之所取材，亦有每下愈况之势焉。夫以今日正当之观察，研究戏剧之关系，即取材于汉唐而犹不足，况其为元明之流风余韵乎。顾吾之揭此言，非胶守旧社会一般爱古薄今之成见，而昧世界日长炎炎之进步，正以中国古今历史观,有退化而无进化,不得不作取法于成法耳。且国民之智识,半由历史的观念,而历史者,撮过去之影像而留其迹者也;戏剧者,演历史之小影而状其真者也。尤西堂以世界为一大梨园,廿一史为一部传奇,而天地乃为一戏场。洵知言哉。

夫国家之治乱与人心风俗之变迁,莫不原于愚夫愚妇之一心,持此心以与外缘种种之变态相接触,而脚本之用以摹写社会种种之情状者,复引此心而入于无际,而感情遂以发生矣。试为今日普通社会计,其最关紧要者有数种焉。

(一) 演剧之注意　吾恒言人类之脑部乃为一种最易感觉之传电器,后此结果之良窳,乃在感之者之能力何如耳。故当置一种未开化之国民于剧场中,使彼等吸受此地空气之辐射,已觉此身已非我有,则虽一切颛蒙,如原人时代之人物,亦不难劈破其天荒。盖若人置身此间之感觉力,一弹指顷,不啻现出万千之浩劫,一鼓舌间,不啻粲出亿兆之莲花,所谓华严楼阁,帝纲重重,佛土庄严,百千万亿是也。感觉力既如此矣,则观演剧者,譬接触《水浒传》中林冲雪中之艰,武松飞云浦厄事,有不拔剑斫地,怒发冲冠,而以现在身作林冲、武松之理想者乎?譬接触《红楼梦》中林黛玉大呼宝玉而死,贾宝玉于黛玉死后出家事,有不儿女情长,英雄气短,顿以此心萦拂宝玉、黛玉恋爱之情丝者乎?抑即观沪上汪笑侬新扮演之《党人碑》一出,吾知其当化身入舞场时,不自命为此出中主人翁者非人情。此演剧最当注意之一事也。

(二) 演剧之价值　演剧必如何而始有价值乎,则描摹旧世界之种种腐败,般般丑恶,而破坏之;撮印新世界之重重华严,色色文明,而鼓吹之是也。夫神奸巨蠹,所致力者,每在人所不见之地,而弊习恶俗,又往往鲍臭不闻,蜣丸自乐,今为之发其幽私,穷其变相,置之于万目共注之地,则虽身在彀中者,无不汗流浃背,无地自容。而吾乃庄严天堂,崇饰乐园,以诱致其伥伥无之之神经,有不踊跃而奔赴者乎。

(三) 剧部之组织与本能之扩张　吾尝考日本剧部之组织,有事务所,有事务长,有评议员,与一国之政党无少异,其总部之统系则遥领于内政，故特别谓之皇室演剧部，而支部则分隶于各省，其以个人之耳目于社会上有所闻见，乃一泄其不平之鸣于说部间。而欲著为脚本，以输入于公众之舞台者，由事务长鉴定其脚本，后经评议员之通过，始许将其书逐部开演，别给相当之价值以酬其劳。言论之自由，见于说部之讽世规俗，而为社会上欢迎者又如此。此国民之心性所以畏俳谐之口实，甚于畏清议名教，而偷风因以日止也。我国今日谋演剧之改良，正宜悉采此计划，以组织一中国完全之剧部。惟我四百兆同胞所推戴者，乃异族之政府，似剧部之统系，不应遥领于现在之皇室，当于上海特设一戏剧总机关部，而于各直省各都会则分设支部以隶属之，庶几上自大人先生，下至屠贩妇竖之属，得日日吸受新戏剧之真理由，目证善果，耳聆福音，置身于第二新世界极乐国而不自知耳。

（四）脚本之改良与演剧之进步　大凡政法之进化，则始于简单，终于复杂，而声音之进化，则始于复杂，终于简单。如文字之大同，在不用文言而专用白话，演剧之大同，在不用歌曲而专用科白是也。间尝闻日本之演剧矣，其今昔相异之交点，昔则唱与演参半，而间以科白说明之，盖与中国剧具姊妹之形式也；今彼剧部中凡演新戏全用狂言（即科白之带诙谐性质者）与摹神两种，以视昔日之装演，以优倡各一人盛装而出，歌声蝉联如净瑠璃之类，即中国之所谓连厢者，已屏置不用，此亦足见演剧之进步矣。中国之脚本，虽亦用韵文体小说与平话体小说之两种，然民间之注意，大抵倚重歌板，而科白则仅资说明，故中国千余年来之剧谱，虽已逐代变体，其不离乎连厢者近是。自连厢渐进而为南宋之鼓子词，而元之弦索调复继鼓子词而起，若并吾以上所举中国剧之渊源言之，则诗之一变而为词，词之可歌者再变而为连厢，连厢三变至为鼓子词，四变而为弦索调，鼓子词与弦索调相和，则五变而为元代之杂剧，夫元代之杂剧，即可谓中国剧粗具形式之第一阶级也。中国之剧，其因缘夫千七百年以前，万变而不离其宗也。如是，则不能如日本之长足进步亦明矣。其如今日之脚本，虽亦知痛论时局，警醒国民，以说部上之欧化主义，隐唤起民族主义之暗潮；然仍注重于音节歌调间,能以此国家、种类之两大感情,一一普及于下流社会中耶。

（五）演剧当根据实地　今者赘言演剧之能感人,既使人间世三等社会,凡居于观剧之地点者,见夫剧场上描得社会之情状,得披露口不能喻、笔不能传之实境,而眼识为之迷漾焉。然试问当接触时所起之感情,其被于真实者为深挚乎,抑被于假说者为深挚乎,必答曰真实哉,真实哉!故欧美各国之演剧,即撮近今世界舞台上之小影,人物虽假托,而情事则毕真,盖开通社会支配人道之大能力,其郑重分明不得不尔也。即如日本,其国中所演之戏剧,莫非写一部明治文明史中之真色相,而剧场上之种种关目,不过为其写真机器耳。矧当此番日俄战争之开始,为黄种人压倒白种人之新纪元,苟得将两军激斗时,炮火相搏、血肉横飞之活剧,一一描摹之,则有声有色,自较观等闲之演剧,其激起国民义勇心、敌忾心万万也。而彼国有著名优师,曾受泰西普通之学之夫妇两人者,竟率领一部梨园子弟,挟写真器数具,冒险来仁川、旅顺间,撮印日俄海战活历史,归国试演焉。其对于所收入之观演资,则悉数充军债,而美其名曰:“义勇奉公。”凡曾执兵役之家人来看者,概免观剧资,且以优等礼延接之,此亦足见日本剧中人之一斑矣。且凡一部脚本之开演也,以形形色色必传其真故,必预备铺张一切,实有以游戏运动之小舞场,为世界攘来熙往之大舞场立竿取影之概。若实事之铺张微有不足,则以油画衬托之,以电光镜返照之,此即所谓道具者是也。故庄严七宝,一旦显豁呈露于舞台也,直使人疑为鬼斧神工,惟妙惟肖,而喝采之声震四座焉。我国中之最以伪名者,莫如戏,故曰游戏,曰儿戏,曰相戏,皆属无信无实之公名词,曾见有歌台舞榭,一曲千金,而规切当时之事势者乎。虽中国剧本如《桃花扇》之类,亦为纪实之书,而其用意,尚不能脱教忠教孝、诲淫诲盗之旧蹊径,吾民对之,谓能起所期以外之感情与否,则疑问也。自今以往,必也一一写真,一一纪实,举民族何以受制于异族之手,而异族又何以受制于强族之手,使吾同种为两重之奴隶,无告之穷民,上自二百六十年前亡国之纪元,下自二十世纪以来亡种之问题,一一痛哭流涕,为局中人长言之。铁板铜琶,高唱大江之曲,歌喉舞袖，招回中国之魂。则或者于保种保国之道，而得间接之一助也夫！

《警钟日报》第95、96、97号

戏剧改良会开办简章

一、本会以改良戏剧为宗旨，以灌输文明思想、开通下等社会为目的。

二、本会事业分文学、歌曲二部

（甲）文学部之规则四：

（子）本部以优伶中同志者组织之。

（丑）讲习各种普通学。

（寅）教员由本会会员中推举。

（卯）本部举部长一人，综理部务；干事一人，经理庶事。

（乙）歌曲部之规则四：

（子）本部以同志中有志歌曲者组织之。

（丑）讲习各种戏剧。

（寅）教员由本会会员中推举。

（卯）本部举部长一人，综理部务；干事一人，经理庶事。

三、本会设会长一人，会计一人，书记一人，由会员中公举，半年一改选，连举者连任。

四、同志欲入本会者，须得会长许可。

五、会员每月各认捐若干，以作本会经费。

六、文学、歌曲均用速成法，限一年卒业，在卒业期内，不得半途中止。

七、每月开演说会一次，以鼓吹宗旨，研究时事。

八、四方同志惠顾本会者，本会一律招待，以期联络声气，交换知识。

九、本会略置图书报纸以备同人阅览之用。

十、本会设在＿＿＿＿＿＿＿＿。

十一、此章可随时改良，惟须得会长认可。

《警钟日报》第164号

绍兴戏曲改良会简章(节录)

一、本会以纠合同志将现行之戏曲改良,开通下等社会之知识为主。

一、倡办伊始,经费未充,先雇用瞽者或乞丐数人,教授本会编造之戏曲,分别城乡各要处演唱,俟经费充裕或有大力提倡,则当组织新梨园一部。

一、编造之戏曲除雇人演唱外,当刊印成册,分送或登各报以收普及之益,其印刷册费稍重者,当酌取钱文,以资不匮。

一、会员能文字者当照下刊之现有戏曲,依其声调,改其字句,去腐败之点,进文明之思,或本民族主义、军国主义、及各种科学、实业,及采取古今泰东西之历史事实,演成一种新戏曲,务期感发心意,开辟愚蒙,以养成国民完全人格。

(甲)如平湖调新唱之《折桂》、《仙庄》、《狐裘》、《沈香》等正出,《八仙》、《请寿》、《炉峰》、《进香》、《月明》、《渔舟》等节诗。

(乙)如盲妇话事所唱之花调。

(丙)香市备庙宇所宣讲之《刘香》、《杏花》等宝卷。

(丁)乡农所演唱之《目连》、《鹦哥》等戏文。

(戊)茶肆市场所说大鼓书、唱道情等等。

(己)乞丐所唱之莲花幕、连厢词等。

(庚)各优伶所演唱之京、津、陕、徽等调及绍兴本有之正工调及高调等,戏文、传奇、院本即在高调之内。

(辛)各伎女所唱之滩黄、淮、汉等调及十杯酒、数五更、四季相思、送情郎等小曲。

一、会员有知音乐者,当纠集四五人照唱平湖调之例,为清客集,凡会友家及他人出资聘请者,均当亲往演唱。

一、会员通译学者,当将外国之歌曲择其有趣味而能感发人者,译之为输进文明之业。

一、近年各杂志各新闻附印之新戏曲,本会亦当抉择演唱或汇录附印,以为集广之资。

《警钟日报》第165号

京 话 日 报

《京话日报》,1904年8月16日创刊,创办人彭翼仲,编辑吴梓箴等人。报纸分演说、要紧新闻、本京新闻、外省新闻、各国新闻、上谕宫门抄等栏目,“白话做报”“一张三个大钱”,内容接近普通民众,语言通俗,价格低廉,深受广大京都市民的欢迎。《京话日报》对后来的京津地区报纸有很大影响,《大公报》说:“北京报界之享大名与社会程度适当其可者,要推《京话日报》为第一……各报纸之篇幅、格式、次序,一皆模仿《京话日报》,不敢稍有更张。”1906年9月28日,因“妄议朝政,容留匪人”,被查封,彭翼仲流放新疆。辛亥革命后,彭氏回京,1913年复刊,又被袁世凯查封。1916年袁死后,再次复刊,1922年停刊。

吴新苗辑录、整理。

光绪三十年(1904)

内廷传戏

本月初四日,两宫还颐和园驻跸。初五日由内务府传各班名角进内伺候,所以连日斋戒之后,各园订座的,仍不多见,都因为没有好戏的缘故。

第31号第2版

演戏接驾

乐部首领,传各戏馆当差人等,自初七日起,赴颐和园伺候。所以连日城外各戏园,都没有好戏,有戏迷的人,不免闷闷不乐。

第93号第2版

说戏本子急宜改良

俗语常说的两句话:戏台底下落眼泪,替古人担忧。这两句话,不过是个歇后语,人人说惯了,谁也不去想那句话的意思。我今天把这两句一想,恍然大悟,觉着很有些道理。天下最容易感人的事,没有比戏再好的了。所以各国把这件事,看作了很要紧的一端,所编的戏文,都要经文部大臣鉴定,然后才准排演。为的是无数的人民,万不能一个一个的当面教导,有了好戏文,受过教化的人,自然愈感愈深;就是那些顽劣不率教的,叫他眼睛看着,耳朵听着,戏台上的一举一动,传出神来,不怕他不知感动。若是随着人的意思,胡乱排演,必定要编出伤风败俗的戏。取一时的快乐,留着无穷的隐忧。中国的戏文,当初也很讲究,相沿久了,只作为消闲解闷的玩艺,不去再加考订。演出种种怪像,牛鬼蛇神,淫词荡曲。锣鼓响处,不论戏文好歹,只要是个名角,任凭演的怎样无理,喝彩的声音,仿佛连珠炮一般,这个声音,实是从肺腑发出。若再唱各种奸盗邪淫的戏,更觉兴高彩烈,乐不可支。大家想想,这是什么缘故?声音之道,感人最快,何况登台排演。台下的人,不知不觉便认假为真,所以坏戏比好戏更容易动目。如今各名班,要是没有好花旦,班运必不可兴旺。上海天津各处,更是奇想天开,实事求是,添聘了许多女角,专演各样淫戏。如此的胆大妄为,人心怎样会正!风俗怎样会良!(未完)

第106号第1版

说戏本子急宜改良(继昨稿)

所以京城的戏园子里,不准妇女入座。固然是怕人多起哄,也未始不因为戏文不好,大庭广众之下,实难为情。果真戏文好了,劝化日久,人人知礼,妇女看戏,却又何妨?中国此时,上中等的人,就是自己不开通,所来往的亲友,也还是有些明白的,可以听点好话,看点好样子。独有那下等多数的人,自小没念过书,差不多一字不识,要想劝化他们,无论开多少报馆,印多少新书,都是入不了他们的眼。一定要叫知道些古今大事,晓得为善为恶的结果。除了戏文,试问还有什么妙法?也不必讲求高雅,就是二簧、梆子腔,能悦俗人的耳目,那才算是救急的良方。

如今上海地方,出了一位名角,让作汪笑侬,编了许多新戏,很费了一番苦心,不过用意太深,下等的人,还不懂看这种戏,并且有些伤时。出了租界,便不能唱,恐怕不容易行开。据我们的浅见,先把妖魔鬼怪的戏,一概禁止,免得再弄些洪君老祖、齐天下大圣等事,义和团的举动,何尝不是从戏里学来的。禁掉了这等戏,愚民的心中,少了许多鬼鬼祟祟,可就容易跟他讲理了,再把奸盗淫邪各戏,想法子改好。戏台上净出正生老旦,有时候也嫌没有趣。不妨把奸淫的结果,全本演完,不准有头无尾,听完了这本戏,人心里必定要动一动。更编些改邪归正、发奋自强的戏文,并处处表明合群爱众的公德(合群爱众,是大家合在一起,彼此相爱,同国的人,不可伤害同国人)。从这个地方下手,较比学堂报馆,功效必定大多了。

第107号第1版

光绪三十一年(1905)

广德楼开张

封印之后,各戏园照例封台,今广德楼戏园,重新修理,择于二十一日开张,传说年内开张。地面衙门的花销,不过一分,若到了新正,还得加倍送钱。所以不等油饰完工,急急的就要开张了。现在一个比较,德商电光影戏,前次在地面衙门递呈,赶忙批准,花销一层,决计不会有的。如此看来,中国的商民,非冒挂洋牌,不用想同外人争利啊!唉!

第163号第2版

唱戏的也敢说话了

本月二十三日,见贵报上有"风流人请看"一段,小人心中,十分感动:想他一个女子,还有好善的热心,我等虽是下贱优伶,也是中国的百姓,平里这点傻心眼儿,若不说了出来,岂不让这位姑娘见笑吗?因此就找我一位最敬重的先生,让做龇窳生的,把这意思说明,让他老人家写出了这一篇,求代登在贵报上。

贵报大公无私,定不怪我大胆妄言,果真替小人登在报上了,比赏给人家千金还好。我们这个行业,到了今日,真是下贱不堪,当初兴戏的人,本有维持风化的深意,并不是专给人解闷儿的。况且这戏,也不是出在本朝,从唐明皇那时候,就有梨园子弟。隋朝时归乐部掌管,无论贺喜吊祭,皆可演唱。至于那些角色的名目,都见元人的院本,后来统改为昆山曲。那生旦净末丑几个字,不知是何用意,前人言论纷纷,也没有考出了来历。据小人看来,却是个极浅近的道理。一是戏班子忌讳多,一是爱写别字,又爱写半个字,以讹传讹,再也不知改正了。比方那红净黑净,无非不用杂色抹脸,要用杂色,就叫大花脸了。那个末字,就是微末不要紧的角儿。那个老外,是戏里装老员外的。那个生,更明明是唱秀才生员的。至于那个旦字,原是唱小姐的,后台省事,少写偏旁,可就写成小且了。你看且字一误,岂不成了个旦字吗?以此类推,那丑儿的丑,分明是醜字的别字。不信请看,水牌上的《孝感天》,后台写"孝咸大","五家皮"就是《五家坡》,岂不是个印证吗?

闲言少叙,且说正事,既是角色都全,自然无戏不备,所以把那离合悲欢,描摹的活现。不但看戏的看到好处,时时的将假作真,我们唱戏的,也忘了这是将真作假。既能如此引人入胜,就该立意劝人才对。无奈我们同行里,久已受过心传,只知道当场献媚,丑态妖声,专演那些奸盗邪淫的坏事,叫那下等男女看见,真能坏上加坏。固然是人品趋向不高,总有多一半儿,是我们唱戏的罪恶。前些日子,贵报有戏文改良的一节,还有提醒汪、谭两老板的地方。要借用他们的名望,新一新世人的耳目。小人看见,佩服的五体投地。无奈我有这心,可没这样本事,就是勉强作出戏来,关目不好,也未必叫人爱看。还要求求贵报,先劝劝管地方的老爷门,切实出个白话告示,禁止禁止那伤风败俗的淫戏,更求那热心填词的才子,不必再谈风月,将这古今中外爱国爱人的事情,演出各等新戏,再教各班里大老板们,照样儿排演。不但与世道人心有益,并且耳目一新,必能发一注子大财,又何乐不为呢?劝化的人人天良发现,我们这最贱的营生,也不至于让人看成玩艺儿罢了。

第 224 号第 1 版

改 戏

呰 窳

强国的新政,非人人明白,总有些行不通,第一得开通风气,让那些下等朋友们,知道了些大局,总能够办得成事。但是这开通风气,不止一端,究意从哪里下手呢?据我糊涂人看来,虽离不了读书识字,怎奈中国的文字,不是十天半月学的会的,要想着马上见功,万不可拘泥不化。四书五经,非文理深通的问不动,就是浅文白话,也得稍策认识几个字儿的,才能拿起来看一看。一个大字不识的，四万万里头，倒有三万万几千万，你说有什么好法子开通他们呢？

据在下想着，是念书不如看书，看大书不如看小说，看小说不如看报，看报不如听讲报，听讲又不如看好戏了。因为不识字的人多，说给他听，不如做给他看，戏文感发人心，真能够立竿见影，报上也说过几回了，想看报的都还记得呢？可不知众位以为何如？在下不常看戏，也不知好戏的功效。有一天到某会馆行人情，大家衣冠齐楚，端端正正的坐着。在下无可攀谈，从在戏台底下，留心动静。戏台上唱的是一出《教子》，扮演的又是两个名角儿，把那戏中关目，做的无一不到：扮三娘的，真有贤母的神情；扮薛义的，活似位顽皮童子。再看那个义仆薛保，更是眉须活现了。在下看到此处，回过头来望了望，大家伙儿，多一半点头吮嘴，原谅那义仆贤母的苦心。不大的功夫，又换一出《搜孤救孤》，众人只是唉声叹气，有的说，交朋友何必这样傻；有的说，到底是古人心直，也有骂那屠岸贾的，也有向那程婴流泪的。这都是天性所感，情不由己。谁知道这出唱过，就是一出粉戏登场，原来是本《海潮珠》。哎，那种丑态淫声，真要污人目耳。台底下愁眉苦脸，都变了色舞眉飞，那些下等的客人，居然都成了木雕泥塑。还有许多不便形容的话，登在报上，很不好看，我们也不便多说。直到这些唱完，还觉着脊骨发麻，替大众羞愧难受。

我才知道这种坏戏，实则是有伤风化。到了末一出，是本《铁公鸡》。这本是近年的实事，那些有名角色，演出向荣的忠心，张和祥的义勇，逼真的就在眼前。我看那向车门要哭，我自己先擦擦眼泪；见那张和祥遍身是血，我就皮肉生疼，恨不能爬上台帮着他，你说这不是天良发现么？可见这戏文的功效，真比书报快捷的多了。可惜不知改良，没什么对症下药的新戏。

哎，我们报上劝过唱戏的，原想着借重汪、谭的名望，作个领袖。谁知他们二人，一是身同隐士，一是应酬太忙，没能留心这些事。倒出来一个有心人，偏偏是个唱旦角的，姓余号玉琴，人称余庄。这位余庄先生，年虽不老，资格很深，久当精忠庙的庙首。因为他喜扮武角,自然就有些侠气,也因为信了我们报上的忠言,才来合我们商量改戏。我们是老外行,怎样改法子,还得别请高明,我们一字不懂,他那一团血性,情愿担当这个责任,自是难得。只因有两件为难事:一是同行的人,大概说不通,旧戏里添新词,谁也不肯照办;一是经费不中,有钱的人,不明白这番用意,谁也不愿来帮忙。至于编撰戏文,倒是一件很容易的事,思来想去,这个意思虽好,究意能不能办成,还是毫无把柄。正在盘算,忽然从天外报来一个好音,众位猜猜看,是怎么一个好音呢?前几年上,京城里时兴票友,一般票友里头,也未尝没有人才。可惜生不逢时,一肚皮的牢骚,没法子发泄,憋得去花钱买脸,诚心做那冤大头。自从报上劝过汪、谭,又夸奖过余庄,众票友激动热心,要做一件大有益的事,赎一赎自己的过恶,并作了一篇演说,等有功夫再登。他们的用意,更比余庄高一层,人人都想赔着钱来干,认定宗旨,也就算是急公好义的人。余庄老板,果真要有爱国的心,众位票友们,也可称得是一时的知己。大家齐心一意的办起来,下等人一旦开化,几十年后,说起北京开化的事,一定要追究起来,必说中国转弱为强,由于开化民智,开民智的法子,出在北京的票友,票友的热心,实是余老板给激动出来的。诸位呀!唱戏这件事,关系的小不小呀!

第 291 号第 1 至第 2 版

傀儡

呰窳

“苑内水嬉金傀儡,殿前过锦玉玲珑”,这两句是前明记事诗。过锦是大内的宫戏,就如同唐朝的梨园,现今的南府,水嬉是个杂耍儿。明朝的君后,到了夏天,常在北海看这个戏,这天正在热闹时候,忽报南省土匪造反,外藩王爷被害,大为扫兴,从此再也不演说水嬉了。听说这个玩艺,是木头挖空的人物,底下好像葫芦瓢,放在水槽里,飘飘摇摇,另有一个管着的人,在旁演说故事。猜着这样东西,大约像扳不倒的样式(别号不倒翁),可不是要着玩的傀儡。耍的傀儡，北京叫作托偶人子，大凡造的假人，无论泥胎木胎，全叫作偶像，说他是仙佛，就向他烧香磕头；说他是玩艺，就当他娃娃货。托偶人子，虽是假的，却也面目如生，只是一举一动，都须借用人力。大小虽不一样，身子都没有分两，全仗衣裳脑袋好看，望着居然旧人形儿。当日唐明皇，有咏傀儡的一首诗，倒也有趣，说道："刻木牵丝作老翁(内中有线，扯着嘴眼能动)，须眉气象与真同。些时舞罢寂无事，还似人生一梦中。"懂得诗句的看着，有多么可伤呀！

这一天我在门外闲站，见来了两个孩子，一个是西邻的大羊儿，一个是东邻的二羊儿。大羊儿拿着托偶人子，二羊儿抱着扳不倒，凑在一堆子玩耍，各人夸各人的玩艺人好。先是大羊说道："你这死眉瞪眼的扳不倒，实在没人爱他，看我这托偶人子，够有多么好哇，让他走就走，叫他抬手他就抬，凡人一举一动，他全能百依百随。虽然一个木人儿，能改扮许多模样，穿戴上纱帽红袍，他就算是位文官；顶盔披甲，居然又是位武将；有时梳上抓髻，还能充作女人呢！比你那没腿没胳膊的东西，不显着有用吗？"二羊撇着嘴说："嘿，别自卖自夸啦。你那玩艺儿，虽然听你摆弄，不过是奴才料子，不如我的扳不倒，倒像是很体面似的。"大羊问他怎么样，二羊儿说："你看那班秀才们，少年用功时候，成日际两脚不沾地，念文章得了意，身子前仰后合，左摇右晃，不像那扳不倒的。为了官长，不是坐轿，就是坐车，两条腿轻易用不着，见了上司，或是当面行礼，或是背地求情，一般弯弓身曲背。今年被了议，明年又开复，谁能把他扳倒呢？挣赚来的银子，全是为儿孙作马牛。小孩子见着他，能不喜欢吗？到了此时，可就称为不倒翁了。若论他人品，虽说没什么本领，要放在不平正地方儿，还要点点头儿，摇摇身子。不像你那托偶人儿，总是让人抚弄，放下就同死人一样，还敢跟我的玩艺儿比么？"几句话说的大羊儿急了，赶上前二人打在一处，把两般玩艺，摔碎在地，各自回家，告妈妈状去了。在下过去细细的一看，那个不倒翁，一腔子黄土泥，裹着些烂字纸；又看看托偶人子，衣裳当中，只有三根棍子。想起幼年的事，只过托偶台上一幅对联,十分可笑。记得是"穿几件衣裳,笑你空心称汉子;无一些血性,亏他有脸对男儿",哈哈,妙呀!

第371号第1至第2版

正乐学堂的宗旨

前些日子报上说,梨园要立正乐学堂,惟独开下处的司坊们,不准入学。这番用意,功德可实不小,并不是瞧不起司坊,正想着改变这个风俗,慢慢的没人再开下处。京师首善的地方,可就真有了文明气象了。全地球上,独中国有这个风俗,独中国北京的这个风俗最盛。提起司坊的来由,年代久远,也并非始自本朝,提倡这件事的人,可是本朝最热闹。

国初那班大文人,自命高雅,耗尽了精神,去作这种无益的事。后来的人,因为是名贤所好,都认成了诗酒风流,大家跟着学,人人都不以为怪。但是当年的司坊,却也不俗,受了些熏陶,也都知道些古今情势。

所可惜的是,专预备应酬文人墨客,绝没有讴歌变俗的思想。到后来越走越下流,就知道皮科笑话,哄老爷们的银钱了,这可就题不起来了。一般聪明子弟,落在这个场中,实在是可怜。

自从庚子乱后,京城的局面一变,乡会试的考客,上了河南,韩家潭的车马,立刻就非常冷落。如今更不必说了,再过几年,不用拦阻着,自然也就要消灭干净尽了罢。有正乐学堂一激动,真个的不知好歹,一定甘居下流么。所以说不准司坊们入学,这番用意,功德实在不小。若是误会错了,以为同是一样唱戏的,不应该这样瞧不起人,那只好各自干各自的事,科班和司坊,永远再合不到一块堆儿了。这么一误会,正乐学堂的好意,不给埋在土里了吗?

不准司坊入学堂,正是劝司坊改头换面,专以歌唱为本业,优伶两个字,也就不至于十分卑贱了。听说当司坊的,年纪大了,喉音一不好,马上就糟糕。年老无用的司坊,多半没有什么好收场,甚至有不忍说的事。苦海茫茫,再要改别的行业,可也就不容易了。

精忠庙的庙首，大家商量着，立定宗旨，只要现在不当司坊，同行子弟，都可入学。先教给他们普通知识，请热心开化的文人，选定相宜的课本，总算学点真本事。就是不能唱戏，还可以作别的营生。文理粗通，书算熟习，然后再精求音律，编撰歌词，必须暗关大局，唤醒愚人，才能够有益于人心世道。旧日的戏文，也很有感动人的，正不必全行删改。凡伤风败俗的戏文，暂时记出，等待演了成新戏，再把他慢慢裁撤。我们看起来，唱戏这件事，关系的可实在不小。今既恍然大悟，赶紧筹划办法，空口说改良，怎样改也不好，现已拟定禀稿，打算先呈递南府。奏定的学堂章程，本有音乐一门，论起理来，亦当禀请学务处。创办经费，就出在义务茶园，听戏的花钱，唱戏的白唱。大意如此，阅报诸君，莫把此事看轻，有此一举，北京的风俗，或者有改好的日子了。

第 421 号第 1 至第 2 版

请禁唱本

京城的讲报处，一天比一天多，真是开化最快的事。但凡兴办一件好事，必有一个仇敌。众位猜猜，讲报处的仇敌，是个什么物件呢？不说出没人想到，说了出来，马上就得查禁，也不是什么新鲜玩艺，就是满街上买的小唱本儿。

京城街面上，常常摆着唱本摊子，最容易勾引坏了人。如今要开民智，先得去掉这层阻力，看似不要紧，实在是讲报处的仇敌。这类的唱本，淫词滥语，年幼子弟，岂可入目。种类倒有好几百样，不但书摊小摊上买，就连打糖锣的，也都买这件东西。价钱又不大，每本只三两个钱，买去偷着看小小的本子，随意藏着也方便。这一方便不要紧，可能我国的青年害的苦，识字的看熟了，顺口开合，传到无知的耳朵里，一下子就给印在脑筋上，不但下等人学着唱，连小学生也要哼两声，风俗浅薄，未必不从这个祸根起。莫嫌我的话太古板，若要风俗改良，不把这种唱本断绝净，万万的不成功。现在立了巡警部了，害人的唱本，居然还是大摆着卖，外国的巡警规矩，不知道准也不准。凡最重大的祸害，必由细小事上起，莫说这种事无关紧要,大奸大恶,本不是天生来的,幼年志向不端,经不起匪语来摇动,何况邪词荡曲,廉耻毫无。满街上的无儿鬼,哪一个不会几句呢?菜市出差的时候,那种腔调,都从什么地方学来的呀?既要禁止唱本,先得从根子上禁起,打磨厂的小书铺,作这种买卖的很多,要叫他从今不买,就是让那班人先明白,骤然劝不醒,只好立重罚。这种出版自由(就是随便刻书),也惟有中国随便,一下手禁止的时候,专用王道,一定不从。不妨因钱财上动他们的心,刻版印刷的受重罚,摆摊贩卖的受轻罚。小书辅不卖唱本,不见得就关门。没了出版的地方,自然也就没人贩卖了。这件事情极好办,但愿工巡局,先出一张白话告示,把大意浅浅说明,一面子细访查,自不难剪草除根。街上的坏唱儿绝了声,不但年幼的不生邪心,就连老成人的耳朵里,也觉着干净多了。风俗从此厚,民格亦此高,迂腐之见,不知众位以为何如?

第 442 号第 1 版

戏本赶紧改良

戏本改良一事,报上说了好几回。戏班的行业虽低,那行也短不了热心人。当真出来几位热心的老板,打算办理这件事,一下子把戏本改良,实在比我们阅报处讲报所的效验还大。我实盼着早早办成,登台唱戏。本担着移换风俗的责任,按着中国古来说,立乐的本意,原为感化人心。就如《诗经》上三百五篇,句句全是古曲,都可以跟丝弦相合。正风俗,宣教化,最能感人。每岁年终,有采风俗的人传入宫中,通民间的疾苦。《诗经》上载着十五国的风俗,就是十五国的戏本。又考《汉书·礼乐志》,上边载着,有《房中歌》、《郊祀歌》、《大风歌》、《秋风歌》、《匏子歌》等类,这就是汉朝的戏本。至如魏晋隋唐各朝,凡那学士大夫,作的好诗好歌,都可以传到民间作为剧本。古来的诗就是曲,曲就是诗。

到了宋元朝以后,诗跟曲才分了家,这才有人作曲本戏本,后来又有了《西厢记》、《琵琶记》等类。最后变成了南腔北调,有南曲北曲的分别。北曲盛行直隶山西、陕西,南曲盛行在江苏、湖广。

自元朝以后，有些个贤人才子一时不得志，打算改变风俗，常作些曲本，传在民间，如汤玉茗作的《牡丹亭》、《临川四梦》，孔云亭作的《桃花扇》，蒋心余作的《冬青树》、《一片石》、《香祖楼》、《空谷香》、《临川梦》等类，把一时的人心，唤醒了不少。

蒋心余常说，天下的治乱兴衰，没有不起于俗夫凡妇之心的，俗子凡妇的心，都在平常耳所听目所见，才能感动他的心。感动的善，心就善；感动的恶，心就恶。是非邪正，都由耳目感动到心里去。日子一久了，风俗的邪心，可就现露出来了，朝政也就随着风俗变下去了。故此善治国的人，要先正风俗，要正风俗，先正曲本。曲本最容易感动俗子凡妇的耳目，一国的兴衰，全在乎于此。蒋君所说的，真算知本之言了。不但如此，大凡人的耳目，外面受的感动，要是守旧，心里一定守旧；感动的维新，心里一定维新；感动的爱国，心里一定爱国；感动的亡国无耻，心里一定亡国无耻。唱戏唱曲，真能改人的志气，如同蓝靛一般，专能染人的脑子。就如现在北京说吧，所唱的曲，都是淫词荡语；所演的戏，都是《海潮珠》、《卖胭脂》、《杀皮》等类的淫戏，又不肯唱完结果，怎想风俗不败坏呢？

当初法国被德国打败，割地赔款，国势艰难，也跟现在中国一样，打算办新政，又没有钱，想了一个法子：在巴黎京城盖了一坐戏台，由政府编成剧本，叫优人排演，登台唱戏。所演的戏，都是德法战争的事，法国如何打败仗，如何被杀流血，断头折臂。还有皇帝皇后，如何蒙尘逃走；巴黎城的人，如何受外人的毁害；各家老老少少，如何逃难，怎样死在炮火之下。种种的惨情，没有不被感动的，忽然放声大哭，忽然怒发冲冠，忽然追胸跳脚，忽然摩拳擦掌，老少男女，个个都咬牙切齿，怒目横眉，没有一个不想着雪国耻报国仇的。仗着剧本的力量，把本国人开通过来，朝廷才举办新政，所有的款项，都由民间凑集。那时人心醒悟，出钱的出钱，出力的出力，大家又凑国民捐，还清德国的赔款。不上三年的功夫，法国又照旧强起来，到如今又成了欧洲的强国。法国的强胜，戏本子的效验真真不少。

上海唱戏的汪笑侬,真是个英雄,从先本是票友出身,当初也是念书的,在上海唱戏,动了爱国的热心改良戏本,借此唤醒国民,真是第一奇功。所编的《党人碑》,暗演出中国的党祸,又如《苦旅行》一出,记犹太人亡国之苦。汪笑侬真是英雄,但愿京城立了正乐学堂,多出几位汪笑侬,把戏本子赶紧改良,也照法国似的,把甲午庚子的事故,编出戏来,演给众人听听,总得把国民爱国的心,给激发出来,然后再说办新政罢。

第490号第1至第2版

光绪三十二年(1906)

票友大动热心

女报馆主人,要替惠馨女士的学堂筹款,请梨园中人尽义务,已经禀准协巡营,借用湖广馆演戏。这个风声传出去,激动了子弟票友,听说有一处公余友集,愿尽义务,每月演戏三天,除去箱底座位的钱,开销开销苦伙计,除剩的款项,尽其所有,一律报效国民捐。足现中国人心不死,无论什么好事,没人提倡,满腔子热血,不知往哪里去倒,有女报馆这么一激,票友全都醒悟过来了。老学究管票友叫荒唐鬼,借走票尽国民义务,请问荒唐不荒唐?

第550号第3版

名优热心

名优崔德荣(灵芝)最喜演唱节烈戏,虽是装扮坤角,人品却很端正,毫无习气。现在天津演戏,听见玉成班创办励学会,大动热心。临期要由天津赶回,入会助善,并愿排演《女子爱国》戏文。此戏为梁巨川侍读所编,特送交崔德荣,等他排演熟习,必把原文登在报上,以便大家观看,大约在四月间可以出台。

第563号第3版

老爷带相工搅扰娼窑

有某某老爷(名姓不必露了),带着相工果湘菱(相工俗作像姑),在皮条营洪寓下处吃酒,伺候的不大如意,众老爷大发雷霆,把碗盏全都砸碎。所有的开销,分文不付(怕花钱,大可发脾气)。巡兵进门弹压,要往局里带,卫生局的委员,前来一看,喝,敢情就是某某老爷呀!老爷们气冲冲的说,砸碎的碗盏,值多少钱我们赔。委员吩咐娼家,不准开口(是),赔与不赔,只好随老爷的便。自从立了乐户妓捐,土混混倒很老实,真没想到,摔砸娼窑的,反出在衣冠中人。又带着相工在场,倒也真会取乐,为什么这样大煞风景呢?岂不是自寻苦恼么?如今立了济良所,可不是乱收妓女的地方。若趁着下处风头不顺,都想欺侮欺侮他们,也未免自待太轻了呢?

第 583 号第 3 版

《女子爱国戏》要出台了

改良戏文的话,报上说了几次,总没有办法。去年梁巨川侍读,编了一本《女子爱国》,总得用一个极好的青衫子,装扮漆室女。特把戏文送给义顺和名角崔德荣(灵芝),叫他排演,崔德荣又约同于永海,添了些情节。虽不免牵强浅俗,但能联合新政,让听戏的知道变法自强,爱国的心思自然就容易感动了,比白话告示的益处还大。四月底一准要唱,崔、于二人,有此热心,真算是梨园中的好角色。各国政法,凡说书唱戏的人,能够激动本国人的爱国心,巡警衙门,还要保护奖赏他们哪!

第 607 号第 3 版

新戏有日开演

义顺和班,新排《桑露战纪》、《女子爱国》,定准于二十五至二十八开演。梨园中人,能有国家思想,较比淫邪妖鬼等戏,相差万里,足见民智慢慢的要开了。改良风俗,戏曲所关甚大,此事真真可喜。

第 619 号第 4 版

又要唱义务戏了

李毓臣、乔荩臣,约会票友,要唱义务戏,定归十八、十九两天开演,已在总厅开禀,大约不致批不准。自从玉成班的老板办理勋学会,很是做脸。所以各票友感动热心,都要尽尽义务。各班名角,也愿帮忙。谭鑫培很愿出力,那两天的戏,必然又是不错,梨园中人,肯帮票出力,实在难得。将来改良戏曲,一定容易商量了。

这件事于社会上很有益，可是总得官场提倡，从此鼓舞起来，请看着罢，效验一定快，千万别把梨园人看轻，轻移风俗，全在梨园。

第 620 号第 3 版

广　告

请看初四、五，玉成班准演与《惠兴女士殉学》，每座加钱五百文，提出报效国民捐。并拟演说宗旨。（凡排演文明开化新戏，都可以呈请专利年限）

第 627 号第 5 版

广德楼演唱新戏

玉成班的田际云，上次办理勖学会，现编了一出新戏，就用惠兴女士的实事。那三天单卖女座，男子们全没听着。昨今两天，又在广德楼演唱，田际云很有思想，把戏文又加删改（本馆的意思，还得再往细里斟酌），并约请本馆主人，合张展云、王子贞两位，先登台演说宗旨。哈哈，京城的风气可真要大开啦！演说的时候，除了拍掌声音，台底下鸦雀无声，绝没有一人喧哗。等到戏一出台，人人点头称赞，比广和楼所唱的《女子爱国》，都差不多人人入神。好戏最容易感人，并且比什么都快，将来越编越多，把那些鬼怪淫邪的旧戏，慢慢的替换干净。你看看，开通风气，戏本的力量大不大啵！哈哈！

前两年的主张，如今算是办到了。

第 629 号第 3 版

戏台底下吊眼泪

演唱好戏，最足以感化人心。后人没有思想，所编各戏，与人全无益处。新编的惠兴女士，真情真景，很容易感动人。昨天在广德楼演唱，正面楼下有位学生，放声大哭，看他的神情，万分难过，如同碰了自己的心病，可又仿佛有痛快极了的意思。所盼望的事，一旦办成，乐极生悲，该应痛哭。浅俗的人，必说他是瞎担忧，哪里知道,只这一哭,便是热心爱国的真君子。可惜不知名姓,如不见弃,请来本馆一谈,盼望的很,盼望的很。

第630号第3版

学界人肯听新戏

广德楼所唱《惠兴女士》新戏,本打算并作两天唱完,因为时光太短,分作三天。这类戏最感人的地方,全在末本,最快心的地方,也全在末本。昨天的座儿,上半天不算多,到了下半天,学界人还是有来的,座儿也不少。可见平时无理的旧戏,引不动学界的眼光。这出戏文,入情入理(第二天戏文,还得修改),第三天唱的,一场也不可少,演到服毒递禀,祭堂陪灵,人人落泪。那位扮白习字的丑角,把阻挠学务的顽固党,描写的十分可恨。挨着骂来感化人,也煞费了一片苦心了。

第631号第4版

外城巡警总厅谕单

广德楼玉成班主知悉:该班排演《惠兴女士》新戏并延请士绅登基演说,一时观听者皆为之感泣动容。查改良戏曲寔足为政治上之助力,而于社会进步亦极有关系。该班主具此热诚,深堪嘉尚。除发给银牌一面,以示奖励外,为此发给谕单,张贴该园。嗣后该班仍当多排新戏,激发人民爱国思想,庶不负本厅提倡之心,而即以增长该园之声誉也。此谕。

第631号第6版

观 戏

呰 窳

我少年的时节,最喜欢看戏,但凡得点儿功夫,就要出城上戏园子。以为看戏这件事,比什么都乐,并不只听一听声音,看一看热闹,也不是闲着没事,瞎去散心。只为古往今来,那些人情世态,再遇好角色演出,事事如在眼前。俗语儿说的好,"耳闻不如目见”，当年观看正史，如同是过耳传言，听说一个出色的古人，作件惊人的事业，自恨生不同时，不能够瞻仰瞻仰他，一见角色装扮了出来，就合亲见过古人一样。戏本里层层关目，离合悲欢，也跟身临其境一般。再说旁人看戏，单往戏台上留神，我们这般傻人看戏，偏向戏台下注目，看到一个忠义的戏文，就要打量大众神情，怎样的敬爱？唱到一个奸邪的事，众人又是如何忿恨，虽则长不了学问，也可以明白些人情善恶。古人说：“世事洞明皆学问，人情练达即文章”，这两句名言，大概是从游戏中得来的呦！

不想这几年来，看戏的日子甚少，这又是因为什么呢？就从庚子年八月，联军进京，没有几天，众人正在九死一生，居然就要作起乐来了。单算我们西城，就有七八处卖戏的，那等街面上的混混儿，借着这回事生财，原本不足深责，得着抢着的朋友们，全想去寻点子快活，也还算是情理可恕，惟独那般当差作官的跟那般读书守礼的人，也是兴高采烈，同着朋友跑戏园。你要向他们打听打听，现上的大局如何，君父现在何处，反招得众位笑骂。说我们装模做样，演义出忧国忧民的神情，你看够多么讨厌呀！因此我们这班傻人，不但不忍看戏，连这件事也不忍打听。凡事越亲越近，越远越疏。直到和局定后，接连五六年，简直的没了这番高兴啦！除了亲友家喜爱，没有方法不去应酬，没事轻易不进戏馆。咳，提到人情分的应酬，更叫作无可如何了，前几天我有个至亲，给本宅老太太做寿，并且请的还是彩觞。那天因为我没有要紧事，又听说是个名班，还有外约的角色，又因主人款留，也就坐了半日半夜。演的都是什么戏呢？我也不大记得，只是因为这次看戏，我又长了一层见解，我且把这原故，说给诸位听听。（未完）

第 635 号第 1 版

观戏（续昨）

呰窳

那天从晌午到夜里，戏也唱了不少，白天的名角儿虽多，戏却不见得怎样好。夜间走了几个角色，这比白天反倒强了。诸位猜猜,这是什么原故呢?敢则后台里头,除去掌班的老板,还有个治戏的先生呢?这个治戏的先生呀,向来不出台,却是要紧的大角色,就跟政府里掌权的人一样,所有全班角色,都得归他一手承运。他要让谁唱的那一出,绝没有一个人不从的,这可是从先的老规矩。如今的名角,拿起调门子来,大半不能照规矩办。从前的治戏先生,第一是没有私心,待同行的不偏不向,合班大小角色,生旦净末丑,各人的本领,全都记得明白。某人装扮什么角色得神,某人跟某人配戏合式,哪一出应在前,哪一出当在后。假如一样的老生吧,也要分别出各人的身份,要唱《打金枝》、《取荥阳》等戏(“荥”从水,念邢,不是“荣”,荣从木)必得周春奎啊,许阴棠啊,唱的总能够对路数;要唱《寄子》和《朱砂痣》呀,又非得汪桂芬一派不可,独单唱《定军山》、《伐东吴》,可是谭鑫培的首戏。万一治戏的外行,给他们颠配的不顶对,硬派许处春奎去,黄忠可就要糟糕,再让汪桂芬唱《乌盆计》的鬼戏,那可就味同嚼蜡了(就如点灯的羊油蜡,拿来当作食物一般)。(汪桂芬唱了半生的戏,人人夸好,他本人却不知道戏的所以然,唱戏有改良风俗的责任,好角演唱效验更大。汪桂芬的志向,专显自己享唱的大名,有意做作,仿佛有多大学问似的,其实是个固执不通。)再要不是正经角色,勉强苦对付,虽是出名的好戏,唱了出来,还不如春天贴的画儿呢?这种戏有什么用处呀?比如好好一个《天水关》吧,不用老生、大净,却用花旦、小丑登场,叫罗百岁去孔明,杨小朵扮姜维,你看这戏好不好。该有多么难听呦!所以那天白日唱的戏,就因为治戏的有点力把,热闹到十分,也不免行家子见笑。呵呀!不怕唱戏的不红,就怕治戏的没拿手。治戏用人,尚得如此深心,讲到治国取人才,更应该怎样的慎重啊!

第636号第1版

戏曲改良的浅说

存　吴

近年以来,我国的事情,无论大小,都要改良,就是唱个戏曲,说改良的人,也就不少了。在下向来很爱听戏,凡是昆曲、二黄、梆子腔，并一切时调杂耍戏法，没有不爱听不爱看的。前次出洋，又看过几天外洋的新戏，回国再看咱们的戏，细细思想，多有不妥。又见《女报》上，登了一篇戏曲改良的演说，未免有些感动。特把我自己的意思，向改良戏曲的众位，说个大概，是与不是，还愿众位指教。

古人演戏，为是劝善惩恶，兴贤化愚。比方戏台上，演的是忠臣孝子、义夫烈妇，看戏的人觉得可歌可泣、可敬可爱，自然就想着学他；若演些奸盗邪淫的结果，看戏的觉得十分可恶，恨不得飞上台去，把他揪下来，饱打一顿，出一出怨气。谁肯再去学他呀！就是演几出顽笑戏，也不过偶然斗乐凑趣，打个哈哈。这些烦闷，却比不得掐头去尾的粉戏，看了会坏人的德性。古人这番演戏的心思，和看戏的感动，何尝不是一样用意，风俗人情，所关非浅，这就是演戏的好处了。

演来演去，慢慢地失了本意，不必有心去学奸盗邪淫，却把那忠臣孝子的行事，也看得不大新鲜。又有一种梨园人，只图取巧，把整整的一段戏，删去了许多，专演些风花雪月。前前后后，许多的收原结果，一概不题。什么《卖胭脂》、《遗翠花》、《海潮珠》、《关王庙》、《梅绛雪》、《杀皮》、《青云下书》，都做成了丑恶不堪。从那里开头从那里收尾，问谁都不知，总不过一个小生，一个花旦，在台上胡闹一场。遇着没出息的少年，破开喉咙叫好儿。但求讨好，因误传误，一字也不肯再改，从此花旦的声价极大，天天都演两出。有半点天理的人，遇着这种怪戏，真要羞煞，想着禁止，又没有这个权力。小学生看了这种戏，引动邪念，可算是误尽苍生了。这又是演戏的坏处（小学生看淫戏的坏处，前人已经说过，今不再说）。

这样讲来，淫戏自然是不该唱了。就是鬼神妖怪的戏，毛病也是不小，比如《蟠桃会》、《青石出》、《泗洲城》、《飞波岛》，一伙神仙，打一群妖怪，凭空捏造，毫无道理。这一类事情，大概除了戏台上，自古至今，没有个人亲眼见过，无凭无据，真不知从何说起。又有那某人点状元，必先得扮个魁星；某人遇难，必然有土地小鬼观音大士保护。更可怪的是，凡是包老爷的戏，没一出不闹鬼怪，没有一出能讲道理。但顾了恭维他为人正直,却忘了当时的事理,《双包案》、《五花洞》、《铡美案》、《乌盆计》,这几档子事,哪一件讲得出道理呀!真把个包老爷糟蹋得苦了,没智慧的人,自幼儿看惯了,不免信以为真,硬说世界上全是鬼神管事(庚子祸首的见解)。从此立身为人,穿衣吃饭,样样自己不能作主。把这一帮傻人,骗的好苦,以为魁星照在头上,不识字也中状元;命不该死,睁着眼跳井,也有鬼神搭救。伤风咳嗽,都说有鬼,更有一起蠢才,病了也不请大夫吃药调养,专信神方,仿佛自己嫌命长,死了以后,旁人不说误吃妖方,反说命该如此。糊涂人再看糊涂戏,再生再世,再也不会明白的了,所以说鬼神妖怪的戏,也千万不可再演。(未完)

第638号第1至第2版

戏曲改良的浅说(续昨)

存 吴

凡演戏文,在人情道理上,只要说得下去,不管是真是假,好好排演出来,必定够感动人心,总可以算是有益的新戏。头几天田际云演的《惠兴女士》,在下正在匆忙,只看了一段,虽比不上外国的新戏(外国新戏,重在说白,此时我国还不能学),在我国戏园中,也就算难得了。又义顺和班所演的《女子爱国》,可惜不曾往看,但听见说好的很多,看了这两天报上的戏文,实在不错,这样看起来,我国演戏的事业,已经是大有进步,国民的见识,也就不愁不开通了。总愿大众齐心,从头到尾,不可因妒生忌,胡乱的瞎挑剔(对梨园人说),更不可因有几个叫好儿,就以为作到了好处。并且不可误信谣言,怎么说误信谣言呢?请听在下细细的说来。

有一位某先生,向来极爱听戏,外带着会排戏,人人都称他是戏迷京游子。前天大众遇着先生,冒冒失失问他,先生何不排几出新戏,借戏点化点化人,于国家也很有益处,显了自己手段,又可以消磨岁月,免得空发牢骚。先生把眼一瞪,嘴一裂,摇了两下头,叹了一口气,说道:"我虽好排戏,却不懂什么叫作新戏,大概是小生出了台,说道'爱国小生是也',花旦出了台,也说'爱国花旦是也'

(因为《女子爱国》的新戏,故意讥讽)。这种酸戏,我实在不会排。我替田际云打算,他唱戏也罢,何必又想着立学堂?他的学生到底是念洋文呢,还是习算学的呢,或照旧是教戏曲呢?学生卒了业,还能升入大学堂吗?还可以得个一官半职,弄一个出身,改换改换门庭吗?岂不是梦中作梦了么?我又没有骗银牌的本事,却也不动这种傻念头(先生好大的阻力)。再说现时的汪桂芬、谭鑫培,可算得起超等名角,怎没再听他们改戏呀?可见这些无理取闹的事,都是出在无赖之辈。更有一件新闻,巡警厅要禁止粉戏,明明是夺花旦的饭碗(先生很能够提倡花旦)。什么叫整风俗咧,难道说风俗不正,全都是粉戏给教坏的吗?这也算是什么新政呀?"(先生敢是不通)先生说了这一大串,同座的没有一个人驳他(大约都会提倡花旦)。在下隔着一间屋子,听得到也清楚,要过去同他分辩,无奈一面不识,不便唐突。闷了两天,借着报说说,喝破了他的谣言,免得以假乱真,请阅报诸君,往公平里断断。(未完)

第 639 号第 1 至第 2 版

戏曲改良的浅说(继前)

存　吴

至于唱戏的立学堂,也得有高人指引。外国的人,无论贫富贵贱,到了七八岁,没一个不入学堂的。大概五年小学,五年中学,全都毕了业,也不过十七八岁。有志向上的,再入高等专门学校,或是有疾病,或是因家寒,再遇着大不幸的事故,不得自由,只好不入高等学堂了,以便自去谋生。其中连唱戏的也在内。我国把学字看得太重,真似读书有种,贫贱的人,仿佛就是应该愚蠢。读了半世书的,熬到中堂尚书,也只会做几句八股文。如今当真立了梨园学堂,梨园子弟也学点粗浅知识。行业是唱戏,身体总是国民,演戏有关风化。除了相工,并不卑贱。只要有国民思想,又何必求官阶出身呢?照先生那样说法,义顺和玉成班演的新戏,都变成官场谋保举的巧道儿了,那可就一文不值了。

演戏一道,有旧戏新戏正戏杂戏各样名目。汪桂芬、谭鑫培,本是旧戏的老行家,二人的派头本领,几乎没人继起。并且年纪都不小了,众人听他们的旧戏,已经听一个少一个,改良新戏,自然另有人提倡,也不必再去攀倒两位老角色。他二人虽不演新戏,戏曲不当改良的话,从来可没有说过。再说到花旦的声价,也是各人不同。外国演戏,有专演花旦的,有一人兼演花旦、老生、小生的,但是人家演的生旦戏,多半是为爱情,我们演的生旦戏,多半是淫邪,一样道路,两样走法。却又怪得谁来。若能大发思想,细细考究,我们旧有的好戏,该留的留,不好的戏,该减就减,一月改一两样,一年也就改出不少。总求没一个戏不文明,没一个角不体面。花旦的声价,比从前还许增高十倍呢?怎样会夺了他们的饭碗子呀!这件事情,必须有思想有学问的人提倡,无论什么事,只要加上学问,都可以有益社会。前些年年的票友,都说是荒唐,如今所办的事,何等文明,从此日求进步,比戏班子还要可贵。中国的新戏,若到了大功告成的日子,在下这一番话,可也不算白说了。到时候,也就知道戏的用处大了。(完)

第640号第2版

不是同志

匡学会演戏,是给贞文女学堂筹款,乐善义务戏会,也是为办公益事,脑子里头有了这个影子,可就生了一股子傻气。听见演戏二字,就以为要办公益事。沙窝门里头古柏隆安寺,本月十四日演戏,我们喜欢的了不得,心里想道:“必定觉先、道兴一类的和尚,演戏筹款,创办学堂。”唉,敢情不是那么回事呕。当时就有访友,前往那里查看,一进庙门,拧了勺子啦,实在不是个同志。香烟缭绕,声响如雷,助善的会首,高高兴兴,都在那里张罗佛事,原来是给吕祖找补生日,相传是四月十四,年例演戏。本年四月十四日,会首有事,没能演成,所以这天找补。佛爷的生日,过去就得了,为什么必要找补呢?说句痛快的罢,若不演戏,老和尚一年的过活儿,可就无处去筹啦!演戏筹款,跟我们的办法是一样,筹出来之后,用处就不同了。崇文门东南一带,缺少学堂,并不是没人提倡,实是没人拿钱,攒足了钱,供养花和尚,冤!(隆安寺和尚的历史,我们都访查明白,恐怕脏了报纸,所以不肯说。)

第 643 号第 3 至第 4 版

梨园仗义二则

十八十九两日,福寿堂演戏助善,梨园中人,除各尽义务外,还要格外助捐。谭鑫培两日都到,另捐二十元。陆华云带领姑苏长春小学堂学生,各尽义务,另捐三十元。请看看梨园中人,何等热心,此番结会,较比妙峰山东岳庙的善会。哪个有损?哪个有益?

义顺和班第二次演唱《女子爱国》,十九日所收戏价,从老班应得起,一直到打旗走场各等人,全都分文不取,一律报效国民捐。最难得是挣钱少的人,真有等着米下锅的。明白了大义,忍着饿都肯出钱,你说可敬不可敬?他们这吊儿八百多钱,比富贵人捐钱万几千差不多。

常老先生

十九日义顺和演《女子爱国》,台下坐着一老先生,一边听一边拍桌子。演到亡国民的苦处,老先生可就落下泪了,台上台下,也全都要落下泪来。班主约我们去演说,看得清清楚楚,散戏时候,把老先生请下楼,问明住址,原来先生姓常,永清县人,在干面胡同文宅教书,这位先生课读,无论合法不合法,一位是真热心。

第 645 号第 3 版

乐善义务戏会账目清单

十八、九两日卖票一千四百四十二元□毛,前后共捐五百三十二元五毛(内有彭翼仲捐五十一元四毛),共人一千九百七十四元六毛五,开除杂项:福寿堂二百三十元,后台票友车饭内行零用一百八十九元,恒义半价灯十七元,车钱二元六角,女值客老蛮二十二元四毛,送传单等五元,印刷票纸传单登告白四十四元四毛,共出五百一十二元四毛,除去开销净存一千四百六十二元二毛五。

一半七百三十一元一毛二分五捐济良所,一半七百三十一元一毛二分五暂存华丰锦银号,候申江学界回信再拨。

第650号第5版

坐腔戏不如扮演的力量大

东安市场,因噎废食,已经衰败不堪,忽有唱连(莲)花落的徐姓,出来改良曲本,要在市场上演唱《女子爱国》,三天不收钱。用意很好,就算借此做生意,也不必再来禁止,兴商的法子不一,一举两得的事,莫过于此。好戏曲的力量,实在是政治的大帮助,外城总厅给戏的谕单,早已就说明了。但是戏曲化人的地方,全在扮演神情,呆呆的坐着唱,听不清楚的人多,还是不中用,不如装扮起来,功效更大。内城总厅,一定也要提倡,何妨早早出一张谕单,奖励奖励他们,先赏后罚。

第651号第3至第4版

内廷演戏

每逢节年,内廷有照例的官戏。今年立夏以来,没见透雨。两宫十分焦心,所有端阳节的节戏,已经奉谕停止,前天得了雨,两宫非常欢喜,这才照旧演戏。

第662号第3版

遥吟俯唱戏会在昌平州演说

年年我们到昌平来,借着走局交友,并可以瞻仰瞻仰此地的风俗。昨天我们一进城,看见巡警也设了,学堂也立了,工艺局、阅报处也都有了,比去年已经大有进步,但有一样,官绅既是提倡,还得认真的去办理。不可专讲外貌,徒有其名。

自从庚子后,处处受外人的欺侮,其中也有个自然的道理。想要不受欺侮,不在兵战,先在学战,讲求学战,就得多立学堂。教育普及,自然转弱为强,那也就没人来欺侮了。还有一个原故,就是外债太多,还不清,遇事牵制,万也强不起来。如今要自强,先得清外债，清外债总得大家出力。常有糊涂人说“国家的债，与百姓无干”，岂不知国债就是民债，明着你不帮忙，加捐加税，暗中都得出钱，现在办理国民捐，所为是还清国债，快快的好自强，北京已有收捐处。诸位明白我的话，请去快上捐。

昨天我们初到，还听一件可喜的事，本处志士朱君，会同绅董，商量着要立女学堂，这是最要紧的事。小孩全仗母教，妇女要有学问，不但不能讲母教，还都把孩子给教坏了。什么麻虎子咧，老猫儿咧，全都是迷惑孩子的事。女学的好处，一时也说不尽，贵处的女学，果真立成，实是昌平州的大幸福。

今天我们唱戏演说，州官史大老爷，亦诸位神童，都来赞成，很是荣幸。不但与我们有光，足见贵处的风气，已经是大开了。会首还发了热心，拿出二十两银子，报效国民捐，托我们替他交。有了这个引线，以后认捐的，必然少不了，不便再说他借神佛敛钱。

我们戏会，今天要演《烈士投海》一出，这个戏很能够感动人。诸位一听，必然要叹惜潘烈士。既要叹惜，就当去学学烈士，可也不必投海，长个爱国的思想，就算学了烈士了。高丽人不知爱国，眼看就要灭亡。咱们再不知爱国，便跟高丽一样，也就要灭亡了。潘烈士投海，就为劝醒人家，千万别学高丽。国家灭亡，苦处太多，今天没有工夫，不能细说，大家听罢新戏，自然就明白了。

第669号第1版

好戏可听

中国人最迷信关帝，前天报上已说过。他老人家的为人，人人当学，谁知道相沿已久，就生出许多怪事来，以为给他老人家烧香，就能够升官发财。你看傻的有多么可怜。从先连官场，都禁止演唱关帝戏（这个原由，并不是迷信。当年天和馆卖戏，程长庚演《战长沙》，都老爷要座儿，没有闲地方，应酬的不好，因此大怒，不准再唱关帝戏）。既要叫人学他，就不应该禁止。玉成班约来的三麻子，专演唱关帝戏，总厅并不禁止，看起来中国的前途，实在有了指望了。凡开通风气,演戏的功效最大,感动多数人,非此不可。

第682号第4版

要排戏总得有学问

改良戏曲的事,梨园中人已经做到,但有一层难处,非从根子上做起不行。是什么难处呢?演唱戏文,若是没有点理想,总不能十分得神。理想都从学问得来,那可不是一说就成功的。今有乐善会的李毓臣,立了一个志愿:要在城外地方,租赁一处房子,招收幼年聪颖子弟,先教他们普通知识,于卫生、修身两门,格外认真。一面排演着新戏,若有资质最好的,便可教他学高等事业,不愿演戏,亦无不可。从中挑选出一班子弟来,叫他从学问中排出各样新戏,寻常俗套,一概不教。三五年后,必可自立一部,民情风俗,不难由此改良,这真是大有关系的事。

同上

正宗爱国报

《正宗爱国报》，日报，1906年(光绪三十二年)11月16日创刊于北京，1913年6月24日停刊。发起人王子贞、丁宝臣，主编李树年。该报鼓吹爱国图强，以启迪民智为宗旨。为了面向广大市民，除“宫门抄”等栏目外，一律用白话文。内容有演说，新闻等。报头偶尔登载戏曲演出广告。由于丁宝臣关注、揭露袁世凯的政治阴谋和行径，1913年(史称癸丑报灾)《正宗爱国报》被查封，丁宝成也被杀害。

吴新苗辑录、整理。

光绪三十四年(1908)

二老闲谈

伯岩

在下生性最懒,平日茶馆酒肆总不爱进去溜达。近日以来天气甚暖,正是花明柳媚的时候,在家无事,出城闲逛一回。走至白石桥茶馆,觉着很渴,也就随便进去歇息歇息。

只见先有二人,在里吃茶对坐。一年七十许,一年五十有零,一位外面很透着文明,一位很透俗气。只听七十许的说道:“我今天由某处走,那里是座学堂,听见学堂里边又是唱,又是吹笛(大概是风琴),这成甚么学堂的样子呀?可惜好多的银钱,养活着一班唱曲的学生,将久不知那里用去。我记得我小时候也念过书,上过学,别说在学房里,就是在家也是不准唱曲儿。一则恐怕散了心,又怕学不出好来,我今天听见这个声儿实在生气。”

那一位五十多的笑道:“老哥哥,你虽念过书,大概也念的不多,也许没有讲过。你想《诗经》不是古时候的曲儿吗?音乐在古时候最能开通风气,皆因声音感动人最快又最深呢!就说曲儿吧,听见可气的就要生气,听见好的也要跟他去学,听见可哭的也要流点子眼泪。小孩儿性情最喜活泼,听见甚么就要学甚么,音乐唱歌感动人最深。所以学堂里添音乐唱歌二门功课,作些个忠义激烈的曲子,教他先印入脑筋里,永不能忘,将来可以成一个国民的资格。现在我们中国人,人人要懂得音乐唱歌的好处,人人也就知道上进喽!这与人心社会实在有功呢。”

老些的又说:“曲儿既有这样好处,像那大街小巷,随随便便唱那些淫词艳曲,为甚么全没人管呢?”这个说道:“这事归民政部管。将久必要定个章程,再有唱那样曲儿的,重重的罚办。小孩听不见,可就好喽!”

老些的楞了半天,说是“原来如此吗?曲子既能这样,听戏更能感人物,怎么马上戏园子依旧胡演乱唱呀?并且带卖女座儿(可是外城),真有二十多的姑娘坐在爷们一块儿,男女不分呢!况且那般戏子们,能有几个君子呢?演唱粉戏,他是作出多少混帐神情。看见坐着姑娘们,喝!瞧吧,更要做的难看啦!还有池子里的座儿,听的高兴,扯开了嗓子,他是乱叫好儿。一边叫着好儿,一边向着女座儿上眼,招的局面的姑娘们,立刻满脸上绯红。那些外场的姑娘,没事人儿似的,还向戏台上嘻笑呢。这种坏事,怎么没人管他呢?”

五十多的叹了一声,说是:“咳!谁说不是呀!怎奈外城的地面,是向来没人认真的。盼着吧!盼着吧!听说咱们外城也要安设巡警啦,到了那会子总要有个振作吧。”二位老人说着说着,也就起身出去了,在下听着有理,今天写在纸上也算一篇演说。我看贵报的意思,原为移风易俗、维持社会,果肯登录,也是一件公益事情啊。

第 504 期第 1 版

演戏筹款

海甸戒烟所绅商黄祥等,在中营递禀:要在万兴茶社演戏六天,筹办戒烟经费。经该营转禀提署,还不知能否批准呢?

第 511 期第 4 版

触目警心

初二日本馆主人同《京话实报》主人谭佩庭君,在广和楼听戏。有一出最有趣味者,就是杨娃子、十三红、白牡丹唱的《兴汉图》。马武遣一星士,劝冯大官人一同上山起事,大官人不允。马武教星士卜卦,星士出了个伤天害理的主意,教马武杀一个路行人,将人头挂在冯姓门首,冯某怕打官司,自然就得一同上山入伙。马武一想有理,杀别人不免泄漏机关,即取剑将星士杀死,把人头挂在冯某门前。

戏文很长,不必细讲,内中的用意极深。星士既能替人算,自己有杀身的大祸怎么会算不出来呢?再者星士教马武杀一无辜的路行人,其心险不可问,不料反被马武杀死。恶人的结果,原来如此。听着!听着!

第514期第4版

茶园开市纪闻

文明茶园十八日开市,楼上楼下座位满堂。赛叫天(就是刘洪升)演唱《失街亭》,真与谭鑫培无异,听者莫不称快。最可恨(?)的是唱丑的大鼻子,合胡素仙、张彩林唱《双摇会》,这个大鼻子满口儿的新名词,把一夫二妇的丑态教他给形容尽了。说二奶奶文明,可上一段报,新界的朋友们听了他这个口气,无不击掌大笑。

男女分座,井井有条,惟戏台上时有闲人上台,这也算是该园办理不善。楼上茶役伺候妇女,应各发标牌一个,免得闲人混入。其应领标牌者,更宜用年长朴实的为合格(比我黑过五倍的更好),这都是该园掌的责任,千万留意才好。

第530期第3版

汇志文明茶园事

文明茶园,自复开以来生意很是茂盛。最奇怪的是唱胡子的刘鸿升,也会唱老旦,一时传为奇闻。

前者本报登载,楼上茶役宜各发标牌一个。现经该园,每人发了一个铜牌儿,上面刻明查票看楼等字样,足见该园日求进步了。

前者该园演唱《双摇会》、《拾玉镯》等戏,被《大同日报》指驳,议论正直,此二出虽不在警厅禁演之列,然眉目传情,究竟是无益。且《拾玉镯》不如《双摇会》。《双摇会》是劝人莫纳妾,别自己找麻烦,而《拾玉镯》内也是形容卖花婆之可恶,劝有家长之责者不可引三姑六婆入宅。以后再唱这类戏,在穿场上,稍加改良就是了。

杨小朵之玩笑旦,是天生来的媚气。上得台来,无论如何沉稳,总掩不住他那自然的女气,眼珠儿一转,真教人肉麻。说到玩笑旦中总算是数得着的了,要再能在警戒劝善上用用功夫,那就可称第一了。

自从《大同日报》登了文明茶园的事,街谈巷议,说是得罪了报馆。这种口气万万要不的,报纸一秉大公,难道说文明茶园遇有不善的地方儿,报纸就不得揭载了吗?

第 538 期第 4 版

我不想汪桂芬了

汪大头病故,令人听之难过,倘若是犯了戏迷,还怕无处过瘾去呢。二十六那天,文明茶园登有王凤卿《朱砂痣》,久闻他会学汪桂芬,管他像不像,我们前去听上一气。于是同了几位朋友进园入座,少时见王凤卿上来,扮像儿很好,作派也不错。听他开口一唱,嗳呀呀,颇有汪桂芬的意思。台下的大头迷,点头吮嘴儿的夸奖。王凤卿呀,你若是加意的研究,不惜气力,作好了后半辈儿的声价,将来还许有学王凤卿的呢。

第 567 期第 4 版

来　　函

爱国报馆台鉴:文明茶园售堂客包厢之票,上书戏价之外,有茶水钱铜元四十枚,并无别项花费字样。其所以定限制者,甚符文明之事实矣。乃本月二十六日,内子在东楼倒关二等包厢请客,看座人索去茶水钱四十枚之外,又索茶叶钱四枚,又索伙计零钱十枚,谓票上所书之四十枚,系照数交柜,看座人之生活,则赖向客座乞讨。该园既系如此,大可将“并无别项花费”六字注销,何苦自相矛盾?但图文明之外表,抑系看座人既领工钱,又复私行罗掘,局外人不得而知。但觉于文明二字,不甚相符耳。素仰贵报箴规商界,匡助文明。用将当日详情,函告台端望登诸来函一门,请该园主人一判,勿谓小事而不累大德也。此肃即颂!

宝臣仁兄箸安

愚弟董竹荪顿述

第 567 期第 4 版

花界赈济会之计划

广东水灾内廷拨帑赈济，现经有人递禀：请办花界赈济会。拟于二十六日起，在文明茶园开演三天，天津、上海亦将陆续开办，此事大可以照准。在此三日，特约各班校书，演唱词曲，所收票价统捐广东义赈。

第592期第4版

花界赈灾会改期

二十六日起，在文明茶园开办花界赈济会，演唱三天，所得票价统捐广东义赈一节，已登前报。听说警厅以二十六日为万寿圣节，二十七八两天是斋戒日，例应敬避，现已拟定改于七月初一至初三开演三天，听说总厅已经允准了。

第594期第3版

提倡花界赈灾会

七月初一至初三，在文明茶园举办赈灾会。花界发起人是山海班银福、阑馥班桂凤等校书，其涌泉班玉宝、钰泉班李二顺均乐为赞成。昨在陕西巷公兴当北边，见一人手拿黄纸报单，上面大书"本会特烦云香班天津新到甄桂宝、小双玉，演唱时调小曲、西皮二簧"等字样。昨据友人传说，德福班有一个校书，叫什么桂兰，会唱《烟具五更》。此曲以二人演，一唱一白，多系新名词，最能感化烟鬼。此刻小翠从了良，桂兰算是少了一个帮手。总而言之吧，广东水灾用款甚急，此等事虽近于风流报纸不得不提倡，因为一班善士大爷非花界不出血，最要紧的是开办的那几天不准叫好儿以重善举。

第595期第3版

汇志花界赈灾会

初一日文明茶园举办花界赈灾会。因是日阴雨连绵，座位虽未满堂，然而很是热闹。本馆同人前往调查，见每逢客位入堂，会员接待甚优,颇有文明气象。顷刻见云香班小香、双玉唱了一段大鼓,一段二簧。全友班玉花唱的是女《起解》,最奇怪的是涌泉班玉宝,专会学谭鑫培,唱了一段《空城计》,梨园刘洪升果有赛叫天儿之称,难道玉宝就叫不得赛鑫培啦吗?不过刘洪升有做派,玉宝的嗓音宏亮,同是学叫天儿的人,却是各有所长。

少时群花齐集,轮流演唱,诚一时之热闹。庆福班俊仙总揽义务大纲,亲自下台募捐,很有份儿傻热心。见人说话娇媚婉转,一班善士大爷颇动佛心。钢边站人儿不住的直往外迸。咳,俊仙衣服华丽,各善士都能这样慈悲。要是亲眼见着难民,慈心一动,还不大大的给上几个什么铜子儿吗?

所募的捐款,加以特别捐,共收了现洋六百余元,现银六十两,连卖票二百多块,统共不到一千元。这还是天气不好,若是好天儿,更不定怎么踊跃呢。

泉湘银翠、庆福俊仙、全友玉花、涌泉玉宝四个人把此举看成己事,始终一个劲儿的张罗,直应酬了前半夜,真是见义勇为。

宝臣按:灾区需款甚殷,花界赈灾一举,实是救急的妙法。警厅之允准,报纸之提倡均是出在不得已。各校书所唱的,除梆子、二簧,合大鼓之《昭君出塞》、《鸿雁捎书》、《转塔绕口令儿》之外,那一段不有伤风化呢?然而往听的人,必是大方不拘之士。就是不办此举,那些迷瞪大爷,也难免小班儿里来来。惟此等热闹,良家妇女,究竟不宜往观,若是听《点子跳槽》、《回头代跪门赔礼》合那《顶嘴儿》等等,与世道人心大有妨碍(就是有个人情份往,作家长的都应留心)。总而言之,广东水灾,净香港的花界就筹了两万块钱,想文明茶园这三天,果真始终天气晴和,一定是不可限量的了。

第 601 期第 4 版

续志花界赈灾会

初二日,本馆同人赴文明茶园参观赈灾情形,一切举动,与初一日相同。惟有钰泉班的李二顺,唱了一段二簧,一开口儿好像张毓庭,嗓音宏亮,很是盖场。

云香班甄桂宝，是日精神不爽，未能到场。山海班银福，因病在床，也未能前往，已托人将捐款送去。

泉湘班银翠，全友班玉花，庆福班俊仙，三个人争着下台募款，谁也不让谁。经会首从中调停，故于初二日，教他们三个人下来一同募捐。

泉湘班翠红，在这两天，自从开台起，非完了事不回班。那一天都唱好几个曲子，饭都顾不得吃了。此校书本是个团环脸儿，正在演唱之际，台下有一少年，指着此妓向旁人说道："你们看他好像笑而观。"听者莫不大笑。

这几天尽义务的校书，很多很多，该会会员果有清册，我们一定照登，以宣布各校书的善心，也算替难民鸣谢。昨天的情形，改天再登，你们诸位多虔诚啦。

第 602 期第 4 版

又志花界赈灾会

初三日本馆调查员赴文明茶园观览，特将所见情形列下：

是日客位满堂，很是热闹。此三日均有葆堂长登台演说，有毋是公捐金链子一份，想其意系令该会变价作为赈款，这也是提倡的意思。韵花别墅高，前者捐过百元，于初三日又加捐二百四十元，也算妓馆中的特色了。又有某西人在场，捐洋五元，外国人尚有如此热心，真令一毛不拔者愧。是日下台募捐的校书，还是那三个人。

又见全顺班香云、韵秋，松凤班鸿宝，均已到场张罗，同尽义务。要以年岁而论，花界敢不认香云为老前辈吗？可惜三老板挂冠归隐，怀春班金喜不日荣升，故台上之半老徐娘还不算见多呢。

全友玉花演唱梆子《女起解》，与五月仙不差分毫，就是爱乐，天津卫讲话"料"。这玉花前办江北花界赈灾会，在福寿堂演唱《富春楼》，金花扮小生，玉花扮玩笑旦，其行头作派与大戏无异。楼上一人，听的直了眼，从桌子上掉在了楼板上。那个人挨摔，就是玉花的功德。今在文明茶园演唱《女起解》，台下鼓掌如雷，均视为罕见。随有泉湘班银翠演唱《二进宫》,涌泉班玉宝演唱《洪洋洞》,台下一个劲儿的拍巴掌。嗳呀,只顾了傻拍,倒是疼不疼呀?(少管闲事,疼与不疼,碍着你啦吗?这这……是是……)至十一点钟,有全友玉花,涌泉玉宝,泉湘翠红,银翠等六个人合唱了一段《热客后悔》(糟),唱到“懒得懒得把家回”,每人净“懒得”唱了八个,共唱了四十八个“懒得”,所有捐过钱的善士,不算听玩艺儿,究竟是为救难民,详细情形,我们连日登入附张。别说所见的钱有限,要是各处竭力资助,难民算是沾了光了。话再说回来,这六个校书把《热客后悔》唱完,台上摇铃毕会,各善士一哄而散。巡警撤岗,还不定怎么难受呢?可是两条腿,园子伙友吹灯,完事大吉。

第603期第5版

观　戏

多泪生

鄙人有生以来不大喜欢看戏,偶然有个酬应不过随班唱诺,好似云过天空一般。可是常时听见人说,从来戏上的排场最能动人观感,能把离合悲欢、人情世态,千古兴衰胜负,全都萃于一时。鄙人听见这等说,向后可要留意戏曲喽。

恰巧前几天同着朋友去到茶园里看戏,才知道这话果然。我们初到戏园,时已过了未止,大略开戏以后已经唱过几出了(北京呼演戏为唱戏)。大家坐定后,一看台上,是出《天门走雪》。般演完毕(《京尘梦余录》书“扮”为“般”,书“妆”为“状”),场上换了出《采桑》(一名《马蹄金》,一名《戏妻》,又名《桑园会》)。照着这一出,比到正经书上,可有点大同小异。按说秋胡之妻罗氏,与罗敷却是两个人,秋胡之妻是创造蚕篆的罗夫人,不是戏传的罗敷女,戏传的罗敷,那是青陵台上作诗的。就照《情史》说吧(见于情烈类),鲁国秋胡,去往楚国求官,十年未见音信。其妻罗氏,在家里纺绩养亲。一日林间采桑,正遇见秋胡回里,夫妻别来日久,居然认成了路人。谁想秋胡不良,将罗氏百般调戏,后到家里相见,才知就是丈夫秋胡。罗氏忿恨难堪,夜间投江自尽了(二簧作自缢,梆子班作投江未死，却与本事稍合)。临去的时候，留下了一首七绝，诗上说道："君恩淡薄妾冰清，君赠黄金妾不应。倘若偶然通一语，半生谁信守青灯。"以上所说的，都是《桑园戏妻》的本末，你看这个鲁秋胡，作出来的把戏多么丧心病狂啊？自家求官，抛下老母于不顾，不亏罗氏采桑养蚕的孝养，还能母子团圆吗？及至衣锦荣归，他还有心猎女色，致使自家的妻子，死于鱼腹之中。可见读书的人，一步登高，就要倚势横行乡里，比到南天门的义仆，生生冻死路上，可就有若天渊喽。唉！请看作官的多么好的良心。

《戏妻》唱完，换了《探亲》的耍笑戏，这出虽是玩意儿，做得却很传神。你看那个乡下妈妈，怎样思念女儿，怎样前来探望，母女相见，妈妈怎么慰问，女儿怎样啼哭。旗婆斗牌回家，怎样趾高气扬，怎样傲慢无礼，后来怎样叨叨，怎样辱骂，怎样越说越闹，怎样打起了架来，招得看戏的人也有点头的，也有咂嘴的，也有拿着解闷的，也有代为不平的。唉呀！诸位瞧瞧，试想满汉结亲的这节，可真真不是容易事，你看前人造戏，不算警戒乡民吗？从来儿女姻亲，龃龉的甚多，和美的极少，再是门第各异、乡风各异、籍贯各异，能不对起冲突吗？轮到目今，打算旗汉联姻，固然也是融和一道，只是下等的人，依旧心存满汉，可就家家全唱《探亲》吧。咳！

第 691 期第 1—2 版

观　戏

多泪生

《戏妻》演完，换了一出《一捧雪》，旧名《温凉盏》，又名《搜杯》。若照故老相传，可跟戏文稍异，说是温凉盏，原叫温凉展，是帧名手的画图，本为莫氏家藏(是莫怀古，不是穆怀古)。轻易不肯给人看，因为汤勤是个著名的裱匠，裱过这件东西，这位莫老爷因爱汤勤机灵，将他荐入了严府。一日对着严东楼讲起字画，就把温凉展说出，若照汤勤的本心原本无甚们歹意，不过奉承严氏，好保莫老升官呀。莫老以假代真，自家很觉得意，乘着高兴，可就告诉汤勤啦。你想,汤勤一个小人,焉能有些涵养呢?心想好吗!好吗!我是为你讨俏,你怎们连我都冤呀!回去告诉严东楼,这才闹出《搜杯》的一出戏。至于莫老如何逃走,如何被逮,穆成如何代死(义仆却姓穆),雪姬如何行刺,皆跟戏曲上仿佛。若照看戏的意思,总替莫老叫屈,还望物归本主呢(玉杯)。再教明白人论事,这回的始末,不能单罪汤勤,内中可传的人就只一个穆成,一个雪艳,足可流芳百世。至于莫老的程度,不过是个宦场中的热人儿。你们想想,当初既荐汤勤,原为自家讨好儿,不过趋炎附势,好靠严府的冰山,汤勤献勤儿原是暗替莫老苟事,不想莫老既充东楼的走狗。可又舍不得本钱。才一升官,立刻飞扬浮燥,要能自爱还能交到汤勤吗?以致大祸临头,带累的全家遭难。可惜呦!可惜这等的义仆,这等的贞妾。前后两条性命,换下一个势利庸人,你看宦途中人,这种意外的风潮听着多们可怕呀!奉告政界中朋友,打算走门子,拉运动,打点权贵,先得小心着飞灾呀。

这出唱完,又是一出《八义记》(本戏名),可是捏头去尾,单唱《搜孤救孤》。嗳呀呀!照着这一出戏文,真能感得众人落泪,你看古人作事,那种作为、那种忠义、那种刚强勇猛,真能百折不回。你看一位杵臼,自家牺牲了本身;一位程婴,自家牺牲了爱子;若向事实上一想,总算报答自已私恩喽。不知保护忠良,原是世间的公理;乱臣贼子,更是人所当诛。这个屠岸贾(《左传》无此人名)既想谋害忠臣,已经是不合公理,况且赵宣子忠肝赤胆,是位国家的柱石。程、杵二君,既能保住孤儿,将来定能雪恨喽。从此下报私仇,上除民患,除了程婴、杵臼,谁有这等智谋呢?只是现今的人,能够杀身成仁的,实在不得多见。但望观戏的哥们,对着这种苦戏,动点子忠义感情吧!

第 692 期第 1—2 版

戏园对联

前门外肉市广和楼戏园,因楼房年久恐有危险,禀请拆盖一节,已志本报。现在园内虽未完工,门面已然修齐,在前门大街的胡同口(名广和楼小口)安设牌楼一座,并有对联一副:上联是"广沛纶音九年立宪",下联是"和鸣盛世万姓腾欢"。

第 704 期第 3 版

大鼻子行医

唱丑的赵仙舫,人皆称他为大鼻子,素擅岐黄。自从国遭大故,就专门行医。古人有句话说是"不为良相,便为良医",今之赵仙舫,唱不了《请医》,居然就行了医了。

第 721 期第 4 版

宣统元年(1909)

准演说白清唱

十六日,外城总厅传集各戏园掌柜等面谕:准其就各戏园内,试演说白清唱,不准敲打锣鼓、穿扮形头。嗳!梨园行的苦朋友们,这可有了活路儿了。

第 810 期第 2 版

开演说白清唱

总厅谕令各戏园准演说白清唱一节,两志本报。现经拟定自二十一日起,先由三庆园、燕喜堂两家试行开演,其余各家挨次递推,逐渐开演了。

第 813 期第 3 版

说 白 清 唱

驵 公

说白清唱,原是歌曲之中一门玩艺,并不是专为国服而设,平常日子也准其说唱(单口相声,时常带唱,用手拍腿,不加丝弦,那就是说白清唱)。按理说跟唱戏可差的远远了。早先五城地面,诸事全是大梨膏。国服之中本不应唱戏,只可说这不是戏,这是杂耍(彼时娼窑违禁,而开者自开),故此不在戏园子唱(天和馆、文昌馆、裕顺轩之类),贴小张报子,内容可简直的是戏。掩耳盗铃,令人可笑。以情理而论,体恤贫民,维持市面,大可以直呼直令的唱戏,不必那么遮遮掩掩。既要戴四方帽子,就愣不许民间唱戏,也未尝不可(唱戏的自己父母死了,也不免仍去作艺。看起来尊君恋主,很碍不着戏字相干。何况圣主切己饥己溺之怀,也不愿民间疾苦)。唱戏的既是食毛践土,这点挨饿的义务也说不上来不尽。以上这两层说法,反正得站住一头儿才是呀。那知这回所开的戏,还是以说白清唱为名。有这四个字的门槛儿一拦,总得比平常日子多少得差点样。龙套蟒靠、旗标纛伞、堂鼓大锣、全都不许动。请问挑出这么几样不许的,难得说这就算得了说白清唱吗?只怕不行吧。按说白清唱的规矩,是文场全不许动,锣鼓要得唱主儿本人嘴里打。有个头锣二锣的,还可以对付着照办,就怕遇见乱锤,那可真得憋死了。既不是这样,可又有许多的不许,这就叫以五十步笑百步。纱兄之臂不准,徐徐焉耳可以能成。请问大蟒大靠是行头,素褶(念学)子、箭袖、富贵衣就不是行头吗?要知戏之一道,非按着章程来不可。该戴帅盔的,万不可戴大叶巾(憨蠢)。就拿《铁笼山》说,大急急锋下,起硬四锤上姜维,非得扎靠抹脸不成(镇的住场子)。要按照如今的样儿,简直的上来个邓芝,岂不污蔑古人(戏迷)。打墙也是动土,动土也是打墙,既然体恤贫民,维持市面,何妨一律开放作一个整人情呢?要说是多少留个纪念,与平常日子稍示区别,殊不知这点区别在人心不在表面。我等同在覆载之内,谁能忘了雨露之恩哪?现在金棺奉移,那天已经停演一日,以志哀忱。从此不妨一切照常,免去说白清唱字样,以期名实相符(中国向无名实相符的事,何妨由梨园提倡一下子,也算是个义务)。如要说于理不顺、于心不忍,那就必须实行这说白清唱四个字,才足以折服人心。虽是折服人心,可又不免令租界笑人呀。

第 868 期第 1—2 版

唱戏的祭神

十七日,梨园子弟把上供的神像,由戏园子抬回戏班子下处上供,十八日在精忠庙阖行宴会,歇一天官工,于十九日把神像再抬到戏馆子,照常唱戏。一年热闹这们一回。

第 870 期第 4 版

照常开演

唱戏的钱金福,上到台上,不唱就直个倒好儿。十三那天因骂听戏的,经警厅传讯,罚了一十五块钱,以惩刁顽。十四日停演了一天,既于十五日照常开演了。

第 870 期第 4 版

献戏批驳

南西门外丰台造甲村药王庙,四月二十八日庙会,该处各村要在庙前献戏三天,经广安汛守府曾君禀请提署,现奉正堂朗贝勒批驳不准。

第 893 期第 3 版

女伶尚义

女伶金月梅,前天特将新排之刘元普《双生贵子》演唱一次,座位满堂。这出戏有声有色,颇为可观。各角色除金伶之外,如吕月樵、苏廷奎、李长山等,亦极出色。金伶扮演裴小姐,演到裴小姐之父被冤监毙后,裴小姐因无资棺殓到街募化时,情形甚为悲惨,观者多向台上扔洋钱共有二十元。金伶因甘省旱灾异常可惨,愿将所得赏洋二十元移作甘省赈捐,特令人在台柱上粘贴报条,上写"蒙诸位老爷共赏洋二十元,移作甘省赈捐,金月梅谨白"。观者多鼓掌,以示钦佩。并闻金伶尚拟择期特演义务戏一天,将所得戏资全数充赈,像这样女优,愧死须眉男子、纨绔少年不少。

第 935 期第 5 版

戏界特色

广德楼为改良新戏起见,特由西洋运到电光彩切,自初四日起每晚于义务夜戏时开演。有四大特色,略述于下:一、点缀风景,山川草木,楼台殿阁(如《桑园》、《寄子》之山川,《艳阳楼》之楼台)。二、变幻天时,风云雷雨,日月星辰(如《天雷报》之雷,《奇冤报》之雨)。三、行动人物,人之穿山越岭,跳江踏海(如《花蝴蝶》之踏海,《蜈蚣岭》之穿山)。四、假设禽兽,飞禽走兽,鼋鼍蛟龙(如《连环套》之行围,《金山寺》之水战)。以上各景,皆能用电光照出来,与真者无异,欲开眼界者,大可以前往参观。听说初四、初五、初六三天,是为甘肃赈灾筹款。

第 941 期第 3 版

演艺助赈预告

现有志士载阔亭、勋荩白、张愚如诸君:日前与平则门外阜成戏园商议,打算开演说白清唱,提款助捐甘赈。每位男座,提铜元二枚,女座提捐六枚,该园主人很是乐从。日内禀请提署,一俟批准,就要唱起活儿来了。

第 943 期第 4 版

义务戏志盛

广德楼夜戏,初四日起为甘肃赈灾筹款。俞老板同其子振亭,尽了三天义务,不取分文。其余各角儿,照常拿钱。初六那天,张毓庭演唱《捉放》,非常之好。刘景然、麻文子的《雪杯圆》,瑞德宝的《镇潭州》,朱素云、许荫棠的《御碑亭》,彩切新奇。惟所作的雨彩,由天井子上弄了把喷壶往下洒水,把戏台闹了个挺湿,谁也没看出是下雨来,未免多此一举。最可笑不过的,是迟子俊、姚佩秋的《探亲》,子俊梳上高冠儿,刚一上场,众人见之,哄堂大笑,都说他像个大了。九阵风儿的《泗州城》,这个武旦从三张桌子上翻跟头下来,轻飘无比。俞菊生、王长林的《连环套》,口白清朗,作派传神。俞老振的《金锁阵》,可惜迟月亭没露,众武行各献奇能,诚一时之盛。

第 946 期第 4 版

新戏将出现

本报刊登之《越南亡国惨》新戏,现经梨园俞振亭、瑞德宝、迟小亮儿等排演,唱老旦的麻文子也极力赞成,定于月内开演。现在该梨园等又续排演《绿牡丹》,加以电光彩切,必然是可观的了。

第 949 期第 4 版

观　剧

呰　窳

数日以前,同着一位友人,去看广德楼的夜戏。因为开场不久,脚色全没有到齐呢。后到第四出,才有小梅、刘景然,演了一场《铡美案》。照说这出戏曲虽则无理,可也不算是无情。当初编戏的人,必是满怀的不平,通通发于戏曲,意在世界间一班得新厌旧、倚势仗力、忘恩负义之辈,全得遇见包公,全得挨铡呢!要照梆子班儿搬演这出,成本唤作《琵琶记》(可跟昆腔《琵琶记》不同),多有先演《杀庙》,接连《柳林池》,随后才到这出的。演到陈世美、包龙图(即是包孝肃)彼此闹起冲突来,台上颇觉热闹。连那公主、太后,也都来到了南衙,要替驸马分争。那位公主一见驸马的前妻,做出多般丑态,比到二簧班子里还能俚鄙好多哩。气得包公“哇呀”“哇呀”的,在台上东颠西跑,要将“先打官司后上朝”这句一直达到目的哩(凡有权贵犯法,审员执定了先打官司后上朝,何愁是非不明)。你想包公当初实任的官职,无非是个龙图阁学士(太宗初年,内廷特建此阁,供奉太祖的御容,收存生前御用之物,特设执阁学士一员,不过同三品而已),那有这般权力,能请驸马入铡吗?况且公主、太后亲自讲情,包爷公然抵制,好像古今的官府,没有这种奇人吧。可有一说,我们中国的世界,这种黑暗昏沉,苦在没有阎罗、包老。假若包公尚在,单说官场中的朋友,不知铡过几千啦。常见作官的人,正在困苦之时,单以妻子为命,虽有患难的朋友,到底没有结发的情深。一朝富贵起来,就当报答昔日呀。怎么而今大老官,一朝发迹,竟会宠妾灭妻呢?还有外貌谦和,心上无关痛痒,恨不得元配一死,他好续位势利夫人,得位可靠的泰山,连他儿子女孩都能置于度外,比上负义杀妻的陈世美,狼心狗肺同是一样居心呀。岂不该铡?岂不该铡?

记者幼年间见过一位汉员,在宣武门外住家,是个南省人,宅中姬妾很多，房屋也很阔大。在他房后，另有一处小院，落内有矮屋二间，住着一位六旬开外的老妪。宅中的下人，俱以黑太太称呼。听见人说，这位黑太太，就是本宅老爷的元配。当初这位老爷，未曾中式的时候，受过太太的深恩。后来初登仕版，就与夫人反了目，凡人气到了极处，自然言语不平喽，因此太太说“你既这种无情，我又何须守礼呀！莫如将我休掉，情愿老守空门，当个带发儿尼姑”。呵呵！谁想这个口风，正合老爷之意，不容再说，就把太太推出大门。恰好有个尼庵，旧与宅中来往，相隔尚不很远，这位太太雇了一辆车子，来寻庵里的住持。尼姑将话听完，便知道此事不妥，赶忙随着太太，亲身送回了本宅。彼时尚未起更，老爷已把宅门关闭，只教门公传话，说有甚么事情，明早再说吧。太太无法，只得同着尼姑回庙，将就坐了一夜。次日又上宅里，人家居然不认糟糠了。后来请出亲友，以及同乡官，议之许久许久，这位老爷无法，才把太太收回了本宅，当作一个闲人儿，讲明不算是夫人。诸位瞧瞧，这位老爷的心机，更比陈世美还毒，更比陈世美还恶。现今这种朋友们，若要遇见包孝肃，恐怕铡不胜铡呦。哼，太多喽！

第 966 期第 1—2 版

《孝 感 天》

呰 窳

北京演戏，专唱单出，轻易不唱本戏。这个创始，大略兴在前明，彼时的天子要察外间的风气人情，特命词臣编出各种杂戏，也有本戏摘演的，故而兴出《缀白裘》的一编。搬演之法，台上每换一出，柱上先悬大旗两面，上写这一出的名目，然后作乐登场。那时这个排场，名为过锦。至于唱的腔调，非昆非弋，牌名唤作“玉娥儿”(大略就是玉娥郎)。尝见前明宫词上说“苑内水嬉金傀儡，殿头过锦玉芙蓉”，就是过锦的单出(“水嬉”早见《京话日报》，搬不倒的演说)。

传到近年，越发割裂戏本啦。常在旧有单出儿以内，又要只演一场两场的(如《捉放》不唱头尾一类)，有些看戏的青年，往往不知所以,跟那旌善惩恶的宗旨,可就不大相合了。鄙人有位朋友新近看戏,听了一出《孝感天》,心里颇觉纳闷。向我问道"若照这出戏的本事,怎们以此为名呢?想那共叔段不只不守臣节,还是陷亲于不义,难道身死为鬼,去给其母见梦,就算孝能感天吗?拟的不伦啰!"

鄙人答道:"阁下听着:当初这出《孝感天》,原是接连四本,问其实际,就是全本《郑伯克段于鄢》。那时脚色齐全的,第一该数三庆喽。向用老谭老板般姜后(《京尘杂录》等篇,写'妆扮'为'状般',下皆仿此),卢云峰般郑伯,程长庚状颖考叔,徐小湘般共叔段,陆小芬原唱正旦,故般叔段之妻。从打庄姜请京唱起,直到隧而相见为止,至于事实本末,也可警醒痴人啰!"

照着《左传》上说,庄公寤生惊姜氏,注解多不一样。若按大略说呢,这位庄姜的程度不过是个女界中庸人,因为生产庄公的时候吓了自己一惊,就要憎嫌其子,这种愚见,大概也是迷信使然吧。庄公宠弟为非,自然不是为兄之道,要照彼时的家务,必有极大的为难呢。后来共叔段贪心不足,公然兴兵造反,那位夫人庄姜,甘心作为内应,岂不成了逆子的功臣吗?乃至所谋不成,爱子惧罪奔逃(戏上说是自刎,郑庄即说糊口四方,想必不是寻死),也就难见长子之面啦。弄得骨肉乖离,娘不成娘,子不成子,弟兄之间种种的罪案,岂非偏憎偏爱酿成的吗?照着戏场上,叔段入梦的这场,可也不为无理,足见这种人,害的儿子身败名裂,他还盼儿子升天哩。后来庄公,若要不亏颖考叔,到死不知省悟。就说战国的时代,天下焉有无母之国呀,常见中国的妇人,生得孩儿一多,总要偏疼少子,还是哪个不能长进,他偏爱如宝珠。在他想着,那个儿子无能,更得多疼一点啦。假若无能的就嫌,有能的就爱,那时空知后悔,不过做个第二位的庄姜(何止第二)。奉劝做娘的,疼爱儿子女孩们,全要和平相待,须知鞠部中,搬演《孝感天》的这出戏,专以考叔为名呕。

第 978 期第 1—2 版

伶人热心

前几天，东安市场吉祥茶园，为内城总厅戒烟会筹款，唱了三天庆胜和班义务夜戏。该班主刘庆隆，有新排成的学生庆福、庆朋、庆永、庆海、庆来等五人，所演戏剧，均能作工人妙，韵调清新，嗓音异常洪亮。虽然是新出来的角色，技艺很是可人，实为伶界后起之俊，将来在舞台上必占最优等的地位。尤难得的是，这五个人三天所得的份儿，共洋二十二元，该班主全数捐入内城自治会了，如此热心，实在可敬！

第 1006 号第 4 版

梨园行拟融合长圆桌面儿（录《北京新报》）

知非子

梨园行内一向分两种，有长桌面儿、圆桌面儿的分别。长桌面儿，就是科班的底子；圆桌面儿，就是司房出身，因为司房向来除唱戏之外，赶条子卖酒，以致闹得梨园行不能为正当营业。其实要把这当子去了，岂不是金匾大□号的买卖生意。外带着无论甚么买卖，大半也没他们卖的流水大。算算九城的戏铺，每天下多儿钱哪！查早年司房，专指乡会试，冤南边老，而今科举一停，不过徒有其名。而且优伶娼妓之讥，嘈杂聒耳。我想与其有名无实，徒贻笑柄，何妨就改改良呢？

日前见《爱国报》上登有老佩一段演说，其中立意很好，听说梨园中人亦多赞成。无如专讲立下处的这伙人们，习染已深，不但不懂知羞，还误认为正当营业，恨不得子孙相继，永远别出这个范围。回忆当初《京话日报》上，曾提议此事，因为说的太严，所以未能办成（原文说凡系司房出身，不得入乐正学堂。而今果要办理此事，不妨宽其既往，无论早年圆桌面儿不圆桌面儿，但论现在是否卖酒赶条子。只要不赶条子不卖酒，应与科班儿一律。要有赶条子卖酒的事，即便公家不限制，大家均不得认他为梨园行。既非梨园行，即按《爱国报》所说，一概不准他登台唱戏。而此项行业公家是否能容，自有一定权衡，从此洗去千百年之耻，与后日增无限之荣誉,我不禁拭目以待之)。抑更有所盼者,如现在德春堂杨,怡云堂王,已都改之有日啦(德春改皖北,怡云改为太原),并且辞去伙计,闭门度日,除去唱戏之外他事概不预闻。目下只有韵秀、云和、渠华、赵寓、锡庆、安华、景善、景云、倩云、□云、鸿德、绚春、国春、国兴、并王惠芳之□□,均在应酬之列。如果要办,先得去掉表面上的形式,如有甘心愿为下流者,只可另为一行,不与梨园子弟为伍,一举两得,诚为万不可缓之图。或者说怕起冲突,我们敢赠一言:决不要紧。天地间的事,万没个任人甘居下流的,说到那儿去,创办人也不能没理。我想公家还许帮个忙儿呢。敬告在事诸君,快快的办吧,畏首畏尾的慢慢儿商量可怕不行。如有众议,本报愿向《爱国报》极力赞助,果能达到目的,亦不枉终日嚷嚷改良风俗。

第 1083 号第 1 版

孙菊仙控告下天仙

天津日本租界下天仙戏园,系著名混混儿孙三、谢仲五二人所开。于今年八月初旬,因为抵制大观新舞台,特由上海邀请老乡亲孙菊仙,来津演唱,言明每月酬送四千五百圆。老乡亲登台后,每日早晚必上五六千座儿,包厢六圆加一吊、池子六角加一百,由八月初旬唱至十月底。孙、谢二人很赚了几个钱,不料黑心利太重,故意勒措,不给孙菊仙钱使。结至十月底,共欠孙菊仙万圆上下(该园惯吃罗获〈天津土语〉,每出大价钱邀请名角,以拆他园之台,迨至登台后,又装穷说赔,不正经给钱。仍不准该名角上他园去唱,如名角应他人之聘,孙某、谢某等非群殴,即告状)。

前几天,谢仲五勒令孙菊仙唱《托兆》、《碰碑》,孙菊仙勉强应命,并未唱碰死的后段儿,谢某大为不悦,并声言如某园敢邀孙菊仙,就跟他拼命。次日即约集土棍多人,意将动武。孙菊仙见势不佳,即将上海某领事给他的信函,投递天津某领事署,某领事即派巡捕将下天仙谢仲五等抓送总局。转送审判厅讯办(老供奉孙菊仙,热心公益,每遇唱筹赈捐,无不竭力赞成。在上海时颇为某领事所敬重,此次来津,上海某领事特与一函,嘱其到津投递,必格外关照。孙菊仙到津后,并未露这封信,今因被欺太甚,始行投递)。

第1095号第5版

观剧

呰窳

记者十数年以前,也是极有戏瘾,从打庚子二十六年以后,轻易不进戏园啦(这是因懒之故,并非忧国忧民,省得招人齿冷)。几天儿里头,有位戏迷先生约我去看义务夜戏。且说广德楼的戏报子上,晚间准演《絮阁》哩(《长生殿》的一出)。于是乎我们两个一同去到戏园,看了半宵的说白清唱,及至《絮阁》这出演过,我就兴尽而归了。咳!想起先前,凡是注重四箴堂的(即程长庚老板,一字玉山),自然喜听三庆喽,凡听三庆,必然久占广德(彼时戏班,都有一定的转儿,惟独广德楼每月准演三转儿三庆)。那年大老板(即程)排出几个科班的学生,单唱两出昆戏(一文一武),那时陈德琳就是正旦,陆杏林即是正生。人家既经名师,觉着件件出人头地,就如《絮阁》咧、《刺虎》咧、《瑶台》咧、《出塞》咧、以至《三拉》、《诧美》等戏,皆足倾倒一时。今天这出《絮阁》,一陆一陈,依旧还是当年的生旦,可是一班梨园子弟,已竟星移物换、云散风流(何止梨园子弟白发新)。从前呢,就说各等名优也都有个梨园的程度,即或是出玩笑小戏儿,也得按步就班(如《小上坟》一类,都用幼童扮演,没见十七八岁的贴旦还能这种肉麻),再如司房相姑(实是相公二字,今且从俗)也都能知自爱,所以登场献技,另有一种风雅宜人。转眼二十余年,世风趋向越下,挤的这些花旦小丑,专拿淫贱哄人啦,求个明白戏理的名伶都会不能多见(单说二黄班里,唱青衣的总算王瑶卿首屈一指,惜无贞静可观)。呵呵!那里晓得敢情要访后来之秀,不必专向徽班儿呦。

前人说过:凡是秦腔各出,俱都无情无理;高腔作戏,又都有理无情;惟独题到昆腔,便说情理兼尽。其实这般含糊其辞的泛论,也不过似是而非。其实梆子班里,也有极正极文的好戏,不只尽情尽理(不止于近),还是真能感化人心。记者前于初五的白天,偶向三庆茶园观戏,正遇崔灵芝老板□□□(钦敬他,故称老板)扮演一出《忠义侠》,真像戏台上头,走出一位忠肝义胆的烈妇。看他怎的□□□□,怎的泣别盟嫂,怎的多情,怎的猛烈,后来怎的杀身取义,处处神情逼真。咳,可惜,可惜短刀□刺严年,并未即时削首。假若座间有酒,记者也就浮一大白喽。唉!真是名优!真是名优!彼时楼上楼下,所有看戏的多人,俱都有分庄重之色,仿佛侠女在上,大家羞得无地自容似的。座中也有点头的,也有击掌的,也有恨得咬牙切齿的,还有几位潸潸泪下呢。即便无知无识,也都连声喝彩不绝(不是因为色艺好)。才知崔灵芝,实是梨园佳子弟,可称有一无二的脚色,就是陈德琳的《刺虎》,也当甘拜下风哩。我想梆子班的戏,似乎这种绝妙好辞,未必没有几本。奉劝崔老板,多多搜出几出警人的旧戏,才能有益人心,才能移风易俗。

第1096号第1—2版

宣统二年(1910)

菊部神仙

哉庵

如今二次提倡国民捐,正在大家开议哪。只是如此的非常大事,不能即时解决。常言道得好:“事缓则圆,必定有个功成缘满”,又道“苦心人,天不负”,“有志者,事竟成”,只看人的心思毅力如何呦。照我想着,马上极大的问题,先有两件疑难大事。所难呢,就是团结天下的团体;所疑呢,就是调察各省的银根。团体不成,难定事先的民志;不问银根多少,难卜事后的结局。譬如割股疗疾,不能不算儿孙的愚孝,若要因伤致死,不是反伤父母之心吗?故说发起以前,非得通盘研究不可,考查考查,我们国债了清之后,还有多少的民财,要还可以支持,自然以速为妙喽。假若我们银根有限,可就大费周折了(或可定出年限,先后几期偿清)。

从来好事难成,坏在官民不能一气。而今既作此等大事,先得上下联合,若是轻忽了百姓,单从政界里提倡,惟恐行止近乎压制。若是单从小民,不欲大人先生们过问,也恐政界怀疑。我们中国数千余年,何尝官民合体呀,假若官自为官,士自为士,百姓自为百姓,依然还是画饼充饥。只是融合官民,先得去了范围之见,还得一班急公好义的名士作为大众的鼓吹。可有一节,所谓志士达人,不是必要文字班中的名士,只要此人知名于世,就能感动多人呀。

释氏谈禅,每每现身说法,敢情真能登坛讲法的,还有菊部的孙君哪。孙君大名学年,原是一位梨园前辈,当年曾充供奉之选。谁人不重菊仙呢?从打庚子年前,许久未在京师一见,如今来到京里,原来大有深心哩。先是孙供奉居在上海多年,并不止于逢场作戏,每逢办理公益,番番全是见义勇为(近年倡办义举共有九次)。日前先到天津,原为题倡国民捐款,而今来到首善之地,能不感悟多人吗。唉！闻说菊仙少年曾任军官,定是一个刚强的男子,既投营伍必有忠心爱国,继而既是不恋功名,必定有种高超之见。如今既以国债为重,也就想见其人了。据说前明,凡是一个著名的梨园即可充当供奉,那班朝中大老俱都拱手称作神仙。其实呢,彼时那些梨园,不过仗着歌舞声技得意。众人这种称呼之法,未免名实不符。何以菊仙？意在借着优孟衣冠感动士民的忠义,试看这等合群、这等好义、这等现身说法,不算一个鞠部的神仙吗？诚然不愧菊仙,不愧菊仙。

第 1114 号第 1—2 版

老不歇心

孙菊仙自到津后,该处人皆以老乡亲呼之。昨接津友报告,天仙茶园因欠下孙某的款,两造弄了罗络纲,打了官司。所有赴南省提倡国债会的人,均系自备资斧,孙菊仙有随身的武艺,自然是到那儿吃那儿。原打算把款追过来,到京小作勾留,即赴汉口,不料打了这些日子的官司这笔钱也没给。菊仙托付了商会某会员,如天仙茶园把此款交出,即捐入国债会。自到京后,各戏园出的报子,也以老乡亲呼之,未免令人费解。传闻北京某戏园,烦菊仙演唱十天,许送赴南的盘费现洋两千块。又据调查员报告,广德楼许菊仙每天一百五十元,均未应允。前在各戏园唱义务夜戏,平心而论,车马费无论多寡,应由园子出。各戏园仿照天津办法,每票加十二枚六枚不等,这几天的工夫,统共不过四百余元,足够盘费了。京津各报,所以赞扬老乡亲者,不是为唱戏,是因其演说有益时局。梨园于转移风俗之效力最大,真得多出这类口才好的人(赵仙舫有大望),况又出在年近七十岁人的口,更属难得。今晚在天乐园演戏筹款,更有金秀山帮忙,男女分座,诸君去听戏,所出的票价,实以一半疼顾了孤儿。明日老乡亲起程,今晚还受半宵的累。这本《四进士》,少说得唱三小时,真算是老不歇心。

第 1122 号第 4 版

观剧难

冷眼人

在下是个北京人，出了几年的外，新近进了京，各处一看，敢则与先大不相同啊。不但街市整齐，还是通衢全有马路。那些铺面呀，衙署哇，以至酒家茶社，也都焕然一新，并且西式的极多。本月初八，正在前门买些东西，可巧遇着一位旧友，死乞白赖约我去到文明茶园看戏。且说今天准演《失街亭》，是出刘鸿升的首戏，还有俞振亭的《艳阳楼》，不可不去听听。在下想吧，既称文明茶园，必定布置的不错喽，并且看看京师的班子比较上海怎样。

及至一进园门，先上柜房儿买票，约我的那一位，可就强（抢）先付了票钱啦。在下想着：已经付了戏钱，必定有人接待喽。设或人要上满了，柜上绝不接钱呀。呵呵！真没料着，我们一进堂门，敢情已竟高朋满座啦（这个满字，须得重读）。外带云山雾罩，对面认不出人来。我这同人，高声喊了半天，公然没有人理，幸而人家不兴叫喊，才算走过一位带腿的人来。就从正面楼下支到下场，又在下场盘旋了半天从新支到正面，闹了一个口干舌燥，这才支到了上场。及至楞了一回，依旧没有人管。我这同人急的大呼小叫，才算有人答了腔啦。就将一张条桌上的座儿，均了一均，居然露出两个桌尾儿（尾念蚁），我们勉强一试，喝！倒有七成跨空，教他搬个凳儿来吧，他说柜上没有堂谕哪（这话虽未出口，可是真有这种意思，喝，官事官办）。你要当真不坐，只好自家请出吧咧，爱听不听。

猛一抬头，这才看见后面高凳啦。上面所坐的人数，敢情绝不甚多呦。内中还有两位富翁盘膝而坐（因有猞猁马褥子之故），就在那位老翁的肩下，再坐两位，也能绰绰有余。我们一问看座儿的爷们（不好称呼大人），人家好像就要翻脸，说是“他哪（他念贪）这个座儿上，还有三位没来哪。”抬头望着二位问道：“是不是，您哪？我的老爷（丑），哈哈。”不料二位富翁，人家颇明公理，于是待理不理的答道：“啊，我们这里没有别人哪。你们该卖的时候，只管去卖，不必胡拉混扯拿着我们支桩啊。”说得看座的闭口无言，这才勉强认可。我们两个人能够不被驱逐，实仗人家富翁之德。工夫不

大,就在我们面前居然加了两条短凳。又听看座的说道:“下不为例,这是我们柜上的熟人儿,别人不行呕。”(讨教了)

呵呵!照着这种不公,原是一件寻常小事,就说卖座儿的无礼,也算市井俗人。惟独这处文明的柜房,未免惹人费解,怎们既然卖满啦,还能伸手接钱呢?在下又想:先年各省候补的人员到处都是拥挤不动,那些各省大吏也未奏请暂停分发,如同人已上齐,依然卖票儿一样,就说破格加凳子,不过意在位置私人吧咧。从打奉旨停捐,实在是条朝廷善政,如不然,再过三年五载,可不成了文明茶园吗?前者听见人说,马上财政支绌,又得筹办地方新政等。有位封疆大吏,还要奏请开捐哪。只恐此话不真吧。阿弥陀佛!但愿此话不真!向后还可澄清宦海,若是当道的大僚,真有此意,何不看看文明茶园哪。呵呵!乱说,乱说!

这篇演说虽谐,颇有寓意。惟言“再过三年五载,可不成了文明茶园的两句,未免眼光小些。”

呰窳添足

第1130号第1—2版

戏义

呰窳

近来戏场的演说,已经屡见各报。至于前人编戏,都是怎们一个用意,却还没有什么发明。惟有在《先女报》上说(不是荫棠先生的演说,就是竹荪先生的大作):从来戏曲虽粗,全都隐藏褒贬之义,不论秦腔昆乱,大约没有无理的戏文。这话诚然。只是编戏的用意虽深,观戏的未定全懂,若要稍一误会,可就走入傍门啦。今天记者且先摘出浅近的几出戏来,讲讲前人的妙义,所为观戏的众位,不可负了作者的苦心呀。

本月初七,看了半宵夜戏,演的是全本《四进士》。这回故事,据说出在前明,词曲虽不高明,思想却还不错。戏中铮铮的铁汉,单只宋世杰一人了。最妙不过,当初四位进士公赴任以先,曾经对天发誓,大家约定“必作清廉公正的好官”。谁知初入仕途,登时就得变卦，后来怎的应情，怎的受贿，怎的伤天害理，还能出于本心吗？不过因事所逼，将有不得不然之势，轮到妇人的毒口，越发颠倒是非啦。大凡居官的人，不却母亲姊姊之情，不能不算孝子悌弟。假若见理不真，单只懂得顺者为孝，岂不愚的可怜？这位宋先生，既肯弃吏为商，必定有副忠肝烈胆。若不看出公门的坏处，能够扔了美差吗？你想，一位年老的书吏先生，但能改行（行念杭），就会行出这般高义，拼出自家老命，终能除暴安良。再看四位文官，拿着一个科甲出身，反倒冤屈节妇。比较宋老先生的程度，还不有若天渊吗？编戏的意思，说是凡人善恶贤愚，不拘为官为吏皆有。试看四位科甲，何如一位书吏先生啊？

轮到一本《铡判官》，正跟这出相反。意思是将世间的书吏，比作阴府的判官（判官也是唐代的官名，不是真出地府。因为佛书盛于唐代，故谓阴曹也有此官。再如唐朝天下分为十道，故有十道轮回之说，余可推类）。总共十殿阎罗，也难除了判官之弊，不如鬼中隶役，反倒有点子公心哩。再看柳金蝉，遭此奇冤，公然打在阴山背后。倘或始终不逢包老，焉能再见青天。这个判官，较此四位进士之心，越发阴险的可怕。如果书吏作弊，更比官府坑人哩。照我想着，从来世间官府营私，一位巡按就能平反（巡抚一官，前明旧有。凡是新科进士，皆可派充此差。出巡以先，赐一御史虚衔，回京可以补授。所有督抚藩臬等，皆以钦差对待，单巡北直一省的事件，谓之八府巡按）。轮到阴间书吏舞弊，这可非得包老不行啊。这出本戏，未定出于何时，可足一警贪官，一警污吏，不可看成无理取闹。但愿看戏的人，除去野蛮，除去迷信，除去花稍热闹，才能体会作者深心。

第1131号第1—2版

新戏旧戏

乐　三

鄙人是个懒人，轻易不去观剧。近阅贵报，某位先生的佳作，曾有官场戏场的演说，又有呰窳先生，也曾说过几回观戏。因此大悟道:想来这般戏场的好处,我们不可不知呦。向后得了工夫,倒要留心认认戏理,也许在那怡情之际,心里默有所得哩。恰巧前天晚间,天乐茶园,扮演各种改良新戏,又说这个脚色,乃是上海初到的名优呢(即是钟声)。于是鄙人,约了两位行家,都是深通戏中的诀窍,于是我们整整看了半夜,总算耳目一新喽,较比从前戏场,可是别有一般风味。今天我且粗枝大叶,叙给阅报的听听。

要讲新旧戏场,各自有难有易,至于戏中一切的作用,也是各有所长。先以旧戏说吧,不论梆子、二黄、昆腔、弋腔,以至各种乱弹(现以二黄为乱弹,其实不确。就像《探亲》、《湖船》、《小荣归》、《打樱桃》一类,各有一般腔调,才是真正乱弹),全能各树一帜(如同各成一队似的)。可是戏中的宗旨,总要处处发人感情,即如某一出、某一句,内中要个腔儿,都要关着戏中节目。一切喜、怒、哀、惧,半从声韵腔调中传神。再说武戏呢,那不一个筋斗小翻,也得暗合一义(或生或死,或胜或败),不是只要能够卖艺,就能当个武行(念杭)。班子打戏的时候,一众学生却也难得其选,所有声音咧、口齿咧、身段咧、模样儿咧,以至聪明体质,处处全得合格。及至排出戏来,也怕未必出色,还得凭他自家思想,才能赚个名优。比上新戏,不歌不舞的排场,好像难的太甚哪。别问是谁,至少没有十年八载,不能倾倒了一时。

再拿新戏说吧,专重科白,如同一张会动的图画。惟有各人的神彩,全得状的到家(状念妆)。要教外行一瞧,仿佛倒很容易喽,不知个中的优胜,却比旧戏尤难哩。旧戏呢,只要是个伶俐少年,就能入班学戏,不用知书识字,也能当个名优。新戏呢,第一人品要高,不可带出市间的俗态,还得深明事理,方能出于自然。那些举止笑言,不能拘泥成法,不像旧戏,那怕一颦一笑,处处都是刻版的文章。犹有一节,旧戏脚色不齐,不过分个好坏而已,就便一个极乏的乏货,也能了完啦这出。新戏既说改良,必得登峰造极才好。你想,既无笙簧、又无弦索,再要一些长处不见,不像木偶泥胎吗?

哈哈。今天说起戏来,我可有点肆言无忌。我想新戏旧戏,可比新旧各等衙门。旧的呢，不分老少贤愚，大概都能滥竽充数；新的呢，没有点子精神才力，那可难保砸锅呀。可有一件，那般陈腐衙门，事事都得循守旧章，全要千年不改。这般官府，就连贪赃受贿，营私枉法，也得守着前辈的型仪，虽则不能有功，可也轻易不能惹祸。轮到维新官界，假若没个豪杰志士，无非白白换点子皮毛吧咧。统通一说，真要是个上等名优，旧戏何尝不好哇；若是一个寻常戏子，新戏也不出奇。咳！就在台上得人呀。

第1138号第1—2版

看演《铁公鸡》

呰窳

本月十七，有人约我去看夜戏。恰遇台上演的，正是三本儿《铁公鸡》。按说这出戏，不只场面整严，串插的也好，立意也还不错。我们少年朋友看见，也能添些尚武的精神。但有一节：场中排演的事实，未免有些失考（即如陈国瑞军门，出世时却在此事之后）。至于胜负得失，邪正忠奸的大势，却还皆有可凭哩。

彼时旁边座上，坐着三位少年，年纪全有三旬内外，一概衣冠举止，都狠透着文明。内中一位白面少年，忽的微微一笑，遂又摇着身子叹道："唉。我看这种无理取闹，能说不是野蛮吗？你想这般人，当时性命相争，自然说是出兵打仗喽。就说张嘉祥，一个有勇无谋的猛汉，也要百世流芳，岂不可笑可怜！照我一说，从先中国那些战场，不过群架斗殴一样呦。就连三代以下算起，谁还临过大敌吗？呵呵！而今见浅的人，提起当年收复金陵，大家说的眉飞色舞，又是甚们彭刚直咧、曾文正咧、湘军咧、淮军咧，以至一班中兴名将，好似压倒了五洲一般。再说我们华人用兵，何尝懂得保种排外呀。总然杀人如麻，血流漂杵，自家认成神功圣武，无非自灭种族吧咧。人家西国，那宗伟绩丰功，真可行遍环球大陆。再想我们从前的战事，真真一文不值！一文不值！哼哼！"

座上一位清狂少年，连说："这话有理，这话一些儿不错。老兄这篇言论，真是世间闻所未闻的（未必）。"一位方面少年，垂着首、颦着眉,像是不甚认可,遂说:"两位老哥的卓识,只怕不大折衷吧。我想西人,马上那些海军陆军,自然威行天下喽。要讲一百年前,未曾征收波兰、印度的时代,何尝不算同类相杀呀?何尝不是自残种族哇?试想西人,不论何等强国,不过比我中国的一省之大。我们二十一处行省,即如人家二十一处国都。比方说吧,当年普法交兵,固然称作两国失好啦,若照实际上一讲,不像我们两省的百姓相争吗?再想拿破仑,那等一个盖世英雄,可谓穷兵黩武,不遗一点儿余力啦。你要问他战征之处,何尝不是欧地白人呀?总然名震全欧,也是自己征服同类,比到中国的南省,好像大不许多吧?"

"直到华盛顿保全美洲,才是一件惊人的世业,只是共着英国开仗,依然彼此全是白人。轮到英人征服印度,法人吞并安南,才算跟随外人征战。故说百余年前的战事,好似与我黄种无别。我们中国当年克复南京,自然算是征剿土匪,可是彼时粤匪,那种声势权力,可也甚于前代的敌国。朝廷既要翦恶安良,不算自残同类,难道那些凶魔恶熬(谓长发贼)还算王者之师不成?"

彼时三位少年,虽是低言,记者听得极真极切。再向台上一望,已经演过三出啦。于是辞别同人,彼此兴尽而返。到家以后,即将这篇谈判当作今天的演说。我想向来文士的结习,若在先,年个个总要轻今重古,轮到而今的议论又要处处反对前人。据我想着,凡人论起成败得失,只要认定是非公理说话,不可轻中重外,更不可以是古非今。轮到看戏听书,尽可学他忠义勇敢之气,不该执着一偏之见,学成纸上谈兵呕。

第 1157 号第 1—2 版

来了个武生

听戏这件事,本是逸情悦目、活泼心思的乐趣。近来风俗日坏,玩笑戏人人儿爱听,不信去看小马五儿每逢上了场,必要站在台口,用右手小拇指剔牙,向台下一要神儿。满堂的客座,真能如疯若狂,奇声怪气的叫好儿,不亚赛过老猫。弄段儿时调小曲儿,唱至“到晚来手拉你们谁的手儿”就唱在“你们”两个字上,用手往下一指,再看那些迷瞪大爷,你要问他们贵姓,还怕答不上来呢。姚佩秋之一笑,王惠芳之一摇头,敢情就拿百八十吊,真令人不解。要讲振起人的精神,还是得说武生。广德楼义务夜戏,来了个薛凤池,就是个唱武生的,听说他扎着靠能打旋风脚,内行人都传为奇谈。众位戏迷大将,何不前去瞻仰瞻仰呢。

第 1181 号第 4 版

谭鑫培之演戏

谭老板鑫培,于二十日赴津。二十一日晚,在凤鸣茶园同金秀山演唱《失街亭》。前往受罪者约三千余人,非常拥挤,顶可怪者,靠楼窗楼房上头都卖满了座儿。鑫培唱的时候,鸦雀无声。小谭五儿演唱《朱砂痣》,满堂乱乱哄哄,齐声喝采,正好儿很多,倒好儿也不少。蹭蹭之声,如同排演洋枪队。小谭迷了头,也是无可如何。这要是在中和园,他早就向台下骂上了。二十二日鑫培演唱《洪洋洞》,客位满堂,足见津埠之繁盛了。

第 1189 号第 5 版

天津的谭迷更多

二十一日晚,凤鸣茶园特烦谭鑫培演唱《失街亭》带《斩马谡》;二十二日《洪洋洞》,由《盗骨》起。二十三日《当锏卖马》,客座没有头一天上的多,虽不十分拥挤,那老大的戏园竟至满了堂。楼上官堂客随便坐坐,楼下男女混杂,惟池子内不卖女座。二十四日晚更是热闹的了不得,那天演的戏是花想容、童子红的《南天门》,祁彩芬的《摇钱树》,奎云峰、王少奎的《天水关》,董月山的《挑华车》,谭小培的《摘缨会》,孙喜云、德俊如的《岳家庄》,花翠芬的《双摇会》。这个翠芬虽是个女孩,扮演粉戏,居然丑态百出。谭鑫培、金麻子的《奇冤报》带《公堂》,谭叫天儿年岁已老,实不如从前,座位远一点,焉能听得见,只好伸着脖子探着脑袋去听。好在鑫培此次赴津,就打算唱四天,果能天天儿如此,您要下了天津卫,在街上看去,真要见了一街的长脖儿,那都是听小叫天儿听的。

第 1190 号第 5 版

惨无人理

西安茶园庆胜和班,住在西四牌楼广济寺西廊下。学戏的小孩儿,大半是七八岁至十一二岁不等,除登台演戏外,终日在庙排演。最难不过的是,地下铺短被一床,教几岁的小孩儿,在被上翻无数的跟头,一个落在被外,这顿毒打不死也得脱层皮,直视生命如儿戏。上月某日有个几岁的小孩儿,不愿学戏,私自跑至前门外西车站,打算搭车逃命,不料车尚未开就教那些野蛮找到,从车站揪回。这一下子差一点儿没打死,并将这孩子锁在一条长板凳上,行走坐卧叫他时刻背着,小孩儿终日啼哭。现已一个多月了,刻下形容枯焦,好像活鬼,这条小命儿恐怕难保了。望该管地面干预干预罢,别教他们惨无人理,残害同胞啦。

第 1192 号第 4 版

梨园行踪

谭鑫培已于二十五日由津回京,刘鸿升不日赴上海。白文奎现在天津,德不妥刻在上海,这两个戏子,都有来京的信息。

第 1192 号第 4 版

内城夜戏难禁

右翼翼长吉兰亭君,日前禀请禁止内城夜戏一节,已志前报。当由提署咨商民政部酌办。现经该部咨覆提署,据称内城禁止夜戏,实有碍难之处等语,朗贝勒已饬司员将原文存案备查了。据此说来,内城各戏园夜戏,踢踢实实的唱,好热闹儿的官堂客,放心大胆的听罢。

第 1213 号第 3 版

提倡蹦蹦戏的请看

左安门外羊坊村，日前演唱蹦蹦儿戏（又名半班儿戏）。原定是唱五天，唱到第四天上，就起了风潮。因为该班戏子某甲与某村的某姓妇，也不是怎么定的约，竟自演了一出《蓝桥会》的活剧。被本村人查知，又闹了一出《棒打鸳鸯》，打完了还要送官究。办经首事人出来调处，等唱完了五天再说。不料是日晚晌，该班戏子们全行逃之夭夭了。提倡蹦蹦戏的听着，爱看蹦蹦戏的妇女们更得听着。

第 1215 号第 5 版

风 俗 之 害

北京干果行，日前在顺治门外皮库营太原馆演唱行戏，叫作什么"恭庆五神"。是日天明亮跟十三红演的是《翠屏山》，作的那份儿厌气，别题多难看啦（想来五神之内，必有爱看那种现像的）。众位老西西如颠似狂，粗了脖子红了筋的大声叫好（留神醋糟）。忽听正面楼底下，有些妇女们也叫开了好儿啦，原来都是听蹭戏的（那道心肠）。又听上场门有个叫好儿的，声音极长，还外带着来回的勾儿，大家一看，敢情是位警爷，还胯（挎）着腰刀哪（累兵）。嗳！简直的这出戏，把大家伙儿闹得都忘其所以啦。这样看来，淫戏之关系风化，诚然是不小呕。望有正俗之责者，别净糊弄事啦。当真的整饬整饬罢。

第 1218 号第 5 版

开演《义仆记》新戏

去年腊月，本报附张所登庄言录《义仆》一段小说，现经天津女角儿金月梅把那件事故由子排了一出新戏，名叫《义仆记》。于二十四日晚晌，在下天仙戏园第一次开演。金月梅扮赃官的儿子高嘉拜之妻，苏廷奎扮义仆高禄，串场作派都很好，形容的活像真事一般，演到极悲极痛的节目，看戏人落泪的很多。这出戏，可以儆赃官、可以戒败子，还能激励世人尚义的心，真可称为有益于世道人心的改良新戏。研究这出戏的人,无不夸奖金月梅、苏廷奎,更赞美编辑这段《义仆》小说的耀臣先生。诸位可要听明白了,排戏的跟编书的,可不是一个人,月梅是月梅,耀臣可是耀臣。

第1222号第5版

活曹操断烟身死

唱架子花脸的黄润甫(就是黄三),腔调儿、作工儿都与别人不同,也算是自成一派。演三国戏扮曹操尤为特色,真能把奸权丑恶态度形容的到家,故有“活曹操”之美誉。从前三庆班程长庚老板都佩服的了不得,足见玩艺儿不含糊喽。奈有一节,别瞧这样的好角色,要论挣上钱哪,比个二路子花旦还少的多多。近因禁烟令严,鸦片非常之贵,用度上大不了局,一狠心立志忌烟。不料年老气亏,竟于日前呜呼哀哉了。

第1245号第4版

优伶愣敢骂人

刘鸿升此次回京,嗓音大不如前。二十四那天在文明茶园演唱《捉放》,正在拔尖子之际,嗓子一犯别扭,出了个旁岔儿。听戏的主儿,向来是不放这个过儿的,倒好儿可就堆上了。该伶老羞变怒,竟敢在台上大骂,叫倒好儿的也讨贱,谁也不答碴儿了。按中国优伶向在贱业之列,惟一班不肖官吏,藉结识若辈,为钻营运动之捷径。彼等遂忘其所以,恃宠生娇,肆行无忌,今该伶竟敢于大庭广众无理取闹,任意骂人。而正俗保安之巡警,也就那么听着不管,我不知戏馆子要巡警是干什么的(听蹭戏)!

第1337号第4版

反　串

呰　窳

数年前头,记者作过一篇演说,那个题目好像是《观剧》(不在《京话日报》就在《女报》),无非拿着梨园子弟比较现在的官场。内中曾说:凡为那些治戏的规则,先得分清了脚色(或为角色),还得知道某名脚色都在那出戏上擅长。即或非彼所长,也得能够将就了事。该用旦角的派旦,该用生角的派生,不能做丑的忽然扮上正生(当年刘赶三曾演《骂曹》,终为无理取闹),做旦的猛然改成花面,真要遇见这宗治戏,岂不埋没了名优吗?

呵呵!怪呀!马上文明茶园公然兴出这宗唱法,就以反串《八蜡庙》一剧,引得观者极多。单以表面上说,人人耳目更新,总算一出文明新戏喽,要是真讲本来的面目,不像花面胡骚吗(花面胡骚的演说,曾见当年《女报》)。本月初七,记者曾在文明茶园看过这出反串。呵呵!敢情真是作生的扮净,作丑的扮生啊,如同我们马上的时人,全讲矫揉造作。如今拣出几个著名的角色来,比比近日的名场。一是施公。虽是一个下等的边角,总得老生来扮,不料迟子俊——一个好点的小丑,竟能充充老生哩。头上呢居然戴上了乌纱,身上呢穿着簇新的红蟒,可是他那做官儿白口,究竟不甚文明,鼻间影影绰绰尚有些须的粉墨,嘴上歪歪拧拧挂着黑色长髯。比如一个无知的小人作了达官大老一样,就便到了腰金衣紫,也有驵侩的原形呢。再要有些群小逢迎,立刻露出贼头鼠脑,难道当今之世,真有这样小丑临民吗?

一是费得功。要讲本人的资格,原是一个凶残的恶霸,怎么瑞德宝因为改充花面,竟会抛了武生本行啊?好似一个好好的人结交匪徒,忘了本来的面目,装出一种狰狞怪状好去欺侮良民呀。他那手下的同人俱都是些狐群狗党,捧得一个劣绅乡宦竟能无恶不为。咳!多么可怜哪!

一是小张妈,就用李七登场,却是花脸改充彩旦。一是费兴儿,用了景然抹脸,又是小丑强如老生。看这李寿山,七尺之躯,做出千娇百媚;看那刘景然,高视阔步,学成奴颜婢膝。李如武官,拿着一个赳赳武夫,竟会学成狐媚,日在他们上官的门下甘居妾婢之流。刘比文官,拿着一位道学先生,公然作人的走狗,常到权臣的宅里,当个胁肩谄笑之徒。一个失了作将的家风,一个失了为臣的本色,如此混来混去,将来还有正生、大净不成?哼!全得改行呕

(行念杭)。

再像老褚彪(朱桂芳),如同一个敷粉何郎,自充老成能事,口上乳腥犹在,他就留下了髭须(时兴)。又如张桂兰(范宝廷)如同一个强壮的后生,他□妆妖做怪,自为改头换面,好教悦者生怜。更像贺仁杰(冯金寿)如同一个四五十岁的男人,妄想为人儿女。还有金大力(陆杏林)如同毫无本领,装出一派尚武的精神。当初戏场,原本虚而不实,现在官场,更是假中生假。你看这宗改良的新戏,真能格外兴时哩。咳,别有所师呦。

第1338号第1—2版

为刘鸿升骂人事问警厅

刘鸿升骂人一事,本报已两志之,今仍未闻警厅有如何惩罚。是岂警厅诸公,尚未知有此事耶?则当日在场巡警岂无一言报告,藉曰巡警未曾报告,则本报两日之都门百话,警厅诸公即未尝一寓目耶?抑以本报所纪不实耶?则当日听戏之人甚多,众耳所共闻,众目所共见,舆论哗然,传为怪事。警厅诸公非尽聋瞶,必有所闻,况有巡警在场尤为可证。总之,此事警厅有应管之责,今刘鸿升可以当场骂人,以后则无人不可骂人。试问警厅:维持秩序保卫治安之责任何在?吾愿警厅诸公三复思之。(录《帝京新闻》)

第1340号第5版

为刘鸿升骂人事问文明茶园之戏迷

自二十四日刘鸿升骂人以后,本报已屡志其事。当时本以在场受骂诸君,皆洁身自爱之士绝不肯甘心受骂,贻辱先人。今有人报告,谓近日以来,唱者自唱,听者自听,惟自始至终,不闻再有倒好之声而已。诸君轻罗纨扇,依旧风流,已将当日受骂情形,掷之九霄云外。夫受人之骂而不知耻,被人之辱而以为荣,诸君可谓有容人之量矣。试问刘鸿升有何魔术,能使诸君迷信至此极也。诸君必以受骂为乐,则有口者尽能骂人,何必定受刘鸿升之骂而后快,此真百思不得其解者也。诸君三复吾言,当可恍然悟矣。(录

《帝京新闻》)

第 1341 号第 4 版

不叫好不上座

文明茶园刘洪升骂人一事，各报言之甚详，社会大生公愤，以致最恭维洪升之人，今以不敢则声。而座客日少一日，预计再过数日，文明茶园可以无人捧场。近日刘上台时，亦复无人叫好，刘则嗒然若丧，本不敢唱，又复不敢不唱。每一上台，除胡琴锣鼓外，寂无一声，观此亦足觇社会程度之高矣。论曰：不准叫倒好，即不上座，吾欲以此语告文明茶园，并以告之刘洪升。又曰：不准叫倒好戏，园无此条文，吾又告之刘洪升，汝不荒腔走板，又何倒好之有？汝思之，汝重思之，今则追悔无及矣。（录《中国报》）

第 1344 号第 5 版

孙 菊 仙

孙菊仙为剧界中久负盛名者也，前在申江，执东南剧界之牛耳。去冬来京，演唱数日，欢迎者甚多，一般戏迷，皆以不能久聆其音为憾。今又来京，搭班中和园，开演夜戏。自戏报一出，座即定满，园无隙也，则其人为社会所欢迎可知。昨晚演《浣纱计》、《鱼肠剑》，欢声雷动，闻者皆叹赏不置云。小乙曰：孙菊仙不过一伶人耳，能受社会之欢迎若此；彼地位胜于孙菊仙，价值重于孙菊仙，而为人所轻视鄙弃者，是直伶人之不若矣。又曰：孙菊仙固以唱戏得名者也，然挽近以来，提倡公益，乐善好施，大有古侠义之风。其登台演说，每以合群爱国为世人劝，以视衣冠中人不知合群爱国为何事者，其程度之高下，区以别矣。况其轻财好义，尤为官界中所少见，其受社会之欢迎宜也。（录《帝京新闻》）

第 1359 号第 5 版

义务戏志盛

钟声排演的新戏，仔细看去实有趣味。初四那天清客串，关、冯二君登台,楼上楼下不但满了堂,漾出足有四五百人。冯子昆扮一报馆主笔,其豪爽气概,出于自然。关天生扮一摧残舆论之道员,长衣大帽,倒像个活摆设儿。翎顶辉煌,势焰赫赫,歪着个脖儿带着遭恨的样子,看他形容出的那派恶习,平白就值一洋枪。其口白之爽利,作工之传神,令人观之通快,全堂喝彩鼓掌如雷。是日友人听戏回来,有人问他新戏如何,友人答道:"这出新戏,我忘了名称,就见关天生杀了冯子昆,后来钟声用洋枪又把关天生打死了。"(好丧气)闻者莫不大笑。

第 1405 号第 4 版

特排新戏

自《惠兴女士》、《女子爱国》两本新戏出现后,转眼好几年,没再编出什么新戏来。戏报子愣写改良,其实改在那里?良在那里?谁也不追求。昨见三庆园大书本月初九、初十两天,准演全本《混沌洲》,听说此戏是一位名士杜若洲君所编。杜君前曾嘱彭翼仲登报,翼仲又托梁巨川君增添情节词句。其中文武生旦俱全,多是爱国维新的道理。如今崔灵芝得了此本,初次排演,这可真是新戏。大概初九初十的三庆园,必有一番热闹。

第 1436 号第 5 版

新戏改期

三庆园排演新戏一节,已志本报。前天本馆访员前往调查,见三庆园门首戏报子旁边,另贴着两行大字,写的是"禀候总厅批下,再行择日开演"。细一打听,原来该戏班自初五日在总厅递禀,呈明排演《混沌洲》新戏,总厅即日将全本戏文调去阅看。至初八日,该班到厅领取戏本,据传谕说"俟拟妥批语,方能将原本交回"。因此初九、初十两天,未能演唱此戏,要知批语如何,且听下回分解。

第 1439 号第 5 版

宣统三年(1911)

名优讽世

冬月十六七日,三庆园演《混沌洲》新戏。唱花脸的于永海扮作贼人头目,说官兵怯于公战、勇于私斗,听者无不拍掌。又崔灵芝说:"中国人要自由婚姻,必得先将教育。受过教育的自出结婚,是有利无弊;不受过教育的自由结婚,是有弊无利。"诚为至当之言。似这等名优,能借唱戏讽劝世人,真算难得。听说该园今日又演此戏,是一天全本演完。

第 1459 号第 4 版

演戏筹款

内右三区自治会,因筹款建立各巷牌坊,定于十六、十七两天在天和茶园特约子弟票友演唱义务夜戏。

第 1489 号第 4 版

批准献戏

东直门外大望京村,众会首联名递禀,请于四月初七、初八、初九等日,在娘娘庙前献戏一节,已志本报。现经提署批准。转饬东直汛,届期派兵妥为弹压。

第 1565 号第 4 版

戏园闹事二则

大栅栏三庆园看座儿的某甲,因索要茶钱与客座刘某口角起来。刘某本是个山东人,不带有势力的样儿,某甲以为着是个侉苦胆,"怯杓、山倒亭、愣头葱、外路调儿、白帽盔儿、穷苦堂"(这套贫)于是乎损起活儿来。这个某甲越说越挂火儿,抓起一把茶壶,向听戏的刘某打去。真也作脸,只听吧叽的一声,再瞧刘某的脑袋,竟自成了花瓜。经总厅判令该戏园停演三日。刘姓经医诊治,因伤口内有瓷碴儿,故不易痊愈。其打人之某甲,不知如何发落。又粮食店中和园日前有禁卫军殴打巡警情事,经外总厅将该军人送交该管,从严惩办,闻已拘禁。

第 1579 号第 3 版

献 戏 批 准

南西门外丰台造甲村药王庙,年例于四月二十八日庙会,各村居民献戏三天。日前禀由广安汛呈报提署,现奉正堂乌提宪批准,并饬该汛,于是日派兵前往弹压。

第 1592 号第 3 版

戏园冲突二则

二十日午后一点多钟,中和园有太监三人在楼上强占官座卖座。人向前央告说:此座业经他人留定。该太监等登时大怒,蛮骂不休。经弹压巡警拦劝,该太监竟举起板凳,向巡警砍去。落于楼下,致将听戏的戴某头颅撞破,血流不止。当经该警鸣笛,将太监等带往外右一区去了。又二十一日下午六点多钟,外右一区巡警玉亮,在三庆园内弹压。有一某甲因为该巡警挡着他不得看,令其跟人大打巡警。巡警将他主仆揪至该园门外,打算鸣笛聚警。不料警笛吹不响,又被该主仆踢打了一顿。后有两个巡警赶到,才把该主仆带区。经该区讯问,始知某甲叫王养民,系姜桂题的司书生,仆人叫王孝文。一上堂的时候,叫王养民跪着听审,后来听说是姜军门的司书,生登时就请起来。因玉亮受伤甚重,只得判定拘留家人王孝文四天。把王养民当堂释放了。堂堂警区,连一个司书生都不敢办,当警官的也就太可怜了。

第 1619 号第 4 版

淫伶元元红游街

二十七日午前天津北马路非常热闹，闻系元元红游街。探其原因，系因东门内盐商姚旭东，于上年买妓女海银桂、李二顺为妾，先住南门外恒德里，后迁至南门内小双庙，二妾同居。有厨役李升与海银桂有私，暗令李升之父李中德将海银桂拐逃，于二十四日夜间逃出。并窃去金戒指五个、金镯子一付、金表一只，所有首饰共十七件。其外尚有衣服数件，当洋三十余元。由西头雇大车（价洋三圆），同赴静海县界唐官屯迤西二十余里张焦庄子李升之家。李升仍在小双庙佯作不知，帮同寻找，被人由厨房内李升之箱子内搜出海银桂之鞋袜腿带等件。当将李升送交探访局讯办，访拿海银桂。旋经探访局员侦知下落，于二十六日由张焦庄将海银桂及李中德拿获。起回原赃质讯，据李升供出：元元红在元升唱戏时，曾在南门外赁房一间，同海银桂住宿。由晚八点至十一点回家，海银桂送给元元红马褂金戒指等事。当经探访局将元元红获案讯实，元元红淫荡之事不一而足，实属有伤风化。于昨日饬队官督差押解元元红，并于元元红身上，用白纸书以淫伶元元红五字，游街示众，闻此案尚不了结云。

第 1624 号第 4 版

元元红游街续志

唱梆子老生的元元红，人极俊俏，那种长像儿，就带着个游街的样儿。其犯事之原由，已登昨天本报。今将续访情形，汇录于下：

元元红唱戏，作工极好，嗓音洪亮。天津风俗奢华，良家妇女不分昼夜，都讲戏园子走走，更有一般自由妇女不用男人跟随，任意的瞎闯。盐商姚旭东总算有几个钱，弄了两个姨奶奶，现在被债所逼，管押候讯。海银桂本是姚某的外家，时常听戏，所以这才现了世。元元红之淫荡外间颇有声气，青楼妓女不听元元红，简直的吃不下饭去。名妓孟金子等等，与之秘密，一般富绅阔少，因之醋海生波。大凡红角儿，比如有三个园子约，答应了一处，就须得罪两处,一日遇事,给他说好话的自然是不能多得的了。探访局审讯海银桂时,供认被仆人李升所拐,绝口不说与元元红相识。经李升一口咬定,是以添传该伶,并讯出海银桂有给元元红金镯子做衣裳等事,这才游街示众。

其游街之情形,系身穿湖色纱大褂儿,脖子上挂着锁练子,前后两块白布补子,上写"淫伶元元红"。这份儿行头,就从他唱戏以来,也没有这么扮过。二十七日午前,在北马路游街,至十一点回局,午后又戴上一顶洋草帽儿,经探访兵带出,向南市附近示众。刻闻该伶有判罚苦力之说。该伶初到探访局时,供认与银桂有染是实,并无勾串诱拐情事。咳!没有诱拐情事,若要真罚了苦力,可见也是恶贯满盈了。假如他是个穷苦堂,就算与银桂有染,也就提不到了。

[附该伶历史]按:该伶姓魏,名连升,河间人。数年前初至天津,工资不过十八元。后赴关东营口搭班,声名大噪,又复回津,每月即拿工银六百元。后与武伶赵黑灯赴上海,隶春桂茶园。其初赴上海,青楼各妓争相以巨金交接,邀其顾盼。名妓雷荫轩并雇健儿数十,伺其卸妆下台时,强掳至院中,甘心为之妾,并以积金数万双手奉献。该伶黄金美妾,兼而有之。后携雷赴营口,开凤鸣茶园。一日其车夫穿大红宁绸坎肩拉车,招摇过市,营口厅某司马闻之大怒,罚洋五百元,为散给贫民冬衣之费。该伶半生所遇,类多便宜,今日结果殆孽贯盈满乎?然钟情于彼者,多效毛遂之自荐,赔了夫人又折兵,故又不能专为该伶咎已。

第 1625 号第 5 版

元元红送交道署

本馆主人,于上月二十七日赴津,至午后得有元元红游街之风闻。常与津友闲谈,知元元红在津之声气,谅必不是干净事。访闻元元红在天津南门外,自己租房屋一间,海银桂每晚假托听夜戏,去找元元红谈天儿。弄一张戏单儿来,回去销差。虽说有仆人李升跟随,其实他们是一党。此等琐闻载于报纸,特为告有家长之责者，对于家庭不可放纵。盖因风俗日坏，一旦出了笑话儿，说俗语就叫作“栽不起”也。

本馆主人于二十八日回京，在车站巧遇敝友德甫，谈及此事。据同车之官场某君说，此案已于今早（指二十八而言）解送巡警道署矣。又闻此案解交巡警道后，即由警务公所审讯，据元元红供在南门外私约，曾被不识姓名之二人拿奸私了等情（传闻前次私了，海银桂也受了不能声说的欺侮了）。海银桂也供认南门外赁房，二人私约等事不讳。当将元元红之手，套在凳子上要打，元元红再四求饶，未致受责。李升亦供认拐海银桂不讳，当即批以送县分别管押。后又改为将元元红留警务公所拘留，将海银桂、李升、李中德送县管押。于二十九日早巡警道叶观察、探访局杨观察将此案面回陈制军，并拟议办法。闻拟将元元红送交习艺所，于罪满后解回原籍，不准在津逗遛。将海银桂等送交审判厅讯办。果能如此办法，以后唱淫戏的自然敛迹，没家规的妇女也就不听戏了。

第 1627 号第 4 版

元 元 红

哑 鸣

天津元元红一案，人都怪元元红之淫荡。我独不怪元元红，我所恨者，第一为近年京津一带之风俗日益败坏奢靡，男女的廉耻扫地，道德丧尽。不问酒楼戏园，妇女不分良恶，杂厕其间。不用说天津，就拿我们北京说，卖女座及夜戏之戏园，楼上的女座，好人与歹人，比桌而座，还分的出良恶来了吗？自这几年我国处处讲维新，撤去男女之大防，美其名曰“女界开通”，语其实则为放荡淫佚，无所不用其极。所谓“女界开通”者何在？试将女界近年所增的学识，与社会风俗所受的恶影响，用天平一平，究竟那头儿分量沉重？俗说雌犬不摇尾，雄犬不上前。元元红虽然淫荡，妇女要行为正派，焉能受了他的勾引？元元红一案，若不因为厨役拐逃海银桂的事情败露，元元红的事焉能败露出来？至于那未败露的，不知凡几。官家准演夜戏卖女座，只图收几个捐款，虽然借此养活不少的穷人,然而风俗败坏一至于此,两相比较所得不偿所失。得利发财的是戏子,近水楼台暗中得便宜的是戏子。

第二我恨的是,一般富商巨宦,生平费尽心机、百计营谋,弄点子昧心冤孽钱,不知干正经的,只图眼前欢乐,置姬买妾,以为供一人的愉快。殊不知自己的精力有限,焉能照管的过来。这般姬妾多来自枇杷巷里,成天际鲜衣美食,俗说饱暖生闲事,还责其奉贞守节不成?日食三餐多是虾仁鱼片,营养料是多的。既无学、复无礼,责其针黹则不能,责其井臼更不能,所谓"饱食终日无所用心",可不是除去讲求修饰,便去研究坏事不咧。我……我有心再往下说,我实不忍往下说了。总而一句话,上顿巴下顿的妇女们,虽无教育,心里绝没什么。即便有什么,也是迫于饥寒所致,在人情上也要当体谅的。我这一片话,未免过于直爽。但是我这片话专对那有家教、有规则的人家而言。少妇幼女,于年节之间出来散散闷,原无不可,游观宴会不可当作常事,到了听夜戏一层有益无益,在您自己斟酌就是了。

按:天津中国界戏园卖女座儿并开演夜戏,原是为抵制外国租界。因为我们中华大帝国不能限制外国租界的戏馆(可能限制报馆),若是不开此禁,华界商务必受影响,这实系出自不得已。外国界无论斋戒忌辰,照常演唱。中国界每逢斋戒忌辰,白天不演,夜戏可是照旧唱起活儿来。这类尚虚文的官事,也就出在中国。不想兴一利岂止生一弊,女角儿登台,也因抵制租界起见。各戏园男女混杂,奸拐的案子一天比一天多,良家子女唱落子、学女戏的亦复不少,天津风俗之坏,真是日甚一日。注重家庭教育者,请详阅哑鸣先生这篇演说。扪心自问,现在我们中国女界,究竟是进化是退化,也就了然咧。

宝臣附志

第1630号第2—3版

刘伶近况

刘鸿升于上月二十八日到京,至今还没登台。现在有人说答,打算在大舞台弄四天夜戏，白天仍在文明园演唱。

第 1633 号第 4 版

票友儿登台

初八日晚，大舞台开演义务夜戏，客位满堂，异常踊跃。是日清客串乔荩臣，同小朵儿演唱《翠屏山》，要了趟真刀。张毓庭的《洪洋洞》，郎德山去孟良，颇受前台欢迎，麻穆子的焦赞，虽说没板没眼，可是有个冲劲儿。最好的玩艺，是新来的武旦，姓阎名岚秋，别号人称九阵风，演唱《金山寺》，全堂喝采。说到客串儿乔君，也算是冤家痞，所得票价，一半归贫民院，一半归前后台。票友儿所赚的，不过是一身透汗。

第 1634 号第 4 版

伶人歇伏

刘鸿升到京后，经人说答，约他在文明园与大舞台两下里唱。刻下各学堂均放暑假，倘或不上座儿，反为不美。所以该伶登台一节，打算凉快凉快再说。

第 1634 号第 4 版

戏　镜

梦梦生

当年唐太宗，能够以人为鉴，我们眼下很可以使戏照人。何所见呢？大凡身入云中，不见什么烟云围绕，正如俗语儿说的好“当局则迷，旁观者清”了。先以为官的说，凡是一宗功名热人，免不了的趋炎附势，那种胁肩谄笑的模样，真成病于夏畦了。但只一件，你要叫他看见别人，也必心虚面赤，苦在没有秦宫古镜，不能自见真形。想要自家瞧见自家，非得傀儡登场不可，谁见那班场间小丑，不重纱帽红袍哇。

数日以前，记者出城赴约，饭后同着朋友观戏。虽是寻常取乐，颇能触目警心。中有一出，照例是用一个三花状般两个脚色

(《京尘杂录》写“妆扮”皆改“状般”),还有两出,又用三个两个生旦状成一个前人,一似扣饷缺额,一似人浮于事,戏场如此,官场可知。照着一人分充两人的单出,多是场间小丑,除了《借妻》以外(先是驴夫,后充知县),就串《王小二过年》(先状瞎生,后充知县)。只是这些戏,不过专事诙谐,并无多少取义。再叫糊涂点的人一看,还许以二为一哩。此外还有《打沙锅》的一出,未免讥世太过,他是这场先充逆子,二场忽作昏官。一班审员大人,请问谁非人子呀,倘或遇见张冠李戴,谨防屈死旁人㖿。

轮到两人合为一人的,还是高腔班子作俑,其间最先不过总数《请灵》一出了,因为高腔旧伶照例不能连打带唱,所以状般武穆的须用文武两个正生。继而兴出双《思凡》来(数着惠二、刘莺子两个),已然不明真理。后来徽班的堂会虽有,不过般演群妖(先是紫阳主人、朱莲芬演唱金山寺的白蛇,一阵风儿代打,后来合式不过的戏就数《青石山》几出),哈哈!奇想天开。现在不分某出,全都讲究加个双字,所以奉省茶园,近来传出三三《大登殿》(王三姐、薛平贵、王银钏,共用六个坤角合演),四四《小上坟》(四男充柳禄景,四女充萧素贞),引得观者如狂。

照着官场说,这班一优兼充两人的,好似一身兼充二役,还能更名易姓,谋取暧昧的功名。又像军营练兵,历来不足额数,就连八旗的册档,应有多少虚名啊。再看群优合充一人的,如同事小官,多到底不肯实行裁汰,众人但能点卯,全都照着大股儿拿钱,生利虽多用心绝少。大家还要巧立名目,安置多数的闲人哩。咳!官场如同戏场。恰恰应在今日之下,我们观戏的人,大家对着光明人镜,何不痛改前非呀!

第1635号第1—2版

戏镜(续昨)

梦梦生

奈有一则,如若是位明白正人,才能拿着戏场为镜。要是一个轻薄恶少,能使明镜无光。先以粉戏说,要让端人看着,他却专重后来淫报，瞧到那些传情丑态真能怒发冲冠。要让狂人看呢，他是专在伤风败化上留神，不向后来着意，即便看到眼前淫报，还说戏上胡编哩。就像《双钉计》、《双铃计》、《义侠记》、《翠屏山》种种戏文，演得全是恶因孽果，假着诙谐戏谑，时能警醒了愚蒙。无奈下等人们瞧着那般荡妇奸夫，以为这是人生奇遇，心想这宗美事日后终能遇着。看到罪人伏法，又说这种风流事儿（风流扫地了），谁见人人犯案呀？靠着咱们机灵气力，全能遇难成祥。凡为这等的人，看见戏台上的孝子忠臣，心上也能倾倒，口中也能夸赞，一时还许擦擦眼泪呢。苦在云烟过眼，转瞬即忘，还说古人愚得可怜哩！轮到粉戏，他们一个个的咂嘴摇头，乐得眉飞色舞，真有一出未毕，招得老爷南察的。岂非人格儿太低吗？至于男女婚约，不失人情之正，况且凡是昆腔本戏，都有提灯送入洞房。梆子班里贴旦常配小生，轻时不与小丑为偶（《翠屏山》的和尚，先年也用小生），妆束虽同玩笑旦相仿，身分却算闺门（状小姐时候多，状妇人颇少）。以此看来，凡是男女赠答的戏文，大可无须禁止，遇见奸杀一类的粉戏可以不必铺张。

凡是清白古人，脸上绝无粉墨（如陈琳等，脸上虽形寿纹，决非贬意），所以忠奸善恶，令人一望而知。假如其人原是名贤，戏上偏要编成逆党，或是形容君子，唱的词曲偏如小人，均与观者听者不宜。即如《碰碑》的一出（这个戏名，就雅的很哪），自然也是前人作俑，从打老谭一唱，人人都得听听这出，耳中听着唱篇儿，嘴里咒骂潘帅。不知杨业唱得词句纯是一片的私心呀。除了自家称冤，就是频呼八子，至于军事怎样糟糕，兵丁作何归宿，以及全避胜负，并无一语题及。并且唱篇里头，原有军情误了的一句，照着彼时军法，应与失街亭的马谡同科。怎的马谡伏诛，观者俱说该斩，杨业被困竟会归罪潘洪呢？可笑不过，杨业行到李陵碑前，还要极口讥谤，不想自己家里也有四郎、八郎吗（这都照着小说言事）。这宗词令，极能惑乱人心。

还有《失街亭》这出，孔明将要登城，先对老军发话，至坏不过的一句就是“国家事又何用尔等们关心”啦。身为战士都说不必关心,平等人民易发毋需留意喽。这宗不求甚解的思想,恐怕不像诸葛罢!秦腔、徽戏,这些坏处极多,总因前人不明深义。我们既说以戏为镜,也当从速改良啊。

第1636号第1—2版

钟声被拘之原因

演唱改良新戏之王钟声被拘一节,已志昨天本报。闻其原因,钟声自移住全浙会馆(先住金台旅馆),每日邀集无赖多人,招娼聚赌无所不为,并有勾引良家妇女,作些伤风败俗的事情。被掌馆吴君所闻,询明长班属实,片送外城总厅。案内以朱某号叫什么生,及稀姓妇人,为紧要关键,均经警厅将该男女等先后传获,转送审判厅了。

第1645号第4版

钟声被拘之详情

钟声被拘一节,屡志本报。昨据访员调查,有一妇人乔稀氏,系浙江人,常在迎宾馆居住。该店旅客簿子上,写的是稀宗华,充□□□□□学堂女教员,据说伊夫在廊房头条祥和金店司事。该妇时常带领良家子女,在劝业场、青云阁等处闲游,素与时派男子结交。有一班纨绔恶少,终日以游荡为事,三五成群,自称为吊膀团(比义和团还可怕)。钟声、宝筏等与稀氏往来甚密,勾七套八,从中拉拢了不少的坏事。有某富宦之女,由稀氏一日给引去四个男子,昼夜盘桓了好几天。该妇办理这手儿,是专圈弄女的,一经上了套儿,就算吃上了。某富宦之女被稀氏等骗洋至三千余元之多,竟敢怒而不敢言。案内有谢寿印(即宝筏)及朱姓子均已到案。钟声到厅时,自称商人。问官道:"你不配!"钟声道:"既是商业性质,可以称商。"问官道:"要据你这样说,难道那些唱戏的合那娼妓,也都称商喽。"钟声无法,遂自称伶人,供认与稀氏画油画儿是实,其余尚未承认。刻闻钟声与稀宗华均有递解回籍之消息,此案果能认真究办,其罪恶不在元元红、海银桂之下。

第1646号第4版

钟声案续志

田际云一案，原折内指其演唱新戏骗钱等语，并不为虚。田际云乃天乐园之主人，此等人之思想，不过是货卖当时。只要听戏的喜欢，上的座儿多，他就多预备这路货。钟声乃一败类学生，流为伶界，每到台上并不会唱，不过于道白时说些目的方针、眼前的新名词，台下如疯若狂，忘其所以，真有因为拍巴掌闪了手腕子的。后来不大上座儿，钟声迎合社会眼光，添演眉目传情之《独占花魁》等剧。这也不过是大抢铜元，欢迎者不只天乐一家，即丹桂等园，亦争相迎致。官家以其形迹可疑，随时派人侦察。

而钟声于唱戏之外，与其徒党又多有窝娼聚赌奸骗等等不法行为，事被浙江会馆值年吴侍御纬炳所闻，因以书嘱其他迁。其书中大意，谓极知君为开通人，但中国社会积习未化，固执者多，不如迁地为良，两得其所云云。钟声大怒，覆书与之，谓："凡浙江之人，皆有住浙江馆之权利。况吾祖父曾捐金二千，我岂有不能住馆之理。"词极狂傲，吴君亦大怒，乃追问长班，钟声种种在馆不规则之举动，长班尽情告诉。吴遂遍告浙江京官沈家本、俞廉三、喻长霖诸大老，因决议令长班抱告，以窝娼聚赌诸罪告发。警厅即传拘钟声到案，追问聚赌。钟声供称，会馆中打小麻雀，此为数见不鲜之事。不自我始，何得为罪？又问何为窝娼，则不认。问与稀氏妇人往来情形，则供与稀氏系属朋友，至其种种私德非我所知，供词极为狂悍。

第 1647 号第 4 版

蹦蹦戏掌班儿的真横

初五日下午一点钟，东安市场蹦蹦儿戏棚掌班儿的张绪，因跟听戏的某甲要钱，某甲说"进门儿的时会儿就给过钱啦"，张某不容分说抬腿就是一鸭子。不料正踹在某甲的下部，致将肾囊踢破，登时昏倒，拯救多时才缓醒过来，后经该场巡警，将两造带到公事房，问明情由送交内左一区，转解第二初级审判厅了。呵呵！蹦蹦儿戏的掌班，公然敢真踢真踹，总算他是个蹦儿。

第 1662 号第 4 版

新伶王钟声之行踪

演唱新戏之王钟声,因在会馆聚赌争殴等事,经审判厅判令递解浙江原籍,交地方官严加管束。月前由顺天府宛平县起解递解,至山东德州境内忽遇大水,押解官车几至覆没,幸由驿卒等驰救,得免于难。然递解文书被水冲毁,无凭按驿递送。当由德州知州备文顺天府,转请重发,递解公文,再行起解。现将王钟声暂寄德州监内,等候文到起程。

第 1720 号第 4 版

上 海 新 报

《上海新报》,华东地区最早的中文报纸,1861 年(咸丰十一年)11 月创刊于上海,英商字林洋行发行。初为周报,后改为两日刊、日报,1872 年 12 月 2 日停刊。

吴新苗辑录、整理。

同治九年(1870)

看戏死于非命

自洋泾浜开设戏园,沪城中禁止演戏历有年矣。有余资者,赴洋泾浜戏园中观剧,无力者惟有羡慕而已。每逢南市各会馆中演戏,非但有余资者可观,而无力之辈亦喜出望外,蜂拥前往,几若渴骥之奔泉也。

闻十四日商船会馆演戏,有李某者,安庆人,前去瞻仰,仅观曲而两筋清肿,其拥挤可知矣。连日延医调治,已用去千余文矣。然此犹受害之小者也。十七日,人数更多,拥挤更甚,有一山东人紧靠石狮而立,不料石狮被人挤倒,竟将山东人压于其下,肚腹奔裂。肠脏俱出,登时殒命。又有两人受伤甚重,尚不至于无救。此戏无益而有损也。观者虽不费钱而毙命矣。究不若在戏园中观看者,虽然破钞,尚保身命。无怪爱看戏者,纵或作债亦必赴戏园中一乐也。

同治九年二月廿三日/1870年3月24日第2版

演金山新戏文

启者:本戏班于二十六日晚上,在大英公馆后面外国戏园内,开演美国金山新到巧妙戏文。上座观者,每位洋一元五角;中座观者,每位洋一元;楼上观者,每位洋半元。合前次价银减半。贵客赐顾者请来观看可也。

特此布闻。

四月二十六日

同治九年四月廿六日/1870年5月26日第1版

禁男女合演戏文

上海新北门外花鼓戏馆，至今未能禁绝，有世道之忧者送来《庶几堂》引古一则，托本馆印出，以达同好："陶石梁曰：今之院本，即古之乐章也。每演戏时，见有孝子、悌弟、忠臣、义士，激烈悲苦，流离患难，虽妇孺牧竖往往涕泗横流，不能自已。其动人最恳切、最神速、较之老生拥皋比、讲经义，老僧登上座说法，功效百倍。至于《渡蚁》、《还带》等剧，更能使人知因果报应，秋毫不爽，杀盗淫妄不觉。"

同治九年五月初八日/1870 年 6 月 5 日第 2 版

城皇庙演戏不果

沪城南门外姜宾远药店，自去岁被贼劫抢之后，店主曾向城皇神许愿：如此案能破，定必演戏酬神。近因贼人已得理，当还愿，遂定于十一日在邑庙开锣以酬神佑，闻戏班衣箱业已到庙。

上海道宪闻知，饬差禁止。禁之，诚是也。此端一开，后之演戏者俱借口谢神而效尤矣。政贵有要，令在必行，省却城中无数争端，保全民间无数费用。各铺绅耆，多感颂不已。姜姓药店遵示，戏班撤回。有人云：移在泉漳会馆开演。未知是否。而城皇庙中，是日惟清音酬神而已。神之御灾捍患，是神之职也，演戏与否，神不问也。

同治九年十月十三日/1870 年 11 月 5 日第 2 版

同治十年(1871)

演东洋戏

启者:兹有东洋戏班,在满庭芳戏园内,每逢礼拜四、五、六等日,开演两次。日,一点钟起;晚,八点钟起。来观者,第一等座位价洋一元,第二等座位价洋半元。请贵商光降可也。

特此布闻。

正月初五日

东洋戏班告白

同治十年正月初七日/1871年2月25日第1版

戏无益

闻日前久乐戏园观剧者拥挤不开,有醉客数人,以每人铜钱二十文欲坐正席,园主不允,因与醉客口角。即嘱本地巡捕,拿醉客赴巡捕房管押,醉客大肆咆哮,众观者不服,群起和之,遂将本地巡捕逐出。未几,外国巡捕来,而醉客已寂然不动,园主仍嘱巡捕拘人,是以大闹。于大闹之中,仍将醉客捉去,彼时惊失小孩,一时难见者,哭声震地,有失去小帽无可稽查者,喊声惊人。噫!开戏园者与优人同等,而以巡捕为护符,观戏者不知有何所取而甘受此辱?岂谓不看戏非体面人乎?岂真有钱非看戏无处用乎?是诚不可解也。若能大众齐心争气,足不进戏园之门,不须一月,园主定当闭门矣。

同治十年正月初十日/1871年2月28日第2版

劝禁清客演戏

淫戏本不可演,而串客淫戏更不可演。盖大班正戏多淫戏少,拣戏者既勿点淫戏,班内断勿敢自做。若串客之花鼓淫戏,则全是丑恶可憎之淫戏,并无一曲正戏,且都系游手好闲、不习上流之子弟,平日毫无廉耻等,喜淫荡,把一种小本唱片买来,你唱我和。及至上台,一花面一旦脚扮作男女,备极丑态,装尽油腔。而其白口油子,又都是土话,使妇女小儿们听了,句句记得。做的既扬扬得意,唱的自恋恋不舍。所以大班演戏,妇女看的还少,若打听得某处有串客做,则约妯娌,会姊妹,带儿女,邀邻舍,成群结队,你拉我扯,都去看到。做一日看一日,做一夜看一夜,全然不厌。做串客的见了年轻妇女越多,他装做淫相越丑,顿使妇女们眼花缭乱,欲火中烧,已有按捺不住之势,再加以轻薄子弟、游荡淫棍,从旁百般戏谑,无所不至,此刻在妇人恐怕当场出丑,隐忍不敢声张。在男子私喜,暗地无知,猖狂任其戏弄,而情欲既动,胸中便无把握。其或素爱名节女子,虽不至失身于人,而情魔缠绕,难免因想成病,因病丧命之患。若是没廉耻妇女,淫念一起,奸情百出。往往看此戏后,有私期偷会的,有密约拐逃的,有不顾贵贱主仆通奸的,有丈夫久出不归勾引狂童入室的。有孀妇空房难守招揽光棍当家的。种种伤风败俗之事,都从看串客起因。自有串客淫戏,直使人人走入禽兽一路。想到此处,令人不胜发指。这样匪类,倘不速为禁止,其流毒岂有穷尽?奉劝各处绅士乡耆,公禀县尊请示严行禁止。并恳贤父母官饬差到处查察,见地方上有演串客淫戏者,立将为首之人及行头主,一并扭送到县,重责不贷。庶几匪类永绝,淫风自清。请高明者细心想之。(录翼化堂原稿)

同治十年三月初三日/1871年4月22日第2版

寓言报

《寓言报》，创刊于1901年（光绪二十七年），停刊于1905年之后，上海小报。内容有本馆论说、小说、官场笑话、市井新闻。“粉墨丛谈”即为有关戏曲的专门栏目。国家图书馆缩微阅览室藏《寓言报》存1901—1905年部分期号，残缺严重。

吴新苗辑录、整理。

光绪二十七年(1901)

论倌人看戏坐马车之弊

沪上无山水之娱,冶游子弟只知酒食征逐,挟妓以为伴侣,每当斜日西堕,淡月东升之候,或驾双轮作郊外游,或入梨园寻歌舞之乐,雏鬟三五,左拥右抱,则群目之为阔少。比来市廛萧索,阔少少而串客较多,所谓串客者,貌似阔少而行径迥殊,或朋比以为奸,或因缘以为利,其必借妓女以为雉媒者,以其易于陷人也。而妓女亦乐与为伍者,以此辈工于张罗,不妨藉此以推广生计,于是戏园之热闹,马车之利市,半皆此辈拉扯之力。近则并此辈力亦少衰,妓女遂自雇马车自出资入戏园听戏,醉翁之意不在酒,靓装炫服抹粉涂脂者,非为招徕狎客地步,然此犹可原也。世风日替,鬼蜮之技易穷,于是变热闹为冷淡,反殷勤为落寞,狎客过访,故迟迟而不见。招使侑酒,则入座翩然。嘿尔而息,不半晌辄谢客竟去,居然顾视清高自矜声价,其实龌龊之行较昔时更盛,此等恶习,不意于书寓中见之。按昔时之书寓,皆所谓弹词女史所谓卖嘴不卖身者,其品自在长三么二之上。今则不第卖身并不能卖嘴,并卖身而身无可卖,遂不惜昵比俳优,姘识马夫。盖倌人之看戏,非看戏也,为勾引戏子起见也。倌人之坐马车非坐马车也,欲与马夫图野合也。常见时妓数辈,自备象(橡)皮高车,或轿式马车一辆,选恶少中之肥白强壮者一二辈,衣以绣花鲜衣,出则以耀观瞻,入则与共枕席。其自戏馆散归,则必有俊俏优伶尾随其后,其一种缠绵之致,狎客虽挥金如土,不能及焉。此种妓女听戏,必入头厢,谓之包头,以其与戏台相近,便于眉来眼去也。坐马车往往有不至张园而至万航渡、徐家汇一带者。且有不走静安寺马路而走新闸马路者,以其旷野无人,可图苟且也。自春深以迄秋尽,马车之声尤辚辚不绝于道者,以其便于淫娃也,观此可悟倌人之所以日日看戏坐马车矣。

光绪二十七年正月十九日/1901年3月9日第1版

廿七日天仙茶园孙菊仙客串助赈戏目

是日准十二点钟开锣,赵洪小、朱炳林《太师回朝》。潘少卿、小月芬《孝感动天》。小桂枝、周来泉《皮匠杀妻》。陈俊廷、李少棠、刘祥泉、赛阵风、王红儿、董长清、吕月松《八蜡庙》。三麻子、徐春发、任文宝、高永顺《司马逼宫》。汪笑侬、周四宝《骂阎罗》。李长胜、筱荣祥、薛瑶卿、白三子《二进宫》。孙菊仙、小连生、程永龙、李少棠、刘祥泉、诸寿卿、张湧泉全本《黄鹤楼》。金阿庆、周四宝《花子教歌》。陶芳林、十三红《长生永乐》。台包五角,椅位三角,边位二角,起码一角,出局七角,均惠现洋。

光绪二十七年五月廿五日/1901年7月10日第1版

梨园踊跃

廿七日,天仙茶园孙菊仙唱戏助赈。名旦余玉琴并不合演,拟定廿九礼拜日,在春仙园另唱助赈,并约李春来、贾洪林并作善举。且该伶与夏氏昆玉素有交情,夏月恒乐善不倦。三盏灯之师张国泰,见义勇为,向来凡有义举,首先直前,不肯让人。现知余伶在春林演剧,故令名角夏月润、七盏灯及夏月珊之徒小保成、小子和齐到春仙,襄劝其成云。

光绪二十七年五月廿五日/1901年7月10日第2版

梨园杂志

同治十三年冬,孙菊仙在小东门洋行街开升平轩戏馆,当时李春来年仅二十岁,虽作该园副手武生,而翻腾跳跃,勇冠一时。正手武生杨二奎,常语人曰:后生可畏,将来声望必出我辈之上。后果应其言。今兹春来开春仙戏馆,孙菊仙避乱南下,昨闻菊仙已应春仙之聘,每月包洋六百五十元,一俟秋炎退尽,即行择日登台。昔年孙主李宾,今则孙宾李主,翻手作云覆作雨,吾谓造化亦然。

闻该园尚须扎彩悬灯，并用西乐以助观者之兴，届时热闹当必胜前在天仙时也。

春仙武旦刘燕云为九仙旦之弟，亦张国泰高足也。短小精悍，其技艺似在王瑞云之上。有才不遇，屈在下僚，天下事往往如此，岂独优伶使然。今聘已故老生王兆奎之女为室，现定八月初八日迎娶。

小叫天前夜演《打棍出箱》，此为该伶得意之戏，南北遐迩，久已驰名。故卖洋六百数十元。昨晚演《卖马》更为出色，虽秋热如火，而观者仍如潮涌，名伶声望自与众不同也。

光绪二十七年七月十四日/1901年8月27日第2版

谈剧

一昨中秋夜，佳节良辰，为雨所阻。春仙客串孙菊仙，届时由其铁马路寓所到园，来去皆有外国三道头同乘马车，似作护卫者然。是夜卖洋五百数十元，丹桂卖洋三百数十元。桂仙朱素云登台，卖洋二百数十元。天仙卖洋仅一百数十元。查上海戏园，四家向以天仙为巨擘，不料自夏间邀孙菊仙登台，为京角包银最巨之作俑，而此时竟落四家之后。春、桂二仙俱有新角，互相争胜，丹桂则依然不为所摇，颇有中流砥柱之概焉。

光绪二十七年八月十七日/1901年9月29日第3版

梨园杂录

八月既望，礼拜六夜，为孙菊仙第二夜，演《举鼎观画》，售洋四百数十元。

桂仙朱素云第二夜登台，演《白门楼》，纯唱楚调，尚不及昔年徐德奎高音，然身段却好，故卖洋三百九十元。

丹桂卖洋三百四十元。

天仙卖洋二百数十元，仍居其末，吾末如之何也已矣。

连日因在节边，各园日戏皆演《铁公鸡》，取其城内及南头向不看戏者喜观耳。

春仙春间以重聘真正灵芝草即丁剑云,为四灵芝草中之第一。唱文武花旦兼青衫,唱工、做工、跷工、武工,件件皆精,京外驰名。比之十三旦少年时尤好,因其二簧、梆子全唱。又文武小旦王秀林,京师小名王闩子,口角伶俐,手脚玲珑。上海三十余年所来之开口跳及文丑,皆无如此佳妙。二角搭伴,同来应春仙之聘,现寓大方栈十三号栈房。

光绪二十七年八月十八日/1901年9月30日第2版

剧 谈

春仙新到文武花旦真正灵芝草丁剑云,五年前隶天仪部,名盖三省,专唱梆子青衫,年不过十四五龄。自该园遭回禄后,偕沈韵秋父子同赴汴梁,声名大噪,官场争逐,几致兴讼,幸有某观察极力调停。资赠其三千金行头一付,又为其娶室,派人送返津京。于是坐拥厚资,广延名工习学花旦文武各戏及跷工等,精勤习业。未一年,居然超无上之乘。该伶容貌如仙,今复绝好身手,且正在妙龄,以故梨园中推为巨擘,即昔年十三旦亦当让出一头地。春仙三月内即为邀聘,为京津一带各园坚不肯放,迨管事赵嵩绶亲自赴津力邀,始允唱,过七月即行南下。一昨趁新裕轮船抵申,并有文武小丑王长林,小名王闩子同来。侨寓大方栈。按丁伶花旦最擅长之戏,为《新安驿》、《红梅阁》、《紫霞宫》;青衫如《断桥》、《产子合钵》、《青枫亭》、《春秋配》、《算粮》、《汾河湾》;武旦如《迷人馆》、《割发代首》、《翠屏山》,皆翻腾如飞,洵称佳品。若王闩子者,口齿清脆,演《溪皇庄》、《连环套》,手脚快捷,如《三岔口》、《双跑马》真所谓开口跳矣。上海开口跳,前以杨贵、小田黑为最,今则夏月恒,其他能跳而不能开口。今王伶亦属仅见,惟扮文丑,纯是京话,恐发科诨,江南人不懂耳。

闻小叫天在杭州杨春园十八日登台演剧。

礼拜夜,春仙卖洋六百二十元。孙菊仙自是名角,加以李春来、李胜奎、刘廷玉、王瑞云合演《八蜡庙》,亦非他班所能及。昨夜菊仙演《搜孤救孤》,与阎子彬合串,异常出色。李春来二本《八蜡庙》，尤觉新颖。不日丁剑云、王长林上台，该园可独步申江矣。

桂仙小生朱素云演剧三夜已完，共卖一千之谱，除园主六百元外，朱伶可得四百元，名利双收，以是知人不可无一技之长。

天仙礼拜夜仅卖二百元，现邀著名青衫孙怡云二十登台，惜只唱七夜。

丹桂独立翘然，不同凡俗。礼拜日夜卖洋四百外，不矜奇异，不恃外援，夏月恒真奇才也。满庭芳新开雅仙园，系宁波新老庆丰四班合演。

光绪二十七年八月十九日/1901年10月1日第2—3版

歌台偶拾

小叫天前日由杭来信，与其婿夏月润有二十一日回申之说，并属其赶紧代觅宽大房屋，现夏老八已在泥城桥北河浜福源里陈麻皮洋房看定一所。

春仙一昨之夜，李春来、白文奎合演《十八扯》，亦颇耐看。

天仙青衫孙怡云，二十夜演《玉堂春》，生意较前略好。查昔年京都三庆班演《三堂会审》，玉堂春为名伶张子仙所扮，而以程长庚、卢台子做问官，徐小香扮王三公子，刘赶三扮医生。一时举国来观，至今传为美谈。现孙怡云到天仙亦演此剧，以该园之名角汪笑侬等陪演，虽未能如程长庚等佳妙，然亦海上之佳话。他年酒后茶余，以资谈助，亦犹今之视昔也。

又天仙之小想九霄，色艺俱佳，近来喉音稍觉不亮，然当歌一曲，犹足怡情。惜天性好赌，前曾以大负致售身为人子，而假父陈世忠即鱼鳞黑亦嗜博，贤乔梓无日不赌，无赌不输，故百孔千疮，债如蝟集。今闻天仙业已唱满，又将他往矣。

有双输飞者，能跳而不能开口也，为三盏灯姊夫。前为郝二明约往海参威搭班，一日演《白水滩》，忽其班角坚属其扮青面虎，该伶逊谢不敏，后仍扮本行之巴山虎，既而知为侮己，业于昨日回申矣。

名伶孙怡云于今午在聚丰园宴客。

光绪二十七年八月廿二日/1901年10月4日第2版

梨园谈艺

论小叫天演《碰碑》

天仙小叫天,忽又上台,据人云是孟鸿芳打野鸡,当其求唱时,叫天坚执不可,孟伶再四陈说,强而后可。惟近日天气骤寒,不知天公可肯做美,倘玉龙飞舞,则生意仍恐减色。再《碰碑》一戏,其一截最好者反二簧,必须梅玉田拉胡琴,方能托出叫天许多好处,今其子不善此,所以前次排《杨家将》至《碰碑》,忽改他戏。

记丹桂今日夜戏

丹桂今夜夏月润演《大将军保驾》,不知何戏,闻颇好看。又林步青演《查潘斗胜》"看香叫喜"一段。是夜夏月恒并演《翠屏山》"偷鸡"一段,七盏灯小子和演《桑园寄子》,皆好戏也。

光绪二十七年十二月十五日/1902年1月24日第5版

光绪二十八年(1902)

续记汉皋戏馆情形

汉口友人来函云:丹桂全班在满春演唱,于初四夜开台,近日生意隆隆日上,每日夜皆卖洋一千数百元,较天一可多卖二三百元。夏月润、小子和、小保成、刘培山、小喜禄辈登台奏技,声价倍高。惟彼处向无自来火,台上全用水月电灯,光明如昼,无殊火树银花云。

光绪二十八年五月十八日/1902年6月23日第5版

粉墨丛谈

记三庆

三庆近来名角如林,排戏颇不容易,或先或后,气小者必有龃龉,然周春奎、驴肉红立于不败之地。六七两剧天然位置,盖看客全付精神注意在此,易地则非所宜耳。

记三庆好戏

今晚三庆周春奎、赵如泉、李少棠、张鑫培合演《黄鹤楼》。洒金红、粉桃红合演《十八扯》。驴肉红《丑别窑》,万盏灯《玉玲珑》,贾玉书《捉放曹》,牡丹红《春秋配》,紫灵芝草《宾铁剑》。

记丹桂好戏

今晚丹桂七盏灯《拾玉镯》,杜红霞《□宝招亲》,夏月润、路三宝、小保成合演《黄鹤楼》,小子和、夏月珊合演《怕老婆》,十三盏灯《断后》,李祥麟、张顺来、夏月华合演《泗洲城》。

记春仙好戏

今夜春仙孙菊仙、朱素云、李连仲合演四本《五彩舆》,李春来、刘廷玉、王瑞云合演四本《白水滩》,金钢钻《海潮珠》,沈韵秋、李胜奎合演《大闹嘉兴》。

记天仙好戏

今夜天仙灵芝草、紫霞宫、天娥旦、小连生、赵小□、程永龙合演《回荆州》,李长胜、谢云奎合演《龙虎斗》。

记群仙好戏

今夜群仙金月梅、白兰花合演《双摇会》,林宝琴《金水桥》,金处《打銮驾》,陈长庚、一阵风、小黑灯合演《乾元山》,小连奎《桑园会》,徐处《七星灯》。

光绪二十八年十一月初四日/1902年12月3日第5版

粉墨丛谈

记丹桂好戏

今夜丹桂李祥麟演《火棍》,刘培山《取荥阳》,小春恒《法场换子》,林步青《打隍城》,夏月珊、冯志奎合演《杀女报恩》,小子和《虹霓关》,路三宝、小双凰全本《花田错》,张顺来、夏月华《八美图》。

记春仙好戏

今夜春仙沈韵秋、李胜奎、王瑞云、韩春祥、李春虎合演《收关胜》,金钢钻《红梅阁》,朱素云《玉门关》,汪笑侬《三进士》,李春来、李胜奎、王瑞云合演《泗洲城》,孙菊仙、刘廷玉、熊文通合演全本《空城计》。

记天仙好戏

今夜天仙周五宝《滚红灯》,徐春发《造白袍》,安桂秋《探寒窑》,谢云奎、筱荣祥合演《草桥关》,天娥旦合演《玉堂春》,李长胜合演《御果园》,小连生、赵小廉、郭蝶仙、程永龙合演《铁公鸡》。

记三庆好戏

今夜三庆王处《吊金龟》,何胜祥《黑风怕》,筱喜禄《六月雪》,童子红《新五虎》,金镶玉《海潮珠》,龙长胜《鱼藏剑》,驴肉红《丑别窑》,赵如泉、李少棠、张鑫培、万铁柱合演《莲花湖》。

记群仙好戏

今夜群仙洪兰芳、王桂芳《六月雪》,小连奎、万翠娟合演《牧羊卷》,金处《铡包勉》,陈长庚、一阵风、小黑灯、小桂官合演《盘丝洞》,金月梅、金小芳合演《富春楼》,徐处《取城都》,林宝琴《吊金龟》。

光绪二十八年十二月初十日/1903年1月8日第5版

光绪二十九年(1903)

粉墨丛谈

记丹桂好戏

今夜丹桂小春恒《取荥阳》,李祥麟《泗洲城》,夏月珊《大雷报》,小子和、夏月润、路三宝《割发代首》,小保珊《文昭关》,七盏灯、小保成《包公断后》,冯志奎、夏月珊、刘培山合演二本《拿康九》。

记春仙好戏

今夜春仙小玲珑《定军山》,王瑞云、刘廷玉、沈韵秋合演《迷人馆》,金钢钻《呆中福》,朱素云《辕门射戟》,灵芝草《遗翠花》,李春来、李胜奎合演《盘肠大战》,孙菊仙、汪笑侬、李连仲合演《收荥阳》。

记三庆好戏

今夜三庆林小芬、龙长胜《黄鹤楼》,天明亮《双冠诰》,张鑫培、徐丹林、万铁柱演《收关胜》,陈俊山、崇峻山《二进宫》,一阵风《双跑马》,周春奎《摘缨会》,彩上飘、陈俊廷、金镶玉合演《翠屏山》。

记天仙好戏

今夜天仙徐春发《夺小沛》,小叫天、大奎官、沈汉臣合演《双包案》,白文奎、谢云奎、马飞珠《洪羊洞》,小连生、郭蝶仙合演《蝴蝶梦》,小连生、赵小廉、筱荣祥、天娥旦、程永龙合演七本《铁公鸡》。

光绪二十九年正月廿五日/1903年2月22日第5版

记陈凰云唱曲

清和一陈凰云向以梆子腔著名,今则改易京二簧矣。每侍歌筵,引吭发声,真力弥满。故其揣摹孙菊仙处,颇为神似。其母大金宝,以梆子腔最伤中气,有损养生之道,故易以京二簧。初不料其一能而无所不能,竟绰绰然有余裕也。间奏天津调,是其拿手,尤为沨沨动人。

粉墨丛谈

记丹桂好戏

今夜丹桂小春恒《搜孤救孤》,刘培山《华容道》,小保珊《双狮图》,七盏灯《三两赠银》,夏月润、夏月珊、冯志奎合演《娶和尚》,小保成、小子和《打花鼓》,路三宝、小双凰全本《花田错》。

记春仙好戏

今夜春仙沈韵秋、李胜奎、韩春祥、李福祥、李春虎合演《溪皇庄》,金钢钻《双锁山》,金娃娃、李连仲《进宫》,灵芝草、汪笑侬《乌龙院》,李春来、刘廷玉、王瑞云合演《白水滩》,孙菊仙、朱素云合演《白门楼》。

记三庆好戏

今夜三庆、天明亮《韩琪杀庙》,陈俊廷、张鑫培、一阵风、徐丹林、万铁柱合演《恶虎村》,陈俊山《定军山》,林小芬《杀女报恩》,周春奎合演《五雷阵》,彩上飘、云遮月合演《斗牛宫》。

光绪二十九年正月廿六日/1903年2月23日第5版

粉墨丛谈

记丹桂好戏

今夜丹桂小春恒《取荥阳》,刘培山《华容道》,夏月华、张顺来、李祥麟合演《泗洲城》,刘永春《打龙袍》,七盏灯《海潮珠》,夏月润、路三宝、小子和、冯志奎、小双凰、林步青合演全本大《下江南》。

记春仙好戏

今夜春仙小珑玲《恨长安》,沈韵秋、金娃娃、李胜奎、韩春祥、李福祥合演《鼎足三分》,金钢钻、刘廷玉《降龙木》,李春来、沈韵秋、王瑞云《武十回》,灵芝草、汪笑侬、李春虎合演《滑头女人》。

记群仙好戏

今夜群仙万翠娟、小宝奎、小连奎合演《黄鹤楼》,徐处《空城计》,金处《父子会》,林宝琴《牧羊卷》,郭少娥、花四宝合演《游龙戏凤》,陈长庚、一阵风合演《翠屏山》,金月梅、金小芳合演《十八扯》。

光绪二十九年二月初六日/1903年3月4日第5版

粉墨丛谈

记今夜丹桂好戏

小子和、小保成前本《双蝴蝶》,路三宝《马上姻缘》,冯志奎、夏月润、刘培山第三本《左公平西》,林步清、小保成、小子和接演后本《双蝴蝶》。

记今夜春仙好戏

冯净奎《父子会》,夜来香《拾玉镯》,李胜奎、李春来、刘廷玉、王瑞云《莲花湖》,李连仲、灵芝草、李春虎新排第二本《活水缸》。

记今夜玉仙好戏

陆金魁《大报仇》,林小芬《一捧雪》,想九霄《遗翠花》,董三雄、三麻子、赵如泉、李春利、一阵风、邱凰祥四本《三门街》,刘永春《五台山》。

记今夜群仙好戏

金处《探阴山》,小兰英《南天门》。

光绪二十九年九月十一日/1903年10月30日第5版

光绪三十年(1904)

粉墨丛谈

今夜诸园新排第一等好戏

丹桂夏月润、十七盏灯《富春楼》,路二宝、小保成、十五盏灯、夏月珊新戏准演《新开饭店》。

玉仙盖叫天、三麻子、金镶玉、六金奎、小孟七第二本灯彩电光新戏《天下第一官人》。

群仙小连奎、段红玉、谢小兰、九更天、陈长庚、小黑灯大《四杰村》。

春仙李春来、刘廷玉、沈韵秋、李连仲第四本《山东马共乐升平》,何家声、金寿第四本《花花世界》。

光绪三十年六月初二日/1904年7月14日第5版

光绪三十一年(1905)

乐 部

昨日伶隐汪小农(笑侬)与李连仲合唱《二进宫》一剧,钧天上乐,渊渊作金石声。老于顾曲者,咸叹观止焉。惜配角欠佳,未能相得益彰,若易以刘永春,则尽美而又尽善矣。

光绪三十一年二月廿二日/1905年3月27日第5—6版

粉墨丛谈

今夜玉仙好戏

赵如钱、李春利、牡丹花、周凰林、陈俊廷合演连台三十一本《三门街》,四月仙、小孟七《蝴蝶梦》,小桂林《渔家乐》。

今夜天仙好戏

李春来、小连生、王益芳《义旗令》,四盏灯、马飞珠《烧骨记》。

今夜丹桂好戏

夏月润、夏月珊、小子和新排前本《上当占便宜》。林步青、小子和、张顺来、夏月华后本《上当占便宜》,七盏灯、十七盏灯《采花戏主》。(最后一页,没有日期)

帝国日报

《帝国日报》,1909年(宣统元年)11月陆鸿逵创刊于北京,1911年10月停刊。以"挟持宪政,指导舆论,扩张国权,发表政见"为宗旨,宣传反清革命,是辛亥前同盟会在华北地区的主要报纸之一。内容有新闻、杂录等,其中"燕京琐录"、"杂俎"等栏目有不少京剧史料。

吴新苗辑录、整理。

宣统二年(1910)

刘鸿升

大一

刘鸿升以一戏子,敢于登台骂人,光天化日之下无忌惮至此,有警察而不能惩,有法部郎中可以惹骂,有吏部参议可以受骂,则余子哓哓已属多事。乃一经报纸揭载,刘鸿升始则投函某报,谓听戏者有招骂之由,继则由文明园登广告,谓鸿升自知卤莽。然则其以为听戏者将与之计较曲直耶?

大一曰:听戏者与刘鸿升计较曲直,则从此以后必不涉足文明园,亦必不再听刘洪(鸿)升之戏。听戏者而不计较曲直,则骂之何足惜。咄咄! 刘洪(鸿)升其视听戏者为何如人耶? 听戏者又不知自视与刘洪升何如耳?

又曰北京人听戏已可谓之无聊,听戏而赚骂已可谓之无趣,赚骂而又往听戏吾,无以名之,名之曰无耻而已。

宣统二年八月初十日/1910 年 9 月 13 日第 2 版

杨小楼之丑态

仙

杨小楼前丁内艰,不久即在中和园重登舞台。闻者已多讥之,乃演戏之不足,又朝朝暮暮颠倒八大胡同之中。在翠兰班认识一妓,大约有十余次茶局之资格,该妓嗣知其为兔族出身,渐渐不之接待。一日忽为先发制人之计,竟在同班别识一妓,将先认识之某妓盘子退出,此为向例所未有,于是酸风大起,几以野蛮相待。

仙曰:中国之不振,西力于是夫东渐;花界之不振,兔族于是夫横行,所慨者岂独一端而已哉!

宣统二年八月十八日/1910 年 9 月 21 日第 2 版

青石山王法官

悔　庵

日前在中和园观剧,杨小楼演《青石山》,王长林扮王道士。当老苍头询问是何鬼怪?率意答曰:棒锤精。作法之时作出种种法官气焰,迨至法不胜妖,则又藏头露尾,潜伏于桌案之下。该伶描摩丑态,惟妙惟肖,此中情状颇耐人寻绎云。

悔庵曰:观其信口胡云,是非可以颠倒,黑白可以混淆,颇有似于今之为法官者。

又曰:此种法官惜不令其一考。

宣统二年八月廿三日/1910年9月25日第2版

说　剧

素

吾人今于新闻纸中发见戏剧之评论,此新闻纸进步之一显征,而国民之一生气也。然吾人评剧之法与欧人颇异(此以日报之范围为言),盖吾人意在促演者之改良,而欧人则意在引阅者之兴味也。故任取一欧报,查其评剧之栏,其指陈某剧之疵点者,殆绝无之。夫吾剧方处新旧之交,有需于严正之批评甚亟,故吾新闻纸剧谈之如此,毫无足怪。至欧纸剧谈如彼者,或吾人所欲问也,记者于此请为述两原因:

一、欧剧剧本率成于名家之手,批评之事乃大不易,且八九完善,无所用其讥弹。

二、新闻记者以对于班主之义务,乃不能肆其恶评,故即欲偶陈其意见,亦恒相持而不发。

宣统二年九月十二日/1910年10月14日第2版

说　剧

素

本报昨日所记欧纸之剧评,以对于班主之义务,不指其疵其故如次。

新闻颇以剧谈增长其势力，而班主亦利用新闻之剧评，以张其广告，此自然之关系也。而义务发生者，则新闻记者之观剧乃为班主所招请，而奉以上等之坐位。其习惯之条约，则记者于观剧之夜，无论为时缓促，必草作评语，登于翌晨之报栏。束缚虽止于此，而班主之望记者为之揄扬，自不待问。记者若故拂其意，则戏园与报社之感情，必有变迁。而记者或至因此失其招请之席，此时虽可自由往观，而评论将至□形棘手。故报社与一戏园开战，在欧洲实不数见，且记者亦率避而不为也。

宣统二年九月十三日/1910年10月15日第2版

钟声之戏

吹　剑

余耳天乐园钟声等新剧之名久矣，以为戏剧本文学之一种，而吾国剧界现在流传之古老戏剧可美者固多，然逐世界新文明改造新剧亦自不可少。今有钟声诸子，吾国剧界之幸也。乃缘慵懒，未即往观，昨夜方得睹所谓《沈香床》、《滑稽魂》二剧，兹试捉其所长与所短者恣评于次：

《沈香床》出中如杨金花之灵警狡猾，林公子之纨绔稚气，家丁之帮闲市态，皆绘影绘声之作。惟林丈偕林公子携奁往取金花途中，遇乞丐一节，林丈临事起见，令彼此易服往试数语，似觉太速。宜先由林丈闻乞丐语毕，独自筹思数语，然后启口令彼更衣，方合情事。且林公子当令易丐服时，虽有不允之意，尚嫌简略。试思以一富贵公子，忽令途间易乞丐服，此事何等违忤。虽云出自尊长之令，犹必写林公子惊疑拒命不已，林丈乃以不从命则不许娶之语劫之而始从允，如此编演，似为尽致。

杨金花终被气责而不肯死，最善写出娼思。

至剧中服装背景之不完美，想系草创，或亦财力所限之故也。有提倡文艺思想者，盍奖助诸？

《滑稽魂》则无甚结构，然此种剧本纯属外国戏曲家所谓喜剧者，其意不过引人笑乐而已。然知县谒藩司，用面盆进茶，殊过于突兀而伤雅致。剧中举止动作,虽应取笑,然直若儿童嬉戏,无意识的错乱,亦非所宜。余以为,《笑林》所传某官谒上司,因请茶而唾及屏,因以靴潜擦屏而屏倒,因起扶屏而致盏于椅,因仓促复座而破盏情节,殊为滑稽,似可插入。又有某捐班谒上司,上司见其二子,某官咬文率赞曰:"真是犁牛之子骍且角。"旋自悟其失侍,变容速改语曰:"卑职该死,卑职是犁牛。"此数语,尤惹人起笑,似亦可掺入。不知脚本执笔者,以为然否耶?

宣统二年九月廿八日/1910年10月30日第2版

说 剧

素

今之评剧者,每以新戏不带唱,是乃缺点为言。予谓斯言太外行也。新戏二字,义颇暗昧,然予之理解则指数幕相联,仿西洋戏剧为之者也。此种在写明社会上之心理制胜处,全在作法之生动,唱工非所须也。唱工自有佳处,而以置之新戏,殊嫌不肖。如必以新戏不带唱为可惜,则是见蚌中有珠,而乃叹其不并生珊瑚也。西剧中亦自有唱,而未闻西人以剧中无唱为该剧之累,须知戏剧尽有多种,每种有每种之长处,吾乃不许各种自擅其长,必并数长于一种,若谓此种外不更容有他种也者,所见如此褊狭,非良批评家矣。

宣统二年十月初六日/1910年11月7日第2版

燕尘琐录

大 一

梅兰芳择于日内举行结婚大典,有所欢某氏独购春宫图数十种为奉,申贺敬之具,以其结婚与人异,而送礼亦故为特别欤?前有王君者赠梅郎以诗云:

青青垂杨柳,婆婆舞高楼。梅郎腰肢柳条柔,青衫翠袖按梁州。湾湾春水剪春愁,柳丝锁恨上眉头。春愁如绪纤眉曲,安息香薰芙蓉褥。琼林瑶树尽销魂,红似桃花白似玉。玲珑一曲心为折,珠喉宛转流泉咽。悠扬亦引奏繁音，缠绵九秋肠寸结。冉冉莲花似六郎，登场巧作女儿妆。乌丝绾就汉宫髻，斜插金钗佩玉珰。秋波微睇清怨多，偶然一笑生微涡。罗裙拂地娇娉婷，百啭流莺动珠歌。珠歌不断愁思重，无聊闲整钗头凤。蓬山缥渺仙境遥，狂风吹醒邯郸梦。梦醒犹记邯郸路，斜雨细经秾桃树。铁石心肠宋广平，闲情犹把梅花赋。阿侬何人向谁语，梅郎空自好眉妩。那得樱桃花下边，寸心浪共莲心苦。

曾日月之几何，梅郎诵此，其亦有今昔之感乎？

宣统二年十月十二日/1910年11月13日第3版

广德楼之盛况

大　一

前晚偕友朋数辈，至天乐园往观新剧，至因坐位大良，乘兴而往，扫兴而归，群用为悔。予谓小叫天今晚在广德楼演《法场换子》，盍往观焉。幸而时间尚早，于台下尚得一席地，至十二时许，当小叫天出台，楼上楼下，红男绿女一时拥挤之状至不可堪，大约又不下二三千人之数，（闻十六晚有三千余人之多）可谓盛矣。至若小叫天演唱之声光，实记者不敢赞一词以誉。

宣统二年十月十九日/1910年11月20日第3版

剧界片片

钟声与田际云一切轇轕，早经警厅判结。兹悉下月，钟声仍将搭班于文明茶园，而天乐园之热闹，则恐不免从此顿减也。

刘鸿升不受欢迎于津，偃旗息鼓，重返京师。俞振庭不惜人言，复约伊下车于文明茶园，不料又为伊受无量之损失。虽咎由自取，而刘鸿升亦知此地不可久留，仍有赴沪之意。惟契约一时难以订定，因刘每月索聘资至四千元之谱，该处园主则仅愿出一千元内外云。

宣统二年十月廿四日/1910年11月25日第2版

刘鸿升脱一板

悔　庵

伶界刘鸿升自前次出丑之后,遁往天津。昨来京师,又张旗鼓。初二日演梆子《上殿》一剧,上场时声调太高,演至中间,气息中断,倏忽之间遂脱一板。观者见其如此,不觉齐声喝彩。鸿升左支右绌,几至不能终局。台下人因又连喝数彩,一时旁观嘲笑之声,洋洋不绝于耳。南人谓人之失体面者,每曰摊台,刘鸿升之今日可谓大摊台云。

悔庵曰:伶界中之有刘鸿升,平心论之,亦庸中之佼佼者也。其所以薄得虚名,实大众捧场之力,众人之与刘鸿升固有德而无怨者也。乃鸿升不自度德量力,自以为名成之后可以为所欲为,于是在舞台上肆口乱道,毫无顾忌。前次失败,犹复怙恶不悛,肆行蛮骂,卒至今日越乎规矩准绳,任大众之嘲笑讥评,亦不能不甘自忍受。然则鸿升之有今,正亦其咎由自取,旁观之人固未尝有从井下石心也。凡为刘鸿升者曷鉴诸。

宣统二年十一月初四日/1910年12月5日第2版

刍 言 报

《刍言报》,1910 年(宣统二年)由汪康年在北京创刊,1911 年汪康年去世前即停刊。该报不以报道新闻为主,而以评论及记载旧闻供人研究为宗旨。

吴新苗辑录、整理。

宣统二年(1910)

论报馆与戏子(辨尊崇优伶之邪说)

近忽有所谓钟声、木铎者,时时出现于京外报纸,若上等人物也,若下流社会也,是果何物哉?曰:发明改良戏曲之人也。嘻!其果然欤?实则无聊赖之人,思得一发财之新法,乃联络报馆为标榜之地。业既大行,则可诱骗良家子弟,抑使学戏,以益自丰其业,如斯而已。

盖钟声者,王姓,首以是为职志,亦在日本之春阳社中人也,至华为此有年矣。前年至杭,以公然欲招中学毕业生为戏子,被教育会禁阻。又以他事为增中丞所逐。木铎者,湖北人刘霖也,尝留学于日本之早稻田,未卒业而去,又尝为杭州求是书院之教习,又为北京天津大学堂之通译。在京好冶游,与优人狎,又好唱二簧,不知何时乃与钟声相合。(编者按:此中人不一,离合亦不一,不暇详之。)其戏或旧或新,顾戏中情迹,有碍于社会者有之,无关于劝惩者有之(或訾其不能唱,然此非吾所注意)。而其人上台之后,扭捏声容,挑招女座,何异常优。今闻其递呈民政部,以改良戏曲自居。盖如此,则直招良家子弟为徒弟,而无人能阻其隐衷盖如此。(前在申尝设学堂,招学生数十,后乃诱使学戏。学生以学戏有趣,遂亦从之,后为学生家父母所知,多迫令回家乃已。)

最可异者若《帝国日报》,若《帝京新闻》,尽力以提倡之也。其说曰:泰西不以优为贱业。或曰:泰西社会甚尊重优人。吾不知此出于何种法典,何种记载。又不知各国尊隆之典礼,重要之聚会,是否曾有优人列席。至若以身为教习之人而忽为优伶,不知何国有此卑劣之事?若谓名优所至,万众欢迎,王公召燕,每日游踪,报纸登载,则如吾国小叫天之类,亦复乘坐马车,时预贵人曲燕,亦得曰吾国尊重优人乎?若谓吾国鼓舞社会,要在改良戏曲,是或然矣。然但须文人选择故事,精制唱白,描摹情节,使旧时优伶为之亦足矣。盖伊等习于其事,演唱精熟,无烦他人越俎,且亦彼等之生业也。今不为此,而忽欲以凭虚无实之谈,谓将以上流社会之人为之,以欺世而罔利,盖该报恃无人指摘,遂敢明目张胆,一至于此。前者有一报极称扬若辈,复有一报訾诋之,然冷眼观之,则知两报实一鼻孔出气。盖一吹一打,台面始热闹。否则,但有赞扬,数日即辞竭。盖报馆也,戏子也,一而二,二而一者也。

第 7 号内编第 2 版

闻 见 杂 录

黄祖络为浙藩,以贪著。尝以数千,售山阴。有赵姓行六者,得之上海戏园,演为《朝天串》一剧。中间扮花旦言:某缺须若干,某缺须若干,山阴则须若干。黄闻之,大惊,亟使人以二千赂园主,故唱一次即罢。然后即被言官参去官。

客于妓前诋他妓之狎圉人、优伶者。妓睨视久之曰:君辈于狎圉人、优伶者诋之至矣,其于不狎圉人优伶者则如何?余谓此言足愧今之社会矣。刻责于彼,而淡忘于此。不足资激励,且以征人情之薄也。

第 23 号外编第 7 版

小 闻

癸卯余居申,偶见广告,知圆明园路外国戏园,方延吾国曾至美国卖艺之朱某演艺。此事虽小,然是园以华人演,余惟此之见,而外人之佩服吾国艺业亦惟此之见。因遂约友往,坐余前者,一贵游子弟,亦与余识。朱出奏技,西人观者无算拍掌声若雷,余亦欣快。此贵游子弟乃懊恼曰:原来只是吾国旧戏法也,乃骗吾数元去。

第 25 号内编第 4 版

宣统三年(1911)

记　怪

近有一事最足令人怪,各报多责官吏及号称志士者,不应当此国步艰危之时,而佚游放荡。其说是矣。乃有数种报,无日不评论优伶之优劣,鼓吹戏剧之声色,穷形尽相,务使读者兴会为之发扬。惩于彼而劝于此,已极可异。且观其所言,则评判脚色,挑剔错谬,似极内行。岂馆中人物,自考求时事精娴政法外,并及熟谙菊部之人,网罗之多一至如是乎?

第 56 号内编第 6 版

台湾新报

《台湾新报》创刊于1896年(光绪二十二年),由日本人山下秀实在时任台湾总督桦山资纪的帮助下创立,为台湾第一份近代报纸。《台湾新报》初期限于物资匮乏,故采不定期发行,周刊一两次。同年7月,第二任台湾总督桂太郎纳《台湾新报》为台湾总督府公报,刊登政府律令的发布和解释,由总督府补助出版。同年10月改为日报,不过销路极差。1898年,《台湾新报》和《台湾日报》同时为日本人守屋善兵卫收购,合并而成《台湾日日新报》。

徐亚湘辑录,陈恬据此重新整理。

光绪二十三年(1897)

遏密八音

督府接电音，当令全台民人禁停一切歌舞音乐，唯禁停日期应别发布也。

光绪二十二年十二月十一日/1897年1月13日

禁停鼓乐

督府出示，皇太后登遐，所有臣民起于一月十二日，至二月十一日，计三十日，禁停歌舞音乐。其系营业者，以十五日为期，将来梓宫发驾及卜捧之日，亦禁停之。

光绪二十二年十二月十四日/1897年1月16日

台风杂记(九)·演戏

达山居士

台人好演戏，与日人相同。祭典农岁，必为演戏以乐之，所演大抵《三国志》、《水浒传》、《西游记》类。优皆男，女优甚稀。其所谓舞台者，皆临时设之，无常置者，其形如我神乐殿。弹竹皷锣，锵然填然，袭人耳面。优皆魁梧伟男子，峨冠长髯，动止快活，剑舞戟飞。或为鸿门之会，或为三雄之宴，勇壮杀伐之风有余，而少情趣致密之态。且言语不通，其所观真是不过隔墙望堂，唯以其技艺比我名优，则岂啻云壤月鳖!

评曰：曾闻福州俳优上者岁入千余元，上海三两千元者亦有，殆与日东名优同其收资，唯不知其技何似耳。

光绪二十三年二月初一日/1897年3月3日

扬扬得意

新竹绅士此自给绅章,城中只有九人而已,虽非尽缙绅华胄,然亦大半豪商也。所以只领之余,不胜荣幸,遂于是夜在北门街俱乐部,诸同人俱各醵资演唱梨园,肆筵设席,其时来相庆贺者约有数十余人,无不开怀畅饮,赌酒猜拳,各尽其欢。迨至灵鸡三唱,众宾方道谢而归,亦一时盛宴也。

光绪二十三年五月十三日/1897年6月12日

枋寮回春

枋寮黑疫,二月前即流行几遍。时街庄各长会议,谓须造塔以消灾,乃建造之塔大约三丈余高。并搬演梨园,连十五日,甚形热闹,而黑疫亦渐见回春云。

光绪二十三年五月十七日/1897年6月16日

英皇万寿

近为英皇六十寿诞,厦门各英商均一齐休业,每日演唱梨园,并西洋杂剧及烟火各物,厦门遂大为热闹云。

光绪二十三年五月三十日/1897年6月29日

虚靡其费

新竹南门育婴堂边,有池王爷庙,闻甚英灵,不时香烟不断。昨日为其诞辰,家家户户虔备牲醴,挑往庙前排列敬奉,不计甚数。近附居民捐金演剧,日夜士女诣庙焚香酬愿,络绎不绝,颇觉热闹云。

光绪二十三年六月二十一日/1897年7月20日

其盛矣乎

新竹南门育婴堂边,有池王爷宫,□庙貌如大稻程之霞海城隍,即英灵亦不甚相远也。去十七日为其神诞之期,城厢家家户户无不杀鸡为黍,竭诚供奉。而又捐金演剧,三抬(台)平列,互相竞胜，故满城士女相望，观者如堵。自午后三四时至夜半二三时，焚香酬愿者尚络绎不绝云。

光绪二十三年六月二十二日/1897年7月21日

西秦神诞

艋舺龙山寺边有一神祠，屋虽栋画，地仅数引弓，固非堂皇大庙宇也。闻系黎(梨)园子弟所建，以祀西秦王爷者。日昨旧历六月廿四日为其诞辰，凡诸管弦中人无不捐金演剧，牲酒供奉，以昭庆祝，颇觉热闹云。

光绪二十三年六月二十八日/1897年7月27日

荣耀乡闾

云林辖蛇仔仑局首陈绍年，本年东游帝国观光，归后于台湾总督府领受勋六等瑞宝章，衣锦荣旋。闻归乡之日，其乡邻及其堡内辖下之人，咸整肃恭迎于三里外，彩旗鼓乐前导，迎者后拥，旁观者啧啧称羡。到家后演剧宴宾，贺祝盈庭，连旬彻夜，盖丝竹弦管不绝其音，亦诚足为乡党光矣，洵哉不负此行也。此近天云林人来彰谈之娓娓者。

光绪二十三年六月二十八日/1897年7月27日

藉神作乐

去六月廿四日，相传西秦王爷神诞，所有管弦音乐之人及梨园子弟，皆不惜縻费，以申庆祝。如粟仓口街某甲素以教习歌妓为业，晚搭抬(台)，率女徒数人弹唱，并设筵肆席，邀集宾朋饮宴，计费一二十金云。

光绪二十三年六月二十八日/1897年7月27日

燕街普度

昨八月一日即旧历七月初三也，新竹东门保燕街仔街各户同日普度，公置一坛，铺设华丽，家家牲仪酒醴、香花茶果，以及猪羊粿粽,无不从丰。惟向来演唱梨园数台,本年警部奉公谨慎,诚恐观者如堵,容易滋事,不如示禁为愈,故仅用鼓吹,夜间转不甚热闹也。

光绪二十三年七月初五日/1897 年 8 月 2 日

中台时事·误烧人屋

七月二十三曰,阴历六月廿四日也,是日为西秦老王爷诞,各梨园乐部均引为庆典,嵩祝殊为闹热。南门三国王庙暂为某班优人借宿,是日班中祝老王爷诞,烧金燃放爆竹,火星飞至庙后汪家屋上。该屋又系茅盖,时正当午,赤日如火,熏风微动,遂成不可向迩之势。霎时间烈焰飞腾,黄烟四塞,一厅二房立烬之。幸汪家屋不与人毗连,三国王庙则壁皆砖石,火不得入,故未延烧他家。又幸时在日中,众手纷至,汪门前又有通流水渠,水颇畅流,乃能扑灭,不致余屋俱烬焉。汪家仅三妇人,一母二女,皆持吝不嫁,值此未免怨哭不休,奔诉警署。署长立派警员二名查勘,该警员遂将燃炮不慎之优人带回。署长责其粗心浮气,叱之者再,戒后无尔,亦遂释之。

光绪二十三年七月初八日/1897 年 8 月 5 日

粤庄大普

中坜堡宋厝庄有义民社会,昨日十九普度,猪羊六百余头,鸡鸭一千多羽,粿粽瓜果菜饭不计其数。而又搭台演戏,灯烛辉煌,莫名热闹。远近庄民扶男携女到地观玩者,真有人山人海云。

光绪二十三年七月二十日/1897 年 8 月 17 日

今不同古

艋舺直街、仔厦新街、旧街三处同日合普,由来已久。然前时泉北郊商无不演剧斗胜,几于家家丝竹,户户管弦,猪羊牲醴不计其数,洵莫名热闹也。乃昨前各街铺户大都草草了事,三条大街公雇梨园三台,惟泉泰商店则自演一部,门面略有铺设,协昌亦自延歌妓数人，搭台禅唱，颇不寂寥，其余则皆冷冷淡淡也。

光绪二十三年七月二十日/1897年8月17日

大杀风景

祖师庙属众炉主择前日普渡，午后四钟时，各家俱具牲醴冥镪，诣庙前设供者，奢俭不可以偻计。又有菜市场设三大祭筵，皆屏插映山紫，炉添沉水香，粢洁丰备，水陆齐陈，足见从事者之奉行惟诚，殊可嘉也。此外又演戏以媚神听，待晚间凉风微扬，皎月当空，咸喜天从人愿，于是乐观之丝女红男，鬓香扇影，不期倾城而来，诚韶华之胜事也。至钟报十一，台上正演武乡侯收姜维故事，描摹忠爱神情，俨然活现。知音者正击节叹赏，喝采连连，不期忽来警吏一员，立命停演。观者不知其由，见班中忽然掩旗息鼓，闭箱杀锣，疑有非常急事，均各争先欲走，无奈拥挤不开，一时呼兄唤弟，历乱不堪。甚有喊破珠喉，蹴损金莲，宁作胯下王孙而不得出者，忙之不了。嗣有晓事者告之其故，诸眷属惊心始定，迨扫兴而归，观其情致，大非来时之娇娇滴滴矣，但闻檀口中呶呶不已也。

光绪二十三年七月二十四日/1897年8月21日

同日普度

昨日旧历廿五，艋舺土治后街、透半路店街一带民居同日兰盆胜会，计演梨园五六台，倩歌妓搭棚弹唱者，亦三四家。一夜丝竹管弦之音，响彻街衢，士女游观，络绎不绝，颇觉热闹云。

光绪二十三年七月二十七日/1897年8月24日

不实反坐

台中员林街邻庄有某甲，诱集人家子弟，聚于一处，饱以餐饭，教以歌舞，将为教戏场优伶脚色者有。某乙之子，年十二三，被诱去。乙侦知，伺讨而甲不还之，然乙于甲势不敌也。乙愬于某讼师，将以诱人子弟为优伶诉之官，请为拘还。而某讼师曰：如是，第还汝子，彼即无罪，某有一计，可快偿所愿。乙喜询之，曰：告彼作土匪,掳人勒赎,如此则罪重矣。乙信之,请代作状词,持诉于该地警署。警署见词是土匪掳人,星夜火速派员,同乙往其处围拿,果获童子十数名,教曲师一名,年约四十余,以归。警署讯之,教曲师曰:某非土匪,为某甲延来,教童子歌舞耳。问童子何来,曰有以钱诱来者,有□其父母金税来者,然皆半属强拐。台湾本有此例,特非有势力不敢为此耳。警署讯明实为土匪以乙首告不实,将加反坐。乙呼曰:某意本欲直诉,某讼师教我如此。警署乃并拘某讼师到,拟治以唆讼之律。闻该案尚未结云。夫诱良为优,坏人子弟,土豪非法,自属有罪。而乙子被诱,较不还璧,诉官究追,宜矣。特不宜小题大做,听信讼师,妄告土匪,自取反坐之咎,诚所谓弄巧反拙者耳。然诱人子弟为优伶,苟非其父母所愿,此风究不可长,惩之而厉禁之为宜,亦培风化之道也。

光绪二十三年七月三十日/1897 年 8 月 27 日

热闹非常

稻江自七月以来,普施亦云多矣。如昨日城隍庙祭献孤魂,虽仅庙前庙后两街,暨主普五名,而肆筵设席,排列街中,恍如长蛇阵。且演唱梨园子弟及艺妓歌弹,约有十余台,无非善舞善唱,而热闹为稻江第一也。

光绪二十三年七月三十日/1897 年 8 月 27 日

熟路重游

台北本繁华市镇,兼之改设行省,仕官云屯,商旅日集,凡属娼寮妓馆,亦遂十分利市。而外江之歌妓舞女,熙来攘往,几于指不胜屈。名曰童子班,言其以喉舌为活计,不比以皮肉作生涯,因此声价七(十)倍,而痴情嫖客恒不恤一笑千金焉。故帝国领台之时,各拥厚资,买桌归籍。近侦台北地方此项生理较前畅旺,昨经遣伙先行渡台,欲向大厝口某甲租定房屋,一俟下月,即携莺莺燕燕,仍向旧巢高张艳帜。想到时在地琵琶行,亦未免一齐减色矣。

光绪二十三年八月初四日/1897 年 8 月 31 日

中台时事·闹热异常

彰化南门街副总理江镜清近日自行退办，举同街薛止中自代，递禀于警署及鹿港办务署，盖彰办署时尚未闻也。批准后，彰化观音亭总理集会所以鼓乐彩旗送报单于薛，仪如前时报进秀才也者。其报单红幅金字，文云："捷报：贵府相公薛官章正中，蒙台中县鹿港办务署山口咨准彰化南门街总理，充当奉公，指日高升，彰化集会所报云。"十月初一、二日，薛乃肆筵设席，召梨园演剧酬宾，室中排设宝玩，及悬挂贺彩贺联，辉煌满室，殊壮观落眷高悬报单，以供众目，示荣幸也。集会所更于是日以鼓吹送贺仪，闹热异常，历一二昼夜，灯火彻日焉。

光绪二十三年九月十七日/1897年10月12日

佛诞同祝

月之十四日即旧历九月十九，为观音大士之佛诞日也。新竹南门外竹莲寺夙称灵应，每逢生日，满城绅商醵资演剧，表庆贺。所有善男信女供献香花茶果，入寺叩祝者肩摩踵接，络绎不绝，真觉异常热闹也。

光绪二十三年九月二十一日/1897年10月16日

新戏开台

枋桥赛塔一事，前月间每夜选择童男扮成戏出，不过娱目聘怀，取其形似而已。今则习其曲调，学其步武，衣甲戴盔，舞演棚上，生旦净丑，脚色俱备，居然一班新梨园，俗称为子弟戏，计所学仅二十余目。昨夜试演于慈惠宫前，名曰开台，小日预先请客往观，各铺户均用铜钱乙串挂棚，以为恭贺礼。当其和声鸣盛之际，阿堵跃然，观者欣然，而其父母兄弟得之独愧然焉。

光绪二十三年九月二十五日/1897年10月20日

曲牌时尚

台北艺妓之弹唱，推艋舺为最。然其最为时尚者，亦只十数剧而已。如大曲则《采桑》、《探母》、《骂曹》、《牧羊图(圈)》、《天水关》、《四箭令之进宫砂》、《金桥女》、《困曹》等剧,如小曲□《哭五更》、《进兰房》、《十杯酒》、《九连环》、《衣(瓜)子仁》、南词《四季相思》等剧。至《困曹》、《打洞》之大曲,及其它杂碎之小曲,只是小呱呱的艺妓和鸢鸣鸦哮以了世事而已,固万万不能动听也。近时又有喜学南管者,虽声调平淡,却有些悠漾之意,然台北久尚北调,而南管虽终然不能与北调抗席。

光绪二十三年九月二十九日/1897年10月24日

水官寿诞

昨前即旧历十月十五日,台湾人民家家户户无不传为水官大帝寿诞之期也,故稍有家财者,或宰猪杀羊,演戏叩贺,或备三牲酒醴,各尽一心之诚敬,此皆遵从旧例也。盖是日称为下元,即正月十五则为上元,七月十五则为中元,是一年而有三元也。台岛虽属帝国版图,然天皇陛下授总督以治台之全权,固无不孳孳然望其稽查民情习惯也。是以值此日也,任人民之演戏,亦无禁止之条,岂非皇恩浩荡之乎!

光绪二十三年十月十七日/1897年11月11日

枋桥贺节

月之三日乃当今天皇陛下之圣寿也,凡我台岛家民,莫不荷龙光[而]答贶,藉燕贺以倾心。至若摆接枋桥僻处一隅,亦闻其借慈惠宫为庆,会所升旗结帐,列炬燃灯。剧演俳优,何异莱衣舞彩;筵开满汉,居然桃宴称觞。上席则有若警官区长,次席则有若铺户农人,吏民共乐,酬酢交欢。饮毕三呼万岁,众口一辞,鼓掌和声,握手言别,归与乐且未央,斯亦一时盛事也,故特志之。

光绪二十三年十月二十三日/1897年11月17日

独占渔魁

基隆社寮岛原属鱼村之区,该处人民俱以网鱼为业,惟即各层户总计之仅有八户，皆得大利。且八户自壹千贰百圆起，至壹千六百五拾圆止，其中潘凤奇、谢乞来二人又甲于六户，各得利壹千六百余圆。向来俗例得利益上署曰头功，至旧历十月初十日，该头功人在于社藔天后宫演戏酬神，名曰头功戏，历十余年来，皆潘凤奇独占其魁。本年谢乞来与潘凤奇并驾齐驱，彼此互争头功，经邀请该处庄长在妈祖宫内，将二人卖鱼帐簿逐一算清，彼谢乞来更少得潘凤奇三圆余之数，仍让潘为头功。毕竟潘凤奇有屡占渔魁，或有网鱼妙策乎？不然，何以年年如是，诚令人不解也。

光绪二十三年十月二十九日/1897年11月23日

结欢喜缘

艋舺龙山寺右厢自士商公会裁撤之后，每于夜间歌衫舞扇，飘雪回风，管弦嘈杂，盖以杜牧之水嬉，为周郎之顾曲，致足乐也。说者为公会既撤，醵金不征，则挥霍黄金，出自已囊，于人无干，原可逍遥自在。然龙山寺为晋南惠三邑公庙，系供奉观音大士之所，理宜梵音清净，守戒佛门，何得以酒地花天污我清规乎？或者世有塑布袋和尚者，手披一幅，书"皆大欢喜"四字，则身是善提，心是明镜者，未尝不随缘作乐，以见佛门广大，无所不容。故诸士商人等亦将籍天女散花，以消维摩病魔，而不惮播广长舌，结欢喜缘也。

光绪二十三年十一月初七日/1897年11月30日

庆祝平安

台北春间天时不顺，人口不安，闾阎相沿旧习，惟有祷于上下神祇，藉以禳除疫疠。现在四境之内平安共庆，家家户户无不踊跃捐资，择吉建醮，仰答神庥如一。昨日艋舺下北皮藔(寮)街自隘门内起至营盘头，一百余家自行醵金，建设醮坛，在庆茂店宰杀牲牢，虔备粢盛，罗列坛前。各家门首又皆另备牲仪酒醴，以表祝意。沿街张灯结彩，或演唱梨园，或雇佣艺妓搭台弹唱，一夜灯烛辉煌，管弦嘈杂，兼月朗风恬，远近来观，肩摩踵接，络绎不绝，亦一时之盛也。新起街大半内地人居住，本地人寥寥无几，昨夜亦如北皮藔

(寮)街醵资建醮,张乐演戏,其熟闹亦不甚多让焉。

光绪二十三年十一月十一日/1897年12月4日

如同儿戏

天下无独必有偶,如内地戏班,鼓乐声音以及衣冠服饰,虽未能十分夺人耳目,惟登场演武,技艺俱有足多。况乎内有一男一女,年约三十左右身材矮小,望之不啻四五岁婴儿,高不满三尺,而手段之灵敏,拳法之高明,较之魁梧雄伟之人,且有过之而无不及。宜其四方来观者无不众口一辞,咸以为见所未见而叹赏不置焉。

光绪二十三年十一月十九日/1897年12月12日

络绎不绝

内地戏班演唱多日,观者尚不乏人。盖因两个矮男女世间所罕见,此唱彼和,无论乡村城市之人,均思一睹为快。所以每日午后二时唱至六时止,即博有二十余圆,夜间亦然,所得不为不多,然油火开费,则亦不少也。

光绪二十三年十二月初一日/1897年12月24日

枋桥谢塔

造塔之事,起自儿戏,后即延为习俗。缘近来台地疫气盛行,各处街市援例造塔,皆儿童创设于先,而铺户乐助于后。鸣金振鼓,藉攻阴邪,果然幸获平康。是以枋桥迩年仿照其事,自旧历八月初造成二塔,内立神像,每逢朔望,各家虔备牲醴菜供,致祭于塔前,名曰稿(犒)军,至今五阅月。该处荷蒙天佑,理合酬神撤塔,人人鹊喜,户户鸠资,已择于旧历十二月朔演戏二天,夜间又加妓女在棚弹唱,弦歌叶奏,丝竹谐音,直以为和声鸣盛云尔。

光绪二十三年十二月初九日/1898年1月1日

光绪二十四年(1898)

药商团会

汉医之法本于神农尝百草,至轩辕氏及岐伯益研究其术,今所传《灵枢》、《素问》,是其遗经也。众药商曩崇祝神农大帝,以示报本返始之义,俗所云药王是也。阴历元月初三日相传为药工神诞,是日艋舺大稻埕众药商公共设筵致祭,并雇菊部优伶一班,以娱神听。午后祭毕,设席飨宴,盖饮福受胙,□广神惠耳。当元正辍业之时,人人休暇无事,酒至曩巡,牳(拇)战方酣,颜醉微酡,街上来观梨园戏者甚众,往来如织。翌晨将药王神像另送新撰主会之家,俗所云炉主是[也],闻其会中章程仍旧毫无更改焉。

光绪二十四年正月十三日/1898年2月3日

庙宇增辉

枋桥街建有接云寺慈惠宫,每逢上元日,演唱俳优,甚为热闹。是晚鸣钟击鼓,列炬燃灯,男妇老少,入庙焚香,络绎不绝。或求柑以祝发财者,或求灯以祝生子者,或求糖龟以祝多寿者。而前年求之获效,至今亦来叩谢神恩,各倍还其柑、灯、糖龟等件,即以是物付他人求去。值年上元首事将男妇姓名并所求所谢之物登载簿中,以便新旧交接云。

光绪二十四年正月二十日/1898年2月10日

醵资酬神

一昨日祖师庙口搭有双连棚,演唱梨园,两班角胜。夜来则有新式灯笼数十盏,俱以萝卜刻成花木鸟兽,酷肖其形,中点猪油,以代蜡烛,明亮如琉璃,洁白若冰雪,为向来所罕觏。而乃以鼓乐迎邀各街,兼装扮故事,随行逐队,不啻元夜,管弦嘈杂,灯烛辉煌也。

而红男绿女来相观玩者,踵接于途,络绎不绝。论诸父老今夕何夕,胡热闹乃尔乎?佥曰去年清厘籍贯,驱逐外地人之时,众车夫祷于上下神祇。迄今已平安无事,特即鸠资演醵,藉以仰答神庥耳。

光绪二十四年正月二十七日/1898年2月17日

不使作乐

旧历二月初二曰,俗称福德正神佛诞,家家户户无不以牲仪酒醴虔诚叩祝。是夜聚饮胪欢,亦仲春佳节也。况城厢市镇以及大小乡村,到处俱有福德神祠,且各有福德社会,每逢生日,即醵资演戏,颇觉热闹。但此次恰值晃亲王殿下薨去,适在奉禁民间歌舞音乐三日期内,所以艋舺土治前街福德庙本日不敢演唱梨园,职是故也。

光绪二十四年正月三十日/1898年2月20日

独擅胜场

艋舺各街本地酒楼已不下十余家矣,然生意利市,前则以协记为最,今则以平乐游首屈一指。盖平乐游家屋最深,修缮颇洁,又当往来冲要之地,自觉易于热闹。一昨日择吉开张,先一夜则延有名歌妓五六人搭台弹唱,观听者已肩摩趾错,拥挤不开。昨又倩本地梨园演唱,未几,福州人之娴其技者,竟互相乘兴登台,演唱《断机教子》戏文,声调形容,俱擅其胜。一时人山人海,无不以先睹为快云。

光绪二十四年二月十四日/1898年3月6日

答谢大庥

稻江北门外街二丁目十七番户黄舟氏,自帝国领台以来,为民政局警保课雇员,因其慎重职守,公务勤劳,仰蒙皇恩叙勋七等,并赏金二百圆,其勋章金额既于客年年抄(杪)授与矣。该黄氏于拜受勋赐之际,乐何如之,当经赋诗献词,叩谢皇上万岁,优待士隆矣。此后各亲友趋贺盈门，络绎不绝，人咸曰光宗耀祖，大换门庭，黄氏可推第一也。兹于三月六日，又在自己寓所搭坛结彩，演唱梨园，且大排筵宴，恭邀佳宾席就。内则高朋满座，胜友如云，战拳行令，喜笑言欢；外则铜板铁琶，前唱后和，粉粉（纷纷）丝管，半入江风。而且灯烛辉煌，观者如睹，其闹热奢华之盛，可为极矣！

光绪二十四年二月十六日/1898 年 3 月 8 日

开肆演戏

七日艋舺直街有新创商业者，专卖烟油两项，是曰开张，并肆筵设席，以待佳客。门前高架一台，演唱梨园戏班，歌扇迎春，弦声穿□，往来观剧者，络绎于途。而所卖烟丝皆廉价折半，如条丝每包金二拾钱，巴丝每□金拾五钱，于是喜便宜货者，云集骈臻，大有应接不暇之态。夫商人贸易，以价值公平、童叟无欺为要，抬之过昂固非，降之太廉，亏本而售，亦非也。该店一日开市未得长利，而件件亏本以招徕贸易者，是巧于营谋。有或（或有）人云：此系福州风气，凡开业者必于一日间降价发售，甚有竞争购买，拥挤不开，致肇斗殴者，时常见之。

光绪二十四年二月十八日/1898 年 3 月 10 日

祝佛生日

一昨日旧历二月十九，观音大士佛诞也。新竹南关外竹莲寺夙著灵应，在城士女咸以香楮之仪躬趁叩祝。其寺前则醵资演戏，远近来观者，踵接于途，颇觉热闹云。

光绪二十四年二月二十三日/1898 年 3 月 15 日

女戏奇观

台北十余年前新建省会，仕宦毕集，商旅偕来，风气日开，顿成繁华世界。而外江之歌妓舞女，航海来台，争树艳帜者，遂不一而足。兼之在地妓女互相效颦，一时娼寮（寮）妓馆，几于个个能敲檀板而唱竹枝矣。然买笑楼中，谁分甲乙；迷香洞里，孰判高低。于是一群姐妹花演习戏文,搭台演唱,其声其色俱佳者,闻应让童子班首屈一指焉。距今多年未有,小思一再目睹之为快也。不谓近日教曲诸人邀集女徒,仍传从前故事,一同演习戏文,择昨日二十四日在龙山寺搭抬演唱。绿女红男,闻风来观者,人山人海,拥挤不开,异常热闹。

光绪二十四年二月二十三日/1898年3月15日

庆祝佛诞

昨三月十四即旧历二月二十二,为广泽尊王诞辰也。按广泽尊王庙在南安县由头城,有护国佑民之功,极赫声濯灵之感,故屡邀褒奖,迭著神通,几如万家生佛,凡有血气,莫不尊亲矣。当时台人每届生日以前,航海进香者不可胜数。自隶帝国版图,所有外出均须禀领护照,是以近来香客寥寥无几,惟有在家虔备牲仪酒醴,自艺心香,以申顶祝而已。乃新竹仑仔庄结有郭姓王□会□则醵资演剧,肆筵设席,颇觉热闹,远近善信赴该地结香火缘者,亦络绎不绝也。

光绪二十四年二月二十四日/1898年3月16日

女戏延期

闻艋舺歌妓演习戏文,原订旧历廿四开台,因个中手段尚有未尽娴熟,无以悦人观听,不得不稍缓两三日始行演唱也。

光绪二十四年二月二十五日/1898年3月17日

女戏停止

艋舺艺妓演戏定期,以(已)登前□。到一昨十七夜方欲开台,午后观者人山人海,喜欲先睹为快,龙山寺前后几无立锥之地。时尚未开演而已万头攒动,因此某绅见之,即着止歇,盖近日来强盗窃□,防卫为难。先一夜新庄王细仆家颇饶裕,其父子皆为盗掠去,民情方抱不安,而忽以女戏聚众,热闹非常,恐宵小乘机溷迹人中,有猝不及遑之虑,故着人遏止之,亦未雨绸缪之意也。况女戏系夜间开演，尤易为引盗之媒乎。计是夜失兴而返者，红男绿女，不下三千余人，而车马喧阗，已觉街市为一震焉。

光绪二十四年二月二十七日/1898 年 3 月 19 日

女戏再志

女戏演唱于十八日午后二时开台，观者蜂拥蚁集，龙山寺日透池一带几无站脚之地。诚恐良莠混入，骞人其中，因此艋舺分署长谕知区长，以人众闹动，宜即停止。而演剧观剧者方兴高烈采，欲罢不能，故署长默体众情，许其演至午后五时，即行歇演。众一一懔遵，更派警员十二名当场弹压。夜间来观者已皆迟至，庭中仅空台，不得一肆饱眼，懊恼而返。至十九日午后一时，渴欲觐者已车马云集，万众攒动，人声鼎沸。而天气半阴半晴，檐前尚有宿溜，众艺妓恐雨师风伯来临，顿使名花狼狈，遂迟之久，到钟鸣四下，看者已望眼欲，穿方始开台，六下钟歇剧云。

光绪二十四年三月初二日/1898 年 3 月 23 日

女戏闲评

艋舺女戏虽藉(籍)名女班，然不过六七阿头，其余悉闽省子弟，只阿头俱习艺妓，音节处似大有可取。昨所演四剧，亦惟□□□为的当。中有豪羊气者，曾赏洋金叁拾圆，而女戏竟原鉴以谢。噫，女戏诚妆腔哉！

光绪二十四年三月初三日/1898 年 3 月 24 日

女戏患盗

此次艋舺之有女戏也，闻系锦州八林某所倡。林某者，阿燕曲师也，朝夕与俱，相得甚深，故燕貌虽寻常，而于弹唱则独擅其胜。因邀同道诸姐妹在竹篙厝黄宅随林某学习戏文，其中聪慧明敏者，多歌喉舞袖若出生成，先后不过旬日，即能按部就班，应弦合拍，较之梨园子弟，似亦毋庸多让焉。然初时拟旧历廿四开台，所有应用女服饰当经行备齐，统寄阿燕家中，阿燕之母亦甚谨慎为之收藏楼上箱内,必万无一失。讵料廿六年后欲行闰台,打开皮箱,方知少却宁绸夹袄夹裤三四件,又钗珥若干,价值数十金,不知被谁盗去。迄今数日,四处查访,并无消息。日昨乃请一尊佛,俗称董牌,安排门外,凡往来人众,均须到神前立誓,偷窃之人即能出现,相传如是,究不知果与灵验否耶。呼此等对象藉非素时相识,深知早晨□母女尚在黑甜香里,春眠不觉,而又知物在楼上,便于取□,必不至有此奇事。然女人衣服,不比银钱,当易出迹。不然,演唱三日,不取分文,且复遗失对象,无人赔偿,未免大不敬本也。

光绪二十四年三月初三日/1898年3月24日

万悦千欢

昨日艋舺兴直街各店铺皆结彩悬灯,香烟缭绕,设筵演戏,颇极热闹。问系虔谢神天庇佑,以抒诚敬之悃忱也。但见牺牲玉帛,丰洁胜当,山珍海错,堆几盈案,虽侈虚之无谓,然足见物阜年丰,供庆富有之兆耳。

光绪二十四年三月初九日/1898年3月30日

醵资建醮

艋舺兴直街有一门楼崇祀北极玄天上帝也,夙著灵应,为众所钦仰。去年街中人等竭诚祈祷,经蒙庇知,俱获平安。爰择昨日吉辰延羽士建醮酬神,各家张灯结彩,虔备牲仪酒醴,以伸敬奉,并集金演剧,颇觉热闹云。

光绪二十四年三月初九日/1898年3月30日

女班重演

艋舺女班之状态,前报已一番评点。近又认真演习官自做造并较前略出头地,而戏剧亦增加多少。今日在大昌行内重复开场演唱,只招集旧日相知及一二豪华气者,或贰圆,或四圆,俱照次列坐。余想此场大欢乐,个中必有醉死者。

光绪二十四年闰三月初七日/1898年4月27日

女戏肇事

昨廿四艋舺女优阿杭等艺妓演戏于怡红园，杨柳楼台，深藏春色，桃花渡口，未许问津，盖非素所稔识者，不得其门而入也。适有林金瓶者，本土匪中绿林之豪也，因向枋桥警察署投降，并为林本源家顾丁。是日到艋，一闻笙歌，即欲排闼而入，无那重门局锁，不得越雷池一步，遂穿墙踰园而进，园丁见而阻之，林金瓶遂呈其平日匪徒抢劫手段，攘臂直前。时园中诸客见其狂暴，因出而呵谴之。林金瓶见众所不容，遂无所施其技，幸幸(悻悻)出门，登投艋舺警察分署，以被殴重伤上告，幸警署廉得其情郎，即说谕罢事而去云。

光绪二十四年闰三月初八日/1898 年 4 月 28 日

台湾日日新报

《台湾日日新报》创刊于1898年(光绪二十四年)5月6日,是由日本人守屋善兵卫在时任台湾总督儿玉源太郎的帮助下,并购《台湾新报》及《台湾日报》而成,由木下新三郎担任社长和主编。其后二年,因陷入经营困难,转由总督府出资,该报遂成为当时的官方报纸。1944年3月,因时局所迫,物资匮乏,台湾总督府将《台湾日日新报》在内的六家报纸合并为《台湾新报》一家。《台湾日日新报》是台湾日据时代发行量最大、延续时间最长的报纸,翔实刊载了当时台湾的法令规章、时事新闻、社会现象,以至生活形态,是研究台湾历史最有价值的史料之一。

徐亚湘辑录,陈恬据此重新整理。

光绪二十四年(1898)

女优佳话

艋舺怡红园女优一节,经已登诸前报。乃于去四日又开场演唱,仍借大厝口黄氏宅为场所,延请各处富豪商临园观演。一时彬彬济济,联袂而来者,无非翩翩裘马。是日午后二点钟时,鼓乐齐鸣,管弦并奏,诸女优粉白黛绿,艳服靓妆,妆束鲜明,打扮华丽,或作生旦,或作净,或作末,无不形神毕肖,色色可人。旋而登场演戏,燕舞莺歌,声音婉转,步武安祥,然皆系缠足,虽或作生净,举步间尚不免有妇人娇态,而裙下双翘则尤觉魂销也。其酣切处意得环中,神游□外,大有翩若惊鸿矫若游龙之势。诸客耳闻目见,精神尽为所夺,莫不拍手称善齐喝乎而其中最好脚色者,则惟阿烘、阿燕,缘二人久当艺妓,年纪较长,且又落落大方,不加羞涩,故能婉妙如此,声名噪著。其次则若阿叶、阿笑、阿罔、阿走,此四姑年甫及瓜,尚有稚气,而姿容美丽,体态轻盈,尤在二妓之上,但观(关)目脚步未尽纯熟耳。连演四出,至夕阳欲下,始皆休息。入夜肆筵设席,旨酒佳殽,蜡烛银灯,红螺绿蚁,诸女提壶劝酌,拇战交加,两时许始筧杯盘狼藉,收拾残羹。于是再抱琵琶,重歌金缕,曲声起处,令人心醉情痴,不复知有身外事。而金粉六朝,地酣歌舞,莺花三月,天正艳阳,亦不过如斯景况。所谓"衣香鬓影散花天,豫竹哀丝自管弦,坐背丫鬟亲按节,前身疑是李龟年"者也。歌毕,诸妓起奉杯茶,配以瓜子,诸客各出白蚨六翼,以为压席缠头之费,乃陆续辞去。斯时小庭月色,已是当中,芳草萋萋,同寻归路,而酒痕犹滴滴沾襟,歌声犹洋洋盈耳也。天上人间,有此乐乎?

光绪二十四年闰三月二十日/1898年5月10日

余乐园记

诸罗县者即今嘉义县,古来之别名也。地址多胜,衙署宏□,亭榭参差,楼阁高耸,古木葱□,百花齐放,真是万缘丛里,天花撩乱,点缀生趣,天然之胜绩也。内有花厅一座,颜其堂曰“余乐园”,以备园亭宴客处也。闻去月廿八日午后四时起,该县知事矶贝氏雅兴联会,招集在地各衙官长,连(联)合城内外绅耆俊秀等百余人,于余乐园设筵□客,饮酒敲诗,宾主联欢,情谊殷渥。园亭内外铺设奇珍古玩,色色精奇,盆花盎□,遍处鲜妍,张灯结彩,随景布宜,树树灯球,亭亭彩幔,旭旗高揭,绿荫迎门,夜色灿烂,天真不夜。会所内外设有市肆,酒馆茶寮,饮食料理,日台俱集,以资游人小饮之所也。至若优俳艺妓几台演唱,箫鼓嗷嘈,笙歌嘹亮,北里胭脂,南部佳扮,装演剧曲唱古今。是以各乡民人闻知,红男绿女来观者,肩趾相错,游人如织,络绎不绝,到处任人游赏,无跟步诃责之声。欢声载道,喜气盈庭,一团升平气象,概有官民同乐之趣,诚近年来未观之盛胜也。是以志之报端,以广传闻耳。

光绪二十四年闰三月二十二日/1898年5月12日

霓裳同咏

台中访事友人函云,村上知事宪荣升台兼理新竹两县知事,辖下绅民等欣慕治绩良善,戴德感恩,如文王之迁岐州,不欲其去也,欲挽之而不留也。本月十三日午后三时,台中众绅民等议借于大墩街风月楼以及光苑阁旧址,结彩张灯,备筵设席,安排古玩,演唱梨园。剪纸拟作异草鲜花,掘池设为濠泉喷水,俱皆齐全,甚为美丽,宛如蓬莱之胜景。祝者如凫之趁,睹者似云之集,庆祝新旧两知事,以为送往迎来之会场。是时上宪谆谆告诫,书绅不忘;熏风习习徐来,倾杯解愠。洋洋乎音声盈耳,攸攸乎歌妓把杯。旨酒甘肴,罗列园中。或猜拳而畅饮,或拍掌而称扬。为下者既醉以酒,为上者既饱以德。真是官清民乐,乐民之乐者,民亦乐其乐能与黎民同乐。共庆升平之泰,宛为众仙聚会,同咏霓裳之曲耳。最幸者,台中久旱,苗几枯槁,民切云霓之望。是日也,天朗气清,惠风和畅，官民聚会称觞，贞忠冲日月，义气贯乾坤。至诚之道，可以荡天，顷刻间悠然作云，沛然下雨，沟渠水溢，圳泽流通，则苗勃然兴之矣。未几云散雨骤，游观肩挨背磨，依然歌舞继作，彻夜热闹非常，灯火辉煌，如同白日。想此一雨也，如时雨之三乐也，一则为木下知事下车洗尘也，二则为村上知事送别挥泪也，三则为台中地方涤除秽气，甘霖下降也。此所谓上有清介之心，而下有清风之乐，击壤咸歌，霓裳共奏耳。

光绪二十四年四月初三日/1898 年 5 月 22 日

邀请女戏

艋舺地方教艺妓弹唱者，居多上海人，及福州人故仿上海模样，集艺妓二十余名，教他演唱女戏。前经在龙山寺口开台，又在大厝口黄家演唱。缘□台地人民迎新者众，闻之无不争先向睹，人迹往来，络绎不绝，恐其中有藏匪类，亦未可知，警官故为之谕止焉。兹闻新竹人民乐观女戏，日前经来艋津邀请，拟缓一二天相率到地演唱，想此行开费必不少云。

光绪二十四年四月初八日/1898 年 5 月 27 日

沪津建醮

沪尾自去年黑疫流行，街庄一带无不悚惶恐惧，趋避争先，家家户户几于坐卧难安。该地绅商爰是集众会议，祈祷上苍庇佑黎庶，疫气早消，免罹巨害。祈祷后，果然天心悔祸好生之德洽于民生，而黑疫旋见泯灭。兹值清和佳候，修禊良辰，诸绅商倡首醵金，设坛建醮，以谢眷顾之恩。一时街众踊跃，互相称庆，始欲并力合作，后竟逐街赛会，斗闹争热，繁华尽致。自月之中旬，陆续从事，已有数处。昨念八日，崎仔顶又大设醮坛，广延道士，诵经祝告，屠豕宰羊，焚香顶礼，一番兴会，更觉淋漓。先期到艋舺招艺妓，妆饰华丽，登场歌唱，梨园子弟计十余班，管弦丝竹，声音乱耳，酣畅处如入山阴道上，五花八门，令人目不给赏。惟崎仔顶乃一蕞尔小街，不惜浩费，热闹如此，亦风俗使然也。

光绪二十四年四月初十日/1898 年 5 月 29 日

女乐两班

艋舺顶新街开酒楼一座,号曰杏花村,局面颇著光彩,生意亦甚闹热。去七日夜十二时,有内地某氏者三相率内地红裾队五登楼饮酒,忽然豪性大举,嘱唤本嶋艺妓名爰弹琴唱曲。惜是妓不工京调,所唱尽是《九连环》、《十八摸》小句,而乌师挥送段平常,固无奇观可记。惟昨八日夜十二时,有联昌药铺头主唤来同街艺妓名桂圆,又名龙眼,年方一八,眉清目秀,面美身细,自弹自唱,手段声音甚然高超,虽只唱《天水关》一曲而已,而神韵翩翩,果有以一胜十好景也。

光绪二十四年四月二十七日/1898 年 6 月 15 日

虚糜(靡)其费

艋舺土治后至竹港尾一带商况,当以船头行、杉木行为盛,年来亦甚获利,故此次天时不顺,人口不安,迎神赛会,不一而足,然皆不及该处迎佐顺将军之热闹异常也。况自旧历四月初三绕境以后,夜夜演唱梨园及郎君艺妓,上下二街互相角胜,一连十余天,不知糜(靡)费多少金银,而犹欲罢不能。闻欲直接端阳佳节再斗舟,方肯收场,大约尚有二十日也。

光绪二十四年四月二十七日/1898 年 6 月 15 日

女戏重演

艋舺艺技戏班于昨十二日午后三时,仍在艋舺大厝口黄姓宅中重演。先期艺妓阿燕乘油碧车到大稻埕,亲邀诸豪华商贾及风流韵士来园顾曲,而开台之时,践约来观者竟寥寥如晨星。至艋舺之惜花怜香俦侣,则又以时常寓目,数见不鲜,乘兴而来者,多兴尽而返。直至歇演时,红灯初挂,碧盏斜斟,欲觅五陵年少掷缠头金,而已化为乌有先生,惟有旧相知数人在席,领略香醪而已。是夜共开四席酒,肴核既具,觞咏无人,诸艺妓所得酬金入不供出,因此大为失兴,懊侬而归焉。

光绪二十四年四月二十八日/1898 年 6 月 16 日

女戏盛行

艋舺大厝日居民素有崇祀金王爷神像，夙著灵应，无论男妇老幼，莫不奉之如生佛，每逢诞辰，便即醵资演戏，其由来已非一日。如旧历六月初一为其生日之期，近附善信互相出资演唱梨园，一连数日。昨夜又改唱女戏，闻风来观者，肩摩踵错，络绎不绝，颇觉热闹云。

光绪二十四年六月初六日/1898年7月24日

演唱梨园

沪尾定于月六日即旧历七月廿一日，自北投仔庄起递至旧庄为止，每庄皆演唱一天，至旧庄计共二十余天矣，是亦赛神之美事也。但闻各庄于近日多有匪徒伏探，往往来来，各执小洋枪在躬，虽未即举行，恐来日演唱闹热，人等各色齐到，乘机而入，防之莫及矣。与其演唱赛神自招尤咎，何如耕业守分免致忧思？当轴者宜三思裁夺，切不可祸到当头，悔亦晚矣。

光绪二十四年七月二十五日/1898年9月10日

俗情媚佛

古称南方人多佞佛，今以台俗证之，信然，试略举其梗概。如台南西门外普济殿崇祀广泽尊王，历届佛寿，土人演戏设筵，虔祝千秋，穷极繁缛。阴历六月二十日为佛诞辰，先期分东西南北等角拈阄，自是而后，每夜值阄者则烹牛宰羊，极其盛设，有酒如池，有肉如陵(林)，海错山珍，罗列堆积，累百盈千，难以便仆数。牺牲则取其肥腯，杯盘则尽用硕大，非寻常樽罍可比，虽何曾万钱之费，不足多也。更召梨园演唱，如乱弹、福路、潮调、小班诸剧。有四□赌赛者，有两部竞演者，令人目眩五色，耳聒笙歌，几难暇给。台下花团锦簇，香气扑人，环而观者，万头攒动，拥挤不开。喝采之声澈(彻)于霄汉，灯烛之耀赛过日光。皆系前后值阄之人斗侈夸多，彼此争胜。善信男女，随缘乐输，共襄盛会。热闹更旬，至月终始罢，所糜(靡)金钱以数千计。即此不惜冗费，以答神庥。其佞佛亦可想见一班(斑)矣。

光绪二十四年八月初七日/1898 年 9 月 22 日

演戏开市

艋舺祖师庙边市场屋宇,经前月间白昼倾倒,亦既揭诸报端矣。兹因该市场重新起盖,改换旧制,分作二座,立柱半用杉木,半用雁趾砖叠成,比前倍见坚固。现屋上虽未竣工,而规模已觉可观。业经去十五日,命诸营业人暂寄迹草店尾街者,一切仍搬入市场,安排贩卖。是日诸营业人因欲归市,乃各鸠资,演戏于市场前,竖旗结彩,以行开市式云。

光绪二十四年九月初五日/1898 年 10 月 19 日

荷答天庥

刘简全芝兰产也,自尔日归顺以来,凡所以兢兢业业者,莫非以报效为念。近又得政府格外体恤,派以监督北山改修道路委员。例抚心自问,亦如擢发难以报深恩。是果何自而得有今日哉?盖无一非天也。兹谨定于旧历十月二日,宰猪演戏,答谢神祇,饯酒赞筵,宴会宾客。可知准此以往,上沐政府之隆恩,下洽本邦之物望,则昔日凶恶之故态,不知消归于何者欤?当此之下,无论官商士庶,既有革故鼎新之酒,勿负避贤乐圣之杯焉,幸幸。

光绪二十四年十月初十日/1898 年 11 月 23 日

建醮失火

大加蚋堡内埔庄,一昨旧历十五,庄民合资建醮,肆筵设席,张乐演戏,莫名其盛。乃是夜祝融税驾,戏棚发火,所有戏服戏笼焚烧殆尽。岂诚之未至乎?抑神不格其享欤?

光绪二十四年十月十六日/1898 年 11 月 29 日

下元纪俗

旧历十月十五俗称下元,岛民共祝三官大帝,惟漳人为盛。

按:此日乃水害寿辰,其神疑为夏禹,禹治九河,水土平而后可得稼穑,所以百谷告成,必奉牲荐黍,仰答神庥,是即古人祭方社田祖之遗意。今闻摆接各庄每逢是期,亦必演戏庆祝,名曰谢平安。但圆林庄三界坛所演戏班,必以四评为定例,若用乱弹,多有不祥之险。谓言不信,请观今日。果滨(演)乱弹,戏方奏鼓,台忽倾倒,险些压死台下之人,设非响应,抑何凑巧如斯耶!

光绪二十四年十月二十日/1898 年 12 月 3 日

一场热闹

稻江中街朱朝麟承父业,有余资,产一子,当洁(满)月,夫妻爱若掌上珍珠,故亲戚朋友都来庆贺。朱又极好奢华,挥金全然不惜,连日演戏数台,惹得宾朋满座。堂上结一坛,颇壮丽,因邀数艺妓前来弹唱。且设筵几席,尔猜拳,我行令,益形其热闹。以故观者甚众,莫不同声赞叹。闻二三日内拟搬演女戏,作一场结局。

光绪二十四年十一月初二日/1898 年 12 月 14 日

一班老戏

天下间令人目不转睛者,惟此邪色之一途耳。虽两足伫立,绝无倦怠之势,微特风流客受其所迷,即素非醉生梦死者,当此亦诚难为情。如稻津曩从厦□来一班老戏,凡做出风流事,旦丑颇解人愿,以故近日在合兴门口般(搬)演,每夜来观者,男女数以千计,惹得一群戏猪如蝶穿花,想将来难免起争斗之端。惟然则邪色始可以迷人,终自可以害人,古今来不章章可见乎?愿为戏猪者,尚其悟之。

光绪二十四年十二月初八日/1899 年 1 月 21 日

光绪二十五年(1899)

优人狼狈

本岛风俗,凡遇神明生日或喜庆事件,即演戏作乐,此习惯如斯,亦无可如何者也。乃自去年联庄举行,而后台中一带地方皆严禁优人,不许做戏,盖恐戏一做而良莠毕集,难以提防。此举诚美矣哉!独惜优人者,别无职业,惟恃此为生涯,际此期会,不诚进退狼狈欤?

光绪二十五年正月二十一日/1899 年 3 月 2 日

神社演剧

台南开山神社,旧例自阴历正月十六日为王诞日起,从此日夜演剧不休,大约逾月乃止。惟前夜对台竞演,更为热闹,台前列而观者,红红粉粉,十色五花,可谓有女如云矣。都人士因是作秉灼(烛)之游,耸肩拥挤。本岛戏出固不足观,想乘兴者未必皆为观剧来耳,一笑。

光绪二十五年二月初六日/1899 年 3 月 16 日

众擎易举

月之十五、十六两天,艋舺祖师庙口人力车夫醵金为福德正神庆祝寿诞,演戏连日,每日皆两台赛剧,费金当近百圆。此十八日至廿一日则水仙宫口人力车夫亦醵金庆福神诞,因地场狭,难赛两台戏班,乃拟遽演四天,金亦多费。闻祖师庙口车夫有二百多名,水仙宫口车夫有百余名,自备车者捐金五十钱,贷车营业者捐金三拾钱,集众车夫捐金,遂不难凑成数,以为祀神赛会,可见众擎之易举也。或曰车夫赛会之神宜祀文王,因其曾御太公,是亦一说。

光绪二十五年二月初十日/1899 年 3 月 21 日

一番热闹

台北圆山公园该处固山水清幽也，昨园近各庄民因曩者曾祷尔于上下神祇，故择此日尽一心之诚敬，谢两字之平安，演乱弹，唱雅调，惹得士女如云，兼之公园胜景，以故络绎不绝，诚一番热闹也。最可笑者，该庄民殷勤款客，固有游来士女直忘夕阳西下，遂至带月而归。

光绪二十五年二月二十二日/1899 年 4 月 2 日

筑台演剧

新起街后空地日前有内地匠人在该处筑一高屋，屋上悉以草袋盖之，四围亦然，系为演戏之用，但观者寥寥无几，大约尚未周知故也。

光绪二十五年四月初三日/1899 年 5 月 12 日

优伶受罪

大穆降苏至柱当街开设振芳号营业糖商，前因遣伙到城郊行收取账项，携约数百金，甫出北门至小桥地方，突遇匪类数人截于路，众寡不敌，将该金洗抢净尽。近日已经破案，有优伶某亦与其事，已被巡查侦确拘拿，讯明认供，送到法院，定拟重禁锢之罪云。

光绪二十五年六月初六日/1899 年 7 月 13 日

禁戏刍言

台俗喜演戏，全岛之中，一年费金不知几万，意欲藉戏以媚神，冀神喜而庇之也。不知神固聪明正直，本福善而祸淫，岂以戏之有无为喜怒？且戏场所演半属淫污，欲以媚神，适以渎神，究有何益！尤大不可者，黎(梨)园子弟一登场，则四方来观者众，善恶毕集，良莠不齐，恶少年辈每因之而滋事。是不演可节财，演之则多费；不演可省事，演之则生端。演与不演，孰利孰害，了如指掌，愿有移风易俗。

光绪二十五年八月十八日/1899 年 9 月 22 日

迎神志盛

摆接三抏竹庄其民最敬保仪大夫,三年迎迓一次,至期虔备彩舆鼓乐旌旗等类,往文山□岘尾街奉迎其神像,别筑一坛祝之。每家宰牲为黍,布满坛前,其最多且美者,惟刚鬣耳。连演俳优二天,而后送归本庙,此为常例。今卜十七日再举其事,谅无减于旧观焉。

光绪二十五年十月十二日/1899 年 11 月 14 日

山村祝暇

兹闻台南县管内番子山丽楠梓仙溪西里溪地方,素称十匪渊薮、魔王世界,今虽二重溪间设宪兵屯所,皇化所及,日尚浅仄。此次节逢天长,屯所长大开盛宴,征召远近僻陬陈之乡民公同祝贺,均沾皇化。临期屯所门前营造一大绿门,国旗高揭,旭日辉光,并附近土人恭呈球灯五六十个,中庭供设御像,无数花品妆成锦绣。至期官民同拜,廊下排卓(桌)二十余席,四团(围)名人书画盈壁,图书雅致可观。一时来宾区庄村长及绅士等均集参拜,同列宴席,四谷屯所刁以土语演说一场,使众百姓知道皇恩覃敷,万寿无疆之意。演毕,乐声普奏,剧戏开台,花爆声浓,犹如蟠桃胜会。主宾献酬之欢岂可名状,乐何如之。宴毕,鱼更三跃,远客就屯宿安宿,犹如亲戚一般。众绅民皆欢欣而散,称素来未见之盛会也。

光绪二十五年十月十五日/1899 年 11 月 17 日

教习新调·投书

台湾梨园未有演北京调者,虽一二富绅备资教演,亦不过本岛旧调,诚不及北京调万分之一,其召演梨园亦绝少佳调。吴少泉君有慨乎此,首为之倡,而于彰化线东堡阿夷庄开设大罗天演剧练习所,延善北京调名技师以肄新招子弟,近已渐次就序,颇有可观。继得杨吉臣、吴鸾旗、辜显荣、蔡莲舫、陈培甲、林燕卿、林辑堂、施琢其、杨澄若、杨炳煌诸君备资,购置清国苏州上等服饰,不日至台，便可开场演唱。届时清歌妙舞，别开生面，不独服饰之丽都足夸擅场也，且升平世界亦不可少此点缀也。

光绪二十五年十月十五日/1899年11月17日

夜戏不禁

稻江向来禁夜戏，夜来减许多热闹。比有演戏投禀者，支署均仍许以至晚十时。

光绪二十五年十一月初一日/1899年12月3日

北□烟花

中路有新梨园一，其子弟都从闽省来此，已开台演剧，神彩(采)亦略似闽省。班主以甲路地少不足容，拟一月后即久住台北。想台北日尚奢靡，从此尤添一部烟花矣。

光绪二十五年十一月初五日/1899年12月7日

同日建醮

台湾风俗，凡天时不顺、人口不安之秋，则祈祷上下神祇。交冬时候即醵金报赛，多则三天五天，少亦一昼夜，名曰做醮，糜(靡)费巨资亦所不惜，其由来已非一日矣。如昨旧历十一月初五日，大加蚋堡管内下崁下石路北板寮街、半路店街、三板桥等处俱于是日建醮，各演唱梨园数部，家家户户又各备牺牲酒醴，罗列坛前，藉伸敬奉之忱。日夜灯灼(烛)辉煌，管弦嘈杂，四方来观者肩摩踵接，络绎于途，亦风俗使然也。

光绪二十五年十一月初六日/1899年12月8日

热闹未休

稻江普愿社举行入庙，曾经建醮三天，然市场各商亦分类演戏，以敬神祇，故夜来尚是热闹未休。兼之该戏班有某采茶旦，其搬演颇近于狎，致男男女女受其所迷者，洵觉络绎不绝。又普愿社以东即为九间仔街，昨该处居民亦大家捐题，尽一心之诚敬，谢

[两]字之平安,到晚家家款客,愈见台俗一班(斑)。

光绪二十五年十一月二十二日/1899 年 12 月 24 日

芦墩杂信·同日建醮

春祈冬报,岛俗皆然。去十八日即旧历十一月十六日,拣东新伯公及翁仔社两处同日建醮,新则建二朝,翁则建一朝,均于是日演唱黎(梨)园戏部。稍称富有者则宰杀豚羊,贫无立锥者亦虔备牲醴,而粿粽米饭竞靡夸多,罗列坛前,藉伸谢悃者,尤为指不胜屈。其管弦嘈杂,灯烛辉煌,能使闻风者接踵而至,亦可谓一场大热闹云。

光绪二十五年十一月二十五日/1899 年 12 月 27 日

不妨从俗

此次艋舺布埔街捐资建醮,官盐组合以事关众人,无害于义,不妨从俗,乃亦演戏张乐,设筵肆席,翌晚邀亲友饮之。

光绪二十五年十二月初一日/1900 年 1 月 1 日

平安建醮

淡水林仔街庄区长前见各处疫气甚多,遂邀庄内人民恭迎圣佛,到处绕境,祈求庄内人民平安,至年终始得建醮,以答鸿恩。兹闻择于月十一日即旧十二月十一日,在林仔街庄祈求建醮,民家有宰其刚鬣柔毛,演戏全台,旌旗鼓乐,以成一场之热闹也。

光绪二十五年十二月十四日/1900 年 1 月 14 日

光绪二十六年(1900)

柑戏举行

戏何谓之柑?如去春有人购红柑置神前,好事者爰凑合数辈,焚香暗祝,向让该神掷筶求柑,如得圣筶,则谓神既许我,遂将柑携去。越至今春,即演戏以酬谢该神。刻下春到人间,各处求柑之辈均举行还戏之例。台人无益妄费,即此亦可见一斑云。

光绪二十六年正月十六日/1900年2月15日

子弟三班

戏之于人,固无益而有损,乃台人好观者,十人之中约居八九。有好观之人,因有好管之人,如葫芦墩街某甲,去年曾招子弟一班而管之,本年仝街某乙、某丙复各招管一班。就该街而言,已有三班黎(梨)园子弟矣。

光绪二十六年正月十九日/1900年2月18日

演戏敬天

沪尾一带,自前每年旧正月各庄演戏一台,以敬玉皇上帝,皆一台戏轮流,自正月初演起,演至正月终,此一台戏始得回家。迨至本年旧正月,仍照旧例演戏敬天。闻前年只有一台递演,为班长者其利独专。至本年既有两台同演,为班长者利不能独专。想作戏者谅必有优绌不合民情,以致不能如前之一台递演也。

光绪二十六年正月二十八日/1900年2月27日

新婚忌戏

戏场所演足资劝戒者,实是寥寥,而秽亵淫邪,则往往有之。凡少年男女固以不使触目为佳,乃本岛女若男喜于观剧者,十中约有八九。父不能禁其子,夫不能阻其妻。独至新婚未满四阅月,则新郎新妇皆不步至戏场,此俗洵有足嘉云。

光绪二十六年二月二十一日/1900 年 3 月 21 日

庆扬文会

本月二十三日台北众绅士总代李秉钧等,特备华筵于淡水馆即扬文会开式之场,恭请好士各官及远来诸绅重会筵间,藉伸东道之情,而续西□之话,并以之庆扬文会,陈仪亦甚盛也。其资由官盐组合提出,盖因□馆应股者多属本县辖有名绅士,于地方事每荷仔(于)肩,故特代众绅士具项以开此盛宴耳。是日午后四时以降,各官陆续临舍者,为总督阁下、民政长官阁下暨诸衙门官长、总督府事务官、通译官及内地名绅等,约有五六十名,本岛绅[士]临会者,台中、台南、宜兰及本县辖应扬文会诸君,暨近城间不列扬文会多士,约有一百余名,彬彬焉,济济焉。会所齐集,或环榻以打球,或巡廊以玩景,或叙谈于休憩所,或徒倚于楼上栏。至六时顷,电火俱燃,灯光遍映,主人乃肃诸宾就右廊以入席。各官及内地绅[士]筵用西洋,殽馔纵横,设二长席相联。本岛绅士筵用满汉,烹调亦纵横,设二长席,兼二短席附之。酒既将饮,主人总代李君出席,向各官绅行礼,朗诵文词,陈明其设宴之意,内地人荒川君以邦语为译述之。继而台南蔡国琳为来宾诸绅总代,朗诵祝词,亦赖富地嘱托为之译述。已而酢酬交错,酒筵飨毕,官绅次第登楼,先看馆后圹埔放起烟火,呈出庆扬文会四大字,光照四围,如同白昼。旋而戏台上鼓乐齐鸣,女优最先出台者为阿叶扮李太后,颇肖形容,惜无服宫装配之。继而阿燕扮郑国公,阿杭扮杨波,举止大方,神情豪迈,全无带羞涩气,不歉上海优伶著名脚色。其曲调复兴与高唱应弹板声,洵为当行最出色者。以后次第演剧,其剧名及扮演者艺妓别载曾详,可以勿赘。时经钟鸣十下,诸剧演毕,官绅乃始齐散。其可异者,会中诸绅多人具烟霞癖,当酒后观女戏之时,竟各忘其能瘾云。

光绪二十六年二月二十五日/1900 年 3 月 25 日

芦墩杂俎·今昔悬殊

台人最敬天后,向凡旧历三月间,每姓多有醵金演戏,以悦该神,名曰字姓戏者。如台中则葫芦墩犁头店社口各天后宫,均以演唱数十日为常。版图改隶后,此例多废而不行,即有之亦不若畴昔之多。虽曰不演可节冗费,实为有益无损,然已令人有今昔悬殊之感矣。

光绪二十六年三月十一日/1900 年 4 月 10 日

台 中 琐 闻

台中缙绅家去年募一班年少子弟教习杂剧,现已教成,声色俱佳,所有服饰悉由上海购来,备极鲜丽。近日开台演唱,一时红男绿女闻风来观者,踵迹相错,拥挤不开,莫不先睹为快云。

光绪二十六年三月十六日/1900 年 4 月 15 日

葫墩杂志·诸戏无色

台中诸富绅鸠金教习正音戏,业经教成,近日屡次开演于彰化。其调新技妙及衣服鲜妍,固不待言。闻其脚色约有七八十人,欲雇其演唱者,每一昼夜须费价金二十多圆,备兴盛矣!自有此班,而本岛诸戏皆无色矣。"五岳归来不看山"之语,借以移赠此班。

光绪二十六年三月二十七日/1900 年 4 月 26 日

是 诚 罕 有

彰化大罗天北京调戏此次在该城内开台,得金不下数百。就中某日城内某街有某氏者,以数尺朱缎为彩一幅,作恭喜二字,大可盈尺,字面概用镀银铺之,周围又间铺龙银,赠悬戏台之上。约而计之,须费数十金乃得铺成此彩,故旁观之人靡不艳羡而叹为罕有云。

光绪二十六年四月初八日/1900 年 5 月 6 日

以新耳目

拣东下堡犁头店天后宫遵例演唱字姓戏,前报屡登。昨闻月之三日,正值黄姓应演日期,该姓主事人以寻常子弟平平无奇,不足助人兴趣,爰出龙银二十五圆,往召彰化大罗天北京调戏至庙前演唱,以新观剧人之耳目云。

光绪二十六年四月十一日/1900年5月9日

计日以待

彰化大罗天北京调戏四出开演,本报曾登屡言矣。日昨续闻该戏近日已□梧栖开演,大约旧历四月十五六日即可开演于葫芦墩街。该街之男女一闻此只(讯),欲新其耳目者,靡不翘首拭目,计日以待。届时生面别开,来观者众,定必有一场大热闹云。

光绪二十六年四月十五日/1900年5月13日

恭祝苏王

梧栖有神曰王爷,其姓为苏,声灵〈雅〉赫濯,相传旧历四月十□日为该王爷诞降之辰。月之十日,该地主事人往招彰化大罗天黎(梨)园子弟到庙演唱,恭祝千秋。每年此日热闹异常,今复得大罗天以增其色,谅别开生面,往观必众,人山人海,拥挤不开,已不卜而可知矣。

光绪二十六年四月十五日/1900年5月13日

台中雁音·奉祝大婚

此次恭逢皇太子殿下大婚,本岛绅民忝在帡幪,初沾雨露,靡不求伸贺悃。故凡城垣市镇,类多演戏以鸣其欢,即就台中县管内拣东上堡葫芦墩街而言,其众绅民亦鸠金演戏,庆祝婚期,是日欢声载道,爆竹盈街,上下同乐,亦可谓为一时盛事云。

光绪二十六年四月十八日/1900年5月16日

芦墩零信·霓裳新咏

赛霓裳者,台中县城内某甲管领之烂弹戏也。某甲此次新管该班,子弟即往各知交之处开台,虽曰甲素广交游,亦由习俗原有此例故耳。去二十一日开演于拣东堡头家厝庄,投赠者颇众,闻有邦人某乙适经过此,亦赠以铜钱数百文云。

光绪二十六年五月初三日/1900 年 5 月 30 日

迎神赛会

艋舺下崁庄于去十一日恭迎保仪大夫,时该庄民各备牲礼花果,献奠于庙前。是晚亦演戏数棚,艺妓数阁,颇称热闹,故相率往观者甚众。

光绪二十六年五月十七日/1900 年 6 月 13 日

葫墩杂俎·戏具被留

葫芦墩街某甲者,其管领某班黎(梨)园子弟,虽系甲出其名,闻非甲一人独肩其任,实与东势角某乙合资而为者也。近日间传闻该班子弟因往东势角演唱,而所有应用诸戏具概为某乙所留,不肯其舁去,而诸子弟遂各鸟兽散,未及细查,究不知何故。

光绪二十六年六月初三日/1900 年 6 月 29 日

演剧祀神

新竹西门保莿仔脚祀一神曰池王爷,盖有宫殿,每于月之初八日作戏剧于神前。年来尤盛,遍召在城优伶及当中班六七台,笙歌杂奏,令人应接不暇。兼之游人踏(沓)至,士女如云,熙熙攘攘之中,添一段衣香扇影之致,洵一时之盛也。

光绪二十六年六月十二日/1900 年 7 月 8 日

市场普愿

月之十日,稻江日新街屠兽场合于市场公司共行普渡之典,各商户亦备牲酒献奠,演剧市廛□□为热闹。而屠市之酒醴于普施之后,列数席于事务所,遍邀集亲友宴饮,此亦先尽神道而后敦友谊者矣。

光绪二十六年八月二十日/1900 年 9 月 13 日

争 观 者 众

艋之祖师庙口昨夜搬演女戏,争观者几有途为之塞然。巡查恐祸生不测,搬演数时许,便出而阻止。该女戏因复择廿一日演龙山寺外,闻即艺妓阿杭作盂兰胜会,诸女伴同声怂恿也。

光绪二十六年八月二十日/1900 年 9 月 13 日

台中杂件·禁修年例

每年旧历八月间,本岛各村镇例多鸠金演剧,以祝土地神寿。刻下其期已届,而拣东上堡管内各区大都禁修年例,夫禁止演戏,则各色之人不来,设赌之辈不至,而且可节无益之费,以供日用有益之需,由此而言,足见禁戏一举而三善俱备矣。

光绪二十六年八月二十一日/1900 年 9 月 14 日

台中三件·受益不少

台中葫芦墩街向来每年旧历八月十五日福神千秋,凡街庄所有土地公庙尽皆张灯演戏,开费甚浩。自廖乾三接办区长,不论本街以及辖内村庄,一概禁止。意谓张灯徒以壮一时之观瞻,演戏反以触众神之谴怒,以有用之财,妄开无益之费。不至(致)劳民,不致伤财,其有益于民生岂浅鲜哉?廖区长可谓善于运筹矣。

光绪二十六年闰八月十七日/1900 年 10 月 10 日

浪 谑 招 祸

日前新竹大埕庄干德宫有自石观音进香归回演剧,俗谓之落马戏者。是夕人集广多,妇女辈亦多与观。间有佻挞少年某甲,时于脂粉中流盼,谑浪笑敖,无所不至。某乙愤之,俦人中鄙斥,其甲不忍,遂至撕打。有保甲局丁某欲为解劝不听,与打在内,事难了结，势将第二课告诉。幸旁观解劝，乙被甲伤，罚甲再演剧一台，逼(遍)庄分送槟榔，以自认罪于众前，而事以平。而凡于热闹中窥觑妇女者可戒矣！

光绪二十六年闰八月二十日/1900年10月13日

预襄祝典

来十一月三日为天长令节，薄海臣民固宜称彼凶觥，共祝无疆庆典。于是台北在各官衙奉职岛人，咸思届期设坛艋舺龙山寺，演唱女优。外而红粉成行，乐舞酣歌，群登场以作戏；内而杯盘交错，抒忱献颂，齐把盏而介眉。倡首者为台北地方法院通译邱心源、李玉如、蔡彬淮，台北厅蔡石奇、辛甫、刘孝纯、陈献卿，辨务署顾龙光等，拟尽在职岛人集醵金同伸庆祝，经应诺者已三十余人，尚有未报甚多，即欲再招，以成腋数。其女优现在艋中，有两班，一大一小，俱踊跃愿供是役，不取资金，藉舒祝意，但未定何班，约大小兼收。尽欢两日，费用非近二百金不可。如此喜悦尊亲，洵极今时之盛。谅诸人受恩深厚，当必共襄盛典，争先恐后，无不乐从，以至多多益善者也。

光绪二十六年闰八月二十四日/1900年10月17日

亲王演剧

客有由北京脱虎口而来者，述及端王平日目不识丁，一切公牍奏疏悉委之幕友，送稿时即倩其人朗诵一过，己惟默坐倾听而已。性好动而不好静，喜跳踯，自矜矫捷。善串戏，工昆曲，每发声，梨园子弟叹弗及。尝与昆冈相国合演《大保国》，描摹尽致，见者皆喝(叹)赏不置，太后闻之，亦赞美有加焉。王每谓昔魁文农能青衣戏，者三人合演，则尤足冠绝一时云。

光绪二十六年九月初六日/1900年10月28日

余音再唱

艋镇之庆贺天长节，演唱女戏，固属新奇之花样，亦诸职员庆节之盛意所乐为此者也。翌日为礼拜休假之日,歌武(舞)楼台犹在,有赏识不置者,复又唱演此剧,设华筵数席,重行宴饮,亦太平景运,固乐得而再唱余音也。

光绪二十六年九月十七日/1900年11月8日

鹭江帆彰(影)·同伸庆祝

阴历九月十二日,天长日是也。领事署内恭悬天皇圣像,张灯结彩,提督杨西园、道台延少山君暨厦防厅张、洋务分局杨,中外各员同往庆祝,上野领事就署中肆筵设席,以宴嘉宾。在港之各国兵舰以及厦港各营、沿海各炮台,咸升旗鸣炮,以伸庆贺,砰□之声震摇山岳。各商属民亦共出青蚨,相聚燕饮,更买名伶演唱侑觞。至夜阑时始尽欢而散,颇极一时之闹热也。

光绪二十六年九月十九日/1900年11月10日

女优复演

艋中女戏原有两班,一大一小,其大者脚色较佳,步武歌唱以及神情声韵,俱婉妙绝伦,与江西官音无异。前拟于去三日在龙山寺演祝天长圣节,旋因赴新竹,是以不果,惟任小者独伸庆典。日昨由新归艋,适值观音大士佛诞良辰,该班女优欲践前约,以偿所愿,遂订昨十二日及本日仍在龙山寺前连演两昼夜。炫耀一时耳目,与小者后先辉映,亦繁华世界,不减三月扬州、六朝金粉胜地也。

光绪二十六年九月二十二日/1900年11月13日

光绪二十七年(1901)

鹭江春信

元日至十五日止,谓之玉皇上帝寿诞,俗呼天公诞。各街均设神坛,张灯结彩,陈列古玩,互争演剧,黎(梨)园子弟忙碌异常,其奢华较之普渡尤甚,由来久矣。

提道印委文武大小各员,每于新年择一吉日,就水提署内聚会,饮酒观剧,谓之团拜。本届择于十六日举行,向例酒资戏价各员派认云。

光绪二十七年正月十一日/1901年3月1日

艋稻女优

旧历月之十九日,艋舺龙山寺口经大演女优,争观者几乎络绎不绝,都人士计约四五人乃于寺内设筵庆赏,诚一番雅趣也。昨二十一日,稻江旧联成行亦演女优,于其间倡首者为陈少硕、黄敬堂。先日曾折柬知会诸狂蜂浪蝶,届时咸飞奔前来,兴尽归巢,各放下洋饼四块,主人令诸女优一一为之道谢,时鱼更已近三跃矣。

光绪二十七年正月二十四日/1901年3月14日

女优斗技

艋之粟仓口闻近日四使爷诞辰,该地大小女戏拟搬演为四使爷祝寿,各新学戏出行将争斗于其间,逐夜由曲师指导,俾赴是日搬演。届期此争彼斗,当各逞妙技也,风流客早拭目以俟之。

光绪二十七年二月初一日/1901年3月24日

大恶作剧

艋之粟仓口先后演唱女优,惹得狂蜂浪蝶几于争先快睹。闻一昨夜歌台中,莺莺燕燕正各使展妙技,诸风流客亦觉兴高采烈,忽人从里掷起玻璃矸来,矸破,觉臭不可闻。间有阿笑绣服竟为其所污,台上人始知有泼屎者,因各走避无遗,而戏剧遂罢。后经旁人捉一稻江某,咸指渠侮弄,有受他所扫兴者,各施拳痛打。先是渠登台,台上人逐之,渠怀恨,故有此恶作剧。然至是大家鞭挞,已觉狼狈不堪矣。既而送交警署,登□□于缧。某洋行雇人,平素欺强凌弱,是其惯家手段,此番害人,适足害己,谅非容易可脱囹圄也。翌早诸女优联袂往第二课,或疑其生起讼案也。

光绪二十七年二月初十日/1901 年 3 月 29 日

女剧余兴

前日大嵙崁辨务署庆落成之典,雇女剧以祝贺,固是日之盛事。而该绅民从未见此女剧者,咸鸠资继唱,翌日重整戏台,亦余兴之容已也。

光绪二十七年二月二十四日/1901 年 4 月 12 日

女班复起

大稻埕有招合稚妓十数名,设馆于太平街,订自旧历二月廿八日始,即专教习杂剧,俾他日与艋舺女班竞演。此外别募子弟晓音律者八名,便充后场,大凡四月后当可开台。因忆郑板桥咏扬州曰,“十里栽花当种田”,稻其庶几焉。

光绪二十七年二月二十四日/1901 年 4 月 12 日

赴会者众

大稻埕支署庆祝落成,订此五月三日,辖下人民早备女剧梨园志庆,经定议矣。而赴会酌宴,须以金二圆始定入场之券,届期与会者众,当必热闹有加矣。

光绪二十七年三月十四日/1901 年 5 月 2 日

西 安 近 事

客有自西安来者,述及太后于岁杪新正逐日召集梨园子弟演剧,聊以自娱,其兴会殆不减于在颐和园时也。

光绪二十七年三月十六日/1901 年 5 月 4 日

诸罗杂件·梨园试演

水堀头街黄某新集一班官音梨园子弟,生旦净丑诸脚色均是十五六岁幼伶,色艺颇佳,为嘉属诸班之冠。近因嘉义城内禁止鼓乐,不得入城开演,以博官绅赏赐,即于本街妈祖宫前挂彩开台。城内绅商往观者,不乏其人,是日邀赏银钱品物,较之往常获利倍蓰云。

光绪二十七年五月初一日/1901 年 6 月 16 日

亦 一 台 俗

关渡妈祖婆其崇尚也由来久矣,人每谓其颇著灵验。近稻江尚有鼠疫之盛,昨怡和巷街、震和街、饮和街诸百姓均是早迎来祷祀,尽一心之诚敬,求两字之平安。入夜则演戏数台,俗谓其为妈祖落马。但见灯火辉煌,人声鼎沸,男男女女来观者,洵觉络绎不绝,亦一场之热闹也。

光绪二十七年五月十三日/1901 年 6 月 28 日

(缺标题)

厦门外清保山麓怡芳园酒楼去年创始,丹青土木颇费巨资,虽房屋清洁,花木蓊薉,而其地与厦市相去里许,是以醉客踪迹罕至,生意平常。一昨阴历五月二十四日,新买福垣黎(梨)园佳子弟开张演剧,上位收洋五角,次二角,次一角,弁(并)寓歌妓为客侑酒,藉以招徕。娼优聚处,酒地花天,从此旷野野地变为热闹之场矣。

光绪二十七年五月二十八日/1901 年 7 月 13 日

观剧受伤

月之十七日,稻中街赛妈祖之神会,各预仪仗鼓乐、丰盛祭物,而梨园女唱赛满街道,各尽浩费而不辞。殆灯火齐明之候,观剧者连络不绝,惟隘门之侧所演小剧,最多聚观之人,填及台上下,盖此剧优旦颇有殊色,亦善其技也。唱演未几,戏台忽而塌倒,竟伤及一小孩足部之处,立刻不能步行,间有识者知为某氏之子,乃扶舁而归。

光绪二十七年六月初四日/1901 年 7 月 19 日

台北县报·约束戏馆及杂戏馆章程

(明治三十四年七月廿四日县报第二百八十九号抄译)

第一条　如将戏馆杂戏馆欲为建筑、改筑、增筑、变改,须当详具左开事项,呈由所辖辨务署禀请本县,给领许可。但在现已施行台湾家屋建筑章程之地,其构造须照该章程所定制限。一原籍、住址、职业、姓名、年龄、出生地;二建筑位置;三地基以及建筑物坪数(以六尺四方为一坪);四将建筑物配置周围余地及与道路所关,其幅员并四邻在一町以内(以三百六十尺为一町)之建筑物等,概为画示之平面绘图;五所构造建筑物绘图以及构造方法书;六如其改筑、增筑、变改等,其所关各部之绘图以及构造方法书;七所容观客之一定员数;八竣工日期;九如其地基建筑物系他人所有,该所有者允诺之契约字;十前各项外临时所指定事项。

第二条　戏馆及杂戏馆如其建筑物周围不留戏馆十间(以六尺为一间)以上、杂戏馆五间以上之余地,不给许可。

第三条　戏馆及杂戏馆周围之余地,须要常作平坦,不可造设假山又池或又建筑物以及其外障碍物件。但如凿井水以备非常之用,或又备置消防火灾之器具,不在此例。

第四条　遵照第一条之构造既已竣工后,若非呈由所辖辨务署禀报,并请本县检查,给颁该证,不得使用。

第五条　禀领建筑改筑、增筑、变改等许可之后,并无正实妥当之理由,从峻(动)工期翌日起,经过三个月尚未竣工时,或将其许可撤销。

第六条　如其许可证或又检查证所记事项内有生异动，或致毁损亡失，定于七日以内呈由所辖辨务署禀请本县换给，或又再给。但该馆如为废止，当缴还该许可证以及检查证。

第七条　戏馆及杂戏馆应选适当通观全馆之位地，设置警察官吏一人以上临监之席。但临监警察官吏临时要求适应，处所应供其席。

第八条　戏馆及杂戏馆遵照所辖辨务署指定，常备左开消防火灾器具并其应当使用夫工。一水池或又龙吐水，二手提水桶，三贮水器，四梯子。

第九条　戏馆及杂戏馆临时派官查验，如将其构造视为危险或有害于卫生时，即可命行改修或停止使用。

第十条　如欲将戏馆或又杂戏馆供充其外聚会之用，应当许(详)具其发起人之原籍、住址、职业、姓名、年龄、出生地、目的(所开演事件)及时日等事，二比连名，预左开会三点钟以前，禀请所辖辨务署允准。

第十一条　开演从日出时起，至下午十一点钟止，此内限八点钟间为定。但视为于保安或又卫生有必要事宜，有由所辖辨务署临时制限该时限，或又一时停止开演。

第十二条　欲开演者将其原籍、住址、姓名、开演日数、开演时间、进门钱(进馆内观戏之资)以及席费等一切费目并戏班姓名抄写鉴札，所演戏名等一并详具，与馆主连名，预在开演一日以前禀请所辖辨务署允准。但视为有必要事宜，有谕缴该演戏脚本(所记演戏趣向之书)。

第十三条　演戏间将拟为官用徽章之物或使用或扮装，或因模拟出火烟火等样演行火技，除遵照第十二条规定事项外，尚具详细绘图并其制造方法书付(附)后，禀请所辖辨务署允准。

第十四条　进门钱、席费等一切费目应当揭示于门口，或又馆内容易观览处。

第十五条　夜间开演中应用洋灯、电气灯或又瓦斯灯等，若有容易接触灯火处,须当备置不燃质物之防触器。但开演间馆内不得为暗黑。

第十六条　开演间应当为备非常事开放出入门口。

第十七条　视为关卫生有必要事宜,有将于演馆内贩卖饮食或为限制,或行停止。

第十八条　开演间特禁左开所为。一为害治安或风俗之言行;二恰似谈议政治之言行;　三演行许可以外事项;四请求定额以外财物;五招入一定员数以外之客,或又招客于不供客席之处;六招客入于戏台或又戏房,或使戏班出至客席。

第十九条　视有该当十八条第一项乃至第三项所为,有临监警察官史(吏)停止其演戏之几分或又当日开演。

第二十条　开演间应当清洁馆内,特如厕池,每日洒扫两回以上,而撒布防臭药剂。

第二十一条　开演间观客应当遵守事项概如左录。一不得高谈以及其外喧嚷妨碍他人;二不得滥上戏台,或又进入戏房,或又徘徊花道(内地戏台左右两路之外尚有从外头出入一路,谓之花道);三不得戴帽妨碍他人;四不得为袒裼裸裎,或为手巾盖面,或为类此不醴面之所为。

第二十二条　遇有第二十一条内各项所为,即行制止,而若不肯,有谕为退馆。

第二十三条　此章程规定以外,关该业务遇有所辖辨务署时,命令应当遵守。

第二十四条　关戏馆及杂戏馆构造等事,馆主抵当责;关演戏之事,演主、演戏者共抵其责。

第二十五条　违背第一条、第三条、第四条、第六条、第七条、第八条、第九条、第十条、第十一条、第十二条、第十三条、第十四条、第十五条、第十六条、第十七条、第十八条、第十九条、第二十条、第二十三条,或又不听第二十二条劝止而不肯退馆者,处罚十日以内拘留,或又一圆九十五钱以内科金。

附则　一从前业经架造戏馆及杂戏馆,从实行本章程后至三年以内，遵照第一条规定，更为禀请允准。但虽从来戏馆及杂戏馆，如有视为该位置不妥当，或又其构造危险，或又有害卫生，有禁止使用，或又犹豫应当时日，谕行改修。

光绪二十七年六月初十日/1901年7月25日

诸罗来鸿

月之八日，内教场街停车场推车苦力鸠集巨金，公建盂兰胜会，荐度幽魂，设坛演剧，闹热非常。该处地面宽润(阔)，观者人山人海，为近日庆赞中元之冠，虽城中大户富商不能步其后尘于万一，风景之变迁有如此者，可胜浩叹。

光绪二十七年七月十五日/1901年8月28日

鳌□雁书·大墩普施

阴历七月一曰至三十日，本岛俗尚普渡，即盂兰会是也。延比邱登坛说法，设食以祭无祀孤魂，曰普施，此其例也，无地不有，但日期迟速不同耳。本月二十日即旧历七月七日，为台中大墩街普施之期，演戏数台，是晚弦歌喧杂，火烛辉煌，四方往观者，真个人山人海云。

光绪二十七年七月十七日/1901年8月30日

鹭门潮信

俗例普度会自阴历七月朔日起一月之内分期按□举行，黎(梨)园子弟异常忙碌，辉祥班中有姐(旦)脚名金妹者，声色俱佳，为该埠最著名之脚色也。前夜被匪抢劫受伤，以致数日来未能登台演剧，观者莫不望眼欲穿。

光绪二十七年七月二十四日/1901年9月6日

盂兰盛会

前月三十日，艋舺祖师庙口食物市场大开盂兰盆会。其间商人分为三种，一曰生鱼商，一曰屠豚商，一曰杂物商，各有醵金集款,或演女优,或唱梨园杂剧。此外张筵设宴,以多为上。至于猪羊一事,其猪大至四五百斤,小亦三百余斤,莫不争奇竞盛,炫耀一时,其费殆以千计。观者咸谓三商之中,惟业生鱼者为盛,要亦该市场诸商俱有莫大利益者欤。

光绪二十七年八月二十一日/1901年10月3日

后先相映

近来关渡妈祖抵稻之后,适疫氛消尽,各市村落俱庆迎神之会,唱歌演剧,目不暇视。然以稻里一隅,各街有各街之盛会,若朝阳街者订此月之八九日犹有迎神之举,民户只八十余家,亦备蜈蚣搁(阁)两台,艺唱不知凡几,杂剧亦填满道左,縻(靡)费甚巨,亦所甘心。盖稽诸在昔,有清国广泽尊王来淡曾有斯举,若今日关渡妈祖,可谓后先相映者矣。

光绪二十七年八月二十七日/1901年10月9日

女优演出

来二十八日台湾神社之祭典,本岛人所献纳竞渡烟火、妓歌杂剧而外,尚有演唱女优,前报已悉。闻委员长曾谕令余兴系委员以式典优出宜端庄严肃,表出敬意,不可稍涉淫靡,致失真诚,须将女优所欲演之出、所欲扮之人预先择定,并诸优妓姓名详列报告,以备查核。兹据其所报云,第一出《开天官》,装扮作天宫主系骆阿目,南极仙刘阿炁,牛郎星余阿花,织女星黄金治,送女张仙吴翠娥,赐福财神杨查某,进爵麻姑陈细巧,仙女二名阿里、曾阿葱,扶助神四名李阿密、邓宝珠、李阿燕、黄牵治。第二出《大拜寿》,装扮作郭子仪系骆阿目,郭夫人杨查某,长子吴翠娥,次子黄金治,三子余阿花,四子黄阿里,长媳杨阿贵,次媳张宝玉,三媳陈细巧,四媳曾阿葱,唐帝吴翠娥,太监二名曾阿密、邓宝珠,东宫皇后黄金治,宫女二名黄阿里、曾阿葱。第三出《渭水河》,装扮作姜子牙系余阿花,周文王吴翠娥,大殿下黄金治,二殿下陈细巧,武吉杨查某,武士四名李阿密、邓宝珠、黄阿里、曾阿葱。此三出昼间演之。第四出《天水关》，装扮刘后主余阿花，诸葛亮吴翠娥，赵云黄金治，魏延杨查某，马岱杨阿贵，关兴黄阿里，张苞骆阿目，马遵刘阿炁，姜维余阿花，太监二名曾阿葱、李阿密。第五出《机房教[子]》，装扮王氏春娥黄金治，薛益奇余阿花，薛保骆阿目。此二出演于夜间，皆已配备停当矣。

光绪二十七年九月初八日/1901年10月19日

式场女戏

明廿五日举行铁路开通式，凡演戏杂剧，系该火车站之输运物品业者，并土工包办者等所捐献。是日自正午至午后五点钟行之，现在台北火车站前之东西南设戏台三处，各戏台同时演唱艺妓云。

光绪二十七年九月十三日/1901年10月24日

祭典纪余

祭典之事，各地踊跃输将，无不力表爱戴之忱，在天之灵可以慰矣。顷闻廿七八之日，日新街朝阳街各处皆有演戏庆祝，艋舺街众除各庙前演戏外，至连演大小女班，热闹两天。祭典既讫，复招二女班重演一天，以为谢灯，亦可谓余霞满天矣。前报既不及备录，故于此复申明之。

光绪二十七年九月二十日/1901年10月31日

燕京零墨·薰莸莫辨

京城小绺其诡计多端，令人不可思议。昨东四牌楼景华戏园，有二人衣裳楚楚，腰带表绢，手握烟壶，指束翠般，眼罩墨镜，买票挑坐，意气扬扬，有旁若无人之势。观戏二出，即摇摆而去。俄闻与其同桌之人口操南音，急呼卖坐者云：腰间失去一表，桌上失去五洋，不知被何时所窃。卖坐者力辩无事，失主即动老拳，并言赴公所控告戏园养贼。忽高座老者云：适同座二人何放先行？一语道破，大家始爽然而悟，亟往追之，已去如黄鹤矣。

光绪二十七年十月初三日/1901年11月13日

闽捐纪闻

福州省垣有程孝廉启昌者禀请将茶馆抽捐,又有叶大蓁者禀请将戏班抽捐,均年缴捐若干。闽督□云茶馆生理获利无几,所请抽捐殊觉烦琐,扰累戏班抽捐,实属不成政体,均未便准行。

光绪二十七年十月十六日/1901年11月26日

海澄鲤信

漳州府属海澄县城与厦门相隔一海汊,水程计六十里。绅民鸠资高搭彩楼演剧,此回系十年举行一次,远近往观者颇不乏人,小汽轮载客为之价增一倍焉。

光绪二十七年十月二十四日/1901年12月4日

台中零墨·无益妄费

台中风俗每至旧历十月,各庄必演剧酬神,名曰做平安戏,盖即古者秋冬报赛之遗风。然本季晚稻歉收,财用宜省,礼节宜杀。而乃循例演剧,无庄不有,其浪费金钱不知凡几,顾安得当头一棒,为之唤醒也哉!

光绪二十七年十月三十日/1901年12月10日

光绪二十八年(1902)

燕京春雁·传戏先声

圣驾还宫后,凡在外公主、福晋、命妇逐日进内请安,见太后面带忧容,公拟设法排解。遂向宫女妃嫔商酌,俟新正公同进戏,以慰慈怀,嘱内监代问掌仪司,打听各班名角。故谭鑫培、孙菊仙、余紫云等闻信,皆由上海星夜奔回。乃宫内乘隙请示太后,当时痛加申饬,故日前有在外公主、福晋、命妇并停止进内行礼云。

光绪二十八年正月十五日/1902年2月22日

女班生色

当艋舺大女班之初创也,其一切服饰概从梨园子弟借来,不免有许多不便之处。自从有好事者代为采办,曾鸠金至七八百圆,闻近日已由漳州配来矣。女班之意,深愿盛设一筵,邀请当时曾鸠金者,以便当筵鸣谢。惟其涓定何日,则尚无确信耳。或曰:是日赴宴诸人,必有挥赠缠头金者,女班实反受其益耳。

光绪二十八年正月二十日/1902年2月27日

女班重整

艋舺大女班整顿服式之事,好事者既屡为关心矣。顷闻该女班已将准备一切,订本月十四五日便当开台重演,闻好事者咸延领而望焉。查是日至夜定演六出,大抵新学之出居多,其脚色并有一二新增者,惟所演出名与各脚色之为谁,刻下尚未能知。拟此二三日间重为一一标明,好事者其稍忍耐之。又闻当日赞成采办服式之人,计有四五十名,并拟大排筵宴,以为鸣谢,想尔日必有大可观者。虽曰未曾亲睹其事,然把笔之下,已不禁眉目飞扬矣。

光绪二十八年二月初二日/1902年3月21日

女班续报

大女班开台重演之事，因累次迁延，本报频频书之，几于数见不鲜。顷闻旧历本月二十一日果然开台，直至二十二日始罢。今将廿二日所演出名开列如左：一《牧羊图》、二《赶三关》、三《海朝珠》、四《落花河》、五《过昭关》。其日各脚色分外注意，故出出颇称入神。至于前一日所演诸出，戏台另列有清单，尚俟明日次第录出。

光绪二十八年二月二十七日/1902年4月5日

女戏祝庆

稻绅仇联青者清时厕身幕友，从事阑邑诸营务，十数年于兹。当台地匪徒暴乱之日，仇极力招安，颇为政府所倚重，月俸供给犹竟如裕，固可安其吾素矣。而匪首徐绿忽然变态，军队往勘其地，徐绿由此溷迹，弃诸脑务于不顾。政府乃准仇摄理脑务，仇锐意经营，添设灶份，遂不经年而获巨利，门楣从此日兴。近犹瑞产麟儿，诸亲朋友咸皆欣喜，而于日昨弥月之期，或祝以物仪，或庆以梨园，遐迩传扬，哄动稻艋，诸绅并有合祝女剧者。数日来门庭如市，车马连络，其锦上添花，庆得其宜也。

光绪二十八年三月初一日/1902年4月8日

观剧惹祸

月之七日，稻之稻新街演唱女剧，乃系稻艋绅商共祝仇联青麟儿弥月。是晚大设华筵，邀请佳宾。及女剧启唱时，道路皆拥塞，人山人海，重迭此间，皆欲争先快睹。而派出所长金子氏见人数众多，遂多派巡查补守伺于亭仔脚，以绳围一行径，俾可往来无碍，惟车路则任庶民观剧，但观剧者不准结台以遮盖后人，其亦善处得宜，防有冲突之患，死生械斗之虑。时亦兼召保甲壮丁专守戏台上，眺望阅顾者，冀可无疏失之虑矣。乃作剧未几，而有本岛铳兵数人结伴剧前，适有商人挨其肩背，铳兵肆肆辱骂，商人以稠人广众，安知谁氏铳兵，谓其无目，前而诘之，有执其辮尾者，有挥拳格斗[者],嘈嘈杂杂,哄乱而起。观剧者疑有他变,咸惊顾逃避,女剧渐为之歇。而守道巡查向前解纷,奈数铳兵见其使性狂喝,概不理他。忽而巡查继至,径执二铳兵抵派出所,民众始悉惊疑,仍闻集如故,女剧乃急急将事,夜半而罢。

光绪二十八年三月初二日/1902年4月9日

闾巷琐谈·绕境祈安

海山树林街连下五大庄近以霍乱相延,迫不及救百姓,皆惶恐不安。爰踵方相氏逐疫故事,择在去月廿四恭迎潭底庄大道公出绕境内。是日旌旗掩映,金鼓和鸣,花轿彩舆辉光夺目,优伶艺妓演唱怡人。一路香烟霭瑞,爆响联珠,有色有声,亦极眼前盛事。乃俄焉浓云布墨,大雨倾盆,为众人一洗其行尘,亦觉兴会淋漓,别增爽快,未必非神恩之沐浴也。

光绪二十八年八月初二日/1902年9月3日

求神植福

大稻埕以虎列刺之方兴未艾也,绅商士庶爰议先就中南北三街恭迓关渡妈祖绕境,遂涓定月之廿三四五等日举行其事。届时通衢悬灯结彩,歌儿车鼓而外,梨园至二三十处,真觉热闹异常。间惟南街一部,当第一日之时,只有冷冷落落之官音一台。中北二街甚轻薄之,至有"南街好走马"之语,盖谓其全街空无一物也。于是南街人引以为耻,立招艋舺小女班前来,并与议定一天戏金计七十圆。及第二日开台演唱,人山人海,几于拥挤不开,人遂啧啧许南街,而南街亦自以为高出一筹矣。然此举为敬神起见,固不失为诚心。独怪夫有时地方上一二义举,任倡首者之舌弊唇焦,皆漠然不加喜戚于其心,是视救人淡于敬神矣,神有知,当必不安也。

光绪二十八年八月二十七日/1902年9月28日

宝鹜星辉

林朝栋之祖叔母罗太夫人,今年为七旬开一寿诞,其令孙纪堂、献堂、烈堂等,拟于九月初九日为之樽开北海,寿诵南山,藉以稍展其孝思。因连日已有呈贺梨园者,其戏即艋舺之大女班也。纪堂等谊不容辞,遂亦议定该女班十台,以答谢呈贺者之盛意。纪堂又以诸事繁剧,恐有照料不及之处,并就日前电达其内兄陈君杰夫,请其即由厦门前来,以便赞襄一切。陈君许诺之余,既于一昨日着淡,暂住大稻埕大和商行,大抵四五日之后便向阿罩雾进发焉。

光绪二十八年九月初三日/1902年10月4日

女班被禁

艋舺大女班自应阿罩雾之召,即拟于本月九日就道。既至初八之夕,遂各收拾行装,急如星火,其与彼都人士交好者,更恨不身生两翼,立刻飞到郎边。不谓好事多磨,突有巡查补传知各妓女及戏师,令其相率前来,不得延缓。各妓正如晴天霹雳,忘其所以,惟以官命,不敢有违。既到,所长令其排列两行,问以明日将往阿罩雾作戏,有否?曰有。所长曰:台北人为汝曹颠倒者多矣,想于阿罩雾亦犹是也,其勿往,违则不汝宥也,余无他嘱,可各归去。其时所长乃复而责各戏师曰:汝辈不事生业,赖各妓以为糊口之资,得毋欲俟各妓到台中时,即将乘轮内渡,以鬻各妓于娼寮乎?戏师齐曰:既无护照,焉能出关?还祈大人察夺。所长曰:且休饶舌,此行固断断乎不可也。于是饬令巡查暂将戏师拘留,待翌日乃许放免云。现闻若辈虽晏然无事,以曾受阿罩雾七百金之故,苟无以复命,势必原璧奉赵,无奈此□已花费殆尽矣,未稔将何辞以对也。

光绪二十八年九月十一日/1902年10月12日

女班开禁

艋舺大女班以将应阿罩雾之召,致被警察官禁不得行一节,本报既略露其端倪。及昨忽闻警察官收回成命,准其随便启程,局外之人颇似一个闷葫芦,莫知个中之消息。徐而察之,乃知警察官实有防渐杜微之至意。盖警察官素知歌妓中一种陋习,阳以弹唱为名，而阴为卖淫之行者，比比皆是，故该女班之欲行未行也，警察官即颇虑及此。且以该女班尤递禀于派出所，必欲请给护照，遂疑其班长有别存意见，或乘势挟诸妓以内渡，故勒令必俟有人担保，始得束装就道。至于护照之事，既非游历外国，似可不必。班长因问担保者为谁乃可，所长曰：其惟李秉钧与陈志诚乎？班长曰：姑往请之，待其许诺，乃复命云云。既而其事果如愿以偿，遂能不致爽约矣。

光绪二十八年九月十四日/1902 年 10 月 15 日

祭日盛况

□□□祭典之日于早上七时，总督阁下暨诸高等官及台北市民总代表各遵节行礼，进庙拈香，乐队奏歌，远望之威仪有节，德礼莫愆。礼毕，各由明治桥以归，桥之中间与祭诸车马始准往来，以外诸人力车具行禁止，只留神桥两侧为行人来往。殆总督阁下等遄返之后，诸多队长率诸军队入庙行礼，戎行整肃，各有次序，悉于上午告毕其事。而警务课诸警官并练习所警察各着官服，肩扶洋铳，于午后始列阵而往，登进庙堂，敬礼尽仪然后退。归时则任诸人民入庙拜奠，庙前有神官驻守堂侧，庙之重门派有警官倚门守管，各人民莫知礼法者，悉由警官导以节文。先使各人民就洗濯所盥手，既毕，乃许登入庙门，就于神桌前投以敬资，摇响玲珑，即叩首如仪。是时各人民相续以至，道路几为壅塞。大凡诸民人登堂拜奠后，皆邀游于圆山公园之处。时有内地人博览物类于此，并有内地某商行设掣签以行福引之事，彼也争胜，此也斗奇，各以酒物珍果相与竞卖。至夕阳下山，人影愈拥挤而来，神道及公园诸要路皆有警官把守。殆黄昏时节乃各驾车以返，而足踵走困者不知凡几矣。各处神灯照耀，国旗高揭，犹若不夜之天。艋稻诸市街亦形热闹，艋则盐务组合设梨园以庆祝，稻里则保甲局公备官音以演唱，各地游人咸乐观演剧，至更深而罢。此祭日盛况之大概也。

光绪二十八年九月二十九日/1902 年 10 月 30 日

兴 尽 而 返

艋舺大女班既至阿罩雾之后，未几犹转赴彰化，闻其前后共演十有八台，计获利二千余金。不幸近日有班中人染病者，遂死去曲师、脚色各一名，他若罔市、阿杭两人亦仍不服水土之故，缠绵床席。一时班中人归心如箭，即就四日前薄言旋归，翌日已安抵艋舺矣。或曰：病且死者，实不止此数，盖男若肉包、毛纱、清镜皆死也，女若阿知、月英皆病也。二说未知孰是，姑为两存之。

光绪二十八年十月十九日/1902年11月18日

建 醮 余 兴

和尚州之设国姓醮，曾于佛祖宫前树□灯篙两杆，日来醮事既毕，例应招演菊部，以谢灯篙。而洲人以家富人宁，甚欲藉此以为赏心乐事。且灯篙本非一人所树立，二比各有争长絜短之势，遂相约一决雌雄。闻至此已三日矣，夜夜皆招妓演戏及搬车鼓，究未知鹿死谁手也。或曰：从中一杆乃店仔口街人树立者，其党势力稍微，恐有败北之羞也矣。

光绪二十八年十月二十二日/1902年11月21日

光绪二十九年(1903)

清国演剧

台北座俟来五月,将清国优倡雇聘来登场演技,台地好剧家鹤首待期至焉云。

光绪二十九年三月二十六日/1903年4月23日

惊红骇绿

天性何存

厦门有闽人名康康者,素充戏生,近因年老不能歌唱,遂改为掌班。其家住于福河宫后,有子某甲,年已及壮,偶得疯颠之疾,医尚未愈。忽于本□二夜,值康睡后,竟执刀将康杀毙。母惊觉,已救不及,遂呼邻人将甲捆缚,候天明押送厅署,禀明其事,经黎司马随时升堂讯问。无奈甲全不知觉,嘻笑怒骂,情态百出,司马无法可治,只得渐行锁禁,现尚未断结。

童戏闹事

厦门近日有新到七子班,类皆稚齿幼童,歌唱颇妙,闻由石码来者。日在厦港一带演唱,致多恶少打架争闹之事。该地保林和以责有攸归,因具禀厅署,恳请严禁。经黎司马批准,于本十六日出示,略谓四民各有职业,不得日事游戏,除与戏捐局相商,可否准该土戏留厦外,合行出示严禁,凡尔民人,各宜守分营业,不得因玩戏互相争斗,违者则拘办云。

歌妓还归

此回大阪博览会,各地有皆备物在赛,而艋舺素有歌妓传名,当道因选举数人,以助声色之剧。盖所往歌妓,系为阿燕、阿叶等,而阿燕乃女班中著名老生,最善于歌唱也,阿叶亦武生之好脚色,因连袂抵于大阪。声歌之余,颇为人所赏识,此顷会务告毕,悉已还台。近日来诸姊如云,咸皆登门探望,间闻有不惯于航海者,殆若春花憔瘁时矣。

光绪二十九年六月二十六日/1903 年 8 月 18 日

招来清戏

新起横街台北座尝传有招来清剧之说,事非乌有,而期当晚收,农务致忙,故举内豫为之准备,乃俟阴历正月而开场。闻台中吴小泉买桌厦门,将聘大罗天技班三四十人来矣。

光绪二十九年七月二十九日/1903 年 9 月 20 日

新竹通信·禁正淫戏

新竹第三区警察派出所长谓该管区诸保正曰:尔等管内人民,或有喜庆事,作为芝居演剧者,例于报明警察外,须更禀报甲内保正。但台湾芝居间多反叛淫词之剧,以后遇有请演者,须将其演地及演剧之名记列于册,其作淫剧反叛者,则禁止之,以为风俗登其淳良云尔。

光绪二十九年九月初一日/1903 年 10 月 20 日

艋舺女戏

今度为台湾神社祭典之期,各处多准备举祝并演戏,而艋舺料馆口、书院边、大厝口、竹篙厝、育婴堂边、大厝后街等诸保正共同为发起人,遂有黄清辉、陈吉、张省三等醵资公请倩女戏,订于本廿七八两日开演,以为神社之庆戏场,设大厝口街菜园空地,甚然宽广,脚色亦十分齐整云。

光绪二十九年九月初八日/1903 年 10 月 27 日

上海茶园

上海茶园现有百余处,其最驰名者,现以春仙、天仙、群仙、丹桂各茶园为最热闹。屈计各茶园每日夜演剧,观者均有数百人,或逢礼拜之期更增人数。以外如青莲阁,评茗看花,此往彼来,又非常热闹也。

光绪二十九年十月二十七日/1903 年 12 月 15 日

新竹通信・犯药组合例受罚

新竹各药种商联合为是药种商组合也，其条例有各药种售卖价格，有一定之宜，不得此药种商售价贱于他药种商，以博人多向之买，以求生意丰盛者。昨有某商犯此，公议罚梨园一台，于城隍庙前演唱而罢。

光绪二十九年十一月二十二日/1904 年 1 月 9 日

上海片信・天仙小劫

申江天仙各茶园演剧，听戏者均以千计。近日该戏园邻右鹤龄商行不戒于火，致兆焚如。适值簪笏登场，钗裙满座，一时惊惶失措，纷纷者如鸟兽，效绿珠坠楼而死者数人。其余身负重伤者十余人。越日，该菊[部]不复闻霓裳羽衣之曲，洵小劫也。

光绪二十九年十一月二十二日/1904 年 1 月 9 日

光绪三十年(1904)

地方税章程施行细则

地方税章程施行细则去十五日以台北厅令颁布,自即日起施行,兹略举其内要处焉。家税除台北三市街、沪尾街其它关系内地人外国人而外,并系杂种税之年税者,自六月十五日起,一个月以内征收全年税额。三市街、沪尾街其它内地人外国人之家税及营业年税,分作二期,曰自六月十五日起一个月间,曰自十二月十五日起一个月间,各征半额,月税限至每月十五日止。应纳家税之义务者,按照台湾地方税章程第二十七条、二十八条之外,尚须申告家屋之构造种类、坪数、间数、租赁价格及绘图,并坪数算出之基本。又新起盖家屋者,须申告其起盖年月日。又获得家屋之权利者,须申告其原因、其年月日。应纳营业税、杂种税者,须申告商号或称号。凡新开张营业者或获得物件者,其年月日。营烟草业者,其事实。凡为小店及行商者,其区别。凡应代纳商业税者,其被代理者之营业场所在地,并其住址姓名。凡屋宇以租赁价格为标准,应受课税。兼有二种以上之营业,而将屋宇共通使用者,其事实。娼妓从业者、理发人为标准,应受课税者,其姓名年龄并妓名。应纳浴塘税者,其汤槽之绘图,并坪数之算出基本。艺妓则艺名年龄。应纳游技税者,非为营业起见者,其事实。船舶则在籍港船号或鉴札番号。纳屠畜税者,其屠杀年月日。纳酒桶税者,分别自用或营业用抑系共享者,其事实。养鱼池或烟草耕作地,若系他人之业者,将其何住所姓名直接申告。又游艺、戏班、艺妓,要有一定纳税代理人,连名申告。又照地方税章程第三十二条,应设备帐簿,按其业务,必要记明采买额、采买处、销售额、贩卖之处、除零卖一赊卖额、收入额、放借额、包办额、酬劳额、生产价格等,且添记月计累计额数。但向本岛外输送物品者,或物品及与行为相交换者,各应将相当价格折算填记。次即调查委员所关章程，此盖曾经登报，兹省略之。其它大略与从前无甚差。惟于此处特要留意者，为从来警察所关营业，其报营业禀总须呈出警务课，兹自本年起，应同时向税务课直接申告。又自转车虽有给付鉴札，然少携带，故往往有脱税者，亦自本年起，其鉴札用白锡制，严令钉粘于车体。若有违犯者，不论脱税与否，俱照违犯章程处办焉。

光绪三十年三月初七日/1904年4月22日

枋桥之祝胜会

五日午后六时，爆竹既发，枋桥支厅管内约二千人，咸集东门内妈祖宫前之式场。金子支厅长朗读战捷报及式辞，读毕三唱万岁。学校生徒合唱君代歌，乃偕爆行，分其众为十三队，依次由东门而出，各燃灯球，进枋桥街道而登员山。此处有林本源寄赠之酒，与枋藔(寮)制冰会社寄赠之冰，以招待诸有众，至钟鸣九下，始三唱帝国万岁而散。是夜各队之火凡互数町，及上员山之时，如万花齐发，笑语迎人，其中灯笼、鱼灯、艺棚、大灯及学校生徒之珠灯等，各大放光明，照耀员山之四围，尤如众星之环拱北辰焉。且东门之内演唱梨园全台，以助余兴。猗欤庥哉，诚枋桥街未曾有之盛事也哉！

光绪三十年八月初一日/1904年9月10日

厦门通信·女戏时派

厦门近日新到庆丰年女戏一班，脚色衣服俱臻美备，但演唱一台其价六十大圆。近届兰盆胜会，凡有演剧音觞，总以女戏为时派。故富豪子弟探闻女戏，在好似狂蜂乱蝶也。

光绪三十年八月初二日/1904年9月11日

光绪三十一年(1905)

踵事增华

数年来气候不顺,台北一带各街正多有迎观渡妈祖以压禳之者,每次所费不资,民力几为之凋敝。轻薄者至上其徽号为扈三娘,盖扈氏为梁山泊之女豪杰,而海寇船上亦多祀妈祖,故以为比也。三重埔庄者,固台北厅下一穷乡也,户不满千,金无及万。乃此旧历本月廿日,亦迎观渡妈祖以绕其境,南至涧仔斜庄,北至长泰庄皆与焉。其中有五保正,分其坛为五处,坛各演戏,或一台、或三台不等。是日绕境台阁杂剧无虑数十,鼓乐旌旗尤不在此数,拉杂如火,郁勃如荼,诚开三重埔以来所未有之热闹也。计其所费大抵须二三千圆云,噫,亦巨矣!苟以兴实业与学校卫生等,则其所增之幸福当不止此耳。惟就外貌而观,有此挥霍,有此浮华,是俨然有无数田,多十斛麦之富足翁在也,芋粟全收,未可为贫,不亦足以自豪哉!

光绪三十一年四月二十一日/1905 年 5 月 24 日

群芳·艋津十年来之花柳界(上)

人歌人笑,倏经十载光阴;花落花开,毕竟一场春梦。艋津为台北一名区,亦即烟花丛薮也。乙未以前,花柳界尚未大振,虽偏街僻处,每于夕阳欲坠,清风徐来,便有粉白黛绿,翠袖红衣,簇拥枇杷门巷,望之如山阴道上,五花八门,令人目不暇赏。然大都是卖俏者流,至所称为歌妓者,则寥寥如晨星。且惟学南腔及北管而已,即南腔如艺旦色与来春,北管如金莺与阿曲是也。继而有二三外省人流寓艋中,集诸妓教外调,声色忽为一新,遂有东兴绸、安然抱独得心传,芳名藉甚,居然一曲红绡不知数。无何金莺、宝琴两姊妹同谋赴县哀祈,求脱籍从良,县令孙鄂斋准如所请,立谕当官发配。事毕后，复出捕妓令，促以各宜择人而事，必欲扫荡香巢而后已。尔时雨骤风狂，不管花枝催（摧）折，香消色褪，绿怨红愁，盖所谓昔日春风桃李，今朝秋雨梧桐。于是东兴绸随何某作彩凤之翔，安然抱从李生当吹箫之伴，而花柳风光，不觉寂寂无闻矣。洎乎丙申以后，台岛维新，操弹唱业者日盛一日，则有大班女优出焉。时艳名噪著者，林罔市为小旦，技极出色，神情亦宛肖；李阿笑为小生，举趾（止）风流，步骤声音，俱臻绝妙；阿杭为老生，态度曲白，色色动人；阿燕为净，声大而宏，步调并佳；又有武旦小娇、苦旦阿好，皆能豁人心目。每演一剧，观者如堵，数以万计，洵繁华全盛时也。金勒马嘶芳草地，玉楼人醉杏花天，当不是过。旋又有小班女优相继而起，堂名碧霞苑。其为班中好脚色者，刘阿□以武旦著名，俨然有花木兰风格；余阿花以武生见长，见之辄为喝采；骆阿目作小旦，翠娥作小生，肉螺作净，小查某作末，无非善歌妙舞，倾动时人。

光绪三十一年五月二十九日/1905 年 7 月 1 日

群芳·艋津十年来之花柳界（中）

此大班与小班各树一帜，争奇斗巧，辉映后先，真是金粉六朝，莺花三月也。乃曾几何时，而此调竟成广陵散。阿笑嫁台中某；阿枋嫁刘荣基，遽尔珠沈玉碎；小娇嫁彰化王某；阿燕以貌不称才，流落他乡。所存者如罔市，亦曾一下镜台，然亦绳忽断，中道睽违，故今尚藉新店街为桃源，时接问津渔者。若阿好则往来南北间，心为形役，门前车马不似当年。此时欲再听霓裳羽衣曲，不可复得。至于小斑（班）碧霞苑，刘阿□已随萧史去矣，小查某已过桃叶渡矣，阿目、翠娥亦已杜门谢客，不啻桃花有主矣。惟阿花以瓜期乍熟，独张艳帜，正是名列教坊第一部，五陵年少争缠头者，接踵而至，时为现下小班中之翘楚。若肉螺则昔年今日，仍待崔护重来。且诸雏妓亦不少，登场演唱，犹有衣香须（鬓）影散花天之想。此外能拨檀槽者，有宝玉，嫁天球生渡厦门；有小番婆，嫁陈茂生，俱已归休净土；杨云娇嫁九镇生；廖阿尾嫁镇印生；周匏仔嫁文秀生；小燕嫁未央生；宝莲、碧莲、金治，皆有独鹤守梅花，不许旁人一问。噫！

春事阑珊,那管蜂愁蝶恼,艋津花柳,飞散如斯。有客寻芳,其能无落花如雨冷箫台之感乎?虽然,旧调翻新,美人辈出,当今之时,则有顶新街翻娜、好阿、乌阿、宝仙,欢慈市清琴、宝珠,龙山寺后阿桂,新店月娇,后街仔阿里,粟仓口小罔市,小宫巷玉叶,水仙宫口阿简,莲花池阿御,凹□仔玉云,□治后吴□,要皆一辈新人,其推绝色。虽不能如尔日春色,纸醉金迷,而燕燕莺莺,娇痴妩媚,择其尤者,亦可为开侑酒之胡姬,破寂遣愁之一助也。

光绪三十一年五月三十日/1905年7月2日

群芳·艋津十年来之花柳界(下)

至如阿斗者,善歌曲,以能唱大小剧得名。当其珠喉乍转,便嘈嘈唧唧,如闻山水有清音。迨兴酣声烈之际,则口若悬河,手不停挥,几疑为大珠小珠落玉盘。尤工肆应,巧词令,长筵广席,以一身周旋其间,竟日无倦色。而与宝玉、金治诸姬,共驰骋于歌舞场中,寻芳客纷至踏(沓)来,无异五月蝇挥之不去,亦勾栏翘楚也。数年前为稻江朱朝鸿所独占,眠食其家,殆阅三载,洞口云封,问津无自。其后朱朝鸿家道中落,不供浪掷,姬遂重寻故道,再返旧卢(垆)。如阿惜者,芳龄尤少,色艺双佳,亦姊妹花中之卓卓者。惟以一念之差,溺情叶某,与之同遁沪津,任假母频促杜宇催归,终无如之何。旧时良契,云散风流,其后受叶薄幸,中途见弃,于是吞声忍泪,收拾零星妆具,言旋假母家。又如玉爱者,娇小可人,曲亦颇善,而质量纤弱,不耐风雨,加以多愁多病,居然红楼梦中林黛玉。今阿斗犹居料馆口,阿惜住新店街,玉爱在顶新街,俱当时名妓也。然三春将尽,蝶散蜂飞,雨后桃花,残脂剩粉,不能无今昔悬殊之感。倘有多情人复为提倡之,则此三姬色犹未甚衰,安知不克为中流鼓桌,使三月残花落更开乎?现下香巢最美丽而亦宽阔者,惟余阿花,新移徙于龙山寺后,置花酒两席,尚绰绰有余裕。其次则为新店街林罔市,顶新街李阿乌,俱可以操纵自如。独惜每于酒楼中摆席燕饮,欲多招妓侑酒,常不得如愿相偿。即使有之,亦半属雏莺乳燕,未解风情,殊甚遗憾也。十年来艋中花柳,大概如斯,随笔

录之，以供一览。如或粗漏之处，所望于此中深知消息者，不妨惠寄金玉，自当渐次补续出。（完）

光绪三十一年六月初二日/1905年7月4日

咏霓园南行

阿罩雾故孝廉林文钦氏，十数年前尝募集成童子弟，倩名优教习歌舞，号为咏霓园，到处演唱，名动一时。迨林氏作古，全班星散。有汤石生者，元为咏霓园班长，乃招集旧部，仍号咏霓园，别树一帜于台中、彰化间，尚亦不逊于昔日。去月二十一日因应台南市共善堂之聘，订演唱四个月，给与金壹千贰百圆，该班应使费概归共善堂支理，其遭遇亦可谓佳矣。

光绪三十一年六月初五日/1905年7月7日

萧郎荣寿

阿猴厅下茄冬脚庄萧佐生，年近七旬，家财盈万，拥巨资，来南开设米铺商业，住家于五帝庙街。其生平酒色俱嗜，日与诸少壮游，非嫖即饮。一昨年与娼妓叶富狎，纳为妾。叶为牛屎埕街某之媳，其夫早世（逝），于明治三十二年间，隶籍于松仔脚鸨母桂珠家，由是声名日起，未几仍归旧宅，而声名益盛，至是火坑得箫为之脱出。箫于一昨日祝寿，贺者颇伙，诸梨园争往排仙庆祝。叶则巍然高坐，护侧者则有婢媪守候供役，真个是猴冠一戴，俨然人类。寄语富娘，自今而后，万勿以萧郎为路人则可耳。

光绪三十一年六月二十四日/1905年7月26日

台南盂兰盆会

竿长丈二招魂幡，道场高轰风翩翩。中元鬼门放鬼出，鬼来觅食盂兰盆。盂兰盆之会何自仿（昉）哉？自目莲剪纸燃灯，度食众生，历传至今，循故事也。台南市有百五十余街，历年至七月，每日平均四五街宫庙设坛建醮，各店铺家户随之开盂兰盆会，穷极奢华，破费甚巨者，为十一日外五条街，十三日内五条街。改隶后为街道人众拥挤不开,大有防害卫生,禁勿许搭棚在街面上,既不能演唱炫耀,而辨(办)敬者亦自草草将事,争睹者因之稍杀。惟外五条在水仙宫普者,尚不减旧政府时。水仙宫为三郊组合公庙,十一日为本宫普,十四日为鹿耳门寄普。三郊即糖郊、南北郊是也,糖郊大签则德记德昌主之,南北二郊则三五字号合一签负担之。普施分三行,中糖郊满汉十余席,果子粿品数十盘,左右南北郊亦然,莫不争奇斗巧,夸耀人目。今年度最称热闹者,惟昨十七夜安平海头社,满汉十九席外,又西洋料理百余盘,演活动写真,又演《十八地狱》全部,并艋舺女伶一台。惜午后五点钟,雨师告到,以阻游人之兴,不然,外新街直通安平大道,红男绿女不知如何络绎不绝也。

光绪三十一年七月二十四日/1905 年 8 月 24 日

花旦迷人

现时台南戏剧,以林某所整之咏裳班为最,有台南人醵资二百圆,往彰化□来台南演唱,限三个月。其中有花旦某者,工作《买胭脂》、《活捉三郎》两出,当其买胭脂之时,诸般笑态,莞然可掬;及其活捉之时,寒气迫人,苦调凄音,似有含许多冤状。神情宛肖,口角生香,脂粉欲流,恰似梨花一枝春带雨。观者兴淫勃勃,无从喝采。突有一诙向东北而下,谛视之,乃苏大舅也,牵裾掩护之,急怀而归。从此灯下窗前,如见一花旦某者,遂入迷魂阵里,死而复苏者再。其友劝之,卒为所苦,后经三昼夜,魂随阿宝去。是夜该班演于打银街,花旦包头而入,某见之,如获异宝,忙跪而呼曰:天上人,我岂妄哉!妄与梦同音,旁人笑曰:非梦非梦。适该友至,喝曰:妃梦,妃梦。又一人解之曰:甘与子同梦之意。苏氏复死而苏者再,时天已曙,大家倦而就睡。苏氏呫嗫耳语,花旦大呼花消,群起而惊曰火烧,见床头寂然,花旦已出矣。苏氏随而出,锁匙声嘎嘎,向厨而开,几乎失措,挪出银边翠暖围一条,金戒指一对,赠与花旦。众声哄然,洵活宝哉。活宝乃台湾方言,甚言其痴情丑态,一齐露出。

光绪三十一年八月初四日/1905 年 9 月 2 日

苓雅寮之风俗谈·信鬼

该地信鬼,实为全台之冠。该处有一无嗣庙,历年七月热闹过于神庙,演梨园,作女优,至少亦十余台。是月初八九两天,红男绿女,穷奢极侈,相塞于道。本年十八台之演剧,又其少耳。要之鬼神与我原非二物,我心之灵,即鬼神之灵也,宁有异哉?既欲浪巨费于莫须有之事,何如拯孤寡于阴□之中?圣人云:未能事人,焉能事鬼,其知之否耶?

光绪三十一年十月初四日/1905年10月31日

台中之祝节一班

台岛每年值天长佳节,各厅下街市皆竭诚恭贺,可无待言。本年之天长节,适当我日本帝国与露国战争讲和成立,故一班人民倍增欣忭。庆贺即始,台中厅下,每□不过各官衙及各学校举行祝贺式,稍大街市即演剧为祝贺而已,并不见人民有何感情。若本年则大不然,即在偏僻村落亦极形热闹,兹聊举二三处,以见一班人民之感情。蓝兴堡树仔脚庄,当日于该地派出所前演唱梨园,入夜则放烟火,颇形热闹,来观者不下二千人云。该地为最偏小之区,尚见此等兴趣焉。

光绪三十一年十月十五日/1905年11月11日

俗尚媚神

赛会迎神,俗尚惯矣。旧历十壹月壹日起,计四日间,适东港温王爷神诞,例年俱有祭典,他如演剧兴行,不壹而足。独至今年,为戏班爽约时期,致赴不及,未免寂寞之感。惟善男信女参拜者仍不乏人,壹时挨拥于途,如入山阴道上,不暇应接。闻任该祠之祭事者,则按漳泉县份签举炉主,输日致祭焉。盖因东港住民祖籍皆漳泉贰处所属,故十分闹热云。

光绪三十一年十一月二十四日/1905年12月20日

光绪三十二年(1906)

剧谈二则(之一)

辉祥班日前在某处演戏,宵深更阑,脚色演唱已毕,各鸟兽散,而衣服箱笼置诸道旁。向例戏班衣箱未尝入馆,必待年终,始舁入馆中以度岁,盖取生意热闹之兆,衣箱无暇入馆者,若谓此处演完,即彼处开演,本岛官音六七班,亦大抵如斯。讵料是夜衣箱十余只忽被贼□开锁,席卷囊括,不知所之。现脚色四十余人四处追寻,无从获弋,而服饰已失,未能逢场作戏,嗷嗷待哺。为班主者,一任戏班指东骂西,烂虎皮几被活剥,焦头疲额,苦无以应,闻诸脚色拟改归他班云。记者曰:由来本岛人多贱视戏班,而本岛之戏班亦自有可贱之性质,方以类聚。故向来为班主者,率隶役一流人,是本岛戏班即小人也,班主尤小人之小人者也。然尝有鄙台南绅士某某为戏班者,其意固贱视也,乃赵孟能贱者,赵孟亦能贵之。近又有绅士录之发刊,彼岂真有绅士瘾耶?其将以绅士为活剧也。墜渊加膝,因人何贵。寄语南部诸绅士,常以此为鉴,勿为作把戏者之猴狲,舞台上之活傀儡。若用钱买载入绅士录者,即非绅士,虽绅士亦为人所不齿也。呜呼!台南绅士,汝不记七子班之标本乎?因揭剧谈,附记及之。若夫我国名优如白浪滔天庵、团十郎等,以演剧开民智,用佐维新之烈者,固不在此例也。

光绪三十二年二月二十三日/1906年3月17日

公宴京卿

五品京堂林叔藏京卿晋秩荣旋,台北绅士刘明经及陈寅诸绅为发起人,定于近日召集女优,在枋桥林邸宴请京卿,藉伸燕贺。届期冠裳云集,当有一番热闹也。

光绪三十二年闰四月二十三日/1906年6月14日

总督官邸之夜宴

明十七日为始政纪念日，总督官邸欲开盛大夜宴，前报已记载之。是夜应招诸人，俱已送与招待柬矣。兹为俾参会诸氏之注意，特揭其二三事项如左。

招待柬封内之食堂券　此回始政纪念日夜宴之招待柬，其封内有添入招待柬，是夜赴宴必须携带，至开宴之时，方可分应就东食堂，或就西食堂。倘万一招待柬封内有漏添食堂券者，是夜到玄关投名刺之时，可向受付之人请取。

提出名刺　参会者务必于玄关内各自持出名刺，投与受付之人。

勿携带物品　是夜参会人数甚多，切不可携带物品，但万一雨天，则有设备雨具置所。

参会时刻　是夜自午后七时起，开各种余兴，亦有本岛人女戏，系就艺妓中选拔出演，衣裳极美丽，惟演剧时刻较早，即自午后六时三十分开演，其戏台高厂，不论何人皆可在官邸外观览。参会者若以六时之号炮烟火即使来会，自得观此女戏也。

光绪三十二年闰四月二十五日/1906年6月16日

总督官邸夜宴状况

昨十七日为始政纪念日，总督官邸之夜宴前报已屡次揭载。兹更就其邸室及庭苑之设备，与开会状况略记如下。

午后七时三十分，宾客陆续而至。正门入口之前建树绿门，高三丈余，交叉大面国旗，繁叶敷荣，苍翠欲滴，与旭日章相辉映，其间点缀无数电灯，色花编插，红红白白，装饰绝佳。

玄关内侧，左右排列盆栽之珍卉奇花大小十数盆。登其处，便觉气味清爽，袭人而来。参会者提出名刺，即受赠纪念绘邮札一组两札，札中印刷新旧两总督及后藤长官写真，配以花草，美丽绝伦。入室则后藤长官等立待接客，礼意温良。室中左右大柱联揭竹节灯，写出后藤长官所作大国民唱歌及汉文译，其傍缀红白花，灿烂无比。

再进数武，有邮便局员临出张所，电话交换手男女数名，在其处卖纪念绘邮札,并盖纪念印。购此札者,可就别室所置笔墨处填写,然后投入其傍所假设邮筒。惟有购此邮札,限定每人二组,不得多买。客有以扇请盖纪念印者,亦即应之。

楼上设妇人席,悬挂竹节灯,置几株盆植老松,蓊森盘郁,又添二盆大活花,芳香四溢,神气为之顿爽。在其上者,飘飘乎如遗世独立,羽化而登仙。少焉,女客披罗着绮,联袂偕来。花则姿容窈窕而笑迎,松则枝柯低亚而肃待。电灯光明,饰装绚烂,俯视庭苑,恍如元夜鳌山,几忘其在人界中也。至纪念绘邮札辨理所,并其它诸般设备,亦与楼下无异。

假设邮筒右侧,见儿玉大将之立像在焉。步出外廊,则于廊下对面中央架设舞台,备极华美,可以而观之。内地人艺妓演《将门》、《菊重》二出,神情态度,俱极婉妙。继以本岛人十名,奏十音清乐。旋奏蓄音器,观众精神为之一振。次艺妓复演《道成寺》一出。次铁道部有志者出演《大阪仁和贺》一出,甚觉有趣。

当模拟之开始也,庭园东畔有冰店、麦酒店、鸡肉店、果子店等,隔池之岸又有寿司店,多用靓妆妇人执其事,尽可随意就食。池边设数处小亭,无非三府名胜风景,即大阪淀屋桥上之散策,京都四条河原之纳凉,并东京隅田川之都鸟,以二十余名雏妓应接其间,供荐珍味佳肴。

东边高架戏台,演唱本岛女优,即演《回龙阁》及《三(二)进宫》二出,在短墙外环观者,人如山积。

官邸之屋上屋侧及室内皆环列电灯,如开不夜之城,即种种花卉中亦点之。池旁临水处亦有电灯数十,或明或熄,宛若萤火。池上假山以电灯缀成字样,即拟京都之大文字山,现出一大字。池中无数纸鸟灯浮于水上,随风飘泊,一望若渔灯点点,美丽光明,足炫人目。池之东端放电气烟火,递分五色,照耀邸内外如同白昼。是夜电灯,总计有三千余盏。

九时三十分就食堂,堂分东西,其设备俱极意匠经营,室中不见壁际,上下四方皆施彩帛,结绿叶,天井中遍拖五色布条,参差交错,宛如蛛网,青红白绿,又如灿烂云垂。其间□数个花天盖之大电灯,红樱灼烁,锦绣成围。添以矢车之电扇,旋转无已时,不觉清风自天外来。东西两食堂总以一样装饰,庭园外亦时时燃放烟火。酒既三巡,佐久间总督起立演说云:诸君统治台湾,树创业之功,行将完成。予素乏治才,乃竟荣膺此台湾总督之大命,虽然,其所以敢拜受者,盖以有后藤民政长官在任,并主要官僚之适材安置适所,故甚为安心也。予未谙行政,亦无嘉义厅何等功劳,而得此名誉官僚为部下,其光荣实不感谢也。将来于施政所关,即欲深信赖后藤民政官以下诸人,以期统治之完成焉。

惟对在住民间诸氏,特有一言以相告。夫殖产兴之途,在总督府锐意努力,则诸氏事业亦必随之而起,务使台湾足俾世界□作规模,而不可付诸等闲也。转而言之,统治之完美与否,全视官民有无一致之力。我台湾有世界的责任,自今日始,实要更加奋励焉。统治台湾,能得施措咸宜,固不独当道官僚有名誉,即人民之效力亦多。所望官民上下共努力一致,以享此光荣为要务耳。

本日为第十一回始政纪念之祝,亦即予就任之初会见也,兹以此言告之。

以上所说,系谷通译官以台语译之。之后藤长官起立说谢意。宴将罢,总督发声,三唱天皇陛下万岁,众皆和之。少顷散会。是夜受招待之本岛人绅商如左:

李仰臣、李春生、吴辅卿、陈瑞星、陈辉雪、吴文秀、辜显荣、陈洛、黄玉阶、王庆忠、李孙蒲、洪以南、郭春秧、林望周、白□祥、翁林煌、洪辅臣、欧阳长庚、容祺年、林大春、林斗文、黄传经、陈江流、林彭寿、黄应麟、王明月、杨碧山、刘廷玉、黄茂清、陈瑞福、陈直卿、陈采臣、王毓卿、洪礼文、林尔嘉、林鹤年、林嵩寿、黄敬堂、丁寿安、吴昌才、陈镇印、陈云林。

光绪三十二年闰四月二十八日/1906年6月19日

俳优末路

自团体捐金须要禀准之令出,兰人之于赛会酬神等事遂多止之焉。盖以其递禀动要迁延时日,决算又须格外精详,兼之乡下村人多不解禀式故也。因而梨园之演唱者,从前虽曰西奏东搬,殆无虚日,今则四处寂寥,难以数觏。于是一般俳优莫不困于生计,或有贩卖果饼食物者,或有佣为苦力杂作者,或有操作无能,不知善变经纪者,其狼狈之状,殆有不堪焉。

光绪三十二年六月初九日/1906年7月29日

官音三庆班开演

去二十一日,有福州人胡秀林、林有准二人,率支那官音班渡台,其事已纪前报。该班名曰三庆班,其优伶多杰出者,亦有女优数名,男优有自上海招来者。戏园在原台北座,定自本日开演。第一次自午后一时始,至同五时止,演《万花献瑞》、《天水关》、《溪皇庄》、《海潮珠》、《宇宙疯(锋)》、《打花鼓》等剧。第二次自午后七时始,至同十时止,演《四营打围》、《战樊城》、《长亭会》、《文昭关》、《大闹嘉兴府》、《战浦(蒲)关》、《百花亭》等剧。入戏园时大人须二十钱,小儿十钱。座位则特等一人须一圆八十钱,一等一人须八十钱,二等一人须四十钱,三等一人须十钱云。

光绪三十二年七月初七日/1906年8月26日

菊部阳秋

□□生

台湾戏界之不振,于斯极矣。科白全谬,节奏全无,登台敷衍,如同儿戏,甚至龙争虎斗之出,亦索索无生气,令见者昏昏欲睡。间惟刘宫保为台抚时,曾由榕垣招老祥升班来台,益之上海戏子数人,件件俱臻绝顶,眼界顿为一开。后此有数班先后而至,远不能逮也。然戏非小道,其于国民之精神教育关系极大。故欧美士大夫家,每不惜纡尊降贵,亲演其事,亦以其感人深也。本岛绅商间虽尝见及此,有台中小霓裳之设,惜乎阅时未久,已风流云散,今更无有继之者,乌非谓非恨事乎?顾本岛之文明程度,已与年而俱进,则戏界亦必随之而渐入于文明。本岛戏既不堪入目,内地戏尤非本岛人之所嗜好,势不得不转求于相距较近之福州戏,此福州三庆班之所以来台也。其开演乃在本月廿五日,本报既略言之。及昨往观,果脚色甚佳,足以游目骋怀。第一出为《天水关》,须生乃李玉宝,官(关)目娴雅,声韵悠扬,其声不尚宏大,专以清亮制胜,不失为好脚色也。第二出为《溪皇庄》,其中最当行出色者,则武丑吴国宝第一,武小生周阿宝第二也。阿宝扮刺客行刺,国宝扮侠客救人,其出色处皆有跋扈飞扬之致,至于混斗酣战之时,亦英姿飒爽,杀气森然,如临战阵。又国宝矫捷如猿,恰肖武丑身分,其尤奇者,能一气作数十语,连续不断,而面亦不转色,恐求之福州班中,亦未易得此人物也。第三出为《海潮珠》,第四出为《宇宙疯(锋)》,其间文丑冯宝奎、小旦林秀宝、正旦王子云等,各步骤井然,应纮(弦)合拍,不失为好脚色。最后《打花鼓》一出,小旦为林翠宝,正丑为郭龙宝,副丑为林意宝,各诙谐尽致,令人移情。翠宝年方二十以来,色泽艳丽,虽弱不胜衣,而举止窈窕,宛然如少女,其声清以越,其白更娇媚环生,如在黄叶间听斗黄鹂,娓娓忘倦。此等脚色,自见宝珠(老祥升班之小旦,刘宫保在台时曾一见之)后,殆无有其匹者。然以上云云,犹午后一时至五时所演者,若夫午后八时至十二时诸出,请俟明日乃批评之可矣。(未完)

光绪三十二年七月初九日/1906年8月28日

菊部阳秋(续)

逸　涛

八月廿七日午后八时至十二时所演五出,第一为《回龙阁》,第二为《五雷阵》,第三为《四杰村》,第四为《翠屏山》,第五为《马蹄金》。其中最佳者,当推《四杰村》及《翠屏山》。《四杰村》乃朱家兄弟要截骆宏勋,鲍[金]花诸英雄从而救之,所扮大脚色有二,一则二花扮鲍赐安,一则武旦扮鲍金花。是夜扮鲍赐安为蕲鑫山,本上海著名脚色,推本班二花之巨擘,魁梧奇伟,有武士风,官(关)目亦极阔大。扮鲍金花者则周阿宝也,本以武小生兼武旦,即前日《溪皇庄》之扮武小生者。是夜缠足上台,驰走与常无异,便捷且或过之,当其抚弄技(伎)俩也,百态俱作,能一连倒翻筋斗者三,既又一手倒托于地,翘举双足朝天回抚,约十分钟始罢,见者皆拍掌喝采,其操纵如意,殆不让凤翔女子之作幻术也。他如《翠屏山》一出,乃杨雄妻通和尚海阇黎,雄之义弟石秀知之,先杀海阇黎,继又与雄杀其妻于翠屏山,其扮此四脚色者,皆可称老斫轮手。为石秀者则义气横溢,疾恶若仇,不合则去,毫无留难。及入酒店痛饮大醉,拔剑起舞,白光闪闪,飘如雪花,少焉手刃奸僧海阇黎,亦作饿虎噬人状,如见壮士复雠图。为杨雄妻者,则一路装演,淫悍如绘,及至翠屏山下,见杨石两人手执白刃,怒目而视,忽惊惶万状,且号且求。其时石秀则恨不即杀以为快,杨雄则枨触旧情,转有不忍遽杀之意,慌乱如麻,神情毕肖,惊心动魄,莫此为甚。大抵戏之一道,要在喜怒哀乐分明耳,若此者其亦可观矣。

附注:廿六日午后八时至十二所演者,本拟以今日批评,因其滋味似不若此篇之浓深,姑从省略,读者谅之。

附录

戏园注意　按内地戏园,于本日明日所演何出,所扮为何脚色,其脚色应扮某人,皆一一载之戏单。今该班所刊布之戏单,固亦载其出且载其脚色,惟某脚色应扮某人,犹有缺如,不知故实者,不无蒙头盖面之憾,此宜改良一也。又上海戏园于演某出时,皆大书于粉牌,高悬台上,俾观者一目了然,今该班亦无之,此宜改良二也。又一日共演十出,似乎过多,多则囫囵吞枣者有之,不能穷形尽相矣。不如少演一二出,则演者不致于困惫,而观者亦毫发无憾,不亦快哉,此宜改良三也。虽此外尚有一二应加改良之处,然若改良此三者,则其余皆不足为累矣。

观剧注意　园内一二三等诸座位,虽界限分明,但一等之于三等,毗连甚近,所差者惟一等有椅凳,三等仅席地而坐耳。每遇演至兴会淋漓之时,三等者非挺身直立,则高声哗然,致科白妙处不能领略至十二分,其惹厌亦甚矣!本岛向无戏园,戏园规律若何,中流以上者且不知,何论乎若辈。故非园中人极力制限之不可,即观剧亦应各知自爱,则一二三等交受其益矣。

光绪三十二年七月初十日/1906年8月29日

菊部阳秋(再续)

逸　涛

上月廿九夜,余至稍后,仅观《跑皇城》及《拿民夫》一(二)出。《跑皇城》乃以余留第扮作须生,所唱西皮反管,抑扬顿挫,无不应弦合拍,其作力跑皇城呼呼气喘状,尤觉神情举肖,洵合作也,其博台外诸人拍掌喝采也固宜。若夫《拿民夫》一出,乃以二小丑扮作鼠窃,先后入神庙,方欲席卷神像之冠袍而逃,忽遇拿民夫之差官掩至,遂急穿戴其冠袍,一佯为神,一佯为神之马夫。差官恐其有诈,鞭神首数十,见屹然不动始去。为神者恐差官复来,与为马夫者互易其冠袍,未几差官果复来,复鞭及马夫,其后各马脚暴露,被差官擒之去。按若此之出,本无科白官(关)目可观,不过以其事之诙谐,博观者之一粲耳,不足喝采也。不图台外诸人竟喝采之声若雷,堂壁为震,一若大惬心者。于以知台湾人之不知戏也,只图悦目,全不解工夫之所在,几何不屈杀好脚色哉!窃恐好脚色见此情状,转不为之气馁矣,奈何,奈何!又三十夜所演最佳者,应推《绒花计》一出,是出有大脚色二,一为冯宝奎扮作小丑,一为林秀宝扮作小旦。秀宝今年方二十以来,色泽绝丽,声韵尤佳,远在同班林宝翠以上,诚小旦中不可多得之物。是出乃刘某有次妹经许配邓生,刘嫌邓贫,将悔婚别嫁,邓控于官,官饬差召讯,刘恐其妹[未]经官司,或至临局彷徨,于事前历教其说辞之方。宝奎盖扮作刘某,而秀宝则为其妹也,两人诙谐百出,科白之妙,殆无伦比。而秀宝扮作打瓣之小女子,娇憨之态可掬,尤神妙欲到秋毫巅也。及上公堂,战栗不胜,语次无伦,宛然未经事之小女子,藉弄于此道三折肱者,曷克臻此?观至此,不禁满浮一大白曰:妙哉,妙哉!

光绪三十二年七月十三日/1906 年 9 月 1 日

本日戏出

新起后街戏鸣盛组园,日夜所演诸出,皆有兴趣,观者络绎,盖人争先睹也。兹以本日夜拟演诸出录载于下,以饷同嗜者。自午后一时始至同五时止,第一出扮演《沙陀国》,即唐末李克用故事;

第二出扮演《黄金台》,即燕太子丹故事;第三出扮演《湘江会》,系大武戏,即齐国吴起时事;第四出扮演《九更天》,即《封神传》所载闻太师故事。又自八时始至十二时止,第一出扮演《状元谱》,即陈伯玉故事;第二出扮演《八仙过海》,加演灯戏壳兽,变化斗法,此出装演诸种禽兽;第三出扮演《夺小沛》,即三国时刘备吕布故事;第四出扮演《白虎堂》,即小说所载宋杨六郎欲杀宗保故事;第五出扮演《送面粉》,故事不许(详),然为丑旦出也。

光绪三十二年七月十四日/1906年9月2日

戏园杂俎

在二三两日夜,鸣盛组戏园所演诸剧,皆略有趣味。其最妙者为去二夜所演《状元谱》,扮浪子者为王子云,其装饥寒交迫,憔悴状态,无不毕肖。最热闹者为《八仙过海》,皆持云形灯笼,又扮数种兽类介类,颇能写生,仙妖混战,令人耳目眩晕。因欲演此剧,台北附近来观者,趾踵相接,场中人满,几无立锥之地,其数不下千人。在去三夜所扮演之最热闹者,则为宋□鼠故事。其在本日所演诸剧亦经拟定,自午后一时始至五时止,第一出为《百忍图》,即汉张公艺故事;第二出《凤鸣关》,即《三国演义》所载赵云战韩氏五虎故事;第三出为《牛头山》,即《说岳》所载宋末金兀术围唐王于牛头山,岳云战金弹子故事;第四出为《落花园》,即《二度梅》所载陈杏元故事;第五出为《闹学堂》,盖三花出,其故事不详。自午后八时始至十二时止,第一出为《金水桥》;第二出为《鸿鸾喜》,即《今古奇观》所载莫春风娶金团头之女名玉奴,莫郎负心故事;第三出为《叭蜡庙》,即《施公案》所载黄天霸娶张桂兰故事;第四出《杀嫂》,即武松故事也。

光绪三十二年七月十六日/1906年9月4日

菊部阳秋(三续)

逸 涛

戏莫难于文戏,以其官(关)目、唱念、科白三者皆较武戏为难也。故为文戏者易巧，为武戏者难工。况文戏之中，尚自有难易之分。其为喜出也，苟能诙谐尽致，便称能手，岂非较易。若在惨出，则必举其人之惊恐惨憺一一曲绘之，一处不肖，全出失色矣。故津海著名戏子，八九以文戏显者，而善观剧者，亦必于文戏三致意云。前三夜鸣盛组所演之出，有所谓《南天门》者，扮须生者为余留第，扮苦旦者为王子云，一路官（关）目则步骤井然，唱念则应弦合拍。及演至天降大雪时，苦旦则饥寒交迫，跬步难行，须生则忍饥耐寒，强扶苦旦而行。既而雪益大，人益困，须生尤自脱其衣，覆于苦旦之体，已乃一步一颠，头颤股栗，处处皆克肖老年人身分，其不胜苦冻之状，殆非楮笔所能形容者。且所唱为西皮反调，其声与拍皆丝丝入扣，尤为不可多得，可谓极文戏之能事矣！要之，戏必如此，方为真戏，观剧者亦必能此，方为善观剧。（按：留第本上海有名戏子，入闽数年，赏识之者颇多。）

光绪三十二年七月十七日/1906年9月5日

梨园杂俎

九月五日午后一时至五时，所演者有三出。第一为《松（祥）梅寺》，即黄巢试剑故事，以二花张三赛扮黄巢，以三花郭龙宝扮长老。第二为《反西凉》，乃三国马超为父亲报仇故事，以须生余留第扮吉平，以武生林雁宝扮马超，以二花原起宝扮许褚。第三为《庆珍珠》，以武老生林双宝扮萧恩，以三花郭龙宝扮教师，以武旦周阿宝扮桂英，以三花冯宝奎扮丁郎。又午后八时至十二时，所演者凡四出。第一为《临江会》（全班合演）。第二为《战皖城》，乃曹操遇张绣故事，以花旦林秀宝扮张绣之妻，以武老生林双宝扮张绣，以大花吴元黄扮曹操。第三为《十字坡》，乃武松过十字坡故事，扮孙二娘者为武旦周阿宝，扮武松者为武生蕲鑫山，扮张青者为三花郭龙宝，扮解差者为三花林意宝。第四为《三仙阁》，扮骆员外者为须生余留第，扮李福者为三花郭龙宝。

光绪三十二年七月十七日/1906年9月5日

脚色来矣

前报鸣盛组添聘大花小荣春、正旦陈宝珠、花旦曹彩凤三人,顷闻三人已连袂而来,订本日登场扮演。想一时往观者,必复摩肩接踵矣。闻是日欲并扮演壳兽及奇巧诸器,以壮观瞻,以当欢迎云。

光绪三十二年八月初二日/1906年9月19日

本日戏出

鸣盛班戏团本日所演诸出如下,午后二时起至六时止,第一出《祥梅寺》,第二出《白玉带》,第三出《反西凉》,第四出《赠剑》。自午后八时起至十二时止,第一出《取荣(荥)阳》,第二出《反长安》,第三出《梅龙镇》,第四出《铡美案》,第五出《捉奸》。

光绪三十二年八月初三日/1906年9月23日

屋上跫音

去二十夜八时顷,鸣盛组业已开演,钲鼓镗镗,忽闻台后屋上跫音沓然,初疑为盗,戏班一齐出捕,然来者四人,经由屋上跃下,戏班追及,进退维谷,遂被擒送警官。四人盖一为半路□街十八番户李昆云,一为后菜园街百廿六番户林涂,余两人则一为吴鼠尾,一为李添来,皆住所不明。然细查之后,却非为盗物而来者,乃为吝惜观剧之资,故出于是耳。警官严加说谕,始放还之。

光绪三十二年八月初九日/1906年9月26日

戏园演剧

一昨廿七夜,三庆班之演剧,第一出《赶三关》,三花郭龙宝、老生李玉宝、正旦林明宝,俱演得神情逼肖,且把守第一二两关者,皆着清制衣冠,众为大笑。第二出《二进宫》,大花小永春系由上海新来,年仅十七岁,而声如洪钟,步骤亦妙,观者莫不赞美。第三出《梅龙镇》,即《戏凤》是也,花旦小喜凤亦由上海新来,体态姿容俱佳。其最惹人目者为第四出,演《封神传三进碧游宫》,乃三教斗法，诸仙会阵，山兽水族，填满台上，兼之演技敏捷，舞蹈得宜，众皆为目炫神移。

光绪三十二年八月十二日/1906年9月29日

消闲杂嚎·伶人解《论语》

闻北京有一个名优，是个丑脚色，演戏是随口编造的，却也很有意思，能叫听戏的个都□的闭不住口。这天，不知演的是什么戏文，但见那个丑脚色扮成一个老夫子的模样儿（老夫子即教师也），另有一个雏伶，扮了一个小学生儿，手中拿着一本书。那老夫子坐在上坐（座），端严正气，很像有点学问似的，开口不知说了几句什么话，末末了，但听他叫学生来也。那位学生便恭恭敬敬的上前，朝着那位老夫子深深作了一揖。那位老夫子哼了一声，说好生听着。学生低面答应着是。那位老夫子说道：今日我给你讲的是“贤哉回也”那一节书咯。“子曰”，子字就是孔子，孔子就是山东那位孔二大爷。曰字就是说话的意思。合着讲，当年山东那位孔二大爷说过，顶好的老颜家的那位大阿哥咯（贤哉回也）。怎么说呢？你看他在那个窄小的衙衕儿住着（在陋巷），就拿着竹筒儿吃饭瓢碴儿瞌（喝）水（一箪食一瓢饮），要是别人哪，不定生么的难过呢（人不堪其忧），你看老颜家那位大阿哥，他不但不觉着什么难过，倒老是照常的自在呢（回也不改其乐），这位大阿哥实在是顶好的啊（贤哉回也）。那位老夫子不过是个唱戏的丑脚色，他讲的书纯用白话演说，你说什么小学生还听不明白呀。所以现今有志之士都说，这唱戏的事情最能动大众的感情，只可惜风俗日趋日下，戏文都是淫狎背乱及那些迷信鬼神之事，若真能改良戏曲，于社会上定有大大的益处也。

光绪三十二年八月十二日/1906年9月29日

艋舺市场兰盆

去四夜，艋舺祖师庙边鱼菜市场循例开盂兰盆会，其盛况不逊于往年。满汉料理约二百余席，备极珍馐，又有肥豚三只，均重四百余斤。演剧五台,热闹无比,以龙山寺祖师庙之兰盆会视之尤有逊色。是夜往观者拥挤不开,几如五都之市。噫!如此谄事鬼神,争多斗美,浪掷许多金钱,绝无爱惜,其愚诚可哀矣!正不知此陋习,至何时而得泯也。

光绪三十二年八月十九日/1906年10月6日

观剧口角

新庄支厅三重埔庄四十九番户蔡再分,与艋舺草店尾街五十一番户苦力林水英两人,再昨夜八时许,并肩在祖师庙前街观剧,因品评戏子,较闹一场,再分竟挥拳击水英,致其面负有微伤。时为警官拘致(至)派出所,调查而后,初非别有怀恨,乃令备金三十钱为之敷药云。

光绪三十二年八月二十日/1906年10月7日

本日戏出

鸣盛戏园拟定本夜欲演之戏出,今揭之如下。即第一出《九更天》(全班合演),小旦林明宝、文太师林贵宝、老生余留第、苦旦王应假、小生陈连宝。第二出《四盘山》,老旦林意宝、老生李玉宝、花旦林翠宝、老生林和宝。第三出《探阴山》,上海苦旦王子云、上海大花小永春、三花郭龙宝。第四出《新演盘古开天辟地,女娲炼石补天》。第五出《男女打赶》,三花小宝奎、花旦小喜凤。

光绪三十二年八月二十二日/1906年10月9日

梨园杂俎

鸣盛组经将昼间之戏停演,今为顺顾客之便,更定以每礼拜日昼夜兼演。兹将本日昼间演剧录之于下:第一出《龙凤记》,刘备老生林和宝、乔国老老生李玉宝、孙权大花林元宝、孙尚香正旦王应假、孙国太老旦林意宝。第二出乃《失街亭》连《空城计》、《斩马稷》(全班合演大武戏)。第三出《双打虎》,武旦周阿宝、武生林雁宝、老旦林意宝、二花原起宝。第四出《牧羊图》,老生小宝奎、苦旦王子云、小生郑细犬、老旦郭龙宝、二花张三宝。第五出《打花鼓》，花旦林翠宝、三花郭龙宝、林意宝。

光绪三十二年八月二十七日/1906年10月14日

戏园杂俎

鸣盛组戏园拟定本夜欲演之戏出，兹为揭出于下。即第一出《龙虎斗》，老生李玉宝、二花原起宝。第二出《宝莲灯》，刘彦昌老生周成章、王桂英苦旦王子云、其子刘沈香小生陈连宝、秋高小生陈德宝、秦灿大花吴元黄。第三出新演连接《沉香破洞救母》，沉香武生林雁宝、二郎神二花原起宝、王裈老祖老生余留第、齐天大圣大花林贵宝、华岳三娘正旦王应假、刘彦昌老生周成章、秋高小生陈德宝、王桂英正旦林明宝、天将哪吒武老生林双宝、妖怪二花林月宝、天将火孩儿小生林添官、妖怪武三花吴国宝。第五出《牧虎关》，高旺大花小永春、张宝小生陈连宝、张月英老旦林意宝、蛮姑娘花旦林翠宝。第五出《哑子谢粽》，七爷大花吴元原、哑子老生周成章、七爷妈老旦陈集宝、妇女鬼正旦王应段。

光绪三十二年八月二十九日/1906年10月16日

戏园杂俎

鸣盛组戏园拟定本夜欲演之出，录揭如下。即第一出《六部会审》，第二出《白虎堂》，第三出《大闹嘉兴府》，第四出《梅龙镇》，第五出《探阴山》。按第四出装演之脚色为老生周成宁，及此次上海新到之女班花旦金翠英。闻翠英演唱俱佳，近偕其弟金翠芬来台，翠芬亦一时好脚色，此行姊弟两人必大有可观者，请各揩老眼俟之。

光绪三十二年九月初二日/1906年10月19日

戏园杂俎

鸣盛组戏园经定本夜欲演之出，录记如下。即第一出《南北斗借寿》，第二出《南阳关》，第三出《收关胜》(全班合演大武戏)，第四出《闯山》,第五出《黄金台》,第六出《买胭脂》。末一出乃男女合唱,花旦为上海新到之金翠英,其声色必益胜于前可知也。

光绪三十二年九月初三日/1906年10月20日

梨园杂俎

鸣盛组戏园派定本夜欲演之出,列记如下。即第一出《忠义节》,第二出《御果园》,第三出《西游记》,系齐天大圣收金钱豹(全班合演大武戏),第四出《胭脂虎》,第五出《花鼓》。按第四出装演之角色为上海女班花旦金翠英,及小生陈连宝、三花郭龙宝、老旦林意宝、老生周成章、二花林贵宝等是也。

光绪三十二年九月初三日/1906年10月20日

梨园杂俎

鸣盛组戏园定本日昼间欲演之戏出,录之于下。即第一出《京(打)金枝》,第二出《陈世美不认妻》,第三出《牛头山》(大武戏),第四出《绒花记》,第五出《樱桃记》。此《樱桃记》为小旦者,乃女优金翠英,昨演《梅龙镇》,彼扮白牡丹,声情酷肖,大博观者之喝采,前报所谓好脚色,信不诬也。

光绪三十二年九月初四日/1906年10月21日

梨园杂俎

鸣盛组戏园派定本夜欲演之戏剧,录记于下。即第一出《长生乐》,第二出《大报仇》,第三出《下河南》,第四出《澎(彭)公案》(全班合演大武戏),第五出《宋江杀惜》,第六出《斩窦娥》。按前记第二出《大报仇》为老生者,乃此次与其姐金翠英由上海新到之金翠芬,闻翠芬亦一时好脚色,嗜好者试拭目观之。又闻该组之戏,经再演七八天,便欲闭幕,料此数日间,必有争先快睹为幸者。

光绪三十二年九月初七日/1906年10月24日

梨园杂俎

鸣盛组戏园派定本夜欲演之戏剧,录记为下。即第一出《长亭昭关》,第二出《夺小沛》,第三出《翠屏山》,第四出《杀子报》。按此出出演之脚色,择定金翠英及其弟金翠芬合演,此回定必比前更加雅观可知也,请拭目俟之。又小旦林秀宝亦久不上台,故此出特以秀宝扮作苦旦,俾观者耳目一新云。

光绪三十二年九月初八日/1906年10月25日

演子弟戏

台北厅下锡口街有一班子弟,素谙歌曲,近又敢上台开演,无异于戏,而却不愿以戏自居,故别称之曰子弟戏。日昨大坪林林谢江演剧,该处子弟亦应大坪林之聘,不受剧金,但供食料旅费而已,计需金五六十圆,视演本岛戏,约加二倍有余。闻其一行四十多人,个个衣服丽都,各带金指环,以示别其为子弟,而非做戏者。是日下午二时至五时,仅演两出,先为《蟠桃会》,次系《打金枝》,及晚再演《倒铜旗》、《大补矼(缸)》、《打花鼓》。统观全部,有一老生与丑颇见自然,余之声调各堪入听,惟手段脚步不无生疏,若从此试练娴熟,则自有可观者焉。

光绪三十二年九月初十日/1906年10月27日

雨散云收

目下在台北座演唱之三庆班,中有武旦周阿宝,渡台之际,自福州携一闽妇来,初亦颇相得。然此闽妇本勾栏中人,每夜必在特等座位一隅观剧。中又有苦旦王子云者,作戏远胜于阿宝。闽妇睹之,辄神出于舍,自念阿宝虽上台敢于撒娇,奈貌既不扬,年亦四十许,愈撒娇愈惹人厌,怎及得我王子云?遂不免动起喜新厌旧之心。子云亦欣然自得,由是两人屡以眉角传情。迟之又久,若窥阿宝不在,两人即互相过从,宴好如夫妇。无何阿宝知之,盛气诟詈子云。子云亦不肯相下,竟于新起横街四十四番户僦一小屋,迁闽妇居于其间。阿宝愈愤恨欲死,不啻夺我胭脂山,使我无颜色,日前已声言必与拼命,未稔结局将若何。或曰:此妇乃阿宝之妻。果为其妻,恐子云未必敢如是之横也,姑存疑以观其后。

光绪三十二年九月初十日/1906年10月27日

梨园杂俎

鸣盛戏园派定本夜欲演诸剧,录记于下。即第一出《金水桥》,第二出《凤鸣关》,第三出《演火棍》,第四出新演《薛刚三祭铁坵坟》(全班合演大武戏),第五出《绒花记》。

光绪三十二年九月初十日/1906年10月27日

梨园杂俎

本日为礼拜日,鸣盛组戏园循例昼夜兼演,兹将派定诸剧录记于。下昼间第一出为《赶三关》,第二出《黑风帕》,第三出《李世民看凤凰山》(全班合演大武戏),第四出《金殿装疯》,第五出《背板櫈》。夜间者即第一出《取北原》,第二出《牧羊图》,第三出《李世民游地府》(全班合演),第四出《翠屏山》,第五出《锁五龙》是也。

光绪三十二年九月十一日/1906年10月28日

梨园杂俎

顷闻鸣盛组戏园因停演在即,此几日间拟定昼夜兼演,以酬顾客之意。兹将派定本日昼夜欲演之剧录记如下。即日间第一出《庆阳图》,第二出《二进宫》,第三出《战皖(宛)城》,第四出《闯山》,第五出《洪羊洞》。夜间第一出《沙陀国》,第二出《六月雪》,第三出《连营七百里》,第四出《打杠子》,第五出《鸿鸾喜》,第六出《游西湖》等是也。

光绪三十二年九月十三日/1906年10月30日

梨园杂俎

鸣盛组戏园派定本日昼夜兼演诸剧,录记于下。昼间第一出《药王传》,第二出《骂曹》,第三出《伐子都》,第四出《玉堂春》,第五出《双打虎》,第六出《下海》。夜间第一出为《天水关》,第二出《黄鹤楼》,第三出《李世民游地府》,第四出《富春楼》,第五出《探窑》等是也。按第四出乃新演之戏,系以金翠英扮作小旦,所唱为梆子腔,于声调中固别开一生面也。

光绪三十二年九月十四日/1906年10月31日

梨园杂俎

闻鸣盛组戏园更定自阴历十五夜起，再开演三夜，兹将本夜派定诸剧录记于下。即第一出《楚汉纷争》，第二出《金尿壶》，第三出《翠屏山》，第四出《王半仙拿妖》，第五出《五湖船》。

光绪三十二年九月十五日/1906年11月1日

梨园杂俎

三庆班官音因被聘限期已满，改订自演，兹将派定本夜欲演之剧录记于下。即[第]一出《武昭关》，第二出新演《李旦招亲》，借女娲镜，破火轮碑（全班合演大武戏），第三出新演《双十锦》，第四出新演《缝绂袍》，第五出《李世民游地狱》，加演刘泉进瓜，借尸还魂；第六出新演《打铁》等是也。以上所列诸出，须以午后七时起始能周至，故改定七时起至十二时止。

光绪三十二年九月十六日/1906年11月2日

台南短札·新剧将演

台北鸣盛组梨园所聘戏子，多来自福州者，自开演以来，台下观者不识戏之人，莫不喝彩声喧，大博一时好市。闻拟于近日下南假台南座扮演，其剧目亦已拟定。

光绪三十二年九月二十日/1906年11月6日

宜兰天长节

去三日恭逢天皇陛下圣寿无疆，宜兰厅人民总代参事陈抡元、江锦章、蓝新，区长陈尤结，绅士黄友璋、李绍宗、林拱辰、庄赞勋、蔡振芳及各保正等，在本城天后宫以榕树结成一大绿门，上悬一大匾额，大书祝天长节四字，内装饰奇花异草，及陈列种种奇珍异宝之类。自午前九时，各官绅人民等依以整列，朝拜天皇陛下御尊影，三唱天皇陛下万岁。其时清乐迭奏，爆竹喧天，兼之演唱梨园，男妇老幼愈觉拥塞街市云。

光绪三十二年九月二十二日/1906年11月8日

大甲天长节

去三日天长佳节,大甲官民共举行祝贺式,以祈万寿无疆。其余兴有唱艺技(妓),演梨园,开宴会,颇觉闹热云。又大甲公学校乘此天长佳节,自午前九时在本校举行祝贺式,后遂开秋季运动会,其种类不遑枚举,真令旁观者为之目赏神怡耳。

光绪三十二年九月二十三日/1906年11月9日

荣升班之渡台

自三庆班渡台开演,获利倍蓰,以后本岛人争图是业,几如蚁之附膻。昨乃有某某等复醵资往福州雇请一班,曰荣升班,系在福州为最上乘者,别号余雅茶园,将拟于来十三日抵台,在荣座开演。闻全班有百余名,其优伶多杰出者,且犹到申江雇头等名角十余辈,愈觉生色,衣服亦皆鲜妍,较之三庆班殆有天壤之别,愿与同好者拭目俟之。

光绪三十二年九月二十五日/1906年11月11日

官音戏之延期

本岛人数辈醵资赴福州官音戏一班,原拟昨日渡台,曾纪前报。兹闻该班冠裳因概重新置备,不能克期渡来,大约要期一礼拜许,方能来到云。又前报所谓荣升班者,即祥升之误也,合并订正。

光绪三十二年九月二十八日/1906年11月14日

拟设新戏馆

自福州三庆班渡台开演后,支那剧界之热度暴然一升,人皆以此为可获利,其与荣座、台北座商议租借者,殆不止二三。然台北座租与鸣盛组之期限已满,不日将至祥升班,尤租定荣座以充之,一时进退维谷。遂有本岛人某某者发议,如许台北无一戏馆,实所遗憾,务须新建一大戏馆,赞成之者颇众,大抵可见诸实事也。目下已在计画中,其场所当在大稻今保安街以南,归绥公园以北派出所前之空地。

光绪三十二年九月二十九日/1906年11月15日

祥升班之续闻

福州祥升班将来台北搬演，既两见前报，兹勿复絮。第以该班在福州系推为最上乘者，其脚色冠服必有可观，此人人所共认也。职是之故，好事者遂为踵事增华，乃传称该班班长别由上海雇一花旦，名优也，绰号白牡丹，色艺绝伦，莫可比拟，月给薪金六七百圆云云。果尔，则是一花旦年费约一万金矣，就令观者众多，彼雇主安能获利耶？以此推之，似不足取信矣。然说者乃语之凿凿，直指确有其事，又未可遽断其言之全无据也。今其传之失其真耶？抑果确有其事耶？吾人固难判断，请拭目以观其后焉可。

光绪三十二年十月初五日/1906 年 11 月 20 日

祥升班渡台矣

福州祥升班官音以去廿二日搭坐厦门丸渡台，全班人员计百余名，就中由上海雇倩者有十八名，皆为一时之名优，已定自本日在荣座开演。特其脚色冠裳悉皆可观，戏园尤广，谅往观者亦必众多无疑也。兹将派定本日昼夜欲演诸剧录记于下。昼间自午后一时起至五时止，即第一出《瑶池大会》（全班合演）；第二出《四盘山》，扮作杨延辉者为上海老生梁振奎，扮作铁金公主者为上海花旦熊芝仙，扮作杨廷昭者为上海老生徐小易，扮作萧皇后者为苦旦陈奎珠；第三出《阳平关》，扮作余太后者为老旦刘求禄，扮作曹操者为大花脸张庆安，扮作黄忠者为上海武生郁连生，扮作赵子龙者为小生陈宝金，扮作徐晃者为二花刘久久；第四出《双跑马》，扮作张三娘者为上海武旦陈月云。又夜间自午后七时起至十二时止，即第一出《八百载》（全班合演）；第二出《花蝴蝶》，扮作江文志者为上海武老生郁连生，扮作蒋平者为上海武三花徐春甫，扮作瑞花者为上海武旦陈月云，扮作典昭者为小生陈宝金；第三出《八件衣》连"阴审"，扮作杨正茗者为上海老生徐小易，扮作金莲者为上海苦旦熊芝仙，扮作包拯者大花张庆安；第四出《卖胭脂》，扮作王月英者为上海花旦白牡丹，扮作郭淮者为小生陈宝金是也。

光绪三十二年十月初十日/1906 年 11 月 25 日

戏园杂俎

荣座茶园祥升班自一昨夜起演,开台演《万花献瑞》,全班齐出,衣服鲜丽,辉映炫观,所谓五花八门,令人目不暇赏。第一出《八百载》,即文王聘太公,神情恰肖,步武安祥。第二出《花蝴蝶》武艺殊佳,其最出色者为武旦陈月云,脚假三寸金莲,行走自在,每打筋斗便一翻八九回,观者齐声喝采。其次即小生陈宝金,能手不着地,全身旋转数回,宛如蝴蝶飞舞。第三出《八件衣》连"阴审",奇形毕现,热闹异常,老生徐小易忧状植妙。最有趣味者为一乞丐,其观阴审诸鬼卒,恐惧神色,奔走形状,恰似亲历其境,见者莫不开口大笑,至其向包拯备述事情,亦绝巧妙。第四出《买胭脂》,花旦白牡丹做得十分出神,比女子怀春神味尤胜几倍,直惹人醉心也。又加演《僧尼会》,其和尚言语敏捷,身体全动,技已佳矣。尤有尼姑娇态百出,姣媚温柔,一双醉眼能勾人魂,允称双绝。盖比之前此三庆班,实远驾而上之矣。是夜观客,特等二十人,一等二百六十人,二等五十人,三等六七百人,可谓多矣。而今日所定演出,日演午后一时起,第一《三进士》,第二《阳平关》,第三《取城都》,第四《桑田会》。夜演第一《四盘山》,第二《泗洲城》,第三《海潮珠》,第四《义虎报》。

光绪三十二年十月十二日/1906 年 11 月 27 日

梨园杂俎

荣座茶园一昨夜所演诸出,颇形热闹,观客尤多于前,盖计有一千二百余名也。兹将本日昼夜欲演诸出照揭于下。昼间即第一出《平北海》,第二出《沙滩会》,第三出《南阳关》,第四出《重台别》。又夜间第一出《封王拜寿》,第二出《四杰村》,第三出《白虎堂》,第四出《梅龙镇》是也。

光绪三十二年十月十三日/1906 年 11 月 28 日

戏园顾问

大稻埕王玉堂者,佻挞无赖子也。本年春以樗蒲戏负金数百,曾作潜迹之想，不果，更收合余烬，以作背城，幸孤注有灵，获胜千金，遂募股往福州赁三庆班渡台，开设戏园演剧，以赚黄白。而王日奔走园内，周旋客前，穷尽庄获之媚态，人以为善招呼。今也三庆班已去，而祥升班复来，王乃对戏园居停言曰：戏园之差事我最熟识，若以我为顾问，必大获益。该居停笑置之，若为弗闻也者。而王之憨想未灰，日复往来园间，冀其一悟而用我，不辞劳瘁，代为周旋无已。噫！[其]人可鄙，其状可怜也。

光绪三十二年十月十三日/1906年11月28日

荣座茶园之戏班

本岛官音戏之搬演，已渐达完盛之域，固为有目者所共认，勿庸喋喋也。如此次之祥升班，较之曩日之三庆班有别，即其明证也。夫在剧场，荣座既广于台北座，而祥升班之优角百三十余名，尤多于三庆班之八十名，其它客席之设备、之装置等，似有可观，故观客乃从而加多焉，亦其势之使然也。

观其登台搬演，称为好脚色者，即老生梁振奎、徐小易、林金玉、姚福喜、郁连生，武老生郁连生，小生陈如意、陈宝金，武小生陈宝金，大花张庆安、冯胜奎，二花刘久久，三花王吉祥、翁成康、徐春甫，武三花徐春甫，老旦刘求禄，苦旦熊芝仙、陈如意、陈宝球，正旦熊芝仙，花旦熊芝仙、白牡丹、王木木，武旦陈月云、陈吉祥等是也。以上所列姓名之有重复者，盖一人而能数技云。（译和文报）

光绪三十二年十月十四日/1906年11月29日

梨园杂俎

荣座茶园既派定本日昼夜欲演诸剧，录记如下。昼间第一出《百寿图》，第二出《[御]果园》，第三出《取洛阳》，第四出《南天门》。又夜间者第一出《五雷阵》，第二出《太平桥》，第三出《进黄柑》，第四出《双跑马》，第五出《也是斋》云。

光绪三十二年十月十四日/1906年11月29日

戏园之使役暴横

去廿六夜荣座茶园演剧,有不知何许人之妇女,年二十许,抱一婴孩,亦往观焉。方演一二出,婴孩忽大啼,止之无术,不得已索兴将归。甫及门,守门役戒不令出,叱索半截残券,妇急探怀搜未得,碍抱孩故,无所措手。役厉声横叱,无已妇掷孩于近几,役复厉叱曰:何不丢一旁去!妇隐忍搜觅残券与之,始得出。似此入场时既已收券,何故留其半,俟出再收,得无近于作难耶!况使役横暴至此,闻者皆发怒不能平,惟妇以独行踽踽,未如之何。劝告人家妇女,慎毋令观兴勃勃,致往寻苦恼也。(投函)

光绪三十二年十月十四日/1906 年 11 月 29 日

戏园杂俎

荣座茶园所定本日昼夜欲演诸戏出,录记于下。昼间第一出《打金枝》,第二出《长坂坡》,第三出《芦花河》,第四出《送灰面》。而夜间第一出《樊城》,第二出《长亭》,第三出《过昭关》,第四出《刺王僚·鱼藏剑》,第五出《演火棍》,第六出《关王庙》是也。

光绪三十二年十月十六日/1906 年 12 月 1 日

梨园杂俎

荣座茶园拟定本日昼夜欲演诸剧,录记于下。昼间第一出《药王传》,第二出《南阳关》,第三出《铁莲花》,第四出《三娘教子》,第五出《打桃园》。又夜间第一出《夜战马超》,第二出《造白袍》,第三出《伐东吴》,第四出《连营寨》,第五出《打樱桃》是也。

光绪三十二年十月十七日/1906 年 12 月 2 日

荣座茶园艺题

本日昼间:《药王传》、《南阳关》、《铁莲花》、《三娘教子》、《打桃园》。

本日夜间:《夜战马超》、《造白袍》、《伐东吴》、《连营寨》、《打樱桃》。

光绪三十二年十月十七日/1906 年 12 月 2 日

梨园杂俎

祥升班自开演后，每日观[客]皆在千名以上，座位几为之满，其收入固已不□也。然其资特等为二圆，壹等一圆二十钱，二等八十钱，三等四十钱，观客有嫌其太贵者，今更定自本日起，特为减价以顺顾客之意。即昼间改为特等一人金壹圆，一等一人金六十钱，二等一人金四十钱，三等一人金二拾钱。夜间为特等一人金二圆并茶代，一等一人金壹圆并茶代，二等一人金六十钱，三等一人金三十钱，而房间包贷则仍旧不改。

光绪三十二年十月十九日/1906年12月4日

荣座茶园艺题

本日昼间:《荐诸葛》、《状元印》、《杀四门》、《喂药》。

本日夜间:《回龙阁》、《盗御马·连环套》、《翠屏山》、《落花园》。

光绪三十二年十月十九日/1906年12月4日

荣座茶园艺题

本日昼间:《龙凤配》、《取翼洲》、《重台别》、《头关》。

本日夜间:《乾坤带》、《失街亭》连《斩马谡》、《九更天》、《丑表功》。

光绪三十二年十月二十日/1906年12月5日

梨园杂俎

荣座茶园经派定本日昼夜欲演诸剧，照录于下。昼间第一出《平北海》，第二出《朱仙镇》，第三出《玉堂春》，第四出《药茶记》。而夜间第一出《状元谱》，第二出《下河东》，第三出《哭庙投井》，第四出《龙虎斗》，第五出《拾玉镯》是也。

光绪三十二年十月二十一日/1906年12月6日

荣座茶园艺题

本日昼间:《平北海》、《朱仙镇》、《玉堂春》、《药茶记》。

本日夜间:《状元谱》、《下河东》、《哭庙投井》、《龙虎斗》、《拾玉镯》。

光绪三十二年十月二十一日/1906年12月6日

荣座茶园艺题

本日昼间:《打龙袍》、《借赵云》、《庆阳图》、《拜塔》。

本日夜间:《赶三关》、《沙滩会》、新演《封神大变化》、《三山关》、《闯山》、《换子》。

光绪三十二年十月二十三日/1906年12月8日

厦门通信·女戏馆变为娼寮

厦门女戏庆丰年班自天仙茶园辞退后,租馆寮仔后某客栈,自树一帜,专待人之聘请。始有开演,然其价格太昂,划价一台四十金,因此非富商巨贾不敢过问。于是该戏之应聘也,几如一曝十寒,利源既稀,生路将绝。一班二十余名之小女子,终日闷坐,冷静如庵尼,大有不堪形状。该戏头主老妓桂凤,深恐一群姊妹花不免有风流云散之悲境,因而别开生面,独辟法门,故令游蜂使者蜜引五陵年少,于夜间作皮肉生涯。前闻其扮大花之某氏已诞育驺儿,现其武旦又巨腹便便矣。风流孽障,贱至于优极矣,复由优而为娼,哀哉!

光绪三十二年十月二十三日/1906年12月8日

戏 言 (一)

剧 樵

于戏,于戏亦何言哉!虽然,天地一戏园也,世界一戏台也。代谢之人事,一戏出也;往古来今之人物,一戏子也。极之生存竞争,优胜劣败,世态倏变,气象万千,无不可作戏局观也。然此特言其大者耳。至于一方面之戏,一场面之戏,抑又小矣。夫何言?虽然,以拿破仑之主盟欧洲,雄长一世,每遇星期,辄至戏园观剧,是岂耽于逸乐者哉?抑以几务之劳形,而藉丝竹以遣兴哉?盖不以戏视戏,而直以天地世界、代谢人事、古往今来之人物、竞争胜败之变态视戏也。故凡仰观宇宙之大,俯察品类之盛,足以游目骋怀,极视听之娱者,皆戏也。戏虽小,而其所感触者大也,讵戏无益之云尔哉?

戏剧之种类

戏始于胡亥。近时之戏剧,有乱弹,有潮调,有秦腔,有昆曲,有京调,有梆子各种。乱弹固自桧以下,无讥焉;潮调惟粤最流行;梆子盛于燕晋间;应推昆曲为上乘,然能者绝鲜,无纯璧,行间仅点缀一二而已。南省多秦腔,即唱二簧西鞶(皮)者,犹有可观,京调特小变耳。对岸人称为江西班,官场通称之曰官音,以说白谱曲都官话也,本地人则号为正音戏云。

演戏之时机

戏者用以歌舞升平,和声鸣盛者也。世界值太平之会,环球各繁闹之区,莫不有戏。日本有流行剧、改良剧。东京市上有处戏园林立,歌管楼台,眩目聒耳,别成一游戏小天地,亦云盛已。支那戏界首屈燕京,名优辈出,廿年前如十三旦、想九霄,后先比美,独出冠时,故时谚有“上京不瞧十三旦,枉来都城跑一趟”之语。想九霄云者,谓想象其人则魄散九霄也,可以知其价值矣。然北京虽戏园鼎峙,仅准昼演,若上海则天仙、丹桂等茶园皆卜昼卜夜,惟排场则较胜京,而角色稍逊。一有名角,率称为由都回申者,冒声施也。本岛改隶以来,年丰物阜,众庶酣嬉,升平一曲,际此好时机,不可无和声以鸣其盛。第本地戏剧如两部蛙鼓吹,令闻者掩耳疾走,龌龊之状,莫敢仰视,顾犹有嗜痂者,岂非怪事耶?前此虽自闽省来一三庆班,该班本劣等,见者厌恶,予亦不顾而唾之矣。予固不知戏,然以生平眼界所及比较之,以为与本地戏不相上下,非苛刻也。目下移往台南,演犹未终,既得最劣点之评判,可推知已。近有祥升班,仍自闽来,该班夙有价值,旧时曾来台北演唱一次,大博观者之赞采,况复新添如许申角色,当不异于昔所云矣。似此其庶几乎!(未完)

光绪三十二年十月二十四日/1906年12月9日

荣座茶园艺题

本日昼间:《百忍图》、《清河桥》、《逼宫围》、《借朝靴》。

本日夜间:演《大明传》全部:《九龙山》、《大保国》、《颁大兵》、

《叹皇灵》、《二进宫》、《保登基》、《小上坟》。

明日昼间:《进蛮诗》、《反西凉》、《胭脂褶》、《祭长江》。

明日夜间:《洪羊洞》、《寒江关》、《庆顶珠》、《瞎捉奸》。

光绪三十二年十月二十四日/1906年12月9日

戏语(二)

剧樵

戏子之组织

一班之戏,必有旦、生、净、丑之分配而成。旦分为五,有正旦、有苦旦、有花旦、有老旦、有武旦。生有小生、有须生。净者,大花脸、二花脸之统称也。丑即三花脸也。而此数者之中,尤各有文武等角之别。故有花旦而无苦旦,则优为欢剧者,必拙为悲剧;有文角而无武角,则长于科目曲调者,必短于打武格式。缺一不备,即落下乘,犹不以规矩之不能成方圆,不以六律之不能谐五音也。此班组织完全,优角殊伙,于以上数者,无少缺憾,凡悲剧、欢剧、文剧、武剧因应咸宜,各擅胜场,观者百回不厌,足令未曾看过好戏者耳目一新,不知不觉而亦附会雷同,随声唱好也。

戏角之名录

该班既组织如上之完全,可谓毫发无遗憾。虽每日戏单上,某剧扮演者为某某角色,各有录名,恐一览辄忘,不免检阅费事,兹为有嗜剧癖者之便利,特就其班中旦生净丑较为出色之名角,列表如下,以便辨识,不必检点戏单而自能记忆也:

花旦白牡丹北京	武旦陈月云	老旦刘求禄
正旦熊芝仙上海	花旦陈宝珠	花旦邱伊宝
花旦黄木木	生文武兼陈宝金	武老生郁连生上海
老生梁振圭上海	老生徐小易上海	大花冯胜奎上海
大花张庆安	二花刘久久	三花卢成康
武三花徐春甫上海	三花王吉祥上海	

右表只据所闻,择尤揭载。此外补佐诸角,犹有出色者居多,以限于篇幅,不及备录,然已可以按图而索骥矣。

观剧之方法

小道必有可观，以言观剧，亦自有方法在焉。虽然，以予之不知戏而妄下评判，或不免盲评之嘲，顾凭意想的推测之，是虽不中，当亦不远矣。况有此好戏，又何吝费些游戏笔墨而试闲评耶？本地人大半喜观武剧，视格斗热闹，花草步骤，及变幻灯景诸剧，则以为佳。比来该园主为欲投时俗之嗜好，扮演亦惟武剧较多，不知倾注此一偏，而置科谐曲白于不顾，所谓取貌遗神，喜观剧者应不如是。座中恒有内地人乘兴往观者，尤觉摸不着头脑，故不惮烦而略说法焉。

光绪三十二年十月二十六日/1906年12月11日

荣座茶园艺题

本日昼间：《连升三级》、《盘河战》、《斩窦娥》、《滚灯》。

本日夜间：《永乐观灯》、《大闹嘉兴府》、《打严嵩》、《举鼎观画》、《双摇会》。

光绪三十二年十月二十六日/1906年12月11日

优旦晦气

自稻江痴妓李阿凤与三庆班小旦小喜凤交好而后，一时稻艋中如宝钗、阿笑者，亦不旋踵而效之矣。盖妓女喜狎优旦，本物从其类，津海各处皆然，无足为怪者。然勾栏中一有此辈溷迹，不特秽臭逼人，仕商惧为所染，甚恐财神亦为之无灵，秀士亦为之削色矣，不能不让此辈独擅胜场也。不谓台北虽如是，台南则不然。近闻三庆班既抵台南开演，该地妓女中之醉心小旦者，初亦颇不乏人。后有一班恶少见而恶之，每于该班小旦将游勾栏时，则伏于勾栏附近以待之。既至，则群起而摸其尻，时或环小旦与(于)其中，嘲笑百端，令人难受，小旦不敢与较，惟强自匿迹而已。间有出游市上者，亦于昼间乃敢独行，若夜间不免寒心也。优旦遇此，其亦晦气之极矣。

光绪三十二年十月二十六日/1906年12月11日

俳优无耻

目下在荣座演唱之祥升班中,有张细第者,本年二十六岁。二日前午前十时许,因往西门外街籔汤入浴,乘无他客,潜开屏障之门,偷窥女汤。忽一裸体之邦妇,肌肤如玉,呆然良久,一是魂出于舍,竟视戏场可以任意作戏者,于是急前而拥抱之。邦妇大惊高叫,汤屋中人一齐奔出,细第果被获,送往派出所,被警官严加说谕,细第犹怒目而视,毫不知其非者,斯亦无耻之至矣。又闻此事为该班所知,经将其人逐回原籍,以儆效尤矣。

光绪三十二年十月二十六日/1906年12月11日

荣座茶园艺题

本日昼间:《佘太君辞朝》、《定军山》、《白玉带》、《盗黑》。

本日夜间:《递御状》、《过帅印》、《清官册》、《阴阳判》、《取北原》、《双锁山》。

光绪三十二年十月二十七日/1906年12月12日

是何手段

祥升班自渡台来,闻风者谓其与三庆班角演舞台,差强人意,观者几如蚁之附膻。素封家多有另演而别加赏之者,或四十金,乃至五十金不等,盖视其步武、科谐、曲白之优劣而为比例差也。一时该班之掌班者顿起利念,以为台湾文绣子弟不知稼穑之艰,视泥□□□□□□□□□□□可络而尽赚之,遂潜物色焉。尔日有某少君自中部来,好事者示其梗概。该掌班闻之,骤喜欲狂,居为奇货,即引花旦,具请帖,到某少君寓,殷请今宵辱临敝园,赐观一出,荣幸不戬。某少君许诺。是夜往观,该掌班则持戏单,恳请择出另演。某少君择某出,掌班曰:不若某出善。方犹豫时,该掌班又曰:君知另演规则否?曰:未之闻也。曰:加冠礼二十金,纳赏四十金,另赏三十金,其它种种由人风面。某少君怒曰:而演美余不而靳,岂卖菜也而索直乎?混帐东西,是何状态,权操自我,岂容尔干预?不顾而唾斥之去。噫!请人择戏,由人所欲,鹅食盆,岂容鸭插嘴。

赏金之多少，成算在胸，何待狺狺。如是野心而欲以强制手段，攘取人财，何殊白昼行劫，将欲步班内张细第之后尘去乎？略志端倪，用示来者。

光绪三十二年十月二十七日/1906年12月12日

戏言（三）

剧樵

观剧之方法

大概于花旦则取其声色俱佳，步骤停匀，细腻熨贴，不着妖冶淫亵之迹，而有传神阿堵之妙。于武旦取其身捷如猱，貌丽于花，能状儿女英雄态。于苦旦则取其声音造作，圆滑无伦，遇演悲剧，真个潸然出涕，能令台下人酸鼻，认假为真，感触无限。于大花脸则取其身如枯木，声若洪钟。二花脸亦大同小异，声可稍亚，而作势贵要跃然活泼，有常山蛇首尾和应之巧，斯为壮观。三花脸则取其说白明快，手足圆敏，诙谐入妙，绘影绘声，无不惟肖，投机转圜，穷形尽致，至于不可思议，令百千万亿观者靡不解颐。须生则取其步武整然以暇，声调从容不促，几有纶巾羽扇，尽得风流，而长于悲剧者尤佳。武生则取其斗杀格式，推陈出新，关目科谐亦要合拍，非尽全置不讲，不徒以能倒栽几翻筋斗为工也。至于武净、武丑等，原以佐文剧之不足，自应以偏长于打武者为宜，有出色处，自容易知，一览便可领略，不烦赘也。然虽如是，大凡问题各有主脑，有陪客，随所着眼处以为转移，于艺题亦然。故有时以正角充副角者，有时以贴角代优角者，有时扮夫人者为贴角，扮婢子者实正角也，有时以须生而代大花脸者，有时以三花脸而替老旦者，诸如此类，不胜枚举，总以着眼处在此不在彼，故主脑亦遂在此而不在彼也。有时最热闹之出而兴味索然者，有时最冷淡之出而耐人寻味者，知趣不知趣异之也。拿破皇之喜观悲剧，良有以也。

前后两班之比较

有疑予言三庆班之劣点为刻者，据其所评判，若曰前后两班不甚轩轾者也。有为调停之说者,曰文剧则祥升较胜,武剧则三庆班较胜,此特其优拙也。予以为天下事虽耳闻犹虚,目见始确,然传闻者多,则耳闻亦实,仅凭一人之私,纵目见犹未确也。三庆班多有恶评,时出观者之口;祥升则随投时好,每演一出,令观者喝采如轰雷,鲜有瑕疵之者。据此传闻,众喙同音,虽得诸耳食,然以之为评判,的亦何不可乎?

剧场之整备

台北两戏园之中,台北座远逊于荣座,尽人而知之矣。者番荣座赁演祥升班,尤觉十分整备,铺设一新,位置宽豁,能容多数之观客。且备有间格,为特别赁房,以饫人家之意,男女攸分,尤于风俗上大有便利焉。南中部有嗜剧癖者,胡不御风而行,一豁之眼界耶?

光绪三十二年十月二十八日/1906 年 12 月 13 日

荣座茶园艺题

本日昼间:《长生乐》、《木(穆)柯寨》、《汾河湾》、《拿民夫》。

本日夜间:《善宝庄》、《黄鹤楼》连"水战"、《一捧雪》、《小华山》、《下得海》。

光绪三十二年十月二十八日/1906 年 12 月 13 日

茶园纷耘(纭)

茶园之设备铺陈,较诸鸣盛组稍胜,而其场所亦阔大,可多容数百余人。加以位置占在三市街中央点,往观者均便,以是为戏园,殆无其匹也。独惜其一国三公,事恒柄凿,不能连为一气。如曩戏单中有《乌龙院》一出,众所注目,演中遇某素封家另演《释放曹》,须多费数十分间,高兰不待演罢,则擅命下役将《乌龙院》改在明夜。粉牌一挂,众大失望,群起喧闹,纷若乱丝。一二能事者,急将牌退下,思欲再演,以偿观者之望。无如花旦已卸女扮,洗落粉脂,欲俟其重理新装,又须十余分间,已无及矣,一哄而散。计高兰原目不识丁,那知人事,又匪性未除,易相冲突,故多败事。以如是之戏园，如是之戏班，如是之铺陈，若以能事之陈某出为理事，与以专任，其热闹当不知增加几倍蓰矣。

光绪三十二年十月二十八日/1906年12月13日

茶园之新演剧

荣座茶园拟于明十五十六两日，续演清曾文正公恢复南京故事，冠裳武器均用清朝之式，系新套出之剧，为前此得未曾有。是剧在清国内地尚严禁不许扮演。夫洪秀全之举义，于清国之存亡，实危机一发，又南京久为盘踞，城高池深，加以贼兵数十万，协力同守，欲恢复之，实为不易。曾国筌伯之苦战，至今思之，尤令胆寒。今以之扮演，实令当年血战之景况如在目前，较诸陈腐旧剧，倍增观感，谅往观者必座为满也。

光绪三十二年十月二十九日/1906年12月14日

荣座茶园艺题

本日昼间：《沙陀国》、《淮南庄》、《醉酒》、《闹学堂》。

本日夜间：《京(打)金枝》、《落马湖》、《天雷报》、《背板凳》。

光绪三十二年十月二十九日/1906年12月14日

新演剧之延期

荣座茶园定自本日起二日间搬演新剧，系清曾文正公恢复南京故事，昨报曾揭之。兹据茶园人来语，称扮演该剧须用军装铳器，用铳器则要禀官允准，今茶园无禀准在案，碍难依期实行。不得已今夜改演《水淹金山寺》连《断桥》诸出，然有大变化，鳞〈此〉介之属毕现于舞台之上，亦觉热闹可观，谅足饫观客之意也。至曾公故事，当俟禀准之后，另行定期搬演云云。

光绪三十二年十月三十日/1906年12月15日

荣座茶园艺题

本日昼间：《铡美案》、《双打虎》、《三休》、《贵子图》。

本日夜间:《大变化》、《探山捡闯》、《金山寺》连《断桥》、《斩黄袍》、《清淮河》。

光绪三十二年十月三十日/1906 年 12 月 15 日

荣座茶园艺题

本日昼间:《升官图》、《过巴洲》、《赠剑》、《点将》、《打面矼(缸)》。

本日夜间:《昭君和番》、《取东川》、《碧游宫》、《高平关》、《狮子楼》。

明日夜间:《褒鼓山》、《锁阳城》、《[游]龙戏凤》、《双钉记》。

光绪三十二年十一月初一日/1906 年 12 月 16 日

竹绅雇戏后闻

新竹十八日通信称,该地绅士李荣业为其先人作阴寿,贺者盈门。而郭绅仲悦亦为自己五十荣寿,致贺者接踵而至。之二人者,为该地之富豪,因厌竹优之不雅观,各拟以一千金,来台北雇请祥升班到竹演剧相庆云云一节,乃去十一日本报之所载也。昨据荣座茶园之人云,本园对于此报,初固信以为实,然至今未接何等消息,谅此说必非出诸二绅之口,乃为好事家铺张扬厉之辞耳云。

光绪三十二年十一月初三日/1906 年 12 月 18 日

岂其然乎

茶园祥升班之脚色,道听者谓于福州俳优中占上乘者,尔来渡台开演,识者谓与三庆班无甚轩轾。而该班亦善自饰而强说辞,曾对人语曰:本班之脚色尽相演之,可使观者生出无量之噩梦,洒出无量之眼泪,无如台湾人之不知戏何,虽殚吾能力为之,亦徒费形相耳,故每草草毕事。如是,则我台湾之观戏者皆琴张之瞽也,岂其然乎?

光绪三十二年十一月初三日/1906 年 12 月 18 日

荣座茶园艺题

本日夜间:《孙真人得道》、汉朝《烧纪信》连《反长安》、宋朝《大审阴阳判案》、宋朝《梁山伯□重山》、绅商烦演《胭脂店》。

光绪三十二年十一月初三日/1906年12月18日

荣座茶园艺题

本日夜间:《曹福登仙》、第十一回《吕温侯破曹操》、第六十五回《领益洲》、今古奇观《水火碗》、《掌鞋记》、《打花鼓》。

光绪三十二年十一月初三日/1906年12月18日

荣座茶园艺题

初五日夜间:《南阳关》、《清河桥》、《大闹天宫》、《海潮珠》、《宇宙疯(锋)》。

光绪三十二年十一月初五日/1906年12月20日

荣座茶园艺题

本日夜间:《牧羊眷(圈)》、《取汉中》(全班合演)、《李世民游地府》(全班合演)、《审刺客》、《闯山》。

光绪三十二年十一月初六日/1906年12月21日

梨 园 杂 俎

荣座茶园日来昼间停演,盖欲套演新剧,以饫顾客之意也。

本日夜艺题有《李世民游地府》一剧,该剧三庆班虽曾演过,然该班刑具较少,不能穷形尽相,此次重行搬演,必比前者多有出色之点也。

迩来每日顾客略形减少,收入金额仅二百余圆而已。

光绪三十二年十一月初六日/1906年12月21日

荣座茶园艺题

本日夜间:《天水关》、《凤鸣关》、《斩妲妃》(大变化,全班合演)、《宋江杀妇》、《千里驹》。

光绪三十二年十一月初七日/1906年12月22日

荣座茶园艺题

本日夜间:《白良关》、大武场《嘉兴府》(全班合演)、《廷辉探母》、《醉倒山门》、《赠银》。

光绪三十二年十一月初八日/1906年12月23日

荣座茶园艺题

十二月廿五日夜间:《审吉平》、《反西凉》(张庆安)、《樊城昭关》(梁振奎、郁连生)、《取北原》(徐小易、刘久久)、《双会摇(摇会)》(白牡丹、徐春甫、王吉祥)。

光绪三十二年十一月初十日/1906年12月25日

荣座茶园艺题

十二月廿六日夜间:《九龙杯》(全班合演)、《五雷阵》、《太平桥》、《胭脂虎》、《刺李虎》、《黑风帕》。

光绪三十二年十一月十一日/1906年12月26日

禀请建设支那剧场

闻说荣座剧场合资会社诸株主,将禀请于当道,建设支那剧场,今尚在诠议中。乃大稻埕侧亦有共建此议者,并禀讲之当道矣。据其禀内而观,场所在大稻埕怡和巷街十四番地,乃为日本式之楼,坪数二百三十四坪,楼八十四坪,楼下石造,楼上则木造,定员一千四百名,出愿人盖大稻埕港边街王明月云。

光绪三十二年十一月十一日/1906年12月26日

广　告

本园择于旧历十一月十八九日两夜,准演《大战南京雨花台,张嘉祥巧弑铁公鸡》,即清朝咸丰四年十月,钦命总督江南军务大臣向名荣率师征讨长毛贼,伪太平国天王洪秀全血战雨花台全部,全班九十九人合演。台北西门外街二丁目荣座茶园谨启。

光绪三十二年十一月十三日/1906年12月28日

新剧壮观

荣座茶园将新演剧一节,本报前曾纪之。兹闻业经禀准,择定东历正月二、三日两夜(即旧历十一月十八、九两夜),搬演《大战南京雨花台》全剧。特其新制军装、冠裳、旗帜暨诸军用物,悉照清朝样式,异样新鲜,醒人心目。且该剧为台人所未尝睹,可以豁开眼界,想届时往观者,当必众多无疑也,闻刻下已先有观客预向该园定座云。

光绪三十二年十一月十七日/1907年1月1日

梨园杂俎

荣座茶园如所预报,以去二、三两夜搬演新剧。每夜下午五点钟,观客即络续到园定位,不过一时座位遂满,楼上楼下几无立锥余地,甚至戏房亦为拥挤不开。盖观客因无立脚地,遂有乘机拥入戏房者,班长终莫能之禁也。而第一日特为尤甚,其在园外不得其门而入,扫兴以归者,不下千人云。

当演新剧之际,观客屡为拍手喝采。盖于发匪之跳梁,清军之苦战,绘声绘形,历历如在目前。加以军装冠服概为清朝样式,装束一新,尤觉鲜明夺目。操队逼真,步伐且齐,极武场之能事,尤兴趣百倍也。

前报称欲演《雨花台》全剧,非也,及演其一节耳。闻诸茶园中人云:今后昼间将续套此剧,拟陆续定期搬演,直至曾文正公荡平之而后已。

第一日观客一千六百余名,收入八百余金。第二日一千四百余名,此收入七百余圆。两日共计三千余名,收入金额一千五百余圆云,亦可谓非常盛况矣。中南部有未曾寓目者,不妨驱车一观,当无不喝采不禁也。后有定演新剧,另须绍介纸上,请稍俟之。

光绪三十二年十一月二十一日/1907年1月5日

淫戏宜禁

伤心生寄

亘万古袤九垓,凡我人类所栖息之球面,求其为人类普通性之所酷嗜,而大欢迎者,莫可哀可乐可怨可怒可惊可恋可悲可感之戏若也。戏之威德,可以操纵众生而支配人道,常能导人入于他境界,而变换其常触受之空气,当夫观演时,而此身已非我有矣。度世之不二法门者,其以此乎?以此威德,教主可藉以立法门,政治家可藉以组织政党。反之,则祸亿兆人而毒千万载,可不畏哉!前日有谋利的者,往福州聘一三庆班来,又祥升班继之。脚色之擅长,于诲盗诲淫之事迹为最,陈陈相因,递相为附。观者多以为英雄风流逸事,直化其身为戏中人而不自知。台北之淫风本炽,那堪复以淫戏而鼓吹之,则俗坏沦斁,更不知伊于胡底哉!如十一月廿八夜之演《卖胭脂》一出,有某街白发翁观之,归睡后,梦中呼白牡丹者三。以如是之枯杨,当为之触动春情如是,况本撒拨青年、怀春少妇者乎?此其尤者也。他若《乌龙院》、《梅龙镇》、《海潮珠》、《关王庙》、《打樱桃》、《瞎捉奸》、《双摇会》、《掌鞋店》、《翠屏山》及外种种,不可胜录。演得穷形尽相,科谐百出,丑态横生,活描得一窃玉偷香之韵事于咫尺间,言之秽耳,观者污目。此等败风沦俗之淫剧,警官岂无闻见,而使之大书于戏单上曰准演,不亦甚乎!伏望当局者留意检查,使之演忠臣孝子义士节烈诸佳剧,以熏浸人心,刺激脑筋,而使与之俱化。比诸演说教育,其威德何如哉!

光绪三十二年十一月二十六日/1907年1月10日

梨园杂俎

荣座茶园拟定本夜欲搬演清朝南通州审判杀子报奇冤大案,兹将其登台装演之脚色录记于下。即扮作富商王锡臣者为老生林金玉,扮作乃妻王徐氏者为花旦白牡丹,扮作其子王官宝者为武生郁连生,扮作其女王金定者为花旦陈宝球,扮作天斋(齐)庙纳云和尚者为三花翁成康,扮作民学堂学师钱正林者为老生梁振奎,扮作南通州正堂刑良臣者为老生徐小易,扮作杂货行商张兴义者为三

花徐春甫。(外全班合演)

光绪三十二年十一月二十九日/1907年1月13日

建设支那演剧

其事最初申请者为土桥仙三郎及林树木(本)两氏,次则大稻埕王明月氏,又次为北门外街高兰。当道因就其所申请者细加调查之,以为三处并设殊有未便。一昨日遍召各申请者到警务课,协议之后,劝其合同设一大剧场,于事较妥。各申请者亦以为然,昨日经开协议其所结局,合同设一大剧场之事,行可见诸实施焉。

光绪三十二年十二月初二日/1907年1月15日

戏园杂俎

去十三夜,荣座茶园祥升座扮演《通州杀子报》一出,较诸前三庆班所演差胜一筹。各脚色皆奋起精神,以图惟妙惟肖,不似扮演他出之草草从事,座中时闻拍采之声。其做功果之排坛,绝似鼓山僧之做香花。特如白牡丹扮王徐氏,郁连生之扮王官宝,翁成康之扮纳云和尚,梁振奎之扮钱正林,徐小易之扮知州刑良臣,尤为逼真。近日该班扮演诸出,陈腐居多,是以人皆厌观,零落殊甚,几不成为戏园。然去日曜之夜,则观客颇多,座位殆满也。

光绪三十二年十二月初二日/1907年1月15日

茶园趋势

茶园所演之剧,尔日来均旧出翻新,观者几如晨星数点,大杀兴味,而演之者又潦草了事,三等二三十名耳。计该园之费用,每宵必须收有二百金,方不亏尖本,若以昨今之状况征之,纵一夜平均收有五十金,尚刻本一百五十圆。所谓戏头家者多蹙额无语,如哑子吃黄莲(连)。又时迫旧历岁末,凡商贾辈多忙于帐务,无暇往观,更使繁闹之戏园变为清冷古刹。又差幸数十名游手之夫,每夜夜娱目,得以稍维持一二。

光绪三十二年十二月初五日/1907年1月18日

梨园杂俎

荣座茶园于本夜间欲演诸剧,录记于下。即第一出《善宝庄》,第二出新演清朝两江总督部堂林则徐公审判大冤案,大炮队攻讨鸿门寺,全班合演,第三出《打樱桃》,第四出《大过年》等。兹将第二出欲登台装演之脚色记之于左。即扮两江总督林则徐公者为老生梁振奎,扮武巡捕者为武小生陈宝金,扮文巡抚者为邱伊宝,扮治洲直隶州正堂金容成者为大花脸张庆安,扮其妻李王氏者为陈庆伦,扮督标中协王德标者为武老生郁连生,同为二花江庆福,同为龙龙,扮农民刘玉者为郑庆发,扮其子刘英者为林阿孚,扮商民李三望者为三花翁成康,扮其媳李刘氏者为花旦王木木,扮其妻张氏者为李利福,扮什货商王益者为三花徐春甫,扮鸿门寺方丈和尚发空者为二花刘久久,扮同小云者为思珍,扮同小化者为管头,扮同小空者为王细第,扮同小清者为大士是也。

茶园日来颇形零落,曾见前报。然自减价以后,观客尤常满座矣。

光绪三十二年十二月初七日/1901 年 1 月 20 日

支那剧场建筑所关

如前报所载,该剧场建设之事,经各出愿者协议而后,经使王明月、土桥、林树本、森田等联合为一,新筑一大剧场。高兰一人,自表面上而后其名义虽云解除,其实则于内部仍与有关系。并将王明月所提出之愿书添入土桥侧诸人之名,其交涉渐见落着。当道亦订调查告毕,不日即认可其建设。其着手建筑,当不在远矣。

光绪三十二年十二月初十日/1907 年 1 月 23 日

梨园杂俎

荣座茶园定于本夜间欲演诸剧,录之如下。即第一出《金山寺》,第二出《七战长坂坡》(全班合演),第三出《小上坟》,第四出《取荣(荥)阳》,第五出《祭江》是也。按第二出特以此次由北京聘来之武生王德发扮为赵子龙,闻此人最惯武剧,若登台装演,必一番舞弄其绝技，是使观者神为之旺。

又该园特留三庆班暂驻三天，即自本月初十起至十三日止，使两班轮流赛演，推陈出新。其戏出均非宿定。惟临时自备所长，登台演唱，争斗标首，尤足令人耳目一新矣。此三日间定为昼夜兼演，即日间第一出为祥升班，第二出为三庆班，第三出为祥升班，第四出为三庆班，第五出为祥升班，第六出为三庆班。而夜间亦仿此云。

光绪三十二年十二月初十日/1907 年 1 月 23 日

茶园杂俎

两班赛演　荣座茶园留三庆班赛演三天，前报既详言之。兹闻该班因赴船不及，不得如期回闽，现仍在候船之际。爰乘此机，欲与祥升班再竞演几天，以决优劣，而留名于本岛。又两班轮流赛演，艺出仍不预告，只临时自备所长，登台演唱，争奇斗巧，自必大有可观。有戏癖者，慎勿失此机会也。

观客盛况　三四日来，观客甚众，座常为满。盖每夜有千二三百人，收入金额不下四五百圆，唯日间稍减少耳。

光绪三十二年十二月十四日/1907 年 1 月 27 日

梨园杂俎

荣座茶园自特留三庆班在园与祥升班赛演以来，一时观客为之激增。兹三庆班定于本月十九日停演，欲运戏箱出口，以备搭轮归闽。故该园自本日起至十八日止，此三夜间，特使两班各奏奇巧新出及大武戏大变幻，以互争奇优劣。素有嗜戏之癖者，切勿失此时机也。又本日夜两班所演之第二出，祥升班乃演清朝《林则徐炮攻鸿门寺》，三庆班乃演唐朝《薛刚三祭铁坵坟》，皆全班合演之大武戏。

光绪三十二年十二月十六日/1907 年 1 月 29 日

光绪三十三年(1907)

梨园杂俎

荣座茶园订定本日昼夜欲演艺题,照录之于下。即昼间第一出《九锡宫》,第二出《白玉带》,第三出《取翼洲》(大武戏),第四出《忠孝图》。又夜间第一出《群英会》连《借箭》,第二出《四盘山》,第三出《白水滩》(北京武旦陈月云),第四出《讨鱼税》,第五出《义虎报》是也。

光绪三十三年正月初九日/1907年2月21日

名角角胜

曩者台南市竹仔街醉仙楼主人唐大汉,剧(醵)资四千余,拟往聘福州名角来南演戏。已在该地乐轻天、驾云烟两班中,挑选最名优者五六十名,俱皆十五六岁,服色亦甚丽都。本拟旧历元旦开幕,故戏园择在大妈祖宫内,于年终赶造,以便赴演。不意该班在厦因办理华民事宜,全班照相迟延,以致搭十二月二十七日之福州丸自厦来南不及。闻先寄到二小旦之写真,姿容艳绝,韵致天然。醉仙楼近日遂无虚席,皆欲藉饮酒以借观写真。若抵万花献瑞之日,其争看春色者,当不知若何云。

光绪三十三年正月初十日/1907年2月22日

梨园杂俎

荣座茶园定本日昼夜欲演诸剧,录之于下。即昼间第一出《百寿图》,第二出《夜战马超》,第三出《取北原》,第四出《杀四门》。又夜间第一出《临江会》,第二出《锁阳城》,第三出《牧羊图》,第四出《玉麟关》,第五出《拾金》是也。

光绪三十三年正月初十日/1907年2月22日

名优来台

荣座茶园近新聘一北京花旦，名小一阵风，经于昨日抵园。订本十四日夜登台演唱，与上海老生梁振奎、武老生郁连生同演《翠屏山》。翌十五夜，乃与上海武三花徐春甫同演《双跑马》。闻此优在申江时，尝声名啧啧，届时必有一番新景象也。

光绪三十三年正月十四日/1907年2月26日

茶园近况

该园旧年末之计算，其损失有四千余圆。拟新春来大翻新出，恢复前败，不料寂寥如故。现每昼夜所收之金额常不满百，而戏班之登台，步武亦多潦草。如一昨夜小生吴高暖，演唱时，不知偶触何感而妄笑不已，少焉呆若木鸡，却忘其为登演时也。迨台下哗笑，方匆惶觉悟，而又怅怅不知何之，其丑点难以言状。又该园观此衰况，不胜焦忧，尔日再聘一花旦，欲居奇货，未知其色艺可能差强人意乎？俟诸后闻。

光绪三十三年正月十六日/1907年2月28日

出界新奇

台南妈祖宫乐春园名优已于灯节夜开演，全班年龄虽属幼□，而技艺却甚灵巧，台下观者莫不拍手喝采。而且所演出目，俱皆出色翻新。闻带来表贝师二名，每日仿造奇禽怪兽，狰狞鬼状，嗣后将演无数灯戏，到时必有以新人耳目。现每昼夜观客无虑七八百人，亦可谓盛况云。

光绪三十三年正月二十五日/1907年3月9日

台南剧界之革新

该地王严生、林荣庆、陈云程等近共醵资，令唐大汉往福州聘戏来南开演。所醵之资除敷资本外，则充作五妃庙基本金并澎湖救济金。闻此盖欲一新台南剧界之面目，为革新社会之补助机关，初非为利起见也。

光绪三十三年正月二十五日/1907年3月9日

乐春园状况

台南诸纨绔子联合往聘福州乐琼天班来南扮演,当未来之先,本拟较三庆班远胜天渊。去廿七日在市内大妈祖宫开演,优角中虽有二十余人,成丁者只有二三人而已,余皆是未丁年童子,高低错杂,长短不齐。虽色艺颇有可观,然其步武止齐难脱稚气,观者厌之。是晚上等座位有五六十人,中等位三四十人,三等位百余人,无一称道之者,其去三庆班奚啻寻常万万哉!

光绪三十三年正月二十六日/1907 年 3 月 10 日

剧界一新

荣座茶园近日常演清朝之戏,颇动观听。顷复择于旧历正月廿九日,准演《刺铁公鸡》下节,以续前貂。即铁公鸡之妻毛老虎统领长毛军二十万人,为夫复仇,大战于九江地方,与太平天王洪秀全谗杀东王军师杨秀清。旧历二月初一日,复接演张嘉祥娶向小姐为继室,福建陆路提督铁金翅私通长毛,请向荣赴宴,张嘉祥乃假装马夫,为向荣护卫。果遭火攻之围,幸陈国瑞催粮回营,奋勇杀敌,救出向荣,生擒铁金翅,并降伏敌将李长寿。全部有文戏有武戏,皆极瑰奇雄丽之观。兼之郁连生、张庆安、刘久久、徐小易、梁振奎、小一阵风诸好脚色,皆与于其间,尤能仿演如神,诚足娱目骋怀也。请一揩老眼以俟之。

光绪三十三年正月二十九日/1907 年 3 月 13 日

是亦慈善音乐会

戏者用以歌舞升平,和声鸣盛者也。我帝国东京市上戏园林立,迩来某大员又创设改良剧、流行剧,冀以振刷人之精神,而益以见文明之气象者也。去年东北饥馑,当局者又立慈善音乐会,到处以官长名绅扮演古今人物,此岂以戏观感哉!亦谓足以游目骋怀,极视听之娱者,惟此游戏,不妨藉以集资,即为慈善义举。此次台南王丽生等诸实业家有鉴于此,剧(醵)资招聘一班乐琼天来南开演,原非为利起见,所收观客之资,不必其资本偿满也,亦欲投为澎湖救济金并五妃庙基本金，此即慈善音乐会之遗意也。本岛改隶以来，年丰物阜，庶民酣嬉，岂必有嗜痂者而后往观哉？盖一可以劝善惩恶，二可以适性怡情，三可集腋成裘，以济患难之民，而祀贞节之神。费些少游戏之钱，而三善备焉，讵戏之无益云尔。

光绪三十三年二月初三日/1907 年 3 月 16 日

梨园杂俎

荣座茶园本夜定演之戏，第一出《长生乐》，第二出《审刺客》，第三出《鸡爪山》，第四出《机房教子》。闻此《鸡爪山》一出，前此尚未演过，戏班中人亦以此为新戏，先自留心操演，以求出色。想届时必有大可观者。

光绪三十三年二月初八日/1907 年 3 月 21 日

菊部阳秋

当台湾剧界最黑暗之秋，忽于三庆班之至，而现一道光明。及祥升班继诸其后，尤觉英华焕发，极台湾剧界之大观。乃近复有上海女班以为之殿，闻一行凡数人，间如老生缪文兰、花旦白兰花、小生月月仙等，皆声名大噪，推为一时之巨擘，是福省所未及见者，台湾竟于无意中得之，台湾人之眼福亦可谓不浅矣。白兰花、月月仙两人，今虽未见上台，然缪文兰已于一昨夜演唱《机房》一出，扮作老薛宝。文兰长于梆子调，其声清而趣，节节皆应弦合拍，且极抑扬顿挫之妙，而科白亦处处逼肖，不但动作恰合老奴之身分而已，所谓神妙欲到秋毫巅（颠）也，故台下喝采之声殆不绝于耳。闻文兰并订本夜演唱《天水关》，乃扮作孔明，想届时必别有一番出色也。又花旦白兰花、小生月月仙两人，则订以明夜合唱《卖胭脂》一出。请俟其技俩若何，然后为之论断可矣。

光绪三十三年二月十三日/1907 年 3 月 26 日

戏台上发火烧人

昨夜十点钟中间，西堡双头庙街余元为酬谢神恩，扮演梨园，台下人环观如围垣。不料台上石油灯火忽然坠落,焚烧四个儿童,伤头部及身体者非常。即毙者如番社内庄贰百贰十番地邱春之长男邱呆,今年十岁,余延残喘者,现在治疗中。

1907年3月28日

菊部阳秋

昨夕白兰花、月月仙已上台合演,兰花扮王月英,月月仙扮郭淮。兰花玉步姗姗,顾盼生姿,初上台时,台下即喝采不绝。其声清烈,如隔叶之鸣黄鹂。及至中□,复将男女相慕悦之情形容尽致,其微妙处则传神于阿堵之中。勾魂摄魄之手段,此为上乘矣。月仙之声亦纤而幽,科白之尤浓艳者,往往有一种羞涩态,故意含蓄不尽,足与兰花称为合璧。虽然,此特其喜出之一班耳。其怒出悲出,尚当俟其再演时,付之别论可也。

1907年3月29日

新女优上台

荣座所聘一行女优,尚有金如意者,亦当花旦,闻其曲艺与白兰花在伯仲间。经订本夜准演《柳林池》全出新戏,如意扮作花旦,与缪文兰合演。荣座连日景气良佳,座客常满,此夜必更加热闹可知也。

1907年4月2日

梨园杂俎

荣座茶园本夜派演之戏凡四出,第三出为《杀子报》,订以女班花旦白兰花扮作王徐氏,郁连生扮作其子,梁振奎扮作塾师,徐小易扮作南通州通判。闻兰花于光绪廿八年正月十五日在上海戏园曾演此出,蒙该地各报馆及巨绅选为曲榜状元。是此出原为彼所擅演,届时或有一番出色处,请先揩老眼以俟之。

1907年4月6日

梨园杂俎

荣座茶园本夜订演《四大金刚大闹番菜馆》(事出光绪廿五年四月,上海英界四马路一品香番菜馆,各缙绅巨商争调名妓侑酒,惊动醋海龙王,率其水族涌入酒馆,殴伤人命甚多,致讼于华洋会审公堂)。女班则白兰花、缪文兰、金如意、月月仙,男班则梁振奎、徐小易、郁连生、张庆安、徐春甫、小一阵风、陈月云等,皆兴于(与)其出。

1907年4月10日

梨园杂俎

荣座茶园经订来二十一日(礼拜)夜欲演《杀子报》,是出登台搬演之脚色记之于下。即扮作王徐氏者为花旦白兰花,扮作王金定者为花旦小一阵风,其余之氏名姑不录之云。

1907年4月20日

观光就道

彰化厅北斗支厅旧眉区区长叶惠清,及北斗街富绅陈章璜二氏,奉厅长之命,往东京赴博览会。于去十九日,在该支厅构内开送别会,是日来会官绅无虑百余人。开会时,混元支厅长起立述开会之主旨,次二氏演说东京观光之目的,散会忽钟报三下。其夜陈家亦演唱梨园,颇见热闹。翌日启程时,官吏及公学校生徒,并以该校用之乐队送至郊外而返。噫!氏此行可谓壮矣。

1907年5月30日

优伶艳福

前报艋舺龙山寺后艺妓花鸦博得连生贵子之徽号等因,顷为细查。则花鸦之属意郁连生,固非止一日,第囿于台俗视优伶甚贱,不敢遂就。乃于观剧之某夜,先以金指轮、金时表各一,暗藏于利利烟草盒中,知郁连生自演之剧既举,常坐一等座位之最后头,因藉端先归,而通意于其姊妹行之阿密,盖阿密亦与同行也。花鸦归时,故意傍近郁连生之身,以其物投诸郁连生之怀中。阿密本著名狡狯之撮合山,特至戏毕乃归,潜通款于郁连生,约其乘夜往会。郁连生如膺九锡,欣然承诺。阿密先归报其事,花鸦亦大喜欲狂,使阿密候于门外,已乃直入后进,知其鸨母嗜酒如命,故置酒邀与对酌。既而阿密入告花鸦,谓郁连生至矣。花鸦遂佯醉归寝后房,与郁连生共会巫山。一介优伶,飘飘然直作楚襄王观矣。鸨母最钟爱花鸦,□其足下所着者,乃新制之宫鞋,恐其蹂躏,使侍婢持旧鞋以换之。侍婢既至,见房闼紧闭,床上瑟然作响,心甚疑之。既又闻有男子咳嗽声,阴念今夜初无客至,彼何人斯,急走报其鸨母。鸨母来叩其扉,花鸦坚不敢启。鸨母叩益急,花鸦无奈放之入。鸨母常数至荣座,一见知为郁连生,不禁呼天抢地,咆哮如虎,恨不即食连生之肉。花鸦自觉扫兴,匿于屏后不敢出。鸨母曰:"花鸦,汝请勿学女军师模样,可即出来见我。"复指连生谩骂曰:"不知自量之天杀贼,亦敢玷污我儿清白,苟不急走,我将与汝拼命矣!"初连生不通台语,犹误为怒花鸦,至是始知为骂己,乃亦扫兴而返。于是鸨母且哭且詈,先则鞭花鸦,后复鞭阿密,一闹几至天明。二妓见鸨母之怒未已,仍长跪不敢擅起。鸨母有假夫见之不忍,乃前为缓颊,且慰藉花鸦曰:"儿之贵千金弗若也,何苦失身匪人,致姊妹行齿冷,今后幸勿复尔!"然花鸦虽得归寝,终以一衾未暖,惊魂已断,怏怏不能自甘,遂哭至越日,复不肯已。入夜有游其家者,见其泪眼犹湿,不独红肿,或疑为哭情人,或疑为遇暴客,而不知其万分为难之苦衷,初不足为外人道也。独是优伶之贵,亦有足多者。上海第一流名妓林黛玉,为结识著名优伶杨月楼,至费万余两,始得其一宿焉。而黛玉之声价,亦自是而十倍于前矣。何物老鸨,反小见多怪至是耶? 为老鸨计,宜大榜数字于门曰:乃所愿则学黛玉也,犹足以夸耀于勾栏已。

1907 年 6 月 17 日

优伶艳福

郁连生之于花鸦,可谓艳福矣,不谓班中文老生梁振奎亦其一人也。因大稻埕平和街有艺妓李阿凤,常往荣座观剧,以振奎声调可爱,醉心欲死。托人潜邀振奎至家,鸨母固识之,颇以为怪。阿凤诳之曰:“儿特欲习其曲耳,无他意也。”鸨母戒之曰:“儿因交小喜凤,致人言啧啧,今复若此,吾家钱树子倒矣,计不如匿之后房,犹得掩人耳目。”盖鸨母狡于曲从凤意,凤亦乐得而从之也。自是月夕风晨,常往来不绝。无何花鸦交欢郁连生之事,渐为勾栏所喧播,凤之事亦渐有发觉之者。每出局时,座上辄揶揄之,凤终抵死力辩。然酒酣耳热,必对客摹仿振奎之科白及其声调,以为得其神似,盖爱之极,慕之至,遂流露于不自知也。后知振奎不久满限将归,复与振奎约会于厦门,佯称欲赴厦寻龚老三,先期给取护照以待。鸨母误以龚性最挥霍,初与阿凤定情时,至费缠头金千余,此行当可满载而归矣。及振奎就道渡厦,阿凤亦与之□。既抵厦门,暂寓三升馆,与振奎所寓比邻。日与振奎绸缪缱绻,暇时乃访龚,虚与委蛇。龚不知其狡计,至胼手胝足,为□周旋,凤之身价顿增十倍矣。一时厦之豪绅巨贾,视凤如天仙化身,如蝇之附毡(膻)然,几于一席之宴非凤则不光,故凤所得几三千焉。而不知黑幕中之振奎已窃笑之,谓一介优伶,偏乐得此便宜,无数戴缨顶珠,反于己有上下床之别也。呜呼!为人作嫁衣裳,为人作撮合山,如龚老三者,亦可谓嫖客中之至愚者矣。

光绪三十三年五月初十日/1907年6月20日

梨园琐谈

戏有文剧,有武剧,有悲剧,有欢剧。以言观剧,固自有方法。而本岛人大半喜观武剧,视格斗热闹,花草格式,及奇怪陆离,变幻灯景诸剧,则以为佳。不知倾注于一偏,而置科谐曲白于不顾,所谓取貌遗神,善观剧者,应不如是。比来老福顺班抵南开演,该班长于文剧,夙有价值。观□去十四日□《青竺寺》一出,可以知之矣。其扮鸨母为三花河大盛,扮容嫂为花旦陈阿文,一则恣情打骂,活现七十鸟之声容,一则极意周旋,曲传二八娃之体态。绘影绘声,惟妙惟肖。台下观客拍手喝采,声如巨雷。他如女花旦林其和之扮李阿仙,文小生杨阿良之扮郑元和,于寺会面时,辨真假,诉别离,其凄怆情状,则又酷肖如真。是好戏不必其在多,即此一剧,已可以新人耳目,爽人精神矣。闻陈阿文原是潮州最出色优旦,其曲容戏容,堪称绝技。又有某老生、某大花、某三花数名,亦是最上乘,观客多有誉之者。此后扮演,当有可供赏目者,不信盍往观之。

光绪三十三年五月十一日/1907 年 6 月 21 日

花 世 界

前报优伶艳福一节,其中有陈李阿凤交欢梁振奎者,因尚有阙文,兹更接探侦队详报,因再为记述。以供阅报诸君茗谈之助。

宝鸭　李鸦凤原贫家女,朝不顾暮,质于龙山寺后街余鸦花为婢。不守丫头职分,性懒手贱,人谑之曰“水流破布”。既而青楼住久,歌声听惯,颇晓一二曲牌,欲脱婢籍,借款赎身,独立门面。奈倚门卖俏,类同土娼,门前冷落。蓬头垢面,髻云不整,发覆两肩,脚穿男鞋,东走西奔。故由然丫头之气习也。

狼狈　阿凤既又与曲师通,添些少臭烂北调,假树艺妓之帜,奈淫运不通,问津绝少。无奈暂以曲师为金龟婿,言无不从,鸨母亦倚以为心腹。曾相率南下,先赴嘉义,住于赛贤豪料理店内。忽中杨梅舍之毒,隐不敢发。起数日往台南市,寓宝美楼,席未及暖,梅毒暴发,游客见之莫不掩鼻疾走。滞月余,不收分文,不得已向尚田翁假盘川,败兴而归。虽延医调治,一时稍安,疮痂甫脱,痕迹宛然,梅菌时生,月尚服一二消毒济(剂),顾客大为寒心。

排斥　遇有都二乡下客,不知花之香臭,召其出局侑酒觞。姊妹行均避席,不敢近之,恐误坐其所坐之位,污染其毒也。

兽心　去年有一个荒唐生,由清国厦门渡台,于淡江仅识阿凤一人,缠头之费,不满一月,花销数百。未几生欲归,濒行,有时与之话别,彼则假情啼哭,不欲其去。其实泪则彼之凶械也,生不醒悟,订约后会。则曰:“妾别无可报君者,谨赠此一只弓鞋,以为纪念品,望君勿作负心郎也。”生遂别,回厦时缠绵不舍,再汇二百金,与彼□胭脂费。约近半载,生复重来,欲即往访,耳闻该妓之琐事,一时转念,彼之爱我,不过为我多金耳。因假为三八客样子,不衫不履,往其家,欲试其心。至则渠方与梁振奎游戏,少顷而出,一见不但不纳,且曰:“何处乞丐,胆敢私入我户,莫非欲为盗耶?”生闻之,窃视两房中,则龚三舍在前,梁振奎在后,真个累架叠床,乃拂衣而归。

记者曰:人生行乐,争邀铃索之游;婊子无情,易洒琵琶之泪。词人识曲,名士评花,古人亦常藉此为韵事。或托之短吟,或缀之小传,种种多有。兹就市内花柳,是是非非,专盘托出,毫不为讳。扫尽南朝金粉,会须流水落花;踏破北里胭脂,何止惊鸳打鸭。知应有表同情,而不怪为饶舌者。(拈花情仙小跋)

光绪三十三年五月十二日/1907年6月22日

梨园琐谈

戏有文剧,有武剧,有悲剧,有欢剧。以言观剧,固自有方法。而本岛人大半喜观武剧,视格斗热闹,花草格式,及陆离奇怪,变幻灯景诸剧,则以为佳。不知倾注于一偏,而置科谐曲白于不顾,所谓取貌遗神,善观剧者,应不如是。比来老福顺班抵南开演,该班长于文剧,素有价值。观于大昨夜演《青竺寺》一剧,可以知之矣。其扮鸨母为三花河大盛,扮容嫂为花旦陈阿文,一则恣情打骂,活现七十鸟之声容,一则极意周旋,曲绘二八娃之体态,绘影绘声,惟妙惟肖。台下观客拍手喝采,声如巨雷。其它女花旦之扮李阿仙,文小生杨阿良之扮郑元和,于寺内会面之时,辨真假,诉别离,其凄怆其状,则又酷肖如真。是好戏不必其在多,即此一剧,已可以新人耳目,爽人精神矣。闻陈阿文潮州最出色优旦,其曲容戏容,堪称绝技。又有某老生、某大花、某三花数名,亦是上乘,观客多有誉之者。二十夜扮演《左慈掷杯戏曹操》,更堪供人赏目。倘有戏癖者,盍往观焉。

光绪三十三年五月十五日/1907年6月25日

三班之优劣比较

盖物以罕见珍,相形见绌,此言果非泛设。当三庆班来南开演之时,毁之者有人,誉之者有人。迨三庆班去后,诸纨绔子弟共聘福州乐琼天班,当时思驾三庆班而上之。不意到南开演,未闻观者喝采。其时三庆班之名愈形脍炙人口,是三庆班之演剧,竟然无出其右者矣。乃有原籍潮州之大商家,不让三庆班之专美于前,共聘老福顺班来南,一试其技。奈因音乐不同,举止或异,未能夺目生新,颇为岛人厌恶,其实非善观剧者也。善观剧者,不以一短误众长,亦不以一长消众短,必也于大庭广众之中择其尤者,然后论断之名以定。兹就三班之优角而比较之,乐琼天班最为下乘,固不足论,余二班伯仲等耳。论须生则三庆班远胜于福顺班,论小生则福顺班胜于三庆班。他如净角、旦角则并驾齐驱,相去不远。至若丑角,三庆班赖有小宝奎其人者,否则复不知鹿死谁手也。有善观剧者,一往观而论断之可也。

光绪三十三年五月十八日/1907年6月28日

游戏笔墨

往观,往观,真堪往观!去二日夜,嘉南悦来园之老福顺班扮演《杀子报》一出,就中花旦陈阿文之扮王徐氏,小生杨阿良之扮王官保,老生李光河之扮钱正林,其状古人之精神面目,忧喜怒骂,俱皆逼真,殊称绝妙。且与前所演者略有不同,多添几许曲折趣味。不但为乐琼天班所当退避三舍,即三庆班亦须逊一筹矣。是好戏足令观者百回不厌,何止一则曰往观,再则曰往观,三则曰往观哉。予固不知戏,何敢妄下品评,然以生平眼界所及者比较之,即此□是好戏。又何吝一而再再而三,费些游戏笔墨,而与上京瞧尽十三旦者,聊试问评耶?(通信者)

光绪三十三年五月二十六日/1907年7月6日

古稀荣寿

盐水港厅参事翁煌南之令堂年九十有二,世界所稀有之高寿,儿孙显耀，翁某兄弟四人。俱近中旬之身，可称有庆之家。经阴历六月二日即新历七月十一日，举行祝寿式，在港绅士叶瑞西等是早登堂拜祝，演唱梨园，种种热闹，洵有荣记云。

光绪三十三年六月初八日/1907年7月17日

戏园将复兴矣

近日稻江中人合股，拟再招聘对岸之戏来此搬演。顷闻前期大仁丸入港，有厦门天仙戏园班长某氏来与股东相商，欲移其班来此，股东已有欣然承诺者。然该班长之意甚决，如所谋不就，则欲自立一帜，听人随意附股。其场所大抵在大稻埕为多，惟未择定耳。又该班乃女班，不间一男子，是尤别开生面。其来也必有一番出色矣，曷胜拭目俟之。

光绪三十三年七月初十日/1907年8月18日

戏园果复活矣

前月报端有厦门天仙戏园将至台北唱演，并在寻觅戏园等情。顷闻前此来台之缪文兰，亦作信付妥人斋(齐)至，谓彼在江苏所设女班，大小脚色共四十八人，今已决定来台，请为妥觅戏园云云。又闻与议其事者乃大稻埕之大和行，及此外二三巨商，且议定将就西门外林观察之旧公馆(今已卖与林本源)充作戏园，惟一切修理尚需时日也。但不知缪文兰所领之班将与天仙合而为一，抑欲别树一帜耶?

光绪三十三年七月二十九日/1907年9月6日

戏园复树一帜矣

天仙戏园与江苏女班来台之事，虽有预定，其举行尚须迟迟有待也。顷复闻现在台南演唱之老福顺潮州班已订自南之北，欲在三市街适中之地开台演唱。初往商于李春生氏，将就其日新街所有之旷地以充戏园，继又欲僦朝日座以充之，未稔所议果谐否。然其去志已决，来北之日当不在远也。

光绪三十三年八月初三日/1907年9月10日

女剧又兴

艋津艺妓之能演剧者,昨原有大小两班,然已或嫁或死,存者寥寥。近日料理店平乐逝主人又新教一班,于去一夜在该料理店内厅试演。好事少年先睹为快,屋内几无立锥之地,登屋上而观者,尤多其人,互相排,势不至倾跌不止。警官以为危险,命其停演,而急行解散。闻更择于今夜欲在艋舺龙山寺前一演,以供人人之快睹,并炫其技云。

光绪三十三年八月二十六日/1907 年 10 月 3 日

艳福之神

近日为田都元帅降诞之辰,稻之艺妓以其神为制其曲之鼻祖,无不致敬尽礼。至建坛于日新街之南市,先演戏数日,继乃招集诸同艺于一室,轮番登棚奏曲,要皆邀福地也。其神不知始自何时,观其所塑之像,风流儒雅,似裙屐少年,身服蟒袍,头冠太子冠。意必如贾宝玉一流人物,喜蓄歌姬以自娱,艺妓遂取当王者贵之义,从而祀之也。

光绪三十三年八月二十六日/1907 年 10 月 3 日

女优开演

月初三夜,有女剧演于艋舺龙山寺前,盖为祝其创歌鼻祖之神之诞日而演也。该班殊逊于前之大班,所演者未能形神毕肖,惟胜于傀儡班为人牵索而动耳。然观者聚集如云,约有千余人。是夜所演戏出,第一《大拜寿》,扮唐肃宗者为扁匏,扮肃宗后者为大食婆,扮郭爱者为翠柳,扮公主金枝者为红枣。第二出《过昭关》,扮伍子胥者为春树,扮东皇公者为翠柳。第三出《小进宫》,扮皇后者为食婆,扮郑国公者为阿招,扮杨波者为扁匏。第四出《伯牙操琴》,扮伯牙者为翠柳,扮老外者为春树。虽芳龄犹少,惜乎色艺不佳,欲继前之碧霞苑班,实有不能。虽春树、扁匏、及红枣,步骤声音略有可观,然未绝妙,不能豁人心目。是夜演至钟鸣十二而罢。(一见生)

光绪三十三年八月二十九日/1907 年 10 月 6 日

神社祭开演女剧

本年台湾神社之祭典，诸绅商极力鼓舞，比之常年大有可观，然各处之设备已屡揭诸报端。近又闻艋舺龙山寺于廿七廿八两日欲开演女剧，已于数日前预备传习。又闻此新班女优与之旧班合演，彼时之清歌妙舞，谅有一番生色，以夺人耳目也。

光绪三十三年九月十八日/1907年10月24日

艋津祭奠夜景·龙山寺演女剧

月廿七八两夜演小班女伶，人山人海，聚集如云。其所演戏出皆不新奇，且女优皆无好脚色，一同傀儡，步骤牵强，不能整然。无怪乎寻游客纷纷一哄而散，如此洵不雅观。

光绪三十三年九月二十四日/1907年10月30日

士林之慈善演艺会

士林浴德室公会者，乃为研究学术而设，经今已七年。近为慰问北部生蕃讨伐队，订来十四十五之两日，盛开慈善演奏会。分一二等为两种，一等者四十钱，二等者二十钱。会场在该地慈诚宫即妈祖宫内，每夜以午后六时开演，庙内足容千二三百人，经蒙当道许可。闻其组织乃以本岛艺妓为其脚色，所演皆忠孝，每限三出，余则有本岛人绅士合奏其音乐，并内地人之尺八琴，与学校生徒之唱歌等。按此事以本岛人之手成之，实以为嚆矢矣。

光绪三十三年十一月初八日/1907年12月12日

士林慈善演艺会状况

去十四夜，士林有志者在该处妈祖宫后庭开慈善演艺会。稻艋人民计三百余人，乘临时汽车直往士林，至该驿。有一阵青年乐队并诸生徒，在驿中迎接来宾，引赴式场，沿途灯光点点。及至场外，则见建立绿门，交叉国旗，入口设置受付，派会员为先导。会场中央有一等席，其后为二等席，右侧为妇女席，并有警官席，安排顺序，铺设整齐。该浴德室公会会员等各插花为章，从容晋接，分担职分,靡有遗憾。其艺题如下。一开会之词,读汉文者朱焕奎氏,读和文者施锡文氏。二演说开会主旨,杨锡侯氏以本岛语,林振声氏以日本语。三琴箫合奏,是为内地人,吹箫者松田以文氏,鼓琴者某夫人。四唱歌,歌《吊战死者》,并《妇人从军》,是国语学校第二附属女学校生徒一同。五演女剧,首出《桑田会》,次出《文昭关》,三出《机房教子》。六素人手品,是为吴时英氏为之,俗曰变化者。七唱歌,是为芝兰公学校生徒一同,唱日本歌。八蓄音器。九奏乐,八芝兰公学校樱井氏为之。十兄妹合奏,郭坤木氏及其妹合唱《想起》之曲。十二雅奏。于是鸣钟闭会,时已钟鸣十一下。其自稻艋往观者,则乘临时列车而归。其列车入场观览者,计六百余人,约得金二百余圆。寄附赞助金约百圆,计三百余圆。在十五夜原欲再演,为雨所阻,故延期此星期之逢六日,议欲日夜继演,较前尤新云。其朱焕奎氏所读者如后之所揭。(下略)

光绪三十三年十一月十三日/1907年12月17日

落叶缤纷

新竹迩来有童子班官音,在城隍庙开演,观者如堵。中有某区长之子,尤当行出色。闻其父母爱如掌珠,彼所欲为者,无不从之。然彼以在家为苦,伺其父不在,潜出赴戏馆学优。虽屡被父戒斥,终不移其志。及今俳优之技果精,终日扮演,自以为快,殆有此间乐不思蜀之概。(奇癖者)

光绪三十三年十二月初九日/1908年1月12日

落叶缤纷

本岛官音俳优,为旧历年杪已迫,聘演者寥寥,坐食山崩,爰三班合并,于去十四日起,设戏园于祖师庙内,日夜扮演,冀得些资,以供食料。是亦仿前年福州三庆、祥升二班渡台开演之例也。然园中安置错杂,殊不足使人观演。(破布班)

光绪三十三年十二月十四日/1908年1月17日

光绪三十四年(1908)

拟设猫儿戏

岛人之惯俗,遇新正以赌博为消遣。现赌博为犯科律,已行严禁。该地绅商等稍知自爱者,目下欲设骋怀之事,拟向上海聘女班到台,设园开演。闻组织成立时,戏园拟借台北座充之,计画设备欲比之三庆班尤为周至。其成与否虽尚未知,然大体似有可决之势耳。

光绪三十四年正月十四日/1908 年 2 月 15 日

戏园果复兴矣

近有陈恩培、张清燕、林树本及某内地人为发起,与江苏某女班约,聘其来台演唱。戏园大抵以台北座充之,订四月一日即可开演。将来所得之资,发起人与班主均分。惟发起人此时须先备四千圆付与班内诸脚色,俟得利时,乃就其数先行扣抵。诸发起人因议使林树本及李汉如两氏与赴上海,俟一应查勘停当,然后与之。此时则仅过小定二百圆耳。盖该班于昨年末即使王庆之及蒋紫卿两人与约束也。今后台湾剧界将复见一层活泼矣,曷禁企足俟之。

光绪三十四年正月十七日/1908 年 2 月 18 日

戏园复兴纪实

贵报所载发起戏园之人,系陈林诸氏所唱(倡)始,因张清燕迩日间欲与李汉如赴厦调查商务,拟乘便往上海一游。林树本言欲与之同行聘请,传者误以为张李与焉。又诸氏发始之资金已增至五千圆,其开演须在四月半后,现属准备中。(投函)

光绪三十四年正月十八日/1908 年 2 月 19 日

台北座及支那演剧

近有某本岛人共为计划,以开演支那戏为目的,请之当道,欲借台北座而使用之,系官因亲往为之检查等因,既如所报。由来本岛人因乏其行乐处,多趋于赌博一途,今得支那戏而乐之,于风俗上之裨益殆不少焉。然无适当之场所亦不可,现台北座既渐近老柝,不堪为剧场及寄席之用矣。检查而后,因命其妥行修理,限自四月一日始,得用至一个年间,过此则不得用也。虽然如是,但同时大稻埕既有支那新剧场之设,经已认可,不久将着手其工事。闻其建筑费预算三万圆,其建筑乃照台湾风而折衷于和洋,其必有可观也可知已。

光绪三十四年二月初一日/1908 年 3 月 3 日

万 紫 千 红

剧界亦教育不可或缺之点,藉以旌别淑慝,援古惩今,不无有些道理在,亦可作一龟鉴也。目下有人准备聘演,想届五月后必有活剧可观,试拭目俟之。(龟鉴者)

光绪三十四年二月初五日/1908 年 3 月 7 日

戏曲之改良及利益

戏曲之关系教育　教育之不废戏曲

戏曲之道,协乎律,应乎文,称乎事实,阐历史之幽微,绘社会之情状。苟善用其术,则足以激扬人心,转移风化,甚可尚已。夫人之情,不能无郁而无所泄也,于是发之为声,假物而鸣,以如怨如慕之状,写其可歌可泣之忱,此在恒情皆然。故上古之世,百化未兴,歌谣聿起,或以发扬武德,或以颂美神功。始也有咏,衷也有吟,男歌款款,妇和鸣鸣(鸣鸣),其作始也。不为各遣所怀,鸣文人得意之常态,浸淫成俗,遂演为公众之剧观,相聚以为乐。教化渐启,音律肇□,制曲之风倡,而和歌之词寖作。然视为典乐,举行不常,往往循宗教上之观感,用以侑神。及王政昌明,和平远播,形为诗歌,被之管弦,于是朝观燕享之间,歌舞之仪大备。世日变,制日船,来台开演云。

光绪三十四年四月二十日/1908年5月19日

建大戏园

台南开仙宫街有一台南座之戏园,规模狭小,场内座位只可容五六百人,非若台北之荣座宏敞壮丽,虽有许多之观客,亦可尽为收容之。近年台南本岛人诸有力者,拟向清国福州聘一班名优再来南扮演,其后中止,盖为此也。此次高松活动写真师在南开演,或假台南座,或假水仙宫乃妈祖宫,非浅狭,即污浊。乃拟新建一大戏园,卜地于十八洞街,前内地人把弄拳术之所。果尔有戏园,自有男优或女优来租借而作戏焉。请拭目俟之。

光绪三十四年四月二十七日/1908年5月26日

蝉琴蛙鼓

数月前闻有聘女优之事,有戏癖者知之,甚为喜跃。罔料迩来毫无消息,意其或化为空言。方欲开口讥之,忽某友由淡水来曰:女优日昨入港矣。始觉今是。(戏癖者)

光绪三十四年四月二十九日/1908年5月28日

女班开演

上海官音女班于去二十七日抵台,假新起后街台北座为戏园,定自本日起开演。全班共七十二名,该班在沪上剧界原出色当行,此际欲渡台开演,更增募能手,调制剧具,焕然一新,将以留名于我瀛岛也云。然则该班比诸前年之三庆、祥升两班,必较有可观也,拭目俟之。

光绪三十四年五月初二日/1908年5月31日

梨园月旦

自祥升班去后,台北人渴戏既久,如望梅然。故一昨日台北座和乐部戏园开演之夜,来观者几拥挤不开,座位顷刻为满。是夜所演凡六出,男女班各分其三。观其脚色,男班如三花王春华、老生诸连奎、武生石云奎,固皆能不落人后,然女班殊又出一头地也。盖该班本女优为主,男优为徒也。女班如张彩奎之演《黑风帕》,陈银宝之演《珍珠衫》,筱桂英之演《朱砂痣》,或以关目胜,或以唱念胜,要皆能使观听者神为之旺,可谓当行出色矣。或谓三者之中,似陈银宝、筱桂英优矣。然张彩奎乃扮大花者,大花须声大而宏,最难出色,男优犹然,况女优乎?张彩奎音韵既不细小,而官(关)目又能神与意会,无一毫巾帼气,不可不与银宝、桂英鼎足而三也。

光绪三十四年五月初五日/1908年6月3日

今晚剧题

台北座和乐部戏园不演日剧,惟每晚自八句钟起至十二句钟开演。入园观演者,其坐席特等者收金二圆,一等者收金一圆,二等者收金六十钱,三等者收金三十钱,小儿只收半价,均不取茶资。拟自本日起,揭出每晚将演剧题,以供欲观者之便。今晚之剧题如下。第一出《银胜关》,扮张飞者为舒东至,扮廖化者为沈子清,扮刘封者为曹三保。第二出《战樊城》,扮伍子胥者为诸连奎,扮伍见章者为沈秋亭,扮伍杰者为张连喜。第三出《长亭会》,扮申包胥者为范宝奎。第四出《御果园》,扮尉迟恭者为女大花张彩奎。第五出《访捉一枝桃花》,全班合演,其扮演之名角,为武旦七阵风、武生石云奎、武旦张锦芳。第六出《月华缘》,扮王月英者为女角陈银宝,扮郭槐者为女角陈金宝。第七出《鱼藏剑》,扮伍子胥者为女角小桂英,又女角陈桂宝亦出演云。

光绪三十四年五月初六日/1908年6月4日

议聘女优

台南市王森如等,闻北部上海女班将近扮演矣,其兴勃发,目下正彼此协商,拟向对岸厦门赎女优天仙班来南。定议每月赎价金二千五百圆,按两个月为期,欲租台南座充为戏园。该园定租金一百圆,及每日费用合计约百五十圆之谱。现闻此议经已成立,其中陈章赞成此事，欲先交出四千余圆，以作此事之款。料想不日申请当道，如蒙许允，举办之日将近不远矣。噫，本岛人岂真有戏癖乎！

光绪三十四年五月初七日/1908 年 6 月 5 日

今晚剧题

台北座和乐部茶园今晚欲开演之诸剧如下。第一出《北璧关》，第二出《打金枝》，第三出《双跑马》，第四出《文章会》，第五出《赵家楼》，第六出《捉放曹》云。

光绪三十四年五月初八日/1908 年 6 月 6 日

梨园剧题

台北座和乐部茶园本日系星期日，在昼间亦欲开演之，兹将昼夜之诸剧列下。昼间第一出《雁门关》；第二出《孝义节》；第三出《除三宫(害)》，扮周处者为女大花张彩奎；第四出《大闹乾隆山》，全班合演；第五出《教子》，扮老薛宝者为女老生筱桂英；第六出《红鸾禧》，扮金玉奴者为女花旦陈银宝。夜间第一出《战潼台》；第二出《祭长江》；第三出《演火棍》；第四出《文章会》，扮迎儿者为女花旦陈银宝；第五出《探阴山》，扮包龙图者为女大花张彩奎；第六出《陈三两》，扮陈三者为女老生代花旦筱桂英，扮卖油郎者为女小陈金宝；第七出《大战阳平关》云。又明夜欲开演之诸剧并为列下。第一出《庆阳图》，第二《进峦(蛮)诗》，第三出《海朝珠》，第四出《大保国》，第五出《汴梁城》，第六出《白水滩》云。

附记：星期六夜之剧题，该班原定如前所记，后为扮演便宜计，故变更之也。

光绪三十四年五月初九日/1908 年 6 月 7 日

梨园出目

台北和乐部茶园本日昼间亦欲开演，昼间所演之剧题如下。昼间第一出为《观花灯》，第二出为《南阳关》，第三出为《捉放曹》，第四出为《凤鸣关》,第五出为《双摇会》,末出为《周仓捉妖海瑞朝金顶》。而夜间第一出即为《借赵云》,第二出为《宇宙疯(锋)》,第三出为《十字坡》,第四出为《大保国》,第五出为《忠孝图》,末出为《界牌关》云。

光绪三十四年五月十一日/1908年6月9日

梨园出目

台北座和乐部戏园本日夜所欲演之剧题如下。日间第一出《太平桥》,第二出《金水桥》,第三出为《三打祝家庄·探庄射灯》,第四出为《天齐庙》,末出为《柳林池》。而夜间第一出即为《百寿图》,第二出为《进蛮诗》,第三出为《迷人馆九花娘花春图》,第四出为《牧虎关》,第五出为《卖黄马》,末出即为《会稽城胭脂虎》云。

光绪三十四年五月十二日/1908年6月10日

梨园月旦

台北座和乐部戏园去七夜所演诸剧,文戏武戏俱不可观。日前颇有识其武戏者,至是议乃息。又就中如《文章会》、《探阴山》、《陈三两》等剧尤妙。《文章会》扮花旦者仍为陈银宝,扮三花者为陈桂宝,银宝固优,桂宝亦比初来尤出色。《探阴山》扮包拯者为张彩奎,声调亦较常略宏大。至于《陈三两》一剧,则又奇妙不可言,盖扮花旦者乃素充老生之小桂英,其科白无不色色入妙,变相尚能如是,真可人儿也。又前一夜有《遗翠花》一剧,扮花旦者亦小桂英,撒娇时往住具有媚态,尤为雅俗所共赏,故台下喝采者几不绝云。

光绪三十四年五月十二日/1908年6月10日

梨园出目

和乐部戏园本日昼间停演,夜间所演诸出目者请录于下。第一出为《两将军》,第二出为《御林郡》,第三出为《不认妻》,第四出为《四跑马》,第五出为《大卖艺》,第六出为《梨阳山》,末出为《翠屏山》云。

光绪三十四年五月十三日/1908 年 6 月 11 日

今晚剧题

台北座和乐部戏园本日昼间仍行停演，在夜间欲演之出目如下。第一出为《福禄寿》，第二出为《法门寺》，第三出为《锁五龙》，第四出为新戏《都天庙》，第五出为《马蹄金》，末出即为《海朝(潮)珠》云。

光绪三十四年五月十五日/1908 年 6 月 13 日

戏园剧题

台北座和乐部戏园本日为星期日，昼间仍有开演，其欲演之出目如下。昼间第一出为《六阳图》，第二出为《打金枝》，第三出为《锁五龙》，第四出为《青石山》，第五出为《空城计》，末出为《三只手》。而夜间第一出为《祥梅寺》，第二出为《一捧雪》，第三出为《日月图》，第四出为《草桥关》，第五出为《教子》，末出即为《伐子都》云。

光绪三十四年五月十六日/1908 年 6 月 14 日

梨园出题

台北座和乐部戏园本日昼间仍行停演，在夜间欲演之诸剧如下。第一出《大赐福》，第二出《摘缨会》，第三出《落花园》，第四出《飞波岛》，第五出《探阴山》，第六出《宝林招亲》，第七出《大报仇》，末出则《珍珠衫》云。

光绪三十四年五月十八日/1908 年 6 月 16 日

夜会状况

去十七夜，为祝贺始政纪念故，开夜会于总督官邸。是日午后三时起，黑云密布，骤雨滂沱，颇虑不能尽兴。然至近于六时，忽然开霁。迨六时半，烟火响彻遥空，催促参会。荷招待之文武官员及民间绅士,剑佩锵锵,衣冠济济,云合而至。大门以外建有一座绿门,以电灯球缀成始政纪念四字,灿如列星。主人公佐久间督宪立于玄关内,殷勤接客。诸人皆于玄关内一侧先行投刺,即受纪念明信片两张,并餐堂定单,然后趋往余兴台前。因连日之天气阴晴无定,有所顾虑,庭园不多为设备,而于室内妥为装饰。楼下厅之中央及四隅,移置数十株之贵竹芭蕉,其下杂置小草,青苍可爱,宛如久植其处者。厅外架一竹棚,铺以草席,其上下四旁,电灯纸灯光辉掩映。又为消暑计,遍装电扇,凉风习习。竹棚为观余兴之处,以竹竿为栏,分为三段,中为女席,左右为男席。竹棚系与厅连络,可由厅直往,不须践及土壤,盖亦为防雨计也。竹棚之前即为余兴台,亦遍置电灯纸灯,四围绕之以幕,灿烂夺目。厅之回廊有许多模拟店,有内地料理及台湾料理二种。余兴与模拟店同自七时始开之,如所预定,先演和乐部所招上海之支那剧。第一幕为《叭蜡庙》,第二幕为《乌龙院》,文武两出目均形神恰肖,观者齐为拍手。次演内地剧,第一幕为台北检番艺妓演《加茂之御田》,第二幕演《牛若与辨庆》故事,第三幕高砂检番艺妓演《七福神》故事。先张一画宝船彩幕,幕既撤,七福神露相,扮装各肖其形,轮番舞蹈,诙谐尽致,观者靡不笑逐颜开。又次为活动写真,亦皆为新鲜。间有一出西洋幻术,为虫他蝶,其蝶人身蝶翅,又皆为女子身,其数有七,能高飞,忽隐忽见,殊解人颐。余兴告终,已钟鸣九下余。又每余兴垂幕之际,烟花高扬,青红错落。西侧小亭中,音乐队时频吹奏,以临池水故,声韵倍觉悠扬。至九时半,音乐队移于□中吹奏,来宾各照所定餐堂入席。堂分东西,席上罗列珍馐,系西洋料理。酒酣,佐久间督宪带大津警视总长自擎酒杯,赴东西餐堂,立于中央云:本日为第十三回始政纪念日,为祝贺故,特开夜会。虽会逢降雨,然诸君惠然肯来,余深为欣喜。此际欲三唱天皇陛下万岁,愿诸君之和之也。语毕,三唱万岁,诸人和之,声震堂壁。于是又任情饮啜,欢情如涌。至逾十时半,乃陆续旋归。与会者共有七百十名也。

光绪三十四年五月二十一日/1908 年 6 月 19 日

戏园出题

台北座和乐部茶园今晚欲开演之剧目如下。第一出为《江东桥》,第二出为《探寒窑》,第三出为《二龙山》,第四出为《开茶馆》,第五出为《祭坟台》,末出即为《火烧七百里赵子龙救驾》云。

光绪三十四年五月二十一日/1908年6月19日

梨园出题

台北座和乐部戏园本日昼间仍行停演,其夜间欲演之诸剧列下。第一出《九盏宝莲灯》,第二出《卖饽饽》,第三出《定军山》,第四出《阳平关》,第五出《打樱桃》,第六出《天堂州》等云。

光绪三十四年五月二十二日/1908年6月20日

梨园剧题

台北座和乐部戏园本日为星期日,昼间仍行开演,其日夜欲演之出目如下。昼间第一出为《滚鼓山》,第二出为《彩楼配》,第三出为《应天球》,第四出为《状元谱》,第五出为《义旗令天霸招亲》,末出为《双摇会》。而夜间第一出为《北壁关》,第二出为《青风寨》,第三出为《沙陀国》,第四出为《忠孝图》,末出即为《黄鹤楼》连"水战"云。又廿四日昼间停演,是夜欲演之出题并为列明如下。第一出为《战潼台》,第二出为《回龙阁》,第三出为《普球山》,第四出为《锁五龙》,第五出为《柳林池》,末出即为《翠屏山》。欲扮是出者,为头等女角陈秀宝,盖初次登台者也。

光绪三十四年五月二十三日/1908年6月21日

今晚出题

台北座和乐部茶园本日昼间停演,在夜间欲演之剧目如下。第一出为《芦花河》,第二出为《宇宙疯(锋)》,第三出为《金雁桥》,末出为《杀子报》,扮花旦者为女角陈秀宝。

光绪三十四年五月二十五日/1908年6月23日

梨园出题

台北座和乐部戏园本日昼间仍行停演,而夜间欲开演之诸剧如下。第一出《大赐福》,第二出《征北海》,第三出《战太平》,第四出《新安驿》,第五出《盘肠大战》,第六出《刺王僚》,末出《海潮珠》云。

光绪三十四年五月二十六日/1908 年 6 月 24 日

剧园出题

台北座和乐部茶园今晚欲演之剧目如下。第一出为《孝义节》,第二出为《胭脂虎》,第三出为《洞房献佛》,第四出为《洪羊洞》,末出即为《汴梁图》云。

光绪三十四年五月二十七日/1908 年 6 月 25 日

茶园剧题

台北座和乐部戏园今晚欲演之出目如下。第一出为《大长春》,第二出《镇澶州》,第三出《落花园》,第四出为《八仙飘海》,第五出为《乌龙院》,末出为新八出《谋夫告父》云。

光绪三十四年五月二十八日/1908 年 6 月 26 日

梨园剧题

台北座和乐部戏园本夜欲开演之剧目如下。第一出为《斩王龙》,第二出为《雷峰塔》,第三出为《龙戏凤》,第四出为《大闹都天府》,末出即《卖胭脂》等云。

光绪三十四年五月二十九日/1908 年 6 月 27 日

梨园出目

台北座和乐部戏园本日为星期日,昼间仍行开演,其日夜欲演之剧题如下。昼间第一出为《战樊城》,第二出为《长亭会》,第三出为《斩窦娥》,第四出为《红桃山》,第五出为《红鸾禧》,末出为《空城计》。而夜间首出为《取巴州》,第二出《打金枝》,三出《卖绒花》,四出《花春园》，五出《教儿子》，末出即为《三上吊》云。又明日昼间停演，夜间欲演之出目并为胪列于下。首出为《大赐福》，第二出为《太平桥》，第三出为《三击掌》，第四出为《三只手》，第五出为《四杰村》，第六出为《滚红灯》，末出为《文昭关》云。

光绪三十四年五月三十日/1908年6月28日

梨园剧题

台北座和乐部戏园本夜欲开演之诸剧如下。第一出为《夜战马超》，第二出为《金水桥》，第三出为《打沙锅》，第四出为《泗洲城》，第五出《拾玉镯》，末出即为《天水关》云。

光绪三十四年六月初二日/1908年6月30日

梨园出目

和乐部茶园本夜所演之出目如下。第一出《山海关》，第二出《别皇宫》，第三出《祭长江》，第四出大武戏，第五出《杀子报》云。

光绪三十四年六月初四日/1908年7月2日

梨园剧评

初八晚，和乐部茶园上海班扮演新剧《南通州杀子报》故事前后本，足资观感，而犹饶兴趣。前本王徐氏杀子，固司空见惯，至于后本定金杀子，则曩日三庆、祥升两班抵台，所罕演之者。其中纡徐曲折，有足使人为之忽惊忽怒忽快忽悲者。其扮演之脚色，如女优筱桂英、陈桂宝、陈银宝，及男优石云奎、诸连奎、王春华、闰少山、刘铁林等，皆淋漓尽致，如见古人。该剧亦有冥曹审案，牛鬼蛇神，气象森严，视演游殿尤能骇人。是晚往观者，坐席俱满，洵妙剧也。

光绪三十四年六月十二日/1908年7月10日

和乐新出

今夜台北座和乐园欲演第二本《杀子报》全部，闻者回欲从事演唱者,皆奋力精炼,且全部改良。继而明夜欲新演第三本《杀子报》全部,是出虽前三庆及祥升亦未曾开演者,而此番之新演,必大有可观者。又明后晚亦欲新演头本《九美得夫》云。

光绪三十四年六月十六日/1908 年 7 月 14 日

梨园月旦

台北座和乐部茶园去十二夜所演者凡六出,前五出固平常而已,惟末出之《百零八扯》,则大有可观,时喝采之声不绝于耳。盖该出有以老生扮三花者扮花旦者,莫不曲尽其妙。即其中三花王春华所演之《三(二)进宫》一套,尤可令人注目,乃该三花忽而为大花,忽而为老生,忽而为正旦,概皆诙谐尽致。其余诸套亦多令人可绝倒。

光绪三十四年六月十六日/1908 年 7 月 14 日

南部撮要·义捐演剧

前报所纪台南市之艺妓及子弟将联合演剧,以其收得者寄赠于松岛舰遭难遗族。闻该发起者观本社又募集广东水灾义金,已协议以所得剧资分一半为广东水灾义捐金,定自十八日起,继演三日云。

光绪三十四年六月二十日/1908 年 7 月 18 日

旧剧翻新

台北座和乐戏园今晚准演《杀子报》全部,闻此出经再套演数回,极意改良之。其间之扮生旦丑末者,皆班内之超等脚色。想届时必有一番惊心动魄之活现象也,有戏癖者盍往试观之。

光绪三十四年六月二十二日/1908 年 7 月 20 日

新竹通信·女优开演

近有台北座和乐园园主林树本。拟将全班女优来竹开演,经借定竹堑俱乐部内为戏园。闻于前数日从申江召集名角六名,武艺精巧,且服色亦皆焕然一新,比之本来大有可观。预定开演五日间，即自阴历二十六日演起，想到期当必一番热闹也。

光绪三十四年六月二十七日/1908年7月25日

新竹通信·戏园杂观

和乐园之上海班，廿四夜始在竹堑俱乐部内开演。是夜所演五出，惟《四跑马》、《卖胭脂》最为观者所喝采。其位置分为四等，三等及壹等居多，贰等次之，特等只有壹人而已。此人乃该地绰号为散财童子曾渔津是也，年才弱冠，眼挂金缘镜，口含朝日烟，意气轩昂。坐在楼上东廊，大有俯视一切之慨。有一土仆与之对坐，不知者认为看官，其实乃园内之小使，主人命以陪客者。然在清国之戏园通例，凡特等客，必须戏旦或班长陪观，以便招待。今之园主惟命一小使对坐，似未免有失礼之嫌，莫怪散财童子终席不散一文以赏之。

光绪三十四年七月初二日/1908年7月29日

女班出题

台北和乐戏园之上海班，数日前为新竹所聘，已在该处俱乐部开演数天。闻本夜欲演《杀子报》，然在台之演此出，殊有可观，想彼此亦有同观听也。

光绪三十四年七月初四日/1908年7月31日

普度演艺

澎岛例年妈宫城隍庙口普度，原定阴历七月三日，三町轮当董理，本年南町值董。届期踵事增华，坛场一切铺设整整有条，更于庙口结下剧台一所，位置颇高，妆饰完备。入夜约八时间，就町内新选之梨园子弟，学成《八美图》全出，登台演唱，衣冠服饰簇丽一新，全班计十余人，妆旦者多至九人。是夜绿男红女，万头攒簇，几无立足地，佥谓数年来未尝有此。且闻北东两町各学成一班，订于九日十三日在各本庙口续演。届时热闹，必有可观。

光绪三十四年七月十一日/1908年8月7日

特聘名优

和乐戏园设在台北座,开演数月,迭聘名优来台。此回复向上海聘请名角,男女计三十余名,均系好脚色,足以动人耳目。其中有一名花旦,姓陆名菊芬者,本在上海,其名素著,歌舞胜擅,色艺俱佳。均由厦门搭城津丸轮船,决定本日由淡水港上陆。倘新角登坛开演,该园之局面必有一番之新气象。有戏痴者,其拭目而观之。

光绪三十四年七月十六日/1908 年 8 月 12 日

剧园闲评

和乐部戏园所聘之文武花旦王祥云,其技艺已见一斑矣。乃十七夜复演《金山寺》,扮作白氏,则其关目亦觉处处吻合,不见有些生硬,真个好脚色也。又有《叭蜡庙》一出,扮楚得公者,乃二花面董胜奎,竟能于三四桌子累迭之上翻跌而下,终不见其辛苦,是于武场亦大有可观者焉,不可谓非一脚色也。

光绪三十四年七月二十三日/1908 年 8 月 19 日

余波犹作

梨园之陋习,泉郡为甚,兹请言其故。方其演唱时,俗所谓落诙者,倘专注于台下之一人,则其人喜如获千金。余狡童之辈则怨之,谓其视我若敝屣然,转而与所谓得诙者作斗争雄,间或至有丧身不顾者。是所谓乌皮猪之所为也,吾台亦有之,从改隶以后,久已不见不意余波竟复作于前三日夜。即和乐部演《小上坟》时,陈银宝为花旦,举动极其天致,而诙谐尤令人不能形容,见者几有乐不思蜀之态。初落诙时,一倾注于园东某,附近见者皆羡之,曰:君何得意于斯人若是乎!此人群之中不注于我,亦不及于彼,何独致于君?与君必有瓜葛也。旁一人插口白:此因之由来久矣,子尚在井中乎?噫,噫!此吾人见之,殊觉无味,未卜狡童之辈痴痴于此何耶?

光绪三十四年七月二十四日/1908 年 8 月 20 日

剧园闲评

和乐部戏园昨夜因演《取金陵》一剧，以武花旦王祥云扮作公主，故于酣战时卖弄各种武艺，多能为人所不能为。又有马金培、童胜奎诸脚色与之对垒，亦能以目会意，得心应手，遂愈见出色。按近时花旦多专重技艺，其它殆无可观，若王祥云之能件件俱全者则甚少也。昔见祥升班小一阵风，以为关目科诨无出其右矣。使与祥云较，恐尤在下风矣。虽曰武戏较易于文戏，是亦不可多得也。

光绪三十四年七月二十六日/1908年8月22日

戏班纷扰

台北座和乐部戏园，其戏班乃合数班而成，其班数可分为三类。一则先到之男班，二则并到之女班，三乃前日新到者。而先到之男班，又另分其党。此数党之中，上海人有之，苏州人亦有之，不同出一地。盖为某园东到沪招聘，受某班长之欺，约以为必代选择脚色，以应所招。不意金钱骗取后，反而指东画西，有意负约。某东力与之较，该班长鲸吞不得，乃四处网罗，从各班中搜得此不同类者，欲以塞其责。某东虽知此班为傀儡，毋乃误坠□中，已欲罢不能。爰另聘数个女优，合而为一，渡台后遂登台演唱。其男班之唱念观(关)目，固无多动人视听，且服饰平常，无大新鲜，观者无不失笑。唯女班中有一二出色者，然仅一二人，犹不足以赞襄其事。因之往观者日渐侵衰，园内之收入，不特不足以抵资本，且不足以供费用。某东乃图别策，再到上海招聘数人，以期再振中兴。不为新班到后，而旧之男班自愧相形之拙，遂生醋根。于旧历七月十六日，前到之男班共谋罢演，欲图归沪，谓与戏园之契约，三月之期限已满。某东诘其侵取七千余圆，非此项抵还，断不轻放。而此班自为己乃无赖之徒，虽囹圄固不畏也，自是与此辈纷扰，几无宁日。前到之女班亦各存其志。现一班分为三党，幸而内容纷扰，而演唱时尚各能和衷。某园东亦知不能永保，拟将此男班撤回，乃再别聘。而前之女班若欲回归，在园东犹不甚介意焉，何也？盖为新到之赛菊仙,已可与筱桂英比美,而雅云亦得与陈银宝并驾。以是观之,戏班中虽有异志,园东若能绝其纷扰,恐不至各自分飞矣。

光绪三十四年八月初三日/1908年8月29日

新排戏出

台北座和乐部剧园今晚欲演唱《三世修》新剧,是出乃黄桂香得道故事。扮黄桂香者为女花旦王雅云,闻有变化新奇壳兽等类,想届时必大有可观者焉。

光绪三十四年八月初八日/1908年9月3日

梨园出题

台北座和乐部茶园今晚欲演新排《蝴蝶梦》正本,扮是出者为女花旦王雅云与文武花旦王祥云。并拟续演《杀子报》头本及贰本,扮王官保者为女老生筱桂英,扮王徐氏者乃女花旦陈银宝云。

光绪三十四年八月十六日/1908年9月11日

岛人戏园

近台北有金子圭介、荒井泰治、相濑军之助、高石忠造、森田广、土桥仙三郎等五人为发起,将筑一本岛人之大戏园,既请之当道矣。一昨日经蒙厅长批准,惟其工事等等,必受台北厅之指挥监督。闻其地在大稻埕诏安历街五十九六十之两番地,建坪三百四十八坪一合,楼之坪二百七十一坪一合,主面四十九坪,背面二十八坪,观客之席则楼上四十八坪,楼下百五坪,观客定额为九百十八人。其落成也,尚须今后五个月乃可焉。

光绪三十四年八月二十四日/1908年9月19日

剧园出目

台北座满春茶园订旧历十七晚,欲演《战四洲佛》及《游五湖船》等剧。之二出者,系官长所照,令其先于是夜试为演唱,以备铁道全通式当日即往台中演唱,藉供来宾观览。虽《四洲佛》之一出前曾演过，然者回演法则与前此大殊，盖欲竭所能为者而为之。而《游五湖船》一出，乃该班到台以来还未曾演者，闻欲装成五艘舟船，令优胜脚色出而演唱。想届时必有一番如荼如火之观云。

光绪三十四年九月十六日/1908年10月10日

剧园琐闻

台北座满春茶园已定自昨日始，迄旧历十月一日止，共十日间，从该班内择优脚色出演新出。闻此新出系渡台从未演过者，巧妙异常。想有戏癖者，必争先快睹可知已。又此数日虽人雨淋漓，观客亦比前和乐部较多。盖此次所演剧出，不以前此之滥竽使然也。

光绪三十四年九月二十二日/1908年10月16日

梨园出目

台北座满春茶园今晚欲演之剧题如下。第一出为《梨花斩子》，二出《黄忠归位》，三出《捉放曹》，四出《五老聚会》，五出《杀狗劝妻》，末出为《九件衣服》云。闻《九件衣服》之一出，系该班到台以来从未演过者，想必有可观云。

光绪三十四年九月二十三日/1908年10月17日

剧园出题

台北座满春茶园今晚欲演之剧目如下。第一出《滚鼓山》，二出为《锁五龙》，三出为《三娘教子》，四出为《汴梁图》，五出为《金山寺》连《水斗·断桥相会》，末出即为《庆顶珠》云。

光绪三十四年九月二十七日/1908年10月21

本日出目

台北座满春茶园本日昼间仍行开演，其昼夜欲演之剧题如下。昼间第一出为《赶三关》，二出《铡世美》，三出《祭刘备》，四出《阳平关》，五出为《董家山》，六出为《拾玉镯》，末出为《问樵闹府》云。夜间第一出为《借清兵》,二出为《断皇后》,三出为《招贤镇》,四出为《春秋配》,五出为《杀子报》云。

光绪三十四年九月二十八日/1908年10月22日

戏园出题

台北座之上海戏,自变更为和乐部以来,每夜之演唱殊觉异于昔日。况际此铁道全通,亦皆留意演作。而今夜之出题,第一出为《摘缨会》,二出为《黑风怕(帕)》,三出为《三义绝交》,四出为《东宫扫雪》,五出为《失街亭》连《斩马谡》。

光绪三十四年十月初二日/1908年10月26日

剧园出题

台北座满春茶园今宵欲演之剧目如下。首出《两张飞》,次出《雅观楼》,三出《义旗会》,四出《忠孝图》,五出《弑齐君》,末出为四本《铁公鸡》云。

光绪三十四年十月初五日/1908年10月29日

亲王观演

台中于全通式后之余兴,中有支那演剧,获蒙宫殿下御览,可云空前之光荣矣。兹试略陈其梗概。□其舞台乃构以朱高栏,恰如凤凰台然。台之前后,复饰以银白之波。其出目第一为《荡湖船》,所唱小调娓娓可听。第二为《泗州城》,乃南无斗胜佛孙悟空战伏鲤鱼妖,其武技之勇壮,尤觉如临战阵焉。

光绪三十四年十月初六日/1908年10月30日

梨园演剧

来十一月三日天长节,彰化街东门集乐轩曲馆拟为庆天长佳节,特于本地天公坛戏台上演剧。其所演艺题出为《荆棘山》、《收五妖》、《水底天》、《白虎堂》并《三仙会》。闻此番演剧,甚然留意教习,十分妆饰,备有兽头,布置水晶宫,灵巧新奇,变幻不尽云。

光绪三十四年十月初十日/1908年11月3日

今晚出题

今晚台北座满春园之出题如下。首出《战太平》，次出《三跳间》，三出《牧羊卷》，四出《珍珠衫》，五出《庄子劈棺》，末出《双伐子都》。而第五出之《庄子劈棺》，前曾演过，其中之演作皆出神可观云。

光绪三十四年十月初十日/1908年11月3日

广告

敝园挽友赴申聘请名师巧匠，新扎满灯彩新戏，大有可观，新演《莲花台》、《骨牌火龙阵》。

谨启者，本园不错巨资，新扎巧妙灯彩，大有可观。择于本月十三夜开演新戏，乃唐朝贞观天子时，唐三藏奉旨西天取经，九九八十一危灾难，巧遇火云洞铁扇公主所生牛魔王之子红孩儿，想食唐僧肉，以为长生不老，寿同日月，孙悟空大战红孩儿，巧排骨牌火龙阵。满台灯彩，尽是奇巧琳珑，切就玉翠阁楼，山禽海怪，异绝之妙也。

祈诸公早降是幸，以免临时无坐位。

满春茶园主人谨启

光绪三十四年十月十二日/1908年11月5日

戏园出目

台北座满春茶园今晚欲演之出题如下。第一《龙虎门(斗)》，第二《柳金钗》，第三《拾玉镯》，第四《双跑马》，第五《唐寅杀妻》，第六即《莲花台·火龙阵》，闻欲加演异样灯戏云。

光绪三十四年十月十三日/1908年11月6日

梨园出目

台北座满春园本日为星期日，昼夜皆欲开演。日间首出《太平桥》，第二《蜈蚣岭》，第三《铡美案》，第四《马蹄金》，第五《赵家楼》，第六《双(琼)林宴》。夜间第一《李白醉酒》，第二为《高旺会妻》，三出为《胭脂虎》,四出为《大四杰村》,五出为《三娘教子》,六出为《三世修》云。

光绪三十四年十月十四日/1908年11月8日

今晚剧目

台北座满春茶园本夜欲演《前部杨家将》,闻是出曾经演过,甚博观客称赞。此回再演,谅必较前尤妙云。

光绪三十四年十月十六日/1908年11月10日

剧园出目

台北座满春茶园本夜欲演之剧题如下。首出《赶三关》,次出第四本《铁公鸡》,三出《富春楼》,四出《狮子楼》,五出《洪羊洞》,末出为第五本《铁公鸡》云。

光绪三十四年十月十七日/1908年11月11日

剧园出目

台北座满春茶园本夜欲演之剧题如下。首出《一百岁》,次出《双投唐》,三出《红霓关》,四出《百零八扯》,五出《女起解》,末出第六本《铁公鸡》云。

光绪三十四年十月十八日/1908年11月12日

女优南下

台北座满春园开演上海班,此时因市区改正,该座适当其冲,已将停止。近日该班主某与台南某富商妥议,拟来南继演。现在已经成立,而场所尚未定在何处。闻市内有戏癖者,均各极力赞成云。

光绪三十四年十月十八日/1908年11月12日

梨园出目

台北座满春茶园今日为星期日,昼夜仍行开演。日间第一出为《银胜关》，第二《大保国》，第三《宝林招亲》，第四《春秋配》，第五《卖黄马》，第六《丁甲山》。而夜间即首出为《桃花宫》，次出《除三害》，三出为《巧姻缘》，四出为《大闹嘉兴府》，五出为《东宫扫雪》，末出为《义仆救主》云。

光绪三十四年十月二十一日/1908 年 11 月 15 日

梨园出目

台北座满春茶园今晚欲演之剧题如下。首出为《救杨波》，二出《斩青龙》，三出为《招贤镇》，四出为《乐毅伐齐》，五出为新戏《北京二十四翠屏山》云。

光绪三十四年十月二十三日/1908 年 11 月 17 日

嘉义通信・女优开演

市内贰叁好事者，近谋聘请女优到地开演，每株按贰十金，计共贰叁千圆，以为基本。现经聘定壹班，戏园定于总爷街乐仙亭酒楼上，拟月之十七日开演云。（以上十七日发）

光绪三十四年十月二十六日/1908 年 11 月 20 日

剧园杂观

蔡四福，性暴戾，做把戏为生。闻在苏州曾手毙两人，逐亡去，改名为蔡老四。后风潮宁静，始潜归。与女优陈筱宝通，遂募数角女伶，在汉口演剧。以其凶暴，动辄殴人，故无与往来者。本年四月率其女优渡台演唱，寓盐馆楼上，仍怙恶不悛，恒与优者为难。满春园某东，亦曾被殴。又该园内有福州人曰林瑶亭者，亦遭殴数次。不宁唯是，劣迹尚多，姑略书以告。其亦闻而知警焉否耶？（不爱脑袋者）

满春园女优筱桂英，性刁猾，极淫贱。前往新竹演唱时，与该班男优丁凤云私，誓成鸳鸯，返北时曾以某竖子所赠指戒转送凤云。近忽与凤云反目，旋讨还指戒，赠与董胜奎。闻凤云花四十多金，心不甘，遂与醋波。虽云固弱，终难与胜奎匹，如哑子吃黄莲。

又前报拐子行骗云云者,岂第某洋行遭其马扁已也。如牛文兽、吴鸾旗等数人,亦皆上其当者也。鸾旗因观剧,悦其演唱巧妙,召其斟茶,赏与五十金。彼竟受金而不为端茶。思与较,以人咸呼己为大人,恐不雅,遂□然归。闻所骗得之金表、指戒等。俱令草上飞持出售之,而以之供他男优挥霍云。(淫贱妇)

光绪三十四年十月二十六日/1908年11月20日

今晚剧题

台北座满春园今夜欲演之出目如下。第一为《六部会审》,第二为《黑风帕》,第三为《不愿意》,第四为《大闹曾头市》,第五为《杀子报》云。

光绪三十四年十月二十六日/1908年11月20日

演女优况

总爷街乐仙亭酒楼上,自十七日起开演女优。班中生、旦、净、丑诸角,皆平平无奇,未能神趣逼肖,且步骤紊乱,声音细小。每夜入场观览者,不外十余人,颇为寂寞也云。

光绪三十四年十一月初四日/1908年11月27日

梨园出目

台北座满春茶园本日昼夜欲演之剧题如下。日间为《全部杨家将》。而夜间即首出为《北壁关》,次出为三本《铁公鸡》,三出为《双翠屏山》,四出为头贰本《杀子报》,五出为《六国封相》,末出为《大回江南》云。

光绪三十四年十一月初五日/1908年11月28日

嘉义梨园

嘉义乐仙亭本岛料理店开设戏园,女优数名,不足动人耳目。且系临时组织,学艺未精,演唱不熟,登坛时如傀儡一样,观者均败兴而归云。

光绪三十四年十一月初八日/1908年12月1日

优伶旋梓

台北座满春茶园男女班于上月廿九日满限，停止演唱。其一半经附大昨日展帆大仁丸旋归申江，余一半仍滞台北，闻欲再往嘉义演唱云。

光绪三十四年十一月初八日/1908 年 12 月 1 日

女优南下

嘉义乐仙亭新起女班，定昨三十日赴南，是夜拟在竹仔街醉仙楼开演。目下王丽生与该楼楼主唐大仆等，折柬邀请诸嫖客并有戏癖之人届期临席，定每人压席金四圆。本早，该班即搭南车直往阿缑，赴制糖会社宴客云。

光绪三十四年十一月初九日/1908 年 12 月 2 日

鲲南琐事·拟聘女优

在台北座满春园之上海班，自开演至今将近一年矣。近因改正市区，该园适当其冲，因而罢演，其优人归还者大半。闻台南市余君屏、王丽生等出为募集股株，每株百圆，计共四千余圆，向聘该班南下，拟赴新年开演，其场所以妈祖港头南座内地戏园充之。闻余近日拟行上北，与他交涉诸事，并立契约，及约束定幞期限，以四个月为期。现在股株经已成立，其举行想亦不远云。

光绪三十四年十一月十二日/1908 年 12 月 5 日

瀛南鲤信·沪优南下

台北座满春园之男女优，已于去日终限满。而该班主人来南，与嘉义台南某某交涉，业已成议，每月千八百圆，定演二个月。虽班中有一二归回上海，然此外另定聘名优六人，一女花旦粉桃花，一女老生小季官，一女大花赛金钟，一三花旦小宝奎，一大花小永春，一二花小金钟。约于五日叙券过银，不日即来南开演，戏园租定圣君庙□之南座。有出癖者请拭目俟之。

光绪三十四年十一月十三日/1908 年 12 月 6 日

宁南短札·南戏未定

台北座满春园之上海女优,自去月终停演。该班主人别图他处重演,故来南与金某等交涉成议。去五日金某带二千圆到北立券,讵意全班名角买桌回申者有一大半,遂作罢论。然金在北适遇前年三庆班武旦周阿宝,据闻本年福州班祥升、三庆皆不及大吉升之优美,欲聘来南开演,不如大吉升班较可夺人耳目。现金某回南,与诸股主通商,即刻飞电邀周到南,现正在商议中云。

光绪三十四年十一月二十日/1908年12月13日

□画闭馆

北门边□画,一昨日闭馆,鸠工改造,正面舞台改横六间,深四间,以大黑柱为中心,造四方六间平场,及左右二间,并对面六间栈枰,又周围满十大窗,以通空气,状如戏台。新年将聘天津群仙艺园来演云。

光绪三十四年十二月初三日/1908年12月25日

嘉义通信·建筑戏园

公园内此次建筑楼阁,形颇壮观,闻将为戏园用也。出资者为立松氏,而建筑之包办者为吉高氏,建筑计费万二千圆,来年端月谅能完竣云。

光绪三十四年十二月初三日/1908年12月25日

嘉义通信·小霓裳戏

某女优前在酒楼开演,为阅者稀微,暂行中止。今又新添数名名角,乘此新春佳景,特设于本邑城隍庙内开演壹星期。自元旦至七日,每夜七点起迄十壹点止,观览金壹等壹圆,贰等六角,叁等叁角,儿童各半价云。

光绪三十四年十二月十四日 1909年1月5日

莺啼燕语

在稻艋本岛人集合资本，拟赴上海或福州招官音班渡台开演者，有数团体。然现时稻艋两处尚无演支那戏之适当舞台，故皆欲当局从权办理，有以□画馆为请者，有以朝日座为请者，有请于大稻埕空地假设者。然当局均以为不合而却其请。是若无建筑完全戏园，则本岛人不得有娱乐之机关也。（有戏癖者）

光绪三十四年十二月十四日/1909 年 1 月 5 日

台南杂俎·新剧渡台

市内余君屏、王丽生、金子拔等计十余人，组聘福建省大吉升班，已登前报。该班已定初九日搭彰州丸由安平入港，现在诸股东预备元旦开演，颇形忙碌云。

光绪三十四年十二月二十二日/1909 年 1 月 13 日

淫戏宜禁

台南市内此回聘请福州省大吉升班，拟在南座开演。月之十日，全部搭定期轮彰州丸渡台，定旧历元旦日开台。俱所演戏出，须要忠孝廉节，有益于人心世道者方可，断不可演出淫戏，败坏风俗，以致观者无益，反而有损。

光绪三十四年十二月二十二日/1909 年 1 月 13 日

宜兰通信·新整女优

兰城戏剧以杨某所整大荣班为最，近复添增资本，聘台北某戏师来，招募女子四名，年纪皆十四五岁，教习优伶，分旦、生、末，合男班大荣升凑演。闻预定旧历正月初旬开台试演，有戏癖者拭目以待之。

光绪三十四年十二月二十六日/1909 年 1 月 17 日

莺啼燕语

台北县满春园上海班停演月余矣，未有适当戏园，虽纷纷禀请,当道皆不之许。现将届旧历新春,岛人急于适(遣)兴,尤为迫切。近又闻台南已请到大吉升班,将近开演,见猎心喜,皆神往于其地,而恨此处之不能速成也。(戏癖者)

光绪三十四年十二月二十六日/1909年1月17日

新造剧园

荒井泰治氏外五名,倡建支那剧园于大稻埕诏安厝街一事,顷已决定。其构造费豫算为三万余圆,订来二月初旬兴工云。

光绪三十四年十二月三十日/1909年1月21日

鲲南杂俎·歌舞升平

前报所载戏园破约一节,嗣经鲁仲连出为调停,诸股主以为有组织完全之戏,不可无结构宏敞之园,已如所要求,于前约加七八十金,一个月为租资五百四十圆,已成议叙券,订一月一日开演。现在准备一切,期以博客之好评。该大吉升班在闽夙有价值,闻此次复聘如许申角,新添无数苏服云。

光绪三十四年十二月三十日/1909年1月21日

宣统元年(1909)

消春琐谈·谄媚神

桂　亭

兰市五坎仔街杨某其家祀天神,妇女多信仰之。昨日天师回驾,演唱梨园,是日香烟缭绕,妇女祈愿者络绎不绝。盖非求福寿,即求子息者,如此天师亦难乎为神哉!夫天师职掌驱逐邪魅之术,福寿子息非彼所关,彼如强为之,是不免越组代庖之诮也。

宣统元年正月初一日/1909年1月22日

台南剧界

台南聘来福省大吉升班,经于旧历元旦日开演矣。其场所名曰若仙茶园,设备颇为周至,客座宏敞,铺饰新鲜,洵堪与台北满春园先后争辉也。所演武戏,诸打手作踏肩之法,愈接愈高,极其敏捷。老生梁振奎高唱入云,大得通场喝采,其余诸角俱有可观。是日春光明媚,风日晴和,座为之满。闻日夜平均收入金额约有六七百元,是亦一时之盛况也。

宣统元年正月初五日/1909年1月26日

台南戏园

南座之若仙戏园自开演以来,园内皆充满,每昼夜收入金各五六百圆,凡三日间,计千七百余圆。二日夜,有安平英人海里氏另点《火烧连营七百里》一出,赏金三十八圆云。

宣统元年正月初七日/1909年1月28日

鲲南杂俎·梨园杂俎

大吉升班菊部在台南市王宫港街南座开演,日夜观者不少。

闻拟再聘上海名角曰少桂枝、李长奎、黄凤宝等三人,并一名打手曰康康,此□轮即能抵地。

该班自开演以来,武戏多于文戏,其为台人不知文剧,故演武出以投所好欤? 抑股东欲观武出,以致文出少演欤? 拟议者颇多。

戏园内客位虽设有一二三等,外又有股东席、新闻记者席、妇人席,然观剧者每不照定位而坐。而楼上中间安置一等席,尤为狭隘,似以之充为三等为愈也。至妇人席不甚周至,因而良家妇女往观者少。

该园用内地人收入场券,常对岛人无礼,呼之曰尔。夫戏园与商业无异也,须要相当之礼相待方可。

遇演武出,诸股东有一二人在背后,不论何如,拍手喝采,以使台下观者随声附和。不知武戏较易文戏,如采喝采未免太过。

宣统元年正月初九日/1909 年 1 月 30 日

赤嵌帆影·台南梨园

南座若仙茶园开演以来,前四五日间,昼夜观剧者颇盛,座客常满。尔来观者寥寥,昼间一等席不上五六十人。即如初六日午后一时,春雨霏霏,路上泞泥,行步艰难,园中犹为冷淡云。

去廿七日即阴历端月初六日,在一等位观剧者,本岛娼过半。台北楼阿娥、金月院爱珠、台湾楼彩凤等及外数名,其中一二与某花旦并老生传情,名虽观剧,实即神志沉迷。然此等下流,固不足责也。自开演以来,以一周间,五十余出多系旧戏剧,故观客稍减。此后非演新奇绝妙者,想不能动人云。

宣统元年正月十二日/1909 年 2 月 2 日

女优开演

宜兰大荣升班因客岁聘外江戏师来兰,教习女角数名,合男班计有三十余名,于旧历正月四日在天后宫开演《万花献瑞》。全班齐出,衣服鲜丽,辉映炫观,所谓五花八门,令人目不暇赏。扮花姐者杨阿李,娇态百出,姣媚温柔。林金英为小生,举止风流,步骤声音俱臻绝妙。李阿园为老生,态度曲白色色动人。玉燕为净,声大而宏,步调亦佳。又有男优名角,皆能豁人心目。一时观者如堵,数以千计,喝采之声几不绝耳。兰邑历百余年来,未曾有女戏,今次始行开演,实为嚆矢也。

宣统元年正月十二日/1909年2月2日

赤崁春帆·真个傀儡

本岛人大抵喜观武出,视格斗热闹,及变幻灯景,奇怪陆离,群焉拍手称佳。若仙茶园主知之稔矣,亲到福州挑撰十余名猿猱脚手,以投时好。且该班股份亦有一半,故每日上午在牛磨后街戏馆内训练新奇妙剧,步骤井然,夜夜皆有变局。虽再聘申江名角四五人尚未告到,而连夜戏园依然充满云。

宣统元年正月十五日/1909年2月5日

南座演剧

若仙茶园自前期轮再到三位名角,小生黄凤宝、老生林康康、花旦玉兰花,于去初八日出台扮演,日夜观剧者似有增加云。

戏台减价除阴历元旦而外,观者寥寥,此回特聘新优伶,本有四名,先到其三,自初八日新角开演。翌日再行减价,日间一等位六十钱,二等位四十钱,三等位二十钱。夜间入场料一等位金一圆,二等位五十钱,三等位三十钱,至于军人小儿各收半额云。

宣统元年正月二十四日/1909年2月14日

嘉义通信·女优开演

乐仙亭女优近复假城隍庙内开演,诸脚色较前稍优。入场观览者几乎坐位俱备,可惜出目有数,无甚新奇以广眼界,奈何!

宣统元年正月二十四日/1909年2月14日

莺啼燕语

厦门天仙戏园于清国丧期内演戏一事,厦道经捉园主之子到案。园主则以日斯巴籍相抗,致烦交涉。顷闻此事已激动厦人公愤,纠集同志到处演说,于公愤外并为人身攻击,不以人齿。且声言今后务与其人断绝交游,有与联婚者众必共诛之。有某家许嫁女为其子妇,已结褵在即,闻此亦急悔婚。现其人大形孤立,进退几失所据,亦可见众怒之难犯矣。(神行太岁)

宣统元年正月二十六日/1909 年 2 月 16 日

鲲南杂俎·拟请领事

安平海里氏旧历元旦日亲到南座若仙茶园观剧,赏给三十八圆,诸优伶欣然。此□择后星期日,又拟请英国领事官往观,能蒙许允,亦该园之一光荣也。

宣统元年二月初一日/1909 年 2 月 20 日

嘉义戏园

嘉义小霓裳旗亭主人,于去年十月间醵资往聘艋舺女优廿余人,来嘉开演,因成绩不良,已息鼓数月余矣。然自去七日起,重整琵琶,再演于城隍庙里。壹等座位金六拾钱,贰等叁拾钱,三等拾五钱。但步骤未整,兼之出目无多,观者颇易生厌志也。

宣统元年二月初一日/1909 年 2 月 20 日

赤崁春帆·梨园琐谈

若仙茶园之大吉升班自开演以来,已阅一个月矣。迩来日间观客甚少,大半皆是打狗嘉义台中等诸外客。夜间遇有好出目,园内依然充满。总计收金已达六千圆左右。前此乐琼天、老福顺诸班来南扮演,皆失败而归,大想此班必有多少获利云。大花李长庚、三花丑二猿,此外又有小桂英花旦计三名,决定此帮轮到。果尔则该园定再一番热闹云。

宣统元年二月初六日/1909 年 2 月 25 日

厦门通信·剧界忙碌

厦俗以阴历正月初九日为玉皇上帝诞辰，是日民间无贫无富，一律虔祀上帝。而殷实之家踵事增华，必益以演剧，藉增热闹。本届因国恤百日内，例不得演戏。彼奢华者辈多守待至近日，始举行祭礼，为因国恤百日已过，可以演戏也。故甫及二月初一日，即见开台演戏者到处林立云。

宣统元年二月初八日/1909 年 2 月 27 日

台 南 梨 园

南座若仙茶园菊部再聘三花丑李长奎，并一名二花，已于去念（廿）五日到南，择二七日登台开演，闻者皆拭目以待。

前日新到花旦玉兰花，年龄颇少，所演等出最动人夺目者，惟有《戏凤》、《杀惜》而已。盖两出与老生梁振奎合演，甚然特色，喝采者众。其余不过尔尔。

此班屡次添来新角，使吾人游目骋怀，不致意兴索然。但老生、花旦、丑虽名角，惜大花、苦旦无其出色，故留有些劣点云。

该班在南座若演期已满，计划旧历三月终再赴中部开演，旋往台北。目下北部某商经向班中协议云。

宣统元年二月十二日/1909 年 3 月 3 日

打狗特信·拟筑戏园

高松丰太郎中南北均设戏园，此次在嘉义亦建一座，于廿七日举行落成式。又计划在旗后街增筑舞台，曰打狗座。目下虽有提倡，尚未着手兴工云。

宣统元年二月十二日/1909 年 3 月 3 日

嘉义通信·嘉义座况

嘉义公园内建筑戏园壹座，近经落成，遂于去念（廿）七日举行落成式，招待观览客数百名，殷劝款接。式终开宴，备极丰盛，且有种种余兴，可以娱目骋怀云。

宣统元年二月十二日/1909 年 3 月 3 日

赤崁春帆·梨园琐谈

若仙茶园之大吉升班,开演将近四十天矣。上海老生兼大花之李长奎一到该园,人人目中全注,故去廿七日演《水火碗》,扮作刘须忠,一上台时,即博台下之喝采。入夜演《火烧棉山》,李长奎则扮作介子推,而扮推母者为上海老生梁振奎,既有对手,斯称合拍。其模拟冲烟突火,取貌传神,又能绘出母子相抱悲惨形容,步步逼真,虽当日棉山实景不是过也,故观客拍手之声洋洋盈耳云。

宣统元年二月十二日/1909年3月3日

淡水戏馆

在台北内地人之娱乐机关创设颇多,而本岛人则殆无之。其所藉为娱乐之支那戏,亦为台北座拆毁,无地演唱,几有寂寞不堪之感。至此际乃有新筑淡水戏馆之举,是本岛人不久将有娱乐之处也。其位置在大稻埕下奎府聚街五十九番池(地),高砂制冰会社近邻,拟仿支那式建筑,而应用当时建筑法。用地三百四十八坪一合,楼屋二百七十一坪,正面屋四十九坪,背面屋二十八坪,工程费按三万圆,装饰费按一万五千圆,颇极华丽,藉壮台北市之观。既自客月十五日兴建,按至五月中旬竣工云。

宣统元年二月十三日/1909年3月4日

厦门通信·戏园交涉近闻

天仙戏园违制横演,刘道当场饬拿,该园开枪拒捕一案,当经闽督委派漳道何成浩氏来厦查办。讵何道素与刘道反对,故于该案提议不表同情,又况法领事(法领代理西班牙领事权,故该案归法领主持)要求各款,均关国体,碍难照行,因此何道竟于月前自行晋省,大约与闽督有秘密会议也。现闽督有电来厦,特召刘道晋省,闻刘已定本中旬同洪提军一齐启行。又闻刘道当日并不欲与该园为难,因有劣绅陈子显存心争揽招商事务,无隙可乘,适该园违制演唱,该绅乃从中唆使刘道捉戏起衅,以便攘夺招商分局。刘道一时误听,致起交涉,然名义光正,不容借口。惟该劣绅见事闹大,深恐贻累,遂于月前藉名北游,营谋机会,其实乃挈眷而逃,渐避诘责也。又闻刘道当戏园闹后,会电北京,并未商于商会林总理,因此林氏颇有怨怼,故后来各界联名传单,林氏不肯签名。然观林氏素日办事颇明大义,力顾国体,此说或未必然。

宣统元年二月十六日/1909 年 3 月 7 日

莺啼燕语

台北自满春戏园罢后,支那戏久不至,而台南又有大吉升之奏,因是渴望益甚。近闻艋舺人王德峻经与一二稻人谋其事,且与淡水戏园议定租借之事,闻昨已与该园主事人立约署印矣。其戏之来自支那,则在新历五月间也,曷胜拭目俟之。(戏阔老)

宣统元年二月十六日/1909 年 3 月 7 日

鲲南春信·优伶艳福

自大吉升班抵南,在王宫港街南座开演以来,附近妓女中之醉心老生小旦者,颇不乏人。有下粗糠崎街金月院艺娼妓爱珠者,常往南座观剧,以振奎声调可爱,醉心欲死。以醉仙楼菜八碗、敷岛烟一箱与关说人,潜邀振奎入局。自是月夕花晨,常往来不绝。每对客侑酒之际,辄摹仿振奎之科白声音,以为得其近似,盖爱之极,摹之至,遂流露于不自知也。无何小旦玉兰花又自上海来,一夜与振奎同往。爱珠以兰花少艾,胜于振奎,亦喜之甚。虽自舍旧迎新,与兰花如漆如胶,而不知振奎已与同院云英有染,亦姑置之。奈爱珠意欲一马带两鞍,知之,醋火直升三千丈。一夕振奎潜入英房,珠从窗隙偷窥,怒排门入,指英而詈曰:汝敢近禁脔耶!英亦怒抵(诋)之。自是常刺刺不休。究之爱珠较有私蓄,与两优荐枕席,不收夜度资,且各有厚赠,每日夜入园看戏,恒带十余包烟草,以分与诸班友。而云英因一夜缠头金四圆未付出于龟子王临,被王毒打一顿云。

宣统元年二月二十日/1909 年 3 月 11 日

鲲南杂俎·花事漫录

南座若仙茶园菊部开演城西,卖笑妓女不论昼夜,私逃往观者不计其数。如去六日,是夜演《杀子报》一出,娼寮女不约而同私往观剧者,约七八十名。故游客一到,无妓女接纳,龟子蒙多少损害。乃于翌日开临时会议,据情禀下粗糠崎派出所,请设约束规则,并阻挡该园,如娼妓不得听其任意入场观剧云。

宣统元年二月二十一日/1909年3月12日

鲲南春信·继续开演

南座若仙茶园大吉升班,自旧历元旦日开台扮演,至今限期已届,所剩不上数十日,而收入金约有六千余圆,想不至亏本。现诸股东欲为继续,与该班班主商议再演两个月,其贌价每月议加两百圆,而班主尚踌躇不决。盖因台北某商议贌价金比南部加多,且班中诸名角均喜赴台北扮演,究其意因在南观出者赏与寥寥,颇为不足云。

宣统元年二月二十三日/1909年3月14日

鲲南春信·戏将往嘉

大吉升班在南座扮演二个月,将届限期,本拟再继续一个月,缘该座与内地戏契约,定此一二日开演,而原股东林宽敏氏本嘉人也,目下交涉往嘉义开演一个月,金一千五百圆,火车费在外。昨日谅已成议云。

宣统元年二月二十八日/1909年3月19日

鲲南春信·将近罢演

若仙茶园大吉升班菊部,贌限两个月,经已届期。诸股东预定来十七日开宴会于醉仙楼,并请该班名角为之慰劳,兼以送别,目下正在预备。闻届期将召娼寮妓女数名陪席侑酒,亦一盛会也。

宣统元年二月二十八日/1909年3月19日

赤崁春帆·戏园杂俎

若仙茶园之大吉升班,昨已限满,而移往嘉义扮演,亦已定著。议定一个月戏价千二百金,另供给火车往来运搬费。然嘉义戏园目下尚租日本戏扮演,须迟十数日,故拟仍在南座再演七日间云。

宣统元年闰二月初四日/1909 年 3 月 25 日

赤崁春帆·游戏余墨

若仙茶园之大吉升班在南加演一星期,定此阴历又二月九日往嘉义开演一个月,又将转而往旗后,其幞价及诸津贴与嘉义略同。但该地无戏园,昨日耑雇一建筑技手来南观测戏园形式,闻在旗后街已择一旷地,将为建筑云。

宣统元年闰二月初七日/1909 年 3 月 28 日

嘉义通信·俳优开演

当地诸有志招集股资,赴对岸聘大吉升优伶,此次已经到嘉。拟旧历闰月朔开演,原嘉义座演出未毕,遂顺延十一日开台。现正备办需用物品,并各等坐位云。

宣统元年闰二月初九日/1909 年 3 月 30 日

鲲南春信·戏园盛况

大吉升班将往嘉,只限一星期,滞南开演。其观资低减,日间上等位四角,中等位二角,平等位一角。夜间上等位六角,中等位三角,平等位二角。兼以每日有三四保正,就赏金购买四五百张戏单,分给甲长亲族往观,以致戏园近常充满。夜间充满后,往而复返者络绎不绝,其盛况殊出人意料外云。

宣统元年闰二月十二日/1909 年 4 月 2 日

嘉义短札·优伶抵嘉

大吉升优伶因在台南座撤演,特于月之叁日乘参番汽车到嘉。该戏台设于市场北畔,订六日开演云。

宣统元年闰二月十九日/1909 年 4 月 9 日

梨园生色

嘉义自罹震灾以来,娱乐机关久已黯然失色。文人韵士,每于风晨月夕之下,互相评论,诸罗地广人繁,商业日盛,人文日进,为南北部之枢纽。山林殖产品物,每日汽车运载络绎不绝,即客商乘载亦不下千有余人。如斯繁昌之地,竟无一可供闲暇之娱目,良可慨也!于是本地绅商林宽敏、苏育奇、林玉昆诸氏,毅然以为己任,部署一切,名为嘉宾茶园,聘请福州官音大吉升班来嘉开演。其出目之新鲜,技艺之超群,久博江湖诸士脍炙。而茶园美丽宏壮,客座宽广,诸般设备皆仿新式。择定清明佳节始行开演,是日嘉义厅长临观,颇蒙赏鉴,给赏多金。自是客座常满,殆无虚位,洵足为梨园中生色也。

宣统元年闰二月二十三日/1909 年 4 月 13 日

兰西零信·优人冲突

南座大吉升班自客月终闭演,本拟实时往嘉,因嘉宾茶园建造演场未就,是以渐往台南。故梁振奎等同诸名角,在市内本岛娼寮寻花问柳。去数夜,梁先到妈祖港街水月亭,与水仙相狎,才作巫山戏,而花旦玉兰花与二花陈兴喜亦登该楼,惊破鸳梦。梁一时气愤,遂与舌战,势将用武。幸有鲁仲连出为排解,始平其事云。

宣统元年闰二月二十四日/1909 年 4 月 14 日

兰西零信·女剧琐谈

兰城大荣升男女班自本季开演以来,颇有可观者焉。去四日夜男女在碧霞宫合演时,最惹人注视者,惟《大拜寿》一出。扮唐肃宗者为男优张贵,扮肃宗后者为女角林阿金,形神毕肖,声调亦佳。扮郭爱者为女生林招治,态度曲白俱能动人。后扮公主金枝者为女花旦杨阿里,千娇百媚,不可以言传。当其回宫奏诉之时,凄音苦调,令人闻之心酸,相(想)当年景象亦不过如是耳。台下喝采声如巨雷云。

宣统元年闰二月二十四日/1909 年 4 月 14 日

嘉义短札·戏园近态

大吉升班自旧历十六日开演，彼时游人观客欲博眼界看，莫不争先快睹。嗣后《杀子报》出目演后，景况一变，收金仅得七八十圆，非复前数日间昼夜贰百圆左右云。

宣统元年三月初五日/1909年4月24日

招演梨园

近者稻艋本岛人有志者，概该地无娱乐之机关，值淡水戏馆新建，爰合成本，欲赴上海招大观园渡台开演。业经定著，其承办人王德峻将于明日附轮前往云。

宣统元年三月初六日/1909年4月25日

嘉义短札·菊部余闻

大吉升戏园自旧历闰二月开演，迄今殊少起色。虽最近一二夜续演新出出，以博观客一览，然每夜收金亦甚平常，究不足偿其素望，谅不日即能赴中部开演云。

宣统元年三月初十日/1909年4月29日

鲲南近信·梨园回南

福省大吉升班前日由南往嘉义，预定开演一个月，将近满期矣。闻台中西螺等处亦有聘请，因贌价差异，不能成议，经已罢论。目下台南市内某拟招集二十人，每名股株百金，计共二千金，出为承贌。相议已定，不日即能再回台南座，继演一月余云。

宣统元年三月十二日/1909年5月1日

崁城帆影·奇乎不奇

《杀子报》系清国南通州故事，此次因大吉升班来南迭演此出，戏园常为充满，近日遂播出谣言，谓嘉义某地亦有是事。传言一阿片小卖人死亡，其妻与雇人通，有一子年二十，亦已娶妇。恐碍子妇耳目，适妇归宁，其子忽病，遂以药毒杀之。妇闻耗归，亦以利刃裂作四块,埋其园中,事发送来法院。至去八日,谣言更四起,或谓亲见淫夫淫妇牵游市街以示众,以致愚夫妇迷信若狂,呼群结伴,群奔走而往观。噫!谣言如是,亦一奇也。

宣统元年三月十三日/1909年5月2日

嘉义通信·戏园零闻

大吉升戏园自开演来兹,已满壹个月矣。闻今次原拟赴朴仔脚地方开演,缘瞨价未就,不果。乃权在嘉市续演壹周间,然后南下。昼夜观览客较前稍繁盛云。

宣统元年三月十八日/1909年5月7日

台中剧界

台中座固以一万五千余圆建筑之,且可容定员千二百人,比于台北之荣座、台南之南座,□无逊色□。昨年十二月开场以来,景况竟不振,主演者亦频见损失,其维持遂至甚难乎。

宣统元年三月二十日/1909年5月9日

崁城片帆·清戏延期

大吉升班始也嘉义诸股东拟瞨二个月,后契约一个月,虽台中人有来与嘉东交涉一个月者,不果。该班主人黄凤宾再下南定议,因返嘉,谓嘉东无力继演两个月,我已再许□南人一个月,先取金六百五十圆。嘉东大愤,必欲继续一个月,本阴历三月十五限满。后经鲁仲连调停,乃继续一星期,演至廿二。又赴朴仔脚庄演五日间,须至廿七日乃能来南,廿八日始开台扮演云。

宣统元年三月二十六日/1909年5月15日

鲲南近信·梨园续演

大吉升班前次在南座开演,因瞨期已满,转赴嘉义开演一个月间,演毕仍回台南市。一二有戏癖者,再行募集二千圆,向他瞨演,定来十八日仍在南座开台。至于园内设备比前次较为周至,内中客席而外，复设股东席、记者席、妇人席、enabled等席，皆甚宽广云。

宣统元年三月二十九日/1909年5月18日

鲲南近信·梨园重演

大吉升班原在南座开演，曰若仙茶园，今因新募集股东，继起enabled演，故改易谓荣升茶园。仍在王港后南座，择本月十七日开台，想该园又有一番热闹也。

宣统元年四月初一日/1909年5月19日

鲲南近信·伶人宜警

前次大吉升班在南开演两个月，其中该班优伶盗引张建瑞、张金池两口婢，齐赴嘉义，被张禀官押回，世人皆注目焉。今又来南继演，定限一个月间。然此伶人最有不正行为者，莫如老生梁振奎、花旦高红红，想当道必有以处之也。

宣统元年四月初一日/1909年5月19日

鲲南近信·梨园状况

去十七日，南升大吉升班重来开演。是日昼夜总共所收入场料计百六十圆，虽一二三等席未至完满，亦甚好况。因此班有一位新到三花丑，姓赵名利猴，演剧甚然有趣，观者甚为夺目云。

宣统元年四月初三日/1909年5月21日

鲲南近信·愿作伶妇

吕氏阿楼，台北之土娼也。自前来嘉义侨寓某酒楼，门前冷落，绝少问津焉。突遇大吉升班到嘉开演，该班老生梁振奎与之相狎，胶漆相投，誓成夫妇。现该班再到台南，楼亦随梁同行，愿作伶妇，宿在台南市内某家。闻者鄙之，而楼不以为辱云。

宣统元年四月初五日/1909年5月23日

赤崁片影·新优将到

南座重演清剧,此回将再聘新花旦一名,大想此帮轮必由安平上陆。闻此旦比之玉兰花尤胜,到时则玉兰花决定回归云。

宣统元年四月初七日/1909 年 5 月 25 日

赤崁片影·菊部状况

近日荣升茶园拟演新剧,尚在准备中。该股东闻之,不胜欣幸。定来二十二日招待诸优伶,设宴以慰其劳。

去二十一夜,为细雨霏霏,路上泞泥,不能举步,故观者寥寥,是夜园中冷淡非常,人迹几稀。

闻此回费用依然缩少,每日入场料若收有九十圆额数,总不至亏本。特恐昙天阻隔观者之兴耳。

宣统元年四月初七日/1909 年 5 月 25 日

赤崁帆影·戏园盛况

大吉升班重来开演,局外人多料其必失败,讵料园内坐客日夜依然充满。盖为前此壹等观资夜间壹圆,日间八角,今则六角四角,二等三等视前此亦各差减,是以少许胜多许也。且各股东用鼓励方法,于数夜前大宴众优伶于醉仙楼,此次扮演亦分外出神,故观客有如是盛况云。

宣统元年四月初十日/1909 年 5 月 28 日

南瀛鲤信·戏园满座

去廿七日拂晓,台南市上大雨滂沱。迨午后四时,云收雨霁,夕阳返照。是日荣升戏园观客殊少,园主人命揭一大旗,书今夜半额四字,沿途鸣锣示众。该园在王宫港街头,当城边新辟大道,雨过路干,行人称快,兼之入夜一轮皓月,如同白昼,观客陆续入园,七点零钟已满园云。

宣统元年四月十四日/1909 年 6 月 1 日

南部通信·菊部好况

荣升茶园大吉升班在南座开演,迩来迭演新剧,观者日益增加。故日夜收入约二百圆以上,至少亦百五六十圆。又闻安平海头角为祝神诞,拟请该班开演一昼夜,现在交涉中。大约非三百圆之谱,谅不能成局云。

宣统元年四月十七日/1909年6月4日

厦门通信·学界佥禀

宝记洋行买办郡伯甘,近在田仔墘自己宅旁筑造戏园,租与洪某等,聘上海女优在园开演。曾具禀道辕,每月愿报效警费一百元,杨道准之,业经兴工有日。乃有该地寿庄学校为恐妨学业,出向阻止,邵氏恃有报效,经官批准,绝不之听。继而附近民居王茂才、槐庭等,亦同出向阻,邵之戏园筑造如故。乃邀集学界,得同志三十多人,联名具禀于道辕,谓该地若设戏园,不免闹动,妨害治安,并扰及学务,恳请禁止兴筑,或饬迁他地,以肃民居而专学业云云。未卜杨道肯准如所请否耶?

宣统元年四月十九日/1909年6月6日

戏馆崩落

现时在大稻埕下奎府聚街新筑之淡水戏馆,已成约八分,忽于昨日午前九时十分,其中央屋盖崩落约八十八坪。是时从事建筑之职工,有内地人一名、本岛人三名,均负重伤,又内地人三名、本岛人七名,各受轻伤。其崩落之处,阔八间,长二十间,系舞台前观客席之天井屋盖。盖为建筑之方法有所遗憾故也。又该戏馆系欲演支那戏,于本年二月起工,原按至本月中旬竣成。因此崩落,则其竣成之期必为迟滞,然亦不致久延也。其崩落之原因,俟诸后报。

宣统元年四月十九日/1909年6月6日

厦门通信·阻扰戏园

厦门日斯巴商瑞记黄士曲天仙戏园停演女班，于是绅商邵棠等拟在瓮菜河建筑戏园。现经王葳才邀集绅士十人，向厦门张履谦司马申请，该地建设戏园，于厦门地方治安有碍。张司马俯顺舆情，已派黄二尹在外调停，俾免诉讼公庭，且免绅商不睦，彼此控争，致有托洋籍为护符，因之生出交涉要案者。厦门为通商要口，前准设娼寮，由警察局月收捐花，以补助警费。即设一戏园，由警察局保护，以备人民消遣，未必贻害地方。今则停止花捐，而打铁路头街娼寮归外国人保护，上海天桂茶园女班，亦再到日斯巴商瑞记洋行开演矣。国权利权之失，当道者何未筹及也！

宣统元年四月二十二日/1909 年 6 月 9 日

鲲南近信·菊部好评

荣升茶园大吉升班此回议演一个月，将近满期，所剩不过十余天而已。故该园股东鼓舞诸优伶开演新剧，日夜观者加增，常至满园，故有如此好况。是以去六日起，园内一等席再行扩张，现在仅设一等位，以外即并等，原设二等一概废去。现欲演《杀子报》全本一出，分作三天陆续继演，谅届时人数必至倍加云。

宣统元年四月二十三日/1909 年 6 月 10 日

赤崁片帆·结交匪类

大吉升班下手花旦高仕仕，前回与该班石天林共拐二张婢女，逃走嘉义，经登前报。奈高原性不改，今又结交当地匪类名添丁者，日夜花街柳巷，放荡形骸，以致连夜不回馆中，宿泊于娼寮。其班主洞悉此情，向高严责，高不以为然，反对添丁生出不经之语。丁素本凶恶，一闻此信，拟与班主抵抗。此辈愍不畏死，想难免当道严诘也。

宣统元年四月二十四日/1909 年 6 月 11 日

赤崁片帆·观剧逞凶

去初七夜，南座荣升茶园为演《杀子报》头本，故观者益多，是夜满园。突有恶汉名臭格，现为台南驿驿夫，素本凶恶，著名之无赖汉也，买并等单，居然坐一等席。园丁□取其[一]等位料金。抗而不与，满口怒詈，加以用武。幸警官在场监督，乃令刑事巡查补王某将格掳到警务课严责云。

宣统元年四月二十四日/1909 年 6 月 11 日

有此戏癖

近日有内地妇人两名，元台南南势街某娼寮艺娼妓也，现经脱籍，在西竹围附近居住。往南座荣升茶园观剧，日夜不虚。某夜间，提出金票五□，私赏该班二花陈依细。又常入棚内与陈谈话，无奈言语不通，未能畅叙幽情，徒以心印心而已。

宣统元年四月二十八日/1909 年 6 月 15 日

赤崁片帆·剧界琐谈

荣升茶园自继幞开演，为天气酷热，观客颇稀。如去十六夜，演《燕青打雷(擂)台》一出，收入不满五十圆，比前差有三倍之多。

前报载某内地妇人每日到荣升茶园观剧，每夜不虚。现在该妇与园主特约，定购一等席入场券，一个月份二十圆，比之零碎买票，其价格较廉云。

宣统元年五月初五日/1909 年 6 月 22 日

南瀛鲤信·戏园减价

近日南座大吉升班自重幞以来，为天气酷热，观客颇厌，故日夜人数顿减。两三日间，每日份所收入场料不满五十圆，而戏园合幞价总算，一日费用约有八十圆之谱，就所收额数不足充用。是以诸股东开临时会议，自去廿一日起至廿三止，计三日间入场料一等至并等，照元(原)定价格愿收八折云。

宣统元年五月初九日/1909 年 6 月 26 日

鲲南近信·愿作伶人

大吉升班来台开演，娼寮妓女雅爱慕之，俗以为艳福。市内有一班少年为趋妓之好，故邀武生陈生玉同到某写真馆，各穿戏服，装饰《翠屏山》一出，共绘一图，夸示于人，自为得志。似此真不知有羞耻事也。

宣统元年五月十四日/1909年7月1日

台南南座·剧界琐谈

王洪全者，荣升戏园玉兰花之先生也，闻系北京最有名之三花丑。近由申江搭便轮来南，去六日夜上台，与玉兰花对手，扮演《小放牛》，恢(诙)谐尽致，且唱梆子腔，其音节与步骤可称合拍，诚名不虚传也。该大吉升班来演已久，将近索然无味，兹复添一脚色，定必多耸动人心。七日夜拟演《翠屏山》全本，王将扮余千偷鸡，闻者皆欲一览为快云。

宣统元年五月二十二日/1909年7月9日

天南雁音·股东吃亏

南座荣升茶园此回重聘大吉升班继演，顾客大不如初，故再聘新三花王洪全，该股东备金七十圆为之慰劳，命其扮演新剧，使观者夺目。王许之。讵料顷既收入，日夜仍然将旧剧翻演，观者皆厌杀，而股主亦吃亏不少云。

宣统元年五月二十六日/1909年7月13日

新竹通信·梨园子弟

竹南一堡中港支厅管内塭头庄，有叶丁能者，招募青年子弟，学习梨园歌舞。其年龄概属十五六岁，乃至十七八岁，十余人为一班，名新祥升。闻欲教以及时流行之剧本，如《杀子报》、《桃花扇》、《荡平发逆》、《拳匪始末》诸新剧，其服饰器具重新整备。现方开馆学习，乐师优人分科教授。将来出班开演，当必大受岛人之欢迎也。

宣统元年六月十一日/1909年7月27日

菊部琐谈

大吉升班在南座开演，赎期已满，预定廿四五日罢演，准备由此□轮回国。闻此回诸股东每株亏本三四十圆，均合败兴。而市内犹有好事者，倡议再聘台中班来南座开演，其场所择在大妈祖宫，所有费用比大吉升较尠，不久想能就绪也。

宣统元年六月十一日/1909 年 7 月 27 日

厦门通信·菊部琐谈

大观茶园自阴历六月初一开演以来，座客虽有渐增，而究以地场狭隘，热气熏蒸，实不可以久座，故上等客每不耐一曲之终，即匆匆而去。且剧色无甚可观，虽其间有一天鹅旦，颇博时誉，然所演戏文，均系旧时代之腐烂，绝少出色当行者。较之天仙园，其逊色多多矣。现座位金虽定头等七角，二等五角，三等三角，然恐数日后当必跌落无疑也。

宣统元年六月十八日/1909 年 8 月 3 日

戏馆上梁

大稻埕奎府聚街支那式淡水戏园已将竣工，于去九日午后，招待消防总办及诸工人并神官等，举行上梁式。是其开场之期当不在远也。

宣统元年六月二十六日/1909 年 8 月 11 日

蝉琴蛙鼓

新筑戏园已于数日前举行上栋式，闻稻江各处之人，以该戏园若不远告竣，则上海菊部必飘然而至，届期不独于台北添一热闹去处，且于此暑气蒸腾之日，增一散步消夏之所矣。秉灼(烛)夜游，于古人何多让焉。(戏癖者)

宣统元年六月二十九日/1909 年 8 月 14 日

里巷琐闻·新戏来矣

上海庆仙茶园来台一事,顷其局中人接到沪函,谓该班已于十五日由上海启轮,按两日必到厦门,俟一切准备停当,即可渡台也。闻一行男女凡百余名,脚色多佼佼者,故其戏资亦比前加重云。有戏癖者,请各拭目俟之。

宣统元年七月初四日/1909年8月19日

厦门通信·藉助旅费

台北王某在上海所聘女优,全班百余名,前已抵厦,暂寓寮仔后三升馆。本拟及早渡台,为因请给路照,各优须拍像粘附,遂致稽留时日。惟一行百余人,每日饮食栈费,备极繁重。于是王某为救急之计,乃令该班女优先在厦开演。经租寮仔后大观茶园为舞台,名曰庆仙茶园,已于阴历七月十一夜演起,至昨夜为止期,计演五夜。缘该园地场甚狭窄,热气迫人,故座客甚微,获利不甚多。然王某得此,已可藉助旅费矣。

宣统元年七月二十日/1909年9月5日

戏园落成

新筑淡水戏馆系仿支那式者,现已落成,壮丽堂皇,其内部已设备整齐。去十四日经交与园主,即于午后一时开股主会议。大约将于来二十日举行开馆式,名角甚多,为从前所未有,三市街人民均以先睹为快也。

宣统元年八月初三日/1909年9月16日

戏将开演

台北淡水戏馆经检查讫事,订于念(廿)日举行落成式。而稻艋人士合资所招之上海庆仙班,则定于是晚七勾(句)钟开演,想届时必争先快睹也。

宣统元年八月初五日/1909年9月18日

咏霓开演

台北淡水戏馆咏霓茶园，其股主于今年暮春亲怀厚资，赴申江、金陵、山陕、天津、姑苏等处，遍选文武绝技名优并特色女伶，于月之一日附轮渡台。缘该戏馆未竣，故因循至今，犹未关锣。该班系上海庆仙茶园全班，共七十多名，外另添招超等京班男女脚色，计三十多名，合共百余名，其服色并诸演具等全部新鲜。闻该戏馆订于念（廿）三日行落成式，是日拟招待官绅商学各界约七八百名，并欲演唱《解珠宝》、《只（双）狮关（图）》、《翠风楼大开张王府》等出，以供来宾观览。唯不许一般入场，至是晚始许观览，其出目如下。首出《八百载》，扮文王者为京班超等老生冯宝奎，扮子牙者为超大花脸冯福奎。次出《黑风神帕》，扮高旺者为超等童角大花脸一声雷。叁出《夜奔蚣岭》，扮武松者为京班超等武老生陈玉龙，扮黄飞天者为超等名角高燕飞。四出《遗翠花》，扮翠香者为特色女伶金牡丹，扮小生者为女伶鸿筱芳，扮正旦者为京班超等男角盖七省。五出《叭蜡庙》大武戏，扮褚标者为超超等武老生朱春庭，扮费德公者为超超等武二花李德山，扮黄天霸者为超超等武小生龚云祥，扮朱光祖者为武三花云里飞，扮张桂兰者为超等武花旦姜福全。六出《初出祈山收姜维》，扮孔明者为超等女伶文老生十三红，扮姜维者为超等大花脸张鑫泉。末出《水战鸳鸯桥》，扮花冲者为超超等武生十龄童，并七龄童、八龄童、六龄童等，扮□昭者为超超等武生童子红。以上男女脚色均系台湾自有招戏历史以来，所未曾见之铮（峥）嵘者。闻此外尚有京班超超等武旦龚云仙及武小生小杨猿、武老生董桂芬等许多名角，择吉登台。果尔好戏，则开锣之日必人山人海。又观览价目，则头等为壹圆，次等为五十钱，叁等叁拾钱，小儿减半，茶费十钱云。

宣统元年八月初八日/1909年9月21日

演戏时间

淡水戏馆订自本月廿日始，将每日日夜开演之。其时间则日间自午后一时迄五时，夜间则自午后六时迄十二时。有戏癖者，真可益饱其眼福也。

宣统元年八月初十日/1909年9月23日

剧界杂观

淡水戏馆咏霓茶园念六晚所演诸出,如《关王庙》,其扮玉堂春者为金牡丹,扮王公子者为鸿筱芳,扮小丑者为腊筱梨,皆尽情演唱,曲曲传出,令人仿佛如身临其境,眼见其人者,惹得观客喝彩之声洋洋盈耳。而《红梅关》一出尤惹人目,盖扮白生者为武生朱春庭,扮红娘者为武旦牡丹红,当其悲喜惊骇时,无不毕肖,洵堪称为该园之铮铮者。又《小磨房》一出,扮小丑者为武生十龄童,当其推磨时,身如活猴,跳跃灵敏,令人一见,几忘其为人也者。又《文昭关》扮子胥者为女老生十三红,其唱念与关目允推独绝,比前筱桂英尤胜。或有谓桂英之唱余韵绕梁,十三红不能如是,非不能为余韵也。末出《泗洲城》,扮水母者为北京文武花旦龚云仙,其武技□步骤,微特冠乎全班,即前次渡台诸班,实无一能与京(竞)者。闻去年来台演唱王祥云系云仙之徒,技艺皆云仙所授者。昨晚特其一斑,未尽其□也。又念(廿)五晚武小生十龄童演唱《血溅鸳鸯桥(楼)》时,多有自台下掷金钱者。又闻诸女老生十三红云,渠在上海丹凤,唱念时仅费八分力,便得博观客喝彩,讵至台湾,费十分气力,竟无有一喝彩者。其故则以该戏馆构造不宜,四围俱设户扉,且演唱之时窗扉洞开,声溢于外,在园内闻之,其声顿不明亮,在外则反为清越也。言之似为有理,然则户扉紧闭,庶乎可矣。又近日天气晴和,月色甚明,观客甚伙,几不能容。如前日农事试验生徒,告临时外出,群往视剧,以座位俱满,竟与园中司事者争斗,警官苦难于制止之,至片时乃悻悻而归。前夜收入近六百圆云。

宣统元年八月十六日/1909年9月29日

名角登台

台北咏霓茶园招到京都超超等武生小杨猴,因船车劳瘁,未即登台。闻渠为上海商办大舞台武小生,少即驰名梨园,此次渡台,拟尽展其技能。想届登台之日,定有一番如荼如火之观焉。又京都超等武老生董桂芬,为剧界之翘楚,订本日登台演唱。其二次渡台武二花董胜奎亦订本日登台。有戏癖者,其拭目俟之也可。

宣统元年八月十八日/1909年10月1日

菊部阳秋

淡水戏园念(廿)九夜所演者,中有两出最妙,一为《打花鼓》,一为《挑铁花车》。《打花鼓》本小品,然在俗手演之,其关目必极冶荡,而流于淫佚。是夜扮花鼓婆者为女老生十二红,处处皆以淡雅出之,而自然有足动人。盖其媚在骨,往能于端庄中杂流利,是真能以神取者,可称喜剧中之上乘矣,知音者必能弦外求之也。吾人曩谓和乐戏园之女老生筱桂英,能为第八神童,一化身便无所不妙,若十三红者真可谓过。又全出所唱扬州小调亦丝丝入扣,令人情移,是其歌喉尤似别有一种天籁,欲不当行出色得乎。次如《挑铁花车》,扮高宠者为十龄灵,神情赫奕,真有大将军八面威风之观,其关目皆丝毫不乱,尤不易得。顾其身如小猴大,而便捷乃如活动傀儡,亦奇观也。

宣统元年八月十八日/1909年10月1日

咏霓出目

大稻埕咏霓茶园今晚剧题如下。头出《战马超》;次出《彩楼配》;三出《兴汉灭莽》,扮马武者为花脸张鑫泉;四出《断桥相会》,扮白蛇者为女老生串正旦十三红,扮青儿者为文武花旦牡丹红,扮许汉文者为女小生鸿筱芳;五出《大白水滩》,扮徐福珠者为文武花旦龚云仙,扮青面虎者为武二花董胜奎,扮十一郎者为武老生董桂芬;六出《打杠子》,女花旦金牡丹,小丑小腊梨;末出《艳阳楼》,扮高登者为武生串花脸十龄童云。

宣统元年八月十九日/1909年10月2日

咏霓演况

淡水戏馆咏霓茶园今日夜出目如下。日演者,第一出为《捉放曹》,扮演者系冯福奎、冯宝奎;第二出为《小放牛》,扮演者为十龄童及白菊花;第三出为《牧羊卷》,扮演者为女优十三红及朱云奎;第四出为《忠孝图》,扮演者为牡丹红及朱春庭;第五出为《玉鳞龙》,扮演者为女优金牡丹及鸿筱芳并盖七省;第六出为《大四杰村》,扮演者为龚云仙、龚云祥、董胜奎、董桂芬、李德山。又夜演者,第一出为《打龙袍》,扮包公者系大花一声雷;第二出为《三击掌》,扮演者为冯宝奎及徐荣喜;第三出为《开黑店》,扮演者为董桂芬、云里飞;第四出为《机房教子》,扮演者为女老生十三红及女旦朱云奎、女丑小家声;第五出为《薛家窝》大武戏,扮演者为武生十龄童等;第六出为《胭脂虎》,扮演者为女旦金牡丹、女生鸿筱芳、文丑小腊梨;第七出为《大铁笼山》,姜维会战司马师,山上拜泉,扮演者为龚云仙、董胜奎、牡丹红张鑫泉等云。又前数夜所演者,如《小磨房》、《收关胜》、《大白水滩》三出,均一演再演。人多谓其无甚戏出,故开演未几,即翻旧出。不知该班各种脚色,一种多至五六人,互欲竞其能,见斯人演斯剧,彼以为未臻极点,其技不如我,遂于隔数夜即扮演斯剧,可较彼此优劣,欲博观者一评。人第见出目之同,不暇计扮演者之易其人,致令其败兴,殊为可惜。闻去一日之夜,有嘉义人林宽敏及厦门人陈云仙往观,另点《珍珠衣》及《九更天》,林赏班三十圆,陈赏三十五圆,亦可谓豪矣!

宣统元年八月二十日/1909年10月3日

咏霓新戏

台北咏霓茶园定于月之六日晚,欲演新戏《大八卦图》,是出为本岛向所未曾演者,彩头壳兽极伙,如四大金刚、十八罗汉、弥勒佛等,皆系新制,灿烂夺目。想届扮演之夕,必座为之满可知已。又自六日之夜始,定每夜演全本戏或新戏一出,以饱有戏癖者之眼福也。

宣统元年八月二十二日/1909年10月5日

咏霓杂闻

前报台北咏霓茶园本晚欲演新戏《大八卦图》一出，嗣因近日细雨频仍，恐阻观客雅兴，特改定本星期六晚（即九日之夕）。闻是出为真武进香，山中遇虎，不敢噬之，反引见僧人，开心见佛，观音化美人，试其欲心化否，真武不为动，追杀之，弥勒降世，出十八金罗汉，调四大金刚，降龙伏虎，龟蛇二将，众仙登天，现出海岛胜境，满台灯彩，辉煌灿烂，欲使观客夺目，实为空前大好戏。又今晚该园出目如下。首出《南北斗》，次出《三只手》，三出全班合演《一条白鱼周仓下海》，四出《桑园会》，末出新排头木《八件衣》。此出系武老生宋春庭欲串小丑作乞丐，闻上海演此出，观客多掷钱赏焉，几成为例。该园近复电招上海新到内城府超超等真正武老生筱杨猴。闻杨猴向在天津等处演唱，驰名海内，甚为剧界所推许。当其到上海新舞台扮演时，该处著名武生李春来及老生盖叫天等，咸惊为绝技。其盔头服色等俱系自备，焕然一新。已定明晚上台，串武二花演《金钱豹》，务欲尽展技能，以博观客一评。在斯癖者其拭目待之。

宣统元年八月二十三日/1909 年 10 月 6 日

菊部阳秋

咏霓戏园大昨夜所演，中如《新安驿》则□男花旦牡丹红之神情赫奕，能曲尽其跋扈飞杨之概。《除三害》则有女老生十三红之声韵悠扬，能不为二簧平板之束缚，已足令观者喝采矣。乃至《鸿鸾喜》一出，扮金玉奴者为女花旦金牡丹，扮莫玑者为女小生鸿筱芳，扮金团头者为小腊梨。小腊梨则诙谐百出，令人可歌可泣，可怒可笑。至鸿筱芳之摹写一种落魄凄凉之状，金牡丹摹写满腹怜才识士之心，皆情神妙欲至秋毫巅（颠），更令人不暇歇，不暇泣，不暇怒与笑，直是一点酸从脚底直上，几几乎不能自主矣。盖此等出全在神情，不在声韵，只须一味白描，便可淋漓尽致，固不可以审音为能事也。

宣统元年八月二十三日/1909 年 10 月 6 日

菊部阳秋

咏霓戏园近初登台之朱春庭、筱羊猴,朱则于《八件衣》扮作小丑,《铁莲花》扮作老生,科白、关目、唱念已各极其妙矣;而羊猴亦于《金钱豹》、《花蝴蝶》出,或串二花,或串武生,其技术之妙尤足见一斑也。是皆可与女老生十三红、女花旦金牡丹、男花旦牡丹红等,并推当行出色。盖春庭则有一种沉雄气,羊猴则有一种活泼气,十三红则有一种名贵气,金牡丹则有一种妩媚气,牡丹红则有一种俊逸气,皆成一家数,不与碌碌等伍也。间如金牡丹之科白,往往如听隔叶黄鹂之斗舌,殊令人真个魂销也。惟十三红之关目唱念,皆如初写兰亭,到恰好处,不复为枝枝节节。多有误以为淡,谓难于动人者,不知此等细腻工夫,倒从千锤百炼来者,知音当不以斯言为河汉也。

宣统元年八月二十九日/1909年10月12日

戏有去志

台北咏霓茶园庆仙班,自开演以来观客日众,虽雨天亦略不减少,每日收入扯匀有二百多圆。然以与淡水戏馆合营,每夜收入对半均分,故该园遂有不能维持之势。其股东等现正与戏馆主交涉,议为减□或包税,如不成议,将移往南部演唱。闻经与南座缔约,行且往矣。又该园所招京班名角甚多,未至者尚有数十名。且剧目除四百余出外,如《大闹三门街》、《造洛阳桥》、《游地府》、《三国演义》等书,皆能演唱云。

宣统元年八月二十九日/1909年10月12日

菊部阳秋

大昨夜咏霓戏园所演,如武老生朱春庭之于《讨渔税》,女花旦金牡丹之于《花园赠珠》,筱羊猴之于《三雄绝义》,与女老生十三红于《大登殿》之串正旦,扮王宝川,皆不愧为拿手好戏。盖朱春庭则活画一老大英雄,令人肃然起敬。金牡丹则活画一解事妖鬟,令人魂锁(销)骨折。筱羊猴则活画一义侠少年,令人眉飞目舞。十三红则虽画出端庄淑女之身分，因其喜不自胜，往往嫣然一笑，此女本以名贵胜，偶然一笑，真所谓回头百媚生者。此等脚色虽处之天涯地角，断无有不擅盛名者。独怪台人观剧，往往舍声调而赏色泽，于武技之稍优者，如翻筋斗或倒立等，初非大奇异者，则喝采不绝；于出中要点，虽其关目科白唱念有极□传神者，反多忽之。是所谓买椟还珠者，不独冒不知宝之名，且令作者兴念都消矣，岂不惜哉！

宣统元年八月三十日/1909 年 10 月 13 日

观剧笑话

《樵髯传》载有樵父观剧，至《精忠记》秦桧害岳武穆一事，竟执扮秦桧者殴之。人问其故，则曰：国贼不可不除。或曰：戏也。樵父曰：余亦知其戏，故殴之，若其真，早污吾斧矣。此真观剧之笑话也。乃日昨又有大稻程妈祖宫口街杨某者，因往淡水戏馆观演《八件衣》一出，不知其出原分两夜演之。及观至冤狱既成，小旦当堂自杀，遂以停演，不禁心大不平，且行且愤。抵北门口石头桥已忘所以矣，忘记其地掘有新沟未填，竟晕然跌坠其下，额破血流，昏瞀良久。既醒，始雇车御之而归，现尚未愈焉。岂不笑人之尤甚乎！

宣统元年九月初一日/1909 年 10 月 14 日

咏霓剧题

台北咏霓茶园今晚出目如下。头出《白良关》，扮演者为大花一声雷。二出《拷打检柴》，扮演者为上海新到七岁女童天娥旦。三出《四郎探母》，扮杨延辉者为女老生十三红。四出《大溪皇庄》，扮演者为武旦龚云仙、牡丹红、武生筱杨猴、武旦云里飞、武老生朱春庭、武二花董胜奎、花面张鑫泉。五出《月华缘》，扮王月英者为女花旦金牡丹，扮郭淮者为女生鸿筱芳，扮王妈妈者为丑旦盖七省。六出《捉拿一枝桃花》，扮武生者为十龄童。又该园武花旦龚云仙及女生鸿筱芳，所学剧目未演者甚多，而龚云仙前所演武戏，特其末技耳,闻此后□尽出其所学者,以博观客一评云。

宣统元年九月初一日/1909年10月14日

桂香月影

沪上戏园观客之点戏者,固不必为大富大贵者。苟有数十金,则或以为娱乐,或以为酬应,皆所不拘。不知本岛人何多谦让未遑乎?抑流俗尚俭,别有所顾忌欤?(新戏串)

宣统元年九月初一日/1909年10月14日

咏霓剧题

本晚咏霓园剧题如下。第一出《白云山》,扮演者为老生王通福等。第二出《忠孝牌(图)》,扮演者为盖七省及女童正旦天娥。第三出《洪羊洞·盗尸骨》,扮演者为女角串老生作杨六郎鸿筱芳及大花张鑫泉等。第四出《白云庵拿花冲》,扮演者为十龄童白菊花及六七八龄童以次;第五出《梅龙镇》,扮李凤姐者为十三红,扮正德帝者为朱春庭。第六出《战宛城》全本,扮演为龚云仙、牡丹红、张鑫泉、筱羊猴、董桂芬、董胜奎、云中飞及女旦金牡丹以次诸名角。又该班主已渡台,近将排演新戏及全本云。

宣统元年九月初二日/1909年10月15日

菊部阳秋

咏霓戏园大昨夜所演《鱼藏剑》一出,扮子胥者为女老生十三红,其唱念殊不费力,却锵锵然如出金石者,虽不必抑扬顿挫,要自然与节奏合。盖突然而起、昼(骤)然而止者,近日之京调往往尔也,如效兔狮子之搏亦用全力,终是狮子之愚。听者盖惑于旧调,遂以新调为短促耳。试观祥升班时之女老生缪文兰,其精妙处何尝不如是乎?可以知其渊源有自,非徒矫揉造作矣。顾闻十三红以演唱时无多喝采者,深恨世无知音,归时常啜泣。呜呼!钟期未遇,奏流水且自惭,茫茫天壤,已不知屈煞许多子牙矣!

宣统元年九月初二日/1909年10月15日

咏霓剧目

台北咏霓茶园今晚出题如下。头出系新排全本《阳河塘·摘皇印·换儿子·观古画·跑皇城》，扮演者为女老生十三红及老生陈玉龙、大花脸一声雷、老生冯宝奎、老客串等。二出《快活岭醉打蒋门神》，扮武松者为武生十龄童。三出《坐楼杀惜》，扮阎婆惜者为女花旦金牡丹，扮宋江者为女老生鸿筱芳。四出《济癫传》，扮演者为武生筱杨猴、武旦龚云仙、武老生朱春庭、董桂芬、武丑云里飞、武二花董胜奎、李德山、武旦牡丹红、大面张鑫泉、老客串等。末出《种大麦》云。

宣统元年九月初三日/1909 年 10 月 16 日

菊部阳秋

咏霓戏园于两夜来所演者，文戏如《四郎探母》、《月华缘》、《梅龙镇》，武戏如《溪皇庄》、《一枝桃》、《走皖（宛）城》诸剧。扮四郎者为女老生十三红，于全出所唱平倒缓板，皆丝丝入扣，如在海上闻伯牙琴，令人情为之移。且其曲繁长，尤难在自始至终无一败板，所谓玉喉者，此类是也。《月华缘》扮王月英者为金牡丹，因撒娇本其所长，且处处尽情流露，真个令人魂销，然引人而入于魔障者亦在是。《梅龙镇》则扮李凤姐者仍是女老生十三红串之，其媚本在骨，动人处固不在冶荡也。余三出则纯为武剧，最当行出色者，自当让筱羊猴及十龄童二子。筱羊猴处处皆有一种蓬勃之气流露于其间，即其科白唱念亦恰合武老生身分，真全璧也。故其技最易雅俗共赏，不必独具只眼者，始能识牝牡于骊黄之外也。又如十三红连日所演诸出，已越有兴会，想系台下多喝采者，不如前往抱向隅之泣也。得一知己，可以不恨，信哉！

宣统元年九月初四日/1909 年 10 月 17 日

茶园出目

台北咏霓茶园以本日为星期，昼间开演，其日戏如下。第一《征北海》，第二《乾坤宝镜》，第三《失子惊疯》，第四《坚园夺子》，第五《会春团圆》,第六《天门走雪》,第七《三矮奇事》。而夜戏则首出《卸甲封王》;次出《拾玉镯》,串小生者为朱春庭,串花旦为牡丹红;三出《不愿意》,串花旦者为金牡丹,串小生者为鸿筱芳,串丑角者为筱腊梨;四出《大闹东海八仙奇宝》;五出《斩郑文》,扮孔明者为女老生十三红;六出《当阳桥》,扮演者为筱杨猴、张鑫泉、董胜奎、董桂芬诸角色云。

宣统元年九月初四日/1909年10月17日

嘉义通信·酒楼演艺

当市酒楼迩日大是扫兴,一切顾客寥若晨星,昼夜收金且有不上壹圆者。诸艺娼妓睹此光景,不免抱膝长叹。爰共议邀请梨园,连日开演,藉为酒楼生色之计。故一时来往观客,纷如梭织,而酒楼亦十分繁闹焉。

宣统元年九月初六日/1909年10月19日

咏霓剧目

今晚咏霓茶园所演剧目如下。第一出《进蛮诗》,扮李太白者为冯宝奎。第二出《高平关》,扮宋太祖者为王通福,扮高令公者为冯福奎。第三出《大闹苏州》,系新戏,扮演者为十龄童、八龄童、童子红。第四出《唐英陪情》,扮演者为女角老生串青衣十三红及朱云奎、小家声。第五出《英雄斗志》,扮演者为筱羊猴、龚云仙、董胜奎、朱春庭、云中飞等。第六出为《庄子双劈棺》连《游地府》,扮演者为金牡丹、龚云仙、鸿筱芳、筱腊梨、盖七省,此出全本为向未曾有者,当必有一番惹人目也。

宣统元年九月初七日/1909年10月20日

菊部阳秋

人辄云武戏易巧,文戏难工,不知文武戏皆有甚难者。文戏固重唱念,然无关目以应之,则如听留声机器,不复见有人也。武戏似较重关目矣,苟于科诨要点不能曲曲传出,或无对手可与辅佐，欲处处以怒介博采，犹令人生厌矣。是尤在精心结撰者，能随机应变，神与之会耳，不能为印板文字也。曩所列咏霓园诸好脚色，似于诸事无愧色矣。诚以吕律为比，则十三红、朱春庭以宫商胜，金牡丹以角徵胜，筱羊猴则往往故为变徵，似领异而标新，真个令人爱煞。此自是天分所关，要难与钝根人说法也。

宣统元年九月初八日/1909年10月21日

咏霓剧题

台北咏霓茶园本晚欲演出目如下。头出《九锡宫》；二出《马鞍山》；三出《郝世宏》，扮武松者为武生十龄童；四出《梵王宫》，扮演者为女角金牡丹、鸿筱芳；五出《伐齐都》，扮田单者为女老生十三红；末出《双泗洲城》，扮水母者为武旦龚云仙，扮悟空者为武生筱羊猴，扮天将者为武生朱春庭、武二花董胜奎、牡丹红、董桂芬、云里飞诸角云。

宣统元年九月初八日/1909年10月21日

咏霓剧目

台北咏霓茶园今晚剧目如下。第一出《打鼓骂曹》，扮弥(祢)衡者为老生冯宝奎，扮曹操者为大花冯福奎。第二出《下南唐》，扮宋太祖者为老生王通福。第三出《马蹄金》，扮秋胡者为女老生十三红，旦秋胡妇者女旦朱云奎。第四出《武十回》，扮演者为武旦龚云仙、武生朱春庭、武生十出童、武丑云中飞。第五出《十八模(摸)》，扮船婆者为女花旦金牡丹及串花旦女生鸿筱芳，扮李金甫者为小丑筱腊梨。第六出《伐子都》，扮子都者为武生筱杨猴，其它则大花张鑫泉、二花董胜奎、武生董桂芬、云中飞等也。

宣统元年九月初九日/1909年10月22日

咏霓剧目

咏霓茶园今晚之剧目如下。第一出《清河桥》，扮演者为冯宝奎、陈玉龙。第二出《怀头关》,扮郑庄公者为武生十龄童。第三出《三百两》,扮陈三娘者为女旦金牡丹及女生鸿筱芳。第四出《四杰村》,扮演者仍为武生筱杨猿其它武名角。第五出《烧骨计》,是剧扮素珍娘者为女老生串正旦十三红,该剧系十三红最特长者,前此渡台诸班所未曾演者。是剧故事,云是山西省绵康县(其地不详),有妇名素珍,其夫习举子业,而家无儋石,堂上有老亲,膝下有幼儿。一年赴京应试,家计惟妇自维持,穷益甚,而夫不归。妇无所为计,乃以幼儿鬻诸人,欲藉之以供薪米,奉养双亲。不料祸不单行,其所得卖儿钱竟为盗所偷。妇以事至于此,与其坐而待毙,不如扶二老晋京寻夫,或得所恃。商诸二老,以为可,乃相将就道。不料二老衰弱,不堪远行,遽死于途次。妇在异乡,举目无亲,无以为殓,沿街叫化,而无应之者。计无所出,乃自拾枯枝,以尸付火,而携骨灰以去。是不知出何说部,殆故老之所传者欤。闻在上海等处扮演,善演者传出悲怆之情,至观客忘其非为优孟衣冠,而掷钱以助也云。

宣统元年九月初十日/1909年10月23日

咏霓剧题

台北咏霓茶园本日为星期,昼夜演唱,其出目如下。日戏首出《斩青龙》,二出《贩马图》,三出《九花洞》,四出《双脱衣》。而夜戏则头出《太平桥》,扮大太保者为陈玉龙,扮王银章者为老客串。二出《送亲演礼》,串丑旦者为筱腊梨。三出《猫捉老鼠》,扮猫神者为武二花八龄童,扮悟空者为武生十龄童。四出《龙戏凤》,扮李凤姐者为女花旦金牡丹,扮正德帝者为女老生鸿筱芳。五出《击宫门》,扮杨波者为女老生十三红。六出《九伐中原》,扮姜维者为董胜奎,串武旦者为筱杨猴、武旦龚云仙等云。

宣统元年九月十一日/1909年10月24日

祭典汇报·各街演剧

廿七八两日,大稻埕各街演戏,多至四十五处,大昨日已决定云。

宣统元年九月十一日/1909年10月24日

祭典汇报·艺妓演剧

廿七八两日,大稻埕本岛人奉纳妓演剧,在御旅所开演,其艺题如左。

《天水关》、《四枝合》、《收姜维》、《回龙阁》、《三(二)进宫》、《采(柴)桑口》(以上二十七日)

《斩美案》、《斩马谡》、《伯牙操琴》、《草堂会》、《宝莲灯》、《骆车下山》、《贵妃醉酒》、《过昭关》(以上二十八日)

宣统元年九月十一日/1909年10月24日

咏霓剧题

台北咏霓茶园今晚欲演之出目如下。首出《三结义》,扮刘备者为老生冯宝奎。二出《海潮珠》,扮崔夫人者花旦牡丹红。三出《雄黄阵》,扮演者为筱杨猴、龚云仙、十龄童、董桂芬、董胜奎、李德山、朱春庭、云中飞、陈玉龙、张鑫泉等脚色。末出《乌龙院杀惜·活捉·浔阳楼·吃粪·闹江洲·劫法场》云。

宣统元年九月十三日/1909年10月26日

菊部阳秋

咏霓园于两夜来所演者,其最妙者,则一为《烧骨计》,一为《梅龙镇》。《烧骨计》自以朱春庭为高出一头地,盖彼扮作老丑,其形老年人盼望孙子之状,直是和盘托出,以随处皆以真性情真面目流露于其间也。且其科白亦皆到恰好处,直欲酸人胸臆,真能得怨剧之神髓者。此等出目如在俗手为之,必以为痛哭流涕即可称神完气足矣,不知此尤落第二乘,苟节外复生一枝,则味同嚼蜡矣。彼小花面以嬉哭无度,头上安头为佳者,殆不知佛家只重正法眼藏,而不专重神通也,必也应有而斯可耳。又是夜是剧多有掷钱者,其能动人逾可知已。至《梅龙镇》则扮老生者为鸿筱芳,扮花旦者为金牡丹。一则活画一风流天子的身分,一则活画解事妖鬟的心胸,两人可称对手。恐以男班为之,反不能形容至是也。戏有不重唱念而重科白者,即此二出之类是也。

宣统元年九月十三日/1909年10月26日

咏霓剧题

台北咏霓茶园今晚欲演出目如下。头出《白玉带》,扮演者为陈玉龙。二出《牧虎关》,扮高旺者为大花一声雷。三出全本《九更天》,扮演者为金牡丹、十三红、朱春庭、鸿筱芳、牡丹红诸男女脚色。末出《五老会》,扮演者为筱杨猴、龚云仙、董桂芬、十龄童、董胜奎、云中飞、李德山等角云。

宣统元年九月十四日/1909年10月27日

桂香月影

昨日各学校生徒为诣台湾神社参拜,沿路已踵相接。则各团体妆点诸杂剧,亦各招摇过市,直至神社前始返。兼之各街悬旗揭灯,照耀左右,遂愈极如荼如火之大观,洵一派太平景象也。余如附近乡村,虽其热闹有不及城市,然亦多唱梨园醵盛筵以祝者,其为表满幅(腹)之热诚则一也。(善男女)

支那改良戏之风,固自上海汪笑侬倡之,其后已颇有继之者。本岛旧剧界固难望此,然既有上海班在,必非不能也。不知该班中亦有热心者否?苟其有之,则台湾故事尽多,已可演个不了矣。(新戏串)

宣统元年九月十五日/1909年10月28日

咏霓剧题

台北咏霓茶园本夜欲演之出目如下。日(一)出《长生丹》;二出《大闹龙宫》,扮演者为筱羊猴、龚云仙、云中飞、董胜奎、十龄童、李德山、牡丹红等脚色;三出《荣归祭祖》,扮演者为女旦金牡丹、小丑筱腊梨;末出《桂香得道》,扮桂香者为女老生串正旦十三红,扮王春廉者为女老生鸿芳，扮侯七者为武老生串小丑朱春庭，及盖七省等男女脚色。又明晚欲演剧题，即头出《壹百岁》；二出《双鸿鸾禧》，串花旦者为女老生十三红及金牡丹，串小生者为女生鸿筱芳；末出为头本《大名府》，扮演者为筱羊猴、龚云仙、朱春庭、十龄童、牡丹红、李德山、董桂芬、董胜奎、云中飞、筱腊梨、张鑫泉、龚云祥等脚色云。

宣统元年九月十五日/1909 年 10 月 28 日

咏霓出日

台北咏霓茶园本日为星期日，昼夜演唱。其日戏首出《胭脂褶》，二出《机房织绢》，三出《五鼠闹东京》。而夜戏则头出《甘露寺》；二出《摘缨会》；三出《柳林池》，扮陈香莲者为女老生串正旦十三红；四出《大卖武艺》，扮演者武旦龚云仙、武丑云中飞；五出《明月珠》，扮演者为女花旦金牡丹、女生鸿筱芳；六出《八大白水滩》，扮十一郎者为武生筱杨猴、朱春庭，扮青面虎者为武花脸文春祥、董胜奎云。

宣统元年九月十八日/1909 年 10 月 31 日

咏霓剧题

台北咏霓茶园本晚出目如下。头出《九代荣华》，二出《枪桃安殿宝》，三出《胭脂虎》，四出《卖马》，五出《火烧连营七百里》，六出《三怕妻》。

宣统元年九月二十日/1909 年 11 月 2 日

咏霓剧目

咏霓茶园本晚所欲演之剧目如下。第一出《万历登基》全本，扮杨波者女角十三红及陈玉莲、冯宝奎，扮徐贤昭者为一声雷及王通福、冯福奎。第二出《北极观》，扮演者为十龄童诸幼优。第三出《买绒(雄)鸡》，扮演者为女角金牡丹鸿筱芳。第四出《西游记》一节《猴豹绝义》，扮演者为筱杨猴、云中飞、龚云仙、董桂芬等。又该班自五日始,将先分其半往新竹俱乐部扮演,按一星期余,仍全部赴台南市南座扮演。故在北扮演之日所余不多,有剧癖者尚其往观之,勿留为去后思也。

宣统元年九月二十一日/1909年11月3日

咏霓出目

台北咏霓茶园本晚准演《大回朝》、《升官图》、《打韩昌》、《大香山》等出。按《大香山》一出,系观音菩萨证佛,历游冥曹十殿,其间鬼怪刑具足以骇人视听者颇多。闻该班此一两日内将赴新竹俱乐部演唱,有戏癖者其速往观之,勿为去后思也。

宣统元年九月二十三日/1909年11月5日

新竹通信·正音来矣

台北咏霓园所演清国正音班,近因欲赴台南开演,途经新竹,拟暂借竹堑俱乐部为戏园,开演一礼拜。经分配广告,定自本月六日起,每日午后一点钟至夜间十二点止,观览券分为一等二等三等,其观览料金因之而有差。欲使精神快乐者,盍不一往游乎?

宣统元年九月二十三日/1909年11月5日

咏霓南下

台北咏霓优伶已定于月之七日,到新竹西门街俱乐部茶园开演。风声所播,远近传闻,届时绿女红男,观者如堵,定有一番热闹。闻咏霓优伶在竹只住一星期,顺道台中,即由台中迁徙嘉义台南,俾饱岛人眼福。台地风气日开,即此可知其概也。

宣统元年九月二十四日/1909年11月6日

茶园纪闻

台北咏霓茶园本夜准演《大闹天宫》及《翠凤楼大闹张王府》,并头二本《杀子报》等。闻《杀子报》一出经该班主重加改良,使优伶昼夜演习，是此回再演，必与前次殊也。又前报谓该班订五日欲分其半赴新竹俱乐部演唱一节，嗣闻乃系□园东前往上海所招脚色，尚有若干名，不日将抵台，合前此到台脚色，其有百二十余名，分作两班，犹有余裕。该班如武老生、武生、武丑、老生、武二花、大花、文武花旦等脚色，皆有四名，合一班甚为拥挤。又新竹设备未周，故展限为七日乃往演唱云。

宣统元年九月二十四日/1909 年 11 月 6 日

优伶去矣

台北□□茶园所招上海等处男女班，因观客寥寥，且为人制(掣)肘，颇难自由，经订本日停演，全部南下。是台北绅商学界又失去一娱乐机关，殊可惜已。

宣统元年九月三十日/1909 年 11 月 12 日

南雁鲤信·迟迟未到

台北咏霓茶园上海班拟本月二十日来台南座开演，市内有戏癖者闻之欣慰，皆拭目以待。然近日南座戏园尚未见设备，想必滞在新竹，争先睹者均望眼欲穿也。

宣统元年十月初九日/1909 年 11 月 21 日

新竹通信·咏霓近况

咏霓梨园自十四五数日以来，夜间在新竹俱乐部演唱官音，座为之满。十九夜观者如堵，拥挤不开，统计座客三百余人。惟二十日、二十一日、二十二三日，内地人于俱乐部开设爱国妇人会活动写真，咏霓梨园因之停演。核计三天，所差利益以六七百金计。二十三日拟再登台演唱，届时定有一番热闹。至月终拟到台中滞留二三星期，始作台南之行，道路传闻，均以先睹为快也。

宣统元年十月十三日/1909 年 11 月 25 日

新竹通信·咏霓难行

咏霓梨园初莅竹时,本定两星期,即行南下。后因每夜来观者座为之满,爰低徊不忍去。如去二十夜所演《[□]地狱》,观者如堵,二三等坐次几无容身之地。爰再展期三日,定于二十九日全班南下,再来不知何日也。

宣统元年十月十八日/1909 年 11 月 30 日

卷土重来

咏霓园所聘之戏,自赴新竹演唱后,甚觉起色。兹因已届三个月满限之期,应行裁汰或添聘诸事,仍在新竹与转赴台南两者,于办理上皆有不便,故决计再归台北,订本月一日仍在淡水戏园开演。又淡水馆股东深念此回因利益均分故,致此失败,慨然减价租之,今后必可维持于日久也。至其下南则在来年。又已派人赴沪及厦招聘男女名角十余名云。

宣统元年十月十九日/1909 年 12 月 1 日

菊部阳秋

咏霓园大昨所演者,自以《琼林宴》、《机房》二者为胜。盖扮范仲禹为朱春庭,朱本以神气擅场,其形容颠(癫)汉一种情状,每每到好处。又扮三娘者为初次登台之郭月仙,扮薛宝者为十三红,扮小乙哥者为小家声,皆可称对手。月仙声调大佳,且恰合正旦之韵,惟关目皆尚简老,是固袭津海之新风气者,然于神妙处要不能失也。十三红所唱者,至扫板处故为抑扬顿挫,使听者娓娓忘倦,尤推出色。又小家声虽不大费气力,亦能与两人处处应弦合拍也。

宣统元年十月二十二日/1909 年 12 月 4 日

梨园剧目

咏霓园本夜所演剧目,即《洪羊洞》、《六月雪》、《断皇后》、《赵家楼》、《忠孝图》、《双盗印》等。是虽前此经演过者,然此际均加改良,有是癖者当以先睹为快也。

宣统元年十月二十二日/1909年12月4日

菊部阳秋

戏有注重科白者,有注重关目者,有注重武技者,有科白关目须互用者。观咏霓园大昨所演《杀媳(惜)·活捉》及《鸳鸯楼》可知也。扮媳(惜)娇之金牡丹之与宋江斗口也,其尖牙利齿,则如听隔叶黄鹂之好音。扮三郎之朱春庭之将被捉也,则活画一种惊疑不定之神,则尤科白关日缺一不可矣。至如《鸳鸯楼》乃全用武技,是夜固以十龄童为之,其间巧妙处似有可观,若落在筱羊猴手内,犹不知若何生色矣。

宣统元年十月二十三日/1909年12月5日

菊部阳秋

咏霓园大昨所演者,间如《铁花车》,扮高宠之筱羊猴,于中车勒马时,最能模写勇士血战之情状,令观者神为之旺。武戏亦有真工夫,此类是也,若俗手之以翻筋斗为能事,则不值一顾矣。又《烧骨计》扮小花者仍为朱春庭,扮苦旦者仍为十三红。红则以声韵胜,朱则以关目胜,难在朱于诙谐时、哭泣时、走路时皆能不支不曼,雅与题称,是非深于戏中三昧者不能,真好手也。其尤奇者,则于苦旦叫化葬钱时,台下纷纷掷钱上。中有嘉义黄玉辉者,只月给数十金之人,竟倾囊中所剩十金尽数掷上。人问之曰:子不知为戏耶?黄曰:乌有不知?特视其伎俩之动人,不能不与同情。俾台上人亦知戏痴中原有知己耳,斯真可云高兴中之高兴者。又闻台北咏霓园本晚准演《杀子报》全本,其扮纳云和尚者为上海著名小花脸朱春庭。闻朱春庭连日所唱小花脸戏,甚博观客好评。又该园近复招到上海超等大花脸姜立成,明夜准演《打严嵩》。闻立成戏出甚多,推为剧界老脚色,想登台之日必尽其唱念科白之能,有斯癖者其拭目俟之。

宣统元年十月二十五日/1909年12月7日

咏霓出目

台北咏霓茶园本夜准演《四郎探母》、《打严嵩》、《丑表功》等出,其欲扮演者为女老生十三红、小丑朱春庭、正旦郭月仙、新到大花姜立成等脚色。又闻不日将演清朝曾左二公平逆新戏云。

宣统元年十月二十六日/1909年12月8日

咏霓新戏

台北咏霓园本晚准演《捉放曹》及上海最流行新戏《红梅阁》全本。《捉放曹》一出,扮演者为新到大脸姜立成及女老生十三红。其欲扮演《红梅阁》者为有名优伶朱春庭,闻春庭系在上海演唱是出得名,想届时必极其技能,以博岛人士之好评焉。

宣统元年十月二十七日/1909年12月9日

菊部阳秋

咏霓园大昨所演者,有《戏迷传》一出最佳。其事与《十八扯》意颇彷佛,而曲折尤远过之,盖于一丑一旦而外,尚有许多脚色也。此等出津海正在盛行,本岛则前此未曾有也。是时扮正丑者为朱春庭,扮副丑者为冯宝奎,扮末外者为王通福,皆能将戏迷之情状和盘托出,其间诙谐百出,淋漓尽致。如朱春庭者,忽而唱老生,忽而唱苦旦,忽而唱大花,无不维妙肖。大难在每每转折处皆能斗笠宛然,无斧凿痕,无牵强气,尤在其人之神而明之者也。

宣统元年十月二十七日/1909年12月9日

咏霓戏题

台北咏霓茶园本晚准演出目如下。第二出《[五]雷阵》,扮孙膑者为老生朱春庭。第三出《遗翠花》,扮演者为女花旦金牡丹、女小生鸿筱芳、正旦盖七省等。第四出《秋胡戏妻》,改唱陕调,扮秋胡妻者为女老生串正旦十三旦,扮秋胡者为女老生朱云奎。第五出为大武戏,扮演者为筱羊猴、董胜奎、董桂芬、云中飞诸名角云。

宣统元年十月二十九日/1909年12月11日

出目豫告

咏霓园本夜订演《大香山》全本，闻其装饰灯彩之人已到，届时台上必有一番夺目也。又自明夜始订连演《平长毛》全部，计十二本，其间诸多改良，与演《铁公鸡》者不同，当亦极一时龙争虎斗之大观也。

宣统元年十月三十日/1909年12月12日

咏霓新戏

台北咏霓园本夜欲演之戏出如下。第一出贰本《二度梅》，添演数十灯马，扮陈杏元为正旦郭月仙。第二出《大闹嘉兴府》，扮演者为筱羊猴、董胜奎、董桂芬、李德山、云中飞诸武角，闻此出欲布活境，以真刀杀人。第三出《黄金台》，扮田单者为女老生十三红，扮太监者为大花姜立成。末出为《千里镜》，扮演者为老生串小丑朱春庭、武生倒串筱羊猴、女花旦金牡丹、女生串花旦鸿筱芳、牡丹红、郭月仙等脚色。闻是出为上海最流行好戏，想届时必有可观者焉。

宣统元年十一月初二日/1909年12月14日

菊部阳秋

武戏中亦大有可观者，则神气是也，是虽在手法娴熟，然亦须作者能设身处地，不蔓不支(枝)，方能淋漓尽致也。前两夜咏霓园所演《仙人担》一出，因特加改良，与《白水滩》径庭大异。而扮武生之筱羊猴，扮二花之董桂芬、董胜奎，于混战时皆能一一吻合。筱羊猴本较敏捷，于二花董桂芬伸只脚踢己时，竟以一手接住其脚，一手作摸弹相击状，尤不减一幅壮士合斗图。宜乎台下之拍手喝采也，谁谓武戏可不用大工夫乎！

宣统元年十一月初二日/1909年12月14日

南部通信·三庆将来

闽省三庆班前次渡台开演，博得好评，故此番市内有戏癖者再为发起人，即曾伯栋、林凯、邱修树、苏再等，募集股株，每株百三十圆,总计约三四千圆,委托开仙宫街宝美楼楼主萧宗琳,于前日赴闽聘请,议定牍价金每月千八百圆,先过定金五百圆。举旧历蚋月半全班渡台,赴新春开演,届期必有一番热闹也。

宣统元年十一月初三日/1909年12月15日

剧园韵事

顷有不羁子来函,谓咏霓园女老生十三红,色艺双优,登场引吭高歌,尽慷慨婉转之致,所演《烧骨计》尤为动人心目。因口占四绝句,纪其旨趣,以质诸赏音者。其诗如下:平阳讴者认前身,玉润珠圆信拔尘。一自汉宫归去后,又见天仙有化人。英雄排调女儿身,艳丽天然迥出尘。如此容华难汨没,哀丝豪竹误芳晨。妙舞清歌掌上身,停云裂石见精神。瀛东菊部题名字,先后应推第一人。胡天胡帝美人身,假假真真假逼真。莲性根植身自洁,愿得东阿赋洛神。特为录出,不加点缀,以见庐山真面,亦可存剧界美谈也。

宣统元年十一月初四日/1909年12月16日

咏霓新戏

台北咏霓茶园自昨夜始,将《清国平发匪传》分为十二部,逐夜演唱。其官服、号衣、战裙、旗帜等多系新制者,两军俱用真兵器,互相对垒,几与临战无殊,能令观者提心吊胆,务欲凌驾前班所演者而上。又此十二册演唱后,即欲接演《洛阳桥》全本,现正调与水族彩头等等。此出目为自台湾有戏历史以来所未曾演者,想必极剧界之大观,有斯癖者其拭目俟之。

宣统元年十一月初四日/1909年12月16日

咏霓情况

淡水戏馆咏霓茶园自本日始,昼夜演习,日演之观览资只收夜演之半额,一等者为四十钱,二等者为二十钱,三等者为十钱。又连夜续演《平发逆传》,因大加改良,兴趣甚浓,观客较常时倍多。本夜接演者为第叁本。又所招新脚色数名,此帮轮船必抵台,男女脚色兼有,有戏癖者咸拭目俟之。

宣统元年十一月初五日/1909年12月17日

南部通信·南座贌价

市内聘请闽省祥升班官音,择旧历元旦日开演,该股东近正为准备。去十六日经向高松氏议贌南座,充为戏园,每月贌价金五百壹十圆,预约先贌两个月,已成议立约,并送定金百圆云。

宣统元年十一月初八日/1909年12月20日

雪白梅香

上海菊部小旦王喜云自昨年来台,即滞寓于稻江日新街。闻其近顷所教一班女优,已机调圆熟,拟来念(廿)六日开演于林家祖庙。届期必有灿然可观,令人眼界一新者,请拭目俟之。(新梨园)

宣统元年十一月十二日/1909年12月24日

雪白梅香

近闻台南基隆两处,亦定明春招聘支那戏来演。台然(然台)南本岛人诸多,支那戏固有立足处;若基隆一隅,本岛人无几,不知其何以维持也。或曰:若短期间斯可耳。(戏癖者)

宣统元年十一月十四日/1909年12月26日

雪白梅香

台北歌妓界肄习演戏者,固不乏其俦,究其能与清国女伶匹敌者,则绝微有焉,类皆如傀儡登台,不值得一顾。洎乎近来台北多招清国男女优渡台演唱,因观其步骤关目、科白唱念,迥然不同,始逐渐改良,而为台北女伶界放一微光。然亦仅习得皮毛而已,欲得其根柢者殊稀。现堪屈指者,唯稻江日新街南市歌妓林月娥、关碧霞、黄玉秀、郭镜市、郭艺、陈牡丹等。然推出色擅场者,则厥唯老生林月娥、花旦关碧霞而已,余亦不足观焉。(戏癖者)

前夜淡水戏馆所演《四大金刚大闹洋菜馆》一出,中有说古一节最趣。乃以一人端坐于前,默无一言,居后者乃一一代言之,其

人则张口舞蹈以应之,要无不恰肖焉。此技燕京为甚,往能解人颐,盖本前舞后歌之古意也。(戏中戏)

宣统元年十一月十七日/1909年12月29日

戏园改弦

淡水戏园开演之支那戏,经自设公义团以为演唱。近因稻艋区长等出为鼓舞,为请于园主,得五日不收园租,又一面为折柬遍饰,日来观者甚多,已大有起色矣。

宣统元年十一月二十四日/1910年1月5日

南部通信·出赎两人

高松氏在台南建置戏园,名曰南座。去年七八月间,许赎北部霓裳班,收过赎价金五百四十圆。因该班有事故,不能来南开演,再向园主宽限期日,亦有书信为凭证。未知如何,高松氏又转赎祥升班股东,每月赎价照前样,二比成约立字,并收头项份前金,择旧历正月开台。现北部某氏南下,始知该园出赎两人,目下与他计较,未知如何了局。该园主何糊图(涂)乃尔也!

宣统元年十一月二十六日/1910年1月7日

雪白梅香

淡水戏园前聘到上海菊部,称为咏霓茶园,后该班自改为公义茶园,续演十余天。兹已订此五日夜演后即行停演,谅有戏癖者剩到此一言,应必争先快睹也。(嗜戏者)

淡水戏园大昨夜所演《翠屏山》、《擒庞德》二出最佳。《翠屏山》扮石秀者为筱羊猴,扮潘巧云者为金牡丹,筱羊猴则义气凛然,金牡丹则故意作态,皆能模写得出。《擒庞德》则扮关帝为陈玉龙,扮周仓为董胜奎,扮关平为王少卿,皆能应弦合节,雅与题称。此等出最费工夫,看似平易,然非二十分用意,必动辄支(枝)节横生矣。(老串客)

宣统元年十一月二十六日/1910年1月7日

南部通信·菊部将来

市内有戏癖者聘闽省祥升班渡台开演，其发起人曾伯栋已于客蚋由安平港赴定期轮往福，豫定四星期同该班前来，择二月十二日在南座开演云。

宣统元年十二月初二日/1910年1月12日

雪白梅香

淡水戏馆之戏，近有基隆人许炳荣与稻人詹金声等，将聘往基隆演唱。其地虽偏小，大抵可延至一二星期也。至其演唱场所，则当为其地之基隆座焉。有云座去市街约壹里之余，既乏车马之便，恐为阴雨所阻也。然自约定彼，该戏班已决以后星期一往基矣。（戏癖太岁）

宣统元年十二月初二日/1910年1月12日

雪白梅香

淡水戏馆上海班自开演至今，已历数月之久，加赏者寥寥无几。前仅台南陈某赏金三十圆，同时嘉义林宽敏亦赏如其数，以后无能为继矣。此番林叔藏氏自鹭江来，前夜往观，特点《文昭关》一出，遂有红单贴在棚柱，大书公赏二十圆单赏十圆，与前此恰好鼎足而三也。（赏音者）

该班将终演矣，大昨夜演《洛阳桥》一出，颇为推陈出新。而最惹人目者为龙宫点戏，演出《小上坟》，金牡丹扮作小丑，诙谐百出，观者拍手喝采，洋洋盈耳。继以十三红演唱《打棉花》，声音嘹亮，响遏行云，尤令听者忘倦，诚开唱以来所未有也。（戏中戏）

宣统元年十二月初三日/1910年1月13日

基座演剧

基隆人许炳荣，乘淡水戏馆上海班停演之机，组织基隆茶园，聘请该班在基隆座演一星期。经于去十四日抵基，是日即登场开演。该地居人有目未曾睹者，咸以先睹为快，其获利当亦不少也。

宣统元年十二月初五日/1910年1月15日

竹堑零闻·菊部合演

新竹城隍神近日因逢寿诞,竹邑绅商循例演剧庆贺,以迓神庥。故自本月初旬,每日庙口双台乱弹合演,至昨日则增一肆评班,合而为三,观剧之人几无立锥地。闻须演至月终方毕乃事,香火之盛可想而知也。

宣统元年十二月初九日/1910年1月19日

雪白梅香

基隆招淡水戏园之支那戏往演一事,原限十天,闻昨限满,已仍旋北矣。有云欲于近日在台北再演一星期,而后下南,未卜信否。(老串客)

宣统元年十二月十七日/1910年1月27日

台南零信·闽优到台

市内定聘闽省祥升班菊部,经于本月廿二日赴定期轮,由安平港上陆,先到优人七名,并戏笼二十四件,除定后帮轮到全班七八十名。目下诸股东准备在南座开演,购置应用器械,甚形忙碌云。

宣统元年十二月十八日/1910年1月28日

雪白梅香

上海女优自到北开演而后,本岛妇女多有效其装束者,而于勾栏界尤甚。打辫子、着皮靴、带眼镜者,已数见不鲜。习俗移人,有如是之速也。(感时子)

宣统元年十二月十九日/1910年1月29日

剧界特色

支那女优之进步,固见一班(斑)矣。昨据有人自粤东归,云其进步尤有可惊者。盖虽宦者仕族之闺秀,亦各组织一队,遇有劝捐义举时,则出而演唱,以所捐悉入于公款,毫不取其报酬,其公德心为何如耶!且云某曾亲见演唱数次,皆不逊于男班。台湾虽亦有女优，要为营利目的耳，于社会绝无裨益，闻此其亦奋然兴起乎？

宣统元年十二月二十三日/1910年2月2日

雪 白 梅 香

淡水戏园之支那戏方自基隆归也，固拟在淡水戏园复演一星期。兹闻班中人仍寂然，想决计不再演矣。有戏癖者，其亦难乎为情哉！（眼望穿）

宣统元年十二月二十三日/1910年2月2日

南部通信·大舞两台

市内某某往福省聘来上升班，将赴阴历元旦在南座开演。而广慈庵新募集一班乱弹，皆是十四五岁之角色，名曰玉记班。闻有王某亦向该班主赎一月一日至三日，开演三天，戏价金百二十圆，租定台南座，租金百五十。闻一等位只收二十钱，三等位只收五钱，以争其观客云。

宣统元年十二月二十四日/1910年2月3日

编辑日录(二月二日)

淡水戏园支那戏，固决定不在台北再演矣。今日同人中忽有坚执不然者，据云新股已定，且议聘新脚色来台矣。一人竟欣然色动，众曰：子亦所谓见猎心喜者。戏癖之于人甚矣哉！

宣统元年十二月二十四日/1910年2月3日

南部通信·股东加增

市内聘闽省祥升班定阴历元旦在南座开台，名为庆春茶园，原股额二十九股，每股百三十圆，屡登前报。日前众股东因开演期近，在醉仙楼开株主总会，尚有新入股东十余人，合计股资达四五千圆之谱。其新股东即张文选、吴陈并、安平、杨某等。此外又有一二名，金额如数在会场呈交。并选奉会计兑单及当事者各一，诸人均有月给，定二十圆以内云。

宣统元年十二月三十日/1910年2月9日

宣统二年(1910)

南部通信·名角已到

上升班名角七十七名,去五日已由期轮入港。武老生郁连生、文老生李长奎、大花小永春、二花陈依细、文武三花徐春浦、花旦白兰花、小戏凤、月月红、武旦江春池等,是皆素脍炙人口者也。

宣统二年正月初二日/1910年2月11日

莺啼燕语

上海男女班往基隆开演,客月底重来,未得赋归。昨日又在淡水戏馆开唱,者番有新到老生梁振奎亦在其列。闻该班主自客月遄返,将添聘几多名角女优,下期轮必到。重整旗鼓,想必大有可观,皆拭目以俟也。(戏癖者)

宣统二年正月初二日/1910年2月11日

莺啼燕语

大昨夜淡水戏园演未及半,忽将戏中止,连跳加冠(官)两次,人以为必有点戏者。俄而揭帖台头示众,则专为基隆打银商许炳荣贺年也。盖此次为班中人自演,许曾假以数百金,故以此报之也,可谓许生平最快意之事者。(大快事)

宣统二年正月初四日/1910年2月13日

菊部阳秋

淡水戏园大昨夜有梁振奎演唱《六部会审》一出,此脚色本福州祥升班著名老生,人闻其登台也,来观者顿为之多。然其作工实有出人头地,不流平凡,足惹人喝采;但声调稍逊于前,有云其溺于声色者,想能自爱也。外此如一声雷之演《打龙袍》,筱羊猴、董桂芬之演《叭蜡庙》，金牡丹、鸿筱芳之演《珍珠衣》。雷则唱念殊佳，羊、桂两人则作工皆有独到处，金、芳则能描痴儿女心思，令人神为之醉。盖全夜所演者，惟此差强人意耳。总之，唱戏要须设身处地为佳，苟临局全无与会于其中，或以戏为戏，则较傀儡尤了无兴趣矣，不几令人欲睡此乎？意实不可不知，勿谓台下之目皆可掩也。

宣统二年正月初四日/1910年2月13日

莺啼燕语

去十二夜，淡水戏馆正在排场，突有冠瓜皮帽、着快靴者，装束与岛人殊，丰采丽都。一见优伶梁振奎，亟前趋与为礼，貌甚恭。旋入戏房，与诸优叙礼。观客以为新到花旦，必系好脚色，皆□切登场，甚至有尾其后以嗅香泽者。未几竟出，始知为台南厅江通译，因招戏子而来也。（老斗）

宣统二年正月初六日/1910年2月15日

赤嵌春帆・戏园好况

本岛人喜观武剧，视格斗热闹，则拍手喝采。□庆春茶园主为投时好，者番所聘上升班，其优角皆是武角，如武老生郁连生、武三花徐春甫、武花旦江全顺，所演武剧，颇擅胜场云。

宣统二年正月初八日/1910年2月17日

莺啼燕语

淡水戏园今虽开演，固订由阴历正月一日始演至二月一日即止，过此则须再议也。有云其班长已往沪添聘脚色，谅必卷土重来也。有戏癖者，曷胜拭目俟之。或则云已别有新股东矣，未稔信否。（老看戏）

宣统二年正月十一日/1910年2月20日

莺啼燕语

顷接台南信云,南座所演支那戏,因该地募集本处一新班,脚色当十余岁之少年,现已开演,而支那戏尤不添新脚色,故观者皆舍其旧而新是图,南座大为冷落。往年自正月初一迄初五,每日收入必五六百圆,今年则十只及一耳,不知何以为情。(戏炎凉)

宣统二年正月十三日/1910年2月22日

南部通信·仍禁观剧

客年若仙茶园开演菊部,台南指定地诸娼寮大被影响,靡持嫖客减少,而妓女中多有不能忘情诸角者。故龟子王琳会同组合长开临时会,议定禁妓观剧。者番上升班又在南座开演,该娼寮再申前约,除艺妓而外,艺娼以下,无论日夜,均不许往观云。

宣统二年正月十四日/1910年2月23日

南部通信·戏园实况

台南原拟延聘福州祥升班来南开演,迨登途一望,觉诸优尽是去年大吉升班旧人,已失观者之望。及上台一演,旧人旧出,前度刘郎今又来者,惟武旦江全顺、武三花徐春浦差强人意。目下观客甚稀,日所收不上五六十金,诸股主皆虑其失利云。

宣统二年正月十六日/1910年2月25日

德胜戏题

台北淡水戏馆德胜茶园,本晚欲演之出目如下:首出《高平关》;次出《小别窑》;三出《赤虹剑》;四出《海潮珠》,扮齐王者为小丑盖七省,扮棠姜者为花旦金牡丹,扮崔子者为老生鸿筱芳;五出《火烧连营七百里》,扮赵云者为武老生筱羊猴,扮刘备者为老生梁振奎。闻此外尚有申江新到文武二花周春奎云。

宣统二年正月十六日/1910年2月25日

菊部阳秋

淡水戏园新聘文老生梁振奎，日来演唱颇用意，大博观者之喝采。昨演《放曹》一出，亦大有可观。犹忆大花张庆安曾与梁合演此出，其精神尤到二十分。因知合演较久者，自能由熟生巧，无复凿枘处也。又武戏向来多以翻筋斗、斗捷足为能，不耐人寻味。昨见筱羊猴与董桂芬合演《拜山盗钓（钩）》一出，筱为黄天霸，董为窦二墩，一路皆以科白擅长，脱尽恒蹊，令人耳目一新。妙在各能极意形容，活现出一英雄身分，而怒介笑介惊介，亦皆到恰好处，恐津海好脚色未必过是。余如武三花之云中飞于入帐钓（钩）时，亦能曲曲传出其所以然。此一出殆可称全璧矣。总之，每出戏必有一定主人翁与其线索，非各敌手，虽好脚色亦无所施其技，盖病在偏枯也。故生旦丑争缺一即不成戏，此实作戏三昧，个中人不可不知也。

宣统二年正月十七日/1910年2月26日

菊部阳秋

女角十三红久不登台，大昨夜因演《杀子报》，复出为王官保，会老生梁振奎尤串演衲云和尚，与金牡丹、鸿筱芳皆可称敌手，自然更加出色。此等出目本难着手，以动眼处固无多也，况又数见不鲜乎。要必随处皆翻新花样，斯为得耳。十三红之为老生也，如《空城计》、《观古画》诸专重唱念者，实其最擅长也。有云关目亦不可少，不然惊介怒介，尤何能曲曲传神乎？然似此大作工之戏，宜以男角为之，非所刻责于女角也。且喜剧之难，与悲剧等，若十三红之于喜剧，尚能于羞涩中带名贵气，亦算得一脚色也。

宣统二年正月二十一日/1910年3月2日

赤崁春帆·优伶服毒

闽省上升班自渡台以来，日夜循环扮演，约近三周间。前日该班下手花旦某，为与同班优人口角，自服阿片灰几两，竟然长逝云。

宣统二年正月二十二日/1910年3月3日

稻绅贺戏

来四月十七日(旧历三月初七),新竹富豪郑拱辰夫人五旬寿诞,稻绅黄显昌拟募女优三台奉祝。郑固岛中屈指巨家,子肇基交游甚广,届期跻堂称觥,当必有一番盛况也。

宣统二年正月二十二日/1910年3月3日

赤崁春帆·包定戏园

庆春茶园自开演以来,本岛娼寮妇因组合诸龟子严禁娼妓观剧,各守规则,不敢违犯。组合长蔡远鸠集诸妓女金钱,包定六日日间戏园,金四十圆。是日往观者,仅以龟子及娼妇为限,其他皆不得入场云。

宣统二年正月二十九日/1910年3月10日

莺啼燕语

淡水戏园之支那戏,大昨夜因降雨故,日夜皆停演。闻此班近甚苦,除诸京班得自由自在而外,皆欲归不得归,并恐将来无啖饭处。盖每日所收入者,须戏园税及开销,时常不足。不知复有人重出为鼓舞否?抑如前回之稻艋两区长,别为设法使得归沪否?是尤待诸乐善者。(不得了)

宣统二年二月初一日/1910年3月11日

唱戏减价

淡水戏园因大昨夜来观者颇多,欲广事召徕,情愿减价。盖一等为五十钱,二等二十钱,三等则十六钱。然日来各好脚色颇抖擞精神,其从此有起色欤?

宣统二年二月初二日/1910年3月12日

莺啼燕语

淡水戏馆所唱上海班,已于昨晚届限矣,拟再演一星期,大减观览资。闻大稻埕本岛女优将与合演,正在妥议中。又闻台南有

合资来聘者，每月价金议二千一百圆。二者必居一于此矣。（上海班）

宣统二年二月初二日/1910 年 3 月 12 日

菊部阳秋

大昨夜淡水戏园所演自以《三雄绝义》及《十八扯》为佳。《打花鼓》如十三红、小家声，虽不无可观，然为大相公者既兴味萧然，则全出皆没趣矣，此唱戏所以须有对手也。至前二出之所以佳，则全在神气，嬉笑怒骂，皆成文章。盖筱羊猴、梁振奎两人，皆深得设身处地四字诀，正如第八神童，一变身即无所不肖。此乃作戏之三昧，不足为钝根脚色道也。昔纪晓岚尝问一优旦曰：子平时殊风雅，何一上台为妖姬，则赋媚生姿，令人魂销乎？答曰：仆尔时惟思我身真一好女，已不知此身为吾有，安得不尔？此真可悟作戏之道矣。

宣统二年二月初三日/1910 年 3 月 13 日

莺啼燕语

女旦金牡丹及鸿筱芳已决定罢演，于此星期赴轮归清国矣。两女旦上台，屡博观者喝采，兼有与定情者。此次登程，唱骊歌于南浦，黯然销魂者，当不知几许人也。（去后思）

宣统二年二月初三日/1910 年 3 月 13 日

赤崁春帆·添一脚色

庆春茶园之上升班，去六日期轮入港，又来一上海文老生李长奎。此角素有价值，越日演黄鹤楼，扮刘先主登台，观者喝采声如巨雷云。

宣统二年二月初五日/1910 年 3 月 15 日

莺啼燕语

大昨夜淡水戏园因招引本岛女角碧霞、镜市、赛牡丹等，唱《卖胭脂》一出,人以其新鲜,一时坐几为满。及观其作工,则形似耳。有云素罕登台,而唱念既不恶,可谓差强人意矣,不能过为吹毛也。(老串客)

台南南座新演福州上升班,其所以披靡不振者,盖为大花张庆安已死,文老生梁振奎尤在北,独剩一武老生郁连生而已。除武花旦、武小生两脚色而外,殆无可观者。且其服色颇旧,亦不壮观,故一至于此也。然有云欲来北招聘淡水戏园一班以往,未稔信否。(袖手人)

女角十三红虽不大好,尚算得一脚儿。近有云其喜交下流,对上流则故排架子者。果尔,是尤所谓拂人之性矣。(月旦评)

宣统二年二月初五日/1910年3月15日

赤崁春帆·茶园琐闻

江智英娶叶招治,于十四日举行结婚式,备礼物往贺者百有余人。庆春茶园各股主亦与焉,拟于十六日在南座演剧祝贺,不纳观客。江亦该园股主,即于园内开十余筵,导新人登场道谢云。观客资近大减价,一等位日间只收四十公,夜间即收六十钱。十三夜因新到大花,初次登台,戏园遂充满云。

宣统二年二月初六日/1910年3月16日

花事杂俎

大稻埕一辈歌妓因见上海女角来此演唱者,月给甚高,遂亦招集同志者,聘得梁振奎、王喜云而教之。日前在淡水戏园上台者,皆其铁笼中物也。此亦收回利权,无使傍溢之一道也,安得不拭目以俟其成焉。

宣统二年二月初六日/1910年3月16日

莺啼燕语

日来淡水戏园以本岛女角故,生意殊佳。然闻再演四天,则将循台中而嘉义而台南矣,其间约须两个月始归。台北本岛剧界犹

不免寂然矣，此时其必先睹为快乎。（一串客）

在淡水戏园开演之上海班，大花一声雷即孙来富，该班主王如正之养子也。数日前被清国福州人陈耀廷诱往台南开演，其代理班主陈亭元经禀请台南厅警务课，请其追回究辨（办）。想当道必有以处此也。（追逃班）

宣统二年二月初十日/1910年3月20日

莺啼燕语

淡水戏园已于十九日停演。本拟再演二天，因园主急欲清洁，且以此班不南下，台南一班必不即来，故罢之。又有云南班未来之先，欲演本岛女优十天，未知信否。总之，偌大地方，实不能无此娱乐机关也。（无弦琴）

设本岛女优以收回剧界之利权，既有唱之矣。及日前观淡水戏园本岛女优之演《桑田会》，唱念关目皆悠扬可爱。闻此女优素罕登台，遽能如此，以此类推，苟集得时数辈玉成之，不必仰给于支那矣。（塞漏疤）

宣统二年二月十三日/1910年3月23日

莺啼燕语

女优金牡丹因私于优伶董桂芬，谓其母所知，不能隐忍，以死迫其回申。金不得已，乃于去二十日偕鸿筱芳乘期轮渡厦。是日一班情痴者送至沪尾，且馈以赆仪，洒泪而别。色之迷人，甚矣哉！（痴儿）

宣统二年二月十四日/1910年3月24日

莺啼燕语

淡水戏馆所聘上海菊部，近有台北股东二人及台南股东二人，拟合聘于台中嘉义台南等处开演。嗣以台中戏园设备未就，姑缓其事。该菊部遂拟于新竹先自行开演，然后渐由新竹递进至台中等处。其在竹开演期，闻订自本夜始云。（一梨园）

淡江戏馆已停演数日间矣,每夜皆有扣馆门求见者,大半为乡下人,皆殷殷问后期。馆主戏答以明夜,则又如期而至,不惮奔波,仍然败兴而归。癖之为害,一至于是也。(败兴者)

宣统二年二月十五日/1910年3月25日

莺啼燕语

女角金牡丹、鸿筱芳之归,兹又有一说。乃因渡台已久,思乡情切,故决计欲归沪耳。谓金与董桂芬有私,非确也。盖优人之班规甚严,苟女角与男角有所暧昧,则班中人皆不能容,班主亦无敢招聘之者。钱树子所在,固不能不刻刻加护,不问其敢与不敢也。(和事老)

宣统二年二月十六日/1910年3月26日

莺啼燕语

前在淡水戏馆开演上海班,近改名为新咏霓园,经于去十五夜到新竹开演。其戏单误刊夜戏大减价,往观者皆以减数与之,园主不受,遂致龃龉,败兴而归者,不乏其人。是夜仅收十余金,此后得毋被影响也。(误鲁鱼)

宣统二年二月十七日/1910年3月27日

莺啼燕语

台北曲界流行之调,西皮二黄而外,无他物也。盖囊之淮调南词(苏州滩簧)及诸小调,皆寥寥如晨星,不可谓不振也。或曰:梆子调方为时所尚,务此不亦可乎?然其音哀以思,有类于亡国者。遥想支那剧界中人苟悟物极则反之理,必为之丕然一变矣,我尤何苦拾人唾余哉!虽然,台北不得有心人以矫正之,恐不易言矣。(音乐家)

宣统二年二月二十日/1910年3月30日

莺啼燕语

淡水戏馆前所演上海班，经往新竹开演，近因已届年度，遂复中停。闻再一二日间决定往台中，目下已准备一切，经遣人往台中交涉戏园，早晚将就道也。（飞班）

宣统二年二月二十三日/1910年4月3日

南部通信·菊部赴嘉

南座庆春茶园自阴历正月一日开演清戏，近已满期，诸股东议定继续。因南座丘日定演内地戏，不能出蹼，故该班班主与罗山某商议往嘉义开演，经已成约，定旧历三月二日起程云。

宣统二年二月二十五日/1910年4月5日

茶园赏金

市内王宫港街庆春茶园，自阴历元旦上升班开演以来，观客却亦不少，而赏金则不见一人。至去四月一日夜，乃有谢爵卿赏全班金拾圆，此外李长奎等八名各赏二圆，林三三等四名各赏一金，计赏金三十圆云。

宣统二年二月二十七日/1910年4月7日

莺啼燕语

淡水戏馆停演已近一月矣。或谓台南上升班将来继整旗鼓，然戏馆尚未规定。又前期轮已有往汕头聘请申班，不日当能渡台。有斯癖者，皆拭目以待。本岛剧界之兴，即此可想见一斑也。（老斗）

宣统二年二月二十八日/1910年4月8日

嘉义短札·戏园复设

罗山市客岁叁月创设戏园，聘菊部开演，收益甚见良好。此次贰叁好事复筹谋续演，与班主磋商，业经成绪。戏园择市场边，整顿略备，拟来月上浣开演云。

宣统二年二月二十九日/1910年4月9日

嘉义通信·戏园迁移

当地重设戏园一节,既见前报。兹缘该处太迫市场,多所障碍,复择定城外元陆军用地。刻下诸多工人将一切材料,一面折去,一面创设,连夜赶造,以便不日开演云。

宣统二年三月初四日/1910 年 4 月 13 日

南部杂信·聘教正音

市内某实业家将募集一童子班,特聘上升班文武生郑长寿为教习。郑福州人,常在厦门扮演,能操漳泉语,与本地通。其脚色拟定三十名,现正为交涉云。

宣统二年三月初四日/1910 年 4 月 13 日

南部通信·梨园罢演

南座庆春茶园扮演上升班,本月十日已届期,将由南赴嘉。是夜市内妇女联袂往观者,座为之满,不得入观者达三四百人。园主因将入口门大开,任人观览,众情为之一快云。

宣统二年三月初五日/1910 年 4 月 14 日

新 戏 将 来

台北淡水戏园停演已将阅月,娱乐机关为之一扫。者番有组织向清国重聘名班者,经于前期轮渡厦。闻所聘之班现在汕头开演,其班主系白兰花,前曾来北开演,为本岛人所最激赏者。更拟再向申江选聘名角,不远将附轮渡台。有斯癖者,皆拭目以俟也。

宣统二年三月初五日/1910 年 4 月 14 日

南部通信·剧界大开

庆春茶园之上升班目下虽前往嘉义,然扮满一个月,仍归南座。而溯郊东昌号亦募集六千金,往聘潮班,定五月初到演。有戏癖者,其将目不暇给云。

宣统二年三月初七日/1910 年 4 月 16 日

嘉义短札·菊部失色

嘉部聘到福州菊部，经于旧历叁月四月(日)在嘉开演。是日昼间观客寥如晨星，入夜亦如之，闻往观者或嫌其脚色不佳，或嫌甚服色不鲜。恐此后非再行整顿，终难望其起色也。

宣统二年三月初八日/1910年4月17日

聘 戏 后 闻

市内本岛人组织向清国聘请名剧渡台演唱，已如既报。聘定现在汕头开演者，并往申江择聘女班十名，皆当行出色之选。往聘人已于去十五日乘大义丸归北，鸠集股资，以备费用。早晚再赴轮渡清接待该班，至迟不过来月间可以到台开演。其戏园仍租定淡水戏馆，已交涉清楚，届期当更有一番热闹也。

宣统二年三月初八日/1910年4月17日

嘉义通信·菊部不振

福州菊部现在嘉开演已经数日，观览客仍寥若晨星，壹等位勿论，贰等位不上叁十人，叁等亦仅数十人。其原因盖由开演出目多不甚佳，而步骤音调亦较客岁差若天壤，且所演时间又甚短缩，有戏癖者皆裹足不前。目下闻有人将鼓舞募股，转请南部所聘潮州班续到开演，谅不久将能成绪也。

宣统二年三月十三日/1910年4月22日

台南通信·戏园干涉

新咏霓女班经拟台中演罢，即来南开演。其当事者以大妈祖宫高敞宽宏，可权作戏园，请官检定，拟不日兴工施设。讵南座管理某氏忽起而干涉，具禀当道，谓庙宇不合充作戏园，未知将来作何了结。然某之出此，想亦恐侵其权利耳。

宣统二年三月十九日/1910年4月28日

嘉义通信·菊部衰颓

福州祥升班开演到今十余日,仅有一夜演出《杀子报》全本,观客稍多。园主乃行降价,谁知有戏癖者,不因此之故而往观之。盖嫌其脚色音调粗浮不妙,而接待诸伙不善为招呼云。

宣统二年三月二十日/1910年4月29日

蝉琴蛙鼓

市内组织往清国聘请名优,经已定规,名为聚乐茶园。其股主詹金声、王少南先后归北,鸠集股资,将于来八日赴期轮再往鹭江,款接来台。就中最著名之女角为小月樵、粉桃花、小常处等,以外女角尚有五名,男角六十名,不久将到台开演也。(拭目生)

宣统二年三月二十二日/1910年5月1日

蝉琴蛙鼓

在台南开演之上升班现在嘉义,近其班主来寓日英馆,与淡水戏馆交涉。闻已定规,不日将来开演,以一个月为限,其戏园税系就所得者与园主四六摊分。闻市内所组织聚乐茶园亦租定淡水戏园,去二日已交保证金五百圆,限六月初开演。有戏癖者,将目不暇给也。(饱眼福)

宣统二年三月二十五日/1910年5月4日

嘉义通信·戏园停演

月之八日,在嘉开演菊部因英皇驾崩,官民深表同情,揭半旗吊慰,该戏园亦临时停演云。

宣统二年四月初四日/1910年5月12日

台南通信·发优待券

新咏霓班择十八九开演于南座,名曰乐仙茶园。目下该园办事人梁廷清准备繁忙,去十二日经先发优待券,送呈众股东及各报记者云。

宣统二年四月初七日/1910年5月15日

聘戏后闻

台北有志者等合资往聘清国名优，已如既报。其股资已陆续鸠齐，经于去十五日乘大义丸往鹭江，即赴上海，应聘者闻系天仙班，以外兼聘十数名女优，定于六月间到淡水戏馆开演。有戏癖者，皆拭目以俟也。

宣统二年四月初九日/1910年5月17日

嘉义通信·戏园罢演

嘉义大观茶园所演上升班，自去四月十二日来嘉，已逾一月。现拟念一日罢演，赴台北。闻其罢演之由，因该班初到嘉时，竭力献勤于势力家并该管巡补(捕)，一日间发纵览券不下五十枚，是以日夜入场料收支不供。而乡村观客入场者，不知场规，恒遭怒声厉色。故观客逐日形减少，甚觉无味，于是遂决意北上云。

宣统二年四月十一日/1910年5月19日

大观开演

大观茶园近招到上海、北京、福州等处优伶，租借台北淡水戏馆，于念(廿)二夜开演，关目科白俱称娴热(熟)。该班之特出者，即老生李长奎、花旦金牡丹、武生郁连生、武丑徐春甫、大花黄海伏、小生郑长寿、小脸李仁仁、老生白伯贵、苦旦李铁铁、武生江全顺等。忆郁连生、徐春浦两名，数年前曾附祥升班来台演唱，颇为观客所许。本日昼夜均演，即日间为《回龙阁》、《反西凉》接《取渭南》、《红霓关》、《梅龙镇》等。而夜间则《孝连升》、《黑风帕》、《拜斗斩魏》、《大闹加(嘉)兴府》、《碧桃花》等出云。

宣统二年四月十六日/1910年5月24日

台南通信·申班开演

新咏霓班由中来南，去十八夜假南座开演，往观者颇多，客位充满。英人查里赏金十圆，亦一好开彩也。

宣统二年四月十七日/1910年5月25日

台南通信·女优晦气

新咏霓班抵南开演后,有一女优年可十七八,常出游市上。去二十一日午后五时,行至外关帝街后,有一班恶少嗾群小儿环女优于其中,嘲笑百端。女优因言语不通,不敢与较,惟忍气吞声,停足以待而已。

宣统二年四月十七日/1910年5月25日

菊部阳秋

此回开演之福省大吉升,就其一班脚儿而论,固以文老生李长奎、武老生郁连升、武三花徐春甫、大花面小长胜(即从前一声雷)、花旦金牡丹及一二福州人也。及观所演《乌龙院》、《花蝴蝶》并《黑风帕》诸出,似尤少少许胜多多许矣,是可谓不失上海脚儿之本色也。回忆咏霓班在时,如小羊猴、如梁振奎、如董桂芬、如董胜奎、如云中飞并女角金牡丹、十三红、鸿筱芳等,亦曾演此出,其博人喝采之处,似视此尤堪注目,故至今其声韵关目犹依在人耳目间。盖戏之出色,全在神情肖与不肖,所谓失之毫厘,谬以千里,未是与草草者道也。大吉升其亦闻而兴起乎?或云据台上装饰观,昔固远胜于今也。至其做工,或恐此班尚未尽其技,不妨拭目姑俟之。然而班不久将回北,或得同聚一堂,以较优劣也。果尔,则台湾剧界尤放一翻异彩也矣。

宣统二年四月十八日/1910年5月26日

蝉琴蛙鼓

厦门戏园现共三座,即打铁路头、寮仔后及外一处也。夫以一厦门而娱乐竟如是之多,而观者仍络绎不绝,视台北一戏园尚支持不住,厦人毕竟为解行乐也。(乐事王孙)

宣统二年四月十八日/1910年5月26日

大观出目

淡水戏馆大观茶园本日昼夜演唱,日间《彩楼配》接演《拖尸》、

《天水关》连接《凤鸣关》、《百草山》大武戏、《打面缸》等。夜间则《清怀河》、《战樊城》连接《过昭关》、《泗洲城》大武戏、《富春楼》等出云。

宣统二年四月十九日/1910年5月27日

大观剧题

淡水戏馆大观茶园,本日欲演之出目如下。日间《审李七》、《锁阳城》接演《界牌关》、《盗宗巷》、《白水滩》、《董家山》。而夜间则《乐不老》、《海潮珠》、《渔(演)火棍》、《黑驴报》、《李世民游地府》等出云。

宣统二年四月二十日/1910年5月28日

大观剧题

淡水戏馆大观茶园,本日所演剧题如下。日间则《打龙袍》、《一捧雪》、《四杰村》、《百万斋》。夜间则《金水桥》、《断义剑》、《水淹七军》、《朝金鼎海瑞烧香》、《打板凳》。

宣统二年四月二十一日/1910年5月29日

菊部阳秋

淡水戏馆大观茶园所演福州班,观者自谓有优于前上海班者,有谓其逊之者,聚讼颇纷。究之,以服色论,上海班之名角多有私用服,福州班则均公用服;又上海班为苏州服,福州班则漳州服。一漳服之价,不及苏服之半。至于脚色,在上海班初抵台开演之际,文武脚色多系选拔,就中有具有妙技,为向渡台所未曾见者,且男角之外有女角。厥后名角陆续归申,现时在南开演余班,名角亦只有当时之半,然尚能演好剧也。在福州班,亦惟所附上海脚色值得一顾耳,福州脚色则碌碌也。该班之最出色当行者为老生李长奎,如去廿九夜演《水淹七军》,李扮关夫子,且形神迫真。又李声音嘹亮,其所唱之曲,颇应弦合拍。闻李向为大花,近乃转为老生者,故所唱之曲有时混有大花调在。余如旗军手上海班实不如福州班之娴熟,盖福州班旗军手系分黑红裤,自少训练,于正脚色而外别为教成者,不比上海班之临时集者也。吾人之意见也,以为台湾欲招戏扮演,其班底招自福州,正脚色则招自申江,妥为配置,乃有好戏,而能投在(本)地人之好,不可倚于一偏也。

宣统二年四月二十三日/1910年5月31日

蝉琴蛙鼓

前此来台演唱之女名角筱桂英,闻尔来已被某船主以二千金脱其籍,值亦昂矣。据于无锡遇见桂英者云,则已改唱花旦。问何故不唱老生,则曰余之老生戏,本地人不之喜,故遂改也。想为脱籍者,亦必见其唱花旦而喜也。平心而论,桂英之戏,实尤老生于花旦多矣。人情好恶不同,往往如此。(识牝牡)

宣统二年四月二十三日/1910年5月31日

大观剧题

淡水戏馆大观茶园本夜所演剧题如下:即《定中原》、《火烧棉山》、《杀子报》三出。《火烧棉山》一出,其扮介子推者,在台南系老生李长奎为之,颇博观者拍采。又《杀子报》者,其扮王徐氏为花旦金牡丹,未知能匹于前班之女旦金牡丹否。

宣统二年四月二十四日/1910年6月1日

台南通信·梨园琐谈

南座乐仙茶园之申班扮演已十数天,就中最惹人耳目者为女脚十三红,声调关目,各尽其妙。数夜前有陈杨林三君各赏金十圆,亦一知音也。

宣统二年四月二十五日/1910年6月2日

蝉琴蛙鼓

市内诸有志者醵资聘请清国名优,经于半月乘期轮赴申江。据来电为聘定上海最有名之天仙班,以外另聘女名角十人,拟于来

十五日抵北。自下正为鸠收股资电汇，以备厦门给照诸费之用。开演日期当不在远，有斯癖者皆拭目以俟也。（拭目生）

宣统二年四月二十六日/1910年6月3日

大观戏题

淡水戏馆大观茶园，本夜欲演之出目如下：首出《李陵碑》、次出《双龙会》、三出《盗取女娲钟大破火轮阵》。又本夜特降观价，即特等一圆五十钱，一等八十钱，二等四十钱，三等二十钱云。

宣统二年四月二十六日/1910年6月3日

台南通信·复蹼女优

老德胜班在南座开演，内有女优十三红，每日登场演唱，博得好评。市内有戏癖者，拟赴申江再聘女伶，约二十三名，外复有男班三四十人，合计八一名，择七八月间来台。目下发起者即杨某外数名，募集股株，每株四十圆，按二百株以上云。

宣统二年四月二十七日/1910年6月4日

大观出目

本日日演《三休妻》、《取冀州》、《取成都》、《庆顶珠》、《铁弓缘》。夜演《百花亭》、《水斗断桥》、《取荣（荥）阳》、《观音游十殿》。明日演《芦花河》、《双打虎》、《清官册》连"阴审"、《翠屏山》。夜演《碧桃花》、《狮子楼》、《捉放曹》、《新演清朝三江总督林则徐剿鸿门寺》等云。

宣统二年四月二十七日/1910年6月4日

蝉琴蛙鼓

淡水戏馆所演福州班已十余天，特等位仅虚而已，从未有上坐者。去一日夜，有艋舺周笏臣昂然高坐，其旁置书数卷，频展阅之，旁观者皆引以为笑。迨演《杀子报》将毕，大书赏金壹百元，亦一豪举也。（挥霍生）

宣统二年四月二十七日/1910年6月4日

大观剧题

淡水戏馆大观茶园,本日欲演之出目如下:日间《双别窑》、《取洛阳》、《战浦(蒲)关》、《破洪洲》、《进王府》;夜间则《黑风帕》、《寒江关》、第二次(本)《铁公鸡》云。

宣统二年五月初二日/1910年6月8日

菊部阳秋

淡水戏馆大观茶园,近日颇奋精神,扮演妙剧。如前夜演《向荣平发逆》,衣服、旗帜、军械悉皆新制。其向荣阅操一节,兵二十名,系洋铳队,操用洋操法,各持空气铳一杆,以武生郁连生为队长,教操进退有法,不让于真者。其它如李长奎为向荣,江全顺为陈国瑞,陈依细为铁公鸡,郁连生为张家祥,徐春甫为吴占鳌,皆能奋武戏,与前班所演无多让。闻此后将复演新剧,且招稻江三四艺妓附属扮演,现李长奎与其它名角日往教之。又本月十七日始政纪念日,亦将邀该班赴督邸扮演云。

宣统二年五月初三日/1910年6月9日

蝉琴蛙鼓

前夜淡水戏馆大观茶园演剧方酣,忽电灯昏暗,对面不见人,观客异常哗噪。馆中执役急燃蜡炬代之,喧声始息。至半点余钟,电灯复明,观者乃为之快然。(黑世界)

宣统二年五月初四日/1910年6月10日

菊部剧目

淡水戏馆大观茶园,本日昼间开演剧目为《义虎报》、《失街亭》、《斩马稷(谡)》、《红霓关》、《打板凳》等剧。夜间剧目为《卖胭脂》、《白门楼》(扮演武生黄凤宝)、《文昭关》(扮演女角郭镜市)、《桑田会》(扮演女角小宝莲)、《叭蜡庙》等出。该园现特聘稻江艺妓小宝莲、镜市、阿绸、阿爽、玉绣五名,声艺俱佳,该班老生李长盛又为极意指教,此次登台,当必大有可观也云。

宣统二年五月初四日/1910年6月10日

茶园出目

淡水戏馆大观茶园，本日夜之出目如下。日间为《黄金台》、《取濮阳》、《双趟马》、《乌龙院》、《活捉》等。夜间则《打桃园》、《盘河战》、《蛇塘关》、《铡美案》（该剧将以女角阿绸扮驸马，女角玉秀扮包拯）、《瞎子捉奸》等。又前两夜以有本岛艺妓驸马扮演故，观客满座，拍采频起。盖女角之扮演，其声调科白与上海班较，殆无多让也，是亦本岛妓界之发达也。

宣统二年五月初六日/1910年6月12日

蝉琴蛙鼓

艋津龙山寺奉祀观音大士，近自古山进香归，当街艺妓于去九日演出祝贺。第一出《文昭关》，第二出《大补翁》，是出所用兽壳，悉向大观茶园借出，颇有可观。而三出则《桑田会》，虽无当行出色之作，而步骤亦颇整然，亦女优界之进步也。（娱乐机关）

宣统二年五月初六日/1910年6月12日

蝉琴蛙鼓

葫芦岛庄昨日依例斗小龙舟，并演唱梨园。临观者虽属少数，然天气炎热，消凉乏处，该地江水荡□，绿竹垂波，自是一清夏好机会，游赏者仍鱼贯而来也。（斗龙舟）

大龙峒新组子弟班，每日演习艺曲，渐就纯熟。再经一二月，或可登场，亦未可知。然所习皆旧班本，不如艋舺新组改良戏之足以先声夺人也。（一梨园）

宣统二年五月初十日/1910年6月16日

大观剧题

淡水戏馆大观茶园，本日欲演之戏出如下。日间《赶三关》、《取冀州》、《黑驴报》、《白水滩》、《董家山》。夜间《黑风帕》、《八仙过海》、《李陵碑》、《洪羊洞》、《月华缘》。又十四日欲演者，日间《珍珠衣》、《京遇缘》、《取荣（荥）阳》、《夺头彩》，而夜间《□迫主》、《玉龙关》、《红霓关》、《水淹七军》、《打花鼓》等出云。

宣统二年五月十三日/1910年6月19日

菊部阳秋

淡水戏馆大吉升班,以余焰重明之势,上场务振作精神,□题务清新面目。例如去十六夜《取长沙》一剧,以老生李长奎倒唱大花,殊博观者之喝采。惜乎关公非该戏题之主脑,不足画李之余技耳。小宝莲以稻津艺妓,□纴登场,其唱念关目,妙能于羞涩中得从容之态度,故能肖杨妃泥醉之豪情,而不为丝竹所迫,彼盖臻了悟置身实际之境矣。闻同女角演《采桑》尤佳。《双打虎》以刀枪游戏,颇能醒一般大众耳目。如画潇湘□幅,亦不妨作一二生硬枝叶。该班演期,抵来廿三日即旧历十七翌十八日休演云。

宣统二年五月十三日/1910年6月19日

台南通信·创大戏园

市内本岛人出为发起,拟招募一百股,每股二百五十圆,计二万五千金,建一绝大戏园,并聘一最上乘之申班来扮演,目下已计划就绪,着手当亦不远云。

宣统二年五月十五日/1910年6月21日

亦一笑柄

日前淡水戏馆大观茶园演《讨鱼税》一出,有扮教习者向渔人萧恩迫讨鱼税,渔者曰:候他人给我,我便给尔。怪哉怪哉,欲待何人给汝耶?渔者指台上屏风所贴赏条云:候此人赏金持来,便当给尔。观者为之哄然。盖赏条上即书周某某赏金百圆,旋未给他者。语虽诙谐,□见奇趣云。

宣统二年五月十五日/1910年6月21日

大观剧园

淡水戏馆茶园,本日欲演之戏出如下。日间《孝连升》、《桑园寄子》、《泗洲城》、《双屏山》。夜间《水火碗》、《清河桥》、《游十殿》、《水斗·断桥》云。又闻该园决旧历十七日罢演，凡有戏癖者，可从速观览云。

宣统二年五月十五日/1910年6月21日

戏园满座

淡水戏馆大吉升班自昨日大减价以来，无论昼夜，恒观客满座。其特等昼间观价剩五拾钱，壹等二十钱，二等十钱，三等五钱。夜问特等壹圆，壹等二十五钱，贰等贰拾钱，叁等十钱。且该戏白十八日决行休演。又本拾六日日演《百寿图》、《九龙山》、《骂曹》、《大补瓮》、《进王府》。夜则《斩美案》、《举鼎观画》、《取仙草》、《八件衣》。而十七日昼则《八百载》、《下河东》、《龙虎斗》、《牧羊图》、《拾玉触(镯)》。夜则《李香七》、《寒江关》、《讨渔税》、《法场换子》、《三祭酒》云。

宣统二年五月十六日/1910年6月22日

戏园充溢

大昨夜淡水戏园因大减价，八勾(句)钟时已无立锥隙地，且购一等券者颇多，人浮于事，竟纷纷一座二等席。后至者虽填溢门外，已无门可入矣。闻有先入而无座位者，多潜出，而已其入场券转卖于人云。

宣统二年五月十八日/1910年6月24日

大观剧题

淡水戏馆大观茶园，本日欲演之剧题如下。日间《双别窑》、《斩黄袍》、《三叉口》、《搜五台》、《大过年》。而夜间即《骑驴探亲》、《长板(坂)坡救主》、《火烧棉山》、《鸿门寺》等出。据该园主云，该班原拟昨日停演，因演台南来电，谓戏园修理未竣，故拟在北再演三日间，而后南下云。

宣统二年五月十八日/1910年6月24日

蝉琴蛙鼓

淡水戏馆去廿一夜大减价格,往观者络绎不绝。自午后八时,门首则拥挤不开,多有不得入,败兴而归者。园内男女充满,几无立锥之地,就中尤以三等者为多。是夜得利,当亦不少也。(贪便宜)

宣统二年五月十九日/1910年6月25日

大观剧题

淡水戏馆大观茶园,本日欲演之剧题如下。日间《义虎报》、《采桑》、《锁阳城》、《捉放曹》、《君戏臣妻》。而夜间《落花园》、《锁五龙》、《马玉麟招亲》、《双定军山》、《打板橙》等出。又明日日间《碧桃花》、《举鼎·跑城》、《白虎堂》、《天门阵》、全本《富春楼》。夜间则《李棋哭监》、《王半仙拿妖》、《宝莲灯》连"破洞"等。

宣统二年五月十九日/1910年6月25日

台南通信·戏园竞争

前报载台南市内数名发起人,拟招募二万五千金,筑一大戏园,并聘上乘申班来演,一集立成。就中有一二见其成绩甚好,遂欲另集股本,别树一帜云。

宣统二年五月二十二日/1910年6月28日

新戏至矣

淡水戏园于沪上所聘天仙班,闻前下已到厦门,大抵此轮船即可渡台。又其服色颇多,脚色亦多新聘者,非尽用其班底也。有戏癖者,曷拭目俟之。

宣统二年五月二十二日/1910年6月28日

蝉琴蛙鼓

当总督府始政纪念日,因招淡水戏园大吉升班入演。其班主苏少树斡旋甚力,故顷者由督府内特给慰劳金十圆。昨日经命少

树具请求书往领,亦云荣矣。(沐余恩)

淡水戏园大吉升班本订大昨日停演,嗣见每夜状况甚佳,乃又展限三天。意者新戏不即至,此必将迟迟其行也。又有云前此来演之上海班,现已由台南归抵嘉义,不久即可至北,或尔时必有所瓜代欤。(迎新)

宣统二年五月二十三日/1910年6月29日

嘉义通信·戏园移转

大观茶园赴北部开演后,当地有戏癖者,遂集股转聘在南开演上海女菊部,价金贰千四百圆,拟旧历五月九日开演。嗣缘戏园计划移转,以内市场为东西南北游人往来集合中心地,来观必盛,遂将戏台拆移该处,以便从速开演云。

宣统二年五月二十四日/1910年6月30日

嘉义通信·鸠收股株

市内程高飞、蔡德渊、陈炳荣三人出而为发起,拟牒鹭江天仙茶园女班渡台开演。日前在醉仙楼开股主会议,经同志者赞成,每股金百圆,分三期缴纳,头家金二十圆已收清楚,余俟来月中旬分缴。闻程等择近日往对岸与该班交涉,其并价金每月不过二千五百圆内外。定阴历七月上旬抵台南,其茶园名曰乐天茶园。有戏癖者,均拭目以俟之也。

宣统二年五月二十四日/1910年6月30日

蝉琴蛙鼓

上海天仙班为该地著名菊部,此次应台北诸股东之聘,将到淡水戏园开演,经于数日前全班抵厦。据昨由厦归台者云,该班再一昨日因适值某商船纪念祭,聘往开演两天,果然服装鲜明,脚色齐整,大为观者满意。此次来台,当必灿然可观也。有戏癖者,盍拭目俟之。(新菊部)

宣统二年五月二十五日/1910年7月1日

台南通信・如仙茶园

前次大吉升班由嘉赴北开演,今复重来,已如既报。旋于去一日午后一时在南座开台,改为如仙茶园,舞场比前更加整顿。是日忝附内地乐队,别有一番新气象云。

宣统二年五月二十九日/1910年7月5日

嘉义通信・戏园开演

天仙茶园经去一日开演,观者寥若晨星,盖因入场料比大观茶园略为高些。此后欲图观客辐辏,必稍为减价,并演大出目,而后有望也。

宣统二年六月初一日/1910年7月7日

台南菊部减价

如仙茶园大吉升班自去一日起在南座开演,日夜观客不满五十人,非常冷清。其入场料一等席日间改为三十钱,夜间改为五十钱云。

宣统二年六月初二日/1910年7月8日

嘉义通信・戏园盛况

天仙茶园在嘉开演约五日间,该股东重加设法整顿,排列古玩物器,并大减观览资。于是附近观客倍觉幅(辐)辏,座位几满云。

宣统二年六月初四日/1910年7月10日

女优将到南

台南如仙茶园大吉升班,其武生郑长寿由厦带来女优五名,去六日已从台北上陆。大约七日至八日可以抵南,再一二夜自可上台,当有一番闹热云。

宣统二年六月初四日/1910年7月10日

蝉琴蛙鼓

顷有自厦门归者，谈一笑事颇趣。盖女优女牡丹既自台之厦，在打铁路头戏园演唱。有洋行买办某甲见演《珍珠衣》一出，不觉梦魂颠倒，屡遣人道意欲得一面之亲。金牡丹答以外出既不便，延入尤不敢，不如请此君日日来观剧，余既自台上日日与之见面之为愈也。甲闻之，志乖意阻，然由是愈行思坐想，初犹书空作咄咄怪事，不三日竟发狂易疾。其时同事者犹以为佯狂，后见狂益甚，状亦益真，始知果魂随阿宝去也。或曰：金牡丹意非不欲，不过稍高其声价耳，何甲便不能忍耐须臾也。（狂蜂蝶）

宣统二年六月初六日/1910 年 7 月 12 日

南部通信·女优将到

如仙茶园大吉升班，为阴雨频频，日夜入场料不满七八十圆。自开演至今，计亏本七八百圆。爰遣召对岸女优，经回电告知，此期船将由安平港上陆。闻女优即白兰花、筱翠香，及外两名。

宣统二年六月初七日/1910 年 7 月 13 日

宜兰通信·女剧又兴

兰城女优始自大荣升班，有杨阿里、林阿金两名，能演剧弹唱，余则寥寥罕睹。近者复有曲师陈阿缵，学习几句北调，出为招集十余名女子。每夜管弦盈耳，学习脚步，欲成一班女角。闻定本月间，欲在圣王公庙前试演，有戏癖者咸拭目以待。

宣统二年六月初七日/1910 年 7 月 13 日

蝉琴蛙鼓

去十三日大仁丸入沪尾港，载有上海女优白牡丹外一名，系就聘于台南如仙茶园，翌日即乘急行车南下。闻白素娴岛屿，在厦门甚久，博得盛名。者番上台，当能倾倒一时也。（新女优）

宣统二年六月初九日/1910 年 7 月 15 日

编辑日录(七月十五日)

淡水戏馆自大观茶园寂寂无声,今早闻有接沪上来电者,谓新聘天仙班已于今早扬航,不日将抵台北。有戏癖者,咸乐俟之。温度九十三度六。

宣统二年六月初十日/1910年7月16日

新戏将来

大稻埕詹金声等往上海聘请名优,经已月余。去十四日午后,由上海致电诸股东,谓所聘天仙班昨日出帆,大约来二十日可以抵北。其名角服饰均胜从前,均拭目以俟也。

宣统二年六月初十日/1910年7月16日

南部通信·茶园好况

南座如仙茶园自开演以来,观者寥寥无几。一自十二日得台北女优,一镜市能扮老生,一彩云飞能扮小丑,一小春莲能扮小生,一小宝仪能扮正旦及花旦。是夜宝莲即登台唱《桑田会》,大博观客喝采,遂夜夜戏园充满。又郑长寿往厦聘女优筱玉奎、白牡丹,外此再两名,由台北于十四晚抵南。闻此数名皆是十六七妙龄,平日所演戏出,科目娴熟,惟妙惟肖,最为当行出色者。若上台演唱,当不知如何热闹云。

博得好评如仙茶园大吉升班,者番回南开演,日夜观者寥寥。自十二夜北妓小宝莲、李长奎扮演《桑田会》一剧,观者喝采。翌夜女老生镜市扮演《文昭关》,亦有可观。一时座为之满云。

宣统二年六月十一日/1910年7月17日

三班竞争

台南市内自来招菊部开演,均有些获利,为此市内人叠倡议招戏扮演。现西园外某洋行合金子拔定招潮班,已租定南座,每月六百圆。又林高飞募集五千圆,每股百圆,招在厦打铁路头女班,择旧历瓜月上旬由安平上陆,每股先收二十圆,经集成千余圆。今复有板店街董德向嘉义招老能胜男女班回南开演，按三百股，每股十五圆，经募集成立，演场租在台南座，每月税金四百五十圆云。

宣统二年六月十一日/1910年7月17日

瀛壖鲤信·菊部琐谈

如仙茶园特聘上海女角筱玉奎、白牡丹来南，于去十六日上台开演。步骤科谐，应弦合拍，台下观客皆拍手喝采云。

宣统二年六月十三日/1910年7月19日

瀛壖鲤信·无牌告发诉

北妓小宝莲、赛镜市、彩云飞联袂来南，侨寓竹仔街醉仙楼。自本月十二夜起，在如仙茶园演唱，博得好评。被临场监督警察官查知无许可鉴札，遂即告发，警务课仍传集到案，严重说谕，命各呈始末书。诸艺妓因此罢演云。

宣统二年六月十四日/1910年7月20日

蝉琴蛙鼓

天仙茶园近在嘉开演，颇著好况。日前因收入场券时，与三等观客稍有冲突，来观者颇訾议之。然此定下手人之所为，股东大度，必能包容之也。（勿苛刻）

宣统二年六月十五日/1910年7月21日

新竹通信·竹寺热闹

新竹南门外竹莲寺自去冬修缮后，焕然一新，殊足壮其观瞻。目下适当阴历六月间，将近佛祖降诞之辰，每日演剧祝寿者，或一二台，或三四台，乱弹、肆评、掌中班，各奏其妙。视剧者因之络绎不绝，香火之盛可以想见。

宣统二年六月十五日/1910年7月21日

南部通信·雨中戏园

如仙茶园者番新到女优老生筱小奎、花旦白牡丹,自十六日上台开演,所演剧目,种种肖神,观者皆好之。虽近日大雨滂沱,日夜坐客比前增加数倍云。

宣统二年六月十六日/1910 年 7 月 22 日

嘉义通信·筹建戏园

嘉市近来因有上海福州等处菊部时来开演,而场所则临时构造,缺少周到。此次遂有资本家拟醵资建筑一座,为来演者租用,未知果能成就否。

宣统二年六月十八日/1910 年 7 月 24 日

清戏又来

大稻埕詹金芳与艋舺王德俊所集股往招之上海天仙班,其戏旦(具)经于前帮轮船运到,其优伶全班七十余人,亦乘昨日轮船抵台,已租定淡水戏馆。若勾当一切事妥当,则将开演,其期谅在来月初旬也。又班系男女合演,附女优十名,其脚色均系选择者。而董胜奎、筱羊猴兄弟亦合股,将于是班扮演云。

宣统二年六月二十二日/1910 年 7 月 28 日

蝉琴蛙鼓

女伶小双,年甫破瓜,色艺双绝。自由申到厦,历应大观、吉庆两茶戏之聘,每登场无不令人倾倒。近因与某阔老结不解之缘,愿从偕老,竟不复唱戏。伊母虽日聒之,弗听也。矢志可怜,鸨母可恶。

宣统二年六月二十三日/1910 年 7 月 29 日

南部短信·观剧酿事

去念六如仙茶园因演《黑风帕》出,扮高王者为筱玉奎,系女伶好脚色,观者以千计,男女杂沓,几无立锥。有某妇坐一等席,口吸水烟筒,不知谨慎,火星燃及前坐曾某妻衣裳,损坏一处,因而口角，警官立即制止。曾妻含恨，与其夫截在场外，将与计较。某妇亦有戒心，令同伴某巡查捕率数十无赖汉保护回途。事闻于官，为之叱散，始平其事云。

宣统二年六月二十四日/1910年7月30日

天南雁音·赏金四十

如仙茶园日来观剧者比前加多。月之廿六夜，开演《杀惜》全本，扮宋江者为筱小奎，扮阎婆惜者为白牡丹，两女优伶尽展妙技，色色动人。有二三阔老，合赏金四十圆云。

宣统二年六月二十七日/1910年8月2日

蝉琴蛙鼓

大龙峒新组梨园子弟经自前日开演，步骤音调颇略应弦合拍。初次登台，不至杂乱无序，自是可观。是日远近游客临睹者，趾相接，约达三千人以上，亦盛况也。（新梨园）

聚乐茶园于沪上所聘天仙班，经于大昨日附轮来台。全班脚儿六十余名，女角则八名。其将与联合之筱羊猴、董桂芬、董胜奎、云中飞等，亦以昨日自南来。又在台南演唱之老德胜班，由沪上添聘女角八名，既以大昨日由北而南。外此男角十五名，则于昨日直抵南部。台南剧界又耳目一新矣。（锦上花）

宣统二年七月初一日/1910年8月5日

聚乐出目

聚乐茶园所聘上海天仙班，经订此八月六夜即阴历七月二夜，在淡水戏馆开演。因第一夜欲格外勉强，出目凡七，即刘晏庭、盖月樵演《满堂挂山》，金翠英、金翠芬演《梅龙镇》，陈菊芬演《文昭关》，玉宝红演《牧虎关》，筱羊猴、云中飞演《金钱豹》，露兰春演《双狮图》，粉桃花演《海潮珠》是也。顾台北有戏癖者，至是已不胜云霓之望，得此真不啻玉露甘霖也，其各争解一渴为快欤。

宣统二年七月初二日/1910年8月6日

如仙戏园亏本

南市如仙茶园所聘大吉升班,开演一个月为期,兹再继续两周间。诸股主核算,自八月日止,统计亏本一千三百余圆。该股东共卅余株,每株损额约三十圆内外。因初演之时,女优未到,观客甚然冷淡。迩来渐形热闹,然所得究不偿所失也。

宣统二年七月初二日/1910年8月6日

新竹通信·新剧开演

新竹街同乐轩子弟剧,如前所报,经于去月三十日在东门岳帝庙开演,一时耸动众人耳目,观者无虑数千人。第一出《放关》,扮吴汉者江金传,扮王玉英者吴火生,扮马成者郑德禄,其科目演唱,大博众人之喝采。第二出《三(二)进宫》,扮定国公者柯老城,扮杨波者曾椪此,扮龙国太者郑得禄,亦皆有可观。比之在竹诸旧剧部,当无逊色。闻在阴历中元,拟在城隍庙口再行开演。有戏癖者,咸拭目俟之。

宣统二年七月初二日/1910年8月6日

北部剧界大观

聚乐茶园所聘上海天仙班及诸女名角,已如既报,于去六夜在淡水戏馆开演矣。是夜所演各剧,最出色者为《文昭关》及《双狮图》二出。《文昭关》扮伍员者为女老生陈菊芬,神情逼肖,唱念亦极自然,满场拍手不绝。《双狮图》扮徐孝德者为女老生露兰春,初揭帘出,视线皆集其身,歌喉一放,声绕屋梁,步骤亦适合,座客皆叹观止,谓胜于十三红也。翌七日夜间所演《捉放曹》,露兰春扮作陈宫,女大花玉宝山扮作曹操,工力悉敌,各臻其妙,观者咸为叫绝,均谓前此所未曾有者。继演《花蝴蝶》,筱羊猴力翻新样,亦比前加奋精神,勇气百倍,然大吹大擂,嗜好不同,亦有见而生□者。又继演《铁莲花》一剧,天仙园主陈莲卿扮作刘子忠之妻,诙谐百出,其虐待犹子,情景迫真,见者精神一振。忽见老生赵春奎扮作刘子忠出,才行数步,而喝采之声已觉盈耳洋洋。细观其关目唱念，俱臻绝顶，始信名不虚传，神乎技矣。末出为《蝴蝶梦》，扮田氏者为女花旦粉桃花，亦甚出神，该出系彼在厦所演最著名者，故坐客皆待以观。该园两夜皆满座，亦未有之好况也。

宣统二年七月初五日/1910年8月9日

南座阻雨

初五夜，南座如仙茶园定演《杀子报》，扮王宫保者为女老生筱小奎。而歌仙茶园在台南座初次开演，定演《关王庙》、《探阴山》，皆拟以女伶充之。市内有戏癖者，于午后八时顷，将赴该园领略。突遇骤雨淋漓，路上泞泥，不能举步，妇人女子，多为败兴，两园亦其大受影响也。

宣统二年七月初五日/1910年8月9日

南部通信·两班竞争

如仙茶园所演大吉升班，幞限已满，再继续两星期。而歌仙茶园亦聘老德胜男女班，租定台南座，于本五日午后二时开台。如仙园主自去四日起，入场料减价八折，日间一等二角，并等八占，夜间一等三角六，并等角二。歌仙茶园则减价外再加福引。两班竞争，将来或再减价，亦未可知也。

宣统二年七月初五日/1910年8月9日

天南雁音·梨园杂谈

台南座歌仙茶园于去五日开演，其中新聘上海女优六名，即女大花筱秀山、女花旦月里红、白兰花、女小生月桂红、女正旦兼丑小金宝、女老旦兼旦小银宝。与如仙茶园之女优筱玉、白牡丹同负盛名，所演各剧，应弦合拍，大博观客喝采。去六日又再到女优二三名，男优十余名，该班组织殆完全云。

宣统二年七月初六日/1910年8月10日

菊部阳秋

淡水戏馆聚乐茶园,至去八夜已是开演之第三日。闻此三日夜所演诸剧,皆系各优伶自其生平所事最擅长者扮演,故得台下人之鼓掌。其著名脚色,除筱羊猴、董胜奎兄弟不算外,男班则首推赵春奎,其他二三。赵为须生,其貌既称,而艺又臻绝妙,其关目唱念,以与前班之朱春庭较,实尤为细腻。加八夜之演马义真滚钉板,为主喊冤,则活现一义仆于台上,虽当日之马义真不是过也。女班自以露兰春为最。八夜露兰春演《机房教子》,扮薛保,其胜于筱桂英者无论矣,比之十三红,其步骤声调固在伯仲之间,然同一调,其婉转低昂处,则十三红尤有不及之者。此所谓神而明之,存乎其人也。

宣统二年七月初六日/1910 年 8 月 10 日

戏馆出目

淡水戏馆聚乐茶园,本夜欲演之出目如下。第一出《探寒窑》。第二出《夺头彩》,扮演者为女花旦粉桃花。三出《明月珠》,扮演者为女花旦陈菊芬。四出《艳阳楼》,扮演者为筱羊猴、董桂芬、云中飞等脚色。五出《八十八扯》,扮演者为女角露兰春及玉宝山。六出《失街亭·空城计·斩马谡》,扮演者为赵春奎、陈连奎、刘晏庭等云。

宣统二年七月初七日/1910 年 8 月 11 日

编辑日录(八月十日)

此次上海菊部来台开演,同人中颇有往观之者,谓其出色名角,与前到数班大堪拮抗。然据友人某自上海归云,渠在该地曾数往新舞台观剧,不独脚色之超群,服装之齐整,足壮观瞻,就其台中设备亦极周到,如现在朝日座所设舞台,中置机轴,可以旋转如意。若演山川楼阁之剧,则出其真景,足令观者心迷目眩,如临其境。台湾以后欲设娱乐机关,不可不改良至此地位也。

宣统二年七月初七日/1910 年 8 月 11 日

菊部阳秋

淡水戏馆聚乐茶园，九日之夜凡演六出，唯《卖胭脂》、《莫成替主》、《翠屏山》为最出色。《卖胭脂》一出，以陈菊芬扮王月英，小金红扮郭槐，其声色固可动人，但做作处颇欠活泼，似于此出未由娴熟。《莫成替主》一出，扮莫成者为老生赵春奎，妙在忽惊忽叹，忽沉忽思，又匆痛哭，波澜曲折，不紊丝毫，其爱主不顾身之概，宛然毕呈，直令人如观其境，如见其人，几忘其为戏也，此非深得戏中三昧，殊难臻此。《翠屏山》一出，扮石秀者女武生露兰春，扮杨雄者女花面串老生玉宝山，扮前潘巧云者女花旦金翠英，扮后潘巧云者女花旦粉桃花。全出之缺点，在扮前潘巧云与扮杨雄者，盖金翠英之音貌、关目、步骤皆无可观，玉宝山则失活动，然宝山系专学大花，未可以此概之也。全出之妙处，在扮石秀与扮后潘巧云者。盖露兰春出台时，雄气赳赳，有凛然不可犯之概；迨索刀饮酒后，则杀气腾腾，舞刀飞跃，身捷如猱，全无稍露女态。观客喝采声喧，得叹观止，谓本岛自招戏以来所未曾有，允推为髦儿戏界不可多得之脚色。粉桃花演至被诱到翠屏山时，知难免死，仓惶失色，哀吁之声备形凄惨，而旋转奔腾，尤觉灵敏。闻前者厦门谋创去毒支社时，桃花适在厦，曾出演助费，名噪一时。后在汕头演唱，被累损失，因而愤郁，骨瘦如材，反厦时顿失声价。现扮花旦虽不如前之妙，然扮苦旦，则视曩年来台之王雅云，殆有过之无不及也。要之本岛数年来剧界颇兴，其间固不少好脚儿，然欲得女角如露兰春与男角如赵春奎者，则实未之见也。

宣统二年七月初八日/1910年8月12日

聚乐戏出

淡水戏馆聚乐茶园本夜准演《六月雪》、《夺小沛》、《关王庙》、《大兴梁山》、《胭脂虎》、《四郎探母》等出云。

宣统二年七月初八日/1910年8月12日

聚乐戏出

淡水戏馆聚乐茶园,本日昼夜演唱。日间准演《宇宙疯(锋)》、《定军山》、《双鸿鸾禧》、《三搜田府》、《焦赞起解》等出。而夜间第一出《五雷阵》。第二出《卖绒花》,扮演者女花旦陈菊芬。第三出《洪洋洞》,扮杨六郎者老生赵春奎。第四出《二进宫》,扮徐延昭者女大面玉宝山,扮杨波者老生露兰春。第五出《挑华车》,扮高冲者武小生筱羊猴。第六出《九件衣》,扮演者女花旦粉桃花及男老生赵春奎云。

宣统二年七月初九日/1910 年 8 月 13 日

枫叶荻花

淡水戏馆开演上海天仙班,近日所演诸出大博观者喝彩。然现值盛开盂兰会,兼有台湾正剧及曲艺等为之分客,观者颇为寥寥。故该园自昨日起特别减价,且将套演新剧。有斯癖者,当必争先恐后也。(演新剧)

宣统二年七月初九日/1910 年 8 月 13 日

聚乐戏出

聚乐茶园所演上海天仙班,本日日夜兼演。日间剧目为《桑园会》、《小磨房》、新排《双沙河》、《斩美案》、《独木关》。夜间为《下河东》、《浪子回头》、《招贤镇》、《拾玉镯》、《杀子报》等。闻《杀子报》此次特翻新样,与前不同,添加棺木纸屋并各种新奇物。扮王徐氏者为粉桃花,扮官保者为露兰春,闻扮金定者为陈菊芬,扮钱正林者为赵春奎,扮衲云者为赛百岁,扮南通州者为玉宝山,诸名角盖一时之选,演出必大有可观,是夜当必满座也。

宣统二年七月初十日/1910 年 8 月 14 日

鹭江通信

借台开演

咏乐、天仙二茶园亏本甚巨,业经停演有日矣。兹闻有台人某甲，见二园伶人赋闲无事，而议定雇到台演唱。奈因火轮未到厦门，特借咏乐茶园开演，以娱耳目而别优劣。传闻有老生一名赵春泉，月薪五百圆，为申江著名脚色焉。

菊 部 琐 谈

自天仙、咏乐二戏园停演之后，则有金月仙等伶人到警局呈控班主，负欠伶等薪水千金。警局黄二尹饬传班主，讯追欠款。据供班主系两人合股，现因胡姓班主赴申设法银款，候其回厦，自当清还云。又庆丰年女伶前系阎姓购买，教以演唱。虽近来在大观、天仙、绛仙各园演唱，毕竟入不供出，负欠债主，为数不少。兹因阎某病故，无款可还，各债主于日前将女伶十余辈估价抵债，经已定著。阎妻某氏无可如何，惟有痛哭而已。

宣统二年七月初十日/1910 年 8 月 14 日

天南雁音·舞台竞争

近日南座如仙茶园将近罢演，而台南歌仙茶园及锋初试，两班剧目多还(选)投于合时好者，而男女优伶亦各尽其生平所学最擅长者以扮演，甚至一剧出而副脚色如对台然。去十日南座大吉升班演《双月下缘》，是日大雨淋漓，无时或辍，而园内竟人如山立。入夜台南座老得胜班演《双翠屏山》，楼上楼下更无立锥之地。如仙将罢演，以大减价胜。歌仙系初演，以新鲜女优胜。两台竞争，以集观客，遂使有戏癖者忙无已时，欲顾此而失彼，以不能分身兼顾为凿云。

宣统二年七月初十日/1910 年 8 月 14 日

南 部 通 信

赎 期 已 满

南座内所演大吉升班经过月余矣，赎期已满，来十五日将罢演。而嘉义林宽敏来南，赴该园观剧，赏识女老生筱玉奎、花旦白牡丹，赏金七十圆。并议定再赎赴嘉开演，现已成立，择本月十六日开台云。

观剧失金

如仙茶园近因特别降价，男女往观者不绝，园中杂沓，几无立锥。有某甲身中带一票袋，内贮金票九圆，不知被何人窃去，乃报明园主，请其代为细查云。

女优宴客

如仙茶园演期已满，其女优筱玉奎、白牡丹于去十一夜，折柬请该园股东并市内阔老，约三十余名，在水仙楼开宴，并邀艺妓十余名，开怀畅饮。座客皆付压席仪，多者十圆，至少者四圆，计其收二百余圆云。

宣统二年七月十二日/1910年8月16日

聚乐剧目

本日聚乐茶园天仙班在淡水戏馆所演剧目，即《草桥关》、《海潮珠》、《四白水湾》、《天水关》、《阴阳河》、《目连救母》等。而《阴阳河》一出，系山西奇文，在上海最为流行，本岛所未曾演者。该园名角赵春奎、粉桃花最为擅长，演出必大有可观也。

宣统二年七月十二日/1910年8月16日

南部通信·令人颠倒

歌仙茶园日夜开演，往观者多，盖为其脚色新添绝技者不少，足以引人入胜。如日前女旦月里红演《双翠屏山》，扮为石秀，一出台神形肖妙，观者神志为惑，鼓掌喝采，呼声若狂，又多有赏金者，是该班之令人颠倒也有如此。

宣统二年七月十三日/1910年8月17日

枫叶荻花

聚乐茶园天仙班本夜将演《杀媳报》。该剧系鹭江近事，即千总陈承昌殴毙其媳妇王不池一案，是时激动公愤，其后陈立毙杖下。前粉桃花在鹭江时，曾扮作王不池演唱矣，此次与该班数日前即为套演，已能步骤井然。今夜登场，将各竭尽其长，谅能博观者

喝采也。（演新出）

宣统二年七月十四日/1910年8月18日

戏园义举

嘉义街新聘大吉升班，经定阴历七月十五日开演。其股主以此次开演若获利益，将供为讨蕃队慰问金。此亦可谓一番义举者矣，但未知能遂其所望否。

宣统二年七月十五日/1910年8月19日

天南雁信

歌仙茶园去十六夜排演《杀子报》一剧，是晚才六勾（句）钟，客席即充满，其中妇人居多。接踵而来者不计其数，该园几无立锥云。

该班花旦月里红于十七夜定演《杀宫》一出，因前夜扮演《杀子报》，过于劳力，偶染微恙，是夜不能出台，将该出临时改换《活捉》。

某夜歌仙茶园某妇，年二十许，在妇人席观剧，忽起恼病。该地警官即令同伴之人扶回调治云。

定员观剧

台南座歌仙茶园扮演老德胜班，此回添加新聘女伶，昼夜开演，市内男女往观者纷纷不绝。园中陕隘，实不能受如数观客。故临场警官为责检客席，规定收容五百八十名，不准其贪多务得，经为悬示观客云。

宣统二年七月十七日/1910年8月21日

菊部阳秋

戏有专重科白，不以唱念见长者，即淡水戏馆大昨夜所演之《珍珠衫》、《翠屏山》两出是也。《珍珠衫》主人翁为花旦，丑旦则线索也，其形容少妇怀春与花婆妙说风情之处，皆须用半吞半吐，一着迹则粗俗矣。《翠屏山》则花旦、武小生皆不能偏废，盖石秀则有嫉淫恶若狗□之慨，潘巧云则有视石秀若眼中钉之心，必须将淫妇豪杰两者心事曲曲传出,始见其佳。至扮杨雄、潘公、莺儿诸脚,不至凿柄斯可矣。幸是夜陈菊芬、赵春奎、粉桃花、陈丽卿诸京班,皆能到恰好处,是可以观矣。

宣统二年七月十九日/1910 年 8 月 23 日

南部通信·戏园近况

台南座歌仙茶园此番特别整顿,客位及妇人席均再扩张。且妇人坐位,并等外复添设两行一等席,如贵妇人往观者,亦无混杂之虞。外又置特别记者席,十分周至,与前大不相同云。

宣统二年七月二十日/1910 年 8 月 24 日

南部通信·剧界琐谈

歌仙茶园重行整顿,所有恶劣男优悉逐回省,再由上海新聘大花、老生、花旦、文武生八名,经去十九日由安平上陆矣。而该园狭隘,照官厅命令,定员入场,仅得五百八十人,往观多败兴而归。现拟贷台南公馆开演,此举若成,则场中宽敞非常,观客不患无位也。

宣统二年七月二十一日/1910 年 8 月 25 日

菊部阳秋

现在淡水戏馆之天仙班诸脚儿,其女角自宜以露兰春、陈兰芬、粉桃花、玉宝山为最,盖月楼、小金红、金翠英次之。男角文边则以赵春奎、陈丽卿、刘晏庭为最,武边则以筱羊猴、董桂芬、董胜奎、云中飞为最,其余则大抵在伯仲间也。又新到文三花之董志斌,固云尝驰名于北京津海者,但未见其真工夫所在,他日如扮《丑表功》、《活捉三郎》诸出,当有价值也。又人情厌故喜新,此改良戏以盛行于一时也。诚多编新戏既可不重唱念,且不必多用真工夫,自然使观者有五花八门之妙,岂非一举而两得乎?

宣统二年七月二十一日/1910 年 8 月 25 日

菊部不振

嘉义嘉宾茶园自开演以来,观客寥若晨星,所有收金不外五六十金,而每日费用约须壹百余圆,收支颇相径庭。该股东见不起色,有拟将股票折价让人者。亦有要仿台南座,入场料一等昼间十钱,夜间二十钱,大行减价以广招观客者。其衰颓殊不可言矣!

宣统二年七月二十一日/1910年8月25日

特排新剧

歌仙茶园日夜演剧,大半阅过数次,观客颇厌。故园主与该班商议,特排新奇妙剧,以投市人嗜好。近日将新演《三门街》剧目,系正德游江南故事,拟演全本。到时园中状况,想又一番热闹也。

宣统二年七月二十六日/1910年8月30日

枫叶荻花

淡水戏馆开演之天仙班,将近一月矣。近将再为扩张,加聘名角,再募新株八十股,每股金五十圆,与以一等券百枚。发起者为基隆许炳荣、艋舺黄不党等,两人素营商业,家资裕如,有名于商界,应募者当不乏人也。(募新股)

宣统二年七月二十七日/1910年8月31日

自取其辱

念七日午后二时顷,歌仙茶园□例开演。突有某甲持股东优待券入,居高而坐,席不暇暖,再将此券持出与某乙。才至入口,被园主稽查,知一券利用两人,极力阻之。乙不肯去,且□恶手□。挥拳相攻。幸有鲁仲连出为排解,始平其事。

宣统二年七月二十七日/1910年8月31日

南部通信

女优短评

镜海散人,风流子也,侨寓申江及北京,历数载星霜,无论何等戏园,皆饱眼福。兹为安平某英商聘作记室,暇时常到歌仙茶园观剧,以消客愁。闻其评论老德胜班女优,颇入精微,余摘录一二于下,以当茗谈。曰花旦月里红,色艺可谓双绝,历演各出,深得戏中三昧。如《卖胭脂》、《海潮珠》等出,则媚态百出。《胭脂虎》公堂对案,则言直气壮,声色俱厉。余如《杀宫》、《油坛记》、《紫霞宫》诸出,喜怒哀乐,悉出自然,使古人复生。有时改串武生或小花脸,亦曲尽其妙,女优若此,虽索诸京沪间亦不可多得也。曰月里红,明眸皓齿,唱白俱佳,的是可人,与月里红合串,尤使观者销魂。十三红,长于须生青衣,其声价□为世人所知,亦一好脚色。惟近者歌喉不佳,似迷于欲情。盖为优伶者,最忌色欲,稍一染之,则生(声)顿塞也。曰小金宝扮丑旦,亦殊不恶,所见长者,为三花戏,诙谐百出,添观者之兴会不少。曰小秀山,为大花脸,音韵极佳,且唱念殊不费力,惜动作未免无英雄气,总之再加研究,亦后来之翘楚也。曰小红宝,做作唱白,似尚为门外仆。曰白玉兰为花旦,扮演与朱云奎同,然彼非正脚色,而为副脚色,其艺之落于人后,亦固其所。

聘天仙班

市内有二三发起,议聘在北聚乐茶园开演之天仙班来南赴演,其园号曰赤崁茶园。定募集股株二百株,每株二十五圆。开台之际,先收十日间入场料,分配诸股东为利益金。后由园主发入场券各股四十张,抵还资本,听其发售。择本年十一月间开演,场所期未定于何处也。

宣统二年七月二十八日/1910 年 9 月 1 日

枫叶荻花

南部剧界近来屡传振兴,而北部剧界则自祥升班后,皆屡蹶不起。人谓北部因近来奢靡太过,财界空虚,故剧界遂以衰微,非无理也。(局外观)

宣统二年七月二十八日/1910 年 9 月 1 日

菊部阳秋

近者淡水戏馆所演天仙班，因欲投观客之嗜好，每夜辄以改良戏一二出间乎其间。顾改良戏不重唱念，且无须乎唱念，防乖体例也。又其戏以能恰合实情者为最佳，譬如事为西洋人则扮演不可不如西洋人，事为支那人则扮演亦不可不如支那人，以期唯妙。乃观其近日所演支那二事，官既满洲装，民犹汉装，不满不汉，殊不像样。又斯戏既重神情，自不能舍乎做工，苟一以游戏文章视之，恐未当也。盖此班中好脚儿颇多，且具有相当智识者，诚悉心合演而训练之，必大有可观焉。不然，既非骂座之灌夫，何苦舍己之田而耘人之田耶！

宣统二年七月三十日/1910年9月3日

枫叶荻花

淡水馆馆所演天仙班现已满一月，因募集新股分未就，能否再演，尚未可知。故旧股东尚在竭力支持，然台北地方如此其大，岂遂无人能补助此娱乐机关乎？（合大群）

宣统二年七月三十日/1910年9月3日

天南雁音

优人凶悍

去卅一夜，歌仙茶园排演《回龙阁》剧目，女旦为十三红，男角为牡丹红，声音粗大，观者谓此等花旦惹人讨厌。该角闻之，即在场中出恶言，每辱观客。客遂投诉临场监督官，警官恕其无礼，即刻说喻（谕），并令亲身向场前谢罪，其事乃平云。

重新整顿

在厦天仙女班乘此帮轮，由安平上陆，定阴历八月一日在台南座开演。目下股东将园中内外修缮，比前较为周至，其坐位皆置洋式藤椅，园内亦添设电扇，使观者无酷热之虞云。

在外扮演

在台南座开演老德胜班，瞨期已满，经于初三日止演。是日恰值牛磨后街小普,特聘到此处开演,一昼夜得金百三十圆。而水仙宫口诸行商,择阴历八月一日开盂兰会,亦请该班扮演一夕,戏金八十圆云。

园主吃亏

歌仙茶园前租台南座,已届限期,因再租台南公馆为临时假场所,租金百五十圆。随即建置戏台,费三百余圆,近已完竣,定本月初四五开演。当道以该处系公共公所,不时充为会场,不便出租,因而制止。该园主空费造作款项,吃亏不少。

宣统二年八月初三日/1910 年 9 月 6 日

女优又到

台南市自本春来聘到清伶扮演,至今无时或辍。大吉升班及老德胜班相继加聘女优,竞争顾客,剧界可谓一新矣。兹复有许充然等更聘金福连升班,已于三日由苏州丸连到安平港口,因风浪太高,暂寄泊澎湖,大约四日自能上陆。闻班中女角有十余名,决定阴历八月初三假台南座开演云。

宣统二年八月初三日/1910 年 9 月 6 日

嘉义通信

戏园纠纷

前市民合股,聘老德胜班到地开演一事,因其时屡次较闹,嚣嚣不已。现当事者因欲结算清楚,诸股东各执一见,相与抗议。现已投诉公廷,未稔将如何了结也。

戏园过夜

嘉宾茶园昨夜有观览男女约三四十名,因十点钟后狂风大作,豪雨倾盆,出毕诸客欲散,皆无雨具,不得已悉在园内过夜,至翌早乃雇人力车乘回。观览女客皆悔此一来,沿途诅咒不已,闻者为之绝倒。

宣统二年八月初四日/1910 年 9 月 7 日

台南通信

大家败兴

本月初四夜，西关外水仙宫街诸饮食商计十六名，为盂兰盆会，鸠集缘金，特请老德胜班扮演，戏金八十圆，临时假一座戏台。突遇暴雨频零，路上泞泥，加以北风猛烈，寒冷逼人，观者皆败兴不前云。

茶园停演

歌仙茶园现改名为俱乐，定四日在台南公馆内开台。翌日恰值台南商会会期，以该处为会场，日间因暂停演云。

亏本有数

歌仙茶园排演清戏，至初三日止，计一个月间，核算收入金，除赙价及杂费外，亏本约六百圆。幸在外聘演两次得金二百拾圆，亏本无几，诸股东皆欣然有喜色云。

宣统二年八月初五日/1910年9月8日

天南雁音

取金为难

数日前牛磨后街小普，聘老德胜班开演，一昼夜议定戏金百三十圆，定演《阴阳河》、《杀宫》等。但该班女优不愿在外扮演，因被班主迫勒，不得不从，只演《阴阳河》一剧。炉下皆不满意，翌日向收一戏金，皆藉端推托，颇费辱舌云。

梨园琐谈

金福连升班自去三日告到，至六日午后四五时始由安平上陆。该班全部七十余名，闻有十余名女角，已决八月在台南座开演云。

宣统二年八月初七日/1910年9月10日

枫叶荻花

近日淡水戏馆之上海班，已改为新盛茶园，将择日开演。乃届时又寂然，人多疑之。后乃知股东会议未就，故不能如意也。然据股东中所云，露兰春之父已赶上海添聘新脚儿，一二星期当可到

台,尔时必有一番好戏,请拭目俟之。(眼望穿)

宣统二年八月初十日/1910年9月13日

剧界近况

淡水戏馆聚乐茶园股主因曾□停演,基隆许炳荣、大稻埕章铭镜、艋舺柯万生等,承该园代表人詹金声、王德峻让与,立约承让,募集新股东十余株,改名新盛茶园,于去十三日开演。入夜演《佛门点元》一出,比前加倍出色。于完婚时,陈丽卿扮作和尚,形状逼真,观者喝采不绝。而露兰春、玉宝山亦出演《十八扯》,奇态百出,亦同声道好。座有大和洋行辜显荣氏,赏金二十圆,该班自开演以来所未曾有,是夜亦可谓好开采也。

宣统二年八月十二日/1910年9月15日

戏园剧目

本日淡水戏馆新盛茶园开演天仙班,其剧目即《取北原》、《连环套》、《探亲》、《乌金(盆)记》等。第二出露兰春将扮作黄天霸,玉宝山扮作窦尔墩。第四出陈丽卿扮作吴太太,赵春来扮作吴天寿。演出想必有可观也。

宣统二年八月十二日/1910年9月15日

枫叶荻花

淡水戏馆内置有记者席,所以昭优特也。昨有台中吴某,曾入资为郎,目不识丁,抵该席,审视之,而不识所书何字,漫然高坐。而师旷和峤之流,亦从而坐之。似此不辨香臭,园主虽不便明斥,而旁观者早嗤之以鼻也。(旁观者)

宣统二年八月十三日/1910年9月16日

梨园剧目

本日新盛茶园天仙班在淡水戏馆开演,其剧目即《锁五龙》、《翠屏山》、《错中错》、《拿谢虎》等。闻此番该班扮演比前加倍奋起精神，顾客亦日加多云。

宣统二年八月十三日/1910年9月16日

枫叶荻花

淡水戏馆新盛茶园者番重整旗鼓，声势颇烈，每夜观客亦较前盛况。此去若得略加振兴，便可以维持多月矣。（一出界）

宣统二年八月十五日/1910年9月18日

天南雁音

观剧千人

俱乐茶园去十四夜，月里红扮演《破腹脸花》一剧，市内男妇老幼往观者，争先恐后，约近千人以上。然观资低廉，夜间一等席金二角，并等一角，收入金不上百圆云。

娼寮失败

本岛贷座敷自开设以来，经过两三年矣，生理热闹。统计娼艺妓约五百余名，每昼夜收入金多则百圆以上，少亦有四五十圆。本年因清国菊部接踵渡台，嫖客绝迹，受其影响不少，故多失败云。

宣统二年八月十七日/1910年9月20日

菊部阳秋

淡水戏园天仙班，尔来犹日日满座矣。大昨夜演《戏迷传》、《阴阳河》两出，亦颇多称叹者。顾《戏迷传》正脚之露兰春，其以老生烦三花，固能逼肖神情，然此出线索甚多，其妙处全在线索灵敏，能凑合成趣，而后逸兴遄飞，若呼应一不应，正脚虽佳，亦无从发挥其手腕矣。因间有一二硬涩处，颇疑前此或未演过也。又《阴阳河》一出，演至阴审时，多出牛鬼蛇以壮观瞻，其意固在悦人心目，然此等处与本出精神无涉，似可囫囵以过，不必太认真。有识者或不以为河汉也。

宣统二年八月十七日/1910年9月20日

嘉义通信·剧界不振

外较场戏园自旧历七月开演以来,观客寥寥,入不供出,遂觉亏损不少。当事见此情状,知难挽回,遂拟再募新股,以图更改面目,恢复前失,未知可能成就否。

宣统二年八月十八日/1910年9月21日

枫叶荻花

淡水戏馆每夜观客颇众,其间有某某于稠人之中,辄高声巨喝,如醉如颠,观者颇厌之。盖上海观剧,谓之听戏,台湾观剧,谓之看戏,虽有不同,然如一举一动,不知好歹,妄事高喝,未免为识者所嗤。意若而人者,其与优人有关系乎?不然,何若是□狂态百出也。(可笑生)

宣统二年八月十八日/1910年9月21日

天南雁音·剧界琐谈

南座台湾正剧于十八日罢演,二十日将向打狗座去。两广会馆之老德胜班亦于同日终演,十九日即欲应旧城之聘。但去十六日又新来一潮州班,已定二十日入南座开演。而台南座之福连升班,初演仅七八天。此外在嘉义扮演之大吉升班限期将满,又有一二出为提倡募股,再聘该班,拟添女名角十数名,与之竞争扮演。诚如是,仍鼎足而三,有戏癖者,想当目不暇给也。

宣统二年八月二十日/1910年9月23日

南部通信·总会状况

市内建筑本岛戏园,其株额按定五万圆,经已成立。去念五夜在醉仙楼开总会,发起人洪采惠、郑润涵等提出戏园规则,作为公司名目,以二三发起人为重役员。各株主均有异议,欲照公举之法,郑等不肯,遂起冲突。其后议增至十万圆,而举举方法,定来月上旬再开二次总会,然后施行。闻该园建筑费经台南厅土木课某技师豫算,按二万八千圆,园中可容二千八百名客位,落成日期定于来十一月终全部告竣。其园名或曰庆升茶园,或曰赤崁茶园,或曰东瀛茶园,议论纷纷不一云。

宣统二年八月二十七日/1910 年 9 月 30 日

嘉义通信·女优宴客

天仙班女优陈菊芬来嘉登台,已经多日,近拟回籍,托人具柬邀股东及当地绅商,于宜春楼设筵款待。是晚夕阳西坠,灯光万点,满楼张设整齐。女优菊芬自出楼下,逐一延客入座,十分殷勤。饮毕,赴宴者各以金圆赏席,其受赏颇不资云。

宣统二年八月二十七日/1910 年 9 月 30 日

菊部阳秋

大昨日淡水戏馆所演《八百扯》及《四翠屏山》,皆一人而扮三四脚儿,同时而出,非不满堂热闹,炫人心目,其如太杂何!盖此等出目,津海虽尝行之,然至传神阿堵中之处,则仍须如常演唱,乃不失其真面目。幸该班于石秀与潘巧云斗口时,于石秀登楼独酌时,于杀山对质证据时,尚能如法。但至石秀手戮巧云时,以京式而论,其摹写巧云一种恐惧就死之状,目灼灼视其刀,身如蓬转,固令人喝采也。是时因人数全出太杂,无下手处,竟一齐抹煞之,失神情矣!虽然,若夫石秀醉后舞刀时,诚一人舞毕,一人复继之,以比其刀法,则解事者当不惮许子之烦,各拭目俟较之矣,何此处犹必单演耶?然其间如露兰春之扮石秀,英姿勃发,几于变巾帼而为须眉,是则不可多得者也,何可埋没哉!

宣统二年九月初三日/1910 年 10 月 5 日

枫叶荻花

淡水戏馆以连日两天停演,及大昨夜犹开唱,座客视前尤满。然其一等入场券多购自市上,于入场时始购者则寥寥。故园主于昨日将入场券特减其价为五十钱,以广招徕而挽利权。但外购者每枚只三十五钱,兼之去限期不过六七天,有券者亦急于求售,恐

轻重尚不均也。(真好看)

宣统二年九月初四日/1910年10月6日

南部通信·茶园好况

乐天茶园之福连升班开演伊始,观客无多,人皆谓女优夜明珠不及月里红等。其实两班竞争,必分观客,且彼时观资太昂,故有裹足不前者。现已降价,且出目亦多翻新,皆前数班未曾演过者,遂渐呈好况云。

宣统二年九月初四日/1910年10月6日

枫叶荻花

常州老德胜班由北赴南演唱,添换新角颇多。闻在台南厅旧城演后,将卷土重来,现已有人承赜,出为招股。又现时在淡水戏馆演唱一班,其赴南或继演,抑归中,则尚未定也。如得两班在北竞演,则必多添热闹也,不知有人挽留之否。(爱剧者)

宣统二年九月初六日/1910年10月8日

枫叶荻花

台南曹瑞桓募聘清国福州三庆班,募有四十股,每股百五十圆,先收金二十圆,另收四月为会费。迨开会后,股主查知曾将聘厦门班,以图厚利,均不肯干休,近日纷纷追回原款。曾无可如何,悉数归还,枉费两月之工,终不得一分利益也。(戏无益)

宣统二年九月初十日/1910年10月12日

枫叶荻花

日新街艺妓小宝莲、镜市等,八月间曾往台南,入南座演剧。以不给俳优鉴札,被警务课召谕,因而罢演归北。乃闻昨晚又在淡水戏馆上台,不知已领鉴札否。(疑问生)

淡水戏园天仙班,固限至大昨日止。兹闻班中人将再继演两星期,此后或有新股东起而承之,则可再维持几许日也。然已有人

募定八十股，议招台南老德胜班来演，殆有成说矣。未知二者进退，果终何似也。（中原鹿）

宣统二年九月十一日/1910年10月13日

南部杂俎·女优罚金

女优只可登台演戏，不得出而宴客侑酒。乐天茶园之夜明珠违此规则，去十二日被警务课召唤，严加斥责，罚金五圆，并命其循法给牌，方许再为演唱云。

宣统二年九月十一日/1910年10月13日

南部近信

戏园状况

去十五夜，乐天茶园继演《杀子报》，客席充满，几无立锥，故临场警官制止发卖入场券。迨开演时，衲云与王徐氏扮演丑态淫状，过于猥亵，监督官乃为喻（谕）止云。

惹起诉讼

许允年倡赎新福连一班，在台南座排演。一个月间，换算亏本四千内外。监督员四名因查其账薄（簿），及前时募设承诺书，前后两样，与前定条约相违，各股立将向法院告诉云。

宣统二年九月十七日/1910年10月19日

南部通信·拾物交还

乐天茶园与永庆茶园相竞争演《杀子报》一出，连演三四夜。市内妇女联袂往观者，各座约六七百名。去十五夜，某妇赴乐天茶园，入口之时，因人众杂沓，所带金耳钓忽然坠落于地，妇亦不知。幸为入口验单林旺所拾，乃交原人收回云。

宣统二年九月十八日/1910年10月20日

南瀛鲤信·梨园琐谈

南座定十八夜演《杀媳报》，系厦门本年四月间把总陈承昌欲污其媳王氏不池，王不从，毒杀之，厦防厅受贿，致动公愤，后经同安县令判结处死,人心称快。有此新剧,座位定必满盈云。

宣统二年九月十八日/1910年10月20日

斗六演戏

斗六市街众绅商联合各保富绅聘请大吉升班,定来二十一日在斗六街妈祖宫畔搭棚开演一个月间,并聘请台北陈菊芬女旦入班同演。斗六自废厅以后,市景萧条,此次演唱上海菊部,实为该处人民目所未睹,其[热]闹繁盛,不卜可知云。

宣统二年九月十九日/1910年10月21日

枫叶荻花

在淡水戏馆演唱之天仙班,经已届限期。闻市内有志者,组织继演一个月,已立定契约。本期轮将往清国地方添聘花旦、武花旦、大花数名,限后期轮到北开演,到时剧界当必一新也。(聘新班)

宣统二年九月二十一日/1910年10月23日

南部通信·呈始末书

月之十八夜,永盛茶园演《破腹换头》,乐天茶园演《杀媳报》,各脚尽力竞争,以博好评。奈扮演丑态淫状,过于猥亵,有碍风化。翌日警务课召两班营业人严重说谕,命呈始末书云。

宣统二年九月二十一日/1910年10月23日

南部通信

观剧处罚

乐春茶园娼妓林氏招治,及会芳园陈氏勤,两人向当地派所请领外出鉴札,赴台南座观剧。该事发觉,拟照科罚,以警他寮妇云。

禁止淫戏

月二十日,永庆茶园日间排演《月华缘》一剧(即《卖胭脂》),此剧确系淫戏,当道以风化所关,当场制止罢演。因改换他剧,顺序扮演云。

戏界琐谈

元在嘉义开演之大吉升班，自前月杪转赴盐水港开演，已将期满。拟到斗六地方，经已决定。

老德胜班在旧城庆乐茶园扮演一个月，其后再继续两周间。近日将就旗后街某甲之聘，择在打狗座开演。

新福连一班，旧园主决定再贌三个月，诸股东已会议数次，想能成局。闻该班班主陈生玉，亦收赤崁茶园定金二百圆，许贌在南座开演。事若果实，后日必有一番较闹，二比未知如何了局云。

宣统二年九月二十三日/1910年10月25日

南部近信·承贌菊部

乐天茶园新福连一班，在台南座开演，贌限个两月已届。本拟继续，奈许允年为总办人，有不正行为，某股东拟诉于官，目下无意贌演。兹有二三商人为发起，募集新股，每股百圆，赞成者应募三四十股，金三四千圆。该班主陈生玉亦许出□，每月男班价金千九百圆，女班在外，经已成立。其园号曰赤崁茶园，租南座为场所，决定阴历十月秒(杪)承接。

宣统二年九月二十六日/1910年10月28日

南部通信·菊部状况

乐天茶园新福连限期已届，而该股主已让赤崁茶园园主承贌。现新旧股东议定承坐规则，件件成立，可免诉讼。

永庆茶园贌演两个月已满，再继续二周间，仍以南座为场所。

两座戏园虽然竞争，日间扮演仅草草塞责，以致观客稀微，所收观资不满三十圆。

夜明珠自渡台以来，扮演剧目仅有二十五出，每出迭翻数回，别无新奇，观客皆厌杀。

宣统二年九月二十八日/1910年10月30日

嘉义通信·集股演剧

当地各股东募集演剧一事,闻每股定四十金,给入场券约值六十金之额。自募集以来,约有壹百股,总额四千圆,其成就当在不远云。

宣统二年九月三十日/1910年11月1日

南部近信·承赎已决

赤崁茶园募集股株,每株百圆,承赎新福连班,以五个月为限,经已合约。去念四日先收头期金二十圆,二期份四十圆近日催收。其株券内载明主事陈捷三,取缔员黄天补,监查员吴荣谅,理事吴大阵,副理事董德、洪连。目下新旧园主准备交盘,甚然忙杀。

宣统二年十月初一日/1910年11月2日

枫叶荻花

在淡水戏馆开演天仙班,各角云繁飞散,观者寥寥,去一日已停演矣。闻艋舺厦新街新和生饼店主人黄不党于前星期赴鹭江,添聘名角,预定此期轮到台开演。重新旗鼓,或能挽回顾客,未可知也。(聘新班)

宣统二年十月初二日/1910年11月3日

夜会志盛

例年恭值天长令节,督宪为申贺□,即于督邸开设夜会,盛张筵宴,柬邀寓北文武高官及乡绅,跄济一堂,同行祝仪。此例实创自初任督宪桦山将军,以后十五年间,历任督宪循之。今年又恭值其期,佐久间督宪仍饬属僚措备一切,受柬邀者约六百余名。是日午后五时顷,烟火声鸣,车马纷驰,齐向东门大路而往。督邸前高建一穹窿形门,点缀电灯,现出凸形吉祥文字。上部装一台字,照耀逾百丈之遥。请宾从穹窿形门下过,趋至玄关。接待官僚雁翅分列于玄关左右,接收名刺,并颁餐堂指席单及余兴次第单。稍进数武,佐久间督帅阁下着大将制服,伫立一旁,温颜迎宾。玄关以内即设菊花圃,红紫黄白,点缀生趣,有数百株。天长节别称菊花节，爰以菊花为饰者。中庭高架竹棚，如张雁翼。棚前建大舞台，中棚为妇人席，左右棚为官绅席。棚前悬歧阜灯，并装点电灯，光辉掩映。隔池假山畔时放烟花，池前小亭乐队吹奏，声韵悠扬。广庭设五轩模拟店。余兴自六时演始，首登舞台者为现在淡水戏馆开演之上海天仙班。第一出演《西游记》所叙《金钱豹》，第二出演《打花鼓》，男女合演。次为内地艺妓歌舞，亦演两出。又次即现在艋舺市场演技之大阪力士角力，数十力士龙争虎斗，英气勃勃。时则来北观光之生蕃有百余名，亦许入邸观演，衣服形象光怪陆离，觉增一趣。余兴至九时余罢演。遂于乐声浏亮之里，开设食堂，依例分东两席，妇人席设于楼上。酒酣，佐久间督帅阁下先自西食堂，继至东食堂，高擎酒觥，与诸宾同高呼。于是散会，钟针已指十时二十分矣。

宣统二年十月初四日/1910年11月5日

南部近信·转赎彰化

老德胜班前赎旧城开演，限期已满。全部脚色于本日搭上北列车，赴彰化开演，订约二星期云。

宣统二年十月初五日/1910年11月6日

南部近信

菊部琐谈

赤崁茶园定阴历十月杪开台，特聘淡水戏园女老生陈菊芬来南合演，先交赎金四十圆。月之一日，突托经手人呈还定金，因此时得病，声音具失，不能就业。该园主因派人到申江，特聘女脚色数名。

班中冲突

月之一夜，乐天茶园未演以前，园中喧哗，势将用武。究其原因，为女旦夜明珠欲演《杀子报》，因科目唱念多少忘记，就某角教受，排演数次。近该旦将回申江，而某向取谢金，该旦不肯与，是夜将其衣服取去，其养母出为较闹，某又据此情诉诸竹子街派出所，尚未了局云。

宣统二年十月初八日/1910年11月9日

南部近信·艺妓受责

乐天茶园月之初五夜排演《丹桂图》一出,系浙江大奇案,观者接踵,园中杂沓。有水仙楼艺妓刘氏柳假扮男装,头戴西洋帽,与该园总理许允年并园丁程高飞联袂而进,登攀梯楼上,居一等席。旁人怪之,警官亦责其放肆,有碍风化,叱其退去。警官又问何客邀其来,妓不敢言明,只得哑口无言,丧志而归。

宣统二年十月初九日/1910年11月10日

南部近信

又新茶园

乐天茶园赎新福连一班,限两个月,期已满矣。至本月初七日截止,计亏本约四千余圆,每股百金损失过半。诸股东以理事者非正人,不敢继续。有好事者倡议募集新股,计六七名,赎演二十天,园号曰小阳春茶园,场所仍在台南座,择昨八日午后开台。

赎演未决

前报载赤崁茶园募集股主,承赎新福连班,拟租南座充为演唱一节。嗣闻因株数不足,且滞纳股金者约四五名,如董德、周克振及小乐天店主是也。现该园则成局与否,已难决定也。

宣统二年十月十二日/1910年11月13日

菊黄枫叶

在淡水戏馆开演天仙班,停演经旬余矣。所云往厦门添聘新角,究属子虚。该班戏子零落不堪设想。闻有欲聘往基隆开演者,其果否尚未可定也。(下台人)

宣统二年十月十三日/1910年11月14日

南部近信·复到台南

前老德胜班女优月里红等五六名，开演博得好评，今更就聘赤崁茶园，定来廿八日在南座开台。该女优每月贌价计七百五十圆，经已立约云。

宣统二年十月十六日/1910年11月17日

南部近信

女优回申

原乐天茶园聘到申江女优，因贌限已满，本拟前帮轮回归，因报关不及，再延一星期，经于月之十五日由安平出□。中有夜明珠，将由沪尾赴轮，是日束装就道，送至台南驿者多有其人，亦该女优之荣也。

戏园光彩

台南座小阳春茶园自开演以来，状况不佳，每昼夜收入金不满六七十圆。该园主因然聘女优粉桃花并金兰春、玉麒麟等，日夜扮演，颇得好评云。

宣统二年十月十七日/1910年11月18日

崁城雁信·剧界琐谈

小阳春茶园新福连班，男角计七十余名，惯演武戏。凡夜间时刻有限，所演武剧须要三时内外，或生枝节，惹观客至久生厌，未免徒劳罔功，宜加改良为妙。

园中观客之多寡，恒视出目之佳否。然佳出常在后，寻常武出竟列在先，扮演者自是寻常男脚，声音不调，步骤参差，故观客咸欲急观后出。而男角不自知其香臭，故意拖延，以致女班不能赴演，台下人无不因此厌杀。

去十六夜扮演《双上坟》剧目，用女花旦及三花各两名，即粉桃花、白牡丹，丑筱月蕉、小玉奎是也。如此扮演，俨若南座对峙，颇夺人耳目。究其精细，牡丹虽好，惜无绿叶对峙，犹不若桃花灿烂，秀色可餐，惹人注意。故镜海散人批评粉桃花演艺绝妙，色无防稍逊。白牡丹年才十七,年龄则少艾无比,论艺不足,论色有余。

金兰春女老生,唱曲不调,多带闽音。然就其外而观,色是动人,吴大舍颇赏礼云。

夜明珠人呼天仙化人,仅取其姿色柔媚,眉目清秀。罗山林宽敏倘能荐寝,愿一刻千金与之。

玉麒麟扮大花脸,有时到串三花,虽身材短少,亦后来之领袖。

武生筱月蕉年十八九,或为三花,或为大花,形神绝肖,观者欣慕不已。

宣统二年十月二十日/1910年11月21日

南部近信·菊部琐谈

盖七省,乐天茶园男角,现与女角陈筱芬、筱桂云、夜明珠等,就永庆茶园幞演两周间,金三百二十圆。每日出台,该丑步骤不佳。其人品性亦卑鄙,如女角与他不合者,渠则毁谤谣言,有恃势吓人之态。究其原因,无非挟迫取财也。

台南座、小阳春茶园为竞争戏界,添置女班,叠排新剧。自去十八日起,且演双剧,如《双梅龙镇》,粉桃花与白牡丹分李凤姐,二比对台。最夺人耳目者,粉桃花惟一,观者喝采不绝。

金兰春,元厦门打铁路野妓也。学几套剧本,扮演最劣。现渡台以来,与男角合演,声喉虽高,步骤极不合节。入夜常不在馆,未知何往。

宣统二年十月二十一日/1910年11月22日

南部近信

总办有私

乐天茶园罢演已多日矣。当时总办许允来函达各股主,谓收支决算,自停演之日起,十日内结算清楚,听各股主检查帐簿。迄今已过十四五天,尚未能清算,交股主检查。其中不无暧昧,皆啧有烦言云。

安平聘演

闽省大吉升班在斗六地方赎演期限已满，全班拟由安平港出口。闻宝美楼楼主萧宗霖募集股株，特聘该班在安平排演一周间。其场所择在海头角，临时建筑假戏台，名曰城西茶园云。

自取其祸

渡台上海班，其最可厌者，莫如盖七省。观其每扮丑旦，仅以走俏步为长技。有时扮男丑，其步履亦不离妇人态，观者生厌。或曰：似此黔驴无技，虽较诸本岛小班中之丑，亦有不逮。近因与筱月焦(蕉)龃龉，诬其与苦旦郭月仙有染。郭大怒，招集数猛，登门取斗。故自知理曲，兼以寡不敌众，遂埋头不敢出门，时有戒心。每夜在南座排演散时，俟同伴成群，与之偕行，方敢归回。真自寻烦恼也者。

宣统二年十月二十四日/1910年11月25日

清优葛藤

淡水戏馆所演支那戏，数日前已首涂。二十三日午后二时，会淡水港有出帆之船，该班俳优十二名、头主三名附之归清。轮将发，俳优头主间忽以金钱授受故，起激烈之纷争。其终头主等遂相与密谋，拟归途必杀其一二俳优，即购入日本刀两口。警务课闻其事，知大不容易，乃即日照会沪尾支厅，命其妥为管束云。

宣统二年十月二十五日/1910年11月26日

南部近信·剧界杂俎

小阳春茶园继演新福连，赎限廿日间，至阴历十月廿六日罢演。闻所剩无余日，该园主竭力鼓舞男女班尽力扮演，迭排新出，使观者不厌。赤崁茶园承赎新福连一班，定阴历十月廿七日在南座开演。特聘月里红、月桂红等计五六名，去廿一日由彰化来南，渐(暂)宿吴水家中，俟届期赴演。市内有戏癖者，皆拭目以待。

宣统二年十月二十六日/1910年11月27日

南部雁信・戏园杂观

该地贷座敷组合禁娼妓观剧,禀官立案。近日乐春院娼妓云英日夜私往台南座,列在一等席,名虽观剧,实则别有所图。该妓前次赴茶园,外出不报,被组合报告,罚金数回。渠尚不畏,今复如是,想难逃取罚也。

筱月蕉演剧最肖神,扮丑则诙谐百出,观者不厌;若扮武生则愈发雄壮,若(惹)人夺目。然佳则佳矣,有一黑瑕疵,过于轻挑(佻)。即如某夜与粉桃合演《杀狗劝妻》出目,筱月蕉串丑旦为焦氏,其科白曰:为人妇既不自由,受夫节制,莫名艰难。从中暗谑粉桃花在夫有焉,无数压制。时粉桃花两颊晖红,有含羞状。台下人解官昔者,齐声喝采,即此可见一斑也。

宣统二年十月二十七日/1910 年 11 月 28 日

女 优 将 到

台南内市募株二万五千圆,建大舞台壹座,计金一万八千六百圆,残余六千四百圆,拟聘支那俳优,以赴来春共进会时开演。月之初旬已令人赴沪延聘,闻已聘定郡天班女优四十五人,月赎价金三千圆,预定于旧历十二月下旬抵南云。

宣统二年十月二十九日/1910 年 11 月 30 日

南部通信・届期罢演

小阳春茶园赎新福连班在台南座开演,定期二十天,至明念七日止,已将罢演。现新旧园主设备交盘,甚然忙杀。而赤崁茶园承赎该班,添置申江驰名女优约七八名,经已到台矣。

宣统二年十月三十日/1910 年 12 月 1 日

南部通信・安平演剧

安平本拟请大吉升开演,因协议中不合,遂即罢演。今依新福连在台南座赎演届期,而赤崁茶园虽然承赎,须待演活动写真演毕。是以先就安平聘演两昼夜,经自去二十八日始至二十九日止,在海头角王爷宫前开演云。

宣统二年十一月初一日/1910年12月2日

嘉义通信·筹构戏园

内地式戏园曰嘉义座,已创建筑于原罗山公园内,壮丽雅观。独是本岛人之催演梨园,位置系临时之创设,究竟未得达其目的耳。今番有富豪林某,运筹握算,谋建宏壮戏园。该场所拟于外较场陆军敷川地之卖下处,与买主周某交涉,若获□就,便当着手行事,然后聘请扮演云。

宣统二年十一月初二日/1910年12月3日

南部雁信

与盗无异

盖七省,元新福连班丑旦,为人狡狯,演艺最劣。此番被班主解雇,拟搭定期轮由安平出口。而前乐天茶园所置一等席洋式藤椅,计数百块,被其偷窃四块,价格七八圆,隐藏在牛磨后街张金池宅中。倘园主认真追究,难逃罪戾也。

安平市况

安平虽为船只通商港,而素称天险,除定期船而外,所有汽船大半向旗港居多,是以该地市况不振。兹因清国菊部新福连班在海角头王爷宫前开演三昼夜,观者如蚁,市中生理热闹有数倍云。

费四百圆

安平怡记支配人因新福连班停演,黄天补倡议贌到安平演唱。每日五十圆,定三昼夜,给金百五十圆,开赏百金,并诸角往来轻便车资,统计共费四百余元。任人往观,不取观料。每日人数,男妇老幼约有四五千人。有此多数,实因不取观资也。

宣统二年十一月初三日/1910年12月4日

又多一娱乐机关

上海老德胜班于本年莫春下南演唱,其男女脚色并行头等多已添换,面目一新,大殊客观。闻在南演唱颇得观者赏识,者番卷土重来,择定本月九日仍假淡水戏馆演唱。其最当行出色者,即坤角花旦夜明珠、坤角老生陈筱芬、坤角文武小生筱桂云、坤角老生十三红、男角武生杨喜珊、二花脸胜奎官,另有正副脚色二十余名,本月八日便得抵北。据该班主云,夜明珠之曲艺,尤胜前之金牡丹;陈筱芬则微能出其右者;筱桂云不独擅文武小生,又娴青衣并花旦,声腔绝伦,尤为好脚;十三红则戏出视昔尤多,而唱念亦倍出神;喜珊、奎官亦各具其妙;其它新招二十余名,亦罔不呱呱叫者。按陈筱芬记者旅厦时,曾见其演《子胥过关》并《取成都》两出,果能将个中情景和盘托出,尤妙在歌至悲怆时,音响凄然,不断如缕。非面壁九年者,曷克臻此!及今思之,其人其音犹仿佛在耳目间也。

宣统二年十一月初五日/1910年12月6日

戏开演矣

前报上海老德胜班择定本月十一日仍假淡水戏馆开演一事,昨据该班主来云,已准定早一日开演,即本日。其日夜欲演之出目如下:日间第一出《渭水河》、二出《天水关》、三[出]《双狮图》、四出《花蝴蝶》、五出《珍珠衫》;夜首出《金雁桥》、二出《雪梅吊孝》、三出《六部会审》、四出《海潮珠》、五出《界牌关》云。

宣统二年十一月初九日/1910年12月10日

南部雁信·观剧赏金

去六日,金兰春、玉麒麟、金玉莲三人合演《吃人肉》剧目,有吴某见而乐之,赏金六十圆,亦该班之幸也。

宣统二年十一月初十日/1910年12月11日

南部雁信·剧界衰退

剧界衰退,几乎不可问矣。如赤崁茶园,日收不满三十圆,夜不过五六十园,统计百圆内外。每日亏本四十余金,按一个月而论,须亏千四百圆之谱。若蹼演三个月,当损三千六百圆。盖观剧者至今经已饱眼,倘非再聘特色名角,抑或排演新剧,实难得利。且岁聿云暮,人多忙碌,非至新春,当难挽回趋势也。

宣统二年十一月十一日/1910年12月12日

雪白梅香

老德胜班卷土重来,经于去十一日夜开演矣。因其戏箱运至是日十下钟始齐到,故开演时新(暂)服旧服。有嫌其戏服不新者,特未知其底里。此后再演,当焕然一新,悦人心目也。(拭眼观)

宣统二年十一月十二日/1910年12月13日

菊部阳秋

大昨夜淡水戏馆所演诸出,实以《海潮珠》为最佳,扮棠姜者为夜明珠,扮崔子者为筱桂云。夜明珠声色俱佳,本易夺目,尤妙在科白不凡,传神阿堵,往往于不露形迹处,觉有一种媚香媚色,咄咄逼人。虽铁石为心,亦不免一点酸从脚底直上。近来津海花旦往往为投世俗之嗜好,以能淫佚者为贵,致陷种种丑态,是大不可也。《金瓶梅》、《肉蒲团》人群目为淫书,独《西厢记》则有断断争之者,即此意也。故画工终不如化工之为入妙也。昨观夜明珠往于荡冶中带名贵气,斯为得之矣。若以此为未尽花旦之伎俩,犹皮相也。又筱桂云唱念关目,固推当行出色,而于斗□处亦不露斧凿痕,知非率尔登台者。且时常倒串青衣小生诸脚色,亦无不恰肖,是尤善于变化者。

宣统二年十一月十二日/1910年12月13日

观剧琐谈

台中厅下茄苳脚区长李振鹏氏,去七八日为黄堂祝寿,聘上海老德胜班全部,开演二昼夜。来观者人山人海,不下数千名。善演者,系十三红、牡丹红、筱桂云诸女角等,及男名角,声音嘹亮,步武端庄,形神逼肖。在台中、彰化、及南北部来宾诸绅商,习闻习见,无不拍手喝采,交口欣赏。而庄民不谙唱念歌曲,仅观衣服华美,武艺超群,至个中三昧,冥然罔觉,无怪者众口一词,视为平常,而知物色者鲜矣。噫!诗向会人吟,前言不其然乎?天下事大抵然耳。

宣统二年十一月十二日/1910 年 12 月 13 日

菊部阳秋

淡水戏馆昨演《遗翠花》一出最佳,夜明珠扮花旦,筱桂云扮小生。夜明珠活画一个绝乖绝觉妖鬟,如递简之红娘;筱桂云则力写一片搔爬不着神理,如酧(酬)韵之张拱(珙)。细针密缕之中,往往机趣横生。盖此等纯以科白擅长,着一呆相,便与傀儡登场。必使座观者媚情缕悉缠集于作者之身,几疑身亲其际,斯为得之。正如写太真出浴图,神情愈活现愈妙,苟无伤于大雅,虽稍荡冶,不为累也。妙在夜明珠本具一种羞涩气,不敢尽情透露,春光含蓄,更耐人寻味。而筱桂云则故处处装痴作呆,与之对照,两者更栩栩欲活。自有上海班渡台以来,实未见有如此小生,初无论乎女角也,安得不令人之意都消。

宣统二年十一月十三日/1910 年 12 月 14 日

今晚出目

淡水戏馆老德胜班,本夜准演出目如下:(一)《牧羊卷》,扮演者为女老生陈筱芬;(二)《姑嫂伴眠》,扮演者为女花旦夜明珠及女小生筱桂云;(三)《烧骨计》,扮演者即女老生串青衣十三红云。

宣统二年十一月十五日/1910 年 12 月 16 日

菊部阳秋

戏有设身处地四字诀,于喜怒哀乐及科白斗笋处,固不容一毫假借于其间。即如《翠屏山》一出,其主人固为潘巧云并石秀。故于潘巧云也,嬉笑怒骂,必活画一淫妇身分,醋悍口吻。于石秀也,一举一动,必露出凛然难犯,去焉若挽之概。两两对照,方能神情奕奕。万一为石秀而苟于言笑,或斗气时有些少轻薄之态,为潘巧云者仅能为记诵之学，于□合处有生吞活剥之病，皆呆相也，是不独演者唐突，观者亦无味矣。若昨夜明珠所演此出，幸能到恰好地位，视扮石秀者尤胜过万万也。又筱桂芬、十三红合演《算粮》一出，十三红扮王宝川，筱桂云扮二姐，其兴味尤觉悠然。盖此出青衣，须处处以矜持出之，重唱念不重做功，洵十三红所擅场也。

宣统二年十一月十五日/1910年12月16日

菊部阳秋

优孟登场，固不特以声色胜，此尽人而知也。而独于忧乐喜怒恐惧诸要点，神情趣致，极其细微，非明眼人莫能辨其优劣。如昨淡水戏馆所演诸出目，最令人移情夺目者，为末出《红梅阁》，次即《朱砂痣》。《红梅阁》扮白生者为筱奎云，扮阴魂者为夜明珠。当在红梅阁昏暮时，寒风过阵，扉洞然自启，挑灯灼照时，则活现恐怖之状，能令观者不威而畏。及蓦然烛见时，则转恐怖为吓怒，不问其为人为鬼，立欲逐之出，如柳下惠肃不可犯，如鲁男子绝无情欲。及至互通缱绻，则色然喜，悠然乐，妙在能于机投神会之际，如两小莫逆，一昧欣然，令见者如入云梦，神情为之飘渺。及至追杀者至，则□然偕亡，尤妙在于事机未露之先，为其鬼者，别其一钟乖觉气，先事推知。追杀者至，则左右白生，活画一对弱鸳鸯。迨阴司追捕，则又两情不舍，呜咽万端。转瞬之间，一惧、一喜、一忧、一乐，无不诙谐入妙，神情逼肖。卒尔登者者，必无此伎俩。若《珠(朱)痣》，扮韩清峰者为陈筱芬，虽亦有可观，然已次矣。

宣统二年十一月十六日/1910年12月17日

雪白梅香

淡水戏馆附近车夫，其御观客往来也，不问地之远近，一回必十钱以上始可。有拒之者，则叫嚣几不可耐。似此贪婪无厌，警官其或从而管束乎？(钱鼠)

宣统二年十一月十七日/1910年12月18日

菊部阳秋

武戏非不足观也。观者忽之,作者亦忽之,此其所以不足观也。文章诗歌不妨浓粉中时露□质,俗则害全篇耳。梨园脚色不妨杂以常出,第不可恶出,恶则骇人听见,玷于全体。就开演以来,有所以令人采而不忍去者,亦由无恶出以混之矣。又事物怕比较,扮四郎之陈筱芬,其唱念关目固不至于寻常,然十三红一代之,则觉别开生面,有飞上九天歌一声之气概。夜明珠之声色神采,诚能于自然流露间,不放弛其规范,则不独为女角中之铮铮,抑亦全部中头之角也。

宣统二年十一月十八日/1910年12月19日

本夜出目

淡水戏馆老德胜班茶园,今晚欲演之出目如下:(一)《御果园》;(二)《演火棍》;(三)《杀子报》,扮王徐氏者为女花旦夜明珠,扮官保为女老生十三红,扮先生为女老生陈筱芬,扮金定为女小生筱桂云,扮纳云和尚为男角清客串云。

宣统二年十一月十八日/1910年12月19日

雪白梅香

淡水戏馆开演老德胜班,新聘优等女角月里红并以外八名,闻念八日将由南来北。该女角为上海有名脚色,如果来北登台,想必大有可观也。(好脚色)

贵报《菊部阳秋》评论剧界脚色,可谓详矣,然主褒而不主贬。如演佳人才子之剧,只可以意似神,不可失之显露,致流于诲淫。如前夜丑旦杨喜珊所演《卖胭脂》一剧,秽语喋喋,动作粗豪,最为有碍风俗。而贵报不为攻击,殊失公道批评。谅监台官吏不久亦能严禁之也。(观剧者)

宣统二年十一月二十五日/1910年12月26日

茶园出目

淡水戏馆老得胜班,本日昼夜欲演之出目如下。日间(一)《文昭关》、(二)《鸿鸾禧》、(三)《送银灯》、(四)《大闹张王府》。夜间(一)《曹操逼宫》,扮曹操者陈玉龙;(二)全本《关王庙》,扮演者小桂云、十三红、夜明珠、陈小芬;(三)《戏迷传》,扮演者小桂云、夜明珠、陈小芬云。

宣统二年十一月二十八日/1910年12月29日

南瀛鲤信·梨园杂俎

赤崁茶园之新福连升班,开演已将近一个月。虽此次添聘素所驰名之女优月里红、月桂红等,奈本市人司空见惯,入场观剧者寥寥无几。幸目下糖米已动,南而阿缑凤山打狗,北而嘉义彰化斗六,多来市卖买,故每日一等坐位外客占有六七,园中颇不寂寞。

女老生金兰春无对手,故昨晚演《梅龙镇》与男优花旦陈得禄合演。金兰春女以为男,扮正德天子;陈得禄男以为女,扮李凤姐。台下观者谓阴阳反背,当其调戏时即为之拍手喝采,声如巨雷,令金兰春两颊时红。

妇人入戏园,除老者中年外大半是野放妇女。故因坐位龃龉,男客反少,女客滋多,甚至有贱泼无状者,殊为可鄙。

新历正月南座将演内地戏,故福连升班定此阴历二十六日罢演。将赴凤山演三礼拜,然后再回南,以候旧历元旦开演。该班者番股主原向赎三个月,但旧正月适开共进会之时,大舞台厅内意准演正音戏,南座准演日本剧,其他台南座又被大舞台租定,闻将假建筑,尚未卜何地位云。

宣统二年十一月二十八日/1910年12月29日

编辑日录(十二月廿八日)

有问《菊部阳秋》近日何故颇寂寞,岂以现在脚儿一一批评之,不编新戏,不增新脚儿,恐陈陈相因乎?则应之曰:岁□匆匆,编辑辐辏,尚不尽为是也。且喜月里红诸新儿不日将由南部至,适值新年,尔时当再抖擞精神,一揩老眼也。

宣统二年十一月二十八日/1910年12月29日

南部近信·官音止演

赤崁茶园继演一个月间,每日亏本五六十圆,统计损失二千余圆。去廿五日开股主会议,决定截止。该班因就凤山之聘,择明廿九日开演。俟三月间再赴台南云。

宣统二年十一月二十九日/1910年12月30日

雪白梅香

昨有赴淡水戏馆观剧,购三等券而入,竟就特等之座位。初场中给事不知,急进茶果,其人愕然。给事问之,乃促令转趋三等位。意者其地瓜老耶?抑生平未入剧场耶?(何张皇)

夜明珠与筱桂云合演《红梅阁》一出甚佳,贵报已批评之。昨又演此出,其神妙殊远胜于前,不知能值得再评否?有云夜明珠易欺台,若此出则可免此诮也。(独眼龙)

宣统二年十一月二十九日/1910年12月30日

雪白梅香

时样妆饰,传染流行最速,然莫甚于妓界。自上海菊部渡台开演以来,其女伶悉打辫子,衣长衫,即有效其垂辫者,而乔妆尚未之见。日前竟有某妓到淡水戏馆观戏,装束一如女优。该班优人与有识者,引入戏房内。观客以为月里红,视线群集,几误看杀也。(乔妆妓)

宣统二年十一月三十日/1910年12月31日

雪白梅香

客有自上海来,据云女优曾盛行于一时,嗣因大舞台、新舞台两剧界巨擘皆聘用男角,不用女角,其女角之尤者,皆就他处演唱,甚有流落苏杨(扬)镇江汉口者,故女角声价顿降。果尔,则台湾剧界之改良,当不患无好脚色矣,敢拭目俟之。(锦上花)

淡水戏馆上海班,固推筱桂云、夜明珠、陈筱芬、十三红为最。日来桂云等所演皆可嘉,独与杨喜珊合演时,则不论是何脚儿,皆有破绽处，较常大见逊色。盖喜珊关目生硬，科白疏略，一味无理取闹，其扮丑旦或三花，尤令人生厌，疑其半日不曾入菊部耶？殆新串客之东涂西抹者耳。不然，彼即目中无人，亦不应欺□至是。况其说风情之间，更狎亵不堪寓目，屡为警官所注意乎。或曰：是全无心肝者，或然。（明眼人）

宣统二年十二月初三日/1911 年 1 月 3 日

厦门通信·菊部琐闻

夕阳寮春仙茶园庆丰年班女优，近应嗘叻之聘，经于去年十七日附丰处轮船，全班出洋。自是以来，该园寂如古刹，人迹罕到。而水仙宫之聚英茶园亦自去二十日为全闽报庆祝后，全班渡海赴乡社酬神之招黄（演），至今未返。至于打铁路头之咏乐茶园，则早于秋间歇业，近改为活动写真。于是厦埠戏园，向之鼎立而三者，而今已消声匿迹，全行扑灭。具有周郎之癖者，目下骚兴几无可发泄云。

宣统二年十二月初五日/1911 年 1 月 5 日

雪 白 梅 香

淡水戏馆大昨日因演《杀子报》，复见满座，且以继至者络绎不绝，其无座位，仅立足而观者，殆及其半。园主见此盛况，遂复展演二天，准豫发入场券得以通用。或云：每回《杀子报》必满座，则又何故？得毋停演在即，不急睹恐无及欤？（紧紧看）

淡水戏馆上海班，固订本月十六停演后，即行回沪。然阴历新正在即，岛人何可无此娱乐机关，不知能得有心人一为提唱否？况既有筱桂云、夜明珠、十三红一辈，苟再得女大花、女三花两者，便成全璧，其出色夺目亦不难也。（求戏看）

宣统二年十二月初十日/1911 年 1 月 10 日

雪 白 梅 香

旧历岁暮既迫目睫，而淡水戏馆梨园又每夜声歌，趋观者依旧

不绝。所谓嗜好既甚,便有不同也。(戏癖者)

宣统二年十二月十三日/1911年1月13日

雪白梅香

淡水戏馆上海因订不日停演,兹闻有上海人在嘉北者,将出为承办,现正设法招股。如其得遂,则以阴历元旦开演之,且豫向上海添聘新脚儿云。又有云台南月里红一班,亦有来北之意,淡水戏馆苟无继之者,即于来月抵北。但其戏金每月须三四千圆,恐无股东敢承也,即来亦将自演夜。(有戏看)

淡水戏馆昨演《男刚女烈》一出,武生牡丹红、花旦夜明珠皆当行出色。牡丹红之形容怒介,尤为不可多得。按牡丹红昔为武旦时,固属中等人物,不料一变为武生,即如许妙也。愿以二言为赠曰:还却须眉真面目,扫除巾帼旧家风。不知牡丹花以为如何?(复原形)

宣统二年十二月十四日/1911年1月14日

雪白梅香

淡水戏馆上海班本订昨夜停演,嗣因归期未至,且有新股东正为准备,欲留之再唱,遂再展限一星期。如得维持至阴历元旦后,其胜算固可操也。(有戏看)

宣统二年十二月十七日/1911年1月17日

打狗通信·戏班不法

寓台南之新福连男女班,自去年除夕即蹼到凤山街开演。昨夜将近十一时顷,小雨骤至,该戏班更藉口该戏园系临时加设,所盖亚铅板不甚结构,恐有渗漏,所演之《丹桂园》未终,各自收锣息鼓,纷然散去。一时座客怒不肯退,大闹不停。该戏班更逞野蛮,一齐喊打,将与较之许朝英围住乱打,鼻血淋漓。走诉当地支厅,警官立至,即将该班数捕到拘留,拟欲严为究治云。

宣统二年十二月十八日/1911年1月18日

赤崁春帆·舞台已成

台南大舞台，自昔归包办人建筑，迄今内外土木工皆成，现在涂壁，闻此一二日，自可全部交过业主掌管矣。其门面之堂皇，坐位之宽敞，可与台北座匹。台中将燃一千灼光之大电灯，上下两傍又灿无数小电灯，春台一登，必大有可观。但市民宣传楼之材料甚小，观客充满，恐有崩凹之虞。然新建筑物，可无须过虑也。

宣统二年十二月二十二日/1911年1月22日

雪 白 梅 香

近有中路蔡氏入台北病院养疴，女角夜明珠时往探望。有云夜明珠将自谋为班主，欲向蔡告贷千圆者，未稔然否。（万福）

宣统二年十二月二十二日/1911年1月22日

雪 白 梅 香

淡水戏馆老德胜班已停演旬余矣，本岛娱乐机关为之一减。闻有组织重演者，经已定规，将于旧历正月元旦开演。有戏癖者，均拭目以待也。（戏癖）

宣统二年十二月二十五日/1911年1月25日

赤崁春帆·新班渡台

大武（舞）台特聘闽省三庆班，中有上海名角数十名，及女伶六名，全班约百余名。已于廿一日由定期船入安平港上陆，现租北势街元怡记旧行为戏馆，闻其开费计有七千余圆。开台日期，期定自旧历元旦日云。

宣统二年十二月二十八日/1911年1月28日

戏 又 来 矣

淡水戏馆上海班，兹有上海人金筱山出为鼓舞，订阴历正月一日再行开演。自旧脚儿而外，并添聘女老生金兰春、小生兼小丑老生筱月桂、三花小胜奎、大花玉麒麟等。想届时必又极五花八门之妙也。

宣统二年十二月二十九日/1911年1月29日

宣统三年(1911)

雪白梅香

淡水戏馆上海班,固于旧历元旦再唱矣。惜乎是夜大雨,观者寥寥,可谓杀风景矣。然闻新女角数辈委实清妙,观者精神亦从此一抖擞乎。(惜春宵)

宣统三年正月初三日/1911年2月1日

戏园兴工

台中自铁道开通式以后,日见发达,商廛栉比,从前之原田荒芜者,已变为繁华往来之地。近有高砂演艺场,卜地于中央医院左畔,建筑戏园,现已着手兴工。又闻雾峰富家林某以南北皆有支那戏园,而台中独否,不无寂寞之感,拟募资本数万圆,养成女伶,开台演唱。此议若成,则台中士女多一娱乐之所至。或曰:蔡参事莲舫就医台北之时,女伶夜明珠向其假金,而自为班主,蔡参事何不命之来中扮演,以与众共乐也。

宣统三年正月初六日/1911年2月4日

雪白梅香

淡水戏馆上海班订此初八九十等日,欲分赠招待券,其戏亦格外改良,谅其时往观者必加多,而班主亦必有权衡于其间也。

宣统三年正月初七日/1911年2月5日

赤崁春帆·菊部批评

大舞台男女班于去三十日开演,其剧目即《渭水河》、《乌龙院》、《富贵楼》、《八蜡庙》。入夜演《万花献瑞》、《九世同居》、《翠屏山》、《关王庙》、《金雁桥》等。就中最为夺人耳目者为女武生筱连奎，不特以声调胜，而演武亦极其轻灵，较胜筱月焦，观者喝采不绝。其他女花旦珍珠花、筱彩云、女大花筱奎官、女老生汪处文等，均有可观，颇得好评云。（以上上月三十一日发）

宣统三年正月初八日/1911年2月6日

打狗通信·凤戏连赎

寓台南之新福连班，于去月除夕为凤山街王兆麟募集股份，赎到开演。然赎期已满，各处乏人承接。有同街王拱垣再为集股，继赎一个月间，已于旧历元旦登场开演矣。

宣统三年正月初九日/1911年2月7日

赤崁春帆·豫防竞争

共进会定三礼拜，大舞台准演清国官音，南座准演内地剧，过此以往，各听其所好。前此新福连班诸股主原许赎三个月，因当市无戏园，故犹滞凤扮演，近日有议将租南座者。大舞台闻之，即传集诸股东开豫防演剧竞争会云。

宣统三年正月十一日/1911年2月9日

女角优评

大花玉麒麟，新福茶园女角中之最青年者，岁仅十三，乳臭犹未除，而聪明殊甚。凡登台时，便能运用化工，莫论扮演何人，皆恰切其身分，固不仅以声调科白称胜。如唱《黑风帕》，俨然一高旺在焉，遇其媳妇于不自知之际，刚鲁中生出许多谐谑，神情逼肖，令人叫绝。惜乎为其媳妇者不知何物，譬如傀儡亦有线可抽，司其权者能操纵自如，以木偶对玉麒麟，是真英雄无用武之地矣。唱《黄金台》则扮演奸监，满口京腔，入田府搜索不获，愤怒填胸，出语时咬牙切齿，留有余不尽之气。但行动举止间惜少敏捷，想亦幼稚之故也，识者当自谅之。然其才不独当大花已也，前夜演过《空城计》，串老生孔明，即能绘出临事从容自得之概。至于城上鼓琴，抑扬顿挫，按指有法，不似他人之直致。如此脚色，询（洵）女角中不可多得者。台下人见之,皆齐声喝彩曰:好好好,好好好!

宣统三年正月十二日/1911年2月10日

凤山杂俎·剧场好况

客腊开演之支那戏,现尚滞留,附近村落往观者极多,故本岛人饮食店亦因而繁盛。

宣统三年正月十六日/1911年2月14日

茶园出目

淡水戏馆新福茶园本夜准演《杀子报》,其扮金定者为新到女老生串花旦金兰春,扮先生者为女角十三红,扮官保者女大花玉麒麟,扮纳云和尚者女三花筱月樵,扮王徐氏者女花旦夜明珠云。

宣统三年正月十七日/1911年2月15日

赤崁春帆·聘新福连

为大舞台排演三庆班,经过两周间矣,成绩不佳,每日亏本百六十圆内外。是以有戏癖者倡议重聘新福连升到南复演,募集股株,每株二十圆,按定三百株,计资本四千圆,充为该班赎价。开场所租贷南座,月税金七百圆,经立约成事矣。

宣统三年正月二十日/1911年2月18日

菊部阳秋

淡水戏馆新到女小生筱月椎(樵),昨演《翠屏山》扮唱石秀,科白唱念皆有夺目处,可云好个脚儿也。盖石秀一略多怒介,非饶有雌雄气不可,然带一点粗豪,尤失身分矣。月樵于此等处能不露巾帼,煞是难得。所惜者入店饮酒时,扮店小二者茫不知戏为何物,遂至关节不对,知月樵必大扫兴矣。至于扮潘公者虽稍生疏,犹其次焉者矣。又其夜为《六翠屏山》,却不对台,亦觉减色。

宣统三年正月二十二日/1911年2月20日

赤崁春帆·场料频降

大舞台开演清国菊部,为广招顾客,屡次降价。元(原)入场料日间特等八角,一等四角,并等三角;夜间特等一圆,一等六角,并等三角。未满两周间,降价两三次,先收八折,继则七折,今则五折。

宣统三年正月二十三日/1911 年 2 月 21 日

莺 啼 燕 语

淡水戏馆女角筱月樵固能兼串三花,昨演《人紫霞宫》一出,于定计杀嫂时,及夤夜劫棺时,皆淋漓尽致,几忘其女子幻身者,可云不可多得之脚儿。闻月樵喜为男半装,薙发不裹足,乍见与男子无异,其有来生愿变作男儿之感乎?或云月樵曾与其妹金月梅在厦门戏园合演《十八扯》,扮唱三花,见者多不知为女子,亦一趣也。有问其何以能如是,则曰:余登台时,惟知此身已作三花,故不觉与之俱化。盖深得戏中之三昧者,其为多人赏识也,不亦宜哉!(筱木兰)

宣统三年正月二十四日/1911 年 2 月 22 日

莺 啼 燕 语

淡水戏馆开演老得胜班,近日顾客颇形盛况。去廿一夜演《双钉案》,观者尤众。有粤人两名,憨态可掬,坐特等位,园丁询之,因改坐一等位。迨收单时,园丁始知为三等单,欲向补足,又不肯破悭囊,因被逐去,真不知差也。(厚脸皮)

宣统三年正月二十五日/1911 年 2 月 23 日

准 演 好 戏

淡水戏馆新福茶园定本月念七夜,演唱《唐皇游地府》接连《刘全进瓜》,并《翠莲借尸还阳》等出云。

宣统三年正月二十八日/1911 年 2 月 26 日

莺啼燕语

淡水戏馆新福茶园,去廿四夜开演《错中错》一剧,筱月樵、夜明珠两女角尽力演唱。正在出神之际,电火顿灭,转瞬复明。自鸣钟十二下矣,遂偃锣息鼓,均败兴而归。(大扫兴)

宣统三年正月二十八日/1911年2月26日

共进茶园

梁廷清、蒋襟三等募集二百股,每股二十圆,计四千金,聘定新福连升班,并女优月里红等,将于南座扮演。颜曰共进茶园,特等位夜间三十钱,日间二十钱,并等位夜间十钱,日间六钱,三月一日开台云。

宣统三年二月初一日/1911年3月1日

南部近信·观剧短评

或有诘于课花主人曰:子之观剧,昼夜无间,现大舞台诸女优,较新福连升班孰胜?主人曰:余双目如豆,见识其陋,且身非戏中人,安知戏中事乎?然既劳劳下问,敢不就所见所闻,略其一二。

花旦真珠花,虽不及夜明珠美貌丰采,色色夺人,而演艺比他绝妙。试观其登场步骤,风范别具一家。就艺论,固为全班冠,亦为前此来台女优冠也。

女大花筱奎官,唱念关目恰合花脸面本色,惜剧目无多,然亦可与小秀山、玉麒麟相伯仲也。

女老生汪处文曲韵佳妙,比陈筱芬较胜。就形神体态而论,汪处文肥而劲,陈筱芬矮而少。然亦未始并因年齿之长幼不同,步骤亦因之有异。

筱彩云芳年十六七,秀骨媚人,风流潇洒,声韵亦佳,善唱棒(梆)子调。

武生筱连奎,其打舞倏有英雄气,非巾帼妇人孺子之习气,较之筱月蕉更进一级。

花旦白牡丹,新到武生筱玉奎,色艺姑且勿论,两伶自备服色,比前较新鲜。

宣统三年二月初二日/1911年3月2日

赤崁春帆·戏园竞争

南座福连升班又将开演,大舞台欲与竞争,其股东一百名计划各发百二千枚戏单,计其万二千枚。或分给亲朋观看,或出资亦可,限三月一日至五日止。此外又令人在街头巷尾发卖,特等夜间三角,日间角六,壹等夜间一角,日间六钱,并等夜间五钱,日间三钱云。

宣统三年二月初四日/1911年3月4日

台南剧界之竞争

演剧为改良风俗之本,文明各国久已盛行,而台湾亦踵效之。然台之演剧,尚袭支那旧套,绝少价值。而如今日台南剧界之竞争,则尤无意识之举动者也。

台南自福州三庆班来演以后,引起南人观剧之心。盖以台南旧剧腐败已极,不堪寓目,而福州来者则歌曲较新,冠裳较丽,南人啧啧称之,然于风俗改良之本漫无关系也。自是以来,牟利市侩时向对岸招来扮演,忽而称为上海,忽而称为北京,大书特书,声(耸)动耳目。究其脚色之优劣,固与三庆班不相上下。此台南近年剧界之一班也。

若夫此次剧界之竞争,虽无足评论,而亦足以观台南人士之举动。夫今日之世界,竞争之世界也,万事万物,莫不以竞争为进步之机。而以剧界之竞争,苟以进步为目的,则亦有足观。而据所闻见,竟有不谬不然者。

先是台将开南部共进会之时,洪采惠、张文选辈欲利此时机,乃议设戏园,以招徕观者。台南厅亦纳其议,于是洪张各出募股。而张为富家子,众雅不欲与共事。洪得谢群我、王雪农等之赞成,得集股金五万圆,凡壹百股,先数半数,则为二万五千圆。购地于小妈祖港街,建筑戏园,距南座仅数十武,为通共进会场之大路,名曰台南大舞台。往聘福州班扮演,间有二三上海女伶。剧之优劣,余且勿论,而剧界之竞争起矣。

张文选愤而谋对抗,以六千金收买南座,欲蹼新福连班开演。然南座之狭少,不及大舞台之壮大,张乃谋扩张之。其后有一民屋,所值不过二三百金,张故以六百金购之,事垂成矣。洪侦知,急招屋主,购以千金。张始悔而愤洪之心愈烈。洪又虑张之对抗也,谋诸当道,凡共进会开设期内,不准他班来演。乌乎(呜呼)!此万金难得之时机,张竟被阻而不得一试活动,张亦一绅士也,能不恨且妒哉!且待且待,而共进会且闭会矣。张更集股资,每股二十金,与以观剧券二百四十张,许其转售他人。而观资亦极廉,夜间上等三十钱,平等十五钱,日间则减半之。经以本月初二日开演,名曰共进茶园。而大舞台闻南座之将演也,亦以数日前大减观资,又分发观剧券万张于股主,以赠与亲友,且拟抽签赠彩金,于是每日观者数千人。自外观之,不可谓不热闹,而闻其内容,则已损失四千余金。而此后竞争愈烈,则损失又愈多也。

更有一事,为二比竞争之大问题。大舞台之前面有一地,为爱生堂药房之所有。当建筑之时,欲向爱生堂购用,论价未就,乃托平野六郎兴之交涉,每年纳以地税若干,爱生堂计之。张闻知,密向收买,以为报复之计。此地虽小,适为大舞台出入之枢要,且建屋其上。张既买收□,则向大舞台索地,否则以南座后之民屋对换。大舞台颇难处置,再促平野与爱生堂交涉。然闻爱生堂前日之许仅口许尔,而地已卖人,当亦无力挽回。则大舞台之处置,更形狼狈矣。

呜呼!此所谓台南剧界之竞争也,所谓台南绅士之举动也。为私利乎?而各有损失。为公益乎?而毫无关系。诚所谓无意识之举动也!

宣统三年二月初六日/1911年3月6日

莺啼燕语

淡水戏馆新福茶园聘老德胜班开演,去七夜已届终演期。末出《十八扯》，十三红扮大花脸，夜明珠扮二花脸，一登场而观客拍手之声不绝。迨后十三红演《杀子报》，夜明珠演《买胭脂》，尤为有趣。当更深人倦之际，忽睹此奇剧，精神均为唤起也。（振精神）

宣统三年二月初九日/1911年3月9日

南部近信

开台好况

南座共进戏园去二日午后一时开台，未演以前，客席已满，后至者不得其门而入，园外人聚如蚁。查日间所收入场料约六十余金，入夜较日间尤热闹，收百圆余，计日夜收款连百六七十圆。倘始终如此，其利当不少。

戏园杂录

观剧者怡情也。而乃常有买三等票而坐一等，致相龃龉，斯亦陋矣。某甲为市内富家裔，亦以三等而坐一等，为验单者察出，要其补足。渠藉词为不识何者三等，何者一等。验单者不容。甲怒言曰：误坐一等席，有何犯法？且演剧过半，吾将三等票而坐一等位，于汝无亏。验单者以该园人数两千余，若人人如是，实碍营业，两者纷论。观客被扰不堪，共叱之去。▲南座狭小，人人尽知。且新福连初开台之日，老少男妇争先恐后，先到者之位为后至者占去，遂生口角而别演活剧。

议聘至(群)仙

大舞台排演三庆班，贌期两个月，将近满期。所收金额虽无利益，亦不至亏本。兹闻诸股东倡议特聘申江群仙茶园女班，全部脚色四五十名，贌价金一个月间四五千圆，来南续演。其中赞成者十有其八云。

舞台株价

大舞台系岛人募集株金建筑者，其屋宇华丽，南部唯一。彼时募集股株，每株二百五十圆。在共进会前，凡主让与买卖者，一株值三百圆左右。降至今日，□原金卖过他人，尚难卖出云。

宣统三年二月初十日/1911年3月10日

南部通信

加增贌价

共进戏园此回在园中贩卖果子及茶点,因竞争向贌者约百名以上,是以园主特攀高价,特设入札,为三四境街杨粪所得,贌价一个月间现金百圆,比前回贌价增有四十金云。

观剧须知

南座因场所狭隘,观客充满,无立锥地,恒有剪钮闯入园内,混为观剧,观客不可不细心谨慎也。

宣统三年二月十二日/1911 年 3 月 12 日

重整旗鼓

淡水戏馆上海班现虽在停演,然闻金筱山经再出鼓舞,欲招聘全部女班,一新耳目,其实行或不在远。而戏馆旧茶房某某等则拟添聘数脚儿,仍用旧班底,先行开唱之。总之,不日必又有好戏看也。

宣统三年二月十三日/1911 年 3 月 13 日

剧界纷争

台南洪采惠氏一派合资创立大舞台,而张文选氏一派亦合资买收南座,与之竞争,已如既报。其后大舞台买收南座后余地,使之无可扩张,而南座为复雠计,亦向爱生堂买收大舞台邻接地。

宣统三年二月十四日/1911 年 3 月 14 日

赤崁春帆·聘定祥升

大舞台为与南座福连升班竞争,因电商福州祥升班,闻已聘定。一个月金二千四百圆,来往旅费二千。该班素有价值,曾来台北开演,最博观客喝采,请拭目俟之。

宣统三年二月十四日/1911 年 3 月 14 日

春(赤)崁春帆·南座剧况

南座共进戏园近排演全本剧目如《粉妆楼》一部，继续七八夜尚未完毕。市内妇人以为新奇，趋好者甚多云。

该园日夜充满，其贌资仅千八九百圆，观其状况总不至亏本。

再来筱月蕉，然者番上台，更有加倍出色。闻股东与他订约，若有得利，愿抽一二成赏与。传闻如是，未审然否。

观剧所以怡情。而此回满座杂沓，儿童成群，妇女喧哗，加以戏园局促，汗出如浆，是自取其苦耳。

宣统三年二月十七日/1911年3月17日

莺啼燕语

大稻埕太平街附近五保正，昨值天上圣母诞辰，特招淡水戏馆上海班前往演唱。搭台于同街派出所畔空地，日夜往观者极众，街衢至为填塞。闻夜明珠、十三红亦皆登台，故尤极花团锦簇之盛。是岂较戏馆内所演为优乎？要为贪看妇人来耳。（看甚么）

宣统三年二月十八日/1911年3月18日

莺啼燕语

去十六夜，太平街福德祠开演上海班，观者如堵。有名海瑞者年十六，怙恃俱失，就佣于大稻埕维新街郑头家，是夜亦往观剧，自楼上坠下，天溺俱遗，人事不省。舁回郑家，延医调治，已不可救，旋即毙命，亦无妄之灾也。（催命鬼）

宣统三年二月二十日/1911年3月20日

上海班大活动

在淡水戏馆开演之上海班，兹因新股未定，重演无日，乃应桃园及大嵙崁之聘。桃园经以昨日开演，札台于妈祖宫口，其约束盖股东先卖入场券三百枚，余则概归班内所有，演期大抵一星期，所获当不少也。又大嵙崁则俟桃园告毕，乃继演之。

宣统三年二月二十二日/1911年3月22日

厦门通信·剧界琐闻

夕阳寮春仙茶园自阴历正月初旬开演,至今月有余日,因诸坤角往无出色者,以故座客极稀微,生意大见冷淡。近日水仙宫前聚英茶园又复开演,所有春仙园坤角俱赴聚英之招,于是春仙园遂于昨日起停业。该班主金月仙心大不甘,乃赴石镇招大吉升来厦,开园演唱。惟大吉升系男班,究不敌聚英女角生意之盛也。

宣统三年二月二十六日/1911年3月26日

赤崁春帆·梨园杂观

近日时雨降后,冷气增加,两戏园虽演新剧,而男女席寥如晨星,想为路滑难行,观客因之息兴。

月里红貌虽稍逊,然登场扮演,为旦、为生、为丑,穷形尽相,最博观客喝采。近因演剧过劳,加有月经病,就人和医院陈德义调治。虽勿药有日,而身体疲倦,大不如初云。

某妇人到南座观剧,日无虚夕,妆饰甚华,坐无一定,手指口道,评论男角孰优孰劣,如此非大家举止,其中必有所为也。

宣统三年二月二十八日/1911年3月28日

赤崁春帆·发入场券

南座共进戏园募股二百股,每股二十圆,计四千左右,赎演一个月,自本月旧历二月二日开台,迄今二十天,尚剩期日无几。该园主欲酬诸股东,拾(给)送入场券每股百枚,总发二千张。然南座狭隘,照官定员只仅八百而已,如此恐不能容之也。

宣统三年二月二十九日/1911年3月29日

赤崁春帆·菊部状况

去十四日大舞台为赎演限期已届,开股主总会,提出两三件问题。(一)再继续可否?(二)如欲继续,须要添聘新角,能否承诺?(三)此回赎价核算亏本四五千圆,倘若赎演,非亏本不可。时出席股主议论纷纷，尚未解决云。

南座共进戏园自大昨日给送入场券，分配各股东，计二百股，每股百枚入场券，经发二万张内外。日夜往观者争先恐后，殊为杂踏（沓）云。

月里红、月桂红，有名女角，恰合时宜。然其剧目无多，如演《新安驿》、《阴阳河》、《杀宫》、《珍珠衣》等剧，排演数次，观者厌杀。

宣统三年三月初二日/1911年3月31日

赤崁春帆·茶园杂俎

自本年来，戏园内观客遗失金物者时有所闻。去二十八夜，关帝港街陈霖在南座观剧，遗失金票三十五圆，并股东牌一枚。报明临检警官，将前后左右男女搜索一遍，并无踪迹。

近来戏界不好，而戏园中之卖食物者较为利市三倍。盖多外客，且多下流会社人。然查从前日夜所卖仅十圆八圆至十余圆，目下每日夜四十五圆，至少亦有三十余圆，两园皆然。闻一个月收入有千余圆，余（除）向园主贌价一百圆，所得尚非浅少云。

宣统三年三月初八日/1911年4月6日

莺啼燕语

不何时何地，苟有奇技异能之演艺家至，花柳界及娱乐界之人必争出欢迎之。以其来必有所贡献，可以安慰人之精神也，是盖文明国民无不皆然者。独怪台湾此风殊未之闻，岂本岛人皆薄视此道乎？窃尝闻之，其民愈文明者，娱乐机关亦必愈备。台北素称首善之区，于一淡水馆之优戏，尚不能永久维持之，使无间断，何能责夫花柳界。吾重思之，于吾心有戚戚焉。（个中人）

宣统三年三月十四日/1911年4月12日

南部近信·拟聘祥升

大舞台现三庆班继演,限一个月为期。有某生倡议聘闽省祥升班,其渡台则定月上旬,其场所仍租大舞台云。

宣统三年三月十六日/1911年4月14日

赤崁帆影·优伶创伤

大舞台非常班,除男优五名、女优五名系上海名角,余皆福州脚色。去十一日,上海二花刘吉祥与福州某角,不知缘何致相咀唔(龃龉),继且用武。刘吉祥以小刀劈福州角面部十余伤,周身血迹,出血多量,恐有性命之忧。刘被巡查拿去下粗糠崎街派出所。该园重役某以该班不可无此角,将向领出,以为是夜上台脚色。巡查非之,即刻缚送警课云。

宣统三年三月十七日/1911年4月15日

观剧有感

中坜街本月聘请对岸剧园得胜班定演一星期,费金数百圆。远近争睹为快,闺阃妇女踵接。按古人之设为传说奇观,无非忠孝节烈劝惩之奖励,今则反是,良可慨已。

宣统三年三月二十三日/1911年4月21日

南部近信

赴嘉开演

独占(立)茶园三庆班拟在大舞台演三周后,即赴嘉义地方,目下正为交涉。赎价将近三千圆以内,若扣除女班仅千八九百圆而已。

罢演在即

南座乐仙茶园开演新福连班,因前月募集股份迄今尚未清算,兹又再换园号继演。其新旧股主不知为何冲突,决定近日罢演云。

聘演未决

大舞台本欲聘请祥升班,因募股为难,当事踌躇未决。兹有曾百栋极力斡旋,拟聘闽省大吉升班渡[台]开演,其女班将以月里红、月桂红充用之。

宣统三年三月二十四日/1911年4月22日

南部近信

纪念茶园

大舞台独立茶园因贌演满期，本拟全班回国，奈轮船未到，因再延三天，改换园号，称为纪念茶园。闻此两三天收入金除费外，将酬谢诸园主。是以去一夜特演《台南奇案》，即石阿奚谋杀胞弟，扮石阿奚者为上海二花刘鸿安，扮黄氏英者为北京女老生汪处，扮陈九者为二花傅镇奎，扮古氏月娥者为女花旦筱彩云，扮台湾县者大花刘吉祥。是夜男妇老幼往观者络驿(绎)不绝，洵好况也。

开台在即

在南座开演新福连一班，为贌期已届，罢演数天。市内蔡德渊与杨粪等倡议聘演，贌价金比前较廉，仅千七百五十圆，择初五内仍在台南座开演。自一日起即修理场所，十分整顿云。

宣统三年四月十二日/1911年5月10日

女优溺海

□在淡水馆唱戏之露兰春、鸿筱芳、赛永春外数女角，兹有人来信，谓前日亚细亚号在台州海面没沈时，与一清国船冲突，女角等为赴温州唱戏，亦在清国船之中。船既被冲突而沉没，女角等皆溺焉，一行中惟露兰春之母遇救获免，余皆不见。

宣统三年四月十四日/1911年5月12日

南部近信

德福戏园在台南座开演，日夜观赏不过六七十圆，费不敷。爰特排《台南大奇案》，即陈秀娘被小姑谋杀故事。去九夜演此剧，市内男女往观者聚集如云，是夜收入百四五十圆。拟每礼拜翻演一回。

宣统三年四月十九日/1911年5月17日

南部近信·又排新剧

台南大舞台本拟止演,因闽班尚侵六百余圆,无力清还,不得不继演,摊还侵款,奈收入不足费用。是以去十三四两夜,特演《台南奇案》,如排同治年间苏阿成假萧瑞芳一剧,次又排龙王庙野僧名春者,强奸女子,安平县判令竖笼示众,此系新出。虽细雨频降,男妇老幼联袂往观者,亦络绎云。

宣统三年四月二十五日/1911 年 5 月 23 日

南部近信·戏谑一则

王阿鱼年十五,台北艺妓也。来南寓妈祖港街台湾楼,与新福连升班武生王祥官交好,遂醉心欲死。每夜缠头金须四圆,王无以应,鱼将其满头金器典质填补。每午后即到戏园观剧,日前适演《杨香武三盗九龙杯》,扮杨香武者,武三花卓圭子。卓知鱼与祥官关系,当其上楼,将周应龙之妾上下衣剥去,捆坠下楼,故意手执一物,走出台前,谓是王阿鱼裤头带。满台哗然,阿鱼满面通红,遂即走散。

宣统三年四月二十五日/1911 年 5 月 23 日

蝉琴蛙鼓

新竹厅竹北一堡北埔庄丐首李某,数年来颇有积蓄。近日因树杞林街聘得老得胜班开演,李亦出金数圆,与其同类数辈高踞一等席,座客皆鄙之,然李意气扬扬,不以为怪也。(大得意)

台北淡水戏馆停演久矣,本岛人娱乐机关为之一减。者番市内有醵资谋聘在台南开演某班,并由内地招聘某女优,闻日前讹传已死之露兰春、鸿筱芳亦在列,将乘此旧五月十三迎霞海城隍之机,重整旗鼓,到期将有一番胜况也。(娱乐机)

宣统三年四月二十八日/1911 年 5 月 26 日

巡回中之梨园

老得胜班既不得于稻津之戏园,乃转而巡回各厅下。近到新竹厅树杞林街开演一星期,每夜人众杂沓,观览者满座,场内无立锥,洵盛况也。先是一星期前,该班演剧艺到树杞林街,无奈北埔业有定议,先将戏笼运去,到树杞林街虽后演,场况弥盛。

宣统三年四月二十八日/1911年5月26日

南瀛鲤信·清优回申

大舞台开演三庆班,昼夜收入金不满三十圆,入不供出,申班及女角不能维持,将于本日由安平搭苏州丸回申云。

宣统三年五月初六日/1911年6月2日

南瀛鲤信

电灯明灭

念四夜大舞台才演之时,不知电力如何障碍,转瞬间变为黑暗世界。剧场临时拟接油灯,准备不能周至,园丁甚为忙杀云。

大受影响

本岛贷座敷娼寮,自剧界大开,不时扮演,嫖客为戏所迷,几乎绝迹。加以近日暮雨频降,大阻嫖客兴会。是以大小娼寮妇空费脂粉,不见有问津者,殊难以维持也。

宣统三年五月初七日/1911年6月3日

蝉琴蛙鼓

淡水戏馆将重整旗鼓矣,本岛娱乐机关为之一振。闻者番女优为月里红一行,曾在台南开演,屡得观者喝采,不知其技果何如也。(拭目生)

宣统三年五月初八日/1911年6月4日

新竹通信·演剧盛况

竹堑俱乐部开演之老得胜班,将以所得之金充为北势番讨伐队慰问费,此事经登前报。自去三日开演,每日来观者有八百余人,男女杂沓,争先恐后,大有应接不暇之势。闻此三日间计可得千有余金,亦可谓盛矣。

宣统三年五月十一日/1911年6月7日

南瀛鲤信·彰化聘演

大舞台三庆班演期已尽,本拟回省。适彰化骆清溪托市内黄玉辉与该班班主郑长寿,议定聘到彰化开演,复添女伶四名,定此期轮由沪尾港上陆,而男班约来初七八先赴演云。

宣统三年五月十二日/1911年6月9日

南瀛鲤信·两剧竞演

市内两部清国官音,一在大舞台,一在台南座。昨大舞台之三庆班将应台中之聘,暂移出兴济宫,假筑临时戏台。而新福连班亦于同日由台南座迁过大舞台。现每日夜两班竞演,剧目各同,男女往观者,依然络绎不绝云。

宣统三年五月十六日/1911年6月12日

蝉琴蛙鼓

淡水戏馆所演老德胜班当其卷土重来也,固尝揭帖示众,播满街衢,谓在上海新聘名角十数辈,准拟旧历五月十二日即至。有戏癖者,亦以所剩旧角已数见不鲜,将待所谓新角者果来,乃一揩老眼观之。然此数日来所演诸角仍是归巢之燕,不知江上好风何时乃吹尔出来也。(爱新人)

宣统三年五月十八日/1911年6月14日

厦门通信·剧界琐闻

夕阳寮春□茶园近因演男班大吉升,座客常稀,每夜所收入者不过数十元而已,因此维持不住,大有休业之势。又水仙宫之聚英茶园虽超等坤角甚多,称者甚众,然近日因鼠疫盛行,座客多裹足不前,故亦异常冷淡,待过中旬当必停演也。

宣统三年五月二十日/1911年6月16日

大墩琐闻·演剧

台中剧界近颇冷淡,高砂演艺场近虽演唱少女班,然台人绝少观者。日前有骆清溪者，往南与三庆班主交涉，定赎其班来演，将假座于台中戏园。然该班脚色不佳，在南之时曾无特色，闻此次所聘女伶四名，或能一餍观者之目，未可知也。又闻雾峰林某欲为其母祝寿，亦拟聘之往演。然林素绝俭，其肯花费多金也否？（前报南部通信载三庆班欲往彰化开演，盖误闻也）

宣统三年五月二十一日/1911年6月17日

台中通信·戏园开演

前报载骆清溪往聘三庆班来中扮演，假座于台中戏园，经于去十二夜开台。观者约二百人，而一等客则寥寥无几，盖其观资较昂也。该班新聘女伶四名，若其来时，果足以餍人望，则可以收其效也。

宣统三年五月二十三日/1911年6月19日

邦女学作清优

名古屋市八阪町人重左卫门，有次女曰安藤红者，年廿六岁。当其二十一岁时，偕少女六七名共赴辽阳，佣为酌妇，遂投身于支那剧界。与多数支那男女优伶相聚，演唱支那戏，唱念举止皆得甚(其)妙。其衣食住一切，无以异于支那女优，故支那优界多为咋舌。于是安藤红之名，支那人士殆无不识者。本邦妇女之学为支那优人者，实以安藤红为嚆矢也。

宣统三年五月二十七日/1911年6月23日

戏 园 出 目

大稻埕淡水戏馆，本夜准演出目如下：(一)《甘露寺招亲》接演《黄鹤楼水战》，扮演者为筱桂云、筱连奎、珍珠花、陈小芬诸女角；(二)《探亲》，扮演者女角夜明珠；(三)《戏迷传》，扮演者陈小芬、夜明珠、筱连奎、筱桂云、赛长喜诸女角。

宣统三年五月二十八日/1911年6月24日

台中通信·观剧闲评

台中戏园自开演福州三庆班以来,不甚热闹,于是添聘女角三名,则须生之筱玉奎、正旦之金玉莲、花旦之白牡丹,均[当]行出色。如近日所演之《祭江会》、《审刺齐君》、《小上坟》等出,莫不博观者之喝彩,而该园生意因之日盛。

宣统三年六月初一日/1911 年 6 月 26 日

菊部阳秋

老德胜班女角固以珍珠花、小庆奎、筱桂云为上上,而陈少芬、夜明珠亚之,是皆各有所长。其深解设身处地四字诀,能以神气运之者,则珍珠花之于《新安驿》、《红霓关》,小庆奎之于《翠屏山》,筱桂云之于《遗翠花》是也。若夜明珠之于《红梅阁》,其神气亦自绰约可观。至陈少芬则纯以唱念胜,《空城计》、《取成都》尤其最得意者也。虽然,戏园虽倚脚儿为重,亦□乎排戏者为何为,不知舍其短而取其长,致合演关目不对;与夫不知观客之嗜好,狃于台人重武戏之说,纯以翻筋斗为能事;或藉壳兽灯彩,以悦庸俗人之耳目,皆失之尤远者矣。要以文武互配,冷热相兼为主。盖人心不同如其面,必如是乃面面俱完也。

宣统三年六月初六日/1911 年 7 月 1 日

演唱新戏

淡水戏馆老德胜班,本夜准演出目如下:(一)《孙悟空大闹天宫》;(二)《双珍珍衫》,扮演者坤角夜明珠、筱廉桂、珍珠花、赛长喜、小桂云;(三)《火且者夜寨》;(四)《九千九百零九扯》,扮花旦者夜明珠、珍珠花、小桂云、小彩云,扮小丑者小连奎、陈小芬、赛长喜。又明晚准演新戏,是事乃台南石阿奚轻信妇言,惨害胞弟,后经本县白令勘破,将石阿奚夫妇站笼示众。闻各脚色皆先期联系,现已娴熟,想届时必有可观者焉。

宣统三年六月初七日/1911 年 7 月 2 日

菊部阳秋

淡水戏馆大昨夜所演，以《蝴蝶杯》一出为最。扮武生者为小廉奎，扮花旦者为珍珠花，其摹写男女相慕悦皆煞有分寸，不流于淫荡。盖英雄侠女之相遇，与痴汉偷香冶容诲淫者，迥然不同，须处处于妩媚中带严厉。以此等出尤艳情中之变相者，即以第一流文小生文花旦当之，皆不免流于文弱矣。得此两脚儿合演之，可谓全璧，要不能为粗心人道也。

宣统三年六月初七日/1911年7月2日

南部近信·翻新茶园

念六日元大舞台聘演新福连升，是日再换新园主，即林某也。但某年近耳顺，老境无欢娱乐处，每观剧以藉消遣。者番故不惜资本，承幞排演，名曰翻新茶园云。

宣统三年六月初八日/1911年7月3日

蝉琴蛙鼓

淡水戏馆开演老德胜班，其坤角如珍珠花、筱桂云、夜明珠、筱连奎，均冠绝一时。闻近日该班陈玉龙教其套演新剧，尽力指挥，不远将连演清国左宗棠爵相平西故事，至期当有可观也。（演新剧）

宣统三年六月十二日/1911年7月7日

蝉琴蛙鼓

童子班十龄童之父，经往沪上招聘十数名名角来台，其开演想不在远也。

宣统三年六月十四日/1911年7月9日

戏园杂观

台中戏园开演以来，不似从前之寂寞。每夜一等座中，必有北妓数人列观，或多至十数人。然皆山花野草，欲以浪引狂蜂，而司勋见惯，已不作扬州之梦矣。有月里者，貌不中姿，显年近花信，犹打辫重髻,作赋娟苗条之态,见之欲呕,而逐臭之夫争就之,亦戏园之一奇观也。女角白牡丹姿首平常,然雅善修饰,灯光之下,望之欲仙。如演《卖胭脂》、《小上坟》之际,眉梢眼角左右传情,观者亦为之消魂。然不免过于骀(冶)荡,花旦之能博人爱者在此,而所以诲淫者亦在此。支那之剧陈陈相因,非演淫乱之景,则演残忍之事,否则以牛鬼蛇神之怪状混乱台上,而村夫俗子乃拍堂而欢呼之,何瞽瞍之多耶!观剧之际,在于顾曲。女角筱玉奎之唱念虽佳,而声颇艰涩,犹不如金玉莲之利。若白牡丹之唱曲,则不如其传情,读者试下一评也。夫演剧为改良风化之本,今之优伶固不知此,而观者之感想如何,记者亦未之知。然则以今之所演,供今之所观而已。

宣统三年六月十五日/1911年7月10日

台中通信·戏园罢演

台中戏园则演三庆班,至昨满期,是夜筱玉奎、白牡丹合演《杀狗》一出,情景酷肖,观者莫不称善。该班以本日赴葫芦墩扮演,葫芦墩亦繁盛之地,不知能得好况否。

宣统三年六月二十日/1911年7月15日

台中通信·拟聘女优

翻新茶园在大舞台开演新福连升,每日夜收入观资不过五六十圆,不足充园内费用。大昨日园主开临时总会,拟添三四名女优,不知能成议否。

宣统三年六月二十日/1911年7月15日

蝉琴蛙鼓

淡水戏馆所演老德胜班,包演者至十五夜止,得利有三百余圆。十六日夜再演,系该班欲藉收入以偿宿债者,翌日即赴基隆。而新班不远将至,喜新者当以先睹为快也。(拭目俟)

宣统三年六月二十二日/1911年7月17日

蝉琴蛙鼓

艋舺大溪口去十九夜，合义轩聘女优十三红及十龄童在该地演剧，观者甚为杂沓，棚前殆无立锥地，惟见万头攒抑（仰）而已。若在淡水戏馆开演，如斯盛况，其得利当不可胜数也。（真盛况）

宣统三年六月二十六日/1911年7月21日

德胜班将赴兰

上海老德胜班自淡水戏馆演后，有基隆砂金商许炳荣贌往该处扮演，筑舞台于市场内旷地。因许善招徕，而该班亦各奋精神，日夜皆插演新剧，故座客常满。演至昨夜止，已收约九百余圆，其期限定半个月，只演六日，而贌价已收清，此后扮演所得之收入，则除什费外皆为实利。该班又由许炳荣转达于宜兰有力者之庄赞勋，嘱为集股，以便赴宜兰扮演。庄已诺之，现正准备一切。查近年来上海班、福州班叠次渡台，各厅治所之繁华都市可以弗论，即村市之稍大者亦多招往扮演，以扩眼界。宜兰街亦一厅治，而至今未有往者，盖亦远在边陬，跋涉维艰耳。此次老德胜班往，该地之人目所未睹，其必争先以饱眼福者可知，则股主之能得利又可以知已。惟该班演戏具入口，有周某为纳保证金，期限将满，非与之商妥，或不能往也云。

宣统三年六月三十日/1911年7月25日

蝉琴蛙鼓

台南大舞台翻新茶园所演福升班，原限一个月，已将届期。近日所[演]均为新剧，悉系本岛近代故事，中多忠义节烈及眼前果报，观之足以使人劝惩，于益世道不少。闻此后将再继续开演，观者当益形盛况也。（演新剧）

宣统三年六月三十日/1911年7月25日

蝉琴蛙鼓

现在基隆开演之上老德胜班，本订基隆演毕即赴宜兰，嗣因道途遥远,跋涉良艰,故决计仍由基隆返北。经与淡水戏馆约,来月八日则在淡水戏馆重整旗鼓。有斯癖者,尤可大饱其眼福矣。(还复来)

宣统三年闰六月初二日/1911年7月27日

剧场盛况

基隆地虽滨海,而自改隶后日就繁华,居民稠密。近者有创乐荣茶园,日夜开演于福德市场者。闻自开演以来,招待得宜,座客常满。日夜计收金多则三百圆,少亦有百圆,可见人民之富庶也。

宣统三年闰六月初四日/1911年7月29日

南部近信·重整戏园

翻新茶园贌期已满,继演者改名聚英,于三十日午后二时仍在大舞台开演,聘宝美楼北妓赛月仙、赛水仙两人加演,沿途广告,以招顾客。该园重新整顿,比前设备较周,添聘新角,将于念九日期轮由安平上陆云。

宣统三年闰六月初八日/1911年8月2日

南部通信·女优好评

大舞台扮演清戏,本三十夜特演《二进宫》,宝美楼北妓赛月仙扮定国公,赛水仙扮老生杨波,唱念绝佳,科白分明,观者喝采。是夜该园男女席均满座,收入金二百余圆。自本年春以来,未有如此之盛。该园主抽金二十四圆给与诸妓,亦善于鼓励也。

宣统三年闰六月十三日/1911年8月7日

蝉琴蛙鼓

老德胜班到基隆开演,甚为好况,贌主得利不少。其贌限经已届期,因与该班主交涉,再演一星期。演毕然后重来淡水戏馆,再整旗鼓。有是癖者,皆拭目俟以待。(去复来)

宣统三年闰六月十三日/1911年8月7日

赤崁帆影·艺妓合演

日前大舞台延宝美楼北妓赛月仙、赛水仙扮演，博得好评，是夜入场料增收四五倍。兹拟并延水仙楼赛市，年廿一，元台北女班中第一好脚色，择近日出台，排演《打龙袍》并《昭关》两出。有斯癖者，皆拭目以待也。

宣统三年闰六月十六日/1911年8月10日

卷土重来

老德胜班男女角色昨由基隆回北，仍租淡水戏馆，本日开锣。日戏为《文王访贤》全本，夜间则《长坂坡》、《四郎探母》接演《穆桂英大破天门阵》、《红霓关王伯当招亲》等出。闻此《红霓关》为坤角珍珠花、筱连奎之拿手好戏也。又明晚出目，则《甘露寺刘备招亲》接《回荆州》、《水战黄鹤楼》，续唱《空城计》也。兹次观价，特等定金一圆，上等金三十钱。并等十钱，日间半额云。

宣统三年闰六月十九日/1911年8月13日

踵事增华

台湾音乐之种类不一，而最盛者为北管，创者俗传为西秦王爷，亦末由详其所自，而各北管皆以之为祖，诞辰相传为旧历六月廿四日。去旧六月艋舺之长义轩、协义轩、合义轩既盛设以祭，演剧数日，彼此争雄。此次因旧历闰六月，将再致祭。闻合义轩因前次经招十三红与十龄童两家于大溪口合演，此闰六月廿四日亦欲招老德胜班于大溪口扮演，昨已嘱谢文隆抵基，议定其价。又协义轩亦招该，同一处扮演，惟其日比合义轩早一日，为廿三日。长义轩亦不愿居人后，欲招聘稻艋诸妓合演云。

宣统三年闰六月十九日/1911年8月13日

蝉琴蛙鼓

老得胜班在基隆开演，赎主善于牟利，以廉价发售，观者恒满座，得利多至千圆。该班主有鉴于斯，本夜在淡水戏馆重整旗鼓，

亦用是术,想可以得利,不至如前亏本也。(鉴前车)

宣统三年闰六月十九日/1911 年 8 月 13 日

姍姍来迟

昨报上海老德胜班订大昨日仍在淡水戏馆开演一事,兹复得其后闻。因基隆许炳荣挽留五日,班主情不能却,乃不果来。订五日期满,旧历本月二十四日先应艋舺合义轩之聘,在大溪口开演,而后至淡水戏馆。但协义轩亦与该班约定,其演地在粟仓口街,演期则先合义轩一日,即旧历本月二十三日。该班因基隆留演故,非至二十四日不能来北,故有出为鲁连者,俟该班二十四至,始依次摊延之。然协义轩与合义轩各争锋不下,至今尚在磋商云。

宣统三年闰六月二十一日/1911 年 8 月 15 日

南部近信·男女合演

北妓赛月仙、赛水仙,侨寓宝美楼。前日扮演《二进宫》,大博好评。适北妓阿惜亦来该楼,该园主因聘其与男角合演。定月十三夜演《海潮珠》一出,届期想必热闹异常也。

宣统三年闰六月二十三日/1911 年 8 月 17 日

蝉琴蛙鼓

艋舺协义轩招演老德胜班一事,因在大昨日因该班在基不能赴约,认罚五十圆,事乃寝。于是夜有台雨,纵来亦不能演唱也,五十圆岂非乐得乎!又合义轩昨夜亦招该班在大溪口演唱云。(真乐非)

宣统三年闰六月二十五日/1911 年 8 月 19 日

蝉琴蛙鼓

艋舺合义轩一昨日为西秦王寿辰,聘上海老德胜班演于大溪口,以场所颇佳,观者多至数千人。又昨日协义轩亦聘演于粟仓口,观者皆极杂沓云。(大热闹)

又该老德胜班经订今夜仍在淡水戏馆开台，拟续演五天，即赴台中。该班前赴基隆开演，颇得喝采，此番续演，应必大振精神。（卷土重来）

宣统三年闰六月二十六日/1911年8月20日

蝉琴蛙鼓

女优夜明珠渡台已历两年余矣，其登场时颇能动人耳目。者番全家归去，赴去二十日由沪尾出帆之大义丸归申，本岛又少一女角也。（去后思）

淡水戏馆支那剧停演已月余矣，本岛人娱乐机关为之一灭。者番老得胜班卷土重来，于昨夜开演，然其期限仅五日间，演毕即赴台中去，此后不知有继之否耶。（戏重来）

宣统三年闰六月二十七日/1911年8月21日

赤崁片帆·新角出台

大舞台进演新福连班聘宝美楼北妓赛月仙、赛水仙、筱菊仙，屡次出台，博得好评，今复聘上海花旦金兰英。

宣统三年闰六月二十八日/1911年8月22日

蝉琴蛙鼓

淡水戏馆开演老德胜班，此次新聘一上海名角文武老生兼三花李来宝，一昨夜已经上台。扮演三花，其出目为《丑表功》，忽而旦唱，忽而大花，忽而老生，皆音调嘹亮，应弦合拍，满场大为喝采。其扮演三花既臻优妙，将来扮演文武老生当必大有可观也。（新脚色）

宣统三年闰六月二十九日/1911年8月23日

蝉琴蛙鼓

老德胜班回北重演，数夜来生意甚旺。兼之新三花李来宝能兼唱老生，十分出色，尤有锦上添花之观。有云演期虽限至明日，

即往应台中之聘,然果观客之兴不衰,或可再延数日也。(老来娇)

宣统三年七月初三日/1911年8月26日

菊部阳秋

文丑最难出色,非失之呆相,即失之野样。昨观老德胜班李来宝所唱《施不全三搜宝》一出,斯二弊悉除矣。盖文丑要点,科白尤重于唱念。北京名优张三之唱丑戏也,常于科白寓其嬉笑骂之意。如此等出,则尤科白唱念皆不可少。因其登台时历叙受恩深重,公忠报国,以至三搜苏府叠遭奇辱,皆有长篇之紧叠板,喉韵不佳者必有末努(弩)穿缟之诮。来宝于唱念时,既有应弦合拍之妙(所恨后台执弦者殊多龃龉,不无令人刺耳),而科白则更神气飞动,活画一施不全出来。就台北而论,虽向时三庆班之三花冯宝奎犹有不及处,若祥升班之翁成康则不能望其肩项矣。诸子碌碌,更不足道矣。

宣统三年七月初三日/1911年8月26日

台中通信·戏园将开

台中戏园前演三庆班之时,观者如盛(堵)。于是好剧之人又集股资,再赴台北,所赁老德胜班来演。原拟于十六日至中,嗣因该班在北续演,故定于二十六日乃来也。并闻三庆班现在彰化开演,观者亦多,每日约收百金。中人观剧之风为之一盛。

宣统三年七月初四日/1911年8月27日

定期演剧

嘉义街商人此次募股,豫定聘现在台南座开演之新福连升班,欲于旧历七月二十六日开台,现正准备一切云。

宣统三年七月二十四日/1911年9月16日

盂兰盛会

市内盂兰会,本年因暴风后,加以淫雨十余天,备办敬礼者皆草草从事。至旧十九夜为小妈祖街设祭之日,天气已回复,电灯又光辉,特延正音福连升班演唱。及廿一夜为三界坛街小普,又演十八地狱,人山人海,络绎不绝,是为本年中盂兰会之最盛况者。

宣统三年七月二十七日/1911年9月19日

枫叶荻花

嘉义街杨某,年十七,断发改装,翩翩美少也。前该地开演上海剧,杨往观,其优伶白牡丹、筱玉奎见而慕之,遂与往来。该班演罢赴盐水港斗六去,杨亦从之游,所费不赀。最后该班又赴彰化台中,杨又赴两地流连,数日乃返。者番该地又将演福连升班,惜两优伶不在,杨徒唤奈何也。(一情痴)

宣统三年七月二十九日/1911年9月21日

台中通信·仁人之言

月之望夜,各区长多赴戏园观剧。优人以贵□戾止,祝福请赏。众各赏金五圆,唯涂葛堀区长张某独赏二圆。既罢,或问之,张曰:余以其三圆充为救助之款,则灾黎深受其益,岂不较胜于赏戏乎?闻张于涂葛堀街水灾之时,施饭两日,以恤被害之人,而所言又如此,比之视灾不救,而浪掷金钱于声色游宴之乐者,其相去又何如耶!

宣统三年八月初一日/1911年9月22日

南部通信·观剧酿事

去初八夜,大舞台新福连班观客颇多。中有施某与某甲逞凶,不知如何挟怨,挥拳相交。某刑事闻之不听,因将施拘到警务课惩戒云。

宣统三年八月初一日/1911年9月22日

台中通信·戏园开演

台中戏园拟演老德胜班,经于去廿八夜开台,观者颇多。该班有女伶十名,而十三红、珍珠花、小桂云、小彩云、小连奎、陈少芬诸角,皆有绝技,较之三庆班女伶尤胜数倍,宜乎观者之喝彩也。

宣统三年八月初二日/1911 年 9 月 23 日

嘉义通信・筹赈演戏

嘉义绅商因此次全岛被风水之灾,赈恤灾黎,须款甚巨,非杯水所能救也。然集腋可以成裘,聚土可以为山,不可以区区之数而忽之也。乃议旧八月初二日为城隍使司神诞,四方来观者以十数万计,乃聘定台南支那官音来嘉开演,除本金以外,余利悉数寄附,呈送当道,以资救恤,是亦慈善之至意也。现已搭盖戏园完竣,定此旧七月二十八日开演,有戏癖者,曷往观之。

宣统三年八月初二日/1911 年 9 月 23 日

台中通信・戏园杂观

台中戏园开演老德胜班以来,颇觉好况。及至近日,观客渐少,所收戏资不足开费,计已损失数百圆。且贌期将届,故拟演至廿九日为止。该班开演之中,唯林某吴某各赏金四十圆,余则数圆而已。

宣统三年八月初六日/1911 年 9 月 27 日

南部通信・定日开演

三庆班此番重来,其服饰及脚色重新整顿,添聘三四名女优。市内林某与曾伯栋招股向贌,每月贌价千四百圆,每股五十圆,林得十股。近日由林发出观剧牌,一月份为限,兑金三圆。开演日期决定阴八月九日,在大舞台开演云。

宣统三年八月初七日/1911 年 9 月 28 日

嘉义通信・聘戏开演

嘉义市场后戏园聘请新福连升班开演一事,闻贌金二千三百五十金,演期壹个月云。

宣统三年八月初八日/1911 年 9 月 29 日

聘定正音

兰城商家募集三十二株，三千二百圆，嘱台北剧园某班主聘上海名优。既于阴历七月十二日当到，十四夜开演，出场在五坎仔由屠兽场后。今方与上筑造，不日完成云。

宣统三年八月初十日/1911年10月1日

南部通信·逢春茶园

市内再赎三庆班，定大舞台为场所，号曰逢春茶园。其大股主某先发观剧戏牌，一等者一个月份兑金三圆，二三等者其价格二圆内外，购者甚多。

宣统三年八月十三日/1911年10月4日

兰城近信

茶园近况

新福升班在宜乐茶园开演，颇见盛况。闻以武戏居多，庄客喜观武戏，三等席位，稍迟到者则无立锥地，欲坐一二等又嫌高价。故多败兴而归。市中人士则好观文戏，每值文出，争先恐后，一二等席位时常满座，如三等席位即廖廖无几。该园股东昨日再聘特等女角八名，不日当抵兰，届期再酌定文武出，以投观客之好云。

茶园喧哗

去念八夜，宜乐茶园新福升班所演《大劈棺》一出，扮庄子者老生王芝芬，扮田氏花旦一斗金，扮书童女角金秀山，扮楚王孙小生达子红，俱皆神情逼肖。当劈棺时，恢奇百出，错愕异常，令观者毛骨悚然。是夜观客满座，迟至者无入场券可买，在园外喧哗，园主出为劝慰，始各败兴归云。

宣统三年八月十四日/1911年10月5日

南部近信·菊部开台

逢春茶园所赎三庆班，于月之二日在大舞台开演。该班男角居多，女班即白牡丹、筱玉奎、七叶莲三名。中有三花李来宝扮演绝妙,为全班之冠。而白牡丹此回扮为花旦,亦比前大不相同,步骤、曲调以及科白十分圆熟,声音较大,可与月里红、十三红相疋。每唱演时,顾客喝采之声不绝,洵盛况也。

宣统三年八月十五日/1911 年 10 月 6 日

嘉义通信·戏题不实

嘉义厅嘉宾茶园开演以来,不博好评,观客寥寥。园主乃于一昨夜先行广告,初七夜扮演《铁弓缘》全本。到时一等席皆满,园主视之,乃七八十位皆股东也,观客只有十余人。开台锣鼓连催三次,观者亦属寥寥。时已八点余钟,园主乃将《铁弓缘》新戏本换作《翠屏山》,以致观客走去大半。(园主之失)

宣统三年八月十五日/1911 年 10 月 6 日

嘉义通信·梨园品评

嘉义座嘉宾茶园所演新连升班,已半月矣,不得好评。乃聘女角金兰英、草上飞二人登场演剧,亦非出色,以致观者失兴而返。若非再聘头等名角,其亏本不卜可知矣。

宣统三年八月二十日/1911 年 10 月 11 日

枫 叶 荻 花

淡水戏馆自老德胜班去后,偃旗息鼓已月余矣,本岛人娱乐机关为之一减。者番上海新福升在宜兰宜乐茶园开演,已将届期,不远将赴基隆开演,限定半个月间。演毕将来淡水戏馆演唱,现已向该馆主交涉就绪,不远将重整旗鼓也。(新戏来)

宣统三年八月二十二日/1911 年 10 月 13 日

嘉义通信·新到名角

嘉义宾嘉(嘉宾)茶园半月前亏本甚多,园主不得已,乃由上海福州等处聘来女角五名,女老生金兰春、女三花赛上飞、女花旦粉桃花、女生筱月蕉同草上霜五名,中惟金兰春及粉桃花色艺双佳,为最好脚色，能演《聊斋》之出，以博观者之赞赏。去十日演《画皮》一出，观者满园，一等席不敷所用，竟有廿(甘)立而观者数十人，其得利可坐而待也。但因诸股东积有数万张入场券，每开演时，园门前持券争卖者数十人，一等五十钱，折卖半价，只有二十五钱，以故观者日益加多云。

宣统三年八月二十五日/1911年10月16日

南部近信·演艺状况

台南绅商为救济罹灾难民，在大舞台倡开演艺会，已如前报。其初九夜临时添设电灯，光如白昼，兼悬大小国旗，装饰华丽。至七时陈鸿鸣氏起述开会式，次松木厅长述开会主旨。其始内地音乐队奏乐数番。次即本岛艺妓演唱，剧目即《二进宫》、《取成都》、《龙虎斗》、《文昭关》、《天水关》、《斩美案》、《赶三关》、《探阴山》、《落帽风》等，艺妓即阿金、查某、月仙、阿秀、彩鸾、碧卿、阿招、赛月仙、赛宝珠、金枝。就中色艺俱佳者为碧卿、阿招。而逢春茶园则演《铁弓缘》全本及《断机教子》，其女角即白牡丹、筱玉奎等。是夜甚为好况，至六时该园已无立锥地也。

宣统三年八月二十九日/1911年10月20日

添聘女角

兰城宜乐茶园所聘上海福升班，自客月开演，至本月十三日，赎期已届。因添聘女角未到，且结算资本尚缺七百余金，故诸股东与雇主协议，再请延期，重演十天。幸新聘女角四名既于去十五日抵兰。闻新来女角俱是上海名脚色，花旦金凤英年十九，正旦金月仙年廿八，小生盖月楼年廿六，老生金凤奎年十五。夜登台扮演，步骤声调，俱臻绝妙，台下喝彩之声不绝云。

宣统三年九月初三日/1911年10月24日

枫叶荻花

宜兰碧霞宫庙后现演上海福升班，近有人将聘到基隆及台北

开演,两处各拟演半个月。该班女优以金月仙、金凤英、银双处等角,颇称擅场,来北开演,或有可观也。(戏癖者)

宣统三年九月初三日/1911 年 10 月 24 日

嘉义通信·股主龃龉

嘉义嘉宾茶园自旧历八月初一开演至同月十五日,半个月间失本甚巨。乃招集小股一百股,每股金二十圆,给与入场券三十圆之额,另股东优待券一枚,计日夜一二三等之入场券万五千枚,以同月三十日为止。迨至同月十六日,小股竞争出卖,只收半折,因价贱,观者甚众,故日夜俱皆满园。但该园只可容八百余人,计十五日止,卖出入场券一万三千余枚。至三十日,尚有千余枚无人承买,须再演一二日方能售完。乃大股东竟以内地人山本名号请演十日间,所剩入场券均作废纸。小股主心甚不服,聚集向大股东较闹,欲其损害赔偿。嗣有鲁仲连其人出而调停,将来未审如何了结。

宣统三年九月初六日/1911 年 10 月 27 日

嘉义通信·戏园近况

嘉宾戏园于去十四日在公司发卖戏单,收入金千有余圆。迨十六日又将壹贰叁等单配交各股东售卖,七十余名之股东接单以后,概以五折兑售,昼夜一样,价格低廉,买者如蚁。每至夜间,园中常无立锥地,观半出败兴归者不少。董是事者,尚宜设法焉可。

宣统三年九月初七日/1911 年 10 月 28 日

南部近信·戏牌典借

大舞台系本岛人募株金建筑,其应募株主皆给永远戏牌,聘其任意观剧,不取入场料。中有乏项者,将戏牌租借于人,每月得税金十圆。亦有将舞台株券为人胎押或出典,该株此时可典借百五十圆左右,比之契券较易出手云。

宣统三年九月初十日/1911 年 10 月 31 日

女伶重来

老德胜班前在台中开演一月，以大风雨之际，观客较少，收支不足相偿，乃南下而去。此次又赴台中人士之聘，拟以一二日间至中，经假大墩街天后宫为戏园，现亦赶紧铺设。该班女伶如十三红、珍珠花、筱连奎等，其色艺有足观也。

宣统三年九月二十二日/1911年11月12日

兰城近音·再聘正音

兰市宜乐茶园自上海新福升班去后，诸商业家复招集股主，醵出资本，每股四十金，按六十股，再聘上海新部新福连班。闻该班女角十七八名，男优八十余名，现在南部开演未毕。该股东经向班主定䑺来兰，契约两个月为限，拟于本月十二日由便船到兰开演。目下宜乐茶园重行改创，比前设置更为周妥，增加等席坐位，有戏癖者拭目待之。

宣统三年九月二十二日/1911年11月12日

新戏又来

淡水戏馆近又有上海班开演，即于宜兰演毕乃来此者。其闻该女角有为前此所未至者，武戏则仍有十龄童一班也。

宣统三年九月二十四日/1911年11月14日

枫叶荻花

淡水戏馆上海班，其女角中如文武花旦金凤英者，乃同班青衣金月仙之女，技艺皆其所自教者。又有丑旦金秀山、老生银双处，亦能学有心得焉。（花花世界）

宣统三年九月二十五日/1911年11月15日

天南雁音·菊部往兰

嘉义嘉宾茶园所演支那官音新福连班，满一个月之后，改为山本演剧场，再演二十日间，戏况颇佳，甚得厚利。今已限满，该班已就宜兰应商民之聘,定于本月十三日乘坐列车前往台北,再搭汽船往兰开演。惟女老生金兰春产儿,尚未弥月,不便同去。闻该儿系台南银细工首饰店楚山号某甲真种,日前已送百金,为该女旦生儿之费,尚欲以数百金赎回所产之儿回南保养云。

宣统三年九月二十五日/1911年11月15日

枫叶荻花

淡水戏馆开演新福升班,已一星期矣。一班小优伶扮演比前较为娴熟,诸女角亦颇可观。闻不远将赴苗栗方面去,有戏癖者,其以先睹为快也。(将收场)

宣统三年九月二十九日/1911年11月19日

天南雁音·戏园冷淡

逢春茶园在大舞台开演月余,计算亏本三四百圆。今又再行继续,每日剧目别无新奇,观者寥寥云。

宣统三年九月二十九日/1911年11月19日

枫叶荻花

淡水戏馆所演上海新福升班,开演未几,因顾客寥寥,股主亏本殊多,已决计南下,既于本日停演,闻将赴枋桥方面去。台北支那剧况屡次失败,继起者殊觉为难也。(继起难)

宣统三年十月初九日/1911年11月29日

南部近信·议聘已成

保甲局书记梁水,者番倡议再聘新福升菊部,俟在淡水戏园演毕,即到南,大约旧历十一月初。其赎价金每月二千四百圆,现发出股东券,内附四十枚入场单,订作一册,价金四圆,应募者多有其人云。

宣统三年十月初九日/1911年11月29日

南部近信·麻豆聘演

大舞台三庆班扮演期限将满，麻豆林啸卿拟𢲁该班往演。然女角金兰春或赴宜兰就某班，亦未可知。

宣统三年十月十九日/1911 年 12 月 9 日

燕　　报

《燕报》,创刊与终刊日期待考,晚清天津出版的消闲类小报。主要栏目有新闻、文藻、谐林、剧谈、食谱等。部分报纸缺期,无法查对。

吴新苗辑录、整理。

宣统三年(1911)

剧谈·贾璧云

燕云枥马

京师梨罗甲于天下,固不待言,独旦一行则不多觏。自水仙花、路三宝不上舞台,惟王蕙芳、姚佩秋辈备员而已。咋偕蝶访至三庆园,见贾璧云演《双镇山》及今日之《绒花计》。其一种昳丽之气,娇痴之态,正如卫玠乘白羊车于洛阳市上,咸曰谁家璧人。所尤动人者,双目流盼,使人之意都消。然皆失之过于佻荡,尤为冠绝群伦。昔日谓崔灵芝珠光灿烂,一时无匹,今得璧云可谓两美。吾将以王建所云"明眸白皙,玉润珠辉。美秀备于容仪,风度发于言笑"四语赠之。三庆得此两美,宜座上之客常满也,况又有小荷花、小喜翠诸伶耶。

第539号第3版

剧谈·咏天乐茶园名伶六首

城北公稿

八岁红

一曲秦腔字字新,堂堂气度迈风尘。翠屏山下知音少,且把前身证后身。年仅十岁,态度庄严,无论何种社会中人,罕有其匹。演《翠屏山》一出,不平之气如箭穿心,将此交游之义演来,随处天然。惜哉!惜哉!余不解造物何心,忍令此佳儿堕溷于菊部中也。

贯大元

歌喉婉转曲翻新,清雅丰姿绝世尘。秋气二分眉宇赋,天擅聪明此一身。该伶二簧不落寻常,部曲直与谭伶并驾,而品貌丰姿,尤非常大雅。演剧之工,靡不穷其尽致,其形容往事,凭吊怆然,真所谓燕赵古称多慷慨悲歌之土也。

粉 菊 花

红牙细按曲工新，弱弱婷婷化俗尘。蝴蝶一杯情一缕，好同明月悟前身。该伶十岁，真有弱不胜衣之状。演《蝴蝶》一出，情致缠绵，觉不见其本来幼雅之态。风雅之处，为部中一般旦角所不及。(未完)

第542号第3版

剧谈·咏天乐茶园名伶六首(续)

高 月 秋

威风凛凛舞台新，真个男儿扫秽尘。最到盘肠今昔化，界牌关外一轻身。该伶年甚雏，以武生名，豪侠之气付诸眉宇。演《界牌关》一出，唱到“杀败了”三字，几如身临大敌，有楚歌四面之警觉。当日罗成大战之情形，犹在目前也。

小 永 春

粉墨登场色色新，高歌一曲动燕尘。黑头我已功名误，莫负韶华误尔身。该伶一登舞台，则身价十倍。作戏之稳，即金秀山、纳绍仙亦不过如是。况秀山已老，绍仙又走，后起者中如小穆子、满少奎辈，无一出其右者。余浪迹天涯，一无所成，每读古人“少壮不努力，老大徒伤悲”之句，未尝不感慨系之。或于穷愁抑郁中步至该园观剧，偶以遣此羁怀，一见该伶扮黑头登场，顾名思义，辄有所触，为永春赞实为故吾悲也。(完)

宣统三年五月二十四日/1911年6月20日

剧谈·观剧喝彩者其听诸

槭 社

观剧喝彩由来久矣，然可分为二种。一为合规矩之喝彩，一为不合规矩之喝彩。当夫高唱入云之际，神清气爽，心目豁然，喝彩之声，有情不自禁而发者。即可以表赞赏之意，又可以助歌者之兴。故演者闻之，益振精神，倍形发奋，而观者心悦神娱、兴高采烈，以故喝彩之声洋洋盈耳，尚不觉其讨厌也。然有一般无知识之人，以呼喝为快乐，无论其可赞与否，嚣嚣狂叫乱人听闻。每逢花且出场，或衣饰新鲜者，或描摹淫态者，于是喝彩之外，更加以种种新奇之字，如“真好呀”“好家伙”等等。更有污蔑之语，不堪入耳者。姑不具论，总之嗥嗥之声，实类狂犬。更有一种观像姑之演戏者，遇其素识之像姑出场，不问其优劣与否，始终喝好迎送之。此之谓捧场。又有聚无数之无赖子，遇寻常伶人出场，亦不问其优劣与否，胡乱吆喝，务扰乱之，使其不能成声。此之谓起哄。以上数种，皆戏园中最讨厌之恶习也。（未完）

第547号第3版

剧谈·王玉峰之绝技

槭　社

人无一技之长，则不可以自立，则不可以生存。然无论为士农工商也，医卜星相也，其或牧圉之贱，仆役之卑，但有些微之长，足以惊人者。则毕生养赡，可以饱暖而无忧，反之则不问卿相之贵，苟无见长于人，庸庸碌碌、尸位素餐，一朝倾堕，直欲噉饭而不得。往者世风淳厚，即使乞贷于戚友，仰赖于居停，当可藉一枝之栖，糊半生之口。今世何世，世道浇离，人心不古，饱蓄私囊，六亲认人。人情半纸，秀才不如。呜呼！当此忘情负义之秋，苟无一技之长以图自立，吾恐无一席地可容投足矣。

噫！费尽多少牢骚语，果何指而发也。曰：吾为王玉峰而发也。玉峰何人？一弹弦之瞽师耳。（未完）

第548号第3版

剧谈·王玉峰之绝技

以一下流社会之人，运用巧思，凭其老弦、二弦、子弦三根，举凡谭鑫培、汪桂芬、龚云甫诸名角之戏，皆能揣摩尽致，甚至洋鼓洋号风流焰口等乐，亦皆极有趣味。但见其手指乱动，俄而罗鼓声，俄而弦板声，俄而唱歌声，俄而道白声，耳其所学者，确似本人腔调，确似本人口吻。至于风流焰口，则人哭声，搭棚声，丧鼓声，诵经声,吊孝声,狗吠声,人嚷声,儿啼声,拆棚声,说话声,奇声怪状,描画无遗。此种种声音,不过出于三根弦线,其心亦云巧矣,其技亦云奇矣。即此种游戏事情,每次招之必须三四金,多或十数金不等,其价值概可知矣。现为善诱初等小学堂筹款,又在三庆园演技三日,所得之资以二成二归拨学堂。热心公益,王玉峰真能尽义务哉。世之曳紫纡青辈,只知营私罔上,不识公益为何务者,曷鉴诸王玉峰,曷鉴诸王玉峰之义举。(完)

第551号第3版

剧谈·今昔不同之剧论

槭 社

唱戏讲板眼,固不待言矣。而字眼有尖圆之分,近来人多不讲究。应读尖音之字,则误作圆音,尚无大错。反是则刺人耳膜,感觉最速。故前数十年梨园最盛之时代,不惟步武紊乱,腔调改变,字句舛错等等,有人叫倒好。即使字音读错,亦不免于鼻笑。故往时最为讲究。况程长庚规矩极严,若有些微之失,即呵斥随之。盖程长庚时为庙首,专理梨园诉讼事,亦有公堂,亦有刑责,故同行中咸致畏之。今也不然。油腔滑调,竞尚偏锋。惟期调口之新奇,不顾个中之规矩。唱者以此为擅长,听者亦以此为捧好,而模范遂不堪问矣。呜呼!古道凌夷,世风日下,今日之梨园子弟,何幸而生于程长庚之后,而不见责于程长庚也;然亦何不幸而不生于程长庚之时,而不见正于程长庚也。目下如谭鑫培、金秀山等数人,尚能奋守旧法,其他则无可论矣。

宣统三年六月初三日/1911年6月28日

剧谈·许荫棠与周春奎

许荫棠、周春奎,皆学张二奎者也,不特难望肩背,即具体而微,尚有不足。盖皆学之不得其道耳。譬如学苏字者,得其道则精神活泼,骨肉均备;不得其道,仅能扁笔乱抹,不过一堆烂泥耳。许、周之学二奎，亦犹学书者之学苏字也。张二奎面如冠玉，状貌魁梧，时人多谓之天官样，所以赞其容止端重也。至其唱法，则纯用北方字眼，与别字不同。大都演二簧者多南方产，且徽调亦南方调，故用南方字眼。若“如”读“于”，“之”读“兹”，“脸”读“简”，“书”读“诗”等是也。张二奎则自成一家，盖以其北产也。至于韵调之悠扬，牙齿之清楚，字眼之讲究，尖圆之分明，尤为一时杰出。若许、周则徒恃命狂吼，以求观者之嘉许。其致张二奎之远，不可以道里计。虽然，之二子者，一阙中尚有数声可听者，固未可一概抹煞也。

第 553 号第 3 版

剧谈·紫金鲜

狂　夫

紫金鲜者，梆子中之花旦也，年仅十余龄，丰姿妩媚，楚楚动人。一种娇憨之态，令人魂消肠断。现隶天和茶园双庆和部，常见其演《翠屏山》、《红梅阁》、《锁云囊》、《紫霞宫》等戏，风流旖旎，雅韵欲流。仙乎！仙乎！不食人间烟火矣。即令子墨客卿还生，亦不能描写尽致也。间亦反串青衣，演《大登殿》等戏，亦甚稳妥。果能从此力图进步，于作唱之间更加研究，他日不难传十三旦之衣钵也。寄语紫金仙，其勉力为之，而恃才自骄，致负赏者一番苦心也。

第 554 号第 3 版

剧谈·乐曲考

乐天生

南曲将开填词，先之花间草堂是也；北曲将开弦索调，先之董解元《西厢记》是也。填词盛于宋，至元末宋明初始有南曲。弦索调生于金，入元即有北曲。其接续之际，或远或近，有行乎不得不行者。近日专尚京班，徽腔次之，而西昆雅调，真如引商刻羽，曲高和寡矣。闻自徽班行，而文班色减，京班出而徽班亦还自改腔调以趋时。甚至市井儿童，皆信口唱二簧，风气移人，一至于斯。

第 562 号第 3 版

剧谈·小香元

蜀中山王裔

叫天衣钵,小香元等不敢望其肩背。余旅京数年,酷好听戏,始而看叫天、孙菊仙、张毓庭、刘鸿升,继而看小长庚、八岁红、李多奎、金丝红等名角。如叫天演唱,不过仅守程长庚旧法。张毓庭乃叫天之高弟,故不待言。而刘鸿升唱法,亦步叫天之后,只袭其皮毛,而唱工毫无,与贯大元同。每出台时,满座叫好,不知好处从何而来?或者以声音弯转多者为妙,或者以面目俊俏为妙。凡听戏取弯转多者为门外汉,不可以谈戏。如贯大元之演《失街亭》等剧,而腔调油滑,竞尚偏锋,不顾个中规矩,唱者以此为长,听者亦以此为叫好,而规模遂不堪问矣。如小香元之演《文昭关》、《鱼肠剑》、《独木关》、《断密涧》、《探母回令》等剧,而音调之悠扬,口齿之清楚,字眼之讲究,尖圆之分明,胡子生不让叫天,小生不让李吉瑞。正所谓小吉祥全班之领袖,至于反串青衣,演《南天门》、《断桥》、《玉堂春》、《算粮登殿》、《女起解》、《八十八扯》等剧,亦甚稳妥。果能从此力图进步,于唱作之间,更加研究。演胡子生与青衣,必受叫天、十三旦二人之衣钵也。寄语小香元,切勿恃才自骄,以不辜负顾曲周朗一番希望之苦心也。

第564号第3版

剧　　谈

《喜荣归》,梆子,三庆园

此出小马五扮周氏,苏秦拜相荣归,将到家,故作贫时装。周氏见之大哭,以袖挥之令远去。其母与仆均厌弃之。苏秦忽换袍靴拥杖而入,全家惊愕,掩面向地,继乃狂喜。小马五啼哭皆善传神,极尽归人势利之态,含涕凝笑,令人叫绝,小丑唐二尤趣。

昔时耻见黑貂敝,今日欣看玉带长。赚得闺中含泪笑,须知人世尽炎凉。

《南天门》又名《走雪山》,梆子,天乐园

此出小德仙扮杨椒山女,小同春扮老仆,奔走仓皇,相依若命。

忽焉大雪纷飞，老仆冻仆山阿，女对之哭，音调之悲，虽哀猿鸣峡，无以逾也。

一家离散避豺□，砭骨寒风步履艰。胜有髯奴相对哭，雪山千叠照红颜。

宣统三年六月十六日/1911年7月11日

剧　谈

《大登殿》，梆子，三庆园

此出小金桂扮薛平贵之妇王氏，平贵荣归，王氏改装家宴。当王氏住寒窑时，其父劝之另嫁，氏不服，至是深恨其父。绑之辕外，历叙旧恨，情辞凄楚。

团圆夫婿珥金貂，覆水何人恨未消。莫向华堂伤往事，凄凄烛泪泣寒窑。

《红梅阁》，梆子，天乐

此出粉菊花扮西湖妓，因与贾似道游湖，遇少年失声美之，似道即杀妓。后少年住于红梅阁，妓魂来就，似道又命死士夜杀少年，女鬼护救之得免。情事离奇，音节凄婉，排场亦妙极。

西湖一笑结愁忏，到死痴魂仍护郎。半夜刀光明似雪，可怜困煞鬼鸳鸯。

宣统三年六月十七日/1911年7月12日

剧　谈

《翠屏山》，二簧，天乐

此出小连芬扮石秀，英气棱棱。当辞潘巧云出门时，向酒家大醉，忽手持利刀向酒案猛拍，声音最大，须眉皆立。至后将潘氏及海和尚杀尽，向杨雄长揖谢过一段，英雄本领，曲曲传出。耐庵先生见之，亦当敬服也。

翠屏山下腥风起，荡妇淫僧绝命时。大好男儿真侠骨，血衣一里报相知。

右皆楚狂游戏之作也。燕市黄尘，引人吊古。风流瞻部，大可遗怀。自愧无周郎顾曲之才,又无王维弹琴主家之遇。当场侧耳,随意评论,知我者当不诚为不知亡国之商女也。又前四出皆唱秦声,即梆子,故多苦调。拙诗虽不工,然自信亦有伊凉曲意也。《翠屏山》一出,则唱二簧,奇人快事,令读者肝胆一壮,亦曲终雅奏之意矣。

第569号第3版

剧谈·青年社会挽狂澜

病 侠

昨以旅况萧索,邀友赴广德楼观钟声君新剧。其时正演《孽海花》,其神情态度,写尽当年外交用人之失,于中国社会政治诸怪现象,亦能了如指掌。惟时台下观剧者,倾耳而听。但闻拍掌赞赏之声,毫无从前嚣张之恶习。于此见国民程度,略进一筹。而新剧动人观感之深,益可欣矣。噫!吾国而果不可为耶?则必有钟声其人者,牺牲厥身,以唤起国民之知觉。吾国而果可为耶?则必有继起如钟声其人者,赞助之,补充之,以开通社会之理想。吾愿有志之士,如南太史之执简,任天下之责,而策群力以组织之,则中国前途幸甚。予将馨香祝之。

第570号第3版

剧谈·八岁红

蜀中山王

八岁红者,秦腔中须子生之巨擘也。年甚雏,神清骨秀,态度端严,兼之工与陕西德六并立。而演《柳林池》、《三疑计》、《南天门》、《回荆州》、《桑园会》等出,声音清亮,字眼明晰。演剧之工,有加无已。所以每登舞台,满座叫好者。因见此佳儿形容往事,凭吊怆然,嬉笑怒骂,莫非文章。至于演西皮及二簧之《落马湖》、《武十回》、《翠屏山》,跌打之《恶虎村》,不平之气,几如乱箭穿心。惟《独木关》一出,次于小香元。因唱至小军报到薛爷"独木门前出了大将安定保"等句,此时将病容急变。叫声"你与爷抬枪带马"数字,俨然是大病在床之薛仁贵复生。而八岁红演此，则不若小香元之设身处地。其余各出，迥非他伶所及。八岁红之盛名，斯无愧也。

宣统三年六月二十日/1911年7月19日

剧　谈

自钟声到京演剧以来，继之者则有光华、木铎、剑民、亚方、瘉瘉诸人，其学问作工，虽皆不如钟声之纯熟，而其扮演配角，亦稍强人意。所谓牡丹虽好，全仗绿叶扶持者是也。然木铎等以教员学问讲演，尚有一技之长。而瘉瘉何人，亦乱登舞台，而充新剧之人物乎？试详其历史，瘉瘉者，名辉祖，江苏上元人，学部主事梅兆禧字延卿之大公子也。其父前任中城正指挥时，亦在署中课读。平常报纸，尚不明句读，其他可知。及中城司被裁，随其弟耀祖入日新小学堂，数名功课无一足分数者，永不及格，遂逐出堂外。后因赴日本胡闹，数日而归。斯时之学问，一无所长。而欲与祖宗增辉，遂随钟声登台，以自鸣得意，人皆鄙之弗顾也。时有草厂下三条孙太太者，直隶候补道之夫人也，赴天乐观夜剧，见而爱之。转托王某介绍，得为入幕之宾。因具嫪毐之阳，益加欢悦。并倒贴瘉瘉等洋元四千，供其挥霍，是以孙氏之门时多小白脸出入焉。现闻因细故将瘉瘉斥去，又交杨某，怜新弃旧，水性杨花，如孙太太者，大可耻矣。虽然，京师宦甚夥，独一孙太太而已哉？呜呼！

宣统三年六月二十三日/1911年7月18日

剧谈·为钟声君辨冤

病　侠

连日各报载钟声被拿一事，有谓因招摇聚赌者，其内容实有不然。钟声君以法学名家，牺牲色相，明为社会上政治上种种改良之先河。其爱身如处子，每日除演剧外，兼习书画，不出住所一步。此仆深知者也。此次以莫须有之词，构成疑似之狱。官场意存报复，犹是比附援引之恶习。某□其照恐手段，曾来一函，有“限尔于某日内赶紧搬出，否则即行惩办”云云。钟声接函后，以此等言词，是问官待罪犯之语,非同乡待同乡之语,遂据理驳之。且有“不令钟声住会馆可,即不认钟声为浙江人亦无不可,悉必如此野蛮”等语。此掌馆与钟声挟嫌之原因也。其后有使役数人,偶尔樗蒲之戏。钟声知之,再三责遣,并告以安分营生之语。从此再未闻竹战之声,亦未见争闹之事。且馆中来往各人,循规蹈矩,亦无闲杂人等混乱其间,何至有犯罪之事?并何至有探访缉拿之事?而孰知大人名片一送(判衙门各大老名片十余章),而锻炼周纳之举成矣。夫诬之曰奸,诬之曰赌。试问奸者何人何地,赌者何人何地?证据如何?分账如何?该馆不止一人,何不一一揭出,以表白于天下耶?嗟呼!吾国所谓大人先生者,不关心于国家之大计,而存心于报复之节末。外界之激刺不问,政治之腐败不修,而徒欲以如狼如虎之威吓,灰社会之悬望,而显一己之能力。吾为钟声君惜,吾为中国前途惜。

宣统三年六月二十四日/1911 年 7 月 19 日

剧谈·义顺和部之内容

太谷醉客

大凡一班戏,总须生旦净丑,色色俱全,缺一不可。义顺和本是梆子老名班,郭宝臣也算是梆子中头等胡子。自过午节,千盏灯、小旋风、髦二旦、赛天明亮,先后出京,该园生意日形冷落。新回牡丹花,年龄尚稚,面不甚恶,若唱《骂鸡》、《卖水》等出,尽有可观。乃日前宝臣勒令合演《回荆州》、《坐楼》,如此大戏,此子正在倒仓,道白尚不免吃力,遑论唱工。加以与老手相配,尤觉矜持。偶一差错,座客颇为姗笑,宝臣辄肆谩骂,不留余地。平心而论,非牡丹之咎,实宝臣用违其才耳。三庆园如小喜翠、贾璧云,非不如荼如火,名噪一时。若演《回荆州》、《坐楼》,则非崔灵芝莫属,抑何弗君之甚邪。寄语宝臣,慎勿予智自雄,徒事压力,恐土崩互解,再图恢复不易也。

宣统三年六月二十五日/1911 年 7 月 20 日

剧　谈

和友人赠歌者贾璧云诗十二章

仙舟狂客

北调南腔派别分，移宫换羽五音纷。俊山憔悴灵芝老，菊部今推贾璧云。

国事艰危谁痛哭，长沙以后久无人。尊前剩有何戡在，唱罢伊凉泪满巾。

新张锦幄倚红楼，夜雨珠簾半上钩。墙里笙歌频彻耳，有人呜咽按梁州。

霓裳一曲大罗天，水调歌成压众仙。碧殿凄凉红豆熟，江南愁煞李龟年。

蓬窗高卧雨如丝，白草黄沙舞柘枝。莫道相思人不见，逢君偏在落花时。

善才零落久无家，稚步纤纤似馆娃。演到梵王宫里事，风流压倒小荷花。

宣统三年六月二十六日/1911 年 7 月 21 日

和友人赠歌者贾璧云诗十二章(续)

仙舟狂客

故乡吹彻玉人箫，家住扬州二十四桥。贾郎系扬州产今夜黄金台畔月，随君印入广陵潮。

国色无端贬洛阳，牡丹到处可称王。贾郎在汴名唤白牡丹秦楼楚馆无嘉种，此是人间第一香。

莺歌嘹亮遏行云，红袖春衫白练裙。莫怪周郎频顾曲，小乔颜色不如君。予友周君酷嗜听贾郎曲，故云。

宜笑宜愁对画屏，当筵我亦惜惺惺。衣冠处处皆优孟，孰若梨园有海青。

妆成妬杀杜秋娘，石黛金钿总断肠。偏是长安多薄俗，沿街掷果到潘郎。

怜才闻道有刘三，我对刘三每自惭。十载江湖成潦倒，敢劳玉手剥黄柑。

宣统三年六月二十日/1911年7月22日

剧谈·叠友人赠歌者贾郎七绝十二章元韵

苏门啸

杜牧风流春梦晓,贾生才调月轮高。有人夫婿还家日。钗拆灯圆换锦袍。

装楼粉细绛沙研,天上霓裳压众仙。来对寿亭歌舞处,红棉飞絮魏宫前。

幻云到处优昙钵,鬓影眉梢认不真。三折迴波春锁怨,前身宫月孟才人。

莺歌嘹亮入筝琶,淘尽东瀛急浪沙。日夕薰风天五月,斜檐红闭石榴花。

梧桐清影宿孤凰,望断天南女儿乡。何处莲塘新雨足,青萍子傍野鸳鸯。

风情傅粉认何郎,笑入衣冠优孟殇。昨夜怀王闻楚竹,孤蒲一雁梦三湘。

宣统三年六月二十八日/1911年7月23日

剧谈·叠友人赠歌者贾郎七绝十二章元韵

苏门啸

翠楼高出柳梢头,旧部梨园付水流。得得金台骢马过,卷帘人唱小梁州。

箫管扬州月二分,飞花碎点碧罗裙。舞衫贴地淮南小,一搦弓腰间细君。

新声初谱采菱童,夜半嫦娥降紫宫。按到清平第几曲,春花二十四番风。

夜摇蜡烛隔簾风,杨柳青时奏阑终。三叠铜琶与铁板,乱星豆落大江东。

酬花题壁墨痕留,酒力微醒暮雨收。争似香山歌阿软,新诗传诵到通州。

山外虹桥卧野塘，此间顾曲有周郎。踏沙士女行行缓，芍药栏杆春水乡。

宣统三年六月二十九日/1911 年 7 月 24 日

剧谈·小香元与八岁红

空山杜宇

余读《燕报》，见蜀中山王裔登八岁红演《独木关》一曲，与小香元有天壤之别，皆在唱作之间。余迹隶都门数月有余，见时世多艰，郁积满怀，借听戏观花消胸中块垒。每到三庆、同乐、中和、广德等茶园听戏，只得一二名伶，不足以遂其欲，惟天乐茶园人才会聚之区。余每至该园听戏，非八岁红之《翠屏山》、《落马湖》，小香元之《文昭关》、《独木关》、《四郎探母》、《捉放曹》，粉菊花之《小逛庙》、《大溪皇庄》，小永春之《遇后》、《空城计》，姚佩林之《战蒲关》、《铡美案》，贯大元之《打棍出箱》、《奇冤报》，高月秋之《花蝴蝶》、《界牌关》等曲不看。但该园诸伶惟唱以上各处，无一不快爽人心，拍案叫绝，兼之八岁红与小香元唱工做作皆在诸伶之上。所以强蜀中山王裔评论二伶演唱各出，声音字眼，做作唱工，无不精美，赏识诸伶，议论确当，与鄙见相同。钦佩之至。正所谓士为知己者死，琴为知音者弹，余恨不能与蜀中山王裔晤面，畅谈戏中精微奥妙，研究改良方法，维持社会风俗，而功德之不小也。

宣统三年六月二十九日/1911 年 7 月 24 日

剧谈·大舞台之冷落

槭　社

大舞台处今正开演以来，每日座客如鲫，常有粥少僧多之患。其中最可取者曰张毓庭、曰许德义、曰德俊如、曰金秀山、曰蓉蝶仙、曰十三旦等伶，而尤以李春来为同班之冠。继其后者，则又有王幼臣、高福安、乔荩臣、龚云甫等角色。或以务擅长，或以情面出场，然每日座客尚满千余，今已晨星寥落，可以指数。盖诸伶皆非素有名望者，故不能以慰观者之望，往往乘兴而来，败兴而返。虽有一二角色，因无人配戏，不肯贾其余勇耳。此刻既已如此，后日更何堪设想。寄语大舞台主人,欲挽戏业,而求生意发达者,舍招聘名角、减价钱、改良座位、服役和气四事,盖莫予蜀也。总理者以如何为?顾曲者又以为何如?

宣统三年六月二十九日/1911 年 7 月 24 日

剧谈·菊部人才大为减色

槭 社

人之与禽兽,初无异也,然其所以区别之者,则在乎在廉耻与否而已。人而有廉耻者,则可以为人;人而无廉耻,则无异于禽兽。噫!人之所以异于禽兽者几希耳。夫相工者,本居最下之人格,而最下之人格,尚有廉耻与无廉耻之分。有廉耻者,尚不失为人;无廉耻者,则不可以人论。盖相工界中,虽以须眉而巾帼色相事人,要之为饥寒所迫,为奸人所诱,为师傅所挟制者居多。虽欲以贞节自持,而势有不能。然酒绿灯红之际,尚有面红耳热之时,是于无廉耻之中,尚当有廉耻之本性。情有可悯,事尚可原。然有年逾不惑,犹腼然以妇人女子自居如宝春之桐仙,俗称老桐是也。次为陆凤琴、刘宝云,时而登台,时而陪酒。不但旧相识之客,可以飞笺召至;即欲新订交而谱后庭者,亦慨然允之,而绝不自耻,较之这贾桂林(现寓西河沿魁元店)之三元一次,虽有贵贱之分,而丧廉鲜耻则一也。呜呼!是果何物耶?迨亦人头而畜鸣之怪物也与。

宣统三年闰六月初二日/1911 年 7 月 27 日

剧谈·论戏剧今昔之不同

槭 社

论音乐者,莫不谓唐天宝开梨园之先幕,人云亦云,久已如是。至天宝以前,尚有研究者,否则事多失传,颇难细述。大部戏曲中尽人而知者:曰昆、曰弋、曰秦腔、曰徽调。数十年前,昆弋盛行,文人骚客,往往邀二三知己,携笙管登东山,如谢太傅之耽丝竹。风流韵事,佳托何多。无何古调失传,已为广陵散。至今日解弋调者,仅有南府数人。不过戏园开张头一日,藉以冲煞取吉。至曰昆曲一道,都中菊部不过谭鑫培、陈德霖、梅大锁、余玉琴、何九、钱金福诸人。舍此以外，或者长江流域，犹见雅调遗音，文人骥尾。大江东去，浩叹殊深。至于徽调大家，自当以程长庚、张二奎为极盛时代。今日之叫天虽大名鼎鼎，得聆一二曲者，即已如霓裳雅乐，叹为观止矣。不知老于音律者，尚嫌其美中不足，已非复程、张之模范。况其见长处，多雕虫小技，惯用偏用。不知者则视彼新奇，知之都则恶其取巧。即如《战城都》、《文昭关》等戏，以较汪桂芬，鑫培甘拜下风。故《城都》则不敢唱，《昭关》则别开生面，另换新调。（未完）

宣统三年闰六月初三日/1911 年 7 月 28 日

剧谈·论戏剧今昔之不同（续）

然汪桂芬又嫌作工板滞，无活泼气象，故不敢驾谭而上之。虽然桂芬死矣，叫天老矣，为汪、谭者已凤毛麟角，不可多得之才矣。若夫奏秦腔者，往日尚未发明，至近三十年始蒸蒸日上。为郭宝臣、十三旦、崔灵芝、玻璃翠等，皆个中之翘楚。几于学此调者，无不奉为师承矣。夫秦腔、徽调，在今日虽称为全美，而论戏曲之清雅，已不及当年之昆弋矣。惟是世道浇漓，每况愈下，此吾所以悲雅乐之沉沦，而恶郑声之乱正也。京津自遭兵燹后，茶园戏馆，日进繁华，气象一新，几及沪上。而彼方于戏曲一道，素乏真传，往往以意为之。甚或变腔调，出规矩节奏之间，意为删改。淫词里语，耳不堪闻。而新进后生，又多发于京津。举凡耳濡目染，皆近来不规则之新法；野调奇腔，皆近日不合法之音律。潮流浸渍，渐及四方。他日老成凋谢，继起之辈，安知古调之谓何？以赤混朱，以伪乱真。阳春白雪，反不如下里巴人。吾愿抱龟年之琵琶，续弹词于市上。不知谁是知音耳。噫！

宣统三年闰六月初四日/1911 年 7 月 29 日

剧谈·庆升园之舞台

是　耶

庆升僻处西城新丰市场，经营者为某贵胄。去夏方落成，共耗去二万余金。因其地方偏僻,生意不甚发达,故开幕未久,即便停演。而市场商业,亦一落千丈。反不若西安市场之苟且卑陋,尚足以生存也。庆升演剧无定期,东挪西扯,有时名角到齐,颇极一时之选,戏价虽昂,游者不惜。否则敷衍塞责,亦是无可奈何。其最可恨者,惟在粘贴谎报一事。

本月二、八、十日,庆升戏报遍发四城。梨园子弟,系仍庆寿和部下。一班戏迷,冒雨顾曲。骑驴者有之,乘车者有之。衣饰淋漓,兴犹勃勃。比至庆升,戏报高悬,满庭寂寂,不闻丝竹之声,始知为庆升所骗。又转而至三庆,则庆寿和全部,并未他徙,台上小马五《三疑计》刚演完。随即一一均演,戏迷传中人,咸骂庆升不置。恐此后庆升戏报,均是应假。既是买卖,不应欺人。新丰市上,从此江河日下,可以必矣。

宣统三年闰六月初五日/1911年7月30日

剧谈·文明园之舞台

是耶

文明园所演各剧,间有佳者,其余均甚平平。不过比较他家戏园来得匀净。因有凤卿、瑶卿、振庭诸人,肯卖气力。而一般看戏者,又皆别有所图。文明园利用之,生意故不甚寂寞,否则亦易支持也。某日大粘招贴龚云甫演《滑油山》,一般顾曲周郎,趋之若惊。去时尚早,徒见两旁及正面楼上,钗光□影,纷错杂陈。而盼眼流波,有如掣电。待至夕阳西下,仅俞振庭演《艳阳楼》一出以塞责。观者咸咒言之不已。文明园角色惟凤卿举动文雅,有儒者风。俞振庭面视狰狞,不必作金钱豹,亦大可畏也。其中惟迟景昆者,姿容美丽,秀色可餐,面白皙而又润泽。人等诸爨下婢,未免太冤。惜其能耐太薄,所演武技,缺少精神。现尚渐渐进步,寄语景昆,勉力为之,面首当不止三十人已。

宣统三年闰六月初七日/1911年8月1日

剧谈·三庆园之舞台

三庆园所演各剧，大致匀净，以小旦之戏居多。如小荷花、小喜翠、贾璧云辈，皆以色泽胜人。而小荷花、小喜翠年皆幼稚，其能力均不甚强。故所担任者，皆游戏之剧居多。惟小马五堪为正角，自《纺棉花》一出，经警厅禁演后，名誉亦稍稍减退。故现在常演《南天门》、《三疑计》诸剧。小喜翠、小荷花诸人，非敢望其项背也。贾璧云崛起舞台，声誉鹊噪。姿容清丽，技艺尤精。前日得见其演双《翠屏山》，演至"杀山"一段，虽落花狼藉，而一种可怜情态，真可作掌上舞。其时去石秀者，为一千红，亦能将英雄气概曲曲传出。此剧为三庆园舞台上之不可多得者。随即崔灵芝演《蝴蝶杯》"入洞房"一段，梨园老辈，妥帖安详，自不必老僧饶舌。所可惜者，三庆无胡子生，仅一杨桂芬，唱工又不甚佳妙。时而胡子，时而老旦，兼之来去无常，顾曲者咸引为缺憾云。

宣统三年闰六月初八日/1911 年 8 月 2 日

剧谈·讨论评剧之伟言

械　社

予友专门顾曲郎，于畴昔雨后来馆，谈及戏界而问之曰："子于戏曲一道，曾研究若干年，何以为是精深而竟能为专门大家？子果何术以至此，窃欲请其说。"友曰："有生以来，只嗜观剧，只嗜谈剧，只嗜学剧，只嗜评剧。吾无所用其功，亦无所不用其功。非有心于用功，而实则无时而不用功。积日累月，至今日而犹未变其初心。故贸然敢以专门自命。"予责又问曰："人之所恃为专门者，不曰声光化电、即曰农工商医，子何舍人之专门，而取人之不专门者而为子之专门乎？此又何说？"友曰："声光化电、农工商医，此皆人所谓上等之专门也。吾所嗜之专门，乃人所谓下等之专门也。上者人所趋，下者人所避。故人之专门学，皆曰声光化电、农工商医，而吾之专门学，乃众人之所不顾者，吾独取之所为吾之专门。吾头不秃，服不变，不能追随于人之所谓上流者，吾宁沉湎于声色，而甘居于人之所谓下流者，以谈吾之剧谈学问者。"曰："子果何乐而为此?”曰:“乐其所乐,安其所安,不与世争,不与人竞。吾之谈剧学,一若醇酒妇人,良得我心。胜于声光化电家、工商医之学,奚啻十倍。(未完)

宣统三年闰六月初九日/1911年8月3日

剧谈·讨论评剧之伟言(续)

械 社

吾见彼研究声光化电农工商医者矣,远涉重洋者数万里,苦心孤诣者十余年。比及毕业归来,费无数赞营运动之力,而获一部曹,一教习,或一随员,或一奏调。朝夕奔走,东西张皇。席不暇暖,足不少停。匆匆忙忙,一若置父母将死于脑后者。问其所得,月不过数十金耳。然而车马有费,应酬有费。其他不安本分者,则运动有费,情托有费,看花采菊亦莫不有费。一旦所入不敷所出,反须干贷求帮于亲友。吾不知其所乐者何,所安者何?而吾之研究该剧学,则大异于是。观彼身隶鞠部之伶,在都者如谭鑫培,四夜义务得一千二百金。高福安、李春来、龚云甫等,日可得洋数十元。在沪者如汪笑侬、孙菊仙等,每月皆得四千余元。在津者为李吉瑞、小益芳等,或月得数千元,或月得几百元,甚或坤角如沪之郭少娥,津之小兰英,亦皆月得千余元。噫!徘优贱役,往者不过借此为糊日计,而今则不然。如郭宝臣、谭鑫培、孙菊仙、余玉琴、俞菊生等,且戴三四品头衔,幸得朝廷之名器。宠赐有加,优赏备至。虽王公大人,及新内阁之人物,当有不易此乐者。(未完)

宣统三年闰六月初十日/1911年8月4日

剧谈·讨论评剧之伟言(续)

械 社

谭鑫培烟瘾极大,自禁烟令下,不敢进内廷供演,闻有特别殊恩,许过足瘾登台。事虽传闻,然宠遇之降,较一二品大员,不赴禁烟公所者,迫然不同。往者人不幸而屈身优伶,今者人何幸而厕身优伶。同一优伶,今昔迥异,且彼辈之侍奉内廷,但能循规守矩,自然有赏无罚,较之五日京兆之心,不有霄壤之别乎?仆也世家之裔,幼读书,从事于仕宦一途,虽欲改弦易辙,抱龟年之琵琶长歌燕市,而势有不能。是以洗吾之耳,刮吾之目,以研究戏曲;握吾之管,醮吾之墨,以评论戏曲。陶吾性情,浇吾块垒。计亦良得,心殊安乐。由是观之,人之所谓上流者,其安乐当不及吾之半,吾何必舍安乐而求不安乐哉!吾所以舍上流之专门,而为下流之专门也,聊以解嘲,高明其毋哂。”予闻言瞠目结舌不能对。(完)

宣统三年闰六月十二日/1911 年 8 月 6 日

剧谈·七忆诗

鹓雏父

云璈水瑟最泠泠,一谪瑶台去不停。重听霓裳知有路,再司香案是前径。梁园花落春初老,歧宅风高酒半醒。二十四番天亦倦,纷纷飞絮过窗棂。贯大元

骖鸾此日下青城,八百群仙抗手迎。绝代果然空一顾,泥人争欲订三生。晕痕珊枕初消酒,唾点罗衣半有情。剩记庾郎当日语,筵前我自欲卿卿。贾璧云

买得谁拼十斛珠,偷声减字最怜渠。一箱红豆瞒人数,用朱竹宅词两字鸳鸯问怎书。欧阿公词绮影琼瑶原自澹,蛾眉脂粉不须污。其年空自倾心甚,问有梅花百咏无。韩紫云

宣统三年闰六月十三日/1911 年 8 月 7 日

剧谈·七忆诗

鹓雏父

黄衫玉笔故依然,一曲崆峒落九天。萧韶自然怜庾信,杜陵何日接龟年。令君香在愁分席,如意春多定孰先。唱到河梁悉折柳,几人听赋大堤边。金丝红

蓟苑风高舞拓枝,龚郎断向最相思。几人再犯金吾夜,共尔化为连理枝。红拍乌丝新活计,晓风残月旧相宜。何当为唤屯由起,

听唱香儿柳岸词。小香元

孝伶为康喜寿赋

不学不书,孰受之义。挺兹畸兒,愧浇薄者。一解有伶者子,喜寿其字,废齿而失怙依,母同鸟乌,既将其事,既书其技。匪技之喜,惟母是恋。饘粥之不供职,以增吾佣。祭而厚也,不若养之丰。师�以兄,弟喜以踊。不匮同门,锡类者永。章服垂绅,而枭而獍。昭其鉴哉,吾辞无尽。

宣统三年闰六月十四日/1911年8月8日

剧谈·评咏各优

梁 父

小 荷 花

罗袜凌波最可怜,风流绝世《荡湖船》。是时初识春风面,梦影诗痕忽二年。乍返烟台又汴梁,惊鸿南北断人肠。而今不许花飞去,十万金铃护海棠。

小 长 庚

生儿谁得比宁馨,学就成连海上琴。唱到声凄弦绝处,半天花雨满城阴。流离顿挫公孙舞,慷慨悲歌燕赵风。俊杀弟兄同一剧,须眉飒爽粉花红。

于 永 海

广武原头落日红,神州孰个是英雄。还将骏骨求台上,恍遇褒公与鄂公。赌酒旗亭意太狂,纵谈时事感沧桑。白衣我是罗船谏,日暮河梁泪满觞。

第594号第3版

文 藻

续云郎曲为小喜翠作

三径主人

邯郸一梦三千日,惊雷烈风醒不得。那知哀乐到中年,梦里遭逢尤奇绝。去岁乘槎至日边,桃李花开玳瑁筵。三株玉树临风前,兰茗翡翠容相鲜。□中莲花似六郎，温柔旖旎最芬芳。坐我三薰而三沐，衣袖冉冉风露香。夜来寻到藏娇屋，灯红掩映绿纱窗。回眸一笑足销魂，从此愁心如转毂。来朝重访武陵源，庭院无人鸟雀喧。桃花人面今何处，听说移家浮海去。落花尽怨春风日，飘瓦终宵成梦雨。四愁吟罢寄烟台，索得云郎小像来。五夜香花来供餐，三千烟水独携回。秋来过自成山北，一叶扁舟沧海碧。海上之山烟□抹，山前之市途九回。疑心访到梦中人，握手唏嘘话药因。便借泰山云作幕，即倾东海水开樽。谁料幂鸿天际去，空谷足音三绕树。斜阳醉桌返中流，书空咄咄向谁语。

第 597 号第 3 版

剧谈·伶人特色

假周郎

武生小宝义，后起之英也。武技纯熟，腔调苍老。而尤善於写情韵，一举一动，毕露豪侠之慨。能令观者振起尚武之精神。去岁就聘他往，近复入都。嗓音虽稍逊于前，而武技则大有进步。曾见其《白水滩》、《金钱豹》二剧，一则玩弄木棍，一则飞舞钢叉。上下左右，五花八门，如入山阴道上，令人目不暇接。神乎技矣！仅据此论，虽杨小楼、李春来诸名伶，恐亦无以之。余若《花蝴蝶》、《界牌关》、《恶虎村》等剧，亦皆有独到处，迥非康喜寿、明海亮辈所及，诚过不愧个中之好男儿。

第 597 号第 3 版

剧谈·春仙园之改筑

木　木

西单市场春仙园，为京中戏园之最小者，去岁阔充一次，客坐可容千人。自二月按祥庆和班开演以来，每日坐客零落，可以指数。其中稍可听者，惟郑庆益、任庆蓬、梁庆鸿、李庆森、唐芝芳诸伶，尤以任庆永为全班之冠。其后又增小莲红、小连升，声音清秀，举止安稳，亦稍可观。然每日坐客不满三百，盖诸伶作戏过俗，腔调平常。且日来所演,不过十数出,互相替换,使来观者每每厌闻。虽有一二出可观之戏,皆前一二日所演者,后一二日复演之。以致顾曲者,无复履春仙之念。该园主人深知其病,欲趁此炎热之际,略施改良之方,为将来获得之希望。将从前池中之女坐,改为官坐,三面筑楼,以位置女宾。而楼之下,仍为官坐。已于六月二十七日停演。(未完)

宣统三年闰六月二十一日/1911年8月15日

春仙园之改筑(续)

木　木

鸠工建筑,大约七月初旬可以完竣,仍接祥庆和班开演。意□使此园地基宽阔,多容人数,庶几可获大利。寄语春仙园主人,欲求听曲之人多,不在高筑三面之楼,阔充池中之坐,而在不惜巨资以聘名角。尚园生意之发达,则非谢却祥庆另接他班,或又另聘名角以为辅助。若是,则春仙之戏业,自能日盛一日,而来观之人,亦自然日多一日。有胜于筑楼之功十倍矣。若不更祥庆聘名角,则楼坐虽多,而来观者如故,终无所用。春仙之主人,必以余言为是。而顾曲之周郎,亦当以余言为不谬。(完)

宣统三年闰六月二十二日/1911年8月16日

剧谈·《双钉计》之卓见

樲　社

审讯得情,哀矜勿喜,此圣人爱民之心也。大抵仁慈之人,必不忍于人民就戮,而博一己之声名。是以网开三面,为犯者开一线之生路也。世风日变,古道凌夷。而王者仁惠之心,不复再见于今世界矣。世传包拯听断严明,铸奸辨佞,如见其肺肝然。梨园中谱其戏者,不可胜数。梨园子弟之善者,自能设身处地描摹无遗。其不善者往往意有增减,附会其事,张大其词,则本来之真相失矣。即如《双订计》一出,由一钉断出两钉,致令淫妇服刑,伦常一振,其功伟矣。然其于检验得钉之后,观呼狂笑,以为烛奸明态,无过于

我者。不知善治民者,自有舆论颂扬,何须自矜自喜。揆诸哀矜勿喜之说,岂不大相迳庭哉。(未完)

宣统三年闰六月二十四日/1911年8月18日

剧谈·贯大元

星江渔父

京师名伶,叫天独步。然叫天已老,步其后者其贯大元乎!贯年尚稚,承母训唯谨歌舞,休时即闭户自精所业日进。伧父辈谓暗操像姑生涯,我亦道听途说。今据实调查,贯内受贤母训,外绝浪子。游伎行者自信不为,盗人谓之盗殆犹是耳。近因长夏无聊,时过乐坊,作消夏计。见贯于大舞台上,别具精神优孟衣冠。我实有感,援咏史四章,以怀往哲,并作二章以进大元。(未完)

宣统三年闰六月二十五日/1911年8月19日

剧 谈

《昭关》

去国逋臣仗剑雄,重关难度悼途穷。看他万苦千辛状,白了须眉一夜□。

《骂曹》

才人错被奸雄爱,爱不多时忌便生。听罢鼓声还听骂,解衣蔑视汉公卿。

《空城计》

纶巾羽扇快登场,气度雍容认武乡。座上无言齐想像,果然散澹卧龙岗。

《碰碑》

四面胡儿百万多,李陵碑耸立严阿。丈夫死耳寻常事,赢得名伶慷慨歌。

品 贯

幽燕不少悲歌士,变出新声总未工。独有贯郎翻白雪,传衣钵是广寒宫。

内迁已老谭供奉,菊部班□更属谁。一样小乔夫婿癖,平章还是贯家儿。

宣统三年闰六月二十六日/1911年8月20日

文藻·赠兰芳

江东鸦路

接席初分荀令香,佩环风引月花凉。洛神今夜分明视,一笑刘损原已偿。

可怜处仲心如铁,竟化虚循绕指柔。尽使十年千古恨,牧之从此不回头。

收除豪气三千丈,糜乱温柔一万重。能使季龙低首拜,樱桃毕竟亦英雄。

三年飘泊一身孤,未问倾城世有无。今日樽落千万恨,青衫分泪混云和。乐哭名以与堂名同故借用。

凌云无那去时使,裙有留仙未可罗。知教江充生感丕,庾郎别泪已滂沱。

酒开灯炧醉颜红,始见凌波入坐中。真似腊梅高傲意,迟开花要在寒冬。郎来已迟,在坐不怿,书此为解。

分矜乍觉泪如丝,如此情怀那可支。应有车声过墙角,碧阑干外立多时。

宣统三年闰六月二十七日/1911年8月21日

剧谈·小宝义

武生

余素喜观戏,而尤酷嗜武生。然小楼不常出,李吉瑞不在京,后起者如赵康喜寿、田雨农辈,又皆平庸无甚可取。伶界乏才如此,亦足徵江河之日下也。不意于天乐茶园,得一童伶名小宝义者。把子老练,技术绝伦,铁杠上工夫,亦深造而达于极点。尝见其演《金钱豹》一戏,玩弄钢叉,得心应手,指挥如意,不在杨小楼之下。《翠屏山》"杀山"一段,步伐整齐,疾徐进退,皆楚楚有致。入后但见道寒光，缭绕盘旋于头际，直驾乎李吉瑞而上之。诚后起之杰出之者也。他日必享大名舞台无疑，勉之乎，宝义。

同上

文　藻

玳瑁筵开玉烛寒，伊凉曲鸭酒初干。齐年恰更身材等，笑并芙蓉镜内看。

百绝梅花落笔迟，清芬况对最高枝。云郎不敢将君比，铸作黄金吾事之。

沦落天涯力念差，浔阳今日听琵琶。江淹才尽终军贱，肠断生平对此花。

腊花如泪自汍澜，官漏沉沉听欲残。莫忆前人痴绝语，别时容易见时难。

落花流水两无情，转瞬销魂事莫论。夜半冲寒独归去，凤凰城峭酒初醒。

狂葩十万到心轻，几许魂消只为卿。吾欲缘章天上奏，为卿重降石蓉城。

贺新郎曲唱如何，比翼于今笑玉奴。对酒与公狂不得，怜卿乐事易蹉跎。

宣统三年闰六月二十八日/1911 年 8 月 22 日

剧谈·小月恒

武　生

每观雏伶去武生者，武艺有余，而精神辄不足，殊为缺憾。是亦力不能从心耳。若天和茶园小月恒者，其能免此病乎。月恒年仅十余龄，丰姿绰约，身段轻灵。常演《四杰村》、《长板坡》、《挑滑车》等剧，调高音逸，体正腔圆。而英气勃勃，溢于眉宇。声气激昂，作金石音。诚后起中之杰出者也。岂小春来、高月秋辈所能望其项背者哉？苟能专心致志，力图上游，他年必享大名于舞台无疑。寄语月恒，好自为之，切勿恃才自傲，负我赏者一番苦心也。

同上

剧谈·于鸿棠

虎

于鸿棠者,后起之杰也。每奏一曲,不自矜持,而高下疾徐,抑扬顿挫,无不合拍。是熟极而流,无待按谱矣。余会于天和茶园,见其演《教子》、《伐齐东》、《朱砂痣》、《搜救孤》、《奇冤报》诸戏,气格苍老,古色斑斓,耳目为之一新。而其描摹戏情处,尤能具登峰造极之妙。谚云"天下无难事,只怕用心人",寄语鸿棠,其竭力致志,他年必传老谭之衣钵无疑。予企望焉。

宣统三年闰六月二十九日/1911年8月23日

开封简报

《开封简报》,晚清开封地方报纸,创刊日期不详。此处所收资料,据陈月英等编《河南戏剧活动报刊资料辑录》收录(《中国戏剧出版社 2006 年版》)。

宣统三年(1911)

祥符县副贡赵润普、廪生汪善庆、廪生樊书熔等请演剧助赈禀:

敬禀者:窃绅等为永夏灾重筹赈孔亟,公恳恩准聚仙戏园开演,以资筹款而裨赈务事。窃维灾情重大,正筹赈之孔殷,而歌舞升平,亦盛世所不禁,固知年荒撤乐古训,可征而拯难。集资于今尤急。去年永夏两邑水灾过重,现当青黄不接之际,百万生灵嗷嗷待哺,仰赈更为急切。前经阖省士绅设立义赈公会筹款济饥,仰蒙大帅俯恤灾黎赈助巨款,深仁厚泽,遍及穷氓,凡在士民莫不钦仰。惟灾情过重,款不厌多,绅等谊切恤邻,情同己饥,忝居首治,系全局之瞻听,遇此重灾,忍旁观而袖手?特是时局艰难,捐集非易,多方筹措,尚无端倪。

伏查聚仙戏园伶主去岁曾招集菊部拟开戏园,禀经巡警道驳斥在案,在巡警道系属维持风俗,保存礼教起见,用意至深,立法尤善,绅等均知斯义,钦佩无涯。第该园主前禀拟招集女伶,实属有伤风化,巡警道保卫礼俗,防微杜渐,固应严行禁止。兹据该园主等向绅等一再恳请,不敢再招女伶,如准其开演,愿以戏资三成助永夏赈款,以一成助敝县自治经费。经绅等公议,咸以梨园度曲,原法律所不禁,而演戏助捐,亦急公之可许。查京部首善之区,戏园林立,及津沪各埠演戏助赈,名曰义务,事所恒有。上年淮海赈捐,湖南赈捐,暨去岁皖北赈捐,莫不借演剧以集资,甚有学界中人排演新剧,躬自提倡者。良以中国民智未开,公益思想甚为单薄,如慈善捐款,经官绅合力劝募,终难踊跃,输将假游戏以凑集,则豪奢者甘为挥霍,较捐募难易迥别,揆诸礼法,似欠正当,审厥权宜,不无裨补。

查省城戏园向来四五班不等,现亦有丰乐、天乐两园,即再开一班,究非创举,如谓有碍风俗,则各班皆同,自应一律禁止,果能将所演各剧严行取缔,并导令改良,则于风化礼俗,似亦无大妨害。

绅等再四筹商,冒昧联合呼吁,恳大帅俯念灾民待赈孔亟,筹款艰难,暂准该聚仙戏园开演四个月,以三成提助赈务,以一成归祥符自治经费,届时可否准其续开,再由官绅体查情形办理。

目下冰雪交加,道路不通,该处灾民流亡载道,饿殍满野,老弱者率填沟壑,既属可悯,强悍者铤而走险,尤为可虞。集腋渐能成裘,救饥即以弭乱,此时但能多一分之捐款,即可全无数之生灵。

如蒙俯允,则再造难民,鸿恩下被,实不啻万家生佛也。伏乞垂念灾民待赈筹款为难,准该园开演,借助捐务,实为德便。

托院批据禀已悉,永夏两邑水灾过重,待赈孔殷,该绅等拟请暂准聚仙剧园开演四个月,以戏资三成提助赈款,亦时权宜之计,津沪各埠,事所恒有,应准照办。除牌示准行外,应提赈款,仰巡警道转饬该管区官,按日查明,照数收取,解由藩库存发,并一面责成该区巡警随时保护,以免滋事,而重赈务。此外,另抽一成充作自治经费,亦为公益起见,准由该自治会提取可也,并由道转移藩司知照此批禀抄发。

又:花翎二品衔开缺试署巡警道蒋杼熙谨禀:

大人阁下敬禀者:本月二十二日奉宪台批,祥符县举人田福年等禀永夏灾重,筹赈孔亟,恳恩准聚仙剧园开演,以资筹款而裨赈务由。奉批据禀已悉,永夏两邑水灾过重,待赈孔殷,该绅等拟请暂准聚仙园开演四个月,以戏资三成提助赈款,亦一时权宜之计,津沪各埠,事所恒有,应准照办。除牌示准行外,应提赈款仰巡警道转饬该管区官,按日查明,照数收取,解由藩库存发。并一面责成该区巡警,随时保护,以免滋事,而重赈务。此外另抽一成,充作自治经费,亦为公益起见,准由该自治会提取可也,并由道转移藩司知照此批禀抄发等。因奉此,查此案呈词,虽系祥符举人田福年等具名,其实仍由伶人小菊仙与火神庙僧醒尘暗中怂恿,希图蒙准。其中详细情节,想宪台尚未尽知,用敢将此案真相暨职道迭次批驳缘由,觎缕陈之。国家行政警察,凡地方不正当营业及其他营业应行限制或禁止事项，皆于职掌上有应尽之责，是以职道详定管理省城戏园规则：

遇有开设戏园者，必须先将班主房主姓名及所在地址、房屋、图样报由各该管区官，转禀核准后，发给执照，方准营业。其所以必待查核者，诚以优伶本系贱役，而此项营业又非正当，若概予批准，即流弊滋甚。

上年十一月间，伶人小菊仙纠合火神庙僧人醒尘，拟就庙内开设聚仙戏园，始则由梁定之等出头具禀，其禀内自称该僧人捐募各街铺户，缘化多处善妇，约有数千余金，于庙内修造罩棚群楼，拟赴上海聘请名伶、添用女角等语。当经职道以中原朴俗保守尚难，未便准其在火神庙内男女合演，致导社会以淫恶陋俗等语，批斥立案不行，并由该管区官前往察看，传谕僧人懔遵：如梁定之等仍敢在外煽其邪说，即由该区拿办，以为败坏风俗者戒。旋由伶人小菊仙等以不用女角，仍请准在火神庙内开演，一再具禀，并迭次托人要求，职道姑念若辈意在谋生，曲加礼恤，当饬南区区官，谆饬丰乐、天乐两戏园分别雇用，不准稍有抑勒及短欠雇值情事。并声明火神庙载在祀典，理宜严肃，断非开设戏园之地，如该伶人仗恃平日广通声气，再敢不遵前批，在外请托或私自演唱，定即驱逐等语，严批驳斥在案。此呈又以祥符举人田福年等出头具禀，是其先后禀内姓名忽而梁定之等，忽而小菊仙等，忽而田福年等，支离闪烁，有意诡混，尤可概见。职道亦知省城已有丰乐、天乐两戏园，何必独禁于此，特以该伶人在外招摇，颇著声气，益以火神庙僧素日嗜赌好游，并非安分。

上年梁定之等禀内自叙该僧人捐募各街铺户，缘化多处善妇，以此项不正当之营业，复出之于敛钱之举，是开设戏园已非正当事业，而该伶人与该僧人之所为，实于不正当之中，尤为荒谬。若因其托名报效赈捐，遽予允准，徒令此等在外招摇之，伶人与素非安分之僧人，得借他人资财恣其膻行，而有裨于捐款者甚细，有损于风化者甚大。且永夏赈捐，自上年十二月，据该邑士绅丁其恂等呈请筹集戏捐，业经饬令丰乐、天乐两戏园，每日每座抽捐十分之二五。按照祥符自治会收捐办法办理。在丁其恂等，籍隶永夏，固属桑梓情深，而此次祥符举人田福年等即托筹赈名目，为该僧该伶等续行请求，一则有所利而为之，一则无所利而为之，两者相较，其用心固不能与丁其恂等同日语矣。

抑职道尤有进者，豫省民俗夙号纯朴，自近年交通日辟，风气日趋于奢靡，工商不兴，物力艰绌，独此项不正当之营业，如妓馆、戏园、茶楼、酒肆，种种耗民伤财之事，日见扩张。当事者虽断断于敦俗节财，尤恐不及，而士夫昧于大局，又或以为论开通败坏风气之说，助其波而益其焰，斯诚足为人心世道之忧。况查明聚仙戏园碍难准演情形，其人则为在外招摇之小菊仙，与素非安分之火神庙之僧，其地则为载在祀典之火神庙，而其资本则又出于到处敛钱，迹近撞骗，迭经职道严词批斥并坚拒请托，为世道人心起见，具有苦衷。顷奉宪批准其暂行开演，当系一时顾念赈务，未得详查，此区区之愚，不能不将迭次批驳缘由觍缕上陈，以冀宪台之重察者也。取缔营业系巡警专责，职道虽受托在即，而居官一日，必尽一日之心，若自视以为五日京兆，而坐令若辈恣意任情，败坏风化，固期期知其不可。筹思再四，惟有恳请宪台迅将前批收回，仍由职道饬知各该管区官查照，节次批驳，原案办理，无任迫切待命之至。

前巡警道蒋告示：为出示晓谕事照得，火神庙载在祀典，礼宜严肃，乃访闻将有开园演剧情事，殊属荒谬。除饬区查禁，如敢抗违，立即拿办，并禀明抚部院外，为此仰各色人等知悉，火神庙为祀典所关，阖属生民仰托神庇，不得任该僧人等以各善士、各护法布施修庙之资开设戏园，演唱淫恶杂剧，致亵神威，而坏风俗，其各懔遵。

《开封简报》1911 年 3 月

中州日报

《中州日报》,晚清民国时期河南省地方报刊,创刊日期不详。此处所收各园演出剧目,据陈月英等编《河南戏剧活动报刊资料辑录》录入(《中国戏剧出版社 2006 年版》)。

宣统三年(1911)

丰乐园夜戏

《绿牡丹》:宋玉珊、葛文玉、五阵风

《节义廉明》全本从首至尾,一夜演完:杜文林、葛文玉、东方亮、任灵芝、宋玉珊、章九峰、五阵风、李韵卿

宣统三年六月初五日/1911年6月30日

丰乐园日戏

《五雷阵》:合演

《过关见母》:小天明亮

《宾鸿雁》:韦久峰

《十字坡》(补演):郭小福、五阵风

《盘肠战》:葛文

《战长沙》:杜文林(特烦)

《游园赠珠》:五阵风、东方亮(特烦)

《三门街》七八本:五阵风、东方亮、宋玉珊

宣统三年六月初六日/1911年7月1日

丰乐园日戏

《九美夺夫》,本园新排文明改良新戏,全班名角,文武连台四本,定于七月二十一日准演头本。大明古典,成化年间,忠良被害,遇难成祥,英雄救驾,金殿封官,凤冠霞帔。九美团圆:狄美云、苏美英、蔡美虹、孔美屏、邱美英、孔美英、陆美贞、葛美蓉、汤美姣。

宣统三年六月廿六日/1911年7月21日

丰乐园日夜

《箭台赐宴》:张少福、韦久峰、苏吉凤

《秦琼观阵》:小天明亮

《青石山》:李云章、郭小福、五阵风、葛文玉、张少福

《董家山》:东方亮

《首阳山》:杜文林

《青淮河》:任灵芝、东方亮、刘寿臣

《白菊花》、《盗药杀师》:小五义、郭小福、宋玉珊、葛文玉、五阵风、张少福

宣统三年闰六月十一日/1911年8月5日

丰乐园日戏

《杨家将》新排全体:任灵芝、韦九峰、葛文玉、五阵风、苏吉风、英吉臣、张少福、杜文林、东方亮、郭小福、刘长桂、韩中和、李云章、宋玉珊、曹玉珊、曹允杰。

丰乐园夜戏:

《进蛮诗》吉祥戏

《小放牛》:小天明亮、小刘七

《黄鹤楼》:韦九峰

《红梅阁》(补演):东方亮

《四郎探母》(补演):英吉臣、杜文林、任灵芝

《殷家堡》全本连台,《落马湖》:李云章、五阵风、葛文玉、郭小福、刘寿臣

宣统三年闰六月十四日/1911年8月8日

丰乐园日戏

《俊宝抬》:宋玉珊

《乌龙院》:任灵芝、杜文林

《牧羊卷》:英吉臣、杜文林

《拿九花娘》:刘寿臣、五阵风

接演连台十一二本《三门街》,另有爽目情节可观:郭小福、宋玉珊、东方亮、任灵芝

丰乐园夜戏:

《普球山》(武行):刘寿臣、郭小福、五阵风、张少福、李云章

《武十回》头本:郭小福、葛文玉、五阵风、宋玉珊、张少福

《捉放曹》:李云章、杜文林(特烦)

《武十回》二本:郭小福、葛文玉、五阵风、宋玉珊、张少福

宣统三年闰六月十八日/1911 年 8 月 12 日

丰乐园日戏

《白璧关》:全班合演

《拾玉镯》:小天明亮等

《孝义节》:李韵卿等

《紫霞宫》:东方亮等

《金玉奴》:任灵芝等

《翠凤楼》:张少福、葛文玉、五阵风、郭小福、刘寿臣

《洪羊洞》:杜文林等

《粉妆楼》接演新戏三四本,罗会奉旨征达旦,胡奎仗义回淮安,沈谦林抄杀越公府,忠良逃祸水月庵:全班名角合演

宣统三年闰六月廿四日/1911 年 8 月 18 日

丰乐园日戏

《双断桥》:小天明亮、小刘七

《夺头彩》:东方亮、任灵芝

《八义图》:曹允杰、杜文林

《白水滩》:李云章、葛文玉、五阵风、郭小福

《黄鹤楼》带水战:宋玉珊、刘寿臣、杜文林、李云章

《巧离亲》初次出现,哀感顽艳,改良新戏,别有可观:郭小福、葛文玉、东方亮、五阵风、任灵芝、宋玉珊、张少福

宣统三年七月初一日/1911 年 8 月 24 日

丰乐园日戏

《回龙阁》:小天明亮

《余唐关》:东方亮

《桃花浪子》:李云章、张少福、宋玉珊、葛文玉、郭小福、苏吉风

《上天台》:杜文林

《大嫖院》:任灵芝、东方亮

《取帅印》:杜文林

《取金陵》:李云章、郭小福、葛文玉、五阵风、张少福、刘寿臣

宣统三年七月初二日/1911年8月25日

丰乐园日戏

《赶会凉亭》:小刘七、小天明亮

《黄花国》:英吉臣

《游园赠珠》:东方亮、任灵芝

《连环马》盗钩:郭小福、宋玉珊、刘寿臣

《打棍出箱》:葛文玉

《黄金台》盘关:英吉臣、杜文林、李云章

《青石山》王道捉妖:苏吉风、韩中和、葛文玉、五阵风、郭小福、张少福

宣统三年七月十五日/1911年9月7日

丰乐园日戏

《白璧关》:全班合演

《白蛇传》:小天明亮

《双沙河》:东方亮、任灵芝

《取帅印》:张永祥、杜文林、曹允杰、李云章

《白水滩》:五阵风、萧保安、盖月樵、郭小福

《首阳山》:刘申临、小江南、赵永福

《新安驿》:小天明亮、富才子、刘寿臣

《大四杰村》:苏吉风、郭小福、五阵风、张少福、刘寿臣

丰乐园夜戏：

《风云会》：全班合演

《药茶计》：英吉臣、张永祥

《反延安》：五阵风、李云章、苏吉凤、刘福玉

《洪羊洞》：杜文林、曹允杰

《乌龙院》：任灵芝、宋玉珊

《金石盟》：富才子、小江南、刘寿臣、东方亮、韩中和

《嘉兴府》：萧保安、盖月樵、刘寿臣、郭小福、五阵风、张少福、李云章

宣统三年七月廿二日/1911 年 9 月 14 日

丰乐园日戏

《忠孝牌》：小天明亮

《游六殿》：小江南

《蝴蝶杯》：富才子、刘寿臣

《问樵酒楼》：葛文玉、韩中和

《芭蕉扇》：张少福、郭小福、五阵风、东方亮、仇瑞林

《回荆州》：宋玉珊、任灵芝、苏吉凤

《十八扯》：串花旦、杜文林、仇瑞林

《翠凤楼》：郭小福、张少甫、宋春岩、盖月樵、五阵风、萧保安

丰乐园夜戏：

《三进士》：英吉臣

《破洪州》：富才子、刘寿臣

《九更天》：徐喜桂、宋玉珊

《伐东吴》：李云章、小江南

《长坂坡》：张少福、徐喜桂、宋春岩、韩中和、李云章、苏吉凤

《桑园寄子》：杜文林、徐喜桂

《双湖船》：任灵芝、东方亮、仇瑞林

《泗州城》：苏吉凤、葛文玉、郭小福、五阵风、张少甫、李云章

宣统三年八月初二日/1911 年 9 月 23 日

丰乐园日戏

《长寿官》:英吉臣、刘申林

《柳林池》:小刘七、天明亮、马得奎

《打渔杀家》:徐喜桂、小江南、刘寿臣

《错中错》:刘寿臣、东方亮、富才子、任灵芝、韩中和

《黄魏争功》:张少甫、葛文玉、萧保安、赵永福、张少福

《打金枝》:杜文林、英吉臣

《四杰村》:张少福、宋春岩、葛文玉、五阵风、盖月樵

宣统三年八月初三日/1911年9月24日

丰乐园日戏

《忠孝牌》:小天明亮

《游六殿》:小江南

《蝴蝶杯》:富才子、刘寿臣

《问樵酒楼》:葛文玉、韩中和

《芭蕉扇》:张少福、郭小福、五阵风、东方亮、仇瑞林

《回荆州》:宋玉珊、任灵芝、苏吉凤

《十八扯》:(串花旦)杜文林、仇瑞林

《翠凤楼》:郭小福、张少甫、宋春岩、盖月樵、五阵风、萧保安

丰乐园夜戏:

《三进士》:英吉臣

《破洪州》:富才子、刘寿臣

《九更天》:徐喜桂、宋玉珊

《伐东吴》:李云章、小江南

《长坂坡》:张少福、徐喜桂、宋春岩、韩中和、李云章、苏吉凤

《桑园寄子》:杜文林、徐喜桂

《双湖船》:任灵芝、东方亮、仇瑞林

《泗州城》:苏吉凤、葛文玉、郭小福、五阵风、张少甫、李云章

宣统三年八月初五日/1911年9月26日

丰乐园日戏

《大登殿》:马胜奎、小天明亮、小刘七

《鸿鸾禧》:仇瑞林、富才子、刘寿臣

《天堂州》:张连往、小江南、张永祥

《拿花蝴蝶》:李云章、张少福、萧保安、郭小福、盖月樵、宋春岩、葛文玉、刘寿臣、英吉臣

《打棍出箱》:仇瑞林、葛文玉、赵永福

《遗失翠花》:东方亮、任灵芝、刘寿臣

《鼎足三分》:苏吉凤、韩春祥、曹允杰、葛文玉、张少甫、杜文林、宋春岩、宋玉珊、韩中和、张少福、李云章

丰乐园夜戏:

《药王卷》:全班合演

《望儿楼》:英吉臣

《紫荆树》:小天明亮、小刘七

《黄金台》:徐喜桂、仇瑞林、杜文林、小江南、李云章

《金石盟》:刘寿臣、宋玉珊、东方亮、任灵芝、葛文玉、仇瑞林

《战长沙》:李云章、宋玉珊、杜文林、韩中和

《迷人馆》、《画春园》、《九花娘》,接演《三打剑峰山》:萧保安、宋春岩、仇瑞林、葛文玉、张少甫、五阵风、富才子、盖月樵、郭小福、刘寿臣、李云章

丰乐园九月二十八日外有堂会

宣统三年八月初六日/1911年9月27日

丰乐园日戏

《斩黄袍》:小天明亮

《应天球》:小江南

《查头关》:任灵芝、仇瑞林

《大闹嘉兴府》:郭小福、葛文玉、宋春岩、五阵风、盖月樵、刘寿臣、张少甫

《李陵碑》:杜文林

《四演双沙河》:东方亮:任灵芝、五阵风、富才子

《双演捉放曹》:小江南、杜文林、赵永福

《九义十八侠》五本:韩中和、刘寿臣、宋玉珊、郭小福、盖月樵

丰乐园夜戏:

《行路笑灵》:英吉臣

《杀府逃国》:小天明亮

《曹庄杀妻》:苏吉凤、富才子、高得胜

《张顺请医》:仇瑞林、东方亮、任灵芝、刘寿臣

《取金陵》:宋春岩、张少福、葛文玉、五阵风、张少甫、刘寿臣、李云章、苏吉凤、郭小福

《二进宫》:小江南、杜文林、徐喜桂(串花面)

《挑滑车》:韩中和、张少福、宋春岩、盖月樵、萧保安、刘寿臣

宣统三年八月初八日/1911 年 9 月 29 日

丰乐园日戏

《四郎探母》:小天明亮

《戏叔别兄》:富才子、刘寿臣

《吴市箫》:小江南

《金山寺》:苏吉凤、韩中和、葛文玉、五阵风、东方亮、张少福、李云章

《绑子上殿》:杜文林、徐喜桂、仇瑞林

《围困土山》:宋春岩、张少甫、韩中和、李云章、张少福、张永祥

《标打三友》:张少福、宋春岩、盖月樵、郭小福、刘寿臣、张永祥、苏吉凤、李云章、萧保安

《头碰头》新排新戏:郭小福、五阵风、宋玉珊、任灵芝、东方亮、仇瑞林、刘寿臣

宣统三年八月初八日/1911 年 9 月 30 日

丰乐园日戏

《大登殿》:小天明亮、小刘七、马胜奎

《鸿鸾禧》:富才子、刘寿臣、仇瑞林

《天堂州》:小江南、张永祥、张连柱

《拿花蝴蝶》:张大保、张锡庆、张少甫、刘寿臣、萧保安、郭小福、盖月樵、宋春岩、李云章、苏吉凤、英吉臣、魏胜奎、小四盛(官商特烦)

《打棍出箱》:仇瑞林、葛文玉、赵永福

《遗失翠花》:东方亮、任灵芝、刘寿臣

《鼎足三分》:张大保、韩中和、张少甫、杜文林、葛文玉、宋玉珊、韩春祥、张少福、米春岩、李云章、萧保安、苏吉凤、曹允杰、张锡庆、魏胜奎

丰乐园夜戏:

《跨虎登山》吉祥戏:全班合演。

《望儿楼》:英吉臣、刘申林

《紫金重树》:小天明亮、小刘七、徐喜桂、马胜奎

《黄金台》双演《盘关》:张永祥、小江南、杜文林、徐喜桂、李云章、仇瑞林

《金石盟》:刘寿臣、葛文玉、东方亮、任灵芝、宋玉珊、仇瑞林。(特烦)

《战长沙》:王百顺、宋玉珊、李云章、杜文林、韩中和、刘申临

《迷人馆》、《画春园》、《九花娘》、接演《三打剑峰》:仇瑞林、张小向、葛文玉、刘长桂、张大保、张少甫、张锡庆、盖月樵、李云章、张少福、五阵风、韩春祥、富才子、苏吉凤、萧保安、宋春岩、魏胜奎、郭小福、赵长有、韩中和、刘寿臣、小四盛、张小狗

宣统三年八月十二日/1911年10月3日

丰乐园日戏

《大赐福》:全班合演

《女起解》:小天明亮

《独木关》:小江南、张少福、李云章、赵永福

《新安驿》:富才子、刘寿臣

《阴阳河》:东方亮、宋玉珊

《白水滩》:五阵风、萧保安、盖月樵、张少福、郭小福

《探亲家》:任灵芝、刘寿臣

《朱砂痣》:徐喜桂、杜文林、英吉臣

《兴隆会》、《百凉楼》新排新戏:张少福、张少甫、宋玉珊、郭小福、宋春岩、苏吉凤、李云章、刘寿臣、萧保安

丰乐园夜戏:

《长生殿》吉祥戏

《卖绒花》:富才子

《牧羊卷》:小江南

《贾家楼》:张少甫、李云章、张少福、宋春岩、郭小福、苏吉凤、刘寿臣

《梵王富》:东方亮、五阵风

《伐子都》带索命:宋春岩、盖月樵、郭小福、张永福、苏吉凤、张少福、李云章、魏胜奎

《文昭关》:杜文林

《广寒宫》新排新戏:郭小福、张少甫、杜文林、五阵风、东方亮、任灵芝、富才子、宋玉珊、宋春岩、刘寿臣、李云章、仇瑞林、张永祥

宣统三年八月十四日/1911年10月5日

丰乐园日戏

《大献瑞》:全班合演

《紫霞宫》:富才子

《取东川》:小江南

《董家山》:东方亮

《界牌关》:宋春岩、盖月樵

《戏迷乐》:仇瑞林、杜文林、任灵芝

《殷家堡》:郭小福、宋玉珊、五阵风、张少甫、宋春岩

丰乐园夜戏:

《滑油六殿》:张大保、英吉臣、王百顺

《小放牛》:小刘七、小天明亮

《洪羊洞》:刘申林、小江南、英吉臣

《汴梁图》:宋玉珊、富才子、东方亮

《打城破牌》:宋春岩、盖月樵

《辕门斩子》:杜文林

《酸枣林》、《巴骆和》、《刺巴杰》演员:刘寿臣、张少甫、五阵风、宋春岩、郭小福

宣统三年八月十六日/1911年10月7日

丰乐园日戏

《渭水河》:全班合演

《天水关》:小江南

《双下南唐》:富才子、五阵风

《奇冤报》:杜文林

《招贤镇》:张少福、宋春岩、盖月樵、五阵风、张少甫、郭小福

《马思远》、《双铃记》:张永福、郭小福、宋玉珊、任灵芝、张少福、仇瑞林

宣统三年八月十七日/1911年10月8日

丰乐园日戏

《春秋笔》:全班合演

《凤鸣关》:小江南

《玉镯计》:东方亮、仇瑞林

《桃花浪子》:宋玉珊、盖月樵、宋春岩、郭小福、刘寿臣

《打鼓骂曹》:杜文林

《征辽东》、《独木关》全本连台:郭小福、宋春岩、张少甫、仇瑞林、张少福、李云章、赵永福、张连柱、苏吉凤、刘寿臣

《盗宝珠》重排新戏,演头二本:郭小福、张少甫、宋玉珊、任灵芝、五阵风、东方亮、盖月樵、宋春岩、英吉臣、苏吉凤、张少福、李云章、仇瑞林、刘寿臣

丰乐园夜戏:

《黑风洞》:小天明亮

《庆顶珠》:小江南

《鱼肠剑》:杜文林

《红梅阁》:东方亮

《鄚州庙》:盖月樵、郭小福、宋春岩、张少甫、张少福

《海潮珠》:任灵芝、宋玉珊

《曾头市》:张少甫、郭小福、宋春岩、张少福、苏吉凤

《探阴山》:串花面、杜文林

《百草山》、《锯大缸》(官商特烦):仇瑞林、五阵风、李云章、郭小福、张少甫、宋春岩、盖月樵、刘寿臣

宣统三年八月十八日/1911年10月9日

丰乐园日戏

《白璧关》:全班合演

《青蛇探塔》:小天明亮

《余唐关》:东方亮、刘寿臣

《浣花溪》:仇瑞林、任灵芝、宋玉珊

《演火棍》:张少福、宋春岩、五阵风、刘寿臣、李云章

《南天门》:杜文林、徐喜桂

《铜网阵》、《冲霄楼白玉堂丧命》,新排新戏

丰乐园夜戏:

《大明府》,全本,从首至尾,一夜演完,绅商特烦。演员:苏吉凤、张少福、李云章、英吉臣、杜文林、郭小福、盖月樵、宋玉珊、五阵风、任灵芝、东方亮、张少甫、宋春岩、仇瑞林、刘寿臣、曹允杰、韩春祥、韩中和、李得会。

十月十三日堂会停演

宣统三年八月十九日/1911年10月10日

丰乐园日戏

《黄花国》:英吉臣

《回龙阁》:小刘七、小天明亮

《落马湖》:仇瑞林、张少甫、韩中和

《金雁桥》:苏吉凤、张少福、盖月樵、宋春岩、李云章

《狮子图》:杜文林

《人头鱼》新排头二本:曹允杰、郭小福、宋玉珊、东方亮、任灵芝、五阵风、仇瑞林、韩中和

宣统三年八月廿二日/1911年10月13日

丰乐园日戏

《孝义节》:英吉臣、徐喜桂

《钱塘县》:张少福、张少甫、五阵风、宋春岩、李云章

《过新年》:东方亮、仇瑞林

《十字坡》:郭小福、五阵风、张少福

《长坂坡》全本:宋春岩、刘寿臣、盖月樵、韩中和

《两狼山》:杜文林

《人头鱼身体》接演三四本:曹允杰、仇瑞林、宋玉珊、东方亮、任灵芝、五阵风、郭小福、韩中和

宣统三年八月廿三日/1911年10月14日

丰乐园日戏

《龙虎斗》:全班合演

《滑油山》:英吉臣

《鸳鸯楼》:苏吉凤

《节义廉明》:杜文林、徐喜桂、曹玉珊、刘寿臣、仇瑞林

《单刀会》:张少甫、刘寿臣、宋玉珊、韩中和

《挑滑车》:盖月樵、张少福、刘寿臣、宋春岩、李云章、苏吉凤

《金石盟》:仇瑞林、小江南、任灵芝、东方亮

《金山寺》:张少福、郭小福、韩中和、五阵风、东方亮、韩春祥、

宋春岩

丰乐园夜戏:

《盘肠大战》:魏胜奎、宋春岩、盖月樵、张少福

《双满台飞》:郭小福、五阵风、东方亮、仇瑞林

全本《大名府》补演:张永祥、魏胜奎、苏吉凤、李云章、郭小福、五阵风、任灵芝、杜文林、张少甫、宋春岩、盖月樵、小江南、东方亮、宋春岩、仇瑞林、张少福、张锡庆、韩中和

宣统三年八月廿四日/1911 年 10 月 15 日

丰乐园新排文明改良劝戒洋烟新戏宣告:

现在我们中国人都说鸦片烟是大害了,却说的只是说,吸的还是吸,只因鸦片烟害人的真相总没有看见,所以我排一出《黑籍冤魂》的新戏,现身说法,请吸烟的人看看,究竟不吸烟的时候是怎样,吸烟的时候是怎样,后来教成结果又是怎样,诸位看了此戏,收成自然是不能不戒了。又有人向我说,你把吸烟的挖苦得太厉害了,那吸烟的人一定要骂你的,我说只要看了此戏,就肯戒烟,他就骂我,我也情愿,要是只晓得骂我,不晓得戒烟,恐怕对不起人。

丰乐园长庆班宋玉珊白

丰乐园十八日上演新排改良文明劝化醒世新戏《黑籍冤魂》:张永祥、张少福、郭小福、盖月樵、小江南、韩中和、小天明亮、曹允杰、仇瑞林、东方亮、杜文林、张少甫、小刘七、苏吉凤、徐喜桂、宋春岩、任灵芝、宋玉珊、刘寿臣、李得会

宣统三年八月廿六日/1911 年 10 月 17 日

丰乐园日戏

《三进士》:英吉臣

《柳林池》:小天明亮

《文昭关》:小江南

《白马坡》:韩中和、宋春岩、张少甫、李云章、刘寿臣

《兄弟同仇》:杜文林

《四杰村》:郭小福、盖月樵、五阵风、张少甫、宋春岩、张少福、刘寿臣、苏吉风

《佛门点元》后本,演员:杜文林、五阵风、任灵芝、宋玉珊、东方亮、刘寿臣

《百草山》、《大锯缸》(绅商烦演)演员:郭小福、张少甫、仇瑞林、五阵风、盖月樵、宋春岩、李云章

丰乐园夜戏:

《钓龟得宝》:英吉臣

《打渔杀家》:小江南

《黄忠十三功》:李云章、张少福、宋玉珊、盖月樵、宋春岩、苏吉凤、赵永福

《四郎探母》:杜文林、英吉臣

《人才附马》:仇瑞林、任灵芝、东方亮、刘寿臣

《九花娘》、《迷人馆》、《画春园》、《三打剑峰山》:仇瑞林、郭小福、盖月樵、五阵风、张少甫、宋春岩、李云章、张少福。

宣统三年八月廿七日/1911 年 10 月 18 日

丰乐园日戏

《天官赐福》:全班合演

《监斩浪子》:英吉臣

《金台拜帅》:小江南

《华云带箭》:杜文林

《薛家窝》:宋春岩、张少甫、盖月樵、宋玉珊、五阵风、郭小福、张少福

《难中结情缘》全本,演员:宋春岩、郭小福、宋玉珊、任灵芝、五阵风、东方亮、刘寿臣、苏吉凤、仇瑞林

丰乐园夜戏:

《西川图》:全班合演

《池水驿》:小天明亮

《大报仇》:小江南

《伐子都》带金殿:苏吉凤、宋玉珊、盖月樵、张少福、李云章、李宝龄

《上天台》:杜文林、李云章

《大嫖院》:任灵芝、东方亮、仇瑞林、刘寿臣

《取金陵》(特烦):苏吉凤、韩春祥、张少甫、五阵风、宋春岩、郭小福、张少向、刘寿臣、李云章、张永祥、魏胜奎

宣统三年八月廿八日/1911 年 10 月 19 日

丰乐园日戏

《征战北海》:全班合演

《杀府逃国》:小天明亮

《洪羊洞》:小江南、杜文林

《围困土山》:韩中和、宋春岩、张少福、刘寿以、李云章

《普球探山》:郭小福、五阵风、盖月樵、宋春岩、张少福、刘寿臣

《女中状元》:张永祥、刘寿臣、宋玉珊、东方亮、任灵芝、五阵风、仇瑞林、李得会

宣统三年八月廿八日/1911 年 10 月 19 日

丰乐园日戏

《大赐福》吉祥戏

《双冠诰》:小天明亮

《琼林宴》:小江南

《反延安》:苏吉凤、五阵风

《粉妆楼》:杜文林

《溪皇庄》头本:李云章、任灵芝、宋玉珊、郭小福、仇瑞林

《蝴蝶梦》:刘寿臣、东方亮、仇瑞林

《兴隆会》:韩中和、张少福、郭小福、盖月樵、张少甫、宋春岩、李云章、曹允杰、刘寿臣

丰乐园夜戏:

《大献瑞》:全班合演

《望乡台》:小天明亮

《牧羊卷》:小江南

《鸿鸾禧》:仇瑞林、任灵芝

《取成都》:杜文林

《梵王宫》:东方亮、五阵风

《溪皇庄》二本:任灵芝、仇瑞林、宋玉珊、郭小福、刘寿臣

《虹桥赠珠》:盖月樵、宋春岩、张少甫、五阵风、郭小福、李云章、刘寿臣

宣统三年九月初一日/1911年—10月22日

丰乐园日戏

《望儿楼》:英吉臣

《柳林池》:小天明亮

《双锁山》:东方亮、刘寿臣

《桃花岭》:郭小福、五阵风、张少福

《取帅印》:杜文林、曹允杰

《八蜡庙》:张少甫、五阵风、盖月樵、宋春岩、刘寿臣、郭小福、苏吉凤、张少福、李云章、魏胜奎

《双摇会》:任灵芝、东方亮、仇瑞林、张永祥

《枪挑小梁王》:张少福、郭小福、宋玉珊、刘寿臣、苏吉凤、魏胜奎、李云章、仇瑞林、张锡庆、小四盛

丰乐园夜戏:

《三进士》:刘申临、英吉臣、赵永福

《送亲演礼》:徐喜桂、仇瑞林、王百顺

《长亭会》:杜文林

《卧虎沟》:张少福、东方亮、郭小福、五阵风、苏吉凤、刘寿臣、刘长桂、魏胜奎、李云章、张锡庆

《游西湖》全本:任灵芝、东方亮、刘寿臣、郭小福

《挑滑车》:盖月樵、张少福、宋春岩、刘寿臣、苏吉凤、魏胜奎、

李云章、张锡庆

《二进宫》:杜文林、小江南、徐喜桂

《凤凰山》、《访自袍》、《征辽东》:苏吉凤、仇瑞林、宋玉珊、宋春岩、张少甫、刘寿臣、郭小福、张少福、赵永福、魏胜奎、李云章、刘长桂、李得会

宣统三年九月初二日/1911年10月23日

丰乐园日戏

《四郎探母》:小天明亮

《老黄请医》:仇瑞林

《马义救主》:小江南

《阴阳河》头二本:仇瑞林、宋玉珊、东方亮、李得会

《换子场》:杜文林

《探亲家》:刘寿臣、任灵芝

《艳阳楼》:李云章、张少甫、宋春岩、盖月樵、郭小福、苏吉凤、五阵风、张少福

宣统三年九月初三日/1911年10月24日

丰乐园日戏

《黄花国》:英吉臣

《取凤鸣》:小江南

《虹霓关》:东方亮、刘寿臣

《戏迷乐》:杜文林、仇瑞林、任灵芝

《溪皇庄》带双簧:宋春岩、英吉臣、五阵风、东方亮、任灵芝、盖月樵、刘长桂、李云章、张少福、郭小福、苏吉凤、刘寿臣

《下江南》万年青:郭小福、张少福、苏吉凤、李云章、刘寿臣、仇瑞林、杜文林、宋玉珊、天明亮、宋春岩

宣统三年九月初四日/1911年10月25日

丰乐园日戏

《斩黄袍》:小天明亮

《首阳山》:小江南

《伐齐东》:杜文林

《铜网阵》:张少福、宋春岩、盖月樵、张少甫、郭小福、宋玉珊

《错中错》:五阵风、东方亮、仇瑞林、郭小福、刘寿臣、英吉臣

《绿牡丹》:宋春岩、郭小福、五阵风、盖月樵、张少甫、刘寿臣、任灵芝

宣统三年九月初七日/1911年10月28日

丰乐园日戏

《孟津河》:英吉臣

《断桥亭》:小刘七、小天明亮

《少华山》:东方亮、刘寿臣

《四国进宝》:五阵风、刘寿臣、宋春岩、张少甫、苏吉凤、李云章

《乌盆记》:杜文林

《十字坡》:五阵风、郭小福、张少福

《龙戏凤》:任灵芝、宋玉珊

《茂州庙》:李云章、刘寿臣、五阵风、盖月樵、郭小福、张少甫

丰乐园夜戏:

《洞房献佛》:李云章、张少福、盖月樵、东方亮、五阵风、宋玉珊、仇瑞林、苏吉凤、刘寿臣

《十八扯》:杜文林、仇瑞林

《泗洲城》补演:苏吉凤、张少福、郭小福、盖月樵、五阵风、张少甫、宋春岩、李云章

《吴眼能》:东方亮

《坐楼杀惜》:任灵芝、宋玉珊

《长坂坡》全本:徐喜桂、宋春岩、刘寿臣、盖月樵、韩中和、张少福、李云章

宣统三年九月初八日/1911年10月29日

丰乐园日戏

《访贤臣》吉祥戏

《拾玉镯》:小天明亮

《中牟县》:杜文林

《盘肠大战》:盖月樵、宋春岩、苏吉凤、张少福

《单刀赴会》:张少甫、宋春岩、李云章

《王道捉妖》:张少福、李云章、仇瑞林、五阵风、盖月樵、宋春岩

《文武香球》新排新戏,准演头本:仇瑞林、宋玉珊、东方亮、五阵风、任灵芝、刘寿臣、张少甫

宣统三年九月初十日/1911年10月31日

丰乐园日戏

《行路哭灵》:英吉臣

《杀府逃国》:小天明亮

《抱娃入府》:东方亮、仇瑞林

《打城破牌》:苏吉凤、宋春岩、盖月樵、张少福、李云章

《战长沙》:杜文林、韩中和、张少福

《雄黄阵》:张少福、张少甫、五阵风、郭小福、宋春岩

《文武香球》新排新戏,接演二本:刘寿臣、宋玉珊、东方亮、任灵芝、五阵风、仇瑞林、张永祥

宣统三年九月十一日/1911年11月1日

丰乐园日戏

《忠孝节义》:英吉臣、徐喜桂

《桂香推磨》:小天明亮、小刘七

《衣锦荣归》:杜文林、东方亮

《殷家堡》、《落马湖》:刘长清、刘寿臣、郭小福、盖月樵、张少甫、五阵风、宋春岩、刘长桂、刘奎官

《金台拜帅》:杜文林、刘奎官

《人头鱼身体》三四本:高胜奎、苏吉凤、仇瑞林、东方亮、任灵

芝、宋玉珊、郭小福、刘寿臣、宋春岩、李云章

宣统三年九月十七日/1911 年 11 月 7 日

丰乐园日戏

《长亭会》:吴子红

《牧虎关》:张延恒、刘奎官、顾玉香

《小上坟》:仇瑞林、东方亮

《挑滑车》:刘长清、刘寿臣、盖月樵、车占魁、田双奎

《锯大缸》:仇瑞林、五阵风

《朱砂痣》:杜文林、王芝仙

《三门街》头本,演员:刘寿臣、韩中和、东方亮、宋玉珊、杜文林、仇瑞林、曹允杰

宣统三年十月十六日/1911 年 12 月 6 日

丰乐园日戏

《八百载》:吴子红、刘申临、张延恒

《草桥关》:王芝仙、刘奎官、顾玉香

《戏迷乐》:东方亮、杜文林、仇瑞林

《九花娘》、《画春园》:张祥福、仇瑞林、刘长清、盖月樵、五阵风、刘寿臣、车占魁、刘奎官、魏胜奎

《玉麒麟》、《大名府》:刘奎官、仇瑞林、盖月樵、五阵风、杜文林、宋玉珊、东方亮、刘寿臣、韩中和、刘长清、车占魁、曹允杰、田双奎、李得会、刘申临、蒋双印、李全喜、张永祥、魏胜奎、张祥福、张大保、李双喜、孙吉林、吴子红、顾玉香

宣统三年十月十八日/1911 年 12 月 8 日

丰乐园日戏

《八百载》:吴子红

《草桥关》:小奎官

《小上坟》:东方亮

《挑滑车》:魏胜奎、刘奎官、刘寿臣、盖月樵、刘长清、田双奎、

张祥福

《锯大缸》:仇瑞林、五阵风

《朱砂痣》:杜文林、王芝仙

《三门街》头本:韩中和、刘长清、五阵风、杜文林、宋玉珊、东方亮、盖月樵、刘奎官、仇瑞林

《恨仆害主》新排新剧,初次出现,择日开演

《六安州》新排新戏,头本二本,择日开演

宣统三年十月二十日/1911 年 12 月 10 日

丰乐园日戏

《征北海》:刘奎官、吴子红

《彩楼配》:王芝仙、顾玉香

《戏迷乐》:杜文林、东方亮、仇瑞林

《九花娘》、《迷人馆》、《画春园》:刘寿臣、盖月樵、五阵风、韩春祥、仇瑞林、田双魁、车占魁、李得会、刘奎官、刘长清

《恩将仇报》:五阵风、韩中和、宋玉珊、东方亮、杜文林、仇瑞林、盖月樵、刘奎官、刘长清、刘申临、刘寿臣、张祥福、张永祥、田双奎、吴子红

宣统三年十月廿二日/1911 年 12 月 12 日

丰乐园日戏

《大登殿》:王芝仙、顾玉香、吴子红

《钱塘县》:五阵风、田双奎、刘长清、韩春祥、车占魁

《黄金台》:杜文林、刘奎官

《金玉奴》:东方亮、刘寿臣、仇瑞林

《反延安》:五阵风、仇瑞林、刘寿臣

《取成都》:杜文林、刘奎官、曹允杰

《盘肠战》:韩春祥、刘长清、盖月樵、刘奎官、魏胜奎、田双奎、车占奎、张祥福

《恨仆害主》:仇瑞林、宋玉珊、东方亮、刘寿臣、韩中和、张永

祥、刘长清、曹允杰、刘奎官、张祥福

宣统三年十月廿三日/1911年12月13日

丰乐园日戏

《开山府》:刘奎官、张延恒

《二度梅》:王芝仙、顾玉香

《青石山》:韩春祥、仇瑞林、五阵风、盖月樵、刘长清、魏胜奎、刘寿臣、刘奎官、车占魁、田双奎

《十二红》:东方亮、仇瑞林、李得会

《李陵碑》:杜文林、刘奎官

《六安州》新排新戏,初次出现,文武合演

宣统三年十月廿四日/1911年12月14日

丰乐园日戏

《盗宗卷》:吴子红、张延恒

《宇宙锋》:王芝仙

《错中错》:刘寿臣、东方亮、仇瑞林

《滚钉板》特请京都新到名角:刘奎官、王顺来、王芝仙

《拿康八》:张祥福、刘长清、东方亮、宋玉珊、仇瑞林、魏胜奎、刘奎官

《双狮图》:顾玉香、杜文林

《泗州城》:刘长清、刘寿臣、盖月樵、五阵风、宋玉珊、韩春祥、魏胜奎

宣统三年十月廿五日/1911年12月15日

丰乐园日戏

《大战樊城》:吴子红

《蟠桃大会》:五阵风、盖月樵、韩春祥、刘长清、韩中和

《祭七星灯》:新角:王顺来

《审头刺汤》:宋玉珊、王芝仙

《长坂坡》接演《当阳桥》:王芝仙、刘寿臣、盖月樵、韩中和、刘长清

《御碑亭》接演《金榜乐》:仇瑞林、杜文林、李韵卿、东方亮、刘寿臣、韩中和、曹允杰、田双魁、车占魁、张永祥

宣统三年十月廿六日/1911年12月16日

丰乐园日戏

《善宝庄》:吴子红

《祭长江》:王芝仙

《请名医》:仇瑞林

《乌龙院》:宋玉珊、东方亮

《一捧雪》:王芝仙、王顺来、刘申临

《群臣宴》:刘奎官、杜文林

《恶虎村》:仇瑞林、宋玉珊、刘寿臣、盖月樵、五阵风、刘奎官

宣统三年十月廿八日/1911年12月18日

丰乐园日戏

《遇皇后》:刘奎官

《雷峰塔》:王芝仙

《红桃山》:盖月樵、五阵风、刘长清

《官门带》:王顺来

《阴阳河》:宋玉珊、东方亮

《四郎探母》、《双沙河》:杜文林

《阳平关》:刘寿臣、刘长清、宋玉珊、盖月樵、刘奎官、韩中和

宣统三年十月廿九日/1911年12月19日

丰乐园日戏

《秦琼观阵》:十六红

《别吴富》:王芝仙

《崔邓反亲》:东方亮

《火焰山》、《芭蕉扇》：仇瑞林、盖月樵、五阵风、东方亮、刘长清

《天雷报》：王顺来、张延恒

《取帅印》：杜文林

《精忠岳传》：刘寿臣、任瑞林、盖月樵、宋玉珊、韩春祥、刘长清、刘奎官

宣统三年十一月初一日/1911年12月20日

丰乐园日戏

《善宝庄》：吴子红

《祭长江》：王芝仙

《请名医》：仇瑞林

《乌龙院》：宋玉珊、东方亮

《一捧雪》：王顺来

《群臣宴》：杜文林

《恶虎村》：五阵风、韩春祥、刘长清、宋玉珊、盖月樵、刘寿臣、仇瑞林

宣统三年十一月初二日/1911年12月21日

丰乐园日戏

《临潼山》：十六红

《战蒲关》：张延恒、王芝仙

《大劈棺》：刘寿臣、东方亮、仇瑞林

《演火棍》：十六红、刘长清、五阵风、刘奎官

《搜孤救孤》：王顺来、杜文林

《问樵酒楼》：仇瑞林、宋玉珊

《火烧连营》：张祥福、韩春祥、盖月樵、刘长清

宣统三年十一月初三日/1911年12月22日

12月23日丰乐园日戏

《战太平城》：十六红

《母子相会》:王芝仙

《瞎子逛灯》:仇瑞林

《伯党招亲》:刘寿臣、东方亮

《打棍出箱》:王顺来

《三义归天》:杜文林

《酸枣村》、《巴骆和》、《刺巴杰》:刘奎官、刘寿臣、宋玉珊、五阵风、盖月樵、刘长清、张祥福。

宣统三年十一月初三日/1911 年 12 月 22 日

12 月 24 日丰乐园日戏

《酒醉桃花》:吴子红

《松林断路》:东方亮、仇瑞林

《天门走雪》:王顺来

《拿康八》二本:刘奎官、刘寿臣、宋玉珊、刘长清、仇瑞林

《御碑亭》,接演《金榜乐》(绅商特烦)演员:仇瑞林、杜文林、李韵卿、东方亮、曹允杰、十六红、韩中和、刘寿臣、张永祥、李得会

《花蝴蝶》(特烦):串蒋平、五阵风、盖月樵、刘长清、刘寿臣、刘奎官、魏胜奎

宣统三年十一月初四日/1911 年 12 月 23 日

12 月 27 日丰乐园日戏

《酒醉桃花》:顾玉香、张延恒、吴子红、刘申临、刘奎官

《松林断路》:仇瑞林、东方亮

《天门走雪》:张永祥、王芝仙、王顺来、董玉清、李得会

《拿康八》二本:孙吉林、李得会、仇瑞林、张祥福、刘奎官、刘寿臣、宋玉珊、刘长清、魏胜奎、顾玉香、田双奎、张大保、蒋双印

《御碑亭》,接演《金榜乐》(绅商特烦):孙吉林、田双奎、张祥福、李得会、张延恒、韩中和、东方亮、李韵卿、杜文林、仇瑞林、曹允杰、吴子红、张祥福、刘申临、刘振亭、李双喜

《拿花蝴蝶》(绅商特烦):宋玉珊、盖月樵、串蒋平、五阵风、刘

寿臣、刘奎官、吴子红、韩春祥、刘长清、张福祥、韩中和、车占魁、魏胜奎、十六红、田双奎、刘振亭、张大保、李得会、蒋双印

宣统三年十一月初七日/1911年12月26日

12月28丰乐园日戏

《一本万利》:张延恒、王芝仙

《金凤小姐》:东方亮、仇瑞林

《天堂潞州》:杜文林、刘奎官

《相府击掌》:王顺来、王芝仙

《反延安》:五阵风、刘寿臣

《夺取长沙》:杜文林、宝玉珊

《衣锦荣归》:东方亮、仇瑞林

《张四姐下凡》:韩中和、刘寿臣、盖月樵、五阵风、韩春祥、刘长清、刘奎官

宣统三年十一月初八日/1911年12月27日

12月30日丰乐园日戏

《财源辐辏》:全班合演

《暗探阴山》:杜文林、王芝仙

《烧灵改嫁》:东方亮、仇瑞林

《大长坂坡》:刘长清、刘寿臣、韩中和、王芝仙

《采花剁脚》:刘奎官、刘长清、盖月樵、五阵风、刘寿臣

《夜战蒲关》:王顺来、李韵卿、杜文林

《百草山》、《锯缸》:刘奎官、仇瑞林、五阵风、刘长清、盖月樵、魏胜奎

《人头鱼身体》:张延恒、曹允杰、刘长清、仇瑞林、五阵风、东方亮、宋玉珊、刘寿臣、刘奎官、张永祥、李得会

宣统三年十一月初十日/1911年12月29日

12月31日丰乐园日戏

《龙虎斗》:吴子红、张延恒

《下河南》:仇瑞林、东方亮

《宝莲灯》:王顺来、王芝仙

《打城破牌》:刘长清、盖月樵、刘寿臣、张祥福、刘奎官、魏胜奎

《节义廉明》:宋玉珊、王芝仙、刘寿臣

《空城计》:杜文林

《醉仙楼》:张祥福、刘长清、盖月樵、五阵风、刘寿臣、刘奎官、田双奎

宣统三年十一月十一日/1911年12月30日

民 立 画 报

《民立报》是清末资产阶级革命党人在上海创办的报纸，而《民立画报》则是该报的随报附送品。《民立画报》长期设有戏剧专栏，由郑正秋负责。郑正秋(1889～1935)，原名芳泽，号伯常，广东人，生于上海。郑氏的剧评，鼓吹戏剧改良，欲以戏剧为手段改造社会、育化人心。其剧评多是亲身观剧后之即时评论，时效性强，真实反映出晚清上海剧坛的实况。《民立画报》的创刊、停刊时间不详，经编校者多方查阅，找到并整理出 1911 年 4 月至 8 月的部分内容。

谷曙光辑录、整理。

宣统三年(1911)

丽丽所观剧记·歌舞台四本杨乃武(续)

正　秋

月　月　红

小白菜装束极污秽,身衣最旧,深蓝布衫裤,头上鬓发蓬蓬,乱逾丝麻。而月月红复故作浑身奇痒难熬及捉虱状,望之令人却步。忽邻座一长者呼曰:“问尔今日尚可谓为人人爱否?”及无钱孝敬禁妈妈致受鞭挞时,月月红复满地打滚(俗名消地光),口中狂喊“阿唷!姆妈吓!阿唷!姆妈吓”不置,此是淫毒泼妇人所惯用之无赖伎俩。向邻座长者复曰:“该打!该打!当时谁叫你狠心来。今日叫‘阿唷’,却来不及了。”闻者嗤之以鼻,记者则心许其为热心社会之长者也。

求免楚挞时,奴颜婢膝,献媚女禁卒,叩头如捣蒜,言语甜于蜜。卒以“既无家人,又无亲戚”等语动其心,禁卒不察,遂认其为义女。此段演得甚好,但将欲梳头,忽云欲入小遗,未免为是剧污点。

与杨乃贞对答时,手舞足蹈,无片刻安闲,可谓不离轻薄本色。对乃贞大骂杨乃武之姊,神情亦佳。

两番上堂,亦还差强人意,却无大好处。

统观该伶做工,尚有过于做作处。

熊　文　通

熊文通先起爱仁堂药店主人,名钱宝生。说杭州话,亦不生强。见余杭县时曰:“我到堂上,我就老实说,砒霜是你们格里大少爷买的好咧。”又曰:“杨乃武没有买,我爵隔好害他呐!”言时义形于色,一若大公无私也者。不知皆为临了“要二百块洋钱”一句作根脚耳。(未完)

宣统三年四月初五日/1911年5月3日

丽丽所观剧记·歌舞台四本杨乃武(续)

正　秋

李庆棠　周五宝　陈丽卿

后起新任余杭县,嫌太轻狂,不合身分。吩咐禁赌禁烟好。

李庆棠起杨乃武,几番欲打即招,均不见好。惟当乃姊探监时,神情甚佳。闻老父病危,即猝然晕倒,演来尤为淋漓尽致。道白中动以老父为念,以不孝自咎,更能启人孝思。

周五宝去余杭县,又去茶博士,能以冷胜。与湖州府纵谈一切,饶有兴味,有较胜春棠处。

陈丽卿去女禁卒,善于描摹酷吏暴虐囚犯之真相。认小白菜为义女亦佳,惜苏白太强。(完)

群仙义务戏

名校书雪印轩,名女优林黛玉,悯江皖难民有析骸啖肉、以人为食之惨剧,乃于前昨两夜,在群仙茶园演剧助赈。台包戏券售大洋一元五角,所得赏洋,亦充赈济。并有(秦楼、胡翡云、花元春、花再芳、谢莺莺、筱青柳、花衔玉)等各校书,手持江皖灾民图,向楼上下座客殷勤劝募。座客中因目睹各校书热心为善,及耳闻各校书苦口良言,而好善之心,油然而生,争先恐后,踊跃输将者,颇不乏人。记者见之,既为灾民大声叫苦,又为灾民额手称贺。吾父老、伯叔、兄弟、诸姑姊妹,其亦起为百万哀鸿一筹良法乎?噫!予日望之。(未完)

宣统三年四月初六日/1911 年 5 月 4 日

丽丽所观剧记·群仙义务戏

正　秋

第一夜雪印轩唱《算粮登殿》,第二夜唱《韩琪杀庙》,所唱秦腔,娓娓动听,嗓子亦尚可取。盖随元元红久,故能得是妙谛。但唱至后半,必喉力不济,每唱一剧,不能始终珠圆玉润,想为初出茅庐之故,未足据以为病也。且此为热心公益,有裨灾区之大事业,吾辈钦佩之不暇，遑论吹毛求疵哉！

林黛玉第一夜唱《纺绵花》，第二夜演《翠屏山》。此二剧者，皆该伶得意之作，所谓拿手戏也。唱工、做工，皆有可取。尤以《纺绵花》中时调及东乡调，为最动听。

其余各伶，虽未与于发起人之列，而演唱亦较平日为认真。冯子梅唱须生，嗓子甚洪亮，惜乎失之呆直，乏婉转曲折之妙；然较之小金钟，不无差胜。赛月樵武工虽有可取，而唱工则不堪入耳，较陈长庚究逊多多。王雅琴身段娇俏，步履活泼，演秦腔戏，伶俐固伶俐，未免过于轻佻。吴新宝饶有辩才，善解人颐，与林黛玉登台劝捐，并代难民叩谢，足征热心。小奎官技艺日进不已，唱工、白口，较胜畴昔多多，相去不可以道里计矣。（完）

宣统三年四月初七日/1911年5月5日

丽丽所顾曲记·刘鸿声《黄金台》

正　秋

昨晚至丹桂第一台，屏声静气，细听刘鸿声唱《黄金台》（带盘关），不觉耳目为之一新，心神为之一怡。盖其音韵、其腔调，较去年更为老到，视初唱老生时，有天壤之别矣。

在帘内唱摇板"听谯楼打四更月兔东升"十字，余音虽然减省，而"更"字却仍极尽缠绵曲折之妙，"升"字亦逐步提高，有势有力。"为国家"之"家"字，发音既快，煞音尤速，是为刀锯斧斫之音，直截痛快。"秉忠心昼夜奔忙"，"心"字异常简洁，"奔"字亦圆，"忙"字余音甚长，共计有十三音，分作上下两句，上句六音，下句七音。其调较《空城计》"散淡的人"之"人"字，似同而实异。盖"人"字之音须有高有低，而此"忙"字，须声声提起高唱也。鸿声此字唱得甚好，其音大有隆隆直上之意，是该伶气足神完之故。

连下二簧原板一段。按，此段大不易唱，欲见好，则更难。若句句用高音，尤为难中之难矣。鸿声于此，气度雍雍，不徐不疾，抑扬顿挫，若合符节，可谓不着一字，尽得风流。其行腔之高，其用音之响，而仍处之泰然，绰有余裕焉。无怪邻座，连声叫

好,不绝于口,曰:"此岂忽遽忙迫,现于眉目间之贵俊卿,所能望其肩背哉!"(未完)

宣统三年四月初八日/1911年5月6日

丽丽所顾曲记·刘鸿声《黄金台》(续)

正 秋

首句"西凉国这三载未把贡上","载"字遒劲隽逸,"上"字又婉转,又迅疾,又悠扬。"来献大王"之"大王"二字,皆有工夫。"见邹妃"之"妃"字亦好。"每日里贪酒色不理朝纲",十字唱得一气贯串,极为圆活。(记者按,吾国大老,处此危急存亡之际,犹酣歌恒舞、不理朝纲者,正复不少。惜乎满朝皆伊立,独少田单耳。)末句"眼见得"之"得"字,特为放平;紧接"吾齐国"之"吾"字,而又将"吾"字竭力转折,然后再将"付与汪洋"之"付"字"与"字,紧连"吾国"二字之下,"汪"字后独为提高,又将"洋"字余音分作三顿,愈见精神。鸿声唱此句时,且忧愁之色现于眉际,亦是传神处。(记者按,末句十字,何其言之沉痛,一似为今日言之也。吾闻之,不禁泪下。)(未完)

宣统三年四月初九日/1911年5月7日

丽丽所顾曲记·第一台·刘鸿声《田单救主》(续)

正 秋

掌灯查验犯夜人,不图犯夜者,却是东宫世子。因恐手下窥破,故去田单者,必须将灯踢去。但鸿声素有足疾,不便飞腿,因之上下座客,莫不急欲一睹其何以处此。岂知鸿声袍袖一拂,灯已飞去,以手代足,法良意美。由是喝采之声,响如春雷四应矣。

摇板四句,字字精深坚卓,尤以"回头便把千岁请"之"岁"字及"请"字为最。

白口中"岂敢吓岂敢"一句,说得声情俱好。盖说到第二个"岂敢"时,其目能左右顾耳。

初言"不在敝衙",次言"当真不在",三言"果然不在",三句换三样说法，换三样神情，声音亦愈说愈低，恰能画出口利心虚之情状，如沪谚所谓“嘴硬骨头酥”者是也。

又云：“原来是小妹和奶娘，奶娘和小妹啊，哈哈……”神情更好。（记者按，此为田单冒险救主之处，观者务当鉴其忠义之心。）

盘关一场，更是聚精会神之作。自首句“千岁爷休得要”以下，无一字懈怠，无一句不自然；而“悲伤”二字，唱得尤为入神，“悲”字不过四转，而“伤”字则除本音外，余音多至三十有六，其腔不可谓不难。（未完）

宣统三年四月初十日/1911年5月8日

丽丽所顾曲记·第一台·刘鸿声《田单救主》（续）

正　秋

讵意鸿声能将此二字一气呵成，并不中断，且唱得从容之至，而又圆熟之至，一若娇莺出谷，婉转哀鸣。其音节又若凤凰翔翥于烟云，左盘右旋，右盘左旋，行乎其所不得不行，止乎其所不得不止。呜呼！曲高如此，可谓尽得叫天之秘矣。而登台以来，除前三日外，卖座仍不起色，岂真如叫天所谓“南人听戏，没有一个不是门外汉”耶！固尔，则以后超等角色，必不肯久留沪地，行且不敢来此矣。平心而论，沪上各梨园脚色，唱工武工，均当推第一台为冠，鸿声外，衫子如吴彩霞，沪上无第二人；老旦如陈文启，亦然（惜乎时带喉哑）；武生兼油脸如筱菊生，飞叉及打出手、架子、把子，沪上除王益芳外，无出其右者；大面如梅荣斋，亦不在中人以下。论脚色，则人才济济；论做工，则每晚必排有全本重头戏一二出，如此巴结，而营业犹不能发达。甚矣！新式舞台之难开也。（完）

刘鸿声《洪羊洞》

《洪羊洞》为唱工中之重头戏，有四段摇板，有三段二簧，有一段倒板。必须中气充足，精神贯注，喉力完固，声势俱盛者，方能始终不懈，坚持到底。鸿声年富力强，又善用嗓子，故颇足以语此。（未完）

宣统三年四月十一日/1911年5月9日

丽丽所顾曲记·第一台·刘鸿声《洪羊洞》

正　秋

首场二簧原板“半点闲空”之“空”字,及“皇王恩重”之“重”字,“困睡朦胧”之“胧”字,并皆佳妙,乃必然之理,可以无庸赘述。“官封到,节度使”二句,更为出色,虽六字皆无余音,然唱得实在苍老之至。(此为鸿声取法叫天之独到处,盖他人唱谭调,于此等句子,往往轻忽唱过,毫不经心,大半只就余音较多处着力,以翼耸人听闻而已。)

记者曰:“杨六郎为国家,何曾半点闲空。那人儿及盛、曹辈,为卖国亦何曾半点闲空哉!”

得梦时唱摇板四句,字字哀感动人。“猛抬头又只见我的老严尊”一句之“老”字,起先发音极高,忽焉一转,即已竭力压低,至尾音,则复放平。一刹那间,其音节已变化如此,诚非碌碌者流所能及。“是何等的光景”六字,吞吐迅疾,且不停顿,即紧接“那有个人死去”六字,故听之益觉凄凉悲惨。“肝肠诉尽”一句尤佳,令人想见杨家忠孝情景。

慢板“叹杨家报宋主心血用尽”四句皆有可取,余音多者,佳妙可必,固置勿论。而“用”字婉转得最奇,“宗保儿”三字亦活,惟“番营”二字,调门甚佳。惜夫有三腔接得略略艰涩,想是嗓子一时失润之故。

记者曰:“古之为臣者,用尽心血以报答主人;今之为臣者,用尽心血以报答敌人。言之伤心。”

倒板一段,以“猛然间睁开了昏花眼”九字为最佳,余均平平,尚不及张毓庭。(此段本有二种唱法,鸿声是晚所唱,乃省力之一种。)(未完)

宣统三年四月十二日/1911年5月10日

丽丽所顾曲记·第一台·刘鸿声《洪羊洞》(续)

正　秋

“自那日”一段,誉不胜誉,赞不胜赞。总言之,字字着实,句句到把,提转得法,高下咸宜耳。末句“加重十分”及“千岁爷呀”八字，更有手挥目送之妙，窃谓此句比叫天，有过之无不及。

以下如“老娘亲”、“许多鬼魂”、“心怀不忿”、“气绝咽喉”等句，无不动听，而座客则早已纷纷散去，幸叫好者尚多，鸿声犹不敢敷衍了事也。（完）

大富贵·恩晓峰《梅香节》

在坤角中寻能唱者已少，而觅善唱者更少。盖女子歌喉，不如男子，开放既难，提转更为不便，中气亦不及男子充足故耳。惟晓峰则否，嗓了虽低，开放提转，尽皆纯任自然，宜其久享盛名也。前晚听其唱《教子》，通场不乏佳句，而卖座亦甚寥寥，其为天公不做美之故欤？抑沪人真不爱顾曲欤？以记者目光测之，不若易以“市面艰难，得钱不易”二语较为切近焉。“小东人”一段，“闯下了”之“了”字，“滔天大祸”之“祸”字，“把油泼”之“泼”字，余音袅袅，比众不同。“你的母”之“母”字，调门极似从前之男伶小桂芬。“教训你”之“你”字，余音则较多二折，更觉神采飞扬。第二句“双膝跪落”转折固多，只以过欲见好，致稍病泥滞。“东人呀”、“三娘呀”两“呀”字，略有变化，不致重复，是其好处。其调有似小桂芬处，亦有似叫天处。（未完）

宣统三年四月十三日/1911年5月11日

丽丽所顾曲记·大富贵·恩晓峰《梅香节》（续）

正　秋

摇板“劝三娘”一段，嗓子嫌太低，唱来虽甚从容不迫，然字眼未免稍有模糊，幸调门佳妙，转折灵捷，尚能博座客赞赏。而尤以“是老奴，千山万水，万水千山，搬尸回还”数句为最动听，“回还”两字更佳，以其能寓奇妙于平淡之中耳。“好不明白的三娘呀”八字，亦有可取。（按，这种义仆，近世绝少。）白口中，教东人上前领责云：“你将家法，顶在头上，跪在你母亲的面前。言道，母亲在上，孩儿回来，一言冒犯母亲，今有家法在此，望母亲高高举起，轻轻落下。打儿一下，如同十下。打儿十下，如同百下。打在儿身，痛在娘心。你母亲若有爱子之心,一下也就不打了。”说时口齿十分清晰,字字可辨,神情亦甚老到。(按,以上数语,极有道理,是京剧中不可多得之词句也。)

摇板“老奴上前”一段,“你要打”之“打”字最佳,“老奴心酸”一句亦好。(按,此段除此句外,唱工较“见三娘他把那机头割断”一段稍逊。)是晚白兰花唱《胭脂虎》,花四宝唱《拾玉镯》,十三旦唱《蝴蝶梦》,虽各有所长,而看客之喝采声,连连不绝,愈叫愈奇。窃谓不是听戏,竟是闹戏矣。

宣统三年四月十四日/1911 年 5 月 12 日

丽丽所顾曲记·大富贵·翁梅倩《打鱼杀家》(续)

正　秋

翁梅倩,妓而优者也。听其唱工,恰能字眼工正,腔调圆活,甚为难得。所可惜者,白口时常模糊,神情亦时有欠缺之处,此二者较恩晓峰不逮远甚。然在南边,尚无大碍。(按,坤角中,白口佳者,实难其选。字眼清楚者,亦不数数觏。恩晓峰所以能专美于前者,其在是乎?)

一段西皮慢板,句句苍凉沉挚,老气横秋。其一波三折处,婉转咸宜,其余音短少处,亦简洁非常,不愧名家。开口第一句“昨夜晚”三字,即已温厚老到,“和衣而卧”之“卧”字,尤为练达。“梦里南柯”一句,因其过于郁抑,反觉欠佳。且唱“里”字时,换一次气,费时过久,致病不甚紧凑。(前听小益芳尚未倒嗓时,唱此句十分圆活。今该伶在新舞台演唱,嗓子固不如往时,腔调则仍完好,初未常稍变。其唱此剧,行腔落拍,与小余三胜如出一辄,不差毫厘。惜新舞台不善用之,将其戏排得极前,故记者近来往新舞台五次中,至有四次不及听该伶之戏也。)梅倩于“在河下”之“下”字,共分三转,唱得极佳,余音虽不及新派多,然较诸老派,已多一转折矣。共有九个腔,嗓子虽不甚高,亦还够用,是以抑扬合拍,每腔均珠圆玉润,锋芒尽露也。(未完)

宣统三年四月十五日/1911 年 5 月 13 日

丽丽所顾曲记·大富贵·翁梅倩《打鱼杀家》(续)

正　秋

“不打鱼”三字,唇齿启闭得法,故音韵愈觉动听。“家中闲坐”及“怎奈我家贫穷无计奈何”十四字,虽亦可以不连唱,然总须音节相应,先后贯串。梅倩于前十字,未免过于疏散。想系喉力中气,两有不济之故。“无计”之“计”字,及“奈何”之“何”字,皆有可取。“乌鸦飞过”之“过”字,较人共多两转,唱来亦尚老到。“飞过来叫过去却是为何”十字,亦有力有味。至“叫迎儿”之“叫”字,连在“坐”字下转出,且能不露断续痕迹,“儿”字除本音外,另有五腔,亦甚动听。“为父解渴”之“渴”字,余音虽多,未免涩滞,我甚不取。

其下摇板,破绽间出,无一句可取。神情亦不佳,白口则更坏。(完)

丽丽所伶评补·刘鸿声之今昔观

刘鸿声初唱老生时,拿手戏只十余出,而最受顾曲家欢迎者,惟《空城计》、《李陵碑》、《举鼎观画》及《行善得子》四剧而已。其调门则大半摹仿叫天,兼采龚处老旦曲调,余则皆参以自己之大面腔调。故当场一曲,神妙莫测,变化多端,极能取悦沪人,由是沪上遂有“鸿声串老生,唱工远在叫天上”之说。平心论之,鸿声彼时虽有特长,为人所不可及;然视叫天,犹当退避三舍也。试言其故。(未完)

宣统三年四月十六日/1911年5月14日

丽丽所伶评补·刘鸿声之今昔观(续)

正　秋

(一) 叫天不独注重腔调,抑且注重音节。鸿声彼时,但求调门唱得花苗,可博座客喝采足矣。至于音节,则弗遑计及也。

(二) 叫天于曲文与道白二者之中,讲究字眼,不遗余力。鸿声彼时,但求调格貌似叫天,于字眼亦未深究也。

(三)叫天除唱、白二者之外,于神情二字,尤为注重。鸿声彼时,除《空城计》一出,声情俱佳,余则神情欠缺。

(四)叫天之嗓子,或断或续,或缓或急,或长或短,或疾或徐,或敛放伸缩,或抑扬高下,一皆循乎机势之自然,无往而不合。鸿声彼时,有十分嗓子,即全全用足,不为稍留余地,以致时有喉力不济之虞,气竭声嘶,在所不免。

以上四则,悉就鸿声初唱老生时而言之也,今则大为不然矣。声、情、白口为之一变,调门、字眼,亦觉异乎畴昔。虽比诸叫天,望尘莫及之处尚多,然青胜于蓝,驾叫天而上者,亦复不少。吾友梅隐,尝谓:"听鸿声《斩黄袍》、《朱砂痣》、《空城计》等剧,有许多佳处,为叫天所不肯唱,亦有为叫天所不能唱者。"颇有人谓其言之过甚者,不知梅隐实有所见而云然也。叫天年力渐衰,气势或有不足;鸿声于运气之道,良有心得,胜叫天处在此。(未完)

宣统三年四月十七日/1911 年 5 月 15 日

丽丽所伶评补·刘鸿声之今昔观(续)

正　秋

鸿声既善运气,又善用音。不知者,愈谓鸿声嗓子今不如昔,实则鸿声真气内蕴,十分喉力,只用七分,常留其有余,而不虞其不足。故吞吐提转,锋芒尽敛。唱至喜乐之处,多发扬蹈厉之音;唱至忧愁之处,多郁伊纡结之音。无人间烟火气,无叫嚣尘俗气,将从前暴戾之音,已削除尽净矣。人谓鸿声今不如昔,吾实未敢信也。(完)

粉墨场中之杂货店

盖闻观斗蛇而字法进,观舞剑而画事工,是以观俳优于红氍毹上,现身说法,亦未有不为之应感而动者也。吾故曰:"粉墨场者,社会教育之实验场也。"

改良戏剧,为改良社会之唯一利器;编译脚本,为改良戏剧之入手办法。寰顾各舞台,尚未聘人专司编译者,实居多数。类皆将旧剧改头换面,以敷衍塞责,闻有数本新戏,其取材亦总不出小说以外,欲谓吾国戏剧程度不幼稚,得乎?

泰西剧场,有皇家津贴,有官绅佽助,无非借以坚其竞争之心,俾业此者,恒彼此不惜工本,精益求精,故其进步速而成效亦大。吾国不然,借剧场以筹经费者,年必数起,若云津贴佽助,则吾未之前闻。(未完)

宣统三年四月十八日/1911 年 5 月 16 日

粉墨场中之杂货店(续)

正　秋

论新译之脚本,则冷血所译之《祖国》、天笑、卓呆所译之《牺牲》,自记者目光观之,较一切新戏为有价值。或云剧中情节风俗,尚恐中西隔膜,观者未易领悟,则曰是在演者临时点缀而已。

海上改良戏剧之功,首当归诸夏月珊。盖夏氏当年之丹桂园,方年获巨利,营业之发达,为各园冠。若非公益心热,何肯轻弃。虽已故姚伯欣先生,有振兴南市之志,终恐难以如愿焉。

月珊尝语人曰:"当创办新舞台时,阻之者甚夥,即已意亦以为舍北图南,人心所苦,能免亏折,已为万幸。今公司中,岁有赢余,实非始料所及。"由是观之,月珊当时弃北就南,毅然行之者,其志固不在金钱也。

厥后李春来鉴于新舞台用布景、演新剧,而利市三倍也,为之垂涎不置。乃挽汪笑侬、聘钟声入春桂,亦用布景,亦演新剧。然限于资本,一切彩头,均不逮新舞台远甚。由是沪渎各梨园,遂莫不竞用油画。不数年新式舞台,接踵而起,而戏价亦遂倍于曩时,沪人士亦遂多一縻(靡)费之场矣。(未完)

宣统三年四月十九日/1911 年 5 月 17 日

粉墨场中之杂货店(续)

正　秋

从前妇女看戏,尚不盛行,今则二层楼、三层楼上,高倨危坐者,触目皆是,亦几十倍于畴昔矣。若非月珊见机独早,预定有艺员不准出台探望、不准登楼观剧之章程,则社会风化,宁堪设想哉!

钟声之新戏,人有谓其为发明吊膀新术者,又有人谓其去烈妇与去淫妇,观客皆难分辨者。盖其面孔只有一副,不善变换,神情往往雷同,有似刻板文章。虽名为新剧家,实则化装之术,犹未明也。

钟声之人格,亦不甚高。引诱良家妇女,是其惯技。(某氏妇初随钟声,今随某客串矣。)又善赖包银,是其大病。欲求戏剧进步,非有愤世嫉俗、好学深思之志士,而抱有牺牲一身,以救济社会之苦心者,乘时倔起,躬自为谋不为功。寄语钟声,尔献身舞台已久矣,时可乘矣。过而能改,仍不失为君子。愿速革去尔满腔人欲之私,更变尔方针,重为可哀之社会谋幸福。则演剧上,虽小有不合,记者且崇拜之不暇,奚敢稍加贬辞哉!勉之勉之。

惟此一大责任,我甚属望于半梅先生。或谓先生(徐姓,即卓呆。)因其议论一切,及所编剧本,吾读之,觉其经历、其程度,皆出钟声上也。(未完)

宣统三年四月二十日/1911年5月18日

粉墨场中之杂货店(续)

正　秋

吾平日探听半梅先生之行为,人皆谓此人素以提倡尚武自任,充当体操教员有年,于社会观,颇有心得,非但知利权、不讲义务者可比也。

设摊售剃发刀出身之刘鸿声,今日居然赚到四千五百元,个中人争相艳羡之。不知泰西优伶,每礼拜赚至三四千金磅者,甚不乏人。以此例彼,相去奚可以道里计耶!泰西优伶,身价既高,才学亦深,各种科学,皆有心得。其救世苦心,亦与医生等,宜乎受人之尊崇也。

泰西优伶,于嗓子十分保养,其有费巨金以保喉险者,有长包医生以资调摄者。吾国优伶,本领未曾学好,先学吊;名誉未曾学得,先学嫖。膀子吊吊,堂子嫖嫖,嗓子有朝一倒,牌子从此坏掉,一生不能回复了。前之谢月亭,今之盖叫天,其尤著者也。

欲求戏剧进步,必使社会上先行革除贱视优伶之思想。记者已言之屡矣,独惜伶界中,自暴自弃者,十居八九。人虽欲敬礼之而不可得。噫!我末如之何也已矣。

寄语各艺员,见了官绅,不必低首下心;见了官绅,不必垂手侍立;见了官绅,不必进也打千,退也打千。只要自己不贪财、不贪色,于应尽之义务、应担之责任上,能十分尽心,十分尽力,则尔众艺员,实为开通社会之导师,又焉用仰人鼻息为?(未完)

宣统三年四月二十一日/1911 年 5 月 19 日

粉墨场中之杂货店(续)

正　秋

新舞台各艺员,知此者颇多,故皆能洁身自爱,屏绝苟且,见义勇为,乐善不倦。遇地方上有公益事,则除演剧助赈外,能各解私囊,踊跃捐输。若各灾区、各学校、商团联合会、救火联合会等,莫不借该舞台为将伯之呼。观于此,则各艺员之程度,可想而知矣。

夏月珊曰:"人谓我富,不知我一家老少,莫不仰给于我。富于何有?假使我果真有钱,老实说,我也未必肯苟安旦夕。早已烈烈轰轰,做一番事业了。"其志如此,叫我怎样不要佩服他!

七盏灯之事父母,是有天生成的一副孝心,非饰伪者所能勉强得来的。其父毛子芬一旦怒形于色,畹芳即心中如焚,扮戏唱戏,甚至于手足无所措,连自己亦不晓得要怎么样之才好。必待其父述明致怒之由,或息怒后,方始心神安定。且下台后,严父若不在侧,彼即告辞月珊,立刻回家,不敢稍为耽延,以致父母于盼望也。其体贴父母如此,真是一位可敬可慕的孝子。毛子芬生出这样一个儿子,也是祖上阴功积德,为我戏剧谈增光不少。

畹芳知处世接物,不可以不读书也,乃禀明堂上二老头,请一位西席在家。闻攻读甚勤,已四年于兹矣。这种好子弟,不图于伶界得之,有志竟成,我先为畹芳祝,吾并预为改良戏剧前途贺。

宣统三年四月二十二日/1911年5月20日

丽丽所顾曲记·七盏灯《打鼓骂曹》

正　秋

七盏灯唱《打鼓骂曹》,西皮慢板"平生志气运未通"四句,"浅水中"三字,甚有深味,"有朝一日春雷动"七字亦佳,"上九重"之"重"字,收煞得更好。惜少唱"自幼儿窗前习孔孟"四句耳。

"相府门前杀气高"四句快板,唱得有势。

白口亦有可取处,尤以"余下之辈,俱都是衣架、饭囊、酒桶、肉袋,碌碌小人之辈,何足道哉"数句,为最有精神。而"上可以致君为尧舜,下可以配德于孔颜。吾乃天下名士,岂肯与奸贼同党。孔大夫,你不要在那里装痴了"几句,愈说愈劲,口若悬河,滔滔不竭,气足以冲牛斗,声足以震屋瓦。惜乎曹贼不悟,卒用借刀杀人之计也。

二六"丞相恩用"一段,唱得更好。"罢罢罢暂且忍下了,明日是有我的巧计高"二句,又迅疾,又爽利,刚而不直,威而不猛,不愧名角。

倒板"曹贼当道谋汉朝"一句,字字提高唱,"道"字逐步跌宕,最为动听,"朝"字亦佳。连下西皮一段,愈为聚精会神之作。打鼓有势,足见腕力不弱。

以后"鼓打一通天地响,鼓打二通振朝纲,鼓打三通扫奸党,鼓打四通国泰康"四句,唱得声色俱厉,足使宵小寒心。

记者按,《骂曹》一剧,叫天谓为老生中最着力戏。虽有孔融、曹操作陪,而唱白甚少,故祢衡憩息时间极短促。若喉力不足,则唱至后半出,嗓子必将失润。七盏灯靠把老当,歌喉始终如一,到底不变。是以骂曹骂得痛快淋漓,击鼓亦击得痛快淋漓,诚伶界中多材多艺之好脚色也。独惜眼下没有祢衡第二,去骂骂上海阿瞒耳。

宣统三年四月二十三日/1911年5月21日

粉墨场中之杂货店

正　秋

小连生唱《国民爱国》,去欺侃国皇帝,向众百姓曰:"吾有满腹悲愤,满腹牢骚,一向无处发泄。今日才知道吾百姓有这样的热心,可与同谋国事。"又云:"可恨我内外群臣,朋比为奸,层层蒙蔽,层层阻隔。当国家四海升平之际,个个安富尊荣、争名夺利;处此国家危急存亡之秋,就告退的告退,请开缺的开缺。"又云:"现在列强要瓜分吾欺侃国土地,吾若一死,本不足惜,其如吾几万万好百姓子民何?可怜你们个个有家有室,有男女老小,有子子孙孙,而害他们永生永世去做人家的奴隶,岂不伤惨!岂不伤惨!"又云:"到了国破家亡时节,吾能速死,到也罢了。独怕死又不得死,活又不得活,拿吾幽囚在一块荒凉区处,则吾要想与你等好百姓见面,那就万万不能。"痛哉言乎!吾不知侃国大小臣工,何全无心肝,卖君卖国至此也。呜呼!吾闻之,吾心碎;吾笔之,吾泪如泉涌矣。

欺侃国君上,因国权丧失殆尽,国民不堪其虐暴,乃翻然改计,开诚布公,告国民以"官府只可以共富贵,不可以共患难。欲免瓜分惨祸,舍发扬民气外,别无他策。官刀不足恃也"。国民闻之,莫不感激涕零,均愿以一死报国,而国卒赖以立。

宣统三年四月二十四日/1911年5月22日

粉墨场中之杂货店(续)

正　秋

国民闻之,莫不感激涕零,均愿以一死报国,而国卒赖以立。

记者曰:"吾国积弱之由,及危在旦夕之所以,胡莫非贪生怕死、谋财害民之不肖官吏,有以酿成之。虽然,今日朝廷能如侃国皇上办法,事无巨细,弗轻信口头万能之政府,示吾民以真忱,则吾民亦必愿为朝廷所利用,而挽狂澜于既倒也。”

潘月樵近年暇辄浏览书报,是以神筋颇具新思想,受外界刺激亦最深。一登舞台,演此等激烈戏,脑筋中偶有感触,即有许多伤心语,发人深省,是为月樵智慧过人处。

七盏灯于《国民爱国》中起新嫁娘,哭别同脆时,演说一场,非常哀恸。临死指极暴国大臣而骂曰:“现在吾众同胞受尔等千般凌辱、万般虐待,俍国贫弱,无奈尔何。然吾死在阴世,亦必变一恶鬼,以制尔死命也。”此即文文山先生所谓“生无以报国,死犹为厉鬼以击贼”之义也。骂罢,猝起直搏暴国贼宦,是亦文山先生所谓“誓不与贼俱生”之意也。

林步青演《国民爱国》,有云:“戏剧最能提起人尚武精神,法兰西及日本等国,能将国耻事实,演于舞台,以激动国民复仇之思想,故国家遂日以强盛。”此数语,与记者去年戏言补中所述,正不相谋而相同者也。

宣统三年四月二十五日/1911 年 5 月 23 日

粉墨场中之杂货店

正　秋

又云:“吾今立志当下乡演剧,以开化同胞。官场若要干涉,则我更可如愿以偿。盖我借此到政府里去,全凭三寸不烂之舌,为民请命焉。”

记者曰:“钟声在京唱新戏,王府里时常请他去扮演;然而他只晓得恭维,不晓得为民请命也。”

夏月珊在《国民爱国》中,扮刻薄(人家),产业尽被极暴国攫去,乃曰:“我的家基,如数报效尔外国,固所甘愿。不过还要求你们一件事情,要求赏我一个上等奴隶的头衔而已。”又云:“我国地皮果越铲越薄,我国人之面皮更越弄越厚了。”皆是骂世语,而皆具有救世苦心者也。

小保成演《国民爱国》,谓自己官长曰:“你们平日对我自己百姓,则力猛如虎;今日见了外国领事,就胆怯如鼠。目击子民被人凌虐,尚忍袖手旁观,视若无睹。你们的良心,不知何在?!”

记者曰："吾国装聋做哑的陪审官，高坐暗无天日之法堂上，良心亦不知何在？"

小连生唱《九更天》，颇有几段出色处，杀女时所唱"二东人他待我恩义不浅"一段，调亦动听；滚钉板时，演来神情逼真。

宣统三年四月二十六日/1911年5月24日

粉墨场中之杂货店

正　秋

小连生唱《四进士》，最能动人，盖其路见不平，挺身相助之情节，与该伶急性人之工架，恰好相配耳。

小连生拿手戏甚多，而《铁公鸡》一出，尤擅胜场。去张国梁，演得有血性，有火气，所言多忠孝义侠之谈，语语从肺腑中说出。不知此出脚本，当时系出诸谁氏之手也。

上海丑角，大半鄙俚粗俗，不论扮作何种脚色，总脱不净下流社会口吻。惟夏月珊则否，是以有南边第一小花面之目。夏月珊最善描摹戏情，每演一剧，无论看客多寡，渠必始终如一，到底不懈。尤妙在肯认定此中有我，且能忘其形骸之在戏场上者，故能做一样，像一样也。其徒小保成，一开口即讨人厌，不知何故。

夏月珊演《潘烈士投海》，起宗勿好。因无钱吸烟，欲卖妻为娼。其妻不愿丈夫戴绿头巾，乘机奔出，欲投河自尽。月珊追至门口，又复折回，吞一烟泡再追。其描摹社会丑态，真可谓无微不至矣。及追至江干，因人声扰攘，乃挹胸奋臂直前曰："伊是我妻，我为伊夫，夫妻事，非外人所能干预。吾辈不是海外，老实勿客气。吾是随便那个大好老来，都勿怕。"言犹未毕，忽见潘英伯矗立其前，月珊顿时大惊失色，屈膝哀告，口中连呼洋大人不止。

宣统三年四月二十七日/1911年5月25日

粉墨场中之杂货店

正　秋

嗣经潘英伯述明，己乃洋装，实非西人，始敢起立。此种神情，不知月珊如何体贴出来。

友问贵俊卿何以不能与刘鸿声并驾齐驱?答曰:“刘气盛而贵气促,刘之嗓音常有余,而贵之嗓音常不足;刘常能独出心裁,惟陈腐之自去;而贵只能依样画葫芦,惟谭法之是宗耳。”

虽然,贵俊卿亦有较胜鸿声处焉。盖其唱工、做工,最善用意,而白口尤佳。惟其意思常能描摹得较人深一层,所以顾曲家听之,但觉乐而不倦,不觉其音之过低也。否则,人于此种靡靡之音,且憎厌之不暇,何犹肯趋之若骛耶?

友问恩晓峰较刘鸿声何如?则答曰:“相差不可以道里计矣。夫恩伶在坤角中,人皆视其为个中之佼佼,铁中之铮铮者,何哉?盖因髦儿班内,可以歌唱者,不数数觏;而音调克臻上乘,恰能悟彻此中妙谛者,更寥落若晨星。故晓峰有一技所长,即足以卓绝一时,而冠盖群芳也。实则其所唱之调门,未能齐归于一,且于运音运气二者,亦皆不免缺点。余音每每过长,微嫌与青衫有混。其为人所不能及处虽多,然与鸿声究难相提并论焉。”

友问恩晓峰与贵俊卿如何?答曰:“总而言之,女伶未可与男伶一概论也。诚欲比较,则仍当让贵俊卿居先。”

宣统三年四月二十八日/1911年5月26日

粉墨场中之杂货店

正　秋

坤角求之不可过苛。若恩晓峰者,比诸男伶,虽逊一筹,然在髦儿班中,已属极难多得之最优等脚色矣。听其唱《四郎探母》、《子胥过关》等剧,则更津津有味,白口亦多动人处。

翁梅倩音韵腔调,无不老气横秋,唱时神情,更有不可一世之慨,亦优等老生也。惜白口不佳。

刘鸿声吃亏在两条腿上,不然,必能文武兼长,与叫天儿逐鹿中原也。(鸿声自蒙李三爷提携后,日向勾栏中讨生活,乃得半身不遂症。嗣经三爷延医治愈,而脚病至今未痊。)亦可谓一失足成千古恨矣。

友问眼下鸿声可与叫天比较否？答曰："否。叫天是修摹多年之得道僧，鸿声是新进学的秀才。功夫有深浅，火候有分寸，戏评家亦当分别观之。"

有人说，刘鸿声某晚唱《虮蜡庙》，起施公，曲文只四句。扮这样轻松的脚色，乃是盖俊卿照应他的。吾曰："盖老五只识得一个淫字，叫他做舞台挡脚，恰乎是内家；叫他做后台当手，那是实在不行的。第一台的东家未免太重视他了。"

宣统三年四月二十九日/1911 年 5 月 27 日

粉墨场中之杂货店

正　秋

（唱轻松戏）（扮配角）名家于倒串戏中，偶一为之，亦非在所必无事；然定须有异乎寻常之曲调，或有独出心裁之急智，方足以餍癖戏者之欲望。否则欲免谤之不兴，不可得也。今鸿声唱《虮蜡庙》，照例四句，不增不减，神情与平常脚色所演，亦无不相同。是何怪顾曲家啧有烦言耶。

盖老五乃一淫荡孺子，所排戏剧，往往倒行逆施，是为人所共知，无待苛责。至于大名鼎鼎之鸿声，包银每月要赚四千五百元，何亦不自忖度，贸然从事于避重就轻而外，即不计其他。而临场后不知别翻新样，以此众不同。其自甘暴弃也如此，不亦深可怪哉！

第一台之人才，可称鼎盛，唱工戏实为海上第一。其题为"第一台"，可谓名副其实。（惟能演新戏之好角，独付阙如。）若后台有好经理，生意亦必不落人后。寄语该舞台，大好之生涯，幸勿败于若辈孺子之手焉。

闻叫天曾于《黄鹤楼》中，起武小生赵云（去刘备者，仿佛是达子红。），若依次序，应该刘皇叔先唱。不料琴师过门方始拉完，达子红正将出声，而叫天已突然接上，所唱又皆属达子红最得意之腔调。（未完）

宣统三年五月初一日/1911 年 5 月 28 日

粉墨场中之杂货店

正　秋

闻叫天曾于《黄鹤楼》中,起武小生赵云(去刘备者,仿佛是达子红。),若依次序,应该刘皇叔先唱,不料琴师过门方始拉完,达子红正将出声,而叫天已突然接上,所唱又皆属达子红最得意之腔调。其曲文则东搭一句,西搭一句,自己杜撰一句,拉拉扯扯,无不文理通顺,而又恰合子龙身分。通场唱工,较他人增多不止倍蓰,楼上下座客,莫不兴高采烈,击节称赏,能如是方不愧为名角串戏。敢问鸿声,亦有意乎?如亦云然,则不妨登台一试,以湔雪前耻也。

曩在丹桂听某客串唱《乌盆计》,老供奉孙菊仙起丑角张别古,较他人所作,亦只大同小异。惟唱工虽少,尚能粹毕身精力以从事,而白口中犹能稍入时事,且插入戏评一段,故亦足以引人入胜。然以之较机变于临时、取巧于转瞬之叫天,则已瞠乎其后矣。

鸿声自进京改唱老生后,各报尚能为其竭尽提倡之力。如某年京师国报,曾谓其"所唱各戏,每每胜似叫天,而某园卖座,亦盛极一时"云。迨去岁自视过高,矜持太甚,乃不自量,在文明园骂座三次,以致各报群起攻之,遂犯众怒。古有之曰:"谦受益,满招损。祸福无门,惟人自召。"其鸿声之谓欤!

宣统三年五月初二日/1911 年 5 月 29 日

粉墨场中之杂货店

正　秋

闻鸿声后知骄则必败,居恒自悔孟浪。故与友人谈论中,率或旧事重题,渠必深自引咎。而此番来沪,亦已一变向者骄奢恶习,甫径登岸,即雇车四出,遍谒西帮及津京各同乡。是以未曾登台,即肯先在三山会馆唱庙台戏,而"鸿声并不拿架子"一语,遂喧腾于西北两帮人士之口矣。

友问曹寿山与梅荣斋孰优?答曰:"寿山之唱工,骤听之,似已气势雄伟,声韵铿锵,实则犹未尽善尽美也;荣斋字眼模糊而音太低,所可取者,惟调尚圆活,神情老到而已。二人无过无不及。"

优孟杂志·管海峰之小史

正　秋

客串管,字海峰,宁波人。貌如女子,虽不能倾国倾城,亦翩翩一美少年也。不学无术,弱冠即习于浮荡,好作狎邪游,所与皆无赖子,绝无上流社会中人。

始事某西人,充挂名通事,旦夕从公,鞠躬尽瘁,深得主人欢。居无何,西人回国,管海峰遂拾其唾余,大发洋财。

宣统三年五月初三日/1911年5月30日

优孟杂志·管海峰之小史(续)

正　秋

某西人既回国,客串管渐由(皮哑怀)升为白相人,租界上之舞台歌馆,为其渔色地,大家闺秀,受其愚者不知凡几。福州路一带,执鞭之士,见其囊橐已充,不复似曩时拮据,咸乐与之游。而管海峰与若辈,亦情投意合,贰好无尤。盖同声相应,同气相求,物以类聚,无足怪也。

管涉足花丛既久,孰知海上妇女,好姘戏子。乃羡慕优伶不置,而呡痈吮痔者流,特加以"滑头路三宝"之徽号,以迎其意。盖路伶本为该客串生平最崇拜之人,"滑头"二字,又为其脑筋中片刻不能忘者,欢忭鼓舞,不啻骤膺九锡。一犬吠影,众犬吠声,不转瞬间,而"滑头路三宝"之名,遂喧腾于沪北。

管海峰以羡慕优伶故,恒与伶界伍,复入迎春坊弄口某社为社员,专心致志于京调者,历有年所。较幼时若父若母,夏楚质责,出刻苦经营之血汗钱,命之读书,其勤惰判若霄壤焉。

然寝馈京剧虽久,而于全出戏仍未精熟。因见南人听戏不甚研究,遂作避重就轻之想。(未完)

宣统三年五月初四日/1911年5月31日

优孟杂志·管海峰之小史(续)

正　秋

从冯二狗、吕月樵等,学《十八扯》、《戏迷传》、《拾黄金》三出,以欺南人。缘此种戏,无须有真实功夫,但求善于胡闹足矣。

然《戏迷传》一出,固为该客串拿手佳作,实不乏可采之处。记者不忍以其人格卑下,遂一概抹煞。因内有诸名家曲调,有昆腔,有苏州滩簧,有宁波滩簧,有东乡调,有京津时调,有大鼓书,花样翻新,门类甚杂,最足以耸动沪人耳目。惟至北方演唱,究难登大雅之堂耳。

某年某梨园某案目,打野鸡,邀若辈数人客串,管海峰与焉。狂登告白,大吹牛皮,恍有俯视一切之概。嗣经《繁华报》揭破其假面,而犹腼颜登场,恬不知耻。

有无锡某氏妇,饱暖思淫,醉心于娼妓嫖优之习,亦欲窃尝一脔。无日不冠西式冠,衣西式衣,以徘徊于歌舞楼台。"滑头路三宝"窥知其意,遂大施其吊膀之手段。某妇既染指,大为所惑,金珠饰物,一任取求。语云:"欲壑难填。"谚云:"坐吃山空。"不数年而万金之产,尽耗于该客串之手矣。

某妇财既尽,该客串即弃而之他,不复鹣鹣比翼。某岁走京师,登台客串,卒为舆论所不容,南郭滥竽,遂而宵遁。

宣统三年五月初五日/1911年6月1日

优孟杂志·管海峰之小史(续)

正 秋

前年同春出现于宝善街,该客串乃效案目打野鸡之良法,连包三日,获利尚丰,较客串所得更厚。

后陈辂清开设歌舞台,全部外行,是以误请该客串搭班,每月包银六百元。该客串犹以为未足,自夸于人曰:"月薪一千。"不自知其大言不惭也。

既入歌舞台,不能不长唱正戏。初入时,略不谦逊,以为吾辈自有本领,何须低首下心,仰人鼻息。讵三麻子亦老奸巨滑之尤者,以为尔既我诈,我即尔虞,遂玩之于股掌之上。一日,三麻子排该客串唱《洪羊洞》,不料唱至后半出,竟不能成声,听者大哗,尽鄙夷之。

自是该客串之戏，无夜不排在前五出，而前后台因之议论纷起，群责园主不应出六百元包银，聘此唱开台戏之脚色。且其往往擅入包厢，勾引妇女，甚或在台上与妇女眉来眼去，坏我同行规模云云。海峰微有所闻，遂自引退。至今将近一载，始终无人顾问，足见公道自在，行险终不能侥幸也。

宣统三年五月初六日/1911年6月2日

优孟杂志·管海峰之小史(续)

正　秋

记者曰："管海峰之小史，均属去年自友人处得来者。今闻该客串，有将与孙菊仙等，合股重兴新剧场之说。记者恐其再为社会害，遂不敢再为该伶隐。呜呼！海峰，尔欲成名，当革面洗心，刻意迁善，于戏剧中，再痛下一番苦工。"语曰："人非圣人，孰能无过？"孔子曰："过则勿惮改。"愿海峰其三复斯言，否则非特记者欲惜尔未琢之玉，终不成器，即尔亦惟有终身腐败而已矣。可不慎欤！

粉墨场中之杂货店

正　秋

自刘鸿声来沪后，贵俊卿即辍演。近闻市隐君云："渠将与刘永春合股组织一座馆子。"又有人谓将搭迎贵，未知孰是。

贵俊卿去年嗓子未坏时，所唱各调，大有谭意。其得神处，即鸿声亦当退避三舍也。

鸿声有一样毛病，用喉运音叫做假得太过。

鸿声唱大面，真有妙味，惜其不肯常唱。

孙菊仙赋闲已久，日暮途穷，乃与李长胜赴苏打野鸡。与园主言明，每晚所卖之资，对半均分，一切开销，悉由园主担任。上台第一天，卖百余元，嗣后即每晚只数十元。(未完)

宣统三年五月初七日/1911年6月3日

粉墨场中之杂货店

正　秋

孙菊仙赋闲已久,日暮途穷,乃与李长胜赴苏打野鸡。与园主言明,每晚所卖之资,对半均分,一切开销,悉由园主担任。上台第一天,卖百余元,嗣后即每晚只数十元,反不如菊仙未唱时多多。园主十分抱怨,菊仙亦不得不偕长胜狼狈回沪。不知老供奉抚今思昔,能无感乎?英雄末路,可叹可叹!

汉舞台欲聘孙菊仙,包银每月愿出壹千五百元,菊仙要三千,故而尚未成议。

菊仙去年在京唱《李陵碑》,唱至中间,忽然演说时事,各报闻之,称颂不置。

菊仙自题一别号,曰"学龟"。京师各报,遂称其为清朝李龟年。

歌舞台重张旗鼓,人才亦不过如此。武生中少一盖叫天,添一张桂轩;花旦中缺一郭少兰,添一碧月花;文武老生中少一孟鸿群,多一三麻子。郭、孟二伶,本为旧部金梁玉柱,亦为《杨乃武》新戏中所不可少之人物。今以三麻子承孟鸿群乏,固此胜于彼,以碧月花代郭少兰,则相去太远矣。

宣统三年五月初八日/1911年6月4日

粉墨场中之杂货店

正　秋

三麻子唱关公戏,诚近数年无与抗衡者。演上马势,及观《春秋》等,眉际眼角,自有无限神威,寓乎其间。但《古城相会》中,情节未免过于失实,如《怒斩蔡阳》一场,以《战长沙》义释黄忠之关公,何至必须计诱蔡阳砍树,而始能杀之耶?

或曰:"关公过五关斩六将,莫不用此手段。"答曰:"此一时,彼一时,未可同日而语也。彼时寡不敌众,不如是必落他人陷阱,是力逼处此,出于不得不尔也。若夫蔡阳,彼此明枪交战,方是英雄本色,岂可以暗箭伤人乎?"

"训弟"一场，张将军身分尽失，言语举动，竟是小丑口吻，小丑伎俩矣。此等处做来未免太过。

友问戏评何不登来稿？答曰："求言论一致而已。"

宝善街丹桂，新聘之坤角小叫天，第二夜唱《打鱼杀家》。嗓子虽干，尚不弱于男子，腔调亦善于运用，提承转展，高下疾徐，均称圆活。其苍老处，虽不及翁梅倩，较张少泉则过之。身价应在小金钟、冯子梅之上，谓之为优等脚色，可以无愧。

白玉梅容颜姣俏，艺则平平，唱花旦，间唱老生。曩听其唱《捉放曹》，每唱慢板，因太欲标新立异，致病停顿过多，音遂疏散而不紧凑矣。唱《小放牛》，与七岁红搭挡，亦还差强人意。

宣统三年五月初九日/1911年6月5日

粉墨场中之杂货店

正　秋

张少泉戏情太生，词句亦不熟，唱《洪羊洞》，可取处甚少。幸喉咙尚佳，犹能婉转动人，故座客听之，尚不至索然无味也。

张文奎、张文艳姊妹二人，擅唱《十八扯》、《小放牛》、《纺绵花》等剧。文奎嗓子尚还够用，文艳则太低矣，做工二人皆不弱。文艳唱《翠屏山》，与海和尚狎昵至于亲嘴，而楼上下叫好声、装鬼叫声大起，女客见之，咸不自安。此等处，未免过于淫荡，万万不可不删改也。

小桂芬去石秀，唱做均太生，"舞刀"一场，花样尚多，青年得此，已属不易。

一声雷喉力中气尚足，腔调平平。

丹桂每日卖座甚稀，此盖受大富贵之影响，若不从速添聘脚色，则恐终难勉强支持也。

丽丽所顾曲记·刘鸿声《举鼎观画》

正　秋

上场第一句"朝罢圣驾归府门"之"门"字，中气极长，末后转折收煞,均极简洁。“石狮子”之“子”字,纡徐得好。“所为何情”之“情”字,欲断犹连,饶有别致。

欲面试薛蛟举鼎时,白口更有精采。

“父是英雄儿好狠”四句,唱法比众不同,尽极纯任自然之妙,惟较大众唱法来得省力。

宣统三年五月初十日/1911年6月6日

粉墨场中之杂货店

正 秋

友问:“刘鸿声唱《四郎探母》“坐宫”一段,何以毫无精采?”答曰:“杨延辉当时思母心切,离家一十五载,忽闻太君驾临北番,有不转辗忧思,以图一会者哉!其坐宫时,即忧思时也。凡人处忧急时,而神情能不萎疲、声韵能不靡曼者,未之有也。故量情度理,未可以是责鸿声也。”

友问:“坐宫末句,何以鸿声忽肯尽兴一唱?”答曰:“末句曲文,为‘要相逢除非是梦里团圆’,此是四郎悲愤之言。自宜提高嗓子,尽力歌唱也。此句‘里’字最好。”

“未开言不由人”一段,佳句甚多。而此剧最当聚精会神处,则在“见娘”一段。“老娘亲请上受儿拜”八字,无一字不神乎其神。前三字首尾均作转折,“老”字最好,“拜”字余音四十有八,分作六顿,声韵凄然以郁,末后一顿,急而促。嗓子自首至尾,无不珠圆玉润,“常把儿老娘常挂在儿的心怀”一句,“老娘”二字,转得不疾不徐,真有亲昵之至之情形,“的”字、“心”字,声自齿缝中拼出(按,鸿声于此等尖字眼,最是擅长,最易见好。想是既有天赋好喉咙,复能善于变化之故。),故清彻非常。

宣统三年五月十一日/1911年6月7日

粉墨场中之杂货店

正 秋

海上戏曲会,组织者尚不乏人,惟时起时灭,鲜有能恃久远者。

其故良由于会员意见纷歧,宗旨不能归一,遇有议案,局中人往往起无意识之冲突而已。小花园雅歌集,成立以来,已有一载。会员已有三十四人,可以登台演唱者,亦已有十余人。星期日开周年纪念会于徐园,试演各剧,皆各会员一时杰作,杨君之《朱砂痣》,嗓子嘹亮,始终不懈;夏君之《空城计》,行腔甚高,吞吐简洁;《翠屏山》屠君耍刀,能别开生面,诚属难得,惜舞台容积太小,未能尽其所长。余剧亦不乏可采之处,进步不可不为速。会长邹君,热心人也,平时部署会事,一秉至公,社员无不叹服,宜乎有此成效焉。

来宾何君,串《翠屏山》中杨荣,工架老到。首场白口,高人一等,非深得个中三昧者,不克臻此。猜心事时,调侃得好,惜神情微嫌欠缺。

朱君亦来宾,串《打棍出箱》,唱做有独到处,亦有过于做作处。

宣统三年五月十二日/1911年6月8日

粉墨场中之杂货店

正　秋

鸿声唱《四郎探母》"望老娘福寿康宁永无灾"一句,嗓子已微嫌干燥,"康"字、"灾"字,小为失润,幸在末句,差可文饰。

鸿声拜跪时,左足战栗不已,北里花(身云小榭)连呼"喔唷喔唷!作孽作孽,阿要苦恼,阿要苦恼"不置。

"儿去去就来"之"来"字,竭力延长,至戏房门侧,犹未延停,因稍为立定片刻,以从容转折,从容收煞。尤佳者,为任纯自然,绝不露竭蹶状态也。

吴彩霞起公主,惯唱花调,以博座客叫好。惜字眼太不清楚,亦是缺点。

丽丽所顾曲记·刘鸿声《举鼎观画》(续前)

正　秋

"观画"一场,"未开言"一段,"不由人"之"人"字,余音有二十一腔,妙在一气呵成。"听你父将此事细说分明"之"明"字,并不换气,即紧接"吾的儿呀"一句,"呀"字更婉转动人,以下"樊氏夫人"之"人"字亦然。"都只为上京城"等十二句,亦用一口气唱,快如清流直泻。"都是你薛氏满门"之"满门"两字更佳,"满"字余音相仿。全段有三句"吾的儿呀",鸿声亦三样唱法,令人听之不厌。

宣统三年五月十三日/1911年6月9日

丽丽所观剧记·新舞台七八本《新茶花》

正　秋

昨晚新舞台演七八本《新茶花》,情节之佳,较三四五六本奚啻倍蓰,非徒以布景欺人者比也。

夏月珊仍起马标统,七盏灯仍起辛茶花,小连生、夜来香、张顺来、小保成等,一切仍旧。

剧未开幕,先闻炮声隆隆,既开幕,则铁舰均作红色,宛然被炸景象。小衫板在四围转绕,彩色甚好。陈少美、辛卓然、马标统等,奋勇杀贼,愤不顾身,卒获贼帅大牛一名。而仓猝之间,少美亦被汽球国于海中捞去。讵辛、马等未曾亲见其被擒,迨回营后,经刘大人问及,始觉失去少美一人。众人面面相觑,殊各茫然。

记者曰:"此段因入座已晚,未曾亲见。右所云云,乃耳自友人孟贤君者。"

汽球国海军元帅回营后,即电奏国皇,请派钦差来营,主持一切。一面带上少美,一验虚实,认明确系少美后,乃命人抬少美至医院养伤。复修书一封,约中国走马换将(以少美易大牛也)。

马、辛等既至陈仁美家,辛茶花即被阿婆责骂,经人挽劝始已(阿婆系小双凤起)。阿婆进去之后,仁美乃详询马标统以相战情形,并己子少美之下落。(未完)

据金山自治公所来函,本报前月初八日图画"吓退议员之怪剧"一则,确系传闻之误用,特更正。

宣统三年五月十四日/1911年6月10日

粉墨场中之杂货店

正　秋

记者尚有望于雅歌集诸君者一事。戏剧足以改良社会，诚然，但断非仅恃唱工所能奏效。今诸君于唱工固咸有心得，于白口则未免疏忽，而于曲文中字眼，亦不甚经心，愿此后唱、作、道白，三者并重为幸。

编演提倡尚武精神之新剧，为目前当务之急。或曰：提倡尚武，谈何容易。偏重国民，政府或将诬为革命；偏重己国，列强又将指为排外。欲免内外不干涉，则虽演亦不敢激烈，效亦仅矣。

记者曰："只要会员全体一心，愿为社会出死力，则障碍虽大，不难有有志竟成之一日也。质之邹君，以为何如？"

丹桂第一台之刘永奎，唱大面本来不差，唱老生未免力不胜任，歌喉究嫌太不滋润。所学孙调，更有东施效颦、画虎类犬之诮。

歌舞台之月月红，本是聪明脚色，因善于描摹戏情，故做工甚佳。惜近来已倒嗓，唱做乃均不足观矣。

小菊生演《拿高登》及《飞叉阵》、《金钱豹》、《铁笼山》等剧，海上除王益芳外，一人而已。我友梅隐，甚赏识之。倘能再加摹练，嗓子能吊好，或唱工有惊人处，则必能与杨小楼、俞振庭、李吉瑞辈，并驾齐驱也。

宣统三年五月十五日/1911年6月11日

丽丽所观剧记·新舞台七八本《新茶花》(续)

正　秋

马、辛等既至陈仁美家，辛茶花即被阿婆责骂，经人挽劝始已(阿婆系小双凤起)。阿婆进去之后，仁美乃详询马标统以相战情形，并己子少美之下落。马标统所答非所问，蕲蕲(期期)艾艾，格格不吐，说来说去，只有"陈大人阿是，陈少美阿是"两句。仁美听得不耐，大声曰："咳！到底少美这么样？"马标统始蓦然警觉，如睡方醒。乃垂首追思移时，何如少美被擒时，真未目睹，故虽已清醒，总无异模糊也。只得对仁美呆看半晌，有若木鸡状，临末乃摇两摇头以了之。

记者曰:“夏月珊描摹马标统战后之心理,以及吃惊后之神情,实在无微不至,尽善矣,尽美矣,无以复加矣。真不愧为海上第一名丑矣。”

仁美询讫,既不得要领,遂改询卓然,而卓然亦以“不晓得”三字对。问某管带及马太太等,均称不知。至是仁美乃顿足言曰:“咳!今日诸位得胜回来,予诚中心一快。独是诸君功成凯旋,而独不见我爱儿少美踪迹,叫我能无感慨!”正在此刻,刘大人忽差人来下书,仁美伤感之余,手尺素,目数行已,不暇仔细揣摹词意,忽向众人狂笑不置,马标统不问是非,随声附和,人笑亦笑。

宣统三年五月十六日/1911年6月12日

丽丽所观剧记·新舞台七八本《新茶花》(三续)

正　秋

茶花见众人相视而笑已良久,而其可笑之所以然,迄未说出。乃起而问故,仁美即笑授以书。茶花阅竟,讶曰:“此函实刘大人传我翁媳二人,赴营商议一切耳,何可笑之有哉!”仁美曰:“刘大人必已知少美下落,故有此举,予因以快活。”马标统曰:“陈老伯如此快活,我以为少美兄必有确信,予亦因以快活。”

记者曰:“此幕之趣味,尽在不言中。各伶做作皆好,足令观者出神。”

马太太改过迁善后,一意欲步武茶花后尘,见茶花偕众人往见刘大人,渠遂坚欲随行。既至则立门外,延颈张望茶花在内情景,及己夫等相继入内,渠个人在外,异常懊恼,乃遥向茶花作手势,经刘大人觉察,始命其进来。及见大人,即南无了手,挺然跪下,行礼如乡妇拜菩萨。站立一旁,后仓皇失措,两只手,两只脚,不知要怎样摆法才好。马标统睹此情状,亦殊忸怩不胜。

记者曰:“夜来香神情实在出色,可为内地妇女代表。”

营中方在诧异少美不知去向,而汽球国之国书适到。刘大人一见,喜不自胜,手舞足蹈,以书中所述少美事告仁美,并云:“这才逞我的心，这才逞我的心。”众人有颔首会意者，有抚胸示放心者。刘大人曰：“我就准定与他走马换将，吩咐从者，请师爷覆以照书行事可也。”从者应声下。

宣统三年五月十七日/1911年6月13日

丽丽所观剧记·新舞台七八本《新茶花》（四续）

正　秋

忽而又将从者喊回，叮咛曰：“千万细心，不要弄错，盖与外人交涉，不可糊里糊涂从事也。”此语意在其言外。俄而又有电旨到，译出一读，大惊失色，连声叹曰：“这便怎么处？这便怎么处？”众人睹状，则又大惑。刘大人曰：“捉得大牛，本帅已经出奏，今奉电旨，命我将其就地正法。如一正法，则届时将以何人往换少美？”言已焦急非常。仁美起曰：“电旨你皇上所发，大人何能偏顾少美，以逆朝旨哉！请大人不必焦急，遵旨行事焉可。”刘大人曰：“即谓予虽不欲成全少美，其如失信于汽球国乎？”辛卓然所言亦然。茶花因刘大人左右为难，从而请曰：“大人想少美前番临阵脱逃，若非宪恩高厚，早已身撄法网，行将遗臭万年矣。既蒙许以效力赎罪，命探炮台，不图又遭擒获。予等往救，自分必死，幸卓然来援，得获大牛，偏偏少美又被擒。汽球国愿走马换将，偏偏电旨要杀大牛。大人欲不逆旨，则失信外邦；欲践言，则违皇命。虽然，少美为国尽忠，死亦有荣，已增我陈门风光，我陈氏曷敢重劳大人焦急。无奈大人已允汽球国以走马换将，届时无人，亦属不了事。”刘大人深然其说。

记者曰：“此段道白，七盏灯说得悲壮淋漓，使未曾看过前六本者，亦可了然于此戏是何情节也。”

宣统三年五月十七日/1911年6月13日

丽丽所观剧记·新舞台七八本《新茶花》（五续）

正　秋

茶花复伏地请曰：“今者窃有一事要求，务望大人准如所请。”

仁美见媳如此,急出止之曰:“当言则言,不当言则不许尔胡言,决不可累大帅为难也。”刘大人曰:“你请起来说,请起来说。凡我力所能为者,万无有不允之理。”茶花起曰:“窃欲要求大人,将大牛暂留一个月。一月之内,自有道理;一月之后,请大人尽管杀大牛,可无虑贻外人以出乎反乎之讥矣。”刘大人答以:“留一个月,事尚易为,定可应许。惟尔究有何策,余可先得而闻欤?”茶花曰:“否。事之成败,尚难预料,且恐隔墙有耳。一旦走漏风声,事愈不可为矣。故今日尚非明言时也。”刘帅是之,众遂辞出。马太太见己夫向刘大人行举手礼也,因亦向刘大人举手,一种慌张情状,殊堪令人发噱。

众人复至仁美家,茶花又遭阿婆痛詈,幸经众人劝入。马标统即问茶花以请留大牛之故,茶花见有阿翁及马太太在侧,乃引众人,至自己内室密谈。人室方坐定,马标统又大声叩问,茶花慌甚,疾出掩门、落闩。马似会意,再拉仁美同至门侧,倾耳听之。经卓然告以无人在外,方敢出声曰:“我粗心,我粗心。”茶花乃曰:“昔者予于敌国,得一挚友,精邃岐术,能自制一种药品,予人饮之,可以立刻死去。此法予已得之,今将以是试少美。”

宣统三年五月十八日/1911年6月14日

丽丽所观剧记·新舞台七八本《新茶花》(六续)

正 秋

言未毕,马标统急摇手曰:“嫂嫂,此着无劳费心,要少美阿哥活难,要少美阿哥死易。尔嫂嫂不动手,伊在汽球国亦必有杀死之一日。是又何庸尔鸩毒为?”言已愤愤不平。茶花力辨曰:“马大人幸少安毋躁,盖予言犹未尽也。”马始认过请罪,并曰:“我急性人,一闻欲我好友死,遂不自知其忿忿也。”茶花续曰:“此药可以死二十四点钟,在廿四点钟内进解药,必能复生。”众人闻言,欣欣然有喜色,表决意,独仁美伸手大叫曰:“我反对!我不赞成!”众问何以反对,则谓媳曰:“媳妇呀,尔平日所言,余靡不信从,独此次未免过于危险。尔谓西人告尔,可以以药生死人,尔即深信不疑。咳!尔不知近世多少过于崇外者之往往人洋人圈套乎?”茶花曰:“否!

否！是为我亲眼目睹事，未可以此例彼也。”仁美遂服。马标统即以情愿往救少美请，茶花婉辞；辛卓然愿往，茶花亦弗许；仁美欲去，众人皆曰不可。茶花曰：“是役也，少不得又须我亲自走一遭。虽然，我究属一弱女子，手无缚鸡力，投药事固任之有余，掘尸携回事，自必力不胜任，奈何奈何！”卓然请从行，允之；马得胜亦请，茶花却曰：“前番累及马大人受惊不小，然犹得谓为国事计也；今番为少美个人事，焉能再屈大驾？”

宣统三年五月十八日/1911年6月14日

粉墨场中之杂货店

正　秋

李顺来嗓子甚好，做工亦极认真，是不可多得之武生也。

孟鸿群在三年前，不过起起武行中之配角，从未闻其曾唱后五出正戏者。幸其戏剧无论排得在前在后，脚色无论起正起副，渠总谨慎将事，从不肯敷衍塞责。故渐得沪人士欢迎，今已一跃而侪于优等名角之列矣。

鸿群之兄，如鸿寿、鸿芳、小孟七等，皆以擅长滑稽得名。故近日鸿群在第一台，每作俏皮话以迎合顾曲家意旨。某晚于《戏迷传》中起县官，尚能博座客轩渠。惟所唱各调，味如嚼蜡。

孟鸿芳新入歌舞台，唱做均好，惜无好花旦与之搭唱《小放牛》及《十八扯》耳。盖其学诸名家音调，无不惟妙惟肖，声情逼真也。唱时调，嗓子更为清脆，而柔软无比焉。

陈文启始来海上，所唱各戏，音韵腔调，并皆佳妙。不图眼光如豆，见沪地繁华，遂尔涉迹花丛，致嗓子大变，神情亦较逊初到时多多。连日听其《探母》、《牧羊卷》等剧，竟毫无精采矣。

宣统三年五月十九日/1911年6月15日

丽丽所观剧记·新舞台七八本《新茶花》(七续)

正　秋

马曰：“嫂嫂说笑话了，嫂嫂说笑话了。少美虽个人，然有关全国大局。吾侪此行,为私实公,亦为我所应为事。”茶花笑应之。马太太忽亦大声请曰:“我也要去!”众甚讶之,马得胜中心窃喜,点头播脑,自矜得意。茶花即以却渠夫之言却之,马太太固请曰:“嫂嫂!我既立志要学嫂嫂,则必待步步学像,方称我愿。谚云:近紫者赤,近墨者黑。嫂嫂去做大事业,若许我旦夕亲近,则我又多一阅历。况少美为吾国不可少之人物,则此去实以少美为重,以国家为重。就女子咸当爱国言之,则吾亦可随行。”马得胜大喜过望,连称其妻有志气,好好不止。茶花亦喜,遂允之,并教马辛以赴营请假之法。迨三人辞去,后授阿翁以购药之法,谓:“当东买一味,西买一味,否则药房中不肯卖也。”仁美甚服其细心,促其入内开方。茶花又请阿翁,吩咐合家大小,不准入其卧室。伏后仁美出曰:“异哉贤媳!既能治兵,又能治病;既善用计,还能知医。愈吾国疾,呜呼噫嘻!”

记者曰:“此幕布房间,景甚精致。夏月珊、七盏灯、夜来香、小连生,做作各有所长,道白更有至理。夏月珊好在并不一味滑稽,间作一二俏皮话,则谑而不虐,且无下流口吻,从未失之轻佻,故尚符标统身分。”

宣统三年五月二十日/1911年6月16日

丽丽所观剧记·新舞台七八本《新茶花》(八续)

正 秋

劝降一场,多借题发挥语。邱蕊卿扮新到钦差,与海军元帅(许奎官起)定计劝少美投降。命兵头带出少美,一见之下,钦差即大献殷勤,请其吃大菜。酒一巡,汤一道,进毕,钦差首先持杯起立曰:“陈大人,敝国国皇素悉大人智勇兼全,久欲依仗大人,大人若能归顺敝国,为敝国作心腹,则高官厚禄,可立而致。”少美曰:“吾生为中国人,死为中国鬼。头可断,志不可移!”钦差曰:“陈大人其毋固执不从,尔当知贵国多数大老,莫不与吾国私通消息。尔如有意,则走马换将之后,亦可依例而行,作一奸细也。”少美闻之,怒不可遏,大骂曰:“欲杀即杀,无用多言。实告君,吾国在上者虽全无心肝,甘戴卖国奴之头衔;然吾国国民,人心极齐,尔其知之否?"钦差曰:"若人心齐则不致有今日矣。"少美怒益甚,谓之曰:"尔若杀我则已,脱放我回国,则我必劝我各省各府各州县,处处组织国民军,设立团练会。吾国人民众多,一旦全国皆兵,蕞尔弹丸小岛,不难一扫而平也。"钦差及海军元帅亦怒曰:"届时恐来不及矣。"少美延颈曰:"愿尔速速将我头斩下,否则我欲杀尔矣。"海元帅恨甚,拔刀欲杀,钦差抢前挡住,并劝少美息怒。

宣统三年五月二十一日/1911年6月17日

丽丽所观剧记·新舞台七八本《新茶花》(九续)

正　秋

即命兵头将少美带入牢狱,且再三叮嘱狱卒,须特别优待。少美被狱卒押赴监所,正在自叹(唱摇板两句),而汽球国钦差又来说降,少美正色曰:"诚欲我降,亦自不难,惟须先与尔约法三章耳。"钦差喜甚,愿闻其一。少美曰:"吾国未还贵国之赔款,当从此一笔勾销;已还之赔款,须加倍还我。"钦差咋舌曰:"陈大人,此第一问题,出入过巨,这副千金重担,非本钦差所敢肩负,乞道其二。"少美曰:"贵国历年占据我之土地,当如数归还。"钦差愈惊曰:"陈大人,尔真在此戏弄我矣。敝国官商,不避艰险,跋涉重洋,往来贵国,络绎不绝者。为着何来?莫非为土地而已。此问题更难解决,请言其三。"少美曰:"我要在贵国辟数处马路,永远作为吾国租界。"钦差怒曰:"三者之中,一件亦做不到。"少美亦怒曰:"要我投降,亦做不到!"钦差辞塞,不得已,仍嘱狱卒加意侍奉,切勿苛待。一日三餐,均用大菜,冀以私情动之也。

记者曰:"此幕布牢狱景,外附丛林幽谷,深浅得法,浓淡合度。夏月润出言豪爽,虎虎有生气,不愧英雄本色。要求三事,更有深意,味在言外,闻者能无感慨?"

宣统三年五月二十二日/1911年6月18日

丽丽所观剧记·新舞台七八本《新茶花》(十续)

正　秋

辛氏姊弟,马氏夫妇,暨林管带,下大车后,互商下塌地。茶花曰:“当投中国旅馆,一则行事便利,再则利权不至外溢。”因于两国交界处,觅得一客店,拣定房间两个。时马太太已易西装,与茶花一若新婚伉俪,尤易遮人耳目。马标统即关照茶房云:“吾辈唤你,你方可进来;否则无论何时,均不须擅入。”茶房唯唯称是而下。马辛林约定改扮小贩,分投各处埋伏。茶花劝马太太先睡,己则独坐配药。半晌听得钟声报来三下,乃唱二簧平板“又听得警钟三下响,思想起愁人泪两行”等四句。钟报四下,亦唱四句,五下亦然。三段中末句唱得最为凄凉,余亦圆稳苍老。待药配竣,而东方已白,金鸡声声报晓。马太太闻声起床,知茶花一夜未眠,因劝其入内养神片刻。茶花曰:“事贵神速,刻非养神时也。请尔在此照顾,余须即往探狱矣。”马太太送出茶花,即闭门待等好消息。

俄倾中国覆文到,允其走马换将,惟书中不约日期。元帅异之,钦差曰:“无日期方可渐劝少美回心。”

记者曰:“此幕用真大菜,三人均饮真酒,吃时座客莫不捧腹。夏月润出场,念四句诗云:‘为人做官要忠心,打仗总要拼性命。到底一样终要死,死得值得万古留名。’闻者鼓掌。少美及钦差所言,俱隐射时事。吾闻私下信札来往一语,吾不觉骂想做国务大臣之日奴,及中国李完用、上海阿瞒等,负吾国民。嗟嗟!吾不知尔等何所图而甘冒不韪耶!诚思国民目尔等为贼,外人目尔等为奸细,为区区生不带来,死不带去之傥来物,而遗卖国卖民臭名于万世,值得乎?不值得。”

宣统三年五月二十三日/1911年6月19日

丽丽所观剧记·新舞台七八本《新茶花》(十一续)

正　秋

马辛诣营辞差,刘帅不准,卓然以实告,始允。同时仁美来代茶花禀辞,言不数语,林管带忽入报,有一西装者求见。刘帅讶曰:

“吾前已预嘱尔等，谓凡属西装，一概挡驾，尔何人禀为？”林方应声出，而西装者已履声橐橐来矣。既入，视之，则一西洋美男子也。众皆不识，卓然从旁审视，不料既己姊茶花女，窃告仁美，仁美笑不可仰。刘帅疑团更深，仁美曰：“大人其识此人否？此人非他，即少美之妇，仁美之媳也，哈哈哈哈……”刘帅极赞其能，因遽前欲与执手，将近茶花，乃斗觉男女有别，则摇手曰：“使不得，使不得。”即问曰：“尔欲我留大牛一阅月，毕竟有何妙算？不妨略述梗概。”茶花答曰：“大人可无性急，现有密禀一封，请俟茶花即晚上火车后，方可启阅。”临行唱快板一段，系大面腔调，声韵嘹亮，简洁动听。林管带闻马辛欲随茶花动身，心知必为救少美事无疑，故于茶花递禀时，彼即请于刘帅曰：“启禀大人，学生亦欲偕行。”刘大人诧曰：“前番命尔随少美得胜往探炮台，尔再三推诿；今番不派尔去，尔反毛遂自荐，不亦异乎？”林答曰：“学生今已悔过，极愿为国尽忠矣。”

二十日本栏“愈吾国疾”之上脱书“畴为国手”四字。

宣统三年五月二十四日/1911年6月20日

丽丽所观剧记·新舞台七八本《新茶花》（十二续）

正　秋

刘帅闻之甚喜，遂准其随往。仁美出营后，于路上自念曰：“吾媳之举动，竟类列强大侦探之手段。侦探者，为国家所最重要之人物，是以东西各国，莫不有侦探在他国侦探地理、侦探物产、侦探风俗者也。不见吾国各处，短衣窄袖，提包卖药者，触目即是乎？吾望吾国官绅商学农工各界，各有侦探，各就各人所研究者而至各国侦探之，诚能如是，而国犹不能转弱为强者，吾不信也。”

记者曰：“小连生所言，极有见地。此幕布公。”

少美被押狱中，栅门外有小兵二名看守。兵头恐手下疏于防御，不时来查察一番。少选忽来一酒鬼，唱摇板“听谯楼”二句，小兵闻声出视，而酒鬼已突然闯入，奉敬小兵各一掌。兵见其两撇胡子作八字式，手持酒瓶，烂醉如泥，步履攲斜，摇摇欲仆，口齿模糊，语无伦次，即将其手中之酒夺下，责其不应擅入重地。酒鬼曰：“放屁！是何地，我何人？我何谓乎不能来？”兵曰：“此地是监牢，尔何得乱闯！”酒鬼曰：“监牢不监牢，于我甚事？我游我监牢，干尔甚事？”

宣统三年五月二十五日/1911年6月21日

丽丽所观剧记·新舞台七八本《新茶花》(十三续)

正　秋

兵曰：“此地是监牢，尔何得乱闯！”酒鬼曰：“监牢不监牢，干我甚事？我游我监牢，干你甚事？”兵问其姓字，则曰：“我姓辛，我名耐东，耐东就是我，我就是耐东。”兵将其锁在栅门之侧，二人即争饮夺得之酒，互相攘夺不已。而兵头又来巡视，兵以获得酒鬼告，兵头曰：“兹事体大，非我所能擅专，尔等谨慎守住，我当请示于钦差也。”兵头一走，小兵又复争饮，酒未罄而小兵已相继醉倒。少美在栅内，见之历历，不忍酒鬼因醉受罪，乃好言开导酒鬼曰：“咳！朋友，尔饮酒当就可饮处饮之，监牢为囚犯茹苦之所，岂尔饮酒地？尔何自投罗网？若此其不识利害耶！”酒鬼嗤之以鼻，笑曰：“咦？怪哉怪哉！尔何不思之甚也。我饮我酒，我饮我资，无庸尔出钱，无庸尔过虑。我即有术以来此，我即有术以去此。按律治罪，亦只得押我二小时，不若尔杀头犯，永无生望也。”少美怒曰：“尔毋出言不逊，我虽为杀头犯，我究为国家。”酒鬼不待其辞毕，抢言曰：“畴为国家者，尔为国家，独我不为国家耶！”

“少美被狱卒押赴监所”起，至“马太太送出茶花，即闭门待等好消息”止，此段应在酒鬼探监之前。前次误将“俄顷中国覆文到”，至“两国犹不能转弱为强者，吾不信也”为止列后，以致前后颠倒，今特更正。

宣统三年五月二十六日/1911年6月22日

丽丽所观剧记·新舞台七八本《新茶花》(十四续)

正　秋

因脱帽示少美曰：“盍观我一绺青丝，慨然付与并州利剪者，是何故欤？此之谓真为国家，其知之否？尔试审视，知我为谁。”少美反覆辨认，始曰：“尔乃茶……”酒鬼疾答曰：“喝酒勿唱茶。”即于身上出一函授之曰：“视此自明。”少美不及启视，而兵头已入，谓小兵曰：“钦差命押酒鬼二小时，逾时即行释放。”小兵胡应云：“早已逾二小时矣。”众遂将其逐出，酒鬼临行自语曰：“尔今放我，我大事亦告成矣。”少美于小兵熟睡时，出信展读一过曰：“命我将药及信，一并吞下。渠有如此胆量，我若不从其命，岂不辜负其一番苦心孤诣。”乃将药先行吞下，复将信片片撕下，逐渐咽入腹中，以灭痕迹。不移时药性发作，颓然倒地。既死小兵仍然未觉，迨兵头来，始见少美倒卧栅内，问何以任其卧在此处？兵曰：“想为伊欲乘风凉耳。”乃呼之，不应；蹴之，不动。兵头俯身按之，已气绝，大惊。略责小兵数语，即奔往面禀钦差。小兵惧，私将酒瓶掷于狱外。

记者曰：“此幕布景，与前稍异。七盏灯起酒鬼，神情颓唐，醉态可掬，一言一动，复耐人寻味。多材多艺，窃为该剧庆得人。夏月华饰兵头，亦佳。马飞珠去小兵，亦善形容。”

宣统三年五月二十七日/1911 年 6 月 23 日

丽丽所观剧记·新舞台七八本《新茶花》(十五续)

正　秋

钦差得耗，疑兵头得贿舞弊，兵头力辨，乃请钦差及海军元帅往观。元帅入内无片刻，即掩鼻出曰：“其臭难堪，不若命医士来验之。”兵头往聘医士，适值医士出外射猎。兵头曰：“陈少美定属疫，死若经医士一验，则合营兵卒，均须拣验。前番拣疫，已大骚扰，以我意见，不如速葬之为愈也。”钦差及元帅，听其言之成理，且当用兵之际，一拣疫必致淆乱军心，故即吩咐将其葬在华界。谓：“瘟病让其瘟到中国去，毋瘟汽球国。”兵士遂将少美拖出，用白布裹住，海军元帅抽刀欲斩其两足。兵士曰：“若必欲照国法刖其二足，则瘟气必更欲传布矣。”元帅乃止。即促兵士速行扛出，扛出后元帅仍呼臭不置。钦差曰：“吾国监狱如此清洁，尔尚嫌臭；则中国监狱中，污秽龌龊，百倍于吾国者，尔入之当熏死矣。”

记者曰:“此幕刖足一节,可以删除。”

马标统扮卖五香豆、豆腐干,辛卓然扮卖香水花、茉莉花,林管带扮叫化子,各在监牢近段,探听确耗。忽三人不期而遇,正欲聚谈,而陈少美尸首已在远远抬来。

宣统三年五月二十八日/1911年6月24日

丽丽所观剧记·新舞台七八本《新茶花》(十六续)

正 秋

叫化子乃抢步上前,要住护卫兵士,喊曰:“娘娘太太。”卖花者乘机偷看尸首,兵头来驱逐彼两人,而马标统已迎前看明。兵头随走随骂,辛卓然乃赠其鲜花一枝,问曰:“大人即刻扛过之尸首为谁?”兵头曰:“吾受尔此花,实非贪小,因中国英雄陈少美,今日忽染疫身死,现欲将其葬于华界,葬后我即将此花插其墓上,以作纪念。”言已,匆匆去。马、辛即赶回报信,林管带即紧紧追随尸后,一路走,一路叫“娘娘太太”。

记者曰:“此幕极有趣味,三人均能博看客轩渠。”

马、辛归报茶花,茶花即请马太太先回,禀请刘帅派人至车站迎接。

尸首抬至葬所,天时已晚,一轮圆月,半明不灭。苍松翠柏,幽然郁然,景色十分凄凉。林管带远望兵士葬毕去后,始敢摄足至坟前探望。等待众人不至,正深焦急,而茶花偕马、辛来矣。二人掘墓,马标统在前后望风。灌药施救时,则易林管带望风。茶花娇声唤“少美、少美”,卓然声声叫“阿哥”,马标统轻身喊“少美兄、少美兄”,喊一句向外望一望,盖恐被人听得也。

宣统三年五月二十九日/1911年6月25日

丽丽所观剧记·新舞台七八本《新茶花》

正 秋

妻曰:“彼非茶花而谁?”仁美愤愤曰:“是马太太也。”陈太夫人审视不误,乃赔礼不迭云:“太太改为洋装,所以我错认为媳妇,对不起！对不起！"马太太至是，方自拍其胸曰："吓我一跳。"仁美亦上前赔罪。马太太欣然拍手曰："老伯老伯，大事已成，少美已出狱，行将搭下班火车回国。彼等方在设救，命我先回禀请大帅派兵去接，我恐再欲失礼，望老伯代我一行。"仁美夫妇一闻是言，喜出望外。仁美更自忘年迈，飞奔出外，赴营报信，陈太夫人双手合十，谢天谢地，"阿弥陀佛，阿弥陀佛"，念不绝口。

记者曰："此幕三人俱描摹得淋漓尽致，尤以夜来香为最。小连生走路、做作最好。"

仁美至营禀报，刘帅大快乐，方派人往接而众人已至，少美睁眼一见刘帅，即行跪下，见仁美亦然。仁美见其柔弱无力，不觉为之泪下曰："儿子，儿子，儿子……"其下欲续言半句而不可得，茶花则将救少美事细禀刘帅。刘帅忽曰："我又有计矣。"众问有何妙计，则曰："敌国约我走马换将，我即行文与彼，欲其接到文书之次日，即须举行。届时彼必不能缴人，我即可率兵奋勇直前，乘其不备，与之决战。"众皆称善。

宣统三年六月初二日/1911年6月27日

丽丽所观剧记·新舞台七八本《新茶花》(十九续)

正　秋

独茶花曰："大人此计虽妙，惜未尽善。我战而不利则已，若战而胜，则未有不追之理。距此不远，即有敌国炮台，彼若只讲强权，不讲公理，轰然一炮，我军岂不被其打尽？窃意当先夺其炮台，遂后再为交锋，如此方可两面夹攻，操胜券必矣。"刘帅甚佩服，惟愁乏人去夺炮台。辛卓然首先请行，马标统、林管带亦愿从往。少美忽亦请于刘帅前曰："学生亦愿去。"刘帅及茶花等，劝其静养身体，俟病愈再去。少美执不可曰："大帅暨公等，为少美个人费尽几许心血，今番若不从行，其何以对公等？并何以报国？"卒与马、辛、林同行。

汽球国钦差与海军元帅，正在商议大牛事，适接到中国国书，约明日即走马换将。元帅甚为忧虑，钦差曰："此事不难处置，届时要求其先放大牛可矣。”元帅曰:“倘或彼欲亲见少美一面,方肯释放大牛,则又将若何?”钦差曰:“到此地步,惟有宣战而已。近世只有强权,无公理。我军若战败,则可开大炮以败之,可以有恃无恐也。”元帅曰:“炮台上若暗伏奸细如何?”曰:“可即派兵士往守也。”乃选精壮者一队,往守炮台。

宣统三年六月初三日/1911年6月28日

丽丽所观剧记·新舞台七八本《新茶花》

正　秋

届时刘军居左,敌军居右,各打招呼后,刘帅开言曰:“请将少美放出,本帅亦可将大牛释还。”钦差曰:“刘大人,谚有之曰‘主人让客三千里’。尔为主,我为客,故须先将大牛放回,然后本钦差再将陈少美放还。”刘帅曰:“否。予当先见少美一面,方可确信无疑。”两造争持良久,刘帅转身怒喝曰:“来!将大牛正法。”两军遂大战,刘军乘胜逐北,从台上追至台下,情景逼真。

陈少美等方至炮台,即与守卫兵士相值,遂尔大战。

记者曰:“此幕布瀑布景,流水汩汩,倾泻不尽,益以电光灿烂,更形可观,水战亦佳。”(完)

统观全剧,情节贯串,有伏笔,有补笔,有反射法,有暗写法。至如茶花请阿翁吩咐众人不准入其卧室,及少美服毒连信一并吞下,是皆为乔装灭迹作地步也。我于是知新舞台艺员程度愈高矣。

宣统三年六月初四日/1911年6月29日

粉墨场中之杂货店

正　秋

友人言,派克路光明学堂,五年来赔累过巨,下学期无力支持。近由学生建议,函请新舞台于初六礼拜六日,演剧一天,闻已蒙该舞台执事许可。

又云,函中写明烦夏月珊起赵云,七盏灯去周瑜,小连生去刘备,夏月华去张飞,合串《黄鹤楼》,并带水战芦花荡。更烦夏月润唱《捉拿康八》,而以五六本《新茶花》压台。账房持函往商夏月珊,月珊始尚犹豫,继将原函所述困难情形细阅一遍,终则起曰:"我为教育起见,我就做一做胆包身的赵子龙罢。要老八做康八,也可以答应,惟《新茶花》只好改唱三四本耳。"

夏月珊在丹桂时,曾徇瑞莘帅之请,唱过一次《黄鹤楼》,去赵云,白口之清晰,神气之生动,无出其右,座客莫不满意。加之刘备、周瑜,又为潘、毛二伶得意之笔,是以愈见精神。嗣后即不肯轻于排演,今番破格合唱,想有周郎癖者,届时必争先恐后,群往一扩眼界也。

《捉拿康八》一剧,亦夏月润生平杰作。

三四本《新茶花》,以辛茶花(花园踏琴,马标统半夜调情,陈少美潜入,而茶花不以其为夫。)一段为最有精采。

新舞台演《群英会》,脚色亦最齐整。若以夏月珊去蒋干,则珠联璧合,更为尽善尽美矣。

光明学堂并烦马飞珠演《活捉张三郎》、林步青唱《新荡湖船》,马飞珠去张三,前俯后仰,而发能直树,旋转不已,做工极好。

宣统三年六月初五日/1911年6月30日

粉墨场中之杂货店

正　秋

盖俊卿原名姚福奎,前在镇江,与郭蝶仙同班,二人均属著名淫伶。福奎因案被逮,曾挨过三百板子。

福奎自入第一台后,与应宝莲等,日以吊膀图倒贴为事。其实应伶前在苏州时,亦曾因案挨过五百板子,可谓难兄难弟。

自贵俊卿出第一台,外面舆论即为第一台危,谓大好生涯,必将败于盖伶孺子之手,而今果然。

周凤文曩在北市演唱,趋重淫荡一派,故多下流口吻。今入新舞台,已一变旧时恶习,脑筋中亦渐有新思想。

老秋问七盏灯唱《乌盆计》,白口可取处何在?答曰:"此剧虽为该伶得意之作,然而记者未曾听过,不敢臆断。"

白口贵声情俱妙,七盏灯天生短舌,于苏白虽多桀声,于老戏中道白,尚疾徐有节。抑扬适中,且合乎神情。如骂曹操数句,说时怒形于色,声韵更激昂慷慨,不乏可取处也。

宣统三年六月初六日/1911 年 7 月 1 日

粉墨场中之杂货店

正　秋

林步青演剧,趋重滩簧,极受社会欢迎。而范少山起而效之,然小巫大巫,究非敌手。今歌舞台又添聘一林步瀛,即步青弟,滩簧固在少山上,惜该舞台少一旦角与之搭配,遂不能以滩簧为正场也。

周蕙芳入歌舞台以来,异常认真,然宜新戏不宜旧戏,宜小戏不宜正戏。惟该伶性存淫荡,是一身大坏处。

三麻子近日不甚唱重头戏,未免太懒。

优伶一朝得排戏之权,即每每避重就轻,殊为不合,且于己之名誉,未免有碍。

蜀烛君告我,粤剧虽不及京调,然文辞远在燕陕之上,如《重见李夫人》、《琵琶行》、《小青吊影》、《苏武牧羊》及《李密陈情表》等剧,不特词句典雅,且其发挥幽怨忠愤之处,更能令人慨慕不置云。惜记者虽籍隶岭南,而生于沪,长于沪,不特于外江戏未尝一寓目,即本乡之白词戏,亦从未听过,故不能知其好处所在。

蜀烛君鉴,鄙人仍住南市大马头郑洽记土行内,三点钟之前,定在家中,暇乞顾我一谈。

宣统三年六月初七日/1911 年 7 月 2 日

粉墨场中之杂货店

正　秋

第一台各股东,前因深憾盖俊卿拔扈,欲易人而治,又碍于合同,故议决暂行停锣,再图后举。及鸿声行后,后台总管一席,股东仍属意贵伶俊卿,并拟请陶三君总理前台事务。今贵伶已离沪,恐卷土重来之擘画,又将化为泡影矣。

张凤台唱《刺王僚》,“列国纷纷干戈斗”一段,惟西皮“兄弟们”三字稍可,余则有太过,有不足,声韵重浊,不足取矣。而“孤王我坐只在打(格)鱼(格)一(格)小(合)舟”一句,亦不圆活,不爽利。

李顺来武艺,实在张桂轩之上,而排戏者每右张而抑李,不知何故。

前晚听夏荣坡《鱼藏剑》,苍凉悲壮,弗克兼有。一味沉郁,致失英雄声势。盖一则限于歌喉,再则限于气度,嗓音既低,神情亦从而萎靡不振矣。较三四年前,退步实多。

夏唱西皮第一段,“一事未成两鬓斑”,“成”字、“斑”字,行腔固随转随高,惜不能圆匀自如;“日月轮流常相见”之“见”字,更形艰涩。第二段“周文王梦飞熊夜扑帐里”之“熊”字,力求婉转,差强人意。“只落得吹箫讨饭吃”一句,求工反拙。反板“子胥阀阅门楣第”一段,尚称工稳,声情中寓有无限感慨,宛是穷途落魄景况。尤以“伍子胥”至“爹娘呀”四句,为最动听。然已不如去冬远甚。后一段二六“富贵穷通不由己”,唱来已声细如蚊矣。

宣统三年六月初八日/1911年7月3日

粉墨场中之杂货店

正　秋

夏荣坡初次来申,搭春桂,号荣波。某报讥吕月樵“文不如荣坡而能叫,武不如春来而能跳”,虽属过甚之词,然荣波彼时,音调实有可取处也。讵今嗓子一倒,而调亦为之一变,声名更由是一落千丈,可慨也夫。

今正夏荣坡与李长胜搭唱《二进宫》,自知歌喉失润,恐恐然惧倒好之来。不图心猿意马中,忽将“怕只怕学韩信命丧未央无下场”数句忘却,忽促之间,奚能从容思索,乃妄将“千岁爷保我家满门无伤,待学生舍死忘身闯进昭阳”数句接上。李长胜本有痴笑病,至是背地吃吃笑不休,幸是老脚色,不致以误随误,因仍将“杨大人说什么命丧未央”一段二簧唱出。迨后夏又将词句忘却,私问李曰:“我唱什么?”李更笑不可仰,未及回答,而已轮及荣坡唱,荣坡不得已,唱了几句"浪的浪的浪的当"以敷衍过去,幸楼下喝倒采者,只三数人而已,险哉!

闻荣坡嗓子,一月数变,好坏不定,佳时亦能叫座,未可厚非也。

本栏须先二日赶誊付印,而抄写者公事旁午,往往不及细校,以致时有脱落错误参差等事,阅者谅之。

宣统三年六月初九日/1911年7月4日

粉墨场中之杂货店

正 秋

夏月珊唱《黄鹤楼》,楼上下劈劈拍拍之鼓掌声,凡三起。自始至终,到底不懈。与周郎斗口一场,精神更为团聚,一段急板,愈唱愈劲。末句中气极长,座客叹赏不置。其下"猛虎岂怕犬一群"、"子龙将军胆包身"、"你东吴还有几美人"三句,亦痛快淋漓,若嗓子一好,则音、调二者,定能并皆佳妙也。道白中"还我东风来"亦好,其描摹虎将英雄气概,可谓尽善尽美。

七盏灯之周瑜,唱作俱佳,我无间然。索还荆州、斗口、传令、气晕、追赶时,一切神情,莫不翊翊动人,近世雉尾生中不可多得之才也。

小连生工架,为人所共知。过江后惊魂不定,坐席后又目定口呆,一闻周郎提起荆州,即渐渐回顾,忽见四将军不在身旁,顿时战栗不止。迨赵云既出,则又撩拳勒臂,有恃无恐。赔礼亦好。

记者曰:"我笑刘备、赵云,智不及今人。身困黄鹤楼,君臣生死在呼吸,何不即书归国文约,回去以'和平了结'四字,掩人耳目,禁人口舌。人民即使反对,亦可以'朝廷自有权衡'一语以了之。我笑周瑜亦智不及今人,盖觊觎人土地而不花运动费,欲子龙之甘心卖国,其可得乎?我更笑张飞亦智不及今人,何苦顾念桃园结义三兄弟,甘于统帅海军去水战,哥哥是皇叔,乐得逞兵权在握时,牢守金钱主义。我更笑诸葛亮亦智不及今人,既经执掌文武全权,何不结好外人,赚赚回扣,卖卖官爵，卖卖土地。顾什么主公，顾什么百姓，致结怨邻国，时有性命之忧。”

宣统三年六月初十日/1911年7月5日

粉墨场中之杂货店

正 秋

夏老八于《拿康八》中去真康八，活画出一好勇斗狠之大盗康八来，所以看客都称赞他说“真像康八，真像康八。”吾不知康八当杀假康八时，亦曾想到将来还有一老八，扮作康八，出现于舞台否？

假康八抢劫过路客一场，林步青用硬吓软骗术，大可解颐。欲投河而反连声高叫道“可有人么？我要寻死路了。”更是好笑，然而世上类此者正复不少。

真康八哀怜穷苦人已难得，劫富济贫更难得。代过路客追获假康八，夺回原物尤难得，不可谓非侠盗也。眼下当官强盗，明目张胆，劫掠民财，往往断送百姓命脉。安得侠盗乘时倔起，代我无告之民，一一为之夺回耶！

小保成扮刘跷脚，帮拿康八，尚能引人入胜。可惜手脚太慌乱，口白亦太匆忙。

小保成礼拜六夜，在《新茶花》内去辛卓然。水战后回家，大发寒热。次日辛卓然一缺，只好另委人代理。

宣统三年六月十一日/1911年7月6日

粉墨场中之杂货店

正 秋

歌舞台《骗奸报应》一剧，戏情平淡无奇，然三麻子饰江西巡按陈濂，道白清晰，尚能鼓舞观者兴趣。盘问南昌县一场，高坐堂皇，词色严厉。始而婉为设辞，诱南昌县吐实；继复铁面无私，责以不应徇私；凡除眼镜逼视县令三次，目光炯炯不稍瞬，大有凛然不可侵犯之概。责南昌县曰：“老兄问案，何荒唐乃尔！事关人命，岂等儿戏？鲁学曾未及三言两语，遽尔褫其蓝衫，且革功名不足，益以掌颊,掌颊不足,益以笞臀。斯文处此,而不屈打成招者,盖亦仅矣。噫嘻!老兄三木之下,何求不得?为民父母而草菅人命,毋乃不可乎?”又云:“诚如尔言,则不惩鲁学曾,不足以顾顾乡绅面情。哼哼!尔亦知顾得乡绅情面,即顾不得百姓受害无穷之痛苦乎?”言时一种愤懑不平之气,形于眉际,词简意深,可作一部《官场现形记》读。观乎此,则三麻子不愧有儒伶之目。

宣统三年六月十二日/1911年7月7日

粉墨场中之杂货店

正　秋

起南昌县者为明海山,其一种低首下心,唯唯诺诺,垂手侍立,不敢仰视之神情,真绝妙一幅官场肖像图。且碰一回顶子,必退三步,连称“知县荒唐,知县荒唐”不置,愈若小官见上司身分。

周五宝起园丁老欧,绍兴土白,甚形圆熟。宽衣博袖,老态龙钟,乡气弥满,殊堪发噱。与鲁学曾斗气一场,尤为出色。后花园一场,亦以冷胜,深得乃父周来全遗风。

《新茶花》一剧,缺点最多,荒谬最甚,视《黑籍冤魂》、《赌徒造化》皆有逊色,视《明末遗恨》,更无论矣。殊不知于新剧中最能叫座,最能号召看客,每有两本新出,每日必能叫售洋一千七八百元,不亦异乎?此所以编戏唱戏之不易着手也。

《黑籍冤魂》一剧,实为烟界之大功臣,烟鬼受其赐者多多。上月曾连观两次,凡有烟癖者,观其丧子、丧妻、鬻女、路毙各节,而不动心,不回头,不抛枪,不断瘾者,则诚甘于自暴自弃者矣。闻夏月珊因颇有人谓甄弗戒收场太苦,故已排就第二本。一俟布景办齐,即可开演云。

宣统三年六月十三日/1911年7月8日

粉墨场中之杂货店

正　秋

新舞台七八本《新茶花》,所以较胜前数本者,在于以戏情布置景彩，非以布景杂凑戏剧耳。且缺点少而尚无大谬，惟仁美不应时时凌辱茶花。盖一门父子媳妇，既如此开通，即不应有如此野蛮之老太太。借曰性成顽固，不易感化，则亦不至野蛮到若是地步。而投宿旅馆一节，反不若径租一屋之为愈。盖偌大事务，岂可在耳目众多之旅馆中任意为之？且刖足焚尸一节，亦嫌蛇足。（按，此层窃疑演者必有命意所在。或为描摹东省查疫惨状，借以警醒观者，亦未可知。果如是，则该舞台旨深意远，用心良苦，然于戏情究有不合。）又刘帅方欲派兵去接，而众人已回，此层亦未免太速。

闻歌舞台将排《广东革命黄花岗》，有二十本之多。

宣统三年六月十四日/1911 年 7 月 9 日

粉墨场中之杂货店

正　秋

周蕙芳起盗妹黄玉，衣饰鲜艳，神采飞扬，步履堂皇，行事豪爽，大有侠气。夜投龙员外家借宿，猝遇叶炳生惊讶之色，形于眉宇，目光灼灼，咄咄逼人。迨既识破炳生庐山真面目，则复黯然神伤，抑郁至不可仰视。而秋水盈盈，已涕泗滂沱矣。久之，乃指炳生而数之曰："炳生炳生，若其为叔宝全无心肝者乎？固尔，则妾诚错识若矣。噫！妾一弱女子耳，虽非出自名门，然亦强似小家碧玉。以若故，至不获享天伦之乐。今见夙夜奔波，谋所以出若母、若舅于水火者屡矣。险阻艰难，备尝之矣。妾之甘于茹苦含辛，赴汤踏火而不辞者，为着谁来？若盍为妾一思之？今也，杨家不白难雪，危在旦夕，若母一息奄奄，几将不起。而若犹梦梦，以为此间乐，不思蜀乎？若试引镜自览，此等装束，似男非男，似女非女。以一堂堂伟男子，而甘作垂髫梅香，是大有为之大丈夫所应尔哉！嗟乎炳生！志气销磨尽矣。若其自问，宁勿愧死。"言已，复嘤嘤啜泣，湿透红罗。义正情至，听者莫不为之动容。此种脚色，自宜令放荡不羁之蕙芳改饰，若易以袅娜娉婷、惯作娇态之月月红扮之，则非其所宜矣。

宣统三年六月十六日/1911 年 7 月 11 日

粉墨场中之杂货店

正　秋

孟鸿芳去盗伙飞毛腿,语语说宁波土话,一语方毕,笑声四起,滑稽之尤者也。向金玉索川资,金玉谓尔腿有飞毛,索此何用?对曰:“我腿能飞,其如腹不能飞何?故老酒不能不喝。”又云:“我有妙策,无庸虑为。此人既不可击以练,复不可牵以索。不若将其藏在铺陈中,由我荷之而行,则庶乎其无脱逃之虞矣。”行至半路,则将肩上铺陈掷之地上,而已后稳坐其上,憩息移时。铺陈中人则大叫曰:“压死我也!压死我也!”飞毛腿怒,反以扇击之,且唱宁波山歌一阕以去,闻者大为鼓掌。

三麻子去太监,忽东忽西,毫无定见,恰合太监身分。窃听杨乃武小白菜对语后,连称冤枉,急欲入朝覆命,一副仓皇情状,描摹尽致。(按,昔全鉴三曾用此法,以雪山东奇冤。)

明海山去兵部尚书,第二次会审,神情最好。见小白菜一认刘子安,渠即责骂卸任余杭县一番,声色俱厉,宛是老吏口吻。

(更正)十四日本栏第三行仁美下脱去“之妻”二字。

宣统三年六月十七日/1911年7月12日

粉墨场中之杂货店

正　秋

杨乃武仍为李庆棠所饰,无长足录,惟盘问小白菜一段尚好。

月月红仍去小白菜,除当堂指骂刘子安及叩响头差强人意外,余无出色处。

去叶炳生者似为蒋砚香,刻意求工,不敢稍忽。只以一味博人轩渠,转觉失之轻狂。在龙小姐处,与黄金玉不期而遇,因以得闻萱堂确耗,在理应若何忧急,乃渠仍面带笑容,仅假号数声而已。对答黄金玉各语,始终悉以游戏出之,未免不合戏情。

碧月花去龙小姐,以一梦之故,于一刹那顷,即将终身大事,私下托与一素不相识之叶炳生,并令其乔装作侍婢模样,留与同榻。此种行为,真与娼妓等耳,有失员外家千金之身分矣。且白口中有

“现在的时世,叫做特别改良了,这就是自由结婚”云云,不问事实,不讲时代,不按戏情,妄将新名词横行搀入,以自鸣得意。通与不通,更所勿计,可发一笑。虽然若是者,又奚止碧月花一人而已哉!

宣统三年六月十八日/1911年7月13日

粉墨场中之杂货店

正　秋

李顺来与张桂轩双演《翠屏山》,张唱《吵家杀僧》,李演《酒楼耍刀》,配得十分完善。桂轩嗓子甚佳,唱“石三郎进门来迎儿叫骂”一段西皮,声韵嘹亮,调亦不凡。“忙谢过潘老丈”一句,大有谭意,圆活老到,兼而有之。杀僧一场,虽不十分生色,然亦无懈可击。顺来耍刀,非常认真,手法敏捷,惜不自然。

周蕙芳、月月红双去潘巧云,二人歌喉皆失润,遂觉减色不少。猜心事一段,蕙芳声细如蝇,记者座位稍远,莫能细辨,但知其作吴语而已。月月红唱吵家一场,不甚着紧。

孟鸿芳去潘老丈,问巧云曰:“你清早起来,后园跑到前厅,前厅跑到后园,你到底为的是谁?”巧云指石秀曰:“为的是他!”鸿芳将帽推上,以光头示之曰:“你为的是他!”座客大笑。

李春棠去海和尚,做工固好。初见巧云,嫌太龌龊。愿各梨园速将此等淫荡处,尽行删去,不则还是勿演为是。

宣统三年六月十九日/1911年7月14日

粉墨场中之杂货店

正　秋

是晚夏荣坡嗓子,较胜前次多多。唱《举鼎观画》,始终不懈,叫好者颇不乏人。惜欲过于求工,往往将余音多转几转,致有三四句转至不易收煞,几不成调。观画一段,唱得最好,自首至尾,无疵可求。惟“打伤人”之上,少唱“喝醉酒”三字,“刀刀见血”之下,少唱“都是你薛氏满门”七字,不通极矣。其下修书一段,亦还动听。

三麻子接唱《跑城》。在城楼上,唱“耳边厢又听得”一段,既苍凉老到,复圆熟贯串。“万万不能”一句,更为婉曲传神。其后白口,尤为声情俱妙。跑城时愈走愈疾,一步一颠,煞是可观。三麻子年逾花甲,而演剧犹能精神百倍,真真难得。

前晚听尹鸿兰唱《探母》,觉其中气不足,往往不能始终如一,只一句耳。乃转音不如发音,收音不如转音,此系开口即欲见功之故,实则吃亏不少。然在坤角中,已属数一数二之脚色矣。坐宫及表叙二段,尚有一二惊人句,出关因时晚未演。

张文奎起《探母》中公主,姿首固不恶,歌喉则少弱。而和调党后和调太甚,好吗好吗,任意乱叫,致演者扫兴,听者乏味。吾不知若辈果何所图,而欲若是其取厌于人也。

宣统三年六月二十日/1911年7月15日

粉墨场中之杂货店

正　秋

尹桂凤之《翠屏山》,叫好者更络绎不绝。楼上下如疯犬吠人,格格不休,令人闻之不怿。桂凤做工不弱,嗓子不甚嘹亮,故唱工无大过人处。杀嫂一场绝佳,亦髦儿班中不易多得之才也。

记者恒言,剧场者,社会教育之实验场也。优伶者,社会教育之良导师也。可以左右风俗,可以左右民情。是故吾人于优伶一方面,不可轻忽视之;于戏剧一方面,更不可漠然置之。无如吾国优伶,自知身负绝大之责任者实鲜,而戏剧进化于以迟钝不前矣。是以非有文学士出而相与更始不可。

今也,海上社会教育团,将就英大马路抛球场相近,谋得利楼上,辟一新剧场,不日即行开演各种新剧。团友中能扮正脚色者,已有二十余人之多,是诚一大佳事也。

闻社会教育团,即著名新剧家半梅所组织。脱记者所闻不谬,则敢预为社会教育前途贺,预为戏剧进化前途额手以庆。

宣统三年六月二十一日/1911年7月16日

粉墨场中之杂货店

正　秋

半梅于戏剧,最有经验。去夏曾于张园模范新剧场,一试其技,备受识者欢迎。惜只昙一现,嗣后即未尝轻于献艺。今番卷土重来,必较前更上一层矣。

另有漫翁其人者,太仓崇明人,或言姓龚,富有新剧智识,在日本研究有年。今新自东京来,由半梅邀聘,以资臂助。

闻漫翁乃热心人,与半梅有同志,日来奔跑各处,置办行头并化妆用品,甚形忙碌。

又闻社会教育团,刻已编就新剧二十余出,皆系极有思想、极有趣味之作,与各梨园所演者,迥然不同,即与钟声所演者亦异。兹就记者所已经设法探得之新剧六种,略述于后。

计悲剧三种,一曰《镜中影》,二曰《牺牲》,三曰《巴黎茶花女》;喜剧三种,一曰《相思病》,二曰《明盲目》,三曰《嫉妒交换》。

《镜中影》系描摹邻国之灭亡惨象,以作吾国民之暮鼓晨钟,闻此剧实出自漫翁手笔。

《牺牲》即小说家天笑生与卓呆所同译者,为法国大文豪嚣俄氏之原著,亦为泰西最有价值之名作。共分五幕,情节变幻,布置缜密,诚属佳构。

宣统三年六月二十二日/1911年7月17日

粉墨场中之杂货店

正　秋

《巴黎茶花女》之遗事,曾经林琴南先生译以供世,早已脍炙人口,无待赘述。维其书系章回体,不便演剧,今由半梅另行编译,亦分五幕。

《相思病》为一女子思一少年,成不言不语病,其父令家人往延医生,家人误信人言,错认樵夫为大夫,坚邀之行,樵夫不可,则拳脚交下。樵夫无如何,只得将错就错,随往诊治。诊后出门,忽遇一美少年,猝执其臂,要求其认伊为徒。携之入内,与病者一把晤,樵夫索贿甚昂,少年许之。遂入,樵夫则与病者之父,在客厅闲谈。

病者见少年,熟视之,不料即朝暮思慕之意中人也。乐极,与之纵谈甚欢,乳媪在侧见之,因劝二人远飏。二人是其言,遂将房中器具,悉行收罗。少年肩荷皮箱,左手提箧,右手挟大衣包,口衔皮鞋等零物一大串;女子则肩背网篮,左手提考篮,右手挟包裹,口衔杂件种种。二人力弱,致欲行不得,正踌躇间,其父忽入,幕由是闭。

《明盲目》者,有一乞人,饰辞双目失明,投某少妇家,假宿一宵。少妇念所夫方如他埠谋干去,纳此丐且瞽者,聊破岑寂,计亦良得。爰可其请,丐入,不须臾,忽又有一青年,昂然直入,缘丐在侧,故未与少妇交片语,而状至亲密……(未完)

宣统三年六月二十三日/1911年7月18日

粉墨场中之杂货店

正　秋

弗类绝无芥蒂者。丐固狡黠,默审之,且佯为视若无睹然。少妇信其真为视而不见也,目不挥之去,第敦促其就寝而已。丐登榻,顾谓少妇曰:“我蠢人,首一着枕,鼾声即继至,恐扰清听。敢预闻,并祈勿我罪。”少妇闻而色喜,道“不妨不妨”者再。更趋出闭门,不旋踵。丐如雷之鼾声果大作,二人遂对白情愫,谭正欢,忽有嗽声起,慌甚。回顾丐,则深入黑甜,酣睡自若。乃置之,续倾衷曲,不知是丐恶作剧也。少选,复有剥啄声,及开开开开之呼门声连翩来。少妇倾耳听之,大骇,曰:“冤家路窄,槁砧归矣,可若何?”青年仓卒间匿桌下。户启,固丈夫某甲。甲入,见榻上有人,勃然怒,欲饱少妇以老拳。少妇哀告曰:“愿君垂察,伊实一盲其目而乞于人者也。”甲辨之,诚然,始怡色柔声,以询丐身世。丐曰:“我乞食之历史多,莫能备述。惟有一事,足以解颐。一日,我向某家借宿,女居停之外遇忽来,相叙方酣,而亲夫适返,女居停惊极,令外遇伏于桌下,盖桌有帏。堪以蔽槁砧目。亲夫既入,余即以此事告之。”言至是,丐微瞩少妇,见少妇方手一烟袋,因续言曰:“女居停闻之,不安甚,持烟袋以自掩。”(未完)

宣统三年六月二十四日/1911年7月19日

粉墨场中之杂货店

正　秋

甲问:“其后若何?”丐再窥少妇,则少妇已置烟袋于几上,面无人色。因对曰:“女居停忽将烟袋放下,态度愈益踽踳,已青其颜而白其唇矣。”至是复少停,甲更诘究竟。丐斗起双手撷长被,蒙桌旁,谓甲曰:“我移被近桌,伏桌下者,即致伏被下,我移被至门侧。”言至此,忽又不语,向外观之。见青年果如其言,去已远,始续曰:“被下人由是更变为门外人矣。”甲更问毕竟如何? 丐曰:“从此去矣,无如何矣。”甲正瞠目不知所谓,而丐则以被蒙甲首,并拧甲于地,甲挣折再三不能脱。幕遂闭。

《嫉妒交换》者,乃某甲娶妻七年,未尝一领略醋海风味,郁极至出外投河。经某乙瞥见,直前抱之,问所苦,甲语以故。乙曰:“异哉! 君也。令夫人不善妒,则君一生艳福不小,而反以为病乎? 若仆者,偶出探友,归家稍晚,辄获闺谴。冤仆在勾栏中者屡矣,仆酸苦若是,犹且苟活。君自由若是,反出觅死。异哉! 君也。”甲曰:“否否。若君者,方得谓之一生艳福无量。”乙知其别有肺腑,即教之曰:“君且回府,向令夫人索五十金。”(未完)

宣统三年六月二十五日/1911 年 7 月 20 日

粉墨场中之杂货店

正　秋

“告以欲之娼寮设宴,借此可以觇其妒否;否则,再向其取二百金,告以欲纳小星,需此赁屋。斯策定足启发其妒念。”甲领教而去,后又出自尽,人请其所以,则曰:“归命荆妻趣取五十金,卑余将去治花酒,不图渠莞尔而对曰:‘五十恐不足,可将一百去。’余更谓之曰:‘余将纳妾,卿速为余筹二百金。俾得即往觅定藏娇处。’不意渠更泰然曰:‘与其另营居室,孰若娶入合住,可免彼美落寞。’某言若是,足见渠竟不识天下有嫉妒事矣。得妇如此,夫复有何生趣?”旁一成衣匠闻之,献策曰:“先生毋自苦乃尔,我有一女主人,素有河东狮之名,请少安,我当为先生图之。”成衣匠乃往商诸河东狮曰:"恳主人救某甲一命,今日权为某甲妇,俾其于醋海波澜中,稍舒积郁。"河东狮诺之,遂出速某甲赴邀其妻偕往。既入,尚未就椅,而河东狮已訇然一声,击桌骂曰:"咄!归何暮!"某甲乍闻,即已乐不可支,向门外成衣匠三揖以谢。谢未毕,河东狮又击桌,厉声呵斥,不准其邪视,甲更喜之不胜,向成衣匠叩头谢。其妻见之不忍,拽其行。河东狮突起与争,各拽一面,两不相下。某甲至是,更如身登极乐国,心头莲花朵朵开矣。幕由是闭。

宣统三年六月二十六日/1911年7月21日

粉墨场中之杂货店

正　秋

社会教育团原定本月廿七开幕,只以龚漫翁腹患河鱼已一星期,现养疴于时疫医院,据王培元医士言,须再迟迟来复,方可就痊。故开幕之期,尚难预定。

演剧场所,本定大马路,今忽改附大舞台。是中缘由,非局外人所能推阐。自记者言之,与其寄人篱下,孰若独当一面?盖事属经始,尚待研究之处实多,倘自树旗帜,方可试验成绩,并可借以决定进行方针。且一入大舞台,即落于贸利一途,而有失社会教育团之价值矣。

社会教育团所选各剧,概分幕数,无所谓唱工,无所谓做工。丝竹嗷嘈,金鼓铿锵,悉屏不用,系纯粹的东洋派。与藤塘调梅之进化团,所演各戏,亦有不同。程度不可谓不高,惟能受社会欢迎与否,能持之久远与否,则尚在不可知之数。

吾国人之入梨园也,其目的大半在怡情适性,冀娱视听。然耳闻愁苦音,目击惨现状,则又靡有不为之怦然心动,感慨系之者。而惯替古人担忧如余者,其必为之空洒几行酸辛泪也。盖社会教育团,尤重悲剧,在通文墨者观之,欢迎可必;第恐识见较陋、程度较低者观之,非嫌不热闹,即谓不开心,未必能雅俗共赏,为可虑耳。

宣统三年六月二十七日/1911年7月22日

粉墨场中之杂货店

正　秋

演剧有异乎歌剧，无论所饰为忠臣、为烈士、为老奸、为巨猾、为智愚贤不肖，无论所履境界，为险为夷、为哀为乐、为喜为怒、为战栗、为恐怖、为悲欢离合，一一当逼肖其身分，酷似其口吻，不容有丝毫不逮，不容有丝毫忽略。演喜剧尚可假借，演悲剧则于表情上、科白上，务须刻意形容，淋漓尽致，能描摹到十分矣，更进而求之十二分。夫如是，则演者果已自忘形骸，但知个中有我；而听者亦必认假作真，恍若身历其境矣。

借悲剧以动人，意旨固善，独惜能观悲剧者，动悲观亦易，悲则心郁。郁之至而不有术以舒其郁，亦非所宜。愿社会教育团编一出悲剧，则预编二出喜剧。悲剧之前，先演喜剧，悲剧之后，更以喜剧殿之。未识在事诸君以为然否？若以我言为不谬，则时间必费，自当另辟基址，断非寄附大舞台所能偿愿也。

歌舞台第十一本、十二本杨乃武，情节更为平常。全剧除明海山、三麻子外，无一人为重头脚色，周蕙芳亦未免太轻松，李春棠尚认真。

宣统三年六月二十八日/1911 年 7 月 23 日

粉墨场中之杂货店

正　秋

沪客串中，能串文角者众，罕有能串武生者，有之惟周君维新是。其人物若何？技艺若何？记者悉未之见。第人言籍籍，咸道周维新有实力，能于《翠屏山》中起石秀，《狮子楼》中起武松，擅舞真刀。杀僧、杀嫂，亦能兼长。又闻学《翠屏山》武工，只一日；学《狮子楼》只四日，今将加习《鸳鸯楼》一出。能跳三只台，能拍一字，可谓于客串中独标异帜者矣。

明海山起家人，恐主人被缚，在公堂上所禀各情，语语入理，足为全剧生色，非老手不办。惜年迈音沙，口齿不甚清晰，否则必更易动人也。其忽而婉转恳请，忽而悲愤填膺，忽而嘻笑驳诘，忽而逐层解释，口讲指画，神情真好。首问在官垂涎女色，威逼百姓，强抢民女,该当何罪;继问在官故入民罪,羁押良民,踢死民间老太太,该当何罪。句句理直气壮,侃侃而谈,尤为不易。

月月红、周蕙芳、彭春芳等,在公堂上,称呼问官曰"众位大人",惟明海山口口声声称"老公公"、"众位大人",足见较他人周到。

宣统三年六月二十九日/1911年7月24日

粉墨场中之杂货店

正　秋

黄金玉自叶炳生下山后,思念良切,闷闷不乐,二兄均莫明其故。明海山遂唱时调两句,以点醒之,诙谐间出,闻者鼓掌。临行更效美人儿娇的的声音,以博座客轩渠。不图上了几岁年纪,惯唱胡子生之明海山,竟善解人颐也如此。

送黄金玉等至杨家,介绍众人与杨乃武相见时,略述已成眷属之情形,亦甚周至。与杨乃武互商叶家亲事,筹画一切,十分谨慎,老成持重,卓识独具,活演出一更事多而阅世深之老家人来。明海山真可以!

至吃喜酒时,杨乃武令其入席,明海山连称"不敢放肆",谦让不遑。坐而复立,立而复坐者数次,直至莫可再推,万难再却,始敢就位,甚形得体。

层层挑剔,是问官故智;官官相护,亦仕途积弊。三麻子饰安太监,已能体贴到此。累番驳诘黄氏家丁,其始尚能自圆其说,末后终至词穷语塞,遂以"此种预备丢脑袋之事,自官为之,犹能逍遥法外;自尔等百姓为之,即不得了矣"数语答之,再后复用威吓手段,将黄家三丁,逐出公堂。迨杨乃武全家出结具保黄金玉兄妹二人,则曰:"杨乃武,此番彼二人前去剿寇,若得胜回来,可以将功赎罪;如若不胜,则仍属不了事。尔虽以全家保之,余心终难释然。惟有屈尔全家,再入缧绁。俟彼回来,再作计较。"大属小心翼翼。

宣统三年六月三十日/1911年7月25日

粉墨场中之杂货店

正　秋

太后召见小白菜，安太监在宫门外，预先教小白菜行旗礼，并作旗女请安状，令小白菜效之。忽庄忽谐，殊堪发噱。既入宫，两面传话，先奏太后曰："奴才本不知江南话，良以部内有几位大人，系江南产，奴才时与办公，因之已略知南方言语。"云云。是虽寥寥数语，似乎无关紧要；实则如说书先生所谓，善补漏洞也。又曰："看他出落得异样风流，活活断送其一命，殊堪痛惜。务求老佛爷额外施恩，饶其狗命。"是得宠太监形景。

或曰：安太监有意超生小白菜，故能得太后召见之旨。及捧旨往台，而小白菜已绑赴市曹，霎将斩首矣。是则安太监，明知部中拟小白菜以斩罪也无疑，讵三麻子奏对曰："部内所拟者为绞罪。"何自相矛盾若此。

记者曰："此为安太监恐太后谕照部议致轻一等治罪，是以故作此欺君罔上之言，欲小白菜死罪变成活罪也。因三麻子为此语时，未尝将虚心假意之情状，表演出来，致看客有此误会。"

既蒙太后恩赦，饬部将死罪改为活罪，安太监急忙顾谓小白菜曰："谢老佛恩典，磕头磕头。"演来尤为传神。故我谓三麻子若起丑角，必能高人一等。

宣统三年闰六月初一日/1911年7月26日

粉墨场中之杂货店

正　秋

周蕙芳起黄金玉，举止过于轻佻，有失闺女体统。襟花上饰以电光钻一颗，光耀夺目。

李春棠起呆仆，以电光钻，作晶顶代表，忽明忽灭，闪闪铄铄，好看煞人。

李庆棠起杨乃武，嫌太武气。从狱中出来，走路太健。

月月红去小白菜，学请安行三跪九叩首礼时，叫好者不少。后复磕头如捣蒜,蓬蓬作响。胡调者,代伊喊阿唷哦,可厌亦可笑。

碧月花去杨乃贞,苏白牵强。问黄金玉云:“尔等三人,既然均愿嫁炳生,但孰为妻?孰为妾?日久能不争风吃醋否?”此种言语,岂是作阿婆者所应出?未免太涉轻狂矣。

宣统三年闰六月初二日/1911年7月27日

粉墨场中之杂货店

正　秋

歌舞台独处法界,南有新舞台,北有大舞台,排新戏,不足以常立于不败之地,故《杨乃武》一剧,实为该舞台之救命圈。不料大舞台忽起垂涎,又将攫他人所有以为己有。呜呼!大舞台,惯凑现成,毋乃不可乎?

大舞台之布景,较胜歌舞台多多。唱新剧之人物,亦较歌舞台齐全。《杨乃武》开演,人必舍南就北,歌舞台被挤,实意中事也。

歌舞台如欲预为抵制,则当亟起添置彩头,多排新戏,加聘歌喉嘹亮、善于变化之花旦一人,电灯并须多用(按,该舞台台前三盏大电灯,有时只用中间一盏,有时则用两旁二盏,有时三盏全用,盖灯之明灭,恒视客之多寡以为差。),不可过于撙节。诚能如是,庶免濒于危险之境焉。

人谓大舞台如猢狲出把戏,只知效人所为,不知自出机杼。开办以来,为时非不久,除七八本《新茶花》外,从未自己排过第二出新戏。今演《杨乃武》,不特于歌舞台营业有碍,即于自己名誉上,亦不免太无价值。记者曰:“此论极是。”

宣统三年闰六月初三日/1911年7月28日

粉墨场中之杂货店

正　秋

此间大舞台效颦之作,指不胜屈,子何独于《杨乃武》一剧,作是不平鸣?曰:“济弱扶困,为记者之天职。歌舞台非他舞台可比,陈辂清产业,泰半倾于是中。今番重振旗鼓,其希望实在《杨乃武》

三字，而大舞台犹必欲攫得其肥肉而后快，是太不为人留余地矣。记者虽不识辂清为何如人，以理言之，则曲在大舞台，故不甘默尔无言也。”

客问，大富贵闹场事，曲在园主，抑曲在座客，抑曲在兰芬之父？曰：“总言之，为大富贵慢客而已。何哉？演剧不照戏目，失信之罪，已无可逃遁。前数出屡更动，座客已啧有烦言矣。不谓至恩晓峰《教子》一出，不易小兰芬代庖，何怪听者欲以水果掷台上耶！既悬牌曰‘恩晓峰准演《教子》’，看客已各安座位矣。不谓兰芬之父，又出台狂肆毒詈，目看客为野蛮，更何怪看客欲以碗、垫纷纷掷向台上去耶！寄语大富贵，欺人之举，不可为也。（以上情形，为卧冰主人所目睹者。）”

歌舞台人物非不佳，无如嗓子坏者多而佳者少耳。李玉奎去年歌喉尚不弱，近于某晚听其唱《法门寺》，则不如去冬远远甚，竭力逼喊，遂致不能圆活。除“千岁爷”三字，婉转自如外，余皆不足取也矣。

宣统三年闰六月初四日/1911年7月29日

粉墨场中之杂货店

正　秋

张桂轩嗓子尚佳，演《溪皇庄》亦甚认真。夺刀一场，打得最为紧凑。

夏荣波某晚唱《文昭关》，几致不能成声。

歌舞台所排《小镜子》一剧，系出自客串任公手笔，情节离奇，布景亦佳，以冀迎合沪人士心理云。倘能卖座，尚当续排。

《黄花岗》新剧，编者颇费一番苦心，届时必大有可观。闻陈辂清胆怯，欲将脚本稍行更动，应某不允，故有倩学界通人合演之举。

社会教育团，并非依附大舞台，不过每星期假其舞台演剧一天，且不用其班底。如此办法，尚属妥当。闻租金每夜须出五百元左右。

该团第一夜演《镜中影》，半梅、漫翁二人，并请任公起是剧中丽娟,任公客腊在歌舞台客串,于《财奴镜》中去问官,诙谐杂出,饶有辩才。

闻迩来有热心戏剧家,致书本埠著名各艺员,劝其改良演法,废唱、废班鼓手,当尽学东洋派,勿落老戏窠臼。记者曰:“言之匪艰,行之弥艰。必欲效东洋派,则演剧者与观剧者之程度,尚两有不及也。”

宣统三年闰六月初五日/1911年7月30日

粉墨场中之杂货店

正 秋

吾国优伶,天资聪颖者非不多,感觉灵敏者非不众,但狃于积习,囿于成法,谨守师教,不知变化。老戏非无佳者,如昆班中之《铁冠图》,将其逐节改良,便成一出《明末遗恨》之绝妙好戏矣。其如不能出出改良何?

虽然仍用老派,是亦有故。盖各艺员一日之中,闹游时间,居十之七;练习时间、研究时间,合居十之一。素未受过教育,无熟读脚本之能力,无背诵脚本之能力,无临时变化脚本之能力,诚欲强其脱尽陈腐气,则断非一二年间所能奏效者也。

唱工虽难索解人,然万万不可尽废。剧中有万非口舌手足,用三言两语,一举一动,所能形容者,即可借唱工以尽之。况善唱者,其入人也,较仅恃做工或白口者更深,是未可与东洋同日而语也。

观剧者之心理,好热闹而恶雅静。新剧多雅静,半新剧多热闹,是以半新剧遂盛行一时矣。(按,现在各梨园所新排各戏,似新非新,故吾以“半”字冠之。)各艺员之所以不改弦易辙,以从事于表情者,厥虽是故,论者当谅其为营业计,未可遇事苛责也。

宣统三年闰六月初六日/1911年7月31日

粉墨场中之杂货店

正 秋

难者曰:“树必培植而后成材,事必研究而后精进。戏剧胡莫不然？任其一成不变，良非得计。是故督促机关，不可少也。”

记者曰：“故吾期望新剧家，首出以身作则，俾观剧者习见习闻，程度日高，则各梨园欲保全营业，届时必群起步武后尘矣。”

半梅之社会教育团，因大舞台赁价太巨，故仍租大马路泰西新剧场基址，拟于十一晚开幕，第一夜演《镜中影》及《明盲目》云。

新剧固有价值，然吾国旧剧，亦颇有佳者。独惜当时编剧者，所创体例，未能尽惬，致有一出台，即开口向台下看客自背履历，如唱《失街亭》，引子念完，即道“山人复姓诸葛，名亮，字孔明，道号卧龙”等不通处也。在编者必以为优伶不过替古人说话，自应使台下明白古人出身根底。然而既经所饰为诸葛亮，即须酷肖诸葛亮口吻，若只求观者明白，不念合乎情理与否，则优伶是优伶，诸葛是诸葛，失戏剧现身说法、以假作真之真义矣。

宣统三年闰六月初七日/1911年8月1日

粉墨场中之杂货店

正　秋

虽然，欲将此层骤然改革，亦属非易。不特演者一时难以例外变化，即观者亦未必以为然也。

西国新剧脚本，优伶不得更动一字，吾国则否。编者但将剧中情节，口述数遍，伶之颖悟者，即能从老戏中东拉一句，西凑一句，自编白口，自编唱工。质地不可谓不聪明，然未有不蹈千篇一律之弊者。若唱工、道白，一举足，一措手，必欲其照脚本演唱，则必致登场人物，大半呆若木鸡，无异背书矣。是盖素未受过教育之故。愿各艺员公余之暇，从事学问为善。

丹桂第一台，必待七月初一日，方可开锣。现儒伶贵俊卿，方在物色新旧人才，并拟聘熊文通总司后台事务。筱菊笙亦股东一分子，不日将买桌北上，往邀名角。闻著名客串邓远芳，亦在罗致之列。邓唱汪调甚佳，不在王凤卿之下，嗓子中气，有过之无不及。

贵伶知新式舞台，开销一切，数倍于老戏馆。非排演新戏，不足以持永久。好在已于中西学问,极有根柢,编戏一层,可以无虑。

贵伶曾在北京同文馆当过教员,道胜买办乔荩臣,乃贵伶之及门弟子。而贵伶之成伶才,反得于乔荩臣为多。

宣统三年闰六月初八日/1911年8月2日

粉墨场中之杂货店

正 秋

新舞台各艺员,尚多能唱新戏之脚色。故每唱一新剧,虽配角亦有可观,戏情便尔紧凑。想是各伶寝馈此中,历有年所,一旦逢场,即易触发耳。谚云:"熟能生巧。"信然。

伶界中能自编新戏者,寥若晨星。汪笑侬仕而优者也,故所排各戏,思想往往较人深一层,词句亦隽雅可诵。惜嗓子过低,致不能久留沪渎,诚为憾事。

目下能自出心裁,自排新戏者,惟三麻子。其思想虽不逮汪笑侬,然除好言神怪外,他无大谬。描摹官场,砭针社会,是其长处。不屑攘他人所有以为己有,尤为人所难能可贵。

小孟七亦可以提笔写得几句,但所作新戏,专尚胡闹,无大价值。

路玉珊为北派花旦中之翘楚,春间已言之矣。渠与贵伶交称莫逆,今番小菊笙亦拟往邀。惟玉珊出第一台时,曾有言曰:"吾辈生性赣直,久居南方,受愚必多。此番旋里后,当从此永不再来矣。"是以南下与否,尚难预决。

宣统三年闰六月初九日/1911年8月3日

粉墨场中之杂货店

正 秋

常春恒亦武生中有名人物,已由第一台聘定。

贵伶谓沪上新戏,唱工太少,往往重要人物,只唱两句或四句。即大名鼎鼎之某老生,亦复尔尔。故拟组织一新剧研究所,力矫此弊。诚如其言,则歌剧或有进步之望。

歌舞台《杨乃武》,头本最有精采。起小白菜之月月红为尤佳,与阿婆相骂一场,句句不脱小家妇女口吻。体态更十分妖娆,忤逆阿翁,竟敢持鞋胡击,泼悍极矣。起阿婆者亦佳。

月月红于款留杨乃武一场,累番欲言又止,描摹淫妇难言之隐,曲折传神,可谓无微不至。掌声采声,相继而起。然而过于淫亵,攸关风化,记者殊不以为然。愿该舞台演至此处,即行转台为是。

熊文通去豆腐店主,初被媳妇打骂,敢辩而不敢詈。及见自己老婆焚香回家,便尔大声喧嚷,暴跳不休,情形逼真。

蒋砚香去葛品莲,做工尚还周到。临死时口不停呼"姆妈"二字,令人闻之酸鼻。

宣统三年闰六月初十日/1911年8月4日

粉墨场中之杂货店

正 秋

余杭县子刘子韩,第二次至豆腐店,适与品莲相值,致被掌颊,又被拳打足踢。此时与小白菜尚未有私,故势孤无助。而第三次再来,适遇小白菜不在楼下,刘遂不问在否,即行上楼,随去随呼阿昭姐不止。既登楼,小白菜对之,甚形冷淡,只管熬药,不甚殷勤款待。刘复出门买砒,持回谓阿昭曰:"尔夫卧于楼下,恐其口渴须茶水,尔当即往一省视之。"小白菜果如其言,端茶下楼。刘遂下毒,此中关节,不无小疵。盖刘与阿昭,两情既未十分融洽,刘子韩安得大胆放肆,遽尔排闼直入,拾级登楼。既上楼而阿昭不与亲昵,刘子韩焉有不觉之理?去而复来,故遣阿昭,何其便当?此等处似宜润色。

李春棠去呆仆,有优异处。带领杨乃武至豆腐店,竭力撮合,乖不像乖,呆不像呆,语语有骨,意在言外。与葛品莲争做老板时,更为出色。

周五宝起余杭县,嗓子虽低,然念状子口齿极清,升堂审问一切亦佳。

碧月花去杨菊贞,实属不称。较郭少兰,优劣奚啻倍蓰。

宣统三年闰六月十一日/1911年8月5日

粉墨场中之杂货店

正　秋

全剧重复处过多,且进秀才都言中秀才,亦是短处。惟豆腐店景布得尚好。

《三搜苏王府》一剧,实为三麻子拿手戏之一,唱作并重,海上鲜有能演者。三麻子起施皇亲不全,系跷脚。在南京放粮,访闻国丈苏皇亲私通外国,家藏龙袍玉带并斩皇剑等,谋篡皇位。回京覆命,因以奏闻。先在午门外,唱一段二六,清楚简洁,调甚动听。奉旨往搜苏府,至府,并不径入,命从者先行通报,谓欲谒见太师。太师回言“有心事在怀,改日再见”,施不全遂大声喝骂从者一番,白口中有“施皇亲有要事相商,要见亦得见,不要见亦得见,嗳唷嗳唷,连这两句话都不会说么? 看你当差越当越回去了”数句,言之有声有色。与苏王交谈亦佳。第二次搜府,更有精神。方入府,即向太师逼视久之,谓之曰:“我又来了,我又来了。”及再搜不出,则挢口结舌,噤莫能声,被苏拳脚交加,致东歪西倒,转辗尘埃,挣折再三,起而复踣。做工之佳,非笔墨所能形容。临行对苏王府从者唱曰:“吾又不骂你,吾又不打你。有朝犯在了我手里,我要抽你的筋来剥你的皮!”(未完)

宣统三年闰六月十二日/1911年8月6日

粉墨场中之杂货店

正　秋

神情亦好,审问原告异常谨慎。第三次搜府,尤为神妙。乍见逆物,喜不自胜,加冠于校尉之冠上,系带于自己之腰间,持剑于手,倾刻之间,手之舞之,足之蹈之,哈哈笑不休。至是,苏王反来伏地哀求,愿受责骂。施骂曰:“我骂你这卖国的奸贼!”骂时神情甚好。苏愿受打,施乃举拳远远打来,不料足力不支,苏复巧于闪避，忽扑一个空，颓然倒地。此种做工，实三麻子得意之作，叹观止矣。但三麻子所衣为本朝服饰，而饰皇上及苏王与校尉者，则用前朝装束，未免不合。施不全既云“苏王要夺大清朝的江山”，则凡为登场人物，咸宜服本朝也无疑，愿该舞台改之。

恩晓峰某晚唱《四郎探母》，歌喉较逊畴昔特甚。坐定及表叙二段，运音柔弱，力不足也。“贤公主我的亲人呀”一句甚佳。过关时急板尚爽利。见娘一段，首句回龙，竭力婉转，饶有佳味，尤以“拜”字为最。惟其上“老娘亲”三字，惜乎未能连贯不断，“请上”之“上”字，行腔过急，神情过火，匆遽忙迫，殊欠雍雍。下至“常把儿的老娘”之“娘”字，随唱随采太君胸部，每一揉，腔一转，诚为娓娓动听。余甚平淡，无庸赘述。

宣统三年闰六月十三日/1911年8月7日

粉墨场中之杂货店

正　秋

小桃为津埠最优等花旦，唱男女合演戏，恒与名角搭配。此番来申，备受顾曲家欢迎。某晚于《探母》中起公主，猜心事时，唱作俱佳。惟每逢“嗄嗄嗄是了”等处，方颔首作会意状，兼嫣然一笑时，四座即哄然叫好，令人憎厌不堪。“睹誓”白口清晰，乍闻四郎口吐真情，惊讶之中，持以镇定，神情便尔不凡。及闻四郎述至“我本是杨”一句，即恐隔墙有耳，止驸马勿声。出而张望，做工亦胜似他人。余如“计赚令箭”、“别夫”等，皆有可观。

是剧配角亦佳，如小兰芬之太君、小桂芬之六郎、金月英、十三旦之八姐九妹、金月芬之杨宗保，无一非名角，无一不认真，可谓珠连璧合。

目下唱工戏及武戏，以大富贵为最佳，脚色之齐整，非丹桂、群仙所能及。

新舞台新戏，较他家独多者，一则聘有通人，专司编辑；再则不惜工本，凡系有益社会之脚本，即肯排演。其戏之可以卖座与否，在所不计，故卒能巍巍然久立于僻在一隅之南市也。

宣统三年闰六月十四日/1911年8月8日

粉墨场中之杂货店

正　秋

凡一新脚本出配置景彩，商酌场数，赶制服饰，采办应用物件，颇费划者脑力，颇费工匠手脚。

迨夫开演之前数日，尤须预约大小优劣各艺员，会聚舞台，配搭剧中人物。某某为剧中最重要之旦，当让某人起；某某为次重要之旦，当烦某人起；某生烦某人；某丑烦某人，自最高等派至最末等，咸宜位置得当，方可收效。若假公济私，用违其才，则必难以折服人心。是以排戏事虽小，实亦未易为也。不特欲个中人翕然相从，竭尽能力，且欲看客各无闲言，惠然肯来也。

至于练习新戏一端，后台管事之肩负，反较编者为巨。盖编者只须将剧中某某之身分若何，情节若何，所作所为，言语举动，一一为之详述数次足矣。其余临时演法等等，可以不问。而管事则否，凡剧中有多至数十人者，彼即须留意此数十人之动作言语，是否合格。如有谬误，或不周到处，为管事智力所及知者，管事必当不辞劳怨，为之指摘开导。记者稍知是中苦心，是以平日评戏，不事苛责，专从提倡一方面着手也。间有不合处，亦必婉言规劝，不为已甚之辞。若动辄吹毛求疵，诋之不遗余力，则适足使伶界灰心，有伤忠厚之道矣。

宣统三年闰六月十五日/1911 年 8 月 9 日

粉墨场中之杂货店

正　秋

人皆谓大舞台各伶不要脸，只知学舌学步，未能自作自新。议论固自有理，记者不敢非之，然而其中尚有一层曲折，敢为主持公论者陈之。

编排新剧，其责在经理及管事。优伶有新脚本，当先请于管事，与行不与行，权在管事及经理，优伶不可强行排演也。大舞台后台事务，属诸某某。某某既非优伶，又非文人，于旧剧既非夙娴，于新剧尤无根柢。每晚排戏，颠倒更换，只二三十出。上礼拜与下礼拜之戏，相同者居十之九，一若立有账簿可以照抄也者。某剧当先，某剧当后，更多失当。各伶服其令者，十无一二。谚有之曰："好货当卖与识者。"某某既非识货人，各优伶程度不够者虽有之，而不屑与谋者亦有之，故其咎非尽在优伶也。

大舞台名角，非不林立，若吕月樵、赵如泉、小子和、白文奎、纳绍先、沈韵秋、王永利、何金寿、白文奎、何家声、廖连卿辈，莫不各有其拿手好戏。而某某不知也，即知之，亦不敢毅然决然，以排演之。何以故？无选派配角之能力故，非他园所能常演者，恐不能叫座故。不知各伶有各伶之长处，岂可视他园演否为进止乎？

宣统三年闰六月十六日/1911年8月10日

粉墨场中之杂货店

正　秋

大舞台演《杨乃武》，人皆纷纷投函，代歌舞台鸣不平。记者询之曾见大舞台头二本者，则谓"与歌舞台所演，不同处甚多，似非全然抄袭者"云。然不演自歌舞台未演之先，而必演于歌舞台全剧告竣之后，是显系眩人，藉是获利，遂致甘冒不韪，觍然编排也。

或曰："歌舞台《杨乃武》之脚本，曾经三麻子修削更改。今大舞台所演，即其原本。此言未知然否？"

又一人曰："《杨乃武》脚本，早有人送与大舞台。大舞台收受后，并不排演，嗣由编者索还原本。其时歌舞台，尚未有排演《杨乃武》之说。"二说未知孰是？总之此戏若不卖钱，大舞台无论如何，必不排演也。

此剧中之刘子安，为余杭县之公子，歌舞台缺小生，故以小丑代之。虽曰强配，而年纪尚不致相去过远。大舞台乃以何金寿起之，其尊容，其年龄，其身材一切，真不称极矣。

葛小大（即秉莲，乃小白菜亲夫），歌舞台以蒋砚香起之。做工一切，尚有可观。大舞台不以此职位置廖连卿，而位置孙少棠，亦是失着处。

孙少棠描摹戏情，容或不凡，然究不如廖连卿活泼，身材亦无廖连卿灵巧,独惜廖连卿语多秽亵而已。

宣统三年闰六月十七日/1911年8月11日

丽丽所观剧记

正　秋

社会教育团演《镜中影》,分四幕,首幕布家园景,内有草亭;次幕布海滨,并附舢板;三回幕,幕各二场,首场布礼堂,次场布膳堂,又次布贷家,又次布荒野。除第三幕外,油画彩物,均颇有精致,雅净天然,为各舞台冠。

幕启,仆人王福入园工作。移时,梅香花奴姗姗其来。王福起与为礼,谓之曰:"小姐次月即将与陈公子结婚,尔我婚礼,亦宜早办。"花奴曰:"否。尔为仆,我为婢。偶则偶矣,其如报警察,延证婚,夫我后,居我,食我,衣我,在在需费乎?"曰:"曩经尔责我贪杯,我即戒酒。故上月已储有廿金,今月且不止此。盖我读报章,见支那之上海,方开劝戒烟草会,杜塞漏卮,日以万计。我于是屏绝烟草,预算撙节所得,较前或可倍之,则婚费可以无虞不敷也。"花奴色喜,颔之以首。王福仍工作,花奴欲助以一臂之力。而主人吕刻铭(救苦会会员)及主妇丽娟携手入,坐草亭内,仆婢暂退。丽娟询夫以会事,刻铭曰:"国民愚弱,不足恃,并开枪之法亦不知,曷望其成大事!以故会中公举侬,及陈片生、黄仁等三人,赴日本学军事……"(未完)

宣统三年闰六月十八日/1911年8月12日

粉墨场中之杂货店

正　秋

"明日即须就道。"丽娟曰:"片生行,小姑婚事将若何?"正犹豫间,适王福、花奴入报陈公子来,遂速之入。三人议婚事,卒莫能决,乃倩丽娟入请老夫人。少选,丽娟扶老夫人钟氏至,问故,片生俱以告。钟氏曰:"是为轰轰烈烈之大事业,年迈人无阻止理。惟小女英眉之婚事,汝将焉处?"曰:"鄙意俟毕业归国,而后结婚。"钟氏曰:"如汝言,志殊可嘉。但老身年已垂暮,尔等客日本三年五载，难保别无变故。不若立时私行成礼，明日偕行之为得。”片生从之，遂命丽娟往唤英眉。英眉出，钟氏曰：“儿乎！儿知片生为国事，翌日即将东行游学乎？今为娘主政，命儿与片生即时结婚，可乎？”英眉瑟缩对曰：“母命，儿胡敢违。虽然，母老矣，儿奚忍舍老母以远行。”钟氏曰：“娘虽年迈，体气尚健，儿何虑为？”言已，持花中立，并曰：“回溯我国属支那时，行动自由，百无干涉。今也，即结婚亦须经警察许可，始得举行。亡国奴之苦，宁有涯乎？婿乎儿乎！其知今日草草成礼之非得意乎？”片生曰：“今日方知亡国恨，噬脐顿足亦无及矣。虽然，万不可以其无及，而遂灰雄心也。”（未完）

宣统三年闰六月十九日/1911年8月13日

粉墨场中之杂货店

正 秋

钟氏曰：“婿知为是言，则此番赴日，当持以毅力，百折不回归。学成归国，出我亡国奴于水火，湔雪大耻奇辱，幸毋若奴性少年然。身履异国，心即随之而异，忘却为沼为墟之祖国也。志之志之！为顶天立地奇男子，为惊天动地大丈夫，胥在此行。片生刻铭，其共勉之！余日望之焉。”片生等五中感服，莫知所云，惟有唯诺而已。礼毕，幕闭。

记者曰：“半梅饰英眉，盈怀孝思，仓卒弗遑毕达。因有无限深情，隐现面目间，表情之佳，实在乎是。其殆工于刻画欤？抑诚于中而形于外欤？

“漫翁饰陈片生，先学后婚，是英雄怀抱。足征国事当首乎家事，弗以弗及而弗为，尤为救国箴言。

“家民饰钟氏，似则似矣，官话惜未臻纯熟。独于谈国事，勉儿婿，能于镇静中流露诚恳态。家民勉之，异日不难成新剧界之高材也。”

第二幕启，片生仆刘幸，持行囊先至，王福、花奴继至。二人重提婚事，花奴以绝望对，王惊问究竟，花曰：“姑爷小姐，昨晚已结婚，今日此行，实赴日本游学也。”刘幸、王福骇极，责其失言，谓此事若入西兰人耳,两家性命,必死于手枪下矣。正纷扰间,刻铭夫妇至,三人均退。

宣统三年闰六月二十日/1911年8月14日

丽丽所观剧记

正　秋

丽娟曰:“此番出行,愿君守身为大,饥食寒衣,善自珍摄。盖居家有妾侍奉,出门未必有人能体贴入微也。”言已,泣然久之。刻铭探囊出巾为妻拭泪,且慰之曰:“卿毋然,侬当谨如卿言,益求卫生,幸毋以是为念也可。”丽娟掩面啜泣,刻铭亦为之泪下。无何,片生英眉来,相见讫,英眉握丽娟腕曰:“嫂嫂,妹自六岁丧父以来,无一刻不在慈母养育时期中。母之爱妹,无所不至,故妹雅不愿须臾离慈母,则慈母亦不愿须臾离妹也可必。若非万不得已,妹又何能弃母而去?今妹敢以慈母奉托,愿嫂小心侍奉,以轻妹罪。他年言旋,慈母而康健,妹必铭感不忘。脱有不测,则虽赔我二母,妹亦不愿也。”言至是,已字字皆哭声矣。丽娟抑悲而对曰:“此事姑可勿念。谚云‘公婆即爹娘’,故若母即我母,嫂必谨事勿哀也。维今兄起居,尚望勤为存问耳。”英眉曰:“刻铭乃我兄,理当留意,亦毋劳嫂嫂思之过虑也。”言未毕,忽有海鸟横掠而过,翅翼翕张,其声拍拍。适黄仁及船夫周祥,向海滨来,闻声疑有变,经众语以故,始各入船。(未完)

宣统三年闰六月廿一日/1911年8月15日

丽丽所观剧记

正　秋

而刻铭、丽娟,执手对泣,恋恋不忍遽释。何如时已迫,不得不强别。丽娟立海滨遥望,幕闭。

记者曰:“英眉以老母托嫂嫂,丽娟以丈夫托小姑,对答之词,均有至情寓乎其间,大足启发人家庭感情,临行时表情亦还秾郁。”

第三幕启，振武学校校长山田雄武入，教员、学生均起立。校长读勖词毕，给毕业文凭。事竣，学生整队退，幕闭。

次场，众学生聚饭堂饮宴。某生（家民饰）劝片生等三人拇战，三人以不胜酒力对，某生故以唱戏强之，且曰："贵国庚子拳乱，余曾从父领兵入京，见上自达官，下至御者，罔不引吭高唱。君等既为支那人，则必谙此无疑。"三人曰："此系京调，余等为江苏产，素未习此，不能唱也。"某生不怿曰："非唱即饮，非饮即唱，二者当居一于是。"三人怒其无礼，面有愠色。旁席某生，烂醉如泥，口出秽言，辱骂三人。三人正无术抵制，而校长忽忽入，令教员率学生出游，惟留片生等三人。

校长发言曰："尔三人究为华人否？"三人曰："然。"校长耸肩言曰："哼哼！其为南槐人乎？"三人呐呐有顷，仍坚执不认。校长乃出一纸授之，曰："此系西兰领事公馆之公文，若其自读之。"

宣统三年闰六月廿二日/1911年8月16日

丽丽所观剧记

正　秋

三人阅竟，大失望，求校长成全。校长询以成全之法，片生曰："万国公法，有国事犯可以不缴之条，务乞校长援例成全。"校长抗声答曰："言公法固有是律，但尔等为亡国之奴隶，余又何能为力？"三人闻言，痛心疾首，捶胸跌足，咸欲死于校长之侧。校长嘉其行，命其速逃，三人各谢校长，幕闭。

记者曰："此幕首场，为下文祸作作导线。次场为剧战作张本，诚为剧中不可少之关节。惟校长勖词太简单，无来宾，不演说，教员只一人。堂堂振武学校，而草草行毕业礼，有是理乎？至饭堂中留一教员，本为率学生出游作线索，学生肆无忌惮，教员不发一言，未免不合。鄙见，教员当由校长带入为得。凡此数端，皆当亟事改良。闻十二夜所演，已稍更动，惜记者因病胃，不克往观。至昨日始能起坐握管，恨恨。"

第四幕启，英眉独坐寓所，作书致丽娟。书竟，按铃唤日婢贞子入,命其持赴邮局。贞子细观函面,嗫嚅问曰:“主母华人,何时与南槐国通音问?”英眉答以南槐有眷属,贞子唯唯,遂出。良久始返,声声号寒,谓为风雪所迫也。英眉命其傍炉取暖,贞子遂与主母纵谈尽欢。(未完)

宣统三年闰六月廿三日/1911年8月17日

歌舞台时事新剧第一本之一斑“问樵”

涅 而

歌舞台所编时事新剧,几经波折,始得有今夕之开幕。记者耳目所得,信笔书之,以供社会之快睹。其全剧首尾,当俟开幕后络续记之。

赵声从北洋告假回籍出场,(唱)大厦将倾独木支,一心君国有谁知。欧风墨雨东来渐,正我臣民报主时。(白)茫茫白水,不知何处是归家的道路。桑田沧海,灾祸以来,已非旧观。遥闻樵歌一声,待我高叫一声,俾可问道于樵。(见樵介)(昆曲)(用刘伯温客窗夜话一段改编)(词曰)羁情旅思,想的那故国家乡。久相别,叹的那参商。忽相见,喜的也非常。对此山光,两诉衷肠。世态呵与炎凉,客路呵苦风霜,风霜风霜苦风霜。吴楚东南望,见的那江山雄壮,心腹话连床,鸡黍樽前月朗。

今古呵,叹英雄,谁是英雄?记樵夫,与我公,南洋东海的那一旦成功,成功成功尽成空。

日影过矣,两鬓婆娑。容颜呵渐消磨,消磨消磨渐消磨。受尽炎凉,历尽我军人苦。

(告白)

丽丽所观剧记

正 秋

忽片生等三人,莽然直入,见贞子,急挥之出,曰:“汝去!汝去!汝速去!”贞子曰:“咦?主人入何不去履?”三人曰:“汝勿问,第走尔路,购尔物,去休去休!”随说随走推之至门侧。贞子又惊又诧曰："否否。往何处？购何物？主人亟亟未明言，我将焉行？"片生猛觉曰："纸纸，新闻纸。"贞子乃匆匆去。英眉失色曰："何慌张乃尔？"三人略述祸事，即令其入内携要物，以期免脱，英眉应声入。不旋踵而警长率警兵一、西兰人二，来敲门。三人问："谁？"警长曰："开之。"黄仁性急，大胆放入。片生问："公等四人，来此何干？"警长曰："身犯大罪，犹敢假饰痴聋乎？"三人曰："畴系犯大罪者？"警长顾谓警兵等曰："此事何足与语？拿！拿！"幸三人各佩军刀，即起与四人扑战。后黄仁、刻铭先逃，西兰人往追之。英眉见事逼，乃愤不顾身，持椅压警察。而已则竭全力横卧椅上，使不得逞。泪被两颊，哭令片生逃，片生令英眉先行，二人相持良久，哭甚哀。片生不得已，跳窗去，临走更番回首呼英眉不置。

次场片生、刻铭，逃至荒野，面面相觑，互以面部、身上血迹告。嗣黄仁奔至，喘不成声。片生询二人见英眉否，二人均言未见，片生惊慌失措。二人欲自杀，片生止之曰："不如杀去二仇人再死。"忽英眉亦颠路而来，口呼"不好！不好！仇人追踵来矣。"(未完)

宣统三年闰六月廿四日/1911 年 8 月 18 日

丽丽所观剧记

正　秋

未既果至，因又酣战。西兰人战败倒地，警长警兵，亦被刻铭、黄仁各骑一人于跨下。片生、英眉，相抱而哭。刻铭哭曰："想吾母倚闾盼望，望我学成归国，救吾同胞。不图今日，方毕业而祸作，为山九成，功亏一篑。呜呼南槐！呜呼老母！从兹无相见期矣。"黄仁曰："吾辈均自刃以见志，不伤尔日本人一命，以贴国患。"言已，各拔刀自洞其胸，片生亦抽刀先刺英眉，而手战栗不止，幕闭。

记者曰："贞子问，何时与南槐国通信一句，诚为无上妙语。既足以见英眉身虽在外，心实在家，固未尝片刻忘老娘及嫂嫂；又足以见亡国奴隶，到处受人蔑视。英眉等虽饰言华人，复在在被人疑虑也。惜记者既苦短视，又苦座远，书中所作何语，除第一行外，即只字未曾辨出，恨甚。劝夫先逃及自杀二节,令人不忍卒睹。"

统观全剧,可为吾国前车之鉴,惟各社员情文兼长者甚少。第三幕除结束尚佳外,余实不成其为戏矣。自杀能四人悉数倒地后,闭幕尤佳。

宣统三年闰六月廿五日/1911年8月19日

丽丽所观剧记·歌舞台《新新茶花》记略

正　秋

某省首县刘令,正与娈童戏谈,忽家丁入报乡间闹出教案,令不怿,谓:"此细微事,往禀左堂足矣。"家丁应声退,未几又来禀曰:"已酿成命案,非老爷亲自下乡不可。"令问办法,家丁曰:"须袒教民。"令怒曰:"余只知公是非,不知抑平民。"家丁曰:"若是则禄位必不保。"令曰:"官可去,志不可夺。"家丁忽咆哮对曰:"吾辈带肚子,为着何来?尔自甘去官,吾钱何能因尔落空?"遂伸手大声曰:"还我钱来!"令念四千两垫款,岂咄嗟所能立办。不得已,允之。正援笔立判,而又报中协来见。初则当驾,后以有要事相商,遂请入。言有阅兵大臣至,办差需款。因偕往督练处请款,始而不允,继则答应拨银三千。(刘令之提灯者,憨态可掬。)

巡士某甲,至烟店买纸烟,见店中坐少女一,貌殊美,乃向之调戏。不图巡士某乙至,以其上差时吸纸烟,向索罚款一元,甲不可,乙即要求其代为望风,已则倒地就睡。讵巡长果蹀躞来,甲忽遽不克呼,乙惟以足自后蹴之。迨乙醒,而巡长已直立其前。(未完)

宣统三年闰六月廿六日/1911年8月20日

丽丽所观剧记·歌舞台《新新茶花》记略(续)

正　秋

甲乙慌甚,互相冲撞,二人及巡长之帽,均纷纷落地。巡长大怒,罚甲乙俸洋各二元。甲乙俟巡长去,互相抱怨。甲又懵懵欲睡,恳乙为之望风。二人正好睡,烟店中,少女髻上之金簪,忽被无赖抢去,乃大叫捉贼,向前追赶。甲乙闻声惊起,猝将少女捕住,后知误,复四处捕捉。此时适刘令步行回衙,道经是地,忽被巡士误认为贼,大打一场。刘令欲辨不得,随之至巡长前,始得释。巡长责骂甲乙后,顾谓刘令曰:“嗣后行路,请大令必须燃灯。”言讫,忽炮声隆隆,络绎不绝,知督宪将出辕阅操,始各鸟兽散。

大操有军乐,有脚步声。各兵均由花道上台,步伐尚整齐,在新戏中甚为特别。

总督大阅后回署,频摇其首,语在座各司道云:“今日阅操,方知徒有新军之目,实新与不新等耳。一旦有事疆场,其何以制胜?倘不大加甄别,岂非虚縻国帑,有负臣职乎?”因传大小各武弁至,命各作文一篇,以定去留。一面命马报子星夜递文至丹阳,命高龙来省。

宣统三年闰六月廿七日/1911年8月21日

丽丽所观剧记·歌舞台《新新茶花》记略

正　秋

武弁中勉强缴卷者虽多,不能完篇及缴白卷者亦有之。收发委员不肯代递,致互相口角。武弁历述出身之苦、立功之大,收发仍不允递,武弁怒骂其贪财。

记者曰:“以上种种关节,均为高龙作引子,是反挑法。形容官警军界之怪现状,饶有趣味。但好戏无好角来配,致错乱杂出,不能餍观客之望。盖以服饰一切,亦太草率。缨帽不分冬夏,末队兵士,均不冠冠,愿经理即行整顿,万勿过于撙节也。”

樵夫高某,踽踽独行于荒野,作厌世叹。大意似曰:“光阴荏苒如过隙,人生百年如一瞬。富贵等于浮云,世事一息千变。国家已换一副面目。近年来云何宪政,云何改良。如我须白苍头,且念其名而莫明其故。咳!各人自顾身前事,那管人家闲是非。但见夕阳西斜,不免进得山去,砍些柴草,归家度日便了。”

马报子行经此处,不识路途,遥见前面有一樵夫,乃大声喝其回来。樵夫隐怒其无礼,返问何所事,马报子曰:“我且问你,高家庄是往那里走的?”樵夫置若罔闻,回身便走。马报更唤,樵夫再

回;再问,再不答;再掉头不顾而去。如是者三次。(未完)

宣统三年闰六月廿八日/1911年8月22日

丽丽所观剧记·歌舞台《新新茶花》记略

正　秋

樵夫乃问曰:“尔是什么东西！在此高声喊叫。”马报曰:“我乃南京总督部堂□□[1]名下一个马报子。”樵夫嗤之以鼻,曰:“我道是谁,原来是一点儿大的一个马报子,即有如许声势,我儿今在曾公□孙处现居□职?”马报闻至是,即赔礼不遑,乞其恕罪。樵夫笑曰:“亦是他手下小卒。”马报觉其难已,遂求其指引迷津。樵夫问其寻谁,马报以实告。樵夫即殷勤相告,若何出城,若何过庙,若何转湾,若何再走十里地。马报诺诺连声,一揖而别。樵夫见其去远,笑曰:“这个小子,不知说人话,渠若能说人话,便可省却绕远路,少走十里地。可惜他旁若无人,我就故意叫他多走十里路。唉！天已不早,进山去罢。”

高龙北洋回,途中自叹:“满腔热血,无处可洒。演说稍行激烈,遽撄上峰之怒。若非同寮环求,早已身首异处。为国竭尽忠忱,反谓我淆惑军心。呜呼！宦海沉沉,岂是英雄用武之地。故决意回家,侍奉老父,以终我身。绝志功名,还我自由,宁不较为清净?”言罢,举首四望,但见茫茫一片白。流水潺潺,响声不断。(未完)

宣统三年闰六月廿九日/1911年8月23日

丽丽所观剧记·歌舞台《新新茶花》记略

正　秋

而日已西沉,一时致迷方向,莫辨西东。忽闻山谷中樵歌声声,自远而近,倾耳听之,知非势利场中人物,因即漫声和之。及樵夫担柴前来,高龙乃前与为礼,称之为老公公。樵夫置柴于地,慌忙逊谢,并曰:“客好面善。”高龙遂言姓氏里居,樵夫欣欣然相告

---

① 原文如此,下面两处亦然。

曰:“乡里人,恭喜恭喜!适有马报过此,亦曾问津于我,渠言南洋有文书来,请公前去也。”高龙叹曰:“我此番回来,从兹当永不出山矣。”樵夫问故,高龙具以告,且曰:“是我出门多年,家乡虽如旧,人物已全非。因此把归家道路,都忘却矣,还望老公公指点。”樵夫道:“欲归家乎?请从我来。”二人乃行。

高龙有一弟一妹,在乡攻书。一日自学堂回家,兄妹二人串戏玩耍,忽家人持新闻纸入,竟被小姐攫去。正在阅报,老父忽来,因眼镜未带,遂命女儿一句一句念出。念至高龙就地正法一节,老父惊极而晕,女慌忙入内,拉兄出一同叫唤。兄不信,持报再读,方知大兄已将回来,乃以告老父。正言间,家丁固入报大少爷来矣。高龙入见老父后,即将在外一切要事,禀告老父,老父训诫数语。而马报又来,高龙暂避,任父出问,嗣以有文书,始知无他。高龙读竟,曰:“此去自儿言之,必福多祸少。”父恐凶多吉少,高龙执意欲行,父允之乃别。

宣统三年七月初一日/1911年8月24日

丽丽所观剧记·歌舞台《新新茶花》记略

正　秋

记者曰:“起樵夫者,神情口吻,并皆佳妙。词意妙有含蓄,道白妙有隽味,一吞一吐,一动一静,无过无不及,可谓恰到好处,足为全剧生色。惜嗓子太低,致观者不谅,群起哄闹,故是晚尚未尽其所长。”

三麻子起高龙,殊嫌不称,且所唱所说,均与告白上所披露者不符,颠倒减少,不一而足。

深山白水布景中,忽加入红绿纸糊灯数串,是为画蛇添足,致令山水减色。

小桂生唱《定军山》“黄罗宝帐”一段,甚形动听;小桂春《花蝴蝶》亦佳。(完)

粉墨场中之杂货店

正　秋

友问:“社会教育团演剧四次,外间舆论大不满意,其故何居?”

曰:“坏在演《徐仲鲁》。”

社会教育团所演头二三四本《徐仲鲁》,未免有名无实,不但于社会毫无裨益,而且有损教育团价值。半梅、漫翁,毋乃大才小用。

家民扮俞菊笙,在头本中与甥女划账时,始则甜言蜜语,献媚吴氏,继则直认黑心,请益津贴。(未完)

宣统三年七月初二日/1911 年 8 月 25 日

粉墨场中之杂货店

正　秋

终则眉飞色舞,出骄润生。其举动,其口吻,逼肖利欲薰心、得过且过之黑籍中人。所云:“自吸烟以还,肚肠变黑,良心亦变黑,并喉管亦变黑矣。”插科得好。全剧惟此公语妙侪辈。

第二幕,浦润生调戏吴氏,纯用下流淫邪派头。既以教育名团,此等处尤宜斟酌尽善,未可率尔操觚也。俞菊笙捉奸一节,做作尚佳。

第三幕,老爷问案太呆,几句滥清官话,惹得听者摇头。惟俞菊笙口供一切,及与老爷面议堂费等,寓庄于谐,多警世语。

第四幕,绝无丝毫价值,总言之,曰胡闹而已。尤可笑者,众人皆恭维一杭州老头儿,尊之曰“老先生”。而此老先生所说之杭州话,十句中尚无二三句近似者。所唱之《教子》,甚至不能成声;改唱《钓金龟》,亦不圆活。他若天涯之五更调、惠人之苏滩,均无大好处。瘦鹤唱夜花园赋,尚有扮小热昏之资格。末后漫翁唱《寄子》二句,嗓子虽不够胡琴,板眼虽尚未拍正,然极善运用喉音,并善唱出意味。初学得此,已非易易。但如此穿插,究嫌杂凑,且精神涣散,剧情全失。惟吴氏说情尚佳。五六七八本,未知能较胜一筹否?

宣统三年七月初三日/1911 年 8 月 26 日

粉墨场中之杂货店

正　秋

夏月珊所排之《黑籍冤魂》,诚为有功世道人心之悲剧。此为一般舆论所公认,独惜沪人士不谅,函促夏氏接演二本,必欲甄弗戒还魂而后已。不知戏剧中情节,愈悲则愈能动人,未可与旧时《珍珠塔》、《双珠球》等小说同日而语也。

今观二本《黑籍冤魂》,情节与记者前月所述略同,惟头绪纷繁,不甚贯串,较之头本,真有天渊之别。然但就各艺员做工而论,夏月珊、小连生、七盏灯、夜来香诸人,尚有可观者在焉。

夏月珊之甄弗戒,本为是剧主人翁,故神情道白,处处动人,可谓工于描摹戏情矣。向医生历叙生平时,有曰:"吸烟者,偶有不适,即须多吸数口;偶嫌寂寞,亦须多吸数口;偶然事忙,即须多吸数口;偶然空闲,亦须多吸数口。是故一入黑籍,烟量只有日增月盛,必无逐步减少者也。"亦可谓善与吸烟人写照矣。梦中求救及醒后尽告医生,神情均好。末念进场诗一句曰"香烟还比鸦片狠十分",座客有正持香烟者,各置手于椅旁,甚有持烟掷之地下者,亦足见戏剧感人之深矣。

随女医生出门侍诊,途遇流氓抢劫,勿戒捕住流氓,饱以老拳,并将其交与巡捕。(未完)

宣统三年七月初四日/1911年8月27日

粉墨场中之杂货店

正 秋

乃顾谓医生曰:"我未戒烟时,萎靡不振,手无缚鸡力;今日一经断瘾,即有尔许精神,尔许气力,足见鸦片害人实深,不知埋没我国多少英雄也。"甚是确论。

及探得女儿确信,奔回乞援于医生,又警又喜。既至勾栏,救出阿宝,捉住魏运动,先数其罪,旋即跪请医生,赦众人罪,并将魏带回医院,为其疗毒,演得极有精神。

小连生扮县官,善解人颐。审贾、魏二人,形容受贿节,妙在格格不吐,一切均以表情出之。

七盏灯扮女医生,详论吾国医生之不学无术及名医之流弊恶习,侃侃而道,滔滔不竭,断语确当,诚有心人也。惜费时过久,座客不耐静听。如能删繁就简,抉言精意,则有裨医界不鲜。

夜来香扮鸨,口吻逼肖,神气亦好。虐妓一场,尤为出色。

此剧布景尚新奇,有电光影戏,有真电车,梦景尤佳。

宣统三年七月初五日/1911年8月28日

丽丽所顾曲谭·记第一台第一夜戏

正　秋

第一台所物色之各艺员,多未经来申之新脚色,有黑头、有青衫、有武生、有老旦,人才尚称齐全。际此唱工衰败时代,未始非补救之一助。所可惜者,老生邓远芳、花旦路珊宝,不愿来沪,殊使全班减色。

武生陆福来演《长阪坡》,与南派纯然不同。既多白口,复多唱工,口齿清彻,有声有色。提枪飞舞,异常活泼,冲锋突围,勇气百倍。口口声声,以主公主母为念,足以唤起听者忠义之心。驰骤疆场,奋不顾身,救将杀贼,屡战屡捷,更能激动观者尚武精神。惜为时已晚,演未及半,忽忽闭幕,座客莫不以未窥全豹为憾。

冯志奎饰张飞,又卤莽,又痛快。出场以曹兵赶来事,报知刘备,言如连珠,愈说愈速,声音嘹亮,憨态可掬。描摹急性人,可谓淋漓尽致。

明海山起刘备,老当益壮,唱工亦有动听处。道白字字着实,苍凉悲壮,兼而有之。人皆忽之,予独爱之。言及不忍遗弃百姓,令人闻之惨然。

宣统三年七月初六日/1911年8月29日

丽丽所顾曲谭·记第一台第一夜戏

正　秋

小牡丹花是南边花旦,嗓子声细如蚊,与贵俊卿合唱《游龙戏凤》,唱工嫌太萎靡,座位稍远,即不能辨其只字。做工尚有可观,白口嫌轻嫌弱。

贵俊卿嗓子虽低,然极善运用,故听者但觉其声调自在,津津有味,不嫌其声细也。道白神情,尤为出色。更番与凤姐调情,佻达中仍寓庄严气象，乐而不淫，恰合身分。饱看凤姐时，楼上下叫好，贵伶顺口云："不差，是好。""固然是好。"善博座客轩渠。

名净刘寿峰唱《威镇草桥》，唱作俱佳，深得金秀山绪余。唱摇板"草桥来镇"之"镇"字，妙在用鼻音。在长亭唱四句，当以"长亭拜别我就拱拱手"九字，最是直截老当。至登殿唱二簧一段，字字不苟，句句圆匀。"转过了万花亭"之"亭"字，亦用丹田力逼出。"品级台上"之"上"字，回旋纡折，娓娓动听。末后"老臣年迈如霜降，娘娘宽待恩如山"两句，尤为神妙。内中转接连缀，均极工稳，"恩"字跌宕有致，"山"字收束更好。

宣统三年七月初七日/1911 年 8 月 30 日

粉墨场中之杂货店

正　秋

青衫李素云唱《彩楼配》，嗓子清越，有异庸俗，腔调平淡无奇，尚少变化，不过工稳而已。首段西皮，殊少惊人处，在海上不唱花腔，恐不易得名也。吴彩霞之得受沪人士欢迎者，岂真恃实在工夫哉！亦端赖过门多而调门花焉耳矣。

祁彩芬演《泗洲城》，武艺轶群绝伦，武旦中罕觏之人物也。舞枪弄棍，身段手法，与九阵风如出一辙。其架数五花八门，足令观者目迷，所差者收放略嫌呆滞，不及九阵风闪铄，不及九阵风简洁已尔。

李少棠演《顶花砖》，妙语解颐，大有辩才。私怨老婆，忽又恐其听得，面目口鼻，惊至翊翊跳动，真绝技也。骂兄弟为"吃香烟的朋友"，隐射时事。月月红、李庆棠，亦尚认真。

老旦宝佑庭，唱《张仪得宝》，嗓子不甚响亮，然尚合于老旦。唱慢二簧"张仪儿"四句，惟次句余音甚佳，末句收得无力。以下原板，虽平稳无疵，然亦无大好处。

张德禄为李顺来之子，前晚观其演《金钱豹》，飞叉稍弱，舞叉甚佳，较乃翁犹胜一筹。年龄未及志学，武艺大有可观，前途未可限量，后生可畏，信然。

宣统三年七月初八日/1911 年 8 月 31 日

粉墨场中之杂货店

正　秋

夏月润近致力于关公戏,前见其演《过五关斩六将》,与三麻子同一派头。惟观《春秋》一场,殊欠威严,不如三麻子能传神于眼角也。若以前后合观,则视赵如泉有过之无不及。

苗凤林有真工夫,是武旦中优等人物。

近来新舞台武行戏,非常认真,不如从前草率从事、错乱百出矣。此盖得哑巴王益芳之力为多。

昨闻友人云:“祁彩芬为九阵风之妹倩,未知确否?观其技艺,的是九派,则此言或不误也。”

刘寿峰在京,已有藉藉名。每晚所拿分子,已非刘永奎辈所能及。盖寿峰唱做一切,恰已骎骎乎深入金秀山堂奥。故抱周郎癖者,莫不爱听其戏也。此番第一台往聘,议及包银,刘寿峰曰:“眼前只须三百元足矣。如到上海后,能号召听客,再行议定可也。”其愿望可谓不奢。

第一台往聘邓远芳,邓之本心,极愿南下,惜其堂上老母,不愿爱子远离,故婉为辞却,曰:“吾儿有生以来,足迹仅及北通州,再远慨不愿往。倘必欲吾儿跋涉重洋者,则请公等先回,视园中人才多寡,再作进止。如营业不发达,必需吾儿一行,则请来一电报,俾便就道。”故第一台遂不强人所难。

宣统三年七月初九日/1911年9月1日

粉墨场中之杂货店

正　秋

第一台本拟聘半梅、漫翁演新戏,后因漫翁嫌其包银只肯出三百元,故作罢论。今该舞台独与半梅订半年合同,请其专编新戏,按月薪水洋一百元。

新舞台前创排《天河配》,配以种种荷池、鹊桥等布景,颇受社会欢迎。今番重演,癖戏诸君,莫不趋之若骛,而妇孺尤甚。内中情节,以长嫂毒害小叔一场,为最有深意。牛郎织女生离一场,七盏灯唱得郁伊纡结，无限情深，神情亦恋恋依依，嚅嚅喋喋，再三回顾，不忍遽去。座客对之，未有不为之动心者。今各舞台以此剧之足以资号召也，遂互相效尤，彼此竞演矣。

第一台演《天河巧配》，以月月红起织女，唱工减去不少，分袂时最当描摹爱情，不可草率了事。乃该伶三言两语，即入后台，未免太不认真。且从浴池跳出，初会牛郎时，向之索衣，口吻行径，无异轻贱妇女，不合仙姑身分。若小宝翠能操吴语，令其演唱此戏，则必能较胜月月红一等也。

宣统三年七月初十日/1911年9月2日

粉墨场中之杂货店

正　秋

李少棠起牛郎之嫂，气量窄狭，心肠狠毒，处处恰合泼妇身分。责骂兄弟、挺撞娘舅及分家诸节，可作“家庭现形记”读。

李庆棠起牛郎，无功无过，可惜年纪太大。

内插田永奎戏法，有数龄孩童，头顶碗塔，满塔悉燃烛火，立长凳上，演诸般武艺。起伏纵跳，烛火无一支少熄，其技可谓神矣。

全剧惟小喜禄唱工最佳，调宗吴彩霞，恰有七分近似处。嗓子如再清脆，则此后尽可唱正戏也。

贵俊卿近日嗓子大佳，较上半年奚啻倍蓰。所唱《黄金台》、《空城计》、《卖黄马》等，唱工道白，与小叫天，相去不远矣。顾曲家若静以听之，辨其意味，当知有许多独到处，且非刘鸿升所能及。呜呼！嗓子之关系，其大矣乎！春间之俊卿，唱作有时竟失其常度；近日之俊卿，唱作几驾鸿升而上之，异哉！

第一台聘刘永奎，本约开锣赶到，乃永奎失约，于初七日始由汉口来沪。闻第一夜唱《草桥关》云。

宣统三年七月十一日/1911年9月3日

粉墨场中之杂货店

正　秋

第一台新角中，记者所最可爱者二人，曰刘寿峰，曰祁彩芬；少可爱而多可憎者一人,曰陆福来;有时可爱有时不可爱者一人,曰宝佑庭;绝不可爱者二人,曰李素云,曰小牡丹花。

连日听刘寿峰唱《牧虎关》、《探阴山》、《赵州桥》等,字正腔圆,音清而远,不徐不疾,妙造自然,古色斑斓,苍老非凡。无论采声多寡,渠总认真唱去,不肯造次,真是老派。

观祁彩芬《取金陵》、《画春园》等,传家伙,一切手法,高妙入神,令人目不暇接。舞刀、舞棒、舞戟,均有可观,九阵风外一人而已。

观陆福来《界牌关》、《翠屏山》、《白水滩》等,无实力,少花样,旋子过弱,唱工又劣。打棍历时欠久,花色欠多,较第一夜之《长坂坡》,相差不可以道里计矣。

宝佑庭声调并不坏,独惜气短力薄,精神不足,每唱一出,嗓子不能始终如一。故每至后半折,往往歌喉难以为继,时露竭蹶态。虽然,听其与刘寿峰搭唱《赵州桥》,绰有余裕,动听处亦复不少,亦第一台之良配角也。

宣统三年七月十二日/1911年9月4日

粉墨场中之杂货店

正　秋

李素云实在不见好,反不及小喜禄多多。

小牡丹花亦一无可取,不知将来演新戏,能否出人头地。依目前论之,尤在月月红之下。

第一台人才甚盛,李氏三兄弟,已可作新戏中玉柱金梁。熊文通、明海山、周五宝,均系老对手,不患搭配无人。无如独缺花旦,大为不便,若不急事物色,终非持久之道焉。

第一台楼座,最好当分作三等,划五排售洋七角,余均售洋五角,则每晚必能多卖不少。未识执事者,是吾言乎?

前晚贵俊卿唱《打棍出箱》,唱作之佳,笔难尽述。是剧为小叫天杰作,京内外无第二人能望其项背者。今观俊卿演此,忽文忽武,极尽能事。自闹府至出箱,始终无懈可击。在书房中,说白字字清晰，句句入神，尤以“阴风惨惨”四字为最佳。

闹府时，白口做工，处处传神。饮酒时所唱二簧原板六句，并皆佳妙。“棒打鸳鸯两离分”一句，“两”字、“分”字，尤为有声有色。书房中唱平板三段，每一更唱四句，初更及二更中之“叫一声”三字，三更中“似风筝”三字，气足神完，唱来直截痛快，简洁不滞。每段之末句，凄惋悱恻，哀感动人。出箱时，“唱”、“白”、“做”三者，均好到极处。（未完）

宣统三年七月十三日/1911年9月5日

粉墨场中之杂货店

正　秋

虽至十分吃力，总不稍露力竭声嘶之态。叫天而后，能以此剧名世者，舍俊卿其谁与归？

筱菊笙《金钱豹》，的是俞派。耍叉、飞叉，确有真实工夫，非碌碌余子所能同日而语也。惜赵燕飞接叉太弱，殊觉减色不少。舞叉时，或俯或仰，或前或后，或上或下，或左或右，或翻身、或伏地，观者但见其绝大钢叉，在其肩头肘际、腰间胯下，忽往忽来，抡动如飞，快如风驰，疾如电击。故一时掌声四起，采声雷动，叹为观止。

贵俊卿于《黄鹤楼》中起赵云，唱工白口，高人一等，独是架子不甚出色，致减去威风不少。与周郎斗口一场，珠联璧合，大有可观。

刘永奎起刘备，唱作俱佳。惟间有数句，行腔过于求工，致起伏不匀，收煞不圆。驳赵云曰：“长坂坡前，有枪有马；今日黄鹤楼上，还是拳打足踢不成？”说拳打时，忽然伸足；说足踢时，忽然伸拳，手足倒置，未免慌忙太过。

李少棠起周瑜，架子甚好，做工十分周到，深得一盏灯绪余，观者无不喝采。惟嫌点头播脑太甚，殊少风流潇洒之致；然小丑得此，实非易易。

宣统三年七月十四日/1911年9月6日

粉墨场中之杂货店

正　秋

小菊笙起张飞,工架确到好处。若嗓子一佳,则海上必无有能出其右者。噫!菊笙诚多材多艺哉!

歌舞台自明海山、熊文通、月月红及李氏兄弟辍演后,《杨乃武》一剧中之重要人物,遂无人承乏。不得已,添聘小如意、盖俊卿入台扶助,冀以旧戏号召看客。但小如意武工虽佳,苦无嗓子,且大厦将倾,断非独木所能支。而盖俊卿尤为金玉其外,败絮其中,徒拥虚名,毫无实际之淫伶,以唱花旦之嗓子唱雉尾生,唱工之劣,可想而知。孙供奉称之为不人调,良不诬也。如此角色,安望其能挽回危局?故日来该舞台,卖座日形寥落,今拟以《小镜子》新戏,招徕观者,思欲借此稍补前隙,未识能如愿以偿否?

闻友人云,三麻子语人曰:"李氏等舍旧谋新,未免有负歌舞台。盖歌舞台若不排《杨乃武》,则李氏等名何由得?受歌舞台德而不报,是忘本也,忘本不祥。四盏灯料其不出三月,将见第一台人穷财尽,故辙复踏,必有闭门之一日。吾拭目观之矣。"

宣统三年七月十五日/1911年9月7日

粉墨场中之杂货店

正　秋

闻又有人云,李氏等语人曰:"三麻子为人,老奸巨滑,恐吓诈骗,色色俱全。与朋友交,惯用诡谲阴险手段,以愚弄侪辈。同行忽被笼络,忽被唾弃者,实繁有徒。歌舞台之重开,由伊发起,今见营业日就衰落,伊即别营一窟于扬州,以备乘机兔脱,其险如此。吾侪与其堕伊彀中,孰若先自引退之为得。"

旁观者曰:"细绎两方面辞意,各各持之有故,言之成理。究竟孰是孰非,岂吾侪局外人所得而知。但诚如李氏言,则三麻子心术太险,殊非处世接物之道,有亏人格多矣。愿陈辂清留意防范也可。"

记者曰:"昨晚更有人告我,谓三麻子要求陈辂清结算前后台账目，渠将退居局外，后台事务，概不问闻。观此则李氏之说有所自矣。噫！骂人忘本，而己先有始无终；责人重以周，责己轻以约，其是之谓欤？昔者刘永春搭班某园，生意大坏，刘愿将包银减半。后某园渐渐不支，命在旦夕，各伶纷纷而之他，独永春不行。人劝之去，渠正色曰：'吾与园主有旧，园门一日不闭，吾一日不忍弃去。目击朋友当患难之际，而袖手作壁上观，不稍尽棉薄，犹斤斤于银钱，则何贵乎有友？吾甚耻之。'呜呼！义哉此言！侠哉永春！足为伶界光矣。使一般趋炎附势者闻之，能无愧煞！"

宣统三年七月十六日/1911年9月8日

粉墨场中之杂货店

正　秋

新式舞台，开销颇巨，非注重新戏，不足以持久；非不惜工本，布新奇景彩，不足以号召。丹桂第一台有见及此，故请徐君半梅及熊文通、王德全等，日夜经营，编排新戏。现有三种，议定在必演之列，一曰《邓忆南》，一曰《真假公子》，一曰《大义救国》。只以赶办布景，颇需时日，乃以《杨乃武》、《张汶祥刺马》、《宦海潮》、《恨海》等，先行排演。闻以上三种，何种先演，颇费斟酌。嗣因贵伶俊卿，主张先演《大义救国》，并云本舞台既有文明、改良、艺员等名目，则初次供献社会之新戏，当从鼓吹爱国入手，不可为恐卖座不多，营业有碍，而遂草率从事也。众人皆然其言。

《大义救国》为日本惩创卖国贼故事，乃一家有父子二人，父为卖国贼，子为爱国男儿，卖国贼卒被其子用手枪轰毙。

夏氏月珊以常照闹荒，岌岌可危，哀鸿遍地，嗷嗷待哺，恻隐之心，勃然而生。因特从沈缦云先生后，发起组织南洋义赈会，并慨解仁囊。预先认捐食米数千石，日前更专乘快车，至苏请其二兄鸣皋来沪，商议一切。（未完）

宣统三年七月十七日/1911年9月9日

粉墨场中之杂货店

正 秋

今议妥于即日由鸣皋亲自赴赈,以资熟手,且免弊混。旅费一切,均由鸣皋君自尽义务,并不报销公赈分文。噫!夏氏一伶耳,而有此热心毅力,记者不胜敬之重之。愿各舞台各艺员,闻风兴起,勿任夏氏专美于前也。

昨承苏州戏迷君来函,问七盏灯与小子和孰优?刘寿峰与刘永春孰优?张桂轩与陆福来孰优?应宝莲与沈月来孰优?陈嘉祥与盖俊卿孰优?王永利与刘德利孰优?小保成与廖连卿孰优?夏月润与赵如泉演关公戏孰优?林鞶卿与小牡丹花孰优?记者回,即以阁下所列名之先后为高下,容徐评之。

李万岁新入迎贵,第二夜唱《乌龟表功》,头戴龟头帽,背负乌龟壳,下有龟尾,旁有龟爪,浑身均系绿缎金滚,所值不资,可谓生面别开,善解人颐矣。表功时所唱生净各调,莫不佳妙,小调更好,但白口殊嫌模糊。该伶前在汉舞台包银按月四百元,今番入迎贵,想决不止一百四十元也。

宣统三年七月十八日/1911年9月10日

丽丽所观剧记·第一台《恨海》

正 秋

《恨海》为小说巨子吴趼人先生之杰作,描摹儿女真情,皆寓至理。其中两对未婚夫妻,遥遥相映,性情口吻,罔不逼肖,一言一动,跃跃纸上。读之如见其人,如闻其声,忠孝节义四字,尽从情字中写出,诚新小说中最完善、最有价值之奇构也。进化团钱某将原本编为戏剧,津、宁各埠,已曾演唱。(天津所演者,未识是否进化团之脚本。)删要就简,横加拳乱及赛金花议和各节,已失原书精意。今第一台因《大义救国》之景彩尚未办齐,故熊文通先排此剧,并请王惠芬扮棣华。前晚开演,适值天不做美,大雨倾盆,道途泥泞,而卖座并不因之而减,楼上下仍拥挤不堪焉。

王惠芬饰棣华,未臻上乘,举止殊不端详,有失大人家风范。

嗓音过低,道白又不清晰(此盖上海人操苏白之故),惟下半出有可取处,母死哭之不哀,亦是疵处。鹤亭见婿落魄,负气回家。在棣华为女者,本应怡色柔声,婉转问故。而惠芬白口中有云:“自母亲逝世以来,爹爹回家辄怒形于色,两眼睁得极大极大,口亦如之,面孔铁板,牙须直竖。”此种言语,岂纯孝性成之棣华所应出?寄语惠芬,其亟改之。

宣统三年七月十九日/1911年9月11日

丽丽所观剧记·第一台《恨海》(续)

正　秋

至于处处回避,亦当以慎重出之,不可稍露轻狂相,方符棣华身分。惠芬于此,尚宜致意,否则步履虽玲珑活泼,已流于淫荡,有负趼人氏之苦心矣。春秋责备贤者,惠芬或不河汉吾言。

李少棠起陈伯和,一启齿即俗不可耐,言语举动,更不免流气。要知伯和后虽为薄幸郎君,初非生性浮浪之狭邪少年可比。夫既出身宦属,又系书生,则未到上海以前,处处当温文尔雅,循规蹈矩,不可贼头狗脑,装腔作势,一味轻狂也。如少棠所演,实全失翩翩佳公子之眉目矣。似下半出有独到处,且精神贯注,描摹得淋漓尽致。间有数场虽瑕瑜互见,然借题发挥,意存谲谏,好处正复不少,未可厚非也。在医院中,临终与棣华情话良久,虽始终嫌太武气,不似病人口吻,然说得诚恳悲痛,凄惨之至,令人闻之泣数行下。而详述鸦片之害,托棣华劝人戒吸,谓可以一传十,十传百,百传千,千传万。照此劝法,于烟界不无小补。是皆有裨社会之言,少棠能如此现身说法,言来井井有条,尤属难得。

宣统三年七月二十日/1911年9月12日

丽丽所观剧记·第一台《恨海》

正　秋

明　海　山

明海山起陈戟临,谈吐风雅,不同凡俗,态度安详,落落大方。

料事有察察之明,识见高出侪辈。处事更调度有方,步步老成持重。拳祸作,妖言起,伯和、仲蔼、来富等,闻之慌忙失措。在戟临前,战兢至不能语,独戟临处之泰然,从容不迫。顾谓儿辈曰:“义和团所杀戮者,为教民而非良民。吾等既不信教,又为朝廷命官,何惧之有?”及知良民受义和团骚扰者,已不可胜数,则曰:“谅彼辈乌合之众,一哄之徒,不过借左道惑人,焉有真忧爱国?如曰上犯吾官家,想彼决无此胆量。儿辈自当镇定,奚逃为?”两番安慰众人,侃侃而谈,口齿十分清晰。虽说官话,而听者字字可辨,故采声雷动。至命伯和先避一段,白口尤为出色,所云:“为父身食皇家俸禄,职守所在,未可遽离。儿如不行,将来乱至不可收拾,全家同归于尽。陈氏嗣续,从兹断绝,而儿且犯大不孝之罪矣。儿今速行,假使安抵上海,寄住岳家一年半载。探得此地平静后,赶紧回来,父母兄弟,仍得重相欢聚。则此番前去,亦不过暂别几时而已。脱或不幸,拳匪不能速靖,骤酿巨祸,则为父死志已决,惟有以身尽难。”(未完)

宣统三年七月廿一日/1911年9月13日

丽丽所观剧记·第一台《恨海》

正　秋

明海山(续前)

“儿如有志,日后可来收我骸骨。逢年逢节,祭扫我坟墓,无亏追远之道,则为父死复何憾!”又托张太太曰:“亲家母,小儿年幼,诸祈照拂。一到申埠,即请赐悉。如知本京乱平,还望令其速回。”各语莫不入情入理,说得面面俱到。迨后拳匪闯入,又骂曰:“何物叛徒!敢以妖术害国,云何保清?云何灭洋?及今生民涂炭,死亡相继,百姓何辜,罹此鞠凶。自我观之,只恐清未保,洋未灭,而国事且不堪问矣。尔等如尚有心肝,自当及早回头,散归故里,各各安居乐业,仰事父母,俯蓄妻子。否则必有共遭惨戮之一日,悔且莫及焉。”语语为国为民,义深情至,志高气傲,声情俱妙。呜呼!明海山真可为第一台新剧中之柱石矣。

熊文通起张鹤亭,自小烟馆中,一见伯和即愤然顿足,长叹一声，转身便走。归家颓然坐下，一言不发，来富之言，半句不纳；棣华出问，但发牢骚而不吐实。连连挥扇，嗣被逼不过，方始说出。卒因爱女心切，寻婿至家，立刻出门，亲往延医。及医来而伯和已渺如黄鹤，不知去向，桌上香炉烟袋，亦已不翼而飞矣。至是更怒不可遏，惟有向医生三揖以谢。后见女儿伏地泣求，不觉亦为之泪下，乃再遣来富往寻之来，聊责伯和数语，即向屏后招棣华来劝。及至回家，婿又不见，遂连称“不可救药，不可救药”。言时频摇其首，神情、说白、做工均好，始终无懈可击。

宣统三年七月廿二日/1911年9月14日

丽丽所观剧记·第一台《恨海》

正　秋

贵俊卿饰联军统领，满口英语，甚形纯熟，可谓生面别开。然而解人难索，亦属徒劳。后徇赛金花之请，试言京话，首句问“你好”，次句曰“今日天气凉爽”。极似西人学说华语口吻。

月月红起赛金花，有时称联军统领为瓦老爷，有时称之为瓦大人，嫌太大意。见李傅相时，太无忌惮。而起李之王德全，又太呆，致议和全权，一若悉操诸赛金花之手。两方面皆唯唯诺诺，惟一妓女之言是听，不亦异乎？

记者曰：“此场实为全剧中之大污点，非特事属无稽，抑且有伤国体。俊卿既有儒伶之目，则以后再演，不可不将此层删去。盖军国大事，何等重要，岂一下贱之娼妓，所得参预其间哉！”

又曰：“献身舞台，描摹国耻，以唤醒国民，是为当务之急，其取效必速。虽然，本其真事实，以推波助澜，故甚其辞则可；凭空捏造，反致贻笑外人则不可。”

第一台《大义救国》

《大义救国》一剧，李少棠用意良善。推前三场情节太浮，且扮男学生者，太无精神，而不稳重。扮女学生者，太觉妖娆，而有流气。团练开操，亦多破绽。若能将此种种不相干之窜插，一概屏除,则必前后贯串,精神团聚,更有可观也。

宣统三年七月廿三日/1911年9月15日

丽丽所观剧记·第一台《大义救国》

正　秋

李少棠起少将,为剧中主人翁。记者初料其必不能脱尽小丑举动,必不能符合爱国男儿身分,讵知有大谬不然者。是晚自始至终,未尝稍有下流口吻。其最传神处,则在求父主婚一场,反覆进谏,语多隽句,信口拈来,滔滔不竭。如首云:"父帅须发已白,若允儿与此女结婚,将来抱孙子,岂非快事?"继云:"父帅当曲为原谅,父帅当自念今已年逾花甲,父帅当念所生只儿一子。父帅责儿逆父母命,为之不孝,儿固罪无可辞;然父帅亦曾念及不孝有三,无后为大乎?"两番辩驳,神情尤佳。不图一胸无点墨之伶人,居然亦能援引书句,且能切中肯綮,难得难得。是非具有灵心妙舌者不办。以是观之,少棠实强似乃弟庆棠、春棠多多。惟经老将怒喝后,又云:"父帅今在营中,与母亲一日不离,固然谈笑有人,不患寂寥;独不思为儿形单影只,终日清冷落寞乎?"此数语未免说得过文,非为人子者所应道。末云:"世界日进文明,风俗已非昔比。配偶为终身大事,故可自由结婚。儿自有生以来,未尝有一事敢犯父命。今观此女,人品学问、谈吐思想无不超群轶伦。"(未完)

宣统三年七月廿四日/1911年9月16日

丽丽所观剧记·第一台《大义救国》(续前)

正　秋

"得之可无内顾忧,失之必贻终身悔。父帅若诚不我允,则儿惟有自由结婚而已矣。"自始至末,均说官话。词句虽不尽雅,然仓卒从事,而能应有尽有,真非易易。(按,此剧并未练习,不过于当日下午只经熊文通提讲三小时。)及至得父卖国消息,即思救国方法。思定恐有未妥,又唤新婚妻出而商酌,白口亦有可取。独惜临别时,表情嫌不秾郁。届期交战,兵临城下,而老将尚不开炮。彼即一跃登台，求父击贼。后因时迫势急，不得不博取最后五分钟之胜利，乃将老将扑毙，呼团练开炮。（按，老将当由团练手刃为是。）

熊文通起老将，训子一场，神情亦佳。已为龙钟老翁，而所娶者为青年少妇，几番斥驳。悉惟少妇之颜色是承；得贿一场，又悉惟少妇之诱言是听。始而逐子，继且卖国，卒至身死炮台。做工、白口，有恰好处，有不足处。

宣统三年七月廿五日/1911年9月17日

丽丽所观剧记·第一台《大义救国》（续）

正　秋

王惠芬起难女少将之妻。未婚之前，被营卒逻获，少将问其，尔为中国人，何以作西装？答曰："日俄战祸将作，两国兵士，甚是野蛮，吾国妇女，辄被侮辱。我既痛我国弱，而又不愿以洁白之身，受人戏弄，故作西装以避狂徒之目耳。"数语诚言之成理，余甚是之。如能再加"此乃一时从权计，非心羡异国，亦非好其时式及美观也"三句则更妙。盖近来女梳高丽髻，男服高丽装者，已屡见不一见。若辈究出何心，余真百思不得其故。其甘为亡国奴乎？吾不忍言之矣。及至被老将斥退后，又谓少将曰："妾固陋质，猥蒙垂青，能无感激？虽然，父母之恩情，不可忘也。今君以儿女爱情，而断绝父母恩情，毋乃不可乎？"此言亦佳。

记者曰："论是剧情节，未免尚有不合。一则少将未曾向难女求婚，岂可一厢情愿？带其往见老将，即欲收留在帐下，再则既经被革被逐，何以仍旧回营？何以仍得带兵？何以在营中议办团练？既穿中国服饰，即不应子弑其父，何以老将仍死在少将之手？此等有关紧要处，尤宜斟酌尽善，未可草草排演也。"

宣统三年七月廿六日/1911年9月18日

粉墨场中之杂货店

正　秋

歌舞台主陈君辂清，拟于初一、初二两夜，烦各艺员演拿手好戏,所得戏资,悉数充赈。并请龚漫翁君,特排水灾新剧一出,冀于被灾各区,有所小补。举凡前台一切开销,均由陈君个人捐助。茶壶津贴,亦作赈款。陈君真热心好善矣,各舞台其亦闻风兴起乎?

第一台新排《邓忆南》一剧,又名《无人岛奇谈》,系半梅君手笔,曾刊诸《小说月报》。剧中尽系重要人物,其陪客有侠客,有义士,有莽汉,有恶伧,有醉心自由之女学生,有口若悬河之滑稽家,有瞽叟,有娇儿;布景有汽船,有荒岛,梦景中更有神明怪物,变幻莫测。届时开演,必大有可观焉。

闻歌舞台生意,现已渐渐回复。其原因则在《小镜子》一剧,足以号召云。

又闻盖俊卿起小镜子,维妙维肖。演至极好处,观者掌声如雷,采声四起。暇当一往观之。

歌舞台《爱国健儿》新戏,为四川人王某所编,其脚本并不取值,不过要求自己登台,起是剧中健儿。三麻子以其有时欲发神经病,再三不允。王某执意不可,谓我之所以欲登台客串者,非为沽名钓誉计,亦非为金钱计,实为借此舞台,发舒我爱国忧计耳。闻三麻子今已准如其请矣。

宣统三年七月廿七日/1911年9月19日

(短篇小说)《侠伶》(一)(正秋病,戏评暂停)

正秋旧稿

"喂!嫂子,学台衙门里,戏快开锣了,吾们快看去。"

"唉!姑娘,吾想戏场里面,人怪杂的;戏场外面,街巷怪窄的。你我都是小脚,平时走路已经上重下轻,一摇两摆的,走不快了。到了散戏之后,男男女女,争先恐后。街道既不宽,那里挤得人家过?我看那时你我是一定走不得的,姑娘别去罢。"

"我说这个嫂子,你怎么怪会骗人的。昨儿要去,你说今天陪我去;今天又说人挤了,街窄了。明天吾们家里有事,又去不成。今天再不去,一到后天,戏篷都要拆了,学台大人都要走了。不知道要隔多少时候,才能再进这学台衙门了。你不见对门三婆婆、隔壁二婶婶,大大小小带来好些个人去吗?好嫂子,亲嫂子,你陪我去罢。"

"你这姑娘真会缠,就同你去走一趟罢!快换衣裳去。"

"嘻嘻嘻嘻。小红呀,快拿我的新衣服来,吾跟嫂子要听戏去了。"

"拿来了。小姐,穿罢。"

"穿好了,好嫂子,我们走罢。阿呀,平常这街上没有多少人,怎么今天人有那门多呀?呵!我知道了,终也是听戏去的。"

宣统三年七月廿八日/1911年9月20日

(短篇小说)《侠伶》(二)

正秋旧稿

"到了到了。那一边上首,是男客的座位,我们坐这一边。阿呀,你看人头挤挤,老年的,少年的,高的,矮的,叠上叠下的,有这么多人了。男的不算,女的恐怕也不止整千罢。"

俄而场外爆竹劈拍,金鼓铿锵,场内人声鼎沸,台上音乐大作,声声不绝,响震屋瓦。而刚卸任之督学使,规行矩步以入矣。由是左右男女,交头接耳,互相告语。甲曰:"这三日三夜的戏,都是做给他看的。"乙曰:"搭篷的蒲葵苇叶、匠人的工钱、戏班的赏钱,都是我们这位番禺县知县领头办差的。"丙曰:"这句话你说错了,这注钱一半是我们百姓早早存在他那里的,一半是他替我们百姓暂且代垫的。"议论纷纭,不一而足。

戏剧演至半酣,门帘一启,一小武生出,雄纠纠气昂昂,威风凛凛,神采翊翊。左右叫好声,一时雷动,而座客议论又起。

有的说:"这小武生姓何,是本县人。"有的说:"他从小臂力就比人家强,有大志。"有的说:"他一生最肯赶古英雄、古豪杰的事业。人有急难,他必出来助一臂之力。所以村中食其赐者,不可以偻指计。"

宣统三年七月廿九日/1911年9月21日

(短篇小说)《侠伶》(三)

正秋旧稿

大家谈论了好一面,正在出神的时候,忽然闻在人丛中,跳出一个白胡子老头儿来,大声嚷道:“阿哟!不……好了,火……快逃……命!”众人听了,马上随着他走,也不暇看明火在那里了。大家心中恨不得立时立刻生两只翅膀出来,飞出重围。不料翅膀想生生不出,两条腿倒反变了柳条似的,总走不动了。再加人多篷门小,就是脚劲好、腿力强,要快也快不出。满篷中只听得叫救命的声音,说来真是怪可怜的。

这时候走还走不了几个人,火是已经越烧越利害了,倾刻之间,干苇都着了。虽有人救,可惜风大人手少,到底不济事。戏篷上东也窜一条火箭出来,西也飞一团火球出来,所谓势成燎原,不可响迩的了。右边的一千多女客急的更是利害,大的吵,小的哭,叫爹喊妈,叫哥哥喊兄弟。有几个白发老婆婆,竟至把老子娘都叫出来了,念南无阿弥陀佛的,及念大慈大悲救苦救难观世音菩萨的,愈加不少。扰扰攘攘闹成一片,哭声震天,惨凄不堪。有许多吓得魂不附体的,不暇择路,乱冲乱撞,被那滚滚浓烟迷住。至于自己投进火去的,也不知其数。

宣统三年八月初一日/1911年9月22日

(短篇小说)《侠伶》(四)

正秋旧稿

台上那位武小生,看看数千男客,只晓得逃命,不晓得救火;只晓得要别人来救命,不晓得救救人家的命。看看许多女子,都是一点儿大的猪蹄式小脚,一个个哭得不成个样子,不觉悲心一动,亦代他们那里挨得上一个,眉头一绉,计上心来,将身一跳,跳进女座,见一个拉一个,见两个拉两个,不管三七二十一,拉他们到戏篷之后逃生。不料篷后也有高墙挡住,不得过去,必须拆去高墙,外面方是空地。他到此地步无可奈何,就把这许多女子,两三个一挟,跃上高墙,提到墙外。忽往忽来,忽纵忽跳,足有两刻时候之久。回头看看，篷内还有几个女人，没有救出，他心里终不忍。但是火已经烧到了，他也不顾自己性命了，仍旧将这几个女子照样救出。临了要救男子，不料左面的火早已烧着，有好一会了。实在没法，只好自己逃命，就挺然跃身墙外，又谁知道火已着了衣服，头发都烧起来了。自己尽力的扑救，总扑不灭。因为前面灭了，后面又着，后面灭了，前面又着，临了还是葬身火窟。左篷那些男人，死的有几千，右篷的女人一千多人，因为有这位姓何的小武生，替他们去做鬼代表，一个也没有死。何武生救了他们，自己到救不得自己，惨哉！惨哉！

"姑娘，我叫你别来，你偏要来，今天戏台上没有一位救命王下来，你我还能彀得命吗？早给火神收去了。"

"阿呀，嫂子，那……位救命王那里去了？要是火神菩萨再来，那里还有第二位救命王来救我们呀！"

宣统三年八月初二日/1911年9月23日

新剧家王蕙芬

茗水狂生

处今日岌岌不可支持之中国，而欲事半功倍，将此一般醉生梦死之国民，一一振起而诞觉之，是非戏剧不为功。是则戏剧也者，固开通社会之利器、改良风俗之权舆矣。然其能得良效果与否，亦贵在得人。而当此蔑视优伶之旧习未除，又鉴于钟声之覆辙，谁肯甘冒不韪，受戚党之诽笑，而惊世骇俗以为之？则得人岂易言哉！王蕙芬何人乎？独毅然决然，百折不回其志，以改良戏剧自任。其热忱诚不可及，不可谓非新剧界之伟人矣。狂生与之雅有学谊，乃泚笔一述其历史。王君初名伟生，沪人，幼即敏慧，里党目为宁馨儿。长而致身学界，不屑描头画角，效迂儒之沾沾于词句，而所学斐然。继而见时世之日非，乃奋然兴起，投身新剧界，思有以转移风俗，于是名动一时，(一社)都罗而致之。尝与张君等合演《军事改良》，跳五只台，人益奇之。谓不图此弱少年，竟有此男儿好身手也。后复往汉皋、芜湖一带，专去新剧之旦角，苦口劝世，颇风为之一振,大得彼都人士之欢心,至是名益噪。

第一台主人,当开幕之始,欲借王君以重,乃礼聘之,遂重返珂里。旧雨故交,闻之咸欣焉色喜。(未完)

宣统三年八月初三日/1911年9月24日

新剧家王蕙芬(续)

茗水狂生

走相告曰:"王君南下矣。"而狂生尤望之切、期之深,又私幸其志之将达。盖狂生不特与之有旧,且在校日,曾与演《军事改良》而为之仆,故其交谊,尤非寻常者流所可比。今者第一台主人,既以新戏事宜,悉付王君。则展其敏捷之手腕,发其爱国之热忱,一挽颓风,一警薄俗,此正其日,狂生之所以幸其志之将达,而望之切,不觉责之弥厚也。乃出其愚忱,敬告之曰:"新剧界自春阳社出现后,始如火如荼,勃然有生气。惜主持不得其人,终归泡影,未蒙社会之信仰。而近日又有王钟声之事出,教育团亦以猥俗为人所诟病。新剧界至是,遂岌岌不可以终日。苟非君出而一光辉之、维持之,则新剧前途,尚有望乎?君既负此重任,又处此千钧一发之时代,稍一不慎,即足贻人口实。必洁身自好,寡欲远嫌,守以耐心,坚以定力,始足以保令誉而维大局。此君当持之有素,不待狂生之告勉而后知者也。至于若何可以开通社会,若何可以输进文明,亦必筹之已熟,无容狂生为之越俎。王君王君,粉墨登场,警世玩俗,为国民之先觉,作社会之严师,亦男得意事耳。好自为之。"(完)

宣统三年八月初四日/1911年9月25日

粉墨场中之杂货店

正　秋

第一台开演以来,所有各种新戏,惟半梅君所编之《邓忆南》,为最受社会欢迎。良以情节离奇,雅俗共赏故耳。其中布景新颖,妇孺尤乐观之。

《邓忆南》中,最有趣味处,为一土老高先生,与一狞恶女学生。

是剧起讫详情，有说明书分送，故弗赘述。

熊文通起邓忆南，荒岛瞭望及墓前祷告两场，最有精采。痛哭老父，自叹命穷，而不怨恨妻子，言来句句伤心，闻者莫不嗟叹。

王蕙芬起丽珠，自始至终，无疵可求。向侣甫借贷一场，红荤两颊，欲言犹止，好一副娇羞态度。被窘于高清泉时，有曰："此伧一握债权，即欲迫我以身体作抵，呜呼！债之为物，诚足以亡家，尤足以亡国矣。"此语可谓切中时事。身入梦境，时乍见忆南，惊慌失措，神情较演《恨海》时有进步矣。未婚前，敬侣甫而远之，恰合身分；读忆南遗书后，即欲投海身殉，做工亦好。

李少棠起孙侣甫，尚无流气。与丽珠交接，悉以慎重出之，处处顾避嫌疑。邓家有急，渠必乐为资助，初不望报。后经乡邻挑动，始借一清叫伊做他（阿爹）一语，以探丽珠，描摹得好。

宣统三年八月初五日/1911 年 9 月 26 日

粉墨场中之杂货店

正　秋

在酒肆中告老母曰："此种女子，娶至家中，将来满口自由平等，做阿婆者，势必大受其累。"语亦甚是。及石平权嫁高清泉后，往矜侣甫，而侣甫不但不以为怪，且谓之曰："表妹得事富豪，愚兄可以无虑，实深欣幸。"尤见谦恭，性格如此，诚足以夫丽珠矣。

周五宝起石平权，"你女学生"，满口新名词，醉心于自由结婚之说，一意欲嫁侣甫。侣甫以其恶习太深，貌复奇丑，故宁违母命，不敢与定婚议。而平权因以大怒，责侣甫失信，谓："我与尔之情书，足有数百函，尔未尝有一字绝我，即为默许。今尔言一函未曾寓目，是尔自弃权利，我与尔之爱情，从此斩绝。婚姻问题，从此无效，算我有目无珠，错识汝矣。哼哼！若辈真资格不深，程度不够哉！"能将尔许新名词礼清，也亏他有此记心，五宝到还聪明。其后更有方针目的诸语，吾已不能尽忆。

李庆棠起邻居，代抱不平，几番保护丽珠，做工尚好，嫌太武气。

宣统三年八月初六日/1911 年 9 月 27 日

粉墨场中之杂货店

正　秋

陈家祥起高清泉,满口山西白,土头土脑,服饰尤为乡气,最能博座客欢笑。与卖婆定计诱丽珠,及酒店大闹、荒野抢亲等事,演来有声有色。相亲一场,亦佳。惜配角起卖婆之胡燕云太弱。

李春棠起醉汉,前数场甚有趣味。后至与邓忆南交谈,及领一清至忆南处相见,稍欠精采。

记者曰:“此剧自脚本言之,描摹丽珠思念忆南之热忱,及侣甫怜爱丽珠之热忱,忆南怀想丽珠之热忱,悉有分寸。今各艺员演来,比从前虽有进步,然去脚本仍远,致有过有不及,令丽珠、侣甫、忆南等之人格,减轻不少。愿蕙芬、少棠、文通,逐渐改良为是。”

新舞台《水淹江南》一剧,描摹灾民苦状,维妙维肖,淋漓尽致,观者莫不啧啧称善。惜记者偶撄小疾,未曾往观。

据曾见此剧者言,则曰情节之佳,无出其右。演至凄惨处,观者恍如身入灾区,亦为之提心吊胆不置。

宣统三年八月初七日/1911年9月28日

粉墨场中之杂货店

正　秋

小连生在是剧中起老坤士,做工可谓独步云。盖未经水灾之前,描摹病状,十分憔悴。后其子割股奉亲,病因以愈。不料新病初瘥,即遭洪水之祸,尚未下床,水已入屋。撩帐探望,见家中器具,已尽付流水。正嗟叹间,水忽涌至。一刹那顷,身落水中,随波逐浪,飘流西东,竭力挣折,舞蹈不已。惨苦之状,令人不忍卒睹。(按,此幕满台真水,情景逼真。)做工如是,宜其座客纷纷掷银洋金饰也。

并闻林步青起囤米奸商,其妻(夜来香起)再三劝其放赈,而彼抵死不从。难民千百成群,蟠据其家,男女老少,嗷嗷待哺,而渠仍熟视无睹,不但不一援救,抑且饬丁赴县,请兵弹压。卒至难民挺而走险，与官兵冲突，兵败而奸商全家被毁。米粮财帛，抢掠一空，性命几乎不保。此可为一般黑心人写照，呜呼！祸福无门，惟人自居，积恶之家，必有余殃。其是之谓欤？

此外七盏灯、夏月珊等所演，言者不能道其详。暇当往探确实，再为披露，以翼有裨赈务。

宣统三年八月初八日/1911年9月29日

粉墨场中之杂货店

正 秋

沪上各戏曲会，当以雅歌集为最有益于社会，尽心赈务，已非一次。此番湘赈游艺会，亦经该集勉任义务。其中会员数十人，类皆洁身自爱者，对于会章，咸能遵守。故数番演剧助赈，从未轻取分文。倘各曲会群起学步，效其规则，亦未始非社会之福也。

并闻雅歌集现方从事新剧，聘有名人编辑，更烦冯旭初担任排戏之责。日前开议事会，推举会长，并新添会员多人，研究改良社会之策甚久云。

正秋曰："吾愿雅歌集日渐发达，吾愿雅歌集诸君，坐而言即起而行。"

戏迷君所问各伶之优劣，本拟即答，只以新鲜戏评，未曾登完，遂致迟迟。今请择要一评，是否有当，不敢自信也。

七盏灯与小子和之比较，二三月中，已屡言之不一言矣。大抵以旧戏而论，是七盏灯于小子和多多。新戏则互有短长，若单就二簧花旦一种论之……

宣统三年八月初九日/1911年9月30日

粉墨场中之杂货店

正 秋

若单就二簧花旦一种论之，则小子和已可称为南方第一花旦。盖子和曾师路玉珊，而路派实为二簧花旦中，无出其右之好模范。但观其今已徐娘半老，久在北京，仍备受顾曲家之欢迎，鼎鼎盛名，未尝少衰,堪想而知矣。子和得其绪余,故足雄视南方。然七盏灯本属秦腔花旦,固未可与之相提并论也。

七盏灯,生、旦、净、末、丑、老、外、贴,种种脚色,件件可以起得。"多材多艺"四字,受之可以无愧。所可惜者,则在一条舌头,生得稍为短些,以致说到苏白,每每桀厥敖牙,语多模糊矣。小子和但兼青衣,至于间串梆子,数年中不过一次。操南边话,口齿固清;操北京话,亦殊不圆活。两两相较,两人均为伶界中之大人物,均是伶界中绝世聪明人。细论实在功夫,七盏灯似胜于小子和。(按,七盏灯之人格,尤非子和所能望其肩背。)

宣统三年八月初十日/1911 年 10 月 1 日

粉墨场中之杂货店

正　秋

刘永春近来净角中之佼佼,嗓子阔大,声韵嘹亮,行腔落拍,中正和平,尽得温厚气象。曾于戏言补中详细评之,但今已不如畴昔远甚。盖年纪渐老,中气因亦渐渐不足,精神因亦渐渐衰颓,唱工由是一变,较前大有退步矣。

言十年前之孙菊仙,固轰轰烈烈名震南北之大名家也。而今则不然,此与刘永春如出一辙,正坐同病。

刘寿峰为太监时,素以善唱闻于外,受老佛爷恩最深。迨老佛爷宾天后,遂逃出搭班。年富力强,调高响逸,气足神完,歌喉苍凉。唱包公戏,已骎骎乎深入金秀山堂奥,唱做一切,派头极其纯正,气魄雄健,落落大方,绝无夹杂之弊。

以目前论之,吾宁取寿峰,而不取永春。

宣统三年八月十一日/1911 年 10 月 2 日

粉墨场中之杂货店

正　秋

沪上自盛行不中不西之新戏以来,各舞台之武行戏,较前实有退步。大舞台之王永利,在武二花中,本以擅长跌扑,著名一时。

今则处处敷衍，得偷懒处且偷懒，难得着劲一演矣。细推其原因，则大一半在无良配角故，小一半在戏排得太前故。时候过早，座客寥寥，虽欲讨好，其如精神提不起何。虽然，较之刘德利，则尚胜一筹也。刘德利演《界牌关》、《白水滩》、《收关胜》、《闹嘉兴》等，功夫且在李德山下，未足与王永利颉颃也。

陈嘉祥唱小生，派头还正，腔调还合，唱新戏亦当可取，盖俊卿直野狐禅耳，于小生中无一毫价值之足云。从前戏评中，亦曾屡及。唱新戏如《小镜子》等尚佳，以视嘉祥，实有愧色。

宣统三年八月十二日/1911 年 10 月 3 日

粉墨场中之杂货店

正　秋

应宝莲本是演庙台戏出身，后入京班，武艺恶劣，徒务形色，不究内容，学人皮毛，毫无骨子。嗣以与王永利配戏，始得藉藉名，然艺固未尝见有寸进也。去年在大舞台，以不善行贿故，其戏恒排在沈月来之前。由是心怀不愤，改搭第一台，不数月后，恰值张德俊去而之他，渠遂得独当一面，以欲报复大舞台故，拼命用功，认真卖力，技遂稍有可观。比之沈月来，直强得多多，高出数倍矣。沈月来在各小码头演唱，或可独立，至于上海，只可谓为三等角色，无足与议也。

小保成演唱各戏，病在火气太大，白口犹若骂詈，手脚忽上忽落，一息不停。虽然，有时应当振作精神，则出此工夫，不为过甚。但有时不应暴戾、不能不斯文处，而亦出此工架，殊觉非常讨厌。廖连卿演唱各戏，病在杂乱无章，虽善插科打诨，然满口龌龊话，秽亵不堪，有时说得太淫，令人闻之欲呕。

宣统三年八月十三日/1911 年 10 月 4 日

粉墨场中之杂货店

正　秋

丁此改良戏曲时代，下流口吻，且不宜有，而况于事涉淫秽乎？

此盖关于程度,关于思想。小保成之所以能出言不肮脏者,谅你新舞台各名伶程度较高,思想较新,保成近紫则赤,近墨则黑,得所薰陶故耳。

小保成演新戏,有时极有几句见通语,不识为乃师所授,抑为实自其口出,则不得而知矣。廖连卿唱新戏,资格尚不逮小保成远甚,两两相较,当让小保成居上。

夏月润唱关公戏,威武甚足,神气亦佳。所差者,每至观《春秋》一段,不能传神于眼角,致少凛然不可侵犯之姿。上马及交战各节,亦有可观者在。赵如泉去年演关公戏,记者曾看过多次,见其上马太冒失,白口不落落大方,看《春秋》时,求工反拙,竭力装点,总少精神。所差强人意处,惟在交战一端而已。小叫天于此曾下一评语曰:"堂堂一员儒将,变成强凶霸道之大盗了。照这样唱法,冒犯圣人多多,罪过罪过。"记者闻是言,叹服不止。总之夏月润实有胜于赵如泉处,但较三麻子则小巫之于大巫,相去不可以道里计矣。

宣统三年八月十四日/1911 年 10 月 5 日

粉墨场中之杂货店

正　秋

林鞶卿善于效颦,在新剧场时,专效小子和。搭第一台后,专学路珊宝,技虽尚未大进,演时犹不敷衍,是以不致取厌于人。小牡丹花年齿不过二十有四,而拙于化妆,故台容甚劣。额角的方,仿佛三十许之半老徐娘,步伐嗓音,无一可取。因而令人一见生厌,以旦角而不动人怜,尚复有何价值?

林鞶卿似乎刁嘴,白口不甚清晰,而苏白尤甚。小牡丹花口虽无恙,但吞言吐语,其音失之梗直,无抑扬顿挫之可分,无高下疾徐之可辨。故虽用足十二分气力,提足十二分嗓子,说来总不娓娓动听,所谓吃力不讨好者是。勿若林鞶卿,尚能运用其歌喉,尚能变化其音节,稍有模糊之处,座客还能曲为原谅也。由是观之,则不待明辨而二人之轩轾,已可得而分矣。

日前有人来函，谓白口好怀，当归功过于脚本，不可归功过于优伶。骤闻之，似甚有理；细辨之，尚有不然。盖为是言者，但知其一，而不知其二。就理想立言，而非就事实立言者也，愿为其分别释之。

宣统三年八月十五日/1911年10月6日

粉墨场中之杂货店①

正　秋

某而错一字，误一步，则此伶身价必落。某能□□□，则名由是噪。盖此日楼上下拥挤不堪之座客，□□□其品题而来也。且群视得以躬逢斯盛为□□□会为辱。故此座客必多于恒时，俳优之包银，大□□□亦于是乎定。盖得自多数人之同意，优人只有□□而无怨尤也。准是以言，则白口好坏，固不可以归功于优伶，当归功于脚本也实宜。

我国有新戏出，就目前论，实可名之为无脚□□□戏。盖各优伶如遇新戏，有暇时，只经一人或二人，□□□数次；无暇时，则但须众人围聚一处，由一人总提讲□□□时足矣。至于提讲也者，亦不过将戏中人物，及情节□□大概，略述一遍而已。如何演法，如何唱法，如何说法，□□□操自各优伶之手，于编者无一毫关系也。其词白通否，白口好否，能免文不对题否，未演之前，无论何人，均所不知。既已开演，则若者有思想，还通顺；若者寥寥无几句，发挥不出，始一一得知。而又只得任其自主，无人能为其修改。若辈所引用者，皆为老戏中之句子。

宣统三年八月十六日/1911年10月7日

粉墨场中之杂货店

正　秋

依白口当归功过于脚本之说以评戏，此层□□□□于泰东西，

① 以下两日因原件残缺，故阙漏甚多。

而不可行之于吾国。倘强欲行之,则□□□□厚诬编者不止,必致编者不任其咎,屡屡要求□□□□哉!泰东西一有新脚本出,始必由舞台监督,□□□□音乐,程度极高之名家,执脚本以口授各俳优□□□教毕,乃请编者莅场静听。用此种唱法,□□□□脚本否。编者如谓与我编辑之意,尚有不符,则□□□定当另易善法,再行教授。总之教至合于编者□□□为度,道白亦犹然也。此脚本既经练熟,□□□□言之,乃择日试演。而此试演之日,即为俳优升降□□关键,有一经品题,而身价十倍者;有一经指摘,而声名涂地者。故各伶于此日,必竭尽生平能事,以邀观客赞赏。凡一生最得意、最有价值之衣饰,尽于此日御之。而此日之座客,则皆为本地有名人物,均系得有舞台请帖而来者。各剧场平时不演日戏,惟试演必在日间,且不取资。届时座客各手脚本一册,目注歌词,耳听台上。而台后教此戏者,亦手脚本以察听。(未完)

宣统三年八月十七日/1911 年 10 月 8 日

京剧历史文献汇编

主编 傅谨 副主编 谷曙光

[清代卷]

伍

其他报纸（上）

本卷主编 吴新苗

凤凰出版传媒集团 凤凰出版社

其他报纸（上）

本卷主编　吴新苗

目　录

新闻报

《新闻报》，日报，1893年(光绪十九年)2月17日创刊于上海，1941年、1945年曾两次停刊，但不久复刊。1949年改组出版《新闻日报》，1960年5月31日终刊。本报最初由中英商人合办，后几易其主。主要内容是经济贸易方面的新闻和消息，为吸引读者，先后开辟了一些趣味性副刊，如《快活林》、《新园林》、《艺海》等。新闻和副刊中有不少关于京剧方面的资料。

吴新苗辑录、整理。

光绪十九年(1893)

戏园争胜

芜湖大观戏园于去冬开张,屋宇重新,仿佛申江模样,看戏者纷纷而入。不料未及一月,人来稀少。而胜凤园主亦聘请有名生旦到芜,将屋宇重新修饰,两园均于元旦开演,极一时之热闹。惟自旁观者论之,终觉大观园生意不及胜凤园之善于招徕也。

光绪十九年正月初十日/1893年2月26日第3版

演戏肇事

元旦日,芜湖胜凤戏园优人登台演唱,优孟衣冠,簇簇新新,红男绿女,两旁列坐,拥挤不堪。有乡农三人入内观瞻,忽将戏筹遗失,收钱者与之争论。始而角口,继而挥拳,将乡人头额打破,血液淋漓,乡人誓不干休,拟率领手胼足胝之辈兴问罪师,嗣经旁人纷纷解劝,以孔方兄为和事老,始寝其事。

光绪十九年正月二十日/1893年3月8日第2版

歌舞升平

夫钧天一奏,箫台有雏凤之声;羽衣翩然,中序应青霓之节。自来休明,鼓吹大乐同和,实可以□发宫商,宣通金石。况乃观光,既得感发斯兴,凡忠臣骨鲠之节,义士肝胆之陈,孝子捧檄情现乎辞,节妇对发义形于色,无不传之关目,状入传奇,法之可以振贤淑之心,鉴之可以夺奸雄之魄者哉。东粤往时未有戏院,论者未尝不谓大都繁会,领袖南溟,何以羽仪克振,不逮神京;鞠部胪欢,偏饶吴郡。于是转轮妙继,善贾多财,金地布夹,琼台四起。南海衣冠之气,一振于斯;岭峤云霞之光,并萃于此。固已南雪斋前,共赏韶英;雅奏泮塘,水畔争逢,戏采春光。兹者和乐,改名北腔;更唱普庆,减饷南部。还开同兹盛世元音,各得饱心餍目,我之怀矣。料应先有同心,盍往观乎,莫负一弹再唱。

光绪十九年正月廿二日/1893年3月10日第3版

论歌曲有沧桑之感

自来燕饮必进歌姬,既属园林允宜声妓,况逢令节良宵,则此举更不可或缺。盖有笙歌以韵之,则亭台活矣;有粉黛以杂之,则风月新矣。沪北双清别墅徐园主人,能体此意。每逢佳节,或值良辰,必邀名流、招名妓,开琼筵以□花,飞羽觞而醉月。及时行乐,年年如是。主人尤笃嗜昆曲,此外鄙俚之歌,塞耳厌闻。故每值开樽,必高悬禁令,不得唱京二簧以及徽调梆子腔等曲,只准以昆曲奏技。一时诸姬之以京腔擅长者,莫不敛手而退。惟有吴秀卿一人,引以为耻,既归,乃延师学习,竭尽心力,不一月便即入彀。于是徐园有宴必招,声名遂起。近日细加察访,乃知工昆曲者实只三十余人,其余盈千累百,则率皆以京二簧为生涯,而不知昆曲为何物者也。有能悉数此三十余人之姓名,谓如吴秀卿、林黛玉、徐瑞宝、张二宝、吴新宝、方霭青、徐润玉、花翠芳、陈桂英、姚宝琴、花巧宝、陈小红、林佩香、郑小卿、林宝枝、刘文兰、林文玉、吴少卿、余卿卿、朱素玉、朱赛芳、王薇卿、叶吟香、李红琴等。夫固各有所长,可以按图索骥,或玉箫金管,低吟杨柳晓风;或铁板铜琶,高唱大江东去。良宵风月,胜地楼台,一曲清歌,数行美酒,此是何等境界。以视彼肠肥脑满,烂醉狂呼,拇战喧闹,尽情狎亵,相去何止天渊之判别。加以招徕侑酒之姬,往往杏靥红堆,桃腮紫涨,柳眉倒竖,星眼圆睁。或高唱《天水关》焉,或狂呼《黑风帕》焉,或交歌《二进宫》焉,或争讴《牧羊卷》焉,一时翠袖佳人,倏变而为关西大汉,而所谓诸狎客者方且色舞眉飞,自鸣得意,齐声喝采,顾而乐之,不啻身入广寒宫中亲听霓裳羽衣一曲者然。吁!可哂也,亦可慨也!

犹记道咸年间,本埠北里笙歌,皆以昆曲从事。当肆筵设席之时,酒既三巡,便当歌呈一曲,所歌必取昆腔,各奏一二套不等。然前妓已歌之曲,后妓不得再歌,惧以重复取厌坐客,故每人必有生曲一二套，以便广筵人众时，随班奏技，不致犯重而免缄口。虽纷至沓来，更唱迭和，而其调必易，其曲必新。出出出奇，人人争胜。无狂呼乱嚷之恶态，有清歌慢舞之余风。亦非不歌小曲，唱滩簧等类，或弹琶琵，或敲洋琴，或鼓月琴，或拉四虎，然必待昆曲唱罢之后，始可一一献技。尽有以工唱小曲，不唱大曲为耻者；断无以工唱大曲，不能小曲为耻者也。若徽调、广调、京调诸二簧，及秦调之梆子腔，皆无人上口，亦无人入耳。洎南北洋轮船通行以后，京班优伶陆续南来，专以二簧从事，于是无人不袅项反舌以效习之，渐积至于秦楼楚馆亦复竞学其音，而昆曲遂屏而不唱。此端既开，风气一变，驯至今日，几无复有人道及大曲者。故风雅中人每当入北里、至旗亭，莫不欷嘘慨叹。而于歌筵绮席间，亦动沧桑之感焉。

尝讶古人则以浅斟低唱为乐事，何今人偏以满斟高唱为乐事。至于曲中之词句，调中之节拍，更无人一加考究，惟诩其出口声音之宏大，夸其效法伶人之逼真已耳。方且鳃鳃然，托于知音之雅，抑且贸贸然，居为赏音之尤。此是何等性情？噫！静躁之不同，即雅俗所由异。不有徐园主人于举国波靡之际，挽回而补救之，则昆曲一道，不几如广陵散乎。宜乎，来游是园者，偶值歌筵之适厂，莫不循廊窃听，倚树潜窥。每诵“此曲只应天上有，人间难得几回闻”二语，亦可征动人倾慕之甚矣。本届元宵，园主人又援例宴佳客、召名姝，计与会之姬约有十数人，皆属工于昆曲者。竹肉竞奏，裙屐相参，极一时之韵事，旗亭乐府争唱新声，缅当年画壁之风流，仿佛重逢于今日，能无感慨系之。

光绪十九年正月廿六日/1893年3月14日第1版

臣永瑺等谨奏

臣永瑺等谨奏：为奏闻事，臣等于本年月日奉旨派出，查看西直门外长河一带至观音庵各处点景工程，遵即带领司员前往，查验得：万国来朝景一处，线法山景一处，瀛海仙山景一处，瑞雨和风景一处，凤仪兽舞景一处，三官庆寿景一处，白猿现寿景一处，九老呈祥景一处，福门多喜景一处，王母庆寿景一处，九狮呈瑞景一处，罗汉庆寿景一处,罗浮仙山景一处,寿与天齐景一处。戏屋八座,牌楼十二座,亭座游廊三百八十间,回子房十五座。共费银若干两,缮单恭呈御览,谨奏,请旨。奉旨,知道了,钦此。总管内务府谨奏:为请旨事,恭照本年十一月二十日皇太后安舆进宫,据顺天府委员将接驾之老民老妇恭捧无量寿佛一百尊,敬设十龛,呈送到来,理合奏闻于何处供奉,为此谨奏请旨。奉旨著在万寿寺酌量安供,钦此。此单告毕。

光绪十九年二月初十日/1893年3月27日第3版

升平盛事

今日浦东唐桥镇地方某庙内迎神赛会,闻此会已数年未赛,故此次在会诸人兴高采烈,巧搭台阁数座,及装演诸色故事,无奇不备,无色不妍,真有如火如荼之盛。但愿天公做美,雨师返驾,箕伯微扬,太阳星君早升宝座,俾各处之渡浦往观者,不致有乘兴而来败兴而归之叹,不亦幸乎。

光绪十九年二月十六日/1893年4月2日第4版

学宫演剧

扬州学宫,每年于文昌圣诞之晨,率领生徒在署团拜,大张灯彩,燕乐多士。本年是日,适有姑苏新到之九女班,招入演剧,凤管惊箫莺,歌燕舞,一时并作,工妙绝伦。开场有一垂髫者,带青面具,作魁星舞,儇捷便利,轻如通臂猿。继有扮财神者,拥朱提白镪,跳跃登场,咸嗤太俗。伶人谓今岁恩科,纳监录遗者,亦须国子先生送考,满墙桃李,共荷春风。夫子门墙,宁不看财神情面耶。观者皆哄堂大笑。俟演赐福加官及诸杂戏,玉戛金锵,云璈月佩,较之寻常梨园子弟,只应天上无复人间。老广文乘兴援笔,大放厥词,俄顷间成乐府三章,令碧云、紫玉二女伶歌之。双鬟低唱,不数黄河远上白云间矣。西厢记云"一个是文章魁首,一个是侍女班头",今日之宴于斯为盛。

光绪十九年二月十七日/1893年4月3日第2版

二月黄鹂

旧岁有小茀才、十二红、黑七等三伶同立富庆和部，十二红原系宝胜和领班正生，未有出班之议。新班约成，宝胜和主人声言俟十二红出台时，便当捉将官里去，十二红两难去就，遁而之张家口。茀才、黑七仍自开班演唱。茀才本都城小旦之魁，而班中以正生为要。黑七携二徒，均唱正生，声容并美，特年轻望浅，难厌众听。故此外虽正旦小生无不佳妙，而往听者日不过三数百人。茀才、黑七乃遣人赴山西访得正生十六红，以重金聘至。新正初十日，登台歌喉宛转，情韵大佳，而身首动摇，又难厌观者意，往听者仍不过三数百人。先是，黑七二徒日取车费京蚨九十竿，茀才数亦甚巨，乃商诸黑七，请彼此稍减。黑七忿甚，自二月五日始不复率其徒入园演剧。顾往听者日亦仍三数百人。现闻有兔园中人抱册和解，谓宜照旧演唱，一两月后必当大有起色云云。援笔纪之，一为歌苦知稀者慨，一为矮人观场者讽也。

光绪十九年二月廿一日/1893年4月7日第2版

沪江琐谈

本城西门内某茶寮，每于晚间弹唱淫词艳曲，妇女明妆艳服，杂坐其间，以致轻薄之徒乘间调戏，无所不为。前晚弹唱方毕，有殷某者向某姓女郎调谑，正在自鸣得意之时，为木匠阿二等所见，顿含醋意，随至梦船堂外，扭殷蜂殴。当经傍人劝散，殷某殊不甘心，告知亲戚张某往诉该处地甲，向阿二等理论，不知如何了结。查茶肆内弹唱淫词本干例禁，现有邑庙豫园内得意楼茶肆，亦弹唱《倭袍》淫传，引诱妇女入馆啜茗，实为风俗人心之大害。倘为民上者重申禁令，提案重惩，亦地方之德政也。

光绪十九年二月廿二日/1893年4月8日第3版

土地迎会

虹口下海浦土地庙，常年春冬两祀，并有广帮人等附从入会。昨日为出会之期，除前导执事旗锣伞扇外，又演扮各出戏景，并各色杂技,颇形热闹。更有托臂香者,用大号锡香炉将铜钩穿入臂上,从(纵)行其间,观者无不啧啧称赏。

光绪十九年二月廿四日/1893年4月10日第4版

花鼓又闻

花鼓淫戏,久著例禁,兹闻五福弄底小菜场内有宁沪两帮人在内演唱花鼓淫戏。插花扎扮,装腔作势,演唱情形,不堪寓目。四面均设长凳,男女混杂,流氓地痞借此为敛财计,惟风化攸关,所愿贤有司设法禁止耳。

同上

严禁赛会

宁波南乡有都神殿,素著灵应,每年于四月望间由各铺户捐集巨资,举行都神会。仪仗之鲜明,台阁之奇巧,无不啧啧称羡。每届会期,红男绿女成群结队,拥挤不堪,遗钗坠珥时有所闻。虽有各差役四处弹压,而无业流氓仍不免滋生事端。去岁循例举行会,至大教场与驻札(扎)官兵争殴,几成大祸。幸提督冯煜康军门竭力禁压,始各鸟兽散。今春又届会期,鄞县杨大令与镇海束大令恐地痞恶棍藉会滋事,即禀明上宪出示严禁,只许奉迎神像各处出巡,不准高扎彩搁(阁),演扮杂戏。倘视此告示为具文,仍蹈故辙,定将司会事人及地保人等立拿究办云云,亦防患未然之一道也。

光绪十九年二月廿七日/1893年4月13日第2版

万寿庆典应修街葺铺搭坛盖台点景请旨遵行疏

和硕礼亲王臣世铎等谨奏:为请旨事,二月十五日具奏御制词章暨金辇经由之处等因各一折,十七日奉懿旨,等因,钦此。内务府恭查乾隆年间历次恭办庆典成案,自西华门至西直门,将两旁街道铺面量加修葺,并相地点设景物并庙宇,搭盖经坛,奉念寿经。又自长春桥至高亮桥长河两岸,以及万寿寺后沿路两边,盖造楼台戏台亭座，分段安设点景各在案。明岁恭逢慈禧端佑康颐昭豫庄诚寿恭钦献皇太后六旬万寿庆典，由颐和园乘御金辇进西直门、地安门、西华门还宫，除经由道路应由步军统领衙门查明情形另行具奏外，所有西直门外，关厢一带及城内金辇所经跸路两旁，铺面房间可否照案量加修葺，及相地点设景物经坛戏台之处，谨恭折具陈，伏候钦定，敬谨遵办。再，此折系内务府主稿会同钦派王大臣办理合并声明，为此谨奏请旨。二月二十五日具奏，二十六日奉上谕，据总办万寿庆典王大臣世铎等会同内务府奏称，恭查乾隆年间历次庆典自西华门至西直门，将两旁街道铺面量加修葺，并搭盖经坛戏台分段点设景物各在案，明岁恭逢皇太后六旬万寿可否照案办理，请旨遵行一折。朕谨据成案，竭诚吁恳钦奉慈禧端佑康颐昭豫庄诚寿恭钦献皇太后懿旨，西直门外关厢一带，及城内跸路所经，着平治洁净，两旁铺面房间稍加修葺，至点设景物等项，著相度地势酌量办理，不得踵事增华，致滋糜费，钦此。朕心钦悦实深，即着该王大臣等将一切应办事宜敬谨妥议具奏，钦此。

光绪十九年三月初二日/1893年4月17日第1版

平江春水

娄门外坝基桥蒋家坟每阅五年例有大祭，必雇戏班演剧娱灵，是诚墓祭中之独开生面者也。月之初六日，又值五年大祭，其子孙预于前数日雇工搭盖戏台，特邀大同戏班届期开演。是日天气清明，惠风和畅，游客之乘舟而往者纷纷不绝，城厢内外踵错肩摩，途几为塞。直至四点钟收锣息鼓，众始散去。闻蒋氏子孙共到百数十人，亦云盛矣。

光绪十九年三月十二日/1893年4月27日第2版

莫(暮)春公宴

宁波各局员并宁波通判、鄞县邑尊候补各员会同绅士，于初五日在江东北号会馆公请冯军门、吴观察、胡太守肆筵设席，合演京徽两班，南北新腔同时竞奏，嘉宾贤主欢洽逾恒，至夜十点钟曲终筵散各回衙署。

光绪十九年三月十二日/1893年同上

影戏可观

汉镇会馆林立,而宽敞轩昂,则以山西会馆为第一。且又雕梁画栋,金碧辉煌。高楼上塑盖天官神像,春秋致祭,典礼维备,山陕富商踊跃从事,诚非他帮所及。本月十二三两夜,有外来纱影子戏到汉,于会馆内高台唱演,一时笙箫迭奏,金鼓齐鸣,绿女红男观如堵塞。每晚类演唐僧取经西游记故事,或龙或狮,或佛或象,或妖魔或鬼怪,以及五毒恶虫,光怪浏离(陆离),变化百出。继演唐宋元明等朝故事,曲肖西腔,楚人不惯听闻,俱以下里巴人目之。然是会也,妙在连宵月朗星稀,惠风微畅,一片空明,真是升平景象云。

光绪十九年三月廿六日/1893年5月11日第2版

论近来少年纨绔之习

纨绔之习出于少年,少年之时易习纨绔,此固自昔已然,而近日则觉尤甚。若上海洋场地方,则更阖处皆是不堪焉。此等人大率由于家庭之中父母之教不严,学塾之中师傅之教不切,既乏良友以箴规,又弗读书以陶淑,渐积而日亲夫匪类,渐积而日入于下流。嫖则必示豪奢,赌则暗罹局骗,食则不厌珍羞,着则定须罗绮。其一切挥霍之资,父母而在堂也,则出于挪移者半,出于偷窃者半,甚有重利借贷,书契与人,待亲夭年偿还此款者,其不孝之罪上通于天而仍不自知也。父母而既殁也,则惟我所欲,无所不为。或未终七而已观剧矣,或未终丧而已纳妾矣,种种悖理之事,任意举行,般般犯法之条,纵情不顾。其初皆属官宦之子孙,其继遂沿及富室之子弟。盖有钱乃可以为恶,钱即为助恶之端;亦犹之有钱乃可以行善,钱亦为行善之料。同此该钱,不以之行善而以之为恶,实缘己身之福薄,而祖父之积德不厚故耳。试将目下纨绔之形状,不惮烦琐而详述之:眼非不明也而必戴细边之镜,口并不嗜也而必含雪茄之烟，发三日而一薙而必留刘海之箍辫，一日而一梳而必荡三股之式，马褂背心长仅逾尺，大衫长袍袖窄如筒，纽绊既百出其奇，鞋子亦千变其式，套裤必加阔滚无异女装，袜子亦须增工别生花样，指头之印戒别号分明，臂间之金钏迎人炫烂，折扇必须象齿，羽扇必取雕翎，手巾之香水何浓令人飅鼻，车辆之钢丝何细行地无声，长衫短褂悉用领船夏葛，冬裘皆须卷袖。茶馆烟馆坐游卧游，张园愚园卜昼卜夜；剧场书馆点戏为豪，酒肆旗亭番菜乃贵。罗而致之则叉麻雀，等而下之则打野鸡；荷兰水则以一吸为雄，香槟酒则以狂吞为贵。或手自执御驰骋于四马路中，或目不交睫痛饮于尚仁里内，叫局之条繁如雨点，拇战之响声若雷轰。纳妓以价高为贵不嫌一万八千，弃产以速竣为期何妨七折八扣，别营金屋以藏娇，准备绿巾之暗戴。一年半载人去财空，几次三番资亡产竭。新光之头面，先抵急需红木之家私，亦偿欠款犹记。有月出多资，包定戏馆之一楼，日夜以供观剧者。亦即有月出多资包定酒肆之一座，日夕以供饮啖者。更即有月出多资，包定花园之一室，日夕以供成趣者。曾几何时而戏馆无迹矣，曾几何时而酒肆无踪矣，曾几何时而花园匿影矣。又记有以赅(赊)东洋车为荣者，自以为逊于赅(赊)马车；有以赅(赊)马车为阔者，自以为逊于钢丝之马车，乃不一转瞬而东洋车坏矣，不再转瞬而马车敝矣，不三转瞬而钢丝马车又裂矣。当其始也，何等辉煌而阔绰；及其既也，何等败坏而摧残。其盛衰兴败之情形，实与石火电光而同速。今为之一一道破，恍如梦觉。徜不动心、不转念，是真冥顽不灵，无殊聋聩。所望为父兄者，早加防范；为师友者，严切箴规。更愿为官长为学师者，时时访察，刻刻提防，广开学校以宏教化之端。痛戒父师，勿以因循误事。年少时少一浮荡之人，年壮时即少一梗顽之辈，地方自然安靖，良民庶可安居。以此等少年纨绔之人，终必流为匪类，侪于盗贼。其害及已身也事犹小，其害及地方也事乃巨。噫！然则眼前之纨绔，即日后之鹑结也；今日之纨绔，即他年之赭衣也。可不惧乎！可不惧乎！

光绪十九年六月十三日/1893年7月25日第1版

粉饰升平

顺治门外下斜街有全浙会馆焉,闻无戏台,每逢新正春宴同乡团拜之期,必措别省会馆演戏。近年会馆主筹积巨款,随购木料,饬匠兴造戏台,今已造成。比之嵩云草堂戏台益觉规模宏畅,复加以油饰彩画,更壮观瞻。所有各屋一律修理整齐,陆续油漆,七八月之间可以完工。惟江苏会馆,初有人亦欲兴造戏楼,后因各同乡京官议得造戏台费约需万金,而每年仅用一次,殊不合算。且来京验看之人,非皆素封,除印结外,再加造戏台,费力有未逮。必欲分派,亦属不情。江苏会馆之无戏台者,职是之故。说者谓江苏之不造戏台,主在节流;浙江之必造戏台,意在体面。分道扬镳,各行其是,固无分乎轩轾也。

光绪十九年六月十八日/1893年7月30日第1版

滩簧宜禁

沪上有一种无业流氓,三五成群,专习淫词艳曲,弹唱于茶寮书场之中,名为滩簧,实与地方风化攸关。英界谳员蔡太守屡次严禁在案,无如若辈阳奉阴违,仍蹈旧辙。近来四马路之福星楼、胡家宅之青云楼茶室,每于晚间十点钟时,诸无赖手抱丝竹,搭台演唱。靡靡之声不堪入耳,座上听者竟有百数十人,大半者马夫流氓,且有年轻妇女混杂其间,异常拥挤。若辈无耻之徒,藉此撩云拨雨,品足品头,甚至密约佳期,私相苟合。败俗伤风,莫此为甚。所望贤有司,设法查拿究办,真地方莫大功德也。

光绪十九年七月初三日/1893年8月14日第3版

私戏官做

花鼓滩簧,久干例禁,盖以有关风俗,诱惑良民故也。浦东严家桥地方,于前晚建设高台,演唱影戏。通宵达旦,彻夜不休。乡间男妇,混杂往观,而轻浮无赖之子,乘间嬉虐。闾阎之害,莫此为甚。塘桥驻防局近在咫尺,竟任其明目张胆,不往驱逐。大抵局差从中分肥,故意装聋作哑,一任横行无忌耳,否则恐无此胆大也。

光绪十九年七月十六日/1893年8月27日第4版

滩簧愈炽

花鼓滩簧，久干例禁，以所唱皆淫词艳曲，丑态横生，男女混杂，风化之坏，地方之害，莫此为甚。虽经各宪严行禁止，而若辈置若罔闻，依然如故。推其心盖有势焰之人为之庇护，故敢胆妄若是耳。日前保甲总巡张牧九司马亲至沪南金玉楼茶馆，将唱滩簧之姚锦荣、张庆生、金玉书、朱吉太及茶馆主姚来勋等获局，严加训斥，并罚洋充作善举等情，已录前报。查沪城内外藉此引诱良家，煽惑民心者，颇不乏人。自张司马提办之后，弊绝风清，口碑载道，自知改悔者亦各纷纷停歇。惟沪北四马路之洪园福星楼、胡家宅之共登青云楼，仍旧建搭高台，招摇演唱淫词秽语，不堪入耳。并闻福星楼则野鸡齐飞，青云楼则秃僧胪列。弦管之声杂以笑傲，弹唱之间寓以戏谑。在彼纷纷听客亦遂肆无忌惮，桑中之约，濮上之期，靡所不至。如此情形，尚复成何体统。然英公堂及巡捕房至今未闻查禁，谅此中有人碍难拘拿，但不知所拿何人，究系何人可往拿捉，俟探明续录。

光绪十九年七月廿一日/1893年9月1日第3版

客串昆腔戏出

本家不惜巨资聘请姑苏头等昆班名师教习林二宝、林三宝、九龄童、林宝宝等，现已习熟昆腔戏出，外班客串。倘蒙诸翁赏鉴，请至清和坊三弄林宅，勿误，速往，特此告白。

光绪十九年七月廿一日/1893年9月1日第7版

影戏宜禁

凡各乡之最坏风俗、耗民资财者，莫过于演唱花鼓戏及所谓影戏者。花鼓戏皆在镇市茶馆中，淫词秽语，信口狂喷。男女混杂，此嘲彼笑，忘廉丧耻，为害实深。至于影戏，则于荒野之处搭台，招集无赖于夜间演唱,竟有妇女不畏十余里之远,唤姑携嫂,结伴往观。所演之戏大半不堪寓目,而嗜之者不啻蚁之慕膻,蝇之逐臭。人声鼎沸,达旦通宵,其有两心相许未能如愿者,即藉此作月下佳期,桑中苟合。一年之中,四乡因演花鼓戏影而堕名败节者,不知凡几;争风打降而酿事端者,亦不知凡几。为首搭台之人,俱该处著名流氓。虽有□□,莫敢撄其锋,盖以同居桑梓,不欲招怨故也。前者浦东严家桥地方有著名地棍朱庆云为首搭台演唱影戏,兹悉近日移至龙王庙后面魏港地方开台。前晚正在兴高采烈之际,所搭戏台本不甚坚固,复为看戏之人极力拥挤,以致戏台下压伤乡民三人。当即诉知该处地保,向朱庆云理论,不知如何了结。然挽颓风惩薄俗,实所望于民之父母也。

光绪十九年七月廿二日/1893 年 9 月 2 日第 4 版

追提优伶

京优小穆即穆子,系内城府头等名角,梨园中推为巨擘。所演大花面各剧,莫不啧啧叹赏。据闻小穆向在大内唱戏,因事请假,由天仙茶园孟七再三邀其潜行来沪,未曾声明。其初到上海时,适天仙菊部在南会馆演剧,不甚经意。因之丹桂邀往,及天仙知觉,坚请至再,始允往该园演唱,至今计已月余。现因京师杳(查)悉小穆久假不归。由内务府辗转知照海关道聂观察,札饬英公廨将小穆提到暂押,移县备文,解送北上。兹悉蔡太守奉谕,将小穆传到,闻小穆因初在丹桂园演唱三天,园主所得颇丰。此次起程,向贷不理。遂禀明蔡太守于昨日饬差传知园主周凤林,剀切劝导,乃凤林抗违不遵,太守遂将周凤林派差押送上海县查办矣。

光绪十九年八月初三日/1893 年 9 月 12 日第 4 版

梨园百花词并叙

槖笔走天涯,柳巷花街未有片时出入;借枝栖海上,梨园菊部从无一日睽违。故娇眼迷离,司空见惯,而衷怀缱绻,杜牧情深。艳曲歌来,无非金缕;乔妆扮出,尽似红裙。听赵瑟与蜀琴，屡向歌场问讯；抛秦楼与楚馆，不从露里看花。纵无金屋藏娇，作风流之才子；自是青衫落魄，为薄倖之书生。既经我辈宣扬，憨态娇情，莫不形容于纸上；不管谁家翘楚，歌衫舞扇，咸留夭冶于人间。虽然借百花之列等，评妙伶之低昂，不可藉一己之私，尤宜同大家之好。则他日客到征歌，方可临图而感佩。人来顾曲，先在此处以徘徊，作者谱此群优，不负深情乃尔。见者读斯俚句，莫嗤狂癖难医。玉质轻盈，孰比伦六郎。想定是前身铅华洗尽清如许，自是个中第一人。

莲花　小一盏灯

评云：色艺音容，各臻其妙。

个侬独具雪霜姿，能占春风第一枝。疑是神仙姑射到，孤标绝世动人思。

梅花　想九霄

评云：清歌妙舞，丰度翩翩。

沈香亭畔门繁华，品格曾将富贵夸。博得君王同一笑，倾城岂独女儿家。

牡丹　周凤林

评云：娉婷轶众，嫋娜动人。

广寒宫里一枝开，则有天香拂面来。几度徘徊蟾窟下，因思折取到蓬莱。

桂花　小金香玉

评云：豪丝哀竹，响遏行云。

凌云志气异寻常，脱影风尘冠众芳。不与凡花争绮丽，依然曳锦奏霓裳。

凌霄　五月仙

评云：管弦并奏，殊觉动听。

唐妆初罢舞风前,无限娇憨无限妍。端为更残灯烬候,暖香深处尽酣眠。

海棠　高彩云

评云:秾织(纤)合度,修短得中。

新妆初罢倚栏时,媚态临风觉更姿。绮丽何妨金谷地,不惭消受乐天诗。

芍药　牡丹花

评云:姿态鲜妍,声音清越。

生成秀骨最宜人,疑是神仙姑射身。盼到清风明月夜,淡妆也自绝红尘。

朱兰　小灵芝草

评云:娇小轻盈,憨态可掬。

天生傲骨惯骄人,历偏风霜色更新。莫道篱边多冷淡,秋光岂尽不如春。

菊花　郭天禄

评云:徐娘半老,风致犹存。

三湘江上满天春,洗尽铅华证夙因。自是天涯幽契结,不随凡卉落红尘。

兰花　小金翠

评云:丰神隽逸,姿态清扬。(编者按:原文有评无诗)

新安崔宗鲁少棠氏待定草

光绪十九年九月十四日/1893 年 10 月 23 日第 10 版

剧 场 受 窘

日前镇江西乡某村演戏,有某氏妇携同侄女赴场看剧,初觅人稀之地，藉图安顿，乃坐未移时，人如潮涌紧逼而来。该妇知难出外，疾呼有人抢物，经压场者引出重围，幸未过于受窘。缘该妇侄女年方二八，雪貌花容，村中不可多得。故一经泄漏春光，怎禁得浪蝶狂蜂不为摧折耶！寄语闺中少女，愿于闹热场中慎弗轻移玉趾可也。

光绪十九年十二月初八日/1894年1月14第3版

劝禁演淫戏说

东瀛浮萍生呈稿

戏何为而昉哉？古人立意在乎劝善惩恶，临场一看，装扮逼真，音容宛然，眉目之间感动人情者，固属不少；隐微之中陶冶人心者，抑且尤多。即比之于读史而寻模范于纸上，及闻教而求规矩于语中，优劣自有所判。况妇孺之不解字，儿童之未入学，觉之无方，导之无术，于是乎作戏以示之，使儿女踊跃以赴，急切以观，而劝惩之旨自备于其中焉。然则虽曰戏也，而于世道人心关系实不浅鲜。即如演戏之人，其名虽可贱，而其功岂不可多乎？曾闻古者入乡听乐以察其政，即知戏亦观风之一端。污隆判时，正邪从俗，不可诬者，在此存焉。

乃余于沪上梨园，有不胜长叹息者。盖余初由东来沪，抱夙志以看戏而未果也。昨偶与二三友人到天仪茶园，观名角奇童，衣履都丽，样样夺目，技艺巧妙，种种人神况，余嗜剧之性兴高三千丈，恍忘身是异邦之客。看到一半，忽有男女相挑之举，始则目迎语送，继则□□□脚，终则双枕□体，其时烛灭留髡之光景，实属不堪。观其狼藉花枝，种种丑状，笔不忍笔，目岂堪见？然而此时看客一齐屏气吞声，及至兴酣之际，喝采洪声，突起四隅。喜耶？叹耶？抑亦神飞欤？或是失神欤？余与友怃然失色，此后一半索然无兴，匆匆出场。既归寓而更已阑，灯下切慨风俗之坏，如此之甚而不已也。

翌早访之寓主人，细谈此事，并问曰："是等戏园，问其场面，则公众士女百千共睹之所；问其戏剧，则寻常闺房万不可有之事。猥极亵极,不亦太甚乎?”主人言:“此样戏目,不仅天仪一园为然,他园概同。凡在园中看戏者,大抵以此种关目为顶上功夫,今一家若不肯演,便无人去看。家家若同不演,则共归萧条,园主在生意上着想,亦无奈何耳。”余谓:“不必将此种戏剧除去也,只宜家家一样去其淫而猥之关目,得其意焉,斯可也。古人作戏出乎劝善惩恶之意,而今有戏如斯,殆导人儿女入淫猥之门也。欲市无冶郎,家无荡妇得乎?近来沪上之风俗,追年逐日,坏之更坏,余思戏场亦与大有力焉。尤惜园中名角,技高调响,诚足以劝惩儿女之心肠,而反学此般荡陷人心之举,何耶?然彼卖技之辈,尚足以恕。所疑夫穿羊裘,跨马车,堂堂看戏之人,而未闻一发叹息之声,反率其儿若女使陷于阱中而不自悟耶。然此等纨绔游冶之徒,未足以深责。所怪满城绅董善士,见如不见,知如不知,曾无一人谋议及此,抑又何耶?夫上海为天下之胜区,五洲之人亦均来集,其风俗之好歹,直与国风相系,固不得以等闲例之。余之慊然于怀者,亦职是之故。”主人曰:“子所说甚好,然吾怕沪上绅董筹之已熟,但尚未举行耳。只好以子所言质诸绅董,殆无不可。”余因记之,请上报端,顺请大方一阅。余卤莽东洋寒士也,观光中国数年于兹,一事无成,只笃好采风问俗,不惮用力。余观沪上各报馆,论列时事细大不泄,能握其要义。闻各绅董善士,临时应机施行善举,不遗余力,钦羡无已。顷间又有禁野鸡之事,此项看似小事,而所关最大,窃谓亦近来之要事。古曰“欲清其流,先澄其源”,敢谓今之戏园,淫风之源,伏思沪上各绅董善士,若有取鄙言及时行救正之策,即是中国之福也,沪城之幸也,远人之愿也。愿以质诸各绅董。

此东瀛浮萍生来稿意在禁遏淫戏,亦与中土正人之论相符合。惟是责备绅董,则是不知中土之情形矣。按此等事,中土之绅董亦深恶之,即中土之官员亦深恶之,平时岂无绅董之具禀者乎,岂无官员之申禁者乎。特言者谆谆,听者藐藐。推原其故,则从未尝以国法加诸犯者之身。故耳为特声明,以释浮萍生之惑。本馆附志。

光绪十九年十二月十三日/1894年1月19日第1版

光绪二十年(1894)

名角同逃

沙市戏园向为安庆福陞班,已历有年生涯,未见甚佳,目更换红菊花与解金红二人执掌班事后,地方士商多宠幸之。上年该二伶各娶一妇,曾列前报。讵至岁除,二人亏空甚巨,无可弥缝,相约逃遁,作黄鹤之高飞不知去向。家中所有,已被帐主收括一空。新娶二妇,不能成立,只得复理故业,重施脂粉,再抱琵琶,自怨遇人不淑而已。

光绪二十年正月十三日/1894 年 2 月 18 第 3 版

论淫戏宜禁而不能禁之故

日来本埠各戏园中扮演淫戏逾极秽亵,因此人言啧啧,举国哗然,称为大坏风俗。且以官衙之不禁,颇寓讥讪,并追溯当日黄方伯之禁令而以不复遵奉为憾。

噫!其说诚是。而惜乎无益于事,徒托空言,适足贻戏园中人所窃笑耳。窃尝以为戏剧之肇端,原为扮演往事以示今人,取其触目惊心,易于感动起见。故所演者,首重忠孝节义,然亦可兼及夫奸盗邪淫。缘劝善与惩恶,固并行而不悖也。世人读书者少,不读书者多,识字者少,不识字者多。读书识字之人有书史典籍之寓目,其临场观剧也,不过为怡情遣兴之资。不读书、不识字之人,目不知书籍为何物,眼不见古人为何状,则以临场看戏为居今稽古之助。耳濡目染,自然而然知忠孝节义等端为可贵,亦自然而然知奸盗邪淫为可耻,是戏也者,且隐操教化之权焉。以故相沿,至今不能歇绝。且上自天子,下迄庶人,举觞行乐,又即以此为歌舞之一端。在编著此等传奇之人下笔时,必尽情体会,极意描摹于忠孝节义诸剧。既发挥而不遗余力,因之即奸盗邪淫诸剧亦必摹仿而不惮烦劳,然就其原册所载,亦不过如“临去秋波那一转”少示其意,成携手而偕登绣阁,或把臂而同入罗帏,如是而止,尽足传神。无如该优人等,自出心裁,别翻花样,百般秽亵,万种淫污,既不堪陈诸冠裳之际,更何堪献诸巾帼之前。至于神庙之中,家宅之内,尤为不合此。

淫戏之禁,所由来也。若黄方伯之禁,亦犹是人云亦云。虽开列戏名,悬诸园内,而各戏园中遂将戏名改易,以为遵奉宪令之实征。当其装演淫戏也,则依然尽情尽致,无少删减。彼差捕之受规而禀复也,亦有词可托,而被责无从。故所禁者,特淫戏之名目。名目既已更新,观者翻形其众。是禁之,适以纵之。加以沪上诸戏园中妇女人座盛于他处,良家妇女居其半,勾栏妓女居其半,优伶之与妓女有私情者极其众多。每当扮演此等淫戏之时,相将于台上座上共示眉目之淫情,尤务于戏中剧中酷肖交媾之淫状。在勾栏妓女则恬不知羞,在良家妇女则何堪注目。往往有确守闺范之家眷,偶来观剧,此时此际狂窘万分。或将粉项拗回,或且垂头侧坐,甚有命与归去不复留连者。而在座狂且,犹高声喝采,任意欢呼。似此情形,较诸淫书春册之伤风败俗,尤堪痛恨。凡此皆演戏优人之过,而非初编戏剧者之过也。何也?戏剧之原本并不如是,特优伶辈装点出之,变本加厉也。故列名开单,出示张榜以申禁令,而仍然无益也,仍不见效也必也。不禁淫戏,但禁淫状,严申禁令,不事虚文。既治开戏园者如贩卖春宫画册之罪,尤当治演戏文者如著淫书描淫画之罪。吾见世之行善者,其禀请禁售淫书淫画之切实不已也,又复筹款收买淫书淫画举而付之一炬,以为此等功德较之惜字惜谷尤为广大。而独不闻有行善之人,禀禁戏馆主开演淫戏,禀禁各优人工描淫状,岂非轻其所重,而重其所轻乎。夫淫书所害,仅识字之人,而妇女则不甚相关。若淫戏则无论识字与不识字,并妇女辈一概胥受其害。噫!此而不禁,虽禁淫书淫画亦何益耶?沪上善堂林立,款项绰绰乎其有余,赈济穷黎,且极之于普天率土。而此等眼前功德,独不设法一筹及之,岂诸行善者亦贪看此淫戏耶。吾不得而知之矣。说者谓此事须官执法如山,乃能有益。区区一禀，于事胡济。况乎优伶辈，颇有与官衙中息息相通者，朝即犯案到堂，不及夕便已宁家无事。往事分明，斑斑可考，此更无益于事之实征也，信如是也。然则淫戏遂终不可禁乎，则晓之曰：天时人事，变更无常，会有不贪声色，力敦风化之人应运而生，来为地方造福，而今尚非其时也。子姑待之。

光绪二十年正月廿三日/1894年2月28日第1版

会馆演剧

沪南江西会馆经备董事雇梨园子弟，于昨日在会馆内登场演剧，用答神庥。黄大令亦籍隶江西会馆，各董因邀往拈香，并即观剧。大令准如所请，遂于祭海事毕，即命驾前赴至。下午始行回衙，是时沪滨士庶，前往纵观者肩摩毂击，密若堵墙云。

光绪二十年二月初五日/1894年3月11日第4版

戏园灯炸

昨夜八下半钟时，天福戏园正在演《闹嘉兴》一出，锣鼓喧阗之际，忽门前之电气灯火炸于外，势将延及门楼，观戏诸人不胜惊骇，均各夺路而走。一时男的女的老的小的村的俏的，纷纷攘攘，挤作一团。有倾跌者，有哭喊者，有遗簪堕珥者，有呼妻觅子者。人声鼎沸，恐后争先。嗣幸立将电机停止，火始得熄，不致成灾。然各戏园之电灯，亦均同时顿灭。所赖尚有自来火在，不致黑暗无光。旋由捕房得知，立即饬人至园查勘，并为弹压。而电灯公司亦即飞着人夫，立为修整。故该园遂仍旧袍笏登场，相安无事云。

光绪二十年二月廿四日/1894年3月30日第4版

辇毂谈荟

四喜班老生孙菊先因病久未能出台演戏，四喜班近日观者较少。兹于上月下旬病已痊可，经其班友邀请出台，照常演戏，近日上坐总不下千余人。吁！一伶人耳，而立竿见影有如是者。

光绪二十年四月初三日/1894年5月7日第2版

论演《铁公鸡》戏剧之妄

古云:凡戏无益。其所谓戏也者,乃指一切游戏而言,非专指今日之戏剧也。然戏剧而竞尚淫盗之举,则非惟无益,而又害之矣。

原夫创此戏剧之初,本欲假优孟之衣冠,动人情之观感。粉白登场,贤奸立判;氍毹贴地,忠佞显分。故演至王孝子寻亲,杨椒山写本,往往令人欷歔感慨,歌泣随之。乃目今沪上诸戏园中鲜解演此忠孝节义之剧,偏专演夫奸盗邪淫等剧。一人倡之,众人效之。舍旧翻新,争先恐后,几几乎无此等新戏,则不能开台;亦几几乎无此等新戏,则乏人下顾。噫!人心一变,至于如此,亦足征世风之日下而世道之日衰焉。其中尤为可骇者,则连日所演之《铁公鸡》一出是也。按《铁公鸡》乃发逆中头目某之混号,盖形容其雄健而又讥讪其一毛不拔故耳。其人在发逆中并非头等巨贼,且不猖獗之多时,即被我军擒斩,非若伪东王、伪北王、伪忠王、伪翼王及四眼狗等之大肆凶锋也。么魔小丑何足标其名而著其号?噫!此等命名之无理,姑不具论。乃阅其戏剧中之关目,以及科白中之称谓,则荒谬绝伦,臆造失实,识者当场几欲喷饭。如向军门荣,号欣然,四川人,生为钦差大臣,殁谥忠武,何得以总统称之耶?张军门本名嘉祥,号殿臣,广东人,投诚后经朝廷更名国梁。生为江南提督,殁亦谥曰忠武,且亦曾授为钦差帮办,与向帅有将佐之区分,有师生之分谊。初向曾有翁婿之亲,即张玉良,亦四川人,亦官提督,与张忠武公并非一家,何得称为叔侄?陈国瑞本曰黄国瑞,为黄开榜养子,后奏明归宗,称陈国瑞,向在江北一带剿办捻匪,曾随胜克斋宫保屡立战功,从未一莅江南诸营,此固大江南北军民人等所共知,何得硬拉入江南大营同剿发逆乎?种种荒谬,不一而足。既臆造之多端,复装点之无据。东扯西拉,胡说乱道。此等戏剧少有知识者,谁不笑其鄙俚,讥其荒唐。若俨然衣冠中人,则未有不唾而骂之,厌而恶之,或掉头不顾,望望然去之。既归矣,胸中犹作三日恶。盖不但污目,而且污及膈腕间也。况乎目下各处会匪,时思蠢动,大宪防征杜渐,无时不以伏莽为忧。为风俗计,此时此际正宜演习教忠教孝之剧，或取往事而翻新，或取近事而说法，胡可演唱发逆倡乱之事，以煽惑凶颓而开导强暴，不又甚于《水浒传》、《绿牡丹》等剧耶？

夫淫乱为风俗之大患，淫戏既不堪演，乱戏更不堪演。导淫召乱，厥罪惟均欲诛，罪魁可胜诛乎。且铁公鸡为我朝之叛逆，凡有血气者皆欲食其肉而寝其皮。既已显伏天诛，谁肯挂诸齿颊，而何以大张晓谕，榜诸通衢，笔大如椽，字大于斗，大书特书曰“某日演《铁公鸡》头本、某夜演《铁公鸡》二本、某日演《铁公鸡》三本、某夜演《铁公鸡》四本、某日演《铁公鸡》五本”，一若言之不足必长言之，演之不已必叠演之者？又若不如是不足以蛊乱党而惑顽民。然则，演此戏剧者之心，尚堪问乎？至于玷污国家之大臣，淆乱国家之体制，煽惑后人之耳目，肇启后人之猜疑。颠之倒之，真也伪也，殊觉其无理而不足取笑，不诚为丧心病狂而好恶拂人之性耶？

按此恶剧创始于天仙，目下天福、天仪、丹桂三家亦皆演习，不日告成。风闻将于一日之中，四园同演。悖乱若此，夫亦成何世界耶？说者谓此等创演之新戏，皆班中人自为之，本无高见远识，但知招徕生意。其悖理也，不知其酿祸也，不知其无理取闹也，不知其贻笑大方也，不知即有官宪而查禁及之也。彼亦且不知其何以故，即遵功令而惩创及之也。彼亦且不知其何以然，蒙懂糊涂未知能有梦回酒醒之一日否。论不合演唱之戏剧，夫岂仅《铁公鸡》一出哉！因连日各园之竞演此剧也，故不惜污我笔墨而纵论及之。盖为风俗人心起见，庶几其能挽回于万一，则非管城子、即墨侯之所能逆料焉。还冀夫有维持风化，绥靖地方之权者，熟思而审处之。

光绪二十年五月初二日/1894年6月5日第1至2版

续论《铁公鸡》戏剧之妄

日来本埠各戏园中演《铁公鸡》戏剧，甚至无一夕不演，且竟有一夕四园共演，皆属此剧，尤为骇异。案此种戏剧之妄，前论已详言之。乃不谓言之谆谆，听之藐藐，以致茶寮酒肆巷口街头，一应闲人,交相哄动。一人倡之,众人和之。倾耳而听,无非赞叹《铁公鸡》全本之戏,手舞足蹈,色舞眉飞,举国若狂,趋之如骛。或称其有豪烈气,足以大快人心者有之;或谓之为惑乱人心,罪不容诛者有之。夫一戏剧耳,誉者有之,毁者有之,孰得孰失,谁是谁非,必衷一是,乃为定论。愚则以为戏者,戏耳,不必认真,亦不得不认真。昆曲清词丽句,写景描情,脍炙人口。美人名士,乐于观听。早有"满村听唱蔡中郎"之语,虽亦间有羌无故实,然考据家不必于此求之。降至京、徽、山、陕各班,以意为之,往往假借姓名,不类不伦,胡乱扮演,无理无情。而士大夫不加屏置,且亦时一寓目者,大率以陶情玩性,过眼烟云,付之一笑而已。其实声音一道,感人者深,乌可不加之考究。尝见贤奸忠佞各事端大儒之说,连篇累牍,劝之而不足者。一经编入戏剧,昭示于当场,广众未有不感激涕零良心顿现者,是非曲直,此一刻间毫无假饰,自然流出,共见庐山真面。孟子所谓性善一语,实为至论。荀卿、韩非辈另立一说,徒乱人意耳。《铁公鸡》逆首源流,陈公国瑞诸人事迹,在不知其事之人辄谓有益,亦无足怪,若洞悉颠末者,义正词严,比诸《水浒》、《绿牡丹》一例,却不为过。更讶其不应为铁公鸡死后扬名耳。抑知此剧木不名《铁公鸡》乎?前十余年苏省阊门外,天桂戏馆首先演唱,名曰《大清得胜图》,胡说三千,观者如堵,盲称瞎赞,欢噪金阊。幸当时苏藩宪□□序初方伯,励精图治,振作有为,一切纤悉有碍民生者,莫不锐意除之。不以俗吏自居,超出寻常万万。访得该戏馆演唱此剧,大为不然,复派亲信前往察看,果属倡乱狂悖,遂下令饬县严禁,不准再事演唱,取结呈报。在方伯之意,乃为世道人心起见,宜为人所钦服。一迄于今,讴歌载道,因思蚩蚩之氓,习见习闻易于沾染。所谓近朱者赤,近墨者黑,即问诸其人,亦不自解其何以故。当此各省会匪时思蠢动,大宪杜渐防微,间有一二起事之处,赖运筹决胜,随时扑灭,见诸奏牍不一而足。此时犹将发逆倡乱各事演为戏剧,煽惑人心,增长奸计,诚属罪无可绾,本埠各戏园中因知《得胜图》之曾干宪禁也,巧换名目,曰《铁公鸡》。夫"铁公鸡"三字,新颖异常,阅者夺目,不论乡愚市侩,即身列士林,亦将相率往观，一新耳目。此招徕之巧术，即图利之私心，诚无足责。然所演之戏而为教忠教孝也，则有益；而为诲淫诲盗也，则有害。古今来好事林立，何不以之演唱，而必为此干禁违例之举。抑何愚耶？说者谓戏园之演《铁公鸡》与四马路之风行野鸡，盖皆惑于罔利而不顾大坏人心，大伤风俗之故。若不严行禁遏，势必至于天王挂须，忠王涂面，屠戮百姓、抗拒王师之形状，一一装演而出之，尚复成何世界哉？若谓必待谭大中丞其人者，重莅江苏，乃能申禁，亦何浅之乎视我目前之大宪，与地方之有司耶？

光绪二十年五月初十日/1894年6月13日第2版

论妇女决不宜入戏园

自来开设戏园唱演戏剧，惟京师及姑苏两处有之，厥后各省间有踵而行之者，最后乃行于上海。当同治年间最盛之时计，开设于租界中者，大小竟有二十余家之多。若目前则仅存四五家，自是盛衰无常之理。惟是他处之戏园，只容须眉涉足，而无巾帼来观，惟上海以地属租界，故一切悉仿西俗，可容妇女入园。虽男女杂坐而不以为嫌，其少守礼之家，则以包楼之中为分别男女之界限。故即世家大族，官宦人家，亦复可以偕眷登临，不以为异。而鱼龙混杂之嫌疑，已不能免然。犹曰清者自清，浊者自浊，各行其是，原亦无妨。乃不期世风日下，人心日漓，日复一日，酿成目前大坏风俗之事，有令人不可思议者。若不表而白之，以稔夫居沪旅沪之人将必有入其彀中，万悔莫及，罄西江之水而不能涤其耻辱者。缘各戏园中皆有左右包楼，厢房数间，向原设以供贵客与妇女所坐以观戏者，故并有净室，以为更衣处，即大小便所也。初原无弊，自亦相安。乃近闻此等包厢，皆为园中之茶房人等暗中把持。当未曾开戏之先，预将其房守定，如有妇女来定包厢，即便开门延入。或为妓女来定，则更欣然从命。如系男人来定，便即复以有人，不容厕足。一既安排妥协，便即上下招呼，川流不息。或某妓悦某伶，或某伶悦某妓，目既□于台上，机即动于楼头，于是传消递息，约于某处相逢；蜜语甘言，订于何时相见。鸦娘雏婢，暗度明修。在妓女原不关名节,即踰闲荡检亦属何妨,浸假而诱及人家之姬侍矣,惑及怀春之游女矣。此等卑污苟贱之人,尚可不甚爱惜,浸假而诱及与姬侍同来之淑女矣,惑及与游女偕行之伴侣矣。此端一开,风俗大坏。不观各戏园之上场门下场门两边,必有名优时来观望,绣簾一揭,彼此传情;金革齐鸣之际,刀矛飞舞之时,观剧之人目瞪口呆,谁复察及乎此。故台上则务演伪淫之戏,台下则争传真淫之情,此时此际,倘有官宦家之命妇与夫宅第中之贤媛杂坐其间,得毋有薰莸同器之嫌,玉石难分之憾。即在谨守礼教,率循贞静之女流,窃恐睹此情形,坐不安席。本为寓目而来,乃触于目者则台上□淫状,台外尽淫情。苟反顾而闭目,或避席而他瞻,必启旁观之疑讶,便生无限之讥评。噫!旷夫怨女,只自传其眉来眼去之情,浪蝶狂蜂,讵必不存侧击旁敲之意。即使松筠志操,冰雪心肠,一再賁临,更番至止,不为所动者固不乏人,而偶为所摇者恐亦不免。然则,妇女讵可入园看戏乎?不较之入庙烧香尤为不合乎?兹为大声疾呼,以当晨钟暮鼓,所愿各家长将此论说书之屏风以戒家人,以为闺训。节省糜费尚属浮词,保全名节殊有实济(际),不观泰和里邵姓人家以携眷入园看戏,致室内失去金饰六千余金之多。涉讼两堂,尚无头绪。然丑声已播,秽迹弥彰,可不当取为殷鉴乎?至于妓女之入园,本非为看戏而来,醉翁之意不在酒,在乎与所眷之伶人一吊夫靶子耳。故先必强求狎客以看戏为名,又必自择某园不容客人择地。如所眷为丹桂之伶,则必看丹桂之戏;如所欢为天福之优,则必观天福之戏。若以天仙、天仪易之,则断断不肯也;苟所眷所欢为天仙天仪之优伶,则亦必不愿以丹桂天福易之也。最可哂者,该狎客不识不知,听其簸弄。解我悭囊,为他撮合。其愚诚不可及焉。似此各种情形,道破何堪入目,更何堪入良家妇女之目。谓余不信,请于入园看戏时,子(仔)细在戏台之上下场门与夫花楼旁之头二包厢以及包厢后弄堂中,勤加审察,定知余言之不谬,而皆动深恶痛绝之念焉。

光绪二十年五月十二日/1894 年 6 月 15 日第一版

日 下 近 闻

八月十五、十六、十七等日，皇上均在阅是楼听戏。各王公大臣均分次入座听戏，十五日传四喜部，十六日传同春部，十七日传丹桂部，其余各班名角均恭往南府伺候演戏，罔敢迟误者。

光绪二十年九月初一日/1894 年 9 月 29 日第 2 版

光绪二十一年(1895)

会馆演剧

正月初五日,世俗相传为财神诞辰,故沪南各会馆中俱于是日雇各戏园优伶开台演剧,以答神庥。自早至暮,红男绿女之往观热闹者,极形拥挤。幸有各巡防局遣勇在场弹压照料,故尚无扰事一切云。

光绪二十一年正月初六日/1895年1月31日第3版

阳春一曲

湘省戏价极廉,著名戏班每演一日,自午以至夜分,只须青趺二十串,而赏款均在其中。惟优伶所唱,均湖北腔,非惟与京调不同,即与弋腔亦有上下床之别。若昆腔则非惟不习,且亦不知。乃不谓竟有出人意外者,如清华班中之甘玉生是已。甘系江西籍,现住照家坪,年二十许,兼演生旦,各擅所长,而串《和番》一折,孤身万里,惨淡愁容,马上琵琶,几于一弹一泪。串《思凡》、《下山》等剧,则又春思虽扃,柔肠百折,使人之意也销。然人颇庄重不佻,绝无时下名优恶习。学幕某君极赏识之,意欲提倡昆腔,有意逢人说项。因赠诗云:"白雪阳春和已难,广陵散况久阑珊。可怜客里逢清妙,要当霓裳法曲看。"噫!昆曲妙伶,求之三吴已不可得,乃三湘七泽间竟有其人,诚不啻华顶之云,緱山之鹤也。

光绪二十一年二月初三日/1895年2月27日第2版

伶人高蹈

京班中有赛活猴者,姓郑名长泰。精拳勇,初为人保镖,误伤人命,遂遁入班中,为武老生。善演《西游记》中孙悟空,惟妙惟肖,以此得名。然非其志也。前来沪上,名噪甚。以繁华故弃而之苏,居恒持斋念佛，自奉俭薄，所入之余，举以济贫困，以是囊无积蓄。尝誓愿拟独建祖师庙，嗣以力不足，几中辍。某绅嘉其义，出千金助成之。阊门外某氏母女三人，贫不能自存，赖其济助得以举火，久而不倦。某感其备至，以女归之。现闻该伶以业之卑也，且将去尔之他，别作良图云。苏友来述其崖略如此，姑志之以见曲艺中之未尝无人也。

光绪二十一年二月十四日/1895 年 3 月 10 日第 3 版

伶人凶横

前日天福戏园伶人何福安因与管衣箱之德山口角，何竟持刀将德山刺伤头面，当经园中人送医调治。闻该伶人已自知不合，走避无踪，然亦太觉凶横矣。

光绪二十一年三月廿一日/1895 年 4 月 15 日第 3 版

伶人交保

前报载伶人凶横一则，兹悉该伶已拘送英公堂。昨经何包探禀称何福安是天福茶园经理人，昨与得山口角，将竹刀刺伤。据医院云，须十天可好。现经立有保单，可否准其交保，问官判何福安交保候示。

光绪二十一年三月廿二日/1895 年 4 月 16 日第 3 版

伶人控欠

金桂茶园戏馆系伶人王喜寿所开，兹因生意清淡，资本缺乏，各伶人及守门华捕等工资未免拖欠。昨日有伶人韩金生因硬取衣物，被王投廨指控。经郑大令判韩管押三天，嗣由韩之家属并各伶人等至廨禀称，韩之取物因欠辛工未付所致，求请向王追究等语。不知南面者，若何判结，容俟续闻再登。

光绪二十一年五月十三日/1895 年 7 月 5 日第 3 版

伶人争醋

沪上妓女每喜私识伶人、马夫,最为恶习。近有天仪茶园伶人霍春祥,与前为妓女现已嫁人之某氏即浙人某甲之妾相识,外间人言藉藉。昨日忽遇天福伶人李春来于泥城桥畔,不知是否因撚酸之故,相与争殴。一时观者颇众。后幸有人出为排解,始散。否则恐醋海波翻,难免一场恶斗矣。

光绪二十一年六月初九日/1895年7月30日第3版

论示禁新戏事

日来本埠各戏园中高贴新任会审公廨委员屠别驾示谕一道,申禁所演新戏如《铁公鸡》及《左公平西》、《宋公平倭》种种谬妄等剧,词严义正,振聋发聩,闻者无不叹服其深得政体焉。此固频年以来所未之或睹者也。

查《铁公鸡》之初演也,各日报时时论列,以为荒谬绝伦不堪,惑人闻见。坐使桀傲不驯之辈潜长夫作乱之心,故所重乎戏者,必取忠孝节义诸大端,不嫌尽相穷形尽情描写,化民成俗,亦其一端。观于《王孝子寻亲》、《杨椒山写本》,往往当场令人歌泣,其感动人心固若是其效验焉。近年以来,以所演古人之事不合今人之目,于是揣摩风俗,□足淫戏,不嫌秽亵,任意揣摩,败俗伤风莫此为甚。于是有禁演淫戏之举,乃各戏园阳奉阴违,将所开列应禁之戏目一一改易其名,如《翠屏山》改为《上山杀嫂》,《小上坟》改为《荣归祭祖》之类,遮掩官衙耳目,依然当众宣淫,邈禁令如弁髦,视官府如儿戏。殊骇听闻,已非一日。乃宣淫之剧未终,而长乱之剧又盛。长毛凶焰,装点十分;回匪猖狂,描摹百种。既长暴长凶之可虑,亦诲奸诲盗之堪虞。尤可骇者,将大臣名将之籍贯误易,年代误编,令人闻之莫名其故。以近时之事,而失实如此,虽曰戏也,亦何至颠倒紊乱不值识者之一噱乎。妙在地方有司从不加察,而一应城绅乡董亦不之问,一任伧夫胡诌乱扯,煽惑人心。

兹经屠则驾揭此示谕,群惊为得未曾有,而又钦为实获我心。可见黜邪崇正,尽人皆存此心,惜牧民者庸暗居多,见不及此,而世风遂因之日坏焉。然则，此等示谕讵堪视同寻常依样胡卢之禁令乎？下车伊始，谁不翘首而愿观新政，即此一端，已堪与榜禁罚欵一节，同是兴舆人之诵，而动正士之感，不亦难能而可贵耶？说者谓月前公廨亦曾传禁不得演唱新串《三世奇冤》一剧矣，然查悉乃西官所嘱，而非华官之本意。若西官不嘱，华官固一任其扮演，而付诸不闻不见之列，与《铁公鸡》等剧等类。而齐观此番之示谕，则西官未嘱而为华官之独出心裁，明明以移风易俗为已任。此等胸襟，此等风骨，吾能决其断不容优伶出入衙门，优妻往来内室，以至酿成目无官长之境界焉。从来大逆不道之事，皆发端于微乎其微。所谓涓涓不塞，流为江河；一星之火，可以燎原。履霜坚冰，由来也渐。此等恶剧之扮演，其初心原不过哄人观看，以图生意兴隆，财源茂盛，并无召人为恶之心。而在地方有司之以图民为心者，则断断不能置诸不理，非多事也，非过虑也。防其微，杜其渐，以曲突徙薪为计，而不愿酿至焦头烂额，重费主人酬谢之资也。故此一示也，人视为平淡无奇，吾视为深沉有识；人以为老生常谈，吾以为英雄卓见。且也既明此理，则一切政治皆能得其要领。知所先务，而不至因循玩忽，坐令百弊生于肘腋间，而地方必驯臻大治。如以为似此一意振兴，力求上理，讵不形容前此官员之徒务趋承，但忙交接，素餐尸位，无益于国，无益于民，空拥夫官之名而绝不计夫官之，且诩诩然自夸于人曰"吾固熟习洋务也"，熟习夫洋务，而他事皆可不计及也，有是理乎？窃恐西官笑于旁，西商讥于后。编戏者乐其不加查察，演戏者喜其任我胡为。久而久之变本加厉，必且将弑父弑君之事，竟大张旗鼓而大演之。夫亦成何世界哉？而此禁顾不重哉！

光绪二十一年六月十四日/1895 年 8 月 4 日第 1 版

戏园暂封

津门戏园凡四，曰：协盛、袭胜、广庆、金声，由永合成、四喜、连陞、升平等四班分头演唱，虽戏尚不劣而获利甚难。盖因各衙门与水师营务处等人之来听者，不名一钱，且又接待偶疏，风波立起也。

近来金声园之升平班自陕伶小盖天红、十二红等登台后,生涯颇觉不恶。园主人等方欣欣色喜,不料唐山刘钦宪移节天津,大兵过境,恐有骚扰。当由王制军饬令,一律封闭,俟过九月始准重开。于是业此之人,无不愁眉双锁。然制军此举,固深得思患预防之道也。

光绪二十一年八月初六日/1895年9月24日第2版

伶人争醋

沪北妓女习气,大半喜姘戏子、马夫,已属令人齿冷。乃不谓大家不肖妇女,亦有沾染此风,不知羞耻者。苏宦退妾某氏往居平安里中,曾与伶人孙三儿私识,乃犹得陇望蜀。前夜至天仙茶园观剧,复与老生小连生目挑眉语,着意留情。逮戏毕后,氏坐车而返,小连生尾随其后,跟踪入门。不料其时孙适在楼,一见之余,酸风大作,将小连生扭住发辫,掌颊数下。后经再三服礼,始获释手而去。

光绪二十一年九月初六日/1895年10月23日第3版

西戏志异

昨晚寓沪西官绅商特假园明远路外国戏园洋房内演习跳戏,凡入园观剧者须持有执照,方可入内。中西官商之光临赏鉴者,车马喧哗,颇形热闹。

光绪二十一年九月廿一日/1895年11月7日第3版

光绪二十二年(1896)

演戏酬神

宁郡天后宫自新正以来,袍笏登场,笙歌沸耳。至元宵佳节,各舟及轮船均张天上圣母旗,以伸虔敬。十九日,又有行号演剧,观者如山如海,而剪绺扒手错杂其间,失物者亦颇不少云。

光绪二十二年正月廿一日/1896 年 3 月 4 日第 2 版

白戏难看

天福茶园茶房某甲投英廨,禀称徐阿仁来园看戏硬不付钱送究,徐阿仁供戏钱已付,因争坐位口角被殴。问官判责二百板,押七天。按徐之戏钱谅不过一二百之多,今以吝于解囊,至饱尝竹笋煨肉之味,而又管押至七天之久,亦徐所意料不到者矣。

光绪二十二年正月廿三日/1896 年 3 月 6 日第 3 版

演戏酬神

沪南江西会馆由董择期,二十八九两日招集某戏园优伶在柗演剧,以答神庥。红男绿女之前往观看者,不绝于道。

光绪二十二年正月廿九日/1896 年 3 月 12 日第 3 版

鹾商演剧

扬州府新城南河下有江西会馆焉,雕梁画栋,金碧辉煌。每届春秋佳日,例由西帮各盐商醵资演剧,以答神庥。本届西府各同人择吉于二月初一日举行团拜,藉联桑梓之谊。并召集梨园子弟,由初一日起至十四日止,在会馆处搭台演剧数日。氍毹贴地,袍笏登场,曲奏琅璈,响□碧落。一时倾城士女,联袂来观。戏场之间,人海人山,几无容足之地。有某甲者翩翩惨绿,顾影自怜。正在凝神观剧之际,不料有剪绺贼某乙乘间挨近身旁,将甲所佩对时表窃去。迨甲撩衣对表,则腰间物已不翼而飞矣。其时人多如蚁,追究无从,惟有丧气垂头,连呼负负而已。

光绪二十二年二月廿四日/1896 年 4 月 6 日第 2 版

西戏莅沪

昨有某西国戏班由香港乘轮来沪,前昨二日已有经理人择定美捕房后面杨家湾清芬堂门前荒地上地段,已经量妥,不日雇匠搭盖席棚开演。并闻该班系机器木马等戏,现在戏箱已经运到。想届开演之日,中西士商之往观者,当必先观为快也。

光绪二十二年四月十九日/1896 年 5 月 31 日第 3 版

论武戏诲凶之患大

噫!观于日昨本埠唐家武地方,蜂殴戕命一案,而叹匪徒之众多,习俗之凶恶。骇人听闻,莫此为甚。特不解其致此之由焉,自来有言,漫藏诲盗,冶容诲淫,因应之机,捷于影响。此理固确凿堪征,屡试而无有不验者也。

由今观之,犹有一端,则戏园中之竞演武戏,实足以诲行凶而作恶焉。夫武戏非不可演,而惟《梁山泊》、《绿牡丹》、《施公案》等剧本,以及新串之长毛戏,则决不可演,当与淫戏一律严申禁令。何也?此等戏剧之本旨,其始也则不外乎结党拜盟,烧香发誓;其继也则或动公忿,或报私恩,反以藐视国法为雄,能受官刑为健。恣睢暴厉,桀骜不驯。扮演之脚色,既属名优,自必描摹尽致,装点逼真,显出全身之本领以博观客之称扬。而一般年少不学,血气未平之人,见而乐之习而效之。苟父师之教不严,友朋之交不择,势必至于成群结伙,取法强梁,遇事生风,好勇斗狠。或举石鼓于路隅,或抛砂包于城隙,或握铁球于掌中,或藏铁尺于腰际。纷纷扰扰,既习练于平时;亟亟皇皇,遂发施于一旦。此近年以来,本埠地方所由凶殴伙劫之案层见叠出,罄竹难书。其甚者则因伤而致命者有之,立时毙命者亦有之,致伤多人者之,兼毙数命者亦有之。

地方有司，勘伤相验，奔走弗遑，席不暇暖。合终岁而一计之，其案数诚不可胜计。惟自叹官运之不佳，而莫名其致此之故。今为大声疾呼，揭而白之，俾官斯土者知民俗之不可不防于先，为家长者知子弟之当时加防范，为师傅者知学徒之宜日事防维，而所以防民俗之日，即行凶而作恶者，则莫如首先严禁此等武戏。苟或违禁未严，仅以枷责了事，具结了事，必封闭戏园之门，提究开园之主，不徇嘱托，不少宽息，使此等武戏竟与淫戏同行禁绝。而所演者皆属忠孝节义诸剧，久之又久，自然而然民俗改观，民风归正。加之家长责夫子弟，不准流入淫邪；师傅责夫学徒，不准趋夫匪僻。衣服则不准短衿而窄袖，辫发则不准坦股而锥尖，门外之交游则必加察也，家中之军器则不合藏也。似此谆谆切切，以端风化，正俗尚为先，自无人焉。或以武松自命，或以天霸自居，动辄行凶，甘心作恶，纵使五方杂处，丑类不齐，而所防者只外来之流棍，过境之匪徒。而土著无坐山之虎，一方无附骨之疽，图治亦当少易。犹有说者人性本善，随俗转移。髫稚之年最关紧要，年来更有一般稚齿顽童，亦复习尚武健，或抢婴儿之衣物，或效扒窃于街衢。甚且亦复结党行凶，联帮作恶，呼为小流氓者，夫固所在恒有，则亦皆偷看武戏，相习成风之所致也。

然则，此等《梁山泊》、《绿牡丹》、《施公案》以及新串之长毛戏，固可不及早严申禁令耶？说者谓此论诚确，毫无疑义。惟是此等戏剧唱演有年，不自今日始矣，且也内廷亦或演及一二焉。至于外省，则上自督抚司道，下逮地方有司，举凡一应大小官员，或酬神，或祝嘏，或庆喜，或娱宾，亦往往点演及之。似乎流览应观，无非往事；聆声撰色，游戏逢场。夫亦何关禁令。惟是此等戏剧，不惑夫上智，独惑夫下愚。故必禁演于戏园，实为当务之急。即不有本埠行凶作恶之多案，戕贼良善，为害地方，尚当筹议及之，以为挽回风化之计。矧兹时也，遍地流氓，满街凶棍。甚且藏于身者，人人有各种器械；废于家者，处处有屯蓄刀矛。噫！光天化日之中，讵可任其目无法纪至于如此其极。诘其致此之由，穷其肇端之故。出于凶残之天性者，固不乏人，而因此等武戏之观感者，实居其大半焉。试为之静气平心,参观互证,倘豁然而恍悟,当不河汉余言。

光绪二十二年四月廿五日/1896年6月6日第1版

示禁女伶

会审分府屠为出示严禁事,照得演唱戏曲,男女混杂,实属有关风化。本分府访闻同庆广东戏园有女伶混杂演剧,殊违禁令,业经饬差传谕该女优散去。惟恐日久玩生,复萌故智,合行出示严禁为此示。仰该戏园主遵照,自示之后,不准再邀女优同演。如敢故违,一经访闻,定提严究,决不宽贷。凛之切切,特示。光绪二十二年四月二十二日。

光绪二十二年四月廿五日/1896年6月6日第3版

论新戏诲淫之害深

清和雨后,剪檠作书,闻剥啄声,呼童启视,则吾友来也。寒暄甫毕,辄欲拉往丹桂园观新剧。检案头本日报纸,视之夫所谓新剧者,即枝枝节节而为之,《打斋饭》之一出也,不禁哑然失笑,曰:"此剧排演之第一日,仆既得而寓目矣。微特插科打诨毫无节奏,懒于一再观,抑且穷凶极淫,尽致描摹,恶其一再演也。子见夫本报《武戏诲凶之论》乎?子见夫报载屠别驾禁女伶之示乎?示谓演唱戏曲,男女混杂,实属有关风化。本分府访闻同庆广东戏园有女伶混杂演剧,殊违禁令,业经饬差传谕该女优散去。惟恐日久玩生,复萌故智。合行出示严禁,仰该园主遵照,自示之后,不准再邀女优同演。如敢故违,一经访闻,定提严究,决不宽息等语。合观以上两事,虽不能逆料论之必禁,禁之不弛,然同一锄恶务尽之意,裨于世道人心,似非浅鲜。抑更有进者,溯自京卫调盛行,秦腔杂出,本埠各戏园争奇竞胜,选聘名优。近今二十年间,或张或歇,不下四五六家。此也以生丑擅,彼也以净旦夸类,皆声色各有一长,工力斯能匹敌。座上客亦复钗环互叠,履舄交摩。园主皆获利市三倍。

"迨甲申海疆有警,各园生意渐次减落,兼以名角聘钱日重,一创而为新奇灯彩之剧,借广招徕。《梦游上海》作之俑,继出为《斗牛宫》。偶尔为之,尚觉耳目一新,无伤大雅。至今日则愈演愈淫,名目亦愈谄愈谬。每一招帖出,使人见之欲呕。说者谓全盛之世,睹承平雅颂之昆折,未尝盛称京戏。京戏而再蛇神牛鬼,装点以本地风光,斯更每况愈下。伤风败俗之渐,盖有繇来矣。遂使忠臣孝子、节妇义仆动人观感之剧,几如《广陵散》,沈寂而不轻一响。夫世风波靡,人情厌故喜新,本无足怪。独怪夫达官显宦,而亦纵其妻妾子女,乔妆时饰,相率往观。此中之引嫌招疑,盖有不忍道而有不能不道者。曷言之?新剧中脚色,悉排以出色当行之生旦,一切云情雨意,尽态极妍,不演至至秽至亵不止也。方其弦索呷哑,百声采和,无男无女无老无少无贵无贱无灵无蠢同一注目视、倾耳听,固俨然一无遮大会。而良家眷属恧然以羞者有之、嫣然以笑者有之、执远镜而逼视者又有之,优伶本慕羶逐臭夫耳,俦人广众指视之下,色授魂与,送眼传眉,一售彼行吊盼之热技。厢中再有姘识伶人之妓女大姐辈在,则尤肆无忌惮,往来楼厢复道中,谑浪笑傲,示以瑟歌。一二不安阃教之妇女,平时雅慕娼优装节,即一颦一笑亦必刻意摹仿,唯恐不肖耳濡目染,以为见惯司空,不避不忌。甚至如《品花宝鉴》中田春航之赶车,《聊斋志异》中严东楼之邃室故事,一一复见于今。彼帷薄不修,广田自荒者,亦可以知所鉴已。悲乎哉!所由沤钉世族,中冓难言,桑濮颓风,公庭迭见也。一年之中,一园之内,此种风流公案,若合妓女大姐荡妇而统计之,则又更仆难数。而今而后达官显宦,其愿闻篱牢犬不入之谚乎,其亦思物必自腐而后虫生之之旨乎,其再纵妻妾子女乔妆时饰而往观新剧乎?仆不能为主家不严者解,仆尤不能为演戏诲淫者宽也。

"总之此等新剧,实为淫盗之媒。犹忆前岁偕某杖者观《铁公鸡》一剧,杖者怫然不悦,曰:'此乱萌也。况近在本朝,显干禁令,地方官其奈何弗禁?'未几而朝警起,诚有慨乎其言之也。洋场十里,几同五浊世界。官斯土者纵不能使大地皆净,而防维杜渐自是题中应有之义。凡如《杀子报》、《打斋饭》各等剧,苟能雷厉风行,一时同申严禁,完贞全节,为斯民造福无穷。俾仆与子得睹化行俗美之一会也,岂不休欤?岂不休欤!"

吾友闻之,称善而退。子夜荧荧,灯昏欲蕊,濡毫伸纸,述对客语,系之以论。标其目,曰"新戏诲淫之害深"。

光绪二十二年四月廿九日/1896年6月10日第1版

戏园复开

周浦开设戏馆,已录前报。乃演唱半月,旋即停止,各优伶亦陆续散去。现由股东等选邀沪上丹桂、天仪两园角色至周,择日重演。想开场后四乡红男绿女之联袂而来者,必有一番热闹也。

光绪二十二年七月廿一日/1896年8月29日第3版

论重禁淫戏之善

日来因巡捕房查得天仪戏园所演《狼心狗肺》新剧一出,其中关节淫乱实甚,如吊靶子、上台基等之迎人之机,导人之路,伤风败俗,绝后空前,为害地方实属可恶。爰饬探捕拿解公堂经谳员屠别驾会审属实,将馆主申斥一番,责其胆敢擅违禁令,该馆主犹哓哓强辩,谓缘生意清淡,藉此招徕。别驾勃然大怒,斥押严办,乃叩头如捣蒜,求请开恩。中西会审之官,准情酌理判罚英洋百元具结,从此遵禁不复再演。

此事一传,颂声大作。盖该戏馆等违禁已久,不但此《狼心狗肺》一出,淫乱实甚。即《打斋饭》、《送灰面》等剧,无不变本加厉,淫之又淫。少知礼法之人,往往以不堪入目为恨。甚且有拂衣而起,舍而之他,弗复回首者。惟一般纨绔少年,轻薄荡子,兴高采烈色舞眉飞。顾而乐之,争趋恐后。非惟观台上之戏剧,且务观座上之女流。观其于此际此时,触目动心,是何形状,更务观座上之女流与夫台上之戏子,观其于此际此时四目传情,两心相映,左顾右盼,是何形容。喝彩之声与鼓掌之声,交哄于楼上楼下,举座之客,几几乎目为之眩,耳为之聋。所以嘉其淫状淫形淫情淫意,能使铁汉顿起淫心,能令石人亦转淫念,神女阳台尚为幻想,无遮大会即在目前。较诸往日之所谓淫戏,加彩加切,十倍百倍。此而不禁,直是暗无天日。而幸也巡捕房中人不甘秘而不宣,而必禀请查办也。

论此等淫戏，只害华人并不害及西人，以西人不乐入园观剧之故。乃西官则不分畛域，一视同仁，必欲禁之而后已。非屠刑驾之勃然一怒，不几为西官所窃笑耶？独是违禁之戏馆，则受罚矣。而听其违禁，任令违禁之差捕地保仍一概置之不问，是则不免太觉便宜，而亦见我国之禁令不能十分周密，而徒令差保等藉端生发饱纳，陋规一端如此，百端类推，而天下事遂不堪闻问矣。况此淫戏乃彰明较著，万目共睹，所指为当禁，所指为首当严禁之事，非他事之不关众目者可比。此而不察，抑又何乱。尤可异者，该戏园等竟敢将所演违禁之淫戏或易其名目，或竟不易其名目，大书特书，榜诸门首，贴诸通衢，登诸报章，惟恐一人之不知，绝不顾官宪之察及，是诚何心而敢出此。充其目无官长，藐视国法之心，夫亦何事不可为，而顾仅此伤风败俗之诸淫剧耶？又敢当堂以生意清淡为词，谓藉此聊图生活。然则，杀人放火者，流强盗窃贼者流，亦可举无以为生为词，求官少弛其禁乎？有是理乎？

所愿自此重申禁令之后，务当责承探捕差保一应人役，时时入园查察。遇有再演淫乱戏剧，当即拿获到案，枷责押罚，毋仍托诸一纸告示敷衍了事。倘探捕差保等人，不事查拿，不来禀报，亦必治以应得之罪尔，不少事宽容，庶乎淫戏，或不至登台再演污人耳目。虽风俗波靡，淫风流行，不殊郑卫，未必能因此淫戏之禁便可挽回于一日，然首恶既除，则以次而查禁台基，查禁冶妓，随时密拿，务获究办，不待捕房之查察，不俟捕房之解送，而于日报之所载，客言之所传，随时留心，按日转念，则岂惟是诸园之淫戏可以永遵禁令，不唱不演，即凡有一切犯法违条之事，皆可及早挽回。先事发作，驯可几于令行禁止，不敢扞格，而地方有不治，风俗有不端者，吾未之信也。然则，目前重申禁演淫戏之禁令，顾不当郑重以视之耶？

光绪二十二年七月廿八日/1896 年 9 月 5 日第 1 版

恶伶送办

武旦于飞凤虐妻投河自尽，刻以人言藉藉，已由捕房将于拿发送廨查明核办。

光绪二十二年八月十二日/1896 年 9 月 18 日第 3 版

戏馆将停

周浦开设戏馆,本报前已纪录。惟该茶园自开演至今,未及匝月,闻已亏耗数百金。其班中包洋以及房租工食各项开销,日须五六十元,方可敷衍。目下止售半数,且无名优上台,竟有江河日下之势。若能由此停歇,亦撙节民财之一道也。

光绪二十二年八月廿二日/1896 年 9 月 28 日第 2 版

饬禁女伶

同乐戏园前因女伶梅玉扮演各戏违章,由捕驱禁在案,旋经某洋人具保,请从宽准演两月。兹又届限,奉黄观察札谕,英公廨照限饬停,毋许接演。屠别驾已遵札谕,饬照办矣。

光绪二十二年九月十三日/1896 年 10 月 19 日第 3 版

论丹桂茶园重演《杀子报》之违禁

近日沪上各戏园竞尚新戏,此排一剧,彼亦排一剧以出奇;此创一名,彼亦创一名以立异。翻新花样,本地风光,所演皆穷凶极淫,以图悦人耳目。问以有伤风俗,不知也;告以有坏人心,不顾也;怵以有违官长禁令,复不惧也。是□何心哉?无非为招徕生意起见,能令来客常满利市三倍,并能令差保探捕视若无睹,退无后言。虽惶惶示谕榜诸其门,而门以内一若不在禁例也者。其内台之装扮如故也,其外场之唱演如故也。夜以继日,有无穷恶作剧,丑作态,□关目,使人惊心荡魄,是何异于黑夜持械,白昼宣淫。心系世道者未尝不致慨于沪上凶淫之案,层见迭出之所繇来也。本馆于此种新戏,大声疾呼,一再发为论说。以冀言之无罪,闻者足戒,或告于执笔人曰:"官宪一禁再禁,非不雷万风行,乃不转瞬而故智复萌,前覆并发,文告且犹不行,遑言论乎?子之迂也。"忆昔黄子寿方伯开藩苏省时,以淫戏首为地方恶俗,通饬所属,一体严禁。彼时沪上各戏园门首，大张晓谕，榜列凶淫诸戏目。一时伶人咸有戒心，终其任莫之敢犯。迨日久玩生，后之官斯土者或不免志趣各别，即虚文例禁，遂亦数典而忘之矣。沪上各园同属坐落英界，英会审官长即与有管治之权，故历任谳员如陈如罗如蔡如宋，未始不出一通示、签一发差、传一遭人、谕一番话，各园主亦莫不遵谕具结，唯唯而退。卒之禁者自禁，犯者仍犯，阳奉阴违如时谚所谓“瞒上下瞒下”而已。近在今夏四月间，同庆广东戏园有女伶登台演剧，男女混杂，经英廨访闻，示禁在案，并传谕该园主将女伶散去。嗣假洋商出场关说，勒限完案，此一事也。又秋七月间，天仪戏园所演《狼心狗肺》一出，关节如吊靶子、上台基等淫乱实甚，经捕房饬探，将该园主拘解公堂，责以擅违禁令，严加申斥，罚锾结释，此又一事也。各优伶排此新戏，不惜以身试法，屠别驾行此新政，不惮嫉恶如仇。两事风传，颂声交作。此后歌台舞榭，优孟衣冠，试不致视禁令若弁髦，藐官府如无物。乃观于昨日丹桂茶园重演双大《杀子报》日戏，而抑知有大不然者。夫《杀子报》一折，久干例禁，初名《天齐庙》，又曰《清廉访案》，推其更名之由，无非逃官宪之耳目已耳。姑无论当日事之有无，只此戏名三字，已足骇人听闻，即使稗官野史传之逼真，欲为世间淫恶妇作一当头棒喝，愚意以为演报可也，演杀子不可也。蠢尔伶人，不明此义，往往仅演杀子而不演报，锣鼓一煞，便尔收场。盖以后折袍带登场，索然无味，不及前折关目紧凑，易于揣摹尽致，体贴入微。其中如小丑亵状，花旦毒状，男僮惨状，女童怯状，能使人酸心堕泪，发指皆裂，甚有拂衣而去掉头不顾。座上一二眉飞色舞，顾而乐之者，非轻薄少年，即淫荡女子，有心人早有以窥其隐矣。独丹桂园主于《杀子报》一剧不厌以声色示人，小演不足复大演之，一演不足复双演之。忠孝节义，何戏而不可演，而故演此新彩新砌之禁戏哉？然犹恐租界之人不能周知遍晓也，招纸则贴诸通衢矣，告白则登诸各报矣，过其门者则又大书特书“分尸七块，当场出彩”字样，触目即是。曾亦思及近今屠别驾示禁淫书一事，示后备载淫书各目，中有《清廉访案》即《杀子报》一条，或者书诲淫而戏不诲淫乎？抑或者淫书可禁而淫戏不可禁乎?不然何以示墨未干,台上之刀光霍霍也,是真索解不得矣。说者谓淫书仅灾及识字之人耳,其乡愚椎鲁目不识丁者无与也,而淫戏则无智无愚无灵无蠢并无论识字与否,一经入目,会心不远,且较之售春宫册、秘戏图之害人,有过之而无不及。甚望于有禁之之权,与夫有禁之之贵者,烛此弊俗,革此浇风,庶使各园淫戏永遵禁令,不唱不演,未始非斯民福也,曷禁企予望之。

光绪二十二年十月廿七日/1896 年 12 月 1 日第 1 版

观天娥旦演《烧骨记》有感而书

前宵月上柳梢,酒阑人静。倚楼词人枯坐无聊,相与二三知己联袂入天福茶园,观天娥旦演《烧骨记》一剧。自始至终,息心静气,目不旁视,耳不旁听,心与戏会,几不知涕之何自来也。嗟乎!何戏之能移人情,一至是耶!按是戏大旨,自别亲、应试、点元、游街入手,继之以参相、招亲、告灾、议抚、放赈诸剧,而后天娥旦出焉。其演买子、偷银、宿店、翁虋、求棺、烧骨、寻夫、昧良、反噬各节,能令人悲,能令人怒,盖至是声泪俱下,其一种哀惨动人之致,惟闻座中叹息痛恨之声与台上幽怨悱恻之音遥相答和而已。藉非其艺之精,技之神,曷足以感人入深若此。于是殿之以寇逼、遣征、师捷、封侯、投控、认母、朝参、腰斩而后,是戏之悲欢离合,至是而无不面面俱到。向之怒不可遏者,至此而心为之一快;彼之悲不自胜者,至此而气亦为之一舒。加之以何金丑、杨寿长之善于描摹,马飞珠之善于插科,殆所谓嘻笑怒骂皆成文章者耶。登东山而小鲁,登泰山而小天下。窃于是叹观止矣。虽然,吾窃有感焉。夫繁盛,至沪上租界亦已极矣。桑间濮上之风,几于书不胜书,说者皆谓各戏园之专演淫戏,实足以致之。是说也,吾闻之信。夫人性本善,特以耳濡目染,习与性成,遂至毫不为怪,相习成风耳。虽经贤官长煌煌示谕,遍贴通衢,一经逮案,无不从严科罚。而终等于一纸空文,故禁者自禁,而犯者自犯,即有心人,恝焉伤之。往往为之大声疾呼,冀挽回淫风于万一,而终亦莫可如何。且彼之开戏馆者,独非人情乎哉。特以有利之可图,遂至贻害于无尽,彼见夫人皆厌故而喜新，好淫而恶朴，演忠孝节义故事而人皆望望然去之，惟演《杀子报》、《南楼传》、《双摇会》、《翠屏山》等剧，虽丑态毕露，而台下喝彩之声且不绝于耳。而犹以为未足如《游张园》、《吴妙林》诸剧，且将时事拉杂入内，以冀动人耳目。是以每届演唱，无不座上客满。盖至是而血气未定之少年，深闺无知之怨女，睹此而不为之心动失节者，有几人哉？况加之以不肖戏子，独于此等戏剧无不加意描写，以至官宦之家掌上明珠、画中爱宠，因看戏而丑声四播者，亦几于时有所闻。彼所谓吊膀子、轧拼头者，又何足谕焉。呜呼！谁为厉阶实逼处此，谓非淫戏之足以害人，其孰信之？然而子舆氏之言曰："目之于色也，有同视焉；耳之于声也，有同听焉。"虽人心之不同有如其面，然观《烧骨记》一剧而不为之击节称赏者，必非正人。以天娥旦而演《烧骨记》，不为之动容下泪者，必非君子。所谓恻隐之心，人皆有之也。

书至此，适吾友剑仆来，快读一过，不禁轩渠而起，曰："痛哉，戏乎！痛哉，论乎！子第知是戏之足以感人，子亦知《烧骨记》一剧固天娥旦在京时所独出心裁，此中关目皆渠一手编成？故其演是戏也，能身入题中，得心应手，合节应弦。若是都中士大夫无不同声赞叹，谓为此曲只应天上有，人间那得几回闻，诚非虚誉也。"余曰："若然是，余更轻视夫天娥旦矣。以是人而具此胸襟，苟充其量，其为人臣也，必忠；其为人子也，必孝。乃不幸而流入优伶，徒以声艺见长于一时，岂不惜哉！岂不惜哉！"

光绪二十二年十一月十四日/1896年12月18日第1版

演戏酬神

杨树浦著名巨棍张桂卿自由上海县干捕柴椤、徐文督同英廨差役凌振、赵胜拿获正法后，该役等以为神灵默佑，爰于昨日特雇天仙茶园诸伶就城隍庙演剧一天，以答神庥，并请本县黄大令保甲总巡钟明府、典史蔡少尉至庙拈香行礼。

光绪二十二年十二月十九日/1897年1月21日第3版

光绪二十三年(1897)

观丹桂鞠部演《查潘斗胜》第二本新戏《醒醒醒》记

天地一戏场也,古今一戏局也,喜怒哀乐,一戏之节目也。酒色财气,一戏之底本也。是故,有演戏者出,而后描摹尽致,体会入微。演忠孝则能令人忠孝之心油然而生,演节义则能令人节义之念慨然发现,从未有踢翻风月之场,打破绮罗之障等,渡迷之宝筏,作觉梦之晨钟者。有之,则自丹桂鞠部《查潘斗胜》第二本新戏《醒醒醒》始。夫《查潘》此戏,无论当时果有其人,果有其事与否……(编者按:原文不清)三标子看龙舟,现身说法故事,不过易沙为查,略有小异。若桥段中之骗玉如意,买假马褂,亦曾时时见诸杂说,戏中摭拾而成,亦非尽属无因者。惟是富如查潘,可谓巨矣;撒(散)漫如查潘,可谓狂矣。抑知铜山易倒,金穴须空,似此浪费银钱,势将伊于胡底。于是二本首以查妻劝夫、查母训子一折,将吃、着、嫖、赌、烟五字,为之逐一讲解,仔细提撕,妙在贴旦周凤林之善于摹情,小生邱凤翔之善于会意,老旦杨世喜之善于传神,几令观剧之人罔不相率点头,同声赞叹。无如查三悟矣,足不出户矣,突来一口似悬河之小丑林步青扮演蜜骗江慧峰访友扛帮一折,夫彗者,碗也;峰者,锋也,言碗锋之善于刮物,尤甚于篾片也。盖江以久不见查,无可依傍之故,因商诸查三所眷之妓女王巧巧为之邀请,令查死灰复燃,依旧沉迷如故。直至查母病危,促之使返,而尚以购药之便,江复耸(怂)令王巧巧伪服洋烟,将查寻至勾栏,尽情笼络,直托曲院中诸般恶习,百种虚情,刻意摹来,和盘托出,卒至高堂白发抱郁而终,浪子无心,尚在温柔乡里。逮回家后,整备丧仪,措筹资斧,则已空诸所有,无可挪移。不得已,将典铺一家由江作中,抵银八万,而江乃得以有所染指。吁,世人岂尽梦梦,而狎邪者一入魔障,欲出殊难。盖一误于青楼之善于惑人,一误于狎友之善于撺唆，而己遂为彼所愚，回头无日。观于此而不深可慨哉！若夫潘之为人，其于父子一伦，偷窥其意，固似甚笃者也。乃以昵妓之故，竟置妻子于不顾，逮其子病危而返，始为求神许愿，惶急万分，而中间杂以何家声扮扬州阿三看香头一折，花欠频来，装腔做势，其捣鬼之状，不可言语形容，几令观者捧腹大笑，又杂以叫喜一段，细摹土俗，亦属令人忍俊不禁。而末折之痛子夭亡，备棺盛殓，几令台下之人无一不为酸鼻。盖以夏月珊、周双林、小月楼亦皆一时名角，故能令人感慨如斯也。虽然，查母死矣，潘子殇矣，似此散场，未免戏情过冷，乃殿以《出丧》一段，彼此桐棺相遇于道，回顾头本二人斗胜，而今则二人又互斗丧仪，一喜一悲，相去奚啻霄壤，而二本于是乎毕。呜呼！戏剧至此，非欲唤醒世人同登觉岸，知欢场之不可恋，家室之不可抛，狎友之不可交，巫觋之不可信，金银之不可浪费而何哉！

戏既竟，晤园主人，云此剧系经吴中某名士提点而成，以后尚有三本、四本，当俟习熟登台。予闻[为]之鼓掌称善者再。归后因濡笔磨墨，以为之记。且愿将来三、四本中不可无三盏灯、四盏灯扮演其间，盖二伶固后来之秀，不可多得者。倘令装束登场，一同会串，吾知其必更有可观，如天福天娥旦、马飞珠、杨寿长等之演《烧骨记》，角色既佳，情节惟妙，自然每夜座无隙地。惟一则以悲感胜，一则以诙谐胜，是盖各有所长，当不可以同日语耳。

光绪二十三年二月廿七日/1897年3月29日第1至2版

戏园停演

二月十二日京师某侍御家人勾串匪徒，在内市广则楼因占官座口角，打伤该戏馆人，复经戏馆将该家人捆送等情，曾志前报。兹接京友续函，知闹事之后于十五日，并非斋戒忌辰之期，乃各和戏园均不演戏，并闻戏班角色同至都察院跪诉各情。现由都察院行文中城御史，讯其缘由，谓须赶紧惩办各匪，以安生业。盖不如是，则戏园一时尚未必开演也。

光绪二十三年二月廿七日/1897年3月29第2版

戏　评

自昆曲如《广陵散》,而徽调作;自徽调如《广陵散》,而京调始盛。近则又有所谓秦腔者,如泣如诉,如怨如慕,诚于西皮二簧以外,别树一帜。余纵目歌场二十年于兹矣,自辛卯岁游京华后,兴益飚举,近则窃谓沪上各戏园角色之多,几与京师相埒。雨窗偶暇,为溯所见,藉评优劣。

则试先以秦腔而论,昔惟水上飘、想九霄、余玉琴、十三旦、日日红、六月仙、一盏灯辈,最擅胜长。今则应以天福之天娥旦为首屈一指,天仙之五月仙次之,丹桂之三四盏灯又次之。然天娥旦果较五月仙为佳矣,而《芦花记》、《三疑记》、《红梅阁》、《南天门》等诸剧,则五月仙亦甚当行出色。若《十万金》、《三世修》、《牧羊山》、《火焰驹》、《九件衣》等诸惨剧,则惟天娥旦一人独绝,五月仙未可望其项背,而更以《烧骨记》、《对银杯》二剧尤为拍案叫绝。他如《海潮珠》、《绒花记》、《遗翠花》等花旦各戏,天娥旦与五月仙虽并皆佳妙,而当以三盏灯为独出冠时。盖年既幼稚,貌又可人,故非二人所可同日语也。至于《玉堂春》、《算粮登殿》、《春秋配》、《忠孝牌》等戏,则似又以四盏灯为优,而《玉堂春》、《春秋配》更足令人击节称赏,无他,以其善于摹神,惟妙惟肖也。

若夫京班各剧,首重老生,自陈(程)长庚、孙小六已死,谭叫天、孙鞠仙留京后,继起者向推现隶天福之汪桂芬。所演《节义廉明》、《打鼓骂曹》、《状元谱》、《朱砂痣》、《取成都》诸剧,久已脍炙人口。抑知此人天性疏懒,迩来演剧更觉不甚起兴,虽台下诸人喝采如故,而识者颇难满意。是故以目前而论,桂芬实觉大非昔比。然则今日老生殆阒其无人乎?则曰天仙之小连生,所演《打严嵩》、《四进士》、《桑园寄子》各剧,亦甚可观,惟惜太嫌做作,如书家之筋骨过露,令人不能无讥。若去沪之汪笑侬、邵寄舟二人,所演各剧颇有内工,惜皆音不甚宏,技为声掩。三麻子虽系徽班武生诸湘其之徒,而有时兼演京剧中老生,规模颇具,白口亦清,所恨亦以喉音太低,故不甚演唱。至如刘培山、筱荣祥等,则非不响遏行云,然均仅有声口,并无戏情,且尚不如昔之龙长胜、周春奎、纪寿臣、刘宝奎、白文奎尤为圆转自如耳。京班角色老生而外，净面及青衫子，亦颇郑重。忆自大奎官、小穆、孙瑞堂逝世，净面声调之高，当以天仙之李长胜、谢云奎二人为伯仲其间。去沪之贾兴次，之前天仪之董三雄、祁百川，似不能及丹桂之冯志奎，天福之冯净奎亦弗如也。青衫子之首出者，固宜以去年天福邀留之余紫云为独冠一时，惜其不久即去。近则声调当以郭秀华为胜，而音节则天仙之薛瑶卿过之，若风度则天福新到之谭嘉祥尚颇不俗，想亦当世所有目共赏者也。至于花旦、巾生、小丑、老旦四者，花旦著名如已故之蔡桂喜、陆玉珍，现不在沪之田柱凤、小金虎、小一盏灯、小二盏、工喜云、小桂林、丁兰荪、灵芝草等，颇不乏人。然以在沪者而言，则自以丹桂之周凤林、天仙之高彩云二人为最。而凤林尤擅昆曲，如《说亲回话》、《挑帘裁衣》等剧，尤为一时无两。巾生则惟邱凤翔、周钊泉风度娴雅，举止大方，然凤翔尤较钊泉过之。若天福之小金红，本隶秦腔，近亦兼唱二簧。丹桂之小月楼兼能演《翠屏山》、《伐子都》等武剧，盖亦若辈中所杰出者。小丑插科，昔以徐珍庆、李毛儿、秃扁儿、小金生为最，近则先后故世，惟丹桂之何家声，天仙之周来全，天福之马飞珠实可鼎足而三。而何属阳分，周属阴分，马则忽阴忽阳，曲尽其妙。老旦角色，正戏不多，惟《滑油山》、《断太后》、《钓金龟》、《药茶记》、《清风亭》诸剧最为着重，则《救母》、《断后》二出允以老生汪桂芬所扮为独树一帜，其次丹桂之羊长喜，天福之杨寿长，亦颇描摹尽致，体会入微，余则我未之获见，等诸自桧以下可耳。顾或者谓京班各戏文剧而外，兼尚武场，是则武班诸伶当以若者为优。予曰武角与文角不同，然须先练文剧，次改武戏者，则所演之戏始能入妙。故武生中以戏情而论，自应以天福之夏月润，前天仪之沈韵秋，天仙之三麻子、小连生为最。若仅论武功，则允推前天仪之李春来、赛活猴为第一，张顺来及丹桂之郝福芝、徐世芳，天仙之赵小廉次之。武二花则勇猛如天福之小奎官，其演《闹嘉兴》、《铁笼山》、《收关胜》诸剧，应叹观止。较之天仙已故之名角孟七，尤为杰出，次则刘廷玉、李春利，丹桂之冯志奎，天仙之赵德虎，亦均各有所长。武旦自韩桂喜已死，黑儿、对儿相继去沪，近以天福之张燕芳、赛阵风二人为无独有偶。天仙之小一阵风、九仙旦、吕小卿似逊一筹,然该三伶均能兼唱文剧,盖亦班中所不易多得者。开口跳昔以云里飞之《三上吊》,陈吉太、满天飞之《双跑马》二戏最超上乘,今则赛燕飞、双轮飞,天仙之李鉴章等皆能之。然此二戏以外,其武功之纯熟,手脚之轻灵,似以前天仪之王洪儿,今天福之云中燕,天仙之杨贵小为最。

呜呼!暇日陶情,无过丝竹。雅乐虽不可复作,而犹有此秦、京各剧,鼓舞升平,吾辈兴之所至,何妨任意寓目,未始非消遣一端。拉杂记之以告世之赏音者,或不以为轩轾之多所失当也。

光绪二十三年三月十五日/1897年4月16日第1版

万寿听戏

皇上于六月二十六日万寿圣节受贺后,在阅是楼听戏,所有内廷行走、王公百官均在彼听戏。日闻迭赐果品点馔,并颁赏如意班指、翎管炉瓶诸玩物有差。皇太后亦率同皇后及各妃嫔至阅是楼观剧,南府优伶及外班各名优莫不各奏所长,皇上每观一出,即赏以寿字银锞一切,约至申刻始散。

光绪二十三年七月初九日/1897年8月6日第2版

记徐园演杂剧

上海为极热闹市廛,日臻繁盛,平昔软红十丈,插足其中,使人嬉游无度,乐而忘返。花天酒地,青楼之乐事也;歌台舞榭,梨园之乐事也;马龙车水,则又张园、愚园之乐事也。纷纷扰扰,举国如狂,一日之内,一洋场之上,其销金盖不知几许。求如古人兰亭之禊,桃李园之宴,享吾辈清闲之福而不可得。即有一二园林之胜,一邱一壑,水木清华,足以供人游览。然楼以下酒池肉林,等于过屠门而大嚼;楼以上喧阗锣鼓,粉黛登场,所谓猫儿戏者,直同儿戏,更以不堪点缀之景物,补其园之隙地,名为生色,实减色矣。每当春秋佳日,游者踵趾相接,如行山阴道中。入夏尤甚,日游不足继之以夜。其实园中之一花一草一树一石,固未尝领略也。惟见一种势利龌龊之辈，薰人铜臭，俗不可医。于大庭广众间，赌茗一瓯，纵谭嫖赌，以示阔绰。所谓肉食者鄙，一启口而毕露。坐有佳士，必掩耳不乐闻。故别有会心者，宁与二三知己安步当车，过老闸桥进北小憩于徐园之幽僻处，其中亭台池沼，结构天然，处处引人入胜。偶一徘徊于杨柳阴中，莲花香处，烦襟为之顿涤。主人亦风雅，亦好客，凡有举动，皆具雅人深致。犹忆十余年前，园之四壁，词人墨客留题殆遍。如品兰赛菊，会昆曲，征书画，酒龙灯虎，亦极一时之雅集矣。然顶趾间有俗骨者，不可与于斯列，辄望望然去之。以故近年以来，游徐园之士女日少，车马日稀，而主人则涉园成趣，自适其适。信哉！其为人也之不随世俗浮沈若是。

夫近有演杂剧者数人，来自武林，人各一技，技各一长。即南省所谓杂耍，北省所谓顽艺之类，主人招之于园中十二楼试演，不欲独乐，且愿与游兹园者共乐其乐也。

日昨剑仆承主人见招，晚凉无事，因偕四明山樵、白云埜民各乘薄笨车而往，瞬息到园。登楼则主人先在，相见一揖，不暇问寒暄。命坐则坐，缘台上已开演，坐中人士皆屏息敛气，寂静无哗也。其首演各套戏法一人，举壶向空际，招之以手，酒满其中，倾之杯盎滴滴作胭脂色。又以一氈覆地上，揭视之，则彩扎人物，即世俗所绘麒麟送子状。又以古钱二十枚，举字□示人，皆黑色，以口吹之，个个灿如黄金，再吹则白，再吹则黑如前矣。又一人袍带而出，故作臃肿态，一人逼视之，谓其身有夹带，令之坐，令之跳，令之跨，令之脱衣袒示，令之手舞足蹈而后已。盖令变者不可耐，而变则愈神愈速，陡从坛上翻身而过者三，每翻出清水一巨碗，奇在碗不碎裂，水不倾泼。又如法以大磁盘，一出活蟹数只，爬沙有声。又以小磁盘五十，各承纸绘糕馒，一向毯底取之不竭，罗列满台。每演一套，必以一人如戏中小丑，插科打浑，或创说笑话，或操各土音，或所答非所问，语语解颐，使人笑不可仰。

其次演各物相声，百鸟之飞鸣食宿，倾耳听之，宛不惟妙惟肖。余若篱下之乳猪声，楼上之纺车声，仿佛豆棚闲话光景，亦可谓体物之工矣。再次演隔幔口技，一宦者思纳妾，谋之奴子，寻一穷无赖为撮合山。无赖涎其富有,拟以其妹委事之,妹固已字人者,闻之涕泣不已。其母年八十,既穷且悖,思庖而代焉。使无赖反命,黄发骀背,有所问则给之。既归,前覆尽发,宦者怒不可遏,挞无赖以及其母,并逐奴子。一时之谈笑声,号哭声,打骂声,人来启门声,人去关门声,宦者起而呼叱声,奴子退而唯诺声,以及老妪声,少女声,人声犬声,声声互答。搴帷而出,则仍一人焉,而具一口一舌者也。

演至此,夜已将半,而杂剧以毕。闻其技尚不止此,是亦足以极视听之娱矣。余顾谓主人曰:是虽游戏,俗不伤雅,若辈固江湖流亚。然一语脱口,皆吉祥文字,是固宜于喜庆事演之。恢(诙)谐之中,颇具庄雅,不同戏剧中之生旦淫词秽语,败俗伤风,是又不碍妇女辈听之。且斯楼轩敞,风月双清,以视坐夜车观夜戏之嘈杂拥挤,其一劳一逸,一雅一俗,更有不可同日语者。主人然其说,余乐为之记。

光绪二十三年七月廿八日/1897 年 8 月 25 日第 1 版

起造戏园

英界大新街公一马车行隔壁,鼎丰里一带,迩经某姓购地起造戏园,大约明年正二月间竣工开演。故日来已由收租人前往咨照,令租户搬迁。闻有校书林芝香本住该里,因此于前日搬至定源里第一家矣。

伶人罚锾

天福茶园主杜启泰前投英廨,控伶人李春来背议他就一案,昨经集讯,杜启泰呈缴李辛工洋四百元,并请公断质之。李供愿罚银洋,决不再至天福演唱。旋据中证羊寿长等同供:李之合同,小的等虽系作中,但工资无着,李欲他就,亦不能禁止,求请明鉴。翁明府讯得李春来既经立议在前,不应违背在后。但既据供称因辛工无著,所以自行立业等,情尚可原。判将应收辛工洋四百元,以二百元罚助赈济,以二百元给天福,仍著李至天福演戏三天,以归和好。李坚称不允登台,情愿再罚。并据杜启泰禀,缴案之洋不愿收回，恳究罚李洋二千元充赈。翁明府以李一伶人全家，皆赖此项开销，若照尔所请，恐李无此巨资。因饬着中证与李春来妥商禀核。

光绪二十三年八月初四日/1897 年 8 月 31 日第 3 版

玉京秋色

崇文门外广兴戏园，当嘉道年间逐日开演，座客常满，生意颇佳。至咸丰后每月即不过演戏一二次，多至四五次，来观者亦寥落如晨星。兹闻某富户拟出巨资，与该园合伙将戏楼迁至马家堡开设。以故连日大车小辆，搬运砖瓦木料出永定门者，络绎不绝。并闻拟仿照天津上海戏园式样，开演夜剧云。

七月初十日为优伶陆三保生日，搭棚演戏，同班人莫不躬往祝寿，而素与狎昵之官宦亦皆前往称贺。兴高采烈，夜以继日。有隔壁空房中看房人，邀集多人亦上房看戏，不知何事忽与某官口角，继以房上瓦片作当头棒喝。纷纷扰扰间落下搬指一枚，上镌金标赵六名号，为某官拾得，即诣坊控告。经城坊官提看房人至案痛挞，并令交出赵六，拟将从重究办也。

光绪二十三年八月初七日/1897 年 9 月 3 日附张第 1 版

添设戏园

津郡戏园向在候家后一带，均规模隘小，座位不雅。自去岁开设紫竹林鸣盛戏园，援照上海式样，妇女可以入观。夜以继日，致生意十分兴旺，大有座中客常满之概。迩来又有人在海大道地方添设一家，名曰福仙，园中布置悉增完美，择本月十五日开演。是日正值中秋佳节，凡青楼妙品，白袷少年，无不驾香车，驱宝马，争先往观。一时管弦嘈杂，钗履纷纭，极形热闹，所幸尚无滋事云。

光绪二十三年八月廿三日/1897 年 9 月 19 日第 2 版

名园祝嘏

毗陵盛夔臣观察及介弟艾臣太守，现由常熟回申，特于廿四日假座张味莼园安垲第洋房肆筵设席，为其封翁盛京卿庆贺寿。□

虽闻京卿不欲举动,已藉公事为名避往胥台,然届期水陆纷陈,冠裳毕集,定有一番热闹也。

光绪二十三年九月廿四日/1897年10月19日第3版

戏馆落成

苏垣青洋地桥西□,有某伶人向日商租地造屋,拟开戏馆等情,早志本报。兹悉房屋已经落成,计拾开间三进,馆主为伶人薛大庆,旧在普安桥初开大观,继开庆乐,现用日商出名,牌名则仍庆乐,班号改为升平。想一经开演,红男绿女,快睹争先,宝马香车,络绎于道,五里洋场,不知又添几许热闹也。

光绪二十三年十月十五日/1897年11月9日第3版

演剧酬神

常郡本月望日,相传为后稷诞辰,各坊厢幼蚩娇女札扮绣衣,咸赴□田打照参拜,以答神庥。庙内并雇梨园子弟演戏,一时袍笏鲜妍,笙歌嘹亮,以致红男绿女,扶老携幼而来者,纷纷扰扰,几于举国若狂云。

光绪二十三年十月廿六日/1897年11月20日附张第1版

禁开戏园

芜湖道袁观察日前接到驻芜英领事富美基君函,称有英商乾信侯拟在二街开设戏馆,请饬地方官随时保护云云。道宪以芜湖虽属通商口岸,然未立有租界之条,况地方开设戏园最易滋事,如果悬出英商牌号,雇用印度洋人守门,诚恐地方居民少见多疑,将来致肇事端。因即函请英领事转谕禁止,并饬芜湖县吴云翔大令暨洋务局汤沅宜直刺即速查封,以靖地方,业将该园华主人某甲提案严究矣。

光绪二十三年十一月十六日/1897年12月9日第2版

戏园滋事

芜湖天仪茶园经地方官封禁后，该园主在县署再三哀求，愿删去英商二字，始准开演等情，已纪前报。讵料日前仍然悬出英商乾信侯牌号，凡诣园观戏者无论官商，须由柜上买票始准入内，否则挥之门外。自开演至今多日，均有吵闹殴打情事，如该园主者亦可谓抗不遵谕矣。

光绪二十三年十二月初二日/1897年12月25日第2版

余兴未已

挹清、拍红、锵鸣等集苏浙诸清客串，于十四十五夜在丹桂茶园登台会演，往观之人，凡后至者座无隙地，罔不引以为憾。该园因复央请于今明两晚，再串两宵，各清客亦兴复不浅，欣然允许。仍由园中名角周凤林、邱凤翔、王小山、林步青、金阿庆及大章、大雅两苏班中生旦净丑十五人一同合串，想有顾曲之好者，又当逸兴遄飞也。

光绪二十三年十二月十八日/1898年1月10日第3版

添设戏园

苏垣盘门外自开商埠以来，举凡茶坊酒肆日盛一日，以是绣阁娇娃，坠鞭俊侣，俱舍虎阜狮林之盛而来青阳地，以一新耳目。前有京优薛某见此情形，遂思利权独占，首于该处开设庆乐戏园一所，以备士女来游，一扩眼界。因地在租界，妇女亦可往观，以故座客常盈，生涯颇盛。近复有日商某甲见而羡之，亦于马路之傍购地数亩，建造戏馆一所，取名曰天安园。基址宽大，装式华美，现在业已落成，并预先聘定京沪头等名优择于明年元旦吉日开演。凡有周郎之癖者，闻信之下，莫不延颈企足，咸思先睹为快。想届时氍毹贴地，歌舞登场，又不知如何拥挤也。

光绪二十三年十二月廿一日/1898年1月13日第2版

光绪二十四年(1898)

新开戏馆

浦东大团地方,南邑所属之巨镇也,殷实商铺巨富之家,指不胜屈。去年有人曾经纠集股分,拟开戏馆,嗣因意见各殊,遂作罢论。兹由胡王二人集资,订定各班,已于新正初三日开演,权借关帝庙基址。正桌每客收资三角,时值新年,且系殷富之区,后至者几无容足处。惟既设戏馆,各赌徒即不免藉此聚赌,贤有司闻之,想当严行查禁也。

光绪二十四年正月十五日/1898 年 2 月 5 日第 3 版

戏场闹事

前日为元宵佳节,本埠各会馆均于晚间演戏酬神。法界小东门外洋行街潮州会馆,亦雇天仙茶园伶人登台演剧。九点钟时,各伶人正在袍笏登场之际,戏房中洋油灯忽然炸裂,顿时满台皆火,各伶人狂呼救命。戏场上人如潮涌向外奔逃,有轧失什物者,有被人乱踏者,旋经各伶人扑熄,而台下有两人被踏,伤重奄奄一息,均已口不能言,恐有性命之虞真也。

光绪二十四年正月十七日/1898 年 2 月 7 日第 3 版

演剧酬神

新闻金龙四大王庙,素著灵应,新正以来,红男绿女,各持心香一瓣,膜拜神前者,自朝至暮,络绎不绝,殊为热闹。闻今日经庙中二班会首朱少泉等聚,资雇定天华茶园小班前往演戏一台,以伸诚敬。想一经袍笏登场,又有一番拥挤也。

光绪二十四年正月二十日/1898 年 2 月 10 日第 3 版

优伶凶恶

烟台巡政厅崔六阶二尹疾恶如仇，每逢痞棍凶顽，无不加等重办，以此政声卓著。近有津人牟七平日作事不端，案如山积，近又强霸出师五年之徒小秃红等，不准自立门户，并将工资吞没至六百元之谱。该徒有母在津，情殷待哺，遣乃兄来烟催取工资。渠强横性成，骤挥铁尺作当头棒喝，以致额成大窟，血涌如泉。该徒小秃红知事不了，即赴厅内喊冤。二尹立提牟七，严加鞫讯，其中并有暗昧不明之事，因即重责荷校示众。闻以后有监禁之说，烟地人民同声称快。

光绪二十四年正月廿二日/1898 年 2 月 12 日第 2 版

论优伶妓女之僭妄

东汉当桓灵之际，名器冗滥，时人为之语曰“烂羊头，关内侯；烂羊胃，骑都尉；灶下养，中郎将”。唐至天宝乱后，大将军告身不值一醉。历代史官所记，诸如此类，不一而足，皆国纪陵夷之所致也。至于舆台皂隶皆叨封荫，则名器不特滥也，直已亵矣。若夫优伶妓女之流，例不得邀朝廷一命之荣，朝廷亦断不能以名器滥授若辈，乃若辈庞然自大敢于衣服舆卫一切僭越，且群然不以为非，则名器不特太亵也，直弁髦视之矣。国家当发逆乱时，以军需支绌之故，将捐授京外官职之例银减至一二成，劝民纳粟助饷。又凡营中出力之员弁，皆得滥膺保举，于是一时得叨朝廷之名器者，多至不可胜数，从此下僭上陵，积重难返。昔之知县称为老爷，渐至生员监生亦称为老爷矣；昔之知府称为太爷，渐至佐贰杂职亦称为太爷矣；昔之监司大员称为大人，渐至知县知州中亦有称大人者矣。种种僭越，犹不为奇，奇莫奇于目下沪上优伶妓女亦无端而一切僭越也。从来仕途中之流寓者，门条例书曰“某公馆”，乃沪上名优之矫矫者门条亦书曰“某公馆”，若汪公馆、夏公馆、潘公馆、周公馆之类，不知者皆以为其中所居之无非显宦，而不知优伶也。紫貂白狐蟒缎之属，非职官不得而衣者，彼等皆视为常服，可谓僭越已极。妓女尤目无法纪，平日服饰悉用金珠貂锦，其为逾制固不待言，其所乘轿皆用明四目达四厅式样,甚至有用天罗地网红障泥者,此非僭于五六品之命妇耶?冬用狼皮大红色之椅垫杌褥,出门则身穿大红无缘斗篷,此非僭于四五品之命妇耶?其所用名片皆仿在京翰林名片式样,上下人等皆呼之为先生,其妄自尊大,不已僭于目下之翰林耶?尤可异者,所用轿灯上皆大堂而特书曰"正堂",一面书曰"公务",且有竟用直行书公务正堂者,官场中例于部务鹾务漕务税务皆谓之务,试问妓女所执何业,而乃公然自称为公务耶?官场于正印各官,若六部尚书知府知县之类,皆称曰正堂,其余佐贰各官皆称为左右堂,试问妓女所居何等,而亦俨然自称为正堂耶?凡沪上优伶妓女僭越之端,不止此数,特举一二,以例其余。其为僭越甚矣,汉贾长沙谓绣衣丝履偏诸缘纳之间中,为古天子后服,今庶人以衣婢妾;黼黻是古天子之服,今富人大贾嘉会召客者以被墙。此臣之所谓舛也。然以吾观之,则舛莫舛于沪上之优伶妓女矣。孔子曰"惟器与名,不可以假人",假犹不可,而况乎滥,滥更不可,而况乎僭哉?今沪上优伶妓女之僭,至莫不皆然,又不惟僭也,直弁髦朝廷之名器而已。夫沪上租界内之洋人或妄用中国之法服等等,在华官或恐滋生事端,不敢过问。使优伶妓女亦皆来自外洋也,吾诚不屑置喙。若犹是内地之百姓,则固中国之王章国纪之所得而制者,而奈何中国官长竟任其妄作妄为而等诸不闻不见耶?夫以优伶妓女之僭越,华官犹莫可如何,夫何怪乎化外之强敌骤然压境,华官举纷纷奔避之不遑哉?吾闻今世皂隶所戴之红黑帽,为元代宰相法服遗制,明灭元后以加于皂隶之首,示耻辱元人之意。今优伶妓女之僭有逾朝廷之命妇职官,所以耻辱朝廷之职官命妇者可谓至矣,有令民之责者,胡弗尽法惩之。

光绪二十四年二月初五日/1898年2月25日第2版

演剧酬神

二十四日为天后宫圣母诞辰,向来闽广两帮届期必预雇菊部演剧酬神。兹闻已由商董等雇定丹桂茶园名角,在虹口北河南路天后宫内演戏三天,以答神庥。昨日午后,各商均衣冠齐楚,先后至神前，谨敬行礼，一时舆马颇极热闹。

光绪二十四年三月廿一日/1898年4月11日第3版

戏园热闹

苏垣青洋地，各国洋人虽未开埠，而戏馆已先有四处：曰天安、曰庆乐、曰新天仙、曰咏福。近又有人在吴门桥畔新造高大戏园一所，名曰天乐，已将择吉开台，一时各聘名角，争奇斗胜，加倍认真。每当风日晴和，红男绿女之结伴来观者，殊觉兴高采烈。故五里洋场，无日不车水马龙，热闹异常云。

光绪二十四年三月廿五日/1898年4月15日第3版

夜戏将演苏垣青洋地

戏馆林立，日盛一日，早志前报。兹悉新天仙重振旗鼓，又聘得名优天娥旦，登台唱演。如天乐、天安、咏福三园，因之争奇斗胜，加倍认真。而听戏之人亦殊觉兴高采烈，无日不座上客满。现闻天乐主人奇想天开，拟向丝纱两厂移借电灯，接演夜戏。商之厂董祝少英部郎，亦以振兴市面为心，当即欣然应允。而各戏园闻信之下，亦援例恳求，当蒙一概然诺。至城关启闭一节，闻亦早有成议，一俟电灯装成，即可开枱创演。从此灯明不夜，金吾无禁，苏人士间之又不知添几许清兴矣。

光绪二十四年闰三月廿二日/1898年5月12日第3版

演戏酬神

昨日重逢天后圣母千秋华诞之期，沪南浙宁会馆及商船会馆，均雇梨园演戏一天。以故附近之红男绿女，结伴往观者，颇觉异常热闹。

光绪二十四年闰三月廿四日/1898年5月14日第3版

演剧敬神

松邑府署南首有罗神庙焉，素著神灵。每至四五月间，由庙内各社首并细柳营中人,邀集优伶至庙演剧,以答神庥。今届该戏班因又到松,拟欲照章开演,讵新中营帮带杨彦臣都戎素性急公,因悉提宪将次回松,伺候不遑,恐为演剧所误,遂作罢论。然城内各店铺,仍凑集钱文,唤令该班于十四日起至十七日止在府隍庙中演剧四天,以答神灵。袍笏登场,管弦送响,观者不下数千人,但见万头攒动,热闹异常而已。

光绪二十四年四月十八日/1898年6月6日第3版

演剧续志

松郡府城隍庙中自十四日起至十七日止,演剧敬神各节,已志前报。兹闻城内各店铺又凑集钱文,于十八日再演一天,其十九日起至二十一日则由西门外各店家凑钱若干在东岳庙内演剧三永日,以故日来前往观视者,人山人海,大有举国若狂之势。

光绪二十四年四月廿一日/1898年6月9日第3版

杭埠大兴

杭州拱宸桥新埠,迩来日渐振兴,不仅商贾云集,店铺如林,即苏申妓女亦皆闻风而至。故同庆升平楼,月圆人寿楼,霓裳雅颂楼三书馆鼎足而立,各极清歌妙舞,斗丽争妍之胜。顷复有人在里马路建造西式房屋,一俟装饰告竣,开设戏馆,择吉登场。而二马路之髦儿戏馆已于初十日试演,赏音顾曲者,争先定座,挨挤异常。余如第一春番菜馆,群仙花玉楼,吴山第一楼,一壶春等茶室及三星楼五福居等酒肆,均皆座无虚设,客满堂中,咸得利市三倍云。

光绪二十四年五月十五日/1898年7月3日第2版

演剧酬神

月之十三日相传为关圣帝君诞期,又曰单刀会。凡商民之集众朝香者,所在皆有。九江城内岭南会馆崇祀灵像,历著威灵,每届诞期必雇名班演戏。今岁经驻浔粤商首事人等循例,招雇安庆班子弟自初八日起至十三日止,在会馆内演戏七天,以答神庥而联乡谊。一时红男绿女，白叟黄童，联袂往观者，莫不摩肩接踵，争先恐后。惟连日天时燥热，一经拥挤，未免汗流浃背耳。

光绪二十四年五月廿一日/1898 年 7 月 9 日附张第 1 版

开演夜戏

苏垣盘门外戏馆添演夜戏一节，早志本报。兹悉天乐主人以迩来天气酷热，夜间凉静风生，正可开台。爰择吉于本月十九夜排戏唱演，倾城士女争来观看，咸以为火放银花，灯开不夜。所演各戏，较之日中尤，觉神情毕肖。直至钟鸣十二，戏散始归，一时马龙车水，道路喧闹，真有申江景象云。

光绪二十四年五月廿三日/1898 年 7 月 11 日第 3 版

观剧受辱

苏垣青阳地，自辟租界以来，市肆日兴。凡士女之出城游览者，绵绵相属，大有万人空巷之概。日前有某绅之女公子在天乐戏园观剧，散出独自行至附近荒地游览，忽遇无赖多人尾随其后，评头品足，任情嘲笑。正在进退维谷之际，幸有仆人赶至，上前呼斥，并传唤巡捕到来。诸无赖始一哄而散，然女郎已粉面汗流，惊惶欲泣矣。

光绪二十四年五月廿四日/1898 年 7 月 12 日第 3 版

淫剧宜禁

松郡府城隍神敕封威灵公，素若神灵，由来已久。迩由府署某书办等凑集钱文，于五月二十、二十一两日招雇梨园子弟善于昆调者至庙演剧，以答神庥。时则袍笏登台，管弦送响，凡红男绿女，白叟黄童，联袂往观，人山人海。惟闻其所演戏目，竟用《倭袍》全本，情状秽亵，颇不雅观。说者谓此书早经严禁，况在庙台尤宜以诚敬为，主恐神灵有知，未必乐于观听也。

光绪二十四年五月三十日/1898 年 7 月 18 日附张第 1 版

观剧败兴

苏垣青阳地丹桂、天乐两茶园,各演新剧,争奇斗胜,无美不臻。而蕙园女伶亦增演夜剧。现当新秋天气,每至夜分,清凉一味,荡涤炎气。以故白袷文人,绿窗绣女,莫不兴高采烈,携伴往观。本月初三日夜,初则银河皎皎,星月齐辉。迨至钟鸣十下,忽然狂风卷地,大雨倾盆,雷电交作,霹雳横飞。台上台下,心悸胆裂,一齐多散。虽五里洋场,车水马龙,依旧热闹,而已有脂粉淋漓、带水拖泥之致。归船而后,又以雨阻风翻,欲行不得。皆冒寒耐饥,坐以待旦。噫!极乐生悲,自古有然。寄语观剧人,慎毋兴致大好也。

光绪二十四年七月初六日/1898年8月22日第3版

演戏酬神

南市江西会馆内,设有许真君神座。相传八月初一日为神诞辰,例须演戏三台,以各神庥。今届当于昨日为始,清晨本埠文武各员均命驾前往,拈香致敬。

光绪二十四年八月初二日/1898年9月17日第3版

伶人凶横

苏垣青阳地某戏馆伶人小阿四者,本系强丐出身,既而流落江湖,有某伶人招为徒弟。专做小花面诸剧,游腔滑调,偏能引人笑乐,包银渐大,阿四遂趾高气扬,庞然自大,忘却本来面目,赁包车、姘妓女。每当夕阳西下,左抱右拥,日征逐于五里洋场,且结党横行,抢风妬奸之事,不一而足。前日又有范生者,偕所欢汪姓妇,车水马龙,招摇过市。而阿四与汪妇亦有旧好,瞥见之下,顿怀醋意,乃跟踪而往。继见生与妇同入某姓娼寮,阿四亦昂然直入,含讥带讽,百般调笑。生谓何物戏子,敢管闲帐,讵被阿四一把提来,拳飞脚踢,恣意殴辱。个中人均系同党,袖手而观,不发一言。生痛极求饶,始释之去。翌日,生禀县求验,而吴县赖葆臣大令以事涉龌龊,斥不准理。噫!生固不足惜,而如小阿四之穷凶极恶,似亦例所应办焉。

光绪二十四年八月初四日/1898年9月19日第2版

佳节酬神

昨日重阳佳节，南市宁波商船各会馆中均各雇得梨园子弟登台演戏。一时往观之人，红男绿女，颇觉热闹异常。而本城邑庙之萃秀堂、点春堂，亦大启园门，任人游玩，途为之塞。幸各该处巡局派勇分投照料，尚无滋事生端云。

光绪二十四年九月初十日/1898年10月24日第3版

论重演《铁公鸡》有劝善惩恶之益

中国之人，愚而不识字者居多，既不识字遂不能观书，而施教之人必一一口讲指画，耳提而命，夫亦谈何容易？故赖有戏剧之演串，摹揣古今事实，装点一切情形，粉墨登场，氍毹布地，惟妙惟肖，可泣可歌，藉以动彼愚民一时观感，此优孟衣冠所以至今不废而亦不可废也。然事有忠奸善恶之分，孝逆贞淫之判，大概除涉于淫亵者，不可编排以伤风化外，余则为善为恶，尽可扮演登场，以照惩劝。故国家令甲，亦只有禁演淫戏之举，而舍此外无闲也。往年上海天仙戏园创演新戏《铁公鸡》一出，忽经公廨查禁，以为发逆之凶，普天同愤，幸而勦灭净尽，何堪往事重提。其时说者以为此戏如果应禁，则应禁者几指不胜屈，不观自古禹鼎铸奸，宣尼作春秋，乱臣贼子，大书特书，至今人人爱读，果孰谓之诲奸乎？质诸发号施令之人，当亦哑然失笑，而自惭所见之抑何不广善哉？近日英租界捕房之言略述之，可以愧煞一般庸黯之官吏矣。传闻迩来租界各戏园以生意清淡，非串演新戏一二出不足以招徕看客，于是天仙议取前排之《铁公鸡》剧本，以实脱胎于庶几堂《难中福》善戏，拟为重新串演，而又惟恐干犯禁令。于是先期据实呈报捕房，听候区处。捕房中人谕谓，既据呈明，欲演此戏，当留一席以待，派人观看，倘其中节目实属有关禁令，则仍断不准演，否则尽管开场无须输费，无须呈款一切。噫！似此数言，堂堂皇皇，何等冠冕？而戏园中人亦莫不心悦诚服,同声称颂。以视我中国之衙门,凡当申此禁令时,不过一纸告示,一张差票而已。告示空粘诸壁上,而无目能察,无口能宣也。差票执持于手中,而但知索费,但知敛规也。故往往禁者自禁,演者自演,其或查禁少严,则且改头换面,变易名目。而官吏深居衙署,绝无知觉,犹欣欣然自鸣得意,以为我能禁人所不能禁。设以此次捕房之言而一衡之,一则徒尚虚文,一则实事求是。中外政事之判,不啻天渊之隔。虽禁演戏剧一事,尚属细微,而其他大政夫亦何堪相反哉?抑又闻之,戏剧之有忠孝节义,所以劝善也。权奸凶暴,所以灵恶也。是故往古之事,固不妨一一重提,即近今之事,亦何妨明明借鉴。曷观唐宋之朝,诸伶人尝有取夫近事装点串演,藉为讽谏者乎?是不仅可以劝惩愚民,且可以箴规君上,史册所载,至今犹令人慨慕谲谏之善。夫《铁公鸡》,发逆中日月也,虽其恶万状,而终正典刑。目前伏莽甚多,结党成习,方虞煽惑愚民,逡巡入彀,正合将此等往事之为人稔习者演串戏剧,俾人观感,使知即如此巨憝首恶,亦必归于灭绝,尸骨无存,室家何在?兴言及此,妄念潜消,较之扮演往代叛徒,前朝凶逆,尤觉动人心目。何也?三十年前之事,一二父老不但耳及闻之,且有目及见之者,取为龟鉴,实而有征,未尝不可助我官吏教化之所不及。何况天仙名角如林,有周凤林之善摹戏情,三麻子之善摄戏神,小连生之猛,赵小廉之狼,沈韵秋之勇,董三雄之雄,周来全之谐,俱能体会入微,使观剧者如身历当日乱离之境,感人尤易。昨承园主招往寓目,因乐得而书其大概如此,以见此戏之非淫恶,所比宜捕房准令于试演后开禁也。

光绪二十四年十月十一日/1898年11月24日第1版

梨园亏本

杭州拱宸桥新埠,迩来商贾云集,市面日兴。苏申流妓,亦皆闻风而至,故得游客繁多。前有人在二马路开设阳春戏园,生涯颇盛近。来复有某优伶见而涎之,在里马路开设丹桂戏园,争妍斗丽,互相角胜,殊令顾曲者耳聆目染,大有应接不暇之概。无如两园中均因费用浩繁，以致入不敷出，悉形亏折，角色渐散，力难支撑，刻拟停演。召盘未□，尚能重图振兴否也？

光绪二十四年十月十九日/1898年12月2日附张第1版

起造戏园

英界大新街公一马车行隔壁鼎丰里一带，迩经某姓购地起造戏园，大约明年正二月间竣工开演。故日来已由收租人前往咨照，嘱令租户搬迁。闻有校书林芝香本住该里，因此亦于前日搬至定源里第一家矣。

光绪二十四年十月廿三日/1898年12月6日第3版

名角登台

宝善街庆乐戏园，近由京师聘到名角李桂芳、小玉奎等于前晚登台奏技。李桂芳年只十六，而声音笑貌与昔之白文奎似有过之而无不及。小玉奎乃系净角，年约十三四岁，而所唱声调，竟能略走宫音，殊非易易，允宜观者，罔不喝采。本馆同人承园主东招，合表数言，藉扬声誉。按该戏园自汪大头不肯登台之后，老生继起乏人，且名角星散，仅小奎官一人如一木之独支大厦。后经邀得花旦十里香等，生意始渐有转机，今又有此名优。且悉尚有湖北花旦小玉凤等刻已到沪，不日亦将上台，庶几其可与各戏园争胜欤。

光绪二十四年十一月初五日/1898年12月17日第3版

昆曲登场

苏垣昆戏向擅胜场，无如时易势迁，旧时梨园子弟，悉皆风流云散，近亦继起无人，以致数年以来，戏园旋开闭旋，生涯均难起色。不意日来复有某甲等凑洋数百元，招集江湖寿星班数十人在镇抚司前□□庙内登场开演，每日约可售洋三四十元。惟角色不佳，冠裳过旧，且不许妇女入观，恐亦难于持久也。

光绪二十四年十一月十二日/1898年12月24日第2版

演剧谢罪

前报记南市增祥码头三和米行焚去楼板,幸即扑灭,后查得该行曾保火险银二千两,而货物空虚,且有无数自来火抛散在地,以致众邻咸疑纵火等情。兹悉该行现在自愿敬戏一台、清音两堂,以酬火神,而适众情。当于昨日在揭普丰会馆开演,甚为热闹云。

光绪二十四年十一月廿六日/1899年1月7日附张第1版

伶人受创

英界满庭坊咏仙茶园唱正旦之伶人韩国卿,平日专肆吊膀子手段,以致饮恨之人甚多。前晚该伶行经宝善街地方,讵为仇人瞥见,将预备之镪水一瓶,从韩头上乱泼,作醍醐灌顶之势。顿时白烟直冒,痛极狂呼。该仇人已被乘间逸去,旋经同伴知悉到来,急用冷水竭力冲洗。然已焦头烂额,双目紧闭,不能复开。观厥情形,恐从此已成残废。致韩忿不能平,立报捕房请缉,不知能否弋获也。

光绪二十四年十二月廿三日/1899年2月3日第3版

伶人受创续述

昨报载伶人受创一节,兹悉该伶实名韩桂卿,在庆乐戏园唱戏。前晚因至宝善街,突遇仇人倾泼镪水,顿时头面腐烂,不堪逼视,衣服所溅之处,亦均破碎。韩尚勉强折返本园,嗣经同侪问询来由,韩始自述曾与某荡妇姘识。讵妇早与某甲有私,日前韩往续旧,行经三马路地方,为甲遇见,殴打一顿。后韩告知该妇,致妇忿怒,旋即偕韩迁屋同居,冀得天长地久。致甲醋心莫遏,下此毒手云云。同侪知因妒奸起衅,咸责其咎由自取,现闻韩已投控捕房,未识作何究竟也。

光绪二十四年十二月廿四日/1899年2月4日第3版

光绪二十五年(1899)

演剧酬神

初五日为财神诞期,镇江广东会馆列于先一日祀神。今届天气晴朗,董其事者倍觉兴高采烈,除结采张灯外,并雇宝丰茶园戏班登台演唱。琅璈曲奏,响遏行云。各项手艺中人,适值新年停工,咸结隧往观,争先快睹。以致门内人山人海,拥挤异常,幸保甲局差勇十余人在场弹压,尚不至滋生事端云。

光绪二十五年正月初八日/1899年2月17日第2版

神诞演剧

本月十七日俗传为元和县城隍司神诞,先期由庙祝定浇数十斤蜡烛一对,燃供神前。并循例唤集清音一堂,入庙演唱。至晚复至寝宫,将夫人偶像舁出,与神祝寿毕,东西向坐,然后各庙祝排班叩贺,燃放各种花爆,以伸庆祝,而答神庥。是日适倾天气晴和,故附近一带红男绿女之往观者,此往彼来,颇觉异常热闹。

光绪二十五年正月廿五日/1899年3月6日附张第1版

戏园散班

沪北宝善街天福戏园名角星散,久将不支。前夜上灯以后,看客有至园观剧者,直至钟鸣九下,尚未开柗。各客大为诧异,查询缘由,盖因各伶人辛工无着,故均袖手旁观,不允上台演唱。逮至九下半后,依然渺无一人,于是看客中有出现资买票,争向该园索回原资。而其时柜台各伙,均已携资散去,至各客争斗殊甚。后因无可如何,均各懊丧而返。嘻!沪谚有所谓拆冷台者,不图竟于天福戏园见之,然亦本埠所鲜闻者也。

光绪二十五年二月廿八日/1899年4月8日第3版

会讯淫伶不法案

天仙戏园淫伶高彩云强佔金清渠之妾顾彩林,并敢持刀行凶,致金情急控,由英廨将高判押期满递籍,讵高不知宽典,妄图翻案,经新任谳员翁司马廉悉各情,判着送县,请为严办,由于欣甫大令准期于前晚函请司马到县会讯各情,迭详本报。

兹悉是晚司马到县之后,即与大令升坐二堂,先提金之车夫殷阿三诘问。殷供:江北人,上年冬间到金宅拉车,今正二十八日家主回家,闻进房时见小主妇即顾彩林卧于床上,正欲询问,忽闻床后有声,急往看视,系伶人高彩云躲避在彼,当被主人呵斥逃去。其时小的不在家中,故未目睹。至二月初八日午后,彩林忽称腹痛,着小的唤主人归家。迨至家主回时,先入房中,小的在外停放车辆,并与大主妇闲话。忽听房内有争闹声,急即奔入,但见高彩云手执五六寸之尖刀一把,欲刺家主。小的情急万分,赶上救护,高将主人批颊一下,飞跑而逸。此皆目见无虚。后据主人述悉,高彩林先欲硬逼家主勒出休据,因不允从,持刀图刺。查彩云素无王法,前在天仙唱戏之时,专诱良家妇女,坏人名节,不可胜数。平时若无银钱使用,彼必持刀向相识□拆□撒泼,因此伶人无不侧目。此次天网恢恢,幸已获案,务求重办,以雪主雠,求鉴。

金供:苏州人,自幼在申,曾捐州同知衔,现为洋行生理。九年前,出洋一千一百元娶妓女顾彩林为妾,生过子女各一,子年九岁,女年六岁。今正二十八日职自外回家,甫入卧房,见高伶从床后跃出,逮至声喊,已被脱逃。当时职因颜面攸关,禁不声扬,惟将彩林痛斥数语,嘱令改过自新寝事。讵料彩林口是心非,暗中仍与高伶来往。二月初八日,车夫殷阿三来行报称小主妇忽患腹痛,请速回家等语。职即乘车而返,甫入房中,先由彩林将职扭住。高彩云在后房赶出,手取利刃,逼职写立休书一纸,任其将顾彩林领出作妻,所生子女亦须由伊一并领去。职员不允,被高掌颊一下,彩林在旁催逼,正在为难之际,幸殷阿三到来,高遂大声辱骂而去。彩林见高出门,反将什物击毁一空。伏思高彩云系至贱伶人,竟敢公然占人之妾,并敢持刀逼勒笔据,若不求恩惩办,后来效尤之人必多,务求照例严惩是实。

提讯金顾氏即顾彩林,供:本系计姓,自幼为娼,改名顾彩林,今年廿九岁。于廿一岁时,由金出洋五六百元赎娶为妾,生过子女各一。高彩云亦系狎客,小妇人为娼之时已与相识。今年正月廿八日,高在门口走过,因唤令入内闲话。不料丈夫忽回,致被撞见,高即逸去。二月初八日小妇人一时糊涂,又邀高伶到家。丈夫回来遇见,因此相争,并无持刀勒据之事,求察。

司马得供,谓:前堂尔已供认,今正廿八之后在外借有房屋,不时与高奸宿。二月初八之举,势必事前商通,所以高敢持刀行凶,尔又帮伊勒夫出据,今忽改供,显见刁逞,速即实招,免受刑责。彩林又供:因先时丈夫在外扬言,欲将小妇人休弃,故此情急着阿三邀夫回家查问有无此言。夫言并无此事,故欲立一笔据。惟高曾否持刀,未经目见,求恩明鉴。大令谓:高彩云既无持刀行凶情事,何以将尔夫掌颊一下,可见狡展。遂商之司马,喝将彩林上身棉衣脱下,着鞭背竹梢五百下,仍无实供。

乃命提高彩云至案研诘,高供:天津人,年三十岁,现在天仙唱戏。彩林为妓女时,小的前去游玩,因此认识。后来从良,多年不见。前年彩林命佣妇来唤小的前去成奸,并在外间借租房屋。正月二十八日,在伊家内被金遇见,当时走散。二月初八日,又被伊夫撞见,互相吵闹有之,不敢持刀勒据,求鉴。司马怒谓:尔在本分府堂上,已经供认明确,今何又欲改变,殊属不法已极。当与大令一再会商,判将高彩云拖下重笞二千板,钉镣收监。彩林暂发沪北栖流所留养,听候讯实,申详上司,治以应得之罪。金携殷阿三叩谢而退。

光绪二十五年四月初七日/1899 年 5 月 16 日第 3 版

劝 惩 兼 施

天仙戏园淫伶高彩云奸占金清渠之妾顾彩林并敢持刀行凶,由金控,经英廨管押,嗣高欲图翻案,奉谳员翁司马送县会讯,分别重惩各节,均载前报。昨日王大令又发出四言示谕一道,黏贴通衢,今特录后。正堂王示:人生为女,应守闺训。无论贫富,总要归正。唱戏优人,艺居何等。如何不法,敢作非分。聚党招摇,百般勾引奸人妇女,淫行以逞。体面之家,含羞隐忍。贫贱小户,哄吓更甚。此等恶习,廉耻丧尽。败俗伤风,人所共愤。若谓租界,可以乱混。岂知邪淫,中外共恨。高彩云案,昨经会讯。奸夫淫妇,严责关禁。事之始末,谅已共听。此后尔等,当为引证。妇女优伶,各宜猛省。再滋不法,按律惩儆。不顾身家,也有性命。言出法随,其各凛遵。现闻此案王大令欲照昔年伶人杨月楼奸拐韦姓侄女阿宝之罪定拟云。

光绪二十五年四月初九日/1899 年 5 月 18 日第 3 版

论翁王两大令重惩淫伶荡妇之善政

甚矣哉,上海风俗之淫靡而难返也。赠芍采蓝之事,桑间濮上之行,恬不知羞,司空见惯,报端所纪,几罄南山之竹。盖通商以来,上海繁富甲于天下,虽苏杭不之逮也。四马路一带,倡寮栉比,对宇望衡,诚有不止于女闾三百者。书寓长三,场面阔绰,为衣冠游宴之所,么二野鸡,已等诸自郐以下。然近年,另有住家一种,散处大马路泥城桥畔之间,春色深藏,非个中人不易问津。尽有高自位置,艳丽绝伦者,若花烟间等项,则皆车夫下走寻欢之地。乃烟花,地狱之变相也。其尤足为害者,莫如租小房子而上台基,及借客寓之类,草草短缘,春风顷刻。急色儿固属可怜可恨,而因以为业者真可杀不可恕也。至于绅富之姬妾,小家之碧玉,借坐马车观剧为名,而摇小会者,比比皆是。彼红倌人与娘姨大姐,私姘马夫戏子,而浪掷金钱,布施肉身,尚何足深责。是故马夫戏子,及洋行侍者,苟年青美貌,技艺出众,不患其不为面首也。此勾彼诱,互相夸耀,道途邂逅,眉目传情。遂使十里洋场中,皆大欢喜。金屋深深,号称宠擅专房之丽者,几无完璧。高彩云一案特不幸而遇贤明之官长耳,以余耳目之所睹记,如去年某伶之写伏辩,近闻弘农氏有妾乖离。说者以为亦为伶人之故。

噫!伶之淫纵,一至是乎。高彩云恋奸情热,持刀逼休一案,经彭城氏控告，会审公堂，前谳员郑大令差提到案，判令重责，押候递籍，唯恐本廨押所或致疎纵，特函商捕头发押捕房新借之外国牢监，原为重惩淫凶起见，而不图反授人以间也。传闻高彩云以多金延聘律师图翻案，高系前任帮审刘穆亭二尹晚堂独审之案，并无西员判词，捕房不知犯有何罪，遽行收押，与租界章程不合，故工部局请领事官知照会审公堂。翁笠渔大令将高彩云释放，再行复讯。或云解堂复讯之外，工部局尚何多求律师之代办翻案，似属画蛇添足。英领事知其然也。故虽在座会审，一任翁大令驳诘震怒，而不置一词。盖以华人控华人，华官官权得而治之，非西官与律师所干预也。梅尔思君，其深达政体矣哉。

谨按洋泾浜租界会审章程：凡枷杖以下罪名，准由会审委员自行发落，若案情重大，即应送县核办等语。前任谳员办理此案，闻者犹嫌其轻，乃高彩云尚不知足，竟以冰山为可靠，妄希出头庇护，虚掷巨金，自寻烦恼。善谑者至谓二千板与五百竹梢，皆出重价买来。回思延请大律师翻案时，同班各优伶，侃侃而谈，眉飞色舞，竟视华官如无物，便由外国牢监放出高彩云而入园演剧，任其法外逍遥也者。嘻！谬矣.翁大令嫉恶如仇，夙以维持风化为己任，久宦上海，曾兼摄英法两谳员，篆务深知此间俗尚，况淫凶不法如高彩云，全无忌耻如顾彩林，而不加重惩者乎。方梅君会审之时，翁大令一见高彩云，恶恶之心不觉勃发，震怒拍案，严词叱斥。判令送县严办，以杜纠葛，而绝干请，惩一儆百，庶几淫伶知惧，荡妇惊心，裨补风俗甚大。贤长官用心苦矣，刑乱国重典，岂独有恶于离彩云哉。从来两贤相得益彰，召父杜母同官一处，同心同德，造福孔多。王欣甫大令熟悉情形，志在绥靖地方，尤以弼教明刑为首务，遇事与翁大令和衷共济，相规相劝，有古君子之风。刑讯高彩云后，并出告示一通，其文曰：人生为女，应守闺训。无论贫富，总要归正。唱戏优人，艺居何等。如何不法，敢作非分。聚党招摇，百般勾引奸人妇女，淫行以逞。体面之家，含羞隐忍。贫贱小户，哄吓更甚。此等恶习，廉耻丧尽。败俗伤风，人所共愤。若谓租界，可以乱混。岂知邪淫，中外共恨。高彩云案，昨经会讯。奸夫淫妇，严责关禁。

事之始末，谅已共听。此后尔等，当为引证。妇女优伶，各宜猛省。再滋不法，按律惩儆。不顾身家，也有性命。言出法随，其各凛遵。王大令一片爱民如子之心，与嫉恶如仇之心，交相为用，而不忍不教而诛之心。于此可见翁大令执法于前人，人同声称快，而不以为酷；王大令告示于后，尤征周匝。其同享美名，非倖致也。曩年金桂轩伶人杨月楼奸拐韦阿宝一案，叶顾之任邑侯时，重刑拷讯打铁足子至数百下，足踝尽碎，人皆快之。万恶淫为首，天下之恶同也。以伶人之下贱而污及良家闺阃，尤为可恶。故迄今谈者，犹颂德政不置。今以翁王两大令重惩高彩云一案，观之足与叶前侯，后先辉映矣。

光绪二十五年四月初十日/1899年5月19日第1版

大闹戏园

杭垣有某甲者向在武林门外开设轮船局，生涯殊盛。畴昔之夜，其妻涂脂抹粉，至天乐髦儿戏园观剧。讵有泥水匠头目疑为勾兰(栏)中人，向之调笑，甲妻即连批其颊，肆口谩骂。事被甲知，不甘以一顶绿巾压倒须眉三尺，即在戏园内互相斗殴。茶碗凳子如蛱蝶飞，后经旁人出为排解而散，刻下两造咸不甘休，未识作何了结也。

光绪二十五年四月十二日/1899年5月21日第2版

淫伶拟罪

不法淫伶高彩云由沪解省，经发审委员屡次讯问等情，均志本报。兹接本馆驻苏友人来函云：高彩云起解之日，有李长生、三麻子、九仙旦诸伶人陪伴前来，并集有千金巨款为之上下营谋，买通牢役，故高得行动自如，毫无苦楚。惟府尊彦咏之太守铁面无私，有路难通，闻现已拟定杖一千，流二千里，此言若确，以高伶之淫凶极恶，诚当其罪矣。

光绪二十五年四月廿七日/1899年6月5日第2版

闻淫伶解省拟罪书后

自管夷吾相齐，特设女闾以集商买，而倡伎遂流衍，至今自唐元(玄)宗好音，特选梨园以教声歌，而优伶遂盛行于世。然论生人托业，身为女子，固莫贱于倡，若身为男子，又莫贱于优。即二者以相较，似人生不幸而为女子身，自幼穿耳缠足，不出里门，针线烹饪而外，安于不识不知，或遇父兄不良，或遇兵荒流落，蚁媒骗卖，鸨妇凶陵，饰以绮罗涂以脂粉，迫为皮肉生涯。犹属无可如何，若彼身为男子，有志竟成，何行何业不可勉为，乃竟甘心如此，亦效女子供人赏玩。丢本来之面目，竭有用之聪明，习成歌舞，逐队乔装，是岂出于不得已哉。况旦脚一流，上场演戏，下场侑酒，俨同妓女出局。若今京城此风盛行，其名为闹相公，而彼为相公者，闻与阔老所识妓女相遇，须屈半膝请安。至于天津一处，更与鸥子艳帜争张，荐枕同衾魂销，真个凡有龙阳之癖，尽登崽子之床，又较京城风气益下，并为妓女所羞与伍，所以国朝定律，分别綦严。妓女从良一例准请封诰，而本身祖若父，凡曾为优伶者，科场考试，一遇告发，无不挥之门外，即使蒙混捐纳，已握铜符，遇有知底蕴者，为之发其覆以上闻，亦必立时罢斥，从不得邀窜典职是故也。是则身为优伶，允宜随处检点，兢兢自小。乃观于沪上今日之戏子，有大谬不然者。衣必文绣量身而布衣非所屑，食必膏腴餍口而草具非所甘，出则趾高气扬，招摇过市，入则颐指气使。服役盈前，此皆富室大贾、豪绅贵胄之起居服御也，而彼直欲与之并驾齐驱。虽其在京在津，未必宠然自大，若此一旦身来海上，顿致改头换面，岂果风俗之移人哉？抑由进款之太丰耳？盖沪上凡有名角，动辄须数百金一月，所谓末等生意，上等赚钱。而且每天不过演戏一出，此种小人，焉有深虑。从此挥金如土，日习骄奢，固无足怪。迨由逸思淫，始则宿倡饮酒，妓女犹多□言，继则引诱良眷，公然自诩神通。上台则献技演剧，百般描摹淫态，下台则结党成群，百计勾引闺阁。而沪北之淫风，遂致日盛一日，而戏子之淫行亦遂日彰一日。苟非贤有司明查暗访，重罚严惩，其足为地方之害也，伊于胡底？尤观当年叶顾之大令为上海县，曾重办杨月楼递解回籍，一时引为殷鉴。沪北淫伶,究竟敛迹许久。无如迄今二十余年,从未闻地方官复提办一戏子,由是故态潜萌,渐无顾忌,积至今日其淫凶之气焰更烈于杨伶,致有高彩云一案。当其持刀逼据,未必不谓钱可通神,有恃无恐,几忘国家三尺明刑,为何而设。又孰知一旦事出,偏遇公廨之判责判押哉。然当公廨办断之后,假使高伶知惧,从此帖然服罪,不复妄冀翻案,则虽判押半载,未必无出头之日。不意弄巧成拙,又遇执法如山之翁明府,为之移县会讯。重责千板,发押自新,所备尝诸苦。今者已由上宪提解晋省发审复究,虽有同伴为之奥援,以期管谋上下,然在上宪铁面无私,闻已有拟定杖一百,流二千里之说。此信若确,岂非高之平日目无法纪,忘其所自,以致自贻伊戚哉?吾于是知上宪之雷厉风行,使非深知沪伶行为不严惩不足以儆淫风而端风化,又安肯管此闲帐哉?天下专有看似寻常而关系甚大者,此类是也。是则惩一警百,从此洋场十里当非复淫伶所敢横行,巨(讵)不足为居民相庆告哉!

光绪二十五年四月廿九日/1899年6月7日第1版

淫伶神通

淫伶高彩云解省拟罪,并竭力营谋各节,均志本报。兹有个中人能知此案消息者,据述高伶屡次提讯,本拟军罪,现以上下谋干,渐有活动之信。噫。高伶固具有神通,然而有号称铁面无私之贤太守在,吾知其无能为焉。

光绪二十五年五月十五日/1899年6月22日第2版

淫伶便宜

淫伶高彩云以持刀行凶,解苏讯办一节,迭志本报。兹有官场中人递来消息,云此案经苏府彦咏之太守督同谳员屡次审供定罪,初拟充军,继拟监禁七年,均经上峰一再批驳。乃改拟收禁流氓公所三年。噫!此说若确,高伶固神通广大哉。

光绪二十五年六月初五日/1899年7月12日第2版

淫伶定罪确闻

天仙戏园淫伶高彩云奸占金姓之妾顾彩林，由上海县将高解苏讯办，各情迭纪前报。兹得苏垣确信，自高伶解到之后，迭经苏府彦咏之太守讯供，判令监禁流氓公所十年，充作苦丁。当将此情禀详上司，嗣奉藩司聂方伯、臬司陆廉访以该犯监禁流氓公所，恐有不妥，一再会商，着改为监禁长洲县内监十年，期满再行察办，业已秉公判定，由上台将批文发回沪上矣。

光绪二十五年六月廿八日/1899 年 8 月 4 日第 3 版

梨园十忆吟

黄歇江边见□容，陶然亭畔忆重逢。辛卯秋曾于都门复遇而今盼断春消息，人在蓬莱第几峰。余玉琴都门

清歌一曲太酸辛，别有凄凉黯怆神。惨剧自翻《烧骨记》，阳春唱后更无人。天娥旦燕台

玉样精神花样娇，一回相见一苗条。痴情欲托微波语，月断胥江来往潮。三盏灯□门

未□相逢一语□，艳名留取寸笺红。五月间云郎至申来拜，适外出未晤，留一名笺而去。甬江一水无多路，重挂秋帆祝好风。程瘦蝶言郎将重来海上，故云。徐云标甬江

幽绝花中九畹兰，托根空谷见偏难。若教移植春江上，原与诗人带笑看。九兰即顾兰香，颇为狎鸥子欣赏。顾九兰甬江

红儿娇小太憨生，十五盈盈已解情。自去京江名更噪，旧游可复忆春城。小万盏灯镇江

天马行空一阵风，居然儿女是英雄。只今重访天仙部，冷落氍毹贴地红。小一阵风天津

紫禁曾闻去岁回，无端蜚语讶何来。含情欲说宫中事，别有深心郁不开。想九霄天津

藉甚声华满玉京，如何海上转无名。知音太息成连少，一度相思一怆情。福□子都门

老去何堪黯自伤，登场一曲意凄怆。青衫湿透盈盈泪，重听新

声合断肠。余紫云都门

己亥荷夏海上漱石生近作

光绪二十五年七月初六日/1899年8月11日附张第1版

查禁淫戏

本县王大令查得本邑西北乡念七保十二图车袋角地方,近来有种匪徒日夜演唱花鼓淫戏,伤风败俗,莫此为甚,是以立饬差役前往查访,禀明核办。

光绪二十五年七月十五日/1899年8月20日第3版

名角纷来

四马路胡家宅众乐宁波文班戏园,自开演后角色齐全,观者称妙。本馆前已略志梗概。兹经园主人邀到头等花面桂月馨、王子仙等,已于前晚登台,又续邀到著名花旦顾九兰即前次大成班中之顾兰香,又老旦老麻子,小花小拐子,二面戴礼文等。择礼拜六晚起,一同演技。并闻徐云标亦有于八月到申之说,是则名角纷来,有顾曲之癖者,当无不争先快睹也。

光绪二十五年七月廿七日/1899年9月1日第3版

娼优巧对

十三日《游戏报》载一优人名长联云:“三盏灯四盏灯共计七盏灯,灯灯相照,万盏灯外再加电气灯。”三四盏灯下束以七盏灯,句法错综。属对颇难,客有以“法租界英租界接连美租界,界界可通,新租界南始为中国界”对者,语亦妥惬。而昨日本馆友人狎鸥子以妓名为对云:“洪如玉李如玉莫不颜如玉,玉玉生香,金如玉等何似林黛玉。”第三句颜如玉一束,真觉非夷所思,通体联络,亦复妙道自然,洵称合对。除函送该馆外,用再录登本报,以供众览。未知该馆所收,更有妙于此者否,容拭目俟之。

光绪二十五年八月十八日/1899年9月22日第3版

名角登台

四马路胡家宅众乐宁波文班戏园自开演后，名角纷来，颇多杰出之选。惟徐云标迟迟未至，顾曲者几乎望眼欲穿。近由班主延致来申，择今夜起登台奏技，从此霓裳同咏，菊部争辉，往观者当更逸兴遄飞也。

光绪二十五年八月十八日/1899年9月22日第3版

淫伶徼幸

沪上伶人最喜勾诱年轻妇女，败俗伤风，莫此为甚。近闻又有前在宝仙戏园之青衫子金兰卿者，性喜渔色，与住居王大吉弄内之妇女阿玉眉来眼去，引诱成奸。后因戏园关闭，金遂往苏，未几又至沪地。前晨竟诱阿玉至附近福和客栈奸宿，被该处小茶馆内恶丐及流氓人等窥见，一拥而进，双双捉获，告知其夫某甲到来者。欲送官究办，后闻由兰卿书立伏辩一纸，忽促逸去。甲诚不欲多事，而兰卿亦徼幸矣哉。

光绪二十五年九月初七日/1899年10月11日第3版

佳节酬神

今日为重阳佳节，南市泉漳潮州及商船等各会馆皆雇梨园子弟演戏酬神，以循向例。十六二十三七铺各巡防局员俱派甲勇分投弹压，俾免滋事。

光绪二十五年九月初九日/1899年10月13日第3版

绮怀难遣

众乐戏园自赵郎兰芳，徐郎云标，周郎云岫登台后，一时有顾曲之癖者，莫不争先快睹，以一见颜色为幸。盖沪上京剧盛行垂三十年，昆曲一道，几如广陵散。大雅园旧部，风流云散，惟周凤林辈犹能不为风气转移。一曲清歌，颇足娱情。不谓甬伶徐郎等联袂偕来，洵为梨园生色，惜芳躅不能常驻，未免令人介介耳。今徐郎方旋歇浦，而兰芳复返甬东，美中不足，尤为憾事。或云张书玉校书乘泰顺轮船南旋,失一名优得一名妓,未始不可相抵。但闻校书已东风有主,未能仍作章台柳,任人攀折,果尔则一段绮怀,却向何处消遣乎,为之怃然。

光绪二十五年九月初九日/1899年10月13日第3版

演戏酬神

重九节前本埠出口各沙船在洋遇风者固多,而平安到北近已回申者亦复不少,故各沙布号均于昨日就南市商船会馆雇得沪北名班演戏,以答神庥。

光绪二十五年十一月初四日/1899年12月6日附张第1版

戏园亏折

杭州拱辰桥天仙、阳春两戏园,开演之初,生涯颇盛。旋因该埠客商寥寥,渐形清淡。园主爰偏髦儿戏班女优登台杂演,以新耳目。无如刻届冬令,游客日稀,门庭仍然冷落,亏折殊巨,现拟停演日戏,并将两园合并为一,以节开销,而期支持到年云。

光绪二十五年十一月十七日/1899年12月19日第2版

光绪二十六年(1900)

禁唱花鼓

前者法总董因界内生意清淡,准令各茶馆扮唱花鼓、宁滩等戏,以期振兴市面。不料开演以来,每有无耻男妇借此勾引,被法总领事白藻泰君访悉之下,以为似此伤风败俗,如不严行禁止,殊失政体。特于前日面谕克总巡转饬各包探,将扮演淫戏之各馆主,传着令缴还执照,于前日下午起一律停止。违干未便,一时闻者无不颂白君整顿有方也。

光绪二十六年二月初五日/1900年3月5日第3版

梨园抽费

广洲南海县前因举办团练经费无出,由督办委员张明府向戏班抽收。凡戏金百元,须抽团费银五元,给以团局执照为据,如有未经抽缴,潜往开演,一经查出,将戏箱扣留,加倍科罚,以昭炯戒。当时梨园子弟,啧有烦言,联众抗阻,嗣经官绅再三劝谕,兹闻菊部中人已无异词,遵谕办理矣。

光绪二十六年二月廿七日/1900年3月27日第2版

志遂从良

苏垣青阳地天仙髦儿戏园女伶小金钟于日前投会审公廨,喊控园主某媪不任从良,横加捶挞,求请讯断。当经李子新大令准词,传媪到案。据供:小金钟之父于十年前得价银一百元,卖与教演髦儿戏。今忽变心从良,屡劝不听,因此略加扑责,但实系价买,并无年限取赎之说。且上年已许配某甲为室,岂能复嫁他人。叩求公断。小金钟供:十岁时押洋百元,言明八年为满放赎,今已逾限多时,每日排戏数出,辛苦异常,故此自愿从良。大令谓无论是押是卖,价洋不过百元,而演戏十年,所得缠头何啻倍蓰,今后不准再令演剧,既为择配,着即同婿到案,将该女伶领回完婚。该媪横加挞楚,近乎逼勒,本应惩处,姑念抚育有恩,从宽免究。一时闻者莫不称大令之讯断公明云。

光绪二十六年三月初九日/1900 年 4 月 8 日第 2 版

演剧酬神

本埠南市各会馆向例于三月间致祭天后圣母,董其事者雇就菊部登台演剧,自昨日为始,至二十三日止。各董均整肃衣冠,恪恭将事云。

光绪二十六年三月十七日/1900 年 4 月 16 日附张第 1 版

观剧逞凶

九江南门外小坝娘娘庙,每岁暮春必演戏酬神。今届于上月二十九日搭台演唱,时值天气晴和,观者甚众。讵午后三点钟时,忽闻左台喧嚷异常,知系镇辕兵丁甲乙等与洋行中某丙口角,互相争斗,丙以势孤难敌,抽身图遁,而甲乙等复纷纷追殴,以致丙左冲右突,颇受重伤。说者谓九江镇辕兵勇与各洋行丁役因淫荡□隙,遇必相斗,如成世仇。所望各该管主人,亟为严密防闲也。

光绪二十六年四月初九日/1900 年 5 月 7 日第 2 版

歌功颂德

金陵北城东岳庙前戏台曾经开筑,继以资斧不足,停止多年。今春中协王有珪军门至庙拈香,见台基半途而废,乃大发善心,捐助筑台费洋五百元,并于动工时分拨营勇数棚以为之助,始得告厥成功。现北城绅董与庙中首事诸君,深感军门德惠,因于会中提出百元,恭制篇额一方,德政牌几对,于前两日约齐诸绅董用采亭鼓吹,傲送至辕军门。一再逊谢,然后收受。诸绅则皆款以茶点方行送出云。

光绪二十六年五月初十日/1900 年 6 月 6 日第 2 版

集资赛会

金陵省垣新桥营都天会，自道光年间经各孩童举行后，久不复作。乃今岁忽有该处孩童数百名，于各铺户捐集洋钱约千元，分往众纸扎店扎得龙舟凤辇，暖舆显轿，以及香亭万岁亭并各种牌伞，无不齐备。拟即涓吉恭舁庙中都天小像，出巡三日，特未识贤有司闻知后，当为查禁否也。

同上

浦左演龙

五月二十，俗称为分龙日。周浦通镇水龙洋龙不下十余座，由各段会首抬至娘娘庙，演戏宴待，以昭诚敬。下午并各□，演水花远近，然后散归。

光绪二十六年五月廿五日/1900年6月21日附张第1版

苏垣节会

苏垣每逢三节，向有迎神逐疫之举。本届中元令节，虽北方军务未靖，市面异常清苦，而会中人犹复兴高采烈，恭舁府县城隍诸像出巡，绕行各处。首府濮太守暨长、元、吴三大令，亦均命驾前往，虎阜厉坛，循例致祭。迨至日落崦嵫，始各相继回城云。

光绪二十六年七月十九日/1900年8月13日附张第1版

淫戏宜禁

苏垣胥门外公园近以游人稀少，茶肆清寥，该园主人别出心裁，雇得花鼓戏全部，竟在园之东隅演唱诸般淫戏，穷形尽态，曲意描摹，卜昼卜夜，男女混杂，败俗伤风莫此为甚。忆夫春青阳地某茶园挂某商牌号，开演花鼓戏，赖江建霞京堂告之领事，一言禁止，事在华界禁止较易，何竟无人禀报耶。

光绪二十六年七月廿二日/1900年8月16日第3版

优伶困苦

宁波府高太守锄莠安良,不遗余力,颂者固多,然因噎废食,谤者亦属不免。前曾禁演夜戏,遂致往年之笙歌沸耳者,今竟寂然无闻。近复禁止赛会,征歌者更稀。梨园子弟颇极困苦,当此西成有庆,乡民报赛情殷,小本经纪亦可藉觅蝇头,而禁令高悬,以致若辈谋生乏术,无不怨声载道,将来一交冬令,恐致流为匪类,是亦大可虑也。

光绪二十六年八月十五日/1900年9月8日附张第1版

四明晴旭

宁郡好事者扮演串客戏剧,形容尽致,最足伤败风俗。府县官三令五申,严加禁遏,城中尚不敢公然扮演,而深巷小街仍所难免。近届各乡秋成告丰,若辈故态复萌,俱于五乡碶丁家山等处演唱。前日为鄞县徐大令访闻,立即派差拘住两名,枷示游街,藉昭炯戒,不知今而后能稍知儆惧否也。

光绪二十六年八月廿四日/1900年9月17日第1版

戏园生色

苏垣青阳地丹桂戏园,自北省有事之后,往顾者竟寥落如晨星。园主亏累已甚,无计弥缝,因素慕京伶小连生、秦伶五月仙之名,遂辗转聘□来苏,已于前日登台。氍毹一曲,喝彩千人。于是日来座客常满,后至者几无隙地。并悉凤仙戏园亦已向申聘定名伶三麻子、何家声,即日登台,想此后该园生意亦当定有起色也。

同上

歌咏升平

自北省团匪告警,沪市萧索异常,近始稍稍振作。斜桥味莼园为游客荟萃之地,日来在园中海天胜处,延苏郡文班名角,每日登台演唱昆剧,笙歌幽雅,袍笏鲜明,颇极歌咏升平之盛。为志数言,以告有公瑾之好者，曷往一聆雅奏焉。

光绪二十六年闰八月廿七日/1900年10月20日第4版

鼓吹休明

沪上自北省匪警，市面日疲，近始颇有转机之势。日来富贵楼书馆丹桂戏园小广寒书馆等处，皆座上客满，生涯甚有起色。而丹桂以名伶夏月润、七盏灯，由《消闲报》双取菊榜状头，因扎菊花山三日夜，藉志欢贺。富贵楼小广寒亦次第巧扎花山，藉娱游客，以是座上尤形拥挤。即此鼓吹休明，足征海上升平景象。因志数语，盖未可以仅供游眺目之也。

光绪二十六年九月廿六日/1900年11月17日第3版

年丰报赛

镇江入秋以后，天气干旱，各乡年岁均形歉收，惟滨临大江各圩田，取水较易，秋成得有丰稔之庆。现该处乡人欲举行报赛之礼，特招集梨园子弟自本月二十一日起，在二摆渡地方演戏十日，以答神庥。连日红男绿女，莫不结队往观，颇有升平景象云。

光绪二十六年九月廿七日/1900年11月18日第3版

查禁淫词

沪城邑庙某茶肆中，近来每日午后开唱《倭袍》淫词，男女混杂，昨奉总巡傅直刺访悉，谕传东局兼中局保甲委员蔡二尹往查禀报矣。

光绪二十六年九月廿八日/1900年11月19日第3版

弁髦禁令

宝山县南门外东岳庙，近由庙主集资，拟于十月初一日起演剧三天，经前任尹大令所闻，曾经出示阻止在案，讵庙主等视同儿戏，仍欲举行。前日竟令该庙住持僧印善，持片请淞防统领班镇军赴庙观剧，镇军大不为然，当即函咨新任宝山县金大令，请为阻禁。

大令接函立即饬差拘提印善到案,以其不安本分,本拟严惩,姑念一再苦求,免以笞责,枷示头门三月以儆。所有演戏,着即停止,想庙主等当不敢再肆妄为矣。

光绪二十六年九月三十日/1900年11月21日第3版

习俗难移

杭俗于九月廿六日,相传为财神诞辰,城厢各处之五路庙中,咸皆设社集资互相庆祝,各业会馆公所中亦均张灯宴饮,而街头巷尾所绘之财神图像,甚有好事者支搭彩台,招僱清音、傀儡、楚曲、南词,献牲,叩祝,籍作敛钱之举。愚民之冀得横财者,咸乐助金钱,焚香祈祷,大有举国若狂之概,亦习俗难移之一端也。

光绪二十六年十月初六日/1900年11月27日附张第1版

英美公堂案

探禀戏馆演淫戏,会经禀请出示严禁在案,兹查得朱锡臣所开之女戏宝仙园,演唱《杀子报》,淫秽不堪,传案请惩。质之朱,供:别戏园亦有演唱淫戏者,求恩宽宥。司马以女伶演唱《杀子报》,更属不合,未便从轻。商之西官,判罚朱洋一百元充公。如敢再违,定即重惩不贷。

光绪二十六年十月十五日/1900年12月6日附张第1版

戏园滋事

南京彩霞街仪凤戏园开设多年,屡滋事端,近因花旦五月仙由沪招聘伶人多名赴宁,集资将该园重加修饰,择于本月初十日开演。请有著名地棍武生左金虎及旗下武举荣华亭为之照料,不意十二日忽有营内数人前往观剧,竟以细故启衅,被武生等殴打受伤,回营禀诉,中协赵副戎、城守蒋副戎、游府王游戎,立饬金蔡两千戎前往查问。五月仙犹出言挺撞,三营主不觉勃然震怒,立将该园钉门发封,一面签票拘提五月仙并左荣三人到案惩办。旋由保甲总局出为排解,令该园演戏三日,并借酒席花红款待受伤各弁。

以后每日馆中预备空桌八张，以供四营勇丁观剧之需，始得照旧开演，然不知此后竟能息事否也。

光绪二十六年十一月二十日/1901年1月10日附张第1版

英廨判牍

包探赵银河禀，海天览胜茶楼，说唱滩黄，曾经禀请示禁。乃茶楼主阳承阴违，捕头因命暗捕往听，果系一派淫词。解请讯核，诘之该茶楼主，供所唱皆系大曲，有戏目呈鉴。问官商之梅翻译，判罚洋一百元，追还工局捐照，不准复唱。

光绪二十六年十一月廿九日/1901年1月19日附张第1版

添设戏园

杭州拱宸桥东首新埠中，前有京戏园天仙、阳春两所，争妍斗丽，各尽所长。既而阳春因角色不齐，生涯渐形冷落，旋即中止。惟天仙延得天娥旦登台，颇能座客常满。兹又有某伶租得里马路之大楼厅一所，招集优伶开设丹桂戏园。择吉初八日起演，奈因雨雪纷纭，殊形清淡云。

光绪二十六年十二月十六日/1901年2月4日附张第1版

光绪二十七年(1901)

良辰美景

昨为元宵佳节,本邑南市各会馆董均招雇菊部登台演剧,以答神庥。而荷花池畔,则循例燃放各种烟火。更在殿庭陈各色奇样画景,任人游玩。兹闻十六铺南局委员诚恐届时男女混淆,易于滋事,特派勇丁弹压。并闻大南门外高昌司庙,由各会首制成匾一方,悬诸殿上,共庆佳节云。

光绪二十七年正月十六日/1901年3月6日第3版

郑声宜放

地方官禁止妇女入庙进香,及入茶肆听书,原为别内外而防淫乱起见。乃吴俗每至新正,即有游手好闲之辈,名为玩友,邀集多人在各茶肆支台设座演唱滩黄,名曰"打山头"。艳曲淫词,无所不有,男女杂座,调笑戏谑,顾忌毫无,败俗伤风,莫此为甚。近日元宵已过,而道前街凤池茶园仍复演唱如故,安得有地方之责者严申禁令,以正风俗,未始非仁心仁政也。

光绪二十七年正月十九日/1901年3月9日附张第1版

上元灯会

金陵省垣每届正月,营中举赛龙灯以庆升平,今岁因奉督宪禁止,故未举行。惟民间铜作行与南城各机业,独捐巨资,扎成龙灯三架并一切鸟兽鱼虫各灯,杂以踹高跻、荡湖船各种杂戏,锣鼓喧天,灯火澈地。四出游弋,以致通城士女奔走如狂,所幸尚无滋闹情事云。

光绪二十七年正月廿七日/1901年3月17日附张第1版

演剧酬神

沪南陈丰记船号之沙船，去年有因在洋遇风，赖神庇佑，转危为安。故号主特于昨日招雇菊部在商船会馆演剧二天，以答神庥。廿三七铺局员邱二尹闻信，因即派勇弹压。

光绪二十七年二月初三日/1901 年 3 月 22 日附张第 1 版

塘桥会景

昨日为本邑浦左塘桥镇问心庵赛会之期，乡民咸于清晨办设各种华丽仪仗，杂以台阁数座，上扮各种京剧。后随大锣班等各景，亲往迎赛，以此观者塞途，颇形热闹。

光绪二十七年二月廿二日/1901 年 4 月 10 日附张第 1 版

访拿淫优

淫优霍春祥近经朱竹石廉访札饬总捕王司马，密拿到案。据闻以该伶人蛊惑良妇，招摇过甚，致为某绅所送。并悉访拿者，尚有恶少八人，为首系荣(荥)阳两公子云。

光绪二十七年三月二十日/1901 年 5 月 8 日第 3 版

戏园启封

前报载山东路聚仙髦儿戏园，经甄姓挖□会仙戏园钉门，由聚仙园主邀律师候鲁公至堂伸诉各节。兹经张柄枢司马准词，判将该戏园仍令聚仙开设，故由园主至英国公馆盖印，并偕捕至园启封，饬令会仙迴让矣。

光绪二十七年十月十一日/1901 年 11 月 21 日第 3 版

光绪二十八年(1902)

会 馆 演 剧

沪南江西会馆昨由馆董招雇梨园子弟演戏,并请本县汪大令及文武各官驾临拈香。

光绪二十八年正月二十日/1902年2月27日附张第1版

风俗人心根于政治说

风俗之隆污系于人心,人心之邪正系于政治,政治可以转移人心,人心可以转移风俗,政治之利弊操之于行政之人。若是乎正己而后正人者,在行政之人也。政体有本有末,治末不治本,不足以信民。政事有大有小,治小不治大不足以成化。且也政务殷繁,治一而遗百,治此而遗彼,去一弊仍生一弊,除一害又增一害也。

上海租界淫乱之事,罄竹难书。男子留发覆额,其装扮之恶习,殊为导邪诲淫之渐。南洋大臣谓地方官何以绝不过问!嗟乎!地方官于地方过问之事有几何哉,而况本身作则,龌龊卑污,不足以率民,不足以禁民。有治法而无治人,人心风俗之坏,实由于无行政之人也。夫禁止留发覆额,挽回恶习之一端也。然而有大于此者,官妓无论矣。如夜马车如台基如住家,种种情事,往往有蚁媒引诱良家妇女出乖弄丑,甚或假番菜馆、戏馆为订情之地,兰芍之赠,即瓜田之约。至于游园玩景,士女戏谑,伤风败俗,又莫可究诘矣。呜呼!十里洋场,濮上桑间,到处皆是。夫固尽人而知也,胡为乎不禁然?而有大于此者,世家鲜克由礼,大员不能齐家,粉白黛绿招摇过市,暧昧之事充耳不闻。尤可耻者,妓院之中有钦差、有参赞、有学政、有道台、有统领,下至府厅州县。凡道经沪上者,无论官阶大小,无论实缺候补,至此皆放纵无礼,极意淫邪。官场败类,甚于小民,胡为乎不禁。然而有大于此者,此非指租界而言也。上自督抚，下至州县，姬妾众多，充物后堂，仆婢娇娆，丑声四播。武员之强娶强买，来历不明，罪恶尤大。身为民上，顾乃以淫靡道其先，而又甚之又甚焉。官箴何谓哉，胡为乎不禁？

呜呼！孔子《为政》曰"正己而后正人"，盖人心风俗之所关，不关乎其他，关乎行政之人也。今日者，治民淫乱之人其人不淫乱者鲜，其人不自淫乱来者又鲜，其人之淫乱甚于民者更鲜。富贵者，淫乱之阶也。禁贫贱之淫乱，不禁富贵之淫乱，则法不恕；禁在下之淫乱，不禁在上之淫乱，则法不公。中国政治所不能见信于民者，其以此哉。夫奸盗邪淫，民之犯法者必治以罪，然而其行之奸、其行之盗、其行之邪、其行之淫者，是为民其心之奸、其心之盗、其心之邪与其行之淫者，是为官堂上之言，无一不可责堂下，堂上之人无一可以对堂下，不堪自问，尚能过问百姓哉？

南洋大臣之责地方官不相过问，固也。禁止男子留发过额，以除恶习固也。地方宜奉札后，不得不遵谕拿获，亦固也。此善政之一，未始于风俗人心无所裨益也。独是推源溯流，穷原竟委，先治其本，而后治其末，先治其大，而后治其小，行政之人有关睢之化，奉政之人自无郑卫之风，道在迩而求诸远，毋亦□矣。

光绪二十八年四月廿七日/1902 年 6 月 3 日第 1 版

花鼓宜禁

近闻汉口各幽僻处常有演唱花鼓淫戏之事，诲淫导邪，莫此为甚。所冀有地方之责者，严申禁令也。

光绪二十八年八月廿三日/1902 年 9 月 24 日第 11 版

戏园召租

英界大新街丹桂戏园，房屋宽大，为沪上各戏园之冠。其中装潢华丽，器具精良，生财什物，一切俱全。前租户杨姓，现已退租，毫无干涉。如欲租者，请迳至后马路阜安里何公馆内本行，经租帐房面议可也。瑞生洋行白。

光绪二十八年九月初五日/1902 年 10 月 6 日第 4 版

夜戏驰禁

甬郡夜戏,前经高大守严禁在案,兹闻已有人禀请当道驰禁,当道业已允准。

光绪二十八年十月初四日/1902年11月3日第9版

光绪二十九年（1903）

佳节赏戏述函

京函云：本届端阳节，太后本不愿传戏，后又经某总管与内府大臣历请，传戏以娱慈怀，业蒙皇太后允准，赏戏三日。自初四日起，至初六日止，届时并添派张盛两宫保及马姜两军门至各国公使眷随各夫人亦一律赏戏。按今之时，危迫极矣。卧薪尝胆且不暇，曾乃兴高采烈演剧怡情乎，腐败之极！

光绪二十九年五月十三日/1903 年 6 月 8 日第 1 版

邀请观剧

法界密采里祥记洋行，洋东昨日片请道宪袁观察于即晚赴圆明园路观剧饮宴。

光绪二十九年五月十四日/1903 年 6 月 9 日第 3 版

陋俗难除

向例某省状元由某省会馆于赐及第之日开演吉祥戏，今届状元出自山东，山东会馆并未演戏，而榜眼及传胪均广东人，二十八日广东同乡在粤东会馆招梨园公贺。探花系贵州人，贵州同乡同日在贵州会馆招梨园公贺。越中先贤祠，浙江同乡同日招梨园公贺浙江新词林诸公。各处管弦嘈杂，车马屯集，真可谓醉生梦死者也。

光绪二十九年闰五月初九日/1903 年 7 月 3 日第 2 版

饬禁淫戏

芜湖东北门及仓前等铺，到有花鼓淫戏，每于夜间起演，男女混杂，伤风败俗莫此为甚，刻经巡警总办吕韵生观察饬各段员查禁驱逐矣。

光绪二十九年闰五月初十日/1903年7月4日第3版

英界火警

昨晨九点余钟,石路天仙戏园对面王仁和茶食店失慎,延烧迤北,永和银楼马祥顺鞋店等焚去楼房四幢。

光绪二十九年六月初五日/1903年7月28日第3版

梨园兴市

今夜丹桂所演《定军山》、《六部大审》、大《四杰村》、双《翠屏山》、《四十八扯》、《青阳地》各剧,均系各伶最擅胜场之艺,并加增外国大戏法,以餍座客。岁暮娱情,亦市面未衰之一证也。

光绪二十九年十二月十六日/1904年2月1日第3版

光绪三十年(1904)

梨园入值述函

北京十四日函云:内务府乐部传谕各梨园,自十五日始,按日进内承值,谭、刘诸名角,均赏给门照腰牌,随时出入。

光绪三十年三月廿一日/1904年5月6日第2版

伶人互斗

丹桂戏园伶人李万富与刘天桂,前晚因合演一戏口角。戏毕后,李持刀至一马路□天桂家,将刘颈项连砍二刀,手上一刀,当即倒地。李遂自刎一刀,伤不甚深,当由家人投报捕房。捕头饬探刘光震将李拿获,一并将刘畀入捕房,捕头见二人俱伤,饬探并移送仁济医院医治。据医生言刘之伤势较剧。

光绪三十年十一月十五日/1904年12月21日第9版

光绪三十一年(1905)

禁戏拒伤勇丁

甬郡奉化县属巡河街地方,每年清明节前后必敛钱雇班演戏,今年尤甚。日前,有吴、夏两绅邀请驻扎该处之练兵副中营左哨哨长王振清带勇前往禁止,莠民不服,竟敢集众拒伤勇丁四名。内杨乔松曾湘春两名实受重伤,十分垂危,当由绅等控县,请验伤差缉凶惩办。

光绪三十一年三月初九日/1905年4月13日第9版

会馆演剧

本月二十三日乃天后圣诞,南市各会馆自二十二起各雇梨园演戏三天。

光绪三十一年三月廿二日/1905年4月26日第10版

公廨谳员关列款示禁(续昨稿)

一　各戏园戏子往往不知自爱,引诱良家妇女,或入番菜馆、张愚等园幽期密约,藉行苟且,败俗伤风莫此为甚。自示之后,其速痛洗前愆,各安本分。即各番菜馆掌柜,及各园丁,如有贪得重利,借与秘密房屋,俾遂其欲者,一经发觉,当与本犯一体治罪。

一　租界妓女每晚应局,掮坐龟肩招摇过市,不但观瞻有损,亦且危险堪虞。嗣后妓女出局,除十岁以下,一概不准骑肩,违则罚办。

光绪三十一年七月十四日/1905年8月14日第9版下

庆祝盛典

苏抚陆春帅以往年万寿,虽雇班演剧,不过虚应故事,殊非慎重庆典。今届特饬三首县预雇三京班演剧二十四出，俾与民同乐，各学堂学生庆贺盛典，排队晋祝者，约有三四百人，实为从前所未有。

光绪三十一年十月十二日/1905 年 11 月 8 日第 9 版下

督辕祝寿续志

宁函云：本届皇太后万寿，督署于西花厅照墙，用松菊扎成双龙戏珠外，复于二堂用菊花篮高悬中央，大堂又用松枝扎成象形，取太平气象之意。头门外墙上又复用松菊扎成双龙对峙，二堂穿堂设西席一桌，计六十座。宅门外文武巡捕房前，东西设一席，每三十座，陈设极盛。初九日夜四更，玉帅即至万寿宫拜牌，辕门外警察教习，率同警察学生百人一齐站队。盖警察成队以来，教习及学生尚未见面也。初十日将午，各国领事及将军都统司道以次，均至领事及司道以上，坐于穿堂席上，其余则延宴于宅外两边。下午四点陆续辞出大堂，阶下有音乐队迎送如仪。八旗会堂演戏，各堂学生均赴会馆听戏。玉帅拟赴晚席，小营拟于十一十二演戏两日。此外大行宫及通衢街市，亦均搭台结采，演木人戏、清音各事。

光绪三十一年十月十四日/1905 年 11 月 10 日第 9 版上

西场盐商演剧

海州西场镇为淮盐会萃之区，今届因新盐畅旺，各盐商踵事增华，特由京口招来名角演剧酬神，所费其巨。

光绪三十一年十月十七日/1905 年 11 月 13 日第 3 版上

光绪三十二年(1906)

群学会元宵演剧

群学会仿西国义举之例,由同人集资协力,定于元宵演剧。设有坐席五百位,除义务同人分给入场券外,凡来索入场券一纸者捐银一元,以演剧余资藉补义务小学堂之经费,其无券者概不延纳。

光绪三十二年正月十二日/1906年2月5日第9版下

学生戏场哄闹

九江南门外火帝庙,每年四月必演愿戏,闻十四夜有身穿蓝色操衣之本府中学堂学生多人,与同坐看台之人哄闹,凳子尽被捣毁,并将其人送悬惩办。

光绪三十二年四月廿一日/1906年5月14日第9版上

新征兵与戏园肇衅

苏函曰:本月二十一日下午枫桥营内新征到之兵士十余人,至阊门外马路天福戏园预定夜戏桌位,不知如何与戏园中人打架,经马路巡捕拘拿兵士十三人,解送马路工程委员汪太守处,该营队官闻信驰报督练公所,总办饬派提调,窦镇山大令赴马路汪太守处查问细情。

光绪三十二年四月廿四日/1906年5月17日第9版下

兵士戏园哄闹续闻

苏垣枫桥常备第四营新征到之兵士,至马路戏园观剧打架,略记昨报。兹悉此事系吴江震泽二县之兵士十余人,廿一日赴马路上大观戏园观戏,见挂牌每位三角,即照付给。而按目云须每位外加一角,因有名角脚色,兵士等不允,遂至龃龉。园门巡捕见之,即发叫号,唤集巡捕十余人前来拘拿,各兵士不服,致相打架,不知何人带有刀子,竟将兵士一人戳伤并戳伤巡捕三人。是时人多手杂,观戏之人亦有遗失物件。嗣巡捕又来十余人,遂将该兵士等十三人拿住送交马路程委员、汪太守处,转送吴县署□,该营其余之兵士闻知,以事曲在捕,何反将兵士送县,各有去志。经管带队官再三抚慰,禀明督练公所,饬派宝提调往查细情,并转饬吴县秉公讯。

光绪三十二年四月廿五日/1906年5月18日第9版下

京师梨园改良

京师梨园,曲艺之佳,为各省冠。惜所演皆陈腐之剧,而妖艳诲淫亦间或不免。现由梁巨川侍读编《女子爱国》新戏,其命意在振兴女学,改良教育。情文兼到,共分四本,现经义顺和班排纂,于上月下旬分演。听者甚为拥挤,学界中人尤多,听至吃紧之际,有挥泪者,亦可见感人之深矣。所喜者,经此创演得利以后,仿效者必接踵而起,腐败之戏将不禁自绝,关系于风俗人心,实非浅鲜,殊堪为中国前途贺也。

光绪三十二年闰四月初六日/1906年5月28日第3版上

禁查淫戏

吴淞西镇李家宅一带,每晚演唱花鼓淫戏,男女混杂聚观,喧阗达旦,败坏风俗实非浅鲜。当经绅董得悉,饬地保前往禁止搭台,如果不知敛迹,即当函请王大令出差拿究云云。

光绪三十二年闰四月十六日/1906年6月7日第10版上

示禁演戏

浦东各城镇现在酬神演戏者,接踵不绝。周浦亦已雇定梨园,拟于本月廿三日开演,乃奉南邑尊李明府出示谕令,一概不准演戏。闻系府宪以青浦金山等县因演戏肇事,札饬所属各县,一律禁止,以杜衅端而节縻费。

光绪三十二年闰四月十八日/1906年6月9日第9版下

伶人会演充学堂经费

苏垣优界同人议开学堂,现已定借阊门外慈义巷梨园公所为校地,定额六十名。常年经费,悉由寓苏伶人担任。每逢礼拜,各园会演日戏一天,以戏资充作开办经费。十八及二十五日礼拜,并邀沪伶等来苏会串,是日适征兵假期,督练公所恐有藉端肇事,特派巡查官前往梭巡,以资弹压。

光绪三十二年九月廿八日/1906 年 11 月 14 日第 10 版上

谕 禁 迎 赛

浦左现值棉花登场之际,各乡镇无业游民每籍口迎神赛会摆立赌摊,或演唱花鼓、滩簧、影戏等,括取民财,已成习惯。松府戚太守恐有枭匪光蛋混迹其中,现已通饬各县严行查禁,且有两县交界之区,不免此拿彼窜,谕令无分疆域,一体查拿,务使匪徒绝迹,以安闾里。

光绪三十二年十月初三日/1906 年 11 月 18 日第 10 版上

新到头等唱戏机片

真正超等名角演唱京调、梆子、广调、徽调、昆腔、小曲、潮州汕头洋操洋调,多至四五千样货,比戏台上更响十倍,例分头二三四等:皇牌、银牌、黑牌、绿牌,偿廉物美。仕商赐顾,请认明机器戏片上均有谋得利公司字样,方是真正好货。经售处:棋盘街、昌祥、慎泰、懋昌洋货号、上海英大马路东首。英商谋得利公司谨启。

光绪三十二年十月廿六日/1906 年 12 月 11 日第 1 版

看戏惨毙多命

汉口横堤天后宫庙门首,本月二十三日正在演戏,观者若堵。不料该庙门左侧有水池一区,约深三丈余,因是日看戏人多,上盖木板以便行走,不料人多压断,一时落入水池中者百余人,后经警勇及街邻雇人救起多人外,共溺毙六十八人。

光绪三十二年十一月初一日/1906 年 12 月 16 日第 9 版

不准开设戏馆

甬函云：前有某商禀请于江北岸地方开办髦儿戏馆，当奉前任世观察批饬，鄞县议复，在案。兹有朱景岳等又禀，由宁道喻庶三观察批示，略谓髦儿戏大都青年女伶，借乐部为生涯，实勾栏之先导，伤害风化莫此为尤，宁波虽系通商码头，僻处一隅，俗尚质朴，究与上海等处不同，所请着不准行。

光绪三十二年十一月初七日/1906年12月22日第9版

戏园暂闭

湘省戏园前在城外开设，因水患停演，近已票准警察总局月捐款四十元，在城内开设。该园生涯颇盛，今因浏邑匪乱，警信时传，恐宵小乘机煽动。该局特已暂闭，俟乱事稍平当即开演云。

光绪三十二年十一月十九日/1907年1月3日第9版下

孤儿院筹款建屋开音乐会

本埠创立孤儿院，诸君现因建屋需款，特开音乐大会，借苏州路新天安堂为会场，谨请清心女学校生、卓越音乐会社、中西书院乐部、虹口唱诗学堂男女名士于本月初六日晚间八句钟，唱歌演剧，藉以集款，兹将事序单列后：

第一段　一（丝弦合奏）中西书院乐部　二（复音和唱）卓越音乐会社　三（琴曲独奏）汤女士　四（幼童独唱）曹幼芳　五（四声合曲）卓越音乐会社　六（琴曲双和）汤张二女士　七（单声独唱）张女士　八（盛和复音）清心女学校音乐部。休息五分钟。

第二段　一（独奏琵琶）胡念敬先生　二（男声独唱）周森友先生　三（琴曲独奏）颜女士　四（复音和唱）清心女学校音乐部　五（单声独唱）张女士　六（四声合唱）卓越音乐会社　七（幼女独唱）丁文爱　八（盛和复音）清心女学校音乐部。休息九分钟。

第三段　戏剧一（河东狮吼）　二（新旧纷争）虹口唱诗学堂。

光绪三十二年十二月初三日/1907年1月16日第21版

培才小学堂演剧助赈

培才小学堂准于本月初六日午后一时至四时,开第一次演剧大会。借座新北门内书锦牌楼陈宅,印有入场券,每券捐洋五角半充水灾赈,捐半助学堂经费。想热诚诸君,定能襄成义举也。售券处一在四马路奇芳茶居,一在书锦牌楼陈宅。

光绪三十二年十二月初三日/1907年1月16日第21版

论演剧助赈

江北水灾,被灾者只江北一隅也,而其震动之势,恐慌之象,实不啻合地球万国而被其灾。上而政府,下而士民,内而各省,外而友邦,电信交驰,奔走恐后,凡可以有裨赈务,有益饥民者,莫不竭力以为之倡。乃今而又有妓女演戏,藉资助赈之举。呜呼!妓女而亦关爱我同胞乎,而亦为同胞尽偌大之义务乎?是无怪绅商之甘为奔走効力,无怪外人之慨借此议事厅矣。

或曰:妓女之为此,特借以诲淫,顾诲淫为妓女之本色,彼于诲淫之中能行慈善事业,吾人固当嘉许之,不暇无用苛责。

虽然,彼所谓总管也,接待也,指引也,售票也,收票也,管班也,管台也,警察也,皆上海之富商大贾也。此百余富商大贾,苟拔其一毛,数万金立集;苟牺牲其身家名誉,数百万金立集;乃欲借诲淫之声色,行慈善之事业,窃恐其未必愿。使其果确,则此百余之富商大贾,当粉墨登场之时,与台上台下一较其身份,不将自愧其悭吝耶?且因此而救活无量数之灾黎,其功德何若?因此而陷溺无量数之少年,其罪过何若?彼富商大贾,亦会一计之耶?或曰妓女而有此义举,实当奖劝。彼富商大贾容或赞成之,提倡之,至谓其躬亲执役。则不待到场实验,而可决其必无是。盖好事者强列其名,而非此百余富商大贾之本愿,容或然。

顾传者过甚其辞,又谓是日剧场中,华商体操会会友之当警察者,皆服操衣以从事。此尤记者所不信,夫学堂操衣,最为珍重,况华商体操会其制服之若何高贵,徽章之若何华耀?昔之所服以赴瑞观察宴会者,今岂其服以为校书场执役,此不可信者一。且华商体操会开办以来，虽未有轰轰烈烈之盛举，然总未闻其有骇人听闻之怪象，此其审慎周详，当为识者之所共见，岂其一朝出马，而即甘为此不名誉不规则之举动，此其不可信者二。是故以上云云，记者敢为之力辨其诬。

要而论之，妓女而演剧助赈，妓女之热心爱国也；富商大贾赞成妓女之演剧助赈，富商大贾之热心爱国也。顾妓女之热心爱国，惟此一举，而富商大贾之热心爱国则大有在。愿诸君权衡轻重，勿失之猛浪，否则以热心爱国之举而乱以齐东野人之言，非特华商体操会诸君抱不白之冤，而热心爱国之妓女闻之亦将误会，而顿挫其热心爱国之气，致令吾叹息痛恨于天下好事之多磨，则甚非甘愿牺牲名誉之诸君子之初心也。愿诸君子再思之。

光绪三十二年十二月初四日/1907年1月17日第2版

名伶书画助赈

名伶时慧□(宝)工书善指画，闻淮北水灾，愿以书画润资充赈三个月。后截止来件送《繁华报》馆及棋盘街《新世界小说》社转交，五日取件计书画折纨扇每柄一元，书四六尺联一元、两元，四六尺屏三元、四元，润笔先惠，信力自给。

光绪三十二年十二月十三日/1907年1月26日第1版

责令开报戏目

南市董家渡一枝春及王家马头三凤楼两茶肆，近日雇人以演影戏为名，杂以淫亵曲调，引人观听，男女杂沓。改良社会董访悉，恐伤风化，特派人前往该两茶肆调查各项戏目，责令店主开报到社备阅。

光绪三十二年十二月十八日/1907年1月31日第17版

禁唱淫词

法界各茶肆朦领影戏执照，演唱花鼓淫词。经法谳员陈明府商准，法捕头一体谕禁，以端风化。

光绪三十二年十二月二十日/1907年2月2日第17版

光绪三十三年(1907)

查 淫 词

南市禁烟后,各烟茶馆咸思设立改良摊簧,藉图肥利。先后具呈总工程局,请为给照。惟沪道瑞观察以此项摊簧究竟是有伤风化,已札县查明,境内茶馆数家,并照请工程局查明,究竟有无淫亵,责令呈报备查。

光绪三十三年正月初八日/1907年2月20日第9版下

征兵闹戏园

江南征兵辎重炮队营兵多人,于初四日在庆升茶园不付戏资,及收票时彼此争执。征兵用武,将看戏客人打伤数人,捣毁什具无数。当时一哄而散。第二日礼拜日,园主恐彼等再来寻衅,先行禀知警察总局及藩司及宪兵司令部。是日上午警察局派来巡士多名,藩司饬两县各派丁壮多名,宪兵司令部亦派宪兵多名,协同巡逻保护。讵是日兵士之来观戏者,竟有数百人之多。相约各不买票,园主亦无如之何。差幸先事预防,未致肇祸。不料晚间复有兵士十数人来据座看戏,当经宪兵上前询其有无戏票,该兵等答以无票。宪兵谓今日我们兄弟数百人来看戏,皆未付戏资,园主并无异言,亦可两无嫌隙,自此以后看戏务各照例给资,不得有意滋扰。讵该征兵等不信善言,反致冲突,竟敢将宪兵殴打。当时宪兵亦有十数人,遂一同上前,将动手兵士拘住,暂闭空室中。其他兵士遂各夺门而出,时门外尚有兵士数十名,一闻此信,复纠众入内,拆坏门栅,将拘住之兵士二名抢去,临去复排队齐人点查名数,知不缺少,始呼啸而去。现该戏馆业已停演两日矣。

又闻园主业经禀知各大宪查办,帅宪意颇震怒,盐巡道朱观察素不主持征兵,深幸前言之中,又有谓帅宪已将宪兵司令部陶骏保观察严加申斥，谓既已设有宪兵，平日何无管束，以至于此。又云炮队管带及辎重队管带，并有撤换之说。

光绪三十三年正月十二日/1907年2月24日第4版

戏园批准开演

汉口华界贤乐戏园，去岁因生意清淡，且屡遭痞棍捣毁，故尔停演。兹因新正，该园主杨世锟特具禀警察局，称欲重复开演，请派勇丁弹压等情。经周总办批示，略谓该园主屡与人结怨，嗣后务必和气招待，其捐款每月三百五十元，须按月呈缴，不得拖欠，现该园已四出聘请名伶，尚未择期开演云。

光绪三十三年正月十二日/1907年2月24日第4版

赔偿怡园捐失费

湖北凯字营勇打毁英租界怡园戏园，英领索赔三千元，已由江汉关道拨银，照数赔偿怡园园主，此事即作为了结。至凯字营勇因日内须大加淘汰，致未究办，其统领吴军门元恺则因酿出是事，已向鄂督辞差，当奉张宫保慰留。

光绪三十三年正月十三日/1907年2月25日第3版

兵士观剧几致肇祸

芜函云：本月十五夜，芜湖大马路聚仙女戏馆有驻芜巡防第四镇暨缉捕营勇丁约四十余人，欲进园观剧，不名一钱，该园主因恐滋事，故特向该兵士等情商，请伊等明日再来。若辈因羞成怒，势将用武，幸由二区正巡官景□錡君闻信随至，该园以好言劝慰，众兵士始一哄而散。

光绪三十三年正月廿一日/1907年3月5日第4版

通咨改良戏曲

江督端午帅前有折奏，知府吴阴培出洋回国条陈考察事宜，代奏奉旨各该衙门知道，其条陈因有改良戏剧一条，现经民政部会议,以改良戏剧固与风化有所裨益,惟仿照日本例,一律说白,不用唱歌之说,按之本国习惯,未便猝改。拟由各省就所演戏剧,各按地方,加意改良,务使名义纯正,词曲简明,以为移风易俗之助。其戏剧中凡有碍及风化,均一律严禁,以正人心,而端风俗等语。日前已通行各省,查照办理。昨又札饬内外警厅,妥为筹办云。

光绪三十三年二月初十日/1907 年 3 月 23 日第 3 版下

四园合演筹款

昨日春仙戏园联合丹桂、玉成、天仙文武名角,串演新戏,所收戏资半充榛苓学堂经费,半备梨园公所善举,来观者座为之满,诚以事关公益,乐与赞成也。

光绪三十三年二月十九日/1907 年 4 月 1 日第 17 版下

优伶往斐岛禁约

日前粤督周玉帅准出使美、秘、古、墨国大臣梁咨案,照中国优伶前往小吕宋群岛,本在限禁之列,前经本大臣与美兵部大臣商妥,转行该岛,美督准其一律领照前往,业经照行在案。

兹晤兵部大臣,面称该岛电:自开优伶开禁以来,各项戏徒伙伴由广州、厦门两处领照入口已有一百八十八人之多,而实在戏院演唱者只得二十六人,其中显有假冒情事。又有厦门女伶入口六十六人,除在戏院二人外,均已分在各处营作丑业,尤属不合。应将优伶入口一节,仍照旧章禁止等语。

经本大臣驳论再四,始定为正脚名优,系属上等艺术,不以工人论准,其领照赴吕;其余杂色戏徒并非正脚者,亦戏台供役人等,既非上等艺术,即概不准入口,以免冒混。至女伶一项,尤多流弊,应即禁止。当由兵部大臣咨行吕岛照办。本大臣查从前中美禁约,只有工人,嗣因奸徒图利,往往以工人冒充别项,朦(蒙)混入口,被人查出,遂至牵累别项上等体面之人亦受美吏盘查,枉遭苛辱。现在工禁既未能开,自应于禁外之人优加保卫,尤须于流品派别认真稽查,庶免多所牵涉。

吕岛优伶入口一事,前经费尽笔舌,幸乃办到。若任听奸徒营私罔利,贻人口实,遂将固有利权自行放弃,未免可惜,且恐无以示信于外邦,尤与国礼有碍。既据兵部面订办法,亟应备文咨请贵兼关部饬:属于优伶充当其真正脚色,始准给照,其余杂色戏徒、戏台贩役以及女伶,一概不给,以杜假冒而挽利权。为此合咨贵兼关部,请烦查照,转饬见覆施行等。因周督准咨,即查上年十二月间曾接广州口美总领事文,称本国兵部大臣谕准中国优人前往裴列宾群岛一事,现准驻北京出使大臣电嘱勿为签押此等护照,以俟再行训示云云。当经札饬,移行知照在案。兹准出使美秘古墨国大臣所咨前因,除札农工商局会同藩臬两司移行查照外,由关务处传谕戏行会馆董事遵照矣。

光绪三十三年二月廿九日/1907年4月11日第3版上至4版下

戏园缴捐三十元专利

清江商人罗坤喜具禀警局,认缴警捐,开设普庆有限公司戏园,以兴商务。嗣由警局禀奉提宪批准,每月缴捐三十元,准该商专利,他商不得援例再开。现已开张,警局日派巡士在园保护弹压矣。

光绪三十三年三月初三日/1907年4月15日第2张第3版

纪 赛 会

昨日金龙四大王庙赛会,由新闸路南至马立师路,西至麦根路静安寺路,北至新闸桥南北,自晨至午,观者道路为塞。新闸捕房捕头,督同探捕北市巡警局胡巡长,亦派通班巡警上差,在闸桥等要路弹压。至四点钟时,苏州河之木栏拥断,落水者六七十人,虽有柴船代为捞救,然只救起二十余人,其中大半已死。该处警察局及巡防局员督兵援救,至薄暮时已捞获死尸男女十一具。至八下钟,经警察水巡捕地保局差人等,共捞起大小男子念四名,妇人四名,未获者尚难计数。工部局特派西医临场,见被溺之人稍有温热气者,尽力救治,一时人声鼎沸,杂以哭声,惨不忍闻。按是处在租界外,惟马路由汇四捕房管辖云。

编者按:天王会中,淫秽残忍之节,目虽经捕房申禁,而会中执役者多至三千人,即不免仍有诲盗诲淫之处。致观会者人山人海,举国若狂,而拆稍之流氓,剪绺之小窃,搔首弄姿之倡条,冶叶调戏妇女之浮荡少年,均以此为绝好之机会。此外如狮子头之男学生,牛眼罩之女学生,竟亦有抽出其至贵之光阴,与若辈表同情者。夫亦所谓逢场作戏者耶,虽然以逢场作戏之事,而忽现惨剧,可悲可痛。

光绪三十三年三月二十日/1907年5月2日第3张第3版

段芝贵案始末情形详志

段芝贵简放黑龙江巡抚以迄撤查献宠纳贿等事,近日京津物议沸腾,兹详述如下:

女优杨翠喜,初为振贝子所赏识,故段买以进献。然当时已预防物议,因驾名于富商王益孙,天津俗语谓之"倒口袋",盖亦官场中人之惯伎也。王受某之重托,则嘱其党王少舟、顾少岩二人从中说合身价,初议八千两,杨妓之义父杨茂亭得四千两,杨妓旧主侍卫陈国璧得二千两,余归王顾二人中饱。事已垂成,王少舟深知段买杨妓系献当道,乃串通杨妓之义母张氏妇将杨藏匿金家窑地方,陡长身价,非三万金不可,再四磋商,加至一万三千金始成交易。惟张妇仅得一千五百金,余则王顾二人平分。

本年三月十八日,王益孙派顾少岩送杨翠喜进京,旋因风声甚大,仍交顾某带回。且不敢附火车,由通州乘船,于念五日旋津。王益孙始张灯结彩,将杨妓接至家中,盖不得不借此以掩人耳目也。及事发后,醇邸孙相所派之参领恩志、内阁侍读润昌到津,当饬天津巡警局将杨妓之义父母杨二(即杨茂亭)夫妇派人看管,并传王益孙到堂质讯。而王益孙已早写有假契一纸,载明价银三千五百元,买作使女。杨妓之义父母亦早串好供词,所供均相吻合。于是两委员饬杨、王等各具买人卖人与段无涉之甘结。

及初三日一同带京,听候两钦使面讯,仍供如前,当晚开释。

初四日，王等遂乘早车回津。

赵侍御原奏，由商会总理王竹林汇银十万两，其实不只此数，实有三四十万之多，其中亦非王一人之款，不过皆由王经手代为张罗耳。据津人佥云正金上行（天津正金银行分上下行，上行在估衣街）买办吴阶南借七万，麦加利银行买办徐朴庵三万，针市街中裕厚钱店二万（此款闻由知府杨某代借），益德王益孙（益德即王益孙所开店）借五万，天津富绅张问渠八万，某局总办申太守代借三万，以上均有利息，七八九厘不等。天津富绅陈秉億借一万，无利。逸信洋行孙仲英送四万（孙包办北洋军火，与段交素深，且段又允到任后由孙独办黑省军火，故有此厚赠也）。此外道员如何某徐某，富商如王祝三吴某等，均尚有大宗借款。查办委员到津先派巡弁二员巡兵四名将王竹林看管，及传王质讯，王力辩其诬。廿九，两委员到商会调查帐目，亦未易查出实据，后复添传商会协理宁世福审问，亦代王辩护。两委员乃饬王出具并未借银甘结，且谓须各行商董同具保结，各行商董素仰仗王竹林之声势，谁敢不保，故同时具结。两委员遂将王、宁于初三日一同带京，一并预备提讯。是晚经醇邸孙相讯明，无罪开释。初四日同回天津，是日即由两钦差覆奏，洗刷净尽矣。

段善于迎合，袁宫保平时亦不免为所蒙蔽。闻宫保初与庆邸函商，本拟保段，以藩司及署抚命下，宫保为之骇然，及闻赵侍御纠参宫保，拍案大怒，并将茶碗掷地，曰："吾固疑其别有运动，今果然矣。"然卒以保荐在先，故仍向京中诸当道函电纷驰，竭力救援云。

日本人所开之《北洋日报》，因登载段事，竟被该国领事封禁。又某国公使于日前觐见时，力保段堪大用，并有仍请简放巡抚之说。参观两事，足见某之善于运动也。

孙相国之族人直隶道员某，当查办委员到津，知王益孙畏事，乃往吓之曰：此案牵连，恐遭不测，然吾有权可保汝无虞云云。既而托故向王借洋三万元，王深冀某为保护，遂慨然应允。

政府因段芝贵案致生疑忌

赵侍御启霖奏参段芝贵查办后，其事已了结，乃庆邸以赵为湖南人，与瞿大军机同乡，疑瞿暗中主使，且段献宠纳贿等事，为某报馆首发其覆，而外间均传该报有瞿军机资本，遂愈生庆邸之忌，闻已决意将瞿斥出枢廷。而世中堂为庆邸所援引，因此对于瞿军机亦有意见，大约政府中不久必有冲突风潮。

振贝子奏请开缺折

奏为沥陈下悃，仰恳天恩，准予开去各项差缺，恭折具陈，仰祈圣鉴事：伏念奴才派出天潢，夙叨门阴，诵诗不达，乃专对而使四方，恩宠有加，遂破格而跻九列。方滋履薄临深之惧，本无资劳才望可言。卒因更事之无多，以致人言之交集，虽水落石出，圣明无不烛之私；而地厚天高，局蹐有难安之隐。所虑因循恋栈，贻衰亲后顾之尤。岂惟庸钝无能，负两圣知人之哲思，维再四展转徬徨，不可为臣，不可为子，惟有仰恳天恩准予开去御前大臣、农工商部尚书要缺以及各项差使，愿此后闭门思过，得长享光天化日之优容。傥他时晚□前愆，或尚有坠露轻尘之报，称所有沥陈下悃，仰恳天恩开去各项差缺，缘由理合恭折具陈，伏乞皇太后皇上圣鉴，训示。谨奏。

编者按：此折措词绝妙，想见邸幕多才。惟“水落石出”四字，当改云“落水出石”。落水状参案以前之历史，出石状查覆以后之情形，试问贝子于意云何？

光绪三十三年四月十二日/1907年5月23日第3版

医学会演剧筹款

医学研究所因建造房屋，经费无出，定于本月二十二日，借春仙茶园，特烦海上诸名角会串改良时事新戏，看资每位收洋一元，所有余资悉充该所建造房屋经费，想热心公益者，当无不以一睹为快也。

光绪三十三年四月十二日/1907年5月23日第2张第3版

各茶肆定期传讯

法界各茶肆因违禁演唱淫词，经捕房查有贿纵情弊，饬探将各茶肆主查明。昨日传知凤凰台福泉楼、乐意楼等各馆主，限于礼拜五到堂讯究。

光绪三十三年四月十二日/1907年5月23日第2张第3版

演剧助振

清江商学两界，因清地灾民颠连困苦，公议假普庆茶园于初八日演剧一日，所得看资悉以助赈。现已由绳式学堂印入场券五百余纸，每纸售钱六百文，即由商会代售云。

光绪三十三年四月十三日/1907年5月24日第2张第2版

严禁演戏聚赌

湘省向有青龙会、鹿矶帮、红教、黑教等名目，引诱乡愚入会，被其鱼肉，且趁酬神敛费。演剧时约多人聚赌，其中藏奸纳污，莫此为甚。刻经抚宪严词通饬各属，转饬公正绅团，严密查楚，不准演剧聚赌以维风化。

光绪三十三年四月廿七日/1907年6月7日第4版

商团会演剧

沪北商团会，定期本月廿五晚假丹桂戏园演剧，每客收看资洋两元，悉充仁济、同济两医院并云南赈济之需。除串演特编改良新戏头本《醒世钟》外，并请鲍鹤龄、陈运新、赵宣堂、孙芝圃、骆秉堃、毛祝三诸君合串京戏，为善最乐，不禁为诸君馨香祝之矣。

光绪三十三年五月廿四日/1907年7月4日第3张第2版

议开髦儿戏园

通州现有俞绅，拟在商品陈列所之北岸设一髦儿戏园，闻估计建筑费约须三千余元，现正议订集股章程云。

光绪三十三年五月廿五日/1907年7月5日第4版下

示令戏园等销毁烟具

宁垣巡警总局近因各烟户限期闭歇在即,惟查戏园、妓馆、酒肆、茶楼往往兼售鸦片,若不一概严禁,难期尽绝根株。因特出示,令各依限将烟具销毁,倘敢故违,定即封闭提究。

光绪三十三年六月廿一日/1907年7月30日第3版下

拟抽戏捐办警察等事

江西饶州府张玉叔太守,现拟抽收城乡市镇演戏捐,以充警察及习艺所经费,昨已将所拟办法禀陈大吏核示矣。

光绪三十三年六月廿一日/1907年7月30日第3版下

饬禁淫词

高昌庙广东街老吉园茶肆,开唱淫词,名曰本滩,经制造局张总办饬保甲局员禁阻。

光绪三十三年七月廿七日/1907年9月4日第3张第2版

不准开设戏园

扬函云:职员刘孟熊等具禀运辕,拟创设大木人戏园,借以安插烟伙失业之人。并将来提出戏资二成,拨充巡警经费,庶几公私两益等情。奉批:以现当岁歉之后,比户空虚,重在民务实业,开辟利源,方为正办。若开设戏园,导民游佚,又属耗财,意何所取?且各烟灯人役,早经本司创设工艺所,俾可谋生,何烦该职等鳃鳃过虑也。所禀万难准行。

光绪三十三年八月初七日/1907年9月14日第2张第2版上

判惩淫伶

候补道冯翰,在公共公廨控伶人郭蝶仙诱逃其妾沈宝宝即谢宝宝一案,由廨提齐赵小廉质讯,不认。昨晨襄审王肇之明府与美白副领事复讯,以供证确凿,判郭枷号二礼拜,游行租界示众,期满押捕房二个月,逐出租界。赵押十四天。

光绪三十三年八月十三日/1907年9月20日第3张第2版下

查禁淫词

南市各茶馆禁烟后，多开唱花鼓淫词，借广招来。皆向总工程局朦捐执照，现为局董查知，以定章凡摊簧戏曲只能坐唱，不许演唱，已派探在有照之家调查，如果演唱淫词，定将执照吊回，拘办不贷。

光绪三十三年九月十七日/1907年10月23日第3张第3版上

吊回茶楼捐照

总工程局董查明洪生码头引凤楼茶馆，演唱本滩即东乡调多天，由本局随丁局役集股开演，当将捐照吊回，该丁役等候查究儆。所有续来请给执照之第一楼、协义竞春楼、渭园等，均批饬不准。

光绪三十三年九月十八日/1907年10月24日第3张第2版下

柬邀领事观剧

公共公廨谳员宝子观大令，昨日柬请驻沪日本领事永泷久吉君、西洋领事博帝业君，于晚间至丹桂戏园观剧。

光绪三十三年九月二十日/1907年10月26日第3张第2版下

查究淫词

南市高昌庙广东街徐少堂所开之老吉昌茶馆，夜间弹唱花鼓淫戏，并以妇女扮演，诱人观听。制造局张总办访闻，命巡警处查明，以便饬局拿办。

光绪三十三年九月廿九日/1907年11月4日第3张第2版下

拒款事排成新戏

杭州拱辰桥天仙茶园主人烦请优人邱凤翔，将江浙铁路拒款种种情形排演成剧，名曰《醒世新戏》，已于十二日夜开演。

光绪三十三年十月十五日/1907年11月20日第2张第2版下

查禁演戏

金山县乡二图每年十月廿七、八、九三日号称千人社,必搭台演戏,极一时之盛。现为松府戚太守访悉,特札饬该县蒋澜江大令先将该图地保张子卿提办,并饬严禁不准复演云。

光绪三十三年十一月初三日/1907年12月7日第2张第3版上

查禁淫戏新章

公共捕房卜总巡,前晚派西探头阿姆斯脱郎、非司盖泼带同华探蒋文彬、金立生至春仙、天仙、春桂各戏园密查后,传谕各戏园主,以后排演戏剧,须先一日将戏单呈送捕房候译察看。如违,提究不贷。

光绪三十三年十一月十七日/1907年12月21日第3张第2版下

乌利文新出麦古尼戏曲软片

此片系由发明无线电报之技师麦古尼,用新法制造,最为轻便,又极坚固,声音响亮,经久耐用。从前老奇硬片,每唱一片,需针一支。今则用针一支,能连唱念片,绝无丝毫毛声,且比硬片坚韧经用,计逾念倍。邮式往返,尤以轻便,可省寄费。况实地既软,永无破损之虞,收藏尤不占地位。所收戏曲,均系新唱,系□北京、天津、上海等埠邀请名伶会唱各调,无美不备。贵客赐顾,请认明乌利文牌号,庶不致误买,价目格外克已。分售处:上海棋盘街裕昌、昌祥等均有,特此谨启。

光绪三十三年十二月初六日/1908年1月9日第2张第1版

商界串戏

本埠丹桂戏园,十八夜邀请商界登台串演《天水关》等剧。该园亦排演拿手新戏以娱座客,想届期往观者,必纷至沓来,异常拥挤也。

光绪三十三年十二月十七日/1908年1月20日第3张第3版上

光绪三十四年(1908)

李春来案禀请道示

伶人李春来一案,业经公共廨员宝山府申详沪道,略云:此案前奉将李解辕,乃美领不允,经知县一再与之商议,彼只允在租界讯办。或押西牢,或将灵芝草黄朱氏两案并办均可。知县以案情重大,不敢擅专,为特禀请核示。观察谕,候批示核办。

光绪三十四年正月初六日/1908年2月7日第3张第2版

春阳社演剧广告

本社去岁历在外国戏剧青年会串演新剧,极承各界欢迎。兹复假座张园安垲地,定于十一日起,十六日止,连日排演《血手印》新剧,并接演《黑奴吁天》,每日由下午四点钟开幕,六点钟掩幕。头等一元,二等六角,凡购戏券者,免收游资。所售入场券资,以为开办音乐学校经费之用。售券处,本社事务所,张园门首,各番菜馆,各洋广货店,各旅馆。

光绪三十四年正月初九日/1908年2月10日第1版

禁演新剧

福州志士某君,于旧年招集同志,创演新剧,改良戏曲。于是各戏班均闻风改演新剧,其中以《旧金山虐待华工》及《马叻加招工情形》二出,最易激动下等社会。讵去腊某国领事竟照会洋务局查禁,致今年新正,各戏班皆不敢复演此二出矣。

光绪三十四年正月十二日/1908年2月13日第4版

春阳社新戏

昨日春阳社在张园演侦探奇案《血手印》新剧第一本,第一幕

《侍母窃囊》,第二幕《投案遇主》,第三幕《供役就学》;第二本第一幕《勷业招嫉》,第二幕《园趣婚约》,第三幕《怒遣戕王》,情节离奇,串演入妙,观者莫不叹赏。

光绪三十四年正月廿二日/1908年2月23日第3张第2版

学生与营兵冲突

扬州城守营兵丁日昨举行土地会,并设场演戏,适某校学生前往观看,与兵丁因事口角,大启争端,当经夏千戎极力排解,面将兵丁严加申斥,始寝其事。

光绪三十四年二月初七日/1908年3月9日第2张第2版

查禁鬼儿戏

陆家浜马路桥堍渭泉园小茶肆,前晚开演鬼儿戏,卖筹之韩大三与某甲喧闹互斗,由十二图地保劝散,昨由南区长访闻饬探查禁。

光绪三十四年二月十一日/1908年3月13日第3张第2版

声明春桂戏园无洋商合股

租界领袖领事准义瑞两国领事,欲将李春来案在公堂控告一节,兹闻沪道蔡观察检阅案卷,李春来曾在公堂供明春桂戏园并无外股,该戏园门首悬挂中国龙旗,足为决非华洋合资确据,瑞义商人所称合股,一无凭据,中外问案,总以供词证据为凭,已再照会领袖,声明力争。

光绪三十四年三月十四日/1908年4月14日第3张第2版下

弁髦禁令

新闸大王庙金龙四大王神,每届三月十九日,由好事者集资迎赛。去年曾因看会,挤断新闸桥栏,溺斃男女多命,由县详奉省宪,勒石永禁赛会在案。讵今届若辈已领有照会,仍择于十九日迎赛。

光绪三十四年三月十五日/1908年4月15日第3张第2版下

演剧资助孤子院

本埠可社同人，为设立孤子院起见，特合同志于职业余暇演习戏曲，并将中外古今畸人佚事编成改良新剧，训练纯熟，定于本月十九日礼拜午正，假丹桂茶园开演《爱国青年倪烈士全传》及军界伟人故事《思儿亭》各新剧。丹桂园主夏月珊及孙菊仙、潘月樵、夏月润、小子和、七盏灯助演《三娘教子》、《回荆州》等出。

光绪三十四年三月十五日/1908 年 4 月 15 日第 3 张第 2 版下

详志戏园闹事

苏垣阊门外马路春仙髦儿戏园，新由上海聘来小兰芬名角，连日生意大盛。十四晚有藩署亲兵数人到来观剧，不付戏资。按目不即泡茶，该亲兵等拍桌吵闹，该园唤巡警前来拖之使出。时适藩宪由杭回苏，各营勇均在城外迎迓，该亲兵等即往唤集各勇约有百人突入戏园，任意乱打，将台櫈什物碗盏洋灯等项全行打毁。一时人声鼎沸，相率奔逃，有失履者，有撕破衣服者，更有拥挤受伤者。捕房捕头鄂尔生派通班巡警到园弹压，当即停演。该园主于次日禀请藩辕饬查办理，不识若何了结也。

光绪三十四年三月十七日/1908 年 4 月 17 日第 2 张第 3 版下

戏园闹事案已了

苏州春仙戏园被藩署卫兵毁物一案，现经该管队官查明，曲在卫兵，当责每人军棍五百以儆。一面由马路工程局陈大令安慰该园主，令其照常开演。

光绪三十四年三月十九日/1908 年 4 月 19 日第 2 张第 3 版下

戏园闹事案三志

苏垣藩署卫兵打毁春仙戏园，已两志本报。兹悉卫兵营提调王司马以肇事之兵，虽已分别责革，而该管督队官约束不严，亦难辞咎。特发县管押，听候藩宪发落，并酌赔该戏园被毁物价洋若干,以示体恤。

光绪三十四年三月廿一日/1908年4月21日第2张第3版上

戏园闹事案藩批补志

苏藩署卫兵在春仙戏园闹事,经督队官将队官卫兵各治以应得之罪,并赔偿该园损失物价,业已了结。兹悉闹事之初,清乡公所提调王司马面谕该督队官将闹事情形详查禀报,该督队官欲为卸过地步,语多支吾。王司马据情上禀,藩宪大加申斥,该督队官知事不可掩,始将队官卫兵惩办,非其军令森严,真能秉公无私也。兹将当日藩司批词补录如下,以见此事之真相焉。据禀复密查情形,语多含混,瞻徇殊属不合,此事官长之罪重于兵士。一、兵于夜间出城看戏,有七名之多,是队官毫无纪律。二、兵在马路戏园滋事,既违警章,复损名誉,是队官毫无教育。三、兵因违章被拘,督队官与两队兵并不禀明提调知会,马路工程局提回严惩,辄敢擅自带兵复往戏园寻衅,打毁桌椅壶碗□镜多件,且闻有伤人情事。是队官纵容袒庇,该队官等均由九江步兵□调来苏,原为旧部,欲收教练认真之效,今竟如此痛恨之。余为之齿冷。初次滋事之兵,其为首滋事者,业经棍责,并将督队官分别看管。仰提调即将听从督队官,同往寻衅,队官两员并初次滋事,兵七名交审判科,提同督队官质讯。究竟初次滋事兵七名,是否因戏团守门之王三等阻挡而起;抑营兵看戏向不给资,园主不予座位,或争较正座偏座以致口角?逞凶二次,督队官等带兵前往,如何击毁物件,曾否伤人,共伤几人,务将确情禀候核办。一面由提调亲赴工程局陈委员处面询,兵丁队官先后滋事情形,如果伤人,现在何处医治,其戏园击毁物件值价若干,详细开单禀复,毋稍隐饰,致干未便。

光绪三十四年三月廿六日/1908年4月26日第2张第3—4版

扮演淫戏罚锾

法界准唱花鼓淫戏,迄今十年,最为伤风败俗。前年腊月,经前谳员陈楚生明府将福泉楼凤凰台判各罚洋三百元,以后不准扮演具结在案。日前，谳员聂司马便服至各花鼓戏场，查见扮演男女交合状，淫亵殊难目睹。昨日堂期饬将福泉楼主蔡同福，青云楼王张文其，椿心楼主马鸿奎，聚宝楼主沈福生，大胜楼主张四福，望月楼主李福昌，百花春主徐如兰，如意楼主朱阿小，颐园茶楼主陆金奎，载春楼书场主吴利全等传案申斥。福泉楼、青云楼各罚洋五百元，椿心楼、聚宝楼各罚洋三百元，大胜楼、望月楼、百花春、如意楼、颐园各罚洋一百元，各具切结，永不准再唱。载春楼云是说书，何不捐照，着罚洋五十元，再补捐三个月银十五两，一并交保，缴洋以一半充公，一半拨充善举。

光绪三十四年四月初一日/1908年4月30日第3张第2版

通鉴学校演剧

通鉴学校定于初三夜间，借春仙戏园开演新式戏剧。按该社换羽移宫，不同凡响，既可改良社会，亦足开拓心胸。想学商各界，必以先睹为快也。昨承赠券，书此鸣谢。

光绪三十四年四月初三日/1908年5月2日第3张第2版下

晋省将开戏园

山西省城向无梨园，惟每当春秋佳日，民间偶有借神庙演剧而已。今有人拟集资创设戏园一座，闻业蒙当道批准，即须择地盖屋，赴京聘请角色，以便开办。

光绪三十四年四月十二日/1908年5月11日第4版下

唱淫词分别议罚

法界福泉楼等十一家，演唱淫词，曾经公堂提讯，判福泉楼、青云楼各罚洋五百元，椿沁楼、聚宝楼各罚洋三百元，如意楼、大胜楼望月楼、百花春、颐园各罚洋一百元，惟载胜楼系说评书场，着罚洋五十元补捐执照，各在案。嗣经聂司马查得福泉楼、青云楼最伤风化，谕将照会吊销，不准再唱。其余尚无违章，仍由工部局发给执照，照常坐唱。前日各肆主具禀，求减罚锾，司马不准，限两礼拜措缴。

光绪三十四年四月十二日/1908年5月11日第3张第2版下

严申军令

督办苏浙缉捕清乡事,宜瑞方伯近因各营勇丁时有在外滋扰情事,特出示晓谕,略云:讲武以文明为尚,整军以纪律为先。本督办督理苏杭六属缉捕清乡事宜,统率水陆各营,莅事以来,接见各营统带、管带各员弁,无不谆谆告戒,约束兵丁,无许游行出外,滋生事端,不啻三令五申。乃三月十四夜半,公所巡缉队在阊门春仙戏团看戏,滋事取闹,损败名誉,违犯警章。本队官毫无教育,罪有攸归,已将该队官发县监禁三年,限满递籍。两队官摘顶责惩,以为经此严创,各营勇丁当可稍知儆。惕不料本月初四日,有新中营勇丁胆敢不穿号褂,结伴看戏不付戏资,并有在马路逞凶殴打,撕破巡捕号衣。如此任意妄为,尚复成何军律。言之实堪痛恨。除饬飞划营陈统领将新中营滋事之勇丁彭玉魁、褚秀山、沈德魁三名并该管官长严行分别惩办,一面通饬各营,遴派得力员弁在于城厢严密稽查约束外,合行出示严禁。为此示仰水陆各营弁勇等知悉,须知国家设兵卫民,岁縻巨饷,尔等身列戎行,务须确遵禁令,谨依规则,不得任意出外游行,成群结伍,遨游马路,动辄滋生事端。如敢故违禁令,随时由巡捕拘拿,报由本督办派员提回本营,分别情节,按律严行惩办。

光绪三十四年四月十八日/1908年5月17日第2张第2版下

学董请禁演戏

九江绅董罗孝廉大佺等,以城内外演戏酬神,学生多往观看,殊与学堂功课有碍,因联名禀请九江府,饬县派差将戏箱押封驱逐出境。闻已奉当道批准。

光绪三十四年四月廿二日/1908年5月21日第2张第2版上

演剧资助医院

丹桂茶园主近排演医事新戏，名曰《中国人生小囡》，描摹时下产婆之误人，以见西医之法之善，诚足为改良社会之一助。定廿五日午后一点钟开演，入场券每纸售洋银一元，概充中国自新医院经费，可谓热心公益者矣。

光绪三十四年四月廿三日/1908年5月22日第3张第2版下

请将春阳社被封各物取出

春阳社仿照欧西新法，编演新剧，以唤醒国民爱国精神为宗旨，今年更设通鉴学校，以教练而扩充之。本月初三日，假座春仙茶园开演新艺，原订租借一礼拜，因园主熊文通积欠房租，被房主禀请公廨，于初八日将该园封闭。该学校所存衣装、油画、花木、电灯及器用杂物，一并被封在内。现因月内须赴江宁学界之召，不能久待，闻校务长王君特恳某商董函请公廨启封，将该校所存各物先行取出，以免被累云。

光绪三十四年四月廿三日/1908年5月22日第3张第2版下

淫伶改押西牢

淫伶李春来奸骗黄朱氏一案，日前提讯及补票送领袖领事签字各节，已志前报。兹悉李伶改押福州路总巡捕房，后捕头因案关粤绅商公愤，与寻常案牍有间，日夜派印捕四名轮流查察，杜绝探望传递。及公廨出票送领事，将牌票签字后，捕头当将该伶送提蓝桥收押，听候再讯。

光绪三十四年四月廿五日/1908年5月24日第3张第3版上

淫伶拍照

淫伶李春来由公共捕房解押提篮桥西牢，前日总巡捕房卜总巡谕饬廿七号西探朋山，携摄影具至西牢将该犯拍照，留存捕房查考。

光绪三十四年四月廿六日/1908年5月25日第3张第2版下

沪道宪政致公廨函

启者:李伶一案,顷接美总领事出来函,谓执事用言讥刺佑尼干律师,未免有损名誉,嘱另派员于礼拜二会讯等因,到道查此案。佑律师代李伶如何申诉,并执事如何辨驳,当时堂上一切详细情形,应请查明,逐层见复以便□办。

光绪三十四年四月廿八日/1908年5月27日第3张第3版上

公共公廨谳员宝宪复沪道文

敬禀者:窃淫伶李春来一案,前奉宪札饬令复讯,按律究拟等因,遵于礼拜四早堂,将李春来带案,会同美日副领事复讯。原告广肇公所请费烈律师,被告李春来延请佑尼干律师,到堂声辩。是日观审之人,拥满堂下,公愤所在,万目交睽,讵佑尼干律师上堂即手指知县而斥言曰:"贵分府为大清国官,违背大清国法律,妄押无罪之人至七月之久,请问被告何罪?原告何人?"并引袁宫保奏定天津府属审判章程第五十六条,伍沈两大臣奏定刑民诉讼法刑事规则第四十五条,以相诘责。知县即平心静气而告之曰:"本分府莅事年余,从未见□律师上堂,然素仰贵律师之名誉,不料贵律师今日竟为万人共嫉之淫棍李春来上堂辩护。李春来淫恶昭著,妇孺皆知。岂贵律师尚未知晓?实深不解。此案本可早行讯结,因瑞义两国案件从中牵缠,以致羁迟。本分府于此案,惟知遵守国律,按法严惩。灵芝草一案,罪为容留过犯,现原告已赴东洋。黄朱氏一案,罪为奸职官妻,并诈欺取财,应照窃盗计赃,原告为广肇公所。"

佑律师又云:"案尚未讯,贵分府何以知其有罪?"知县驳云:"案尚未讯,贵律师何以知其无罪?"是时堂下观审人众,闻知县辩驳之词,人人感动,情不自禁,拍手者数四。佑律师气为之沮。仍复伸其强辩之词,再三请将该伶保释,并称观审之人拍手哄闹,请为办理。知县告以李春来一犯罪恶昭彰,系奉督宪暨宪台札饬严办,未便保释。至观审之人拍手,系一时义愤所发,不平则鸣,本分府亦无法阻止,当商准美副领事。灵芝草一案,应照两罪并发,以重论轻罪不议律，先行注销。黄朱氏一案订下礼拜二复讯。李春来还押，当据捕房以公廨向章民事押廨刑事，押捕李春来审。朱氏一案系属刑事，请将该犯□押捕房。知县查所称与向章相符，因准其带回捕房，嘱令小心收押在案。

正在具文禀报间，接奉钧函内开美总领事函，以知县用言讽刺佑律师，有损名誉，嘱另派员严讯，将佑律师如何代李伶申诉，并知县如何辩驳详细情形，逐层禀复等因，并抄函下廨。

奉此伏查该律师，上堂时用手指斥问官，藐视公堂。知县尚未加以诘问，讵意该律师转为此先发制人之计，殊不思知县当时与该律师辩驳，意气虽然慷慨，词色仍属和融，据理相争，并无不合。谓为出言不逊，实所不承。谓为有损名誉，更所不解。该律师代表李伶到堂声辩，其为有益名誉，有损名誉，人口如碑，公道自在，岂因知县一言所能增损？问官与律师辩驳，亦属事理之常，若因辩驳而遽谓讽刺，遽谓出言不逊，然则将审问官皆将箝口结舌，低首下心，伈伈伣伣，以听命于律师。平伏念李春来一案，自起案迄今，运动之说洋洋盈耳。知县素严与取，且蒙宪饬勉励，勖以爱惜声名，故虽经该律师再四坚请释放，知县执意不允。该律师见无隙可寻，并知知县讯理此案决不肯稍涉宽纵，故为此挟制之词，希图更换他员承审，只为放松案情地步。知县恫吓有所不惧，荣辱有所不计，甘受外人之排挤，决不受华人之唾骂。仰祈宪台鼎力主持，以申公愤而成信谳，所有当时与佑律师辩驳详细情形，理合遵谕禀复。四月廿六日。

光绪三十四年四月廿八日/1908年5月27日第3张第3版上

淫妇探听审案

淫伶李春来奸骗一案，改期会讯，已纪昨报。兹悉此案陪审之美日副领事以案关紧要，禀由美总领事函请沪道派员会审，道宪蔡观察有委译员万翰香太守莅廨会审之说。而律师佑尼干廿七日亦无暇到堂，故经美领事照会，改期廿九晨会讯。讵昨晨绅商学界中人未悉改期情形，到廨观审者多至数千人。已故黄京堂之妾朱氏，竟于十下钟潜乘轿式马车,在公廨南鸿吉里口探听讯判情由,后经人告知改期,始去。

又据《太晤士报》云,此案展期至廿九日午后再审。

光绪三十四年四月廿八日/1908年5月27日第3张第3版上至下

美翻译官因审李春来案告退

上海《太晤士报》云,探闻美总领事署通译官兼英界会审公廨陪审官白保罗君,业经告退。想白保罗君在署办事多年,素得信任,且白君曾于宁波行医多年,精通华语,此番因审讯李春来一案,自行告退,凡与白君有交谊者闻之,均为不乐。但望白君告退后,多享幸福,并望会审公廨。近日意外之事,将来不致于扰其安乐也。

光绪三十四年四月三十日/1908年5月29日第3张第2版

查究入监唱戏

上海县李大令查得此次闹狱之事,狱中各犯出洋七元,雇得妇女唱戏,该妇女等演唱花鼓淫戏不知改,业已属犯法,尤敢受雇到狱演唱,尤为胆大,已饬差查究矣。

光绪三十四年五月初二日/1908年5月31日第3张第2版下

淫骗案议有头绪

《文汇报》云:李春来一案,似有初四日解堂之说。但解堂亦不过预询他事,而其办法业已议有头绪,预卜此一两日内,所议之新办法必可发表矣。

光绪三十四年五月初三日/1908年6月1日第3张第3版上

奸骗案仍未解讯

淫伶李春来奸骗黄朱氏一案,昨日仍未解讯。闻谳员宝大令因是案已一再禀求道宪辞差,请另易他员接办,不知观察若何办理也。

光绪三十四年五月初五日/
1908年6月3日第3张第2版下至第3版上

廨员并未辞职

外间谣传廨员宝大令因李春来案告辞之说不确，宝大令于此案坚持终始，甘以一身为劳怨之的，并不愿居辞职之名，更不屑受道歉之辱也。

光绪三十四年五月初七日/1908年6月5日第3张第2版下

春阳社重演新剧

春阳社去岁在圆明园路外国戏园开演《黑奴吁天录》新戏，大为社会所欢迎。自今年正月中在张园演唱后，久未登台，既而有所谓通鉴学校者，云即春阳社旧部，其实非也。今春阳社诸君因《□(竞)业旬报》社要求，定期初八日午后一时，借天仙茶园重行登台演唱《双烈传》(即陈姚二烈士蹈海)并《滑稽魂》等剧，想届期顾曲者，定当座满也。

光绪三十四年五月初七日/1908年6月5日第3张第3版上

沪道不允为奸骗案撤换谳员

淫伶李春来案，沪道与美总领事本已商有办法，近日美总领事忽又与沪道交涉，竭力要求将公共公廨谳员宝子观大令撤差，闻沪道以此事关系主权甚大，已严词驳拒矣。

光绪三十四年五月初八日/1908年6月6日第3张第2版上

营兵与戏园冲突

苏垣观前街聚福戏园，所雇之把门人张某平时出言不逊，屡滋事端。日昨该园系清客串之期，有王废基巡防营兵前往观看，为张阻止，相与哄闹。当唤巡捕拘解回营，该兵心有不甘。越日前往，寻复哄动多人，途为之塞，各店亦相率罢市，嗣经巡官营兵出而弹压，始各散去。

光绪三十四年五月十一日/1908年6月9日第2张第3版上

巡防队兵打毁戏园

苏垣城内元(玄)妙观前聚福戏园当开设时,不卖女座,尚称安静。迨后包厢卖女座后,生涯颇盛,然男女混杂,屡次打架滋事。本月初八日清客串,看客甚为拥挤,有巡防队勇数人,带画眉鸟到来看戏,将鸟挂在正桌傍,看客等因闻鸟声吵闹,命人将鸟挂至外边,该勇等不允,因而争闹。即经看门流氓同戏子等聚集数十人,拖住二勇,乱打一顿。旋由某绅出面,将二勇送至元和县,经魏大令提讯,判责千板,枷号示众。

至初九日仍系清客串,看客拥挤,女客看戏者较前更多。该巡防队勇等即纠集百余人,前来报复昨仇,至下午五六点钟哄至戏园,拦住大门,见人即打,见茶碗即飞掷。各男女看客,被挤住在内,朱绅以增等亦在其内,均不能动。各勇等又将台凳脚拆下乱打,各男女看客忙乱欲逃,或有被茶碗片打伤者,或有被台凳脚打伤者,不计其数。或有欲往后门逃走磕伤者,以及失落物件者,更不知凡几。朱绅头面被茶碗片打伤,血流满面。巡防队统领陈有珍总戎亦在正桌上,欲出为喝阻,致被打伤。而是时人声嘈杂,各勇等全然不顾。即经巡捕报知中路警局,发电话告知长元二县,先后各带同差捕人等到来。是时各勇等已各自打罢停手,往外一哄而走,旋经中路吴大令、长洲赵大令、元和魏大令等查勘细情节,将受伤各人分别送请医治,并备轿将朱绅送回府第延医诊治。大令等随即赴各大宪辕,禀明情形请,示办理云。

光绪三十四年五月十二日/1908年6月10日第2张第3版上

聚福戏园被毁续闻

苏垣聚福戏园被巡防队打毁情形,已纪前报。兹悉此事长元二县以该戏园男女混杂,致屡次肇事,亦有不合,拟先发封再行查办。旋经朱绅研生到县,以营兵凶横过甚,若再将园发封,则彼更得志,恐日后聚众毁店之举,将接踵而来云云。两县颔之,始免发封。闻朱绅于该园亦有股分,是以甚为出力云。

又悉当时该巡防队勇等均带有刀械,势甚凶横。均系北局及黄废基二处之勇，归右路巡防队统领陈有珍总戎统带。然总戎当时亦喝阻不住，现闻总戎之意欲出为调停，和平了结，拟令该园主将毁失各物件逐一据实开报，听候核明照赔。并令营中弁勇至某绅等府，服礼了事。藩宪瑞方伯闻之，大不为然，以营勇聚众持刀毁园伤人，情节较重，岂容宽纵！定欲究出为首之人严办，盖因前次巡队打毁春仙戏园，事较此案为轻，尚将督队官曾纪猷发县监禁三年，此次若不严办，既无以服曾纪猷之心，更无以服众人之心也。总戎已恳请苏臬及首府代向方伯处缓颊，又赴抚辕求恩，然案情较重，且前车具在，恐难含糊了结耳。

光绪三十四年五月十三日/1908年6月11日第2张第3版下

聚福戏园被毁案藩批

苏垣聚福戏园被巡防营勇丁打毁物件一案，两志本报。兹悉园主黄增寿等心有不甘，开单禀请各宪究办，奉藩宪瑞方伯批：据禀该戏园于本月初八日被右路巡防队兵，因摘除雀笼微嫌，恃蛮凶殴看门等人，嗣经投报中路巡警局扭住两勇，转送到营。该统带仅止斥革出营，并不惩办。无怪初九日，该勇下纠约多人重往报复，拦住园门肆行毁物，并有身穿军服、头戴顶帽营弁手执马棒乱打。甚至有持令箭之人，指挥进退，实堪诧异。询之陈统带，犹谓与巡防队不相干涉，令人齿冷。试问此项令箭从何而来，该统带何竟毫无觉察，荒唐已极。无论该戏园所禀情节及毁坏物件有无装点捏饰，而营兵不守营规，擅入戏园。即使衅起理直，亦属不合，候札饬长元吴三县及中路巡警局，会同据实禀复核办。

光绪三十四年五月十五日/1908年6月13日二张三下

巡防队大闹戏园续闻

苏垣巡防队打毁聚福戏园各情，迭登前报。兹悉此事经长洲县赵豹文大令，谕饬该戏园将被毁物件据实开明，补具禀词，分投藩府各辕，如有看客被殴伤，及失物者，亦一并开呈查核。并于前晚提队勇等讯供，该勇等狡执异常，均称系到来弹压，戏园物件不知是何人所打等语。大令饬传园主及茶房到案,令其辨认是否当场动手之人,该园主等畏累不敢指认,均称当时人多手杂,难以识认。大令饬将各勇押候复讯。

巡防队右路统领陈有珍总戎闻藩宪欲将为首之勇处以军法,异常恐慌,连次往是日在园看戏之朱绅家求见,朱绅头面之伤虽不甚重,尚未痊愈,一再却之,因之总戎更为战慄云。

闻朱绅商同当时在座看戏受惊之邹、尤、潘、陶各绅,拟将巡防队勇打毁戏园启衅详情,叙具公函,呈请抚藩澈究从严惩办,以儆凶横而安商业。

光绪三十四年五月十六日/1908年6月14日第2张第3版下

续志打毁戏团案

苏垣聚福戏园被毁一事,现经观前街一带及邻居各店铺人等众口一词,均称巡防队勇丁聚众来毁物件,时有该营官长骑马在场喝令动手等语。闻抚宪已与藩臬商酌,欲将该管陈有珍总戎照纵容所部勇丁毁物伤人之例参办,至所失各物,值价甚巨,究归何人认赔,至今尚未有着落也。

光绪三十四年五月十八日/1908年6月16日第2张第2版下

会商淫伶李春来案

昨日上海道蔡观察谳员宝大令暨美领事佑尼干律师,先后至洋务局会议淫伶李春来案。佑律师首先声言,敝律师对于此案并未执有一定之意见。蔡观察云,本道办理此事,一秉至公,亦未固执成见,总期两无屈抑,且以保全两国之感情。宝大令谓本分府承审此案,所以据理力争者,欲顺舆情而已,初非有意与贵律师反对云云。中西各官畅谈良久,尽欢而散。

光绪三十四年五月十八日/1908年6月16第3张第2版上

会审淫伶案详情

淫伶李春来奸骗已故四品京堂黄开甲之妾黄朱氏一案,昨晨十下钟，公共捕房将李春来解廨，谳昌宝子观大令与美巴副领事在楼上公堂会讯，捕房派印捕把守门户，以阻闲人而免拥挤。先由道辕译员陈震东司马声明，此案目下中西官各无意见，奉道宪札饬开堂会审。

据原告担文帮办费烈律师译称，李春来奸骗官眷，系犯大清国法，应按清律讯办。今因事在租界，故由会审公堂会讯，由陪审官陪审，是以两造各延律师代表。但此案华人犯事，应归华官讯理。查西国通奸案系平常之事，华例则甚重。西报所载华官偏袒原告，不合将被告禁押七月之久。照敝律师之意，华官并不袒护原告。因李伶之案本属华案，后因李伶串出洋商，往返交涉，以致延期。又英美公堂在未经讯明以前，并不视被告为有罪，而法国公堂则问官预以被告为有罪，中国亦然。当佑律师未办此事之前，已深知之，有佑律师所著之书为证。查李伶新开春桂戏园招牌，春桂大有深意。春字即李春来，桂字即黄朱氏，中国轻视伶人，律例使然，照清例应加等重办。查数十年前英国定律，伶人犯案须用火铁烫头，今始改良也。李伶奸骗黄朱氏一案，证据确凿，且由广肇公所书记关湘泉代表主控，并有见证在堂，请逐一传讯便知。

时佑律师帮办弗律师申辩：广肇公所不能为原告各节，担交帮办费律师，责其违背公堂体例，堂上官已传原告，而佑律师仍申辩不已。宝大令谓照中国律例，不论何人可做原告，但审系虚诬，即应坐罪。可先传原告审问，当据关湘泉投案供李伶与黄朱氏通奸，诱骗多金，先已传闻，后有怡泰洋行买办周桂生投函公所，渠屡见李伶与黄朱氏同坐马车，出入招摇。公所中人与黄京堂同乡，谊关桑梓，遂动公愤。请鄙人代表公禀，案下是实。佑律师帮办弗心登向索代表，凭据当呈出董事信函，弗心登反覆驳诘不已。费律师起言，被告律师又不合公堂体例，因现在系询问口供之时，非律师辩论之时也。

遂传见证怡泰洋行买办周桂生，供：与已故黄京堂素识，黄故后，其如夫人朱氏竟与伶人李春来通奸，人言藉藉，事属可疑。至去年八月,自见朱氏与李伶同车过市,两次在春桂门前,当十二点钟左右,见李伶与朱氏同出登车,往南京路转西而去。故函致广肇公所,请各同乡为京堂雪耻。

又据见证妇人林小妹供:年二十岁,前年八月初二至黄公馆为梳头佣,每月工洋四元,至去年五月初六停出。李老班于前年十二月望日始,时常至公馆。供至此,李伶在旁阻止,原告律师斥令走开。林父供:去年十二月十一日,太太盘京堂柩具赴苏安葬,住在紫竹林祠堂。李伶与太太同卧一房约十余天,始同乘火车返沪,住新闸路。李每晚十二下钟到公馆,天明五六下钟即去。去年二月十六日,太太小姐与李伶同乘舟赴杭州,住拱宸桥大方栈,租房三间。小姐公子等住一房,李与太太一房,李之佣人住一房,李在杭唱戏二日,约住一星期回沪。平日李与太太同车出入,不以为异,求鉴。

又据陈阿堂投供:开牛奶棚为生,曾受黄京堂恩惠,愿来作证。小的家与黄公馆相离五六间门面,黄京堂故后李伶时至公馆。去年八月间见李伶与朱氏同坐洋台乘凉,李伶身穿短衣。后来时见朱氏偕李伶于晚上十二点钟回公馆是实。

沈子全供:前在杭垣大方栈当茶房,去年二月廿七日李春来与黄太太等到栈,共计十人。李与黄太太同居廿四号房间,少爷小姐住廿五号房间,男佣等住廿七号房内。小的此次到申闲玩,闻知此案,故到堂作证。

讯至此时,已一下钟。原告费烈律师声请,中西官再行订日会讯。佑尼干律师起言:原告所邀见证,实难凭信,应请堂上传黄朱氏到堂作证,一讯便明。宝大令谕曰:黄朱氏原告并不控及,即使传案,黄朱氏势必抵赖,况贵律师前堂声明,私相往来或有之事,今即传案亦,不能视为证人,只能以被告相待。本委并无不愿传讯之意也。费烈律师亦起言曰:被告律师以前并不提及请传黄朱氏到堂,今忽借此意欲拖延,请堂上作主。大令与副领事商酌后,谕曰:黄朱氏姑准传讯,惟按照中西律例,同案之人万不能以见证相待。因判李春来还禁西牢,一面饬传黄朱氏于礼拜四到堂再行会讯核夺。

光绪三十四年五月十九日/

1908年6月17日第3张第3版至第4版上

演剧襄助医院

丹凤茶园定于念二日即礼拜六午后一时起，倩翁梅倩、林黛玉、朱小二宝、金媛媛等热心公益诸词史，客串改良风俗之新剧(名曰《中国人养妮子》)。其宗旨所在，欲使人人有普通医学之知识。并名角恩晓峰等各演擅长诸剧。所售看资，悉充自新医院经费，每券售洋银一圆，此券如不往观，可换灵验痧药十瓶，可谓一举多得。

光绪三十四年五月廿一日/1908年6月19日第3张第2版下

淫伶奸骗案改期讯结

淫伶李春来奸骗已故四品京堂黄开甲之妾黄朱氏一案，本月十八日由公共公廨宝子观大令会同美副领事讯判，候传到黄朱氏于礼拜四早堂会讯，核断各情，已详本报。兹悉谳员宝大令，十九日饬差张福协同静安寺捕房十三号西探及华探陈永康，赴池滨桥张记牛奶棚封门，黄朱氏家传讯后，即有嘉应州旅沪商人李光荣、黄仲衡等为朱氏代表，公禀到堂。昨届讯期，清晨十下半钟，宝大令会同美巴副领事升堂会审，并由廿七号西探朋山将李春来解至堂下。

宝大令即传廨差张福，诘其昨日往传黄朱氏，今日何以不到。该差禀称：小的偕同西探往传，有一妇人自称四品京堂命妇，母家姓李，并非黄朱氏，另有黄朱氏已于去年逃逸，故渠不愿到堂，求鉴。十二号西探与华探陈永康所禀略同。

大令谕谓：原告并未控及黄朱氏，本可无须传审。因被告律师一再请传，故而饬传，今既不认为朱氏，应将传单注销，免议。

原告所延之担文帮办费烈律师起而声称：今黄朱到案与否与本律师不涉，因该氏乃被告律师所请传讯也。

被告李春来所延佑尼干帮办飞生惇律师起而言曰:黄朱氏既不到案,堂上将传单注销,本律师亦姑且缓提。惟佑尼干律师昨日曾禀请总领事,改期下礼拜二会审此案,缘被告见证皆未预备,至今晨美总领事由电话告本律师所,请改期一节,今晨须至公堂声请,谅贵分府定必允许。况佑律师今日未到,本律师因总领事允诺改期,故已预备承办他事。且改期之事只有一次,决非有意拖延,想原告律师亦必乐从也。

费烈律师起曰:被告律师今请改期会讯一层,深为诧异。查刑律之案,未便过于迁延。今佑律师赴美总领事处声请改期,不知美总领事曾否咨照贵分府,虽此事应由公堂作主,然外间颇有议论,佥以李春来久押为非。要知从前勾串洋人,已属被告自误,近自四礼拜前承办是案,被告律师定能早为布置,犹云人证未曾预备,深不可解。本律师一见被告带案,即可预备一切,然则李之久押非公堂之过,亦非原告律师之过也。

宝大令即谕曰:向章本分府如欲改期,须先咨照领事,如领事欲改期,亦须先为咨照。今美领事并不咨照,直至今晨,副领事到廨始称被告律师因人证未齐,请为改期。本分府之意,改期与否,本无不可,惟恐此案延搁过久,不知者误疑公堂耽悮,故以早日讯结为是。

飞生惇律师声称:今之改期会审,实非公堂之过。本律师请改之原因,实有二层。一则昨日承办他案,不及预备此案;一则此案相关之人,或在苏州,或在杭垣,一时不及到沪。今请迟三四天,想无不合。且控单上并不注明通奸在于何处,又无的实证据,此案为中西人所瞩目,不能就此办结。

费烈律师驳曰:被告律师所云控单上并不注明通奸在于何处,及有无确据,但此案原因应早知悉,不应于今日再生是说。

宝大令又谕曰:今两造律师皆愿改期,本分府亦无不愿。惟下礼拜二,务须讯结,不能再延也。

飞律师声言曰:今被告证人未讯,且原告亦有见证到堂。即使证人口供问毕,原被律师又欲申说,恐礼拜二讯结或有不及。

费烈律师称：原告之见证，约三四分钟即可问毕，不费公堂功夫。

宝大令旋商诸美巴副领事，判准于下礼拜二上午九点钟会审，以便是日断结，免再拖延。

光绪三十四年五月廿一日/
1908年6月19日第3张第3版上至下

打毁戏园案原禀补录

苏垣巡防队打毁聚福戏园案，日来搁置不讯，外人多不解其故。兹觅得该园领班王增寿、张云卿、尤凤皇等，原禀补录如下：

(上略)窃身等因在外谋事艰难，故于长邑察院场，合股开设聚福文班戏园。迄将一年，向无滋闹，惟已折本至二千余元之多，现承诸客知身等折本难弥，于本月初八日来园清串。讵于午后有王废基营兵，手携画眉鸟笼来园，挂在边厢挂落上。身等央伊勿挂此间，致碍看客。伊辄恃蛮跳入柜台，凶殴看门等人。身等无奈，即投中路警局，请拨巡警弹压。当时扭去两人，伊等方散。窃以为可幸无事，仍于初九日照常接演。不料该营兵又来数十人，突将园门前大街东西拦住，大肆凶殴，哄入哄出，将园中各物打毁无算。所有看客亦无逃处，多受微伤，失物更不待言。常见有身穿军服、头戴晶顶大帽营弁一人，手执马棒，首先动手乱打。然后众营兵一拥而入，任意肆打。并有执持令箭之人，追随其后。该营弁口称要封戏园，随手将帐桌抽屉内大小银洋，悉数倒去，始将令箭挥众退出乃去。不多时，复又打进。适该营陈统领来园，营兵皆随列两旁，唤身去。云所有被毁各物，嘱令开一细单，至营当即如数赔偿云云。并将大水牌一块收去，身等于事后查检被毁各物，另单呈电，看客损失之物尚不在此数。一时扰乱情形不能殚述，幸喜时未上灯，免肇巨祸。伏念观西系属大街，午后五句钟时，尚在白昼，该营弁兵竟敢朦请该营令箭，率队滋闹，至于此极，似于保卫地方治安之义相背。身等自遭此祸，亏本苦难弥补，且累及绅商士庶，同时饱受惊伤，亦觉□对为此情急沥。将营兵叠次滋闹情形，据实禀明,伏乞电鉴,迅赐秉公法办,以昭炯戒。不胜待命之至。

光绪三十四年五月廿五日/1908年6月23日第2张第3版上

淫伶奸骗案判结

淫伶李春来奸骗已故四品京堂黄开甲之妻朱氏一案,由公共公廨中西官三次会讯未结。并饬传黄朱氏,匿不到案,遂订定礼拜二九点钟复讯,迭详本报。昨晨九点钟,巡捕房将李春来解案。原被律师均早到堂,而美巴副领事迟至十点钟始到廨。逾五分钟后,谳员宝子观大令与巴副领事会同在楼上公堂会讯。

先据原告广肇公所所延之担文帮办费烈律师起而言曰:原告今有见证洋人到案作证,遂传该洋人至案。据该洋人称,名麦丁司,在福利洋行为伙。去年在颐园卖影戏时,李春来偕一妇人来园观戏,不止一次。据华人说,该妇是黄姓之妻。每晚十一点钟观毕,即同车而去,其时在西历九十月之间。被告所延佑尼干帮办飞生惇律师向麦丁司问:汝能发誓指实李春来与黄氏有奸情否?麦对:不能设誓。

飞律师又称被告现有见证三男一妇,请先审妇人,即黄开甲之胞妹黄素贞。费律师称此等证人请堂上传案,待本律师识面而后饬令退出堂外,以免供词雷同,中西官准之。

黄素贞至案,飞律师向之诘问,据黄素贞供:嘉应州人,胞兄开甲已故,姊妹共三人,现在我是黄姓最亲之人,我之到堂为欲顾全先兄之名誉,至黄开泰不知有无其人,有胞兄故后讣闻可证,遂将讣呈案。胞兄于前年元月初一日在日本弃世,盘柩回中后,住在上海。我常往黄公馆,去年七月十四日至黄家,廿四日赴苏,嫂嫂因四妹有病,并不出外。在沪时,或与嫂观剧,会见李春来扮演。讵至去年十月,见新闻纸载有公禀李春来与嫂嫂朱氏之事。我因名誉攸关,即往见唐露园,诟问其事。唐云此不干我事,我言有周如魁之信可证。后来唐函致我处,约在电报局商量此事,且约有数友,皆故兄同船赴美国游学之至友。一曾子安,一朱宝奎,及唐露园等,当时唐等说李春来可恶。我言李春来乃下贱之流,今不合登报污篾黄京卿名誉。虽各同乡系属美意，但须有证据，今乃毫无凭据，将先兄名誉破坏，必须为之收回。唐云现在为难日下，骑虎难下等语。盖彼等欲办一伶人，而不惜诬及黄京卿之名也。先兄遗产，先由长子黄文龙经营，文龙出洋后其产交广帮执管。我出入黄公馆，从未见过李春来。且十二月初九日与嫂嫂侄女及故兄之知友陈姓等赴苏安葬，同住紫竹林祠堂，计客堂外有二房间，嫂嫂等共五人一房，直至十七日返沪。梳头佣林小妹，嫂嫂只用四五个月后，因失物辞去。费律师驳黄素贞云：尔嫂失物，将林小妹辞去，曾报捕房否？李春来会见过否？尔就报上登录禀稿，因此愤极，至唐大人处诘问。尔可知各小报登载李春来奸佔黄朱氏更甚，尔嫂作此事，汝可曾查问责备否？今公堂传尔嫂不到，乃欲保全声名否？黄答称：失物并未报捕，我偕嫂嫂观剧曾见李做戏，小报登载我未知晓，外间虽有蜚语，然我探听黄宅佣人，佥言并无其事。黄朱氏乃四品京堂命妇，公堂未便传讯。此事乃上海风俗之歹，往往一唱百和，实则并无其事。今广肇公所同人，因血性起见，以虚作实，不顾黄子元之名誉，蒙此大辱，今须请收回名誉方休，否则宁死不肯干休。费律师遂告堂上，此妇到堂为顾全其兄名誉起见，不能作为公正之证人。

又据杭州大方栈股东胡启止供：与李伶素不相识，李并不住我栈房。去年二月李伶在杭唱戏，住大方栈。小的曾在杭垣开戏馆，大方栈共计股本二千八百元，有陈洪太为大股，由渠经手。小的一股开已十一年之久。黄太太亦于其时到杭，住船上，为游西湖。小的于五月廿二日，见报载杭垣大方栈茶房沈子全供词，小的以沈并未用过，于次日乘舟，廿四到申，今晨投案剖明。费律师又向诘问，后遂告明堂上：该见证乃一栈房股东，竟知黄太太住在船上？

陈明寿即介眉投供：前开洋货号于廿七年分闭歇，现无生意。黄京卿之弟与我同在天津电报学堂，同窗肄业，因与京卿交友。京卿故后，安葬我亦赴苏，住紫竹林祠屋。我房与黄太太房相对，居住六日回沪，并无闲人。

陈永生供：在黄府当马夫，后当管事，常住宅内，并不见李伶来过。黄太太半日出外,必与小姐同出。费律师诘陈:黄太太待汝好否?尔是否常愿在他家帮佣?陈答供:相待甚优,颇愿常在黄府。讯至此,证人供词已毕。

佑尼干律师起而申说曰:此案应公平向公堂陈说案情,须详细研究,因是案尽人皆知,中西报纸,评论互异。华字报似有讽讥被告律师不合承办是案,而于原告律师甚为揄扬。本律师办案,遵照中西条约及会审章程,公堂有陪审西官,如事不公允,西官可以反抗。今照此案之办法,与收回治外法权之意相背。原告见证,未能指实被告之罪。李,一伶人。查英国伶人,从前并不重视,今则改良。有一伶人死后,英皇由宫中赐一花圈,宠荣之极。中国非但轻视伶人,而且轻视兵士,今已敬重兵丁。原告费律师系有名之律师,殊不知华人亦未必重视之。原证人所说与奸佔之情相反,即使果有私下往来,照西例甚轻,华律亦无重罪。广肇公所书记学人唆使到堂代表,竟能控告无罪之人,若此例一开,以后非关亲戚,皆可出头预闻,为流氓大开方便之门。查华例奸案,须本夫捉奸,且须在奸所捉出方合。今被告被押七月之久,广肇公所始行控告。况原告有贿赂原告律师之事。言至此,费律师大怒,起禀:中西官须着被告律师交出贿赂证据。飞律师又继佑律师之后申说长久,大致与佑律师相同。

费烈律师亦起而申说曰:被告律师所陈一切,皆在题外,非中肯之言。渠云原告所邀见证,皆不足信,且非上流社会中人。殊不知原告之证人,的实体面之人,即怡泰洋行买办周桂生非上等之人乎?且有洋人作证,更有黄家对邻牛奶棚主陈阿堂目见李春来与黄朱氏同车而回,已非一次,又在洋台目睹李短衣纳凉。杭州大方栈接□沈子全供明李赴杭唱戏,与黄太太同卧一房。被告之见证,今日到堂,竟证实梳头□□供词。原告招林小妹到堂作证,颇非易易,据供李与黄朱氏二月廿四日回沪,后李仍时常前往,惟定在深夜,至被□□。律师云"英王敬重伶人,送其花圈",然则李春来今日亦须赠一花圈,更□广肇公所如何腐败,但该公所因同乡公愤首控,至黄开甲之名誉何人败坏,则李春来也。黄素贞自供黄开甲之遗产，由黄文龙交广肇公所经管，然则，该公所同人主控，甚为合宜。至中国法律奸所捉奸之说，如李并不招摇过市，出入同车，及带往颐园观看影戏，仅系私下往来，今日亦无此事。本律师今引中国已经施行之法律，请堂上注意王黄素贞供林小妹因失窃而停歇，何以被告律师先前并不声明。原告之见证，的实证实案情，黄素贞今日到堂，颇有恨怒，谓黄家名誉因此而坏，但坏名誉之人，罪魁祸首皆李春来一人为之，何以不加责备，今明堂上，照中国法律惩办可也。

宝大令即商诸美巴副领事，以李春来奸骗京堂命妇，万难宽怠。判发西牢收禁三年，期满递解回籍。当由廿七号西探朋山将李春来带下，押解登车，迳往提篮桥西牢收禁矣。

光绪三十四年五月廿六日/

1908年6月24日第3张第3版至第4版

可社再襄善举

可社同人，前在丹桂茶园开演新剧，襄助孤子院经费，所演新剧洵属有目共赏。现定五月三十日午正，再假丹桂茶园开演写情小说《双泪碑》，是剧寓针砭国民之意，并含有政治国想，并倩丹桂名伶孙菊仙、七盏灯助演双《四郎探母》，潘月樵、夏月润助演《借赵云》，小子和夏月珊演《胭脂虎》，所得入场券资，仍充孤子院之用，可谓乐善不倦矣。

光绪三十四年五月廿七日/1908年6月25日第3张第3版

学生演剧劝买路股

绍兴府嵊县剡东公学学生于初十日举行远足会，并在宿处演戏，劝买路股，戏名曰《苏杭甬》，其细目分"卖路"、"哭殉"、"开会"、"进京"、"行刺"、"转圆"凡六出，观者莫不为之感动云。

光绪三十四年五月廿八日/1908年6月26日第2张第2版

戏园毁物案藩批

聚福戏园被右路巡防队营兵毁物殴打一案,屡纪前报。业经长元吴三县将肇事讯供各情,会详各宪核示,当奉苏藩瑞方伯批示,云:据详已悉此案,既据该三县讯明肇事情形,姑准如详将勇丁萧鸿升、周有成、朱之山、孟有发等分别监禁,酌量情节轻重,拟定监禁年。限另详立案其该管哨官,平日既毫无教育,临事又漫无觉察,本应一并重惩,姑宽候移会巡防营务处查明,衔名即行撤差所有。长洲县赵令赏给该戏园领班洋壹百元,应饬该队陈统带如数筹还归垫,并不准摊派勇丁,以示薄罚,应即由县转移知照。一面仍会营赶紧查拿在逃之莫广兴即缪光先,刘中兴即刘二麻子,并勒拿张老三及其伙党,务获讯究详办。徐小山既讯系无干,已由县先行取保释放,应无庸议除移会巡防营务处。外仰该三县即便遵照,仍候抚宪暨臬司批示缴。

光绪三十四年六月初一日/1908年6月29日第2张第3版上

团勇与伶人械斗

湖州日前有金玉堂伶人夏得宝与领班小桂林,因戏资口角,两相争斗,当由同业解散。讵夏伶心不甘服,竟邀湖郡团防练勇二三十人(系夏之同乡)至长春园茶馆与小桂林理论,致复起冲突。各团勇乘此用扇刀戮伤领班头面,嗣各班伶人群情忿激,各执器械与团勇互斗,各有受伤。经伶人当场扭获团勇六名,余均逃散。嗣金玉堂全班伶人五十余人,各执长香至归安县署鸣鼓喊冤,并将受伤诸伶一并抬验。张介禄大令闻报,立刻升堂,传令具名诸伶上堂,一再研讯。当以团勇纠党行凶,殊属不法,饬将扭送团勇六名,先行发押。一面谕令各班退出,候移提在事诸勇到案,再行究办,各伶人始散。

光绪三十四年六月初五日/1908年7月3日第2张第2版下

监禁淫伶不准优待

前日美副领事巴君为淫伶李春来案,致公廨函称:据总巡捕房总巡卜罗斯君函称，李伶判押西牢后，迭据李之家属禀求，准李在牢仍穿常服，不着犯衣。并求准外间每日馈送食物，家属入狱探视等情。相应函请，核准见复云云。谳员宝子观大令接函后，即行函复巴君，略谓淫伶李春来，既经讯明，判押西牢，应照工部局定章与各犯一律相待，以昭公允，所请碍难准行等语。昨日大令将以上情形，据情禀请道宪蔡观察照会领袖比总领事，饬知捕房按照西牢定章与各犯一律相待。

光绪三十四年六月初六日/1908 年 7 月 4 日第 3 张第 2 版上

嗜烟者请看丹桂新剧

丹桂茶园新演《黑籍冤魂》一剧，描演鸦片之害，可谓穷形极相。有以吸烟而贫病以死者，有误服吗啡戒烟药而死者有，忿服生烟而死者，其事似绝不相类，而偏能一气贯注。《月月小说》社之编此新剧，可谓神妙。益以丹桂诸伶之才艺，其感动人心乃愈深，今晚尚须排演，凡嗜烟如命者，不可不一观之，而知所戒也。

光绪三十四年六月初九日/1908 年 7 月 7 日第 3 张第 2 版下

演剧酿祸

海门向因演剧聚赌，经官府出示严禁者，二十年矣。今岁自郡庙起演，以次至三星镇，日前因人多拥挤，戏台倾坍，压毙三人，受重伤者数人，其余受伤稍轻者更不知凡几。闻先是曾亦压毙三人，不知地方官亦有所闻否？

光绪三十四年六月十六日/1908 年 7 月 14 日第 2 张第 2 版上

达社演剧助振

达社同人因广东水灾甚重，全体社员热心助赈，特于本月二十一日午后假江西会馆登场奏剧，所售券资，拨助该处振济。剧目为《大破迷境》、《机房训子》、全本《邬烈士》、《黑籍地狱》等出。

光绪三十四年六月二十日/1908 年 7 月 18 日第 3 张第 3 版下

伶界热心助学

榛苓学堂系上海伶界中人发起,专收贫寒子弟。即以各伶人会串戏资为经费,各戏团主无不热心赞助,间有欠缴,均归夏月珊潘月樵认垫。开办迄今已二年半,成绩颇佳,今届以经济困难,颇有中止之势。夏潘二人颇以功亏一篑为惜,仍拟续办其经费,除天仙照旧资助外不足之款,由夏月珊、潘月樵各半筹垫,现定七月初十日开学。

光绪三十四年七月初七日/1908年8月3日第3张第2版上

论节会

昨为中元节期,邑中列迎城隍神出巡,记者适遇诸途,见夫红男绿女,结队来观者,虽不至万人空巷,而仍有联肩接踵之盛,至会中人数约有千人之多。夫乃叹迷信之习,其入人者深,至今犹未能尽破也。

考赛会所由昉,殆即古者乡傩之遗意,顾相沿既久,踵事增华,未始无借端行乐之意寓乎其中。夫人有恒业,终岁勤劬,因于其间设为节期,藉以纾筋力而求娱乐,亦人情所宜有。行乐之事,独乐不如群乐,此又合古今中外而同此心理者也。故吾以为民间之有节会不足怪,所异者同一借端行乐,如西俗之春秋赛马及各种纪念庆典,或存尚武之国粹,或资观感于人心,游戏之中仍寓教育主义。吾之神会,既非其比。即以神会论,古希腊之奥陵比亚胜会,举国若狂,而考其事实,则由赛驰拳击及各种技艺,以进于诗文辨才之争胜,是虽谓借胜会,以兴科学可也。希腊古时亦迷信神道,而其神会之益乃若此。独吾之神会掷黄金于虚牝,舍迷信行乐外,别无主义,是吾民今日之知识,尚不如彼二千数百年前之知识也。而何为至今不变欤?

且神会中之最不合理者,莫如以儿童扮作罪犯。其愚姑勿论,而童稚无知,先令印此迷信之毒根于脑筋中,尤大谬也。又此次如马队及红衣皂班中均有童子数人,计其年岁皆在已入学堂时代,而犹使执此等迷信之役,是亦家庭教育之一大蟊贼,而足为学校教育之障碍者也。夫与会者有千人之多，一县如此，推之二十二行省，何止数十万人。风气开通之上海犹如此，推之内地其情形，又当何如？以数十万人之迷信而复播其毒于后生小子，生生不已，势将胡底？欲去其毒，非教育不为功，然则今之主持风气者，安得不亟亟于教育之普及，而强迫教育之计划又安可稍缓耶！

不特此也迷信之毒，其影响于地方自治之阻力者，亦复甚巨。地方自治主开明，而迷信者多顽固；地方自治重实际，而迷信者尚虚无。此其轩轾而不相入，不殊南辕之与北辙也。有如自治机关以经营公益事业之故，而欲破坏一无足重轻之建筑物，其所据之理由甚长，其所图之利益甚薄；迷信者以为是有碍于鬼神也，辄起而反对；狡黠者或别有私意，其说不足以自立，则藉口于众人之迷信以相抵制，众遂翕然应之，而地方公益之举，遂因之中辍矣。此非绝大之阻力乎？其次则人民于谄事鬼神之费，不少吝惜，而于地方公益之款，则往往观望不前，甚且啧有烦言，苟能以彼易此，而地方之受其赐者，将不少也。是非亦影响于自治之一端耶？

独是破除迷信，其本固在教育，而非可奏效于旦夕。今欲求速成之法，则如昭著耳目根深柢固之节会，不可不先有以去之。去之之法，教育缓而禁约速，或由官禁或由绅商私约，皆足以有效。谓予不信，请观于城内去秋斋醮之骤少。

光绪三十四年七月十六日/1908年8月12日第2版

戏园看门人饬发流氓公所

苏城观前聚福戏园之看门人张三，前与勇丁闹事，经苏藩瑞方伯移营，将该勇丁斥革重办。张三情虚逃匿，当饬巡缉队缉拿在案。昨据方寿山队官将张三混名三少爷即惠叔拿解清乡公所讯办，当由审判员吴太守、姚大令提讯，供称：杭州人，在安徽赈捐案内捐为郎中。其捐照前被拳匪滋扰，在天津遗失，无从检呈。在苏二十余年，向来安分。至戏园与勇丁胡闹，职员并不在内。福兴茶楼有俞阿招拆梢并局赌骗财，职员亦不在场，俞阿招亦不认识等语。太守饬发长洲县管押，一面禀请方伯核示，现闻方伯谕发流氓公所管押,察其能否改过自新,再行核办云。

光绪三十四年七月十六日/1908 年 8 月 12 日第 2 张第 3 版

惩办演唱摊簧

湖州安吉县梅溪镇西乡,前有棍徒演唱花鼓摊簧淫戏,营县以其伤风败俗,出示严禁,该棍置若罔闻,日前又在侯王庙演唱,种种淫秽,不堪入耳,经驻防某管带将演唱之甲乙两人解送县署,并将箱笼一并发封。钟大令当将两人枷号游街以儆。

光绪三十四年八月十四日/1908 年 9 月 9 日第 2 张第 3 版上

女班戏园禀请押迁

苏垣阊门外春仙戏园房主宋姓,不愿租作戏园,劝令迁移。园主于德安当即允从,让出后,忽有何桂芳邀女班开演淫戏,生涯颇盛,不肯停演,昨由宋姓禀请吴县押迁。

光绪三十四年八月十四日/1908 年 9 月 9 日第 2 张第 3 版下

淫 戏 宜 禁

苏垣阊门马路春仙髦儿戏园,近来专演淫戏,致良家子弟妇女目眩心迷,乐而忘返。前经房主宋姓不愿租赁,禀请吴县押迁在案。讵园主于德安及该管班山东人王老大、王老二抗不迁让,一味延宕。并闻该管班等此次所带幼女数十余人,皆由贩卖而来,夜间教授演戏,凌虐备至,哭声达于户外,言之甚惨,严禁而驱逐之,是所望于贤有司。

光绪三十四年八月廿六日/1908 年 9 月 21 日第 2 张第 3 版下

戏 园 被 诬

前报志苏州春仙戏园押迁暨淫戏宜禁两则,兹据该园主函称均非真相实,有人见其生涯不恶,希图攘夺,有心污蔑之故。本馆以此为商人自保名誉起见,理合为之更正。

光绪三十四年八月廿九日/1908 年 9 月 24 日第 2 张第 3 版下

淫伶改收外监

苏垣流氓公所羁禁之淫伶霍春祥，前因在所殴打各犯，经元和吴大令鞭责以儆。讵该伶怙恶不悛，近又聚众滋闹，由管所委员禀报到县，吴大令即提案重惩，并饬改收外监。

光绪三十四年九月初九日/1908 年 10 月 3 日第 2 张第 3 版上

饬禁赌博淫戏

浙抚增子帅日前据山阴职员徐潮禀称，绍郡赌风甚炽，尚有一种淫戏，俗名鹦哥，大为风俗人心之害。请饬府严禁云云。当即札饬绍兴府孙太守，转饬各县严行查禁拿办，以挽浇风。

光绪三十四年九月十二日/1908 年 10 月 6 日第 2 张第 2 版上

新舞台看戏车准免执照

南市新舞台戏园业经工竣定，于十月初开演。园主以北市来南之车辆，定章无工程局照会，不得越界，殊于生业有碍。昨禀商总工程局，通融办理。经局董公议，该园开张后，如有停在该处门首左傍之马车、包车，准免执照。惟限定每日下午五时起，至散场止，其非看戏之车辆仍一概查究，业将出示晓谕矣。

光绪三十四年九月廿五日/1908 年 10 月 19 日第 3 张第 2 版上

演剧肇祸

常州灵观庙每届九月二十八日演剧祀神，今年经理人更兴高采烈，自二十四日起演，须至月底为止。以致观者充塞，举国若狂。剧场偪仄，看楼不敷，每多随时支板架台以备人坐。日前因人众挤倒看台，压伤十余人，内女人为多，惟幸无性命之虞耳。

光绪三十四年十月初一日/1908 年 10 月 25 日第 2 张第 2 版下

新舞台开幕纪盛

昨日南市新舞台开幕，南北市绅商入座者约三千人，上海县及右营亦皆戾止，由沈缦云、王引才诸君先后登台演说振市公司创设

新舞台之宗旨,兹将王君演说词录左:

某非伶人,今敢登此台者,□振市公司之请,将为观者诸公一言其本分所欲言者也。地方自治,不过为地方上人增进生活一幸福而已,然自总工程局成立以来,三年于兹矣。执事者殚其力,与议者竭其谋,而未见有若何之绝特进步者,市面不发达,地方枯瘠,实力不足以济之也。昔法承普败之后,国民谋所以振兴,巴黎市者首建剧场,人情莫不喜极其视听之娱,夫固成邑成都之绝妙法门也。于是我热心诸君子与伶界诸义士,协力建此新舞台,乃得邀诸公一新其眼界。虽然,诸君欲常享如此之眼福,必有所以维持此新舞台者而后可。今虽有官长破格护持,勿令胥差扰累,然非我地方道路便利无以集车舆也,非巡警得力无以靖盗窃、安人心也。则夫地方工政警政,固任事议事者之竭忠尽智,而非吾父老弟兄人人一心协力不为功。度我观者诸公,素热心于公益,必不如花时蛱蝶,徒以万紫千红为可快,而忘园丁之辛苦也。

光绪三十四年十月初三日/1908年10月27日第3张第3版上

女伶交保

芜湖聚仙班髦儿戏馆女伶王处、金媛媛等六人,向芜湖某金铺赊取金饰,计洋五百余元。旋应本埠丹凤戏园之聘来沪,由该金铺电报本埠公共捕房捕头,派探至德和轮船,将王处等拘入捕房。捕头诘得该女伶与该金铺素有交往,不能指为诳骗,准交保暂住新鼎升客栈,着即归还该铺欠款。

光绪三十四年十月十四日/1908年11月7日第3张第3版上

国丧愤言·其三

租界之中,戏园如故也,书场如故也,酒肆之轰饮如故也,妓院之徵歌如故也。或曰:是盖有刑法以驱之耳。

虽然社会上下流之所以判,判于守礼与否耳,故上流社会之自制也以礼,若必俟刑法之驱而后俯首听命者,惟下流无耻者然耳。

新舞台之停演也，非有官长之驱迫也；租界之不停演也，未有官长之驱迫也。夫伶人之知礼者固足多，伶人之不知礼者无足责。所难堪者，提倡雅音之爷台耳，提倡雅音之爷台可耻矣，而过路客官商场大人与夫命妇名媛，殆欲以悦目赏心之事，稍解其悲切者。其已待复如何也。

呜呼！戏园、书场、酒肆、妓院之不停交易，固下流无耻者也。入戏园、书场、酒肆、妓院以为欢乐者，尤下流无耻者也。

光绪三十四年十月廿六日/
1908年11月19日第2版下至第3版上

照请转饬戏园停演

租界戏园因国丧停止演戏，各国主意在停止三日。蔡观察以各园如系华商所开，固应遵制，即挂洋商牌号，在驻京各国公使，尚持服二十七日，饬令雇用之华人，一切遵制办理。则该园主亦应一律，惟究应停演几日，并无成例可援。当与南洋正副律法官担文、罗贞意会商，经担、罗二君询据工部局董，其意亦在三日，惟此事并无例章可资比引，如欲令其多停数天，惟有照请领袖转致局董，转饬遵照，蔡观察现已照会领袖西拂君转饬核办矣。

光绪三十四年十一月初八日/
1908年12月1日第3张第2版下

查禁滩簧

公共租界福州路西胡家宅某茶馆主，前日至工部局求领滩簧执照，即援湖北路桂芳楼茶馆为例。当由管捐西人查得桂芳楼系捐书场照会，不应设台私唱滩簧，著该馆主退去，即知照捕房饬探查禁。

光绪三十四年十一月十四日/
1908年12月7日第3张第3版上

宣统元年(1909)

照请谕禁男女合演戏剧

沪道蔡观察查悉公共租界丹凤戏园,新岁以来有男女优伶混杂登台,合演戏剧情事,殊与风化有关,因照会领袖领事传谕禁止。

宣统元年正月初八日/1909年1月29日第3张第3版上

戏园因国恤未准开演

芜湖戏园前以国丧禁演,兹届新年,各园主咸禀呈巡局,请弛禁开演。警务监督郭子华关道批斥未准,以是各园虽部署停妥,尚未开演。

宣统元年正月十三日/1909年2月3日第2张第2版上

天仙茶园之抗官

厦门西班牙商瑞记洋行玛甘保,向来恃势横行,前年开设天仙茶园,去腊在国制内开演。经巡警迭次谕阻不听,本月十二夜,道宪派巡官带巡士往拿该戏班女伶,讵玛甘保胆敢关闭园门。虏巡士二人吊打不放,各巡士叫门,彼又连放洋枪数次,并用石子打伤巡官巡士多人。当由刘观察到场弹压,并一面照会其代理领事,一面电禀松督外部,请示办理。

宣统元年正月十九日/1909年2月9日第5版上

不准演唱淫词

南市十六铺迤南,大达轮步公司新造马头,尚未全竣。木作头朱森记在太平马头即新舞台前面,搭盖席棚,名为开演电光影戏,暗中雇得无赖施兰亭、林少坤等演唱花鼓淫词。为总工程局访悉,以其到局朦混领照，立饬侦探查明禁阻，再提为首之人惩罚。

宣统元年正月二十日/1909年2月10日第3张第3版上

绅商学界电控天仙园主

厦门日商天仙茶园违制演戏，开枪拒捕各情，已详前报。兹悉绅商学界十五日特开大会，筹议办法，当电话禀商外两部，请将该园主玛甘保严惩。又刊发传单，谓上海招商总局如不将厦门分局换人经理，凡厦门各行郊客货，均不准搭载招商轮船，违者重罚。各行家货物银钱，亦不准与瑞记往来分文，违者以一元罚百元，并将传单分寄天津牛庄各埠，一体照办。

宣统元年正月廿一日/1909年2月11日第5版上

拿办违禁赛灯

湖州有棍徒漆匠阿三，胆敢在国制期内纠党迎出花灯，扮演戏剧，业经警局张大令查禁。讵该棍徒置若罔闻，照常出迎，日前被警兵将该棍拏获送局惩办。讵党羽恃众行凶，将该警兵击伤腰背，四散逃避。现由巡官戴千戎率兵访缉矣。

宣统元年正月廿八日/1909年2月18日第2张第2版下

创 建 戏 园

武昌城内向无戏园，近有职商宋廷弼君筹集款项，拟在宾阳门外购地，建筑聚乐戏园，已具禀劝业道署，准予立案。惟须候详禀鄂督，饬准后再行开办，所有应缴捐款，亦饬其自赴巡警道署禀候核示。

宣统元年二月初八日/1909年2月27日第2张第2版上

新小说之平议

自西哲学说输入中土，而“改良社会莫过小说”一语，尤为著述家所欢迎。于是人人争取欧西稗官野史家言，译以国文，用饷社会文言俗语，杂还并集，风泉发涌，不可遏抑。长编短书，蔚成大观。

数年以来新小说之发见于兹土者,殆不下一二千种,虞初九百之宏富,盖不得专美于昔日矣。

虽然,是裒然成巨编者,果足以改良风俗乎哉?考古者稗官家言所自始,即沿于采风问俗之遗制。周官之训方形方,皆其原之所出也。然则以小说改良风俗,古之人未尝不知此义矣。至宋时又有平话、传奇两体,平话即今日之章回小说;传奇则剧曲也。南宋人杂记,言高宗内禅后,耄期倦勤,颇以稗史杂书自娱。内廷供奉者,乃刺取古来可惊可喜之事,增饰而润色之,编为种种平话,令歌者演唱于御前,杂以韵语诙谐,其后遂流为弹词一派。今市井人最喜听说书,其原始盖在南宋时,然则古人始创此体之时,固无不以劝善惩恶移风易俗为职志矣。

今之译泰西小说者,文字盖有两种,一则文言,此体本之唐人,非善叙事能古文者不能为之;一则白话,即章回小说之体裁,而略变之。然俗语行文,更难于文言。求如《水浒传》、《红楼梦》诸书之纯用土话纪事者,今人直无此魄力。一书之中大抵用文言者十之五六,而用白话者仅十之三四耳。为文言者,非读书之士深于文法者,殆不能读,即所谓白话者亦非下流社会中人所能晓解,不过士大夫用为闲暇时之消遣耳。夫诚欲改良风俗,必先从下流社会设想,必使市井负贩之夫一读了然,知其所言之为何事,然后知所劝惩,而有以收善俗化民之效。今新译之编,不啻汗牛充栋,而求其内容外观适合此义者,千百卷中直无一二焉。欲持是以淘淬风俗,铸成一般高尚之国民也,岂不难哉?

且尤有一要义焉,凡小说中之资料,其事其人必取诸人人脑中所习闻者,然后启其知识也不难,而激发其感情也至易。义和拳之乱,所以举国披靡,云集响应者,固由人心思乱之殷,而亦繇一般国民皆有一骊山老母、元始天尊斗法演宝之事深印于其脑中,故不觉有感斯应也。然则著述之所取材断,不可贷诸异国也,明矣。今新译之书,最普通者不过两种,一为言情之作,一为侦探家言。无论其与吾国中下流社会之心理,枘凿而不相合已也,即读书识字之士大夫,初读犹颇觉其可喜,再读已稍觉其可厌,读至十余种外,则惟觉其千手一律,剿袭雷同,而毫无激发感情之意趣,读未数叶(页),已昏昏欲睡矣。至于科学、探险诸门,为吾国所未有者,不过寥寥数种,可以聊备附庸而不足以自成一队,且亦无惬心贵当之作,可以资国民之模范者,自郐以下无讥焉已耳。

是故为今日改良社会计者,宜取吾国古来英君贤相、名将循吏、孝子贞妇、侠客义仆之遗事,以通俗之文编为平话,而纬之以浅近之科学物理,与夫政治历史之常识,使人人读之易晓,而又廉其代价,使负贩劳力之人皆可人手一编,其于化成俗美之蕲,向或有什一之裨也乎。

宣统元年二月初十日/1909年3月1日第2版

革勇与戏园冲突

嘉兴文明戏园,前晚正在开演,有已革勇目毛姓等强欲入园看戏,被守门人呵斥,心中怀恨,即邀同无赖营兵十余人,闯入捣毁洋灯物件。各伶人挺身抵拒,并当场拿获许姓勇丁一人。其时座客恐被殃及,纷纷逃窜,拥挤过甚,有堕失鞋帽者,有拔去簪钗者,人声鼎沸,警兵弹压不住。幸嘉兴、秀水两县及徐统领立刻到场,秦大令略讯许姓数语,带回署中究办,其余亦鼠窜而去。

宣统元年二月十四日/1909年3月5日第2张第2版下

禀请禁止演戏

嘉兴文明戏园开演未久,已屡次滋事,在城绅士沈某等恐扰乱地方治安,联名禀请嘉兴府杨太守出示禁止。

宣统元年二月二十日/1909年3月11日第2张第2版下

准唱改良词曲

昨日一路一区分局发出王祖保禀批,云:据禀弹唱改良词曲一事,前由劝学所禀,奉道宪批行有案。兹该民在于福佑桥设弹唱词曲,酌提唱资,以充设立宣讲所经费。并遵局章,无男女混杂,及斗殴喧闹并唱淫词等情,自应量予照准,以后如有抗违之处,应即勒令闭歇,究罚不贷。

宣统元年二月廿三日/1909年3月14日第3张第3版上

籍商演戏抗官案近报

厦门日斯巴尼亚籍商吗甘保,违制演戏,殴伤巡士一案,迭详前报。兹闻吗甘保又以巨款贿日斯巴领事安君,带同全案赴北京,向政府交涉。盖自知罪大恶极,为全厦所不容,思以此保全其势力云。

又厦门道刘观察现以吗甘保一案,十分棘手,且闻何碧流观察所拟了结办法,大失中国国体主权,因决计告退,以谢厦门绅商学界,昨已上禀松督,力求开缺。

宣统元年二月廿四日/1909年3月15日第2张第2版下

禁唱淫词

三泰马头财神弄口福园茶馆主孙何东,招雇钱小卿开说《倭袍记》淫书,由南区巡员查知,协同巡目将孙、钱拘区,奉饬孙罚洋四元,钱罚两元均具结,不准再说淫书。

宣统元年二月廿四日/1909年3月15日第3张第3版下

观剧受祸

常州煤炭业例须入行,方能至瓜州直接办货,否则只可向别家转贩。东门东来升煤炭号,近亦入行,日前在府城隍庙演剧。有老人某甲上台观看,被伶人失手推倒堕地,当即气绝,经旁人极力施救,死而复苏。惟据医生云,老年人受此大创,恐难久活耳。

宣统元年闰二月初三日/1909年3月24日第2张第4版上

厦门天仙戏园案愤言

於乎!观于厦门天仙戏园违禁演剧一案之结局,不禁为吾国外交界恸哭流涕也。

此案以去岁日斯艾领事注销国籍照会为根据之理由,以法领未奉代理明文，不得干预别国事件为战胜之利器。厦道原文意义正大，壁垒森严，无懈可击，无论法领如何恫喝要求，而吾国要当始终抱定此义，决不承认其有发言议事之权，苟患其争执不已，尚可咨达外务部南洋大臣与日使臣、日总领事及法国公使，为正当之交涉。然此已落第二义矣。法领虽甚恣横，非有坚船利砲足以制闽省官吏之死命也。何所畏葸而任令事外绝无关涉之第三国，挠我主国之法权乎？通商以来，六十余年，江海诸省交涉之案，殆不下千余事，有我直而彼曲者，亦有我曲而彼直者，虽曰强权世界，有强弱而无是非，然必先有可附会、可根据之理由，而后能强词夺理，假公法条约为舞文之具。从未有卤莽灭裂，无理取闹如此案之甚者。亦从未有予我以可乘之机如彼理直气壮者，闽中官吏苟能绐终以堂堂正正之师，关其口而夺之气，法人非无文教礼义之野蛮，岂有不俛首以就我范围者，但使此案得机得势，使彼知吾国之有人，则以后遇有交涉事件，亦必顾畏公理而不敢肆其无制之强权。古所谓一劳永逸者，正此案之谓矣。奈何畏外人如帝天，竟不敢稍有违拗也哉。

夫天下惟不畏事者，乃能冀幸其无事耳。何者？彼知我之毫不畏彼，而恫喝要求无所施其伎俩故也。纨绔膏粱之子，衣必重裘，室必垆火，日淅淅然惧寒气之相侵凌，而一丝之风，辄足以砭其肌肤、而中其腠理。农夫樵竖日驰驱于冰雪之中，衣不足以蔽其顶踵，而风寒不能病者，即此道耳。闽之外交官吏即不为朝廷之体制计，不为国家之主权计，独不为一身之安危荣辱计乎？明明有可据之理、可伸之气，又先之以厦道八条之照会，义正词严，法领之气已折而志已敛矣。少少坚持，即可克奏全功，绝后来无穷之轇轕。无端而取前人所硁硁争执者，长跽拱手以奉之于敌，冀其哀我而不相苦，此非大愚不灵者孰肯为之耶？吾知自此以后，凡昔隶日籍而今被取消者，皆将转而求庇于法领之宇下，以与地方官吏为难矣。浸假而即非曾隶日籍之人，苟其人素行不法，而得罪于有司者，皆得自托于法领之保护，而复其睚眦之宿怨矣。然则闽中大吏之畏葸缩朒自弃主权，以侥幸一日之无事者，适以为多事之媒，而已自作孽不可逭。夫复谁尤所惜者国家之法权,朝廷之威重,一失而不可复还耳。予欲无言。

宣统元年闰二月初九日/1909年3月30日第2版

议以戏资改购路股

绍属嵊县陈君日前邀集邻村绅耆,议以神会公有之演戏资,改购路股。惟每有反对者藉端生事,爰即公禀抚辕,兹奉增中丞批饬,嵊县转致各处绅商,妥为调处,勿任违抗滋事。

宣统元年闰二月十一日/1909年4月1日第3张第3版上

学堂戏捐之纠葛

绍属会稽同仁学堂经费,向以戏捐拨充。去岁因遭国恤,各班停演,以致捐无可筹。现校董杨景时以伶人欠缴捐款等词,具禀府宪,请追旋。伶人亦以该董勒索停演期内戏捐,赴府具控。当经萧太守分别批示,略谓:两造禀词各执,究竟孰虚孰实,以及李兰生所欠洋五十二元系由何时欠缴,是否停演期内所捐之款,仰会稽县查明,具复核办。至该堂经费目下盈绌若何,所有苛细杂捐应否停止,并即由县核明办理具报,该校董仍须赴县补禀,查核毋违。

宣统元年闰二月十二日/1909年4月2日第2张第3版上至下

演剧筹捐

通州新育婴堂经费异常支绌,现堂董等请到名伶汪笑侬就留春戏园开演各种改良新剧,所收戏资概助该堂经费。

宣统元年闰二月十五日/1909年4月5日第2张第3版下

谕禁演唱淫词

一路一区分局游正巡官,查得邑庙群玉楼茶馆自前日起演唱滩簧淫词,引诱男女杂坐,因饬巡弁传谕禁止,如违提究。

宣统元年三月初五日/1909年4月24日第3张第4版上

禁止赛灯大闹戏园

嘉兴各马头亦于廿八夜起，出赛龙灯，空巷往观，戏园生意因此大减。城中警察官为保护戏园，禁止赛灯。前晚各灯迎至市心弄，突来警兵四人，将马牌夺去，并欲拿人。灯会中人谓原因由于戏园，不如捣毁戏园以泄众忿，于是拥至戏园入内乱捣。园中人抵拒，究属寡不敌众，有击伤手臂者，有流血头面者，且一时误传有伶人殴死台上，遂停演，各执器械而出。该处警察官弹压无效，遂入城请协台及统领，大众始走散。初二日将受伤人抬入秀水县署请验，不知秦大令如何办埋也。

宣统元年三月初六日/1909年4月25日第2张第4版上

滩簧不准迁地

邑庙群玉楼茶肆演唱淫词，奉一路一区分局游正巡官谕令停止。次日即有王祖保到局，具禀求恩。昨奉游正巡官批示，云：据禀已悉，查该商民前次禀恳，在福佑路同益茶居唱演滩簧，酌提唱资为设立宣讲经费，并称系为振兴市面，俾助公益起见。本委意不谓然，嗣采诸舆论以为师出有名，姑予照准。其实滩簧之鄙俗，演唱之丑态，即云改良，不过尔尔。集一室之座客，多数盘之茶资，翻旧样之弹词，惑无知之男女，此而望感发人心，振兴市面，裨助公益也，得乎？本委固不之信，想亦同为有识者所不取也。不意该商民复于前次福佑路禀定之同益居，嫌其清淡，欲移向邑庙内之群玉楼，攻其热闹。以今所请，思前所禀，其用意之所在，必有能辩之者。本委拙于性，讷于言，亦不暇与之论情理，较是非也。惟邑庙人众，动易滋事，治安所关碍，难曲徇仰，仍在前次禀定之地切实振兴，可也。此批。

宣统元年三月初六日/1909年4月25日第3张第3版上

戏园禀请专利之无谓

杭垣有职商瞿福康等，筹得资本银一万元，存储兴业银行，近日具禀省宪，拟在城内适中之地前设一文明戏园，俾为振兴市面起见,每季愿缴公款洋五百元,请下专利十年等语。当奉宪批,以该商等既将资本银储存兴业银行,仰委派员调验预缴两季报效银一千元,准于开演后起按月扣算。若立案后迟至三个月不办此款,即行充公。至请专办十年一节,迹近垄断,未□照准。

宣统元年四月廿三日/1909年6月10日第2张第4版上至下

介绍新戏

寰球中国学生会为筹款起见,特烦新舞台演唱新戏,名《二十世纪新茶花》,准于星期六即四月二十五日一时开演。是剧由最新小说中纂辑而成,以儿女私情寓忠君爱国之忱,能使观者振起精神。加以该台著名艺员扮演,布景彩画特别,转台更觉耳目一新。兹将剧目录下:起意诈骗、探病拐女、卖美入院、孤儿遇盗、骗子恶报、孤儿行乞、盗妻拷打、出门探友、仁美恤孤、中途被劫、勒赎追逃、下书逃归、番兵入寇、入营探敌、番帅游院、娶美革职、失艳庭训、公园两遇、聚美咯血、番营盗图、惨寄书函、哭函伤情、献图得胜、求婚团圆。又本馆昨承惠赠头等券两纸,附此志谢。

宣统元年四月廿四日/1909年6月11日第3张第3版上

看戏肇祸

杭垣新宫桥药业会馆,每届四月神农诞辰,演戏三日,定为常例。上月二十八日下午三点钟,戏台开演,兴高采烈,时适天雨初晴,观者异常拥挤。不料戏台栏杆忽然坍倒,压伤两人,其一受伤过重,恐有性命之忧。

宣统元年五月初二日/1909年6月19日第3张第4版上

演戏资助商团

沪南商团公会各会员与会长等公议,定于初十日即星期下午两时齐集操场,公同选举司令员及队长等职务。会中经费支绌,现由新舞台戏园主担任,允拨剧资一天,以资补助。

宣统元年五月初八日/1909年6月25日第3张第3版上

定期演剧助赈

春桂茶园主王洪寿、江友仙闻甘肃灾荒，特排新戏，曰《甘民泪》，定本月十六日开演，所有看资悉充甘赈，一切开销由该园捐贴云。

宣统元年五月初八日/1909年6月25日第3张第3版上

白　话

前天新舞台做戏帮助甘肃赈捐，听说戏钱是九百几十元，还有看客看得可怜，掷在台上的钱，写在捐簿上的钱，还有戏园里的人自己捐的钱，以及茶钱点心荷兰水钱，统共有一千三百多块，连戏钱有二千二三百元。虽说甘肃旱荒的地方大，那里够做什么，然而这一天也可救得二千多人的命了。

最可敬的有一位老婆婆，也在那里看戏，坐在二等位上，衣服狠是朴实，大约是小本经纪的人家。没有多钱，不能做大好事的，等到散戏的时候，他心上终觉得没有尽些心，过意不去。走到戏台口，在身边摸了半天，摸出一张五块钱钞票，掷在台上。旁边看的人，以为这位老婆婆已经是一身汗的了，谁知他心上还是过不去，走到大门口，重新回到戏台边，把耳上的一副小金环子除下来，也助了甘肃振捐。大家问他姓名，他不肯说，就这么不声不响的走了。

吾想这位老婆婆所捐的钱，虽然不多，他的心却比捐钱多的还要热。有许多有钱的人，一根毛不肯拔的，对了这位老婆婆，不要惭愧煞么。有钱的人若然晓得愧惭，到十六那天春桂演戏助振的时候，快快多捐几个钱。

宣统元年五月十二日/1909年6月29日第4张第2版上

演 戏 肇 祸

南汇祝桥镇前日集资演戏，因戏台搭在临河，乡民驾舟而至者，即于船中观剧。一船有女郎数人，稍有姿色，该镇无赖龚某纠同恶少亦登是船，以看戏为名调戏各女郎。船上人挥令上岸，不听,遂至用武。惟时帮打者,解劝者,登时拥挤,人多船小,船即倾覆。落水者廿余人,因久雨水大,虽立即捞救,业已淹毙女郎小孩等八命。其自先滋扰之龚某等二人,当即拘获解县,余则均已逸去,戏亦因此停演,现各尸属已纷纷赴县禀控矣。

宣统元年五月十七日/1909年7月4日第2张第4版上

查究淫戏

老闸捕房捕头查得湖北路春桂戏园所演《新安驿》一剧,情状淫秽,前晚派探蒋文彬与九号西探查究。

宣统元年五月十八日/1909年7月5日第3张第3版上

伶界演剧助赈

芜湖升平戏园伶人冯大生、张玉奎等,因甘肃旱荒,特定于廿一、二两日将戏资捐充甘赈,即小账茶资亦概行捐入,并请由商务总会派人监收,以便汇寄。

宣统元年五月廿四日/1909年7月11日第2张第2版下

严禁戏园演唱淫剧

汉关道齐观察访闻华街之同乐等戏园,与英租界之怡园,及各国租界内之新设花鼓戏园,每日夜所演,均兼以淫戏伤风败俗,莫此为甚。现特札饬夏口厅切实查禁,传知该戏园等将导淫等戏不准再唱,并派署中亲信之人,不时前往稽查,在租界内者,应同租界会审委员吴令凯元随时知照领事,一体查禁,如敢故违,立即封禁。

宣统元年五月廿五日/1909年7月12日第2张第2版下

示禁滩簧

常州滩簧淫戏,屡禁无效。其故由差役得贿包庇,始则犹在乡间,近则公然在城中演唱。不肖男女,竞往观看,伤风败俗,莫此为甚。并有杨柳巷某姓家为之窝顿,为徐大令访知,即出示严禁,一面饬提某姓惩办。

宣统元年五月廿六日/1909年7月13日第2张第4版上

丹凤园演剧助赈

繁华报馆《娜嬛杂志》社同人，以甘肃旱灾，待赈孔急，发起约集女伶名妓，假座丹凤茶园会串，得款助赈。丹凤园主慨然愿假班底，诸伶妓等亦急公好义，允尽义务。兹已择定六月初一、初二两夜演串，所收戏资悉交筹赈公所，汇解灾区。借清歌妙舞之场，为拯溺救焚之举，为善最乐，想届时联袂往观，共襄善举者，定必争先恐后也。

宣统元年五月廿九日/1909年7月16第3张第3版上

戏园未奉府批

常州刘翼亭、庄茂之诸君议定，在西门外开设戏园，定名逸仙。拟端节后即行开班，迄已一月，未见动静，究其原因，以未奉府批之故。

宣统元年六月初五日/1909年7月21日第2张第4版上

戏园被封

镇江小街金桂戏园，现迁至西门大街老戏园开演，并改章在门外买票，方得入内观剧。以致时有争打凶殴情事，经警察总局查悉，以该戏园所欠警捐拖延不缴，又复擅自改章卖票，滋生事端，实属不遵功令。爰于日昨将该园发封，不准演唱矣。

宣统元年六月廿一日/1909年8月6日第2张第2版上

改良戏曲

宁波戏剧向来多唱昆腔，此次有卢君鸿昶者自汉回甬，发起戏剧改良。于十七日借府教育会事务所筹议办法，公推张君谱芳、张君峄桐为干事员，与伶人徐长寿接洽，并推胡君叔田为外干事，向海上各戏园访抄新戏曲本，拟于七月初一日开演云。

宣统元年六月廿二日/1909年8月7日第2张第3版下

严禁茶园演唱淫戏

汉口各处近来有等不法棍徒,开设避暑小茶园,借纳凉啜茗为名,演唱花鼓淫戏,男女聚观者如醉如狂。现夏口厅冯司马以似此伤风败俗,亟应查禁,除派员弁查拿外,并出示告诫。但比项茶园,租界设有五六处,照会领事,竟置不问闻。惟在德界者,已经德领封禁,其余仍演唱自若,官场亦莫如之何也。

宣统元年七月初三日/1909 年 8 月 18 日第 2 张第 2 版下

戏 园 停 演

嘉郡北郭锄家桥一带,素系荒僻,惟与车站相近,因之春间禀准开办文明戏园。营业日与兴,市廛大启。近忽奉上宪来札,饬嘉与府移知商会,传谕内地不准开设戏园,该商会当即转饬停演。

宣统元年七月十七日/1909 年 9 月 1 日第 2 张第 3 版下

戏园主藐抗公堂

公共租界丹凤髦儿戏园司阍印人矮赖星,在公共公廨控园主赵春庭园赖工洋等情,当奉中西官核准,饬传赵春庭讯追,讵赵抗不到案。前日廨员宝大令饬差协探再传赵,竟使姚星卿到廨朦代,中西官不准所请,判姚收押,限交赵到案各情,已志本报。昨日午后谳员宝大令与德领会讯洋商控案毕,忽有朱老四投案禀称赵春庭因事赴津,所欠印人工洋令愿代缴。大令得禀大怒后,谓赵春庭经捕房包探查明,并未赴津,实属有意抗传,岂本分府传一优伶而不可乎?尔胆敢到案朦混,实属玩妄,叱退不准。一面传该捕房及廨差赶速密提赵春庭到案讯办。

宣统元年八月十八日/1909 年 10 月 1 日第 3 张第 2 版下

伶 人 跪 香

嘉郡北门外文明戏园,前曾奉谕停演,至今已逾半月。各伶人因生计将绝,食用维艰,因于中秋节持香向府宪跪求开演,约计百数十人,由经理人张伶春海代表,因不善措词,几触太守之怒。惟姑念下流社会，因营业起见，仍饬静候批示，不准在外滋事，诸伶均遵谕而散。

宣统元年八月十九日/1909年10月2日第2张第3版下

戏园坍屋伤人

公共租界汉口路西新造大舞台戏馆，房屋之屋顶忽然坍下，当时压伤工匠刘惠生、彭连宏、杜宝福、许小山、王阿福、邵成祥及十四岁学徒陈林坤七名，经巡街捕投报捕房捕头，饬探徐阿根将受伤各人车送仁济医院医治。讵陈林坤因跌伤脑部，顷刻毙命，捕房饬探将死尸送验尸所。一面饬二图地保报请上海县相验。

宣统元年八月二十日/1909年10月3日第3张第2版下

戏馆坍屋伤人再志

公共租界三马路新建大舞台戏园，正厅屋顶坍下，压伤工匠王阿福、泥匠学徒陈林坤等，陈因伤脑部即毙报验各情，已志昨报。讵王阿福亦于前日下午伤毙于仁济医院，由捕房饬探刘森堂将王畀入虹口斐□路验尸所，饬保报县相验。前日薄暮，时县主田大令莅验尸所，当经王弟王炳全，陈父陈阿梅协保，投县禀求免验，大令准之，旋由作头酌给抚恤，自行棺殓。

宣统元年八月廿一日/1909年10月4日第3张第2版下

大闹戏园

常州逸仙戏园，前晚有阳湖县署茶房及南门外木工多人，不名一文，强欲入场观剧。门者不纳，该茶房等即一拥而入，将茶杯坐椅向人乱掷，观者纷纷逃避，妇女艰于步履，被抢去首饰无算。内有某绅之女，受惊逃出，尚未回家。保险灯亦丢坠于地，几兆焚如。园主及守门之巡警等弹压不住，任其所为而去。现闻园主巳禀官究办，某绅亦大为震怒，拟面禀府县，请其尽法严惩，以儆刁风而安营业。

宣统元年九月初六日/1909年10月19日第2张第6版上

封闭日人干预之戏园

嘉兴文明戏园,有日本中野熊五郎等四人到园违禁开演。由禾中各团体公电北京同乡,诸公暨浙抚杭州谘议局,请力拒外,复由府宪英太守电省请示办理。一面向日人据约力驳,该日人自知不直而去,临行时示人以园主李乐山五千两借票一纸,恐尚多意外涉。初七日递到省电,太守即传谕秀水县秦大令会同商会立将该园封闭,以为招引外人者儆,惟园主则不知所往矣。

宣统元年九月初十日/1909 年 10 月 23 日第 2 张第 5 版下

戏园又被打毁

常州逸仙戏园开演以来,屡起冲突,已志前报。园主吴安甫等又自恃捕厅千把、总巡警等为护符,盛气凌人,不稍通融,致与下流社会积成仇隙。日昨又有流氓地棍及豆米行之挑夫伙友等,与该园大起冲突,互相殴打,各受重伤。男女客之受伤失物者,不胜枚举。当互殴时,西门外宝和泰米行主华子全偕伊子亦在座观剧,见有同业米伙在内,居间排解,园主疑其指使,遂将华氏父子捆送武进县徐大令究办。该园即行停演,华氏亦向商会报告,由钱绅琳叔、恽绅北生赴县保释。昨日各学校开运动会,长太守、徐大令均莅会。当由钱、恽二绅面请封禁。太守已饬县遵办。而该园则尚在梦中。谓须与华氏大起诉讼云。

宣统元年九月十四日/1909 年 10 月 27 日第 2 张第 6 版上

集议对付文明戏园事

嘉兴文明戏园,前与日人借款一事,驻杭日领来禾允作为个人私债,不涉园中之事,就此可以了结。而十二日绅商学各界又开国民大会,公推葛绅慕川为临时议长。葛绅请方君青箱代表登台,将李乐山借日人五千两底稿,宣读一通。中有居间人张宇清,人皆疑即张右企。现李尚远逃,张虽在座申辩,经大众激烈诘责,嗣由秀邑秦大令饬张速觅的保,外出寻李归案,始可自明,会遂散。

宣统元年九月十七日/1909 年 10 月 30 日第 2 张第 5 版下

补志日领莅禾调查戏园问答词

九月十二日，日领事池部政次君到禾，在府署官绅问答文明戏园事。日领事首言：今日来禾，为调查中野熊五郎干涉文明戏园事，来道歉忱。太尊告以初五夜，日人中野熊五郎约同不议姓名之日人三人，到禾悬旗开演情形。领事曰：以上各情已由洋务局来文具悉矣。中野熊五郎与本领事素相认，且悉其为有资本之商人。初以为必不出此，及电令来杭，始知确有其事。据其一面之词，谓与李乐山有私人交涉，是以来禾开演，并未悬挂日旗。旗系李乐山在上海某酒铺买来。绅士葛某云：此旗确系中野熊五郎带来，众目共观（领事记薄）。葛某又云：此旗无论买来与否，总是贵国国旗，是以经地方官亲送洋务局，转送贵领事，以重邦交。领事曰：李乐山与中野熊五郎有无借款，是属个人交涉，与嘉兴文明戏园无涉。葛某云：该园并未闻有借洋款事。绅士唐某云：附股之人均属禾人。方某云：借据之真伪尚难逆料，如系确实，亦应归李乐山自行理直，官与地方均不担任。领事曰：五千两借据为数不小，如真有其事，必在上海总领事署挂号，否则借据无效。太尊曰：借据果真，应归李乐山自了，惟李乐山勾串外人违禁演戏，本府自应严办。领事唯唯而散。

宣统元年九月十九日/1909年11月1日第2张第5版下至第6版上

拘办茶肆开演女戏

本城天东门内彩衣街畅叙楼茶馆，本为探伙地痞聚集之处，若辈名曰茶会。近来忽招中都流技名四喜班者，每晚开演戏法淫词，观者甚聚，男女混杂，毫无忌惮。为一路区巡警分局游正巡官访知，以妇女演戏有关风化，因即密派巡弁于前晚开演时前往拘获男妇各一人，解局讯办。

宣统元年九月十九日/1909年11月1日第3张第2版上

戏园被毁续志

常州逸仙戏园被毁各节，已详前报。兹悉前日米行伙友寻衅时,该园以众怒难犯,请宝和泰米行主华子全排解,以华为该业董事,必能息事也。讵华声言,系我指使,听冯诉讼等语,致为该园扭控到案。嗣由徐大令及商会判定曲直,谕华将滋事首要交出惩办,并赔偿毁坏各物,又以戏园不洽舆情,屡起冲突,大加申斥,以后如再有妨害治安,该园亦不得辞其咎云云。现已于十四日起照旧开演矣。

宣统元年九月二十日/1909年11月2日第2张第6版上

谕禁演戏

枫泾施和庵及十七图、四十九图等处图董沈少泉等,屡屡禀请驰禁演戏,经娄县(严)词批驳,已两纪前报。兹悉刘大令尤恐乡民仍旧开演,故于初二日带回图差,乘早班火车赴枫前往该处谕禁。

宣统元年十月初五日/1909年11月17日第2张第6版上

戏园又起风潮

常州逸仙戏园迭起风潮,屡志本报。日前又有绍帮铜作数人,硬欲入场观剧,门者不纳,致相斗殴。该园豢有拳棒之流氓数十人,各袖短棍专备剧战,是日铜作寡不敌众,大受陵夷,有折断手骨者,有击伤头目者,纷纷舁至武进县署请验。徐大令传谕,戏园事一概不问。若辈遂电召各处同乡来开会馆集议,嗣由该帮董事出为调停,和平了结。该园于初三日起,仍照常开演。

宣统元年十月初六日/1909年11月18日第2张第6版上

县令驱逐女伶

川省泸州各属梨园,有所谓窝班。窝者,男女合演,丑态百出,于风俗人心大有关系。日前至南溪县索庄等处演剧,远近聚观,致滋事端。当经该县刘大令驱逐出境,以息争端而维风化。

宣统元年十月初九日/1909年11月21日第3张第2版下

张园开演新戏

张园出品协会之环球音乐厂，前已聘定嘤求集同人，于二十九日登楼会演新剧。兹闻又添聘群贤集如竹林逸士、白鹤山人、西湖游客、陕滨雅主、江南海骏、云间雅士、无聊山人等，同于是日会演。除京昆各戏外，并特排香梦词人所编之《新官场笑话》、《海上新繁华梦》两种云。

宣统元年十月廿六日/1909年12月8日第3张第2版下

伶界亦知公益

上海新舞台潘月樵、夏月珊等邀全班名伶，定十一月初四日下午在会场音乐厂开演新剧。所得看资，除酌提门资外，悉充上海医院及孤儿院经费。该园主等自备车马伙食诸费，概不于戏资内开支分文。群仙戏园主童子卿定初三日邀全部女伶，日夜开演新戏，并聘请著名各女伶会串，为增助会与兴之举。同春戏园主拟礼拜日下午全班合演，伶界亦知公益，吾知此次会场之良好效果，可于此预决焉。

宣统元年十月廿八日/1909年12月10日第3张第2版下

不允演髦儿戏

通州近有某某等组织演唱髦儿戏，令东南营各妓女登台合演，以助物产会游客之兴趣。已定期本月念八日开演，官绅等闻之，大不谓然，以其有关风化，即令解散。

宣统元年十月廿九日/1909年12月11日第2张第5版上至下

出品会开演文明新戏

张园出品会定于今明两日，由群贤集等诸同人开演文明游戏，已志前报。兹已釐定曲本，演习纯熟，准今日下午二点钟登楼。明日日间是同春戏园演唱，夜间七点钟后续演文明新戏，逢雨顺延。惟愿天公做美，大放晴光，一助游人兴会也。

宣统元年十月廿九日/1909年12月11日第3张第2版下

捕头查禁淫戏

公共租界南京路老关捕房捕头惠尔生君,查悉界内各戏园时有演唱淫戏情事,实属有违禁令,特于前晚饬令一百七十九号、十五号两西探协同华探金泉叙前往各戏馆严密查禁。

宣统元年十一月十一日/1909年12月23日第3张第2版下

查诘戏园吵闹原因

公共租界广东路同春戏园,前日悬出夜戏名目,内有某伶人准演《古城相会》一出,观者满座,看资加增。讵届时该伶并不登台,由他伶改演《打城隍》塞责,各看客大不为然。哗然吵闹。事为捕房得悉,恐有别情,于昨派探金泉叙与一百六十三号西探传谕园主董长清,速令按目头自赴捕房听候捕头查询。

同上

戏园避凶停演

镇郡大街同庆茶园于十五夜演戏,收钱时有旗人数名,因较量戏资多寡,遂至口角。园中各物均被捣毁一空,该园随即停演,并将为首滋事之黄、荣二人扭送旗营巡查公所核办。

宣统元年十一月二十日/1910年1月1日第2张第5版上至下

学堂演剧之结果

江督准苏学司详覆,委查上海某学堂演剧一案,现经批如下:学堂为培养人材之地,学生以敦品知耻为先,上海□□□学堂竟有此等演剧之事,殊属骇人听闻,亟应勒令停闭。惟念该核学生百数十人,其中岂无勤学之士,应准照旧开校,另举公正士绅派往监学,加意检查以资整顿,而期改良,所拟分别办法,均极妥协,仰即移行遵照。

宣统元年十二月初一日/1910年1月11日第2张第2版上

传询违章演唱淫戏

湖北路春贵戏园前晚因演唱《遗翠花》淫戏，为捕房查悉，请廨出单于昨往传该园主赵春庭不到，当由差探回禀中西官，奉谕再传一次，如违照章改提。

宣统元年十二月十五日/1910年1月25日第3张第2版下

法租界新颁取缔游戏场规则

法租界新颁游戏场及影戏场章程，大法总领事喇为议立游戏场及影戏场等章程事，照得公董局于西历一千九百零九年三月五号及十一月三十号议定，照公董局于一千九百十年一月一号实行，合将章程列左：

一　领执照只准自用。

二　所演戏剧或影戏不得演淫秽之事，有伤风化。

三　场内不准有酒醉喧哗赌博等事。

四　凡遇失慎，则须预为筹法，以便看客预为逃出，不致有殃及之虞。各门亦须向外开出，不得占越路线。

五　各场内应借救火器具，即皮带龙头等物，并设自来水数处，以弭火患。

六　场内有影戏者，其电灯房内四周须用铅皮或白铁包固，且影戏蜡片该房中不准同时置藏六卷。

七　各场须于每晚十二点钟闭门。

八　捕房监察人等随时可以至场内查察一切。

九　场主须遵租界一切章程。

十　凡违以上章程者，除罚洋自五元至一千元之外，公堂□可判断羁押之罪，其执照亦能暂时扣止，或全行吊销。

十一　凡须领执照者，必须由工部局工程师会同捕房总巡赴场内验看，如照第四、五、六款章程合格者，方可核准。如场内另行售酒者，须遵守酒馆章程十二。执照费以场之大小计算，每日捐银自一两至一百两为止。

同上

解讯演唱淫戏

湖北路春贵戏园因演唱《遗翠花》淫戏,由捕房请廨出单,于昨由探将该园主赵春庭、伶人陈嘉祥、小桃红一并传廨请究。先由老闸捕房翻译谢树生与七百三十六号、六百七十三号两华捕到堂,诉明该园当晚演摹各种淫态情形。质赵等三人延律师费信惇到堂代为辩护员,宝大令与英副领事布君讯供会商之下,判赵等三人均交保,候礼拜五讯核。

宣统元年十二月十七日/1910年1月27日第3张第5版上

违章演唱淫戏之结果

公共租界湖北路春贵戏园因演唱《遗翠花》淫戏,由廨将该园主赵春庭、伶人小桃红,陈嘉祥一并传案,判均交保在案。昨由捕房将赵等三人解廨復讯,园主仍延佑尼干帮办费信惇律师到堂辩护,宝谳员会商西官以此剧虽不在例禁,惟过于淫亵,不免有伤风化,今姑从宽免究,判以后务须遵□演唱,一并斥释。

宣统元年十二月十九日/1910年1月29日第3张第5版上

镇台大闹戏园

通函云:狼山镇李祥椿军门性好观剧,花旦十五盏灯尤为军门所赏识。十四晚军门又至韶春茶园点该旦扮演《翠屏山》诸剧,不知如何少拂其意,登时大怒,将茶碗掷碎,顿足大骂。当由许游击、梁道台二人再三解劝,扶掖始悻悻上轿而去。

宣统元年十二月二十日/1910年1月30日第2张第5版上

宣统二年(1910)

广班女伶之特色

虹口海宁路鸣盛梨园新聘到粤东全女班来申，于元旦日登台演剧。连日所排演之出头，其生旦以及诸名伶，声色俱佳，大为阅者所称赞，以故座客常满。沪上全演女班者，此为创始。且闻该班又皆聘得最有价值之外埠女伶，自行组织云。

宣统二年正月初七日/1910年2月16日第3张第5版上

滩簧小曲未便开唱

一路上一区巡警分局游正巡官，近据商民顾芝荪禀请，准其开唱滩簧，当即批示云：据禀新正演唱滩簧改良词曲，以兴市面，恳请核示等情。前来查演唱与宣讲有别，极其穷形画象(像)，写真传神，亦不过招引有限俗客及无知妇孺，相与嬉笑而已。集一室之观听，多数碗之茶资，既不足以感发人心，亦不足以振兴市面。宁以不唱为是，免致流氓匪类从而生事，有坏治安。如真有益于地方之举，本委亦非绝不近人情之人，所请之处，仍着不准。此批。

宣统二年正月初八日/1910年2月17日第3张第2版上至下

示禁蚕花戏

湖州德清县所辖中管白表一带地方，每遇新年，各家男女均出外演唱蚕花戏，或夫妇或兄妹或翁媳均可串演。一月之中，获利甚厚。届时若不出外演唱，是年田蚕定占不利。迷信已久，未易破除。兹闻德清县姚大令以男女合串，攸关风化，业已出示严禁，如违提究。未识能破迷信而挽颓风否。

宣统二年正月廿五日/1910年3月6日第2张第5版下

观剧挤倒铁香炉

嘉郡北门大街江西会馆廿八日酬神演戏,剧场逼窄不堪,一时顿集数千人,拥挤异常,以致三四千斤重之铁香炉推倒在地,跌折三段,压伤四五人,幸尚无生命之虞,亦云险矣。

宣统二年二月初五日/1910年3月15日第2张第5版下

汴绅禀请抽收戏捐

汴省祥符县组织地方自治筹办所,已于正月廿六日开办,惟经费支出断难持久(开办时仅有祥符陶大令捐钱六十千文),非急为筹措不可,而各项可以抽捐地方,均有正项开销,亦难再为苛派。经绅士会议,拟由合境戏园戏价中抽收捐款,每戏一台酌收一千文。而丰乐园戏班,每月亦饬缴三十元。至四乡赛会演戏,均饬地保呈报代抽。无捐款执照者,罚钱廿千等因。陶大令因此事为办地方公益,而设尚非假名渔利,当即批准照办。但此事仍仰该绅等自行往动,至能否办到,尚不可知。

宣统二年二月十一日/1910年3月21日第2张第2版上

赛会肇事

前日下午,大场附近彭王庙土地,循例有赛会之举。本届会中人,均兴高采烈,除旗伞执事外,并加入《铁公鸡》、《荡湖船》等杂剧多起,以故观赛者举国若狂。行经海家桥相近,观会人与会中人忽起冲突,击毁荡湖船一只。众会首忿不能平,将在场之甲乙二人拔去,抛入粪坑中,几被淹死,迨经救起,已饱尝个中滋味,周身臭秽不堪矣。向例会中人舁像出巡,当晚将神像暂置朱江庙中,翌日舁回。闻甲乙等受此创辱,不肯甘休,恐神像回庙时,尚有一番恶斗也。

宣统二年二月廿九日/1910年4月8日第3张第5版上

演剧补助学费

商学社附设两等小学堂,现因增加学额,扩充校舍,需费甚巨。

爰集同志议定，于三月初八日假新舞台，于下午一点钟开演《明末遗恨》新戏。所得剧资，该舞台慨允除开销外，悉数助学，以为集腋成裘之计。既娱视听，又维教育，想届时往观者，自必争先恐后也。再，本馆承惠入场券两枚，并以志谢。

宣统二年二月三十日/1910年4月9日第3张第2版下

女伶亦知公益

粤中升平公司新康年女班，在海宁路鸣盛梨园演唱数月。近接粤电，有人以重金聘之南归。该班主及各女伶等，以离沪有日，于同乡之情未能恝置，爰于十六十七日连演两日夜。以十六日所得戏资，助充广肇医院经费；以十七日所得戏资助，充广志学堂学费。所最难得者，初非由医院学堂所运动，实出于班主女伶等之热心。议定之后，始向前途知照。故十六日看客尚不十分拥挤，十七日则座为之满，盖皆慕义闻声而往者也。

宣统二年三月十九日/1910年4月28日第3张第5版上

禀禁土棍演剧聚赌

演剧聚赌，迎神赛会皆为土棍敛钱之故技。去年春间，自奉本府戚太守出示禁止之后，此风为之稍戢。兹浦东新场镇，有陶善生等，商同三图地保张晏伯，雇得金鸡大雅堂戏班，定于本月杪在镇演戏五天，并迎赛灯彩。一面使党到沪，邀合赌徒前往，以便开场聚赌，为渔利之计。该处绅士闻悉，以目下民穷财尽，米珠薪桂，各处聚众闹事屡见迭出，岂容再有此等举动？招集匪棍，为害良善，除先禀县查禁外，昨又莅申，乘火车赴松，禀求太守札饬拿办以安闾阎。

宣统二年三月廿一日/1910年4月30日第3张第2版上

戏 场 人 命

苏垣戏园开演之先，必须击锣鼓一小时，谓之闹场。闹罢之后，又须派人巡视一周，谓之清场，以防闲杂人等混入。前晚马路春仙戏园,闹场后,经某甲查见,有向业酒店之常熟人某乙在内,当挥之使出,谓此时尚未开演,汝即欲观剧,亦须稍待,再行付资人内。乙不之允,甲即奉以老拳,曳之而出。逾时乙又围入该园,语守门曰,我生平向未受人之辱,今忽被伶人所殴,实无颜再生人世。已将烟膏和酒吞服,故复前来请汝殴毙。守门人犹未深信,复鸣知巡警将乙拖至门首,僵卧于地。嗣见神识有异,始知并非诳语。迨经延医救治,奈受毒已深,旋即毙命。翌日报经吴县陈大令带同刑仵前往相验,饬将某甲并有一与某乙同入戏园之人一并拘获,带回县署候讯矣。

宣统二年五月初八日/1910 年 6 月 14 日第 2 张第 6 版上至下

戏园殴伤巡官骇闻

厦门咏乐戏园,乃丙州陈姓一班龟头合造。陈姓目恃族大丁多,屡与座客为难闹事。上月下旬,又因卖票与客打架,以众人打客一人,旁观不平报,由警局洪巡官带领护兵前往弹压。洪巡官传园主申斥,讵其同党胆敢出言挺撞,洪巡官一声喊拿,不料该龟等胆敢恃众,将洪巡官之头打破,稽查亦被打伤,并开枪拒捕,又施放地雷炸药。一时人声鼎沸,提宪、厅宪均派员带勇前往弹压,始稍敛迹,未酿巨祸。尤可怪者,该戏园归巡警局法律保护之人,日派警勇守门,月纳警费百元,今竟殴及身任保护者,目无法纪至此。想地方官吏必有以严惩之也。

宣统二年五月初九日/1910 年 6 月 15 日第 2 张第 2 版上

戏园虚惊之损失

公共租界福建路曹福康客栈内之烟囱,前晚因煮晚膳时,被风将烟煤吹入迎贵戏园,各座客惊疑急起,以致带翻茶壶茶杯事,为捕房查悉,于昨将曹传至公廨请讯。该园主投案请追损失,曹供事非有意,乞宥。中西官判曹罚洋三元充公,将案注销。

宣统二年五月十三日/1910 年 6 月 19 日第 3 张第 2 版下

女戏园人命交涉

苏垣春仙髦儿戏园主绰号小姆妈，本系老鸨。姘识无赖王开生后，辄将所育女伶任意凌辱，迫令夜间接客，藉以串骗客商财帛。致去岁有女伶十余人，互结团体，私行逃走之事。上月初四日，有曾与该园女伶陆菊芬有私交之常熟人某姓，到园滋闹，被王开生等纠人痛殴，致甲受伤甚重，无颜见人，遂私自服毒，卧在该园毒发毙命。直至初五早，该园主串同地保以无名男尸朦禀县主，相验棺殓，希图了事。现闻某姓亲属已侦悉情形，由常熟来苏，唤同地保，近日正在与该园交涉云。

宣统二年六月初二日/1910年7月8日第2张第5版下

严禁演戏聚赌

通州张直刺日前因相验，路过金余镇，该镇正在演戏聚赌，男女合演各种淫剧，尤于风化有关。特即饬令停演，迨直刺公旋，尚开演如故。遂饬差勒令立刻停锣，并将原头（集资演戏之为首者）顾二提办，讵不但不遵，该班之武小生反敢约同男妇数十人，至直刺船上大闹，船几倾覆。直刺大怒回署后，立将原头顾二、武小生某，以及董事卑、施二人，提案惩办，以儆效尤。

宣统二年六月十一日/1910年7月17日第2张第5版上

戏园人命案续志

苏垣马路春仙髦儿戏园内，有常熟人某甲因事被该园主王开生等纠同马夫殴伤后，服毒毙命一案，曾记前报。兹悉此事，当时园主捏称该常熟人系名原祥，因酒醉闯入戏园滋闹，即经王阿宝（即戏箱阿宝）纠同马夫张金寿等将原祥殴伤后，原祥自行服毒，至园内卧地毒发毙命等情。至县禀报经吴县陈大令提讯后，详报各宪，拟将戏箱阿宝杖责若干，将就了结。现臬宪以该园纠人用强，将原祥殴伤甚重，亟应照例，从严惩办，未便宽纵等情，批饬该县，速提该园主人等到案，传同尸亲，审明详办矣。

宣统二年六月十三日/1910年7月19日第2张第5版下

淫伶小阿四妄思保释

苏垣淫伶詹润泉,即小阿四,奸淫撞骗,并霸占马路基地,无恶不作。经巡警道汪观察访拿到案,详奉抚宪批准,监禁二十年,以示惩儆在案。兹闻该伶妄思脱罪,复又令其岳母陈张氏具呈抚宪,拟请保释,以示矜全。程中丞饬查原案,并无枉屈,且所犯各节,较之淫伶霍春祥尤甚,何得又令该氏出头具保,所请应不准行,当即批饬知照。

宣统二年六月廿三日/1910年7月29日第2张第6版上

新舞台欢迎实业团之演剧

西美实业团此次至华游历,沪上官绅商学各界均诚意欢迎。沪南振市公司新舞台,定今晚邀请实业团及中西官绅商观剧。并闻因中国实行禁烟,美国赞襄之力甚多,故是晚专演《黑籍冤魂》新戏,以见鸦片之害。中国上下咸知,必能同心禁绝,以副相助之盛意云。

宣统二年八月十九日/1910年9月22日第3张第2版下

淫伶将释

前在湖北路开春桂戏园之伶人李春来,因奸淫故宦黄姓之妾王朱氏,由广帮绅商公禀公共公廨,派差协探,将李春来提案堂讯二十余次,于西历一千九百零八年六月二十三号定断,判押西牢三年,期满返回天津原籍。因李在牢工作勤慎,由管牢捕头禀奉总巡卜罗斯君,将李减轻九个月,扣至西历本年九月二十九号止期满,于前日解至总巡捕房□头,谕饬押候解廨讯核。

宣统二年九月初一日/

1910年10月3日第3张第2版下转第5版上

李春来定期递解回籍

前开春桂戏园之伶人李春来,因奸骗黄宦之妾黄朱氏巨款,经旅沪粤帮绅商公禀公共公廨,奉中西官讯明,判李伶发押西牢三年，期满递解天津原籍。上月廿六日，期满解送公堂。美副领事海德礼君拟将递解回籍四字，改判逐出租界，宝大令不允，各情已详本报。昨晨捕房饬八十三号西探将李春来复解公廨，至九下半钟美海副领事莅廨，其时观者不下数百人，异常拥挤。宝大令曰：观者如堵，李伶可以毋庸解讯，遂传八十三号西探入内面论，着将李伶带回捕房，管押候备文。准于初五日派差押乘天津轮船，递回原籍。该西探遵论而出，即将李春来带回捕房收押候解。

宣统二年九月初五日/1910年10月7日第3张第2版上

力争递解淫伶之权限

淫伶李春来因奸骗已故宦黄开甲之妾黄朱氏巨款，案发后，奉公共公廨判押西牢三年，期满递解天津原籍。兹已期满，于本月初四日解廨，经宝谳员与美领事康斯定君商明，仍行递籍各情，已详前报。

兹悉初四日，公解差役张福至总巡捕房查询李伶究购何公司之船票，俾免差役，误买他家之船票。讵有一百五十一号西探，向该差斥曰：李伶递解，自有捕房押上轮船，毋庸尔等干涉。该差向辩，西探竟欲拘押。张福遂回廨禀明，当奉宝谳员备文，照会总巡卜罗斯君，略云：刻据廨差张福禀称，役承办李春来递解回籍一案，因未知李伶购买何项船票，故至捕房询问，讵有西探勿许干涉，谓递解应由捕房押登轮船。役因定章递解，向由公廨备文派差，押解到地后，须守取回交方可销差，向之申辩。渠竟欲将役拘押，为此禀请示遵等因。本分府查递籍人犯，历来由本廨照章备文，派差押解，今该西探不知受何人之命令，有此举动？甚至欲押廨差，实属胆大妄为，想贵总巡素来办事公正，决无有此办法。为此照请查明，迅赐即复，以便饬差持文，照章押解起程云云。

宣统二年九月初六日/1910年10月8日第3张第2版上

李春来迳由捕房起解矣

前开春桂戏园之淫伶李春来，因奸骗已故黄开甲之妾黄朱氏巨资,由粤帮绅商公禀公共公廨,讯明发押西牢三年,期满递籍。因其在牢作工勤奋,减去九个月,扣至八月廿六日期满。本月初二日,解奉公堂,美领拟改判逐出租界,谳员宝大令不允,还押至初四日,始经大令商准美副领事康斯定君,仍照原断,递解回天津原籍。廨差张福至捕房询问李伶究乘何轮,讵一百五十一号西探不准廨差押解,甚欲拘押该。差禀明宝大令,立即照会卜总巡查究,各情迭详本报。兹悉宝大令于初四晚十一下钟,照会卜总巡后,至初五日,并无照复到廨。至昨晨十下半钟,捕房竟派西探将淫伶李春来押登太古洋行之顺天轮船,展轮向天津进发,并无廨差押解。廨差张福得悉之下,即将发出之递解文牍缴呈,并将情禀明宝大令核示。大令得禀,即诣洋务局,面禀沪道蔡观察,请示遵行。

附录宝大令致卜总巡原因

启者:案查淫伶李春来禁押期满,于本日早堂过堂,由本廨照章备文,签差递解。不料顷据原役张福禀称,奉文前赴捕房询明何船赴津,准备动身。讵一百五十一号西探声称,须由捕房押送,无用廨役过问,如若多言,将役收押等语,禀请示遵前来,不胜诧异之至。查□犯系本公堂断定递解之案,自应按照向章,由廨备文签差押解。讵西探擅谓无庸廨役过问,并大言恐吓,欲将廨役收押。违章背约,实属荒谬已极,岂不思递解系解向内地,一经登舟,便非租界,西探并无向内地解人之权,何得插身干预?且试问既无廨差押解,又不凭本分府公文,到津之后交付何人?该西探如此野蛮无礼,未识受何人之命令。李春来素号多金善于运动,该西探如此举动,实属令人可疑。恐外间物议纷传,必谓捕房亦受其运动,殊于贵捕房名誉攸关。贵总巡办事公明,本分府素所钦佩,决不出此。此事谅系该西探等所为,尚未经贵总巡查悉,用特专函奉致,即希转饬捕房,无庸干预,照章将李春来交廨役,赍文起解。并一面将该西探擅专违章之处,严查究办,仍希见复为何。顺颂日祉。庚戌九月初四日。

宣统二年九月初七日/1910年10月9日第3张第2版上至下

廨员力争递解淫伶权限之文牍

宝大令禀上海道宪文　敬禀者：藉淫伶李春来一案，上年讯断时，多方阻难，仰承宪台训示，始克就范。该伶判押西牢三年，期满递解回籍在案。上礼拜三，即八月二十五日，押期届满，捕房照章应将该伶解案，听候备文起解。讵捕房是日竟不解送，知县以违章，严向捕房询诘，据称系受美领事命令。迨至本月初二日，美领事堂期捕房始将该伶解案，美海副领事于未讯之先，在领事间与知县大起冲突，议翻前案，欲准其重来租界，并在法界演剧。知县与争持两小时之久，未能解决，只得将该伶仍行带回捕房。至礼拜四，即初四日，捕房又将该伶解案美海领事。经知县据理磋争，始渐就范，允照前判解津，并以后不许再来租界。惟要求免予驿递，由海道迳解津，并以后不许再来租界。知县查卑廨向来解送人犯，有照章按站递送者，亦有径解该管衙门者，由临时量案酌定。既海副领事极意袒护该伶，商照前判解津，已费几许唇舌，若不销示通融，恐又另生枝节，是以允其由轮船起解。正在备文签差押解间，讵据该差张福禀称，奉文前赴捕房询明何船赴津，预备起解，讵一百五十一号西探声称须由捕房押送，无庸廨役过问，如若多言，将役收押等情。前来初六日早堂询，据值公堂副捕头声称，该伶业趁顺天轮船赴津。诘其何以违章，则称均系美领事之意等语。查该伶系公堂断定递解之犯，今改为由轮船起解，已属格外通融，乃该西探擅敢谓无须廨差过问，并大言恐吓，欲将去役收押。不思既无廨差押解，又无卑廨公文，到津之后，交付何人，实属荒谬之至。该伶为至恶至贱之人，而捕房此次始终保护，种种优待，初则延不解堂，继则擅行起解，违章背约，莫此为甚。除函致总巡，切实诘问外，理合居实禀陈，仰祈大人鉴核主持，实为公便。

又闻宝大令函催卜总巡迅，即查明复廨后，一面即电致天津，详查该淫伶已否递解到津，以便核办。

宣统二年九月初七日/1910年10月11日第3张第2版上至下

淫伶尚得逍遥自在否

奸骗黄朱氏之淫伶李春来,西牢期满递籍,捕房不准廨差押解,迳饬中西探将李伶押送顺天轮船,着其自行回津。经公共公廨宝谳员两次致函捕房卜总巡查诘,迄无复函。并经宝大令详禀沪道,一面电致天津,查询李伶已否到埠各情,屡详本报。兹悉前日谳员宝大令,复备就公一道,交邮政局,用快信递寄天津县。其文略谓:该淫伶因奸骗黄朱氏,被粤帮绅商公禀到廨讯明,关押西牢三年,期满递回天津原籍。今于八月二十九日期满后,捕房将李伶解送公堂讯判,押候递解。讵捕房西探不准廨差押解,擅将李伶押送顺天轮船,令其自行回津。为请贵县迅派干差至码头,俟轮船到津,将李春来接提到县,严加管束云云。

宣统二年九月十三日/1910年10月15日第3张第2版下

禁止赛会演戏酬神

苏州府何筱雅太守访闻近日各乡市镇,往往赛会演戏酬神,兴高采烈。现值秋收之际,难保无匪徒溷迹其间,小而赌博,大而盗窃,殊属有损无益。特札饬三首县一体查禁,以期防患未然,如敢故违,即为首之人提案惩办不贷云。

宣统二年九月十八日/
1910年10月20日第2张第5版下至第6版上

递解淫伶之交涉

淫伶李春来自捕房解登顺天轮船,回天津原籍后,迭奉公共公廨宝大令函致总巡捕房诘问,迄未回复。前日宝大令接到美副领事海德礼君照会,略谓李春来一事,各报所载是否贵分府送登。宝大令于昨日照复美领并捕房卜总巡,云报馆登载新闻,自有访员录送,此乃有闻必录,毋庸本廨送登,查各文明国断无公牍禁登报纸之理。如办事秉公,何畏他人宣布。今藉口不应登报,置正案于不复,究竟李春来解往何处,交付何人,本分府与贵领事毫无成见,应请切实见复云云。

宣统二年九月十八日/1910年10月20日第3张第2版下

递期淫伶案之交涉

奸骗宦妾黄朱氏巨费之淫伶李春来，收押西牢期满，照原断应递回天津原籍。捕房将李押登顺天轮船，令其自回原籍，不准廨差押解，经公共公廨谳员宝子观大令照会捕房，查询未复，而驻沪美副领事海德礼君照会公廨，诘问报载函件，是否由贵分府送登，宝大令答复，各情迭详本报。前日宝大令又接美领照会，略谓各报所载，间有误传之处，请为转饬更正等情，否则本副领事甚不满意，以后礼拜二、四陪审堂期，有不莅廨会审之语。宝大令阅文后，闻已于昨日午后照复，略谓：本分府秉性公直，不喜谄媚。惟凭公理办事。不识是何满意，贵领事为李春来一事，竟不莅廨陪审，殊为不值，请自三思云云。一面将上情禀知道宪刘观察，请示办理。

宣统二年九月廿一日/1910年10月23日第3张第2版上至下

李春来之弟自尽可疑

奸骗宦妾黄朱氏之淫伶李春来之弟李明，住居贵州路荣寿里第一百零八号房屋内，前晚忽然吞服洋烟毙命，被老闸捕房包探刘森堂查悉，向询均称急痧身死。后经该探查得，李实係吞服洋烟，由六马路仁济堂医生救治不及毙命将情，回禀捕头，饬即将尸车入斐伦路验尸所，着保报请上海县相验。

宣统二年十月初五日/1910年11月6日第3张第2版下

李春来弟自尽可疑续记

昨报纪李春来之弟自尽可疑一则，兹悉李春来之弟李明自尽之后，家属伪谓急病身亡。经老闸捕房查明，将尸车送验尸所，饬二图地保张光歧报请上海县相验。前日薄暮时，县主田大令带同刑仵，莅验尸所，升座后，饬仵验得李明实系吞服洋烟身死。并据捕房中西探将李明之妻王氏解案，大令谕曰：李明缘何自尽，使人可疑。尔须将自尽实情供明。该氏供：故夫昔在李春来所开之春桂戏园，为望清之职。自李春来收禁西牢时，寄来衣箱五六只，奈丈夫失就,将此项衣箱质押殆尽。今李出狱,追索甚急,或者丈夫因此自尽。余无别事。大令得供,以所供难信,饬捕房带回盘诘,遂填明尸格回县。

宣统二年十月初六日/1910年11月7日第3张第2版上至下

李春来妻自尽之更可疑

淫伶李春来之弟李明自服毒毙命后,外间议论纷纭,莫衷一是。讵至前日,公共租界坟山路南泥城桥浜内,有溺毙无名女尸一名,经老闸捕房将尸车送验尸所,一面饬廿七保九图地保姚徐祥报县请验,略纪昨报。兹悉昨午后上海县田大令带同刑仵莅验尸所,升座饬仵验得,该女尸年约四十余岁,委系自行投河身死。大令填明尸格,正饬善堂给棺收殓间,忽有老妪一人,持女鞋一双,为女尸换穿。捕房中西探见而诧异,向妪诘问死者何人。该妪坚不肯言,西探严诘之下,始称死妇实是李春来之发妻,年四十八岁,母家姓黎。素与自尽之李明,同居贵州路荣寿里第一百零八号。此次忽投河自尽,莫明其致死之由等语。中西探闻而疑甚,遂饬堂将尸收殓。该妪带回捕房,转送公廨收押。总巡捕房与老闸捕房捕头得悉之下,立派廿七号西探目彭山,与十三号西探并华探目李星福,于上灯时驰至荣寿里李春来家内,查看李黎氏照片,果属李伶之妻无误,遂回禀捕头,候再查核云。

宣统二年十月初七日/1910年11月8日第3张第2版上

李春来弟自尽之疑团莫破

淫伶李春来之弟李明,住居贵州路荣寿里一百零八号屋内,此次无端吞烟自尽,由县相验各情,两纪本报。兹悉李明之妻李王氏,奉县尊田大令,饬老闸捕房带回盘诘,仍无实供。昨晨解送公堂,奉宝谳员会同英康副领事提讯。李王氏供丈夫昔在李春来所开之春桂戏园为望清之役,迨李伶被控管押捕房时,丈夫曾往探望两次,李伶即寄存戏衣箱五只。李伶收禁西牢后,丈夫将戏衣卖去。今李出狱追索,或者因此情急服毒。惟前日傍晚由马车送回,已不省人事，故误为痧。今奉上海县验明收殓求鉴。中西官一再盘诘，矢口如前，遂判令省释。

同上

李春来妻自尽尚待研究

昨报纪李春来妻自尽之更可疑一则，兹悉前日薄暮时，上海县莅验尸所相验后，有老妪持鞋到场为尸更换。当经中西探诘知，死者实系李伶之妻黎氏，即将该妪带回捕房，详加盘诘。据该妪称：姓李，母属姓陈，与李伶之妻黎氏素好。今不知因何投河自尽，是以到场与其换去湿鞋，并无别情。捕头即饬将李陈氏解送公廨，奉宝大令，谕交官媒收押。昨日公堂并未解讯，因尚待详细盘诘，不使终成疑案云。

宣统二年十月初八日/1910年11月9日第3张第2版上

宝大令禀沪道宪文（为押解淫伶李春来交涉事）

敬禀者：窃淫伶李春来押满起解一案，知县与美副领事交涉情形，业已叠次禀陈宪鉴在案。顷晤美海副领事，面谈所有前禀李春来准其复回租界一节，仅由海副领事在领事间内与知县面商，并非决定之办法。又李春来改由轮解，不由驿解一节，美海副领事谓当时并未议及，彼此似有误会。现美副领事以知县前禀所指各节，不免受诬，理合据情陈明，仰祈大人鉴核。

宣统二年十月初九日/1910年11月10日第3张第2版上

谳员研究李氏连毙两命之疑窦

淫伶李春来之弟李明服毒身死后，李伶之妻黎氏无故又投河自尽身死，经上海县莅验，时忽有李陈氏即周王氏持鞋到场，为尸更换。经包探拿获，诘悉情由。带回捕房，经中西探详诘多次，王氏坚执在黎氏处为佣，主妇向与李春来不睦，自李伶之母故世后，稍资贴补。迨李被控收禁后，其弟李明将所寄戏衣箱抵押与人，主母因无用度，所有衣饰亦典质一空。今李出狱追究戏衣箱，致李明服毒自尽。主母见家业萧条,忿不欲生,将当票交给妇人收管,愤愤出门,投河而毙等语。捕头即饬开释。昨日公廨谳员宝大令以李春来之妻黎氏、弟李明,不毙于李伶收禁之时,而自尽于出狱之后,以致外间议论纷纭,疑团莫释。故特派警役张林,至老闸捕房会同包探,至贵州路荣寿里李春来家内详查,并访采舆论,据实禀复候示。

宣统二年十月初九日/

1910年11月10日第3张第2版下转第5版上

根究自尽疑案之要点

淫伶李春来之妻黎氏、弟李明,相继自尽,以致外间人言藉藉。公共公廨宝大令饬差往查,各情迭详本报。兹悉上礼拜六,李明之妻李王氏在押公廨官媒时,李黎氏曾至押所与王氏絮语良久,继而相对饮泣,后即告别。次日黎氏之尸,发现于南泥城桥浜内。宝大令以是夕黎氏与王氏所谈何语,有无佣人相随,及缘何自尽,饬差协探详查。兹经该差查得,是夕黎氏只身而来,独自而去,所谈之语,女押所中官媒因彼两人谈天津之语,未能明晰,已将情禀复云。

宣统二年十月十一日/1910年11月12日第3张第6版上

观剧肇祸两则

浙江严州旧县居横村埠下游,为桐庐邑城之古址,临江设镇,颇热闹。渡江而东,有州地焉,曰金村洲,住者多温处人。其地设有摆渡船一,司舵者为一老人,船亦朽腐垂敝,然渡者不常有,即有渡者,亦金村附近人也。今年十月之望,旧邑富豪某为其母祝七十寿,召梨园名角演剧五昼夜,于江滨观者堵列,大有举国皆狂之势。男女老少麕聚鳞集,虽远逾三四十里,犹有不惮劳而来者。何期乐兴未尽,而惨剧已陈耶。十八日傍晚,斜阳既下,一曲初终,观者星散,凡渡江而来者,皆欲归就膳。于是有携幼者,有扶老者,而孑身自由者,尤多杂嘈啁啾,争欲先渡,而摆渡者方以今日生意大佳为快事,而此惨剧之祸基遂成矣。既而欲渡者愈众,艄之前后挤立已遍，其先登舟者已压肋欲折，而舷之距水乃不容寸。时则晚风微动，水波荡漾，在旁观者固知此渡舟之危，而当局者方以先归为快。竟不之计舟至中流渐仄，水自舷缺入，渡者乃哗，即此哗声中人咸趋舟之一侧，重力不均，舟遂以覆。幸两岸闻呼救声，悉刺舟集，乃得捞获十二人，救之而苏者九人，其三人已不可救。夜将半，又捞获一人，救之亦苏。次日迟明，则浅沙之畔，巨石之侧，载沉载浮者悉是溺尸矣。命舟捞之，得三十六具，其中须发垂白者七，老妇三，小孩二，少妇二，其一犹抱一待哺之儿，牢不可夺。余则皆少者，壮者，遍地纵横，不堪注目。其他捞而未获者，又不知有几许也。金村洲及附近之村人，自闻变后莫不倾屋而出，寻爷觅子，呼母认妻，更有妇女数十人，蜂拥富豪之庭，以索其父子夫弟之命，号哭之声，闻五里外。呜呼，伤心惨目，有如是耶？

绍兴之韶舞台戏班，近日到一花旦，名叫月月红，声色俱佳，颇为社会所欢迎。初十夕，在城内岳庙开演，九句钟，适月月红上台演《双珠凤》一出，万人潮涌，竟将殿内所置之铁香炉挤倒（重千余斤），压毙看客两人，脑浆迸裂，腿骨折断，血流满地，令人恻然。

宣统二年十月廿五日/1910年11月26日第2张第5版下

演剧拨充医院经费之先声

自沈仲礼观察会同本埠各华董，与工部局正副总办，暨各西董议定，由华人自设鼠疫医院，并延精于西医之男女医生检查办法后，风潮顿息，各居民莫不额手相庆。惟发轫之始，一切经费为数甚巨，今有雅歌集管西园、邹稚林、孔锡卿诸君，发起定于下月初二日十二点钟即星期日，由合集会员假三马路文明大舞台演唱改良新剧，以所得看资，除去一应开销外，余皆悉数充作中国公立医院经费。先经函告沈观察，旋接覆函，赞成道谢。按雅歌集同人，本于歌曲一道，久擅胜场。现正演习台步，闻届时由雅歌集会员演唱者，共有七出，内有《捐产急公》一出，系借取泰西□事谱成中国戏文，情节曲折，最有兴味。如小主人之游学，小主妇之多情，书僮之闯祸,有裁判官,有辩护士,有通译人,有包探公差等种种角色,有声有色,情景逼真。想届时联袂往观者,定有一番热闹也。

宣统二年十月廿六日/1910年11月27日第3张第2版上

逸仙戏园设法重开

常州逸仙戏园,前以肇事,被府尊长太守发封在案。现在该园园主吴安甫、刘翼亭等浼人向劝学所说项,愿每月认捐学务经费若干,恳为缓颊启封,俾得照常开演。该所以戏剧一端,于社会教育关系颇大,该园主如思重振旗鼓,须先允嗣后另编改良新戏,择地方风俗人心俱有裨益者,否则无论报效若干,决不为其设法云。

宣统二年十一月初十日/1910年12月11日第2张第6版上

开演淫戏罚锾

宝善街新丹桂髦儿戏园女伶陆菊芬因演唱《翠屏山》一出,过于淫亵,经捕房饬探传究等情,曾记前报。昨晨由探刘森堂将该园主戴云洲传至公共公堂请究,奉中西官讯实,判戴罚洋三十元充公缴释。

宣统二年十一月三十日/1910年12月31日第3张第2版下

青年俱乐部演剧志盛

苏垣斋门外福音医院学生组织青年俱乐部,前日以西历新年,特排演戏剧。是日,中西士女,杂沓来观,颇极一时之盛。其艺员中甚多能手,如《血手印》一出,排演极佳,处处动人。扮银行主人之红叶,尤为卓卓;烟鬼末路中之佛尘、嘘云等,均形容绝倒。而其布叶化妆,尤精美确切。来宾中,西人居多,咸赞叹不置。谓们洛克小姐之化妆,在外国戏园中,亦不过如是云云。日戏演毕,至晚七时半,复演京调昆腔等戏,闻亦不逊优伶。现又择十七、十九两日重行排演《吴江奇狱》、《刺伊藤》等戏,预备印券招待,想届时又必有一番热闹也。

宣统二年十二月初八日/1911年1月8日第2张第5版下

禁演淫戏续志

法界法捕房查禁界内各戏园演唱淫戏一事，曾志前报。兹悉此案法公堂先传新剧场执事到案讯问，后礼拜三始传歌舞台经理俞厚卿，同前次到堂新剧场执事朱桂林并到案。经聂司马会同顾副领事讯商之下，姑念初犯，判免究罚，以后不准演唱淫戏。两戏园执事遵谕而退。

宣统二年十二月十一日/1911年1月11日第3张第5版上至下

戏园认捐自治经费

镇郡聚华、群仙等戏园，以近来亏耗日甚，皆由于看白戏者多，加以衙署局所中人只付半价，以致入不敷出，几欲歇业。因联名呈具节略到自治公所，拟自本年正月初一日起，每日捐洋五元，充自治经费。所有看客照苏申办法，皆在门口买票。无票者，不得入内，即衙署局所中人，亦一律照收全价。如有硬看白戏，及藉端滋闹者，送请自治公所，禀官惩办，以维商务而兴公益等因。该公所绅董以自治经费，本来不足，且戏园以资本营业亦商务之一端，理应保护，因即禀由府县核准照办矣。

宣统二年十二月二十日/1911年1月20日第3张第5版上

宣统三年(1911)

维扬戏园之竞争

扬城前由包君黎先创始,禀办戏园,业奉各大宪批准,尚未开办。现复有李某拟在广东会馆,另有杨某亦拟在南北河下择地建筑,同时禀请立案,一俟批准,当即开演云。

宣统三年正月廿一日/1911年2月19日第2张第7版下

示禁迎神赛会

宁波各属,每岁春间因迎神赛会而肇巨祸者,已不胜记载。最近如慈溪毁学之案,亦由迎赛人众,以致匪徒混迹其间,酿为厉阶,迄今未结。近闻邓慈镇定各邑,又有议及迎赛都神永昌等会。当此时事艰难,人心浮动,匪徒借端纷扰,亦在意中,若不先事防维,何以靖闾阎而消隐患。日前已由府宪撰就示谕,札饬所属严行禁止,如违提究不贷云。

宣统三年二月初一日/1911年3月1日第2张第5版下

淫戏之伤风败俗

定海黄家墩地方,日前演唱花鼓淫戏,以致红男绿女混杂争来。兹闻有史姓女年甫及笄,略有姿色,同邻近黄氏养媳结队往观。至次日均未回家,谅为流氓奸拐,现虽四出找寻,然已杳如黄鹤不知去向矣。

宣统三年二月初七日/1911年3月7日第2张第5版上

抽提戏捐办学

浙抚增中丞现据兰溪县黄大令为熊详称,兰邑劝学所绅董徐燮垣等以现时推广学务,支绌时形,拟于今年正月为始,抽收戏捐,以充经费，诸凡淫戏一律禁演。由县给发官戏票，每戏一本，按照戏价若干，加一提抽，无票者即以私演论，三倍示罚。城区统归本所经收，其乡区归就地截留，一半津贴本区各学堂经费。刻下各戏班均皆乐输，业由徐绅等具禀到县。知县查赛会演戏，虽为风俗习惯，究系无益之举。兰邑地方辽阔，以年计算，消耗颇巨。该绅等拟请加收捐款，补助公益，未始非寓禁于捐之意。且于整顿风俗，扩充学务，两有裨益，似可照准办理等语。未识增中丞能否准如所请也。

宣统三年二月十一日/1911年3月11日第2张第5版下

取缔戏园条规

扬州府嵩祝三太守因禀办戏园纷至沓来，几有应接不暇之势，特严行限制，订立条规录下：

一　扬城止准开设两馆，既免垄断，亦免拥挤。不准多开，以节耗费。

一　创办人必须叙明真实姓名、籍贯、住址，有官职出身者，并须据实叙明。

一　资本若干，是否一人独出，抑系数人合资，或系招集股份，均须叙明。其中不得附入洋股，尤须切实声明。

一　资本必须筹足现款，呈县验实，始准开办。现据禀请开设者，已有五起，应尽资本最多者准其开办，本同则准具禀在先者开办。

一　剧场必须新建，不得以旧屋改造。地段必在旧城，不得逼近文庙、衙署、学堂、城垣。一剧场占地若干丈尺，如何结构，能容各等客位若干，必先绘具图说，分呈府县并巡警局存案。由局派匠随时审察工料如何，如不坚实，即行纠正，以免危险。

一　剧场四面，必须多开便门。如系楼座，必须多设楼梯，并须特设厕所，勿使秽气外达，致碍卫生。

一　客位宜分男女，不得混杂。

一　遇国家忌辰及有特别事故，不准开演。

一　凡淫邪迷信有伤风俗各剧,不准演唱。

一　每日午前,须将排定戏单分送各衙门巡警局备查。如有违禁,以便随时禁止。

一　不准贪利多售客票,逾于定额。

一　场内宜用铜身保险灯,不准用玻璃洋灯。俟电灯开机后,改用电灯,以免火患。

一　每月缴警捐洋一百五十元,公益捐洋一百五十元,不准短欠。

宣统三年二月十三日/1911年3月13日第2张第5版下

主张赛会之议员

定海三月半东岳会,停赛已有八载。本月朔日,邀集柱首汇议此举,不料有城区议员某极力主张赛会,并谓历年经济界之恐慌,皆系不赛会所致。而一般无意识者流,同声附和,众议遂决。噫!身为议员,不能革除陋俗,又复从而鼓吹之,其人之顽固可知,而自治前途尚可问乎?

宣统三年二月十四日/1911年3月14日第2张第5版下

震泽令禁赛双阳会

震泽双阳镇向有双阳会名目,每届十年举行一次,遍赛至七十余圩之多,喧闹至二十余日之久。其赛会之舟楫,每圩派出二三只,高扎台阁,巧扮戏剧。每船需费以五六十金至百余金不等,大小会船约以百计。自三月初起,由双阳镇游历震泽、梅堰、平望及江邑、盛泽、黎里各镇,每至一镇,预备行馆演戏接待。远近商民乘舟往观者,辄至千数百艘。震泽米大令以该处为江浙往来要道,地近太湖,素为枭匪出没之区,今若再沿旧习,非特糜金累万,劳民伤财,且恐若辈勾结本地痞棍,乘机肆扰,在在堪虞。上年曾奉两江督宪,访闻今年又值赛会之期,札县严禁,届时不准赛会,并嗣后务当永远停止等因。遵经前县张令出示严禁,并分札平震两巡司,一体查禁。一面将示稿录呈在案。近日访闻双阳镇仍拟赛会情事,显有玩抗之徒，从中煽惑，以致无知愚民，狃于积习，仍复附和。除重申严禁、剀切示谕，札饬巡司照会各该董暨移营泛一体严禁，一面饬传会首、庙祝及圩甲人等，切实开导，严行禁止，并随时赴乡劝谕开导外，特禀请苏抚檄饬驻札各该处巡防各营，一体查禁弹压等情。经程中丞札饬巡防营务处，分饬该处及左近各防营，一体查禁，妥为防范弹压矣。

宣统三年二月十四日/1911 年 3 月 14 日第 2 张第 6 版上

晓示伶人赴东演戏之无利可图

沪道刘观察接驻日钦差汪星使来文，内开访闻有等留东下等商人，在沪上雇定戏班赴东洋借台演戏，定期到东，希图牟利。但查中国戏剧，尚未改良，锣鼓喧闹，最为外人所厌。且戏箱等，运东关税极重，断难获利。昔日曾有出戏法之人，来东献技后，因无人观看，甚致资斧告罄，几于不能回国，可为前车之鉴。此次深恐该伶人受愚，请札饬县廨，一体出示晓谕伶人知悉等因。观察奉文遵，即札饬公共公廨，宝大令于昨日出示晓谕伶界知悉，切弗受愚前往云。

宣统三年二月廿五日/1911 年 3 月 25 日第 3 张第 2 版上

通饬严禁迎神赛会

浙江谘议局日前据议员报告，去年宁属慈溪县境乡民因迎神赛会，致拆毁城乡学堂多所，迄今尚未规复。闻今春该县各处乡民，又有重行迎会之举。恐殷鉴不远，复蹈覆辙。决议由局呈请抚院札府饬县查禁，以维学务而靖地方等语。刻增奉中丞批答，谓迎神赛会本干例禁，上年慈溪会众滋事，地方官未能先时谕禁，至有拆毁学堂之举，岂能再任循旧，迎赛致酿祸机？已电饬宁波府督同仲令尅日禁止，并通饬各属，查明一体严禁，以保治安云。

宣统三年三月初四日/1911 年 4 月 2 日第 2 张第 5 版下

严禁迎神赛会

钱塘县高子勋大令,以迎神赛会本干例禁,本月十四十五两日为三墩社庙迎神之期,特恐滋生事端,遂出示严禁。略谓:照得杭城俗例,每有迎神赛会之事,当此立宪之际,自应破除迷信,免致妨害生事。合行示禁为此示,仰该处人等知悉自示之后,不准演戏迎神赛会,倘敢违禁,立即查提惩究不贷。

宣统三年三月初七日/1911年4月5日第2张第5版下

余墨三则

中国三大戏台

宫禁之内外,共有三大戏台。一在热河,一在颐和园,一在宁寿宫。每座宽广数十丈,约大于京沪诸戏园不止十倍。其演《斗牛宫》等诸彩戏时,陈设备极华丽伟观,纸龙之内坐十数人,于内设机巧喷水。余均称是每台工程,一律者费一百六十万金,所筑至如寻常。清唱则另有小者,谓之暖台云。

亲贵之能戏

诸亲贵中之能戏者,不可偻指数。若某某两贝勒等,皆工此其中,尤以某将军为最。故诸亲贵邸宅,多自设戏台,時相串演,然非极宠幸者,不得赏观也。

南府之来历

宫中每选内侍一次,择其俊敏者,先进太后,次及皇上,次及杂务。而后拣其最下者,学习俳优,谓之南府。自外供府者,谓之外学供奉。诸监年食米一百四十余石,给月俸数金而已。此后照例以月之朔望入宫当差,逢忌日则以次下推。每演一次,统赏约共三千余金。宫中诸优(即所称南府者)皆驽劣,惟侍奉诸监,时有佳者,李莲英唱小生极佳,诸外学咸称为师传云。

宣统三年三月初八日/1911年4月6日第2张第6版下

盍往观乎

伶人四盏灯近在迎贵茶园排演《再生缘》一剧,情节颇有可观,昨承以客票一纸见贻,合先志谢。

宣统三年三月十二日/
1911年4月10日第3张第5版下至第6版上

戏园房屋不愿租给

英商新沙逊洋行投英领事署控称:公共租界湖北路大富贵髦儿戏馆房屋,租与夏福记。今查夏福记似非殷实商家,故不愿将屋租与夏用等情。当奉英副领事于昨日照会公共公廨宝谳员,请迅为饬差咨照。

宣统三年三月十七日/1911年4月15日第3张第5版上

商团会演剧筹费纪盛
国民爱国,何患国亡

昨日新舞台艺员夏月珊、潘月樵等,为商团聊合会筹款,特排演《国民爱国》新戏,上中下三层观者拥挤,竟无容足之地。未开演时,先经沈君缦云布告云:此剧名《国民爱国》,今日诸君购券莅场,如此热心切请观剧,国民大家爱国,闻者鼓掌雷动。及开演至外人欺侮国民士农工商,孤儿寡妇,相约寻死,儿啼妇哭之际,观者皆为之流泪。及至潘月樵演国王,与民共讲固强之策,痛哭疾呼,感动多人。一时投资捐助会费掷于台上者,钞票、银洋、金戒纷如雨下。并有一少妇,以巾裹一小金表掷下。可见吾国民爱国之心,油然而生,自强之机,其兆于此乎?至五时十分钟,始演毕而散。闻当场收得看客掷助会费计大洋五十六元,钞票十三元,小洋三十七角,铜元十七枚,夹金表一只,金戒一只,钱袋一只,手巾一条。

宣统三年三月十九日/1911年4月17日第3张第2版上

爱国新剧之感人

前晚南市新舞台续演《国民爱国》新剧,台下掷捐银洋四元,铜元四枚。昨又有林君长璥亲送到会捐洋十元,倪君维廉饬人送会捐时计一枚。

宣统三年三月廿二日/1911年4月20日第3张第2版下

女优热心赈务

群仙女优林黛玉、三马路雪印轩校书，鉴兹江皖沉灾，定于四月初一、初二两夜，假群仙演剧，所得看资悉数充江皖赈捐。并印入场券数千张，林雪二人特自备资斧，雇车分往各行号劝销戏票，热心善举，如两妓者，可以风世矣。

宣统三年三月廿三日/1911年4月21日第3张第5版下

戏园祖屋之纠葛

英商新沙逊洋行与华商直记公司，在公廨控大新街大富贵戏园主夏福记欠租不付，且非殷实商家，不愿租赁等情，由廨将夏传案。据禀:是屋实向毕商直记公司租下，今不应串出洋商干预，违背法律，请为注销，传该公司主究办。宝谳员即函致英领，兹据新沙逊洋行禀称，是项房屋由直记公司抵押本行，夏福记租赁在后，应由受抵之人控追等因。英领昨已照复宝谳员，查照核办矣。

宣统三年四月廿一日/1911年5月19日第3张第5版上

戏园殴伤看客

镇郡宝安新街聚华茶园，自以报效自治经费，依势慢客，近来迭酿事端。数日前，茶房与看客冲突，几遭人命，至今尚未完结。昨晚该园开演，甫及二出园主某甲突然与看客某某二人大起冲突，始则口角，继以挥拳，并令将栅门上锁，一面令台上停演，复喝令全班伶人暨茶房人等将二客扭住，一齐动手，任意凶殴。维时众看客见势凶猛，惊惶异常，逃窜无门，哄然大乱。栅外人声鼎沸，不一刻栅门冲开，拥进多人，咸抱不平，互相对垒，如临大敌。各伤数人，另有看客三人未及逃避，均被殴伤。是晚由该园门口，直至鱼巷一带，人山人海，途为之塞。附近各店铺，恐有匪人乘间窃发，一律闭门停市，直闹至三更始各散去，尚不知如何了结也。

宣统三年四月廿五日/1911年5月23日第2张第6版中

会议厅限制演戏之议决

江西咨议局呈报覆议，查办各属对于限制演戏延宕不行一案，当经赣抚发交审查科，公同审查。兹据该科呈称：窃查此案，咨议局于第一次常年会内提起议案，呈请各属严行限制，业经批允，公布施行，并行司通饬各在案，上年会内咨议局，因各属对于此案延宕不行，呈请严饬查办，以除恶习。自应照准。惟民习以积重而难返，或取缔稍为区别，于事实上较易于切实进行，本科所拟取缔规则，仍于去泰去甚之中寓从俗从宜之意，特详为规定期收实力进行之效果，并非取销公布之议案。今咨议局按章仍执前议，不复进求手续之完备，则本科所拟戏场取缔规则，可予取销，应如该局所请，严饬各属遵照前次通饬原案查禁，其有阳奉阴违者，准予严行究办等语。复经中丞在会议厅公同议决，即照该科所议办理云。

宣统三年五月初六日/1911年6月2日第2张第5版上

芜湖警务总办严禁演剧

芜湖大马路文明舞台，近欲开演《皖北水灾》新剧。为巡警总办丁幼兰太尊干涉，饬令停演，并以订期三礼拜已经届满，乃于初二日张示该园门首，令其闭歇。该园以连日阴雨，停演两日，经费不足，甚难支持。本拟他往，及睹禁谕，反偏印一传单，登时开演。将该园门额原有之字，用粉涂抹改书"日商进化团"，并高揭日本旗章，显为抗拒。闻丁总办于出示之先，会函请关道饬县阻演，略谓昨据区员报告，进化团门首忽挂日旗，不胜愤悒，当饬区员令其撤去。讵晚开演时，复行悬挂，此次该团众来芜演剧，南洋督宪早有所闻，电告抚宪传谕，刻日解散，以自治公所函请在先，业批准三星期，当俟期满后谕令停止，此实委曲求全。今又以助赈为名，展期接演，并未接到该公所咨照，断不能任令从事。芜湖县有监督自治之责，应请审台谕饬朱令转告该公所，将助赈之议立予取销，免干审诘。至五月初一日期满,惟有查照前议,实力执行,以便呈院了案云云。不知将来如何了结也。

宣统三年五月初七日/1911年6月3日第2张第5版中

芜湖演剧风潮续志

芜湖大马路文明大舞台进化团开演新戏,以已届期满,为巡警丁总办出示禁止,因起风潮一事,已志前报。兹闻该园主以三礼拜之期虽满,而日领事至芜时,尚有续请保护之照会呈于道审存核,乃立即布置开演。并以不及排印戏目,用油印传单,用军乐游行通知散给现,仍照常开演,未知警局如何办法也。

宣统三年五月初九日/1911年6月5日第2张第7版中

新舞台为学筹费之剧目

白克路光明学社,下学期拟再扩充,爰商请新舞台夏、潘二艺员演戏一天。兹该舞台各艺员已允初六日连演好戏五出,所演戏剧为夏月珊、潘月樵、七盏灯之《黄鹤楼》,林步青、夜来香之《新荡湖船》,夏月润之《捉拿》,康八、马飞珠之《活捉张三》以及三四本《新茶花》等剧,除官厅包厢售洋一元外,其余仍照日戏价目云。

宣统三年六月初五日/1911年6月30日第3张第5版下

王钟声被逮始末记

新优王钟声,日前被警厅在浙江会馆传拘到案,现已送交地方审判厅,此北京社会中最近最有趣味之案件也。本馆切实侦探,其详情如左:

王自到京后,警厅颇注视其举动,往往以人潜伺其踪迹。且于登台时,录其口腔举止。盖王颇有新思潮,故警厅特重之也。无如所派程度太低,于王所演竟不能纪其颠末,于是卒无以乘其隙,至是以聚赌被控,为警厅所逮。外间疑为与田际云案有关,实则竟不相涉。

钟声本住金台旅馆，继忽搬入浙江会馆，闻系吏部录事朱某为之导线。每逢礼拜六、礼拜、礼拜一，必唱夜戏，十二时后始返。后则必有不三不四之人，名为其徒弟者，踵门而入，连夜聚打麻雀，喧哗腾扰，全馆不安。长班苦于应门，亦极恶之。其平日不唱戏时之聚集徒弟，喧饮狂赌也亦然。故全馆中人皆欲驱逐之者久矣。有稽姓妇人者，本为廊房头条某金店掌柜之妇，现已似离非离，而与钟声往来极密。时住栈房，时住会馆。每逢礼拜六、礼拜日，必在劝业场包房一间，品茶坐饮，稍久则必有四妇人之似女学生装束者入座，陪之笑谈极欢。其非此两日，则或在青云阁，或在第一楼不定，官中人以其踪迹诡异，日日尾之。一日向问名氏，则出名片一纸，赫然实践女学校教员也。因向该校函问，该校覆称校员中无此人后，又探得此陪饮之四妇人者，皆秘密卖淫妇，非女学生，因决知其非善类。

钟声门徒且时有在馆打架等事，该馆值年吴君纬炳因以书嘱其他迁，钟声大怒，覆书谓：凡浙江之人，皆有住浙江馆之权利，况吾祖父曾捐金二千，我岂有不能住馆之理？词极狂傲，吴君亦大怒，乃追问长班钟声种种在馆不规则之举动，遂以之遍告浙江京官之沈敦老、喻廉三、喻长霖诸大老，因决议令长班抱告以窝娼聚赌诸罪名，向警厅告发。警厅（外城）得告，即传拘钟声到案，问其何为聚赌？则称会馆中打小麻雀，此为数见不鲜之事，不自我始，何得为罪。又问何为窝娼？则曰无之。因诘以素与稽氏妇人往来，此妇人有上述种种情形，汝不应不知。则答以与稽妇系属朋友，至其种种私德，非我所知，亦不能为我罪。问以何为纵容门徒在馆中打架？则答以馆中打架，旋即和解，与公共治安无关，且亦并非已所纵容。其词极为狂悍，问官因告以聚赌即是常事，然警厅不告不理，今已有人告发，则不能不办。钟声因问原告何人，何以不到堂？警厅因告以有抱告长班某原告，则有公信在此。因以沈、俞诸人名片示之。即解交审判厅讯理，其稽姓妇人亦已一并解交。

闻钟声到审判厅，自称商人，引东律为证，不能将其管押。承审官万之一引东洋俱乐部闹事即可逮案为证，始俯首改称钟声不敢再称商人云。

宣统三年六月廿七日/1911年7月22日第6版上至下

关于振市公司之秘密禀批

浙抚增中丞,前因职商舒清莲等禀设振市公司,拟请先办戏园各节,业经批准开办。讵忽有城北商会及省绅多人,先后迭起反对。当以问题较大,特饬劝业巡警两道召绅集议通过,正欲批准,又据褚绅成博、沈绅钧儒等纷纷要求禁阻,故准驳与否,迄未明示。一般热心公益之士,无不舆论大哗。

兹闻杭府英雨亭对于此举原不为然,又经褚绅、杨绅、沈绅等面陈反对意见,语多激刺,遂亦竭力反对。特于二十四日密禀中座,兹觅录原禀如下。

敬禀者:窃维前日同善堂自决议振市公司改良新戏以后,现虽尚未奉有钧批,而外间揣度必在准办之列。数日来,接见士绅,备闻舆论折衷社会之意见,复参以一得之愚衷,谨为我宪台陈之。

夫人文秀美,风土妍丽,论者每苏杭并称。其实杭垣风尚华实相间,远不逮姑苏靡丽。自拱宸开埠,杭沪通车,俗尚为之一变。自帅座来抚是邦,每以俭德风示僚属,并戒官场宴会征逐。日来士大夫浮靡之习染,亦渐归平淡说梦话,真真是一反比例。驯谨少年,方有所惮而不敢狎玩,恣为奢侈何所见而云然。设若新建舞台,无论章程如何完备,取缔如何周密,既为娱乐荟萃之场,断难保必无起隙之事。况男女杂沓,尤为人心风俗之忧,虚靡尤其末者。此十年前之老谈,今已不合。知府召地方重任,倘一旦开演,遇有意外冲突,有保卫地方之责,岂能不闻不问。此则不能不慎之于始,须切实研究者也。恐怕过虑,毋烦研究。且日来抱戏园缓开之意见者,外间实居大多数,亦缘值米珠薪桂之秋,民间生计日蹙,不宜再导以无益之消耗。然娱情声色,虽不在细民,审恐一旦繁华入目,有不觉自破悭囊终其极。且因不知节俭,日趣消耗,困难当前,有不流为放侈邪僻以贻社会祸害者乎?说来真动听,可惜是空言。此其优时感事者之言每多一致,且叹从前绝对抵制戏馆之人,今且首先赞成,为可异也。时势使然，有何足异。总之知府备闻各方面之言，阅报载绪绅等公禀，思维戏园究竟宜开，正一时无正确之解决，而身任地方之寄，既闻有多数反对之言，敬念与宪台有休戚相关之义，不是革党，有何关系。不敢缄默，用特缜晰上陈。查该公司原禀建设公园种种，戏园本列在后可否。此次钧批即饬令将公园所应组织之劝工、运动、美术、科学、甲乙丙丁十项组合场所，先从上项次第布置开办。至壬癸两项戏园、演说场等类，一俟公园规模粗具，届时再行查看商情，续行建筑开演，庶于体察群情之中，仍与该公司进行无碍。冒昧具禀，伏乞宪台查核，批示施行。六月二十六日。

奉抚宪增批云：据禀已悉。创设戏园，关系风俗人心，诚非浅鲜。杭城绅商对于此事意见纷歧，莫衷一是，该守体察情形，为先后缓急之谕，所见甚是。仰候抄禀札行劝业道会同巡警道，核议详办□缴。

宣统三年六月廿九日/1911年7月24第2张第5版中至下

准给演唱影戏执照

闸北四路分局，昨发商人张鸿庄禀批云：据禀拟在一同茶楼演唱影戏，援例缴捐等情，果能恪守警章，并无弹唱淫词，男女杂坐情事，自应照准。着每月遵章缴捐洋十二元，来局领照可也。

宣统三年六月廿九日/1911年7月24第3张第6版上

恩女伶之声价

公共租界湖北路大富贵髦儿戏园，前晚所排名伶恩晓峰《三娘教子》、《胭脂虎》两出好戏，故观者甚众，讵届时恩女伶并不上台，竟易汪云奎上台，以致看客大恚，群将茶杯掷上戏楼。一时人声鼎沸，秩序亦乱，老闸捕房恐酿事端，立饬中西探到场弹压。后经恩晓峰登台道歉，并将该戏扮演，其事始了。

宣统三年闰六月初二日/1911年7月27日第3张第6版上

伶人递解到申

伶人严小山在无锡聚奎戏园,与园主争殴被控。无锡县訊供之下,以严沪上有相识之人,遂备文将严于前日解送到上海县发落,奉田大令谕饬,收押候示。

宣统三年闰六月廿三日/1911年8月17日第3张第5版下

闹戏园一

戏园锣鼓声喧天,包厢楼座相排连。在官人役幸光顾,但看白戏不出钱。向彼索钱则大怒,凶吼如狼复如虎。互相扭结打成团,弹压惊兵管不住。戏园遂作战斗场,短刀突出蛟龙舞。吾人壁上静观之,方识在官人役多威武。

闹戏园二

风萧萧,雨潇潇,招殃惹祸一短刀,戏园管事抱头哭,面上流血如江潮。四园观客悉走避,怕那在官人役甚。

宣统三年七月初五日/1911年8月28日第4张第2版中

白话

化民

戏园扮演淫戏,原是极有关系的事体。那些年纪青青男女,起初到也循规蹈矩的,因为这些事体引诱坏了的很多,所以禁止唱淫戏再好没有的了。不过禁的在那里禁,偷看唱的还在那里唱,这也真教人讨气极了。我想最好是各人自己家里先禁起,这话怎么讲呢?这看淫戏的坏处,是青年男女最要紧,各人家里有青年男女的,凡是这些地方就不要许他们去,就自然不碍了。像这回亨白夜花园演唱淫戏,捕房里现在请新衙门去办这唱戏的。如果凡是有年青男女的人家,连夜花园都不许到,岂不是就不至受到那淫戏的坏处了么?不过照这样说法,不但那些青年男女看了不愿意,就连一班算是新界里的朋友也要觉得嫌这话说得太专制了。人人有自由权,怎么能妨碍他的呢?其实不晓得这本是现在世界上通行的,就像法国人是最讲自由的了,然而向来的规例十八岁以前的男女,连戏园里都不许到的。大家如果不相信，可以找那熟习法国情形的人问一问，就晓得我的议论不是专说那老霉话的可比了。

宣统三年七月初七日/1911 年 8 月 30 日第 4 张第 2 版上

演剧助赈志盛

十六十七两日，赓春集歌曲家热心诸公，在张园昆剧助赈，来宾众多，临时捐助者，两日之间达二千元左右。当时由发起人关炯之太守、张年甫司马演说，并请华洋义振会会长沈仲礼观察报告江苏近日灾情，并谢会串诸君，及来宾之盛意。续由张叔禾君演说。十六日有徐君凌云之少君，名和宏，年祇八岁，会演出猎一的，唱演俱佳，有声有色，合座鼓掌如雷。演毕即将积受糖菓资洋十元嘱为充振，幼稚孩童，热心赈务，亦该集诸公之荣也。

宣统三年七月十九日/1911 年 9 月 11 日第 3 张第 6 版中至下

剧　评

片　云

贯俊卿本系半路始入伶界，其所能演唱者本不多，乃近来力争时髦，虽非拿手者，亦复登台，然终不免有外行之病也。昨观其演《阳平关》工架之逊色，固无俟言。而舞刀一场，尤属勉强已极。吾以为此等不擅长之剧，不如不演之为愈，否则转掩该伶之价值。盖《阳平关》等剧，自周春奎后，吾未见沪上有能出色者矣。

《邓忆南》一剧为半梅入第一台后所编，本拟前日星期一排演，乃忽改排《大义救国》一出。闻是剧有体操教师率领众学生一段，演时须照演开步等事，一时竟尚未有人胜任，亦可知以由伶界之人物而演新剧中之脚色，洵匪易易矣。

近时各舞台咸知以改良为竞争之第一要着，其广告中且有聘请文学家主持一切者，乃所谓真正改良者，吾卒未之见。此非吾刻责之言，若第一台此次之重振旗鼓，未始不力求进步，讵知最重要之布景，仅能摹仿新舞台，不能别放异彩。且有未及者，谓予不信，试观仁德堂一幅左右对联有别字否，有脱字否？苟稍通文墨者，一注目即知此中之无人矣。吾愿半梅既入该舞台,当有以矫止之。

宣统三年七月廿二日/1911年9月14日第4张第2版下

大同戏馆之收场

扬郡大同戏馆自前月开幕后,演出种种风潮,并有械斗情事。而该园之支出浩繁,少有不到,辄蒙诟病,尤为万分棘手。兹园主包君棣仙已决计停办,在场诸伶亦全班他去。包君手执木鱼一枚,坐于园首,诉其办事二十余日之冤苦,厥状大类游方僧之募缘者,可笑亦可怜。已然前车既覆,来轸方遒。该园南首之大舞台,方在兴高采烈,预备开幕。乌知斗大郡城,焉能容此绝巨之销金锅,以耗闾阎之生计耶?以意揣之,其命运亦不知何时耳。

宣统三年八月初十日/1911年10月1日第2张第6版上

伶界演剧助赈

镇郡各洲圩,自七月初大风雨后,低圩尽破,灾情甚重。虽经官绅筹款赈抚,仍难普济。昨日镇舞台诸伶,合议演剧三天,所得戏资悉充义赈,交自治公所代为散放,亦可见伶界之勇于为善云。

宣统三年八月十二日/1911年10月3日第2张第6版上

舞台开幕之风潮

扬州太平码头广陵大舞台于初八日开幕后,即因细故枷号商界三人于门首,舆论哗然。十二夜,有江都县役胡正等往园观剧,与该园招待之江都差役沈明相殴。胡正头颅受伤,回署哄聚多人到园冲打,一面哭禀桂令。桂令以现在各处水灾遍地,该园忽然开演,徒耗闾阎钱币,已非地方之福,又复滋生事端,更堪痛恨。惟以该园庄某等为绅士家奴,权力薰天,无力与抗,乃遣差往园谕,俟差役纠葛理楚再行开演。十三日以署书役齐集教场茶馆,争判曲直。嗣闻该园允给免票若干张,其事始寝(从前仅给半票)。又城中各校学生,该园亦仅送以半票,学生等一律将票退回,复开会谈判,恐风潮尚未有艾也。

宣统三年八月十七日/

1911年10月8日第2张第5版下至第6版上

演剧筹赈改期

沪南沈子卿君发起江阴水灾义赈会，本定九日初一日假座新舞台演剧筹赈，近因鄂乱未已，沪市恐慌，各界观剧之兴至此忽然冷淡，故拟暂缓举行。俟订定日期，再登报布告。所有初一之戏券，届时仍可照用云。

宣统三年八月廿九日/1911年10月20日第3张第5版下

谢　券

西门外斜桥莳花园，兹届菊花盛开，创办赏菊演剧助赈会。印入场券一万张，每券售小洋三角，由九月初七日起至十一日止，除开支外，余款分解灾区。昨承惠入场券两纸，合行志谢。

宣统三年九月初三日/1911年10月24日第3张第5版下

海上名伶开篇“仿俞马调”(一)
新舞台七盏灯

天　空

海上梨园旧式多，门庭冷落竟如何。幸有那振市公司初创起，新舞台造得甚巍峨。参西亚，仿东倭，布景添来妙不过。非但是戏台能转真精巧，还有那艺员名角尽搜罗。个中谁是超群者，七盏灯美丽像嫦娥。面似芙蓉腰似柳，嫣然一笑颊□涡。歌喉润，曲调和，莲步轻移宛像风飐荷。妙不过燕瘦环肥能合度，精不过秦腔京调尽揣摩。最爱他多艺多材多振作，又爱他临去回头一转波。故所以老戏人人多赞好，新戏何尝不切磋。有时末须带颊，颜染酡，老生唱作亦无讹。有时末发如雪，背如驮，扮演目莲娘宛像老婆婆。正所谓才容唱做四难并，能令座客笑呵呵。还有余伶待我缓赓歌。

宣统三年九月初五日/1911年10月26日第4张第2版中至下

海上名伶开篇“仿俞马调”(二)
新舞台小连生

天 空

天仙旧部尽名优,改隶于今已数秋。小连生三字名声广,不愧为武老生中第一流。想当年老剧做工真缜密,即论其唱白亦无俦。《定军山》斩夏侯,九更天保主头,纠纠昂昂孰与侔。节义廉明,若起宋士杰;大冤平反,活像具深谋。满腹狐心,试演三疑计;刘备优危,独在黄鹤楼。急得那桑园寄子真无奈,恨冤家乌龙院难把两心投。说不尽名角许多拿手戏,无非略略拔其尤。近年来改良旧剧翻新剧,袍笏场中也占一筹。几乎出出都有他的份,能者多劳,故须多应酬。特惜往年涉足花丛里,夜夜与娇娃遂好逑。就不免伤玉体损珠喉,不然末唱做俱全,直欲冠九州。

宣统三年九月初六日/1911 年 10 月 27 日第 4 张第 2 版下

上海名伶开篇(三)
大舞台小子和

天 空

继起翻新大舞台,层楼高矗是鸿裁。剧场宽博能容物,座位星罗亦大哉。空气畅,天窗开,布景如真人见猜。犹喜他,京津名角都邀到,更有那山陕艺员尽聘来。问谁是包银最大名最重,究竟鳌头孰占魁。只有青衣花旦兼能唱小子和,伶界一枝梅,妙不过天生美貌人间少,可爱的庞儿,宛像仔白玫瑰。脂粉不施,好比虢国貌腹有。文章不减清照才,歌喉清脆把行云遏。羽衣称体似咏裳回,试演《梅龙镇》恍似真阿凰,若串《阴阳河》难得哭声哀。花田巧错描出梅香态,教子三娘又变了寡妇腮。扮西女像脱胎,踏琴灵敏确是不凡材。试看他妆罢出场台步稳,分明是广寒仙子下蓬莱,何怪乎声名响震拟春雷。

宣统三年九月初七日/
1911 年 10 月 28 日第 4 张第 2 版中至下

海上名伶开篇“仿俞马调”（四）
大舞台吕月樵

天　空

绝顶聪明吕月樵，沪滨也是等超超，才兼文武羞凡辈，唱作俱佳要算冠群僚。台步稳，发声娇，赛过天空飞鸟噪云霄。神情足，宫商调，曲折纡徐把心事描。《戏迷传》喜学孙谭调，唱到得意时，身首两摇摇。《八义图》，唱做俱佳妙。若演《长坂坡》，曹将竟魂消。《取城都》、《金水桥》，泣诉情词像吹洞箫。若演《剑峰山》与《八蜡庙》，看他勃勃英风又何勇骁。所惜者，依样胡卢偏欲画，拾人牙慧太无聊，若能个独出心裁将新戏打，才算是冠时独出的好头挑，鄙人特地献刍荛。

宣统三年九月初八日/1911年10月29日第4张第2版下

海上名伶开篇“仿俞马调”（五）
第一台盖叫天

天　空

小辈英雄盖叫天，登台衣履亦翩翩。威风凛凛真威武，血气方刚的美少年。人皆赞，我亦怜，仿佛似天将云中降谪仙。盔甲艳，袍服鲜，又像那孙吴镇守在关边。《恶虎村》，若起黄天霸，仇杀盟兄还欲哭黄泉。《白水滩》，遇见青面虎，抱不平打得凯歌旋。若演《花蝴蝶》，神似贪花子。若演《翠屏山》，斩断了恶烟缘。《四杰村》，起余千好，一个奋身救主的仆人贤。空槓子似珠连翻，溁子似飞鸢。娴习刀枪，还克奋神拳。若论其武艺超凡辈，即观其手腕亦轻圆。故所以，上台献技彩声震，能使他场东不吝巨包钱，慎防他色字关头把引线牵。

宣统三年九月十三日/1911年11月3日第4张第2版中至下

海上名伶开篇“仿俞马调”（六）
群舞台恩晓峰

新剧场，开法界中，金陵迁去剧场终。凰舞台继起把髦儿演，蓬蓬生意甚兴隆。旋因房屋满期,仍向原东退,那知新剧场依旧欢途穷。此刻是,一群彩凰又联翩,起粉黛登场,点缀工。问他女伶中谁是超超等,恩晓峰唱作冠群雄。试演《守空城》,妙计惟琴酒,十万精兵不敌一诸葛公。《捉放曹》,起陈宫,到那时才明操贼奸和忠。《黑水国》,遇兵戎,且听他弃儿携侄,郁郁诉情衷。若演《朱砂痣》,神情真慷慨。若演《乌盆计》,声调像哀鸿。《四进士》,若把宋翁起,且看那抄书袍角献神通。若演《李陵碑》与《洪羊洞》,激越声情宛如鹤唳空。说不尽名角许多拿手戏,可真的声调超然迥不同,何怪乎千百男伶皆甘拜下风。

宣统三年九月十四日/1911 年 11 月 4 日第 4 张第 2 版下

海上名伶开篇(七)
第一台贵俊卿

天　空

丹桂园基好市场,门开马路更轩昂。第一台三字题名响,建筑玲珑气象昌。座位安排能井井,西傍花园还有风送香。浇磁茶儿何清爽,巧妙的厢楼曲曲廊。画景妙,彩头良,赛过众仙同日咏霓裳。所聘的京津山陕真名角,贵俊卿技艺异寻常。迹其师承何所似,八分谭派二分汪。工摹绘、叶宫商,唱到神妙处,听客喜洋洋。空城妙计,若起诸葛亮,只见他弹琴酌酒在城墙,吓得那仲达退兵三十里,见者说仿佛当年真武乡。若演《朱砂痣》,神情真乐善。若演《打棍出箱》,形状极慌张。《汾河湾》若起薛仁贵,为甚么英雄儿女两情长。《法门寺》,演得情何急。《洪羊洞》,诀别太悲伤。做工维妙兼维肖,发声悲壮又苍凉。有的说阴调太多神不足,又谁知老生过响也不相当。还羡他新戏能编把新角聘,后台布置甚精详。不但第一台中推第一,即使遍春申,亦少与翱翔。何怪乎座客人人愿解囊。

宣统三年九月十五日/1911 年 11 月 5 日第 4 张第 2 版中

谢赠戏券

鸣盛梨园著名各艺员，准于初五、六两晚演最近时事新剧，所收看资悉移助光复军经费。昨承送入场券两纸，合行志谢。

宣统三年十月初五日/1911年11月25日第3张第1版第6栏

讯辨演唱淫词之痞棍

闸北商团会会员，偕同巡逻队等，往虹桥镇拿获演唱花鼓淫戏之王阿金、王顺生、陆顺裕，华荣荣、朱阿生及妇人张陆氏，又玩戏法之宋友琪、宋友秀、陈有才、吕金福、徐金贵等十一人，解拿总局，已记昨报。前日经孙科长分别提讯，据王阿金供：向在法界演唱，日前有名子庄者来邀小的等六人往该处开演，每晚共给洋四元五角云云。宋友琪等供：向游江湖，住居船上等情。科长判花鼓滩簧，江湖把戏，不独男女混杂有伤风化，难保无乘间奸拐抢掠等情。谕饬收押，听候严办。本邑西乡万航渡地方，系与租界毗连。近来市面日渐兴盛，乃有土匪纠众在彼设台演唱花鼓淫戏，并开场聚赌抽头，商民大受其害。昨有人诣军政府禀报，现由谍报科长饬派侦探等前往按名拿究。

宣统三年十月十三日/1911年12月3日第3张第2版第1栏

青年会演剧助振

本埠中国青年会，定于十九礼拜六晚八时就殉道堂请西国文学会男女演剧家，合演名剧，筹款拨充华洋义振会汉口振济所。演为英王亨利第五事迹，为泰西最有价值之艳情新剧，沪上从未见过。热心慈善家请速购票预定坐位，既扩眼界，又襄善举，诚两得也。

宣统三年十月十七日/1911年12月7日第3张第1版第6栏

谢　　券

竞义社同人以民军预备北伐，需饷孔殷，定本月二十日午刻，假座新舞台演剧助饷。昨承以入场券两张见赠，又青年会惠来入场券二纸,合并志谢。

宣统三年十月十七日/

1911年12月7日第3张第2版第1栏

凑资演剧助饷

旅沪甬人孙福年,因见民军饷糈关系紧要,特典质衣物,并劝热心诸友赞助。定本月二十二夜,全包丹桂第一台演戏,所得看戏全数助饷,费用一切由孙君等担任,不在戏资内开支。若孙君者,真可谓热心志士矣。

宣统三年十月十八日/

1911年12月8日第3张第1版第6栏

新舞台演剧助赈

中华民国北伐先锋队同人,以虏廷未覆,我共和国之基础未臻全定,一篑之功,关系匪细。爰集同志,毁家抒难,冀收犁庭扫穴之功,呈准林总司令,组织北伐先锋队。惟经费浩繁,刻不容缓,兹承新舞台主夏、潘两君暨诸艺员慨允演剧充饷,并荷留东新剧名家至柔、亚男两君串演《不如平》一出,采用复仇主义,慷慨悲歌,对诸其余革命新剧尤为仁至义尽,定于本月初八日星期三六时开演。售票处在海天邨、一枝香叙商楼、望平街底奇峰刻字店、麦家圈群玉林文玩店、邑庙古香阁文玩店、棋盘街鸿文书局、十六铺南荣太康旅馆。

宣统三年十一月初六日/

1911年12月25日第3张第1版第3栏

游 戏 报

《游戏报》,日报,1897 年(光绪二十三年)6 月 24 日创刊于上海,终刊号不详,先后出版近五千号,为晚清小报鼻祖。著名小说家和报人李伯元主编。以市井新闻、诗词、剧评、谐文、灯谜为主。其内容和体例,重印本《告白》云:"以诙谐之笔,写游戏之文。遣词必新,命题皆偶。上自列邦政治,下逮风土人情。文则论辩、传记、碑志、歌颂、诗赋、词曲、演义、小唱之属,以及楹对、诗钟、灯虎、酒令之制;人则士农工商,强弱老幼,远人逋客,匪徒奸宄,倡优下贱之俦,旁及神仙鬼怪之事,莫不描摹尽致,寓意劝惩。"国家图书馆缩微阅览室所藏《游戏报》仅存 1897 年至 1904 年,残缺甚多。

吴新苗辑录、整理。

光绪二十三年(1897)

老伶抹花脸

昔年名净刘大奎,隶京都四大名班之春台部。一日排演《断密涧》,大奎业已涂面,将次装束登场。忽一少年笑面向言:“某生角遭病,管事派我陪唱。”词色甚恭。大奎一见,登时发怒谓:“汝扮王伯当陪我唱戏?”冷笑不止,随说随将脸抹净,此出即未出台,其人抱惭而退。查该角为孙小六,年只十七,张胜奎之徒,在春台唱开场,如现在天仙之小鸿奎耳。不料十余年后名角老生孙春恒即小六,为宝善街丹桂之老板,大奎反为其聘。一日又演《双带箭》,大奎久忘前情,孙笑向奎言:“不图今日复同奎爷又唱此戏。”大奎恍然大悟,以为诮已,当晚告假,藉此为挟制地步。讵孙每夜除老生外添唱净戏一出,如《铡判官》、《草桥关》,音调、台步逼肖大奎,过之而无不及。奎怀惭,遂挈子来保回京。孙因亏闭去搭天仙,才二年即死。迨刘维忠再开丹桂,大奎父子偕谭小叫天应聘重来,嗣亦老死。孙之子一无所能,即在天仙打英雄,近不知所终。而来保当其父在日亦是饭桶,常憎其不肖,乃大奎一死,小奎名出矣。其武二花技艺为京外所未有,名加父上可称跨灶云。

光绪二十三年七月初八日/1897 年 8 月 5 日第 2 版

嫦娥应悔

天福茶园武伶夏月润,英姿飒爽,顾盼生风,技艺亦极娴熟。礼拜四夜扮演《捉拿花蝴蝶》一出,尤为淋漓尽致,座中观者齐声喝采。名妓如陆兰芬辈亦俱联袂往观,凝神注视,直至演毕始归,亦可见该伶之足以哄动一时矣。传闻该伶初为某妓所姘,近忽因事反目,致又为某妓所夺。此中离合殆亦有缘存乎其间。归途有友口占二十八字云:“秋水盈盈不转波,前宵欢好竟如何?试看眼角传情处,悔杀当年胡月娥。”通检海上群芳册,并无胡月娥其人。谅阅报诸君必有知其详者,正不烦本报之代为揭出也。

光绪二十三年七月十七日/1897年8月14日第2版

名伶新咏

周漱玉即四盏灯,金陵人,年十六。青衫素袖,宛若静姝,高唱入云,珠圆玉润。余雅不喜秦腔,至是忽易所好,盖以其浊音尽去,清韵独扬,故觉汎汎可听,逸品也。歌喉百啭语流莺,仿佛垂杨树里声。如此秦腔殊不恶,何须昆曲始关情。好音岂是寻常有,绝艺端由造化成。十载春申江上客,顿教双耳一时明。

张可青即三盏灯,北直人,年十五。姿态艳逸,神采飞扬,摩状传情,曲尽其妙。又能演《伐子都》,一时名噪,能品也。忽然儿女忽英雄,舞象年华技已工。绝顶聪明惊老辈,随心狡狯弄神通。谁知弱柳娇花态,能状争车拔戟风。似此可儿非易遘,大留眼福与衰翁。

陆倩仙即小德喜,姑苏人,年十三。齿牙冰雪,喉舌珠玑,目秀眉清,一笑百媚,聪明绝世,迥出尘寰,仙品也。一笑嫣然百媚生,纵非真个也倾城。梨园后辈推翘楚,菊部前头署小名。眉目清扬浑解语,齿牙灵慧最移情。老夫顾曲偏怜汝,日日来听雏凤鸣。

戏作录似,诸大吟坛粲政。

海上狎鸥客拙草

光绪二十三年七月十九日/1897年8月16日第2版

三盏灯停演戏剧

丹桂茶园主周凤林自将该园盘替与某甲,因某甲不肯出重聘,致三盏灯、四盏灯相率北去,昨晚已停演。查该园负债甚巨,自三盏灯莅园后生意立即奂旺,所获不赀,一旦远去,看客均有依依不舍之意,甚有继之以泣者。好花不见,折柳伤心,一曲阳关,黯然销魂矣。

光绪二十三年七月廿七日/1897年8月24日第2版

名伶声价

天福茶园旦脚天娥旦自去冬登台以来，所演《烧骨计》等剧均极佳妙，名噪一时，生意十倍。而丹桂戏园新东先将天福之武生李春来挖去，尚不满意，因三、四盏灯俱已回京，周凤林亦年华老大，乃缺一时髦花旦也。久已觊觎天娥旦，欲思挖去，近经百计钻谋，已将天娥旦挖到，即行停演天福。馆主武某心怀不甘，邀同天津人陈四往向天娥旦评论，令其仍在天福演剧，不得违背章程调往丹桂。讵天娥旦坚执不允，恶言相向，致相争闹竟至用武，经人劝散。天娥旦藉此报捕房，混指陈四拆梢。由探拘入捕房，经捕头询得两造各有不合，纠葛甚多，立饬解送英公廨讯办。到廨后，由值日差禀明谳员翁刺史，饬将天娥旦即张金玉，陈四即广泰两名押候带讯核办，不知翁刺史如何判断也。

光绪二十三年九月初七日/1897年10月2日第2版

梨园重振

上海戏园天福、丹桂、天仙皆声名藉甚，所请角色俱一时之选。而丹桂近来生意尤为兴旺，每夕座客盈满，门前车马几至塞途。其中名角如周凤林、李春来、冯志奎、张燕芳、夏月珊等色艺已各称胜闻。天娥旦业已上台，可见蒸蒸日上另有一番气象也。

光绪二十三年九月初十日/1897年10月5日第2版

丹桂茶园观演《错错错》记

旅窗兀坐，乱愁枨触。居则恍恍若有所失，出则不知其所往。适有客过访曰："今夕丹桂园演唱新剧，名曰《错错错》，盍往观之?"于是相与偕往。至则时候尚早，演过三折之后方演《错错错》，观者至此色飞而眉舞，口结而目定。其所演闺房细微之事，家庭怡合之情，与夫行旅仓皇投宿之形，盗贼凶横抢劫之状，以及官场之糊涂审案，穷途之悲泣求怜，种种世情摹写尽相，虽温犀燃怪、秦镜照形，何以过耶? 客曰："《错错错》，名目新奇，情节委曲，不知何人之所编也?"余曰："编此剧者，必非寻常梨园子。其于古往今来之狡狯变幻,一一能曲体而出之,殆有心于世道者耶。夫天地之大,无奇不有,因事而成错,因错而成文,所谓无巧不成书。错即巧之号也。以文字而论,不错则无转折,不错则无波澜,史汉之皇皇大篇苟直率叙之,更何足观哉?推之天下一切事,凡富贵功名,姻缘儿女,何一非自错中得来。然错者固可遇而不可求,倘欲故为其错,预待其错,则欲错而不错,何也?其错者即阴阳消长之机,祸福报应之理,谓之曰错,其实一毫不错。今观此剧不禁有慨于《错错错》焉。”

光绪二十三年九月十七日/1897年10月12日第1版

学戏新闻

有周某者,姑苏之老伶工也。日前有客自武林来,述及舟中曾与相遇。长途无事,因问及梨园子弟唱戏,其初学之时有何秘诀?周曰:“不过忌吃生冷,禁食油腻,黎明放嗓子,晚间演戏文,此固人人得而知之。尚有分生、旦、净、丑之法,须以法试之,方能熟练。凡习生脚者,则以戒尺触其胸前,渠必以手相抵,曰:‘使不得,使不得。’自然而成生脚口气。习旦脚者,则以打其肩头,渠必左右躲闪,久之其身体自然柔软。习净脚者则如吊马式,使之不得少动,尽力鞭打,竭声狂叫,音遂宏放。习丑角者则打其两足,渠必跳跃,久之,则身体伶巧。其外学开口跳种种技艺更难殚述,然则可见学成一个角色,不知吃多少苦处,所谓不打不成人也。”

光绪二十三年十月十三日/1897年11月7日第2版

梨花枪

本埠戏园以丹桂脚色为最齐,主人不惜重价延聘名角,以故座上客满,厢楼不空,诚利市三倍也。前晚李春来演《花蝴蝶》一剧,角艺俱佳,令人称绝。春来于各技无不擅场,前晚使梨花枪一枝,盘旋飞舞,如万道银蛇回绕身际,攻之者,前后左右无隙可乘。又能自臂而肩,自腰而背,将枪杆飞滚。以一人敌五六人,干戈戚扬,诸械俱举,春来不忙不慌,以法解之,于时观者色沮,既为之喜,又为之惧。喝彩之声喧达四座，盖已战至五六十合，枪法不乱。呜呼，术亦神矣！又善翻筋斗，能以重台层叠，再加竹椅于其上，手支椅背，倒矗危立，一个筋斗从高飞堕。又跃登铁杆，两足倒悬而立，继以一手一足将身横梗于铁杆之上，而将首自袴下屈蝬而入，以手握持铁杆悬空而堕，斯时观者无不竞悦。李春来，盖妇孺皆识之矣。同时又有武旦张燕芳，连翻十数筋斗，阒寂无声，观者无不叫绝。又以两手持敌人之手，屈其体盘旋而上，顶倒矗立，移时以足穿入肩下，一跃而堕。此外各武伶亦皆灵捷明敏，所使各械五花八门，堪为春来之副，皆他园所不及也。沪谚云：雌丹桂，雄天仙。盖指丹桂有花旦，天仙有武生。吾谓丹桂固雌雄者也。

光绪二十三年十月十四日/1897 年 11 月 8 日第 2 版

歌传名角为菊部生辉

本埠梨园向推天福为第一，而天福名角尤推汪桂芬为第一，是固妇孺皆知之矣。其演《目连救母》一剧，汪扮作老旦最为擅扬。余尤爱其《打鼓骂曹》等戏，慷慨淋漓，声情激烈，使人忠义之气勃然而生。汪昔在都下久已驰名，无不知有汪大头，嗣来沪滨，享名尤盛。即渠侪辈中私相议论，亦无不共推汪为首屈一指也。

光绪二十三年十月十五日/1897 年 11 月 9 日第 2 版

夏月润巧排戏剧

天福戏园武生夏月润，丰姿俊秀，武艺绝伦，其姓名久已脍炙人口，而其聪慧尤为他人所不及者。所排《杏花楼》新戏，情节之宛转，事实之新奇，几令人不可思议。夏伶自言创排此戏，煞费经营，以致咯血，亦可见其善用心矣。噫！唱戏虽小道，而古今绝大文章皆于是乎在，必使观者动目、听者警心，方为好戏。如夏伶所排《杏花楼》一剧，庶乎近之。容再将其情节撮列报端，俾阅是戏者咸恍然于心也。

光绪二十三年十月十八日/1897 年 11 月 12 日第 2 版

张可青能通词律

昨崔君季云函示张阮可青氏所寄《满江红》一阕,云:“尘海无边,看滚滚软红千丈,何幸得琴书,坐啸古槐门巷。人世任呼优孟后,寄怀自在羲皇上。甚男儿,洒泪哭途穷,添惆怅。　高卧也,梅花帐。痛饮也,梨花酿。更开轩吟眺,白云丹嶂。醉里乾坤容笑傲,壶中日月真怡旷。问登楼王粲近如何?秋无恙。”

编者按:张可青,即前在丹桂茶园名角三盏灯是也,时年一十有五。所作词意旨慷慨,格律宏壮,求之文人墨客中尚不可多得,况一娇小雏伶而有是佳构,因叹天地菁华之气,往往钟于此辈,宜其名播南北,压倒梨园也。闻可青系福建建宁府已故松溪大令之义子,幼时读书备尝辛苦.当十一岁,欲赴童子试,乃父怜其幼稚,不忍遣其回籍。大令卒后,为族人所屏,置身无地,流为优伶。故所为诗有“可怜映雪囊萤日,安得腾蛟起凤时”,又“山深久已愆春信,林密终须漏月光”等句,于此可见其心志之苦矣。

光绪二十三年十一月十六日/1897 年 12 月 9 日第 2 版

文秀英善唱秦声

前晚在四海论交楼听书,有文秀英校书善唱秦腔,声情激越,宛曲自然,四座闻者莫不同声喝采。盖沪上校书之能为秦声者,颇不乏人。然南人学北音,总有诘屈不驯之病,而校书乃北产,故能胜人一筹也。

光绪二十三年十一月十六日/1897 年 12 月 9 日第 2 版

光绪二十四年(1898)

名妓名优

日前有歇夏之某校书,约同姊妹花一人,乘坐包车至某番菜馆大餐,携手同来,姗姗入座。该馆堂倌趋承恐后,奔走不遑,盖谂知两校书之藉甚芳名,固海上首屈一指也。既而折柬,邀得某梨园优伶数人,履舄交错,开怀畅饮,有著名之某武伶亦在内。客有见当时情景者,谓一则虎头猿臂,飒爽英奇;一则燕语莺声,风流旖旎;一则男儿好身手,惯逞雄于白水滩前;一则色界苦魔缠,早证果于金刚寺畔。时而高谈雄辨,时而流盼送情,钏动钗飞,珠围翠绕,名优名妓荟萃一时,不为流传,曷彰盛美。噫!歌儿舞伎,本吾人陶情适性之资,初不料若辈之善自寻欢,更出诸吾人之上也。不诚空前绝后哉!

光绪二十四年五月廿八日/1898 年 7 月 16 日第 1 版

伶人捉奸

伶人高彩云,来自七十二沽间,向隶天仙菊部。每当登台演剧,歌喉宛转,舞袖蹁跹,洵为有目共赏。不料高每夜到园演唱,其妻某氏,竟趁此时与某寺住持在胡家宅陈公馆,假片席地,共作无遮大会。嗣因春光漏泄,致被彩云所知。遂于前晚偕同各伶前往捉奸,当将活罗汉与女菩萨双双捆缚。后因颜面攸关,仅罚该秃番佛五十尊为遮羞钱,其事始寝。游戏主人曰:曩程七之妾与伶人赵小廉通奸,程七愤甚,今伶人之妻亦为和尚所占。虽李代桃僵,不相干涉,而其为伶人则一也。程之气可稍戢矣。然不看僧面看佛面,较之写一纸伏辨者,其实惠空言,相去奚啻天壤?如高者,不可谓非解人也。

光绪二十四年五月廿八日/1898 年 7 月 16 日第 2 版

“海上繁华”

本埠满庭芳咏仙茶园开张未及匝月,锐意争胜,竭力求新,以翼餍阅者耳目。前编有新戏名曰《四大金刚》,未曾开演,适奉会审,衙门示禁,该园遂辍而不作。爰特另出心裁,重排新剧名曰《海上繁华》,朝夕编摹,俱臻纯熟。初四晚为开场试演之第一日,台上装设各种灯彩,五光十色,令人目眩。其戏始为天神降凡,尘心偶动,小谪人间。是殆有宿缘欤?既而一索频占,呱呱在抱,或为妓女或为文人,后果前因,历历如绘。迨至妓院赠金,佳人刮目,名场得意,男子负心。乞假归来,喜红丝之另系;投书见摈,劳玉趾之长征。洎乎奉诏,衡才含冤,绝命厉鬼作祟,道士擒妖,惝恍迷离变幻百出。更间以家奴之狡诈,龟捣之趋承,绘影绘声,惕心怵目。而诸伶如五月仙、十三红等,则又抖擞精神,声容并茂,是诚戏之发人醒悟而耐人寻绎者。演甫半,报时钟已敲十二下,该园遵例收场而止,其未尽者准于昨宵接演云。

光绪二十四年八月初六日/1898 年 9 月 21 日第 2 版

论戏园编排新戏

上海人情厌故而喜新,故各戏园恒阅三四月辄编排新戏一二出,以翼新人之耳目。每编有一戏,则必大书招帖,揭示通衢,将此戏情节委婉曲折详叙无遗。而人之健于观剧者,当此新戏登场,亦必挈侣命俦,相与骋怀而游目。故戏园当此数日中,座客恒满,生意常较增数倍。是以不惮殚精竭虑以编为新剧者,良有以也。虽然新戏屡出矣,而其足以动人观听则尤甚难,夫亦视乎造戏者资质何如耳?往岁天仙编《九美夺夫》一出,颇脍炙人口,惜以情节甚长,非老于观剧者,未易罄其终始。此外新戏惟丹桂所出为多,尤以《查潘斗胜》及新出之《判断》、《神虎》二戏为最著,其中情景逼真,耐人寻绎,能令人百阅而不厌。《烧骨记》自天娥旦去后,演者皆不甚著名,然情节真挚,发人观感,其戏自不可没也。闻丹桂新戏皆出于何家声之手,何伶诙谐间出,肆应不穷,非有过人之智慧不能为。是以视夫情节支离,敷衍了事,徒恃灯彩饰人观听,不诚有上下床之别哉？特是迩来海上诸伶凋零日甚，汪桂芬久不登台，行将遁迹空门，与阇黎为伍；周凤林虽膺庆乐之聘，又闻有他徙之意，余虽不乏一二名角以系人之耳目，然或生旦丑净脚色不齐，则虽新戏叠编亦难制胜，反不如仍安故步之为愈也。

光绪二十四年八月初九日/1898年9月24日第1—2版

盍观新戏

十三夜，丹桂茶园又演《夜游新马路》新戏。夏月润、邱凤翔等扮作嫖客，举止豪华，居然阔客。周双林、三盏灯扮作名妓，宜嗔宜笑，娇艳无双。云中仙、王翠芬，扮作西妓，细腰阔步，宛然西方美人。小三胜、王彩枝一扮大姐，一扮娘姨，亦骚亦俏，颇足解颐。尤可奇者，云中燕之变戏法，从高台之上翻一斛斗而出盆鱼，允称绝技。其余耍弄流星，打拳舞剑，无不兴高采烈，各尽所长，一时台下喝采声几如雷震。余于是亦有观止之叹。

光绪二十四年八月十五日/1898年9月30日第2版

梨园生色

秦腔老生十三红，前在京城隶想九霄之玉成班中，名誉出杨娃子之上。每当一曲登场，包扫群伦，目无余子。声光之茂，豁目赏心，是以喝采之声不绝于耳。兹经五月仙聘来沪上，同掌咏仙乐部。前晚观其演《进蛮诗》一出，豪气凌云，逸情浣月，不禁有观止之叹。嗣观其演《回荆州》、《南天门》等剧，则与五月仙对唱，有声有色，入理入情，此又驾乎海上诸名伶之上者。该园名角如林，小金红之小生，亦为冠时之品。惜小万盏灯，初到该园仅演两天，忽染小恙，比闻业已就痊，大约日内即可登台矣。

光绪二十四年八月十九日/1898年10月4日第2版

何多能也

丹桂丑伶何家声，独出心裁，善排新戏；于班中角色，君臣配合，各得其宜。当周凤林过庆乐，以重资聘昆角金阿庆去，次夜即悬牌演《南楼传》,以丹桂缺一粉净,即无从排演此戏。乃何伶穷一日夜心思,撰成秦腔词曲,令三、四盏灯会串,己则扮作王文,而以林处改扮王六,昆乱合串,名之曰《新南楼传》,实为海上创见。沪人士多厌故喜新,当夜座为之满,而庆乐生意寥寥。又排《夜游新马路》,本报曾于前日揄扬。八月既望重演,更添各样顽要,虽天不做美,而城内南市居人均趋之若骛。彼三戏园仅卖洋数十元,惟丹桂一百九十余元,固由本报耸动诸人,亦该园新戏独步,致令观者连袂而来。闻每排新戏,尚有生角夏月珊为之润色,所以格外精工动人。观听人皆以何方之京丑刘赶三,以余论之,其口吻灵活,直有过之无不及也。

光绪二十四年八月廿一日/1898 年 10 月 6 日第 2 版

其无后乎

上海京班创于同治丁卯年,叻人罗逸卿开满庭芳,甬人刘维忠开丹桂,均在宝善街中。当时戏班包银不昂,而看客每位八角,出局一元,所以生意赚钱。嗣刘以在四马路造屋,即现在聚丰园底子,因而亏折,即将戏园盘与杜蝶云接开。杜工于心计,暗以重礼馈当道,求其示禁,不准年下津人打野鸡戏,则以一点钟为度,演不一年价减四角。以上各事皆杜作俑,不料杜后折本,落魄海上,思欲为年下抽丰,苦于不能,岂非自作自受。甲申年,颠沛不堪,仍回京去,连年续弦生子,差堪苦度。乃闻近年妻丧子殇,状若疯癫,已于二月初一日病殁。其殆作俑无后之明证欤!

光绪二十四年八月廿一日/1898 年 10 月 6 日第 2 版

青杨地重兴丹桂园

苏垣盘门外青杨地开辟租界,伶人薛大庆首先创开戏馆曰“庆乐”,曰“新天仙”。终以心术不正,未三月亏闭。接踵者为刘庚燮,以阊门之大观园包天华童班开演,已则迁向洋场,园名“咏福”。又陈世忠者,合郝二明小班开“涌香”,嗣因园有二主,人心不齐,未久即散。以上各戏馆,悉以蓬席竹木搭成,颇不壮观,加以资本不丰,不敷周转。即有津人吴锦堂邀集名角，在中国商务马路开“天乐”，脚色齐全，观者亦众。不图郝二明又复集腋，兴工仿上海丹桂园式建造，克日告成，园名亦曰“丹桂”。复至上海邀各戏馆名角，暂时赴苏帮忙，于是李长胜、五月仙、周凤林、应招而往，即将天乐登时挤闭，于是青杨地仅丹桂一家矣。今当秋高气爽，游人如蚁，复有某甲开“长春”，邀天津著名花旦海棠红及老伶景四宝父子等择日登台，郝恐势不相敌，亦复派人向京、津、上海，不惜重资遍邀名角，誓必重兴丹桂，不能令他人捷足先登也。

光绪二十四年八月廿三日/1898 年 10 月 8 日第 3 版

丹桂园新编《青杨地》

丹桂茶园自三、四盏灯重来，园主何家声编演新戏，层出不穷。盖由花旦众多，而口音皆可南可北，本帮客帮均能领会，连演《夜游新马路》，同人俱叹观止。乃昨又排《青杨地》新剧，花样翻新，情词尤妙，以游戏之关目为警世之良规，与《新马路》同工异曲。际此清秋佳日，久雨放晴，有周郎之癖者幸勿虚此良宵，一往寓目，庶不负作者一片苦心耳。

光绪二十四年八月廿三日/1898 年 10 月 8 日第 3 版

戏　无　胆

宝善街新开庆乐茶园，延聘名角武生李春来、沈韵秋、李观寿、吕月樵、谭峻峰、武二花脸、小奎官、李春利、刘祥泉、武旦张燕芳，皆极一时之选，附从打英雄者数十人之多，武剧京外无与为匹，而生意反不如前。其故由于缺少胡子生及能唱花脸耳，此二项为戏中之胆，譬如一桌盛筵内缺鱼翅、全鸭，虽小碗皆堪下箸，终不成其为席矣。惟《起马》、《甚佳缘》类，皆粗人不知文义，仅供眼前热闹，若正桌之人看武戏千篇一律、数见不鲜，虽斤斗翻天、五体投地，恐难望生意兴隆也。

光绪二十四年八月廿六日/1898 年 10 月 11 日第 2 版

顾曲闲谈

本年五六月间,盛传西尚仁林凤宝校书从良,嗣过其门,见招牌已经除去,是以武榜未曾列入,否则榜探位置,斯人固当之无愧也。乃七月望后,重过其居,则招牌依然高挂,而天乐窝书馆,亦逐日闻校书歌声,是知彩鸾固犹在人间,而当日之事,愈令人索解无从矣。

洪桂林本住同安里,节后调清和坊一衖,年十二,尚未留头,学弹唱,日有进境,几欲突过小桂芬等。缘若辈雅负时名,无暇于此中考究,惟林宝珠每当堂唱歌曲认真,颇能到底不懈,惜喉咙已渐渐唱坏,再阅几时恐不能支矣。

色榜中人虽不以歌曲见重,然如金小桃等,其艺亦自不可没。小桃唱《打金枝》等戏,应弦合节,另有一种静穆之气。金湘娥气力过弱,未及终阕,即不能继。范彩霞豪迈纵放,适如其人。

愚园帽儿戏班以徐处、周处、小如意三人为巨擘,徐处擅长《二进宫》、《打金枝》、《五雷阵》、《天水关》、《空城计》、《牧羊卷》、《黄鹤楼》、《三娘教子》等戏,周处擅长《御果园》、《文昭关》、《陈宫计》、《长亭会》、《小上坟》、《捉放曹》、《取荥阳》等戏,小如意擅长《四郎探母》、《十八出》、《五台山》、《乌龙院》、《大回朝》、《观画》等戏,其余亦不乏佳选,故座客恒为之满也。

光绪二十四年八月廿九日/1898 年 10 月 14 日第 2 版

名伶杂咏

周凤林

月扇云衣久擅场,天生艳质斗红妆。秋波一转谁消受,端不魂销杜丽娘。

珠喉宛转谱西昆,玉立亭亭倩女魂。扑朔迷离浑不辨,灯红酒绿月黄昏。

汪桂芬

剑气珠光作作寒,传来离合与悲欢。若教演到《群英会》,胆破千秋曹阿瞒。见演《打鼓骂曹》一剧,英气勃勃,神气如生。

古今情事勘回环，江水东流去不还。早把尘缘收拾起，歌声从此答云山。近闻汪已披剃入山，歌场舞榭中回想声容，几有江上峰青，曲终不见之慨。

李长胜

当筵唱出《郁轮袍》，裂石惊天曲转高。端的一声惊四座，大江东去浪滔滔。秋气萧萧易水波，激昂高唱大风歌。有时幻作龙图相，俯首争看活阎罗。李所演之剧作，包孝肃者尤多。

天娥旦

哀丝豪竹脆清秋，天赋娥眉一段愁。唱到不堪回首处，更如嫠妇泣孤舟。

声声呜咽遏行云，此曲何堪客里闻。蹙损春山眉黛月，白头吟断卓文君。

高彩云

管领春风大是难，凌波仙子骨姗姗。绿荆艳楚无颜色，此品花中是牡丹。

留仙裙底袭香尘，雪作肌肤玉作神。一曲登场争掷锦，清歌妙舞占春申。

五月仙

四弦缭亮迸秋声，商女琵琶秦女筝。别有荡人魂魄处，回头一笑眼波生。

百种妖娆未易描，香山素口与蛮腰。春风婀娜柔无力，绝胜花枝带雨娇。

三盏灯

绰约仙姿未可方，风鬟雾鬓斗新妆。绛姝丰韵子都貌，娇艳花输秋海棠。

华年三五月盈盈，花样精神柳样轻。忽作英雄忽儿女，动人怜处是聪明。

李春来

棱棱爽气挹西山，咤叱风云任往还。都道男儿好身手，凯歌合唱大刀环。

跃马横戈气不平,昆阳战罢又东征。将军果学戏场样,海内何愁鼙鼓声。

何家声

妙口含讥带诮开,诙谐玩世亦奇才。可怜场下倾听客,笑骂由他笑骂来。

岂是前身曼倩俦,偶然游戏傲王侯。世情变态描摩尽,不识人间尚有愁。

姜善珍

拍遍旗亭幼妇词,西昆妙谛少人知。轻尊檀板歌明月,端让江南老曲师。

轻开笑口解人颐,游戏文章雅俗宜。毕竟吴侬声调好,筝琶杂响自无奇。

光绪二十四年十一月二十日/1899 年 1 月 1 日第 3 版

光绪二十五年(1899)

阅各报纪捉赌拆梢事系之以论

前日本报所论捕头娼寮拿赌一事，谓捕头勇于办公，而诸伶之横行不法，出入娼寮，肇有此事，宜从严惩治以儆其后。今日复见各报纪捉赌拆梢事，而益见祸□□肇而罪有所专属也。娼优贱役，同为天下所不齿，固无所轩轾于其间。特娼妓之所以坏俗伤风，足以诱人子弟倾人家产者，其祸烈于优伶。而况如新清和之林寓，则更为歌楼中无耻之尤，秽声之洋溢，淫迹之昭著，已彰彰在人耳目间。而沪上花月之胜，甲于天下，清歌妙舞，未尝不动学士文人之慕。自若辈勾引优伶，丧尽廉耻，种种淫亵，罔恤声名，遂使玉温香暖之场，几有棘地荆天之惧。而身为贱役之优伶，反明目张胆，横行花丛，以肆其挥剑舞刀之技，此所以聚徒设赌酗酒拆梢无所不至，寝馈于娼寮而不知畏惧也。然则此次捉赌之事，论其罪，则以娼寮为最大。时在新正，凡属赌案，固可格外宽宥，而该娼寮为藏垢纳污之地，公然聚赌，优妓杂处，淫亵已极，则其罪有万万不能宽纵者。使其平时略知顾忌，稍自敛迹，不与优伶一流朝夕往还，则该伶等虽以新正之时，欲思赌博，亦必不邀集如许伶人蝟集娼寮，而为此有干律禁之事。故此事自该娼寮肇之，而实自该娼寮招之也。公堂判断，以新正之故，免赵伶等一干人之罚，未尝非姑从宽典。而夏伶以惧捕头声势之故，始则随至娼寮，继则代向李伶拆梢，虽其情有可原，而亦不能辞好事之罪，其罚之也固宜。至于捕头之捉赌，亦分所应为之事，以后尚望其于此等事加意察访，以革娼优无耻之浇风，惟不必假手伶人及小王之类，及赠夏伶以烟盒，倩小王以抄名字耳。沪上如小王一流人到处皆有，每假认识捕头包探之名，以肆其鱼肉乡懦之计，而个中每受其蒙。此次之判押三月，甚为公道。吾甚叹中西官之赏罚得宜，而足以服人心也。然如林妓之罪,则更浮于小王、夏伶一干人之上,为此事之祸首,吾知力持沪上风化者必不稍假以宽纵也。至世族子弟,身家清白,于此等娼寮,幸勿轻易涉足,致累声名也可。

光绪二十五年正月十五日/1899年2月24日第1—2版

团团粉面羞上公堂

伶人夏月润及屁精小王捉赌拆梢一事,本馆申之以论,已刊在十五日报中。兹悉小王即明扬,向操洋货业,或谓其曾业皮货,卖皮货三字土音讹作卖屁股,此为肇锡嘉名之始。其生平专以薰香傅粉,日在娼寮,勾引年轻娘姨大姐为事,被其奸诱者不知凡几。此次被押,人皆谓其恶贯满盈,天网恢恢疏而不漏。有人见当日公堂判断此案时,李长胜适烟瘾大发,缩作一团,频频呵欠,全无唱戏时威风。惟夏月润供词爽朗,不失英雄本色。即赵小廉一干人,亦尚有飒爽之致,惟小王扭扭捏捏,丑态百端,若有万种娇羞,绝无男子气象。且两颊脂粉未褪,犹带余香。盖王当被拘捕时,正在妓院与娘姨辈涂脂抹粉,互相调笑,故讯供时尚粉香触鼻也。当时中西官早知其非善类,故特判管押三月,以示重惩。维时堂下门外之听审者,大半妓院女佣居多,盖皆与王相识而藉探消息者也。

光绪二十五年正月十七日/1899年2月26日第2版

论上海戏园太多

天下利源,盈虚无常数也。生利多而分利少,则利源常盈;分利多而生利少,则利源常竭。是以西人于生利分利之界,著有专书,俾经营中人得以有所把握,不致卤莽从事,血本坐亏,此亦振兴商务之一道也。今中国上海一隅,利源只有此数,而各种生意生利者绝少,分利者遍海上皆是。即以戏园而论,洋场十里之间,已有数家林立,仍复接踵而起。虽优孟衣冠,足以歌舞升平,发舒志气,然所谓协律都尉、顾曲周郎者亦不过数人,安能以一夕而遍阅数园乎?此生意之所以旺少而衰多也。今将戏园大概情形论之:天仙茶园历年最久,素为游客所称许,然其制胜之处,在所聘名角如三麻子、李长胜、高彩云等声伎既优，复常年登演，一无间断，使观者无梨园子弟散如烟之感，故该园生意为沪上首屈一指。丹桂所聘名角，蓬飘萍泊，来去不常，幸何家声独出心裁，别开生面，如所排各种新戏，均属离奇变化足以悦目赏心，故生意亦复源源其来无虞竭蹶。若夫天福，自前数年聘定名伶汪桂芬后，生涯之盛与丹桂相伯仲，嗣汪伶奉佛出园，生意大为减色。其后一改鹤鸣，再改庆乐，屡易经手，章法杂乱，积衰之后，振兴诚非易易。况去秋至今，又添开咏仙、桂仙两园，但名角只此数人，聚在一处尚有可观，散至各处安足动目？加以市面萧索，开销浩繁，闻每园一夕仅卖洋百数十元，或三四十元不等，入不敷出，成本坐亏，良非无故。天下利源愈分愈薄，况歌舞之事，尤非大宗生意所可比。今该业中人，徒存争利之见，东创一园，西开一馆，致名伶散处，袍笏减色，观客少兴，生意斯衰矣。观于戏园盛衰之故，而益叹中国商家于生利分利之原未尝究心也。

光绪二十五年二月初五日/1899年3月16日第1—2版

丹桂园中灯光月色

连日日丽风和，沪上游人莫不兴高采烈，入夜尤甚，凡属歌台舞榭，茶楼酒馆，均有利市三倍之获，如戏园中更为拥挤不堪。台下之轻裘缓带者，多与绿鬓红妆骈肩叠股，几有雌雄莫辨之势。有山阴某生者，最喜寻芳猎艳，每夕必至丹桂茶园，极刘桢平视之乐。或谓他处戏园，亦堪涉足，何必定须丹桂？生笑曰：他处戏园虽佳，不及丹桂园中之灯光月色，掩映生辉也。闻者茫然不解，生曰：三盏灯、四盏灯、夏月润、夏月恒诸名角，皆他戏园中所无者，借灯月之光辉，照美人之颜色，此中具有深意，非属外人所知。闻者为之哑然。

光绪二十五年二月初六日/1899年3月17日第2版

论高彩云事

谚曰"色字头上一把刀"，谓自来好色之徒，未有不肇戕身之祸者也,且不惟戕及其身而已,抑以好色之故,起而与人相争,动辄拔刃相向,思伤人之性命,以为已可独擅其乐矣。姑无论其人果为所戕与否,而明为王章所不恕,即幽为天理所不容。迨乎恶贯满盈,一朝败露,逞片刻之忿,贻终身之祸。呜呼,其谬孰甚焉!虽然,亦愚可怜矣。本埠繁华甲天下,而淫风亦最甚,戏馆娼寮,歌儿舞女,环聚于福州路者,衡宇相望,亦趾相错也。伶人多来自京、津,刚劲之气,一时虽未易骤革,犹幸园主约束严厉,故肇事者尚鲜。自杨月楼以奸占人家闺女,经官惩治递解回籍,沪人耳目为之一震。由是十数年间,第闻有无耻妓女与若辈结识,至人家闺阃,则尚不敢公然引诱,亦惮于作法犯科,而知为官律所不宥也。讵自近两年来风俗益衰,廉耻道丧,弃礼蔑义之事,时有所闻。往往有巨族遗姬,高门妙妾,而亦乐与若辈相往还,然犹深自掩饰,唯恐人知,从未有肆无忌惮、奸诱霸占、纠集无赖持刃行凶如高彩云之不法者。夫以高之年华,以高之色艺,安分守己,慎保令名,则虽托迹俳优如汪桂芬、周凤林辈,讵不足名重一时?即不然,上海仅有无耻妓女,姘识一二,终老是乡,亦谁能议其后者。乃高皆不出此,而唯逞淫逞凶、目无法纪,卒致身败名裂、缧绁狱中。呜呼!高此时岂不知悔。然不能警觉于先者,无他,逞片时之忿,贻终身之祸,淫欲之念,复济以刚劲之心,以至有一发而不可复收之势。谬哉!彩云。愚哉!亦彩云也。故吾列为论,则凡谬如彩云者既可视为前车,而愚如彩云者亦当奉为棒喝。

光绪二十五年二月十九日/1899 年 3 月 30 日第 1—2 版

严办淫伶逞凶

天仙茶园伶人高彩云,诱奸向居逢吉里某姓之妾——老妓顾彩林,即顾氏并向某挟刃恫吓,某因具控,新衙门饬将淫伶贱妾一并提究等情,业已志报。兹得其详,爰特照录于后以供众览。

缘某未控之前,已闻其妾彩林与彩云有租屋奸宿情事,嗣以颜面攸关,未向深究。且娶彩林已有数年之久,生有子女,恐一朝事败,覆水难收,姑效阿家翁之不见不闻。不料彩林误某为懦弱可欺，明目张胆，竟与彩云租屋同居，而彩云知某底蕴，谅无他变，鸱张益甚。迨某闻悉情由，忍而不发，犹冀彩林痛改全非，仍偕白首。虽向奸所屡次规劝，无如贱骨难医，迷而不悟，且复串出彩云为强宾夺主之举，向某叱曰：“彩林系偺老子老婆，与尔何干？并于即日携往京都，为地久天长之计。尔如再来胡闹，莫怪刀下无情也。”某不敢与较，只得忍气而罢。迨至本月初八日，某正在妓院碰和，彩林私谓车夫阿三曰：“我身体不适，速请尔主回家。”阿三奉命而往，逾时某偕阿三回家敲门，彩林亲出开门。某见之大讶，谓：“汝有病何得自己出来？”彩林不答，一把将某衣衿扭住，谓有话到楼上说。某无奈随之上楼，不料彩云已坐在后房，一闻某至，吼声如雷，手执雪亮钢刀飞步而出，向某勒书退妾笔据。并称儿子亦偺老子所养，历年家用都是偺老子供给，卧榻之旁岂容他人鼾睡，速速让位，倘若再敢支吾，休想活命，只怕来时有路，去时无门。某闻言魂飞魄散，大声呼救，嗣幸阿三闻声，飞步入房，某始夺围而去。后以忍无可忍，故有控究之举。当于十四晚高正演毕夜戏，由包探将其带入捕房，虽经强有力者一再到廨求保，幸谳员郑司马嫉恶如仇不为所动，并闻有某西商代为函请，将彩云惩办以儆不法。又某曾保有人寿险银四千两，故保险洋人亦函请将凶徒严办。迨至前日晚，堂郑司马本拟提讯，嗣因观审者约有数百人之多，大都梨园子弟，深恐拥挤滋事，遂饬还押。直至晚间十一下钟，始由刘穆亭二尹升座，命提一干人到案研诘。

原告某姓供称：职员自娶顾彩林为妾共有九载，不料迩被天仙伶人高彩云一再诱引，致与有染。嗣于上月廿六、廿八两日，均被职员目击，即行逃遁。嗣于本月初八晚，职员乘车回家，讵料彩云手持匕首，突从后房奔出，欲图伤害，当幸车夫阿三闻声入内，彩云始得逃逸。今蒙一并提究，务请从严惩办，以儆淫凶。

车夫阿三供：小的溧水人，向在某处拉包车。本月初八晚，小的载回主人，欲放车辆。不料主人大声呼喊，小的闻声奔入，只见彩云手持快刀，向主人恫吓。小的见而不平，奋勇直入，彩云始释手而逃。小的目睹其事，并未虚语。

顾彩林供:小妇人系维扬产,自幼由兄鬻入娼寮,由某娶为侧室,生有子女各一。至与彩云私识情事,实系丈夫狐疑。

供至此,二尹以其狡展,喝令掌颊一百五十下。再向诘问,讵彩林仍执前供。二尹即命剥衣鞭责,始供为娼时曾经认识,迩见彩云时向门外走过,与语有之,至唤入行凶实无其事。求宥。质诸彩云,供:小的于彩林为娼时确已相认,此次实无挟刃行凶之事,惟求恩宥。供毕并向原告叩头求恕不已。

二尹以阿三证据确实,尚敢狡赖,实属淫凶已极,罪无可宽。判令将彩云拖下重责屁股二百板,再押捕房六个月,期满递回天津原籍,不准再来租界。彩林姑念妇女无知,从宽着发栖流公所,寄养一年察看,再核。案遂结。

光绪二十五年二月十九日/1899 年 3 月 30 日第 1—2 版

彩云何在

天仙茶园花旦高彩云,淫凶不法,经官惩办,已志前报。兹查高隶天仙已历有年所,丰婆妖冶,颦笑皆宜,实为申江花旦中第一等名角。其所演各戏,如扮《梅龙镇》李凤姐,《乌龙院》阎婆惜等出,尤为有声有色,空绝前后。其门弟子如周凤文得其衣钵,已能自树一帜,以故芳名藉藉,冠绝侪行。去春本报所登《海上名伶杂咏》,曾谱《念奴娇》一阕题赠彩云,内有句云:看他皓齿明眸,一颦一笑,浓淡俱宜好。是假是真浑不辨,蓦地销魂多少。注云:高伶雪肤花貌,秀绝人寰,海上粉白黛绿之俦,不数千万,比之高伶皆无颜色。语语纪实,并无虚誉。讵以一时淫欲之念,陡起杀人之心,卒致身受官刑,递解回籍,不第天仙失一名角,抑且春申江上失一名角。诵六才子"彩云何在"一语,不禁惋惜深之。

又,闻公堂惩办此案,虽系某洋商函托,问官之意,实以沪北一隅伶人,大半目无法纪,任性妄为,往往将绅商姬妾勾引成奸,败俗伤风莫此为甚。适有高彩云一事,藉以惩一儆百,俾若辈稍知戒惧,贤长官用心于此可见一斑。

又,据访事人报称云:当高彩云、顾彩林被责后,一个屁股吃亏，一个嘴巴吃苦，一上一下同时红晕桃花，颇觉好看。

又，高彩云向演《杀子报》最为出色，然唱戏是假，当日挟刃恫吓某姓之时，想亦柳眉倒竖，杏脸圆睁，与唱戏时无二。乃竟因此被祸。是高所预料不及者。

又，云高系天津人，北方风气刚劲，是其素习。被逮后押入班房，向来新署押人有高铺、矮铺之别，差役问高要高铺否？高曰："偺老子已吃官司，有钱亦不肯用。"由是羁入木笼中，与小窃同一吃苦，复因与人争殴，桎梏其手足。

光绪二十五年二月二十日/1899年3月31日第2版

公堂惩淫余志

高彩云被逮后，其同园诸伶，以同袍之谊到处托人代为说项，不惮跋涉为之斡旋。其义气固有足多者，因有某总办某董事等均一一函致新署关说人情，闻郑司马、刘二尹以沪北一隅伶人强横不法已极，亟宜惩办一二以儆其余，故均置之不答。或曰高伶因奸诱人家姬妾，以致提办，乃若辈竟公然为之关说者，岂以姬妾养汉，奸夫行凶之事为不足重耶？抑若辈姬妾皆娶自妓院，不免有顾彩林一流兔死狐悲，故嘱托乃夫为之说项耶？幸南面者执法如山，不为所动。于风俗人心大有关系。

高彩云经刘二尹提讯时，前后共磕头百数十个头，额为之肿起后，又向本夫叩头求饶，公堂之地，三尺懔然，凶恶之徒至此亦不能不低首伏罪。

公堂惩办高伶时，当即判押捕房，缓一日始解去。高莅捕房后，捕头衣以囚犯之衣，与在押之人一同吃苦，高此时亦不免潸然泪下。游戏主人曰：公堂叩头，捕房陨涕，乃高伶天良发现之时，平旦之气未尽梏亡。君子怀刑，虽未可责之若辈，然深望诸伶之勉为良善，慎保令名，无致如高伶之虽悔无及也。

高在天仙，为时既久，声名藉甚，不特四方游客共识其人，即平康曲院，无论姨娘大姐，亦莫不耳熟其名。故被逮后，知与不知，咸诣新署探询。一日高在木栅内，有某院大姐前往窥视，高趁其不备,取热茶一碗,向大姐头上泼去,灌顶醍醐,淋漓尽致。见者大笑,大姐大骂杀千刀不置。

光绪二十五年二月廿一日/1899 年 4 月 1 日第 2 版

书场奏曲描摩入神

沪北猫儿戏自大脚银珠赴苏后,首屈一指者,惟谢家姊妹花而已。内有某校书,尤为班中翘楚,音容并美,色艺俱佳,扮演老生各剧,情景逼真,惟妙惟肖。前晚有某显宦,素耳校书盛名,特至福州路某书场点戏。俄见校书淡妆素服,珊珊而来,艳雅无匹,遂命点戏十出。讵校书登台后,琵琶斜抱,探喉发声,先唱《昭关》一剧。正当响遏行云,慷慨激昂之际,不觉忘其所以,误作登台演唱,遽将铜琶放下,拍台敲桌,摹仿伍子胥愁困情状。维时座上各听客见校书手舞足蹈,似疯非疯,莫不齐声喝采,校书唱毕,不禁颊晕红霞,羞惭无地云。

光绪二十五年二月廿二日/1899 年 4 月 2 日第 2 版

有点意思

沪上各校书姘识优伶,公然无忌,恣意淫乐,争相效尤。而资格稍深之校书,竟彼此议论于稠人广众之场,不知羞耻,以致若辈胆大妄为,有高彩云持刃不法之事。风气之坏,至此已极。前日有友人谈及某校书未与某伶姘识之先,每夕必独往该戏园观剧,风雨不阻,几及月余。一夕有同院之姊妹某妓问之曰:“阿姊所作之事,奴早已明白。未知成就否?”校书即应声曰:“有点意思哉,大约就要成功呢。”

光绪二十五年二月廿二日/1899 年 4 月 2 日第 2 版

遽干众怒

伶人高彩云发押老巡捕房等情,本报已纪不胜纪。兹又悉彩云自入捕房,不甘人后,尚复夜郎自大,致触众犯之怒。盖各犯长幼,不序年齿,惟先至者为大,而后来者为小,此即俗所谓先进山门大阿哥是也。各犯以彩云后生小子,胆敢藐视前辈,拟欲群起而攻。讵彩云膂力过人，仅一举手，众皆辟易，莫敢与较。各犯恐遭毒手，互相哗噪。不料事为捕头所闻，以彩云既押捕房，犹敢怙恶不悛，立饬探捕将其解送外国牢监，严加禁锢，以儆淫凶。又闻高伶叹息谓左右云："前此在戏园中，每月薪水一百五十金，倘能忍一时之忿，何等逍遥！何等适意！今乃囚首垢面，与流氓盗贼为伍，受侮不少，且并六个月薪水，计之几至千金，既一概付之东流，而又后路茫茫，不堪设想。此时思前想后，真悔之无及也。"噫！以该伶平日之淫纵不法，所犯各节，莫不令人发指，至目下而始有几微悔悟之心，其亦迟矣！

光绪二十五年二月廿四日/1899年4月4日第2版

云散风流

沪北天福戏园历有年所，虽经园主武某屡改牌号，生涯终难起色。迩因资本支绌，各伶人薪银无着，时有龃龉情事。讵至前晚黄昏时，正当座上客满，粉黛登场之际，突有某武伶寻以园主分文不给，实难枵腹从公，遂一唱百和，停止演唱。一时众伶忙乱异常，有脱去袍帽者，有扯落胡须者，更有花旦未洗面粉而先卸衣裙者，纷纷扰扰，咸向账房索取工洋不已。而楼上下之各看客因见优伶无迹，锣鼓销声，亦向索看资。互相大闹，是以日内园门紧闭，歌管无声，过其前者殊有云散风流之感。

光绪二十五年二月廿九日/1899年4月9日第2版

一定高升

官场中人最取吉利，以故宴客必至一品香、万年春、金谷春、聚丰园等处，取其官高一品，万年不败，而又富埒石崇，万宝丰盈也。侨寓必至晋升、长发、泰安、名利等栈，取其加官晋爵，长发其祥，而又人马平安，名利双收也。诸如此类，不一而足。乃昨有似贵官模样者，偕二三友至四马路新开文武高升楼听书，因见堂倌巴结伺应周到，立即点戏数十出。同来之友因见贵官高兴，无不极意趋承。一人曰"大人今日到此，自应重重赏犒"，贵官询故，其人曰"此地名高升楼,大人今番北上一定高升,此其预兆”。贵官闻言大喜。因又腰间摸出钞票一张,加赏书楼唱戏某校书而去。

光绪二十五年二月廿九日/1899年4月9日第2版

志华伦孛而司托邀观马戏因纵论中外戏剧盛衰之故

天下事无因而致前者,无爱力也;有因而致前,则爱力生焉。黑夜而投人以明珠,人必按剑相向者,无因而致前也;苟有人为之先容,虽赠以一丝一粟之微,而人必再三谦让,道谢之不遑者,有因而致前也。报纸者,万事之先容也;告白者,万物之媒妁也。夫人之操一技、习一艺者,非以求名即以求利,名之所在利即随之。乃同一技也,或名于世或不名于世,岂技之有幸有不幸哉?实无人为之名其名也。伯牙之琴不遇子期,则元音终古矣;公孙大娘之剑不遇子美,则绝技弗传矣。其他一草一木、一名一物,一经品题,莫不声价十倍,自有千秋,此月旦之权,所以能司人物之命。无论何艺莫不藉以表彰,而报纸则尤任月旦之责者也。夫戏虽小道,然自周武象戏以后,鱼龙曼衍代有奇观,武则吞刀吐火、投石弄丸,文则优孟衣冠、侏儒嬉笑,莫不各奏尔能,倾动一时。然自有戏以来而所称为精技绝伦者,卒亦不可多得,知其间湮没不彰者,何可胜道耶?西人马戏,其擅场之处卓绝古今,所演各技亦皆凌空起步,飞舞自如,至其教习驯兽惟命是听,尤有变化物性之功,固非浅人所能窥测。然到埠之始,即柬邀报馆主笔晨夕往观,以期报纸为之先容,告白为之媒妁。于是一纸表扬,通国皆知,竞相娱目,争先恐后,名望既隆,生涯遂盛。苟非西人之明于事理,谙于物情,深知爱力之不可不引,报纸之足以引人爱力也而能如是乎?既有爱力,则虽于数里之外,而人自争相趋之,不然如华人所开戏馆,虽密布于福州路一带,近在咫尺,尚虑观客之裹足,而况僻处如虹口也?天下事未有无名而能获利者,近日图名之举得力于报纸者居多,此其故西商知之,华商竟愦愦焉。是以西人之戏,遍游五洲而利有余;华人之戏,囿于一隅而利常不足,此可以知其盛衰之故矣。

光绪二十五年三月初七日/1899年4月16日第1版

阅各报纪淫伶又见一则系之以论

呜呼！沪上淫风之盛，几为刑法所不能禁，教化所不能及。奸邪之徒，逞其诈力，集其党羽，明目张胆以横行于洋场十里之间，淫心一动，杀机并发，闺闼之间，兵戎伏焉。比年以来，奸杀之案层见叠出。其在官吏，且视为风化中应有之事，大半粉饰因循，得过且过。甚有置之不理者，有理之而不惩者，有惩之而不重者，以致若辈作奸犯科，全无顾忌，洋场之地，几为王法所不到之场。而其最甚者，则莫如近日之优伶，何也？若辈最讲装束，最善修容，平日恃其目挑眉语之长，为勾魂摄魄之具，其勾引娼妓固其长技。然娼、优同贱，本属平等，无足深责。最可恶者名宦侍姬、绅商宠妾，一为勾引，则神迷心醉，坐受污秽名节，顿隳门楣，遂玷其本夫。之愚者，固头巾惨绿，甘顶终身；即智者，亦畏其拳艺素擅，不敢与之为难。至于万不得已泣诉上官，则其恶固有不堪设想者，上官既烛其奸，重惩以法，此亦天下至快之事也。是以伶人高彩云奸占金姓妾顾彩林之事，既经公堂从重惩办，海上之人无不拍手称快，按额相庆曰："是自以后，庶几若辈可以稍知敛迹，无耻之淫娃可以略有顾忌，而洋场十里或得有清白之一日也。"乃其事未及一月，其狱犹未尽结，而奸淫之事则又接踵而起，吾不知若辈果以王法为何物也，抑以高伶之惩办为不足惧也？近日各报所纪淫伶又见一则，吾不问其所谓某富户者何人，并不问其所谓某伶为何人，但举其事观之，觉令人生畏而咋舌者。幸而该伶叩头如捣蒜，得以释放，否则一入捕房，安知持法者之铁面无情不以治高伶者治之耶？安知所谓某富户者不效金姓之所为，而诉怨于洋人，旋请洋人出场为之惩办耶？呜呼，幸矣！

光绪二十五年三月初十日/1899年4月19日第1版

论昆曲有复兴之机

人之喜清而恶浊者，情也；其忘清而溺浊者，习也。水之流也，泥沙杂焉，则必思有以澄之；镜之悬也，尘滓翳焉，则必思有以空之，此即喜清恶浊之恒情，无论其人为雅为俗，莫不如同一辙者，而况于声音之感人耶？居今日而论乐，变宫商为卍字，变乐律为板眼，去古益远，莫可深考。然南腔北曲为近日音乐之大宗，南腔者即所谓昆腔，北曲者即所谓京调也。考之昆腔，别无专谱，惟《缀白裘》一书为昆曲之专集。其所演词曲，合乎神情，协乎节奏，能将当日忠孝节义、儿女英雄之心事，曲曲传出，长歌短调，转折浏亮，和以一笛，其音清越，而令人神怡，一洗筝琵之耳，至其缠绵悱恻之处，尤非若京调之词意鄙俚、丝竹杂陈者所可比。吴中人士雅尚昆曲，不必如优伶贱业恃以为生，即侯门公子高第王孙，亦有习此以娱性，品箫评笛，按节奏音，放歌于清风明月之间者，往往有之。是以数年前，如沪上所开之三雅园专唱昆腔，生涯颇盛。其后人情渐忘乎清，渐溺乎浊，若以昆曲为不足动听也者，故戏馆书场所唱皆属京调，征歌奏曲所在，皆是西皮二簧，遍于妇孺之口，充乎宾客之耳，而所谓昆腔者几成《广陵散》矣。顾人之喜听京曲而弃昆腔，以致忘清而溺浊者，非情为之也，实习为之耳。习之所在，挽回不难，在先有一二人为之提倡于歌舞之场，则转清为浊，使前之喜听京曲、好唱京曲者，皆一变而为昆腔焉，亦何难也？近日勾栏中人习唱昆曲者，已不乏其人，殆亦物极必反之义也。苟使顾曲周郎为之极力品题，多方提倡，则欢场中之效颦学步者，遂亦不一而足，安知自今以后，舍琵琶而尚笙笛昆腔，不复大兴哉？人情无有不恶浊而喜清者，亦无有不恶喧嚣杂沓之声，而喜宛转悠扬之奏者，盖悦耳之性无不同也。吾是以知昆曲有复兴之机，而望乐籍中人之力持不变也。

光绪二十五年三月十五日/1899年4月24日第1—2版

歌场感旧

天仙名伶高彩云，为近来沪上京班花旦之冠。其演戏熟极而流，声情并茂，而《梅龙镇》、《巧姻缘》诸出，尤为擅场。自犯案管押捕房后，天仙园内牌子仍未除去，《梅龙镇》一出久不排演，前日排他伶《巧姻缘》一出，虽刻意描摹，仍不如高之宜喜宜嗔、轻圆流利。闻近日观天仙戏者，每逢花旦戏登场，无不同声嗟叹，想像高之丰采，以为除却巫山不是云云。

光绪二十五年三月廿七日/1899 年 5 月 6 日第 2 版

食谱翻新

某伶为吴中文班名角，近来沪上小住新马路某里。伶知文好客，雅擅烹调，老饕之流，争趋之。前日有云间某甲来沪，伶旧识也，治馔招饮。酒半酣，进一巨锅，贮清蒸大鹅一只，鹅遍缠丝绳，去绳，则鹅腹中套一鸡，鸡腹中又套一鸽，汤味之美无出其右。咸谓主人异想天开，为食谱所未载。甲笑曰："美则美矣，惜犹未备。"伶问故，甲曰："再以白鸽腹中套麻雀，麻雀腹中套田螺，田螺腹中套苍蝇，苍蝇腹中套蚊子，蚊子腹中套蟞虱，蟞虱腹中套白虱，白虱腹中再套一小白虱，则可谓十全十美矣。"

光绪二十五年三月廿七日/1899 年 5 月 6 日第 2 版

论高彩云移县审办事

古人定法律、著刑书，准乎情，酌乎理，无偏倚之见也。不法之人处之以律，亦揆乎情之所安，理之所宜，而不可稍有枉纵也。自人有伤情悖理之事，而律乃从而生焉，以其事之大小，议其罪之重轻，而后洽乎舆情，孚乎物理，始为无枉无纵之定谳。风化于以维持人心，于以知惧，是故治律之人，无不准情酌理者，未有越乎情理之外而可以服人心、维风化也。淫人妻妾为至恶矣，持刃行凶更为不法之极矣，非寻常伤情悖理之事所可同日语，尤关乎世道人心之变风俗教化之忧，不可不按律惩办垂警将来。况乎沪地之浇漓，优伶之纵横相习成风，种种作恶，行路闻之发指，愚人谈之色变，岂可宽三面之网，稍从轻减以长其凶焰耶？高伶逞凶之事，经刘二尹讯实，惩治几成铁案，论者犹谓刘尹之从宽发落，此等淫凶不法之案断难稍存姑息，古人所谓一路哭何如一家哭也。乃不意高伶尚不自悛，妄思翻案，独不思其淫人妻妾为何等罪，持刃行凶为何等事，于法则不容，于律则难宽。法之不容者，情所不能循；律之难宽者，理所不能衍。今乃以不容于法、难宽于律之罪，而欲以非理之理争之,无情之情反之,则此入乎无法之国、蔑理之邦,庶乎其可也。人类之中既无此情,又无此理,则断断难矣。观翁直刺光天化日之中,岂容汝唱戏人如此淫凶等语,直如挟雷电风霜而出,令若辈闻之不寒而栗,真所谓洽乎情、孚乎理者也,而岂特沪江风化之有裨耶?

光绪二十五年四月初四日/1899年5月13日第1—2—3版

重惩淫凶

淫伶高彩云私姘顾彩林,并向金姓持刀逼据,由金控告提讯,判令责押满期递解,并由捕房移押外国牢监等情,本报已志之详矣。讵高彩云虽由捕房改押,心尚不甘,特倩同类代延大律师小威金生出场,欲图铁案重翻,即由威律师函致英公廨,请为提案覆讯。翁笠渔直刺准如所请,即于昨晨偕同英翻译官升座。会讯原告金姓仍偕佐证车夫阿三,并延大状师哈华托与翻译曾子安投案候质。而被告高彩云,亦由捕房解案请讯,未几威律师偕其翻译曹吉甫到堂申辨。遂向堂上请曰:今日所有已经讯过之高彩云一案,似与租界定章不合,须由中西官会审后,方能送捕,当时既未会审,何以发押捕房?须请堂上将高开释再行覆讯。哈律师亦向堂上请曰:金姓所控高彩云强占伊妾,又敢持刀逞凶一节,如按大清律,乃系华人控华人,毋烦英领事官会讯。威律师父向堂上请曰:此案务须详细会讯,始昭公允。哈律师遂问金曰:高与汝妾如何通奸?如何行凶?尔当详细申说。

金供:姑苏人,于十年前曾买顾彩林为妾,费去价洋一千余元,由兆富里迁至逢吉里,已生子女各一。嗣于今正廿六,职回家时,房中并无灯火,因见似穿酱色衣服之人,隐藏暗处,即向顾彩林诘问,讵被扭住发辫,使渠脱逃。本拟天明报捕,嗣因颜面攸关,置而不问。讵至二月初八日晚,适在一品香大餐,即由车夫阿三报称顾妾在家腹痛难禁,命职回视。比及扣扉二次,始见彩林出外开门。职以彩林既称有恙,向伊诘问,不料彩林扭职进房,而彩云忽由后房跃出,持刀直前。声称彩林系我之妻,逼令亲书休据,并将所生子女即行交付,否则断难饶恕。职情急异常,只得高呼救命。嗣幸职妻及车夫阿三闻声而至，彩云始含怒而去。比及翌晨，职恐后患难除故，即控请拘办。蒙讯判责二百板，发押捕房六月，期满递籍。当彩云提讯时，一口供认，且又有案可稽。

供毕，翁直刺顾谓威律师曰：此案奸夫淫妇均皆供认，且由前谳员定断，似难翻案，惟发押捕房似未尽合。今贵律师必欲覆讯，本分府立即退堂提问，须照大清律惩办。遂将金之禀批悬置案下，□威阅看其批略曰：续旧行强持刀逼退，按律惩办，罪应监绞。此案本系从轻发落等因。威律师复向金驳诘不已，并诮金曰：尔治家不严之咎，谅亦难辞。尔既供高持刀，有何证据？尔之妻妾共有几人，所有尔妾姘识外人，尔曾用心察访与否？至两次遇高时，高究作何状，并尔妾日用花费，尔当直言无隐。金遂答曰：高之持刀勒据，由阿三目睹。至妾彩林姘识外人，并未疑心察访，所有家用，最少亦须一百余元一月是实。又据威律师问曰：据高所供，尔曾用彼银洋，尔岂未之知耶？金答曰：并无此事。威又问曰：尔身肥胖，高身瘦弱，何尔畏高如此？金不答。翁直刺遂笑谓曰：高系伶人，乃是力大如牛之辈，岂金所能敌耶？至金如曾得高之银，已先有应得之罪，何敢一再呈控？若金果有得银情事，亦因照律究办。金供并未得银。哈律师又向阿三详问一切，而威律师亦向阿三严加驳诘。据阿三供：小的于二月初八夜，由二主母嘱唤主人回家后，蓦闻主人极声呼救，迨小的入房查视，只见高彩云由套裤内取出长约尺余尖刀一把，向主人作跃跃欲刺状。小的赶往救护，而高已乘间逃去是实。威律师问毕，遂提彩云诘问，彩云挺立案侧，据称通奸有之，威逼则无。至与彩林私识已有六年，当彩林为妓时确已往来。后彩林嫁金后，与金屡至戏园观剧，故又姘识。然小的自有小房子二处，一在法界，一在泥城桥，从未到过逢吉里金姓住宅。犹忆从前金某景况艰难，彩林由小的养活。供至此，翁直刺勃然大怒谓：尔前堂供词确凿，今日尚敢抵赖。化日光天之下，岂容尔等唱戏人如此淫凶不法，尚复成何世界？金某有钱娶顾彩林为妾，反无钱养活之理？本分府历观案卷，似汝罪大恶极，实先为之气愤填胸。汝唱戏人应知死罪幸免，活罪难饶二语，本分府开一线之恩，饶汝一条狗命,便是莫大恩典也。且天下可愤之事,莫如家小被人奸占,想金彼时早已气得气力全无,尚有何力量与汝相搏?论至此,又谓堂下曰:设如有人小老婆被人奸占,试问其人愤乎?不愤乎?论至此,彩林亦匍匐案前,不复似前之挺立矣。其时高之生父与高妻许氏忽同投案求恩,由威律师略问数语,讯其与顾彩林是否熟识。供称从未谋面。遂命退出。而哈律师遂向堂上请曰:既据被告供认通奸,务请按照大清律惩办。威律师亦向堂上请曰:今日本律师所语各节,堂上若作不闻,本律师即当告退。翁直刺命翻译传语曰:贵律师议论平允,本分府深感佩服。惟高彩云罪恶昭著,例不能恕。遂与西官会商,判将高彩云与在押之顾彩林一并移送上海县矣。本分府亲往会讯,照律重惩。原告着自投县署候质。判毕,时已钟鸣一下。一切情形俟县署会讯毕,再行录报,以供众览。本馆按翁直刺前任英廨员时,惩淫嫉恶,久已有口皆碑,此次将淫伶移送到县,复得王大令执法如山,必能尽法痛惩,俾淫恶棍徒共知敛迹,挽浇风而正薄俗,在此一举。并悉中西各新闻纸馆除访录供外,并倩主笔人入署听审,将拭目以俟,濡豪以待也。

光绪二十五年四月初四日/1899 年 5 月 13 日第 1—2—3 版

略示榜样

高彩云重审移县,本报已记其详。昨日高至公堂时,蓬首垢面,身着阴阳两色犯人衣裤,陡闻移县,神色沮丧。是时天仙各名伶,类皆前往听审。并闻彩云所有讼费,皆各伶为之凑集,复为之营干一切,义胆侠肠均堪嘉尚。无如彩云犯案重大无力挽回,只得怅怅而返。并闻翁直刺堂谕,以沪上伶人淫恶者多,均须按名访拿,先惩一以示榜样。语曰“前车覆,后车鉴”,各伶之义侠可风矣,尚望慎保令名,毋以身试法也可。

光绪二十五年四月初四日/1899 年 5 月 13 日第 1—2—3 版

良心忽现

天仙伶人高彩云延请状师,希图翻案,致被翁直刺饬将奸夫淫妇一并移县,按例惩办等情,已详昨报。兹悉高彩云陡闻送县之谕,两泪涔涔悔恨莫及,顾谓同犯曰:“偺老子在外国牢监时,地方宽阔,十分清爽,虽操各种苦工,然尚逍遥自在。自押迄今已有二月,再加四月业已满期,即使递解天津,仍不失为梨园子弟。不意大数前定,忽被同类再三怂恿,且代偺老子凑集巨款,延请状师代为伸辨,允能幸逃法网,脱然无事,讵料翁大老爷铁面无私,反被送县。将来会讯后,其受苦恐不止责押递籍也。早知今日,悔不当初。”语毕即又呜呜咽咽,如唱《小上坟》一剧,哭个不了。正在肝肠寸断之际,适其妻由外而至,虽有木栅栏阻,而夫妇觌面之余,不禁放声大哭,互相号啕不已。其时同押各犯,目睹形景,虽具铁石心肠,无不同声下泪。未几,即中厅差十余名,先将高彩云加以手铐,押坐小车,而顾彩林则由官媒同乘马车一齐簇拥入城而去。当彩林出署时,桃花面上亦复粉泪飘零,一若代高胜惋惜也者,然沿途观者,莫不指高乃咎由自取云。

光绪二十五年四月初五日/1899年5月14日第2版

淫伶定案

淫凶不法伶人高彩云及顾彩林,经翁直刺移送上海县,本订前日会审,因王大令另有要公,改在昨日下午提讯。先由翁直刺携带卷宗与王大令晤谈片刻,随即升堂。先提案中要证车夫阿三讯问,供称:小的在金姓家作替工拖拉包车,今年二月初八日,小主母着小的从一品香将主人找回。其时已半夜,主人登楼之后陡闻呼救甚急,小的情知有异,立即闯登楼上,但见高彩云手持约五六寸之尖刀一柄,向主人恫吓。见小的上楼,乘间逃逸。

阿三供毕,官命传金讯问。金供:系苏州人,捐职州同,娶顾氏妾九年,生有子女各一。高伶与之往来以前,并不知情。本年正月廿八第一次经职撞见,被其一掌致职鼻破出血,高随遁去。第二次二月初八夜由车夫将职寻回,撞见之后,又被其掌击,并持刀恫吓,逼令写给休书。职见势不佳,疾声呼唤出车夫上楼,高始将刀收入套裤而去。职遂于次日赴案控告,叩求严办是实。

官命提金顾氏即顾彩林到案,供:嫁金九年,生有子女。从前为妓时曾与高认识,嫁金后曾由已歇娘姨某氏作牵头,来过二次是实。

官命提高彩云质问,供称:系由顾彩林将其唤到家中与之通奸,共有六年,并无持刀逼据之事。

供至此,官命拖下笞责至一千板,复提问前事。高供大老爷纵打死小的,持刀逼据二事小的不敢供认。供了此事,小的即无活命,务求大老爷开恩。官遂又命再重责一千板责毕,高已不能行动,由二人掖之以行。官命钉镣收押自新所。复顾谓顾彩林曰:似汝既为人家姬妾,尚敢不安本分,淫荡性成,亦难宽恕,命用竹梢重责五百下,仍发栖流所看管。金及车夫叩谢而退。案遂结。本馆按:沪上伶人淫凶不法,难缕指计,幸得翁直刺、王大令嫉恶如仇,痛加惩办,此风当可稍戢。故当定案之后,一时观审之人无不欢呼称快,共颂神明,此举实于沪江风俗大有关紧,不仅与前上海令之惩办杨月楼后先媲美也。

光绪二十五年四月初六日/1899年5月15日第2版

观翁直刺、王大令严办淫伶高彩云事喜而记此

世风之敝也,人心之漓也,千万人忧之,而一二事足以救之,盖必洽乎千万人之情,而后可以孚千万人之望,并能出千万人于邪慝之途而入于中正之道。其所好者,千万人所好也;其所恶者,千万人所恶也,于是千万人皆惴惴自励,不敢为恶,而相劝于善。诗曰"乐只君子,民之父母",此之谓欤。盖有地方之任者即有父母斯民之责,然未有父母而不爱其子者,亦未有不严于邪正之分,而可以为贤父母者,其立法愈严则其用心愈慈,惟恐斯民之群入于邪也。偶有不善之人,则必尽法严治,为惩一儆百之计,乃知其疾恶如仇之心正由其爱民如子之怀,迫而出者也。况乎沪渎之浇风为他省所罕觏,而人心之狡诈、恶俗之荒淫,既忘乎尊卑贵贱之分,尤蔑乎礼义廉节之防。秽谑之声充乎市肆,狎亵之状溢乎街衢。不问其为何人也,但见其衣服华焉,车马辉焉,则群相趋之矣;不问其为何

业也，但视其发油油如镜光焉，口刺刺如号吹焉，则争相慕之矣。而更加以道旁之闲花，撩人之野草，随波逐流，相习成风。遂使俳优隶卒之徒，忘其本来，夜郎自大，种种作恶秽不堪闻，租界之中政教不能及，刑法不能施，几为天昏地黑之场。高伶既有持刀行凶之巨罪，而犹不知自悛，其党且为之竭力图谋，妄思翻案者，亦由若辈平日藐视王法，肆行无忌者之敢于出此也。倘不严为惩治，使若辈知所敛抑，吾恐后日之祸不必如高伶之持刃，而更有甚于持刃者。前谳员张直刺濒行时，某园各优伶赠以万民伞置牌等物，可见当日苞苴之行，未尝不贻养痈之患。而若辈视此等事可以任意进退，故敢为此集资翻案之举。呜呼！租界之中岂真无天日哉！高伶二千板之责，闻沪之人莫不称快，自是以后，若辈称知戒惧而沪俗不致日坏者，皆翁直刺王大令之赐也，吾且随沪江千万人之后而颂我贤父母也。是为记。

光绪二十五年四月初七日/1899年5月16日第1—2版

姘戏子收场

顾彩林经官惩办，重责竹梢五百下，已志昨报。传闻高彩云及顾彩林自押送进城后，高彩云有同类为之谋干一切，不致吃苦。顾彩林则金某置之不问，任凭官媒处置，有人见其进县署后，闭置一木栅栏中，惟破席一条，日夜盘坐其上。饭则残羹冷炙，不堪下咽，渴则取破铜铫吸之，亦无茶杯。迨及上堂受刑时，由差役将其大衣剥脱，仅留短衫一件，两人挽其臂使不能动，一人持竹梢竭力鞭背。每责一下，彩林振身一抖，迨责毕，已血肉淋漓，不忍逼视。回忆从前嫁金为妾时，坐马车，吃番菜，颐指气使，何等风光。只以一念偶差，喜与伶人姘识，致受此种种苦恼，真正是悔悟已迟。寄语沪北各名姬，尚其鉴此收场也可。

光绪二十五年四月初七日/1899年5月16日第1—2版

再论惩办高彩云、顾彩林事

人至倡优淫贱极矣，倡优至于今日尤凶狠极矣，作奸犯科，肆无忌惮,而犹得以惩其淫贱、制其凶狠者,恃有律法而已,名例而已。顾律有定而例无定,益之以中外交涉数十年而例尤无定,此淫伶高彩云与金某之妾顾彩林通奸复敢持刀逼吓本夫一案,经公堂讯实定谳,不知畏罪,延请律师到堂申辩,妄冀图翻之所由来也。不知律法具在,条条酌理准情,审名定分,极精微,极平允,权衡悉当,毫发无遗,所谓绳墨诚陈不可欺以曲直,规矩诚设不可欺以方圆者也。此在中国则然,西国亦未尝不然。若夫例,大要亦不外此,惟事有变迁,时有因革,名类日增,而其弊亦渐起。有援引近似而可稍示通方者,有避重就轻而可希图幸免者,上下其手,颠倒从心,非例之坏而行此例者之幻也。虽然通商则有条约矣,因通商而辟租界,因租界而立会审署,又莫不各有权柄,明订章程矣。是无定之例而仍归有定矣。奈何以案犯奸淫,穷凶极恶之优伶,而辄敢玩法藐视,妄思淆乱是非,恃辩巧脱?幸而西员明理律师、公正华官执法会讯一堂,知该伶所犯,实属罪大恶极,断难轻纵,立时移县覆讯。请照大清律例从重惩治,一时观审者同声称颂,而道路传闻亦莫不抚膺大快,可知中西律法虽殊而情理则一,纵使吾国有避重就轻之例,亦决不能为该伶稍从末减也。吾于此益服翁直刺廉明持正,疾恶如仇,而复熟谙交涉,不激不随,使之相悦以解。虽极嚣张如该伶、极诈谖如其伙党,亦惟有俯首输服,听凭办理,不然人心风俗隳坏更何有底止乎?

现在是案又经县尊王大令会同翁直刺讯过,一堂重责该伶至二千板,顾氏亦鞭背五百,案情大略并已刊登本报,据闻尚待通详上宪,请示再定罪名。足使奸夫淫妇,心胆俱落,何莫非淫贱而不安,淫贱凶狠而益加凶狠者,自取重戾也。

予又从而论之曰:倡与优同为贱类,其通奸犯淫何足齿数?自有以倡为妾者,则请狼入室矣。狼性最狠亦最野,以牝思牡,必至引入狐群,而吞噬反间之凶日以起,即偷盗谋弑之毒日以滋。顾彩林之夫主金某固系体面中人,徒以狼在室而不加悟,狐附群而不早图,几至白刃到胸,亡身于色。幸而首控获伸,罪人斯得。试问十年伉俪,子女成行,今将何以自处?且也衾裯与共,一变而为鞭扑严刑；床笫之亲，一变而为公庭匍匐。肺腑私昵，俨若同仇，帷闼安排，导之秽乱，回首自思，得毋亦愀然不安乎？本报既撰有劝人勿纳妾说一首，抉扬无遗，固属上乘说法，恐非中人以下所能领会，必若所欲，断勿于倡肆求之可已。沪上此风最炽，纳倡妓为妾者亦不少，尚以斯为龟鉴，而铭之中冓，庶不负地方贤有司从严惩创之心，并本馆殷殷论难之意也。彼倡与优固贱者耳，高伶、顾妓更淫贱之尤者耳，又何足数！又何足数！

光绪二十五年四月初十日/1899 年 5 月 19 日第 1—2 版

斯人不出

自名伶汪桂芬不愿演唱后，而本埠汪调，几如广陵散，寂然无闻矣。各梨园中老生虽不乏其选，然皆不如汪伶之声色俱佳，自成绝调也。前日张氏味莼园中，有前任监司某大员，在安垲第洋房盛设喜筵，并雇天仙菊部，邀请本埠各当道到园宴饮观剧。只因该菊部角色虽亦齐整，而老生终不如汪伶之妙，遂命家丁持片往召。不料汪固辞不至，某大员闻而甚怒，必欲该伶亲至。旋为同席某观察所知，以汪素来巴结，不妨由我代招，决无推诿。遂将己之名片后绘宝塔一座以作暗记，遣急足持往，讵知去未逾时，依旧妨命不至。并向观察禀称汪伶在家，惟手牟尼而口弥陀，喃喃不置，嗣见大人名片，又被婉言谢绝。并称久已一心念佛，此调不弹，行将削发入山与世长辞，且近日正患喉症，如果登台演唱恐污大人清听，只好告罪云云。观察等知难勉强，亦只得默尔而息，且同声叹道：噫！斯人不出，如唱声何！

光绪二十五年四月十三日/1899 年 5 月 22 日第 2 版

提办淫伶

淫凶不法伶人高彩云经翁直刺、王大令严加惩责，申详上宪，候示定罪。兹悉江苏臬宪朱竹石廉访接阅详禀，赫然震怒，谓何物淫伶，胆敢如此穷凶极恶，目无法纪，尚复成何世界！因即电饬上海县将该伶提省严办，以儆淫凶。查前数日，尚风闻高之同伙纷纷进省为之钻营,翼脱其罪,今若此,迨高恶贯满盈欤!凡与高同类者,亦可自此稍稍敛迹,而朱廉访之嫉恶如仇,整顿风俗,其有不颂声载道,有口皆碑哉!

光绪二十五年四月十六日/1899年5月25日第2版

论妇女不宜看淫戏

沪上陋俗最足以坏人心术、败人名节者,莫如妇女听淫书、看淫戏二事。而充其流弊,则淫戏更甚于淫书。盖听淫书,则说书者不过借书中节目胡言乱语,以动人听闻,究不能以秽亵之情状,曲曲传出,如同目睹也。至于淫戏,则一切丑态,悉当场演出。即男子之稍知自爱者,犹觉不堪寓目,而谓妇女熟知,有不情动于中而为之心醉乎?夫涉足戏园,本非妇女所宜,然而习俗相沿,以为偶然行乐,初不妨事。于是觅姊呼姨,盛饰艳妆,登楼选坐,虽贵家眷属亦不能禁。登徒恶少辈之品头足,衡量妍媸。加以急管繁弦,曼声低唱,一生一旦,情态万千。当此之时,即使内禀贞洁,外绝妖邪,而触目移情,保无有动于其中耶?若青年孀妇,碧玉闺人,尤觉不堪设想。即使力能防闲,识足勘破,原无虑乎失足隳行,而不见可欲,其心不乱,必待转念而始复其原,则难望妇女辈之必有此内省学问也。自来阀阅名门,有帷薄不修之诮者,大半由此。观近日伶人高彩云与金妾顾彩林因奸肇祸一事,虽曰该妾为妓时,已经相识,然安知不于嫁金后看淫戏而成奸乎?沪上良家妇女因看淫戏而被若辈勾引者,正复不少。吾愿有家室者,有鉴于此,而勿使妇女之看淫戏也。吾愿有官守者有鉴于此,而严禁戏园之演淫戏也,则庶乎颓风之可挽也。

光绪二十五年四月十七日/1899年5月26日第1版

论 昆 剧

昆曲于古无闻,古歌曲皆载乐府。汉武帝时佞幸李延年为协律都尉,与司马相如等数十人造为诗赋,略论律吕以合八音之调,此乐府之所由肇也。曹魏以降,六朝最盛,篇咏日增,新声竞起,于是又有古今乐府之目。顾其中歌类，亦至不一，有所谓“拂舞歌”者，云出自江右，然读其词惟《白鸠》一篇，乃系吴歌，余皆未知所起。又有所谓《白纻歌》者，或称《白纻》，吴地所出，而纻舞本吴舞，梁武帝令沈约改其词，为四时之歌，若“兰叶参差桃半红”即其春歌也。又江从简作《采荷调》，《唐乐志》有平调、清调、瑟调，皆周房中曲之遗声，汉世谓之三调。又有楚调《汉房中曲》也，与前三调总谓之相和调，要皆昆曲之滥觞，而实则迥然各别者也。自唐宋以迄元代，竞制词曲，八十四调之声稍稍传。厥后演“慢曲”“引”时，复递增更，或移宫换羽为三犯四犯之调。案月令为之，其曲遂繁，此盖南北院本之所由昉欤？近代曲谱传奇，作者辈出，集昆目之大成莫如《缀白裘》一书。而尤脍炙人口者，莫如《会真记》、《牡丹亭》等部，他若《桃花扇》、《燕子笺》之类，都可付之歌喉，听着忘倦。以予所见曲本，《花间楹实》亦大观，《清容九种》断推佳制。近人所作《桃溪雪》亦复激昂尽致，慷慨可歌，惜未见谱成工尺，教梨园子弟按阙以演之耳。相传国初常熟陆次公判抚州，重建玉茗堂于故址，半载挂冠，堂适落成，大会府僚及士大夫，出吴儿演《牡丹亭》剧三日。解缆去，自赋四诗纪其事，江以南和之者甚众，此其流风余韵，足令百世下闻之兴起矣。

沪上繁华日盛，梨园竞开，莫不领异标新，勾心斗角，鱼龙靡曼，叹为神奇。顾自秦腔、京调盛行以来，昆弋诸剧竟成广陵散，久已无复人间想。惟江浙人士之擅此技，与夫悦此音者，类能按弦应节，徐引曼歌，家箫管而人宫商，尚能不绝如缕，此即俗所论清客唱也。如沪北徐氏之双清别墅，及邑庙豫园等处，每当春秋佳节，月夕花辰，辄招集清客以厌游观，以娱视听。于繁弦急管，袍笏登场之外，聆此一曲，不啻钧天雅奏也。而贵游俊侣，往往有不乐观之者，所谓听古乐，令人思倦，大抵类然。盖昆曲视乐府为非古，视琵簧梆子则为古之已甚矣。近日四马路胡家宅新开大诚戏园，其中所演诸剧，全系昆目，颇闻脚色整齐，行头簇斩，凡有周郎之癖者，莫不趋之若鹜。日昨曾承该园折柬相招，本馆主人亦深喜法曲重聆，藉涤凡耳，只以笔墨碌碌，尚未得暇往观。然闻诸谈者，则称该园主人于新集鞠部,极意经营,有声有色,将见玉茗堂故事,不难于沪上睹之。拟待良宵清夜,偕同调两三,寻声而往,一听其真。成连海上知必能移我情,固不让黄幡绰、张野狐辈专美于前矣。爰先走笔书此,以志夫好今乐者。

光绪二十五年四月廿二日/1899年5月31日第1版

洋场日盛说

凡事有盛必有衰,有衰必有盛,此一定之理,无足异也。乃观于上海之洋场,则日见其盛,而未见其衰也,亦可异已。余生也晚,三十年以前上海之风景不得而睹,然尝闻诸父老云:"道光中,各国兵船未至之时,则今之所谓洋场者,乃当日之北邙也。登高一望,荒坟累累。厥后中外议和,通商互市,于是向之北邙变为洋场。然是时犹未盛也,至咸丰中则洋房无数矣。时发逆未平,各省之富贵者皆避地于此,亩地之价数千金,一楹之赁数十金,人满为患,无地起屋,于是楼上建楼,一洞天、丽水台诸处,所以皆三层楼也。而戏馆妓馆亦莫甚于一洞天,往往月落参横,笙歌尤沸,几忘大地干戈焉。既而发逆荡平,富豪归去,而一洞天之三层楼,空梁落燕泥矣。然他处之繁华则仍不改其旧。戏馆以一桂轩、满庭芳为最盛,他如三雅园之昆曲,四美园之女伶,尤为雅俗共赏。妓馆则桂馨里、尚仁里,暨兆富、兆贵、兆荣三里,尤为群芳荟萃之区,是时风俗繁华,贸易昌盛,其富商负气尚豪,挥金如土,享用过王侯焉。其名妓轻珠翠,厌锦绣,翠舆朱毂,僭越过命妇焉。自是以降,踵事增华,电火通明,城开不夜,海物惟错,市备九州,言乎饮食,则京苏徽宁诸菜馆以及宵夜番菜,无不各极其妙。言乎起居,则高厅大厦,洋房傑矗,以及仕宦行台,皆可随心所欲。他如茶寮烟室,则皆纸醉金迷之区。戏馆书场,各极妙舞清歌之选。凡此纷华,迫难殚述。昔日荒邱,都成华屋,生斯会者,能无盛衰之感耶?谚有之曰:"上有天堂,下有苏杭",以今日上海洋场比之,则苏杭更不足道矣。目今政府,方议广租界,则将来之盛,更不知和所底止。或曰:木腐虫生,霜寒冰至,物极必反,事理之常。上海此时虽极其盛,安知将来不极其衰耶?是说也,吾不知其验于何时,而要非吾人之所得见焉。

光绪二十五年四月廿五日/1899年6月3日第1版

诲尔谆谆

伶人高彩云奉大宪提省严办定罪,监禁十年,固可以褫淫凶之魄矣。然若辈佻㑊性成,向视国法如弁髦。上海县王大令、英公廨翁直刺,不忍不教而诛,前日会衔,出有四言告示一道,饬挂各戏园门首。其文曰:人生为女,应守闺训,无论贫富,总要归正。唱戏优人,艺居何等,如何不法,敢作非分。聚党招摇,百般勾引,奸人妇女,淫行以逞。体面之家,含羞隐忍,贫贱小户,哄吓更甚。此等恶习,廉耻丧尽,败俗伤风,人所共愤。若谓租界可以乱混,岂知邪淫中外同恨。高彩云案昨经会讯,奸夫淫妇严责关禁,事之始末谅已共听。此后尔等当为引证,妇女优伶,各宜猛省,再滋不法,按律惩儆,不顾身家,也有性命。言出法随,其各遵凛。按官场文告虽为例行公事,然贤父母谆谆告诫之诚,昭然若揭,若辈其亦仰体宪意而触目警心也可。

光绪二十五年五月初二日/1899年6月9日第2版

快聆法曲

大诚戏园自开张迄今,生涯鼎盛。本馆主人暨主笔人昨又承该园拆柬相邀,联袂往观,脚色行头并皆佳妙,并闻新到花旦一人,名顾兰香,尤为出色,现尚未登台,附志之以告有周郎之癖者。

光绪二十五年五月初二日/1899年6月9日第2版

风潇雨晦黑狱重生

淫伶高彩云自戕一节已志前报,兹有友人自姑苏来,据述高伶现悉各大宪拟定监禁十年,不觉涕泗交流追悔莫及。自谓年将而立,若待期满出外,青春不再,行见两鬓萧萧,有不蹈唐宫白发梨园弟子之诮者,几希。与其日锁囹圄坐以待老,曷若自尽短见,再待十八年,仍不失为男儿本色。志已决,遂乘某晚风雨交作,禁役皆入黑甜,私将发辫盘绕颈项以图毕命。嗣由同监犯人所闻,立即唤起禁役,前往解救,始庆苏生。前此,本埠传述该伶自戕,大约因此谣传云。

光绪二十五年五月十四日/1899年6月21日第2版

观剧闲谈

本埠宝善街宝仙茶园开张未久,故名不甚著。前有客盛誉该园文武花旦水鲜花,色艺双绝,因邀往观。适是日该伶有疾,未曾登台,为之怅怅。前晚载笔之暇,复信步至该园,适水鲜花演《游龙戏凤》,继以新到之一斗金、十四红两人合演,有色有声,堪称妙选。始信曩者客所誉为不诬也。

胡家宅大诚昆班茶园,屡折柬相邀观剧。某夕乘兴前往,讵前两排正桌俱已座满,遂坐三排居中。乃案目知系园主所请,辄谓客茶只能旁桌,正桌须留卖钱,与论不可,乃舍而登楼。讵楼上案目亦复如是,头二包厢任其无人,不令客往,及坐定许久,亦无戏单送阅。窃谓园主请客,至再至三,可谓竭诚至矣。惟如该案目情形,殊失园主人待客之初意,亦何必多此一举哉!至是日所观之剧,其最出色者,为徐云标、顾九兰合演《双打花鼓》一曲,璧合珠联,并皆佳妙,未忍令其湮没弗彰云。

光绪二十五年五月十四日/1899年6月21日第2版

论陆兰芬姘大花脸事

昨日本报纪陆兰芬校书姘识某戏园大花脸一则,稔校书者咸恻恻焉,为校书惜且有悻悻然见于面,深鄙校书而不齿者。执笔人闻之,复喟然曰:嗟乎!此宋儒迂腐之见,不足与论名校书也。夫以沪滨声伎之盛,璧树琼枝,清歌妙舞,几几乎驾京邸津门而上之。故名伶之南下者,辄先莅是邦,留连而不能去。而沪俗妓女雅尚听戏,一曲氍毹,赏心游目,以故姘识戏子之事,亦时有所闻,且尽有以此为时髦而不讳者。则妓女姘识戏子,亦司空见惯,曾何足惜,又曾何足鄙？陆校书以鼎鼎香名，久驰海上，居恒尤喜听戏。其偶然赏识一二名伶，固意中事，诚如昨报所谓“不过以唱戏人好白相，并非欲与之相倚为命”也。闻者不察，执昨报姘识大花脸一节以为确有其事，而深加惋惜，痛加鄙弃。夫戏子一耳，为大花脸，为小花旦，何优何劣？既姘戏子，何必不姘大花脸，姘戏子不足怪，姘大花脸亦何足怪？故无论校书之必不姘大花脸也，即使果姘大花脸，在校书必有灼见真知，能赏识于牝牡骊黄之外，此正校书放诞风流不可及处。况其事之为子虚乌有者哉！则惜者诚为多事矣。鄙之者不尤无谓耶？

光绪二十五年六月十一日/1899年7月18日第1版

论沪上观剧喝采多谬

千里马常有而伯乐不常有，言知己之难也。声音之道，其感发人也尤深，子期死而伯牙废琴，以知音者绝也。然知音不常有，不知音而谬托知音者又常有，是故白雪阳春属和者数十人，下里巴人属和者至数千人，则亦可见知音之少，而知己之难得也。

沪上梨园林立，声伎之盛，骎骎乎驾京邸津门而上之。顾一曲氍毹，在雅负盛名者非不声容并茂，而所谓协律都尉、顾曲周郎，百人中迄不得一二焉。当夫名角登场，客之自诩知音者，罔不一唱百和，同声喝采，而究其喝采而所赏者，盖于顿挫转折体会入微之处，全不领略。独于声大而长，俗所谓鼻音海底翻者，在演唱者不过引吭屏气，竭其余声而已，岂真如韩娥绕梁、秦青遏云耶？庸俗不察，以为此曲只应天上有，叹为观止，积习相沿，滔滔皆是。其尤谬者，逢生旦摹演一切淫荡之态于不堪寓目处，辄八面春雷，眉飞目舞，尤为败俗伤风之作俑。呜呼！古乐其不可作矣，今之演剧，盖亦有感发人心而赏心惬目者，吾痛夫知音者之少也，吾更痛夫不知音而谬托知音者之多也。中国士大夫好师心自用，复淆乱黑白，观此不愈可信耶！

光绪二十五年六月廿九日/1899年8月5日第1版

丹桂蜚声

何家声、夏月珊于客秋七月接开丹桂戏园,适承何瑞福奢靡之后,又值炎夏,周凤林、李春来等俱去而之他,后台仅剩三十余人,势颇岌岌。何、夏等支撑一切,煞费苦衷。幸鹤鸣改名庆乐,所有诸名角如三、四盏灯、云中仙等大队过从,始觉壁垒一新。本届六月,园主有鉴于前,各事樽节,得以勉强敷衍。现交秋,令该园又力加整顿,前台遇有不洽众情及贪惰作弊者,虽属平日亲信俱屏而不用。并以重聘特邀小玉芬、小桂芬、青菊花、一斗金、十四红等即日开演,又向吴门邀回三、四盏灯,暨新驰芳誉之七盏灯,准于七夕登台。当此新秋挹爽,二三知己连袂往观,极视听之娱,信可乐也!

光绪二十五年七月初五日/1899年8月10日第2版

顾曲赘谈

四马路荣华富贵楼书场,于十五晚邀请林黛玉、金小宝、翁梅倩、陈寓、胡翡云等五人到场弹唱,已志本报。兹悉前晚虽大雨如注,该书楼坐客独满,所邀五人惟金小宝、翁梅倩未到,林黛玉点戏四十五出,胡翡云三十五出,各唱两出,陈寓居然亦点至三十出,只唱得一札半,其半札系胡翡云与之合唱。陈寓初次登场,虽不逮黛玉等之从容不迫,已为难得。黛玉唱梆子调,抑扬顿挫,宛转生情,自是老斫轮手。翡云效颦,遂觉别开生面。此外尚有沈莺莺点戏二十一出,又有李莲香点戏二十出,其他八九出一二出者,尚复不少,统计点戏约及二百出之谱。近年来市面萧条,得此亦可云盛矣。是晚金小宝以局多,兼之大雨,故懒于前往,翁梅倩则以该书场于邀请时,置已名于陈寓下,陈寓本不善歌,相提并论已觉拟不于伦,况明明后来居上耶?于是心滋不悦,决意不往。或曰该书楼主人本拟邀翁校书逐日到场,翁索包银六十圆一月,又拉胡琴者十五圆,如遇点戏,彼此对拆,书楼主人有难色,迄未定议,故翁因此亦不愿径上该书楼,闻已与金小宝商定,准于日内改上一品楼,不知确否。

本馆按:翁梅倩以老名下重谪风尘,自当居于前辈之列,胡翡云声望技艺不过与沈莺莺、金小桃、文秀英诸人相等，金赛玉既不以歌曲见长，则上书场与否，本于彼无甚出入，今该书场乃一律邀请，宜翁校书之啧有烦言也。万目睽睽之地，众人属耳之场，所以别真才、征实艺技之高下，岂以时髦不时髦为区别乎？然是日林黛玉独果然到场，毫不介意，其豁达亦非他人所能及。至陈寓等亦当恍然于盛名，不可恃芳誉非幸邀，从此精益求精，勉益加勉，则此日上场难者，焉知他日不登峰造极也。

光绪二十五年七月十七日/1899 年 8 月 22 日第 2 版

光绪二十六年(1900)

观 剧 须 知

各梨园既不抄送戏目登报,观剧者咸称不便,故本馆特饬访事人按日照牌抄录,兹将今晚戏目择录于后:

丹桂演《烧骨记》、《断桥》、《养子》、《铡美案》、《割发代首》、《查潘斗胜》

天仙演《大嫖院》、《龙虎斗》、《凤鸣关》、《翠屏山》、《金雁桥》

桂仙演《草桥关》、《九更天》、《玉堂春》、《割发代首》、《三上吊》

天宝演《拾玉镯》、《取成都》、《探阴山》等戏。

光绪二十六年正月初六日/1900 年 2 月 5 日第 1 版

今 晚 戏 目

今晚天仙演《白虎堂》、《巴骆和》、《华容道》、《割发代首》、《玉堂春》

丹桂演《一捧雪》、《东宫扫雪》、三本《铁公鸡》、《御果园》、《鼎足三分》、《十八扯》、九本《查潘斗胜》

桂仙演《收关胜》、《十八扯》、《游龙戏凤》、《江都县》、《十二红》

天宝演《十二太保》、《富贵图》、《取金陵》、《汾河湾》、《阴阳河》、《老道无法》。

光绪二十六年正月十二日/1900 年 2 月 11 日第 1 版

今 晚 戏 目

今晚天仙演《取北原》、《乾元山》、《双沙□》、《捉放》、《月华缘》、《铁公鸡》

丹桂演《回龙阁》、《真假李逵》、《玉堂春》、《双投唐》、《白水滩》、《紫霞宫》、二本《查潘斗胜》

桂仙演《潮金顶》、《小上坟》、《大香山》、《十八扯》、《割发代首》

天宝演《草桥关》、《洞房献佛》、《忠孝牌》、《子胥吹箫》、《杀子报》。

光绪二十六年正月二十日/1900 年 2 月 19 日第 1 版

汪桂芬重上春台

京师春台部，曩年为名角所荟萃，至今犹啧啧人口。汪大头自从天福停歇之后，本已誓不登台，人有劝之者，辄谓“倘再要我出场，除非老天垂鉴，使我生男，彼时老子不能不仍作马牛，诸君或可有望，否则决难从命”云云。不料汪妇果于今春一索得男，而汪又与桂仙龃龉，曾在公堂具结，永不在沪演剧。故于前月应天津戏园之聘，登台之日每座一元，而后来者尚无容足之地，亦可见人之倾倒矣。日前京师喧传汪将与著名伶人某某等有重整春台班之说，一时震惊其名者，无不日日至大栅栏一带探问，究竟如何，访明续录。

光绪二十六年五月初六日/1900 年 6 月 2 日第 2 版

光绪二十七年(1901)

名伶会串记详

昨为桂仙茶园四园合串,捐助顺直义赈之期。本园小喜凤、何金寿串《小上坟》,流利荡逸,谐谑生风。吕月樵系著名文武老生,演《血溅鸳鸯楼》本其杰出之作,跳桌舞刀尤显男儿好身手。继以春□《金刚钻》,马飞珠之《卖绒花》,一则娇媚玲珑憨态可掬,一则痴肥臃肿丑状多端。白牡丹、小金宝两雏伶,天仙倩来会串演《柳林池》一剧,抑扬激楚,感慨淋漓。惟小□生以家有病人,心绪不宁,先有告假,并亲到本馆缕述歉忱,恳为登报布告看客,并愿初三在天仙本园。(编者按:后漫漶不清。)

光绪二十七年二月二十日/1901年4月8日第2版

添 延 角 色

大新街桂仙茶园,今岁添招新股,竭力整顿,并不惜重金,特倩本园开口跳蒋宝珍北上添聘名角等情,迭详前报。兹悉该园近接蒋伶来函,悉自抵京都后,辗转设法,业已聘定名伶孙菊仙、净角刘永春、花旦路三宝等三人,已付包洋二千元,不日整备行装,假道天津,约于本月底定可抵沪云云。以故园内日来已布置一切以备名角登台,想有周郎癖者当必有一番哄动也。

光绪二十七年二月廿七日/1901年4月15日第2版

小叫天明晚登台

小叫天自杭州回来已静养数日,兹悉定于明晚在丹桂演《四郎探母》。按此戏为该伶生平极得意之戏,轻易不肯演唱,今以丹桂夏氏亲情,故第一夜即演此剧,又悉初五夜演《卖马》,初六夜演《捉放曹》。

光绪二十七年九月初三日/1901年10月14日第2版

金月梅今宵客串

沪上著名女伶金月梅，本太原产，转辗来沪，以唱花旦为时所称。顾该女伶立志甚高，自从今年五月即入学堂读书，凡各园烦其演唱，皆一概婉谢，虽重聘不愿也。兹群仙以演东洋大曲艺，每日夜只演女戏四五出，必须选取精华，方足以餍众望。遂有某贵宦亲往烦请，月梅迫于情面，必不得已，允唱三夜。今晚为第一日，登台演《纺棉花》，明夜《富春楼》，后日《乌龙院》，与郭少娥台串。按少娥亦甫于昨夜始行上台，一旦两美相逢，吾知来观者必有一番热闹也。

光绪二十七年九月初三日/1901 年 10 月 14 日第 2 版

梨园载笔

刘永春为人重然诺，轻财帛，且顾大局，论者谓其气度，一切梨园中殆无其匹。曩在桂仙，取包银二百元，此番应天仙之聘亦不愿加。惟天仙净角向推李长胜，今李去而刘进，刘恐李隐恨也，向园主说明必欲与李同时进班。故园主又聘李到申，至包银之多寡，刘、李同二百元。刘一再谦抑，乃取一百九十元，以示不与李抗衡之意，不矜才使气，不嫉贤窃位，优伶能之尤为难得。

群仙于今夜邀张福宝等会串，故包厢正桌又预定一空。

桂仙吕月樵亦决计进天仙，曾几何时，各名伶又风流云散。回忆小叫天、刘永春搭班时气象，聚散无常不胜感慨。

光绪二十七年十月初八日/1901 年 11 月 18 日第 2 版

汪笑侬烦唱《五毒茶》

伶隐汪笑侬自排演《党人碑》一剧后，声名洋溢，中外皆知。近东瀛友人相率来沪，托觅其底稿，亦可见人之倾倒矣。顾笑侬又善唱老旦，老旦唱口与老生迥异，如欲得其奥妙，较之老生尤难。笑侬擅唱之老旦戏独多，今晚有京友来沪，特烦其演《五毒茶》一戏，按此戏与《八珍汤》皆老旦最难唱之戏，笑侬能之，而从未唱者，亦惮其烦也。今夜第一次演唱，愿与有顾曲癖者共往聆之。

光绪二十七年十月廿一日/1901 年 12 月 1 日第 2 版

孙菊仙重演《杨家将》

春仙所延客串内廷供奉孙菊仙,自中秋开演,以及病愈登台,每遇一戏,靡不认真扮演,竭尽所长。以故观客耳目一倾,无日不座中客满。且多秘本未演之戏以餍沪人士之观听,即如全本《杨家将》一出,合以全园名角如李春来、阎子彬等,益觉有声有色,使阅者心旷神怡。前曾演过,观者咸津津乐道。兹有过客相烦,特于今夜再演一次,“你破工夫今夜早些来”,一语愿以移赠观剧诸君。

光绪二十七年十月廿一日/1901年12月1日第2版

述汪桂芬近状

名伶汪桂芬匪乱以后,久居北京,遇乏资时则上台演戏数日,得钱即止,决不肯多唱也。近至天津演戏三日,演毕仍回京师,平时僧衣僧帽,释氏打扮,手捻佛珠,口宣佛号,不知者固莫识其为菊部中人也。后起中有唱老生名小桂芬者,虽梨园后起,衣钵能传,都人士多奖许之。

光绪二十七年十月廿二日/1901年12月2日第2版

梨园荟志

梨园名角会串,现为第三次。第一次系捐助救济善会,第二次系捐建梨园公所,今第三次系梨园公所善后事宜。昨日值在天仙轮演,袍笏登场,裙屐毕至,卖资至四百四十元,在前两次之上。惟他园名角派而不到,未免失信于人。

汪笑侬扮老旦演《五毒茶》,闻□缓数日。

七盏灯昨夜登台,小别月余,所造益有进境。传闻小叫天有昨赴苏台之说。

春仙今日孙菊仙演全本《杨家将》,闪子拟演《打箱官》,益以白文奎大鼓书,马飞珠摊簧全武行《五虎棍》,必大有可观。

桂仙朱素云登台尚无定期。

光绪二十七年十月廿二日/1901年12月2日第2版

记林宝琴行踪

女伶林宝琴来沪，在群仙园客串各情，本馆曾记雅歌迭奏一则。兹悉打狗桥会仙茶园开张伊始，诸事认真，近以园中角色虽已齐全，然亦多多益善，因慕该伶之名，再四挽人殷殷劝驾，宝琴以情不可却，亦惠然肯来。业已订定合同，因议先客串三天，盖以其母现在吴门，尚须亲往迎归，以便晨昏侍奉。一俟回沪，即当排日登台演唱，以餍观者之望。其客串之第一日演《大水关》、《收姜维》，次晚演《黄金台》，均为该伶拿手戏，台步从容，虽老伶工亦为敛手。一时喝采声，恍如八面春雷，座客更纷至沓来，几无容足之地。说者谓沪上今岁梨园自谭鑫培、孙菊仙诸供奉联袂南来，顿觉十分生色，今女班中又有该伶及群仙之郭少娥辈，东西对峙洵足彼此辉映云。

光绪二十七年十月廿三日/1901年12月3日第2版

顾曲闲情

前夜桂仙脚色除朱素云外，余如林小芬、崔玉楼、小金钢钻等皆初次上台，故看客陡见其盛。

京班戏中生净副末固有分挡，而一出中两角登台更有正角副角之判。正副者，宾主也。如《定军山》之黄忠是正角为主，若赵云则陪黄忠而作，是副角为宾。故赵云应出力之处，须让与黄忠，而黄忠乃显。前夜林小芬扮黄忠，其得神处无论矣，乃看客中有谓赵云不甚出力者岂知言哉。

小金钢钻台步声容可称佳妙，惟配以牛松山扮武生，似嫌参差不类。

光绪二十七年十月廿七日/1901年12月7日第2版

亟须转圜

丹桂因小叫天不肯帮忙，遽搭天仙，因之愤不能平，欲与叫天算帐各节，迭登前报。兹查上海梨园天仙、丹桂两家素称和睦，今因小叫天之故，致生嫌隙。按小叫天于丹桂夏氏本属至亲，其始由桂仙过丹桂时,尚回至桂仙帮忙两日,讵于至亲面上而反漠然置之。或将命者不善措辞,以致生出枝节,亦未可知。所望小叫天尽其在我,始终顾念亲情,毋为桂仙所笑,则丹桂既可交代,而两园之微嫌亦可从此解释矣。不禁企予望之。

光绪二十七年十月廿八日/1901年12月8日第2版

会串又届

今日为□值丹桂四班会串之期,特将戏目照录于下:胡玉山、张永顺、张德福《徐达挂帅》;邱蕊卿、羊长喜《挑华车》;戴玉亭、四盏灯、毕富成《双九件衣》;刘培山、董三唯、冯志奎、筱荣祥《双除三害》;王翠芬、潘少棠、陈桂芬、小子和、小喜禄、沈飘香、李祥麟、小紫英、小保成、薛瑞卿《八潘金莲》;小喜芬、林小芬、小桂芬、小紫英《四定军山》;七盏灯、羊长喜、刘永春、阎子彬《焦孟盗骨》;周双林、小双凤、周凤林、青菊花、小桂凤、金刚钻、三灯盏、小金红、霍玉恒《八美摇会》;三麻子、沈韵秋、刘廷玉、崔玉楼、吕月樵、王益芳、诸寿卿、张顺来、李胜奎、王瑞云、夏月华、李祥麟、张鑫培《四大八蜡庙》;冯志奎、赛阵风、夏月珊、周凤林、林步青、徐丹林、何家声、金阿庆、周双林、羊长喜、刘祥泉、邱凤祥第一本《查潘斗胜》。

光绪二十七年十月廿八日/1901年12月8日第2版

吴门顾曲记

苏垣阊门马路有两戏园,一为大观、一为丽华。自奉谕停止夜演后,只准日间唱演,青阳地新开一园曰天仙,准唱夜戏,故有周郎癖者既可卜昼又可卜夜矣。近日自小叫天进大观后,座客恒满,每日可卖至三百元左右。惟班中名角甚少,只小喜凤、王长林、张燕芳差强人意,故叫天虽至苏台,究因配角太少,尚未能尽其所长,然苏人已趋之。

光绪二十七年十一月初六日/1901年12月16日第2版

顾曲须知

语云“士别三日，便当刮目相看”，而于歌场中亦然。前见公阳里吴宝宝。貌仅中人，歌曲亦未甚出众，昨于某书场听其唱《战长沙》一阕，酷摹汪调，一波三折、响动梁尘。座中喝采声如雷动，几与金小红、洪媛媛辈齐驱并驾，其所造正未可限量，安得以无藉藉名而庸众视之。

又薛文卿前亦不以歌著，昨聆其唱全本《目莲救母》，亦摹汪大头调，颇觉调高响逸。之二者加以磨练，皆歌场之健将也。

光绪二十七年十一月初八日/1901 年 12 月 18 日第 2 版

联志登台

丹桂夏月润病愈，于昨日登台，与小桂凤合演《割发代首》，病后精神愈形矫健。

又闻天仙小叫天初十由苏来申，长至夜登台演唱之说。

光绪二十七年十一月初八日/1901 年 12 月 18 日第 2 版

将逢拉局

每年十一月望后，各戏园案目例有拉局之举，义等抽丰，聊谋卒岁，至此可知岁事之将阑矣。刻下各书场乌师打唱，业已次弟举行，则案目之踵行故事，当亦在指顾间耳。或谓今年名角纷集看客较多，或可较往岁为生色。

光绪二十七年十一月初八日/1901 年 12 月 18 日第 2 版

菊部闲谈

天仙曲色，按部就班者居多，无甚出入。

丹桂自夏月润登台，再加以清客串，故看客较他家为多。

春仙孙菊仙将次停演，故今晚再演《探母回令》一次。李春来自杭州回沪，由京聘来新角色金秀山、德均如、王才宝，明日登台。

桂仙朱素云今夜演《罗成托梦》，唱锁二簧，为小生中最出色之戏。

光绪二十七年十一月初九日/1901 年 12 月 19 日第 2 版

戏馆丛谈

春仙新从北京聘到著名大面金秀山及其子少山,又客串德珺如及小丑王才宝,统于今夜登台。朱素云今夜演《监酒令》,扮刘璋,以朱之仪度扮此等戏必有可观。

十二日,四班在桂仙合演捐助北方棉衣,朱素云亦慨允,台登演《玉门关》一出。

桂仙周双林父子刻又他适,大约又因与小九香龃龉也。王玉芳仍回桂仙。

光绪二十七年十一月十二日/1901年12月22日第2版

名伶云集

春仙新聘京伶金秀山、德珺如于昨夜登台。金演全本《草桥关》,德演《金殿装疯》,此戏为二伶最惬心之作。查二伶本负盛名,而金尤为净角有一无二之材,一昨袍笏登场,喝彩之声不绝于耳,后来者几于无可插足,亦见名可下无虚矣。

光绪二十七年十一月十二日/1901年12月22日第2版

风雅未衰

洪漱芳词史,久溷风尘,香名四播,唱西昆曲为北里艳称。今秋病体缠绵,花枝瘦损,未见芳容者数月矣。前日于绮筵遇之,见其丰神较昔反觉丰腴,惟喉音稍涩。然于灯红酒绿时,一曲当筵,犹胜寻常万万,知非后起者所能望其项背。现居惠秀里,房中陈设精雅,暇时辄调粉弄脂,以书画自娱。李苹香去后,风雅几绝,惟漱芳尚能为中流砥柱。

光绪二十七年十一月十二日/1901年12月22日第2版

无惭班定远

《玉门关》一戏为班定远奉汉天子命至鄯善国,责令朝贡故事。沪上数十年来,因无出名小生,故此戏亦遂无人演唱,且各看客中能举其名者,盖亦不可多得。小生朱素云貌既俊逸,无惭冠玉之称，而儒雅风流，尤为一时无两。以素云演此戏最合身分，其生平自负，本以此戏为第一。今日为桂仙四班合演，捐助北方寒衣，素云愿竭所长，以襄善举，愿抱公瑾癖者，无交臂失之也。

光绪二十七年十一月十二日/1901年12月22日第3版

名角将回

小叫天在苏只唱半月，已于昨日停演，即日起身来沪，有十五到天仙登台之说。故日来园主已饬案目等，提早拉局三日。叫天上台之后不能再拉，恐防生意云。

孙菊仙将次停演，暨开春即赴北京，各情形历登本报。兹悉南府总管太监，已饬传供奉诸伶点名到者，虽属寥寥，然恋辂既回，纵不传宣，亦应伺候。故菊仙、叫天、刘永春、万盏灯辈开春之后决不能久留海上云。

光绪二十七年十一月十三日/1901年12月23日第2版

梨园偶录

春仙孙菊仙与金秀山新排新戏《取南郡》连台四本，于礼拜五夜起演至礼拜一方完。

丹桂夏月润、七盏灯于合串戏无役不从，而管事夏月恒尤必亲到照料，办事认真，为各园之冠。

朱素云于礼拜夜连演两戏，所以报居停主人者至矣，惟此后正值清减之时，全赖一二名角支持。疾风劲草，当于此时验之。

光绪二十七年十一月十四日/1901年12月24日第3版

可称难得

小叫天谭鑫培于冬至后一日由苏来申，僦居大兴里内，兹悉已定今晚登台演《定军山》。小叫天本擅长靠把戏，此尤其杰作。明夜演《卸碑亭》、《金榜乐》，后日演《八大锤》、《王佐断臂》，此二出前住桂仙、丹桂两家时未曾演过。

十九日礼拜轮应在春仙会演，孙菊仙允为帮忙，与白文奎合演

《战蒲关》、《吃人肉》。

光绪二十七年十一月十七日/1901年12月27日第2版

菊部大观

明日日间轮应在春仙会串,且孙菊仙与白文奎合演《战蒲关》,尤为难得。兹将戏目录下:闫子彬《光武兴》,周胜奎《取城都》,小桂凤、小金红《会稽城》,小子和、小保成《打花鼓》,七盏灯、马飞珠《十八扯》,孙菊仙、白文奎、王翠芬《忠孝节》,夏月润、李春来、沈韵秋、赵小廉《连花湖》,谢云奎、筱荣祥《双带箭》,董三雄、谢月亭《连环套》。

杨月楼改姓

杨月楼为十余年前之名伶,兹物故已数载,然海上追梨园遗事者皆知之。昨有某甲忽告人曰:系知杨月楼至沪否。人皆茫然谓杨已死,斥为谰语。甲坚说在沪,并云在三马路已经题有牌子,人皆疑之,遂与甲同至三马路。将及泥城浜,甲指一家曰此非羊月楼乎?同人细审之,盖萃月楼也。萃字草书形似羊字,遂有此误。人皆斥之谓:你纵不识时务,将杨月楼当活的,不应替杨月楼改姓,倘杨月楼有灵,定要与你说话哩。

光绪二十七年十一月十九日/1901年12月29日第2版

雌威不振

名伶小叫天由苏来沪,及隶天仙菊部,并在大兴里赁屋居住等情迭详本报。兹悉叫天所居之屋,适与野鸡妓花黛玉为比邻。讵花夜叉其面,雌虎其名,且恃姘夫某流氓为护符,稍不惬意辄与邻人藉端寻衅,异常凶悍。前日下午因嫌叫天处人多声杂,故态复萌,初尚指桑骂槐,小试其技后,竟拍胸顿足破口辱詈。不料叫天之子及用人等闻,而俱抱不平,攘臂直前。乃花并不退让,唆令水晶宫大队人马围绕扭殴,比及叫天闻声出视,花遂挺身上前,跃跃欲试。叫天以何物雌雉猖獗乃尔,突显拼命三郎《翠屏山》手段,向花掌颊数下，以杀其威，花知非其敌，始为披靡败北而逸。

光绪二十七年十一月十九日/1901年12月29日第3版

寄语周郎同聆新曲

带钩桥会仙髦儿戏园自开设以来，座客常满，致后来者往往无容足之地。近悉该园精益求精，日令各女伶串演新戏，藉广招徕。已由小兰英、小灵芝、月月仙等试演《蝴蝶梦》新戏一出，扮演纯熟，择于本月廿四晚登台以餍阅者。按《蝴蝶梦》乃秦腔中最为出色之戏，十余年前曾经十三旦演过数次，其间情节离奇变幻莫测，与昆班所演，不啻有天渊之隔。想届期凡抱周郎癖者，必当联袂往观也。

光绪二十七年十一月二十日/1901年12月30日第2版

可称偿愿

女伶陆小宝为唱髦儿戏吴新宝之养女，红氍一曲，颇足动人。惟以花信年华，尚复寄人篱下，且又形单影只，防范綦严，未免有小姑居处无郎之憾。嗣见某甲年貌相当，异常羡慕，遂向撩拨，得谐好事。不料事为新宝所知，以小宝既萌二心，复有外遇，准其赎身出外，以免逃遁。小宝闻而喜甚，遂于前日特倩西公和大脚银珠等竭力介绍，允偿现洋八百元并票洋二百元，始得跳出樊笼，与有情人共偿夙愿云。

光绪二十七年十一月廿一日/1901年12月31日第2版

新戏评语

《取南郡》一戏，曩见北京梨园中常演之，而海上则久不闻此名矣，良由此戏非角色齐全不能排演。兹春仙部以名角如林，特排此剧，连台四天。其间如孙菊仙之鲁肃，德珺如之周瑜，俱为一时妙选。前日唱第一本，客有寓目归述者，谓各伶扮演，均臻绝顶，惟后场锣鼓究以此戏未曾演过，以致节奏之不能应手，未免美中不足。又闻春仙此戏底本，系熊文通所有云。

光绪二十七年十一月廿一日/1901年12月31日第2版

名伶行踪

桂仙所聘著名小生朱素云由烟台来沪时,与园主只订一月合同,自上月廿五登台唱至本月廿四日,一月期满。素云之意,期满之后,准先赴苏州一行,访其亲串回沪度岁,再定行止。桂仙主人则以各家聘请名角到园演唱,惟素云于园中最获实惠,一月之内,估计可卖六千余元。

光绪二十七年十一月廿二日/1902年1月1日第2版

梨园琐录

前晚丹桂案目德龙拉局,共售洋二百三十元,颇为润色。

带钩桥会仙髦儿戏园前晚有南汇县某大令午后观剧,因见女伶林宝琴、月月仙合演《四郎探母》一出,有色有声,特命赏洋若干元。当大令入园观剧时,园主并令《跳加官》,以志恭敬。

梆子班伶人某甲当至会仙看白戏,致动众怒,当交管门捕拘送捕房,闻当晚由某乙保出。

二十晚天仙小叫天正演《捉放曹》一剧,讵料炉子脱底,碰翻茶吊,烟雾大作,众人误认失慎,纷纷奔逸,逾时始定。

光绪二十七年十一月廿三日/1902年1月2日第2版

菊部闲谭

春仙名伶孙菊仙、金秀山、德珺如、李春来等定于今夜各演两出,以应某宦之嘱。

桂仙朱素云于廿四期满,廿五帮忙一天,念七起身赴苏客串三日。第一日《辕门射戟》,第二日《玉门关》,第三日《岳家庄》。

新开会仙髦儿戏园今日演《蝴蝶梦》。

光绪二十七年十一月廿四日/1902年1月3日第2版

四班会演只有一天

本埠梨园四家各出名角会串,以卖资捐助北方棉衣。丹桂、桂仙、春仙三家已于上三礼拜演过,明日轮应天仙。兹将戏目照录于后:全班合演《大长春》,陈福奎《太平桥》,筱喜禄、薛瑶卿《双彩楼配》,筱荣祥、董三雄《除三害》,吕月樵、孟鸿芳《鸳鸯楼》,夏月珊、三麻子、万盏、三盏灯《双乌龙院》,刘永春、李长胜《双包案》,七盏灯,小子和、小保成《天水关》,夏月润、刘廷玉、李少棠、沈韵秋《施公案》,谢云奎、刘培山、王玉芳《取荥阳》,谢月亭、李胜奎《八大锤》,邱凤翔、金阿庆《财星照》。包厢五角,正桌四角,边厢三角,起码六十。准十二点钟开锣。

光绪二十七年十一月廿五日/1902年1月4日第3版

观剧丛谈

礼拜六晚天仙小叫天排《碰碑》,未唱,以致观客大为扫兴。唯据闻喉哑系实,故连日只排演靠把武戏。

丹桂日内正当案目拉局,每日总卖二百左右。

春仙近来唱戏极为认真,故座客麕集,无日不为之满。

桂仙朱素云已赴苏州,赛活猴登台首两日尚好,不知能持久否?

群仙自昨日起邀林宝琴、金月梅客串三日。

会仙新排《蝴蝶梦》,观者亦复拥挤。

光绪二十七年十一月廿八日/1902年1月7日第3版

歌成一叹

苏沪有所谓打唱班,以数人坐唱京徽戏曲。凡家有喜庆,或市肆新张,多以此为馈贺之仪。其唱也不特曲文,白口悉本梨园,即笑貌声容亦能于管弦金鼓之中传神学肖,故常人恒乐听之。近日大新街新开福泰烟纸店,其楼上即福安茶居,昨日打唱已至第六天,方唱《取城都》一出,忽然错误,乃改唱焉。未及半而弦索中断,不能合拍,又更张而三唱之。拉胡琴者不觉恨恨,有叹息之声。夫一唱三叹,闻其说矣。未闻三唱而以一叹终者,是可异焉。此以知歌唱之事,虽俗乐末技,精之不易也。

光绪二十七年十一月廿九日/1902年1月8日第2版

行多暧昧

妓女喜狎伶人,此风固不自今日始也,而今日为尤盛。客述前日在南诚信见棋盘街某么二,妓院妓女花韵初珊珊而来,状甚张皇。客甚奇之,以为该妓既非山梁中人,烟馆非其麕集之所,疑其寻客而来。旋见至一烟室中坐定,试瞰之,则榻上横陈者系某菊部之某伶。某伶数年前唱须生,颇著名,因嗜色过甚,喉音中败,现改武行,犹不知悛改,仍与流妓为伍。韵初爱其貌,无夕不往该园看戏,因该伶父教甚严,未能如意,故约伶于该烟馆,订桑中约。韵初柔若无骨,其狎亵之状,不可言喻。见之欲呕,嗣见观者如堵,遂偕该伶徜徉而去。

女伶会串

连日群仙髦儿戏园会串,如金月梅、林宝琴等有声有色,各奏所长,座客恒满,咸赞美不止。而园主人意犹未尽,设法邀请清客串会演。公阳里胡翡云于今晚演《目莲救母》,明晚演《碰碑》,玉兰香、金如意、洪桂芬合演《二进宫》。按胡翡云以善歌著,惟居恒不甚唱,聆其雅奏者甚难,《碰碑》一剧尤非轻易演唱。玉兰香均尤声音宏亮,老于歌场者咸为击节。今得群仙园主同日邀请登台,吾知有周郎癖者,定当争先恐后,勿辜负此佳剧也。良宵多暇,盍往观之。

——光绪二十七年十一月三十日/
1902年1月8日(实际是1月9日)第2版

菊部蜚声

胡翡云本以善歌著于时,其声调酷摹汪大头,然于歌筵,不轻易发声,有周郎癖者往往憾之。前昨两日在群仙会串,客之来观者,纷至沓来,后至者几无容足地。第一夜演《目连救母》,扮演老旦神情毕肖,论者谓大有汪桂芬当年气息。昨晚演《令公碰碑》,是剧极不易唱,近来惟小叫天、孙菊仙能倾动一时,余如汪笑侬辈亦不恒演,翡云居然能抑扬宛转,曲折自如,与叫天、菊仙亦步亦趋,殊觉难能可贵矣。质之老于顾曲者，以为何如？

光绪二十七年十二月初二日/1902年1月11日第2版

会合四班

今日又为四班会演之期，此次会演为四班中人感延陵吴君之情，故同愿相助，演剧以为之寿。盖吴君有周郎癖，凡各园编排新戏，每经其点窜删改，无不应弦合节。今年建造梨园公所，四班会演集资落成，亦吴君赞襄之力居多。余如救济会捐助棉衣，亦从中竭力襄助。梨园子弟皆深感之，故届此岁阑，爰集同志诸名角，假丹桂园会演一天，为吴君寿。嗣后四班不再会演，欲观好戏者，慎勿交臂失之。再是日所排各剧并无更动，皆系诸伶生平得意之作，兹将戏目录下：沈韵秋、赵小廉、夏月润、刘廷玉《四长板（坂）坡》，刘永春、谢云奎《双黑风帕》，七盏灯、小保成《十八扯》，王瑞云、四盏灯《四泗洲城》，小子和、小宝成《打花鼓》，谢月亭、小桂凤《双梅龙镇》。

光绪二十七年十二月初三日/1902年1月12日第3版

藉资陶写

日来各梨园正值案目拉局，故每夕无处不座中客满。

小叫天于初三日停演后，天仙生意尚不十分清淡。

孙菊仙准于初九日停演，自入腊月皆为案目帮忙。

年例十二月望后，各园皆颠倒串戏，本年则丹桂、春仙、桂仙各家均已演过一二出。

光绪二十七年十二月初六日/1902年1月15日第3版

莫辜良夜

春仙孙菊仙演过初九方停演。天仙近日案目拉局，几于无夕不为之满。

丹桂前日为迎春三小林宝珠请客，手帕交之，应召来者约四十余人。昨为李筱卿花四宝请客，到者亦复称盛。

今夕为丹桂帐友打野鸡,所排戏有林步青《荡湖船》,七盏灯、小保成《断后》,小子和《阴阳河》等出。

桂仙今夕邀请客串演《十八扯》及《打棍出箱》两出,又益以《赛活猴》,谢氏父子一阵风全本《西游记》。

光绪二十七年十二月初八日/1902年1月17日第2版

菊部琐谈

孙菊仙在春仙昨晚为乐一夜,唱《朱砂痣》,异常认真,座客亦满。盖过此则不得再聆妙曲矣。

连日丹桂颠倒串戏,如夏月润七、盏灯诸名角或扮大面,或起花旦,诙谐杂出,喝采声如雷动。而昨晚夏月润演《新安驿》一剧,尤为精彩。

白文奎声音宏亮,气足神完,与金秀山、德珺如足可颉颃。

天仙连日为案目拉局,演戏亦格外认真,名角如刘永春、汪笑侬、吕月樵、万盏灯辈所演各剧,应有尽有,非时下之油腔滑调者所可比拟。

桂仙幸有谢云奎《赛活猴》等,竭力支持生涯,已稍能起色。天寒岁暮,特又减价招徕。

雅仙自徐云标停唱,生意甚为减色,台包只卖二角,而观者仍复寥寥,亦可异已!

光绪二十七年十二月初十日/1902年1月19日第2版

雅乐和平聊娱视听

海上各梨园争尚京戏,昆曲如广陵散久矣。虽现有雅仙部,究以土音未能圆转如意,有周郎癖者往往憾之。向例每届岁阑,菊部中人必延请善歌诸清客,演剧数天,一洗俗耳。前昨两日适为天仙部清客演串之期,如拍红、霓裳、锵鸣集诸同人及班中邱凤翔、金阿庆、林步青、周四宝、诸寿卿等清歌妙舞,一片升平,中节应弦,殊非筝琶杂响当场。尤以某君所演《惊变》,风光细腻,描写入神。某君所演《凤仪亭》、《小宴》、《儿女英雄》尽妍极态,又邱君子琴之

《□剑》、《献剑》，姿态雄杰，奕奕如生。至昨晚所演《玉簪记》各出、亦莫不尽善尽美，娱目赏心。而净面某君所唱《训子》、《山门》，亦复声韵宏亮，梁尘为飞，洵皆杰作，宜乎在座之人皆叹为观止也。

光绪二十七年十二月十四日/1902年1月23日第2版

小叫天演令公碰碑

天仙小叫天自初二停演后，本拟俟来正再行登台，兹因有人烦演，故自今夜起连演三天。今夜演《李陵碑》，明夜演《打棍出箱》，十七演《卖马》，三戏皆其杰作，想往观者定有一番热闹也。

光绪二十七年十二月十五日/1902年1月24日第3版

菊部记言

小叫天自昨夜起重演三天，精神矍铄，迥异从前。虽无梅大锁胡琴，而气力充足，圆转自如，故观者均为餍望。今夜演《打棍出箱》，此戏尤其生平杰作，必能竭力献技也。

朱素云前月底赴苏，月朔登台，演至腊八日为止。大观园主一切馈赠，共洋三百余元，为经手人某名伶之叔匿去八十余，致栈用川资，皆素云自出。向之索取，则饰词延宕，再与理论，竟尔一把胸脯，势将用武。嗣经局外不平，代为片送捕房羁押，觅保得释，刻闻亦一同返沪矣，是真无赖之尤哉！

每届年终，各园皆串演颠倒戏，其间实以丹桂为最佳。

光绪二十七年十二月十六日/1902年1月25日第2版

观剧闲谈

自十五夜小叫天在天仙演唱后，此三日中观者异常拥挤，后来者几无隙地可容。春仙首先减价招徕，幸有金秀山、德珺如辈，尚能撑持，不致十分寂寞。丹桂亦认真演唱，今夜夏月润演《打棍出箱》，系不肯常演之戏，经友再三相烦始允。桂仙虽连日生意清淡，今晚王玉芳打野鸡，邀朱素云演《辕门射戟》，此戏为朱生平得意之作,顾曲者当争先往观,必有一番热闹也。

光绪二十七年十二月十八日/1902年1月27日第2版

菊部谭新

小叫天在天仙演唱三天,座客咸争先恐后。第三日演《卖马》,为北来某绅烦演,是戏本为叫天极作,又配以王金林之店东,科插入妙,故叫天亦精神百倍,较前演更觉不同。

昨晚拍红、锵鸣、霓裳集诸君子又在天仙演唱全昆《风筝误》,雅曲和平耐人寻味,有周郎癖皆谓台步声容,皆臻无上妙品。

春仙前日颠倒串戏,如白文奎唱青衫,金秀山唱小面,李春来演胡子生,皆能精妙入神,不可思议。昨晚白文奎、马飞珠之《十八扯》,尤觉绝无仅有。

丹桂于昨夜夏月润演《打棍出箱》,此戏为叫天生平得意之作,夏全摹乃岳字法,故亦异常精彩。

朱素云昨晚在桂仙演《辕门射戟》,英姿飒爽,神气如生,喝采声震如雷动,今夕并有人烦演《玉门关》。

光绪二十七年十二月十九日/1902年1月28日第2版

光绪二十八年(1902)

舞台零拾

春仙控白文奎一案迄未了结,到苏关提,为有力者所阻,刻经英廨重往签提,不知能逮案否。

献岁以来,各戏园生意以天仙为首屈一指,小叫天唱戏较去岁认真故也。又该园汪笑侬赴汉,李长胜停唱,刘永春亦偶沾微疾。孙菊仙近患病甫愈,逐日登台,乃勉力支持耳。

丹桂部不求新颖,规模秩然,自是平稳生意。

桂仙自十三起减价。

光绪二十八年正月十九日/1902年2月26日第2版

定成名角

沪北髦儿戏班向推居住清和坊之大脚银珠家为最老,班中角色众多,生旦净丑,无一不备,历游苏杭各埠,凡抱周郎癖者无不啧啧称之。去岁本埠打狗桥会仙茶园开张伊始,不惜重资聘之回沪,订定合同,全班合演,僦居福州路西公和里。其中如李红玉、红宝、红彩等,王软花姣,久已有目共赏。另有李寿宝者,年甫十二三,丰容盛鬋,向以武旦擅长,惟其性极聪明,以故老旦、须生等角一经指授,辄能举一反三,描摹尽致。前晚唱演《火棍》一出,扮演武生,结束登场,英姿飒爽,矫捷绝伦,座客咸为喝彩。佥谓该伶尚在雏年,已无一不妙,将来日益精进,不难与男班丹桂园之七盏灯彼此辉映云。

光绪二十八年四月十三日/1902年5月20日第2版

能医头痛

孙菊仙之唱戏也,调高响逸,实大声宏,颇得行神如空、行气如虹之概。故小叫天非有梅大锁之胡琴衬托,则不能见所长,菊仙喉音之大能盖胡琴,故无藉乎此也。日前演《奇冤报》,何家声扮张别古,诙谐入妙,中有一段赞菊仙之唱,述老佛爷语谓"人心中如觉气闷或头痛脑胀,只须听菊仙一出,便可霍然,无须服药也",一时楼上下各看客俱为哄然。虽系戏言,却有至理,昔三国陈琳作檄能愈头风,不图此老乃有斯技,遥遥相对足以并传。

光绪二十八年四月十四日/1902 年 5 月 21 日第 2 版

盍观好戏

泰西术士奥乐法能演各种戏法,近因游历来沪,即就宝善街雅仙茶园开场献技各节,早详本报。兹悉连宵所演,神出鬼没,变化无穷,固已有目共赏。以故中西人士之闻信来观者,一至傍晚即纷至沓来,异常拥挤。惟开演戏法须至九点余钟,园主深恐座客呆呆坐等,殊失招徕之道,因是不惜重资,特于前晚为始,添聘寿仙等各著名髦儿戏班,于七点钟开台先演名角戏四五出。复于礼拜六、礼拜,即廿四、廿五两夜,加请北里名花金小桃、金菊仙、陆鸿舫等诸校书,烦演客串。念四夜小桃准演《牧羊卷》,菊仙及其姊二小姐合演《二进宫》,鸿舫演《空城计》,均系出色当行之作,想届时氍毹展□,玉媚花姣,益以各种新奇戏法,必更大有可观诵。破工夫早些来句。寄语欲饱眼福者幸勿交臂失之。

今夜三庆花旦小玉仙登台与朱素云合演《翠屏山》,朱舞单刀,为向所末见。

光绪二十八年四月廿三日/1902 年 5 月 30 日第 3 版

孙菊仙连演二戏

内廷供奉名角孙菊仙自到三庆以来,逐日认真演唱,统计所演,如《奇冤报》、《李陵碑》、《法门寺》等剧,靡不聚精会神,餍人观听。近更益以花脸李连仲为之搭配,更如锦上添花。李伶在内廷供奉凡十有八年,尤为慈圣赏识,其子端得宝,亦复英姿飒爽,矫健绝伦,扮演武生尤臻绝妙。昨夜该园新到花旦小玉仙,登台与朱素云合演《翠屏杀山》，朱扮武生，舞单刀，到沪以来从未演过，此为第一次，故观客尤为拥挤。兹悉明晚有人烦菊仙连演二戏，一为《白门楼》，一为《朱砂痣》，孙辞不获命，只得勉从客请。按菊仙昔在春仙时，亦曾一夜连演二戏，惟一轻一重，配搭均匀。前则两戏均系其生平杰作，良宵多暇，有周郎癖者幸无交臂失之。

夏月润高跳五台

丹桂著名文武老生夏月润扮演《溪皇庄》、《八蜡庙》、《莲花湖》等武剧，皆其生平拿手戏，而《捉拿花蝴蝶》一出尤为出神入化，不可思议。当其最后就擒时，连叠桌子五张，高几二丈，花蝴蝶从上反跌而下，此为月润独有之技，由是连跌五张台之名乃大著。兹以全班即日赴汉，故月润定在明日礼拜夜再演一次，以娱众目。又该园著名花旦路三宝，昨晚唱全本《大铁弓缘》，以前虽亦演过，皆苦于时太促迫，以致不能展其所长。昨日则登台甚早，故能从容演唱，尽善尽美，一时见者俱为喝采不置。

记春仙茶园近况

本埠宝善街春仙茶园自今春孙菊仙、朱素云相继停演后，生意一直清淡，无夕不居四园之末。虽有金秀山之花面，德珺如之小生，非不足冠绝一时，无如看客总不能如前拥挤，是盖由于馆运不佳，“非战之罪也”。兹闻两伶来时皆订半年合同，期满之后，即拟航海入都。故春仙已另延谢云奎、月亭父子二人，又有前曾聘定之小旋风一名，尚未来沪，东隅虽失，补救匪迟，尚望该园主之有以善其后也。又该园前由北京邀来之刘景云、春喜二人，以不能卖钱，业已资遣他往矣。

光绪二十八年四月廿四日/1902年5月31日第2版

观剧志盛

昨夜天仙茶园小连生《灵芝草》，赵小廉、刘廷玉合演《大回荆州》，脚色整齐，铢两悉称，可云一时之盛。

丹桂全班膺汉口满春茶园之聘，当于二十七日演过之后，随乘轮船上驶。惟管事人夏月恒及路三宝至月初方克起身前往，封箱之日仍排演《捉拿》、《前刘海》新戏，其真到底不懈。

丹桂旧址，闻为杭州某园主人杨三及周凤林、何家声等接开，每月租洋八百元。孙菊仙、朱素云、金秀山等均应其聘。

三庆昨夜孙菊仙演《取城都》，起诸葛亮，气象从容，神情闲暇，妙合戏情，斯为能手。

群仙金月海虽停演，尚有郭少娥在，故生涯依然鼎盛。

会仙闻以生意减色，拟即添请名角，不知所请何人。

光绪二十八年五月初一日/1902年6月6日第3版

病体支持

供奉名伶孙菊仙自入三庆园，瞬将匝月，逐夕认真扮演，应有尽有，不肯稍惜精神，因是各观客靡不悦耳赏心，无夕不座为之满。惟菊仙自遭颠沛，狼狈南来，贫病交加，气体益弱，迩以天时不正，调护失宜，月初即患河鱼之疾。然礼拜一夜，犹复连演二剧，极尽所长，似此力疾从公，以视小叫天之偷懒不唱，其宅心之厚薄，相去奚啻天壤耶？(编者按：以下漫漶不清。)

光绪二十八年五月初七日/1902年6月12日第2版

梨园零拾

三庆孙菊仙，自四月初六至今，计已演唱一月有余。兹因患河鱼之疾，日久未痊，特自前日起暂行停演，以资休息。俟病体复元，再行照常起演。

三庆托人聘请路三宝，愿每月出洋一千二百元。三宝专函通知夏月恒，俟得回信再定行止。

春仙熊文通亦托人代为延揽，惟每月只肯出数百元，何去何从，想三宝自有主宰也。

目下惟天仙角色最为齐全：老生则白文奎、筱荣祥，大面则刘永春、刘廷玉，武老生则小连生，武生则赵小廉，花旦则万盏灯，郭蝶仙，小丑则周来全，青衫则薛瑶卿。每日赵嵩绶排戏，配搭均匀，功力悉敌，故尤使阅者动目，宜乎卖资常为诸园之冠也。

三庆自孙菊仙停演，幸尚有朱素云及李连仲父子堪为生色，若聘得路三宝，则更蔚为大观。

光绪二十八年五月十五日/1902 年 6 月 20 日第 2 版

观剧口占赠某女伶

红氍毹上拓枝秋，万玉声中第一筹。湿尽江州衫上泪，可怜人只说风流。

旗亭韵事落人间，卿汝能歌万仞山。解道断肠何处是，黄河如带九回环。萩原居士草。

光绪二十八年五月十五日/1902 年 6 月 20 日第 3 版

剧 场 要 录

孙菊仙停演数日，静心调养病体，渐就痊可。兹悉定于今日起演。

路三宝在三庆搭班一节，迄未定局，因与丹桂尚未接洽也。并闻夏月恒日内有因此事亲莅上海之说。

天仙大大奎官、小小叫天二伶即系赵小廉之二子，兹闻已订立合同接演三个月。

春仙大面金秀山、青衫德珺如去年来沪，只订六个月合同，兹已期满，又在园帮忙数日，业于昨日停演，不日即航海回京。

光绪二十八年五月十六日/1902 年 6 月 21 日第 3 版

名 伶 编 戏

内廷供奉名伶孙菊仙，昨夜重到三庆起演，已登本报。兹悉昨晚所演者为《三国志》全本，自鲁肃请孔明过江起，刘张临江会止。今夜接演《群英会》、《借东风》、《火烧曹孟德》，明夜接演《取南郡》。从一本以下，二本、三本、四本，四本既毕，接连《二讨荆州》、《三讨荆州》、《甘露寺》、《招亲》、《大回荆州》、《气死周瑜》、《柴桑口吊孝》。共计连台二十本,每夜两本,约十日可以竣事。按此戏为孙菊仙、朱素云二人所编,合以李连仲父子二人,角色齐全,有条不紊,有周郎癖者。尚其一往寓目云。

光绪二十八年五月十七日/1902 年 6 月 22 日第 3 版

论上海当合北京名伶创开一戏馆

庚辛之际,上海戏馆凡四家:曰天仙、曰丹桂、曰桂仙、曰春仙。桂仙于今年二月改名三庆。丹桂全班赴汉,继起者名新丹桂,以角色未齐,故尚迟迟登台。此数家中,其最著之伶人亦不过十余辈,此十余辈分布四馆之间,是每家仅得名角三四人。此往而彼来,有散而无聚,故观剧诸公,每以不得极视听之娱为憾。迨去年肇兴四班合演之举,而名角乃得荟萃于一班,然合演岁不过数行,虽偶一寓目,而过焉不留,其不能畅人之视听犹昔也。洎自拳匪肇衅,联兵入城,銮辂西巡,子弟星散,白头供奉流落人间,霓裳羽衣惊为法曲。

庚子以来,北伶之南下者若孙处、小叫天、刘春、万盏灯、余庄、怡云、素云之属更仆难数。既而和局幸成,两宫返跸,北事大定,诸伶之不惯南居者,仍作谋食京师之想。于是叫天、余庄、怡云辈又相率次第北迈。然自去冬以迄今夏,其来者尚络绎于道也。今除刘春、万盏灯与天仙订有合同不计外,余如孙处、素云则均暂时客串也。金秀山、德珺如则甫与春仙期满,怅怅无所之也。路三宝则以丹桂全班赴汉,有所牵制,不欲偕行,亦当另觅枝栖也。益以无事闲居之王才宝,聘而未至之龚处二伶,说者谓若合此数人创一戏馆,不但左视海上,虽北京亦无其敌也。且此数人者,人人有可致之道,既无虑他家之倾轧排挤,即使本资稍有未裕,而登台即可获利,有断然者。此诚千载一时难逢之机会也,世有欲创戏馆者,其亦于鄙言而加之意乎?

光绪二十八年五月二十日/1902 年 6 月 25 日第 1—2 版

梨园要录

孙菊仙因天气渐热，病体不支，故拟俟演完《取南郡》即行停歇。

路三宝之父日前偶患吐血之症，竟于昨日丑刻病殁。

丹桂全班赴汉，其主人乔君亦同往，日前复旋沪，闻系在汉水土不服之故。

七盏灯自到汉口，隶天一园，兹天一与丹桂说妥，留七盏灯演满五个月，与丹桂全班一同回沪，不再到满春。

新丹桂延何家声挡手，大约月初开锣。

天仙灵芝草昨夜演《红梅阁》，观客甚多拥挤。

光绪二十八年五月廿一日/1902年6月26日第3版

雏伶演戏

天仙雏伶小小叫天、大大奎官前登台只演过一次，后遂音沉响斥，几疑广陵散之非复人间。兹探悉此二伶系该园武生赵小廉之子，打鼓阿嵩之孙，与园主人世代相交，故其祖若父亦深愿其出而相助。前有杭州某园托人延致，以时逢炎暑，却之不往。迩因沪上庆典悬灯，先期各路客商麕集，复有某号特为烦演三天，计自昨夜为始，合演《李密投唐》。今夜演《断后》，明夜小小叫天演《鱼藏剑》，大大奎官演《草桥关》，想海上不乏赏音，尚其一往寓目也可。

光绪二十八年五月廿五日/1902年6月30日第3版

记李春来

春仙去年春季生意甚旺，夏暑赔钱，遂致负债甚重，嗣秋冬孙菊仙、白文奎、灵芝草、金秀山、德珺如等一般名角到园，生涯陡有起色，除陆续归还债项外，并得优游卒岁。设使春来此时趁此机会将园授与他人，反主为宾，论其技艺，并不落人之后，做一名大角色，乐得赚受包银，免得担受风火，岂不甚善？而乃见不及此，依旧接开，不及数月，孙、朱停演，金等北上，生意遂从此清减，日甚一日。刻幸添请角色，减价招徕，卖座虽较前稍增然，仍得不偿失。

平心而论,以春仙之角色与春仙之行头仅卖两角,不可谓非便宜。现当夏令,各园主除天仙外,其竭蹶者于发付包银抵押,挪借利钱极重,甚至用人小洋还人大洋,其吃亏之巨,竟较堂子债为尤甚,个中人其何时而脱此陷阱哉?

光绪二十八年五月廿九日/1902年7月4日第2版

记路三宝

路三宝自到丹桂演唱,未及满期,丹桂全班赴汉,三宝不愿同往。只以长用丹桂包银,并逾于合同所订数目,苟三宝不搭他班,丹桂决无他说。迨日前三宝之父又以疾殁,料理丧事需款孔亟,适丹桂主人业已由汉回沪,闻知情形,立刻又送往三百元,不足又送大衍之数。似此情至义尽,故三宝一时实不便遽搭他班。迨后三庆园主张阿六以生意清淡,一再托人说项,拟聘三宝来园帮忙,三宝之意必须归还丹桂之钱,方可他适。讵丹桂以彼此交情甚重,又决计不收,以致三宝亦不能遽允阿六之请。兹闻阿六已改为只请三宝客串十天,庶几彼此两便,不知已有成议否?

光绪二十八年五月廿九日/1902年7月4日第2—3版

路三宝登台演戏

丹桂前在北京聘来之著名花旦路三宝,演唱未久,只以丹桂全班赴汉,三宝遂即停演。嗣经三庆园东张阿六托人一再向三宝说项,邀为帮忙十日。昨悉已有成议,定于今晚登台与朱素云合演《翠屏山》,明夜二人合演《马上缘》,初四夜与孙菊仙合演《乌龙院》。

光绪二十八年六月初二日/1902年7月6日第2版

排场足观

北京著名花旦路三宝近应三庆之聘,客串十天。前日礼拜为登台,第一天与朱素云合演《翠屏杀山》,出台之顷,场中廉幔更换一新,三宝起潘巧云,裙衫前后共换五套,鼓板胡琴以及伺候打扇、倒茶、绞手巾之人,一色靠白夏布长衫,甚为齐整。虽供奉名角如孙、谭等，亦无此排场，云第一夜卖洋约三百圆之谱。

光绪二十八年六月初四日/1902 年 7 月 8 日第 2 版

谈　　剧

三庆孙菊仙言明每月包银二千四百元，至十月廿六，积欠至一千二百元，一再延约不付，是以菊仙自初三夜起即未登台。

路三宝初二起演至昨已三日，色艺均佳，观客颇为哄动。唯以菊仙停演，故素云、三宝亦为之扫兴，均怀中止之思，不知该园主何以善其后也。

瑞德宝已过新丹桂，李连仲及何家声仍在三庆。

群仙帽儿戏，刻虽盛暑，生意并不清减。

光绪二十八年六月初五日/1902 年 7 月 9 日第 3 版

两 心 相 印

连日天仙戏园又排演《铁公鸡》全本，看客甚多，座为之满。至是月初一晚间，适演至第五回时，秦薇云校书亦来该园，与某大人并坐于西首第二末包之内，秋水盈盈直射台上，若有所伺也者。俄而某某两伶一扮张嘉祥，一扮陈国梁在台上争功互扯，其扮陈国梁者忽回顾校书粲然一笑，校书正在双眸炯炯神出于舍之际，见该伶蓦地作此狡狯，遂亦情不自禁，嗤然一声，顿尔瓠犀毕露。于是台下站立之马夫数十辈，睹此情状，即向两人高声喝采。看客亦随而附和，几如八面春雷，校书是至乃红云满颊，大有跼蹐不安之状云。

光绪二十八年八月初四日/1902 年 9 月 5 日第 2 版

光绪二十九年(1903)

女伶乔装雌雄莫辨

男装女扮,女扮男装,扑朔迷离,雌雄莫辨,均属大干例禁。犹忆二十余年之前,有女堂倌周小大易笄而簪,身穿蓝绉皮袍,天青缎马褂,在酒楼征逐。当被包探窥破,拘送公堂请究奉判,荷校示众,自是而女堂倌亦即禁止。近年以来,髦儿戏盛行,本埠老女伶吴新宝在二马路美仙演剧时,曾因改着男衣被捕。拘去详细研诘,见其耳有环眼,额发松松,且演戏时既经将女作男,究与寻常妇女有别,当即释之。使出现在群仙、霓仙各戏园女伶,无不作男子装。妓院中又尤而效之,大有不甘雌伏,愿效雄飞之概。前日清晨,有某女伶头戴黑结小帽,身穿皮袍,足着双梁缎鞋,至浙江里张姓医生处诊疾,旁观者既不知其为女身,该医亦狐疑莫释,旋经随来佣妇述明原委,始各恍然大悟云。

光绪二十九年二月廿四日/1903年3月22日第2版

剧　谈

内廷供奉孙菊仙自辛丑避难南下,始在天仙客串,继隶春仙、三庆,所得包银虽较他人稍丰,然每一登场卖座,辄视他人倍蓰。而孙亦来清去白,纠葛毫无。迨三庆残局难支,尚有包银未清,经人从中转圜,孙即未与计较。迨今奉赴汉,适值三麻子亏累之余,债台高筑,经孙从中竭力,始得脱离。彼方归沪创办云仙,又以三麻子亏负天仙,复一再托人说项,俾在云仙演唱。讵开创未久,股东中即意见不和,闻初议时孙只议定管理后台诸务,而前台人浮于事,帐房多至十余人,血本所关,讵甘缄默,此为股东决裂之原因。迨后由馆主洋东出资整顿,删并各股,全园各事悉委吕月樵管理,孙始获置身事外,得免于谗间之谋。刻悉孙不久当赴普陀进香,先行停演销夏，一俟秋高气爽，再作他图。观剧诸君亟宜趁此良宵，一娱视听，毋使他日抱江上青峰之感也。

光绪二十九年闰五月十五日/1903年7月9日第2版

林黛玉登台

本埠群仙髦儿戏馆，延聘名妓林黛玉于二十一日起登台演剧一节，已纪前报。兹悉第一夜演《算粮登殿》，卖洋三百六十元；第二夜演《苏三起解》，卖洋一百六十元，以傍晚天忽大雨致稍减色；第三夜演《翠屏山》，此戏为沪人所喜观，而又值礼拜六，故依然座为之满。该妓近来习戏颇能专心致志，除说白而论唱工，自是无懈可击，加以该园班底齐整，远过霓仙。如王家武班武戏一剧，本为有目共赏，得此更如锦上添花，自足哄动一时云。

光绪二十九年六月廿四日/1903年8月16日第2版

试听新声

天仙所排《文武香球》一戏，十九日接演第三本，情节灵通，耐人寻味。昨日重演头本，今日接演二本，明日三本，廿三夜接演第四本，此戏为近来新戏中出色之作，其获利可操券也。

天仙自廿三日起至廿六夜止，每日皆有昆戏客串。

春仙近因案目拉桌，所排各戏均系各伶擅长之剧，故靡夕不坐客为满，今夜起演《广西新闻》。

群仙今夜起延张蕊宝客串，不知技艺若何？幸明日即礼拜六，后日礼拜，再得该园名角以辅助之，或足以招徕座客耳。

光绪二十九年十一月廿一日/1904年1月8日第3版

梨园琐录

天仙今夜演第五本《文武香球》。

赓春集借天仙客串，每夜辄卖座至三百数十元，可见此邦酷慕风雅者之多。

昔年有某相士决三麻子云:此人遇三乃发,迨今年在三马路开戏,馆唱《三门街》,居然获利。

春仙《党人碑》新戏,大约须俟案目拉桌完时方能开演。

校书林凤仙昨夜在群仙客串,演《乌龙院》,为其教师某帮忙也。

闻陈凤云、张蕊宝等诸人将于初一日重在群仙会齐客串一次。

光绪二十九年十一月廿七日/1904 年 1 月 14 日第 2 版

风流自喜

赓春集诸君在天仙客串昆戏二夜,行头极为灿烂,共卖洋一千余元,足见雅音古节,自有赏人。友述第三夜演《琴挑》、《茶叙》、《问病》、《偷诗》等出,生旦共换四人,王小山扮书童自始至终,颇觉奔波辛苦。某君演《偷诗》旦脚,其妻妾家人,均在包厢中凭栏眺望,某君甫经出台,皆鼓掌大笑。盖雄飞而忽然雌伏,实属见所未见也。风流韵事,某君诚当之无愧哉。

菊部双声

祥和里林凤仙两次在群仙客串,迭志报端。兹悉凤仙今夜复登台一次,以为教习者帮忙,准演《会稽城》一戏。按凤仙明肌玉质,丰致绝佳,而秋水双眸尤征妩媚,论姿态实在花四宝诸人之上。且于演戏一道专心致志,他日所造正未可限量也。并悉王小宝与之同师,故今夜亦为演《十八扯》一出。

光绪二十九年十二月初四日/1904 年 1 月 20 日第 2 版

告伶人

连日我们报上所载姓祝的控告伶人灵芝草同他姨太太来往,以致他家姨太太逃走的一桩事情,你们大家也该晓得的了。你们唱戏的里头,固然正经的也不少,然而有了两三个坏的,闹了事情出来,大家的面子都不好,所以我要写这篇论告诉你们。总之你们唱戏的人,如果人人是安分守己、各勤各业,亦谁能捕风捉影,赖到你们身上呢？但以这一件事情而论，灵芝草被他自己的车夫做了证见，因此公堂上老爷，先打他二百藤条，限他交人，如果交不出，一定还要比。等到把人找着，审明白果有奸情，一定还要重办。好好人家姨太太，怎么会同你租起小房子来，这事情总说不过去。现在灵芝草押在衙门里受苦，前天打的二百，并不算数，将来定案之时，自然另加责罚。到了此时，你说苦恼不苦恼？然而自己做的事，亦怨不到别人了。从前你们这里头甚么高彩云、霍春祥犯的案，受的罪，你们还有什么不晓得的？何以毫无怕惧？还有人敢来以身尝试，我总猜不出是何道理。现在高彩云已死，霍春祥还在监里，灵芝草尚未定案，这三个人是不用说的了。但是你们同行，据外头说起来，不免还有两个犯这种毛病，一个亦是同人家的姨太太来往，银钱被他私运出来不少；一个还同人家寡妇吊膀子，总之事情未穿，我也不来说破。等他两个自己心上明白，如要改过，并不为迟，倘若不悛，终有恶贯满盈的一日。到那时候虽悔嫌迟，一人做事一人当，谁能来替你呢？因此我特地写这一篇论，专告诉你们唱戏的，大家互相劝戒，已后免得再有这种事情，以为大众削色。要紧！要紧！至于那些官家妇女，亦狠有些不对眼的，过天我亦要写篇把论，说说他们不好之处，告戒告戒他们，你们等着瞧罢。

光绪二十九年十二月初五日/1904年1月21日第2版

观剧剩话

丹桂小桂芬前日试演《连环套》，起黄天霸，精神抖擞、矫健绝伦。配以小保成之窦二墩，可称双绝。

玉仙新聘名旦李荔秋上台客串数日。

各校书在群仙客串卖座之多，自以陈凤云为第一。凤云首次到该园客串，系礼拜二、礼拜三。第一日卖洋二百七十余元，第二日卖二百九十余元，此外诸人极多只卖到二百四十元业已登峰造顶矣。

群仙来岁聘定林凤仙花旦，新春之日，必有可观。

光绪二十九年十二月初五日/1904年1月21日第2—3版

判案详闻

祝姓控伶人灵芝草大姐老三等诱匿其妾一案,前晚已经邓司马提讯,本馆曾将大略情形登之昨报。兹悉前日堂讯时,邓司马先提祝姓家人俞升讯问,俞升供述前情,请为惩办。质之灵芝草车夫,初不承认,司马喝责,始供小房子自六月租起,祝姨太太时常到来等情不讳。质之该伶,坚不承认,司马命责藤条二百,下限令交人,违干重比。提讯阿金小老三,则一概推在大老三身上,谓惟彼乃能知情,于是官判补提大老三到案再核。

光绪二十九年十二月初五日/1904年1月21日第2—3版

梁王余音

天仙所排《文武香球》新戏,刻已排成第六本。

玉仙《三门街》,俟案目拉桌完时即接演第二十一本。

春仙灵芝草虽被逮,有夜来香以承其乏,尚不寂寞,惜秦腔无人耳。

丹桂明日日戏小桂芬、小保成等合演《小连环套》,此戏久无人演,不料诸伶童乃优为之。

群仙自练有小武行一班,大约明春出台。

光绪二十九年十二月初七日/1904年1月23日第3版

观剧之言

天仙连日拉局,生意甚佳,每夜须卖洋四百余元。前晚四盏灯与小连生演《平贵算粮》,足称双绝。楼上两面末包厢,均有妓女凭栏观看。燃点新式洋灯,耀人眼目。台前则有迎春坊张菊仙包台,六张布置精洁,所请姊妹行何止五六十人,颇极一时之盛。

玉仙茶园定于初十晚起邀请苏浙客串,登台演唱昆戏三日。

光绪二十九年十二月初八日/1904年1月24日第2—3版

名园好戏

前日初八,礼拜。丹桂园主为其友延陵君,循向例谋卒岁之资，预排名角好戏，于是日演之而尤以小桂芬、小保成、林路通三人之《连环套》最为特色，故观者颇多，不亚于寻常夜戏之盛。延陵君招使寓目，至则小保珊方演《南天门》，继之以小子和之《杨滚招亲》，均极聚精会神，足以鼓舞观听。惟客串小想九霄之《拾玉镯》一折未见登台，当因日晷短促不及演也。

光绪二十九年十二月初十日/1904年1月26日第2版

异曲同工

天仙茶园新聘须生金娃娃，花旦小金钢钻二人，近已由苏回沪，本定今夜同日登台，适金钢钻抱有微恙，故金娃娃先行起演。该伶神情闲逸，格调沈雄，唱须生颇擅所长，兼习花旦，故后夜排演《十八扯》。

玉仙全昆清客串，本年只有今夜一日，寄声抱周郎癖者，尚其及早往观也。

公阳里翠霞阁主人胡翡云校书，善摹小叫天调，神情又极似之，故《卖马》、《碰碑》二戏尤推独步。兹悉定于月之十五十六两夜至群仙客串，即唱此二戏，顾曲诸君又可一新耳目矣。

光绪二十九年十二月十二日/1904年1月28日第3版

洪媛媛有人点戏

沪妓之以洪媛媛名者共有数人，而以同安里之洪媛媛为最著。同安里洪媛媛往年由津门来申，唱须生，久为时所倾倒。不谓无独有偶，畴昔之夜，有友在天乐窝书场小憩，闻有点洪媛媛书者，媛媛为奏《目莲救母》一出，音节苍凉，声情绵邈，初以为同安之洪媛媛也。及至起视，则面目迥非其人，与迎春四之张云兰殆堪仿佛，而明媚尤觉过之，举止亦落落大方，绝无矫揉造作之恶习。询其里居何所，则以小久安底一家为对，缘该里已有两洪媛媛，故往招侑酒者不能不注明末一家也。

光绪二十九年十二月十三日/1904年1月29日第2—3版

何怪乎爱戏子

某公馆姨太太卷逃,牵涉伶人妓佣一案,闻已可从轻了结,以案情只能作和奸论,而诱匿尤无实据也。溯沪上娼优相狎之始,其端起于李巧林、胡宝玉诸人。当时精选面首,以戏园为衡才之地,于是孙瑞堂、杨月楼实膺其选。厥后月楼至以玷辱清门,罹祸去沪,而其风遂蔓延及今,日甚一日。尝谓此风不特上海,即泰西亦然。泰西之妓女,物色佳遇,不必专注于伶,而衡才必于戏园则一也。马克格尼尔姑娘一遇亚猛于巴黎戏园,再遇于鲁伯懈刚密克戏园,而后得家实瞠配唐色,二人为之作合,此虽其人不类而情事颇同。可知声色之场,男女相悦,中西俱有之。沪上之巨商富绅大半纳妓女为妾,以妓女之质性行妓女之实业,本何择乎伶不伶。

金菊仙串戏传闻

西尚仁里金菊仙,即本馆去年所拔曲榜状元,工唱大小曲三百余出,兼擅串戏。台步声容并皆佳妙,非沈宝玉、张蕊宝等所可同日语也。十月内曾在张园串演一次,迩因姊妹辈竞在群仙献技,菊仙不免见猎心喜。且经乌帅日夜在旁怂恿,于是益怀跃跃欲试之心。惟是重阴弭节,急景催年,顾曲诸君不免因之减兴,则何如改在来春之为愈耶?质之菊仙,谅勿河汉斯言。

光绪二十九年十二月十六日/1904年2月1日第2版

汪笑侬重演《党人碑》

《党人碑》一戏,为伶隐汪笑侬辛丑春间隶天仙时所编,一时名满欧亚,墨客词人争制联语诗章以赠。东洋某报馆并多方觅其副本,亦可见人之倾倒矣。嗣汪伶改隶春仙,去年曾演过一次,并续成后四本。今年汪由汉上归来,久未演及此剧,中西人士属望颇殷,故特于前日为始每日准演一本。汪伶慷慨激昂,固属一时无两,若李春来之扮傅人龙,有声有色,刘廷玉之扮蔡京,李连仲之扮童贯,尤觉声音笑貌栩栩如生。尤妙者至倩孙菊仙起刘铁嘴,诙谐入妙,舌底翻莲,出台说白一段,约历半时之久,更大博观剧诸君之喝彩。昨夜演第二本，今夜演第三本。

光绪二十九年十二月二十日/1904年2月5日第2版

太觉简便

武伶王益芳虽属哑子，而所演各戏，疾如飞鸟，矫若龙蛇，观者无不叫绝。咸谓其如能开口，则较之李春来辈，有过之无不及也。最奇者群仙武班均由王为之教习，殊令人不可思议。某日之晚，丹桂排定《白水滩》，系该伶之青面虎，确系空前绝后之作。讵是夜某伶在玉仙拉局，邀王帮忙，亦排《白水滩》一出，王遂算定时刻，先至玉仙演唱。演毕不及洗面，将风帽裹头外罩一口钟，步行而至丹桂，盖取其简便也。不意途人少见多怪，尾其后者何止数十人，喝彩之声不绝于耳，是亦梨园中之佳话也。故志也。

光绪二十九年十二月廿二日/1904年2月7日第2版

梨园总录

天仙新立金台班童班共有六十余人，其中不乏可造之材，尤以屡串《新安驿》之文武花旦某童伶为个中翘楚。伶年十一，尚未命名，他年一鸣惊人，当不在七盏灯下。

丹桂有老生小桂芬、花旦小子和二人自足撑持不敝，复得武生夏月润、大面小保成等以助之，尤使全班精神一振。路三宝改小生，颇见急流勇退之意。

春仙少一灵芝草客帮，不免为之却步。然名角如林，自非他家所能及也。

玉仙今年惟《三门街》一戏获利。

群仙老生郭少娥、大面金处、武班陈长庚等均属个中翘楚。

光绪二十九年十二月廿四日/1904年2月9日第2版

同文消闲报(消闲录)

《同文消闲报》及《消闲录》是《字林沪报》随报赠送的副刊,中国最早的文艺副刊。1900 年《字林沪报》出售给日本东亚同文书会,1901 年也创办副刊《同文消闲报》,周聘三(病鸳)任主笔。1903 年《同文消闲报》改名为《消闲录》,1907 年,停刊。这里搜集的资料来自《同文消闲报》和《消闲录》。

吴新苗辑录、整理。

光绪二十七年(1901)

天仙部名伶考

天仙部为沪上最老梨园,其剔选角色,排演戏剧,尤属色色认真。昨有自署恋花倦游客将彼部中角色擅演各剧抄录见示,爰即录诸方左,为顾曲诸君告也。

汪笑侬,名僢,号孝农。本社庚子文榜状元,顺天宛平人,年四十四岁。性嗜酒,工诗善书,工唱须生,出程长庚门下,善唱《骂王朗》、《骂阎罗》、《青梅宴》、《龙凤剑》、《马嵬坡》、《鱼藏剑》、《取帅印》、《朱砂痣》,并唱《钓金龟》、《目莲救母》、《十八扯》等戏,而其演全本《四进士》、《八义图》、《查潘斗胜》,并佳皆妙。曾隶天福、丹桂、天宝、天桂、福仙、桂仙诸部。

小连生,姓潘名宗岳,号月樵。本社庚子文榜榜眼,安徽籍,天津人,年三十二岁。好善广义,慷慨有侠士风。工唱《定军山》、《大报仇》、《九更天》、《铁莲花》,并唱秦腔《九件衣》、《汴梁图》、《走雪山》诸戏,其唱《铁公鸡》尤为独出冠时。

三麻子,姓王名洪寿,年五十四岁,徽州人。由徽班出身,善排新戏,工唱《水淹七军》、《观画》、《跑城》、《八蜡庙》、《莲花湖》、《战长沙》、《狮子楼》、《冀州城》、《铁公鸡》、《戏凤》,并唱秦腔《三疑计》、《海潮珠》等戏。

李长胜,天津人,为谢云奎高足,有青出于蓝之概。工唱《探阴山》、《草桥关》、《双包案》、《牧虎关》等戏,其声音之响,竟无其匹。

筱荣祥,广东人,为名伶杨月楼弟子。工唱《四郎探母》、《双带箭》、《十二太保》、《二进宫》、《捉放曹》等戏。

陈俊庭,北京人,原籍安徽,出于荣椿部。幼唱老生,现唱武生,善饮。凡演黄天霸之戏,均出人头地。《白水滩》、《花蝴蝶》、《茂州庙》、《挑华车》、《长坂坡》等剧,皆其所长。

李少棠,北京人,即前天宝园主人。兼唱武生,小生,善演《黄鹤楼》、《连营寨》、《白水滩》、《恶虎村》、《八蜡庙》、《雅观楼》等戏。

程永龙,顺天人,前唱老旦,现唱花面,带演老生、小丑等戏,善演《收关胜》、《白马坡》、《八蜡庙》、《鸳鸯楼》、《翠屏山》、《临潼山》、《海潮珠》等戏。

邱凤翔,苏州人,为著名昆丑小脚蓝之子。善饮,嗜书画,通文墨,无习气。工唱昆生,善演《梳妆》、《跪池》、《长生殿》、《西厢记》、《南楼传》,兼唱《状元谱》、《打金枝》等戏。

白牡丹,顺天人,秦腔旦角,兼演花旦。工唱《三疑计》、《海潮珠》、《九件衣》、《遗翠花》、《富春楼》、《柳林池》等戏。

郭蝶仙,天津人,为名旦郭秀华之子,武旦,带花旦,工唱《泗州城》、《双跑马》,代演《戏凤》、《双沙河》,并演秦腔《海潮珠》、《杀狗劝妻》等戏。

薛瑶卿,号宝生,苏州人。通文字,精音律,工演旦角,《六月雪》、《桑园寄子》、《教子》、《二进宫》、《战蒲关》等戏。

小桂枝,姓田,为名旦周凤林弟子。善演昆旦,如《梳妆》、《跪池》、《小宴》、《絮阁》、《西厢记》、《独占花魁》等,兼演《大嫖院》、《双摇会》、《戏凤》、《打樱桃》等。

吕小卿,苏州人,工演花旦,带武旦,善演《杀四门》、《虹霓关》、《竹林计》、《湘江会》、《嘉兴府》等戏,刀马旦上海仅此一人。

孟鸿芳,顺天人,为名伶孟七之子,工唱丑角,如《贪欢报》、《荡湖船》、《海潮珠》、《查潘斗胜》,又善唱广东腔。

孟鸿荣,为鸿芳之弟,工唱文武老生,善演《独木关》、《泗州城》、《绿牡丹》、《一捧雪》等。

小金宝,系白牡丹师弟,工唱秦腔老生、小生,善演《杀庙》、《海潮珠》、《遗翠花》、《富春楼》、《杀府逃国》等。

周来全,南京人,善唱新戏,有口才。工唱《状元谱》、《打城隍》、《铁公鸡》、《取帅印》、《审头》,兼唱昆戏如《风筝误》等。

周四宝,来全子,名丑姜善珍高足,善昆丑,如《大小骗》、《教歌》、《风筝误》等,《游殿》、《闹斋》、《借靴》、《打差》并唱《铁公鸡》、

《群英会》、《打樱桃》等。

周五宝,四宝之弟,工丑,善演《荡湖船》、《送灰面》、《小上坟》、《钓金龟》、《铁公鸡》,等亦后起之秀。

小牡丹花,苏州人,工唱花旦。能演《打樱桃》、《胭脂虎》、《双摇会》、《荡湖船》、《送灰面》等剧。

诸寿卿,安徽人,文武老生,兼花面,善演《嘉兴府》、《巴骆和》、《白玉带》,而《铁公鸡》尤妙。

董长清为名伶董三雄之子,工唱净,善演《芦花荡》、《长板(坂)坡》、《黄鹤楼》、《铡判官》、《取洛阳》。

徐春发,顺天人,净角,善唱《连环套》、《阳平关》、《下河东》、《四进士》等。

金阿庆,苏州人,昆腔二花面,所演《教子》、《大小骗》、《打差》、《跪池》、《南楼传》等。

刘洪喜,工唱花面,其演《水淹七军》一出,竟无其匹。

佛动心,姓陈,字庆卿,赛活猴门下。兼工文武花旦,工唱《海潮珠》、《泗州城》、《演火棍》、《双摇会》。

王红儿,顺天人,武小花,工唱《盗银壶》、《三岔口》、《恶虎村》、《溪皇庄》。

二秃子,顺天人,武小花,武技出众,其演《双跑马》一剧,尤为独出冠时。

小荣桂,苏州藉,顺天人。武旦,工演《泗州城》、《溪皇庄》、《四美图》、《十字坡》。

光绪二十七年二月十九日/1901年4月7日

续辛丑科梨园庆榜

十七名　夏月华　隶丹桂部。原评:溥;加评:番番娇娇。月华初唱鬚生,后改武生、武二花,演《白水滩》、《挑华车》、《独木关》等,渊源家学,棣华竞秀,皆由夏月恒率领群季怡怡督教,荟萃一园,亦彼中佳话也。

十八名　林步清　隶丹桂部。原评:哲:加评:条条秩秩。步清,吴人,本清客串,工唱滩黄。自姜善珍与周凤林参商后,由邱凤翔邀步清入班习串。初只《落驿》、《游殿》、《荡湖船》三剧,嗣与何家声为伍,凡一切滑稽之戏,无不心领神会,近亦称个中斫轮矣。

十九名　吕小卿　隶天仙部。原评:怡;加评:祁祁迟迟。小卿,淮北人,习武旦,性聪明,兼串武生,唱青衫旦。如《三娘教子》、《祭江》等,音节入妙,《泗洲城》、《摇钱树》最为擅长,若扮新戏中之大姐,宛然小家碧玉。同班徐珍庆搭挡同串,因而成痴病,殊可笑也。

二十名　李春奎　隶春仙部。原评:悖;加评:烝烝遂遂。习净脚,酷似小奎官,为郝福芝快婿,习演《白水滩》、《剑峰山》、《收关胜》、《铁笼山》、《永庆升平》等,颇称纯熟。

廿一名　王翠芬　隶春仙部。原评:辅;加评:爆爆邈邈。青衣旦,小字昭儿,善唱《打金枝》、《落花园》、《宇宙疯》、《六月雪》等。

廿二名　周双林　隶春仙部。原评:舒;加评:绰绰爰爰。唱花旦十年,前颇著声誉,今则渐伤老人矣。演《醉酒》、《翠屏山》、《百花点将》,规模尚在。

廿三名　小双凤　隶丹桂部。原评:颊;加评:皋皋琄琄。唱花旦,与周双林同门墙,皆湖北人。十年前隶天仙时,香名鼎鼎,今隶丹桂,徐娘老大,只做新戏中娘姨大姐而已。其《串珠》八出,尚堪寓目。

廿四名　徐春发　隶天仙部。原评:敬;加评:穆穆肃肃。习文武二花,董三雄之替人也。唱《下河东》、《龙虎斗》、《法门寺》,形神毕肖,近唱新戏《三门街》中刘瑾,更觉有声有色,诚不易得之才。

廿五名　李春利　隶桂仙部。原评:颋;加评:翕翕訾訾。文武二花,唱《夺小沛》、《收关胜》等剧,架子颇具豪猛,去年在丹桂,今隶桂仙,未能契合云。

廿六名　王瑞云　隶春仙部。原评:迪;加评:悄悄惨惨。习武旦,从康黑儿门下演《泗洲城》、《取金陵》、《四杰村》等,有师门气象。

廿七名　郭蝶仙　隶天仙部。原评:蜜;加评:晏晏旦旦。习武旦,兼善串花旦。戏工《泗洲城》、《金山寺》、《贵妃醉酒》等,捧心作颦,颇具媚态。

廿八名　邱蕊卿　隶丹桂部。原评:矩;加评:明明斤斤。蕊卿初习昆贴旦,嗣改京腔花旦,近年因其兄筱卿改习京生,蕊卿亦从而改之。迩在丹桂演《虹霓关》、《双锁山》等,皆能入彀,良由京伶稍具面首,即习花旦,所以小生脚色,竟付阙如。蕊卿改弦易辙,反可生色,较之花旦中象牙饭桶,胜多多也。

廿九名　小金红　隶春仙部。原评:绥;加评:业业翘翘。习京生、梆子小生,与五月仙搭挡演《珍珠衫》、《拾玉镯》、《打樱桃》、《遗翠花》、《青发下书》等,最为擅场。

三十名　赛阵风　隶春仙部。原评:襄;加评:赫赫跃跃。习武旦,小名虎儿,工演《泗洲城》、《朝金顶》、《大卖艺》、《打店》等。

卅一名　孟鸿芳　隶天仙部。原评:谐;加评:诸诸辩辩。名伶孟七之子,习丑脚,妙语解颐,工演《小上坟》、《杀子报》、《串珠》八出等。

卅二名　小秃红　隶丹桂部。原评:窕;加评:谑谑谪谪。初习丑脚,嗣因小桃红被人拐去,遂改习净脚,与菊榜状元七盏灯搭唱,然声难阔而身段架子做工无一可取,较小桃红有天壤之隔。七盏灯之□□□□,信乎搭挡之不可考究也。

卅三名　牡丹花　隶天仙部。原评:昆;加评:蓁蓁孽孽。习花旦,善演《七星庙》、《卖燕脂》、《翠屏山》、《乌龙院》、《游龙戏凤》等剧,天仙自高彩云被逮后,赖有小万盏灯为继,今小万盏灯他适后,虽牡丹花竭意巴结,终难媲美前人。

三　甲

一名　邱筱卿　隶天仙部。原评:戛;加评:兢兢□□。筱卿小名阿增,初习昆班贴旦,名重一时。为人谦恭和蔼。嗣以身材发胖,乃改京腔小生,演剧亦面面周到。噫嘻!昆班脚色寥落如晨星,自周凤林、姜善珍萍飘无定,阿增亦寂处寡俦,迴首昔年,真如天宝宫人谈开元遗事,令人感叹系之。

二名　一千元　隶丹桂部。原评:芾;加评:懋懋慔慔。梆子小生,年尚幼稚与七盏灯搭档,演《拾玉镯》、《佘塘关》等剧,两小无猜,尚堪寓目,将来造就未可量也。

三名　刘燕权　隶桂仙部。原评:济:加评:存存萌萌。京腔文武小生,演《烈火旗》、《寿山会》,能文能武,为京班小生中不易得之才。

四名　阎福海　隶桂仙部。原评:劳;加评:庸庸慅慅。唱丑角如《青云下书》、《遗翠花》、《打樱桃》、《骂阎罗》,滑稽诙谐,不下于马飞珠。或谓然则何意置诸三甲,余曰二甲本无甚区别,必果备格式而已。即如国家考试,侭有二甲不入词林,三甲反登木天,余之定榜则以评语为阳秋,阅者以意会自得之,何必斤斤于二三甲耶?

五名　周四宝　隶天仙部。原评:炽;加评:烛烛炎炎。习丑脚,为周来全长子,从姜善珍门墙。演戏时其冷隽似乃父,诙谐似善珍,亦浑身满脸有戏,令人一见知为伶官也。

六名　谢春恒　隶春仙部。原评:哀:加评:薨薨增增。工唱鬚生,《双投唐》、《文昭关》、《二进官》等,口吻神似月亭,亦谢家宝树也。

七名　何金寿　隶桂仙部。原评:敖;加评:瞿瞿休休。何金寿,丑脚中冷隽者也。搭演《小上坟》、《卖绒花》、《卖脚鱼》、《汴梁城》,皆能诙谐入妙。

八名　徐丹林　隶桂仙部。原评:迴:加评:仇仇敖敖。演《义旗令》、《溪皇庄》、《八蜡庙》等,与吕月樵、沈韵秋联手,尚能合节。

九名　李福祥　隶春仙部。原评:捷;加评:战战跄跄。跌打武二花,为周来全门婿,习串《八蜡庙》、《收关胜》、《土龙山》、《神州桥》等剧。

全名　冯三喜　隶丹桂部。原评:翌;加评:偁偁格格。唱老旦,演《探窑》、《牧羊卷》、《吊金龟》等,虽不及羊长喜,亦老旦中斫手,为小子和之父,有子克家矣。

十一名　孙满堂　隶桂仙部。原评:烝;加评:子子孙孙。习鬚生,演《打棍出箱》、《法门寺》、《定军山》、《文昭关》,台步音节尚称平稳,置之榜后非抑也,取其名姓,恰合本榜颂扬体例。

十二名　常国泰　隶春仙部。原评:康;加评:坎坎壿壿。串跌打武二花,所演《八蜡庙》、《收关胜》、《二龙山》、《白水滩》,与李福祥同功。本榜以孙满堂、常国泰殿榜者,一则取儿孙满堂,一则取国泰民安,深合吉祥止止,颂扬吉语,以符共庆升平之意云尔。

一二三甲共取四十八名,合之前三榜五十二人,边符百伶之数。将来彙成纷墨新谈,即名曰《百伶集》亦无不可。

光绪二十七年三月初四日/1901 年 4 月 22 日

苏台梨园十二花选

绮红词人拟

梅花　清客周凤林

评:缑山之鹤,华顶之云。

诗曰:玉照堂前月未斜,琼灭身世大方家。几生修到瑶琼品,来向人间冠百花。

牡丹　贵客小喜凤

评:神存富贵,始轻黄金。

诗曰:一捻胭脂红未乾,锦袍招飐荡春寒。沉香亭北阑干畔,倾国名花照样看。

兰花　幽客小桂林

评:窈窕深谷,时见美人。

诗曰:空谷佳人时样妆,声容并茂擅当场。阿谁夜把□涎热,斋□荀卿通体香。

梨花　淡客银菊花

评:体案储洁,乘月返真。

诗曰:化身疑是雪衣变,生就腰润润沈乡。瑻煞溶溶良月夜,笙清簧□□霓裳。

榴花　秾客小桂凤

评:少有道契,终与裕逮。

诗曰:珊瑚一树耀续粉,万绿业中独出群。□色勤人心易醉,猩红应妬石榴裙。

荷花　芳客小万盏灯

评:如觅水影,如写阳春。

诗曰:可人玉貌抵倾城,不独神清气更清。唱出西施采莲曲,凌波疑听步虚声。

海棠　娇客小金刚钻

评:如月之曙,如气之秋。

诗曰:娇小年华金屋藏,高烧绛蜡照红妆。瓣香愿借秋阴护,重叩通明上绿草。

桂花　仙客小□才

评:如矿出金,如铅出银。

诗曰:瑞气迎人便不同,此身宜住广寒宫。殷勤为博嫦娥听,飘罢天香曲未终。

菊花　佳客周双林

评:神出古异,澹不可收。

诗曰:漫吹紫玉拍红牙,一串清歌歇众□。标格如君脱尘俗,何须更插满头花。

芙蓉　醉客牡丹红

评:空潭泻春,古镜如神。

诗曰:美人薄暮酒初醒,玉样温存雪样清。菊榜来年谁及写,请君镜下卜科名。

山茶　韵客小玻璃钻

评:落落欲往,娇娇不群。

诗曰:红晕双河醉绮霞,芳姿合向岁寒誇。春风久占群芳谱,岂是寻常儿女花。

水仙　雅客小金凤

评:流水今日,明月前身。

诗曰:省识前身姑射仙,红尘游戏几经年。天然香色都成韵,妬煞花中白杜鹃。

光绪二十七年八月十二日/1903 年 9 月 24 日

光绪三十年(1904)

尊 伶 篇

剑雪生

曩读白太傅《长恨歌》“渔阳鼙鼓动地来,惊破霓裳羽衣曲”,未尝不掩卷长喟曰:禹恶嗜音,汤戒恒舞,有以也。作者其有忧患乎?继读欧阳公《五代史伶官传叙》,痛庄宗之困于伶人,身死国灭为天下笑,乃益惊惧。谓直书不汙,得《春秋》惩恶劝善之旨。虽然,二公信以为明皇、庄宗之天下断送于三五梨园弟子之手乎哉?孟子言:好乐与民同,于王何有?然则是区区者,固不职咎也。古有渴不饮贪泉水者,云足丧清,吴处默饮之而乃以清节显于晋,则何说也?智勇困于所溺,不足为大智大勇言也。明皇雄武天纵,太宗同符开元之治比隆贞观,假使宠杨妃而黜国忠之庸妄,赐安禄山邸于京师而不使领镇范阳,驭高力士、杨思勖诸阉以术,制强藩以恩威,阃内外一以委姚、宋、郭、李,虽旦夜醉骊宫卧,以致垂拱之化,岂足怪哉?庄宗果不忘张承业之警谏,日与郭崇韬、李嗣源辈发愤一德,以图进取,当代诸雄,谁敢抗颜?行则终其身敷粉墨,南面称孤可也。

嗟夫!六经之道同归,而礼乐之明为急,火厄于秦,礼存乐亡,凡二帝三王之所恃,以通天地感鬼神,善民心而荐之郊庙燕飨房中者,其详概不可得闻,仅见于班《志》。读其目者,考声不能通义,孝武始立乐府,配以诗歌,延年、相如之徒各以艺显,制作之遗,千百一存,迄于永安,尚不失意。晋逮元、明,诗歌递富,颂多讽少,古意荡焉。天下善人少而恶人多,彼蚩蚩贸贸者,将何所劝惩也?深识之士忧其然,爰乃设伶部陈往事,教以进退揖让俯仰趋跄之节,导以和雅欢娱激昂愁苦之音,将使后之人视听而思善善恶恶,而徐返其性之本,讬旨至深远也。昔陈旸撰《乐书》,上起唐虞,下讫优戏。

杨诚斋称其放郑一雅不必求之野,征之杞宋而损益,可知益犹心知其意者。余敢创为之说曰:汉代乐府,古乐之变声。晋后乐府,又汉之变。伶部之设,所以救二千年来乐部之失,而隐持二帝三王和同万类之意于不坠者也。今天下之变亟矣,神州陆沈,谁实为之?日俄喋血于东北,英法构衅于西南,莽莽亚陆,一他族之大舞台耳。仆蜀东恨人,羁滞京华,抗怀今昔,悲感杂生,恨不能起祢衡挝鼓,雍门抚瑟,嵇康弹琴,刘琨吹笳,伍胥、高渐离奏箫筑,王嫱拊琶,蔡琰弄十八拍,乱以屈平、宋玉、景差之骚,舒以孙登、陶潜之啸,而并作贾谊、阮籍、杜甫,东汉、北宋、明季党人太学生之哭,借以尽吐胸中之所蓄积,以寄其旷快,俾当代忧时负异之君子,同深义愤,闻风兴起,各洒一掬之泪。提剑四顾,与欧美诸雄纵横逐角于中原,岂不踌躇满志。大丈夫不得已之所为乎?何能作此寂寂英雄,笑人生不闻于时,死不传于后,与草木同腐也。虽然瞽者未足与论五色之章,聋者不足与言箫韶之美,怯者何足与议金革之勇,跛者岂足与期汗漫之游,聚群跛不能得一夸父,聚群怯不能得一乌获,聚群聋不能得一师旷,聚群瞽不能得一离娄,非有以振发之,鼓舞之,针砭之,废疾其何以起也?举世皆废疾,而所谓扁鹊会公者,乃徒深颦蹙额长叹喟于其旁,熟视其颠连疾苦而莫之救,吾哀人类之绝而恨其操术之不仁也。

然则仁之之术奈何,曰:开演说,聋自觉;广报纸,眇能视;振尚武之精神,跛者起行而怯者轻生。言之不足而长言之,将欲以声音笑貌之感人,则莫要于尊伶。仆尝奔驰南北,纵观众伶之技,穆穆肃肃、飒飒奕奕、姗姗嬝嬝、依依脉脉之状,光怪陆离,顷刻异观。如莲华楼阁,弹指涌现之不可端倪。怒骂嬉笑之声,洋洋乎、沨沨乎盈耳其不暇接,俨然古之孝子悌弟、名士佳人萃一室,而相与声欬也。为之起敬起爱,为之抚掌狂笑,触于七情之发而不自知其所以然。有繁弦促管,变徵入声,风雨之骤至如寒猿之啼于峡,如哀鸠别鹄之嘹唳于冥廊,如秋坟鬼聚而夜呼其亲戚,如牧马远嘶万军齐噪杀贼而鼓角为之助也。则又生平读史,悲其志,壮其节,激发咨嗟,思聚所谓忠臣烈士、迁客党人、贞妇侠女,并声一哭,藉以尽吐胸中之蓄积,以寄其旷快而不得者胥在焉。益叹今天下之变之□,教育不兴,民智未启,二十世纪之大惨戏将联翩接演于方来,而未知厌乱之所终极。《乐经》已失厥传,所恃以陶淑斯民者,既令人不堪回首,仅有此绵绵延延一线之留,使忧时负异之士怆然望古,迟以岁月存亡之数,殆又不可知也。悲夫!爰究其颠末,述以长言,副不忍饩羊之义,仁人君子当亦有感于斯文。

光绪三十年七月初五日/1904年8月15日

伶部改良策

剑雪生曰:余著《尊伶篇》,余眦欲裂,余发欲指,余肝肠欲断,余心胆者颤而更不自禁涕泗之横溢也。夫今日我国之最大缺点非教育乎?非教育不能普及乎?庚子以来,旧污虽渐去矣,新机虽渐萌矣,而官吏之顽梗如故,泄沓如故,非无一二冒言维新之人,然大都虎皮马蒙,隼翼燕披,徒工形式而止,未有注意精神者也。新书购阅则禁之,报章稍激则禁之,演说开会则禁之,甚至政治法律为当今至不可缓之学,而某大臣订学章于私立学堂,而亦议禁之。叩之则曰:防流弊也。嗟夫!今日内政之腐败,外交之狼狈,种种流弊,盖有防不胜防者,何转贸贸也。独至入座品戏,则听之忘倦,乐之不疲。夫伶部诚为开通民智之一大端,泰西、日本之名优矜贵特□仆方,欲假其势力以补教育之所不及,岂敢反唇相讥,然衮衮诸公之宗旨,恐有大谬不然者。不过曰取悦吾耳云尔,他非所敢知也。然则直玩物丧志而已,非徒无益,而害且不可胜言也。

夫我国之伶部,例受节制于礼官,各省之提督学院,各府厅州县之教谕训导,皆有奖之励之禁之罚之之主权。其建设之宗旨,不得谓非美善,而复郑重其名曰"高台教化",岂寻常无关紧要之细故乎哉。诚以晚近之风俗日趋于凉薄,无教之社会必流于暴乱,教育既不能普及,于是佐以刑律,刑律有时而穷,于是辅以宗教。刑律之皆穷而生民之祸亟矣,则仍不得不谋教育普及之法,使之见善而劝,见恶而惩,耳濡而目染,魂悸而魄动,徐以化其暴戾恣睢鸥义矫虔之劣性,而渐归于中正纯粹之途,则伶部之功固不可诬也。虽然今日我国之伶部,非具完全教育之资格者也。无完全教育之资格,则感化之势力终觉范围不广,且或有种种流弊,于社会进化之原理不无滞碍之绝大关系,此亦教育……(编者按:后文不清。)

吾闻欧美、日本之名伶皆有教育思想,其人不敢妄自菲薄,国家视之亦甚重,从无以贱类目之者。盖能于社会风俗之大端,多所裨益。诚哉其难能可贵也。我国伶人皆未尝学问之徒为之,于社会风俗之改革,茫乎不知其所以然之故,徒取谐于声音笑貌,抑扬清浊之间,以求悦世俗之耳,而天下之人不顾名思义,亦遂仅于声音笑貌间求之。驯至闾巷之琐谈,闺阃之秘事,亦莫不穷形尽相,心摹力追以求工。而旁观者不引为愧耻,方且拍案叫绝,击节而赞赏之。夫国家之治乱,视风俗为转移;风俗之美恶,视人心为转移;人心陷溺至此,不特无羞恶,亦并无是非。庚子联军之来,家家揭顺民之旗,人人送德政之伞,皆由此无羞无恶,无是无非之奴隶性质扩而充之也。彼辈之视联军亦戏而已矣,夫亦何怪其然哉?夫亦何所容心哉?嗟乎!祸莫惨于亡国,哀莫大于心死,以既死之人心而欲扶垂亡之国,适燕而南辕,避影而疾步,吾见其马愈良者去愈远,行愈速者命愈殆耳矣。(未完)

光绪三十年七月初六日/1904年8月16日

汪笑侬与戏曲改良

汪笑侬长于诗古文辞,于西国法律之学,复剖析毫芒,盖贤而隐于伶官者。庚子国变,感愤扼腕,著哀时七律十数章,缠绵悱恻,幽艳动人。海上志士,争识其面,日有应接不暇之势。尝恨我国教育之不能普及,而党人之祸纷呶不已,日以改良伶部为己任,制《党人碑》数剧。沪汉各埠,业以登演,于赵宋一代内政之腐败,外交之失策,章、蔡、秦、贾诸奸卖国之技俩,元祐、庆历两朝党人之情状,描画尽致,而一出之以嬉笑怒骂。言者无罪,闻者足戒,前事之失,后事之师,可谓能于戏界中放大光明者,真伤心人别有怀抱也。近闻新制佳剧甚多,均不背改良宗旨,今有热心教育注意及此者乎?

仆请执鞭,与诸君子随汪之后。

光绪三十年七月初六日/1904年8月16日

伶部改良策(续昨稿)

若直谓无关宏旨,以为是区区者曾何足比数,非吾辈之所宜黾勉从事,彼既姑妄演之,我亦姑妄听之,人生乐得过且过,何许子之不惮烦也?自为计则甚得矣。人心世道之忧,每下愈况,果何所终极?即有热心改良如汪笑侬,其人者,亦苦于一传众咻,曲高和寡。其如此举世之皆狂,何哉?谚有之:"不有智者劳,焉有愚者福?"盖人人对于群而各有应尽之天职,知识高人一等者责任之重亦往往过人一等。递高递重,其级无算,此社会进化之功例也。古之圣贤豪杰莫不心知其意,不敢放弃其天职。伊尹曰:"予,天民之先觉者也,予将以斯道觉斯民也。非予觉之而谁也?"孟子曰:"夫天未欲平治天下也,如欲平治天下,当今之世,舍我其谁也?"吾以为大固有之,小亦宜然。古人虽难骤及,后人岂可不免世之龌龊者,既不足以语此,而得立凭权主持风化之人或薄为小道,而一笑置之,奈之何民不安肆日偷,蠕蠕蠢蠢,而人格堕落。然则改良之策安出?曰其要目三,其总纲一,不塞不流,不止不行,请就鄙见所及,条列如左或者不仅小补也。

一曰去淫。人生至危险至酷烈,可怖之事未有过于淫者也。古今中外上下数千百年来,曰圣曰贤曰英雄曰豪杰曰仁人曰志士,踵相接项相望,不知其凡几。载之宪章,布之教令,垂之文史,播之声诗,散见之传记,汗牛充栋,又不知其凡几。皆莫不以淫为切戒,大声而疾呼之。然而春宫秽乱,累著于后妃;帷薄不修,习见于世禄。甚至执女手之言,发自临丧之陆;齿妃唇之咏,宣于侍宴之余。"执女手"四句本顾亭林《日知录》。君臣为谑,廉耻道丧,亡国败家相随属,殆难以更仆数。其他佳人才子,露院月厢,私裁芍药,暗谱鸳鸯,死于风流阵,困于温柔乡。饮鸩若饴,而一瞑不悔者,又恒河沙数之不可以升斗量也。呜呼噫嘻!我知其故有非常之才者,必有非常之欲,以非常之才纵日常之欲,而无道德力以为之主,习俗移人,贤者不免,谨厚者亦复为之,彼庸夫俗子不识道德为何物,渎乱伦纪,夫亦何惮不为。坊之坊之,且不免下流之横决,况复设淫辞而助之攻,安得不怀襄滔天胥人类而鱼鳖之也?吾见今日伶部所演之剧,导淫者殆十居二三,上下相安,恬不为怪。道德观念之薄弱,已可概见,而伶部特其代表果。使有所根据,犹可藉寓惩戒,所恨者羌无故实,警恶不足,败俗有余。如《打樱桃》,如《卖燕(胭)脂》,如《四上坟》,如《双摇会》,未能枚举,皆无聊之极,无耻之尤。苟非雷厉风行切实禁止,将来愈趋愈下,变而加厉,无教者将近于禽兽,彼道德薄弱之人亦不免濡染恶习,流荡忘返,甚非所以保种之道也。

一曰存实。董仲舒曰:王者应天以实不以文。殆深恶专制君主之不畏民喦,爰托于不可知之天道以监督之,使之隐有所忌惮,而不敢为虐。识者类能深谅其心,吾则曰:今日非君主专制之为患,而民智不开之为患,使民智而果开也,则虽有十百秦皇汉武其人,皆不能用其压制之力以毒天下。然则吾辈之所急宜注意者,在开化普通之民智可知矣。开化之法,亦曰:以实不以文。而伶部其一端也,何以言之?夫我国下流社会,殆八九为不识字之人,四千年之历史,五大洲之近状,彼固瞠乎不能晓其一。爱国之观念,合群之思想,自治之规则,立宪之问题,彼昏不知复何足怪,教育之所不及者,正赖伶部实演古今之事迹以补之。若者为女戎之祸,若者为宦寺之祸,若者为小人之祸,若者为权奸之祸,方正何以不容,朋党何以被锢,编朝代为先后,俾知沿革,以正史为根据,使谙掌故,忠义之气自油然而生,普通之识亦尽人而有,尚何新政之不能举哉?而今日之伶部,视此何如也?沿讹踵谬,习焉不察,庐山真面风景全非,古人九原可作,吾知当一路哭矣。诬古人犹可说也,诬古人而并诬今人,使之一误再误,不可说也。以□□诸葛亮之儒雅风流,而推卦祭风,直以茅山道士之妖术当;以张飞马武之豪壮忠勇,而战荡、闹馆,直以拳匪无赖之暴动出之……(编者按:后文不清。)

光绪三十年七月初七日/1904年8月17日

伶部改良策(续昨稿)

一曰尚武。今日伶部每日登场所演之剧,武艺殆十居二三,吾尚欲提倡而不能已于言者,宁非多事。虽□彼之所谓武,非吾意中之所谓武,躁而已矣,乱而已矣,形式而已矣。乌睹所谓整齐严肃,而精神团结者乎?吾之所急欲研究而议改良者,则精神上之问题是也。如徒曰形式而止,则彼辈之飞檐走壁,捷于猨猱;拔剑横矛,勇于贲护,纵横驰骤,固已极运动之大观,孰得从而议其后也?然试问座上之客,有闻其鼓鼙之声而思将帅者乎?吾敢断言其无有也。何者?精神不属,以游戏出之,人亦直以游戏赏之而已。虽然究其精神所以不属之故,由来者渐非一朝一夕之故也。盖我国重文轻武之陋制,赵宋以来,七八百年间因沿不改。麻木痿疲之历史,其陶镕化合之力,既已深入士大夫之心,成为习惯,固结而不可解。彼野狐参禅之理学家,又从而倡崇王黜霸之邪说,谓王者耀德不观兵,虽有夷狄,直当以大度容之,化外置之。迨夫交涉事起,相见兵戎,石卵之势,相遇立决,称侄称孙,靦不知耻。乃转而为之说曰:吾将以骄之,而徐乘其弊也。纳款献币,曾不吝惜,又转而为之说曰:吾将以饵之,而谋倍蓰取偿于后也。俄而天子为俘矣。俄而妃后侑酒矣。俄而宗室子孙。骈首就戮,有若犬豕哀哀求为匹夫而不得矣。俄而变服色,异器械,别徽号,屋其社而墟其土矣。而彼高谈性理者,徒奴颜对泣,束手无策,谬诿于天意之无可如何。其上者引节而自裁,以一死塞天下之责;其下者反颜事仇,谓他人父,谓他人母,施施自得而转以明哲保身为解嘲也。国魂既散,国耻何存,事有相因,俗由渐成。嗟乎!辽金元之遗史,脓血殷斑,孰非吾民族肝脑所涂留存之印记乎?殷鉴不远,可为寒心。而孰知夫如狼如虎如蛇如蝎之欧美列强,复踵辽金元之故智,咆哮蜿蜒而来也?而又孰知夫我无血无气无拳勇之同胞民族,不鉴于辽金元之覆辙,酣嬉柔媚如故也?

然则吾以请改良精神上之问题者,可知精神为何,则上所云既散之国魂是也。今日不能遽招之于疆场,不得不急招之戏场。戏场者,耳目之所聚也,耳目之所聚,即魂之所寄也。请诏巫阳而招之曰:西方斯巴达之魂兮,尔怯私斗而勇公敌,尽归乎来,吾与尔两好其勿猜。东方太和之魂兮,尔乐从军而祈战死,大丈夫不当如是哉?尽归乎来,吾与尔切兄弟之孔懹,驱敦恢血,拇逐人之狂獉。南方非律宾之魂兮,尔血战三年以谋独立,吾敬尔爱尔而为尔哀。尽归乎来,勿恋孤岛而徘徊。众灵瞻集,我胚我胎,醉苏梦觉,心旷神开。痛定思痛,然后可以登今日竞争之大舞台,扶敝而起衰也。不然顽钝椎鲁,暴戾恣睢,诲盗而已矣。

嗟夫!去淫也,存实也,尚武也,皆今日改良伶部之三大要目。吾辈所急宜注意者也。虽然,拔本以求木茂,塞源而望流长,必不得之数矣。有总纲焉,不可不察。总纲维何?则禁一切腐败之小说是也。是故有《金瓶梅》等书在,而天下之淫风终不可得而息;有《水浒传》等书在,而天下之盗气终不可得而弭;有种种面壁虚造、无中生有之书在,而天下之大惑终不可得而祛。廓清而辞辟之,拉杂而摧烧之,其有关于世道人心者甚巨,不仅为伶部改良之不二法门也。

光绪三十年七月初八日/1904 年 8 月 18 日

《消闲录》“剧谈”专栏

今夜诸园名角戏

天　　仙

蝶郭仙、赵小廉《义旗令》,万盏灯《鸨儿闹院》,双处《乾坤宝带》,谢云奎、小桂芬《八义图》。

丹　　桂

孙菊仙《奇冤报》,七盏灯《刘提督开吊》,冯志奎、林步青三本《真人不露相》。

春　　仙

沈韵秋《大闹嘉兴府》,彩上飘《新安驿》,吕月樵、刘廷玉《伐子都》。

群　　仙

郭飞仙《取金陵》,金处《草桥关》,花四宝《日月图》。

光绪三十一年七月廿三日/1905 年 8 月 23 日

今夜诸园名角戏

天　　仙

赵小廉、李春利《铁龙山》,小桂芬、李长胜《鱼藏剑》,小连生《九更天》。

丹　　桂

九盏灯《秦琼卖马》,孙菊仙、冯志奎《李陵碑》,夏月润、小子和《马永贞》。

春　　仙

龙长胜《杀女报恩》,汪笑侬《胡迪骂阎》,刘廷玉、盖叫天、沈韵秋《山东马》。

群　　仙

郭少娥、金处《开山王府》,郭飞仙、赛月樵《黄马褂》,花四宝《崔子回朝》。

光绪三十一年八月廿六日/1905 年 9 月 24 日

今夜诸园名角戏

天　　仙

左月春、徐春发《朱砂痣》,小桂芬、李长胜《二进宫》,赵小廉、小连生、郭蝶仙《割发代首》。

丹　　桂

毛仲琪《天水关》,夏月华《溪皇庄》,孙菊仙二本《庚娘》。

春　　仙

龙长胜《鱼藏剑》,盖叫天《蝴蝶梦》,彩上飘《八蜡庙》。

群　　仙

赛者恒《牧羊卷》,郭少娥、金处《金台拜师》,花四宝《玉堂春》。

光绪三十一年八月廿八日/1905 年 9 月 26 日

今夜诸园名角戏

天　　仙

李长胜《铡美封官》,小桂芬《朱砂痣》,赵小廉、小连生、郭蝶仙《回荆州》。

丹　　桂

毛仲琪《目莲救目》,夏月润《高丽国》,孙菊仙、七盏灯头二本《庚娘》。

春　　仙

沈韵秋《长板坡》,汪笑侬《目连救母》,盖叫天《三雄绝义》。

群　　仙

金处《草桥关》,花四宝《少华山》,郭少娥《生死板》。

光绪三十一年八月廿九日/1905 年 9 月 27 日

今夜诸园名角戏

天　　仙

大奎官《空城计》,金牡丹《平贵算粮》,小连生《大名府》。

丹　　桂

夏月润《落马湖》,小子和、孙菊仙、七盏灯头二本《庚娘》。

春　仙

沈韵秋《蔡相府》,汪笑侬《集之结婚》,盖叫天《翠屏山》。

群　仙

陆蘅芳《四郎探母》,花四宝《少华山》,张福宝《十万金》。

光绪三十一年十月廿七日/1905 年 11 月 23 日

今夜两园名角戏

丹　桂

孙菊仙《孔明吊孝》,小连生、冯志奎《赵匡胤下河东》。

□□□□□□、崔灵芝草、汪笑侬《三疑计》,周凤文《游龙戏凤》。

光绪三十二年七月廿五日/1906 年 9 月 13 日

今夜两园名角戏

丹　桂

孙菊仙、小连生、小子和、夏月润、夏月珊、谢云奎《杨家将》。

春　仙

崔灵芝草《三堂会审》,周凤文《风筝误》,赵如泉《溪皇庄》。

光绪三十二年八月初二日/1906 年 9 月 19 日

今夜两园名角戏

丹　桂

小连生、小子和、夏月珊、夏月润《青阳地》,夏月润、谢云奎《花蝴蝶》。

春　仙

崔灵芝草、何金寿《十万金》,周凤文《怕老婆》,汪笑侬《令公碰碑》。

光绪三十二年八月初五日/1906 年 9 月 22 日

今夜两园名角戏

丹　桂

孙菊仙、小子和、夏月珊、小保成《杜十娘怒沉百宝箱》。

春　仙

崔灵芝草《忠孝节义》,周凤文、邱凤翔、何金寿《看香叫喜》。

光绪三十二年八月初六日/1906年9月23日

今夜两园名角戏

丹　桂

孙菊仙《砂朱志》,小子和、冯志奎、小连生、夏月华《割发代首》。

春　仙

周凤文《桂枝写状》,崔灵芝草《苏三起解》,汪笑侬、刘廷玉《空城计》。

光绪三十二年八月初七日/1906年9月24日

今夜两园名角戏

丹　桂

孙菊仙、小子和、冯志奎、夏月润、谢云奎、小连生第二本《烈士投海》。

春　仙

周凤文《子林造反》,崔灵芝草《忠义侠》,汪笑侬、刘廷玉《党人碑》。

光绪三十二年八月初八日/1906年9月25日

今夜两园名角戏

丹　桂

孙菊仙、小子和、冯志奎、夏月润、谢云奎、小连生第二本《烈士投海》。

春　　仙

周凤文《花鼓打》,崔灵芝草大《翠屏山》,汪笑侬、赵如泉《黄鹤楼》。

光绪三十二年八月初九日/1906年9月26日

今夜两园名角戏

丹　　桂

夏月润《花蝴蝶》,孙菊仙、小子和、夏月润、小连生第二本《烈士投海》。

春　　仙

汪笑侬《探寒窑》,崔灵芝草《三疑计》,赵如泉《八蜡庙》。

光绪三十二年八月初十日/1906年9月27日

今夜两园名角戏

丹　　桂

小连生《九更天》,孙菊仙《辕门斩子》,夏月润、小子和、小保山十四《翠屏山》。

春　　仙

汪笑侬《胡迪骂阎》,崔灵芝草《富春楼》,赵如泉《四杰村》。

光绪三十二年八月十二日/1906年9月29日

今夜两园名角戏

丹　　桂

孙菊仙、小连生、小子和、夏月珊、夏月润、小保成《潘烈士投海》。

春　　仙

崔灵芝草《春秋巧配》,汪笑侬、于一楼、熊文通《立宪境》,周凤文《蛇钻七窍》。

光绪三十二年八月廿二日/1906年10月9日

今夜两园名角戏

丹　　桂

孙菊仙、小连生、小子和、夏月润、夏月华、谢云奎、小保成《乌龙院》。

春　　仙

崔灵芝草《蝴蝶杯》,周凤文、邱凤翔、小桂枝《笑笑笑》,汪笑侬《朱砂痣》。

光绪三十二年八月廿四日/1906年10月11日

今夜两园名角戏

丹　　桂

孙菊仙《乌盆说话》,小连生、小子和、夏月润、谢云奎、小保成、小双凤、刘培山《拖油瓶》。

春　　仙

崔灵芝草《翠屏山》,周凤文、邱凤翔、小桂枝《笑笑笑》,灵芝草、汪笑侬《兄妹串戏》。

光绪三十二年八月廿六日/1906年10月13日

今夜两园名角戏

丹　　桂

孙菊仙、小子和《三娘教子》,小连生、小保成、小双凤《九更天》。夏月润、谢云奎《花蝴蝶》。

春　　仙

崔灵芝草《忠义侠》,周凤文、邱凤翔、小桂枝《笑笑笑》,汪笑侬《空城计》。

光绪三十二年八月廿七日/1906年10月14日

今夜两园名角戏

丹　　桂

孙菊仙、冯志奎《葫芦谷》,小子和、小连生、夏月润、小保珊、小保成《翠屏山》。

春　　仙

崔灵芝草、周凤文、汪笑侬、熊文通、邱凤翔《女子爱国》,赵如泉、刘廷玉、一阵风《花蝴蝶》。

光绪三十二年八月廿九日/1906 年 10 月 16 日

今夜两园名角戏

丹　　桂

孙菊仙、小子和、小连生、薛瑶卿双《八义图》。小子和、夏月润、夏月珊、小连生《大少爷拉东洋车》。

春　　仙

崔灵芝草、熊文通《三堂会审》,周凤文、邱凤翔、熊文通、小桂枝《笑笑笑》,汪笑侬《胡迪骂阎》。

光绪三十二年八月三十日/1906 年 10 月 17 日

今夜两园名角戏

丹　　桂

孙菊仙、小子和、小保成、夏月珊《杜十娘怒沉百宝箱》,夏月润、小连生、夏月华、薛瑶卿、胡文忠《收伏王三麻子》。

春　　仙

崔灵芝草、赵如泉、刘廷玉《于一楼割发代首》。

周凤文、邱凤翔、小桂枝《笑笑笑》,汪笑侬、刘子仙《桑园寄子》。

光绪三十二年九月初一日/1906 年 10 月 18 日

今夜两园名角戏

丹　　桂

孙菊仙、小子和、小连生、夏月润、夏月珊、小保成、冯志奎、谢云奎《潘烈士投海》。

春 仙

崔灵芝、汪笑侬《女子爱国》,周凤文、邱凤翔、熊文通《笑笑笑》。

光绪三十二年九月初三日/1906年10月20日

今夜两园名角戏

丹 桂

孙菊仙、小子和、小连生、夏月润、夏月珊、小保成、谢云奎、薛瑶卿《潘烈士投海》。

春 仙

崔灵芝、汪笑侬、周凤文、熊文通《女子爱国》,赵如泉《长板(坂)坡》。

光绪三十二年九月初四日/1906年10月21日

今夜两园名角戏

丹 桂

孙菊仙、小子和、小连生、夏月珊、夏月润、小保成、刘培山《潘烈士投海》。

春 仙

崔灵芝草、赵如泉《翠屏山》,周凤文、汪笑侬、熊文通《立宪镜》。

光绪三十二年九月初五日/1906年10月22日

今夜两园名角戏

丹 桂

孙菊仙、小连生、小子和、夏月珊、夏月润、小保珊、小保成《潘烈士投海》。

春 仙

崔灵芝草、赵如泉《回荆州》,周凤文、汪笑侬、熊文通《立宪镜》。

光绪三十二年九月初六日/1906年10月23日

今夜诸园名角戏

丹　　桂

孙菊仙、小连生、小子和、夏月珊、夏月润、薛瑶卿、小保成《潘烈士投海》。

春　　仙

崔灵芝草《算粮登殿》,赵如泉、汪笑侬《党人碑》,熊文通、邱凤翔《立宪镜》。

群 仙 茶 园

特制广东全新行头,择吉开演。

光绪三十二年九月初七日/1906年10月24日

今夜两园名角戏

丹　　桂

孙菊仙、小连生、小子和、夏月珊、夏月润、薛瑶卿、小保成《抱牌位》、《做亲》。

春　　仙

崔灵芝草、熊文通《三堂会审》,汪笑侬《空城计》,赵如泉《盗御马》。

光绪三十二年九月十一日/1906年10月28日

今夜两园名角戏

丹　　桂

孙菊仙、小连生、冯志奎、刘培山《完璧归赵》,小子和、夏月润、夏月珊《捉拿康八》。

春　　仙

崔灵芝草《蝴蝶杯》,汪笑侬《桃花扇》。趙如泉、一阵风、于一楼《三雄绝义》。

光绪三十二年九月十二日/1906年10月29日

今夜两园角名戏

丹　桂

孙菊仙、小双凤、夏月珊《子胥投吴》,小子和《春秋配》,夏月润《恶虎村》。

春　仙

崔灵芝草、汪笑侬《烈女传》,赵如泉、刘廷玉、彭春芳《伐子都》。

光绪三十二年九月十三日/1906 年 10 月 30 日

今夜两园名角戏

丹　桂

孙菊仙、小子和、小连生、小保成、冯志奎《杨家将》。夏月润、夏月珊夏月华刘培山到底那哈。

春　仙

崔灵芝草、熊文通《汾河》、《打雁》,汪笑侬、小桂枝、王翠芬、何金寿《刀笔先生》。

光绪三十二年九月十五日/1906 年 11 月 1 日

今夜诸园名角戏

丹　桂

孙菊仙《大骂杨广》,小连生、小子和、夏月润、夏月珊、小保成《新出剪辫子》。

春　仙

崔灵芝草、赵如泉、刘廷玉、于一楼《割发代首》,汪笑侬、何金寿《长老乐》。

光绪三十二年九月十六日/1906 年 11 月 2 日

今夜诸园名角戏

丹　桂

孙菊仙、小连生、小子和、夏月润、夏月珊、小保成《潘烈士投海》。

春　仙

崔灵芝草《算粮登殿》,汪笑侬、周凤文《不自由之结婚》。

光绪三十二年九月十九日/1906年11月5日

今夜诸园名角戏

丹　桂

孙菊仙、小连生、小子和、夏月润、夏月珊《潘烈士投海》,孙菊仙《一出祁山》。

春　仙

崔灵芝草、赵如泉《龙凤呈祥》,周凤文、汪笑侬《不自由之结婚》。

群　仙

张福宝、小连奎《算粮登殿》,郭凤山赛月樵、赛胜奎《白水滩》,郭少兰、金处《捉放曹》。

光绪三十二年九月二十日/1906年11月6日

今夜诸园名角戏

丹　桂

孙菊仙、小连生、小子和、夏月润、夏月珊、小保成、薛瑶卿《潘烈士投海》。

春　仙

崔灵芝草《蝴蝶杯》,周凤文、邱凤翔、熊文通、小桂枝《请看大跑马》。

群　仙

赛春恒、金处《取帅印》,张福宝《断桥相会》,郭少娥、郭凤仙、赛月樵《诸仙镇》。

光绪三十二年九月廿二日/1906年11月8日

今夜诸园名角戏

丹　桂

孙菊仙、小连生、小子和、夏月润、夏月珊、小保成《潘烈士投海》。

春　仙

崔灵芝草《失鞋三疑》,周凤文、邱凤翔、熊文通《桂枝写状》。

群　仙

红菊花、小荣仙、小春穆《翠屏山》,张福宝《三娘教子》。

光绪三十二年九月廿三日/1906年11月9日

今夜诸园名角戏

丹　桂

孙菊仙、小连生、小子和、夏月润、夏月珊、小保成《刑律改良》。

春　仙

崔灵芝草《苏三起解》,汪笑侬、周凤文、赵如泉、邱凤翔《十八扯》。

群　仙

郭少娥、金处《打鼓骂曹》,张福宝《拷打检柴》,红菊花《拾玉镯》。

光绪三十二年九月廿四日/1906年11月10日

今夜诸园名角戏

丹　桂

孙菊仙、小连生、小子和、夏月润、夏月珊、小保成、谢云奎、薛瑶卿《新出剪辫子》。

春　仙

崔灵芝草《忠义侠》,周凤文《辕门射戟》,赵如泉、一阵风、刘廷玉《白水滩》。

群　仙

张福宝《忠孝牌》,郭少娥《铁莲花》,郭凤仙、赛月樵、赛胜奎《花蝴蝶》。

光绪三十二年九月廿五日/1906年11月11日

今夜诸园名角戏

丹　桂

孙菊仙、小连生、小子和、夏月珊、小保成、薛瑶卿、刘培山《潘烈士投海》。

春　仙

崔灵芝草《法场祭天》,汪笑侬《胡迪骂阎》,周凤文、邱凤翔、熊文通《夜游新马路》。

群　仙

红菊花《游殿闹斋》,张福宝、小连奎《忠孝图》,金处、郭少娥《金台拜师》。

光绪三十二年九月廿七日/1906 年 11 月 13 日

今夜诸园名角戏

丹　桂

孙菊仙、小子和、夏月珊、小保成《杜十娘怒沉百宝箱》,小连生、夏月润、李祥麟《收伏王三麻子》。

春　仙

崔灵芝草、汪笑侬《烈女传》,周凤文《打花鼓》,赵如泉、一阵风《八蜡庙》。

群　仙

红菊花、小连奎《胭脂虎》,郭少娥《朱砂痣》,郭凤仙、金处、小奎官、赛月樵《双包案》。

光绪三十二年九月廿八日/1906 年 11 月 14 日

今夜诸园名角戏

丹　桂

孙菊仙《蒯辙装疯》,小连生、小子和、夏月润、小保成、谢云奎、小双凤《拖油瓶》。

春　仙

崔灵芝草、赵如泉《割发代首》,周凤文《探亲相骂》,汪笑侬《朱砂痣》。

群　仙

红菊花、郭凤仙、金处、赛月樵、宝胜奎、草上飞《割发代首》。

光绪三十二年九月廿九日/1906 年 11 月 15 日

今夜诸园名角戏

天　仙

四盏灯《新安驿》,金牡丹、小孟七、赛活猴、马飞珠、张月楼《猪八戒做亲》,小客串赵如泉、赵小廉、万盏灯《艳阳楼》。

丹　桂

孙菊仙、小连生、夏月润、夏月华六七本《铁公鸡》,小子和、七盏灯、夏月珊、夏月润《四斗牛宫》。

春　仙

崔灵芝草、周凤文、高德胜《四斗牛宫》,高福安、盖叫天《花蝴蝶》,汪笑侬《目莲救母》。

群　仙

张福宝、小奎官《韩琪杀庙》,红菊花、郭少娥、小连奎、小奎官《洛阳桥》,赛月樵、郭凤仙《花蝴蝶》。

玉　成

唐景云《红梅阁》,李春利《夺小沛》,时慧宝《牧羊卷》,吕月樵、何家声、沈韵秋《目莲救母》。

光绪三十三年正月十三日/1907 年 2 月 25 日

今夜诸园名角戏

天　仙

四盏灯《断桥相会》,赵如泉、赵小廉、金牡丹、小孟七、大奎官《四大金刚》,赵如泉、赵小廉小客串《十八个大好老》。

丹　桂

七盏灯《翠花寄柬》,齐别樵、李春利、何家声、唐景云《三门街》,李春利、王祥云、应宝连、福连《四杰村》,海,小子和、小连生《立志投军》,孙菊仙、薛瑶卿、谢云奎《子胥投吴》,夏月润、夏月珊

《到底哪哼》。

春　仙

周凤文、汪笑侬、邱凤翔、小桂枝《不自由之结婚》,高福安、刘廷玉《伐子都》,盖叫天、彭春芳《四杰村》。

群　仙

张福安、小连奎《算粮登殿》,刘玉香《拾玉镯》。

郭少娥《杀女报恩》,红菊花、郭凤仙、赛胜奎、赛月樵《嘉兴府》。

玉　成

吕月樵、李春利、唐景云、沈韵秋、何家声《三门街》,李春利、沈韵秋、应宝莲、王祥云《收关胜》,吕月樵《吊金龟》。

光绪三十三年二月十八日/1907年3月31日

今夜诸园名角戏

天　仙

四盏灯、小孟七《御林池》,赵如泉、赵小廉、金牡丹、万盏灯《四大金刚》,赵如泉、赵小廉、筱荣祥、小孟七《十八个大好老》。

丹　桂

七盏灯、小连生《弃楚归晋》,孙菊仙、小子和、夏月珊、冯志奎、小保成《儿女英雄传》,夏月润《王老聚会》。

春　仙

周凤文、汪笑侬、小桂枝、孟鸿芳、何金寿《九错十命案》,高福安、盖叫天、彭春芳、刘廷玉《白水滩》,汪笑侬《桑园寄子》。

群　仙

刘玉香、刘玉翠《梅龙镇》,张福宝《双官诰》,郭少娥、小连奎、小奎官《洛阳桥》,草上飞、小春穆、郭凤仙《九龙杯》。

玉　成

吕月樵、李春利、何家声《三门街》,李春利、王祥云、应宝莲《白水滩》,吕月樵、唐景云、海棠红《翠屏山》。

光绪三十三年二月十九日/1907年4月1日

今夜诸园名角戏

天　　仙

四盏灯《锁云香囊》,赵如泉、赵小廉、金牡丹、万盏灯、张书玉《灵祭大出丧》,小孟七、赵小廉、赵如泉《十八个大好老》。

丹　　桂

七盏灯、孙菊仙、小子和、夏月润、夏月珊、小保成、冯志奎第一二三本《儿女英雄传》,小连生大《八蜡庙》。

春　　仙

周凤文、汪笑侬、小桂枝、孟鸿芳、何金寿《九错十命案》,高福安、盖叫天、彭春芳、刘廷玉大《白水滩》、《十一郎做亲》。

群　　仙

刘玉翠《文昭关》,张福宝《韩琪杀庙》,刘玉香《杀狗劝妻》,郭少娥、小连奎、小奎官、阿许妹《男扮女装》,郭凤仙《长坂板》。

玉　　成

吕月樵、李春利、何家声、唐景云《三门街》,李春利、王祥云、应宝莲《红桥赠珠》,海棠红《崔子弑齐君》。

光绪三十三年二月二十日/1907 年 4 月 2 日

今夜诸园名角戏

天　　仙

四盏灯《苏三起解》,赵如泉、赵小廉、金牡丹、万盏灯、金小宝《遇盗奇闻》,小孟七,赵小廉、赵如泉《十八个大好老》。

丹　　桂

七盏灯、孙菊仙、小子和、夏月润、夏月珊、小保成第四五本《儿女英雄传》,小连生《天霸作亲》。

春　　仙

周凤文、何金寿《笑笑笑》,盖叫天、彭春芳《盘肠大战》,高福安、孟鸿芳《莲花湖》,汪笑侬《救母》。

群　　仙

刘玉翠《遇太后》,张福宝《烈女传》,刘玉香《富春楼》,郭少娥、小连奎、小奎官、阿许妹《男扮女装》,郭凤仙《潮金顶》。

玉　　成

吕月樵、李春利、何家声、唐景云《三门街》,李春利、王祥云、应福莲《四杰村》,海棠红《梵王宫》。

光绪三十三年二月廿一日/1907年4月3日

今夜诸园名角戏

天　　仙

四盏灯《烈女传》,赵如泉、赵小廉、金牡丹、万盏灯一本《摇会倒票子》,小孟七、赵小廉、赵如泉《金雁桥》。

丹　　桂

七盏灯、孙菊仙、小子和、夏月润、夏月珊第六七本《儿女英雄传》,小连生、成小保《难中福》。

春　　仙

周凤文、何金寿《笑笑笑》,盖叫天《三雄绝义》。

高福安、彭春芳《挑华车》,汪笑侬《空城计》。

群　　仙

郭凤仙《四杰村》,张福宝《双断桥》,刘玉香《明月珠》,红菊花《胭脂虎》。

玉　　成

吕月樵、何家声头本《戏迷传》,李春利、王祥云《剑峰山》,应宝莲《界牌关》,海棠红《拾玉镯》。

光绪三十三年二月廿二日/1907年4月4日

今夜诸园名角戏

天　　仙

四盏灯、小孟七、小玉翠《平贵算粮》,赵如泉、张月樵《界牌关》,李长胜、筱荣祥、大奎官《失街亭》、《空城计》、《斩马谡》。

丹　桂

七盏灯、孙菊仙、小连生、谢云奎、刘培山《黄鹤楼》,小子和、夏月珊、小保成《阴阳界》,夏月润《花蝴蝶》。

春　仙

周凤文、邱凤翔、熊文通《笑笑笑》,高福安、彭春芳《独木关》,周凤文《夺头彩》,盖叫天、刘廷玉《插花采花》。

群　仙

刘玉香、赛品布《明月珠》,郭少娥、筱菊仙、小连奎、小奎官《洛阳桥》,张福宝《双官诰》。

玉　成

吕月樵、何家声《血溅鸳鸯楼》,沈韵秋、唐景云《割发代首》,李春利、应宝莲《铁笼山》。

光绪三十三年二月廿九日/1907年4月11日

今夜诸园名角戏

天　仙

四盏灯、小孟七、赵如泉《回荆州》,大奎官《子胥过关》,赵小廉、张月楼《茂州庙》,金牡丹、万盏灯《夺头彩》。

丹　桂

七盏灯、孙菊仙、小连生、夏月润《回荆州》,小子和、夏月珊《游龙戏凤》,七盏灯、孙菊仙、小子和、夏月珊《斗牛宫》。

春　仙

周凤文、邱凤翔、何金寿、小桂枝《笑笑笑》,小桃红《双锁山》,周凤文、熊文通《游龙戏凤》,汪笑侬《天水关》。

群　仙

刘玉香《翠屏山》,张福宝、筱菊仙《十万金》,郭少娥、小连奎、小奎官、孙菊奎《游张园》。

玉　成

吕月樵、何家声《目连救母》,李春利、沈韵秋、应宝莲《收关胜》,唐景云《红阁梅》。

光绪三十三年二月三十日/1907年4月12日

今夜诸园名角戏

天　　仙

四盏灯《锁云香囊》,赵如泉、赵小廉、万盏灯、小孟七、徐春发《十八个大好老》,赵如泉、赵小廉《义旗令》。

丹　　桂

七盏灯、小保成全本《英杰烈》,孙菊仙、小连生、小子和、夏月润、夏月珊、小双凤第一本《潘烈士投海》。

春　　仙

周凤文、邱凤翔、王德全《笑笑笑》,小桃红《忠孝图》,汪笑侬《骂阎罗》,高福安客串,小桂枝《金钱豹》。

群　　仙

刘玉香、小奎官《海潮珠》,张福宝、王雅琴、赛吕布《白蛇传》,郭少娥、金处、孙菊奎、红菊花《节义廉明》。

光绪三十三年三月初一日/1907年4月13日

今夜诸园名角戏

天　　仙

四盏灯《东宫扫雪》,赵如泉、小孟七、赵小廉、万盏灯、筱荣祥《十八个大好老》,金牡丹、赛月楼《红梅阁》。

丹　　桂

七盏灯《宿新安驿》,孙菊仙、小连生、小子和、夏月珊、夏月润、小保珊接演第二本第三本《潘烈士投海》。

春　　仙

周凤文、邱凤翔、小桂枝、王德全《笑笑笑》,小桃红《拾玉镯》,汪笑侬《四郎探母》,高福安、盖叫天《拿高登》。

群　　仙

张福宝、小奎官《三疑计》,刘玉香、(金处)、郭凤仙、赛胜奎《割发代首》,郭少娥、刘玉翠《失街亭》、《空城计》、《斩马谡》。

光绪三十三年三月初二日/1907 年 4 月 14 日

今夜诸园名角戏

天　　仙

四盏灯《苏三起解》,赵如泉、赵小廉、小孟七、万盏灯、筱荣祥《十八个大好老》,赵如泉、赵小廉、赛活猴《泗州城》,金牡丹《游园赠珠》。

丹　　桂

七盏灯、夏月润《继业招亲》,孙菊仙、小子和、小连生、夏月珊、小保成、小保珊、薛瑶卿接演第六本第七本《潘烈士投海》。

春　　仙

周凤文、邱凤翔、小桂枝、姜善珍《风筝误》,高福安《血溅鸳鸯楼》,小桃红、刘廷玉、刘燕权《继业招亲》,盖叫天《界牌关》。

群　　仙

刘玉香《恩缝搭膊》,郭少娥、(全处)《群臣宴》,张福宝、筱菊仙、孙菊奎《平贵算粮》,郭凤仙、赛月樵、赛胜奎《四杰村》。

光绪三十三年三月初四日/1907 年 4 月 16 日

今夜诸园名角戏

天　　仙

四盏灯《金钟罩》,赵如泉、李长胜、张月亭《花蝴蝶》,赵小廉、大奎官、筱荣祥、万盏灯《难中福》,赛活猴《芭蕉扇》。

丹　　桂

七盏灯、孙菊仙、小连生、小子和、小双凤接演头二三四本《一口咬死皇甫吟》,夏月润二本《花蝴蝶》。

群　　仙

刘玉香、王雅琴、赛吕布《拾玉镯》,郭少娥、小奎官、小连奎、(全处)、孙菊奎《许阿妹》,郭凤仙、赛月樵、赛胜奎《嘉兴府》。

光绪三十三年三月初五日/1907 年 4 月 17 日

今夜诸园名角戏

天　仙

四盏灯《十八扯》,赵如泉、赵小廉、金牡丹、万盏灯、筱荣祥《十八个真大好老》。

丹　桂

七盏灯《打鼓骂曹》,孙菊仙、小子和《三娘教子》,孙菊仙、七盏灯、小子和、夏月珊全本《惠兴女士》。

春　仙

周凤文、小桃红《蝴蝶梦》,高福安、盖叫天、刘廷玉、孟鸿芳、孟鸿君《巧拿白菊花》。

群　仙

刘玉香、赛吕布《明月珠》,张福宝、小奎官《十八扯》,郭少娥(金处)、孙菊奎、红菊花全本《九更天》。

光绪三十三年三月初九日/1907 年 4 月 21 日

今夜诸园名角戏

天　仙

四盏灯《恩爱夫妻》,赵如泉、赵小廉、金牡丹、万盏灯、筱荣祥、赛活猴、马飞珠接演前本后本《大名府》。

丹　桂

七盏灯、孙菊仙、小子和、夏月珊、夏月润《校书心好也成佛》,小连生、冯志奎、李祥麟、夏月华全本《盗御马》。

春　仙

小桃红、何金寿、刘燕权《新安驿》,高福安、盖叫天、孟鸿芳、孟鸿群、刘廷玉《真人不漏相》,周凤文《官怕老婆》。

群　仙

刘玉香《翠香寄柬》,张福宝、刘玉翠《御林池》,郭少娥、小奎官、红菊花、筱菊仙全本《是是非非明明白白》。

光绪三十三年三月初十日/1907 年 4 月 22 日

今夜诸园名角戏

天　　仙

四盏灯、筱荣祥、张月楼全本《虹霓关》,赵如泉、赵小廉《伐子都》,金牡丹《富贵绒花》,赛活猴《无底洞》。

丹　　桂

孙菊仙《孔明吊孝》,七盏灯、小连生、小子和、夏月珊、小双凤、小保成、谢云奎全本劝人善戏《同胞义气》。

春　　仙

小桃红、刘燕权《日月图》,盖叫天、彭春芳、孟鸿芳、刘廷玉、孟鸿群、何金寿《真人不漏相》,周凤文《胭脂虎》。

群　　仙

刘玉香、小奎官《绒花计》,郭少娥《田单救主》,金处《乐毅伐齐》,张福宝、赛吕布《新安驿》,红菊花《絮阁》。

光绪三十三年三月十一日/1907 年 4 月 23 日

今夜诸园名角戏

天　　仙

四盏灯、赵如泉、赵小廉、金牡丹、万盏灯、赛活猴、大奎官、筱荣祥、李长胜、小玉翠、徐春发《外国皇帝掉枪花》。

丹　　桂

七盏灯、小连生、小双凤《错疑吃错》,孙菊仙《夜审潘洪》,小子和、夏月润、夏月珊、小保成、刘培山《拿康八》。

春　　仙

小孟七、周凤文、刘廷玉《四进士》,小桃红《喜荣贵》,周凤文《堂楼详梦》,盖叫天、彭春芳、孟鸿群《八蜡庙》。

群　　仙

刘玉香、王雅琴《拾玉镯》,张福宝、筱菊仙《双官诰》,郭少娥(金处)、小奎官、孙菊奎、红菊花《许阿妹》。

光绪三十三年三月十四日/1907 年 4 月 26 日

今夜诸园名角戏

天　　仙

四盏灯《汾河湾》,赵如泉、赵小廉、万盏灯、筱荣祥《铁公鸡》,金牡丹《缝束腰带》,李长胜、大奎官《二进宫》。

丹　　桂

七盏灯、孙菊仙、小子和、薛瑶卿、小保成、刘培山接演《男不男女不女》,小连生、夏月润、夏月华《八蜡庙》。

春　　仙

小孟七《秦琼卖马》,周凤文、何金寿《打花鼓》,小桃红、刘燕权《遗翠花》,盖叫天、孟鸿群、刘廷玉《花蝴蝶》。

群　　仙

小白文奎、小春穆《天山关》,刘玉香、小蓉仙、孙菊奎、小奎官、王雅琴《翠屏山》,张福宝、筱菊仙《忠孝牌》,郭少蛾(全处)《群臣宴》。

光绪三十三年三月十五日/1907 年 4 月 27 日

今夜诸园名角戏

天　　仙

金牡丹《海潮珠》,四盏灯、赵如泉、赵小廉、筱天仙、金牡丹《海潮珠》,四盏灯,赵小廉、周福全、徐春发《溪皇庄》。

丹　　桂

七盏灯、小保珊《十八扯》,孙菊仙《碰李陵碑》。

孙菊仙、小连生、小子和、夏月珊、夏月润《大少爷拉东洋车》。

周凤文、小桂枝《送花楼会》,黑灯、盖叫天、孟鸿群《金雁桥》。

群　　仙

小白文奎(全处)《乐毅伐齐》,刘玉香、小连英、小奎官《海潮珠》,张福宝、筱菊仙、小奎官《算粮登殿》。

光绪三十三年三月十六日/1907 年 4 月 28 日

今夜诸园名角戏

天　仙

四盏灯《烈女传》,赵如泉、赵小廉、筱荣祥、徐春发、马飞珠第三本《铁公鸡》,金牡丹、万盏灯《夺头彩》。

丹　桂

七盏灯、孙菊仙、小连生、小子和、夏月珊、夏月润、夏月华、小保珊、小保成、冯志奎、张顺来头二本《铁公鸡》。

春　仙

黑灯《金钱豹》,小桃红《明月珠》,小孟七《开山府》,周凤文、何金寿、孟鸿芳、邱凤翔、姜善珍二本《许阿妹》。

群　仙

刘玉香《遗翠花》,小白文奎《鱼藏剑》,张福宝、小奎官《韩琪杀庙》,郭凤仙、赛月樵、赛胜奎《四杰村》。

光绪三十三年三月十七日/1907年4月29日

今夜诸园名角戏

天　仙

四盏灯、毕富成《蝴蝶梦》,赵如泉、赵小廉、筱荣祥、万盏灯第五本《铁公鸡》,金牡丹、大奎官、马飞珠《宋十回》。

丹　桂

七盏灯《送夜明珠》,孙菊仙、小子和、夏月珊、小双凤、小保成《怒沉百宝箱》,小连生、夏月润、刘培山四本《铁公鸡》。

春　仙

周凤文、小桂枝、邱凤翔、姜善珍《风筝误》,黑灯、盖叫天《白水滩》,小桃红、刘廷玉、孟鸿芳、刘燕权《余塘关》。

群　仙

刘玉香、郭凤山(全处)、宝胜奎、草上飞、赛月樵《割发代首》,张福宝《春秋配》,郭少娥、红菊花《铁莲花》。

光绪三十三年三月十九日/1907年5月1日

今夜诸园名角戏

天　　仙

四盏灯《东宫扫雪》,赵如泉、赵小廉、筱荣祥、马飞珠、徐春发第七本《铁公鸡》,大奎官、金牡丹《三娘教子》。

丹　　桂

孙菊仙、七盏灯、小连生、小子和《目连救母》,孙菊仙、小连生、夏月润、夏月珊、夏月华第七本《铁公鸡》。

春　　仙

周凤文、何金寿《顶花砖》,小桃红、小孟七、刘燕权、孟鸿芳、何金寿《蝴蝶梦》,黑灯、吕月来、孙剑芬《反山东》。

群　　仙

刘玉香、赛吕布、小兰仙《杀狗劝妻》,(全处)郭小娥《法门寺》,张福宝、小奎官《汾河湾》,红菊花、王雅琴《双摇会》。

光绪三十三年三月廿一日/1907 年 5 月 3 日

今夜诸园名角戏

天　　仙

四盏灯《苍蝇报恩》,赵如泉、赵小廉、筱荣祥、马飞珠、徐春发第八本《铁公鸡》,大奎官、金牡丹《割发代首》。

丹　　桂

孙菊仙、七盏灯、小连生、小子和《四斗牛宫》,孙菊仙、小连生、夏月润、夏月珊、夏月华第八本《铁公鸡》。

春　　仙

周凤文《卖身投考》,小桃红《金钟罩》,小孟七《打渔杀家》,何金寿、邱凤翔《滑头麻子》,黑灯、孟鸿芳《八蜡庙》。

群　　仙

刘玉香《蝴蝶梦》,郭少蛾(全处)《升官图》,张福宝、王雅琴《血手印》,红菊花《打花鼓》,小白文奎《二进宫》。

光绪三十三年三月廿二日/1907 年 5 月 4 日

今夜诸园名角戏

天　　仙

小孟七、赵如泉、万盏灯、金牡丹、筱荣祥、徐春发、张湧泉、马飞珠全部《宋江吃屎》,赵春奎《搜杯代戮》。

丹　　桂

七盏灯、孙菊仙、小子和、夏月珊、小保成、小双飞《沉香床》,小连生《桑园寄子》,夏月润、冯志奎《立合同》。

群　　仙

陆蘅芳、洪兰芬《桑园寄子》,红菊花、小连英、小奎官《杀妻回朝》,郭飞仙、小蓉仙、赛月樵、赛胜奎《莲花湖》。

春　　桂

紫金仙双《断桥》,小桃红、小金红《蝴蝶梦》,沈韵秋、谭月明、赵春庭、七仙旦《八蜡庙》,筱小桂芬《文昭关》。

光绪三十三年九月初四日/1907 年 10 月 10 日

今夜诸园名角戏

天　　仙

小孟七、赵春奎《桑园寄子》,赵如泉、徐春发、张湧泉《伐子都》双《掛帅印》,李长胜《御果园》,何金寿、万盏灯《蛇钻七窍》,金牡丹《池水驿》,筱荣祥《空城计》。

丹　　桂

七盏灯、孙菊仙、小子和、夏月润、夏月珊、小保成、小连生特别改良新戏《蓝桥别墅》,小连生、夏月珊、夏月华、冯志奎、张顺来文武新戏三本《铁公鸡》。

群　　仙

陆蘅芳、洪兰芬、小来全《四郎探母》,小连奎、金处、小蓉仙、王鸿仙《搜孤救孤》,王雅琴、赛吕布、小春穆《回荆州》,郭飞仙、赛月樵、赛胜奎、草上飞、郭飞云《红桃山》。

春　　桂

紫金仙《杀狗劝妻》,筱小桂芬《黄忠代箭》,小桃红、小金红《红梅阁》,刘廷玉、赵春庭、七仙旦《大兴梁山》,谭月明、沈韵秋《收关胜》,刘鸿升《威镇草桥关》。

光绪三十三年九月初十日/1907年10月13日

今夜诸园名角戏

天　仙

小孟七、筱荣祥、徐春发《战长沙》,赵春奎、金牡丹、马飞珠《滚钉板九更天》,万盏灯、何金寿《卖身投罪》。

丹　桂

孙菊仙、七盏灯、小子和、夏月润、夏月珊、小保成《穷花富贵》,小连生、冯志奎、小双凤、羊长喜《滚钉板九更天》。

群　仙

金宝芬、小连奎、小奎官、王雅琴《拜寿算粮》,翁梅倩、小春穆、小来全《秦琼卖马》,小兰芬、宝胜奎《独木关》,郭飞仙、赛月樵、小蓉仙、赛胜奎、草上飞大《泗洲城》。

春　桂

沈韵秋、筱小桂芬、谭月明、李福祥《鼎足三分》。

紫金仙、七仙旦、刘全瑞、冯二菁《樊江关》,小桃红《花云招亲》。

光绪三十三年十月廿二日/1907年11月27日

顺天时报

《顺天时报》，创刊于1901年（光绪二十七年）10月，1930年3月26日停刊，日本人在北京创办的中文报纸。社长、主编皆日本人，编辑也多为日本人。内容有宫门抄，上谕，各地通讯，小说，文苑，时事要闻，京师要闻等。《顺天时报》为日本外务省所办，具有日本半官方性质，其言论之宗旨常涉中国内政，也是日本在中国搜集政治经济情报，进行文化渗透的一个平台。但是在北京地区历时较久并发行量较大，也记载着大量戏曲史料，更设有《花界外稿》、《剧评》等专门登载伶人事迹及戏曲评论的栏目。国家图书馆缩微阅览室所藏《顺天时报》存1905年至1930年，有缺刊。

吴新苗据此辑录、整理。李红佳、马晓慧亦参与资料搜集。

光绪三十二年(1906)

佩仙鄙劣

介公

王佩仙在伶界中也可手(首)屈一指,但近来品很卑下,思想也很薄弱。遇着自己的客人,固然伸手就要钱,且不必提。最奇的是见了客人的朋友,不问人家赏识不赏识他,不管人家愿意不愿意给,也是满身摸索,拿到就不还。

前次有人在佩仙处摆酒,有许多朋友都带着金丝眼镜,内中有某君眼镜最为特色,佩仙眼光极灵,辨认出那副是真金丝眼镜。便满脸堆着笑容,向某说道:“你眼睛很好,带眼镜干吗呀?给我带罢。”一面说,一面便伸手向某君脸上,夺下那眼镜子带在自己眼上,左顾右盼得意的了不得。某君是近视眼,不能一刻离开眼镜,但因碍着主人的面子不便拦住,只可由他得意。

那知佩仙竟安然带着,老不摘下来。过了多时,席已将终,又向某君道:“你用不着,我带着却很好,你送给我罢。谢谢您呐。”某君假装听不见。

末后散席,某君的朋友私下告佩仙道:“某人是近视眼,不能一刻离开眼镜,你快还他罢。”佩仙无奈,大失所望,又停了一会把眼镜脱下,在手中弄了一弄递给某君。故意装作惊状,向某君道:“对不起您呐,眼镜断咯。”某君接到手中一看,果不其然,眼镜已成两段。心中虽暗知是佩仙出于故意,但因碍着主人的面子,也不便挑他的眼,便不言语散了。

相工是侑相酒觞的乐工,见了老爷们,应当怎样的小心伺候,至于客人的朋友更应当加十二分的小心,应酬圆到、言语谦和,是相工的本分。况且佩仙不是无名小卒,一切侑酒的规则,那一件是应当作为的,那一件是不应当作为的,都得处处留神。就是客人格外优待他,或是客人的朋友格外优待他,不把他当作相工,认他为琴友,他也不可失他本行的规矩。即便有时有债务难偿,也只可私向客人婉商,倘不给他,也不可疏懒应酬,须尽他相工的本分。就是客人的朋友,除非真赏识他,赠给他物件,他方可收受。那儿有自己动手硬夺人家的眼镜,就想不还人家,旁人令他缴还,他竟敢毁坏折断人家的物件,有这等情理吗?

现今相工,一天退化一天,有一班不明礼节的真不成相工了。从前相工见了客人,必定要请安问好,为的是有了礼节,自然没有非礼的举动。到后渐渐的养成骄纵性,所以一天不如一天了,惩一警百,当相工的应把佩仙为戒。

光绪三十二年十二月三十日/1907年2月12日第4版

光绪三十三年(1907)

票友麴部为江北赈捐唱义务戏

本月十一日,票友和麴部在前门外取灯胡同同兴堂,会议各尽义务,演戏集资赈捐,并由王子真君邀约报界中人,帮助排印戏单捐款单等事。一时会集的五六十人,发起代表的是赵子奇、乔荩臣、程启元、于焕章、李毓臣、田际云、穆文熙、杨朗轩八人。当时在下也在座,并把所编的《女子出洋》新戏交给田际云,虽未必能唱,意思还可用,今一并记在下边。(编者按:以下是《女子出洋》戏文,略。)

光绪三十三年正月十四日/1907年2月26日第5版

请看文明戏园

北京戏园,座落一切,实在是太野蛮。本报屡次鼓吹,总得大大改良,戏界方能有进步。前天在同兴堂,晤见雷震远君,知道已在四珠市口煤市街南口外天和馆旧址,另行建造新式楼房。仿照上海戏园办法,池子内一律陈设方桌圆椅,楼上分出一间一间的包厢,所有板墙都是斜的,免得遮断视线。正楼分两层,前边低后边高,规模阔大,形式整齐。宽筹基本金二万两,定于本月十六日开工,大约三月间便可开戏,名叫"文明茶园",再唱文明的新戏。园中满装电灯,添演夜戏,进门买票,每天限定卖多少票,卖完便停止,闲人不准乱进。楼上专卖女座,楼下专卖男座。呈请警厅实力保护,并陈列果点等等。用新式铅字戏单,戏价茶钱,都明定规则,排印在戏单上,令人一望而知。大约正东戏价,铜子二十余枚,茶资两枚;边厢减半,楼座加半。务令秩序整齐,规则完善,借文明戏曲开多数民智,亦是社会进化的大助动力。

查这文明戏园,有六善:一、买票入门,不致纷乱;二、座有定位,不致拥挤;三、男女分坐,不致混杂;四、添卖夜戏,不致旷时废业;五、遍设电灯,不致失火成灾;六、演唱文明新戏,可以开通风气。一举有六善,真是绝妙办法。

这文明茶园,果能利益发达,别的旧戏园,也必能逐渐改良。凡事创办最难,有一家办成后,各家自能仿照办理。北京戏园旧习惯,最不好的是没有预先的确实报告,虽然大红纸牌上写明第二天唱某出某出,到了第二天,可又改了,令人大失所望。上海、天津、汉口等处,第二天的戏文,都在前一天新闻纸上预先报告。到了第二天,都一出一出的挨着次序唱,断没有说是更改一出的。北京演戏,却没有这规则。去年本报曾登印三家戏单,却不是戏园花钱,是本社出资卖登的,为的是开通风气起见。无奈各家都不愿意,并且今日登的明日未必定唱,登跟不登一样,所以本报随后也就撤去了。

细查这原因,因上海等处,班主人所聘梨园子弟,都是包月,定下戏文,第二天不能不唱。北京戏园,可是唱一天算一天。今天定下戏文,他明天不唱,不取戏价,主人也无可如何,这是不能预定的实在情形。至于北京为什么不包月呢?又因戏价只卖一吊多钱,没有那许多资本。今如要登报预告,除非加添戏价,方可包月,不然没有别的法儿。

光绪三十三年正月十八日/1907年3月2日第5版

详记花界慈善特别大会

花坛盟主

自从梨园子弟结合团体,在福寿堂尽义务,卖座助善赈捐江北水灾起,便有人向花界游说,劝令联合全体清吟小班,创办慈善会。即有桂喜班桂凤词史,自认为慈善会发起人,又有云乐班玉芙词史首先赞成。于是编印演说单,向各班多多散布。演说单的题目,叫做“劝北京花界众姊妹兴办慈善会浅说”,内容历叙水灾的惨状,末后说是“诸位姊妹,如肯赞成,请把芳名开下,即作为本会会员”等话。这个单子传出去,一时愿意署名的很多,一面便呈明警厅,定规在天寿堂举办。

先是已有人打算在王广福斜街汾阳馆地方办理这回事，曾经向德顺班玉仙（由春华移去），云吉班小桂玉花金花诸人说过，都愿赞成。因为商议要择适当的地方，于是又改在元兴堂开办之说。随后又有借用戏园的提议，因大栅栏一带四个戏园，中和、庆乐、广德三家已都有电影戏，还剩三庆园一家空着，便打算借这三庆园作为慈善会场。正在纷纷商办，忽见到桂凤和玉芙的传单，欣然叹英雄所见相同。且喜已有他二人出名，此事便容易办理。并知已呈明警厅，警厅许可。择地在天寿堂，定期在二月初十、十一两日。因初十是星期六，十一是星期日，这两天最为适当。前次会议诸人得了这个信息，知道事已成就，便又作锦上添花计。

怎么说是锦上添花计呢？前次会议诸人又详加调查，知道云吉班玉花、金花姊妹二人在天津时，曾经登台演过戏曲的。并知涌泉班玉宝、德顺班翠芬等人，也都能登台演戏。玉宝、翠芬二人，都是唱胡子的；玉花、金花二人，一是唱小生的，一是唱旦角的。有这四人，便可编治许多戏曲，决计令这四人先后配搭，更换登台演唱。四人也都认可，玉花更为高兴，大有技痒跃跃欲试的状态。但是有一大问题在，既要演戏，必要戏衣，这戏衣各出各样很是难办，这却是一个大疑难问题。

事有凑巧，某君在座起立道："戏衣一事，我可担当这责任。要唱什么戏，有什么行头？并且一律是新的，用时可先借来，令他们四人先期试演，免得临时匆促。"同人拍掌叫好。但是还有一大问题在：桂凤、玉芙二人所提倡的，是北部群花，所有南部十四家还没人鼓吹。事情真巧，某少年在座出席道："南部群花，可令云蓝阁主人周月红词史发起，必能有佳效果。"众客又拍掌齐叫好。

某少年便和友人同到云兰阁访周月红，历述上海群花办理慈善会，收效很大。今京中北部，已由桂凤发起，玉芙赞成，南部还有人提议这事。你是南部领袖，并且是扬子江流域的人，今大江南北一带灾民，还有几十万。花界中宜大大的开一慈善会，卖座收捐，救济难民。北班已有人出头，南班是你应尽的责任，不可推诿，并且宜早不宜晚。

周月红听完,起立答道:"这事容易办理,我决计可以办到。当即从速向各南班主人提议此事,还有那许多在北班中的南人,我也可以尽力劝告。"众客大喜,说是大功告成。

调查南北两部,不下八九十家。今北部有桂凤、玉芙提倡,南部有周月红提倡,即以每家出来两花而论,八九十家已有一百六七十枝花了。这一百六七十枝花,除玉花、金花、玉宝、翠芬四人演戏外,其余轮流登台歌唱。群花大会,歌曲竞争,观会的人必定众多,那可捐款必能兴旺了。

大约天寿堂开会时刻,自午后一钟到六钟。今暂定演唱两天,到时群花倘再愿多唱几日,那可捐款更可加多。到时再说,不能预定。

听说等到南北班会议齐后,还有传单印送。所有各班会员的花名,统通详细开列出来。某班是某人,某人唱什么,令人一目了然。这是北京花界从来没有见过的盛事。到时不定有多们热闹呢!先此报告,随后得信,再行寄稿。

光绪三十三年正月廿九日/1907年3月13日第5版

沙锅居款客记

郑小闲

北京城内这样大的地方,有多少的阔饭庄子,多少的雅致地方,那处不可以借座?那处不可以款客?并且宴会应酬,彼此都要讲究一个面子,最怕闹寒蠢。在下今天,却有一件极憨蠢的宴会,内容却有一段极风流的佳话,不可不报告花史知道。

且说宣武门内,西单牌楼北,四牌楼南,大街路东,有一个门面极破烂,屋舍极窄的白肉馆,名叫"沙锅居",旧名"和顺居",后改今名。这个馆子,所有的菜数"白肉"是特色。沙锅居"白肉",竟能和便宜坊"烧鸭子",广和居"蒸山药"齐名。居住北京的知味家,大概都知道美品。

在下上月廿三晚上,和乡友情傻,在会芳园小酌。饮酒不畅,便驰笺召蘘华宝云、怡云小宝来侑酒。不多一会，二伶联袂同到，便令入席同饮，酒兴大来，连喝了好几杯。在下带醉和二伶评判京城各饭庄饭馆的优劣，二伶答道："肉居，西城沙锅居白肉最好。"在下便约二伶，定期同去一尝，并道："我们旅居人，必定要事事领略，方无缺憾，并不是意在哺啜。"彼此谈了两点钟的光景，二伶要告假先走。临行时问道："明日听戏不听？"在下答道："可以。就是恐怕贵园戏座太拥挤。"小宝接口道："明天分班在阜成园演戏（阜成园在阜成门外，阜成门即平则门），何妨前去一看？况且出顺治门时，可以顺便一同到沙锅居去。"在下点头称好，并问情傻怎样？情傻答说明天有事。又问宝云："明天沙锅居便酌，你能同去不能？"宝云答道："唱完戏可以同去。"在下便告道："明日我必早到。"二伶说完先去，情傻因有公事也进城去。在下独自一人，缓步回家休息，一夕无话。（未完）

光绪三十三年二月初三日/1907 年 3 月 16 日第 4 版

演堂会戏助捐

王姬真女史甚喜中国妇人会慈善会等之宗旨，拟于二月初十前后在东城余园演堂会戏三日，所得之资均助为江北赈捐。该女史又谓王子真、文时泉诸君筹办此举，并先行出银五百两作为垫款，存交恒和银号，将来垫款并不收回一并助赈。京师出巨资办公益者，前有杜夫人及某夫人，如该女史者更称巨擘矣。

光绪三十三年二月初三日/1907 年 3 月 16 日第 7 版

沙锅居款客记（续）

邓小闲

再说第二天廿四日，吃早饭毕，已交十一点钟。正要打算进城，刚出胡同口，忽遇着兰癖、菊隐二君前来。在下密告昨日的预约，二君愿表同情，便同到顺治门马路上。雇了三辆人力车，直拉到阜成园下车。

进园一看，地方很宽大。三人先后登楼，在正楼上找了一张空桌坐下,那时已经开戏,急忙坐定瞧着。

先是小永春唱《探阴山》,菊仙唱《奇冤报》,不见小宝、宝云二伶出台,心中很是发痒。菊仙唱罢,略停片刻,但见揭帘而出果是小宝。仔细一看,停神一听,原来是《柳林池》一出。歌声清朗响入云霄,于是四面的喝彩声发了。但听得众人叫道:“好!真好!实在好!”

小宝演完,便令人去问,有工夫到沙锅居去么?回报道:“外城还有戏要唱,不能不去,改天再到沙锅居罢。”在下一听这话,知道所说是实情,他身体不能自由,也不便勉强他,便作为罢论。(未完)

光绪三十三年二月初四日/1907年3月17日第4版

札饬改良戏剧

民政部准内阁抄出,据两江总督奏知府吴荫培出洋回国条陈考察事宜,据情代奏一折,于光绪三十二年十二月三十日奉朱批:“各该衙门知道,钦此。”钦遵抄出到部,查该条陈内改良戏剧一节,实于维持风化有所裨益。惟仿照日本例,一律说白,不用唱歌一说,按之本国习惯,未便猝改。拟由各省就所演戏剧,各按地方风俗加意改良,务使名义纯正,词曲简明,以为移风易俗之助。其戏剧中凡有碍风化者,均一律严行禁止,以正人心而端风俗。除通行各省查照办理外,已札饬该内外厅遵照办理矣。

光绪三十三年二月初四日/1907年3月17日第7版

沙锅居款客记(续)

郑小闲

随又见如香演《顶砖》,玉墨演《长坂坡》,戏也不错。但不见宝云出台,很是纳闷。在戏单上一看,见《长板(坂)坡》下是《宇宙峰》,暗猜着这必是宝云的戏。绣帘挑出,果不其然。宝云出现了,刚一出帘,便有人叫好。到后每唱到三句,便听见众人合声叫好,后又一句叫一声好,后又一字叫一声好,末后唱声已完,还有人接连着叫好。大概前前后后,叫了总有一百个好。这也可见宝云名不虚传,为知音人公认。

宝云唱完,葵香、金奎又接演《捉放曹》,虽不见十分佳妙,却比平时在外城所演的却都强的多。

葵香唱完后,在下便托菊隐到后台邀约宝云,并令宝云转约葵香,二人都认可。在下得信,即刻站起,和兰癖、菊隐二人一同下楼,先到沙锅居等候。喝了一杯茶,略停一停,宝云、葵香先后来到。那时天色已晚,便叫伙计快快的摆上,并令呈报最佳的肴馔。伙计睁着两圆眼,无从对答,停了半晌说道:“二两一席,本居所有的菜都包圆了。”在下大笑道:“就是,快快的办来。”

伙计应声去,一次进一次出,忙的了不得,比办宴席还加十倍的忙劳。等了多时,全席摆齐,仔细一看,没有别的材料,全体是白肉,所说的叫做“肉八样”,同人都捧着肚子咯咯的笑不休。

在下周尝一遍,味淡不鲜,不甚合式。内中但有一两样,还可以吃吃。此桌都是看的菜,不是吃的菜,草草杯盘,敷衍了事。吃完,见已掌灯,便催二伶赶快出城,二伶谢走。

在下和兰癖、菊隐二君同寄宿城内,灯下谈述特别聚会的欢乐情形,可称独得骊珠,旷世难逢。惟有一缺点,坐中无小宝,便觉不能尽醉,幸有癸(葵)香同来,补小宝的缺憾,也是无意中的遇合。这样看来,世界上事往往有意反不能成,无意却成的。即如小宝是前一天预约的,到了第二天小宝却不能赴约,葵香是临时现约的却一说就到,可见事情能成不能成不在乎预约不预约。这也是沙锅居从来没有的盛事,不可不记载,不可不报告。(完)

光绪三十三年二月初六日/1907 年 3 月 19 日第 4 版

昆芳自弃

邓小闲

昆芳姓吴氏,乳名桂子,年十八岁,是景善宝芳的弟子。面目恶劣,惟情乖鄙,至于应酬的不善,行止的不伦,音律的不谐,更为伶界中所不可多得的怪物。所以座上只要是有昆芳,没有一人不厌恶他,唾骂他。宝方主人因此下逐客令,昆芳不得已,寄居在豆腐巷。门前如水,无可再说。现在听说,所有和昆芳往来的大半是无赖,尤春风一度,代价四金。有断袖癖的,不妨前去问津。

光绪三十三年二月初九日/1907年3月22日第4版

小红自负

前人

太原小红,姓狄氏,号浣舲,年十四,伶界中的佳品。当签分菊部时,学习行走,时常自叹明珠暗投,所以驰骋觞政,从来不肯作随波逐流派,稍贬他高情逸致的气概。因此纨绔子弟,喜欢奉承的,多不愿意他。但是常言说的"夜光难掩,明月自华",小红必定可以遇见真赏鉴家了。风月主人,怎不把慈眼睁开呀?

同上

相工打茶会奇谈

西江游客

从前路三宝和雅仙相识,异常密切,人人共知。但还是私下结交,并非公然不避人。那知事情愈出愈奇,并且愈串愈多。前几天晚上,有某客在苏乡班打茶园,在帘缝中窥见有一花,坐在一少年膝上。仔细再一看,那花是银兰,那少年却是相工小朵儿。两人彼此接吻,肉麻的了不得。某客大奇,便问来倒茶的跟妈道:"那是戏子小朵儿不是呀?"跟妈含糊答应,又摇了一摇头,神情很为慌促,急忙退去了。

这是一件事。又听得某客谈起,某日进松凤班去找朋友。忽见姚佩秋由里院出来,其客当即回出。第二天,知告朋友说"松凤班是相工逛的地方,以后不可再去了",朋友也就从此绝迹。

上海地方,妓女和戏子私识,上等客人便和倌人绝交。北京旧例,妓女更比戏子看的高。倘在宴会时,相工须向妓女请安,并称姑奶奶。到后此例废去,妓女和戏子往往时起冲突。所以宴会的人为消灭风波起见,叫了女条子,便不叫男条子;叫了男条子,便不叫女条子。或者是先叫女条子,后叫男条子;或者是先叫男条子,后叫女条子。为的是他们两派，如同水火不相入、冰炭不相容。想不得小朵、佩秋竟公然去逛窑子，银兰等妓又这等的下贱。苏乡、松凤二班，必定在务败例了。

依照中国旧名词上说，称他们两派叫做“娼优”。娼在优上，优在娼下。娼位比优位高一级，因为优人无论受贵客怎样的恩待，不过和仆隶同类。至于妓女，低一层说可以嫁人做妾，称姨奶奶、姨太太、如夫人；高一层说，生了少爷，可以受诰封，可以升为正夫人，和普通妇女一例。所以稍有思想的妓女，万不肯与戏子认识，就是这个缘故。现今评论这件事，不怪小朵、佩秋，却怪银兰等人，为什么要给小朵、佩秋认识？向来是水火不相入的，今却同水乳交融；向来是冰炭不相容的，今却同炭养(氧)化合。真是怪事，真是奇谈！

光绪三十三年二月初十日/1907年3月23日第4版

文韵阁花四宝回京

花坛盟主

去年在南林房的文韵阁、花四宝两名花，于腊月二十八日出京后，在天津过年。今年正月初四日，又由天津乘坐火车到营口永发茶园唱戏。那茶园内，本有女伶五人：一、卢月琴，二、小春奎，三、小翠芬，四、小紫台，五、小翠仙。自从四宝到后，声名大震，戏座顿然加多，一时哄动营埠。

四宝在营口，共唱了半个月戏，获利至一二千圆。今已由营口回京，因富贵堂地方宽敞，便和文韵阁二人在富贵堂居留，文韵阁先到几天，花四宝后到几天。

富贵堂自从汪桂琴、小二保迁移后，门前如水，车马无声。今文韵阁、花四宝先后进富贵班，名花竞艳，牌局酒局接连而来。地以人灵，这话说对了。

花四宝、文韵阁二人并有文明思想，知道上海花界、营口花界、北京北班花界都已举办赈灾会，也触动了赈济的感动，便自认为北京花界南班赈灾会发起人，联合南班全部十四家演唱义务戏。借地卖座助赈，能演戏的演戏，不能演戏的可以歌唱二黄、西皮、大曲、小调等等。二人打算先在醉琼林约请南班各姊妹会议此事,一俟商妥后,便可具禀呈明警厅,定日开办。

光绪三十三年二月十一日/1907年3月24日第4版

刘小红

花城调查者

红香阁自从开班后,生意颇不落寞。近又新到一上海名花,名刘小红,腰肢态度,说话应对,另有一种娇柔气象。北部群花,无从望其项背。

刘小红歌唱京调,更为特色。昨日听见他奏《打金枝》一曲,雅韵欲流,清音似泉,阳春白雪,曲高莫和。一时众客环听,欢为霓裳三叠,不是尘俗中所轻易听得见的。在下游别申江,已隔十年。今听此曲,不觉神游沪滨,仿佛身在四马路小广寒书楼中。歌曲移情,如此如此。随着刘小红同来的,又有一人,名叫刘嫒嫒。

光绪三十三年二月十三日/1907年3月26日第4版

小桃声价

艳福享有生

胭脂胡同富兴堂,新到一南花,名金小桃。风神荡漾,别饶姿态,秋波一转,万魂都消。说一句话,走一步路,都是上海派头。富兴门前本很落寞,自从小桃到后,宾客纷沓,各屋都满。前几天门庭如水,这几天门庭如市了。查天津天仙茶园,有女伶名小桃,声誉震七十二沽,所说的小桃、小翠,一时瑜亮。今北京南班,又有名小桃的,一入首都声价十倍,是人因名传呀,还是名因人传呀。我不能下断语,还得问小桃。

光绪三十三年二月十六日/1907年3月29日第5版

天津天仙茶园听戏记

前几天,因有要事,在天津小作勾留。事毕,于十五夜约同同志三人,到日本租界闸口西边天仙茶园去听戏。到时已唱至第三出，但见有女伶登台歌演，态度妖娆，音调荡漾，翩若惊鸿，娇如乳莺，有声有色，上下同时叫好。原来是唱《双断桥》那出，在下便向看座儿的，问那女伶是什么名字，答道："名叫杜云红。"

《双断桥》唱完，接唱《梵王宫》，另有一女伶是唱梆子的，衣服华丽，风情万般，更在云红之上。那时拿手巾把子的，正在传递手巾，便问他这女伶是谁，答说叫杜云卿。

旁坐一人告道："杜家共有五姊妹：一、杜云卿，二、杜云红，三、杜云美，四、杜云苓，五、杜云喜。杜氏五云，同在一个戏园内唱戏，最为特色。"在下点头称好，又问杜这家五姊妹，有共同合唱一出戏的时候没有呀？旁坐那人凝神想了一想，答道有。又追问道是那一出，答道即如全本《蝴蝶杯》。所有杜云卿、杜云红、杜云美、杜云苓、杜云喜五姊妹，同唱一出戏，更为特艳。

随又见唱《朱砂痣》，正角是白文奎，为演坛大名家。声音洪亮，派头正大，不是那般女娃子打哈哈所比得上的。一出台，一开口，便有多人叫好。但是叫了一声好之后，隔了许久，老不听见有人叫。却有人评论这原因，说是非令他加工认真唱，不给他叫好。到后果然愈唱愈高，卖尽十二分力气，到紧要关头上，便听见两廊中人同时同声跟雷震似的叫了一个真好。

《朱砂痣》演完，接唱《红鸾禧》，又是女伶出现。这女伶在天津多年，为游客所欢迎。色艺才称三绝，为津门唯一莫上的美女伶，名叫小桃。

这美一出，全园人个个都是定着眼神细瞧，静着耳神细听。但见小桃态度如同出水芙蓉、迎风杨柳，有万般娇媚态，不是笔墨所能描写出来的，不禁叹为尤物中大尤物。

又看了《黄金台》一出，是余王胜的，末后还有一出《八蜡庙》大戏，因时候已不早，脑神也困倦，便站起身来走了。查天津戏园比北京文明的多，但是于卫生上却仍不注意，现时天气还是春寒，在园中但觉的热度万状。倘然到了暑天，怎能消受呀？还得大加改良，不然有碍卫生。

光绪三十三年二月十八日/1907年3月31日第5版

翠芬绝艺

羊舌公

德顺班翠芬,就是天津的王桂喜,不但歌唱佳妙,并且有绝世的才艺。在天津时,演唱武把子,扮花蝴蝶在二张高桌子上翻身跳下,叫好的声屋梁都震动。今到京进德顺班,每日从三点钟起到十二点钟,没有一刻不是宾客满堂的。

前天因为听说本月二十、二十一两天,三庆园有花界赈灾会的举动,他便又想要在北京城十万人海中露露脸,显显他的能耐。定规到那两天,登台演几出武把子戏,再认认真真的唱几出好戏。好在戏衣行头,一切齐备。到时又不定要令叫好的人,喊破多少嗓子呢。

同上

李文韵、花四宝组织韵花别墅最新南班已成

江南才子

文韵阁去年在南林芳的时候,本来就要组织一新南班。到后因有他事到津,有志未成。今年到京后,见又开出一家红香阁南班。天演竞争,便结合二人团体,在韩家潭西头路南开辟一最新南班,组织一最新名词,叫做"韵花别墅"。

看官可知韵花二字的用意,原来"韵"字就是李文韵的代表,"花"字就是花四宝的代表,化合在一处,便成韵花二字的新名词。不必说别的,请看这篇稿子的题目,李文韵、花四宝六字接着写,不是恰巧韵花两字相连吗。

韵花二美,本来都是名花,又都有文明思想,一是有吟咏能力,一是有戏曲能力,可称合璧。他二人等到开辟新班后,即日便要纠集南部十五司演唱义务戏,代江皖难民募捐,那可真是最有名誉的伟大举动。

光绪三十三年二月廿一日/1907年4月3日第4版

佩秋诉冤

睡佛

国春姚主人佩秋，号纫香，隶中和园同庆部，早有盛名。现时已同退院僧，然雪肤玉貌，还是对镜自赏。十一日晚上，友人设局国春，坐中有老乡友召他来。纫香到，入而应酬，颇为周到。而且谈吐风雅，更为特色，实后起的所不及。

酒数巡后，同座有问松凤打茶围事，究竟确不确。纫香满面带着羞容，但笑不答。同人又追问，纫香方答道，某天晚上，有某客在此请客，酒醉后，死乞白赖要拉他到松凤红宝处去打茶会。纫香极力抵抗，某客那时已大醉，游兴大发，非拉他同去不肯出门，颇有怒意。纫香无可奈何，只得勉强随着同走。

事有凑巧，想不到刚一进门，竟被众游客看破。至生出这一段公案，后悔的了不得。同人听完，不免都嗤的一笑。

睡佛道："相工打茶会，未免不知自量。狂妄之罪，在所难辞。但纫香到松凤，实非出自本心，由于某客的强迫，也有不得已的苦衷。跟小朵昵银兰，大有不同。既非出于本意，还可原量(谅)，请贵报登出以雪佩秋冤，以儆佩秋的将来。"

光绪三十三年二月廿三日/1907年4月5日第5版

蕙芬骄傲

小闲

云瑞王主人蕙芬，是云和朱霞芬的高弟，容貌艳美，举止温和。去年某君不避断袖嫌，为颁出师表，区区蕙芬居然是主人翁了。

回想从前在云和时，品格的高超，应酬的圆熟，同队中人没有能胜过他的。想不到自树独立旗后，性情日加骄傲，行止日加卑污。自负为堂主人的气象，时时发见眉目间，大有狂不可遏之势。

前天十三日晚上，友人在绚春设局，在下也在座。涪生、雨公两君，飞笺召蕙芳。隔多时始来，来了高坐一边，一言不发，一种傲气，真可横秋。竟不知席上还有人，和他谈话他不应，和他溪拳他不理，起初还以为不是成心，到后细细试验，实在纯是骄气。

去后,细问他同门数人,都是含笑不答。到第二天,兰癖君特去前往调查,方知蕙芬近来性情改变,大反从前。对待同队中人,更是唯我独尊。常向人道:我是主人,他们是徒弟,我为什么要跟他们一样呀?咳!蕙芬这种劣性,加在同队还且不可,怎么竟加到众宾客面前来!门前车马冷落稀,我请把此语赠蕙芬。

闲评道:相工堂子的主人,是徒弟的化身。今日的徒弟,安知不是他日的主人?今日的主人,也即前日的徒弟。这样说来,徒弟和主人,并没有什么分别。从前尝读《品花宝鉴》一书,说是相工有四变,十五六为兔、二十余为狐、三十余为虎、四十余为狗,由兔变狐变虎变狗,和徒弟变主人,正是一个正比好适例。试想人变兽,雄变雌,还骄傲什么?还有什么徒弟、主人的分别?春风一度,脔味何殊?不过有瘦宽肥紧,白湿黄干的不同呕!有什么分别呀,有什么分别呀?

同上

佩兰文明

草元亭新主人

国春三主人姚佩兰,为伶界中的魁首,才貌双佳,都占优胜地位。近来阅历更深,正如葡萄滋熟时候,思想文明,洗尽一切俗派,大有脱离相工窠臼的志愿。最可取的,又增添尚武精神。看他状态,似是弱质,那知膂力很为勇猛,竟能距跃三百,曲踊三百。只因他自小就爱舞剑,所以武魂一天发达一天。

光绪三十三年二月廿四日/1907年4月6日第5版

佩亭庄重

前人

国春二主人姚佩亭,在菊部中以品胜。每遇觞政,必端坐和色,谈话恭敬,没有丝毫轻浮气。遇见文明客人,更是语有伦次,话不紊乱。特点是自己爱惜名誉,所以不肯稍微疏忽分毫,老是如临深渊、如履薄冰的状态。这种性质,真是可嘉。倘再多看看报,多和文明人谈论谈论，进步还不定怎么的快速呢！

同上

天津大观茶园听戏记

二月二十二夜，在天津经过北马路大观茶园，听见里边锣鼓喧天，便停车进内观看。买票入场，那时候八仙旦的《临潼山》、张云洲的《游陆殿》都已唱过，十里香、尤宝林等正在那儿唱第七本的《游南湖》。在下便找了一处适当的地位坐下，这出戏的内容，不很明白的，便向前后左右上下细细观看园内四面的现象。但见戏台上边横额，是“大有可观”四字，对面楼上的横额是“作如是观”四字。台外挂灯上都遮着五彩纸蝉大片，为的是令看戏的人得看，挡着点儿，不致光太炫眼。当停睛仔细一看，池中央上边有两盏小电灯球垂挂着，却没放光。台的上楣，并有白布帐卷着，原来戏完后还要加演电戏。

正在查看时，听得旁人叫好道“小宝奎”！在下凝神一注眼，是诸葛孔明出现，唱的是《天水关》，纶巾羽扇四轮车，真是儒将风流。

随后是一出武把子戏，《大溪皇庄》、《拿花德雷》，男女跑台，热闹的了不得。有王俊卿、李顺来、李胜利、三阵风、荀二哥等名，女伶有于金喜等人。一阵子的舞打，不但是演戏的人个个汗喘，就是打家活的也都鼓衰气竭了。闹的两耳内，如同雷震似的。整整的有一百合，翻筋斗、飞酒坛，颇有尚武精神。

这后边一出，可是苦戏了。不明白内容缘由，但见一青衫子屡次要上吊，旁有三四个红发红须、绿发绿须的假鬼，并扮出俗本小说书上所说的披发吐舌的吊死鬼在旁站着。那青衫只是唱哭调，头一次上吊，遇救没有死，后又吊死，死后又现魂诉苦。这出戏，青衫子唱的声音激烈万分，连连吼哭，额上汗下如雨，可称情真。

末了一出，是顶顶好戏了。本园名双庆和班，全班中最出色的头名角是女伶小兰英。这天晚上，那演的是《打棍出箱》一出，扮做员外，唱胡子生，面如冠玉，气如和春。行头漂亮，步法稳炼，一出台便听得满园人喝采。音调是学叫天,有自然的声韵,比张毓庭学叫天还强数倍。态度自然,神情逼真,万看不出是女子扮的。可称绘声绘色,绝妙一时。

统计前后七八出戏,这《打棍出箱》一出是主戏。全班五六十角色,这小兰英是正角。一晚上所买的钱,都在这一出、这一人。一人关系全园,能力真是伟大。戏演到此已完,便接演电影戏。

光绪三十三年二月廿五日/1907年4月7日第5版

品花新鉴

采兰人

前天读亢日游记一段,颇惬鄙怀。那天在下也看吉祥戏,小宝演《断桥》,真是形容不尽的好处。今读那位的评赞,所有我心中要说的话,全都替我说尽了,可称英雄所见相同。但是在下还有几句小评,再为叙叙。

初九、初十两天,春光和暖,和伯子到天乐观剧。头天小宝演《梵王宫》,身段台风,袅娜中又带稳重,绝像千金小姐模样。

葵香演《搜孤救孤》打杵臼一段,抑扬顿挫,一唱三叹,真得叫天的神韵。腔调中有味外味,余音不尽,足以耐人听想。菊仙也能算对手。

第二天小宝唱《三疑计》,唐通回府两番说白,清脆如簧,人人喝彩。唱时喉音嘹亮曲折,高如清霄鹤唳,低如幽涧泉鸣,娇如绿柳莺啼,怨如雨窗妮语。前次看他唱《回荆州》,句句从揣摹得来,无美不臻,以为此曲只应天上有。大概他所能唱的戏,就是极烂熟、极陈腐如《桑园会》、《女起解》一类的,他一唱便迥不犹人,无怪赏音人满京华。

再调查吉祥科班中伶人,花旦如玉林年岁不过十一二,登报纸无虚日了。前些日子演《玉镯记》、《红梅阁》、《坐楼》,各尽其妙。今和小宝配《三疑计》的翠花,神色和举动,恰似极风流解事的小丫环,不愧为海棠花侍婢。况且眉目传神,玲珑娇小,在小孩更为难得。同人品评,赠他芳号叫做“樱桃花”。老生玉墨演《溪皇庄》褚彪，文武排场一丝不漏。送施公饭一段，摹仿黄月山神情酷肖。在十余岁的稚伶，总算好手。将来这二人，技艺再加纯熟，定推曲部上选。在下这番品题，正传二人，附传二人。如葵香、小宝，可谓人云亦云，拾人牙慧，如玉林、玉墨，可称别具青眼，独得赏音了。

同上

小凤凰有情灵鸟

卧云居士

倩云堂砚亭孙小凤凰，前日余在他堂子内请客。当群贤毕至，余要得胡琴以此逍遣，而砚亭欢然就唱，音韵幽扬，词曲佳美。唱毕余音袅袅，更觉清雅非常。已而就席，诸伶行拳，众宾欢饮。当时见其神色鲜艳，态度温柔，应酬无一不到处。余临行而彼有依依不舍之形，乃云别时容易时，余自此方知，可谓有情灵鸟。

同上

福寿堂清吟赈灾会纪盛

二月二十四晚六点钟，北京清吟小班在福寿堂内，大开歌曲赈灾会。一时临会时，不下一二百人，为北京从来没有见过的第一次盛会。今把当日详细情形记载在下边，倘然有没有工夫去看的，看了这篇白话，也如同亲身前去观看一般。

先是在堂门外，悬挂国旗两面。堂内分别售票处、接待处、会计处、监临处，后台前台，一律安排停当。发起人桂喜班桂凤首先到场，随后云乐班玉芙、山海班银福也同时来到。时交六点，便见各班中群花络绎而来。

会中所发各班的知会单，有写六点钟的、有写七点钟的、有写八九点钟的，因为同时并到，恐怕戏台上容不下，所以分开钟点免得拥挤杂乱。各班中人来到后，先在接待处休息，并买纪念花，和报告认唱的戏曲名。纪念花每人一朵，每朵一圆，佩在衣襟上。戏曲每人认定一出，或是二簧，或是西皮，或是大鼓，或是小调，或是梆子，开单交给台上。

开会时,先敲打锣鼓闹台。随即由班中人先到的先唱,群芳聚会、鬓影成行、珠围翠绕、光辉四照,满台都是艳丽,可称万千春色。最特色的,是泉湘班洪兰芳唱《二进官》,德福班小翠唱大鼓。楼上楼下,拍掌的人,真跟放鞭炮似的。

各班轮流歌唱,二黄、大鼓一出间一换。唱了一二十出后,桂凤、玉芙、银福三人便下台募捐。一拿捐册,一提皮包,一任演说。先在池子内,挨次收捐。又到楼上,东楼、西楼、北楼,挨次募收。统共楼上楼下,约捐至二三百圆。小班中人出头募捐,又是北京花丛第一次特色。三人回台后,略坐休息。玉芙又出唱大鼓。看官须知,玉芙大鼓为北部魁首,樱唇刚一动,听戏的人拍掌声大震如雷。此后一句一拍掌,一字一拍掌。唱完后,拍掌声还是不绝。(未完)

光绪三十三年二月廿七日/1907年4月9日第5版

赠都中名伶律诗六章

偶作闲情人

佩　兰

香圃题名独占春,画图真个降真真。花枝入户兼愁笑,燕语留人半怒嗔。微啼已能供涉想,无言翻令足怡神。我怀欲作湘江水,遍载情舟出憾津。

小　宝

忽听湘灵鼓瑟声,指中常觉不平鸣。传来幽怨成哀思,道是含愁却有情。瑶草前身仙侣降,梨花无语梦魂清。独怜老作风尘客,相对银樽酒未盈。

昨夜庭前放紫桃,幽兰谱作楚臣骚。春风虚入三生梦,夜雨还催两鬓毛。筚栗歌残灯影碎,琵琶声激酒潮高。怜卿分付帘栊月,长伴诗筒送浊醪。

宝　云

窄窄衫筒衬细腰,丰姿如画画难描。风怀酝酿宜三月,人影清和似六朝。隔座催时花意懒,围棋伴客酒痕消。歌声绕遍珠梁处,欲度蓬山路已遥。

小凤凰

银河脉脉水盈盈，催召仙符下玉京。花态藏娇眉欲语，眼波含笑有羞明。神光乍见惊离合，客意频知惯送迎。最是绿杨春梦好，隔墙长护晓啼莺。

小　琐

神仙楼阁画难工，幽梦潜通憾亦同。眉影暗分裙带绿，脸痕春逗酒波红。频输拇战销残蜡，欲赋琴心托远鸿。独惜韩家潭夜月，照人偏向五更骢。

同上

福寿堂清吟赈灾会纪盛(接前)

玉芙唱毕，更有一接续大特色，是卓卓有声的涌泉班玉宝唱《洪洋洞》。台下的人，听见台上一宣告，大伙儿便先同声喝彩。玉宝出座立台前，大伙儿又同声大喝彩。那时候还没开口唱，众宾手掌却已都拍麻了，可见全体欢迎的感情。

弦声拉出，歌声唱出，那可不但是一句一拍掌，一字一拍掌，简直的掌声老是接连不断，成了一个富贵不断头了。歌声加高，拍掌声也加高，歌声加紧，拍掌声也加紧。一时弦声歌声拍掌声，三声化合，成了一片承平雅颂声。人人震动，个个瞠目，即台上各班中人也都眉飞色舞，代为惊喜，觉得荣耀的了不得。从今以后，方知歌唱优胜，是这样的受社会的欢迎。并知文明举动，有这样的伟大荣誉的报酬。虽然牺牲一两晚上盘子条子代价，却吸受万金买不到至贵无价的文明掌彩声，一个字的批评叫做“值”。

随后又有许多雏凤唱了许多小曲，虽不十分出色，小小年纪，却也难为他，最好的是三喜班小翠红。后又有三喜班金宝、顺宝次弟出座，歌唱二簧，也都能令人动听。

那时虽已夜深，众宾客却还是兴高采烈、精神抖擞。玉芙便又纠合玉宝(即涌泉玉宝)，合唱一出大鼓。于是拍掌声又如同东海潮来。玉宝在歌唱上，本是万能，二黄固然是绝唱，大鼓也可和玉芙并驾齐驱。两人合唱,可称双美并、二难具,一时拍掌声更是如同施放排枪一般。

说的慢,唱的快,二玉唱完后别班又唱了几个。时已交十二点,便宣告闭会并张贴廿五晚云吉班金花、玉花坤角代串,合演《富春楼》。众人一见,又大加拍掌,彼此相约,明天须早来占好地位。明天人必定更要加多,各人一传说,人人都知道了。

这天各班临会,北班中有名的如上文所记桂凤、玉芙、银福、玉宝四人外,还有云香、翠宝、春华、金喜、喜顺、桂芬、莲泉、竹青都先后到场。南班中最有名的,如金小桃周月红、金小红、翠云阁、妙云阁、洪翠菱、金媛媛,都来观会,并各捐助赈款。南北部大会,可称异常特色。

统计这天所收票价花资捐款,共约一千二百余圆。各班人人尽义务,并且人人捐钱,北京花城开幕以来,这算是第一期特别文明举动。这二十四晚上,又是清吟赈灾会第一日开会,至于第二日歌唱情形,金花、玉花所演《富春楼》戏曲是怎样的佳妙,等到观览调查后,再详细记载,告知全国人听。(未完)

光绪三十三年二月廿八日/1907 年 4 月 10 日第 5 版

福寿堂清吟赈灾会纪盛(三)

第二天二十五日,来宾因见前一天晚上贴出金花、玉花合演《富春楼》,彼此一传说,游客纷纷争先来到。所有楼上楼下,无座不满。

这天花界南北部,来会的更加多。发起人桂凤,首先到场,提调银福,接待群花。并分十二人为一班,先到先唱先走。戏台上改良座式,分成八字形,第一班上台,第二班在旁预备着,第三班在后台等着,第四班在外厅排着。头班唱完下来,二班上去,三班在旁候着。二班唱完下来,三班上去,四班在旁候着。五班六班以后,都挨次轮着。

这天玉芙因事未到,告假三小时。玉仙有一特别举动,独力捐助赈款六十圆,当即首先张贴,宣示大众,来宾瞧见人人赞叹玉仙的特色。

三雅谢四宝、滨湘洪兰舫、涌泉玉宝、南林芳金媛媛、双寿金媛媛、红香阁谢飞云，歌唱最受来宾的欢迎。武林金寓的秦小云、秦美云、薛飞霞、林媛媛都到，庆华班桂卿、俊卿，云卿班小香、小青，金兰班金红，富兴班新宝也都先后到来。

募捐的人，南班是谢四宝、花三宝等，下台挨次劝捐。一人拿着笔砚簿子，一人提着皮包，先在池子内写捐。由池子登西楼，又由西楼绕到正楼和东楼。大半四宝熟客最占多数，所以捐款很为踊跃。

东楼捐完后，便由后边绕下东梯，到账房交款，统计一百零四圆。

北班是桂凤、银福等，募捐的时刻更为大多，耐劳的能力更为强伟，收捐也不在少数。这天的大特色，是金花、玉花《富春楼》那出女戏，不可不细细的讲一讲。

时交十一点，二花都已在后台，一律装扮齐备。但见台上，把凳子都撤分两旁，群花靠台边左右坐着。忽听得班鼓汤锣一响，绣帘一揭，玉花扮旦角出现。满身行头，漂亮异常，万般春色，光辉照人。唱的是梆子，字字清脆，声调婉朗，态度更添出无限娇媚来。看戏的人，于是时齐声拍掌，欢笑真是如同雷震一般。

随又见金花扮小生出现，旦角迎接谈话，开柜状取银状递给小生状，手法步法，丝毫不乱。

随又对坐谈话，随又一人独唱，随又取活计做活状，穿线状、摅线状、弹线状、拉弦子的，又故意代作弹摅声，却如同出在旦角的口中。演到此时台下的掌声，又如同万斛松涛随风涌来。

北京戏界向来没有发现过女戏，活到七八十岁的老头儿，也都没有见过这女伶。所以这一出戏唱出，简直的如同景星庆云一般。况且所演的旦角，有声有色，绘形绘意，比小朵、小如、小琐等人，强的多多。众人见所未见，那能不全体欢迎。

须知他二人，本在天津落子班，时常演戏的。前天因为要演《富春楼》，前三天在云吉班练习很熟，所以步法手眼丝毫没有错误。

那天出演时,南北群花分坐两旁观看。玉花态度稳炼,旁若无人。末后两人移坐向左,直移到台边上,那时桂凤、银福等人正当其冲,赶紧躲避,众人大笑。

《富春楼》演完后,便收场闭会。众人还留无限的想慕,盼望着再遇唱演的好机会。玉花既有这能力,也很愿登场演剧,显白显白生平的妙艺。此后或者还有机会,也未可知。但这是未来的事,不能预定,随后看罢。

三喜金福,本已定议从良,廿六便要辞出花界。只因知道玉花有这特别举动,特到福寿堂来看热闹,并捐助赈款银十两。第二天便从良去,听说身价四千金,可称善价而沽。从此三喜冷落,不能再如从前车马盈门了。(完)

光绪三十三年二月三十日/1907年4月12日第5版

演戏筹办赈捐

慈仁援救戏会,为江北奇灾演剧集资,已禀蒙总厅批准,在东四牌楼三条胡同余园饭庄,约小吉祥班,并请各城票友于三月初三、初五、初七等日演唱文明新戏三天,并带灯戏。所有前后台,暨一切用款,均归该会发起人王姬贞女士倡捐五百两,已交恒肇银号收存,归经理人提用开销一切。所有戏票进款统归江北赈捐专售,堂客戏票计开,正票一元五角,副票五角。望热心女士请往一观。

光绪三十三年三月初一日/1907年4月13日第7版

花界赈款汇南

花界赈灾会所筹募之款,除开支外,计二千五百余元,现已由义善源汇寄江北皖北各一千三百五十元,尚不敷一百八十余元,闻已由发起人桂凤自行捐助以赈灾区。桂凤如此,亦可以风矣。

同上

伶界赈济会报告

昊天不吊，降此鞠凶，俾江皖无辜惨遭酷烈数，十万饥民呼□无门，嗷嗷待哺。当此春融之际，而该地严冰冷冻，犹若三冬。饥寒交迫死者，日计百数，白骨累累，哭声号啕，易子而食，罗掘俱穷。见之心酸，闻之泪下。

朝廷虽发帑赈济，而以有限之库款赈无数之饥民，究竟杯水难救车薪，蹄□无补沧海。北京及各省志士仁人怆然既此，已先后募款劝捐，集资颇巨，惟兹伶界独忍袖手旁观而不思设法以救济乎？爰集同志，特开伶界义务赈济戏会。用兹集腋成裘，或于江皖同胞不无稍补，其一切办法俟禀明总厅后即行登报宣布。此启

发起人王凤卿、姜妙香、王琴侬、姚佩秋谨启

一、同人倡办此会赈济江皖灾氏，各出演戏卖票集资，以尽同种相恤之义务。凡我同人，一切车班饭钱，本会概不给发，以免靡费，江皖灾民亦得尽受其实惠也。

一、本会因为江皖灾民集资赈济，尽同种之义务，然于我辈名誉上亦大有关系。同人幸勿漠视，裹足不前也。

一、同人愿热心尽义务者，祈即签名，以便本会将日期定妥后具帖邀请。

一、本会一切支消及会场后台等费概归提倡人发给，不与我辈干涉。

一、既签名者本会即送义务赞成执照，以便入场佩执。

一、本会届期同人随带跟从，每人均发给入场券，以便呼唤，惟只许各带一人，以示限制。

光绪三十三年三月初六日/1907年4月18日第6版

小琐出师消息

睡　佛

德春小琐，姓陆氏，号凤琴，年十八岁，是小朵的弟子。容貌秀丽，性情豁达，最爱谈时务。诙谐一科，更为特色。坐中倘得琐郎

来呀,虽冷淡寡欢的,也没有不高兴起来。

琐郎外交手段颇辣,每施一计,游客多半堕入他术中。所以不善驾驭术的游客,也就不敢叫他,就是叫他,也不能持久。

这几天,有个蒙古某喇嘛,带着许多金银到北京来,爱小琐很情密。小琐也就殷勤接待,喇嘛喜欢的了不得,便提议与琐郎出师。在下听知这话,很代小琐喜乐,却又代小琐忧虑。喜乐的是什么呢?喜他遇着了财神爷。忧虑的是什么呢?虑到这个喇嘛,仿照着去岁双某为宝云出师的故事对待小琐,琐郎呀,琐郎呀,你务须要小心点儿才好呀。要是失了这个机会,那就可惜了;要是受了这喇嘛的欺骗,那可更算不上来了哪。

咳!全球怪物,没有再比相工这一流怪的了。一样的五官四肢,却不愿雄飞,甘为雌伏。至如凤凰的品行卑劣,更是下贱败类。特此报告,惩一劝百,伶界中人当以凤凰为戒,以佩兰为法。

光绪三十三年三月初七日/1907年4月19日第5版

鹊噪花香

踞父

前月廿七日晚上,同着离云、夔侠诸君,在惠丰堂小酌,飞笺召佩兰、凤凰。酒喝到半醉,佩兰来,略一周旋,没有坐定,便到别屋去。因为那时雌界群花,还都在座没散的缘故,通例相工和妓女每每不能同在一席,所以佩兰的速去,却也是合理的。

近来京城相工,多半不守本分。都是自己仗着小白脸,违反规则,由着性儿乱嫖。如小朵和银兰,佩秋和韵秋,是人人所共知的,最为伶界的污点。

姚家四佩,佩霞还在幼稚。惟有佩兰,最明白事理,不肯随同附和,做出那种不法的行为。不然,国春门外车无声马无影了。

佩兰去后,凤凰随后到。说是迟到请罪,便坐下。那时雌界花还有数枝在座,凤凰偷看好久,又偷问各花芳名,在下一一告知。凤凰居然大胆下断语,说是那个好,那个不好。在下笑道:“你也爱此中人吗?打算也要做不法行为吗?”凤凰不答,坐不多时便站立辞去。临行时，拉在下衣袖，轻轻耳语，嘱在下到他寓中摆酒。在下本来打算去，后因有他事缠身，且并深恶他没品格，不很愿意去。听说他向来行这手段，为笼络计。久而久之，便成习惯，不知不觉，流入卑鄙一派，实在是可惜的很。

同上

为小凤凰诉冤

铁　顽

昨阅初七日贵报，见志有小凤凰品行卑劣一则，徘徊久之，不禁为凤凰冤，更不禁为某客冤。夫当今相工，品格最下，稍从事逛学者，类皆知之，又何必独责凤凰。况凤凰近年来，颇有醒悟，顿改前非，应酬极为圆熟，性情亦渐温和。游客见之，均有拭目相待之慨。至此而犹欲滥兴谣诼，是非引瞽者而游花市，妍媸均莫辨欤？且纵如某客所云，凤凰杂花丛中，一一定其高下。即谓品性太坏，是非文不切题，而徒蹈刘四骂人之弊耶？

嗟乎！品章风月，雅人所为，见花生爱，为人类所公有之性质。设使凤凰身居花薮，而犹不动感情，是凤凰即为木石，而绝非灵鸟也。则对待客人，更无爱力，可想而知矣。游客们大可从此绝迹倩云，即不必枉费金珠也。虽然，吾窃有笑于某客者焉。小凤凰既品行太坏，而某客犹日与之周旋，岂非浪郑金钱，徒增烦恼耶？吾恐若辈，亦将视为冤大头矣。今请为之断曰：凤凰固无品，而某客亦真冤。

光绪三十三年三月十二日/1907 年 4 月 24 日第 5 版

复春少主人成婚

欧醉生

韩家潭红香阁隔壁复春堂，就是从前的长春小学堂，近因小主人少华年已及岁，堂主人陆华云为之成婚，在院内高搭彩棚，门悬红绸，满挂喜字明灯，辉煌的了不得。佳期究竟是那一天，新人究竟是谁家女？还没有调查清楚，随后再报告罢。

光绪三十三年三月十三日/1907 年 4 月 25 日第 5 版

佩秋购买萃芬班房屋

阳春曲中人

国春大主人姚佩秋,因朱茅胡同本堂房屋太小,实不能容,便有另营香巢的思想,但没有相当的不动产。近日忽得一好息,知已和石头胡同南头路东萃芬北班主人缔结契约,说明代价三千两卖与国春堂,一边愿卖,一边愿买,两下里面对面说妥,契约已成。

萃芬主人便把班中所有权让渡给佩秋,佩秋既然得了这家屋,依照新法律,在民法物权上可以享有“使用”、“收益”、“处分”三大权利。于是广召工人,商议修理费,因为萃芬原屋已旧,不可不大加葺治。现今正在估工,不日便要兴修。石头胡同一方面,从此少去一小班,却添出一相工堂子,也是花界特别新闻。

查相工堂子,旧日只在韩家潭一区,到后一天退化一天,多家关闭。小班发达便成鹊巢鹰居,现今韩家潭胡同内,相工堂子不过占十分之三,小班居然占十分之七。桑田变为沧海,殊令人有今昔之感。

今石头胡同的萃芬班,本是小班,却又被相工佩秋占居。在群艳队中,忽然间拔赵帜树汉帜,高揭优胜旗,也是沿革史上的大关系。沧海又变为桑田,更令人生出无限的感叹。

同上

小宝赴津

睡　佛

怡云罗小宝,年十五岁,隶天乐园小吉祥部。奏秦晋调,声音清朗,响入云霄,为北京伶童中绝无仅有的人才。他的品格,最称清高,不喜欢谄媚人,更是伶童特性。他所演的戏曲很多,内中如《回荆州》、《桑园会》、《断桥亭》等出,最为擅长,久已名震京都。凡听过他这些个戏文的人,不怕时候经久,仿佛脑筋里常有小宝的神情,耳鼓里常有小宝的音韵。那么小宝戏曲的佳妙,即此可见一斑。

前天初五，和情痴、燕侠、渔侣在天乐园听戏。那天是小宝、金林合演《铁冠图》，葵香、宝云合演《朱砂痣》。到后，《铁冠图》开演，并不见小宝出台，情痴左顾右盼，神情恍惚，若有所失的光景。在下便笑问情痴道："你想什么？"情痴答道："真奇怪！小宝莫非上了天罢。"在下应道："天上不去。"情痴又道："小宝莫非下了地罢。"在下应道："地下不去。"情痴着急道："那么小宝上了那儿去了呀？怎么不见出戏呀？"因托在下向卖座的人一问，那知卖座的恐怕泄漏了消息，卖不起坐，便随口接答道："小宝因这几天堂会戏太多，劳倦的很，身子不大爽快，要休息三两天。"情痴刚听完这话，便和在下作耳语道："戏完后，到他寓里瞧病去罢。"在下因此深信情痴真是多情，真是痴子，可谓名不负实。

说话时，正演《朱砂痣》，还没唱完。因小宝不出台，便觉兴致索然，相约到万福居去小酌。各人飞笺招诸伶童侑觞，情痴因听说小宝有病，按笺不发，同人也不便相强。不多时，佩兰、宝云、凤凰、佩霞诸伶，鱼贯而来。在下便向宝云问道："小宝今天因为什么不唱戏呀？"宝云答道："他今天早晨已到天津唱戏去了，因为天津下天仙茶园座客老是不满，闻小宝大名，特为专人到京来聘请，以广招徕。必须十天以外，方能回京。"在下听罢这话，又偷看情痴，一声儿不言语，痴呆着真是如同木鸡的状态。原来小宝和情痴，爱情最为甜密。情痴要是一天不见小宝，心窝里头便难受，况且要隔绝十天，自然是受不住了。但是小宝这一走，不独情痴有离恨思，凡爱小宝戏迷的人大概都是和情痴同一愁闷，可想而知。情痴因此打算要告假上天津，去看小宝，诉这离恨。但是情痴所处的地位，不便多告假。现正在左思右想，无可奈何。有人献策道："十六是星期，可于十五午后两点四十分钟搭乘晚车赴津。到津后，当晚便可看小宝的戏。第二天星期，更可到小宝寓所访谈，陈说离衷。晚上又可看他戏，十七日早车回来，午前便可到京。岂不是妙计吗？"睡佛也极赞成此策，究竟实行与否，到后再报告。查小宝唱梆子，自是绝艺，但他唱二黄也唱得好。发声豪迈，朗澈清新，如《鱼藏剑》、《文昭关》、《醉写》等出，更为特色。小宝年方十五，多才多艺，尽善尽美,丽质天生,聪明绝世。小宝呀,你要善自珍重呀!

光绪三十三年三月十四日/1907年4月26日第5版

保阳一枝菊

夜阑分手客

保定地居省垣,毫无繁华景象,茶楼吾未之见,戏园仅一洞阳宫。座票不多,局面狭小,梨园子弟亦无奇特者,大都京津遗材,郁居于此。回省后,闻人赞稚伶粉菊花之美。因苦思小宝悒悒不乐,未暇顾问。

迩日客窗岑寂,春愁恼人。向于饮博冶游,不投所好,爰偕同寓耳东公往观,藉作调查。乃所演诸剧,巴人下里,入耳烦心。少焉,忽睹有美一人,娉婷出现。询之即粉菊花也。年十四,妙丽无俦,宛然娇女。模样如桃花带露,身材若玉树临风。适唱《断桥亭》,喉音清脆,台步整齐,具大家闺秀风,无半点轻狂态。青眸回盼,不觉色授魂与,目眩情移。前为北京小吉祥部小宝,谬加品题,同人有嗤其过当者。今粉菊花所演之戏,皆小宝擅长之曲,自别都门,每思清籁,及睹菊花,如见小宝。然爱情一动,百感交进,吾於是为菊花怜,吾于是又为菊花惜。夫长安人海,易见赏音,倘东篱移植春明,声价定增十倍。将来歌扇舞衫追踪小宝,定操左券,谁曰不宜?而乃聆妙曲于阳春,叹幽芳之冷落,正与天涯薄宦同此羁愁。更何怪河满一声,青衫泪湿也。爰为之记,且附以诗:

豆蔻花开二月分,红氍毹上最怜君。女儿香染西施料(西施粉菊名),化作仙童一朵云。

天生丽质绝铅华,不是寻常碧玉家。顾曲周郎齐著力,保阳春在一枝花。

人日曾题小宝所演剧,内有不惬心者,爰另撰数首,录呈雅鉴。

一对鸾俦一虎臣,仓黄行色写来真。皇姑身分天人貌,儿女英雄万古新。(旧作)

前拦江水后追兵,却敌夫人伴此行。雪亮霜严两番话,至今香口尚如生。(《回荆州》)

弓鞋绣被事分明，冤煞深闺李月英。白发颓唐老西席，三疑偏不近人情。(《三拟计》)(旧作未录)

罗巾缝裹紧郎身，千载楼名说富春。五百朱提亲赠与，女儿中有热肠人。(《富春楼》)(旧作未录)

梵王宫裹系情丝，有女怀春病不支。换羽移宫作佳偶，洞房深夜说相思。(《梵王宫》)

同上

答瘦棠花界问题

燕　公

第一，妓分四等问题。(略)

第二，相工杂处问题。答曰：相工不能与妓女角胜者，天演淘汰自然之理，非人力所能强也。娼家日进化，则相工日退化，此盛彼衰，势必所至，莫能与之争者。

至云瑞特设于济良所之对门，此不过适逢其会，并无成心其间。恰巧彼处有一空屋耳，有力者为之位置，并非蕙芬自择。又何用心之所在？今佩秋在石头南极，购买萃芬班之房屋。另辟新班，同在石头，衡宇相望，巧则巧矣，然必谓佩秋特定此屋，则虽五尺之童有以知其不然。故知佩秋之无所容心于其间，但以房屋地位之所在，并非用心之所在。以之比蕙芳，正是一好适例。虽然，石头一胡同中，蕙芳创于先，佩秋继于后，遥遥相对南北并峙，亦事之至巧者也。此事在迷信风水者闻之，必据以为口实，而神其说以长其气焰。然有四字足以破之，即前文所云"适逢其会"，此语可作为吗啡针，向迷信人之脑门上对准中心点而痛刺之也。噫！韩家之旧巢，已多半为莺燕所占有，而蕙芳、佩秋又欲扩张其势力于范围之外。然必终归于劣败，盖二十世纪之时代，相工万不能存立于花世界也。

光绪三十三年三月十五日/1907年4月27日第5版

宝云酒令雅趣

卯金郎

昨夕余友睡佛邀至渠华酒叙,有情傻、兰癖、夔侠等在坐,各飞笺招诸伶童侑觞。顷间,幼芬、凤凰、佩亭次第而来。各行酒令,或挑旗、或点将、种种酒令,虽属令人豪兴,犹不免有寻常之俗派。惟宝云最后行一令,禁止同座言语中“不”、“没”二字,若有犯令者即罚以金谷酒数。出令之先,宝云即自浮一大白,以为发令之起点,阖座均欣然认可。于是言语之际。莫不留意焉,因“不”“没”二字,皆人之口头禅。宝云发令既久,同坐乃多易“不”字为“弗”字,易“没”字为“未”字,因此犯者甚少。惟睡佛素性旷达,且好高谈,其时有佩亭从旁调笑,一言之中,连犯三“不”字。阖坐乃击掌大笑,而宝云却斜睨以视睡佛,有欲罚而不忍罚之状态,且欲为代饮。而睡佛亦属解人,即自立尽三盏。同坐兴高采烈,得意忘言,犯令者颇多。而宝云一毫无私,次第严罚。及诸伶辞去,酒令始停止。同人因论及宝云性情之活泼,举止之大方,真为伶童中之特色者也。今又见发此酒令,独出思想,不类时俗,予特援笔记之。并对于宝云之行令,而加以四字评语曰:“大雅不群。”

光绪三十三年三月十八日/1907年4月30日第5版

小琐知耻

培花主人

昨怡月生、长弓子相邀在醉琼林赏菊,霎时间,菊中仙之芝香、小凤、小琐皆拨蕊而出。其时皆有手舞足踏之乐,惟仙中仙之小琐含愁默坐,毫未一言。余惊问曰:“琐郎呀,琐郎,汝素常自谓为快乐仙,今日为何愁容满面?莫非汝有不愿意的事吗?”琐郎云:“不然,因这几日外边传言,有说喇嘛要与我出师,又说我私通喇嘛,故我很不高兴。又其词曰:凡伶人之得老爷出师,是老爷之怜惜伶人也。且出师后,只能以恩人待之,恭敬如常,不得谓出师后即与老爷作出那无廉无耻之事。我身虽为伶人,亦知廉耻之为重,不能作那牛马之行。今某喇嘛打算与我出师,尚未见有实行,人即以不白之冤诬我，我有何面目见我伶界中人乎？不死何待！”余初以他为粉饰之词，继见其花容憔悴，言毕而泪出，乃知其真以此为羞也。余即与怡月生、长弓子谈曰：“伶人者本无耻也，而小琐居于无耻之地，尚能忌那无廉无耻之名，则小琐可谓知耻矣。”

同上

答瘦棠花界问题（四）

燕　公

第九，相工白晰（皙）问题。答曰：北人体壮貌鲁者，不过占全部之多数耳，实则灵秀者亦不少，不必尽相工也。所以体壮貌鲁之故，皆由生于气候干燥之多，而麦面之培植力又足以大其面盘，粗其腰围，厚其皮质，黑其肌色，高其身材。故因貌鲁而言鲁声鲁，举止行动，遂无一而不鲁。如此多数北鲁中，而忽见有白晰（皙）妖娆现出美女子姿势如佩兰辈者，能不惊若景星庆云，爱若好花珍禽乎？此盖因其乃祖若父，偶得山川灵秀之余气，一再传之于若辈，所谓遗传性也。

而其出生以至成童后，培养之道，亦实得其所宜。故相工不吃蒜，不吃辣，不吃酸，不睡热坑（专指特别善良之相工言，不可以普通粗劣之相工律之）。一切饮食起居，保养有方，所以始终得不失其媚骨娇态，此可解剖而考验之者也。惟是相工之佳者，类皆聪明子弟，若其师主不使之登台学戏，而使之出洋游学，则裨益于其身、而增高其人格者，又将何如？我因此搁笔三叹息焉。

光绪三十三年三月十九日/1907年5月1日第5版

佩兰少兴

踞　父

十六日夕，在下与夔侠、情痴、海北侨子饮于国春，时佩兰应条子出外尚未归。不多一时，三主人已回，说对不住。应酬之款洽，固不待言，惟渠颇若有不豫色然。在下细为咨询，始告以“倩云堂新届一伙伴，不谙事理，顷方应倩云之召。甫至门前，适该处酒局已散,此伙伴并不以散局相告。乃大呼特呼曰:'国春堂相工到。'甚不悦听此语。及进至客厅,见室内已阒其无人,始知酒局已散,遂怅归"。余闻此言,虽与彼交好未久,然是时在下亦代觉甚不满意。岂该伙伴受人指使而然耶? 抑震于佩兰之名而忌之耶? 虽然,我因此知三主人之品格矣。

同上

为小凤凰事致铁顽君书

踞 父

前阅为小凤凰诉冤一则,钦佩莫名,不以"品行卑劣"四字为然。仆细思之,相工既人格不全,尚何欲其品行之端? 其说诚是。惟平章风月,各具慧眼,观察之点不同,评判因亦各异。此时以为善,而彼时以为恶;余以为然,他人则以为否,各各不同,不能以他人之毁誉而为毁誉。倘仆识凤凰后即倾筐倒箧,冀博其欢心,则冤大头之名称差可自慰。际斯时而足下告以真冤,必至以一言而唤醒昏迷,当感激之不暇也。惟鄙人素不好此道,偶一寻访,并不曾耗费多金。未免有愧尊言。无理取闹,妄加驳语,窃不敢为足下取也。愿足下毋恃其小有才,而令劳我秃笔,幸甚幸甚。

同上

芝 香 爱 群

怡月生

月之第七日,余友长弓君约饮醉琼林,余因静饮无聊,遂飞笺招小宝、芝香助兴,并约培花主人招小琐、小凤侑酒。移时间,诸伶皆来,惟小宝有堂会未到。芝香刚进门来,速问余近日曾看《顺天时报》否,余因斯问正奇,必有原故,遂答之曰:"报是每日在看,但不知所问为何?"芝香曰:"我所问者无他,即前日睡佛寄稿言某喇嘛有与小琐出师的消息一事也。"余曰:"某喇嘛与小琐出师于你毫无关系,你问他干什么? 莫非你羡慕小琐有此好消息吗?"芝香闻余此言,即正色曰:"我问此事,并非羡慕小琐,特为小琐受此不白之冤、无辜之谤有所不值也。”余又曰：“受冤谤是小琐，未受冤谤亦是小琐，你又何苦操心呢？”芝香於是急曰：“我虽是一个伶人，难道我就不知爱群吗？我今既不能为小琐辩此冤谤，尽我同人之责任，已是抱愧多矣。我若再漠不关心，我更对不起小琐了。”嗟乎！近来伶界中，如芝香之爱群者，有几人哉？芝香可谓伶界中出类拔萃者，芝香诚可爱也。自今以后，小琐与芝香更当互相亲爱，互相维持也。

同上

日华戏园特邀天津

新到头等坤角：活燕飞、马上飞、云里飞、如电飞、草上飞、川山飞

男角：大海马、赛山鼠、赛活猴、金钟□、赛狸猫、赛蝴蝶、大海怪

幼女：云中雁、穿云雁

幼童：小耗子、川云吼

男女各有分座位，堂客有女仆伺候

择本月起，早一点至六点，晚八点至十二点停演

包厢五元，优等一五元角，头等一元，二等五角，三等三角

本园主人谨启

光绪三十三年三月十九日/1907年5月1日第6版

答瘦棠花界问题（五）

燕　公

第十，相娼敌体问题。答曰：人有恒言“娼优隶卒”，虽以娼优与奴隶并论，而娼犹位置于优之先。则可知向来惯习，轩娼轾优，固不以优与娼为敌体而平等视之也。然俗人又有一言曰“男盗女娼”，不曰“男优女娼”，则可知近来惯习，轩优轾娼，又不以娼与优为敌体而平等视之矣。

都下风俗，贵宾宴会，以召伶人为大雅，以召娼妓为猥亵，若是乎尊相工而卑娼妓也。盖京师梨园子弟，为内廷传差而设，其有余

暇,则在外城演戏。故其分际较尊。娼家虽亦为官妓,但不过为旅客而设,学生、军人皆不得接待,故其分际较卑。此相工娼家所以不能敌体之理由也。

光绪三十三年三月二十日/1907年5月2日第5版

伶界赈济会已成

九　郎

京都名优姜慧波、王桐君、王凤卿、姚佩秋等,因江皖水灾事,正二两月间,热心诸志士纷纷开会集款助赈,清吟各小班亦已在福寿堂各尽义务,集款至三千圆之多。因此触动感情,谓伶人亦国民之一分子,安可袖手旁观,不起而结合团体以为助善之举哉!

爰由四人发起,创办北京第一次伶界义务赈济戏会,曾将公启揭登各报。兹详加调查,知此启传出,各班中人皆乐于入会助赈。先后签名者,已不下五六十人,皆为京班有声誉之名伶。慧波诸人欣同志之赞成,即日择地定期开办,一面禀明总厅,一面准备一切,大约四月初旬即可开会矣。

或曰"伶界"二字,文不雅驯;而"赈济"二字,语气亦大涉于夸,非适当之名词,宜加改良。伶界中人,皆所谓梨园子弟也,可改称"梨园助赈义务戏会",则名义适当矣。九郎闻之,曰:或人之说,然哉。

同上

三月初三日余园慈仁援救戏目

《赐福》、《举鼎》、《杀狗》、《八蜡庙》、《九连灯》、《二进宫》(吉祥班)

《捡柴》(小水上漂)

《洪洋洞》(孙葵林)

《顶碑》(小锁)

《断蜜涧》(永春、永奎)

《鱼肠剑》、《黄鹤楼》(遥吟俯畅)

《铁冠图》(小金林)

《石十回》(遥吟俯畅、王子石、孙佩廷、茹香)

《断桥》(小宝)

《除三害》(华夏正声)

《失街亭》(小葵香)

《连环套》(连仲、瑞德宝)

光绪三十三年三月二十日/1907年5月2日第6版

花界外稿

答瘦棠花界问题(六)

燕　公

逛界分两大派:一、桌面派,一、坑面派。桌面派为酬应友朋起见,此交际上之问题;坑面派为个人乐快起见,此实际之上问题。爱娼家以色,爱相工亦以色。在桌面派中人,取其色之可以悦我目,而博友朋之欢,能如是,是亦足矣。至色以外,非所问也。故好色而不好淫者,其爱相汇与爱妓女同点。至好淫者,则其希望固在色以外,而色之美恶,恐非所计矣。好色之程度,以文明之程度为比例差,故但以好色言,男色之美者与女色同。固有足以令人乐此不疲者也。

至谓相工媚人在妆饰,此又不独相工然也。妓女一易其华丽之妆饰,露出庐山真面目,则亦嫫母、无盐矣。西施已往,子都不再,欲求真美色于今世纪,难哉!谚曰"佛要金装,人要衣装",圣人复起,不易斯言。

相工天然之淘汰,近已发见其端倪。各班主人,知欧洲优人之见重于社会,为其无相工之说,而戏曲之足以改良风俗也,故皆已相率注重编制新戏。然则戏曲之进化,即相工之退化,有可豫决矣。姜慧波、王桐君辈,为各报章所激刺,为文明客所劝告,猛然醒悟,毅然改计异曰革除相工之恶习,恢复优人之资格,其以姜、王二人为首功为原动力乎!

光绪三十三年三月廿一日/1907年5月3日第5版

伶界赈济会不必改名

识时子

姜妙香、王琴依诸人，为了江皖水灾事，创办伶界赈济会。这本是文明善举，为北京伶界数百年来所没有的特色，那知内中忽生小小的阻力。为什么呢？原来因见某报上，驳他们“伶界”二字，说是不雅，应改为“梨园”二字等话。会中有数人，瞧了这话，很不愿意，因此大有解散不办之意。但是这个信息，我是从朋友处听来的，究竟这话确不确，不得而知，大概也许是传闻之误罢。那么不管有这回事没有这回事，我且把伶字的意义，讲一讲。并且再说几句劝告话，勉励勉励那会中人。

须知“伶”字，并不是坏名词。古时周朝，有“伶官”职，欧阳公修《五代史》，有《伶官传》，这都是记载在经史上的。《诗经》上说的伶人，也是乐工的意思。“伶”字是很好的名词，大可不必更改。即“赈济”二字，赈是赈灾，济是救济，意思也很好，也可不必去改他。

至于这伶界赈济会开办的好处，一层罢可以集收赈款，救济江皖的灾民；二来可以令全国人知是伶界有这文明善举，从此以后，都敬重伶界中人。伶人名誉，从此大震，和欧洲伶人并驾齐驱。岂不是一件大快事吗！再者，现今伶界赈济会这件事，业已喧登各报，报章行销欧美，大概外国全知道了。倘若解散不办，半途而废，那可真是败坏自己个人的名誉，万万不可。

凡在社会上办事，只要认定目的，无论人家赞也罢，骂也罢，总得把事办成，切忌虎头蛇尾。这赈济会，是文明举动，又是慈善事。前边小班子，已都办成了，伶界更是不可不办，不但是不可不办，并且要赶快开办。救灾如救火，越快越好，千万不可为人言所摇动。现在已成骑虎之势，断不能说是中止。发起人虽然热心，也还得大伙儿帮忙。究竟定规那天举办开会，早早的登报宣告，我们很盼望着呢。

光绪三十三年三月廿三日/1907年5月5日第5版

小宝回京

睡佛

怡云罗小宝,受天津下天仙茶园之聘,于十九日赴津演戏一节,前经报告。昨日同夔侠、卯金郎、四维生饮于惠丰堂,各飞笺召佩兰、幼芬、凤凰、葵香诸伶童侑酒。稍顷,诸伶鱼贯而来。席间与葵香闲谈,因想起前两天接情痴电话,说他这几天忙劳的很,不能出城,请在下代他打听小宝回京消息,并约二十六晚车到天津一游。在下也一一允诺,又想事无大小,既是受人重托,就得尽心。在下遂向葵香探问小宝在津近状,并问须几日回京。葵香答道:"小宝在天津,声名很好,获利较京城亦多。但是我们馆子里即天乐园,自从小宝去后,不惟座客减少,并座价亦减少。小宝到津,原定十天,今已期满,园主人仍将他催回,作中流砥柱。故小宝已于昨晚回京,大约休息几天,便要登台演剧。"在下同葵香说完此话,诸伶纷纷辞去。

余即在惠丰堂与情痴通告一个电话,说是小宝回京。情痴半信半疑曰:"汝毋谎我,倘是虚言,查实受罚。"余接口答曰:"我若谎汝,明日罚我作东道;若是真实,应罚汝作东道。"情痴曰:"君子一言,快马一鞭!明晚五下半钟,准在宾宴楼见。"余说毕电话,同人即各分散。至于明日情痴与小宝会面,彼此如何景况,现出如何状态,叙说何种情话,亦为情史中之好文章。待余探看确实,再行报告。

光绪三十三年三月廿五日/1907年5月7日第5版

小琐出师未果

睡佛

德春陆小琐出师消息,曾经报告,并先代琐郎虑及某喇嘛用诡诈手段,蹈双某为宝云出师故辙。昨夕探得确实消息,某喇嘛已于日前出京,小琐出师一节,果不出余之所虑也。余闻之,不胜为小琐惜,又不胜为小琐叹。琐郎乎,琐郎乎,尔素称灵敏,何竟为此秃头所骗耶?

闻某喇嘛代小琐出师,确有是义,言定价银一千金。其银业经交出,彼此雅愿,均无异议。讵料某喇嘛心怀鬼蜮,节外生枝,谓小琐出师后,须随伊同行,终身侍侧,方肯费此千金,不然仍作罢论,而出师之议遂寝。睡佛曰:有力者为伶童出师,原系彼此爱情深厚。由爱而生怜,欲为提携,故虽浪掷万金皆所不计。出师之后,能令其改邪归正,则更幸。否则听其自营生业,以养活家口,可也。而某喇嘛以千金之资,竟欲买人终身随侍,其居心险诈,可想而知矣。

噫!世风不古,人心日变。以堂堂抚有巨资之人,而挟此阴险之谋,欺骗区区伶童,诚可叹息矣。去岁宝云遇双某,今年小琐遇喇嘛,前后如出一辙。彼二子者,何不幸如是乎?前之宝云不暇自哀,而小琐哀之,后之小琐不暇自哀,而睡佛哀之。自今以后,幸毋有第三者出而与双某及某喇嘛成鼎足,与宝云小琐成同调,又使后人复哀后人也。

同上

菊部花名一览表

睡　佛

(1) 朱茅胡同之部

(国春堂)姚佩兰、姚佩亭、姚佩秋、姚佩霞、王春林

(2) 韩家潭之部

(绚春堂)姜妙香、姜妙卿、陈葵香、朱如香

(安华堂)王琴侬、王萧侬

(渠华堂)刘宝云、钱香云、绚云

(复春堂)陆少华、陆莲芳、朱桂芳、张瘦芳、唐芝芳

(怡云堂)罗小宝、王丽奎、狄小红

(云和堂)朱幼芬、梅兰芳

(倩云堂)孙凤凰、刘梧桐、郭猴子

(国兴堂)赵芝香、韩佩玉、秦佩玉、秦惠林、朱佩芝

(锡庆堂)陆宝珊

(紫阳朱寓)朱玉如

(天水赵寓)赵砚香

(瑯琊王寓)王佩仙

(3) 百顺胡同之部

(德春堂)陆小琐、曹小凤

(韵秀堂)迟大荷、迟二荷、姚阿顺

(4) 石头胡同之部

(云瑞堂)王蕙芳

(5) 樱桃斜街之部

(景善堂)徐兰元、徐竹元

(6) 外瑯营之部

(景春堂)张秋霞

(韵华堂)胡素卿

(国顺堂)唐采芝

(7) 陕西巷之部

(颖秀堂)吴桂香

统计共七处,二十一家,四十七人。此就最近之调查,至年岁稍长,不应酒筵之召者,概不列入此表。睡佛并识。

光绪三十三年四月初十日/1907年5月21日第5版

小琐自弃

踞父

德春堂小琐,与喇嘛姘识,人言啧啧,无待余述。初二日,余友胖生、鹤子邀余观剧于中和茶园。余因公不暇,直至四钟始去。见舞台上,锦衣烂然,美人双双,叫好之声不绝人口。则佩秋与小凤凰正合演《双沙河》戏出时也。(未完)

同上

小凤凰文明

卯金郎

倩云孙凤凰,性情倜傥、气度恢宏,有夭矫不群之概。日前余偕友人半池、兰僻、四维生、萍侠诸君,饮于泰丰楼。各飞笺招诸伶侑觞,遂有幼芬、佩兰、宝云、佩亭次第而来,或行觞令,或奏歌弦,固一时之盛会也。

而凤凰与余谈论之间,颇具文明思想,言及某日在某处见有最新国文教科一书,托余购买一部。余即惊询之曰:“尔能阅此书乎,抑代人谋此乎?”凤凰答曰:“此书文字浅近,甚足益人智慧,我阅之亦易了然。”

少顷,诸伶辞去,全即向同人云:“凤凰近来日进维新,是亦伶童中之特色也。”次日余即将此书购送一部,不禁欣然自谓曰:凤凰果能大加揣摩,何难驾乎王桐君、姜慧波之上哉!凤凰勉旃。

光绪三十三年四月十一日/1907年5月22日第5版

小琐自弃(二)

踞　父

此二伶同隶同庆部已久,常常合演一戏,处处合法,又能争擅厥长。如《双沙河》、《双摇会》等剧,尤称熟手。惟有时不郑重其技,彼此过为谑浪,不免贻人唾骂也。

凤凰演剧毕,即来视余,侍余侧者久之。见其娇小玲珑,酬应圆到,足增人怜爱。于是胖生亦飞笺召德春小琐,颖公召国春佩亭。转瞬间,佩亭来,坐谈良久,彼以伶界赈灾会事开会在即,各处劝同行与会,忙碌万分。为诸友人告,友人谓余曰:“此伶真热心办事,洵伶界中翘楚。”余然其言,当即促其归办前途,莫误时光,彼乃乞假而去。

而余友胖生,是时左右观望,若有不豫色然。余询之,则以小琐未到对。余骇然异之曰:“岂该伶尚演戏未毕耶(彼隶天乐吉祥部)?抑堂子中摆酒摆饭之客多,不暇应条子耶?”然时已黄昏。该伶戏早演毕,且甫叫条子者,又云回头就到,令人真不解其故。(未完)

同上

福寿堂清吟助赈义务会纪盛

四月初十日，清吟小班七十八家，为江皖筹款助赈事，在打磨厂福寿堂，大开群花会。先期在戏台上，悬挂最新门帘帷幛，一律都是平金的。又在台前并排陈列桌子三张，两旁椅子各三把，共六把，所有一切卓帷椅披，也都是绣金的。这都是花四宝和尤金培，在天津唱戏用的场面。

桌上陈设玻璃高盘，盘中是西洋点心和鲜果等。又有鲜花数瓶，芬芳朴鼻，烂灿满目，都是醉琼林预备的。后边又有玉成堂八角鼓的场面桌子，戏台上真是光彩到一百二十分。

时交三点，喜顺班桂芬首先到会。会中人因见他热心公益，特别优别，赠给花朵金牌，并在他坐桌上陈置鲜果美点和瓶花等等。桂芬谦让再三，说是早来是应当的，为的是好照料一切，晚了便误事了，会中人因此更赞叹桂芬的勤能。

不多一时，德顺玉仙和翠芬一同到会，先到的就是这三美。会中人便请这三人，主持卖纪念花并纪念章和一切询问报告事，三人左右周旋，忙劳的了不得。

时交七点，玉成堂五美已到，便开台闹场，演唱大鼓书词。随后各班中人，纷纷接连而来，满十二人，便上台演唱。分头班二班三班，挨次递排。头班坐在前边，能唱的先唱，唱完，头班退坐两旁，第二班上前，接传第三排在后边一排椅子上等着。挨次更换，群花满台，可称锦簇花团。

台柱两旁，特设两纸灯，内中各点洋烛一支，外边有活络纸架。某班某人唱某出戏，便先在纸灯架片上写明，宣示来宾，令人一望而知。（未完）

光绪三十三年四月十三日/1907年5月24日第5版

小琐自弃（三）

踞　父

正加思索，适见该伶登楼。胖生作色曰："琐儿来矣。"不觉顿改欢颜，急为备坐，我辈视线亦集于彼。谁知该伶不惟不来，却飞坐侧面楼上,若视为无事也者。胖生怒曰:“我叫的条子,怎么去侍候他人?”余慰答曰:“相工飞坐,亦属常事。子少待,当即来。”不料该伶不顷刻间,而下楼归去,竟不前来。余亦怒甚,疑彼不识余友耶?则胖生见该伶已不止一次。疑不知我辈坐位耶?则我辈坐正面楼上。所发条子已注明,彼来应先到此,乃彼竟不顾而之他,竟不来而昂然归去,殊可憎恨!噫!如此其为应酬,又不重其人格,而效双某之于宝云与喇嘛相姘,吾敢武断曰:该伶倘不急加悛改,吾恐德春门前愈加冷落,亦指顾间事。而入其门者,又恐微喇嘛无人也。寄语锁儿,毋再自弃。(完)

同上

福寿堂清吟助赈义务会纪盛(二)

这天唱得最好的,有庆华赛菊仙、涌泉玉宝诸美,随后最占特色的,是韵花别墅士人花四宝唱《捡柴》。又天津著名坤角尤金培、尤小培姊妹,唱《柳林池》,锣鼓喧天,歌声震地,繁音缛节,美不胜收。但听得楼上楼下拍掌声,比新年爆竹还要热闹,可见来宾的欢迎了。最难得的是德顺班玉仙、翠芬,喜顺班桂芬三人,自三点钟就来,来了之后,提调一切,指挥一切。凡有接待、买花、报名、递茶、送烟等等杂事,不拘什么事,都是亲身办理。三人在堂内,周旋酬应,口不停说,足不停步,八面周到,处处圆满。所以凡有来会的群花,人人都乐意,都称赞三美的勤能。因此感动全体,来了都不好意思就走,并且上台之后,唱的也都格外认真。这都是玉仙、桂芬、翠芬三人的至诚感动力。

这说的是堂内照料的话,等到群花都上台后,玉仙、桂芬、翠芬三人又跟手到台上,照料一切。或是递茶给唱的人喝,或是传话,或是劝请别嘻笑,或是挽留别回去,辛苦万状,说不胜说。

并且由玉仙劝告赈济的原因,爱群的公理,头一天首先捐助十圆。(第二天又捐二十圆)桂芬、翠芬也各捐多圆,各班中人得了这个信息,便纷纷捐助,或是三圆五圆,或是一圆两圆,很为踊跃。一时东西两楼沿边上，黄纸捐条，都贴满了。

但是说的可是热闹，玉仙、桂芬、翠芬内外的忙劳，前台后台的照料，直是累的了不得。等到事完回家，玉仙是足背全肿了，桂芬也病咯，翠芬也疲倦万分，这三美真可称热心公益，真可愧死那一般冷血男儿。

看官须知，到会来尽义务，不但是辛苦，把家中所有一切盘子钱条子钱牌局酒局全耽误了，并且还捐助许多钱，细细的算算他出入账，可是大受损害了。但有一层，却享了万金难买的"名誉"二大字。（未完）

光绪三十三年四月十四日/1907年5月25日第5版

花四宝、尤金培不演戏原因

维持子

此次清吟助赈会，因为北京诸大善士，一连数月，屡次开会筹款。捐项已成强弩之末，要局外人，捐助一毛钱一个铜子，那怕嘴说破，仍是付之不理。所以特别由花四宝，向天津尤金培、小培二人商请来京，试演几出文明新戏。无奈北京城，风气还没大开，女戏不便演唱。所以戏衣行头，虽已预备齐全，仍然未能演唱，因此戏座没有卖满。观会的人，虽已十分高兴，却还有点儿遗恨。有人问道：东城长安街，不是演唱女戏吗？答道：可不是吗，福寿堂如果打了外国旗子，也就可唱女戏了。唉。可叹！

同上

清吟赈济会唱角一览表

亚　雄

初十、十一两日，花界在福寿堂开歌曲义务会，为江皖灾民筹款助赈。往观者甚众，余初十日，因事未往，未能目睹其盛，十一日拨暇一行，将是日歌唱各名角之班名戏名，详细调查，并加以"最优""优""佳""可"四等评语，判表如左：

次第班名、姓名、戏名、评语

(1) 玉成堂,小顺、小香《八仙庆寿》 可
(2) 同上,玉宝、银宝《尼姑思春》 可
(3) 四海班,金福《坐狱》 佳
(4) 同上,金顺《顶嘴》 可
(5) 德树班,双福《学热客》 可
(6) 同上,秀云(疑即湘云)《文昭关》 优
(7) 同上,双福《刺辽》 佳
(8) 钰泉班,银兰,淮调《值千金》 可
(9) 燕春班,金喜《滑油山》 可
(10) 金顺班,素云《教子》 可
(11) 荣泉班,桂凤《乌盆计》 佳
(12) 翠仙班,金宝《后悔》 佳
(13) 金宝班,金桂《顶嘴》 可
(14) 翠福班,金喜《洪羊洞》 可
(15) 云吉班,玉花《起解》 优
(16) 德顺班,金福《顶嘴》 可

光绪三十三年四月十五日/1907年5月26日第5版

清吟赈济会唱角一览表(续)

亚 雄

次第班名、姓名、戏名、评语
(17) 三喜班,翠红《后悔》 可
(18) 金乐班,小荣《捡柴》 可
(19) 南林房,金媛媛《黄金台》 优
(20) 吉升班,梅青《文昭关》 优
(21) 同上,云兰《朱砂痣》 优
(22) 福寿班,新宝接唱《文昭关》 佳
(23) 德顺班,翠芬《正挑眼》 佳
(24) 韵花别墅,花四宝《海潮珠》 最优
(25) 同上,尤小培、六龄童《三疑计》 最优

(26) 玉成堂,小香、鸿雁《寄书》　　可
(27) 韵花别墅,尤金培、花四宝《双断桥》　　最优
(28) 红香阁,洪媛媛《算粮》　　优
(29) 滨湘班,洪兰舫《打金枝》　　最优
(30) 翠芬班,翠喜《听琴》　　可
(31) 德福班,小翠《绕口令》　　最优
(32) 桐花庄云乐班,翠云、桂凤《正挑眼》　　优
(33) 合班齐唱,各名角,《光棍哭妻》、《吉祥如意》
(完)

光绪三十三年四月十七日/1907年5月28日第5版

金粉迷离

元龙湖海客

保阳洞阳宫戏园,稚伶一斗金、粉菊花珠联璧合,色艺擅场,为该园金梁玉柱。粉菊花唱花旦,如《断桥》、《赠珠》等曲,娇小娉婷,聪明可爱;唱须生,如《南天门》、《三疑》、《杀庙》等出;偶作武生,如《杀嫂》、《落马湖》等出,风发云涌,电掣飙驰,雄健绝伦,真是精金百炼。一斗金专唱青衣正旦,儒雅风流,庄静寡言笑而天然俊俏,骨秀神清,不御铅华,粉香脂馥,恰如冷艳三秋。嗜痂生因两伶名字倒置,不称其人,自三月间彼此互易名称,冀臻贴切。于是呼一斗金为粉菊花,唤粉菊花为一斗金矣。报纸品题,芳誉日噪,北京津沪皆恍忽有粉菊花三字传播梨园。而彼都人士,习故蹈常,尚仍旧说。庸耳俗目,啧有烦言,察其原因,系为习惯所拘执。窃恐张冠李戴,换羽移宫,以金粉之混淆致颜标之误认,用特率由旧章,袪除变更之私见,各还本位,仍从原唤之熟名。此后赏音顾曲诸公认定区别之处,则月圆年纪、玉骨冰肌者,即一斗金,嬉笑精神、身材纤小者,即粉菊花。盖一则专门正旦,一则生旦兼工也。

光绪三十三年四月十八日/1907年5月29日第5版

步月寻芳

曾经沧海客

保定双玉班魏宝玉,字怡庵,定兴产也。年十九温文儒雅,无青楼恶习,亦无北妓粗俗态,应酬娴熟,玉润珠圆,为省垣花界领袖。吾宗勤公,与之缔交非一日矣。十三日,薰风夕止,月色嚼然,予独步往观剧。因爱稚伶一斗金故,于每日拨冗一小时观其戏,一日不见,则触景增愁;二日不见,则食不下咽。予亦不解其何故也。比到茶园,一斗金尚未登场,顷刻间喝彩声喧,翩然出现。唱《回龙鸽》一出,唇齿分明,态度娴雅,嫣然一笑,暖到冰心。座间见勤公与松公均在,遂握手谈一斗金梗概。二公与伊师相识,曰:"子如欲见之,请尽介绍力。"予欣然愿纳交焉。曲终换戏,有自郐以下余不足观之意。时尚早,月正明,因偕勤松二公访花。初到宝玉处,予虽见过一二次,今则保险灯明,细加领略,清芬竟体,妙丽天然。屋中陈设洁无纤尘,瓶花馥郁,乃叹名非幸获,美人自有真也。坐定后,与勤公谭及此间花史无人品题,不足使名苑生色。拟援都门办法,将各妓之色艺品修饰应酬五门分科,详加比较,不徇私见,一秉大公。占全分及多分者上选,定一甲三名,二甲九名,调查其氏籍,考究其历史,列一花榜,宣布报章。勤公、松公颇表同情。约数八巷四十余家,以五人平均计之,得二百余人,若中选十二人。则宁遗毋滥(遗漏则下次尚可补,选滥则不得翻案也),审慎精祥。大家议决,于是果茗杂陈,畅谈尽欢而散。勤公见《时报》载小翠文明一节,有按图索骥意。路遇冕公云"吾知小翠",拉之往,见一人着碧罗衫、长发垂髫、袅娜多姿,有弱不胜衣之态,冕公云"即是人也",并述勤公耑访意。小翠感情一动,更殷勤接待,极力张罗。松公欲聆其清歌,小翠乃唱大鼓《昭君》一曲,志和音雅,娇响抑扬。砉然曲终,四坐喝彩,其时已钟鸣一点矣。

同上

广　　告

如意全班特请京都、天津、上海、山陕客串超等坤角:尤小培、尤金培、花四宝、金花、玉花、金媛媛、于子岩，早演《算粮登殿》、《碧尘帕》、《女起解》、《玉堂春》；晚演《拾玉镯》、《卖胭脂》、《汾河湾》、《喜荣归》、《挡亮》。男女各有分座位，堂客有女仆伺候。择定于本月十七日起，早十二点至六点、晚八点至十二点停演。上等一元六角五分，头等壹元一毛，二等。五角五分，三等三角三分。茶水果品点心，随意方便，西式洋酒点心。包厢五元五毛，垫子钱在内。

本园主人谨启

同上

日华戏园观女戏记

四月十六日，为东单牌楼日华戏园改演著名坤角新戏的头一天，本来白天就要唱，因为有雨阻误，到晚上大唱大演。别开生面，在下前去观盛，请把那晚上实在情形详细记述出来：

先在戏台上悬挂绣金门帘帷幛，满园电灯一律燃着，光明如画，如游不夜之城。没有开戏之前，有卖艺诸女伶在戏台桌上用脚举桌旋转，又手托木梯令幼女在梯上穿来穿去。那时玉花、金花已早到场，随后尤金培、尤小培同到，末后花四宝也到，都在台下看着。

初开戏时，先由宝胜和班演唱，随见玉花、金花走进后台。不多一会，另换一出，但见绣帘揭起，一美女子翩然而出。停睛一看，就是玉花，仔细一听。是唱《富春楼》一出。随又见一美少年出，原来就是金花的幻相，两人彼此便说开来话了。于是作问话状，答话状，上楼状，对坐状，开柜状，取银快，缝搭膊状。少年睡状，女子推状，惊走状，被针刺状，少年醒状，走问状，女子羞状，少年又蒙头睡状，女子又走近撤去状，一连三次少年方醒起。女子又唱了好久，惊喉圆转，清脆可听，声情如绘，惟妙惟肖。这因玉花虽能演戏多出，这《富春楼》一出却是最擅长的。

玉花金花演完后，尤金培、小培姊妹出现了。他二人演的是《杀庙》一出，金培扮衫子，小培扮胡子。金培身穿青衣，左右扶二童走出，随后小培提刀出台，黑胡下垂长眉倒换，现出英雄壮态。二人对唱梆子，声情激烈，景象逼真，令人不忍细听。唱到紧急时，

台下拍掌声,如同放爆竹一般。(未完)

光绪三十三年四月十九日/1907 年 5 月 30 日第 5 版

名优特表

海北侨子

京中名优不一而足,或以声歌擅长,以应酬见称,而于此辈中求其朴实笃诚,实难其人。鄙人客京师凡两易寒暑矣,花柳丛中,虽足不遍迹,而在鄙人之耳目间者,亦不乏人。现在受特别名誉者,固不外小宝、宝云、葵香、幼芬、佩兰诸伶童耳。(未完)

同上

一斗金真可爱

重金主义人

保定稚伶一斗金在洞阳宫演剧,声音的娇脆、模样的俊俏,久已说之无可再说,真是形容不出来了。从前只演灯下四小时,近来天越加长,白天也照演。新来一玻璃翠,十三日晚登场,座儿添了许多。在下也同友往观,及睹其人,再听其唱,简直的是刻画无盐,唐突西子,做尽丑态,令人不敢仰视。其喉音粗哑,故作细腔,肉麻的了不得,尚不如三盏灯有点自然意思哪。这样看来,无论再添何等角色,断断压不下一斗金去。自我说起,每日抽空看一小时的戏,也是为一斗金而来,想跟我同情的人也就不少。日后不添角也倒罢了,一斗金哪,你何故生此妙容,作此妙艺,叫人多添一重牵挂哩。

同上

日华戏园观女戏记(二)

最后一出是《辛安驿》,扮旦角的是花四宝,刚出台时是带着红胡子,背上插着刀,舞跃而出。随后瞧见那少年,便把刀解下,把胡子也掷去,脱去帽子,另自整妆。艳服华装,光辉万状。后又进后台去,随见陈设华帐,一律都是绣金的,布置齐备。便见旦角用红帕蒙头出,和少年行结婚礼。

旦角独自一人先入帐卧下,少年在旁桌上坐着,自言自语多时,便走到帐前,揭开左右帐门,仔细观看。但见美人斜卧着。手托香腮娇态毕露,所穿的衣服却又另换一套,漂亮的了不得。随又把帐放下,少年退至旁桌上,曲臂眠着。旦角从帐内偷向外看,见少年已睡着,旦角便缓步出帐来。那时旦角身上,又另换一套漂亮行头。旦角在桌上取得一纸条,捻成纸捻,偷偷的向少年鼻孔中刺入。少年喷的一嚏,旦角急逃至那边坐上。少年站起,指点作问状,旦角摇手状,两人腻了好久。旦角令少年入帐眠卧,自己却在桌上假寐着。

略停片时,旦角走近帐前,侧耳细听,帐内有熟睡鼾声。旦角便把帐门揭开,但见少年斜卧着,旦角伸手把少年所穿的方头靴脱下,背在肩膀上,送到外边。再回身过去,想要再脱那只靴,猛的瞧见露出一朵三寸金莲。旦角大惊失色,又自把莲翘举起,比了一比,却比自己还小。旦角到此时忍耐不住,便大喊大叫。内边老旦奔出,问是什么事,旦角告知老旦,说少年不是男子是女子。老旦也惊骇,旦角便又提刀要杀假少年,老旦从中和解,不免倒乱了一番,此戏便完。

那时已交十二点,便停演散戏。这是头一天,听戏的人,已经不在少数。花界中到的,有上海新到的龙寓。龙寓居留长福堂,十一日在福寿堂,曾经独力捐助银洋六十元。又长福堂范彩霞,也捐十元,这天是文韵阁请他看戏。

调查这日华戏园,办法颇为文明,为北京戏界的特色。从此以后,戏座必一天拥挤一天,既有坤角,又有女戏,还有幼女《三上吊》,并添聘外国戏法,必定是要热闹到十二分的。诸君不信,可以前去考察考察,便知此话不虚了。(完)

光绪三十三年四月二十日/1907年5月31日第5版

葵香染病

睡佛

绚春葵香,姓陈氏,年十八岁。性情高尚,容貌中姿,隶天乐园小吉祥部,唱胡子生。发音清朗,词调匀圆,一动一静皆摹仿叫天。如演《空城计》、《朱砂痣》、《鱼肠剑》等出,无不神精毕肖。故自登场以来,颇得顾曲周郎所称赏,并雏伶中不可多得之尤物也。

闻近日因天时干燥,调理失宜,偶于日前染患疹子之疾,不起床者已数日矣。按葵香体质简单,每日演戏之余又须驰驱觞政,劳劳车马,东奔西走,弱质何堪?嘻!葵香亦苦矣哉!虽然,岂葵香之愿耶?是必有不得已者在耳。但愿赏菊雅客,爱而怜之,勿使终夜奔忙,为风尘催折也,幸甚!葵香亦宜善自为计,古人云"葵能自卫其足",岂葵香竟不能自卫乎?

同上

小宝失恃

睡　佛

怡云罗小宝于前月十九日由津回京一节,已经报告。小宝体质秀丽,弱不胜衣,前番到津不免稍受劳碌,回京后一身多病,双锁愁眉,因是鲜应酒筵之招。闻日前阿母因病出世,小宝哀痛不已,米浆不入于口者数日。小宝有兄弟三人,宝其次也。

乃兄隶喜连成部,乃弟尚在稚年,家计不甚丰裕,弱质何堪悲伤。无如小宝早负盛名,该堂师居为奇货,伊园主赖以撑持。内迫师尊之命令,外受园主之催逼,故虽遭此大变,而酒筵应召仍是东奔西驰,登场歌一曲,大有声泪俱下之状态。

近日来戏剧之减色,酬应之不灵,知之者谅□原恕也。虽然,人之死生有命、定之于天,古人云"死者不可复生",寄语宝儿,宜节哀自卫。勿因悲伤过度,至损华容,而败歌喉。勉之望之!

同上

情痴小宝眉目传情

睡　佛

初十日夕,情痴约饮于怡云。甫入门,堂伙计告以小宝堂会未归,请少待。情痴首肯,遂联袂而进,彼此谈笑,颇有兴趣。约十二钟许，小宝翩翩自外来，见情痴与余，以笑相迎。深谢短侍之愆，并向情痴握手为礼，小宝谓情痴曰："何许久不见耶？"情痴乃微笑不答。（未完）

同上

名优特表（二）

海北侨子

然小宝、葵香、宝云，专以声歌占优胜；幼芬、佩兰，独以应酬擅其长，虽为当世知音者所共认，而鄙人独以姚佩亭尤上之。

佩亭别字蝶仙，国香二主人也。其品高洁，其性温和，其貌秀淡也如菊，其言多味也如兰。其雅爱书画，尤为他人所不及，每见名人书画，辄爱称不绝于口。鄙人尝从友置酒其家，见而爱之。谈吐朴实，诚敦可称，殆菊中之别调也。蝶仙其人，诚伶中铮铮、庸中佼佼者矣，故特表而出之。（完）

光绪三十三年四月廿一日/1907年6月1日第5版

广　告

崇文门内大街日华戏园，特请天津如意坤班，准于四月廿二日开演各样新戏，至四月念八日止。特请上海第一坤角花四宝、尤金培、尤小培、金花、玉花、张凤奎、王克金等，准演不误，风雨无阻。包厢客座，格外改良。计开包厢四元，加钱在外头等一元，二等四角，三等二角。

同上

情痴小宝眉目传情记（二）

睡　佛

稍顷，堂役报道，酒已设齐。相邀入座，席间三人对饮，却不发一言。及余酒已微醺，醉眼朦胧，但见情痴呆若木鸡，目不转睛直射小宝。又看小宝，斜倚席畔，默默无言，一双慧眼。亦侧睨情痴。彼以目传，此以眉送，两两相对，万种柔情，尽寓在不言不语之中。

此情此景旁观者睹之,犹不觉魂飞天外,彼情痴当之,更不知俟。

光绪三十三年四月廿二日/1907年6月2日第5版

情痴小宝眉目传情记(三)

睡 佛

小宝与情痴爱情之甜蜜,前次已记述大概。自小宝由津归来,或因情痴无暇,或因小宝多故(始而染病,继而丧母),于是阴错阳差,未得晤会之机。意者二人此次相会,所谈情话,所现情景,必有罄笔难书者矣。乃不过借视线为电线,倩眼波作电波,月余离情,全凭兹天然机器传送,斯亦奇矣。及散局归寝,已鱼鼓三跃。全特援笔记之,以志情痴小宝用情之妙云。(完)

光绪三十三年四月廿四日/1907年6月4日第5版

秀云阁有戏曲思想

导 师

红香阁新到一上海花,名叫秀云阁,态度秀丽、顾盼多姿,酬应客人更为圆到无比。近因花四宝诸女优在日华戏园演戏,触动歌曲思想,现在留心学戏学步,大有登台演剧之意。有某君并许他学成后,代借最新戏衣,给他演剧。香云阁目的果达,百万金钱,如同拾芥了。

光绪三十三年四月廿五日/1907年6月5日第5版

一斗金文明特色

重金主义人

一斗金,姓夏氏,年十六,安肃人,未有字也,予因其姓而字曰“莲君”。久为科伶中之矫矫不群者,近来所演各剧,简练揣摩,益增进境。如《断桥》、《骂殿》、《回荆州》、《乌玉带》等出,腔调之自然,台步之沉稳,一声雏凤,余音绕梁,字字探喉而出,清脆嘹亮玉润珠圆,决无模糊滞涩之弊。已为顾曲诸人所公认,尝闻人云“梆子腔唱字不真,不如二簧”,乃听一斗金之唱,无论何调、均句句落板，声声合拍，顿挫抑扬。知其词者，固觉耐人寻味；不知其词者，亦觉动人感情，较二簧尤为入耳。北京小宝能之，保定一斗金能之，他则吾不知也。暇时与之煮茗清谈，或至夜分，周旋问答，吐属娴雅，娓娓动人。无倦容，无躁气，其性情沉静，如胜水名山；其品格清高，如幽兰淡菊；其仪容娟美，如仙露明珠；其举止安祥，如名姝闺秀。即此以衡小宝应酬太多，圆熟虚浮，渐趋时派，此亦势所必然，不能责小宝也。一斗金则天然妩媚，仙骨珊珊，清绝点尘，似不食人间烟火者。知阅报纸，雅爱名誉。予谓三代下恐不好名，虽为下乘说法，一斗金小小伶童，具文明思想，存好胜心胸，腐败龌龊者流对之能无愧也？惟名花落溷，弱柳随风，香草美人，古今同慨。简斋诗曰："从古倾城好颜色，几枝零落在天涯。"痴珠词云："惭愧东风无气力，一任落花飘泊。"予于一斗金而不禁感慨系之矣。其同门弟粉菊花豪迈聪明，英姿飒爽，后起之秀，夫复何疑！表而出之，亦附传之例也。

光绪三十三年四月廿六日/1907 年 6 月 6 日第 5 版

小凤凰戏曲进步

卯金郎

倩云孙凤凰，年方二七，隶中和园同庆部。声音朗润，容貌鲜妍，善二簧，亦善西皮。每一登场，观者如堵。其憨痴之状态，绝妙之神情，几令人见之而失其感觉器，诚后来花旦中之俊秀也。（未完）

光绪三十三年四月廿八日/1907 年 6 月 8 日第 5 版

小凤凰戏曲进步（二）

卯金郎

昔年初与其师水仙花由沪入都时，年犹幼稚，色相更佳。所谓香粉孩儿，名噪京师，同队鲜有其匹者。今因演剧之日多，并每日应酬烦恼，于是芳颜稍减，而戏曲一门颇加练习。（未完）

光绪三十三年四月廿九日/1907 年 6 月 9 日第 5 版

兰芳戏曲佳妙

睡　佛

云和兰芳姓梅氏,字畹华,年十四岁,朱小芬之弟子。容貌□美,性情温和。而其应客之际,端坐无言,每有含羞之态,亦雏伶中之佳品也。隶广和楼喜连成部,唱青衣,常演《教子》、《祭塔》、《二进宫》等出,声调和婉,清脆如新。

据顾曲者之品评云:妙香、宝云而下,首推兰芳。日前偕卯金郎观剧广和楼,聆其唱《彩楼配》一出,歌喉之圆润,台步之整齐,颇具闺秀风范。惜其做作之间,微嫌呆痴。然以兰芳年方二七,倘能再加进步,何难与妙香、宝云并驾齐驱乎?兰芳勉之!

同上

梧桐不受培植

海北侨子

日前偕睡佛、踞父、夔侠等,饮酒渠华,所发条子,有幼芬、佩亭、佩兰、凤凰、小琐、梧桐诸伶。不久时刻,幼芬先至,次小琐即至,再次佩亭、佩兰、凤凰接踵皆至,兴高采烈,不觉侍坐者久之。(未完)

同上

菊部四主人

晓　痴

京中相工,为全球之特产。而其中之品下而尤甚者,则堂主人是也。云和幼芬、国春佩某、锡庆宝珊、云瑞蕙芳,皆以自由身而享有专独之权利,驰驱酒天,工谀献媚,欺迷富贵,窃取金钱,以致积蓄充盈,轻裘肥马,炫耀同辈。(未完)

光绪三十三年五月初一日/1907年6月11日第5版

妙香、宝云戏曲之比较

睡　佛

绚春姜妙香、渠华刘宝云,二伶皆以善唱青衣驰名。以容貌论，则妙香不及宝云；以文雅论，则宝云不及妙香。彼此互有短长，姑置不论。

若以戏曲而言，妙香能演之曲，宝云亦能演，妙香擅长之剧，宝云亦无不擅长。二伶声音之清朗，举止之圆熟，俱能各尽其妙。（未完）

光绪三十三年五月初二日/1907年6月12日第5版

名旦脚妒极生畏

海北侨子

吉祥部罗小宝，名噪都中，素为观剧诸君所欢迎。前月赴天津下天仙之约，勾留十日，该园本甚减色。小宝去，园主人赖伊撑侍，不啻若擎天柱，小宝因此身价十倍。遂傲气横生，自以为都中独一无二之名脚。

同上

菊部四主人

晓 痴

同一五洲内奇特之怪物，人类中卑贱之奴隶，而此种怪物奴隶中，竟有不知特怪之可羞，卑贱之可耻。乃翼翼然方白矜其衣服之华美，玩好之奢丽，以鸣于人。如此类者不惟其羞耻丧尽，天良灭绝。即一副肉躯壳，亦不自知其为何物而并亡之也。（未完）

光绪三十三年五月初三日/1907年6月13日第5版

为小宝被诬致海北侨子书

痴 侬

海北侨子足下：捧读佳章，琳琅满目，不胜钦佩。足下之所以称小宝而誉小十三旦者，皆属公理所在，不可泯混，并非故为过颂也。

但谓小十三旦之唱作，过于小宝，而小宝因妒生畏有退避意之说，则足下未免因一时之偏见，作此不平之鸣。妄加褒贬，挟私忖人,窃为足下不取也。当小宝赴津聘时,该园座客,大为减色。此时小十三旦来京,登台演剧,已数日矣。该园生涯,不为增盛,反致减价者。何也?

小十三旦貌不及小宝远甚,唱作亦时现生滞勉强气习。不似小宝之音喉圆畴,动静合拍,不加强作,而神情逼肖,娇憨静穆,无不臻绝妙也。知音者,请继崔灵芝而起者,其惟小宝,其色艺可想见矣。小十三旦,貌虽不恶,唱作虽称佳美,然较之小宝则瑕瑜又不能相掩也。故当小宝未归时,吉祥部虽有小十三旦,亦无补救。该园主有鉴于此,急令小宝回京,作擎天之一柱。前数日,小宝偶因调养失宜,致有感冒,告假数天,该园犹虚假其名以笼络人士。倘小十三旦果胜于小宝,则该园主又何必急力挽回小宝耶?又何必虚假其名以欺饰人耶?据此数端,二人之高下优劣,可以恍然矣。(未完)

光绪三十三年五月初八日/1907年6月18日第5版

佩兰物色

浦客

国春三主人,姓姚氏,名佩兰,为伶界中特别人物。品行清高,一也;性情温柔,二也;应酬款洽,三也;语言灵捷,四也;容貌秀丽,五也。有此五者,已为他人所不可及,予因其芬名为兰也,以咏兰诗表之,述录如左。《咏兰》:"空谷崇兰带露光,佳人情韵美人妆。无言雅淡偏同味,竟体幽闲觉有芳。春日歌残陈后主,秋风肠断楚襄王。莫羞众草常为伍,宝髻簪余自在香。"

光绪三十三年五月初九日/1907年6月19日第5版

为小宝被诬致海北侨子书(续)

痴侬

而足下犹若彼云云者,代表小十三旦妒小宝乎?抑代表小十三旦畏小宝乎?是则非仆之所敢知也。仆来京两载,素以道统自居,从不涉足花酒。不识小宝为何如人,为何姓号;小十三旦,亦不知其为何许人,并非因私忿而开罪雅人。不过因公理所在,自不容泥,故敢以质之。知我罪我,所不敢避。痴侬再拜。

同上

吉祥部劣败之原因

晓　痴

怡云小宝,工秦腔,并工花旦青衣,同辈鲜出其右,名震都中,人争以先睹为快。隶天乐园小吉祥部,与绚春葵香、渠云宝云,为莫逆交。三人演剧,声调之悠扬工稳,可称鼎足。而小宝尤擅长于神肖之技,浓情艳思,静貌穆容,令见者几疑当场之非幻。每出场,睹者如堵,层楼无立足地,该班藉以维持。日前赴津下天仙之聘,浃旬之间,该园坐客大为减少。及小宝归来,该园之坐客,即拥挤非常,较之小宝未出京时尤有过之。三秋之感,我知不惟爱识小宝者具此念思,即在该园观剧者亦莫不同是一般怀抱也。

当小宝未归时,该园聘一角,名小十三旦。貌既秀丽,唱作亦甚佳妙,颇为都人所欢迎。但举止动静,及声调间,不免时有生强,少欠火候。不似小宝之动作神肖,腔调圆转,无一点俗滞气习,应有尽有,不加勉强不费气力而悉臻妙绝也。

故该园虽有小十三旦,而小宝未归,亦无甚补救。小宝未归时,该园楼下座价,已减至京钱一吊。近闻小宝因病,数日出台演剧,该园楼上坐价亦已减少云。区区游戏场中,若无人焉。犹且劣败如此,其大者可以类推矣。

光绪三十三年五月初十日/1907 年 6 月 20 日第 5 版

溷迹花丛醉汉无礼(二)

睡　佛

睡佛曰:今日之相工,较之昔日杜琴言、苏蕙芳辈,同有天渊之别。而游玩其间者,亦半皆登徒子伦文之流,只要囊中有白镪四两,番饼两枚,皆可尽一日之欢。若与古时之梅子玉、田春航相比,又何啻天壤之殊乎!赏菊雅人,每责某某相工之性情乖僻,某某相工之行止卑污,而不知实此辈有以酿成之。稍有良知者,即不得不傲;深染习气者,即不得不卑,此一定不易之理也。

同上

菊部四主人(三)

晓　痴

而此四主人者,每逢客人酒饭之会有招之者,或一二相逢,三四偶遇,彼此遂刺刺絮语不休。不知者,以为彼辈主人既有积蓄,又得自由,无压制之强迫,势力之牵扯,必有一种迁善洗行之思想,登高出幽之景念,以期振作而匡家风。

乃听其声则时而赞叹、时而嗟咤,欢喜之色,不足之态,现于面而发于口。其赞叹之者,不曰某处之广货甚轻暖,我辈可购而制一长袍,或一马褂;即曰某色之绸缎甚缥亮,我辈可用以作衫或夹袍。其嗟哆之者,不曰某人之风筝甚小筝线过少,不如我辈风筝之大筝线之多;即曰我辈之某某玩好甚精致、甚华美,不似彼等之某某件之粗且笨。

仔细听察,彼四主人者,除骄奢以外无他语,舍夸张以外无别话。其云某人某人好者,则指某主人也;某人某人甚不好者,则指某徒弟也。其意以为我辈主人,彼等徒弟,何足与我□抗哉?试观四主人,偶一相逢,便眼笑合缝如新月,喧哗笑噪如晨鸦,往来谈问殷勤如手足,其状态实难以笔述也。

光绪三十三年五月十二日/1907年6月22日第5版

伶界义务会演剧调查记

踞　父

本月初七初八两日,梨园子弟演剧于福寿堂,名曰伶界义务赈济会。鄙人往观两日,提倡赞成斯会诸君,甚具热血,而菊部中人亦精神异常焕发。满堂灯彩,炫耀夺目,诚盛会也。至两日所得座价及捐款,只千余元,除付应需之款处,所剩不过千元,亦可为江民杯薪之助。自四钟开戏,至晚间十二钟止,惟其中有时秩序紊乱,致参差不齐,不免贻人笑柄。而鄙人对于斯会,亦有不能已于言者，特述之如左。

（一）发起人系王琴侬、姚佩秋、姜妙香、王凤卿四人，两日到堂任事者只琴侬、佩秋二人，余则仅到堂演剧一出即行。不惟不助姚、王二人料理一切，以副发起人之实，反须催促再四始因人情而来，聊以敷衍塞责，热心办事，固如是乎？此其一。

（二）彼区区无识之伶童，遑云办事。斯会之起也，赖有人为之提倡，其成也，则恃赞成人。提倡赞成诸君，念江北之民，怜伶童之有心无力，始为之出策画计，以抵于成。未开会时，若辈各处恳乞于诸大人老爷尊前，低首下心，固其宜也。既开会后，若辈对于提倡诸君，当如何顶礼尊重，以博欢心。乃若王琴侬者，则以发起人，为莫大之荣名，伸其耳，大其眼，狠顾鸱张，几不知自身为何物，拂忤人意，处处发见。故赞成提倡诸人，多不冷心，均欲买票听戏，秩序几为之乱矣。幸经同人再三劝之，始息其事。

光绪三十三年五月十三日/1907年6月23日第5版

小名伶昆季入都门

夜阑分手客

稚伶一斗金夏福莲、粉菊花夏宝莲，胞兄弟也。一唱青衣花旦，一唱须生武生，色艺双佳。历在营口、天津，久为有目所共赏，知音所公认。自去冬到保阳，洞阳宫茶园即气象一新，坐客恒满。予于二伶羡其技，爱其人，朝夕遵从，稔其性质。兄则儒雅风流，弟则英姿飒爽，皆为伶界后起之奇特不群者。报纸揄扬，几将一斗金与海棠花并论。

本月朔，从其师到北京，小作勾留，游玩风景。为燕喜堂园主挽留，招致部内。伊师当未确然许可，旋即由省回安来故里，少息征尘。昨已于十二日乘火车至都，约在十四、五、六日暂行试演。查二伶所能诸剧，无不佳妙入神。而尤为出色当行脍炙人口者，厥有十余出。予与二伶细心酌夺，拟定第一天《柳林池》，第二天《拜寿算粮》，第三天《登殿》、《代反长安》，第四天《回荆州》。其嗓音虽不高，而玉润珠圆，其腔调虽不纯，而峰迴溪曲，虽不敢与梨园老手比较声容,然都会繁华长安人海,当筵顾曲自有周郎。一经品题,便增声价,连城巨阙,端在于斯。鄙人庸敢谬为说项,致讪阿私,藻鉴精详,是在聆音识曲者。则予能免羊鹤叶龙之诮,其庶几乎!

同上

名旦脚妒极生畏(二)

海北侨子

不意日前新到小十三旦,亦隶吉祥部,工花旦,兼长二黄。每登台一曲,坐中皆若不难,精神全付与戏中人去矣。即向爱小宝之人,亦改弦易辙,转而爱十三旦矣。由是而小宝之名誉日减,小十三旦之名誉日增,小宝妒气填胸,誓不两立,故畏心生而退志萌。近日已不至吉祥部演剧矣,闻园主人念及旧情,尚在挽回,不忍释然舍去。余因志之,为小十三旦贺,更为小十三旦忧。小十三旦色艺俱佳,为小宝望尘不及,此观剧诸君之公论,非个人私见也。而小三旦前途之发远,亦未可限量也,余故为小十三旦贺。

然小宝系都中像姑,小十三旦系津南优人,以优人而较之像姑则势力又不及小宝矣。小宝袒护众,众多恐非小十三旦孑然一身所能敌抗者,而小宝之热客必有以因妒生忌,多方毁谤之者,余故为小十三旦忧。

虽然,小十三旦色艺既已双佳,鹤立鸡群,自可睥睨一世。虽毁之誉之,又何关荣辱哉?余今复不为小十三旦忧,乃为小十三旦贺。(完)

光绪三十三年五月十六日/1907年6月26日第5版

菊部四主人(四)

晓　痴

又观四主人之于宝云、小宝、葵香辈,相对瞅然,彼此诋诮,视如仇寇。恨不能肆其鲸吞虎噬也,如此自恃自矜而不知汗颜,盍一回首自思乎?撒献娇嗔,甘言谀人之丑态,与徒弟无以异也。妖娆迷媚，证骗金钱之主义，自己生涯，利以更甚，甚于徒弟相较，则有过之矣。夫同一皮肉换买而来者，其卑污之处，有时则主人更甚于徒弟，然则主人亦何贵于徒弟哉？乃夜郎自大，鶡鶡自骄，恨无照妖镜高悬空际，使魔魑举原形毕露，以杀其骄矜之锋也。（完）

同上

伶界义务会演剧调查记（二）

踞　父

噫！提倡赞成此会者，为江民也，非为借此观剧也，亦非为作若辈之走狗也。特以伶人之无识，摇尾乞怜，始为助成其事。伶人之尽义务于斯会者，亦为江民也，自惭无能任事，多方乞求于大人老爷之前。既能具比热心，以拯济贫民，则对于提倡赞成诸人自不能不为之敬重，乃事甫成，即自诩为文明人，顿忘自身。夫穿窬之徒，而欲不负盗之名，乌可得也？伶人之愚而无知，殊可憎恨。闻王琴侬当此事未成以前，揽权不办已久为人所不齿，就中惟佩兰一人自始至终。无忤人意处，且其出力为可嘉耳。此其二。

（三）此会既名曰伶界，则一切伶人当如何热心，各尽一分子义务，黄金主义之流无论矣。既有请驾数次而不肯来者，复有非请不来者，高其声价，兹非其时，窃无足取。说者谓其有堂会戏，又谓其往城内唱战，是否属实，姑不必论。惟既存救济江北难民之心，无钱助赈，则不拘何样重大之事，不能不勉尽义务，以为万一之补苴。既不前来，直谓之不热心可也，伶人之无人格，亦可见一斑矣。可叹可叹！

此三端，系究其大者而言，不足道者尚多，姑置之不理。夫是非公道，自在人心，固不必以余言为定论也。

虽然，就中不无可取处，如小桂凤久不登台，初七日往演《双摇会》一阕，并助有捐款，可令人钦佩。又如俞振亭，初八日彼演《金钱豹》，满腹精神，色艺俱佳，尤令人称好不置。此外初七、八两日，如王凤卿、姜妙香合演《朱砂痣》，分演《战城都》、《祭江》，杨小朵演《查关》，贾洪林演《戏凤》，朱素云演《辕门射戟》，水仙花演《胭脂虎》,陈文启演《探窑》,小凤凰演《下河东》,宝云演《彩楼配》等出,均有足取者。他若春林之弹琵琶,尤为难得。王蕙芳、姚佩兰,久不作舞台上人物,立以义务所在,登台特演《戏凤》、《打桃》二阕,曲终奏雅,为观者所嘉许也。(完)

光绪三十三年五月十七日/1907年6月27日第5版

答痴侬书

海北侨子

痴侬足下,盥读瑶函,满纸珠玉,令人叫绝,真太白仙才也。惟其中所论各节,谓仆妄加褒贬,挟私忖人,足下曷不作一反观耶?

以余思议,足下之偏袒小宝,亦未免失之痴耳。盖谓小十三旦来京演剧,越数日,罔为该园生色。讵知初次旅京,谁赏识于风尘外,但以己之所长炫耀人耳目间,绝不似小宝之纯盗虚名也。然小宝赴津聘归,兴阻颜汗,一来复仍无起色,而该园减价之条大书特书,足下其不知之耶?而足下犹假二寸舌,强为小宝辨,可知朝朝暮暮,心中口中目中耳中,只有一小宝,足下可谓之痴人也。

至论其色与艺,小宝眉目虽稍清秀,而面如土色。观其登台演剧,往往滞气发现,作木偶人状,令阅者扫兴。而小十三旦,娉娉嫋嫋,举措合宜,观者欢声雷动,视小宝则不啻天渊矣。此小宝告假之所由来也。而足下犹以调理失宜为伊掩饰,并不辨优劣、察高下、讲公论,而用情于小宝一身,足下可谓之痴情也。

最可笑者,足下以道学自居。客京两载,从未涉足花丛,并小宝、小十三旦而不知为何如人,岩岩道貌洵堪钦佩。何小宝之妒小十三旦、忌小十三旦,胥能旁征曲引,了如指掌,为小宝之代表人乎?

由是以观,谓足下为真道学,吾亦不敢附和;谓足下为假道学,吾亦不敢讥许。第见其用心之专,用意之深,用情之浓,吾直以一言断之,曰:痴道学。合痴人痴情痴道学论之,足下其痴乎?其不痴乎?及观其名曰痴侬,更觉名实相符,此吾之所以叫绝也。

然足下痴与不痴,公理自在人间,愿足下早渡迷津,回头是岸,勿孜孜焉终以小宝为念。海北侨子拜覆。

光绪三十三年五月十八日/1907 年 6 月 28 日第 5 版

小凤凰戏曲进步(三)

卯金郎

常演《小上坟》、《小拜年》、《双摇会》等出，甚为佳美，不似天乐园之小琐、如香等，惯于敷衍，自甘暴弃。吁！凤凰能此勉励，戏曲将日见其娴熟，声誉将日见其高彰，是亦可与罗小宝、姜妙香诸伶并驾齐驱也。吾为凤凰幸，吾尤为凤凰勉。

同上

梧桐不受培植(二)

海北侨子

于是所来诸伶，一一告假而去。默数条子独有梧桐不来，同坐甚以为怪。是时踞父与徐公因有人来邀请，立次他去，然梧桐尚迟迟不到，实觉扫兴已极。想梧桐既非特别之人物，而徐公又为公宴之上客，梧桐其□，且为同座公荐，梧桐即来亦不过滥竽充数，梧桐不来同座既不足以对徐公，梧桐又何以对同座？伶界中之不解事，诚莫过于梧桐。幼稚全无阅历，品斯下乘，不足齿数。此等朽木粪土，诚不可再为培植，想研究相学家者，当亦以我言为是也。

同上

妙香宝云戏曲之比较(二)

睡　佛

顾曲周郎多以妙香与宝云并称，未尝非公平之论也。但据余之所见，宝云究不如妙香，试举一端论之。即如《彩楼配》一出，妙香常演之，宝云亦常演之。其词调之圆传相同，其走场之端庄亦无不同，惟妙香从“游园”演起，似有头绪，且前半之情况尤佳。特惜宝云弃其前半，专演“登楼”一节，不但词调短而无味，而做作亦不足观,此宝云不及妙香之大点也。

同上

记伶界救济戏会

小　闲

一梦京华,六年羁旅。花丛回首,风信屡更,菊影参差,亦自谓司空见惯,无所取裁,镜之花欤?水之日欤?过眼皆空,诚非虚语。乃丁未夏,突见王琴侬、姚佩秋、王凤卿、姜妙香诸伶传单:为江皖灾民,鸠集同志,勿论已登台未登台者,皆须各抒所长,演戏二日,所入座费,除支销外概汇灾区等语。

侬始而疑,继而信,终而喜。以为登场演剧者,固已数见不鲜;其未登场演剧者,亦可藉此识其面目,评其高下,定其优劣。且事关公益,诸伶既能热心,侬更喜其踊跃。不意延及月余,尚未举行。方谓区区伶人,虎其头、蛇其尾,坐而言、不能起而行,爰用侦探术,始悉此中搁误,并非一端。

陆□云罔识大义,以金钱为性命。既已不假演台,又复不惜戏底,徒深流水看舟之心,毫无枵腹从公之意。此一因也。

至于签分菊部,学习行走明,皆有应列之责,决无可诿乃或有藉事推却。或谓应客无暇,甚或有故为阻挠,谓为无益之举。种种不法,罄竹难书。其应到会而不到会者,实繁有徒。此又一因也。

据此二因,已难成事,况又垫堂等费半属无着,谢客当炉莫寻其人乎?有此数种原因,故耽延月余,未能克尽厥事。琴侬等欲寝此议,难杜人言。再四筹思,只得自任劳怨,不计利害,定期于五月初七、初八两日在福寿堂开演。并谓人曰:“此次助赈,本属强弩之末,假令顾曲者无多,我辈愿倾囊助之,以救灾区于万一。”噫!伶人也,而竟如此慷慨哉!由是以推,天下事何不可为?侬忙里偷闲,亲览其盛。合两日而观之,座虽不多,而捐款颇巨。所演各戏,亦卓卓可观。援笔记之,以表琴侬等创办公益之善状,并代江皖同胞申谢诸伶之热忱。

光绪三十三年五月十九日/1907年6月29日第5版

妙香宝云戏曲之比较(三)

睡　佛

计宝云登场演剧以来，已及二年，音调动作，不无进步。惟《彩楼配》一剧专从后半演起，真莫可解，岂宝云不善演“游园”一节耶？抑天乐园规则不准演“游园”一段耶？此二者均不必论，睡佛曰：是宝云之耻也，宝云不可不知，不可不勉。

同上

评复和三宝来福

间接子

复和班有名三宝者，江苏人，接待客人颇为圆到。容貌柔媚，性情和婉，客见之如饮醍醐，无不醉倒焉。又有来福者，本京人，年方二八，唱二黄调声颇宏亮。有顾曲之癖者，茶叙后，必令歌一阕，以娱耳界。调查复和班即从前之彩云，在双寿班之东，上虞会馆之西，内容房屋颇称洁净云。

同上

敬告海北侨子与痴侬

乌拉山人

天下本无事，惟人自作之。作之而事易了也，常也；作之而事不易了也，亦常也。要惟哲人喜无事，不求有事，故无所谓易了之事，亦无所谓不了之事。

若夫无事也，而求有事，事之来也，无一定之方针，鲜利钝，予纯料其无了事之才。推而至于家国之大，天下之繁，则不惟不济事，反有败事之虞矣。君子曰：是盖未经阅历之故耳。

予本山野闲人，不喜多事，亦不喜言事。惟检报观两公往复为小十三旦与小宝之事，而有不能禁于言者也。

夫海北侨子，非爱小十三旦而恶小宝乎？则小宝必有可恶之处，小十三旦必有可爱之处在也，虽褒贬有过当之语，实出于个人之恒情，有识者所不计也。

痴侬非与海北侨子反对乎？则好恶人各一心，正不能以我之偏私，而侵他人权限也，海北侨子而恶小宝也，则据我之眼孔以为好。我既就小宝一方面而论，多言以誉之，亦不反对之反对也，又何必累及小十三旦，而迁及海北侨子耶？海北侨子之言，既不足以服痴侬；岂痴侬之论，遂足禁海北侨子无言哉！予恐自是以往，则其事不易了结也。

予固不识两公为何人，然弟观两公之所论，均各有是处，而以痴侬之不是处为最多。当痴侬之致书海北侨子也，海北侨子之作尚未登讫，则全篇之义既不得而知，设后篇皆誉小宝之词，痴侬对之，不宁有愧色乎？君子是以知痴侬之忽也。

要之，小十三旦与小宝之优劣，观剧者自有公论。不能以海北侨子之言而定其优劣，亦不能以痴侬之言而更其优劣。奉告二公，其各休兵，勿再兴笔战。以此无益之举，而使纸贵洛阳，致事无了期也。敬甚盼甚！

按：小十三旦之戏本佳，其优于小宝处，彰彰在人耳目。不待海北侨子之誉言，而亦口碑载道，有表同情也。且小宝而果优于小十三旦也，何各报均有贬词？即此亦可见小宝之劣矣。痴侬固只知袒护小宝者，燕雀安知鸿鹄志哉！

著者识

光绪三十三年五月二十日/1907年6月30日第5版

一斗金色艺双佳

好龙公子

保定洞阳宫一斗金，妙龄十四，眉清目秀，巧笑工颦。鲜妍如出水芙渠，袅娜若迎风杨柳，而一种沈静安详之态，真如大家闺秀。儒雅风流，娇羞腼腆，令人可怜可爱。高唱则悠扬似凤，口白则清脆如簧，每一发声，宛然十三四雏鬟唱旗亭之曲，销魂荡魄。所演青衣正旦戏最多，尤擅场者如《竹影计》、《算粮》、《断桥》、《三疑计》、《杀庙》、《南天门》、《乌玉带》、《母女会》等出，声容妙肖，色艺双佳。虽北京名伶罗小宝，亦无以过之。且心性聪明，所学戏词关目，自有一番揣摩工夫，得其神理。

同上

花菊竞妍记

踞　父

朱茅胡同国春堂，因屋宇狭隘不敷陈设，堂主人姚氏欲另择木而栖，早即觅得石头胡同萃芬班房屋一所（前后院统在其内）。已与该房主人张姓订立合同，先交房价一半。现天气酷热，该菊部中人亟欲迁居，而该班主人则迟迟不肯让出，彼此竞争。实有令人诧异者，兹特密加侦探，始悉某原由如左：

萃芬班房屋，本极宽大，该班其西院也。班主人康姓，租开小班，已八月不缴房租。房主人几经催促，彼置而不理，遂与涉讼总厅。问案官谓须俟康姓缴清房租后，始可令姚氏迁入。然该班主人久延不迁，姚姓竟无迁移之一日。虽已交房价半数，而房主无如人何。顾张姓既受房金，不能不急将房舍让出，康姓之交房租与否非姚氏所知。康氏既久延房租，屡租不缴，致房舍不能遽□让出，事既成讼，问案者必不能不勒令追缴，限以时日，俾早完案也。姑记之以观后效。

光绪三十三年五月廿二日/1907年7月2日第5版

洞阳宫听雨赏名花（三）

顾曲人

予曰：有一斗金可儿在，玉精神，花模样。睹其容，秀色可以餐；闻其声，亦可当一剂清凉散也。盍往观乎？王水公曰：赤日当空，炎歊四通，茶园狭窄，人气如蒸。一斗金荏弱娇枝，红氍毹上，著舞衣，歌金缕，香汗透体，粉泽流酥。暑燥如斯，那能禁此？怜香惜玉，未免有情，不如弗往也。予感触同情，默坐无语。日叹王水公风流儒雅，以知音客为惜花人，羡慕于心者久之。时微云东起，凉风飒然，二更大雨滂沱，檐流如瀑。起看庭花带笑，灯火光清，同人都觉爽气侵裾，烦疴顿释。乃谓两公曰：子方虑天旱多热，为一斗金烦忧,竟感召祥和,甘霖下降,斯时想彼美之丰神焕发,与花争妍,不可不一往观也。乃聆其《忠孝碑》一曲而返,已钟鸣十一点矣。

同上

再复海北侨子书

痴侬

顷读复书,知足下于鄙人所陈各节,谓为偏袒小宝,失之太痴。但仆与足下,系因公理辨小宝之被诬,与夫小宝、小十三旦二人之优劣,至仆之痴与否,系题外闲话,姑勿论。乃细阅足下复书,其中挟私背谬之处,更甚前书,是则仆之不能已于言者也。今姑摘足下之大谬者五,略陈于下,其他俟一二日复怡情子书,再致意足下也。

一曰"盗名"。盗名者,乃虚盗声名,毫无实征之谓。至演剧一道,必出诸口,作诸手,岂他人所可代者耶?又必板调工稳,动静合宜,始可以邀众誉。若云一二次,或可倩人代替掩饰。至小宝登台演剧,三年于兹,非一朝一夕,以代替欺人者可知,更非一句一板以敷衍声名者可知,名从何处而盗?足下想必另有一奇特之思想,祈详以教我。

二曰"小宝来京,仍无起色,减价之条,大书特书"。则小宝出京,该园座价已减至京钱一吊,赖小宝十余日即行回京,故该园楼上座价尚未减少。询之该园主可知矣。足下之言,无乃妄逞支谬,出于意想,尤为无谓矣。

三曰"小宝眉目虽少清秀,面如土色,观其登台演剧往往滞气发现,作木偶人状"。仆于是知足下之挟私偏袒无疑也。夫小宝者,予友睡佛、小闲所熟识者也,闻吾友云:小宝以清峻之质,频遭摧折。多病工愁,伊郁善感,其有时面色黄白者,乃其愁病之所致耳。若小十三旦之面目黧黑,又何说耶?

小宝于做作一技,尤称擅长。浓情艳思,静神穆容。与夫憨傻呆凝之状,无不神情毕肖。足下木偶之语,岂吾子之赏识花旦青衣者,必赳赳然如武夫,然后始得谓之名角乎?仆又以是知足下之称誉小十三旦也。

四曰“因妒生畏有退志”。足下犹守旧说，谓小宝告假之原系因畏妒所致。夫小宝之唱作，既优胜于小十三旦，小宝何故而畏妒之耶？其告假之所由来，则即据足下面如土色之语，即可知小宝为病流连之故。并闻吾友云确系病寒，又云系咯血。

五曰“痴道学”。仆自谓从不涉足花酒之说，原非诳谈，并以明吾非徇私之意耳。而足下即因仆之别号，诋仆为痴。是则使仆当日或以私意命名，足下岂不即以此名为仆私意之左券乎？使仆当日或以公道命名，足下岂不即以此名为仆公道之明证乎？惜仆当日不以公道命名，致足下哓哓费此喉舌也。题外闲谈，不敢琐渎。敬候教言，伏惟原鉴。痴侬再拜。

光绪三十三年五月廿四日/1907年7月4日第5版

记伶人自残同类

嗤　鳄

孤雁失群而哀鸣，蝼蚁列阵以自卫，至贱之动物，犹知护群爱类，其稍具有心灵者互相卫护，互相怜爱，其感念之切，更不知为如何也！且群则治，散则乱，凡事物从未有以同类相残而能制胜于人者。有之，则自中国伶人始，更自近日之伶人始。

昊天不仁，降此奇物，实秽气之充塞，阴雨之晦霾，有以酿成之。夫彼固俨然圆颅方趾也，而不敢自号于众曰“人”，忘丈夫之身，效妇女之行，甘为下流。一种可憎可耻之状态，有令人不可思索者，洵寰球上独一无二之特征也。若辈非惟固结不解，且日形发达，或者具遗传性质。有不能不如此者耶？抑为家贫计，有不得不如此者耶？是更非吾辈所能得其故也。夫既同操此贱业，则应详加自审，推己及人，亟思有以保卫之，联络之，更爱惜同类而维持之，庶足以固团体而旷□事业。今不此之计，而日以讥讪为务，辱骂为事，炫耀同辈，不亦重可耻哉。

曩者佩兰、凤凰、小宝、宝云四人交最深，不旋踵即分两党。而佩兰、凤凰，复与幼芬、宝珊为莫逆，寝假亦成仇敌。幼芬又与小琐交未一年，而即深相仇视。若辈团结力之不坚，已见于此。

今者每于宴会场中,或一二相遇,或三四相逢,辄诽谤讪笑,以口杀人,竟至屡次殴辱不休者。势必至不相闻问,各树一帜而后已。倘既各立门户,水火不相容,欲求其生涯之不替也,岂可得乎?

虽然,或于此有天意存焉。鉴其不操正业,特假手于若辈自相绝灭,知其不合正道,不复以此为其事。使震旦数千年传来之最可丑可羞之贱物,尽泯其迹,亦未可知。

嗟乎!狐死兔悲,物伤其类。寄语若辈,急宜痛矫前非也。

同上

一斗金色艺双佳(二)

好龙公子

故一出场,迥不犹人。予愧非知音,乃算得一斗金知己。寄语福顺和主人,须益加珍惜,培护名花。更望一斗金精益求精,由妙品而臻神品。将来北京、津、沪,各誉遥传。有按图索骏者,请以予言为左券。

同上

小宝特色

刘各

怡云罗小宝,大名鼎鼎,为识曲诸君所赏识。前夕偶饮该处,更阑人静,彼戚然告余曰:“我生不幸而操此贱业,我亦人也。欲使我无面目以立于世,能不令人痛哭乎?演剧本正业,故我极力研求,能至何种地位,听之而已。尝闻英雄作事,一往无前,天下事尽人能为之。俾得渐以脱此极无人格之事业,有以自立,则我所愿而私心求祷者也。”

余嘉其有自知之明,答曰:“好自为之,前途正未有艾。”噫!如小宝者,伶界中实鲜其匹,因援笔记之,以为若辈自鸣得意者戒。

同上

敬复乌拉山人

痴 侬

读山人书，不胜钦佩，存良善心，以排难解纷为己任，洵足多也。不知持平所以排难，公道可以解纷，山人之言，类多偏袒海北侨子，附和其说，果因排难解纷而出欤？抑因党羽之指使而出欤？是则非侬之所敢逆料者也。

山人之言曰“天下本无事，惟人自作之”，则侬与海北侨子书，系与海北侨子理论，何关山人事？而山人突出，自是其是，山人岂非多事乎！

又云“海北侨子之言，既不足以服痴侬；岂痴侬之言，遂足以禁海北侨子”。然则观山人之言，类多挟私偏袒，岂遂足以服侬乎！山人之多事，更为无味。频阅报纸，窃以为无事而自寻多事者，正不乏人耳。举一人而言，则山人其尤者也。夫山人以侬言为偏袒小宝，为公而出，则何不于侬复海北侨子书后，即行驳辩；而必于海北侨子既复书之后，而又不持公道？妄加是非，山人之用意，诚为难测。

夫文字之关键，以题目为主义。海北侨子既题曰“因妒生畏”，则其全篇之用意，固尽露矣。何云不得而知。且其题义，既如此攻小宝，其后幅安有誉之之词？吾恐海北侨子，不如是之愚而自相矛盾也。侬固非忽，而山人未免太妄。

小十三旦与小宝之优劣，观剧者既有公论，则海北侨子又何必哓哓多言，自启舌战之争端，至事之有无了期？仆与海北侨子，自有结局之一时，无劳远虑。

海北侨子之恶小宝，小宝有可恶处否？侬原不得而知，且不必论。至小十三旦之有可爱处，侬亦并未之敢掩。所争者，二人全体之优劣耳。好恶之私，侬何敢言？不过以公理所在，光天化日之下，岂容逞私者之得计乎！山人之出而问世，君子曰“是盖未经阅历之故耳”，戆渎之处，尚希原鉴。数日后复怡情书，并当以质之山人，按山人之言曰“小十三旦之戏，本优于小宝。阅各报均有贬词可知矣”云云，盖指某报怡情之论而言耳。夫怡情正不知与小宝有何积怨,观其于《风雅报》中摧折小宝,有贬无褒,情词可疑,彰著世人。使如怡情所言,则小宝果无有一些毫之过人处乎?何阅《顺天时报》,与某报第十号萍魂之论,其誉小宝之戏曲者有之,誉小宝之品格者亦有之。好恶优劣,果可持为定论乎?盖小宝性质静穆,植品清峻,登徒伧父之流类皆恶之,其遭不虞之毁,率以其清峻之所致。举世皆浊,清者断不为所容;众人皆醉,醒者必不免嫉谤。悲夫!

光绪三十三年五月廿六日/1907年7月6日第5版

佩霞聪颖

邯下人

国春四主人,名佩霞,年十三,菊部中特出之秀也。工酬应,一言一动,善揣人意。人多以可儿目之,近日芳誉,更有起色。于对待客人一道,益自研求,以冀得人欢心,洵可嘉许。且姿质灵敏,聪颖过人,该堂四佩,芳名早著,良师自不乏人。吾故叹四主人之前途,以骎骎乎未有涯涘也。

佩秋为四佩长,与佩亭、佩兰皆多阅历,见闻广博,而家道又甚康裕。曷不详思,及早回头,令佩霞操肄正业,延师为之讲授,俾得明事理、增智识,成全一好子弟。则昵佩霞者,无不同此意志以欣许者也。特拭目俟之。

同上

为小凤惜

培花主人

德春小凤,既隶广和楼喜连成班,为头等名角,应当自重其名誉,不得因有名誉而生出一切不好之行为,使人见之生厌恶心。自爱自重,则小凤可谓为完全人也。所可惜者,小凤不知自爱其名誉,倘遇佳客高兴,飞笺招至,即将昔日之坏性情(冤人摆酒)、坏行为(强索财物),如草木之逢春,逐渐发出。以为此即是表示亲热之状态,不知宾客见之不惟不高兴,反生出厌恶之心来也,故余甚为小凤惜。

小凤从今以后，倘能痛改前日之性情，遇佳客之笺召，以礼相待，则小凤之条子可日多一日，而其名誉更可震动京师也。若仍从□旧时之性情，则雅客见之必生恐惧心，不敢再行招至而条子减少，名誉损坏，何莫非由尔自取也！孟子曰“天作孽，犹可违；自作孽，不可逭”，其小凤之谓乎？吾于是为小凤惜，吾于是为小凤叹，吾于是为小凤勉。

光绪三十三年五月廿九日/1907年7月9日第5版

代凤凰诉冤敬告铁顽

半僵生

铁顽足下：阅廿一日《风雅报》，见足下有小凤凰事。思维再三，伶人何不知自爱若此？殊堪骇异。当即暗密侦探，始悉该伶之病，系所谓风淋，无甚碍事。夫缘风成淋，本属轻症，况日来已渐就痊可，何溃烂之有耶？以常人之病，而曰由从事花丛致之，不太诬乎？

虽然，非伶人尽不从事花丛也，特非该伶耳。该伶受制于水仙花，犹能放肆如此，仆窃不信。足下如不谓然，则该伶所入何班，识何妓，何妨宣告，以释群疑？想足下必能言之凿凿，不致故入人罪乎！

嗟乎！以无自主权之伶人，一任其师之束缚，无由自新其路，已属可悯已极。今足下辄以不确之事，妄为瑕评。为之风其名，名既风矣，师闻之则笞责。同行闻之则讪诮，客人闻之则辱骂。易地而思，何以堪此？必使该伶一毫不能自由。足下之用心，亦未免太残酷也。且足下非自谓素爱该伶者乎？誉人固应若是乎？爱之适所以害之，有识之人，皆不敢为足下取。

至谓该伶与佩兰换水养鱼，事之确否，尚不可知。若谓该伶猎艳花丛，致有溃烂，则鄙人敢决其不能如此者也。吾子之言，或由传闻之讹，务希速即更正。盼甚。公理所在，名誉攸关，幸足下勿以好辩为鄙人罪也。

同上

品评小一斗金

睡　佛

余旅京四易寒暑,深负戏癖,尤喜观雏伶之剧。瞻其娇小玲珑,日有进步,足以增人兴趣。如吉祥部之葵香、小宝、小十三旦、宝云,喜连成部之金丝红、梅兰芳,长春部之胡素卿等,皆雏伶中之特色,为余所最慕者也。其他若有稚伶入都,余无不争先快睹。阅近日《顺天时报》外稿栏,载有稚伶小一斗金、小粉菊花,隶保定洞阳宫,戏曲之佳美,品貌之风流,元龙湖海客誉之于前,夜阑分手客扬之于后。余久已怦怦心动,拟谋暇晷,一造保阳,以聆佳音。不意事有凑巧,忽见夜阑分手客报告云,稚伶一斗金昆季入都,隶燕喜堂崇庆部,乃不胜喜跃欲狂。

十六日余即约晓痴、踞父同往观焉,聆其演《回荆州》一出,腔调圆润,恰如天乐之小十三旦。台步轻盈,神似怡云之小宝。貌极韶秀,传神尤妙在眉目间。乃弟小粉菊花,讴喉亦清朗可听,虽容貌稍逊一筹,抑亦稚伶中之佳品也。

所可惜者,二伶演剧,服饰未精,故做作间微嫌短乏精神。演剧一道,首重装潢,苟其演之服饰不良,宽其袍、大其袖、耸其冠,则动作虽妙,恐不免贻丑妇效颦之讥。二伶若不从速改良,必难得顾曲周郎之欢迎矣。凡爱一斗金者,当莫不以此言为然也。

光绪三十三年六月初一日/1907年7月10日第5版

敬致乌拉山人书

南岭老人

乌拉山人足下:昨阅报,得见大作。足征足下排难解纷之心,钦佩曷极。惟讲公道者,必尽出公言,不能誉于格外,亦不能故为袒护,使两造无介于心,则事固易了结也。

足下诚知排难解纷者之宗旨矣。如尊信所云"小宝与小十三旦之优劣,观剧者自有公论,不能以海北侨子与痴侬之言而定其优劣"其说固当,而何以于至美之平词后,突言痴侬只知袒护小宝。夫两端争执,势不相下,然终必有水落石出之时,是即公理所在。

于未结之事，而曰“偏袒”，有识者将疑足下挟私助势，受人指使而然矣。且足下又言小宝之劣，贬词见诸各报，仆细查各报，如《顺天时报》，言小宝优处颇多；《风雅报》萍魂所论小宝之言，亦极优美。似此毫无根据之言，辄弭人争端，恐亦非计之得者。其不缘足下排解妄谬，更大兴笔战者几希。使纸贵洛阳，事无了期，足下又成一搆衅之人，抑何不思之甚也！

姑无论海北侨子过誉小十三旦与否，痴侬偏袒小宝与否，事未毕时，非我辈执公道者所能擅加断语。盖以各人之好恶不同，执理以争，理之当否，终必了人耳目。且小宝颇知大义，尝以相工为羞，亟思肆力演剧。故其登台也，板调稳而做作工，并非不如小十三旦。痴侬既未过贬小十三旦，则于小宝，亦何得谓之偏袒哉？

仆非为海北侨子为言，亦非为痴侬为言也，持以我辈皆山人，终日目旷神怡，无所用心，不宜管人闲事。用特奉劝，请即回山，免致贻人讥笑。盼甚！企甚！

光绪三十三年六月初二日/1907年7月11日第5版

记王蕙芳最近事

小　闲

菊部王蕙芳，云瑞之主人也。侬与铁顽，曾贬其行为一切。不谓近日以来，痛改前非，举往日乖张习气、骄傲情形，悉芟除之，洗涤之，不余一毫可厌之态，贡于游人之前。故应酬则面面圆熟，性情则处处温和，言语则句句爽直。蕙芳诚解人哉！

侬于前月初七日，往福寿堂观剧，见蕙芳演《戏凤》一出，俨然又一李凤姐也。艳夺明珠，朗涵仙露，比之海棠初开、素馨将放，其色香一界，几欲使神仙堕劫。设正德王复生，当不仅封为戏要宫矣。尤可羡者，前次伶界助赈戏会，菊部中人除琴侬而外，惟蕙芳捐款为最巨，诚伶界中所不可得之数也。乃竟有谓蕙芳捐此款为同门指使者，并有谓蕙芳捐此款为游客报效者，且更有谓蕙芳捐此款为沽名起见者，议论纷纷、莫衷一是，然就事论事，则蕙芳捐银十金，实为热诚所鼓荡，侬断断敢言也。

侬天怀鄙塞,恶闻蜚语,爰唤铜子,呼站人,而命之曰:“尔等其善侍侬,侬将携尔等饮德泉、渡泉湘、寄迹滨湘,高卧乎温柔乡,不复与闻人间事。庶几信口之谈,不至污吾耳也。尔等其速来,侬去诸。”

光绪三十三年六月初六日/1907年7月15日第5版

复怡情书(二)

痴侬

事伪曰诬,名誉被毁曰诬。吾子之言,诚为不谬。但小宝本以病流连数日,未能登台演剧。询之吾友睡佛小闲二人,皆云确系病甚。而海北侨子,遂谓因妒生畏而有退志,既为造言,又无确事可据,果何所见而云然?安得不谓之诬。

即如吾子会芳园事,安知非吾子故实其事,而作此诳言乎?即使有称吾子座中人,继吾子而起据实者,则前日吾子之宴,乃三四知己良友之私宴,继吾子而起者,安知非受吾子之指使而然乎?或复有据某日时事以据实者,又安知非吾子之良友,因吾子之言,故为此以圆吾子之说乎?子安知非平日恶小宝者,乘衅而肆其私忿乎?诚如吾子之言,则仆亦可云某日时,余宴于某处,招某某侑酒,某曾如何云云,而吾又故使吾之友亦如是云云。谁能止吾之口,而不使吾言乎?众人又乌从而知我之妄乎?一人之所闻,二三人之党言,而欲引为实据,以诬人而害公理,窃为吾子不取也。

尤可怪者,谓小宝可为后起之崔灵芝,而不可为继起之崔灵芝。夫灵芝之演剧,于秦腔一派,固京中仅有之名角。与老十三旦相较,佥谓过之。吾子谓小宝可为后起之灵芝,而独云不可与小十三旦相抗,然则崔灵芝不及小十三旦乎?抑小十三旦远过老十三旦乎?侬知吾子必不谓然,使有人起而谓小十三旦远过于灵芝、老十三旦,侬又有以知吾分必起而辩驳之矣,纵吾子偏袒小十三旦,缄口不言,顾公理所在,人亦必起而斥诘之矣。

且后与继二义,有何区别?(传云:“为人后者,为之子。”言继其后嗣祀也)而吾子必故为之说,以文害义,其亦未思之甚耳。岂魂魄果为小十三旦攫去,元神未复之所致耶?可为吾子浮一大白。

又云“可继崔灵芝者,惟小凤凰数人”。夫小凤凰之于汴省,及初到京时,以色鸣者则有之,未闻以艺名也。以凰凰之声音破哑,做作生硬,较之姚佩秋辈优劣尤不可同日语。矧云小宝,更何敢望崔灵芝肩背也?而之数人者无论矣。(未完)

光绪三十三年六月十二日/1907年7月21日第5版

复怡情书(三)

痴　侬

花旦词少而字句艳华,故韵而最易见长,加以小十三旦貌本秀丽,于彼未开口时,人早已存一爱恋轻佻之心。虽有不周到处,亦必略之,故出场颇不寂寞。不然,以小十三旦之做作而论,出场则双手捧心,举止轻佻粗鲁,如荡妇浪娼,失旦角闺秀淑娴之风范。且时无故发笑,以唱法而论,则恃其声嗓之洪大,不当出彩声者,亦必故作以要好。失之太过,无处不有。

夫精神勤备,自是演剧者所当勉,但当求其宜与不宜,亦不可过于撒娇卖艳,反致弄巧成拙也。小宝之演旦角也,娇丽温柔,大有名媛风范。其演青衫也,静穆幽娴,尤似窈窕淑女。端立则弱不胜衣,旋舞则飘然欲仙。无过不及,应有尽有。其声则苍凉绕梨园,如娇莺啼啭柳林间,抑扬顿挫,板调稳而彩声适宜。唱作之双佳,诚非今日之小十三旦所可望及也。

况青衫一艺,词多而字句不齐,更难于见长。不可丝毫越离规矩外,非如花旦之唱作,有时尚可自出心裁,添一二新彩也。使小十三旦演小宝之曲,吾恐其轻佻粗俗短失处,有出乎吾子私心之外者矣。

吾子徒以瞬息之目力,二三人之私忿,而挟私以逞,信口雌黄,其亦失之小十三旦粗鲁之同病乎。以吾子之妄为毁誉,不辨优劣,不顾曲直。耳之于声,有同好焉,子之耳,其真与人异。目之于色,有同美焉,子之目,其真与人殊。吾子以破暗生硬之凤凰而继崔灵芝,生滞粗鲁之小十三旦而律小宝,善恶同称,贤愚共辙,是又何异谓葵香胜于金培，宝云高于德林，秀山不及漱芳，灵芝亚于小凤，小琐超桂凤而上，如云驾云甫而前乎？所谓怪谬之论，观吾子之评小宝与小十三旦之优劣而益信。

夫是非优劣，必经多数人之许可，始得据为定评，引为公议。若以一己之好恶为善恶，一人之意念为是非，则如此人本盗贼也，我可擅称为良民，此物本驴种也，我可确谓为麟族。以是为非，以非为是；以优为劣，以劣为优，任一人一己性情思想之所至，凭臆独断之。而号于众曰："我之是，是也；我之非，非也；我所优，优也；我所劣，劣也。"至人之所谓非者固非之，而是者亦非之，劣者固劣之，而优者亦劣之，岂吾子之智，独远出于恒人？吾子之识，独超乎众见欤？是则非仆之所敢许也。(未完)

光绪三十三年六月十四日/1907年7月23日第5版

兰芳可佳

布衣客

云和朱小芬之弟子梅兰芳，字畹华，年十四岁。容貌丰润，举止温文，而其性情静穆，言论敦朴。每当酒筵应召，目不乱视，口不乱谈，循循然有规矩。诚以小鸟依人，颇觉动人怜爱也。

兰芳隶广和楼，喜连成部。唱青衣，声音清脆，词调匀圆，登台一曲，喝采千声，亦伶童中不可多觏之才也。廿九日，芷公约观剧广和楼，聆其《桑园寄子》一阕，歌喉婉啭，一字一珠，实足与妙香、宝云并驾齐驱。按兰芳以二七之年，戏曲之进步已如此，苟能善保歌喉，勤加练习，则前途正未可限量也。兰芳勉之。

更寄语小芬，亦宜重为珍惜，详为教导，勿贻误人之终身也，幸甚。

同上

复怡情书(四)

痴侬

至云天乐之擎天柱，藉葵香、小十三旦二人，然则自去夏吉祥部成立之始，以至于今春，十余月中，天乐之坐客常满，观剧者辄有难觅坐之忧，而坐价亦增涨。此时小十三旦来京乎？天乐之园主，此时知有小十三旦其人乎？既未来而并不知其人，其不足为人之籍赖维持可知矣。是以谓葵香与小宝并称则可，以小十三旦为天乐之擎柱，则不可。彼十三旦者，不过亦梨园中寄售之佳品而已耳，后来之秀而已耳。去就何关得失？而吾子必斤斤焉争以擎天柱誉之。慎矣！夫优劣好恶，必公众论，岂可强争乎？吾恐誉之者太过，反授识者以讥笑之柄也。

即以吾子谓茶园通例，必以声价最高者演殿军之出之语而论，则小十三旦每日演剧之次序，必在小宝所演之剧前，或前一二出。惟《西湖配》一出，以其须用烟火，故不能不置之殿军，以壮观瞻，亦变通于一时之权宜计耳。吾子试再至天乐，续观数日，当自知其大也。今吾子徒以一出之前后，一日之目力，而遂为定评。以欺人者自欺，窃为吾子恧焉。据此以观，则小宝为吉祥部之擎天柱，更为无疑，而贴谎报一节无论矣。

况即以吾子之论，据中和园以律天乐，不知中和有鑫培、瑶卿，赫赫两大，每日登台演剧，以期众望。故虽无洪升，亦复何损？而天乐则舍小宝、葵香二人外，试问小琐、宝云、菊仙辈，能支持以不败乎？天乐之必赖小宝、葵香，亦犹中和之必籍鑫培、瑶卿也。

且洪升为秀山之次者，亦京中众人所公许之名角，不过中和有谭王二人，故相形无关得失耳。而小十三旦之于天乐，亦犹吾子所论洪升之于中和，优胜劣败，固不因彼之去就而相关也。且贴谎报，既足以笼络人士，则其人必为特别之名角可知矣。吾子之言，其别有所指于众人耳目之外者乎，是则非我之所敢知也。

小宝与小十三旦二人之优劣，聊涉音律者，类能辨之。原二人固有大相悬殊之处，天壤之别在人耳目。不过因其娇小玲珑，不忍苛求，而宽以论之耳。今吾子以予言为偏袒小宝，故抑小十三旦，而不知公理之不可泯者，虽一字之褒贬不能妄加。今当为吾子详言二人之悬殊，并以质之海北侨子。（未完）

光绪三十三年六月十五日/1907年7月24日第5版

小琐不知自爱

岳　公

德春堂小琐,当年曾享大名,只以赋性野蛮,言语粗俗,又因姘识喇嘛,故游客均望望然去之,而小琐之生涯日落矣。吾为小琐计,正应束身自爱,以期日进文明,方不负小朵教导之苦心。而为德春堂,乃该伶不知自省,反肆嚣张。闻以余友醒狂偶于某报略加贬词,而该伶遂迁怒于余友怡情,竟任意妄为,肆口漫骂,以成野蛮之实据。呜呼!小琐真不自爱。小琐真不自爱。

同上

两宫演剧谢降

皇上迭降明诏:因天旱待泽,为民亲拈香求雨。日来甘霖连降,农野霑足,两宫圣颜大悦。特于初十日、十一日、十二日、三天在颐和园,传玉成菊部演剧谢降,以答天庥。

光绪三十三年六月十五日/1907年7月24日第6版

复怡情书(五)

痴　侬

如小十三旦者,容貌之秀丽,唱作之佳妙,仆不能曲而毁之。而其粗鲁勉强气习,具有耳目者,皆知引为小十三旦之玷点,吾亦不能为小十三旦隐而讳之。岂以吾子之自好为知音者,而反昧之乎?小十三旦,谓为后来之秀则可;谓为当今独一无二之名角,则妄矣!

仆之于小宝,亦非谓其唱作色貌空前绝后也,不过谓当今雏伶界中,实罕其匹。较之小十三旦,远过之耳。若如吾子挟私之所云"小十三旦过于老十三旦",则仆亦可谓小宝远过于老十三旦,并可云小宝非老十三旦所能望其肩背也。人各有口,岂我独无?民口犹不可防,而谓当今文明进步、言论自由之时代,而肯甘让吾子挟私高论乎?吾子寄迹京华卅余载,老于花事,深于阅历,冒昧之虞,尚希原鉴!幸赐教!

读吾子书后，本拟即作复，因暑假在迩，各友纷纷南旋，驰逐酒地花天，作破戒行者十余日。及祖饯事毕，而海北侨子及乌拉山人之书适至，因于暇晷作复，亦就简之意耳。谁知一浪未平，一波又起，病足疾几及半月。甫少痊，而吾子之再答侬书又见，爰摄笔疾书，抒我公愤。□拙不计，迟缓□愆，实深惭恧。窃以任吾子之好恶为优劣而不顾，则为不知言；任吾子之逞私得计而不复，则为不知人，皆君子所不取也。

当此多事之秋，危急之际，强邻虎视，所应尽之天职，尤恐不能用力。区区之事，何足齿计？顾吾子自鸣得计，旁若无人，同此黄种，即为同胞。有相规之义务，夫举趾高则心不固，骄则招满损之灾，故不敢施弃责任，用是渎皇。

痴侬拜。六月初五日。

再者，吾子手足众多，若以仆之复书故，而遂约众蜂起者，非丈夫也。仆与吾子文战，须一人敌一人，若仰人鼻息，砻人唾余，而洋洋自为得计，不亦值乎？仆于吾子之书，断不敢有所避易，以负吾之初心。但鄙事冗繁，非只此区区之事，以优游岁月。迟速不等之处，尚希宥我。痴侬又及。（完）

光绪三十三年六月十六日/1907年7月25日第5版

小凤可耻

六一

德春小凤，姓曹氏，字澄清，年十六岁，杨朵仙之高弟。容貌丰美，品格卑污，性贪小利，尤为可憎。凡遇有客招小凤侑觞，不独伊客受其取索，即同座有适用或玩好之物，彼亦莫不卷而怀之也。

小凤隶广和楼喜连成部，奏秦晋调，声音宏亮，字句清晰，不无可取。特惜板调不工，台步未稳，一抑一扬、一动一静、揣其意以欲步怡云小宝之后尘，而不知画虎不成反类犬矣。

彼小凤登台，已将一载，戏曲一道毫无进益。计同队登台演剧者，如妙香、葵香、小宝。宝云、芝香皆未半年，而声誉鹊起，岂小凤之智识独不逮五伶耶？何索人财物又如此其灵敏乎？六一曰：是必小凤不肯用心之故耳。培花主人以其不爱名誉,而为小凤惜,吾以其不留心戏曲,更为小凤耻。

同上

为小宝事答痴侬书

海北侨子

痴侬足下:昨读复书,其中所言各节,类多强词夺理,而偏袒小宝之弊愈觉满纸发现。且贻笑大方之处,比比皆然。仆本忠厚待人,凡人之阴私,从不鸣鼓而攻,奈足下一则曰详以告我;再则曰敬候教言。仆固诲人不倦,而为足下重言以申明之。

足下云"虚盗声名者,无实征之谓",讵知小宝之名不副实,纯用笼络手段交结客人,为沽名钓誉之术。知音者,鲜不谓其卑污也。至云"板调工稳,动静合宜,始可邀名誉"数语,何十九日余偕萍侠、睡佛等同在天乐观剧,是日小十三旦演《梵王宫》,小宝演《南天门》。小十三旦登台,则颂声振耳;继小宝登台,则顾曲周郎,纷纷四散。于是可知纯盗虚名之不足持,终为知音者所弃也。而足下竟抱一缕痴情,明知而固昧之,不惮千言万语强为小宝辨,其偏袒与痴,彰彰在人耳目间矣。

又云"减价之说,为意想也",仆为足下详言之,该园减价自二月初旬以至四月,层见迭出,此人所共知,非偶然也。当其减价之初,小宝尚未出京,及小宝回京数日,而减价之条仍大书特色。小十三旦来京后,该园渐有起色,近日竟及一千余座矣。足下可详加调查也,仆非支谬妄绌,足下乃信口雌黄,无味孰甚哉!

又云"滞气横生,若木偶人状之为非也",更觉可笑。余所谓滞气横生,每演一曲,喜怒哀乐,系何人身分,无不神情毕肖,方可谓之名角。足下谓无滞气者即如纠纠武夫,尤觉荒谬异常。

至所谓多病工愁,抑郁善感,其有时面或黄或白,正与余所云面如土色,作木偶人状数语若合符节,足证鄙人之言不诬也。(未完)

光绪三十三年六月十七日/1907年7月26日第5版

宝云知勉（一）

布衣客

渠华刘宝云，菊部之右参议也。容貌都丽，歌喉清婉，而其性情和谐、天真烂漫，尤为同队所不及。吾尝与晓痴论诸伶童之性质，稍存良知而未尽丧者，小宝、宝云而外，不多觏也。

宝云隶天乐园，唱青衣，已届二年。词调之圆熟，台步之整齐，足与长春部之姜妙香相颉颃，此久为知音者所推许也。

同上

答痴侬书（二）

海北侨子

又云“告假之原，非妒之畏之也，确因咯血病甚”，小宝年甫弱冠，精力正强，其谁信之？况咯血之症，非一朝夕所可愈者。小宝告假五日，仍复登台演剧。即仲景复生，恐亦不能收此速效。明知足下挟偏袒之私见，欲以一病为小宝掩饰耳。况小十三旦与小宝之优劣，公论自在人间，而独念小宝，何畏之深而妒之极也。痴道学何忌之盛而辨之切也，吾直以一言断之曰“痴”，足下以为何如？

又云“道学之非伪也”，鄙人更有烦言，来函不辨道学之真，亦不云道学之假，而徒以一痴字反复支吾，无谓之甚。并云：以道学自居者，明足下之非徇私小宝，可见足下之用心苦矣。讵知别嫌疑适以增嫌疑，讳徇私愈以见徇私。岂有道学先生，气质未化，出而干涉此细微乎？况不涉足花酒者，又何能言之濯濯耳，于此知足下道学之假之痴。不涉足花酒之不可信，为小宝之热各无疑矣。执此以窥其心，不过以道学为掩饰之具。古人云“掩其不善而著其善”，道学先生其未之闻耶？何荒谬一至于此！

余今为足下进一策曰：请先生入山修道，有邹峄子不动心之能力，再来与予讨论，否则余亦乘八骏游八荒矣。足下虽执经问难，亦不得其门而入。请自爱。毋饶舌。

海侨再复

光绪三十三年六月十八日/1907年7月27日第5版

品题武林金寓之金小宝

颀　公

武林金寓金小宝(此在里院者,外院尚有一自聚福移来之小宝),本系上海著名之女伶,在张园演戏,为全班特色。歌调学汪桂芬,较普通学叫天者,更进一层。

在沪时乘坐包月四轮马车,每日往来静安寺四马路之间,辉煌过市,游人皆指而目之。莫不知金小宝之艳名,而以一睹芳姿为荣。小宝曾游历东洋,遍览东邻风景。受新文明之教育,习伊吕波之文字,故气象谈吐,益著风雅之态度。

前林桂生在京时,小宝同在林寓,以歌曲相竞争,时人有瑜亮之称。

小宝尝论《天水关》、《卖马》等阕,乃儿童辈之口头歌,不足言曲也。彼专意肆力在《牧羊卷》、《乌龙院》、《洪洋洞》诸调,盖戏曲中之最难者也。

宝树胡同谢寓,乃教授女戏之所也,小宝受业其间,故当行出色,冠冕群花。

今游历至京门,暂在武林金寓寄迹,尚未捐纳身税。稍缓拟另营香巢,房屋必宽大,陈设必华丽,电话电灯必令完全无缺;西式家俱,必令安置周密。然后大张艳帜,与群花争胜,为期不远。约在月末杪之时期,可以定所。小宝身材娇小,□容秀媚,春色盎然,和气近人。最长于谈论,遇有名人雅士在座,芳语连绵,娓娓不断,闻者心醉意消焉。

小宝亦曾居留天津之大房子,其时名震七十二沽,今津人犹乐道之。

调查金小宝之历史,可分为四章记之:(甲)上海张园之金小宝;(乙)游历东洋之金小宝;(丙)天津大房子之金小宝;(丁)北京武林金寓之金小宝;(戊)自营香巢之金小宝。有好事者,盍为之编小传以表彰之乎?

同上

滨湘洪兰舫八大特色

羊仲子

滨湘洪兰舫，自在福寿堂尽义务后，登台一曲，名动公卿，而声誉遂震于京门，为当今最出色最时髦之人才。各报喧登，东鳞西爪，犹不能尽其真相。兹详加品题，细核兰舫之人格，有八大特色，请分别述之：

（甲）美容姿。兰舫天生艳质，顾盼多姿，肥瘦得宜，修短合度。金丝眼镜，银葛衣襦，俏步姗姗，如洛神临波而来。浑身全是仙骨，雪为肤，玉为貌，姿色有过人者。近来时衣素服，尤为淡雅绝伦。

（乙）工歌曲。兰舫唱青衣，为都门花界之冠，此游人所羡称者。曩时三雅堂之谢四宝以善唱衫子名，然其声调、其音节、其转折犹有未尽美之点。惟兰舫则抑扬顿挫，曲尽神妙，歌喉随弦声而转，逸响与行云齐飞。知音者谓洪兰舫之歌青衫，优胜于谢四宝而为群花中之绝艺。信哉斯言！

（丙）娴酬应。兰舫本南人，吴语婵嫣，对答如流。长于肆应才，而一种和蔼亲善之状态，尤为可爱。故无论生张熟魏，以及朋友往来，无不乘兴而来，尽兴而去，咸称兰舫之敏能。

（丁）善诙谐。兰舫天真烂漫，性情活泼，最善作谐语。往往一言解纷，一字解围，客为之意消者。或因其有滑稽才，而称兰舫为女东方朔，亦特别之评词也。

（戊）富爱情。兰舫天性肫挚，对客出于真诚。遇怜爱知心者，则尤情深似水，历久不忘，可谓富于爱情者。

（己）善修饰。兰舫生长沪滨，在千红万绿中斗美竞妍，故尤善于修饰。赤金表、多宝串、白兰珠兰芬芳于襟前，珊珊来迟，而伫望之，如天仙宫中人。

（庚）爱洁净。兰舫娇媚俏丽，顾影无俦。当此炎熇时期，每日必三易其里服，而一切卫生洁身之方法，无不注意，其洁净有过于常人者。

（辛）惜名誉。兰舫虽身在平康，而爱惜名誉，甚于士大夫。

平时一举一动、一言一语皆力争上游,不肯稍懈其分寸竞进之心。而遇诗人韵士,则尤乐于研究文明之问题,以自表其兰芳之特质。

羊仲子评曰:燕都花界之以歌名者,涌泉班玉宝之唱胡子、金兰班大双福之唱黑头、与滨湘班洪兰舫之唱青衣,称三绝焉。然玉宝、双福,其貌不扬,艺工而色劣也。惟兰舫艺既高尚,色又美丽,可谓全才。都门名优姜妙香,以善唱青衫名,梨园子弟无及之者。日前妙香自外返绚春堂,闻有唱青衣声者出自对门院中,调高音雅、圆转自如,妙香大为惊异。令人侦探之,则兰舫适来双寿班。妙香叹曰:“不图南人之能为此声!抑何尽美尽善如是也!”噫!因此可以知兰舫之能力矣。

光绪三十三年六月十九日/1907年7月28日第5版

宝云知勉(二)

布衣客

日前睡佛论妙香、宝云戏曲之比较,谓宝云不如妙香,实寓勉励之意。十九日夕,踞父招饮于倩云,余亦在座。浦客、晓痴各飞笺召佩兰、佩亭、幼芬、小宝、宝云诸伶侑觞。瞬间诸伶至,有谈及《顺天时报》“外稿”栏,贬宝云不及妙香等语,宝云接口对答,不知所对何语。

光绪三十三年六月廿二日/1907年7月31日第5版

宝云知勉(三)

布衣客

宝云闻客言,避席而对曰:“妙香歌喉之清亮,乃天授,非人力也。吾何能及哉?但吾当努力练习,或可希附骥尾。”同人闻之,无不称宝云知自量,且知自勉也。布衣客曰:有志者事竟成,宝云其好自为之。

光绪三十三年六月廿三日/1907年8月1日第5版

比较小宝小十三旦之评判

硕　夫

自小十三旦入都，隶天乐园，与小宝抗衡，而文人之大竞争，于是乎起。仆本不敢与闻此事，惟见痴侬、怡情及海北侨子诸君子书信往还，经已月余，几成不相下之势，故不妨具极公之评判。就所知者，为诸君正告之。小宝青衣旦也，小十三旦花旦也，道各不同，宗旨亦各异。论者当乎根柢此，断不能强为一道，而妄加褒贬。今姑就其可比较之处，分为数端如左：

（一）名誉。两人芳誉，远布各方。闻其名者，皆不惜巨资来聘，赫赫有声。其相同之点一。

（二）台步。青衣宜静稳，花旦宜活泼。两人皆于台步上，无可厌处。其相同之点二。

（三）做作。小宝纯是自然派，毫不加勉强，最易耐人寻味。小十三旦则失之粗俗，花旦固应放浪，然不宜过放鄙俚。且尝以手捧股，成为惯习而不之觉，尤为观剧者所厌。因而叹小宝究不愧为王瑶卿之高弟子。其相异之点一。

（四）发言。小宝声音清脆，字字明白；小十三旦则多含糊其词，且令人不易清白其所言者，较之小宝大相悬殊。其相异之点二。

（五）歌唱。小宝腔调清高，音喉一转，响遏行云，确为秦腔旦脚正派，且板亦稳重异常。小十三旦声虽洪亮，究不及小宝之熟练。其相异之点三。

（六）容颜。各具慧眼，鄙人不能为定评，姑从阙如。

右所言者，的系正论，毫无私见。倘诸君子不韪予言，不顾公道、不讲公理，而唯一己之私心是逞，强词来相驳诘，鄙人事务繁冗，不遑暇晷，恕不裁笺作复也。特先告知，幸亮察焉。并望诸君从此息战，勿以有用之时日，作此无味之举动，则鄙人所深冀也。硕夫再拜。

光绪三十三年六月廿四日/1907年8月2日第5版

再复怡情书(一)

痴 侬

不才少年痴侬,谨再复书于老成渊博之怡情子足下:

侬为东狂士,夔西庸人,才疏识浅,搦管自惭。负笈来京,方逾两载,见闻寡而学问劣,何敢与阅历深沈、文笔清华如吾子者,擅开笔战之端?特以一时之公愤,触吾子之私怀,衅隙既启,何忍言避。但恐慑弱之师,不足以当锐精之卒,为可虑耳。

吾子既矜矜自大,咄咄逼人。公理所在,何敢多让?本拟南旋,因疾作罢。前书已冒昧作复,想邀青盼,今吾子益自得计,恃报迫人。不揣愚鲁,用再复陈,愿吾子鉴其抒愤公理之意,而略其少年刚毅之真,勿因恼羞致伤卫生,是为至祷。

人之以私心好恶为善恶者,必其人有可好恶于我也。彼能施其好恶于我,故我亦因其施我者,而以私心之好恶对待之,不分上下顾曲直也。至若与我毫无干涉,漠不相关者,彼即不能施其好恶于我,我又何故而施之以好恶之善恶乎?又何私心之可云乎?

夫孟尝、平原,战国时之佳公子也;王介甫、司马迁,汉宋之名儒也。此四人者,朝代各殊,时日不同,或相去数十年及数百年。前者墓木已拱,坏土隆然;后者春秋方盛,精神郁勃。人鬼异路,生死悬殊。孟尝、平原既不能施其好恶于王、马,故王马亦据公理而论评之。二人之论孟尝、平原,固公理而非私意者,因其古今之不同耳,岂可与吾子之论小宝者同日语哉!不然,苏轼之驳青苗诸法,洵为忠告,而介甫斥之。武帝之击匈奴百越也,未必无益,而司马迁贬之。何者?同时而好恶生,武帝、苏轼能加好恶于二人,故二人亦以私心之好恶对之为善恶也。

光绪三十三年六月廿五日/1907年8月3日第5版

小琐无礼(一)

布衣客

德春小琐,姓陆氏,字凤琴,杨小朵之高弟。容貌美丽,举止大方,工应酬,善诙谐,亦相工中之佳品也。惟其性情贪鄙,品行卑污，与同门小凤适成一正比例。如姘识喇嘛，盗窃银壶各节，累见报章，久为游客所不齿。琐儿对于客人则贪鄙，对于同队则强暴。每当酒筵应召，与人口角、与人争斗之事，吾为之排解者，已不下数次。初五日，余宴客于元兴堂，饮不畅，同人遂各驰笺招诸伶童侑觞。稍顷，佩兰、幼芬、小宝、宝云、兰芳、春林、桂芳等，均相继至。或猜拳，或行令，或高唱，或清谈，无不各显所长，尽欢而散。

惟宝云至，历时虽久，然默默垂头，不发一言。余观其形色，知有隐忧。始以为受堂师之指责，或跟役之辱骂也，遂询之，宝云告余曰：昨晚应召倩云，彼先至，鹄立客身后。小琐随至，甫入门，即向伊戏谑。比演《洪洋洞》一出，以小宝作宗保儿，宝云亦离席与戏，不意琐儿竟翻脸矣。乃以手击宝云，中鼻尖，登时鼻破血流，后经众客力劝始解。余听毕，起视之果有微痕在。

同上

花二宝之特色（二）

新情种

况乎工秦腔，善二簧。其唱青衣也，差似滨湘洪兰舫；其唱黑头也，差似金兰大双福；其唱胡子也，差似涌泉玉宝。所尤可爱者，苏州腔、扬州曲、河南调，矢口而出，一扬一抑，一字一珠，无不曲尽其妙，诚南北花界中之特色人物也。

故莺迁之日，酒局至再，牌局至三。近日以来而捧场者，尤复日胜一日，正未有艾也。

侬友小可甚钟爱之，屡邀茗叙。因而忙里偷闲，偶从友人过访，果见歌喉宛转，响遏行云。而应接知法则，犹其余事。至容姿之丰美，态度之端严，尤无些毫恶习。侬凝视良久，不禁大书特书高声朗诵曰：“颠不刺的见了万千，这般可喜娘罕曾见。我眼花撩乱，口难言，魂灵儿飞去半天。”

同上

再复怡情书(二)

痴 侬

小宝乃侑酒之僮,吾子固俨然自谓曾招之数次矣,固又俨然自负为老于花事者矣,非有生死古今之不同,毫无交涉之可比也可知。吾子之频摧折小宝,有贬无褒,是必小宝平日应酬之未圆到,有不足吾子私心之所期冀,又必吾子俚俗之行、肉欲之思,有见斥于小宝者矣。故恶之深恨入骨,贬之不遗余力耳。

不然,就吾子素所称道之凤凰,人称三绝,而卑污处无算。各报告者难以笔记,而吾子以私心谆谆焉,惟恐谀之不力,承之不先,岂吾子之耳目果异恒人,或病聋盲未之听闻耶?侬甚不解其故。若吾子怒小宝之应酬忤犯,直笔詈之,亦吾子之分内事。何必挟私泄忿,颠倒是非,信口雌黄,托词公理,起而与无干预者为难乎?何自矜之甚也!抑不知侬亦好自夸大者。据有公理,固不惧吾子之哓哓也。即使吾子之中书君,劳碌过甚,免冠而出,侬亦漠然视之。若有若无而已。愿吾子好自为之,侬不敢有负吾子之初心也。

侬前书云:文字之关键,以题目为主义。吾子岂未之见耶?而吾子犹若云云,夫侬影、蜂刺、饮露诸君子,固贵报中众人所公许之代表人也。侬影之论巡警也,题曰"死";饮露之自论报也,题曰"有势力",蜂刺之论《京报》也,题曰"妙哉惜哉",而以文词点缀之。未见其题目曰死而反云生者,曰有势力而反云无势力,曰妙哉惜哉而反谓不妙不惜者。况海北侨子之题曰"因妒生畏",全篇之义。固已尽露,非泛大论辩等题目之可比也。侬之所驳者,亦不过因妒生畏之义焉耳,何云不当?至于末后一段,所以明吾非私,非因海北侨子有为小十三旦畏之旨而始为此也。

即就吾子抑扬之说,大凡作文,欲抑反扬。其扬也,正所以为抑之基也,非真扬也。欲扬反抑,其抑也,正所以为扬之线也,非真抑也。虽为波澜,确非命意之所在,此作文所以有宾主之分也。吾子寄居首善,卅余年,文颇通顺,何于此等作法尚未了然?惑甚!

光绪三十三年六月廿六日/1907年8月4日第5版

小琐无礼(二)

布衣客

又云:今日到戏园时,拟复前雠,竟被旁人阻止,故不快于心耳。经余再三劝导,断不可出此野蛮手段招游客之唾骂,宝云乃唯唯而已。

按诸伶童相遇,大半皆喜戏谑,不独小琐、宝云为然。或互伐先人之匿丑,或互攻自己之隐私,一言不合,恼羞成怒,遂至动武。余已累见不一见矣。往日为莫逆,明日为寇仇,比比然也。

虽然,童子何知?不足怪也。吾所责者,彼辈之堂师及跟役耳。伶童在寓,则赖师父之教训,在外则听跟役之督率,苟内而师父教训之有法外而跟役督率之有方,小琐又何至野蛮如是乎?

布衣客曰:琐儿之好与人争斗,好与人口角,胆敢放肆如斯者,该堂师小朵不为无咎,彼跟役胡八,不能辞责焉。寄语小朵,以后务宜严加约束,善为教导,勿使任其姓之所为也。不然,余之笔,将不诛小琐而诛小朵矣。

同上

再复怡情书(三)

痴　侬

人生不能无群也,故有交游朋友。不能无运动也,故有五官四肢,所以广视听神言动也。又有脑以司其机,一念之动,而五官四肢随之矣。所未经者,不难一日阅历焉;所不知者,不难一旦贯通焉,此人之所以异于木石焉。吾子所谓自相矛盾者,以侬既云不识小宝,又小宝有可恶处亦不得而知,何从而察其性质植品。吾子之所以驳侬者,甚为有理,独不思侬固非独立支身无交游之人也,固非无五官四肢不能视听言动之木石也。况小宝乃一侑酒之僮,非如深闺幼女,不能亲近者也。仆纵不识小宝,独不思侬有朋可以访,有耳可以听,有目可以察乎?又不思花天酒地,无藩篱城河以御人,尽人皆可涉足乎?况自复海北侨子书以来,已经一月,不识于前者,吾子独不许侬识于后乎?且侬谓小宝有可恶处否,不得而知者,谢小宝之有可恶于海北侨子一方面耳。吾子何不思乌拉山人、海北侨子之恶小宝,小宝必有可恶处之言乎?彼二人之好恶,既未如史笔之记出,以宣布众人耳目,侬又何从而知?吾子以为言词闪灼,其亦未思察之甚也,何得云不可知。

吾子谓小宝性质植品之优劣,侬不过于登台演戏时见之,即就吾子小宝演剧时性质静穆、植品清峻而论,则小宝所演之剧,青衣居多,使果静穆清峻之象,于登台时见之。则小宝固能得淑女娴媛古人之祥肖,洵为优美之材,可继崔灵芝者也。

若云小宝于演戏之时仍存其静穆清峻之质品,必不能揣摹古人之状态,然则吾子之赏识青衣者,必须如小十三旦之粗艳俗鲁,或若处女娇羞态度,或若荡妇浪娟,然后可为优美之材欤?又必如海北侨子之赏识青衣赳赳然如武夫者,然后得谓之名角乎?吾恐知音者不如是也。小宝能存其清峻静穆之性质于演剧之时,此小宝之所以为小宝也,此正小宝之所以高出小十三旦也,此小宝之所以继灵芝而起者也。

光绪三十三年六月廿八日/1907年8月6日第5版

蕙芳骄傲

忒　人

蕙芳主人,固伶人中之秀也,其交最广,而近日颇有妄自尊大之骄傲情形,亟应痛诋之。

一、应酬。蕙芳自满自矜,每每轻视客人,忤慢处不少。

二、品行。蕙芳之声价,较高于侪辈,然亦有定价,屡屡择人事之。

三、同类相残。蕙芳对于同行,讪笑怒骂,相与角力,欺凌备至。含垢忍辱者,正不乏人,殊属可恨。

同上

为小琐辩诬

偶游生

本月十五日,岳公所登小琐不知自爱一则。循诵一遍,知岳公因其友醒狂，曾于某报略贬小琐，而小琐迁怒于其友怡情。致烦岳公大笔，遂亦以赋性野蛮、言语粗俗，为其注脚。

窃谓近今伶界流而愈下，非卑污龌龊，即高自位置，目空一切，二者皆不可响迩。而小琐能免此二病，以豪爽圆转鸣。即岳公亦谓其曾享大名，本非虚语，今犹如昨。遽以小嫌强加贬抑，毋乃不可。

且其原因，起于醒狂，先加贬词，小琐不能顺受，是以人情之常。三代以下，惟恐不好名，况在伶界，能有名誉心，尤为难得。吾辈方将诱掖之不暇，而因以搆陷之，是诚何意哉？如岳公言，必使其由人笑骂，唾面受乾，丧尽廉耻，而后可乎？吾为此言，既以告岳公，并以勉小琐。

同上

再复怡情书（四）

痴侬

且小宝之演花旦，亦能温柔娇丽，恰似名媛闺秀，浓情嫣然。自是宝儿本色，与徒事浪荡者，判如大壤。以清峻静穆之性质，而演闺秀淑女之名角，此正吾子之所谓灵芝高于日月也，又何得云不足赞。

人谁无过，过而能改，善莫大焉。以子路之雄冠佩剑，当时固俨然一横恶之豪客也，乃一见孔子改去前愆，千百载不易其贤。何则？往者不追，而来者可嘉。小宝在德春时，年不及十岁，如此小孩，知识毫无，何分善恶？惟知仰从师傅之命而已耳。及至怡云，人既日长，则识与年进，知择所从事，致易前非。虽圣人尤且嘉赏之矣。德春之阿媚承欢，又何足以为小宝性质之玷哉？

况人之善恶，亦视习染者之何如。德春小琐、小凤卑污不堪，小朵俗艳可恶，以无知识之幼孩耳濡目染，故不觉随之转移。怡云之瑶卿性质佳善，凤卿品植高洁，而小宝日与之处，前日之恶习立潜因之为变迁矣。此善于彼，亦事理之易辨者也。

若云以枯荣为污洁，则小凤凰辈其生涯较之小宝，殆有过之，无不及也。何其卑污之性质,仍无改易乎?吾子必问,此伊等之生涯,所以优于小宝也。抑不知均一卖笑之生涯,人情之常,岂有恶胜而喜败者乎?其所以频被摧折,而不易其操者,是必卓识深见,有以虑其后耳。

彼辈既有此等识见,无论其清峻之真伪,亦可就此提倡,以勉其余。将来恶习,或可使彼辈因此而警醒其思想之非长久计。回头□者,胜造浮屠七级。今吾子必欲摧折其品质少具清洁者,必至于毫无人气而不止,使卑污者之得计,亦云忍矣。

嗟嗟!堂堂男子,甘居下流,谁人作俑,误彼青年?每阅来书,未尝不叹三千毛瑟之救世军,被吾子之挟私以逞也。

光绪三十三年六月廿九日/1907年8月7日第5版

再复怡情书(五)

痴侬

夫同为世界上之怪物,甘作雌伏之奴隶,尚何品格之足云。不过譬之奔走之败卒,同一畏死而逃生,然或五十步或百步,虽同奔同怯,而究竟有远近大小之不同。吾尝谓相工无品,以其人格卑下也。及今观之,铁中不无铮铮,庸中亦有佼佼。如小宝者,其果清洁与否?侬固不敢必,然较之一般卑污者,其性质品格,究高出于侪辈,即谓之静穆清峻也亦宜。

若夫魏公子之事,无论其为无据不足信之言,即使实有其事,吾恐如凤凰、小琐辈此等秽鄙之行为何止数十,岂仅一魏公子而已哉!

吾子老于花事,侦探必多。愿吾子忖思之,勿复矜才使气,逞私诬人。以小宝伶僮辈,固不敢少有开罪于雅人,吾子独不思公理之所不容者,人人得起而诘之乎?吾子慎勿恃其撰述,而肆意谩骂,贻人口实。幸甚!痴侬拜。

光绪三十三年六月三十日/1907年8月8日第5版

劣幼芬毁谤贤佩兰

咄　公

菊部四主人，其品格之最贤者，佩兰一人而已。对客有礼，出言必敬，酬应圆满，气象和婉。佩兰佩兰，吾无间然矣。

乃有劣幼芬者，每当侑酒时对客无礼，出言不敬，酬应疏忽，气象媟亵。有愧主人之资格，而肆口讥评，动以不根之语毁谤佩兰。试思以劣抵贤，是犹以卵抵石，几何其不自取裂败耶？今以一字之贬，曰“劣”幼芬；以一字之褒，曰“贤”佩兰。而记其事实曰：劣幼芬毁谤贤佩兰。咄公曰：咄！咄！咄！

同上

佩兰知礼

咄　公

前次揭登褒佩兰贬幼芬之事，所以示劝惩也。而有袒护幼芬者，谓为评论不当，请再申说之。

相工侑酒，向有礼节，客虽爱之，礼不可废。近来相工之应条而来者，抗颜而座，高谈阔论，甚主当客人之面，而骂其所奖许之人，又或与同辈互相戏谑，竟有挥拳斗殴者。不敬之甚，无礼之甚，殊令文明雅士难以为情。此固不独幼芬然也。然幼芬有主人资格，而竟下与小琐辈习为无礼不敬之举动，故黜之。

佩兰之所以为佩兰，其他事不可知，至应召侍酒则必循循有礼，恭而且敬，固为近今伶人之特色。使知礼如佩兰，而不加以奖语，将何以示劝善耶？故褒之。

伶人中如有知礼若佩兰者，吾即以褒佩兰者褒之；如有不敬若幼芬者，吾即以贬幼芬者贬之。或贬或褒，亦由自取之耳。

佩兰之兄佩亭，侑酒之时时有矜持之状态，益力求上进，不能不刻意强制也。

总之不问其他，所闻所传闻者，皆可付之不议。只观其侑酒时之举动如何，是否敬礼，而为褒贬，此直笔也。

光绪三十三年七月初五日/1907年8月13日第5版

小琐真真不知自爱

岳　公

阅《外稿》,偶游生以小琐之事,谓鄙人责其不知自爱为不当,并曰小琐既能免卑污龌龊,又能不高自位置,为伶界中之巨擘,所以迁怒于余友怡情者。因醒狂先加贬词,小琐一时好名之心胜耳。此语未免爱之胜,而袒之过。夫好名之心,人皆有之,人而不好名,力保全之。不敢作越礼之行,不敢作非分之事,此谓之好名。欲声名之远扬也,竭力作要名之事,假意行仁义之行,此谓之好名。若行事为无礼也,遇人之狂妄也,即怒之詈之,此何得谓之好名哉?

醒狂之于某报论菊部子弟也,仅评小琐为野蛮二字而已,使小琐而果好名,正应自省其非,有则改之,无则加勉。如此而谓之好名,谁曰不然。

乃小琐不知自爱,某日余友怡情饮于德春,小琐长跪于余友之前,诘其野蛮实据,并痛詈某报之人,无故迁怒于人,岂非野蛮?肆口漫骂,岂非粗俗?然则鄙人之言,并未诬毁小琐,而偶游生又何必作此强辩耶!况小琐之野蛮实据,老于赏菊者已于各报屡屡登之,公可自阅,鄙无暇细述耳。寄语小琐,毋恃其有恩客为之辩诬,而野蛮益甚,是真不知自爱,是真真不知自爱。

光绪三十三年七月初十日/1907年8月18日第5版

记伶界恶习之现象(一)

痴　侬

招花菊以侑酒,所以为客人逍遣计,而非所以为彼辈聚会亵昵之区也。乃近日有一种奇怪丑狎难堪之状态,不见于花界,而见于素称清雅之菊部。则二三鄙俗之伶僮,偶一相遇,遂彼此哓哓猥抱,接吻摩擦,最可笑可恶之卑污行为是也。

就菊部上乘而言,如幼芬、蕙芳、佩亭、小宝、宝云、凤凰辈而论,其中惟小宝少知检束。宝云势孤无所恃,俗污恶习,尚未深染也。其余则浪荡之行,已如倚门卖笑之下妓,猥亵之状态,久成习惯,肆行无忌,不可以道里计也。伊辈此等举动,老于花事者,固皆知之，即偶一涉足者亦莫不见之，无待侬之赘述。今特举一事，以为佐证。前休息日，约睡佛、嗤鳄聚叙于怡云国兴之室，有幼芬、凤凰、佩亭、宝云四伶在，伊等相继而至，宝云、幼芬先到，宝云约一刻钟许即去。

先是侬约睡佛、嗤鳄宴宝云、小宝、幼芬于醉琼林，畅谈之际，兴高采烈，宝云立尽香宾酒一大觥，遂致沈醉。旋到怡云时，相距不过十数分钟，而神情颠倒，仿佛又一沈香亭畔贵妃也，座客为之大噱。

少顷，凤凰、佩亭联袂而至，幼芬一见哗然，相与谑浪摩擦片刻始去。

光绪三十三年七月十四日/1907年8月22日第5版

记伶界恶习之现象（二）

痴　侬

于是佩亭、凤凰互相偎抱，各以扇障面，张口接舌，絮絮不休，旁若无人也者，历三十分钟而犹未已。小宝睨视良久，笑之以鼻。遂取桌上双箸，敲之，作催战鼓势。顾谓二人曰：快，快，快！彼等佯为不知，益不能自止，此际二人之魂灵想早飞去半天矣。

夫相工以应酬为阴符，以应酬之是否圆到为优胜劣败之考验。今彼二人，置客人于不顾。肆而无礼，狂妄已极。若辈不引为殷鉴，恐自此以往，其鄙俚不文之状，将更有难堪者矣。

光绪三十三年七月十五日/1907年8月23日第5版

记伶界恶习之现象（三）

痴　侬

独是幼芬以素负清高名誉之雅伶，亦时有此恶习。寄语幼芬，若为保全名誉计，当痛改前愆也。否则佛头粪土之讥，殊不免贻大方家笑。此等猥狎之行为，既足以大伤雅道，又最足以取厌客人，稍解事者，其亦相所勉乎。

甫脱稿，睡佛、嗤鳄持观之顷，相与论此等恶习之非也。睡佛

曰:真不成事体。嗤鳄曰:太无道理。侬于是顾二公而笑曰,最怕者,客人吃醋耳。相与大哗。(完)

光绪三十三年七月十六日/1907年8月24日第5版

幼芬改过

嗤　父

云和幼芬,近日颇有改过自新之言。尝语人曰:客之召我辈者,所以侑酒也,所以为客人消遣计也,我辈执此贱业,当以应酬圆到,礼貌恭敬为宗旨。我辈之于客人,行云流水,淡如君子之交,非有固结不可解之缘。客人之于我辈,亦当作如是观。故处处周到,不苟言,时时以恐或开罪为心,如是则客人之心自娱,而我辈之责尽矣。

噫!斯言也,诚堪嘉许。不惟视若辈之鄙俚不文,不以应酬为事,有霄壤之别,亦足以为菊部中人之圭臬也。且彼对同行,相维相系,从未有以堂主人而自尊目大,蔑视一切之恶习。同行之非是,彼则斥之,斥之不信,彼反劝之,务使知其非,虽有不以为然而以言语相忤者,彼恬然不与计较,交好自若,是亦彼教导同行之苦衷也。鄙人尝曰:幼芬近来阅历渐深,谈吐中不漏丝毫俚气,其于酬应时,处处循循然有规矩,诚勇于改过者也。彼菊部中人,有取法幼芬者,甚愿彼勿以教勉之言反羞成怒,宜反复其言,而三思之,则庶几不辜负鄙人之希望。鄙人实深愿也。君子许人以改过,诸伶其勉之。

光绪三十三年七月二十日/1907年8月28日第5版

续记伶界之现象(一)

嗤　父

优界卑污,日甚一日,彰彰在人耳目,固非仆一人之私言也。近日以来,鄙俚之伶童,俚贱之状,笔难罄书。每于筵前,多不以应酬为事,相习成风,恬不为意。前见痴侬痛诋其非,鄙人已深表同情矣。(未完)

同上

记田际云为直顺水灾演义务戏集款赈济事

顺直水灾，宣登各报，仁人义士想都已知道了。但是赈捐这件事，到了今日，真可称强弩之末。江皖水灾、云南旱灾、现在又是顺直水灾，劝捐的人实在无话可说，就是再说的多么好听，人家也只当做秋风过耳边了。那么远在江滇，还得想法赈济，今顺直近在京畿就在眼前，难道坐看难民，见死不救吗？必定不能坐看，必定要多多赈济。

既没法赈济，又不能不赈济，怎样好呢？昨天听见一个好消息，传说是向办义务戏的田际云，打算在月底仍借打磨厂福寿堂地方，邀集各班热心义举的梨园子弟，只唱义务戏三天。这个信息，传到耳朵内，不由得拍掌叫好。但是还有一层难处，唱戏的人知道是赈捐，看戏的人恐怕未必知是赈捐。总说是花三两吊钱，不拘那个戏园，都可以听好戏，何必到福寿堂呢？所以上次文时泉君为了学堂筹款事，邀集戏班中人在福寿堂演唱义务戏，哪知卖不上座儿。来了几十个看戏的，所入的钱，连开销都不够，唱了一天，赔了百十块钱，真是恨事。这一回，可不必虑到这层。看官须知，看官注意。这回汪桂芬情愿出来同尽义务，谭鑫培也赞成这义举，所以这样看来，到那三天看戏的人必定十二分的踊跃。只因汪大头轻易不唱戏，这次因为义举，出尽义务，九城内外的人那一个不要去开开眼界呀？

还有一句要紧话，要报告看官听。这次义务戏，虽然是为了顺直水灾，内容还含着戒烟会的事。田际云所办普仁戒烟会，成效颇著，所虑的也是款项不足，所以趁这回水灾事，筹办义务戏。汪、谭二人，一同出来帮忙，把三天所入的款项，四六分办，一举两便。办法颇为美善，现在还没定期，大约总在月底，到时再行详细报告。

光绪三十三年七月廿一日/1907年8月29日第5版

续记伶界恶习之现象（二）

嗤　父

彼等有鉴于此，少明大义者，固已略知检束。仆窃以为自是以往,彼等互为劝诫,当不失为同业相规,庶可维持其生业。特不知更有可耻可怪之态,有令人愤恨者,则猥亵之习,犹未尽泯,而矜骄之习复生。同类相残,较前日尤过之也。

然此种气习以堂主人为甚,徒弟则俯首帖耳,不敢少与争衡,即有与之辩理者,不问理之曲直未有不受其凌虐而后已也。

于是堂主人多结群以诋辱一徒弟,而徒弟则自身犹虞不保,各不相谋,何能结群而抵抗之?以一敌群,胜负固自瞭然。故俨然堂主人者,益自得计,骄习横生,意气洋洋,直有置徒弟于水火中而不顾之势者。彼辈为徒弟者,于筵前则含垢忍辱,归而诉其家,其家则又从而非之。甚至有于演剧时,以笞责辱骂之处,伪而为真,籍以欺凌若辈之为徒辈者。呜呼!是亦不可以已乎。

同上

记汪桂芬在福寿堂演义务戏事(一)

田际云、李毓臣、乔荩臣诸君,为了顺直水灾并戒烟会筹款事,在福寿堂举办义务戏,汪桂芬首先赞成。前天七月廿六日,是开演戏会的头一天。本记者有调查的责任,便于午后五点钟,抽忙前去观看。

到门柜头一望,但见左边木柱上,贴着一张黄纸条,上写着六个字道:“堂客票没有了。”便知道楼座已满,暗暗的为灾民人等庆贺。

进门一看,楼上栏杆外,也都是堂客。楼下池子内的官客,固然挨一接二,张张桌子上是满的,即正面后廊以及东西两廊也都是彼此相挤,一点缝儿也没有。到后又添插了许多横凳子。真是俗话说的,海子歪了。其实那天温度并不高,只因人众炭气多,园子内的人觉得很热,各人扇子摇动,又如同蝴蝶乱飞的一般。但听得左右人说道:“大头(即汪桂芬)只要肯出来,座没有不满的。”又有人说道:“大头这回真是热心公益,三天都漏,真是了不得。无怪举国若狂了。”

又有人说道:“为了灾民和戒烟人,大头大尽义务,那般灾民和戒烟人应当怎样的感激他。”又有人说道:“这满园子的人,那一个不是为了大头来的呀?”等到大头出台时,我们应当拍掌欢迎他。

在下仔细听了半晌,向友人道:“大头这回名誉,可更伟大了。咱们办报的人,应该竭力捧捧他。”友人点头道:“那是一定要捧他的。”

说话的工夫,但见气灯和纱围灯,台上和池子内一连三盏,都已点上,明亮如同白昼一样。因为点灯时候,有闲工夫,王子真诸君登台演说。灯点齐后,戏又出台,连演《打龙袍》、《双摇会》、《黄鹤楼》、《杀狗劝妻》等出。《黄鹤楼》是票友乔荩臣取赵云,劝妻的主角是十三红,演到这出,下一出就是汪桂芬的《让成都》。这一出是主戏,各人都是揉揉眼睛,振振精神,等待看大头出台。那时候看戏人的状态,大有万籁无声待雨来的景象,大头出台后,怎样的情形,明日再记。(未完)

光绪三十三年七月廿九日/1907年9月6日第5版

小宝卑污之纪实(一)

炯然真者

天下事之最难辨者,真伪也。是以伪君子与真君子相遇,非圣贤不易明晰分剖是非也。怡云小宝,素负清峻之优誉,余以为果如人言,则杜琴言、苏蕙芳之流亚。不难再见于今日,每心向往之。

迩来余偶有所闻,乃加以秘密之侦探,始知小宝亦一卑污之相工耳。几为传闻之所误,与外人所称道者,竟大相背谬,窃不禁哑笑也。姑举其一二端,以证明之:(一)演剧时之卑污。演剧所以供众人之观览,肖古人之神情,以示劝惩。非所以为相识者,作眉目传情之污秽舞台。小宝近日演剧,于已扮好角色尚未出台时,辄于上场门搴帘而露其半面,与二三热客作斗目戏。至出台时,则更为不堪言状,两个睛瞳专注其相识之人,眉目送情,一若妓女之目挑眉语者。此卑污之一证也。

同上

记汪桂芬在福寿堂演义务戏事(二)

汪桂芬刚一出台,众人见汪取的是刘璋,不由得齐声拍掌欢迎。台步作态,一举一动,自有一种自然状像。等到开口一唱,还没有唱到三句,台下拍掌声又同声相应。

那时候,台下的人因贪看汪,故都站了起来。在下便宣言道:“诸位别站起来,请坐下看罢。后边的人都看不见了。”站的人听了这话,也有立刻坐下的;也有略停一停再坐下的;也有回过脸来,瞪眼怒看的。在下见他回头看时,又申说道:“这是公益事,更应当顾全公益。一个人站起来,人人都站起来了,这就叫做扰乱公益。”旁边又有人接嘴,向那人道:“现正是好戏,快请坐下看罢。”那人听了这话,怒气虽加高,身子却坐下了。在下暗暗的叹我中国人,就坏在“但知私益,不知公益”八个字。闲话少说,该叙正文。

但见汪高登城墙上,城外连连火起,汪作惊状、恨状、愁状、摇头状、蹬脚状,一时都表现出来。随又作愁思状、告众将状、宣言让城状、敌兵退状、开城状、出城状、会谈状、携手同进城状、入座状、献印状、拜印状、接印状、回座谈状,这许多举动,或者是惊、或者是喜、或者是哭、或者是笑,都是入情入理,真似刘璋出现一般。到得请解黄袍时,这一惊非同小可。神色定后,脱去黄袍,换上便衣,以后都是唱了。满园的人,一句一叫好,一字一叫好,在下却连连拍掌。直等到唱完进台,在下又大声拍掌欢送,众人同时响应,都欢笑赞美道:“真好,真是名不虚传!”

再向台上一看,见台柱上早已贴有大报告条,上写:“廿八日特烦汪桂芬、王楞仙、罗寿山、金秀山、王雨田(左边还写着一位,没有看明白)合演《群英会》、《代打盖》。”下边并注明道:“决无谎报。”这样看来,到廿八日,众人又不定怎样的欢迎汪桂芬呢。

光绪三十三年七月三十日/1907年9月7日第5版

小宝卑污之记实(二)

炯然真者

(二)酬应时之卑污。所谓应酬圆到者,在于言语应对之适宜,并非嬉笑谑浪之谓也。小宝于应召时之举动,不与客人故作娇嗔之嬉笑,则与同侪肆为无谓之浪谑。彼方诩诩然自以为应酬之善,而不知实卑污之现象也。独不观佩兰之酬应乎?固非以轻佻为工者,应酬与卑污,固判然两途耳。此卑污之二证也。

同上

小宝卑污之记实(三)

炯然真者

小宝既如此可鄙,而誉之者往往而是。岂真爱之者不知其恶,昵之不见其短欤?前者清峻之品格,果安在乎?其与最卑污无行之滑劣相工相比例,相去亦不过一发耳。揭而出之,以惩将来,其识小宝与不识小宝者,均当以此言质之。

光绪三十三年八月初一日/1907年9月8日第5版

小凤凰出师消息

多宝道人

倩云小凤凰,姓孙氏,字砚亭,名伶水仙花之弟子。姿容美丽,体态温柔,亦菊部中之红员也。

惜其性情奸狡,行止卑污,三绝之讪,无情之讥,秽史宣扬,久为游客所不齿。闻近日有客宁某,挟资颇巨,与凤凰交最密。宁某固素负断袖之癖,凤凰贪利舍身,投其所好,百般献媚,以博其欢。

原宁某许以三千金为凤凰出师之资,日前业经提议,惟乃师水仙花意欲要求价值□尚未首肯,真耶伪耶?待余详加调查,再行报告。

按凤凰出师之议,事甚秘密,盖畏他人之破坏也。余特为之宣布,非无苦衷,实恐宁某之效法喇嘛,与小锁出师之故事,以欺凤凰。又恐凤凰依上春冤某客出师之例,得数百金,而藏于跟兔之手,以欺宁某也。

噫!菊当晚节,淘汰将尽。何物宁某,犹竟竟不惜东风,欲吹起东篱残菊,长耐霜寒,亦愚矣哉。

光绪三十三年八月初三日/1907年9月10日第5版

续记福寿堂演义务戏事

福寿堂义务戏,是二十六、二十八、三十日三天。二十六那天,曾经前去调查汪桂芬演戏情形,业已报告。二十八日,因为事忙,想去没有能够去。

三十日下午五点钟,办事完后,飞车到福寿堂。田际云主人正在外厅房屋,谈知二十八比二十六戏更佳妙。主戏是《群英会》,既有汪桂芬,又有桂官、秀山、寿山、雨田诸位热心同尽义务,名角齐集合演这出戏。真是太好了!又谈知收款数目,二十六日收一千三百圆左右,二十八日收一千一百圆左右,既有前天《群英会》那出好戏,今天座儿必仍卖得好。

在下因赞叹有这好现象,办事人目的也可以达到了,可为庆贺。

田主人又历述普仁戒烟会的详情,说是倘然不办这戏会,所有款项业已用完,打算到中秋节便停止闭会。今既有这三天进项,除拨三四层急救水灾外,余款尚多。又可把戒烟会事,接续办下去。

谈了半晌,在下便到戏场调查一切。但见楼上女座已满,楼下池子和东西中三廊也都满坐,惟后边还有几条板凳空着。

又向池子内、正廊和东西两廊内,周围按座巡视一遍。末后又到后台看了一看,见各种角色一到后台,便行动言笑如常,跟在戏台上旦是旦、生是生、净是净、丑是丑大不相同,仿佛看西洋镜景似的,一下子都戳穿了。随即退出下台,抬头一看,便又觉精神百倍,如见其人。方信俗人说的"登山那比看山好",这话真是富于经验的话,猛回头一看,见北墙上贴着一张大黄纸,上面写着"慈善助赈"四个大字,下面有小字数行注着"小林洋行李耀廷君,慨助本会牙粉九百六十包,随人给资购买。所有的价钱,统通捐入戏会",在下看了,又大为赞叹李君的热心助善。

这天是末天,所演的戏有《水帘洞》、《长板坡》、《金钱豹》、《武家坡》等出，末后是各名角各票友烦演《战长沙》。汪桂芬这天没有唱，开会时，原请的是两天，所以只唱二十六、二十八两天。然三十这天，戏票也都卖尽，大概系可以过一千圆的数目。统计三天，共数达三千圆以外，这都是田际云诸位热心办成。顺直灾民和戒烟诸志士，应该怎样的感激呀！救灾是爱群，戒烟是强种，这都是预备立宪上的要点，不可不记出，令我中国人要实行爱群强种主义的看看。

光绪三十三年八月初三日/1907年9月10日第5版

小凤凰出师消息书后（一）

嗤　父

倩云孙凤凰，丰姿绰约，不失为丽品。近闻有住西河沿泰来店宁某者，欲以三千金为之出师，现正与其师嗟商，尚未议定。仆乍闻之而喜，继而疑，终而为凤凰忧。

凤凰生遭不幸，操贱业以为生，其师之待之也极酷，偶不称意，笞骂随之。一任其束缚，无一毫自新之路，暗中垂泪，固无时而或已也。

嗟嗟！苦海茫茫，正不知何时始得道登彼岸。宁某具大愿力，发大慈悲心，慨然以巨资为之出师，直不啻生死人而肉白骨。凤凰又何幸而得此也？从此或能自树旗帜，庶几有以自立。不屈伏于他人之下，渐易商标，改务正业，此正吾所馨香以祷祝之者也，此吾之所以三跃而喜也。虽然，吾窃有疑焉。出三千金之巨数，为一伶童出师，实非热度达沸点外，不克臻此。宁某既已允许，则事固必成，何至今日遥遥迄无成议？郭凤云（水仙花）得获此巨资，谁非人子，推己及人，或不致如斯之溺也。闻之出师之说，为客人笼络若辈之最妙手段，大言炎炎。自欺欺人者，是忍人也。

同上

小凤凰出师消息书后（二）

嗤　父

若任意愚弄，大肆欺凌，罔知爱护，以冀迁延岁月。及倦游思返,而此事仍归乌有者,则残酷不良之甚。如斯之人,实繁有徒,特视若辈可怜虫之有幸有不幸耳。宁某厚爱凤凰,当不至是,然余不能无疑也。

夫事既能成于万全,又何足虑?惟此事极为秘密,而外间侦知,纷纷传说,深忧其事之破坏也。余甚愿宁某,持一定之主见,无为人言所惑,见怜弱质,出莲于污泥,救人于水火。则仆尤不尽拍掌大声疾呼,曰:快事哉!快事哉!而众生亦自是不难慈航普渡矣。

光绪三十三年八月初四日/1907年9月11日第5版

怜凤凰(一)

亡　民

凤凰出师,鄙人亦有所闻,并闻宁某为之出师后,即携之去。

夫客人为伶童出师者多矣,出师后携之去者亦多。惟伶童出师后,随之去者多无好结果。爱之之时,不忍释手,转瞬间须眉如戟,不能取悦,遂反而恶之,万般虐待,视为已有之玩物,欲沦于奴隶而不可得者。则出师与未出师,其任人之苛虐,一也。

未出师之前,犹有生路;既出师之后,则惟有死而已。闻若辈中人云,此事比比皆然。宁某之用心如何,仆不敢臆断,而凤凰植根污贱,不能自立,而至于如此,洵可怜也。

且既去之后,即为客人之掌上物,谗谄面谀,献媚百般,无所事事,如女人然。双飞双宿,乐何如之?然前之娉婷俊美者,不移时而衰老矣。纵客人加意护惜,不为之虐待,与之娶妇购室,而渐次蕃衍,又将何以谋生?处处必倚靠于人,积久而不招客人厌恶者几希。盖势之所必至,不待智者而决,至此时而始谋自新之路,晚矣难矣。

光绪三十三年八月初六日/1907年9月13日第5版

怜凤凰(二)

亡　民

演剧一道,可称为名手与否,全在幼年之勤练。苟能专心肄习，尚何叹糊口无方？倘以正好光阴而碌碌终日，玩好自娱，无所用心，虽□乏之剧当时所能演者，亦不能演出矣。好花繁盛，瞬即凋零。为凤凰后世糊口计，亦诚有令人怜惜而长叹不已者。

呜呼！出师之说，所以为伶童谋者至也，而必欲携去，以累其终身，亦未免太悖理矣。此或传闻之讹，未敢深信，仆想宁某或不尔也。姑志之以待调查。

光绪三十三年八月初七日/1907年9月14日第5版

代凤皇诉冤

仇 韩

读"凤凰出师"消息第一则，几欲令人喷饭，特代为之雪冤，未识以为然否。

（一）性情奸狡。"奸狡"二字，从何而来？若以疏于应酬为奸狡，殊属乖理。且凤凰于应酬上，无过不及，而性情异常和婉，楚楚动人怜爱。虽不敢谓其从无忤客人处，而奸狡二字，不能得其评词，可断然也。

（二）行止卑污。相工操贱业以为生活，既不全人格，尚何欲其品行之端？若以以身事人为卑污，以贡媚献谀为卑污，则又不独凤凰一人然也，君何不谅若辈苦衷之甚，至于此极！

（三）三绝之讪。倩云三绝，鄙人知之，勿庸详为宣出。惟此类事，不足为白圭之玷，亦岂独倩云为然？

（四）无情之讥。花菊丛中，纯系黄金世界。阮囊充足，情自重也。一旦床头金尽，爱情立削，故有情与否，恒视乎客人之肥瘠。君何昧昧若此，以无谓之讥讪，引以为据，不亦慎乎？

（五）出师消息。此事鄙人早已闻之矣。惟事不实者，不宜遽行宣布。且此次异常秘密，深恐泄漏机关，足下固明知其恐为他人所破坏也，何必斤斤为之宣扬？虽足下之苦衷人所能谅，而足下又何为而以"不欲吹起残菊"为言，是不欲破坏而适所以破坏之也！足下之用心亦狡矣，尚望详加调查，再行告知。险诈之人，不难人人笔诛之也。

噫！近日伶界可齿数者，几难其人，求其酬应圆通、植品不俗者，凤凰亦差足语于此。彼常为其师所压制，无复脱羁绊雏苦海之日，宁某大发慈悲，欲使之自立而事正业，其心亦良苦矣。甚愿宁某勿见异思迁，因噎废食，则鄙人所深祷也。

鄙人与足下至交，不敢言兴笔战。惟足下所言有太过之处，鄙人实不能已于言，特作此文，聊为解嘲之意云耳。务希格外宥原。切祷切祷！

光绪三十三年八月初八日/1907年9月15日第5版

状元最近之现象

保阳君

保阳花榜状元素青班金子，貌冠芳群，心复伶俐。现分迎送余暑，特学新戏数出，无不神情毕肖，音韵悠扬。质之京津名伶，尚无愧色。刻拟三五日内，在洞阳宫登台开演，及时欲饱眼福聆妙音者盍往一观焉！

光绪三十三年八月初十日/1907年9月17日第5版

为小凤凰事致宁君书

知名人

不晤尊颜，瞬有日矣。闻公嬖伶人名小凤凰者，爱情之深，九原莫比。欲以三千金为之出师，并欲挈之偕行。鄙人与足下，交谊最笃，有所闻见，敢不忠告。

夫伶人受制于师，任其细缚，无由自辟其道，诚属可悯已极，倘能为之出师，俾得脱此羁网，跳出苦海，自是即可自建旗帜。不甘伏于他人，因之日理正务，不复以贱业为生，非爱怜之甚者，不能为此。足下之大德，岂独凤凰铭诸肺腑已也，即与足下表同情者，当亦以好义为足下许。

惟是伶童之恋，所以取悦一时也，未必即如男女之爱情。凤凰与足下，情好虽挚，苦欲购之终身随侍，瞬眼锯须戟眉，其将何以待之？而甚后患，且有令人不堪言状者。前车之覆，后车之鉴。此类足为人家祸者，比比然也。务望足下三思鄙人之言，勿以为河汉。则幸甚矣！非与足下交好，情谊素笃者，不能为此忠告，愿足下察之。倘此事系传闻之误，鄙人深盼其不确实也。草此上渎。知名百拜。

光绪三十三年八月十一日/1907年9月18日第5版

小凤凰两次出师不果

惜砚生

客某张君者，前以千余金为凤凰出师，旋为乃兄力诫其非，事遂寝。

今宁某大增其值，至三千金之数，亦因某戚友函电交集，促其南归，而事仍成画饼。两者皆徒托空言，毫无补于实际。噫！以千余金出师不果，以三千金而仍不果，是真出师之难耶！抑专为无人心者，为之惯技耶？利非吾之所敢知也矣。

光绪三十三年八月十三日/1907年9月20日第5版

宝云鄙俗之特证

嗤颖

渠华宝云近日于演剧一事，甚不用心，日就荒弃，识者已交议其非矣。而其酬应，则粗俗异常，毫不圆周。游人有警戒之者，或怒目相视，或出其最野蛮鄙俚之手段，执其险要处，历半钟或数刻，犹不释手。倘客人不加意防护，后患何可设想？然此则鄙俚不文之态，尤属见不一见也。寄语藕香，宜早为之谆诫，勿使任意若此。冀挽颓风，否则江河日下，宝云之前途可危，而藕香亦难辞其咎也。

同上

记改良北京市(七)

(戌) 维新戏园北京戏角的优美，可称为全国第一。北京戏园的野蛮，也可称为全国第一。一、不卖票；二、多看蹭戏的人；三、横竖的加凳子；四、池子内不安方桌；五、楼上不分包厢；六、不唱夜戏;七、缺少新戏;八、没有详细确实的戏单。有这八个缺点,便生出种种的不合式来。不卖票便无限制,难免拥挤,随意出入,无从检查,往往有漏收戏价的。

看蹭戏的人多,站立后边,阻碍过路,甚至偷窃座上人的物件。不叱令走开,越挤越多,实在讨厌。倘一开口,那等人张嘴就骂,甚至于打架起来。

加凳子横七竖八,挤得人手都不能动,脚都不能伸。身前是人,身后又是人,连搁一个茶碗的地方都没有。

池子内不安方桌,都是大长板桌,却不是横着搁,是竖着搁。坐的是大长板凳,尽挤着,多挤一个好一个,回头收戏价的人,因为没有地方站,便高站在板桌上。一面走着,一面收钱,真是野蛮到极点。

楼上不分包厢,却有官座的一说。不过就柱子界限上,搁几块板,或者拴上两根木杆,再不然栏上几根绳子,作为一间。坐位的脏,形式的粗野,都没规模,万不能卖女座。

不唱夜戏,单唱日戏,耽误人家许多正事。白天有闲工夫的人很少,因为要请客听戏,便要耽误半天有用的工夫,倘若唱了夜戏,那可无碍看戏人的正业了。

不唱新戏,单唱旧戏,不能发起看戏人的新思想,不能开通社会上的新风气。旧戏曲中,虽已由警厅禁止二十四出,然此外不在禁例中的,总不免还含有迷信淫亵的意思。

没有戏单,令人傻看。一张红纸片,一条小黄纸,但有几个字的戏文。所有各戏角的名字,一概没有。并且要等唱到半腰时,方才看得见那不完全的戏单,况且戏单上所开的,未必准唱。所以不常听戏的人,两眼望着戏台上,但见一帮进,一帮出,既不知道什么戏名,又不知道是什么角色,傻看半天,莫名其妙,最为可笑。

现今西珠市口煤市街南口外天和馆旧址内,另行组织新戏园,仿照上海天津办法,买票进门,池子内一律方桌,楼上包厢分出一间一间的三面都有板墙。在后边,可以随时开关。专唱新戏,兼唱夜戏。预印铅字戏单,登明确实的戏文角色。一切规模,安排的很整齐，楼上卖女座，楼下卖男座，名叫文明茶园。现在工程已完，下月便可开戏。

光绪三十三年八月十四日/1907年9月21日第5版

为相工事致齐安樵子

海曲游人

昨日到京，阅足下初三日稿，见足下之诬相工实乃直笔无讳，顾犹未免于一偏之见。何哉？天之生才也，各有所造；人之展才也，各有其宜。足下云：彼以媚态娇语，娱人耳目，此正其宜展之才也。相工之发源，仆亦未得深悉，足下之妄加褒贬，仆实不明其旨。盖游人之所以高兴召伶童者，未有不欲其娇媚以娱我之耳目，而殷心以待其谄谀我者也。相工即以此对待客人，亦固其所。当此之时，客曰：余怀慰矣。相工亦曰：客怀慰，我怀亦慰矣。

夫游客之召相工，其谁肯正色端颜；而相工之对游客，又谁肯卧薪尝胆耶？抑游人之召伶童，其谁忍作威作福；而伶童之对游人，又谁能危言危行耶？

足下之意，仆已深悉。不过谓其有恃于平日者：才色情艺，据四者以争妍取怜；品貌歌谈，据四者以沽名钓誉。甚而谓其平日所习者，婢膝奴颜；终日所工者，谑浪笑傲。岂知如凤凰、宝云二伶登台演出时，真乃艳艳秋波，皎皎春月，婷婷玉树，馥馥芳兰，霓裳一曲描来天宝风流，春梦重寻谱出香闺思怨。邀之晴窗挥翰，扶学士以直上青云，偕之静院谈诗，助文人以高攀丹桂。又谓佩兰、凤凰、宝云、蕙芳、小琐等，各有一秘密之人，其秘密之交涉，不可笔述。此语诚然矣。何则？如相工队内有一与足下有秘密之交涉者，即可举笔述之乎？（未完）

光绪三十三年八月十七日/1907年9月24日第5版

为相工事致齐安樵子（二）

海曲游人

足下又云：前数十年之相工，均以歌乐娱游人，而今之相工不然者。以此观之,足下太不达时务矣,何腐败之一至此也?岂不闻世有文明进化之说乎?当今之世,与前数十年,诸多不同,而独责之相工乎?斯言真笑谈也。足下自览之,当亦将哑然失笑矣。

光绪三十三年八月十八日/1907年9月25日第5版

辨小宝卑污说

夜阑分手客

昨读炯然真者纪小宝卑污一节,予与小宝亦无深交,特以伶界毁誉直道在乎人心,略辨白之以昭核实。相工近年资格愈下,不能竟以琴言、蕙芳之格绳之,况田湘帆有言:宁取有相工习气者,不取酸文假醋外充斯文。夫狐媚惑人,蛾眉善妒,本来面目,足占胜场。若竟以清峻品题之,转失相工之真像。若果为不染一尘,洁身自好,则是所谓窥观女贞亦可魂也,云"在女为贞,在男则可魂也"(袁子才尺牍中语)。予正怪诸公之以清峻目小宝之情,不意君又从而扬其波而助之斗,是亦不可以已乎?小宝风流倜傥,烂漫天真,解语名花,有情灵鸟,即田湘帆所称之宝友。夫复何让?寄语红氍毹上,毋使美目扬兮,玳冒筵前,毋作巧笑倩兮,则炯然公庶几免于戾已。

光绪三十三年八月二十日/1907年9月27日第5版

佩亭可嘉(一)

颖　父

纵览菊部中人,求其性格不俗应酬娴雅者,殆不多觏。或以一经品题,遽尔高其身价,骄倨傲慢时形于色。或以相见日久,颇忘形迹,非言语失当即举动轻佻。种种现象,诚难笔述,而非所语于国春之二主人姚佩亭者也。(未完)

光绪三十三年九月初二日/1907年10月8日第5版

翠兰班玉花赴马戏园演戏

冶　公

翠兰班玉花,即云吉之玉花也,色艺双佳,为北花之头等红员。今因崇文门内马戏园，定日加演女戏，玉花已准于初五日午后赴园登台，和尤小培二人合演《女起解》。届时观者，必有一番热闹云。

光绪三十三年九月初三日/1907年10月9日第5版

佩亭可嘉（二）

颖　父

鄙人与二主人交最久，每论及酬应之难，不贻谀媚之讥即受尊大之诋，言之若有余慨者。故深自敛抑，敏慎从事。虽日与鄙人三四见，礼貌之恭，应对之谦，始终如一，几无微疵之可指。为之客者，其亦以斯言为然否耶。

伟公评曰：云和之幼芬，前倨而后恭；倩云之凤凰，始勤而终怠；绚春之葵香、渠华之宝云，善歌而不善酬应，然犹知改过自新。惟恶劣之尤，如怡云小宝者，有过而不改，日流于下品。时时违犯当筵骂客之罪，朽木不可雕，土墙不可污。予于小宝何诛？因读颖父记佩亭可嘉事，为评数语，以示菊部中人。其亦知所弃取矣。

光绪三十三年九月初四日/1907年10月10日第5版

宝云可悯（一）

嗤　父

近日外间痛诋宝云，殆无已时。或谓其性情乖谬，或云其应酬粗率。余料宝云决不至此，特加调查，始悉其所以至是者，跟人为之，非宝云也。

跟人张麻子，全权在握。其待之也，十二万分苛酷，虎狼其心，残暴其性。种种压制，诚有令人难堪者。宝云毫无自由之权，困此羁厄，以致常常咽声饮泪，无或少息。

呜呼！好花不受好培植，枝叶立萎。故近日宝云憔悴其容，病莫能兴，已旬余日矣。（未完）

同上

宝云可悯(二)

嗤　父

孱弱之质,犹令其奔驰不已,以有限之精神,欲求其应酬圆周,势固有所不能。故近来于演剧一道,亦日就下落,良以此也。

吾不怪宝云,不责张麻子,独责藕香。用人不慎,一至此极。此种残酷不良之人,尚不早行摒弃,冀扶前途,岂宝云之恶劣致江河日下者,藕香即可辞其咎耶?寄语藕香,宜早为之计,否则三千毛瑟,难保无严加笔诛之人也。

光绪三十三年九月初五日/1907年10月11日第5版

再志伶界恶习

痴　侬

伶界恶习,侬则振笔痛斥,冀其即加改变。乃日来凤凰等人,其狎昵状态较之日前为尤甚,其亦有所持而不恐欤?抑出于情欲而不能自止耶?是诚难解。

或者谓相工狎亵,是其当然。诘侬之斥责,为无意识之举动。然则所谓侑酒者,取其酬应谈唱耶?抑必招之使作种种活剧,与其同辈相款洽,而后旁观者可藉此以侑酒耶?是则淫乐之俦,登徒伧父所称道,而非骚人雅士之所宜出此也。寄语凤凰,一伧父登徒之称誉,恐不足以当公众之论评,幸自勉之。

按凤凰美丽在菊部中,可以手(首)屈一指。侬见之,辄爱惜不置。暨观其举止温柔,言笑妩媚,更为称赞。但有时举动,自相矛盾。以其温柔妩媚之气质,一变而为狎亵不可向迩之丑行,未尝不惜其为白圭之玷。故侬于凤凰,不无贬词。非仇之也,人材难得,痛斥之以惩将来,亦爱护成全之微意耳。

同上

小宝被诋之原因(一)

晓　痴

欲吹毛而求疵,虽圣贤不无可疑,而下之者无论矣,况下而又下者乎？是以君子之责人也宽。恰云小宝，都下雏伶，以二八妙年而负振振之声誉，已为罕见。而其品质清静，亦高出于侪辈。月旦之评，多啧啧称之。前次炯然真者，诋其卑污而宣布之，知之者每为负屈。炯然真者，为愚至友。此事之始末，愚皆知之，今当众论鼎沸之际，愚特为揭告其原因，以释众疑。

炯然真者之属稿甫定也，持以示愚曰："子意以为何如？我诋子素所称道之小宝也。"愚讶其言之突然，急接阅之。其所言，要皆不为无理，特不过言之太甚耳。遂诘之曰："此不过小宝偶尔之现象，乌可以律其平日，立言得毋失之不公乎？"

同上

小宝被诋之原因（二）

晓　痴

"且即以吾子所云之琴言、蕙芳而论，二人不苟言笑，不轻易近人，已为吾子所称许。然琴言之于梅子玉，蕙芳之于田春航，则倾心爱慕，悲喜相共者，岂梅田有何术而笼络致之耶？亦彼此亲爱之感情耳。

小宝眉目传情之举动，欢踊欣跃之行为，已为相见不能免之恒事。子检阅《品花宝鉴》，当自悔出言之躁妄也。此言何足为小宝病哉？"炯然真者曰："子论诚是，但与其有一时之偶然，何苦使其警而不然，更可以防其可病者于未然。子素以高上之品格励小宝，而警其余，当知我非仇小宝也。"愚遂默然听之，此为当日愚与真者谈论之实情。援笔记之，以揭表小宝被诋之原因。

晓痴曰：真者之卑污纪实，原出于真者之苦心。而夜阑分手客，以卑污不足为相工恶习，遂谓清峻亦不足为相工善行，又谓相工惟恐其无相工习气，反致失真。嗟嗟！民智日开，文明日进，奇特之怪物恐不能久容矣，若此中有一二少明时势，欲求改业而不能，能自知其业之贱，尚存万分之一之良知，而知耻之为耻者，此正吾人所当鼓励培养，以冀其将来。不可因图一己一时之欢娱，而置彼辈将来于不顾，恐非爱之者所宜出此也。至能否鼓励培养于成功,则君子所不计,且亦非作事者之当计。吾行公理之是而已矣。质之夜阑分手客,并以质之游客诸君子。

光绪三十三年九月初六日/1907年10月12日第5版

佩秋戏曲进步

嗤　父

国春姚佩秋,梨园中之有声者也。隶中和园同庆部,演旦角,日有进步。做作益加工致,道白亦更清晰,一切鄙俚之态淘汰殆尽,迥异昔日。语曰"有志者事竟成",佩秋其亦知此旨矣。因特志之,籍以警告若辈之不专心业务者。

光绪三十三年九月初七日/1907年10月13日第5版

述凤凰近事

前　人

倩云凤凰,近来颇知阅报之益,尝谓欲广见闻非阅报读者不可。故不惮烦劳,有片刻暇时,亦必求人讲解一切。辄苦识字过少,又极力研求习字一门,迩来甚有进境。诚可为凤凰前途喜也。

顾识字之暇,又东奔西驰,车马为劳,精神每多疲敝。此时而疏于应酬,少有人心者断不能为之计较。或者不察,痛斥其非。欲加之罪,何患无辞?于是有谓其鄙俚者,有谓其卑污者,又或妄为作证直欲置诸水火而不惜,用心亦太险矣。吾不禁为之三叹。

同上

幼芬进化

前　人

云和三主人幼芬,现购各种报纸,张贴韩家潭各处,以便行人观看。诚菊部中所罕见者。民智广开,全仗报纸之力,菊部中人果能人人如幼芬之举动,则可公同设立一阅报处,亦足以为伶界光矣。

同上

日华茶园女戏记(一)

崇文门内日华马戏场,自从初六日起加演特别女戏。那天晚上,戏报子上开的是玉仙、金仙的《二进宫》,玉花的女《起解》,于少岩的《文昭关》,小刘洪升的《草侨(桥)关》,赵紫云、小蕙芬的《八扯》,尤金培、尤小培、尤小小培的《算粮登殿》六出戏。

那知掌灯过后,大下起雨来了。《二进宫》唱完后,玉花上台,带着金双鱼枷,穿着红湖缐衫。唱得正高兴的时候,雨势过大,戏棚内全漏了。看的人纷纷站起,要走又舍不得好戏,要不走又受不了雨沦。有带着雨伞的,便一人支伞,遮着五人同看。玉花在台上,也有人和他支着伞,那时已成骑虎之势,玉花索性放开嗓子大声高唱。一时雨声鼓声歌声,喧闹的不亦乐乎。看戏的还在伞底下直叫好,台上台下各人忍受到这出戏唱完,方才收场各散。

光绪三十三年九月初九日/1907 年 10 月 15 日第 5 版

日华茶园女戏记(二)

初七日午后一点钟,先演马戏三出,随即开台唱女戏。头一出,是南林房女伶金媛媛的《挡亮》,金媛媛唱胡子生,身穿戎衣,手拿大刀,高立台上须飘颏下,现出英雄状态。至于歌唱的声调,响朗圆熟,字字清楚,真是女伶特色。

第二出,是杜云铃杜云喜的《忠孝碑》,台步唱工,都还不错。第三出,是小蕙芬的《文昭关》。蕙芬取伍子胥,唱的虽不见佳,做作却很得神。过关住宿,自叹自唱,到后黑须变成白须,惊骇状、悲伤状情景逼真。未后更衣出逃,另是一种装束,气象磊落,万看不出是女的。第四出,是小刘鸿升的《草桥关》。小鸿升唱黑头,声如洪钟,满园旋转,很有大刘鸿升的味儿。第五出,更为出色,是赵紫云的《落马湖》,紫云是武生,取黄天霸,气魄的猛勇,衣服的漂亮,北京城戏班子轻易见不到。一忽儿工夫,出入三次,换了三套行头,真是阔得很。一切做作,处处得神,比小蕙芬更为高出几倍。唱又唱的好,大有瑞德宝的状态。

先在酒店喝酒时,叫堂管道"斟上",堂管起初不肯斟,到后无法,只好代斟。他举杯一喝,又叫堂管道:“斟上”,堂管又代斟一杯。举杯喝完,堂管上前,正在举壶要代斟,他却大声喝道:“不要了。”便问堂管,那前边是什么地方?堂管起初不肯说,到后被他逼住要问,堂管一一说出。说是前有高山,后有深涧,上有丛林,下有铁网,是一个强盗盘踞的地方,就叫做落马湖。黄天霸听到这话,不由的惊怒起来,随后又遇到跟官被掳放出的家人,历述主人被掳的情形。黄天霸奋身前往救状,这出戏便完。

光绪三十三年九月初十日/1907年10月16日第5版

小凤凰劣迹之铁证(一)

多宝道人

倩云小凤凰,有客宁某拟代出师一节,业经报告,无疑义矣。乃吾友(仇韩)承凤凰之意旨,博凤皇之欢心,谓鄙人言过其实,刺刺不休,为之诉冤。观其言词,乖谬颇多。鄙人本拟严加驳诘,痛斥其非,转念朋友谊重,嬉戏事轻,故作罢论。但鄙人谓凤凰“性情奸狡”“行止卑污”二语,据鄙人观之,犹不足罄其劣迹于万一也。凤凰之在菊部,虽称红员,而其种种恶习。稍涉菊圃者,类能言之。今仇韩不惜三寸之管,与鄙人背城一战,岂真爱之而不知其恶耶?公论所在,雌黄何益!不得已谨遵仇韩之命,特将凤皇奸狡卑污之劣迹,调查清晰,为足下陈之。幸鉴察焉。

(一)凤皇前次曾冤某客出师,得金数百,而藏诸跟人之手。心怀鬼蜮,拟不令水仙花知之。后经乃师查觉,大施夏楚,并斥退跟人。某君曾有倩云三绝之讥,凤凰既冤某,又欺乃师,非卑污而何?非奸狡而何?

同上

日华茶园女戏记(三)

初十午后,友人约到日华茶园听戏。到时已在两点钟后,听得戏场内,还是同同的军鼓声,知道马戏还没唱完。进门一看,友人已经早到。秋千架上,正在那儿大翻筋斗,五花八门,愈出愈奇,不免举掌大拍起来。

马戏看了两三出，但见戏台上，白布围忽的撤去，班鼓声汤锣声响了。

头一出是杜云喜、杜云苓姊妹二人的《对银杯》，杜云喜扮小生，杜云苓扮青衣，唱的是梆子。二人工力悉敌的过，云苓比云喜更好。

第二出是小蕙芬、小鸿升的《捉放曹》，小蕙芬就是前天唱《文昭关》的，小洪升就是前天唱《草桥关》的，这天合唱捉放曹，鸿升取曹操，蕙芬取陈宫。曹操逃到关上，陈宫把曹操捉住，随后又一同逃走。走到半路，曹操遇着朋友吕伯奢，伯奢留他二人喝酒，自行出门打酒。曹操心怀孤疑，侧着耳朵一听，听见里边有人商问道，还是就这样杀他？还是捆起来杀他？曹操一听这话，以为是主人有谋杀意，便拔出刀来，要到里边去看。陈宫拦住，力劝这系至好朋友，没此事。曹操那里肯信，便提刀夺门进里边去了。

光绪三十三年九月十二日/1907年10月18日第5版

小凤凰劣迹之铁证（二）

多宝道人

（二）前次国春佩兰生辰，往祝者酒饭两局，十日之内络绎不绝。凤凰观此情景，不禁垂涎，乃假托生辰之期，厚颜不惜而为丑妇效颦之举。于是遇甲客则以摆酒请求之，遇乙客则以摆饭要求之，高明如仇韩，亦在被冤之列，不过因阮囊羞涩，未得如愿而偿，故有是举耳。鄙人对于此事，曾拟有相工堂子亦有开市之说，旋因公务纷繁，搁笔未就。前与仇韩已谈及矣。噫嘻！假生辰以冤客，非奸狡而何？强众客以筵酒，非卑污而何？鄙人之论，非敢与足下启笔衅，不过表鄙人对于凤凰，未尝妄加品评而已。唐突之愆，尚希格外原宥。是为至祷。

多宝道人曰：今日之相工，受天然之淘汰，生涯日形寂寞，人材遂觉凋零。奸狡卑污，固不独凤凰然也，特凤凰较胜于他伶耳。谬哉凤凰！惜哉凤凰！

同上

日华茶园女戏记(四)

曹操提刀进门后,见人便杀。直走到厨房内,陈宫也追到厨房内,停睛一看,见有小猪一只,捆在木架上。陈宫大惊,骂曹操道:“错杀人了。”曹操问道:“安见得?”陈指猪道:“你不信,试看这是什么?”曹睁眼一看,哈哈笑道:“真是错杀了!”陈道:“主人回来怎样好?”曹作惊呆状,随又说道:“趁主人没有回,我二人快走罢。”一面说着,一面便提衣向外急走着。

走出没有几步,却和吕伯奢劈面相逢。吕诧异道:“正在备菜买酒回来,敬奉贵客,怎么不辞而别?”陈推言身有要事,不及久待。曹却恐怕吕回家见他杀人事,便向前一指道:“你看那边来的是谁?”吕不知曹用计,向前举头一看,曹就拔出刀来又把吕杀死。陈一见吕也被杀,不由的跪在死尸旁,放声大哭了一场,忍耐随曹前行。一切动作进退和唱工,都能应弦合拍,女角有这能力,也难为他。

第三出是幼女伶旺月楼的《举鼎观画》,旺月楼只有十二岁,居然摹仿叫天的声调,女小孩唱大戏,真是不可多得。

光绪三十三年九月十三日/1907年10月19日第5版

小凤凰、蕙芳、小琐热客汇纪(一)

自笑生

热客之说,不知何自昉也。以金而言,则有仅一笑而价值千金者;以情而言,则薄幸郎亦常得美人欢。皆不得谓之热客也。

盖热者,由爱力相聚而生,两人间相维相扶,相敬相友,意致依依,缠绵悱恻,有不可自止之势。则爱力生焉,于是藉情而发挥之,又以黄金作导线,则爱力自浓,热度自高。客字之上,遂加一热字矣。

夫人事变迁,天道反常,至于今日则纯重黄金主义。岂真金类传热度之速耶?诚以浪子辈一掷千金,不知情之为何物,更不知所谓爱力,有以使之然也。循至尔诈我虞,欺伪相尚,将尽乖其所谓爱力本旨者。呜呼!是亦不可以已乎?

是以多金之徒、纨绔之辈，不问其甘心或强迫与否，常易重视于若辈，亦得与于热客之列也。在北京人曰“热客”，在蜀人则曰“热老斗”。

今特调查菊部中，近日热度最高之客，为特别之宣布以荣之。

光绪三十三年九月十三日/1907年10月19日第5版

日华茶园女戏记(五)

第四出，是尤金培的《海潮珠》，金培取棠姜，小培取崔子。棠姜身穿绣金衣，手拿红绸帕，揭帘出台，辉光四射。那时已交六点，戏台前电灯高燃，照辉更为明亮。

崔子装病状，齐庄公来问病，棠姜陪坐着，庄公无礼，棠姜无耻。崔子帐内窥见状，咳嗽一声，二人惊止。崔子出见庄公，庄公慰问后，令休息。崔子称谢，又入帐，随后庄公要走，崔子说要出送。庄公答道：“不要你送。”说的时候，一面摇手道“不要”，一面却指着棠姜说“你送”。把“不要你送”四个字，分成两个意思。虽然不是正当的话，却可见话中趣点。文话说的，叫做语妙（唱戏本是游戏，能令人发喜气的，便是好戏。这些话，顽固守旧的老学究，必定不以为然）。

棠姜送庄公同去后，崔子拉刀追出，二人先后杀却，这出戏便完结。戏曲宗旨，不外“劝”“惩”二字，这《海潮珠》一出，是惩字主义。

第四出戏唱完，因城外还有事，便站起来走了。第五出赵紫云的《恶虎村》，时候已很晚，不知道唱了没有，随后还要访问呢。

光绪三十三年九月十四日/1907年10月20日第5版

小凤凰、蕙芳、小琐热客之汇纪(二)

自笑生

客有宁某者与倩云凤凰交最昵，宁固多金，为纨绔界中之一分子。前在某店时，两人即甚密，朝夕形影不离。旋以事泄，而人言可畏，遂佯为出京以塞人口，实则迁居他处。至是两人欢洽之殷，有楮墨所不能描写者。凤凰不来,则某客必到倩云,以倩云堂认为独有之安乐窝。故凤凰日来,声嘶音哑,不能演剧,屡治而不能愈者,良以此也。凤凰投其所好,既专以献媚宁某为宗旨,此外几无所事酬应,开罪客人之处,比比皆是。其师亦从此不复过问矣。

噫!不事正业,沈溺其中,为水仙花计,得也;为宁某计,亦得也;其如凤凰前途何?盖凤凰非不知此之非也,特以其师及跟人所逼,无可奈何耳!吾深为凤凰扼腕三叹惜。

他如云瑞、蕙芳,则又无廉耻之尤者也。脱离羁绊,俨然堂主人者,固已久矣,而犹甘心操此贱业,与二客交最笃,相得甚欢。盖一为邓某,一为双某也。邓某蜀人,新捐之部曹也,丰于财,素负富家翁之名。入都以来,即与蕙芳异常亲爱,报效极殷。不意无独有偶,又有双某者以候补道挟巨资入京,固蕙芳前日之旧交,而为其出师者也,恩情素浓,此次甫下车即宴之于陶然亭。双某寓城内,蕙芳暮去朝回,周旋备至。爱情之深,决非邓某所及。二客不能成犄角之势,几与醋海之波矣。今邓某拟赴鄂中,双某亦不日言旋,际此之时,蕙芳诚有难堪者。

吁!以色事人者,至是其亦知所蹙额抚髀乎?而不知竟有趾高气扬洋洋得意之小琐者,姘识喇嘛,既不齿于同列复以喇嘛为知己。喇嘛去,则小琐望穿秋水,神萦梦毂帐帐(怅怅)然若有所失者。今喇嘛又来,小琐喜不可遏,蔑视同行,轻待他客,一种大气磅薄之概令人不可向迩。盖其热度之高,已非摄氏华氏寒暑表所能测者矣。

同上

翠月楼演戏之预备

顾曲郎

北林房新到女伶翠月楼,曾经游历姑苏、上海、汉口等处,唱胡子生。登场演戏,歌调台步,均极工妙。今闻城内马戏园,演唱女戏,翠月楼拟先前去客串三日。第一日,唱《叫子》,第二日唱《进宫》,第三日唱《牧羊卷》,到时必有客人去捧场,现正在预备一切戏衣行头云。

按:北京花界,如玉花、金花、金媛媛、谢鸿卿皆能演大戏,今又有翠月楼,得女伶五人矣。

同上

日华茶园女戏记(六)

十二日午后两下钟到马戏场,进门四面一望,西边包厢和头二三等座内统通是日本军人。在下正要询问,经理人告道:从今日起,日本驻京武官请各兵士来看马戏,因为人数太多,分十一、十二、十三三天。

又告道:昨天晚上的戏,真是太好咯。《黄鹤楼》一出,女角赵紫云、小蕙芬、旺月楼、小洪升四人合演,听的人一字一叫好,四围客座安坐不动、两眼直视,人人都看的出神。临走时各人定座,所有包厢已定到十五日了。在下一面听说,一面观看马戏。

那时马戏已早开演,演戏本是日本人,因这天日本兵官带着兵士数百名同来观看,所以格外的认真。

甲、一丁钟木,片冈;乙、一头乘,町太郎;丙、玉头乘,子子松、已之吉、留太即;丁、柳傅足艺,菊地稻;戊、一本竹,押川、留太郎;己、四川纲,片冈;庚、洋头上曲艺,押川;辛、马飞越运动,已之吉、子子松、正三、留太郎;壬、力举七人组上运动,全班。马戏演完,台上布围和音乐队都撤去,女戏开台,规定一切文场,锣鼓声响起来了。

甲、《三上桥》,女伶杜云喜、杜云苓,杜云喜唱小生,杜云苓唱衫子,是梆子戏。

乙、《天水关》,女伶旺月楼、小鸿升,旺月楼取孔明,小鸿升取姜维,是二黄调。

丙、《奇冤报》,女伶小蕙芬,蕙芬唱胡子声,肩上披许多白纸条装成鬼现魂形,虽是迷信也还有趣味。看官须知,《奇冤报》就是《乌盆记》。

丁、《九更天》,女伶赵紫云,也因是有冤案,打更的人打到九更,方才天亮。这出戏,上海常唱,北京城轻易听不到。

戊、《大劈棺》,女伶尤金培、尤小培,这出戏最为出色。小培取庄子,金培取旦角,庄子回家状、暴病状、死去状、庄子变为一少年来吊状,旦角愿嫁少年,少年要求三件事。成婚后,少年也暴病状,旦角急求医药,少年说是服尸脑病便好,旦角因此劈棺。所以这出戏,叫做大劈棺。情节很多,说不胜说,这戏唱完便散戏。

光绪三十三年九月十六日/1907年10月22日第5版

小凤凰蕙芳小锁热客之汇纪(三)

自笑生

自笑生曰:相工之甘心为是者,或出于威迫,或促于饥寒,非得已也。我辈奔走花丛菊部,原有怜香惜玉之心。喇嘛无识,固无足论。双某、邓某,亦不过品行不端而已。若宁某者,既饱其欲而不知止,复以出师之说欺若辈可怜虫,可谓残忍不良矣。

嗟乎!世风不古,每况愈下。文人学士,俨然在官者,犹甘作此丧廉败耻之行为,况问其他耶?吾不禁掷笔三叹。

同上

蕙芳大胆

嗤　父

云瑞蕙芳,性骄傲,游客已数斥其非矣。不意彼近日不惟不知改过自新,辄哓哓然妄詈客人长短,大言炎炎,无所顾忌,屡屡开罪客人,亦颇自鸣得计也者。仆初不明其旨,暗密探之,始知其以二热客为护身符,有所恃而不恐也。夫相工生业之隆替,全仗应酬之圆熟与否。大千世界,岂乏慈悲之人,勿以为外此二人即无导渡慈航者也。况邓君去鄂,双某亦言旋在即,将尽失其所谓热客者。咄彼蕙芳,失所凭依,又将奈何?此等举动,真可谓大胆。特授笔诛之,以惩其余。

布衣客评曰:蕙芳蕙芳,倘不急改前愆而仍任意妄为,必肆笔痛书十大罪恶,为之宣布。

痴侬评曰:金钱可以愚小人而不可以掩公论,蕙芳恃有多金之客,遂自以为我无所惧,其亦知有援笔以待者乎?人言可畏,蕙芳警之。

同上

新开丹桂茶园记

西珠市口,有新建筑的一座戏园,名叫丹桂茶园。内容是高大楼房,戏楼戏台,一律都是最新的式样。池子内没有柱子,楼上都是包厢,包厢内的板墙都一顺的造成斜形。照算式,包厢是斜方式,为的是坐在后边的人向戏台上望去,不至于挡着视线。

包厢的门开在后边,是活络门,门下有两个古卢,可以随便推关。包厢栏杆的前边,又有一道外廊。伙计往来传递茶水,即可由外廊行走,比打磨厂福寿堂戏楼的外廊还要宽大的多。

此楼是两层,前一层是散座,后一层是包厢。这是仿照天津戏园办法,至于上海的戏楼,三面包厢都是一样,正楼并无两层。因为分开两层,后面一层,离戏台太远,观看诸多不便。今这戏楼,正面也两层,不过是为多容座位起见。然比较寻常旧式戏园,可文明的多多了。

戏园在煤市街南口外,正当西珠市口的中央地方。两面全是马路,交通很便,安设电灯也很容易。在北京城内,为第一文明开幕的戏园。从前就是天和馆,现今改为丹桂茶园。

上海本有丹桂茶园,天津也有丹桂茶园,今北京也有新开的丹桂茶园,商业竞争即此可见一斑。

听说这丹桂茶园,白天是承平班,外加请名角,晚上各班轮转。汪桂芬前曾有演唱的风说,现今病的很利害,不知能够出演不能。

戏价楼上每位五毛,楼下每位三毛。池子内都是方桌,进门买票,一切仿照天津办法。现正在安排一切,开戏的日期想必不远了。

光绪三十三年九月十七日/1907年10月23日第5版

宝云沉醉

布衣客

昨偕嗤父、痴侬饮致美楼楼上,召诸伶侑觞。就中惟宝云来时,醉眼朦胧,面晕朝霞,回头一笑媚态横生。顾宝云素不能饮,饮辄醉,遂问所从来?宝云沉醉不能答,手舞足蹈,忘其所以。旁有知之者,告余曰:“甫自万福居来,有凤凰之热客宁君,不准宝云越雷池一步,强之饮酒,既醉犹不欲其去。”余叹曰:“一觞一咏,足以畅情。若辈驰驱觞政,使人人尽如宁某之野蛮,将有不堪设想者。闻宁某专以诈术欺若辈,如凤凰之出师,其明证也。后之为凤凰者,殆不一其人耶?”

嗤父评曰:伶人饮酒,分所应为,惟饮必视量之大小。有能饮有不能饮者,不得一律绳之,借酒消遣之人亦当详加体惜,方不失为君子。且宝云音哑失声之际,尤宜格外忌酒以保护其歌喉。斯言也,斯旨也,识者当不致以鄙人之言为曲庇偏袒也。

仇韩评曰:喇嘛召伶侍酒,辄不准其遽去,今宁君亦欲效喇嘛之行为耶?吾恐除凤凰之甘心终日随从外,菊部中将无如此之败类矣。

同上

葵香声价

嗤　父

绚春葵香,菊部中特出之秀也,唱徽音,隶吉祥部。腔调清高,板眼合拍,声誉之隆,后起辈几无出其右者。每逢堂会,有一日而多至三四处时。往来奔驰异常辛苦,故遇有叫条子不到时,客人亦不加斥责,共谅其衷。愿葵香好自努力,勿蹈始勤终怠之弊,而辜厚望者之初心也。

布衣客曰:葵香真是好孩子,瞬眼间,其进境有如是之速,可见事在人为。葵香勉之。

同上

小凤凰等被诋之原因(一)

蜀 侠

发月旦之公评,原非个人之私心也,特以观察之点不同,而评判遂因之而各异耳。庸人于此,以为人之意见不我同也,即斥为非理,妄起争端,直登徒伧父辈之所为,甚非所以语于骚人韵士也。

同上

小凤凰等被诋之原因(二)

蜀 侠

客有痴侬君,前睹伶界种种恶习之非是,曾痛加笔诛。其中责凤凰、佩亭特甚,盖爱之过切,益恐为白圭之玷,用心亦良苦矣。伧父之徒,于是即妄发评论,诋之不遗余力,是真令人不可索解。且有过不惮改,君子嘉之。今不特不使之遽改其非,更欲故匿其恶,而不知适所以长其恶,决非爱之者所宜出此也。

近日若辈稍明大义者,已痛洗前愆,惟凤凰、佩亭等习惯,虽较前稍减,然难堪之状有时仍自若也。故痴侬与鄙人,再四商榷,仍持三寸管揭表其非。盖欲白玉无微瑕,昵爱过切,斯责备至严也。故凤凰等之被诋,宜也。伧父辈助纣为虐,无复一毫人心之存者,于此又将动何种感情,发何种妄议,则决非鄙人等之所能梦想者矣。

光绪三十三年九月十八日/1907年10月24日第5版

佩兰介绍王石谷画片

伯 药

国春三主人姚佩兰,近来颇知爱重名人书画。日前偶游崇文门内大街荣华照像馆,见支架上有所印王石谷山水画片十二页,连篇累幅,笔笔活动—山态欲笑,水势欲流。喜跃曰:此真好山水画也!留恋久之不能去。盖此画为康熙乙卯(十四年)所作,时石谷年四十有四岁,为生平最得意之笔也。佩兰探知主人有出售意,嗣后遇有文人雅士,辄为之介绍并陈说其佳妙,此以知佩兰之益进文明矣。

光绪三十三年九月十九日/1907年10月25日第5版

金子歌曲之特色

保阳评花使

保阳爱玉班金子,号秀兰,自得花榜翰林之誉,其应酬之周到、妆饰之秀丽较前倍蓰、固无庸赘述。而尤特色者,其所唱《妓女托梦》、《尼姑下山》诸曲,声音清亮,抑扬合度,即上海名妓亦不过如是,无怪其生涯之灿烂也。

同上

日华茶园女戏记(七)

十七日午后三点钟,由西城到东城,顺便到日华茶园看戏。那时候,马戏已演完,女戏正开台。

入场后,调查连日情形。经理人告道:"连日大雨,道路泥泞,停了三天戏没有演唱,所以今天的人很多。"

在下把戏单看了一遍,坐定看戏头一出,是《黄金台》。旺月楼取胡子声。有一小生,男扮女装状,有一□脸,进屋搜寻状,旺月楼忽作惊状,忽作笑状,描摹神情惟妙惟肖。难得十来岁的女娃子,能够这样揣摹到家。至于歌调的优美,节奏的合拍,更不必说了。

第二出是《卖马》。小蕙芬取秦琼,唱到"店主东,带过了,黄标马。不由我,秦叔宝,两泪如麻",看戏的人,连连叫好。"主"字必定要念成"居"音,"叔"字必要念成"虚"音,"如"字必定要念成"于"音,这叫做戏习惯。

第三出是《双官诰》。取旦角的是天津新到京的著名女伶杜云红,取生角的是杜云苓。(杜家五姊妹,一、杜云卿,二、杜云美,三、杜云红,四、杜云苓,五、杜云喜。现在北京,苓和喜已早来,红新到,卿也是花旦,也快来到。)杜云红色艺都佳,可惜还是个缠足女子。

第四出是《绒花计》,这出戏,很有趣。尤金培取旦角,张三宝取丑角，尤小培取生角。丑角先在家教给旦角到官堂上说怎么不愿意嫁，怎么不愿意嫁，到堂后官问话，丑角一面教，旦角一面说。官先问怎么不愿意，丑教旦答道："我家有穿戴，他家没有穿戴，所以不愿意。"官令生角上堂相见，又问道："愿意不愿？"丑教旦答道："我家有势力，他家没有势力。"话说到这儿，旦角忽改口道："我哥哥不愿意，我是愿意的。"一面说，一面便跑到生角那边去了。这边丑角大为惊呆，搔头摸耳蹬脚拍手的着急，计穷事败，无可奈何。官退堂，这出戏便完。

末尾一出，是《伐东吴》。赵紫云取黄忠，这出也是，在下因时候已晚，还有要事在身，等不到看完，走了。

光绪三十三年九月廿一日/1907年10月27日第5版

小十三旦特别戏曲

痴　侬

皜皜秋阳，飒飒金风。公余之暇，兀坐冥思，求一消遣之法苦无所得。寻花耶？吾恶其繁；斗酒耶？吾恶其醉。是以不得不从事于观剧，虽有时不免人多嘈杂之弊，然其情态足以为观者之劝惩，其声韵足以激闻者之志气，亦阅历消遣之一助也。

则于闲暇时，约二三知己趋车出城，辄停骖于剧场者，屡矣。前日偕布衣客、潭虎观剧天乐园，将散场时，忽见所布次日报单，大书"特烦小十三旦《天水关》"。同座莫不拍案大惊，侬亦不禁连声叫奇，然素悉小十三旦之才力，不能为此也。

次日十二点后数分钟，即偕布衣客、潭虎、颖公、嗤虎、士毛至天乐园，座客拥挤较之平日凳子加多。是日小十三旦所演之剧，在小宝后一出，葵香后二出，该园特别之优待也。及至小十三旦出场时，已交六点，群皆鹄立以俟。绣帘一搴，彩声四起。侬细察观剧及同座者，莫不眉飞色舞，冀一聆佳音，以涤一日之积郁。讵知小十三旦出场后，台步则生滞若有所羁绊者，行腔则抑扬高下不知分辨，出板眼以外者，连次发见。且细怜其节奏，则非秦非徽。所可笑者，喝彩之时，观剧者因其平日素演秦腔，遂以“好梆子”喝之。或因其平日素负名角之虚誉,遂以“也好”喝之,不觉令人失笑。

至终剧时,颇有一二句少中听者,然强弩之末无足重轻。小十三旦乎,小十三旦乎,尔一人名誉固不足惜,其亦有负媚尔爱尔者之厚望,而丧其气矣。弄巧成拙,我为小十三旦惜。

同上

小十三旦特别戏出(二)

痴侬

回忆小宝去岁年终时,演《鱼肠剑》一出,台步何等萧洒稳重,行腔何等悠扬合拍。彩声之震耳,犹其余事。以与今日小十三旦之《天水关》相较,则霄壤之别矣。信哉!优劣毁誉之自有真,而人之不可滥称也如是。

按小十三旦,以十四龄之雏伶,公敢出演如此大戏,胆儿亦不小矣。然其秦腔虽不及十五岁之罗小宝,较其演徽调之全无规模者,则高胜一著,是又公理之不能掩者也。

总之,小十三旦因演《天水关》一剧,前日之虚誉为之一落千丈。数日来,当其出场时,皆如肃静牌之高悬,至有全无彩声之时日。此又见公论之一斑。然以小十三旦之幼稚,虽劣败也,尚属可恕。姑待之,以观其后效,若必欲粉饰虚夸,则误矣。

光绪三十三年九月廿四日/1907年10月30日第5版

小十三旦唱胡子声

嗤父

日前观剧天乐园,见小十三旦演《天水关》一出,虽非极佳,然以从未演二黄剧之稚童为此,不知费若许心力,确非易事。惟白璧无瑕,本嘉许者之初心,小十三旦既素负最好声誉,于此惊人耳目之剧,不详加熟练,致贻不量力之讥,甚可惋惜。此以知作事之不可率意而行。志固可嘉,易遭求全之毁也。至此戏演出种种之怪状,不尽合宜处实多,毋庸罄述。盖责人贵宽,君子不屑为此,爱十三旦者以鄙人之言为何如？

同上

徽调耶，秦腔耶

睡　佛

徽调之音悠扬，秦腔之声嘈杂，二者不独行腔之板调不同，即台步与动作亦各悬殊。故工秦腔而兼唱徽调者虽多，然诚能为纯粹之徽调者，实难其选。近来都下雏伶，多兼唱之者。其中固不乏可取可造之才，然往往登台一曲，贻笑大方之辈，亦指不胜屈也。日前观剧天乐园，聆小十三旦演《天水关》一出，其冠袍之硕大，举动之生滞，演出种种奇特之怪现象，令人喷饭。及其发声，板眼不合，腔调亦差。唱至"先帝爷，白帝城龙归海境"一段，已走动一板。其后愈唱愈慌，愈慌愈乱，竟至一顿一挫，一抑一扬，全无徽调之味。噫！小十三旦所演之《天水关》，果徽调耶？抑秦腔耶？敢请质之在座之顾曲周郎。

注意：本报《外稿》栏中，凡关于评论伶人之稿，如蜀侠、夔侠、晓痴、颖公、布衣客、多宝道人、痴侬、嗤父、睡佛，及其他种种别号，类皆旅京四川人之来稿。其中词旨，是否有当，阅者自有公论，无俟本报之赘言。用特表白之。（记者识）

同上

日华茶园女戏记（八）

二十三日，又到日华茶园看戏。日本戏：一、双人空中踏木板，町太郎和桀吉子松。二、小孩马上跳红旗，子子和松己之吉。三、穿纸圈，留太郎。四、足戏幼女，菊地和稻子女子。五、双人空中秋千，押川和松村留治郎。六、卧房闹鬼，江川万古。七、贼穿木桶，押川。八、五马合演，留治郎和子子松。九、检金标双马卖艺，正三和己之吉。十、机器体双操法，文武全班。十一、日本小曲玩艺，江川和片冈。

中国戏五出：甲、旺月楼的《挡亮》，这出戏，日华茶园头一天开戏时,南林房金媛媛首先演唱,有声有色,曾经记过。今旺月楼,年纪比金媛媛更小,一切状态神情,却能自然圆熟。比较金媛媛,真是伯仲,可称竞爽。

戏单上原开的,头一出是旺月楼的《战蒲关》,后又改唱《挡亮》。

乙、小蕙芬的《洪洋洞》,这出戏全是唱工。装病状、见鬼状、惊状、哭状、陈说状、病重状、死绝状,一概都是从唱中传出神情来,小蕙芬唱这出戏,真是有价值了。

光绪三十三年九月廿五日/1907年10月31日第5版

丁未菊榜定期宣布之先声

菊部大侦探

平章风月,本雅人之所为;品题声价,尤励才之苦心。顷见《顺天时报》,大放南北花榜,并花部授职表,喧传众香国间,轰动北京九城,为从来未有之盛事。一登龙门,声誉百倍,章台走马问津者,得此为先河之导,厥功亦云伟矣。惟是长安景色,首在菊部。评花遗菊,实为缺憾。慈(兹)特纠合同志,准于十月十五日揭登"特别菊榜"于《顺天时报》。十月者,良月也;十五日者,日月相望而圆满之佳辰也,故于是月是日发布之。顾办法綦难,流弊滋多,往复函商,惟有适用投票选举法。选举后重加调查,悉心妥拟。先即由《顺天时报》登布选举票式,愿充选举员者,请在票内填写如式。鄙人等一秉大公,绝不稍存私见,致负诸君雅意。而诸君有选举资格者,务各自重其名誉,幸勿徇私滥荐,共同赞成一完全之菊榜。则菊部之荣,而诸君子之赐也。鄙人等不胜企望欢忭之至。

菊榜选举规则

书式:凡愿选举之员,请在后开之选举票式内,居中填写被选举者之堂名人名。

左方如公平切实之简要评语,以八字为限;并分数若干分,以三十分为限。一人得举数票,例如举甲为三十分,举乙为二十分,举丙为十分,但一人所举者不得有同一之分数。

右方注明选举者之姓氏，或署别号，并标明月日。

投寄：票照式填写后，将此票裁下，邮寄《顺天时报》社代收。以便届期汇齐，当众公开，不用此票填写者，所选举之人，不便承认。盖主张整齐划一之义。

期限：定期十月十五日发榜，投票之人。限至初十日为截止期，以便复查，逾期无效。

密约：票上选举者之署名，如书写真实姓名者，请在票旁注明住址。其署别号者，则请另纸示明真实姓名及详细住址，一以便访谈，一以便调查有无其人。如或不符，即将该票取消。但同人等应尊重秘密权，决不宣布。所以如此规定者，深恐以一人而假托数人，此弊不可不豫防，诸君谅之。列票如后：

菊榜选举票

（评语）

被选举者

（丁未年 月 日）

选举者

（分数） 分

（注 意）

投·票·选·举 慎·重·慎·重

同上

日华茶园女戏记（九）

丙 尤金培、尤小培、张三宝的《辛安驿》，这出戏，是十三旦创出来的,忽武忽文,种种情节,很不容易演。女伶中从前惟有花四宝唱《辛安驿》,颇能摹仿十三旦,现今惟有尤金培唱《辛安驿》,又颇能神似花四宝。所以这天唱这出戏,看戏的人,格外的发出精神来。

今把戏文,略说大概。先是张三宝扮女店主,扛着《辛安驿》牌出台,随即把新安驿牌插在椅背上,作为客店的幌子,回进戏房去。随见尤小培女扮男装,和一女装的出台。男装走路,初时仍是女步状,女装的教给他男子走步状,便同上路。绕台缓走几匝,走到新安驿,看见幌子,便叫门寄宿。女店主走出,开门接待二人进去。问话,答话,女装的指男装的自称为我们是兄妹二人,女店主随即取酒饭来,把男装的灌醉,女店主走出,女装的站起关门,回座打盹。随即听见锣鼓有特别声,看戏的人都知道尤金培要出台来了,个个都是精神抖擞,仰着脑袋,定着眼神,向台上上场门看着。

光绪三十三年九月廿六日/1907年11月1日第5版

警告袒护凤凰者

蜀中缚魂子

某记者何人,胆敢饶舌。辄以无谓之驳诘,妄谬之理想,哓哓不息,为凤凰故作偏袒。夫为凤凰之走狗,已属败类;若为凤凰走狗之走狗,则直败类中之败类矣。

老夫本欲置之不理之列,惟是无识之徒往往不顾公论,不惜人言,欲快一己之私心,犹自鸣得计也者。势不能不有以教之,况某记者之袭人唾余,拾人牙慧,夺理强词,复洋洋得意者乎?今请为某记者言之。

夫三绝之事,早已喧传人口,固非子虚,而故入人罪也。事既据实,而某记者为之饰辩,是非愈辩而愈明。噫!甚矣。且既曰三绝,则并乃师及跟人而皆詈之,固非独苛责凤凰一人。某记者何不明此二字意义之甚也?某记者亦知三绝之名何由起,三绝之事何由终始乎?报章早载,不暇再述,亦何冒昧乃尔!

虽然,凤凰卑污之行为,固不仅此一端。多宝道人曾撰有相工开市之说,亦一证。在在可征,雌黄何益?老夫奔走香国,辄存怜香惜玉之心。鉴若辈无识，方悯怜之不暇，何忍落井下石，吹毛求疵，而故与之为难也？某记者倘再欲妄发议论，徒肆嚣张，据旁人之言以为实，则直故隐其恶，而不知正所以攻其恶，其非爱凤凰者，所当如是也？老夫公务綦繁，日无片刻暇，不屑污吾楮墨，为此等无识无理之辩论。前途茫茫，老夫亦厚望凤凰者，凤凰其好自为之可也。

缚魂子曰：爱之甚，斯责备至严，于若辈原无残忍苛刻之心也。何来斯人，妄加诘议，斥老夫为败类，斥老夫之言为卑恶。亦愿其平心静气思之，当亦有败类之不若者，荒谬唐突，何至此极？哈哈，不值老夫一噱。

同上

日华茶园女戏记（十）

但见门帘一揭，走出一红胡子的女强盗，肩膀上背着刀，舞跃台前，左右开弓。一种凶恶状，令人可怕。随即拔刀，使刀拨门状，把门拨开，走进门去。轻步回舞，走到桌子前。把刀一拍，女装的惊醒。女盗举刀将杀下，女装的跪下求饶命。掉乱了半晌，女装的退去，女盗将要杀那男装的，把他脑袋推起一看，却是一个美少年。便放下刀，不杀他，胡子也脱下假的倒眉毛也都解去，改变成一美女子。把男装的推醒，细细问他的话，说明愿和他结婚，男装辞不愿意。

女子进门去，女主出门来，向男装的说婚，男装说是使不得。女主说是使得，随令女子出见。男装的还是不答应，女子和女主商量。女主道：他不愿意，怎样好？女子道：他不愿意，我便把他杀了罢。女主急忙拦住，说是不可杀他，慢慢的商量。那时女装的也在旁，女主向他说道：你的哥哥已和我的女儿结成婚姻了，你去罢。女装的惊急道：这段婚姻，是万万成不了的。女主骂道：你说万万成不了，我说一定成得了。去去去。把他撵走了。这边女子，便和男装的同进门去，女店主也下。演到这处，这出戏便完。

光绪三十三年九月廿七日/1907年11月2日第5版

风流佳话之质疑

蜀东侬友

数日以来,某报揭登赠学费娈童尚义侠事。所谓娈童者,明指小宝,而某某其人者,则匿其名。如此佳话,而记者不明白传晓以快众目,其用心亦苦矣。继观二十三日某报短评,又讥其事,与前日小十三旦、小宝优劣竞争相提并论。以为小宝之愚者,即前日所谓常于文阵报界中为之御侮其人也,如此则其指岂痴侬耶?盖前日之竞争,为小宝力辨者,舍痴侬外无第二人。然痴侬品学兼优,才识高超,而家资丰富尤其余事。与愚为至交,其行事毫末,愚皆洞知,当不至以高尚之格取媚伶人。前日之崛起,不过因一时之公愤耳,其初何尝知小宝之面目为何式样乎?何得云媚。其所谓赠学费事,果指痴侬耶?无亦捕风捉影之失,真成莫须有之同调。若别有所指其人者,则非愚之所敢知也。特书数语,以徇某报之指谓,并以质之痴侬。

同上

日华茶园女戏记(十一)

丁、赵紫云的《九更天》。这出戏,情节更为繁多。先是赵紫云扮一老家人出台,因为主人受了冤枉,收在监内,情愿自己代主人入狱。但是主人被人冤诬的,是一起人命无头案,非觅到那死人头不行。家人苦思无计,情急想出把自己女儿杀死,提头自去投案,作为那冤案的死人头已献到,方可把主人救出来。主意打定,便回家和妻女相见,说明要杀女救主。妻女听见,都大惊哭。他也顾不的私情,便提刀要杀女儿,女儿惊起,随又跪下,他妻急忙拦住。老家人无可如何,只得暂把刀放下。夫妻二人,又商量救主善法。这边他女儿,知道他不死,主人出不了监。便在地上拾起刀来,向脖子上一下子,自刎死了。他母看见,急忙要来夺刀,已经来不及,便哭告他父。老家人得信也大惊,跑到尸首前大哭不止,随即提着脑袋,到官去投案了。

这天的戏,演到这处便完。看官须知,后文是老家人投到官,官把死尸头一验，说是前起案子已隔多时，今日这死尸头却还是新杀的，血痕都很新鲜，决不是前起案子内所杀的原人脑袋，因此又把老家人收监。后一出，就是《滚钉板》了。主人没有救出来，却把自己女儿白白的杀死，自己也收了监。一案未了，又添一案。老家人的忠义，可称独一无二。《滚钉板》，上海戏园时常的演唱，北京城更轻易见不到。

戊、杜云红的《美人计》、《回荆州》。杜云红出台后，因有朋友来寻访商谈要事，便一同出城，到倚云茶社。

光绪三十三年九月廿八日/1907年11月3日第5版

菊榜选举分四大紧急报告

菊部大侦探

菊榜选举规则，曾已报告。兹又经同人会议，拟将此次丁未菊榜，分别“色科”“艺科”“才科”“情科”四大科：容貌美丽者，属色科；歌曲优胜者，属艺科；工于酬应，或通晓文墨者，属才科；富于爱情，不专注重金钱者，属情科。每科仍以三十分为限，但每人得兼占两科或三科，或四科全举，均为规则所许。只分学科，不分年龄。选举者务请在票上书明某科若干分，公开时当以各票分数之总积为次第。诸君如有已寄投选举票，而未书明某科字样者，请续行补寄可也。再公开之日，拟择公地，对众宣布。诸君从早投票，至盼至盼。

同上

日华茶园女戏记（十二）

二十七日，午后三点十四分钟到马戏场。那时小蕙芬正站在城墙上，扮成诸葛亮弹琴状，城门开着，有二兵士在城门外扫地状。小鸿升扮司马懿，带兵到城下，看见城门大开着，疑城内有伏兵，不敢进去。再侧着耳朵，定神一听，城头上的琴声悠扬徐缓。司马懿本是知音的，细听琴心，很为从容快乐，更不敢进攻，便退兵去。

《空城计》演后，接演《汴梁图》，尤金培取旦，尤小培取生。金培武装出台,有声有色,气象万千。另有一青衣,旦拔剑要杀他,生拦住,旦左右回舞,一定要杀。生哀哀的苦劝,旦暂时把剑插入鞘中。坐歇,生令青衣跪走求饶命,旦不理,三求方理。令青衣站起,生喜出望外,代旦揉腹舒气,一种谄媚状真是形容尽致。旦于是也起坐和生谈话,见青衣在旁,忽又触动怒情,拔剑要杀。生又急起慰拦,旦不听,把生一推,揪住青衣,在他脖子上使劲一下子,呜呼哀哉了。生一见青衣已被杀死,不由得要想哭,旦喝道:敢哭!生急收泪,旦扬扬得意进门去。生登脚道:天呀!我想哭也不敢哭了。(在下听到这句,向同坐道:想哭不敢哭,这个情形就是亡国奴隶的惨况,可怜可痛!)

光绪三十三年九月三十日/1907年11月5日第5版

菊榜题名次序办法及公开地址之豫告

菊部大侦探

此次菊榜题名次序,同人会议,不用状元榜眼及尚侍丞参等名称。即于四大科中,分别色科第一名至若干名,艺科第一名至若干名,才科、情科同例。宣布后拟另设(特科)以总之,并合各科之总分数,次第其数之多寡为等差。宣布菊榜之期,已定于十月十五日,揭登《顺天时报》。惟十五日之报,系十四日排印,则十三日即须定榜。今经同人议定,准于十三日下午,三点钟以后,六点钟以前,在醉琼林新大楼第一座内,将投票之分数区别四科,当众公布。先定菊部草榜,次日送至《顺天时报》社,即可如期于十五日黎明发表丁未菊部全榜矣。特此豫告,注意注意。

同上

金媛媛戏曲进步

游　杰

南林房金媛媛,自从在日华茶园演唱《挡亮》一戏后,声价增高十倍。近数日内,又在班内邀请戏曲师,连日教戏,练习务求精妙,声调务求圆熟。二黄、梆子,二者并学。故近来戏曲,比前更为进步，不日即将前赴日华茶园演唱矣。

同上

日华茶园女戏记（十三）

《汴梁图》演后，接演《探亲》。杜云红扮旦出台，梳着两把儿头，穿着绣金长袍，真是漂亮。又一人，扮成乡下女人，进城探亲，和旦角谈话。乡下人看见了城里人，处处大惊小怪。最可笑的是献茶的时候，乡下人问道：这是什么茶叶，怎么这样香呀？旦角答道：这叫做香片毛尖。乡下人欢乐道：这原来叫做毛尖。一面喝着，一面便站起，拿着茶杯，用手指把茶叶片向外捞着。旦角问道：这是为什么？乡下人答道：这就叫做捞毛。（捞毛是北京骂人的俗话。毛字却说的是毛尖）听戏的人，不由的都大笑起来。诸如此类，说不胜说。

《探亲》演后，接演《富春楼》。旦角是杜云卿，这出戏全是做工，一生一旦，生是杜云苓。先是旦独坐缝搭包状，回过脸去一看，见在生椅子上打盹状。便放下搭包，走前去用纸拈消入牛鼻管内，生打嚏醒状。旦忙急逃到本位上，向下一坐，搭包上的针尖正刺在大腿上。装痛惊起状，捡起搭包，又坐下缝状。回过脸去一看，生又把衣襟蒙着头睡了。旦又站起走近身边，细细听着，听得有鼾声状，知道他又睡着，便轻轻的把他衣襟揭起放下。正在放下时，生已醒了。睁开两眼，站起向旦看着。旦装羞状，向后慢步退走，仍回本位。又拿起搭包来，一面缝着，一面唱着，把搭包缝好代生缚在腰上。送生出门，又唱了几句，这出戏便完。

《富春楼》演后，末了一出是赵紫云的《定军山》。赵紫云唱胡子声，取黄忠。《定军山》演完，便散戏。

光绪三十三年十月初一日/1907年11月6日第5版

小宝演《鱼肠剑》之精神

嗤　父

前数日，驱车出城，见天乐园戏报高揭罗小宝演《鱼肠剑》，殊令人诧异。以事羁延,直至五钟始往。见该园座客,异常踊跃,坐无隙地。甫入坐,即值小宝出场时,喝彩之声不绝口。观者咸肃然静听,无或少哗,视线亦咸集彼处,及至聆其声音之清亮,睹其台步之稳练,处处无不合法。有决非小十三旦所能及者。彼亦格外用心,恐虞讥讪,故是剧洵聚精会神之出。观剧者叫绝之音,震于一时,有响遏行云者,其明验也。

虽然,前此小十三旦之演《天水关》,则多不合宜处,不能与小宝争衡者,非无故也。盖小宝,亦素工秦腔者也,特以近水楼台时得师之传授,又每于应酬时间多唱二黄,习之有素耳。愿小宝肆力前途,毋少自恃,其进步曷可限量耶!

同上

日华茶园女戏记(十四)

初一日午后,因为听说日华茶园新由上海运到平金新箱一起,并邀到新武行一班,新彩新切,和前大不相同,便前去调查观看。

到门进去一望,果见戏台上所有门帘台帐,一律都是平金绣花的,千色万光,漂亮异常,就是桌围椅披,也都是大红缎子绣金的。那时还没开戏,这点场面,已足惹人视线。

《跳加官》后,头一出是杜云红的《双官诰》,杜云红取三娘,杜云喜穿红袍扮状元回家状。那大娘二娘,已经出嫁,知道儿子中状元荣归,便也回家,想要受官诰。三娘不许,争论了半晌,都是唱工。状元归来,献的本是两副官诰,所以这出戏,就叫做双官诰。有人说是,这就是《三娘教子》的后一出,不知道对不对。

二一出,戏单上原开的是《女起解》,因为行头没有齐备,改演《文昭关》。小蕙芬取伍子胥、唱一字调,极尽妙点。焦思一夜,黑须变为花白,花白变为全白,看到此时,真令英雄短气。

三一出,接演《鱼藏剑》,旺月楼扮胡子,小鸿升扮花脸,二人对唱,工力都抵敌的过。

四一出,尤金培尤小培的《拾玉镯》。金培扮旦角,小培扮小生,这出戏全是做工。末后一出,是赵紫云的《打鱼杀家》,是一出好戏。只因这天风势太大,风声如吼,席棚内寒度骤加,不能久坐,便出戏场,到大街觅车。但见大街上飞沙蔽空,洋车不知去向。便挺身冲破风势,振起冒险精神,步行到东单牌楼。雇了一辆轿车,登车下帘,此时身上,顿觉回暖过来。因此想到北京地方一交冬令,风势太凶。轿车虽野蛮,却不可不坐。现今临记洋行,有新发明的一种机器垫子,把这垫子搁在轿车内,人坐垫上便不至颠簸的苦处了。

光绪三十三年十月初四日/1907年11月9日第5版

睹小宝凤凰等连招痛诋感言

尤　人

天生蒸民,同有父母,以贫富殊而贵贱异,致生不平等之阶级,此已为有心人所长太息者也。况贫不聊生之辈,迫而至于为娼为伶者乎?夫娼固无乖于人道,犹可说也。为伶则俨然同此圆颅方趾,不欲雄飞,甘为雌伏。无论其甘心或强迫与否,要之为冻馁所促,决非初志。长安走马,有护惜之责者,伤同类之自残,于此宜如何鼓励教导,冀有以感化其改良。乃信口雌黄,辄亟意求全责备于若辈,是犹视童子溺水,不急拯之,而反重加责斥,适以增若辈以酸辛泪也。有是理耶?仆本可怜人,对此可怜虫,已尝具绝大感慨。正欲筹善策导其初心,乃见《外稿》如小凤凰、小宝辈,连日大招痛诋,若犹未已也。呜呼!落井下石,吹毛求疵,君子不为,盖其非所以示惜于若辈也。兹特书此,为之请命,愿香国游人勿得肆雌黄,稍存怜香惜玉之心,幸甚!

光绪三十三年十月初五日/1907年11月10日第5版

菊榜公开改地同昌照像楼

菊部大侦探报告

菊榜公开之地址,前曾报告在醉琼林新大楼第一座内。兹又经同人会议,开榜后,应将登榜新贵同摄一合影,以庆盛举而志纪念。细加调查,韩家潭附近地方,虎坊桥东,有新开之同昌照像楼,地址宽大,堪以开会。昨已与楼主人董载生君商妥,定于十月十三日下午一点钟以后,四点钟以前,在楼上公开菊榜并照像。届时菊榜中人,务各早到,以便齐集合照一影。晚则恐于光线不合,故宜从早。投票诸君。即请驾临公同观看开榜可也。

光绪三十三年十月初八日/1907年11月13日第5版

旧菊部堂名表

据贾仲陶氏调查本

甲、韩家潭。保安、树德、维新、中山、桐华、景秀、杏春、乐安、闻德、崇德、保身、蕴华、韵秀、韫山、佩春、声振、国顺、连茂、春华、宝善、春连、遇顺、谯国、西安义、馥森、锡庆、乐安,计二十七家。

乙、百顺胡同。诒德、丽华、金树、瑞香、咏秀、珠润、敬善,计七家。

丙、石头胡同。联星、蕉雪、春和、计三家。

丁、羊毛胡同。醇和、保春,计二家。

戊、猪毛胡同。近信、春馥、绮春、春复、盛安、嘉颖、松荫,计七家。

已、陕西巷。嘉荫、蔚华、春林,计三家。

庚、大外郎营。桐云,计一家。

辛、李铁拐斜街。琪枢、丹林、景龢,计三家。

壬、樱桃斜街。瑞春、文安、紫阳、聚得、春茂,计五家。

癸、小安南营。岫云、嘉礼、蕴玉,计三家。

统计十处六十一家,以昔例今,今何衰昔何盛欤!且昔之菊部中人,大都注重于歌艺,其主人与子弟之姓氏及著名之戏曲,犹可得而详焉。请分别记述之。

光绪三十三年十月初九日/1907年11月14日第5版

三十年前菊部史(1)

粤豪、伟公　同述

保安堂主人鲍秋文,名翠玉,苏州人。曾隶和春部,唱昆旦,出天保。

少主人黑子，号兰笙，系永胜奎花面徐宝成之婿。隶四喜，唱小生。《群英会》、《黄鹤楼》（周瑜）、《辕门射戟》、《白门楼》（吕布）、《凤凰台》（孙策）、《借云》、《盘河战》（赵云）、《监酒令》（刘璋）、《烈火旗》、《延安关》（狄青）、《取洛阳》（岑彭）、《穆柯寨》、《破洪州》（杨宗保）、《镇檀州》（杨再兴）、《八大锤》（陆文龙）、《岳家庄》（岳云）、《飞虎山》、《雅观楼》、《反五侯》（李存孝）、《举鼎观画》（薛蛟）、《孝感天》（公叔段）、《绝缨会》（唐交）、《御碑亭》（柳生春）、《清河桥》（养由基）、《翠屏山》（石秀）、《胭脂虎》（王寻玉）、《玉玲珑》（韩世忠）、《得意缘》（罗昆杰）、《虹霓关》（王伯当）、《红鸾禧》（莫稽）、《五方阵》（严成芳）、《马上缘》、《三休》（薛丁山）、《打金枝》（郭暖）、《双沙河》（库将军）、《教枪换带》（杨怀谅）。

喜儿，姓刘，号稚芗，本京人。松保刘小凤之子，能书，唱老小生，兼昆生。《伏虎》（济颠）、《冥勘》（炳灵公）、《寄子》（伍兴）、《回猎》（咬脐郎）、八扯（小二）、《挡亮》（康茂才）、《骂曹》（祢衡）、《白门楼》（吕布）、《飞虎山》（李存孝）。

光绪三十三年十月初十日/1907年11月15日第5版

三十年前菊部史（2）

粤豪、伟公　同述

树德堂主人孔元福，号莲卿，本京人。隶三庆部，唱昆旦，兼青衫。《水斗》、《断桥》、《盗库》（青蛇）、《彩楼配》、《探窑》、《回龙阁》（王宝钏）、《戏妻》（罗敷）、《宇宙峰》（赵小姐）、《乾元山》（碧云公主）、《落园》、《二进宫》（李燕妃）。

桂喜，姓沈，原名爱林，号韵秋，小名长顺，本京人。四喜武旦沈定儿之子，本师系醇和罗巧福，隶三庆，唱花旦。《扛子》（小娘子）、《卖饽饽》（王三姐）、《打灶》（李三春）、《入府》（李妻）、《女店》（陈氏）、《打刀》（女掌柜）。

主人杨桂庆，曾隶四喜部，后移附树德，唱旦。

贵云，姓杨，号朵仙，本京人。即杨小朵之父，隶四喜，唱花旦。

《扛子》(小娘子)、《打灶》(李三春)、《卖饽饽》(王三姐)、《入府》(李妻)、《面缸》(周蜡梅)、《摇会》(二娘)、《女店》(陈氏)、《闯山》(董金莲)、《查关》(旗婆)、《烧灵》(刘氏)、《荷珠配》(荷珠)、《铁弓缘》(姑娘□)、《打刀》(女掌柜)、《嫖院》(阙)、《顶砖》(阙)、《背橙》(阙)、《上坟》(萧素贞)。

维新堂主人钱金福,苏州人,瑞春钱阿四之胞兄。

双莲,姓钱,号莲仙。本京人,隶四喜,唱花面。《捉曹放曹》、《骂曹》(曹操)、《二进宫》(徐彦昭)、《断密涧》(李密)、《锁五龙》(单通)、《黄金台》(伊哩)、《法门寺》(刘瑾)、《牧羊圈》(中军)、《探母》(杨延昭)、《打金枝》(郭子仪)、《断后》、《打龙袍》(包拯)。

光绪三十三年十月十二日/1907 年 11 月 17 日第 5 版

丁未菊榜序

粤　豪

菊部大侦探,将于明晨揭登菊榜于《顺天时报》,用特记此数语,以为开榜之先声。

流水夕阳之地,岂必桃李始芳;晓风残月之场,原许棠梨并植。列羽霓之队,曲帐愈光;赋铁石之肠,令名何损?矧乃稚龙挺秀,雏凤振声,文杏宋墙,春意十分之闹;樱桃郑圃,秋容一抹之输。乍逢群玉山头,身疑月是;同咏大罗天上,仙欲罗呼。首善蜚声,名流交口,可乏群芳之谱,志将侧艳之词。则有终童年少,叔宝神情。丰城之气烛霄,秋水之文晕远。绛云舒卷,万象俱空。银汉先明,一尘不到。白太传前身兜率,从应彩凤文鸾;苏子瞻风骨神仙,住合琼楼玉宇。屯田杨柳,征旖旎于临风;康乐芙蓉,檀光华于映日。尔乃皎如玉树,望若琼枝,鸣凤集于朝阳,振鹭翔于林表。七襄锦织,天孙欲失其妍;百宝装成,神女亦输其艳。赋闲情于陶令,应教随落勿辞;起重色之汉皇,直使温柔欲语。筑吴宫花满,子夜飞声;蜀道铃淋,行云度响。髫龄竞起,同调可赓。谱翻贺老之垂,误鲜周郎之顾。仙韶合冠,作菊部之上头;门业克承,信桂林之独秀。五月江城之谱,一声河满之歌。闻者倾心,观者击节。大江东去,铜琶铁拨之音；一鹤南飞，笙管玉萧之奏。鼓仲由之瑟，应许升堂；受安道之琴，堪推入室。翩翩惨绿，落落软红。

门巷岂出乌衣，子弟如来素族。笑言胥寡，人菊影而淡如；馨逸自成，月梨花而静著。似此清泉石上，允称佳士坐中。在昔船号总宜，窃淡浓之湖比；人称蕴藉，咏平远之山如。共此芳馨，不随尘俗。周党清谈之接，真率时形；齐凭豪饮之能，诙谐间作。芝兰入室，征欣赏之佥同；芍药当阶，亦风华之别具。空谷萧兰之韵，谱出南湘；春江花月之隆，移来北部。碧桃楚楚，绛树声声。淞滨云影如逢，海上风光若接。倘西施之装点，唐突讵嫌；即北里之争驰，齐驱奚让。犀果之钟灵见说，凤毛之济美曾闻。此中有人，乃逢香土，未能免俗。不共凡葩，屏启金鸾。好画图之相识，座张银鹿，觉少小之争怜，娇痴之态犹存，偏多佳趣，声价之增可俟。行见他年，议者谓箫吹何处。二分明月催来，帘卷不如；十里香尘步去，襄成君翠衣之立。绰约终输，曲逆侯冠玉之如。芬芳总逊，不知枝开南北。宝相群推，涧列东西，清光并著，音有齐梁之别；色无金纸之区。除却目无，一任烟云之过；倘非心死，谁能风月之忘？况静如琴对，令百虑之俱清，香等妙闻，愈六根之皆净。最宜挥尘，偕松下之谈；绝好当筵，共花间之酌。而且仙吏蓬莱，允假翠羽之饰；空山姑射，不借朱粉之施。披五岳之图，真形眼底；叠九天之锦，秀色斗旁。红牙按而描画入神，白苧歌而风流尽得。珠如索贯，气更阑吹。以视玉佩明珰，结石家之锦幛；云鬓花影，列唐帝之金钗。譬之箫勺铿锵，杂以桑间之奏；蕙兰郁烈，移偕春槛之中。清浊见矣，稚俗分焉。仆愧多才，偏希好事，卧棠下而欺任人唤，坐篁里而影每对邀。东堂之风景依然，揽欲百花之带；南内之月明如故，披将万斛之沙。序新咏于玉台，图陈穆骏；志芳踪于金谷，谱续燕兰。深情大令之书，闲坐开元之说。雪鸿聊志，琴鹤漫评。如谓冀北已空，汝南即是，则仆风花影里，块磊借浇；云水光中，麻茶待洗。回虽不敏，敢云正眼法藏；由也阙如，容有遗珠憾抱。宏珊网而收取，请俟红豆之词人；持玉尺而准量，还待彩毫之才客。是为序。

黄帝纪元四千三百九十八年十月十四日序于京师赏菊堂。

光绪三十三年十月十四日/1907年11月19日第5版

丁未菊榜投票选举四科题名录菊部大侦探公开

色　科

第一名　姚佩兰一百二十二票　三千六百六十分

第二名　罗小宝六十七票　二千零零四分

第三名　朱幼芬四十票　一千一百六十四分

第四名　刘宝云四十票　一千一百五十八分

第五名　王蕙芳二十二票　六百五十七分

第六名　陆小琐二十二票　六百五十六分

第七名　小凤凰二十票　五百九十四分

第八名　姚佩亭二十票　四百四十六分

第九名　葵香十三票　三百六十五分

第十名　砚香十票　二百七十九分

第十一名　小红五票　一百二十八分

第十二名　莲荷四票　一百二十分

第十三名　佩霞二票　二十八分

右色科选举十三人

艺　科

第一名　罗小宝八十四票　二千三百八十五分

第二名　朱幼芬四十九票　一千一百七十七分

第三名　姚佩兰四十四票　一千一百十五分

第四名　刘宝云四十二票　一千零九十四分

第五名　葵香二十四票　六百三十分

第六名　陆小琐二十票　四百五十分

第七名　姚佩亭十七票　四百十六分

第八名　小凤凰十六票　四百十五分

第九名　砚香十票　二百八十四分

第十名　小红四票　一百一十三分

右艺科选举十人

才　科

第一名　朱幼芬一百零三票　　二千五百十五分
第二名　姚佩兰一百零三票　　二千五百十分
第三名　罗小宝四十七票　　一千二百三十一分
第四名　王蕙芳四十一票　　一千零三十分
第五名　刘宝云三十八票　　一千零二十八分
第六名　陆小琐二十二票　　六百五十三分
第七名　小凤凰二十一票　　六百零九分
第八名　姚佩亭二十一票　　五百十三分
第九名　名葵香十三票　　四百分
第十名　砚香十票　　二百三十五分
第十一名　小红五票　　一百二十二分
第十二名　莲荷二票　　三十分
第十三名　佩霞二票　　二十五分
右才科选举十三人

情　科

第一名　刘宝云一百零三票　　二千五百十五分
第二名　姚佩兰一百零三票　　二千五百十分
第三名　罗小宝四十六票　　一千三百三十六分
第四名　朱幼芬四十一票　　一千一百六十五分
第五名　陆小琐二十二票　　六百五十六分
第六名　姚佩亭二十一票　　五百零七分
第七名　小凤凰十六票　　四百六十六分
第八名　葵香十四票　　四百十四分
第九名　砚香十票　　二百三十七分
第十名　小红五票　　一百五十分
第十一名　王蕙芳四票　　五十七分
第十二名　佩霞二票　　三十分
右情科选举十二人

右榜各科次序,皆依选举投票分数之多寡而先后之,其或色艺才情占优胜,而投票分数反少者,名次抵得列后。此又可见投票之难处,而被选举若平日之声名,与选举者大多数之感情,亦可恍然于其故矣。

光绪三十三年十月十五日/1907年11月20日第5版

丁未菊榜色科第一名佩兰叙赞

粤 豪

佩兰姓姚氏,字畹香,本京人,年十五岁,朱茅胡同国春堂之三主人也。姚氏兄弟凡四人,长曰佩秋、次曰佩亭、三即佩兰、四即佩霞,赏菊者称为姚家四佩。而尤以佩兰为最有声,盖如奇花初日,娇鸟晴枝,灵心独擅,慧意解人。筵前一顾,娇媚横生,几疑香孩儿来自天上。嬉笑皆可人意,珊珊玉立,不染尘氛,直欲使桃李盈庭,胥惭形秽。其吐属之名隽,应对之敏捷,尤足令闻者倾心。具有珠玉之随,不共筝琶之俗。岂羽衣托迹,抑莲花化身?若置花丛,应许春风之占;合呼清友,为吟秋水之篇。榜发,登色科首选,为之赞曰:

不秾而艳,不泽而芳,琼林之秀,明珠之光。月碧天中,峰青江上。翡翠帘栊;琉璃屏障,弥淡弥馨。宜雅宜俗,妙语粲花,清言霏玉,是真色相,乃佳公子。万紫千红,未许翘企。

光绪三十三年十月十六日/1907年11月21日第5版

丁未菊榜艺科第一名小宝叙赞

粤 豪

小宝,姓罗氏,字葵舲,原名凤奎。前隶德春,今隶怡云,王瑶卿之高弟也。年十三岁,轻倩合度,气宇超群。工于歌曲,白云阳春。调高响逸,如刘越石吹笳,悲壮苍凉,令人兴起;又如祢正平裸衣对客,作《渔阳三挝》,渊渊发金石声。每当樽前一曲,四座群倾,而耳垣之属,观止同声,有推倒一时豪杰之概焉。遇湘灵于江上,岂是虚名?置仲子于国中,应推巨擘。榜发,登艺科首选,为之赞曰:

铃圆磬彻，簧暖笙清，吐衡吐蕙，绘水绘声。万籁沈响，百卉失香，睎今孰并，振古齐芳。

同上

丁未菊榜才科第一名幼芬叙赞

粤　豪

幼芬，姓朱氏，云和之三主人也。蜚英早岁，腾誉华年，秀色绛仙，殊姿碧玉。譬彼红莲绿水，妩媚益增；方之旭日朝霞，光华纷射。见者有馆陶仙子之目焉。性灵慧，聪颖绝伦，体态娴雅，清风明月，令人生元度之思。豪于饮，尤善周旋，有齐大夫风，敬能矢久，与祖士少语，疲令人忘，翕然时论，无问人言，不当更以寻常俗艳视之，榜发登才科首选。为之赞曰：

度不逾常，性还谐俗。何以形似，彼汾一曲；何以神传，飞泉漱玉。葱岭之芳，寥天之鹤。

同上

丁未菊榜情科第一名宝云叙赞

粤　豪

宝云，姓刘氏，号曼卿，年十七岁，隶渠华堂。神情冲淡，别具一种风格。息女无言，芳心独抱；杨妃解语，雅致备兼。小红工唱，大白能浮。眼花耳热之余，酒催将进，如对此君，令人心目一醒，万斛俗尘胸中尽扑。淡宕中饶具旖旎风流之态，盖酴醾开到，韵溢庭除，固异于甚器且尘上者。榜发，登情科首选，为之赞曰：

琴筑深山，笙磬空谷，箫然足音，渺尔幽馥。不逐喧呶，不为繁缛，蕴厥芳真，青萍结绿。

同上

菊榜投票选举者之别号表(1)

菊部大侦探　报告

选举姚佩兰者：独立子、护宛、情魔、魄生、维新子、隐居人、铸魂、如是、古公、亚杰、楚人、公民、长白山人、吴狂、菊史、云云子、顾曲生、铁胆、密生、仲乐、西贝、钢公、亚豪、楚狂、黄魂、登云子、健者、仲、虎阜翁山下人、同调公、波臣、游豪、一得生、爱华德、品音、进步公、爱宛生、非非字、醉公、护兰、羽听、点石公、个人、新情种、振新、开明子、随众、粤豪、赏秋、东耳生、ギン、醉西、闻闻子、学谱、欢伯、越中人、虎公、相人偶、铁公、老西儿、法螺吹、骸□子、醉豪、林中鹤、支那郎、三省子、哈哈子、妙公、ワン、半新不旧子、选楼、笔花生、辛五、碧澜、公公、堕雾客、黄华、卯金郎、夜郎、リダンナ、竞争、默道人、鹤子、玉质、弓长子、美髯公、林逋后人、城北公、远公、醒公、北异子、介公、色空、醉香、龙灵、德公、已而子、安定次郎、威伯、回杰、三番、风月、アバタヅラ、赤胆生、拜椒、点醒、不顽、风春、倾倒生、太行樵子、门三郎、短发生、行乐子、德伯、亚雄、孙山梅隐、钟情子、乙子、同心人、多郎。右选举佩兰者共一百二十一人。

选举小宝者：柳岩佥木、南天一柱、洞天一品石、燕屏、眼云野樵、正法眼藏、菊隐、八公、何如、醒佛、粤豪、谔公、墨香、睡觉山人、非非佛、韦次郎、忏菴、睡佛、讶父、青眼子、爱菊者、古骚人、一味懒、嗤父、才子、石痴、餐菊主人、眉山太瘦生、公道人、和赋、宇公、浣花主人、悟缘、若痴、爱菊、陶情使者、叹菊、酒酣子、斋公、木目子、多宝道人、醉隐、直汉、敏公、式公、龙公、笑佛、重光、天涯澹公、卿卿、解敌、老农、盛山二郎、啸猿、道龙、潜虬道人、嗳九月客、斗公、非子、怡情子、懒虫、东皇委吏、淑玉、情魔、清福一郎、简斋主人、颂仙、香复山人、墨林、醉翁、ヒウセイ、晓痴、敏虫、醉竹、漪、情傻、厂臣、紫骥、慎夫、梦生、听松居士、文髯、向葵、陆郎、少斋、前身佛子。右选举小宝者共八十六人。

选举幼芬者：潜园、道公、彝初、怡情子、情魔、确初、讶父、睡佛、玉米夕牛郎、云章、小醉翁、钱枫子、俞臣、新中国之废物、旭和、铁梅、浪游子、海外归来子、大树将军、秀岩、华亭、亮公、木庵、铁拐道人、东山居士、宕庵、鹭鸾、戏迷、夔猿、能戴子、忍公、海天寄鹤、岳公、竹临、花祖、痴憨生、仪父、思琴、狡伣、玉来外牛郎、岭西狂郎、生魂、觉魂、灵魂、渡魂、管窥、走肖、四维、魄公、一掬、斗胆、酒余、飞魂、销魂、落魂、傻子、笨伯、愚公、钝君、龙宾、虎仆、小官、跷子、一顾、书云、淡霞、敝帚、挥尘、南糟、吴杰、扪蝨、莽夫、游子、快生、羽听、寅青、妙公、辛五、碧澜、公公、黄华、介公、不定、威伯、三番、石顽、亚雄、乙子、多郎、少郎、吉郎、达郎、撷新、采芳、醉华、超海、喷涛、睫巢、微尘、咏兰、独步、寄思、咄咄书空子。右选举幼芬者共一百三人。

选举宝云者：酒狂、菊隐、好葵、痴情、兰薜、知心人、老农、颠道人、敏翁、侬翁、雨梅、醉竹、笑痴、仲公、漪、睡佛、嗤父、秋华、盛山二郎、戏迷、敏虫、菊圃、老农、笑佛、若痴、布衣、小醉翁、酒酣子、逸公、敏虫、潭父、岭西狂郎、猛一回头生、江东郎、卫曼、护曼、惜曼、爱曼、墨豪、辛五、莽夫、吉君、睫巢、浑浑、噩噩、绝缨、冷铁、气球、听歌、万能、黄绢、幼妇、外孙、齑白、介公、跷子、醉华。（未完）

光绪三十三年十月十七日/1907年11月22日第5版

菊榜投票选举者之别号表（2）

菊部大侦探　报告

吴杰、怜卿、走肖、戈戈、木易、蜀客、了然、滇侨、新豪、晚节、霜轩、笑狂、颀生、旁观、董狐、直躬、金人、华鬘、慎利、口幻、蛤利、寄生、壶公、黄老、醉佛、冰魄、短袖、情丝、灵犀、虎幻、领公、瓣香、许伊、九九、小白、大黄、一得、竹均、欠区、一斑、蠡测、无私公、相手方、佛兰金仙、毕竟、如是子、风尘外客。右选举宝云者，共一百三人。

选举蕙芳者：醉仙、菊魂、醒狮、寿客、一私人、公正公、相手方、今是子、圣僧、捷禅、蝶化、碧云、朱霞、佛兰金仙、皮冠生、冥冥、三画公、三点公、双目公、金钱子、消费四两者、双弓、山昆、禹门、珠巢、墨客、汉杰、儒者、爱蕙生、怜芳公、当事者、走肖、戈戈、口天、古率、韦行、醉欧、狂倒、惜别、一□、江东狂郎。右选举蕙芳者，共四十一人。

选举小琐者：默然、多公、怡霞、啸傲、悟空、飞叶、道僧、风子、培花主人、乌龙公子、种花客、爱静、虎仆、护菊主人、毅公、傲公、睡佛、□争、默道人、玉赋、安然、粤豪。右选举小琐者，共二十二人。

选举凤凰者:北池生、热血生、赤公、睡佛、唯一、仙槎客、山宗子、一善、确初、岳公、知非、海天寄鹤、怡情子、得得、玉米夕牛郎、自弓汉、多情人、活神仙、苦恼者、粤豪、讶父。右选举凤凰者,共二十一人。

选举佩亭者:了了、独一、人人、铁血、宾卿、惜春、堂堂、浩然、龙公、才子、迷亭痴人、黔醒、当事者、相手方、粤豪、江东狂郎、傲公、长啸公、皮冠生、金钱子、讶父。右选举佩亭者,共二十一人。

选举葵香者:崇拜伊、灵魂迷、向葵、卫葵、癖葵、醉葵、仲公、笑痴、义人、上示贝郎、隐道人、木目子、古桐子国士、敏公、怜菊、了了道人、小醉翁、颖郎、玉米夕牛郎、啸猿、自了汉、城北公、墨客、讶父。右选举葵香者,共二十四人。

选举砚香者:长眉子、鳃公、竞争、惜花、高极、素身、博爱、新情、公德、布衣。右选举砚香者,共十人。

选举小红者:怡痴、白公、侠公、顽石公、雅公。右选举小红者,共六人。

选举莲荷者:中夫、花侠、庄让、和尚。右选举莲荷者,共四人。

选举佩霞者:敏公、江东狂郎。右选举佩霞者,共二人。

光绪三十三年十月十八日/1907年11月23日第5版

三十年前菊部史(3)

粤豪、伟公　同述

中山堂主人,汤金兰,正名延庆,号幼珊,苏州人。曾隶四喜部,唱昆旦,善画兰,出春福,堂名旧春如。

桐华堂主人任小凤,号仪仙。小名宝儿,本京人,曾隶四喜部,唱旦,出桐义。

景秀堂主人张秀兰,号佩秋,曾隶春台部。唱昆旦,出春秀。

杏春堂主人福寿,号芝珊,顺天人。隶春台部,出青云,三庆昆正旦宋兴福之婿,唱花旦。《闯山》(董金莲)、《摇会》(二娘)、《双沙河》(公主)、《胭脂虎》(石中玉)、《玉玲珑》(梁红玉)、《破洪州》(穆桂英)、《艳阳楼》(高妻)、《下河南》(媒婆)、《龙凤配》(同上)、《御碑亭》(王妹)、《滚钉板》(陶氏)。

乐安堂主人孙彩珠,号绚华,又号止元,苏州人。隶永胜奎部,出西福云,堂名旧署梯云。唱旦,兼昆乱。《相约相骂》(云香)、《盗令》(赵翠儿)、《水斗》(青蛇)、《断桥》(同上)、《定情》(杨妃)、《絮阁》(同上)、《琴挑》(陈妙常)、《姑阻失约》(同上)、《奴拜月》(蒋瑞莲)、《游园惊梦》(杜丽娘)、《虹霓关》(丫环)、《彩楼配》(王宝钏)、《击掌》、《探窑》(俱同上)、《探母》(公主)、《打金枝》(升平公主)、《金水桥》(银瓶公主)、《芦花河》(樊梨花)、《宇宙峰》(赵小姐)、《玉堂春》(苏三)、《五花洞》(妖怪)、《戏妻》(罗敷)、《孝感天》(郑叔段夫人)、《牧羊卷》(赵景棠)、《天水关》(刘禅)、《黄鹤楼》(周瑜)、《战太平》(二夫人)。

三十年前菊部史(4)

粤豪、伟公　同述

闻德堂主人徐阿三,名金儿,正名芬,号芝仙,又号椒怀,苏州人。岫云徐小香之胞弟,曾隶三庆部,唱昆旦。

桂林,姓汪,本姓王,号燕仙,本京人。春台丑汪水泰之子,隶四喜,唱昆旦。《狐思》(玉面姑姑)、《捞月》(韩国夫人)、《后诱》(阎婆惜)、《挑帘裁衣》(潘金莲)、《上坟》(萧素贞)、《打番》(卢生)、《后亲》(柳夫人)。

桂官,姓王,号楞仙,本京人,正名树乐,隶四喜,唱昆生。《寄子》(伍兴)、《回猎》(咬脐郎)、《看状》(苏公子)、《冥勘》(炳灵公)、《舟配》(陈春生)、《荣归》(赵廷玉)、《原将亲》(韩琦仲)、《长亭》(张珙)。

二人合唱:《打尽》(番儿,桂官、桂林)、《游园惊梦》(柳梦梅,桂官)(杜丽娘,桂林)、《醉归》(秦钟,桂官)、(花魁,桂林)、《独占》(同上)、琴挑(潘必正,桂官)(陈妙常,桂林)、《姑阻失约》(同上)、《吞丹》(李余林,桂官)(狐狸,桂林)、《乔醋》(潘岳,桂官)(夫人,桂林)、《藏舟》(刘蒜,桂官)(邬飞霞,桂林)、《亭会》(赵伯畴,桂官)(谢素秋,桂林)、《后约》(唐伯虎,桂官)(秋春,桂林)、《赠剑》(海俊,桂官)(百花公主,桂林)、《回头岸》(刘达生,桂官)、(吴氏,桂林)、《大小宴》(吕布,桂官)(貂蝉、桂林)、《奇双会》(知县,桂官)(夫人,桂林)、《说亲回话》(王孙,桂官)(田氏,桂林)。

桂芸,姓赵,号聘仙,小名恩赐,本京人。隶四喜,唱昆旦。《寄东》(红娘)、《舟配》(周玉姐),《回头岸》(丫鬟)、《盘丝洞》(蜘蛛)、《后亲》(戚小如)。

光绪三十三年十月十九日/1907年11月24日第5版

三十年前菊部史(5)

粤豪、伟公　同述

桂芝,姓薛,原名玉福,小名锁儿,本京人。隶四喜,唱昆旦。《打番》(番儿)、《拷红》(红娘)、《学堂》(春香)、《冥勘》(馨娘)、《荣归》(小姐)。

全堂合唱:《游湖借伞》(许宣,桂官)(白蛇,桂林)(船妇,桂云)(青蛇,桂芝)。《水斗》(哪诧,桂官)(木诧,桂林)(青蛇,桂芸)(白蛇,桂芝)、双官诰(冯雄,桂官)(何碧莲,桂林)(二娘,桂芸)(大娘,桂芝)。《乾元山》(桂芝,桂官)(太乙真人,桂林)(石矶,桂芸)(碧云公主,桂芝)。《鹊桥密誓》(唐明皇,桂官)(杨贵妃,桂林)(牛郎,桂芝)(织女,桂芸)。

保身堂主人刘赶三,号宝三,天津人。隶永胜奎部,唱丑,兼胡子生。《群英会》(蒋干)、《拾镯》(刘媒婆)、《绒花计》(崔八)、《虹霓关》(孝子)、《双龄计》(毛先生)、《鸿门寺》(皂头)、《红鸾禧》(金松)、《赶考》(店家)、《金玉坠》(店妈妈)、《浣花溪》(鱼夫人)、《入府》(李瓶儿)、《探亲》(乡下妈妈)、《演礼》(太太)、《逛灯》(瞎子)、《摇会》(邻居)、《思志诚》(老妈)、《请医》(医生)、《玉玲珑》(鸨儿)、《贪欢报》(张旺)、《龙凤配》(狗阴阳)、《审头刺汤》(汤勤)、《双沙河》(魏小生)、《小猪告状》(阙)、《下河南》(公子)、《八扯》(小二)、《捉曹放曹》(吕伯奢)、《教子》(薛保)、《赶三关》(薛平贵,穆宏)、《跑坡》(薛平贵)、《回龙阁》(同上)、《打金枝》(唐王)、《金水桥》(同上)、《探窑》(老夫人)、《戏妻》(秋胡)、《天水关》(诸葛亮)、《胭脂

□》(白皂隶)。

少主人金奎,号树仙,外号猴儿头。隶永胜奎,唱胡子生。小辫儿,隶永胜奎,唱花旦。《八扯》(小姑娘)、《打灶》(李三春)、《探亲》(旗婆)、《拾玉镯》(孙玉姣)。

光绪三十三年十月廿一日/1907年11月26日第5版

花琴仙之红忙

羊舌公

富兴花琴仙,即前在韩家潭复兴堂,后长福堂之花琴仙也。自到富兴后,享有小主人之权利,而生业益隆。平时牌酒两局,时时发见。日前开市,琴仙屋中,尤为热闹。兼以四处出条,一身周旋新旧客之间,实为红忙异常。

同上

日华女戏大加改良

崇文门内日华女戏园,近又从新将席棚组织一番。席棚内,里边又加了两层极厚极密的大细席,上边安设大玻璃。门口及添了三重门,并且加上厚棉门帘。里面安设四个大洋火炉,铁管通满园内四围。人在园内,觉的温度很高,即如前天外边那样大风,园里头仍是温暖,一点儿不觉的冷。真是组织改良得法。原来一因加厚许多层的细席,二因门帘是毡棉双层的,三因炉火热度升过几十度,四因人多炭气多,所以格外觉的温暖。况且棚内沙篙,多加好几十根,格外的坚固,虽有大风,一点儿不摇动,可见凡事都得改良。

园内戏台,已挪在居中。靠近台前,都是包箱(厢)。右边是女座,左边是男座,后边是散座,只因内容地方缩小,所以一切座位都靠近台前,格外看的真听的真。座客团团围坐,更觉十二分的热闹。

女角除杜云红、杜云卿、杜云苓、杜云喜四姊妹和赵紫云,旺月楼、小蕙芬、小鸿升外,又有新到的一女角。名叫小双处,唱《洪洋洞》最为出色。

看官注意,这日华女戏班在北京演唱,不过再唱十多天,大约出月初十前就要出京了。园中仍有东洋戏法,在秋千架上演舞,千奇万妙,层出不穷。天天变换,夜夜演唱。一到晚上,棚内棚外有许多气灯,明亮燃着。入场看戏,如同游玩不夜之城。日华合演,妙不可言。更有小人国的小人,身长一尺八寸,年纪七十八岁,能说中国话,并且能说玩笑话。这都是稀罕事,轻易见不到的,不可不看,不可不听。

光绪三十三年十月廿二日/1907年11月27日第5版

三十年前菊部史(6)

粤豪、伟公　同述

韵秀堂主人尉迟喜儿,号韵卿,本京人。春台尉八之子,西安义胡喜禄之婿,隶四喜部,唱胡子生。

韫山堂主人张玉美,后又更换主人,其名已佚不可考。

蕙芳,姓郑,号月芬,本京人,正名元珍。隶四喜,唱胡子生。

佩春堂主人章丽秋,名桂芬,小名小道士,苏州人。隶三庆,唱青衫,能为掷钵之手技。

蕙兰,姓乔,号纫仙,小名桂祺,冀州人。隶三庆、四喜两部,唱昆旦,善书。

声振堂主人,姓陈,其氏号籍贯皆不可考。少主人鸿喜,小名保儿,隶三庆,唱花面。

鸿福,姓夏,号雪舫,小名来官,本京人。原籍扬州,隶三庆永胜奎,唱胡子生,载福夏秋芙之子。

双喜,姓张,小名全儿,本京人,隶三庆,唱胡子生。

国顺堂主人,姓李,其氏号籍贯,亦不可考。金兰,姓王,号俪笙,本京人。隶三庆,唱青衫,能为各种戏法。

双兰,姓张,号蒂香,本京人。隶三庆,唱花旦。春兰,姓胡,顺天人。隶三庆,唱胡子生。

光绪三十三年十月廿四日/1907年11月29日第5版

文明茶园听戏记

前门外西珠市口煤市街南口外，新开的文明茶园，所定规则都整齐的很，在下前天去调查。今把内容详细情形，记在下边：

进园门内中央是大屏风，东边是铁栏杆，西边是楼房，楼下是票房，楼上是办事处。进二门内，便是戏场。正廊和东西两廊，以及戏台左右两旁，都是散座。每人铜子十六枚，茶水钱四枚，不准多要。池子内都小圆桌，每桌一圆，可坐六人。茶水和椅垫钱，铜子二十四枚，仍合每位四枚。以上说的，都是楼下，都是男座。

楼上正楼东楼西楼，都是女座，没有一个男人，虽自己家眷也不得男女同座。楼座分头等包厢、二等包厢，如正楼的大包厢和东楼西楼的大包厢，都是头等；靠北边的小包厢和倒座包厢，都是二等。正楼包厢外是正桌，东西楼包厢外是散座。头等包厢，每间四圆，茶水椅垫铜子四十枚；二等包厢，每间三圆，茶水椅垫钱铜子四十枚，正桌可坐六人，每桌一百八十枚，茶水椅垫钱铜子二十四枚、散座每人，铜子三十枚，茶水钱四枚，和楼下官客散座规则一样。最好的是堂客另由一门出入，不是和官客一个门，那门在东边，在煤市街路西。堂客都由那东门进出上楼下楼，因此秩序格外整齐。

况且包厢三面都有板墙，后面又有活络门，可以随时推关。非凡的严密，板墙都是斜的，并不档碍视线，办法可称完善。

北京数百年来，戏班最称第一，戏园内容的野蛮也可称第一。数百年后，到今年十月间，方才有这文明戏园，园名文明，真是名实相符。再者，这文明茶园的发起人，是雷震远君。股东是俞振亭诸资本家，司账人是王友文等。这戏园成立后，每天各班轮转，于是上等社会男女界中人，随时可以前去听戏消遣了。

光绪三十三年十月廿五日/1907年11月30日第5版

三十年前菊部史(7)

粤豪、伟公　同述

连茂堂主人周长顺，名玉辉，号韫山，山东聊城县人。隶四喜部，唱武旦。

春华堂主人朱双喜,正名士敏,号韵秋,外号羊毛笔,苏州人。隶四喜部,唱昆旦。芷荪,姓顾,名长明,号篆农,本京人。隶四喜,唱昆生,兼昆旦。喜鼓板,本师系棣华万芷侬。芷荃,姓张,名富官,号湘航,江苏吴县人。隶四喜,唱昆旦。善书弈,工管弦,昆老旦张云亭之子。芷茵,茵一作衡,姓吴,名杏官,原名鸿宝,号也秋,本京人。隶四喜,善吹笙,本师为春连朱莲桂。芷湘,姓范,名蕊官,号秋舲,又号亦仙,本京人,原籍苏州。隶四喜,唱昆旦,善弹弦,余庆范小金之子。

宝善堂主人陈芷衫,名润官,小名声声,外号小辫子,原籍安徽。唱昆生,兼武生,工隶书,善画兰,豪于酒,并善弈棋,清馥徐阿福之婿。

二主人陈荔衫,小名莲元,本京人,原籍安徽。隶四喜,唱昆生,兼武生,与芷衫为同胞兄弟。

春莲堂主人朱莲桂,号蕙仙,本京人。隶四喜,唱青衫,三庆丑朱三喜之子。

同上

三十年前菊部史(8)

粤豪、伟公　同述

蕴华堂主人张芷芳,名蓉官,安徽合肥县人。隶四喜部,唱武旦。《卖艺》(姑娘)、《泗州城》(龙母)、《无底洞》(老鼠)、《青龙棍》(杨排风)、《火棍》(同上)、《清风岭》(徐凤英)、《白水滩》(徐绯珠)、《红桃山》(张月娥)、《蔡家庄》(蔡芙蓉)、《打店》(孙二娘)、《罗家窪》、《英雄义》(均同上)、《丁印山》(扈二娘)、《神州擂》(同上)、《攻潼关》(余小姐)、《蟠桃会》(猪婆龙)、《青石山》(狐狸)、《金山寺》(水怪)、《飞义阵》(公主)、《湘江会》(钟无盐)、《取金陵》(阙)、《芦花河》(樊梨花)、《孝感天》(郑叔段夫人)。

菊秋,姓张,正名椿,号忆仙,小名利儿,本京人。隶四喜,唱昆旦,兼青衫。《湖船》(张大姐)、《女词》(李小姐)、《学堂》(春香)、《游园惊梦》(同上)、《独占》(花魁)、《琵琶行》(花秀红)、《舟配》(周玉姐)、《挑帘裁衣》(潘金莲)、《彩楼配》(王宝钏)、《探窑》(同上)、《祭塔》(白蛇)。

遇顺堂主人,张桂兰,号蕙香,本京人。隶四喜,唱旦。春芳,姓□,号菊如,本京人。隶三庆,唱青衫。春喜,姓陈,号小梅,本京人。隶三庆,唱花旦。

西安义堂主人,胡喜禄,正名国梁,号艾卿,扬州人。管春台部,唱青衫。桐义胡庆福之胞弟,东安义胡三来之胞兄。六儿,姓冯,名桂莲,号爱秋,小名群儿,本京人。隶三庆春台,唱武旦。来福,姓何,号玉珊,淮安人。隶三庆春台,唱昆旦。财宝,姓刘,号笛仙,小名才儿,本京人。隶三庆春台,唱武生。寿儿,姓翟,号佩芝,本京人。隶三庆春台,唱花旦。

馥森堂主人陆鸿福,号竹乡,外号肉丸子,苏州人。隶三庆,唱昆旦。琴芳,芳一作舫,姓周,号韵笙,小名二定,本京人。隶三庆四喜,唱昆旦。瑞生,姓仲,号秀芳,本京人。隶三庆四喜,唱昆旦。韵芳,姓范,小名三儿,天津人。隶三庆四喜,唱花旦。素芳,姓周,号馨秋,本京人。隶三庆四喜,唱昆旦。

光绪三十三年十月廿六日/1907年12月1日第5版

记小凤凰之可怜

赤道人

倩云小凤凰,体态温柔,姿容丰丽,亦是菊部上乘。然赏菊者或畏其性情奸狡,或耻其行止卑污,故近来门前冷落,生涯颓败,实有不堪言状者。

闻日前有某客饮于惠丰堂,召凤凰侑酒。凤凰至觞政之间,猜拳行令,殷勤款洽,迥异寻常。酒过数巡,凤凰向客曰:“回头上我那儿打牌去”。客许之,凤凰大喜,乃嘱跟人回寓,先行预备。跟人从其言,即归,随命堂役,燃炉明灯,以待客来。不意主人水仙花突由梦里醒来,瞥见厅堂灯火辉煌,而寂寞仍旧,遂讯其何以如此?堂役据实以告,水仙花闻之,大怒曰:“什么贵客,来了再点灯升火不晚呀?今凭空耗费我的油和煤,太没道理。”遂饱堂役以老拳。

正值盛怒,凤凰亦归,毒骂之余,继以夏楚。因痛斥其跟人之妄,一时哭声、骂声、怨恨声、呢呢喃喃声,嘈杂鼎沸。正在喧哗时,倏门丁报道客来。而水仙花之怒始息,久之凤凰拭泪见客,强作欢容。但银海溶溶,泪痕犹新。噫!凤凰亦可怜矣。

赤道人曰:彼辈以堂堂男子,不能雄飞而作雌伏,已属可悯。况又加以虐待,水深火热,不可终日。安得我佛如来,洒一滴杨枝水,普拯若辈于苦海耶。

龙山大郎评曰:相工二字,千古伤心。读赤道人一记,恨不碎水仙花之骨,以投饲其狗也。

光绪三十三年十月廿九日/1907年12月4日第5版

姜慧波文明进步

Yang Ge Yee

绚春堂主人姜慧波(即妙香),在戏曲界中,最为出色之人才。自从晓然于欧洲优人资格之尊重以来,即有独立之思想。每谓人曰:“我之人,虽是下等社会之人;我之心,不是下等社会之心。”故周旋筵席之间,遇有文明之士,辄谈论戏曲界事,如何改革,如何组织,以期与欧洲优人立于同等之地位。且知戏曲乃开通社会转移风气之利器,易以专在新戏上注意,欲以一人之力挽回狂澜,而恨孤掌之难鸣,同调之稀少,故时时不免有愤激之谈。

光绪三十三年十一月初一日/1907年12月5日第5版

三十年前菊部史(9)

粤豪、伟公 同述

锡庆堂主人陆玉凤,号素仙,外号鹿尾儿,苏州人。隶春台部,唱昆旦,兼青衫,出忠恕。(按素仙有子五人:长名小芬,次未详,三早亡,四即华云,今年十月初五日病故,五亦善拉胡琴。)少主人小芬,号薇仙,小名福儿。隶春台,唱昆旦,兼青衫。善胡琴,出景春,怀新陆翠香之婿。

乐安堂主人孙心兰,号性香,本京人。隶三庆,唱青衫,出东安义。玉林，姓号未详。隶三庆，唱昆旦。

诒德堂主人蒋兰香，此系前主人，后主人不可考。长福，姓卢，号悦卿，本京人，原籍直隶昌平州。隶三庆，唱昆旦，兼刀马旦。双福，姓杨，号梅卿，本京人，小名羊儿。隶三庆，唱武生。凤玲，姓戴，号仪云，本京人。隶三庆，唱昆旦，兼花旦，本师醇和罗巧福。金保，姓郑，号玉如，本京人。隶三庆，唱昆旦，兼花旦。

丽华堂主人沈芷秋，正名全珍，苏州人。唱昆旦，出春华，前净香郑莲桂之婿。

金树堂主人张旺儿，此系前主人，后主人未详。金福，姓雷，号蓉仙。隶四喜春台，唱花旦。金林，姓汪，号燕仙，安徽人。隶四喜，唱胡子生。金喜，姓胡，号莱仙，本京人。隶四喜，唱花旦，兼青衫，善弹琵琶。金凤，姓黄，号芸仙，本京人，原籍绍兴。隶四喜，唱花旦。

光绪三十三年十一月初三日/1907年12月7日第5版

三十年前菊部史(10)

粤豪、伟公　同述

瑞香堂主人张天元，天津人。隶三庆，唱青衫，菊花旦，刀马旦。

咏秀堂主人朱小元，号吉仙，苏州人。隶四喜，唱武旦，出吟秀。(按小元，即朱素云之父)四十儿，姓周，号丽卿，本京人。隶四喜，唱花旦，兼昆旦、青衫。升儿，姓王，名喜云，号霨卿，本京人。隶四喜，唱胡子生。

珠润堂主人李小珍，号畹仙，苏州人。隶三庆，唱武生，出吟秀。

敬善堂主人曹春山，正名福林，安徽人。隶四喜，唱昆老生。敬福，姓张，号紫仙，顺天人。隶四喜，唱昆旦，兼青衫，旧属聚得。敬禄，姓汪，号荷仙，本京人。隶四喜，唱昆旦。敬喜，姓郭，号瀛仙，又号韵梅，本京人。隶四喜，唱花旦。

联星堂主人沈阿寿，号眉仙，苏州人。唱旦，兼昆乱，四喜名旦沈宝珠之胞弟。少主人小宝,正名振基,号燕香。唱昆生,兼武生,隶春台。出西福云,四喜沈宝珠之子,闻馨王长桂之婿。桂喜,姓贾,号露香,本京人。隶四喜,唱花旦。

蕉雪堂主人王顺福,正名琪,号佩仙,小名二歌,本京人。隶四喜,唱青衫,兼花旦。识名人字画,出保身,闻馨王长桂之婿。二主人王湘云,改名相芸,号次萧,本京人。隶四喜,唱昆旦,佩仙之胞弟。

光绪三十三年十一月初四日/1907年12月8日第5版

三十年前菊部史(11)

粤豪、伟公 同述

春和堂主人刘倩云,名增福,正名庆袁,小名龙儿,本京人,原籍安徽望江县。隶四喜,唱旦。工篆书,出景和,本师系福盛杨三喜。梅清,姓张,号小倩,本京人,原籍苏州。隶四喜,唱昆旦,兼青衫,张桂凤之子。

醇和堂主人罗巧福,号笑仙,本京人,原籍苏州。隶四喜,唱旦,出福盛。少主人百岁,唱丑(按:即今罗寿山,为时名下)。

保春堂主人,张梅五,名福官,本京人。隶永胜奎,唱花旦,兼青衫,出保身。

光绪三十三年十一月初六日/1907年12月10日第5版

三十年前菊部史(12)

粤豪、伟公 同述

近信堂主人,陈四儿,名连元,号玉卿,本京人,原籍安徽。正名庆元,隶永胜奎,唱胡子生。出西安义,胡喜禄之婿。二主人陈五儿,名连珍,号佩珊,本京人,原籍安徽,正名庆芳。隶春台,唱武旦。出西安义,四儿之胞弟。玉奎,姓余,号瑶仙,本京人。隶春台,唱胡子生(按:此即余毛包,今余五之父)。金喜,姓孟,号如秋,又号珩仙,又号丽仙,小名月儿,直隶故城县人。隶春台,唱花旦。

光绪三十三年十一月初七日/1907年12月11日第5版

三十年前菊部史(13)

粤豪、伟公　同述

春馥堂主人，郑秀兰，号素香，小名寄生，苏州人。管四喜部，唱青衫，善饮，工管弦。出本堂，本师元春姚佳芳(按：庚子年后落魄，曾提筐卖水果)。双喜，姓江，号俪云，河间人。隶四喜，唱青衫，本师系瑞香张天元。双福，姓郑，号倚云，本京人。隶四喜，唱花旦，善弹琵琶。

绮春堂主人时小福，正名庆，号琴香，别号赞卿，小名阿庆，苏州人。唱旦，兼昆乱。善弈，尤豪饮，出春馥，本师系清馥徐阿祸。云仙，姓张，名连仲，号玉芬，江苏清河县人。隶三庆，唱青衫，本师系春秀李银保。凤宝，姓秦，正名宝鼎，号艳仙，外号小和尚，天津人。隶三庆，唱老小生，兼昆生。

春复堂主人陈兰初，名全林，苏州人。隶三庆，唱昆生，出景春。桂亭，姓陈，号秋园，园一作原，本京人，原籍苏州。隶三庆，唱昆生。名生陈金爵之孙，四喜昆生陈永年之子。

桂枝，姓诸，号秋芬，本京人。隶三庆，唱昆旦，善弈。桂蟾，桂钱，号秋凌，又号□香，本京人，原籍苏州。春和钱如兰之子，隶三庆，唱昆旦。善书，工管弦，后自为主人。桂凤，姓刘，原名小芳，号菱仙，又号秋芳，本京人。隶三庆部，唱昆旦，景春朱福喜之弟子。

盛安堂主人郭全福，号云香，本京人。隶春台，唱青衫，出声振。

嘉颖堂主人李艳侬，正名得华，小名套儿，顺天人。唱青衫兼昆生，善弹琴、吹笛、弈、画，出嘉荫，瑞春钱阿四之婿。琴官，姓崔，号桐仙，本京人。隶四喜春台，唱昆旦，兼花旦，善弹琵琶。顺儿，姓爱，号丽琴，本京人。唱昆生，兼武生。

光绪三十三年十一月初八日/1907年12月12日第5版

三十年前菊部史(14)

粤豪、伟公　同述

松荫堂主人，李福寿，名小韵，安徽人。唱青衫。玉寿，姓李，号菊仙,本京人。隶春台,唱花旦。

嘉荫堂主人,陈兰仙,名心宝,苏州人。隶四喜,唱昆旦,出维新。

蔚华堂主人,陈芷香,名全元,安庆人。隶春台,唱青衫,出春华。

春华堂,主人姓氏不可考。登云,隶三庆春台,唱花旦。

桐云堂主人,陆金凤,业医外科,堂名同荫,医名廷章,号翼堂(按:桐云曾兼瑞和成)。少主人,四儿,隶春台,唱昆旦,兼青衫、武旦。

桂喜,姓薛,号芹香,小名馨儿,本京人。隶春台,唱武生。来喜,姓段,号紫香,本京人。隶春台,唱武旦。三喜,姓王,号月香。隶春台,唱丑。本堂四人,曾合演《打店》,四儿取张青,桂喜取武松,来喜取孙二娘,三喜取□。又合演《琵琶洞》,四儿取蜘蛛,桂喜取鸡,来喜取孙悟空,三喜取蝎子。按:本堂尚有一人,名宝铃,姓赵,号鸾仙,本京人。隶春台,唱昆旦,兼青衫花旦。全堂五人,尝合演《跑马卖艺》一剧。

光绪三十三年十一月初九日/1907年12月13日第5版

三十年来菊部史(15)

伟公、粤豪　同述

琪树堂,主人韩宝芬,号蕊珊,小名山儿,本京人。隶四喜,唱青衫,善胡琴,出瑞春。住李铁拐斜街,下同。

丹林堂,前主人系西安义胡喜禄之妹夫,后主人姓李,名玉祥,号佩秋,本京人。隶四喜,唱青衫,兼花旦。玉福,姓李,号侣秋,本京人。隶四喜,唱昆旦。玉庆,姓曹,本京人。隶四喜,唱花旦。

景和堂,主人梅巧玲,正名芳,号慧仙,又号雪芬,苏州人,原籍泰州。掌四喜部,唱旦,兼昆乱。工隶书,精鉴金石。出醇和,本师系福盛杨三喜,名生陈金爵之婿(按即善胡琴梅胖子之兄)。紫云,姓余,正名金梁,号砚芬,小名昭儿,湖北罗田县人。隶四喜,唱昆旦、花旦,兼青衫。善弹琵琶,前胜春余三胜之子。瑞云,姓张,号蔼青，小名五十，本京人。隶四喜，唱武生。昆旦张多福之子，武旦沈定儿之甥。福云，姓孙，原名财喜，小名有儿，本京人，原籍天津。隶四喜，唱武旦，孙玉兰之子。啸云，姓陈，小名全儿。唱小生，兼昆生。陈金爵之孙，陈永林之子。

光绪三十三年十一月十五日/1907年12月19日第5版

三十年来菊部史(16)(原文为19，按次序应为16)

粤豪、伟公　同述

瑞春堂，主人钱阿四，名玉寿，苏州人。隶四喜，唱昆正旦。出南班，名生陈金爵之婿，住樱桃斜街，后同。少主人宝莲，号秀珊，小名文玉。隶四喜、春台，唱昆旦兼花旦。宝琳主人，姓田，号玉珊，小名德生，本京人。隶四喜，唱青衫。善胡琴，旧属西福云。宝香，姓姚，号妙珊，小名锁儿，本京人。隶四喜，唱花旦，兼青衫，善弹琵琶。

光绪三十三年十一月十七日/1907年12月21日第5版

三十年来菊部史(17)

粤豪、伟公　同述

宝云，姓谢，小名昭儿，顺天人。隶四喜，唱昆旦、花旦，兼老旦胡子生。宝玉，姓刘，本京人。隶四喜，唱胡子生。

文安堂主人，范春桂，号葵仙，苏州人。隶四喜，唱旦，出保安，四喜丑夏福保之婿。

紫阳主人朱莲芬，名福寿，正名延禧。唱旦，兼昆乱。工书，善管弦，景春朱福喜之胞弟，春台胡子生顾合祥之婿。按莲芬尝为潘文勤公代笔，今梨园犹有其遗迹。景春秋霞，即其弟子也。

聚得堂，主人薛三桂，其事迹未详。

采兰主人，号畹秋，隶四喜，唱昆生，兼花旦。善画，本师系怡云王彩琳。采清，姓周，号兰芬，本京人。隶四喜，唱花旦。

光绪三十三年十一月十八日/1907年12月22日第5版

三十年来菊部史(18)

粤豪、伟公　同述

春茂堂,陈主人,善针炙术。陈七十,即其子也,今王桂官亦行其术。少主人桂宝,号丹仙,又号声凯。隶三庆、四喜,唱武生。桂寿,姓陈,号蟾仙,小名顺儿。唱花旦,兼昆旦。桂芬,姓汪,号美仙,又号艳亭。四喜武生汪年保之子,按即今汪大头。现仅供差内廷,或演唱义务戏,为当今戏曲界第一人。

岫云堂主人,徐小香,正名炘,原名馨,号蝶仙,苏州人,原籍常州。唱小生,兼昆乱,住小安南营。少主人如云,名连馨,正名玉栋,号蓉秋。唱昆旦,兼青衫。度云,姓董,名连庆,号桂秋。小名钿儿,唱昆旦,兼花旦。多云,姓郑,名连福,号桐秋。唱丑,兼胡子生、昆生,净香郑莲桂之子。五云,姓陈,名连保,号芙秋。唱昆旦,宝德陈宝云之子。

亦云,姓李,名连喜,号梓秋。唱昆旦,兼小生丑,四喜昆生李若云之胞弟,以《长亭》、《搜庵》名。《长亭》取琴童,《搜庵》取小尼。

光绪三十三年十一月廿二日/1907年12月26日第5版

小赛活猴重入都

谈剧客

小赛活猴,名伶赛活猴之子。曾入京沪伶学馆,受过完全教育,气象文明。文武生旦,晋调黄腔,各艺兼备,歌声舞态擅绝一时。前在北京小吉祥部半年,与黑白旋风同班。因阅历名胜,作金陵、沪、渎、芜湖之游。昨于上月北来,保阳小住。予劝其重到春明,一贡其技,长安人海,声价易增。爰定月之念四日晋京,暂搭燕喜堂试演。第一日《金刀阵》,第二日《鸳鸯楼》,第三日《盗魂铃》,该伶取孙行者,舞棍飞叉,有电掣飚驰之妙。唱二黄老生,则敲金戛玉;唱梆子花旦,则滚雪飞花。顾曲诸公,有曾聆其歌舞者,定以先睹为快也。同行者,尚有专门老生刘黑莲,即九思红,唱二簧亦颇有声色云。

光绪三十三年十一月廿三日/1907年12月27日第5版

南林房金媛媛戏曲之竞争

顾曲郎

南林房金媛媛，本为髦儿戏班中人，在都中曾于日华茶园初开张之第一日演唱《挡亮》一剧，然不足以尽其才，而显襮其能力也。近一月中，又以现今上海女戏之趋势，竞尚秦声。金媛媛于是日日在南林房本院中，聘请曲师，教以梆子戏曲，务求精熟。每日掌灯后七点钟，排演各种戏曲。同院诸姊妹，无异日日赴戏园观剧。而其中有歌曲思想者，耳濡目染，亦相与随之进化矣。

闻其曲师，即从前花四宝在京时拉胡琴者。日华戏园，凡演梆子戏曲，拉胡琴之人，即其曲师也。金媛媛之戏曲思想，欲超过花四宝之程度，而独立一帜，其竞争亦可谓猛烈哉。

又闻金媛媛将所有梆子戏曲习练精熟后，若京城戏园，无所施其技，则将游天津、烟台、营口、汉口、芜湖、上海等处矣，其志愿抑何又如是之豪壮乎！

光绪三十三年十一月三十日/1908年1月3日第5版

三十年来菊部史(19)(原文为18，按次序应为19)

粤豪、伟公　同述

嘉礼堂，主人杜阿五，正名世荣，号步云，苏州人。隶四喜，唱昆旦，嘉树杜蝶云之胞兄。二主人，杜阿十，正名保荣，号季云，苏州人。隶四喜，唱武生兼刀马旦。嘉树杜蝶云之胞弟，净香郑莲桂之婿。少主人狗儿，隶四喜，唱昆生，兼武生，杜阿五之子。

蕴玉堂，主人石双贵，号桂仙，本京人。隶四喜春台，唱青衫，维新钱金福之婿。洪福，隶四喜，唱花旦。(已完)

光绪三十三年十二月初一日/1908年1月4日第5版

大双福之隐藏

笑笑公

大双福者，以唱黑头名，人极粗而极豪。自津来京，初居留于德树，旋迁移于金兰。八大胡同中，见有乘坐四电灯之人力车而往来疾驰者,即大双福也。花界之善歌者,胡子声推涌泉之玉宝,青衫子推滨湘之洪兰舫,至于黑头一调,女子每不能作此声,故花界中能此者甚鲜,唯大双福独能之。

大双福之赴召于醉琼林也,每展转于各酒座而不能去。盖高唱于甲座,乙座闻之召去,高唱于乙座,丙座闻之而又召去,如是者由丙座,而丁座,而戊座,而己座,有时上下于新大楼者六七次。盖以女子而唱黑头调,实为难能而可贵也。无何,以虐待养女香云之故,香云哭号于途,来警察之干涉,人济良所以待嫁。于是大双福为之饮恨吞声,而隐藏不敢复出。

自此以后,四电灯之人力车不见于八大胡同;黑头花脸之声调,不闻于七十八家。游人称为北京花界三绝者,少一人矣。乃洪兰舫又脱离花籍而他去,青衣之声寂然,三绝中又少一人。今三绝中,惟涌泉之玉宝,依然逐队于花丛中。顾玉宝已有肺病,亦为不完成之人,然则三绝者皆将成绝调矣?

光绪三十三年十二月十四日/1908年1月17日第5版

春华堂夜饮记

睡　佛

天心酿寒,冷气逼人,足不出户者,已旬日矣。十四日夕,挑灯兀坐,万感丛生。遂访友人,以破寂寞。相见之际,共话寒喧,友人曰:"久不获晤,良用歉然。当此胡马悲夕,朔风怒号,一寒至此。正宜红泥小炉,杯酒谈心,以永今夕也。况消寒之会,在在可征,我辈万里作客,何弗依样画葫芦乎?"因拟设局春华,随询余赞成与否。余以朋辈皆远距,殊难云集,二人对饮,岑寂何堪?友人曰:"无伤也,试由电话邀之何如?"稍顷答话,朋辈俱欣然乐从,余乃附骥。

驱车出城,直达春华,甫就坐,而朋辈亦接踵而来。堂役献茶毕,告余曰:"主人今晚在贾家胡同李宅唱堂会戏,稍待就回来。"余颔之,旋与诸友茗谈。语及葵香自出师后,性情日益温和,应酬倍加周密,现时虽年将及壮,已值更换声带,登台演剧,歌喉嘶哑,然板调之悠扬，神情之毕肖，伶童中仍无出其右者。纵论间，葵香已归。随命堂役设酒，并驰笺召佩兰、小宝、宝云、幼芬、凤凰、小琐、佩亭、芝香侑觞。时诸伶毕集，或猜拳赌酒，或高唱清谈。而主人葵香，与友某为谈友，今初造其庐，殷勤款洽，尤异寻常。故举座欢欣，兴高采烈，大有乐不可支之意。而葵香则令于席上，特设盐汁制之瓜仁。事虽细微，无足奇异，然示征葵香有改良进步之思想也，因特记之。

光绪三十三年十二月廿三日/1908年1月26日第5版

光绪三十四年(1908)

振华戒烟义务戏记

志士杨铁庵、雷震远诸君,因为预备立宪,要紧的是强种,要强种必先戒烟。现在北京戒烟处还少,于是纠集同志,议设振华戒烟所。但是头一个问题,没有经费。庆寿班主人,知道此事,情愿全班尽义务,又各班名角、九城票友,也愿同尽义务,借地在打磨厂福寿堂开演。十二日是头一天,因为知道的人还少,座位不很多。到第二天十三日晚上,有俞振亭的《金钱豹》,张毓庭的《失街亭》两出好戏,楼上楼下客座都满。拍掌的声音,跟放鞭炮是的,可见演戏和听戏的人,都是高兴的了不得。

每天演戏的时刻,从下午四点钟起,到晚上十二点止。戏出总要演到十四五出,戏价又极便宜。楼上女客包厢,每间十五圆;散座一圆五角,小孩子和仆人都是半价。楼下男座,头等每位一圆,二等五角,小孩子和仆人也都是半价。至于演戏的日期,从十二日起到十七日止,十四那天是忌辰,停演一天。

这几天,正是大好良辰,游览厂甸,游览白云观。游览元宵佳节灯景的,顺便就到前门一带,不是到天乐园听欧美音乐,就是到福寿堂听文明新戏。这个正月间,真是热闹呀。妙在这两处,办的都是公益事,所以热心公益的男子女子都愿意前去助款,一举两便,真是好的很。

光绪三十四年正月十五日/1908年2月16日第5版

明僮小录

余不钓徒

春华张庆龄,字芷馨,年十六,隶四喜部。不假雕饰,独出冠时。浓纤得中,仪态闲逸。当其酡颜半醉,倚榻微眠,星眸乍回,色授神与，无言却对，使人之意也消。工《小宴》、《诧美》诸剧。容华都丽，俨然姬姜。及为齐妇，琵琶如怨如慕，又能使青衫湿也。圆璧方珪，无施不可。其艺尤有过人者，以之弁冕，谁曰不宜。

闻德徐棣香，字亦仙，行二。俊爽无媕阿态，登场亦多作丈夫装。顾眉宇间，别饶抚媚。与弟阿三同隶三庆部。演《巧姻缘》、《桂花亭》诸剧，雅擅胜场。而三有盛名，附和者多。轩三而轾二，然二难竞爽，固非大相径庭者。

光绪三十四年正月廿四日/1908年2月25日第5版

明僮小录(二)

余不钓徒

阿三名金儿，字芝仙。闲静自然，有出尘之致。与人酬酢，无浮嚣习，时誉归之，以时无两。余固未观其深，三与二同居。然长者车辙为二来者，鲜矣。

维新张添馥，又名昆宝，亦字芝仙。年十五。隶四喜部。善杂剧，《连厢》尤工。如承蜩，如弄丸，颇擅时誉。貌仅迈中人，而登场则粉腻脂柔，韶秀倍蓰。席间尝吹樱桃为戏，含而鼓之，距唇寸许，倏忽升降，累黍不差。同辈百方效之，胥莫能及，或从而攫取，亦不得也。与人交，深情若揭。顾酬对不为昵就态，似落落无域府者。能书，楷法峻整。曾见其灯下背临《兰亭》数十字，具有法度。嗜之不倦，亦可名家。

光绪三十四年正月廿六日/1908年2月27日第5版

明僮小录(三)

余不钓徒

春复姚桂芳，字秋衡，丰采甚都，登场尤胜。所少者，林下风耳。饮兴甚豪，屡同宴集，顾未一造其庐。一夕，偶偕二三知己乘月访之。屋宇修洁，衡适他出。同师者小鸿，出肃客。年方舞勺，酬酢儇巧，无羞涩态。鸿徐姓，字意香。

松保沈宝玲，字蓉仙。风流放诞，媚态横生。演荡妇尤神似，妖韶自诩,嗔喜不常,真若有一顾倾城者。而名亦噪甚。

丽春朱福保,字幼云。疏眉豁目,轩爽可人。席间喜谈骨董,区别真赝,或述笑柄,资谈助,娓娓可听。于侪辈有独辟町畦之致。云与稚芙,皆余旧识。而云有时名,无待故人之慰藉。在都时,曾未一招致。而与稚芙周旋,舍如市之门,登罗雀之庭,不能强吾性之所不习也,云其亮我。

净香吴双寿,字稚芙。方其盛时,靡肌腻理,绰约逾常。壬子癸丑之间,曾与款洽。今春复相遇,则病魔缠扰,鬓发俱衰。老大蛾眉,门庭冷落,感怀畴昔,良用恻然。恒折简招之,以慰其意。同人或以嗜为诮,所不计也。故春明宴集,偕稚芙为多,而镜仙次之。

余庆范小金,字镜仙,年十五。工颦眇视,弱不胜衣。俯仰之间,神如静女。隶春台部。春台方不竞,镜浮沈其间,未得与名流角逐。故无旌旆飞扬之态,寻芳者亦罕识之。

光绪三十四年正月廿七日/1908年2月28日第5版

明僮小录(四)

余不钓徒

一日,镜偶从人观四喜剧,与余联坐。遽与目成,招之来,一见如故。爱乌者,或于余前称镜为逸品,虽或过誉,万一似之。

嗟乎!盐车骏足,毳帐阏民。如镜仙者,亦何异名场风汉乎。萍踪小聚,遽唱骊歌,数字品评。未能为镜增声价,抑又慨然矣。

镜同师有小银者,年才十二。广颡丰颐,粉墨登场,当现宰官身而说法。未观其艺,姑阙所疑。优而柔之,亦后来之秀。

光绪三十四年正月廿八日/1908年2月29日第5版

明僮续录(一)

殿春生

春和刘庆袁,字倩云,皖人。师为梅巧伶,负时名,授徒众。而倩其称首。所演唯《舟配》、《游湖》数剧,雅非所好,故登场绝少,而人亦不以此少之。习篆书，工铁笔，遒润有法，似具宿慧者。貌清扬婉娈，秀色可餐，如处子、如冰雪，爱好天然，纯以韵胜。东家之颦，徒取病耳。性和易，无疾言遽色。与人游，不以善愠区厚薄。而孰贤孰否，恒心识之。

夫风尘物色，巨眼实难。倩尚弱龄，涉世也浅。乃能称物平施，明辩以哲。谓之未尝学问，可乎？吾爱之重之，青出蓝，蓝谢青，古也有之，而何异于巧玲。

巧玲者，字蕙仙，景和主人也。齿加长，与倩比肩者，皆其后辈。色艺不具论，论其轶事。

同上

明僮续录（二）

殿春生

蕙与某公善，居久之，某公得监司，贫无以治装。蕙贷以资，且不责券，某公强予之。囊橐既具，未成行而某公殁。会吊日，甫辨色，蕙遽至，人谓为索逋来也，相愕眙。蕙入帏哭且拜，探怀出券，就烛焚之，大恸去。今之古人哉，乃于伶也一遇之。嘻，异矣！

怡云王彩琳，字绚云，淮阴人。孤芳自挺，目无下尘，于侪辈中有鹤立鸡群之概。而柔情艳思，时于氍毹一露之。其演《醉归》、《独占》诸剧，粉黛香酣，宁仅卖油郎心醉欲死也。含如冷隽，町畦独辟。虽朝夕所与游，淡然契然，不少假借，似不苟为妩媚者。脂韦之俗，匿其性情，尚虚车以逢世者，多矣。吾不知绚所操术，其真洁清自好者欤，抑亦矫饰售欺者欤？

光绪三十四年正月廿九日/1908年3月1日第5版

梅兰芳

东池生

天气清和，风物闲美，偶与二三友人观剧广德楼。见有演《探窑》一剧者，台步娴熟，声调悠扬，甚为合法，询之则兰芳也。

兰芳姓梅氏,字畹华,年十四,隶云和堂。闻诸友人云:该伶温柔敦厚,落落大方。予深慕之,亟欲一亲颜色以为快。旋经友人绍介,得观其风度蔼然,应酬娴雅,颇耐人寻味。洵称菊部中特出之秀,因特表扬之,质诸知兰芳者,以为何如?

光绪三十四年二月初二日/1908年3月4日第5版

梧桐之向荣

未别生

酒后茶余,兴高采烈,有叩予者曰:曷往天乐园观戏乎?登楼一坐,则小梧桐正在唱《失街亭》之戏,纶巾羽扇,俨然诸葛亮也;音调悠扬,依然谭老板也。至其步法之稳练,做作之合法,犹其余事。方惊异间,乌有先生喜色相告曰:"予耳梧桐之名久矣,尚未知其音韵之高至于此极也。"予曰:"子知其一,未知其二也。伶界人之职务,以应酬顾客为要。梧桐之应客,不卑不亢,不即不离,蔼然可亲,动合于礼,可谓妙绝伶界者矣。谓予不信,请往试之。"遂与之大醉倩云,不知东方之既白。

同上

菊残犹有傲霜枝

东池生

京师菊部,席前朝末叶之流风余韵,率能善诙谐,解事体。故国朝乾嘉先辈,诗酒而外,往往相与往还。庚子以后,非复昔比,亢者则自忘其分;卑者则且不复以人自待。此中消息,若隐隐于一时士习民风,交相辉映者。惟云和主人朱郎幼芬,倜傥清华,置身于不亢不卑之伦;于时流中,别树一帜。每当朱郎列席,珠光宝气,照人眉宇,娓娓清谈,如霏玉屑。尤能酬应,至不蹈故常,且酒酣耳热,朱郎抗喉一歌,座客皆为之瞿然四顾。是其技尤足多矣。亟录之,以为后之考查者采择焉。

光绪三十四年二月初三日/1908年3月5日第5版

明僮续录(四)

殿春生

棣华万希濂,字芷侬,吴人。秀骨天成,意态闲适。骚人墨士,惟妙惟肖,性相近也。吐属温雅,无叫嚣之习。善弈工书,孜孜不倦。笔意似赵吴兴,秀媚可喜。十余年来诸名伶,唯莲芬工行楷,以能书著称。芷侬晚出,书名几与之埒,可谓能自立者。

畹春郑秀兰,字素香,吴人。神清骨秀,顾影无俦。以演剧雄于时,娴丝竹,琵琶尤胜,捉弦运指,有雨洒芭蕉之韵。雅自矜重,羞作数钱姹女态。径行直遂,倜傥不羁。顾用情则独挚,与某君善,时济其乏,逼岁阑,某君妙手空空,深虑无以酬素也。

同上

明僮续录(五)

殿春生

素微闻,迫见之,多方慰其意。会有饷以巨金者,即转纳某怀,俾卒岁。吁!世不乏风义自高者,居恒诩诩,视朱家郭解未足多,寻诓诿及之,则瞠目结舌,谢不遑矣。若素也,其奉教于君子乎?

联春沈振基,字燕香,吴人。宝珠之子,故又曰小宝。性聪警,善解人意。眉目娟秀,俊爽不群。口素吃,期期艾艾,拙于言辞。唯度曲则应弦赴节,圆转如珠,致足异也。初,宝珠以色艺擅盛名,蚤殁,燕时仅七龄耳。成舞勺,乃从执籥后,慧中秀外,绰有父风。尝演《双官诰》,至童牙孤露处,辄声泪俱下。盖中心是悼,随感而生,观者咸叹异之。夫误读金根。贻笑千古。燕少失怙,鲜辟咡之教。毁齿具后于诸郎,乃能负荷析薪,颉颃名辈。其视胥原皁隶,景升豚犬,何如也。诗云:“无忝尔所生”,燕香有焉。

春华陈润官,字芷衫,皖人。草角登场,即有声菊部。人见其括发丫义,环而覆额。遂以小辫名之,沿至今未改。明眸皓齿,真香粉孩儿也。喜技击,所演多长剑大戟,英姿飒爽,振采欲飞。一洗粉腻脂柔之态,英雄儿女,偿其人欤。

光绪三十四年二月初四日/1908年3月6日第5版

俞振亭

太行樵子

俞振亭者,倡武生最特色之优伶也,大名鼎鼎,已著京华。予日前观其演《金钱豹》一出,其精神之活泼,技艺之纯熟,梨园武行中罕有其匹,较其乃父尤胜一筹。故观者喝采之声不绝于耳。查俞振亭品行端正,朴诚尚义,实梨园中之铮铮者。至组织文明新戏园时,深倚其臂画,现仍拟设法重开,以为改良北京风气之倡,予亦深为翘足望之。

同上

明僮续录(六)

殿春生

桐华任小凤,字仪仙,刊江人。□光眇视,蛾眉目然,躁释矜平,不同浮艳。值佐樽俎,则渊乎有思,意态恬适。凤兮凤兮,《诗》所谓“静女其姝”者欤。而人或以寡言笑少之。

景莲汪小庆,字曼仙,皖人。盼睐生姿,具百万回眸之致。溺于饫,醉后酡颜乜视,憨益甚焉。不矜情饰貌,乱头粗服,而不损其媚。酬对落落,唯意所适。犹近于率真者。

春华张蓉官,字芷芳,皖人。貌仅中人,而以娇捷著。演《卖艺》,兔起鹘落,渐近自然。信乎承蜩结棒,非寓言也。支公谓贫道赏其神骏,余于芷芳亦云。

同时有艳侬者,善演《连厢》,艺亦相匹。艳李姓,德华名,燕产也。肌不甚丰,而圆姿替月。自昆宝殁后,《连厢》一剧,几如广陵散矣,艳实继之。周士规,哲中矩,俯仰进退,尽得风流。如夫伯英章草见右军书,顿还旧观也,巧夫。

饮和钟凤龄,字雁秋,吴人。少孤,唯母。在髫年人都为醇和弟子,及长,蛾眉瓠齿,婉丽中别饶神韵。盖春和流亚也。生有至性,白云亲舍,时切所怀。脱籍后甫定居,亟丐人辇其母。而吴下频年兵燹,人多流亡,其母踪迹不可知。屡以书往,不得一报。乃奋然为寻亲计,人以其隳成业也。咸劝沮之,秋则曰:“吾之不惮征缮，为将母地也。今不得母耗，何恋此贱业哉?”尽贷其所有，不再谋而行。

嗟乎！但有远志，无复当归。豪杰之士且侈言之矣。秋也一雏伶，乃能动于属毛离里之思，无所回惑却顾，率性以行其志。是不大可风乎。余恐其阅时久而湮没也，附书之以殿于后。

光绪三十四年二月初五日/1908年3月7日第5版

题《明僮小录》七截五章

并州挹翠主人

艳绝珊瑚笔一枝，蚕眠小字为乌丝。锦氍毹上三生影，幻到春明入梦时。

霓裳小队演长生，并蒂花开擅盛名。一事难忘惆怅处，不将残墨吊云英。春晖主人，与棣香昆季善演《长生殿》诸剧。

悔踏天街十丈尘，玉台新咏谱前因。樱桃门巷春如海，何处吹箫教玉人。

芙蓉旖旎玉温存，泥醉曾销一段魂。底事轻悬徐稚榻，大江烽火怨黄昏。

长安我亦负看花，赢得樽前两鬓华。漫向南州争赋艳，青衫一例感琵琶。芷馨善演《琵琶行》。

光绪三十四年二月初六日/1908年3月8日第5版

题明僮小录七绝四首

古□殿香生

传来小录署明僮，排比班真玉笋同。我欲随风花底去，一生常得傍秦宫。

几向天街踏软行，三千弱水隔蓬瀛。可怜造凤雕龙手，难竞灵狸乳燕名。

生面重劳妙手开，不虚造物此生才。君家自有琉璃砚，新咏应成续玉台。

春明陈迹已天涯，牢落饥驱鬓亦华。身世若增迟暮感，也应珍重过时花。

同上

题《明僮小录》七律二章

武林籽芗居士

五色笺书小录工,燕台歌舞艳帘栊。羡君兴采评花细,愧我心想黏絮同。好梦曾圆纨扇月,旧游已断剪刀风。枇杷门巷殊今昔,陈迹徒劳忆软红。

双轮辘辘走如龙,市上长安春色秾。檀板漫教歌一曲,杏帘拚酒醉千钟。翻新月旦非私好,别有风姿记阿侬。老眼未能看拨雾,拈毫何以涤尘胸。

光绪三十四年二月初八日/1908 年 3 月 10 日第 5 版

题《明僮小录》二绝

云间啜醨生

孝穆才名孰与齐,华词读罢首频低。软红羡睹群花笑,闲向丰台细品题。

艳编菊部姓名存,动我风怀旧梦温。回首十年前顾误,王郎一曲最销魂。

光绪三十四年二月初九日/1908 年 3 月 11 日第 5 版

题《明僮小录》调寄《祝英台近》

锡山晚晴庵主

网千丝,笺十色,约略艳如许。润到樱桃,旧雨间新雨。不须真个销魂,玉人天上,尽消受酒边眉妩。　　漫来去,几人席帽黄尘,赋尽断肠句。清浅蓬莱,准拟伴他住。累侬刻骨相思,红墙那角,偏难说梦曾游处。

光绪三十四年二月十九日/1908 年 3 月 21 日第 5 版

《夺锦标》题《明僮小录》和采戢山词客韵

渝江渔者

苕水新词，燕台旧谱，瞬息烽烟如许。多少云鸿失侣，扪虱空谈，闻鸡起舞。问天天聋矣，拚寻个桃花深处。忽忆他玉冷香温，争忘冰轮碧宇。　偏是痴情难阻，芍药樱桃，老却风流张绪。余亦浮沈海国，杏薄红绡，柳萦青缕。望蓬山隔路，似齐妇诉愁盆浦。问谁歌，天上霓裳，叫破巴山夜雨。

光绪三十四年二月二十日/1908年3月22日第5版

《醉落魄》题《明僮小录》

于越梦玉居士

秦宫花底，玉台艳笔分明记，承平京洛欢游地。感我青衫，绮恨重提起。　家尽江南风月里，可怜市骨千金意。梦华旧谱今谁拟，凤彩鸳文，十幅苔笺腻。

同上

记振华义务戏会

振华戒烟所，前次在福寿堂举办义务戏会，因为卖座不多，经费无着，没有能够成立。

此次恭读谕旨，又见有禁烟大臣的命令，知道两宫重在戒烟，为预备立宪时代的首要政策。于是又提议北京城戒烟会太少，不可不从速设立振华戒烟所。

同人商量，恰巧有正阳门外东大市的财神庙，愿意出借庙内戏台，尽义务，不要钱。又有某戏班，也愿意全包出尽义务，不要一文钱。有这两方面承诺，这振华义务戏会，便可开办了。

现在办义务戏的普通日期，是星期日，和星期前后几天。最近的星期日是十九日，避去斋戒忌辰，于是就择定十九、二十、二十一这三天，在财神庙演唱义务戏。九城票友，都愿意帮忙，赞成公益事。办事人这番热心，和庙主、票友、戏班子同心协力，成这个美举，真是难得。况且戏价卖的极便宜，楼上女座包厢每间八圆，楼下男座每桌五圆,散座头等八角,二等七角,三等六角,比向来义务戏格外的便宜。

但是有几句话,要奉告诸君,并且要请诸君转告各位至亲好友。这财神庙所唱义务戏,目的是在集款设戒烟所。戒烟是强种政策,热心人应当赞成的。试想庙中主持,梨园子弟,对着这件事都愿意各尽义务,九城票友更是热心到高潮点,那么士大夫们向来是忧国忧民的,对著这戒烟事,感情又怎样呀?

这是公益事,所花的戏价,本是作为捐款,不能计较上算不上算。热度高的人,也许捐了钱,不去看。去看戏的人,不可忘记义务二字。不明白的人,往往说是“汪桂芬如登台,我必定要去看”,这是把此事当成买卖看,忘记了义务二字了。那么热心爱群爱种的诸大志士,对着这义务戏,是应当赞成呀,还是不应当赞成呀?不必等我下断语了。

光绪三十四年三月初八日/1908年4月8日第5版

听戏看戏

有甲乙二人闲谈,甲问道:“北方人到戏园,必说是听戏;南方人到戏园,必说是看戏。那是什么理由?”

乙答道:“这就可以分别出内行外行来,北方人懂戏的多,进了戏园,必定静心细听,辨别那音调的优劣,板眼的合不合字眼的清楚不清楚,所以叫做听戏。南方人懂戏的少,进了戏园并不静心细听所有音调的优劣,板眼的合不合,字眼的清楚不清楚,一概不管。但知道看那戏装的行头,或者是贪看武戏,或者是贪看花旦,或者是贪看灯戏,只用视能、不用听能,所以叫看戏。还有一层,可以证明。北京戏园池子内的戏桌,都是横摆著,听戏的人,都是横坐著。为的是好令耳门子,对着戏台,可以听的清楚。所以不叫做看戏,却叫做听戏。南方戏园池子内的正桌,都是正摆着,看戏的人都是正坐着,为的是好令目光线正对戏台上,可以看的清楚。所以不叫做听戏,却叫做看戏。”

甲听到这儿,不由得拍掌大笑道:“极寻常的事,经您这样一说，便觉得有妙理。听戏看戏这问题，从此雪融冰释了。”

光绪三十四年三月初十日/1908年4月10日第5版

文明园听戏记

星期那一天，听说文明园头一天开戏。这个戏园，是北京戏界中最出色的戏园。内容一切现象，人人都要注意，不可不切实调查。

那时已在午后，在下到园，园中经理人报告道："午前十一点钟，票已卖完停止。"在下一听这话，知道戏座已满。于是由经理人指挥卖座的，在池子内择地加一椅座。在下入场，四面观看，竟没有一座之地。但见池子中央处，隙地稍宽，便令卖座的，安设一座。坐定，抬头一看。但见舞台上，小永奎、小永春正在演唱《打龙袍》，戏衣戏装，一切行头，都是崭新的。

池子内戏座，左右前后，都是满满的。连戏台两旁，都没有一隙空地。细加调查，知道有前一天便定下座儿的，更有前两天定下座位的，所以到了当天午前十一钟，已把戏票卖完。又调查两廊和正廊内，一排一排的，但见人脑袋。一层高一层，扇子摇动，如同蝴蝶飞舞似的。

楼上都是女座，是一间一间的包厢，包厢两面，都有板墙隔断，后面有活络门扇，可以随意推动。包厢又分头等包厢、二等包厢，头厢包厢很宽大，二等包厢稍小。东西两倒座，也归二等。又包厢外边，另有散座。正楼包厢外，散座最多。东西两楼，包厢外，只有一层散座。

楼上专卖女座，男子无论什么人，一概不许上楼。不但不许上楼，并且不许在一个大门内入。男子由南门出入，妇女由东门出入。南门在西珠市口大街上路北，东门在煤市街南头路西。座位路线，都分的清清楚楚，秩序很是整齐。

总加调查，这文明园，有五大特色：一、卖票再进门，不致拥挤，且没有看蹭戏的；二、池子内正桌，没有板桌横坐的野蛮现象；三、不吃柱子。这戏园是最新营造式，池子内没有柱子，戏台上的柱子,也很细小不致障碍视线;四、包厢分间,彼此夹断;五、男女分门出入。有这五大特色,所以在北京戏界中,便占优胜地位了。这天的戏文,演的非凡认真。前后共十二出戏:一、《大赐福》,二、《江东桥》,三、《二进宫》,四、《玉玲珑》,五、《卖马》,六、《恶虎村》,七、《打龙袍》,八、《双摇会》,九、《朱砂痣》,十、《彩楼配》,十一、《失街亭》,十二、《青石洞》。

这十二出戏文,最出色的是姜妙香的《彩楼配》,和刘鸿升的《失街亭》两出。刘鸿升本唱黑头,现今改唱胡子,描摹诸葛亮在城头上,向司马懿,一种嘲笑的神情,真是入了化境。末后又烦演《青石洞》,直演唱到七点半钟,方才停息,可称认真。所以听戏的人,都赞美的了不得。

光绪三十四年四月廿一日/1908年5月20日第5版

戏　评

京城七大戏园,以文明园为最占特色。天乐园主人因此停止演戏,另行改革,期与文明园争衡。查文明园有俞振亭、姜妙香诸名角,天乐园有宝云、小宝、葵香诸后起,将来舞台竞逐,尚不知优胜属何方面也。

光绪三十四年六月十一日/1908年7月9日第5版

戏　评

戏界分两大派:一、汪派,一、谭派。汪者,汪桂芬,所谓汪大头也;谭者,谭鑫培,所谓小叫天也。其实汪桂芬之头,并不大;谭鑫培已老,更无所谓小,不过相沿如此称呼耳。

学汪派者少,学谭派者多。此有两种原因:一因汪调难学,谭调易学;二因汪轻易不唱,谭则日日出台也。故今之学汪,惟有王凤卿一人,而学谭者,则可以车载斗量,甚至谓张毓庭学谭而胜于谭。然则汪谭之价值,不辨自明矣。

光绪三十四年六月十三日/1908年7月11日第5版

演曲筹款助学

孟艺斋君创办宏育小学堂，因经费不足，拟在东便门外一闸地方，演唱文明戏曲，筹款助学。已禀明左营胡参戎，转禀那相国，允准。定于月二十五日开演。

光绪三十四年六月十三日/1908年7月11日第7版

戏　评

刘鸿升在文明园唱《空城计》，取诸葛亮。方一揭帘走出，全园人同声唱采。至其登城横琴，向司马懿谈笑，反复陈说一切，摇扇指点，一种情真理实之状态，虽画笔无从描写。及其手扇作招状，口唱“来”、“来”、“来”神情逼真，几疑孔明现身。随即抚琴高弹一调，司马懿闻之，不敢进攻，引兵退去，孔明乃从容下城。可笑智如司马，竟为诸葛所欺也。

光绪三十四年六月十七日/1908年7月15日第5版

戏　评

戏文繁多，名用互异。有本于正传者，有出于演义者，甚至相传别本，不知何时代者。则戏文内容之人名，不可不知也。

生、旦、净、末、丑，扮角不同。生有小生、武生，净有黑白胡子，丑有男丑、女丑，旦花有青衫、老旦、武旦，此外又有白面、花面等。则戏文所扮之角色，又不可不分也。欲知戏文内容之人名，欲知戏文所扮之角色，则不可不看此表。持此表以观剧，庶可以免盲人观日之讥矣。

（小生戏文）	（人名）	（戏文）	（人名）	（戏文）	（人名）
《群英会》	周瑜	《黄鹤楼》	周瑜	《射戟》	吕布
《白门楼》	吕布	《凤皇台》	孙策	《借云》	赵云
《盘河战》	赵云	《监酒令》	刘章	《烈火旗》	狄青
《延安关》	狄青	《取洛阳》	岑彭	《穆柯寨》	杨宗保
《破洪州》	杨宗保	《镇檀州》	杨再兴	《八大锤》	陆文龙
《兵家庄》	岳云	《飞虎山》	李存孝	《雅观楼》	李存孝

《反五候》	李存孝	《观画》	薛蛟	《孝感天》	郑叔段
《绝会》	唐交	《御碑亭》	柳生春	《清河桥》	养由基
《翠屏山》	石秀	《胭脂虎》	王寻玉	《玉玲珑》	韩世忠
《得意缘》	罗昆杰	《虹霓关》	王伯当	《红鸾禧》	莫稽
《五方阵》	严成芳	《马上缘》	薛丁山	《三休》	薛丁山
《打金枝》	郭暧	《双沙河》	高将军	《换带》	杨怀谅
《取南郡》	周瑜	《临江会》	周瑜	《跃檀溪》	赵云
《回阵》	韩彦直	《四平山》	裴元庆	《余塘关》	杨业
《雁门关》	杨八郎	《淤泥河》	罗成	《玉堂春》	王金龙
《连升三级》	王名芳				

(武生戏文)	(人名)	(戏文)	(人名)	(戏文)	(人名)
《探庄》	石秀	《青龙棍》	青龙	《清风岭》	李虎
《白水滩》	十一郎	《蔡家壮》	郑天寿	《吴蚣岭》	武松
《乾元山》	哪吒	《淮安府》	贺仁杰	《八蜡庙》	贺仁杰
《三岔口》	任堂辉	《泗州城》	猴儿三	《夜巡》	都头
《火云洞》	哪吒	《水门》	哪吒	《无底洞》	哪吒
《青石山》	宅	《独虎营》	黄天霸	《二龙山》	张青

(未完)

光绪三十四年六月十九日/1908年7月17日第5版

戏　评

(武生戏文)	(人名)	(戏文)	(人名)	(戏文)	(人名)
《英雄义》	燕青	《红桃山》	花荣	《神州》	花荣
《昊天关》	花凤春	《艳阳楼》	花凤春	《界牌关》	罗章
《反西凉》	马超	《攻潼关》	三咤	《落马湖》	万君兆
《赵家楼》	华云龙	《忠义乐》	薛丁山	《快活林》	武松
《打店》	武松	《雁门关》	四郎子	《大夜奔》	林冲
《英雄会》	万君兆	《武当山》	明太祖	《金兰会》	岳云
《金钱豹》	豹	《小天宫》	造化小儿	《五方阵》	岳云

(胡子生戏文)	(人名)	(戏文)	(人名)	(戏文)	(人名)
《捉放曹》	吕伯奢	《回龙阁》	薛平贵	《打金枝》	唐王
《赶三关》	薛平贵	《二进宫》	杨波	《党谅》	康茂才
《教子》	薛保	《跑坡》	薛平贵	《金水桥》	唐王
《戏妻》	秋胡	《天水关》	诸葛亮	《探母》	杨延辉
《樊城》	伍子胥	《昭关》	伍子胥	《醉写》	李太白
《骂曹》	祢衡	《取荥阳》	纪信	《黄鹤楼》	赵云
《上天台》	汉光武	《二进宫》	杨波	《芦花河》	薛丁山
《采石矶》	徐达	《探母回令》	杨延辉	《御林郡》	马方
《烟墩》	申侯	《攻关》	姜子牙	《青石山》	关公
《斩子》	杨延昭	《五雷阵》	孙宾	《取荥阳》	汉高祖
《战城都》	刘璋	《定军山》	黄忠	《洪洋洞》	杨延昭
《换子》	徐策	《审刺》	闵觉	《扫雪》	刘子明
《法门寺》	赵廉	《南阳关》	伍云昭	《断密涧》	王伯当
《金马门》	李太白	《奇子》	邓伯道	《打嵩》	邹应龙

光绪三十四年六月二十日/1908年7月18日第5版

演剧筹款恤孤

有商人张钟骏者，因已故商人治静亭身后萧条，特禀请总厅：拟在东安市场演剧筹款，以济恤孤婴，未悉厅宪允其所请否。

光绪三十四年六月二十日/1908年7月18日第7版

戏　评

(青衫戏文)	(人名)	(戏文)	(人名)	(戏文)	(人名)
《彩楼配》	王宝钏	《战蒲关》	二夫人	《回龙鸽》	王宝钏
《戏妻》	罗敷	《宇宙峰》	赵小姐	《乾元山》	碧云公主
《二进宫》	李燕妃	《探窑》	王宝钏	《祭塔》	白蛇
《击掌》	王宝钏	《教子》	王春娥	《金水桥》	正宫
《探母》	四公主	《玉堂春》	苏三	《孝感天》	郑大人

《打金枝》	升平公主	《跑坡》	王宝钏	《赶三关》	代禅公主
《斩子》	穆桂英	《芦花河》	范梨花	《牧羊圈》	赵景棠
《战太平》	二夫人	《三休》	范梨花	《祭江》	孙夫人
《汾河湾》	柳迎春	《斩窦娥》	窦娥	《金水桥》	银瓶公主
《荣归》	小姐	《戏凤》	李凤姐		

光绪三十四年六月廿一日/1908年7月19日第5版

戏　评

(花面戏文)	(人名)	(戏文)	(人名)	(戏文)	(人名)
《捉曹》	曹操	《骂曹》	曹操	《二进宫》	徐彦昭
《断密涧》	李密	《锁五龙》	单通	《黄金台》	伊哩
《法门寺》	刘瑾	《牧羊圈》	中军	《回朝》	闻仲
《探阴山》	包拯	《断后》	包拯	《打龙袍》	包拯
《上天台》	姚刚	《斩黄袍》	郑子明	《御果园》	尉迟敬德
《沙陀国》	李克用				

(花旦戏文)	(人名)	(戏文)	(人名)	(戏文)	(人名)
《扛子》	小娘子	《卖饽饽》	王三姐	《打灶》	李三春
《入府》	李妻	《女店》	陈氏	《打刀》	女掌柜
《面缸》	周蜡梅	《摇会》	二娘	《闯山》	董金莲
《查关》	旗婆	《烧灵》	刘氏	《荷珠配》	荷珠
《铁弓缘》	姑娘	《上坟》	萧素贞	《双沙河》	公主
《胭脂虎》	石中玉	《玉玲珑》	梁红玉	《破洪州》	穆桂英
《艳阳楼》	高妻	《下河南》	媒婆	《龙凤配》	媒婆
《御碑亭》	王妹	《滚钉板》	陶氏	《八扯》	小姑娘
《探亲》	旗婆	《拾镯》	孙玉姣	《双摇会》	大娘
《戏凤》	李凤姐	《荣归》	小姐	《关王庙》	玉堂春
《湖船》	张大姐	《打樱桃》	平儿	《巧姻缘》	周蕙娘
《花鼓》	婆子	《学堂》	春香	《嫖院》	鸨儿
《玉玲珑》	鸨儿	《别妻》	王氏	《翠屏山》	潘巧云

《杀狗》	萧氏	《喂药》	刘金锭	《闹洞房》	新娘
《贵子图》	丫头	《送盒》	周蜡梅	《赶会》	刘二姐

光绪三十四年六月廿五日/1908年7月23日第5版

戏　评

日前三庆园，演《梅龙镇》（即《戏凤》）、《四进士》（《连台节义廉明》）二戏，颇有足以记载者。

《梅龙镇》相传是前明正德天子故事，未必真有此事，不过戏文如此耳。戏文一胡子、一旦，取胡子是刘景然，取旦是路三宝。

先是正德天子微服出游，经过一家酒店，有一女酒保出游，不知为正德天子也。正德问你家饭店，有何酒饭？女酒保答道：小店酒饭，分上中下三等。又问上等酒饭，是为何等人预备。答道：是为贵人预备者。又问中等酒饭，是为何等人预备。答道：是为往来客商预备者。又问下等酒饭，是为何等人预备？女酒保笑不答。问为何笑不答，女道：若言恐老先生见怪。正德接道：决不见怪。此下等酒饭，就是专为汝辈此等人预备者。（未完）

光绪三十四年七月初二日/1908年7月29日第5版

戏评（接前）

女酒保随即取酒来，正德取出纹银一锭，正欲给付，忽又用扇遮盖。女心生一计，作惊骇状道：不好了，屋里来了老虎了。正德亦惊起，问老虎在那里？女指道：在那边。正德回顾不见有虎，又各问在那里，女伺正德回顾时，取银在手。随即举手答道：在这儿。正德抬头一看，见银锭已在女手掌中，一笑而罢。

女取银后，即献菜来。正德令同坐饮酒，问女是何姓名。女答言无姓无名。又问如此美貌女子，焉能无姓无名，快快告我为是。女乃答道：姓李。又问何名，答道：凤姐。正德喜道：原来是李凤姐。

末后正德揭开里衣，现出龙袍，给凤姐看。凤姐方知是正德天子，便下跪请封，同下。

因女名凤姐,故此戏又名戏凤。路三宝口白清脆,声调高朗,台步娴熟,神情如画,洵不愧名角也。

《梅龙镇》演毕,接演《四进士》(《连台节义廉明》),这出戏是末尾一出大戏,有贵俊卿诸名角,更是好戏。

先是四位进士,出台会谈。这四进士:一是知县、一是知州,一是知府、一是代天巡案,是本戏的主眼。所以这个戏□,非名角不成,这天取代天巡案的,是头等名角贵俊卿。

暂且把这边按下不提,先说有一家母子儿媳妇三人。媳妇的丈夫,被人害死。婆媳二人,无以为生,便邀请大舅来商量,所说的大舅,是媳妇的哥哥。

大舅(丑)来到,谋害的人(花旦)和婆(老旦)媳(青衣)二人,一同出台。花旦老旦和丑商议(老旦不知害死真情),安顿寡妇方法。丑答言只有改醮一法,老旦、青衣无可奈何,只得答应。(未完)

光绪三十四年七月初三日/1908 年 7 月 30 日第 5 版

戏评(接前)

那时有名杨忠的,正要买人。和丑相遇,丑言有一小寡妇,在家不能度活,正要出卖,要银三十两。丑便告知老旦和青衣,二人哭应。丑也假哭,丑哭了三次,三哭分三种声音。哭声哭到激烈的时候,那胡琴上故意的一拉,助他哭声,便有人喝彩道:"好胡琴。"

哭止言毕,丑和青衣同去。到一处,杨忠已经在那等候,丑便写了一卖纸交给杨忠。杨忠便把银子三十两交付丑,丑忽哭忽笑,去了。

杨忠走近青衣前,和他说话。青衣惊问:"你是何人?"答道:"我是买你的人。"青衣急问:"何人卖给与你"。杨忠道:"刚才那男子是何人?"青衣道:"是我的哥哥。"杨忠道:"就是你哥哥他把你卖与我了,身价银三十两已拿走了。"青衣大惊,问有何凭据。杨忠向怀中取出卖纸给他看,青衣急要夺看,杨忠不给,说是我念给你听。从头至尾,念了一遍。青衣听完,放声大哭。二人正在争闹时,那边代天巡案扮着算命先生的装束,带著一个书僮来了。看官注意,扮算命先生的，仍是贵俊卿。

光绪三十四年七月初五日/1908年8月1日第5版

戏评

《文昭关》这出戏是伍子胥故事。戏文中，引称古诗很多。先是村老东皋公出台，念六言诗四句道："桃红复含宿雨，柳绿更带朝烟。花落家僮未扫，鸟啼山客犹眠。"东皋公自称幼年曾拜扁鹊先生门下为徒，只因平王无道，告归林下。今日闲暇无事，不免到庄前庄后游玩一番便了。随即唱二黄调，也是古诗四句，文道：闲来无事不从容，睡觉东窗日已红。万物静观皆自得，四时佳兴与人同。但听得有胡子生在内喊道："马来。"随见一黑须行装提鞭上，口唱摇板调道："伍员马上怒气冲，逃出龙潭虎穴中。"原来是伍子胥出台了，伍子胥自称是伍员(音云)，指望吴国借兵。行来此处，作四面看状，四面俱是高山，不知那条道可通吴国。

东皋公作呵咳声，伍员回头一望。说道："那边有一老丈，待我下马问来。"作下马状，口作呵声，手作揖状，说道："老丈请了。"东皋公台抬头一望道："来者敢是伍子胥?"伍员一听，吃了一惊，正色道："老丈不要认错了人。"东皋公道："将军休要害怕，老汉也非歹人。吾乃山中隐士。但说无妨。"伍员道："在下正是伍子胥，老丈怎么知道?"东皋公道："老汉那天由昭关经过，看见有一图影，与将军面貌相似。故尔冒叫一声，不料果是。"伍员道："请问老丈，不知那条道可通吴国。"东皋公作指点状："将军请看，四西皆是高山，无路可通吴国。非由昭关，不能经过。"伍员著急道："这话怎讲。"东皋公又逼紧一句道："并无别路可通。"伍员惊道："哎呀，不好了!"

随接唱摇板调道："听说昭关路不通，好似狼牙箭贯胸，心猿意马成何用。"插叫哭道："爹娘呀。"又接唱道："血海冤仇落了空。"

东皋公上前劝道，"将军不必悲伤，且请到老汉寒舍，慢慢设计救你出关。"伍员谦谢道："萍水相交，怎好叨扰?"东皋公道："忠臣孝子，这又何妨? 走呀。"便自先走，唱快板调道："山在西来水在东，山水相逢处处通。男儿五湖为朋友，人生何处不相逢!"

东皋公站住道:“此处便是寒舍。将军请呀。”伍员道:“老丈请。”走进门道:“有礼。”东皋公还礼道:“有礼相还。请坐。”伍员道:“请问老丈贵姓高名。”答道:“老汉东皋公,乃楚国人氏,幼年曾拜扁鹊先生为徒。”伍员道:“原来是老前辈的老先生,多有失敬。”答道:“岂敢,将军为何这等狼狈?”伍员叹道:“一言难尽。”随接唱西皮调道:“恨平王,无道乱楚宫,父纳子妻礼难容。吾的父谏奏,反把命送,满门家眷血染红。”

东皋公道:“原来如此。老汉有一花园,将军暂住几日,慢慢寻计出关。”伍员道:“若得如此,感恩非浅。”皋公道:“请到后面。”伍员道:“请哪。”皋公道:“忠臣落魄遭拥护。”伍员道:“愧杀男儿不丈夫。”皋公接口道:“大丈夫。”便同下。

光绪三十四年七月初六日/1908年8月2日第5版

戏 评

伍员又上,唱快板调道:“过了一天又一天,心中好似滚油煎。腰间横挂三尺剑,不能报答父母冤。”唱完四句,又自述伍员指望吴国借兵,谁知昭关难过,幸遇东皋公,施点恻隐之心,将我留下后花园中。一连七日,未见计出。不觉又是一天,思想起来,好不焦燥人也。说到这儿,更鼓声起,作起更声。便独自一人唱二黄慢板调,这段唱的最长,角色优劣,也就在这段上分出来。

先是一字一唱道:“一、轮、明、月、照窗前,愁人、心中、似箭穿。实指望,到吴国,借兵回转。又谁知,昭关、也有、阻拦,幸遇皋公,行得方便。他将我,留在后花园。一连七夜,眉不展。夜夜何曾,得安眠?区区、好一比、丧家犬,满腹愁肠,对谁言。我好比,哀哀空中雁;我好比,游龙、在浅沙滩;我好比,鱼儿脱了钓钩线;我好比,波浪中、失舵舟船。思来想去,我的肝肠断。今夜晚,怎能够,到得明天。”唱到这儿,便把黑胡子,换上花白胡子。

这一段最难唱,北京各戏园唱《文昭关》的,第一是谭鑫培,第二是王凤卿,第三是张毓庭,第四是刘鸿升,此外都在以下了。

此时鼓声又作二更声,皋公上,作向内听状。鼓声又转三更,但听得伍员，出许多怨望话，又连连悲哭。怨的是：皋公既要救我，何以七日未见计出？哭的是：此关不出，父母难得见面。鼓声又转四更，皋公唱慢板，说是明日要保他过昭关。又转五更，伍员换全白胡子。

快板，唱到怨恨时，要想拔剑自杀。回念一想，父母冤仇未报，又停手自誓必报此仇。

皋公又上，作叫门状，口称“开门来”。伍员随唱随手开门。皋公进门，抬头一看，作惊状道：“将军怖为须发都变白了。”伍员也自惊，说是我知不信。皋公道：“将军请看。”伍员作看状，惊叹道：“哎呀，不好了。”接唱慢板四句，皋公转笑：“恭喜将军，贺喜将军。”伍员诧异道：“喜从何来？”皋公道：“将军可以过得关了。”伍员道：“怎么说是可以过得昭关。”皋公道：“那昭关上，画的是年轻壮士，如今将军须发都白，和图像不同。”便说到约请皇甫纳，设计救将军出关，伍员拜谢。

光绪三十四年七月初八日/1908年8月4日第5版

戏评(白话)

皇甫纳上，进门和皋公相见。先寒暄数语，随问相邀何事。皋公说明伍子胥逃难在此，要往吴国借兵，怎奈昭关难过。贤弟面貌，与伍员相似，所以特邀商议，救他过关。皇甫纳点头答应，便问伍员今在何处。皋公道现在后园。皇甫道：“请来相见。”皋公高声道：“有请伍明辅。”伍员出，彼此相见。问计将安出，皋公道：“皇甫兄面貌，与将军相以。要过昭关，只要皇甫兄改扮作将军模样，伍明辅扮作随行家丁，你二人先往昭关，守关之人一见必定要捉拿皇甫兄，只管由他捉去，伍明辅趁喧哗之中，便可混出昭关了。”伍员听言大喜，便彼此改装皇甫穿了伍员的衣服。伍员改了家丁的装扮，先向皋公谢，又向皇甫谢，先后向昭关走去。

关吏上，自称米南，奉了平王旨意，镇守昭关，画影图形，捉拿伍子胥。来往之人，须要盘问明白。皇甫上，伍员随着。叩关道：“有人么？”关吏问是什么人，皇甫道：“挂号过关。”关吏一看，见皇甫面貌,与图形相似,便喝众绑赴帅府。伍员趁人众喧哗时,便一溜烟逃出昭关了。这边帅府审问皇甫,皇甫自称并非伍子胥,乃是庶民皇甫纳。问官不信,喝令动刑,东皋公已到,求见。帅请见,皋公进,说是恭喜元帅,问喜从何来,答道:“听说已拿住伍子胥了。”帅道:“拿是拿住了,但是他自称是庶民皇甫纳。”皋公道:“皇甫纳是老汉的好友,今在何处?”帅道:“现在西厢。”彼此一见,作惊喜状,随把皇甫释放。三人同坐共饮,临散时,还吩咐众人道,休放伍子胥混出昭关呀,众答道“哦”同下。

《四郎探母》这出戏是杨四郎的故事,戏文无非是忠孝节义。这四郎探母,是孝,要明内容事略,请看下文。先是一胡子生,锦袍玉带,纱帽插双鸡翎上台。口称被困幽州,老母难见等语,作拭泪状。随即自称本宫四郎延辉,祖居山东,石州人氏。父是杨老令公,母是佘太君,只因沙滩血战,杨家将死故逃亡。本宫被擒,改名木易。萧太后招为驸马,与铁镜公主匹配,已经一十五载。昨日听说老母押粮到番,意欲前去见母一面,无奈铜关不能飞出,思想起好不悲伤。便唱慢板西皮道:“杨、延辉,坐宫院,自思自叹。思想起、高堂母、好不惨然,我好比、中秋月、浮云遮掩,我好比、笼中鸟、有翅难飞。”寻常戏角,每每连唱十个好比,谭鑫培唱《探母》,只唱三个好比,第三个好比道:“我好比,浅水龙,久困在沙滩。”下便接唱“想当年,沙滩会”。转慢二六板了。只因连唱十个好比,唱的人太气促,听的人太厌烦,都不合式。谭叫天只唱三个好比,用五字句镇住,所以便出色当行。由慢二六板,又转快二六板。唱到“无令箭不能出关”句,便又转哭板。

但听得旦内白:“带路。”便见旦长袍两把头,手抱小孩,后随丑,同上。口唱摇板:“芍药开,牡丹放,花红一片。艳阳天,春光好,百鸟声喧。”等话,原来是铁镜公主出台了。公主回顾丑道:“丫头,你看驸马爷一个人在那里发愁呢,我们前去问问罢。”便上前叫驸马爷,驸马在上,咱家有礼。四郎回礼,公主问道:“驸马这几天愁眉不展,有何心事?”四郎答没有心事。公主说:“你眼上泪珠还未干，怎么说没有心事?”四郎道:“心事却有，可是神仙也猜不到。”公主道:“我倒要猜一猜。”便移坐近前，第一猜:“莫不是，我母后，待你轻慢。”四郎道:“太后乃一国之主，女婿乃半子之劳，何言轻慢，猜错了。”第二猜:“莫不是，夫妻们，鱼水少欢。”四郎道:“你我夫妻亲爱，何出此言，一法猜错了。”

光绪三十四年七月初九日/1908年8月5日第5版

戏 评

第三猜:“莫不是，思游玩，秦楼楚馆。”四郎道:“皇宫内院，异景非常。秦楼楚馆，又岂是驸马去的呢!”第四猜:“莫不是，抱琵琶，另向人抱。”四郎道:“公主见爱，即是万幸，更不是的了。”公主回顾丑道:“丫头，往常我母后的心事，咱家一猜就猜着了。怎么驸马爷的心事，再猜也猜不著呢?”

丑道:“驸马爷的心事，我只要一猜，就猜着了。”公主道:“那么你去试猜一猜。”丑上前道:“驸马爷，你是想我做个二夫人，是不是呀?”公主一听大怒，叱道:“滚下去。”丑回头道:“你不要，我还不愿意呢。”公主唱道:“这不是，那不是，是何意见?”作低头想状，随即点头道:“哦，是了，我这一猜，便猜着了。”

第五猜:“莫不是，思骨肉，意马心猿。”四郎惊起道:“呀!”唱快板“贤公主，识破机关”等话。随逼公主道:“心事虽被公主识破，不能与本宫作主，也是枉然。”公主道:“不妨把真情说出，自家替你作主。”四郎道:“恐怕说了，走漏消息。”公主道:“说那里话来，何肯走漏消息?”四郎到此时，便作哭状，口叫公主呀，公主劝道:“不要哭，慢慢讲来。”四郎要公主赌誓，公主初不肯，后即跪下对天发誓。四郎方把自己父母姓名说出，并把大郎、二郎、三郎。五郎、六郎、七郎战事，说了一说，末后说出自己姓名。听说老母驾临北番，要求公主给一令箭，出关探母，赶紧回还。

杨四郎把真姓名说出，铁镜公主不由的惊叹起来，彼此对唱了半晌。一个说是“你休怪我言话轻慢”，一个说是“我实感你恩重如山”，两人接唱快板，一层逼紧一层，四郎无非是“逼他金批令箭”，公主无非是"怕他一去不还",四郎于是也对天发誓,公主方允上殿盗令箭,唱快板下。四郎改扮小军装束,也唱快板下。

《盗令出关》,这出接连上出。老旦扮太后上,口唱"排驾银安殿上",旦扮铁镜公主,手抱孩儿上见太后,作请安状。(未完)

光绪三十四年七月初十日/1908年8月6日第5版

戏　评

太后唱摇板道:"我儿不在皇宫院,来到银安为那般?"公主唱快板道:"这几日未见母后面,儿臣特意来请安。"一面说,一面冷眼看着。太后面前桌上那枝令箭,心中想道,桌案现有令箭,不能到手奈何。猛然的心生一计,暗地把小孩抓下一把,小哥一痛,哇的哭出来了。太后问:"阿哥(即指小孩说)为何啼哭?"公主道:"小孩儿生来皮肉贱,他要母后令箭玩。请母后传令,把孙儿斩了罢。"太后道:"别人要令箭,罪当斩。孙儿要令箭玩,何妨拿一枝去呢?"公主称谢,太后道:"这枝令箭,就令驸马前去查关。"公主下,太后随下。

四郎扮番军样,毡帽挂剑上。站在宫门口等候状,公主袖藏令箭上,四郎一见,问道:"令箭可曾盗来。"公主故意的说道:"未曾到手。"四郎着急道:"你真误了我的大事了。"公主见他着急,便在袖中取出令箭,给他看道:"这是什么?"四郎一见拜谢,正要上马。公主道:"驸马请转,驸马此番到宋营去,见了婆婆,说你儿媳妇不孝之罪,不能前来侍奉。你到宋营后,不可因为骨肉难舍,一去不回。"又指小孩作哭状道,"不看奴面看儿面,这是你杨家一脉接祖传。"四郎一面劝解,一面叫小番带过红宗(鬃)马。四郎下,公主随下。

守关人一净一丑上,净唱道:"奉令守关夜夜寒。"丑唱道:"刀出鞘来弓上弦。"净又唱道:"人马打到高关上。"丑又唱道:"将士何曾得安眠。"四郎唱快板上,口叫开门,净丑同问:"往那里去的?"答道:"奉太后令,往九龙飞虎关巡哨,有要紧的军情。"问道:"可有令?"四郎下马取出令箭,净丑同看,说不错,放他出开(关)。净作看状:“此人好像驸马模样。”丑道:“我看也像驸马模样。不免报与太后知道。”同下。

小生扮杨宗保上,唱摇板道:“大营打罢初更鼓,来了巡营调哨人。”作听状道:“耳边听得銮铃响,三军看过绊马绳。”四郎打马急鞭上,闯进宋营皆众白,拿住奸细。杨宗保道,绑赴大营。同下。

杨延昭(六郎)带兵上,杨宗保(即六郎子)进见。六郎问:“我儿一更时分,进帐何事?”答道:“拿住一员番将,说是有机密大事要见。”六郎传令带上,但见一番将头戴毡帽,灯光之下,却认不清。便问:“你是番邦什么人?要见本帅为何情?”四郎答称家住山东石州,父是杨继业,母是佘太君,十五年前,失落番邦,今闻老母临番特来相见。六郎一听,方知是四郎回来。急忙令众快快解绑,不免兄弟二人,彼此哭叙一番。怎么的被困番邦,怎么的改姓木易,怎么的公主成婚,怎么的盗令出关,细细的说了一遍。便问起老母在何处,六郎引进。同下,鼓打三更声。

八姊九妹扶老旦扮佘太君上,六郎先进帐,四郎在外等着。六郎启道:“四哥回来了。”太君作惊呆状问道:“那个四哥?”答道:“就是延辉四哥。”太君喜道:“快命他进来。”四郎进帐,母子二人,一见又不免抱头大哭。同哭同叫,一个叫我的娘呀,一个叫我的儿呀。太君先唱快板,唱了半晌,四郎接唱倒板,你一句,我一句,唱的最为热闹。这段原是正文,最是出色处,随后便摆宴。(完)

光绪三十四年七月十一日/1908年8月7日第5版

戏　评

《定军山》这出戏,是《三国志演义》上五虎将中黄忠的故事。五虎将是关、张、赵、马、黄,关是关公、张是张飞、赵是赵云、马是马超、黄就是黄忠,这五位大将,都是百战百胜,称为万人敌。《定军山》的故事,已经在黄忠的老年时候,戏文很为有趣,不可不记。

先是四个太监引刘备孔明上,刘备道:“二将去收川。”孔明接道:“必定得胜还。”二将指刘封和黄忠说,收川指东川说。只因刘孔使黄刘二将去收东川,所以有这白词,这是本戏的前文。

刘封手拿令箭上道，调转黄汉升（汉升是黄忠的号氏）进帐交军令，进见道："参见父王、先生。"便把令箭交还，并说道："黄老将军已是回朝。"孔明大喜，吩咐众兵道："安排金鼓彩旗，五般御乐，请黄老将军进帐。"

便大吹大打起来，老将白须盔甲，背插旗，手提大刀上。刘备、孔明同出迎接，黄忠启道："主公在上，末将参见。"刘备道："老将军少礼，一旁坐下。"黄忠拱手道："谢坐。"刘备道："老将军得了天荡山，可喜可贺。"黄忠谦道："乃是主公洪福。"刘备随又说道："孤要夺取定军山（入本戏），奈无能将可当此重任。"（一激）黄忠答道："主公要取定军山，末将愿当此任。"话刚说完，孔明举羽扇指道："且慢！主公要取定军山，非往荆州调回二千岁不可。"一面说，一面便顾左右道："来，传令！"（二激）黄忠也举手止道："且慢！想那张郃系魏国名将，被末将一战，杀的大败（指天荡山说）；夏侯渊，乃一勇之夫，又何足道？"（指定军山说）孔明答道："夏候渊，非张郃可比，多智多谋。（三激）况且老将军年已衰迈，恐非夏侯渊的敌手，只怕难以取胜。"（四激）黄忠笑道："哈哈。师爷，你好小量人呀。"孔明接答道："老将军，你若取得定军山，山人（孔明自称）愿把军中大印，交付与你。"（五激）黄忠应道："好。"孔明又道："你若取不得定军山。"（六激），黄忠惊道："呀！可就把我黄忠的头，交付与你。"孔明也应道："好。（七激）但是军中无戏言，敢与山人击掌？"（八激）黄忠正要举掌，刘备又出来止住道："且慢！老将军听令，赐你三万人马，十日之内，倘若取了定军山回朝，孤有重赏，不得违误。"（九激）黄忠道："得令。"正要回身出走，孔明又冷语道："老了。"（十激）

黄忠到此时，气的无可如何。唱三六板道："黄罗宝帐领将令，气坏了老将黄汉升。曾记当年长沙郡（戏名战长沙），阵前得罪二将军。中了他人拖刀计（伏笔），百步穿杨射过他的盔缨。"又转念板向孔明陈说道："一不要战鼓同同打，二不要副将随后跟。只须我黄忠一骑马，匹马单刀取定军。"叫众兵道："来！来！来！带过马来，要把定军一扫平。"举鞭打马下。刘备道："谅必老将定成功。”孔明道：“要把定军一股擒。”同下。

黄忠在帘内唱倒板道：“我主攻打葭萌关，将士纷纷夺东川。皇叔亲赐我人和马。”唱到末句，打旗人引黄忠出帘外，转唱快板道：“一心只要定军山。”并吩咐众将官下。四小兵引夏侯渊花脸提刀急上，口称：“剑气冲霄汉，威名镇九州。本帅夏侯渊，昨日探马报来，刘备命黄忠前来夺取定军山。命人打探，未见回报。”探子报上：“张先锋到。”张郃和夏侯尚同上。夏侯问道：“将军夺取萌葭关，为何这等模样？”张答道：“被那黄忠一阵杀得大败，特来借兵报仇。”（未完）

光绪三十四年七月十二日/1908 年 8 月 8 日第 5 版

戏 评

夏侯道：“且听回报。”报道：“黄忠骂阵。”张郃道：“如何是好？”夏侯道：“将军且在后帐歇息，待我出马生擒老贼上山。”张郃叮嘱道：“千万要小心。”夏侯呼道：“马来。”出营，和黄忠会阵。两人彼此对骂，急锣鼓交战。黄忠的先锋陈式，被夏侯擒去。黄忠回营，探子报道：“先锋被擒。”黄忠一听大怒，究竟胜负如何，奇文甚多。

夏侯尚上，口唱“豪杰催马下山坡，要与黄忠定干戈”，唱完，便和黄忠交战。一战便败，黄忠擒夏侯尚下。须知夏侯尚是夏侯渊的先锋，今被擒了。

张郃上，夏侯渊随上，众兵绑陈式同上。张起立迎接，坐定，问道：“胜负如何？”夏侯渊答道：“未分胜负，擒得先锋陈式。”张郃道：“是乃将军的虎威。”夏侯渊道：“夏侯尚那里去了？”张道：“出阵未回。”小兵报道：“先锋夏侯将军被擒。”张惊道：“嗳呀，这便如何是好？”渊道：“不妨，待我修书一封，约定老贼。明日午时三刻，走马换将。”张点头道：“如此甚好。”渊便到后帐，磨墨书写，传令送书人到黄忠营中，叫他照书行事，不得有误，同下。

黄忠上，口唱“夏侯渊是英豪”等话，在帐内候报，打旗人上，叫门道：“门上有人么？”众问道：“什么人？”应道：“下书人求见，进内启告。”黄道：“命他进来。”出告道：“下书人，命你进来。”打旗人进道:“下书人叩见。”黄道:“你奉何人所差?”答道:“小人奉夏渊侯将军之命,特来下书。”黄道:“呈上来。”作拆看状,看完,告道:“本帅不便修书,照书行事。”打旗人下,黄笑道:“哈哈!妙呀!原来夏侯渊约定明日午时三刻,走马换将。到时叫他先把我先锋陈式放出,老夫习就百步穿杨的箭法,百发百中,等待放出他先锋夏侯尚的时候,将他即刻射死。那夏侯渊,必然与他报仇。追赶老夫,待我杀一阵,诈败一阵,将他引至荒山。借关公拖刀计,将贼劈下。(应前文拖刀计句)夏侯渊呀,你必定要中老夫此计。”随唱快板道:“这封书,真凑巧,天助老夫立功劳。三军与爷归营号,且待明日把定军扫。”下。

打鼓三通,夏侯渊在帘内唱倒板道:“定军山前放号炮,大喝一声山动摇。三军与爷快开道,黄忠到来换将标。”随见黄忠夏侯渊和众兵同上,黄夏二人各站高台上,作登山状。夏道:“老将军请了。”黄也道:“请了。”夏道:“老将军可曾见我书信?”黄道:“为此而来。”夏道:“应是那家先放?”黄道:“自然是你家先放。”夏道:“恐你失信。”黄道:“我若不放,日后死在药箭之下。”夏告众军道:“将他先锋放出。”陈式逃下,夏问黄忠道:“呀,为何不放?”黄应道:“岂有不放之理?众将官,把他先锋放了。”夏侯尚正要逃下,黄忠飕的一箭,尚中箭死。

光绪三十四年七月十三日/1908年8月9日第5版

戏　评

《举鼎观画》这出戏,是薛蛟的故事。先是丑扮书僮上唱道:“小子生来嘴儿强,相府之中把名扬。猫儿狗儿惹著我,管叫他一命见阎王。”又自述道:“我相府书童便是,今日相爷不在府中,不免请公爷出来,同到府前顽要顽要,岂不是好?”便叫道:“有请公爷。”

小生扮公子上,略唱两句,问道:“请公爷何事?”书僮道:“今日相爷不在府中,我们到府门外去,顽要顽要可好?”公子道:“如此,带路。”出到府门外,书僮又叫道:“公爷。”问道:“做什么?”书童指道:“你看这一对玉石狮子,那一个举得起,就是个状元。”公子道:

"那个先举?"书童道:"论年纪,该我先举。"公子道:"就让你先举。"书童作磨拳吐气状道:"待我把些余气吐完了。"洒洒架子,便双手作搬状,三搬,搬不动。叫道:"嗳呀,这狮子好像生了根一般。你来你来。"

公子道:"你且让开。"书童应道:"是,是。"公子一面把石狮举起,一面唱道:"向前来,举起石狮子,双举玉石显奇能。"正在唱的高兴,举的高兴时,忽听得帘内,作喝道声,书童著急报道:"不好了,快放下,相爷回府,完了完了。"公子一听这话,急忙把石狮放下,随手把两个石狮子放在一处,便跑去了。书童一看见两个石狮子同在一堆,笑叹道:"唉,真真淘气呀。"同下。

官袍官帽扮相爷上,唱道:"朝罢归相府,名高达帝邦。"顾左右道:"来"。众答道:"有。"相爷道:"打道回府。"众排道著,文场吹打著,到府门外。见石狮子同在一处,大为惊奇。又顾左右道:"来。"众又答道:"有。"相爷道:"传书童来。"众高声叫道:"相爷传书童。"书童应声道:"来了,相爷在上,书童叩头。"作叩头状,相爷道:"我且问你,府门外,是何人到此?公爷可曾出府?"书童答道:"没有人到此处,公爷也没有出府。"相爷道:"府门外石狮子,怎么两个在一处了?"书童作打给拨克道:"这、这、这个……"相爷逼问道:"快说来。"书童道:"不瞒你老人家,这是小人搬在一处的。"(未完)

光绪三十四年七月十五日/1908年8月11日第5版

戏评

相爷道:"哦,是你。"书童道:"不敢。"相爷道:"快快的仍分两处。"书童应道:"这是极容易的。"作分不开状,启道:"相爷,今日力气用尽了,明日分开罢。"相爷叱道:"唔,胡说。请公爷出府。"书童应道:"是。"向内叫道:"公爷有请。"公子上,问道:"书童,叫我做什么?"书童道:"相爷请你。他若问你出府,你只说没有。"公子点头,上前跪拜,相爷道:"罢了。儿呀,为父的上朝去,你可到府门外顽耍么?"书童在旁,急作摇手状。公爷回过头来,看见,喝道:"唔,你在此做什么?”书童说谐语道:“小人一时发了鸡爪疯。”相爷又喝道:“唔,还不退下。”书童应道:“是。”下。相爷向公子道:“儿呀,府门外石狮子,为何搬在一处,是何人搬的?”公子启道:“孩儿与书僮,偶在府外顽耍,见门外有一对石狮子,孩儿便随手搬在一处了。”相爷拈须喜道:“哦,原来是我儿搬在一处的,为父的不信,你可依然分开。”公子应道:“孩儿知道。”一面把石狮分开,一面唱道:“老亲在上传下令,豪杰一时胆气生。用力举起石狮子,放下两边见分明。”相爷看见石狮已分开,拈须笑道:“哈、哈、哈!”接唱道:“这才是,父是英雄儿好汉,强将手下无弱兵。”又叫公子道:“儿呀,随我到祖先堂上去。”公子道:“是。”随行同下。

这出戏,名叫《举鼎观画》。以上是《举鼎》。以下是《观画》。有人问道:明明是举石狮子,怎么说是举鼎呢?答道:举鼎也是显勇力,举石狮也是显勇力。所说的是戏文,不必怎样拘泥,举石狮,有这一段情事,比举鼎可是有趣味多了。戏文妙点,在五花八门,不必尽与正文相合,这是演戏的妙诀。那人又道:那么正文许是举鼎,所以有举鼎字样。答道:在下没有看过《说唐》等书,原来正文,并不知道。是否正文,也可不问。即如《黄鹤楼》一出,不但《三国志》正文没有,并且《三国志演义》也没有,《黄鹤楼》一事却成了轶事了。这举鼎事,或者也和黄鹤楼同例罢。闲话少说,接叙《观画》事。

相爷公子同到祠堂,公子拜过祖先,问道:“祖先堂上,为何这挂幅图画,是何道理?”相爷答道:“儿呀,这原不是我家的祖先,乃是薛家的祖先。”公子惊问道:“薛家的祖先,为何挂在这堂上?”相爷道:“只因他全家被奸党所害,故此为父不忍,悬挂在此。”公子又问道:“那上面白袍将军,他是何人?”答道:“他乃唐朝功臣,名叫薛仁贵,跨海东征,有十功劳。圣上封他为平辽王之职。”又问道:“这黑汉是谁?”答道:“儿呀,你再也不要提起他来了,他乃叫薛丁山之子,名叫薛刚。只因圣上大放花灯,他酒醉出府,闯下了滔天大祸,打死太子。奸臣张天佐,与他世代结仇。一本奏章上殿,可怜他满门抄斩。”公子惊叹道:“嗳!可惨呀!可惨!”又指问道:“那下边有

一孩童,他是何人?"(看官注意,须知公子就是薛蛟)

相爷道:"他乃薛猛之子,名叫薛蛟,周岁未满,也在法场受刑。"(未完)

光绪三十四年七月十六日/1908年8月12日第5版

戏 评

公子道:"这样说起来,岂不是连根都除了么?"相爷道:"此子还没有死。"公子道:"怎么?"相爷道:"朝中有一契友,心中不忍,他将他自己亲生的儿子去到法场换了出来。"公子道:"此子有多大年纪。"相爷此时,冷眼向公子一看,楞了一楞道:"此子么,也有十三岁了。"公子道:"这等说起来,此子太无才。"相爷道:"怎见得无才?"公子道:"有这大年纪,怎么不去报仇?"相爷叱道:"忍著罢,你自己海深冤仇不能得报,反说别人么?"

公子听到这话,扑的跪下,哭道:"我家有什么海深冤仇呀,请说明告我。"相爷先作惊状道:"哦。儿呀。你要为父说明,到也不难。"随又作笑状道:"哈哈哈!儿呀,你要报仇到也不难,你有一婶娘,现在卧龙山招兵买马,积草屯粮。你且在后堂饱食,待为父的修书一封与你,前去发兵报仇便了。"公子道:"孩儿知道了。"下。相爷一面作磨墨状,一面唱道:"墨浓笔饱诉衷肠,止不住,双泪满胸膛。"又作写状,接说道:"拜上多拜上,拜上卧龙纪鸾英,来人非是别一个,薛猛之子名薛蛟。"一封书信写完了,公子上,相爷叫道:"儿呀。"接唱:"一路行去要小心。"公子哭唱道:"向前来拜别我的父,一心打马向前行。"公子正要下,相爷想了一想,又叫道:"回来。"公子回身道:"有何吩咐?"相爷道:"你今前去卧龙山婶娘那里发兵报仇,报仇之后,回来我若能亲眼看见,也不枉为父的一片热心。你且听我讲呀。"以下说破真情,高唱一段,最是紧要处。指唱道:"那白袍将军,非是别一个,是你高祖,名叫薛仁贵。跨海东征把兵投,圣上见他功劳大,平肩二字封王侯。"又指道:"这一位名唤薛丁山,乃是你二世宗祖亲,征西有功于朝廷,圣上亲封平辽王。只因你、三叔闯下祸,张天佐与薛家、世代结冤仇,奸贼上殿奏一本,可怜他满门受非刑。你父阳和为总督,也在法场丧残生。我舍自己亲生子,换出你来后代根。姣儿呀!你非是徐门后,(相爷自称)乃是薛家后代根。"

公子听了这一番话,哭拜道:"听到蛟儿非是徐门后,吓得我魂不在,不报冤仇死不休。"相爷道:"儿呀,你报得仇么?"公子道:"孩儿报得仇。"相爷道:"果然么?"公子道:"果然。"(一层逼紧一层)

相爷道:"你可拿些酒菜,到坟墓前,多拜几下。儿呀,难道为父的,当真要亲眼看见你报仇。也等那旁人叹惜几句。"随又哭叫道:"我的儿呀。"

光绪三十四年七月十七日/1908年8月13日第5版

戏　评

"那一日、他请你、过府饮宴,他爱你、是英雄、才许姻缘,我只说、可随了、我心之愿,谁料想、董太师、这等不贤。那一日、他去到、王府内院,与我父、坐一处、说出坏言,他竟说、王老兄、你有一女,许我儿、吕奉先、结下良缘。(演义上说,吕布拜董卓为义父,故称"我儿")我的父、便命我、拜见翁面,谁知道、他生出、诈巧机关。他便说,明日是、良辰吉日、我把他、二人的、终身事完,我只说、与将军、洞房花烛,那知他、把奴家、收在身边,嫦娥女、配老奸、心实不愿,一朵花、落尘埃、谁不哀怜。今日幸、我得见、将军之面,诉一诉、奴的苦、死也心甘。今生里、我二人、永远离别,待来生、我二人、再结良缘。"唱完作掩袖哭状。

这一大段唱文,叙明事由,一层逼紧一层,一句逼紧一句,是连环计的注重处。

吕布听了貂蝉一番的话,便也答唱道:"听他言、不由人、长吁短叹,恨老贼、行这事、礼上不端。王司徒、他爱我、英雄好汉,才许我、与貂蝉、结为姻缘。到而今、美色女、被他霸占,父纳了、子的妻、人伦不全,暗地里、人提起、好无体面。那貂蝉、只哭的、泪如涌泉,我只得、上前去、好言相劝。美贵人、免伤悲、细听我言,这件事、且忍耐、慢慢计念。怕董卓、进府来、不得周全。"貂蝉唱道:"人人称、你英雄汉。四海把你大名传，奈何怕见董卓面，看来你是小儿男。”

吕布唱道：“听一言、低下头、羞惭满面，再叫贵人听心言，今日我二人见了面，想条妙计待团圆。”

貂蝉唱道：“将军你无杀人胆，我也无颜在世间。想起来，我该寻短见。”作拔剑将自杀状，吕布急忙上前拦住，唱道：“美人不必寻短见，不杀董卓不为男。”作回身将下走状，貂蝉叫道：“将军请回听奴言，千万千万多千万，想着我二人结姻缘。”吕布唱道：“奉先难舍貂蝉女，”貂蝉唱道：“小女子难舍吕奉先，”又作捶胸顿足怨骂状道：“董卓贼呀！”

净扮董卓上，唱道：“来了我当朝太师官。”自述道：“老夫董卓，清晨朝罢回府，不见貂蝉之面。丫鬟报说，往凤仪亭玩花去了，老夫放心不下，也到亭前去，观看一番。”一面走，一面唱道：“身为太师在汉朝，王允司徒送多娇。不久老夫登九五，董门又出龙一条。”（未完）

光绪三十四年七月十九日/1908 年 8 月 15 日第 5 版

戏　评

抬头一望，正见刁蝉和吕布二人，哭在一处。董卓怒唱道：“二人亭上挽袖裳，老夫一见怒发张。却见画戟在一旁，便把双戟往上闯。”

吕布猛见得董卓上亭来，抢步逃避下，董卓又怒唱一句道：“老夫岂容这一桩。”董卓追下。貂蝉一见这情形，喜唱道：“忙把双手来合掌，董吕二贼动刀枪。连环计今日才用上，不是他死、便是他亡。”同下。正生扮李孺上，唱道：“汉室江山四百年，如今无福民不安。诸侯各据一方地，兵马纷纷起狼烟。时常又把宫院乱，何进无能才招贤。圣上传旨把太师召，我才因此进朝班。扫灭常侍除内患，又收了大将吕奉先。太师的洪福齐天大，不久就要定江山。”又自述道：“俺，李孺，太师清晨朝罢回府，待我进府问安议事。”

吕布逃上骂道：“董贼无良心。”董卓追上喝道：“着枪。”李孺遇见,上前拦住道:“太师息怒。”董卓一面喘吁吁的,一面说道:“可恼可恨。”李孺问道:“太师手执利刃,追赶奉先,其情为何?”董卓答道:“李公不知,大胆豺狼,戏我爱妾,可恼可恨。”李孺正色道:“太师息怒,听李孺一言相劝呀。”唱道:“请太师、且息怒、府门立站,试把古人言一言,昔日吴越交兵战,吴王势重如泰山,越王大败遭颠险,城地江山拆半边。范蠡也曾把计献,选了个西施美天仙,降书降表一齐献,夫差一见喜心间。两国和好如亲眷,从此罢兵息狼烟。终日只把西施恋,不理朝政与四边。太师休把红粉恋,不可仇视吕奉先。今日若依我李孺劝,把貂蝉、送与吕奉先。”

董卓听完,怒叱唱道:“你李孺讲话,太见识浅,杀父夺妻不共天。不杀吕布看你面,奈何反叫老夫送貂蝉,口说此话不羞惭。”又作吁呸声,接唱道:“不知廉耻,居的什么官。”唱完,回头就要走。李孺又道:“太师慢走,再听我李孺一言。”董卓怒道:“一言万言,非礼勿言。”掉头喘吁吁的去了,李孺叹道:“好哇。”唱道:“李孺无奈仰天叹,相府之地不安然。数年遇合一朝散,我李孺一去不再还。”同下。(完)

光绪三十四年七月二十日/1908年8月16日第5版

燕喜堂听戏记

醉　佛

醉佛在京多年,最爱听戏。前些日子天气太热,法伦海寒暑表升到九十度。因为那天,正是立秋时节,暑气稍退,一看壁上法氏表,降到八十三度,又触发听戏思想。当时正有友人笑公、仲公同坐闲谈,便邀同前去。出到前门外,取出怀中打簧金时计,按了一按,便听得当的一声,随又丁当丁当的两声,又当当当三声,原来已是午后一点二刻三分了。醉佛发问题道:“时候已过午,到那个戏园去听呀?”笑公答道:“近来燕喜堂的戏角,唱的狠不错。”醉佛又问道:“燕喜堂梆子戏太多,愿意听吗?”笑公道:“麟麒童、朱茹云、孙玉奎二黄都唱的很好。紫金盒、小十三红、小马五、小瑞红、金香翠,虽是梆子,也还可听。”醉佛见他说的有滋有味,有仲公二人共表同情，由肉市绕到孝顺胡同燕喜堂。

刚一进门，抬头一看，但见的楼上楼下都是满满的。在东楼犄角上，觅了一条凳子，坐定后，热度虽高，却幸窗户外边凉风徐来，很觉爽快。

把戏单一看，再向台上一看，已是第五出《文昭关》了。却巧是孙玉奎出台，声调高稳，也算是幼伶中不可多得的人才。但作派生疏，还欠练习，是他的缺点。

第六出《祭江》取孙夫人的，是朱茹云，《祭江》这出戏，是三国时代的故事。孙夫人在吴国，听知刘先主在白帝城驾崩，便假托祭江，祭完后投江而死。

这戏曲词调很长，又须竭尽哀婉之致，最不容易唱。北京八大戏园，唱《祭江》最出色的，数妙香、瑶卿二人，今茹云唱这戏，虽不能媲美姜王，然音韵悠扬，却还有可取之点。

调查茹云是孙怡云的徒弟，从前曾在天乐园唱老旦，类如《钓金龟》、《药茶计》、《母女会》等戏，声调颇能模仿龚云甫。现在改唱青衣，又恰合拍，如云可称多能了。

以上两出是二黄，以下是梆子腔，先是小马五、十三红，演唱《辕门斩子》。小马五取杨六郎，小十三红取八贤王，这戏是宋朝故事。因为杨六郎的儿子杨宗保在木柯寨，私自招亲，违犯了军令，杨六郎要依军法处斩。八贤王说情，六郎不许。两下争执，二人做作的神情，惟妙惟肖。就唱工上论，小马五声极宏亮，板眼欠工，小十三红却音平板稳，稍较老练些。就行头上论，（行头指衣饰说）小十三红可又比小马五差多了。（未完）

光绪三十四年七月廿二日/1908年8月18日第5版

燕喜堂听戏记（续）

醉　佛

唱这出戏的时候，旁边座上，有一人说道："小十三红初次来京，戏曲很少，还在班子内排演新戏呢。"醉佛观察十三红，年纪不过十五六岁，此后多排新戏，那可更好了。

这天这出戏演唱时,又有一件极可笑的事,取杨宗保的,本来是无名的角色,无关轻重。但是他被绑在营门上的时候,只见睡眼朦胧,竟冲起顿来了。满园的人,不免都大笑起来,叫"倒好"的声音,震动全园,真是笑话。

次一出是紫金盒和八百红合演《拜寿算粮》。这出戏,是《征西传》上的故事。薛平贵征西去了一十八载,方才回家,他的妻房王宝钏,苦守寒窑,安贫守节。他的老子是个宰相,因王宝钏不愿出窑,也不去顾他,到后薛平贵回窑,王宝钏便假装拜寿,清算年粮。八百红取薛平贵,紫金盒取王宝钏,八百红本是京都名角,唱作都好。紫金盒,貌秀调高,步步琼瑶,字字珠玑,是后起的出色人才,缺点出嗓音微嘶,想是更换声带罢。

次一出,小瑞红、小瑞芬接演《大登殿》。是薛平贵得了江山一段,小瑞红取王宝钏,小瑞芬取薛平贵。瑞芬年方二六,童音清朗,举止大方,看著令人神怡。瑞红年岁少大,掀帘一出好声四起,朱唇微动,响入云霄,台步倘撇,才貌出众。可爱可爱。

末一出是《八蜡庙》,麒麟童取褚彪,吴春来取黄天霸,这天金香翠没有见他出台。

光绪三十四年七月廿三日/1908年8月19日第5版

戏 评

《杀四门》这出戏,是宋朝女将刘金定的故事,忠勇多情,八面威风,大有可观。

先是旦扮刘金定在帘内白道:"马来。"马僮备马状,启道:"姑娘有请。"旦上,唱倒板道:"刘金定,在绣房,全身披挂,去往南塘救夫君。"老旦扮刘母上,唱道:"我儿披挂为何因,一一从头说娘听。"刘金定唱道:"母亲有所不知情,只为将军遭了困。去往南塘,救他身。在堂上,拜别了,亲生母。搭救儿夫,转回程。叫马僮、你与我、提刀带战马。要往南塘,逞威能。"刘母唱道:"为娘言来、儿且听,一路之下要小心。"回身到下场门,又唱道:"我儿生来性情高,去往南塘、把贼剿"下。

众引丑上，“唯唯唯”，“宛宛宛”，丑唱道：“大将生来、盖世雄，万马营中、逞鸡笼。”众笑接口改正道：“逞威风。”（以下多谐语）。丑唱道：“上阵全凭胭脂美。”众接道：“胭脂美。”丑唱道：“要与我主、挑酱桶。”众笑接口改正道：“定江虹”。下道：“不错，定江虹。”“大将秦琼？”众道：“秦琼死过了。”丑道：“秦琼的儿子？”众道：“又死过了。”丑道：“秦琼的孙子？”众道：“也死过了。”丑道：“一十七八代的元孙？”众道：“都已死过了。”丑接唱一句道：“我今做了光空。”众笑接口道：“先锋。”丑道：“那日在教场比”，众问道：“比什么？”丑道：“比武。一手能举二十四条龙。”众道：“这算不了什么？”丑道：“还有那二十四枝蜡烛头。他说道‘孩子好大力气，英雄该死’。”众接改道：“盖世。”（未完）

同上

戏　评

丑叫左右道：“我的人，双锁山。反来了，刘金定。自古道：‘水来土挡，兵来将挡’，我不去挡，谁敢挡？”

马童引刘金定打马急上，马童道：“照打。”丑挡住道：“慢来，慢来。我只说大将到来，原来是一个婆娘。”马僮接改道：“姑娘。”丑问道：“姑娘上姓？”答道：“姓刘。”丑道：“你是上刘，还是下刘？”马僮道：“姓刘之刘。”丑道：“刘姑娘，手拿一把刀。”马童应道：“刀。”丑道：“刀，刀，刀。刘姑娘手拿一把刀，一刀两刀，刀死了我，你心下如何？我手拿一个陀罗，陀死了你，我心下如何？我劝你，刘姑娘，下马来，前面有个土地堂，你我同来拜拜堂。生下三男二女，四个讨饭，一个做王。”

刘金定骂道：“胡说。”马僮道：“照打。”急锣鼓，杀打状。丑逃下道：“杀败了，杀败了，我去寻死了。”马童跪问道：“城上将官请了，叩见万岁。”帘内答道：“万岁往东门去了。”马童回身报告道：“启姑娘，万岁往东门去了。”答道：“杀到东门。”马童应道：“得令。”急锣鼓，同下。胡子生扮宋王上，唱倒板道：“想当初，离龙巢，千差万错。悔不该，带王侯，游玩山河。酒醉后，斩三弟，是孤一错。桃三春,领人马,反上朝左。那时候,计穷尽,无可奈何。城楼上,献黄袍,才定干戈。"下。

净扮守城官上道:"奉了吾主命,把守在东门。"顾左右道:"众将。"众应道:"有。"刘金定带兵杀上,马僮跪问道:"城上将官请了,叩见万岁。"答道:"往西门去了。"马僮回身报告道:"刘姑娘,万岁往西门去了。"答道:"杀到西门。"马童应道:"得令。"急锣鼓,下。

宋王上,唱道:"刘花王、出阵来、空城一座,下南塘、君臣门、闯进罗纲。擒去了、众王侯、留孤一个,内无粮、外无兵、怎生奈何?"下。

守城官上道:"奉了吾主命,把守在西门。"刘金定又带兵杀上,马僮跪问如前,答道:"往北门去了。"马童如前启报,刘金定应道:"杀到北门。"同下。

宋王上,唱道:"浪结关、颁救兵、如(音与)同救火,发来了、御外甥、刀戟森罗,在南门、打一仗、得下了,卸甲风寒。"

守关官上,白道:"奉了吾主命,把守在北门。"顾在左右道:"人来!"众应道:"有。"

刘金定带兵杀上,马童跪启道:"叩见万岁。"答道往南门去了,马童回身报告道:"刘姑娘,万岁往南门去了。"刘金定答道:"杀到南门。"马童应道:"得令!"下。

宋王上,唱道:"孤好比、孔仲尼、在陈饥饿,孤好比、汉关公、被困土台,孤好比、浪里舟、江心失柁。"(未完)

光绪三十四年七月廿四日/1908年8月20日第5版

戏　评

"又谁知,驾小舟,搭救与孤。"帘内作杀喊声,又接唱道:"耳边响、又听得、人喊马吼,想必是、余洪贼、又动干戈。"顾左右道:"御林军,摆驾城楼上。"众应道:"哦哦。"又接唱道:"看一看,余洪贼,兵法如何。"

刘姑娘带兵杀上,作力竭昏倒状,马童启道:"城上请了。"宋王问道:"那里发来的人马?"答道:"双锁山发来的救兵。"问道:"何人所请?”答道:“高某所请。”问道:“有何为证?”答道:“金闲为证。”马童把金闲呈上,宋王接著一看,唱道:“这金闲,本是孤家宝,为何落在、女英豪?是、是、是,明白了,想必是、御外甥、他把亲招。”(未完)

光绪三十四年七月廿五日/1908年8月21日第5版

戏 评

顾左右道:“御林军。”众应道:“有。”宋王唱道:“开城放那女多娇。”众应道:“哦,哦,哦。”作下城出城状,唱道:“见女将,浑身如血浇,想必是、下山虎、半路相遭。这件事、叫孤王、难以猜详,众将官、唤醒那、女将英豪。”上前叫道:“女将醒来,女将醒来!”

刘姑娘唱倒板道:“在阵前、杀得我、昏迷不醒,来跕在、这地埃尘,睁开了、昏花眼,又只见、将军坐营前。”问道:“将军何名何姓?”

宋王唱道:“丹凤眼、乌蚕眉、望他观看,黄罗帐、站的是、女将英豪,你不必、把孤来问、孤是大宋、乾德王。”刘姑娘作惊状,唱道:“听说是,大宋乾德王。刘金定,跌跪在尘埃。”宋王唱道:“小姐马上多劳顿,孤王传旨且平身。”刘姑娘唱道:“叩头就把天恩谢,停兵不战为何因?”宋王唱道:“只因御外甥,得了卸甲风寒。”刘姑娘问道:“现在那里?”答道:“在病房。”刘姑娘道:“臣妾要去探病。”宋王吩咐左右道:“内臣引小姐到病房。”众道:“领旨。小姐这儿来。”刘金定道:“谢万岁!”又唱道:“御营中,领了万岁旨,且到病房看夫君。”下。

宋王唱道:“有心栽花花不发,无意插柳柳发来。一来是,孤王福命大;二来是,御外甥,巧合姻缘。御林军,为孤王,速忙摆驾。”众道:“领旨。”宋王回身又唱道:“孤王有了这女将,那怕余洪贼百万雄兵。”下。

小生扮高君保扶病上,唱道:“只盼望、下南塘、把驾来保,又谁知、得下了、卸甲风寒,叫三军、扶我到、病房中去,等候著、刘小姐、来到此间。”

刘姑娘上,进问道:“将军病可安宁?”内白道:“十分沉重。”刘姑娘作求仙取药灌药状,叫道:“将军醒来,将军醒来。”高君保作醒状,唱倒板道:“一阵昏来一阵迷,耳边听得叫将军。急忙睁开昏花眼。呀!却只见、刘小姐、站立在面前,我好似、酒醉方才醒,浑身上下冷如冰。头上解下、丝罗帕,身上脱下、战征袍,咬定牙关把床下,行不稳来坐不宁。曾记得、双锁山、强逼我成婚事,我焚香、盼望著、你来搭救,谁知你、自别后、杳无音信,常言说、妇人家、心肠特狠,话不虚传果然真。”

刘金定一听这话,立刻气倒,高君保又上道谢罪,彼此宣誓。末后高君保西向内走,刘金定问道:“往那里去?”答道:“营中去问安。”刘金定笑道:“慢些,且到绣房中去问问我的安罢。”同下。

《双冠诰》这出戏,是《三娘教子》的后本。三娘名王春娥,这出文的内容:三娘的丈夫,到镇江去做买卖,一去三载,不见回来。大娘张氏,二娘刘氏,因为不能守苦,另行改嫁去了。惟有三娘一人,抚养小东人,教他读书成人,所说的“三娘教子”。此时小东人,中了状元,做官回家。三娘的丈夫,也早回家。小东人献上诰封,所以名双官诰。(未完)

光绪三十四年七月廿六日/1908年8月22日第5版

戏　评

先是正生扮老爷,正旦扮王春娥,老生扮老薛保,三人同上。正生道:“春前有雨花开早。”正旦道:“秋后无霜叶落迟。”老生道:“老奴薛保。”

正生向老生说道:“薛保,你从今以后,你我不必主仆相称。”老生问道:“怎样相称?”正生答道:“你我弟兄相称。”老生谢道:“老奴不敢。”正生道:“不怪与你,门外照料。”外报道:“那个在此?”老生问道:“做什么的?”外应道:“小东人荣耀回家。”老生道:“待我与你传禀。”禀道:“少东人荣耀回家了。”

正生道:“叫他进来。”正旦道:“不可说叫字,做官人家,须说请字。”

正生改说道:“有请。”老生接叫道:“有请。”外应道:“请爷。”

小生扮少东人上，进见。向正旦拜道："母亲在上，受儿一拜。"

正旦止住道："且慢。庭前现有你父，拜过你父，再拜你母。"小生答道："听说我父，已故在镇江，那有死而复生之理?"

正旦道："不必多言，上前拜过。"小生向正生拜道："父亲在上，受儿一拜。"正生又止住道："庭前只有你母，那有你父?"正旦接口道："不知者不为罪。"正生喜道："好一个不知者不为罪，且受我儿一拜。"

小生唱道："一十三年未见亲，今天才见父天伦。幸喜骨肉重相会，父子一同受国恩。"便把官诰献上道："孩儿上京，一步身荣，争来的凤冠霞佩，母亲请穿请戴。"

正旦道："为娘穿戴了你的，为父穿戴不了许多，可供在祖先堂前。"

此时又四人同唱，小生道："愿母亲长戴长穿。"正旦道："喜我儿官上加官。"正生道："父子们荣登高爵。"老生道："双官诰万古留名。"

正生喜道："好一个万古留名的双官诰，你且在府门照料。"二丑上："天不怕、地不怕；怕只怕，薛保老人家。"唤道："大娘、二娘前来。"

二旦扮大娘二娘上，大娘道："实想改嫁享荣华。"二娘道："不想吃了豆腐渣。"同声问道："唤我们前来，有何话?"二丑道："薛保在此。"二旦道："你二人退下，待我们前去见他。"二旦叫道："薛保!薛保!"老生道："什么人大胆，敢叫我一声薛保?"二旦道："是你家张刘二奶奶。"老生道："张刘二妇人。"二旦道："二奶奶。"老生道："在我家是张刘二奶奶，如今改嫁，只可称二妇人。"二旦道："二奶奶也罢，二妇人也罢，与我们传禀，就说我们两个回来了。"(未完)

光绪三十四年七月廿七日/1908年8月23日第5版

戏评

老生问道："叫谁与你们传禀?"二旦道："叫你与我们传禀。"老生道："你们如今还不如我哩。"大娘道："我想妹子，人是自己的人，门是自己的门,何用他传?我们自己进去罢。"老薛保正要拦挡,二旦已进门来,启道:"老爷,我们回来了。与你恭喜!"正旦喝道:"哈!无耻的贱人。还不往下站。"老生道:"快往下站。"正生道:"三娘,当日二贱人,怎样难为与你,上前述骂。"

正旦道:"老爷。"唱道:"未开口、先落下、伤心眼泪,把前情一一说明白。""谢老爷,你请来,妾身恕罪。毁骂那,二贱人,不可见怪。"正生道:"不怪与你。"

正旦唱道:"叫薛保,移了坐,将帘卷起。太夫人,出堂来,细看明白。骂一声,你二人,无耻贱婢。抬起头,睁开眼,看我是谁。想当年,拷打我,悔也不悔?我今日,倒受了,凤冠霞佩。恨不得,将张氏,剉骨剔髓。恨不得,将刘氏,火化成灰。只骂得,二贱婢,无言答对。叫薛保,把他们,赶出门外。"

正生唱道:"王夫人息怒且归坐,二贱婢把我真气坏。想当日、我四人、鸾交凤配,夫在世,妻改嫁,大不应该。既改嫁,你何必,心思追悔,你可知,王夫人,有三从四德。更骂得,二贱婢,无言答对,叫薛保,你与我,把二贱婢快赶出门外。"

老生道:"你们二人,快出去罢。"大娘向二娘道:"妹子,状元郎是你生的,我抱大的,我二人分状元来。"便顾道:"老爷,状元是他生的,我抱大的,我们要分状元呢。"

正生笑道:"哈哈!天子贵客,岂是你们分的,还不往下站。状元过来,庭前有两个妇人,上前认过,那个是你的生母,告知你父。"

小生应道:"遵命。"唱道:"未开言,在庭前,先恕过罪。出帘来,到庭前,细看明白。二妇人,面目何犂(黧)黑,衣衫破、不遮体、令人伤悲。"

二旦同声道:"薛倚哥,我儿认娘来。"大娘道:"我是你大娘,你把我认下罢。"小生道:"你虽是大娘,我不认你。"二娘道:"我是你亲娘,将我认下罢?"小生应道:"是,亲娘。你不该两分离。"随又向老生、正旦跪道:"二老双双同在此,叫孩儿上前识认谁?"

正旦唱倒板道:"小状元,莫跪且站起。随娘上前听分明。"指大娘道:"这是你大娘张家女。"指二娘道:"这是你亲娘姓刘氏。你的父，镇江去贸易，一去三载无信息。他二人心肠改变，反穿罗裙去嫁人。要带儿去娘不肯，庭前闹的乱纷纷。幸仗邻人来劝解，才把他二人赶出门。留我儿三岁未满，娘恩养你成人。我把此话不说尽，我儿怎得知分明。”说完，便假意向他二人谢罪道：“大娘、二娘，想当初，是我的不是，待我与你陪礼。”二旦道：“那是我们的不是，我们与你跪下罢。”

正旦怒笑道：“哈哈！无耻的贱婢，还敢说情理吗？这不是老爷当面把他问，谁知假来谁知真。你看我头戴甚，身穿甚？头上凤冠整一整，袍袖挥挥足下尘。在庭前三摇两步，我还要扭，那一个不称我是太夫人。”（唱到这句，听戏的人，都哈哈大笑）

老生随应声叫道：“太夫人。”正旦道：“越说越恼越加恨，叫薛保，把无耻的贱婢赶出门。”老生应道：“哦，快出去。”大娘唱道：“听他言，心好悔”，二娘唱道：“自己错了去怨谁。”二人长跪不起，老生道：“他二人跪在庭前，一定要发赖了。”正生想了一想，说道：“有了，吩咐众人，在十字街前，与三娘，盖下真节坊一座。叫他二人，与三娘看守牌坊，每月给他三斗米麦。叫他们去罢。老生叫道“咳，起来罢。老爷吩咐下来在十字街前，与三娘盖下贞节牌坊，叫你二人看守牌坊去罢。”（未完）

光绪三十四年七月廿九日/1908年8月25日第5版

戏　评

二旦同起谢，问老生道：“我们的用度，该问谁要？”老生答道：“每月向我来领。”二旦道：“你老人家，须要早些送来呀。”二旦下。

老生道：“老爷，他二人去了。”正生道：“开了祖先祠堂，合家一同庆贺。”同下。（完）

这出王春娥是正角，王春娥从前教子时，多么寒苦，到后多么荣耀。大娘、二娘，从前一时错误。到后悔之不及。三娘高建贞节坊，大娘、二娘只落得做个看守人。一荣一辱，显然可见，戏文无非是忠孝节义,这出戏是说“节”。

光绪三十四年七月三十日/1908年8月26日第5版

庆乐园听戏记

楚 侠

八月初六日,午后雨凉。经过大栅栏庆乐戏园门外,见戏牌上写着头等名角十三旦到京。调查十三旦就是侯峻山,从前久在上海,唱梆子最有名,《辛安驿》那出戏,就是他创出来的。年轻的时候,专唱旦角,从十三岁就出台,所以名十三旦。到后老了,兼唱武生,《伐子都》又是著名好戏。前年在北京城唱些日子,一时哄动喧传。今见戏报,知道他又来,便进园要去看他的好戏。走进门一问,十三旦今天是什么戏?答道:“十三旦今天不漏,内廷传差去了。”在下便停步,又向戏报上看了一看,见有张毓庭的《奇冤报》(就是《乌盆记》)。这出戏也不错,便入场去。

坐定,四面一看,楼上楼下都是满满的。心中想着:北京人怎么这样爱听戏?又怎么有这样许多闲暇人?是两个绝大的问题。

再向台上一看,正唱《阴阳报》,这出是梆子,上坐一官问案,下边跪的是秀才。官审问大怒,把那人革去秀才,又重打四十板。那人气极,咆哮公廷,便有一吏举砚向秀才额上一下子,血流满额。秀才向后一扑,倒地作死状。官大惊,随即退堂。

老生、老旦同上,家僮报告:“小主人打死在官堂上了。”生旦同惊起,正旦闻声也到,问甚么事,老生告知他夫死事,正旦惊哭。便指天划地,说是必报此仇。

老生、老旦、正旦便同行走,正旦身藏利刃,自誓必死,奔赴衙门。正旦急打门鼓三声,那官大惊。手举冠出,作愁急状。随戴冠坐堂,老生老旦同上堂跪诉。

官又拍案大怒,喝左右打嘴。正旦急起,飞刀投公案上。官惊起,老生、老旦见事不佳。叩头谢罪,遂同起责问正旦。正旦气极,又在怀中取出刀来,向脖子上一下子,血流满胸前,也死去了。老

生老旦退下，官也退堂。（未完）

光绪三十四年八月初九日/1908年9月4日第5版

庆乐园听戏记（二）

楚 侠

那秀才却还卧在地上，忽来一个要饭花子，绕台行走。忽觉的脚下一拌，停睛一看，是一个死人。吓了一跳，急忙要走避去。但听得那人呼吸有声，便自言自语道："常言说，救人一命，多活十年。此人如能救活，也是一件大好事。"又回身去叫醒那人，原来那秀才，被打晕倒，并没有死。便扶起问明原由，秀才一一告知。花子道："原来是被官屈打，万分冤枉。那么为什么不上京告去呢？"秀才叹道："没有钱。"花子道："我有钱。"秀才问道："钱在那里？"花子把木棍递给他看，秀才接过一看，说道："这是一根木头的棍子，有什么用处呀？"花子道："有了这根棍儿，到东吃东，到西吃西，一辈子吃不完。今你要上京告状，我便陪着你，一路要饭上京。如要着两碗饭，一碗你吃，一碗我吃。如要着一碗饭，你吃半碗，我吃半碗。如要着半碗饭，先让你吃，我就忍着饿不吃。好不好呀？"秀才道："无奈我两条腿，打伤了走不动，怎么是好？"花子道："那么我扶着你走罢。"秀才道："好。"花子便扶着秀才，一路走，一路唱，便进台去了。

这戏是描写花子的义侠，可见身为花子，自己穷的没有饭吃，还能救人。那么自己有饭吃的，和有钱的主儿，慈善事业何不多多资助呀？守财虏对著这义丐，真是羞愧死了。

《阴阳报》唱完，下一出便是《乌盆记》。即见张毓庭扮刘世昌上，后边又一人，肩膀上扛著伞随著。原来这刘世昌，是贩卖绸缎的商人。二人正在行走间，天忽大雨，便支起伞来，匆忙前行著，见有一住户作，叩门状。

丑毡帽，扮户主赵大上。听得叩门声，开门出看。刘世昌具道来意，说是前不及村后不及店，天下大雨，在此借宿。赵大答道可以。便把二人邀进那跟人把箱子搬进，告道："这一箱，都是银子。"赵大接口道："是好东西，须要搁好。"坐定，和刘世昌谈了半晌。随问道:"大概两位还没有用饭罢?"应道:"正是。"赵大道:"我去备酒饭来。"便出门去,走到门外,想了一想,说道:"他道那箱子内,一箱都是银子。倘把他二人害死了,那银子都是我的了。"便把他媳妇叫出,商量有什么计策,他媳答道:"有。后房窗台上,还有砒霜一包,洒在酒果内,他们一吃,可就都药死了。"赵大喜道:"好主意。"

他媳妇便把酒饭端出,递给赵大,把毒药洒入。赵大献给二人吃,在旁陪着刘世昌一面喝着,一面唱着。喝了几杯,醉了。便伏案睡着,那跟人也早醉倒。赵大见了这情形,知道已经中毒。便走开了。

光绪三十四年八月初十日/1908年9月5日第5版

庆乐园听戏记(三)

楚　侠

刘世昌在睡梦中,觉的一阵腹痛。从椅子上,跃过桌子,扑地死,随见那跟人也跃起倒地死。此时还在黑夜,赵大轻步走进,在地上一摸,知二人已死。便叫他媳妇来,问尸首怎么办?答道:"用刀把尸首砍烂,和入泥中,烧成盆缸,可就灭迹了。"赵大又喜道:"好主意。"(须知赵大原是卖缸盆的)于是两人提刀乱砍,先把刘世昌死尸砍烂,随又砍到他跟人,正在砍时,他跟人忽站起,赵大假装吓避,随问他道:"你已死了,怎还会站起?"那人笑道:"不要紧,可以再死。"同下。

光绪三十四年八月十一日/1908年9月6日第5版

剧 界 闲 谭

燕市游民

引　　言

余奔走南北,二十余年,所至辄调查其戏曲,盖素所好也。然荒城鄙邑之音,固难入耳,即津沪等大埠,亦不能满足欲望。于是始知都中之戏,为外埠所决不能及。今夏天气熇热,闲居无聊,拉杂命笔,成一短册。其中所论,只以都中近日剧界为限,颜曰"剧界闲谭"。虽狭陋之见,有类井蛙,然愚者千言,或有一是。倘藉此得同好诸君子指摘瑕疵，诲我不逮，尤至幸也。光绪戊申秋七月燕市游民。

目　录

第一章　论北京名伶

例言

一　此章所论名伶，只限于都中，且限于在三年以内，曾在都中演唱者。（只唱堂会者不列入，已死者不列入。）惟鄙人近日不常听戏，耳目不周，遗漏之弊，恐所不免。尚祈原谅。

一　戏中角色，所分门类，旧日失于繁琐，兹从简分为须生（武优于文者，编入武生）、武生、小生（武优于文者编入武生）、青衫、花旦、武旦、老旦、大花面、二花面（武优于文者，编入武生）、三花面

(分文武)十门。其中有能兼数门角色者,亦不备列,惟择其尤佳者一门。其所兼之角色,或坿(附)论之,或竟置之不论。(如余玉琴兼唱花旦、武旦二门,然武旦戏佳,故编入武旦。刘鸿升兼唱须生、老旦,然须生戏佳,故编入须生。其他以此例推。)

一　都中近日盛行者,皮簧与西梆而已,昆高渐近澌灭。故此章所论,皆皮簧、西梆中角色。(惟各门角色,有必须分别其归皮簧、西梆者,有不必分别者,必须分别者,标秦徽二字作志,不必分别者则否。)

一　此章将诸名伶为二等。(最优等、优等,其不得列入二等之内者,亦附论之。)

一　童伶中虽有佳者,然不能使之比肩先辈,故论于各节之后。(惟童伶与非童伶之界划,甚难分别,此章所分,未能清楚也。)

一　诸名伶在何班中演唱,皆为注明,并其时期亦注明者,现时不在者也。

一　名伶价值,与舞台上之关系,大有分别。(试即以黄润甫、谭鑫培作例论,二人之价值,黄稍高于谭,然若论舞台上之关系,则黄之视谭,相去远矣。此其故因在舞台上关系最大者为须生,武生、花旦次之,其余诸门角色,虽佳无大关系也。)此章则专在价值上定高下。(未完)

同上

剧界闲谭(续)

燕市游民

一　近人观剧,多舍本取末。于文角只取其唱工,于武角只取其武工。不知演戏一事,以能克肖古人身分为第一要义,若失却古人身分,则长于唱工者,与留声机器何以异?(张毓廷、刘鸿升之流是也。)长于武工者,与跑马卖艺者亦无以异也?(靳湘林、迟月亭之流是也。)此章所论,则专以能肖古人身分与否定高下。(若文角而唱工劣,武角而武工劣者,虽能稍肖身分亦所不取。)

一　此章内所引各戏,有恐其混淆者,则将所扮之人姓名标出,其不标出姓名者,不致混淆者也。

一　人之好恶,各有不同。然正当者甚少,大概各有所偏。(试举例论之:如爱刘景然者,则谓其情真意挚,过于谭鑫培;恶之者则比之为化子叫街。爱五月仙者,则谓其作工唱工,皆逾于崔灵芝;恶之者则谓其体如猪而声如牛。爱杨小楼者则谓其武技圆熟,过于俞振亭;恶之者则谓其体高而难看,四肢长而松懈无精神。爱李吉瑞者则谓其神情慷慨,音韵缠绵;恶之者则谓其唱等于哭,且戏派不正,直剧界之野狐禅,名为学黄胖,实是败坏黄胖之名誉。爱许荫棠者,则谓其喉音洪大,气象堂皇;恶之者则直詈之为驴。其他类此者尚多,不胜枚举。鄙人于此道,素少研究,且一隅之见,乖谬必多。祈高明原谅,如肯赐教,尤为至幸。)

第一节　论须生

(徽)最优等一人:谭鑫培(同庆班)

优等七人:王凤卿(承平班)、贵俊卿(庆寿班)、张毓廷(玉成班)、刘鸿升(承平班)、王雨田(玉成班)、贾洪林(同庆班)、许荫棠(庆寿班)。

老成凋谢,后起者又无特出之材,于是在北京徽戏须生中,谭鑫培遂坐第一把交椅。平心论之,作工精细绝伦,唱工亦娓娓可听,惟气概狭小,喉音尖薄。是以有许多须生戏,不能与古人身分相称。

王凤卿学汪桂芬而能得其神似,《战长沙》一剧,尤为绝佳。

贵俊卿、张毓廷、刘鸿升、王雨田、贾洪林,皆学谭鑫培者也。贵俊卿作工甚佳,如《回荆洲》(鲁肃)、《群英会》(鲁肃)、《朱仙镇》(王佐)等剧,其特长也。张毓廷、刘鸿升,唱工俱佳,如《洪羊洞》、《奇冤报》、《失街亭》等剧,其特长也。王雨田、贾洪林二人,作工不如贵,唱工不如张刘,然圆熟稳练,则又在贵张刘三人之上。

光绪三十四年八月十三日/1908年9月8日第5版

庆乐园听戏记(四)

楚 侠

一老者扶杖上说是“天下大雨不能出去做买卖,还记的赵大短我几双草鞋钱,不免去向他要来一用,正是”。便出门扶杖行著,走到赵大门口,说道:“到了。”抬头一看,吃了一惊道:“这房子,从前是三间草屋,现在怎么都改变了高大瓦房呀?莫非赵大搬了家了罢?试把他堂号看一看。”便作看状,念道“损德堂赵,呀!不错。”作叩门状。

赵大改换华衣官靴出,问道:“谁人叩门?”外问道:“赵老大在家么?”开门状出门一看,哼道:“我道是谁?原来是你!进里头来罢。”老者进门,便在中间椅子上一坐,赵大道:“唔,你知道这椅子是甚么人坐的?”老者站起道:“这椅子是木头做的。”赵大道:“这椅子乃是我有福气人坐的。”老者道:“那么我坐在那里?”赵大道:“你就坐在那地坑上。”老者无可奈何,便向地上一坐。

光绪三十四年八月十四日/1908年9月9日第5版

剧界闲谭

著者燕市游民

第一节 论须生(续)

许荫棠,老派也,不知趋时。故唱工、作工,皆不为时流所好。

此外尚有三麻子(玉成班)(戊申夏)、李顺亭(承平班)、李金甫(玉成班)(戊申春)、李玉奎(玉成班)、刘景然(庆寿班)、李成林(庆寿班)、谭小培(同庆班)(戊申春)、德建堂(宝胜和班)、明海山(玉成班)、沈三元(庆寿班)、马昆山(宝胜和班)(丁未夏)、吴连奎(玉成班)(戊申春)等。

三麻子演关公戏最佳,英雄神态,描摹逼真。其他若《黑松林》、《深恩报》、《三门街》等剧,亦有可观。李金甫近大日有进步,所演如《失街亭》、《托兆》、《碰碑》、《打棍出箱》等剧,皆甚出色。

论童伶

童伶中以麒麟童(洪胜和班)、陈葵香(承平班戊申春)、小益芳

(承平班)三人为最佳。

次其则有寇连生(玉成班)、贯大元(喜连成班)、金丝红(喜连成班)、小桂芬(喜连成班丁未夏)、小连生(喜连班成)、小菊仙(吉祥班戊申春)、小梧桐(吉祥班戊申春)、孙玉奎(洪胜和班)、小月芬(宝胜和班)等。

(秦)最优等一人:郭宝臣(宝胜和班)。优等二人:十二红(玉成戊班申春),十三红(玉成班)。

郭宝臣者,秦腔中之程长庚也。该伶为山西猗氏人,初从其舅氏老元红在都学戏,良工心苦、揣摩功深,遂能青出于蓝,造于今日之地位。得意之剧,不胜枚举。悲剧尤佳,如《滚钉板》、《大报仇》、《桑园寄子》、《探母回令》等剧,听之虽铁石心肠,亦必下泪。

十二红唱工道白皆甚佳,惜作工稍逊。十三红悲歌慷慨,亢壮凄凉,《十王府》、《五雷阵》、《铁冠图》、《宁武关》诸剧,尤为出色。其次则有杨宝珍(玉成班)、达子红(宝胜和班戊申春)、盖天红(义顺和班丙午夏)、燕子红(宝胜和班)、八百红(洪胜和班)、二宝红(义顺和班丙午夏)。

论　童　伶

童伶中以小马五(洪胜和班)、九岁红(宝胜和班丁未春)、小小金林(吉班祥)三人为最佳。

小马五年甫十余龄,每一奏曲,声惊四座,真不可多得之材也。所善者为《斩黄袍》、《回荆州》、《探母回令》等剧。九岁红唱工作工皆甚佳。(亦能兼唱皮簧,惜多走板)

其次则有自小十一红(崇庆班丁未夏)、小十三红(洪胜和班)、小十一红(喜连成班)、小瑞林(玉成班)、粉菊花(崇庆班丁未夏)、小瑞芬(洪胜和班)等。

同上

剧界闲谭

燕市游民

第二节 论武生

最优等二人:俞菊生(庆寿班戊申夏)、俞振亭(庆寿班)。

优等四人:杨小楼(宝胜和班丁未春)、李吉瑞(玉成班戊申春)、马德成(庆寿班)、瑞德宝(玉成班)。

俞菊生者,剧界之霸王,而社会之功臣也。观其剧能令人陡起尚武精神,其有功于社会,良非浅鲜。得意之剧甚多,然《金钱豹》、《铁龙山》、《牛头山》、《艳阳楼》诸剧,尤为横绝一世。俞振亭,菊生子也,其技虽不逮乃翁,然与他人相较,则倜乎远矣。

杨小楼得名较俞振亭为早,虽精神激厉不及振亭,然固菊生得意弟子也。李吉瑞、马德成、瑞德宝,皆学黄胖者也。李之唱佳,马之派正,瑞则唱不如李、派不如马,惟体段较二人稍雄伟。其次则有许德义(同庆班)、王益芳(玉成班)、小何九(庆寿班)、刘春喜(同庆班)、迟月亭(庆寿班)、张玉峰(玉成班)、刘文亮(宝胜和班)、姚喜成(宝胜和班)、张喜华(宝胜和班)、李顺来(宝胜和班丁未秋)、杨瑞亭(宝胜和班)、于永海(宝胜和班)、杨孝芳(玉成班)、张增明(庆寿班)、董凤岩(同庆班)、朱德康(庆寿班)、朱胜奎(庆寿班)、余小琴(玉成班)等。

许德义大刀最佳,如《收关胜》、《飞波岛》等剧,盘旋飞舞,令人神旺。

王益芳以一哑人,纵横舞台上,亦奇观也。所演之剧,虽不及许德义,然亦自有可观。

附论童伶

童伶中以康喜寿(喜连成班)、小客串(宝胜和班丁未夏)为最。

康喜寿,俞振亭弟子也,故其家数,迥异凡流。以十余龄童子,竟能如此出色惊人,将来成就,或在杨小楼之上未可知也。

其次则有田雨农(吉祥班)、小绛州(洪胜和班)、韩长宝(吉祥班)、林春竹(承平班)、小月山(吉祥班)等。

第三节　论小生

（徽）最优等，无。

优等二人：德珺如（同庆班）、朱素云（庆寿班）。

德珺如，奇人也。以贵族子，弃世职而不袭，而甘心从事于剧界，诚可谓吾国文明先路之导矣。所演之剧，如《托梦叫关》等出，皆一时之绝也。

朱素云唱工视德珺如稍逊，而神情风度胜之。

其次则有陆小芳（长春班丁未秋）、张宝昆（承平班）、陆杏林（庆寿班）、冯惠林（同庆班丁未冬）、满子善（宝胜和班）等。

附论童伶

童伶中无佳者。

（秦）最优等，无。

优等一人：王小旺（宝胜和班）。王小旺作戏精细活泼，亦无才也。得意者为《云罗山》、《折桂斧》、《卖水》、《藏舟》、《忠义侠》、《玉棋子》等剧。

其次则有高德胜（宝胜和班　丁未秋）、吴昆甫（宝胜和班）、刘顺来（玉成班）、高瑞峰（宝胜和班）等。

附论童伶

童伶中有小金升（洪胜和班）、小胜奎（吉祥班）、小小旺（喜连成班）等，然俱不佳。

第四节　论青衫

最优等一人：王瑶卿（同庆班）。

优等三人：陈德林（庆寿班）、孙怡云（庆寿班）、吴彩霞（承平班）。

王瑶卿，陈德林弟子也，然实青出于蓝。唱工虽不相上下，作工、道白，则视德林较胜。近在同庆与谭鑫培同演，益觉精神奋发，秀韵旁流。如《武家坡》、《汾河湾》、《桑园会》、《三娘教子》等剧，工力悉敌，真双绝也。（未完）

光绪三十四年八月十五日/1908年9月10日第5版

剧 界 闲 谈

燕市游民

第四节　论青衫(续)

其次则有姜妙香(承平班)、杨韵芳(玉成班　戊申春)、姜妙卿(承平班)、孙喜云(宝胜和班)、狄碗龄(玉成班)、韩雨田(庆寿班)、王锦堂(洪胜和班)等。

附 论 童 伶

童伶中有梅兰芳(喜连成班)、刘宝云(吉祥班丁未冬)、朱茹云(洪胜和班)等,皆不甚佳。

(秦)最优等,无。

优等二人:六六旦(宝胜和班),盖陕西(宝胜和班)。

其次则有玻璃翠(玉成班　戊申春)、小桂元(玉成班)、月月仙(玉成班)、毛毛旦(崇庆班　丁未夏)、云遮月(崇庆班　丁未夏)、水上飘(崇庆班　丁未春)等。

附 论 童 伶

童伶中以小瑞红(洪胜和班)、罗小宝(吉祥班)为最。

小瑞红风度娴雅,音韵清越,《算粮登殿》一剧,尤为绝唱。

则次则有紫金盒(洪胜和班)、小盖陕西(喜连成班)、小金钟(崇庆班　丁未秋)、一斗金(崇庆班　丁未夏)、小瑞仙(玉成班)、海棠花(崇庆班　丁未春)、小金香翠(洪胜和班)等。

光绪三十四年八月十七日/1908年9月12日第5版

剧 界 闲 谈

燕市游民

第五节　论花旦

(徽)最优等:无。

优等二人:路三宝(庆寿班)、水仙花(同庆班)。

其次则有杨小朵(承平班)、胡素仙(承平班)、姚佩秋(同庆班)、陈鸿喜(玉成班　丙午冬)、陈桐云(庆寿班)、孟小茹(宝胜和班)等。

杨小朵戏派较路三宝、水仙花二人醇正，惜口齿太不清楚。

附论童伶

童伶有小凤凰（同庆班）、小琐（吉祥班）、茹香（玉成班）、小万盏灯（承平班）等，皆不佳。

（秦）最优等二人：十三旦（福寿班　丁未秋）、田际云（玉成班　丁未夏）。

优等二人：崔灵芝（宝胜和班）、五月鲜（宝胜和班）。

十三旦慧力极高，故描写各种人物，无不惟妙惟肖。（描写英雄便十分英雄，描写端雅便十分端雅，描写淫荡便十分淫荡，描写义烈便十分义烈。）真禅家所云，无法不悟者也。

田际云视十三旦稍逊，然非近日崔灵芝辈所能企及。崔灵芝作戏甚精细，唱工亦可取，故世人多欢迎之，下流社会尤甚。

五月鲜善演悲剧，如《玉虎坠》、《火烟驹》、《阴阳报》、《烈女传》、《玉棋子》等剧，悲歌慷慨、凄惋欲绝，都中以悲剧擅长者，郭宝臣而外，一人而已。

其次则有天明党（义顺和班　丙午秋）、李灵芝（玉成班　戊申春）、小旋风（玉成班　戊申春）、任灵芝（玉成班）、小五月鲜（宝胜和班　丁未秋）、杨金玉（玉成班　丙午秋）、十二旦（宝胜和班　丁未冬）、白牡丹（玉成班）、钱福才（宝胜和班）等。

附论童伶

童伶中以小十三旦（吉祥班）为佳。

其次则有宝珠钻（洪胜和班）、小十三旦（喜连成班）、小荷花（宝胜和班　丁未秋）、小七盏灯（洪胜和班）等。

第六节　论武旦

最优等，无。

优等一人：余玉琴（庆寿班）。

余玉琴神情既佳，武工尤绝，故能独步当时。

其次则有靳湘林（玉成班）、余少琴（庆寿班）、陈玉林（庆寿班）、十阵风（宝胜和班）、七阵风（玉成班　丁未夏）、云中雁（同庆班）等。

附论童伶

伶童中有小朱四十(承平班)、小云中凤(喜运成班)等,皆不甚佳。

第七节 论老旦

最优等,无。

优等一人:龚云甫(玉成班)。

龚云甫惟唱工极佳。

其次则有谢宝云(同庆班)、陈文启(承平班)、张明斋(宝胜和班)、赵寿山(庆寿班)等。

附论童伶

童伶中惟王喜禄(喜连成班)稍有可取。

光绪三十四年八月十八日/1908年9月13日第5版

剧界闲谈

燕市游民

第八节 论大花面

最优等一人:金秀山(同庆班)。

优等一人:何桂山(庆寿班)。

金秀山雄浑深厚,横绝一时。

其次则有讷绍先(玉成班)、郎德山(宝胜和班)、郭厚斋(宝胜和班)、李小山(长春班 丁未夏)、徐立棠(承平班)、梅荣斋(承平班)等。

附论童伶

童伶中小穆子(喜连成班)最佳。

其次则有小宝奎(洪胜和班 丁未冬)、小金奎(吉祥班)、小永春(承平班)等。

第九节 论二花面

最优等一人:黄润甫(承平班)。

优等三人:穆春山(同庆班)、李寿山(庆寿班)、李连仲(玉成班)。

黄润甫作工唱工，色色精绝，描摩奸雄神态，尤令人拍案惊奇。

穆春山作戏，稍不规则，然若《白绫计》（李七）、《贾家楼》（程咬金）等剧，则神似黄润甫。其次则有李金茂（玉成班）、阎子恒（庆寿班）、冯黑灯（宝胜和班）、牛春化（宝胜和班　丁未秋）、钱宝奎（庆寿班　丁未冬）、曹宝峰（洪胜和班）等。

附论童伶

童伶中惟周喜增（喜连成班）尚可取，然亦不甚佳。

第十节　论三花面

（文）最优等，无。

优等三人：罗寿山（庆寿班）、赵仙舫（承平班）、王长林（同庆班）。

罗寿山之技，不及赶三，然在今日已成凤毛麟角矣。

赵仙舫往于科诨中作文语，颇耐人寻味。其次则有迟子俊（庆寿班）、刘义增（宝胜和班）、萧二顺（同庆班）、慈瑞全（同庆班）、李敬山（宝胜和班）、李武樵（玉成班　戊申春）、唐玉喜（玉成班）、秃亮红（崇庆班　丁未夏）、王子实（玉成班）、驴肉红（宝胜和班　丁未冬）、高四保（庆寿班）、樊贵寿（玉成班）等。

附论童伶

童伶中惟小百岁（喜连成班）尚佳。

（武）最优等一人：张黑（玉成班）。

优等，无。

张黑亦一时之绝也，为人颇有侠性，故其演剧，亦痛快淋漓，肝胆毕露。为《佛手菊》、《卧虎沟》、《巴家寨》、《大莲花》、《铜网阵》等剧，观之令人侠气顿生，于社会诚大有裨益也。

其次则有傅小山（宝胜和班）、沈杰林（庆寿班）等。

附论童伶

童伶无佳者。

光绪三十四年八月二十日/1908年9月15日第5版

剧界闲谈

燕市游民

第十一节 名伶总表

最优等十人

(名伶姓氏)	(所唱角色)	(所在之班)	
俞菊生	武生	庆寿班	戊申夏
十三旦	花旦(秦)	福寿班	丁未秋
郭宝臣	须生(秦)	宝胜和班	
黄润甫	二花面	承平班	
谭鑫培	须生(徽)	同胜班	
俞振亭	武生	庆寿班	
田际云	花旦(秦)	玉成班	丁未夏
张　黑	武三花面	玉成班	
王瑶卿	青衣(徽)	同庆班	
金秀山	大花面	同庆班	

优等三十四人

(名伶姓氏)	(所唱角色)	(所在之班)	
杨小楼	武生	宝胜和班	丁未春
金玉琴	武旦	庆寿班	
德郡如	小生(徽)	同庆班	
陈德林	青衣(徽)	庆寿班	申夏戊
何桂山	大花面	庆寿班	
罗寿山	文三花面	庆寿班	
朱素云	小生(徽)	庆寿班	
龚云甫	老旦	玉成班	
十二红	须生(秦)	玉成班	戊申春
王凤卿	须生(徽)	承平班	
赵仙舫	文三花面	承平班	
十三红	须生(秦)	玉成班	

贵俊卿	须生(徽)	庆寿班	
王长林	三花面	同庆班	
张毓廷	须生(徽)	玉成班	
崔灵芝	花旦(秦)	宝胜和班	
孙怡云	青衣(徽)	庆寿班	
穆春山	二花面	同庆班	

光绪三十四年八月廿一日/1908 年 9 月 16 日第 5 版

剧界闲谈

燕市游民

第十一节　名伶总表(续)

(名伶姓氏)	(所唱角色)	(所在之班)	
刘鸿升	须生(徽)	承平班	
贾洪林	须生(徽)	同庆班	
王雨田	须生(徽)	玉成班	
李吉瑞	武生	玉成班	戊申春
路三宝	花旦(徽)	庆寿班	
许荫棠	须生(徽)	庆寿班	
五月鲜	花旦(秦)	宝胜和班	
李寿山	二花面	庆寿班	
马德成	武生	庆寿班	
李连仲	二花面	玉成班	
瑞德宝	武生	玉成班	
六六旦	青衣(秦)	宝胜和班	
盖陕西	青衣(秦)	宝胜班	
吴彩霞	青衣(徽)	承平班	
王小旺	小生(秦)	宝胜和班	
水仙花	花旦(徽)	同庆班	

附童伶总表

(童伶姓氏)	(所唱角色)	(所在之班)	
麒麟童	须生(徽)	洪胜和班	
康喜寿	武生	喜连成班	
小瑞红	青衣(秦)	洪胜和班	
陈葵香	须生(徽)	承平班	戊申春
小穆子	大花面	喜连成班	
小马五	须生(秦)	洪胜和班	
小益芳	须生(徽)	承平班	
九岁红	须生(秦)	宝胜和班	丁未春
小客串	武生	宝胜和班	
小金林	须生(秦)	吉祥班	
罗小宝	青衣(秦)	吉祥班	
小十三旦	花旦(秦)	吉祥班	

光绪三十四年八月廿二日/1908年9月17日第5版

剧界闲谈

燕市游民

第二章　论戏界改良

第一节　论戏曲改良

戏曲改良,其道有三:

(一)禁止演唱。欲祛除迷信、正人心术,非将旧有之淫秽戏、鬼怪戏一律禁止不可。

(二)改排旧戏。旧戏中有全出中多可取处,不过一二场淫秽或犯鬼怪者,窃以为此等戏,勿庸禁止,只改排之即可。

(三)另编新戏。此事近日行之者甚多,于社会亦未见有大利益。因所编之戏,多不佳故也。盖编戏犹作文然,须篇中有警策处,始能动人,始能寿世。若平铺直叙,则无趣矣。近日编新戏者,多犯此病。

第二节　论戏班改良

戏班宜改良者有二事。

(一) 伶人薪金。各班主付与伶人薪金,不论省力之戏、费力之戏,止订明每日薪金若干。殊不知戏之省力费力相去有甚远者,此事太不公,急宜改良。

(二) 演戏次叙。都中演戏,趋重末场。其弊也,至使稍自负者,皆不肯早露。窃以为不如仿照沪上办法,趋重中场。(或曰如趋重中场则过中场后,座客将一哄而散,将奈何? 曰:否否。余所谓趋重中场者,非言中场过后,即绝无出色者出而演唱也。不过令一班中主要角色,演中场耳。试举例论之,近日宝胜和之主要角色,郭宝臣也。宝臣演后,使崔灵芝、五月仙等继之,则座客未必散也。庆寿之主要角色,俞振亭也。振亭演后,以朱素云、贵俊卿等继之,则座客未必散也。同庆之主要角色,谭鑫培也。鑫培演后,使王瑶卿、金秀山等继之,则座客亦未必散也。)

第三节　论戏园改良

戏园宜改良者亦有二事。

(一) 戏座。正楼池座,及正楼下,其櫈宜横列,不宜直列。旁楼及旁楼下,其櫈宜斜列,不宜横列。此事于听戏人之卫生,大有关系。(都中人每以听戏不看戏自豪,然余尝往来园中,见演戏至紧要处,听戏者皆不旁视也)。

(二) 戏价。戏价宜分为三等:池座为第一等,楼上为第二等,楼下为第三等。都中戏价太贱,班中往往赔钱,亦宜酌量加价。

光绪三十四年八月廿三日/1908 年 9 月 18 日第 5 版

剧界闲谈

燕市游民

第三章　杂论(此章拉杂命笔,原无次叙,故不分节目,阅者谅之。)

演戏一事,所以代古圣贤豪杰、烈女贞媛发言作事,甚可尊贵。近人多视优伶为贱,不知何故? 推其根因,大约自伶人之自贱始。

欧潮东渐,风气大开,伶界亦闻风而起。于是田际云、夏月珊、崔灵芝辈,或编新戏,或办善举,虽成效未大著,然实好现象也。

自改良戏曲之说兴,于是学界中人,多从事斯道。连步青、汪笑侬、贵俊卿等,其最著者也。近日沪上有可社及春柳社,亦学界人主持之。

南北嗜好,大不相同。澹逸澹永,南人之所好也;雄刚沉实,北人之所好也。梆腔发源于北,亦只盛行于北,按地理上界划,可分为四大部分。以陕西省城以西,及甘肃东南境为一部分,其声缓、其气弱,不足取也;以陕西省城以东,及山西南境为一部分,雄浑深厚,梆腔之正宗也;山西北境,自为一部,其声刚、其气激,近日都中所盛行者是也;直隶全省,自为一部分。其他若山东河南,虽间有之,然实与无等。

皮簧发源于南,然北方亦盛行,都中尤甚。都中皮簧,亦可分南北二派。最显著者,莫若须生与武生。须生中近日盛行者,为汪、谭二派。汪,北派也;谭,南派也。武生中近日最盛行者,为俞、黄二派。俞,北派也;黄,南派也。

演戏大非易事,其人必须富于天趣,又必须有好面孔、好身格、好喉咙,四者缺一,必不能名震一世也。

程长庚是戏中圣品,十三旦是戏中仙品,俞菊生、郭宝臣、汪桂芬是戏中能品,谭鑫培是戏中逸品。

戏派须正,派不正者,不足取也。李吉瑞、三麻子、水仙花等,戏派皆不正。伶人演戏,以克肖古人身分为佳,既载前章。都中诸伶,有扮吾国历史上人物甚肖者,如黄润甫之扮曹操,十三旦之扮周瑜,三麻子之扮关公,贵俊卿之扮鲁肃,康喜寿之扮赵云是也。有扮一种人物甚肖者,如俞振亭之扮恶霸,刘景然之扮老奴,路三宝之扮淫毒妇女是也。

光绪三十四年八月廿四日/1908年9月19日第5版

戏　评

《宝莲灯》这出戏,是刘沉香打死了秦太师的儿子秦官保,他兄弟刘秋儿代为抵罪。沉香和秋儿都是刘兴长的儿子，刘兴长的妻，名王桂英。秋儿是他生的，那沉香是三圣母生的。

因刘兴长当年进京的时候，路过蟒当山，现出宝莲灯一盏，便与三圣母做成夫妻，生下沉香，所以这戏便名“宝莲灯”。

先是老生扮刘兴长上，说道：“檐前乌雀叫噪，吉凶全然不晓。”随见二小生扮沉香、秋儿兄弟同上。跪下急禀道：“爹爹，大事不好了。”老生叱道：“你们从学房回来，谅不过被先生打了几下，这也何妨，说什么大事不好呀？”

光绪三十四年八月廿五日/1908年9月20日第5版

剧界闲谈

燕市游民

第三章　杂论(续)(此章拉杂命笔，原无次叙，故不分节目，阅者谅之。)

诸伶演戏时，有现特征者。如贵俊卿之摇头摆尾，张毓廷之手足无措，刘鸿升之低头，贾洪林之仰面，陈桐云之折腰，马德成之闭目，郭厚斋之耸肩，姜妙香之伸颈等类，皆是。为妍为媸，吾不得而定之，今特录出，以质高明。

伶人多以其所唱之角色，而异其性质。以唱青衫者，其人多雅；唱花旦者，其人多荡；唱三花面者，其人多狡；唱武生者，其人多豪爽；唱文生者，其人多酸俗；不知天性为习惯所移耶，抑本来性质即如此也？

伶人中有雅俗共赏者(如王瑶卿、崔灵芝等是也)，有独宜于雅而不宜于俗者(如俞振亭、王凤卿等是也)，有独宜于俗而不宜于雅者(如盖陕西郎德山等是也)。

北京各班，所招致之座客，自有持派，各不相同。同庆、庆寿，多本京土著，及官界学界中人。宝胜和、喜连成、洪胜和，多商界工界中人，及无业之下流社会人。玉成、吉祥，多学界商界中人。承平，则因其多花界中人，所以多学界、官界中人。

都中近日，真能有完全须生资格者，郭宝臣一人而已。谭鑫培、十二红、皆有缺点。都中名伶，渐已雕零。而来自津沪者，又各

争出花样以炫时,是以识时者,皆有古道将微之叹。(已完)

同上

戏　评

二小生同白道:“爹爹有所不知,只因孩儿。南学读书,那秦官保被孩儿打死了。”老生惊道:“你话怎讲?”二小生又重一句道:“打死了。”老生听到第二句,一声叫道:“不好了!”便倒过去。二小生急忙扶起,唤道:“爹爹醒来。”老生唱倒板道:“听说道、小奴才、打坏人,胸中如同凉结冰。开口便把沉香问,南学之事说分明。”

老生道:“儿呀。”沉香道:“爹爹。”老生道:“你在南学读书,秦官保何人打死?”沉香道:“孩儿打死。”老生道:“你可知打死了人,要偿命。”沉香道:“情愿偿命。”老生道:“可舍得二老爹娘?”沉香道:“舍得二老爹娘。”老生叱道:“舍得自己狗命?”沉香道:“也是孩儿命该如此。”老生唱道:“沉香作事太不仁,不该南学打伤人。沉香问过秋儿问,南学之事说分明。”

老生道:“儿呀。”秋儿道:“爹爹。”老生道:“你在南学读书,秦官保何人打死?”秋儿道:“孩儿打死。”老生怒道:“骂声秋儿太不仁,大胆南学打死人。手挽两儿二堂上,细听为父说分明。”老生道:“为父有个比方,说与我儿知道。”二小生同道:“爹爹请讲。”

生又唱倒板道:“刘兴长、坐二堂、把话来讲,叫一声、二娇生、细听端详,有伯夷、和叔齐、多行孝道,他二人饿死在、首阳山上。打死了、别家子、还可饶命,打死了、秦官保、性命难生。我本当、将沉香、前去抵命,三圣母、嘱付我、有言在心。我本要、将秋儿、前去偿命,高堂上、有他母、王氏桂英。左一思、右一想、无计可论,我的儿、请出你、王氏母亲。”二小生同声启道:“母亲有请。”

正旦扮王桂英上,先作站在屏风后听状,但听得老的大骂奴才,小的连叫爹爹,桂英便上前问是何因。刘兴长一见夫人来到,也不说别的,但大声叹道:“嗳呀!罢了呀!罢了!”(作一虚笔,引起后文四段问答)。

正旦唱道:“莫不是、为官职、太嫌卑小,待妾身、禀父亲、往上加升。”(一猜)老生道:“且住。想我现为四品黄堂,上能事君、下能治民,也就够了。难道还要升到天上去吗?”

正旦道:“呀!”又唱道:“莫不是、饮食中、不能美口,待妾身、下厨房、自己调羹。”(二猜)老生道:“且住。想我有了三茶四饭,早鱼暮肉,也就够了。难道还要吃龙肝凤肺?不是呀。”

正旦又唱道:“莫不是、二娇儿、不受教训,待妾身、到上房、教训娇生。”(三猜)老生道:“且住。两个孩儿,你我所生要骂就骂,要打就打,这又不是呀!”正旦唱倒板道:“这不是、那不是、难以猜想,莫不是、府衙门、打伤了人?”(四猜)老生接口道:“嗳呀夫人!话从何话起,一场人命未完。”难道有二场人命来了吗。

正旦惊道:“爱呀!老爷,这话怎讲?”老生道:“夫人有所不知。两个孩儿南学读书,秦公子被他二人打死了。”正旦又惊问:“老爷怎讲?”老生道:“打死了。”正旦惊叫一声道:“不好了。”身子便向后倒去,老生急唤道:“夫人醒来。”(以下笔笔与前文相应)。

旦唱道:“听说道、小奴才、打伤了人,胸中如同凉结冰。上前便把老爷问,南学之事须问明。”

老生道:“下官问到沉香,乃是沉香打死。”旦道:“还该问秋儿。”老生道:“下官又问秋儿,他说秋儿所伤。”

旦道:“老爷不必如此,待妾身打一个问一个。”老生道:“夫人高才,请问。”旦道:“呀,沉香!”答道:“母亲。”旦道:“你在南学读书,秦官保何人打死?”答道:“孩儿打死!”旦道:“你可知打死人要偿命?”答道:“孩儿情愿偿命。”旦道:“可舍得二老爹娘?”答道:“舍得二老爹娘。”旦道:“舍得你自己狗命。”答道:“也是孩儿命该如此。”旦骂道:“奴才呀!”唱道:“奴才作事太不仁,不该南学打死人。”一面唱,一面提竹板将沉香打状。老生赶出道:“夫人,沉香是有父无母之人,你与我重重打呀。”

旦唱道:“老爷一旁发恨声,问过沉香把秋儿问,南学之事说分明。”旦道:“秋儿。”答道:“母亲。”旦道:“你在南学念书,秦公子何人打死?”答道:“孩儿打死。”旦如前问状打状。老生又赶出道:“夫人,秋儿是有父有母之人,你不要打,看在下官面上。”旦道:“呀。

老爷道我两般心，硬着心肠将儿打。打在儿身痛娘心，回头便把老爷请。”老生道：“夫人。可曾问过明白？”旦道：“亲身问过沉香，是沉香打死。”老生道：“就该问秋儿。”旦道：“妾身又问秋儿，乃是秋儿所伤。”生道：“夫人你是宰相之女，状元之妻，难道问出个糊涂来了。”旦道：“这话差了，老爷乃状元出身，芦州正印，上事君，下治民，这个家事，审问不明，反来埋怨妾身么？”(未完)

光绪三十四年八月廿七日/1908年9月22日第5版

戏 评

生道：“呀！夫人。想下官状元出身，芦州正印，百姓子民，不犯在本府之手便罢，若犯在本府之手，要打就打，要枷就枷。这二个小奴才，是你我所生。打那一个，骂那一个，真是清官难断家务事。”

旦道：“好个清官难断家务事。只要你问我的儿子，我问你的儿子，两下一问，便知明白。”生道：“妙计！妙计！”

生问道：“秋儿，秦官保何人打死？”答道：“孩儿打死。哥哥站在一旁，未曾动手。”生道：“这就明白了。”

旦问道：“沉香，秦官保何人打死？”答道：“孩儿打死。弟弟站在一旁，未曾动手。”旦道：“这就明白了。”

旦道：“老爷明白何来？”生道：“下官问明秋儿，乃是秋儿打死，沉香并未动手。”旦道：“妾身也问明沉香，乃是沉香打死，秋儿并未动手。”生怒道：“一定是秋儿打死。”旦也怒道：“一定是沉香打死。”生骂道：“啐！”旦也骂道：“呸！老爷不必如此，各问各的孩儿，便知明白。”同下。

这出宝莲灯戏，很有趣味，一层一层的情节，都是从人情世故中，体验出来。这出戏编的真好，请说明他层次，便知道这戏的妙点。

第一层：沉香、秋儿二人，在南学把秦公子打死，回家报告大事不好了。刘兴长却劈面驳去，“先生打你几下，这也何妨？说什么大事不好？”一面报告的很紧急，一面对答的很从容，故作虚笔，最是妙文。

第二层:二人同词说明秦官保被孩儿打死,刘兴长又追问一句,“这话怎讲?”二人又重一句道:“打死了”。刘兴长到此,不由的也大叫不好了,便气倒。二人急叫爹爹醒来,以上这许多笔法,后文处处照应。

第三层:刘兴长先问沉香,秦官保何人打死?沉香答道:“孩儿打死。”次问秋儿,秋儿又是这样答对,刘兴长没有主意了,便请出他母王桂英。

第四层:王桂英出来,此时刘兴长若把打死秦官保事,即行告知王桂英,戏文便没趣味了。妙在刘兴长不说破,但长叹一声道:“罢了呀!罢了”,虚写一笔,便引起下文四问答来。

第五层:王桂英分四次询问,末后问到莫非府衙门打伤了人,刘兴长却接一句道:“一场人命未完,难道有二场人命来了?”这话跳跃而出,却仍是半明半昧,还是匣剑帷灯的笔法。

第六层:说破打秦公子,王桂英气倒。刘兴长叫道:“夫人醒来”,这和前文二人叫爹爹醒来,笔法正是相同。

第七层:王桂英因刘兴长未曾问明,究系何人打死,又自行打问。等到打沉香时,刘兴长却赶出,说“沉香是有父无母之人”,一面说。“你与我重打重责”,其实是哀怜沉香,舍不得打他,活写老人爱子情态。

第八层:王桂英一听他父冷话,便改打自己的儿子秋儿。刘兴长又赶出,说是秋儿是有父有母之子,你不要打,看在下官面上。刚才说重重打,现在说不要打,都是反面文章。

第九层:王桂英打沉香时,一听他父冷语,便停手。打秋儿时,一听他父冷语,却更重打。硬着心肠将儿打,打在儿身痛娘心,这两句话,写尽妇人心事。

第十层:王桂英白白的打了一番,还是没有问清楚。刘兴长说他问出个糊涂来,却忘记自己问的也糊涂。糊涂人骂人糊涂,情态如绘。

第十一层:桂英骂他这点家事,审问不明,骂得似乎有理,似乎无可对答。刘兴长却答道,人民好治、家务难断,打那一个,骂那一个?答的却又极有理。

光绪三十四年八月廿八日/1908年9月23日第5版

戏　评

第十二层:王桂英想出一计:“你问我的儿子,我问你的儿子。”似乎很公平了,那知仍是问不明白。等到争执起来,一个说是一定是秋儿打死,一个说是一定是沉香打死。这个骂道:“呸!”那个骂道“啐!”于是夫妇二人各护各子的真相,活现出来了。

第十三层:随后王桂英又想出一计,各问各的孩儿。刘兴长问沉香,叫他推在你兄弟身上。王桂英问秋儿,叫他推在你哥哥身上。更是活写真情,到后彼此,又是你呸我啐的一番捣乱,还是没有问个明白。看官试想,戏文做到这儿,往下再怎么做,于是又生出妙文来。

第十四层:刘兴长着急道:“一不是沉香打死,二不是秋儿打死,必定是下官私出官衙,将秦官保打死。”便叫家院道:“看轿伺候。”王桂英问道:“老爷那里去?”答道:“秦府抵命。”这是紧急中应有的情事,不由的令人要发笑。

第十五层:王桂英见老爷要去抵命,急拦住道:“且慢,一不是沉香打死,二不是秋儿打死,乃是妾身私出官衙,将秦公子打死。”叫了鬟道:“看轿伺候。”刘兴长问道:“夫人那里去?”答道:“秦府抵命”。刘兴长道:“夫人不必如此,沉香打死,也应沉香抵罪。秋儿打死,也应秋儿抵罪。”看官试想,这戏文往下再怎么做去?

第十六层:刘兴长到此时,无话可说,忽又心生一计。拉著沉香便往外走,王桂英问道:“老爷拉他那儿去?”答道:“拉他去到秦府抵罪名。”王桂英又问:“可记得三圣母吩咐的言语。”

第十七层:刘兴长听到这话,又反激一句道:“提起三圣母,下官好恨。”王桂英诧异道:“莫非是恨著妾身。”答道:“怎敢恨夫人。我想当年,你我进京时,路过蟒当山,蟒蛇吞吃,岂不是好?要他送什么宝莲灯一盏,与三圣母做了一时夫妻,生下此子,闯下滔天大祸。叫下官恨也不恨!”

第二十层:王桂英到此时,明白话中意思,便说道:“老爷不必言三语四,你将沉香放走,我秋儿前去抵命。”(以前千言万语,都是费话,说到这两句方是正文)

第二十一层:刘兴长听到这话,又反逼一句道:“我却不信。”王桂英道:“我就对……”下文还没有说出,刘兴长知道他要对天发誓,急忙跪下道:“我就跪……”王桂英见他跪下。惊急道:“不好了。一句话儿讲出口,将儿送至枉死城。”王桂英要向回房去,刘兴长道“下官跪久了”,王桂英无可奈何,只得跪下发誓。

第二十二层:刘兴长见夫人已发誓,不由的大喜。回过来一想,又恐怕沉香不肯逃走,忽又心生一计。说是要茶止渴,王桂英道:“那里是要茶止渴,分明有放走沉香之意。”(这一疑也是应有的)刘道:“我要放走,也等夫人前来,一同放走。”王氏道:“如此我去拿茶。”(只因刘要和沉香说话。令王氏走开。所以有这段戏文)

第二十三层:刘见王氏已走开,向沉香说道:“王氏不是儿亲生母,三圣母是儿娘亲。”香还不信,刘取出血书给他看,沉香痛哭。正在问答时,王氏已取茶来。沉香收泪,王氏道:“何不将沉香放走?”刘道:“刚才说明,候夫人前来,一同放走。”王氏道:“那里放走?”答道:“后花园放走。”此时锣鼓声一响,刘惊道:“耳旁听得人喧哗,想必秦兵已来临。”便要走进后花园,令沉香出走。

第二十四层:此时如把沉香即刻放走,戏文便少。沉香不免要向父母叩别,刘却不要他拜,令他拜辞替死的兄弟。沉香走后,刘不免又痛倒,王氏又叫道:“老爷醒来。”

第二十五层:此时沉香已走,只有秋儿一人。刘便拉著秋儿向外走,王氏问道:“拉秋儿那里去?”答道:“秦府抵命。”王氏又悔言道:“怎么将你儿子放走,把我儿子抵罪。”这两句话,虽然说出,倘若再加问答,未免讨厌。刘却不管王氏愿意不愿意,便拉著走了,王氏也只得回房。

第二十六层:秦太师审问后,用乱棍将秋儿打死,这出戏便完。

光绪三十四年八月廿九日/1908年9月24日第5版

戏　评

《清河桥》这出戏是《列国志》上楚庄王事。只因楚臣斗越椒造反,把庄王杀败。庄王情急求贤,来了一个善射的养由基。斗、养二人,在清河桥比箭,养把斗射死,救庄王回驾。所以这戏,便名《清河桥》。

先是四御林军,四将四卒,引楚庄王上,唱道:“可恨陆浑反边关,孤王御驾扫狼烟。四塞干戈如水洗,君臣齐唱凯歌还。”(原来楚庄王因为出征陆浑戎,今已得胜班师)众同喊绕场,吹得胜令下。

众引大花脸,头戴鸡翎,身穿盔甲,提刀扮斗越椒上。但见前边,有一小将挡住,众兵停止不进,斗问道:“人马为何不行?”答道:“小将军挡道。”(原来是斗越椒的儿子)。

斗道:“人马闪开。”小将道:“孩儿打听得,庄王得胜回朝,人马离此不远。”斗道:“好!趁此机会,杀他个凑手不及。”顾左右道:“众将官,杀上前去。”众同声应,下。

庄王上,探子报道:“启禀大王,小人打探得斗越椒,枪挑老司马,搜官杀院。复带兵前来,与大臣对敌,特来报知。”庄惊怒,吩咐众将军,一齐奋勇,杀上前去。

庄、斗同上对场,庄骂道:“大胆斗越椒,孤王不在朝中,你父子竟敢造反!又前来挡孤的去路,是何礼也?”斗回骂道:“昏王!我父子在朝,有十大功劳。你将我父子兵权夺去,今日挡住三叉路口,定要与你这昏王,见个分晓。”庄又骂道:“唉!反贼呀!”唱倒板道:“孤王听言冲天怒,大骂反贼听从头、你斗氏三代曾辅楚,历代挂印封王侯。你父斗义封司寇,南征北战保龙楼。斗门本是忠良后,岂作叛臣恶名留。依王劝你收兵走,被寡人捉住定斩头。”(二人互唱,最是可听)

斗唱道:“听他言、气冲牛斗,大骂昏王听从头:斗氏三代功名后,释印出朝脸含羞。今日挡住三叉口,你休想活命回荆州。”

庄又唱道:“反贼休提解印事,一场恶气上心头。兵权掌在奸贼手,好似狼虎统貔貅。劝你马前卸甲胄,免得刮骨去熬油。”

光绪三十四年九月初一日/1908年9月25日第5版

戏 评

斗又唱道:"我父子造反心已就,你君臣休想回荆州。"庄听完大怒,喝令众将军,一齐动手快擒反贼,解到荆州。

急锣鼓同杀,庄败下。又战又败,斗引弓搭箭,射庄王。又追下。

庄回营,令一将官到斗营劝他投降,斗不肯降,决计要死战。将回报,庄道:"这又何难,待孤出一榜文,招来海内英雄,灭此斗越椒。"庄作写状,写完,令把榜文悬挂营门。众道:"领旨。"同下。

胡了生提弓箭,扮养由基上。唱道:"自幼生来不可当,习成百步贯穿杨。"自述道:"俺,养由基,系原阳人氏。闻得庄王,出下榜文,招选海内英雄,这是我养由基出头的日子了。"向前行走,到营门看榜,揭榜状。扣营求见,内报告,庄王传见,问养由基有何武艺,答道:"能在百步外,射箭穿杨。"庄道:"好。"下面演来,连射五枝,箭箭射中,庄王大喜。又问:"用何兵器?"答道:"青龙大刀。"又令演试,大舞大旋,八花八门,庄王大为赞赏。便赏他盔甲快马出营。斗越椒先上,养由基随上,斗问道:"小将是谁?"答道:"大将名叫养由基。"二人交战,斗败下。

庄王登高冈观战,斗用拖刀计,被养说破,斗无可奈何。便问道:"你敢比箭么?"养道:"在何处比?"斗道:"清河桥。"同下。

到清河桥,一人击鼓,二人比箭。斗先射,连射三枝,都被养用手接住。斗射完后,养拔出箭来,搜的一声,第一枝,便把斗越椒射死。

御林军众将又引庄王上,养迎接,庄慰劳道:"将军一箭成功,真是盖世英雄。"众将官班师回朝,与将军庆贺,众应道:"哦!哦!哦!"同下完。

《铡美案》这出戏是描写包龙图的刚直。美是陈世美,当朝驸马,只因他有欺君之罪,家中已娶妻生子,又充驸马,所以包丞相把他铡死了。铡是铡刀,仿佛铡草是的。

先是众引净,花脸大胡子,玉带黑袍纱帽左右长翅,扮包公上。

白道:"铁面无私,忠心耿耿,保大宋天朝。"又自述道:"本院,姓包名拯,字孝肃。官拜龙图阁大学士,奉命出守开封府。今有金香莲,状告当朝驸马陈世美,二次呈告俱是白呈,叫老夫怎生与他审理?"向左顾道:"马汉,唤香莲上堂。"

旦扮青衣,手扶二孩童上。包公问道:"金香莲你二次呈告,俱是白呈,是何道理?"答道:"一提驸马二字,无人敢写呈词。"包公怒道:"马汉,将金香莲带在官房内,代写呈词。如有不写的,带来见我。"

马汉、香莲同下。随又同上,把呈词呈上。包公道,拿来我看,一面念,一面唱道:"告状女、金香莲、三十二岁。告的是、当朝驸马、陈世美,欺妻别子灭祖宗。"唱完,叫马汉道:"这里有柬帖一封,你去到驸马府请他赴宴。"马汉正要出去,忽来一太监,报道:"驸马驾到。"马汉回身禀告,包公喜道:"好! 正要拿他,他倒来了,来得凑巧快快摆队相迎。"

四太监引驸马陈世美同上,包公迎接道:"不知驸马驾到,有失远迎。"陈世美回礼道:"岂敢。只因来得匆忙,有失敬礼,望大人恕罪。"同入坐,包公问道:"驸马驾到臣府有何国事商议?"陈道:"只因昨晚黑夜间,拿住盗马之贼王朝一名,求大人公堂审问。"包公顾左右道:"内侍将王朝带上来。"太监带王朝上,包公一看,诧异道:"这明明是臣府下王朝,奉命前去公干,怎么被你拿住?王朝,你招不招?"喝令动刑。

王朝跪求道:"受刑不过,有招有招。"包公向陈驸马道:"这盗马之贼,已被本院,拿在监内。驸马台坐,听本院一言。"

唱慢板道:"尊一声、驸马爷、细听端的:五月里、端午日,朝贺天子,南书房,与你相端的。"(未完)

光绪三十四年九月初二日/1908年9月26日第5版

戏 评

"你左眉长来,右眉短。左脚高来,右脚低。眉长眉短有儿女,脚高脚低有前妻。劝你认为正理,别惹著老包的面皮,后悔迟。"

驸马惊道:“并无妻子儿和女,胆大包拯乱胡语。”包公道:“好言相劝你不听,唤上香莲作对证。”

香莲扶二孩童上,包公道:“那旁见你丈夫。”香莲向驸马哭道:“狠心夫呀!”二童也哭道:“狠心的老爹爹呀。”

驸马作拔上方宝剑要杀他母子状,包公道:“你且住手。”驸马站起告辞,包公问道:“你上那里去?”答道:“我上朝面奏。”

包公道:“你来得,去不得了。今日有人将你告,先打官司后上朝。”驸马怒道:“既然有人告我,就该升堂审断。”包公笑道:“正是。”顾左右道:“来,击鼓升堂。”

香莲扶二孩童又上,驸马大骂,不服审问。包公喝道:“你是何人,敢在此无礼?”驸马答道:“我是当朝驸马,倒看你把我怎样?”包公怒道:“漫说你是驸马,就是皇子皇孙,犯法也不饶。”便喝令左右,“把他头上乌纱帽打下,身上滚龙袍剥下,刽子手,将陈世美与我绑上。”

四刀夫手同上,绑缚陈世美。包公道:“搭下去。”同下。

太监急上,说道:“不好了! 不好了! 不知驸马,身犯何罪,被包黑子搭入铜铡口内,快要开刀,不免报与公主知道。”下。

花旦扮公主上,太监急报,主道:“何事这等惊慌?”太监跪启道:“不知驸马爷身犯何罪,被包丞相搭入铜铡口内,就要开刀,求公主作主。”公主惊道:“那有这等无理。”吩咐摆驾伺候,太监传旨道:“快快伺候,摆驾开封府。”众应声同下。四宫女引花旦扮公主上,唱道:“内侍摆驾开封地,快宣包拯问端的。”众上道:“启大人,公主驾到。”包公便令香莲上前去哀告,香莲向公主跪求道:“公主娘娘,恕我母子。”公主怒道:“驸马犯了何罪,为什么要捆绑开刀?”香莲到此,也不由得怒答道:“我居大来你居小,你是后嫁我元室。”公主骂道:“敢在公堂论大小,看把皇姑怎开喝。左右消提五花捧,打这贱人。”马汉叫喊,包公急上,唱道:“公主你把事做差,不该打他女姣娃。纵然得你国太到,看我老包怎开消。”公主无可奈何,便回驾进宫去了。

众引老旦扮龙国太上,公主进院哭诉道:“不知驸马身犯何罪,被包拯搭入铜扎口内,就要开刀,求母后作主。"国太道:"我儿不必悲哭,为娘自有道理。"顾内侍道:"列驾开封府。"众上道:"启大人,皇国太到。"包公跪接道:"臣包拯迎驾,望国太开恩。"国太问道:"驸马身犯何罪,为何捆绑起来。"包公答道:"臣府下没有御驸马,只有一个后婚男子。"(答的奇妙)

国太道:"你看我家,将他放了。"答道:"金香莲的官司,还没有断结。"国太道:"你不看我面看佛面。"答道:"皇国太,为何不念臣尽忠。"国太道:"现今何人将他告?"答道:"这里有状纸,呈上请看。"国太看完,问道:"原来就是金香莲,把驸马告下了,叫金莲上堂,我亲自细问根苗。"香莲扶二孩童上,跪求道:"皇国太恕我无礼。"国太怒道:"罢了,那个与你好商量。"喝左右道:"把他儿女抢走,看他怎样?"香莲哭喊,包公上,叫人夺回他儿女。喝令左右,将陈世美,搭在铜铡上。这时候。公主也赶到,公主哭道:"附(驸)马爷呀。"国太哭道:"女婿儿呀。"香莲也哭道:"可怜我母子们从此无人照管。"包公一听香莲这话,笑道:"哈哈！倒叫我老包为难了。"想了一想道:"有了。"唱道:"叫人来,把我俸银三百两,与你母子,作赡养。命你儿,快来把书念,叫他读书休作官。你丈夫、不把高官作,怎叫你,夫妻父子不团圆。"香莲哭谢下。

包公道:"开刀！开刀!"铜铡一下子,陈世美的脑袋落地了。国太公主同哭下,包公传令上朝。众同下。

光绪三十四年九月初三日/1908年9月27日第5版

戏　评

四太监引生扮宋王上,国太哭告道:"嗳呀！万岁呀！不知驸马身犯何罪,被包拯铡死。"宋王顾内侍道:"宣包拯上殿。"

包公上道:"臣包拯见驾。愿吾主万岁。"宋王道:"卿可知罪?"答道:"为臣无罪。"宋王道:"你将皇家驸马铡死,敢言无罪!"答道:"臣启万岁,驸马他有欺君之罪。"宋王道:"怎见得?"答道:"他家现有前妻金氏,名叫香莲。今又为驸马,岂不是欺君大罪?"宋王道:"原来如此,铡得有礼(理)。"国太道:"皇儿所靠何人?"包公奏道:

“臣启万岁，金香莲，他有一男一女，收入官内，扶养成立，可作为终身之靠。”宋王道：“依卿所奏，命你在公主府内，高搭芦棚，延僧诵经七七四十九日，你总理丧事去罢。”包公谢道：“领旨。”国太公主同哭下。包公高唱四句，作欢笑状，同下完。

这戏前后情节，自以黑头包公为主角，胡子生陈世美，青衫金香莲，花旦公主，老旦龙国太，须生宋王，虽是配角，然若是配不过，戏便减色了。取包公的，须要有刚厉严正的气概；取陈世美的，先要有骄纵态，继须要有崛强态，末后须要有可怜态；取金香莲的，须要有庄重不佻的神情；取公主的，须要有富贵气象；取国太的，须要有颓唐状况；取宋王的，须要有威严气魄，忽怒忽喜的变态。生旦净末丑，各有各的做工。虽是假的，然演戏时，必定要自认为真事，方能出色。三麻子唱关公，无非处处描写到家，仿佛就是关公现形。其实三麻子也没有见过关公，看戏的人，也统通没有见过关公，却人人说三麻子扮戏，神似关公，这问题最不可解。

《南天门》这出戏是南天门走雪逃难，情节极为悲烈。叫天谭鑫培，唱这出戏，最为出色。要知戏文内容，请看下文。

旦青衫扮曹玉姐，外胡生扮老家奴曹福，急同上。外唱道：“急急忙忙，逃出了荒郊外，阵阵热血洒胸膛，好似漏过千层网，虎口逃出了一双羊。”

启道：“小姐，且喜逃脱虎口，慢慢的行走罢。”旦哭道：“嗳！苦呀！”高唱一大段，说明他父亲被魏忠贤陷害，他母亲又跳入花井死，老家奴曹福，随他一同出逃。一路走得，腿足软胀，腹中又是饥饿，只好在土台上，暂且坐息。想起爹娘，好不悲伤，便又哭起来了。外道：“小姐为何不走？”旦道：“腹中饥饿，难以行走。”外道：“老奴身边，分文没有。”旦道：“我这有金环一对，拿去兑换银钱使用。”外道：“老奴知道。”回身向店铺叫道：“里面有人么？”丑上问道：“老人家何事？”外道：“有金环一对，换银钱使用。”(未完)

光绪三十四年九月初五日/1908年9月29日第5版

戏　评

丑道:“拿来看。”外道:“请看。”丑道:“呀,铜不像铜,铁不像铁,这个东西,那能换钱? 拿去罢。”外叹道:“唉,一个人不在时中,黄金变成了铜,往别家去换罢。”又回身另向一家叫道:“店中有人么?”末上问道:“老人家做什么?”答道:“有金环一对,要换钱用。”末道:“要什么价钱?”答道:“按照时价就是。”末道:“三两五钱银子,外补加钱二百文。”外道:“你老人家,眼光不差。这里可有饭卖?”末道:“这里没有米饭,只有面食磨磨(馍馍)。”外道:“相烦你老人家,拿些来。”末叫道:“伙计,盛一盘面食磨磨(馍馍)来。”内应道:“是。”随即端出一盘,外道:“有劳了。”回过身去,献给曹玉姐道:“小姐,这里没有米饭,只有面食磨磨(馍馍),吃些充饥罢。”旦道:“拿来。”刚接到手,又哭道:“嗳呀! 爹爹妈妈呀。”便把食碗放下,外问道:“小姐为何不吃?”旦道:“思想起爹娘来,吃不下了,你拿去吃罢。”外接过食碗去,也哭道:“嗳呀! 老爷、夫人呀!”也把食碗放下,旦问道:“曹福你为何不吃?”答道:“想起老爷夫人来,也吃不下去了。”旦叹道:“这也难怪。”外叫店主道:“钱碗在此。”末道:“怎么不吃?”外道:“多承了。”

旦道:“曹福,到大同府,还有多少路?”外道:“问明店主。”答道:“还有七百多里,走小路,近得三天。前面有一旷华山,惯出豺狼虎豹,凭你走那条路去。”外道:“多谢了。这里有脚程么?”丑上道:“来了,忽听叫脚程,两脚不停留。”问道:“老公公,叫脚程往那里去?”答道:“往大同去。”又问道:“还是走小路,还是走大路?”答道:“走小路去。”丑道:“走小路,前面有一旷华山,惯出豺狼虎豹,吃了你的人,还是小事,吃了我的脚驴,可是大事。”外道:“小哥快来。”丑道:“本钱要紧,我不去了。”外道:“也罢。待我瞒过小姐,往小路走去罢。”

光绪三十四年九月初六日/1908年9月30日第5版

戏评(接前)

启道:“小姐,这里没有脚程,慢慢走罢。”同下。

末副杂丑同上，末唱道："奉了将令出大同，"副唱道："迎接天官转家门"，杂丑唱道："你我若还接著了，大家俱是大功臣。"众道："伙计，我们要分开路走，才接得天官到。"丑道："怎样分开走？"众道："我们走大路，你家走小路。"丑道："你……你……你们好良心！前面有一旷华山，惯出豺狼虎豹（应笔），吃了我老人家，留得你后生在。要走，大家走小路去罢。"同下。

旦外同上，旦坐地，外问道："小姐为何不走？"旦道："两脚疼痛，难以行走。"外作看天大风雪状，催道："小姐走了罢。"

日哭唱道："我叫叫一声死得惨的爹，我哭哭一声死得苦的娘，我挥泪问一声老天爷，你既要下雪，就不该起风；既然要起风，就不该下雪，风雪一齐来，岂不要冻死我曹玉姐呀？"

外叹道："罢了罢！"只得脱下一件衣服，披与小姐遮寒。旦道："难道我冷你不冷？"外道："男子汉头上有三把火，不会冷的，小姐快披上吧。"

旦道："我不免前去说几句好话。"上前唱道："我亏你，将我救下。好一似，重生父，一点不差。"（一谦）

外唱道："贤小姐，你这话，莫非顽耍。真个是，女孩家，不晓什么，奴欺主，我就该，千刀万寡（剐）。"（一让）

光绪三十四年九月初九日/1908 年 10 月 3 日第 5 版

戏评（接前）

旦唱道："老哥哥，说此话，尤如刀寡（剐）曹玉姐。愿与你，脱鞋脱袜。"（二谦）

外唱道："小姑娘，说的一派野话。说什么，与老奴，脱鞋脱袜。送你到、大同府，匹配公子。我不过、吃一碗、现饭现茶。"（二让）

旦唱道："老哥哥、将六旬，年纪高大。与我父，一样的，白须白发。有日里，气不来，口难言话。曹玉姐，愿与你，带孝披麻。"（三谦）。

外唱道："说此话，我就该，天雷打杀。说什么，与老奴，带孝披麻。我死后，四块板，将我埋下。胜似女娘家，修庙盖塔。"（三让）。

启道:“这里有一条小桥,小姐慢慢行走。”旦应道:“是呀。”

外作急走跌下状,唱道:“老曹福,跌深山,一声叫喊。尊一声,贤姑娘,细听我言。前朝里,有几个,管家当羡。有马义,滚钉板,为主伸冤。小莫成,替主死,蓟州堂上。梅世荣,为梅仲,舍了亲男。我只算,保小姐,脱离患难。到后来,落一个,万古流传。”惊看状,八仙同上,接唱道:“睁眼便把仙家见,个个都在眼面前。八仙齐赴蟠桃会,张果老骑驴在云瑞。吕洞宾、随著韩湘子,彩和、仙姑、灵威显,王母娘娘莲台坐,接我到斗牛宫中去登仙呢。”唱完,作后倒死云状。

旦哭道:“老曹福,在深山,把命丧了。丢下我,曹玉姐,举目无亲,这怎生好呀?”末道:“钟离大仙。”净应道:“金母。”末道:“将那汉子阴魂揭起。”净应道:“领法旨。”叫道:“汉子阴魂速起。”外作醒状,应道:“小人叩见大仙。”末问道:“你这汉子,为何冻死雪地。”曹福便一五一十的,细细说了一遍。

光绪三十四年九月初十日/1908年10月4日第5版

名伶简明一览表

白话记者

燕市游民所著《剧界闲谈》,评论伶人的优劣,又详细,又平允,是有价值的大批评。但是所列名伶总表,等次为纲,角色为目,不能分类连列,易乱视线。今改列简明一览表,所有等次名次,仍依《剧界闲谭》原文。

曲调　徽	角色　须生	班名
最优	谭鑫培	同庆
优等	王凤卿	承平
优等	贵俊卿	庆寿
同	张毓庭	玉成
同	刘鸿升	承平
同	王雨田	玉成
同	贾洪林	同庆

同	许荫棠	庆寿
次等	三麻子	玉成
次等	李顺亭	承平
同	李金甫	玉成
同	李玉奎	玉成
同	刘景然	庆寿
同	李成林	庆寿
同	谭小培	同庆
同	德建堂	宝胜和
同	明海山	玉成
同	沈三元	庆寿
同	马昆山	宝胜和
同	吴连奎	玉成

同上

戏评(接前)

众道:"原来是一义仆,冻死雪地,真乃可惨。南天门少一都土地神(揭明南天门戏名),众仙带他前去朝见玉帝罢。"众应道:"领法旨。"

曹福作在空中状,向曹玉姐告道:"小姐此去大同不远,天官府已派人来接小姐,老奴不能送你了。"旦又惊哭同下。

四小军同上道:"嗳呀! 好冷呀!"旦哭道:"好苦哇!"丑惊道:"谁? 那里鬼哭鬼叫!"众道:"清天白日,那里来的鬼?"作看状,笑道:"原来是一位小娘子。"旦问道:"你们是那里来的?"众答道:"我们是大同来的,小娘子往那里去?"旦道:"列位站立两旁,听我一言。"

光绪三十四年九月十二日/1908 年 10 月 6 日第 5 版

戏评(接前)

旦唱毕众惊道:"呀,原来就是曹小姐。军校们叩头。"旦道:

“列位请起。”众道:“大同镇李老爷,差我们迎接小姐。启禀小姐,曹福冻死雪地,尸首在那里?”旦道:“在山下。”众道:“待我们看来。”惊道:“嗳呀! 果然死了。可怜呀!”旦道:“还要列位搬他尸首回去。”众道:“启禀小姐,此时天气寒冷,回到大同镇,禀过老爷,再来搬尸。”旦道:“你们来做个记号。”末道:“曹福实可怜,”副道:“冻死旷华山,”杂道:“为主来丧命,”丑道:“转来搬尸还。”

旦又哭道:“嗳呀,好冷呀!”众道:“我来脱件衣服,与小姐遮寒。”丑道:“慢些,想你们后生家,在老爷跟前,功劳多了。这件功劳,就让我老人家罢。”众道:“好,就让与你罢。”叫道:“马来,”杂道:“我来带马。”丑道:“慢些,马也让我来带罢,索性做个全的人情。”众道:“伙计们,大家人情,都让给他一人做全了罢。小姐,请上马呀。曹福阴魂休散,随我这里来。”同下完。

光绪三十四年九月十三日/1908 年 10 月 7 日第 5 版

名伶简明一览表

白话记者

童伶	麟麒童	洪胜和
童伶	陈葵香	承平
同	小益芳	承平
同	寇连生	玉成
同	贯大元	喜连成
同	金丝红	喜连成
同	小桂芬	同上
同	小连生	同上
同	小菊仙	吉祥
同	小梧桐	吉祥
同	孙玉奎	洪胜和
同	小月芬	宝胜和

曲调　秦	角色　须生	班名
最优	郭宝臣	宝胜和
优等	十二红	玉成
优等	十三红	玉成
次等	杨宝珍	同上
次等	达子红	宝胜和
同	盖天红	义胜和
同	燕子红	宝胜和
同	八百红	洪和
同	二宝红	义胜和
童伶	小马五	洪胜和
童伶	九岁红	宝胜和
同	小小金林	吉祥

曲调　徽秦	角色　武生	班名
最优	俞菊生	庆寿
同	俞振亭	同上
优等	杨小楼	宝胜和
同	李吉瑞	玉成
同	马德成	庆寿
同	瑞德宝	玉成
次等	许德义	同庆
次等	王益芳	玉成(哑吧)
同	小何九	庆寿
同	刘春寿	同庆
同	迟月亭	庆寿
同	张玉峰	玉成
同	刘文亮	宝胜和
同	姚喜成	同上
同	张喜华	同上

同	李顺来	同上

同上

名伶简明一览表

白话记者

曲调　徽秦	角色　武生	班名
同	杨瑞亭	同
同	于永海	同
同	杨孝芳	玉成
同	张增明	庆寿
同	董凤岩	同庆
同	朱德康	庆寿
同	朱胜奎	同上
同	余小琴	玉成
童伶	康喜寿	喜连成
童伶	小客串	宝胜和
同	田雨农	吉祥
同	小绛州	宝胜和
同	韩长宝	吉祥
同	林春竹	承平
同	小月仙	吉祥

曲调　徽	角色　小生	班名
优等	德郡如	同庆
优等	朱素云	庆寿
次等	陆小芬	长春
次等	张宝昆	承平
同	陆杏林	庆寿
同	冯惠林	同庆

同	满子善	宝胜和

曲调　秦	角色　小生	班名
优等	王小旺	宝胜和
次等	高德胜	同上
次等	吴昆甫	同上
同	刘顺来	玉成
同	高瑞峰	宝胜和
童伶	小金升	洪胜和
同	小胜奎	吉祥
同	小小旺	喜连成

曲调　徽	角色　青衣	班名
最优	王瑶卿	同庆
优等	陈德林	庆寿
优等	孙怡云	庆寿
同	吴彩霞	承平
次等	姜妙香	承平
次等	杨韵芳	玉成
同	姜妙卿	承平
同	孙喜云	宝胜和
同	狄婉龄	玉成
同	韩雨田	庆寿
同	王锦堂	洪胜和
童伶	梅兰芳	喜连成
同	刘宝云	吉祥
同	朱菇云	洪胜和

曲调　秦	角色　青衣	班名
优等	六六旦	宝胜和
优等	盖陕西	同上
次等	玻璃翠	玉成
次等	小桂元	玉成
同	月月仙	同上
同	毛毛旦	崇庆
同	云遮月	崇庆
同	水上飘	同上
童伶	小瑞红	洪胜和
童伶	罗小宝	吉祥
同	紫金盒	洪胜和
同	小盖陕西	喜连成
同	小金钟	崇庆
同	一斗金	崇庆
同	小瑞仙	玉成
同	海常花	崇庆
同	小金香翠	洪胜和

光绪三十四年九月十四日/1908年10月8日第5版

名伶简明一览表

白话记者

曲调　徽	角色　花旦	班名
优等	路三宝	庆寿
同	水仙花	同庆
次等	杨小朵	承平
次等	胡素仙	承平
同	姚佩秋	同庆
同	陈鸿喜	玉成

同	陈桐云	庆寿
同	孟小菇	宝胜和
童伶	小凤凰	同庆
童伶	小琐	吉祥
同	菇香	玉成
同	小万盏灯	承平

曲调　秦	角色　花旦	班名
最优	十三旦	福寿
同	田际云	玉成
优等	崔灵芝	宝胜和
优等	五月鲜	宝胜和
次等	天明亮	义顺和
次等	李灵芝	玉成
同	小旋风	玉成
同	任灵芝	同上
同	小五月鲜	宝胜和
同	杨金玉	玉成
同	十二旦	宝胜和
同	白牡丹	玉成
同	钱福才	宝胜和
童伶	小十三旦	吉祥
同	珠宝钻	洪胜和
同	小十三旦	喜连成
同	小荷花	宝胜和
同	小七盏灯	洪胜和

曲调　徽秦	角色　二花面	班名
最优	黄润甫	承平
优等	穆春山	同庆
优等	李寿山	庆寿
同	李连仲	玉成
次等	李金茂	玉成
次等	阎子恒	同庆
同	冯黑灯	宝胜和
同	牛春化	宝胜和
同	钱宝奎	庆寿
同	曹宝峰	洪胜和
童伶	周喜增	喜连成

曲调　徽秦	角色　文三花面	班名
优等	罗寿山	庆寿
同	赵仙舫	承平
同	王长林	同庆
次等	迟子俊	庆寿
同	刘义增	宝胜和
同	萧二顺	同庆
同	慈瑞全	同庆
同	李敬山	宝胜和
同	李武樵	玉成
同	唐玉喜	玉成
同	秃亮红	崇庆
同	王子实	玉成
同	驴肉红	宝胜和
同	高四保	庆寿
同	樊贵寿	玉成

童伶	小百岁	喜连成
曲调　徽秦	角色　武三花面	班名
最优	张黑	玉成
次等	傅小山	庆寿

（完）

光绪三十四年九月十五日/1908 年 10 月 9 日第 5 版

戏　评

《宋江杀惜》这戏是宋江所以逃上梁山的原因。“惜”是妓女阎婆惜，戏文有时写“杀媳”，“惜媳”同音，不明白戏文内容的，但见宋江杀媳四个字，便疑惑宋江杀了儿媳妇了，有时写成“宋江杀婆媳”，更要令人诧异，须知“阎婆惜”是妓女的名字。戏文很为警策，可以说个大略。

先是丑扮张文远上，说道：“有个阎大姐，小生与他有缘，这几日不曾到他院中去，今日闲暇无事，不免前去一走。”

旦扮阎婆惜上，说道：“奴家嫁与宋江为妻，县内有一张文远，奴与他情投意合，这几日不见他前来。姑且不提，明日是马二娘寿辰，待奴做双花鞋，与他上寿。还没有做成，不免待奴赶快一做便了。”坐定，一面做鞋，一面唱二黄平板调。

张文远上，唱道：“一步儿来到乌龙院，叫声大姐快开门。”

阎婆惜作惊状道：“这是何人叩门？待奴开门看来。”作开门状，喜道：“原来是三郎，快进来呀！三郎。”

光绪三十四年九月十七日/1908 年 10 月 11 日第 5 版

戏　评

张叫道：“大姐，学生有礼。”阎道：“奴家还礼，三郎请坐。”张应道：“有坐。”随即站起道：“学生告辞。”阎叫道：“回来，为何去的这样急促。”答道：“大姐有气，故此急去。”阎道：“奴家与你作耍的，请坐。三郎你这几日，为什么不到乌龙院中来？”答道：“学生衙中有事,故此迟了几天。大姐手中拿的何物?"阎道:"红绣花鞋。"张道:"何人穿的?"阎道:"明日是马二娘寿辰,故此做双花鞋,与他上寿的。"张道:"不是大姐提起,我倒忘怀了。明日学生,礼到人不到,大姐不要见怪。"

光绪三十四年九月十九日/1908年10月13日第5版

戏 评

阎道:"别人可以礼到人不到,三郎你若人到礼不到,奴家不见怪的,倘若你礼到人不到,奴家是要见怪的。"张道:"那么学生明日礼到,人也到来的。"阎道:"这便才是。"张道:"大姐你今日可知我的来意?"阎道:"我倒也不知。"张道:"请到后边,有话讲呢。"同下。宋江上,旁众笑道:"列位你看,前面走的张文远,后面跟的宋公明。(即宋江)师徒二人同走一条路,真正令人好笑呀。"宋作听状,诧异道:"听旁人那些话,莫非这张奴才,也到乌龙院中去了罢?待我进院走走,便知明白。"

宋江一面走,一面唱,走到乌龙院门前,抬头一看,说道:"到了。"作叫门状,叫道:"大姐开门来。"

阎婆惜作内问状道:"是谁呀?"答道:"是我。"又问道:"你是谁?"怒答道:"连我的声音,都听不出来了,岂有此理!岂有此理!"

阎内作慌忙状,叫三郎道:"快来,不好了,你先生回来了。"张也作慌忙状道:"这便怎么处呢?"阎道:"你不要害怕,你藏在里边,我唤你,再出来。"张应道:"是是。"

宋在门外催叫道:"为何这般慢慢的?"阎应道:"来了。"作开门状,宋进门状,东西两面寻看状。

阎问道:"宋大爷,你东照西看,照些什么?"答道:"你看地也不扫,画也不挂,成个什么样儿呀?"阎道:"今日不知道你宋大爷要来,若知道你宋大爷要来,我们早把这地也扫了,画也挂了。"宋点头道:"是呀,他不知我今日要来,若要是知道,早就预备好了。"

阎移凳坐下状,宋诧异道:"呀!我宋大爷未曾坐下,你到先坐下了,真是岂有此理。"阎道:"宋大爷,你也不是三岁两岁,要我抱者。来来来，我来抱著你坐，好不好？”宋又点头道：“是呀，自己家中，拿把椅儿坐下，就是了。自讨没趣，待我自己搬来坐。”同坐下。

阎手拿鞋作绣刺状，宋问道：“大姐，你手中拿的何物？”阎道：“红绣花鞋。”宋道：“拿来我看。”阎道：“不必看了。”宋道：“一定要看。”阎递过鞋道：“你要看就看。”宋接受鞋观看道：“好呀，这花儿也做得好，叶儿也做得好，可惜颜色有些不对。”阎怒夺鞋，作冷语道：“拿过来罢，早知颜色不对，你就不该来。”宋道：“大姐，这鞋该是你穿的？”阎道：“不是我穿的，乃是马二娘的。”宋道：“马二娘这大年纪，要穿什么花鞋？”阎道：“明日乃是马二娘寿辰，与他上寿的。”宋道：“原来是马二娘生日，明天我礼到人不到，大姐不要见怪。”（照应前文）阎道：“别人不到么，是要怪的；你宋大爷不到，谁敢怪你呀？”

宋道：“大姐，我看你，有什么心事。我要猜一猜。”阎道：“别人的心事，你猜得到；我的心事，你是猜不着的。”宋道：“不要说别的心事猜不著，就是历城县大老爷的心事，不猜便罢，”阎道：“要猜呢？”宋道：“要猜他，八九不离十。”阎道：“那么宋大爷请猜。”

宋唱西皮道：“宋公明、在院中、自思自想，猜一猜、阎大姐、心头之事，莫不是、院中茶饭不美？”（一猜）

阎道：“宋大爷你这头一猜，”宋接口道：“许猜着了？”阎道：“你想我们这妇人家，一天有了三餐，家常便饭，也就够了。还要吃什么龙心凤肝不成么？猜差了！”（一错）

宋唱道：“莫不是、衣衫蓝缕不称心？”（二猜）

阎道：“一个人，有了绸缎衣裳穿了，也就足够。还要穿什么描龙绣凤不成么？猜差了。”（二错）

光绪三十四年九月二十日/1908年10月14日第5版

戏　评

宋唱道：“莫非是、马二娘得罪了你？”（三猜）

阎道：“宋大爷又来了，马二娘是我母亲，打也打得，骂也骂得，不是的。”（三错）

宋唱道:"莫非是,邻居得罪你?"(四猜)阎道:"邻居都是顶好的,也不是。"(四错)。

宋道:"又不是的,再一猜,定要猜着了。"唱道:"莫不是,想我宋公明?"

阎道:"宋大爷,那一日,想你一只手,拿著一碗水,一只手,拿著一个大蒜,一口蒜,喝一口冷水,这个想你!"

宋道:"这乃是狂想痰想,贱人呀!你不是想我。"阎道:"本来那个想你!"

宋道:"这一猜,定要猜着了。"唱道:"莫不是,私通那张文远,你不把我宋江,放在你的心上,是也不是?!"

阎作私下点头状道:"呀,倒被他猜着了,待我来哄他一哄。"(如何哄法,看官试猜)。阎氏便用反激话,来逼宋公明。

宋公明气极,说是从今再也不进乌龙院,阎氏又反逼他道:"你不能!"宋公明便对天发誓,大叹去了。宋江去后,阎氏把张文远叫出,张问道:"我先生呢?"阎氏道:"你先生走了。"张道:"大姐,我先生走了,我也要走了。"阎氏道:"你明天要来的。"答道:"晓得了。"同下。

宋江走后,又回院寻觅招文袋,阎氏有意不肯给他,宋江情急,到后把阎婆惜杀死。宋江因此逃上梁山去了。

这本戏很长,前本是乌龙院,后本是坐楼杀惜,说明"惜"是"阎婆惜",便不至误认为杀媳了。

光绪三十四年九月廿一日/1908年10月15日第5版

戏　评

《战樊城》,这戏是文昭关的前本。先是众引伍尚伍员同上,对坐谈话。随见一丑角上,口称:"离了京都地,来此是樊城,门上有人么?"众问道:"什么人?"答道:"京中下书人求见。"众道:"候著。"报道:"启禀二位老爷,京中下书人到来。"伍尚、伍员二人同声应道:"将书呈上。"丑递上书信,二人同拆同看,伍尚一面看,一面唱道:"未曾拆书泪先淋,纸上相逢父子情。上写著为父修书信,伍尚伍员看分明。平王思念临潼会，设琼筵犒赏功臣。因此为父修书信，伍尚伍员转帝京。外加走字书后写，骏马十四少留停，看罢书信喜自胜。”生接唱道：“伍员心中自心沈。”唱完，伍尚问道：“父母有书到来，叫你我兄弟进京，加官进爵。”伍员道：“信有蹊跷，不去为妙。”伍尚道：“怎见得？”伍员道：“外加走字，是简笔的逃字，骏走十四，是个走字。分明是叫你我兄弟逃走。”伍尚道：“我且不信。”伍员道：“传下书人进见。”丑上跪道：“叩见二位老爷。”伍员问道：“太老爷在京可安？”答道：“康健。”又问道：“太夫人可好？”答道：“安好。”又问道：“你是新进相府的。”答道：“是新进相府的。”又问道：“相府书到何事？”答道：“这个？”追问，“讲来。”答道：“加官晋爵。”伍员道“唔，下去。”丑退下道：“嗳呀！好险呀！”

伍尚叫道：“贤弟呀。”唱西皮慢板道：“弟说话欠思论，细听愚兄比你听。昔日文王监囚禁，邑禁分身报父恩。我长子须当遵父命，是好是恶走一巡。”伍员答唱道：“兄长说话不中听，细听子胥说分明。文王监禁天注定，邑禁分身命生成。既是平王加官赠，就该有旨到樊城。我心中坐定在此城，领做那不忠不孝人。”

伍尚道：“听你之言，一定不去。”伍员道：“凶多吉少，不去为妙。”

伍尚道：“贤弟不去，愚兄独自进京。”伍员叫家院道：“你跟大老爷一路进京，倘有不测，速报我知。”答道：“是。”

伍尚唱道：“头上除下乌纱帽，身上脱下紫罗袍，叫家院备过爷的马，你老爷即刻就要起程。”

伍员叫道：“酒来。”唱道：“一封书到是樊城，拆散了兄弟两分离。叫家院看过了酒一樽，我与兄长来。”接唱慢板二六道：“饯行，举手稳步在安顿。但愿得此去早到京，但愿得此去多安稳，但愿得父母寿康宁，非是我子胥不同行，逃走二字甚分明。倘若是家中遭不幸，兴兵雪恨有伍员。今日长亭无别敬，但愿兄此去，平安到京。”二人又互唱，同下。

众引净扮费无极上道：“独持朝纲，威名四海扬。俺费无极，勒逼伍奢，修信招伍尚伍员回京，一同正法，老夫曾命下书人去到樊城,未见回报。”

丑上道:“参见丞相。”费道:“罢了,你下书,伍尚伍员可曾来京?”答道:“伍尚一人来京,伍员镇守樊城未到。”费大笑道:“哈哈,下去领赏。”答道:“谢丞相。”费道:“我想伍奢买弄笔墨,叫伍员不可来京,不免上殿参奏一本,再作道理。”顾左右道:“来。”众应道:“有。”费道:“开道上朝。”众应道:“哦。”同下。费无极上朝奏道:“今有伍尚,私自来京,望吾主定夺。”内传旨道:“伍尚私自来京,将他父子斩首。”费应道:“臣领旨。”校尉们打进相府,带伍尚父子。

光绪三十四年九月廿二日/1908年10月16日第5版

戏评(接前)

老生扮伍奢上,伍尚同上。伍奢唱道:“一见我儿到帝京,不由老夫胆战惊。为父早已修书信,伍尚伍员看分明。外加走字书后写,马十四少留停。我儿空把诗书念,枉在朝中穿紫衣。”伍尚唱道:“一见爹爹把话论,孩儿言来听分明。只望平王加官爵,谁知今日受典刑?含悲忍泪朝堂进,骂声无极狗肺心。生时不能食你肉,死后定追你的魂。”

费无极传令道,校尉们将他父子来开刀,伍奢伍尚同斩却。(未完)

光绪三十四年九月廿七日/1908年10月21日第5版

戏评(接前)

费道:“且住,将伍家父子一同斩首,犹有伍员一人,镇守樊城,不免上前参奏一本,校尉们打道上朝。”

奏道:“今有伍奢父子,斩首午门。还有伍奢次子伍员,镇守樊城,望吾主定夺。”

内传旨道:“命武成赫,带领三千人马,去到樊城捉拿伍员,来京问罪。”应道:“臣领旨。”校尉们打道回府。

费道:“传武成赫进帐。”武道:“参见丞相。”费道:“命你带领人马三千,捉拿伍员来京治罪。”武应道:“得令。”费顾左右道:

"掩门。"

伍员上道:"眼跳心惊,不知何因?"家院报道:"参见二老爷,大事不好了。"问道:"什么大事?"答道:"大老爷、相国一同斩首。"伍员惊哭,唱倒板毕,叫家院备爷战马,下。

武成赫伍员同上,伍员问道:"武成赫你为何带领人马,围困樊城?"答道:"奉了平王旨意,前来拿你进京。"道:"住口,看枪。"战下。

武上道:"伍员杀法利害,倘若追来,用回马鞭伤他。"家院死,武下。

伍上道:"此贼杀法利害,倘再追来,赏他一箭。"武中箭死。

伍唱道:"开弓就把雕翎放,无知匹夫死疆场。本帅逃出天罗网,可叹我家将,命丧沙场。"下。

《一捧雪》,这戏先是末扮锦衣卫陆炳上,说道:"自幼读书,紫袍钦赐,只因莫仁兄,进京补官,酒醉冒犯严公,斩首季州。人头不明,发在本院台前审问,汤卿必要前来拿我之错。"顾左右道:"伺候。"

丑内白道:"汤老爷到。"末道:"说起来他就来了,看在严公面上,请他一请。"

丑上道:"只为人头事,慌忙到此间。"叫道:"大人。"末道:"少礼,请坐。"丑道:"不敢。"末道:"看严公分上。"丑道:"提起严府二字,倒要坐坐。"末道:"请汤老爷莫非前来拿我的错么?"丑起道:"告辞。"末诧异道:"为何去的这样着急?"答道:"我才到此,一言未发,怎说错去。"末道:"同审人头一事,还要先生指教。"丑道:"这个自然。"末道:"传严府二校尉。"(未完)

光绪三十四年九月廿八日/1908年10月22日第5版

戏评(接前)

二校卫上,陆问道:"莫爷在那里拿获?"同答道:"西门外柳林之下拿获。"又问道:"什么时候?"答道:"黄昏时候。"又问道:"怎么进城?”答道:“叫开城门劈开关闸,击了戚大人的堂鼓,陆道黄昏时候,斩人不便。”答道:“戚大人说此事大了,写个担代。”又问道:“怎么担代?”答道:“头门之内,仪门之外差一兵丁,小房外面下锁,里面加闩次日五鼓天明,看着绑,看着斩,人头打入囚桶,回覆严爷。”

末道:“下去。传犯官戚纪光。”戚上,末道:“汤老爷,他戚纪光不才,也是阃外八台前程,这人头无非连累,与他个坐位。”丑道:“但凭大人。”陆道:“戚纪光,汤老爷赐你个坐位,后要记得他。”戚道:“谢汤老爷。”

陆又问严府二校卫,追赶莫爷,在那里拿获?戚答,陆又问,戚又答,均如前。

末道:“下去。汤老爷,人头是真的。”丑道:“怎见得?”末道:“他四人口供,俱是一样。”丑道:“大人,此言差了,想他四人,日间并马而行,晚来同宿而眠,串通口供,朦混大人。”

陆道:“又有一个审法。”丑道:“怎么审法?”陆道:“前日监斩人头,陆曾发回,概摆在坍墀,莫爷人头,也放在其内,薛艳若认得,人头必是真的。”丑道:“大人的高才。”陆道:“传薛艳。”

(未完)

光绪三十四年九月廿九日/1908年10月23日第5版

戏评(接前)

旦扮犯妇薛艳上,末问道:“你夫君的人头,现在丹墀,抱来见我。”薛道:“知道了。”末道:“下去,人头是真的。”丑道:“怎见得?”末道:“丹墀无数人头,薛艳不抱,当堂抱了他丈夫人头痛哭,岂不是真的?”丑道:“大人。他好一比,”末问道:“好比什么?”丑道:“好比猫儿哭鼠假慈悲。”末道:“两旁衙役,为何吊下泪来?”丑道:“他们也有一比,”末道:“比什么?”丑道:“好比圣贤看兵书,替古人担忧。”末道:“先生为何不哭?”丑道:“又不是我的亲人,哭他作甚?”末道:“莫爷他待你如何?”丑道:“恩情不薄。”末道:“既是恩情不薄,何不说人头是真的?”丑道:“得恩不报非君子,反把恩情当作仇。”丑道:“告辞了。”末道:“那里去?”丑道:“回覆严爷。”末道:“严府问你,你怎么说?"丑道:"我说陆大人糊里糊涂落了案。"末道:"严府是狼?"丑道:"不是狼。"末道:"是虎?"丑道:"不是虎。"末道:"既不是狼虎,难道吞噬我陆炳吗?"丑道:"不会吃人,他所下之官,也要惧怕三分。"末道:"又有个审法。"丑道:"你怎么审问?"末道:"传戚继光。"

戚上,末道:"此区区之事,问得不明。"顾左右道:"来,看刑!"

生捧圣旨上,末道:"先生还是接旨,还是审问?"丑道:"接旨为尊。"末道:"请至书房。"丑道:"是"。生道:"圣旨下,十三名犯官,命陆炳在乔田出决,旨毕谢恩。"下。

末道:"万岁请汤先生。"丑上问道:"圣旨到京何事?"末道:"十三名犯官,命老夫监斩。"

丑道:"监斩的事大。"末道:"将薛艳吊在西廊,你可背问。"丑道:"领命。"

末道:"戚继光,你随我轿后,看老夫监斩。"戚应道:"是。"开道,下。

光绪三十四年九月三十日/1908 年 10 月 24 日第 5 版

广德楼义务夜戏记

越中英

大栅栏广德楼,为粤、皖、鄂三省水灾事,演唱义务夜戏。都下除堂会戏外,无有演夜剧者。而楼上女座,楼下男座,时期至三十余日之久,则尤为都下所罕闻。前夕,余往观之,得调查其内容情形,爰为之记。

由观音寺街,向东瞭望,见大栅栏之道北,高悬一气灯,焰白似电,光线万道,明亮无异白昼,激射人之眼帘。众出入如梭,车连接如龙,人声喧阗如雷轰者。此何地耶?盖即演义务夜戏之广德楼也。

进至内院,先购入览券。池子中为头等座,回廊散座,以及舞台之左右近旁,为二等座。东西楼为女包厢,正楼为女散座,栏杆之上,皆以洁白之布围之,男女异座,秩如也。

场中央悬一大灯,四隅各悬保险灯。舞台之上,前悬四灯,左右各悬二灯。灯外蔽以纸架,恐炫人视线也。池子正桌,亦设白布,座位参用西式椅具,以视画间,文野分焉。

是夕为九月十九之夕,余入场,时已不早,舞台上正演《请医》一剧。

三花面扮医生,手持大木棍,长可盈丈,圆径可二寸余,棍上系药包,面戴眼镜,缓步出台。口中随意歌唱,侧耳听之,所唱者,乃三娘教子之老薛保一段也。随走随唱,愈唱愈高,末后叫小东人,适与请医人相值。请医人接答曰:"我非小东人也。"

医生问曰:"汝系何人?"答曰:"我家店中,有一旅客,病甚,请先生速去诊视。"

医生摇首曰:"我不能去。"请医人愕然问曰:"为何不能去?"曰:"无人为我携提药包。"曰:"此易为,我代先生携之可也。"医生点首曰:"然则汝先行引导。"

请医人前行,医生随之。至店,入门。客扮病人上,伏案坐,请医人指告之曰:"此即病人也。"医生伸指,作诊脉状。惊起曰:"无救矣,脉意已无,速备后事,已迟矣,无救矣。"请医人急趋视,则见病人之手,乃覆按几上。惊告曰:"先生误矣,诊脉宜翻其手,今乃诊其手背,无怪脉息之无也。"医生作恍然大悟状曰:"我行医七十余年,今日始知诊脉宜翻其手也。"

又请诊视,医生伸指作静诊状,良久,宣言曰:"此乃月经不调,应服调经之剂。"

(未完)

同上

广德楼义务夜戏记(续)

越中英

请医人又惊告曰:"先生休矣,病者乃男子,非女子,何言乎月经之调不调耶?"

医生曰:"脉象如此,并非妄言。然则汝可明告我,彼病源究系如何也?"

请医人遂将病源说明，医生又夸口曰："我能走线评脉。即将大木棍，向病人案上倒去。病人惊避，医生贺曰："病可望愈也。"请医人问曰："先生安知病可望愈?"答曰："我见其尚能惊走，是未死也，故曰可救。"曰："然则请先生速为走线评脉。"

医生乃以木杠一端置病人手，一端令请医人持之，医生诊视毕，依照请医人所告之言，叙述一次。言毕，即欲辞出。请医人问曰："脉已诊毕，药方何在?"答曰："非汝言之，余几忘矣。但今为维新时代，不宜用汤药，宜用药水。"随取水一杯，令请医人手持以待。

医生遂向请医人面上，摘须一丝，置杯内，请医人问曰："此是何名?"答曰："兔丝。"又摘取其眉，问此是何名，答曰："乌梅。"又摘取其背，问是何名，答曰："龟背。"又取其膝，问是何名，答曰："牛膝。"又在其背上，作由背后插入，由胸前拔出状，问是何名，答曰："川贝。"又用木棍，向其胸前作穿入状，问是何名，答曰："木通。"又在口下自摘其须，问曰："此必又是兔丝?"答曰："非也，乃龙鬓也。"又吐口沫，问是何名，答曰："竹沥。"又哼鼻涕，问何名，答曰："蛋清。"问曰："尚有否?"曰："足矣。此乃八宝汤，一服而愈。"大笑同下。

次演《怕老婆》一剧，此戏描写悍妇，神情如绘，足资大噱。

生上作叩门状，三叩不应，叹曰："非尊称一声，不开门也。"高呼曰："妈，开门来。"

旦应声上，作开门状，生三拜，旦端坐不动。生怒曰："我三拜汝，而汝不之理，可恶已极。"旦作惊愕状，起曰："嘻，汝今日竟不怕我乎?"答曰："不怕，一定不怕。"

旦回身取竹板，喝问曰："究竟怕否?"生见势不佳，长跽而请曰："怕。请恕我初次。"旦不依，举板痛击，生伏地不敢仰，惟叩头乞恕而已。

旦问曰："此后怕我不怕?"答曰："此后再也不敢不怕了。"

生下，旦随下。生上，又一三花面同上，彼此谈怕老婆事。

生问三花而曰："汝怕汝老婆否?"答曰："怕。"三花面回问生曰:“汝怕汝老婆否?”答曰:“我不怕。”三花面惊起曰:“真不怕乎?”答曰:“真不怕,岂有男子怕女子之理。”曰:“此汝之谎言,我不信也。”曰:“然则汝可到我家,即知虚实,但须设彩,以博胜负。”

(未完)

光绪三十四年十月初一日/1908年10月25日第5版

广德楼义务夜戏记(续)

越中英

曰:“可,请设彩银二十两,汝若不怕女人,则我当以彩银奉赠也。”曰:“此汝之谎言,我亦不信也。”三花面指天发誓,生曰:“既如此,明日可请至我家来。”同下。

旦上,生随上,哭曰:“输矣!输矣!”旦问曰:“汝言云何?”答曰:“输矣!输矣!”旦曰:“何输之有?”生曰:“我上街闲游与一友人相遇,彼此谈及怕老婆事,彼问我怕女人不怕,我答曰‘不怕’,”旦插口骂曰:“敢言不怕!”生笑曰:“在外不怕,到家却怕。”旦曰:“然则如何?”生曰:“我说不怕,他不信,我说请他到我家,即知虚实。他许我如真不怕,赠我彩银二十两。我想银钱是佳物,他如到我家来,汝务必暂忍片时,无论我如何喝骂,汝不可生气,必须唯唯从命方是。二十金可唾手得也。”旦喜曰:“信乎。”生曰:“信。”旦曰:“为银钱故,姑且怕汝,可也。但银子二十两,须全数给我,汝不可分用厘毫。”生曰:“诺。”旦曰:“我从未怕过男子,届时如有不合,奈何?”生曰:“然则先试演一番,如何?”旦曰:“可。”

生上坐,旦下跪,生怒骂,旦低首不语。生喜曰:“二十金在汝掌握中矣。汝且退下,待我唤汝再来。”旦下,三花面上,作将叩门状,生在内,手提竹板,向椅垫上竭力敲打,并喝问曰:“下次还敢强嘴否?”打一声,问一声,连连不休。末后骂曰:“我手敲打无力矣,且去。”三花面在外侧耳细听,惊讶曰:“彼真敢打女人,是真不怕矣。我且入内,察看实在情形。”举手叩门,生出迎,三花面入坐,生高声呼曰:“贱人出来。”旦应声至,生骂曰:“有贵客在此,胡不出来伺候?速备酒饭来,如有不周,我便责打。”三花面暗点首曰:“是真

不怕，我输矣。”（未完）

光绪三十四年十月初三日/1908年10月27日第5版

广德楼义务夜戏记（续）

越中英

旦奉酒菜至，生怒骂菜味不佳，叱令长跪案前，嗣又举起竹板，向案上一拍，作将打状。三花面惊倒，生急扶起，又喝令旦速出取饭来。

三花面暗自私语曰：“不但不怕，并且敢骂敢打，莫作设计诳我二十金乎？我不可不避去。”回入坐，作捧腹状，曰我腹痛甚，告辞矣。语毕即起立出门，生急挽留，并问曰：“汝输否？”答曰：“输矣。”生曰：“然则二十金何在？”答曰：“已置酒壶之旁矣。”生回入，在案上四处寻觅，并无分毫银两，惶急汗下。旦至，问曰：“客何在？”答曰：“去矣。”又问曰：“银子何在？”答曰：“亦去矣。”旦喝问曰：“汝竟如此大胆，汝命休矣。”生慑伏不能答一语，旦令伏板凳上，捆缚紧牢，举竹板痛击。生哀求，旦令生负板凳出行。

生行不数步，与三花面遇。三花面之头顶上，亦顶一小板凳。彼此大笑，同唱同下。

评曰：世界女子，惟日本最服从，唯西洋最敬爱，唯中国最凶悍。惧内之风，波及全国，欲举此弊俗改革而廓清之，是非女学普兴不为功。

光绪三十四年十月初四日/1908年10月28日第5版

记广德楼特别义务夜剧

惠泉山人

广德戏园，于九月二十三之夕，纠集诸班最优名角，演唱特别义务夜剧。是夕，价值倍加，而座满为之不能容，盖各名伶聚集于一处故也。

喜连成最著名之戏角，曰康喜寿，武小生也。是夕演《火烧博望坡》，取赵云。出台时，众将侍立，金鼓三鸣，帘影动处，赵子龙持枪拍马出矣。身后高揭一旗,曰“长胜将军赵”。先与敌军各将交战,末后,一人抵当四人,死力酣战,卒将四人杀败,大胜而回。赵舞枪时,进退周旋,八面威风,勇气无前,俨然战场猛将也。(未完)

同上

记广德楼特别义务夜剧(续)

惠泉山人

次为金丝红之《战太平》,金丝红者,伶童中之出色人才也。扮降将花云,与降王朱文信同上,朱文信作垂头叹息状,花云作昂头崛(倔)强状。进帐,朱文信下跪,花云直立不屈膝,陈友谅喝问曰:“跪者为谁?”答曰:“朱文信。”又问曰:“立而不跪者为谁?”答曰:“花云。”陈友谅诘问数语,即令将朱文信绑出斩首,花云闻得一声斩首,在台上左右惊走。刀夫手将朱文信开刀,提首级上,花云手接人头,抱头大哭大唱。哭唱毕,又大骂陈友谅鬼贼。陈友谅仍是苦劝归降,并许封以寿亭侯与三齐王,花云始终不允。陈友谅无可奈何,喝令左右,将花云绑缚百尺杆上,放箭射死。众放箭,花云夺刀杀下,众逸。又同放乱箭,花云肩项及额上均中箭,花云负痛力战,杀出重围。自忖曰:“我浑身中箭,势难再战,不免拜谢君恩,刎颈自尽,落一个名标松节,青史留名。”随即拔刀自杀,众用红旗掩蔽其面,小兵进帐报告,陈友谅出视,见花云已死,上前一拜,众兵同下。

金丝红演此剧,有声有色,神情逼肖,如同花云现身舞台上,洵不愧名角也。

次为德珺如、水仙花合演《梅玉配》。梅者,施景梅也;玉者,苏玉莲也。德郡如取小生施景梅,水仙花取女店主王婆。女店主扮苏州时装随上,小生叩门求宿店,女店主开门,彼此坐谈。问曰:“相公贵姓大名,家住何处?”小生一一答对,又问家世,答曰:“尚未成家。”女店主曰:“然则尚未娶也。”曰:“然。”曰:“相公在此居住,容为择一贤妇。”相公称谢,同下。

旦扮苏玉莲,随老夫人同上。入庙焚香,与施公子相遇,遗落红绣帕一方，施公子拾取而归。

先是，施公子旅行时，有家人手推一车，运送行李财物等。家人起意图财，私自喜曰："我将此财物，载入我家，置买房屋、聘娶多姣，生子传后，享福无穷。以视充当奴隶，荣乐何啻万倍？"随伪作推车力竭状，公子告以不妨在后缓行，家人点头。见公子行离已远，即将行李车，向原路推回。行不数里，忽遇群盗来前，被乱刀砍死。

（未完）

光绪三十四年十月初五日/1908年10月29日第5版

记广德楼特别义务夜剧（续）

惠泉山人

其行李车被劫而去，公子宿店后，久候家人不至。女店主问明缘由，谓此间有一大庙，可以一卜其吉凶。公子因此入庙焚香，乃与苏小姐相遇。

公子拾回绣帕后，终日早思暮想，废食忘寝，病卧店中。王婆窥见公子痴呆情形，但不知所为何事，俏步走至窗下一听。

公子在灯前，反覆视弄绣帕，见绣帕下有字数行，一面观看，一面诵念。口称："苏玉莲、苏玉莲，你真妙人也。"

王婆听入耳中，点首曰："原来如此。"听毕，叩门，公子开门，王婆进。在椅垫下，左右翻视。公子惊讶，王婆盘问情事。公子摇手曰："并无他事。"王婆曰："我已知之，我已见之，相公袖中何物耶？"

（未完）

光绪三十四年十月初六日/1908年10月30日第5版

记广德楼特别义务夜剧（续）

惠全山人

公子知不能讳，即将绣帕取出，以示王婆。王婆曰："此物何来？"公子一一述明，并告以绣帕上尚有文字，王婆曰："我不识字。相公试诵之。"公子曰。"苏、玉、莲。"王婆曰："提起此人，我却知之,此乃吏部天官之女,我能为力也。"

王婆至苏府,见家奴,问小姐事。家奴告以已许聘周氏,王婆惊问曰:"即丑公子周某乎?"曰:"然。"王婆曰:"如何以此美小姐而配彼丑公子耶?事败矣,奈何。"

王婆入见,旦扮旗装出。王婆问:"玉莲小姐已否许聘?"答曰:"已许聘周公子。"王婆讶曰:"如何许配此人?"旦作怒视状,王婆改口曰:"我言如何许配得此佳公子也。"旦曰:"定于十七日过礼,须用珠花一对,从速送来,不可有误。"

王婆曰:"然则我须向玉莲小姐贺喜,并求赏。"旦曰:"亦可,但不许胡言乱语。"王婆曰:"知道。"

进至上房,求见小姐。丫鬟出问是谁,答称:"禀知小姐,我王婆求见。"丫鬟问曰:"适才我们大奶奶,唤汝何事?"答曰:"命我穿扎时式珠花一对,预备小姐过礼用。"丫鬟笑曰:"如今时行水仙花,珠花无用矣。"

次为杨小朵、朱素云合演《虹霓关》,朱素云取武生,先与大花面战,三战三北,末后发一冷箭,大花面中箭而亡。众兵报知夫人,小朵扮旦出,闻报惊哭,誓与丈夫报仇。改易素服,旗上大书特书曰"替夫报仇"。骑马持枪出战,与生遇,见生系白面小将,不忍杀死,劝其投降。生不愿,又战,三上三下,不分胜负。最后一战,生败,受缚。女将回营,叱令将生斩首,众求免其一死,后卒赦回。同下。

(未完)

光绪三十四年十月初七日/1908年10月31日第5版

记广德楼特别义务夜剧(续)

惠全山人

次为王凤卿之《珠(朱)砂痣》,王凤卿系崇拜汪桂芬者,今汪桂芬已物故矣,惟凤卿犹能传其遗声。而凤卿以外,竟无能学汪者,然则凤卿亦难能而可贵矣。

是夕戏座为之充满,而文明园亦演义务戏,时至九钟,正桌戏券已售尽。有来广德者,知正桌已满,改赴文明园,讵知文明园不仅正桌已满,散座亦满矣,又回至广德。佳戏误去一剧,人每惜之。

都下向无夜剧,故今虽广德、文明二园同演,而戏座争先恐后,稍迟即被人占据矣。今广德三十日之限期已满,仅余廿六、初一两日,而文明则自二十日为始,亦以三十日为期。然园主人以座位太少,已于二十四日停演,改革其戏座,辟其西垣扩而张之,定于初一日,重新开演焉。而二十六之夕,文明停演,止余广德一处。其繁盛可知已。

初一为孟冬佳节,又值文明革新之日,是夕客座,又多容二三百人,则其繁盛之现象,更何如耶。

(完)

光绪三十四年十月初八日/1908年11月1日第5版

文明园夜剧谈

楚　狂

都下梨园子弟,因水灾及孤儿院等举办慈善事业,争相开演义务夜剧,于是广德楼创之于前,文明园继之于后。两处均兼卖男女座,内容组织,亦均大为改革,请比较而评论之。

(一)园址比较。广德楼为旧式剧场,然规模阔大;文明园为新式剧场,虽经推广其西偏,而规模仍然狭小。此文明不如广德之点一。

(二)池座比较。广德楼昼间之客座,陈设极为腐败,夜间之客座,组织极为整齐。虽系板桌,而饰以白色之布,颇洁净焉。同是六椅,而地位宽广,颇舒逸焉。以视文明园,一小圆桌,而围坐六人,肘不能动,足不能伸,卷曲而缩,大碍卫生。此文明不如广德之点二。

(三)包厢比较。文明包厢,貌似优美,而内容实窄甚。其正楼前一层为散座,后一层为包箱箱座低下,瞭望舞台,颇费目力。而散座之人,亦时时为之障碍。故在正楼之上,与其箱坐而费多,不如散座之为宜也。至于东西楼箱之外栏,亦加卖女座,而沿栏既若有堕楼之危险,又为箱(厢)座人所厌恶,其弊更甚于正楼。广德则无此弊,而厢栏之上,饰以白围,尤壮观焉。此文明不如广德之点三。

(未完)

同上

文明园夜剧谈(续)

楚　狂

(四)灯火比较。广德之池中,高悬气灯,四隅皆补助以大保险灯,台上灯火愈明。其特色每灯之外,必饰以纸围,所以使光线不射刺座客之目,免致有眩花之弊。津门各剧场皆如此,广德采用之,而文明不知也。文明除中央大气灯外,四隅皆系以绝小之灯盏,台上亦不明亮,灯光耀人,有伤视能。布置均不合宜,此文明不如广德之点四。

(五)戏角比较。广德之戏价,池座初则二圆、继则三圆,包厢初则四圆、继则八圆,其价值之增加,以戏文为标准。故即故九月二十三之夕,康喜寿之演《博望坡》,金丝红之演《战太平》,德珺如、水仙花之演《梅玉配》,杨小朵、朱素云之演《红霓关》,王凤卿、谢宝云之演《朱砂痣》,皆佳剧也,而秦腔又有罗小宝之演《女起解》,有声有色,令人心怡。盖无曲不美,无伶不佳也。观者为之神益壮兴益高,虽至夜半,而不觉其倦焉。楼上下座,悉为之满,购入览券者,稍晚即无有矣,此皆由于戏文之佳,故价值虽贵,人乐听之。而文明则不然,价值始终一律,以视广德,则便宜焉。而戏文戏角,无一出色者且临时更易,与原定之戏目,截然不同。既不足以昭信宝,而更易之戏文,又皆迹近敷衍,观者为之昏昏欲睡。即如十月初三之夕,演至十二钟,而名角寥寥,座中皆起立矣。是夕广德并未开演,而文明戏座,不满半数,是可以知其故矣,此文明不如广德之点五。

(六)规则比较。广德夜剧不定座,文明夜剧则定座,定座似足以广招徕,而不知来者之稀少也。广德虽不定座,而争先恐后而来者，时至八钟，入览卷已罄矣，此可知定座与不定座，毫无关系，而反贻观者以后来居上之诮焉。此文明不如广德之点六。

然则文明园终于劣败乎，非也。文明园固最新之剧场，以天和馆而改革者，池中无柱，特色一；别有旁门，特色二；男女异路，特色三；散座洁净，特色四；交通便利，特色五；代表文明，特色六。但须加以人力之组织，名角之添邀，芟除其劣点，以臻于完美。则谓不如广德者，吾不信也。

今闻广德楼主人，于十一日起，又将续演义务夜戏，与文明园同时举行。则文明之急宜改良者，尤不可一夕缓也。夫此二家戏园，演唱夜剧，其目的皆在举办慈善事业，为公益起见，则观剧者之发达，即灾民孤儿等之幸福也。准是以谈，吾甚不愿此优而彼劣，但期其同立于优胜之地位，则吾评论之志焉尔。（完）

光绪三十四年十月初十日/1908年11月3日第5版

宣统元年(1909)

梨园禀请贷款

传闻外总厅因梨园人现在国服停止演剧,颇为清苦,拟将年前筹办义务戏价赈款数千元,由厅提出借与梨园之人,不取息费,以为接济等情。兹闻梨园因此举实属德政,尚未实行,现约集同人,拟赴总厅禀请实行,以沾实惠。

宣统元年正月初九日/1909年1月30日第7版

梨园会商义务戏办法

顷闻梨园同人因此次遭国丧停止演剧后,而同人多有困馁者,而行会中未及筹有接济,俟后遇有办理义务筹捐等事,皆须由捐款提出若干,存于银行生息,以作接济同行之失业及老弱疾病者云。

宣统元年正月廿一日/1909年2月11日第7版

筹议演戏办法

外城总厅丞现因梨园来厅呈请定开园演剧日期,闻厅丞对于此事颇觉难办,盖欲批驳则戏园所递之呈援照礼部颁行"国恤礼节内,开百日不作乐"一条,若为批准开演,惟恐被都察院揭参故未批示。与该厅签事妥议拟行文都察院礼部会商可否,以便批示。

宣统元年二月十一日/1909年3月2日第7版

示禁演剧

南段总局天津府县为违禁演戏事,日昨遍贴四言告示云:戏园演戏,应候示谕,擅行演唱,一律封闭,凡尔梨园懔遵勿替。

宣统元年二月十八日/1909年3月9日第4版

文明园重起纠葛

文明戏园各股东暨经理人纪云川，因现时经总厅已准开演说白清唱，各股东因从前账目纠葛未清，故于日前该园开演后，复因纠葛，各股东径在外城总厅涉讼。

宣统元年二月廿九日/1909年3月20日第7版

禁同乐园说白清唱

正阳门外大栅栏门框胡同建造同乐茶园，开办说白清唱。日前有优伶钱金福演唱《黄金台》，有外总厅厅员赵、傅二君看戏叫好，被优伶辱骂。当即谕传巡警登台，立将钱金福捆送本厅讯办。当经批谕所有同乐茶园暂禁说白清唱。

宣统元年三月十八日/1909年5月7日第7版

戏园欠债涉讼

广和戏园经理人王杰，因该园修建工程尚欠木厂银两未清，而该经理多方拖赖，经木厂商人现已在审判厅控诉，经审判厅复转送大理院审办矣。

宣统元年四月十六日/1909年6月3日第7版

停 演 戏 剧

本埠自杨大帅薨逝，由昨日起华界戏园停演三日，闻各租界亦有封台之说，同志哀悼。

宣统元年五月十三日/1909年6月30日第4版

花界又赈灾乎

甘肃三年不雨奇荒，为各省所无。五谷不生，树皮已尽，甚至以人食人，行路僵仆，饿殍山积，其惨状有楮墨所难缕述者。该省人士，发电乞救于京师，而赈灾之方法至今日已俱穷。个中人不得已，只得仍援照从前江北水灾之例，开办花界赈灾。会商之于七十八家而乐从，禀之于主务官厅而许可，乃决定于本月二十五、六、七八等日,仍借打磨厂福寿堂为会场,花界签名任发起者,不下二三十人,其热心亦可嘉已。

其会场之规则自午后一点钟开会,楼上女座包厢每间十四圆,散座每位两圆,楼下男座头等每座两圆,二等每人一圆,此为特别之举动,其捐项必能发达也。

但办事在人关系甚大,办之而善则来宾必多,捐款必踊跃;办之而不善,则来宾必少,捐款便难兴盛。犹忆江北水灾第二次花界赈济会,文韵阁、花四宝二人出其特别之手段,专人前赴天津特邀著名女伶尤鑫培、尤小培姊妹来京共襄捐务,而文韵阁与花四宝于未开会之前首先捐助一百圆并募捐数百圆,当时如龙寓等或捐百圆或捐五十圆,一日之间,呼吸之顷,巨款已成。及其开会也,则文韵阁卖其诗册以助赈,花四宝、尤鑫培竭其能力,以秦腔□竞争,繁音冗节,锣鼓喧天。一时欢声雷动,宾客盈堂,而捐款之争先恐后者,如风呼如潮涌矣。

彼时之舞台上其组织尤为特别,所悬挂者皆绣金之帘帐,而台前横列案桌,铺以绣围。上以鲜花、鲜果,洋式点心,各盛玻璃高盘,灿然罗列。庭中悬以大气灯,明亮无异白昼,人自台下观之,真所谓花团锦簇矣。盖赈灾之事,虽不可过涉铺张,致多糜费,然若索然无生气,淡然无足观,则纵有群花,亦无济焉。

且尤宜注意者,此事既专属于花界,则花界中尤不可不有三数人为之主持。即如催促各班之早到,与劝留各花之迟去,以免台空减色,致使观者有倦容。第二次赈济会又有玉成堂八角鼓为之助力,盖各花之奏歌或有遗忘之字句,及声音不圆转时,即可由演八角鼓者补助之。而群花未到之先,或来往中断之时,与夫拉弦者或有未来,则演八角鼓者,又可随时辅助。且彼中亦有如花如玉之人,登台歌唱焉。凡事有主必有副,岂独此事然哉。

在热心赈济之有大毅力者,虽目不见花影,耳不闻歌声,其赈捐之心勃然发动于不自已。然敢谓人之面如吾面乎?则往往有对于当前之事有求全责备者焉,此以知办事之难,并知劝赈之尤难,然非所论于今日之花界甘肃赈灾会。

宣统元年五月廿六日/1909年7月13日第7版

花界赈灾志盛

廿五日为花界赈济甘肃旱灾开会之第一日，其发起者为玉花、凤仙、银芙、宝玉、韵秋、银翠、红宝、听雨楼、章四玉、张兰舫、惊鸿别墅、云屏别墅十二人。是日，此十二花先到，各班之乐尽义务者亦络绎而来。牺牲色相，登台高歌，一时檀板丝弦，洋洋盈耳，各尽其长，以为歌曲之竞争。于是大鼓之声，嘈嘈然、切切然，一若代表难民之诉苦者；二簧之声悠悠然、凄凄然，亦若代表难民之乞怜者；而梆子之秦音尤为激烈悲壮、慷慨缠绵，则直不啻手掬难民之血泪，而滴于舞台之前矣。闻者莫不为之悄然而悲，肃然而敬，深叹花界中人而亦富于慈善思想，其热心毅力团体坚固有如斯也。

是日登场而献曲者，各有其优胜之点。末后松凤班红宝奏唱秦调一出，歌声稍低，闻者未餍。玉花见之，乃翩然而起，又接唱《女起解》一曲。歌喉圆转，响遏行云，委婉曲折，呼之欲出。至眉飞色舞时，直不啻现身说法矣。听者至此乃全体欢迎，鼓掌之声有若雷鸣，玉花之艳名乃从此益加伟大矣。

此乃第一日开会之情形，来宾虽不甚多，而楼上包厢中亦颇有人，至各花之捐款则甚为踊跃。复和班凤仙及银芙二人各捐一百圆，松凤班红宝先捐五十元，后又加捐三十元，两共八十圆。长福班惊鸿别墅捐十五元，鸿庆班小二宝捐十元，双寿班花五宝十元，北林房雅仙捐十元，金兰班金红捐五元，福缘班金月梅捐四圆，此外其他各班亦有捐者统计不下四百圆。加以售票价资约共五百圆，除去福寿堂前后台一切开销六七十圆，尚余四百圆有奇。此第一日之捐况也。则此四百余圆以之赈济甘肃难民，即可多救活数百人，而廿六、廿七、廿八三日之捐款及票价，或犹有增加，此尤难民之福矣。

廿五日因总厅只批准白天弹唱，不带灯。又因打磨厂西头补修马路，交通不便。东河沿既系泥途，而鲜鱼口又不准出车，须绕大蒋家胡同,曲折泥泞且易插车,故致人多裹足,而来观花会者因之不多。次日廿六总厅优许带灯弹唱,而补修之马路亦即开放,则来宾必更加多有可豫料者。

各花又有售卖照像片之举,其照片共十五人,分为两排,前者坐后者立。群花会聚灿然可观,其挂立于后□:一为云屏别墅,二为银福,三为金红,四为凤仙,五为宝玉,六为金翠,七为韵秋,八为朱云阁。其坐列于前:一为张章四玉,二为张兰舫,三为小花四宝,四为红宝,五为妙月楼,六为听月楼,七为洪莺莺。此照片本拟由各发起人售之于各客座,得资助赈。旋因来宾不多,改于次日售卖。该照片系前门外观音寺街华美大药房内同昌公记技师董载生所摄照也,有乐于助赈诸君盍往观之。

宣统元年五月廿七日/1909年7月14日第7版

月儿红

月儿红者,即名优郭宝臣也。郭宝臣自国丧后,即回山西榆次县。近因谭鑫培已在中和园开唱,于是同乐园主人连写数信,请其从速来京,郭宝臣允之。按郭宝臣为当今梆子中头等名角,开演后同乐园之热闹,不问可知矣。

郭宝臣前数年时极为浮浪,所得戏资辄尽消费,其母忧之,乃为之管理金钱。日有所得,夕必交其母手。不数载,居然豪富矣。今则田亩家屋日益扩张,衣物资财日益丰厚,盖秦派中之有月儿红,亦犹徽派中之有叫天也。

郭之前有老月儿红,乃其师也。今有小月儿红,乃其弟子也,郭承先启后,遂为今梆子班中之泰斗,其次即十二红,亦可屈一指矣。

宣统元年五月廿九日/1909年7月16日第7版

京津沪剧场之比较

今之论繁华者,莫不曰北京也、天津也、上海也,兹姑弗论其他,就剧场观之,则已知其优劣之点矣。请先言北京,次述天津,次述上海。

北京戏园，庚子以后萧索不堪，今则渐皆回复原状矣。大栅栏街先有广德楼，继有三庆园，后有庆乐园，今又有同乐园。粮食店街则有中和园，鲜鱼口内则有天乐园，肉市内则有广和楼，孝顺胡同内则有燕喜堂，而最红者则有西珠市口之文明园。其他如打磨厂之福寿堂，东安市场之丹桂园，方兴未已，鑫何盛哉！名角则如谭鑫培、郭宝臣、刘鸿升、崔灵芝、张毓庭诸人，亦已先后登场，京门繁华界以观剧为最盛，无园不盈满，无处不加凳。座位之污秽，汗气之奇臭，皆勿顾也。谚曰"北京人多戏迷癖"，诚哉是言！

天津戏园丹桂、天仙名角最多，其在天仙园如三红之《杀伍府》、张子山之《红桃山》、小来顺之《御果园》、红菊仙之《紫霞宫》、吕银宝之《七人贤》、刘凤樵之《凤皇山》、小鸿升之《黄金台》、金宝宝之《顶砖》、小月山之《金沙滩》、苏廷奎之《铁莲花》、尤宝林之《铁弓缘》、戛崩翠之《斗牛宫》，皆系著名之角色。其在丹桂园者如小德翠之《火焰驹》、元元旦之《斩黄袍》、童子红之《逃吴国》、刘永奎之《黄金台》、张凤廷之《艳阳楼》、明海亮之《白水滩》、金香翠之《黑风洞》、翠宝之《独木关》、小老虎之《伐子都》与《狮子楼》，林翠英、林翠芬之合演《双断桥》，又《女起解》尤为出色之戏文。

上海戏园有天仙、丹桂、群仙、丹凤、春桂、同庆及新舞台七家，天仙园有京都新去之贵俊卿、郎德山，屡演《失街亭》、《空城计》等戏，上海人虽少知音，然乐听其音调者，亦颇众多。此外如茹玉麟之《拿一枝桃》，万盏灯之《富者绒花》，德建堂之《捉曹放曹》，富仙舫之《目莲救母》，李春利、常春恒之《大战青面虎》，小赵、小孟之合演《铁公鸡》，皆好戏也。丹桂园如刘小峰桂之《卖黄马》，张斌奎之《独木关》，小魁仙之《空城计》，水仙花之《虹霓关》，沈紫英之《九更天》，殷春虎之《夺小沛》，王金山之《草桥关》，而《演义》、《旗令》等剧有所谓盖叫天者，其志愿直欲盖过谭叫天，亦可谓雄矣。群仙则有白文奎、花四宝，丹凤则有赛春奎、田翠兰、白兰花、恩晓峰，春桂则有东方亮、夜来香、三麻子。同庆之戏尤为特别，每演必全本，如《程咬金卖私盐》，《秦琼九戏魏文通》，数日不能尽之而新舞台之演甘肃旱荒,全数助赈,尤为热心公益。京津戏界亦有闻风兴起者乎?

宣统元年六月初六日/1909 年 7 月 22 日第 7 版

记广德楼

初九日,星期,见广德楼贴的戏报子很好,便进去一看。并将调查内容一切分记如下方:

(甲) 戏文。这天的戏文共有十几出,梆子、二黄都有,唱手都是小班儿,非常认真,颇为可观,今把最好的几出记出。

《白蛇传》,白蛇传戏文狠多,这天演的是小青要杀许仙那段事。白蛇穿的是白色衣,小青穿的是青色衣,许仙穿的是长袍,戴的是紫金冠。小青举着双剑要杀许仙,白蛇忽拦住,许仙作惊吓状。小青三次要杀,白蛇三次拦阻。

这出戏主角全在白蛇一个人,名叫小海,唱工做工都好。这小海年纪亦不过十五六岁,□很揣摩到家,一若真情发露。未后白蛇和许仙二人要回走,小青又把双剑一举,作要杀许仙状。白蛇看见,小青又急忙把双剑藏在背后,入情入理,处处合拍。

下出是梆子戏《杀府》,这出戏先是一位武将出台,随后又一女旦,武将唱了几句,便把剑掷在地上,令女旦自杀,女旦惊□作求免状。武将大怒不依,女旦无可奈何,便举剑自刎了。先是女旦手抱一小孩,到自刎时把小孩交付環。武将见女旦已自杀,却又大哭起来,哭了半晌把剑作拂拭状,插入匣中。令老家奴把尸首抬去,武将见小孩在環手中,又接过小孩哭唱半晌,把小孩交付老家奴,独自一人去了。这戏主角全在武将一个人,名叫娃娃红,梆子角色大半是娃字,最老辈有扬娃子,今又有娃娃红。

《鱼肠剑》,这就是专诸刺王僚。那时候没有手枪,刺客都用匕首、小刀,所以专诸便把小剑藏在鱼肠子内,记名献鱼,借此行刺。原来古礼献□,规则必须献的人亲自拆开。专诸利用拆角时,收剑便刺,当他托着鱼盘出场时,露出一股侠气,足令贪官庸吏一辈人见了羞愧无地。主角是小连洪、小连升二人。须知广德楼戏园是喜连成的班子,所以戏角取名不是喜字,便是连字。一名连洪,一名连升,洪升两字是取慕仿当今头等名角刘鸿升的意思。

《普球山》,这戏是全武行,就是黄天霸的事。取黄天霸的戏角名叫康喜寿,取女丑的名叫小百岁,取开口跳的名叫云中凤。康喜寿是武把子,演的好。小百岁口齿清朗,言语伶俐,头梳假发,作派得神。最可笑的跟黄三太戏斗,想出特别奇法,把黄三太制住,黄三太只得讨饶。后来女旦因看见姑爷不肯进去,女丑问是什么缘故,女旦指那姑爷道:“他在那儿呢。”女丑道:“不要紧。”指黄三太道:“这正是你妈的□”,他这句话颇能现身说法。(未完)

宣统元年六月十一日/1909 年 7 月 27 日第 7 版

记广德楼(续)

还有一个出色的小开口跳名叫云中凤,年纪也不过十五六岁,翻筋斗的轻灵,走飞步的快捷,固然不必说。最难得的桌子上架桌子,第二张桌子上又加椅子,高度几乎要碰着戏台的顶板,这小小云中凤竟能飞登在那最高的椅子上,一个反筋斗翻落到地,真是如同一个凤在云中飞落下来似的,到此时看戏的人不由的同声叫好。

《打龙袍》这出是包公的故事,主角是黑头,扮黑头的是小穆子,身量不高,开了大花脸,纱帽大长翅,黑袍方头靴,走出来那模样儿却跟大人一般。至于喉音的洪亮,更为难得。究竟为什么要打龙袍呢?只因宋王的婶母流落在外,到后遇见了包公,报知宋王,方才用车接回,所以宋王有罪,不便直接打宋王,于是脱下龙袍,由包公执法打去,故此叫《打龙袍》。须知宋王的婶母是瞎眼,两目均已失明,由宋王焚香祷告天地,在杯中盛了一杯水,祷告毕取水向他婶母两眼上一拨,他婶母把眼一睁,居然明亮了,可称快事。

《桑园寄子》,这天原定的是贯大元的《寄子》,金丝红的《打渔杀家》。后来二人又互相对换了,金丝红演《寄子》。本是好戏,初出台时金丝红取员郎,梅兰芳取旦,带了两个小孩,一个是儿子,一个是侄儿。老家奴随着一同去上坟,哭祭了半晌,忽然战鼓声来了,各人于是改装逃难,一路的行走。遇见一座山,老员外搀着儿子女儿和弟媳妇一同过山,作劳惫状,在山上又听得战鼓声来。有一花脸带着许多兵过到后,又遇着一阵狂风,各人眯眼,慌乱见有一面黑旗把旦引去,作为怪风刮去的意思。两小孩揉眼忽的都扑倒在地上,老员外步履蹒跚奔出,睁眼左右一看,但见两小孩,不见女、旦。便急问儿子道你:“婶娘在那里?”答道:“风刮去了。”又急问侄儿道:“你母亲在那里?”答道:“风刮去了。”老员外至此时不由的猛吃一惊,仰面倒去。(未完)

宣统元年六月十二日/1909年7月28日第7版

记广德楼(再续)

且说两小孩见老员外仰面倒去,同时惊叫“老员外醒来”,又一同逃走。绕了几遭,侄儿哭道走不动了,老员外于是背着侄儿,令儿子慢慢的跟着走。此时老员外背上负着人,口中还要唱。一面走着,一面唱着,最是出色处。走不多远,儿子在后边又哭道走不动了,老员外只好又把侄儿放下,把儿子背上。走不多远侄儿又哭起来,老员外到此时真是无法可想。正在忧愁,抬头一看见有桑树一株,说道有计了。便向儿子道这处有一桑树,你可上去采些桑椹吃。侄儿听见这话,插口道:“我去采罢。”老员外拦住道:“不要,你年纪小,让你哥哥去采给你吃。”他儿子便到树上去采桑椹,正在采的高兴时候,老员外便解下衣带猛的把他拴住在桑树上。儿子大哭,侄儿看见也奔过来同哭,老员外于是又在衣襟上撕下一条布,咬破手指头写下血书,说明桑园寄子的原因,写完后就系在儿子身上,哭唱半晌,拉着侄儿要走。侄儿哭道哥哥不走我也不走了,老员外惊道你也不走了么。侄儿直哭,老员外哄骗了一番,把侄儿揹在背上。那边儿子见他老子背着兄弟要走,便哭叫爹爹,老员外一听叫声,真是肝肠要寸断,末后咬着牙齿,把脚一蹬,掉头不顾背着侄儿去了。这边却又出来一个打黑旗的,引他婶母来前,作风刮到状。他婶母坐在地下唱了又几句,站起来回头一看,见桑树有个人拴着,身前有一血书,取下细看,原来是把侄儿带走却把自己儿子抛下。他婶母赶紧把他解下，搀着同走，这出戏便完。

《打渔杀家》这是贯大元的好戏，贯大元扮一渔翁，后随一女子摇桨，同出作渔船状。不多时来了两个人，一是花脸，一是小生，唤渡。渔翁便接上船，彼此通问，都是知名的英雄。又问那女是谁？渔翁答道："是我的女儿。"彼此相见，随即入坐。二人正和渔翁谈话，忽又来了一人，说是讨鱼税。二人听了大怒，把那人骂回，二人随也辞渔翁去了。那人回报太爷，历述渔船辱骂情形，太爷立刻派人到渔翁家内去问罪。有一个师父带了四个徒弟去了，到门，不敢叫门。到后涨着胆子去叫，蹲着两腿作骑马式。渔翁出问，那人便一拳打过去，渔翁一闪，举手便捏住那人的左臂，往后一摔，那人倒去了。四个徒弟同来扶起，那人道"不碍不碍"，随又令四个徒弟一同上前帮助，却都败走，逃去。末后那人也想逃，渔翁拦住，那人跑下讨饶，方才放走。渔翁同下。

宣统元年六月十二日/1909年7月28日第7版

总厅结算戏园加捐款

外城总厅日昨传饬各戏园主人，将年前八月各戏园筹捐贫民院之款，系由何日加价及届遭国恤停演日止，核计若干款目，并将各该园之账一并送厅，俟检阅相符后再将该款呈厅。

宣统元年六月十五日/1909年7月31日第7版

记游东安市场

九城内外市场很多，最为优胜的是东安市场，这市场东北城一带，地方繁盛中心点，内容很富，不可不记。

东安市场在王府井大街路东，进门分中南北三路门，内路南是巡哨所，路北是公事房，中央大道两旁都是商店。类如照像馆，彩票行，扇子店、绸缎店、玩物店、奶茶店、估衣店、书店、帽店、鞋店等，接连挨着。店面都是一般齐，各式幌子，无奇不有。最漂亮的是寄卖守田宝丹的布幌子，随风飘舞，异常鲜明。又有寄卖仁丹的特别商牌，左右对列着，中央道上有人字式木架支着，为的是好令来往的人分开两边行走,免得拥挤,□尽东头又是一大照相馆,门面很为辉煌商号叫做泰昌。

两路地方很大,第一夹道是广聚车厂,这车厂很宽敞,两边都有铁制高标,写明广聚字样。穿过车厂便到丹桂戏园,这戏园是新建筑的。楼下男座、楼上和两廊都是女座。男座分为两等,头等是在戏台两旁小八仙桌,每桌戏价两圆四吊,二等池座每人铜子二十一枚。女座分为三等,头等在楼上,每桌三圆三吊,二等廊坐每桌两圆四吊,三等铜子二十七枚,即在廊坐后边靠墙长凳上。戏园虽不大,却也可以容下一千多人。戏角中好角很多,这天是朱素云、李连仲、沈全奎的《临江会》,余玉琴、赵仙舫、徐立棠的《双钉计》,时炳奎的《洪洋洞》八百红、十七红的《天门阵》,盖三省、小金凤的《忠孝牌》,玻璃钻的《梵王宫》,八仙旦、朱德、刘顺奎杨长喜合演《百草山》,带锯缸、瑞德宝、余小琴、高永峰、傅小山合演《溪皇庄》,又各□玩艺都是好戏。

这戏园的优胜点是在和车厂相接连,又近在大门,所以来看戏的可以坐车。直到戏园门口,车子更卸在车厂内,看完戏便就近在车厂内上车,很是便当。园内除正门外,还有左右两门,为的是堂客出入,免得倒乱。

宣统元年六月廿六日/1909年8月11日第7版

记西安市场

前天已记过西单市场,那么西安市场也不可不记,昨日特去调查。那市场在西四牌楼东边,路北。内容地方比西单市场大出几倍,货摊也多,可记的有四种特色。

(一)西安戏园。这戏园和市场大门是正对的,场内组织和春仙园又不同:女座不在中央,却在偏东,池子和偏西都是男座。戏棚比西单市场稍低些,稍小些,戏价女座每桌十人十四吊,散座每人一吊七,男座每人一吊三。戏班是庆胜和,墙上贴着两张大戏单一是:十一日月亮红和十三旦的《芦花计》,十二红的《杀府》,金双翠和十三红的《三疑计》,月月红的《临潼山》,金菊花和玻璃丑的

《紫树》。金镶玉、九岁红、玉子红、余娃娃,合演《大审玉堂春》,草上飞、小来黑、赵明亮、一千红、云中飞、八百黑烦演《金沙滩》。一是:十二日盖天红的《失街亭》,金香玉和玻璃丑的《绒花讯》,金双翠和十三约的《倒听门》,盖九省、玉子红、十三旦合演《渔家荣》,粉菊花、玻璃丑、金菊花合演《三世修》九岁红、小来黑、赵明亮、一千红、八百墨、草上飞烦演《串龙珠》全本带打。这两天都是好戏,况且因为忌辰斋戒停演多天,到了十一十二两日,戏座必定要满了。

宣统元年七月十一日/1909年8月26日第7版

电光失火

前几天文明戏园下晚电灯刚放光的时候,忽然电流失火,烧坏客座上的衣服。园中经理人赶紧灭电收拾,幸而没有成灾。

宣统元年七月十四日/1909年8月29日第4版

戏子新名

上海戏园极盛,那戏子的名字颇有新奇可笑的。如虹口海宁路新开的高升戏园,是广东班子,武生有名公爷康的、有名反骨标的、有名亚润和靓锡的;小生有名风情田的,有名金山流的;丑角有名生鬼江的,有名蛇仔牛的;花旦名字更为奇特,一名桂花蝉,二名兰花玉,三名大家森,四名新才仔,五名新权仔,六名匙羹仔。同庆园又有江南杏、画眉光、神功保、美人辉、苏州七靓、银灯婆、□松等名。

戏出名目亦多新奇,同庆园有《大闹勾栏院》、《洒金桥》、《问卦》、《杭州两花庵故事》、《神针记》,新舞台有《大少爷拉东洋车》。前几天因为是七夕佳节,新舞台所演的《天河配》,有飞空水法,电彩转台。张园内初六日、初七、初八三晚上又有特设乞巧会,用鲜花扎成牛郎织女并鹊桥亭台新式鲜艳桌面,各式古树老庄茉莉花白兰花巧制灯彩,更有广东潮州烟火,五彩电光影戏,男女奇巧戏法。现今北京人都是盛称广德楼电光新戏,倘若比起上海来,可是不值一笑。

宣统元年七月十四日/1909年8月29日第7版

义务戏之停演

外城总厅,因广德戏园日前晚间正在演唱义务夜戏时,该园后台同人互相斗殴,一人被铙砍伤甚重,当经总厅即派巡警弹压停演。并将斗殴各人一并送厅惩办矣。

宣统元年七月廿一日/1909年9月5日第7版

记吉祥戏园

东安市场内又新开一家戏园,名叫小吉祥,班子是鸣盛和。内容组织和本场丹桂戏园不同。丹桂只有一面楼,吉祥却有三面楼,基址此丹桂亦宽大些,楼上亦卖女座。戏园另有北门通到金鱼胡同,这个北门并不是陈设鱼床子等摊原有的北门,是在原处北门的东边另开一门,专属戏园,专走女客。门外悬挂两牌,左边写道“堂客出入”,右边写道“官客免进”,有一个老妪把着门。门内全是电灯,有一带长廊通到戏园,由那处上梯便是戏楼。

全班名角有金香玉、杨华亭、水上漂、琉璃红、高四、小春山、小茹香、小兰□,小凤儿、小子云、小桂芬、小峰、小玉娄、小春来、小花猴,最占特色的是小梧桐和小马五二人。小梧桐唱衫子,清脆婉转,大有姜妙香的派头。小马五又能取胡子,又能取花旦,最妙的是《八蜡庙》,小马五取花旦,高唱天□小调。弹弦子的是徐狗子,弦子亦弹得好,唱亦唱得好。小马五歌喉圆转,神情活泼,态度妞妮,笑容可掬,真是和女子一般。乍然间一看,断看不出是假扮的。小马五在吉祥园便是头等角色,全园楼上女座,楼下男座都是满满的。

戏园楼上每位铜子二十六枚,楼下每位铜子十八枚,台上池子内,楼上下都有电灯。这几天有义务夜戏,初四晚上崔灵芝唱《玉堂春》,又是一大热闹。查东安市场一个市场内有了两个戏园,锣鼓喧天车马震地,因此影响各种买卖,都很发达。丹桂园隔壁就是车厂吉祥园,因为场内园旁无余地,便在场外新北门西隔壁特辟一车厂,堂客可以就近上车,这是东安市场的新组织。

但是吉祥园虽然热闹,却有许多劣点。第一是买座儿的不善伺候听讯。前天初四日午后,有某君入场听戏,就在池子内坐下,到时已晚,卖座的提过茶壶来,某君当时喝了一杯便搁下,老没有喝。不多一时,卖座的收取茶壶,收到某君处,问还喝不喝?某君答道来了不大忽儿,这茶壶我还要喝呢,暂且搁在这儿。那人瞪着眼说道:快喝。某君听了这话,不由得大怒。问道:为什么要快喝?我偏要慢慢的喝呢。我不走,谁敢拿茶壶去。昏蛋,把掌柜的叫来,问问他。左右同座亦多不服,说道戏馆子所仗的是看座儿周到和气,买卖方能兴盛,人家花钱喝茶,怎么催人家快喝,实在是不对。随即劝某君不必生气,别的看座儿的闻声,都到哀哀苦劝,说他是新来的不懂规矩,请息怒。言之再四,某君方坐下。此事传出外间,都知道吉祥园看座儿的不和气。到了第二天,吉祥园买卖顿为减色,丹桂园大为热闹,这样看来,卖座的一句话可就把买卖耽误了。记此作为惩戒语。

宣统元年八月初六日/1909年9月19日第7版

戏园热闹

天津戏园很多,日本租界闸口西边有天仙戏园,是鸣凤班,俗名下天仙。河东奥界大马路亦有天仙戏园,是忠和班,俗名叫做东天仙。此外南市平安大街有丹桂戏园,是德胜和班。贾家大桥西边元纬大马路有兴华戏园,是双庆和班。鼓楼北大街有元升戏园,是凤名班。北大关东边又有协盛戏园,是林发班和双胜和班。

这几家戏园,惟日本租界下天仙最热闹,内有李吉瑞、张黑白、文奎、小桃头等名角,所以这戏园生业非常发达,东天仙远不如下天仙。

宣统元年八月十一日/1909年9月24日第7版

演剧以助甘赈

刻下省城绅学商界同人公议,演剧助赈所收款项均解甘肃灾区,于初七日起至初十日止,假淮军公所地址开演。初七日,白昼、灯下均专卖官客座;初八、初九、初十等日,白昼专卖堂客座,灯下仍卖官客座,每座售铜元一吊,以资助赈。

宣统元年九月十五日/1909年10月28日第4版

津门琐谈(接前)

……

最热闹的是日本租界,天津人叫做东洋地,天仙戏园是热闹的中心点。这戏园,天津人叫做下天仙,因奥国租界内还有一个戏园,亦名天仙茶园,那戏园在东边叫做东天仙,所以这戏园对着那东天仙说,又别称为下天仙。

这下天仙戏园内最称繁盛,楼上楼下都是满满的坤角,有小桃、林翠英、林翠芬三人,名角有李吉瑞、金福仙、小杨猴、孙菊仙等人。又有新到的老乡亲,戏亦认真,行头都是新的。池子中前边有几条长板凳,外边满是方桌,戏园比北京城的戏园内容大的多。

但是有一种习惯很是不好,□日所排演的戏文虽已喧登各报,然详细一查,仍不免有许多谎报。

即如二十二日登入各报的下天仙是小桃《探亲》,水牌上写的是小桃《浣花溪》,到后演的是《背板凳》,即《怕老婆》。又如二十四日,下天仙先贴出吕月樵由京回津的报单,等到收过茶资后,又贴出一张报条说是吕月樵未赶到,坐客见了这报告,一声大哗起来,把茶壶茶杯碰落满地。并且有许多人拥到台上,声称非退钱不行。园中经理人见势不佳,便在台上连连赔礼,应许退钱,各人方才归座。末复孙菊仙演《八大锤》,顺便演说民无信不立等话,并且归咎园主的失信不好处。因此到散戏的时候,亦没有一个人要退还钱的,这是菊仙狡狯处。然亦可见天津戏园,屡屡谎报,远不如上海戏园规则的完善。

宣统元年十月初二日/1909年11月14日第4版

津门余谈

……

电车至晚上十一点钟的时候都停歇。在各戏园门口,下天仙门口最多,约有六七辆专豫备接送散戏的。自从十一点钟须到一点,散戏人尽□始开车,戏园门外电车衔连,亦有一大观。

戏园中卖报的极多,大报小报都有,每每都是小孩子屡次转问不休。甚至于强把小报一份搁在坐客面前,说是只要一个铜子您留了罢,仿佛是非买不可的。

戏园中客座上茶壶极大,一个人无论有多么大的茶量,决计喝不完这一大壶。

戏园内又有拧手巾把的,亦是一奇观。甲乙二人,甲先拿一大卷手巾走出,在池子内第一层方桌前,挨次递给乙,随即另拧一大卷热手巾走出,合乙作犄角势。甲收回冷手巾把后,在布内□卷向空中一抛,作抛物线式,这边乙举起右手接住冷手巾把,随即将热手巾把□左手抛出,亦作抛物线式,那边甲亦举手一接便接住。说时慢,那时快,但见空中两个手巾把,一来一去飞过,却都落在两人手中。甲乙二人站立处的角度,起初相离还近,到后甲在极东南隅角,乙在极西北隅角,天津戏园内客又大,空中抛掷很不容易,却没有一次失落地上,眼法手法都是极有准头的。

须知乙接回冷手巾抛出热手巾后,急忙回到茶炉子处,那边即将手巾把分开一位一位的递给。大约那边递完,这边乙亦已换就热手巾了。那抛线成弓形,甲乙二人的视线便成弦形,世界上万事万物离不了算法,这空中抛巾亦是一种天然算式。

宣统元年十月初五日/1909年11月17日第4版

传戏园停演期

民政部准礼部文,称恭照月之初九日孝钦显皇后神牌升祔太庙前期,于初六日为始,致斋三日,饬派内外城巡警厅区即传各戏园知悉,例应自是日起停演戏矣。

宣统元年十月初五日/1909年11月17日第5版

戏 界 进 化

戏界最发达的区域数上海,至于近年上海的戏园组织更加进步。自从商办新舞台成立，戏界大为改观。今据南来友人报告，上海法兰西租界大马路卜麟里口，新近组织一处新剧场大戏园，是仿照英京伦敦、法京巴黎最新式建筑的。转台灵巧，装饰华丽，专聘请头等艺员苏广全新行头、泰西各种鲜□油画点缀风景，名角类如三麻子、孙菊仙、李吉瑞、办鞶卿、碧月花、六阵风、七阵风、小一阵风等都要到场合演好戏文。三马路有新建"大舞台"一处，亦是仿照欧洲剧场筑造的，规模宏壮，内容美备，所布置的都是世界景致，真正可以鼓舞国民的精神。

这样说来，上海戏界进步真是有一日千里的猛进。率北京城所办的文明戏园有名无实，近来广德楼夜戏虽加改良，然不过是戏台改良，并不是戏园改良。今要实行改良北京剧场，非得有一处绝大的地方，建筑最新舞台不可，这个地方最好在香厂。

宣统元年十一月二十日/1910年1月1日第11版

剧界丛话

谭叫天近来在上海声价益高，初五夜叫天在新舞台唱《黄金台》，带演《盘关》，配角是小保成及许奎官。初六夜叫天唱《琼林宴》、《打棍出箱》，配角有夏月珊。初七夜叫天唱《黄忠夺取定军山》，配角有刘培山。初八夜叫天《阳平关》带《战对山》，配角有赛魁冠。初九夜叫天唱全本《翠屏山》，配角有七盏灯、小连生等人。初十夜叫天唱全本《朱砂痣》，配角有小小连生及薛瑶关等人。十一夜叫天唱《八义图搜孤救孤》，戏文本好，又唱的格外认真，所以申江剧场热闹中心点，都聚集在新舞台。一方面，园主刷贴报条，尊称叫天为"内廷老供奉、头等艺员"，这徽号可称特别。此外如重庆园亦还认真连日演唱《大战丹阳城》、《牡丹女扫坟》、《白鹅潭水战》、《双奶妈看相》、《胡奎卖人头》、《韩文公祭鳄鱼》、《杜十娘怒沉百宝箱》，改良巧串《花会封相》等新戏，亦还热闹出奇。

须知《花会封相》这出戏是最新的班本，内容情节离奇，变幻百出。文称四状元，武夸五虎将，寿有四好命，贵封四夫人，贫即五乞乞食，富赛七生理，得道莫如□和尚，成果在乎二道士，耐修谁及一师姑。将三十六号字，花巧串出，而变化无穷，内中虽不免有迷信点，然戏文尚奇妙，究竟比寻常戏文强得多。

这《花会封相》新戏，从本月初十晚开始唱演，只因那园中所聘请的名角如花旦狐狸□、兰花米、小牛靓、□新亮等人现已期满，要回广东去，所以又改编新戏，请这四位名角登场合演。无非是和新舞台争胜，将来这四人回广东后，重庆园必更要发现寂寥状态。

群仙戏园近来亦颇有新戏，前几天接连几晚上，著名女伶林黛玉演唱《张文祥刺马制台》，亦是特别好戏。

张园会场音乐厂，近日新到日本男女技师合演奇巧幻术，又有《大三上吊》，游园的人又多添一番兴致。

汉口有三家戏园：一、广东茶园，二、荣华茶园，三、怡园。这三家中，广东园是广东戏班，有蛇子橙、江南杏、周瑜瑞、英雄业、美人辉等名角。荣华园是汉口本地戏班，有小玉堂、小月堂、小翠兰、小双喜、小佩峰各名角。惟怡园最出色，类如前在天津演唱的头等女伶恩晓峰，今亦在怡园登台。此外又有小长庚、小文奎、小黑灯、小兰芬、一阵风、二阵风、白菜心等，名角很多。

汉口的怡园，上海的群仙园，都是髦儿戏班，游历的行台。今因恩晓峰游历到汉口，怡园林黛玉游历到上海群仙园。林、恩二女伶为髦戏特艺，分扬芳帜，声震沪汉，这亦是能把歌艺换金钱的，一经登场，万人叫好，林、恩等人更不愧女中豪杰。

宣统元年十一月廿七日/1910年1月8日第7版

剧界丛话(续)

烟台亦有群仙戏园，但是所演唱的都是旧戏，类如《洛阳桥》、《水晶宫》，这出戏是上海前二十年的旧戏，今在芝罘却算是新戏，可见那处戏界的程度。烟台还有一家戏园名瀛洲茶园，是小班子，那可更不如群仙。

奉天省城有四家戏园，一、庆丰，在鼓楼南干石桥胡同，有小黄胖、丁香花等角；二、会丰，在平康里街□一楼内，有小益芳、小香水等角；三、会仙，有花宝舫、花宝铃等角；四、德福，有小金凤、

小灵芝等角。这四家戏园都不差甚么,数会丰最热闹

哈尔滨一隅是东三省繁华中心点,那处戏园有名辅和园的,近日演《大破南京城》全本连台,文武带打。又有名会蚨园的,不如辅和的兴盛。

广东省城有四家戏园,不称茶园亦不称戏园,却另有特别的名称,名叫戏院。一、西关戏院,即乐善戏院;二、东关戏院;三、河南戏院;四、同庆戏院。所有班名亦甚特异。如西关所演,名祝康年班;东关所演,名尧宪乐班;河南所演,名琼华玉班;同庆所演,名国文明班。戏角名更为奇特,祝康年班有西施丙、金山耀、小生沾、蛇仔秋等,尧宪乐班有白蛇满、大牛炳、柏玉霜、神功保等,琼华玉班有东坡安、花仔言、美人丙、大牛乐等,国文明班有周喻利、牡丹池、新蛇王苏等。至于戏文,类如《秦始皇筑万里长城》、《唐明皇击鼓催花》、《年大将军夜平青海》,都是新戏。又戏价各家不同,最少八分,最多六毛,座位有弹弓床、花园床、贵妃床,日戏、夜戏,男座、女座,各各不同。

香港戏园但称某某园,最为适当。如太平园、如重庆园,近日唱演《鹿仙换人头》,又《汉武帝重见李夫人》,夜戏价贵,妃床多至□圆八毛,和广州戏价又大不相干。

统观各座剧场,最发达的究竟数上海为第一,这就可见上海剧场最有进步的一大证据。

宣统元年十一月廿八日/1910年1月9日第7版

孙刘竞胜

前天二十九日晚上,老乡亲孙菊仙在庆乐园唱《托兆碰碑》,刘鸿升在广德楼亦唱《托兆碰碑》,同是一戏出在一夕,孙刘的竞争可称剧烈。

宣统元年十二月初四日/1910年1月14日第7版

演戏有期

昨纪津商吕君幼才、赵君子斋、陈君梦九、陈君筹臣等纠集同

志，拟在河北三马路兴华茶园演戏两日，赈济贫民一节。顷接吕君来函，谓已择定初四、初五两日准演。想届时诸大善士之关怀公益者，定必慷慨解囊，共襄义举也。

宣统元年十二月初五日/1910年1月15日第4版

戏界纪闻

上海三马路新建筑的西式文明大舞台，前月十八夜已经开幕。听说这大舞台是仿照英京伦敦戏园、法京巴黎戏台建造的，比新舞台好的多。所请的头等名角就是从前在天津的吕月樵。头一天晚上吕月樵唱的是《朱砂痣》带《认子》；第二晚唱的是《四郎探母》带《见四夫人》；第三日白天唱的是《卖黄马》，晚上唱的是《钓金龟》，配角都是何家声；第四晚唱《戏迷传》；第五晚唱《桑园寄子》，都是拿手好戏。自从新舞台谭叫天停唱后，上海戏界大为减色。自从大舞台吕月樵登场后，上海戏界又大为增色，名伶关系如此如此。

又上海法大马路新剧场大戏园，亦于前月二十二夜开幕。头一天晚上唱的有一出特别的新戏，名叫《赞成新剧场》，二十三白天唱的是《大游张园》，晚上唱的是《大老官嫖院》，二十四唱的《活络门拴》，二十五唱的是《大少爷拉洋车》。并查知戏价分为七种，日戏特等官厅五角，次等官厅四角，二层包厢五角，三层包厢四角，头厅正等四角，二等正厅二角。夜戏都加倍，二等正厅晚上更加至五角，惟每等仆役票每晚都是一角，此位另加每位茶资小洋五分，手巾钱在内。这是上海新戏园最近情形。

宣统元年十二月十一日/1910年1月21日第7版

清唱可听

外国人听中国戏，老是嫌他锣鼓声太喧闹。其实各戏中如青衫子戏，即青衣内容戏文，都是扮女旦穿青色衣衫，所唱的多半是缠绵悱怛、深情款款、一唱三叹的好戏。唱的时候锣鼓都停奏，只有弦子一种委婉可听，清楚可辨。青衣戏中唱文最长最中听的第一是《孙夫人祭江》,第二是《王丽川彩楼配》,这两出外国人听了最为合式。

宣统元年十二月十二日/1910年1月22日第7版

戏界新闻

近日北京戏界,人人脑界中只有老乡亲孙菊仙一人。但是菊仙此次到京并不是想财来,是想尽义务来,所以登台必演说,宗旨不外劝人爱国合群。孤儿院为筹款起见,又挽留他一天。现在听说快要出京了,他出京之后戏界中又萧索无色。

却有一个好消息,听说有一位留学美国美术学校毕业生,名王钟声,前在上海创办新舞台,又在天津组织新舞台,热心改良戏曲,戏场南北知名。今王君已经来京,情愿在天乐园尽义务演唱文明改良新戏,并已拟准本月十四日开演。到时信息果确,必有可观。

汉口自从谭叫天到后,各处刷贴戏报,人人都要瞻仰叫天颜□,倾听叫天唱工,戏园加价,座上加櫈,又添一桩盛事。但是南省人都爱看戏不爱听戏,所以叫天到上海,传闻聘资一月九千元,唱了不到十天,客座上人便渐渐的稀少了。只因听戏的人不多,初到时不过震惊叫天的大名,人人贪看起哄只是一阵儿,到后便不行了。故此叫天又改方针,游历汉皋,大约在汉必亦能长久,还许回京过年罢。

上海法大马路新开的东剧场大戏园,名角有三麻子。查三麻子专唱关公,唱工不见十分好,做派却好,当今戏界竟无其匹。只因关公骑的赤兔马,驾驭很不容易,那拉马的进退都要得势。刚一揭门帘,关公出来,先有一拉马的在前,所以这关公戏很不容易唱。三麻子前次到北京来唱了几天关公戏,人人喝彩,今在上海新剧场又逐日演唱《三国志》。大舞台有吕月樵,东剧场有三麻子,都是出色名角。

又上海重庆戏园现已停演,大概要改建新式戏场。前些日子曾经演唱三出新戏。(一)《自由女滚水绿和尚》(二)《岑宫保督拆长寿寺》(三)《黎国廉奉谕出狱七十二行大开欢迎会》,只因戏园还是旧式,不足回旋,所以现又要改良剧场。那么上海除新舞台、大舞台新剧场外,又可多添出一个新戏园。

此外各戏园新戏有《刑律改良》、《骗骗骗四》、《十八扯》、《黑驴告状》、《推□叉麻雀》、《交友留心》、《酒醉联婚》、《井里藏儿》、《湛甘泉三遇吕祖》、《广东观音山开光》等出,又新舞台曾演《二十世纪新茶花》一出,凡欧美各种新装饰以及洋鼓、洋号,各国军□各式器械,都极□□□□□□。上海戏界日日有进步,虽新编各戏未必尽善尽美,然比较起北京来,陈陈相因进步很慢。今王钟声君已到京,果能发大愿力,痛改旧时班本,北京戏界从此放大光彩,改良风俗是有极大的关系。

宣统元年十二月十六日/1910年1月26日第7版

钟声新剧

北京戏界二百余年来因陋就简,今日所唱的戏文与二百年前所唱的戏文没有什么分别,所以热心大志士要想改良社会、唤醒沉迷,总说是须从改革戏曲下手。想不到这几天北京社会忽然间盛称"钟声"、"钟声"、"听钟声",九城里外举国若狂。接连几晚上,不论商界、学界、政界、女界、守旧界、维新界中人,凡知道钟声消息的,都要破点儿工夫牺牲数时间,到天乐园去听钟声。须知钟声登舞台必在夜晚十时以后,去听钟声的人却在六点以前便都争先早到,须等候四个钟点才能够听见钟声。只因来宾太多,所以各人都纷纷占据座位,且因钟声重在演说口白,故此向来以池子为靠近台前为最劣等座位的,今一耀(跃)为万人共争的最优等地位,逼近听钟声最为亲切有味。天乐园楼上楼下仅仅能容两千座,又添加凳子好几百,有到得晚的,连凳子都没有得坐,竟至站立听钟声,不嫌劳苦,且有余乐不尽的状态。这可知钟声声价了。

钟声曾游学欧洲,研究戏曲极为精深。又知二十世纪时代文明国最重视优人,况且我中国社会腐败,非从改良新剧中感化变移,不能有一日千里的速率,所以发大宏愿特来京,都无非是现身说法,处处叫醒国民,把所有祖国弊俗一一挽回,令人回头猛醒,所以特别题名自称“钟声”。

钟声所演各新戏,不重唱,重在道白。戏文即用各种最新出版的小说,随时加入讽语。即如宣统己酉十二月十五日夜晚所演《孽海花》新剧,先在台上悬挂一幕,安排齐备后,幕帘揭开现出“钟声新剧”四大字。随即见有一人扮金大人(即洪文卿)便衣出台,又有朋友数人陪同闲游,金大人说道我们去游花园罢,众答好。又一开幕便见一处大花园,风景极好,又有许多灯舟,船中有美人荡桨往来。这时候两旁台柱后边放出五色电光,照着灿烂非常。金大人和各宾游玩高兴,便饮酒召花侑觞条子发出。此时钟声便扮妓女傅彩云(即赛金花)短衣窄袖、新式垂髻出台来,态度绰约,缓步前行。金大人一见便并坐谈话,彼此通问姓名,两人却都相对惊疑。金大人问道仿佛在哪儿见过,傅彩云接答道我亦往仿佛那儿见过您似的。又问道你今年几岁了?答道十七岁。回问道您今年几岁了?答道四十八岁。彼此又各低头作沉思状,金大人猛一抬头问道,你颈脖上怎么有一道红纹?答道这道红纹出生时便有,听老辈人说前生是曾经缢死的,所以有这红纹。金大人听了这话,便呆了半天不语。

宣统元年十二月十九日/1910 年 1 月 29 日第 7 版

钟声新剧(二)

须知金大人为何惊呆。原来金大人赴京会试时,曾在烟台赏识一妓,名叫桂宝。这桂宝颇能识人,一见金大人便把终身相托。金大人腰囊羞涩,旅费缺乏,竟不能成行。桂宝知道,竟把所有缠头,储蓄金三百两,全数贡献金大人,说是即此可作旅费。金大人随即起程,而许会试后娶桂宝同归。桂宝因此便闭门谢客,静候好消息。及榜发,金大人竟得状元及第。桂宝探知,喜出望外,日夜盼望金大人到来。那知金大人得大魁后,自思状元何人,桂宝何人,岂得作为配偶,便负约。桂宝久候不至,自行北上,访得金大人寓所求见。金大人错认他来要偿还借款,便加倍还他六百金,却不提婚约一字。桂宝哭道,我岂是来要银子,今既见拒,何能相强?遂掉头出门去。回至旅店,自缢死。这戏文的用意就是把傅彩云作为桂宝的后身，正是十七年以前的事。故此问答之间，金大人不免惊呆起来。

当时又有人持纸条来送至傅彩云前，说是某老爷叫过班。傅彩云便起立道："还要到别处过班，□□□请金大人及众位老爷一同来谈谈，"金大人道："要来的，要来的。"金大人吃完饭，便要和朋友□到傅彩云家，彼此相谈甚洽，朋友辞去，金大人便留宿。次日有人报到说是金大人已放出使俄德钦差大臣，傅彩云听了大喜说道："您是钦差大人，我就是钦差太太了。"金大人点头道："是的，是的。"傅彩云道："我亦要跟您出洋去，到外国游玩游玩。"金大人道："你不怕外国人么？"答道："不怕□。"又问道："你家中夫人不要跟你一同出洋去么？"答道："是不去的，做太太的一听说是外国他便害怕了，必是不去的。"傅彩云道："那么你几时娶我去？"答道："就是今天。"傅彩云道："要是做姨奶奶我是不去的，要我去可必要做正太太。"金大人道："既然要娶你，必定是做正太太。"问道："那么怎么的娶法？"答道："轿子亦可，马车亦可。"傅彩云道："不要马车，要花轿。"（做了一辈子女人花轿是必定要坐一坐的）又问道："穿什么样衣服？"答道："便衣很好。"傅彩云道："便衣不好，一定要凤冠霞帔，莽袍玉带，百褶红裙。"答道："都可。"又问道："你可是跟在我轿子后头一同去么？"答道："那不好，我先回去，再打发轿子来娶你。"傅彩云道："那亦好，那么你先请罢。"金大人便出门回到自已家中去了。

宣统元年十二月二十日/1910 年 1 月 30 日第 7 版

钟声新剧（三）

金大人到家后，夫人出现，问知已放钦差，便向老爷道喜。随即问道老爷出洋去，我怎么样？答道："那是自然要一同去的。"夫人道："我也不懂的外国话，也不认的外国字，很不愿意去。"答道："你并不是为了不懂的洋文洋话，实在是怕洋人。"夫人道："我不去，找一个人代我去罢。"金大人道："太太那有找人代的理呀？"夫人道："我意中有一人可以代我去。"金大人道："是谁？"答道："叫傅彩云去。”金大人假问道:“傅彩云是什么人?”笑道:“真不知道么?”答道:“真不知道。”夫人冷笑道:“你在外做的事,当真以为我不知道么? 你如要他跟去,可就叫他来。”金大人听到这话,急忙起立接口道:“夫人既然要叫他来,我就去叫他来。”掉头就向外走。

随即吩咐家人打发花轿去接傅彩云来,不多一时花轿来到,□□便吹打起来,并放爆竹一串,幕鞭一卷。但见□□一座堂□高悬喜帐。傅彩云出轿,向堂前一拜便起。金大人指令再向他夫人行礼,傅彩云道:“他是谁?”金大人道:“他是太太。”傅彩云道:“我是什么?”答道:“你亦是太太。”傅彩云道:“那么他是太太,我亦是太太,叫他先拜我罢。”金大人道:“他是元配,就是姊妹,他亦是姊姊,你不可不拜。”傅彩云于是便向夫人行了一个礼,夫人道老爷出洋,你偏劳陪同去罢。又问老爷道:“何日动身?”答道:“今日就要起程。”下同。

又一开幕,见傅彩云扮西洋装,全白色紧衣、头戴花帽、细腰窄袖曳长裙上,说是:“到了外国便觉的是外国装束好。”随即唤马夫阿福来。阿福上前请了一个安,傅彩云道:“阿福,你去换一套洋服,陪我去游花园罢。”阿福应道是,便去换衣复出。傅彩云向他看了一眼,骂道:“穷骨头,穿了外国衣服亦不知道把领子弄弄好。”又向他后脑看了一看,把他发辫拉了一拉,说道:“你亦争口气把这个辫子去了罢。”说完便挽同游花园去。进花园后,分阿福同坐,问道这花园好不好? 答道:“好。”问道:“你见过这花园没有?”答道:“没有。”少顷,阿福忽急忙捧着肚子道:“阿育,阿育。”傅彩云骂问道:“这贱人! 快去,快去!”阿福走出,傅彩云一人独自在园。忽来了一个外国人,傅彩云回到椅子上坐着,外国人亦坐下,傅彩云正正色不理,外国人轻轻拍他肩上问道:“你是中国人么?”傅彩云道:“你会说中国话么?”答道:“会说几句”。

宣统元年十二月廿三日/1910年2月2日第7版

钟声新剧(四)

问道:“你贵姓大名?”答称:“某某。”回问道:“你是几时到的?

住在那处?”答道:“我在公使馆我就是公使夫人。”那人道:“很好,很好。”傅彩云道:“我听说欧洲人男女都是自由结婚?”答道:“是有的。”傅彩云道:“那么,我二人亦自由结婚罢。”说话到这儿,阿福正走出门来,看见外国人,便怒目相视。外国人避去,阿福又怒视傅彩云哼了两声,傅彩云骂道:“奴隶,敢来管我吗?”阿福答道:“我现在不是奴隶了,是要管你的。”傅彩云走近阿福身前,向他肩上一拍,说道:“得了,我们上后边去罢。”同下

又一开幕傅彩云和阿福同上对坐谈心,忽来一金大人的参赞官,看见阿福如此无理,即刻叱退。一面自言自语道:“岂有此理?岂有此理?”傅彩云假问道:“什么岂有此理?”参赞道:“你还想瞒我吗?你现在既已做了钦差太太,不能在(再)像从前的那般无耻。”傅彩云答道:“哦,原来你是指阿福。”说这算不了什么,参赞怒道:“什吗?算不了什没(么)?我可要告诉金大人的。”傅彩云道:“你尽管去告诉,我不怕。”参赞道:“我就去告诉。”急步怒下。

金大人上正在观看公文,参赞走进道:“糟了糟了,金大人。”“什么大事如此惊惶?”答道:“咳!此事我说不便,不说又不好。”想了一想说道:“我告诉你罢,就是你的家事。我亲眼看见傅彩云和马夫阿福同坐谈话,诸般丑态。啊呀!糟糕呀糟糕。”金大人惊起道:“真有此事吗?你可不要搬弄是非。”参赞道:“你若不信,你可自己去侦探侦探。”金大人听了这话,回身便向内走进屋便指傅彩云大骂,傅彩云道:“你怎么知道?”答道:“某参赞告知我的。”傅彩云道:“话慢慢的说,我细细告知你听。昨天某参赞到我房中来调戏我,我不理他,因此怀恨,所以到你跟前来搬弄是非,你怎么信他这瞎话?”金大人听了这一番话,转怒为喜,点头道:“这话是不错的。我错听了参赞的话了。”傅彩云见金大人已息怒,便抚背慰道:“到里边去休息休息罢。”金大人下,傅彩云笑道:“做大官的经不起几句谎话便相信了。”

傅彩云回到参赞屋,遇见参赞,纽(扭)住辫子问道:“你真去告诉金大人吗?”答道:“你说不怕,我自然要去告诉的。”问道:“你是

个参赞大人,怎么搬弄是非呀？亦总要看点儿旧时你我交情不可如此。”一面说一面把他胡须摅了一摅,某参赞喜道:“早是如此,便没有这些事了。”同笑下。

宣统元年十二月廿四日/1910年2月3日第7版

钟声新剧(五)

傅彩云、阿福同上,正在谈乐,金大人走来,阿福急避去。金大人掷帽大怒,举椅要掷,某参赞过来劝解。金大人垂头坐下,傅彩云走近问道:“我有两句话问你。”金大人掉头不顾,傅彩云道:“你是把我当做正夫人呀,还是把我当做姨奶奶呀?”金大人冷看一眼,问道:“正夫人是怎样?”答道:“若说是正夫人,我和你夫妻平权,各有自由。男子既许在外嫖奸,那么女子在家与人私通,亦算不了什没(么)。”金大人听了这话,怒上加怒,追问道:“姨奶奶又当怎样?”答道:“若说是姨奶奶,可更是如同无物一般。老爷喜欢的时候抱在手里,坐在怀里,宝儿贝儿叫个不住。要是不喜欢了,便轰辇(撵)出去,或是送给朋友,再不然赏给奴仆等人。牛马的虐待,鸡犬不如,还要责备他廉耻吗?”金大人听到这句,不由得怒气冲冠,道:“你不安本分,还来奚落我吗?”遂举起椅子向傅彩云前掷去,某参赞急出劝慰,拉着金大人出去。傅彩云大笑说道:“这就是多妻之害,如我这等人可称下贱到极点了,但是要若不是这样给主人污辱脸面,恐怕爱娶姨奶奶的还要多呢?”说到这句,后台喇叭一声吹响,这出戏便完。

须知钟声特色,专在几句叫醒,如同画龙点睛法。如这《孽海花》中间一段,当外国商人把中俄交界图献给金大人,说是画了三四年方才画成,今献呈钦差大人。金大人接过一看,问要多少价额,答道:“九百万金磅。”金大人一听大惊便即递还那人,说是:“买不起。”那人道:“那么孝敬大人罢”,金大人大喜便收下。那人道:“小人画了三四年,不少辛苦,大人随便赏些。”金大人便问傅彩云道:“这个图有何用项?”答道:“很有用项。”问道:“怎么说很有用项呢?”答道:“大人现在是俄德两国钦差大使,任满回国时,皇上召见,必定要有报告,就可把这地图献上。”金大人喜道:“有理,有理。那么就收下罢,赏他多少呢?”傅彩云道:“赏他三十万马克便了。”那人称谢退去,金大人道:“太太的话真有见识。”傅彩云笑道:“凡做大官的都要听太太的话,若是不听太太的话,那顶子是不会红的。”这等话真是描尽妇女口吻。

又如金大人初到外国时,觐见外国皇上后,回到使馆中,傅彩云道:“我是公使的夫人,亦应当要去觐见外国皇上的,你速去照会他们外务部,定准日期,我便可前去觐见了。”这等话又是妇女骄纵口吻。

宣统元年十二月廿五日/1910年2月4日第7版

钟声新剧(六)

钟声演戏处处摹写到家,扮妓女时活像上海时髦粉扮,洋装时高挽美国时新髻,诸般化身随时发见。至于读述词句,字字瞭亮,滋滋有味,为舞台上从来没有见过的。每读诗词句时,必先说明,如若歌唱,必定听不清楚,不如把这诗词仔细念他一遍,于是舞台上诵一词句,舞台下即击掌。这击掌的必定是文人学士,上等社会中人,那中等社会中人不过听个大略而已,至于下等社会中人可就一字不懂。

钟声登台时有音乐队欢迎,每一开幕,音乐亦必奏一次,鼓、铙、喇叭、箫、笛、提琴同时共奏,清越可听,幕内各种画屏都是钟声亲手画的,原来钟声是美术画家,山水人物无笔不佳,钟声不愧名人。

钟声在天乐园,自从十三日开演,第一日头本《缘中缘》,第二日头本《孽海花》,第三日二本《孽海花》,第四日《爱国血》。原拟只演四天后,又加四天。第五日二本《缘中缘》,第六日头本《宦海潮》,第七日二本《宦海潮》,第八日重演《爱国血》,都是新剧。八天期满后,钟声便回天津,在奥国祖界东天仙后边新开大戏园演剧,到明年正月十五以后再到北京天乐园另演新剧。只因元宵节以前多忌辰斋戒日期,北京不能演戏,所以须十五以后再来,这是后事,今先记一语作为伏笔。

钟声,姓王氏,号熙甫,绍兴人。游历外洋各国,及本国通商大埠。上海商办新舞台,天津大观新舞台,都是钟声创办的。将来北京香厂开辟商场,钟声亦必要在那处建筑新舞台,如果是钟声创办,此就可名钟声新舞台。傅彩云于洪钧死后,仍到上海作卖笑生涯,改名赛金花。庚子年前来北京,即在正阳门外陕西巷北头正东,高树芳帜,门上大书“赛寓”二字。义和拳匪作乱,八国联军进城,首领是德将瓦德玺。赛金花略通德语,言时与瓦德玺相谈晤,因此得保护其所认识的人不少。常乘马过市,目称赛二爷。辛丑和约成,赛二爷名益噪。同时有名妓林桂生,工歌曲,与赛二爷称一时瑜亮,然林声势远不如赛二爷。自从赛二爷回南后,遗址改为饭庄,即今醉琼林。所以现今在醉琼林宴会的宾客,抚今追昔,每语《彩云曲》一歌。什么叫《彩云曲》呢?乃某好事人作为七古一首,记述洪负桂,宝负文卿,冤冤相报的因果话。赛金花在北京曾照摄一小影,扮作麻仙姑挑琴状,□有某好事人即在这小影上写记《彩云曲》一篇,蝇头小楷,工致绝伦。这都是傅彩云一人的轶事,《孽海花》小说就是《彩云曲》的演义。今钟声所演《孽海花》新剧,却又千变万化,时时作叫醒国民的警语钟声,“钟声”是二十世纪新钟声。(未完)

宣统元年十二月廿六日/1910年2月5日第7版

新建戏园纪

豫省新式戏园土木两工已将告竣,惟待油饰。园主人因东坡“风乐亭”之台,将名之为风乐园。闻忽有绅界多人以该园工程伟大,有碍省城某处等风水具禀祥符,请饬拆去。惟该园未建之先,已禀警局及各宪批准,虽被控告,想无大碍也。

宣统元年十二月廿七日/1910年2月6日第4版

钟声新剧(七)

前文所记是记钟声演《孽海花》,至于《爱国血》的戏文亦极有可观。即如二十日夜晚，钟声佩刀军服扮少将，内容情节很多，可以说个大概。

头次开幕，音乐大奏，纪寿臣粉洋装老将上，又旁坐一位妇人，就是老将的夫人。钟声扮少将在旁站着，随即有一敌国奸细手提照像机器上前，向老将陈说一切，老将及夫人等即同下。

二次开幕少将上，忽遇一中国女子，却穿的是洋装。少将走近前边细问姓氏，女子一一对答。少将问道："姑娘既然是中国人，为什么不穿中国衣服，却穿外国衣服呢?"女子答道："外国人因为中国不强，都看不起中国人，我到外国来恐怕外国人看不起我，所以改穿外国装。"少将点头道："原来如此。"又问道："姑娘到外国来，是与何人同来？是为何事而来?"答道："孤身来外国，是为求学而来，要想为国家进义务，为黄族增光荣。"少将喜道："好！想不到为国家进义务，为黄族增光荣，这两句话出在女子口中。好，好，好！请坐，请坐！"问道："姑娘热心爱国，我亦热心爱国，外洋风俗都是自由结婚，我们二人既然宗旨相同，何妨亦自由结婚呢？若如姑娘不弃，我们即可拉手行礼，作为夫妻。"一面说一面即举手，女子亦即举手，互相拉手，同起立下。

三次开幕者，老夫人上，少将及女子同进营帐。少将上前陈说道："孩儿在外，路遇一中国女子谈论多时，颇知爱国，孩儿因此当时便及与这女子自由结婚。"老夫人怒道："你身为军人，难道不知临阵收妻是违犯军法吗?"少将道："并不是现时就成婚，等到回国后再办不忙，现今不过约定罢了。"老夫人道："那么请你父亲出来一问。"外白："有请老将。"少将见老将出，又陈说了一遍，老将大怒道："临阵收妻，该当何罪？不行，不行，万万不行。"少将又婉陈将来成婚的意思，老将仍说不行，末后说道："你若一定不听父言，我就不要你这儿子了，不许你再回我营中。"少将再三央求，老将始终不依，少将于是解下佩刀，脱去戎衣交还老将案前，辞别父母，手拉那女子[一]道走。

四次开幕，现出一画幅，是一大海，波涛万叠，上有一个月光，明亮如真的一般，是海边上的景象。随见少将和女子同上，手中各拿一乐器,少将道:“我们卖艺谋生,亦是一法。”女子先取提琴独奏一曲后,又吹奏喇叭,少将拔剑起舞,左右回旋,五花八门,剑法极好。舞毕,同下。

宣统元年十二月廿七日/1910年2月6日第7版

宣统二年(1910)

钟声新剧(八)

五次开幕,老夫人上,独坐营中。那敌国奸细拿了许多珠宝献给老夫人,又本国皇上谕旨一道,封老将为大元帅,劝老将归降。老夫人便请老将同议,老将亦愿降敌,与那奸细约定八月二十四日敌兵到来,按兵不动,全部归降。

此时却有一小兵在营帐外窃听知道,便自言自语道:“此事急了,若如少将在此,何至如是。不找免前去寻觅少将,再作道理。”急下。

六次开幕,少将上。小兵趋至,遇少将,急告道:“不好了,大事去了。”少将惊问何事,小兵即一五一十的说了一遍,敌国奸细怎么的私献珠宝、诏书,老将怎么的约定日期投降,从头至尾说得发竖眦裂。少将道:“我父亲忠勇大将,断无此事。”小兵道:“你若不信,即速自行前去一探便知真假,没有更好了,快去快去。”少将听了,随即便把女子叫出,说是我有急事要回营,□行大约一两个礼拜就可回来。一面说一面把宝剑解下,递与女子手中。道:“这把宝剑就是我的第二个生命,我今交付与你,须好好保存。”少将说完,掉头急下。

七次开幕,老将登城墙上。少将到来,请老将有要紧事说。老将下城,问有何话,少将道:“听说敌人劝降,父亲已许定八月二十四日,不知是真是假?”老将怒道:“别说没有此事,就是果有此事,你亦管不着。你快去,若不去,我便要将你斩首。”少将听了这话,更是怒上加怒,便一把揪住老将胸襟,倒竖两眉、紧咬牙齿,狠狠的说道:“父亲,今日既然降敌忘国,孩儿今日就要大义灭亲。父亲是知有身不知有国,孩儿是知有国不知有家。”老将见少将要行刺,急忙在怀中掏出手枪,向少将击放。少将随即松手一闪,老将连放三响,少将左右闪避,都没击中。末后拔出腰刀向少将砍去,少将急持,老将手争持。半响,少将突的拔出匕首,猛的向老将胸前刺去,老将死。夫人出问道:"怎么儿子杀死老子,与你同上审判厅去。"

八次开幕,李连仲扮审判官出坐。堂审问道:"你母亲诉告你杀死父亲,私降敌人,有此事吗?"少将答道:"杀死父亲是有的,私降敌人并无此事。"问官道:"你为何杀死父亲,可速诉来。"答道:"不为什么,既已杀父,听候治罪。"问官道:"此中必有缘故,你说出来我好搭救你呀。"答道:"毫无缘故,既已杀父,听候治罪。"问官道:"清官难断家务事,这起案子可难判断了。"顾左右道:"他既认杀父罪,且把收留起来。"同下。

宣统二年正月初七日/1910 年 2 月 16 日第 7 版

钟声新剧(九)

九次开幕,老夫人上,审判官正在讯问,猛见得那小兵手持匕首急飞到,大声向老夫人骂道:"你自己所做的事,还要冤枉儿子吗?"说完举匕首直刺,老夫人死去。小兵见老夫人已死,自己便又举匕首向腰中乱刺,又死。少将见老夫人及小兵都死,亦自刺死。女子见少将已死,亦自刺死。四人同时都死,都没有说出一句话来。只因大义灭亲,儿子杀父,那为父的虽是叛祖国降敌国,为子的为媳的为兵的却都不愿彰国耻、扬家丑,三人同刺死,尽在不言中,所流的血都出由爱国热忱,所以这出戏叫做《爱国血》。

这是记二十日所演的《爱国血》,至于十六日头一次演《爱国血》,钟声却扮女子,所有一切对答的话,出在女子口中,更是令人动听。钟声,钟声,是我中国改良戏曲、改良社会、改良风俗的大黄钟。

宣统二年正月初八日/1910 年 2 月 17 日第 7 版

新 戏 曲

钟声从北京回天津后,另在河东奥界二马路组织同乐新舞台,今年正月开演新戏,有《寒桃记》、《禽海石》、《双泪碑》、《茶花女》、

《破腹验花》等出，又有《张汶祥刺马》，分头本、二本、三本，及改良新编的《独占花魁》各种新班本，他如《爱国血》各剧亦竭力改变进步办法，社会耳目为之一。新各配角又有纪寿臣、徐寿山、金桂莲、小桂芬及木铎、光华、蓬莱居士、红玉女士，诸人都是有改良风俗大志愿的，比从前更为组织美善。

查钟声本系上海春柳社（按：当是春阳社。）中人，与东洋春柳社作对垒。北京地大人众，又多明通音乐的人，但见有诗词文社，却没有一人发起组织改良戏曲社，伟大事业甘让他人，徒令人讥笑“北京城知音的人，都在下等社会”，这话真是难受。但是据本记者传闻，有梁君要创办一个新词曲社，纠合文人雅士编纂新戏，这信息果确实，北京戏界便是已改观了。并知梁君就是从前创编《女子爱国》新戏的发起人，那么这新词曲社成立后，必定有美满效果。

宣统二年正月廿一日/1910年3月2日第7版

新梨园

南北各省戏馆子有名茶园的、有名戏园的、有名戏院的、有名剧场的、有名舞台的，常言说梨园子弟却没有题名梨园的。今加□查知上海虹口海宁路有一家女戏园，名叫“鸣盛梨园”，行头都用上等锦绣装成，特别华美。近来日夜演唱《玉葵宝扇》等戏，价目超等，每人一元，可称昂贵。

宣统二年正月廿二日/1910年3月3日第7版

钟声将到

天乐园义务夜戏又要开演，现已约定钟声再来北京续演新戏，到时又可饱看钟声新剧。

宣统二年正月廿三日/1910年3月4日第7版

王、谭登台

王瑶琴，谭鑫培第二十六日在丹桂园台演新戏，并且有金秀山、德珺如、余玉琴、贾洪林、黄润甫、八仙旦诸名角，登台共演。想不到丹桂园有这盛事,同在一个市场内,丹桂园既有谭、王,吉祥园的崔灵芝、小马五不值钱了。

宣统二年二月初一日/1910年3月11日第7版

女伶新剧

女伶金月梅在天津演唱戏曲,很有声誉。今知金月梅因钟声、木铎诸人层演新戏,改良风俗,亦特编排《义仆记》及《节义传奇》两出,现正在练习,不日就要登台开演。女伶有这伟大思想,真是不可多得。

宣统二年二月初三日/1910年3月13日第7版

哀情新戏

上海新剧场有新编的文明哀情戏,名叫《血泪碑》。内容情节是前数年扬州故事,有学生石姓、女学生冷姓二人,文明自由、正大不苟,所行的都是忠孝节义事,出人意外,人人意中,真是可惊可喜、可泣可歌。将来这《血泪碑》戏本流传到北京来,天乐园等班亦必定排演的。

又上海新舞台演唱《赌徒造化》新戏,这出戏是描写赌徒种种不堪的现象,并演说赌的害处,及戒赌后的良好结果,在上海赌风剧烈的地方演这戒赌新戏,必能令赌风稍稍敛戢。

同上

新蝴蝶杯

《蝴蝶杯》本是梆子戏中最有情趣的好戏,从前名优响九霄在上海丹桂戏园演唱时名震申江。今知上海春贵戏园新到一个著名旦角叫做小一盏灯,自出心裁,把旧本《蝴蝶杯》增删改良,另添热闹有趣情节,定名《新蝴蝶杯》,分为四本。听说编成后,已经于前月廿六夜演头本,廿七夜演二本,廿八夜演三本,廿九夜演四本,上海戏界进步真是日新月异。

宣统二年二月初五日/1910年3月15日第7版

王钟声已到

新剧大家王钟声现已由天津到京，仍在鲜鱼口内天乐园开演义务夜戏。初四演《寒桃记》新剧，初五演《黑奴吁天》新剧，初六演《禽海石》新剧，于是爱听新戏的文明雅士，都聚会在天乐一方面。

宣统二年二月初七日/1910年3月17日第7版

女伶进步

女伶金月梅在天津演唱新戏，前已记过。今又查知金月梅立定宗旨，从此不演粉戏，自认为各女伶的表率。前几天东天仙后台派他演《关王庙》一出，他不肯应允，临时改演《少华山》。即有时演唱《买油郎独占花魁》，亦把所有形容过当处一律删去，无论那出戏，处处都设法改良，很有进步。

宣统二年二月初八日/1910年3月18日第7版

戏本畅销

田际云新编的《越南亡国惨》新戏，早已印成单行本，在爱国报馆寄卖，三千本听说现已销去两千五百多本，存者不多。田际云因此又要重行排印一万本，在前门外六大茶楼及东安市场内广为销售，使人知道这新戏的内容宗旨。只因这出新戏不日就要开演，现正在练习的时期，将来人各一本，那么看戏时便可一目了然。

宣统二年二月初九日/1910年3月19日第7版

海客谈戏

有上海客人到北京来游历，谈知上海新剧场又新编一出新戏，名叫《掷杯戏曹》，内容情事就是《三国演义》中左慈掷杯戏曹操，侮弄奸雄，很有趣味。从前戏界中亦曾有这思想，只因无法布景，所以老没有演成。今新剧场主人特聘头等技师设法布置巧妙景彩，类如空柑变幻、画龙取肝、池中钓鱼、掷杯成鸠，都能令人拍掌惊奇，至于缩地拒追，却用转台滚片，更是令人目炫心骇，并且能演化身为空中控鹤等出，奇思妙想得未曾有。

新舞台及大转台连日同演《新目莲救母》,无非都是大转台五色电光的灯彩。群仙园大演洛阳桥。有点金石、采莲船、水晶宫、宝藏库、三十六行龙灯倒串,非常热闹。虽是老戏,所有一切电彩,却是翻新出奇。

又大舞台有新到清客串名叫张筱棣,白天演唱,晚上在一新社说唱改良新曲。天仙园有新到文武老生名叫小小桂芬,声调响亮,武工纯熟,亦是出色名角。又有一须生亦是新到的,名叫一点魁,唱工是摹仿叫天派。

宣统二年二月初十日/1910年3月20日第7版

钟声出京

王钟声于初十日早事出京到保定府去,听说那天晚上便在保府开演《仗义轻生》好戏,这仗义轻生的内容事实就是张汶祥刺马。怎么叫做刺马呢?江浙等省人都熟知此事,北京人知道的还少。

原来刺马是刺杀前两江总督马新贻,只因张汶祥和马制台平时本交好。到后马升官至总督,又有用强力侵夺张权利事,张起初已怨到,复积怨成愤。张屡次见马,屡拒绝,张愈怒恨,于是起意杀马,那时还没有枪手,张暗密制炼毒刀,时历三年刀成。

那年正是江南乡试时期,在八月间万众聚集处热闹市街上,马制台红顶花翎,乘坐绿呢大轿,前护后拥,鸣锣喝道经过大街。此时张把毒刀藏在右边靴桶中,手内却拿着一个禀帖作告诉状,见制台轿子到,立刻叫冤。轿停止,张走近轿前,向马递呈请安。马见是张,不免在轿中起立鞠躬,作答礼状。张随手即从靴中抽出毒刀来,向马胸前使劲直刺去,马大叫拿人,两旁卫队闻声立至,见马向后倒去,各人急忙中争相抱持。那知他胸前有刀刺着,被众人一抱,刀愈深入脏腑中,马大呼而死,当由各卫队把刺客张文祥拿获。

这件事传出,一时称为奇闻。所以后来便有人编成《刺马》戏曲。这出戏在上海戏界中时常演唱,天津戏园中听说亦唱过,北京城戏园因近在辇毂,不准演这等戏,故钟声到保府去唱。木铎等亦于初九日先去,只因这几天斋戒忌辰,京中不能演剧,与其空闲,不如到别处去。大约十五日钟声，木铎等仍都要回京。

宣统二年二月十六日/1910年3月26日第7版

十三旦到

三十年来著名戏角真正十三旦侯峻山现已到京，准定本月十五日白天，在东安市场丹桂戏园开演头二本《花田错》，新彩新彻，一天演完。昨已在九城内外贴出戏报，北京戏迷界中人盼望十三旦来到，真是如同久旱望云。今这戏报贴出，到了十五那天欢迎十三旦的，恐怕连站的地方亦未必有了。丹桂园近来声势很大，前次有谭叫天演唱，现今又有十三旦登台，可称盛事。

听说十三旦自从十三岁开始演戏，装扮旦角，登台俨然一美女子现形。起初最著名的戏曲是《辛安驿》，原来这辛安驿就是十三旦创编出来的。忽然红须提刀，忽然粉面媚态，戏情变幻，令人不测。衣装屡换，奕奕有神。近年来登台，时男装、女装都不一定，今年已有六十多岁，扮女装时却仍如一美好女子。古人说美人不老，我说美男子亦不老，如若不信，请看十三旦。

宣统二年二月十七日/1910年3月27日第7版

越南亡国惨新剧(一)

天乐园主人田际云，本是戏曲大家，前曾编演《惠兴女士传》新戏，一时名震京都。近又编成《越南亡国惨》新剧，共十本，内容戏文句句与现今时势关切，一言一语都可以藉此触发国民亡国的悲观，感动国民爱国的热忱。这出新戏演出，在改良社会上有绝大的关系。现今钟声、木铎、光华、蓬莱都已到京，不日便要开演这《越南亡国惨》新戏。今把内容戏情说一说，以后看戏的人便可以知其大略。

先是净白脸扮越南国大丞相阮文祥，开场头两句就道破官场现象，说是:“黄金宰相管什么国破家亡。”随即有一人扮法国差官，手持书信，原来是法国多智谋将军的亲信差官，献上法国银行汇票十万佛郎。阮丞相收下，便即行文各地方官，禁止人民开会演说，并且封闭学堂,不准再行设立。下。

丑扮老汉阮无能上,自说有两个儿子,大的名叫阮有政,小的名叫阮仕,妻室黎氏很有贤德。只因时常听何文美先生演说,才知道目下法国要把我们越南国灭去,所有国里人都给他们去当苦力奴才,财产家资都保不住,惟愿卖去一半地亩,立个学堂,培养些人才,保护国家。便把黎氏请出。

老旦扮黎氏上,阮无能与他商量变卖地亩兴立学堂事。黎氏说:"大越国你一人立这一个学堂有何用处?"阮说:"变产兴学,我先一人做个榜样给大家看,自然全国都能警醒。"黎氏说:"那么就把地亩契纸先拿一半去。"阮大喜便拿了契纸到陈大官人处去。

丑扮陈大官人上,自白:"叔在朝廷多奸佞,侄在家乡欺四邻。"门报阮求见,陈述要卖地事。陈笑道你这老头儿,向来把产业看作祖宗似的,如今想要卖钱作什么用啊?答道:"要立个学堂。"陈问道:"要卖多少钱?"答道:"四百亩地要卖两千吊钱。"陈道:"拿地契来没有?"答道:"有。"即取去呈上,陈一见契纸,便收下道:"好。我给你五百吊钱罢。"阮不肯,陈道:"契纸已在我手,由不得你了。"逼令写收据。把院赶出,哭下。

四杂扮众邻人上阮商量开学堂事,众邻人道:"学堂乃是外国洋的法,我们大国不要学他,况如今官府有告示不准开学堂,你如今要立学堂必然连累我们,别怪我们给你折毁了。"各邻都散去,叹道:"官府欺压民昏昧,越南安得不灭亡。"哭下。

宣统二年二月十九日/1910年3月29日第7版

越国亡国惨新剧(二)

四法兵引老将扮多智谋将军上,说道:"越南官吏尽愚贫,不与国民半点权。民弱官昏我利用,兴兵灭取有何难?"便率兵往顺京去。四内侍引小生扮越南王上,说道:"国事兴衰孤不问,上有母后下有臣。内侍带路官廷进,饮酒观花乐太平。"探子报道:"法兵大队兵马已围困京城。"越王惊道:"有这等事?孤王不知。"阮福说将军在旁接口道:"这都是阮文祥、陈践诚两个贼人蒙蔽大王,贻害万民,臣愿带领本部兵将与法人大战一场。"辞下。

法将带兵上,两边放枪,各兵后倒。阮与法将接近,大战,绕台三匝。阮兵败,法兵追赶,阮回营急撕战袍,咬破手指写血书派人送进城去,速派救兵,并速派军火来。送信人刚走,法兵追到,连连放枪,众兵死。末后阮亦战死,下。

法兵拥多将军到城下,阮丞相开城出迎,进城同坐下,叙谈多时。阮道:"从前将军曾说破了顺京,废去嗣德王位,所有越南全国权利全归法国掌管,封老夫一个王位,富贵终身,想将军如今必要践言的了。"多三笑道:"好一个卖国奴,廉耻丧尽! 你不想苦坏了越南万民!"便喝令左右用绳把那国贼绑下,阮惊起道:"难道将军不念老夫屡次帮助贵国的大功么?"多又笑道:"像你这贪富贵,残害同种,对我法国又能有忠心?"又喝令左右将此贼速沉大海中,阮哭道:"今日保不了身家性命,悔不该媚异种伤害国人。"便跪下哀求道:"望将军体天主好生之德,我情愿把家财献与将军。"多大笑道:"你可知道,如今越南全国被我大法灭亡,你那家财自然是我法国的产业,又何劳由你呈献? 你残害本国同胞之人,你国人人痛恨,后来你必不能得好死,如今本帅将你沉在大海,你倒是一个全尸。"众兵推阮出,下。

多又进兵,吩咐搜杀违抗大法之人,有私藏军火的用枪击毙。再分兵三千,将越南王嗣德暂且押送西贡地方,听候政府命令发落。众兵四出搜杀,但见越南国民男女老少,披头散发逃奔状,小孩杀死状,男子绑去状,众哭状,法兵追赶状女子捉去状,老人跌死状,妇女被强奸自尽状,男子当苦力鞭打状,一忽儿工夫不定死了几千万。

一小生扮顺京知府,身穿官衣,头破血流,绳绑拉土车上。见法将便跪下磕头道:"下官愿认将军作义父。"法将骂道:"你是亡国奴,与本官有人畜之分,怎说父子?"喝令众兵士将他打死,知府见势不佳,长叹一声,撞死。下。

宣统二年二月二十日/1910 年 3 月 30 日第 7 版

越南亡国惨新剧(三)

武生扮何文美穿青箭袖衣,上。自称越南亡民自幼爱国,亦曾立会演说,要劝醒多数国人结合团,要求政府更改国政。不料上被官府禁止,下被这些无知识的民人阻挠,如今全国被法人所灭虐待,越南人民痛苦情形真是一言难尽。

四志士扮范缵、陈猷、黎学、阮士,同上。见何文美同哭,何道:“时到如今,别无妙策,我等惟有立志坚定,与国同死罢了。现已在义安一带招集义兵很多,专候消息,一同起事。我意要改变洋装混入法营,偷取军火运送出来。”同下。

四兵引生扮亡国官兴安巡抚阮□上,说是法人破顺京后,我与他大战,不想兵败城陷,老母妻儿都被法人掳去,我一人逃入深山,招集部下人马,再图与法人决一死战。

报子上,白:“山外有一人名唤何文美的求见大帅。”何进见说是□□现在□□业已结联义党多人,听说将军有此山村招集人马,故尔前来相约,一同起事。阮道:“义党将近万人,只是山中军火粮草无多,先生那里可有打算么?”何白:“学生那里有一人名叫黎宁,家有百万之富,已将资财全行交出,作为义党军费,学生那里军士较少,将军不防拨用。”阮白:“军火如何?”何白:“已经约会阮仕改变服色,前去法营用计取出枪炮来。”辞下。

四法兵荷枪,引法将上少将引何阮同进,说是:“□□趾山藏有匪党众多,三人熟悉道路,愿为眼线,擒拿领赏。”法将便命帐下带大炮十尊随他三人前往剿匪,二人同到后帐饮酒去。

小生扮武生范赞带四手下上,白:“何文美诸人私立光复义会,只因缺少军火,向阮三人前去假意投降,定计用酒灌醉他们后放花为号,我等前去接应。”作分头侦探状。

法兵醉倒,何、阮各放花一个,范等一见各拿刀枪急上,杀死众法兵。

探子上报:“众兵被何阮等人里应外合同杀死,所有大炮全行夺去。”又一采子上报:“越南匪党带领大队人马、大队炮兵前来攻打。”法将闻□带兵出营,登高处用千里镜做远看状,见敌兵将到下令开炮，众在下场放炮，后台也同作放炮声。众报匪人不明测量，炮击不中，我兵受伤甚少，法将命大队直往前进，众兵绕场。何、阮、范及阮碧同上会阵，大战连环被杀死，阮仕被擒，阮碧中炮，何文美见兵已败，便用手枪自戕，同死。（完）

宣统二年二月廿一日/1910年3月31日第7版

钟声新剧又志

十六夜晚王钟声君在天乐园演《尚义轻生》新剧，先是一红顶花翎扮马制台出，随即有二将同上，一是尚大人，一即钟声扮张汶祥。又有二妇人同进，一是马制台太太，一即尚太太。马设筵分左右席堂同饮酒，马与尚太太在席间眉来眼去，尚大人看见掷杯起立，怒顾左右。张上前劝解，同下。

马传见小武官问处置尚某计策，答道："尚大人现在没有事，大帅可派他一个差使。"马道："派什么差使呢？"答道："现今某处土匪作乱，大帅可派尚大人带几营兵前去剿匪亦可。"马仍皱眉迟疑，武官又正色大声说道："带兵官是不能带家眷的呀。"马听到这话，大悟色喜道："好！好！"

宣统二年二月廿二日/1910年4月1日第7版

钟声新剧又志（二）

□请尚太太出，便把派差札文交尚太太转交与尚大人，速带营兵前去剿匪，得功封爵，尚太太便回家去。

尚大人在家正在自思自想，怒气冲天，忽见太太回家来，便举起椅子来掷去。太太躲避问道："你是跟谁生气呀？"答道："就是跟你生气。"问道："究竟为什么跟我生气呀？"答道："你问你自己明白了。"问道："我可不明白，你说罢。"答道："我可不好说。"问道："不要紧的，爽爽快快说罢。"尚大人至此咬牙切齿道："你刚才和制君在席上眉来眼去，这是做什么，难道你还不知道吗？"说完又作要打状。

尚太太笑道："原来如此，且慢，你听我讲。你现在一点儿差使没有,我所以趁此机会运动他太太。你须知道现今这年头儿,要求差使非运动上宪太太不可,至于你说眉来眼去之事,那是你犯疑心病,我并不知道。我跟你运动差使,你反骂我吗?”尚大人道:“你能跟我运动差使,我却不信?”尚太太使在袖中取出札文一件,递与尚大人手中,尚大人接过仔细一看,看到是自己名字,不由得转怒为笑,乐个不住。这边尚太太却掩面哭道:“我跟你运动差使,你反骂我吗?”大哭不止,尚大人于是作揖谢罪,好言安慰。尚太太仍是哭个不住,尚大人无法,只得跪下请罪,尚太太方始收泪。同下。

宣统二年二月廿三日/1910年4月2日第7版

钟声新剧又志(三)

又开幕,马制台在营中,左右各卫队侍立状,尚大人上谢札委马嘱咐道:“这是重要差使,战胜回来,加官封爵,一切须要小心。”尚大人退,马制台便进帐后去。

尚大人回家,张汶祥来到,问道:“二哥满面喜气,有何喜事?”尚道:“我得了好差使了。”张道:“我不信。”尚递札文道:“你看。”张接阅惊道:“这是你自己运动的么?”答道:“这是,这是我的太太运动制台太太来的。”张想了一想叹道:“咳!这不是你的福是你的祸呀!前天席上之事,你还不知道吗?”尚道:“那是运动差使,我亦不怪他。”张又叹道:“二哥你既然要运动,为什么不爽性大运动呢?”尚急问道:“怎么叫做大运动,我不明白。”张大声答道:“大运动,爽性把你太太赠给制台,你太太原是妓女出身,不是好东西,把他送给制台,你就免后患了。”正在此时,尚太太走来听见他二人说这些话,便问道:“你们说什么?”二人猛见尚太太来,大惊失色。尚太太向张诘问道:“怎么你教他把我送人,世界上银钱有送人的,衣服有送人的,那有把自己媳妇送人的理吗?”尚大人在旁也大骂张道:“怎么劝人家把媳妇送人?你的媳妇为什么不送给制台呀!岂有此理!岂有此理!”张怒恨长叹,下。

宣统二年二月廿四日/1910年4月3日第7版

钟声新剧又志(四)

又一开幕,制台危坐中营状。尚大人剿匪回营销差,制台怒问道:“我派你去剿匪,没有派你去抢人,你怎么倚仗兵威竟去抢劫良家妇女呀!”尚大人惊谢并无此事,制台道:“怎么纷纷递状子来控告你的这样多呀?”便把诉状数十道给与他看,尚大人仔细一看,状纸上写的不是说某月某日某人妻被尚大人抢去,便是说某乡某村某家女某名被尚大人夺去,尚大人看完急的满头大汗,急向制台请求道:“实在并无其事,大帅不可轻信此等诬告。下官与大帅是同盟义兄弟,还求加恩宽免。”制台:“这事到如今我亦无法救你了。”即令左右举起上方宝剑高架着,制台便进帐去。这边尚大人还是低着头,连忙哀求,猛抬头一看不见制台在座,却见上方宝剑已高架着,大惊变色,随即点头道:“明白了!明白了!国法,我不可不遵;后人必有公论。”便拔刀自刎死。

张汶祥提刀跃上,一见尚大人杀死,痛哭一场,随即要到后帐去杀制台。旁有一武官道:“后帐卫队众多,你进去岂非羊入虎穴,白白送死,须从长计较呀。”张叹道:“话亦不错,我且待机会,必代我盟弟报此大仇。”提刀去。四武生上,觅店住宿,叩门,内应,店主问道:“你们是干什么来的?”答道:“是考武来的。”此时张汶祥亦在店内住宿,店主便和张相商道今有考武的四人要来住店,可否暂让。张见四武生,问是何日考试,答道就是明天,张道那么我住宿的那三间房屋很宽大,四位可以搬入休息罢。

张私自言自语道明天制台考武是个绝好机会,这就是我张汶祥代义兄报仇的日期,向空中哭叫道:“二哥呀,二哥,我从前劝你不要娶妓女为妻,你不听我的话,风流男儿今安在?到后我又劝你爽性把你妻赠与制台,你又不听我的话,多情儿男儿今安在?二哥呀!二哥!我今与你报仇去。”

又一开幕,制台内坐,外武生拉弓作考武状,考毕武生退,左右亦退。制台换便衣一人独自在庭中闲步状,张汶祥手握匕首尖刀跃上,见制台,猛的一把胸襟握住制台。绕台三转,制台一松手,张举匕首向制台胸前直刺去,把制台刺死,倒地。卫队闻警,同上。

把张捉住,张笑道:“休要如此,我决不逃走。”于是向制台尸首指诉道:“我三人从前同盟时誓书上载明同生同死,今二哥已死,我所以不得不刺死你,现你已死,我亦不得不死,三人同死履行盟言。”大笑下。完。

这出《尚义轻生》新戏,主角在张汶祥一人,今扮张汶祥的即是钟声,一种侠气血诚,露出英雄本色。钟声,钟声,冷血男儿请看。

宣统二年二月廿八日/1910年4月7日第7版

缘 外 缘

廿三、廿四两天是斋戒的日期,各戏园不能唱戏,于是钟声在东安市场吉祥戏棚内,接连两天两夜试演新戏。廿三白天是《宦海潮》,夜晚是《缘外缘》,廿四白天是《爱国血》,夜晚是《禽海石》,怎么旧戏不能唱,新戏却许演呢?只因新戏不打锣鼓家伙,但用文明音乐,所以特别许演。这两天四出戏中《缘外缘》一出更为趣妙,今记述出来。

先是纪寿臣扮富翁陈仁美上,随即徐光华扮富翁的儿子陈锦文出来,陈仁美令儿子陈锦文出洋游学去。自己有事出门,走到半路上为兑换金币的原故,被强盗路劫绑回家去,仿佛东三省红胡子绑票似的。绑送到家,一人说是把陈仁美杀死了罢,一人说好说歹的劝令不要杀他,勒令他写借券,众说好,便令写陈仁美今借到某人十万圆以此为据,到期凭此付还原款。写完一人问道把他放了罢,一人答道先别放他,等到取回十万圆后再放他不迟,便把陈仁美搬到后院去。那时有某甲在强盗家中充奴仆,知陈仁美是个良善好人,便私下把陈仁美解去绑缚,暗开后门一同逃走。强盗查到后院,见某甲和陈仁美都已逃去,便约齐三人分头追赶。那边陈仁美和某甲逃出之后,知道强盗必定要追来,急的了不得。某甲问陈仁美道:“你有手枪么?”答道:“有。”某道:“好,快把手枪给我,你姑且去休息休息罢。”陈仁美便从怀中取出手枪递与某甲。急下。

某甲持手枪作隐身山后状,强盗先来一人四处探望,猛听得山后一声枪响,这人中枪倒地。又来一人侦探踪迹,将到拐湾处,又一枪扑地。第三人亦持枪上，正要放枪山后已先开枪，同中枪死。于是某甲从山后走出，见三人都死，便把陈仁美叫出，说是都已被我打死，走罢，不用害怕了。

陈仁美便邀同某甲回家，到家后，他夫人惊问为何这等踉跄状，陈仁美便把起初怎么的兑换金圆，怎么的遇着强盗，怎么的勒写借券，怎么的缚在后院，□某甲道到后幸亏他怎么的私自放我，怎么的一同逃走，怎么的强盗追来，怎么的一一打死，吩咐家人道："他是我的恩人，须好好优待呀。"

强盗妇持借券上，叫门进来出券要账，某甲走来一看，说这妇人就是强盗之妻，快速扣下，陈仁美立刻告知巡警，把那盗妇带走。

宣统二年二月廿九日/1910年4月8日第7版

缘外缘(二)

钟声扮妓女真真洋装上，陈锦文来游，彼此谈问。陈锦文问真真道："看你这模样不像此中人。"答道："我本是良家女，被人诱卖到此，后悔已迟了。"问道："为什么不从良呢?"真真叹道："咳！一言难尽，爱我的我未必爱他，我爱的他未必爱，我所以到今没有从良。"问道："我见了你却很爱你，但不知道像我这样的人你爱不爱。"真真不言语，略停半响说道："爱。"于是陈锦文一听这话，大为喜跃，便告知鸨妇，说明身价，愿与真真为夫妇。

木铎扮陆军大元帅，红顶花翎上。卫队左右侍立，大帅下令："陈锦文与妓女真真订婚约有违军法，陈锦文即行革职。"报到家中，他父陈仁美大惊，急忙寻到真真处，叫门进去，在堂中坐下，问道："陈锦文住在此处么?"鸨妇答道："不错。"问道："有个妓女名叫真真是在此处么?"答道："不错。是在这儿。"陈仁美道："你把他叫出来。"真真上，陈仁美道："那个陈锦文就是我的儿子，他现在陆军参谋上当差，今大帅因知道他和你有苟且事，大为动怒，现已把他差使撤去，功名革掉了。"真真惊道："原来他为了我竟把功名都革掉了么?"答道："正是。"随即问真真道："你究竟是真爱陈锦文呀，还是假爱陈锦文?”听到这话真真又不言语,随答道:“真爱。”陈仁美道:“你既然是真爱他,你就该与他离婚。”真真道:“这话怎讲?”陈仁美道:“他出洋留学五年,受多少辛苦,回国后好容易蒙大帅赏派陆军参谋差,今大帅因闻此事立刻把他功名革去,你如真爱他,可速速与他离别,方是正理。”真真到此,左思右想,恐怕对不起陈锦文,便答应情愿与他离别。哭下。

陈锦文冒冒失失上,忽见他父危坐中堂,大惊变色,急脱去帽子低头不语,陈仁美骂道:“你这没有出息孩子,大帅因为你贪恋妓女真真事,已经把你功名革去,你还不知道吗?”陈锦文道:“这便怎么处?”陈仁美:“我已告知真真与你离绝了。”陈锦文道:“他愿意么?”答道:“他已应允,愿意故此去了。”“我要前去追赶问问他,若如决计不回,方是真实愿意。”陈仁美道:“那么你去追赶罢。”真真与鸨妇同上,陈锦文追到,拉令快回,真真不肯,陈锦文再四劝驾,真真一定不肯归去,陈锦文大怒掉头不顾去了,鸨妇便又带同真真回到妓院,此后另有奇文一段,看到后文便可知道。

宣统二年二月三十日/1910 年 4 月 9 日第 7 版

缘外缘(三)

且说真真回到妓院后,有一天来了一位武官,茶叙多时,临走的时候把一个皮包遗忘在案上,真真打开皮包一看,内中却有一件很秘密很要紧的公文。真真大为惊喜,这时候台上便把一幅白布放下,所有公事公文内容情事都宣示出来。

真真得了这秘密文件便去寻访陈锦文,到陈宅,锦文拒绝不见。真真道有秘密要件非面交不可,于是进见,陈锦文仍面带怒容,真真坐定后,便把秘密公文出献。陈锦文一见,喜出望外,大为感谢,真真说完话便去。

陆军大帅上,陈锦文把秘密军事公文呈交大帅仔细一看,非常喜欢,大加赞赏,问道:“你业已革职,何以尚知探访军情?”答道:“官虽革去,仍然不忘军国大事。”大帅道:“好好!今既然能来得这要紧秘密军情,记你一个大功,把你革职处分即日开复,以后须要认真当差。”陈锦文拜谢退。

陈锦文回家，在他父陈仁美前历述真真送来文件，大帅开复官职事，陈仁美更为喜乐说是，这秘密文件既然从真真处送来，你功名已开复，理应迎娶他。为是大帅知道是真真的大功，亦决不至再责你娶妓女为妻。吩咐左右速备轿子迎娶真真。

可巧某甲出洋回国游到妓女，一见真真惊道：“这不是我的姊姊吗？”彼此挥泪大哭，略谈片时，喜轿已至。真真到了陈家和陈锦文双双拜堂，举行正式婚礼。随即拜见翁姑，某甲来贺喜，说明真真就是他姊。陈仁美更是喜上加喜，军大帅亦来贺喜，问明原因，大加赞美，都是喜欢的了不得，这就是大团圆。真真和陈锦文本已结缘，中间断离後，又因得秘密军情事复成正式夫妇，姻缘之外又有姻缘，所以钟声君把这出戏题名叫做《缘外缘》。

钟声、木铎、光华、蓬莱居士、纪寿臣等于二十五日又在吉祥园演头二本《孽海花》，二十六日接演三四本《孽海花》，二十七日在天乐园演《茶花女》，二十八日演《恨海》。钟声所编新戏不下一百多出，北京人可以多开眼界了。又听说钟声、木铎诸君因国耻纪念会经费无著，已经共同商议，定准三月初七等日开演钟声所编的特别新戏，把所收的票价统捐入国耻纪念会，从速购办油画材料，绘画庚子义和拳匪诸般状态，及关于纪念剧中应用的切抹，即此更可见钟声诸君的热心。

宣统二年三月初一日/1910年4月10日第7版

叫天《奇冤》

东安市场丹桂戏园上月三十晚上谭叫天《演唱全本奇冤报》，同时德珺如、金秀山、贾洪、林黄润甫都演好戏。

宣统二年三月初三日/1910年4月12日第7版

戏界消息

名优白文奎现到京，在庆乐园登台。初一日唱《桑园寄子》。文明园刘鸿升初一日唱《空城计》，初二日唱已《洪洋洞》。朱素云初一日在丹桂园唱《玉门关》,又在文明园唱《红霓关》。至于天乐园钟声、木铎诸君三十日演《热泪》新剧,初一日演《夺嫡奇冤》新剧,这《夺嫡奇冤》原是著名小说,看这小说的人很多,却没有看见过这出戏,今把新小说编成戏,文明社会中人自然欢迎了。

宣统二年三月初四日/1910年4月13日第7版

新半班戏

东安市场花园外边有一个小戏棚,名叫东庆茶园。戏牌上大书"半班戏"三字,其实就是崩崩戏,崩崩二字改成半班二字,声音相近,取名很雅。园内地方不大,男女分座,男客在池子内及北边,女客在南边。看戏的人亦不少,因为戏价很廉,开戏时亦要闹台,一闹台便上座,可见北人戏迷现象,至于开办的人不必说破,大概人都知道。

同上

戏界纪闻

初三夜名角十三旦在广德楼演唱头二本《花田错》,初四夜演唱全本《英杰烈》,连夜在城外登台,因此城外人亦得瞻仰十三旦了。查十三旦自从到京以来,老在城内东安市场演唱,从来没有到过城外一天,今因广德楼义务夜戏连宵登台,堪称快事。

刘鸿升初三日唱《辕门斩子》,初四日唱《托兆碰碑》,朱素云初二日唱《马上缘》,初三日在文明开唱《玉玲珑》,在丹桂园唱《射戟》,初四日唱《反延安》,王凤卿初二日唱《鱼藏剑》,初三日唱《朱砂痣》,白文奎初三日在吉祥园义务夜戏唱《洪洋洞》带《盗骨》,更受社会的欢迎。

钟声、木铎诸君初三白天演《寒桃计》,夜晚演《留学生求官》,描写留学生求官发财思想,穷形尽致。初四日白天演《杜十娘怒沉百宝箱》,这出戏上海戏界中时常开演,在北京可是第一次发见。又这天夜晚演《梦游上海》,这出戏更为特别新剧,开幕天天变换。据现在社会情状,凡到天乐园去过的人,那脑筋上已都有一个新戏魂，那么日子久了，所说的改良风俗必定有佳效果。

宣统二年三月初七日/1910年4月16日第7版

三卿登台

文明戏园廿一日有三卿登台：（一）王瑶卿，（二）王凤卿，（三）姜妙卿，三人同日演唱好戏。瑶卿唱《梅玉配》，配角有贾洪林、狄婉龄；凤卿、妙卿唱《朱砂痣》，配角有陈文启。这戏报前三天就贴出了，二王同日奏歌，固是快事，三卿联合登台，可称戏界新闻，真是令人动听。

宣统二年三月廿六日/1910年5月5日第7版

名伶小传

书市上新出一种小说叫做《名伶小传》，内容是专记天津各名伶，调查确实，词藻雅驯，凡有周郎癖的必定要一看。

同上

福寿开戏

打磨厂福寿堂祥庆和班，由四月初四日起开始演唱，戏价每位全钱一吊，从此打磨厂左近带的人都可以有戏听了。又天乐园演唱一出新戏，名叫《田七郎》，内容戏文随后调查明白再记。

宣统二年四月初五日/1910年5月13日第7版

新班太劣

前门外打磨厂福寿堂新开演的祥庆和班，在九城内外大贴戏报，说是新到山陕湖广头等名角新戏，每台位全钱一吊，于是看见戏报的人都到福寿堂去看新戏班。那知所有庆秀、庆斌等廿八人都是劣下不堪，没有一个可称名角的，至于头等二字更不用提了。况且亦都是南宫冀州的人，没有一个山西人，至于湖广二字更不必提了，不过是一大群小伙子在戏台上胡唱胡打胡闹一阵子，唱工做工都有不合，真是令人要笑出来，这样办法恐怕长久不了。只因唱手太欠(音切),叫不起座,有谁去听呀。

查福寿堂向来唱劣戏,从前是洪胜和班亦都是凑数的,戏价每位只卖六个铜子儿。后来到了几个三路唱角班,主人便又移转到孝顺胡同燕喜堂演唱,加价每位八个铜子。今福寿堂祥庆和班还不如燕喜堂洪胜和班,却戏价卖至十个铜子,难怪去的人少了。须知这等戏班大半都是冀州人,多各处游历,总不出了直隶境以外。只因一出直隶境,更是没有人听。本地乡下遇有庙会等事所唱的野台戏,就是此等人去承乏。试想乡下戏班来到北京城,要在林立中插足,岂不是自行献丑吗?那么这个问题怎么解决,这就叫做优胜劣败,天演公例。

宣统二年四月初九日/1910年5月17日第7版

戏园不得与学堂逼近

河北李永泰拟在河北大街玉皇庙学堂后建设戏园,前经劝学所函致南段巡警总局,请按奏定章程,距学堂半里以内不准开设戏园之成例禁止,以免学生荒废等情。日昨李永泰仍赴南段总局,禀请照旧建设,未蒙允准云。

宣统二年四月十四日/1910年5月22日第4版

舞台纪闻

木铎君日前在天乐园演新剧,有《机风械雨》、《剑底鸳鸯》等出,都是警戏。谭叫天十一日在丹桂园唱《打渔杀家》,十二日唱《朱砂痣》,王瑶卿十二、十三两天在文明园接演《五彩舆》新戏,又东安市场东庆园十三日特请西城子弟演唱《醒世金铎》,烦演四鼓合音七音大鼓改良岔曲,又有《蜡人走戏》,热闹异常。

宣统二年四月十六日/1910年5月24日第7版

三庆剧场

昨天十四日午后到三庆园去听戏,调查得种种的现象,虽是就三庆一家说,大概各戏园大半都是如此。

（甲）戏座分池座、廊座、楼座，池座太挤，下等社会人占多数，廊坐稍好些，楼座最宽松，况且楼座是由上往下看，在视线上更为合宜。但是灰尘污秽虽楼上亦不免，当这剧界竞争的时候，怎么园主人老不想改革野蛮点，甘居劣败，真令人不可解。

（乙）戏班名庆寿和班，梆子戏居多，须知凡是班名有"和"字的，都是梆子、二簧合班，所以叫做"和"。他如同庆班、玉成班、吉祥班等全班都是二黄班，所以没有和字。这庆和班中的名角，梆子有崔灵芝、十二红、小马五、葫芦红等，二黄有小春芳、□龚处等。这天所唱的戏文有《三疑计》、《空城计》、《朱砂痣》、《大登殿》、《四杰村》等出，客座上所欢迎的是小马五唱《登殿》，唱工做工都还好，惟装腔作态未免太过。况且佝偻太甚，未免不雅观。又《四杰村》四人都跃登铁横竿上，各献技艺，下铁条后，各人又接连跃过高桌子。内有一个□旦刚跃过去，那木小脚在桌边上一兜，栽了一个大筋斗，只因木不所以有这现象。

（丙）衣牌。现在天气炎热，园中人多，炭气薰蒸更是热上加热，所以看戏的人一来到便要脱衣。或是马褂，或是坎肩，或是大褂，或是汗伞，或是草帽，都交给卖座人收存在柜上，随即有一根长四五寸宽三四分的木牌子交由本人收执，到散戏前把牌子交付卖座人，即刻取回衣服等件，这是各戏园普通规则。

宣统二年四月十八日/1910年5月26日第7版

三 庆 剧 场

（丁）茶具。每有一位来到坐定后，卖茶的必起一壶茶来，旁置一茶杯，都是粗磁的。茶壶红色，茶杯白色，却亦相衬的好看。等到戏文在末后两三出时，卖座的便要来取茶壶，有不爱喝茶的便听任他拿去，有爱喝茶的却还留住不令他取去，并且令他再到起水，往往由此起冲突。又座位每一板凳坐两人，有时卖座的要贪卖座，一凳卖三人，客嫌太挤，不肯让，往往又为此起冲突。此外各种冲突，原因复杂，一言难尽。即如十四这天，先后共起冲突四次，据园中人说算不了什么。

(戊) 戏单。既是戏单自应开戏时便送到,无奈各戏园通例,每到三四出后方送来。这三庆戏单更是简陋,宽不过二寸,长不过六寸,单内所印只有戏曲并无人名,还不如看楼栏杆外所贴的戏报呢。那送戏单人却每人送一张,不管人家看不看,一定要戏单钱,于是有给二个铜子的,有给四个当□的,有给两个当□的,还有的把眼一瞪,那人却不敢再要钱,低着脑袋去了。

(己) 手巾。园中新近来了拧手巾把的,天津□共甲乙丙丁四人,甲在西北隅角茶炉处用热水冲透、拧干,卷成一个长圆,包内共手巾十条。乙□□在看池□□右边,丙站立在池邮内左边,丁手抱钱□。于是甲由西北隅抛出手巾包,乙接到手中随又抛给丙,再由丙打开包,向客座上每人递一条,随即由□□座上□酒钱或给铜子□枚,或给小钱两枚。当抛掷时,一来二往,但见手巾长圆包飞腾空中,由西往东去,由东往西来,都成一百八十度。

(庚) 食品。有许多卖食品的此来此去,彼去彼来,大约可分为十种。(1) 江米粽子 (2) 凉糕 (3) 热□糕 (4) 桂花甘酪 (5) 糖薄脆 (6) 肉丁馒头 (7) 方块鸡蛋糕 (8) 梨糕(膏)糖 (9) 橙子 (10) 烟卷。来来往往,不□要多少次,大概烟卷销售最快,另外如橙子、凉糕等照顾的亦还不少,梨糕(膏)糖最销不动。

宣统二年四月十九日/1910年5月27日第7版

三庆剧场

(辛) 报纸。从前戏园中没有卖新闻纸的,昨在三庆园见有一人手拿新闻纸,很多却都是小报。(1)《京都日报》,(2)《北京新报》,(3)《爱国报》,(4)《新铭画报》,(5)《正俗画报》,(6)《浅说画报》,(7)《日日新闻画报》。这各种报纸大致《爱国报》及《新铭画报》销售最为畅旺。

以上八种,略举大概。池子中热度最高,座上有短衣的,有赤膊的,人格不齐,现象杂出。空中虽有大风扇,却还没有拉动,但见各人百扇同摇,如同蝴蝶飞舞起来似的。至于各座上无座不满,却有一奇事,池子西边靠栏杆处约有六尺见方是空着的,虽有板凳不卖座。据看座人说，须等到中央座上卖满后，再在此处加凳，否则不敢卖。查知系因看座人加凳舞弊中饱，所以有这限制法。那天约两点多钟，来了三位天津人，要坐这空凳，看座的说道中央座还没有卖满，稍候便可加凳。天津人道，那么我三人先在这处站着等候罢，看座人见这三人立着，很是抱歉，便说道站着未免太累，坐着等候罢。三人答道好，便向南都坐下，后又移向栏杆前，向东坐定看戏。那卖座人因为这三人是暂在此等候，不便先收戏资，那知道直等到唱完戏，这三人始终没有动，占有相当最好的座位。三人相视而笑，可见这三人都是津油子。

这三庆园有新编一出新戏名叫《三笑姻缘》，主角是崔灵芝。须知这《三笑姻缘》是唐伯虎点秋香婢的故事，戏文嬉笑怒骂，奇精百出，演成戏曲。三庆剧场又要大加热闹了。灵芝草扮秋香，描情描意必能出色，听说日内就要开演，社会欢迎的状况容后再加调查。

宣统二年四月廿一日/1910年5月29日第7版

戏界近事

王钟声自从出京后，先到汉口新舞台演新戏，又从汉口到南京，只□南京于四月二十八日举行南洋第一次劝业会。开幕会期甚长，可以利用这机会大演新剧，广开风气，所以有这南京游。

谭叫天因为天气渐热，无论何人何园聘邀，不再登台，叫做“歇夏”。

黄润甫前几天有人传说病故，今查知并未病故，只因黄润甫原有鸦片烟病，近来立志戒烟，当初戒时病很危险，后经药力调养，渐渐健康可望无恙。

宣统二年五月初一日/1910年6月7日第7版

戏界琐闻

丹桂园有新到的名角名叫贾玉书，连以演唱《搜孤救孤》、《托兆碰碑》、《朱砂痣》等出夜晚义务戏。杨小楼演唱《铁龙山》、《大五人义》、《大战长坂坡》等出,有声有色,颇有可观。

现今城里、城外、东城、西城,都有戏园,但是规则各有不同。城外戏园惟办义务夜戏,准卖女座。城里虽白昼亦卖女座,不仅大戏园是这样,虽如西单市场春仙小戏园,白天亦兼卖堂客座。从前城里不准开设戏园,现今城里却白天亦准卖女座,城外白天却不许卖女座,这是规则不同处。

又城内外戏园价目亦大不同。城外大栅栏一带,亦不过每人铜子十六枚,福寿堂更少至十枚。城里春仙园戏并不好,座位亦不佳,却卖至二十二枚,这个理由莫名其妙。

《混元盒》丹桂园于二十晚演毕,至文明园。可从本月初八日起直到今日,唱了两个星期还没有完,唱戏的人亦腻了,看戏的人亦腻了,大可停止另唱新戏。人情厌故喜新,须得赶紧改良才好。

宣统二年五月廿四日/1910年6月30日第7版

奎处登台

名角奎处前十天已经有出台演戏的消息,今知已定准二十四日,在丹桂园开始登台,第一天唱《鸿銮禧》。

宝卿好戏

娄宝卿从本月二十一日起,在丹桂园开始演唱,头天唱《奇冤报》,二天唱《洪洋洞》,三天唱《失街亭》。丹桂戏园日加发达,吉祥园未免相形见绌了。

协赞公益

北京各戏园,文明、广德、同乐、三庆、庆乐、中和、福寿、燕喜、天乐、吉祥、丹桂、西安、同益、春仙十四家,每月均有提捐赞助龙泉孤儿院的。经费今知上月份统计,共同协赞一千三百二十四吊八百文。孤儿院每月有这赞助的款,全活孤儿不少,可称大大公益。

宣统二年五月廿五日/1910年7月1日第7版

初 三 好 戏

丹桂园定于初三日演唱特别好戏，有朱素云、金秀山的《飞虎山》，瑞德宝、李连仲的《溪皇庄》，王凤卿、陈德林的《朱砂痣》，王瑶卿的全本《梅玉配》，后又有奎处、赵仙舫的《烧灵》。听说自从戏报贴出后，便已有人预定包厢及正桌的。到那天不定有多么兴盛，可惜有一层不好，天气太热。

宣统二年六月初二日/1910 年 7 月 8 日第 7 版

听 十 三 旦

老十三旦从六月初一日起，在文明戏园演唱拿手好戏，初一日唱头二本《花田错》，一天演完。初二日唱《英杰烈》文武带打，并有票友乔盖臣。华俄道胜银行买办连日在文明园演唱《当简卖马》及《黄金台》。及头等旦角王瑶卿，已豫定初十日到文明园登台，查王瑶卿近日在丹桂园受欢迎，初十日又要受文明园欢迎了。

宣统二年六月初三日/1910 年 7 月 9 日第 7 版

初 四 好 戏

十三旦于初四，星期，在文明园唱《忠孝图》，又有清客串乔盖臣唱《铁莲花》，小俞唱《茂州庙》，都是好戏，所以近来文明园又大热闹。

宣统二年六月初七日/1910 年 7 月 13 日第 7 版

卧 云 居 士

文明戏园有新登台的一位清客串，名叫卧云居士，初六日演《目莲救母》，初七日演《遇皇后》，初八日演《打龙袍》，清客串北京俗话叫做玩儿票。

宣统二年六月十一日/1910 年 7 月 17 日第 7 版

劝业会琐闻

昨有一位朋友从南京到北京来，述及劝业会各事，颇足以资谈

助,略记如下:

南洋新舞台这是劝业会场最大的戏园,演唱改良文明新剧,戏班是同庆名班,领班是德俊如。此外又有克秀山、李俊臣、万盏灯、十一郎各名角一齐登台,并且有中国第一改良新戏大剧家汪笑侬演唱各出佳戏曲,一时称盛。所有购买观剧券办法,凡在会场门外购买的,每人加赠入场观会券一张,不取分文,令观剧人兼可观会,可称一举两便。又另有一个大戏园名叫"南洋第一舞台",有著名男女角色三麻子、林苹卿等人,两大舞台可称竞爽。

宣统二年六月廿三日/1910年7月29日第7版

避雨听戏

廿五,星期日下午一点钟后,经过西单牌楼旁边,天忽下雨越下越大,一时无从躲避,那处正在西单市场门外,便急避入市场内,听得场中春仙戏园有弦歌声,于是即入园听戏。

查问卖座人戏价多少,答道三等铜子十枚,二等十二枚,头等十五枚。又问各等所在处,答指东廊下是三等座,长板桌及台阶上是二等座,最中央是头等座,通场比较数头等座最正中合式,便利观看。即坐在中心一小桌上,一切桌凳布置极整齐,并且留出路线坐位,颇为舒服,不像前门外大栅栏等处戏园那样的野蛮拥挤。坐定,正听得一阵大雨冲落戏棚顶上,声音如同黄冈竹楼相仿佛,那园是喜春奎班,多半是童伶,前几出毫无精神,惟有《回荆州》一出最为出色。但听得金鼓声一响,彩帘一揭,出来一个童伶扮武将上,那戎装的漂亮耀人视线,冠上小白绒球密缀如众星,顶上又有雉翎两根长数尺,所穿的袍是妃色上缀小圆明镜并绣金制成,一路耀武扬威的作派,精神非常,原来就是东吴大元帅周公瑾。

后又有一童伶亦扮武将上,那戎装另是一样,肩后插小旗四面,每旗三角式,白地绣金,白袍上胸前有鲜明大红绸结束□着,格外漂亮,舞跃进退,八面威风,原来就是蜀汉五虎帅赵子龙。

随后又有扮刘备扮孙夫人同出,亦都是童伶,共同逃走。装束的漂亮亦都相敌,并有童伶扮诸葛亮,扮张飞,难得都是年龄不相上下的一群小戏子，在舞台上演唱很有可观。况且各有各特色，个个认真，丝毫不懈，当逃走绕台时，赵云战御时，公主骂将时，诸葛军中划计时，改装坐船时，吴军追赶时，各将下马时，逃至江边时，诸葛迎来时，刘备夫妇赵云同下船时，周瑜追到江边时，诸葛笑谢时，周郎回遇张飞末后战败时，各种情状惟妙惟肖，看戏的人都连连叫好。说是现今小班儿真吃香，最难得是个个都有全副配身的新装束，连欠更衣件件新鲜，这是春仙园的特色。

《回荆州》演毕又接演《空城计》，这出亦同是《三国演义》上的，但《回荆州》是梆子腔，《空城计》是二黄调。那扮诸葛孔明伶童又是一人，并不是演《回荆州》的那个，小伶歌唱二黄声调响亮，是极意摹仿金丝红、贯大元小出家派头的。在城头上饮酒看书弹琴，非常得神，况且时发笑声，乐状难描。小小伶童能有这样技艺，可称神童，须知这小班内最著名的(一) 小月来，(二) 小桂芬，(三) 小连奎，(四) 小月春，(五) 旦角小月鲜，(六) 旦角海棠花，此外尚多都是出色伶童。

宣统二年六月廿七日/1910 年 8 月 2 日第 7 版

丹桂名角

丹桂园自七月初一日，又有许多最著名的头等角色入园，即如初一这天(1) 有张实声、杨华亭《打龙袍》，(2) 有八岁红的《探母回令》，(3) 有童子红、金香翠的《汾河湾》，(4) 有小花猴的《铁龙山》，(5) 有小马五、孙小禄的《大登殿》，(6) 有朱幼芬的《彩楼配》，(7) 有小连生的《定军山》，(8) 有小梧桐、全少琴的《恶虎村》，(9) 有小凤凰、慈瑞泉的《鸿鸾禧》，(10) 有小紫云、朱桂芬的《桑园寄子》，(11) 有杨桂芬、小瑞子的《戏迷传》，(12) 有刘禹臣的《幽界关》，(13) 有特色名角七金子的《伐子都》，这天名角太多，戏价想必一定要增加了。

宣统二年七月初三日/1910 年 8 月 7 日第 7 版

欢迎新班

大栅栏庆乐戏园自从初一日起改演太平和新班,开市后所有园门里外,以及戏场楼栏杆外面都挂满金红呢幛子,院内又陈设纸制金银元宝好几百个,这是祝颂戏业发达的意思。表□园内听戏的人,池座廊座楼上楼下格外的拥挤,欢迎新班,可称一时之盛。

这个太平和班虽是新名,但内中名角旧的多,类如姚佩秋、郎德山、五月仙、十三红、朱如云以及名角哑巴王益芳,亦都入班。至于舞台上的陈设,门帘及中央镜子都是最新绣成的花纹,是双狮子,亦颇好看。

宣统二年七月初六日/1910年8月10日第7版

龚处好戏

广德楼戏园近日又演唱义务夜戏,是出色的龚云甫戏曲。初七夜唱《钓金龟》,初八夜唱《滑油山》,都是好戏。龚处自从到天津去,回京后嗓子坏过几天,现今已渐渐复原,究竟不愧当今第一老旦。

演《思志诚》

文明戏园初八日演《思志诚》,有各种玩艺,大鼓书词这个玩艺各戏园许久没有见了,大伙儿不免又是大起哄。

牛女再会

重七佳节这天,北京十四家戏园大半都演《天河配》一出,原是为庆祝七巧节,所以特演此戏。那知到初八日,文明园广德楼等处又连台大演《天河配》,按说七月初八与牛郎织女故事有何关系,却有解释道,牛女每年会面一次未免太少,故戏界中人再令他二人于初八日重会第二次呕。

新到小班

东安市场吉祥园,因为同场丹桂园名角好戏超越寻常,今已聘到新小班两班，合为一班。一是荣寿和班，一是德盛和班，两班合一，似乎热闹。然戏角贵精不贵多，恐仍难占优胜的地步。

宣统二年七月十二日/1910 年 8 月 16 日第 7 版

哑巴好戏

太平和班名角哑巴王益芳，本在庆乐园演戏，昨十三旦西单市场春仙园又邀请王益芳登台。须知王益芳虽是哑巴，武把子极好，类如演扮黄天霸，神情极为酣畅。若遇有道白时，后台却另扮一个，回头出来说几句话，随又换出王益芳，这可见残废之人亦有大用处。

宣统二年七月十四日/1910 年 8 月 18 日第 7 版

丹桂四小

丹桂戏园近又演义务夜戏，连夜有四小登台（一）小荷花，（二）小长庚，（三）小喜翠，（四）小宝义。十一晚小荷花演《双钉计》，小长庚、小喜翠合演《十八扯》，小宝义演《花蝴蝶》。十二晚小荷花演《探亲》，小长庚、小喜翠合演《顶红灯》，小宝义演《界牌关》，四小竞胜，各有特色。查戏园中凡唱义务夜戏的，定例必须提五成作为孤儿院常年经费，现今夜戏很发达，孤儿院经费亦因此充足了。

宣统二年七月十五日/1910 年 8 月 19 日第 7 版

新清客串

吉祥戏园近日亦演义务夜戏有新登台的清客串，名字是崇鹤年，又有王长林、李敬山连日合演《问樵》、《闹府》、《打棍出箱》、《黄金台》等出，并有名角程继仙十八日唱《岳家庄》扮岳云，十九唱《黄鹤楼》扮周瑜，配角是朱如云、杨华亭。并有书子元、桂锡九、席阔山、松久峰各新名角演唱《探阴》、《醉打金枝》、《草桥关》、《九花峰》、《宫门带》等出，末后更有小春来演《金钱豹》武戏，于是吉祥园又有一种新气象。

宣统二年七月廿二日/1910 年 8 月 26 日第 7 版

各园好戏

十七日各戏园所演好戏,文明园有刘鸿升的《审头刺汤》,吉祥园有崔灵芝的《烈女传》,丹桂园有十三旦的《花田错》,广德楼有王瑶卿的《循环报》,彼此竞胜,各尽妙点,但是可惜都属旧戏。

宣统二年八月二十日/1910 年 9 月 23 日第 7 版

吉祥失春

吉祥戏园是德盛和与荣寿和合班,本是小班儿,内中却有三个出色小伶,一名小春亭、一名小春芳、一名小春来,连日演唱《寄子》、《搜孤》、《九更天》、《伐齐东》、《铁公鸡》等戏。

宣统二年九月初二日/1910 年 10 月 4 日第 7 版

新戏志闻

天乐园钟声新剧,十一夜是《热泪痕》,十二夜是《仇情计》,十三夜是《血泪碑》并且减价一半。

戏棚记事

天桥庆祝国会大戏棚,内客组织极为阔大。戏台对过,扎彩牌楼,戏台两旁满是女客,大半都是抱着孩子,各自带着凳子同来。统计妇女不下千人,于是不免有下等社会的妇人彼此拥挤,破口相骂,什么话都骂得出来,巡警苦劝无法,只得作揖央求,方肯罢休。

又台前空出一方,为的是恐怕人多,把台挤坏,所以在台前相离两三丈远处,用竹竿拦住。然人多向前直挤,仍是不免。叫好声一人高呼,百人同应,声音非凡之大。又偏南两旁东边是女学生座,西边是男学生座,并有特设国会代表座,众人随来随去,时出时入,并不是久留不去,轮流观看。每天总在十万人上下,演戏时后台又有音乐助兴,并有王子真演说,实在真热闹。

宣统二年十月十六日/1910 年 11 月 17 日第 7 版

叫天登台

十六日广德楼演唱义务夜戏，谭叫天居然登台演唱《失街亭》拿手好戏，于是戏迷界中人又不免都要去过过耳瘾，因此戏价大增，大有不怕人家不来之意。

宣统二年十月十九日/1910年11月20日第7版

戏界近闻

王钟声、瘤瘤、亚方十八日白天在东安市场丹桂戏园大演《杜十娘怒沉百宝箱》新剧，又谭叫天十七日在广德楼演唱《法场换子》，这两处分别新派旧派，两种欢迎。

宣统二年十月廿一日/1910年11月22日第7版

叫天停唱

谭叫天连夜在广德楼登台，一般戏迷派中人几乎由戏迷主义一跃而为戏疯主义了。今知叫天现已停唱。但广德楼义务夜戏却没停止，于是俞振亭大卖力气，二十三夜先演《薛家窝》后又演《取南郡》。王凤卿、朱素云、王蕙芳亦都争卖力气。惟听戏的人□觉不见叫天，心不通快，这可见俞朱二王四人的势力竟不如叫天一个人。叫天叫天，何等权力，执戏界的牛耳，真可称剧场大王。

宣统二年十月廿四日/1910年11月25日第7版

戏界近闻

俞振亭二十五日白天在文明园演《八大锤》带《断背》，这天晚上又到广德楼义务夜戏团演连台《取南郡》，又二十六日演《大水帘洞》，更接演《四白水滩》，小俞真大卖力气。

龚云甫在广德楼近日每与王瑶卿先后登台，有人说笑话："古有龚黄，今有龚王。古龚黄称治平第一，今龚黄称戏曲无双。"

宣统二年十月廿八日/1910年11月29日第7版

广德夜剧

廿六日星期夜晚,大栅栏广德楼演唱夜务戏,本记者前去观看,调查如左:

戏曲日表(自晚八点钟至十二点钟止)

第一出《美良川》全班合演

第二出《大平桥》冯金寿

第三出《黄金台》吴堃芳、时玉奎

第四出《战城都》小永春、杨保忠

第五出《艳阳楼》俞振处、迟月亭、范宝亭(全武行)

第六出《樊江关》王瑶卿、王蕙芳、赵仙舫

第七出《滑油山》龚云甫、屈兆奎

第八出《取南郡》王凤卿、朱素云、俞振庭、李连仲、贾洪林、刘景然(全武行)

第九出《梅玉配大团圆》王瑶卿、迟子俊、王长林、贾洪林、陈桐云、李寿山、陆杏林、恒□亭

这天晚上大雪纷纷,然看戏的人颇极踊跃,池座上、两边廊座上以及楼上包厢女座,都很热闹。惟北楼包厢有几间人很少,但东楼上(即倒观)更为拥挤,坐满三层场中。灯分四种:

(甲)汽灯。这就是纱罩灯光,极白亮。

(乙)电灯。这电灯和寻常电焰不同,内容光焰比较寻常大出数倍。

(丙)炭精电灯。这电灯极大极亮,光焰作紫色,但劣点在忽明忽灭,蹂躏视线。

(丁)煤油洋灯。这就是保险焰,在正楼前边□着,既有各种电灯,这煤油灯虽有如同没有一样。

此外戏场门前亦高挂一盏大紫电灯,场座正桌及包厢都有白布铺着,戏价极贵,除正棹包厢不零卖外,楼上女散座每人须铜子六十枚,楼下男散座每人须铜子四十六枚。

所演九出戏,最先两出一无可听,从《黄金台》以后渐入佳境。《艳阳楼》的俞振庭,武艺最为北京社会所欢迎。《樊江关》有王瑶

卿及王蕙芳两个女武旦,可称工力悉敌,论技艺蕙芳不如瑶卿,论容貌瑶卿却不如蕙芳,要之二美竞爽,有声有色,足以惹起一般看戏人的喜气,台上八眉飞色,舞台下人心悦神怡。至于《滑油山》龚处原是名角,可惜喉音已坏,不能满足戏迷派中人的欲望。《取南郡》既有王凤卿代表鲁肃,又有朱素云代表周公瑾,可称双方特色。末后《梅玉配》王瑶卿又旗装艳服登场,语音瞭亮,举止大方,身体虽还在剧场上,精神已自忘在剧场中了。

宣统二年十月廿九日/1910年11月30日第7版

醒世金铎

东安市场东庆园于二十八日、二十九日、三十日三天又邀西城票友共同合演《醒世金铎》所有戏出:(一)双唱快书,(二)四鼓合音,(三)五音大鼓,(四)七音连弹,(五)八艺改行,(六)告示十条,(七)华工受虐,(八)腊人走戏,(九)新排中外词讼。

洪升复出

文明园因为刘鸿升不登台,恐怕叫不起座,所以廿七、廿八两天特聘钟声开演新剧,今知廿九日刘鸿升又照常登台,这天演唱《托兆碰碑》,戏迷派中人又可解解耳瘾。

白日钟声

王钟声在天乐园演新戏,每在夜晚,白昼没有。今知二十七日、二十八日两天,钟声又在文明园白昼大演新戏,查知廿七日演全本《宦海潮》新剧,二十八日演《沈香床》、《滑稽魂》新剧。同演者有关君、宝筏、光华、亚方、癯癯诸人,黑夜"钟声"又一变为白日"钟声",社会欢迎可想而知了。

宣统二年十一月初一日/1910年12月2日第7版

丹桂钟声

钟声在天乐园演剧称"天乐钟声",前几日子钟声到文明园演剧称“文明钟声”,今本月初四日白天,钟声又到丹桂园去演新剧,又可称“丹桂钟声”。丹桂为植物界仙品,钟声为戏曲界新杰,可以就比丹桂来比钟声。听说初四日钟声所演是全本《血泪碑》。

毓庭登台

中和园主角是张毓庭,只因抱病在身,所以多日不能演唱。并知病已好了,初三日起又照旧登台,戏迷派中人听不见谭叫天的真音,亦可以听摹仿叫天的假音了。

夜中芝草名

优灵芝草因吉祥园演唱义务夜戏,大发宏愿,于初二日夜晚大演重排第一本至第十本《双玉虎坠汉室重兴》改良新戏十本,一夜演完,真是热闹有越味,戏目如下:

第一本《冯绍别家》

第二本《马五访贤》

第三本《英雄不平》

第四本《酒楼殴拳》

第五本《挂头移祸》

第六本《被屈含冤》

第七本《二堂内审》

第八本《姑媳会面》

第九本《父子相认》

第十本《报仇团圆》

宣统二年十一月初六日/1910年12月7日第7版

昼夜钟声

王钟声于初五日偕同瓙瓙、亚方在丹桂园合演全本《沈香床》,一天演完。这天晚上,钟声又在天乐园大演《抱不平》,昼夜接演新剧,城里城外都可以共听钟声了。

宣统二年十一月初七日/1910年12月8日第7版

钟声《恨海》

初六日白天，钟声在丹桂园演全本《恨海》新剧，一天演完。这天该园又有新到清客串纪文屏登台演唱《金沙滩》。

宣统二年十一月初八日/1910年12月9日第7版

昆弋高腔

西单牌楼春仙戏园从本月十二日起，至十六日止，开演特别昆弋高腔。须知道高腔是文戏，一切戏词全是词曲，不打罗鼓，但用箫笛等助奏，毫无繁闹，可以息心静气的久听。如有爱词曲的，大可前去一听，此等戏文，外国人听最为相宜。

反串《蜡蜡》

前天春仙园演唱义务夜戏，有一出大武戏是反串《大八蜡庙》，同时合演的各角共有一十四人，列记如左：

(1) 朱光祖(俞振亭扮演)
(2) 施大人(迟子俊扮演)
(3) 黄天霸(李连仲扮演)
(4) 费德公(瑞德宝扮演)
(5) 老褚彪(朱桂芳扮演)
(6) 金大力(陆杏林扮演)
(7) 关小西(迟月亭扮演)
(8) 米龙儿(姜玉佩扮演)
(9) 窦虎儿(十阵风扮演)
(10) 贺仁杰(冯金寿扮演)
(11) 张小姐(屈兆奎扮演)
(12) 张桂兰(范宝亭扮演)
(13) 小老妈(李寿山扮演)
(14) 老道士(普世亭扮演)

宣统二年十一月十六日/1910年12月17日第7版

好大舞台

北京大舞台现已成立,昨由该园主人广请商界中人,定准本月二十三日由午后二时至四时,到第一楼查看一切章程。有十种买卖,用夺标方法,谁给押款多便给谁办。(一)手巾把,(二)鲜果,(三)中国点心,(四)洋点心,(五)酪,(六)干果,(七)烟卷,(八)糖葫芦,(九)薄脆,(十)戏单,此外桌椅等件,亦都是新式。以上各种卖买,都是北京大舞台戏园所必需的,京中商人不免都要前去夺标,这舞台开市后,文明人有相当的观剧场了。

宣统二年十一月廿三日/1910年12月24日第7版

宣统三年(1911)

戏园乃滋事之场

日前下午五点钟,西门内南大水沟三庆戏园之园掌于某,因与该处之寇驴子、寇秃子等口角相争,继复寻殴,以致两造各有多人互相群斗,均携板橙等物打作一团,各有伤痕。后经巡警等闻悉,当即抓获,将伊等带区讯明,转送审判厅讯办。又该园于是日有刘某携有女眷观戏,后有胡某者品头论足,致被刘某闻知,彼此互相争吵,复又寻殴,各不相下,后经多人理处,刘称失去康熙磁壶一个,洋票十元,衣服数件,俟将各物等还作为罢论,以致合事人诸多碍难,尚未了结云。

宣统三年五月十九日/1911 年 6 月 15 日第 7 版

演唱新剧之又一迁移

前纪移风乐会于十八日假河北升平茶园演剧一则,兹闻该会改假李公祠,于十八日十九日晚演唱《家庭教育》、《庚子纪念》两出云。

宣统三年六月二十日/1911 年 7 月 15 日第 7 版

皇太后西苑观剧

内府大臣现已传饬升平署太监及供奉优伶等,昨在南海恭演戏剧,敬备皇太后观览。

宣统三年七月初二日/1911 年 8 月 25 日第 7 版

内务大臣带进贺节戏

内廷消息:内务府大臣继禄,于今日上午十点钟带领升平署太监及名优等,诣南海开唱戏剧,祝贺皇太后佳节。

宣统三年八月十四日/1911 年 10 月 5 日第 7 版

内府传演中秋节戏

闻内务府准交片:奉旨饬传升平署首领太监等,于本月十五日辰时,前赴西苑门内听候传演中秋节戏,并传戏班名优均于今日进内伺候演唱新戏矣。

宣统三年八月十五日/1911年10月6日第7版

主编 傅谨 副主编 谷曙光

京剧历史文献汇编

［清代卷］玖

图录（上）

本卷主编 谷曙光

凤凰出版传媒集团 凤凰出版社

图录（上）

本卷主编　谷曙光

圖表（上）

全書主編 俞劍華

目　　录

情天外史

情天外史撰，作于清光绪二十一年(1895)。作者曾“宦黔十载”，后因“不合于大人先生，乃罢官去”。年逾花甲，而遣兴梨园。凡例称是书专为“司坊揄扬色艺”、“后进提倡风雅”，选十六岁以下之优童品鉴。书分正册、续册，正册选天仙部十人表彰幽隐，续册又选各班翘楚十人。书后附《京华消遣记》。据光绪乙未年天津石印本整理。此版本的特色是优伶肖像与文字配合，收图文并茂之效。

谷曙光整理文字。

繪圖情天外史

古杭西湖烟客題

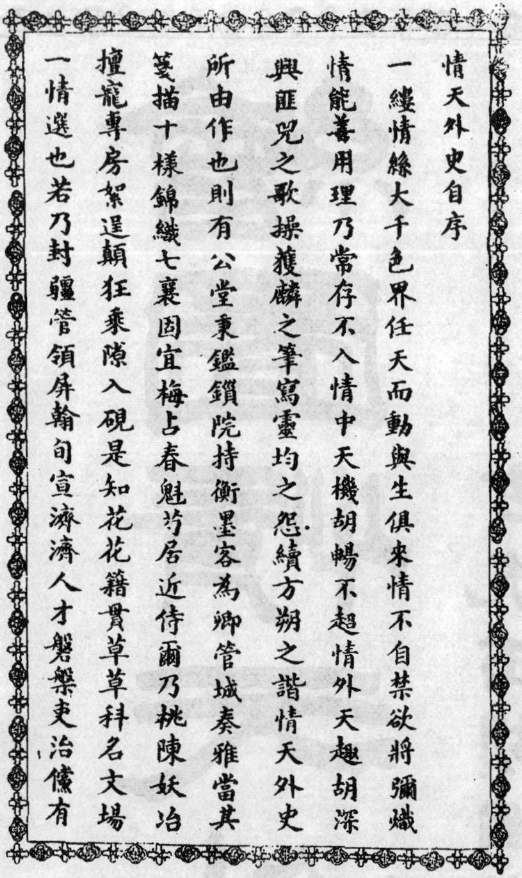
情天外史自序
一縷情絲大千色界任天而動與生俱来情不自禁欲將彌熾
情能善用理乃常存不入情中天機胡暢不超情外天趣胡深
興匪兕之歌操獲麟之筆寫靈均之怨續方朔之諧情天外史
所由作也則有公堂秉鑑鎖院持衡墨客為卿管城奏雅當其
箋描十樣錦織七襄固宜梅占春魁芍居近侍爾乃桃陳妖冶
擅寵專房絮逞顛狂乘隙入硯是知花花籍貫草草科名文場
一情選也若乃封疆管領屏翰旬宣濟濟人才磐槃吏治儻有

情天外史自序

一缕情丝，大千色界。任天而动，与生俱来。情不自禁，欲将弥炽。情能善用，理乃常存。不入情中，天机胡畅？不超情外，天趣胡深？兴匪兕之歌，操获麟之笔；写灵均之怨，续方朔之谐。《情天外史》所由作也。则有公堂秉鉴，锁院持衡，墨客为卿，管城奏雅。当其笺描十样，锦织七襄，固宜梅占春魁，芍居近侍。尔乃桃陈妖冶，擅宠专房；絮逞颠狂，乘隙入砚。是知花花籍贯，草草科名，文场一情选也。若乃封疆管领，屏翰旬宣，济济人才，磐槃吏治。倘有矢躬清潔酬遇錯盤固宜即墨特封士元大用爾乃衆女謠詠輕棄蛾眉鷙鳥飛揚濫膺鶚薦是知澤蘭委地甘蕉障天行省一情緣也又如秉鈞報最當軸奮庸外患憑陵時艱孔棘儻有賢豪遺佚英俊下沈固宜資格不拘吐握弗倦爾乃濫竽充數南郭吹齊文馬移情龜山蔽魯是知我善即善人云亦云樞府一情實也嗟乎衣冠優孟身世梨園歌苦識希曲高和寡情誰能遣欲問青天象以外超特修艷史知我者其在雛伶粉黛間乎光緒乙未三月初吉

矢躬清洁，酬遇错盘，固宜即墨特封，士元大用。尔乃众女谣诼，轻弃蛾眉；鸷鸟飞扬，滥膺鹗荐。是知泽兰委地，甘蕉障天，行省一情缘也。又如秉钧报最，当轴奋庸，外患凭陵，时艰孔棘。倘有贤豪遗佚，英俊下沉；固宜资格不拘，吐握弗倦。尔乃滥竽充数，南郭吹齐；文马移情，龟山蔽鲁。是知我善即善，人云亦云，枢府一情寔也。嗟乎！衣冠优孟，身世梨园，歌苦识希，曲高和寡。情谁能遣，欲问青天。象以外超，特修艳史。知我者其在雏伶粉黛间乎？

光绪乙未三月初吉

凡例

一是書專為天仙部表彰幽隱故以天仙十人入正册各班十人入續册雖天仙脚色一散入丹桂再散入鴻奎部名仍從其朔

一是書專為司坊揄揚色藝是以科班名角概未登入

一是書專為後進提倡風雅是以出師立堂毋庸贅述

一天姿天籟過時難保是以十六歲以上不入論列

一是書於三月初八日託始十六日告成各省公車爭索觀

凡例

一、是书专为天仙部表彰幽隐,故以天仙十人入正册,各班十人入续册。虽天仙脚色,一散入丹桂,再散入鸿奎,部名仍从其朔。

一、是书专为司坊揄扬色艺,是以科班名角,概未登入。

一、是书专为后进提倡风雅,是以出师立堂,毋庸赘述。

一、天姿天籁,过时难保,是以十六岁以上,不入论列。

一、是书于三月初八日托始,十六日告成。各省公车,争索观

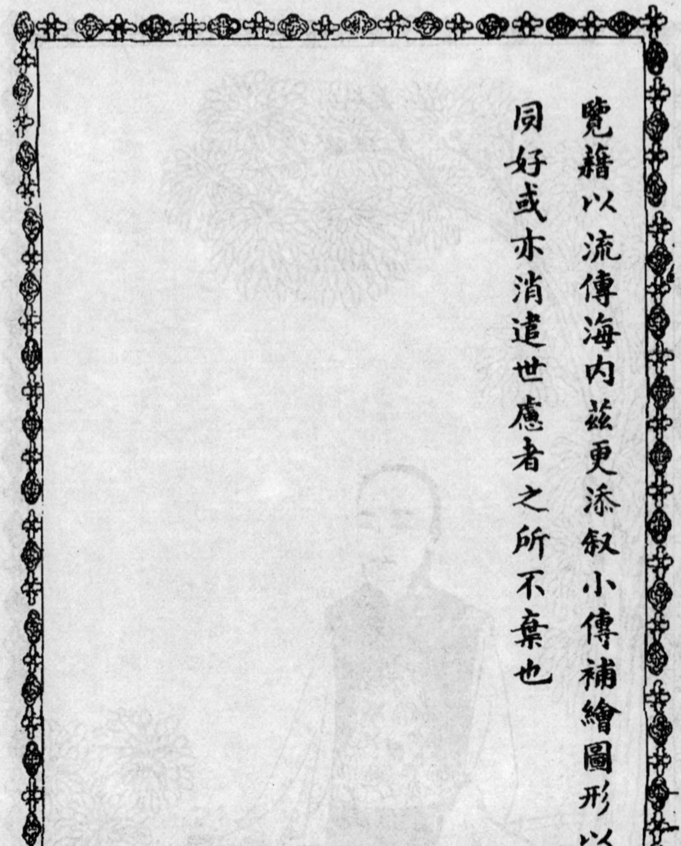
覽藉以流傳海內茲更添敘小傳補繪圖形以公
同好或亦消遣世慮者之所不棄也

览，藉以流传海内。兹更添叙小传，补绘图形，以公同好，或亦消遣世虑者之所不弃也。

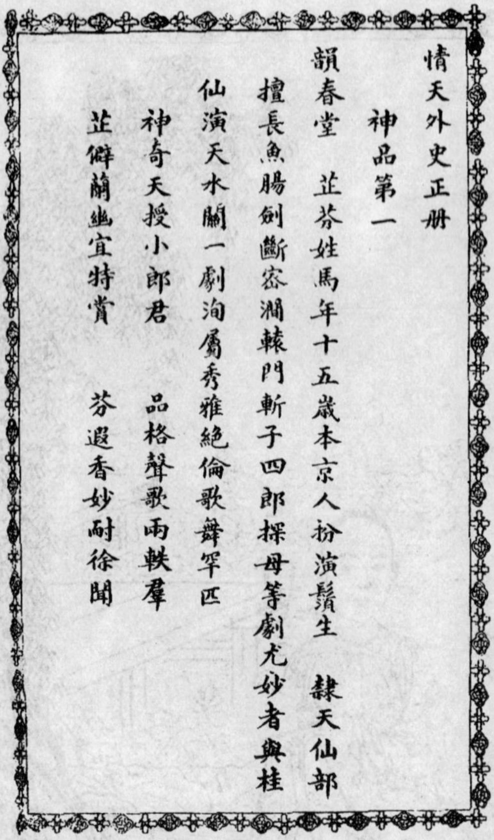
情天外史正册
神品第一
韻春堂　芷芬姓馬年十五歲本京人扮演鬚生　隸天仙部
擅長魚腸劍斷密澗轅門斬子四郎探母等劇尤妙者與桂
仙演天水關一劇洵屬秀雅絕倫歌舞罕匹
神奇天授小郎君　品格聲歌兩軼羣
芷僻蘭幽宜特賞　芬遐香妙耐徐聞

《情天外史》正册

神 品 第 一

韵春堂

芷芬，姓马。年十五岁，本京人。扮演须生。

隶天仙部，擅长《鱼肠剑》、《断密涧》、《辕门斩子》、《四郎探母》等剧。尤妙者，与桂仙演《天水关》一剧，洵属秀雅绝伦，歌舞罕匹。

神奇天授小郎君，品格声歌两轶群。

芷僻兰幽宜特赏，芬遐香妙耐徐闻。

情天外史正册

雋品第二

絢春堂　菱香姓侯年十四歲本京人扮演老旦　隸天仙部

擅長斷后龍袍探窑探母望兒樓釣金龜等劇尤妙者與芝

林演滾釘板一劇真乃當場落淚見真性情

雋永珠喉最可嘉　品題一字未應差

菱歌清唱初更月　香圃頻開晚節花

《情天外史》正册

隽 品 第 二

绚春堂

菱香，姓侯。年十四岁，本京人。扮演老旦。

隶天仙部，擅长《断后龙袍》、《探窑》、《探母》、《望儿楼》、《钓金龟》等剧。尤妙者，与芝林演《滚钉板》一剧，真乃当场落泪，见真性情。

隽永珠喉最可嘉，品题一字未应差。

菱歌清唱初更月，香圃频开晚节花。

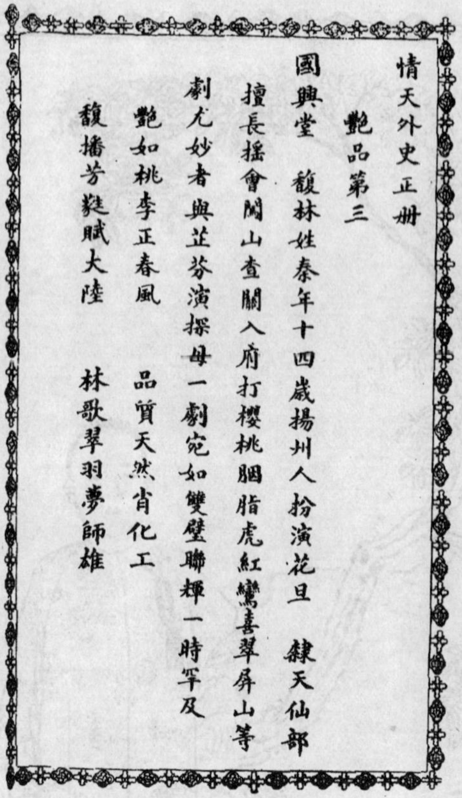
情天外史正冊

艷品第三

國興堂 馥林姓秦年十四歲揚州人扮演花旦 隸天仙部

擅長搖會闖山查關入府打櫻桃胭脂虎紅鸞喜翠屏山等

劇尤妙者與芷芬演探母一劇宛如雙璧聯輝一時罕及

艷如桃李正春風 品質天然肖化工

馥播芳蕤賦大陸 林歌翠羽夢師雄

《情天外史》正册

艳品第三

国兴堂

馥林，姓秦。年十四岁，扬州人。扮演花旦。

隶天仙部，擅长《摇会》、《闯山》、《查关》、《入府》、《打樱桃》、《胭脂虎》、《红鸾喜》、《翠屏山》等剧。尤妙者，与芷芬演《探母》一剧，宛如双璧联辉，一时罕及。

艳如桃李正春风，品质天然肖化工。

馥播芳蕤赋大陆，林歌翠羽梦师雄。

情天外史正册

俊品第四

雲龢堂　桂仙姓裘年十五歲本京人扮演黑淨　隸天仙部
擅長魚腸劍斷密澗御果園白良關草橋關打龍袍等劇尤
妙者與綺雲吉祥演二進宮一劇宛如鸞鳳和鳴洋洋盈耳
俊雄出自短身材　品物應誇小忽雷
桂棹一歌江水湧　仙船初刺海潮來

《情天外史》正册

俊品第四

云龢堂

桂仙，姓裘。年十五岁，本京人。扮演黑净。

隶天仙部，擅长《鱼肠剑》、《断密涧》、《御果园》、《白良关》、《草桥关》、《打龙袍》等剧。尤妙者，与绮云、吉祥演《二进宫》一剧，宛如鸾凤和鸣，洋洋盈耳。

俊雄出自短身材，品物应夸小忽雷。
桂棹一歌江水涌，仙船初刺海潮来。

情天外史正册

能品第五

絢春堂　蘭香姓王年十五歲本京人扮演正旦兼擅胡琴隸天仙部擅長教子戲妻彩樓配擊掌跑坡落園宇宙鋒戰蒲關等劇尤妙者與菱香演探窰一劇如聞子夜清歌奈何頻喚

能將艷冷訴幽情　品在花中似女貞

蘭轉光風人服媚　香凝濃露調清平

《情天外史》正册

能 品 第 五

绚春堂

兰香，姓王。年十五岁，本京人。扮演正旦，兼擅胡琴。

隶天仙部，擅长《教子》、《戏妻》、《彩楼配》、《击掌》、《跑坡》、《落园》、《宇宙锋》、《战蒲关》等剧。尤妙者，与菱香演《探窑》一剧，如闻子夜清歌，奈何频唤。

能将艳冷诉幽情，品在花中似女贞。

兰转光风人服媚，香凝浓露调清平。

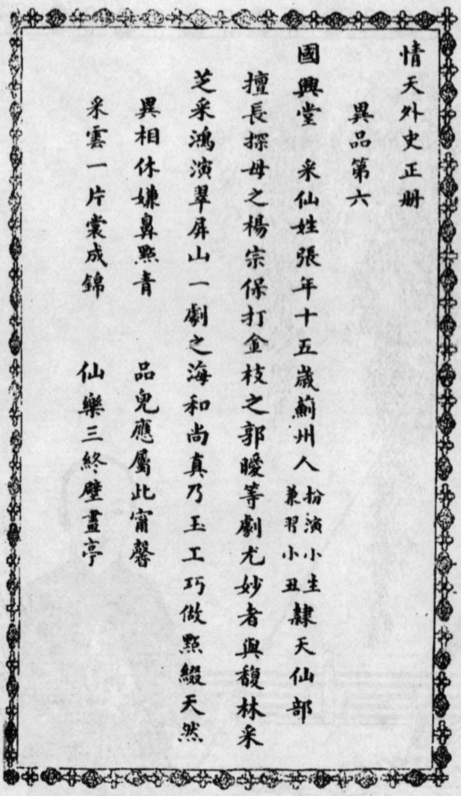
情天外史正册

異品第六

國興堂　采仙姓張年十五歲薊州人扮演小生兼習小丑隸天仙部

擅長探母之楊宗保打金枝之郭暧等劇尤妙者與馥林采

芝采鴻演翠屏山一劇之海和尚真乃玉工巧做點綴天然

異相休嫌鼻點青　品兒應屬此甯馨

采雲一片裳成錦　仙樂三終壁畫亭

《情天外史》正册

异品第六

国兴堂

采仙，姓张。年十五岁，蓟州人。扮演小生，兼习小丑。

隶天仙部，擅长《探母》之杨宗保，《打金枝》之郭暧等剧。尤妙者，与馥林、采芝、采鸿演《翠屏山》一剧之海和尚，真乃玉工巧做，点缀天然。

异相休嫌鼻点青，品儿应属此宁馨。

采云一片裳成锦，仙乐三终壁画亭。

情天外史正册

佳品第七

國興堂　采芬姓顧年十四歲天津人扮演鬚生　隸天仙部

擅長戰蒲關御林軍魚腸劍取滎陽擋諒醉寫金馬門等劇

尤妙者演擊鼓罵曹一劇真乃手如雨點語似河流

佳音入耳喜洋盈　品似詩家太瘦生

采映鬚眉如玉照　芬流齒頰遏雲行

《情天外史》正册

佳品第七

国兴堂

采芬，姓顾。年十四岁，天津人。扮演须生。

隶天仙部，擅长《战蒲关》、《御林军》、《鱼肠剑》、《取荥阳》、《挡谅》、《醉写》、《金马门》等剧。尤妙者，演《击鼓骂曹》一剧，真乃手如雨点，语似河流。

佳音入耳喜洋盈，品似诗家太瘦生。

采映须眉如玉照，芬流齿颊遏云行。

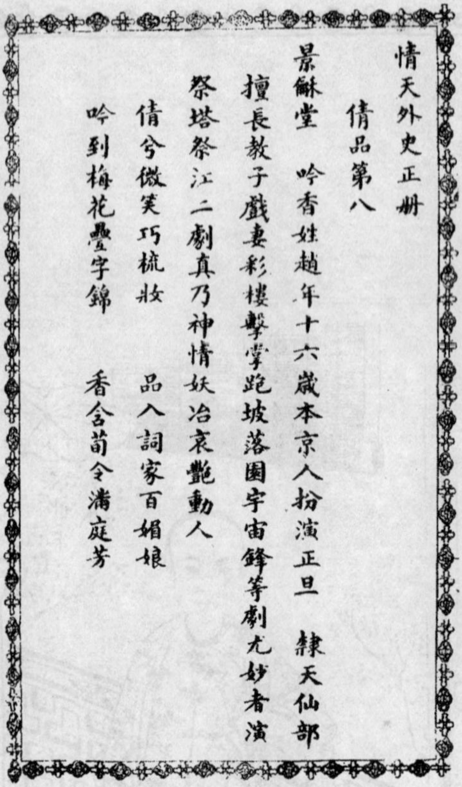
情天外史正册
倩品第八
景龢堂　吟香姓趙年十六歲本京人扮演正旦　隸天仙部
擅長教子戲妻彩樓擊掌跑坡落園宇宙鋒等劇尤妙者演
祭塔祭江二劇真乃神情妖冶哀艷動人
倩兮微笑巧梳妝　品入詞家百媚娘
吟到梅花疊字錦　香含荀令滿庭芳

《情天外史》正册

倩 品 第 八

景龢堂

吟香，姓赵。年十六岁，本京人。扮演正旦。

隶天仙部，擅长《教子》、《戏妻》、《彩楼》、《击掌》、《跑坡》、《落园》、《宇宙锋》等剧。尤妙者，演《祭塔》、《祭江》二剧，真乃神情妖冶，哀艳动人。

倩兮微笑巧梳妆，品入词家百媚娘。

吟到梅花叠字锦，香含荀令满庭芳。

情天外史正册

俏品第九

景善堂　寶壂姓張年十六歲本京人扮演花旦　隸天仙部

擅長闖山摇會女店茶館荷珠配紅鸞喜等劇尤妙者演小

榮歸變羊計二劇真乃微步淩波乘風吹去

俏學垂楊一搦腰　品聲合譜玉人簫

寶釵摇動眉横嫵　壂履娉婷步送嬌

《情天外史》正册

俏 品 第 九

景善堂

宝壂，姓张。年十六岁，本京人。扮演花旦。

隶天仙部，擅长《闯山》、《摇会》、《女店》、《茶馆》、《荷珠配》、《红鸾喜》等剧。尤妙者，演《小荣归》、《变羊计》二剧，真乃微步凌波，乘风吹去。

俏学垂杨一搦腰，品声合谱玉人箫。

宝钗摇动眉横妩，壂履娉婷步送娇。

情天外史正册

逸品第十

國興堂　采芝姓唐年十五歲本京人扮演花旦兼擅琵琶　隸天仙部

擅長打扛子賣餑餑翠屏山之鶯兒尤妙者演别妻麵缸二

劇自彈琵琶真乃落花流水妙造自然

逸民自古七賢偕　品騭名優得九佳

采榦搜巖添一格　芝房樂府忍塵埋

按天仙部　不乏美才　元音未希　散而復聚

《情天外史》正册

逸 品 第 十

国兴堂

采芝，姓唐。年十五岁，本京人。扮演花旦，兼擅琵琶。

隶天仙部，擅长《打扛子》、《卖饽饽》、《翠屏山》之莺儿。尤妙者，演《别妻》、《面缸》二剧，自弹琵琶，真乃落花流水，妙造自然。

逸民自古七贤偕，品骘名优得九佳。

采干搜岩添一格，芝房乐府忍尘埋。

按：天仙部不乏美才，元音未希，散而复聚。

情天外史續册

超品第一

韻秀堂　梅仙姓任年十六歲本京人扮演老旦　隸同春部

擅長斷后龍袍探窑望兒樓釣金龜胭脂虎等劇尤妙者與

二麗吟香演孝感天一劇真乃幽情苦緒月冷風凄

超然臺上問名花　品列孤山處士家

梅點壽陽添艷額　仙逢萼綠比清華

《情天外史》续册

超 品 第 一

韵秀堂

梅仙，姓任。年十六岁，本京人。扮演老旦。

隶同春部，擅长《断后龙袍》、《探窑》、《望儿楼》、《钓金龟》、《胭脂虎》等剧。尤妙者，与二丽、吟香演《孝感天》一剧，真乃幽情苦绪，月冷风凄。

超然台上问名花，品列孤山处士家。

梅点寿阳添艳额，仙逢萼绿比清华。

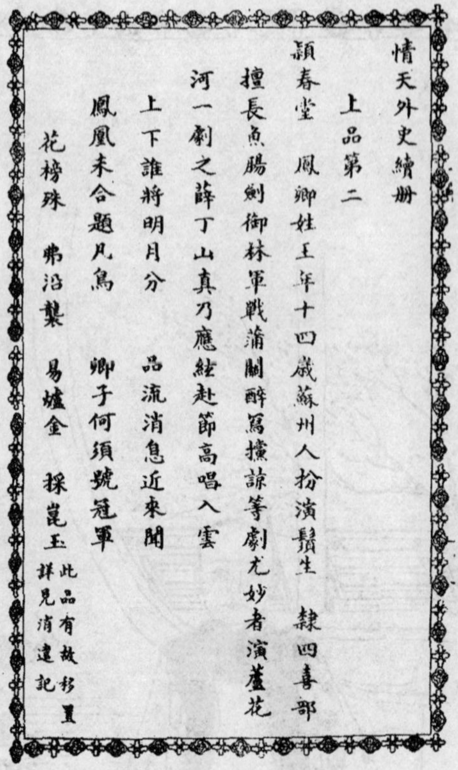

情天外史續册

上品第二

潁春堂　鳳卿姓王年十四歲蘇州人扮演鬚生　隸四喜部

擅長魚腸劍御林軍戰蒲關醉寫擋諒等劇尤妙者演蘆花河一劇之薛丁山真乃應絃赴節高唱入雲

上下誰將明月分　品流消息近來聞

鳳凰未合題凡鳥　卿子何須號冠軍

花榜殊　弗沿襲　易爐金　採崑玉　此品有故移置詳見消遣記

《情天外史》续册

上 品 第 二

颖春堂

凤卿，姓王。年十四岁，苏州人。扮演须生。

隶四喜部，擅长《鱼肠剑》、《御林军》、《战蒲关》、《醉写》、《挡谅》等剧。尤妙者，演《芦花河》一剧之薛丁山，真乃应弦赴节，高唱入云。

上下谁将明月分，品流消息近来闻。

凤凰未合题凡鸟，卿子何须号冠军。

花榜殊，弗沿袭，易炉金，采昆玉。（此品有故移置，详见《消遣记》。）

情天外史續冊

媚品第三

復春堂　韻芳姓楊年十五歲本京人扮演小生兼習正旦　隸同春部

擅長教子之薛乚哥寄子之鄧方等劇尤妙者演鐵蓮花一

劇之掃雪小兒真乃體態嬌柔聲情激越

媚生一笑奈何情　品肖閨中靜女多

韻把小闌花向午　芳搴曲沼芰橫波

《情天外史》续册

媚 品 第 三

复春堂

韵芳，姓杨。年十五岁，本京人。扮演小生，兼习正旦。

隶同春部，擅长《教子》之薛乙哥，《寄子》之邓方等剧。尤妙者，演《铁莲花》一剧之扫雪小儿，真乃体态娇柔，声情激越。

媚生一笑奈何情，品肖闺中静女多。

韵把小阑花向午，芳搴曲沼芰横波。

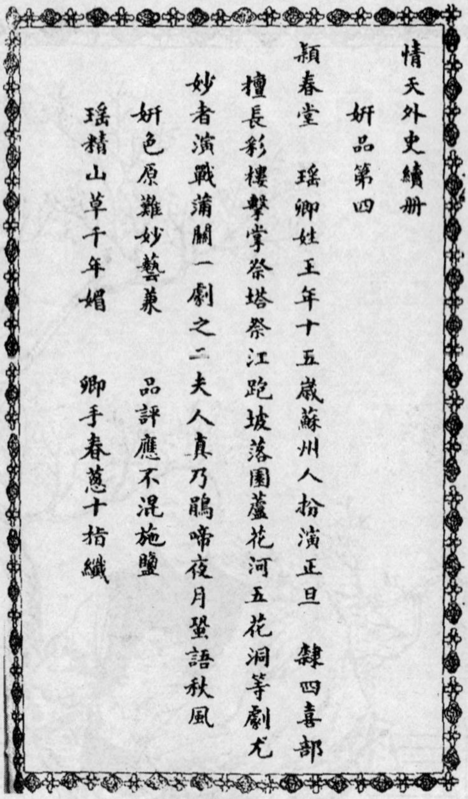

情天外史續冊

妍品第四

穎春堂　瑤卿姓王年十五歲蘇州人扮演正旦　隸四喜部

擅長彩樓擊掌祭塔祭江跑坡落園蘆花河五花洞等劇尤

妙者演戰蒲關一劇之二夫人真乃鵑啼夜月蛩語秋風

妍色原難妙藝兼　品評應不混施鹽

瑤精山草千年媚　卿手春葱十指纖

《情天外史》续册

妍 品 第 四

颖春堂

瑶卿，姓王。年十五岁，苏州人。扮演正旦。

隶四喜部，擅长《彩楼》、《击掌》、《祭塔》、《祭江》、《跑坡》、《落园》、《芦花河》、《五花洞》等剧。尤妙者，演《战蒲关》一剧之二夫人，真乃鹃啼夜月，蛩语秋风。

妍色原难妙艺兼，品评应不混施盐。

瑶精山草千年媚，卿手春葱十指纤。

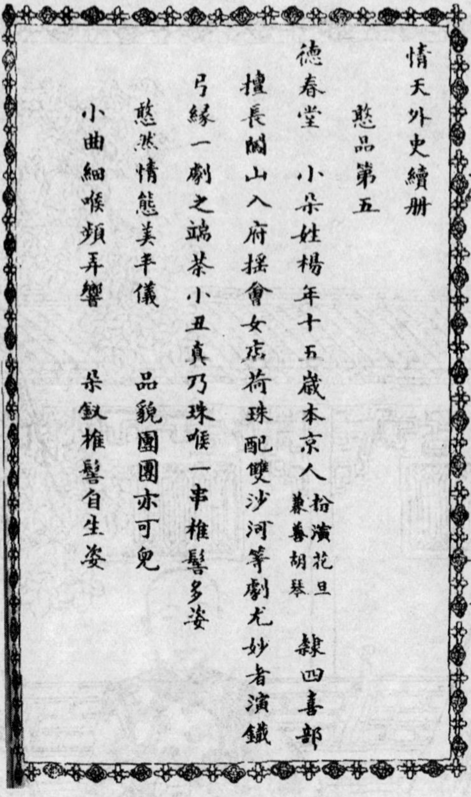
情天外史續册
憨品第五
德春堂　小朵姓楊年十五歲本京人扮演花旦兼善胡琴　隸四喜部
擅長闖山入府搖會女店荷珠配雙沙河等劇尤妙者演鐵
弓緣一劇之端茶小丑真乃珠喉一串椎髻多姿
憨然情態美丰儀　品貌團團亦可兒
小曲細喉頻弄響　朵釵椎髻自生姿

《情天外史》续册

憨 品 第 五

德春堂

小朵，姓杨。年十五岁，本京人。扮演花旦，兼善胡琴。

隶四喜部，擅长《闯山》、《入府》、《摇会》、《女店》、《荷珠配》、《双沙河》等剧。尤妙者，演《铁弓缘》一剧之端茶小丑，真乃珠喉一串，椎髻多姿。

憨然情态美丰仪，品貌团团亦可儿。
小曲细喉频弄响，朵钗椎髻自生姿。

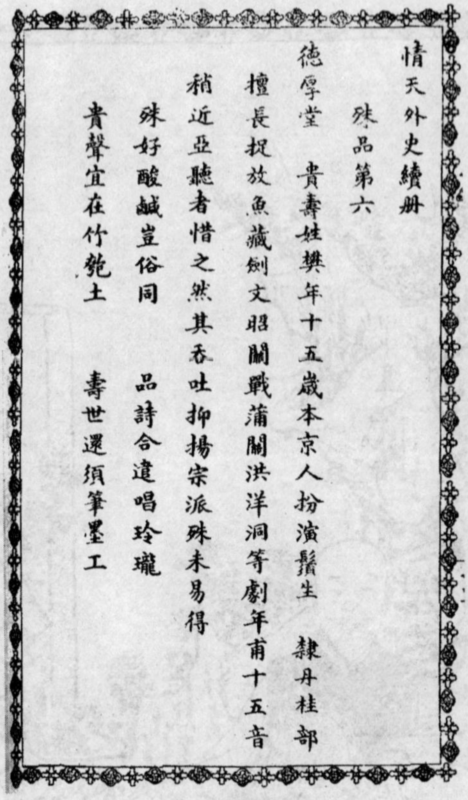

情天外史續册

殊品第六

德厚堂　貴壽姓樊年十五歲本京人扮演鬚生　隸丹桂部

擅長捉放魚藏劍文昭關戰蒲關洪洋洞等劇年甫十五音

稍近啞聽者惜之然其吞吐抑揚宗派殊未易得

殊好酸鹹豈俗同　品詩合遣唱玲瓏

貴聲宜在竹匏土　壽世還須筆墨工

《情天外史》续册

殊品第六

德厚堂

贵寿，姓樊。年十五岁，本京人。扮演须生。

隶丹桂部，擅长《捉放》、《鱼藏剑》、《文昭关》、《战蒲关》、《洪洋洞》等剧。年甫十五，音稍近哑，听者惜之。然其吞吐抑扬，宗派殊未易得。

殊好酸咸岂俗同，品诗合遣唱玲珑。

贵声宜在竹匏土，寿世还须笔墨工。

情天外史續册

妙品第七

景善堂　菊仙姓孫年十一歲本京人扮演花旦　隸天仙部

擅長算命掛畫等劇學戲無多是以人罕識之然其粉雕玉

琢姿媚最足動人

妙格簪花似女流　品饒姿媚勝同儔

菊觴應許陪佳士　仙曲宜歌上小樓

此品臨刻補遺

《情天外史》续册

妙品第七

景善堂

菊仙，姓孙。年十一岁，本京人。扮演花旦。

隶天仙部，擅长《算命》、《挂画》等剧。学戏无多，是以人罕识之。然其粉雕玉琢，姿媚最足动人。

妙格簪花似女流，品饶姿媚胜同俦。

菊觞应许陪佳士，仙曲宜歌上小楼。

此品临刻补遗。

情天外史續册

美品第八

綺春堂　彤雲姓陳年十四歲上海人扮演花旦　隸鴻奎部

擅長嫖院搖會鋸缸借妻打竈闖山燒靈背櫈雙沙河雙釘記絨花計紅鸞喜下河南等劇履法習熟出色當場

美堪説懌少人知　品與金蓮步步宜

彤管貽予諧雅韻　雲鬟助爾騁姸詞

以下並此三品書出後核考移置

《情天外史》续册

美 品 第 八

绮春堂

彤云，姓陈。年十四岁，上海人。扮演花旦。

隶鸿奎部，擅长《嫖院》、《摇会》、《锯缸》、《借妻》、《打灶》、《闯山》、《烧灵》、《背凳》、《双沙河》、《双钉记》、《绒花计》、《红鸾喜》、《下河南》等剧。履法习熟，出色当场。

美堪说怿少人知，品与金莲步步宜。

彤管贻予谐雅韵，云鬟助尔骋妍词。

以下并此三品，书出后核考移置。

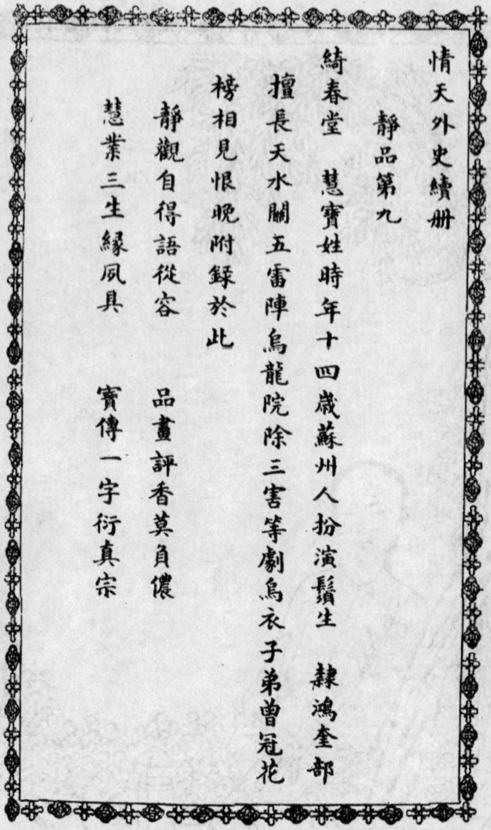

情天外史續册
靜品第九
綺春堂　慧寶姓時年十四歲蘇州人扮演鬚生　隸鴻奎部
擅長天水關五雷陣烏龍院除三害等劇烏衣子弟曾冠花
榜相見恨晚附録於此
靜觀自得語從容　品畫評香莫負儂
慧業三生緣夙具　寶傳一字衍真宗

《情天外史》续册

静 品 第 九

绮春堂

慧宝，姓时。十四岁，苏州人。扮演须生。

隶鸿奎部，擅长《天水关》、《五雷阵》、《乌龙院》、《除三害》等剧。乌衣子弟，曾冠花榜，相见恨晚，附录于此。

静观自得语从容，品画评香莫负侬。

慧业三生缘夙具，宝传一字衍真宗。

情天外史續册

絶品第十

綺春堂　岫雲姓王年十四歲本京人扮演小丑　隸鴻奎部

擅長嫖院搖會鋸缸借妻打竈闖山燒靈背凳雙沙河雙釘記絨花計紅鸞喜下河南等劇姿趣横生趕三流亞

絶辭應紀魯郊麟　品擅詼諧迥出塵

岫半金烏饒艷色　雲中白鶴顯精神

按各徽班亦多妙選　見聞未廣　搜採或遺　諒之

《情天外史》续册

绝 品 第 十

绮春堂

岫云，姓王。年十四岁，本京人。扮演小丑。

隶鸿奎部，擅长《嫖院》、《摇会》、《锯缸》、《借妻》、《打灶》、《闯山》、《烧灵》、《背凳》、《双沙河》、《双钉记》、《绒花计》、《红鸾喜》、《下河南》等剧。姿趣横生，赶三流亚。

绝辞应纪鲁郊麟，品擅诙谐迥出尘。

岫半金乌饶艳色，云中白鹤显精神。

按：各徽班，亦多妙选，见闻未广，搜采或遗，谅之。

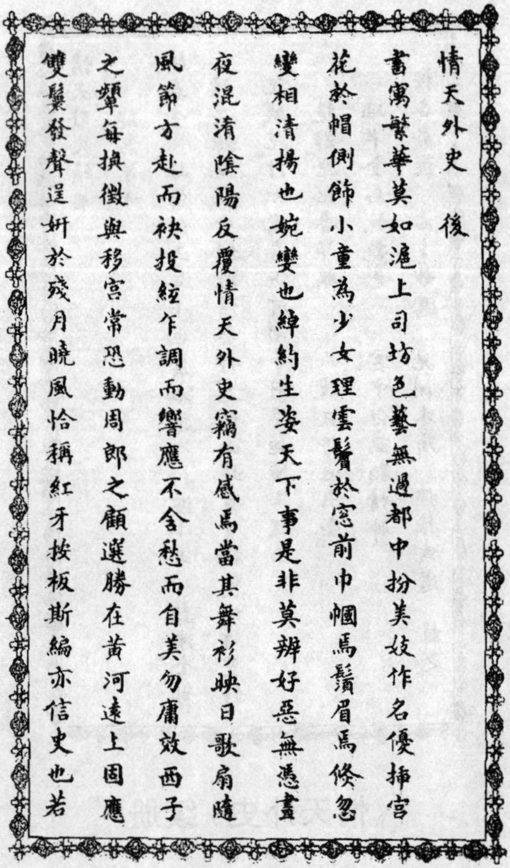
情天外史後
書寓繁華莫如滬上司坊色藝無過都中扮美妓作名優插宮花於帽側飾小童為少女理雲鬢於窗前巾幗焉鬚眉焉倏忽變相清揚也婉孌也綽約生姿天下事是非莫辨好惡無憑晝夜混清陰陽反覆情天外史竊有感焉當其舞衫映日歌扇隨風節方赴而袂投絃乍調而響應不含愁而自美勿庸效西子之顰每換徵與移宮常恐動周郎之顧選勝在黃河遠上固應雙鬟發聲逞妍於殘月曉風恰稱紅牙按板斯編亦信史也若

《情天外史》后

书寓繁华莫如沪上,司坊色艺无过都中。扮美妓、作名优,插宫花于帽侧,饰小童为少女,理云鬓于窗前。巾帼焉?须眉焉?倏忽变相。清扬也,婉娈也,绰约生姿。天下事是非莫辨,好恶无凭,昼夜混淆,阴阳反覆,情天外史窃有感焉。当其舞衫映日,歌扇随风,节方赴而袂投,弦乍调而响应。不含愁而自美,勿庸效西子之颦。每换徵与移宫,常恐动周郎之顾。选胜在黄河远上,固应双鬟发声;逞妍于残月晓风,恰称红牙按板。斯编亦信史也。若乃肆筵設席授几侑觴耳鬢撕磨履舄交錯值燈紅與酒軟儘堪射覆藏鈎念圭白與木柔何忍踰閑蕩檢歎我生之靡樂聊以自娛辟爾德以俾嘉庶無大悔斯編亦佐史也又如香車馳騁美景游觀或佈金於祇園或致賂於僕從或青衿挑達悠悠我心或斷袖垂憐耿耿不寐寤言一室誰知烏之雌雄執策三年竟忘馬之牝牡斯編豈穢史哉嗟乎微危之關幾希之界忍之頃刻清白兩完縱之須臾衣袽均涴木犀香發美矣味回銀海炫生油然光黯艾豭賈禍婁豬蕩情容或有之伊可畏也識

乃肆筵设席，授几侑觞，耳鬓厮磨，履舄交错。值灯红与酒软，尽堪射覆藏钩；念圭白与木柔，何忍逾闲荡检。叹我生之靡乐，聊以自娱；辟尔德以俾嘉，庶无大悔。斯编亦佐史也。又如香车驰骋，美景游观。或布金于祇园；或致赂于仆从。或青衿挑达，悠悠我心；或断袖垂怜，耿耿不寐。寤言一室，谁知乌之雌雄；执策三年，竟忘马之牝牡。斯编岂秽史哉！嗟乎！微危之关，几希之界，忍之顷刻，清白两完。纵之须臾，衣袽均涴。木犀香发，美矣味回。银海炫生，油然光黯。艾豭贾祸，娄猪荡情，容或有之，伊可畏也。识

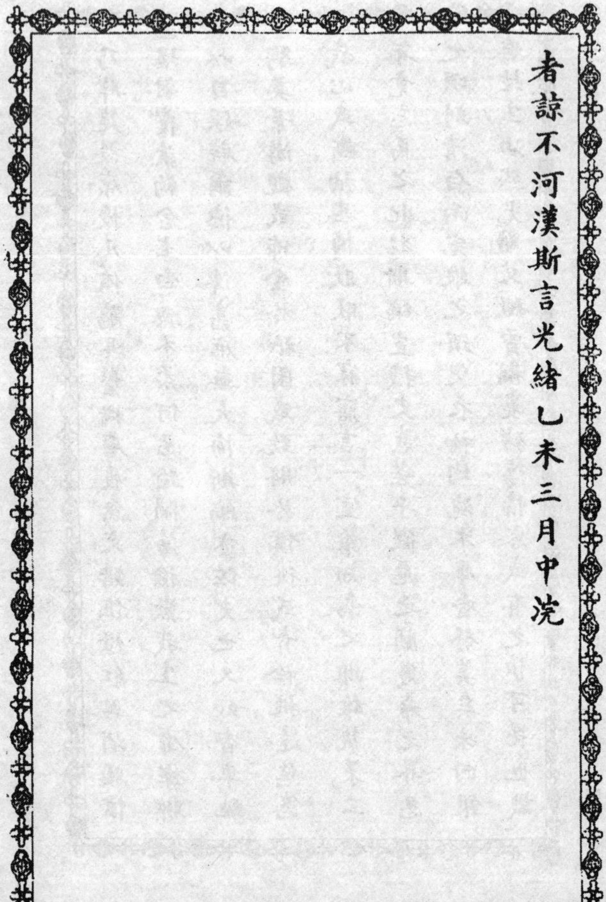
者諒不河漢斯言光緒乙未三月中浣

者谅不河汉斯言。

光绪乙未三月中浣

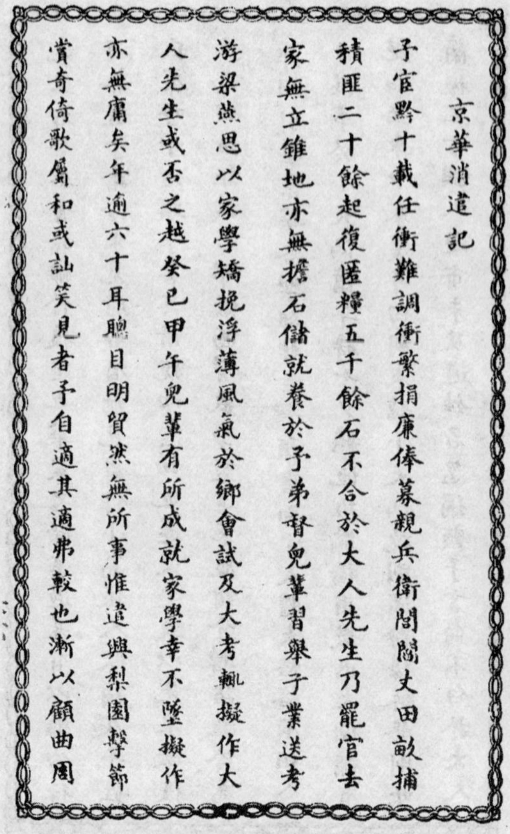
京華消遣記
予宦黔十載任衝難調衝繁捐廉俸募親兵衛閭閻丈田畝捕
積匪二十餘起復匿糧五千餘石不合於大人先生乃罷官去
家無立錐地亦無擔石儲就養於予弟督兒輩習舉子業送考
游梁燕思以家學矯挽浮薄風氣於鄉會試及大考輒擬作大
人先生或否之越癸巳甲午兒輩有所成就家學幸不墜擬作
亦無庸矣年適六十耳聰目明貿然無所事惟遣興梨園擊節
賞奇倚歌屬和或訕笑見者予自適其適弗較也漸以顧曲周

京华消遣记

予宦黔十载，任冲难，调冲繁。捐廉俸，募亲兵。卫闾阎，丈田亩。捕积匪二十余起，复匿粮五千余石。不合于大人先生，乃罢官去。家无立锥地，亦无担石储。就养于予弟，督儿辈习举子业，送考游梁燕。思以家学矫挽浮薄风气，于乡会试及大考辄拟作“大人先生”，或否之。

越癸巳甲午，儿辈有所成就，家学幸不坠，拟作亦无庸矣。年逾六十，耳聪目明，贸然无所事。惟遣兴梨园，击节赏奇，倚歌属和。或讪笑见者，予自适其适，弗较也。渐以顾曲周

先生者今垂青於雛伶後進也華袞之榮奚過是有以雛伶行
酒者邀予諸伶來見時各眉飛色舞作小鳥依人狀詢及予姓
氏羣呼予老頭予喜其情親而意切也遂受之或以先來傲後
至者曰汝詎識若耶倣西洋氣學製造萊菔鎗分贈諸雛伶為
郎相引重京華各樂部非老手頹唐即才人膽大格格不相入
日從事於小天仙憶年時七夕聽他班鵲橋甫散出大柵欄有
艷品坐車中搴簾呼曰胡未聽小天仙貌則滴粉搓酥聲則吹
蘭振玉方稠人過市未及通姓名忽獨顧予言向不白於大人

先生者。今垂青于雏伶后进也，华衮之荣奚过是。有以雏伶行酒者邀予，诸伶来见时，各眉飞色舞，作小鸟依人状。询及予姓氏，群呼予“老头”。予喜其情亲而意切也，遂受之。或以先来傲后至者，曰：“汝讵识若耶！”仿西洋气，学制造莱菔枪，分赠诸雏伶，为郎相引重。京华各乐部，非老手颓唐，即才人胆大，格格不相入。日从事于小天仙。

忆年时七夕，听他班《鹊桥》甫散，出大栅栏，有艳品坐车中，搴帘呼曰：“胡未听小天仙？”貌则滴粉搓酥，声则吹兰振玉。方稠人过市，未及通姓名，忽独顾予言：“向不白于大人

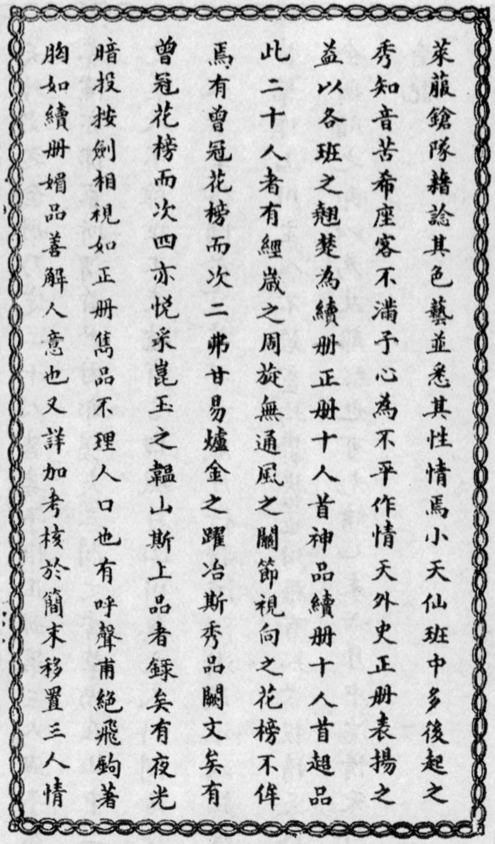
萊菔鎗隊藉諗其色藝並悉其性情焉小天仙班中多後起之秀知音苦希座客不滿予心為不平作情天外史正冊表揚之益以各班之翹楚為續冊正冊十人首神品續冊十人首超品此二十人者有經歲之周旋無通風之關節視向之花榜不侔焉有曾冠花榜而次二弗甘易爐金之躍冶斯秀品闕文矣有曾冠花榜而次四亦悦采崑玉之韞山斯上品者録矣有夜光暗投按劍相視如正冊雋品不理人口也有呼聲甫絕飛鉤著胸如續冊媚品善解人意也又詳加考核於簡末移置三人情

莱菔枪队，藉谂其色艺，并悉其性情焉。”

小天仙班中多后起之秀。知音苦希，座客不满，予心为不平，作《情天外史》正册表扬之。益以各班之翘楚为续册。正册十人，首神品。续册十人，首超品。此二十人者，有经岁之周旋，无通风之关节，视向之花榜不侔焉。有曾冠花榜，而次二弗甘，易炉金之跃冶，斯秀品阙文矣；有曾冠花榜，而次四亦悦，采昆玉之韫山，斯上品者录矣。有夜光暗投，按剑相视，如正册隽品，不理人口也。有呼声甫绝，飞钩著胸，如续册媚品，善解人意也。又详加考核，于简末移置三人。《情

天外史之全册乃定二十人皆善予惟正册第三人與予為尤
善儻亦佛家所謂前世因耶嗟夫三閭之香草尚在山中二姚
之美人不離世上東坡有言曰風月山川無主人得聞者便是
主人予幸得聞於京華平章風月行將游江浙泛淮泗歸隱光
黄檗作山川主人不若靈均鬱鬱也汨羅有知當投情天外史
全册贈之即以為反離騷也可光緒乙未六月中浣情天外史
自記

天外史》之全册乃定。二十人皆善予，惟正册第三人与予为尤善，倘亦佛家所谓前世因耶。嗟夫！三闾之香草尚在山中，二姚之美人不离世上。东坡有言曰："风月山川无主人，得闻者便是主人。"予幸得闻于京华，平章风月。行将游江浙，泛淮泗，归隐光黄檗，作山川主人，不若灵均郁郁也。汨罗有知，当投《情天外史》全册赠之。即以为《反离骚》也可。

光绪乙未六月中浣情天外史自记

新情天外史

天恨生撰文，朱斗南绘图。是书仿《情天外史》而作，选上海本地和曾在沪演出过的伶人，分品编入，予以评题。清宣统三年(1911)上海出版，发行者政新书局，印刷者广新书局。

谷曙光据此整理。

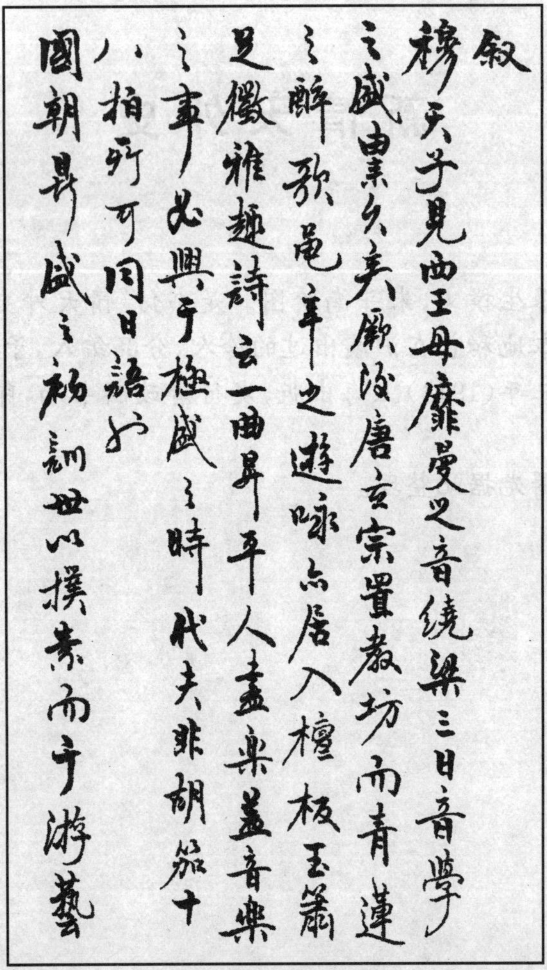

叙
穆天子見西王母靡曼之音繞梁三日音學
之盛由來久矣厥後唐玄宗置教坊而青蓮
之醉歌龜年之遊咏亦居入檀板玉簫
足徵雅趣詩云一曲昇平人盡樂蓋音樂
之事必興于極盛之時代夫非胡笳十
八拍所可同日語也
國朝鼎盛之初訓世以樸素而于游藝

叙

穆天子见西王母,靡曼之音绕梁三日。音学之盛,由来久矣。厥后,唐玄宗置教坊,而青莲之醉歌、龟年之游咏,亦居入檀板玉箫,足征雅趣。诗云:一曲升平人尽乐。盖音乐之事,必兴于极盛之时代。夫非胡笳十八拍,所可同日语也。

国朝鼎盛之初,训世以朴素,而于游艺

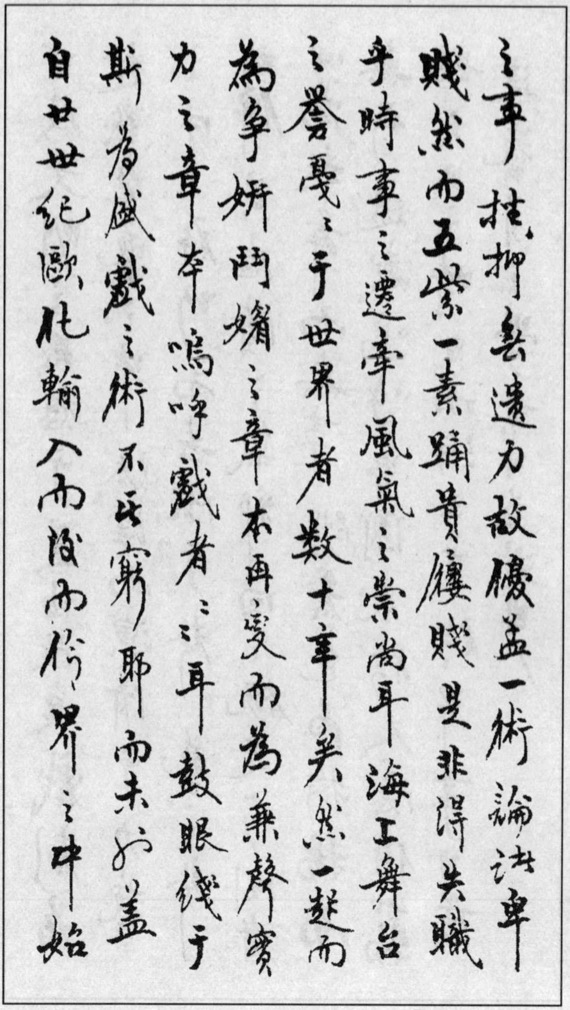
之事挫抑無遺力故優孟一術論諸卑
賤然而五紫一素踊貴屨賤是非得失職
乎時事之遷牵風氣之崇尚耳海上舞台
之譽戛戛于世界者數十年矣然一起而
為爭妍鬥媚之章本再變而為兼聲實
力之章本嗚呼戲者戲者耳鼓眼綫于
斯為盛戲之術不比窮耶而未也蓋
自廿世紀歐化輸入而后而伶界之中始

之事，挫抑无遗力。故优孟一术，论诸卑贱。然而五紫一素，踊贵屦贱，是非得失职乎？时事之迁牵，风气之崇尚耳。海上舞台之誉，戛戛于世界者，数十年矣。然一起而为争妍斗媚之章本，再变而为兼声实力之章本。呜呼！戏者戏者，耳鼓眼线于斯，为盛戏之术，不比穷耶？而未也。盖自廿世纪欧化输入而后，而伶界之中始

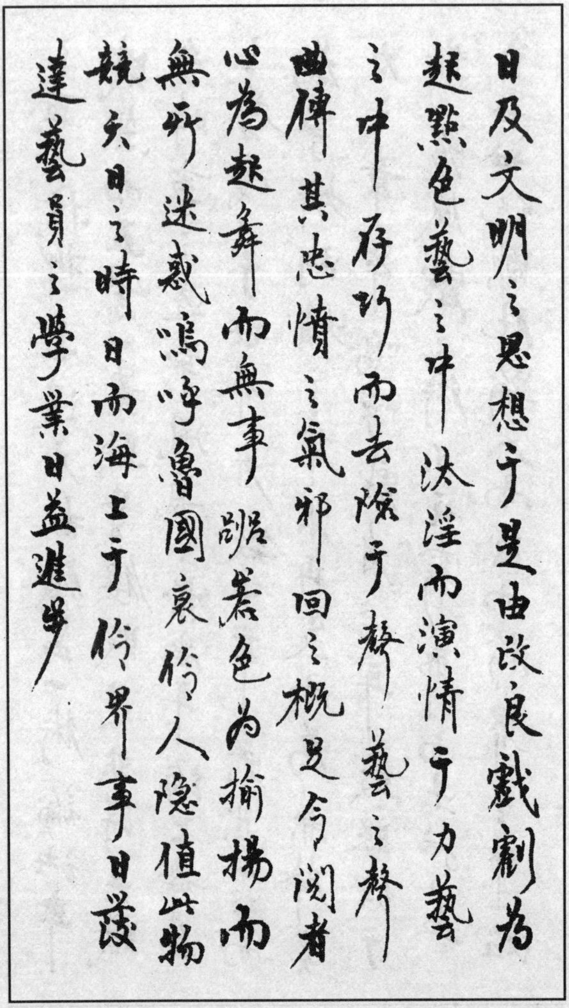
日及文明之思想于是由改良戲劇為起點色藝之中汰淫而演情于力藝之中存巧而去險于聲藝之聲曲傳其忠憤之氣邪回之概足令閱者心為起舞而無事䟧器色為揄揚而無所迷惑嗚呼魯國衰伶人隱值此物競天日之時日而海上于伶界事日發達藝員之學業日益進步

日及文明之思想，于是由改良戏剧为起点。色艺之中，汰淫而演情；于力艺之中，存巧而去险；于声艺之声，曲传其忠愤之气邪。回之概足令阅者心为起舞，而无事䟧器；色为揄扬，而无所迷惑。呜呼！鲁国衰，伶人隐。值此物竞天日之时日，而海上于伶界事日发达，艺员之学业日益进步，

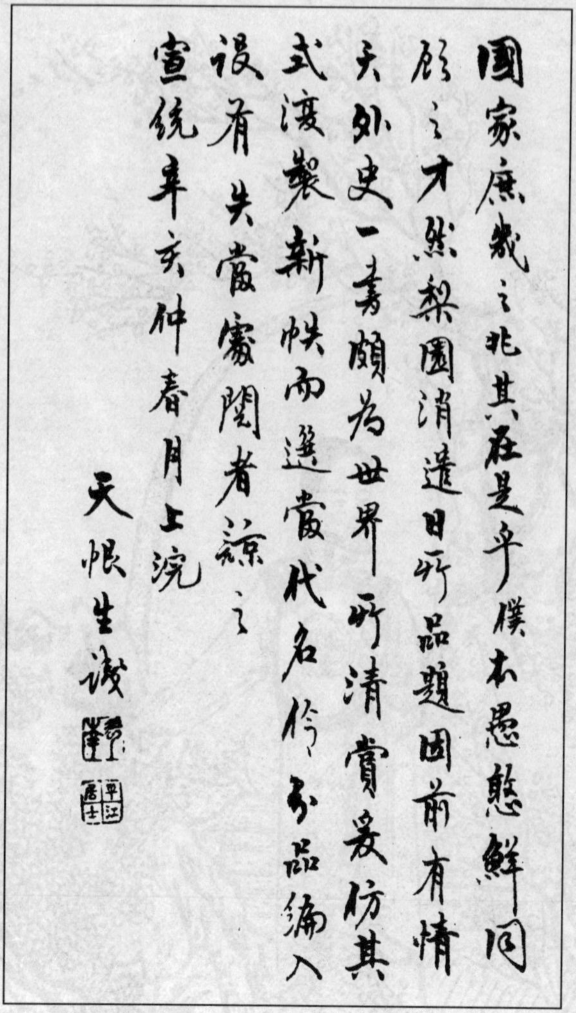
國家庶幾之兆其在是乎僕本愚憨鮮同顧之才然梨園消遣日所品題因前有情天外史一書頗為世界所清賞爰仿其式復製新帖而選當代名伶分品編入設有失當處閱者諒之

宣統辛亥仲春月上浣

天恨生識

国家庶几之兆，其在是乎？仆本愚憨，鲜同顾之才，然梨园消遣，日所品题。因前有《情天外史》一书，颇为世界所清赏，爰仿其式，复制新帖，而选当代名伶，分品编入。设有失当处，阅者谅之。

宣统辛亥仲春月上浣

天恨生识

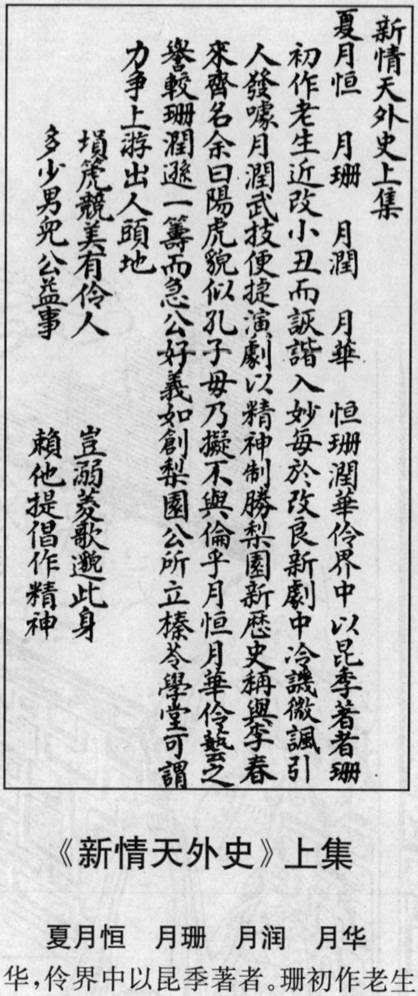
新情天外史上集

夏月恒　月珊　月潤　月華　恒珊潤華伶界中以昆季著者珊初作老生近改小丑而詼諧入妙每於改良新劇中冷譏微諷引人發噱月潤武技便捷演劇以精神制勝梨園新歷史稱與李春來齊名余曰陽虎貌似孔子毋乃擬不與倫乎月恒月華伶藝之譽較珊潤遜一籌而急公好義如創梨園公所立榛苓學堂可謂力爭上游出人頭地

塤箎競美有伶人　豈溺菱歌邈此身

多少男兒公益事　賴他提倡作精神

《新情天外史》上集

夏月恒　月珊　月润　月华

恒、珊、润、华，伶界中以昆季著者。珊初作老生，近改小丑，而诙谐入妙。每于改良新剧中，冷讥微讽，引人发噱。月润武技便捷，演剧以精神制胜。《梨园新历史》称与李春来齐名。余曰：“阳虎貌似孔子，毋乃拟不与伦乎？”月恒、月华，伶艺之誉较珊、润逊一筹，而急公好义，如创梨园公所、立榛苓学堂，可谓力争上游，出人头地。

塤篪竞美有伶人，岂溺菱歌邈此身。

多少男儿公益事，赖他提倡作精神。

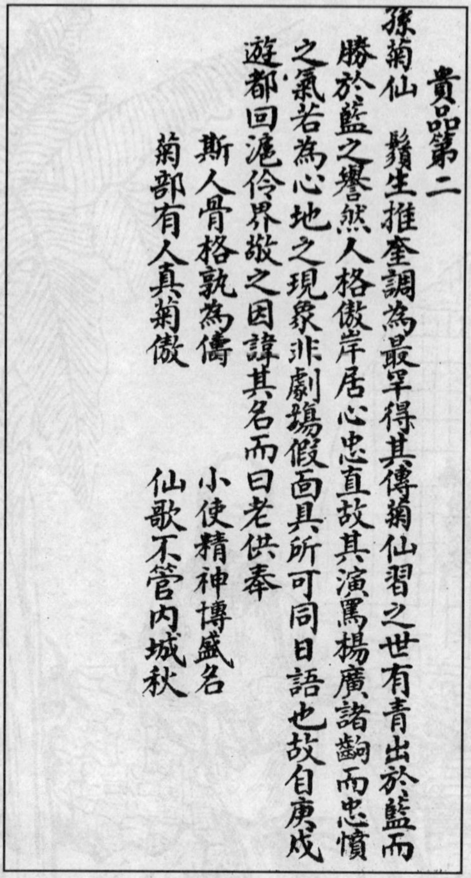

貴品第二

孫菊仙　鬚生推奎調為最罕得其傳菊仙習之世有青出於藍而勝於藍之譽然人格傲岸居心忠直故其演罵楊廣諸齣而忠憤之氣若為心地之現象非劇場假面具所可同日語也故自庚戌遊都回滬伶界敬之因諱其名而曰老供奉

斯人骨格孰為儔　小使精神博盛名

菊部有人真菊傲　仙歌不管内城秋

贵 品 第 二

孙菊仙

须生推奎调为最，罕得其传。菊仙习之，世有青出于蓝而胜于蓝之誉。然人格傲岸，居心忠直，故其演《骂杨广》诸出，而忠愤之气，若为心地之现象，非剧场假面具所可同日语也。故自庚戌游都回沪，伶界敬之，因讳其名，而曰“老供奉”。

斯人骨格孰为俦，小使精神博盛名。

菊部有人真菊傲，仙歌不管内城秋。

逸品第三

汪笑儂　笑儂幼曾習舉子業善詞賦師孟子獨善其身意於是託伶曹以為隱自入歐化時代發起排改良新劇所演立憲鏡博覽會等戲皆其心造意搆故能自具手眼尚不足貴且其演罵閻羅等類諸舊劇亦能隨其自然戛獨造昔年海上菊榜曾拔為文狀頭雖曰虛譽抑亦位置之無愧云

不入文場入劇場　薄今好古暗秋陽

笑他面具忘真輩　儂借衣冠高照將

逸 品 第 三

汪笑侬

笑侬幼曾习举子业，善词赋，师孟子独善其身意。于是托伶曹以为隐。自入欧化时代，发起排改良新剧。所演《立宪镜》、《博览会》等戏，皆其心造意构，故能自具手眼，尚不足贵。且其演《骂阎罗》等，类诸旧剧，亦能随其自然，戛戛独造。昔年海上菊榜，曾拔为文状头，虽曰虚誉，抑亦位置之无愧云。

不入文场入剧场，薄今好古暗秋阳。

笑他面具忘真辈，侬借衣冠高照将。

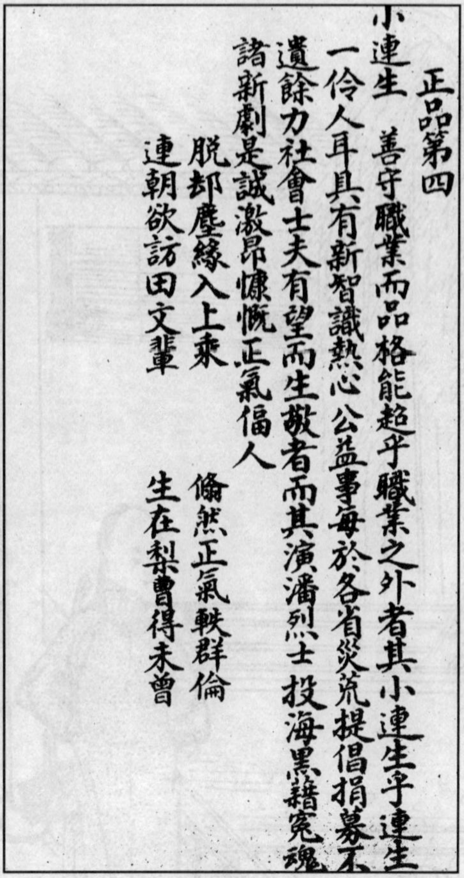
正品第四
小連生　善守職業而品格能超乎職業之外者其小連生乎連生一伶人耳具有新智識熱心公益事每於各省災荒提倡捐募不遺餘力社會士夫有望而生敬者而其演潘烈士投海黑藉冤魂諸新劇是誠激昂慷慨正氣偪人
脫却塵緣入上乘　翛然正氣軼群倫
連朝欲訪田文輩　生在梨曹得未曾

正 品 第 四

小连生

善守职业，而品格能超乎职业之外者，其小连生乎？连生，一伶人耳，具有新智识，热心公益事。每于各省灾荒，提倡捐募，不遗余力，社会士夫有望而生敬者。而其演《潘列士投海》、《黑藉冤魂》诸新剧，是诚激昂慷慨，正气逼人。

脱却尘缘入上乘，翛然正气轶群伦。

连朝欲访田文辈，生在梨曹得未曾。

绝品第五

呂月樵　月樵善倣孫調而清脆自如不落矯造氣蓋其天姿卓絕喉音圓轉竊比繁音惟妙惟肖故戲迷傳之入京劇首造於是手其間諸雜串得以採一是名伶之聲調以薈萃於慧舌之間是亦藝員中之神乎其技者也

天生美質壓伶曹　藝擅兼長價自高

我亦知音悽夜月　高山流水問漁樵

绝 品 第 五

吕月樵

月樵善仿孙调，而清脆自如，不落矫造气。盖其天姿卓绝，喉音圆转，窃比繁音，惟妙惟肖。故《戏迷传》之入京剧，首造于是手。其间诸杂串，得以采一是。名伶之声调，以荟萃于慧舌之间。是亦艺员中之神乎其技者也。

天生美质压伶曹，艺擅兼长价自高。

我亦知音凄夜月，高山流水问渔樵。

奇品第六

七盞燈　貌比花妍聲如鶯囀腰肢如輕燕可作掌上舞花旦之能事盡矣而七盞燈之獨臻奇妙者當其繡帕包頭則娜嫋生姿歌喉弋媚及其改唱老生則官方大雅無一點脂粉氣是謂天末神龍變化莫測

是爲巾幗是英雄　兩兩風神寫不工

把盞雅懷彈劍鋏　剔燈媚態到薰籠

奇 品 第 六

七盏灯

貌比花妍，声如莺啭。腰肢如轻燕，可作掌上舞。花旦之能事尽矣！而七盏灯之独臻奇妙者，当其绣帕包头，则娜袅生姿，歌喉弋媚。及其改唱老生，则官方大雅，无一点脂粉气。是谓天末神龙，变化莫测。

是为巾帼是英雄，两两风神写不工。

把盏雅怀弹剑铗，剔灯媚态到熏笼。

英品第七

蓋呌天　蓋呌天打武生玩弄器械實見工力而身段之活潑架落之自在雖李春來高福安不能出乎其右其名蓋呌天者因初唱鬚生意在出譚氏之頭地云爾

蓋代名伶藝術奇　男兒生手語無疑
一聲呌嗥撼山岳　英猛天然肯讓誰

英品第七

盖叫天

盖叫天打武生，玩弄器械，实见工力。而身段之活泼、架落之自在，虽李春来、高福安，不能出乎其右。其名盖叫天者，因初唱须生，意在出谭氏之头地云尔。

盖代名伶艺术奇，男儿生手语无疑。

一声叫哮撼山岳，英猛天然肯让谁？

上品第八

三麻子　三麻子不知何許人也初遊滬名譽未振其小字曰三麻子群焉輕之遂名焉及其深造逢原聲名洋溢而三麻子之名之不可易矣其所演諸劇皆以做手勝人惟於江東會及闖五關斬顔良僑扮關壯繆而凛凛生氣雖時下名伶亦望塵弗及

直將小字著奇名　笑擬斯人藝曷精
應在麻郎聲調裡　却教子細討生成

上 品 第 八

三麻子

三麻子，不知何许人也。初游沪，名誉未振。其小字曰“三麻子”，群焉轻之，遂名焉。及其深造逢原，声名洋溢，而三麻子之名之不可易矣。其所演诸剧，皆以做手胜人。惟于《江东会》及《闯五关》、《斩颜良》，侨扮关壮缪。而凛凛生气，虽时下名伶，亦望尘弗及。

直将小字著奇名，笑拟斯人艺曷精。

应在麻郎声调里，却教子细讨生成。

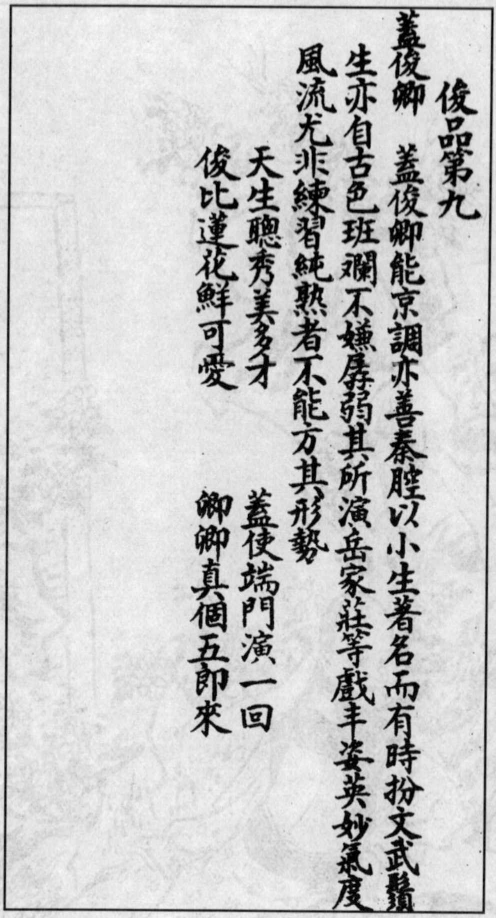
俊品第九

蓋俊卿　蓋俊卿能京調亦善秦腔以小生著名而有時扮文武鬚生亦自古色班斕不嫌孱弱其所演岳家莊等戲丰姿英妙氣度風流尤非練習純熟者不能方其形勢

天生聰秀美多才　蓋使端門演一回

俊比蓮花鮮可愛　卿卿真個五郎來

俊 品 第 九

盖俊卿

盖俊卿，能京调，亦善秦腔。以小生著名，而有时扮文武须生，亦自古色斑斓，不嫌孱弱。其所演《岳家庄》等戏，丰姿英妙，气度风流，尤非练习纯熟者，不能方其形势。

天生聪秀美多才，盖使端门演一回。

俊比莲花鲜可爱，卿卿真个五郎来。

驍品第十

高福安　讀公孫大娘劍氣行未有不神志飛越若逡巡於寒燄下者今觀高福安之一口刀何獨不然福安打武生技藝過人唱金錢豹等劇能跳五隻台尤非他藝員所能望諸項背識者咸許其真工實力無須臾之假借云

斯人驍勇有奇才　非比尋常假借來

福運若高真奪印　安然紫綬等探懷

骁 品 第 十

高福安

读《公孙大娘剑器行》，未有不神志飞越，若逡巡于寒焰下者。今观高福安之一口刀，何独不然？福安打武生，技艺过人，唱《金钱豹》等剧，能跳五只台，尤非他艺员所能望诸项背。识者咸许其真工实力，无须臾之假借云。

斯人骁勇有奇才，非比寻常假借来。

福运若高真夺印，安然紫绶等探怀。

才品第十一

林步青　步青初時不過一攤簧家也其過人處惟說白諧妙不蹈他人之窠臼洎夫鞠部更張翻淫污之濫觴為文明之新穎林亦起而創改良之攤簧於是聲譽大振浸漸而直受舞臺之聘矣觀其唱蕩湖船一齣真能掃盡俗氛獨標異彩

名詞諧妙自翻新　胸具才華最可人

步出風塵邀賞識　青衫司馬酒添痕

才品第十一

林步青

步青初时，不过一摊簧家也。其过人处，惟说白谐妙，不蹈他人之窠臼。洎夫鞠部更张，翻淫污之滥觞，为文明之新颖。林亦起而创改良之摊簧，于是声誉大振，浸渐而直受舞台之聘矣。观其唱《荡湖船》一出，真能扫尽俗氛，独标异彩。

名词谐妙自翻新，胸具才华最可人。

步出风尘邀赏识，青衫司马酒添痕。

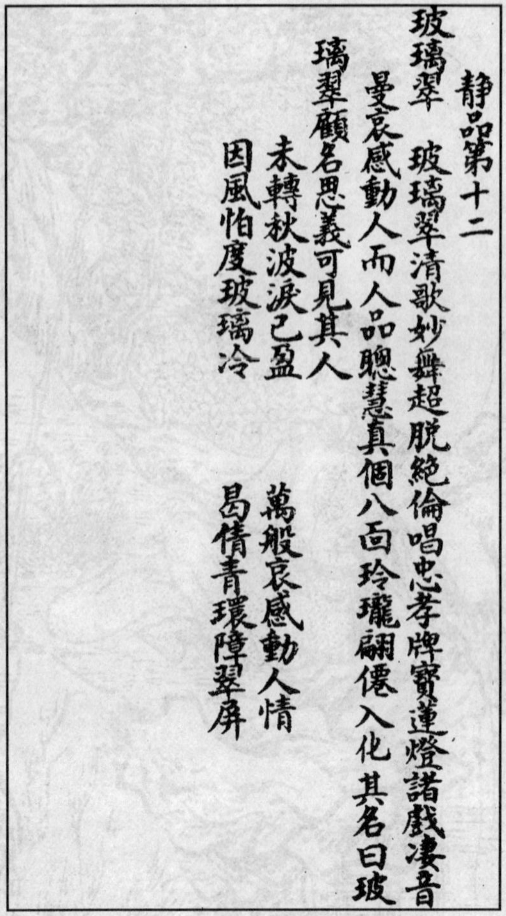

静品第十二

玻璃翠　玻璃翠清歌妙舞超脱絶倫唱忠孝牌寳蓮燈諸戲淒音曼哀感動人而人品聰慧真個八面玲瓏翩僊入化其名曰玻璃翠顧名思義可見其人

未轉秋波淚已盈　萬般哀感動人情

因風怕度玻璃冷　曷倩青環障翠屏

静品第十二

玻璃翠

玻璃翠，清歌妙舞，超脱绝伦。唱《忠孝牌》、《宝莲灯》诸戏，凄音□曼，哀感动人。而人品聪慧，真个八面玲珑，翩仙入化，其名曰“玻璃翠”，顾名思义，可见其人。

未转秋波泪已盈，万般哀感动人情。

因风怕度玻璃冷，曷倩青环障翠屏。

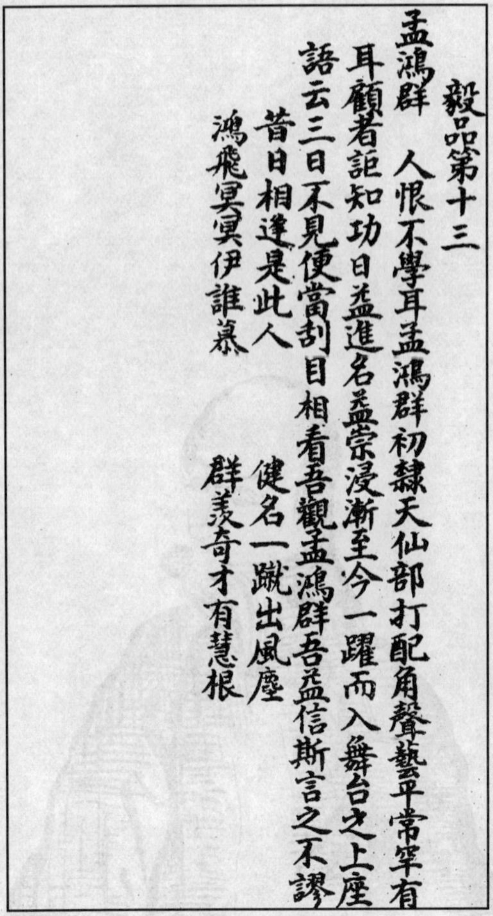

毅品第十三

孟鴻群　人恨不學耳孟鴻群初隸天仙部打配角聲藝平常罕有耳顧者詎知功日益進名益崇浸漸至今一躍而入舞台之上座語云三日不見便當刮目相看吾觀孟鴻群吾益信斯言之不謬

昔日相逢是此人　健名一蹴出風塵

鴻飛冥冥伊誰慕　群羡奇才有慧根

毅品第十三

孟鸿群

人恨不学耳。孟鸿群初隶天仙部，打配角，声艺平常，罕有耳顾者。讵知功日益进，名益崇，浸渐至今，一跃而入舞台之上。座语云：三日不见，便当刮目相看。吾观孟鸿群，吾益信斯言之不谬。

昔日相逢是此人，健名一蹴出风尘。

鸿飞冥冥伊谁慕，群美奇才有慧根。

能品第十四

李百歲　李百歲打小丑不惟以詼諧占場而唱工最好演十八扯戲迷傳拾金等戲能肖伶界各名家之聲調斯須不爽是謂丑角中以聲學勝人者

丑角之中有異才　不惟科白重詼諧
百千喉舌皆通借　歲月知從練習皆

能品第十四

李百岁

李百岁，打小丑，不惟以诙谐占场；而唱工最好，演《十八扯》、《戏迷传》、《拾金》等戏，能肖伶界各名家之声调，斯须不爽，是谓丑角中以声学胜人者。

丑角之中有异才，不惟科白重诙谐。

百千喉舌皆通借，岁月知从练习皆。

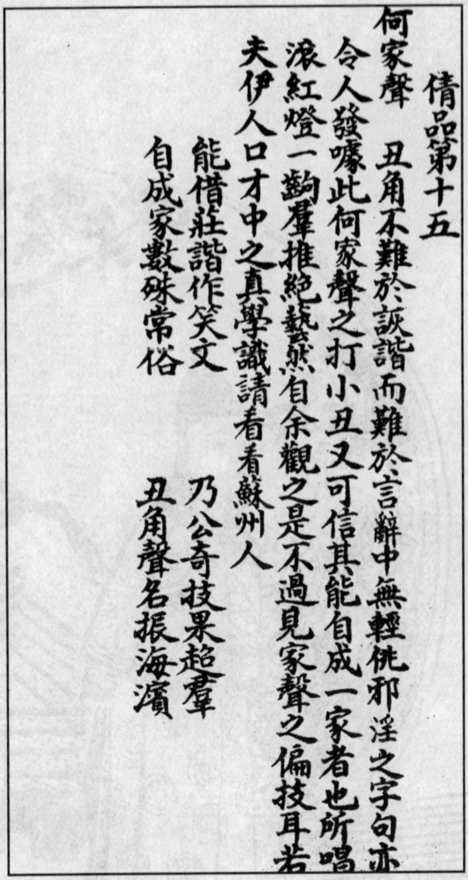
倩品第十五
何家聲　丑角不難於詼諧而難於言辭中無輕佻邪淫之字句亦
令人發噱此何家聲之打小丑又可信其能自成一家者也所唱
滾紅燈一齣羣推絕藝然自余觀之是不過見家聲之偏技耳若
夫伊人口才中之真學識請看看蘇州人
能借莊諧作笑文　乃公奇技果超羣
自成家數殊常俗　丑角聲名振海濵

倩品第十五

何家声

丑角不难于诙谐，而难于言辞中无轻佻邪淫之字句，亦令人发噱，此何家声之打小丑，又可信其能自成一家者也。所唱《滚红灯》一出，群推绝艺。然自余观之，是不过见家声之偏技耳。若夫伊人口才中之真学识，请看看苏州人。

能借庄谐作笑文，乃公奇技果超群。

自成家数殊常俗，丑角声名振海滨。

新情天外史下集

神品第一

小呌天　小呌天姓譚名鑫培扮鬚生為内廷供奉中而聲藝兼著者其唱三國志空城計打鼓駡曹等戲而静穆清高之度神似其人尤不僅以聲藝占勝已也詩曰我思古人式獲我心於觀譚劇時可為之誦

學成聲藝重神京　小使精神博盛名
呌起梨曹好身手　天然風格入伶評

《新情天外史》下集

神品第一

小叫天

小叫天，姓谭，名鑫培。扮须生，为内廷供奉中而声艺兼著者。其唱《三国志》、《空城计》、《打鼓骂曹》等戏，而静穆清高之度，神似其人，尤不仅以声艺占胜已也。诗曰：我思古人，实获我心。于观谭剧时，可为之诵。

学成声艺重神京，小使精神博盛名。
叫起梨曹好身手，天然风格入伶评。

朱升甫
寫

卓品第二

劉鴻昇　京班中諺云千生萬旦一淨難求鴻昇初扮淨角即負盛名後改唱老生矢志與譚鑫培競勝京華遄返聲價倍增昔人稱秦少遊成無已文才一以天資勝一以功力勝均能登高造極余謂劉鴻昇與譚鑫培之所以異而同者亦然

磨磚舊澤紹家風　練得甜音出苦功

鴻弋有心何所慕　昇平一曲步晴空

卓 品 第 二

刘鸿升

京班中谚云：千生万旦，一净难求。鸿升初扮净角，即负盛名。后改唱老生，矢志与谭鑫培竞胜。京华遄返，声价倍增。昔人称秦少游、陈无己[①]文才，一以天资胜，一以功力胜，均能登高造极。余谓刘鸿升与谭鑫培之所以异而同者，亦然。

磨砖旧泽绍家风，练得甜音出苦功。

鸿弋有心何所慕，升平一曲步晴空。

---

① 原文误。宋人陈师道，字无己。

超品第三

貴俊卿　俊卿之藝亦如劉鴻昇受叫天雕琢而成而俊卿之摹叫天者不惟以聲藝而並克肖其神志此私淑中之能知講求心法者也觀其唱三國志戲而氣度沈穆足令觀者屏息

藝學難於是肖神　真傳衣鉢受譚君

俊才品第何居處　卿子何妨號冠軍

超 品 第 三

贵俊卿

俊卿之艺，亦如刘鸿升受叫天雕琢而成。而俊卿之摹叫天者，不惟以声艺，而并克肖其神志。此私淑中之能知讲求心法者也。观其唱《三国志》戏，而气度沉穆，足令观者屏息。

艺学难于是肖神，真传衣钵受谭君。

俊才品第何居处，卿子何妨号冠军。

妙品第四

崔靈芝

崔靈芝唱青衫美冠一時不唯以做工勝人而筑音清峭歌泣自然其演血手印等劇閱者雖鐵石心未有不為之悽楚者

英姿颯爽自酣然 淚染胭脂色更鮮

靈慧不知誰得似 芝霜蘭雪格彌堅

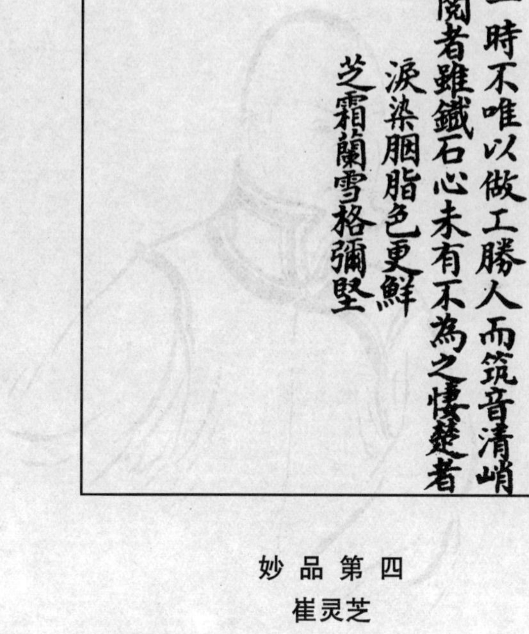

妙 品 第 四

崔灵芝

崔灵芝，唱青衫，美冠一时。不唯以做工胜人，而筑音清峭，歌泣自然。其演《血手印》等剧，阅者虽铁石心，未有不为之凄楚者。

英姿飒爽自酣然，泪染胭脂色更鲜。

灵慧不知谁得似，芝霜兰雪格弥坚。

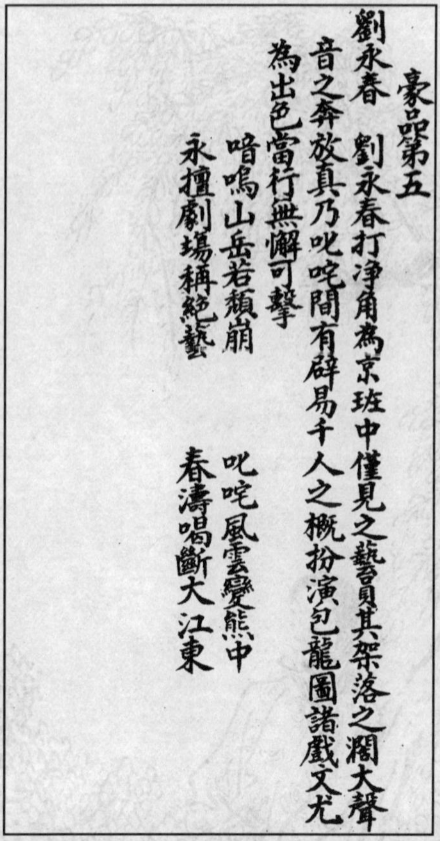
豪品第五

劉永春 劉永春打淨角為京班中僅見之藝員其架落之濶大聲音之奔放真乃叱咤間有辟易千人之概扮演包龍圖諸戲文尤為出色當行無懈可擊

喑嗚山岳若頹崩 叱咤風雲變熊中

永擅劇場稱絕藝 春濤喝斷大江東

豪 品 第 五

刘永春

刘永春，打净角，为京班中仅见之艺员。其架落之阔大、声音之奔放，真乃叱咤间有辟易千人之概。扮演《包龙图》诸戏文，尤为出色当行，无懈可击。

喑呜山岳若颓崩，叱咤风云变态中①。

永擅剧场称绝艺，春涛喝断大江东。

① 原文“熊”误，应为“态”。

豔品第六

夜來香　夜來香素以崑曲顯吳中菊榜曾列狀頭久已名馳曲部
矣近來亦能唱新戲而巾幗登台嬝娜於電燈之下真個燭照棠
酣柔情若醉古人所稱羞花閉月者不謂鬚眉間而亦見之
玉質硃喉最可佳　超然風韻果非凡
夜來探聽春消息　香國頻開第一花

艳 品 第 六

夜来香

夜来香，素以昆曲显。吴中菊榜，曾列状头，久已名驰曲部矣。近来亦能唱新戏。而巾帼登台，袅娜于电灯之下，真个烛照棠酣，柔情若醉。古人所称羞花闭月者，不谓须眉间而亦见之。

玉质朱喉最可佳，超然风韵果非凡。

夜来探听春消息，香国频开第一花。

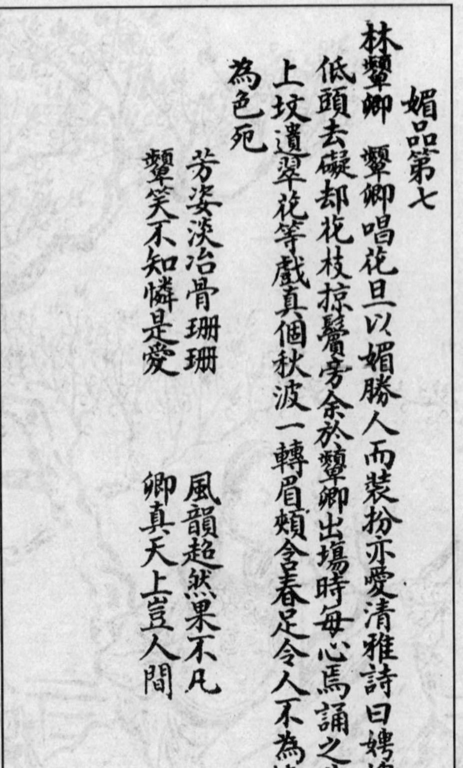

媚品第七

林鬘卿　鬘卿唱花旦以媚勝人而裝扮亦愛清雅詩曰娉娉欲語低頭去礙却花枝掠鬢旁余於鬘卿出場時每心焉誦之其唱小上坟遺翠花等戲真個秋波一轉眉頰含春足令人不為情癡也為色死

芳姿淡冶骨珊珊　風韻超然果不凡
鬘笑不知憐是愛　卿真天上豈人間

媚 品 第 七

林鬘卿

鬘卿唱花旦，以媚胜人，而装扮亦爱清雅。诗曰：娉娉欲语低头去，碍却花枝掠鬓旁。余于鬘卿出场时，每心焉诵之。其唱《小上坟》、《遗翠花》等戏，真个秋波一转，眉颊含春，足令人不为情痴，也为色死。

芳姿淡冶骨珊珊，风韵超然果不凡。
鬘笑不知怜是爱，卿真天上岂人间。

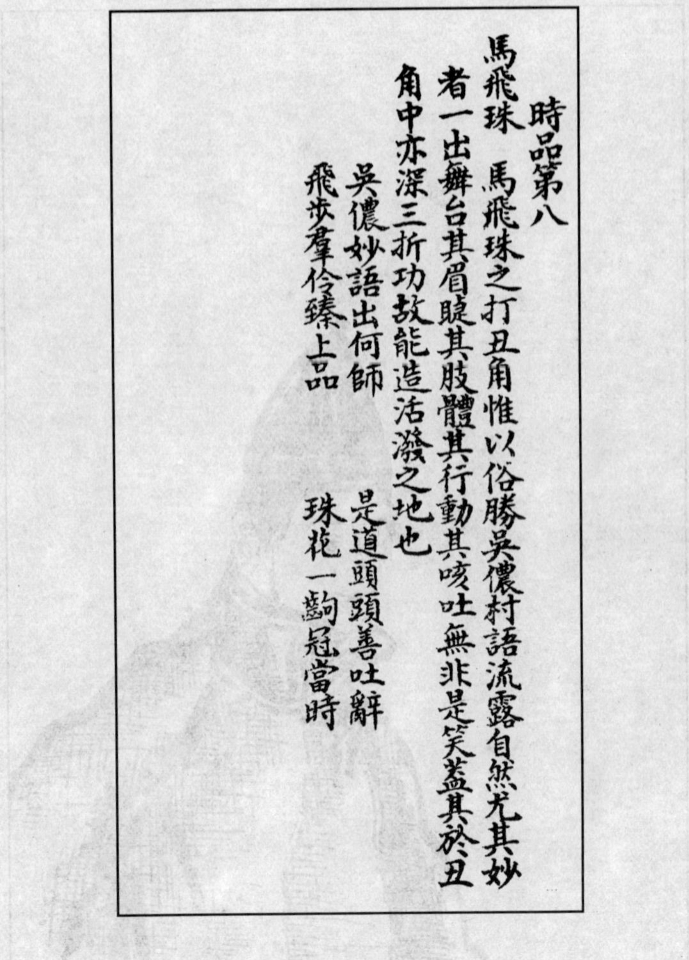

時品第八

馬飛珠

馬飛珠之打丑角惟以俗勝吳儂村語流露自然尤其妙者一出舞台其眉睫其肢體其行動其咳吐無非是笑蓋其於丑角中亦深三折功故能造活潑之地也

吳儂妙語出何師　是道頭頭善吐辭
飛步羣伶臻上品　珠花一齣冠當時

时品第八

马飞珠

马飞珠之打丑角，惟以俗胜。吴侬村语，流露自然。尤其妙者，一出舞台，其眉睫、其肢体、其行动、其咳吐，无非是笑。盖其于丑角中亦深三折功，故能造活泼之地也。

吴侬妙语出何师，是道头头善吐辞。
飞步群伶臻上品，珠花一出冠当时。

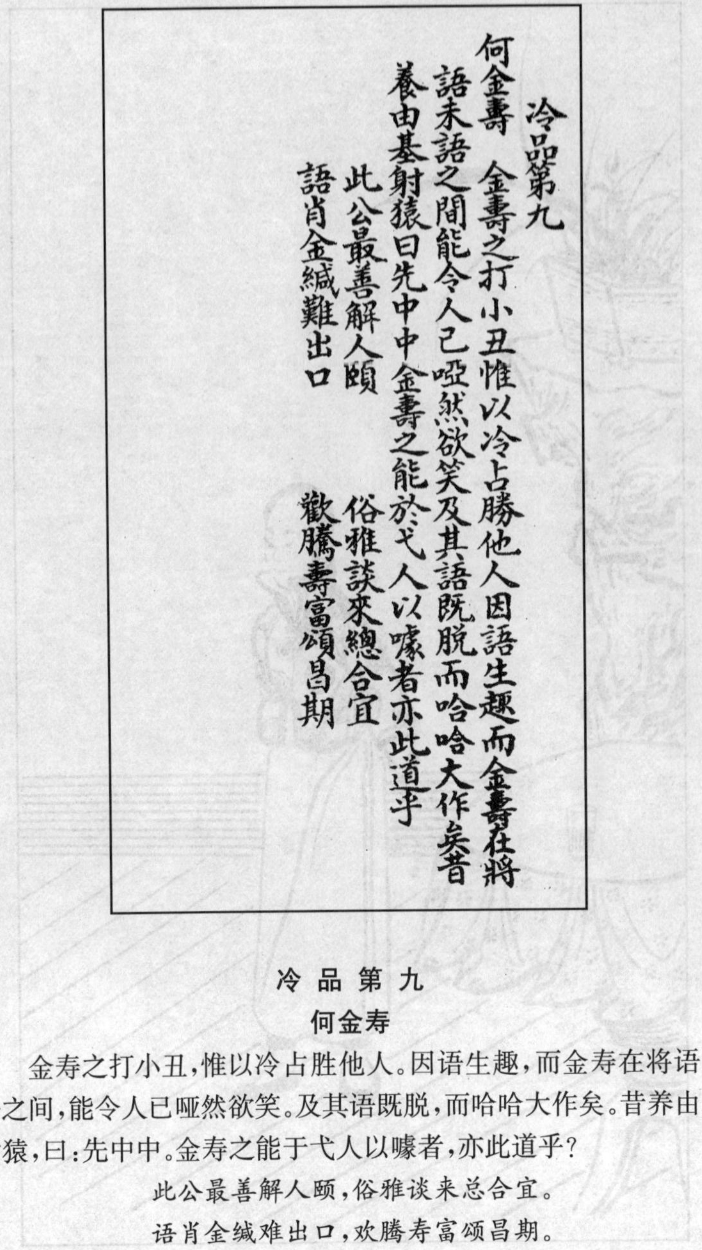

冷 品 第 九

何金寿

金寿之打小丑，惟以冷占胜他人。因语生趣，而金寿在将语未语之间，能令人已哑然欲笑。及其语既脱，而哈哈大作矣。昔养由基射猿，曰：先中中。金寿之能于弋人以噱者，亦此道乎？

此公最善解人颐，俗雅谈来总合宜。

语肖金缄难出口，欢腾寿富颂昌期。

聰品第十

趙如泉

趙如泉與孟鴻群相伯仲初則一配角耳後打鬚生其做工雖名手亦莫能出乎其右惟聲調不若孟氏之改造得來然而三門街一劇而編串實出於其手其戲傳其人之聲譽亦於是乎立

英雄何論出身微　學到成功譽自歸

不識如何成造就　請觀泉水便知機

聪 品 第 十

赵如泉

赵如泉与孟鸿群相伯仲。初则一配角耳，后打须生，其做工虽名手，亦莫能出乎其右。惟声调不若孟氏之改造得来，然而《三门街》一剧，而编串实出于其手，其戏传其人之声誉，亦于是乎立。

英雄何论出身微，学到成功誉自归。

不识如何成造就，请观泉水便知机。

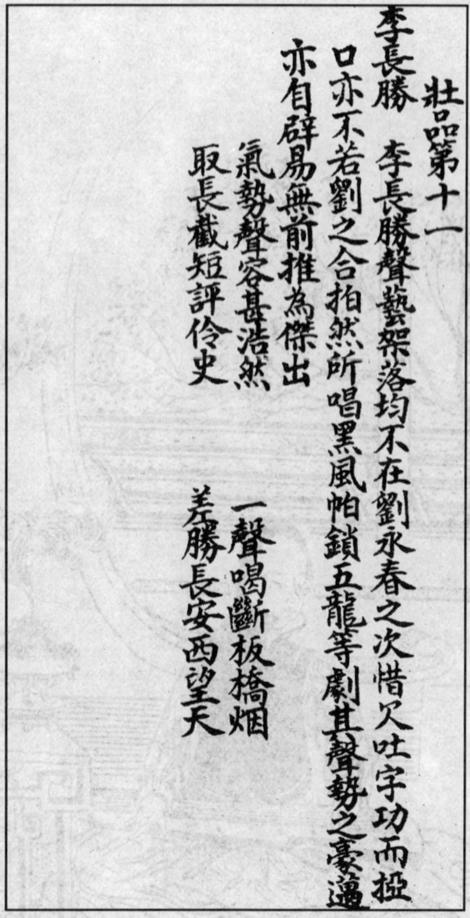
壯品第十一
李長勝　李長勝聲藝架落均不在劉永春之次惜欠吐字功而掗
口亦不若劉之合拍然所唱黑風帕鎖五龍等劇其聲勢之豪邁
亦自辟易無前推為傑出
氣勢聲容甚浩然　一聲喝斷板橋烟
取長截短評伶史　差勝長安西望天

壮 品 第 十 一

李长胜

李长胜，声艺架落，均不在刘永春之次。惜欠吐字功，而挜口亦不若刘之合拍。然所唱《黑风帕》、《锁五龙》等剧，其声势之豪迈，亦自辟易无前，推为杰出。

气势声容甚浩然，一声喝断板桥烟。

取长截短评伶史，差胜长安西望天。

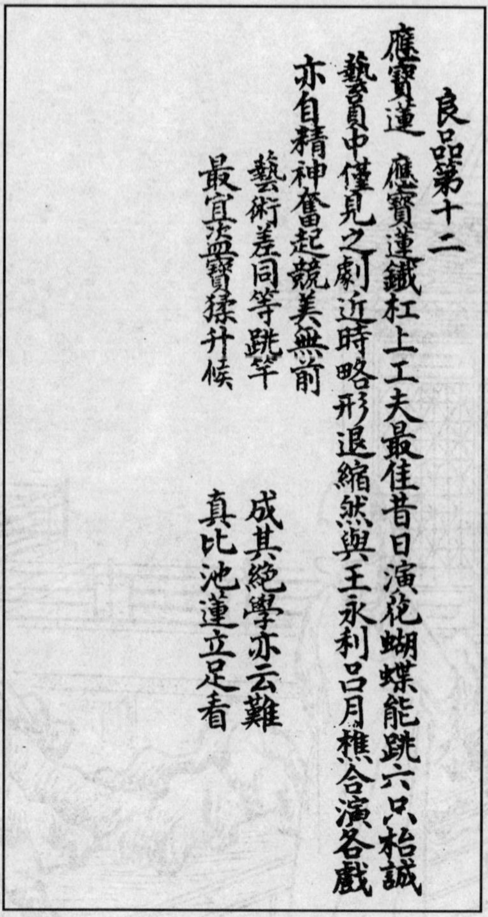
良品第十二
應寶蓮
應寶蓮鐵杠上工夫最佳昔日演花蝴蝶能跳六只枱誠
藝員中僅見之劇近時略形退縮然與王永利呂月樵合演各戲
亦自精神奮起競美無前
藝術差同等跳竿　成其絕學亦云難
最宜盜寶猱升候　真比池蓮立足看

良品第十二

应宝莲

应宝莲，铁杠上工夫最佳。昔日演《花蝴蝶》，能跳六只台，诚艺员中仅见之剧。近时略形退缩，然与王永利、吕月樵合演各戏，亦自精神奋起，竞美无前。

艺术差同等跳竿，成其绝学亦云难。
最宜盗宝猱升候，真比池莲立足看。

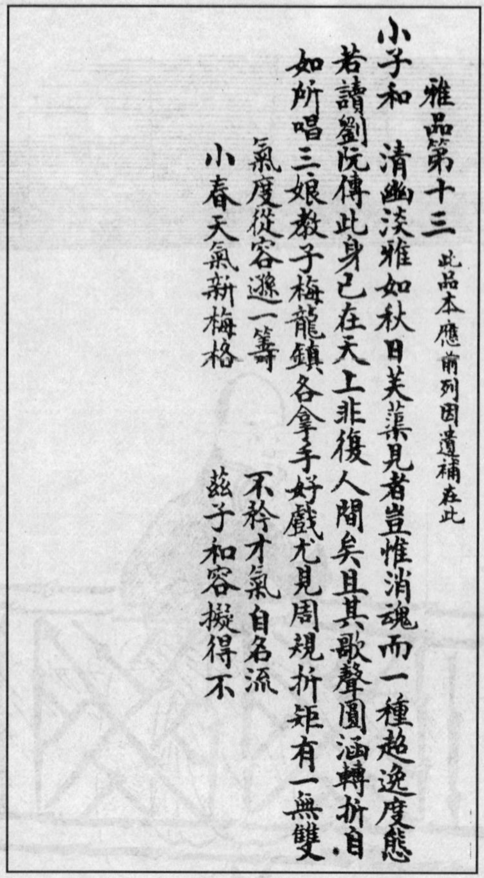
雅品第十三 此品本應前列因遺補在此
小子和 清幽淡雅如秋日芙蕖見者豈惟消魂而一種超逸度態
若讀劉阮傳此身已在天上非復人間矣且其歌聲圓涵轉折自
如所唱三娘教子梅龍鎮各拿手好戲尤見周規折矩有一無雙
氣度從容遜一籌 不矜才氣自名流
小春天氣新梅格 茲子和容擬得不

雅品第十三

（此品本应前列，因遗补在此）

小子和

清幽淡雅，如秋日芙蕖，见者岂惟消魂。而一种超逸度态，若读刘阮传，此身已在天上，非复人间矣。且其歌声圆涵，转折自如。所唱《三娘教子》、《梅龙镇》各拿手好戏，尤见周规折矩，有一无双。

气度从容逊一筹，不矜才气自名流。

小春天气新梅格，兹子和容拟得不。

趣品第十四

馮二耇　二耇善諧謔因笑罵無忌憚幾至危今則有戒心矣嘗欲效李百歲仿一切名伶之聲調以自成一家尚未到却好之地步惟拾金一齣楷模於孫調者頗能體會入微

只解詼諧任自由　未知鸚鵡在前頭

二分春色三分怨　黃耇聲餘戲沐猴

趣品第十四

冯二耇

二耇善谐谑，因笑骂无忌惮，几至危，今则有戒心矣。尝欲效李百岁，仿一切名伶之声调，以自成一家，尚未到却好之地步。惟《拾金》一出，楷模于孙调者，颇能体会入微。

只解诙谐任自由，未知鹦鹉在前头。

二分春色三分怨，黄耇声余戏沐猴。

北京唱盘

本书是清光绪三十二年(1906)法国百代公司在北京收录唱片的宣传册。封二有谭鑫培之“代序”:“自话匣输入中国以来,总未克将真正名角收入,而贵公司此次由乔君介绍,将北京名角全行约唱,一系委托得人,一系机器之灵,引人入胜。敝人受诸君之托,演唱数段,略以塞责。今者阁下已得全豹,将来必独占胜场。此贺百代公司代表杜恺君财安。谭鑫培具。北京。十月廿四日。”此书由吴晓铃收藏,其书内按语云:“四十年代末得于宣武门内海市界刑四麻子地摊上。曾经徐兰沅先生阅过,并对所知戏剧演员加注说明。白凤鸣兄则对曲艺演员加注说明。马连良兄则认为此书保存戏曲早期文献及照片,价值甚大。三君俱往矣。读其手迹,不禁人琴之叹!一九八三年八月一日示孙书筠女史后记之。”吴晓铃还撰有《八十二年前的声像记录〈北京唱盘〉》,可参看。唱片目录记录了 1906 年百代公司在北京灌制的戏曲、曲艺唱段情况。为保持书的完整性,书内曲艺时调部分,仍予保留。由于时间较久,徐兰沅、白凤鸣的注释说明,字迹已较难辨识。

譚鑫培
同慶班

自話匣輸入中國以來總未克將真正名角收入而
貴公司此次由喬君介紹將北京名角全行约唱
一條委託得人一條机器之靈引人入勝殊令受
諸君之託演唱數段畧以塞責今并　國手已
得全豹將来必独占勝塲此覆
百代公司（静）代表杜愷君財安
譚鑫培具　北京十一月廿四日

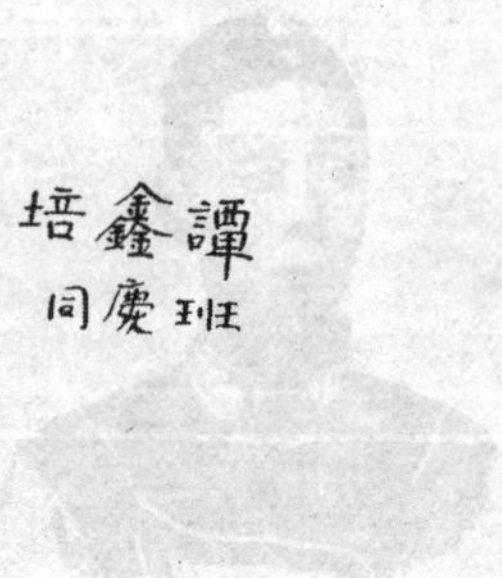

譚鑫培

同慶班

32543	〣〢五〤〣	賣　馬	
32544	〣〢五〤〤	賣　馬	（二段）

32542	〣〢五〤〢	洪洋洞
32543	〣〢五〤〣	賣　馬

曉鈴謹案：四十年代末得於宣武門内海市界邢四麻子地摊上。曾經徐兰沅先生阅过，並对所知戲劇演員加註說明。白鳳鳴兄則对曲艺演員加註說明。馬連良兄則認为此本保存戏曲早期文献及照片，價值甚大。三君俱往矣，讀其手跡，不禁人琴之嘆！一九八三年八月一日示孫書筠女史援記之。

许荫棠
慶壽班

32047	〣〢〇〤〧	探母(二段)
32048	〣〢〇〤〨	黃鶴樓
32049	〣〢〇〤〩	取滎陽
32050	〣〢〇五〇	趕三関

貴俊卿
慶壽班

32156	〣〢〡五〦	瓊林宴
32157	〣〢〡五〧	取南郡

王雨田
嚶吟俯暢

32170	〣〢〡〧〇	馬安山
32171	〣〢〡〧〡	八義圖
32172	〣〢〡〧〢	群英會
32173	〣〢〡〧〣	失街亭
32241	〣〢〢〤〡	打棍出箱
32242	〣〢〢〤〢	桑園寄子
32243	〣〢〢〤〣	御碑亭
32244	〣〢〢〤〤	搜孤救孤
32377	〣〢〣〧〧	奇冤報
32378	〣〢〣〧〨	奇冤報(二段)
32404	〣〢〤〇〤	空城計
32405	〣〢〤〇五	空城計(二段)
32348	〣〢〣〤〨	洪洋洞
32173	〣〢〡〧〣	失街亭

德健堂

宝勝和

32009 〣〢〇〇〩 除三害

32010 〣〢〇〡〇 探 母

32015 〣〢〇〡〥 断密洞

32016 〣〢〇〡〦 戦蒲関

姜妙香

長春班

32026 〣〢〇〢〦 五花洞

32027 〣〢〇〢〧 戦蒲関（二段）

32023 〣〢〇〢〣 白门楼

32027 〣〢〇〢〧 戦蒲関

張毓庭
長春班

32001 〣〢〇〇〡 洪洋洞(頭段)
32202 〣〢〇〇〢 洪洋洞(二段)

王佩蓮
華夏正声

32273 〣〢〢〧〣 取帥印
32274 〣〢〢〧〤 御碑亭

32279 〣〢〢〧〩 華容道
32280 〣〢〢〨〇 打娃上坟

32551 〣〢五五〡 汾河灣
32552 〣〢五五〢 奇冤報

龔雲甫
長春班

32103 〣〢〡〇〣 六殿
32104 〣〢〡〇〤 六殿（二段）

32105 〣〢〡〇五 張義進宝
32106 〣〢〡〇〦 張義進宝（二段）

王鳳卿
長春班

32021 〣〢〇〢〡 罵曹
32022 〣〢〇〢〢 魚腸劍

32024 〣〢〇〢〤 斬華雄
32025 〣〢〇〢五 戦城都

宝幼亭

承平班

32041 〣〢〇〤一 滑油山

32042 〣〢〇〤二 滑油山(二段)

32045 〣〢〇〤五 打龍袍(頭段)

32046 〣〢〇〤〦 断后

32337 〣〢〣〣〧 探母

32338 〣〢〣〣〨 辞朝

32341 〣〢〣〤一 孝感天

32342 〣〢〣〤二 双釘記

胡素仙

長春班

32079 〣〢〇〧〩 武家坡

320E0 〣〢〇〨〇 玉堂春

32081 〣〢〇〨〡 大保国(頭段)

32082 〣〢〇〨〢 三娘教子

訥詔先

嘡吟俏幅

32013　〣〢〇〡〣　托兆碰碑

32014　〣〢〇〡〤　牧虎関

32019　〣〢〇〡〩　空城計

32020　〣〢〇〢〇　草橋関

32395　〣〢〣〩〥　忠孝全

32396　〣〢〣〩〦　國毋回朝

32397　〣〢〣〩〧　收姜維

32398　〣〢〣〩〨　碰　碑

何桂山

慶壽班

32075　〣〢〇〧〥　双包案

32076　〣〢〇〧〦　鍘包勉

32077　〣〢〇〧〧　太師回朝

32078　〣〢〇〧〨　御菓园

周華庭
效移曠音

32367 〣〢〣〦〧 血盂缘
32368 〣〢〣〦〨 换　子

32369 〣〢〣〦〩 战太平
32370 〣〢〣〧〇 摔　琴

32371 〣〢〣〧〡 武昭関
32372 〣〢〣〧〢 捉　放

吴彩霞
慶壽班

32003 〣〢〇〇〣 御碑亭
32004 〣〢〇〇〤 御碑亭(二段)

陳文啓
慶壽班

32005 〣〢〇〇〥 釣金龜
32006 〣〢〇〇〦 打龍袍

德
陳得林
供奉

32087	〣〢〇〨〧	祭江
32088	〣〢〇〨〨	祭江（二段）
32089	〣〢〇〨〩	銀空山
32090	〣〢〇〩〇	赶三関

李順亭
長春班

32091	〣〢〇〩〡	上天台
32092	〣〢〇〩〢	宫门带
32093	〣〢〇〩〣	鳳鳴関
32094	〣〢〇〩〤	青石山

陳子芳

昭吟府帽

32209 〣二〢〇〩 一口劍

32210 〣二〢一〇 一口劍（二段）

32211 〣二〢一〡 戲鳳

32212 〣二〢一〢 孝義節（單角）

章九峯

福壽班

32213 〣二〢一〣 硃砂痣

32214 〣二〢一〤 硃砂痣（二段）

32215 〣二〢一〥 牧羊卷

32216 〣二〢一〦 馬蹄金

沈全奎
慶壽班

32083 〣〢〇〨〣 困曹府
32084 〣〢〇〨〤 洪洋洞

32085 〣〢〇〨〥 取帥印
32086 〣〢〇〨〦 狀元譜

程芝庭
承平班

32147 〣〢〡〤〧 七星灯
32148 〣〢〡〤〨 七星灯（二段）

32149 〣〢〡〤〩 棉山
32150 〣〢〡〥〇 蟒台

喬盡臣
友集公餘

32245 〣〢〢〤五 黄金台
32246 〣〢〢〤〦 碰　碑

32247 〣〢〢〤〧 反長安
32248 〣〢〢〤〨 战太平

32402 〣〢〤〇〢 打姪上坟
32403 〣〢〤〇〣 打姪上坟(二段)

32401 〣〢〤〇〡 滾釘板
32246 〣〢〢〤〦 碰　碑

錢仲明
嚶吟俏暢

32175 〣〢〡〧五 天水關
32176 〣〢〡〧〦 回龍閣(二段)

32177 〣〢〡〧〧 遇龍封官
32178 〣〢〡〧〨 鎮壇州

房殿臣
華夏正声

32230 〡〢〣〡〢〣〇 五台山
32231 〡〢〣〡〢〣〡 五台山(二段)

32373 〡〢〣〡〣〨〣 大保国
32374 〡〢〣〡〣〨〤 鍘判官

32375 〡〢〣〡〣〨〥 渭水河
32376 〡〢〣〡〣〨〦 訪賢

32232 〡〢〣〡〢〣〢 斷后(四段)
32374 〡〢〣〡〣〨〤 鍘判官

朱雲卿
長春班

32185 〡〢〡〨〥 御林郡
32186 〡〢〡〨〦 搜孤救孤

32187 〡〢〡〨〧 南陽関
32188 〡〢〡〨〨 捉放

韓雨田
慶壽班

32221 |||=||=| 乾坤帶
32222 |||=||=|| 乾坤帶(二段)

32223 |||=||=||| 战太平
32224 |||=||=〤 白良関

孟樸齋
華夏正声

32227 |||=||=〧 空城計
32228 |||=||=〨 浣紗記

32229 |||=||=〩 托兆碰碑
32227 |||=||=〧 空城計

32283 〣〢〢〨〣 審 刺

32284 〣〢〢〨〤 血×盔 緣×
雪。 圖。

梅 荣 齋
慶 壽 班

32225 〣〢〢〢〥 取 榮 陽

32226 〣〢〢〢〦 速× 遼
刺。

路 王
珊玉 田雨
慶 壽 班

32346 〣〢〣〤〦 烏龍院

32344 〣〢〣〤〤 醉 酒 (單角路玉珊)

32343 〣〢〣〤〣 奪小沛 (單角路玉珊)

32344 〣〢〣〤〤 醉 酒 (單角路玉珊)

孫喜雲
宝勝和

32391 〣〢〣〩〡 祭江
32392 〣〢〣〩〢 祭江(二段)

32393 〣〢〣〩〣 摘英會
32394 〣〢〣〩〤 法门寺

32399 〣〢〣〩〩 九更天
32400 〣〢〤〇〇 九更天(二段)

李鑫甫
慶壽班

32345 〣〢〣〤〥 白馬坡
32347 〣〢〣〤〧 教子

唐竹亭
宝勝和

32329 〣〢〣〢〩 藍酒令
32340 〣〢〣〤〇 南北合

吳仲禮

嗐吟俯暢

32181 〣〢〡〨〡 二進宮

32182 〣〢〡〨〢 二進宮（二段）

32183 〣〢〡〨〣 落园

32184 〣〢〡〨〤 落园（二段）

王幼亭

效穆曠音

32281 〣〢〢〨〡 打金枝

32282 〣〢〢〨〢 紅鑾禧

侯長崇

慶壽班

32249 〣〢〢〤〩 牧虎關

32250 〣〢〢〥〇 花蝴蝶

32251 〣〢〢〥〡 鬧東京

32252 〣〢〢〥〢 白良關

樊金奎
吉祥班

32233 〣二〢三〣 牧虎関
32234 〣二〢三〤 二進宮

32235 〣二〢三〥 鍘美案
32236 〣二〢三〦 斷密澗

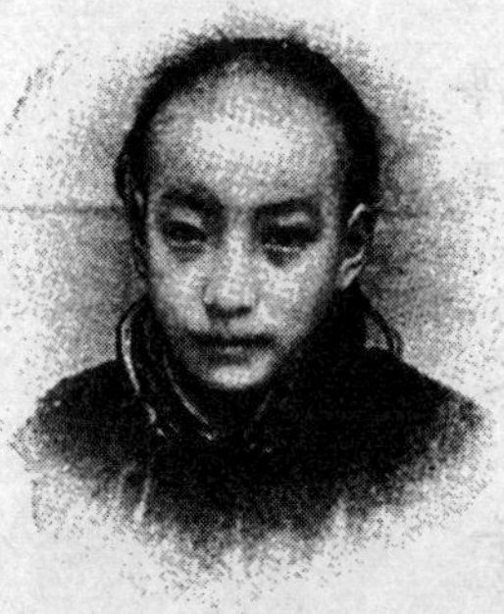

馬菊仙
吉祥班

32237 〣二〢三〧 慶頂珠
32238 〣二〢三〨 硃砂痣

32239 〣二〢三〩 斷密澗
32240 〣二〢〤〇 烏龍院

金秀峯
嘂吟俯暢

32166 〣〢〡〦〦 洪洋洞
32167 〣〢〡〦〧 奇寃报

32168 〣〢〡〦〨 战樊城
32169 〣〢〡〦〩 山海关

林雲培
承平班

32125 〣〢〡〢〥 黄金台
32126 〣〢〡〢〦 捉放

32127 〣〢〡〢〧 文昭关
33128 〣〢〡〢〨 魚腸劍

王永春
承平班

32129	〣二〡二〩	探陰山
32130	〣二〡三〇	探陰山(二段)
32131	〣二〡三〡	解宝收威
32132	〣二〡三〢	解宝收威(二段)

耿永奎
承平班

32121	〣二〡二〡	断后
32122	〣二〡二〢	断后(二段)
32123	〣二〡二〣	打龙袍
32124	〣二〡二〤	沙坨国

趙達齋
慶壽班

32217 〣〢〢〡〧 審刺客
32218 〣〢〢〡〨 辞朝
32219 〣〢〢〡〩 渭水河
32220 〣〢〢〢〇 換子

瑞彩庭
福壽班

32201 〣〢〢〇〡 三進士
32202 〣〢〢〇〢 药茶計
32203 〣〢〢〇〣 辞朝
32204 〣〢〢〇〤 行路

羅福山

長春班

32269 〣〢〢〦〩 行路

32270 〣〢〢〧〇 行路(二段)

32275 〣〢〢〧〥 望兒楼

32276 〣〢〢〧〦 望兒楼(二段)

張文桐

同慶班

32151 〣〢〡〥〡 桑园会

32152 〣〢〡〥〢 桑园会(二段)

32153 〣〢〡〥〣 六月雪

32154 〣〢〡〥〤 六月雪(二段)

張宝崑
同慶班

32271 〣〢〢〧〡 射戟
32272 〣〢〢〧〢 射戟(二段)

32277 〣〢〢〧〧 飛虎山
32278 〣〢〢〧〨 飛虎山(二段)

遲玉林
韻秀

32193 〣〢〡〩〣 定軍山
32194 〣〢〡〩〤 陷長安

32193 〣〢〡〩〣 定軍山
32195 〣〢〡〩五 挡諒

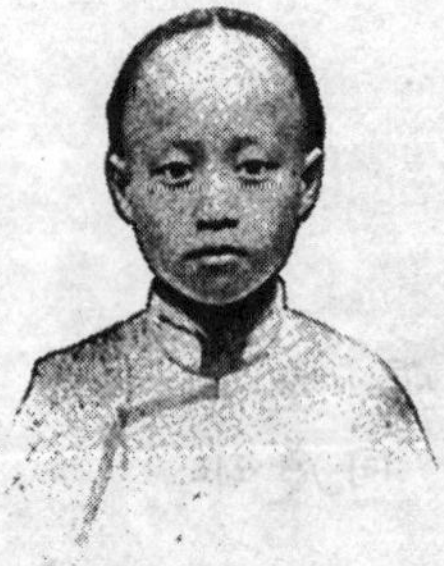

姚玉[illegible]
韻秀

32189 〣〢〡〨〩 八扯

32190 〣〢〡〩〇 八扯(二段)

32191 〣〢〡〩〡 双包案

32192 〣〢〡〩〢 查関

32196 〣〢〡〩〦 当鐗賣馬

32189 〣〢〡〨〩 八扯

張文斌
同慶班

陳子文
嘤吟俯帽

32155 〣〢〡〥〥 慶陽圖(張文斌)

32174 〣〢〡〧〤 反長安(陳子文)

王金林
吉祥班

32319 〣〢〣〡〩 骂闫
32320 〣〢〣〢〇 採桑

32324 〣〢〣〢〤 殺庙
32319 〣〢〣〡〩 骂闫

汪筱宝
吉祥班

32317 〣〢〣〡〧 忠孝牌
32318 〣〢〣〡〨 三疑計

32321 〣〢〣〢〡 桑园会
32323 〣〢〣〢〣 血手印

陳永高
承平班

32060 〣〢〇〦〇 封相
32061 〣〢〇〦〡 封相

32052 〣〢〇五〢 断密涧(頭段)
32058 〣〢〇五〨 封王

32070 〣〢〇〧〇 十面埋伏(頭段)
32071 〣〢〇〧〡 (接演二段)

32072 〣〢〇〧〢 (三段)
32073 〣〢〇〧〣 (接演四段)

32255 〣〢〢五五 青石洞
32256 〣〢〢五〦 蟠桃会

32043 〣〢〇〤〣 賣馬
32044 〣〢〇〤〤 忠孝全

32051 〣〢〇五〡 二進宮
32052 〣〢〇五〢 断密涧(頭段)

刘永龍

承平班

32030 〣〢〇〣〇 天水关

32031 〣〢〇〣〡 断密涧

32053 〣〢〇五〣 安天会

32054 〣〢〇五〤 (接演二段)

32055 〣〢〇五五 (接演三段) (刘永年)

32056 〣〢〇五〦 (接演四段) (刘永年)

32074 〣〢〇〧〤 (接演五段)

32056 〣〢〇五〦 (接演四段) (刘永年)

刘永年

承平班

32057 〣〢〇五〧 封王

32559 〣〢〇五〩 封王 (二段)

曹心泉三分

三　　小錢
曹永聚
承平班

32028　〣〢〇〢〨　龍虎闘
32029　〣〢〇〢〩　龍虎闘(二段)

32032　〣〢〇〣〢　斬子
32253　〣〢〢〥〣　战樊城

32254　〣〢〢〥〤　長亭
32028　〣〢〇〢〨　龍虎闘(頭段)

張　王
喜永鴻永
承平班

32052　〣〢〇〥〢　回营打圍(張　王
喜永鴻永)
32068　〣〢〇〦〨　金山寺(安永意)

德永音
承平班

32179　〣〢〡〧〩　鎖五龍
32180　〣〢〡〨〇　平北海

吴永桐
承平班

32065 川=〇⊥五 财源福辏
32066 川=〇⊥⊥ (接演二段)

32067 川=〇⊥亠 (接演三段)
32065 川=〇⊥五 财源福辏(头段)

安永意
承平班

32063 川=〇⊥川 回营打围(二段)
32064 川=〇⊥乂 (接演三段)

32068 川=〇⊥亖 金山寺(头二段)
32069 川=〇⊥文 (接演三段)

趙芝香

國興

32095 〣〢〇〩〥 打金枝

32096 〣〢〇〩〦 打金枝(二段)

32097 〣〢〇〩〧 教子

32098 〣〢〇〩〨 (接演二段)

朱佩芝

国興

32099 〣〢〇〩〩 醉寫

82100 〣〢〡〇〇 (接演二段)

韓佩玉

国興

32101 〣〢〡〇〡 桑园寄子

32102 〣〢〡〇〢 (接演二段)

孫佩亭 十三红

~~刘佩云~~

~~承平班~~

32011	〣〢〇〡〡	宇宙鋒
32012	〣〢〇〡〢	回龙阁
32017	〣〢〇〡〧	孝感天
32018	〣〢〇〡〨	探窑

[illegible]

鄧遠芳

嗝吟俯暢

32197	〣〢〡〩〧	战長沙
32198	〣〢〡〩〨	城都（二段）
32199	〣〢〡〩〩	硃砂痣
32200	〣〢〢〇〇	教子

田雨農

吉祥班

32205 〣〢〢〇五 雅观楼

32206 〣〢〢〇〦 (接演二段)

32207 〣〢〢〇〧 探莊

32208 〣〢〢〇〨 乾元山

十三旦

吉祥班

32305 〣〢〣〇五 血手印

32306 〣〢〣〇〦 血手印(二段)

32307 〣〢〣〇〧 算粮

32308 〣〢〣〇〨 池水驛

何寿各角也在此

補缺

刘玉竹
吉祥班

32303	〣〢〣〇〣	汴梁圖
32304	〣〢〣〇〤	五雷陣
32312	〣〢〣〡〢	殺廟
32313	〣〢〣〡〣	芦花河

孫佩亭
玉成班

32315	〣〢〣〡〥	渭水河
32316	〣〢〣〡〦	翠屏山

小勝奎
吉祥班

32309	〣〢〣〇〩	蝴蝶盃（小勝奎）
32324	〣〢〣〢〤	殺廟（金林）

闫玉蓮
吉祥班

32310 〣二〣一〇 三疑計
32311 〣二〣一〡 白蟒山

32314 〣二〣一〤 七人賢
32310 〣二〣一〇 三疑計

玉川
吉祥班

32322 〣二〣二〢 忠保国(玉川)
32557 〣二五五〧 射 戟(朱素云)

朱素云
慶壽班

32557 〣二五五〧 射戟
32558 〣二五五〨 飛虎山

田際雲

玉成班

32549	〣〢〥〤〩	進蠻詩
32550	〣〢〥〥〇	城都
32553	〣〢〥〥〣	硃砂痣
32554	〣〢〥〥〤	惠興女士

翠雲姑娘

桐花莊

32033 〡〢〇〡〢〣 情人頂嘴

32034 〡〢〇〡〢〤 (接演二段)

32037 〡〢〇〡〢〧 妓女托夢

32038 〡〢〇〡〢〨 (接演二段)

玉宝姑娘
桐花莊

32035 〣〢〇〣〥 鴻雁梢書
33036 〣〢〇〣〦 反頂嘴

32039 〣〢〇〣〩 反挑眼
32040 〣〢〇〤〇 (接演二段)

小翠姑娘
德福班

32107 〣〢〡〇〧 春宵一刻值千金
32108 〣〢〡〇〨 (接演二段)

32109 〣〢〡〇〩 (接演三段)
32110 〣〢〡〡〇 闹五更

桂蘭姑娘

德福班

32111 〣〢〡〡 鬧五更(二段)

32112 〣〢〡〢 後悔

32113 〣〢〡〣 後悔(二段)

32114 〣〢〡〤 (接演三段)

翠仙姑娘

天順班

32115 〣〢〡五 反挑眼

32116 〣〢〡〦 (接演二段)

俊芳姑娘

天順班

32117 〣〢〡〧 反挑眼

32118 〣〢〡〨 (接演二段)

大雲卿

金樂小班

在白凤岩以先给刘宝全弹弦的韩永禄的老伴，以在妓院唱靠山調为生。白鳳鳴称之“四大媽”。

32133	〣〢〡三〣	三戏五更
32134	〣〢〡三〤	(接演二段)
32137	〣〢〡三〧	繡荷包
32138	〣〢〡三〨	(接演二段)
32145	〣〢〡〤五	後悔
32146	〣〢〡〤〦	(接演二段)
32158	〣〢〡五〨	跳槽
32159	〣〢〡五〩	(接演二段)
32160	〣〢〡〦〇	(接演三段)
32161	〣〢〡〦〡	(接演四段)

翠福姑娘

金樂班

32162	〣〢〡〦〢	妓女傷懷
32163	〣〢〡〦〣	(接演二段)

金鈴姑娘

金樂小班

32135 〣〢〡〣五 哭妻

32136 〣〢〡〣〦 (接演二段)

32139 〣〢〡〣文 学热客

32140 〣〢〡〤〇 (接演二段)

32164 〣〢〡〦〤 值千金准調

32165 〣〢〡〦〥 (接演二段)

二喜姑娘

福仙班

32141 〣〢〡〤〡 跳槽

32142 〣〢〡〤〢 (接演二段)

32143 〣〢〡〤〣 下棋

32144 〣〢〡〤〤 (接演二段)

32263 〣〢〢〦〣 妓女傷怀
32264 〣〢〢〦〤 (接演)

32265 〣〢〢〦〥 情人頂嘴
32266 〣〢〢〦〦 (接演二段)

32353 〣〢〣〥〣 乂杆坐獄
32354 〣〢〣〥〤 (二段)

32267 〣〢〢〦〧 (接演三段)
32268 〣〢〢〦〨 (四段)

32355 〣〢〣〥〥 热客現眼
32356 〣〢〣〥〦 (二段)

32365 〣〢〣〦〥 宝玉探病
32366 〣〢〣〦〦 (二段)

32442 〣〢〤〤〢 盼情人
32443 〣〢〤〤〣 (二段)

32444 〣〢〤〤〤 探烟花
32445 〣〢〤〤〥 (二段)

長順姑娘 (接前)

32452	〣〢〤〥〢	小上坟
32453	〣〢〤〥〣	(二段)
32482	〣〢〤〨〢	山東五更
32483	〣〢〤〨〣	(二段)
32484	〣〢〤〨〤	山東五更(三段)
32485	〣〢〤〨〥	执客後悔
32486	〣〢〤〨〦	後悔(二段)
32487	〣〢〤〨〧	(三段)
32493	〣〢〤〩〣	大湖船
32494	〣〢〤〩〤	(二段)
32495	〣〢〤〩〥	(接演三段
32496	〣〢〤〩〦	(四段)
32497	〣〢〤〩〧	大湖船(五段)
32365	〣〢〣〦〥	宝玉探病
32498	〣〢〤〩〨	学执客
32499	〣〢〤〩〩	(二段)
32500	〣〢〥00	学执客(三段)
32501	〣〢〥0〡	(四段)
32511	〣〢〥一〡	大烟五更
32512	〣〢〥一〢	(二段
32513	〣〢〥〡〣	(接演三段)
32267	〣〢〢〦〧	乂杆坐獄(頭段)

桂喜嫁旧京外右二区警察分署办事员楊達庭。鳳鳴岐呼之为"曹孀"。韓永祿離劉宝全後，改为桂喜彈弦，白鳳岩拉四胡。

曹桂喜姑娘

春宝姑娘

生唱莲花落、梅调曲，

任以亲封。

32285 〣〢〢〨〥 山泉九自嘆

32286 〣〢〢〨〦 (接演二段)

32289 〣〢〢〨〩 三戏五更

32290 〣〢〢〩〇 (二段)

32293 〣〢〢〩〣 学扯客(三段)

32294 〣〢〢〩〤 学扯客(四段)

32297 〣〢〢〩〧 撩桑

32298 〣〢〢〩〨 出塞

32301 〣〢〣〇〡 坐楼

32302 〣〢〣〇〢 (接演二段)

32383 〣〢〣〨〣 探情郎

32384 〣〢〣〨〤 (二段)

32385 〣〢〣〨〥 下棋

32386 〣〢〣〨〦 (二段)

32389 〣〢〣〨〩 羅成叫関

32390 〣〢〣〩〇 (接演二段)

鳳鳴云：與其弟杜茂田为结義弟兄，故学立順姑娘为大姐。吳大平孫立順之親孫女。杜茂堂之子杜三宝係相聲演員，《改良燈下勸夫》有唱詞云："張金鴻杜立順两個人的《鋸大缸》。"

杜立順姑娘。

32287 散悶開心
32288 （二段）

32291 学拉客
32292 （二段）

32295 学拉客（三段）
32296 （四段）

32299 听琴
32300 （接演）（二段）

32349 嘆情楼
32350 （接演二段）

32351 嘆情楼（三段）
32352 （接演四段）

32357 照九宵
32358 （接演二段）

32359 山西五更
32360 （接演二段）

曾桂鳳姑娘

32327 〣〢〣〢〧 逛南頂
32328 〣〢〣〢〨 (二段)

32331 〣〢〣〣〡 十双紅繡鞋
32332 〣〢〣〣〢 (二段)

32335 〣〢〣〣五 妓女告状
32336 〣〢〣〣〦 (接演二段)

32379 〣〢〣〧〩 执客後悔
32380 〣〢〣〨〇 (二段)

32381 〣〢〣〨〡 执客後悔(三段)
32382 〣〢〣〨〢 (接演四段)

32387 〣〢〣〨〧 愛美女
32388 〣〢〣〨〨 (二段)

32410 〣〢〤〡〇 尼姑下山
32411 〣〢〤〡〡 (二段)

桂鳳姑娘(接前)

32412 〣〢〤〡〢 情人頂嘴
32413 〣〢〤〡〣 (二段)

32418 〣〢〤〡〨 妓女告狀
32419 〣〢〤〡〩 (二段)

32420 〣〢〤〢〇 (接演三段)
32436 〣〢〤〣〦 切五更(頭段)

32428 〣〢〤〢〨 五很領家(二段)
32429 〣〢〤〢〩 (接演三段)(銀桂姑娘接演頭段)

32430 〣〢〤〣〇 小五更
32431 〣〢〤〣〡 (二段)

32436 〣〢〤〣〦 切五更
32437 〣〢〤〣〧 (二段)

32438 〣〢〤〣〨 梳庄台
32439 〣〢〤〣〩 (二段)

金刀昌
(演)

32538 〣〢〥〣〨 黛玉悲秋
32539 〣〢〥〣〩 (二段)

範先生
合音堂
盗

32454 〣〢〤五〤 宝玉探病

32455 〣〢〤五五 （二段）

32456 〣〢〤五〦 （接演三段）

32457 〣〢〤五〧 （四段）

32458 〣〢〤五〨 古城会

32459 〣〢〤五〩 （二段）

32460 〣〢〤〦〇 （接演三段）

32461 〣〢〤〦〡 （四段）

32462 〣〢〤〦〢 草船借箭

32463 〣〢〤〦〣 （接演二段）

32464 〣〢〤〦〤 六八句又口曲

32465 〣〢〤〦五 （二段）

32466 〣〢〤〦〦 （接演三段）

32467 〣〢〤〦〧 （四段）

範先生　(接前)
合音堂
益

32468 〣〢〤〦〨 陰魂陣
32469 〣〢〤〦〩 (二段)

32470 〣〢〤〧〇 摔鏡架
32471 〣〢〤〧〡 (二段)

32472 〣〢〤〧〢 (接演三段)
32473 〣〢〤〧〣 (四段)

汪猪東(旭)(演)

汪旭东乃本人舅父
刘宝全唱京韵大鼓
拉三弦汪本珍之父。汪本珍系
来盛长琴师[illegible]
汪[illegible]。

32361 〣〢〣〦〡 悲秋五更
32362 〣〢〣〦〢 妓女悲秋

32363 〣〢〣〦〣 南陽關
32364 〣〢〣〦〤 (二段)

翠喜姑娘
福仙班

32522	〣〢五〢二	叉杆坐獄
32523	〣〢五〢三	(接演二段)
32524	〣〢五〢〤	叉杆坐獄(三段)
32525	〣〢五〢五	情人頂嘴

喜鳳姑娘
福仙班

32526	〣〢五〢〦	反挑眼
32527	〣〢五〢〧	(二段)
32528	〣〢五〢〨	(接演三段)
32529	〣〢五〢〩	(四段)

翠 小香姑娘是霍永福先生之養女
玉成堂
前段唱蓮花落時調小曲，后段唱京大鼓，学之完全。

32530 〣〢五〣〇 八仙上壽
32531 〣〢五〣一
(二段)

32532 〣〢五〣二 京調哭妻
32533 〣〢五〣三
(二段)

劉宝泉
保金堂
全。

32540 〣〢五〤〇 大鼓書
32541 〣〢五〤〡 大鼓書

翠鳳姑娘
春季

32119 〣〢〡〡文 頂嘴
32120 〣〢〡〢〇
(二段)

翟永福 狗子

玉成堂

鳳鳴云：劉寶全曾携玉成堂，與翟氏为半師半友関係。

32534 〣〢〥〣〤 王婆罵鷄

32535 〣〢〥〣〥 （接演二段）

32536 〣〢〥〣〦 小孩語

32537 〣〢〥〣〧 （接演二段）

蘇先生 起元

合普堂

益

鳳鳴云：蘇氏來時僅十一歲。蘇氏孫字花佛秋卒於一九七七年，其夫係李振英，在京教授三弦

32474 〣〢〤〧〤 明月五更

32475 〣〢〤〧〥 （二段）

32476 〣〢〤〧〦 明月五更（三段）

32477 〣〢〤〧〧 （四段）

銀桂姑娘

32257	〣〢〢〥〧	逛西開
32258	〣〢〢〥〨	(二段)
32259	〣〢〢〥〩	挑眼
32260	〣〢〢〦〇	(二段)
32261	〣〢〢〦〡	採烟花
32262	〣〢〢〦〢	(二段)
32406	〣〢〤〇〦	逛西開
32407	〣〢〤〇〧	(二段)
32408	〣〢〤〇〨	(接演三段)
32409	〣〢〤〇〩	(四段)
32414	〣〢〤〡〤	下棋
32415	〣〢〤〡〥	(二段)
32416	〣〢〤〡〦	(接演三段)
32417	〣〢〤〡〧	(四段)

銀桂姑娘（接前）

32421	〣〢〤〢〡	光棍哭妻
32422	〣〢〤〢〢	（二段）
32423	〣〢〤〢〣	光棍哭妻（三段）
32424	〣〢〤〢〤	（四段）
32425	〣〢〤〢五	（接演五段）
32426	〣〢〤〢〦	（六段）
32432	〣〢〤〣〢	昭君出塞
32433	〣〢〤〣〣	（二段）
32434	〣〢〤〣〤	（接演三段）
32435	〣〢〤〣五	（四段）
32440	〣〢〤〤〇	燕銀臺
32441	〣〢〤〤〡	（二段）
32448	〣〢〤〤〨	小放牛
32449	〣〢〤〤〩	（二段）
32480	〣〢〤〨〇	（接演三段）
32481	〣〢〤〨〡	（四段）
32488	〣〢〤〨〨	切跳槽
32489	〣〢〤〨〩	（二段）
32490	〣〢〤〩〇	八洞神仙
32491	〣〢〤〩〡	（二段）
32492	〣〢〤〩〢	八洞神仙（三段）
32427	〣〢〤〢〧	五根領家（頭段）

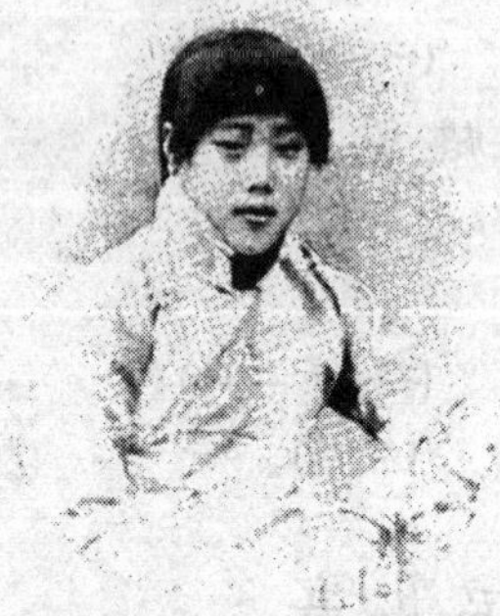

福喜姑娘

32325 〢〡〢〣〤 反挑眼

32326 〢〡〢〣〦 (二段)

32329 〢〡〢〣〩 妓女傷悲

32330 〢〡〢〣〇 (二段)

32333 〢〡〢〣〣 且十二月

32334 〢〡〢〣〤 (二段)

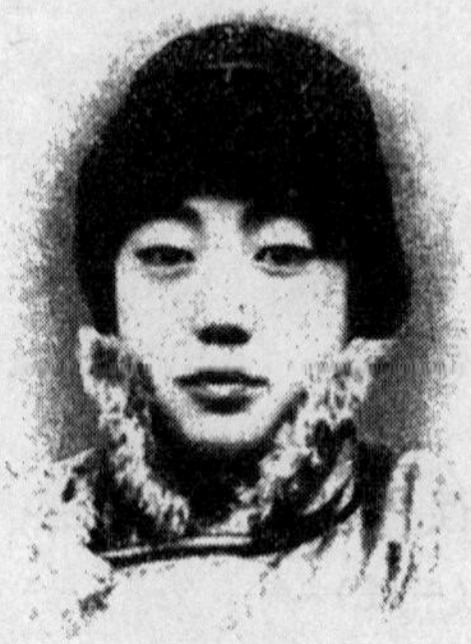

顺宝姑娘
泉德

32516 〣〢五〡〦 正挑眼
32517 〣〢五〡〧 （二段）

32520 〣〢五〢〇 三戏五更
32521 〣〢五〢一 （二段）

香凌姑娘
井泉小班

32514 〣〢〥〡〤 淮調
32515 〣〢〥〡〥 淮調

32518 〣〢〥〡〨 抛客後悔
32519 〣〢〥〡〩 (二段)

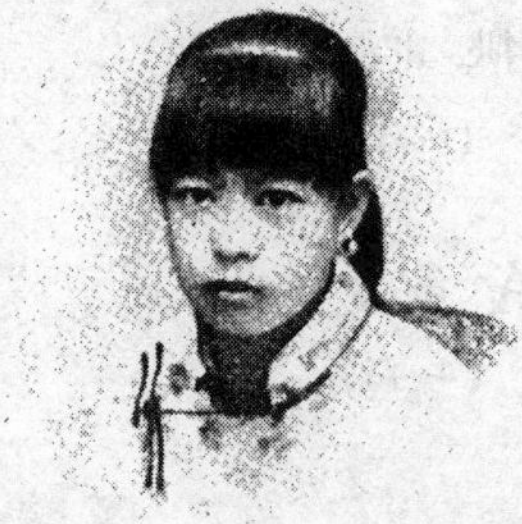

春風姑娘

32446 〣〢〤〤〦 十盃酒
32447 〣〢〤〤〧 (二段)

32448 〣〢〤〤〨 嫖客悲傷
32449 〣〢〤〤〩 (二段)

32450 〣〢〤〥〇 (接演三段)
32451 〣〢〤〥〡 (四段)

小更姑娘

32502	〣〢五〇〢	妓女托夢
32503	〣〢五〇〣	(二段)
32504	〣〢五〇〤	(接演三段)
32505	〣〢五〇五	(四段)
32506	〣〢五〇〦	宋江坐楼
32507	〣〢五〇〧	(二段)
32508	〣〢五〇〨	(接演三段)
32509	〣〢五〇〩	(四段)
32510	〣〢五〡〇	宋江坐楼(五段)
32502	〣〢五〇〢	妓女托夢(頭段)

約票友

32545	〣〢五〤五	打棍出箱
32546	〣〢五〤〦	打魚殺家
32555	〣〢五五五	盤関
32556	〣〢五五〦	帥印
32548	〣〢五〤〨	金蘭譜
32545	〣〢五〤五	打棍出箱

貴俊卿
慶壽班

吴彩霞
慶壽班

何桂山
慶壽班

陳文啟
慶壽班

胡素仙
長春班

朱素雲
慶壽班

朱佩芝
國興

朱雲卿 大祥
長春班

李金甫

唐竹亭

尚澤久

打鼓

梅蓉齋

侯長榮

院老爺之一

王佑廷

韓佩玉

孫佩亭

玉川

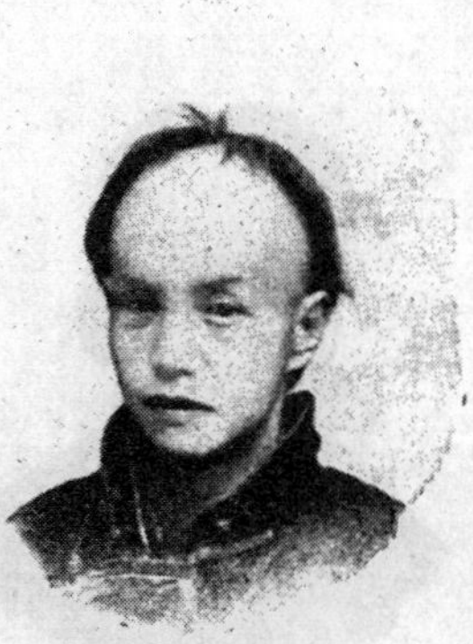

錢仲明

王永江
承平班

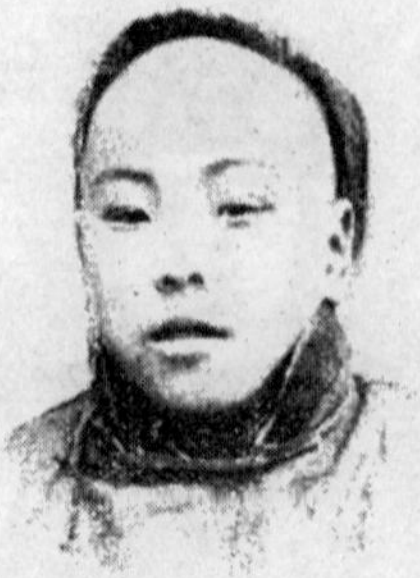

德永音
承平班

刘永年
承平班

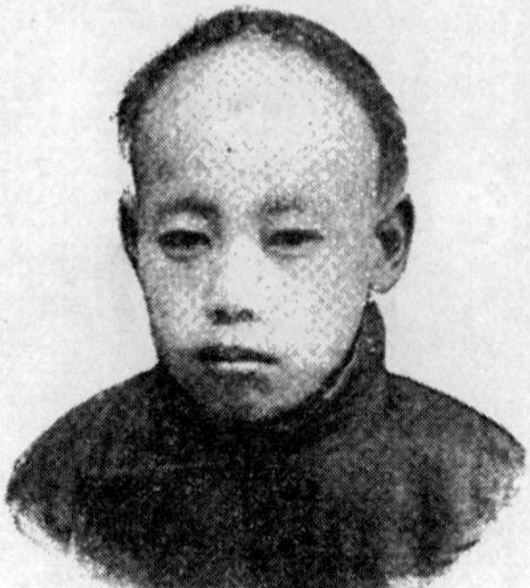

恃永喜
承平班

刘宝泉

金萬昌

二喜姑娘
福仙班

小更姑娘

翠仙姑娘
天順班

翠鳳姑娘
天順班

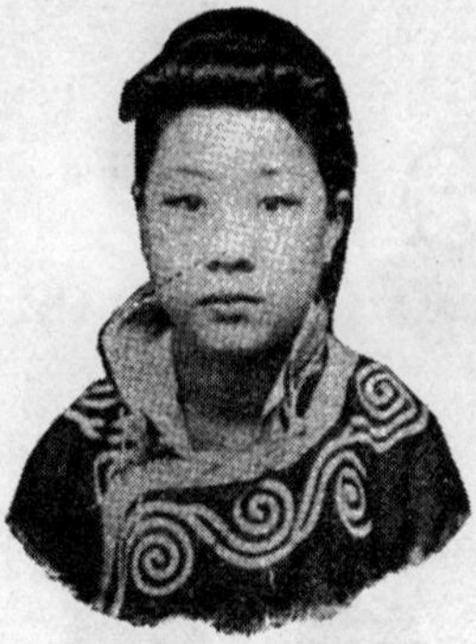

翠福姑娘
金樂班

俊芳姑娘
天順班

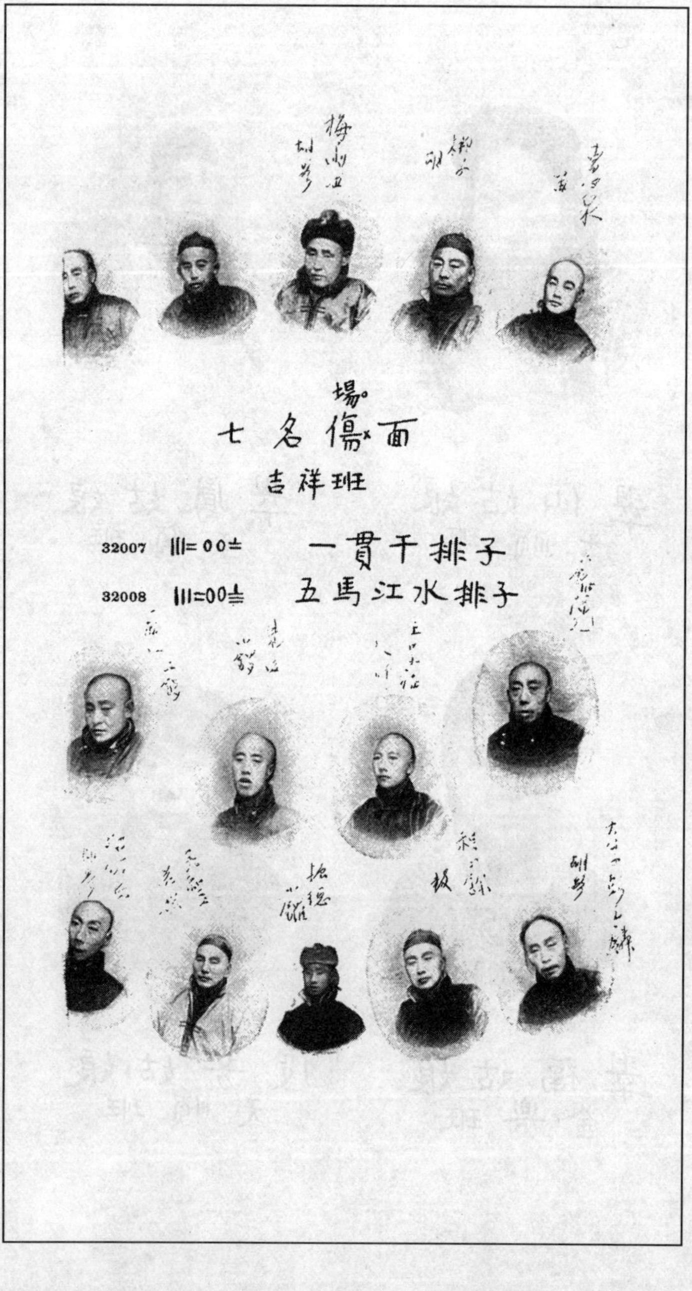
場
七名傷面
吉祥班
32007 一貫千排子
32008 五馬江水排子

三十年来伶界之拿手戏

《图画日报》是晚清上海最有影响的石印画报之一。1909年8月创刊，次年8月停刊，日刊，计404期，环球社出版发行。画报从第229号起，辟有“三十年来伶界之拿手戏”专栏，将上海从清同治年间以来的知名优伶的拿手戏一一介绍，图画配合文字，连载到画报停刊为止。撰文者署一“漱”字，实即“海上漱石生”，真名孙玉声；绘图者刘纯（伯良）。孙玉声（1863—1939），上海小说家、戏评家、报刊编辑，号海上漱石生。专栏文字一般会介绍伶人的生平事迹、到上海时间、师承、擅长剧目乃至特技绝活等，要言不烦，切中肯綮；所配图画属于新闻特写性质，构图紧凑，线条遒劲简洁，人物、场景栩栩如生。“三十年来伶界之拿手戏”具有珍贵的文献史料价值。

谷曙光整理文字。

环球社《图画日报》第二百二十九号第八页

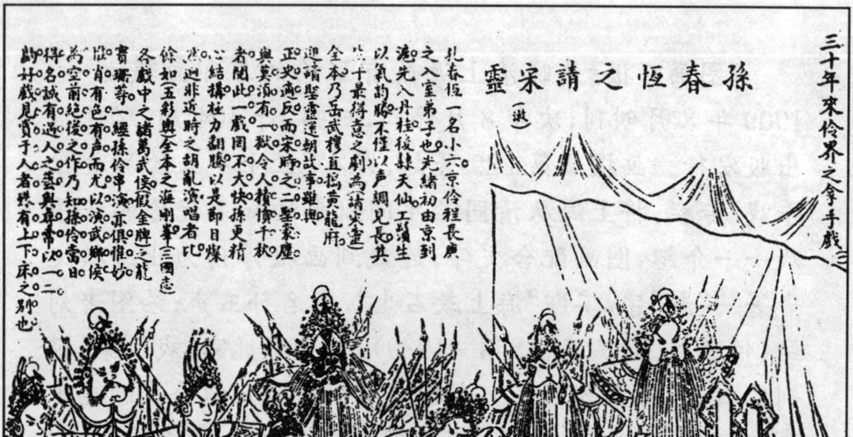

环球社《图画日报》第二百二十九号第八页

三十年来伶界之拿手戏（一）

孙春恒之《请宋灵》

漱

孙春恒一名小六，京伶程长庚之入室弟子也。光绪初由京到沪，先入丹桂，后隶天仙。工须生，以气韵胜，不仅以声调见长。其生平最得意之剧，为《请宋灵》全本，乃岳武穆直捣黄龙府，迎请圣灵还朝故事。虽与正史适反，而宋时之二圣蒙尘，与莫须有一狱，令人积愤千秋者。阅此一戏，罔不大快。孙更精心结构，极力翻腾，以是节目灿然，迥非近时之胡乱演唱者比。余如《五彩舆》全本之海刚峰、《三国志》各戏中之诸葛武侯、《假金牌》之龙宝珊等，一经孙伶串演，亦俱惟妙惟肖、有色有声，而尤以演武乡侯为空前绝后之作。乃知孙伶当日得名，诚有过人之艺，与寻常以一二出好戏见赏于人者，殊有上下床之别也。

环球社《图画日报》第二百三十号第八页

环球社《图画日报》第二百三十号第八页

三十年来伶界之拿手戏(二)

杨月楼之《八大锤》

漱

杨月楼，天津人，小名杨猴子，工演须生及武生各剧。貌白而娇，有杨(杨羊同音)脂玉之誉，以是兼演小生、彩旦，并《梵王宫》全本之花云扮女等戏，扑朔迷离，见者为之倾倒。同治间初至上海，隶丹桂部。时小东门外尚有南丹桂园，一日杨演《八大锤》串陆文龙。是戏系雉尾生最难之剧，杨独游刃有余，见者咸叹观止。惟其人有登徒子癖，初姘淫妓李巧林(按，沪上妓女喜姘优伶，此风实自杨月楼、李巧林始)，后缘玷及良家，经邑尊叶顾之大令廷眷，提案严办，责点锤百下，递回天津原籍。嗣于光绪初年，潜复来申，在宝善街鹤鸣茶园，托名客串，悬牌演《牧羊卷》。事为捕房所闻，谕饬查拿，乃星夜遁去，不复作至沪想。辛卯年卒于京师。

环球社《图画日报》第二百三十一号第八页

三十年來伶界之拿手戲 三

小叶天之當鐧賣馬

(潋)

小叶天即譚鑫培。北京人。工顏生。一波三折。餘音繞梁。而抬步更一絲不苟。且善摹擬戲情。處處有登峰造極之妙。生平拿手各戲。如(打棍出箱)(李陵碑)(盗宗卷)(空城計)。猶一演唱。座客無不拳節。而(當鐧賣馬)之秦瓊。不特唱做俱佳。其舞鐧一場。五花八門。尤非他人所能望其項背。有時並演靠把及武生戲。如(定軍山)之黄忠。(翠屏山)之石秀。又俱勇氣百倍。絕不類文角所為。在當時名動公卿。致性氣傲岸。有譚貝勒之目。同治初曾至上海。以知音者希。鬱鬱不得志而返。逮庚子後重復蒞滬。始交相引重。咸以一觀小叶天戲為幸。豈滬人士觀劇程度日進耶。抑叢者時遇未至耶。殊令人無從索解也。

环球社《图画日报》第二百三十一号第八页

三十年来伶界之拿手戏(三)

小叫天之《当锏卖马》

漱

小叫天即谭鑫培,北京人,工须生。一波三折,余音绕梁,而台步更一丝不苟,且善摹拟戏情处,有登峰造极之妙。生平拿手各戏,如《打棍出箱》、《李陵碑》、《盗宗卷》、《空城计》,每一演唱,座客无不击节。而《当锏卖马》之秦琼,不特唱做俱佳,其舞锏一场,五花八门,尤非他人所能望其项背。有时并演靠把及武生戏,如《定军山》之黄忠、《翠屏山》之石秀,又俱勇气百倍,绝不类文角所为,在当时名动公卿,致性气傲岸,有“谭贝勒”之目。同治初曾至上海,以知音者希,郁郁不得志而返。逮庚子后重复莅沪,始交相引重,咸以一睹小叫天戏为幸。岂沪人士观剧程度日进耶?抑曩者时遇未至耶?殊令人无从索解也。

环球社《图画日报》第二百三十二号第八页

环球社《图画日报》第二百三十二号第八页

三十年来伶界之拿手戏(四)

黄月山之《伐子都》

漱

黄月山,小名黄胖儿,北京人。工武生戏,《恶虎村》、《翠屏山》、《赵家楼》、《盗御马》等剧,皆擅胜场。而口齿清晰、台步从容,尤为他武生所不及。其生平最得意之作,为《伐子都》金殿中疯一场(按,子都中疯不见经传,且伐字亦不知命意所在,京剧之不足重者在此),子都自桌中翻一悬空筋斗,直至台心,令人拍案叫绝。在京时名重一时,光绪初年至沪,隶金桂部。后在宝善街开大观戏园。惜中年后癖嗜洋烟,嗓音低弱,翻跌亦远逊于前,以是盛名渐减,洋烟之害人烈矣哉!

环球社《图画日报》第二百三十三号第八页

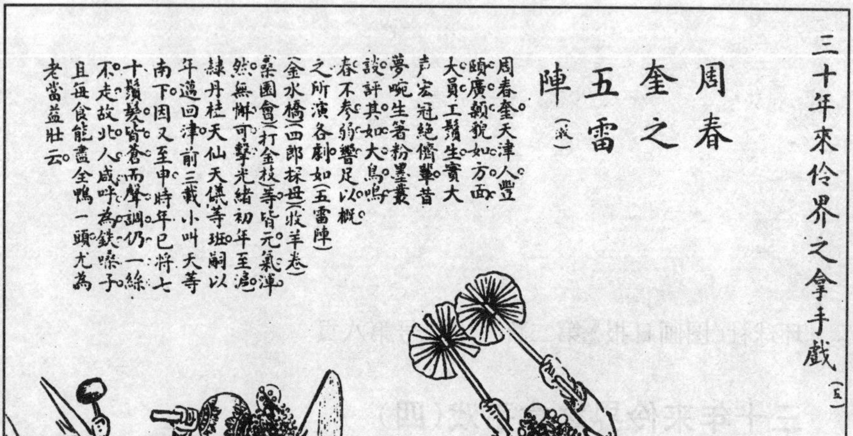

三十年來伶界之拿手戲(五)

周春奎之五雷陣(承)

周春奎。天津人。豐頤。廣顙。貌如方面大員。工鬚生。實大声宏。冠絕儕輩。昔夢畹生著粉墨叢談。評其如大鳥鳴春。不參纖響。足以概之。所演各劇。如(五雷陣)(金水橋)(四郎探母)(牧羊卷)(桑園會)(打金枝)等。皆元氣渾然。無懈可擊。光緒初年至滬。隸丹桂天仙天儀等班。嗣以年邁回津。前三載小叫天等南下。因又至申。時年已將七十。鬚髮皆蒼。而聲調仍一絲不走。故北人咸呼為鐵嗓子。且每食能盡全鴨一頭。尤為老當益壯云。

伯良

环球社《图画日报》第二百三十三号第八页

三十年来伶界之拿手戏（五）

周春奎之《五雷阵》

漱

周春奎，天津人，丰颐广颡，貌如方面大员。工须生，实大声宏，冠绝侪辈。昔梦畹生著《粉墨丛谈》，评其如大鸟鸣春，不参弱响，足以概之。所演各剧，如《五雷阵》、《金水桥》、《四郎探母》、《牧羊卷》、《桑园会》、《打金枝》等，皆元气浑然，无懈可击。光绪初年至沪，隶丹桂、天仙、天仪等班，嗣以年迈回津。前三载小叫天等南下，因又至申，时年已将七十，须发皆苍，而声调仍一丝不走，故北人咸呼为铁嗓子。且每食能尽全鸭一头，尤为老当益壮云。

环球社《图画日报》第二百三十四号第八页

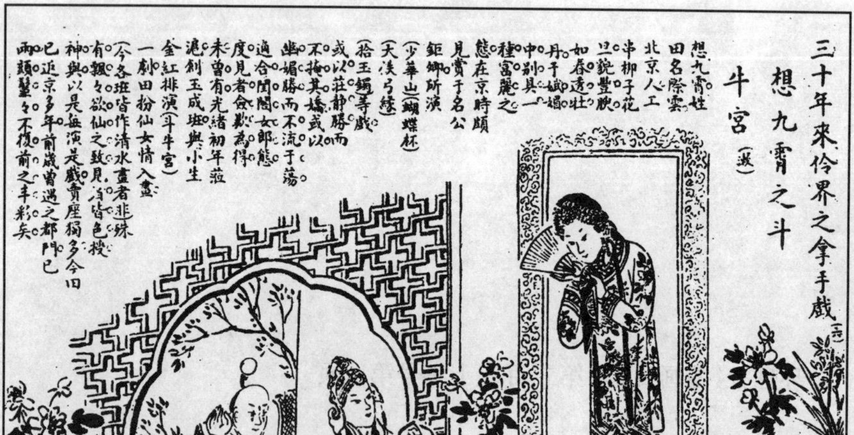

环球社《图画日报》第二百三十四号第八页

三十年来伶界之拿手戏（六）

想九霄之《斗牛宫》

漱

想九霄，姓田名际云，北京人，工串梆子花旦。貌丰腴如春透牡丹，于妩媚中别具一种富丽之态，在京时颇见赏于名公巨卿。所演《少华山》、《蝴蝶杯》、《大铁弓缘》、《拾玉镯》等戏，或以庄静胜，而不掩其娇；或以幽媚胜，而不流于荡，适合闺阁女郎态度，见者佥叹为得未曾有。光绪初年莅沪，创玉成班，与小生金红排演《斗牛宫》一剧，田扮仙女情入画（今各班皆作清水画者，非），殊有飘飘欲仙之致，见者皆色授神与。以是每演是戏，卖座独多。今田已返京多年，前岁曾遇之都门，已两颏髭髭，不复前之丰彩矣。

环球社《图画日报》第二百三十五号第八页

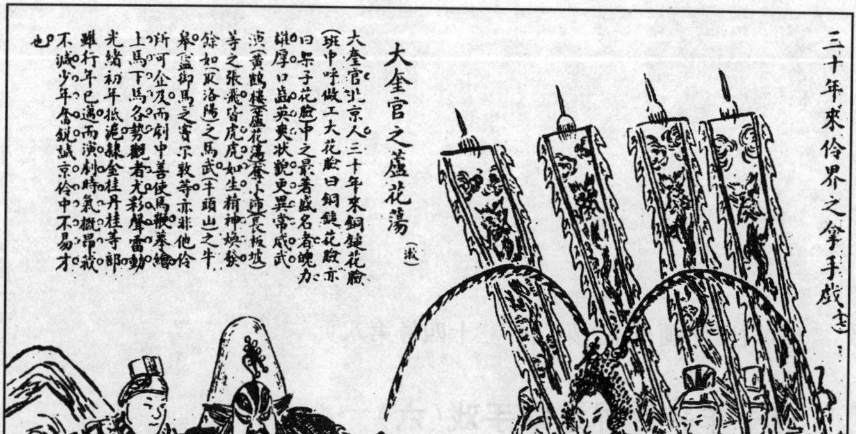

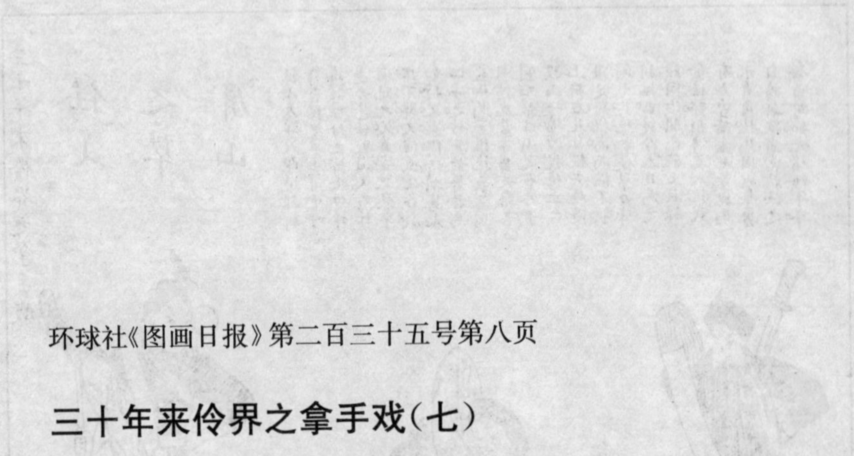

环球社《图画日报》第二百三十五号第八页

三十年来伶界之拿手戏(七)

大奎官之《芦花荡》

漱

大奎官,北京人,三十年来铜锤花脸(班中呼做工大花脸曰铜锤花脸,亦曰架子花脸)。中之最著盛名者。魄力雄厚,口齿英爽,状貌更异常威武,演《黄鹤楼》、《芦花荡》、《夺小沛》、《长板(坂)坡》等之张飞,皆虎虎如生、精神焕发,余如《取洛阳》之马武、《牛头山》之牛皋、《盗御马》之窦尔敦等,亦非他伶所可企及。而剧中善使马鞭,摹绘上马下马各势,观者尤彩声雷动。光绪初年抵沪,隶金桂、丹桂等部,虽行年已迈,而演剧时气概昂藏不减、少年奋锐,诚京伶中不易才也。

环球社《图画日报》第二百三十六号第八页

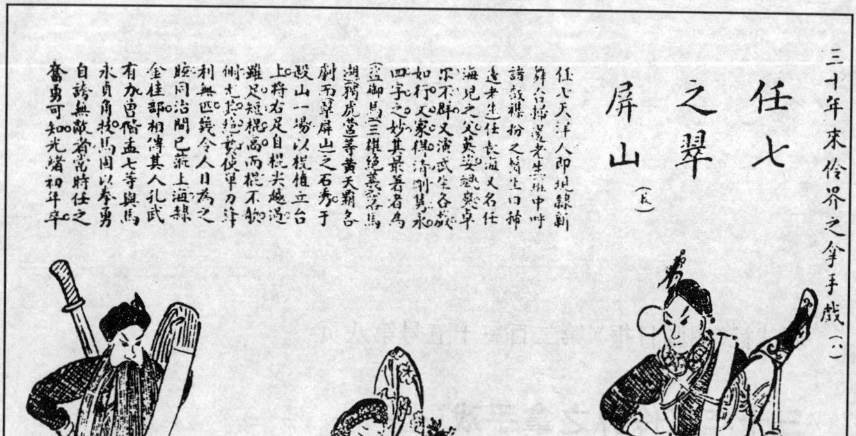

环球社《图画日报》第二百三十六号第八页

三十年来伶界之拿手戏(八)

任七之《翠屏山》

漱

任七,天津人,即现隶新舞台扫边老生(班中呼诸戏杂扮之须生曰扫边老生)。任长海(又名任海儿)之父。英姿飒爽,卓尔不群。又演武生各戏,如行文家得清刚隽永四字之妙,其最著者为《盗御马》、《三雄绝义》、《落马湖》、《独虎营》等黄天霸各剧。而《翠屏山》之石秀,于杀山一场,以棍植立台上,将右足自棍尖越过,虽足短棍高,而棍不欹侧,尤其绝艺;使单刀锋利无匹,几令人目为之眩。同治间已莅上海,隶金桂部。相传其人孔武有力,曾偕孟七等与马永贞角技,马固以拳勇自夸无敌者,当时任之奋勇可知。光绪初年卒。

环球社《图画日报》第二百三十七号第八页

环球社《图画日报》第二百三十七号第八页

三十年来伶界之拿手戏（九）

张八之《冥判》

漱

张八，苏州人，工演文班净面各戏，隶三雅园，系大章班严七之徒。吴地昔多状元，而老于顾曲者戏云：吴中三年出一状元易，三十年出一净面难。盖以净面须嗓音宏亮，躯干魁梧，且资秉又须壮健，中气更须充足之故。惟张八兼而有之，以是在沪时年逾六十，而所演之《训子》、《刀会》、《闹救》、《北饯》、《三闯》、《鸿门宴》、《冥判》等剧，颇为脍炙人口。《冥判》不仅曲白俱佳，台步更臻惟妙。说者谓昆班净面，自光绪初年张物化后，继起者虽有程西亭，然不如远甚。雅乐沦亡，殊可慨也。

环球社《图画日报》第二百三十八号第八页

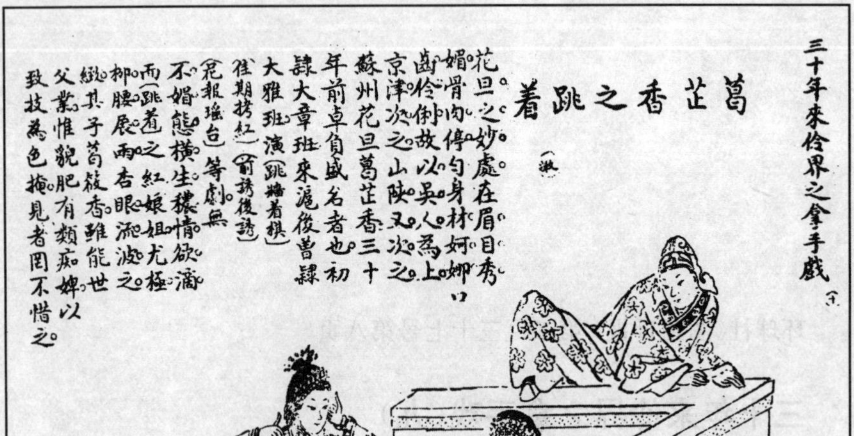

环球社《图画日报》第二百三十八号第八页

三十年来伶界之拿手戏（十）

葛芷香之《跳着》

漱

花旦之妙处，在眉目秀媚，骨肉停匀，身材婀娜，口齿伶俐。故以吴人为上，京津次之，山陕又次之。苏州花旦葛芷香，三十年前卓负盛名者也。初隶大章班，来沪后曾隶大雅班，演《跳墙着棋》、《佳期拷红》、《前诱后诱》、《花报瑶台》等剧，无不媚态横生，秾情欲滴。而《跳着》之红娘姐，尤极柳腰展雨、杏眼流波之致。其子葛筱香，虽能世父业，惟貌肥有类痴婢，以致技为色掩，见者罔不惜之。

环球社《图画日报》第二百三十九号第八页

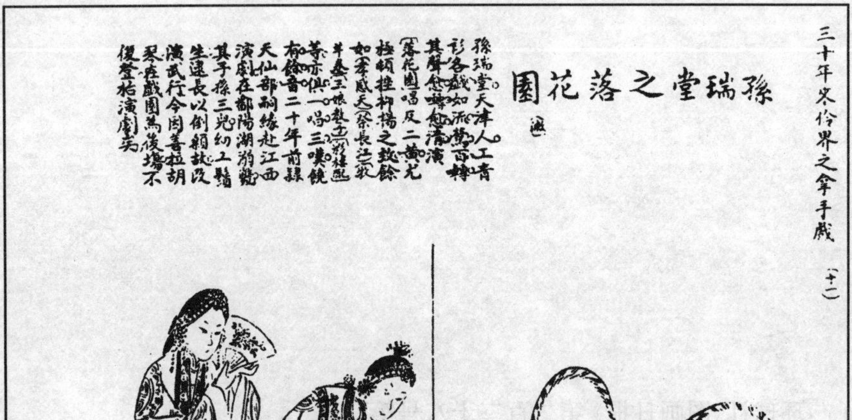

环球社《图画日报》第二百三十九号第八页

三十年来伶界之拿手戏(十一)

孙瑞堂之《落花园》

漱

孙瑞堂,天津人,工青衫各戏。如流莺百啭,其声愈啭愈清。演《落花园》唱反二黄,尤极顿挫抑扬之致。余如《孝感天》、《祭长江》、《牧羊卷》、《三娘教子》、《彩楼配》等,亦俱一唱三叹,饶有余音。二十年前隶天仙部,嗣缘赴江西演剧,在鄱阳湖溺毙。其子孙三儿,幼工须生,逮长以倒嗓故,改演武行。今因善拉胡琴,在戏园为后场,不复登台演剧矣。

环球社《图画日报》第二百四十号第八页

环球社《图画日报》第二百四十号第八页

三十年来伶界之拿手戏（十二）

汪桂芬之《子胥投吴》

漱

汪桂芬，北京人，头大身短，故有汪大头之目。幼年曾业烧锅，后为京伶程长庚背包，始习唱戏。工须生，善使鼻音及丹田脑后音，如寒鹤唳空、孤猿啸月，于嘹亮中别有一种清越之趣。光绪初年抵沪，隶大观、天仙、天福等班，演《子胥投吴》全本中之伍员，自《文昭关》起，《鱼肠剑》止，最擅胜场。余如《捉放曹》、《群臣宴》、《取城都》、《天水关》、《节义廉明》，及红净《龙虎斗》、《华容道》等剧，亦俱非常出色。兼演《钓金龟》、《断后龙袍》、《目莲救母》等老旦戏，虽素习老旦者，自愧勿如远甚。第中年后嗜烟性懒，每托病请假不演，致班主大受厥累。旋以多病回京养疴。惟逢堂会，偶一演唱，余时则闭门诵经，迷信释教，颇有学佛之想，殊可嗤也。

环球社《图画日报》第二百四十一号第八页

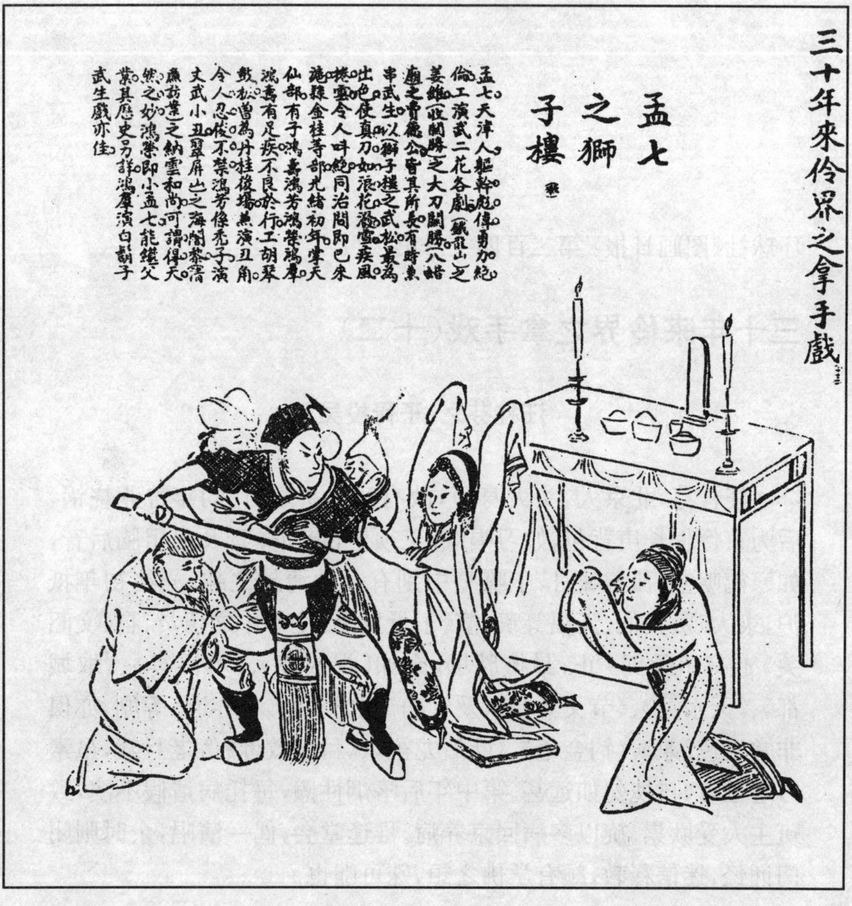

环球社《图画日报》第二百四十一号第八页

三十年来伶界之拿手戏(十三)

孟七之《狮子楼》

漱

孟七,天津人,躯干彪伟,勇力绝伦,工演武二花各剧。《铁龙山》之姜维、《收关胜》之大刀关胜、《八蜡庙》之费德公,皆其所长。有时兼串武生,以《狮子楼》之武松,最为出色,使真刀如浪花泼雪、疾风卷云,令人叫绝。同治间即已来沪,隶金桂等部。光绪初年,掌天仙部。有子鸿寿、鸿芳、鸿荣、鸿群。鸿寿有足疾,不良于行,工胡琴鼓板,曾为丹桂后场,兼演丑角,令人忍俊不禁。鸿芳系秃子,演文武小丑,《翠屏山》之海阇黎、《清廉访案》之纳云和尚,可谓得天然之妙。鸿荣即小孟七,能继父业,其历史另详。鸿群演白胡子武生戏亦佳。

环球社《图画日报》第二百四十二号第八页

环球社《图画日报》第二百四十二号第八页

三十年来伶界之拿手戏（十四）

四麻子之《生死板》

漱

四麻子，徽班中著名须生也。原籍鸿城何氏。工演《生死板》、《天雷报》、《朱砂痣》、《宝莲灯》、《告御状》、《衣带诏》等剧，以做工见长。每演一戏，喜怒哀乐，无不神情逼肖。而《生死板》之"抢板"一场，尤为脍炙人口，能令观者友于之爱油然而生。（今此剧惟新舞台之夏月珊犹能之。）隶一洞天、满庭芳等戏园，嗣以年老辍演。其子即何金寿，工吴语，善演小丑各剧，诙谐入妙，生平多拿手戏，他日另详。

环球社《图画日报》第二百四十三号第八页

环球社《图画日报》第二百四十三号第八页

三十年来伶界之拿手戏(十五)

孙菊仙之《骂杨广》

漱

孙菊仙，北京人。工须生，高唱入云，其抑扬顿挫处，尤得纯任自然之妙，非他人所可企及。所演《四郎探母》、《举鼎观画》、《三娘教子》、《盟中义》、《文昭关》、《王佐断臂》等拿手各戏之多，不下数十出；而串《骂杨广》之伍建章，其“骂殿”一场，尤觉忠愤之气，溢于言表，令人拍案叫绝。三十年前至申，隶丹桂部。庚子后重经莅沪，亦隶丹桂。旋入沪南之新舞台，今隶法界新剧场。在京时供奉内廷，曾食三品官俸，故人皆称之为“老供俸”云。

环球社《图画日报》第二百四十四号第八页

环球社《图画日报》第二百四十四号第八页

三十年来伶界之拿手戏（十六）

王松之《刀会》

漱

光绪初年，昆班中净面之著名者，张八而外，厥惟王松。王亦苏人，隶三雅部，度曲善使丹田，声□而洪，虽百步外，如台前无异。台步亦一丝不苟，卓然大家。演《训子》、《刀会》、《青门》、《勘冥》、《鸿门》、《撇斗》等剧，四座为之激赏。而《刀会》之“大江东去”，犹若天风浪浪，于浩荡中别含浑穆之致，为他伶所不能效学，洵称绝唱。尤难得者，虽至年逾八十，而登台奏技，望之犹如花甲内人。后至九十二岁始殁。伶界之享大年者当莫王松若高。

环球社《图画日报》第二百四十五号第八页

环球社《图画日报》第二百四十五号第八页

三十年来伶界之拿手戏(十七)

周凤林之《笑笑笑》

漱

周凤林,字桐荪,苏之吴县人,乳名小老虎。精音律,能书解画,风雅绝伦。作钟鼎字,颇具腕力,天资亦聪颖异常。幼隶三雅园之大雅班,工演贴旦各剧,惊鸿其态,飞燕其身,灵犀其心,娇莺其舌,望之真如绝妙女郎,令人倾倒。串《思凡下山》、《佳期拷红》、《借茶活捉》、《挑帘裁衣》等戏,几于空前绝后,同班鲜与颉颃。兼演刺杀旦之《刺虎》、《盗令》、《杀山》、《劈棺》等剧,则又杀气横生,与贴旦绝不相类。二十岁后隶天仙等部,改习乱弹,善排全本新戏,《笑笑笑》之秋香最为一时无两。后掌丹桂部。又与何家声排全本《查潘斗胜》各戏,亦颇戛戛独造,与拾人牙慧者异。他如刀马旦之全本《文武香球》、《孤鸾阵》等各戏,亦颇台步工稳,卓然名家。总之周伶擅长之剧,不可偻计。故虽今已年逾四十,在法界新剧场演串,往观者犹啧啧称道不衰云。

环球社《图画日报》第二百四十六号第八页

环球社《图画日报》第二百四十六号第八页

三十年来伶界之拿手戏(十八)

吴兰仙之《双摇会》

漱

吴兰仙,无锡人。光绪初年抵沪,隶金桂部。后隶大观,工花旦各剧。演《双摇会》中之大奶奶,逼真妒妇,能令惧内者肃然动容。貌妍丽如闺秀,惟描摹戏情,有时过涉狎亵,故串《双珠凤》、《无介寺》、《巧姻缘》、《小荣归》、《大别妻》等剧,最为恰到好处。当时以善操吴音,观剧者疑出身昆班,其实系乱弹班中之娇娇者,昆戏初未习过。今闻其人尚在,现住吴城,设京货肆为业云。

环球社《图画日报》第二百四十七号第八页

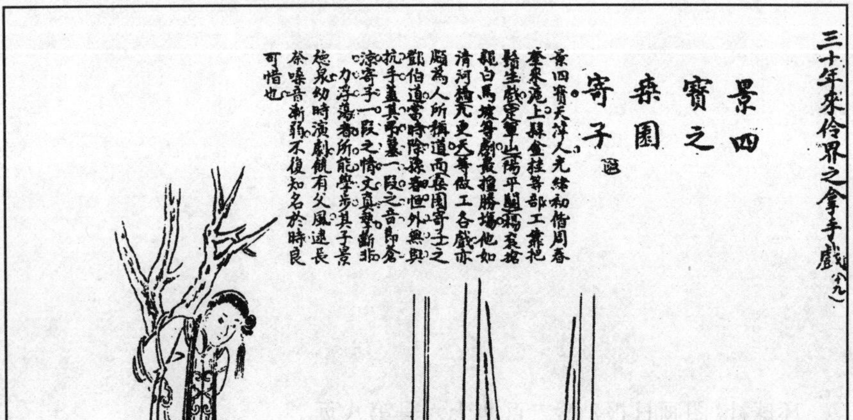

环球社《图画日报》第二百四十七号第八页

三十年来伶界之拿手戏（十九）

景四宝之《桑园寄子》

漱

景四宝，天津人。光绪初偕周春奎来沪上，隶金桂等部，工靠把须生戏，《定军山》、《阳平关》、《杨衮抢亲》、《白马坡》等剧，最擅胜场。他如《清河桥》、《九更天》等做工各戏，亦颇为人所称道。而《桑园寄子》之邓伯道，当时除孙春恒外，无与抗手。盖其“吊墓”一段之音节苍凉，“寄子”一段之情文真挚，断非□力浮荡者所能学步。其子景德泉，幼时演剧，饶有父风，逮长奈嗓音渐弱，不复知名于时，良可惜也。

环球社《图画日报》第二百四十八号第八页

环球社《图画日报》第二百四十八号第八页

三十年来伶界之拿手戏(二十)

李毛儿之《送亲演礼》

李毛儿,天津人。光绪初年莅申,隶金桂部,工串小丑各剧,以神情胜,不仅以诙谐见长。演《送亲演礼》之乡下亲家母,笑貌声音,令人绝倒。他若《青石山》之王道士、《百万斋》之郁子奇、《狮子楼》之卖油灼桧人王祥、《赵家楼》之济颠和尚、《送灰面》之乞儿等,亦俱形容毕肖,刻画入神。相传后与鸨妇大脚银珠,合创一女戏班,由李教以各戏,名之曰“毛儿戏”,是为女戏之始,盖班以人传。至今“毛儿”二字,犹习用之云。

环球社《图画日报》第二百四十九号第八页

环球社《图画日报》第二百四十九号第八页

三十年来伶界之拿手戏(二十一)

沈韵秋之《薛家窝》

漱

沈韵秋,天津人。工武生各剧,而演鸭尾子巾之白胡子武生尤佳。自少至壮而老,往来沪地最久。生平拿手各戏,如《薛家窝》之薛金龙,道白之清,台步之稳,无出其右。又《溪皇庄》、《八蜡庙》之褚彪;《莲花湖》之沈英;《五老聚会》之秋成等,亦俱精神百倍,恰合老当益壮四字。他如《恶虎村》、《盗御马》、《落马湖》之王(黄)天霸,及靠把戏《长板坡》、《连营寨》之赵云,《割发代首》之张绣,《飞叉阵》之马伏波,《天献铜桥》之岳飞,《挑华车》之高宠等,或以精彩胜,或以英奋胜,或以激昂慷慨胜,无不各有所长,不可殚述。现隶三马路大舞台。子飘香,初唱花旦,今改青衣。又,紫英唱文老生,十四五岁时,曾隶丹桂,颇负盛名。嗣因倒嗓回籍,今与其弟串武行之文元、文成等,随父俱隶大舞台。

环球社《图画日报》第二百五十号第八页

环球社《图画日报》第二百五十号第八页

三十年来伶界之拿手戏(二十二)

常子和之《别宫祭江》

漱

青衫旦常子和，亦同治初年之卓负时誉者。原籍北京，飞声沪渎，演《别宫祭江》、《探寒窑》、《祭宝塔》、《宇宙疯(锋)》、《孝义节》、《彩楼配》等戏，雅韵欲流，极沨沨移人之致。其技实驾孙瑞堂而上之，惟惜貌甚不扬，以是每为皮相者所鄙。咄尔拔萃才，伤哉知音稀。读古人诗，不禁感慨系之。然老于顾曲者，固定评具在，决不以貌取人也。

环球社《图画日报》第二百五十一号第八页

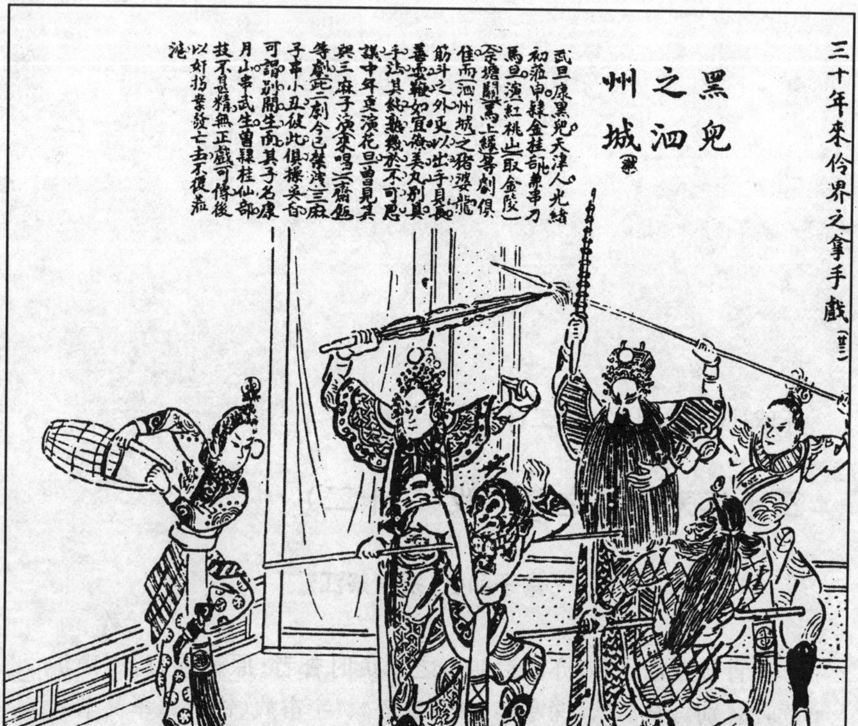

环球社《图画日报》第二百五十一号第八页

三十年来伶界之拿手戏(二十三)

黑儿之《泗州城》

漱

武旦康黑儿,天津人。光绪初莅申,隶金桂部。兼串刀马旦,演《红桃山》、《取金陵》、《佘塘关》、《马上缘》等剧俱佳。而《泗州城》之猪婆龙,筋斗之外,更以出手见长。善耍鞭,如宜僚美丸,别具手法,其纯熟几于不可思议。中年更演花旦,曾见其与三麻子演《来唱》、《斋饭》等剧(此二剧今已禁演)。三麻子串小丑,彼此俱操吴音,可谓别开生面。其子名康月山,串武生,曾隶桂仙部,技不甚精,无正戏可传。后以奸拐案发,亡去,不复莅沪。

环球社《图画日报》第二百五十二号第八页

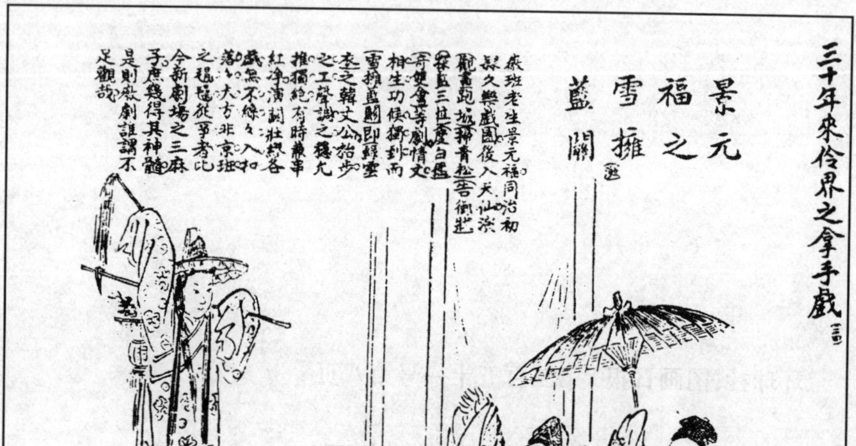

环球社《图画日报》第二百五十二号第八页

三十年来伶界之拿手戏(二十四)

景元福之《雪拥蓝关》

漱

徽班老生景元福,同治初隶久乐戏园,后入天仙。演《观画跑城》、《扫青松》、《告御状》、《探监三拉》、《度白鉴》、《奇双会》等剧,情文相生,功候独到。而《雪拥蓝关》(即《绿云衣》)之韩文公,台步之工,声调之稳,允推独绝。有时兼串红净,演关壮缪各戏,无不丝丝入扣,落落大方,非京班之毻毻从事者比。今新剧场之三麻子,庶几得其神髓。是则徽剧谁谓不足观哉?

环球社《图画日报》第二百五十三号第八页

环球社《图画日报》第二百五十三号第八页

三十年来伶界之拿手戏(二十五)

陈吉太、李对儿之《跑马卖艺》

漱

陈吉太、李对儿，皆津人，同治初同时莅申。陈串开口跳，李串武旦，二人合演《跑马卖艺》，身手之灵活，翻跌之快捷，可谓工力悉敌。末场陈以藤匾一，承香烛其内，由三张桌子上翻一反穿筋斗而下，香烛不灭，尤为绝技。余如合串《三岔口》、《十字坡》、《二龙山》等戏，亦俱各奏尔能，无懈可击。吉太有二子，一名祥元，串武生，曾隶春桂部；一筱喜禄，串青衫旦，现隶春贵。

环球社《图画日报》第二百五十四号第八页

环球社《图画日报》第二百五十四号第八页

三十年来伶界之拿手戏(二十六)

金景福之《描容别坟》

漱

金景福,苏州人,二十年前大章班著名正旦也。嗓音之尖脆,声韵之凄楚,若求之近日京班青衫旦中,得未曾有。演《剪发卖发》、《关粮抢粮》、《描容别坟》、《吃糠》、《廊会》之赵五娘,几令见者酸鼻,闻者伤心。而《别坟》一折,尤极声泪俱下,能发妇女孝思。他如《痴梦》、《投渊》、《泼水》、《产子》等剧,亦各演唱俱佳,神情毕肖。故老于顾曲者,当日咸兴观止之叹,良有以也。

环球社《图画日报》第二百五十五号第八页

环球社《图画日报》第二百五十五号第八页

三十年来伶界之拿手戏(二十七)

庞启瑞之《端午门》

漱

庞启瑞,小名阿培,乱弹班中花旦上选也。同治初与串小丑之陈大牛、串小生之刘庚燮,同隶新北门外宝丰园。貌如出水芙蕖,妍丽特甚;身材更颇袅娜,恰亭亭如绝妙女郎。演《巧姻缘》、《拷打碧莲》、《小盘殿》、《月华缘》、《打茶坊》、《打花鼓》、《拾玉镯》、《打樱桃》、《打面缸》等戏最佳,而嗓音既脆,道白尤清。故演《端午门》之武则天,尤为能唱能串,非常出色。嗣以宝丰园翻造房屋去沪,不复重至。迄今二十余年,思之犹令人神往于舞衫歌扇间也。

环球社《图画日报》第二百五十六号第八页

环球社《图画日报》第二百五十六号第八页

三十年来伶界之拿手戏(二十八)

陈孟玠之《乾坤带》

漱

陈孟玠,亦字梦玠,天津人。同治间莅沪,隶金桂部。工须生袍带各戏,声调清越,局度堂皇。演《乾坤带》、《打金枝》、《四郎探母》、《回龙阁》、《赶三关》、《五家坡》等剧,皆其所长。盖此等戏不须做工,只看装样(彼中人呼有台形之伶人曰“装样好”);无甚台步,只听喉音。陈伶适优于装样、喉音二者,故当时以是得名也。

环球社《图画日报》第二百五十七号第八页

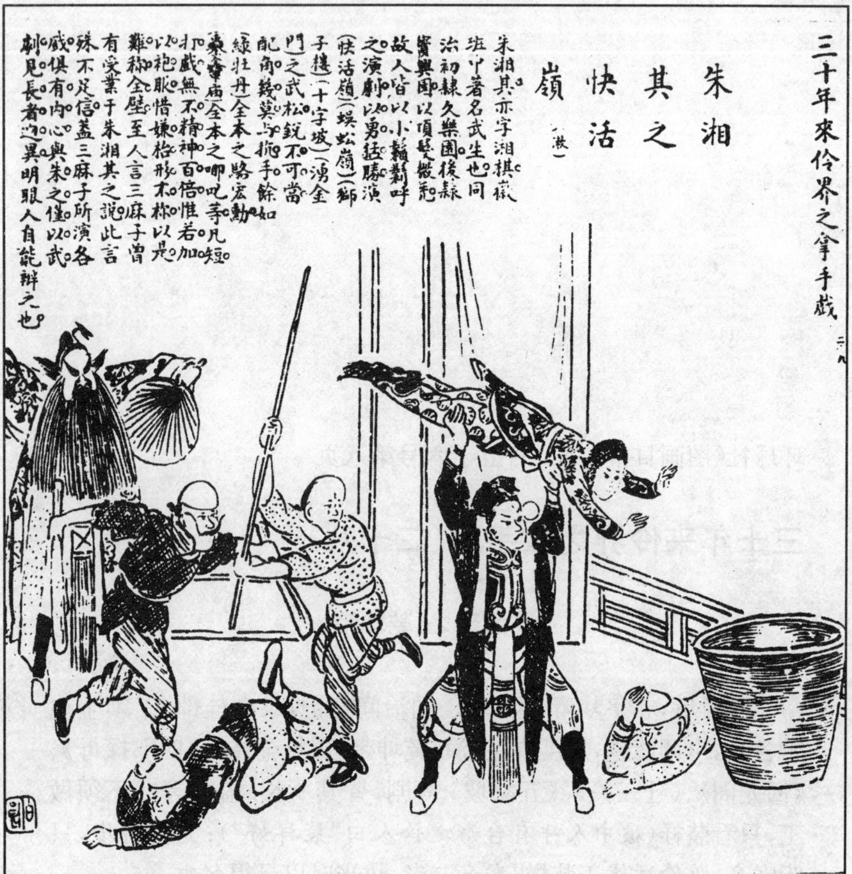

环球社《图画日报》第二百五十七号第八页

三十年来伶界之拿手戏（二十九）

朱湘其之《快活岭》

漱

朱湘其，亦字湘棋，徽班中著名武生也。同治初隶久乐园，后隶宝兴园。以项发微秃，故人皆以小鬎鬁呼之。演剧以勇猛胜，演《快活岭》、《蜈蚣岭》、《狮子楼》、《十字坡》、《涌金门》之武松，锐不可当，配角几莫与抗手。余如《绿牡丹》全本之骆宏勋、《鏊鏊庙》全本之哪吒（咤）等，凡短打戏，无不精神百倍。惟若加以袍服，惜嫌台形不称，以是难称全璧（璧）。至人言三麻子曾有受业于朱湘其之说，此言殊不足信。盖三麻子所演各戏，俱有内心，与朱之仅以武剧见长者迥异，明眼人自能辨之也。

环球社《图画日报》第二百五十八号第八页

环球社《图画日报》第二百五十八号第八页

三十年来伶界之拿手戏(三十)

高宝生之《描金凤》

漱

高宝生,苏州人,隶大雅班。同治间莅申,隶三雅园,年已三旬左右。串《描金凤》之许媒婆、《文武香球》之薛媒婆、《双珠凤》之倪媒婆最佳,口齿之伶俐,台步之波俏,举动之风骚,活现一媒婆身分。三十年来,无论京昆各班,如演此等戏剧,实以高为首屈一指。盖其刻画入神、淋漓尽致之处,俱出自然,与有意做作者,有上下床之别也。

环球社《图画日报》第二百五十九号第八页

环球社《图画日报》第二百五十九号第八页

三十年来伶界之拿手戏(三十一)

张大四之《丁甲山》

漱

张大四,天津人。同治间偕任七等莅申,工演武二花戏,扮莽汉最佳。《丁甲山》之李铁牛,可谓形容尽致。武艺亦颇不弱,演《泗洲城》之天将,与武旦举大鼎(以手与武旦之手相接高擎,而文武旦作竖烟囱式,个中人呼之为举大鼎)。其臂力之勇可想而知。余如《牛头山》之牛皋、《八蜡庙》之费德公、《闹嘉兴》之鲍赐安、《贾家楼》之程咬金(按,程咬金各戏皆系小面,惟《贾家楼》则以武二花为之)。凡系把子各戏,无不独擅胜长。其子涌泉,唱扫边老生,初隶丹桂,后曾为天仙掌班。

环球社《图画日报》第二百六十号第八页

环球社《图画日报》第二百六十号第八页

三十年来伶界之拿手戏（三十二）

孙彩珠之《庆顶珠》

漱

孙彩珠，北京人。姿容秀丽，态度苗条，嗓音则娇脆动人，抑扬合度。光绪初偕小叫天一同莅沪，演《庆顶珠》，扮渔家女，轻盈流利，兼而有之。操舟时更摇曳生姿，绝似昆剧《藏舟》中之邬飞霞台步。逮至杀家一段，则又顿如武旦，杀气横生，洵称观止。其余刀马旦各戏，如《七星庙》、《虹霓关》等，亦俱卓绝一时。惜留沪之日不多，以是沪人士当时或有未及一见者，殊为失之觌面也。

环球社《图画日报》第二百六十一号第八页

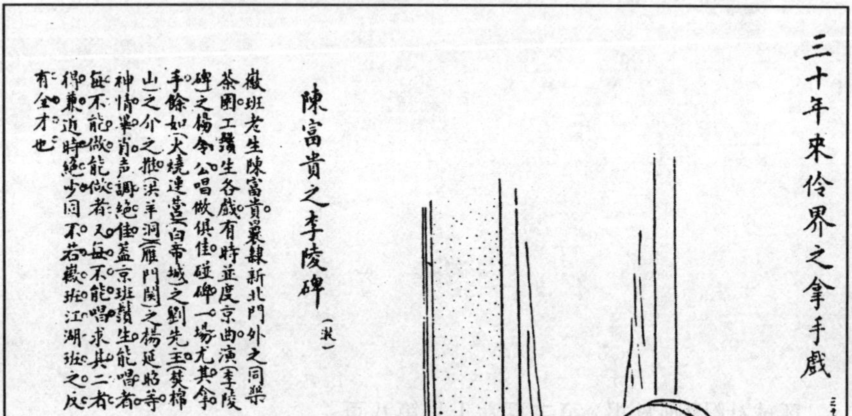

环球社《图画日报》第二百六十一号第八页

三十年来伶界之拿手戏（三十三）

陈富贵之《李陵碑》

漱

徽班老生陈富贵，曩隶新北门外之同乐茶园。工须生各戏，有时并度京曲。演《李陵碑》之杨令公，唱做俱佳。碰碑一场，尤其拿手。余如《火烧连营》、《白帝城》之刘先主，《焚棉山》之介之推，《洪羊洞》、《雁门关》之杨延昭等，神情毕肖，声调绝佳。盖京班须生，能唱者每不能做，能做者又每不能唱。求其二者得兼，近时绝少，固不若徽班江湖班之反有全才也。

环球社《图画日报》第二百六十二号第八页

环球社《图画日报》第二百六十二号第八页

三十年来伶界之拿手戏(三十四)

小桂寿、小金生之《大别妻》

漱

花旦小桂寿,久乐园小班中之杰出者也。绮年玉貌,妖冶绝伦。与小丑小金生(周来全之兄)最为投契,演戏必偕,几于每剧皆与金生配合。所演《小荣归》、《瞎子算命》、《荷珠配》、《借妻堂断》、《送灰面》、《过新年》、《卖饽饽》、《大补缸》等戏,或花含媚态,或柳绾柔情,无不并皆佳妙。而《大别妻》一出,描摹妒妇夺夫,犹足令人忍俊。惜年甫及冠,以瘵疾卒。未几,小金生亦抑郁成疾而殁。时人有以鸳鸯同命为比者,良有以也。

环球社《图画日报》第二百六十三号第八页

环球社《图画日报》第二百六十三号第八页

三十年来伶界之拿手戏（三十五）

夏奎章之《审头》

漱

夏奎章，原籍安徽人。串京班须生，隶丹桂及南丹桂等部。白口清晰，台步从容，演《雪杯圆》全本之《审头》最佳。余则靠把戏如《南阳关》、《太平桥》；做工戏如《清河桥》、《摘缨会》、《焚棉山》、《大审郿鄠县》等，亦颇卓然名家，为赏音者所称许。有子小庚弟、夏月恒、夏月珊、夏月华等，俱有拿手各戏，另详专图。按，夏平日家教极肃，故诸子皆蜚声乐部，且有跨灶之誉，人艳称之。

环球社《图画日报》第二百六十四号第八页

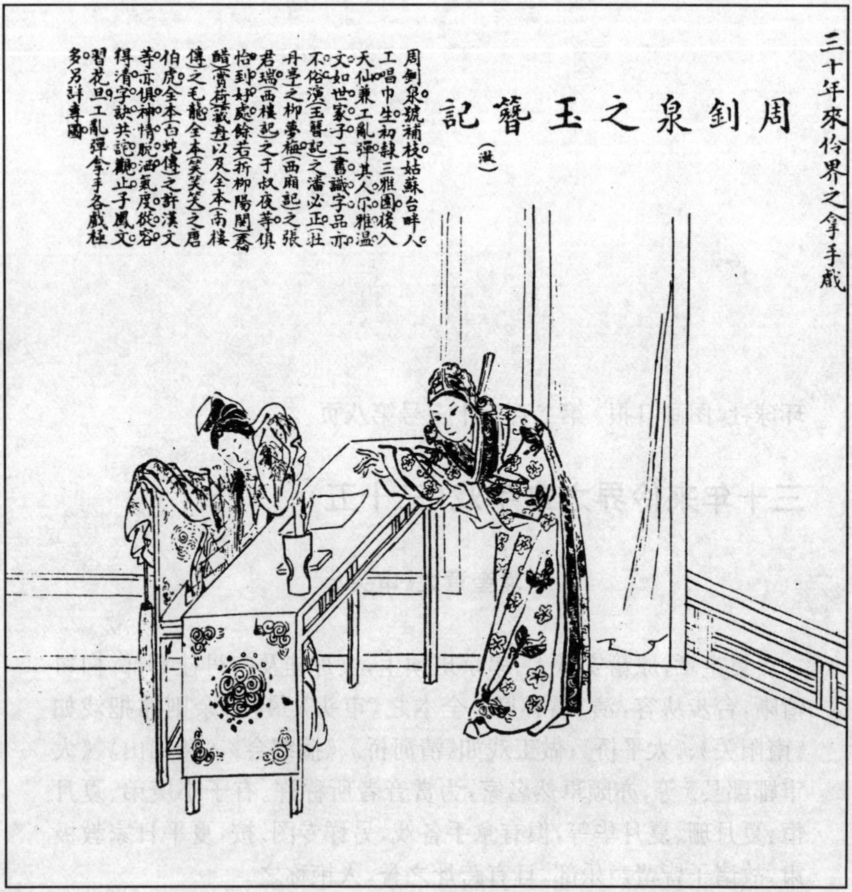

环球社《图画日报》第二百六十四号第八页

三十年来伶界之拿手戏(三十六)

周钊泉之《玉簪记》

漱

周钊泉,号补枝,姑苏台畔人。工唱巾生,初隶三雅园,后入天仙,兼工乱弹。其人尔雅温文,如世家子,工书识字,品亦不俗。演《玉簪记》之潘必正、《牡丹亭》之柳梦梅、《西厢记》之张君瑞、《西楼记》之于叔夜等,俱恰到好处。余若《折柳阳关》、《乔醋》、《赏荷》、《藏舟》以及全本《南楼传》之毛龙、全本《笑笑笑》之唐伯虎、全本《白蛇传》之许汉文等,亦俱神情脱洒,气度从容,得清字诀,共诧观止。子凤文习花旦,工乱弹,拿手各戏极多,另详专图。

环球社《图画日报》第二百六十五号第八页

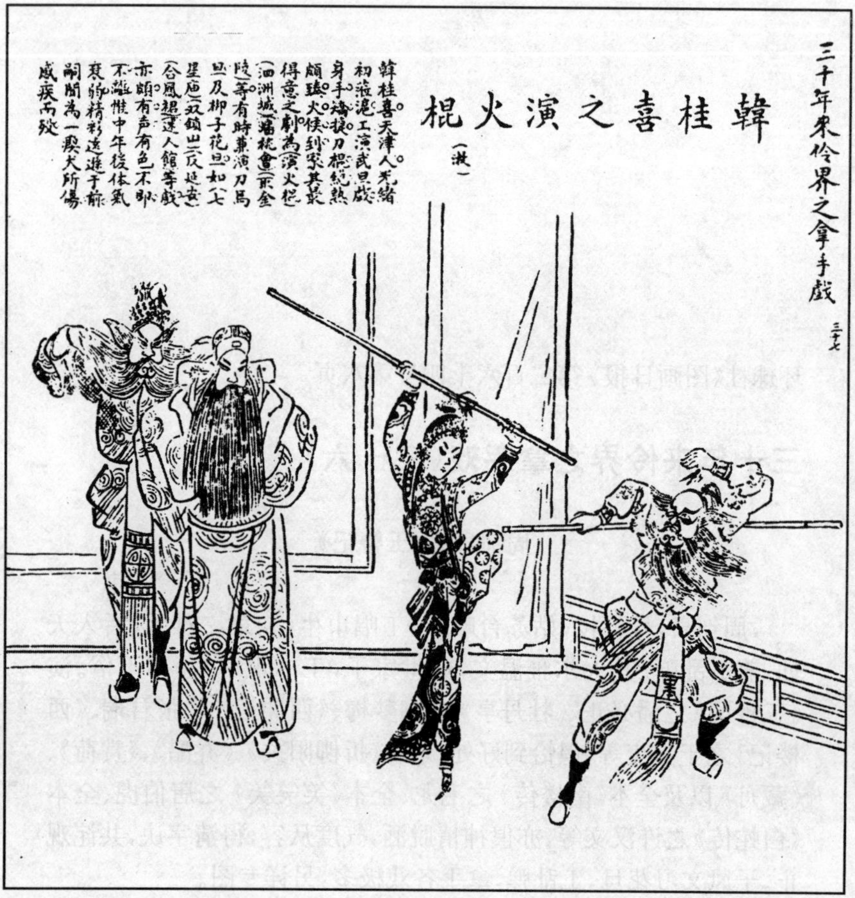

环球社《图画日报》第二百六十五号第八页

三十年来伶界之拿手戏（三十七）

韩桂喜之《演火棍》

漱

韩桂喜，天津人。光绪初莅沪，工演武旦戏。身手矫捷，刀棍绝熟，颇臻火候到家。其最得意之剧，为《演火棍》、《泗洲城》、《蟠桃会》、《取金陵》等。有时兼演刀马旦及梆子花旦，如《七星庙》、《双锁山》、《反延安》、《合凤裙》、《迷人馆》等戏，亦颇有声有色，不即不离。惟中年后体气衰弱，精彩远逊于前。嗣闻为一瘈犬所伤，感疾而殁。

环球社《图画日报》第二百六十六号第八页

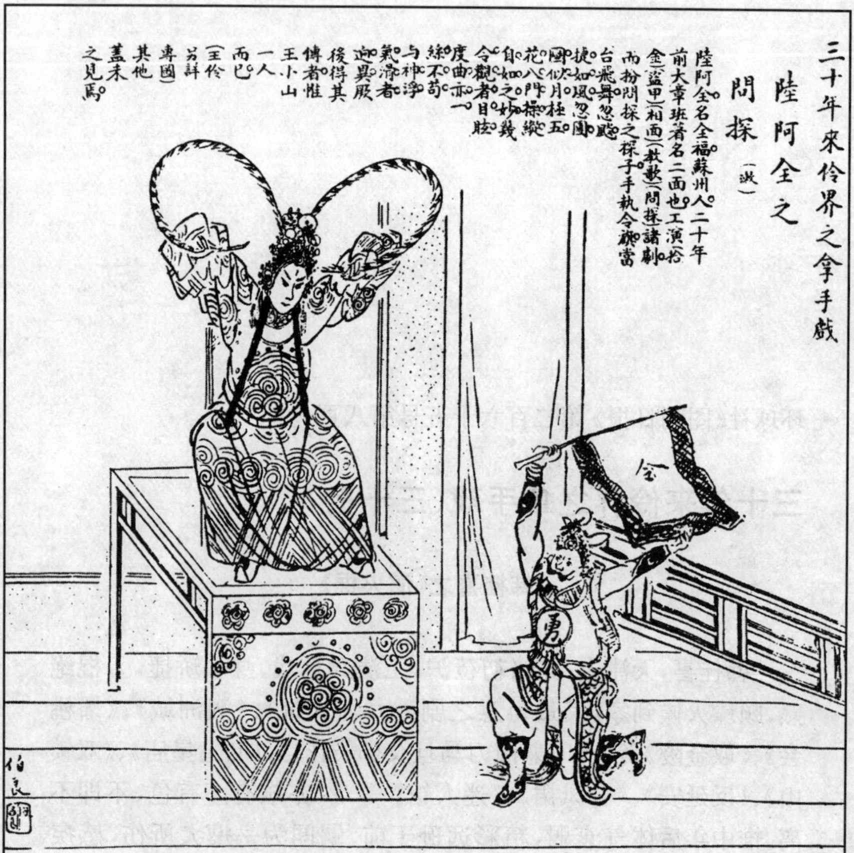

环球社《图画日报》第二百六十六号第八页

三十年来伶界之拿手戏（三十八）

陆阿全之《问探》

漱

陆阿全，名全福，苏州人，二十年前大章班著名二面也。工演《拾金》、《盗甲》、《相面》、《教歌》、《问探》诸剧，而扮《问探》之探子，手执令旗，当台飞舞，忽飚捷如风，忽团圞似月，极五花八门、操纵自如之妙，几令观者目眩。度曲亦一丝不苟，与神浮气滑者迥异。厥后得其传者，惟王小山一人而已（王伶另详专图），其他盖未之见焉。

环球社《图画日报》第二百六十七号第八页

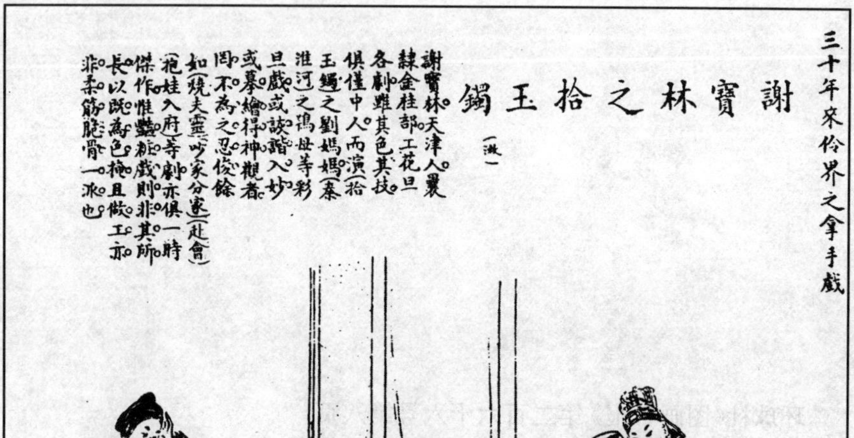

环球社《图画日报》第二百六十七号第八页

三十年来伶界之拿手戏（三十九）

谢宝林之《拾玉镯》

漱

谢宝林，天津人。曩隶金桂部，工花旦各剧。虽其色其技，俱仅中人，而演《拾玉镯》之刘妈妈、《秦淮河》之鸨母等彩旦戏，或诙谐入妙，或摹绘得神，观者罔不为之忍俊。余如《烧夫灵》、《吵家分家》、《赴会》、《抱娃入府》等剧，亦俱一时杰作，惟艳妆戏则非其所长。以既为色掩，且做工亦非柔筋脆骨一派也。

环球社《图画日报》第二百六十八号第八页

环球社《图画日报》第二百六十八号第八页

三十年来伶界之拿手戏(四十)

金景福之《闹朝扑犬》

漱

金景福,苏州人(此非唱正旦之金景福,恰与同姓同名,且同隶三雅园),工唱红净。演《八义记·闹朝扑犬》之屠岸贾,描摹奸雄跋扈情形,最为得其神似。度曲亦如天风浪浪,声朗韵清。余如《千金记·跌霸》之项王、《西厢记·传书》之惠明、《水浒传·山门》之鲁智深,以及《闹庄救青》、《青门盗绡》等剧,亦俱无懈可击,有美必臻,盖亦当日昆班中之上选也。

环球社《图画日报》第二百六十九号第八页

环球社《图画日报》第二百六十九号第八页

三十年来伶界之拿手戏(四十一)

云里飞之《三上吊》

漱

《三上吊》一戏,系一窃贼深夜行窃,适事主家姑媳勃溪,其媳含愤图尽,缢鬼在室中索替,为贼所见,将媳救下。缢鬼与贼为难,贼遂飞奔逃逸,在台献种种武技。二十年前惟开口跳陈吉太优为之,自云里飞、草上飞等到申,合演《双三上吊》,于是舍戏台而系绳于厅事。贼与缢鬼俱由看楼飞跃上绳,作各种惊人奇技,胆小者几于不敢逼视,然耳畔则彩声雷起,云里飞竟以是得名。惟此剧危险殊甚,故厥后满庭芳有绠子飞跌毙、天仪有云中飘跌闷之事。所奇者前四海论交楼拉胡琴乌师胡富生,能演小丑各戏,并能演《三上吊》。又苏州有幼女伶三人,客岁至沪,亦能演此,殊令人见而骇诧。至姑媳勃溪一场,则近来已经截去。所演者仅系缢鬼追贼,以致情节毫无,良可哂也。

环球社《图画日报》第二百七十号第八页

环球社《图画日报》第二百七十号第八页

三十年来伶界之拿手戏（四十二）

董三雄之《下河东》

漱

董三雄，天津人。躯干雄伟，状貌狰狞。演铜锤花脸戏，颇得威武气象。而串《下河东》之欧阳芳、《宝莲灯》之秦太师、《衣带诏》之曹操、《红逼宫》之司马师，凡大奸大恶之戏，尤能得其神似，几令观者发指眦裂，盖以长于做工之故。虽至暮年体气稍弱，而台步声容，依旧一丝不走，殊为难得。子长清，小名寿儿，能继父业，亦以白脸见长。所不如乃父者，神情稍欠自然。有时兼串小丑，颇能诙谐入妙，此盖幼时所习也。

环球社《图画日报》第二百七十一号第八页

环球社《图画日报》第二百七十一号第八页

三十年来伶界之拿手戏（四十三）

周来全之《鸿鸾喜》

漱

周来全，天津人，与其兄小金生俱串小丑。初隶一洞天小班，金生故后，来全隶天仙金台班最久。演《鸿鸾喜》全本金玉奴之父金松，能曲尽悲欢离合之态。余如《探亲相骂》、《送亲演礼》之乡下亲家母，《洛阳桥》之夏德海，亦颇形容尽致，摹绘得神。少年兼串武剧，《大名府》、《石十回》之时迁，最为拿手。己酉正月初一日，以老病殁于沪，时年已逾花甲。子四宝、五宝皆串小丑，初时同隶天仙。四宝早夭，五宝曾与父改隶新舞台，今隶法界之新剧场。

环球社《图画日报》第二百七十二号第八页

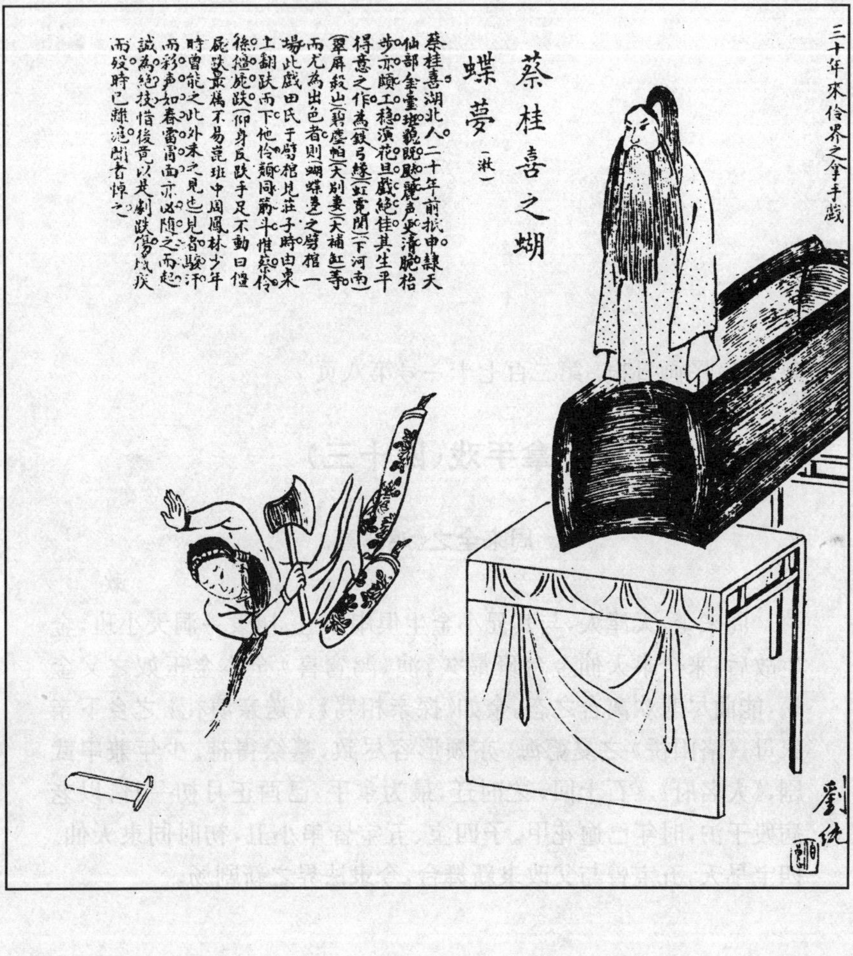

环球社《图画日报》第二百七十二号第八页

三十年来伶界之拿手戏（四十四）

蔡桂喜之《蝴蝶梦》

漱

蔡桂喜，湖北人。二十年前抵申，隶天仙部金台班。貌既飐丽，声更清脆，台步亦颇工稳，演花旦戏绝佳。其生平得意之作，为《铁弓缘》、《虹霓关》、《下河南》、《翠屏杀山》、《碧尘帕》、《大别妻》、《大补缸》等。而尤为出色者，则《蝴蝶梦》之“劈棺”一场。此戏田氏于劈棺见庄子时，由桌上翻跌而下，他伶类同筋斗，惟蔡伶系僵尸跌（仰身反跌，手足不动，曰“僵尸跌”，最属不易。昆班中周凤林少年时曾能之，此外未之见也）。见者骇汗，而彩声如春雷冒面，亦必随之而起，诚为绝技。惜后竟以是剧跌伤，感疾而殁。时已离沪，闻者悼之。

环球社《图画日报》第二百七十三号第八页

环球社《图画日报》第二百七十三号第八页

三十年来伶界之拿手戏（四十五）

刘筠喜之《乌盆记》

漱

刘均（筠）喜，天津人。同治间莅申，隶小东门外之同桂部，后隶金桂，光绪间曾隶同乐。唱须生，发音朗润，转调清圆，《乌盆记》、《牧羊卷》之反二黄尤佳。其他《金水桥》、《满堂红》、《桑园会》、《朱砂痣》等，亦俱节拍自然，抑扬合度。惟当时沪上名角如林，故刘名不甚显著。于以知得名之难，伶界且然，非偶然所可幸值也。

环球社《图画日报》第二百七十四号第八页

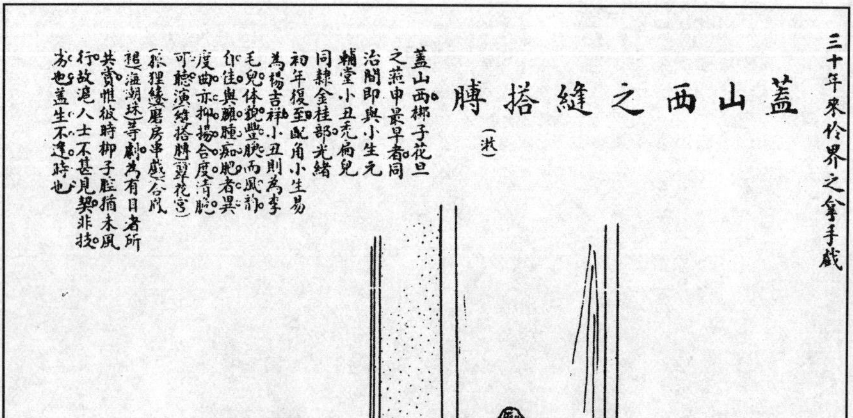

环球社《图画日报》第二百七十四号第八页

三十年来伶界之拿手戏（四十六）

盖山西之《缝搭膊》

漱

盖山西，梆子花旦之莅申最早者。同治间即与小生元辅堂、小丑秃扁儿同隶金桂部，光绪初年复至，配角小生易为杨吉祥，小丑则为李毛儿。体貌丰腴，而风韵自佳，与臃肿痴肥者异。度曲亦抑扬合度，清脆可听。演《缝搭膊》、《翠花宫》、《狐狸缘》、《磨房串戏》、《合凤裙》、《海潮珠》等剧，为有目者所共赏。惟彼时梆子腔犹未风行，故沪人士不甚见契，非技劣也，盖生不逢时也。

环球社《图画日报》第二百七十五号第八页

环球社《图画日报》第二百七十五号第八页

三十年来伶界之拿手戏（四十七）

龙长胜之《九更天》

漱

龙长胜，天津人。初隶大观部，后隶天仙。工须生，一唱三叹，饶有余音，如行文家擅清刚隽永四字之妙。演《九更天》“滚板”一场，最臻拿手。他如《桑园寄子》、《桑园会》、《捉放曹》、《文昭关》、《四郎探母》等，亦颇见赏于时。妙在每戏登场，自始至终，不露丝毫弱态，实为他伶所不及。子小龙长胜，亦串须生，另详专图。女三长已适人，次名陆蘅芳，又次名陆芸芳，幼得父传，演女剧堪称双绝，他日另详女伶拿手戏专图。

环球社《图画日报》第二百七十六号第八页

环球社《图画日报》第二百七十六号第八页

三十年来伶界之拿手戏(四十八)

姜善珍之《借靴》

漱

姜善珍,苏州人。初隶三雅园文班,串小面戏。口齿之利,诙谐之妙,台步之稳,无不恰到好处。其拿手戏,为《借靴》、《磨斧》、《教歌》、《前后诱》、《活捉》、《下山》、《下海》、《醉皂》、《醉二》、《献剑》、《落驿》等,不可枚举。中年后改隶天仙部,虽京昆杂串,而演《杨金凤》之钱知节、《笑笑笑》之大公子若愚、《文武香球》之冷公子等最佳。京剧仍非所宜,盖人固有能有不能也。现年已逾五十,隶法大马路之新剧场。

环球社《图画日报》第二百七十七号第八页

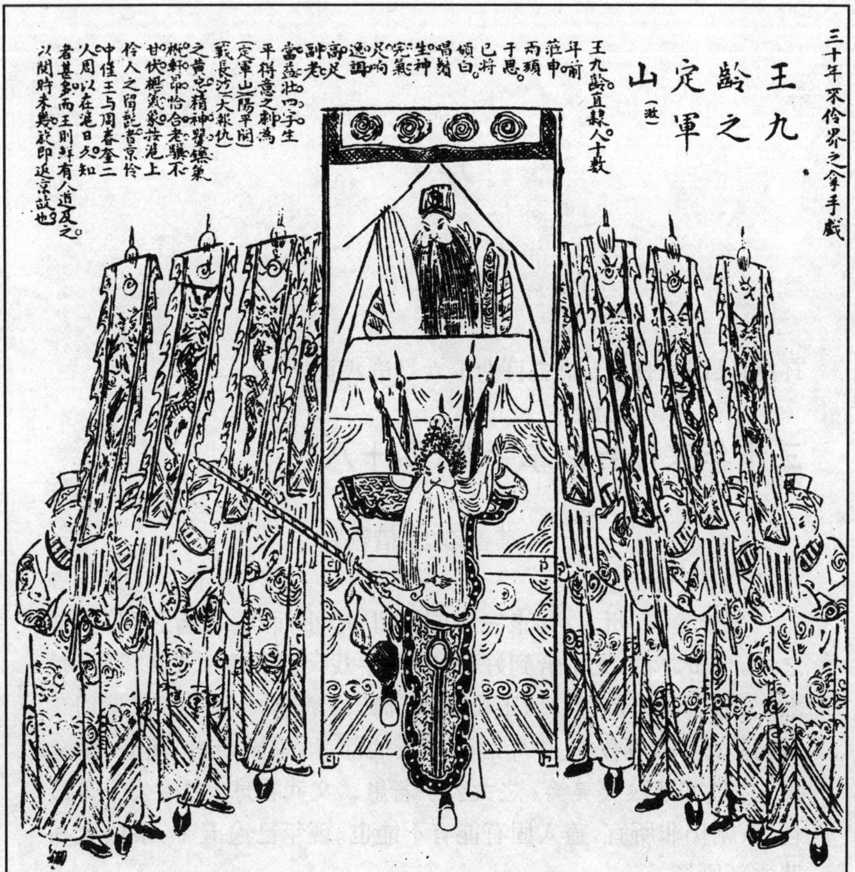

环球社《图画日报》第二百七十七号第八页

三十年来伶界之拿手戏（四十九）

王九龄之《定军山》

漱

王九龄，直隶人。十数年前莅申，两颏于思，已将颁白。唱须生，神完气足，响逸调高，足副老当益壮四字。生平得意之剧，为《定军山》、《阳平关》、《战长沙》、《大报仇》之黄忠，精神矍铄，气概轩昂，恰合老骥不甘伏枥气象。按沪上伶人之留髭者，京伶中仅王与周春奎二人。周以在沪日久，知者甚多，而王则鲜有人道及之，以阅时未几，旋即返京故也。

环球社《图画日报》第二百七十八号第八页

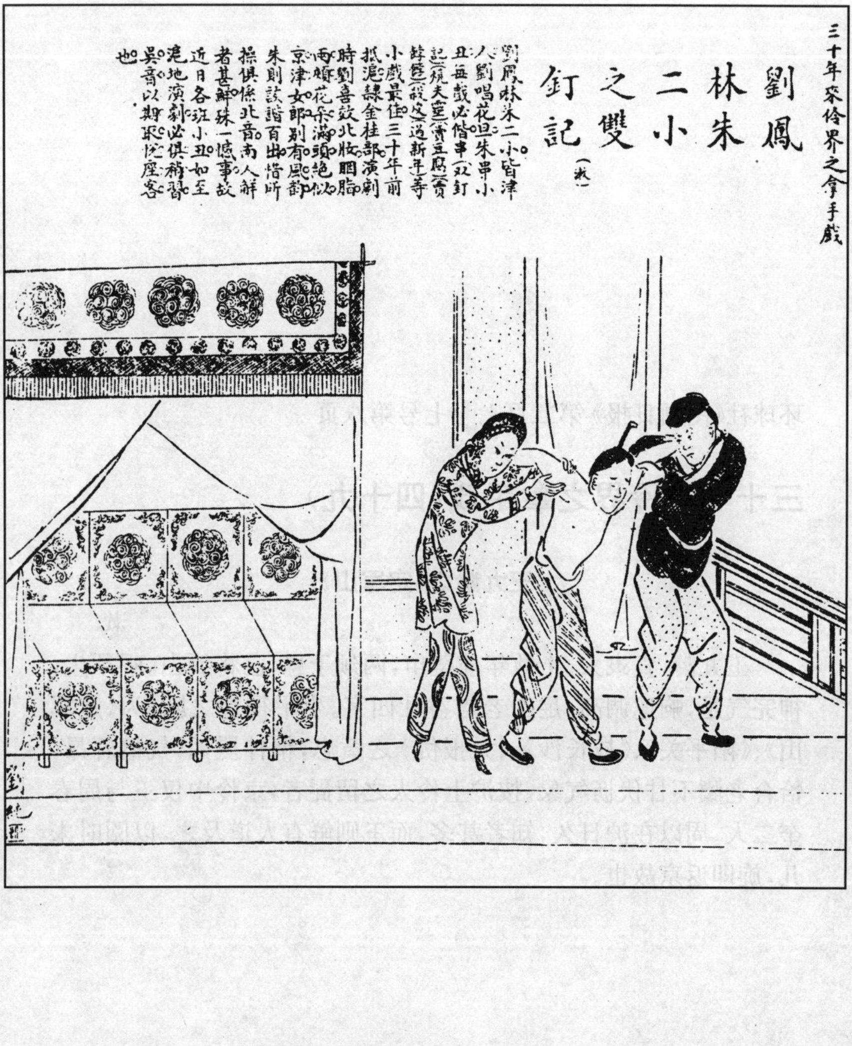

环球社《图画日报》第二百七十八号第八页

三十年来伶界之拿手戏(五十)

刘凤林、朱二小之《双钉记》

漱

刘凤林、朱二小，皆津人。刘唱花旦，朱串小丑，每戏必偕，串《双钉记》、《烧夫灵》、《卖豆腐》、《卖饽饽》、《杀皮》、《过新年》等小戏最佳。三十年前抵沪，隶金桂部。演剧时刘喜效北妆，胭脂两颊，花朵满头，绝似京津女郎，别有风韵。朱则诙谐百出。惜所操俱系北音，南人解者甚鲜，殊一憾事。故近日各班小丑，如至沪地演剧，必俱稍习吴音，以期取悦座客也。

环球社《图画日报》第二百七十九号第八页

环球社《图画日报》第二百七十九号第八页

三十年来伶界之拿手戏（五十一）

大脚篮之《罗梦》

漱

苏伶大脚篮，姓邱，号炳之。二十年前隶昆班三雅园，演白面戏，最臻火候到家。《罗梦》之满口丹阳白，尤臻纯熟。余如《男舟》、《中军》、《渔钱》、《相刺》、《赛愿》、《演官恶梦》、《教歌》之扬州阿大等，道白之清，台步之稳，与其弟小脚篮，堪称难兄难弟。小脚篮之子，即印凤翔，以巾生知名于时，另详专图。

环球社《图画日报》第二百八十号第八页

环球社《图画日报》第二百八十号第八页

三十年来伶界之拿手戏(五十二)

薛桂喜之《连营寨》

漱

武生薛桂喜,天津人。二十年前隶金桂部,英姿飒爽,卓然不群。演《连营寨》、《长板(坂)坡》、《阳平关》、《火牛阵》、《濮阳城》等靠把戏,顶盔贯甲,气象峨峨,殊有虎将风度。至《恶虎村》、《雄虎岗》、《凤凰岭》、《越虎城》等诸武剧,亦俱有声有色,允武允文。惟彼时武生戏,以台步及工架胜,不以翻跌及鸷猛胜,故筋斗一切,则较之今日武生稍逊焉。

环球社《图画日报》第二百八十一号第八页

环球社《图画日报》第二百八十一号第八页

三十年来伶界之拿手戏(五十三)

杨文玉之《伏石猴》

漱

杨文玉,天津人。在申时隶小东门外丹凤部,演文武老生戏俱佳,有时兼串架子花脸。犹忆其《伏石猴》之金台、《明英烈》之脱脱丞相、《翠屏山》之石秀、《反武场》之常遇春、《京遇缘》之狄青,以及《双尽忠》、《太平桥》、《凤鸣关》等剧,武生足副英锐二字,老生足副沉着二字,架子花脸则足副威武二字,诚当时不可多得之 才也。

环球社《图画日报》第二百八十二号第八页

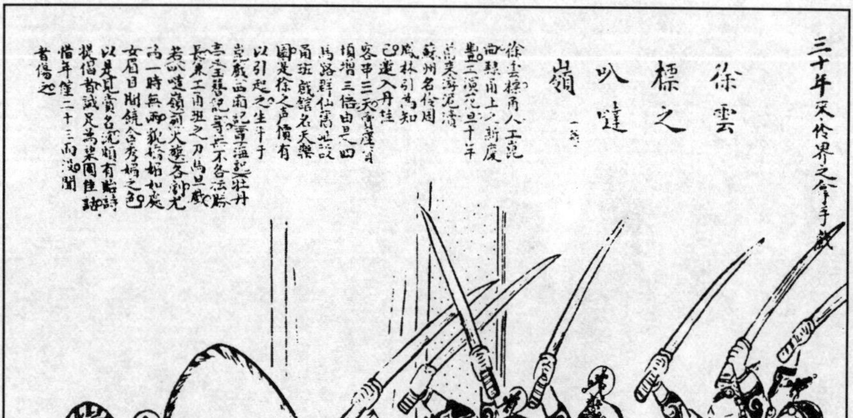

环球社《图画日报》第二百八十二号第八页

三十年来伶界之拿手戏(五十四)

徐云标之《叭哒岭》

漱

徐云标,甬人。工昆曲,隶甬上之新庆丰,工演花旦,十年前来游沪渎,苏州名伶周凤林引为知己。邀入丹桂客串三天,卖座资顷增三倍。由是四马路群仙旧址设甬班戏馆,名天乐园,实徐之声价有以引起之。生平于昆戏《西厢记》、《孽海记》、《牡丹亭》、《玉簪记》等,无不各擅胜长;兼工甬班之刀马旦戏,若《叭哒岭》、《烈火旗》各剧,尤为一时无两。貌娇媚如处女,眉目间饶含秀媚之色,以是见赏名流,颇有贻诗提倡者,诚足为梨园佳话。惜年仅二十三而没,闻者伤之。

环球社《图画日报》第二百八十三号第八页

环球社《图画日报》第二百八十三号第八页

三十年来伶界之拿手戏(五十五)

童双喜之《大补缸》

漱

童双喜，甬江人，小名阿三。幼时扮台阁中戏剧，冶眉媚目，无殊绝世佳人。老庆丰名旦仇凤美见之，收为入室弟子，三载艺成，声名鹊起。生平擅长游戏各剧，如《大补缸》、《兰花院》、《关王庙》、《女看相》、《捉牙虫》、《打花鼓》、《荡湖船》、《打面缸》等，最为出色。亦能仿效京戏，如《战皖城》、《杀子报》各剧，亦偶一演唱。当四马路群仙旧址开演甬班时，童双喜与徐云标实为班中柱石，惜甬班武场，不及京伶矫健，未几即停锣息鼓，如广陵散。嗣闻双喜因贪多金，为报恩寺某僧所狎，同类俱鄙薄之，故其名遂坠落不振云。

环球社《图画日报》第二百八十四号第八页

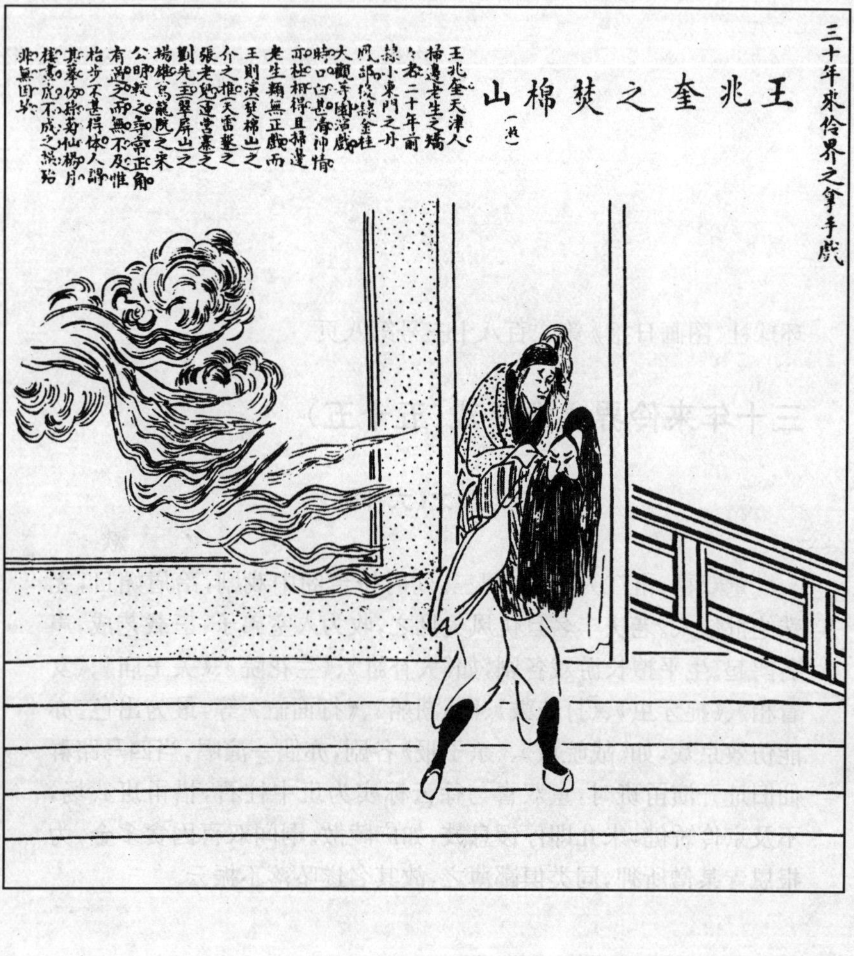

环球社《图画日报》第二百八十四号第八页

三十年来伶界之拿手戏（五十六）

王兆奎之《焚棉山》

漱

王兆奎，天津人，扫边老生之娇娇者。二十年前隶小东门之丹凤部，后隶金桂、大观等园。演戏时口白甚清，神情亦极相得。且扫边老生类无正戏，而王则演《焚棉山》之介之推、《天雷报》之张老儿、《连营寨》之刘先主、《翠屏山》之杨雄、《乌龙院》之宋公明，较之寻常正角，有过之而无不及。惟台步不甚得体，人谓其募仿孙菊仙、杨月楼，画虎不成之误，殆非无因矣。

环球社《图画日报》第二百八十五号第六页

环球社《图画日报》第二百八十五号第六页

三十年来伶界之拿手戏（五十七）

郭秀华之《宇宙疯（锋）》

漱

郭秀华，天津人。工唱青衫旦，脍炙人口之剧，为《宇宙疯（锋）》、《孝义节》、《祭长江》、《教子》、《探寒窑》等，喉音尖脆，虽至五十余岁，犹如二十许人，惜少波折，以是不甚及时。居沪最久，曾隶大观各部。暮年设一客栈，不复登台奏技，其境遇颇堪自给。子即花旦郭蝶仙，技艺殊有可采，另详专图。惟行止有亏，致遭公堂惩逐，今不能履英界一步矣。

环球社《图画日报》第二百八十六号第六页

环球社《图画日报》第二百八十六号第六页

三十年来伶界之拿手戏（五十八）

十三旦之《新安驿》

漱

十三旦，直隶之定兴县人。柔肌玉润，娇态花嫣。度曲亦如天籁，发声既清且朗。工唱梆子花旦，兼串刀马旦。在京隶宝胜和班，名盛都下。二十年前抵申，初隶大观部，后隶咏霓。演全本《新安驿》、全本《大英杰烈》，儿女英雄四字，兼而有之，最为顾曲者所称赏。余如《割发代首》、《翠屏杀山》、《佘塘关》、《蝴蝶杯》、《富贵图》等，或以侧媚胜，或以洒脱胜，或以缠绵悱恻胜，无不如行文家之恰如题妙。去申后屡有袭名之人抵沪，或云真十三旦，或云小十三旦，然色技皆远逊个人，以是类俱没没无闻而去。于以知碱砆，不能乱玉。碱砆乃偏欲乱之，适足自形其丑而已。

环球社《图画日报》第二百八十七号第八页

环球社《图画日报》第二百八十七号第八页

三十年来伶界之拿手戏(五十九)

小庚弟、小胜奎之《二进宫》

漱

小庚弟,系夏奎章之长子,貌温文如佳子弟。十三龄即登台奏技,至十四五岁时,名噪鞠部,共推为后起之秀。工唱须生,与铜锤花脸小胜奎演《二进宫》、《大保国》、《捉放曹》、《断密涧》等剧,洵称珠联璧合。兼长做工各戏,如《九更天》、《宝莲灯》等,亦颇卓然可观。靠把戏则《南阳关》、《定军山》、《凤鸣关》诸剧,亦殊脍炙人口。惜天不永年,未冠夭逝,有公瑾之好者皆伤之。

环球社《图画日报》第二百八十八号第八页

环球社《图画日报》第二百八十八号第八页

三十年来伶界之拿手戏（六十）

秃扁儿之《烟鬼叹》

漱

秃扁儿，梆子小花面之最负时誉者也。二十年前抵申，隶丹桂部。工演《烟鬼叹》、《阎王乐》、《斗牌打架》、《丑洞房》、《丑别窑》、《盗戟》及《翠屏山》之海屠黎等剧，白口诙谐，台步活泼，声调亦异常朗润，为小面所鲜有。虽彼时秦腔犹未风行，而观剧者于秃扁儿之戏，无不同深赏识，可想见该伶操技之神矣。

环球社《图画日报》第二百八十九号第八页

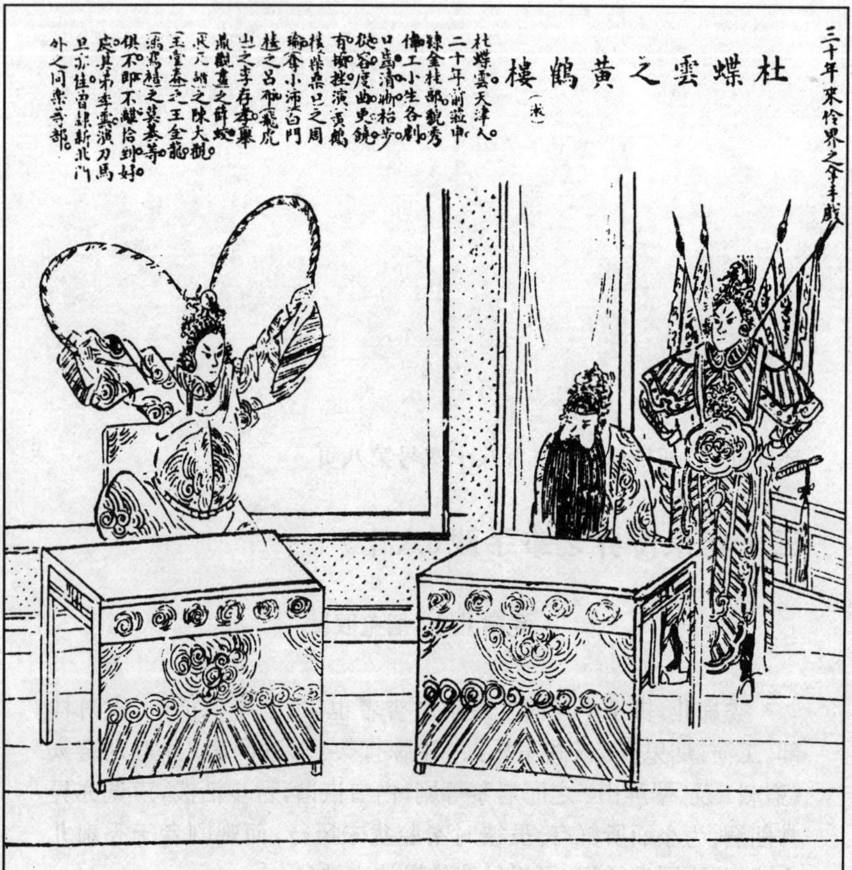

环球社《图画日报》第二百八十九号第八页

三十年来伶界之拿手戏(六十一)

杜蝶云之《黄鹤楼》

漱

杜蝶云,天津人。二十年前莅申,隶金桂部。貌秀伟,工小生各剧,口齿清晰,台步从容,度曲更饶有顿挫。演《黄鹤楼》、《柴桑口》之周瑜,《夺小沛》、《白门楼》之吕布,《飞虎山》之李存孝,《举鼎观画》之薛蛟,《状元谱》之陈大观,《玉堂春》之王金龙,《鸿鸾禧》之莫基等,俱不即不离,恰到好处。其弟季云,演刀马旦亦佳,曾隶新北门外之同乐等部。

环球社《图画日报》第二百九十号第八页

环球社《图画日报》第二百九十号第八页

三十年来伶界之拿手戏(六十二)

牡丹花之《池水驿》

漱

秦腔花旦牡丹花,系秦伶魏小林之徒,绮年玉貌,演剧时娇态横生,喉音亦如百啭流莺,间关可听。抵申时隶咏霓部。演《池水驿》、《新安驿》、《打灶分家》、《算粮登殿》、《杀狗劝妻》、《佘塘关》等戏,皆为顾曲者所称许。去沪后在甬东曾开馥兰茶园,生涯颇为不恶。会因事远适,某轮船中途失事,竟罹惨劫,闻者罔不惋惜。其妻月月仙隶髦儿戏班,善唱青衣,兼演花旦,另详女伶拿手戏专图。

环球社《图画日报》第二百九十一号第八页

环球社《图画日报》第二百九十一号第八页

三十年来伶界之拿手戏(六十三)

九仙旦之《雄黄阵》

漱

九仙旦,姓刘,北京人。十年前抵沪,隶丹桂部。明眸善睐,浩齿争妍,一袅柳腰,尤增妩媚。演武旦《雄黄阵》、《金山寺》、《泗洲城》、《天霸招亲》等剧,刚健婀娜四字,兼而有之。且人甚霭然可亲,故有时兼演花旦配角,如《双蝴蝶》之婢女、《翠屏山》之银儿、《割发代首》之春梅等,态度苗条,颇似绝妙女鬟,令人色授魂与。盖其操技虽系武旦,其实不仅以翻跌见长也。

环球社《图画日报》第二百九十二号第八页

环球社《图画日报》第二百九十二号第八页

三十年来伶界之拿手戏（六十四）

仇云奎之《扫松》

漱

仇云奎，四明人，隶宁波老庆丰班。曾两次莅沪，一在胡家宅天乐茶园，一在满庭芳。工演文班老外，张广才《扫松》一出，声律、台步，不下昆班；道白亦丝丝入扣，几不类甬东人物。余如《交印》、《写本》、《斩杨》、《草诏》、《当酒》、《伏虎》等剧，亦俱如木鸡养到，具见功候。有时兼串苏武班戏之《乌龙院》、《翠屏山》、《宁武关》等，观者亦甚称赏，盖甬班中不易才也。

环球社《图画日报》第二百九十三号第六页

环球社《图画日报》第二百九十三号第六页

三十年来伶界之拿手戏（六十五）

五月仙之《红梅阁》

漱

五月仙，姓张名福义，体肥而不损其媚，貌丰而不觉其痴。度曲做工，亦臻一等，盖梆子花旦中杰出才也。十余年前隶天仙，以《红梅阁》最为拿手，他剧如《蝴蝶梦》、《阴阳报》、《忠孝国》、《汴梁图》等，亦极工候到家。光绪戊戌春，天福由六马路迁宝善街新馆（天仪失慎后重造），改名鹤鸣。虽仍是吴荣泰班主，而全权皆授之于夏月恒，特邀五月仙过班演唱。该伶因思安插其师兄十三红，遂辞天仙而就鹤鸣，奈十三红包银太大，鹤鸣未能出此巨价，致五月仙宁毁合同，几致兴讼。遂偕十三红在满庭芳合开咏仙，未几仍以意见不洽而散。嗣因与某宦妾有暗昧事，致为宦族告发，幸先机遁去，然从此春申江上，无该伶足迹矣。

环球社《图画日报》第二百九十四号第六页

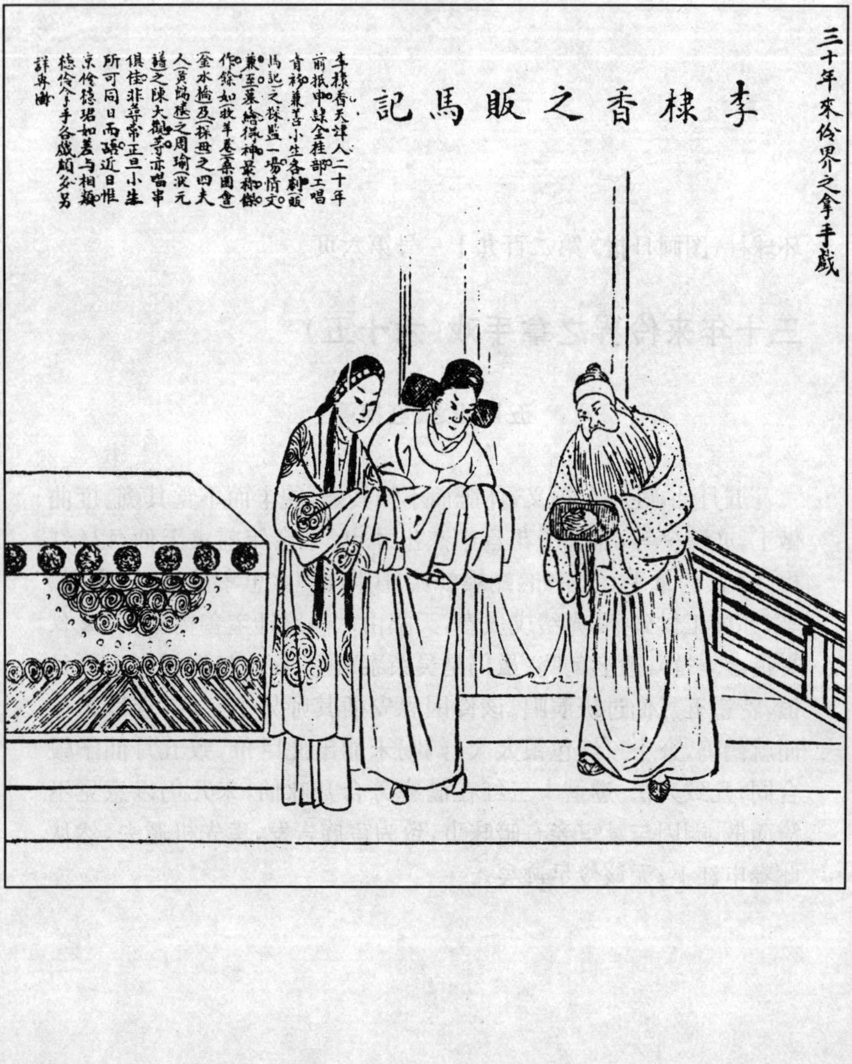

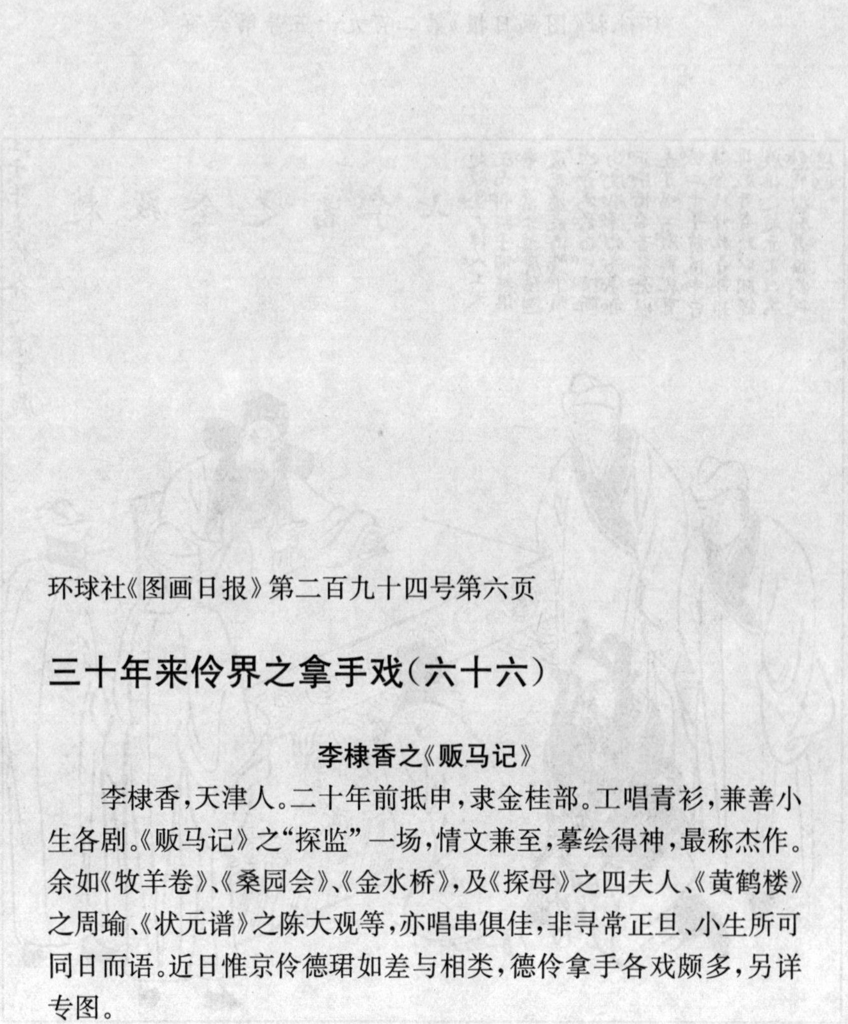

环球社《图画日报》第二百九十四号第六页

三十年来伶界之拿手戏(六十六)

李棣香之《贩马记》

李棣香,天津人。二十年前抵申,隶金桂部。工唱青衫,兼善小生各剧。《贩马记》之“探监”一场,情文兼至,摹绘得神,最称杰作。余如《牧羊卷》、《桑园会》、《金水桥》,及《探母》之四夫人、《黄鹤楼》之周瑜、《状元谱》之陈大观等,亦唱串俱佳,非寻常正旦、小生所可同日而语。近日惟京伶德珺如差与相类,德伶拿手各戏颇多,另详专图。

环球社《图画日报》第二百九十五号第六页

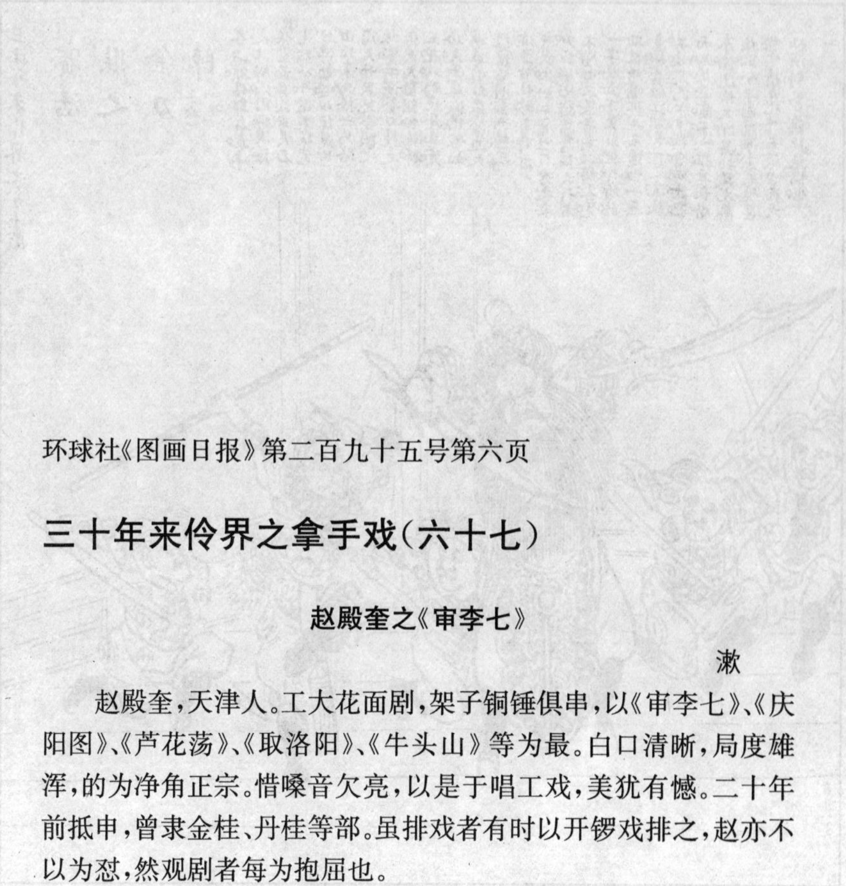

环球社《图画日报》第二百九十五号第六页

三十年来伶界之拿手戏(六十七)

赵殿奎之《审李七》

漱

赵殿奎,天津人。工大花面剧,架子铜锤俱串,以《审李七》、《庆阳图》、《芦花荡》、《取洛阳》、《牛头山》等为最。白口清晰,局度雄浑,的为净角正宗。惜嗓音欠亮,以是于唱工戏,美犹有憾。二十年前抵申,曾隶金桂、丹桂等部。虽排戏者有时以开锣戏排之,赵亦不以为怼,然观剧者每为抱屈也。

环球社《图画日报》第二百九十六号第八页

环球社《图画日报》第二百九十六号第八页

三十年来伶界之拿手戏(六十八)

赛活猴之《金刀阵》

漱

赛活猴,姓郑名泰,津之北乡人。因扮演孙悟空最肖,故取是名。光绪八年,偕其徒武旦佛动心(即陈丽卿)由北来南,搭六马路周大升、黑儿合开之咏霓。所演《金刀阵》之齐天大圣,翻金箍棒,五花八门,纯是真实功夫,毫无假借。余如《猴盗扇》、《猴盗牌》、《通天河》、《盘丝洞》、《泗洲城》等,亦并皆佳妙。有时亦串武生,如《翠屏山》石秀之耍刀,极臻纯熟;《鸳鸯楼》武行者末场,由三张半桌以朝天凳一字腿直下,更非他伶所能及。惟所唱梆子及道白,一无意趣,真似江湖卖艺一流。故其妓(技)足为下流社会所欢迎,而不足邀赏于大雅。且长斋奉佛,迷信太深,其知识尤无足取。今年已逾五十,处境甚贫,然精力犹健。去岁曾在天仙演剧,依然矫捷绝伦也。

环球社《图画日报》第二百九十七号第八页

环球社《图画日报》第二百九十七号第八页

三十年来伶界之拿手戏（六十九）

小金虎之《絮阁》

漱

小金虎，苏州章姓子，习昆腔花旦。出师时年龄尚稚，故以小金虎名。二十年前抵申，隶三雅园。长颈修眉，演宫装戏最得妃嫔风度。尝见其《长生殿》之《絮阁》一折，如泣如诉，宜喜宜嗔，他伶断难得其神似。余如《定情赐盒》、《鹊桥密会》、《惊变埋玉》，以及《凤仪亭》之《梳妆掷戟》，《孽海记》之《思凡下山》，《金雀记》之《乔醋》，《牡丹亭》之《学堂》等剧，亦颇柳宠花娇，令人目光为之凝注。光绪辛卯，忽就北京之聘，改习乱弹，记者曾于是年在广德楼见之，所演系《双摇会》，全失昆伶态度矣。

环球社《图画日报》第二百九十八号第八页

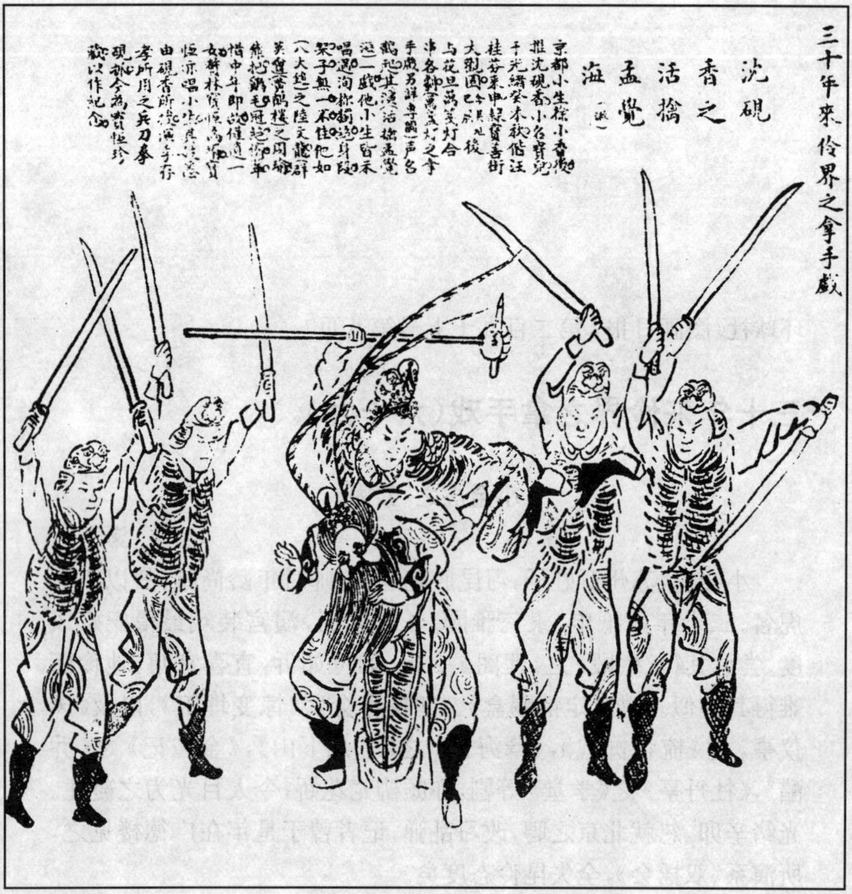

环球社《图画日报》第二百九十八号第八页

三十年来伶界之拿手戏（七十）

沈砚香之《活擒孟觉海》

漱

京都小生徐小香后，推沈砚香，小名宝儿。于光绪癸未秋，偕汪桂芬来申，隶宝善街大观园（今其址已废）。后与花旦万盏灯合串各剧（万盏灯之拿手戏另详专图），声名鹊起。其演《活擒孟觉海》一戏，他小生皆未唱过，洵称独绝。身段架子，无一不佳。他如《八大锤》之陆文龙，《群英会》、《黄鹤楼》之周瑜，靠把鸡毛，冠绝侪辈。惜中年即故，仅遗一女，赘林宝恒为婿。宝恒亦唱小生，其妓（技）悉由砚香所授，演李存孝所用之兵刀拳砚抓，今为宝恒珍藏，以作纪念。

环球社《图画日报》第二百九十九号第八页

环球社《图画日报》第二百九十九号第八页

三十年来伶界之拿手戏（七十一）

顾九兰之《借茶》

漱

顾九兰，甬东人，隶老庆丰班。圆姿替月，嫩脸羞花，此八字可为定评。莅沪时在天乐茶园，与徐云标同班，演《借茶》、《活捉》、《挑帘》、《裁衣》、《交帐》、《送礼》、《戏叔》等各花旦戏，柔情媚态，使人之意也消。度曲亦如花底流莺，既清且脆。惟白口纯操甬音，异徐伶之能参官韵，未免贻讥大雅。此则习艺时狃于土音之误，遂成白璧微瑕，殊可憾也。

环球社《图画日报》第三百号第七页

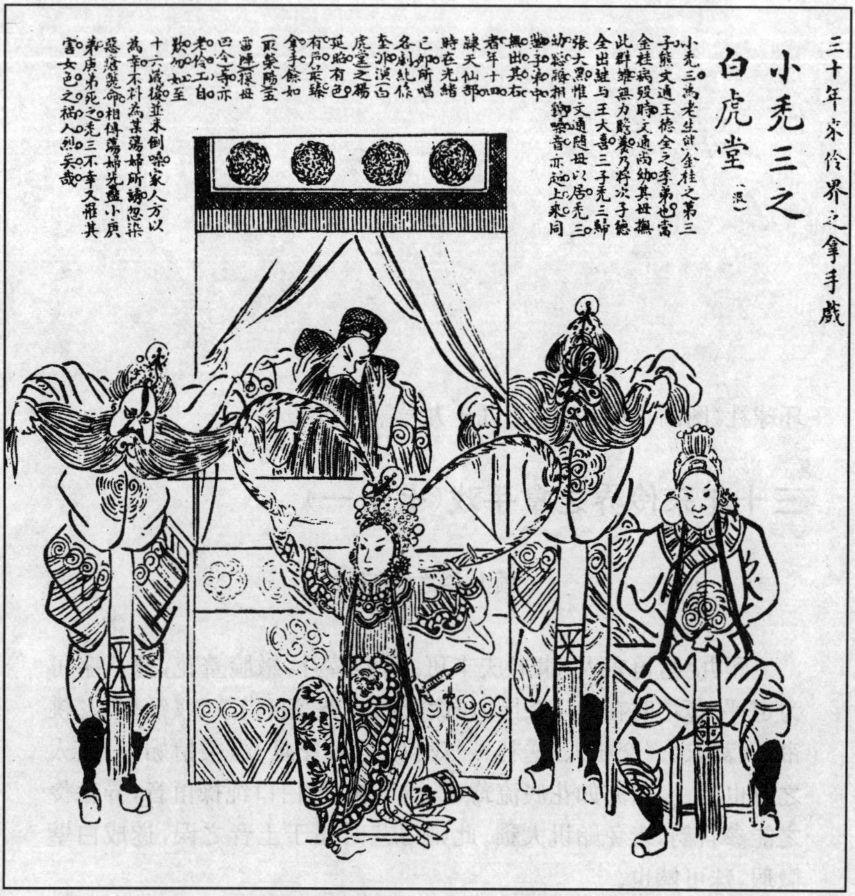

环球社《图画日报》第三百号第七页

三十年来伶界之拿手戏（七十二）

小秃三之《白虎堂》

漱

小秃三，为老生熊金桂之第三子，熊文通、王德全之季弟也。当金桂病殁时，文通尚幼，其母抚此群雏，无力赡养，乃将次子德全出继与王大喜，三子秃三归张大黑，惟文通随母以居。秃三幼聪颖，相貌、嗓音亦超上乘，同辈子弟中无出其右者。年十四，隶天仙部，时在光绪己卯。所唱各剧，纯系奎派，演《白虎堂》之杨延昭，有色有声，最臻拿手。余如《取荥阳》、《五雷阵》、《探母回令》等，亦老伶工自叹勿如。至十六岁后，并未倒嗓，家人方以为幸，不料为某荡妇所诱，忽染恶疮毙命。相传荡妇先蛊小庚弟，庚弟死之，秃三不幸又罹其害，女色之祸人烈矣哉！

环球社《图画日报》第三百零一号第八页

环球社《图画日报》第三百零一号第八页

三十年来伶界之拿手戏（七十三）

猫猫旦之《紫霞宫》

漱

猫猫旦，即扬（杨）秀云，善唱梆子花旦。少年名噪京津，色艺俱颇不恶，惜抵沪时年齿稍长，遂致技为色掩。然其《紫霞宫》一戏，绝后空前，不特以翻跌见长，抑且自负尸出场以迄还阳，忽死忽生，步骤井然，神情毕肖，洵为有目者所共赏。后辈惟七盏灯、小金钢钻（七盏灯、小金钢钻之拿手戏，另详专图），皆其指授，范围自是不同。嗣以居沪不甚得志，郁郁而去。其实《紫霞宫》之外，若《烈女传》、《血手印》、《双断桥》、《忠孝图》等剧，亦颇哀戚顽艳，卓然可观也。

环球社《图画日报》第三百零二号第八页

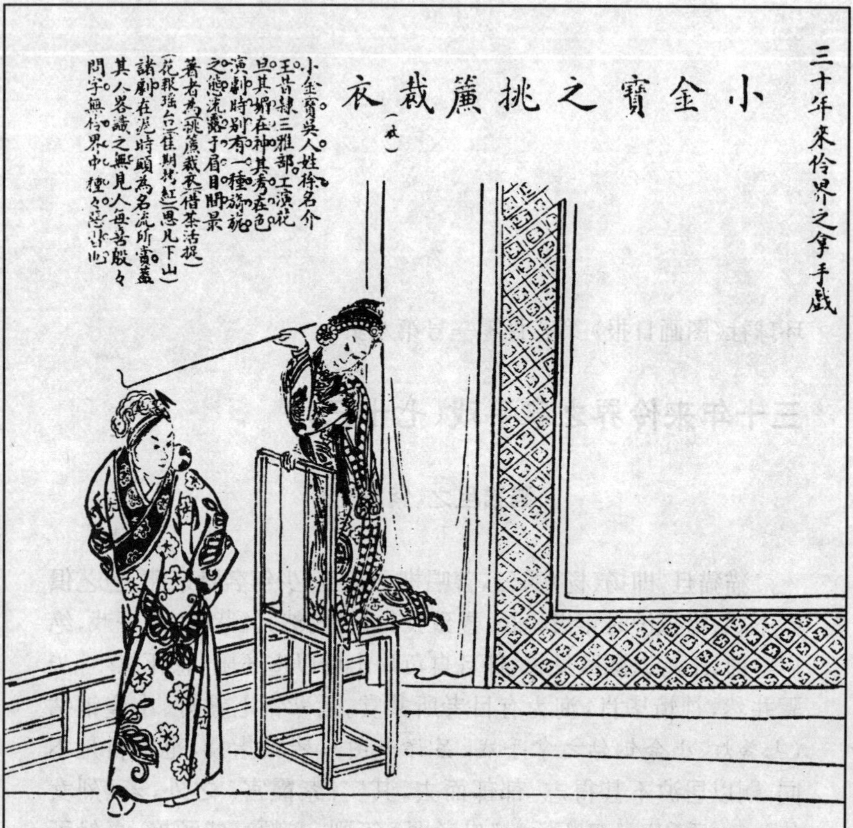

环球社《图画日报》第三百零二号第八页

三十年来伶界之拿手戏(七十四)

小金宝之《挑帘裁衣》

漱

小金宝,吴人,姓徐,名介王。昔隶三雅部,工演花旦,其媚在神,其秀在色。演剧时别有一种旖旎之态,流露于眉目间。最著者为《挑帘裁衣》、《借茶活捉》、《花报瑶台》、《佳期拷红》、《思凡下山》诸剧,在沪时颇为名流所赏,盖其人略识之无,见人每喜殷殷问字,无伶界中种种恶习也。

环球社《图画日报》第三百零三号第八页

环球社《图画日报》第三百零三号第八页

三十年来伶界之拿手戏(七十五)

徐岱云、宁天吉之《假金牌》

漱

须生徐岱云，天津人，与王得胜同时，尚在周春奎、景四宝之先，班中人皆尊为前辈。光绪初曾至沪上，隶杜蝶云所开之丹桂部。虽年已望六，演靠把戏如《定军山》、《阳平关》之黄忠，《凤鸣关》之赵云，矍铄精神，颇有马伏波据鞍气象。其最著名者为《假金牌》全本中之孙伯阳，唱做俱佳，尤妙彼时配角之张公子，系小生宁天吉所串，堪称玉雀六燕，铢两悉称。逮甲申年二次来沪，隶刘维忠之新丹桂，则已年逾花甲，渐露颓唐。即《假金牌》一出，亦以宁天吉去沪，另易他伶倍串，竟尔味同嚼蜡矣。

环球社《图画日报》第三百零四号第六页

环球社《图画日报》第三百零四号第六页

三十年来伶界之拿手戏（七十六）

小金刚钻之《阴阳河》

漱

小金刚钻，湖北人，乳名德福，花旦周双林之子。娇小玲珑，眉目如画，天资亦殊颖悟。十一岁习二簧、梆子各花旦戏，即有跨灶之誉。一年后出台，演《阴阳河》遇夫一场，台步神情，洵称独绝；而肩挑水担，飞步疾行，两手离空，担不倾坠，非他伶之扭捏牵强者可比，故台下之抚掌声，必怒鸣如雷。余如《绒花计》、《翠屏山》、《紫霞宫》等，亦俱脍炙人口。惟其父在沪私识一富室妇，弃糟糠于不顾，后竟鬻之于人。故该伶稍长后，即忆母不置，心恒抑郁寡欢，加以秉性好胜，习戏时罔顾劳瘁，以致体气日怯。后在鄂垣，演《紫霞宫》跌伤，至十四岁而殇，人多惜之。未二年，双林亦卒。

环球社《图画日报》第三百零五号第六页

环球社《图画日报》第三百零五号第六页

三十年来伶界之拿手戏（七十七）

孟菊奎之《斩黄袍》

漱

孟菊奎，天津人，向操鞋铺生涯。喜度曲，音锐而高，于红生最宜。二十年前在天仙部登台客串，亦有《四郎探母》、《打金枝》、《打鼓骂曹》等剧，而最拿手戏者，为《斩黄袍》之赵艺祖。在城头所唱急板一段，字字沉着，句句铿锵，尤妙在游刃有余，无气促声嘶之弊。按，此戏为梆子班老生重头，若十三红、杨娃娃等，须唱良久。京班则仅只两场，与梆子班异。惟配角高怀德，须最好之做工老生为之，方足动人观听，否则恐全神尽失耳。

环球社《图画日报》第三百零六号第六页

环球社《图画日报》第三百零六号第六页

三十年来伶界之拿手戏(七十八)

月月红之《贵妃醉酒》

漱

《贵妃醉酒》一剧,最难在饮酒时三个软腰,非柔如无骨之身,易见坚硬,观者便觉索然无味。湖北花旦月月红,吴姓,轶其名,光绪初来申,虽面有微麻,而装束登场,不损其媚,演《醉酒》最臻绝技。鄂地所来花旦,如蔡桂喜、郭天禄、周双林、汤双凤等,皆望尘勿及。后与孟七等合资开六马路鸿桂园,亏折过巨,托言回籍措资,一去杳如黄鹤。曩岁有人述及该伶一妻一妾,有齐人风,惟因嗜赌致贫。一日私携妾之金表赴博,不意五木无灵,局终负去。为妾所觉,与其妻相泣于中庭,并加诮让,该伶羞愤无地,竟仰药死。妾睹之,追悔莫及,亦吞阿芙蓉以殉。呜呼!赌之为害烈矣哉!

环球社《图画日报》第三百零七号第八页

环球社《图画日报》第三百零七号第八页

三十年来伶界之拿手戏(七十九)

文琴舫之《取金陵》

漱

某王府管家倭心泉,系十三旦之义父,其子文琴舫,喜串刀马旦戏。光绪甲申十月,慕沪渎风景,鼓轮南游。随带谭叫天长子锁儿、武生蔡和祥(拿手戏另详后图)、武二花脸吴姓、白胡子老生蔡和福等八人。时叫天在刘维忠所开之丹桂演唱,园主嘱为介绍,客串数夜。第一夕演《马上缘》,串樊梨花,携有玻璃软甲男女二身,晶莹夺目,故配角杜蝶云串薛丁山,亦穿是甲,见者咸谓得未曾有。是夜赏后台大众及三行头(场面、掀门帘、饮场为三行头)洋四十元。客串之阔,实所鲜见。至其最称拿手之剧,为《取金陵》之凤吉公主,与同来八伶,共打出手(沪人谓之掼像生),五花八门,极层出不穷之妙。老于观剧者,迄今犹能道之。所不足者,则面如诸葛子瑜,未免艺为色掩耳。

环球社《图画日报》第三百零八号第八页

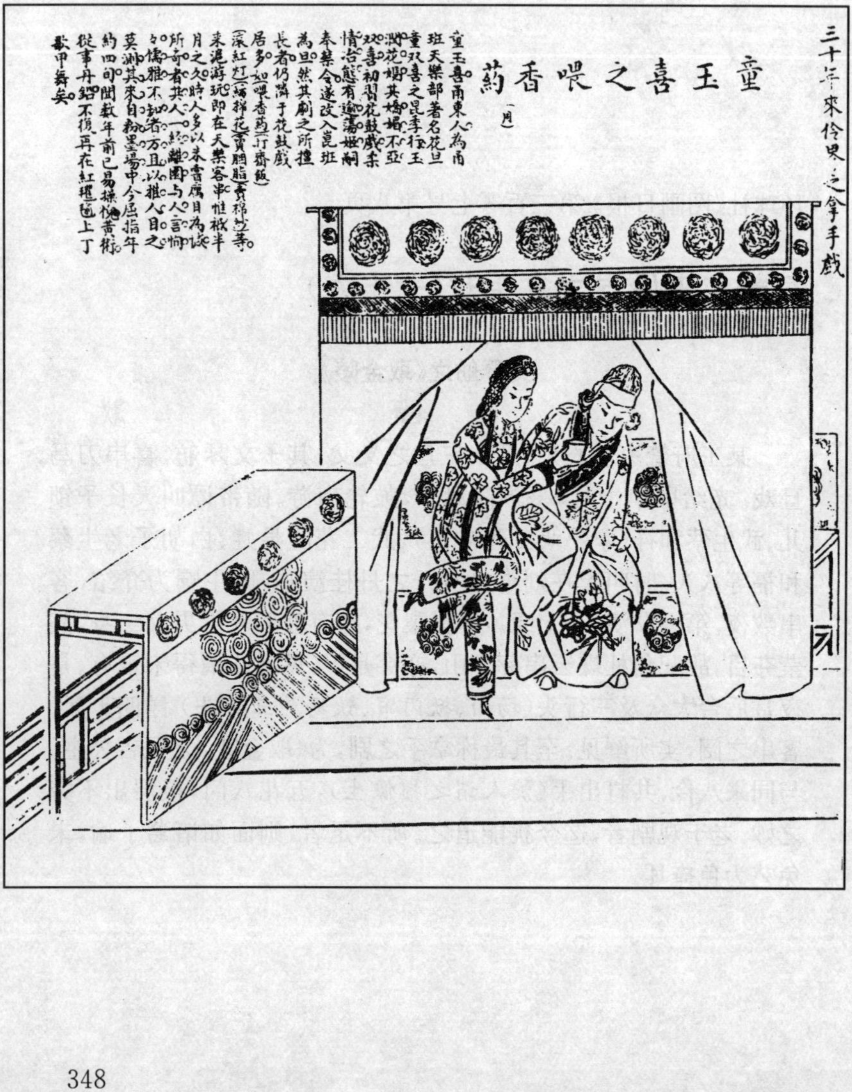

环球社《图画日报》第三百零八号第八页

三十年来伶界之拿手戏（八十）

童玉喜之《喂香药》

周

童玉喜，甬东人，为甬班天乐部著名花旦童双喜之昆季行。玉润花嫣，其娇媚不亚双喜。初习花鼓戏，柔情冶态，有逾荡姬。嗣奉禁令，遂改入昆班为旦。然其剧之所擅长者，仍邻于花鼓戏居多，如《喂香药》、《打斋饭》、《滚红灯》、《纺棉花》、《卖胭脂》、《卖棉纱》等。来沪游玩，即在天乐客串，惟只半月之久，时人多以未尝寓目为憾。所奇者其人一经离园，与人言恂恂儒雅，不知诸方且以雅人目之，莫测其来自粉墨场中。今屈指年约四旬，闻数年前已易操梲黄术，从事丹铅，不复再在红氍毹上丁歌甲舞矣。

环球社《图画日报》第三百零九号第八页

环球社《图画日报》第三百零九号第八页

三十年来伶界之拿手戏(八十一)

崔灵芝之《忠义侠》

漱

崔灵芝，字松林，都中梆子旦四灵芝之一，与丁灵芝同师(丁灵芝拿手戏另详)。十余年前，随师在宝善街天仪演剧，技犹未精。满师后蒸蒸日上，名重都下。熊文通开春仙，时以重金聘之。所演各戏，以《忠义侠》最为杰出，不特声调圆润，口齿清晰。且替嫁洞房及刃伤严二各场，身段之好，台步之工，无出其右。此戏梆子班中前惟金镶玉，后惟十二旦演过，然神情松懈，相去奚啻霄壤。其他各剧如《蝴蝶杯》、《烈女传》、《算粮登殿》、《金刚庙》、《汾河湾》等，亦並皆佳妙。惟貌过丰腴，且蹺工稍欠，以是花旦戏不无美犹有憾。前年曹小云开大观，该伶复经莅沪。今则就三马路大舞台之聘，与小生马全禄同班，月须包银千余元，可想见其声价之高矣。

环球社《图画日报》第三百十号第八页

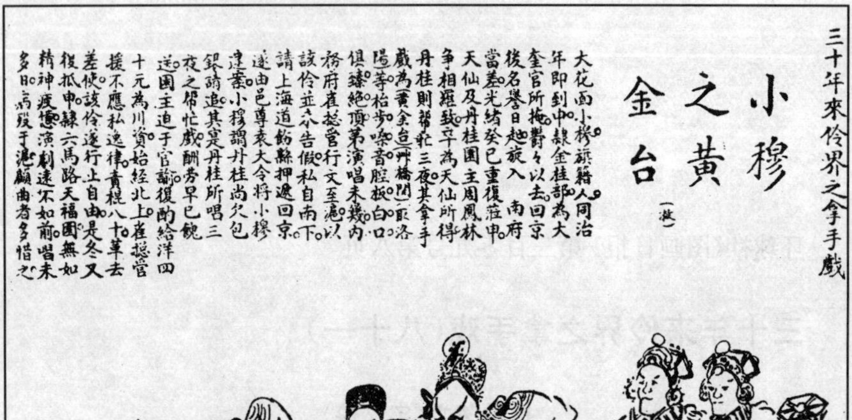

环球社《图画日报》第三百十号第八页

三十年来伶界之拿手戏（八十二）

小穆之《黄金台》

漱

大花面小穆，旗籍人。同治年即到申，隶金桂部，为大奎官所掩，郁郁以去。回京后名誉日起，旋入南府当差。光绪癸巳重复莅申，天仙及丹桂园主周凤林争相罗致，卒为天仙所得，丹桂则帮忙三夜。其拿手戏为《黄金台》、《草桥关》、《取洛阳》等，台步、嗓音、腔板、白口，俱臻绝顶。第演唱未几，内务府崔总管行文至沪，以该伶并未告假，私自南下，请上海道饬县押递回京，遂由邑尊袁大令将小穆逮案。小穆谓丹桂尚欠包银请追，其实丹桂所唱三夜之帮忙戏，酬劳早已馈送，园主迫于官谕，复酌给洋四十元为川资，始经北上。崔总管援不应私逸律，责棍八十，革去差使，该伶遂行止自由。是冬又复抵申，隶六马路天福园，无如精神疲惫，演剧远不如前。唱未多日，病殁于沪，顾曲者多惜之。

环球社《图画日报》第三百十一号第八页

环球社《图画日报》第三百十一号第八页

三十年来伶界之拿手戏（八十三）

张松亭之《南天门》

漱

张松亭，北京人，须生刘桂林之师（桂林拿手戏另有专图），与小叫天同辈。台步之工，神情之妙，卓然前辈范围。惜耽于酒色，以致倒嗓。故所演之剧，纯以做工见长。如《南天门》、《天雷报》、《打棍出箱》、《草船借箭》、《状元谱》、《打严嵩》、《九更天》、《铁莲花》、《庆顶珠》、《乌龙院》、《骂阎罗》等，所扮角色，无不惟妙惟肖。有时且演白胡子武生，尝见其《莲花湖》之沈英，工架既好，拳脚亦佳，堪与沈韵秋相埒。二十年前与刘桂林隶咏霓部，逮后桂林出师，松亭转徙江湖，知音寥落。厥后重复至沪，隶天福部，溺流娼俞凤林，益致不振。乃去沪赴浙，客死杭州。子二，长名兰清，次名铁柱儿，皆碌碌无所表见，不能继父业。

环球社《图画日报》第三百十二号第八页

环球社《图画日报》第三百十二号第八页

三十年来伶界之拿手戏（八十四）

余玉琴之《醉仙楼》

漱

余玉琴，字庄儿，淮安人。早孤，依姊夫张永升居。永升串武丑，见玉琴腰软如绵，恰合武旦身段，因令习武旦各戏。出台时年仅十三，唐人诗“娉娉袅袅十三余”，若为是儿写照。初隶苏州之大观园，乙酉来申，隶老丹桂，惊鸿态度，飞燕其腰支，益形妩媚，且武技卓绝。每演至角艺时，擅刚健婀娜四字之妙，观者无不神为之夺。其拿手戏，为《醉仙楼》、《泗州城》、《演火棍》、《朝金顶》、《双跑马》等；兼唱梆子花旦，如《双琐山》、《新安驿》、《佘塘关》、《珍珠衫》各戏，亦俱温存合度，旖旎动人。未几北上入都，大为王公士大夫所赏，旋入南府供差，赏赐之隆，甲于侪辈。庚子后重复南下，在丹桂客串三夜，第二夜即《醉仙楼》，翻风车筋斗，绕台至三四匝，台下彩声雷动。是岁宴海上诸名士于正丰街风来仪（今闭）酒楼，到者甚多。裙屐连翩，颇极一时之盛，其平日之令人倾倒可知矣。

环球社《图画日报》第三百十三号第八页

环球社《图画日报》第三百十三号第八页

三十年来伶界之拿手戏（八十五）

王喜寿之《辕门射戟》

漱

王喜寿，本唱二簧青衣，幼隶金桂部，与陈彩林同班。二伶皆在青年，色艺兼备，如合演《孝感天》、《落闺》等，璧合珠联，可称双绝。中年改唱小生，以鸡毛见长，串《群英会》、《取南郡》之周瑜，《虎牢关》、《白门楼》之吕布，咸有声有色。尤以《辕门射戟》一戏，英气勃勃，见赏于时。按《辕门射戟》与《夺小沛》虽同是一戏，大有区别。《夺小沛》重在张飞，皆以好架子花脸为之；《辕门射戟》仅小生正场，张飞则系配角，与袁术之雷薄、陈兰等，尚不及纪灵也。光绪壬辰癸巳间，长白某中丞抚吴，其太夫人赏王之技，认为义子（此伶人中常有之事，不足为夸）。当时该伶在沪，私识妓佣金宝为室，赁居会香里，胆敢门题王公馆朱牌，不知者几疑显宦，可谓荒谬已极。甲午年在满庭芳股开金桂，大受亏折。时中丞丁艰回旗，王因赴京。为挪贷计，乙未年即病殁津沽。

环球社《图画日报》第三百十四号第八页

环球社《图画日报》第三百十四号第八页

三十年来伶界之拿手戏（八十六）

小奎官之《收关胜》

漱

小奎官，姓刘，名来保，大奎官自幼抚为义子。髫年嗜赌，不务正业，仅能唱起码花脸，如《南阳关》麻叔谋、《江东桥》陈友谅之类。乙未大奎官病笃，泣谓之曰："我将死矣，汝再不习上，必为丐与贼，遭人指谪，予死不瞑目。汝其好自为之！"刘顿首谨受教。父没后，昼夜练习武工。不一年，居然为超等武二花，演《收关胜》、《八蜡庙》等剧，由三张半桌从空翻下，自该伶始。武生李春来惊其技，招与搭班，洵称劲敌。由是包银渐巨，肆意挥霍，耽于酒色，力渐不支。戊戌冬，就夏氏丹桂聘，适应桂馨在湖北路新建桂仙，乃由李春来介绍入园。外观犹昔，而内功已成强弩之末。庚子春因体愈羸弱，乞假赴津养疴。适义和团大乱，惊毙于津。

环球社《图画日报》第三百十五号第八页

环球社《图画日报》第三百十五号第八页

三十年来伶界之拿手戏(八十七)

贾洪林之《搜救(孤)救孤》

漱

谭叫天在京声价之高,暮年几夺前辈程长庚之席,以是各伶每喜摹仿其调。有贾洪林者,都人呼之为贾狗儿,摹叫天最能得其神似。辛丑随滇中某观察过沪,曾在宝善街春仙演唱,凡《空城计》、《奇冤报》、《打棍出箱》、《卖马》等剧,无不恰到好处。而《搜孤救孤》之程婴,法场祭公孙杵臼一场,绝后空前,即叫天亦叹为得未曾有。惜沪人彼时只知汪调(汪桂芬),不知其他,以是抑郁不得志而去。说者谓贾伶当日来非其时,设今日复经南下,度必驾贵俊卿、刘鸿声(贵、刘俱善摹叫天者,专戏另详)而上之。斯言也,我亦云然。

环球社《图画日报》第三百十六号第八页

三十年来伶界之拿手戲

天娥旦之燒骨記（徽）

柳子青衣天娥旦。姓張。名玉金。向在烟台旅順演唱。名不甚著。甲午莊中。應六馬路天福之聘。瀕行時其師祖某伶謂之曰。汝至上海。厥技恐不能見長。然汝所唱。声調哀感動人。宜擇戲之有哀情者。好自為之。我老矣。有連台哀情戲脚本。在汝師叔處。師叔現亦在滬。可往訪之。排演一二齣。或有濟也。該伶受命登程。抵滬。猴打砲三日。果不足以哄動座客。乃請假一月。訪求師叔援手。得燒骨記全本。以馬飛珠串店東。羊長喜串阿姑。洵称全璧。戲中鶯子化身二。場面一。演唱。幾令觀者淚涔涔下。雖知是戲。儘有為揶揄。以為補助者。其感人之深。可想。嗣又排演十萬金全本。水生三宮早生一佛。即倒龍門全本。由是声名鵲起。包銀頓增（燒骨記亦愈演愈工。觀者愈衆。如是三載。顧曲者無不知有天娥旦其人。今則去滬日久。漸聲息淡然。若忘矣。

环球社《图画日报》第三百十六号第八页

三十年来伶界之拿手戏(八十八)

天娥旦之《烧骨记》

漱

梆子青衣天娥旦,姓张,名玉金。向在烟台、旅顺演唱,名不甚著。甲午莅申,应六马路天福之聘。濒行时,其师祖某伶谓之曰:“汝至上海,厥技恐不能见长;然汝所唱声调,哀感动人,宜择戏之有哀情者,好自为之。我老矣,有连台哀情戏脚本,在汝师叔处。师叔现亦在沪,可往访之。排演一二出,或有济也。”该伶受命登程,抵沪后打炮三日,果不足以哄动座客。乃请假一月,访求师叔援手,得《烧骨记》全本。以马飞珠串店东,羊长喜串阿姑,洵称全璧。戏中鬻子化殓二场,每一演唱,几令观者泪涔涔下。虽明知是戏,尽有乱掷洋蚨以为补助者,其感人之深可想。旋又排演《十万金》全本(水生三官早生一佛),即《倒龙门》全本。由是声名鹊起,包银骤增。《烧骨记》亦愈演愈工,观者愈众。如是三载,顾曲者无不知有天娥旦其人。今则去沪日久,渐觉淡然若忘矣。

环球社《图画日报》第三百十七号第八页

环球社《图画日报》第三百十七号第八页

三十年来伶界之拿手戏(八十九)

小脚篮之《刘唐》

漱

邱桂生,即小脚篮,苏州人,昆班中粉净也。惜身段轻浮,不合相貂等尊重之戏,失其威严态度。惟《刘唐》一剧,同辈咸俯首佩服。他如《赛愿》之道士、《教歌醉二》之扬州阿大、《痴池》之池二爷、《渔饯端阳》之郐老老等,凡零星配搭之戏,无不精妙入神。因是以脚篮二字著名,盖言脚篮中所贮之物,绫罗布疋俱有,惟鲜整段之料,与乃兄邱炳之(即大脚)略同也。子凤翔,初习巾生,后搭京班,改为乱弹,拿手各戏另详。

环球社《图画日报》第三百十八号第八页

环球社《图画日报》第三百十八号第八页

三十年来伶界之拿手戏（九十）

安静芝之《夺太仓》

漱

武旦安静芝，同治间出色人才也。宝善街丹桂新开时莅沪，演《取金陵》、《蟠桃会》、《金山寺》、《雄黄阵》等戏，身段台步，俱臻绝顶。而《夺太仓》一剧，串张虱之女，与明太祖及常胡李沐会阵，共打出手，变化之多不可思议，与千篇一律者大异。按武旦打出手，京津等处盛行，上海近颇鲜见，惟王祥云（拿手戏另详）在李春来所开之春桂，及王之师龚云仙（拿手戏另详）在曹小云所开之大观，俱曾演及。然须配角得宜，方能佳妙，否则殊不足观。安静芝、文琴舫（见前）之以出手著，盖得力于搭配纯熟也。光绪三十三年，熊文通开春仙，由京邀刘鸿升（拿手戏另详），安伶又与之偕来。时已年逾六十，改唱须生。第一夜演《朱砂痣》，讵竟走板，因潦草终场。次日即不复登台，废然而返。

环球社《图画日报》第三百十九号第八页

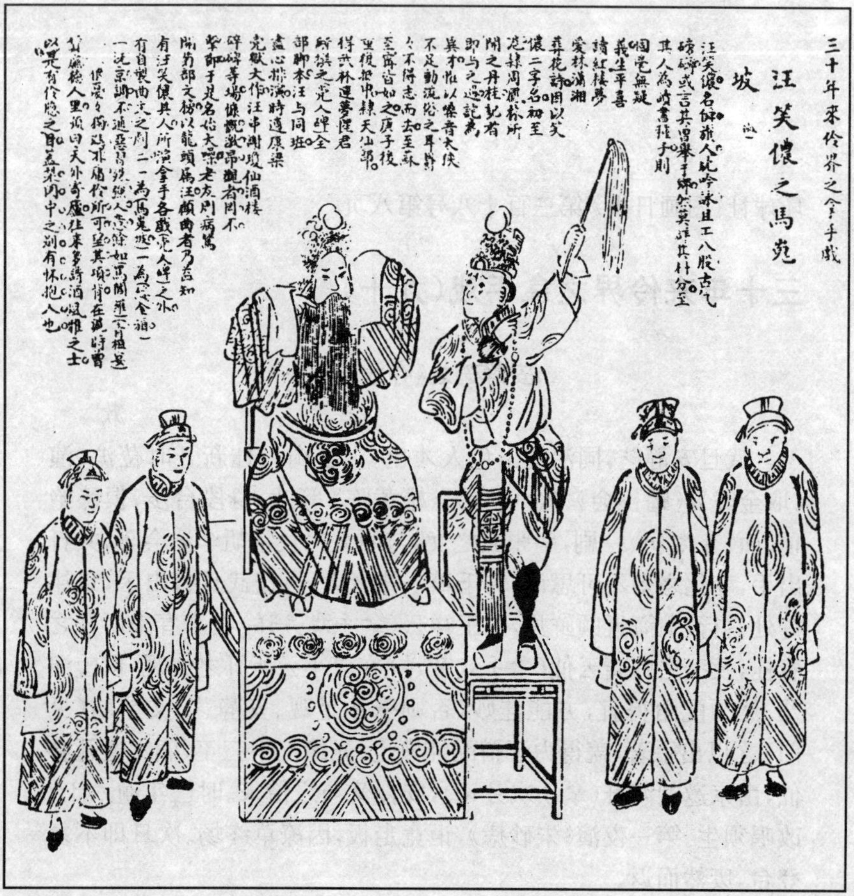

环球社《图画日报》第三百十九号第八页

三十年来伶界之拿手戏(九十一)

汪笑侬之《马嵬坡》

漱

汪笑侬,名僢,旗人。耽吟咏,且工八股,古气磅礴。或言其曾举于乡,然莫详其科分,至其人为读书种子,则固毫无疑义。生平喜读《红楼梦》,爱林潇湘《葬花诗》,因以“笑侬”二字名。初至沪,隶周凤林所开之丹桂,记者即与之遇,诧为异才。惟以嗓音太狭,不足动流俗之耳,郁郁不得志而去。至苏、至宁皆如之。庚子后重复抵申,隶天仙部,得武林迟梦悭君所撰之《党人碑》全部脚本,汪与同班,尽心排演。时适康梁党狱大作,汪串谢琼仙酒楼碎碑等场,慷慨激昂,观者罔不击节,于是名始大噪。老友周病鸳开菊部文榜,以龙头属汪,顾曲者乃益知有汪笑侬其人。所演拿手各戏,《党人碑》之外,有自制曲文之剧二,一为《马嵬坡》,一为《缕金箱》。一洗京调,不通恶习,殊强人意。余如《骂阎罗》、《青梅宴》、□□作忧忧独悲,非庸伶所可望其项背。在沪时曾赁□德人里,额曰天外寄庐,往来多诗酒风雅之士,以是有伶隐之目,盖梨园中之别有怀抱人也。

环球社《图画日报》第三百二十号第八页

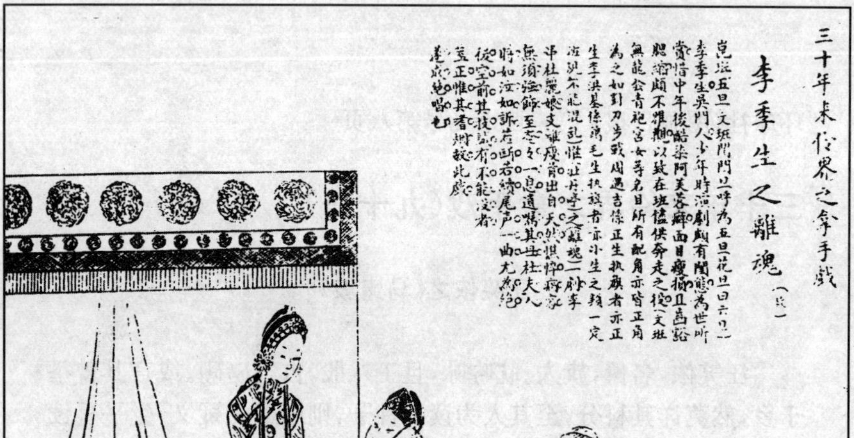

环球社《图画日报》第三百二十号第八页

三十年来伶界之拿手戏(九十二)

李季生之《离魂》

漱

昆班五旦,文班闺门旦,呼为五旦(花旦曰六旦)。李季生,吴门人。少年时演剧颇有闺态,为世所赏。惜中年后酷染阿芙蓉癖,面目瘦损,且齿豁腮缩,颇不雅观,以致在班尽供奔走之役。(文班无龙套、青袍、宫女等名目,所有配角亦皆正角为之,如《对刀步战》周遇吉系正生,执旗者亦正生,李洪基系鸡毛生,执旗者亦小生之类。一定班规,不能混乱。)惟《牡丹亭》之《离魂》一剧,李串杜丽娘,支离瘦骨,出自天然,憔悴病容,无须强饰。至奄奄一息,遗嘱其母杜夫人时,如泣如诉,若断若续。尾声一曲,尤为绝后空前,其技诚有不能没者。盖正惟其嗜烟故,此戏遂成绝唱也。

环球社《图画日报》第三百二十一号第八页

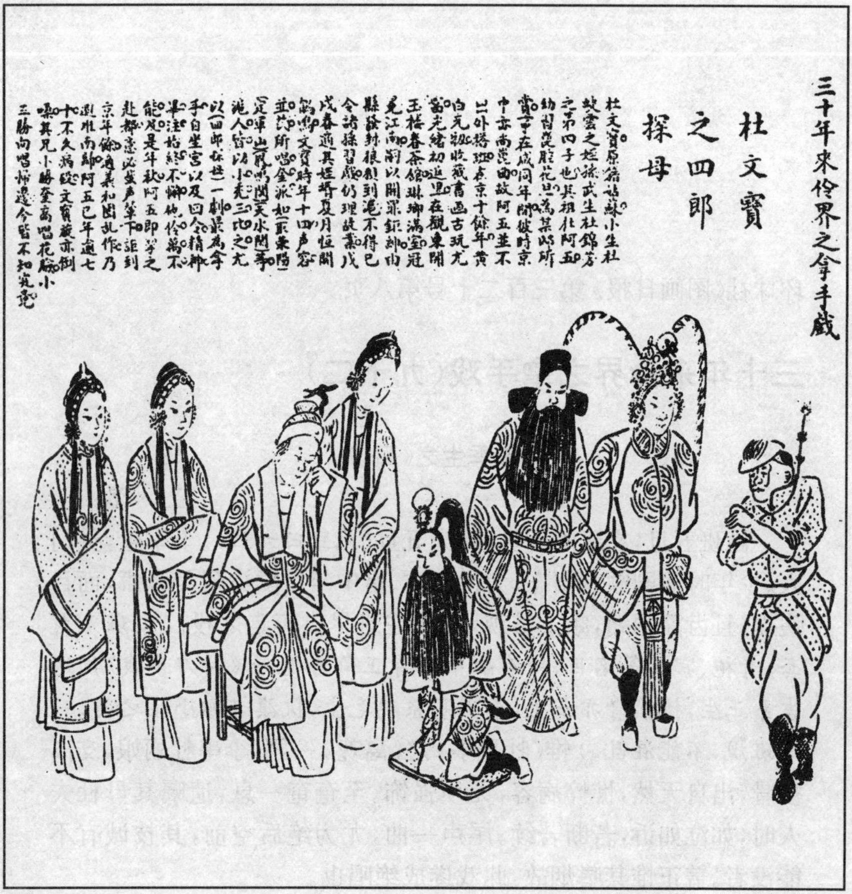

环球社《图画日报》第三百二十一号第八页

三十年来伶界之拿手戏(九十三)

杜文宝之《四郎探母》

杜文宝,原籍姑苏,小生杜蝶云之侄孙、武生杜锦芳之第四子也。其祖杜阿五,幼习昆腔花旦,为某邸所赏,事在咸同年间。彼时京中亦尚昆曲,故阿五并不出外搭班。在京十余年,黄白充牣,收藏书画古玩尤富。光绪初返里,在观东开玉楼春茶馆,琳琅满室,冠冕江南。嗣以开罪巨绅,由县发封,狼狈到沪,不得已令诸孙习戏,仍理故业。戊戌春,适其侄婿夏月恒开鹤鸣,文宝时年十四,声容并茂,所唱奎派如《取荥阳》、《定军山》、《凤鸣关》、《天水关》等,沪人皆以小秃三比之。尤以《四郎探母》一剧,最为拿手,自坐宫以及回令,精神毕注,始终不懈,他伶万不能及。是年秋,阿五即挈之赴都,意必蜚声辇下。讵到京年余,适义和团乱作,乃避难南归。阿五已年逾七十,不久病殁,文宝旋亦倒嗓。其兄小胜奎高唱花脸,小三胜向唱扫边,今皆不知究竟。

环球社《图画日报》第三百二十二号第八页

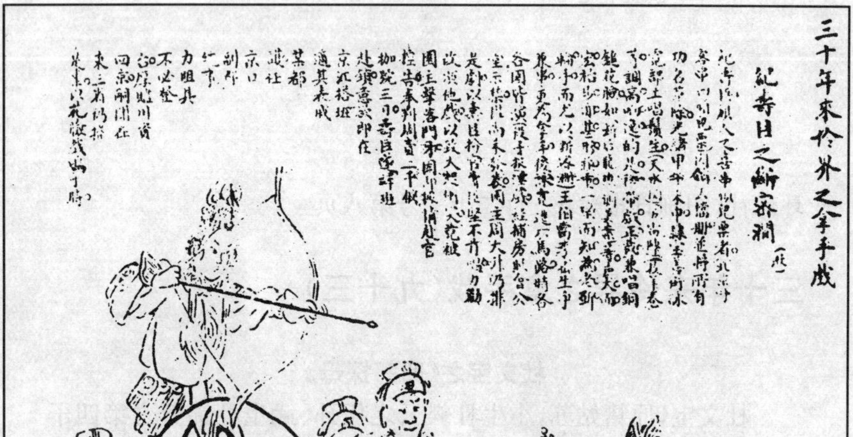

环球社《图画日报》第三百二十二号第八页

三十年来伶界之拿手戏(九十四)

纪寿臣之《断密涧》

漱

纪寿臣,旗人之喜串顽儿票者(北京呼客串曰顽儿票)。因 □ 去档册,并将所有功名革除。光绪甲午来申,隶宝善街咏霓部,主唱须生,《天水关》、《五雷阵》、《牧羊卷》等,调高响逸,的是袍带戏正裁。兼唱铜锤花脸,如《断后龙袍》、《铡美案》等,声尖而宏,台步亦甚形庄重,一望而知为老斫轮手。而尤以《断密涧》王伯当、李密生净兼串,更为拿手。后咏霓迁六马路,时各各园皆演《杀子报》淫戏,经捕房照会公堂示禁,惟尚未发表。园主周大升仍排是剧,以寿臣扮官,寿臣坚不肯唱,力劝改演他戏,以致大起冲突,竟被园主击落门牙。因即据情赴官控告,奉判周 □ 二千 □,枷号三日。寿臣遂辞班赴镇,意欲即在京口搭班。适其表戚某都护仕京口副都统事,力阻其不必登台,厚赠川资回京。嗣闻在东三省仍操是业,以花脸戏鸣于时。

环球社《图画日报》第三百二十三号第八页

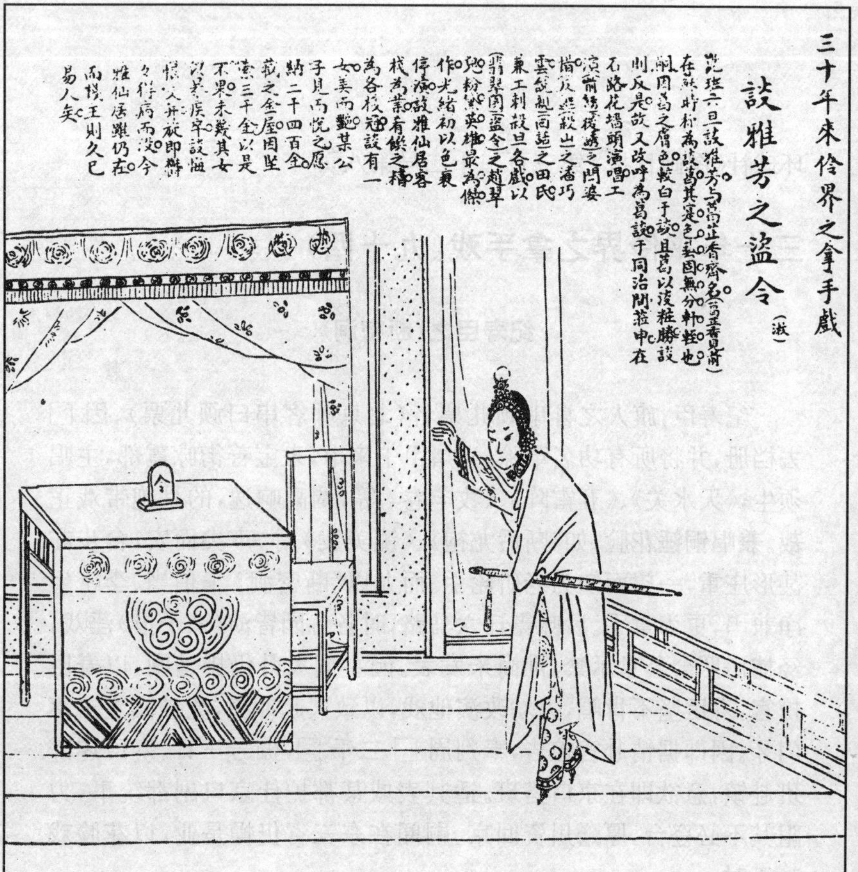

环球社《图画日报》第三百二十三号第八页

三十年来伶界之拿手戏(九十五)

谈雅芳之《盗令》

漱

昆班六旦谈雅芳,与葛芷香齐名(葛芷香见前),在苏时称为“谈葛”,其实色艺固无分轩轾也。嗣因葛之肤色,较白于谈,且葛以淡妆胜,谈则反是,故又改呼为“葛谈”。于同治间莅申,在石路花墙头演唱,工演《前诱》、《后诱》之闫婆惜,《反诳》、《杀山》之潘巧云,《说亲》、《回话》之田氏;兼工刺杀旦各戏,以《翡翠园》、《盗令》之赵翠儿,粉黛英雄,最为杰作。光绪初以色衰停演,设雅仙居客栈为业,肴馔之精,为各栈冠。谈有一女,美而艳,某公子见而悦之,愿纳二千四百金,藏之金屋。因坚索三千金,以是不果,未几其女以暴疾卒。谈悔恨交并,旋即郁郁得病而没。今雅仙居虽仍在,而栈主则久已易人矣。

环球社《图画日报》第三百二十四号第八页

环球社《图画日报》第三百二十四号第八页

三十年来伶界之拿手戏(九十六)

达子红之《柴桑口》

漱

梆子老生达子红，姓梁，名瑞堂，光绪戊寅年到申，隶金桂部。时金桂之梆子青衣水上飘(拿手戏另详)尚未倒嗓，名噪一时。梁与会串《芦花絮》、《马蹄金》、《三疑记》、《骂金殿》等剧，响遏行云，洵称无独有偶。而尤以《柴桑口》诸葛吊丧，其哭祭一场，声韵凄凉，神情呜咽。求之二簧班中，殊不多得。未几返京。旋以天仙园主复以重金延聘，奈其时梆子调犹未风行，且时适六月，以致观者不甚起色。该伶颇具血性，以包银既巨，不应卖座太稀，深自内疚，同班咸以为有古君子风。会患急痧致毙，皆悼惜之。

环球社《图画日报》第三百二十五号第八页

环球社《图画日报》第三百二十五号第八页

三十年来伶界之拿手戏(九十七)

三麻子之《水淹七军》

三麻子,姓王,名鸿寿,京徽文武老生之卓卓者也。幼年隶一洞天久乐,中年隶天仙,暮年自开玉仙,以亏折甚巨,乃赴汉口搭班。其所工之剧,幼年为《白水滩》、《翠屏山》、《恶虎村》、《八蜡庙》等;中年为《游龙戏凤》、《乌龙院》、《观画跑城》等;而暮年则专工关壮缪戏,如《过五关》、《古城会》、《斩华雄》、《屯土山》、《封金挂印》、《赠袍赐马》、《战长沙》、《白马坡》、《江东宴》、《水淹七军》等,或神威抖擞,或气度安闲,诚为首屈一指。而《淹七军》一剧,其台步之工,架子之稳,尤得画家画关壮缪之神髓,凡一十八稿,洵属空前绝后之作,他人万不能及。该伶更工排演新戏,在天仙时排全本《铁公鸡》;玉仙时排全部《三门街》;由汉回申隶新剧场,排《汉皋宦海》。其最著者,致班中人有奉以活关公戏祖师之誉,其技可想。尤奇者,文武老生之外,有时亦串花脸,亦串小丑,亦串开口跳,如《割发代首》之张绣、典韦、曹操,可以任意扮演。以及《来唱》之来富、《斋饭》之和尚、《三门街》之严秀等,几于无戏不工。更为难得今已年逾五十,本岁因南京劝业会开会,新剧场全班偕往演唱,闻该伶尤名噪一时云。

环球社《图画日报》第三百二十六号第八页

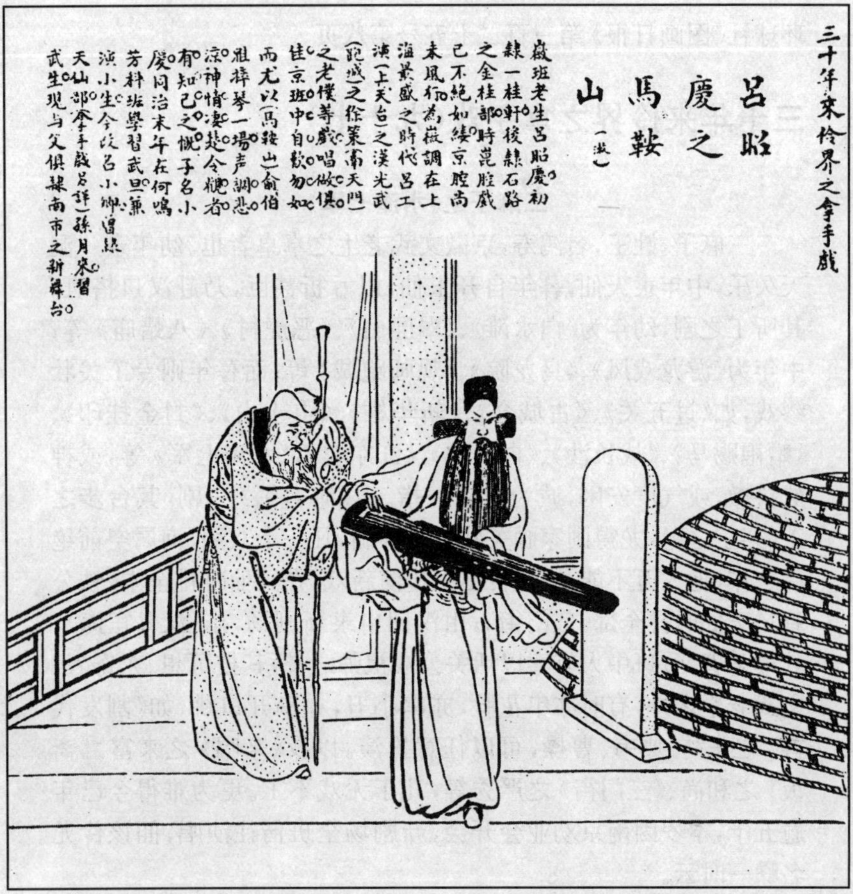

环球社《图画日报》第三百二十六号第八页

三十年来伶界之拿手戏（九十八）

吕昭庆之《马鞍山》

漱

徽班老生吕昭庆，初隶一桂轩，后隶石路之金桂部。时昆腔戏已不绝如缕，京腔尚未风行，为徽调在上海最盛之时代。吕工演《上天台》之汉光武、《跑城》之徐策、《南天门》之老仆等戏，唱做俱佳，京班中自叹勿如。而尤以《马鞍山》俞伯牙摔琴一场，声调悲凉，神情凄楚，令观者有知己之慨。子名小庆，同治末年在何鸣芳科班学习武旦，兼演小生。今改名小卿，曾隶天仙部（拿手戏另详）。孙月来，习武生，现与父俱隶南市之新舞台。

环球社《图画日报》第三百二十七号第八页

环球社《图画日报》第三百二十七号第八页

三十年来伶界之拿手戏（九十九）

王桂芳之《回令》

漱

青衣旦王桂芳，姑苏人，幼习京剧。同治间甬人刘维忠，在宝善街创开丹桂，聘之南下。其声清脆如出谷莺，其貌富丽如上林花，以是旗装最宜，演《回令》中之公主，洵属一时无两。时虽年已而立，而上妆后犹似及笄女郎，令观者视线为之一集。余如《彩楼配》之王宝钗、《宇宙疯（锋）》之赵小姐、《马蹄金》之罗敷、《三娘教子》之王春娥，所唱各调，俱系正宗，非满口咿哑，其实天津调，而非京调，贻讥大雅者可比。光绪间以足疾停演。子名荣祥，习须生，曾隶天仙部。刻已弃业，其最得意之徒为薛瑶卿（专戏另详）。

环球社《图画日报》第三百二十八号第八页

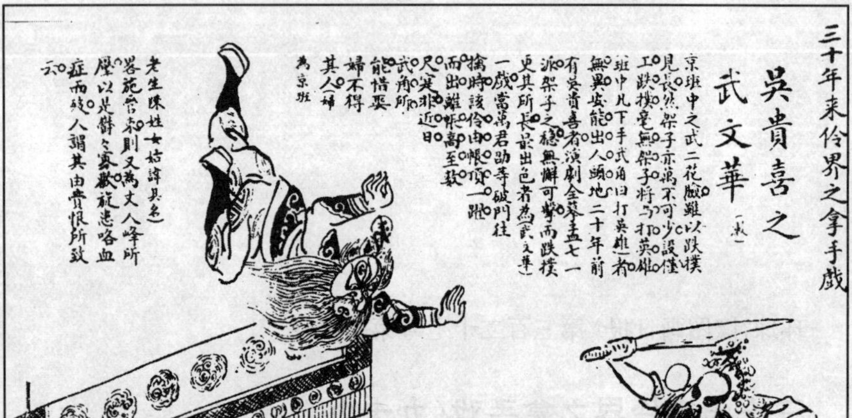

环球社《图画日报》第三百二十八号第八页

三十年来伶界之拿手戏(一百)

吴贵喜之《武文华》

漱

京班中之武二花脸,虽以跌扑见长,然架子亦万不可少。设仅工跌扑,毫无架子,将与打英雄(班中凡下手武角曰打英雄)者无异,安能出人头地?二十年前有吴贵喜者,演剧全摹孟七一派,架子之稳,无懈可击,而跌扑更其所长。最出色者为《武文华》一戏,当万君劭等破门往擒时,该伶由帐顶一跃而出,离帐高至数尺,实非近日武角所能。惜娶妇不得其人(妇为京班老生陈姓女,姑讳其名),略施管束,则又为丈人峰所压,以是郁郁寡欢。旋患咯血症而殁,人谓其由赍恨所致云。

环球社《图画日报》第三百二十九号第八页

环球社《图画日报》第三百二十九号第八页

三十年来伶界之拿手戏(一百一)

万盏灯之《珍珠旗》

漱

万盏灯,姓李,字芷衫,小名元儿,天津人。光绪初莅沪,年甫十三四龄,演花旦戏,如小鸟依人,娇花媚客,令人有我见犹怜之慨。工《月华缘》、《小荣归》、《庙中会》、《双钉记》、《双铃记》等各戏。嗣以工部局禁唱淫戏甚严,该伶所擅之剧,大半不能演唱,乃改习刀马旦。辛巳秋闰七月,重复到沪,与小生沈砚香同来,演《珍珠旗》、《虹霓关》、《七星庙》等戏,台步、身段最臻工稳。数年后返京,己亥进南府当差。未及一载,义和团匪乱作,十月间赴救济会轮船仓皇南下,孑然一身,行头等均未携带。因与丹桂老生刘培山有郎舅之谊,暂搭丹桂演唱,衣饰皆由夏月珊代措,年底又改搭天仙。癸卯年病殁沪北德人里内。其子小万盏灯,即李喜寿(非现隶大舞台之小万盏灯),尝师事夏月珊,生旦兼唱,然远不如乃父态度之妍丽,神情之活泼,声调之圆转,白口之清晰矣。

环球社《图画日报》第三百三十号第八页

环球社《图画日报》第三百三十号第八页

三十年来伶界之拿手戏（一百二）

陈金官之《伍员寄子》

陈金官，姑苏人。本唱大面，以艺为张八、王松所掩，乃改习老外。身段之庄重，台步之坚凝，嗓音之老到，道白之沉着，较瞎子京山（京山亦老外，拿手戏另详），有过之而无不及。演《河套》、《闹朝》、《草诏》等剧，别有一股忠义之气，溢于眉宇。令见者若有懔懔不可犯之势，殊为神乎其技。尤以《伍员寄子》之伍子胥，满脸秋气，最合神色。其惨淡经营处，更将伍大夫当年无国可奔情形，直欲和盘托出。不特京班角色，万无此等做工，即瞎子京山，亦自叹勿如也。

环球社《图画日报》第三百三十一号第八页

环球社《图画日报》第三百三十一号第八页

三十年来伶界之拿手戏（一百三）

日日红之《对银杯》

漱

梆子青衣日日红，貌若惊鸿，声如哀雁。当光绪乙未间，隶宝善街留春部，时初至沪上，照例打炮三夜，演《算粮登殿》之王宝钏、《春秋配》之秋莲、《汾河湾》之柳小姐，俱出色当行，无懈可击。园主乃以重金延之，颇为西帮客所赏，登台时彩声雷动。而其最拿手者为《对银杯》服毒一场，声韵悲凉，几令见者泣下。今各班鲜有演者，即有之，亦无复如是之凄楚动人矣。

环球社《图画日报》第三百三十二号第八页

环球社《图画日报》第三百三十二号第八页

三十年来伶界之拿手戏（一百四）

蔡和祥之《茂州庙》

漱

武生蔡和祥，于光绪甲申秋，偕兄和福随文琴舫来申，未排正戏，人皆不知其长。逮第二次只身到沪，尽出其技以飨阅者，短打靠把皆优，其身手之活泼、翻跌之矫捷，惟李春来堪与颉颃，他人不能望其项背。夏月润慕其艺，曾师事之。后为清江浦邀往演唱，串《挑华车》，稍不经意，一蹶而逝，人咸惜之。至在沪时，拿手之剧，为《八蜡庙》、《四杰村》、《凤凰岭》等，尤以《茂州庙》之谢虎，使双真刀，寒光逼人，最为动目。按此戏亦名《一枝桃》，本武二花脸正场，故小奎官曾演之，涂面时于额上画桃花一枝。自李春来改为武生，今武二花反无串演者。犹《花蝴蝶》之花冲，本亦武二花戏，今改武生，老于观剧者皆知之也。

环球社《图画日报》第三百三十三号第八页

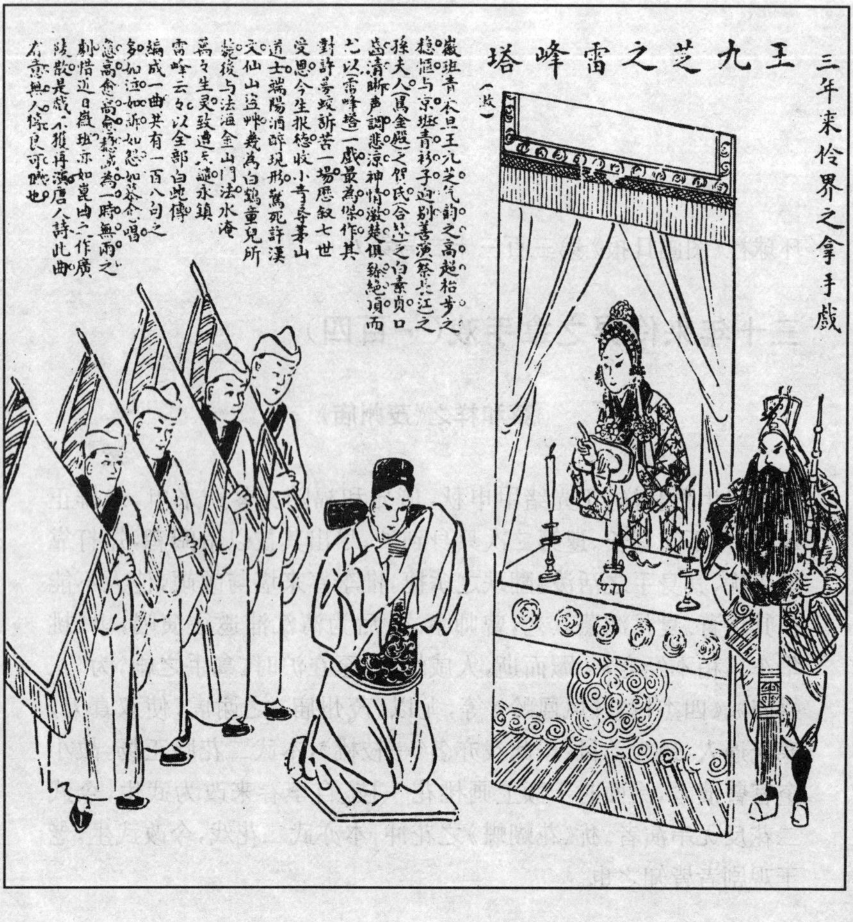

环球社《图画日报》第三百三十三号第八页

三十年来伶界之拿手戏(一百五)

王九芝之《雷峰塔》

漱

徽班青衣旦王九芝，气韵之高超、台步之稳惬，与京班青衫子迥别。善演《祭长江》之孙夫人、《骂金殿》之贺氏、《合钵》之白素贞，口齿清晰，声调悲凉，神情激楚，俱臻绝顶。而尤以《雷峰塔》一戏，最为杰作。其对许梦蛟诉苦一场，历叙七世受恩，今生报德。收小青辱茅山道士，端阳酒醉现形，惊死许汉文，仙山盗草，几为白鹤童儿所毙，后与法海金山斗法，水淹万万生灵，致遭天谴，永镇雷峰云云。以全部白蛇传编成一曲，共有一百八句之多，如泣如诉，如怨如慕，愈唱愈高，愈高愈稳，诚为一时无两之剧。惜近日徽班亦如昆曲之作广陵散，是戏不获再演。唐人诗“此曲有意无人传”，良可憾也。

环球社《图画日报》第三百三十四号第八页

环球社《图画日报》第三百三十四号第八页

三十年来伶界之拿手戏（一百六）

小七金子之《怀杜关》

漱

小七金子有三，俱串武生。此小七金子，乃郝二明科班子弟，姓李名长山。略谙文墨，故所演各剧，其白口半经改易者，多与他角异。且不屑效时下各武生以快捷见长，以是台步一切无不按部就班，非毪毪者所可同日而语。与金月梅为伉俪，鲽鲽鹣鹣，爱情甚挚。以手头微有积蓄，故不沾沾以搭班为活计。光绪三十年，偕月梅莅沪，寓虹口洋房。乃至熊文通所开之春仙奏技，以《连营寨》之赵云、《乐嘉城》之文鸯、《金雁桥》之张任、《月下访白袍》之薛仁贵等各靠把戏，见赏于时。短打戏以不合时趋，不甚挑演。至其最拿手者，为《怀杜关》之子都，迫公叔段夫妇自缢二场，其咄咄逼人处，虽武生戏，不下二花脸之神情奸狠。盖李本梆子班出身，故有是剧也。

环球社《图画日报》第三百三十五号第八页

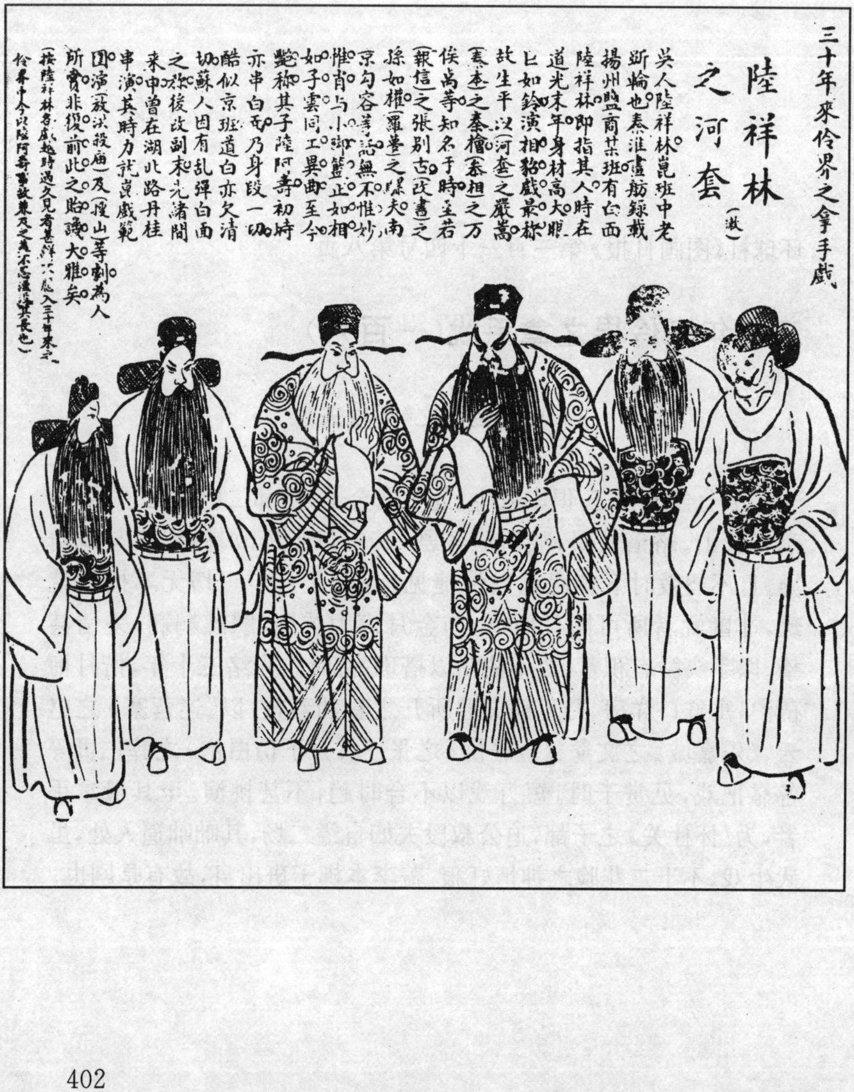

环球社《图画日报》第三百三十五号第八页

三十年来伶界之拿手戏（一百七）

陆祥林之《河套》

漱

吴人陆祥林，昆班中老斫轮也。《秦淮画舫录》载扬州盐商某班，有白面陆祥林，即指其人。时在道光末年，身材高大，眼巨如铃，演相貂戏最称。故生平以《河套》之严嵩、《秦本》之秦桧、《参相》之万俟卨等，知名于时。至若《报信》之张别古、《改书》之孙如权、《罗梦》之骡夫，南京、句容等话，无不惟妙惟肖。与小脚篮正如相如、子云，同工异曲，至今艳称。其子陆阿寿，初时亦串白面，乃身段一切，酷似京班道白，亦欠清切，苏人因有“乱弹白面”之称，后改副末。光绪间来申，曾在湖北路丹桂串演，其时力就昆戏范围，演《放洪杀庙》及《搜山》等剧，为人所赏，非复前此之贻讥大雅矣。（按陆祥林各戏越时过久，见者甚鲜，不应入三十年来之伶界中。今以陆阿寿事，故兼及之，盖不忍湮没其长也。）

环球社《图画日报》第三百三十六号第八页

环球社《图画日报》第三百三十六号第八页

三十年来伶界之拿手戏(一百八)

李桂芳、庆奎官之《父子圆》

漱

小老生李桂芳,系青衣李子仙之子;小大花脸庆奎官,系武行薛大庆之子,皆混名冯倒乱之徒。光绪庚子间莅申,先隶宝善街天宝,继入乔氏、夏氏所开之丹桂,合演《捉放曹》、《双带箭》、《二进宫》等戏,工力悉敌。尤以《父子圆》一剧,最为脍炙人[口]。李桂芳串伍子胥,庆奎官串子胥之子,正如五雀六燕,铢两悉称,且此戏他伶均未唱过。时汪桂芳适在沪上,见李大加赏识,拟受为徒。因在童年,授以炼气之术,令其以腹坚顶桌角,然后由丹田发声,每日三次。不意如是数日,嗓音忽变,致李大惧,绝迹不往,汪为惋惜久之。谓李此时纯系童音,不经变易,日后恐难出人头地。然闻李至今并未倒嗓,现在无锡、镇江一带搭班,月得包银二百余元,在二等老生之列。惟庆奎官则近日不知所终。

环球社《图画日报》第三百三十七号第八页

环球社《图画日报》第三百三十七号第八页

三十年来伶界之拿手戏（一百九）

牛皂儿之《紫金树》

漱

梆子花旦皂儿，牛其姓，小童其名，同治辛未年莅申。色艺之佳，冠绝侪辈。时沪上梆子未兴，该伶揣摩风尚，专演温柔旖旎之剧，如《遗翠花》、《采花戏主》、《拾玉镯》、《青云下书》等，一洗梆子叫嚣恶习，见者色授魂与，咸叹观止。而尤以《紫荆树》之田三嫂，齿牙伶俐，忽庄忽谐，几有嘻笑怒骂皆成文章之妙。光绪丙子秋回京，改串小生，与十三旦配戏，更觉名重一时。次年偕徒花旦人参娃、青衣一斗金，重莅沪浜，隶大观部，未久即去。然在大观时，该伶以风致未衰，故未一奏厥技也。

环球社《图画日报》第三百三十八号第八页

环球社《图画日报》第三百三十八号第八页

三十年来伶界之拿手戏（一百十）

吴凤鸣之《拦江救主》

漱

须生吴凤鸣，京班中有老前辈之目。演剧时精神贯注，以气韵胜，不仅以声调胜，故拿手戏以做工为多。刘维忠第一次开丹桂时莅申，杜蝶云开丹桂，复以重金聘之。其所脍炙人口之剧，如《安五路》之邓芝（按此戏吴伶以后，上海无人唱过）、《雁门关》之杨八郎、《汾河湾》之薛仁贵、《请宋灵》之宋徽宗、《淤泥河》之唐太宗等，无不名盛一时；而《拦江救主》之赵云，尤为英气勃勃，与寻常靠把老生，大有上下床之别。后患外症而殁，年六十余矣。

环球社《图画日报》第三百三十九号第八页

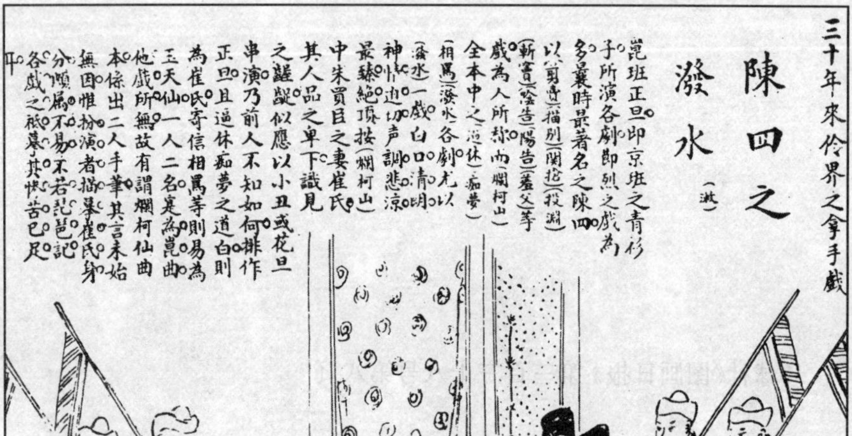

环球社《图画日报》第三百三十九号第八页

三十年来伶界之拿手戏（一百十一）

陈四之《泼水》

漱

昆班正旦，即京班之青衫子，所演各剧，节烈之戏为多。曩时最著名之陈四，以《剪卖》、《描别》、《关抢》、《投渊》、《斩窦》、《阴告》、《阳告》、《羞父》等戏，为人所称。而《烂柯山》全本中之《逼休》、《痴梦》、《相骂》、《泼水》各剧，尤以《泼水》一戏，白口清朗，神情迫切，声调悲凉，最臻绝顶。按，《烂柯山》中朱买臣之妻崔氏，其人品之卑下，识见之龌龊，似应以小丑或花旦串演，乃前人不知如何，排作正旦。且逼休痴梦之道白，则为崔氏；寄信相骂等则易为玉天仙，一人二名，实为昆曲他戏所无。故有谓《烂柯山》曲本，系出二人手笔，其言未始无因。惟扮演者描摹崔氏身分，颇属不易，不若《琵琶记》各戏之只摹其惨苦已足耳。

环球社《图画日报》第三百四十号第八页

环球社《图画日报》第三百四十号第八页

三十年来伶界之拿手戏（一百十二）

左铜锤之《焚烟墩》

漱

大花脸左铜锤，以唱铜锤花脸戏得名。气象光昌，台步工稳，在谢云奎等之上。光绪甲申，刘维忠在湖北路二次开新丹桂，邀之莅申，与大奎官同班，致为大奎官所掩，郁郁殊甚。惟《骊山宴》（即《焚烟墩》）一剧，串周幽王，唱做俱佳，他伶莫与抗手。惜配角申侯，不得如孙春恒、孙菊仙者，数幽王十大罪时，不能工力悉敌，诚为美中不足。今是剧已久无演之者矣。

环球社《图画日报》第三百四十一号第八页

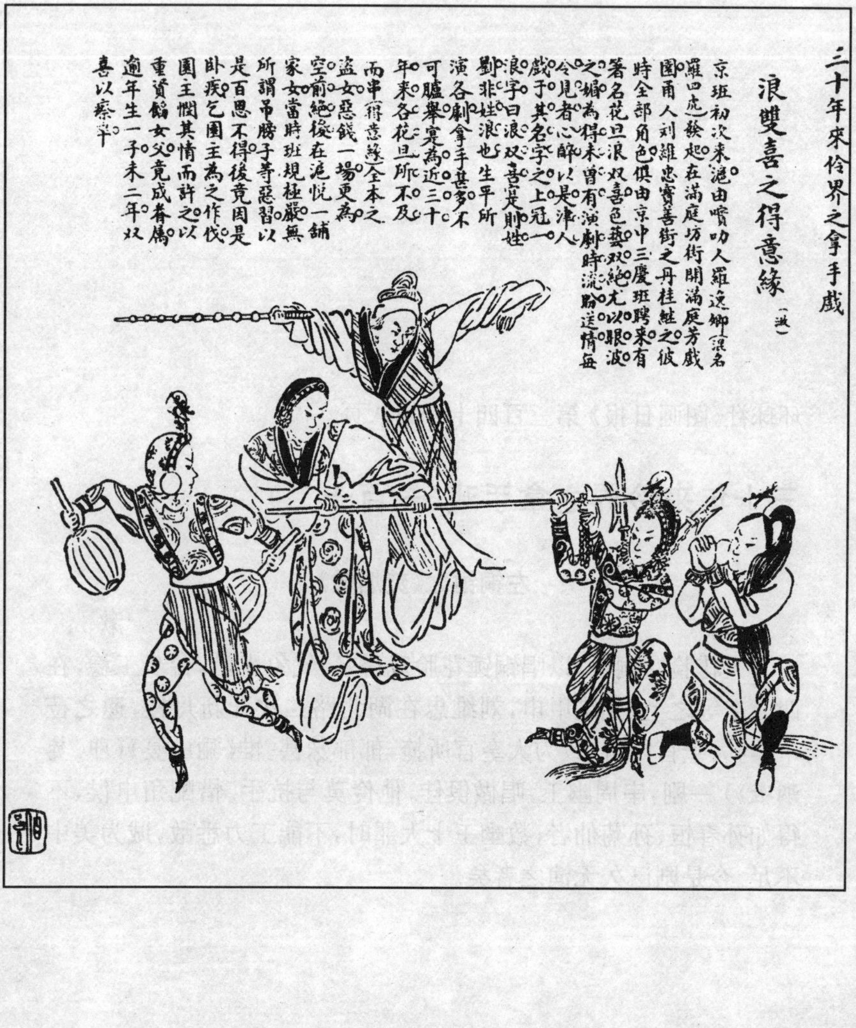

环球社《图画日报》第三百四十一号第八页

三十年来伶界之拿手戏(一百十三)

浪双喜之《得意缘》

漱

京班初次来沪,由唉叻人罗逸卿(混名罗四虎)发起,在满庭坊街开满庭芳戏园,甬人刘维忠宝善街之丹桂继之。彼时全部角色,俱由京中三庆班聘来。有著名花旦浪双喜,色艺双绝,尤以眼波之媚,为得未曾有。演剧时流盼送情,每令见者心醉,以是津人戏于其名字之上,冠一"浪"字,曰"浪双喜",实则姓刘非姓浪也。生平所演各剧,拿手甚多,不可胪举,实为近三十年来各花旦所不及。而串《得意缘》全本之盗女,恶饯一场,更为空前绝后。在沪悦一铺家女,当时班规极严,无所谓"吊膀子"等恶习,以是百思不得。后竟因是卧疾,乞园主为之作伐。园主悯其情而许之,以重资馅父女,竟成眷属,逾年生一子。未二年,双喜以瘵卒。

环球社《图画日报》第三百四十二号第八页

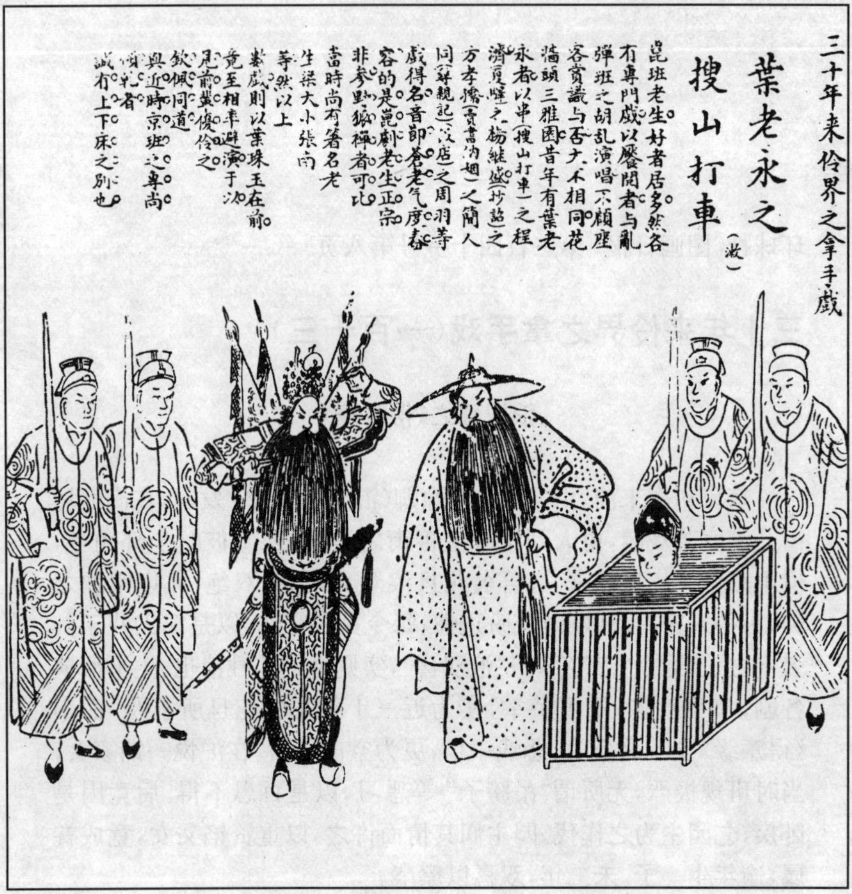

环球社《图画日报》第三百四十二号第八页

三十年来伶界之拿手戏(一百十四)

叶老永之《搜山打车》

漱

昆班老生，好者居多，然各有专门戏，以餍阅者，与乱弹班之胡乱演唱，不顾座客赏识与否，大不相同。花墙头三雅园，昔年有叶老永者，以串《搜山打车》之程济、《夏驿》之杨继盛、《抄诏》之方孝孺、《卖书纳姻》之简人同、《寻亲记》、《饭店》之周羽等戏得名，音节苍老，气度春容，的是昆剧老生正宗，非参野狐禅者可比。当时尚有著名老生梁大小张南等，然以上数戏，则以叶珠玉在前，竟至相率避演。于以见前辈优伶之钦佩同道，与近时京班之专尚倾轧者，诚有上下床之别也。

环球社《图画日报》第三百四十三号第八页

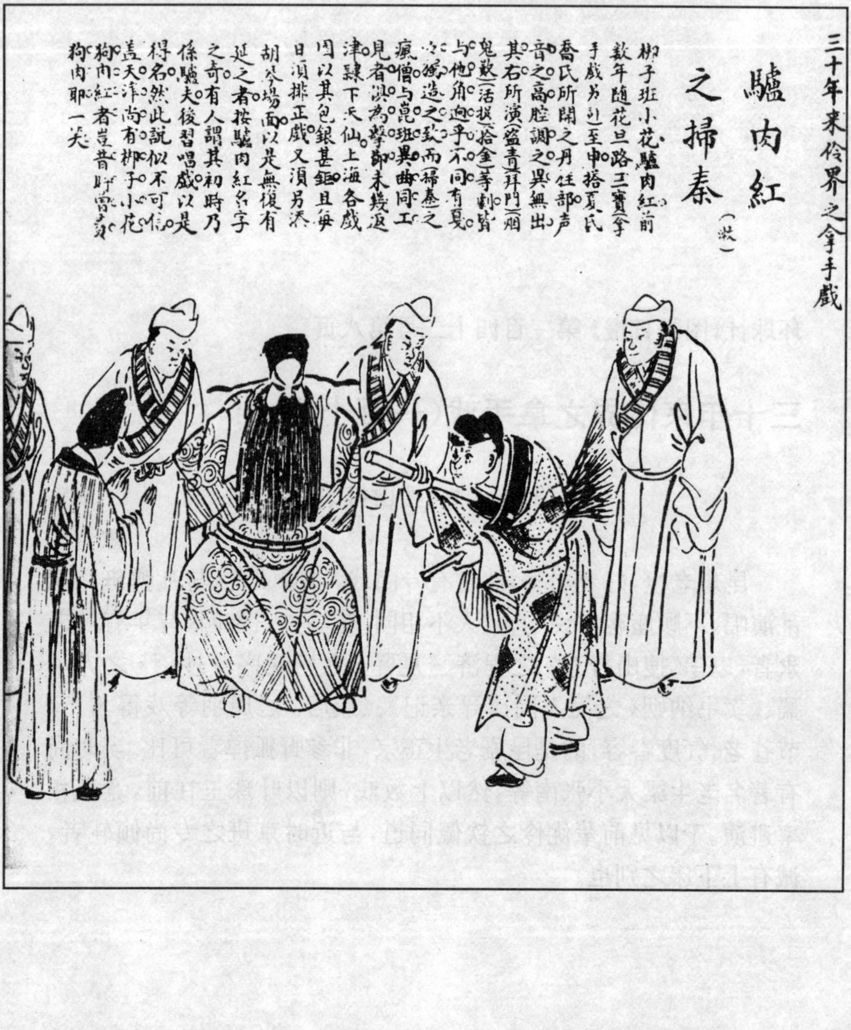

环球社《图画日报》第三百四十三号第八页

三十年来伶界之拿手戏（一百十五）

驴肉红之《扫秦》

漱

梆子班小花驴肉红，前数年随花旦路三宝（拿手戏另详）至申，搭夏氏、乔氏所开之丹桂部。声音之高，腔调之异，无出其右。所演《盗青》、《拜门》、《烟鬼叹》、《活捉》、《拾金》等剧，皆与他角迥乎不同，有戛戛独造之致。而《扫秦》之疯僧，与昆班异曲同工，见者俱为击节。未几返津，隶下天仙。上海各戏园以其包银甚巨，且每日须排正戏，又须另添胡琴、场面，以是无复有延之者。按，驴肉红名字之奇，有人谓其初时乃系驴夫，后习唱戏，以是得名。然此说似不可信，盖天津尚有梆子小花狗肉红者，岂昔时曾卖狗肉耶？一笑。

环球社《图画日报》第三百四十四号第八页

环球社《图画日报》第三百四十四号第八页

三十年来伶界之拿手戏(一百十六)

刘宝奎之《盟中义》

漱

老生刘宝奎,调高而稳,面白而圆。所演各剧,足当"声容并茂"四字。曾隶宝善街咏霓等部。串《太平桥》之史进唐、《摘缨会》之楚庄王、《战荆湖》之岳武穆、《打严嵩》之邹应龙等各戏,见者俱称道不置。而《盟中义》串羊角哀,与左伯桃哭别及托兆二场,几令见者垂泪,可谓工候到家。至自杀时,历数荆轲各罪,声色俱厉,亦非敷衍了事者所可相提并论。昔年丹桂演是剧时,孙春恒串羊角哀,孙菊仙串左伯桃,旗鼓相当,时人目之为二难。宝奎无此配角,殊为可憾。今则宝奎闻已逝世,并此剧而不得见之矣。

环球社《图画日报》第三百四十五号第八页

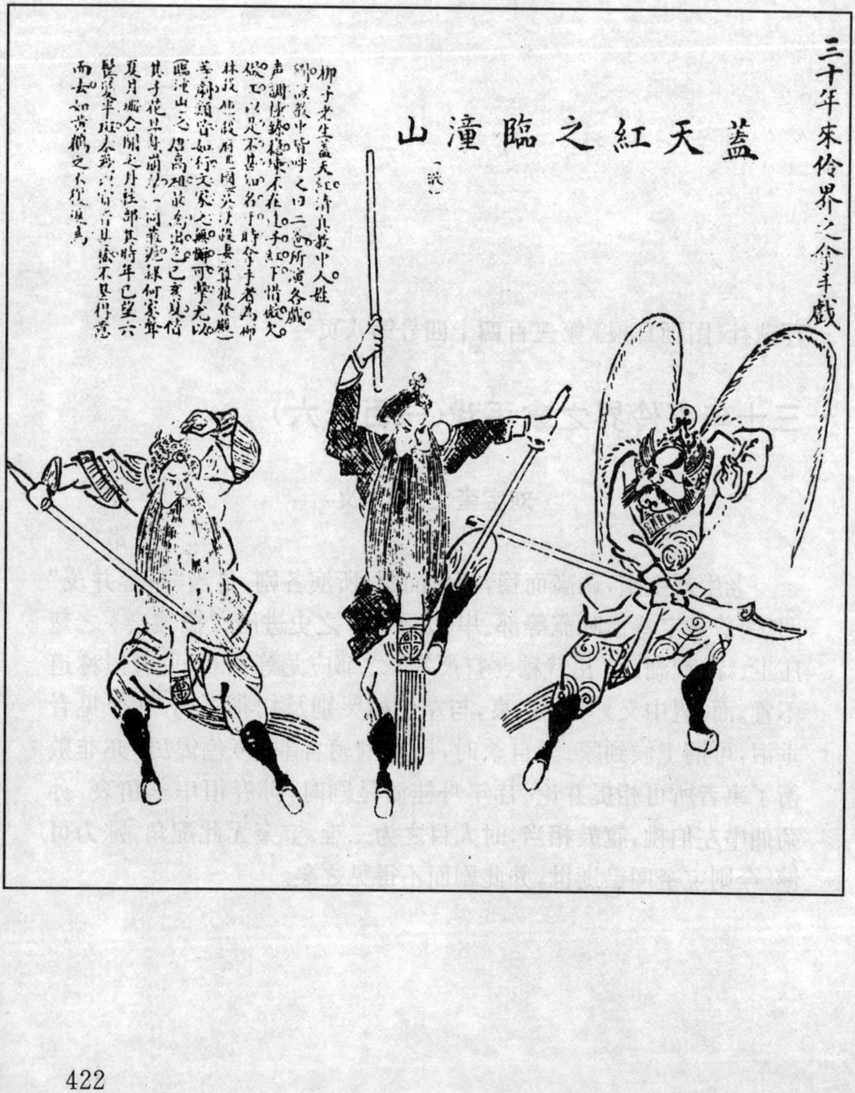

环球社《图画日报》第三百四十五号第八页

三十年来伶界之拿手戏（一百十七）

盖天红之《临潼山》

漱

梆子老生盖天红，清真教中人，姓刘，该教中皆呼之曰“二爸”。所演各戏，声调极臻稳练，不在达子红下。惜微欠做工，以是不甚知名于时。拿手者为《柳林杀庙》、《杀府逃国》、《吴汉杀妻》、《算粮登殿》等剧，类皆如行文家之无懈可击；尤以《临潼山》之唐高祖，最为出色。己亥夏，偕其子花旦夏崩翠一同莅沪，隶何家声、夏月珊合开之丹桂部，其时年已望六，鬓发半斑。未几以赏音甚稀，不甚得意而去，如黄鹤之不复返焉。

环球社《图画日报》第三百四十六号第八页

环球社《图画日报》第三百四十六号第八页

三十年来伶界之拿手戏（一百十八）

徐珍庆之《呆大做亲》

漱

徽班小丑徐珍庆，常州之金匮县人。善操苏白，恰合小丑口吻。光绪初年莅申，隶天仙部。善演《呆大做亲》、《打面缸》、《打扛子》、《背板灯》等各小戏，诙谐百出，神色百变，令人忍俊不禁。他如《大名府》之李固，法场活祭卢俊义一场，描摹刁奴负主情形，几令见者发指，亦为他伶所万不可及。其子徐春生，亦串小花，身短而肥，班中人戏赠以外号曰“外国长生果”。现隶三马路大舞台，然所演并无正戏，不如乃父远甚矣。

环球社《图画日报》第三百四十七号第八页

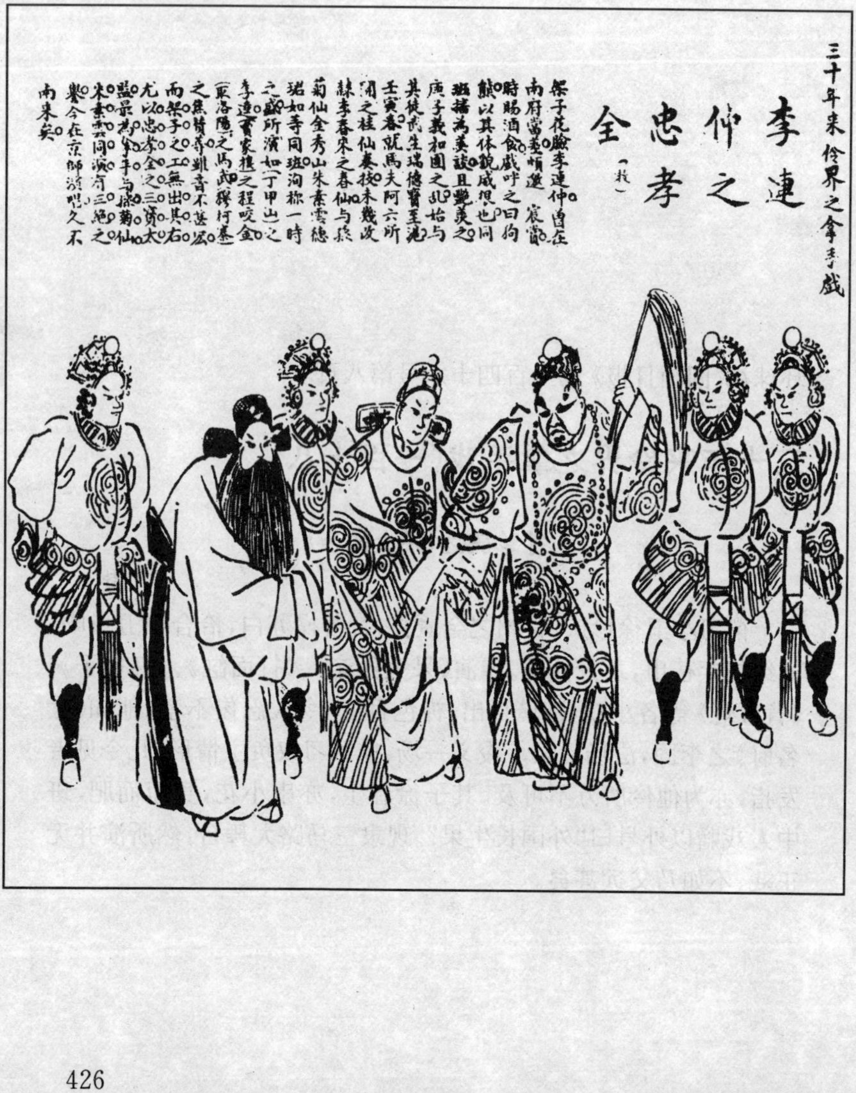

环球社《图画日报》第三百四十七号第八页

三十年来伶界之拿手戏(一百十九)

李连仲之《忠孝全》

漱

架子花脸李连仲,曾在南府当差,颇邀宸赏,时赐酒食,戏呼之曰“狗熊”,以其体貌威狠也,同班播为美谈,且艳羡之。庚子义和团之乱,始与其徒武生瑞德宝至沪。壬寅春,就马夫阿六所开之桂仙奏技,未几改隶李春来之春仙,与孙菊仙、金秀山、朱素云、德珺如等同班,洵称一时之盛。所演如《丁甲山》之李逵、《贾家楼》之程咬金、《取洛阳》之马武、《穆柯寨》之焦赞等,虽音不甚宏,而架子之工,无出其右;尤以《忠孝全》之三宝太监最为拿手,与孙菊仙、朱素云同演,有三绝之誉。今在京师演唱,久不南来矣。

环球社《图画日报》第三百四十八号第八页

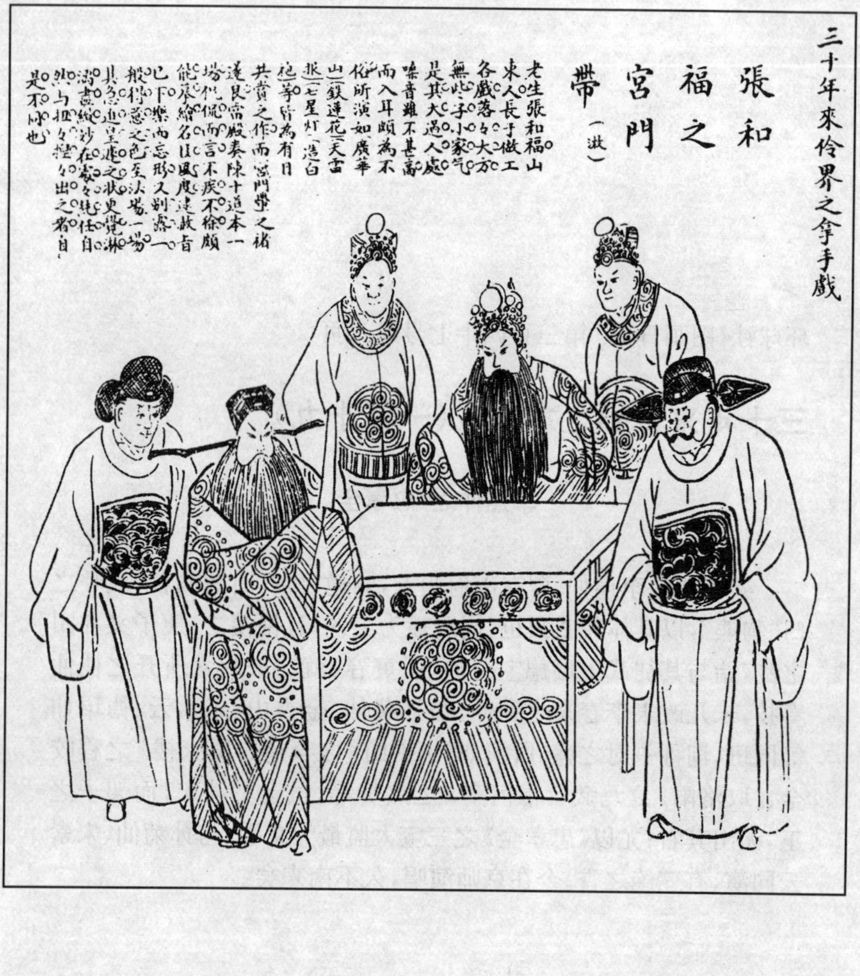

环球社《图画日报》第三百四十八号第八页

三十年来伶界之拿手戏（一百二十）

张和福之《宫门带》

漱

老生张和福，山东人，长于做工，各戏落落大方，无些子小家气，是其大过人处。嗓音虽不甚高，而入耳颇为不俗。所演如《广华山》、《铁莲花》、《天雷报》、《七星灯》、《造白袍》等，皆为有目共赏之作。而《宫门带》之褚遂良，当殿奏陈十道本一场，侃侃而言，不疾不徐，颇能摹绘名臣风度；逮赦旨已下，乐而忘形，又别露一般得意之色；至法场一场，其急迫皇遽之状，更觉淋漓尽致，妙在处处纯任自然，与扭扭捏捏出之者，自是不同也。

环球社《图画日报》第三百四十九号第六页

环球社《图画日报》第三百四十九号第六页

三十年来伶界之拿手戏（一百二十一）

陈大牛之《老少换》

漱

陈大牛，徽班小丑也。头大身肥，状态臃肿如牛，因是以大牛名。隶新北门外吉祥街宝兴园（今废）。所演各戏，如《一匹布》之张古董、《打花鼓》之乌龟、《小荣归》之刘禄敬、《过新年》之王小二、《翠屏山》之海阇黎等，科诨之妙，随口变化，每令人闻而发噱。而更以《老少换》一剧，串老头儿，尤为出神入化。求之近日京班小花，殊不多得，惟马飞珠差近之。然口齿究嫌不及，盖不能操各处方言也。

环球社《图画日报》第三百五十号第六页

环球社《图画日报》第三百五十号第六页

三十年来伶界之拿手戏（一百二十二）

王小三之《服毒显魂》

漱

昆腔小面王小三，为昆班中末后之角色，已如曲本之尾声；然演《问探》、《盗甲》、《说穷羊肚》、《茶访》等剧，规行矩步，卓然自成一家。以家贫故，中年后不得不就京班谋食，惟是包银甚微。夫妇二人，恒相对作牛衣之泣。李春来见其演《武十回》中之武大郎，服毒显魂二场，洵为有一无二之作，因令入班，谓所买者只此一戏。其实他戏非不能串，因昆剧如广陵散，王小三遂怀才莫展也。戊申年，隶熊文通所开之春仙，与周凤文、邱凤翔搭班，排全本《笑笑笑》，串二公子若拙，颇能恰如题妙。然卒以贫病交迫而毙，周凤文等为之醵资棺殓，殊可悲也。

环球社《图画日报》第三百五十一号第六页

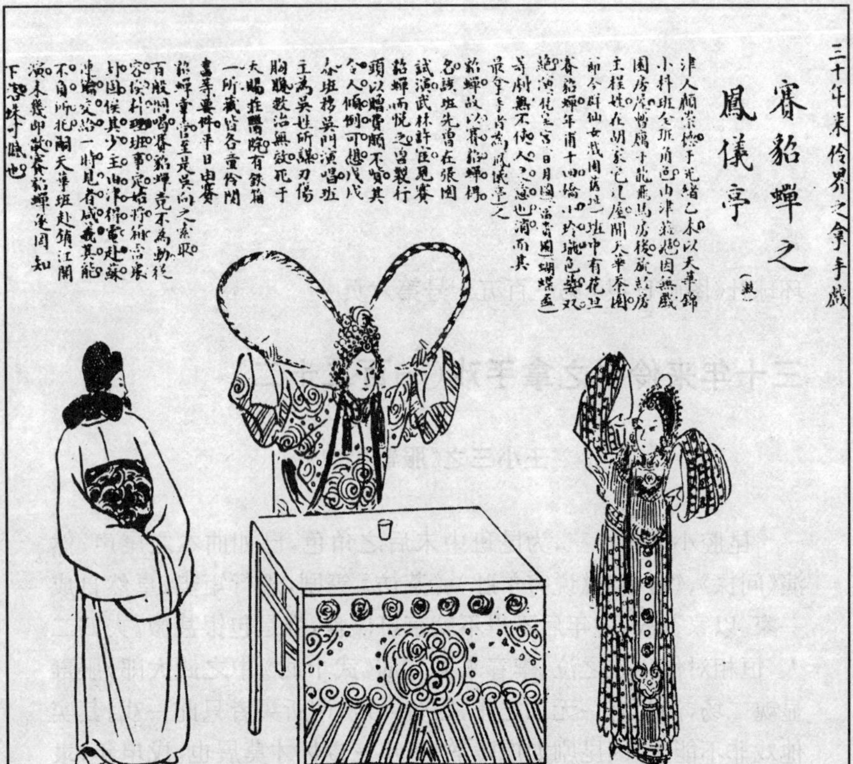

环球社《图画日报》第三百五十一号第六页

三十年来伶界之拿手戏(一百二十三)

赛貂蝉之《凤仪亭》

漱

津人顾崇德，于光绪乙未，以天华锦小科班全班角色，由津莅沪。因无戏园房屋，曾寓于龙飞马房后。旋经房主(程姓)在胡家宅建屋，开天华茶园(即今群仙女戏园旧址)。班中有花旦赛貂蝉，年甫十四，娇小玲珑，色艺双绝。演《梵皇宫》、《日月圆》、《富贵图》、《蝴蝶杯》等剧，无不使人之意也消。而其最拿手者为《凤仪亭》之貂蝉，故以赛貂蝉得名。该班先曾在张园试演，武林许宦，见赛貂蝉而悦之。曾制行头以赠，费颇不赀，其令人倾倒可想。戊戌春，班移吴门演唱，班主为吴姓所谋，刃伤胸腹，救治无效，死于天赐庄医院。有铁箱一，所藏皆各童伶关书等要件，平日由赛貂蝉掌管。至是吴向之索取，百般恫喝，赛貂蝉竟不为动。从容俟料理班事定，始将箱当众封固，俟其少主由津得电赴苏，连钥交给。一时见者咸义其能，不负所托。嗣天华班赴镇江开演，未几即散，赛貂蝉遂罔知下落，殊可憾也。

环球社《图画日报》第三百五十二号第六页

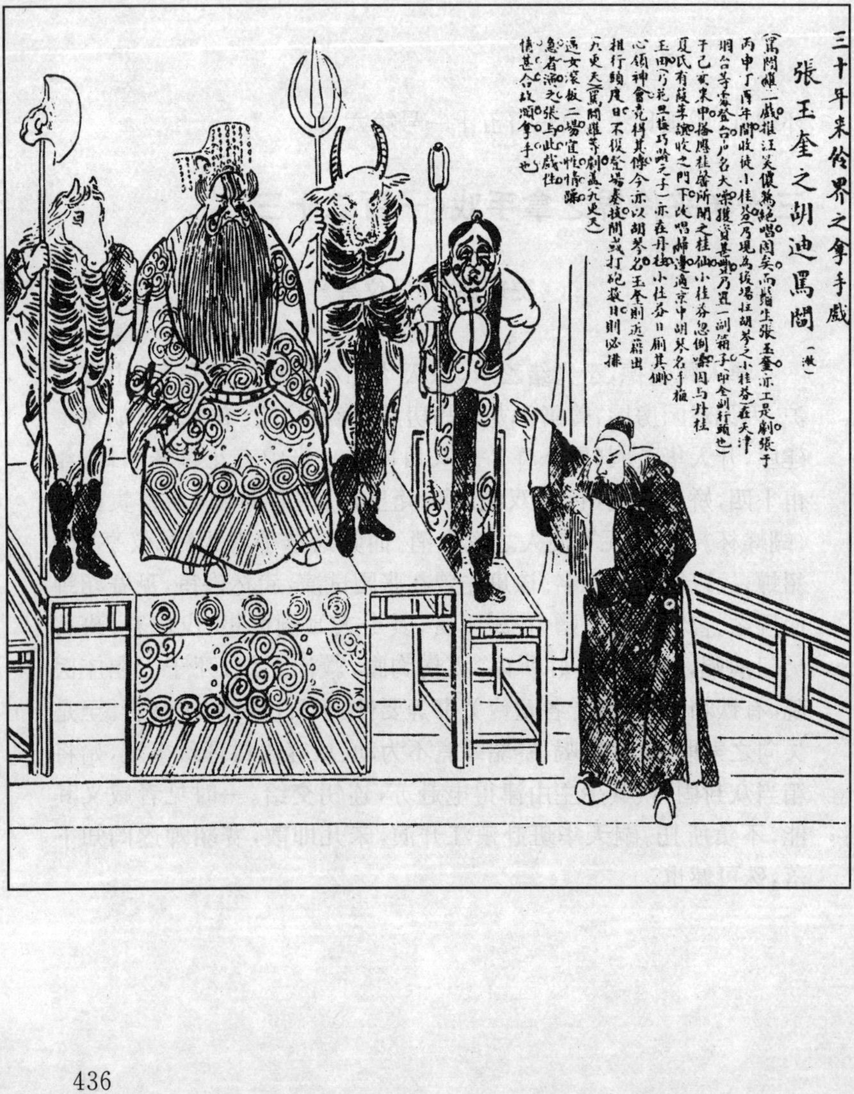

环球社《图画日报》第三百五十二号第六页

三十年来伶界之拿手戏(一百二十四)

张玉奎之《胡迪骂阎》

漱

《骂阎罗》一戏,推汪笑侬为绝唱,固矣。而须生张玉奎,亦工是剧。张于丙申丁酉年间,收徒小桂芬(乃现为后场拉胡琴之小桂芬),在天津、烟台等处登台,声名大噪,获资甚丰。乃置一副箱子(即全副行头也),于己亥来申,搭应桂馨所开之桂仙。小桂芬忽倒嗓,因与丹桂夏氏有葭莩谊,收之门下,改唱扫边。适京中胡琴名手梅玉田(乃花旦梅巧龄之子)亦在丹桂,小桂芬日厕其侧,心领神会,竟得其传,今亦以胡琴名。玉奎则近藉出租行头度日,不复登场奏技。间或打炮数日,则必排《九更天》、《骂阎罗》等剧,盖《九更天》逼女滚板二场,宜性情躁急者演之,张与此戏性情甚合,故颇拿手也。

环球社《图画日报》第三百五十三号第六页

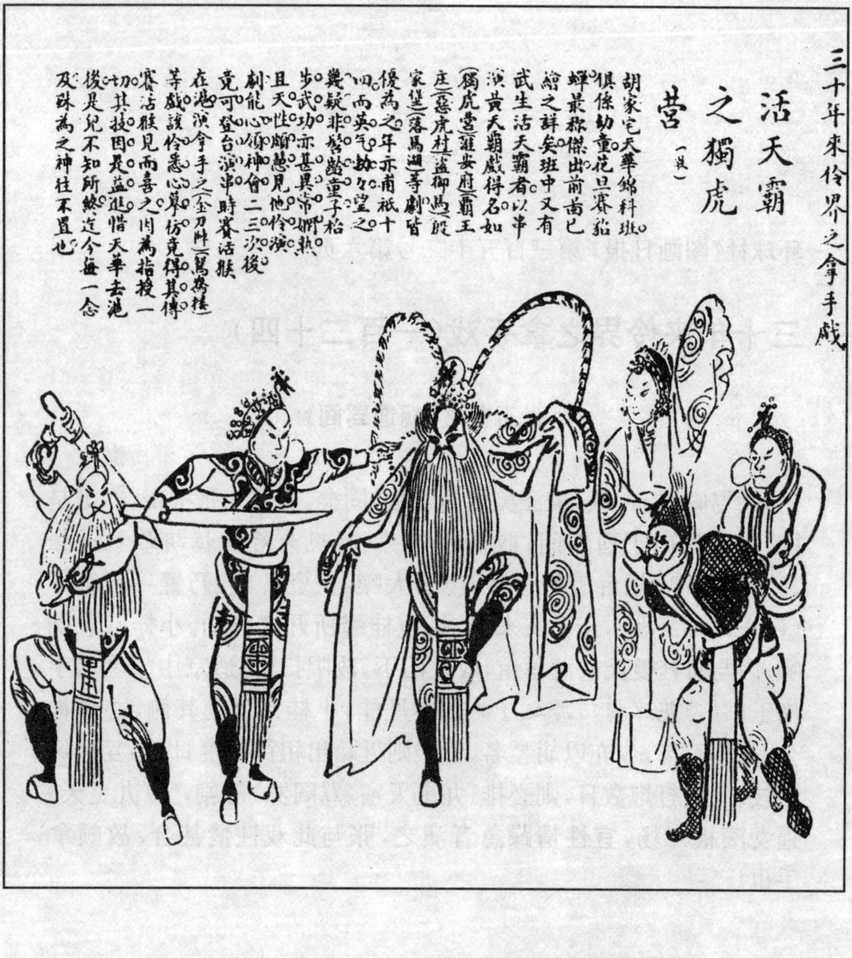

环球社《图画日报》第三百五十三号第六页

三十年来伶界之拿手戏(一百二十五)

活天霸之《独虎营》

漱

胡家宅天华锦科班,俱系幼童,花旦赛貂蝉,最称杰出,前图已绘之详矣。班中又有武生活天霸者,以串演黄天霸戏得名,如《独虎营》、《淮安府》、《霸王庄》、《恶虎村》、《盗御马》、《殷家堡》、《落马湖》等剧,皆优为之,年亦甫只十四,而英气勃勃,望之几疑非髫龄童子。台步武功,亦甚异常娴熟,且天性颇慧,见他伶演剧,能心领神会,二三次后,竟可登台演串。时赛活猴在沪,演拿手之《金刀阵》、《鸳鸯楼》等戏,该伶悉心摹仿,竟得其传。赛活猴见而喜之,因为指授一切,其技因是益进。惜天华去沪后,是儿不知所终,迄今每一念及,殊为之神往不置也。

环球社《图画日报》第三百五十四号第六页

环球社《图画日报》第三百五十四号第六页

三十年来伶界之拿手戏(一百二十六)

赵金宝之《请师拜师》

漱

昆班三花面赵金宝,长于做工各戏,台步之稳,口齿之清一时无两,演《党人碑》中之《请师拜师》最为拿手。其他《艳云亭》之《放洪杀庙》,《痴诉点香》串瞎子戏亦佳,又五毒戏如《扫秦》、《佛会》、《盗甲》、《问探》、《拾金》,此五戏俱唱做兼佳之三花面始可从事,故曰五毒,极言其串演之难。乃赵则出出皆优为之,诚当日文班中不可多得之才也。

环球社《图画日报》第三百五十五号第六页

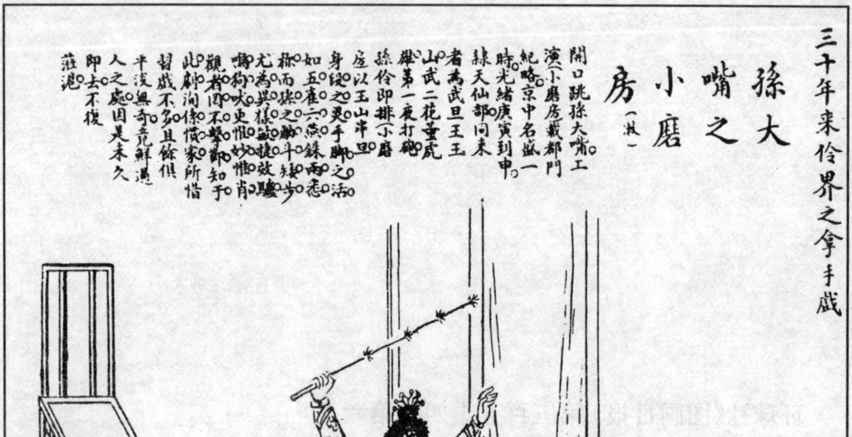

环球社《图画日报》第三百五十五号第六页

三十年来伶界之拿手戏(一百二十七)

孙大嘴之《小磨房》

漱

开口跳孙大嘴,工演《小磨房》,载《都门纪略》,京中名盛一时。光绪庚寅到申,隶天仙部。同来者为武旦王玉山、武二花董虎雄。第一夜打炮,孙伶即排《小磨房》,以玉山串旦,身段之灵,手脚之活,如五雀六燕,铢两悉称。而孙之筋斗矮步,尤为异样敏捷,效驴鸣狗吠,更惟妙惟肖,观者罔不击节。知于此剧,洵系惯家。所惜习戏不多,且余俱平淡无奇,竟鲜过人之处。因是未久即去,不复莅沪。

环球社《图画日报》第三百五十六号第六页

环球社《图画日报》第三百五十六号第六页

三十年来伶界之拿手戏（一百二十八）

许处之《打鼓骂曹》

漱

京中凡顽儿票（即清客串）登台，不愿以真名示人，皆称之曰“处”，不知是何命意。胡子生许处者，号筠堂，系顽儿票出身，足当“声容并茂”四字。专唱奎派，其嗓音足与周春奎相埒，以袍带戏《打金枝》、《金水桥》、《回龙阁》、《探母回令》、《牧羊卷》等，最为合宜；而《打鼓骂曹》之祢正平，伐鼓渊渊，不同凡响，尤为他伶所不可企及。谭叫天尝语人曰：“老生戏《群臣宴》最难，唱工既长，且系独脚，毫无假借。击鼓一场，尤须手法纯熟，毷氉者断难妄试。”诚哉是言！非老于唱戏者，不能道此；然亦非老于听戏者，不能知此也。

环球社《图画日报》第三百五十七号第六页

环球社《图画日报》第三百五十七号第六页

三十年来伶界之拿手戏（一百二十九）

冯三喜之《闺房乐》

漱

《闺房乐》一戏，系赵子昂见一旗装少妇，来拜其妻管夫人，不禁心为之动。管夫人于少妇去后，绐其夫曰：“君如钟情于彼，妾可为君致之。”子昂大悦，管夫人乃张筵邀少妇至，醉之以酒，留寝别室，自易旗装，黑夜入房，任夫所为，天曙始觉，彼此狂笑终场。妙在乐而不淫，颇有情致。同治庚午年，花旦冯三喜初出师时，在丹桂演唱，杜蝶云串子昂，谢宝林串旗妇，洵称三绝。后惟老万盏灯曾演之，亦颇拿手。按，冯三喜即花旦小子和、小花冯二狗之父，原籍江苏，曾开小南货铺。粤匪之乱，家业荡然，始习为伶。《闺房乐》之外，演《节义廉明》巡抚之姊，《五彩舆》鄢茂卿之夫人，亦甚出色。嗣以色衰年老，改唱老旦，隶夏氏所开之丹桂部，疾殁于沪，处境甚窘。今则小子和为江南名旦（拿手戏另详专图），二狗亦能自立（拿手戏亦另详），冯伶可谓有后矣。

环球社《图画日报》第三百五十八号第六页

环球社《图画日报》第三百五十八号第六页

三十年来伶界之拿手戏（一百三十）

大子红之《蝴蝶杯·大审》

漱

大子红，姓刘，名廷顺，系架子花脸刘廷玉（专戏另详）之兄，与花旦想九霄同班师弟兄。初串梆子老生，声容并茂，唱做俱佳。光绪己卯，全班隶石路金桂园，因有达子红在，未排正戏。居年余，尽得达子红各戏之秘，更习二簧并白胡子武生，于是艺益大进。逮想九霄开丹桂，大子红即唱文武老生正场，独当一面。辛丑冬，其弟廷玉与武生吕月樵（专戏另详）因事忿争，涉及父母。大子红夺吕戏中所用真刀猛戳，致吕腿为刀背斫伤，廷玉惧祸远扬。翌晨大子红对簿公庭，以罪名委诿于弟，以是班中皆不直其人，旋奉判押西牢半年，期满去沪。前年廷玉病殁，同班专电至津，竟置不理，益为人所不齿。是其人之作事居心，固属绝无可取。惟平日所演各剧，如《临潼山》、《汾河湾》、《杨衮抢亲》等之梆子戏，《施公案》内白胡子褚彪戏，卓然皆有可观。而全本《蝴蝶杯》中之江夏县田令，前后两公堂，有色有声，尤为杰作，盖不可谓非名角也。

环球社《图画日报》第三百五十九号第六页

环球社《图画日报》第三百五十九号第六页

三十年来伶界之拿手戏(一百三十一)

时慧宝之《御碑亭》

漱

时慧宝,字智侬,北京著名青衫时小福之仲子也。幼受文艺教育,故其人温文尔雅,望之绝不类伶界中人。工书法,于娟秀中含苍劲之致,的真胎息名家。前数年来申,初隶桂仙,后入天仙、春仙,工演须生各剧,如《桑园会》、《空城计》、《桑园寄子》、《朱砂痣》等,风度端凝,别有一种浑穆之气,而串《御碑亭金榜乐》全本中之王有道尤佳。有兄炳奎,亦唱须生,曾隶咏霓、天仪等部,抵沪在慧宝之先,嗣患目疾失明,改拉胡琴。于前岁与慧宝一同返北,今隶天津之下天仙部。按慧宝曩曾贻记者一扇,与青衫孙怡云(专戏另详)合璧,怡云画山水,慧宝作楷书,梨园有此不易才也。

环球社《图画日报》第三百六十号第六页

环球社《图画日报》第三百六十号第六页

三十年来伶界之拿手戏（一百三十二）

瞎子京山之《开眼上路》

漱

昆班老外瞎子京山，双目失明，行步须人扶掖；惟演戏则一经登场，步骤井然，较有目者尤为一丝不乱，人皆诧为异事。其实昆班各戏，俱有一定台步，非若京班杂乱无章之故。所演各剧，如《八义记》内《闹朝扑犬》之赵盾、《千忠戮》内《草诏》之方正学、《铁冠图》内《探山营关》之孙传庭、《十五贯》内《茶坊见都》之况钟、《满床笏》内《纳妾跪门》之龚节度，虽无眸子，偏能炯炯有神；而《荆钗记》内《开眼上路》之钱太公，则以盲子而竟演开眼之戏，望之俨如两眼复明，观者无不击节称赏，谓真世间有一无二之剧云。

环球社《图画日报》第三百六十一号第六页

环球社《图画日报》第三百六十一号第六页

三十年来伶界之拿手戏（一百三十三）

赵祥玉之《杨衮抢亲》

漱

赵祥玉，天津人，同治末年来申。武二花、架子花脸、小花、白胡子老生各戏俱串，而以《杨衮抢亲》之杨衮，最为神威抖擞，深合名将老当益壮风度。旅沪最久，虽年逾七十，而精神健康，绝无老态，前数年尚在桂仙奏技。其子如泉（专戏另详），唱文武老生，月得包银甚巨，坚请在家纳福，而祥玉颇不以为然。今年已七十有八，始有颓唐之状，行步须人扶掖，有时且神智模糊。然夫妇皓首齐眉，子亦甚孝诚为难得。有女二，一适新舞台刘培山（专戏另详），一适武旦李祥麐（即云中仙，专戏另详），盖赵伶诚梨园中福寿人也。

环球社《图画日报》第三百六十二号第六页

环球社《图画日报》第三百六十二号第六页

三十年来伶界之拿手戏（一百三十四）

小桃红之《大保国》

漱

光绪庚子丹桂部，有梆子青衣小桃红者，系郝七子之徒，兼唱二簧铜锤花脸，非近日之花旦小桃红，截然二人。此小桃红所串铜锤花脸各戏，不特调高响逸，台步亦异常端重，系毫无梆子及旦角习气。时小子和受业夏氏，串青衣旦，尝与之合唱《大保国》、《二进宫》等，小桃红串徐彦昭，小子和串皇娘，洵称工力悉敌。惟郝七子待徒甚苛，稍拂其意，辄肆鞭扑，同班悯之。一日，其师忽言小桃红逃逸，大索不得。嗣言闻在天津，因向班主索川资二百元往觅。是年夏，适义和团乱作，不知究竟。三年后，有遇小桃红于哈尔滨者，闻已满师授室。又年余，相传小桃红已死。迢递关河，不知确否？然为鞠部人才计，深愿其传之非真也。

环球社《图画日报》第三百六十三号第六页

环球社《图画日报》第三百六十三号第六页

三十年来伶界之拿手戏（一百三十五）

赵德虎之《五方阵》

漱

武二花脸赵德虎，中年时勇猛绝伦，武生李春来颇重之，时与配搭各戏。惟性情太劣，同班中无不畏避。四十岁后，改串架子花脸。光绪己丑年间，宝善街天仪排《五方阵》，即《水战杨么》一戏。其时名角如林，赵串牛皋，汪桂芬串王佐，林连桂串岳武穆，沈砚香串岳云，吴贵喜串杨么，徐世芳串杨再兴，林宝恒串严成方，聚精金良玉于一台，颇极一时之盛。后赵因人受累，涉讼公庭，判押西牢一年。去岁始释，得新舞台同人资助，挈眷返北。子连仲，少年唱须生颇好，嗣忽倒嗓，改白胡子老生。技尚不恶，惜为时运所厄，不见称于当世。

环球社《图画日报》第三百六十四号第六页

三十年來伶界之拿手戲

陸老四之說親回話（謝）

崑班二面陸老四。綴白裘中所謂副淨是也。演（鐵旗陣）內（落鞋）之樂道德。（八義記）內（拜帖）之說書先生。（紅梨記）內（醉皂）之皂隸。（西廂記）內（遊殿）閒齋之法聰。（白羅衫）內（詳夢報冤）之徐大。（兒孫福）內（勢僧）之揚州和尚。皆能曲曲傳神。較昔年最有名之張景有過之。而無不及。而與葛芷香串（蝴蝶夢）內（說親回話）之老蝴蝶。尤得神妙。欲到秋花藏之致。按陸係二面姜善珍之師。嘗言善珍各戲。因混入亂彈班日深。年滿受蠹太甚。殊失崑班本旨。斯言也。有見地。然即此可見陸平日造詣之精焉。

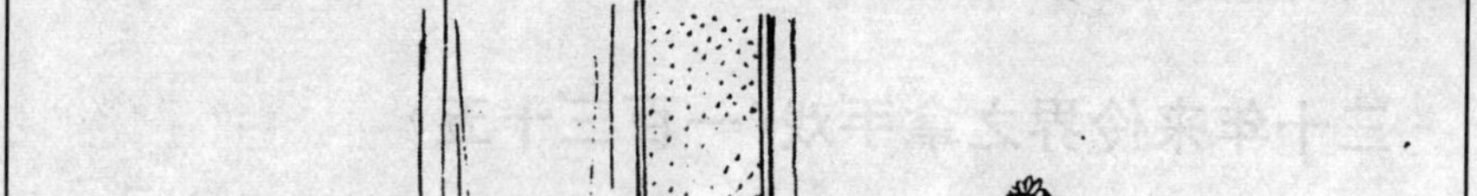

环球社《图画日报》第三百六十四号第六页

三十年来伶界之拿手戏（一百三十六）

陆老四之《说亲回话》

漱

昆班二面陆老四，《缀白裘》中所谓副净是也。演《绣襦记》内《落驿》之乐道德、《八义记》内《评话》之说书先生、《红梨记》内《醉皂》之皂隶、《西厢记》内《游殿闹斋》之法聪、《白罗衫》内《详梦报冤》之徐大、《儿孙福》内《势僧》之扬州和尚，皆能曲曲传神，较昔年最有名之张景，有过之而无不及。而与葛芷香串《蝴蝶梦》内《说亲回话》之老蝴蝶，尤得神妙，欲到秋毫巅之致。按，陆系二面姜善珍之师，尝言善珍各戏，因混入乱弹班，目染耳濡，受毒太甚，几失昆班本旨。斯言卓有见地，然即此可见陆平日造诣之精焉。

环球社《图画日报》第三百六十五号第六页

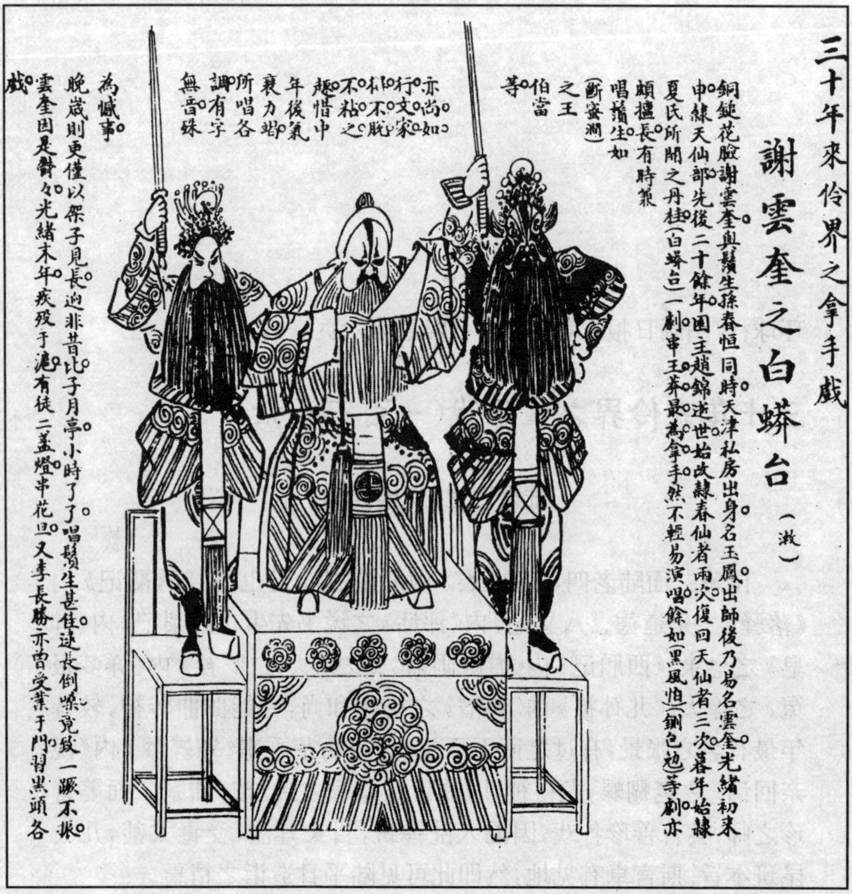

三十年来伶界之拿手戲

謝雲奎之白蟒台

（漱）

銅錘花臉謝雲奎。與鬚生孫春恒同時。天津私房出身。名玉鳳。出師後乃易名雲奎。光緒初來申。隸天仙部。先後二十餘年。園主趙錦逝世。始改隸春仙者兩次。復回天仙者三次。暮年始隸夏氏所開之丹桂。（白蟒台）一劇。串王莽。最為拿手。然不輕易演唱。餘如（黑風帕）（鍘包勉）等劇。亦頗擅長。有時兼唱鬚生。如（斷密澗）之王伯當等。亦尚如行文家。抑不脫不粘之趣。惜中年後氣衰力竭。所唱各調。有字無音。殊為憾事。晚歲則更僅以架子見長。迥非昔比。子月亭小時了了。唱鬚生甚佳。迨長倒嗓。竟致一蹶不振。雲奎因是鬱鬱。光緒末年。疾殁于滬。有徒二。蓋燈串花旦。又李長勝亦曾受業于門。習黑頭。各戲。

环球社《图画日报》第三百六十五号第六页

三十年来伶界之拿手戏（一百三十七）

谢云奎之《白蟒台》

漱

铜锤花脸谢云奎，与须生孙春恒同时，天津私房出身，名玉凤，出师后乃易名云奎。光绪初来申，隶天仙部，先后二十余年。园主赵锦逝世，始改隶春仙者两次，复回天仙者三次，暮年始隶夏氏所开之丹桂。《白蟒台》一剧，串王莽最为拿手，然不轻易演唱。余如《黑风怕》、《铡包勉》等剧，亦颇擅长。有时兼唱须生，如《断蜜涧》之王伯当等，亦尚如行文家得不脱不粘之趣。惜中年后气衰力竭，所唱各调，有字无音，殊为憾事。晚岁则更仅以架子见长，迥非昔比。子月亭，小时了了，唱须生甚佳。逮长，倒嗓竟致一蹶不振。云奎因是郁郁，光绪末年，疾殁于沪。有徒二盏灯，串花旦。又，李长胜亦曾受业于门，习黑头各戏。

环球社《图画日报》第三百六十六号第六页

环球社《图画日报》第三百六十六号第六页

三十年来伶界之拿手戏(一百三十八)

周长山之《凤鸣关》

漱

当宝善街丹桂初开时,有周老旦者,生子三,长周长春,唱须生;次周长山,唱文武老生,少年时名不甚著,逮发愤十年,居然唱做俱佳,竟成名角;三周长顺,唱老旦,兼串小花。然诸葛三君,究以长山为首屈一指,生平以靠把戏最擅胜长,如《凤鸣关》、《定军山》、《阳平关》、《大报仇》等,俱台步矫健,声调雄稳。然做工戏若《庆顶珠》、《铁莲花》、《天雷报》等,亦颇无懈可击。光绪丁丑回京,声誉大噪,遂留京师演唱,迄今竟未到沪。

环球社《图画日报》第三百六十七号第六页

环球社《图画日报》第三百六十七号第六页

三十年来伶界之拿手戏（一百三十九）

果同来之《时迁偷鸡》

漱

果同来，在京时闻系混星子一流，而武勇绝伦，人不敢犯。曾随安太监出都，安在山东，为巡抚丁文诚公正法。其党星散，不敢回京。果同来以素能串戏，遂至上海搭咏霓部奏技，厥后改隶大观、留春，所串系开口跳，最出色者为《时迁偷鸡》、《小磨房》、《三上吊》三出，手脚之矫捷，翻跌之灵敏，身体之轻便，筋骨之柔软，他伶无出其右。前数年，闻在毗陵病殁。

环球社《图画日报》第三百六十八号第六页

环球社《图画日报》第三百六十八号第六页

三十年来伶界之拿手戏（一百四十）

丁子九之《七星灯》

漱

须生丁子九，同治末年莅申，在满庭芳登台。其时年甫弱冠，品貌、声调、台步，色色俱臻绝顶。演《江东桥》、《金马门》、《南阳关》等戏，同辈几无与抗手。后隶大马路久乐园，纯串做工各戏，若《九更天》、《一捧雪》、《广华山》、《洪洋洞》等，俱颇丝丝入扣，而《七星灯》尤为出色。不意年未三十，忽形容憔悴，面目黎黑，喉哑声嘶，背驼肩耸，盖因酷嗜阿芙蓉膏所致。未几赴镇江搭班，竟害烟痨而殁，烟之为毒甚矣哉！

环球社《图画日报》第三百六十九号第六页

环球社《图画日报》第三百六十九号第六页

三十年来伶界之拿手戏(一百四十一)

德珺如之《罗成叫关》

漱

德珺如,人言其为穆彰阿相国之孙。光绪丁丑,赴粤探亲,道经沪上,为大观园邀留,演唱旬日。其时专唱青衫,调稳声清,不同凡响。与老旦华长喜(拿手戏另详)合串《探寒窑》、《别皇宫》等剧,洵称双绝,余如《彩楼配》、《宇宙疯(锋)》、《孝感天》、《落花园》等,亦超无上上乘。癸卯冬,复来上海,在春仙奏技。别经二十七载,声音变为高阔,与青衫大为不宜,故并串小生,工唱楚调。时朱素云(拿手戏另详)在沪,以楚调见长,沪人诧为特别。其实此调三十年前,小生徐德奎已有之,相传徐为素云之师。惟徐主刚疾,朱主柔婉,各有其妙。若德则刚柔相济,故《罗成叫关》一出,似在朱上,《辕门射戟》、《忠孝全》、《飞虎山》等,则与朱相埒。

环球社《图画日报》第三百七十号第六页

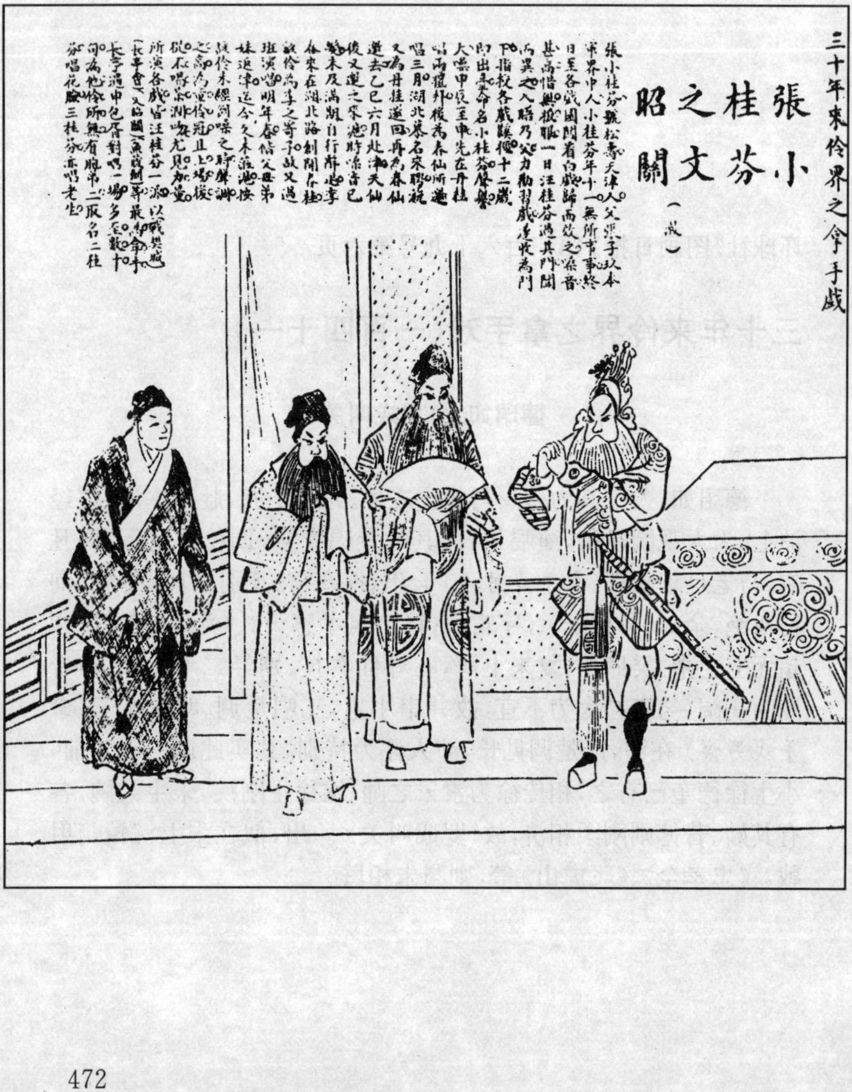

环球社《图画日报》第三百七十号第六页

三十年来伶界之拿手戏（一百四十二）

张小桂芬之《文昭关》

漱

张小桂芬，号松寿，天津人。父张子玖本军界中人，小桂芬年十一，无所事事，终日至各戏园闯看白戏，归而效之，嗓音甚高，惜无板眼。一日，汪桂芬过其门，闻而异之，入晤乃父，力劝习戏。遂收为门下，指授各戏蹊径。十二岁即出台，命名小桂芬，声誉大噪。甲辰至申，先在丹桂唱两礼拜，后为春仙所邀唱三月。湖北慕名来聘，旋又为丹桂邀回，再为春仙邀去。乙巳六月赴津，天仙后又邀之来沪。时嗓音已变，未及满期自行辞退。李春来在湖北路创开春桂，该伶为李之寄子，故又过班演唱。明年春，偕父母弟妹返津，迄今久未莅沪。按，该伶未经倒嗓之时，声调之高为童伶冠，且上场后从不喝茶润吻，尤见力量。所演各戏，皆汪桂芬一派，以《战樊城》、《长亭会》、《文昭关》、《鱼藏剑》等，最为拿手，长亭遇申包胥对唱一场，多至数十句，为他伶所无。有胞弟二，取名二桂芬，唱花脸；三桂芬，亦唱老生。

环球社《图画日报》第三百七十一号第六页

环球社《图画日报》第三百七十一号第六页

三十年来伶界之拿手戏(一百四十三)

余紫云之《武家坡》

漱

京都著名青衣余紫云,为四庭柱老生余三胜之子,湖北人。光绪初隶京中四喜部,声誉极红。惟身弱多病,登台之日甚鲜。偶见街中贴有海报,余紫云于某日准演某戏,观者必互相知照,定座一空,其动人观听如此。至于演剧之妙,全在得闺阁气,唱时唇皮不动,齿不外露,实非他人所能。若夫声调之稳,字眼之清,犹其余事。与王九龄合串《武家坡》,洵为绝后空前之作。辛卯夏赴杭进香,道经沪上,天福及周凤林之丹桂,俱恳帮忙,余以情不可却,允两家各唱三夜。丹桂所演为《五彩舆》、《梅龙镇》、《贵妃醉酒》,天福所演则已忘之。盖时适嗓音欠佳,故唱花旦,其实花旦戏非其所长耳。

环球社《图画日报》第三百七十二号第六页

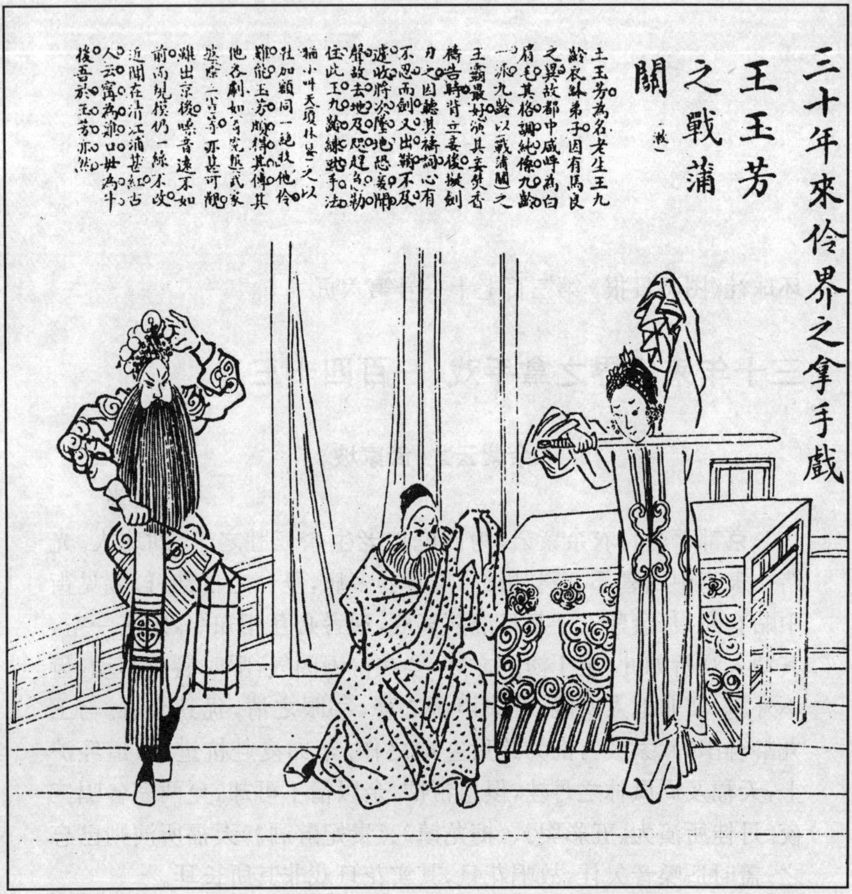

环球社《图画日报》第三百七十二号第六页

三十年来伶界之拿手戏(一百四十四)

王玉芳之《战蒲关》

漱

王玉芳,为名老生王九龄衣钵弟子,因有马良之异,故都中咸呼为白眉毛,其格调纯系九龄一派。九龄以《战蒲关》之王霸最好,演其妾焚香祷告时,背立妾后,拟剑刃之。因听其祷词,心有不忍,而剑又出鞘,不及遽收,将次坠地,恐妾闻声,故去地及咫,赶急勒住。此王九龄练就手法,犹小叫天《琼林宴》之以鞋加额同一绝技,他伶难能,玉芳颇得其传。其他各剧如《奇冤报》、《武家坡》、《除三害》等,亦甚可观。虽出京后,嗓音远不如前,而规模仍一丝不改。近闻在清江浦甚红,古人云:“宁为鸡口,毋为牛后。”吾于玉芳亦然。

环球社《图画日报》第三百七十三号第六页

环球社《图画日报》第三百七十三号第六页

三十年来伶界之拿手戏(一百四十五)

邱凤翔之《查潘斗胜》

漱

昆班巾生邱凤翔，号子卿，一号指嵚，系白面小脚□子。人甚儒雅，喜读书，能作行楷字，画花卉人物，亦颇大致楚楚，兼能鉴别一切古玩。初出台演《拆书空泊》、《问病偷诗》、《游殿闹斋》、《梳妆跪池》等剧，神情潇洒，台步从容，周钊泉之外，几乎无与抗手。后改乱弹，工《凤凰山》等各戏，规模为之一变，而昆戏遂近浮滑，人皆惜之。然《笑笑笑》之唐伯虎、全本《白蛇传》之许汉文、全本《珍珠塔》之方卿等戏，以及各种新剧中之小生戏，无一不独出冠时，非京班小生所能望其项背。而尤为拿手者，则《查潘斗胜》一戏，串查三标，有色有声。初时居然一富家子，逮后穷途落魄，宛然一蹩脚大少。至卖油条唱曲一场，自拉胡琴，凄楚万状，大有不堪回首之慨，雅善摹神，断非他伶所及此。三十岁后，兼工滩簧，能自制各曲，平仄颇谐，杂俗共赏。因结一滩簧社，曰“升平乐”。绅宦遇喜庆事，每喜雇之。惜嗜洋烟过深，年未四十，撄疾而殁。从此京班中竟无此等生角，殊憾事也。

环球社《图画日报》第三百七十四号第六页

环球社《图画日报》第三百七十四号第六页

三十年来伶界之拿手戏（一百四十六）

高彩云之《游龙戏凤》

漱

高彩云，湖北人，貌妩媚而性淫且狠，实为伶界败类。其历史知者甚多，无庸赘述。惟演剧则颇有过人处，如《拾玉镯》、《割发代首》、《翠屏山》、《乌龙院》等，殊为脍炙人口。湖北花旦蔡桂喜之后，惟高一人。而尤以与三麻子合串之《游龙戏凤》更为杰作，妙在白口清脆，态度娴雅，而一种宜嗔宜喜之处，出自天然，实非他伶所能学步。自莅沪隶天仙部有年，未尝他适，后以犯奸案发，判押西牢，旋还苏省收禁。今闻已死，淫伶下场，固应如是。

环球社《图画日报》第三百七十五号第六页

环球社《图画日报》第三百七十五号第六页

三十年来伶界之拿手戏（一百四十七）

小王四之《羊肚汤》

漱

昆班小丑小王四，与赵金宝同时，而演剧各有所长，有时竟驾赵之上。其最拿手者，为《水浒传》中之《盗甲》、《儿孙福》中之《别弟》、《白罗衫》中之《贺举》，以及全本《呆中福》中之刁枭等，台步神情，皆臻绝顶。更以《金锁记》中之《说穷羊肚》，串张溜儿之母，描摹服毒之惨，最为穷形尽相；而将死时鼻中浓涕双垂，尤为他伶扮演所无。子玉泉，亦串小花，曾隶丹桂等部，惟不如乃父。近数年已改业为骨董客，一女适花旦小桂林（拿手戏另详）。

环球社《图画日报》第三百七十六号第六页

环球社《图画日报》第三百七十六号第六页

三十年来伶界之拿手戏(一百四十八)

徐世芳之《摩天岭》

漱

武生徐世芳，小名阿狗，天津人，勇猛绝伦。光绪初隶金桂部，时上海多天津流氓，每在西门内外之荒僻处，诈优伶人及妓女之至茅山殿进香者(今茅山殿已改作刘公祠，且人烟稠密，不复如前僻静矣)。一日，徐亦进城烧香，道经方滨桥南，突来一天津流氓，持刀猛刺，声言并不借贷，乃缘复仇而来。徐固身手矫捷，夺刀还刺，适中其人要害而毙。徐从容俟地保至，投县自承，奉判监禁候拟，后幸遇赦得释。即赴镇江搭班，声名大噪。嗣又返申，隶丹桂部。演《濮阳城》、《挑华车》、《摩天岭》等靠把武戏最佳，而《摩天岭》之薛仁贵，尤为勇往。岁己亥某日，演《挑华车》，在台忽尔中风，未及终场扶下。越三日，竟死。时年已逾五十。因无子，以侄武二花脸徐来子为嗣。

环球社《图画日报》第三百七十七号第六页

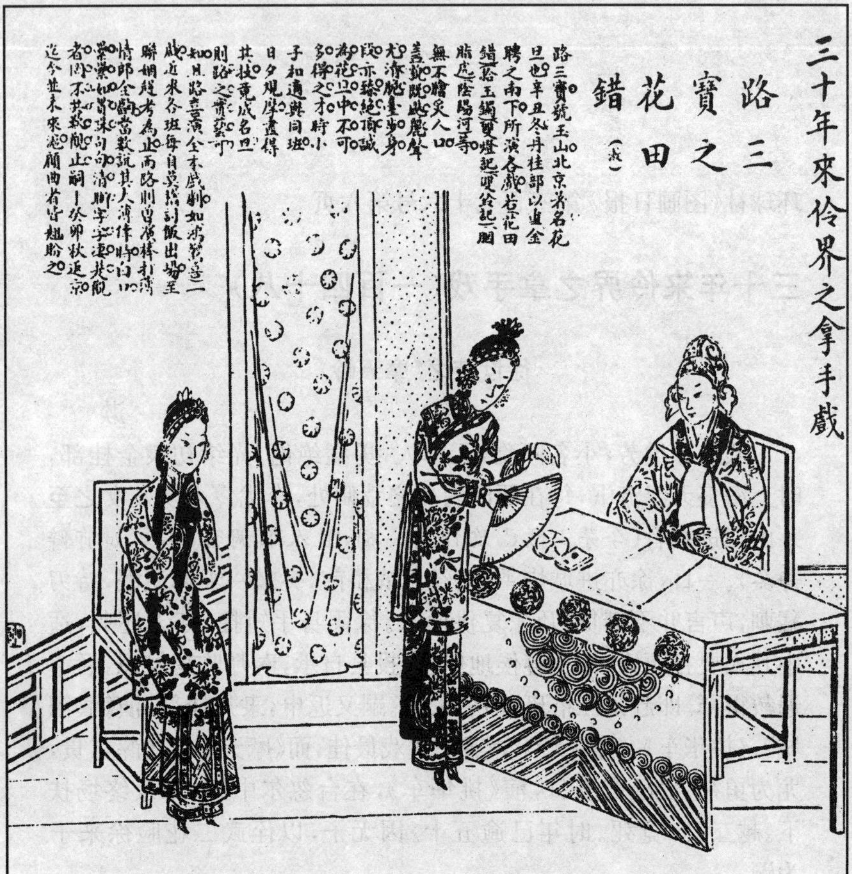

环球社《图画日报》第三百七十七号第六页

三十年来伶界之拿手戏（一百四十九）

路三宝之《花田错》

漱

路三宝，号玉山，北京著名花旦也。辛丑冬，丹桂部以重金聘之南下，所演各戏，若《花田错》、《拾玉镯》、《双灯（钉）记》、《双铃记》、《胭脂虎》、《阴阳河》等，无不脍炙人口。盖貌既飏丽，声尤清脆，台步身段，亦臻绝顶，诚为花旦中不可多得之才。时小子和适与同班，日夕观摩，尽得其技，竟成名旦，则路之实艺可知。且路喜演全本戏剧，如《鸿鸾喜》一戏，近来各班每自莫稽讨饭出场，至联姻赶考为止；而路则曾演棒打薄情郎全出，当叹说其夫薄幸时，白口累累如贯珠，句句清晰，字字凄楚，观者罔不共叹观止。嗣于癸卯秋返京，迄今并未来沪，顾曲者皆翘盼之。

环球社《图画日报》第三百七十八号第六页

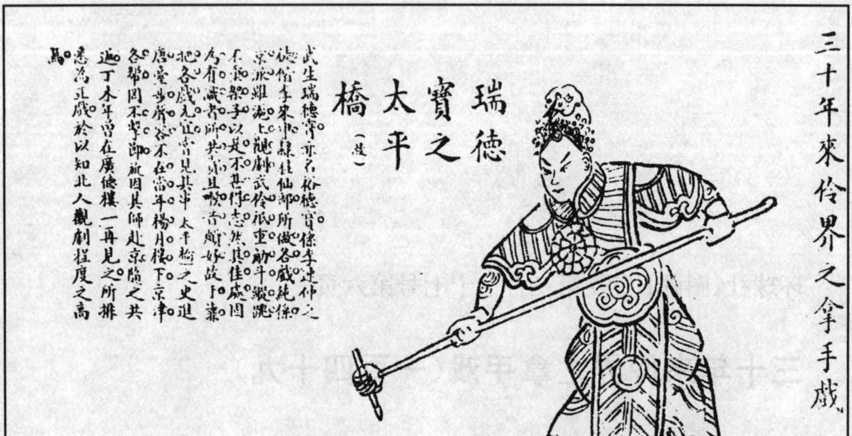

环球社《图画日报》第三百七十八号第六页

三十年来伶界之拿手戏(一百五十)

瑞德宝之《太平桥》

漱

武生瑞德宝,亦名裕德宝,系李连仲之徒,偕李来申,隶桂仙部。所做各戏,纯系京派。虽沪上观剧,武伶只重筋斗纵跳,不重架子,以是不甚得志。然其佳处,固为有识者所共赏,且喉音颇好,故于靠把各戏允宜。尝见其串《太平桥》之史进唐,台步声容,不在当年杨月楼下,京津各帮罔不击节。旋因其师赴京,随之共返。丁未年曾在广德楼一再见之,所排悉为正戏,于以知北人观剧程度之高焉。

环球社《图画日报》第三百七十九号第六页

环球社《图画日报》第三百七十九号第六页

三十年来伶界之拿手戏(一百五十一)

邵寄舟之《三字经》

漱

京班来沪,自同治丙寅年始,迄今已四十五年矣。先二十年,沪人看戏,文伶但取喉音,武伶但取跳跃,故周春奎、杨月楼、李春来辈,俱享盛名。若黄月山已以嗓子太窄,不甚合时,殊失鉴别之当。须生邵寄舟,原名祥贵,与孙春恒同门,惜喉音欠亮,故隶丹桂部时,仅唱扫边各戏,人鲜有赏识之者。后二十年,观剧者渐知腔调为上,声音次之。邵在南京,更名寄舟,声誉大噪。后复至沪,居然得唱中场正戏,如《打棍出箱》、《盗宗卷》、《天雷报》、《七星灯》、《毗目镜》、《空城计》等剧,皆卓然名家,无些些小家习气。尤以《三字经》最为拿手,孙春恒外竟无第三人。按,邵人其蕴藉,腹中书味盎然,于史鉴尤为谙熟,询以古今人物,有问必答,盖梨园中特别才也。

环球社《图画日报》第三百八十号第六页

环球社《图画日报》第三百八十号第六页

三十年来伶界之拿手戏（一百五十二）

林连桂之《金兰会》

漱

林连桂，须生一老前辈也。人甚和霭，遇事谦让，同班故有“林好人”之称。所演各剧，以靠把戏最为出色，如《镇檀州》之岳武穆、《下河东》之呼延寿廷等，皆为他伶所不及。而尤以《金兰会》火烧王佐之岳武穆，更称杰作。暮年专演做工各戏，则以《失印救火》、《探监三拉》等知名于时。子二，宝奎亦唱老生，隶丹桂部；宝恒串小生，兼演武剧。孙小芬，宝恒所出，幼时本唱须生，隶桂仙等部，近因倒嗓，更名馨卿，改唱花旦（专戏另详）。运通、路通，宝奎所出，俱习武行，兼串杂戏，隶新舞台。

环球社《图画日报》第三百八十一号第六页

环球社《图画日报》第三百八十一号第六页

三十年来伶界之拿手戏(一百五十三)

朱素云之《监酒令》

漱

小生朱素云,貌既不俗,人更温文尔雅。工楷书,得名家气息,在京时求书者踵相接,所书以琴联便面为多,名戳亦殊挺拔,士大夫因交重之。壬寅南下至沪,隶桂仙部,后逮春仙,与孙菊仙同班,菊仙谓为后起之秀,莫此君若。所演《忠孝全》、《存孝打虎》、《罗成叫关》、《夺小沛》、《白门楼》、《群英会》等各剧,调熟机圆,无不脍炙人口。而尤以《监酒令》之朱虚侯、《玉门关》之班定远二戏,为能人之所不能,他伶在申,皆未唱过,诚梨园中特出才也。

环球社《图画日报》第三百八十二号第六页

环球社《图画日报》第三百八十二号第六页

三十年来伶界之拿手戏（一百五十四）

羊长喜之《太君辞朝》

漱

老旦羊长喜，少年时即形若老妪，故串老旦戏极佳。中年后做工日见精进，且于口齿尤极讲究。向隶丹桂部，后隶新舞台。所演《太君回朝》、《药茶计》、《望儿楼》、《目莲救母》、《断太后》、《别宫》、《探窑》、《吊金龟》、《探母》等各剧，不特曲文道白，字字逼清，其身段台步，尤为他角所不及。有兄羊喜寿，唱架子花脸，亦以字眼清晰见长。弟兄颇为友爱，频年包银所入，在乡置有田产，迄可小康。故长喜于去岁回北，谓此生当不复南来云。

环球社《图画日报》第三百八十三号第六页

环球社《图画日报》第三百八十三号第六页

三十年来伶界之拿手戏(一百五十五)

牛松山之《镇檀州》

漱

牛松山,原名长宝,少年在山东搭班,串武老生戏极佳。时抚宪文、藩宪长、臬宪某,皆旗人,颇赏识之。光绪乙未,天仙园主赵锦,在宝善街分开义锦戏园,慕牛之名,邀聘至沪。偕花旦张桂云同来,盖已兼串小生,易名松山。所演武生各戏,俱有真实工夫,非浮光掠影者比。小生戏如《得意缘》、《岳家庄》、《群英会》等剧,皆雍容儒雅,卓然可观。尤以《镇檀州》之杨再兴,英气焕发,有名将风。子小金牛,亦唱武生,曾隶天仙。女牛桂芬,唱须生极工,曾隶丹凤,现隶苏州之春仙(拿手戏另详女伶部)。

环球社《图画日报》第三百八十四号第六页

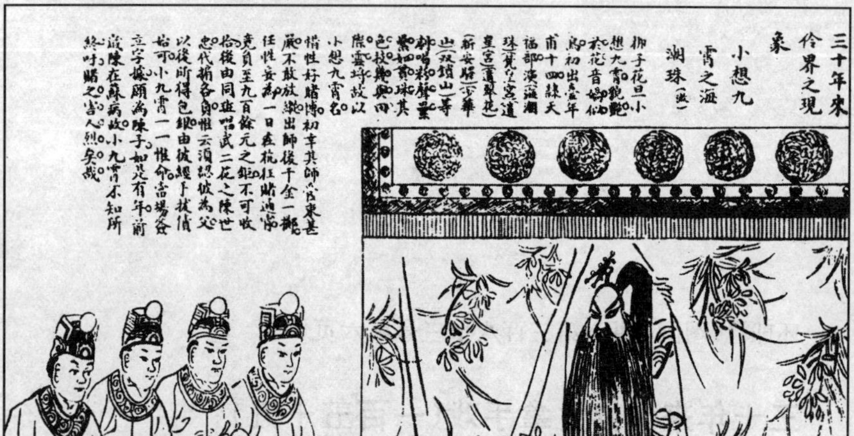

环球社《图画日报》第三百八十四号第六页

三十年来伶界之拿手戏（一百五十六）

小想九霄之《海潮珠》

漱

梆子花旦小想九霄，貌艳于花，音娇似鸟，初出台年甫十四，隶天福部。演《海潮珠》、《梵皇宫》、《遗皇宫》、《遗翠花》、《新安驿》、《少华山》、《双锁山》等剧，喝彩声累累如贯珠，其色技几与田际云埒，故以小想九霄名。惜性好赌博，初幸其师管束甚严，不敢放纵；出师后千金一掷，任性妄为。一日，在杭狂赌通宵，竟负至九百余元之巨，不可收拾。后由同班唱武二花之陈世忠，代捐各负，惟云须认彼为父。以后所得包银，由彼经手拨偿始可，小九霄一一惟命，当场签立字据，愿为陈子，如是有年。前岁陈在苏病故，小九霄不知所终。吁！赌之害人烈矣哉！

环球社《图画日报》第三百八十五号第六页

环球社《图画日报》第三百八十五号第六页

三十年来伶界之拿手戏(一百五十七)

应凌云之《反武场》

漱

徽班老生应凌云,因被人暗算,嗓音变哑,乃改架子花脸,间唱靠把老生,人皆以“大应”呼之。初隶金桂,后隶天仙。所演各戏,如《娘子军》之韩世忠、《八达岭》之常遇春、《战皖城》之典韦等,皆甚拿手。而尤以《反武场》之常遇春,台步工稳,气宇轩昂,枪法纯熟,架子老练,最为出色。其子在江湖班唱老生,名不甚著。女字周四宝,即周来全之子。孙应宝莲、应月樵,俱串武生,宝莲尤佳,现隶大舞台(专戏另详)。

环球社《图画日报》第三百八十六号第六页

环球社《图画日报》第三百八十六号第六页

三十年来伶界之拿手戏（一百五十八）

王鹤鸣之《独占》

漱

昆班巾生王鹤鸣，辈分最高，陆吉祥、尤凤皋辈，皆出其门。自咸丰间，在苏搭班，光绪中叶，尚在上海演唱，以褶子戏最为出色。串《西楼记》之于叔夜、《玉簪记》之潘必正、《幽闺记》之蒋世隆、《绣襦记》之郑元和等，无不风流蕴藉，兼而有之。而《受吐独占》之秦钟，演至末场，花魁道白云："夜深了。"秦于脸上，顿现忸怩及欣喜过望状，惟王伶能之，他伶万不能及，足臻其揣摹独到也。

环球社《图画日报》第三百八十七号第六页

环球社《图画日报》第三百八十七号第六页

三十年来伶界之拿手戏（一百五十九）

张九柱之《四平山》

漱

架子花脸张九柱，架子既好，口齿又清，隶丹桂部。当全昆腔会串时，《十面》中之楚霸王，为张所扮，台步道白，优于昆伶，具见其能。至京戏则《四进士》之顾道台、《八大锤》之金兀术、《捧雪》之严世蕃、《审刺客》之丞相等，与董三雄异曲同工。尤以与小生沈研香合演《四平山》，串李元霸，两伶锤法，各尽佳妙。张喜蓄犬，有猎犬二头，寝食与俱，不离跬步。惟所得包银，入不敷出，以是窘乏殊甚。光绪十二三年时，忽不登台，相传其已死云。

环球社《图画日报》第三百八十八号第六页

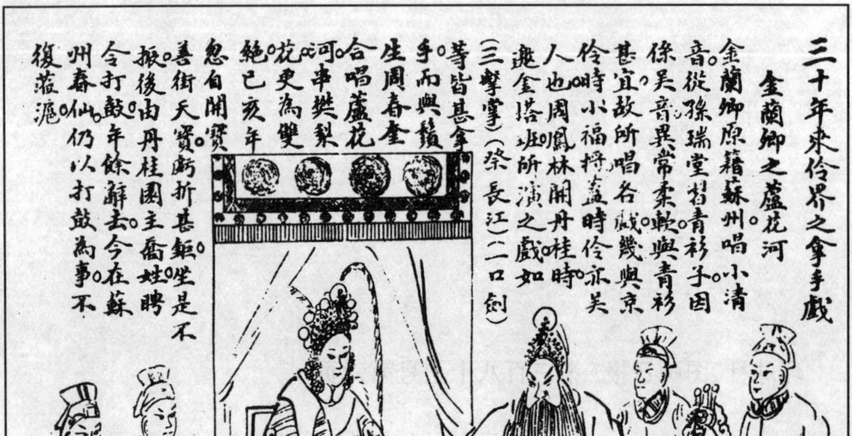

环球社《图画日报》第三百八十八号第六页

三十年来伶界之拿手戏（一百六十）

金兰卿之《芦花河》

金兰卿原籍苏州，唱小清音，从孙瑞堂习青衫子。因系吴音，异常柔软，与青衫甚宜。故所唱各戏，几与京伶时小福埒，盖时伶亦吴人也。周凤林开丹桂时，邀金搭班，所演之戏，如《三击掌》、《祭长江》、《一口剑》等，皆甚拿手。而与须生周春奎合唱《芦花河》，串樊梨花，更为双绝。己亥年，忽自开宝善街天宝，亏折甚巨，坐是不振。后由丹桂园主乔姓，聘令打鼓，年余辞去。今在苏州春仙，仍以打鼓为事，不复莅沪。

环球社《图画日报》第三百八十九号第六页

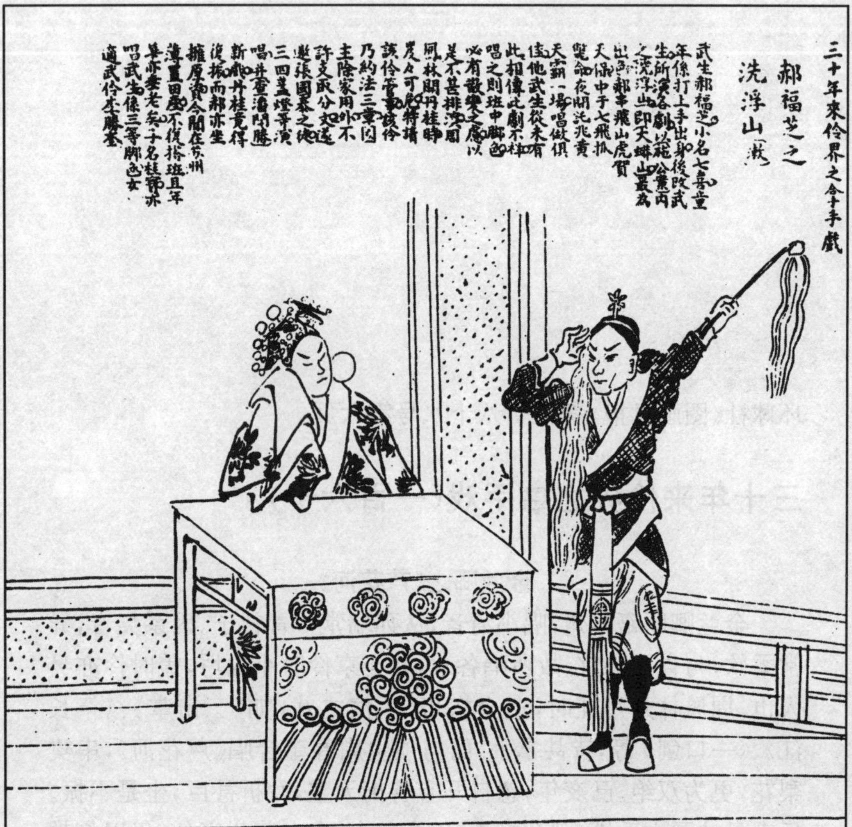

环球社《图画日报》第三百八十九号第六页

三十年来伶界之拿手戏（一百六十一）

郝福芝之《洗浮山》

漱

武生郝福芝，小名七喜，童年系打上手出身，后改武生。所演各剧，以《施公案》内之《洗浮山》（即《大蟒山》）最为出色，郝串飞山虎贺天保，中于七飞抓毙命。夜间托兆黄天霸一场，唱做俱佳，他武生从未有此。相传此剧不祥，唱之则班中脚色，必有散变之虑，以是不甚排演。周凤林开丹桂时，岌岌可危，特请该伶管事。该伶乃约法三章，园主除家用外，不许支取分文。遂邀张国泰之徒，三、四盏灯等演唱，并《查潘斗胜》新戏，丹桂竟得复振，而郝亦坐拥厚资。今闻在苏州薄置田产，不复搭班，且年华亦垂老矣。子名桂宝，亦唱武生，系三等脚色。女适武伶李胜奎。

环球社《图画日报》第三百九十号第六页

环球社《图画日报》第三百九十号第六页

三十年来伶界之拿手戏（一百六十二）

杨贵小之《霸王庄》

漱

京班中之开口跳，能名副其实者，一为田黑，一为杨贵小，口齿之伶俐，身段之活泼，无出二人之右。杨系津人，到申后隶天仙最久。所演《施公案》中扬香武、朱光祖，《水浒传》中之时迁，身轻似叶，见者皆为击节。而《霸王庄》之朱光祖，始为黄龙基所绐，夜刺施公，受黄天霸镖伤，施公义释之，遂弃邪归正，愿为内应，擒黄赎罪。先后各场，不疾不徐，工夫独到，诚为拿手好戏。子一阵风，串武旦极佳（专戏另详）。

环球社《图画日报》第三百九十三号第七页

环球社《图画日报》第三百九十三号第七页

三十年来伶界之拿手（一百六十三）

双处之《取荣阳》

漱

须生双处，一名双润亭，旗籍人。声颇宏亮，貌亦魁梧，故以袍带戏见长。所唱如《取荣阳》、《金水桥》、《回龙阁》、《二进宫》、《打金枝》、《捉放曹》等，最为合宜。《六部审》、《桑园寄子》等，稍带做工者次之。初次到沪，隶天仙部，前年曾隶春桂。惜有时唱到尾声，其意忽高忽低，未能一致，殊为美犹有憾。故其声价难与孙菊仙、周春奎辈抗衡，职是故也。

环球社《图画日报》第三百九十三号第八页

环球社《图画日报》第三百九十三号第八页

三十年来伶界之拿手戏(一百六十四)

小拐子之《大小骗》

漱

小拐子,宁波老庆丰班中小面也。声音笑貌,工次台步,与昆班小面埒。尝见其与白面徐黑虎,串《大小骗》,即苏伶亦不过尔尔。余如《拔眉探监》、《拾金》、《问探》、《显魂》等剧,亦俱非常出色。谚言无地无才,观此益信。不可甬伶口白,亚于苏伶,而谓宁波戏无所取才也。

环球社《图画日报》第三百九十四号第五页

环球社《图画日报》第三百九十四号第五页

三十年来伶界之拿手戏(一百六十五)

水上飘之《芦花絮》

漱

梆子青衣水上飘，光绪十年左右莅申，隶全桂部。所演各戏，凄楚动人，的为梆子青衣正宗，貌亦不恶。演《芦花絮》、《十万金》、《桑园会》、《汾河湾》、《双冠诰》等戏，非常出色。有时间串花旦，则非其所长，故亦不甚排演。忆梦畹室主昔著《粉墨丛谈》时，其许语云："如老女不嫁，自伤迟暮。"此八字确系定评，可想见当日戏情之悲感焉。

环球社《图画日报》第三百九十四号第六页

环球社《图画日报》第三百九十四号第六页

三十年来伶界之拿手戏（一百六十六）

田黑之《拿谢虎》

漱

《拿谢虎》一戏，一名《茂州庙》，亦名《一枝桃》，又曰《阜庄驿》，本有全本。近日每俱自酒楼起，演至镖伤贺人杰止。虽前半出采花剁脚，夏月润犹演之。而后半折，朱光祖至谢虎之师红旗李煜处，骗取镖药，救黄天霸、贺人杰。后至谢虎处，设计骗镖，至谢虎受擒始止。皆开口跳好戏，今京伶竟无演之者。因忆二十年前，田黑在杜蝶云所开丹桂时，以此戏得名，口白台步，纯粹以精，诚为绝唱。其他如《三盗九龙杯》、《霸王庄》、《连环套·盗钩》等戏，亦均异常出色，洵开口跳中杰出才也。

环球社《图画日报》第三百九十五号第五页

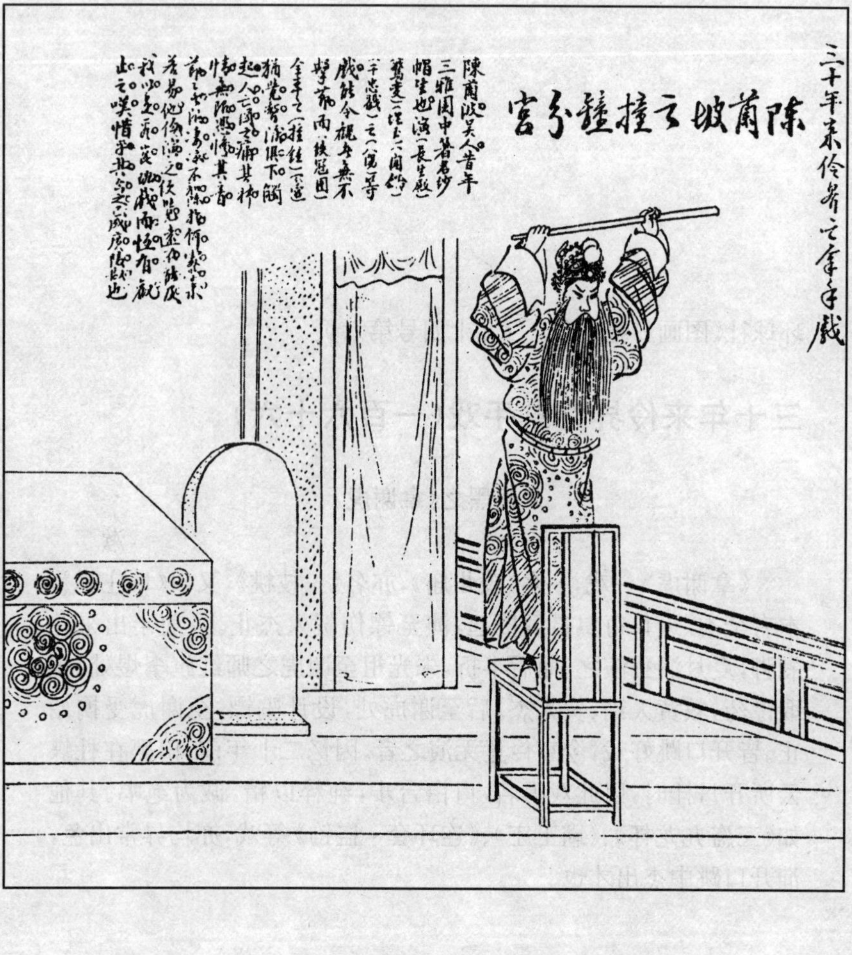

环球社《图画日报》第三百九十五号第五页

三十年来伶界之拿手戏（一百六十七）

陈兰坡之《撞钟分宫》

陈兰坡，吴人，昔年三雅园中著名纱帽生也。演《长生殿》《惊变》、《埋玉》、《闻铃》，《千忠戳》之《八阳》等戏，能令观者无不击节。而《铁冠图》全本之《撞钟》、《分宫》，犹觉声泪俱下，触起人亡国之痛，其神情无限悲惨，其音节无限凄凉，不知陈于何处学来。若易他伶演之，便觉远不能及。我以是看昆班戏而恒有观止之叹。惜乎！其今之已成广陵散也。

环球社《图画日报》第三百九十五号第六页

环球社《图画日报》第三百九十五号第六页

三十年来伶界之拿手戏（一百六十八）

小连生之《铁公鸡》

小连生姓潘，名万胜，原名宗岳，字月樵，天津人。抵沪后初隶天仙，后隶夏氏所开之丹桂，在新舞台。为人英英露爽，有侠士风，且知书识字，好与贤士大夫游，以是士大夫皆引重之。工串须生，二黄梆文武各戏，无一不能，而以《铁公鸡》中之张忠武公，最为出色。未投诚时，俨然一猎猂发匪；已降后，居然一铁铮铮之总兵大员，其台步神情，他人万不能效。且善演新戏，无不有声有色，可泣可歌。《明末遗恨》之熹宗、《潘烈士投海》之潘烈士、《黄勋伯》中之黄勋伯，犹其拿手。白须子生戏串褚彪等，亦独具老辈英雄身手，令人拍案叫绝。且其人更具强国思想，故演戏时每遇关合国事之处，尤觉精神百倍。近更将发辫剪去，欲为华人去此污点，致贻外人笑，盖梨园中热心志士也。

环球社《图画日报》第三百九十六号第五页

环球社《图画日报》第三百九十六号第五页

三十年来伶界之拿手戏（一百六十九）

刘永春之《探阴山》

漱

大花脸刘永春，光绪初年即已来沪，隶天仙部。时正少年，声音宏亮，台步亦颇井井。惜为谢云奎所掩，乃郁郁返北。与孙、谭诸供奉，研究各戏，竟成超等名伶。庚子年与小叫天重经莅沪，在桂搭班，声誉大噪。所演各戏以《探阴山》最为拿手，惟包孝肃穿白袍，与各戏之皆穿黑蟒异，以为阴阳区别，今诸伶皆效之。又《草桥关》接旨一场，他伶演姚琪皆作龙钟状，刘则飞身下马，迅捷如少年。谓《草桥关》后即《鹭鹚阵》，姚琪尚有一场大战，乌得稍有衰迈之态？其善体戏情如此，人皆服之。闲居并能绘金鱼水草，颇具姿势，亦梨园中风雅人也。

环球社《图画日报》第三百九十六号第六页

环球社《图画日报》第三百九十六号第六页

三十年来伶界之拿手戏(一百七十)

夏月珊之《黑籍冤魂》

漱

夏月珊，字志皋，夏奎章之第三子。本唱老生，嗣改小花。知文墨，好与士大夫交。初在湖北路开丹桂，光绪三十四年，与沪绅在南市创设新舞台，力谋改良戏曲。所演以《黑籍冤魂》一戏，最为出神入化，名噪中外。余如《潘烈士投海》、《黄勋伯》、《电术奇谈》、《明末遗恨》、《新茶花》、《妻党同恶报》各新戏，无不有夏月珊，无不诙谐入妙，唱做得神。盖其人深于阅历，富于思想，故非胸无一物者所可同日而语也。

环球社《图画日报》第三百九十七号第五页

环球社《图画日报》第三百九十七号第五页

三十年来伶界之拿手戏(一百七十一)

小喜凤之《虹霓关》

漱

花旦小喜凤,光绪已亥抵申,年尚幼稚,脸波眉黛,俨然一画中美人。历数前后三十余年,花旦之中堪屈一指。隶湖北路桂仙部,工演《胭脂虎》、《鸿鸾禧》、《丑荣归》、《翠屏山》等各剧,而《虹霓关》之东方夫人,几驾昔年老万盏灯而上之。复经园主应姓,以洋一千元,代为出师,藏之于家,作为义子。自嗣不甚演戏,观之者每引以为害。未二年,应姓因讼,弃家而逃,戏园易主,喜凤遂飘流靡定。而躯体肥硕,风韵毫无,技艺亦荒疏已甚,以是班中无延聘登台者,盖应姓害之也。

环球社《图画日报》第三百九十七号第六页

环球社《图画日报》第三百九十七号第六页

三十年来伶界之拿手戏（一百七十二）

赵如泉之《三门街》

漱

赵如泉，为花脸赵祥玉之子。初出台，本唱须生，调熟机圆，不同凡响。嗣改武生及白胡子，隶桂仙部，以全部《三门街》新戏得名。串小孟尝李广，风度、神情并皆佳妙，武艺犹其余事。今隶三马路大舞台，更能演《过五关》、《古城会》、《淹七军》等各剧，并《查潘斗胜》、《笑笑笑》诸新戏。于武生戏反不甚演唱，然偶一演之，仍勇气百倍，观者鼓掌如怒雷。六才有句云，这人一事精百事精。大堪移赠斯人。

环球社《图画日报》第三百九十八号第五页

环球社《图画日报》第三百九十八号第五页

三十年来伶界之拿手戏(一百七十三)

马飞珠之《绒花计》

漱

小丑马飞珠,本梆子班出身,颇有嗓音。后改乱弹,能唱《十八扯》、《丑表功》各戏,其余搭配一切,亦俱无戏不精。而最著者为《绒花计》之崔公子、《秦淮河》之张旺、《烧骨计》之德胜店主、《莲花湖》之大鼻子、《恶虎村》之大嫂子、《算粮》之魏虎等。近隶新舞台,兼工各种新戏,无不令人忍隽。沪地戏班中各小花脸,须以能操吴音为合格,惟马则纯系京音,而观剧者独无闲言,以其串演得神,且京白口齿清晰,不致与南人隔膜也。

环球社《图画日报》第三百九十八号第六页

环球社《图画日报》第三百九十八号第六页

三十年来伶界之拿手戏(一百七十四)

七盏灯之《新茶花》

漱

七盏灯,姓毛,名宗麟,青衫毛芝芬之长子,张国泰之徒。人品似精金良玉,气度似霁月光风,非寻常优伶所可望项背。初习梆子旦,继习京腔老生并老旦各戏,妙在串旦则旦,串生则生,串老旦则纯乎老旦,绝无微瑕可击。且工演新戏,如《新茶花》、《黑籍冤魂》、《百宝箱》、《沉香床》、《明末遗恨》、《电术奇谈》、《妻党同恶报》等,凡系新剧,无不有七盏灯,七盏灯无不擅长。须生戏如《空城计》、《捉放曹》、《取城都》等,亦卓然可观。老旦则以全本《目莲救母》最为杰出。初出台隶夏氏所开之丹桂,今隶沪南新舞台,诚菊部中拔萃才也。

环球社《图画日报》第三百九十九号第五页

环球社《图画日报》第三百九十九号第五页

三十年来伶界之拿手戏(一百七十五)

王俊卿之《艳阳楼》

漱

前春仙园主熊文通，烦人进京邀小杨猴，为杨母所梗，未能南下。盖鉴于月楼，在沪犯案，几致性命不保之故，乃以武生王俊卿为代。抵申后，打炮三夜，第一夜《金钱豹》，第二夜《挑华车》，第三夜《艳阳楼》，所串皆自成一家，其实乃由余菊生一派化出，而《艳阳楼》尤为独绝。按，《金钱豹》、《艳阳楼》皆为武二花戏，王俊卿未经到沪之前，武生之能串者是剧者，除昔年夏月恒曾排《金钱豹》外，余则并无其人。自王特开风气之先，近日各武生纷纷效之，则王技之足以哄动看客可知矣。

环球社《图画日报》第三百九十九号第六页

环球社《图画日报》第三百九十九号第六页

三十年来伶界之拿手戏(一百七十六)

贵俊卿之《打棍出箱》

漱

须生贵俊卿，系北京顽儿票出身。声不甚宏，而音调特稳，白口更清，做工更纯仿叫天一派。如《打棍出箱》、《李陵碑》、《乌盆记》、《洪羊洞》等，皆揣摹到家之作。初次抵沪，隶三马路桂仙部，沪人不善观剧，须生但取喉音高亮，以是赏识之人甚鲜，然京津各帮皆称道之。近则声誉日噪，去岁至春桂时，每一登场，座为之满。可知人有实技，必有表显之日，所争者迟早间耳。

环球社《图画日报》第四百号第五页

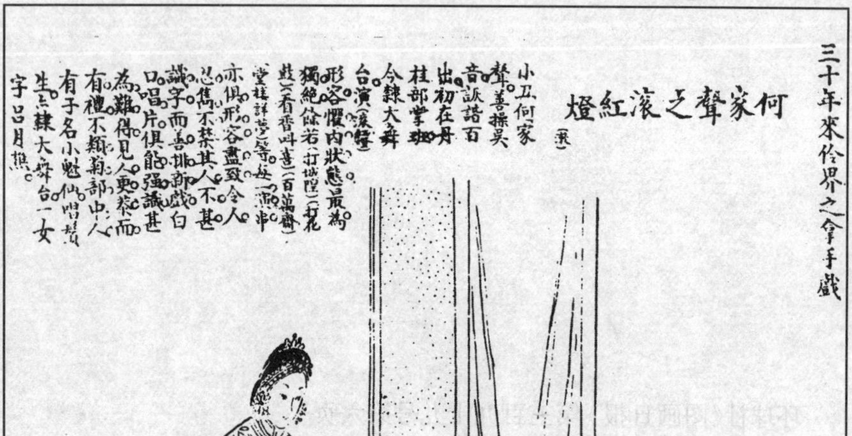

环球社《图画日报》第四百号第五页

三十年来伶界之拿手戏（一百七十七）

何家声之《滚红灯》

漱

小丑何家声，善操吴音，诙谐百出。初在丹桂部掌班，今隶大舞台。演《滚红灯》形容惧内状态，最为独绝。余若《打城隍》、《打花鼓》、《看香叫喜》、《百万斋》、《堂楼详梦》等，每一演串，亦俱形容尽致，令人忍隽不禁。其人不甚识字，而善排新戏，白口唱片俱能强识，甚为难得。见人更恭而有礼，不类菊部中人。有子名小魁仙，唱须生，亦隶大舞台。一女字吕月樵。

环球社《图画日报》第四百号第六页

环球社《图画日报》第四百号第六页

三十年来伶界之拿手戏（一百七十八）

吕月樵之《目莲救母》

吕月樵，天津人，初唱青衫子，嗣改武生，近又改为须生，兼串老旦，隶三马路大舞台。武生戏工演《鸳鸯楼》、《泉滩》、《翠屏山》、《花蝴蝶》等剧；须生戏《四郎探母》、《九更天》、《戏迷传》等，亦无一不唱；而以老旦戏之全本《目莲救母》最为杰出；惟青衫戏则已绝不串演。说者谓吕伶之剧，除《目莲救母》以偏锋取胜，足以号招看客外，其余究以武生戏最为相得。盖以台步言，纯乎武生一派；以技勇言，亦殊出人头地也。

环球社《图画日报》第四百零一号第四页

环球社《图画日报》第四百零一号第四页

三十年来伶界之拿手戏(一百七十九)

林步青、周凤文之《卖橄榄》

漱

林步青,苏州人,本业珠宝,以好唱清客滩黄,十数年前之滩黄,唱者皆系清客,并不取资,与今时迭。旋入菊部,习昆腔戏,复改乱弹。其人有口才,工谑浪,而文理殊为清顺,故善编各种新曲、滩黄,无不平仄调和,诙谐入妙。昆腔戏工《说亲回话》、《借靴》、《落驿》等剧;乱弹戏工《大嫖院》之贾至诚、《大名府》之李固、《查潘斗胜》之江宛峰、《捉拿鸦片烟鬼》之济颠僧等,颇能刻画入微,淋漓尽致。而近在新舞台与花旦夜来香串《卖橄榄》、《卖汤圆》等,以滩簧改为戏剧,唱各种时新改良滩簧,梨园中实为有一无二。宜乎其每一演唱,座为之满,而名誉因之日噪也。

环球社《图画日报》第四百零一号第五页

环球社《图画日报》第四百零一号第五页

三十年来伶界之拿手戏(一百八十)

张顺来之《四杰村》

漱

武生张顺来,天津人,工于技击之术,刀棍俱有真实本领,与虚扯架子者不同。惜身材略短,以是演剧时未免减色,然赏识者殊不乏人。昔年隶夏氏所开之丹桂部,今隶南市新舞台。生平以《四杰村》末场之连环棍,最为独绝,他伶无与抗手。余如《青面虎上坟》、《翠屏杀山》等戏,亦俱颇有观。有时兼演梆子须生,《海潮珠》、《汾河湾》等剧,盖亦武生中有数人物也。

环球社《图画日报》第四百零二号第五页

三十年來伶界之拿手戲

小子和之百寶箱

花旦小子和。姓馮。名旭初。係馮三喜之子。小花馮二狗之弟。夏月珊之徒。初隸丹桂唱青衫子。如初發鶯簧。恰到好處。後改花旦。京崑梆子。無一不能。貌更如出水芙蕖。異常姣豔。以是觀劇者。皆賞識之。譽為南北近日第一花旦。所演各戲。拿手甚多。而究以新戲(百寶箱)、(沉香床)、(翡花宮葉)、(新茶花)、(真光同惡報)、(惠興女士)、(漢皋宦海)、(血淚碑)等。最為出色。曾入學堂讀書。諳西國語言文字。兼工鼓琴唱歌。新劇中偶一奏之。臺下鼓掌聲不絕於耳。菊部中實無第二人。是則能學步謂為南北近日第一花旦。良不誣也。

环球社《图画日报》第四百零二号第五页

三十年来伶界之拿手戏（一百八十一）

小子和之《百宝箱》

漱

花旦小子和，姓冯，名旭初，系冯三喜之子，小花冯二狗之弟，夏月珊之徒。初隶丹桂，唱青衫子，如初炙莺簧，恰到好处。后改花旦，京昆梆子，无一不能。貌更如出水芙蕖，异常姣艳，以是观剧者皆赏识之，誉为南北近日第一花旦。所演各戏拿手甚多，而究以新戏《百宝箱》、《沉香床》、《穷花富叶》、《新茶花》、《妻党同恶报》、《惠兴女士》、《汉皋宦海》、《血泪碑》等，最为出色。曾入学堂读书，谙西国语言文字，兼工鼓琴唱歌，新剧中偶一奏之，台下鼓掌声不绝于耳，菊部中实无第二人。是则能学步，谓为南北近日第一花旦，良不诬也。

环球社《图画日报》第四百零二号第六页

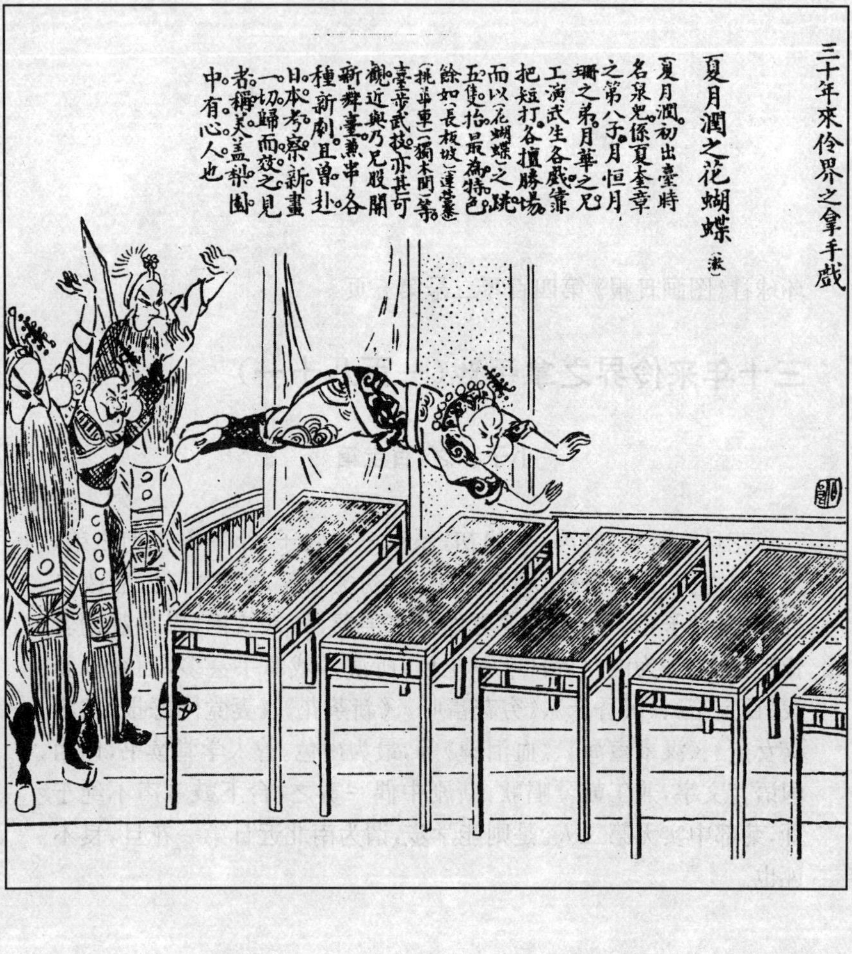

环球社《图画日报》第四百零二号第六页

三十年来伶界之拿手戏（一百八十二）

夏月润之《花蝴蝶》

漱

夏月润，初出台时名泉儿，系夏奎章之第八子，月恒、月珊之弟，月华之兄。工演武生各戏，靠把、短打，各擅胜场，而以《花蝴蝶》之跳五只台，最为特色。余如《长板（坂）坡》、《连营寨》、《挑华车》、《独木关》等，台步武技，亦甚可观。近与乃兄股开新舞台，兼串各种新剧。且曾赴日本考察新画一切，归而效之，见者称美，盖梨园中有心 人也。

环球社《图画日报》第四百零三号第五页

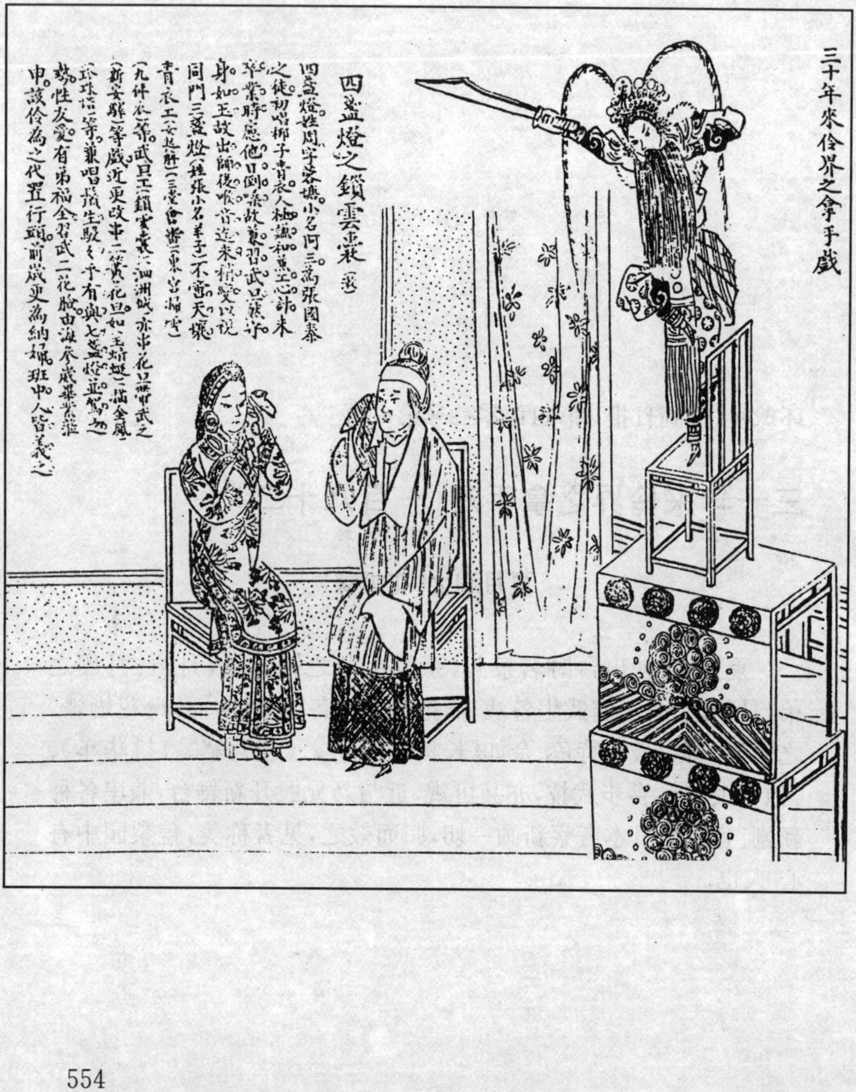

环球社《图画日报》第四百零三号第五页

三十年来伶界之拿手戏（一百八十三）

四盏灯之《锁云囊》

漱

四盏灯，姓周，字蓉塘，小名阿三，为张国泰之徒。初唱梆子青衣，人极谦和，兼工心计。未卒业时，虑他日倒嗓，故兼习武旦。然守身如玉，故出师后喉音迄未稍变，以视同门三盏灯（姓张，小名羊子）不啻天壤。青衣工《女起解》、《三堂会审》、《东宫扫雪》、《九件衣》等，武旦工《锁云囊》、《泗洲城》，亦串花旦带武之《新安驿》等戏，近更改串二簧花旦，如《玉蜻蜓》、《描金凤》、《珍珠塔》等。兼唱须生，骎骎乎有与七盏灯并驾之势。性友爱，有弟福全，习武二花脸，由海参崴毕业莅申，该伶为之代置行头，前岁更为纳妇，班中人皆义之。

环球社《图画日报》第四百零三号第六页

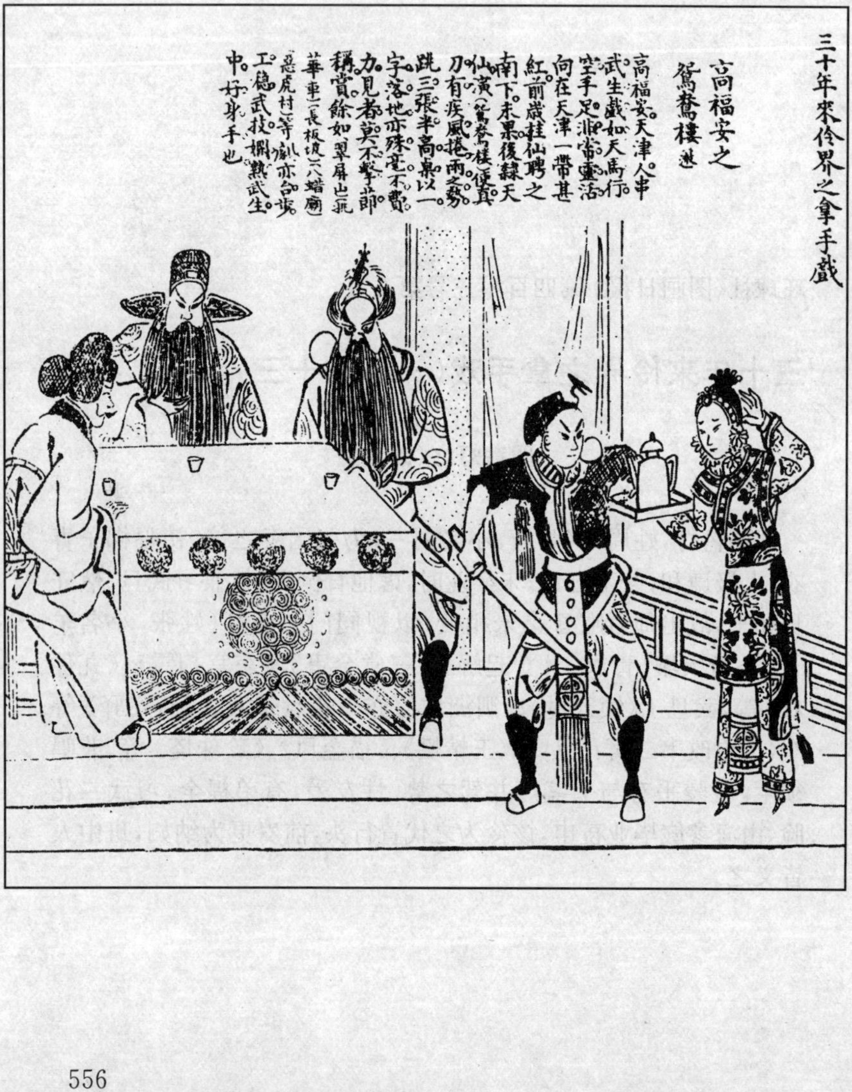

环球社《图画日报》第四百零三号第六页

三十年来伶界之拿手戏（一百八十四）

高福安之《鸳鸯楼》

漱

高福安，天津人，串武生戏如天马行空，手足非常灵活，向在天津一带甚红。前岁桂仙聘之南下，未果，后隶天仙。演《鸳鸯楼》使真刀，有疾风卷雨之势，跳三张半高桌，以一字落地，亦殊毫不费力，见者莫不击节称赏。余如《翠屏山》、《挑华车》、《长板坡》、《八蜡庙》、《恶虎村》等剧，亦台步工稳，武技娴熟，武生中好身手也。

环球社《图画日报》第四百零四号第五页

环球社《图画日报》第四百零四号第五页

三十年来伶界之拿手戏（一百八十五）

李春来之《白水滩》

漱

李春来，号起山，天津人，上海武生中之最著者。幼时事母至孝，惜中年后狂荡好色，卒以沾污良家妇获罪，判禁西牢，期满递籍。然其生平所演之戏，如《白水滩》、《花蝴蝶》、《伐子都》、《长板坡》、《河间府》、《八蜡庙》、《恶虎村》、《界牌关》等，台步之矫健，身段之活泼，搏击之勇猛，翻跌之锐利，非寻常武生所可企及。少年时且有《十八扯》、《梵王宫》并须生《九更天》等戏。四十岁后，专演武戏，其英奋不减少年，诚梨园中所仅见者。奈之何罔顾王章，甘罹法网，卒至身败名裂，不复能在沪江托足，殊可慨也。

环球社《图画日报》第四百零四号第六页

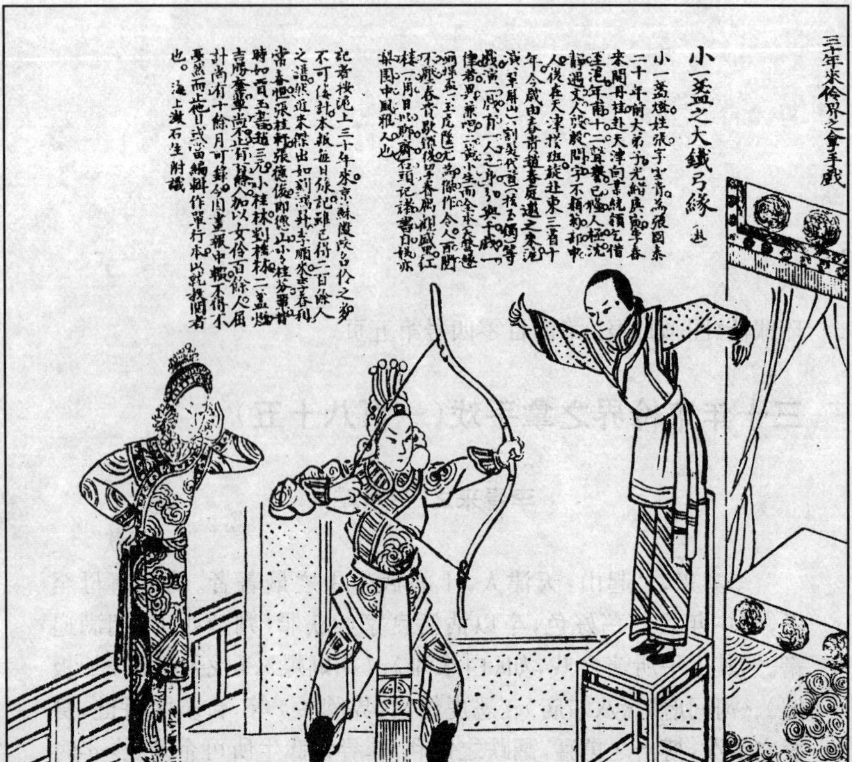

环球社《图画日报》第四百零四号第六页

三十年来伶界之拿手戏（一百八十六）

小一盏之《大铁弓缘》

漱

小一盏灯，姓张，字云青，为张国泰二十年前大弟子。光绪庚寅，李春来开丹桂，赴天津向某统领乞借至沪。年甫十二，声誉已隆。人极沉静，遇文人殷殷问字，不类菊部中人。后在天津搭班，旋赴东三省十年。今岁由春贵赵春庭邀之来沪，演《翠屏山》、《割发代首》、《拾玉镯》等戏。演一戏，有一人之身分，与千戏一律者异。兼唱二簧小生，而全本《大铁弓缘》、《蝴蝶杯》、《玉虎坠》尤为杰作，令人百阅不厌。春贵歇锣后，挈眷寓观盛里红楼一角，日以《聊斋》、《石头记》诸书自娱，亦梨园中风雅人也。

记者按，沪上三十年来，京、苏、徽、陕名伶之多，不可偻计。本报每日录记，虽已得二百余人之谱，然近来杰出如刘鸿升、李顺来、李春利、常春恒、张桂轩、张德俊、郎德山、小小桂芬辈；昔时如贾玉书、赵三元、小桂林、刘桂林、二盏灯、吉胜奎辈，尚不止有百余人；加以女伶百余人，屈计尚有十余月可录。今因画报中辍，不得不戛然而止。他日或当编辑作单行本，以就教阅者也。

海上漱石生附识

黑籍冤魂图说

《黑籍冤魂》是清末上海新舞台编演的改良新剧，由夏月珊编排主演，在当时反响极大。该剧描写好端端的一家人，因男主人抽鸦片而家破人亡，痛斥鸦片为害之烈，触目惊心，警省世人。《黑籍冤魂图说》摄制剧照二十余张，配以文字解说，图文并茂地描摹出故事的来龙去脉。撰文者郑正秋。剧照配合文字的“图说”形式，在清末不啻为一种创举。该书用铜版纸精印，虽然成本不菲，但可见新舞台编排新剧、移风易俗的良苦用心。

谷曙光据清宣统三年(1911)文明书局印本整理。

新舞臺新劇本

黑籍冤魂圖說

東方題耑

序

夫遼廓靈曜于上者天也經緯盛張于下者地也生生息息昭回盤際于天地之間者人也吾人既生生息息與萬物昭回盤際于天地之間將與萬物同腐耶亦將與天地同其不朽耳神農氏播五穀嘗百草以壽此芸芸之衆而逝者如斯百年一瞬縱有奇佽非常之才必無悠久不息之身老子曰芻狗萬物莊子曰以有涯隨无涯殆已雖然緣督爲經以盡其年以遁天之刑可也若夫伐性戕命以自促其算則亦傎矣道咸以來交通日廣競爭日烈洋舶絡繹耗我度支鉅萬萬流亢散亡更僕難數而鴉片一種其害于家而凶于國尤非尋常百貨所得同年而語矣所謂大土若新公也陳公也新喇也陳喇也三冬公三冬喇也繽紛璀錯吸髓鑠精小土若本新若充陳若夾新若枯老夥够繽駢削肉亡血歲輸入者五百餘萬箱歲流出者七千九百餘萬金而有用之精神消耗于冥冥不覺者又胡翅恒河之沙上而公卿士夫下而農工商賈懵懵焉諉諉而不能去者十之二晻哼而不知返者十之三懍悇焱歃甘鴆如飴者十之四而愠惀以憎魰歙以惡倮㑊以避之者殆十一耳烏虖搆擩不明而自入于翹翹業業之途豔豔其

序

夫辽廓灵曜于上者，天也；经纬盛张于下者，地也。生生息息、昭回盘际于天地之间者，人也。吾人既生生息息，与万物昭回盘际于天地之间，将与万物同腐耶？亦将与天地同其不朽耳。神农氏播五谷、尝百草，以寿此芸芸之众。而逝者如斯，百年一瞬，纵有奇佽非常之才，必无悠久不息之身。老子曰："刍狗万物。"庄子曰："以有涯随无涯，殆已。"虽然，缘督为经，以尽其年，以遁天地之刑可也。若夫伐性戕命，以自促其算，则亦傎矣。道咸以来，交通日广，竞争日烈，洋舶络绎，耗我度支巨万万，流亢散亡，更仆难数。而鸦片一种，其害于家而凶于国，尤非寻常百货，所得同年而语矣。所谓大土，若新公也，陈公也；新喇也，陈喇也；三冬公，三冬喇也。缤纷璀错，吸髓铄精。小土，若本新，若充陈；若夹新，若枯老。夥够缤骈，削肉亡血。岁输入者，五百余万箱；岁流出者，七千九百余万金。而有用之精神，消耗于冥冥不觉者，又胡翅恒河之沙。上而公卿士夫，下而农工商贾，懵懵焉，诿诿而不能去者，十之二；晻哼而不知返者，十之三；懔悇焱歃，甘鸩如饴者，十之四；而愠惀以憎，魰歙以恶，倮㑊以避之者，殆十一耳。呜呼！构擩不明，而自入于翘翘业业之途，艳艳其

色顦顇其形欬欥其氣嫖殑其聲卷婁其手足縳絀其精神聽瞖欲臥踈踈莫行倭傀仳倠復見于今而略玃列蛸樂與爲隣宋馬時中之言曰吾志在行道以富貴爲心則爲富貴所累以妻子爲念則爲妻子所奪夫以富貴妻子之所累所奪猶不可而況馳驟束縛困阸于慘毒之鴉片何其傎哉何其傎哉夏氏月珊怲焉憂之聊慮固護欲拯之于水火之中天假之緣廼有許君伏民目睹尪儴垂毙者一人殗殜而臥于北門之外手出一紙則受雅片之毒而亡家亡身者歷敘其生平无隱許君讀之謂足以資勸懲也遂删潤其辭而刊諸月月小說報夏氏聞其事欿欿然喜曰有是哉是可以盡我懋懋之忧矣繇是播諸謌詠緣聲達意因意造形現身說法顯然呈其象于丹桂劇場言者无罪聞者足戒有同嗜者且瞿然心動謑然顏赧怨懟懊憹以求自拔者比比焉夏氏猶以爲未足適與潘氏月樵搆新舞台于南市慘淡經營復改良盡善而出之于是沈溺懭悢之輩侘傺殢殜之徒咸嘔喻仿佯于天地之間夏氏之功亦偉矣哉昨歲美國設萬國禁煙會于滬上各國領事暨會中中西大員謂是劇之足以警近世而挽末俗也罔不嚧嘖鼓舞交口頌之曰此有功世道人心之悲劇

色，憔悴其形，欬欥其气，嫖殑其声，卷娄其手足，缚绌其精神，听瞖欲卧，踈踈莫行，倭傀仳倠，复见于今，而略玃列蛸，乐与为邻。宋马时中之言曰：“吾志在行道。以富贵为心，则为富贵所累；以妻子为念，则为妻子所夺。夫以富贵妻子之所累、所夺犹不可，而况驰骤束缚，困厄于惨毒之鸦片！何其傎哉！夏氏月珊，怲焉忧之，聊虑固护，欲拯之于水火之中。天假之缘，乃有许君伏民，目睹尪儴垂毙者一人，殗殜而卧于北门之外，手出一纸，则受鸦片之毒，而亡家亡身者，历叙其生平无隐。许君读之，谓足以资劝惩也。遂删润其辞，而刊诸《月月小说报》。夏氏闻其事，欿欿然喜曰：“有是哉！是可以尽我懋懋之忧矣。”繇是播诸歌咏，缘声达意，因意造形，现身说法，显然呈其象于丹桂剧场。言者无罪，闻者足戒。有同嗜者，且瞿然心动，谑然颜赧，怨怼懊憹，以求自拔者比比焉。夏氏犹以为未足，适与潘氏月樵构新舞台于南市，惨淡经营，复改良尽善而出之。于是沉溺懭悢之辈、侘傺殢殜之徒，咸呕喻仿佯于天地之间。夏氏之功，亦伟矣哉！昨岁美国设万国禁烟会于沪上，各国领事暨会中中西大员，谓是剧之足以警近世而挽末俗也。罔不嚧啧鼓舞，交口颂之曰：“此有功世道人心之悲剧

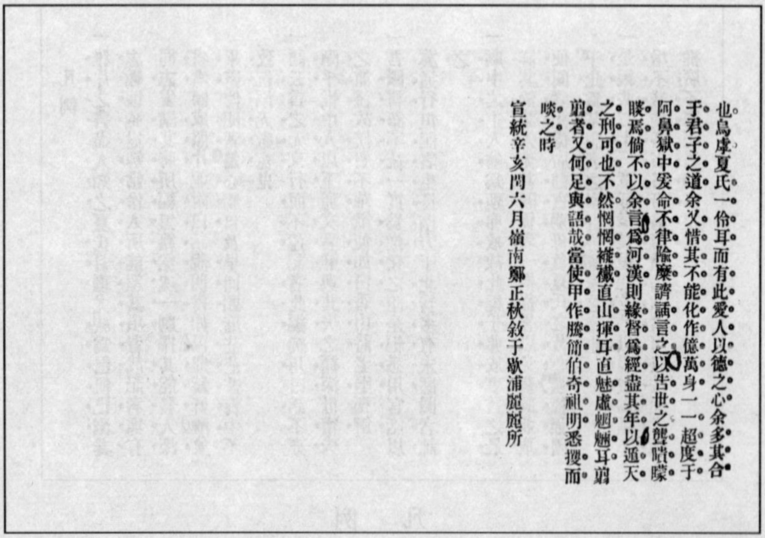
也。烏虖夏氏一伶耳而有此愛人以德之心余多其合于君子之道余又惜其不能化作億萬身一一超度于阿鼻獄中爰命不律隃縻譸誦言之以告世之聾瞶矇瞭焉倘不以余言爲河漢則緣督爲經盡其年以遁天之刑可也不然惘惘褦襶直山㺐耳直魅虛魍魎耳翦翦者又何足與語哉當使甲作騰簡伯奇祖明悉攫而啖之時

宣統辛亥閏六月嶺南鄭正秋敘于歇浦麗麗所

也。”呜呼！夏氏一伶耳，而有此爱人以德之心。余多其合于君子之道，余又惜其不能化作亿万身，一一超度于阿鼻狱中。爰命不律隃縻，济诵言之，以告世之聋瞆蒙睽焉。倘不以余言为河汉，则缘督为经，尽其年以遁天之刑可也。不然，惘惘褦襶，直山狎耳，直魅虚魍魉耳。剪剪者又何足与语哉！当使甲作腾简伯奇祖明，悉攫而啖之。

时宣统辛亥闰六月岭南郑正秋叙于歇浦丽丽所

凡例

一雅片之害盡人知之夏氏月珊尤視爲已飢已溺其志趣懷抱豈尋常伶人所能望其項背哉記者與有同志爰請其將所編黑籍冤魂一劇擇其能發人深省者映成照片並附白話說明書如禹鼎鑄奸醜象畢露俾閱者驚心觸目及早回頭庶茫茫苦海中不致沉溺无數冤鬼

一語云言之无文行而不遠記者此編純用白話不亦陋乎惟中人以下通文者鮮與其失之艱深毋甯失之簡淺故樸質不華欲使如白香山詩老嫗都解

一吾國言語不統一實爲進化之阻是編悉用官話以冀通行但記者生長南方于北音多有未慊閱者諒之

一劇中之主人翁爲甄弗戒故此編于弗戒事言之最詳其餘諸人无甚關係者一概從畧以免費詞並取便閱者記憶廣勸賓朋毋負夏氏之苦心强種强國于此爲基記者之幸抑亦國家之幸也

一是編共二十三章每章長短起訖悉以場數爲斷不增不減倘各省各府各縣欲仿演者可以按圖索驥推廣不窮記者翹首望之

凡　例

一、鸦片之害,尽人知之。夏氏月珊尤视为已饥已溺,其志趣怀抱,岂寻常伶人所能望其项背哉!记者与有同志,爰请其将所编《黑籍冤魂》一剧,择其能发人深省者,映成照片,并附白话说明书。如禹鼎铸奸,丑象毕露,俾阅者惊心触目,及早回头。庶茫茫苦海中,不致沉溺无数冤鬼。

一、语云:“言之无文,行而不远。”记者此编,纯用白话,不亦陋乎?惟中人以下,通文者鲜。与其失之艰深,毋宁失之简浅。故朴质不华,欲使如白香山诗,老妪都解。

一、吾国言语不统一,实为进化之阻。是编悉用官话,以冀通行。但记者生长南方,于北音多有未惬,阅者谅之。

一、剧中之主人翁,为甄弗戒,故此编于弗戒事,言之最详。其余诸人,无甚关系者,一概从略,以免费词。并取便阅者记忆,广劝宾朋,毋负夏氏之苦心。强种强国,于此为基。记者之幸,抑亦国家之幸也。

一、是编共二十三章,每章长短起讫,悉以场数为断,不增不减。倘各省各府各县,欲仿演者,可以按图索骥,推广不穷,记者翘首望之。

一夏氏排演是劇煞費苦心記者不欲任其湮沒故于
是編首列夏氏肖像俾脫離苦海者人人崇拜此大
功臣
一每場用照片一張事蹟較多者加用一張有前後情
形畧同毋庸贅入者則刪去之以避重複
一統計照片二十二張佈景一切悉用五色銅板精印
藝員神情罔不逼肖手此一編无異躬歷劇場目睹
全豹竊願有志之士父詔其子兄誡其弟協力同心
共登仁壽之域焉

一、夏氏排演是剧，煞费苦心。记者不欲任其湮没，故于是编，首列夏氏肖像，俾脱离苦海者，人人崇拜此大功臣。

一、每场用照片一张，事迹较多者，加用一张。有前后情形略同，毋庸赘入者，则删去之，以避重复。

一、统计照片二十二张，布景一切，悉用五色铜板精印。艺员神情，罔不逼肖。手此一编，无异躬历剧场，目睹全豹。窃愿有志之士，父诏其子，兄诫其弟，协力同心，共登仁寿之域焉。

黑籍冤魂說明書

目次

《黑籍冤魂》说明书

目　　次

第十九場　賣女錢•都撥到烟斗眼兒裡去了•

第二十場　要拉野雞•自己倒給堂倌拉•

第二十一場　兩眼巴巴•望着女兒當妓女•

第二十二場　女兒不得見•倒乞龜兒打•

第二十三場　臨死發善心•留字勸後人•

第十九场　卖女钱，都拨到烟斗眼儿里去了。

第二十场　要拉野鸡，自己倒给堂倌拉。

第二十一场　两眼巴巴，望着女儿当妓女。

第二十二场　女儿不得见，倒乞龟儿打。

第二十三场　临死发善心，留字劝后人。

編演者夏月珊

現身說法

小連生

七盞燈

夏月潤

林步青

毛海珊

夜來香

小保成

趙文連

薛瑤卿

林運昌

許奎官

邱蕊卿

林運通

毛仲琪

筱益芳

小黎青

馬飛珠

張德祿

小雙鳳

王益芳

第一場 奉爹娘命 抽烟弄假成眞(上)

夏月珊 扮甄弗戒
小黎青 扮阿貝
小保成 扮欺主
夏月潤 扮甄守舊
薛瑤卿 扮甄金氏
小雙鳳 扮楊花
趙文連 扮阿[illegible]
七盞[illegible] 打扮梅[illegible]

第一場奉爹娘命抽煙弄假成眞(下)

黑籍冤魂說明書（正秋）

（一）奉爹娘命抽烟。弄假成眞。

富翁甄守舊愛錢如命鴉片烟之外從不妄費錢財。在東街上開上一家當鋪全家靠此吃用因爲兒子甄弗戒喜歡做公益善舉又喜歡交朋友甄守舊十分擔憂恐怕家當要給兒子用完所以叫傭人欺主去請太太金氏出來商量老夫妻商量之下說道要保守家當還是叫兒子抽上鴉片烟爲是就叫欺主請少爺弗戒少奶奶梅氏出來弗戒的兒子阿貝女兒阿寶也隨後跟出來守舊看他們出來就單向弗戒說道（兒呀你曉得爲父有病嗎）弗戒道（曉得）守舊道（你曉得我病爲誰）弗戒答道（不知）守舊大聲道（爲你）弗戒詫異道（爲兒何事）守舊道（你東也捐公益西也助善舉家基要給你捐完了叫我不要氣出病來嗎）弗戒道（我做公益善舉事無非是望爹娘手脚輕健人家總說某人年紀輕輕狠有熱心于你老人家面上也有風光自問既不嫖又不賭大錯不錯）守舊道（今天有一事你要答應便罷不答應就是不孝）弗戒道（阿爸儘管教訓兒子無有不依）守舊道（從今以後你要學我老

《黑籍冤魂》说明书

正秋

（一）奉爹娘命抽烟，弄假成真

富翁甄守旧，爱钱如命，鸦片烟之外，从不妄费钱财。在东街上开上一家当铺，全家靠此吃用。因为儿子甄弗戒，喜欢做公益善举，又喜欢交朋友，甄守旧十分担忧，恐怕家当要给儿子用完。所以叫佣人欺主，去请太太金氏出来商量。老夫妻商量之下，说道要保守家当，还是叫儿子抽上鸦片烟为是，就叫欺主请少爷弗戒、少奶奶梅氏出来。弗戒的儿子阿贝、女儿阿宝，也随后跟出来。守旧看他们出来，就单向弗戒说道："儿呀！你晓得为父有病吗？"弗戒道："晓得。"守旧道："你晓得我病为谁？"弗戒答道："不知。"守旧大声道："为你！"弗戒诧异道："为儿何事？"守旧道："你东也捐公益，西也助善举，家基要给你捐完了！叫我不要气出病来吗？"弗戒道："我做公益善举事，无非是望爹娘手脚轻健。人家总说某人年纪轻轻，狠有热心。于你老人家面上，也有风光。自问既不嫖，又不赌，大错不错。"守旧道："今天有一事，你要答应便罢，不答应就是不孝！"弗戒道："阿爸尽管教训，儿子无有不依。"守旧道："从今以后，你要学我老

子纔是。）弗戒問。（耍學那一件）守舊道。（耍學我抽鴉片烟）弗戒道。（咦好奇怪平白無故把我叫出來叫我抽鴉片烟豈不是笑話嗎）就回復守舊道。（阿爸你請放心家產呢兒子分文不要要我抽烟可萬萬不能。）守舊道。（咳你不知鴉片烟有許多好處嗎年輕人肝火必旺有天同人家打架送掉性命豈不寃枉如我抽烟的人從來不動火氣所以決不致闖禍）弗戒道。（如果阿爸在街上走路忽然被人欺負就罵死不開口。打死不還手嗎）守舊道（好處還有。譬如到某胡同第六家去看朋友剛巧第一家有人生瘟病不抽烟的人走過去必定染着瘟氣無端的送命豈不寃枉吾們抽烟的人過了癮走過他家就有烟氣可以蓋罩瘟氣決不致傳染了）弗戒道。（如此說來外國人個個不抽烟何以也不染瘟病呢）守舊道。（你平時有教必遵今天何以大變起來了）弗戒道。（一過宣統五年吸烟人就要身穿廢民嵌肩前後畫着烏龜自已拿了烟照出去挑膏你老人家勸我抽烟豈不是叫兒子做候補烏龜嗎）守舊一聽此言鬍子氣得根根竪起回頭埋怨老婆金氏就向前來勸兒子道（好兒子你就聽了他罷）弗戒道。（呵呵你媽媽也來勸我抽烟麼眞是奇事兒子

子才是。”弗戒问:“要学那一件?”守旧道:“要学我抽鸦片烟。”弗戒道:“咦?好奇怪!平白无故,把我叫出来,叫我抽鸦片烟,岂不是笑话吗?”就回复守旧道:“阿爸,你请放心。家产呢,儿子分文不要。要我抽烟,可万万不能!”守旧道:“咳!你不知道鸦片烟有许多好处吗?年轻人肝火必旺,有天同人家打架,送掉性命,岂不冤枉?如我抽烟的人,从来不动火气,所以决不致闯祸。”弗戒道:“如果阿爸在街上走路,忽然被人欺负,就骂死不开口,打死不还手吗?”守旧道:“好处还有。譬如到某胡同第六家去看朋友,刚巧第一家有人生瘟病。不抽烟的人走过去,必定染着瘟气,无端的送命,岂不冤枉?吾们抽烟的人,过了瘾,走过他家,就有烟气可以盖罩瘟气,决不致传染了。”弗戒道:“如此说来,外国人个个不抽烟,何以也不染瘟病呢?”守旧道:“你平时有教必遵,今天何以大变起来了?”弗戒道:“一过宣统五年,吸烟人就要身穿废民嵌肩,前后画着乌龟,自己拿了烟照,出去挑膏。你老人家劝我抽烟,岂不是叫儿子做候补乌龟吗?”守旧一听此言,胡子气得根根竖起,回头埋怨老婆。金氏就向前来劝儿子道:“好儿子,你就听了他罢。”弗戒道:“呵呵!你妈妈也来劝我抽烟么?真是奇事!儿子

可不能遵命。）金氏沒有法子就叫媳婦來勸。弗戒正在自言自語道（今天無論那一個來勸總是無用的。）一回頭忽見妻子如花似玉的站在一旁剛要問妻子不料梅氏先說道（此刻婆婆叫我來勸你了。）弗戒道。（這个運動力到不小運動到你這裏來了。咳。你平時狠有志氣怎麼今天也跟他們一般見識呢）梅氏道（婆婆叫我來我不得不來。然而我的意思正與你不相謀而相同雅片烟最是害人本來是不抽爲妙）弗戒道（一隻床上不出兩樣人這句俗語更不錯了）梅氏道）依我說一不可氣壞公公二不可眞抽鴉片祇有上前去假意答應一句最爲妥當）弗戒聽他說得有理就上去哄騙老子說自己肯抽鴉片烟守舊聽說狠爲高興跳起身來叫他馬上就抽叫丫頭楊花做扦子手弗戒無可奈何只好勉强躺下。梅氏在旁悔也悔不來了。弗戒第一口抽下去就大吐。梅氏就勸翁姑不要硬逼他。守舊夫妻那裏肯聽反叫欺主趕快去買水菓。弗戒一口烟一口水菓忽然跳起來道。（阿爸不錯。鴉片烟是眞好我今天才知道有這樣的美味兒兩口一抽精神就提起來眞好眞好。我一定要抽上他了。）守舊同金氏都謝天謝地說但願你一天抽多一天。梅氏

可不能遵命。”金氏没有法子，就叫媳妇来劝。弗戒正在自言自语道：“今天无论那一个来劝，总是无用的。”一回头忽见妻子如花似玉的站在一旁，刚要问妻子，不料梅氏先说道：“此刻婆婆叫我来劝你了。”弗戒道：“这个运动力到不小，运动到你这里来了。咳！你平时很有志气，怎么今天也跟他们一般见识呢？”梅氏道：“婆婆叫我来，我不得不来。然而我的意思，正与你不相谋而相同。鸦片烟最是害人，本来是不抽为妙。”弗戒道：“一只床上不出两样人，这句俗语更不错了。”梅氏道：“依我说，一不可气坏公公，二不可真抽鸦片。只有上前去假意答应一句，最为妥当。”弗戒听他说得有理，就上去哄骗老子说，自己肯抽鸦片烟。守旧听说，很为高兴，跳起身来，叫他马上就抽，叫丫头杨花做扦子手。弗戒无可奈何，只好勉强躺下。梅氏在旁，悔也悔不来了。弗戒第一口抽下去，就大吐，梅氏就劝翁姑不要硬逼他。守旧夫妻那里肯听，反叫欺主赶快去买水果。弗戒一口烟，一口水果，忽然跳起来道：“阿爸！不错！鸦片烟是真好！我今天才知道有这样的美味儿！两口一抽，精神就提起来，真好！真好！我一定要抽上他了！”守旧同金氏都谢天谢地，说：“但愿你一天抽多一天。”梅氏

連聲叫苦。已經來不及了。走出來恨恨道。（這種爹娘。真是世間少有的了。）

连声叫苦,已经来不及了,走出来恨恨道:“这种爹娘,真是世间少有的了!”

第二場爲兩口烟來不及送終

邱蕊癖 扮惠運動

林步 扮賈熱

（二）爲兩口烟來不及送終（正秋）

甄弗戒烟癮。一天大一天。甄守舊的病。也一天重一天。自己知道死在眼前。就叫欺主。去喚當鋪裡掌櫃。賈熱心、惠運動、二人。進來交賬。一面叫媳婦。去叫弗戒出來聽遺囑。不料弗戒自從上癮之後。百事不問。老婆叫他。他反說還要等八口烟抽完。才肯出來。梅氏氣得跺脚。守舊看見兒子不出來。也並不動怒。就吩咐他老婆媳婦道。（我死以後。開銷要省。省下的錢。給兒子多抽幾口煙。）吩咐以後。就胡言亂語起來。說什麼鴉片煙鬼叫他去。說了好一會。就此斷氣。梅氏急得肝腸寸斷。叫阿貝阿寶。到裏頭把弗戒硬拖出來。一家老小。大哭一場。哭完以後。梅氏埋怨弗戒不出來送終。弗戒倒說。（還有兩口烟沒有抽完。誰知他死得這麼快。）梅氏沒有法子。叫他去買棺材。他說（烟癮沒有過足。兩支腿酸軟。不能動。還是叫別人去買罷。）梅氏恨恨的道。（本地鄉風。棺材是要孝子親自去買的。）弗戒無法。祇好答應。走到門口。剛剛碰着鋪裏掌櫃來交賬。弗戒一見。就跪下。他倆就問他。（爲什麼行此大禮。）弗戒說。（老子死了。拜托二位去買一買棺材。價錢不可太大。至多大洋五十元。不可再多。因爲我老子臨死的時候。吩

（二）为两口烟，来不及送终

正秋

甄弗戒烟瘾，一天大一天。甄守旧的病，也一天重一天。自己知道死在眼前，就叫欺主，去唤当铺里掌柜贾热心、惠运动二人，进来交账。一面叫媳妇，去叫弗戒出来听遗嘱。不料弗戒自从上瘾之后，百事不问，老婆叫他，他反说还要等八口烟抽完，才肯出来。梅氏气得跺脚。守旧看见儿子不出来，也并不动怒，就吩咐他老婆媳妇道："我死以后，开销要省，省下的钱，给儿子多抽几口烟。"吩咐以后，就胡言乱语起来，说什么鸦片烟鬼叫他去…… 说了好一会，就此断气。梅氏急得肝肠寸断，叫阿贝、阿宝，到里头把弗戒硬拖出来。一家老小，大哭一场。哭完以后，梅氏埋怨弗戒不出来送终，弗戒倒说："还有两口烟没有抽完，谁知他死得这么快！"梅氏没有法子，叫他去买棺材。他说："烟瘾没有过足，两支腿酸软，不能动，还是叫别人去买罢！" 梅氏恨恨的道："本地乡风，棺材是要孝子亲自去买的。"弗戒无法，只好答应。走到门口，刚刚碰着铺里掌柜来交账，弗戒一见，就跪下。他俩就问他："为什么行此大礼？"弗戒说："老子死了，拜托二位去买一买棺材，价钱不可太大，至多大洋五十元，不可再多。因为我老子临死的时候，吩

咐下說。把錢省下來。給我抽烟的。）賈惠兩个都答應了。就把賬簿交給弗戒。弗戒說。（這種事情。我向來不管。諸事都托你二位辦理就是了。賈惠十分喜歡。出來買棺材。還從中賺了好些扣頭。

咐下说，把钱省下来，给我抽烟的。”贾、惠两个都答应了，就把账簿交给弗戒，弗戒说：“这种事情，我向来不管，诸事都托你二位办理就是了。”贾、惠十分喜欢，出来买棺材，还从中赚了好些扣头。

第三場一面做孝子一面抽烟

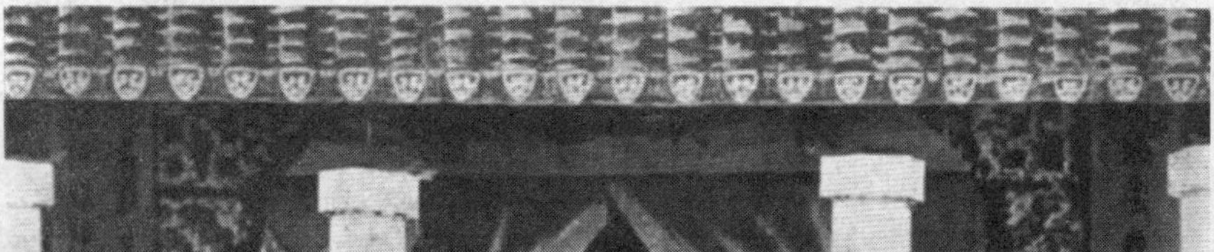

（三）一面做孝子一面抽烟
到了開吊日子。甄弗戒叫楊花拿烟傢伙。擺在孝堂裏。一口一口。裝給他抽。有客來。他雖然做孝子回拜。然而一面回拜。一面啣住煙槍。抽個不休。梅氏氣得無可奈何。等客去以後。就把楊花趕了進去。賈惠二人問弗戒道。（小東家。今天辛苦了。我看到出殯的日子。恐怕更要辛苦罷）弗戒道（出殯就不必排場了。把靈柩從後門偷擡出去就完了。）賈惠勸他總要熱鬧熱鬧纔好。不然。未免對不起老東家。）弗戒也不聽。

（三）一面做孝子，一面抽烟

到了开吊日子，甄弗戒叫杨花，拿烟家伙，摆在孝堂里，一口一口，装给他抽。有客来，他虽然做孝子回拜，然而一面回拜，一面衔住烟枪，抽个不休。梅氏气得无可奈何，等客去以后，就把杨花赶了进去。贾、惠二人问弗戒道："小东家，今天辛苦了。我看到出殡的日子，恐怕更要辛苦罢！"弗戒道："出殡就不必排场了，把灵柩从后门偷抬出去，就完了。"贾、惠劝他总要热闹热闹才好，不然，未免对不起老东家。弗戒也不听。

第四場呌煞烟迷不出來

(四) 叫煞煙迷不出來
梅氏因爲丈夫一天到晚單知道抽鴉片煙不知道到
鋪裏去照管照管所以自想自嘆料定甄家要敗就在
眼前了想想實在不得了就叫阿貝阿寶出來不料姊
弟倆從外邊進來一路打一路罵梅氏就問他們爲什
麼鬧阿寶說(兄弟在門口跟頑皮小孩兒滾錢)阿貝
賴說沒有梅氏就拿阿貝的手來一看說道(你不要
錢手上怎麼會黑呢)就拿阿貝痛打幾下阿寶在邊
上拜天拜地道(也罷了也罷了)梅氏看見也罵了阿
寶幾句就叫他們到裏頭去請老子出來哥兒倆進去
不多時阿貝忽然大聲哭了出來阿寶在後取笑他說
(該打該打該打)梅氏問哭什麼阿貝說(我進去叫
爹爹叫了好幾聲他不答應我把他腿上推了一下他
就拿煙槍打我)梅氏道(好兒子別哭你老子煙迷昏
了我喜歡你你再去說鋪子裏送土來了你媽不懂叫
他自已來挑選他就肯來了)兩人去了一回又鬧出
來了阿貝忙躲在梅氏身旁道(媽呀媽我爹聽說鋪
子裏送土來他狠快活給我一塊錢姊姊不講理他硬
要我分一半給他)梅氏就叫阿寶不許跟他要正在
這箇時候弗戒果然灣腰曲背的走出來了開口便問

（四）叫煞烟迷不出来

梅氏因为丈夫一天到晚，单知道抽鸦片烟，不知道到铺里去照管照管。所以自想自叹，料定甄家要败，就在眼前了。想想实在不得了，就叫阿贝、阿宝出来。不料姊弟俩从外边进来，一路打一路骂，梅氏就问他们为什么闹？阿宝说：“兄弟在门口，跟顽皮小孩儿滚钱。”阿贝赖说没有，梅氏就拿阿贝的手来一看，说道：“你不要钱，手上怎么会黑呢？”就拿阿贝痛打几下，阿宝在边上，拜天拜地道：“也罢了！也罢了！”梅氏看见，也骂了阿宝几句，就叫他们到里头去请老子出来。哥儿俩进去不多时，阿贝忽然大声哭了出来，阿宝在后取笑他，说：“该打！该打！该打！”梅氏问哭什么？阿贝说：“我进去叫爹爹，叫了好几声，他不答应，我把他腿上推了一下，他就拿烟枪打我。”梅氏道：“好儿子，别哭。你老子烟迷昏了，我喜欢你，你再去说，铺子里送土来了，你妈不懂，叫他自己来挑选，他就肯来了。”两人去了一回，又闹出来了。阿贝忙躲在梅氏身旁道：“妈呀妈！我爹听说铺子里送土来，他狠快活，给我一块钱。姊姊不讲理，他硬要我分一半给他。”梅氏就叫阿宝不许跟他要，正在这个时候，弗戒果然弯腰曲背的走出来了，开口便问：

(土在那兒。土在那兒。)梅氏說。(那兒來的土。因爲要請你出來。實在不容易。是我叫他們來哄你的。)弗戒聽說沒有土。回頭忙問阿貝要回一塊錢。阿貝不肯。梅氏等他坐定。便勸他道。(我說。你總要到舖子裏去查查賬。看看生意怎麼樣。纔是做東家的道理。萬不能白天當夜裏。夜裏當白天。躺在坑上。懞懞懂懂。糊裏糊塗的。一天渾過一天。除了鴉片煙之外。就不知道別的事情了。照你這个樣子混下去。恐怕舖裏叫人家搬空了。你還不知道哩。咳。你從前是一个很有志氣的人。怎麼此刻就變成這個樣子呢。(弗戒聽了。發憤道。你別說了。鴉片煙是爹娘叫我抽的。你既然不滿意。我就戒給你看。省得你天天跟我嚕哩嚕囌的。鬧一個不了了。)梅氏道。(哼哼。祇怕你有口无心。你要是說得到。做得到。我就佩服你了。)弗戒忽然跕起身來。叫阿寶拿馬掛。穿了就走。但是臉上煙氣很重。梅氏叫他洗了臉再去。他一定不肯。梅氏嘆道。(不想抽上了煙。一个巴結人。就馬上懶到這步田地。可惜可惜。)臨走阿貝叫他帶兩瓶外國糖回來。弗戒只管向外走。假裝沒有聽見。

“土在那儿?土在那儿?”梅氏说:“那儿来的土?因为要请你出来,实在不容易,是我叫他们来哄你的。”弗戒听说没有土,回头忙问阿贝要回一块钱,阿贝不肯,梅氏等他坐定,便劝他道:“我说,你总要到铺子里去,查查账,看看生意怎么样,才是做东家的道理。万不能白天当夜里,夜里当白天,躺在坑上,懞懞懂懂,糊里糊涂的,一天浑过一天。除了鸦片烟之外,就不知道别的事情了。照你这个样子混下去,恐怕铺里叫人家搬空了,你还不知道哩。咳!你从前是一个很有志气的人,怎么此刻就变成这个样子呢?”弗戒听了,发愤道:“你别说了!鸦片烟就是爹娘叫我抽的!你既然不满意,我就戒给你看,省得你天天跟我噜哩噜嗦的,闹一个不了了。”梅氏道:“哼哼!只怕你有口无心,你要是说得到,做得到,我就佩服你了。”弗戒忽然站起身来,叫阿宝拿马褂,穿了就走。但是脸上烟气很重,梅氏叫他洗了脸再去,他一定不肯。梅氏叹道:“不想抽上了烟,一个巴结人,就马上懒到这步田地,可惜可惜!”临走阿贝叫他带两瓶外国糖回来,弗戒只管向外走,假装没有听见。

第五場賣參片來抵三個二十四口烟

(五)買參片來。抵三個。二十四。口煙。

弗戒出門。並不在舖裏查賬在大煙舘裏開了燈出來。自以爲祇要天天出來開燈在外面過足煙癮之後。再回家。那就可以瞞過老婆。說是當眞的戒煙了。不過早上總得在被窩裏。先抽二十四口。纔能睜開眼睛。再抽二十四口。纔能起身下床。再抽二十四口。纔能吃得下東西。就是這三個二十四口倒不容易說誆。哄過老婆。想了一想。說倒不如去買兩瓶戒煙藥。回去抵抵煙癮。吃過午飯。馬上出來開燈。照這麼辦。恐怕老婆也不至于會看破罷。一邊想。一邊走。忽然抬頭一看。看見對面有一個小攤兒。在那裏賣戒煙參片。弗戒想來得剛好。就上前去買了兩瓶。一回頭。碰見三個抽煙的。手裏也拿着參片。彼此就對談起話兒來。大家認做同志。臨了弗戒倒勸他們不要戒煙。說這種福壽膏。要抽上癮。狠不容易。把他戒了。豈不可惜。那三人給他一說。就此決意不戒了。

(五)买参片来,抵三个二十四口烟

弗戒出门,并不在铺里查账,在大烟馆里开了灯出来,自以为只要天天出来开灯,在外面过足烟瘾之后,再回家,那就可以瞒过老婆,说是当真的戒烟了。不过早上总得在被窝里,先抽二十四口,才能睁开眼睛;再抽二十四口,才能起身下床;再抽二十四口,才能吃得下东西。就是这三个二十四口,倒不容易说诓,哄过老婆。想了一想,说倒不如去买两瓶戒烟药,回去抵抵烟瘾,吃过午饭,马上出来开灯。照这么办,恐怕老婆也不至于会看破罢?一边想,一边走,忽然抬头一看,看见对面有一个小摊儿,在那里卖戒烟参片。弗戒想来得刚好,就上前去买了两瓶。一回头,碰见三个抽烟的,手里也拿着参片,彼此就对谈起话儿来。大家认做同志,临了弗戒倒劝他们不要戒烟,说这种福寿膏,要抽上瘾,狠不容易;把他戒了,岂不可惜?那三人给他一说,就此决意不戒了。

第六場毒死兒子氣死老娘(上)

第六場毒死兒子氣死老娘(下)

(六)毒。死。兒。子。氣。死。老。娘。
弗戒回到家裏在門口先遇着阿貝。阿貝問他要外國糖。弗戒趕忙拿參片藏在口袋裏頭不知阿貝却已在暗地裏看見了。弗戒走進房他母親金氏。先問他那裏去的。又問他舖裏生意好不好。又問他煙抽過了沒有。弗戒一一回答單是問到他抽煙一句他就不明白回話向着他母親打一個呵欠金氏叫他快快去抽罷。總要多抽纔是。别忘了你老子臨終的遺囑。弗戒答應說。(你老人家請放心兒子儘管多抽就是了)等到大家進去吃飯。梅氏問弗戒道(纔剛婆婆問你抽煙的事。你爲何打呵欠。下次千萬千萬要留意。切不可說破是我叫你戒烟的。)弗戒答應了幾個不說。就脫衣上床午睡房間裏頭祇剩下阿貝一人。在馬褂袋兒裏。掏外國糖。偷到外邊兒來自言自語道。(咳爹呀爹。你買了外國糖。不給我吃。我也會偷來喫的。吃第一顆。圇圇吞下。沒有辨出滋味。第二顆開先有點兒甜味。到後來有點兒苦了。這是什麽緣故。哦。我知道了。大凡外國人的東西起初總給人家甜的到後來自然而然給人家苦的了。)吃了幾顆。想起聽唱書的唱打鼓書。狠好聽。就提起嗓子。唱幾句不知道阿寶在邊上大聲叫好。把阿

(六)毒死儿子,气死老娘

弗戒回到家里,在门口先遇着阿贝。阿贝问他要外国糖,弗戒赶忙拿参片藏在口袋里头,不知阿贝却已在暗地里看见了。弗戒走进房,他母亲金氏先问他那里去的?又问他铺里生意好不好?又问他烟抽过了没有?弗戒一一回答。单是问到他抽烟一句,他就不明白回话,向着他母亲打一个呵欠,金氏叫他快快去抽罢,总要多抽才是,别忘了你老子临终的遗嘱。弗戒答应说:"你老人家请放心,儿子尽管多抽就是了。"等到大家进去吃饭,梅氏问弗戒道:"才刚婆婆问你抽烟的事,你为何打呵欠?下次千万千万要留意,切不可说破是我叫你戒烟的。"弗戒答应了几个"不说",就脱衣上床午睡。房间里头只剩下阿贝一人,在马褂袋儿里掏外国糖,偷到外边儿来,自言自语道:"咳!爹呀爹,你买了外国糖,不给我吃,我也会偷来吃的。"吃第一颗,囫囵吞下,没有辨出滋味;第二颗开先有点儿甜味,到后来有点儿苦了。"这是什么缘故?哦!我知道了。大凡外国人的东西,起初总给人家甜的,到后来自然而然给人家苦的了。"吃了几颗,想起听唱书的唱打鼓书,狠好听,就提起嗓子唱几句。不知道阿宝在边上大声叫好,把阿

貝嚇了一跳。就把手藏在背後。阿寶叫他去吃飯。他回說不餓。吃不下兩人爭了一回阿寶纔進去。阿貝見姊姊不在重新又拿外國糖來吃。吃了一瓶。又吃一瓶。忽然一乘肚痛。倒在地下。欺主走來。看見這個光景。叫他不答應。着了慌。就嚷說不好。金氏。梅氏。阿寶。楊花。趕快出來。弗戒亦忙忙起床。叫欺主去請大夫。一會大夫來看。問可有吃過什麼東西。弗戒想着。急忙去摸馬褂袋兒。掏出參片一看吃驚不小。讓中國醫生出門。馬上去請外國醫生來。洋醫來了。一診道。毒已攻心。不能救了。衆人跪下。求他救命。洋醫不肯。大踏步去了。不多一回。阿貝就此送命。金氏梅氏。哭問弗戒道。（你兒子到底吃了什麼毒的東西。臨死怎麼他要指住你罵納）弗戒道。（媽呀今天兒子瞞不得你了。怪來怪去。單怪你媳婦不賢惠。他一天到晚。跟我胡鬧。怨我抽煙。我叫他鬧不過。只好戒煙。所以出去買了兩瓶參片回來。預備抵抵癮的。參片裏頭本是嗎啡雅片。不提防阿貝當他是外國糖偷來吃的乾乾淨淨。把一條小性命活活的送掉。你想傷心不傷心。）金氏一聽這話。怒氣冲天。大罵媳婦。一時氣湧上來。就此氣死。頃刻之間。斷送老少兩命。梅氏到此地步。滾倒在地。號淘大哭。也要尋死。就

贝吓了一跳，就把手藏在背后。阿宝叫他去吃饭，他回说不饿，吃不下，两人争了一回，阿宝才进去。阿贝见姊姊不在，重新又拿外国糖来吃，吃了一瓶，又吃一瓶。忽然一乘肚痛，倒在地下。欺主走来，看见这个光景，叫他不答应，着了慌，就嚷说“不好”！金氏、梅氏、阿宝、杨花，赶快出来，弗戒亦忙忙起床，叫欺主去请大夫。一会大夫来看，问可有吃过什么东西？弗戒想着，急忙去摸马褂袋儿，掏出参片一看吃惊不小，让中国医生出门，马上去请外国医生来。洋医来了，一诊道：“毒已攻心，不能救了。”众人跪下，求他救命。洋医不肯，大踏步去了。不多一回，阿贝就此送命。金氏、梅氏哭问弗戒道：“你儿子到底吃了什么毒的东西？临死怎么他要指住你骂纳？”弗戒道：“妈呀！今天儿子瞒不得你了，怪来怪去，单怪你媳妇不贤惠。他一天到晚，跟我胡闹，怨我抽烟。我叫他闹不过，只好戒烟，所以出去买了两瓶参片回来，预备抵抵瘾的。参片里头，本是吗啡鸦片，不提防阿贝当他是外国糖，偷来吃的干干净净，把一条小性命，活活的送掉，你想伤心不伤心？”金氏一听这话，怒气冲天，大骂媳妇，一时气涌上来，就此气死。顷刻之间，断送老少两命。梅氏到此地步，滚倒在地，号啕大哭，也要寻死。就

是念書人所謂。搶地呼天。痛不欲生了。被衆人苦勸。纔
肯進去。弗戒走出門口。又遇着賈惠兩夥計。又對他們
磕頭。兩人問他緣故。弗戒就把細情。跟他兩人說了。又
托他們去買棺材。賈惠兩人。得了這個吩咐。眞是樂極
了。說道喒們的財運又現了。

是念书人所谓抢地呼天，痛不欲生了，被众人苦劝，才肯进去。弗戒走出门口，又遇着贾、惠两伙计，又对他们磕头。两人问他缘故，弗戒就把细情，跟他两人说了，又托他们去买棺材。贾、惠两人，得了这个吩咐，真是乐极了，说道:“咱们的财运又现了!”

第七場東家不問事管事起黑心

（七）東家。不。問。事。管。事。起。黑。心。

賈熱心惠運動二人。因爲小東家日夜專心抽鴉片烟。
不問正事。所以彼此在當舖裏。私下宕欠銀洋不少。有
一天。有債主甲乙二人。來要賬。賈惠隨口答應。明天來
取。等到債主一走。兩人就計算對付的法子。賈熱心心
腸最毒。他叫惠運動去買兩箱火油。一到晚上。就放起
火來。把甄守舊辛辛苦苦掙下的一個當舖。燒得乾乾
淨淨。救火會來救。已經趕不上了。舖裏的那些徒弟。從
窗洞裏頭跳出來。叫巡士拿住。單單賈惠兩箇倒叫他
們跑了。沒有拿着。

（七）东家不问事，管事起黑心

贾热心、惠运动二人，因为小东家日夜专心抽鸦片烟，不问正事，所以彼此在当铺里，私下宕欠银洋不少。有一天，有债主甲乙二人来要账，贾、惠随口答应“明天来取”。等到债主一走，两人就计算对付的法子。贾热心心肠最毒，他叫惠运动去买两箱火油，一到晚上，就放起火来，把甄守旧辛辛苦苦挣下的一个当铺，烧得干干净净。救火会来救，已经赶不上了。铺里的那些徒弟，从窗洞里头跳出来，叫巡士拿住。单单贾、惠两个倒叫他们跑了，没有拿着。

第八場哭公婆又哭兒子

(八)　哭公婆又哭兒子

甄梅氏帶了女兒阿寶。了頭楊花。到公婆兒子的坟墓前。大哭一場。哭得很是悽慘。阿寶楊花。竭力勸解纔罷。梅氏哭完了。還不肯回家。說願意死在坟上。楊花勸道。(大奶奶不回去。豈不要苦死寶姑娘嗎。)阿寶也兩淚汪汪的說道。(媽要不回家。可叫我怎麼樣過日子呢。)梅氏想了一想。到底捨不得女兒。祇好回去。臨走。對着阿貝坟墓說道。(孩子。好兒子。你媽去了。)一路走。一路揩眼淚。很是傷心。

(八)哭公婆,又哭儿子

甄梅氏带了女儿阿宝、丫头杨花,到公婆、儿子的坟墓前,大哭一场,哭得很是凄惨。阿宝、杨花竭力劝解,才罢。梅氏哭完了,还不肯回家,说愿意死在坟上。杨花劝道:“大奶奶不回去,岂不要苦死宝姑娘吗?”阿宝也两泪汪汪的说道:“妈要不回家,可叫我怎么样过日子呢?”梅氏想了一想,到底舍不得女儿,只好回去。临走,对着阿贝坟墓说道:“孩子,好儿子,你妈去了。”一路走,一路揩眼泪,很是伤心。

第九場烟鬼不受勸逼死老婆命(上)

第九場烟鬼不受勸逼死老婆命(下)

（九）　煙鬼。不受勸。逼死老婆命。

甄弗戒起來不見楊花烟癮來了自已又不會裝對欺主大發牢騷叫他去找欺主走到門口兒剛剛碰到梅氏他們回來弗戒一見楊花就駡阿寶上前去叫他一聲爹他也狠頭狠腦惡聲惡氣的問他（大清老早你到底上那兒去的）梅氏看他這種樣子就氣上加氣趕上前來跟他分辯道（怎麽他一點兒大的孩子隨着他媽出去也就犯欵嗎我帶他打野雞去了你打算怎麽樣）弗戒看見老婆動了眞氣就改口道（我不過問問他上什麽地方去的這也不要緊的一句話你何苦要氣得這個樣兒呢）梅氏道（你自已生身父母的週年你不去上墳我們是要去的）弗戒道（你不知道上一回坟要化掉多少錢這注錢省下來給我抽烟纔是自已拿錢化了倒還是你的是你不記得你公公的遺囑嗎）梅氏聽了愈加氣得利害上前跟他對駡駡動了火要跟弗戒拚命弗戒到此田地更是火上添油把梅氏一下耳刮子又把他擱在地下一拳一脚打個不了幸虧楊花拉開了才得罷手阿寶勸媽進去吃飯梅氏說（你們去吃罷我是吃不下的了）等人走完了梅氏自已想想他丈夫平常的時候我有事勸他雖然

（九）烟鬼不受劝，逼死老婆命

甄弗戒起来，不见杨花，烟瘾来了，自己又不会装，对欺主大发牢骚，叫他去找。欺主走到门口儿，刚刚碰到梅氏他们回来。弗戒一见杨花就骂，阿宝上前去，叫他一声爹，他也狠头狠脑、恶声恶气的，问他："大清老早，你到底上那儿去的?"梅氏看他这种样子，就气上加气，赶上前来，跟他分辩道："怎么?他一点儿大的孩子，随着他妈出去，也就犯款吗?我带他打野鸡去了!你打算怎么样?"弗戒看见老婆动了真气，就改口道："我不过问问他上什么地方去的，这也不要紧的一句话，你何苦要气得这个样儿呢?"梅氏道："你自己生身父母的周年，你不去上坟，我们是要去的!"弗戒道："你不知道上一回坟，要化掉多少钱，这注钱省下来，给我抽烟才是。自己拿钱化了，倒还是你的是，你不记得你公公的遗嘱吗?"梅氏听了，愈加气得厉害，上前跟他对骂，骂动了火，要跟弗戒拚命。弗戒到此田地，更是火上添油，把梅氏一下耳刮子，又把他拧在地下，一拳一脚，打个不了。幸亏杨花拉开了，才得罢手。阿宝劝妈进去吃饭，梅氏说："你们去吃罢，我是吃不下的了。"等人走完了，梅氏自己想想，他丈夫平常的时候，我有事劝他，虽然

不肯全聽。還有幾句聽我。總不致于反臉的。誰知道。到
了今天。把我打成這個様兒。咳。想那以後的日子。還過
得下去麼。照這種光景。活着還有什麼巴望。還有什麼
趣味。與其眼看他將來敗家的收成結果不如趁早尋
個自盡倒還乾淨。說完了。就拿半盒子雅片烟。拿茶來
吞下去暗地對着門內哭道。（阿寶兒子呀。你自己放
乖些罷你媽可顧不得你了。）哭了一回。臉上顏色大
變。咬牙切齒。痛倒在地。楊花出來問他可餓了。一看見
大驚之下大聲嚷道大爺大姑娘大大大大的不不好
了。快快快出來阿寶飛奔出來看見了。跪在地下痛哭。
弗戒也十分懊悔出去買棺材又碰見賈惠兩個。弗戒
又跟他們磕頭說（怎麼你們來一次。我家裏就要死
一次人的呢）賈惠兩個人問明緣故知道是自己尋
死的並不說一句可惜的話慌忙跪下向弗戒磕頭。弗
戒忙問。（天下怎麼有這等的巧事你們倆家裏也死
了誰呀）賈惠忙辯道（不不我們特地來跟您納報喜
信的）弗戒說（家裏連喪四命還有什麼喜事納。）賈惠
道。（昨兒晚上當舖的隣居走水把喒們的舖子都燒
完了。）弗戒道。（阿呀只個鋪子。是我們全家靠此活命
的。這麼一來可不了了。）賈惠道。（不要緊。老東家在世

不肯全听，还有几句听我，总不致于反脸的。谁知道，到了今天，把我打成这个样儿。咳！想那以后的日子，还过得下去么？照这种光景，活着还有什么巴望？还有什么趣味？与其眼看他将来败家的收成结果，不如趁早寻个自尽，倒还干净！说完了，就拿半盒子鸦片烟，拿茶来吞下去，暗地对着门内哭道：“阿宝，儿子呀！你自己放乖些罢，你妈可顾不得你了！”哭了一回，脸上颜色大变，咬牙切齿，痛倒在地。杨花出来，问他可饿了？一看见，大惊之下，大声嚷道：“大爷！大姑娘！大大大大的不不好了！快快快出来！”阿宝飞奔出来，看见了，跪在地下痛哭。弗戒也十分懊悔，出去买棺材，又碰见贾、惠两个，弗戒又跟他们磕头说：“怎么你们来一次，我家里就要死一次人的呢？”贾、惠两个人问明缘故，知道是自己寻死的，并不说一句可惜的话，慌忙跪下，向弗戒磕头。弗戒忙问：“天下怎么有这等的巧事？你们俩家里也死了谁呀？”贾、惠忙辩道：“不，不……我们特地来跟您纳报喜信的。”弗戒说：“家里连丧四命，还有什么喜事纳？”贾、惠道：“昨儿晚上，当铺的邻居走水，把咱们的铺子都烧完了。”弗戒道：“阿呀！只个铺子是我们全家靠此活命的，这么一来，可不了了！”贾、惠道：“不要紧，老东家在世

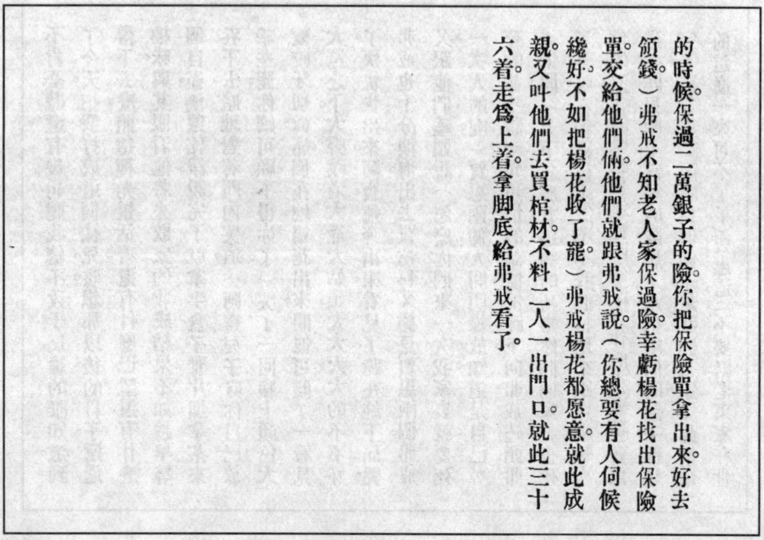
的時候。保過二萬銀子的險。你把保險單拿出來。好去領錢。）弗戒不知老人家保過險。幸虧楊花找出保險單交給他們倆。他們就跟弗戒說。（你總要有人伺候纔好。不如把楊花收了罷。）弗戒楊花都愿意。就此成親。又叫他們去買棺材。不料二人一出門口。就此三十六着。走爲上着。拿脚底給弗戒看了。

的时候,保过二万银子的险,你把保险单拿出来,好去领钱。”弗戒不知老人家保过险,幸亏杨花找出保险单,交给他们俩,他们就跟弗戒说:“你总要有人伺候才好,不如把杨花收了罢。”弗戒、杨花都愿意,就此成亲。又叫他们去买棺材,不料二人一出门口,就此三十六着,走为上着,拿脚底给弗戒看了。

第十場債主祇揀有辮子的抓

第十一場一臉黑氣是抽烟人的招牌

（十）債主祇揀有辮子的抓

甄家的當鋪既經燒完所有的債主。聽見這個消息。無法可想。就找了地保。同到甄家。欺主不知道高低。跟他們鬬起口來。弗戒聽見門外喧嚷。出來一看。知道是衙門人。就不敢怠慢。上前來陪笑臉說道。（我的女人。是生病死的。可以不必查嗎。）債主說（誰來查你死不死。活不活。快快還我錢來便罷。敢道一個不字。叫你知道我的手段）弗戒慌道（我我幾時短你的錢來。錢是管事的借的。你們就該問管事的要。與我什麼相干。）話還沒有說完。就叫債主抓住。交給地保。帶了就走。欺主跟楊花兩人。只得眼睜睜的望着他們去。又不敢跟他們爭回。祇好叫姑娘出來。大家商量。阿寶聽說。老子叫衙門裏拿去了。嚇的話都說不出來。一時沒了主意。還是欺主說。（我且先領寶姑娘去探望探望了。再說罷）阿寶說好。就匆匆的換了一件衣服。跟欺主出門。

（十）债主只拣有辫子的抓

甄家的当铺，既经烧完，所有的债主，听见这个消息，无法可想，就找了地保，同到甄家。欺主不知道高低，跟他们斗起口来，弗戒听见门外喧嚷，出来一看，知道是衙门人，就不敢怠慢，上前来陪笑脸说道:“我的女人是生病死的，可以不必查吗?”债主说:“谁来查你死不死、活不活!快快还我钱来便罢!敢道一个不字，叫你知道我的手段!”弗戒慌道:“我、我几时短你的钱来?钱是管事的借的，你们就该问管事的要，与我什么相干?”话还没有说完，就叫债主抓住，交给地保，带了就走。欺主跟杨花两人，只得眼睁睁的望着他们去，又不敢跟他们争回。只好叫姑娘出来，大家商量。阿宝听说，老子叫衙门里拿去了，吓的话都说不出来，一时没了主意。还是欺主说:“我且先领宝姑娘去探望探望了再说罢。”阿宝说好，就匆匆的换了一件衣服，跟欺主出门。

(十一)一臉黑氣是抽烟人的招牌

甄弗戒給地保拉到堂上。跪在地下。不敢開口。老爺叫他抬起頭來弗戒抬頭老爺對他仔細打量一回道(甄弗戒。你怎麽臉上烏漆墨黑的。都是一臉的黑氣呀。)弗戒道。(回老爺的話這不是黑氣。因爲抽鴉片烟。所以臉上有那們多的黑氣。實在是烟氣不是黑氣。)老爺聽他這話就把鼻子上架的眼鏡除下。叫左右看道。(來看老爺臉上有烟氣沒有)左右回說沒有老爺再問弗戒道。(你短人家的錢。爲什麽不還。)弗戒供說。(不是我該的。是管事的該的。我一點兒都沒有知道。)老爺把案桌一拍道。(渾賬。舖子是你開的。管事是你用的。你就不該還麽。你們這些糊塗東西。有了幾個大。往往依靠管事。自己就不問長短。一個月之中。可有去調查幾次。所以我們中國的商界。就不能發達。你這個人。既沒有財力。又沒有智力、眼力、心力、腦力、閲歷、一件都沒有。怎麽可以做東家呐。)弗戒道。(老爺我雖然眼力、心力、腦力、閲歷、一件沒有。然而我有極大的烟力。)老爺大怒。說(限你三天繳錢。不繳要重辦。)弗戒說。(實在沒有錢。)(老爺就吩咐拿他押起來底下的胥差答應就上前把他帶下。老爺下得堂來。對債主說道。(

(十一)一脸黑气是抽烟人的招牌

甄弗戒给地保拉到堂上,跪在地下,不敢开口。老爷叫他抬起头来,弗戒抬头,老爷对他仔细打量一回道:“甄弗戒!你怎么脸上乌漆墨黑的?都是一脸的黑气呀?”弗戒道:“回老爷的话,这不是黑气。因为抽鸦片烟,所以脸上有那么多的黑气,实在是烟气,不是黑气。”老爷听他这话,就把鼻子上架的眼镜除下,叫左右看道:“来,看老爷脸上有烟气没有?”左右回说“没有”。老爷再问弗戒道:“你短人家的钱,为什么不还?”弗戒供说:“不是我该的,是管事的该的,我一点儿都没有知道。”老爷把案桌一拍道:“浑账!铺子是你开的,管事是你用的,你就不该还么?你们这些糊涂东西,有了几个大,往往依靠管事,自己就不问长短?一个月之中,可有去调查几次?所以我们中国的商界,就不能发达。你这个人,既没有财力,又没有智力、眼力、心力、脑力、阅历,一件都没有,怎么可以做东家呐?”弗戒道:“老爷,我虽然眼力、心力、脑力、阅历,一件没有,然而我有极大的烟力。”老爷大怒,说:“限你三天缴钱!不缴要重办!”弗戒说:“实在没有钱。”老爷就吩咐拿他押起来,底下的胥差答应,就上前把他带下。老爷下得堂来,对债主说道:

不怕他凶。祇怕他窮。只要甄家有錢。我總有法子叫他拿出來。不過這會兒我很帮忙。等到銀子追出之後。你們總也應該……。總該…… 明明白罷。）債主看見老爺該呀該的。說不出來。知道這是伸手大將軍的好工夫。就連連答應道（明白明白。這个喒們都是心照不宣的。）債主都走了。老爺自念道（咳、並非我老爺要錢呵。都只爲上頭跟我要錢。我怎麼能不問下面要錢呢。）

“不怕他凶，只怕他穷。只要甄家有钱，我总有法子叫他拿出来。不过这会儿，我狠帮忙，等到银子追出之后，你们总也应该 …… 总该 …… 明明白罢。”债主看见老爷该呀该的，说不出来，知道这是伸手大将军的好工夫，就连连答应道：“明白明白！这个咱们都是心照不宣的。”债主都走了，老爷自念道：“咳！并非我老爷要钱呵，都只为上头跟我要钱，我怎么能不问下面要钱呢？”

第十二場鴉片一口鷹餅四十

(十二)鴉片一。口。番餅。四。十。

欺主帶阿寶到監。弗戒一見哭道。（孩子。你總要想法子救我。无論如何。鴉片煙傢伙。先要拿來。看監的聽見。大喝道。（呀。這是什麼地方也能抽煙麼。）弗戒忙作揖道。（阿呀。老哥。我們商量商量。總得通融通融纔是。）看監的說。（要抽也容易。四十塊錢一口。）阿寶再三的跟他說情。叫他再通融些兒。大衆不答應。弗戒說道。（孩子。既已到此。還有什麼法子。咳。欺主。你趕緊回家。問楊花拿四十塊錢。連烟傢伙。鴉片膏一起都帶來。還有一張房契。拿來抵債。快去快來。要緊要緊。）欺主去不久。烟洋契據。如數拿來。說道。（大奶奶的屍身。是我到堂裏領了一具棺木。把他收殮了。）弗戒說了幾聲對不起老婆的話。就躺在地下抽煙。欺主跟差人去繳契。沒有一刻兒工夫。忽然回來說道。（這張契是假的。不能抵錢。）阿寶狠詫異。弗戒仔細一想說道。（哦這是我幾年來。沒有工夫去完糧。所以變成了一張廢契了。怪來怪去。總怪我自己不好。阿寶呀。你祇好馬上回去。拿值錢的東西。拼拼湊湊。去押去當。救我出來要緊。不然你爹發起癮來。就活不成了。）阿寶一乘心酸。隨哭隨答應。就同欺主出來。

（十二）鸦片一口，番饼四十

欺主带阿宝到监，弗戒一见哭道："孩子！你总要想法子救我！无论如何，鸦片烟家伙，先要拿来。"看监的听见，大喝道："呀！这是什么地方？也能抽烟么？！"弗戒忙作揖道："阿呀，老哥！我们商量商量，总得通融通融才是。"看监的说："要抽也容易，四十块钱一口。"阿宝再三的跟他说情，叫他再通融些儿，大众不答应，弗戒说道："孩子，既已到此，还有什么法子？咳！欺主，你赶紧回家，问杨花拿四十块钱，连烟家伙、鸦片膏一起都带来。还有一张房契，拿来抵债，快去快来！要紧要紧！"欺主去不久，烟洋、契据，如数拿来，说道："大奶奶的尸身，是我到堂里领了一具棺木，把他收殓了。"弗戒说了几声对不起老婆的话，就躺在地下抽烟。欺主跟差人去缴契，没有一刻儿工夫，忽然回来说道："这张契是假的，不能抵钱。"阿宝很诧异，弗戒仔细一想，说道："哦！这是我几年来，没有工夫去完粮，所以变成了一张废契了。怪来怪去，总怪我自己不好。阿宝呀，你只好马上回去，拿值钱的东西，拼拼凑凑，去押去当，救我出来要紧！不然你爹发起瘾来，就活不成了！"阿宝一乘心酸，随哭随答应，就同欺主出来。

第十三場一場官司打完人家

第十四場爹兒雙雙抛撇家門

（十三）一場。官司。打完。人家。

阿寶回到家裏。四處找尋値錢的東西。包了一包。拿出來。剛要去當。碰着債主走來。阿寶就跟他們說。（家裏實在沒有法子好想。請你們不必追究罷。）債主看他怪可憐的。就對阿寶說道。（你把東西快當去。噲們到堂上去了結就是了。）阿寶就跟他們一塊兒去當。當了再一塊兒上堂。老爺問道。（這一包是錢嗎。）阿寶跪在地下回道。（正是。老爺這裏面是三百五十塊。求老爺放我爸爸出去罷。）老爺吩咐當差的道。（甄家既是眞窮。就不准你要他的錢。）又問債主道。（你們原告都願意了麼。）債主答應。（願意了。）就把弗戒放出來。債主領了錢就走。誰知道給當差的拉住。問他要錢。原告被差人弄得沒有法子。只好帶他們上茶館去分錢。欺主楊花。兩個早有轇轕。到此地步。看見東家一天不如一天。他二人就起黑心。商量捲逃。趁阿寶出去當東西的時候。就叫了許多小工。拿上下裏外許多傢伙。大大小小。沒有一樣不搬去。搬完了。兩人就雙雙的跑了。

（十三）一场官司，打完人家

阿宝回到家里，四处找寻值钱的东西，包了一包，拿出来刚要去当，碰着债主走来，阿宝就跟他们说：“家里实在没有法子好想，请你们不必追究罢。”债主看他怪可怜的，就对阿宝说道：“你把东西快当去，咱们到堂上去了结就是了。”阿宝就跟他们一块儿去当，当了再一块儿上堂，老爷问道：“这一包是钱吗？”阿宝跪在地下回道：“正是，老爷，这里面是三百五十块。求老爷放我爸爸出去罢！”老爷吩咐当差的道：“甄家既是真穷，就不准你要他的钱。”又问债主道：“你们原告都愿意了么？”债主答应：“愿意了。”就把弗戒放出来，债主领了钱就走，谁知道给当差的拉住，问他要钱。原告被差人弄得没有法子，只好带他们上茶馆去分钱。欺主、杨花，两个早有轇轕。到此地步。看见东家一天不如一天。他二人就起黑心。商量卷逃。趁阿宝出去当东西的时候，就叫了许多小工，拿上下里外许多家伙，大大小小，没有一样不搬去。搬完了，两人就双双的跑了。

（十四）爹兒雙雙拋撇家門

弗戒跟阿寶回家。剛到門口。看見大門開着。已經有點兒疑惑。弗戒先叫欺主。阿寶叫楊花。叫了半天。一個都不答應。進門一看。傢伙都不見了。弗戒叫阿寶上樓去查查看。缺少什麼東西沒有。阿寶上去了下來。哭道。（阿爸。不得了。家裏的東西都給這兩個惡人偷去了。）弗戒仔細一查。上下變成了空屋子。收拾得絲毫無餘。父女兩个。大哭一場。叫苦也不中用了。阿寶道。（爹。我們房子已經押給人了。有三個月沒有給人房錢了。倘若人家來要。我們拿什麼來還人。只便怎麼好。）弗戒說。（阿呀孩子。這個地方。是不能住了。咱們祇好到老北門城脚下。躲過幾天再說罷。）阿寶沒法。只得隨着老子逃走。

（十四）爹儿双双抛撇家门

弗戒跟阿宝回家，刚到门口，看见大门开着，已经有点儿疑惑。弗戒先叫欺主，阿宝叫杨花，叫了半天，一个都不答应。进门一看，家伙都不见了，弗戒叫阿宝上楼去查查看，缺少什么东西没有。阿宝上去了下来，哭道："阿爸，不得了！家里的东西，都给这两个恶人偷去了。"弗戒仔细一查，上下变成了空屋子，收拾得丝毫无余。父女两个，大哭一场，叫苦也不中用了。阿宝道："爹！我们房子已经押给人了，有三个月没有给人房钱了，倘若人家来要，我们拿什么来还人？只便怎么好？"弗戒说："阿呀孩子！这个地方，是不能住了，咱们只好到老北门城脚下，躲过几天再说罢。"阿宝没法，只得随着老子逃走。

第十五場人窮臉兒好就有人來謀

第十六場捨得親生女捨不得雅片烟

（十五）人窮臉兒好就有人來謀

有一家窰子要買一個姑娘。鴇兒秀姐叫烏龜三和。同去尋媒人鳳姐鳳姐說（眼下好貨實在少。你們來得可不凑巧。）鴇兒說（鳳姐。你跟我們想想看那兒有。就趕緊替我們弄來纔好）鳳姐一想說道（有吶倒有一個。不過做得到做不到。我可不能說了。這家人家姓甄。是我從前的老鄰居他老子也是有錢的人。跟人家打了一場官司家當就此送完。現在住在老北門城跟草棚裏頭。小娘兒叫阿寶臉蛋兒長得狠不錯。秀姐三和。你們要是趕緊要買不妨同去試試看。）龜鴇都說（祇要臉兒好多出幾個錢也不要緊。咱們就此走罷。

（十五）人穷脸儿好，就有人来谋

有一家窑子，要买一个姑娘，鸨儿秀姐叫乌龟三和，同去寻媒人凤姐。凤姐说：“眼下好货实在少，你们来得可不凑巧！”鸨儿说：“凤姐，你跟我们想想看，那儿有，就赶紧替我们弄来才好。”凤姐一想，说道：“有呐，倒有一个。不过做得到做不到，我可不能说了。这家人家姓甄，是我从前的老邻居。他老子也是有钱的人，跟人家打了一场官司，家当就此送完。现在住在老北门城跟，草棚里头。小娘儿叫阿宝，脸蛋儿长得很不错。秀姐、三和，你们要是赶紧要买，不妨同去试试看。”龟鸨都说：“只要脸儿好，多出几个钱也不要紧，咱们就此走罢。”

(十六)捨得親生女捨不得鴉片烟

弗戒到了草棚裏一天到晚原是只管抽鴉片煙一切零碎事情都是阿寶一人做的現在阿寶身上穿的襤褸不堪赤了脚活像鳳陽叫化女子正在草棚外邊兒煨鍋鳳姐忽然走來問信道(甄弗戒可在家)阿寶答應在裏頭鳳姐說(快叫他出來有人在這兒找他)阿寶還沒有叫弗戒已經聽見出來一看認識是老鄰居鳳姐向弗戒上下一瞅只見父女兩個却是一對大家蓬頭垢面衣服上前後左右黑的一塊白的一塊補釘足有幾十處骯髒的了不得就開口道(阿呀甄弗戒你這麼會弄到這步田地呀)弗戒便把刑傷火燒打官司的話細細說了一遍鳳姐說(何不拿女兒給人家呐)弗戒道(咳到此地步還有誰愿意來與我對親呐)鳳姐說(我倒有一家不過是要養媳婦不知道你愿意給不愿意給)弗戒說(我祇要有五十塊錢拿來除了做生意不答應餘下一概都可以給什麼養媳婦不養媳婦我可亦管不了那們多了)鳳姐一聽非常喜歡就出來帶秀姐跟三和兩人進去見了弗戒哄他說(是在南市開菓子舖的)拿出錢來交給弗戒弗戒拿了五十塊錢進去對阿寶說道(孩子呀我做爹的

(十六)舍得亲生女,舍不得鸦片烟

弗戒到了草棚里,一天到晚,原是只管抽鸦片烟,一切零碎事情,都是阿宝一人做的。现在阿宝身上穿的褴褛不堪,赤了脚活像凤阳叫化女子。正在草棚外边儿煨锅,凤姐忽然走来问信道:“甄弗戒可在家?”阿宝答应在里头。凤姐说:“快叫他出来,有人在这儿找他。”阿宝还没有叫,弗戒已经听见,出来一看,认识是老邻居。凤姐向弗戒上下一瞅,只见父女两个,却是一对,大家蓬头垢面,衣服上前后左右,黑的一块,白的一块,补丁足有几十处,肮脏的了不得,就开口道:“阿呀甄弗戒,你这么会弄到这步田地呀?”弗戒便把刑伤火烧打官司的话,细细说了一遍。凤姐说:“何不拿女儿给人家呐?”弗戒道:“咳!到此地步,还有谁愿意来与我对亲呐?”凤姐说:“我倒有一家,不过是要养媳妇,不知道你愿意给不愿意给?”弗戒说:“我只要有五十块钱拿来,除了做生意不答应,余下一概都可以给,什么养媳妇不养媳妇,我可亦管不了那么多了。”凤姐一听,非常喜欢,就出来带秀姐跟三和两人进去,见了弗戒,哄他说:“是在南市开果子铺的。”拿出钱来,交给弗戒,弗戒拿了五十块钱进去,对阿宝说道:“孩子呀!我做爹的

> 對你不起了。人家拿錢來了。說叫你就要隨之他們去的孩子好好的去過好日子罷。)阿寶，聽哭道(爹呀爹。我想噲們一家好好兒的人家。一年來死存吾們父女兩箇。今天弄到這步地位。我做女兒的是一心祇想。永遠伺候你老人家過日子。不料您拿了人家五十塊錢。就肯把我賣給他了。我是捨不得丟您一個人在這兒的。爹爹。你怎麼倒捨得賣掉我呀。阿唷。阿唷。爹爹。我是無論這麼樣。總不去的。)弗戒道。(你跟我過日子。是一定要要飯的呢。)阿寶說。(我情愿叫化。情愿要飯。)弗戒說。(要不到飯。是要餓死的呢。)阿寶說(情愿餓死。)弗戒忽然高聲說道。(好好好。不料我甄弗戒。還有這麼箇有志氣的女兒。不錯不錯。錢拿去還他。做人別做得沒有志氣。)就出來還錢。鳳姐說。(要有志氣也容易。不賣也不妨事。我看你到了煙癮來的時候。如果沒有烟抽呀。哼哼。少不得要癮死的呀。)弗戒一聽這話忽然打起呵欠來了。站定了一轉念。從新進去望着女兒就跪哭道。(好孩子呀。我做爹的跪下來了。想想沒有烟抽是過不去的。好孩子。你救救我罷。)阿寶沒有法子。祇好一面跪一面哭一面就說道。(爹爹不要如此。女兒去就是了。)弗戒方纔站起來。阿寶又說道。(爹爹。

对你不起了，人家拿钱来了，说叫你就要随之他们去的，孩子好好的去过好日子罢。”阿宝一听哭道：“爹呀爹！我想咱们一家好好儿的人家，一年来死存吾们父女两个，今天弄到这步地位，我做女儿的是一心只想永远伺候你老人家过日子。不料您拿了人家五十块钱，就肯把我卖给他了，我是舍不得丢您一个人在这儿的。爹爹！你怎么倒舍得卖掉我呀？阿唷阿唷！爹爹，我是无论这么样，总不去的。”弗戒道：“你跟我过日子，是一定要要饭的呢。”阿宝说：“我情愿叫化，情愿要饭。”弗戒说：“要不到饭，是要饿死的呢。”阿宝说：“情愿饿死。”弗戒忽然高声说道：“好好好！不料我甄弗戒，还有这么个有志气的女儿，不错不错！钱拿去还他，做人别做得没有志气。”就出来还钱。凤姐说：“要有志气也容易，不卖也不妨事，我看你到了烟瘾来的时候，如果没有烟抽呀，哼哼！少不得要瘾死的呀！”弗戒一听这话，忽然打起呵欠来了，站定了一转念，从新进去，望着女儿就跪哭道：“好孩子呀！我做爹的跪下来了，想想没有烟抽，是过不去的。好孩子，你救救我罢。”阿宝没有法子，只好一面跪，一面哭，一面就说道：“爹爹不要如此，女儿去就是了。”弗戒方才站起来，阿宝又说道：“爹爹，

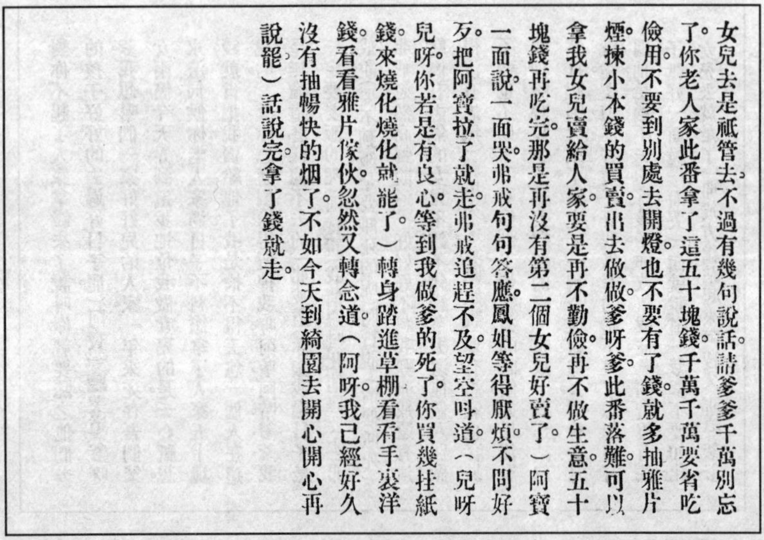
女兒去是祇管去。不過有幾句說話。請爹爹千萬別忘了。你老人家此番拿了這五十塊錢。千萬千萬要省吃儉用。不要到別處去開燈。也不要有了錢。就多抽雅片煙。揀小本錢的買賣。出去做做。爹呀爹。此番落難。可以拿我女兒賣給人家。要是再不勤儉。再不做生意。五十塊錢再吃完。那是再沒有第二個女兒好賣了。）阿寶一面說。一面哭。弗戒句句答應。鳳姐等得厭煩。不問好歹。把阿寶拉了就走。弗戒追趕不及。望空叫道。（兒呀兒呀。你若是有良心。等到我做爹的死了。你買幾挂紙錢。來燒化燒化就罷了。）轉身踏進草棚。看看手裏洋錢。看看雅片傢伙。忽然又轉念道。（阿呀。我已經好久沒有抽暢快的烟了。不如今天到綺園去開心開心再說罷。）話說完。拿了錢就走。

女儿去是只管去,不过有几句说话,请爹爹千万别忘了。你老人家此番拿了这五十块钱,千万千万要省吃俭用,不要到别处去开灯;也不要有了钱,就多抽鸦片烟。拣小本钱的买卖,出去做做。爹呀爹!此番落难,可以拿我女儿卖给人家;要是再不勤俭,再不做生意,五十块钱再吃完,那是再没有第二个女儿好卖了!”阿宝一面说,一面哭,弗戒句句答应。凤姐等得厌烦,不问好歹,把阿宝拉了就走。弗戒追赶不及,望空叫道:“儿呀儿呀!你若是有良心,等到我做爹的死了,你买几挂纸钱,来烧化烧化就罢了。”转身踏进草棚,看看手里洋钱,看看鸦片家伙,忽然又转念道:“阿呀!我已经好久没有抽畅快的烟了,不如今天到绮园去开心开心再说罢。”话说完,拿了钱就走。

（十七）一朝錢在手痛苦都忘却

綺園買賣狠好。堂倌正身自己經手大大整頓。甄弗戒走上來。正身十分巴結。認識他是個老主顧。不知道弗戒身上的衣服還是化了三塊錢新買的。其餘四十七塊錢。弗戒如數交給正身。說明抽烟、吃飯、住宿都在煙館兒裏頭。正身堂倌連聲諾諾的答應。又問弗戒吃過飯了沒有。弗戒說（不錯。不是你說我倒忘了。你跟我到番菜館裏去叫一個雞絲鮑魚湯。再來一個西米布丁。再來一個蝦仁蛋炒飯。另外帶買一包鋏例卡司的香煙。快去快來）堂倌聽了。就飛也似的去叫菜了。弗戒就進去抽煙。把女兒臨走所說的話兒都忘得乾乾淨淨了。

（十七）一朝钱在手，痛苦都忘却

绮园买卖狠好，堂倌正身自己经手，大大整顿。甄弗戒走上来，正身十分巴结，认识他是个老主顾，不知道弗戒身上的衣服，还是化了三块钱新买的。其余四十七块钱，弗戒如数交给正身，说明抽烟、吃饭、住宿，都在烟馆儿里头。正身堂倌连声诺诺的答应，又问弗戒吃过饭了没有。弗戒说："不错，不是你说，我倒忘了。你跟我到番菜馆里，去叫一个鸡丝鲍鱼汤，再来一个西米布丁，再来一个虾仁蛋炒饭，另外带买一包镁例卡司的香烟，快去快来！"堂倌听了，就飞也似的去叫菜了。弗戒就进去抽烟，把女儿临走所说的话儿，都忘得干干净净了。

(十八)賣良爲娼是抽煙的報應

阿寶跟着鳳姐他們一夥兒走到窰子裏一看。說道。（阿呀。這是什麽地方呀。）鳳姐說。（就是你的家裏。）阿寶說。（怎麽人有那門多吶。又有這樣的熱鬧吶。）衆人說。（到裏夜擺酒碰和。五呀，對呀。小東人，先帝爺的。說說笑笑。彈彈唱唱。還要熱鬧得多的多的多哩。）阿寶說。（這不是窰子麽。）鳳姐說。（哼，外教人叫窰子。内家叫生意上。）阿寶一聽不對。罵道。（我爹賣我出來。是說明白做養媳婦的。你們怎麽騙我到這兒來了。那是我要回去的。）鳳姐不等他說完。不管三七二十一。走上就給他一个耳刮子。說道。（你生意做不做。不做我要燒紅了煙仟子戳的。）阿寶被逼不過。只得勉强答應。望空哭道。（爹呀。我也顧不得你了。想你不聽我媽的好話。這管抽雅片烟。到今天害得做女兒的來幹這種沒臉的營生。咳。這都是你自己不好的報應呀。）烏龜鴇兒忙喝道。（你嘮嘮叨叨。打算怎麽。不准你多開口。快進去換衣服。阿寶沒有法子。祇好忍着一包眼淚。隨他們進去。

(十八)卖良为娼,是抽烟的报应

阿宝跟着凤姐他们,一伙儿走到窑子里一看,说道:“阿呀!这是什么地方呀?”凤姐说:“就是你的家里。”阿宝说:“怎么人有那门多呐?又有这样的热闹呐?”众人说:“到里夜摆酒碰和,五呀对呀,‘小东人’、‘先帝爷’的,说说笑笑,弹弹唱唱,还要热闹得多的多的多哩!”阿宝说:“这不是窑子么?”凤姐说:“哼!外教人叫窑子,内家叫生意上。”阿宝一听不对,骂道:“我爹卖我出来,是说明白做养媳妇的,你们怎么骗我到这儿来了?那是我要回去的!”凤姐不等他说完,不管三七二十一,走上就给他一个耳刮子,说道:“你生意做不做?不做我要烧红了烟仟子戳的!”阿宝被逼不过,只得勉强答应,望空哭道:“爹呀!我也顾不得你了!想你不听我妈的好话,这管抽鸦片烟,到今天害得做女儿的来干这种没脸的营生!咳!这都是你自己不好的报应呀!”乌龟鸨儿忙喝道:“你唠唠叨叨,打算怎么?不准你多开口,快进去换衣服。”阿宝没有法子,只好忍着一包眼泪,随他们进去。

(十九)賣女錢。都撥。到。煙。斗。眼。兒。裏。去。了。
甄弗戒在綺園開燈。雅片煙每天抽四兩。外加零用。不
到三個禮拜。四十七塊錢。抵過還不够。反而短堂倌二
十六塊。堂倌跟他算賬。弗戒一想不好。祗好騙堂倌道。
(我今天要回去了。短你的錢。待會兒到公館。馬上叫
趕車的送來。)堂倌很信他。放他走了。又送他到門口。
請他常來照應照應。弗戒出來一打算。說道。(阿呀不
好。糊裏糊塗怎麼過了十多天了。現在是草棚都住不
起了。那兒來有洋錢還他呢。這可怎麼好。呃呵還好。身
上還有六箇銅子兒。待我買點兒土皮呑呑。到大馬路
去趨蹉趨蹉罷。

（十九）卖女钱，都拨到烟斗眼儿里去了

甄弗戒在绮园开灯，鸦片烟每天抽四两，外加零用，不到三个礼拜，四十七块钱，抵过还不够，反而短堂倌二十六块。堂倌跟他算账，弗戒一想不好，只好骗堂倌道："我今天要回去了，短你的钱，待会儿到公馆，马上叫赶车的送来。"堂倌很信他，放他走了，又送他到门口，请他常来照应照应。弗戒出来一打算，说道："阿呀不好！糊里糊涂怎么过了十多天了，现在是草棚都住不起了，那儿来有洋钱还他呢？这可怎么好？呃呵还好，身上还有六个铜子儿，待我买点儿土皮吞吞，到大马路去遛达遛达罢。"

第二十場要拉野雞自己倒給堂倌拉

(二十)要拉野雞自己倒給堂倌拉

大馬路上。有兩箇野雞一路走一路說話。一箇說(男人總是沒有良心的我跟欺主。一塊兒捲逃出來他在半路上。倒反拿我押在野雞堂子裏頭做野雞。你想可惡不可惡呢)一個說(我們祗好到那邊去拉拉人再說罷)兩人就手拉手兒的走向前去。一會兒。一個圈子繞過來忽然覺得背後有人跟着無意之中回頭一看。認得是甄弗戒說聲阿呀趕緊就跑。弗戒走到大馬路看見楊花的身段早有幾分疑心。不過在他背後。沒有認得准不敢胡亂就叫。這會兒他剛好回頭。定睛一看。却是楊花伸手去拉已經叫他逃走了。飛步的趕上去。一路趕。一路叫楊花剛要抓着不料自己的辮子反而給人在背後抓住了。死命不放。回頭一看。就是綺園的堂倌弗戒哀哀告說(等我去追到了那个人。再還你洋錢罷。堂倌那裏肯聽伸手就打立時把弗戒身上的衣服脫去帽子鞋亦都要了去。一件不留。弗戒說(咳到了如今纔知道女兒臨走說的都是好話然而現在明白已經來不及了。現在身上半個大都沒有了。這種日子怎麼好過。我只好尋個死路了)走路人聽見。都勸他道(慢慢慢慢你爲何不去拉拉車子賺幾個

(二十)要拉野鸡,自己倒给堂倌拉

大马路上,有两个野鸡一路走,一路说话。一个说:“男人总是没有良心的,我跟欺主,一块儿卷逃出来,他在半路上,倒反拿我,押在野鸡堂子里头做野鸡,你想可恶不可恶呢?”一个说:“我们只好到那边去拉拉人再说罢。”两人就手拉手儿的,走向前去。一会儿,一个圈子绕过来,忽然觉得背后有人跟着,无意之中回头一看,认得是甄弗戒,说声“阿呀”,赶紧就跑。弗戒走到大马路,看见杨花的身段,早有几分疑心,不过在他背后,没有认得准,不敢胡乱就叫。这会儿他刚好回头,定睛一看,却是杨花,伸手去拉,已经叫他逃走了。飞步的赶上去,一路赶,一路叫“杨花”。刚要抓着,不料自己的辫子,反而给人在背后抓住了,死命不放,回头一看,就是绮园的堂倌。弗戒哀哀告说:“等我去追到了那个人,再还你洋钱罢!”堂倌那里肯听,伸手就打,立时把弗戒身上的衣服脱去,帽子鞋亦都要了去,一件不留。弗戒说:“咳!到了如今,才知道女儿临走说的都是好话。然而现在明白,已经来不及了!现在身上半个大都没有了,这种日子怎么好过?我只好寻个死路了!”走路人听见,都劝他道:“慢慢慢慢!你为何不去拉拉车子,赚几个

錢來過日子呢。）弗戒說。（租車子是要有保人的叫我此刻到那兒去找保人呢。）衆人說。（吾們跟你合保就是了。）弗戒道謝了衆人就隨他們去借車子。

钱来过日子呢?”弗戒说:“租车子是要有保人的,叫我此刻到那儿去找保人呢?”众人说:“吾们跟你合保就是了。”弗戒道谢了众人,就随他们去借车子。

第二十一場兩眼巴巴望着女兒當表子(上)

第二十一場兩眼巴巴望着女兒當妓女(下)

(二十一)兩眼巴巴望着女兒當表子

賈熱心惠運動取到保險銀。出了一次馬頭。又回到上海。倆人天天花天酒地。鬧得不亦樂乎。有一天到番菜館吃晚飯。叫堂倌挑有名的窰姐。叫一个來。堂倌答應。就跟他叫了一個花媛媛。沒有一會兒。別座的條子先來。花媛媛隨後也到了。誰知叫來的。不是別人。就是阿寶。阿寶上去叫他伯伯。跟局老媽子趕上去拉住他說道(你怎麼可以叫他伯伯吶一點兒規矩都不懂得嗎)阿寶說(這倆人本來是吾們家掌櫃。我向來叫他伯伯的)跟局恨恨的道(向來是向來。此刻是此刻。祇准你叫他老爺。不准你叫他別的)阿寶拗他不過。祇得上去叫了一聲老爺。在一邊坐下。一句話都不說。賈惠亦覺得沒有趣味。就催他們走。這時候。弗戒剛剛拉了車子。在番菜館門口找買賣。瞅見有個窰姐出來。就上前去攔生意。窰姐看了他一眼。說道(不不。你是鴉片烟鬼。拉不動的。我不要。)弗戒咕嚕道(鴉片烟又不是抽你的。)沒有說完。忽然又有一個人兒出來。也上去攔生意。跟局的眼快。拉着阿寶就走。弗戒沒有看得清楚。趕緊拉了車子上去追。一路追。一路在背後嚷叫阿寶。又自己念道(媒人說做養媳婦。怎麼當起表子

(二十一)两眼巴巴,望着女儿当婊子

贾热心、惠运动取到保险银,出了一次码头,又回到上海。两人天天花天酒地,闹得不亦乐乎。有一天到番菜馆吃晚饭,叫堂倌挑有名的窑姐,叫一个来,堂倌答应,就跟他叫了一个花媛媛,没有一会儿,别座的条子先来,花媛媛随后也到了。谁知叫来的,不是别人,就是阿宝。阿宝上去叫他"伯伯",跟局老妈子赶上去拉住他说道:"你怎么可以叫他伯伯呐?一点儿规矩都不懂得吗?"阿宝说:"这两人本来是吾们家掌柜,我向来叫他伯伯的。"跟局恨恨的道:"向来是向来,此刻是此刻,只准你叫他老爷,不准你叫他别的。"阿宝拗他不过,只得上去叫了一声"老爷",在一边坐下,一句话都不说。贾、惠亦觉得没有趣味,就催他们走。这时候,弗戒刚刚拉了车子,在番菜馆门口找买卖,瞅见有个窑姐出来,就上前去拦生意。窑姐看了他一眼,说道:"不不!你是鸦片烟鬼,拉不动的,我不要。"弗戒咕噜道:"鸦片烟又不是抽你的!"没有说完,忽然又有一个人儿出来,也上去拦生意,跟局的眼快,拉着阿宝就走。弗戒没有看得清楚,赶紧拉了车子上去追,一路追,一路在背后嚷叫"阿宝",又自己念道:"媒人说做养媳妇,怎么当起婊子

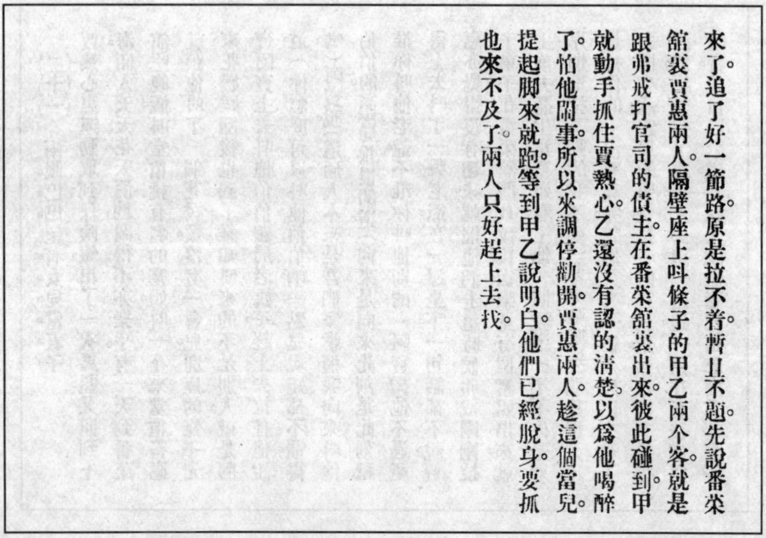

來了。追了好一節路。原是拉不着。暫且不題。先說番菜館裏賈惠兩人隔壁座上叫條子的甲乙兩个客。就是跟弗戒打官司的債主。在番菜館裏出來。彼此碰到。甲就動手抓住賈熱心。乙還沒有認的清楚。以爲他喝醉了。怕他鬧事。所以來調停勸開。賈惠兩人。趁這個當兒。提起脚來就跑。等到甲乙說明白他們已經脫身。要抓也來不及了。兩人只好趕上去找。

来了?”追了好一节路,原是拉不着,暂且不题。先说番菜馆里贾、惠两人,隔壁座上叫条子的甲乙两个客,就是跟弗戒打官司的债主,在番菜馆里出来,彼此碰到,甲就动手抓住贾热心,乙还没有认的清楚,以为他喝醉了,怕他闹事,所以来调停劝开。贾、惠两人,趁这个当儿,提起脚来就跑。等到甲乙说明白,他们已经脱身,要抓也来不及了,两人只好赶上去找。

第二十二場女兒不得見倒乞龜兒打

(二十二)女兒。不得見。倒乞。龜兒。打。

甄弗戒拉着車子。追趕女兒阿寶。趕了半天。總趕在他背後。不能跟他說話。趕到麥家圈地方。望之他往一條小衚衕兒裏頭進去。抬頭一看。是東尙仁里。然而不問明白。總不甘心。只得放了車子。一直追進衚衕去。不料來了個外國巡捕。看見空車違章。就把車子敲了兩下。車夫還是不來。他就把車子交給中國巡捕。拉到巡捕房裏去了。可憐弗戒在尙仁里。還沒有踏進窰子。已經給鳳姐一聲嚷。叫出一羣十幾個龜奴。把弗戒打出衚衕外。擠在地下。你也一拳。吾也一脚。打得弗戒沒口子叫救命。也沒有人答應。等打完了。烏龜走得一個都沒有。弗戒一個人慢慢的爬起來說道。(我倒也不怕打。定要天天候在這兒。阿寶總是要出來的。等他出來。我就一把拉住他問個明白來。咳。我的阿寶呀。我的好孩子呀。這眞是你爹坑了你了。咳、實在的對你不起。)隨說隨來找車子。誰知道已經叫巡捕拉去了。想想走投無路。又對不起衆位保人。只好逃到老北門城門口兒。去找個窩兒睡覺。養養傷再說罷。

(二十二)女儿不得见,倒乞龟儿打

甄弗戒拉着车子,追赶女儿阿宝,赶了半天,总赶在他背后,不能跟他说话。赶到麦家圈地方,望之他往一条小胡同儿里头进去,抬头一看,是东尚仁里,然而不问明白,总不甘心。只得放了车子,一直追进胡同去。不料来了个外国巡捕,看见空车违章,就把车子敲了两下,车夫还是不来,他就把车子交给中国巡捕,拉到巡捕房里去了。可怜弗戒在尚仁里,还没有踏进窑子,已经给凤姐一声嚷,叫出一群十几个龟奴,把弗戒打出胡同外,拧在地下,你也一拳,吾也一脚,打得弗戒没口子叫救命,也没有人答应。等打完了,乌龟走得一个都没有,弗戒一个人慢慢的爬起来,说道:"我倒也不怕打,定要天天候在这儿,阿宝总是要出来的。等他出来,我就一把拉住他,问个明白来。咳!我的阿宝呀!我的好孩子呀!这真是你爹坑了你了!咳!实在的对你不起!"随说随来找车子,谁知道已经叫巡捕拉去了。想想走投无路,又对不起众位保人,只好逃到老北门城门口儿,去找个窝儿睡觉,养养伤再说罢。

第二十三場臨死發善心留字勸後人

(二)(十)(三) 臨死。發。善。心。留。字。勸。後。人。

甲乙兩債主。趕到老北門。看見有個測字的。就上前拿一個字問道。(找一個人。找了好久。找不着。到底找得着嗎。)測字的說道。(今兒晚上要不找也找不到的。要找也找得着的。)債主一想。這句話跟沒有問一樣。非但不給錢。反而罵他幾句。測字看看沒有生意。也就磕睡了。這個時候甄弗戒已經做了叫化子了。身上背了蒲包當衣服。手裏拿了要飯的籃。要飯的棒。一步一顚的走來。嘴裏還在那裏叫什麼娘娘太太做做好事。救救窮人給碗飯罷。叫來叫去總要不着。肚子裏餓得不了了。况且那一晚起挨烏龜打了以後。一直疼到如今。自己知道不能長久。想着從前種種的事情自己不覺動起心來。說道。(中國抽烟的人。不止幾千萬。雖然不至于个个像我一樣。家當敗完。毒死兒子。氣死老娘。逼死老婆。把女兒賣給人家當表子。臨了連東洋車夫都當不起。出來要飯做叫化子。叫人家笑駡。咳。這個話又要說回來嘞。要是笑罵我抽烟。不成人。只倒罵得有理。我可也佩服的。要是抽烟人。駡我丟了他們的臉。那是他們罵錯了。我可不願意受的。然而他們看見我爲抽鴉片烟弄到這步田地。回去自己戒煙。那就不要說是

(二十三)临死发善心,留字劝后人

甲乙两债主,赶到老北门,看见有个测字的,就上前拿一个字,问道:“找一个人,找了好久,找不着,到底找得着吗?”测字的说道:“今儿晚上,要不找也找不到的,要找也找得着的。”债主一想:“这句话跟没有问一样,非但不给钱,反而骂他几句。”测字看看没有生意,也就磕睡了。这个时候,甄弗戒已经做了叫化子了,身上背了蒲包当衣服,手里拿了要饭的篮,要饭的棒,一步一颠的走来,嘴里还在那里叫什么“娘娘太太,做做好事,救救穷人,给碗饭罢”,叫来叫去,总要不着。肚子里饿得不了了,况且那一晚起,挨乌龟打了以后,一直疼到如今。自己知道不能长久,想着从前种种的事情,自己不觉动起心来,说道:“中国抽烟的人,不止几千万。虽然不至于个个像我一样,家当败完,毒死儿子,气死老娘,逼死老婆,把女儿卖给人家当婊子,临了连东洋车夫都当不起,出来要饭,做叫化子,叫人家笑骂!咳!这个话又要说回来嘞,要是笑骂我抽烟不成人,只倒骂得有理,我可也佩服的。要是抽烟人骂我丢了他们的脸,那是他们骂错了,我可不愿意受的。然而他们看见我为抽鸦片烟,弄到这步田地,回去自己戒烟,那就不要说是

駡我。就是拿我打死。我也是甘心的。若是祗知道駡。不
知道戒。那是他們的收成結果。恐怕還要不如我哩。咳，
我不如趁我還有點兒氣。拿我的一生事跡。寫下來。叫
抽煙的人看了。快快的戒。不抽烟的看了。也好勸勸別
人。若是有熱心人看見了。能够做一部小說。或是打一
本新戲。勸勸人。叫人家都知道甄弗戒。爲了抽雅片烟。
敗家產。丟祖宗的臉面。受害不淺。叫抽烟的不敢再抽。
那麼我死在地下。眼兒也閉了。阿呀。有了這點心。沒有
紙墨筆硯。也是枉然。）四面一望。看見有一个烟氣滿
臉的測字先生。在那兒打盹。弗戒趁此挨上去。偷了他
的筆墨傢具。靠在城根下。寫了一大篇。將要寫完。就此
斷氣。幸虧甲乙兩個債主。正在找那賈惠兩人。看見弗
戒死得好苦。念着自己跟他是相識。就去找巡士來。把
他抬到醫院去醫。剛碰到賈熱心惠運動兩個。也來看
、熱鬧。就叫債主拉住。也交給巡士。帶到局裏去。也算是
跟甄弗戒出一口氣。

骂我，就是拿我打死，我也是甘心的。若是只知道骂，不知道戒，那是他们的收成结果，恐怕还要不如我哩。咳！我不如趁我还有点儿气，拿我的一生事迹写下来，叫抽烟的人看了，快快的戒；不抽烟的看了，也好劝劝别人。若是有热心人看见了，能够做一部小说，或是打一本新戏，劝劝人，叫人家都知道甄弗戒，为了抽鸦片烟败家产、丢祖宗的脸面，受害不浅，叫抽烟的不敢再抽，那么我死在地下，眼儿也闭了。阿呀！有了这点心，没有纸墨笔砚，也是枉然。四面一望，看见有一个烟气满脸的测字先生，在那儿打盹。弗戒趁此挨上去，偷了他的笔墨家具，靠在城根下，写了一大篇。将要写完，就此断气。幸亏甲乙两个债主，正在找那贾、惠两人，看见弗戒死得好苦，念着自己跟他是相识，就去找巡士来，把他抬到医院去医。刚碰到贾热心、惠运动两个，也来看热闹，就叫债主拉住，也交给巡士，带到局里去，也算是跟甄弗戒出一口气。

民权画报

《民权报》是民国初年资产阶级革命党人创办的日报，1912年3月创刊于上海，而《民权画报》则是其随报附赠品。国家图书馆古籍文献丛刊《清代报刊图画集成》将《民权画报》收入，没有搞清画报出版的确切时间。《民权画报》与辛亥年出版的《民立画报》实为一脉相承之关系。因已收入《民立报》，故一并附上。两画报都设有剧评专栏，撰文者皆郑正秋，《民权画报》专栏叫“菊部春秋”，绘图者沈伯诚。该栏目以新闻速写的形式，报道上海伶界演出，以新舞台为主，提倡改良新剧，评述艺术优长。沈伯诚的绘图人物生动，惟妙惟肖。

谷曙光整理文字。

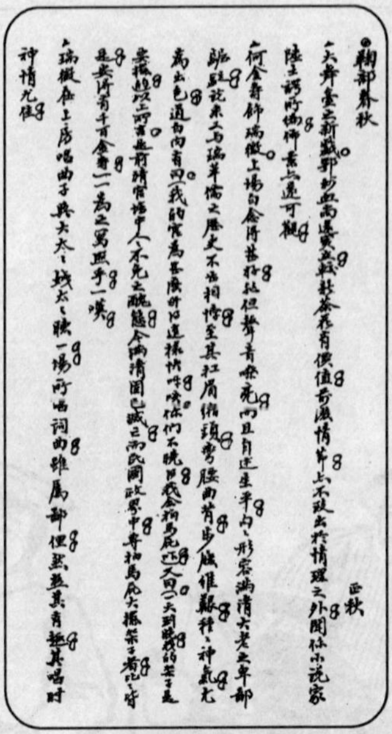

菊部春秋

正秋

大舞台之新戏《鄂州血》尚还实在，较《新茶花》有价值，前后情节亦不致出于情理之外，闻系小说家陆士谔所编，布景亦还可观。

何金寿饰瑞徵，上场白念得甚好，非但声音嘹亮，而且自述生平，句句形容满清大老之卑鄙龌龊，说来又与瑞莘儒之历史不甚相悖。至其扛眉缩颈，弯腰曲背，步履维艰，种种神气尤为出色。道白内有曰："我的官为甚么升得这样快呀？咳！你们不晓得，我会拍马屁吓！"又曰："一天到晚，我的架子是要摆的。"以上所言，是前清官场中人人不免之丑态。今满清固已灭亡，而民国政界中，专拍马屁、大摆架子者，比比皆是，安得有千百金寿，一一为之写照乎？一叹。

瑞徵在上房唱曲子与大太太、姨太太听一场，所唱词曲，虽属鄙俚，然极其有趣，其唱时神情尤佳。

菊部春秋

正秋

会客三次。第一次会议防剿革命事，闻张彪上条陈，谓先拿没辫子的杀。心服其计，而碍于黎元洪，目视黎而故作游移不决状。见黎反对，渠于是亦不以为然，表情甚佳。第二次怒形于色，奚落黎元洪亦好。第三次怪张彪直入其上房，心内着急，恐怕旁边两个太太吃惊，所以面上强为安然无事样子。口中又不住叫大小老婆，不要害怕。此是何金寿之长处。

何家声于头二本《鄂州血》中饰张彪，亦还差强人意。更番至瑞徵上房告警，慌忙得煞是好看。在瑞徵前上搜杀无辫人之条陈，出门时乃向黎元洪请罪，此场亦佳。

沈韵秋于《鄂州血》饰黎元洪，生气勃勃，颇见威武。惟道白不必处处用力，句句以厉声出之；否则交谈如斗口，未免求工反拙。谓张彪曰："只检没辫的杀，难道要将我黎元洪开头刀么?!"言时忽去其帽，神情尚好，惟嫌说得太粗耳。求情大碰钉子一场，再三曰："瑞徵、瑞徵，这座武昌城，恐怕就要断送在你手!"言罢更叹。此处未免失检。细味语意，殊与希望共和之音相违，有诬黎公矣。

伯誠寫意

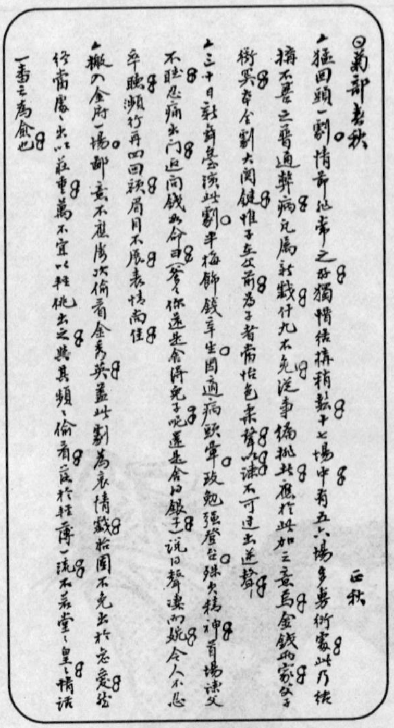

菊部春秋

正秋

《猛回头》一剧，情节非常之好，独惜结构稍松。十七场中，有五六场多敷衍处，此乃结构不善之普通弊病。凡属新戏，什九不免。从事编排者，应于此加之意焉。金钱两家父子冲突，本全剧大关键，惟子在父前，为子者当怡色柔声以谏，不可过出逆声。

三十日新舞台演此剧，半梅饰钱辛生，因适病头晕，致勉强登台，殊欠精神。首场谏父不听，忍痛出门，返问钱如命曰：“爹爹，你还是舍得儿子呢，还是舍得银子？”说得声凄而婉，令人不忍卒听。濒行再四回顾，眉目不展，表情尚佳。

搬入金府一场，鄙意不应屡次偷看金秀英。盖此剧为哀情戏，始固不免出于恋爱，然终当处处出以庄重，万不宜以轻佻出之。与其频频偷看，落于轻薄一流；不若堂堂皇皇，情话一番之为愈也。

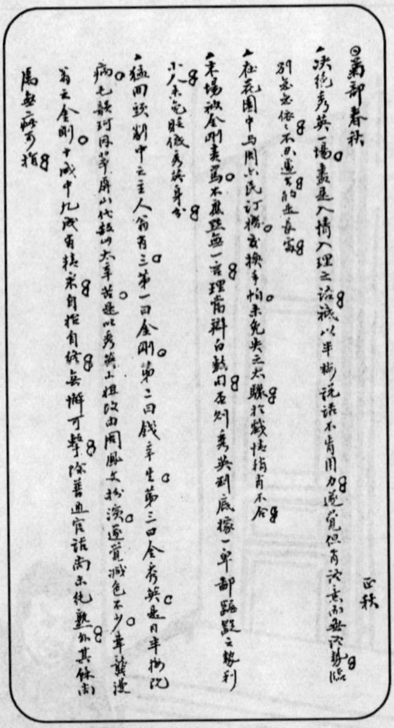

菊部春秋

正秋

决绝秀英一场，尽是入情入理之语，只以半梅说话不肯用力，遂觉但有语意而无语势。临别恋恋依依，不忍遽去，的是长处。

在花园中与周亦民订婚，交换手帕，未免失之太骤，于戏情稍有不合。

末场被金刚责骂，不应默无一言，理当辩白数句；否则秀英到底嫁一卑鄙龌龊之势利小人，未免贬低秀英身分。

《猛回头》剧中之主人翁有三：第一曰金刚；第二曰钱辛生；第三曰金秀英。是日半梅既病，毛韵珂因《翠屏山》（代杀山）太辛苦，是以秀英小姐改由周凤文扮演，遂觉减色不少。幸龚漫翁之金刚，十成中九成有精采，自始自终，无懈可击。除普通官话尚未纯熟外，其余尚属无疵可指。

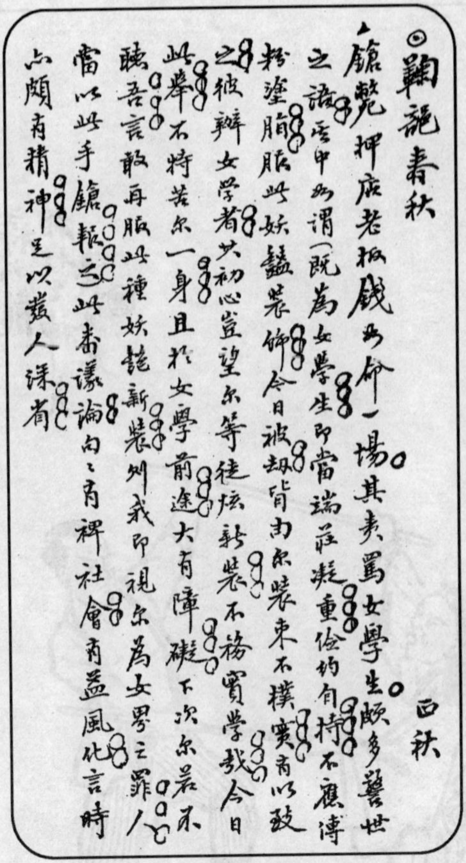
◎鞠部春秋
正秋
鎗斃押店老板錢如命一場其責罵女學生頗多警世
之語其中如謂(既為女學生即當端莊凝重儉約自持不應傅
粉塗脂服此妖艷裝飾今日被劫皆由爾裝束不樸實有以致
之彼辦女學者其初心豈望爾等徒炫新裝不務實學哉今日
此舉不特苦爾一身且於女學前途大有障礙下次爾若不
聽吾言敢再服此種妖艷新裝則我即視爾為女界之罪人
當以此手鎗報之)此番議論句句有裨社會有益風化言時
亦頗有精神足以發人深省

菊部春秋

正秋

枪毙押店老板钱如命一场，其责骂女学生，颇多警世之语，其中如谓："既为女学生，即当端庄凝重，俭约自持，不应傅粉涂脂，服此妖艳装饰。今日被劫，皆由尔装束不朴实，有以致之。彼办女学者，其初心岂望尔等徒炫新装，不务实学哉！今日此举，不特苦尔一身，且于女学前途大有障碍。下次尔若不听吾言，敢再服此种妖艳新装，则我即视尔为女界之罪人，当以此手枪报之！"此番议论，句句有裨社会、有益风化，言时亦颇有精神，足以发人深省。

金剛與
蔣大龍
相打之神氣
伯誠寫意

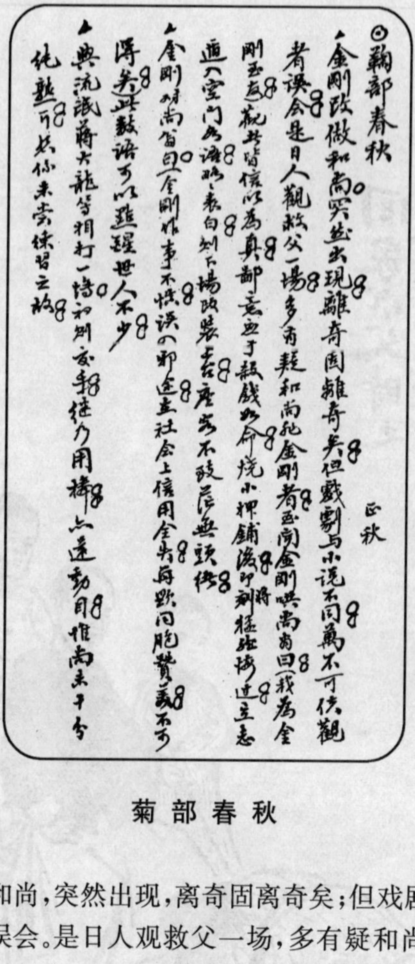
◎鞠部春秋
正秋
△金刚改做和尚突然出现離奇固離奇矣但戲劇与小说不同萬不可使觀者误会是日人觀救父一場多有疑和尚非金刚者至闻金刚哄尚翁曰我為金刚至友观者皆信以為真鄙意应于殺錢如命燒小押鋪後即將猛然悔过立志遁入空门各語略略表白則下場改裝上台座客不致茫無頭緒
△金刚对尚翁曰金刚作事不慎误入邪途在社会上信用全失再欲同胞贊美不可得矣此数語可以點醒世人不少
△與流氓蒋大龍等相打一場初則交手继乃用棒亦还动目惟尚未十分纯熟耳想係未尝练習之故

菊部春秋

正秋

金刚改做和尚，突然出现，离奇固离奇矣；但戏剧与小说不同，万不可使观者误会。是日人观救父一场，多有疑和尚非金刚者。至闻金刚哄尚翁曰："我为金刚至友。"观者皆信以为真。鄙意应于杀钱如命、烧小押铺后，即将猛然悔过、立志遁入空门各语，略略表白，则下场改装上台，座客不致茫无头绪。

金刚对尚翁曰："金刚作事不慎，误入邪途，在社会上信用全失，再欲同胞赞美，不可得矣。"此数语可以点醒世人不少。

与流氓蒋大龙等相打一场，初则交手，继乃用棒，亦还动目，惟尚未十分纯熟耳。想系未尝练习之故。

回家求父時之
金剛
伯誠

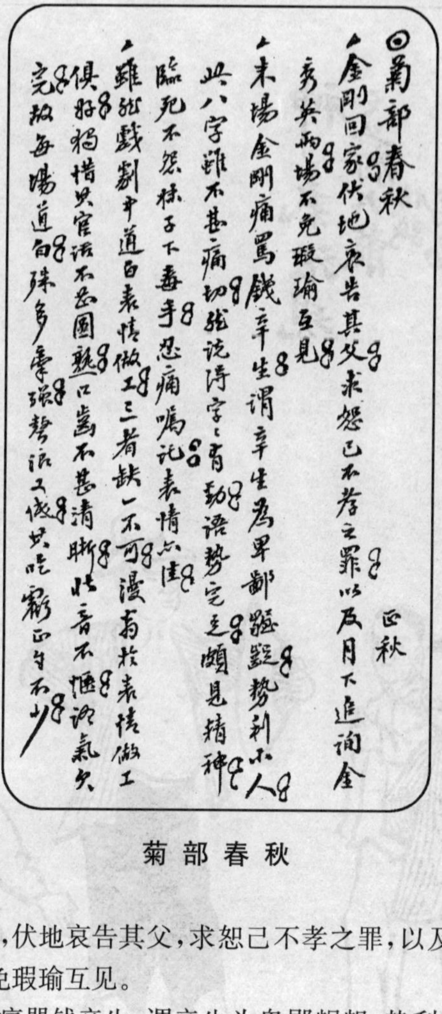

◎菊部春秋　正秋

△金剛回家。伏地哀告其父。求恕己不孝之罪。以及月下追詢金秀英兩場。不免瑕瑜互見。

△末場金剛痛罵錢辛生。謂辛生爲卑鄙齷齪。勢利小人。此八字雖不甚痛切。然說得字字有勁。語勢完足。頗見精神。臨死不怨妹子下毒手。忍痛囑託。表情亦佳。

△雖然戲劇中道白表情做工。三者缺一不可。漫翁於表情做工俱好。獨惜其官話不甚圓熟。口齒不甚清晰。北音不愜。語氣欠完。故每場道白。殊多牽強。聲浪又低。其吃虧正自不少。

菊部春秋

正秋

金刚回家，伏地哀告其父，求恕己不孝之罪，以及月下追询金秀英两场，不免瑕瑜互见。

末场金刚痛骂钱辛生，谓辛生为卑鄙龌龊、势利小人。此八字虽不甚痛切，然说得字字有劲，语势完足，颇见精神。临死不怨妹子下毒手，忍痛嘱托，表情亦佳。

虽然戏剧中道白、表情、做工，三者缺一不可，漫翁于表情、做工俱好，独惜其官话不甚圆熟、口齿不甚清晰，北音不惬、语气欠完。故每场道白，殊多牵强，声浪又低，其吃亏正自不少。

神氣活現
蔣大龍
伯誠寫意

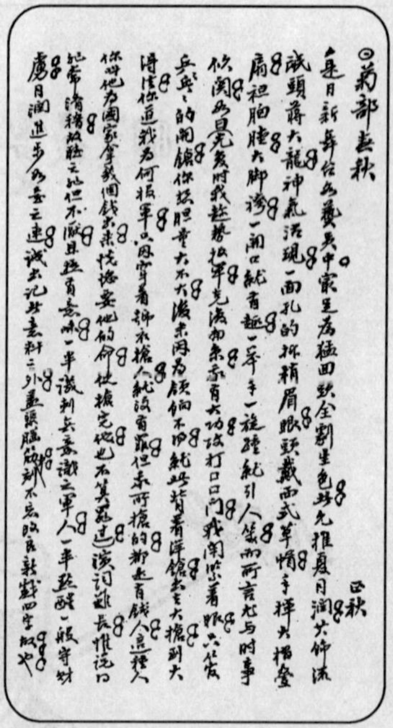

菊部春秋

正秋

是日新舞台各艺员中，最足为《猛回头》全剧生色者，允推夏月润。其饰流氓头蒋大龙，神气活现，一面孔的拆梢眉眼。头戴西式草帽，手挥大折叠扇，袒胸膛，大脚裤，一开口就有趣，一举手、一旋踵就引人笑。而所言尤与时事攸关，如曰：“光复时我趁势投军，克复南京，我有大功，攻打□□门，我闭紧着眼，只管乒乒乓乓的开枪。你想胆量大不大？后来因为领饷不得，就此背着洋枪，出去大抢，到大得法。你道我为何投军？只因穿着号衣抢人，就没有罪。但我所抢的，都是有钱人，这种人你叫他为国家拿几个钱出来，恍惚要他的命！便抢完他，也不算罪过！”演词虽长，惟说得非常滑稽，故听之非但不厌，且极有意味。一半讥刺无意识之军人，一半点醒一般守财虏。月润进步如是之速，诚出记者意料之外。盖渠脑筋中，刻不忘改良新戏四字故也。

盗魂鈴 教
樣時之
楊四立
伯誠
寫意

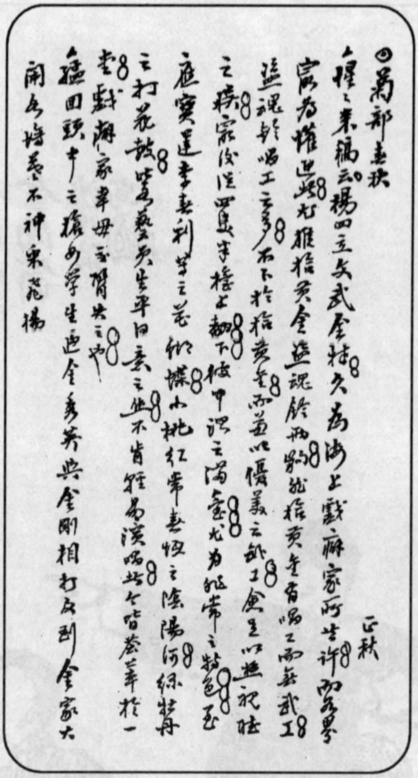

菊部春秋

正秋

惺惺来稿云："杨四立文武全材，久为海上戏癖家所共许；而各界最为欢迎者，尤推《拾黄金》、《盗魂铃》两出。然《拾黄金》有唱工而无武工，《盗魂铃》唱工之多，不下于《拾黄金》，而兼以优美之武工，愈足以极视听之娱。最后从四只半台上翻下，彼中谓之满台，尤为非常之特色。至应宝莲、李春利等之《花蝴蝶》；小桃红、常春恒之《阴阳河》；绿牡丹之《打花鼓》，皆各艺员生平得意之作，不肯轻易演唱者。今皆荟萃于一堂，戏癖家幸毋交臂失之也。"

《猛回头》中之抢女学生，逼金秀英与金刚相打，及到金家大闹各场，莫不神采飞扬。

劉藝舟
投河時之
金尚翁
沈伯诚
写

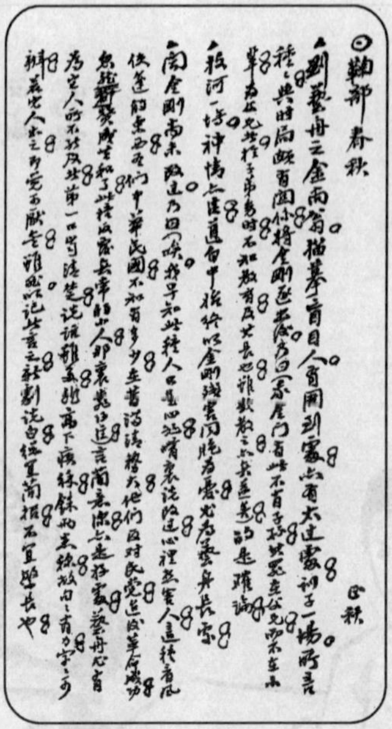

菊部春秋

正秋

刘艺舟之金尚翁，描摹盲目人，有周到处，亦有太过处。训子一场，所言种种与时局颇有关系。将金刚逐出后，乃曰："我金门有此不肖子孙，其罪在父兄，而不在小辈。为父兄者，于子弟幼时不知教育；及其长也，虽欲教之，亦无益矣。"的是确论。

投河一场，神情亦佳。道白中始终以金刚残害同胞为忧，尤为艺舟长处。

闻金刚尚未改过，乃曰："唉！我早知此种人口是心非，嘴里说改过，心里想害人。这种看风使篷的东西，吾们中华民国，不知有多少！在昔满清势大，他们反对民党，迨后革命成功，忽然都赞成共和了。此种反复无常的小人，那里靠得住！"言简意深，亦是好处。艺舟尤有为它人所不能及者，第一口齿清楚，说话虽多，然高下疾徐，铢两悉称，故句句有力、字字可辨；若它人出之，即觉可厌矣。虽然，以记者言之，新剧说白，总宜简括，不宜繁长也。

夏月珊之錢如命
伯誠寫意

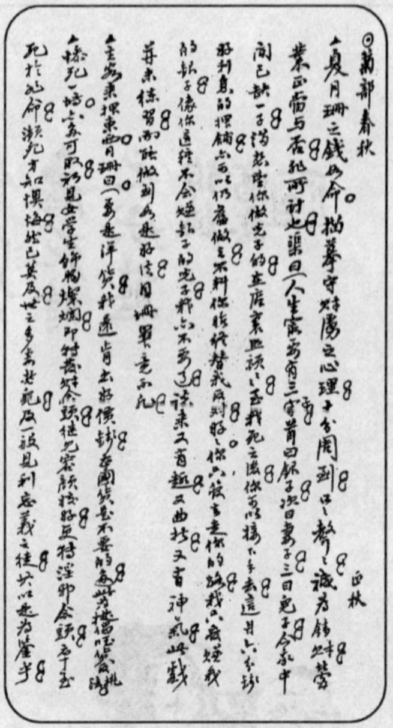

◎菊部春秋

夏月珊之钱如命。描摹守财虏之心理，十分周到，口口声声只为钱财，营业正当与否，非所计也。渠曰：“人生最要有三子：首曰银子；次曰妻子；三曰儿子。今我中间已缺一子，满想望你做儿子的，在店里照顾照顾，至我死之后，你可以接下手去。这卅六分钱、好利息的押铺，亦可以仍旧做去。不料你始终替我反对，好好，你只管去走你的路，我只爱赚我的银子，像你这种不会赚银子的儿子，我亦不要了。”说来又有趣又曲折，又有神气。此戏并未练习，而能做到如是好法，月珊毕竟不凡。

主客来押东西，月珊曰：“要是洋货，我还肯出好价钱，本国货是不要的多。”此为提倡国货反挑法。

惨死一场，亦多可取。初见女学生饰物灿烂，即转发财念头；继见容颜姣好，更转淫邪念头；卒至死于非命，濒死方知懊悔，然已莫及。世之多妻老儿，及一般见利忘义之徒，其以是为鉴乎？

正秋

菊部春秋

正秋

夏月珊之钱如命，描摹守财虏之心理，十分周到，口口声声只为钱财，营业正当与否，非所计也。渠曰：“人生最要有三子：首曰银子；次曰妻子；三曰儿子。今我中间已缺一子，满想望你做儿子的，在店里照顾照顾，至我死之后，你可以接下手去。这卅六分钱、好利息的押铺，亦可以仍旧做去。不料你始终替我反对，好好，你只管去走你的路，我只爱赚我的银子，像你这种不会赚银子的儿子，我亦不要了。”说来又有趣又曲折，又有神气。此戏并未练习，而能做到如是好法，月珊毕竟不凡。

主客来押东西，月珊曰：“要是洋货，我还肯出好价钱，本国货是不要的多。”此为提倡国货反挑法。

惨死一场，亦多可取。初见女学生饰物灿烂，即转发财念头；继见容颜姣好，更转淫邪念头；卒至死于非命，濒死方知懊悔，然已莫及。世之多妻老儿，及一般见利忘义之徒，其以是为鉴乎？

夏月珊飾
全尚翁
急死時
之狀態
伯誠
寫意

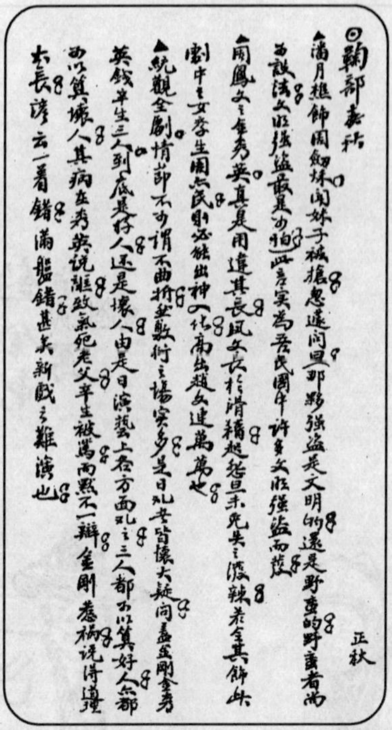
回鞠部春秋

▲潘月樵飾周劍秋，聞妹子被搶，忽遽問曰：那夥強盜是文明的，還是野蠻的？野蠻者尚可設法，文明強盜最是可怕。此言實為吾民國中許多文明強盜而發。

▲周鳳文之金秀英，真是用違其長。鳳文長於滑稽，起怨旦未免失之潑辣。若令其飾此劇中之女學生周亦民，則必能出神入化，高出趙文連萬萬也。

▲統觀全劇，情節不可謂不曲折，然敷衍之場實多。是日觀者皆懷大疑問，蓋金剛、金秀英、錢辛生三人到底是好人還是壞人？由是日演藝上各方面觀之，三人都可以算好人，亦都可以算壞人。其病在秀英說謊，致氣死老父；辛生被罵，而默不一辯；金剛惹禍，說得道理太長。諺云：一着錯，滿盤錯。甚矣，新戲之難演也。

正秋

菊部春秋

正秋

潘月樵饰周剑秋，闻妹子被抢，忽遽问曰："那伙强盗是文明的，还是野蛮的？野蛮者尚可设法，文明强盗最是可怕。"此言实为吾民国中许多文明强盗而发。

周凤文之金秀英，真是用违其长。凤文长于滑稽，起怨旦未免失之泼辣。若令其饰此剧中之女学生周亦民，则必能出神入化，高出赵文连万万也。

统观全剧，情节不可谓不曲折，然敷衍之场实多。是日观者皆怀大疑问，盖金刚、金秀英、钱辛生三人，到底是好人还是坏人？由是日演艺上各方面观之，三人都可以算好人，亦都可以算坏人。其病在秀英说诓，致气死老父；辛生被骂，而默不一辩；金刚惹祸，说得道理太长。谚云："一着错，满盘错。"甚矣！新戏之难演也。

李冠卿之
钓金龟
伯誠寫

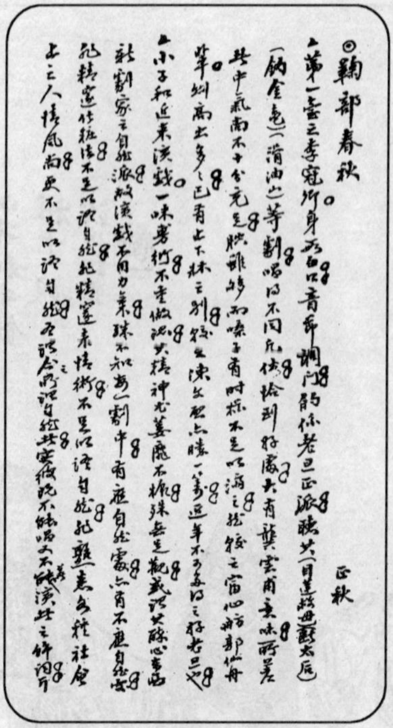

菊部春秋

正秋

第一台之李冠卿，身段白口、音节调门，的系老旦正派。听其《目莲救母》、《断太后》、《钓金龟》、《滑油山》等剧，唱得不同凡俗，恰到好处，大有龚云甫意味。所差者中气尚不十分充足，腔虽够而嗓子有时犹不足以济之。然较之富仙舫、郭仙舟辈，则高出多多，已有上下床之别；较之陈文启，亦胜一筹，近年不可多得之好老旦也。

小子和近来演戏，一味敷衍，不重做派。其精神尤萎靡不振，殊无足观。或谓其醉心东西新剧家之自然派，故演戏不用力气。殊不知每一剧中，有应自然处，亦有不应自然处。非精邃化妆法，不足以语自然；非精邃表情术，不足以语自然；非熟悉各种社会上之人情风尚，更不足以语自然。吾谓今之所谓自然者，实彼既不能唱，又不善演者之饰词耳。

小子和之飾
杜十娘
沈伯誠寫

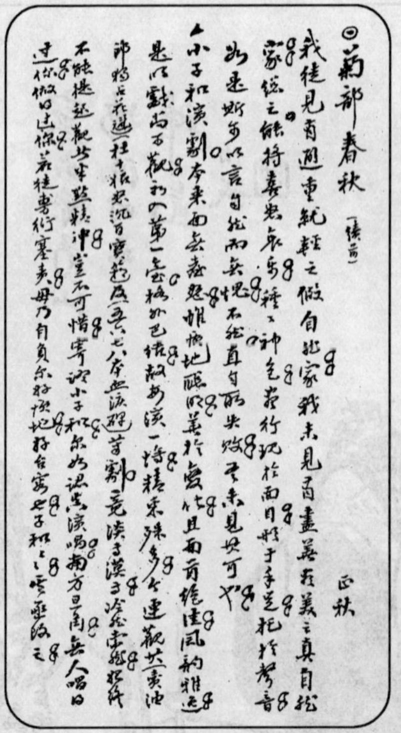
菊部春秋（续前）

正秋

我徒见有避重就轻之假自然家，我未见有尽善尽美之真自然家。总之，能将喜怒哀乐种种神色，尽行现于面目、形于手足、托于声音，如是斯可以言自然而无愧。不然，直自所失败，吾未见其可也。

小子和演剧，本来面无喜怒，惟质地聪明，善于变化，且面首绝佳，风韵雅逸，是以戏尚可观。新入第一台，格外巴结，故每演一场，精采殊多。今连观其《卖油郎独占花魁》、《杜十娘怒沉百宝箱》及五六七八本《血泪碑》等剧，竟淡淡漠漠、冷然索然，始终不能提起观者半点精神，岂不可惜！寄语小子和，尔如认真演唱，南方旦角无人唱得过你、做得过你；若徒敷衍塞责，毋乃自负尔好质地、好台容也。子和子和，望亟改之。

菊部春秋

正秋

我徒见有避重就轻之假自然家，我未见有尽善尽美之真自然家。总之，能将喜怒哀乐种种神色，尽行现于面目、形于手足、托于声音，如是斯可以言自然而无愧。不然，直自所失败，吾未见其可也。

小子和演剧，本来面无喜怒，惟质地聪明，善于变化，且面首绝佳，风韵雅逸，是以戏尚可观。新入第一台，格外巴结，故每演一场，精采殊多。今连观其《卖油郎独占花魁》、《杜十娘怒沉百宝箱》及五六七八本《血泪碑》等剧，竟淡淡漠漠、冷然索然，始终不能提起观者半点精神，岂不可惜！寄语小子和，尔如认真演唱，南方旦角无人唱得过你、做得过你；若徒敷衍塞责，毋乃自负尔好质地、好台容也。子和子和，望亟改之。

寫出孫菊仙
拗喉时之
神氣
伯誠

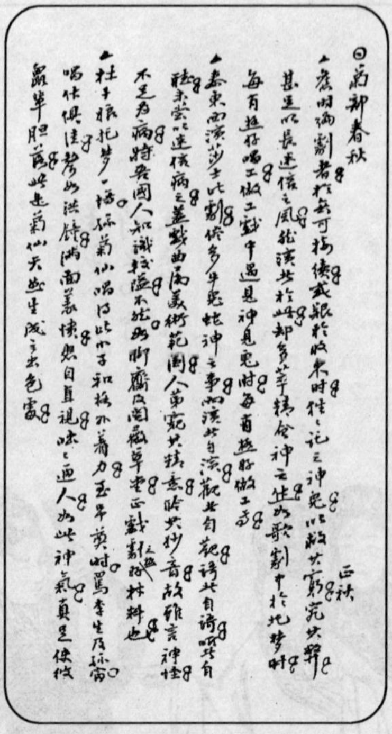

菊部春秋

正秋

应时编剧者，于无可接续或艰于收束时，往往托之神鬼，以救其穷。究其弊，甚足以长迷信之风。然演者于此，却多萃精会神之作，如歌剧中于托梦时，每有极好唱工；做工戏中遇见神见鬼时，每有极好做工等。

泰东西演莎士比剧，尽多牛鬼蛇神之事，而演者自演，观者自观，语者自语，听者自听，未尝以迷信病之。盖戏曲属美术范围，人第窥其精意、聆其妙音，故虽言神怪，不足为病。特吾国人知识较隘，不然，如《聊斋》及《阅微草堂》，正戏剧之极好材料也。

杜十娘托梦一场，孙菊仙唱得比小子和格外着力。至吊奠时，骂李生及孙富，唱作俱佳，声如洪钟，满面义愤，怒目直视，咄咄逼人。如此神气，真是使彼鼠辈胆落。此是菊仙天然生成之出色处。

李少棠樹魂
時之油滑
狀態
伯誠

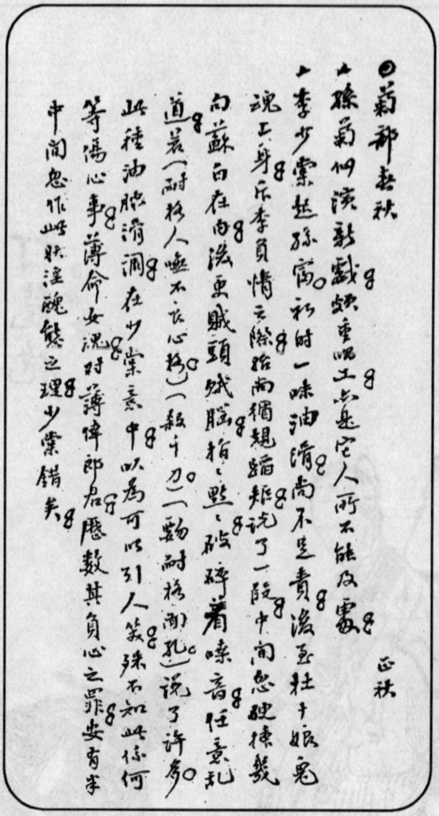

菊部春秋

正秋

孙菊仙演新戏,颇重唱工,亦是它人所不能及处。

李少棠起孙富,初时一味油滑,尚不足责;后至杜十娘鬼魂上身,斥李负情之际,始尚循规蹈矩。说了一段,中间忽硬插几句苏白在内,后更贼头贼脑、指指点点,破碎着嗓音,任意乱道,若:“耐格人呒不良心格”、“杀千刀”、“勠耐格面孔”……说了许多。此种油腔滑调,在少棠意中,以为可以引人笑;殊不知此系何等伤心事,薄命女魂对薄幸郎君,历数其负心之罪,安有半中间忽作此妖淫丑态之理?少棠错矣。

打龍袍
伯誠寫

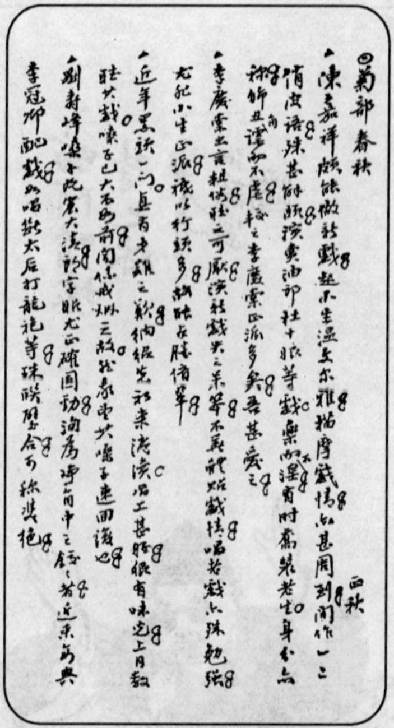

菊部春秋

正秋

陈嘉祥颇能做新戏，起小生温文尔雅，描摩戏情，亦甚周到，间作一二俏皮语，殊甚解颐。演《卖油郎》、《杜十娘》等戏，乐而不淫。有时乔装老生，身分亦称。饰丑角谑而不虐，较之李庆棠正派多矣。吾甚爱之。

李庆棠出言粗俗，听之可厌。演新戏失之呆笨，不善体贴戏情；唱老戏亦殊勉强，尤非小生正派，只以行头多，故能占胜侪辈。

近年黑头一门，真有才难之叹。纳绍先初来沪渎，唱工甚好，很有味儿。上月数听其戏，嗓子已大不如前，闻系戒烟之故，然我望其嗓子速回复也。

刘寿峰嗓子现宏大清朗，字眼尤正确圆劲，洵为净角中之佼佼者。近来每与李冠卿配戏，如唱《断太后》、《打龙袍》等，珠联璧合，可称双绝。

喊阿喑壞
時之林
步青
伯誠寫

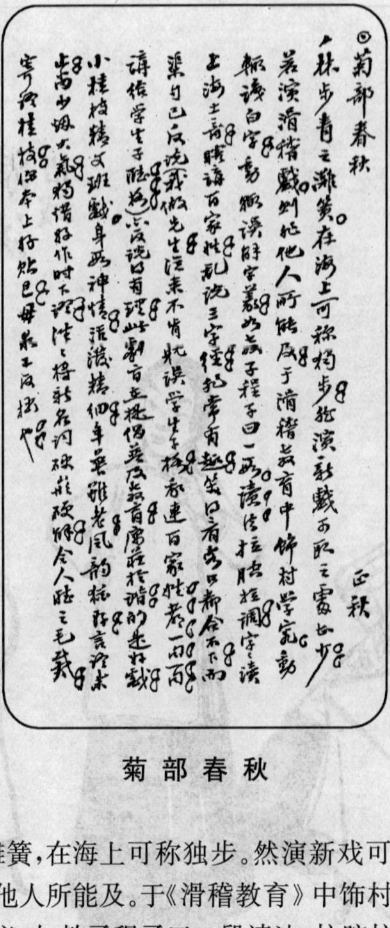

菊部春秋

正秋

林步青之滩簧，在海上可称独步。然演新戏可取之处正少。若演滑稽戏，则非他人所能及。于《滑稽教育》中饰村学究，动辄识白字，动辄误解字义，如教子程子曰一段读法，拉腔拉调，字字读上海土音，瞎讲《百家姓》，乱说《三字经》，非常有趣，笑得看客口都合不下，而渠自己反说："我做先生，从来不肯耽误学生子格。我连《百家姓》都一句一句，讲给学生子听格。"亦反说得有理。此剧旨在提倡普及教育，寓庄于谐，的是好戏。小桂枝精文班戏，身段神情活泼精细，年华虽老，风韵犹存。言语未止，尚少烟火气。独惜好作时下语，往往将新名词硬嵌硬解，令人听之毛□。寄语桂枝，你本上好贴旦，毋求工反拙也。

秋瑾演说
伯誠

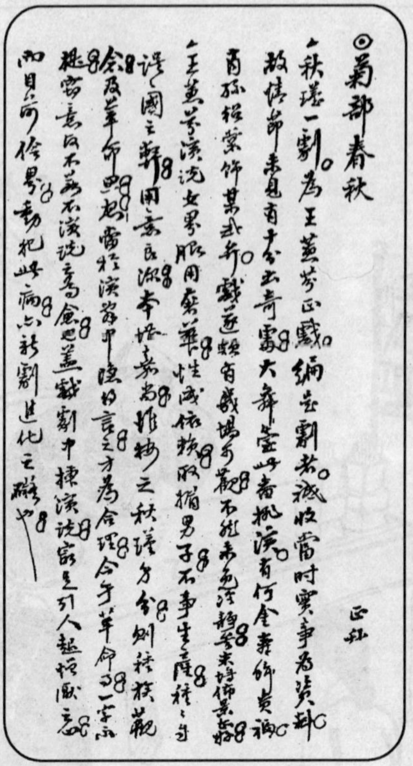

◎菊部春秋

《秋瑾》一劇，為王蕙芬正戲。編是劇者，祇收當时實事為資料，故情節未見有十分出奇處。大舞台此番排演，有何金壽飾貴福，有孫紹棠飾某武弁，戲遂頗有幾場可觀，不然未免冷靜矣。末場佈景亦好。

王蕙芬演說女界服用奢華、性成依賴、取媚男子、不事生產……種種自誤、誤國之弊，用意良深，本堪嘉尚；惟按之秋瑾身分，則種族觀念及革命思想，當於演劇中隱約言之，方為合理。今于革命事一字不提，竊意反不如不演說之為愈也。蓋戲劇中摻演說，最足引人起憎厭之心；而目前伶界動犯此病，亦新劇進化之礙也。

正秋

菊部春秋

正秋

《秋瑾》一剧，为王蕙芬正戏，编是剧者，只收当时实事为资料，故情节未见有十分出奇处。大舞台此番排演，有何金寿饰贵福，有孙绍棠饰某武弁，戏遂颇有几场可观。不然，未免冷静矣。末场布景亦好。

王蕙芬演说女界服用奢华、性成依赖、取媚男子、不事生产…… 种种自误、误国之弊，用意良深，本堪嘉尚；惟按之秋瑾身分，则种族观念及革命思想，当于演剧中隐约言之，才为合理。今于革命事一字不提，窃意反不如不演说之为愈也。盖戏剧中插演说，最足引人起憎厌之心；而目前伶界动犯此病，亦新剧进化之碍也。

何金壽之貴福
伯誠

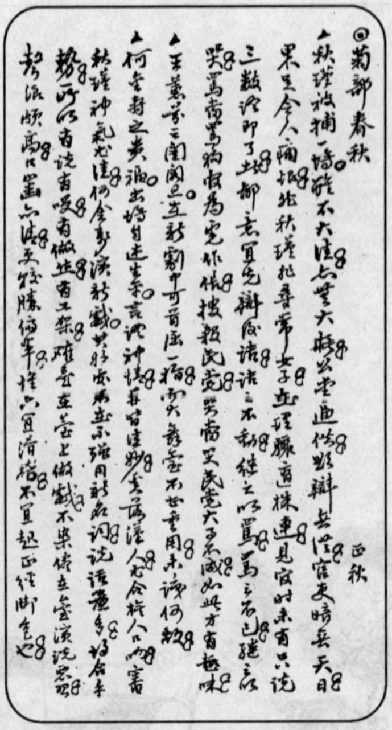

菊部春秋

正秋

秋瑾被捕一场，虽不大佳，亦无大疵。公堂逼供，欲辩无从，官吏暗无天日，果足令人痛恨。然秋瑾非寻常女子，在理骤遭株连，见官时未有只说三数语即了者。鄙意宜先辩后诘，诘之不动，继之以骂；骂之不已，继之以哭。骂当骂狗官为虎作伥，搜杀民党；哭当哭民党大事不成，如此方有趣味。

王蕙芬之闺阁旦，在新剧中可首屈一指，而大舞台不甚重用，未识何故。

何金寿之贵福，出场自述生平，言语神情，并皆佳妙。奚落汉人，尤合旗人口吻。审秋瑾神气尤佳。何金寿演新戏，其好处在不强用新名词，说话虽多，均合手势，所以有说有笑，有做作，有工架，确是在台上做戏，不染俗在台演说恶习。声浪颇高，口齿亦清，更较胜侪辈。惜只宜滑稽，不宜起正经脚色也。

搜检秋瑾
伯诚

菊部春秋

正秋

孙绍棠饰某武弁，精神颇足，见贵福唯唯诺诺，低首下气，一种献媚上司形状，演得极好。至大同学校，突然闯入，动刀就杀，大肆咆哮，声色俱厉。与秋瑾辩驳，殊堪发噱，不知革命为何物，胡乱解释，强分三等说法，口若悬河，滔滔不竭，非但不自知其误会，抑且觍不知羞，自诩为能焉。向秋瑾横身搜检，将自己所暗藏之手枪，诬指为秋瑾之物，种种举动，野蛮已极。而绍棠于此场中，能将谲诈人、诬蔑人之细微曲折，尽情演出，毫无遗蕴，既重道白，复重做派，是以大有可观。

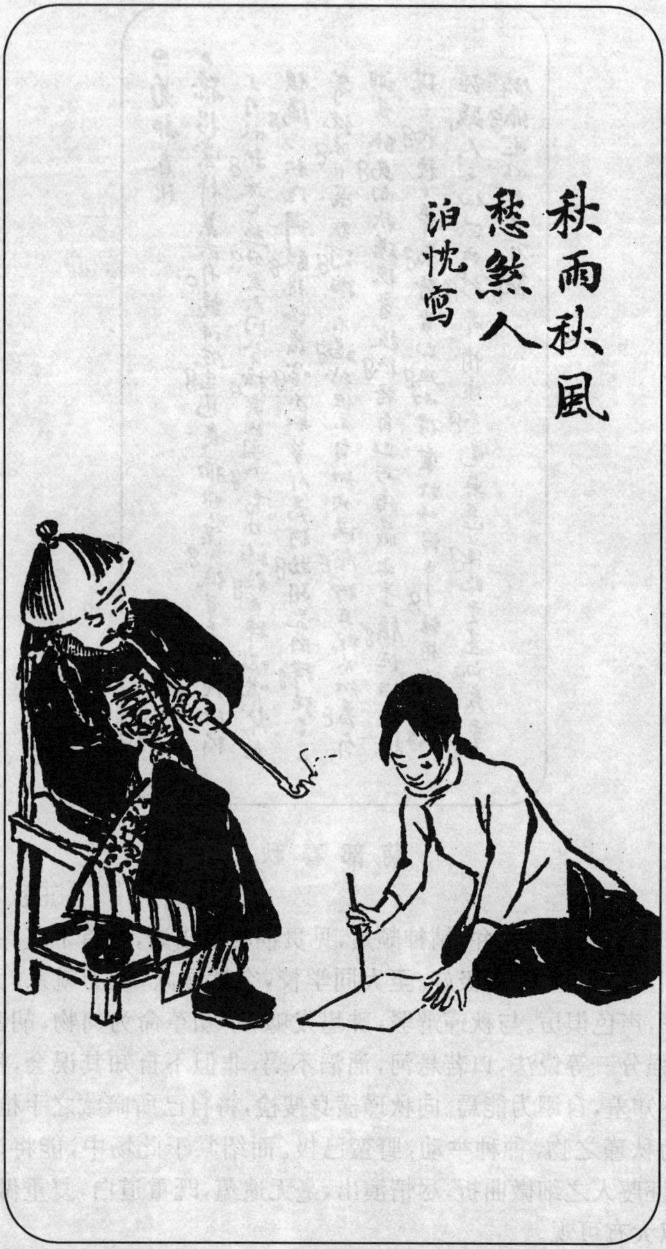
秋雨秋風
愁煞人
泊忱寫

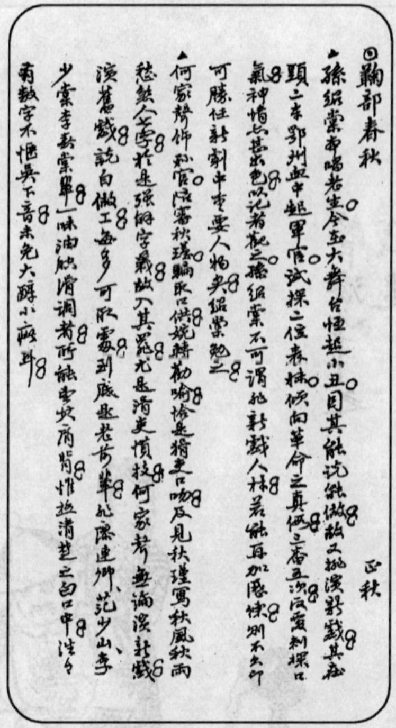
菊部春秋　正秋
孫紹棠本唱老生今在大舞台恒起小丑因其能說能做故又排演新戲其在頭二本鄂州血中起軍官試探二位表妹傾向革命之真假三番五次反覆刺探口氣神情亦甚出色以記者觀之孫紹棠不可謂非新戲人材若能再加歷練則不久即可勝任新劇中重要人物矣紹棠勉之
何家聲飾縣官陪審秋瑾騙取口供婉轉勸喻恰是猾吏口吻及見秋瑾寫秋風秋雨愁煞人七字於是強解字義故入其罪尤是滑吏慣技何家聲無論演新戲演舊戲說白做工每多可取處到底是老前輩非廖連卿、范少山、李少棠、李壽棠輩一味油腔滑調者所能望其肩背惟極清楚之白口中往往有數字不愜吳下音未免大醇小疵耳

菊部春秋

正秋

孙绍棠本唱老生，今在大舞台恒起小丑，因其能说能做，故又排演新戏。其在头二本《鄂州血》中起军官，试探二位表妹倾向革命之真假，三番五次，反复刺探口气，神情亦甚出色。以记者观之，孙绍棠不可谓非新戏人材。若能再加历练，则不久即可胜任新剧中重要人物矣。绍棠勉之。

何家声饰县官，陪审秋瑾，骗取口供，婉转劝喻，恰是猾吏口吻。及见秋瑾写“秋风秋雨愁煞人”七字，于是强解字义，故入其罪，尤是滑吏惯技。何家声无论演新戏、演旧戏，说白做工，每多可取处。到底是老前辈，非廖连卿、范少山、李少棠、李寿棠辈，一味油腔滑调者，所能望其肩背。惟极清楚之白口中，往往有数字不惬吴下音，未免大醇小疵耳。

管海峰之
戲迷
伯誠

菊部春秋

正秋

孙大嗓子息夏，第一台须生乏人，乃聘管海峰补隙。打泡第二夜，唱《戏迷传》，与众不同。虽脱胎于吕月樵，而字眼较为清楚，惟中气有时不够，如唱《黄金台·盘关》“千岁爷休得要大放悲声”之声字，却于中间换气。且每易一剧，音节未能始终如一，白口尚未臻化境。唱朱素云调，下书一段，似够非够，然歌喉能大能小，亦亏他来得。但常唱正本戏，恐未必见长，总有难以为继之一日也。

《戏迷传》可以东拉西扯，九腔十八调均可插入，可长可短，可多可少。管海峰能连唱四本，票友得此，已匪易易。《拾黄金》、《十八扯》等戏，渠亦每有心得。闻第一台有请其常唱之说，果尔，则海峰当力改前愆，毋仍以舞台为渔色地也。慎之慎之。

李冠卿嗓子忽稍变，可惜可惜。既然喉痛，何不静养数日再唱？

楊小樓之
長板坡
二
伯誠

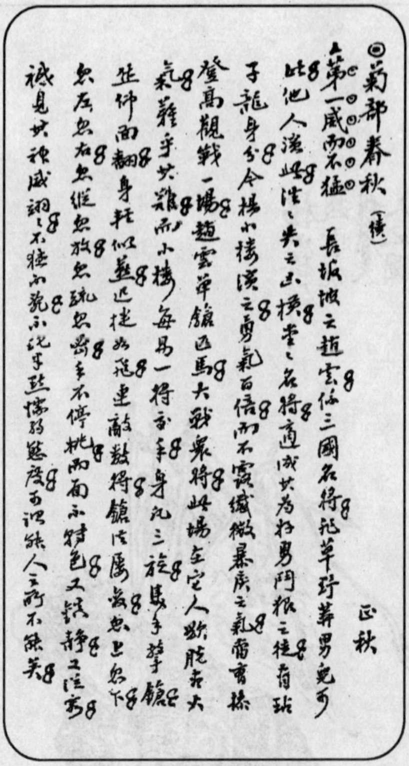

菊部春秋

正秋

第一威而不猛。

《长坂坡》之赵云，系三国名将，非草野莽男儿可比。他人演此，往往失之凶横。堂堂名将，适成其为好勇斗狠之徒，有玷子龙身分。今杨小楼演之，勇气百倍，而不露纤微暴戾之气。当曹操登高观战一场，赵云单枪匹马，大战众将。此场在它人欲脱尽火气，难乎其难；而小楼每易一将交手，身凡三旋，双手擎枪，作仰面翻，身轻似燕，迅捷如飞。连敌数将，枪法屡变，忽上忽下，忽左忽右，忽纵忽放，忽疏忽密，手不停挑，而面不转色，又镇静又从容，只见其神威翊翊，不猛不乱，不现半点懦弱态度，可谓能人之所不能矣。

楊小樓飾趙雲俛視糜夫人之圖
伯誠寫

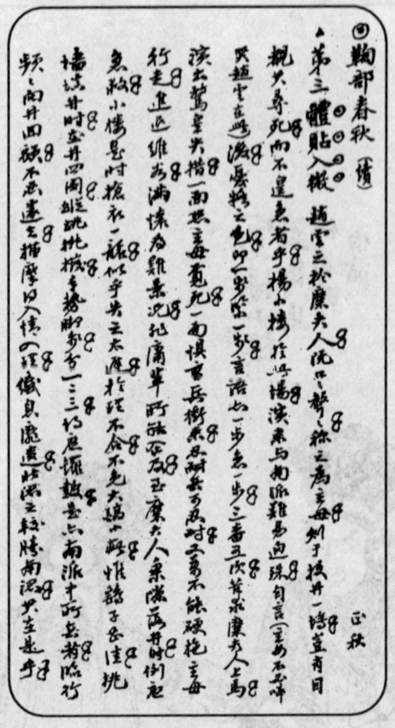

菊部春秋

正秋

第三体贴入微。

赵云之于糜夫人，既口口声声称之为主母，则于投井一场，岂有目睹其寻死而不遑急者乎？杨小楼于此场，演来与南派难易迥殊。自言“主母不必啼哭，赵云在此”后，忧疑之色，即一步紧一步，言语亦一步急一步，三番五次，苦求糜夫人上马，演出惊皇失措。一面恐主母觅死，一面惧曹兵冲来，忍耐无可忍耐，又万不能硬拖主母行走，进退维谷，满怀为难景况，非庸辈所能企及。至糜夫人乘隙落井时，例应急救，小楼是时抢衣一袭，似乎失之太迟，于理不合，不免大醇小疵。惟鹞子甚佳。挑墙填井时，在井四围，纵跳挑拨，手势脚步，分一二三，均应锣鼓，是亦南派中所无者。临行频频向井回顾，不忍遽去，描摩得入情入理，纤息靡遗。北派之较胜南派，其在是乎？

寫楊小樓
盜御馬
相馬時
伯誠

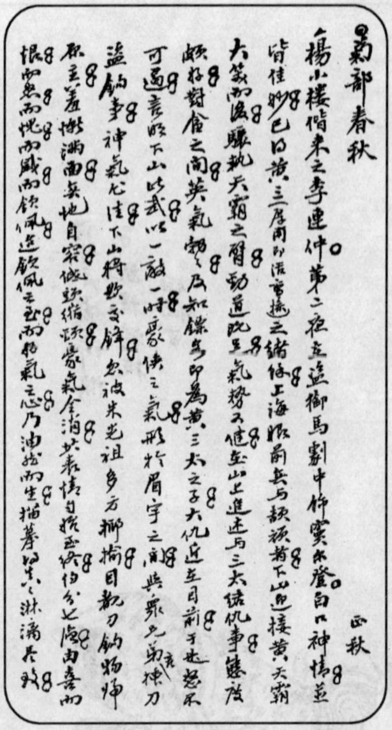

菊部春秋

正秋

杨小楼偕来之李连仲，第二夜在《盗御马》剧中饰窦尔登，白口神情，并皆佳妙，已得黄三（厚甫，即活曹操）之绪余，上海眼前无与颉颃者。下山迎接黄天霸大笑而后，骤执天霸之臂，劲道既足，气势又健；在山上进述与三太结仇事，态度颇好，对答之间，英气勃勃；及知镖客即为黄三太之子，大仇近在目前，于是怒不可遏；言明下山比武，以一敌一时，豪侠之气，形于眉宇之间；与众兄弟言插刀盗钩事，神气尤佳；下山将欲交锋，忽被朱光祖多方揶揄，目睹刀钩物归原主，羞惭满面，无地自容，低头缩颈，豪气全消。其表情自始至终，约分七层，由喜而恨，而怒，而愧，而感，而钦佩；迨钦佩之至，而好气之心，乃油然而生，描摹得真真淋漓尽致。

畢永雲飾猴
子跳棍特技
伯诚画

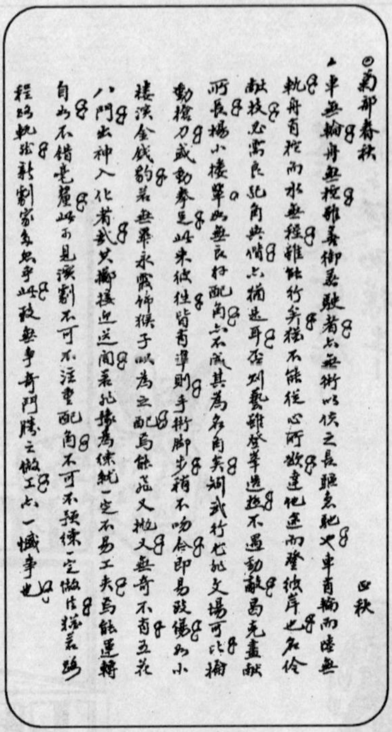

◎菊部春秋　正秋

車無輪舟無柁雖善御善駛者亦無術以使之長驅急馳也車有輪而陸無軌舟有柁而水無程雖能行矣猶不能從心所欲達他途而登彼岸也名伶獻技必需良配角與偕亦猶是耳否則藝雖登峯造極不遇勁敵曷克盡獻所長楊小樓輩如無良好配角亦不成其為名角矣矧武行尤非文場可比掄動槍刀或動拳足此來彼往皆有準則手術脚步稍不吻合即易致傷如小樓演金錢豹若無畢永霞飾猴子以為之配焉能飛叉拋叉無奇不有五花八門出神入化者哉其擲接迎送間若非豫為練就一定不易工夫焉能運轉自如不錯毫釐此可見演劇不可不注重配角不可不預練一定做法猶若路程路軌然新劇家多忽乎此致無爭奇鬥勝之做工亦一憾事也

菊部春秋

正秋

车无轮，舟无柁，虽善御善驶者，亦无术以使之长驱急驰也。车有轮而陆无轨，舟有柁而水无程，虽能行矣，犹不能从心所欲，达他途而登彼岸也。名伶献技，必需良配角与偕，亦犹是耳。否则艺虽登峰造极，不遇劲敌，曷克尽献所长？杨小楼辈，如无良好配角，亦不成其为名角矣。矧武行尤非文场可比，抡动枪刀，或动拳足，此来彼往，皆有准则。手术脚步，稍不吻合，即易致伤。如小楼演《金钱豹》，若无毕永霞饰猴子以为之配，焉能飞叉抛叉，无奇不有，五花八门，出神入化者哉！其掷接迎送间，若非豫为练就一定不易工夫，焉能运转自如，不错毫厘？此可见演剧不可不注重配角，不可不预练一定做法，犹若路程路轨然，新剧家多忽乎此，致无争奇斗胜之做工，亦一憾事也。

畢永雲飾
猴子從兩棹半
接叉翻下時之
狀態 伯誠

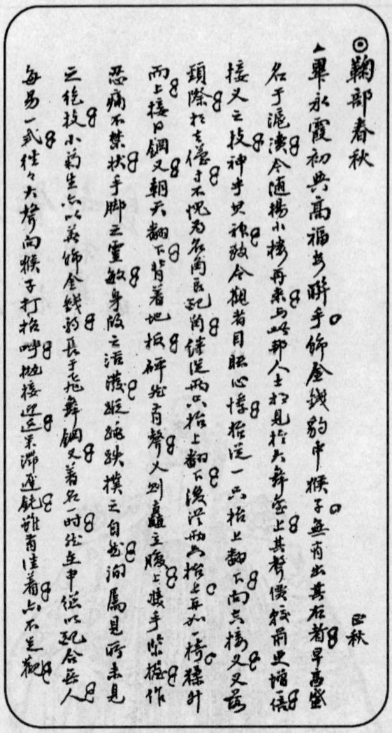

菊部春秋

正秋

毕永霞初与高福安联手，饰《金钱豹》中猴子，无有出其右者，早享盛名于沪渎；今随杨小楼再来，与此邦人士相见于大舞台上，其声价较前更增一倍。接叉之技，神乎其神，致令观者目眩心悸，始从一只台上翻下，向其接叉，叉落头际，相去仅寸，不愧为名角良配角。继从两只台上翻下，后从两只台上再加一椅，猱升而上，接得钢叉，朝天翻下，背着地板，砰然有声。叉则矗立腹上，双手紧握，作忍痛不禁状。手脚之灵敏、身段之活泼、纵跳跌扑之自然，洵属见所未见之绝技。小菊生亦以善饰金钱豹，长于飞舞钢叉，著名一时。然在申总以配合无人，每易一式，往往大声向猴子打招呼，抛接迎送，呆滞迟钝，虽有佳着，亦不足观。

李蓮仲飾曹操奸相畢露
伯誠

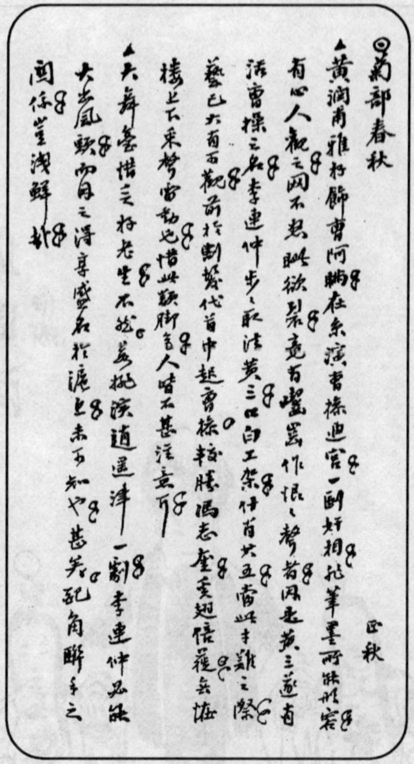
菊部春秋

▲黄润甫雅于饰曹阿瞒，在京演曹操逼宫，一副奸相，非笔墨所能形容。有心人观之，罔不怒眦欲裂，竟有啮齿作恨恨声者。因是黄三遂有活曹操之名。李连仲步步取法黄三，口白工架，什肖其五，当此才难之际，艺已大有可观。前于割发代首中起曹操，较胜冯志奎奚翅倍蓰，无怪楼上下采声雷动也。惜此类脚色，人皆不甚注意耳。

▲大舞台惜乏好老生，不然，如排演逍遥津一剧，李连仲必能大出风头，而因之得享盛名于沪上，未可知也。甚矣！配角联手之关系，岂浅鲜哉！

正秋

菊部春秋

正秋

黄润甫雅于饰曹阿瞒，在京演曹操逼宫，一副奸相，非笔墨所能形容。有心人观之，罔不怒眦欲裂，竟有啮齿作恨恨声者。因是黄三遂有“活曹操”之名。李连仲步步取法黄三，口白工架，什肖其五，当此才难之际，艺已大有可观。前于《割发代首》中起曹操，较胜冯志奎奚翅倍蓰，无怪楼上下采声雷动也。惜此类脚色，人皆不甚注意耳。

大舞台惜乏好老生，不然，如排演《逍遥津》一剧，李连仲必能大出风头，而因之得享盛名于沪上，未可知也。甚矣！配角联手之关系，岂浅鲜哉！

逍遥津
伯诚

菊部春秋

正秋

《逍遥津》一剧，亦旧戏中之佳本，情节颇悲惨，结构亦缜密。一出戏中生旦净丑，靡不有之；唱工、道白、做派，一样不缺，且饰太子者，尤须稍益文武焉。

孙大嗓子未辍演时，第一台常排《逍遥津》。菊仙之献帝，一段原板，唱得悲壮苍凉，凄楚动人。惟座满则多唱几个“欺寡人”，客少则少唱几个“欺寡人”，是其短处。其中每逢“伤悲”、“相随”等句，末二字唱来尤为气足神完，声情俱妙。至“欺寡人，好一似，扬子江驾小舟，风推浪打，浪打风推，白浪滔天，荡在江心，不能够回归”，数句一气呵成，如珠走盘，圆转自如，极尽提承曲折、抑扬顿挫之妙。此段唱工，有能强似菊仙者，吾未之见也。

贵俊卿之太子，唱固不凡，白亦动听。惟惜声音过低，气魄亦殊欠雄健，反不若明海山言则对答如流，气则愤懑不平，满腔块垒，借题发挥，巧言隐刺，不畏不屈，足令奸雄夺魄，闻者称快。

火烧靨力城
伯诚

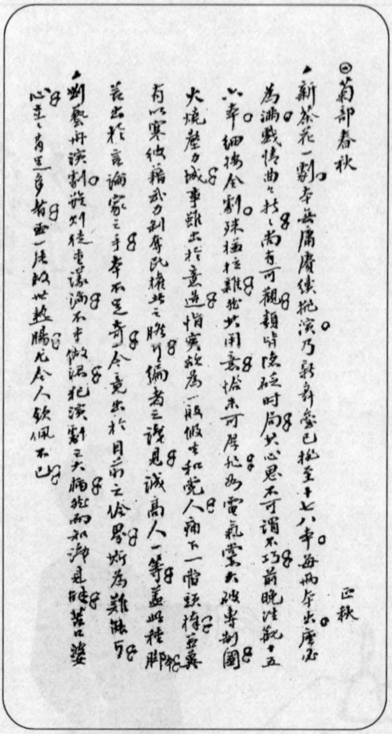

◎菊部春秋　正秋

▲新茶花一劇。本無庸賡續排演。乃新舞臺已排至十七八本。每兩本出。座必為滿。劇情曲曲折折。尚有可觀。類皆隱砭時局。其心思不可謂不巧。前晚往觀十五六本。細按全劇。殊嫌拉雜。然其用意。恰未可厚非。如電氣黨大破專制國。火燒壓力城。事雖出於臆造。旨實欲為一般假共和黨人。痛下一當頭棒。並冀有以寒彼藉武力剝奪民權者之膽耳。編者之識見。誠高人一等。蓋此種腳本。若出於言論家之手。本不足奇。今竟出於目前之伶界。斯為難能耳。

▲劉藝舟演劇。雖則徒重議論。不重做派。犯演劇之大病。然而知識見解。苦口婆心。在在有足多者。至一片救世熱腸。尤令人欽佩不已。

菊部春秋

正秋

《新茶花》一剧，本无庸赓续排演，乃新舞台已排至十七八本。每两本出，座必为满。剧情曲曲折折，尚有可观，类皆隐砭时局，其心思不可谓不巧。前晚往观十五六本，细按全剧，殊嫌拉杂。然其用意，恰未可厚非。如电气党大破专制国，火烧压力城，事虽出于臆造，旨实欲为一般假共和党人，痛下一当头棒。并冀有以寒彼藉武力剥夺民权者之胆耳。编者之识见，诚高人一等。盖此种脚本，若出于言论家之手，本不足奇；今竟出于目前之伶界，斯为难能耳。

刘艺舟演剧，虽则徒重议论，不重做派，犯演剧之大病；然而知识见解，苦口婆心，在在有足多者。至一片救世热肠，尤令人钦佩不已。

演說時之
劉藝舟
伯緘

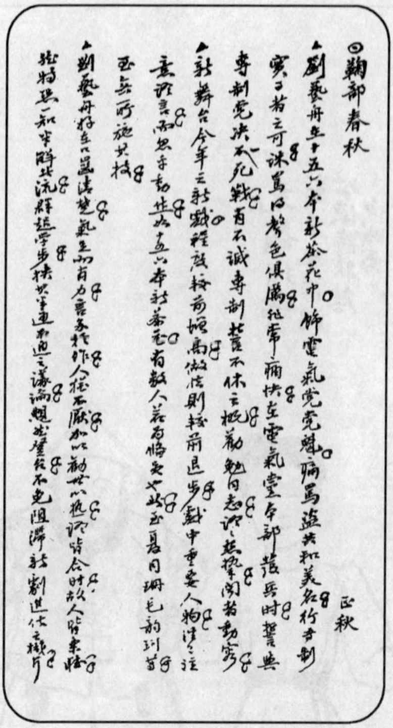

菊部春秋

正秋

刘艺舟在十五六本《新茶花》中，饰电气党党魁，痛骂盗共和美名、行专制实事者之可诛，骂得声色俱厉，非常痛快。在电气党本部发兵时，誓与专制党决一死战，有不灭专制誓不休之概。劝勉同志，语语恳挚，闻者动容。

新舞台今年之新戏，程度较前增高，做法则较前退步。戏中重要人物，往往注意语言而忽乎动作，如十五六本《新茶花》，有数人若为备员也者。至夏月珊、毛韵珂等，至无所施其技。

刘艺舟好在口齿清楚，气足而有力，言多于作，人犹不厌；加以劝世心热，语皆合时，故人皆乐听。然特恐一知半解者流，群起学步，挟其半通不通之议论，觍然登台，不免阻滞新剧进化之机耳。

毛韻珂飾
新茶花詰问
公使時狀態
伯誠寫

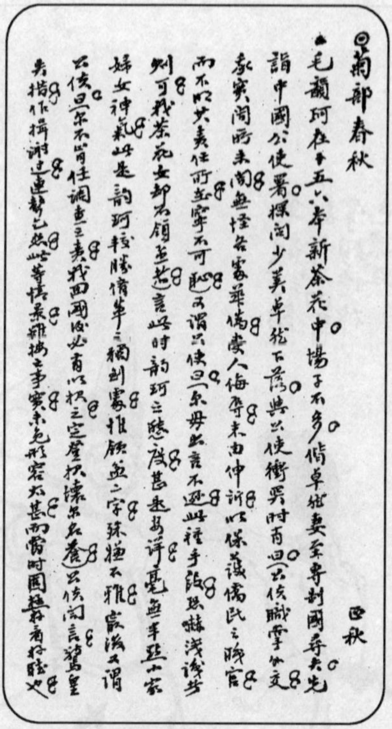

菊部春秋

正秋

毛韵珂在十五六本《新茶花》中，场子不多，偕卓然妻至专制国寻夫，先诣中国公使署，探问少美、卓然下落。与公使冲突时，有曰：“公使职掌外交，我实闻所未闻，无怪各处华侨，受人侮辱，未由伸诉。以保护侨民之职官，而不明其责任所在，宁不可耻?!”又谓公使曰：“尔毋出言不逊，此种手段，恐吓浅识者则可，我茶花女却不领盆者。”言此时韵珂之态度，甚是安详，毫无半点小家妇女神气，此是韵珂较胜侪辈之独到处。惟“领盆”二字，殊嫌不雅。最后又谓公使曰：“尔不肯任调查之责，我回国后必有以报之，定登报坏尔名誉。”公使闻言，惊皇失措，作揖谢过，连声乞恕。此等情景，虽按之事实，未免形容太甚，而当时固极好看好听也。

毛韻珂飾
新茶花四首
掌頰時神
色凛然
伯誠寫

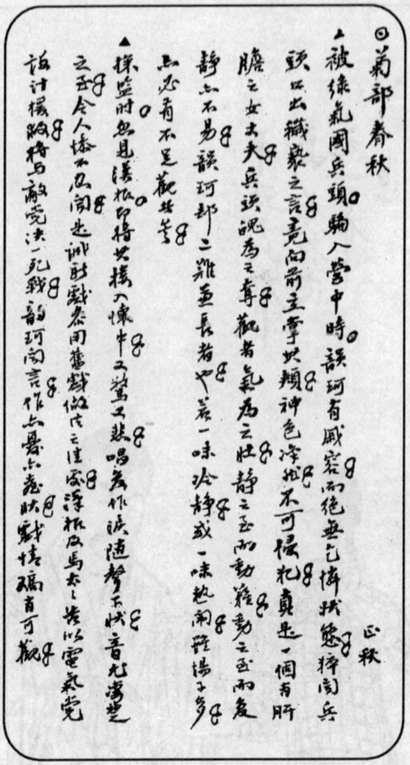

◎菊部春秋

正秋

▲被綠氣國兵頭騙入營中時。韻珂有戚容而絕無乞憐狀態。猝聞兵頭口出穢褻之言。竟向前立掌其頰。神色凜然。不可侵犯。真是一個有肝膽之女丈夫。兵頭魄為之奪。觀者氣為之壯。靜之至而動難。動之至而復靜亦不易。韻珂卻二難兼長者也。若一味冷靜。或一味熱鬧。雖場子多。亦必有不足觀者矣。

▲探監時。忽見漢根。即得其摟入懷中。又驚又悲。唱復作淚隨聲下狀。音尤淒楚之至。令人慘不忍聞。是誠新戲參用舊戲做法之佳處。漢根及馬太太告以電氣黨設計援救。將與敵黨決一死戰。韻珂聞言。作亦憂亦喜狀。戲情確有可觀。

菊部春秋

正秋

被绿气国兵头骗入营中时，韵珂有戚容，而绝无乞怜状态。猝闻兵头口出秽亵之言，竟向前立掌其颊，神色凛然，不可侵犯，真是一个有肝胆之女丈夫。兵头魄为之夺，观者气为之壮。静之至而动难，动之至而复静亦不易，韵珂却二难兼长者也。若一味冷静，或一味热闹，虽场子多，亦必有不足观者矣。

探监时，忽见汉根，即得其搂入怀中，又惊又悲，唱复作泪随声下状，音尤凄楚之至，令人惨不忍闻，是诚新戏参用旧戏做法之佳处。汉根及马太太告以电气党设计援救，将与敌党决一死战。韵珂闻言，作亦忧亦喜状，戏情确有可观。

十五十六本
新茶花内
之一幕
（伯）

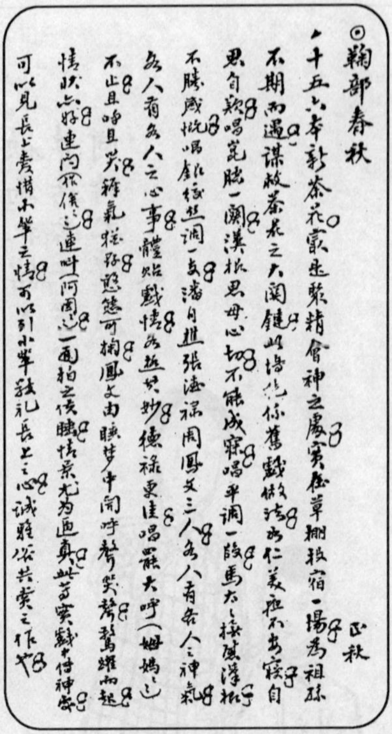

菊部春秋

正秋

十五六本《新茶花》，最是聚精会神之处，实在草棚投宿一场，为祖孙不期而遇，谋救茶花之大关键。此场纯系旧戏做法，如仁美夜不安寝，自思自叹，唱昆腔一阕；汉根思母心切，不能成寐，唱平调一段；马太太抚慰汉根，不胜感慨，唱银绞丝调一支。潘月樵、张德禄、周凤文三人，各人有各人之神气，各人有各人之心事，体贴戏情，各极其妙。德禄更佳，唱罢大呼“姆妈、姆妈”不止，且呼且哭，稚气犹存，憨态可掬。凤文由睡梦中闻呼声哭声，惊跃而起，情状亦好。连问“作啥、作啥”、连叫“阿囡、阿囡”，一面拍之使睡，情景尤为逼真。此等实戏中传神处，可以见长上爱惜小辈之情，可以引小辈敬礼长上之心，诚雅俗共赏之作也。

周鳳文語漢根
欲為報館主
筆務當守正不
阿時之神情
伯誠

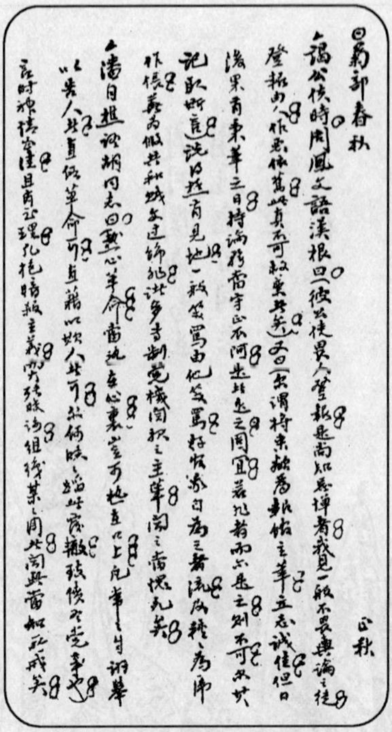

菊部春秋

正秋

谒公使时，周凤文语汉根曰："彼公使畏人登报，是尚知忌惮者。我见一般不畏舆论之徒，登报由人，作恶依旧，此真不可救药者矣。"又曰："尔谓将来欲为报馆主笔，立志诚佳，但日后果有秉笔之日，持论务当守正不阿，是者是之，固宜；若非者而亦是之，则不可，尔其记取斯言。"说得极有见地。一般笑骂由他笑骂，好官我自为之者流，及种种为虎作伥、善为假共和贼文过饰非，诸多专制党机关报之主笔，闻之当愧死矣。

潘月樵语胡同志曰："热心革命，当热在心里，岂可热在口上？凡常常自诩举以告人者，直假革命耳，直藉以欺人者耳。尔何昧昧蹈此覆辙，致偾吾党事也？"言时神情甚佳，且有至理。凡抱暗杀主义，而大张晓谕、组织某某团者，闻此当知所戒矣。

夏月潤飾馬超
聞龐德倉詞怒
不可遏之狀態
伯誠寫

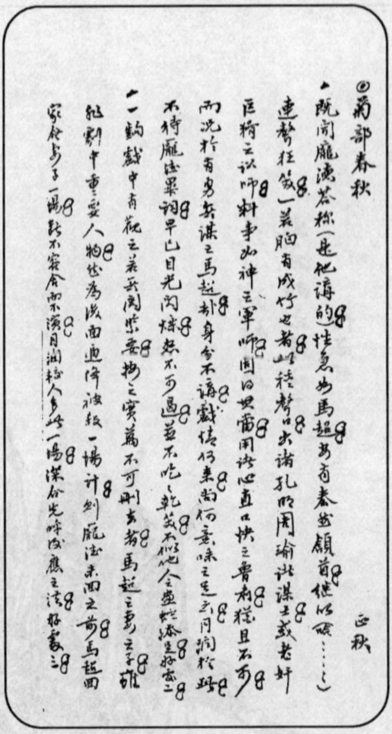

◎菊部春秋

一既聞龐德答稱（是他講的）性急如馬超安有泰然頷首繼以「哈……」連聲狂笑一若胸有成竹也者此種聲口出諸孔明周瑜諸謀士或老奸巨猾之訟師料事如神之軍師固得其當用諸心直口快之魯肅猶且不可而況於有勇無謀之馬超哉身分不講戲情何來尚何意味之足云月潤於此不待龐德畢詞早已目光閃爍怒不可遏並不吃吃乾笑不似他人之畫蛇添足好處二

一齣戲中有觀之若無關緊要按之實萬不可删去者馬超之妻之子雖非劇中重要人物然為後面逼降被殺一場計則龐德未回之前馬超回家會妻子一場斷不容舍而不演月潤較人多此一場深合先呼後應之法好處三

正秋

菊部春秋

正秋

既闻庞德答称“是他讲的”，情急如马超，安有泰然颔首，继以“哈……”连声狂笑，一若胸有成竹也者。此种声口，出诸孔明、周瑜诸谋士，或老奸巨猾之讼师、料事如神之军师，固得其当。用诸心直口快之鲁肃，犹且不可，而况于有勇无谋之马超哉！身分不讲，戏情何来？尚何意味之足云？月润于此，不待庞德毕词，早已目光闪烁，怒不可遏，并不吃吃干笑，不似他人之画蛇添足。好处二。

一出戏中有观之若无关紧要，按之实万不可删去者。马超之妻之子，虽非剧中重要人物，然为后面逼降被杀一场计，则庞德未回之前，马超回家会妻子一场，断不容舍而不演。月润较人多此一场，深合先呼后应之法。好处三。

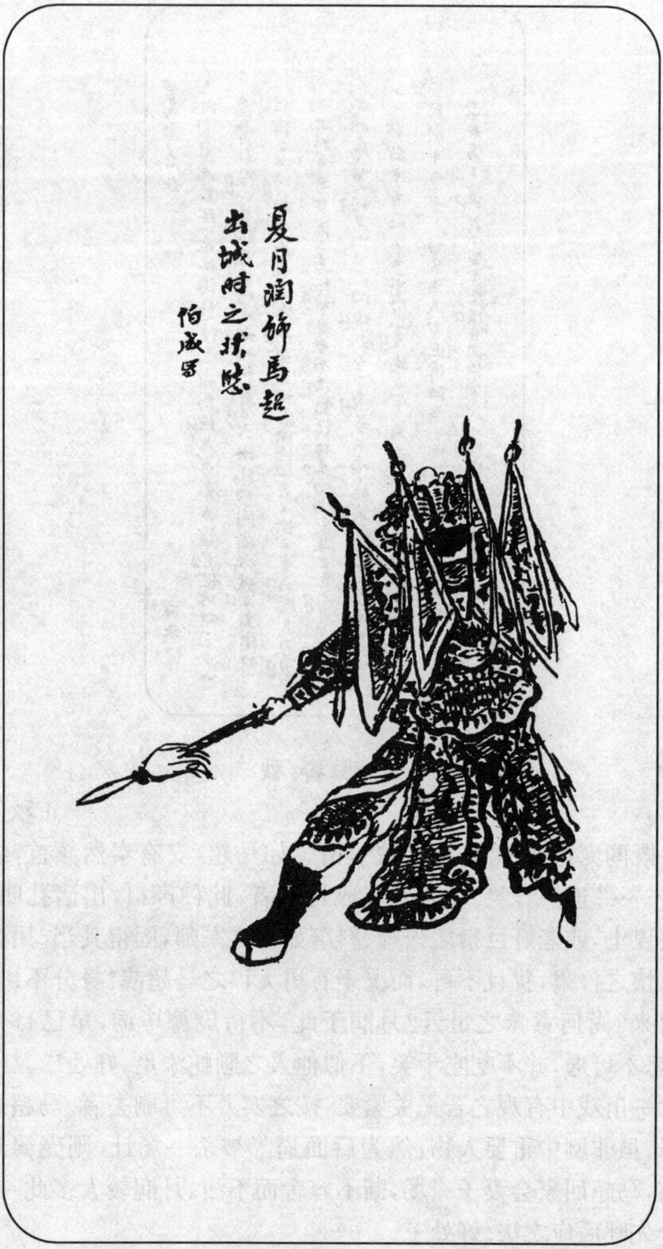
夏月润飾馬超
出城时之状態
伯成写

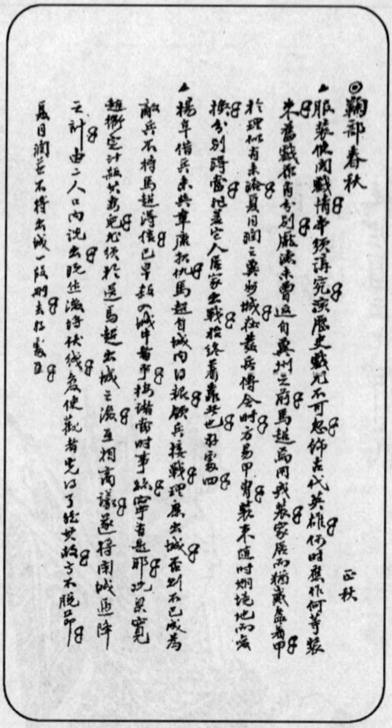

菊部春秋

正秋

服装攸关戏情，本须讲究，演历史戏尤不可忽。饰古代英雄，何时应作何等装束，旧戏原有分别。庞德未曾返自冀州之前，马超焉用戎装？家居而犹戴盔着甲，于理似有未洽。夏月润之《冀州城》，在发兵传令时，方易甲胄，装束随时期境地而变换，分别得当，非若它人居家出战，始终着靠者也。好处四。

杨阜借兵来与韦康报仇，马超自城内得报，领兵接战，理应出城；否则不已成为敌兵不待马超得信，已早杀入城中者乎？按诸当时事迹，宁有是耶？况梁宽、赵衢定计杀其妻儿，尤须于送马超出城之后，互相商议，遂将闭城逼降之计，由二人口内说出，既作激将伏线，复使观者先得了然其故，方不脱节。夏月润并不将出城一段删去。好处五。

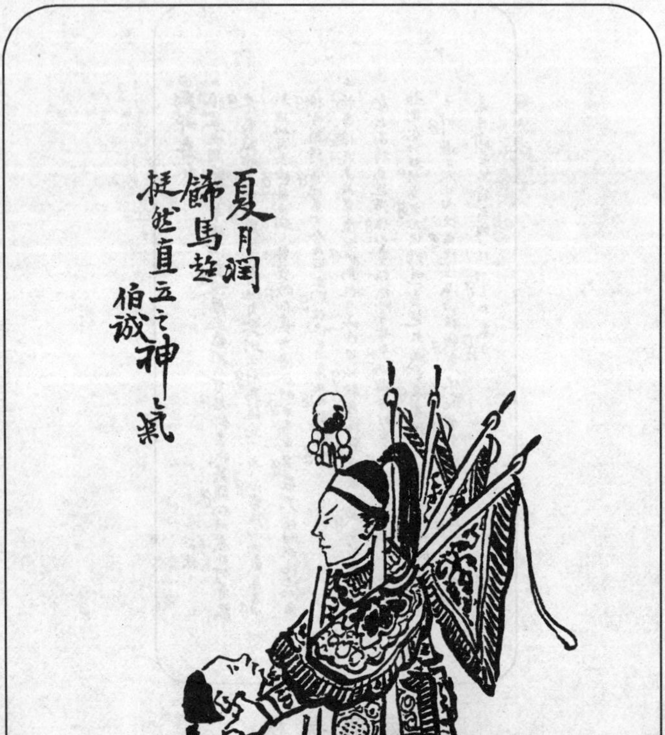
夏月潤
飾馬超
挺然直立之神氣
伯誠

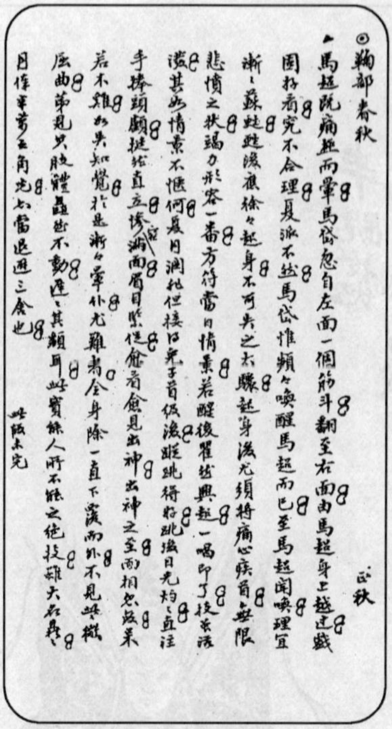

菊部春秋

正秋

马超既痛极而晕，马岱忽自左面一个筋斗，翻至右面，由马超身上越过，戏固好看，究不合理。夏派不然。马岱惟频频唤醒马超而已。至马超闻唤，理宜渐渐苏醒，醒后应徐徐起身，不可失之太骤。起身后尤须将痛心疾首、无限悲愤之状，竭力形容一番，方符当日情景；若醒后瞿然兴起，一唱即了，技虽活泼，其如情景不惬何？夏月润非但接得儿子首级后，纵跳得好，跳后目光灼灼，直注手捧头颅，挺然直立，惨容满面，眉目紧促，愈看愈见出神；出神之至，面相忽变，呆若木鸡，如失知觉，于是渐渐晕仆。尤难者，全身除一直下覆而外，不见些微屈曲，第见其肢体矗然不动，迟迟其颓耳。此实能人所不能之绝技，虽大名鼎鼎、月俸半万之角儿，亦当退避三舍也。（此段未完）

半跪於地
之神氣
伯誠

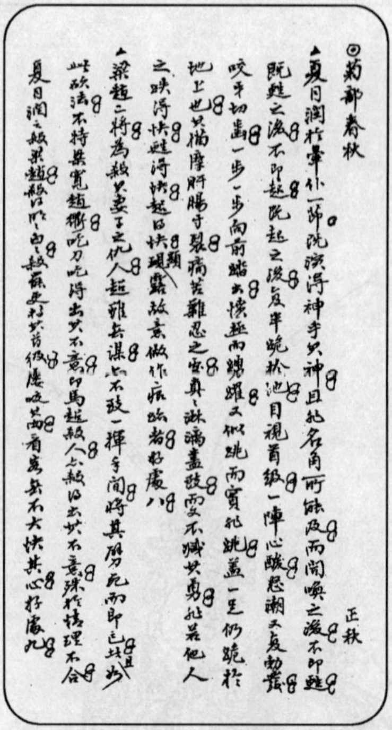
菊部春秋

正秋

夏月潤於暈仆一節既演得神乎其神且非名角所能及而聞喚之後不即甦既甦之後不即起既起之後復半跪於地目視首級一陣心酸怒潮又復勃發咬牙切齒一步一步向前踏出憤極而踴躍又似跳而實非跳蓋一足仍跪於地上也其描摩肝腸寸裂痛苦難忍之處真真淋漓盡致而又不減其勇非若他人之跌得快甦得快起得快顯露故意做作痕跡者好處八

梁趙二將為殺其妻子之仇人超雖無謀亦不致一揮手間將其劈死而即已此且如此砍法不特梁寬趙衢吃刀吃得出其不意即馬超殺人亦殺得出其不意殊於情理不合

夏月潤之殺梁趙殺得明明白白殺罷更持其首級屢咬其肉看客無不大快其心好處九

菊部春秋

正秋

夏月润于晕仆一节，既演得神乎其神，且非名角所能及。而闻唤之后，不即苏；既苏之后，不即起；既起之后，复半跪于地，目视首级，一阵心酸；怒潮又复勃发，咬牙切齿，一步一步向前踏出，愤极而踊跃，又似跳而实非跳，盖一足仍跪于地上也。其描摩肝肠寸裂、痛苦难忍之处，真真淋漓尽致，而又不减其勇。非若他人之跌得快、苏得快、起得快，显露故意做作痕迹者。好处八。

梁、赵二将，为杀其妻子之仇人，超虽无谋，亦不致一挥手间，将其劈死而即已。此且如此砍法，不特梁宽、赵衢，吃刀吃得出其不意，即马超杀人，亦杀得出其不意，殊于情理不合。夏月润之杀梁、赵，杀得明明白白，杀罢更持其首级，屡咬其肉，看客无不大快其心。好处九。

毛韻珂夏月珊
飾瑜亮互視
大字時之神來
伯識畫

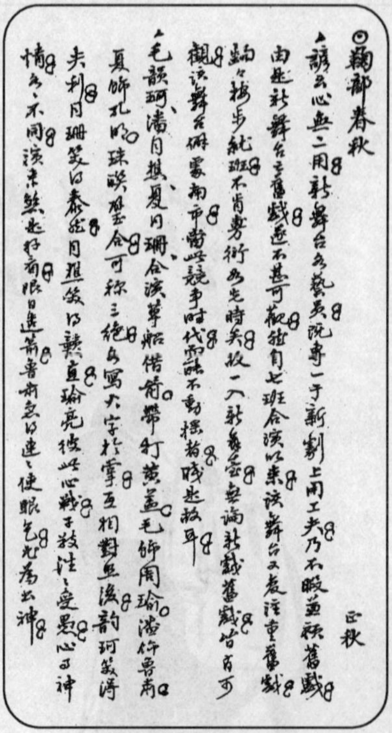
○菊部春秋
▲諺云心無二用新舞台各藝員既專一于新劇上用工夫乃不暇兼顧舊戲
由是新舞台之舊戲遂不甚可觀然自七班合演以來該舞台又復注重舊戲
出出按步就班不肯敷衍如先時矣故一入新舞台無論新戲舊戲皆有可
觀該舞台僻處南市當此競爭時代而能不動搖者職是故耳
▲毛韻珂潘月樵夏月珊合演草船借箭帶打黃蓋毛飾周瑜潘飾魯肅
夏飾孔明珠聯璧合可稱三絕各寫大字於掌互相對照後韻珂笑得
尖利月珊笑得泰然月樵笑得憨直瑜亮彼此心戰子敬往往受愚心事神
情各各不同演來煞是好看限日造箭魯肅急得連連使眼色尤為出神
正秋

菊部春秋

正秋

谚云：心无二用。新舞台各艺员，既专一于新剧上用工夫，乃不暇兼顾旧戏，由是新舞台之旧戏，遂不甚可观。然自七班合演以来，该舞台又复注重旧戏，出出按步就班，不肯敷衍如先时矣。故一入新舞台，无论新戏、旧戏，皆有可观。该舞台僻处南市，当此竞争时代，而能不动摇者，职是故耳。

毛韵珂、潘月樵、夏月珊合演《草船借箭》（带打黄盖），毛饰周瑜、潘饰鲁肃、夏饰孔明，珠联璧合，可称三绝。各写大字于掌，互相对照后，韵珂笑得尖利，月珊笑得泰然，月樵笑得憨直。瑜、亮彼此心战，子敬往往受愚，心事神情，各各不同，演来煞是好看。限日造箭，鲁肃急得连连使眼色，尤为出神。

潘月樵
荐鲁肃
之皇急
状態
伯诚画

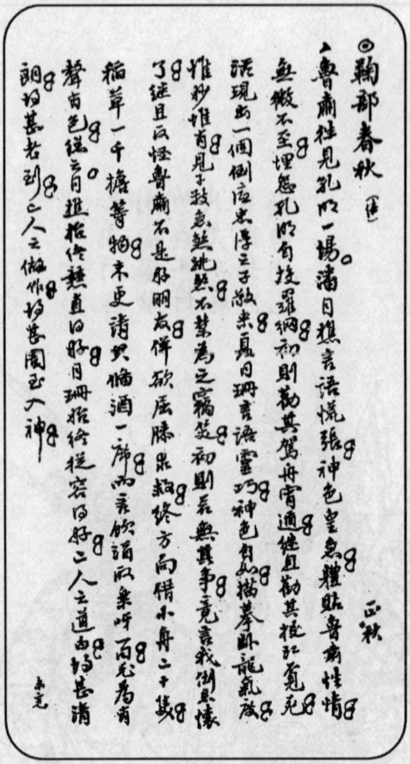

菊部春秋

正秋

鲁肃往见孔明一场，潘月樵言语慌张，神色皇急，体贴鲁肃性情，无微不至。埋怨孔明自投罗网，初则劝其驾舟宵遁，继且劝其投江觅死，活现出一个倒底忠厚之子敬来。夏月珊言语灵巧，神色自如，描摹卧龙气度，惟妙惟肖。见子敬急煞跳煞，不禁为之窃笑。初则若无其事，竟言“我倒忘怀了”；继且反怪鲁肃不是好朋友，佯欲屈膝求救；终方向借小舟二十只、稻草一千担等物；末更请其备酒一席，而言“饮酒取乐呀”一句，尤为有声有色。总之，月樵始终憨直得好，月珊始终从容得好，二人之道白，均甚清朗，均甚老到；二人之做作，均甚周至入神。（未完）

毛韻珂飾
周瑜激勵
黄蓋又憐
其老不勝
苦撚鬚慨
歎時神氣

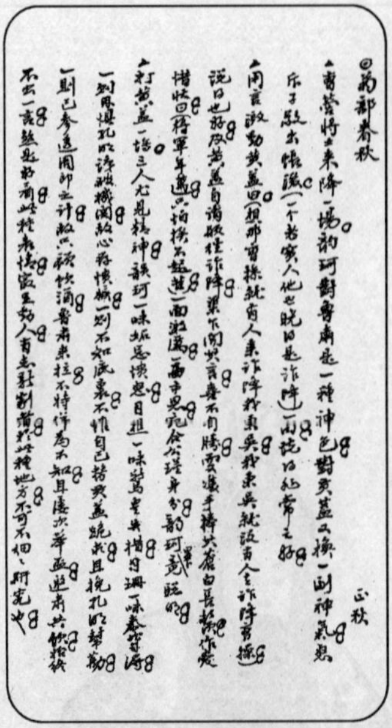

菊部春秋

正秋

曹营将士来降一场，韵珂对鲁肃是一种神色，对黄盖又换一副神气，怒斥子敬出帐后，“一个老实人他也晓得是诈降”一句，说得非常之好。

用言激动黄盖曰：“想那曹操就有人来诈降我东吴，我东吴就没有人去诈降曹操。”说得也好。及黄盖自请愿往诈降，渠乍闻其言，喜不自胜，而又双手捧其苍白长须，作爱惜状曰：“将军年迈，只怕挨不起苦。”一面激励，一面示恩，宛合公瑾身分，韵珂毕竟聪明。

打黄盖一场，三人尤见精神。韵珂一味妒忌愤怒，月樵一味惊皇失措，月珊一味泰然自得。一则因惧孔明识破机关，故心存愤嫉；一则不知底里，不惟自己替黄盖跪求，且挽孔明帮劝；一则已参透周郎之计，故只顾饮酒，鲁肃来拉，不特佯为不知，且屡次举杯，邀肃共饮，始终不出一言，煞是好看。此种表情最足动人，有志新剧者，于此种地方，不可不细细研究也。

將來伶界聯合會
會串四文昭關之一
伯誠畫

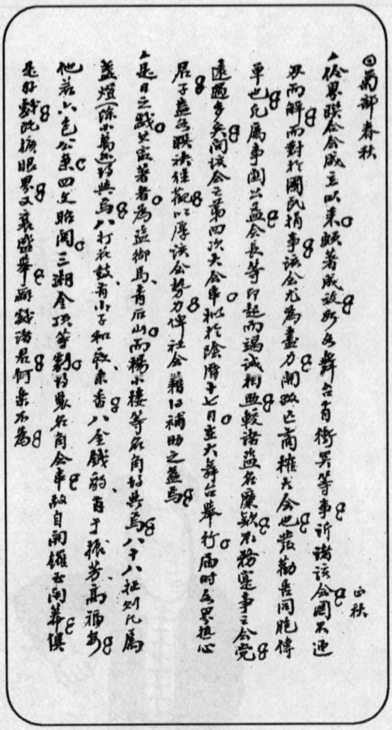
菊部春秋
伶界聯合會成立以來。頗著成效。如各舞台有衝突等事。訴諸該會。罔不迎　正秋
刃而解。而對於國民捐事。該會尤為盡力。開救亡商榷大會也。發勸告同胞傳
單也。凡屬事關公益。會長等即起而竭誠相助。較諸盜名糜款不務實事之會黨。
遠過多矣。聞該會之第四次大會串。擬於陰曆十七日在大舞台舉行。屆時各界熱心
君子盍各聯袂往觀。以厚該會勢力。俾社會藉得補助之益焉。
是日之戲。其最著者為盜御馬、青石山。而楊小樓等名角均與焉。八十八扯則凡屬
盞燈（除小萬外）均與焉。八打花鼓有小子和、夜來香。八金錢豹有于振芳、高福安。
他若六包公案、四文昭關、三潮金頂等劇。均聚名角會串。故自開鑼至閉幕。俱
是好戲。既擴眼界。又襄盛舉。癖戲諸君何樂不為。

菊部春秋

正秋

伶界联合会成立以来，颇著成效，如各舞台有冲突等事，诉诸该会，罔不迎刃而解。而对于国民捐事，该会尤为尽力。开救亡商榷大会也，发劝告同胞传单也，凡属事关公益，会长等即起而竭诚相助，较诸盗名糜款、不务实事之会党，远过多矣。闻该会之第四次大会串，拟于阴历十七日，在大舞台举行，届时各界热心君子，盍各联袂往观，以厚该会势力，俾社会藉得补助之益焉。

是日之戏，其最著者为《盗御马》、《青石山》，而杨小楼等名角均与焉；《八十八扯》则凡属盏灯（除小万外），均与焉；《八打花鼓》有小子和、夜来香；《八金钱豹》有于振芳、高福安。他若《六包公案》、《四文昭关》、《三潮金顶》等剧，均聚名角会串，故自开锣至闭幕，俱是好戏，既扩眼界，又襄盛举，癖戏诸君，何乐不为？

青石山劇中之一幕
伯誠畫

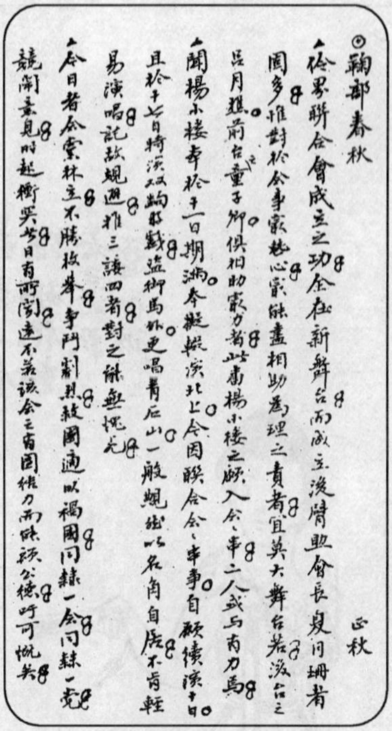

菊部春秋

正秋

伶界联合会成立之功，全在新舞台，而成立后臂助会长夏月珊者固多。惟对于会事最热心、最能尽相助为理之责者，宜莫大舞台若。后台之吕月樵、前台之童子卿，俱相助最力者。此番杨小楼之愿入会会串，二人或与有力焉。

闻杨小楼本于十一日期满，本拟辍演北上，今因联合会会串事，自愿续演十日。且于十七日特演双出好戏，《盗御马》外，更唱《青石山》。一般觍然以名角自居，不肯轻易演唱，托故规避，推三诿四者，对之能无愧死？

今日者会党林立，不胜枚举。争斗剧烈，救国适以祸国。同隶一会，同隶一党，竞闹意见，时起冲突者，日有所闻，远不若该会之有团结力而能顾公德。吁！可慨矣。

趙君玉飾
蝶媽化粧
女子之狀
態
伯诚

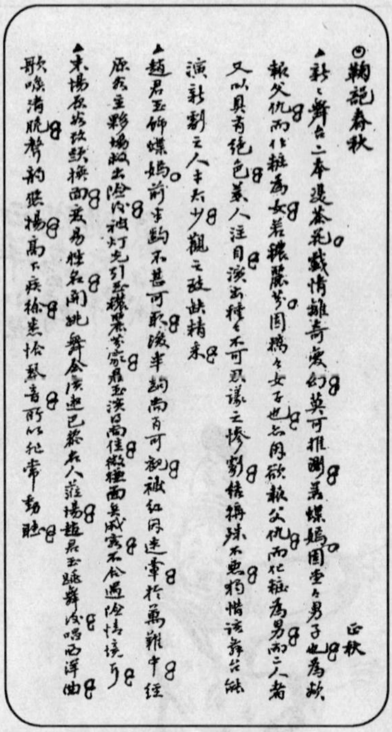

菊部春秋

正秋

新新舞台二本《双茶花》,戏情离奇变幻,莫可推测。若蝶嫣,固堂堂男子也,为欲报父仇,而化妆为女;若秾丽芬,固姣姣女子也,亦因欲报父仇,而化妆为男。而二人者又以具有绝色,惹人注目,演出种种不可思议之惨剧。结构殊不恶,独惜该舞台能演新剧之人才太少,观之致缺精采。

赵君玉饰蝶嫣,前半出不甚可取,后半出尚有可观。被红因迷晕,于万难中,经原谷主伙协救出险后,被灯光引至秾丽芬家,君玉演得尚佳,微嫌面无戚容,不合遇险情境耳。

末场原谷改头换面,变易姓名,开跳舞会广邀巴黎名人莅场,赵君玉跳舞后,唱西洋曲,歌喉清脆,声韵悠扬,高下疾徐,悉恰琴音,所以非常动听。

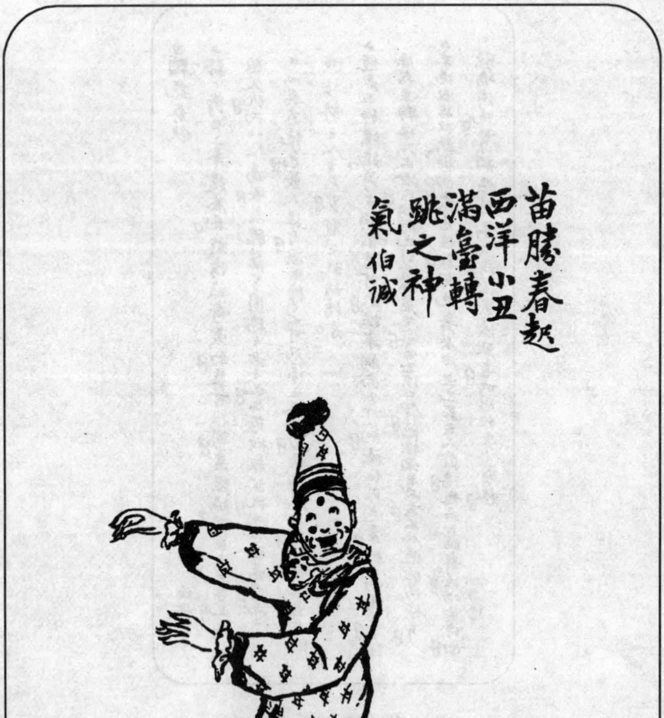
苗勝春趣
西洋小丑
滿臺轉
跳之神
氣
伯诚

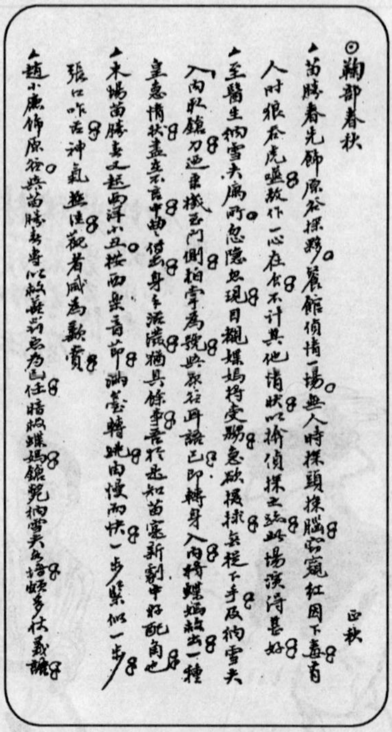

⊙菊部春秋

正秋

▲苗勝春先飾原谷探夥。餐館偵情一場。無人時探頭探腦，窃窺紅因下毒。有人時狼吞虎嚥，故作一心在食，不計其他情狀，以掩偵探之跡，此場演得甚好，

▲至醫生納雪夫寓所，忽隱忽現，目睹蝶媽將受翽，急欲援救，無從下手，及納雪夫入內取鎗刀，乃乘機至門側，拍掌為號，與原谷耳語已，即轉身入內，將蝶嫣救出，一種皇急情狀，盡在不言中，曲曲傳出，身手活潑，猶其餘事，吾於是知苗實新劇中好配角也

▲末場苗勝春又起西洋小丑。按西樂音節，滿台轉跳，由慢而快，一步緊似一步，張口咋舌，神氣極佳，觀者咸為歎賞，

▲趙小廉飾原谷。與苗勝春專以救善罰惡為己任，暗救蝶嫣，鎗斃納雪夫各場，頗多仗義語，

菊部春秋

正秋

苗胜春先饰原谷探伙，餐馆侦情一场，无人时探头探脑，窃窥红因下毒。有人时狼吞虎咽，故作一心在食，不计其他情状，以掩侦探之迹。此场演得甚好。

至医生纳雪夫寓所，忽隐忽现，目睹蝶嫣将受翽，急欲援救，无从下手。及纳雪夫入内取枪刀，乃乘机至门侧，拍掌为号，与原谷耳语已，即转身入内，将蝶嫣救出。一种皇急情状，尽在不言中，曲曲传出，身手活泼，犹其余事。吾于是知苗实新剧中好配角也。

末场苗胜春又起西洋小丑，按西乐音节，满台转跳，由慢而快，一步紧似一步，张口咋舌，神气极佳，观者咸为叹赏。

赵小廉饰原谷，与苗胜春专以救善罚恶为己任。暗救蝶嫣、枪毙纳雪夫各场，颇多仗义语。

林蘋卿飾
裸麗芬喬
裝男子約
蝶嫣時之
神氣
伯誠寫意

菊部春秋

——正秋

林鞶卿于二本《双茶花》中，饰稌丽芬。本为女子，因欲杀劳克以报父仇，遂乔装作男。夜半启门，纳蝶嫣一场，尚有可观。见蝶嫣向桌上几上转展四顾，即知蝶嫣思饮食，返身入内取食，体贴得好。及闻门外有声隆然，与蝶嫣面面相觑，惊诧之色，形于眉宇，不令蝶嫣出窥，盖恐其因遭不测耳。而已反蹑手蹑足，移步出门，暗中摸索。忽睹女尸，惊极欲号，转身便走。既见蝶嫣，期期艾艾，不能成语，表情甚佳。独是嗓音过低，说白不能声闻四座，美中不足，殊可惜也。

探望红樱一场，林鞶卿神情尚佳，惟言语动作，病在呆滞，未能十分紧凑，致嫌过于冷静。被红樱嬲住，脱身不得，欲睡不可，不睡不能，左右为难。不得已方独自入劳克卧房安歇，形容满心不怿之处，尚见精细。（未完）

寫扶
紅樓起
立時之
穠麗
伯誠

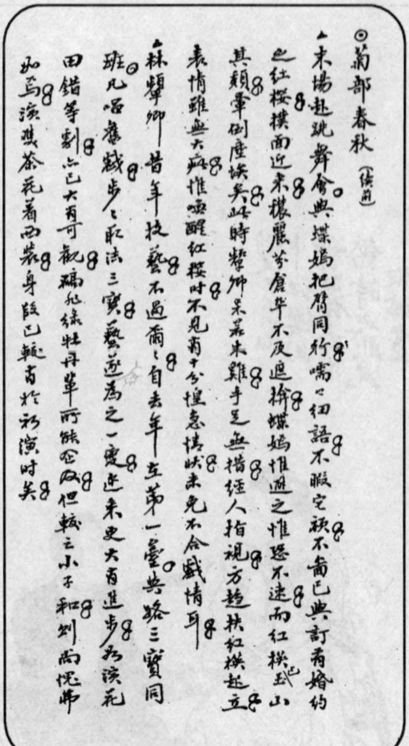
⊙菊部春秋（續前）
▲末場赴跳舞會與蝶嫣把臂同行嚅嚅細語不暇它顧不圖已與訂有婚約之紅櫻撲面迎來秾麗芬倉卒不及遮掩蝶嫣惟避之惟恐不速而紅櫻已玉山其頹暈倒塵埃矣此時鞶卿呆若木雞手足無措經人指視方趨扶紅櫻起立表情雖無大痴惟喚醒紅櫻時不見有十分惶急情狀未免不合戲情耳
▲林鞶卿昔年技藝不過爾爾自去年在第一臺與路三寶同班凡唱舊戲步步取法三寶藝遂為之一變迩來更大有進步如演花田錯等劇亦已大有可觀確非綠牡丹輩所能企及但較之小子和則尚愧弗如焉演雙茶花着西裝身段已較肖於初演時矣

菊部春秋

正秋

末场赴跳舞会，与蝶嫣把臂同行，嚅嚅细语，不暇它顾。不图已与订有婚约之红樱，扑面迎来，秾丽芬仓卒不及遮掩，蝶嫣惟避之惟恐不速，而红樱已玉山其颓，晕倒尘埃矣。此时鞶卿呆若木鸡，手足无措，经人指视，方趋扶红樱起立，表情虽无大痴，惟唤醒红樱时，不见有十分惶急情状，未免不合戏情耳。

林鞶卿昔年技艺不过尔尔，自去年在第一台，与路三宝同班，凡唱旧戏，步步取法三宝，艺遂为之一变。迩来更大有进步，如演《花田错》等剧，亦已大有可观，确非绿牡丹辈所能企及，但较之小子和，则尚愧弗如焉。演《双茶花》着西装，身段已较肖于初演时矣。

雙茶花
中紅櫻向
穠麗求
婚時之狀況
伯誠畫

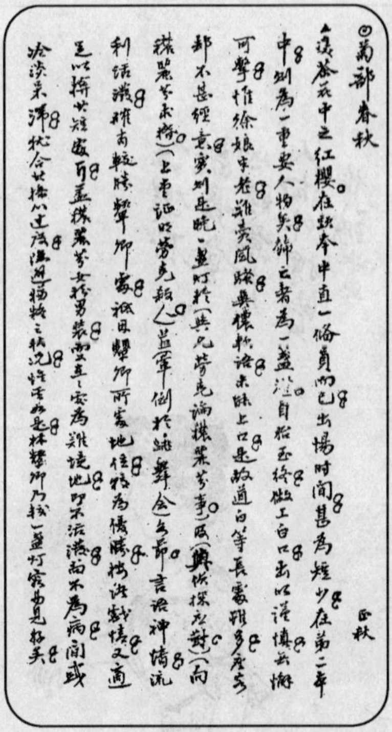
◎菊部春秋 正秋
雙茶花中之紅櫻。在頭本中直一備員而已。出場時間甚為短少。在第二本中。則為一重要人物矣。飾之者為一盞灯。自始至終。做工白口。出以謹慎。無懈可擊。惟徐娘半老。難賣風騷。吳儂軟語。未能上口。是故道白等長處雖多。座客卻不甚經意。實則是晚一盞灯於（與兄勞克論䅿麗芬事）及（與偵探應對）（向䅿麗芬求婚）（上堂證明勞克殺人）並（暈倒於跳舞會）各節。言語神情。流利活潑。確有較勝鞶卿處。只因鞶卿所處地位。較為優勝。按諸戲情。又適足以掩其短處耳。蓋䅿麗芬女扮男裝。而又在在處為難境地。即不活潑。尚不為病。間或冷淡呆滯。猶合其操心過度。隱避嫌疑之狀況。惟其如是。林鞶卿乃較一盞灯容易見好矣。

菊部春秋

正秋

《双茶花》中之红樱，在头本中直一备员而已，出场时间甚为短少；在第二本中，则为一重要人物矣。饰之者为一盏灯，自始至终，做工白口，出以谨慎，无懈可击；惟徐娘半老，难卖风骚，吴侬软语，未能上口，是故道白等长处虽多，座客却不甚经意。实则是晚一盏灯于“与兄劳克论秾丽芬事”及“与侦探应对”、“向秾丽芬求婚”、“上堂证明劳克杀人”并“晕倒于跳舞会”各节，言语神情，流利活泼，确有较胜鞶卿处。只因鞶卿所处地位，较为优胜，按诸戏情，又适足以掩其短处耳。盖秾丽芬女扮男装，而又在在处为难境地，即不活泼，尚不为病，间或冷淡呆滞，犹合其操心过度，隐避嫌疑之状况。惟其如是，林鞶卿乃较一盏灯容易见好矣。

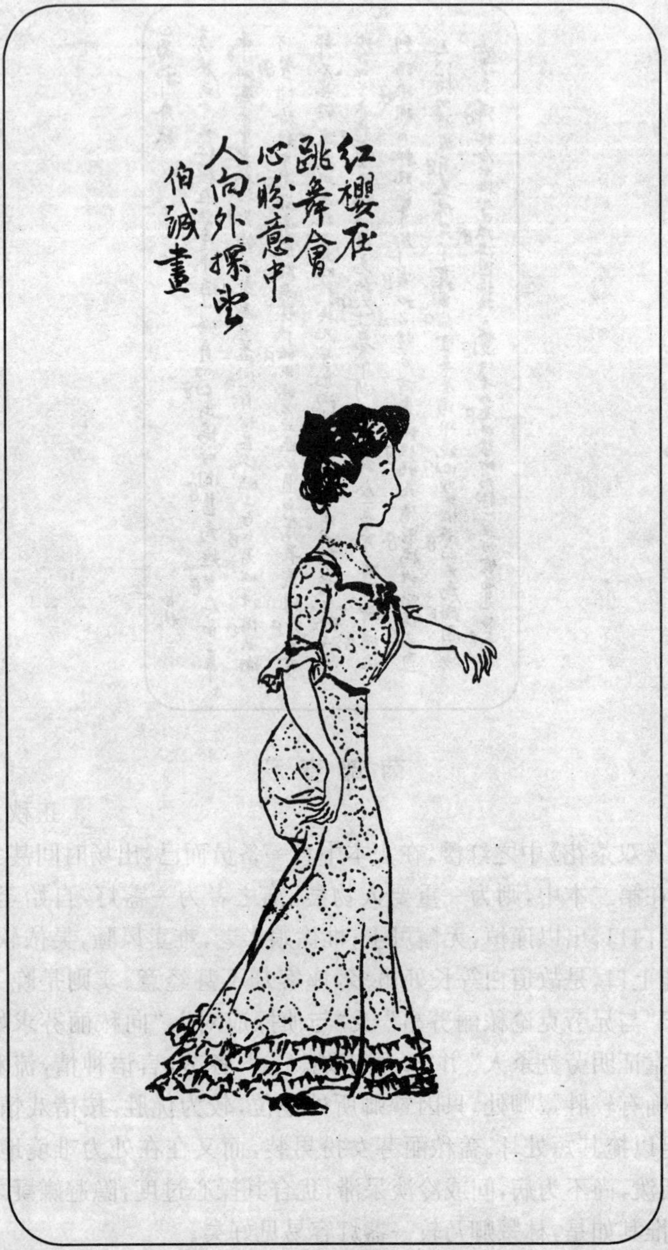
紅櫻在
跳舞會
心盼意中
人向外探望
伯誠畫

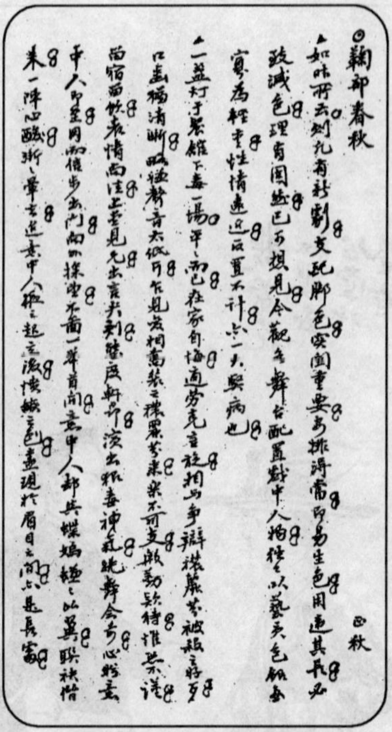

菊部春秋

正秋

如昨所云，则凡有新剧，支配脚色，实关重要。安排得当，即易生色；用违其长，必致减色。理有固然，已可想见。今观各舞台配置戏中人物，往往以艺员包银多寡为轻重，性情远近，反置不计，亦一大弊病也。

一盏灯于餐馆下毒一场，平平而已。在家自悔，适劳克言旋，相与争辩秾丽芬被杀之好歹，口齿犹清晰，略嫌声音太低耳。乍见变相乔装之秾丽芬来，乐不可支，殷勤款待，惟恐不谨。留宿留饮，表情尚佳。上堂见兄，出言尖刻，态度轩昂，演出狠毒神气。跳舞会前，心盼意中人即至，因而信步出门，向外探望。不图一举首间，意中人却与蝶嫣鹣鹣比翼，联袂偕来，一阵心酸，渐渐晕玄。迨意中人掖之起立后，愤嫉之色，尽现于眉目之间，亦是长处。

雙茶花
紅櫻玉
公堂作
證時
伯诚

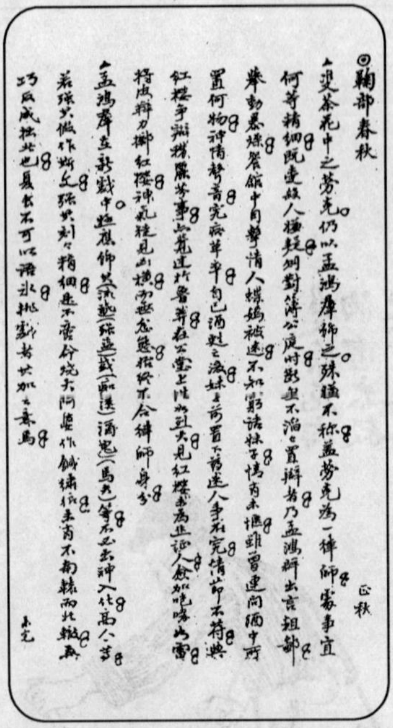

菊部春秋

正秋

《双茶花》中之劳克，仍以孟鸿群饰之，殊嫌不称。盖劳克为一律师，处事宜何等精细，既受杀人嫌疑，则对簿公庭时，断无不滔滔置辩者。乃孟鸿群出言粗鄙，举动暴燥（躁），餐馆中目击情人蝶嫣被迷，不知穷诘妹子，情有未惬。虽曾连问酒中所置何物，神情声音，究病草率。自己酒苏之后，妹子前置下药迷人事不究，情节不符。与红樱争辩秾丽芬事，亦觉过于鲁莽。在公堂上性如烈火，见红樱未为作证人，愈加咆哮如雷，将皮靴力掷红樱，神气徒见凶横，而无忿态，始终不合律师身分。

孟鸿群在新戏中，极应饰其“流氓”、“强盗”或“痴汉”、“酒鬼”、“马夫”等，不必出神入化，高人一等。若强其假作斯文，强其刻刻精细，是不啻命烧火阿婆作针绣娘，未有不南辕而北辙，弄巧反成拙者也。夏虫不可以语冰，排戏者其加之意焉。（未完）

雙茶花內
納雪夫殺
妻時之狀
況 伯誠

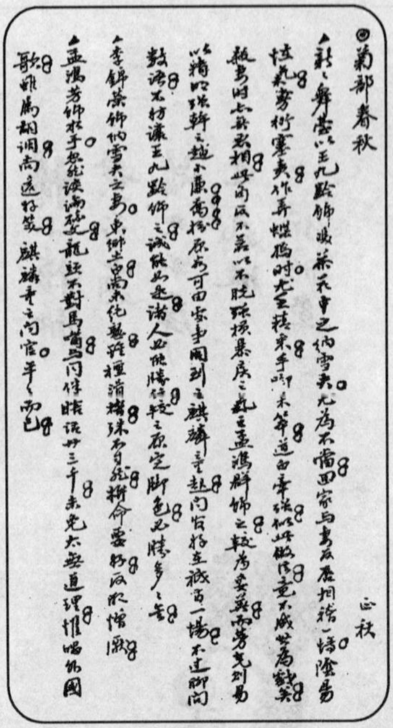

菊部春秋

正秋

新新舞台以王九龄饰《双茶花》中之纳雪夫，尤为不当。回家与妻反唇相稽一场，阴阳怪气，敷衍塞责。作弄蝶嫣时，尤乏精采，手脚呆笨，道白牵强。似此做法，竟不成其为戏矣。杀妻时亦无恶相，此角反不若以不脱强横暴戾之气之孟鸿群饰之，较为妥善。而劳克则易以精明强干之赵小廉乔扮，原谷可由处事周到之麒麟童起。门官好在只有一场，不过聊问数语，不妨让王九龄饰之。诚能如是，诸人必能胜任，较之原定脚色，必胜多多矣。

李锦荣饰纳雪夫之妻，东乡土白，尚未纯熟，虽擅滑稽，殊不自然，拼命要好，反取憎厌。

孟鸿芳饰水手，忽然谈论孙文，龙头不对马嘴。与同伴瞎话廿三千，未免太无道理。惟唱外国歌，虽属胡调，尚还好笑。麒麟童之门官，平平而已。

楊小樓飾
黄天霸
矯々不羣
之氣概
伯誠畫

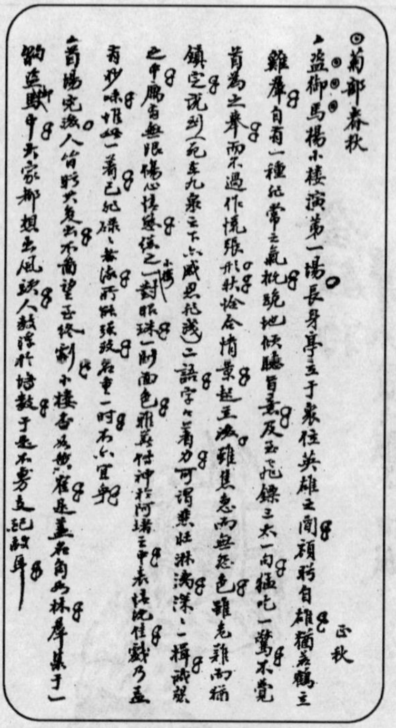

菊部春秋

正秋

《盗御马》杨小楼演第一场，长身亭立于众位英雄之间，顾盼自雄，犹若鹤立鸡群，自有一种非常之气概。跪地倾听旨意，及至“飞镖三太”一句，猛吃一惊，不觉首为之举，而不过作慌张形状，恰合情景。起立后，虽焦急而无怨色，虽危难而犹镇定。说到“死在九泉之下，亦感恩非浅”二语，字字着力，可谓悲壮淋漓。深深一揖，诚恳之中，寓有无限伤心情态。总之小楼一对眼珠、一副面色，雅善传神于阿堵之中，表情既佳，戏乃益有妙味。惟此一着，已非碌碌者流，所能强致。名重一时，不亦宜乎？

首场完后，人皆盼其复出，不图望至终剧，小楼杳如黄雀。是盖名角如林，群集于一出《盗御马》中，大家都想出风头，人数浮于场数，于是不敷支配故耳。

金錢豹
畢永霞之猴子
伯誠

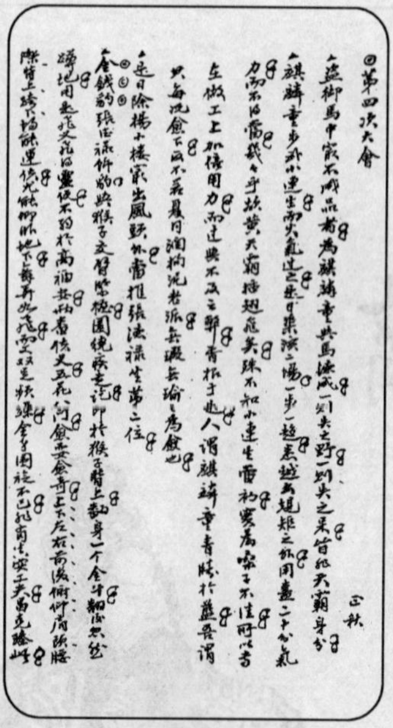

菊部春秋

正秋

《盗御马》中最不成品者，为麒麟童与马德成，一则失之野，一则失之呆，皆非天霸身分。

麒麟童步武小连生，而火气过之。是日渠演二场，一步一趋，悉越出规矩之外，用尽二十分气力，而不得当，几几乎欲黄天霸插翅飞矣。殊不知小连生当初，实为嗓子不佳，所以专在做工上加倍用力，而过与不及之弊，胥根于是。人谓麒麟童青胜于蓝，吾谓其每况愈下，反不若夏月润拘泥老派，无瑕无瑜之为愈也。

是日除杨小楼最出风头外，当推张德禄坐第二位。

《金钱豹》张德禄饰豹，与猴子交臂紧握，围绕疾走讫，即于猴子背上，翻身一个金斗。翻后忽然蹲地，用足飞叉飞得灵便，不弱于高福安。两番使叉，五花八门，愈耍愈奇，上下左右，前后俯仰，肩头腰际，背上跨下，均能运使。尤能仰卧地下，舞弄如飞，而又双足频跺，全身围旋不已。非有结实工夫，曷克臻此？

文昭関
林樹森唱一輪明月之神气
伯诚

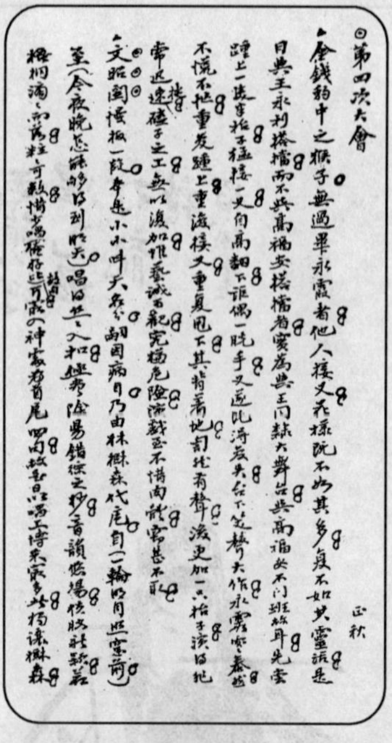
◎第四次大會 正秋
△金錢豹中之猴子，無過畢永霞者。他人接叉，花樣既不如其多，復不如其靈活。是日與王永利搭檔，而不與高福安搭檔者，實爲與王同隸大舞台，與高福安不同班故耳。先嘗踵上一隻半台子，猛接一叉，自高翻下。詎偶一脱手，叉遂既得復失，台下笑聲大作。永霞處之泰然，不慌不忙，重復踵上，重復接叉，重復甩下，其背着地，訇然有聲。後更加一隻台子，演得非常迅捷，磕子之工，無以復加。惟藝誠可觀，究嫌危險，演戲至不惜肉體，竊甚不取。
△文昭關慢板一段，本是小小叫天名分，嗣因病目，乃由林樹森代庖。自（一輪明月照窗前）至（今夜晚怎能够得到明天），唱得絲絲入扣，極盡陰易錯綜之妙。音韻悠揚，使腔新穎，若梧桐滴滴而落，粒粒可數。惜少唱（俺好比）數句耳。最入神處爲首尾四句，故是日以唱工博采最多者，獨讓樹森。

菊部春秋

正秋

《金钱豹》中之猴子，无过毕永霞者。他人接叉，花样既不如其多，复不如其灵活。是日与王永利搭档，而不与高福安搭档者，实为与王同隶大舞台，与高福安不同班故耳。先尝踵上一只半台子，猛接一叉，自高翻下。讵偶一脱手，叉遂既得复失，台下笑声大作。永霞处之泰然，不慌不忙，重复踵上，重复接叉，重复甩下，其背着地，訇然有声。后更加一只台子，演得非常迅捷，磕子之工，无以复加。惟艺诚可观，究嫌危险，演戏至不惜肉体，窃甚不取。

《文昭关》慢板一段，本是小小叫天名分，嗣因病目，乃由林树森代庖。自“一轮明月照窗前”至“今夜晚怎能够得到明天”，唱得丝丝入扣，极尽阴易错综之妙。音韵悠扬，使腔新颖，若梧桐滴滴而落，粒粒可数。惜少唱“俺好比”数句耳。最入神处为首尾四句，故是日以唱工博采最多者，独让树森。

十八扯中
毛韻珂
唱色極
打龍
袍
伯诚畫

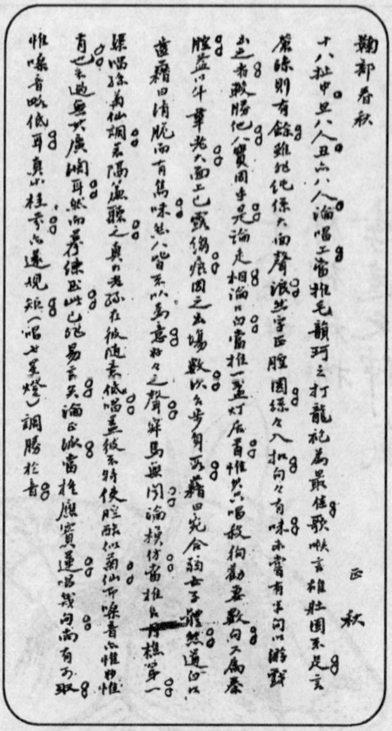

菊部春秋

正秋

十八扯中旦八人丑亦八人論唱工當推毛韻珂之打龍袍為最佳歌喉言雄壯固不足言蒼涼則有餘雖非純係大面聲浪然字正腔圓絲絲入扣句句有味未嘗有半句以游戲出之者較勝他人實因乎是論走相論口白當推一盞灯居首惟其只唱殺狗勸妻數句又屬秦腔益以年華老大面上已露皺痕因之出場數次台步身段藉曰宛合弱女子體態道白口齒藉曰清脆而有雋味然人皆不以為意好好之聲寂焉無聞論模仿當推呂月樵第一渠唱孫菊仙調若隔簾聽之真如老孫在彼隨意低唱蓋彼不特使腔酷似菊仙即嗓音亦惟妙惟肖也不過無其廣闊耳然而摹練至此已非易言矣論正派當推應寶蓮唱幾句尚有可取惟嗓音略低耳真小桂芬亦還規矩（唱七星燈）調勝於音

菊部春秋

正秋

《十八扯》中，旦八人，丑亦八人。论唱工，当推毛韵珂之《打龙袍》为最佳，歌喉言雄壮固不足，言苍凉则有余。虽非纯系大面声浪，然字正腔圆，丝丝入扣，句句有味，未尝有半句以游戏出之者，较胜他人，实因乎是。论走相、论口白，当推一盏灯居首。惟其只唱《杀狗劝妻》数句，又属秦腔，益以年华老大，面上已露皱痕，因之出场数次，台步身段，藉曰宛合弱女子体态；道白口齿，藉曰清脆而有隽味。然人皆不以为意，好好之声，寂焉无闻。论模仿，当推吕月樵第一。渠唱孙菊仙调，若隔帘听之，真如老孙在彼随意低唱。盖彼不特使腔酷似菊仙，即嗓音亦惟妙惟肖也。不过无其广阔耳。然而摹练至此，已非易言矣。论正派，当推应宝莲。唱几句，尚有可取，惟嗓音略低耳。真小桂芬亦还规矩，（唱《七星灯》）调胜于音。

十八扯中
林樹森扮
李逵之神氣
伯城畫

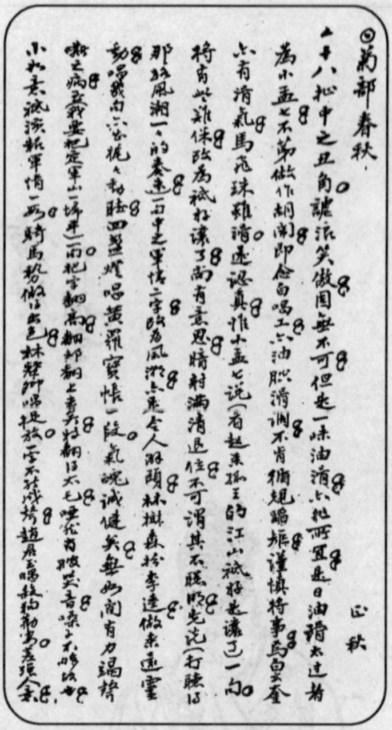
菊部春秋 正秋

十八扯中之丑角謔浪笑傲固無不可但是一味油滑亦非所宜是日油滑太過者為小孟七不第做作胡鬧即念白唱工亦油腔滑調不肯循規蹈矩謹慎將事焉白文奎亦有滑氣馬飛珠雖滑還認真惟小孟七說(看起來孤王的江山祇好是讓了)一句將有些難保改為祇好讓了尚有意思暗射滿清退位不可謂其不聰明先說(打聽得那路風潮一一的奏來)一句中之軍情二字改為風潮亦足令人解頤林樹森扮李逵做來還靈動唱幾句亦娓娓動聽四盞燈唱黃羅寶帳一段氣魄誠健矣無如間有力竭聲嘶之病至我要把定軍山一掃平一句把字翻高翻卻翻上去矣特翻得太毛啞然有破哭音嗓子不够故也小如意祇演報軍情一段騎馬勢做得出色林鞶卿唱捉放一字不能成聲趙君玉唱殺狗勸妻差強人意

菊部春秋

正秋

《十八扯》中之丑角，谑浪笑傲，固无不可，但是一味油滑，亦非所宜。是日油滑太过者为小孟七，不第做作胡闹，即念白唱工，亦油腔滑调，不肯循规蹈矩，谨慎将事焉。白文奎亦有滑气；马飞珠虽滑，还认真；惟小孟七说“看起来孤王的江山只好是让了”一句，将“有些难保”改为“只好让了”，尚有意思，暗射满清退位，不可谓其不聪明。先说“打听得那路风潮一一的奏来”一句中之“军情”二字，改为“风潮”，亦足令人解颐。林树森扮李逵，做来还灵动，唱几句亦娓娓动听。四盏灯唱“黄罗宝帐”一段，气魄诚健矣，无如间有力竭声嘶之病。至“我要把定军山一扫平”一句，“把”字翻高，翻却翻上去矣，特翻得太毛，哑然有破哭音，嗓子不够故也。小如意只演报军情一段，骑马势做得出色。林鞶卿唱《捉放》，一字不能成声，赵君玉唱《杀狗劝妻》差强人意。

打花鼓小保成
飾相公之神气
伯誠畫

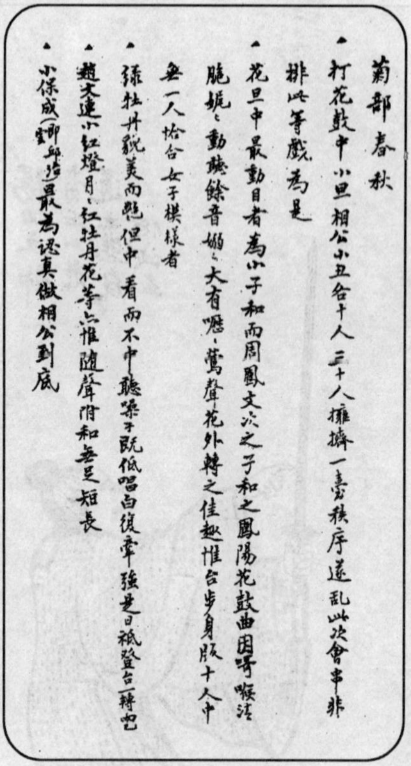
菊部春秋

一打花鼓中小旦相公小丑各十人三十人擁擠一臺秩序遂乱此次會串非排此等戲為是

一花旦中最動目者為小子和而周鳳文次之子和之鳳陽花鼓曲因歌喉清脆娓娓動聽餘音嫋嫋大有嚦嚦鶯聲花外轉之佳趣惟台步身版十人中無一人恰合女子模樣者

一綠牡丹貌美而艷但中看而不中聽嗓子既低唱白復牽強是日祇登台一轉也

一趙文連小紅燈月月紅牡丹花等亦惟隨聲附和無足短長

一小保成(即邱治云)最為認真做相公到底

菊部春秋

正秋

《打花鼓》中小旦、相公、小丑各十人，三十人拥挤一台，秩序遂乱。此次会串非排此等戏为是。

花旦中最动目者为小子和，而周凤文次之。子和之凤阳花鼓曲因歌喉清脆、娓娓动听、余音袅袅，大有呖呖莺声花外转之佳趣。惟台步身版，十人中无一人恰合女子模样者。

绿牡丹貌美而艳，但中看而不中听，嗓子既低，唱白复牵强。是日只登台一转而已。

赵文连、小红灯、月月红、牡丹花等，亦惟随声附和，无足短长。

小保成(即邱冶云) 最为认真，做相公到底。

楊四立飾
青石山老
道之態度
伯誠畫

菊部春秋

正秋

廖连卿与小子和、小保成搭唱，做乌龟做到底。许奎官亦起乌龟，身体硕大无朋，好笑煞人。

《双包案》惟郎德山气魄雄浑，尚有几分龙面态度。口白亦刚健宏亮，唱则犹有未逮。

刘寿峰唱工第一，嗓子温厚坚卓，兼而有之。刘永奎尚不俗，纳绍先声太柔弱，曹辅臣、殷春虎更无论矣。

《文昭关》除林树森外，惟小杨月楼差强人意。虽有时唱作不免过火，然年只十二，亦亏他来得。

潘桂芳唱首场，索然无味，一条好嗓子，中外行不中内行。盖未于抑扬顿挫中，痛下苦工也。

夏荣坡唱二六换衣襟一段，声调音节，失之柔弱，不及数年前远甚。“大胆且向虎口行”之“胆”字，竟提不起。

《吊金龟》李冠卿之《训子》差可；谢宝云工稳而已，出奇则未；富仙舫唱《行路》不佳。

杨四立在《青石山》中饰老道，纯系北派，颇善滑稽，道白多趣语，殊堪解颐。惟费时过久，神气不足，座客不无憎厌。三麻子年逾花甲，饰关公精神尚还矍铄，难得难得。

劉鴻聲飾斬黃袍之宋太祖被高懷玉挾制時神情
伯誠

菊部春秋

正秋

第一台及大舞台新聘之著名脚色，相继登台，因为汇评于下。

刘鸿声歌喉更润于前，欲收即收，欲放即放，狭窄宽润，咸有纯任自然之妙。而尤以《斩黄袍》一剧，最为绝唱。用高音处几及大半，往往用脑音，或用齿音、或用丹田音，自始自终，未尝有一字干燥艰涩。“孤王酒醉桃花宫”一段二六，唱来缠绵悱恻，苍凉悲壮，婉转之中，寓以尖锐。先后摇扳，美不胜收。“哭三弟”一句，假慈悲得好。吩咐厚葬，直与张方案既杀之、复恤之，古今如出一辙。被高怀玉挟制，欲哭犹止者三次，末次唱“我哭也不敢哭”一句，亦异常动听，神情之佳，难以尽述。“听说来了陶三春，不由孤王吃一惊”一段，几于字字提高，而不嫌其刚。惟城上呼陶三春“我的亲娘哦”、“我的干娘哦”二句，出于情理之外。然其能将无可如何、无限伤心之情景，曲曲描出；道白更字字遒劲，谓高怀玉曰：“若无你的本章孤王岂肯与你干休！”声情俱妙，余不细述。（未完）

小桂芬之
空城计
伯诚画

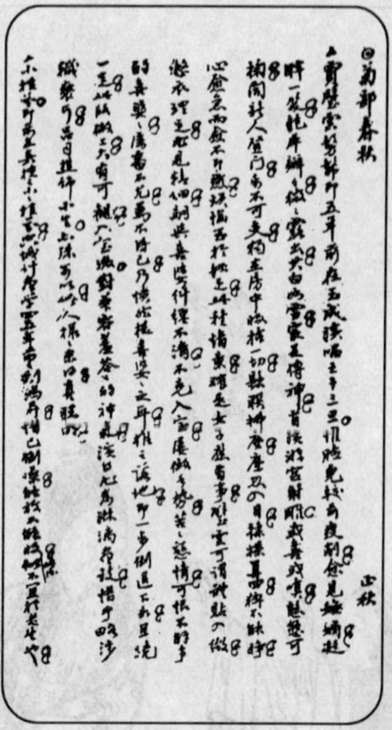

菊 部 春 秋

正秋

贾璧云仿佛即五年前在玉成演唱之十三旦，惟脸儿较前瘦削，愈见妩媚。凝眸一笑，匏犀瓣瓣，微微露出，其白如雪，最是传神。首演《游宫射雕》，或喜或嗔，憨态可掬。闻新人登门，乐不可支，独在房中收拾一切，悬联拂尘，尘忽入目，糅搽再四，猝不能睁。心愈急而愈不即愈，烦恼至于顿足，此种情景，确是女子应有事，璧云可谓体贴入微。整衣理足，尤见精细。嗣与喜婆纠缠不清，不克入室，屡做手势，苦苦恳情，可恨不解事的喜婆婆，屡番不允。万不得已，乃愤然提喜婆婆之耳，推之落地，即一步倒退下去，且跷一足。此段做工，大有可观。入室后，对华容羞答答的神气，演得尤为淋漓尽致。惜乎略涉秽亵耳。吕月樵饰小生，亦殊可以，此人样样来得，真聪明！

小桂芬即前在春桂之小小桂芬，《空城计》尝学四五年前之刘鸿升，惜已倒嗓，能放不能收，此后似不宜于老生也。

吴彩霞之
金殿装疯
伯诚

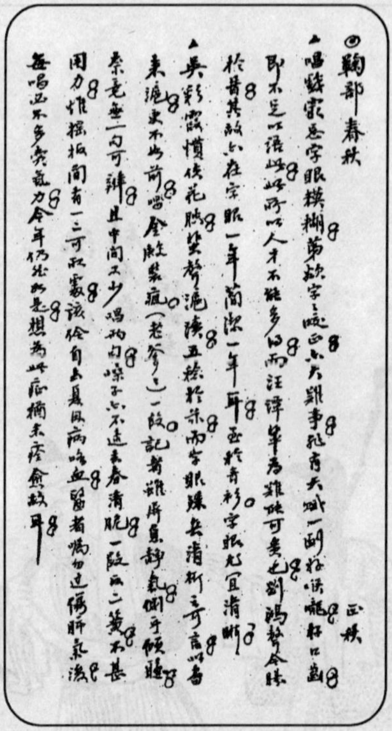

菊部春秋

正秋

唱戏最忌字眼模糊，第欲字字咬正，亦大难事，非有天赋一副好喉咙、好口齿，即不足以语此。此所以人才不能多得，而汪、谭辈为难能可贵也。刘鸿声今胜于昔，其故亦在字眼一年简洁一年耳。至于青衫，字眼尤宜清晰。

吴彩霞惯使花腔，蜚声沪渎，五稔于兹，而字眼殊无清析（晰）之可言。此番来沪，更不如前。唱《金殿装疯》“老爹爹”一段，记者虽屏息静气，侧耳倾听，奈竟无一句可辨；且中间又少唱两句，嗓子亦不逮去春清脆。一段反二簧，不甚用力，惟摇板间有一二可取处。该伶自去夏因病咯血，医者嘱勿过伤肺气后，每唱必不多卖气力；今年仍然如是，想为此症犹未痊愈故耳。

陳文殿之
釣金龜
伯誠畫

菊部春秋

正秋

陈文启于前年腊月，初次来沪，歌喉嘹亮，常唱正戏，尚能独当一面。去春三月，嗓音已变，或有或无，不可捉摸，遂觉唱不由主。及夏更不成声。此番重来，较前稍润，腔亦稍圆，惟宜低不宜高，且病渐唱渐微，渐无气力。唱《钓金龟》慢板，差强人意，惜脱二板；原板太低。然该伶去配角，则尚有余。

大舞台新聘之筱玉楼，嗓子虽低，调尚平稳。所唱亦系时派，侪于最优等及优等之列，固不足，然犹不失为中驷才也。登台第一日之《洪羊洞》，慢板、倒板、原板，动听之处，十有三焉。较之小桂芬之《空城计》，犹胜一筹；较孟小茹所差亦仅。而大舞台排其在前五出，未免过抑玉楼矣。

杨际云有嗓子而不善运用，犹李长胜之大面然。与贾璧云、筱玉楼同日登台，唱《彩楼配》，声音失之率直，无抑扬顿挫之妙；反不若伍月华歌喉虽无裂帛穿云之致，尚有提承转折之味。故令际云独当一面，弗如令伍月华独当一面为愈。且彼台步身段，亦不及月华之落落大方也。

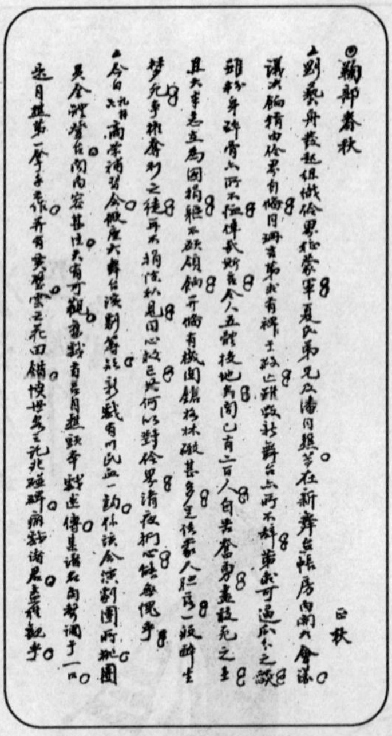
◎菊部春秋
正秋
劉藝舟發起組織伶界征蒙軍。夏氏弟兄及潘月樵等在新舞台帳房內開大會議。議決餉糈由伶界自備。月珊言第求有裨于救亡，雖毀新舞台亦所不辭；第求可遏瓜分之燄，雖粉身碎骨亦所不恤。偉哉斯言！令人五體投地矣。聞已有二百人自告奮勇盡敢死之士。且大半志在為國捐軀，不願領餉，并備有機關鎗、格林礮甚多，足使蒙人膽落。一般醉生夢死爭權奪利之徒，再不捐除私見、同心救亡，其何以對伶界？清夜捫心，能無愧乎？
▲今日禮拜六商學補習會假座大舞台演劇籌款。新戲有川民血一齣，係該會演劇團所排，團員全體登台，聞內容甚佳，大有可觀。舊戲有呂月樵頭本戲迷傳，集諸名角聲調于一口。是月樵第一拿手之作。并有賈璧云之花田錯、憤世客之托兆碰碑，癖戲諸君盍往觀乎。

菊部春秋

正秋

刘艺舟发起组织伶界征蒙军，夏氏弟兄及潘月樵等，在新舞台帐房内开大会议，议决饷糈由伶界自备。月珊言第求有裨于救亡，虽毁新舞台亦所不辞，第求可遏瓜分之焰；虽粉身碎骨亦所不恤。伟哉斯言！令人五体投地矣。闻已有二百人，自告奋勇，尽敢死之士。且大半志在为国捐躯，不愿领饷，并备有机关枪、格林炮甚多，足使蒙人胆落。一般醉生梦死、争权夺利之徒，再不捐除私见、同心救亡，其何以对伶界？清夜扪心，能无愧乎？

今日礼拜六商学补习会，假座大舞台演剧筹款。新戏有《川民血》一出，系该会演剧团所排，团员全体登台，闻内容甚佳，大有可观。旧戏有吕月樵头本《戏迷传》，集诸名角声调于一口，是月樵第一拿手之作。并有贾璧云之《花田错》、愤世客之《托兆碰碑》，癖戏诸君，盍往观乎？

劉鴻聲之
空城計
伯誠

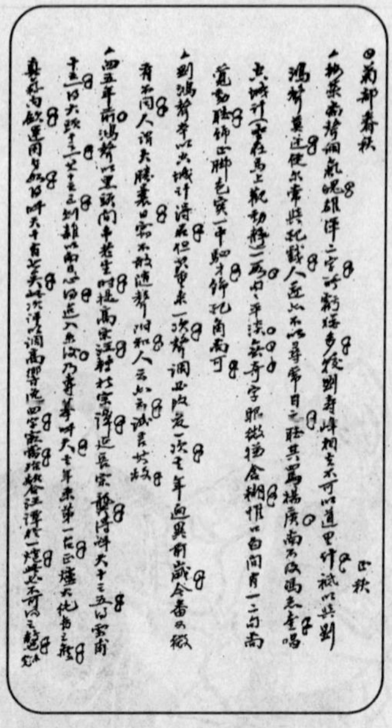

菊部春秋

正秋

梅荣斋声调气魄，雄浑二字所亏犹多，较刘寿峰相去不可以道里计。只以与刘鸿声莫逆，便尔常与配戏，人遂亦不以寻常目之。听其《骂杨广》，尚不及冯志奎。唱《空城计》“坐在马上观动静”一段，句句平淡无奇，字眼微嫌含糊，惟口白间有一二句尚觉动听。饰正脚色实一中驷才，饰配角尚可。

刘鸿声本以《空城计》得名，但其重来一次，声调必改变一次。去年迥异前岁，今番又微有不同。人谓大胜曩日，窃不敢随声附和、人云亦云，试言其故。

四五年前，鸿声以黑头间串老生时，提高宗汪，转折宗谭，延长宗龚，得叫天十之五，得云甫十之一，得大头十之一。其十之三，则杂以向日心得。迨入京后，乃专摹叫天。去年来第一台，正炉火纯青之候，真气内敛，运用自如，得叫天十有七矣。此次评以调高响逸四字，最当。殆欲合汪、谭于一炉，此必不可得之数也。（未完）

菊部春秋

正秋

声音虽本天赋，亦可历练而成。惟刚之至而欲柔难，柔之至而欲刚亦难。汪调什九刚健，谭调什九柔顺。学汪不精，易病硬直；学谭不精，易病萎靡。近年谭派盛行，说者谓多亡国之音，言有自也。刘鸿声一变其靡靡之音，转而学汪，所见极是。其近日所唱，若《辕门斩子》、若《第一忠臣》、若《四郎探母》、若《完璧归赵》、若《红鬃烈马》，记者听其咬正字眼，犹诸刀锯斧斫，犹诸斩钉截铁，简洁清脆，已臻绝顶，通体未尝有一字不干净。虽起大头，亦必为之首肯。犹是晚之《空城计》，未能句句字正腔圆，慢板中“周朝大振”之振字，凡三提，初提声高气足，绰绰有余；次提即微觉不振；三提竟欲扬反抑，竭蹷之极，莫此为甚。前后摇板，亦有二三句，不免大醇小疵。是盖谭调已深镌脑膜，不易骤拔，即前所谓至刚至柔关系耳。或曰：“否否。”是日鸿声最得意之烟枪被窃，愤极上火，至声不纯。言亦有理，试观其后。又闻鸿声新排《麒麟送子》四本，即全部《朱砂痣》，不日即行开演，顾曲家又可耳目一新。

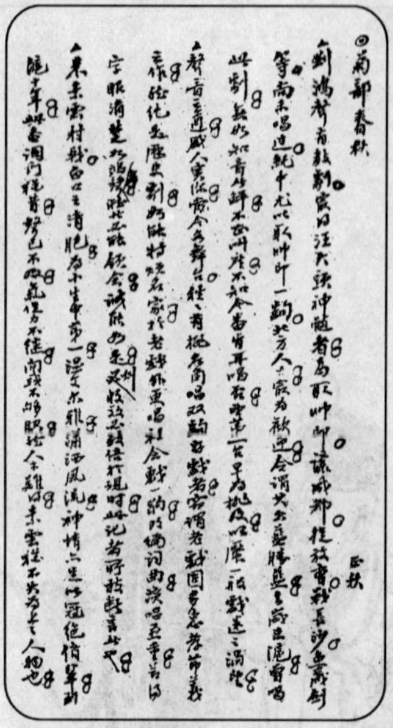
◎菊部春秋

正秋

菊部春秋

正秋

刘鸿声有数剧，最得汪大头神髓者，为《取帅印》、《让成都》、《捉放曹》、《战长沙》、《鱼藏剑》等，尚未唱过，就中尤以《取帅印》一出，北方人士最为欢迎，合谓其出蓝胜蓝。去岁来沪，曾唱此剧，无如知音者鲜，不甚叫座。不知今番肯再唱否？望第一台早为排及，以餍一般戏迷之渴望。

声音之道，感人实深。当今各舞台，往往有排名角唱双出好戏者。窃谓老戏固多忠孝节义之作，然纯是历史剧；如能特烦名家，于老戏外更唱社会戏一出，改编词曲，演唱并重，若得字眼清楚如鸿声，听者必能领会。诚能如是，则收效必数倍于现时，此记者所敢断言者也。

朱素云《射戟》，白口之清脆，为小生中第一。温文尔雅，潇洒风流，神情亦足以冠绝侪辈。到沪十年，此番调门犹昔，声已不及，气促力不继，间或不够腔，然人才难得，素云犹不失为上上人物也。

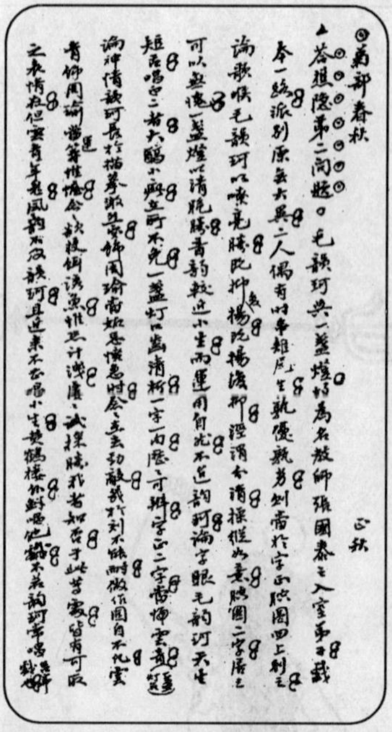

菊部春秋

正秋

答樵隐第二问题。毛韵珂与一盏灯，均为名教师张国泰之入室弟子，戏本一路，派别原无大异，二人偶有时串雉尾生，孰优孰劣，则当于字正腔圆四上别之。论歌喉，毛韵珂以嘹亮胜，既抑复扬，既扬后抑，泾渭分清，采纵如意。腔圆二字，居之可以无愧。一盏灯以清脆胜，音韵较近小生，而运用自然，不逭韵珂。论字眼，毛韵珂天生短舌，唱白二者，大醇小疵，在所不免。一盏灯口齿清析（晰），一字一句，历历可辨。字正二字，当归云青（一盏灯名）。论神情，韵珂长于描摹激烈处，饰周瑜当妒忌愤急时，念念在去劲敌，几于刻不能耐，做作固自不凡。云青饰周瑜当运筹帷幄，念念欲投饵诱鱼，惟恐计泄，屡屡试探胜我者知否。于此等处，皆有可取之表情在。但云青年老，风韵不及韵珂，且近来不甚唱小生，《黄鹤楼》外，鲜唱他戏，不若韵珂常唱吕布戏也。

飛叉时之張德禄
伯诚

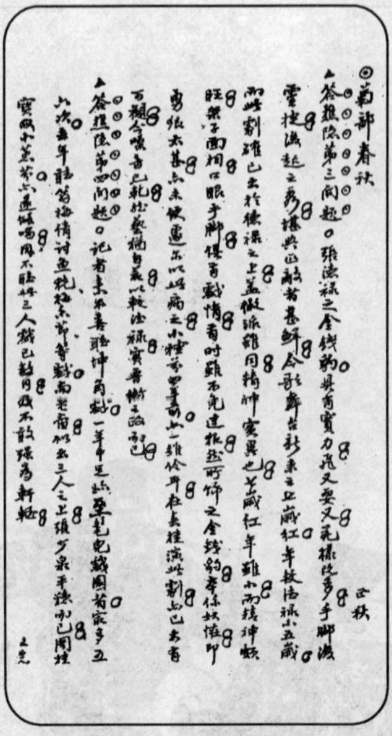

菊部春秋

正秋

答樵隐第三问题。张德禄之《金钱豹》，具有实力。飞叉耍叉，花样既多，手脚复灵捷，后起之秀，堪与匹敌者甚鲜。今歌舞台新来之七岁红，年较德禄小五岁，而此剧确已出于德禄之上。盖做派虽同，精神实异也。七岁红年虽小，而精神颇旺，架子面相、口眼手脚，俱有戏情。有时虽不免过狠，然所饰之《金钱豹》，本系妖怪，即勇狠太甚，亦未便遽尔以此病之。小桂芬四年前，亦一雏伶耳。在春桂演此剧，亦已大有可观。今嗓音已干，然艺犹自荒，以较德禄，实鲁卫之政而已。

答樵隐第四问题。记者素不喜听坤角戏，一年中足迹至髦儿戏园者，最多五六次。去年听翁梅倩《讨鱼税》、《梅香节》等戏，尚老当，似出三人之上。张少泉平稳而已，周桂宝及小蕙芬，亦还能唱。因不听此三人戏已数月，不敢强为轩轾。（未完）

雙色案
伯誠

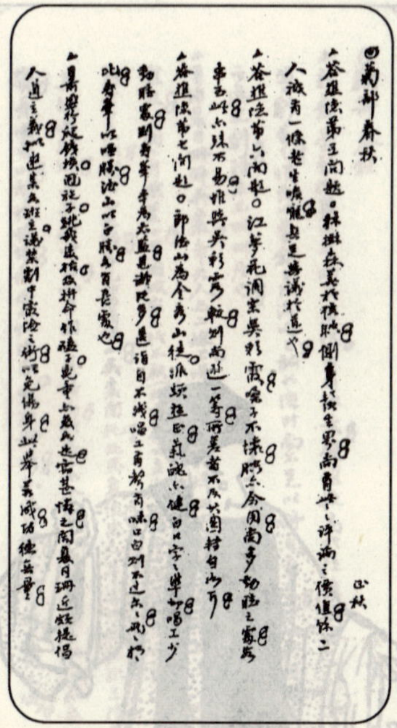

菊部春秋

正秋

答樵隐第五问题。林树森善于使腔，侧身须生界，尚有些些评论之价值。余二人只有一条老生喉咙，无足与议于道也。

答樵隐第六问题。江梦花调宗吴彩霞，嗓子不坏，腔亦会用，尚多动听之处。客串至此，亦殊不易。惟与吴彩霞较，则尚逊一筹，所差者不及其圆转自如耳。

答樵隐第七问题。郎德山为金秀山徒，派头极正，气魄亦健，白口字字准切，唱工少动听处。则寿峰本为太监，见识既多，造诣自不浅，唱工有声有味，口白则不过尔尔。两两相比，寿峰以唱胜，德山以白胜，各有长处也。

目前盛行爬钱杠、甩旋子、跳几连台，及拼命作磕子，儿童亦复如是。窃甚怜之。闻夏月珊近颇提倡人道主义，拟邀集各班主，议禁剧中最险之术，以免伤身。此举若成，功德无量。

伯誠

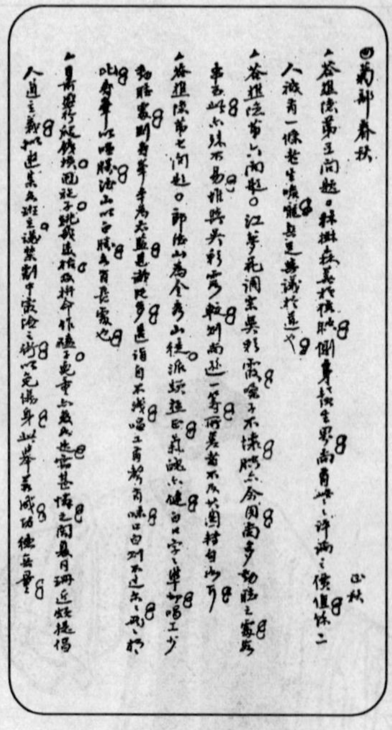

菊部春秋

正秋

答樵隐第五问题。林树森善于使腔，侧身须生界，尚有些些评论之价值。余二人只有一条老生喉咙，无足与议于道也。

答樵隐第六问题。江梦花调宗吴彩霞，嗓子不坏，腔亦会用，尚多动听之处。客串至此，亦殊不易。惟与吴彩霞较，则尚逊一筹，所差者不及其圆转自如耳。

答樵隐第七问题。郎德山为金秀山徒，派头极正，气魄亦健，白口字字准切，唱工少动听处。则寿峰本为太监，见识既多，造诣自不浅，唱工有声有味，口白则不过尔尔。两两相比，寿峰以唱胜，德山以白胜，各有长处也。

目前盛行爬钱杠、甩旋子、跳几连台，及拼命作磕子，儿童亦复如是。窃甚怜之。闻夏月珊近颇提倡人道主义，拟邀集各班主，议禁剧中最险之术，以免伤身。此举若成，功德无量。

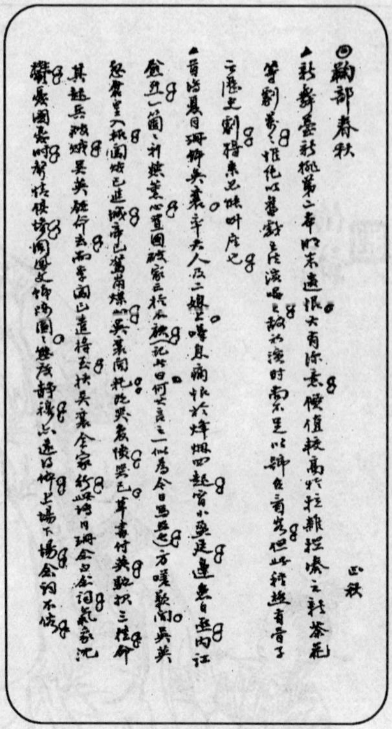

菊 部 春 秋

正秋

新舞台新排第二本《明末遗恨》，大有深意，价值较高于拉杂拼凑之《新茶花》等剧万万。惟纯以旧戏之法演唱之，故于演时尚不足以号召看客，但此种极有骨子之历史剧，将来必能叫座也。

首场夏月珊饰吴襄，率夫人及二媳上，叹息痛恨于烽烟四起，宵小盈廷，边患日亟，内讧愈烈，一个个利欲薰心，置国破家亡于不顾。（记者曰：何其言之一似为今日写照也。）方嗟叹间，吴英忽仓皇入报，国贼已进城，帝已驾崩煤山。吴襄闻耗，既哭复愤。哭已，草书付英，驰招三桂，命其起兵被贼，吴英领命去。而李闯已遣将至，挟吴襄全家行。此场月珊念白念词，气象沉郁，忧国忧时，声情俱惨。周凤文饰陈圆圆，态度静穆，亦还得体，上场下场，念词不俗。

伯誠

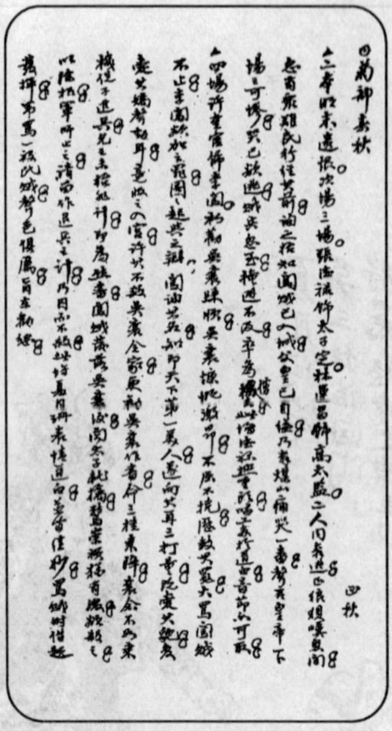

菊部春秋

正秋

二本《明末遗恨》，次场三场，张德禄饰太子定，林运昌饰高太监。二人同奔逃，正狼狈叹息间，忽有众难民行经其前，询之始知闯贼已入城，父皇已自缢，乃奔煤山痛哭一番，声言皇帝下场之可惨。哭已欲逃，贼兵忽至，掩避不及，卒为掳去。此场德禄极重头，唱工多于道白，音节亦可取。

四场许奎官饰李闯，初劝吴襄归顺，吴襄慷慨激昂，不屈不挠，历数其罪，大骂闯贼不止。李闯欲加之罪，圆圆起与之辩，闯询其名，知即天下第一美人，遂向其再三打量，既爱其貌，复爱其娇声动耳，竟收之入宫，许其不杀吴襄全家。更劝吴襄作书，命三桂来降。襄念不如乘机促子进兵，允之未始非计。即为作书，闯贼发落吴襄后，闻太子就擒，惊崇祯犹有后，欲杀之，以除根，军师止之，请留作退兵之计，乃囚而不杀。此场夏月珊表情道白，并皆佳妙。骂贼时借题发挥，带骂一段民贼，声色俱厉，旨在劝惩。

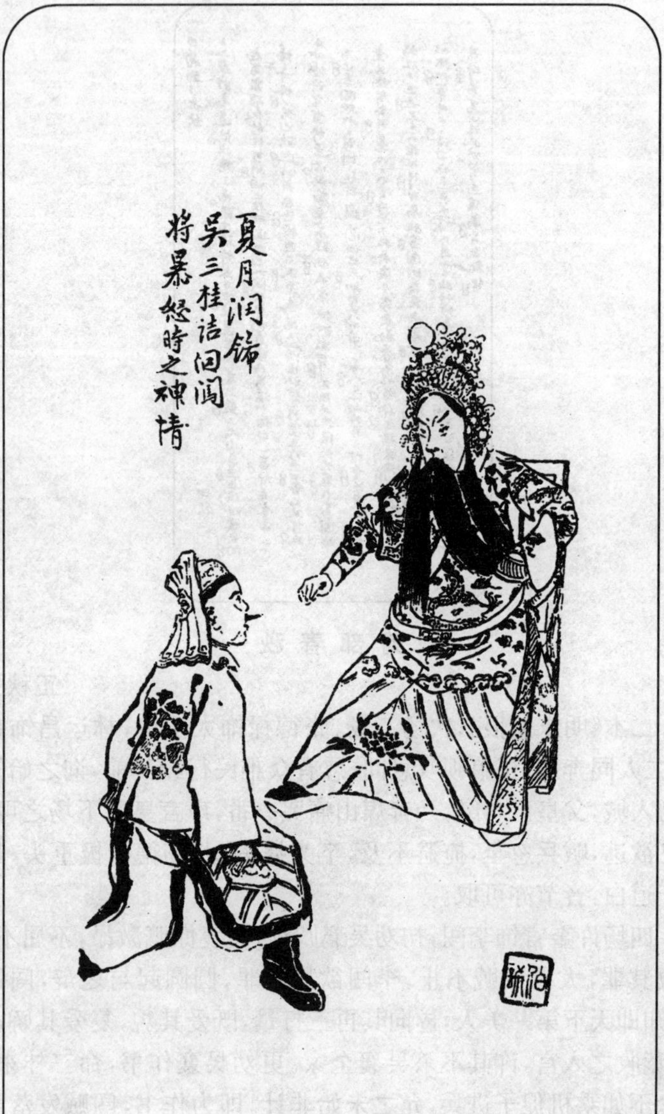
夏月润饰
吴三桂诘问闯
将暴怒时之神情

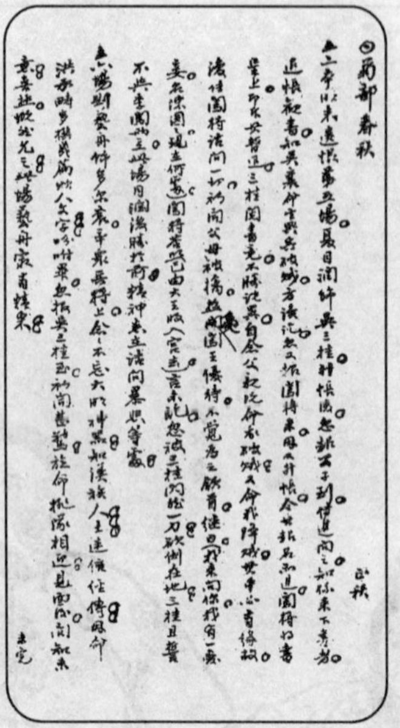

菊部春秋

正秋

二本《明末遗恨》第五场，夏月润饰吴三桂，升帐后，忽报公子到，传进问之，知系来下书者。退帐观书，知吴襄命其兴兵被贼。方读讫，忽又报闯将来，因又升帐，令其报名而进。闯将将书呈上，即斥其暂退。三桂阅书竟，不胜诧异。自念父亲既命我破贼，又命我降贼，其中必有缘故。复传闯将诘问一切。初问父母被擒，极受闯王优待，不觉为之颔首，继曰："我来问你，我有一爱妾，名陈圆圆，现在何处？"闯将答以："已由大王收入宫去。"言未讫，忽被三桂闪然一刀，砍倒在地，三桂且誓不与李闯两立。此场月润后胜于前，精神悉在诘问暴怒等处。

六场则艺舟饰多尔衮，率众兵将上，念念不忘大明神器。知汉族人士迷信经传，因命洪承畴多撰几篇欺人文字。吩咐毕，忽报吴三桂至。初闻甚惊，旋命排队相迎。见面后，闻知来意，喜极，慨然允之。此场艺舟最有精采。（未完）

太子定骂洪承畴
时之神情
伯识

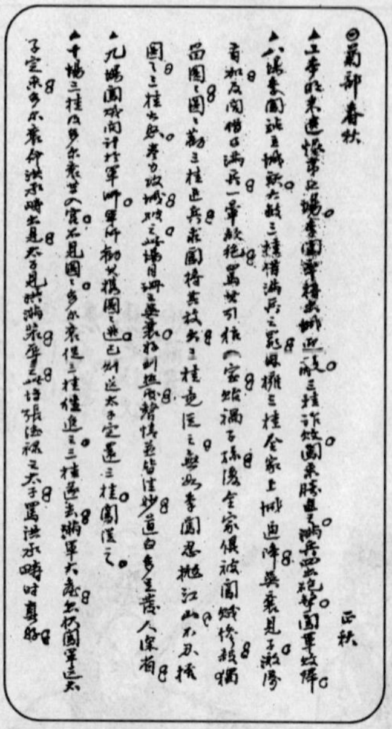
菊部春秋

正秋

菊部春秋

正秋

二本《明末遗恨》第七场，李闯率将出城迎敌，三桂诈败，闯乘胜追之。满兵四出炮击，闯军败归。

八场李闯站立城头，大数三桂借满兵之罪，因拥三桂全家上城逼降。吴襄见子，激励有加。及闻借得满兵，一晕欲绝，骂其引狼入室，贻祸子孙。后全家俱被闯贼惨杀，独留圆圆。圆圆劝三桂退兵，求闯将其放出，三桂竟从之。无如李闯忍抛江山，不忍舍圆圆。三桂大怒，尽力攻城，破之。此场月珊之吴襄，好到极处，声情并皆佳妙，道白多足发人深省。

九场闯贼问计于军师，军师劝其携圆圆逃。已则送太子定还三桂，闯从之。

十场三桂及多尔衮等入宫，不见圆圆，多尔衮促三桂往追之，三桂遂去。满军大至，忽报闯军送太子定来，多尔衮命洪承畴出见。太子见洪满装，辱之。此场张德禄之太子，骂洪承畴时真好。

夏月潤飾
吳三桂愛
戀陳圓圓
為兵卒下
馬之狀況
伯誠畫

菊部春秋

正秋

二本《明末遗恨》十一场，三桂领兵追闯贼，闯贼见势迫，万分焦急。圆圆献计，劝其只身赶逃，已则伫待三桂，闯从其请，舍之去。三桂至，见圆圆不见李闯，欲穷追，圆圆止之。

十二场，三桂领兵回城，叩关者再，满兵不纳。多尔衮上城，先问其已得圆圆否？继问其已获李闯否？三桂通告之，讵多尔衮反面无情，骂其无耻。语意中若谓圆圆既到手，则目的已达，领兵者回，又为何来？三桂闻言，怒不可遏，然终无如之何。圆圆劝之行，于是舍城去。多尔衮恐有后患，命人送太子南下，藉以缓兵。此场刘艺舟之多尔衮，夏月润之吴三桂，均佳。

十三场，毛韵珂饰左良玉，慨叹全国糜烂，军饷不继，晓谕三军，静候接济。俄而粮至，方庆天赐，忽报闯贼登位，极恨南北远阻，不能兴兵，愤犹未已。又报帝崩煤山，一痛欲绝。又报满奴入主，乃大骂吴三桂不置，不得已乃定金陵之行。此场毛韵珂表情极好，下场时气忿填膺，尤为做足，极似《黄鹤楼》中之周瑜。（未完）

潘月樵飾史
可法執別定
王時曰千歲
舍不得老臣〻
〻舍不得千
歲之神情
伯誠寫

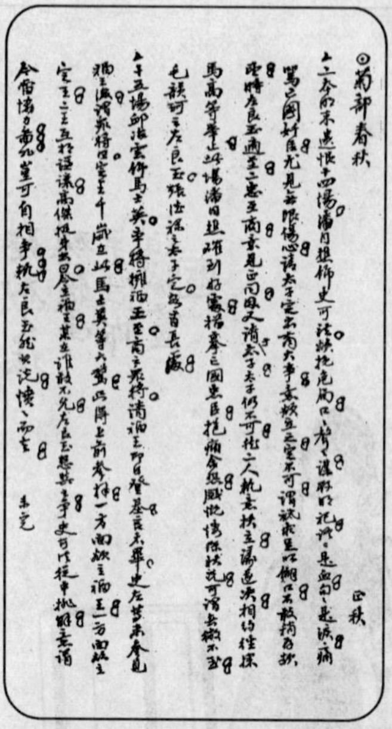

菊部春秋

正秋

二本《明末遗恨》十四场，潘月樵饰史可法，欲挽危局，口口声声谋存明祀。语语是血，句句是泪，痛骂亡国奸臣，尤见无限伤心。请太子定出商大事，意欲立之。定不可，谓只求足以糊口，不敢稍存欲望。时左良玉适至，二忠互商，意见正同。因又请于太子，太子仍不可。然二人执意扶立，议遂决，相约往探马、高等举止。此场潘月樵确到好处，描摹亡国忠臣，抱痛含悲，感慨凄凉状况，可谓无微不至。毛韵珂之左良玉、张德禄之太子定，各有长处。

十五场邱冶云饰马士英，率将护福王至。商之众将，请福王即日登基。言未毕，史、左等来参见福王后，谓众将曰："定王千岁在此。"马士英等大骂，只得上前参拜。一方面欲立福王，一方面欲立定王，二王互相谦让，高杰挺身出曰："今立福王，某在谁敢不允？"左良玉怒与之争，史可法从中排解，意谓今当协力图外，岂可自相争执？左良玉然其说，愤愤而去。（未完）

錢玉齋演
硃砂痣
確係生平傑作
伯誠畫

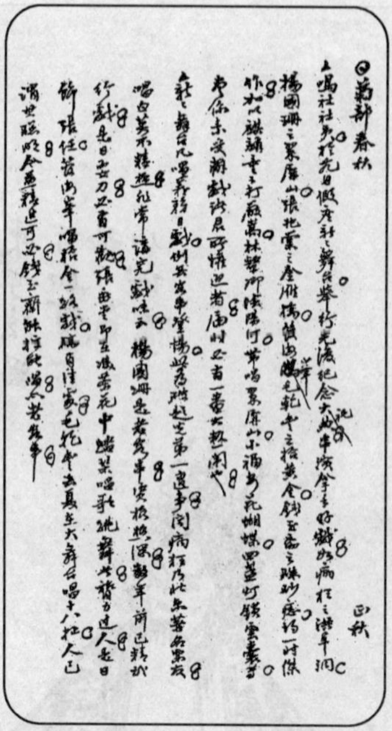

菊部春秋

正秋

鸣社社员，于廿九日假座新新舞台，举行光复纪念大祝典，串演拿手好戏。如病狂之《洪羊洞》；杨国珊之《翠屏山》；张兆棠之《金雁桥》；管海峰、毛乾贵之《拾黄金》；钱玉斋之《朱砂痣》，均一时杰作。加以麒麟童之《打严嵩》、林颦卿《阴阳河》(带唱《翠屏山》)、小福安《花蝴蝶》、四盏灯《锁云囊》等，尽系素受癖戏诸君所欢迎者，届时必有一番大热闹也。

新新舞台凡唱义务日戏，例无客串登场，此为破题先第一遭事。闻病狂乃北京著名票友，唱白莫不精熟，非常讲究戏味云。杨国珊是老客串，资格极深，数年前已精武行戏，是日耍刀，必有可观。张兆棠即在《双茶花》中踏琴唱歌跳舞者，膂力过人，是日饰张任。管海峰唱《拾金》一路戏，确有佳处。毛乾贵去夏在大舞台唱《十八扯》，人已谓其聪明，今益精进可必。钱玉斋能拉能唱，亦老客串。

潘月樵飾
史可法無
可如何之
神氣
伯誠畫

菊部春秋

正秋

《明末遗恨》十五场后半，左良玉深然史可法排解之言，不敢与高杰剧争意气，悻悻而去。濒行，以太子定托史公。马士英见反对者已去，遂奉福王登基。史可法志在存明祀，因亦不持异议。此场潘月樵之史可法，排解时言之谆谆，无非为国为民，忠直诚挚，声情俱惨，好极好极。毛韵珂之左良玉亦佳。林树森之高杰，昂然直上，大言不惭，乍闻左良玉三字，至于倒退数武。嗣为马士英怂恿，又复自矜，表情亦不坏。十六场史可法至扬，方与众将议事，不料高杰又复自夸，目空一切，竟谓舍渠外，皆无用辈。黄得功等闻之大怒，起与之争，继至用武。史可法得报大怒，发令调回高杰。此场三人均好。十七场满兵南下，我军不利。十八场马士英与阮大铖，定计毒害太子定，太子定死，高太监亦撞死马士英剑下。此场邱冶云之马士英，奸状毕露，做得周到。张德禄亦佳，林树勋之太监，愁容满面，语语悲痛，处处出色。

毛韻珂飾
左良玉
伯誠畫

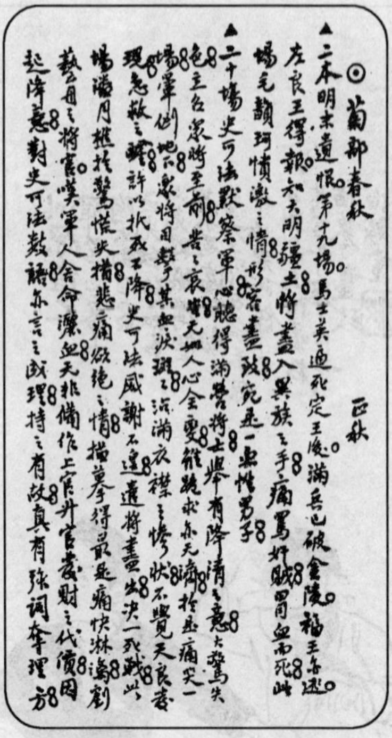
◎菊部春秋

正秋

▲二本明末遺恨第十九場。馬士英逼死定王后。滿兵已破金陵。福王亦逃。左良玉得報。知大明疆土。將盡入異族之手。痛罵奸賊。冒血而死。此場毛韻珂憤激之情。形容盡致。宛是一血性男子。

▲二十場史可法默察軍心。聽得滿營將士。舉有降清之意。大驚失色。立召眾將至前。苦苦哀告。無如人心全變。雖跪求亦無濟。於是痛哭一場。暈倒地下。眾將目擊其血淚斑斑。沾滿衣襟之慘狀。不覺天良發現。急救之醒。許以抵死不降。史可法感謝不遑。遣將盡出。決一死戰。此場潘月樵於驚慌失措悲痛欲絕之情。描摹得最是痛快淋漓。劉藝舟之將官。嘆軍人舍命灑血。無非備作上官升官發財之代價。因起降意。對史可法數語。亦言之成理。持之有故。真有強詞奪理方。

菊部春秋

正秋

二本《明末遗恨》第十九场，马士英逼死定王后，满兵已破金陵，福王亦逃。左良玉得报，知大明疆土，将尽入异族之手，痛骂奸贼，冒血而死。此场毛韵珂愤激之情，形容尽致，宛是一血性男子。

二十场史可法默察军心，听得满营将士，举有降清之意，大惊失色。立召众将至前，苦苦哀告，无如人心全变，虽跪求亦无济。于是痛哭一场，晕倒地下。众将目击其血泪斑斑，沾满衣襟之惨状，不觉天良发现，急救之醒，许以抵死不降。史可法感谢不遑，遣将尽出，决一死战。此场潘月樵于惊慌失措、悲痛欲绝之情，描摹得最是痛快淋漓。刘艺舟之将官，叹军人舍命洒血，无非备作上官升官发财之代价，因起降意。对史可法数语，亦言之成理，持之有故，真有强词夺理方。

此係誰之
罪第七幕
陶六郎自盡
之先欲殺痴弟
以免聘娘滿壁
又不忍遽爾動
手乃以刀令痴弟係
半梅君所飾曰
刀刺進去阿痛極
其言行舉止無不
描摹盡致
伯誠畫

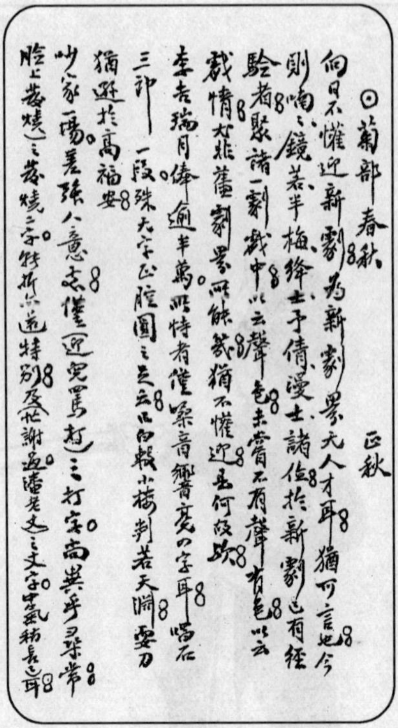

菊部春秋

正秋

向日不欢迎新剧，为新剧界无人才耳，犹可言也；今则喃喃，镜若、半梅、绛士、予倩、漫士诸位，于新剧已有经验者，聚诸一剧戏中，以云声色，未尝不有声有色；以云剧情，尤非旧剧界所能几，犹不欢迎，是何故欤？

李吉瑞月俸逾半万，所恃者仅嗓音响亮四字耳。唱石三郎一段，殊无字正腔圆之是云。口白较小楼判若天渊，耍刀犹逊于高福安。

吵家一场，差强人意志。仅“迎儿骂打”之“打”字，尚异乎寻常；“脸上发烧”之“发烧”二字，转折亦还特别；及“忙谢过潘老丈”之“丈”字，中气稍长已耳。

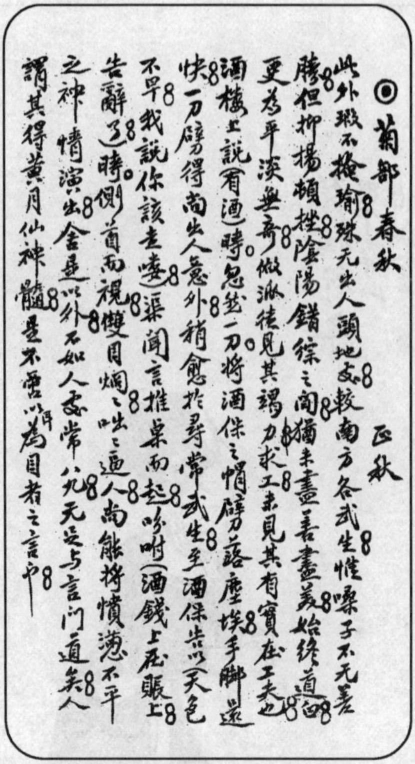

菊部春秋

正秋

此外瑕不掩瑜，殊无出人头地处。较南方各武生，惟嗓子不无差胜，但抑扬顿挫、阴阳错综之间，犹未尽善尽美。始终道白，更为平淡无奇，做派徒见其竭力求工，未见其有实在工夫也。酒楼上说“有酒”时，忽然一刀，将酒保之帽劈落尘埃，手脚还快。一刀劈得尚出人意外，稍愈于寻常武生。至酒保告以“天色不早，我说你该走喽”，渠闻言推桌而起，吩咐“酒钱上在账上，告辞了”时，侧首而视，双目炯炯，咄咄逼人，尚能将愤懑不平之神情演出。舍是以外，不如人处常八九，无足与言门道矣。人谓其得黄月仙神髓，是不啻以耳为目者之言也。

張桂軒之
翠屏山
伯誠畫

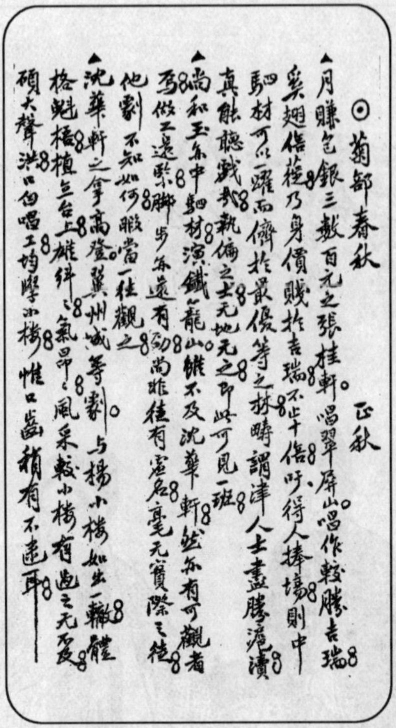

⊙菊部春秋

正秋

▲月賺包銀三數百元之張桂軒。唱翠屏山。唱作較勝吉瑞。
奚翅倍蓰。乃身價賤於吉瑞。不止十倍。吁。得人捧場。則中
駟材可以一躍而儕於最優等之林。疇謂津人士盡勝滬瀆。
真能聽戲哉。執偏之士。無地無之。即此可見一斑。
▲尚和玉亦中駟材。演鐵籠山。雖不及沈華軒。然亦有可觀者
焉。做工還緊。腳步亦還有勁。尚非徒有虛名毫無實際之徒。
他劇不知如何。暇當一往觀之。
▲沈華軒之拿高登。冀州城等劇。與楊小樓如出一轍。體
格魁梧。植立台上。雄糾糾。氣昂昂。風采較小樓有過之無不及。
碩大聲洪。口白唱工。均學小樓。惟口齒稍有不逮耳。

菊部春秋

正秋

月赚包银三数百元之张桂轩，唱《翠屏山》，唱作较胜吉瑞，奚翅倍蓰；乃身价贱于吉瑞，不止十倍。吁！得人捧场，则中驷材可以一跃而侪于最优等之林。畴谓津人士尽胜沪渎，真能听戏哉！执偏之士，无地无之，即此可见一班。

尚和玉亦中驷材，演《铁笼山》，虽不及沈华轩，然亦有可观者焉。做工还紧，脚步亦还有劲，尚非徒有虚名、毫无实际之徒。他剧不知如何，暇当一往观之。

沈华轩之《拿高登》、《翼州城》等剧，与杨小楼如出一辙。体格魁梧，植立台上，雄纠纠，气昂昂，风采较小楼有过之无不及。硕大声洪，口白唱工，均学小楼，惟口齿稍有不逮耳。

劉鴻聲
吴彩霞唱
桑園寄子
可謂珠聯
璧合
伯誠寫意

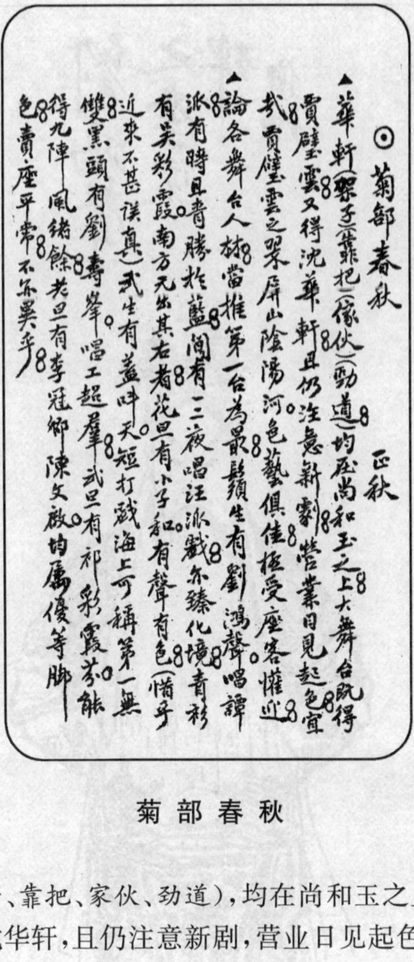

⊙菊部春秋　正秋

▲華軒(架子)(靠把)(傢伙)(勁道)均在尚和玉之上大舞台既得
賈璧雲又得沈華軒且仍注意新劇營業日見起色宜
哉賈璧雲之翠屏山陰陽河色藝俱佳極受座客懽迎
▲論各舞台人材當推第一台為最鬚生有劉鴻聲唱譚
派有時且青勝於藍間有一二夜唱汪派戲亦臻化境青衫
有吳彩霞南方无出其右者花旦有小子和有聲有色(惜乎
近來不甚認真)武生有蓋叫天短打戲海上可稱第一無
雙黑頭有劉壽峯唱工超羣武旦有祁彩霞芬能
得九陣風緒餘老旦有李冠卿陳文啟均屬優等腳
色賣座平常不亦異乎

菊部春秋

正秋

华轩（架子、靠把、家伙、劲道），均在尚和玉之上。大舞台既得贾璧云，又得沈华轩，且仍注意新剧，营业日见起色。宜哉！贾璧云之《翠屏山》、《阴阳河》，色艺俱佳，极受座客欢迎。

论各舞台人材，当推第一台为最。须生有刘鸿声，唱谭派，有时且青胜于蓝；间有一二夜唱汪派戏，亦臻化境。青衫有吴彩霞，南方无出其右者。花旦有小子和，有声有色（惜乎近来不甚认真）。武生有盖叫天，短打戏海上可称第一无双。黑头有刘寿峰，唱工超群。武旦有祁彩霞芬，能得九阵风绪余。老旦有李冠卿、陈文启，均属优等脚色。卖座平常，不亦异乎？

劉鴻聲之李陵碑
伯誠

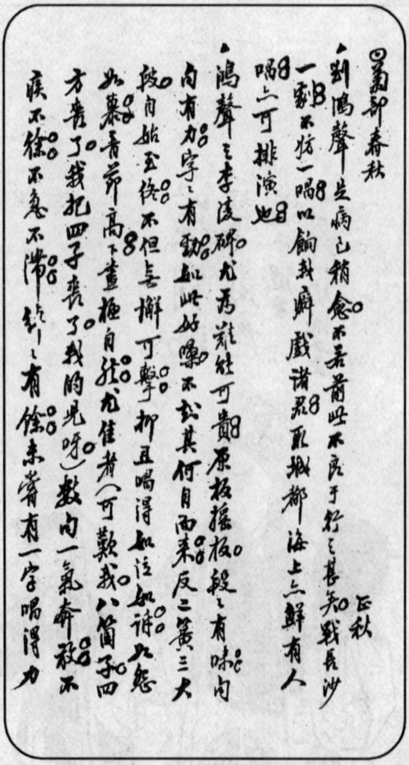
菊部春秋　正秋

○劉鴻聲足病已稍愈。不若前此不良于行之甚矣。戰長沙一劇。不妨一唱。以餉我癖戲諸君。取城都海上亦鮮有人唱。亦可排演也。

○鴻聲之李陵碑。尤爲難能可貴。原板搖板。段段有味。句句有力。字字有勁。如此好嗓。不知其何自而來。反二簧三大段。自始至終。不但無懈可擊。抑且唱得如泣如訴如怨如慕。音節高下。盡極自然。尤佳者(可歎我八個子四方喪了我把四子喪了我的兒呀)數句。一氣奔放。不疾不徐。不急不滯。綽綽有餘。未嘗有一字唱得力

菊部春秋

正秋

刘鸿声足病已稍愈，不若前此不良于行之甚矣。《战长沙》一剧，不妨一唱，以饷我癖戏诸君。《取城都》海上亦鲜有人唱，亦可排演也。

鸿声之《李陵碑》，尤为难能可贵。原板摇板，段段有味，句句有力，字字有劲。如此好嗓，不知其何自而来。反二簧三大段，自始至终，不但无懈可击，抑且唱得如泣如诉、如怨如慕，音节高下，尽极自然。尤佳者“可叹我八个子，四方丧了，我把四子丧了，我的儿呀”数句，一气奔放，不疾不徐，不急不滞，绰绰有余，未尝有一字唱得力 ……

此係劉鴻
聲獻麟
送子悞子
一段
伯誠畫

菊部春秋

正秋

（接上）竭声嘶者。此种戏虽听百遍千遍，绝不憎厌，益有味也。

刘鸿声连唱四本《麒麟送子》，当推第三本为最佳，一字一珠，不同凡响。乃卖座不敌新新及大舞台，亦云异矣。可见海上多一哄之士，咸乏审别力也。异日小达子红登台，不知又将如何起哄焉。

各界投函或惠券，如关系正秋个人之件，请寄南市大马头郑洽记土行，方不致误。

九陣風之
取金陵
伯诚画

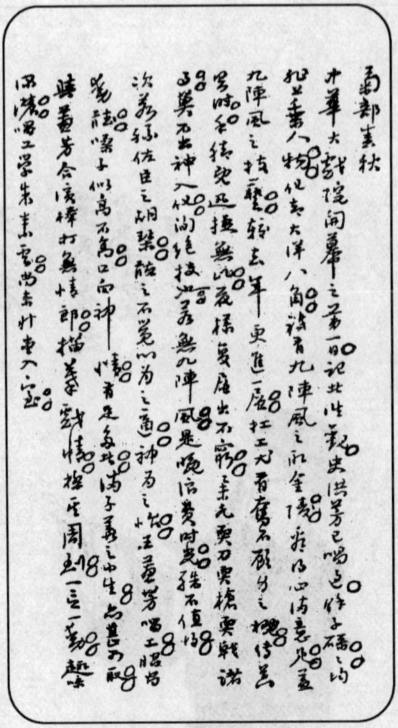
菊部春秋
中华大戏院开幕之第一日记者往观。史洪芳已唱过，余子碌碌，均非上乘人物。化去大洋八角，只有九阵风之《取金陵》，看得心满意足。盖九阵风之技艺，较去年更进一层，扛工尤有奋不顾身之概。传器具时，手脚既迅捷无比，花样复层出不穷。举凡耍刀耍枪耍戟诸事，莫不出神入化，洵绝技也。如无九阵风，是晚浪费时光，殊不值得。
次如孙佐臣之胡琴，听之不觉心为之适、神为之怡。王蕙芳唱工，腔尚动听，嗓子似高不高，口面神情，有足多者。满子善之小生，亦甚可取，与蕙芳合演《棒打无情郎》，描摹戏情，极其周到，一言一动，趣味潇洒。唱工学朱素云，尚未升堂入室。

菊部春秋

正秋

中华大戏院开幕之第一日，记者往观。史洪芳已唱过，余子碌碌，均非上乘人物。化去大洋八角，只有九阵风之《取金陵》，看得心满意足。盖九阵风之技艺，较去年更进一层，扛工尤有奋不顾身之概。传器具时，手脚既迅捷无比，花样复层出不穷。举凡耍刀耍枪耍戟诸事，莫不出神入化，洵绝技也。如无九阵风，是晚浪费时光，殊不值得。

次如孙佐臣之胡琴，听之不觉心为之适、神为之怡。王蕙芳唱工，腔尚动听，嗓子似高不高，口面神情，有足多者。满子善之小生，亦甚可取，与蕙芳合演《棒打无情郎》，描摹戏情，极其周到，一言一动，趣味潇洒。唱工学朱素云，尚未升堂入室。

王又宸
王又宸之
瓊林宴
伯駒畫

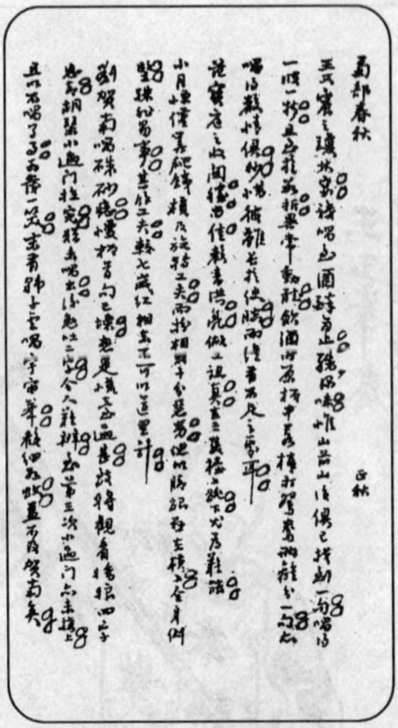

菊部春秋

正秋

王又宸之《琼林宴》，只唱至酒醉为止，殊少深味。惟“山前山后俱已找到”一句，唱得一波一折，且至于数折，异常动听。饮酒时原板中如“棒打鸳鸯两离分”一句，亦唱得声情俱妙。惜彼虽长于使腔，而终有不足之处耳。

范宝庭之《收关胜》尚佳，声音洪亮，做工认真，在三只台上跳下，尤为难能。

小月恒仅善爬铁杠及旋转工夫，而扮相则十分恶劣。但以脚跟悬在杠上，全身侧竖，殊非易事。其余工夫，较七岁红相去不可以道里计。

刘贺南唱《朱砂痣》，慢板首句已坏，想是慌台过甚，致将“观看娇娘”四字忘却，胡琴小过门拉完，犹未唱出；后勉吐二字，令人难辨；至第三次小过门亦未接上，且以不唱了事，可发一笑。末有韩子云唱《宇宙峰（锋）》，声细如蚊，益不及贺南矣。

王玉峯奏琴之情狀
伯識畫
畫
世
無
雙

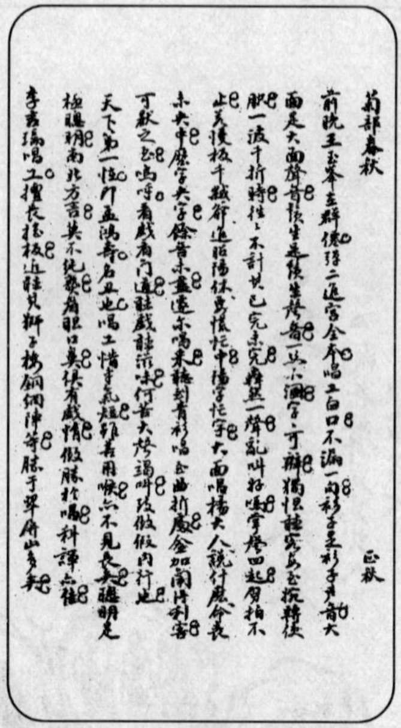

菊部春秋

正秋

前晚王玉峰在群仙，弹《二进宫》全本，唱工白口，不漏一句，衫子是衫子声音，大面是大面声音，须生是须生声音，一丝不溷，字字可辨。独惜听客每至婉转使腔、一波千折时，往往不计其已完未完，轰然一声，乱叫好吗，掌声四起，劈拍不止。若慢板“千岁爷进昭阳休要慌忙”中“阳”字、“忙”字，大面唱“杨大人说什么命丧未央”中“么”字、“央”字，余音未尽，遽尔唱采。听到青衫唱至曲折处，愈加闹得利害，可厌之至。呜呼！看戏看门道，听戏听滋味，何苦大声竭叫，致做假内行也。

天下第一怪，即孟鸿寿，名丑也。唱工惜乎气短，虽善用喉，亦不见长矣。聪明是极聪明，南北方言，莫不纯熟；眉眼口鼻，俱有戏情。做胜于唱，科诨亦佳。

李吉瑞唱工，擅长摇板。近听其《狮子楼》、《铜网阵》等，胜于《翠屏山》多矣。

●王玉峯奏琴二
▲聞其聲如見其人
伯誠戲作

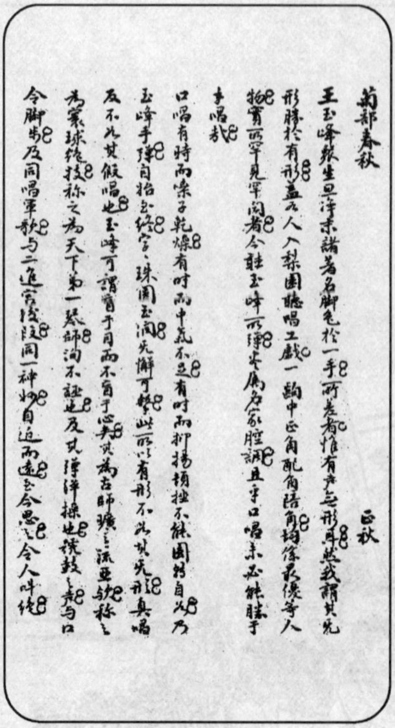

菊部春秋

正秋

王玉峰聚生旦净末诸著名脚色于一手，所差者，惟有声无形耳。然我谓其无形胜于有形，盖如人入梨园听唱工戏，一出中正角、配角、陪角，均系最优等人物，实所罕见罕闻者。今听玉峰所弹，尽属名家腔调，且乎口唱未必能胜于本唱哉！

口唱有时而嗓子干燥，有时而中气不足，有时而抑扬顿挫，不能圆转自如。乃玉峰手弹，自始至终，字字珠圆玉润，无懈可击，此所以有形不如其无形，真唱反不如其假唱也。玉峰可谓盲于目而不盲于心矣。其为古师旷之流亚欤？称之为环球绝技，称之为天下第一琴师，洵不诬也。及其弹洋操也，号鼓之声与口令脚步，及同唱军歌，与《二进宫》后段，同一神妙，自近而远，至今思之，令人叫绝。

哀鸿遍地人
虞其鱼
沈伯诚写

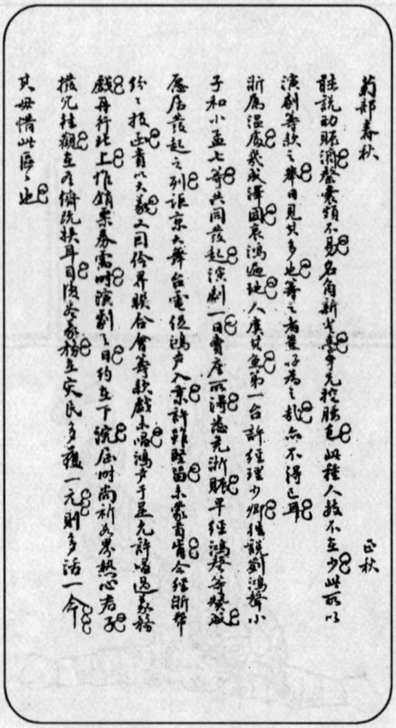

菊部春秋

聽説助賑濟，罄囊頗不易。名角新登臺，爭先挖腰包。此種人數不在少，此所以演劇籌款之舉日見其多也。籌之者豈好為之哉！亦不得已耳。

正秋

浙屬温處，幾成澤國，哀鴻遍地，人虞其魚。第一台許經理少卿，往説劉鴻聲、小子和、小孟七等，共同發起，演劇一日，賣座所得，悉充浙賑。早經鴻聲等贊成，願居發起之列。詎京大舞台電促鴻聲入京，許雖堅留，未蒙首肯。今經浙幫紛紛報函，責以大義；又因伶界聯合會籌款戲未唱，鴻聲于是允許唱過義務戲，再行北上。惟銷票券需時，演劇之日，約在下浣。屆時尚祈各界熱心君子，撥冗往觀，在各僑既娛耳目，後盡義務；在灾民多獲一元，則多活一命，其毋惜此區區也。

菊部春秋

正秋

听说助赈济，罄囊颇不易。名角新登台，争先挖腰包。此种人数不在少，此所以演剧筹款之举，日见其多也。筹之者岂好为之哉！亦不得已耳。

浙属温处，几成泽园，哀鸿遍地，人虞其鱼。第一台许经理少卿，往说刘鸿声、小子和、小孟七等，共同发起，演剧一日，卖座所得，悉充浙赈。早经鸿声等赞成，愿居发起之列。讵京大舞台电促鸿声入京，许虽坚留，未蒙首肯。今经浙帮纷纷报函，责以大义；又因伶界联合会筹款戏未唱，鸿声于是允许唱过义务戏，再行北上。惟销票券需时，演剧之日，约在下浣。届时尚祈各界热心君子，拨冗往观，在各侨既娱耳目，后尽义务；在灾民多获一元，则多活一命，其毋惜此区区也。

隻侠献技
沈伯诚

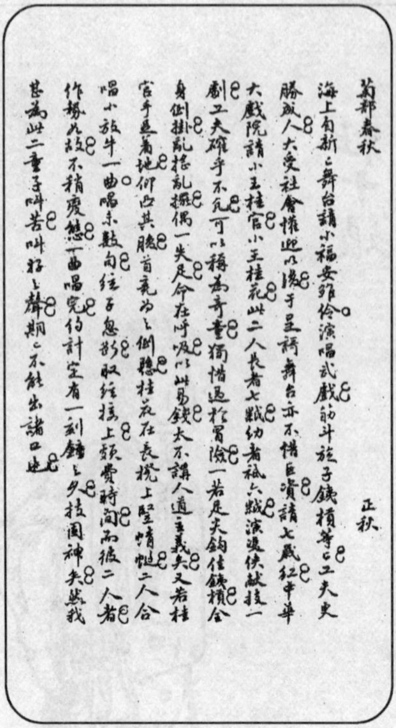
菊部春秋
海上自新〻舞台請小福安雛伶演唱武戲筋斗旋子鐵槓等〻工夫更
勝成人大受社會歡迎以後于是歌舞台亦不惜巨資請七歲紅中華
大戲院請小王桂官小王桂花此二人長者七歲幼者祇六歲演雙俠獻技一
劇工夫確乎不凡可以稱為奇童獨惜過於冒險一若足尖鈎住鐵槓全
身倒掛亂搖亂擺偶一失足命在呼吸以此易錢太不講人道主義矣又若桂
官手足着地仰凸其腹首竟為之倒懸桂花在長櫈上豎蜻蜓二人合
唱小放牛一曲唱未數句絃子忽斷取絃接上頗費時間而彼二人者
作勢如故不稍變態一曲唱完約計定有一刻鐘之久技固神矣然我
甚為此二童子叫苦叫好之聲期〻不能出諸口也
正秋

菊部春秋

正秋

海上自新新舞台请小福安雏伶，演唱武戏，筋斗、旋子、铁杠等等，工夫更胜成人，大受社会欢迎以后，于是歌舞台亦不惜巨资，请七岁红；中华大戏院请小王桂官、小王桂花，此二人长者七岁，幼者只六岁。演《双侠献技》一剧，工夫确乎不凡，可以称为奇童，独惜过于冒险。一若足尖钩住铁杠，全身倒挂，乱摇乱摆，偶一失足，命在呼吸，以此易钱，太不讲人道主义矣。又若桂官手足着地，仰凸其腹，首竟为之倒悬；桂花在长凳上竖蜻蜓，二人合唱《小放牛》一曲，唱未数句，弦子忽断，取弦接上，颇费时间。而彼二人者，作势如故，不稍变态。一曲唱完，约计定有一刻钟之久，技固神矣。然我甚为此二童子叫苦，叫好之声，期期不能出诸口也。

杜十娘

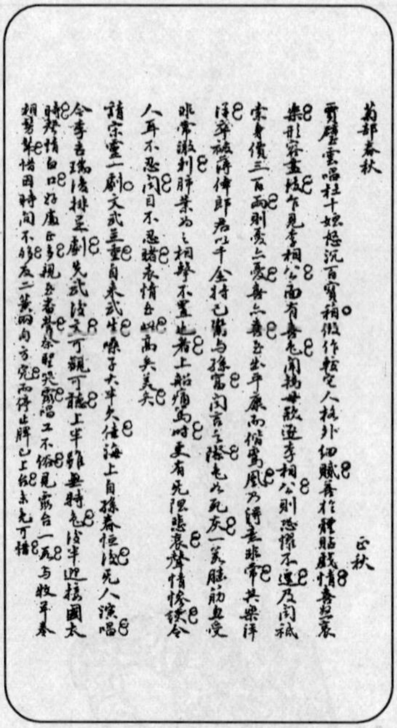
菊部春秋
正秋
贾璧云唱杜十娘怒沉百宝箱，做作较它人格外细腻，善于体贴戏情，喜怒哀乐，形容尽致。乍见李相公，面有喜色；闻鸨母欲逐李相公，则恐惧不遑；及闻只索身价三百两，则忧亦忧、喜亦喜；至出平康而偕鸾凰，乃得意非常，其乐洋洋；卒被薄幸郎君以千金将己鬻与孙富，闻言之际，色如死灰，一如脑筋忽受非常激刺，肺叶为之相击不置也者；上船痛骂时，更有无限悲哀，声情惨淡，令人耳不忍闻、目不忍睹。表情至此，高矣美矣。
请宋灵一剧，文武并重。自来武生，嗓子大半欠佳。海上自孙春恒后，无人演唱。今李吉瑞复排是剧，先武后文，可观可听。上半虽无特色，后半迎接国太时，声情白口，好处正多。亲至番营，祭圣哭灵，唱工不俗。见灵台一段，与牧羊卷相仿佛，惜因时间不够，反二簧两句方完，而停止牌已上台，未免可惜。

菊部春秋

正秋

贾璧云唱《杜十娘怒沉百宝箱》，做作较它人格外细腻，善于体贴戏情，喜怒哀乐，形容尽致。乍见李相公，面有喜色；闻鸨母欲逐李相公，则恐惧不遑；及闻只索身价三百两，则忧亦忧、喜亦喜；至出平康而偕鸾凰，乃得意非常，其乐洋洋；卒被薄幸郎君以千金将己鬻与孙富，闻言之际，色如死灰，一如脑筋忽受非常激刺，肺叶为之相击不置也者；上船痛骂时，更有无限悲哀，声情惨淡，令人耳不忍闻、目不忍睹。表情至此，高矣美矣。

《请宋灵》一剧，文武并重。自来武生，嗓子大半欠佳。海上自孙春恒后，无人演唱。今李吉瑞复排是剧，先武后文，可观可听。上半虽无特色，后半迎接国太时，声情白口，好处正多。亲至番营，祭圣哭灵，唱工不俗。见灵台一段，与《牧羊卷》相仿佛，惜因时间不够，反二簧两句方完，而停止牌已上台，未免可惜。

李吉瑞之
獨木關

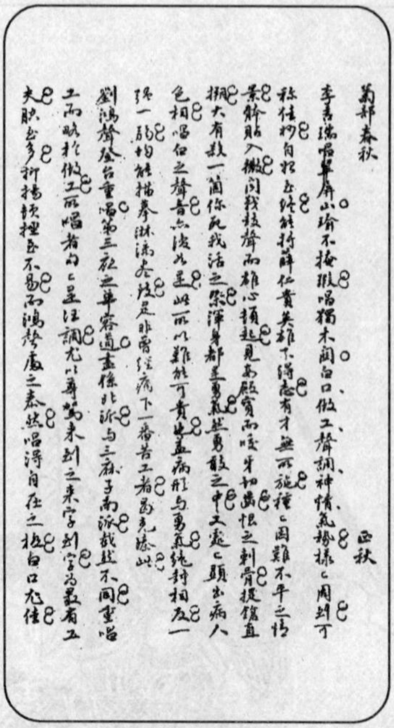

菊部春秋

正秋

李吉瑞唱翠屏山，瑜不掩瑕。唱獨木關，白口、做工、聲調、神情、氣勢，樣樣周到，可稱佳妙。自始至終，能將薛仁貴英雄不得志、有才無所施，種種困難不平之情景，體貼入微。聞戰鼓聲而雄心頓起，見安殿寶而咬牙切齒，恨之刺骨，提鎗直搠，大有殺一個你死我活之概，渾身都是勇氣。然勇敢之中，又處處顯出病人色相。唱白之聲音，亦復如是。此所以難能可貴也。蓋病形與勇氣，絕對相反，一強一弱，均能描摹淋漓盡致，是非曾經痛下一番苦工者，曷克臻此。

劉鴻聲登台重唱，第三夜之華容道，盡係北派，與三麻子南派，截然不同。重唱工而略於做工，所唱者句句是汪調，尤以尊駕來到之來字、到字，為最有工夫。腔至多，抑揚頓挫至不易，而鴻聲處之泰然，唱得自在之極，白口尤佳。

菊部春秋

正秋

李吉瑞唱《翠屏山》，瑜不掩瑕；唱《独木关》，白口、做工、声调、神情、气势，样样周到，可称佳妙。自始至终，能将薛仁贵英雄不得志、有才无所施，种种困难不平之情景，体贴入微。闻战鼓声而雄心顿起，见安殿宝而咬牙切齿，恨之刺骨，提枪直搠，大有杀一个你死我活之概，浑身都是勇气。然勇敢之中，又处处显出病人色相。唱白之声音，亦复如是。此所以难能可贵也。盖病形与勇气，绝对相反，一强一弱，均能描摹淋漓尽致，是非曾经痛下一番苦工者，曷克臻此？

刘鸿声登台重唱，第三夜之《华容道》，尽系北派，与三麻子南派，截然不同。重唱工而略于做工，所唱者句句是汪调，尤以“尊驾来到”之来字、到字，为最有工夫。腔至多，抑扬顿挫至不易，而鸿声处之泰然，唱得自在之极，白口尤佳。

俞振廷飾
趙雲陷坑
時之神氣
伯诚写意

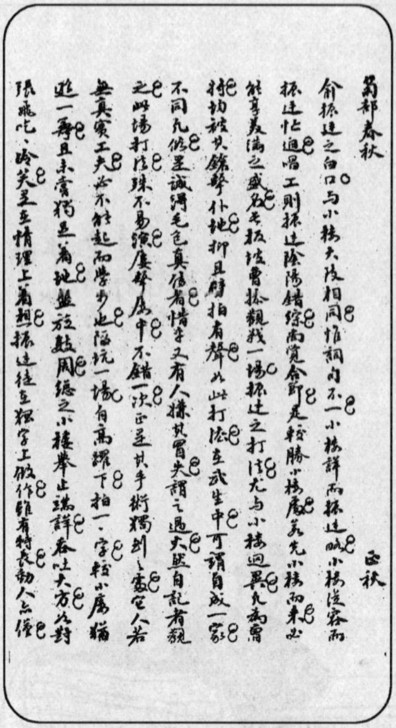

菊部春秋

正秋

俞振廷之白口，與小樓大致相同，惟詞句不一。小樓詳而振廷略，小樓從容而振廷忙迫。唱工則振廷陰陽錯綜，尚覺合節，是較勝小樓處。如先小樓而來，必能享美滿之盛名。長板坡曹操觀戰一場，振廷之打法，尤與小樓迥異。凡為曹將，均被其槍擊仆地，抑且劈拍有聲。如此打法，在武生中可謂自成一家，不同凡俗，是誠得毛包真傳者。惜乎又有人嫌其冒失，謂之過火。然自記者觀之，此場打法殊不易演，屢擊屢中，不錯一次，正是其手術獨到之處。它人若無真實工夫，必不能起而學步也。陷坑一場，自高躍下，拍一字，較小樓猶遜一籌，且未嘗獨足着地、盤旋數周。總之小樓舉止端詳，吞吐大方，如對張飛吃吃冷笑，是在情理上着想；振廷徒在狠字上做作，雖有特長，動人亦僅。

菊部春秋

正秋

俞振廷之白口，与小楼大致相同，惟词句不一。小楼详而振廷略，小楼从容而振廷忙迫。唱工则振廷阴阳错综，尚觉合节，是较胜小楼处。如先小楼而来，必能享美满之盛名。《长板坡》曹操观战一场，振廷之打法，尤与小楼迥异。凡为曹将，均被其枪击仆地，抑且劈拍有声。如此打法，在武生中可谓自成一家，不同凡俗，是诚得毛包真传者。惜乎又有人嫌其冒失，谓之过火。然自记者观之，此场打法殊不易演，屡击屡中，不错一次，正是其手术独到之处。它人若无真实工夫，必不能起而学步也。陷坑一场，自高跃下，拍一字，较小楼犹逊一筹，且未尝独足着地、盘旋数周。总之小楼举止端详，吞吐大方，如对张飞吃吃冷笑，是在情理上着想；振廷徒在狠字上做作，虽有特长，动人亦仅。

明盲目内
半梅君饰
乞丐用被放
走奸夫時
之神情
伯诚寫意

菊部春秋

正秋

答钱君封三函问。

流天影邀各园同志，会串悲剧《谁之罪》，成绩较优畴昔，奚啻倍蓰。其原因想在练习较久，各种脚色，位置得当。益以此剧有情可表，各人俱描摹入彀耳。论半梅一节，极佩卓识。

徐半梅演剧，宜静不宜动，与露纱性质各异，未可强同。悲剧与喜剧，难易不可以道里计。喜剧如《活死人》、《明盲目》、《相思病》等，以素善滑稽之徐半梅演之，自然生旦均合，动定咸宜。乃演悲剧《谁之罪》，而亦欲其所饰之傻子石二，有触即动，则是强人所难，必致求工反拙，不足取也。此次半梅所以舍动取静，我方爱之不暇，曷敢非之。盖露纱于此等脚色，最为擅长；半梅则长于滑稽旦，各有专门也。今番半梅得采独多，已匪易易。听其说明要旨，深得画龙点睛之法。

主编 傅谨 副主编 谷曙光

京剧历史文献汇编

［清代卷］柒 日记

本卷主编 谷曙光 陈恬

凤凰出版传媒集团 凤凰出版社

日记

本卷主编
谷曙光
陈　恬

目　录

嘉庆丁巳、戊午观剧日记

日记主人姓名不详。是书为日记主人自清嘉庆二年(1797)正月至嘉庆三年(1798)六月在北京看戏之记录。陈恬据颜长珂《珍贵的戏曲史料——读〈嘉庆丁巳戊午观剧日记〉手稿》重新整理。

嘉庆二年(1797)

丁巳正月初一日　庆春　三多

《招财》《大加官》《赐福》《拾画》《叫画》《拜月》《石洞》《游街》　《打番》《仙圆》

二十日　天乐　三多

《吟诗》　《拜月》　《功宴》　《盗牌》

《永团圆》:　《退婚》　《击鼓》《宾馆》　《堂婚》

同人:柳湖、容斋、西坪、柱臣、仙洲、捷三、含斋、黄氏昆仲。

廿一日　同乐　三多

《议剑》《独占》《赎身》《和番》《相梁》《刺梁》《惊丑》《前亲》

廿五日是日家内喜元小曲　**庆春　三多**

《冥勘》《空泊》《卫行》《巧逅》以下未看　《奸遁》《反诳》《酒楼》《杀山》《贺喜》

同乐　庆华

《北诈》《絮阁》《闻铃》《思凡》以下未看　《辞阁》《游寺》《斩窦》

三十日　天乐　三多

《谒师》《梳妆》《跪池》《三怕》《扫秦》《谒禅》《水斗》《断桥》

二月初六日　同乐　三多

《赏荷》《挑帘》忘记竹竿　《裁衣》《双金牌》

初七日　同乐　三多

《看灯》《游寺》双文也　《佳期》《拷红》《长亭》

《游园》喝道也　《看状》未看

初十蠡逢携韩德龄于寓小酌

三月初六日　同乐　三多

《双金牌》：起《察善》《介寿》《命采》《儒窘》《饥遇》

《鬻周》　《道焰》《述愤》《邪挑》《拒妾》《投闺》

《私约》　《阻欢》《借订》《双浑》《悦美》《抢告》

《毒劫》

初七日接演

《反陷》《诉岳》《赐牌》《途救》《逃奸》《匿扮》

《闹馆》《娟急》《求闺》《墙勾》《计赚》《惊枷》

《就错》《斩哄》《议弑》《商护》《救驾》《双圆》

初九日　天乐　三多

《劝农》《游园》《堆花》《惊梦》《拾画》《叫画》

《跌包》《旅店》《盗牌》《游街》

初十日　天乐　三多

《议剑》《拜月》《惨睹》《挑帘》《裁衣》《絮阁》

《断机教子》

十五日　庆春　三多

《别祠》《送亲》《扫秦》《卖橄榄》《别母》《乱箭》

《刺虎》

十六日　庆春　三多

《北饯》《胖姑》《羞父》《空泊》《试妓》素徽也　《赠马》

《拷红》《演官》《幻骗》《冥警》

十八日　天乐　三多

《双金牌》:自《道焰》至《诉岳》

十九日接演

《赐牌》至《斩哄》

二十日　天乐　三多

《寄子》《空泊》

财神会馆　庆华

《辞阁》《扯本》《后诱》

廿四日　同乐　三多

《双金牌》:自《求闺》至《双圆》

廿五日　庆春　三多

《乔醋》《石洞》《絮阁》《跌包》《回营》《姑苏》

《盗牌》《游街》

廿七日　同乐　三多

《辞朝》未看　《规奴》《访素》《挑帘》《裁衣》《小宴》

《大宴》　　《梳妆》《掷戟》

三十日　庆春　三多

《吟诗》《刀会》《反诳》《投泊》《断机教子》

《衣珠记》前后四折

四月初二日　庆春　三多

《赏灯》《惨睹》《借茶》《寻帕》《五台》《戏叔》
《送礼》《纳妾》《跪门》《打番》

十一日　天乐　三多

《乔醋》《借茶》《前诱》《扫秦》《衣珠记》八折

十二日　天乐　三多

《扫花》《三醉》《别祠》《送亲》《交账》《送礼》
《酒楼》《反诳》《云阳》

十三日　庆春　三多

《见娘》《拜月》扶病　《渡江》《出罪》《府场》《玩笺》
《错梦》《试妓》　　《赠马》《姑苏》

十七　〇南西门外同人何老六西坪念尔晓帆等

廿二日　同乐　三多

《劝农》《学堂》《游园》《惊梦》《拾画》《叫画》

天乐　庆华

《断桥》《雪夜》《相约》《相骂》《奸遁》

廿七日　同乐　三多

《义诤》《北饯》《走雨》《踏伞》《觑绽》《愤诉》
《巧谮》《石洞》《醒妓》《昭君》

廿八日　同乐　三多

《拜月》

五月初四日　庆春　三多

《醉吟》《断机教子》《奸遁》《断桥》《送学》《跌包》

《小宴》《大宴》　《梳妆》《掷戟》同白斋

端五日　同乐　三多

《议剑》《别祠》《送亲》《惨睹》《渡江》《衣珠记》八折

初六日　同乐　三多

《赏荷》《死窜》《照镜》《锦蒲团》

初九日　天乐　三多

《辞阁》《借茶》《回营》《姑苏》《双拜》烦　《跌包》

《饭店》《惊丑》《前亲》《后亲》《诧美》

十八日　天乐　三多

《双金牌》:《察善》《介寿》《命采》《儒窘》《饥遇》

《鬻周》　《道焰》《述愤》《邪挑》《拒妾》《投闺》

《私约》《阻欢》

十九日　天乐　三多

接演《借订》《双浑》《悦美》《抢告》《毒劫》《反陷》

《诉岳》　《赐牌》《途救》《逃奸》《匿扮》《闹馆》

《娟急》

二十日　天乐　三多

《醉吟》《盗牌》《双金牌》:《求闺》至《双圆》

廿八日　同乐　三多

《纳妾》《跪门》《冥勘》《拾钗》《挑帘》《裁衣》

《奸遁》《谒禅》《水斗》《断桥》

廿九日　天乐　三多

《劝农》《游寺》《寺警》《佳期》《拷红》《和番》

《游园》《看状》《闻铃》《相梁》《刺梁》

三十日　天乐　三多

《赏灯》《访素》《拜月》《赠马》《寄子》《借茶》

《大宴》《小宴》《梳妆》《掷戟》已上三折未看

六月初六日　同乐　三多

《劝农》《学堂》《游园》《惊梦》上未看　《拾画》《玩真》

《五台》《盗牌》

初七日　同乐　三多

《义诤》《觇绽》《愤诉》《巧谮》《击鼓》《宾馆》

《计代》《堂婚》

十一日　天乐　三多

《见娘》《北饯》《拾钗》《和番》《梳妆》《跪池》

《三怕》《刺虎》《姑苏》

小园十兄携方庆元

十九日　天乐　三多冯经南、长寿、念尔

《议剑》《寺警》《佳期》《拷红》《玩笺》《错梦》

《试妓》《赠马》《刺虎》《拾金》

二十日　天乐　三多

《冥勘》《拾钗》《投泊》《借茶》《衣珠记》八折

附廿二日　庆隆园　永庆部

《采(彩)楼》二折　《梳妆》《跪池》《孽海记》

《太公钓鱼》　　《九莲灯》

廿四日　同乐　三多

《功宴》《学堂》《游园》《堆花》《惊梦》《拾画》
《叫画》《纳妾》《跪门》《盗牌》

廿五日　庆春　三多

《扫花》《三醉》《北饯》《胖姑》《陈仲子》《走雨》
《踏伞》《拜月》《和番》

廿六日　庆春　三多宴,冯严十兄念尔亲家俱在

《义斥》《五台》《茶叙》《情慰》《偷词》《送学》
《跌包》《藏舟》《相梁》《刺梁》

廿八日　同乐　三多

《辞阁》《训子》《亭会》《三错》《借茶》《寻帕》
《活捉》《奸遁》《断机教子》

廿九日　天乐　三多

《赏灯》《访素》《絮阁》《伏虎》《醒妓》《游街》
《扫秦》《谒禅》《水斗》《断桥》

闰六月初二　庆春　三多

《吟诗》《别祠》《送亲》《别姬》《挑帘》已下未看
《裁衣》《借茶》《巧逅》

初三日　庆春　三多

《见娘》《觑绽》《愤诉》《巧谮》《渡江》《佳期》
《别母》《乱箭》《刺虎》

初十日　天乐　三多

《吟诗》《游园》《惊梦》《戏叔》《别兄》《惊丑》《前亲》《诧美》

十一日　天乐　三多

《折柳阳关》《奸遁》《亭会》《梳妆》《跪池》《梦怕》《见都》　　《访鼠》

十二日　天乐　三多

《劝农》《拾画》《叫画》《夏驿》《盗牌》《相约》《相骂》《送杯》《打车》

十三日　庆春　三多夜重吟同欢

《赏荷》《挑帘》《裁衣》《五台》《拜月》《玩笺》《错梦》《试妓》《赠马》《贺喜》上三折未看

十四日　庆春　三多

《折柳阳关》《渡江》《戏叔》《别兄》《闻铃》《走雨》《踏伞》　　《和番》《跌包》

十五日　庆春　三多

《见娘》《絮阁》《拷红》《藏舟》《相梁》《刺梁》《觑绽》《愤诉》《巧谮》

十七日　天乐　三多

《议剑》《别祠》《惨睹》《佳期》《长亭》《永团圆》四

十八日

《橄榄》

二十日　天乐　三多

《金不换》

廿五日　庆春　三多

《吟诗》《训子》《盗牌》《絮阁》《惨睹》《和番》
《佳期》《刺虎》

廿八日　同乐　三多

《议剑》《亭会》《刀会》《拜月》《借茶》《小宴》
《大宴》《梳妆》《掷戟》

七月初七日　同乐　三多

《絮阁》《戏叔》《别兄》《走雨》《踏伞》

十九日　天乐　三多

《双金牌》:自《介寿》至《阻欢》

小园寿,公祝,携方庆元

廿二日　同乐　三多

《冥勘》《拾钗》《借茶》《错梦》《试妓》《赠马》
《相梁》《刺梁》未看

八月二十日　天乐　三多

《劝农》《游园》《堆花》《惊梦》《冥判》《拾画》
《叫画》《盗牌》

二十二日　同乐　三多

《折柳阳关》《回猎》《训子》《借茶》《前诱》《觑绽》
《愤诉》　《巧谮》

廿五日　庆春　三多

《冥勘》《拾钗》《戏叔》《别兄》《孙诈》《长亭》《再顾》

九月初二日　庆春　三多

《赏灯》《拘禁》《亭会》《五台》《雪塘》《独占》《赎身》

初三日　庆春　三多

《定情》《絮阁》《闻铃》《拜月》《夏驿》《断桥》

初四日　同乐　九如共四十人、闻二日共买八十余人

《谒师》未看　《玩笺》《错梦》《山门》《巧谮》《嫖院》《谒禅》　　《水斗》

初七日　同乐　三多

《醉吟》《北饯》《挑帘》《裁衣》《和番》《奸遁》

初八日　同乐　三多夏　九如二人

《辞阁》未看　《规奴》愠　《思凡》《送京》《再顾》《钟情》《雪塘》　　《独占》上二折未看

十三日　庆春　三多

《劝农》　《学堂》《游园》《惊梦》《拾画》《叫画》《买橄榄》《贺喜》《游园》

二十日　天乐　三多

《谏父》《五台》《衣珠记》八

廿一日　同乐　三多

《功宴》《别祠》《送亲》已上未看《和番》《觌绽》下未看

廿二日　同乐　三多　公兴

《醉吟》未看　《夜怨》《絮阁》《惨睹》《相约》《相骂》慍

廿八日　同乐　三多

《扫花》《三醉》《拜月》《小宴》《大宴》《梳妆》

《掷戟》已上四折未看

十月初一日　庆春　三多

《劝农》《游园》《堆花》《惊梦》《冥判》《跪池》上二折未看

初二日　庆春　三多

《定情》《醉吟》宫人揩清鼻涕　《夜怨》《絮阁》《闻铃》

初三日　庆春　三多

《谏父》《访素》《戏叔》《别兄》《走雨》《踏伞》

《照镜》《投渊》

初四日　庆春　三多

《折柳阳关》长　《借茶》《前诱》《偷词》《寄子》

初七日　同乐　三多

《冥勘》《拾钗》《盗牌》半折　《夏驿》《刺梁》

初八日　庆春　三多、富华合演茶会

《青门》　《絮阁》《闹救》《拾钗》三多　《夜怨》三多

《前拆》三多　《休妻》《赶逐》《闺思》

《磨斧》是日刺　《刺虎》三多

初十日　天乐　三多

《亭会》《前拆》《见娘》《再顾》《赎身》《刺虎》

十一日　天乐　三多

《乔醋》《闹救》《觑绽》《愤诉》《巧谮》《相约》
《相骂》《打番》

十四日　庆春　三多

《议剑》《题曲》《和番》《戏叔》《别兄》

十七日　天乐　三多

《醉吟》《题曲》《起布》《盗牌》

廿五日　庆春　三多

《乔醋》《醉圆》《花鼓》《游园》

廿六日　庆春　三多

《闹救》《夜怨》《絮阁》《惨睹》《断桥》

十一月初一日　南横街城隍庙　三多

《赐福》《题曲》二折未看　《前拆》《冥勘》《拾钗》
《戏叔》《别兄》　《惨睹》《花鼓》

初二日　庆春　三多

《再顾》《醉归》嗽小小鱼儿　《雪塘》《独占》

初十日　杨梅竹斜街　三多

《踏伞》《扫秦》

十四日　庆春　三多

《赏雪》《拾画》《玩真》《橄榄》《觑绽》《相骂》

二十日　天乐　三多

《送京》《挑帘》《裁衣》

廿一日　同乐　三多

《醉吟》《夜怨》《花鼓》《打子》

廿二日　同乐　三多

《赏雪》《势利》《觑绽》《愤诉》《巧谮》

廿五日　庆春　三多

《冥勘》《拾钗》《絮阁》《前拆》《见娘》

廿八日　同乐　三多

《乔醋》《醉圆》《题曲》《藏舟》

三十日　同乐　三多

《错梦》《夜怨》《前拆》《逼嫁》《投江》

十二月十八日　天乐　三多

《翡翠园》:《预报》《盗牌》

嘉庆三年(1798)

戊午三月十三日　庆春　三多

《双金牌》:起《介寿》至《拒妾》《投闺》《私约》《阻欢》

廿五日　庆春　三多

《醉吟》《夜怨》《絮阁》《功宴》《走雨》《踏伞》

《奸遁》《回猎》《芦花荡》

廿七日　同乐　三多

《赏荷》《冥勘》《拾钗》《戏叔》《别兄》《题曲》

《赠马》《照镜》《夏驿》

廿八日　同乐　三多

《赏灯》《拘禁》《亭会》《玩笺》《错梦》《反诳》

《起布》《势利》《刺梁》

廿九日　同乐　三多

《扫花》《三醉》《规奴》《寺警》《长亭》《仲子》

《前拆》《逼嫁》《投江》

四月初一日　庆春　三多

《定情》《闹救》《挑帘》《裁衣》《题曲》《打子》

《收留》《空泊》《打番》

初三日　庆春　三多

《劝农》《拾画》《叫画》《训子》《佳期》《回营》

《姑苏》《相约》《相骂》

初六日　同乐　三多

《辞阁》《拜月》《五台》《跪池》《梦怕》《跌包》

《闻铃》《别母》《乱箭》

初七日　同乐　三多

《乔醋》《醉圆》《刀会》《戏叔》《别兄》《起布》

《刺虎》

初八日　同乐　三多

《别祠》未见　《送亲》《北饯》《茶叙》《情慰》《断桥》《奸遁》

初九日　天乐　三多

《折柳阳关》长　《送京》《夜怨》《回猎》《扫秦》《惊丑》《前亲》　　　　《逼婚》《诧美》

初十日　天乐　三多

《谒师》《拾钗》《渡江》《贺喜》《折梅》《堕冰》《园会》《关粮》《珠圆》

十一日不遇　**天乐　三多**

《谏父》赵　《功宴》《寄子》《长亭》《连环》四折

十二日　天乐　三多

《游园》《看状》《拜月》《负荆》《独占》《前拆》《势利》《相梁》《刺梁》

十九日　天乐　三多

《参相》《夜怨》《北饯》《题曲》《永团圆》

二十日是日在行　**天乐　三多**

《定情》《絮阁》《五台》《觑绽》《照镜》《打番》《前拆》《逼嫁》《投江》

廿三日　同乐　三多

《冥勘》《拾钗》《戏叔》《别兄》《试妓》《赠马》

《闻铃》《夏驿》《借茶》《起布》

廿四日　同乐　三多

《折柳阳关》《翡翠园》

五月初一日　庆春　三多

《赏灯》《亭会》《三错》《北饯》《题曲》《佳期》《寄子》

端二　庆春　三多

《赏雪》《絮阁》《闹救》《觑绽》《愤诉》《巧谮》《花鼓》

端四　庆春　三多

《乔醋》《醉圆》《五台》《湖楼》《独占》《回猎》《见都》《照镜》《羞父》

初八日　天乐　三多

《醉吟》《拜月》《伏虎》《戏叔》《别兄》《扫秦》《谒禅》《水斗》

二十日

《夜怨》《絮阁》新妆宫人

六月初二日　庆春　三多

《醉吟》《夜怨》《絮阁》《闻铃》《盗牌》《游街》《纳妾》《跪门》

初三日　庆春　三多

《折柳阳关》长　《闹救》未看　《戏叔》《别兄》《花鼓》

《赠马》	《奸遁》《起布》《回猎》
《送　女》	
《送　学》	《寻亲记》
《羊肚汤》	
《千秋鉴》	
《草地败金》	
《煤　山》	
《借　兵》	已上六七岁时
《献杯搜杯》	江西江义部,时八岁。
《坠　马》	宜黄集秀部　丑名细红
《劝　农》	宜黄叙伦部　赣州华玉部
《学　堂》	叙伦部。扮丽娘者为王茂材,乾隆壬午生,癸巳时十二岁,南城人。春香为雷茂能,宜黄人。
《游　园》	叙伦部
《惊　梦》	叙伦　三多部梦中入场嫣然亦佳
《寻　梦》	
《离　魂》	每演是折,下场时看其衫袖泪湿如洗,可谓无双。
《冥　判》	集秀净名尤官,大中见小,小中见大,一人而已。
《圆　驾》	已上俱叙伦
《思　凡》	雷能官
《琴　挑》	雷能官
《藏　舟》	雷能官
《山　门》	集秀尤官
《北　饯》	集秀尤官,止一笑谁能学来。瑞金串堂刑书黄茂松。
《穷　娶》	华玉部　叙伦部
《豪　宴》	王茂材唤髦官,小字也。
《换　监》	
《代　戮》	
《大　审》	

《刺　汤》
《祭　姬》　彩云部，生外俱佳。
《杯　圆》　已上叙伦部
《刺　梁》　集秀尤官及叙伦小净俱能一拍蹿出桌外，然后□跌。叙伦三多则飞霞自佳。华玉则摔开桌子扑出，至先蹲椅上而立桌上，丑矣。
《草鞋夜课》　至诰圆　已上叙伦
《蝴蝶梦》　金玉部钱巧龄
《盗　牌》　钱巧，但一走脚步就是卖婆。
《游　街》　已上己酉京师姑苏金玉部。此折又嘉庆丁巳姑苏三多部陶双全。
《踏月窥醉》　雷能官，只末句“半世相思一会可”，神气谁能似得？
《夜　奔》　彩云部连官　即《宝剑记》投泊。
《逼　婚》　集秀老生名大红，即丑之胞兄。老小生神气俱针锋相对。
《诧　美》　叙伦髦官，源福，喜福扮柳夫人绝妙。集秀老小生。
《吃　茶》　连官“当道豺狼”句声色俱厉。保合部。
《写　本》　连官，肖先生忠义之气如见。
《追　信》　合奇部
《虞　探》　叙伦部雷能官
《跌　霸》　彩云部　叙伦小净
《刀　会》　保合部王炳文，得其正大体段一人而已。绰号王大鼻。
《折柳阳关》　三多部五福、喜福，庆宁部旦名财宝。
《前　索》　保合部
《别　祠》　三多部　秀元部五福官
《空　泊》　三多部　秀元部五福官　又金升部倪金斗
《水　斗》
《断　桥》　钱巧龄　三多部　兰州秀元部　三多　福源部喜福
《合　钵》　甲寅乙卯间兰州　三多　嘉庆丙子京　杨喜福
《赐　福》　集秀　庆云部　金升部
《探　营》

《营　哄》　华玉部
《别　母》
《乱　箭》　黄茂松,绰号黄大头。
《夜　怨》　陶双全
《絮　阁》　叙伦为最。三多部朱长寿"弄鬼妆妖",四字绝妙。福源部杨二官、喜福。
《惊　变》
《埋　玉》　庆云部宋瑞龄,小生姜二官。
《打　车》　华玉部
《惨　睹》　庆云部姜二官　三多部方庆元
《逼　休》　金升部李五官
《议河套》　宜黄花官,想当日马伶亦不过如是也。
《五　台》
《盗　甲》　宜黄余,集秀部之掌班。
《痴　梦》
《刘　唐》　花官,抖口袋银子,止落一绽(锭)下地,一人而已。
《批　斩》
《见　都》　彩云
《饭　店》　华玉部　三多部
《交　印》　彩云
《劝　妆》　集秀部老旦名双儿
《训　女》　华玉
《梳　妆》
《跪　池》　叙伦　源福
《玩　笺》　华玉
《错　梦》　集秀
《打　番》　庆云部朱长生
《仙　圆》　三多部　源福部　金升部
《冥　勘》
《拾　钗》　三多部

《刺　虎》	叙伦　三多部
《贰　探》	叙伦
《卖　子》	
《投　渊》	叙伦
《赵大鹏观榜》	华玉　又名祭巾
《规　奴》	叙伦雷能官。秀元部五福官，姓折，小字三杏子。
《花　鼓》	金升张大官南宝，蕴藉。
《借　靴》	华玉
《和　番》	瑞金串堂刑书危
《观　画》	集秀
《闹　救》	尤官
《四　门》	宋瑞龄　四庆部双喜官
《跌　包》	朱长生　三多长龄
《题　曲》	
《姑　苏》	叙伦　源福
《醉　隶》	华玉
《约　钗》	
《闹　钗》	叙伦　三多
《参　相》	保合
《梅　岭》	集秀
《见　娘》	
《开　眼》	
《上　路》	
《男　祭》	已上华玉
《男　舟》	尤官扮邓尚书，确模致仕大老。
《女　舟》	已上集秀
《永团圆》	保合
《断机教子》	三多部
《谏　父》	三多部
《瑶　台》	喜福

前出出关走雨

《踏　伞》	
《拜　月》	已上三多部。其矜贵庄重,真是千金一人而已。
《认　子》	保合　源福部　六儿
《歌　舞》	叙伦毛官能官
《嫖　院》	合奇部。杂凑〔新水令〕一套,俱还出生旦净末丑声调来。
《亭　会》	三多部　源福部
《议　剑》	合奇部
《吃　糠》	
《剪　发》	
《卖　发》	已上保和部
《五人墓》	华玉
《思　乡》	集秀
《寻　帕》	萃秀部王桂官
《佳　期》	宁夏严三虎子　佩宝
《打　差》	
《衣珠记》	王桂官
《狐狸思春》	李骚娃子佩玉
《赏　灯》	三多部
《拘　禁》	三多部
《茶　坊》	华玉
《赐　剑》	集秀
《评　话》	合奇
《对　刀》	
《步　战》	已上集秀
《贺　喜》	集秀保合

《拜　月》	十五
《断机教子》	四
《走　雨》	六

《踏　伞》	七
《别　祠》	五
《刺　梁》	七
《刺　虎》	八
《空　泊》	四
《投　江》	三
《谏　父》	五
《赏　灯》	七
《抬　钗》	十二
《水　斗》	五
《游　园》	七
《断　桥》	七
《惊　梦》	七
《折柳阳关》	三
《规　奴》	三
《饭　店》	二
《拘　禁》	二
《藏　舟》	三
《亭　会》	六
《约　钗》	三
《闹　钗》	四

枢廷载笔

《枢廷载笔》为清人祁寯藻于道光二十二年(1842)初至二十三年(1843)春入值军机时部分日记之手稿,内有道光帝圆明园观剧之记录。祁寯藻(1793—1866),山西寿阳人,字叔颖,号春圃,嘉庆十五年进士,历官嘉庆、道光、咸丰、同治四朝,曾任兵部、礼部、户部尚书,位至军机大臣、体仁阁大学士。谷曙光据《〈青鹤〉笔记九种》(中华书局2007年版)辑录。

道光二十二年(1842)

八月初八日、初十日

进同乐园听戏,王、大臣七月杪派出。

东边:睿亲王(照料)、恩桂。惠亲王、睿亲王、端亲王、成亲王(一间)。穆彰阿、潘世恩、祁寯藻、何汝霖(一间)。赛尚阿奉命以钦差大臣防堵天津海口,故未与。敬徵、恩桂(一间)。张芾、何桂清(一间)。

西边:车登巴咱尔(照料)、裕诚。定郡王、怡亲王、僧格林沁(一间)。车登巴咱尔、那逊巴图、济克默特、德勒克包楞、德木楚克扎布、玻多欢、忠山(一间)。裕诚、阿灵阿、琔珠(一间)。

八月初八日

卯初刻,诣东楼门,循墙而北,入门西折,入重门,祇候于北小室。卯初三刻上船,沿溪向北,过饮练长虹亭。西望大桥,旧有金鳌、玉蛛二牌楼,今撤去矣。东望春和镇,东南一片明湖,即福海也。将到同乐园,桥东一水亦通福海,见御舟纱窗宝座穿桥而东,近奉太后驾。皇上只候跪迎于复月台。是日诸王、大臣辰初入坐,未初一刻散出。上召见军机大臣于正殿,由东川堂趋阶西北。上退,亦如之。上命四阿哥(咸丰帝)、五阿哥(惇亲王)、六阿哥(恭亲王)、七阿哥(醇亲王,太监抱出)出见。穆鹤舫、潘芝轩两相国,皆总师傅,行拉手礼。寯藻与何雨人侍郎行跪见礼。见毕,命诸王及满蒙王、大臣诣复月台,观阿哥舞刀,皆旷典也(惠亲王、瑞郡王、四额驸马德木楚克札布,观公主舞刀,内务府大臣敬徵亦与焉)。

赐果盒、奶卷、豌豆泥小食。万寿日,恭进如意,仍赏还。

八月初十日

卯初诣东如意门、军机堂。卯初二刻入宫门,祇候于正大光明殿丹墀下。卯正上升殿受贺,行礼毕,即诣同乐园。辰初入坐,巳正二刻退。是日召见,赐小食同前日。赏宝蓝龙文大缎一连、月白花绸一端、徽墨一匣、斋戒牌一枚、帽纬一匣、荷包四对、人参茶膏一瓶、金龙磁盘二个、绣囊双面铜镜一柄。

同乐园承应戏单。

初八日,《天香介寿》全部:《七政扬光》、《金英表瑞》、《直图好合》、《曲倩良媒》、《冰人自荐》、《荒服来王》、《摄将龙颔》、《闹散鸳帏》、《夺谞角胜》、《衔宝生嫌》、《挥戈扬武》、《寻迹追踪》、《拟续鸾交》、《空劳凤卜》、《乌兔归元》、《天香庆祝》,共十六出,长二十七刻三分。

初十日,《福禄寿》(十二分),《争功请罪》(张明德、祁进禄,二刻十分),《寿祝万年》(三刻),《雪夜访贤》(陈进朝,二刻五分),《瑶林香世》(二刻),《月下追信》(袁庆喜,一刻五分),《万年甲子》(一刻六分),《三气》(李平安,十二分),《太平有象》、《万寿无疆》(共二刻五分)。

万寿圣节,自初七日起至十五日,日俱蟒袍补褂。初九日、十一日系忌辰仍青褂。

翕羽巢日记

《翕羽巢日记》系一残本，未注明作者。据日记内容推断，作者为蜀人沈宝昌。其人生卒年不详，寓居京师，供职于国子监，生活在清道咸年间前后。日记约存八十日，内容以观剧狎伶为主，颇具典型性。那种整日清歌侑酒、咏伶评花的生活实录，反映了某些酷嗜戏剧之清代士人的特殊生活方式。谷曙光据《历代日记丛钞》（学苑出版社2006年版）影印本整理。

(某月)十日

布子谦约往如松馆晨饮,祝筠泉、金启堂在座。子谦呼幼珊、筠泉呼蝶云、启堂呼巧龄、余呼秋蘅侑觞,八十儿、阿寿自隔座来,行酒巡匝去。日斜酒阑归。仲京来谈良久。甫行,午桥来谈,至下春行晚飧。后子与、茗初先后来,谈至初更行。作家书,寄蜀布子。

十一日

芷庭晨出,独□□于厂肆。食时□□□□茗初沤客来以□□□□□□□□□□□□□□庭归,初更三君行。

十二日

朝食后,芥帆来,芷庭约往裕兴居,□□部观剧。茗初、子与踵至,幼云、阿寿、蝶云来顾。腹汩汩诉饥,偕茗初食馄饨于致养美斋。□还剧楼。芷庭、芥帆有他约下春。偕茗初、子与归。沤客适来,茗初市炙凫,同啖。上灯芷庭归,茗初、沤客行,子与谈至二鼓始去。

十三日

晨起,徐琳府别驾过访,谈良久去。朝食后约郑丽东观剧于四喜部,偕芷庭先往三庆园,丽东继至,秋蘅、莲芬、幼珊、阿寿、芷馨、幼云、蓉仙、坤宝、瑞莲、小红、天秀、韵卿、竹香来。顾是日,鞠部翘楚咸至,蝴蝶穿花,蜻蜓点水,玉彩珠光,往来眩目。薄暮饮于裕兴居。剧楼遇芥帆,亦约同往。酒阑客散,大雷雨,偕芷庭冒雨归。夜半雨止。

十四日

朝食后,偕芷庭观剧于三庆园,秋蘅、莲芬、阿寿、芷馨、幼云来,□□暮归□□□□□□□至。芷庭市烧猪,同□呼秋蘅来,佐□□□□□。上灯芥帆先行,秋蘅亦去,初更两君行。

十五日

晨起，访徐琳府，略谈归。朝食后，偕芷庭观剧于三庆园。阿寿、蓉仙来顾。薄暮访秋蘅，值其宴客方罢，已大醉，黍麦低昂矣。八十儿在座，数语遂去，意颇殷殷。秋蘅深入醉乡，初为病叶，继作狂花，将上灯醒犹未解，遂偕芷庭归。初更厂肆踏月，天凉似水。

十六日

晨起，访秋蘅，恹恹病酒，为述昨日醉态，意颇惭沮。约游颐园，因归邀芷庭。复至元春堂，三人同往。出郊，秋蘅有果下马，余乘之。新秋晴爽，垂鞭蹀躞，山光树色，争来亲人。至颐园，池沼中莲衣已坠，荷盖犹撑。垂柳高槐，浓绿遮院，墙根玉簪花数百朵，香气袭人，阒寂闲庭，更无游侣。时方亭午，沦茗清谈，园丁复具肴数种，沽酒浅酌，红尘十丈外作此□□□□□□□□□□□□□日下高春同归。秋蘅据□跃马，颇有燕□□□□□□南西门。秋蘅他去，偕芷庭访沤客，因病足数日，未见。茗初适至，介亭、已兰亦在座。谈至上灯行，复偕芷庭访蕊仙，值他出。见阿寿，颐园之游，芷庭曾招阿寿，闻其出东郊，不复能待。阿寿归，驰车往，比至，我辈已行矣。茗话须臾，芷庭先归。余访徐琳府，谈至二鼓归。月明如昼，眷恋清晖，殊不忍眠。

十七日

芷庭晨出，子与、茗初来，偕往元春堂。邀秋蘅同往玉春楼食烧猪。芷庭踵至，呼阿寿来食，已两伶行。芷庭约往庆乐园三庆部观剧，晡时同归茗。初以蒸鸭佐晚飧，初更两君行。

十八日

庆遇恬继室，往贺之。见恒水部及遇恬，少坐行。谒保八丈，未见。访杨桃西、王小南，小坐。至沤客处，子与在座，谈至晡时行。访小宋，略谈。归上灯，徐琳府过谈，初更行。

十九日

晨起访丽东,偕归。约芷庭同□□裕兴居,酒阑,观剧于中和园四喜部,子与在□□同座。复偕芷庭至广和楼,观八十儿杂剧。曲终复至中和园,浣秋演《庆安澜》。孙芝畦招饮于绿野山庄,遂先诸君行。至饮所,芝畦已到。座客相识者为屈健堂、袁申伯两大令,芝畦呼慧仙、健堂呼小韵、申伯呼小红、余呼秋蘅侑觞,秋蘅最先至,诸郎次第来。初更云阴送雷,似有雨意,遂散归。

二十日

方晨餐,秋蘅使来,约往金奎部观剧。先至元春堂茗话,须臾遂往庆和园,秋蘅继至,坐未久,复为人招去。余因至广德楼观四喜部,遇布子谦、祝筠泉、金启堂,小坐,仍还庆和园。芷庭踵至,呼阿寿来观。筠泉踪迹至,略坐行。演包龙图故事,作地狱变相,别部伶来观者甚夥,芷馨、蓉仙咸在。曲终独往,访蕊仙,约芷庭侍于裕兴居。过浣秋之门,叩扃而入,仲京适在,约往同饮。至聊星堂,阿寿已先归,蕊仙自外来,遂同□□裕兴居,阿寿继至。仲京、浣秋先后来,芷庭复呼秋蘅来,饮颇酣畅。初更酒阑人散,独访芝畦不值,归。

二十一日

晨起访芝畦,略坐。访午桥,少谈。访恽次山,不值。至沤客处朝食,谈至晡时归。子与在座。复访芝畦,谈良久归。芥帆在座。少顷茗初来,方晚飧,琳府来,略谈行。初更三君行。昼间秋蘅使来,索书扇,值余未归。

二十二日

晨间沤客简招,先至秋蘅家,以书扇持赠。立谈数语,行。诣沤客,说饼。晡时归。复访芝畦,略谈。访琳府,约往裕兴居晚饮,且招芷庭,芬帆在座,亦随至。上灯酒阑,散归。

二十三日

清晨，芷庭他出。琳府来，邀往观剧。沤客适至，遂辞不赴，使贤修随琳府往。朝食后，芷庭归，少坐，复往观剧。子与来，晡时茗初来，上灯芷庭、贤修归。谈至初更，三君行。

二十四日

晨起，访秋蘅，闲话须臾归。朝食后，偕芷庭往约琳府，同至庆乐园四喜部观剧，秋蘅、莲芬、幼珊、幼云、阿寿、蓉仙来顾，薄暮归。上灯屈健堂来，少坐。偕芷庭笼灯访蕊仙，不值，见阿寿，茗话，须臾归。

二十五日

晨起，诣杨心畬，未见。访余陶仙、恽次山，皆不值。访午桥，小坐。至沤客处，值他出。访姚亮臣，小坐归。沤客、子与来，丽东来，少坐行。周少山、祁叔和、濮寿君先后来，皆少坐行。上灯沤客、子与行。

二十六日

芷庭邀往福兴居晨饮，且呼秋蘅佐酒。酒阑，观剧于庆乐园，秋蘅演《瑶台》，座中遇沤客。晡时何小宋招饮于香山馆，同座为缪鸿初铨部、张霁庭礼部、周少山、缪大令、尹大令，二鼓归。

二十七日

布子谦邀往如松馆晨饮，同座为庆达泉、金启堂、祝筠泉，呼蝶云、慧仙、瑞莲、秋蘅侑觞，亭午酒阑归。子与、沤客、芥帆、茗初先后来，芷庭市蟹，晡时持螯同饮。今年第一番与含黄□为缘，食指摇摇，不孤负左手矣。继以汤饼，甚果腹。初更诸君行，作家书寄蜀。

二十八日

及达泉、筠泉、启堂、仲京、芷庭醵饮于汇元堂，观四喜部杂剧。

薄暮,仲京复邀余及芷庭饮于福兴居,芷庭呼浣秋、余呼秋蘅滕爵,芷馨自隔座来行酒。初更散归。

二十九日

晨起,秋蘅使人来邀往食蟹。至元春堂,观其盥栉已,相对持螯,对隽人尝隽味,风趣亦复不浅。酌烧春食汤饼,复煮茗清话,亭午归。芷庭及贤修为琳府邀往酒肆晨饮,且观剧,因往踪迹,座中遇叶挺生。少顷沤客来,阿寿来。顾曲将阑,芥帆踵至,偕沤客、挺生、芷庭、芥帆同归,芥帆先行。晚飧后,沤客、挺生行。晨间稚香见访,不值。

八月朔日

赴吏部谒选,至周少山、孙芝畦处,皆少坐,归。得吟樵兄书及妇书。朝食后,陆眉生、沤客、午桥、子与、茗初相继来,庆遇、恬来略坐□。茗初携肴至,佐以烧凫,沽酒浅酌,清谈殊畅。初更诸君行。午桥携书画数轴来,观梅道人《秋山古寺图》,不敢定真赝,而墨气浓厚,笔力圆健,断非庸手所能。渐江和尚山水简淡,得云林意,陈眉公、王孟津草书各极疏逸、奇肆之致。灯下读吟兄书,知因松兄旋蜀,于六月七日自打箭炉言旋,已于六月中旬抵锦城矣。因余前书有佚游荒醉语,来书谆谆以过饮为戒。妇书亦讶吾忽耽曲蘖,深以为虑。余实则未与曲生为缘,佚游而未尝荒醉,不过偶作口头禅耳。初,余在打箭炉,于佛寺中见一蛮女,姿容端丽,为生平所未经见,年可十六七。询之,知为明正土司酋长汪效祖之女。归而语诸妇,妇思一见而不可得。此番妇书云,得与此女子相见,名格松,善蛮书。因出余家所藏马湘兰画册,属其以唐古忒书题"明月前身美人香草"八字。万叠蛮山外,结此一段翰墨因缘,此韵事,亦奇遇也。

二日

安州王午桥茂才来,少坐,行。朝食后,琳府来谈,至晡时行。

访稚香,凄凉落漠,倍于畴昔。几上积尘一钱厚,门前车马可知矣。手一卷书,珊珊而出,风姿故未减也。为述衣饰尽入长生库,两月不能登场,梨园侪辈几不知有斯人。余复空囊羞涩,不能援手,为之代唤奈何而已。茶话良久,行至孙芝畦处,少坐归。遇霁川于门,入室小坐行。

三日

朝食后,沤客来,复他往。陈雨禾来,略坐行。作家书寄蜀。得黄子寿书,作书答子寿。晡时至孙芝畦处,少坐归。沤客复来。方晚飧,茗初、子与相继至,为述稚香贫状,茗初颇悯之。余因往招之,与同车来。见茗初,憔悴自伤之意,于无言中流露。天有雨意,子与先行。谈至二鼓,茗初、沤客与稚香同车去。昼间杨桃西、缪鸿初两铨部来,皆少坐行。

四日

芥帆来。朝食后,沤客来。芷庭偕芥帆出。子与来,雨禾来。芷庭归,雨禾行。醵饮于龙源楼,茗初踵至,招稚香来,慰其寂寥,余亦招秋蘅来。初更两郎行,同人觅车不得,遂笼灯归。少坐,三君行。

五日

从周少山、徐子华贷钱,至裕兴居、龙源楼偿酒债。入城,至六弟家少坐。访蕊仙不值,见阿寿茶话。须臾访秋蘅,不值,归。沤客、雨禾在座,陆眉生来,子与来,畅谈至暮。眉生行,及三君说饼于裕兴居。偕子与、沤客归,略坐,两君行。晨间芷庭还涿州。

六日

朝食后,沤客、子与、茗初相继来,厂肆散步。沤客家制水角来,薄暮午桥适至,同啖。曾幼卿、林星五来,略谈,行。四君谈至初更,行。亭午、仲京来谈良久去。

七日

晨起,至孙芝畦处,少坐。访蕊仙、阿寿,茗话。复访秋蘅,略谈,归。朝食后,琳府来,赠钱百缗。沤客来,琳府行。茗初、子与来,率钱食蟹。子与自往市之,落日持螯。上灯三君行。

八日

朝食后,过秋蘅小坐。访王石云明府、何小宋不值。访王午桥茂才,已出都矣。访靳寅谷明府、濮寿君、郑丽东、缪鸿初,各谈少顷,归。子与、茗初、午桥、助教相继来。午桥邀往龙源楼晚饮,初更归。略谈,三君行。亭午、蕊仙过访,不值。

九日

晨起,简蕊仙、秋蘅来食蟹。少选皆至,蕊仙取架上残纸作墨兰,韶秀可观。携一函来,属致吟樵兄。亭午举杯持螯。日西斜,秋蘅先行。芋仙偕梁兰洲来,陆眉生来。两君略谈,行。眉生及蕊仙谈至日暮始去。访琳府,小坐。归来晚飧,琳府复至,谈至二鼓行。

十日

朝食后,携贤修厂肆散步。归来,沤客在座,偕往庆和园三庆部观剧。茗初踵至,复遇阿三,增福、小韵登场,秀色可餐,不负此游矣。薄暮归,子与已携肴至,汤玉入瓯,莹滑肥美,食甚果腹。孙芝畦来,少坐,行。三君谈至二鼓去。

十一日

晨起,作家书寄蜀。至周少山处,贷钱归。沤客来,清谈竟日。厂肆闲步,见宜古斋有方亨咸、程松门、朱青雷山水立帧,皆可观,而索值过昂。薄暮子与来谈,至初更两君行。

十二日

清晨至孙芝畦处少坐。访丽东，略谈归。沤客先至，携贤修往游厂肆，侍少顷归。朝食后，偕往裕兴园四喜部观剧。茗初踵至，秋蘅、阿寿来顾，薄暮归。午桥、子与在座，方晚飧，琳府来，略坐行。二鼓四君行。

十三日

晨往芝畦处，少坐。访秋蘅，留食蟹，且云霁川将至，盍少待之。因茗初有观剧之约，遂辞归。亭午、沤客来，同往广德楼三庆部观剧。午桥、茗初踵至，薄暮同归。子与、仲京、陆眉生在座，命酒小酌。初更，茗初、沤客先行，二鼓四君始去。午后霁川见过，未值。

十四日

午桥得府同知助教员缺，以余拟补，是日赴吏部验到。至六弟家朝食，诣布子谦、保八丈，护国寺街访李助教祁，皆不值。谒咏莪师，未见。至霁川处，且晤眉君，谈良久，晡后归。子与在座，挺生、丽东、小宋、陆眉生见过，皆未值。稚香来，亦不值。闻杨心畬方伯弃世，往吊之。访恽次山，不值。访小宋，少坐，假我京蚨百缗，携券归。过秋蘅，略谈。归已上灯。昨日眉生馈蟹，飧后，始将来留供今日晚餐。方与子与持螯，沤客、茗初踏月至，相与畅谈。月色如水，照满窗牖，二鼓三君踏月去。贤修以京蚨十五千得宣德窑印泥盒，瓷质细润可玩。得家书。

十五日

郑丽东晨来，少坐行。稚香来，小立篱落间，评赏秋花，茶话须臾去。甫送出门，秋蘅适来，少顷阿寿亦来，命酒浅酌。饭罢两郎偕行。茗初来，犹未朝食，具食。食已，子与至，谈次蕊仙来，闲话至暮。蕊仙行，沤客来，厂肆散步。归来方举酒，稚香复来，浅斟低唱，入夜月色极佳。谈至二鼓，稚香行，三君亦去。良友欢聚竟日，翩翩诸少年届戾,其间如玉山照眼,清歌媵爵,不负此佳节矣。

十六日

晨往孙芝畦、周少山处少坐,归来朝食。樱桃斜街访饶小山农部,略坐。过秋蘅,茶话须臾。访琳府,少谈。余得船山楹帖,蕊仙强携去,复为芋仙所攫,往索之,芋仙固不与,变色相竞,继以嘔噱。谈良久,归。秋伊来,略坐。作家书。日昃大风,入夜微雨。

十七日

晨起晴,茗初来,少坐行。访秋蘅,茶话归。琳府来,略谈行。朝食后,沤客来,同往中和园四喜部观剧,薄茗初、午桥踵至。薄暮茗初邀饮于龙源楼,上灯归。略坐三君行。

十八日

晨访陈雨禾,略谈。过秋蘅,小坐。访蕊仙、阿寿闲话。归来朝食。沤客、午桥、子与、茗初、陆眉生相继来,靳寅谷来,少坐行。午桥市猪肉,烹以相饷。眉生复馈大官蒸羊,足供大嚼,沽烧春畅饮。二鼓诸君散归。

十九日

晨往周少山处,贷京钱二百缗。过秋蘅,小坐归。琳府邀宴于汇元堂,过秋伊略谈,遂至汇元堂。同座为桂穆堂、王戟堂。四喜部演剧,薄暮归。子与在座,茗初、沤客继至。初更三君行。

二十日

芥帆来,六弟来,午桥来,皆少坐行。作简借马于秋蘅。亭午赴圆明园,贤修随往。休沐于国子监朝房,谒咏莪师,未见。谒殷谱经师,见之。访李筱舲,略谈。座中晤孙琴西同年。还朝房,胡仁斋前辈来,亦休沐于此,聊床夜话。

二十一日

五鼓兴，黎明入朝。巳刻引见于勤政殿，微末小臣得瞻天颜，不胜庆幸之至。奉旨，国子监助教著以沈宝昌补授，钦此。退朝，携贤修驱车归。沤客已在座，相待略谈，行。遇茗初于门，入室小坐，行。仁斋来，少坐行。子与来，沤客、茗初复至，同饮于龙源楼，上灯归。初更三君行。

二十二日

清晨，子与来，偕往送贤修入棘闱考试誊录。长安街谒姚仪卿前辈，未见。灯市口见族祖朝达。至六弟家，少坐归。晨餐后，访秋蘅小坐，谒马雅琴、杨燕湖、张莲孙、郑春农、潘撷香前辈，均未见。见孙海帆、刘朗屏两前辈。至小宋处略坐。访茗初不值，访肯堂、仲京亦不值。至沤客处，执后辈礼见之。晤介亭、巳兰，略谈行。谒午桥前辈，亦未见。过子与，偕归翕羽巢。同往裕兴居，晚饮呼秋蘅侑觞，浅酌清谈，二鼓始归。子与略坐，行。

二十三日

祝筠泉招饮于东麟堂。晨起，谒胡仁斋前辈，未见。访张叔建员外、胡春樵、桂穆堂、陆眉生，皆少坐行。谒庞宝森祭酒，未见。访余幼冰陶仙，亦未见。至东麟堂，筠泉已至，布、金两翁在座，侑觞者为秋蘅、蝶云、慧仙、瑞莲。酒数行，余先行。谒吉祥斋司业，未见。谒林菊史观察，未见，见其第三子。至棘闱，待贤修及芥帆出闱，同车归。全吉臣、俞华岩来，少坐行。芥帆行。子与、沤客、茗初相继来。晚飧后，秋伊来，略谈行。初更三君行。

二十四日

晨往入宣武门，谒杜石桥太夫子，未见。入西华门，见陈午亭前辈，谒全小汀尚书。总理国子监者，皂荫方祭酒、志春圃司业，均未见。至国子监，入圣庙拜至圣孔子，谒韩文公祠，受任于正义堂。访齐川、眉君，留朝食。访余爵峰，略谈。访李悌郊助教，不值，见其弟锡之孝廉。谒恒水部,不值,见其孙大印。谒保八丈,不值。见全吉臣。谒族祖中和。访同里李明府鸿勋,均不值。黄昏出正阳门归。沤客在座,谈至初更行。

二十五日

李悌郊晨来,略谈行。至孙芝畦、周少山处,少坐归。方朝食,子与来,茗初继至,偕游厂肆。遇午桥于途,同归。沤客来,薄暮小雨,食炒栗,畅谈至二鼓诸君行。

二十六日

清晨芋仙、兰洲来,少坐行。芥帆来,保八丈来,少坐行。李仙谷、族祖朝达来,少坐行。得妇书。七月十四日寄誊录,榜发,贤修及芥帆皆取。子与来,芥帆行。张霁庭、何小宋来,略谈行。仲京来,沤客、茗初来,上灯说饼。仲京行,三君谈至二鼓去。作书寄妇。

二十七日

贤修入棘闱覆试。晨入太学,随祭酒、司业班后,拜至圣孔子,圣诞日也。诸前辈咸在,惟沤客、莲孙未至。见皂荫方、庞宝森祭酒,志春圃、吉祥斋司业于堂,揖而退。晤海瀛仙监丞、依养云典簿及满洲诸助教,食汤饼出署。访祝筠泉不值,归。贤修已出闱。子与来,作家书寄蜀。访靳寅谷、金启堂不值。至郑丽东、陈雨禾处,皆少坐归。沤客、茗初在座,邀往龙源楼晚饮,上灯同归。二鼓三君行。

二十八日

敖金甫来,李悌郊来,朱眉君来,皆少坐。朝食后,携贤修至吏部观誊录,榜尚未发。前所发者——团榜,尚无名次。贤修诣六弟家,余出正阳门,至周少山处少坐。访芋仙,不值。遇周宜轩,邀入室略谈。访秋蘅不值,见其兄松泉归。贤修已还,午桥见过,不值。

二十九日

晨起访秋蘅，小坐。过子与，略谈。访杨桃西，不值。及太学，诸前辈宴集于文昌馆，茗初亦宴客于此，三庆部演剧。晡后，茗初约往晚飧，遂及沤客同车行，送沤客至家，访小涵同年，略坐。至茗初斋中，见其子敬甫，少待。茗初棘，沤客亦至，命烛说饼，畅谈至二鼓归。闻子与方去，雨禾、寅谷、陆眉生见过，皆不值。吏部誊录榜发，贤修取第九十二名，芥帆名第十。

三十日

朝食后，观剧于广德楼四喜部。遇布谦翁、金启堂、祝筠泉，遂同座，晡时归。陆眉生见过，不值。方晚飧，茗初、沤客来，同饭。谈至初更行，作家书寄蜀。

九月朔日

沤客晨来，噉面于裕兴居。同入太学，见全小汀大司马于堂，揖而退。祭酒、司业至，随诸前辈进见，三揖而退。亭午归，过六弟家，略坐还。翕羽巢、子与在座，沤客已先至，将往观剧于三庆部。霁川适来，沤客遂先行，霁川略谈去。偕子与食馄饨于致美斋。至三庆园踪迹沤客，茗初亦在座，昨日约也。可卿、幼福来顾，薄暮同归。沤客市羊肉烹之，佐晚飧，肥美不减同州细肋。初更三君行。清晨午桥、屈健堂、张蕴华清越、周宜轩见过，不值。

二日

约布都护、祝筠泉、金启堂饮于龙源楼。晨起，先过秋蘅，邀往侑觞。至酒肆，三君相继来，秋蘅亦至。谦翁呼蓉仙、筠泉呼蝶云，滕爵过午，酒阑散归。午桥在座，华葵生来，寻午桥同游厂肆。两君他去，遂独归。琳府来，出都门已九日矣。至通州，复因事返，留晚飧。饭罢，沤客来，初更琳府行。沤客复谈良久，始去。清晨史莲生来，晡时金启堂来，皆不值。

三日

布谦翁邀饮于如松馆。方出门,遇琳府,约往访周少山,不值。别琳府,至酒肆。谦翁及启堂已至,少选筠泉来,呼蝶云、幼珊、秋蘅佐饮,幼珊自诵其《金陵怀古》〔一翦梅〕词,有句云"六朝金粉剩无多,昨夜笙歌,今日干戈",感慨无限,所谓有深情者,何能不恨?过午酒阑人散。复至琳府处,偕访少山,为之旬当俗事毕始归。沤客、子与在座,篱豆花残,删除败蔓,植菊十数本,与蓼花、芭蕉、雁来红相间,秋色萧疏,颇似野人院落,不知门外有十丈尘矣。李眉生来,略谈。沤客、子与往游厂肆。眉生行。踪迹两君,散步至暮而归。茗初在座,方晚飧,稚香忽来,几于贫不能自存矣,略有所赠而去。琳府来辞,明日出都。二鼓三君行。昼间濮寿君、李小涵、徐子华见过,皆不值。

四日

往祭杨心畬方伯,遇茗初于途,归来朝食。往庆和园四喜部观剧,茗初约也。少选茗初至,子与亦来,雨禾、仲京踵至,略坐去。莲芬、阿寿、浣秋、小桂演《金山寺》,园中观者填塞。秋蘅、韵卿来顾,薄暮归。靳寅谷来,少谈行。沤客来,茗初市羊肉蒸饽饨,作晚飧,二鼓三君行。

五日

清晨秋蘅以登场告。朝食后,遂往观剧于广和楼。茗初、子与、沤客踵至,秋蘅演《折柳》,声情凄惋,触人离绪,曲终不见,殊惘惘也。阿寿、幼云来顾,有两小伶春喜、顺喜者,无因至前,久坐不去,意欲一邀,顾盼迫而为此,良非得已。当生悲悯心,不当有讪笑意也。晡后归,遇李蔼堂于途,邀入翕羽巢小坐。仲京来。蔼堂行。蒸鸭佐晚飧。饭罢仲京去,二鼓三君行。

六日

晨入太学,访屈健堂、张蕴华清越,皆不值。至霁川处,小坐。

访李悌郊，不值，见其兄稧园。谒保八丈，且见全吉臣。访祁叔和不值，遇秋蘅于途，车中相视而笑。归来已暮，沤客来，太学生费日启来，谒正义堂肄业生也，见之，少坐去。偕沤客散步厂肆，归来晚飧，二鼓沤客行。午桥昼访，不值。

七日

沤客及诸同年会于汇元堂。余与布子谦、金启堂、庆达泉、祝筠泉约，亦醵饮于此。清晨沤客来，同车往，布、金、祝三翁已先到。少选，达泉至，茗初为人招饮，复在楼头。四喜部演剧，秋蘅《瑶台》、芷馨《琴挑》、幼珊《游园惊梦》、莲芬《折柳》、燕仙《独占》、蝶云《娘子军》、坤宝《女儿国》，燕莺睹态，花柳竞妍，容歌满舞，极一时之盛。薄暮曲罢酒阑，及茗初、沤客同舦。二鼓两君行。

八日

晨起，访秋蘅茶话，须臾归。六弟在座，略坐行。朝食后，厂肆散步。于博古斋见汪柯庭勘书图小景，曹倦圃题诗，携归悬之壁间，不啻与国初老辈晤对。且有海琴跋尾，恍同良友探论也。得定甆茶器，泛绿昌明，一浣俗肠。仁斋前辈来，俞华岩来，皆少坐行。

九日

晨往石埭会馆，祭查公。晤同里桂东堂及其子笃斋参军、陈荩侯、李宝菴、苏古臣及我同族诸人。访郑丽东，少坐。访章采南、史莲生、张霁庭，不值。访李眉生，略谈，图书满座，具见雅人深致。壁间悬钱茶山山水大幅，笔力沉厚，迥殊寻常所见。唐静嵒山水小轴亦精品也。洪稚存篆书楹帖、张船山自书诗横幅、女史汪方楹帖皆可爱。访陈芰声，少谈。至沤客处略坐。将访子与，遇诸途，同车归。朝食后，偕往观剧于庆和园三庆部。途遇茗初，亦同往。沤客踵至。晚饮于龙源楼，上灯同归。二鼓三君行。午后蕊仙来访，不值。

十日

晨往六弟家少坐，鍊晡时。子与来，陆眉生来，谈至黄昏行。方晚飧，茗初来，谈至初更行。二鼓子与始去。

十一日

方朝食，午桥来，略谈去。午后，沤客、陆眉生、仲京、莲生相继来，邀诸君饮于龙源楼，沤客不往。至酒肆迟，午桥不至。莲生呼蝶云、眉生呼韵秋、仲京呼浣秋、余呼秋蘅佐饮，杯酒清谈，不事喧呶，烛炧酒阑，凉月满地。及仲京同车访蕊仙，知昨朝复见访，值余未归，余固不知也。谈良久，三更始归。

十二日

晨访秋蘅，盆鞠围座，五色陆离，秋光照眼，茗谈良久归。朝食后，子与来，偕往裕兴园四喜部观剧，秋蘅、小红来顾。晡时偕子与游玉肆，访孙芝畦，少坐归。子与先至，沤客偕雨禾见访，雨禾已行，沤客犹在座，谈至初更两君行。

十三日

王莲孙邀饮于禄寿堂。沤客、茗初晨来，偕往。同座者桂穆堂、施次峰、王蔚生，午桥自隔座来，谈少顷去。秋蘅来，招至座前，数语遂登场，演《草桥惊梦》。回忆去岁于此地闻此曲，如昨日事；倏忽之间，已隔年矣。如梦如幻，岂第戏中人耶！莲芬、阿寿、浣秋、小桂演《金山寺》，保林、畹卿、巧龄、玉凤皆登场，亦一时之秀。巧龄靡颜腻理，近来更饶妩媚，茗初见而悦之。薄暮偕茗初、沤客醵饮于同兴楼——正阳门西新开酒肆也。迟子与不至，招雨禾来。茗初遂呼巧龄侑觞，余亦呼秋蘅至，谈谐欢畅，酒罢驱车同归。月转城闉，光寒似水，至翕羽巢，子与在座，谈少顷四君行。昼间小宋见访，不值。午桥亦曾来。

十四日

小涵同年邀饮于文昌馆。宝森祭酒、春圃司业在座，同座者更有严伯雅、司马缁生比部兄弟、林小颖侍御及陶、汪两别驾。陆眉生、仲京自隔座来少谈。四喜部演剧，一时翘楚皆未登场。朝食已遂，归访蕊仙，不值。见阿寿，略谈。过芋仙，少坐归。子与来，方晚飧。沤客来，谈至初更行。得家书，八月十二日寄。

十五日

子与肄业于太学，是日月课。晨来同车往入太学，拜韩文公祠，祭酒、司业及诸前辈咸至。日午散，出访霁川，少坐。访傅石樵，不值。归，仲京在座，谈至薄暮。沤客来，午桥、陆眉生继至。午桥邀饮于龙源楼，时已上灯，二鼓酒阑，偕沤客归。茗初简来，为王莲孙招饮于保安堂小伶春贵家，倦游不赴。沤客少坐行。

十六日

晨访傅石樵驾部，座中遇曾佑卿太守，略坐。访郑丽东，不值。过秋蘅，茶话。访蕊仙，不值。见阿寿，少谈。甫出门，遇蕊仙，要归，复谈良久。归来朝食，沤客来，同往三庆园四喜部观剧。茗初、子与踵至，遇芥帆、丽东于隔座，蓉仙、莲芬、韵卿、天绣、全福来顾，薄暮及三君同归。芥帆来，少坐行。沤客烹羊佐晚飧。初更微雨，三君行。雨终宵不止。

十七日

晨起，晴。篱鞠经雨，秋色一新。方朝食，小宋来，遂同饭。郑丽东来，谈少顷，两君行。茗初来，略坐去。袁潮生来，谈良久行。茗初复偕沤客来，共晚飧，谈至二鼓去。作家书寄蜀。

十八日

清晨，邀子与来。朝食后，茗初有四喜部观剧之约。子与先赴中和园，余为阿寿作书，少迟。俟沤客来，同往，茗初继至。慧仙、莲芬、幼云、韵卿、春喜来顾,更有一小伶来,不知其名,听泉之弟子也。日暮醵饮于龙源楼,祝筠泉在隔座,略谈去。郑春农、陆眉生、午桥、莲生、肯堂、仲京亦饮于此,酒阑立谈数语,遂偕三君归。二更三君行。午后傅石樵、全吉臣见过,不值。入夜头风。巧龄字慧仙。

十九日

早起寒甚,已见冰矣。王宝晋来,少坐去。茗初、沤客同至,子与亦来。朝食后同往庆乐园三庆部观剧,小伶幼芙来顾。晚饮于裕兴居,余及茗初呼秋蘅、慧仙侑觞。初更酒阑,偕三君归。见枣栗散于案头,问之,乃秋蘅初定婚,遣人送来者也。二鼓三君行。

二十日

清晨,陈芰声来,偕贤修往谒翁尔铭相国、全小汀大司马,主试誊录者也。方朝食,秋蘅以登场告,遂往观于广德楼。秋蘅来,坐谈良久。阿寿、芷馨、幼云、蓉仙、竹香、顺喜皆见顾,座中遇史莲生。秋蘅演《小宴》,此曲终遂行。过芋仙,略谈归。贤修已还,沤客在座,晚飧后略谈行。

二十一日

晨入太学,晤春农、燕湖、仪卿三前辈。晡时归,遇茗初、沤客于途,同往醵饮于裕兴居。笼灯同归,二鼓两君行。

二十二日

朝食后,广前弟来,少坐行。观剧于广德楼四喜部,茗初约也。茗初、子与、沤客继至,慧仙、阿寿、春喜、顺喜及听泉弟子来顾,薄暮归。芥帆在座。晚飧后,芥帆先行,二鼓三君始去。听泉弟子名寿儿、玉笙。

二十三日

晨起,芰声来。偕贤修往谒翁相国,前日未见也。独访蕊仙、阿寿,新婚书屏及楹帖赠之。过秋蘅,略坐归,贤修已还。朝食后,观剧于广德楼四喜部,史莲生约也。演黄四娘故事,翘楚尽登场。秋蘅举止羞涩,终不似北里中人。慧仙冶容媚态,将驾蓉仙而上之。弄琵琶者,乃一凡手,殊令人思稚香不置。茗初、沤客踪迹至。蕊仙晨间约至其家晚饮,遂邀三君同往,莲生辞不赴。偕两君同至联星堂,途遇慧仙、秋蘅,招往侑酒。张灯开筵,绕座盆菊十数种,花光四照,蕊仙、阿寿殷勤劝酒,雅当人意。且兄弟怡怡,天伦之乐,自然流露。蕊仙至性过人,两君亦为叹美,非余阿所好也。初更后,慧仙、秋蘅始至,以阿寿新婚,相与谐谑,酣嬉淋漓,酒肠欢畅。二鼓宴罢,偕两君笼灯归,略谈两君行。

二十四日

清晨,茗初来,约往同访慧仙,赠以楹帖,茶话良久归。子与、沤客在座,茗初行。醵钱为子与寿,观剧于庆乐园四喜部。茗初、仲京继至,慧仙、顺喜、韵卿、玉笙来顾,晚饮于龙源楼。茗初呼慧仙、仲京呼浣秋、沤客呼小韵、余呼秋蘅佐饮,排日为欢,花驰酒骤。余私谓秋蘅,犹忆去年今日,我纵酒使气否?秋蘅为輾然,遂连举二觥。小韵复劝一爵,颓然醉矣。秋蘅将饮于蕊仙家,先辞去,诸郎次第行。初更酒阑,仲京独访浣秋,偕三君同归。茗初、沤客先行,子与酒意甚浓,二鼓后良久始去。史莲生午后见过,不值。

二十五日

从芋仙购得薛一瓢诗及诗话二卷、高南阜左手题识卷前后各数页,笔踪奇肆,满纸怪发,良可珍弆。朝食后,观剧于庆乐园四喜部,仲京约也。座中遇午桥,少顷沤客踵至,云及靳寅谷观剧于荣庆部,略坐去。秋蘅、浣秋、慧仙、幼珊、蝶云、蓉仙、坤宝、玉笙来顾。至三庆园,踪迹沤客,且晤寅谷,听三熊儿滑稽妙语解颐。仍还庆乐园,沤客复偕寅谷来观。幼珊演《游园惊梦》,柔情绰态,宛然闺秀;浣秋演《庆安澜》,机迅体轻,四座惊赏,仲京此游为不负矣。薄暮散归。上灯沤客来,谈至初更去。

二十六日

屈健堂得礼县令,靳寅谷得招远令,往贺之,皆不值。余幼冰久病,往视之,未能出见。郭藕船太守至都,与小宋同居,往访之,皆不值。访桂稼堂、章采南、李小涵兄弟、郑丽东,皆少坐。过茗初,略谈。濮寿君移居潘家河沿,访之不值。访萧润宇、钱问山,亦不值。至蕊仙家,阿寿及新妇盛服明妆出见,略坐归。沤客在座,约往三庆部观剧,遂先行。朝食后,过芋仙,少谈。至广德楼,沤客及雨禾在座,小韵来顾。薄暮醵钱说饼于裕兴居。偕沤客笼灯归,子与在座,初更两君行。夜间大风,寒甚。

二十七日

晨起,访蕊仙、阿寿,茶话。过秋蘅小坐,归来朝食。沤客、雨禾、茗初相继来,偕往朱帽胡同松福堂,访小韵,茶话良久。复访慧仙,值他出,少顷自外来,略谈行。访秋蘅不值,见其兄松泉,略坐行。遇秋蘅于途,饮于裕兴居。雨禾呼秋蘅、茗初呼慧仙、沤客呼小韵侑觞,上灯酒阑,偕茗初、沤客归。秋伊在座,略谈行。

二十八日

至阙左门送王午桥、靳寅谷、屈健堂、黄霁川、李子丹验看,亭午归。午桥、寅谷招饮于宝聚堂,同座者顾子贞、史莲生、陆眉生、李肯堂、仲京及沤客。初更归,子与在座,二更行。昼间蜀中胡大令寿昌见访,不值。

二十九日

晨起,得家书。蕊仙来闲谈半日,朝食后行。沤客、子与、茗初来。黔中章子静大令见访,少坐行。二鼓三君行。

十月朔日

至乾清门送靳寅谷、屈健堂、李子丹,引见。沤客踵至,偕沤客入太学,拜崇圣祠,见祭酒、司业诸前辈,咸在。亭午行。西河沿访胡大令，不值。李铁拐斜街访章大令，少坐。过秋蘅，茶话须臾归。沤客已先至，茗初来，约往庆和园四喜部观剧，幼云、秋蘅、阿寿、蓉仙来顾，薄暮归。子与在座，茗初以专门脍来且烹羊佐晚飧，二鼓三君行。

二日

晨起雪。朝食后，茗初、沤客来，偕茗初访秋蘅，不遇。见其兄松泉，略坐行，留简约秋蘅至翕羽巢，且以简招慧仙。归来子与至，薄暮于雪中围炉，手炙羊肉食之。秋蘅、慧仙次第来，饮啖甚豪。景文铺啜亦复可观，殊有燕赵侠气，不似吴侬举止也。食将竟，芥帆来。上灯两郎行，芥帆亦去。三君复畅谈，二鼓行。

三日

晨起晴。访蕊仙、阿寿，小坐归。朝食，沤客来，约往三庆园三庆部观剧。茗初踵至，座中遇潘撷香前辈、杜五楼同年，薄暮归。午桥见访，不值。二鼓两君行。昼间张师竹见访，不值。得古虔前辈书。

四日

晨起，访秋蘅，小坐归。朝食后，观剧于庆和园四喜部，茗初约也。茗初、沤客继至，幼云、阿寿来顾。座中遇仲京、筠泉、启堂，观慧仙演《翠屏山》，曲尽情态。薄暮茗初有他约，偕沤客归。子与在座，初更两君行。

五日

晨起，复访秋蘅，小坐归。来挺□在座，朝食后行。沤客来，同往庆乐园三庆部观剧，子与踵至。小韵来顾，少顷登场，容态娇怯，如初解事女郎，浅颦低笑，楚楚可怜。薄暮归。初更两君行。

六日

桂培园明府及侄婿吕荫南自蜀来,晨往访之,得家书。偕荫南及培园之子次元明府过周少山,句当俗事,略坐归。朝食后,沤客来,同往瓜子店买狸裘,游涉广和楼,晡时归。子与在座,谈至初更,两君行。

七日

晨访培园,复访周少山,略坐归。六弟来,朝食后行。晡时,厂肆散步,途遇沤客,以京蚨八千得定窑印泥小盒。闻茗初来,遂归。茗初略谈行。子与来,偕两君出访秋蘅,茶话须臾,两君待于途。同访雨禾,小坐。雨禾邀饮于万兴居。上灯仍偕两君归,谈至初更行。

八日

晨访秋蘅,不遇。至珠宝市买食物,归来朝食。观剧于广和楼四喜部,沤客约也。沤客、子与已先至,少顷竹生来,蕊仙、阿寿来顾。薄暮沤客还家,偕子与归,谈至二鼓行。

九日

周少山招饮于燕喜堂。吕荫南晨来,朝食后偕往。桂次元在座,三庆部演剧,薄暮归。茗初、沤客见过,不值。

十日

秋蘅晨来为寿。全吉臣来,略坐行。子与、沤客、茗初相继来,茗初先行。噉面已,秋蘅行。吉臣邀饮于富兴楼,辞不赴。偕两君观剧于裕兴园四喜部,座中遇祝筠泉。薄暮诸君饮我于裕兴居,茗初、仲京踵至,亦与焉。筠泉呼八十儿、茗初呼慧仙、余呼秋蘅侑觞,初更酒阑,诸郎行。闻靳寅谷、李芋仙在隔座,偕沤客过从,慧仙亦在座,立谈数语,偕子与归,略坐行。晡时吉臣重来,不值,馈肴数种。

十一日

珠巢街访同年张中书丙炎，已移居内城。访小宋，值他出。访潘伯莹，略坐。入宣武门，朝食于和顺居。谒保八丈，且晤吉臣。入太学，晤马雅琴、潘撷香、刘朗屏三前辈，见志春圃、吉祥斋两司业。出正阳门，观剧于裕兴园，秋蘅演《瑶台》，旌旗亦媚，铠甲皆香。曲终来顾，待其去，余亦遂行。遇阿寿于途。过徐子华、周少山、桂培园，皆少坐，归。知沤客、子与来，携贤修游厂肆，往从之。遇诸途，同归。二鼓两君行。午间国子监丞郭雪斋见访，不值。

十二日

清晨，郭雪斋来，少坐行。朝食后，沤客来，同往观剧四喜、三庆两部，观者填塞，四座皆满。途遇子与，遂同归。访秋蘅，值他出，留简招来晚饮，且为沤客以简招小韵。晡时雨禾来，谈次秋蘅至，醉态厌厌，红潮登颊，入室即酣睡。小韵亦来，娇鸟依人，昵昵软语。张灯置酒，移时秋蘅始酣醒。薄切羊肉，沸汤浴而食之。秋蘅亲手调羹，鼎覆，黦其裘，铺啜风流，极酣嬉淋漓之致。初更两郎去，三君复畅谈至二鼓行。

十三日

桂培园晨来，少坐行。朝食后，厂肆独步，于博古斋见金冬心梅花册十二叶，携归审玩，老干如铁，嫩枝如水，笔墨超逸，直是天仙化人。漆书题识，语皆隽妙。惜为宋雪帆学士购定，不可得也。子与在座，沤客继至，挑灯说饼，二鼓后行。

十四日

茗初太夫人有疾，清晨过沤客，偕往候之。晤茗初，略坐行。偕沤客访秋蘅，茶话须臾，招往西域楼食羊，齐鲁大邦风味不浅。食已，秋蘅先行。观剧于广德楼三庆部，小韵来顾，称道翕羽巢精洁可爱，亦有心人也。复招秋蘅来，观蝶仙演郭暧故事，曲终秋蘅来。行偕沤客，躲得家书，九月五日寄。得妇书，八月十六日寄，得鄂生书。时转饷至打箭炉,鄂生得白金四饼,上镌桂芳字,因寄秋蘅,事亦新奇可喜。午桥来,略谈行。初更沤客踏月去。

十五日

晨入太学,拜崇圣祠,随诸前辈见祭酒、司业,退,沤客先行。朗屏前辈以六堂题名录交付,自嘉庆以来诸前辈咸书姓字、里居、科第于其上,例归到署最后者掌之。亭午行。访霁川,值他出。晤眉君,少坐。帅府胡同访张师竹教习。出正阳门,过徐子华、周少山、桂培园,皆少坐。归,沤客在座,谈至初更行。月色皎然,不忍就寝。

十六日

晨访秋蘅,以鄂生所寄金交付,喜动颜色,盖感鄂生用意之挚也。茶话须臾归。子与、雨禾、沤客相继来,同往庆和园重庆部观剧,且招秋蘅、小韵来观,小韵略坐行,秋蘅不至。保林、红宝演《双丁记》,荡妇情态,摹写尽致,神乎技矣。薄暮同归,雨禾蒸鸭佐饮,沤客呼小韵、余呼秋蘅滕爵。初更酒阑,两郎同行,三君复纵谈良久,始去。

十七日

晨起,作家书、寄妇书、报鄂生书、报张古虔前辈书。朝食后,过子与略谈,往候茗初太夫人,疾少瘥。过小宋,少坐。途遇子与,同归。沤客、陆眉生在座,谈至日暮,眉生行。胡伯康大令来,略坐行。初更两君行。诣茗初时,遇秋蘅于途。

十八日

朝食后访秋蘅,松泉先见,须臾秋蘅始出,谈片刻行。访蕊仙不值,与阿寿略谈归。沤客来,同往庆乐园三庆部观剧,小韵登场,曲终偕沤客说饼于裕兴居,黄昏同归。二鼓沤客行。

十九日

朝食，约胡伯康、李仲琳、桂次元、郑丽东、吕荫南五明府观剧于中和园四喜部，沤客踵至。秋蘅、阿寿、幼云、玉凤、小兰、瑞兰、彩侬、玉笙、顺喜来顾，蓉仙演《莲花塘》。曲终，沤客他往。邀五君饮于同兴楼，丽东呼玉凤、余呼秋蘅侑酒。玉凤字葵秋，闻其在家手不释卷，谈论间书味盎然，究心琴理，讲求书法，娓娓可听，后来之清品也。二鼓酒阑人散，驱车独归。

二十日

晨起，秋蘅馈冰齑，裁书报之。访施次峰，不值。过桂培园、俞华严，皆少坐。归方朝食，陆眉生来，沤客、子与继至，谈至晡后，眉生行。龙源楼拓地重加修葺，是日落成，偕两君往作醵钱之饮。门径曲折，焕然一新。西偏一小院落，颇幽邃，遂饮于此。烛炧酒阑，觅车同归。略谈两君行。

二十一日

晨入宣武门，朝食于和顺居。谒保八丈，座中遇俞华严，少坐行。访李悌郊，略谈。访李厚堂，不值。入太学，春农、仁斋、雅琴前辈先在，见皂荫方祭酒。退遇詹锦波典簿，初入太学者。略谈行。至六弟家，少坐，及七弟同车归。到门七弟他往，入室子与、芥帆在座。下舂沤客来，芥帆行。两君谈至二鼓去。

二十二日

晨访秋蘅，小坐归。朝食后，沤客、子与、陆眉生相继来，晡后眉生行。屈健堂招饮于天禄堂，偕沤客同往。座中皆蜀人，相识者曾佑卿、傅石樵、敖金甫三人，初更偕沤客归。子与犹在，座略谈。沤客先行，子与复少坐，始去。

二十三日

表弟永升为我外祖母讽经于广渠门内火神庙，晨往致祭，且拜我外祖及舅氏之墓，亭午归。仁斋前辈来，少坐行。午桥来，偕往广德楼四喜部观剧，前日及沤客约也。沤客已先到，靳寅谷、屈健堂继至，莲芬、玉笙、兰芳、秋蘅来顾。晚饮于龙源楼。剧园座中遇李仲京、史莲生，亦邀同往。午桥呼莲芬、寅谷呼浣秋、莲生呼蝶云、健堂呼小韵、余呼秋蘅侑觞，秋蘅最先至，诸郎次弟来。酒半，仲京先行，诸郎去后，小韵始至。添酒回灯，二鼓始散。驱车独归，天气微雪。

二十四日

晨起雪止，积地已寸许，天犹浓阴。方朝食，梁春和茂才过访，少坐行。沤客来，偕往西河沿，句当俗事，闲步于荷包巷。归来，子与在座，沤客市羊肉，沸汤浴而食之。汤玉入瓯沉，极肥美。入夜云堆如墨，似有雪意。沤客觅车先行，子与谈良久，始去。

二十五日

晨起浓阴。李肯堂南旋，往送之，不值。见仲京，谈良久。过茗初，问太夫人疾，已大愈，略坐行。访小宋，不值。至沤客处，同车过子与，三人同车归。朝食于裕兴居。至广德楼三庆部观剧，小韵来顾，座中遇莲生。晡后归。初更两君行。午后雪，薄暮霁，入夜繁星满天矣。

二十六日

晨起风，访桂培园，不值。见次元、仲琳、荫南，略谈。过周少山、孙芝畦，少坐归。朝食后，沤客自酒楼来，酒气成龙，有意外奇遇也。谈次午桥至，落日苍凉，商量小饮。余具肴，午桥沽酒作简，招莲芬、小韵、秋蘅来侑觞。秋蘅以疾辞，意殊怅然。上灯小韵来见，未入座，复他去。方置酒，秋蘅忽偕莲芬至，病态恹恹，玉楼起粟，犹复惠然肯来，良可感也。少顷小韵复来，寒夜围炉，高谈转清。秋蘅索粥，食已，偕莲芬去。小韵复与午桥拇战，飞数觥，始辞去。时将二鼓，两君略谈行。

二十七日

晨访培园，约同仲琳、荫南及次元，饮于龙源楼，且招周少山来。酒阑，观剧于庆乐园四喜部，沤客踵至。芷馨、阿寿、玉笙、韵卿、顺喜、兰芬来顾，复演黄四娘故事。翘楚登场者，惟莲芬、芷馨、阿寿、慧仙、蓉仙、瑞莲数人，慧仙姿态横生，亦殊自炫。终场不见秋蘅，想疾犹未愈。薄暮沤客先行，少山邀饮于龙源楼，座客仍早间诸人。初更归，子与沤客在座，谈至二鼓行。

二十八日

晨访秋蘅，睡犹未起，问其疾，已少瘥矣。赴阙左门送次元、仲琳、荫南验看。亭午出，过六弟家，少坐归。已晡后沤客来，邀往广和楼三庆部观剧，辞以□，坚不可，遂偕往。雨禾已先在座中，更有一美少年，则张旺儿也。旺儿者，本茶肆一佣保耳。眉目如画，白皙善笑，为一富室物色得之，加以薰沐，鲜衣怒马，招摇过市，贵游子弟，争欲亲其风采。日坐楼头观剧，与鞠部诸伶斗颜色，皆逊谢弗如。四座咸属耳目，无不倾靡，名噪京华殆三年矣。近始入梨园籍中，诸部竞延致之，尚未知所从。沤客故嗜新奇，诇得其居址，为狂喜，遂造访，挟而与之游，杯酒交欢，连日不辍。今日复邀观剧，拉余来见，盖自矜得宝，必欲炫耀于知交之前也。叩其字，曰子明，沤客以紫珉易之。试与语，殊温润，无市井气。雨禾邀饮于裕兴居，沤客与紫珉拇战，连举十数觥，从未见其饮兴若是之豪。沤客自谓，年来心赏，无出其右者，遂不觉狂态流露于酒边灯□耳。酒阑，偕沤客归，余兴犹勃然，谈至二鼓行。

二十九日

朝食后，访秋蘅，茶话须臾。访蕊仙，不值。与阿寿略谈，见蕊仙弟子桂林，年十四，□未登场，韵秀可爱。访培园，不值。见次元，少坐归。茗初、子与、沤客在座，茗初兼旬不至翕羽巢，相见话迩来游踪，拊掌笑乐。以太夫人疾初愈，不能久坐，遂先行。薄暮及两君约醵钱食羊于西域楼，子与携贤修先往。余偕沤客踪迹仲京于荣树堂,决其必在,而竟不值。浣秋亦未归,复至广德楼寻之,浣秋方登场,而仲京独坐谛观。遂邀仲京至剧场,后招浣秋同往,子与已坐待良久矣。沽(编者按:下阙)

翁同龢日记

翁同龢(1830—1904),字声甫,号叔平,晚号松禅,江苏常熟人。咸丰六年(1856)状元,为同治、光绪两帝之师。历官刑部侍郎,都察院左都御史,刑部、工部、户部尚书,协办大学士,军机大臣兼总理各国事务衙门大臣,是晚清政界颇有影响的人物,在中法战争、中日甲午战争和戊戌维新时期都曾有重要活动。光绪三十年(1904)病卒。宣统元年(1909)诏复原官,后又追谥"文恭"。《翁同龢日记》(即《翁文恭公日记》),起自咸丰八年六月二十一日(1858年7月31日),迄于光绪三十年五月十四日(1904年6月27日),记叙了这一时期的许多重要史事和作者本人的思想、活动,内容相当丰富。曾凡安据中华书局排印本(陈义杰整理,1989年出版)辑录。

咸丰九年(1859)

正月十六日(2月18日)

得部文,知今岁有恩科。昨日书差等在大门外神庙前演剧一日,萧令来,乘醉登戏台,大闹而去,余置之不理。夜置酒与沈、陆二君饮。微月。船灯不足观,狮灯甚活动。

正月十七日(2月19日)

风阴寒。出示禁止演剧。朱少园来。得少鹤书。

咸丰十年(1860)

正月初五日(1月27日)

饭价人处,与诸君博塞。景鉴泉约文昌馆观剧。夜祀先。……

正月初十日(2月1日)

丙辰团拜。于文昌馆观剧,许、全、刘三师皆到。夜至财盛馆,同乡公局,子初归。

正月十二日(2月3日)

苏府团拜,汇元堂观剧。刑部江西司团拜,余亦与。

十月廿四日(12月6日)晴,连日夜间均大雾

……闻传戏班往热河,于二十日起身矣。……

十二月初二日(1月12日)晴

缪少初招饮,天和馆观剧,亥初归。

咸丰十一年(1861)

二月初三日(3 月 13 日)晴,暖

赴文昌馆观剧,周芝台相国见招也。……

二月廿二日(4 月 1 日)暖

可棉衣矣。……夜赴江蓉舫约,到河东会馆听戏。……

三月初二日(4 月 11 日)晴

为陈子鹤夫人祝寿,于谢公祠观剧,未正归。……

三月十九日(4 月 28 日)

丙辰团拜,才盛馆演四喜班,张伯承办,每分派二十吊,不足以应捐之项凑之。凌晨入城,至各师处邀请,巳初到才盛馆,傍晚散。是日会者三十六人,彭师患疖未到,七世兄来;许、全、刘三师皆来。……

六月十一日(7 月 18 日)晴,郁蒸

晨到署检书,钱、周、英三君在焉。是日同人公送孙宅戏,余未往。……

六月十二日(7 月 19 日)晴,酷热

……到孙驾航家观剧,曛黑归。

同治三年(1864)

五月廿二日(6 月 25 日)晴

是日上祈雨,午初雷电雨雹,一刻止,晚凉。……御史贾铎奏风闻太监演戏以内府缎匹裁作戏衣,日费千金等语;奉旨以山陵未安,四方未靖,方忧勤之不暇,岂容稍萌逸乐,仍饬内务府大臣等严查招摇生事之太监,按例惩治。……

同治四年(1865)

二月廿八日(3月25日)(是日补复试。)**晴朗,午后风,甚寒**

拜客。祝杨研培先生双寿,少坐即行,以不观剧故也。……

十二月廿四日(2月9日)晴,大风,寒

辰正上御重华宫赐琉球国使臣茶果,设剧作乐。……

同治五年(1866)

三月廿二日(5月6日)晴,午前风起,尘霾

自今日起三日不入值,今日、明日皆推班,重华宫演戏两日。……

三月廿三日(5月7日)(共二十八人。袍褂料、玉杯、磁花瓶、荷包四对,如意、帽纬、铜手炉。带听戏二两,重华宫首领二两,茶水一两,月华门二两,膳盘子二两,懋勤殿饭食四两,奏事处二两,递如意二两。)**晴,热,无风,日光骀荡**

万寿节,上诣大高殿、寿皇殿行礼。辰初二刻御乾清宫受贺,毕,还宫用膳。召见百官,皆蟒袍补褂。黎明入,偕诸君坐于殿庐,届时在丹墀下西边行礼,一品在墀上,军机、内务府皆在上,南斋及乾清门侍卫在下。作乐鸣赞,惟不宣表耳。退饭。内监预备。巳初会齐于月华门,随诸公入至重华宫北行,长街折而西,复北行,共约半里。听戏,规制甚窄,两厢极浅,诸臣由西入,其在东厢者即从宫阶前过。余等在西边,坐次在南斋下。入座叩头一,少顷赐果合,叩头一,又赐点心一盒,叩头一,戏约三出。赐文绮等物,诸臣立庭中向上叩头三,即退,还坐殿庐。自入座至出约一时许。议给内监等赏项不决。遂散。……

七月十二日(8月21日)

寅初起,雨犹甚,登车雨止,卯初二刻抵东华门则有晴色矣。卯正三刻上诣慈宁宫,率群臣行庆贺礼。……余等先坐殿西门上。饭毕绕至殿后下阶,坐廊下。有膳房预备饭食,未用。巳正入坐,由廊入门,折而东,至戏台后,鱼贯入东厢,余等坐第三间。在南斋上。坐定,叩首一;赐果合,赐奶茶,各叩首 ;听戏五出,叩首三。退,为时将未初矣。……戏台三层,殿有楼。……是日慈安皇太后三旬圣寿节,天气晴朗,又值甘霖溥足之后,歌舞盈衢。

九月十六日(10月24日)晴,仍暖

今日霜降矣,节候如此,异哉。……每月朔望宫内有例戏,不无劳神也。……

同治六年(1867)

二月初四日(3月9日)(是日换去白风毛褂。赏春灯。)**晴,暖**

……未正啸翁出,询状,知夏折极言临幸非故事,且传言已集梨园预备等语。谕旨宣示并无演剧等事;如有,并著惇亲王停撤等因,为之额手。……

二月廿三日(3月28日)晴,暖,午后云气濛濛

……卯正入,七刻毕,极倦,闻昨日在漱芳斋观剧,此其验也。……

五月廿六日(6月27日)(以祈雨,斋戒三日,悬斋戒牌,不挂珠。)**晴,热甚,申刻云,雷,大风,旋晴,夜阴**

……自本月十七起宫中土木之工繁兴,舂杵邪许之声如海潮音,或云长春宫添造戏台,无稽之言不敢凭也。是日内务府大臣于未刻叩头,意者工将毕,赏赉。

十一月十九日(12 月 14 日)

五更雾气,黎明雪花霏微,竟日不止,今年第一次雪也。……慈亲至董宅听戏。明日搭桌请同乡诸太太。每席八十吊,无中桌,另加点心两次。

十一月二十日(12 月 15 日)雪,晴,风冷,约共得雪寸许

……慈亲至董宅听戏。

同治七年(1868)

三月廿二日(4 月 14 日)清晨浓阴,已而晴朗,大风

辰初一刻至东华门,则诸公已先往宁寿宫,正彷徨间遇内监,引至他达,向来在此吃饭。诸君食毕,乃与艮翁同桌,至殿廊恭候,巳初入座,是日东西凡五十人,坐次在伊、桂下南斋上,东边第四间。是日所演戏有"廉颇请罪"及"扫秦",余皆常例,衣服极鲜明。直至申初始退。……中书端木子畴上书倭相,言畿辅被兵,宜停宴乐,伟哉言乎!恭思宣庙俭德,罢升平署不用,三十年中,凡遇筵宴,观剧一二出即止,伶人衣服破如蛱蝶。呜呼,可以法矣!

三月廿三日(4 月 15 日)

(赏袍褂料各一件,花瓶一、玉璧一、荷包四、帽纬一、如意一、手炉一。)晴,有风色,晚风夜阴。辰初二刻,上御乾清宫受贺,照常年仪。行礼毕,诣东边饭,巳初入座,直至申初始退,昨日廿二刻,今日廿三刻。所演多忠孝节义事,皆法曲也。退至文昌馆苏州接场,略坐即归。热极,重棉汗透矣。

闰四月初三日(5 月 24 日)晴朗,晨极寒,午暖甚

……祝袁小午祖母寿。其家演剧。……

闰四月十六日(6月6日)雨止,沉阴,晚雨,四野沾足

……慈亲连日至休宁馆观剧。昨黄、朱两位夫人,今赵宅夫人请。

同治八年(1869)

正月廿四日(3月6日)晴,风如昨日

……夜大栅栏火,两戏园皆烬。

三月廿二日(5月3日)晴,无风

是日宁寿宫听戏,余等仍在东第五间,与南书房接席。名在桂、广两君后,南斋前。卯正三刻到景运门会斋,同饭于东堂,即从前之屋。晤英西林、刘岘庄两中丞,巳正二刻入座、申初一刻始退,乏极。……

三月廿三日(5月4日)晴,甚暖,午刻大风起,傍晚始定

万寿节,辰初二刻上御乾清宫受贺,百官蟒袍补褂行礼。徐与余班在桂、广下,向例不如此。巳初二刻入座,未正三刻散,昨演神仙事竟日,今日多照例昆曲。乏极矣。仍饭于殿庭,懋勤殿所办也。……

七月初七日(8月14日)(是日起花衣罗胎帽。)晴

午后微雨数点,旱甚,奈何。……慈亲到官菜园宋宅观剧。

八月廿二日(9月27日)晴,有风

……祝朱桐轩师七十赐寿。三日演剧,寿幛,祝敬四两。出城。……

九月初十日(10月14日)晴,热

……辛亥世兄团拜。母亲至休宁馆观剧,明日再请,盖寓称寿之意。明日之局十二人出名:延煦、志和、铭安、继格、朱学勤、黄钰、孙家鼐、史崧秀、陆亵棠、徐景轼、朱智、李耀奎。母亲傍晚归,余辞未去。

九月十一日(10月15日)晴,热甚,夹衣犹挥汗

……未初三行,申正抵休宁馆观剧,薄暮归。慈亲甚怡悦,竟日兀坐不倦也。……

十一月十二日(12月14日)酿雪,甚暖

读无精神,闻连日下书房时即听戏,如何如何!……

同治九年(1870)

三月初四日(4月4日)晨雾,已而晴朗,午后暖

晨……访莱山不遇,夜莱山来商量演剧请客事。……

三月廿二日(4月22日)黄尘如昨,却无风

卯正三刻到东华门,会同人于酒铺。辰初一入,径至宁寿宫坐,良久始饭。艮峰相国后至。饭迥不如前。辰正三刻多入座,未正三刻退,戏凡廿六刻十分,行围得瑞、乔醋,奇双会、絮阁、温凉盏、火云洞、万寿无疆。倦极。……

三月廿三日(4月23日)(赏袍褂两副、如意一柄。)晴,尘沙如昨,无风

万寿节,卯正入内,辰初二刻于乾清宫西阶下行礼。出诣宁寿宫,饭罢东行,巳初入座,午正脱褂,未正二刻散。凡廿二刻,福禄寿、火判、梳柳、鱼篮记六出、蒋干盗书、徐母击曹、瑶台、万寿无疆。……

三月廿六日(4月26日)晨微雨数点,旋晴

是日借安徽会馆演剧,为慈亲称祝,宾客来者二百余人,自午初至子正,演剧凡二十余出。馆在后孙公园,初落成,极崇丽,两廊设帘,内眷可坐。慈颜怡愉,二鼓始归。

同治十年(1871)

三月廿三日(5月12日)(赏袍褂两付、竹如意一。)

万寿节。晨入,祗候于懋勤殿。辰正二刻上御乾清宫,群臣行礼立班。立班之际微雨适至,沾地皆湿。礼毕,雨亦止。诣东边直庐,饭罢即趋入,上已入座,时巳初三刻,申初退。出城。今年听戏者有湖广总督李瀚章、琉球使臣杨光裕、蔡呈桢。……

七月十三日(8月28日)晴,稍凉

……宋雪帆、庞宝生、鲍花潭三人皆正寿,于谢公祠置酒演剧,庞年伯母请慈亲观剧,三嫂侍往。亥正归。……

九月十五日(10月28日)晴,无风,稍寒

……是日照例有杂剧进奉也。……

九月二十日(11月2日)(始见冰。)**晴,寒**

……天津今年水患。闻金龙四大王皆赴津,凡九。津人演剧祀之,凭人而言,深责李宫保之不敬云。

同治十三年(1874)

九月三十日(11月8日)阴暖

……见听戏单,余兄弟并获与,凡三日。初九日起。云南提督马如龙亦与。

十月初九日(11月17日)(换灰鼠袍褂江獭冠。)**晴暖**

卯正入,随兄至宁寿宫西角门外懋勤殿他达,同人皆集。饭毕辰初三刻入座,本传辰初。兄于西边第五间,余在东边第五间,相望也。点灯后酉正多始出,亦从来未有之旷典矣。入座凡三十八刻。

十月初十日(11 月 18 日)晴暖无风

五鼓入,卯正三刻上诣慈宁宫率百官行礼,宣读贺表,余等仍诣昨所饭,辰正一刻入座,鱼龙曼衍,耳目一新。点灯后酉正二刻始散,亦三十六七刻。……

十月十一日(11 月 19 日)晴暖

卯正二刻偕兄至殿旁庭与同人会食,巳正入座,酉正退,凡三十五刻零。倦甚。和伯寅听戏恭记诗七律。

光绪三年(1877)

三月初二日(4 月 15 日)晴,热甚,可袷衣

……御史刘锡金请禁止堂会演剧,奉明发:现直山陵尚未奉安,大小臣工自不忍宴乐,著照案禁止。夜大风起。

七月廿四日(9 月 1 日)(船上厨房、茶房八两,账房下人二两,又项姓一两。)

卯正二入吴淞口,辰初泊金利源马头……朱叔彝以盛馔见饷,邀斌孙听戏。……

光绪五年(1879)

六月廿四日(8 月 11 日)竟日大雨,晚止,夜有星矣

甫起,苏拉来,知第二起,遂入。见于东暖阁,详问功课,因对万寿期近,听戏虽是典礼,究恐开声色之渐,语极多,仰蒙采纳,并谕明后皆带书往听戏处,若欲看书即仍开卷。……

六月廿六晴(8 月 13 日)(照旧帐,带听戏二两,赏二首领二两,懋勤殿饭食四两,茶水一两,递如意二两,搭盘子二两,本处伺候四两。此次本奏事处日精门各二两,今改为本处伺候,次日来

索。又奏事处二两。赏如意、袍褂料、磁瓶、香盒、帽纬、手炉。)**晴，晚阴，雨数点，郁热特甚**

卯正二刻乾清宫行礼，蟒袍补褂，不宣表。复至昨处吃饭，辰初二刻入座听戏，未初二刻退。乏极。……

六月廿九日(8月16日)晴，晨极凉

读极佳且静，上自廿五日起两日在宁寿宫，未尝入座听戏，略一瞻嘱，便至后殿读书写字，廿七、八日则仍到书斋，一切照常也。上云钟鼓雅音，此等皆郑声；又云随从人皆愿听戏，余不愿也。圣聪如此，岂独侍臣之喜哉！午初退。……

十月十一日(11月24日)晴暖如昨

……未初张、孙二公来集，同赴宝佩蘅相国招，坐两时许，观剧，点灯归。宝相大开东阁，自今日至十六日宴客。……

十一月初十日(12月22日)晴

……今日冬至，旧例宫内演戏一日也，未正退，径归。……

光绪六年(1880)

正月十六日(2月25日)

早间沉阴，当午开霁，大风起。是日乾清宫赐廷臣宴，巳初到兵部报房，皆染貂帽白出风蟒袍补褂。午初奏事处传，遂入，满东汉西，循南路行至戏毯旁鱼贯立。午正上升座。乐作，首领太监带从殿西间中门入，上垫一叩首，时桌张果菜已先设，先汤饭，次赐御前食一器一叩首，赐奶茶一叩首，起立，捧酒者举玉爵，矩步至御座旁跪，上进酒，群臣离席伏，仍起立入座，捧爵者趋下居中叩首，捧酒者捧爵下居中跪，赐一杯，捧酒者一叩首，群臣不叩，赐酒至，接酒一叩首，饮讫仍坐，既而撤肴桌换果桌，此在进酒之先。赐元宵一品。搭盘子赏，遂在座一叩首，起立退出，仍序立毯旁，上起乃退，凡乐章五成戏三出，为时三刻而已。赐旧玉如意一柄，蟒袍一袭，袍、褂各一联，磁花瓶一件，鼻烟一瓶。搭盘子二两，苏拉。东边龄、全，灵、景，恩，广，文、察。西边沈，董，徐、潘，翁、李。送宴到宅赏四千。

五月初九日（6月16日）阴，午后雨，晚晴

……午正二刻先退。出城，到文昌馆，四考官请十八房、两知贡举、两内收掌，两内监试辞。演剧，一切皆筠庵办，芝庵助之，甚好。……

六月廿五日（7月31日）先阴午晴

自是日起四日无书房。照常入，至月华门起居……即赴宁寿宫听戏，食于旧处，懋勤殿人预备，益恶劣，辰初初刻入座，直至未初二刻多始退。是日慈禧太后未到，仍命太医三人与薛福辰合定一方。……遥瞻御座，似仍如去年之未久留也。余在东边第四间，尚书共十一人。孙、张在第五间，而南斋孙、徐两君归入西边，与上斋同一间，向来不如是也。……

六月廿六日（8月1日）晴朗

万寿前期二日，上御乾清宫受贺，卯正二刻升殿，辰初二刻入座听戏。实辰正多。先入看药方，退坐南书房，届时行礼毕，诣宁寿宫廊下食，大官所供胜昨多矣，待良久入坐，未正散，凡二十三刻。赐件如常例。袍褂料各一、花瓶、金碟、帽纬、铜炉，如意。……

六月廿七日（8月2日）晨沈阴，已而放晴，热极，三伏来第一日也

……兰孙来谈，未初张、孙二君来，申初同诣惇邸处饮，观剧，其园林布置皆奇特，同坐者礼、怡、肃三邸，余多识面不忆其名，共三桌。薄暮归，到家上灯矣。……

九月十四日(10月17日)晴

……未初二退。偕燮臣祝同官师季瞻曾寿,少坐观剧。……

光绪七年(1881)

闰七月初七日(8月31日)(压布灰。)**阴**

卯正二刻上诣观德殿行礼,余随入。……丁裕年奏丁字街十刹海戏馆公然演剧,奉旨饬禁。

光绪九年(1883)

六月廿五日(7月28日)(蟒袍补褂,明日行礼时罗胎帽,余皆万丝帽。)**昨夜晴,晨入时微雨,黎明后大雨**

……辰初一刻入座,在东边门第三间,廿年来由第五间至此,钧天之梦长矣。一间惇、恭两王,二间惠王等近支,三间军机四人,四间尚书等九人,五间毓庆宫二人,两边略同。申初一刻散,添演一出也,本二十六刻零,添则不止矣。……

六月廿六日(7月29日)(玉如意一柄,好。袍褂一身,小卷。帽纬一匣,少。磁方八卦瓶一个,景泰蓝盆一个,好。荷包一对。)**冒雨入**

奏事首领传懿旨,昨夜雨势如此,今日行礼听戏应否停止。余称圣意焦劳,眷怀百姓,听戏可止,行礼不可止也。同官中有谓听戏亦系典礼不可撤者。恭邸来,语如余。须臾又传旨,撤听戏,仍赏件也。辰初乾清门内行礼作乐如仪,退至直房,拟廿九日祈晴旨。……

十月初九日(11月8日)(立冬)**阴雾,晚细雨**

……赴文星岩协揆之招,演剧,宴客,极无谓,晚散。……

光绪十年(1884)

五月初六日(5月30日)晴

午后闻雷,微雨数阵,抵暮犹雨洒洒,然皆未下房溜也,麦已槁矣。……两日均有漱芳斋听戏。

六月廿五日(8月15日)(蟒袍补褂,万丝帽,他人多罗胎。)**晴**

……饭罢到东边,未坐即有信矣,初一入座听戏,未初二刻退。余第四间,孙、张第五间。因四间人太多,余即第五间坐终日。……

六月廿六日(8月16日)晨起雨止,浓阴如墨

……辰初上御乾清宫,群臣行礼如仪。……辰初二刻即入座,脱褂后到昨饭处,惇邸亦来,饭酒甚喧。余先出,未正多退,仍添戏二出。两日皆无起。……

八月廿一日(10月9日)(夹袍褂。)**先阴,晚晴,稍暖**

……未初三退。至西城拜英西林太夫人八十寿,萨尔图宗室,英寿,行七。略坐看戏,与燮臣、赵伯远、严礼卿同席,此堂即送西林处也,为之腹痛。

九月二十日(11月7日)(立冬)

晨大雾,霜白满草头,甚寒,辰巳间始开霁,晚又阴而暖。是日上诣慈宁宫演礼,辰刻。巳正到书房。入座心不能定,未到午初二刻散。还宫侍膳,漱芳斋观剧,近支王公咸在也。……

九月廿六日(11月13日)

大风不止,转大转寒,如三冬矣。是日皇太后于长春宫移储秀宫,上龙袍褂递如意,内府官花衣进如意,有戏,廷臣无礼节。……

十月初三日(11 月 20 日)晴,辰初大风起,寒甚,晚止

……今日巳刻。演喜起舞,乐章并列,退后仍赐近支王公宴,于长春宫观剧也。……

十月初八日(11 月 25 日)晴,风

……辰正二刻入坐,余在东第四间,凡十一人,延树南昨日归,添在此间也,仍坐第五间,有风习习,颇凉。……

今日戏十二出,去一。长二十八刻一分。辰正二刻入,申初三刻散。是日有旨赏京外官老亲年七十以上者扁额、如意、绸缎。

十月初九日(11 月 26 日)晴,无风

……辰正二刻入坐,申正二刻退。戏十出,长三十刻一分。屡出至租屋小憩,孙、张、松三君同之,未初饭于懋勤殿他他。自初五日起,长春宫日日演剧,近支王公内府诸臣皆与。医者薛福辰,汪守正来祝,特命赐膳赐观长春之剧也,即宁寿宫赏戏而中官抿笛,近侍登场,亦罕事也。此数日长春宫戏八点钟方散。

十月初十日(11 月 27 日)晴和无风

一起。到东朝房更朝衣,由景运门入,至西边朝房恭俟。辰初二刻,皇太后御慈宁宫。上率百官行庆贺礼,作乐宣表,一二品及内廷人员在长信门外行礼毕,醇亲王行礼,门开仗仍立。仍到东朝房换衣。余等及两书房人皆染貂帽,群臣或如此或否,白风毛袍褂,他人亦参差不齐也。御衣白风帽。坐账房吃官饭。巳初二刻入座,戏七出,申初三刻退,凡廿六刻。有小伦长福者,长春宫近侍也,极儇巧,记之,此辈少为贵也。满洲命妇多报病,惟福锟、崧申、巴克坦布三人之妻入内,闻终日侍立,进膳时在旁伺候一切。传恭邸第四子入内赏戏,递如意。前数日醇邸面求赏恭亲王与祝嘏之列,已俞允矣。次日传旨申饬醉亲王,仍不准恭亲王随班晋祝。宝鋆由礼部奏请,因系休致人员,在午门外百官之末行礼。李鸿藻、景廉应在长信门外行礼,是日未见。赏件:小卷袍褂料、如意、帽纬、鼻烟、手炉、花瓶、荷包二对。即近支主公皆然,无分别也。余亲见之。……戏台前殿阶下偏西设一台,有高御座,向来所无。……

十月十一日(11月28日)晴,无风

一起。黎明入,先到小寓,饭于帐房,辰正二刻甫入座,酉正散戏,十二出,共三十一刻五分。末出节去二段。……是日奉上谕:"本年恭逢慈禧端佑康颐昭豫庄诚皇太后五旬万寿,普天同庆,所有王公及京外文武官员现在议降、议罚,及以前有革职留任,及降级罚俸之案,著加恩悉予宽免。钦此。"……

十月十七日(12月4日)晴,午后大风

无起。是日初有书房,宁寿宫戏今日无。……未初即退,长春宫尚演剧也。……

十月十八日(12月5日)晴,有风,寒甚如三冬

……未初即回宫,盖长春宫尚有戏也。廿日止。……

十月廿日(12月7日)暖,早极寒,外间有雪

……自前月廿五至今日官门皆有戏,所费约六十万,一切典礼在内。前届拨户部四十万,今年同,惟内府尚欠各项二十万。戏内灯盏等俗名且末用十一万,他可知矣。于宁寿宫演九日,余皆在长春宫,宁寿宫暖篷三口。闻初八戏台上烧去假树一株,又楼上一人几被挤落。

光绪十一年(1885)

正月十六日(3月2日)晴

早晨风止,清朗,午初大风又作,自初九迄今,无日不大风也。……是日午正廷臣宴,巳初二刻至传心殿恭俟,又至朝房,然后会齐同入。午正上御乾清宫,时风起,殿内究暖,未初礼毕遂归。

廷臣宴礼节:年年不同,因记之。入座一叩,饭,细粉鸡子二。赏御馔一器一叩,内监进奶茶,略如进酒式。群臣不叩。赏奶茶一叩,撤膳及诸臣前桌席前虚空,皆引身长跪,俟膳撤毕,良久乃换果桌。赐汤圆五枚一叩,起身离垫三步立,是时进酒者入殿升陛,群臣即席,进酒者跪,臣皆跪,进酒者趋下,向上一叩,群臣皆一叩。进酒者赐酒叩头,群臣不叩。内监以绿玉爵进酒,略如进酒仪,内监在一旁叩。群臣不叩。少顷,内监进茶汤,群臣亦不叩,赐茶汤清茶中有瓜子果仁。一叩,此时盘子东边向西,西边向东,交互而下。戏三出亦将毕。闻鼓声稍严即起立,在后者先出,在廊下一字排立,向上三叩头,趋下阶,后者先下,入时如此。仍向上排立。上还宫,群臣皆退。……

三月初八日(4月22日)晴,午后风起

……退后出城,赴财盛馆听戏,庚辰通家之招也,景师、许君俱在坐。……

六月廿五日(8月5日)(花衣起。)

……辰初入坐,添戏三出,申初散。……

六月廿六日(8月6日)晴

无起。先至九卿房,入乾清门,至上书房窗外坐,与惇邸谈。辰初上御乾清宫,百官庆贺如仪,随诣懋勤殿坐落小憩。辰初三刻入座,片时出,至坐落处饭,比昨大好。午正赏下,申初一刻散。添戏一出。……

九月廿九日(11月5日)(洋灰鼠一套,银灰冠。)**晴,仍寒**

……内务府因长春宫支搭戏台迟延,郎中摘顶。……

光绪十二年(1886)

二月廿四日(3月29日)晴,无风,极暖

……退后到才盛馆应乙酉通家之招,听戏三出即散,热甚。……

六月廿六日(7月27日)(如意、荷包、四。袍褂、瓷瓶、铜炉、漆盘,帽纬。)**早晨雨**

卯正入,辰初二刻上御乾清宫,王公于殿檐下,百官于门内外行庆贺礼。早晨雾中细雨,地湿。赴宁寿宫,仍先至听戏廊下。辰正入座,脱褂后出饭于中庭,懋勤殿所备也。本在西边,嫌远移来。饭毕再入,大雨如悬,檐溜垂如瀑布矣。午正一刻赏盘下,今年新样,每盘均搭置廊前,令本人自看,看后送出也。大雨又至,未正忽露晴光,转西南风,虽时有淅沥,似归云带雨。申正一刻散。凡四个时辰零一刻。

八月廿七日(9月24日)(单袍褂。)**晴,热**

一起。功课尚好,作论速。退后赴子青中堂招,观剧,在东安门内河沿,借毓氏空屋。醇邸、枢廷及内廷诸君,凡六桌,坐十一刻先散,热不可支也。……

九月十一日(10月8日)晴,微有云气

无起。功课稍多,然终不耐烦也,午后批折,未初一退。是日宁寿宫演戏。闻近来有以鼓锣进者。……

九月廿二日(10月19日)(珠皮冠,黑绒领,白袖头,珠毛褂。)

顿寒,风渐止,辰巳间定。……归寓写对,午后孙五兄来,同诣宝相国家听戏。宝公今年整八十,择日宴客也,薄暮散。宝处:如意一,酒一,幛一,联一。五亩名园,中有独乐;四朝旧辅,岿然灵光。

十月初七日(11月2日)(花衣,白风毛袍褂。)晴,有云气

三起。功课如常,午批折,稍早退,盖自今日至十九日长春宫皆有戏也。……

光绪十三年(1887)

二月廿八日(3月22日)(羊皮冠,黑绒领,珠毛袍褂。)晴朗暄和

……谟贝子来候碰头,松寿泉亦来,巳正三刻传撤书房。饭后偕燮兄同诣庆邸,祝其五十赐寿,扁额。王公毕集,观剧饮酒,薄暮归。……

光绪十四年(1888)

正月廿二日(3月4日)晴

……退后入署,坐四刻。出城至安徽馆九卿团拜,续燕甫承办。今年户部提银三百,较常年加一百。内务府帮一百,崇文门一百,每人派分二两,合计总在七百金,噫,侈矣。厨用劳君家庖。坐三刻即行,未听戏也。……

二月十七日(3月29日)阴

早晨欲雨,晚露日光。户部值日,三起,内务府京察引见。太后、皇上诣醇邸府办事后预备,闻邸中备戏。听起后即出,是日无书房也。……

四月初十日(5月20日)阴

是日上恭奉皇太后驻跸西苑之南海。上于卯初先到,卯正皇太后驾到,上跪迎于德昌门外,递如意之王大臣均于西苑门外以东为上,南向。花衣跪迎。余等先在门外,既而入苑门,排于枢廷之后,两斋内府皆入,实以门外太挤,且即以西苑门为乾清门,我等内廷当差亦人也。跪迎后至南苑档房,一坐即归,穿东西华门。枢廷、御前、内务府、内廷王公皆赏听戏。……

六月廿五日(8月2日)晴,清朗,气稍疏,晚热

八十四度。一起。辰初入座听戏三十刻二分,申初二刻散。……

六月廿六日(8月3日)晴

万寿节,御乾清宫受贺,百官蟒袍补褂行礼。辰初二刻,辰正听戏入座。入至朝房,少坐即入,与李筱荃、孙燮臣坐上书房窗外,行礼毕,即由九龙碑入宁寿宫,遇庆邸谈时事,辰正入座。即传脱褂如昨。出至他达饭,筱荃亦来。吃懋勤殿饭。听戏,午初三刻盘子赏下,自去年起,令王大臣看毕自携出,不胜其扰,今年竟至内监搭盘越栏干出小门,向来所未见,余令苏拉家人辈主之。又退至他达,小荃、荫轩、伯寅、颂阁、燮臣、寿泉,主客七人,余备饭款之。六簋,一面,甚精洁,备酒黄白二种。未初二刻再入,申初散。三十刻,未添戏。阴云起,郁蒸甚,八十七度。薄暮酉戌间。雷从西南来,先微雨,已而大雨倾盆,直至丑正止,几一尺矣,可称深透。戏赏共二十一两,宁寿宫二两,带听戏二两,奏事处二两,南书房二两,本处伺候四两,懋勤殿吃饭四两,递如意二两,茶房一两,盘子赏二两。他达屋金四两,即昨所记,□仪。他达茶房二两,荷包一匣,扇子一柄,戏单八吊,加煤钱四吊,另赏打杂每人二吊,徐长永十吊,苏拉四五人每人二吊,家人四名各有所赐。

十月初二日(11月5日)晴,热甚

四起。径入,巳正来,略讲即退,饭罢出,朝房小憩,入署画稿。出城过厂肆,换衣赴文昌馆,应十八房诸君之招,福、许两公皆到,薛公因期服未到,观剧,至暮散。第一房施纪云办,邀陈梦陶帮,菜不佳。……

十月初八日(11月11日)阴,微暖,有雪意

五起,上见。来时早,讲书毕奏明先退,至朝房小憩看书。午初二刻出城，路极难，到安徽馆，是日考官公请十八房内监试、内收掌，托刑部劳凯臣代办，启捷。戏席均佳。薛云阶以有服不到，客未到者溥玉岑一人而已，收掌聂君出闱即奉讳也。酉初始散。赶城入，颠簸不堪。

十一月廿一日（12月23日）晴　暖甚

……偕孙兄贺伯王娶第六子之妇，见其太夫人，年七十三矣，真福人也，观剧少坐即行。祝恭邸寿，未下车。……

光绪十五年（1889）

正月初五日（2月4日）晴暖无风者竟日，丰年之兆

是日上祈谷，寅正上祭。……午赴署，今年第一日，同人皆集，开手办事，待福相至，未正二刻未至，只得先行。赴徐寿蘅师招，于文昌馆观剧，薄暮散，真苦境也。……

正月十二日（2月11日）晴，暖甚，夜风

……申初赴曾劼刚之约，其家演剧燕客也，傍晚归。是日后邸演礼。……

二月初五日（3月6日）晴朗，午后有风，蒙翳

是日太和殿宴后父及后族，百僚陪宴，本传午正，余于巳正入，见蒙古王公皆散归，知已停止，乃驰入问状，见戈什爱班及奏事太监，知上早间吐水头晕，因饮药避风不能诣前殿，无它疾也。西边戏未停，听戏者照旧上。自初二至今日四日戏，御前大臣、军机、内务府及南斋潘公，内廷近支王公皆与椟。出至西馆与燮臣谈，吃点心。入署，申初归。……

二月初十日（3月11日）浓阴寒甚，有过三冬

……饭罢出长安门，至许星叔处观剧，客到甚多，许仲弢亦在彼张罗，薄暮先散。……

二月二十一日(3月22日)晴，风，午后扬尘蔽天

……出西长安门，到财盛馆乙酉团拜，子密办，坐四刻。……赴粤东馆续燕甫、徐小云、廖仲山之约观剧，晚散，抵家曛黑。……

二月二十二日(3月23日)晴，旋阴，午后有风，夜风大，稍凉

四起。辰初来，十四刻散，饭后出，憩西馆。入署治事，遇曾公。出城至福寿堂听戏，张相国约，晚归。……

三月初二日(4月1日)晴，大风落沙，向晚止

卯正到西苑门，与福相语，遂入，辰正上回海，少顷到书斋，以《通鉴论》进讲，十刻退，憩国子朝房。出城赴徐寿蘅师、左小侯之招，于湖南新馆观剧，戏台巨丽甲于京城矣。申初诣安徽馆辛亥世兄之招，孙燮臣承办，燮臣今日请客十五桌，盛举也。戏价七十两，席价六两。晚归。……

四月十一日(5月10日)微阴无风，顿热矣

……晚饭后祝谟贝勒四十正寿，有赐扁及寿物，一茶而退，不演剧也。送如意一柄。……

端五日(6月3日)晴，午后大风，晚止

……夜与次潇谈。后孙公园火，起于张端本子颐寓，延及安徽馆，可怕也。张宅悉毁，安徽馆戏台、正房亦烬矣。

六月廿五日(7月22日)晴朗稍热

卯正入，先至他达候，今年所定，在南头稍远。巳初一刻始入坐，较往岁为迟，戏长卅刻余，撤去一出，换去一出，奸遁改絮阁。申初二刻散。……

六月廿六日(7月23日)晴,一起

不甚热,酉正雷雨,约二寸许,虹见。是日辰初上御乾清宫,百官行庆贺礼。蟒袍补褂。辰正一刻入座听戏,凡卅刻二分。申正散,改者五六出。赐食内有瓜一盘,向来所无也。……

光绪十六年(1890)

正月十二日(2月1日)微阴

自是日至二十日皆无书房。今日醇邸入朝长春宫。十七起入斋宫,十九郊坛斋宿,二十祈谷。……午后拜客,诣曾侯处,祝其夫人寿,观剧。十二人公送戏,余亦在内,每人十金,颂阁办。余另送如意一柄,约十余金者。申正归。……

上元日(2月4日)(立春。)晴,暖

卯正入,辰正上御保和殿筵宴,臣在东边第四列。今年蒙古王公略少。毕巳初。……巳正三皇太后驾到,枢臣、毓庆宫、南书房于隆宗门迤南道东跪送,并磕头谢赏字画。是日太后诣西苑,上仍住宫中。予等常在西苑门迎送,此次初改。蟒袍补褂。归寓饭。出城至湖南馆九卿团拜,自未正抵酉初散。户部帮贴三百两,崇文门、内务府各一百,步军衙五十,团拜公分每人二两,费亦甚矣。戏、席皆不佳。……

闰二月初七日(3月27日)晴热无风

来时早,退照常。……诣张相国在河沿毓家空房。处观剧。醵资者十三人。自午正抵酉正,倦不可当。……

三月廿一日(5月9日)晴,热

是日上诣大高殿时应宫祈雨,前数日降旨,雨未透仍祈也。……未初到西城郑邸处观剧,久坐而食不至,遂归。……

三月廿二日(5月10日)微阴,热甚

自是日起至廿七日皇太后诣颐和园,不驻跸,每日还西苑,凡六日。卯正啓行,戌正回,每日如是。上御太和殿颁诏,今年万寿。群臣朝贺,花衣一日,无书房。……赴张子青约福寿堂观剧,申正归。……

三月廿七日(5月15日)晴尤热

……至邑馆晤周径之、严海屏、杨宝书三君,将南归也。遂至湖南馆听戏,赴顺天辛亥世兄招,燮臣直年。又己酉数人公请谭敬甫,自未初待至酉初二始来,数簋即散,归日落,苦极。怔忡病发惝悦殊甚。……

六月十三日(7月29日)晨雾,旋晴,溽暑

来时早,退亦早,径归。……听戏,侍郎递如意,上书房、南书房不论品级递如意。

六月廿五日(8月10日)雨过快晴,早极凉,午热

是日起三日赐听戏于西苑之纯一斋,斋在丰泽园之西,有门曰"静谷",历三层殿座始至水座也。两廊十一间,以七间为王大臣等座,列毡垫两层,每间约六七人,余在第五间也,较宁寿宫为偪仄,且系地座,无高凳,终日盘膝,不能去帽,每入座必一叩首,礼节亦繁矣。辰正入座,先在戏台下立候已久,甫入即出脱褂,巳初早饭,午初果席,未正二晚饭,极丰腆精美,闻皆系慈圣指麾,盖从来未有也。果食、奶茶照旧。饭所在静谷门外,临河支帐子。列坐凡十余桌,甚敞,微嫌热耳。自辰正至申正一刻,凡三十三刻。归后乏极。

六月廿六日(8月11日)晴朗无纤云,早极凉,午极热

上御乾清宫,王公百官蟒袍补褂行庆贺礼,辰初还宫,辰初二刻受贺。余等出隆宗门疾行至公所易衣,入至诗本处即听起屋。少坐,同至丰泽园西,列坐水次,荷花送香,极清适。巳初一刻入座,仍三次退食帐下，热甚，就树荫稍爽，二次未尝食也，申正三刻退，凡廿九刻。归乏极，略问俗事未暇也。……

六月廿七日(8月12日)早凉，日出即热

辰正入坐，三次退食，加戏一出，申正一刻散。凡卅刻五分。……

七月朔(8月16日)晴，东南风，有云气

前三日上宿斋宫，今日寅正二刻太庙孟秋时享礼，卯正三刻还西苑一起。辰正入座听戏，六部、理藩院侍郎皆与，臣本在东边第五间，至是在第四间，辰正至申正一刻退。卅二刻，加一出。

礼节：

入站斋跪三叩首，坐即起，出脱褂，仍入一叩坐，一时许传退吃饭。三刻复入站斋跪三叩首，起立，然后一叩坐。午未间传吃果子，二刻。复入三叩如前。果子一叩，奶茶一叩，皆就坐行礼。一时许传吃晚饭，三刻。复入三叩首如前。退时却未叩首，径起立而去，凡出入皆挨次，三叩者谢赐食，一叩者谢坐也。若起便旋入时亦必一叩。……

七月初二日(8月17日)

晨有日光，旋浓阴，卯正小雨，午初止，午正复雨益密，未申间潺潺作声矣，入夜未止，此月俗谓三白落地主雨，奈何。……辰正入座，仍三次退食，因雨移入听鸿楼廊下，听鸿楼在纯一斋之西，面众峰，峰皆秀石，云是艮岳之遗，南行出小门，即临河亭子矣。赐果合后即颁盘子赏，在坐三叩首，退时又三叩首而出，时申正一刻，凡三十三刻徐，添一出。……

赏件：如意、袍褂，荷包二对、兰瓶，帽纬、张炉、漆盘。果房、膳房开发帐共十两。此新添。

七月初八日(8月23日)晴热

申正雷雨从东北来,几于昼晦,紫电霹雳,光景甚奇,雨不大且缓,三刻过。是日始有书房,自初三日起演剧五日,午初入座,戌正始散。晨在公所与同官议拨帑发赈速议,极纷纭。……

八月廿八日(10月11日)阴

照常入,饭而退。……访若农,值其宴客,聒而语之,若农推荐粤东孝廉詹尹阶深明六气,熟于金元诸家,适在粤东馆听戏,就便延致诊之,……

十一月十五日(12月26日)晴

自是日起至二十日皆无书房。上阅侍卫箭于紫光阁,驻西苑,闻有戏也。前十一、十二皆有戏,酉正三刻始还。……

光绪十七年(1891)

三月廿一日(4月29日)(夹袍褂。)晴,暖,晚风起

燮兄未入,照常退,未饭,归小憩。至福寿堂应南皮相国招观剧,申初散。……

四月二十日(5月27日)晴,无风微云,仍热

照常入,退憩朝房,入署。出城至安徽馆应庚辰通家之约,麟公同坐观剧,未正至酉初三刻。热甚。……

九月廿一日(10月23日)晴

……午初入署,散后出城,晤杨萃伯。徐寿蘅师招饮观剧,酉初始散。……

十一月十八日(12月18日)有雪意,午又晴

有引见。巳初传无书房,遂出,偕孙兄同祝恭邸六十寿,面递如意，未行礼也。留客甚殷，邀至花园府后，乘车往，戏台极敞。听戏，兰孙、仲华、受之、子斋、余与孙兄六客而已，两次进饮，未正始得行，主人尚牵袂也。如意、仙鹤（双）、竹寿星、缂丝三星。是日赏寿，太后赏匾对及它物五十抬，上赏匾对等二十抬。……

十一月廿三日（12月23日）晴，有风，早寒

值日，入西苑门，始知今日无书房，遂归。……午正诣恭邸处观剧，九卿皆集，上灯后始归，倦矣。……

十一月廿五日（12月25日）微阴，晚晴

晨入，待至巳初一刻传书房撤，遂退，至成均朝房小息，又至黄酒馆侍孙兄，午初同诣恭邸观剧，南上两斋皆在，余惟朱邸数人耳。前日邸面约甚殷也。补拜寿，另设寿堂于西室。坐至上灯归。……

十一月廿六日（12月26日）晴

照常入。有引见。仍无书房，闻冬至后四日皆有戏也。……

十二月朔（12月31日）风止，晴，不寒，午风又起，晚止，雪意杳然矣

照常入，巳初二刻传撤书房，是日有戏也。……

十二月十五日（1月14日）晴，风寒，晚阴，为风所驱

进谱。旗下有引见。照常入，辰正二传撤书房，今日有戏也。……

光绪十八年（1892）

正月十八日（2月16日）晴，仍大风，夜止，寒

晨起写对。午入署，事少。出城，应张相国之招在福寿堂观剧，日将落始归。近来士大夫专以此为乐，一出新戏费至五十金，可知风尚矣。……

正月廿六日(2月24日)晴,无风,暖

照常入退,未饭出,成均朝房小憩。午初诣安徽会馆九卿团拜。张樵野办。席一,两燕菜。戏尚可。余请二桌,客薄暮散,而余为诸君挽留,竟听夜戏,此数十年所无也。子初入城,乏甚。……

二月初五日(3月3日)晴,大风动地,晚稍止,然犹震撼,念两孙不置

……午正出城,过厂,见沈画卷。赴安徽馆听戏,应刑曹诸君之招也。酉初二刻始归,乏甚。松寿泉约余等作戏局回请诸客,颂阁曰不可,遂止,谅直哉!

主人:贵午樵恒、孙莱山毓汶、清吉甫安、凤辉堂秀、薛云阶允升、周生霖德润。

五月初四日(5月29日)阴,早晨有风,午后风止

是日贡士朝房,照常入直,退至成均朝房酣睡三刻。出城拜数客,即至湖南馆公请十八房、内监试、知贡举、提调,至则尚无一人,乃访庞氏兄弟长谈。再至湖南馆,客半集矣,李苾园承办,亦到,戏席均好,子禾申初二刻始到,从库上来也,日落散。……

五月十二日(6月6日)阴,清晨微雨,或作或止,巳正闻雷,雨一阵,午正晴

……未初到湖南馆应十八房之约,观剧抵暮,祁、李二公同坐,庭中竹生花,如麦穗黄色,麟公院中亦然,恐他处皆然。……

六月廿五日(7月18日)忽阴忽晴,晨云重,旋细雨,午后露日,未申间又雨,晚则大晴

是日赏听戏于宁寿宫,一如前数年故事,余仍借夹道他达为憩足地。……辰正三刻入座,酉初散,戏单三十三刻。乏不可支。

六月廿六日(7月19日)万寿节

晨浓阴欲雨,卯正至九卿朝房。辰初三刻上御乾清宫,王公百官蟒袍补褂行礼,是时开霁,礼毕诣他达,有顷即入座,退脱褂,仍入,四刻许退。至他达邀徐、李、谭、李若农、孙兄吃点心饮酒,再入。……今年孙兄令他达搭一小篷,坐篷下有风甚爽,申酉间雨数点,酉正始散,戏单四十刻。……

开发照旧单,凡廿一两,他达酬四两、五件荷包一匣、金扇一柄,此旧例。其搭篷四十吊,另赏廿吊孙兄出,松寿泉赏六吊,余今年添水钱二吊,他达下人八吊,懋勤殿匠役二人共八吊,苏拉徐十二吊,崔四吊。皆旧例。

旧例,宫内戏皆用高腔,高腔者尾声曳长,众人皆和,有古意,其法曲则在高腔昆腔间别有一调,曲文则张得天等所拟,大率神仙之事居多,真雅音也。咸丰六七年始有杂剧,同治年间一用法曲,近年稍参杂剧,今年则有二黄,亦颇有民间优伶应差,如所谓石头庄儿者,两日皆允二黄,语多扰杂不伦,此盖三十年来所无也。

闰六月初三日(7月26日)晴朗无风,热

有引见。照常入,早退,此两日尚有戏也。……

八月十六日(10月6日)晴,晨微雨,午见日,月色皎清,百感惨恻

……出城祝沈相国夫人寿,在粤东馆演剧,一到即行,晤许筠安,余皆未晤。……

九月十二日(11月1日)晴,无风

照常入直,散时甚早,闻五日有戏也,退归小憩。……

九月十五日(11月4日)晴

晨入,有引见。良久传撤书房,内侍云上微有感冒也。自十一日起五日戏。……

十月初九日（11 月 27 日）晴暖，无风，第一日好天气也

卯正闻今日传听戏，急起洗沐毕遂入，至西苑门群公皆入矣。趋入丰泽园门，坐西厢房，尚未入座，巳初一刻开戏，先跪安，即谢恩三叩首起。西边列条凳两行，诸臣杂坐，不甚按次序。午、酉两次赏饭，未刻一次酒果，皆极丰腆鲜美。初入，赐奶皮奶饼一次。惟危坐终日，腰膂不支。戌初二刻五分始散，戏单三十九刻。赐坐火轮车，以人推挽出福华门，抵家亥初。……

十月初十日（11 月 28 日）

皇太后圣寿节。寅正二刻起，卯初二刻入坐西朝房，黎明讹传有信，遂至长信门外，而北风甚厉，寒甚。辰初二刻太后升慈宁宫，上率王公百官行庆贺礼毕，余等先赴六项公所更衣，至戈什爱班处小坐。巳初入座听戏，先跪安，一叩。次叩祝，三跪九叩。又在上前请安叩贺如前仪，又一跪三叩谢入座，遂坐。午初饭，未正酒果，申正二刻饭，皆丰。酉初二刻上灯，殿檐一电气球。戌初二刻戏毕。是日计五十一刻，后改去二出，尚有四十三刻。又传赏灯，灯在仪鸾殿，太后寝宫也。出丰泽园后门，循河沿而西，入旁一门，曲折达于廷，廷广数亩，万灯照耀，中设电球，前列灯坊，先看福禄寿图，维以龙灯，四刻毕。乘火车出福华门，抵家亥正三刻。慰杨蓺芳丁内艰。同龢于姊丧未敢忘，今日为安葬之期，尤惨切，而朝衣将事，礼乎？非礼也。然而不敢以私废公也，甚矣官之为累也。

十月十五日（12 月 3 日）晴，无风，午后尤暖，夜雾，月好

辰正三刻入坐，赐克什两次，如作。晚膳六钟。后戌初二刻颁赏，从东边搭过中往西。诸臣廷中三叩首谢，两次。戌正二刻散，散时亦两次三叩头谢，即出。坐第一车，抵家亥初三刻。……

听戏纪略：

丰泽园二重门内玻璃罩棚，诸臣列坐于西阶下，自北而西。每日辰正带至园门内两厢敬俟，入坐总以巳初为度，亦有辰正三刻者，退时迟至亥初二刻。每日赐克什两次，即在座次排三桌，立而饮食。前三日止一次。

近支王公、御前大臣四人、军机四人、内务府五人、毓庆宫三人、南书房一人,席次如此。凡廿九人。滢贝勒、濂贝勒、载澜、载瀛、载泽、载济(惠王子,贝勒)、载润(贝勒)、伦贝子、溥侗、载振(庆王子)、泽公、澍贝勒、溥僎。

赏项:每人七十四两,载…、载润共一分,溥伦、溥侗共一分。共二千两,交福相交刘总管分给各项人。

又赏项:奏事处八两,懋勤殿伺候人三分。共六两,南书房二两,递如意二两,戏单二两,戈什爱班坐处二两,上书房人一两,此求而给者。崔苏拉廿吊,徐长永四吊,搭盘二两,交懋勤任姓。另给任姓二两。(此他人所无,因携灯照我也。)

赏件:袍褂一副、帽缨一匣、大荷包一对、团茶一团。

光绪十九年(1893)

三月初八日(4月23日)阴,有风,午后大风霾黄,申初风止仍黄,入夜阴

……是日枢廷诸公宴客观剧,余辞未赴。夜风。

三月十五日(4月30日)早晨小雨,未正旋洒洒作声,卯正风起,雨止,已而大风,午后露日

……至江苏会馆团拜,客到者张丹叔中丞、周子迪观察,戏席皆平平,酉初散。……

三月二十日(5月5日)阴,晨起犹润,无风

……出城,湖南馆丙辰己酉两处团拜,戏菜皆劣。……

四月廿二日(6月6日)

见日光,云阴斑驳,黄昏时闻雷,雨洒洒,然不大也,连日皆早凉,今日午后燥热。……诣安徽馆听戏。夜应南斋三君之招,二陆、一张。酉正始散。……

四月廿三日(6月7日)晨晴,旋阴欲雨,巳初闻雷

……未初归。……归后即赴松吟涛森同年招,在本宅演戏,因雨尚未开场,与阿云亭、朱适安百遂谈,少坐,辞以疾即归。……

五月初九日(6月22日)晴,热,午后阴,晚晴,忽雨一阵,旋止

……未正诣崇受之处听戏,崇与崑小峰、张樵野三人作东,戌初二归,曛黑矣。

六月二十日(8月1日)

晨沉阴,卯正小雨,雷声甚近,并有水声,然徐徐行过,放晴,申正云又起,无风,滃郁殊甚,入夜小雨。照常入,传明日起至七月朔皆无书房。退入署,归小憩。祝莱山寿,解衣散坐听戏,五刻归。联、幛、袍褂、荷包、烛、酒、桃、面。……

六月廿一日(8月2日)晴,西北风颇爽,竟日清朗

是日上侍皇太后还宫。……晚祝崇受之侍郎六十寿,坐三刻,炎热观剧无谓,盖余意在募捐也。

六月廿五日(8月6日)晴,午后热

是日赏听戏于宁寿宫,卯正二刻到会典馆,今年借会典馆图上坐处,余备饭食。辰初上到,三刻入座,辰正三刻徐、李、麟三协揆,南斋徐、李、二陆、张、吴及孙兄皆来,寿泉未到。……饭毕即入,午正果合下,未正皇太后赏面食,包子、寿桃,燕菜一碗。向来所无也,接时一叩头。酉正二刻散,凡四十六刻,抵家日暮。

六月廿六日(8月7日)(立秋。)晴

卯正二刻,上御乾清宫,王公内廷大臣在乾清门内行礼叩头祝。蟒袍补褂。辰初二刻入座听戏,戌初一刻散,凡五十刻。……

两日皆有民间戏班入内。

七月朔(8月12日)晴,巳正阵云起,大雨

午闻雷,复雨数次,嗣是雷隆隆屯于东南也,晚晴,夜有云。……上时享太庙行礼,毕还西苑,闻自初一至七夕传民间戏班入内演戏。

七月十三日(8月24日)晴,甚凉

晨至苑门,传今日无书房。闻今日起三日戏,传近支听戏。……

八月初三日(9月12日)晴,热

值日早入,是日传戏,补朔日例戏,进讲痛陈声色之戒,退略早。……

九月十七日(10月26日)(毡冠,黑绒领,珠毛袍褂)晴,暖

……出长安门拜客,晤萨检斋、许星叔,吊清吉甫。诣松寿泉处戏,其南院宏敞可容数十席,归已月上矣。亥初始息。

九月廿六日(11月4日)晴,大风

晨至朝房与成均诸友谈,是日值日也,未入直,托燮兄代陈,即归酣睡。……即赴安徽馆,是日公请监临、内监试、十八房,莱山承办,演小丹桂不带灯。内收掌未请,桂月浦、良梦臣、谢南川、王胜之未到。余亦搭两桌请客,黄厨,每桌十两,燕菜。自午初至酉初,客散即归,抵家上灯。……

十月初二日(11月9日)(赏燻猪、晾羊、奶饼。)晴,回暖

……午访杨世兄未见,到安徽馆听戏,应十八房之招也,孙、陈、裕三公,监临孙,皆到,馀未见,晚归将上灯矣。……

十月初七日(11月14日)晴

午前大风,晚止,甚寒,西苑船归坞矣。卯正一刻起,辰初三刻到西苑门,群公皆入矣。步至戈什爱班屋小坐,旋入,仍坐去年所坐之屋。辰正二刻皇太后入座,臣等入请安一跪,谢赏一跪三叩,谢戏一跪三叩,上前一跪三叩,与去年不同。即坐。赐糖果一次,早饭一次,酒果一次,馄饨、包子一次,晚饭一次,戌正退。今年初二日传听戏在纯一斋,实则仍在颐年殿,一切如旧,惟电灯移置戏台前檐耳。……

十月初八日(11月15日)晴

辰初二刻到西苑门朝房小坐,辰正入,至德昌门,辰正二刻入坐,戌初二刻退。一切如昨,惟酒饭肴飨无一不热,且听戏蠡棚内添一单布低幄,恐诸臣晚受霜露之气也。抵家亥初,子初二刻睡。……

十月初九日(11月16日)晴,无风而微寒

辰初三到苑门,辰正二刻入座,亥初始散,较昨又晚二刻。锦绣乾坤、琉璃世界,不足喻此繁丽也。乏不可支,抵家亥正二刻。轿五刻。是日礼邸召对,几十三刻始下,窃所不喻。……

十月初十日(11月17日)晴暖无风

皇太后圣寿节。卯初二刻皇太后诣寿皇殿拈香,还宫卯正二刻,上还宫辰初二刻。皇太后御慈宁宫受贺。卯正入东华门,诣西边朝房敬俟,至时长信门外行礼讫,即赴苑门外六项公所易蟒袍补褂,上还海,拟随豹尾入,而皇太后四筹已至,遂少留。比随入闻乐声,急趋则已升座矣,幸未误。王大臣均三跪九叩贺,又一跪三叩谢,又于上前一跪三叩毕就坐。此七日皆外班戏,今日四喜部,馀多新班,大约闾巷靡曼之音,淫哇之曲,无不杂陈也。辰正三刻起,至戌正三刻,尚有福禄寿灯戏未传看,仰见体恤之周。……

十月十一日(11月18日)晴,有风,晚止

巳正入座,戌正散。亥初一刻抵家,较昨早数刻。闻上已还瀛台矣。……

十月十二日(11月19日)晴暖无风

辰初三刻入座,戌初散,约四十四五刻耳。孙兄渐愈。是日先由福相汇交银二千两,另开听戏名单一分,凡三十人,容贵派武闱差除去,每分六十六两六钱六分零。……

十月十三日(11月20日)晴暖无风

辰正二刻入座,戌正一刻散,抵家亥初二刻。是日赏糖果,后又赐奶饼、奶皮,每人一碟,盖似厌争取糖果之仙仙无礼也。酒果竣颁赏尺头等,均由庭东搭出园门,各处内监领取而去。余搭盘二两,交崔苏拉,其实无此赏也。晨入,即将各处开发,一一面交,较上年增多,以公凑之项六十七两。交福相。此七日中未干一事,醉饱而已。赏下时未叩头,比毕传散,乃六叩头。一谢赏,一谢恩,凡两次。

赏件:袍褂料各一匣、袍紫。帽缨一匣、大荷包一对、团茶一圆。

懿旨派出初七至十三日纯一斋听戏之王大臣:奏事处传初二日奉。礼王、克王、庆王、那王、漪贝勒、滢贝勒、濂贝勒、澍贝勒、润贝勒、伦贝子、载泽、载澜、载瀛、载津、载济、溥桐、溥振、溥僎、额中堂、张中堂、许庚身、孙毓汶、福中堂、崇光、立山、巴克坦布、容贵、松溎、翁同龢、孙家鼐、徐郙。礼节略与上年同而增四五人。赏项见前。

十月十四日(11月21日)

五更飘霰,天明止,辰初雪作,极寒,申正止,约五寸馀,明日交小雪节,此应晴矣,尤喜,昨日群臣未沾濡也。卯正至苑门,少坐即入,头起已下矣。辰初到书房,四刻退,今明两日颐年殿仍演戏也。……

十月廿三日(11月30日)晴,暖

……未刻出门晤李惺吾。至郑邸处听戏,始知其母福普寿辰,因祝之,主人殷勤,酉正三始行,抵家戌初一刻矣。……

光绪二十年(1894)

正月初八日(2月13日)阴,晚晴

……赴安徽馆,应孙驾航京尹招观剧,酉初散,插车路泞,抵家曛黑。……

正月十八日(2月23日)晴,微寒

是日第一日有书房……进讲四刻即退。……至福寿堂听戏,应张子青相国之约,申正归。……

正月十九日(2月24日)阴,午微雪,晚密,夜不止

是日紫光阁宴蒙古,无书房。……午饭后拜客,祝崑小峰太夫人寿,酒十斤、燕席。小坐观剧。……

正月廿二日(2月27日)晴寒

入时天明,进讲四刻,饭后退。……午正出西长安门,诣额小山相国处观剧,片刻即行。……

正月廿六日(3月3日)晴,大风

是日巳刻皇后于慈宁宫率妃嫔命妇等恭与皇太后庆典筵宴,礼部、乐部管宴大臣均如昨仪。卯初到朝房,知今明两日书房撤,内阁照旧供职,谢折误用白折,亦撤未递,遂退。是日又传廿七日蟒袍补褂。连日有戏,枢廷、内府皆与。……是日太和殿前颁赏:玉如意一柄好、寿字袍褂料各一件、花瓶一个、帽纬一匣、漆盘一个、铜炉一个、福字一方、荷包两对。凡与宴者皆同,一二品内府颁,三品以下礼部颁。

正月廿八日(3月5日)晴暖

吏部带三品以下京堂各官,余与孙兄皆至乾清宫碰头。辰正上至书房,三刻退。命孙家鼐传旨问怀塔布何以赴宁寿宫碰头。成均朝房小憩,邻室喧然。出城到安徽馆,九卿团拜,张樵野承办,太早,无一人,因至徐季和处长谈,此人毕竟有识。再至安徽馆,同人稍稍集,余在下场门廊下搭桌请客,三桌,每桌燕菜十两。傍晚客散尽,斌来,因请同邑数子听夜戏,余先散,灯果一桌二两,早间尚留一桌席。客十六人,皆去年差旋者也。弢住俞佑澜处。

恽次远、彦彬,江西差。朱小唐、琛,四川。顾渔溪、璜,广东。吴蔚若、郁生,广东。长允升、萃,山东。张燮钧、亨嘉,广西。秦佩鹤、绶章,湖南。彭向青、述,湖北。邹咏春、福保,江西。劳少芗、肇光,广西。高澄兰、枬,山西。薛寿蘐、宝辰,山西。徐研甫、仁铸,四川。黄叔颂、绍第,湖南。徐友穊、继孺,陕西。谢味馀。佩贤,甘肃。

六月廿六日(7月28日)(赏八件。)晴

辰初升殿,不敢不先入。卯初至吏部公所,遂至殿前,升三成阶,敬观御座左右高下之宜,纳陛七级,每级尺许,狭而高,地屏又高八九寸,距宝座三尺许。仍下。届时上升殿读表,行庆贺礼毕,辰正听戏入座,群臣听戏者皆趋而东,余与徐、李、张相国皆未往。是时宴桌始陈设,余与徐、孙、松诸君先演礼一次,余次在东边第一列第四。睿王、濂贝勒、张中堂、徐用仪在余下。上至立迎,入坐三叩,进茶一叩,赐茶一叩,赐果一叩,赐食一叩。乌辰毕,蒙古乐入殿,时两边赐酒者起立,序进东出之纳陛下,旋鱼贯登。东边人少,余在徐用仪之次,至余而毕,西边尚未毕也。王贝勒十三人,枢廷、书房十人。上地屏,上亲赐酒。酒以玉碗盛,受赐拱举,起立,退至地屏旁一叩,饮讫,侍卫接杯,又一叩,从东出之纳陛退,仍入坐,四刻毕。……未初多入座,听戏时盘赏早下,甫入即三叩谢,直至戌初一刻戏毕散,四十△刻。归家曛黑。樵野信来。是日上御殿时卿云缤纷,筵宴之际风日清朗,傍晚雨数点即晴。

八月十五日(9月14日)晴朗,无云无风

寅正起,天未明抵隆宗门外朝房坐。未到右翼门外跪接。卯初三刻上御太和殿阅册宝,卯正上至慈宁门,臣等随入,在长信门外敬竢。皇太后升慈宁宫宝座,上从金殿升东阶,西向立。门开,上面中门北向跪,群臣皆跪,宣读册宝,上拱献置黄案,内监请册宝案入宫。上跪起,躬捧表文入中门,至慈圣御前恭献。先设案于殿内东旁。退出中门,三跪九叩首,群臣随同行礼毕退。此次奏书表文,礼部奏礼节照旧例不亲递,前数日臣因事力陈之,上俯纳焉。退后出景运门更花衣,即由九龙碑诣保泰门。保泰门者,宁寿宫东出便门也。历来皆从此出入。辰正入坐听戏,酉正一刻散。赏饭两次,寿膳房,在殿东廊屋内,即从前廊下坐处也。赏点心一次,奶茶一次,果子一次。是日听戏王大臣共五十六人。南、上两斋在西边。特旨宣朝鲜使臣判中枢李承纯副使、户曹参闵咏喆听戏,入保泰门。馆卿带领,在廷中引见,三跪九叩首,然后入坐,在西边之末。礼王传知,礼部堂官即刻派人告馆卿,馆卿至四译馆带来。朝廷特示怀柔,彼使臣者尚燕衎自若欤。……

八月廿六日(9月25日)晴

……懿旨停办点景、经坛、戏台等事,宫中受贺,大致谓两国人民惨罹锋镝,圣心恻然。……

十月初九日(11月6日)晴

……午初二刻诣宁寿宫听戏,入坐六叩,谢皇太后御笔久寿一幅、大小荷包一对,即退饭。……上召对枢臣时垂谕极急,并云不可早散。又云听戏三日,诸事延阁,尽可不到也。晚归。……

光绪二十一年(1895)

六月廿六日(8月16日)晴而有云气,热甚

早入无事,卯初见起,不及一刻。电一。卯正上诣皇太后前行礼，辰初御乾清宫受贺，辰正入座听戏。余等见起后仍还直房，比入已伺候矣，徘徊门上，行礼毕即诣保泰门。是日仍携酒肴六簋。款同直，三人。并邀张青翁。酉初二刻散，凡三十七刻。

蟒袍补褂，罗胎帽，红朝珠。

带听戏二两，殿上二两，茶房二两，南书房四两，奏事处二两，懋勤殿六两，堂苏二两，上书房八千，戏单八千，以上均交南书房朱他二达。

寿膳房丨七两，八十分，每分丨六两七钱。交崇星阶。

如意二两，懋勤殿四两，伺候。以上交任姓内监。

赏匠役郑姓二两，因系旧人。面交。盘赏二两。交徐苏拉，领盘时交。

本朝不设教坊杂伎，其领于内务府者曰昇平署，皆中人也，乾隆时所制法曲，词臣等撰进，如张得天辈曾秉笔焉。嘉庆时有苏扬人投身入内者，往往得厚赏。至道光时，一概屏绝，昇平署遂封禁矣。咸丰季年，中官习戏者颇多，亦尝传民间戏班在内供应。同治时稍稍开禁，至光绪十七八年而大盛，闾巷歌讴，村社谐笑，亦编入曲，而各戏班排日承应，其教曲者支月粮，赏顶带，户部有籍可稽者数十人。其始廷臣听戏无外班，近年则专用外班，内官所演不过数出典重吉祥旧花样而已。即如此二日，一四喜、一同春，皆外班也。识此以见风气推移之速。

十月初七日（11月23日）晴

……巳初乘舟至瀛秀门朝房，即五间房。赏饭，旋传赏听戏，并赐活计一匣。传礼亲王带军机一起，庆亲王带内务府三卿一起，崑冈带尚书等一起。余等入，见于殿中，皇太后谕今日无事，可以稍闲，著内监带领入座听戏。叩头三次，每次三叩。出前门，绕水座二处，至颐年殿之东廊，今年新搭木廊悬软玻璃窗，五间一统，东西对面，东边九人，礼王、翁同龢、李鸿藻、刚毅、钱应溥、崑冈、熙敬、敬信、荣禄。西边十人。庆王、内三卿（四人）、裕德、长麟、英年、恩佑、奕功。巳正二刻就座，午初开戏，演九折，约二十四刻，酉正二刻散。……

十月初九日(11月25日)晴,暖甚,早晨尚寒

无封奏,电一。电旨一,另电信一,督办处发。恭邸入直,卯初见起一刻余。递事讫即至德昌门听起处坐。恭邸请见,传诣仪鸾殿,余等同大众先至丰泽门外暖蓬少坐。巳正驾到,从丰泽园门入,即在廊中入座。自李鸿章以上未递折者,均在座叩头。自午初开戏,至酉初毕,凡三个时辰,戏单廿九刻,中有节省也。乘舟出西苑门,车马纵横,抵家始曛黑。是日两廊将玻璃帘撤去,军机在第三间。

东边:恭王照料。礼王、载滢、载澍,载濂;一间。载润、奕谟、溥伦、载澜、溥侗、载瀛,载津、载振、溥僎、溥伟、溥倬;一间。翁同龢、李鸿藻、刚毅、钱应溥;一间。李鸿章、张之万、麟书、崑冈、徐桐、熙敬;一间。敬信、荣禄、徐郙、启秀、照料。薛允升、孙家鼐、裕德、许应骙,一间。共三十六人。次日添醇王载沣、其兄载洵。

西边:庆王、照料。克勤郡王、那王、端王;一间。玛王、熙凌阿、那苏图、符珍、札拉丰阿、桂祥;一间。福森布、芬车、赓音布、明安、色楞额;一间。怀塔布、松溎、崇光、立山、照料。巴克坦布、文琳;一间。李文田、吴树梅、陆宝忠、张百熙、王懿荣、王文锦、曹鸿勋、高赓恩、张仁黼、胡聘之,山西抚。一间。共三十三人。

凡六十九人。

命恭亲王在东配殿饭,军机在门外东厢,戈什爱班西厢饭,余皆在暖蓬饭。饭两次,酒果一次,点心一次,奶茶、分果各一次。紫禁城骑马,赏怀塔布、桂祥、徐树铭。

十月初十日(11月26日)晴暖无风

皇太后万寿节,寅正三刻见起,无封奏,无外折,电二。一刻退,卯初上还宫。少顷皇太后驾诣寿皇殿拈香。余等递事后即趋赴宫内直房,待事下,换朝衣至长信门外。辰初二刻上率诸臣行庆贺礼。余等退至方略馆隆宗门外。更衣,仍趋入,西苑登舟,至听起处祗候。辰正三刻皇太后还西苑,即至丰泽园,恭亲王以下凡听戏诸臣均于颐年殿前三跪九叩,恭祝圣寿,向例如此,先令奏事太监请旨。毕入座,时巳初一刻也,凡三十一刻。至酉初二刻散,未看灯戏,故稍早。抵家黄昏矣。……

十月十一日(11月27日)晴,晚阴,风尖较寒矣

……辰正入座,一切如昨。巳正赏件下,在用膳后果桌前。(八件。)凡三十刻,酉初一刻散。……听戏开发尚未理清,听礼邸示也。

十一月初四日(12月19日)晴,无风如昨

……早间闻今日演剧,余即令俞佑澜告罗丰禄偕往日馆致意,今日斋戒,如演剧不能坐也。俞等复称有小戏,大人如不看,当在别座落吃饭,饭毕先散可也,惟李相、吴君及章京未散,不知如何耳。……

十一月十六日(12月31日)晴,早间阴,盼雪殊甚

是日上诣西苑听戏,一切如昨,封奏二,电二。……

光绪二十二年(1896)

正月初三日(2月15日)晴,无风,寒甚

是日忌辰,因斋戒,貂褂挂珠蓝袍。考旧例皆如是,故初五日补花衣。上昨日西苑请安,听戏看烟火,亥正始还宫。……

正月十三日(2月25日)晴,晨起风,午极猛,尘霾,晚止

……见起一刻余,一起,是日宗亲宴,里边有戏,在漱芳斋。昨见送抄电一。辰正三退。闻廷臣宴改于仁寿殿预备。……

正月十六日(2月28日)

丑正起,寅初到东宫门外北朝房,五间,堂上占两间,章京三间。无帘无炉炭,甚寒。恭邸来。电二,外折一处。卯正入见,先坐,二门外北房坐。仁寿殿西阁极窄,数语退。传颐乐殿听戏,大学士、六部

尚书、总宪、南上两书房皆与,共八十二人。蟒袍补褂,染貂帽。听戏处两廊各十间,较宁寿宫为闳敞,其南头有屋可退坐。李鸿章蒙皇太后召见,本传辰正入坐,在座叩头。至是改巳正。军机东边第四间。廷臣宴移于仁寿殿举行。与宴者于午初候于殿前,午正上至,进酒作乐如常仪。八桌十六人,启秀拿酒。宴毕复入,未正二刻盘赏下,叩头。抽闲还小寓小憩。复入,上灯后戏毕。……

正月十七日(2月29日)晴暖无风

是日丑初三刻月食。八分二十六秒,寅正三刻复圆。寅初三刻入,至北朝房,无外折,报一,电一,电旨四。卯正入见如昨。传赏饭,凡廿六人。礼王、翁同龢、李鸿藻、刚毅、钱应溥、麟书、崑冈、徐桐、熙敬、敬信、荣禄、徐郙、启秀、薛允升、孙家鼐、裕德、许应骙、松溎、吴树梅、陆宝忠、王文锦、曹鸿勋(已放知府未到)、高赓恩、张仁黼、裕禄、许振祎、任道镕。皇太后遣内侍执酒樽,左右扶侍。午初入见于乐寿堂,慈圣与上并坐,群臣皆入殿,两次三叩头谢。恭邸未入。……

寿膳房廿三两,交立豫甫,八十二分。赏饭四十五两五钱,本廿六分,除去南上两斋、翰林四人廿二分。小太监九两,扶掖。南书房八两,军机五人同。奏事处四两,军机处茶房四吊,辛首领四两,他库什二两,茶水二两,戏单八吊。外边苏拉:徐长海二两,小徐一两,老孔二两。

四月初六日(5月18日)晴,尤热

辰初见起,以二电呈览,另二电。欲与诸生商此事,而庆不来,恭观剧,无从抒一词,巳初二归寓。……

五月初二日(6月12日)晨浓阴,卯正微雨旋止,午露晴光,晚则晴矣

无电,封奏四。见起刻馀。昨日恭、庆、克、勔四邸皆在纯一斋听戏,闻四、五、六皆然。乘船出福华门,拜西城客,午正归。……

端五日(6月15日)忽阴忽晴,时或微雨,晚乃晴朗,顺天府报雨四寸馀

……自今日起,三日皆有戏。

五月初六日(6月16日)晴,晓看西山,青紫万变,又热,惟风尚爽

……巳初递事。恭邸以听戏诣瀛秀园。有顷内监来言撤戏,暴传此俗语。预备皇太后、皇上诣邸问疾,恭邸著人来言且勿散。巳正事下,传散,待恭邸见起下则午初矣。……

五月十二日(6月22日)晨起微雨旋止,犹阴,暮晴

电二(李相一)。见起时卯正矣,一刻下,辰初二散。懿旨皇帝万寿节照常行礼,乐设而不作,停止听戏。……

六月十五日(7月25日)晴

西山濛濛,础润如沐,早入,无电,封奏(宋伯鲁)。事少,见起不及一刻,挥汗而退,闻仪鸾照例演剧。……

中秋日(9月21日)夜半雨,晓起皎月当空,无纤翳

……令南书房太监告首领,有顷首领辛传懿旨,先在南配殿赏饭,回事,捧杯盏侍。饭毕召见玉澜堂。……面谕自今日至廿一日,皇帝在园办事,省跋涉,并命十八、十九听戏,并谕此堂明爽胜宫中,未及时事,一刻退。……

八月十八日(9月24日)阴

……辰正入宫门,补褂。即至听戏处坐,辰正二刻太后至,恭邸领班,在廷中迎跪安,随即三叩头。太后命恭邸升阶,面谕数语。恭邸即领群臣于上前三叩头入坐。坐在台东,上及旁皆施帷帐高坐,东边只近支王公、御前及枢廷耳。自辰二刻起,直至酉正散,中间吃饭两次,南配殿。酒果一次。穿堂。出乘舟,御前、军机坐"翔云"

轮船,馀皆小船无篷。停湖心,上侍皇太后御龙舟观焉。莲花万朵,周于四隅,如红线系堤上,既而明灯拥一方台至前,则戏台演戏一剧,随放花炮,亦极曼衍变幻之观。戌初二刻散。……

八月廿二日(9月28日)

昨竟夜雨,五更止。……

前日十八、九两日。听戏赏单:

膳房廿二两四钱零

南书房三人十二两

军机茶房十吊又他库什二两

奏事处四人十六两

军机苏拉十吊前日头班苏拉赶下园者二人,亦赏十吊

搭盘赏二两

戏单八吊

九月十一日(10月17日)阴,暖

……是日有戏,恭邸及御前大臣、御前侍卫等皆入座。

九月初七日(11月11日)晴

……衙门知会懿旨:初九、初十、十一日派出听戏王大臣均著赏饭吃,又初九、初十、十一日俱著推班。

十一月初九日(12月13日)晴,无风,暖

……贺麟芝庵抱孙,弥月演剧觞客,一坐即行,晚饭后再往应酬,八刻始归。……

十二月除日(2月1日)(赏小八宝荷包一,大荷包一对,荅连二,叩头。)**阴,大风,甚寒,天明晴**

……午初诣蹈和门小屋敬竢,同直皆集。午正皇太后升养性殿座,恭亲王率王公、大臣、内廷、乾清门等官入,先三叩谢赏,次三

跪九叩辞岁，遂退。外藩王公趋前竞进，余等于阶陛间行礼。赏红色八宝荷包一、银件六。“鸿禧日永”四字春条一、果盘一、染貂帽、花衣补褂不拘风毛、红朝珠。径归，风益大，寒凝。祠堂叩头，晚于真容前行礼，接灶。令鹿卿等奉至灶堂。是日巳初皇太后还宫，未初二刻上从太后诣西苑侍晚膳，听戏，看烟火。圣孝承欢，天下称颂。

光绪二十三年(1897)

三月十五日(4月16日)晴，微云

寅正二刻到朝房，……巳初散。恭邸来听戏二日。……

三月十六日(4月17日)晴，晚有风

礼邸复命有起，并赏听戏。外折无事，明发派管乐部，派守护东陵。辰初散。……

三月十九日(4月20日)(绒帽夹领。)大风霾，至晚更甚

……祝铭鼎臣七十寿，晤谈，未听戏即归，未初三矣。……

四月初七日(5月8日)晴，大风，凉甚

寅正一刻到直房，……卯正三退。与濮梓泉谈次，苏拉来传中旨，敕礼王等四人听戏。恭邸先入。至直房候齐，再三促召，巳初入请安一跪。两次，一跪三叩。在帷幕下坐，寒不可支。民间朝山之会，所谓五虎棍者，凡十五档，又听戏三出，酉正三刻散。

补褂，两次饭，在南配殿，呼为南大库。退时两跪三叩如前，皆在阶前。城中两次书来，遣仆李全来，得补楼两电。

四月初八日(5月9日)晴，晚风起，阴，较昨暖

……内监来促在南大库候齐，巳初一刻始入座，会二十档，戏六出，戌初三刻散，中间曾退归一次小憩，否则精神支不住矣。……

四月十五日(5月16日)晴朗,无风

寅正入,外折少,明一(大考差)。卯正见起,不及一刻,恭邸听戏,余等退。……

端五日(6月4日)晴,热,午后大风一阵,数刻方止,晚不甚凉

……辰正传散。又传赏戏,巳初入座。先跪迎,次请安,次一跪三叩,日暮退时一跪三叩。是日与者四十人,赐饭两次、酒果一次,戌正上灯始散,凡四十四刻。今日皆南府及近侍演唱,中人呼为本家者也。……

五月初八日(6月7日)(芝纱。)微阴,仍热

……卯正见起,辰正散。……

开发听戏、公分廿七两多五钱,共三十九人摊派。夸兰达四人十五两。南书房三人十二两。堂苏二两。盘赏二两。跟班苏拉四人四两。零星开发不记。……

五月十五日(6月14日)晴朗无风,热甚

外折少,寄一。卯正一见起,一刻下,又二刻散,恭邸留听戏。……

六月廿五日(7月24日)阴,郁蒸不可当

早入,无事,许查谭督复奏,明发,闽藩季邦祯、直臬袁世凯,寄一。卯初见起,卯正递事,辰初家宴,照例戏三出。未下,即赴宁寿堂。……

六月廿六日(7月25日)五更雨止

万寿节。天晴,甚热,晚有云气。入时稍晚,礼邸先在,无事。放温处道。卯初见起,递事下传散,即入至懋勤殿,二邸、余等皆露坐。上诣宁寿宫皇太后前行礼毕,御乾清宫,辰初。群臣行礼,退诣阅是楼恭俟,辰正入座,戌初散。仍邀李、孙、徐三公在借坐处饭,申正点心一次。

南书房四两，奏事处二两，上书房八千，懋勤殿六两，带听戏二两，殿上二两，茶房二两，戏单八千，如意二两，堂苏二两，盘赏二两。以上均交朱他达。……

七月十六日(8月13日)晴，月好，虽稍爽而热如故

……见起二刻余，巳初二始散。昨恭邸与三戈什爱班听戏、看河灯，亥正二出。……

八月十三[四]日(9月10日)五更雨止，天明后晴朗，仍热，午有风

……中官送皇太后赏银锞二百两，驰入知礼邸代领，本传面赏也，戏毕时叩谢。今年普赏，惟多寡不同。除恭邸外，戈什、军机皆二百，庄王一百，肃王五十，小爷们二十，余不能详。戌初三刻散。……

八月十五日(9月11日)

晨阴有风，巳刻开霁，日光澹澹，北风萧然。……辰正三入，辛太监引余等与戈什爱班在南配殿先饭，巳初二诣听戏处。慈驾至，跪迎三叩头。时太后在阶上立，恭邸跪奏数语，辛首领跪奏，臣于阶下偏东摘帽碰头讫趋出，脱褂入坐。午初回家小憩，未初再入，浓阴，晚忽霁。酒果、午食、晚饭三次，未上灯即散。传花衣补褂，坐“翔云”轮船，戈什、军机，余皆平船。至排云殿祗候。未带花衣，从辛首领借得，否则无处可借也，记之。设夜明幄于西。前有牌坊，亦暂设。慈驾至，行三跪九叩礼，皇上、皇后随行礼，妃嫔等从后，群臣从上皆行礼。上左、后右。先读祝，系骈词，太后行礼毕，设坐于门外南向，上坐稍东，中宫代行三献送燎，二次。祝词乐器皆道士步虚声也。太后及上立门上，赐团圆饼，宣群臣于阶前一一领之，六叩头。遂复入舟。果肴杂遝，惟时皓月皎洁，万象澄清，荷灯万盏，间以银花烟火，真大观矣。余等所坐船随两轮盘旋飞行数次乃泊岸，遂散，甫交戌正也。恭邸、仲华送如意。……

八月十六日(9月12日)晴,稍热,晚有风,稍凉,夜月好

晨入照常,外折少,寄二。卯正三见起,一刻退。递事下仍在直房候,巳初入,巳正驾到,跪迎如前,早饭后退。……未初再入,坐处凡三:曰院、曰廊、曰室,其余则南配殿尚可流连,不过随处棲泊而已,戌正乃散,准表。倦极。散时四次三叩。……未正盘赏下。分等差。

赏绣蟒袍一件,尺头二捲,茶菊等二瓶。

听戏赏单:膳房公分四十八人廿一两。南书房四人十六两,较去年添一人。奏事处四人十六两,盘赏二两。交徐七。军机堂苏十吊,军机茶房十吊,戏单八吊。另给南书房郑姓十二吊。因送银馃到公所也,非例赏。……

十月初六日(10月31日)晴,微有风,稍寒

……巳初贡物价三百三十四两,零费十二两,军机处又十二两。传赏饭,易花衣补褂,入至宫门内北屋,即当时候起处。饭罢至戏台旁屋。即常年听戏所坐处。巳正召见于乐寿堂,跪安。一跪六叩,谢饭,谢赏件。上垫。皇太后谕:今年非正庆,汝等何多礼。因三叩首谢赏收,数语退。赏御笔画一轴,装好。绣蟒一件,回至公所小憩。……

十月初八日(11月2日)五更雨止,尚飘数点

……卯正二刻皇太后御仁寿殿,东向。上旁坐,南向。赐群臣宴,上亲进酒,从容严重,观者称圣,被赐诸臣亦均如礼,五刻毕。天雨既止,地亦不湿,廷中坐者甚整齐也。退至直房脱朝衣趋入,顷赏御前大臣、军机大臣、内务府大臣、近支王公等听戏也,饭于暖篷。……

十月初九日(11月3日)(进如意,次日赏还。)晴,五更大雾

……是日内廷筵宴,卯正二刻。皇后进酒,一切如昨仪。辰正二入,具赏单稿,令章京书之。黄折红里,巳初递上,未发下。巳初入座,按间次坐庭下,帷幕撤去,不似昨日坐院内也。巳正饭,午初回公所小憩饭，画堂稿二百余。未初复入，戌初先散，戏尚有六刻也。画奏稿数件。戏四十七刻。月好。

十月初十日(11月4日)

灰鼠袍褂，海龙冠。由棉即换此不用珠毛、银鼠等地。皇太后万寿节，无风稍寒，竟日有云气。……是日先朝贺，后见起。坐至卯正，偕礼邸等入，礼邸坐椅，余三人以烛导，由乐寿堂院中过，循长廊而西，足乏于阶石上憩，湖光灯彩，晃漾万状。辰初二刻上至，从长廊来，只此一路，故今日传卯初行礼人等入东宫门，早则宫眷亦由此也。诸臣于排云门外站班，随入。少顷上自东配殿沿桥南渡桥，登二宫门敬待，乐作开门，上于宫门槛外正中跪，大学士一人捧表，二人展之，宣表毕，上亲捧表连函入至皇太后座前恭进，退出仍原位行三跪九叩礼，诸臣起跪皆如之。余与钱公退至懋勤殿他达在玉澜堂左近三间。更衣冠，省却数百步矣。入见玉澜堂，奉谕昨所递校尉等赏单照准，惟添初七恭随、恭引王公赏件，硃笔十人。写一道旨意，廿年分两道，此并为一。退至南配殿，令章京来写之，即至颐乐园听戏处。巳正皇太后驾至，恭、庆二邸率群臣，分东西两边登中间丹陛行三跪九叩礼。毕，乃入坐，随即出饭。在暖篷中东边第一桌，特传。午初归公所，倦而不寐。

户部笔帖式恩光领到前日筵宴赏件八包：

袍褂料、如意、寿字一方、漆盘、帽纬、瓷瓶、铜炉、荷包二对。

本定内阁领衔具谢折二件，明日呈递，因宗人府未备折，恭邸亦云此次礼节为筵宴毕在坐三叩谢筵谢盘赏矣，因告同官撤折不递。饭罢申初始入，再饭，戌初一刻散。四十二刻，灯戏在排云殿，臣工未与，故得早退。得弢函，廿六发，犹在里中。晚飘雨花，散时微雨，旋檐滴潺潺，地湿矣。

十月十一日(11月5日)晴朗无风，数日来第一日也

是日午初仁寿殿近支王公宗亲宴，上躬进舞，一次。恭亲王等皆彩衣进舞，十对，皆两次。执事者内监，内务府大臣皆不与，五刻毕。入时雨止。外折报数件，明一，东明黄河安澜。电一，文海。卯正见起，一刻退。辰正入，三刻入坐听戏，巳正三刻上先诣仁寿殿，午初一刻皇太后御殿，未初一刻还颐乐殿，听戏诸臣于坐次跪送迎，赏果桌后盘赏即下。余等退食酒果，旋回公所小憩，时已传晚间看灯，戈什、军机仍坐翔云轮船，余皆平船。饭罢申正再入，酉正三戏毕，在坐三叩即诣马头，乘轮至排云门外，竢良久，慈驾乘船来，诸臣跪迎三叩，退至东边灯仗外观福禄寿灯排字，次龙灯，闻恭邸说道光年山高水长亦有灯戏，排大有年三字也。戌初毕，恭邸奏群臣三叩首，又三叩首，仍由轮船至马头。

三日听戏公用：每人三十八两，共五十三人。由内务府垫办，明日交立豫甫，计二千两。……

十月十二日(11月6日)晴暖如昨

无折报，黎明见起，恭邸面陈此次执事人员可加赏赉，其王公大员不可滥及，语极正当，一刻余退。恭邸仍入听戏。……

十月十三日(11月7日)(立冬。)晴暖无风

是日臣进晚膳。一切交南书房朱太监照料。

进膳名单：

初二，恭亲王。早。庆亲王奕劻。晚。初三，醇亲王载沣，端郡王载漪。初四日，载濂，载滢。初五，载润、溥伟。初六，奕谟，溥伦。初七，载泽，载洵。初八，载澜，载涛。初九，载瀛，载振。初十，溥僎，溥侗。十一，载搜，溥倬。十二，那彦图，晋祺。十三，世铎，翁同龢。十四，刚毅，钱应溥。十五，怀塔布，启秀。十六，崇光，立山。十七，文琳，世续。十八，徐郙，吴树梅。十九，徐桐、徐会澧。二十，高赓恩，庄山。廿一，堂上带听戏司员等，绮华馆司员等。廿二，李鸿章。(长顺随十二日膳。德恒随十三日早晚膳。)

进膳回赏：长寿字一张，大荷包两对。回银四两，老朱领去。给南书房四两，老朱手。黎明浓阴，午后雾雨。无折报，卯正见起二刻余，恭邸所陈皆圣孝圣慈感通交孚之理，甚可钦佩。次及各项加恩之处，以为不可太滥；次及内务府请款极巨，皆正论也。退在直房少坐，辰正二入，竢于彩篷下，昨日有交旨，军机大臣、御前大臣、近支王公赏听戏也。恭邸有起，诣排云殿，六刻始下。午初驾到，诸臣跪安两次三叩，退入坐，二刻许退食。食讫，抽空回公所酣睡。……申正再入，酉正二晚膳。赏件下候二刻，传谢赏，历阶在丹陛上三叩首，戌初一刻退。三十三刻，减三出。乏甚，再写信嘱斌勿冒险，明日发。传十四、五照旧上。

十月十四日（11月8日）风起顿寒，晴朗无纤云

……辰正至听戏处，巳初一刻驾至，于丹陛上三叩。饭后回公所，是日午初皇太后御仁寿殿内廷家宴，后妃、公主、命妇入宴，其仪节略如宗亲宴。……

十月十五日（11月9日）晴

无风而有严凝之气。早入，……候至巳初三刻驾至，诸臣跪于丹陛下三叩，应谢者上丹陛磕头，六人在陛之下先退。退饭讫，午初三刻回公所，申正再入。昨夕感寒，胸次结轖，兀坐两时镇之始平。戌正戏毕，丹陛上六叩头出。

后三日听戏公用，凡二十五人。每人二十两。并前日之件并交崔苏拉交堂郎中，立公因病数日未来。……

十月十六日（11月10日）晴，早甚寒。……

听戏用：七日，前此似三日，今未增。

奏事处四人。共十六两，南书房太监四人。共十六两。

军机茶房二两，此次添。上书房老道，八千。戏单。八千。

徐长永二两，小徐廿千，五福廿吊，孔广顺二十吊，小林廿吊，后三日又给小徐、孔、林每人八吊，其二人则别差未来，赏伊等饭一顿。

十一月朔（11月24日）（貂褂，本色冠。）**晴，大风，寒，晚风止**

……是日照例听戏，传恭亲王穿补褂不穿貂褂。上在园，每日请安皆补褂,明日随从诸巨亦补褂。

光绪二十四年(1898)

正月初四日(1 月 25 日)晴,暖甚,夜阴

……上诣西苑请安写西江家信,交驶发。侍膳,听戏毕还宫,初二日亥初还。明后同,径归。乏甚,两次倦卧。……

光绪二十七年(1901)

五月廿九日(7 月 14 日)阴,未雨,而潮蒸不可当

晨写扇。午后入舟,无风橹折,未正抵岸,塘水长至二尺五,村农狃目前,尚演戏也。……

坦园日记

杨恩寿(1835—1891),字鹤俦,号蓬海,别署坦园,湖南长沙人。同治年间中举,半生飘泊,以课读、幕宾为生。其人诗、词、曲等兼擅,生平著述颇富,汇刊为《坦园丛书》。杨氏酷嗜戏曲,自称有"戏癖"。其现存日记包括《郴游日记》、《北流日记》、《长河日记》、《燕游日记》四部分,系作者同治年间往来湖南、广西及赴京途中所记。日记中极多观剧记录,述及演出场所、戏班,戏目、艺人等诸多方面,是研究近代戏曲史的珍贵资料。谷曙光据上海古籍出版社整理本《坦园日记》(1983 年版)辑录。

卷一郴游日记

同治壬戌年(1862)

三　月

初四日　晴,甚燠,更袷衣焉

早起探得财神殿演老天源部,午间遂独步河街,入宾日门,由集贤巷而至剧场,人海人山,万头攒动。始演《赵宏观榜》,次演《沙桥饯别》,殊冷落也。忽芑江兄至,见此剧,立少许,辞而之它。排场忽换为《斩黄袍》之戏,生旦净丑颇佳,韩素梅风神甚隽,稍嫌环肥耳。午台歇,余遂回舟,饭后,仍旧路焉。正演《生祭》,一声泪落,千古心酸,虽玉貌稍斑,而珠喉最脆,盖衡郡之鞠部班头也。次演昆曲之《刺梁》,最劣。兴致阑珊,出郭门,殆将归矣,河市行人如织,哗言万寿宫戏局绝佳,余亦随之而往。正演《三官堂》全围。偌个负情侬,余所素恶;且是部子弟,老者白发新矣,少者黄口粲然,参伍错综,尤不耐寓目。台下三五少年相谓:"此义合班也,视老天源相去甚远。"旨哉言乎！黄昏人散,踽踽独归,新月如钩,远挂林杪。居停饮观察署未回。泊衡州一日,职是故耳。阅省钞,知夏宝生署湘阴;惜余已出省,不与之偕。嘻,缘也!

十二日　阴

泊西河口,距永兴二十余里。对岸人声腾沸,正唱花鼓词。楚俗于昆曲、二簧之外,别创淫辞,余固久知之而未见也。时沉霾净扫,新月微明,与桂仆以百钱另买小舟,剪波而渡。至则金鼓轰云,灯光如海。缚草为台,环以破布;台侧别有茅屋,盖妆束处也。妆毕缘梯而上。乡人争先睹以为快,咸伺于此,人数半于台下焉。余至，正演次出之半，不识其名。有书生留柳莺婢于室，甫目成而书僮至，仓卒匿案下。书生与僮语，辄目注案下，案下人亦送盼焉。僮觉，执婢，书生羞而遁。僮婢相调，极诸冶态。台下喝采之声，几盖钲鼓，掷金钱如雨。柳莺流目而笑，若默谢云。次出闻系《整鞋》。始出丑演张三，次出旦演金氏，为嫂叔称。三鞋破，倩金针纫。金始绩而缝之，纺车线篚，神在个中。缝毕，三、金唱歌以娱，此倡彼答，亵不耐闻。歌阑，遂搂而去。其排场合《金莲调叔》及《卖肉打线》为一。时斗柄欲东，露浓湿帽，余遂呼棹返。闻柳莺为金氏之弟。柳黎而媚，金颀而长，二惠虽称二美，难弟究胜难兄。使柳隶梨园，亦佳品也。

廿一日　阴，微雨

余寄寓西廨，稍偏有射圃亭，颜曰“所争”，张方伯运兰所书也。颜及廷培肅太守楹帖云：“其道有近乎君子，此中可以得端人。”又有联云：“但使文翁能化俗，焉知李广不封侯。”集句天然，题名为黄少兰锜司马。亭之西，即娘娘庙，地址内高外低。亭面戏台，立亭下即可观剧。今日始演戏，为吉祥班。余至，正演《闹金阶》，曹妹宛转生姿，莺声呖呖。省中珠喉之脆，首推咏仙；以此较之，始叹从前所见之陋。闻此地有班凡三，曹妹为翘楚云。次演《三战吕布》，歇午后乃《合银牌》也。春桃玉容太瘦，银海甚宽，对之生厌。戌初接得家信，欣悉母亲、六兄病俱霍然。适有妥便，诘朝即发，草家书，并致吕行之、孙子康、庄笛甫三明府，黄子绶观察，皮筱舲水部，皮鹤泉、朱岳舲、陈杏生、林叔皋、朱岳秋、杨商农、袁吉堂、祁沧洲、嵇月生、任芝田、陈秋舫，凡十六函。午间晤杨兼山丈馆，前任钱谷焕如茂才乃尊也。老健且和，畅谈一是。

廿二日　阴

午间作书甚忙。隔墙剧场笙歌腾沸，脱稿后急往观焉。更演清华部，《法门寺》全围、《阳五雷》大剧。午后《芦花河》一出，黄昏始罢。午后之龙女，即午前之玉娇也，莲面皆斑，柳腰如铁，其余等诸自桧以下矣。不及吉祥,似悬霄壤。

廿三日　晴

冲主嵩辰,快瞻祥旭;中兴景象,自有休征。午初,郭廉丞崇焘广文过谭甚洽。邻寺又演清华,望之乃《南楼释犯》,粗劣不堪。归斋创十余启稿。歇午后,连演《李密降唐》、《生祭》、《重台》三出。平阳公主颊陷头童,果饮青锋,亦不足惜。李魏公高唱入云,省中亦罕。《生祭》不逮衡州,况长沙乎!杏姐风度甚佳,冶容殢客。画工但知写艳,诗人不解言愁。此出用违其才,未尽其妙。有人见其演《烤火》者,尝啧啧焉。花烛光中,销金帐里,千娇百媚,可想而知。

廿四日　阴,傍晚雷雨

早间史秋舲宝恬广文过谭。午刻偕观清华。是日演王英下山打寨及辅幼主回朝全本,其中有《殷家庄》一出。请看今日之殷妃,固是昨朝之杏姐。午酌陪秋舲、友舲及谢南池宣山长、陈兰心起孝司马、李干园周桢大令,酒政颇严。秋舲乃尊鸾坡佩玱太守,本居停之师也。秋舲入粤,道过此间,因小住焉。秋舲健谭,工谐谑。言现任湖北学使贾小桥瑚太史,有轻薄子榜其门云:"姓名可补《红楼梦》,夫婿曾烧赤壁兵。"因"瑚"与"琏"俨兄弟行,而"小桥"与"小乔"同音也。又有续姓名立人也,亦有联云:"尊姓由来貂不足,大名颠倒豕而啼。"二联皆工。

廿五日　晴

冯孝则太守、陶锦卿运同、黎友舲司马过谈。狄小峰昺司马自省抵馆,王莲舟济、马鸿宾士超随裕方伯入粤,道过此间,均入署见访,甚热闹也。隔壁又演清华。始《程咬金庆百岁》,继《黑松林》全围。铺后《春生投江》,周渔娃年将不惑,可谓少年老成。演《活捉》而散。阎惜娇即殷妃、杏姐化身也。是部贴旦数人,此为特出,声容凉楚,曲尽其妙,拟访问其名,以标殊尤焉。

廿六日　晴，燠甚

惮立烈日之下，虽戏演清华，未尝往观。闻系《打棍开箱》及《一品忠》等剧。所谓殊尤者，名亚莲，姓何。粤人辄以“亚”命名，郴与粤相毗连，故沿其习。不图莲貌竟染梅疮，弗敢近也。居停招陪兼山丈，小峰、廉丞、秋舲诸人，酌以大觥，戌正始散。秋舲与亦欣角唱昆词小曲，迨寝，鸡初唱矣。

廿七日　晴

南薰大作，热氛太炽。邻寺更演吉祥部，始开场，即争立墙头矣。《披发祖师得道》，观音化身矮而黎，声亦不扬。《空城计》迄《木门道》，卧龙先生情态逼真，不稍疏懈。日将西匿，急传饭焉。《烈疯配》之桃婢，即曹妹也。询之，张其姓，明瑞其名，声价甚高。台下有着单縠衫，持冰纨扇，或倚柱而听，或仰面而笑，皆赏鉴家也，明眸恒波及焉。

廿八日　晴，大风

秋舲辞而之粤。伊谈粤中风土甚悉。言有“金兰会”者，闺中密友，缔姊妹行，或七八人，或十余人，长已及笄，少或绾髻，醵赀购宅，若会所云。有先嫁者，嫁之前夕，赴会所叙别，必在所登舆，父母不能留诸家也。嫁后与夫割榻卧，夫莫敢犯。会中人赠以利刃，如防强暴。必待姊若妹皆嫁，始订情焉。间有未及期而生子者，姊若妹即与绝交，凡女子皆得姗笑之，邑人竟目为苟合，父母舅姑亦以为耻。其禁既严，竟有出嫁十余年犹处女者。职此之由，而夫妇之情，多不笃矣。噫，奇闻哉！午间倦甚，颓然竟卧。醒时笙歌沸耳，墙外又开戏矣。演《望儿楼》全围，迄《双带箭》而止，平阳公主即张郎也。视廿三日之颊陷头童者，相去径庭。吉祥部信佳。秋舲又言：粤中有太守，军功议叙者也；一日僚佐盈庭，忽大言曰：“古来作善者，子孙必好，孔夫子之后又生孔明。”诸人不敢笑，亦不能答。一校官应曰：“不独此也，作恶者子孙亦必不好，秦始皇之后又生秦桧。”仓猝间有此妙对，补入《解人颐》亦可。

廿九日　晴

午间闻吉祥已开戏,与诸友闲步出署,入庙瞻仰。立树下而观,大风吹柯,槐翠欲活。演《金沙滩》全本,智多星、玉麒麟工力悉敌,贾氏与燕青调情及一丈青等打花鼓入城,尤为艳绝。戏场散了,茫茫然归。接得谢指皋、江锡九、罗栗斋三函。时郴有虎患,为居停草《祭城隍文》云:"惟神灵感昭垂,威声赫濯;一境必资乎捍卫,千秋斯报以馨香。社鼠消声,城狐屏迹,民生胥奠,神绩弥彰。乃近日乡曲之间,突有於菟之患,横行林薄,负据山嵎,朝啸风生,夜鸣月晕。化日光天之下,敢肆爪牙;熙来攘往之俦,毁伤肢体。居者闭户,防伥鬼或呼其名;行人戒涂,畏山君适逢其怒。凡兹纷扰,急应驱除;用渎清聪,望施法力。张机设阱,命猎夫明合围场;仙旆灵旗,藉神兵暗伸诛讨。入其穴而得其子,履尾无虞;食其肉而寝其皮,捋须何害?比渤海讨蝗之檄,等昌黎驱鳄之文。虽非循吏之称,此后当除苛政;倘有渡河之庆,从今永荷生成。愿冥冥鉴此丹忱,俾逐逐射兹白额。谨告!"

三月正当三十日　微雨嫩寒

客里送春,无可奈何时也。邻寺演祥泰部。《金水桥》及《剐莽》两剧,贴旦不逮吉祥,而生净过之。费仲篪至自常德,知东生已隶桂林矣,声价甚高,一时无两。

四月朔

早饭后,肃衣冠谒娘娘庙。旋拜石理堂琢之,胡星躔枫翼两广文、谢南池山长、郭廉丞广文、陶锦卿运同、黎友舲司马,黎竹舲福恩广文,迄归,则邻戏正歇午时也。闻演《检柴》、《狗家滩》等剧。饭罢乃《四门》、《吃醋》、《扇坟》也。《四门》不足观,《扇坟》差可,《吃醋》乃喜红得意之作也。始则貌为恭敬,继则醉态逼真;迨返家时,恶语、怒语、忿语、浪语、亵语、骂妾语、咒夫语、讽叔语,千态万状,一时并作,而台下笑声不绝,即旁观之村姑闺秀,红女白婆,亦喝采焉。喜红为谁?祥泰之领袖也。

初二日　晴

冯孝则太守罢官回粤，巳刻启程，行李萧然，对之凄恻。兼山丈亦于是日旋省，便寄家书并衣数袭。今日门下始入塾。闻祥泰演《黑蛮进表》、《采石矶》、《大红袍》等剧，听之约略可辨；奈初拥皋比，不便往观，恐门下步亦步、趋亦趋也。红毹毡上，神往久之。粉墙儿高似青天，咫尺天涯矣。

初三日　晴

闻祥泰演《三顶本》迄《斩广》、《龙凤阁》迄《斩波》两大剧，甚无趣味，虽未往观，亦不悔也。午间，陈蓟生乃瀛入粤，过此见访。

初四日　晴

甫传早饭，唐宗山岱高广文过访。剧场甚热闹，《三官堂》全本也。只得耳闻，未尝目覩，何与祥泰戏缘之浅邪？刘桐轩凤喈吏目招同狄小峰、魏芑江、张亦欣午酌，繁文太重，接席尠欢。

初五日　阴，微雨

草贺节禀启稿甚忙。祥泰演《一捧雪》全本。自开塾后，未尝一观也。忆自十余年来，颇有戏癖。在家闲住，行止自如，路无论远近，时不分寒暑，天不问晴雨，戏不拘昆乱，笙歌岁月，粉黛年华，虽曰荒嬉，聊以适志。就馆后，言语行动，在在拘牵，即剧场止隔一墙，尚只谋诸耳而未谋诸目。昔日亲师，先生不能拘弟子；于今设帐，弟子转得管先生。教读一席，真苦海哉！午间郭廉丞过谭。

初六日　阴

邻戏仍未往观，亦不知所演何戏。闻更吉祥部，只知有《买胭脂》云。草节稿甚忙，无片刻闲。

初七日　晴

清华部演《牧羊山》全围。闻娘娘系前月廿六诞辰，祝嵩还愿，故连日演戏。明日未粘报单,殆观止矣。为魏松亭题《松溪仙馆图》云:"郴山嵂崒连衡峰,苏耽而后多仙踪;来鹤楼边耸晴翠,古风吹入千年松。此邦在汉为便县,山川奇辟矜创见;扶舆磅礴不可名,一日烟云有万变。苏仙岭畔尤珑玲,山有居人户半扃;片云低绕阶石白,长松高插遥天青。频年尘辙苦难驻,把茅拟向此间住;诗心互与仙乞灵,酒杯不放月飞去。不知此愿何时偿,昼长展画细评量;虚堂恍惚松风起,陡觉潇潇六月凉。"

初九日　晴

午后课余,值邻寺复演祥泰。独立墙头,饱观半出《重台分别》。喜红宛转生情,娇痴绝肖。数日未见,觉面庞更增光艳;因前数日来自乡间,稍有风尘色也。狄小峰谓是儿若入星垣,亦在鼎甲之列,确评哉!先演《马踏五营》、《南牢释犯》等剧,余均未见。

初十日　午刻迅雷骤雨,旋睹晴曦

邻寺演《五台出家》、《回营斩婿》、《太君辞朝》、《王英下山》等剧。余移住之书房,与戏场尤近,仅一土墙之隔,未见能举其名焉。《斩婿》一出,红儿所演也,声情激越,恻恻动人。回忆去年,"一曲熏风"听演是剧,同人有"官止神行"之赞。抚今追昔,成六言云:"邻寺清歌如沸,萧斋独客情伤。一字字都入耳,九迴迴绕柔肠。""诸徒心比石顽,鲰生身入笼关;密迩仅三尺堵,迢遥抵万重山。""歌楼巧啭珠喉,野史侠传铁剑;料他毳帐娇啼,红泪湿桃花面。""去年佳日春三,征歌曾到城南。客里重听此曲,离情我独何堪!""流目曾经一顾,微情默喻两心;惹得同人苦羡,纷纷传到于今。""今日云山千里,当年花月三生。省识个人相待,此心郑重分明。"掷笔而起,素月流天,竹露涓涓,桐风习习。"省识"句,一作"为问锦城丝管,近来可有新声?"

十九日　晴

邻寺演吉祥部,余未往观。闻演《党人碑》、《造盔甲》、《庙会大审》等剧,明瑞忙煞哉!

廿日　晴

刘桐轩召饮，设彩觞，乃祥泰部也。同座者，石理堂、胡星躔两广文，沈晓楼明府，吴西垣二尹，狄小峰、张亦欣，魏芑江诸君。演《受禅台》、《山海关》、《孙世灵卖身》三大围，《回营探母》、《金水桥》二中出，喜红演《祭塔》、《吃醋》而已。酒边握手，始与周旋。渠姓周，又名秀凤，祁阳人也，年十九。因探亲来郴，四月初间始隶是部。将赴乡，须七月初方回，行期约在明后日也。相逢款款，话别匆匆，一面之缘，亦关前定。又有亦美者，同来侑酒，貌亦都雅，长沙人。

廿一日　晴

得家信，知谢指皋生子矣，狂喜逾时。邻寺演吉祥部，《血掌印》全本也。余往观时，适明瑞演《生祭》，颇足动人，视红稍逊耳。

廿四日　晴

早饭后独步南关，晤郭廉丞，畅谈片刻。偕访刘平章瞻故里，俗所谓乌石矶也。至税局，晤陶锦卿运同、黎友舲司马、竹舲广文、黄晓坡、柯聘梅两茂才、张棣舫孝廉、彭伯常上舍，留掷升官图，遂留饮焉。夕阳西坠，于于然归。苏仙桥上遇明瑞，始知今日邻寺有吉祥之乐，为《凤仪亭》全围。小桥流水，古树高山，与可人立谈数语，酒气悉化焉。是日作书寄家，并致谢指皋、陈杏生、钱兰庄、罗寄云凡四函。

五　月

初六日　晴

邻寺演吉祥部，《永乐观灯》、《湘江大会》、《水擒庞德》、《王公子嫖院》各剧。明郎始扮无盐后，嗣扮玉堂春，信可人也。

十一日　晴

石理堂招同小峰、桐轩、胡星躔、吴西园、汪少轩小饮学署，在娘娘庙之西，仅一墙之隔，与州署相对焉。是日演吉祥班。厅侧有一小楼，凭阑而观，相去咫尺。演《天门阵》全围，穆娃者明瑞也。

俄打围,俄招亲,俄投营,俄破阵,刀光如雪,雉尾飘风,奇观哉!酉刻,居停自桂阳回。楼上有理堂手书联云:"前列生徒,后列女乐;左持蟹螯,右持酒杯。"

十三日　晴

小峰邀同芭江往石理堂署楼观剧。演《孙膑下山》全围,牛鬼蛇神,不足观也。歇戏后访刘桐轩,谈少许。剧场有丽者名桂——昔年青楼翘楚也,近从良人,屏绝旧好,无赖子尚垂涎焉——着云蓝縠衣,藕红纱裈,持芭蕉扇,镯串铮铮云。面瘦而不削,秋水盈盈,光射出眶外尺许,准隆唇朱,眉弯如月,肤如凝脂,明润绝腻,却嫌脂粉,本色文章也。如此佳丽,省中亦罕。余平章花色,眼力太高,数年来绝无入盼者;如桂娘者,颇在赏鉴中焉。

十五日　晴

居停言及灯谜,有以"孔子删定《书经》"猜"止于嬴"一句;"尧子名丹朱,舜子何人也"猜"不知虞之不肖"一句,俱佳。午后偕芭江访廉丞。其局设在财神殿,适演吉祥部。余去时正演《桂枝写状》及《放告团圆》,明瑞绛服乌纱,赫然按院,对之颇忆旧游焉。歌板甫阑,月轮旋上,彳亍而返,兴致萧然。廉丞座上晤友舲、竹舲昆仲、柯聘梅,并初晤朱蕙南。

十六日　晴

廉丞招去观剧,因惮热辞之。程履斋言:常德昔有宝华部,皆雏伶也。有仙喜者,鬻身养母,故隶是部,年甫十四,色艺冠曹。甲寅发贼陷常郡,将全部掳去,至湖北,缚草台于暑日下,酋醉赏之,雅喜喜。喜(原稿只叠二"喜"字。此依文意补。)终日呕呀,热毒结于背,生疽。先是,有弹三弦人王姓,甚爱此子,约与之逃;迨有隙可逸,而喜病不能兴。王不忍决舍。喜促其行,且泣曰:"君行,吾即投江死矣!寄语阿娘,养育恩誓于来生报也。"王遂登岸,行不数武,水跃有声,喜盖自沉也。全部犹陷贼舟,其余不知所终。王归里，为程述之如此。嗟乎，喜亦雷海青哉！拟为之传，先记其略。

廿二日　晴

闻城隍庙演《精忠传》大戏，粉黛如云，游人若蚁，署中幕丁趋之，几空署焉。余惮热未往。薄暮，与张亦欣坐竹林下，煮茗畅谈。忽有梧叶飘落，打亦欣之头，盖先感秋意也。

廿九日　大雨竟日，凉爽之至，恐放晴后，即酷吏伤人矣

客有约访女伶秀英者，余婉谢之，客颇怫然。平生不好狎邪之游，而又无头巾气；"外圆内方"四字，虽不能至，不敢不勉。

六　月

初五日　晴，甚热

是日为亦欣初度，一尊介寿，藉以排闷。适邻寺演吉祥部，偕小峰、芑江、桐轩及王弼臣，登石理堂之楼而寓目焉。演《瑞罗帐》全本，省中所无也。王母诞日，有仙猿窃其瑞罗帐而逸，堕于桂秀才家。桂固寒士，一妻二子，其长子赴京观光去矣。夜得是帐，莫名其宝。许真人幻为卜者，桂就占之，告以每值朔望卧其中，即得游仙梦，琼楼玉宇，游目骋怀。桂试之不谬。俄山贼蜂起，仓皇避地。有陈秀才者，同窗也，远在千里外，携家投之。陈款迎同住。桂醉后，微泄罗帐之异，陈坚求同梦，桂许之。陈醒而大奇，欲得此宝而甘心焉，谋诸仆。适有盗穴人家而杀人者，仆贿盗牵陷及桂。令纳陈赃，锻炼成狱。陈又手绞桂妻，幽其次子于马棚，拟夜杀之。陈有女名碧桃，侠女也，不满乃父所为，私启钥纵桂子，并赠以金。桂子遂诉于包孝肃矣。先是，桂长子以第一人及第，出包门，乱后不知其父母及弟所在，随师巡按直省，藉以寻亲；至是会弟，遂雪桂冤而枭陈，感碧桃之恩，遂与弟合。

初七日　晴

阅课卷。生卷分与吴莲室披校，余阅童卷，题《若季氏则吾不能》。首卷陈东升,余所定也。邻寺演吉祥部,芭江先于墙内大槐树下支床为台,余与小峰辈遂登眺焉,浓荫归凉,须眉皆绿。戏则《金马门》、《闹金阶》、《取洛阳》,《打金镯》半截也。《金阶》乃余初到此间第一寓目之剧也。数月后重见妙容,如好书正不妨百读耳。

十一月

十一日　晴

邻寺演戏,跬步难行,未得寓目。午刻,彭伯常、黄晓坡过谈。

十二日　晴

接家书,初三所寄者。家中尚未得余抵郴信,悬念可知矣。蚤起得张海师世兄、文心孝廉宪和书。邻寺仍有戏,亦未观也。

腊　月

廿八日　阴,晚仍微雨

王璧臣怜余寂寞,过谈久之,甚可感也。亦欣薄醉,晚来唱昆曲,二鼓始去。

卷二郴游日记

癸亥(1863)

九　月

廿五日　大雨竟日

嵇月生、周绍圃来谈。着屐偕绍圃观太和于天后宫,仅见《淤泥河》半出而戏场散矣。街头泥滑,终日杜门,殊怊怅也。

廿六日　阴，微雨

绍圃来谈。偕访二云，因病未见。观剧于祝融宫、天后宫两处，立少顷即去。对饮于疏灯人语。

廿九日　阴

午间与绍圃、慎堂饮于宴琼阁，酌以大斗。晚偕锦泉观泰益于祝融宫，为《飘海》、《反关》之剧。得筱峰、桐轩信。

十月朔日　晴

观泰益于楚北馆，为《回营见母》之剧。夜在玉泉山，小步而回。

初十日　晴

访许绍伯不见。慎堂招同绍圃、寄云在福胜轩午饮。品茶于楚雅楼。偕寄云访丙耀和尚，观刘子重画册，如见故人焉。观太和于西关圣殿，为《桂枝写状》剧。

十七日　晴

早餐后独步河干，入十八总，至由义巷，观永和部于紫云宫，为《赐旗炮》、《金水桥》两出。晡后开船，行卅里，泊向家塘。

嘉　平

初六日　阴，颇凉

访张小云，值已出矣。归，过黄金桥，适五通庙前演阳泰部，遇小云于剧场，并观《祭风台》半本。是午，晓楼、桐轩设饯，同座者居停、小峰、亦欣、锦笙及余，凡七人。罗春山以病辞。

廿四日　晴

寄云过谈。江锡九来拜，未晤。晡后观大庆于祝融宫，为《飘海》、《报喜》之剧。大庆新班，甫开台也。晤寄云、绍圃于戏场，偕访舲仙。晚饮于疏灯人语。

廿六日　晴

致书居停及罗春山、沈晓楼、刘桐轩、陆典臣、戴小浑、王湛园诸君。偕三兄在小吴门观首府县迎春。道遇姚蔼亭,邀至渠宅小坐。旋往祝融宫观太和,为《取定军山》之剧。

廿七日　晴

是日立春。慎堂、寄云过谈。观大庆于祝融宫,乃《青石岭》、《十八扯》、《打鱼》各剧也。朱岳秋久谈始去。汪少轩眷属在省,招余去,托购食米。得杏生书并词。

甲子(1864)

正　月

初五日　雨

文安来谈,偕访绍圃未晤,仍来久坐。午餐后,去观仁和于祝融宫,其剧为《天水关》。又观大庆于苏州馆,为《战河》、《庙会》之剧。晚饮于疏灯人语。

初六日　雨

周绍圃、张文心来谈。午后观剧于三圣殿,乃仁和班《访袍》、《打围》两出。

初八日　雨

朱岳秋来谈。晡后观泰益于天后宫,《坐楼》、《战山》两出。祝融宫有仁和夜戏,《造盔甲》、《南阳关》之剧。

初九日　雨

日中在萃和遇石芙,略谈数语而别。旋观泰益于祝融宫,为《取宛城》之剧。

十六日　微霁

文安来谈。晡后访二云，得晤。观仁和于春台，乃《黑松林》剧也。

十七日　晴雪微融

寄云、慎堂来午餐。遇绍圃于途，渠新自琅梨市观剧归也。

廿二日　雪

观剧于湖北馆，乃《芦花荡》、《拾镯》、《拷寇》各剧，其班乃仁和也。晤陈松生、寄云、慎堂、绍圃于戏场。商农甫自乡来，遇诸途，立谈而别。夜偕恕卿饮于饮仙阁，冲泥而返，衣履皆濡。

廿四日　晴

朱岳舲招早餐。与蒋晋陔明府、唐鲁英昆仲、嵇月生、罗寄云对饮。旋偕晋阶、寄云观大庆于苏州馆，为《调叔》、《反关》之剧。

廿七日　大晴骤暖，雪犹未融也

许少伯、周绍圃、罗寄云、家商农至，舍杨通裕店，招同吾家兄弟饮于疏灯人语。观仁和于祝融宫，乃《坐楼》也。

廿八日　阴

体稍不适，茹素一日。观太和演《定军山》于祝融宫，遇绍圃。饮于疏灯人语。

二月初一日　晴，午后大雨

观太和于春台，演《合银牌》。绍圃、寄云过访不值。

初二日　微晴

绍圃、寄云过谈，偕观太和于天后宫，为《赐旗炮》之剧。薄饮于疏灯人语。夜在文昌阁陪祀。

初五日　阴

巳刻抵湘潭。拨载过船后，晡间独行上岸，在粤东馆观大顺部演《打雁回窑》之剧。草家书数行，交夜航船寄省。在耒河来往六次，凡驾耒阳船者，大半相识；登岸之时，招邀者三四辈，乃前年及去岁送余之船户也。

三　月

初四日　阴，早间雷雨

邻寺演戏，仅见《检柴》、《抢伞》两出，不足观也。作家书，托江锡九转交。昨夕曾得家信并寄云诗函。

初八日　晴

余与筱峰醵赀在娘娘庙演戏酬神，点《借妻》、《醉妃》、《宛城》、《龙棚》、《火棍》各剧。是午，春山、友舲招饮，同座筱峰、居停、李春源、刘桐轩、黎竹舲。适李春舫同年甫自省抵局，亦与焉。《客感》云："春情寂寂锁帘栊，耐得闲愁是客中。四座酒香浮大白，一年花事到雄红。留啼柳眼偏多雨，入水萍踪但听风。来岁傥逢修禊日，又从何处唱黄骢？"

十二日　晴，大风

致书魏芑江。邻寺有戏，只见《戏凤》、《造八珍汤》两出。蒋东观两过谈，桐轩招同渠与筱峰、石理堂午饮。邹仆醉甚，提灯送归，欹斜走之字路。

十三日　晴

早起作家书，并丽葠亲送交东观带省；及诸河，则在舟中矣。晤张小云，偕观《文武升》、《三打蔡伯喈》、《写状》三出于寿佛殿。

十八日　晴

黎竹舲招观剧于三公祠，为《薛刚反唐》全本。午饮同座者乃筱峰、春山、柯聘梅、李春舫、李春园、沈晓楼诸君。晚来微雨，乘舆而归。

廿四日　晴

邻寺有戏，系演《挑帘》、《三家店》、《定军山》、《虎牢关》各剧。刘桐轩招同筱峰、廉峰、亦欣、紫升、少轩，啖清炙鳝鱼，渠手调也。得十一、十三两由驿寄家书，并商农、寄云两书。麓兄于十一日平安抵家，此时阖家正欢聚也，何快如之！

廿五日　晴

黎竹舲来谈。邻寺有夜戏，秉炬立墙头观之，乃《上寿》、《摆渡》、《拾镯》各剧。月将午，露如雨。得十五日交押送郑某专差带回家书并纸一束。

廿八日　晴，申刻雷雨

早间得皮鹤泉书。日中，沈晓楼，李廉峰、刘桐轩、狄筱峰一时俱至，偕观邻戏，乃《蝴蝶梦》、《斩广》各剧，旋因雨散。是午，居停招陪春山、友舲诸君。

四　月

初四日　晴，午后雷雨，热少减，犹渍汗焉

沈晓楼、刘桐轩早间来谈，偕登石理堂楼上观剧，乃《观灯》、《挑帘》、《射戟》、《夺魁》、《铁弓缘》各出也。饮桐轩署，四鼓方归。

初五日　阴

汪少轩来谈。得唐云川书。偕张亦欣、紫升访少轩后，步出南门，沿山而行，由西城而返。立观戏于娘娘庙，乃《和番》出，少顷即去。是午，春山、友舲设饯，托辞未赴。

初六日　晴

偕筱峰访竹舲,值其局演戏,乃《赠剑》、《斩信》、《拷吉平》各出。初晤伶人宾谷桥,蕿蕿年少,匆匆而别。桐轩、晓楼设饯,同座者居停、筱峰、亦欣、锦笙并万虚谷大令时若。万乃商农房师,人甚诚笃。渠来州数次,俱值回省,遂致相左,至此始一晤焉。

廿日　晴

和箎兄弟来访,未晤。观仁和于祝融宫,乃《春秋配》也。少顷即去。夜晤恕卿,三鼓始回。居停抵省,寓五家井。走访陈松生,复寄云书交渠面致。罗子鸿来拜。

廿二日　晴

朱岳舲来谈。晡后观泰益于祝融宫,因戏不佳,去访许绍伯、王虞臣丈、任芝田。

廿四日　晴

走访朱岳舲,得晤。观仁和于祝融宫,只见《芦花荡》半剧。夜间,万福禅林扮演花灯故事,极热闹,旋以县示禁止而罢,颇扫兴也。

廿八日　阴,晚微雨

姚蔼亭,余云墀来谈。观普庆于天后宫,乃《扫花》、《打番》、《仙圆》各剧也。夜饮于疏灯人语。

五　月

初二日　阴

早间观泰益于药王殿,乃《庙会》也。走就居停谈。晚来文安过访。

初六日　晴

晤绍圃、德卿。拟偕人游岳麓，临河而返。观《凤鸣山》于万寿宫，乃泰益部。

十一日　阴

观普庆于江南会馆，乃《白罗衫》后半本也。晚患胃痛。致书桐轩、晓楼，由驿寄去。

十二日　晴

居停、筱峰同时而至。松生来访未晤。夕饮于疏灯人语。道遇文安。观仁和于右局，因《牛头山》之戏不佳，及门而返。

六　月

廿日　晴

因病未赴馆。文安来谈，偕观剧于莲花台，乃太和部，仅观《盗宗卷》半出。紫升偕二门下来视疾。

卷三北流日记

同治乙丑（1865）

四　月

十二日　晴

舟发梧州，泊对岸之三角嘴，候护送之扒船也。值河岸演剧。乃粤东天乐部，随麓兄往观。缚席为台，灯光如海。演《六国封相》，登场者百余人，金碧辉煌，花团锦簇；惟土音是操，啁杂莫辨，颇似角牴鱼龙耳。

九　月

初六日　晴

南门外有白马庙，演夜戏，乃乡间新集部也。随三兄往观，乃《汾阳上寿》、《黑风帕》也，村笛呕哑，甚不耐听。而游人颇盛，沿街夜市，灯火如云。

廿五日　晴

早起赴关。城中正在演戏，兴致阑珊，懒去观也。

十　月

初二日　晴

晡后观剧，土音啁杂，戏亦不之识也。赴关小坐，傍晚乃归。作家书，托人由信行寄楚。

初五日　晴

随三、六两兄观剧，乃《满床笏》也。

十一月

初七日　晴

合邑绅民，送牌伞与六兄，藉祝寿也。寿屏文乃茹少琴中翰典彰所撰，颇工整。送伞之热闹，不逮粤东之盛，因北流局面不大耳。夜招清音小唱入署暖寿。

廿四日　晴

批昨日告期呈词十三张。万人福醮事已毕，以其余赀，在廉州募广班来演戏三昼夜，凡三百余金。今夕始开台，演《六国封相》，闻出场者将及百人，其热闹不减梧州。余正拟往观，适办刘子友催米销差禀稿，需之甚急，竟未果往，举动之不自由如此！

廿五日　晴

剧场甚佳，未往寓目，缘署中公事。若在署闲坐，则无一事可办；偶一出门，必有迫不及待之事，非使人要于路，即积牍于案，濡笔不遑。噫嘻，此文字魔也！昨夜梦恕卿衣服甚华，促膝而语。计自游粤，凡湘中故人，入梦者最少，忽从梦中得见颜色，斯亦奇矣，特记之。

廿六日　阴，颇寒

夜将三鼓，公事粗毕，往广东馆看夜戏，乃林英送道袍与湘子故事，增人伉俪之情。

廿七日　阴，微雨

夜随三、六两兄仍往观剧，乃《胡迪骂阎》也。

腊　月

朔日　晴

晚间随三兄赴粤东馆观演《困曹》一出。午间食果子狸。狸食果子而肥。食谱称其髓作苹果香，未尽然也。

初二日　晴

得家书，知刘五于十月廿日抵楚，家人平安，良深欣慰。夜往观剧，乃《打辰州擂》也。得左仰山先生书，知郭芳石于闰月晦日作古，旧年同学，散若云烟。芳石与吾本称至好，因有佥壬鼓舌，遂启猜嫌；近年踪迹颇疏，然一缕情丝，尚缠绵于晦明风雨时也。

初三日　晴

早饭后拨除烦冗，急往观剧。盖粤俗出场必演天姬送子故事，出宫妆天女凡七，各献舞态；其宫妆里外异色，当场翻转，睹之如彩云万道，仿佛天花乱落也。剧场于明日将止，余故急欲观之。午间合邑绅士招饮，因宾兴馆落成，故张宴以延吾辈，凡十余席。此邦人物衣冠,荟萃于是,大观哉!是日甚热,换袷衣。

初四日　晴

六兄赴上六里催征,辰刻启程。连日料理一切,兼之解钱粮银两赴省,办理公牍,日夜不闲;余虽观剧、赴席,亦忙里偷闲,千金一刻也。傍晚赴厘金卡小坐,借卡局扒船护饷往容县故耳。批告期呈词十九张。

卷四北流日记

同治五年,岁在丙寅(1866)

正　月

初二日　晴

往粤东馆观剧,乃乐升平部也。戏演《还阳配》,系粤东土戏,吾省所无也。夜演《问卜》、《沙陀》、《检柴》三出。四更始回。粤俗:日间演大套,乃土戏,谓之“内江戏”;夜间演常见之戏,凡三出,谓之“外江戏”。

初六日　晴

早间偕豫庵、岳峰散步东城,揽圭江之胜也。日中豫庵、岳峰回州。余随三兄观剧于粤东馆,乃《龙棚》、《刺梁》各出。

初八日　晴

气疾大作,日晡稍痊。西城外于黎明失火,延烧至七十余间之多;与吾署仅一城墙之隔,飞火飚起,落炬星飞,急令人浇水湿瓦,防其爇也。宾兴馆众绅士张乐置酒,招六兄及吾辈同饮,演《困曹》、《庙会》诸戏。有伶人名阿文者，貌颇都雅，无粤东浓痴肥艳习气。

初九日　晴

麓兄赴州拜贺刺史新年，兼祝其太夫人寿也。是日粤东馆演戏，——菊部于明日往州——余兴致阑珊，未往观也。

五　月

初三日　晴

病腿，精神甚颓倦也。闻土人缚彩为龙船，正在河干演习；兼之自前月廿间始，将军庙无日无戏，余从未一观，虽因公事颇忙，亦缘心绪不佳耳。

初五日　晴

早起，合署行礼叩贺毕，着衣冠出署，遍拜官弁绅幕，无一见者。午饭后，随三、六两兄往关厂看龙船，凡五只。有梧州新来八音班，皆垂髫童子，着绿纱衣、红纱裤，打“细十番”，唱“清音”小曲。夕阳箫鼓，烟波画船，甚足玩也。两岸游人约以万计，女者均坐于沿河一带大榕树下，无不带茉莉者，风来扑鼻，香气袭人。大观哉！

初七日　晴，午后大雨

六兄赴乡相验。夜来月色如昼，邻家正唱八音班，静听宛如目睹。

廿八日　晴

吾乡连日正演城隍会，其热闹可知。岂知吾远客瘴乡，终日摩挲笔砚，无一毫清况耶？

卷五长沙日记

丙寅(1866)

十一月

十六日　长至令节。晴

陈小斋招同何少云饮于清香圃,有朱仙庆及蕙云、眉云、艺云三伶人在座。文安于六月内赴湖北,亦于昨日乞假回南,今日在吾室迟我半日,傍晚始晤,随同往伊家小坐。

十八日　晴

文安来谈,偕访芷卿、良淑、陈小斋。观五云班于长城隍,适真人殿有庆和班,皆新出小班也,不甚佳妙。偕文安饮于醉仙阁,召小斋未至。

十九日　晴

走访陈小斋。晡后拟观剧于西关圣殿及玉泉山两处,均因人数太多,及门而返。

廿一日　晴

偕文安观剧于东岳宫,践小斋之约也,而小斋未至。晚间饮于疏灯人语。

廿五日　晴

偕文安、小斋观剧于醉仙阁,又观剧于学署。作家书寄宣化。

廿六日　晴

午饮于疏灯人语。偕小斋观剧于祝融宫，初见东山演《斩狐》剧。我闻东山名已八年矣，兹甫寓目，颇不惬心，殆不免秋娘之感耳。

廿八日　晴

偕小斋观剧于三圣殿。夜饮于醉仙阁。

三十日　晴

偕文安观剧于祝融宫。渠招饮于醉仙阁，有长松在座。

腊　月

初二日　晴

观剧于玉泉山，因戏不佳，且发气痛，遂小立即去。

初三日　晴

观剧于祝融宫。晚间小斋招饮于积庆轩。

初九日　阴，微雨

常体吾、陈小斋先后来谈。观剧于善城隍庙。是日为吾初度，早面午饭，家人团聚，庆更生也。连年时运既否，遇合辄舛，今岁远归，途中叠遭颠沛，其剥极将复之机乎？

十四日　晴

斋戒。小斋、文安来谈，偕看大戏于太清宫，乃《斩将封神》结尾也。

十六日　晴

走访朱宇恬、岳舲昆仲，求宇恬诊视也。观剧于玉泉山。夜间气痛大作，服肉桂，遂稍瘥，呕涎至升许。

廿五日　晴

晤文安,偕往善城隍庙观剧。

廿九日　阴

首府县迎春,偕陈小斋观于小吴门。是日乃彭文安初度,午间设有酒食,招同小斋、李敬之一乐。敬之亦闻名十年者也。

同治六年,岁在丁卯(1867)

正　月

初五日　雨

偕小斋观剧于善城隍庙。因避雨,过访文安,留午餐。

初六日　阴

观剧于万寿宫。归家经过臬司门口,值春灯上市,鱼龙角牴,人影依稀,犹似骑竹马时也。

初八日　晴

观剧于善城隍庙。道遇小斋,约往清香圃小酌,因事未赴。

初十日　雨

走访文安。寻戏未见。缘中丞李公,颇好音乐,辄张剧招饮,故同官效之,梨园供役,殆无虚日,(“日”字原稿无,依文意补。)外间演戏甚少。从前吾师骆公抚楚时,凡属吏设乐攀饮必不赴,固缘性不喜歌舞,而俭亦可风。

廿一日　大雨

走访陈小斋,晤商农、文安于小斋座上。小斋邀往清香圃小酌,招有殷伶楚秀,不甚佳妙。

廿二日 阴

张剑龙过谈。偕文安观剧于祝融宫。胡仲琪招同罗柏亭饮于疏灯人语。

廿四日 阴

商农来谈,留午餐。观剧于善城隍庙。小斋招同朱岳秋小酌于同庆轩,因昨日事,与商农有违言。

二 月

初三日 雨

早起陪祀文帝。饮福后拜沈晓楼司马、朱岳霖兄、王研农司马师、金鼐廷,均未晤。文安来谈,偕观剧于善城隍庙。道遇陈小斋,偕访郑文兰,晤孙恰庭于座上。……

初九日 晴

观剧于藩署、协署。午间,文安招同陈小斋、常体吾、胡仲琪、劳凯臣在家便饭。凯臣乃辛阶制府之孙,篯卿都转之子也,翩翩少年,未免染富贵习气耳。作家书,由驿寄宣化。

初十日 晴

观剧于协署,薄暮微雨,纷纷而散。日中走访陈松生、姚蔼亭、陈小斋,均晤。

十二日 晴

观剧于协署。招胡仲琪、舒佛生饮于醉仙小馆,招小斋未至。

十四日 晴

偕文安观剧于藩署。夜晤师薇君,云高岳屏随其父在广东,并未夭逝,已于前月二十日回楚,前说盖传讹也。海外东坡,误传其死;更生刘向,又得重逢,当急往访之,一抒衷曲。

十五日　晴

观剧于藩署。陈小斋招同张子亮、彭文安饮于积庆轩。

十八日　晴

观剧于府署。夜与陈小斋、彭文安饮于醉仙小馆。

廿日　晴

陈小斋在善城隍演剧酬神,招同胡仲琪、彭文安往观,遂饮于醉仙小馆。夜间陡遇大雨,匆促而散。文安来谈,曷胜眷眷!

廿二日　晴

陈小斋招饮于清香圃,有伶人艺云、喜云在座。

廿三日　晴

与陈小斋在醉仙小馆小酌,又品茶于听月楼,有粗俗雏伶在茶楼作剧,几不欢而散。甚矣伶无人焉!

廿四日　雨

偕彭文安观剧于玉泉山。夜与恕卿饮于庆春园。

三　月

初二日　雨

胡仲琪、常体吾先后来谈。晚与文安、恕卿饮于醉仙小馆。明日乃凤伶生日,陈小斋在醉仙小馆开觞预庆,遍集时优,谨呶满座,余往醉仙馆时犹未散,酒香人影,烛彩灯光,如陈芳园万花齐放时也。豪举哉!

初六日　晴

陈小斋招同唐兰生、孙季芳、陈九山午饮。席间季芳谈及近事云:二月十一日在麓香亭醵饮,适张力臣之子名鸿号芝存者,大集群伶，与艺云作生日，视渠辈酒波冷落，匿笑万端。杜石衡茂才即席草绝句招龙芝生云：“颠狂酒客有张鸿，它在楼中叫相公；寄语桐园龙太史，好乘酒兴逐南风！”龙正侨寓唐艺农观察桐园也，得诗一笑而赴，此诗遂流播于外，而张鸿之名大振矣。我辈花酒陶情，原不可有头巾气；但须稍为检束，不宜太越范围耳。芝存之妄，石衡之迂，两失之矣。

初七日　晴

观剧于祝融宫。午间皮鹤泉招饮喜筵，贺客充斥，凡六席。

初八日　晴

陈庆农招饮于醉仙馆，同座者乃常体吾、饶树庭、舒佛生及吾二侄。酒阑后观剧于湖北馆。

初十日　晴

在家书写请客书帖。晡后陈小斋挈之，同观剧于河南馆、祝融宫两处。晚间与恕卿饮于憩饮园。

十四日　雨

陈小斋招饮于醉仙小馆。散后道遇胡仲琪，同观剧于鲁班庙，又饮于庆阳轩，上灯乃归。

廿三日　晴

走访常体吾、陈小斋。与胡仲琪观剧于轩辕殿。

廿五日　晴

着衣冠谢居长沙地界之亲友。晡后观剧于长城隍庙。

廿六日　晴

观剧于善城隍庙。

廿七日　雨

走访陈小斋不值。观剧于广东会馆及三圣殿。

廿九日　雨

晚间与陈小斋饮于清香圃。召有雏伶王庆寿者，年甫十二，能以诗句飞觞，聪慧可爱。

四　月

初二日　晴

胡仲琪来谈，偕观剧于祝融宫。

五　月

初六日　晴

胡仲琪来谈，偕观剧于祝融宫。

六　月

初二日　晴

城隍赛会，举国若狂。余自甲子年看后，于今三年矣。穷极奢侈，究无新奇者。惟永州猎得虎一只，圈之，扮作《济颠伏虎》，戏颇佳。又有丑脚，着破靴，戴车磲顶，傲岸作威福，张一布伞，上书“酆都团总”四字；其后有缨帽便服者，则酆都保正也。省城亦行街团，凡充团总者，类皆市井伧楚，得六品功牌后，夜郎自大，鱼肉小民，而上台不知也。若辈又善于逢迎巨室，故大绅士辄左之。兹之侮也，盖有所指也。快心哉！吾谓今日观会，惟活老虎、死团总颇奇；究之团总亦虎而冠者，一而二实二而一也。傍晚大雨迅雷。

廿四日　晴，傍晚微雨

与王弼臣往局关祠，拟看演《精忠传》大戏；忽见黑云如墨，雷声殷然，恐有大雨，急趋而归。上灯后，孙仪廷、黄岐农来谈。岐农近阅邸钞，捻匪于山东渡河，窜入河间府，京城戒严。有诏起勤王之师，恐亦缓不济急。根本重地，何可稍有疏虞，令人殊切杞忧耳。

七　月

廿四日　晴

走访王益吾，偕观剧于祝融宫。因大热，未久看。

八　月

廿一日　雨

晡后王逸吾、胡仲琪来谈，拉之同出观剧于玉泉山。

廿四日　阴

走访朱和篪，偕之访岳秋、常迪叔、皮鹤泉；晤熊镜蓉于鹤泉座上，偕饮于新盛轩。酒罢，与王粥臣观剧于三圣殿。晚间走访王益吾，渠自乡买春甫归也。

廿九日　晴

陈小斋来谈。晡后观剧于祝融宫。

九　月

初三日　晴

卯刻走送程昺堂师殡车。执绋者二十余人，皆门下士也。与王益吾早饮于疏灯人语，座有伶人咏芩。夜间走访小斋，得晤，留晚餐。

初四日　晴

朱岳秋来谈。韩勉吾招同龙芝生、唐兰生、谭子佩、王益吾、俞开鼐、唐作舟午饮于庆春园。与王益吾走访小斋,未晤。观剧三圣殿,薄暮乃归。

初五日　雨

陈小斋来谈,观字画,并借去唐六如手卷;因楚卿学画,以为摹本也。杨通裕招同五兄及大、二侄午饮。酒罢走访逸梧。归遇寄云,邀往判官庙观太和部。因《钓金龟》戏不佳,同归家小坐,适罗柏亭亦至。留晚餐,夜深乃去。

初十日　晴

走访寄云、小斋。偕寄云观剧于朗公庙。无兴致看戏,小立即去。

十四日　晴

王益吾破晓即至,少坐即去。午初走访恕卿,值渠回乡,数语而别。晡后观剧于轩辕殿。晚间月出,益吾又至,偕访寄云、小斋,步月而归。

望日　晴

寄云、小斋先后来谈。观剧于西关圣殿,乃凤伶演《楚宫听琴》。不见凤伶者将半年矣。走访芷卿,值赋悼亡,正忙佛事。

十九日　雨

观剧于天后宫。傍晚走访王弼臣。

廿一日　阴

走访小斋,晤寄云于座上,同至余宅,上灯乃去。上午曾走访康芸储,并至岳母家少坐,又观剧于三圣殿。

廿四日　阴，大风

胡仲琪招同王逸梧饮于玉壶春，并观剧于雷祖殿。黄少昆有诗见和，叠韵再赠云："明公诗律如军律，不数清新庾子山。名将投壶知有暇，老兵磨墨几曾闲。严城五夜扃鱼钥，铙曲千秋唱《雉斑》。余事犹称万人敌，故应重任寄当关。""通侯下士着㧑光，曾拜军谘倚智囊。九派江声答清啸，六朝山色衬斜阳。平吴已觉勋名重，张楚尤期事业长。闻道岸花亭畔路，陶园风景未荒凉。"少昆由曾侯幕府平江南而成功者也，现领防勇守省城，故诗及之。

廿八日　阴

与王逸梧、罗寄云观剧于粮署，因祝灵官诞而演也。戏太不佳，同至舍间。坐甫定而陈小斋至，遂留晚餐。叠前韵赠黄岐农工部云："一肩不任天下事，却为吟诗耸似山。如此文章堪报国，岂真泉石竟投闲？马头重压奚囊影，鸲眼频揩古砚斑。兜率宫中容借住，也应紫气满函关。时寓老君道院。""三生慧业透灵光，风月随时贮一囊。雅量即今黄叔度，诗名在昔李东阳。粗豪岂受才人累，狡狯终推佛力长。心迹空明宜雪竹，楼中妙境自清凉。"所居题曰"雪竹楼"，故末句及之。

廿九日　阴

走访蔡文田、王逸梧、罗寄云、黄少昆、张力臣。偕逸梧观剧于吕祖殿。夜间晤恕卿，数语而别。叠韵柬黄岐农云："径欲一帆风借助，可怜半路引神山。致身有地难言命，济世无才且学闲。枥马闻笳犹踡踔，山鸡对镜自斓斑。弃繻尚订重来约，倘许终军竟入关？""输君作赋献明光，咄咄锋芒讶脱囊。五凤乍看翔北阙，一龙何事卧南阳？斯人岂藉科名重，将母悬知岁月长。车马声中常闭户，可知当世有炎凉！"余生之前夕，家母梦大鱼入怀，或以为鱼所化也。岐农作《大鱼行》，叠韵答之云："是谁唤醒昆仑梦，失却嵯峨背上山。尘世百年犹局促，海天一色自宽闲。最怜鹏翼飞难迅，颇羡龙鳞老更斑。跃向君门声价贵,此身轻重若相关。”“明珠海上夜腾光,望气谁收七宝囊?子为观鱼到濠濮,人将牵犬出咸阳。君有‘前生自是淮南犬’之句,故戏之。今生莫问前生果,来路何如去路长。听说金银宫阙好,云璈水瑟剧苍凉。”

十　月

十二日　晴

张力臣醵赀在天后宫演剧赏菊。黄少昆来邀同往,至则五云班已开场矣。凡两席,皆巨绅也。三更乃散。招黄子寿方伯小饮,因病不至,叠韵讯之云:“几回花径缘君扫,依旧开门叶满山。菊酿尊羹空治具,药炉经卷正消闲。维摩示疾禅应定,仙汞还童发未斑。我为苍生频祝哽,此身轻重最相关。”“曾记开尊对月光,屡招笋屐倚荷囊。醇醪饮我如公瑾,风笛催人又澧阳。去往无心云易散,劼刚维舟将发,逸梧将北上,力臣将之湖北,岐农将回澧。归来有约日初长。诗筒倘寄相思字,一雁冲霄朔吹凉。”黄少昆方伯招游岳麓未往,叠韵奉柬云:“天容廓廓开新霁,似为诗人去看山。江上清波双眼阔,马头斜日一鞭闲。丹林捉席惊枫落,翠壁留题带藓斑。苦羡庐陵宾从乐,抗尘何事卧花关。”“匆匆驹隙感流光,曾记登高佩锦囊。十五华年同逝水,二三故友渺山阳。余年十五,曾游麓山,同游诸子,多作古人。惟余黄菊花重叠,莫问青天路短长。寄语诸君要珍惜,境迁情过最苍凉。”

冬　月

廿三日　晴

偕晓峰、允三、琴峰走访彭云宾广文、徐子锡少府。护国寺有戏,因村俗不堪,故未寓目。

卷六长沙日记

同治七年，岁次戊辰(1868)

正　月

初五日　晴

在家会客。下午往天后宫、万寿宫观剧，均未久立。

初六日　晴

偕寄云走访陈杏生。欲观剧未果。下午因母亲气痛，未出户。

初八日　晴

走访杏生。观剧于天后宫、湖北馆。

初九日　阴，极寒

王莲生、罗寄云来早餐。着衣冠拜黄少昆、黄子寿两方伯。是午，少昆、力臣两方伯招同裕时卿方伯麟、胡恕堂中丞、何子贞太史丈、黄南坡方伯丈、黄子寿方伯宴于宛园，观剧乃普庆部，演灯戏乃《金山寺·水斗》故事也。二鼓回家，适母亲气疾大剧，合家竟夜未睡。

十八日　阴

文安来谈。偕王弼臣观剧于湖北馆，遇雨而返。走访常体吾。

十九日　晴

观剧于善城隍庙，遇常体吾，同看《东吴招亲》剧。

廿日　阴

陈杏生侵早来谈。走访王弼臣,因魏镜余太守寄炭敬十二金与弼臣,嘱余转交故也。鲁般庙有半午半晚戏,傍晚偕弼臣往观;因戏不佳,未尝久立。罗寄云来夜谈。

廿五日　阴

侵早,蒋晋陔、陈杏生来谈。杏生拉余去,在渠宅为乃弟六生改诗赋,遂留早餐。餐后偕罗寄云品茶于松泉室,观剧于万寿宫。两次走访陈小斋,未晤。

廿九日　晴,夜风

陈杏生在洞庭宫演戏酬神,招余往观。是午,皮鹤泉招同陈小斋、陈杏生、龙芝生、彭黼臣、韩勉吾、周葆南午饮。席间,黼臣出标覆,亦有可取者;惟以"定"字射"肉汁",虽见《礼记注疏》,究嫌不的耳。

二　月

初六日　晴

王弼臣、刘桐轩先后来谈。唐聘庭召同吴荫庭诸君午饮,皆其戚也。傍晚酒阑,散步回家,经过清香圃,闻楼上豪饮欢笑,探之,乃陈小斋、皮鹤泉、春泉、竹泉,召得新到之高、曾、吴三伶人,团坐大啾,见余至,拉之入座。余正苦渴,索浓茗一盂,饮毕即去。走访陈杏生,未晤。杏生行李已上船,明日即解缆也。

十三日　雨

罗寄云来谈,偕观剧于万寿宫。走访王弼臣。

十四日　雨

王弼臣来谈,偕观剧于太清宫。夜晤恕卿,违久矣。《叠韵呈张石卿尚书亮基》云:"林泉娱老自今谋,径辟桑榆乐事收。七二峰峦俯吟屋，闻公有卜居衡山意。万重山影送归舟。鬓丝雪积三千丈，世网风恬十五钩。淡泊襟期寿者相，黄花老圃晚来秋。”“房杜同时善断谋，谓公及骆花县师相。烽烟楚戌昔年收。再摩垒拔新张帜，三渡河呼欲济舟。劲旅人惊来嚼铁，先声气夺李伸钩。叶公免胄从容入，望岁胪欢庆有秋。”“国事真同家事谋，滇黔万里瘴云收。鬼方卒赖三年役，泸水曾飞五月舟。民倚长城尊盘石，贼来渤澥佩锄钩。回春渐睹阳和象，忽值沉霾又暮秋。”“生平一面未曾谋，略诉牢愁倘见收。我抱奇冤犹泣玉，公从平地忽倾舟。聚吟蚕恰支槐柄，却睡蛇应有戒钩。敢说文章例功业，定评得失待千秋。”

十七日　晴

偕罗寄云走访王莲生，遂同饮于庆阳轩。归经府署，值演五云部，并未往观。

廿日　雨，晡后稍霁

走往参将署，略观庆和部《反昭关》半出。夜与恕卿饮于新盛轩。

廿四日　辰刻大雨，巳时后始止

是日阴寒。走访朱岳舲。值有扬州人金古香者，馈其团扇一柄，绘《万竿烟雨图》，颇具唐六如、仇十洲之妙。旋访小斋，留午餐。与罗寄云及诗僧克修、道士郭少陶、楚卿，掷揽胜图为戏。羽士、缁衣、名伶、画手，一时毕集，亦雅事也。

廿六日　阴

王弼臣、陈小斋、罗寄云、彭文安先后来谈。夜往太清宫观剧。

廿九日　晴

胡仲琪、王弼臣来谈。闻玉泉山有普庆，因《水漫》出不佳，遂往岳家小坐，薄暮乃归。

三 月

初三日　阴

晡后往抚辕看甄别书院榜,便道往祝融宫观剧。罗寄云来晚餐。

初五日　晴

走访陈松生,未晤。经过麓香亭,值舒笏生辈豪饮,见余至,欲拉入局,因事未果。晡后走探岳母病,并往长沙县署观剧。

初六日　晴

走访陈小斋,值郭少陶道士在座,遂留午餐;偕往万寿宫观剧。少许,又往遐龄庵与克和尚掷揽胜图,余未负。夜饮于松华楼。

初七日　阴晴各半

往长沙县署观剧。寻恕卿未见。会少离多,隔花人远,嘻,可慨也乎！王弼臣、胡仲琪来谈。

初十日　晴

走访陈松生,未晤。晡后,松生、寄云来谈。偕寄云观剧于中州会馆。归途就王弼臣谈。得魏镜余太守书,促余返馆也。

十二日　晴

偕寄云观剧于长沙县署。因人太多,未久立。往岳母家坐片时,仍偕寄云回家晚餐。

十四日　晴

谒刘韫斋中丞师。拜黄少昆、张力臣两方伯、张文心明府。道王礼吾弄瓦之喜。晡后往鲁班庙观剧。是午在力臣处得饮三边洋酒,拟纪之以诗。

十六日　晴

拜黄少昆之尊人。道张文心娶媳之喜。唁德衡斋师、唐艺农乃堂之丧。晡后观剧于玉泉山、轩辕殿。

十九日　晴

走访陈松生、蔡文田、陈小斋、常体吾、罗寄云、王莲生、张文心。道过天妃宫，值神诞，正张灯演戏，士女如云。犹记咸丰初年，读书城南时，其灯篷彩胜，宝马香车，视此奚啻十倍。噫，此亦有盛衰之感哉！

廿五日　晴

王弼臣来谈。往天后宫观剧。晡后大雨。

四　月

浴佛日　阴

偕胡仲琪走探陈小斋，因渠抱戚，邀之出游，观剧于万寿宫、善城隍庙，访孙怡廷，遂饮于麓香亭。昨日作家书寄宣化。

十三日　阴

走访陈小斋，偕观剧于祝融宫。日中大雨，乘舆而归。得宣化家书。

十四日　阴

王弼臣、罗寄云来谈。晡后偕寄云观剧于祝融宫，早散矣。

十八日　晴

陈小斋、郭少陶来访，未晤。余亦访小斋，两左。观剧于祝融宫。

廿一日　阴，大风

走访罗寄云，陈小斋，偕观剧于善城隍庙。郝怡堂少府自澧州解秋审人犯来省,来拜得晤。

廿六日　晴

偕胡仲琪走访陈小斋。观剧于中州会馆。午间小酌于紫临轩。

闰　月

初三日　阴,微雨,着重棉焉

走访王莲生,未晤。道过玉泉山,适有戏,因演《三官堂》——乃陈世美负前妻事,甚不耐观。

初四日　晴

胡仲琪来谈,偕访陈小斋。观剧于善城隍庙。醵饮于清香圃,座有楚卿。余病嗽犹未全愈,仍不茹荤饮酒。

初五日　晴

偕寄云观剧于玉泉山。走访陈小斋。是日府试出头场案。余于薄暮时往观,案犹未出,但见万头攒动而已。

十二日　晴

拜趟玉班方伯、谭心可同年。往舒仲和灵前作吊。午间,黄少昆、黄子寿、张力臣三方伯、易云陔都转,招同威毅伯曾沅甫宫保、胡恕堂中丞、黄南陂方伯、郭意城京卿、陈怡生驾部,在宛园歌宴,乃庆和部,廖伶庆瓛演《木桂英打围》,舞妙天魔,真绝技也。

十六日　晴,极热

胡恕堂中丞、赵玉班方伯召集宛园歌宴,——同座皆十二日诸君子也——乃仁和部;因戏不佳,且天气太热,未终席而归。适裴樾岑观察携炬走访,剧谈至三更乃去。

五　月

廿八日　晴

晡后往善城隍庙观剧。

六　月

廿三日　晴

王礼吾、胡仲琪来谈，偕往马王庙观剧。因天气太热，未久立。遇寄云，拉之同行。

廿四日　晴

王礼吾、胡仲琪、舒笏生醵饮于疏灯人语。在湖北馆观剧。雨，品茶于涌湘亭。

七　月

十八日　微雨

与胡仲琪、罗寄云、饶树庭、舒笏生醵赀在疏灯人语小饮。往万寿宫观剧，未久立，即去。

十九日　阴

走访罗寄云，未晤。往长城隍庙观剧。

二十日　晴

陈小斋来谈。走访朱岳秋，未晤，便道至善城隍庙观剧。晤恕卿，谈逾时久，盖不相见已数月矣。

八　月

初五日　晴

陈小斋、胡仲琪、新选安仁知县雷嵩生司马祝年先后来谈。走访黄子寿、朱宇恬、王弼臣，又往学署晤刘小山、覃蓉生两广文，因子寿托为乃侄议束修也。往万寿宫观剧,薄暮乃归。

初六日　晴

陈小斋、王弼臣、朱岳舲先后来谈。偕小斋走访杨心泉,得晤。是午,岳舲招同李君约,稺秦昆仲,黄甄斋、杜右衡饮于庆春园;酒阑,偕君约观剧于万寿宫,乃《十五贯》半部也。

十六日　晴

王弼臣、冯此山、罗寄云先后来谈。偕寄云在玉泉山观剧。

廿日　雨

观剧于鲁般庙,遇雨而归。唐聘廷过谈。

廿一日　阴

走访王礼吾,得晤。观剧于鲁般庙、浙江会馆,浙馆正演《雷峰塔》大戏也。

廿二日　雨

胡仲琪召饮于疏灯人语,即前日之同座者,盖戏作车轮会也。酒罢,往玉泉山观剧。罗寄云来夜谈。

三十日　晴

罗寄云来谈。晡后走访恕卿,并往太清宫观剧。得宣化家书,七月十四日发也。

九　月

初五日　阴

偕王弼臣观剧于善城隍庙,顷刻即散。王莲生、礼吾、寄云来谈。作家书寄宣化。

十二日　阴

偕王弼臣在善城隍庙、观音寺观剧，戏不佳。晚在灯下观熊雨胪丈诗集，得七古一章。

十七日　晴

偕王弼臣观剧于善城隍庙。明日乃母亲寿诞，夜有酒食，拟觅一小唱以侑，竟不可得。长沙俗称为“排街”者，即宋诗所谓小唱也。

十八日　晴

母亲寿诞，贺客毕集；早面午饭，亲串咸至，颇烦聒。夜召张跛唱道情。

廿一日

走访王礼吾、黄少昆方伯。少昆留午餐。餐毕尚早，又偕王弼臣观剧于祝融宫。因谋一枝栖未得，而私逋毕集，夜思之不寐。嘻，中年苦恼哉！

廿四日　阴

邹仆回广西。作家书寄宣化。偕王弼臣观剧于桓侯庙。

廿八日　晴

走访朱岳舲、王弼臣。偕弼臣观剧于祝融宫。黄少昆方伯过访，不值，嘱阍人约余往谈，遂秉炬访焉。值黔苗未靖，席研香方伯统军往剿，移少昆全部驻楚黔之交，为席军策应。少昆约余同去办文案。衣短后而跃马，乃素愿也，但家有老亲，实未敢遽许耳。

十　月

初二日　阴

偕王弼臣观剧于祝融宫，薄暮乃归。

十一日　大晴

走访黄子寿、李春舫、李季眉丈。偕王弼臣至臬署观剧。

十三日　晴

罗寄云来谈。走访李介生,未晤。偕寄云观剧于善城隍庙。

十七日　晴

偕王弼臣观剧于长城隍庙。

十八日　晴,极燥;夜大风,微雨

走访朱岳秋、和箎昆仲,未晤。偕王弼臣观剧于三圣殿。

廿日　晴

王弼臣来谈,偕观剧于善城隍庙。

冬　月

十二日　大风,阴寒

祝张力臣太夫人寿。走访王弼臣、罗寄云,偕观剧于万寿宫。

十九日　晴

在疏灯人语午酌。酒阑,往西关圣殿观剧。

腊　月

初十日　雨

赴局。拜李次青方伯、狄小峰司马、裴樾岑观察。道雷嵩生明府赴任喜,归与罗柏庭、罗寄云在疏灯人语小酌,并至太清宫观剧。

望日　雨

在祝融宫观新到之玉联部,开台乃小戏也。

十八日　雨

在疏灯人语早饮。偕寄云观剧于万寿宫。走访王弼臣，得晤。

廿二日　雨

偕胡仲琪、罗寄云观府县迎春，并至玉泉山观剧。

小除夕　阴

走访罗寄云，偕观剧于祝融宫。归访王弼臣。灯下为王礼吾阅诗稿。

廿五日　晴

往朗公庙酬神毕，往洞庭宫观剧，值大水将近入城。以残冬而汛涨，真奇事哉！留胡仲琪、罗寄云午餐。

廿七日　阴

偕罗寄云观剧于朗公庙。走访孙怡亭，留在庆春园晚酌，同座徐竹虚乔梓。

廿八日　阴

偕寄云观剧于马王庙。

卷七长沙日记

同治八年，岁在己巳(1869)

正　月

十三日　晴

在家，祀祖考阴诞也。杏生来谈。夜偕五兄观剧于祝融宫。

十五日　阴

偕胡仲琪观剧于三元宫。夜间在家放花毕,偕罗寄云散步市廛。记庚申年灯夕,与寄云同游,看放花,有"散罢天花应一笑,如来曾种火中莲"之句,流光不居,今十年矣。

十六日　晴

走访寄云得晤,偕观剧于天后宫。

十九日　晴

走访雷锦江。往万寿宫观剧。夜与寄云、张墨林等在城北,谋夜戏局未果,品茶于声洋楼而回。

廿五日　晴

观剧于江南会馆,因哄而散。

廿七日　晴

走访常体吾、雷锦江。太和部伶人锦源,与师母毛姓同居,其养媳艳甚,锦与之通,又于去腊娶妇,媳衔之,锦屡挑屡拒,突于今早手刃立毙,已亦自戕不殊。传遍省城,无不恨锦之淫凶,而悼媳之玉碎花残也。

廿八日　晴

观剧于玉泉山。在王礼吾家午饭。

廿九日　雨

偕张墨林、罗寄云观剧于玉泉山。召礼吾,拟作小局未果。

二月朔日　晴

走访罗寄云。晡后观剧于祝融宫、玉泉山。得宣化家书。

初五日　阴

傍晚大雨。偕张墨林、罗寄云观剧于抚藩及中军署，遇雨而归。

初八日　阴，晚微雨

朱岳秋招同皮鹤泉诸人午饮，赴席道过藩署，正演仁和部，因戏不佳未看。

十三日　晴

胡仲琪、王弼臣来谈。杜鹤田太守送关聘。着衣冠拜杜太守、梁莘畬广文、黄佩皆太守、张力臣方伯。观剧于太清宫。

望日　晴

走访罗寄云。观剧于藩署。

廿日　晴

走访罗寄云、陈杏生。得商农自山西寄书，骈丽有古致。李申甫方伯任用伶人翠喜，致挂弹章。虽其中多文致诬蔑之词，究系咎由自取。凡处仕途者或不免嗜好，须不假以事权，庶于公事无损；倘魁柄下移，鲜不败矣。

廿二日　午后大雨

入署少坐。观剧于玉泉山。招陈杏生、松生昆仲、金黼庭、陈伯屏、谭心可午饮。得宣化灯夕家书。

廿四日　晴

走访罗寄云，偕观剧于玉泉山。

三　月

十三日　晴

走送嵇月生灵车出大西门。着衣冠道李季眉丈爰君出阁喜。

曾沅甫宫保招同各绅士,在天后宫听歌轰饮,乃太和部也。

四　月

浴佛日　阴

黄子寿召饮观剧,座客极多,乃仁和部。郭子美在湘潭招永和部入省演戏侑客,泛舟而来,傍晚抵省,约于明日假黄佩皆宅开场酹客。子寿出大琉璃碗劝醉,余破戒连擎数觞,酒极醇美。

初九日　晴

郭子美招饮于佩皆处,演永和部,中有名伶突过省中者。夜午乃散。

十一日　晴

先入局,后入署,并拜孙阆青刺史。是午黄佩皆招饮,演永和部。正演《定军山》一出,忽得飞禀:少昆于前月廿二日阵亡。猝得凶耗,登即止戏。少昆出征之日,演戏为饯,亦演《定军山》,寓姓黄人得胜之意;今得此信时,适演此戏,亦奇矣哉!少昆待人无城府而有血性,非狡诈夸儇者可比,而竟死于沙场,殊为可惜。噫,此人既死,猝欲求之,岂易得哉!

六　月

十四日　晴

仍昨日之主人,为郭子美祖道,演仁和。天气极热。

廿七日　阴,凉

居停诞辰,偕幕中人祝之。旋出大西门送魏镜余行。道陈杏生移居喜。黄南坡年丈招同李申夫、裕时卿、胡听泉、葆芝岑诸公饮,有凤伶侑唱,大醉而归。

七　月

巧日　晴

意云，乃名伶也，于是日死。余挽以联云："生日近花朝，占断二分春色；佳期辍瓜果，可怜七夕秋风！"夜晤璧卿。

九　月

十二日　晴

入署。张仲辉来谈。观剧于玉泉山。作家书寄宣化，因昨日得安报也；并致筱斋浉江、商农山西。

十七日　阴，晚雨

走送一梧，适已开船，未得面晤。晚间在家祝寿，并听张跛唱道情。

二十日　晴

夜晤璧卿，偕与入署少坐，并至城隍庙观剧。

廿一日　晴

偕王弼臣观剧于江南会馆。至忠合园小饮。值酒家与妓馆相连，余所坐处仅隔一窗，急管繁弦，曼声度曲，虽未谋面，不啻侑觞。晚间步至妇家。左腿患癣，因痒抓破甚痛。长沙令陶某，由捐纳入官，有能声，而墨甚。前署安化，卸篆后由陆赴省，沿途饭店，均闭户不纳，有章惇窜岭南光景。在长沙半年，因大吏近在咫尺，虽不敢如前之肆，而任性逞凶，无所不至。春间，有彭女适谢者，其功服夫兄强奸已成，羞忿自尽一案，女父某出言顶撞，陶遂以和奸败露自尽定案，其矫诬有如此者！昨十七夜初更时，正披阅案牍，忽见众鬼环立，当唤家人逐之。众云未见，陶自起扑斗，登时倒地而毙。噫，可不惧哉！

廿三日　晴

姚蔼亭、任蕙农先后来谈。偕寄云观剧于学署，因人挤未观。

走访雷锦江先生,未晤。

廿五日　晴

入署。晡后往学署观剧、道遇朱岳秋。

十　月

初五日　晴

观剧于学署,与寄云同行也。

十六日　雨,夜下雪珠,寒甚

往天妃宫行香,值演剧,未观。亲至吴医宅,延其来治。

廿三日　晴

拜钱子宣、王泰吾、马小庄、曾沅圃宫保、唐艺农、周瀛樵、易昀荄、郭涵万、张文心。入署办事。黄子寿招陪易笏山、刘复堂、张云阁、郭涵万、张力臣午饮,观演仁和部。

廿七日　晴

偕玉舲、寄云再访文安,至天妃宫、祝融宫观剧,对饮于疏灯人语。夜下微雪。

冬　月

初四日　阴

赴局,晤李次青方伯,渠昨始来省。道张力臣娶媳喜。赴黄恕丈处桃觞,凡三席,演庆和部。

初九日　晴

观剧于祝融宫、善城隍庙。访文安得见。

十五日　晴

赴天妃宫酬神，为少麓出麻疹也。晡后观剧于真人殿，道遇文安，挈之同寻寄云，小饮于庆春园，步月而归。

廿二日　阴

走访王弼臣、罗寄云，偕观剧于江南馆。

廿八日　晴

偕寄云观剧于善城隍庙。晡后入署。

廿九日　晴

道朱宇恬、任芝田两君娶媳喜。陈杏生续弦、卢丽生诞辰，均往贺。拜黄子寿，约余明日往张力臣处，有小集，——招尹某用西洋取影法留吾辈行乐镜象。余因以鬼工取神也，托辞不往。是午，俞竹君承办一切，在石阳宾馆张乐设酒，为卢丽老作生日，凡十席，演太和部。

卅日　晴

偕寄云观剧于相国庙，并入署小坐。晡后偕小食于理问街之点心店，极精洁。

腊　月

初二日　晴

入署后偕寄云观剧于善城隍庙，并留寄云晚餐。

初八日　晴

偕孙玉舲访廖逵宾，即著《易知简能通书》者也。偕寄云观剧于善城隍庙。

十二日　阴

偕玉舲走访文安,小饮于庆春园。醉归,过黄伯初寓。黄乃湖北候补别驾,余与文安之旧雨也,试访之,坚留至麓香亭轰饮,并召罗、黄、刘三伶。

十四日　晴

父亲在观音寺演戏酬神,命余行礼;乃泰益部也。得宣化家书。

廿日　阴

王礼吾来谈,出一梧手书,为娶陈宅之女,详辩其诬。走访寄云,偕观剧于祝融宫。晡后入署。又走访璧卿,渠因事颇怏怏也。

廿二日　阴,傍晚雨

偕寄云观剧于马王庙。走访文安。入署办事。王弼臣、王礼吾来谈。夜晤璧卿。

廿四日　阴

走访寄云。观剧于长城隍庙。得孙玉舲自湘潭寄书。

廿七日　晴

观剧于马王庙。夜寻璧卿未见。走访寄云。

同治九年(1870)

正　月

初三日　晴,极热

在家照料贺岁之客。晡后晤璧卿,偕入署小坐。夜往善城隍庙观庆和演灯戏。

初四日　晴

挥汗如雨，换袷衣。居停招同事观演灯戏。

初五日　阴，大风

是日立春。病酒一日，居停招观灯戏未去。

十二日　晴

观剧于天后宫。道遇春山，拉之入署观灯剧。

灯节　晴

偕幕友合尊演太和并庆和灯戏，请居停移尊入署就饮。

十八日　晴

居停招陪绅士观灯剧。

十九日　晴

是日开篆，居停张乐设宴，遍饮幕友，乃泰益部也。

廿日　晴

通省幕友团拜，演剧于两浙馆。晤璧卿，匆匆而别。

廿二日　晴

黄觐臣倡办合尊演剧，补祝柳荫堂生日。饯恩小农行，席设中军署，初见玉联灯戏。

廿八日　晴

拜罗海安。道皮鹤泉娶媳喜。与王亦陶、唐荫云、柳荫堂、文子云、凌松复、沈晴岚、金松如、卢丽生、俞竹君诸君合尊演戏，为泰益部，席设张荫乔宅。

二　月

初二日　雨

郭涵万招同劳凯臣、李迪斋、黄子襄、孙玉舲、赵搢卿午饮。观仁和部,便道拜唐荫云丈、李春舫同年。送符征岩大令行。

十三日　阴

赴局。曾宫保、黄南坡年丈招陪张石卿制府、裕时卿、李黼堂两方伯,演泰益部。昨日亦有戏。

十四日　晴

入署办事。夜晤璧卿,偕饮于忠合园。往太清宫看夜戏。

三　月

初三日　阴

戴煦卿、陈杏生合尊在裕春阁作赠芍之会,召有廖、王二伶,是局亦雅俗参半也。

初五日　晴

偕王弼臣观剧于长沙县署,乃新演《打樱桃》也。

十五日　晴

偕玉舲、煦卿观剧于洞庭宫,集饮于庆春园。子美招余观新第,时将落成也。

廿四日　晴

走访王弼臣,偕观剧于祝融宫,遇雨而归。

廿七日　雨

观剧于天后宫。夜访陈云亭。

廿九日　雨

入署办事。观剧于江南会馆。

四　月

初四日　晴

拜罗左卿。午间，曾宫保招同黄子寿、张力臣饯郭子美、易眗荄，席设宛园，演永和部，乃子美自湘潭飞调来者。

初五日　晴

与黄子寿、张力臣合尊演永和饯子美、眗荄，仍在宛园。

初六日　晴

与戴煦卿醵饮于如松馆，召梅、兰二伶侑酒。兰因事受其师责，饮酒不乐。

十五日　晴

拜王湛园、陈宾秋、杨麓桥。道戴煦卿完姻喜。蒋幼怀太夫人生日，潘子箴鸠合幕友醵赀演泰益部，天太热而戏不佳，未阑先散。

十八日　晴雨各半

吊沈晴岚太夫人之丧。拜陈花农丈。煦卿家演庆和，招同杏生、石铭午饮。

廿二日　大雨竟日

晤璧卿。是日杏生在天妃宫演剧酬神，召去看戏，因雨未去。

廿四日　阴

吊龙芝生尊人湘桡先生、左恪靖夫人之丧。观普庆于祝融宫，今年始听昆曲也。

廿七日　晴

偕王弼臣观剧于观音寺。张品三、杨莘农、胡仲琪、陈杏生、王石铭、王礼吾先后来谈。雷锦江先生携炬见过,未晤。

五　月

初七日　晴,晚雨

招王弼臣、王莲生午饮,偕观剧于鲁班庙。

十六日　晴

偕王弼臣观剧于善城隍庙。

廿一日　晴

观剧于朗公庙。与戴煦卿、王石铭醵饮于麓香亭,谈及意云,顿增生死之感。

廿二日　晴

走访谭心可,未见。拜李次青方伯、唐霞舫、饶心泉诸君。晡后观剧于江南馆。

廿三日　阴,日中阵雨

与陈云亭、阮保之、戴煦卿、王石铭醵饮于裕春阁,召有玉、凤诸伶侑酒。

六　月

初四日　晴

胡仲琪招同戴煦卿饮于玉壶春。酒阑观剧于江南馆。

初九日　晴

日中微雨。王弼臣来谈。王石铭招同煦卿、杏生饮于女伶云秀宅。杏生又携若兰至,乃一时翘楚也;以余视之,并非佳品,而声价极高。

十八日　晴

煦卿召饮于云秀女伶宅，仍前局诸君，但增寄云、笛仙而已。酒散后天气尚早，余兴勃然，因麓香亭月色甚清，拟往邀之，至则喧宾纷集，无隙地矣，遂饮于庆春园，夜午乃散。

廿四日　晴

拜金立堂、胡梅丞、黄杭生、周德生、朱宇恬、饶心泉。晡后观剧于湖北馆。寄云来晚餐。

廿六日　晴

气疾又作，在家偃卧；江南会馆有堂戏公宴，未赴。

八月初一日　晴

为麓儿酬神，在天妃宫演庆和部。晡后与煦卿、佩秋饮于麓香亭。

初二日　晴

戴煦卿在长城隍庙演戏酬神。晡后饮于麓香亭。

十七日　晴

拜傅艾臣、唐泉伯、黄翰仙、熊镜蓉、周德生、郭涵万、张力臣、朱宇恬，并至局小坐。晡后观剧于万寿宫。

十八日　晴

入局办事。偕寄云走访文安，留午餐。观剧于万寿宫、苏州馆。傍晚入署。王莲生、吴蓂阶来谈。

廿一日　晴

走访文安、煦卿，并观剧于万寿宫。

廿三日　晴

走寻佩秋,未见。偕寄云观剧于朗公庙,并至文安处少坐。

廿七日　晴

孙玉舲、王弼臣、胡仲琪、罗寄云、吴蓂阶先后来谈。本拟偕寄云观剧,申刻母亲忽患气痛,一夜未安枕。

九　月

初二日　晨雨,午晴

熊镜蓉来谈,挈之同访玉舲。午间王弼臣招同王芝仙、吴补之、汤文农小饮。酒后偕芝仙观剧于茨山祠、雷祖殿。

初三日　雨

孙玉舲、胡枚臣先后来谈。走访陈云亭。观剧于万寿宫。闻佩秋已回,寻之未见,遇雨而归。《有感》云:"何处高楼一笛风,渐催秋信警梧桐。尊前离合黄花酒,身外浮沉碧海篷。芳草经霜随意绿,芙蓉隔水可怜红。三山此去无多路,似藉灵犀脉脉通。"

初六日　阴

孙玉舲招去小饮,座有慧云。酒后偕王弼臣观剧于南岳行宫。

十六日　晴

拜陆莘农观察、李仲京、童砚农两太守。补祝黄子寿太夫人昨日生。家中演唱庆和部。

十七日　晴

家中仍演庆和,并无杂宾。

十八日　晴

母亲诞辰,贺客悉屏不见。演泰益部。

十月

初五日　阴，凉

张品三招入署小饮。午间，饶树庭纠合凡十二人，在天后宫演太和部作贺，凡三席。大侄孙女因久病，起慢惊风，于傍晚时殇，甫一岁九月有奇也。

十二日　晴

偕弼臣观剧于粮署，乃玉联也。

廿六日　晴

吊金鱅庭太翁之丧。拜任星洲之世兄。赴易小亭寿筵，凡四席，皆同年也，演庆和部。

廿七日　晴

入局办事。观剧于韩公祠。

三十日　晴

杏生招同岳舲饮于女伶云秀家，为余祖道也，不来此者已五阅月矣。

卷八燕游日记

甲戌（1874）

二月

廿日　晴

访皮小舲、赵桂堂。是早，杨芝仙招同黄策生、张莼生、罗仙乔,在同兴居小酌。是午,龙芝生、徐寿鸿、蒋寿三、唐斐泉、皮小舲,合尊招同张鹤帆、熊敬生、龙里千、蔡与循,在安徽馆歌宴,为四喜班。余到颇迟,仅见《戏凤》、《红泥关》、《祭江》、《空城计》、《打雁》数出,皆非其致也。周荇农、王益吾来谈。

廿二日　晴

魏温云招饮于同升堂,凡四席。酒罢,偕往戏园,观四喜部,乃《扫雪》也。旋赴周荇农学士之招,同座龙皞臣、梅、邵诸君,皆不识也。

三　月

初四日　晴

偕王绥源、刘柳堂观剧于庆合园,饮于万福居,又饮于春华堂、咏秀堂,伯屏后至,将及五更乃散。绥源、柳堂均寓益吾宅,夜已扃户,久敲不启,踉跄至余寓,而余榻甚小,不能容三人,遂设行铺于堂中焉。

王文韶日记

王文韶(1830—1908),字夔石,号耕娱,晚号退圃,晚清大臣。《王文韶日记》记录了作者在同治六年(1867)至光绪二十八年(1902)期间的主要活动和思想,其中颇多观剧记录,反映了作者对戏曲的爱好。谷曙光据中华书局排印本(袁英光、胡逢祥整理,1989 年出版)辑录。

同治六年(1867)

八月十二日(9月9日)晴

附近居民以前月底,同知署西边失火未甚延烧,设台演剧,恭谢火神,来请拈香,巳刻前往行礼答神庥,亦顺舆情也。……

八月十八日(9月15日)晴,北风仍紧

李麟生未能赴屯子冈,午后仍送回省寓。晚饭后侍萱闱夜话,忆及京中演戏精妙绝伦,为述《游园》、《看状》、《奇双会》、《三进士》、《玉堂春》各剧始末缘委,老人听之忘倦,甚以为快。

同治七年(1868)

元月十三日(2月6日)阴

公请督抚学三院,在文昌宫公所演剧,主人两司三道盐、粮、汉黄。暨候补道两首府作竟日之叙,子正始散。连年军务,新春宴会久未举行,近因东捻肃清,边防无事,雨雪亦复应时,升平有象,故同人倡为此举也。

元月十六日(2月9日)阴

答曹颖生中丞澍钟未见。赴文昌宫,偕谱香、心斋、芷舠、云卿公请程尚斋、黄冠北、王若农,并在省候补道府及两首府、两首县,共七席,作竟日之叙,子初始散。戏殊不佳,亦有可观者。

元月十八日(2月11日)晴

北院衙参,候补道两首府县回请,仍在文昌宫演剧,竟日欢聚,戏亦较有精神,有一二出色者分别奖之,子正回署。李麟生搬进署中。

万寿圣节　三月二十三日(4月15日)晴

寅刻恭诣万寿堂，随同两院并率司道以下各官行庆贺礼。出城答郭玉麓，并拜前广西学政孙钦昂。向例恭逢万寿，各衙门均于大堂以前演戏庆贺，以示与民同乐之意，亦取普天同庆之义也。鄂中兵燹频年，久未举行此礼，近幸东捻扫荡，直境肃清，旸雨应时，边防静谧，为十年来所未有，爰于万寿圣节及前后各一日设台演戏，以咏升平，以申庆贺。内署旧有戏台，上灯后并演戏八出，以圣寿之无疆，博慈颜之有喜，合署戚友同兹盛会，实出京后未有之乐也。

三月二十四日(4月16日)晴

午前见客，朱秬泉观察来晤。申刻护院邀往商巴将军函致事件。芷舠、玉阶、月樵来观剧，子正散。外省演戏万万不如京都，然亦时有出色之作，如叶么之《一捧雪》、《宫门挂带》、《金马门》；虱蚤之《拿五通》、《三报》；金不换之《关王庙》、《大审》、《拾镯》；瓦匠之《杀四门》、《醉战》、《花田错》等剧，均各极其妙，亦颇可观也。戏价每夜九千六百，老太太另赏八千，著名脚色第三日加赏有差。

五月初四日(6月23日)阴

传班三台演剧，请司道两首府两首县，兼请刘冰如廉访，唐时雍观察适到省，并邀在座，方菊人、吴觐臣两太守将引见，并附饯焉，子初席散。监印官派候补按司狱诸淦。

五月初七日(6月26日)阴

早赴护院，答拜唐时雍观察，家人公祝老太太，演戏一日，是日演《二度梅》，自骂相至相会全本，颇有可观，子初散，给赏有差。

同治八年(1869)

元月初六日(2月16日)晴

同人集文昌宫公请两院，共四席，演三台部，作竟日欢，子正回寓。

元月初八日(2月18日)晴

早起见客,护院来晤,午初赴文昌宫,偕同人公请首府县并候补府,共五席,子初回寓。是日仍演三台部,所演诸剧颇有精神。

元月二十四日(3月6日)晴

偕谱香、雉峰、芬堂至城隍庙、火神庙恭候爵相行香,是日司道两首府公请李爵相兼请远堂中丞、香涛学使,在文昌阁演剧设宴,共五席,子正回寓。

二月初一日(3月13日)阴

诣文庙随同两院行香,回署小憩。午后观剧,演春台部极有精神,备便饭答凤希翁,并酌幕中戚友。

二月初三日(3月15日)晴

文帝圣诞,卯刻恭诣陪祭后,同人在寓聚集,偕赴南院祝伯太夫人七旬正寿,华堂集庆,萱室恒春,将军萃于一门,固古今所罕觏,称祝遍于数省,亦人世之至荣也,躬逢其盛,可谓大观。是日陪远堂中丞、香涛学使观剧一日,亥初始散。

二月初六日(3月18日)阴雨

卯正出保安门至社稷坛,候爵相至随同行礼,午后谱香、玉阶、芷舠诸同人醵资小集,仍在协署演沙市春台部,作竟日欢。

四月二十一日(6月1日)阴,下午雨

早起上院回事,并晤郭意诚,午后料理节信,晚试普庆昆班演《游园》、《看状》、《刺虎》等剧,尚有可观,慈颜甚喜,近日精神亦好,至子刻尚不倦焉。

四月二十三日(6月3日)阴微雨,晚晴

慈亲七旬正寿,府厅以下及绅士称祝者一概辞谢,慈谕上年在鄂业已称觞,今年不再举动。惟请中丞及司道同寅三席,竟日尽欢,仍演普庆部。

四月二十四日(6月4日)多阵雨

大早出门,至抚臬各衙门谢寿,途遇大雨,至粮署稍避,偕彭锡翁谈。午后请在署幕友亲朋及陆氏昆仲共三席,演普庆、五云两部。竟夜大雨如注。

十一月二十四日(12月26日)霁

请假三日,午席请桐侯、秋生业师,晚席请星农、镜湖大媒,演人和部,热闹竟日。……

十一月二十五日(12月27日)霁

辰初发轿,巳初迎娶回署,巳正成礼,午刻祭祖,未初见礼,未正待新人请女客,即遣镛儿拜门。是日演普庆部,一堂喜庆,慈颜大悦。

十一月二十六日(12月28日)晴

生甫会亲,并请在署戚友,共四席,仍演普庆部。

同治九年(1870)

元月十二日(2月11日)阴雨

巳初上院,中丞出见,悲痛所不待言,慰藉亦殊难置词,情弥可惨。左子云送父丧归葬到省来晤,即答之并送素仪。午后演五云部,借博堂上欢,灯彩甚热闹,龙灯尤夭矫可观。接席砚香腊月廿九书,闻爵相督办军务之命,颇思奋厉也。

元月十三日(2月12日)阴雨

瑞熙儒辞回常郡,巳兰移榻署中。午后出大西门答客,即赴浙江会馆团拜,共九席,演普庆、泰益两部,普庆灯戏不如五云。致琴舟、生甫书,论两号事特详尽。晚上灯祀先。

元月十六日(2月15日)午前阴,午后晴

雪后天气甚冷,演普庆班一日,为堂上欢,灯彩亦尚鲜明。

元月十七日(2月16日)阴

午刻祀先收供,杭俗所谓落灯也。江苏团拜,未刻赴之,与星农联座,演普庆、庆和两部,均有灯戏,亥初回署。清泉令王春坡开运到省来见。

元月十八日(2月17日)晴

手致鹄山书。演玉联班一日,灯彩最为出色,慈颜大喜。接琴舟、绍濂书。

二月初八日(3月9日)晴

春祭龙神风神。接嘉定正月廿一、汉口二月初三日信。晚五云演灯戏,巳兰作东。白兰翁来出示督札,为俞鹤皋事。

四月二十二日(5月22日)午后雨

奠龙芝生太史湛霖尊翁并左爵夫人。预祝慈寿,演普庆部。欧阳用甫来晤。

四月二十三日(5月23日)霁

萱闱七旬晋一寿辰,敬率同家人行叩祝礼,寅寮来贺者概行辞谢,仍演普庆部。近日慈体康健较胜往年,矍铄精神,诸臻悦豫,不胜忭幸之至。

四月二十四日(5月24日)阴

上院及北城谢步。罗小溪观察勋自安化来省晤,人精明不可羁绊,谢澧卿同来,论粤盐事也。王筱饮自鄂到湘。演五云部,慈颜甚悦。接筱筌制军书,询陈士玙参案。

五月二十四日(6月22日)晴

……申刻曾澄翁招饮,赴之。星农、昌岐及黄子寿在座,演人和部,席散即回署。……

九月十八日(10月12日)晴

州县堂期,见四十余人。两主试来晤,沅浦宫保之二世兄剑农续娶吉期,前往道喜,并见新人。同乡公请杨理庵太史,席设会馆,未初赴之,有戏,森儿随往,戌初回署。接雨辰八月初八日信,附有飞千一函。……

十二月十三日(2月2日)晴

府厅堂期,见三十余人。上院禀商事件。料理积牍。两首邑将于立春日送玉联班新排灯戏为堂上欢,奉慈谕云现届年终,自候补官以及贫民无以卒岁者不知凡几,署中岂宜于此时演戏行乐,命辞却之,慈训严明处事,矜持大体,盖于此可见也。

同治十年(1871)

元月初四日(2月22日)阴

北城拜年,下午宴书林师,并酌太仓、嘉定诸君及在署戚友,共三席,演普庆部,同人欢会,颇不寂寞。接雨辰十一月廿七书,言新任将至,拟于腊月八日起程,约可至夔门度岁也。

元月初五日(2月23日)晴

长媳自昨晚初更后试痛起,至本日卯刻举一女,慈亲命名顺官，母子均平安，可喜，萱闱极为欣悦，循俗例染红蛋分送亲友，并赏男女各仆下至成衣、花匠、马夫、三使之类，亲手分别多寡一一遍给，无一遗漏者，昨晚既未能安寝，今又栗碌竟日未得少歇，晚间仍听灯戏，坐及两时许，精神矍铄，毫无倦容，高年有此，真幸事也。抚院衙参，顺道补拜年，仍演普庆部，灯彩尚热闹，惟太板滞耳。

元月初六日(2月24日)晴

仲京来晤。演五云部尚有可观，惜脚色太少，灯戏较普庆稍有变化。晚间微雨带雪。

元月初八日(2月26日)晴

白兰翁、夏芝岑先后来晤，芝翁辞行，赴郴州查办事件也。午后出城拜客。江苏团拜，申初前往，共十席，仲山、星农、东墅均在座，演普庆、玉联两部，玉联灯戏最为热闹，亥正回署。

元月初十日(2月28日)晴

抚院衙参，回署见客。益阳令黄应诰、桃源令劳铭勋到省拜年来见，并各陈地方情形。未正至湘乡试馆，首府县暨各局员公请也，共六席，演普庆、仁和、玉联三部，热闹殊甚，森儿随往，回署已子初矣。

元月十二日(3月2日)阴

午前见客，午后公请中丞、学使，演普庆、玉联两部，中丞兴会甚好，亥正始散。是日二客八主，李榕峰廉访、白兰岩、陆星农、朱秬泉、张锡田、张秀轩、谢筱庄六观察及余也，共两席。

元月十七日(3月7日)阴雨

胡听翁、张笠臣先后来晤。浙江团拜，申刻赴之，森儿随往，与黄海华、李仲京两太守同席，共八席，演普庆、泰益两部，亥正回署。……

元月十八日(3月8日)阴

午前见客,麻竹师谢委,论湘潭地方现在情形,拟缓搜剿而重缉捕,甚有见地,必可期其得力也。午后请司道同寅,演普庆部,外客惟刘馨室一人,裕时卿、王初田、胡听泉三君均辞未到也。手致琴舟、启明书,接彦侍十二月十七日书,附到子松、茗笙信。

元月十九日(3月9日)阴雨

午前见客,午后慈闱请女客,演普庆、五云两部,老人酬应竟日,毫无倦容,至可喜也。

元月二十日(3月10日)阴雨

抚院衙参。午后回请首府县暨候补府共十五人,设三席,仍演普庆、五云两部,诸公给赏有差,若辈颇多沾润,新春酬酢亦仅事也。接凤台蜀中书。

二月初二日(3月22日)阴

春祭风神龙神,寅正恭诣,分祭风神,回署小憩。魏镜如辞回永顺。嘱访溆浦案。谢筱庄来晤,论溆浦案,先入之见不可动摇也。署前演土地戏,星垣各辕二月初均演土地戏,相沿如此也。灯后内署传演《三进士》、《错姻缘》等剧,颇有可观,是日人和班。萱慈自酉正入座,至子正始散,兴致甚好。

二月初四日(3月24日)晴

午前见客。萱慈前晚听人和班甚乐,复传演一日。云史来晤。

二月二十五日(4月14日)晴

抚院衙参,顺道拜客。溆浦一案,成招各犯均以从前刑逼妄供借口,拟两司会禀请饬原问官谢筱庄照例毋庸会审稿。午后答谭文翁晤。湘乡试馆昭患等祠开祭,具柬请客,申刻赴之,中丞亦至,演永和班颇可观,与王一吾同席,子初回署。唐时雍自祁阳来省。

郭意诚来晤。

四月二十三日(6月10日)雨

萱慈七旬晋二寿辰,早起率家人叩祝,寅僚绅士来贺者均辞谢,晚酌在署戚友共三席,本拟演剧称觞,以益、龙有事,奉慈谕停止也。……

七月十二日(8月27日)晴

慈安皇太后万寿,寅初恭诣万寿宫,随同中丞敬谨行礼,回署小憩。祝秋生寿。易笏山来,论西路军务棘手情形,语多中肯,欲力辞劳务处不就,婉言劝止之,许以如有为难,定当分任,决不推诿也。演普庆一日,取普天同庆之义,并带小普庆来,如《秋千和番》、《堆罗汉》诸剧亦颇可观,萱闱意兴甚好,竟日不倦。晚率两儿恭接祖先。

七月十三日(8月28日)晴

中元节祀先,演人和一日,萱闱竟日危坐看《探母》、《审头》诸剧,极有兴会。本年慈寿适值益、龙有警,未敢称觞,兹当地方无事,岁功告成,恭值皇太后万寿之期,为堂上延鳌之祝,以国恩为家庆,非敢自安逸乐也。两日公事均当日清理,并无积压。

十月初六日(11月18日)晴

连书巢自沅州回,言砚香病势无妨,惟右手恐成偏废耳。出小西门访杨海翁,并留其暂住省垣。太夫人年逾八旬,患偏废,自镇筸登舟至今已两阅月,此去祁阳尚需时日,天寒水道,风雨不常,似非所宜,故同人拟留之。李庭暐设菊樽见招,赴之,共两席,演大小普庆两部,有海翁在座,兴会颇好,回署已亥正矣。邵阳王润生承泽到省来拜未值。

十月初九日(11月21日)晴

增苓舫生日,祝之。午前见客,庆贺万寿,演泰益班,慈闱竟日听戏，精神较胜往时，意兴甚好。服汪医方。

十月初十日（11月22日）晴

慈禧皇太后万寿圣节，寅刻恭诣万寿宫，随同中丞行庆贺礼。张筱华卸衡州任到省来见，意将请假三月，俟来春请咨北上，允之。演普庆班，慈颜甚悦。

十月十一日（11月23日）晴

工部郎中周孝棠炳勋来晤，论益阳团练章程。演人和班，颇有可观，慈亲往时听戏总未能竟日在座，此次精神健适，天气亦好，意兴不减平人，至可喜也。

同治十一年（1872）

元月初八日（2月16日）晴

湘乡温甸侯大令圻到省来见，询知近来地方情形，诸称安靖。黄兰臣来晤，商设立保甲总局事。演普庆部灯戏，尚热闹。

元月初九日（2月17日）晴

子健、芝岑、苓舫来商归并捐局事，论及援防大局久谈。演小普庆灯戏，亦尚可观。

元月十二日（2月20日）阴

仲筠世丈来晤，午前客多。演人和班，萱闱竟日听戏，甚有兴致。

元月十三日（2月21日）晴

唐荫翁来晤，料理案头积牍。气分渐舒，晚上灯祀先。森儿至府署听戏。

元月十八日(2月26日)晴

子健来商件久谈,曾沅浦宫保来晤。浙江会馆奉祭,申初恭诣行礼,向称团拜,以迹涉于私,故改为春祭云。森儿随同前往,听普庆、仁和,亥刻回署。

元月二十二日(3月1日)雨

子健来商件久谈。手致绍濂书,论东有事。开篆后科房例得演戏敬神,晚间上房传仁和班演数剧,慈颜甚喜,以风雨春寒,二鼓即止。

三月二十二日(4月29日)阴

答郭意诚,并拜李次青、易海青,仅晤海青,旋次青来晤谈。恭祝万寿,上房演人和班一日,颇有精采,慈颜甚喜,以臣子欢忭之忱为娱悦高堂之计,亦两得也。

三月二十三日(4月30日)霁

万寿圣节,寅正恭诣万寿宫,率同文武属官行庆贺礼。手谕镛儿并致桐侯。演普庆一日,取普天同庆之意。右铭来商件,海青来答晤谈。

三月二十四日(5月1日)阴

子健来久谈,汪铁珊解白蜡回省来见。叶介唐来,因川淮分界,请出示晓谕。复演人和班一日。正月份折差回,附到雨辰、茗笙、修伯、次园诸君信并各处复信,茗笙病颇不轻,心窃虑之。

七月十三日(8月16日)阴

辰刻拜发皇上大婚贺表,午刻中元祀先,附致鹤田书,晚演保和班,日间适在科房庆祝万寿也。接筱宋书,论粤盐事,意在规复长岸,其衡、永等属亦知非急切所能禁绝,语意颇透彻开爽,良可佩服。秋暑稍减。

七月十四日(8月17日)午前大雨

……本署戚友公演人和班一日,为兰言、镛儿贺,却之不得,其实,亦殊不必耳。本日起服书巢所定丸方,以理脾疏气去湿为主。

光绪五年己卯(1879)

闰三月二十二日(5月12日)晴

入对三刻,巳正三刻散直。午后赴安徽馆,辛亥同年团拜有戏,回寓已戌初矣。黎简堂放四川臬。

闰三月二十四日(5月14日)晴

入对三刻许,前在湘捐晋赈五百两,本日湘抚奏到,旨照章给奖,碰头谢恩,巳初三刻散直。午后至兵部。出城奠徐寿蘅尊翁。赴安徽馆(听戏),云南司捐纳房团拜公请也,(酉正二刻进城。)佩师销假入直。

五月初七日(6月26日)晴

入对刻许,卯正三刻先散。赴颜料库陪堂盘查竣事,赴西南城谢步,至户部、兵部,回寓小憩,申初赴总署。酉刻偕筱棠至霞公府谭宅拜寿,小坐观剧,戌正归。

五月初十日(6月29日)晴

入对二刻,辰初三刻散直。午后到兵部、户部。出城谢步,至河东馆拜寿,胡聘之尊严八十正庆。小坐观剧,酉正归。复左季翁书。

六月二十五日(8月12日)晴

花衣第一日,寅初进内,入对不及刻,出景运门,过阿哥所,进保泰门,至宁寿宫听戏,辰初入座,东西各五间,军机在东边第三间,共王公大臣等四十八人,外廷惟文职一品得与,赏膳桌、果盘、奶茶等,未初三刻退出。接汴生五月廿六日书。

六月二十六日(8月13日)晴

丑初二刻进内,寅正二刻入对,皇上升坐,行三叩首礼,卯正二刻皇上御乾清宫受贺,行礼如常仪,辰初二刻入座听戏,未初二刻退出,赏如意、袍褂料、铜手炉、磁花瓶、洋磁盘、帽纬、大荷包等件,余赏如前。接崇星阶书。

七月初七日(8月24日)晴

入对三刻,辰初散直。沅石来。三儿妇生辰,演大台宫戏一日,颇有可观。

七月十一日(8月28日)晴

入对一刻,郭筠仙引疾,兵左放许云庵应骙,仍命韶兼署,碰头谢恩,辰初散直。壬子同年公请鹤峰师,集志蔼云宅,主七人:景秋坪、潘伯寅、继述堂、张霁亭、蔼云及余,经笙师相丁未出龄师房,亦与焉,请客九人,到六人,吴述韩、孙谷庭、永子健、邓香阁、景子千、范鹤笙,未到三人,何崧亭、何小亭、上官南村。演三庆部,欢叙竟日。夜微雨。赏燕窝,见面磕头。

八月十六日(10月1日)晴

入对将二刻,辰正散直。钧儿已于寅刻出场矣。文书田招饮,午后赴之。广绍彭、荣仲华、崇受之同席,有戏,行头灿烂,皆家制也,戌正三刻始回寓。换单袍褂。

十月十一日(11月24日)晴

入对一刻许,候天明散直。佩蘅师相请客,未初赴之,共五席,自恭邸以次大半皆内廷也,演四喜部,戏甚好,戌正始散。

十月十二日(11月25日)晴

入对一刻许,候天明散直。出城祝朱宅老姨太太五十寿,三媳之庶祖母。到户部、兵部,回寓小憩。新选恩州府蔡砚农同春来见,钧儿工部同僚也。到总署。下午仍至宝宅听戏,戌正归。

十月十三日(11月26日)晴

入对一刻,候天明散直。新放兰州道曹吉三秉哲来见。午后到总署。傍晚仍到宝宅听戏,演西腔,闻见一新,亥初归。

十月十六日(11月29日)晴

入对二刻,辰初三刻散直。午后到兵部、户部、总署。酉初至宝宅听高腔,亥初归。恭邸以余五十初度,预订光临,并索桃宴,坚辞不获,仓猝布置,颇费周章。

十月二十日(12月3日)晴

入对二刻,巳正散直。是日设两席,并预备昆剧,恭邸、宝、沈、董三师、芝庵、受之、伯音、颂阁,约茗笙以请客未到,八宾一主,作竟日叙,邸以次均尽欢。

十月二十二日(12月5日)阴大风

入对二刻,巳初散直。黎简堂辞行赴蜀臬任,新授豫臬豫东屏山到京来见。再演昆剧一日。赏汤羊。

光绪六年(1880)

三月二十三日(5月1日)晴

入对一刻,卯正散直。穆宗诞辰,恭诣寿皇殿随同行礼。赴库收江海关等处饷银十四万八千余两,放神机营等饷十八万九千余两。午正至总署饭。酉刻赴文书田招,坐有绍彭、受之、月汀、东甫昆仲,演嵩祝成,武戏甚佳,亥正始归。

四月初五(5月14日)晴

入对一刻许,辰初二刻散直。问经师病,回寓小憩。午刻出城赴文昌馆，是日为江、浙、两湖等省诸公车接场，共二十四席，演四喜部。呈进前十本试卷。丽生卷列第九，阅之喜甚，榜后补记。

六月二十五日(7月31日)晴

花衣第一日。入对一刻许，卯正散直。赴宁寿宫听戏，戴胎帽，辰初入座，未初二刻叫散，赏果盘、奶茶等食物三次。回寓小憩。酉初到总署。

二十六日(8月1日)晴

寅正二刻入对，皇上升座，行三叩首礼。卯正二刻皇上御乾清宫受贺，行礼如常仪。蟒袍补褂。辰正入座听戏，赏如意、袍褂料、铜手炉、磁花瓶、古铜盆、帽纬、荷包等件，食物赏如前，未初三刻叫散。惇邸招饮，赴之，醇邸、伯邸均在座，有戏，酉正先辞归。

七月二十四日(8月29日)晴

入对一刻许，辰初散直。徐肖坡辞行，茗笙来谈。额小山同年来言，定于二十六日起病(程)请安。午后出城，至正乙祠祝朱砚生太夫人七旬寿，盘桓半日，听三庆部。

九月十四日(10月17日)晴

入对刻许，赴南书房会商奏片电报，辰正散直。午后祝田继瞻少空七十寿，即留听戏，与秋坪、芝庵、星斋、受之同席，作竟日叙。

光绪七年(1881)

元月十八日(2月16日)晴

入对一刻，辰正散直，午后出顺治门拜年十余家，至太原馆，总署团拜公请也，听四喜部，有《盗令》、《刺梁》等剧。酉初二刻进城。

二月十二日(3月11日)

入对不及刻,辰初散直。午刻出城,访茗笙未值。辛亥同年团拜,才盛馆。挈森儿同往,黄让卿、彭香九两侍御承办,有《挑帘》、《刺梁》诸剧,进城已酉正矣,森儿留听戏。换洋灰鼠袍褂。

二月十六日(3月15日)晴

入对刻许,辰初三刻散直。午后出城,答金季云,奠劳移卿。访茗笙谈,时创捐杭郡会馆,虎坊桥东路北,正在督工修葺也。未刻至才盛馆,捐纳房团拜,有《剔目》、《游殿》诸剧,酉正进城。接子健正月廿六日书。

二月十八日(3月17日)晴

入对一刻,辰初二刻散直。午初到总署,久未得劼刚电报,正深悬盼,昨晚接英使威妥玛信,言接伊国来电,中俄新约已于正月二十六日画押,恐劼电或有浮沉,即寄电信查询之。出城答傅哲生晤谈,顺道拜客。赴文昌馆,云南司团拜公请也,有《奇双会》、《琴挑》诸剧,酉正进城。

二月二十四日(3月23日)晴

入对刻许,辰初散直,奠照星垣上公祥。午后到户部、总署。祝成竹坪太夫人八旬寿,演春台戏,不见好,酉刻归。

二十五日(3月24日)晴

入对一刻,辰初二刻散直。谷士来晤,京察覆带新记名也。午后到总署。竹坪太夫人着人来邀听戏,偕毛煦翁赴之,演四喜戏甚佳,亥初始归。柏百福来,言俄君子十四日阅兵归,中途被匪轰毙,旋接劼刚电报亦云然。

光绪九年(1883)

七月十七日(8月19日)午前阴,午后晴

早起偕桐侯,筱饮、嵩云、乔梓、恒岩、挈森儿、熔孙至丰乐桥吃点心,出涌金门至三雅茶园小坐,乘小舟泛湖,至钱圹门登岸而归。自别西湖二十五年矣,兵燹后名胜全非,而湖山如旧,重来识面,便令人有今是昨非之慨。午刻祀先,经伯、子惠、梦九同来,约明日听戏。接蔚庭书。

七月十八日(8月20日)晴

酆云鹏来晤,新署臬篆。又见客一起,候补府陈汝济。郴州人。午后至状元衖听戏,吴筠丈、李兰舟、叶春伯、黄云屏诸君在座,作竟日叙,子正始归。致诚民、幼筠书。

光绪十年(1884)

元月二十七日(2月23日)晴

德晓峰方伯、酆云鹏廉访来谈。接子授信,子缙面交。午后奠余古香观察,赴八旗会馆江苏团拜公请,与何青耜都转、旭翁、谷士同席,共到百八十人,设三十席,亦盛举矣。演四喜部,名曰小京班,尚可看得。亥初归。

三月十二日(4月7日)阴雨

德晓峰方伯、酆云鹏廉访、成竹铭都转、盛旭人观察公请,席设八旗会馆,有戏,客四人,何青耜都转、敏斋、茗笙及余,作竟日叙。是日春寒如腊。汪守安由苏至徽办茶,过此一晤。

三月十三日(4月8日)晴

敏斋、松生、点青诸君约看普济堂栖流所清节堂义塾及义仓永济仓并壩子桥工程，规模都好，兵燹后整理至此，不可谓非丁氏之力也。顺道同游莫庵，或作沐庵。房舍甚精洁。是日新修永济仓工竣祀神饮福。傍晚赴郑宅听戏，同人为谱香夫人暖寿也。

光绪十三年(1887)

闰四月初七日(5月29日)微雨

酆云鹏观察来晤，言增颖已妥为安置矣。午后至状元衖听戏，作竟日欢。是日两媳一女及梦九夫人同拜郑老太太为寄母，吉祥善事，热闹非常。

闰四月初九日(5月31日)晴

郑宅听戏，冠三今年四旬，以饮局为名，借此一叙也，旭翁、茗笙均在座，茗翁兴致尤佳，归已子正二刻矣。复馨吾信。

闰四月十四日(6月5日)晴

樊鸿翁来谈。午后状元衖观剧，公局也，子正归。

七月初七日(8月25日)晴

候隽生，答高海槎，均晤谈。保之来。三媳生辰，内外亲友共设六席，晚间有打包戏，颇看得。

九月初四日(10月20日)阴

请何青士都转、盛旭人观察暨江小云、樊鸿甫、吴左泉、茗笙、少伯诸君共四席，另两席、外客两席，帐房两席，演鸿福部，略置行头，便觉焕然一新，客皆尽兴。是日并饯张子虞、时将赴京。许稚麟。随使外洋。

九月初八日(10月24日)晴

二次请客，蔡秋圃、唐其章、吴心伯诸君共十二席，演鸿福部，竟日酬应,尚不觉累。送子虞行。

九月十一日(10月27日)晴

内眷请客共四席,帐房、另客三席,仍演鸿福部,是日散最迟。早起步访鞠甫谈。

十月十四日(11月28日)晴

午刻恭诣宗祠虔修祀事,祠即在霞西住宅后,同族与祭者三十余人,游庠者七、八人,中奉迁梁始祖千六公,以次而下,现存者十八世一人,名吕江,长余两辈,十九世十馀人,长余一辈,最小者为二十四世,合族男丁约三、四百人。祭毕设六席饮福,依行辈列坐开筵,演剧颇为齐整,祠事皆霞西主之,此次增设旗匾,悬灯结彩,倍极辉煌,亦一时之盛也。是日遍拜族人,酬应竟日。

十月十五日(11月29日)晴

早起谒千六公墓,墓在镇外二里许兰芎山麓。自宋末至此将五百年,历朝之易姓者屡矣,而吾家远祖遗阡至今犹在,俾后代裔孙犹得瞻仰松楸,来伸展敬,不可谓非遗泽孔长也。祭毕下山赴宗祠,是日为合族公请,仍演剧,席散登堂行叩辞礼。晚间香坪兄携樽款叙。此次余来谒祠,一切礼仪均由霞西一人预备,费财费力,深用歉然,事毕余以洋蚨二百番津贴祭费,再辞始受,加以旗匾之需,霞西所费亦巨矣。

十一月十四日(12月28日)晴

祝琳粟夫人岁庆听戏,全用新行头,灿烂夺目,亥正归。

十一月十六日(12月30日)晴

周宅饮局听戏。竟日大风,骤寒非常,凛冽为近年所无。

十一月十七日(12月31日)晴

周宅回席,酉刻赴之,仍听戏,子初归。松生来久谈。

十一月十九日(1月2日)晴

太属同乡暨亲友唐其翁、王澄叔等送戏公暖,竟日历碌,夜睡甚迟。霞西、乔梓、仲昭、粲三均专诚来祝,内外设正桌便饭各六席。子蕃甥妇初次来谒,如礼款之。陈默荪之子琪仙登瀛自温州来。

十一月二十一日(1月4日)晴

亲友纷纷致祝,许星台方伯暨德静山都转、廖谷士廉访,酆云鹏观察并旭人、艺农、莜园诸君约齐而来,辞之不获,坚欲留此听戏,另备两席款之,子正始散。是日仍演鸿福部兼小京班,诸脚色戏甚好。内外设面席十六桌,正席十四桌,丑正始就寝。

十一月二十二日(1月5日)晴

子玖学使、星台方伯诸君共十四人携樽见祝,并邀茗笙、少伯作陪,设四席,听戏至丑初二刻始散。

十一月二十三日(1月6日)晴

省城诸亲友公饮,内外设正席十一桌,便饭六桌,演大雅部,兼雇小京、鸿福两班脚色,听者忘倦,余于丑正就寝,散戏已卯初矣。

十二月初十日(1月22日)阴

宗文义塾月课。星台方伯来,因十四日公饯谷士,借座演剧,允之,并以《泰山摩崖字集楹帖》见贻,又蒋南沙《富贵寿考图》一幅。午后答阊庄、继绍庭太守,均晤谈。顺道至梦九处少坐。

十二月十四日(1月26日)阴

……是日在省司道集余家公饯谷士,余与子玖均附主人之列,作竟日欢。

光绪十四年(1888)

二月初六日(3月18日)雨

元甫夫人殉节,急往视之,为发电报致松泉。午后演鸿福部,不请客,内外设便饭六席,皆居常来往熟人也。戏甚好。初九日拟请司道,先试演一回。

二月初九日(3月21日)晴

上年十一月当道诸公移樽见祝,设席答之,客位瞿子玖学使、许星台方伯、德静山都转、世谨生、酆云鹏、盛旭人、唐艺农、宋蔬园、邹渭清、任××诸观察,约郭谷哉、张莼生、刘祝三三太守暨刘吉园总戎、茗笙、少伯、何介甫、沈吉田诸君陪,设四席,演戏,作竟日叙,子正席散。张润和、冯星垣、叶桐孙来。是日萧杞山廉访因病未到。

二月初十日(3月22日)晴

子玖、星台及官场诸君子回席,并邀茗笙、少伯、吉田、松生在座,仍演戏,极尽欢而散已丑正矣。吴瑞征自衢州来。裕亭坐划船赴娄。

二月十二日(3月24日)阴雨

演小京班一日,顺便酌吴瑞翁、张润和、冯星垣、何小湖、沈少如,约子饶作陪。是日不请外客,少伯、龚甫、贯之、子杜、彬甫诸君均来听戏,不拘形迹,颇觉畅适。

三月二十八日(5月8日)阴微雨

偕松生、子社、邹典三集峨眉山馆,往看考棚工程,吃王饭甚适。祝德静山都转寿。毓儿今年二十九岁,因有湘中之行,儿媳辈为之预祝三旬初度，周、郑各宅内外咸集，晚间演剧，颇为热闹。

三月二十九日(5月9日)阴微雨

毓儿生日，早晚内外亲友来贺者共设十八席，晚间仍演剧，《三进士》、《花田错》各出甚有精神。午前出门，至观音阁祝胡月乔夫人六旬寿。陈程初派舢板一号来，中军参将崧煜派戈什哈刘正凯、萧秉权来。

四月初三日(5月13日)晴

同里戚友移樽公饯，演鸿福、小京两部，共设九席，竟日欢叙。

四月初五日(5月15日)阴雨

茗笙、鞠甫、白叔、子惠三昆仲、梦九、俶怀公饯，内外四席，演晚台，同人均极有兴会。

四月初七日(5月17日)晴

子玖、星台、杞山、静山、云鹤暨首府县及候补道府等二十四人公饯，请茗笙、少伯作陪，共五席，演戏一日，热闹逾常。竟日应酬尚不觉累。

四月初九日(5月19日)晴

湘省同乡移樽公饯，子玖、杞山、艺农、李健斋、李薰吾、陈仲英、张莼生、刘吉园作主，礼意丰腆，心甚不安，仍两班合演，子正始散。

四月十三日(5月23日)晴

天喜孙满月，早晚内外设二十一席，是日有戏，故亲友到者尤多。

四月二十四日(6月3日)晴

茗笙如嫂生日，送两班清唱前往，晚膳茗兄兴致极佳。

十二月二十七日(1月28日)晴

张燮钧学使来商明年按临次第,以恩榜特开不能照往届举行也。右铭来久谈,两首邑回公事,夜人和部试演灯戏。

光绪十五年(1889)

元月初六日(2月5日)午前阴,午后霁

见客四起,午后西城补拜年,并答裕吉臣廉访,赴司道公宴,集粮署,与学台同席,谷庭、耦芝、筱庄、少村、定夫、心庵、星垣、小山、昂千、吉人作主,星垣病足不能到,共三席,演人和班,有灯戏,亥正归。

元月十八日(2月17日)阴雨

午前见客两起,午后酌谷庭以次寅僚二十人,设四席,演仁和、清华两部,申初入座,子初散席,热闹尽欢,颇不觉累。

元月二十日(2月19日)阴

谷庭、少村先后商件,又见客二起,出大西门答拜李荫墀太史,归途访徐芸渠先生谈,夜看王云部灯戏,春寒颇峭,皇上大婚届期,花衣第一日至二月初九日止,内除忌辰四日不计,共十五日。

元月二十七日(2月26日)阴

拜发归政礼成,崇上皇太后徽号贺表,加钦献二字。是日皇上大婚吉期,演泰益部,普天同庆也。手拟覆陈津通铁路事宜折稿,谢客一日。

三月二十七日(4月26日)晴

见客二起,益吾、右铭先后来晤谈,晚酌巽卿长媳生辰,孙辈为之剧(醵)分致祝,演清华晚台。

五月初六日(6月4日)晴

见客二起，奎儿生百日矣，在署戚友醵贺，演清华晚台。

九月初四日(9月28日)阴

官绅见祝，一概挡驾。酌本署戚友共三席，演泰益部，上房演清华部，未刻赴苏家巷李质堂军门宅，在省诸巨绅公祝也，郭筠仙、谭文卿、徐芸渠、王益吾、陈舫仙、王雁峰、何伯渊、周笠西、俞鹤皋、陶少云、杨蓬海、陈程初均在座，进门后东花厅设寿堂，行礼毕，至西花厅入席，演仁和部，礼意有加，受殊多愧色，畅叙竟日，子初始散。

九月初六日(9月30日)阴

司道首府县携尊见祝，传集仁和、泰益、清华三部，演《马芳围城》一出，上台一百余人，可谓大观矣，亥正席散。

九月初八日(10月2日)阴

答初四日公请诸巨绅，到八人：郭筠仙、谭文翁、李质堂、王益吾、陈舫仙、陶少云、杨蓬海、陈程初，设两席，演泰益部，外传名脚十三人，畅叙竟日。……

光绪十七年(1891)

十二月初二日(1892年1月1日)晴

曲靖守施济航、署开化守石晋卿均谢委。何云楼镇军招饮，未正赴之，序帅、楚卿、小秋、昆山在座，有戏，戌初回署。

光绪十九年(1893)

二月二十五日(4月11日)晴

歇息一日，何文农约游秀山……是日适无风，下山回城时方未正,小憩甚适,下午有戏,未免蛇足矣。……

十一月初三日(12月10日)晴

首府县回事,又见一班。接户部咨,万寿庆典金辇经由道路自西华门至西直门外关乡广通寺止,乡当作厢。应修房屋铺面三千四百三十八间,应设龙棚七座、彩棚十九座、经坛二十六座、戏台十四座、牌楼八十四座、亭座六座、景物九处,猗欤盛哉!

光绪二十一年(1895)

元月初七日(2月1日)晴

午后拜客,问黄漱兰同年病。访李石农少宗伯文田久谈,向未识面而倾慕已久,初次接教深惬素怀,石农精相法,谓余一生平稳无风波,后嗣必有以科甲起家者,自维德薄不敢作妄想也。莲芬之第八子来见,名桂秋,年十八,唱须生,英秀不俗,莲芬已于前年六月物故,回忆四十年前旧游,不禁感慨系之。……

光绪二十二年(1896)

元月初六日(2月18日)晴

英、法、俄、德、日五国领事官先后来贺年,依次接见,各尽欢。文武寅僚招集浙江会馆,与云楣、功亭同作客,申正赴之,主人济济,有戏颇热闹,亥初归。

元月初八日(2月20日)晴

见客一班一起,吕道生。美署领事丁家立带同大学堂教习克赖福,又潘子俊带同俄国萨宝实行东四达尔祚福先后来见,聂功庭、胡云楣、贾制堂、吴瑞生、袁慰庭公请,席设海防公所,申初赴之,亦有戏,戌正归。

元月初九日(2 月 21 日)晴

见客四班一起,功亭辞行。汪伯棠由京来晤,申初赴浙江会馆团拜,先行香,有五处与云楣同席,是日戏颇出色,亥初二刻归。

二十五日(3 月 8 日)晴

见客三班一起,吕道生自山海关来。官场公饯傅相,席设海防公所,未正赴之,有戏,酉正席散。海宴进口,是日始食黄花鱼。

二月初二日(3 月 15 日)晴

见客三班一起。前皖臬张筱浦学醇,山阴人。江苏会馆团拜公请,申刻赴之,亥初归,戏颇看得。

光绪二十六年(1900)

初五日(4 月 4 日)晴

巳正二刻入对一刻,午正二刻散直,刘岘帅来晤,余石生九谷辞行赴苏。总理衙门团拜公请,湖广馆,有戏。申初赴之,酉正进城,同、甲留看灯戏。

光绪二十八年(1902)

元月十六日(2 月 23 日)晴

辰正二刻入对,巳正述旨,是日乾清宫廷臣宴,午正入座基八桌,东边礼亲王世铎、荣禄一桌,崑冈、崇礼一桌,瞿鸿禨、张百熙、世续一桌,徐会澧、葛宝华、阿克丹一桌,西边蒙古王那彦图、王文韶一桌,徐郙、敬信一桌,鹿传霖、裕德一桌,贵恒、松溎一桌,计御前大臣、大学士、六部尚书、理藩院尚书除差假外共十八人,张百熙拿酒,孙家鼐请假撤下。酒醴笙簧,礼仪肃穆,非昨日保和殿可比矣,演戏三出,礼成谢恩,有盘子赏,计:蟒袍袍褂料、朝珠如意、磁花瓶六色,如万寿赏戏例。退直回寓,小憩到署,奥使齐干来,庆邸在座,酉刻德使穆默招饮,偕庆邸、子玖、春卿赴之,荣相、云楣、振贝子、张燕谋在座,尽欢而散。

元月十七日(2月24日)晴

午初三刻散直,日本使内田康哉为新设之正金银行锅仓直出名请客,席设馀园,未正同人会集荣相处赴之,演福寿班,听戏三出,酉正先散。

二月十二日(3月21日)风雪

巳正入对,午初二刻散直,华俄银行请客,馀园有戏。申初偕荣相、子玖赴之,坐两点钟,又同赴日本内田使之约,回寓已亥初二刻矣。竟日风雪,入夜始止,顺天府报六寸,其实盈尺矣。是日上谕处带引见。

端午节(6月10日)晴

见面磕头,是日太后传各国公使夫人等游宴,仍谕令外务部带领,由乐寿堂至养心殿相距既远,时方正午,命庆邸及鄙毋庸同往,天恩高厚体恤入微,曷胜钦感,宴毕赏戏,申初二刻礼成散直。

六月二十五日(7月29日)雨

花衣第一日,辰初入对,赏阅是楼听戏,东边第三间军机四人,霖雨日夜如注,衣服靴袜尽湿,均当时更换。向所未经也,申正散归。

六月二十六日(7月30日)霁

辰初入对,辰初二刻皇上升乾清宫受贺,行礼如仪,辰正入座听戏,赏如意、袍褂料、荷包、花瓶、手炉、螺钿盘、帽纬等件,名曰盘子赏。亦年例也,申初二刻散归。

八月初七日(9月8日)晴

入对六刻,为平时所仅有,亦尚能勉支也,巳正三刻散直,到外务部,英萨使、葡白使先后会晤,本日为桢儿四十生辰,亲友醵送打包戏,贺客亦不少,足增光宠矣。

八月十四日(9月15日)晴

述旨后赏德和园听戏,东边只两桌,御前三王一桌、四军机一桌,人数太少,竟日未能抽身小憩,酉正二刻同儿来始散,戏却极好。亦勉力支持矣。

八月十五日(9月16日)中秋节,晴

赏戏第二日,换芝地纱一套。见面后辰正二刻入座,午初申正赏饭二次,未正赏果碟一次,酉初二刻散戏后赏游昆明湖看荷灯,乘小轮船,皓月当空,水天一色,沿湖放灯,明星万点,远望如长虹亘天,益信天家富丽非复人间所有也,戌正始回寓。四儿偕喜孙来。

八月十六日(9月17日)霁

赏戏第三日,述旨后巳初二刻入座,赏果盒,酉正二刻散戏,赏宁绸袍褂料两大卷,内造活计一匣,上殿谢恩退出,殿名颐乐。泰臣、彬孙来。晋孙昨日来。

十月初八日(11月7日)晴

巳初入对赏听戏,先是初九、初十、十一三日赏听戏,王大臣连外庭一品共四十七人,本日乃系特赏,酉正二刻始散。

十月初九日(11月8日)晴

辰初入对,三刻入座听戏,酉初三刻散,南书房徐颂阁、张冶秋、陆凤石、郑叔进四君子暂寓公所,大门以内彼此往还清谈甚惬。厚庵、地山下榻寓斋。

十月初十日(11月9日)晴

皇太后万寿,卯正入对,辰初二刻穿朝服。排云殿随同皇上行礼,来往赏坐船,辰正入座听戏,未初至直庐小憩,酉初二刻散戏,又赏排云门观灯,王公大臣均侍立,灯事毕,赏至后殿瞻仰并赏元宵,叫散已戌初二刻矣。

十月十一日(11月10日)晴

辰正入对,二刻入座听戏,午正仍至直庐小憩,盘子赏如年例,酉初三刻散戏,郑叔进顾谈。同儿进城。

十月十二日(11月11日)晴

辰正入对,又赏戏两天,只御前四王礼、庆、肃、那。及军机四人。除早晚两次赏饭外,竟日危坐,至酉正一刻始散,非常恩宠亦殊不易任受也。视伯将回南,明日进城,彼此往还即以话别。

十月十三日(11月12日)晴

见面后,辰正二刻入座听戏,酉正二刻始散,本日荣相旧恙大发未入直。偶患腹泻,尚无所苦。四儿进城。

十一月初七日(12月6日)晴

午正散直,四儿带同二孙婿来见,人颇大方有器局,桢儿挈晋孙来,盖昨日傍晚回京也。本日面奉懿旨,荣、王、鹿、瞿均着加恩在颐和园宫门内乘坐二人肩舆,钦此。当即碰头谢恩,并声明嗣后遇赏戏赏游之日谨当遵旨乘坐,平日仍未敢乘坐也。

十一月二十四日(12月23日)晴,冬至令节

见面磕头,蟒袍补褂。巳正散直,孙女辈以难得到京,适当寿日必欲听戏不便固拒,本日福寿部,不请外客,部院堂司中面约数人,亦有未约自来者,居然音樽候教也,亥初先睡。

十一月二十五日(12月24日)晴,大风

卯正三刻入对,辰初二刻太后御皇极殿受贺,辰正二刻皇上御太和殿受贺,均行礼如仪,穿朝衣本色貂褂。是日仍演福寿部。

十一月二十六日(12月25日)晴

午初二刻散直,祝那琴轩太夫人寿,回寓小憩,到外务部,璞科第偕浦罗他协福来见,酉初仍至琴轩处听戏,荣相、肃邸同席,戌正归。

十一月二十七日(12月26日)晴

午初散直,诣礼邸谢步,下午到外务部,法吕使来答拜。是日上房请女客演玉成部。得葛揆伯报,味荃以老病作古,少年朋辈彫伤殆尽矣,噫!

十一月二十八日(12月27日)晴

巳初入对,巳正述旨,美康使挈其提督麦勒思觐见,带领如仪,午初二刻散直,上房再演玉成部一日。是日荣相足疾又发,未能入直。

十二月十六日(1月14日)晴

赏福寿字,见面磕头,本日事多,引见单十二件,请旨折片十八件,向来不常有也。午正一刻散直,祝胡云楣生日,听戏数出。是日俄历元旦。

十二月十七日(1月15日)晴

荣相销假,入对三刻,午正二刻散直,是日赴俄馆拜年,退直已迟,不及回寓,一径到署,申初事毕,到家小憩三刻,云楣又邀听戏,酉初赴之,与姜汉卿、景东甫同席,戏甚好,戌正始归。

绛芸馆日记

上海图书馆典藏《绛芸馆日记》为同光年间绛芸馆主人旅居上海之日记。作者自号绛芸馆主人，真实姓名暂不可考。其本籍乃杭州，同光年间旅居上海，在一关署任闲职，属于下层官僚。《日记》为毛边纸抄写稿本，共二十四册，起于1870年(同治九年庚午)，止于1881年(光绪七年闰七月)。《日记》每一年装订成两册，最后一年只存半年日记，半年日记亦装订成两册，故日记所记为十一年半所发生的事情。同治十年和光绪五年之日记封面作《绛芸馆省身日记》，其余年均作《绛芸馆日记》，今统一称为《绛芸馆日记》。《日记》版框为25.5 cm×14.6 cm，各年行款不一，同治九年的日记为每半页十行，每行三十余字，同治十年至光绪四年为每半页八行，每行三十余字，光绪五年至光绪七年为每半页七行，每行三十余字。《日记》中蕴含大量的同光时期上海梨园的信息，是研究清代戏曲的重要文献。任荣辑录整理。

同治九年(1870)[①]

元　月

初二,晴

回寓早点,往访陈松亭兄晤谈,适许蓉镜兄来闲话。松兄留饭。午后,偕出城至吉祥街复兴园观剧,复同至澧水台茗谈,游人甚众,略坐即去。

初六,雪珠

在科署作函致秋谷,并送小礼去。饭后,崔海槎邀去看戏,即偕燕庭及褚杏晖丈同出大东门买车往北至丹桂茶园观剧。戏散遇雨,至三马路泉记庄雇舆而返。

初七,癸酉

访黄仁甫兄未晤,转访吉甫昆季,即在余宅午膳。偕康甫出城至泉记访小安,不晤。至桂芳阁茗谈,再访小安晤谈,并留夜饭。夜饭后,康甫邀小安及姜申甫庄友,并余共四人同至丹桂茶园看夜戏,并看烟火。丑初进城。

初十,丙子

至华洋理事厅署祝陈宝渠六十寿并贺其姬人受礼大喜。略坐即作函致丽川族叔,交信局寄宁波。率森儿往虹口丝业公所继配陆恭人厝柩处祭扫,转至丹桂茶园观剧。酉科回寓。

十七,癸未

饭后,约康甫同出城访小安晤谈。转至姚二宝校书家小坐,适

---

① 本年日记天头破损,故部分天气情况无法确知,日期则依据庚午年年表进行推算。

云毂、燕庭同来。康甫邀至新新楼夜膳,云毂邀至丹桂茶园看戏,黄秋谷亦来。看烟火后,丑初同进城。

廿一,丁亥,晴

崔海垞来邀余手谈。先访高一兰兄不晤,至玉水台茶话。转至关科署访友,即偕海垞同去。康甫已先到,鲁孙、秋谷继至。先集一局,后因约友不齐,第二局不果聚。饭后,李星垣丈来,邀余及燕庭并少槎世讲至丹桂茶园观剧。戏散,往泉记庄小坐,买车进城。

廿二,戊子,晴

至关科署闲谈。约康甫同出城至泉记庄访小安不晤,至桂芳阁茗谈。马伯珠来同叙,转往同庆里姚二宝处小憩,燕庭偕厚栽乡丈同来。邀至新新楼夜膳。秋谷邀至丹桂园看戏。鲁孙来园,知其在满庭芳观剧。大戏毕,偕康甫至满庭芳访鲁孙,适《大悲楼》未了,又看《跳狮子》,后一同进城。

廿六,壬辰,晴

饭后,偕伯珠、康甫至邑园桂花厅茶叙。复同出城至畅福园听书,转至泉记庄访小安,略坐即进城。吉甫邀去陪塾师凌谐石先生饮。夜膳后,陆少槎兄邀至三雅园看新灯戏。四鼓始归。

廿七,癸巳,阴

至秋谷处,约其城外夜膳。余偕鲁孙、康甫先出城在桂芳阁茶话。复偕鲁孙至畅福园听姜月娥说书。端庄流丽,洵是可人。又至泉记小憩,转往姚二宝家寻康甫,再至吴金福家访秋谷。余即同邀至益庆楼夜饭。康甫邀至丹桂茶园看戏。丑初回寓。

廿九,乙未,晴

访松亭、燕庭均晤谈,转访康甫,适海垞来,偕之出城畅福园听书。遇褚杏晖丈、陈松亭兄。余邀至醉乐居小饮，复同至长林馆夜膳。松亭邀至满庭芳看万花山灯戏。丑初入城。

二　月

朔，丁酉，晴，夜微雨

访松亭、康甫均晤谈。饭后，出城至畅福园听书，复至泉记小憩，晤鲁孙。偕至桂芳阁茗谈。松亭、海垞来邀至复新楼夜膳，满庭芳看戏。丑正回寓。

初四，庚子，晴

往访松亭晤谈，旋至科署。褚杏晖丈邀至四美园看戏，复至泉记晤康甫，偕至桂芳阁茶话。海垞来邀至醉乐居小饮。薄暮进城，又为子范再三邀之出城，在长林馆夜饭，同至满庭芳看戏。知松亭在丹桂园，随即往约一同进城。

初八，甲辰，阴，微雨，午后晴

薄暮，约诸弟兄出城为康甫馔寿。余先至畅福园听书，次至桂芳阁啜茗，最后至复新园饮宴。坐中均同谱知己，颇为畅饮。席散，偕云毂、燕庭并邀康甫至姜月娥眉史处听堂折，见其应对周旋极其恬静，诚可人也。复偕康甫至丹桂园看戏。丑初进城。

十一，丁未，阴，夜雨

出城至畅福园听书，王仞千来，同至巧福校书家小憩，复至月娥处茶话。余在益庆楼夜膳，复至新新楼访友，晤吉甫、仞千、松亭诸君。竹孙邀至丹桂园看戏。余再邀松亭、仞千并韩秋兰兄至月娥家听堂折，复往丹桂园、满庭芳听戏。丑初进城。

十三，己酉，阴，晴

往李宅为闇斋夫人馔寿。饭后，偕李星垣丈、孙炳吾丈、海垞同出城先至严丽贞处听堂折。余又至畅福园听月娥说书。即邀星垣、海坨再至月娥家听堂折。傍晚进城,仍至李处夜膳。

十四,庚戌,晴

访鲁孙不晤,至康甫弟处晤海坨、鲁孙。余撰得楹联一副并跋数语,倩鲁弟代书。联:宝月蓝田新漱涤,素娥元圃漾清涟。跋:月娥眉史,涤涟其小字也。花般品格,玉样精神。檀板轻敲,偶听绣窗新调,琵琶初拍,旋开绮阁香茗。妙手纤纤,拨弦似莺声呖呖;歌喉缓缓,低唱如燕语喃喃。韵出天然,情何能已。爰撰芜联,聊应芳属,兼以表颂。他日联成语谶,更当为卿贺耳。书就即交裱家。偕康甫、海坨、鲁孙同出城。先至沈巧林处送琴条,转至月娥处送梅花琴幅。

十五,辛亥,晴

为月娥画仕女扇一页,探燕庭弟病,在彼午膳。饭后,至科署访友。褚杏晖丈邀余并筠坡蒋君往四美园看戏。余复邀至畅福园听书。筠坡邀往长春楼小饮。余再偕至月娥处听堂折。转访殿卿不晤,松亭邀至金桂轩看戏。丑初回寓。

十九,乙卯,晴

饭后,康甫遣人来邀,当即去。鲁孙亦在彼。偕之出城,在澧水台茶话,晤黄仁甫、高雝之、陈树生畅谈,申正分袂。在马路闲步,余复至三元楼啜茗。薄暮,至月娥处小憩并送立幅楹联去。月娥留余小点,康甫、鲁孙继至。鲁孙邀至复新园夜饭,康甫邀至丹桂园看戏。丑初进城。

二十,丙辰,晴,春分

至科署访友,晤蓉镜、筠坡、子范,转访松亭晤谈。回寓适龚月舫来,约定明日同出城。余至崔海坨处送除座。饭后,代海坨手谈。申初,出城至畅福园听书,晤筠坡。偕至王爱兰校书家小憩,转至月娥处听堂折。傍晚进城。

二十一，丁巳，晴

龚月舫来，同出大东门访吴东伯。乘车至虹口访陈朗亭兄，为东伯求售字画也。晤龚孝拱丈，畅观书画，午刻始散。东伯邀至长林馆吃饭，复至桂芳阁茶话。东伯先归，余偕月舫往石路闲步，在畅福园听书。筠坡、海垞、仞千、吉甫先后来园。书场散后，即至月娥处小坐。筠坡邀至益庆楼夜膳，金桂轩看戏。余招月娥同看，筠坡招王小宝同观。

廿三，己未，晴

往科署午饭。饭后，偕筠坡出城。先至月娥处小坐，同至畅福园听书，晤李星垣、闇斋、海垞、杏晖、子范、仞千诸君。余邀星垣、闇斋、海垞至月娥家听堂折。星垣邀至益庆楼小点。即进城。

廿九，乙丑，雨

至科署访杏晖晤谈。即偕出城至四美园看戏，转至畅福园听书。月娥不到，即怅怅而返。

三十，丙寅，雨，阴，风甚冷

函致张云溪、周殿卿，均嘱赵升分送。访松亭晤谈。饭后，偕松亭、杏晖至四美园看戏，转至畅福园听书，月娥仍不到。即偕至桂芳阁茶话。

三　月

朔，丁卯，雨

转至也是园访龚月舫，并晤吴东伯畅谈。访松亭不晤，再至科署。筠坡邀出城在茗香楼茶话。至四美园访杏晖，同至张秀卿家小憩。筠坡邀至最乐居小饮。杏晖先归，余偕筠坡至月娥处听堂折，知其书场已剪矣。头炮进城，即回寓。

初三,己巳,雨,有雷

李闇斋兄请至新新楼午饭。先至科署访友,转访�坡晤谈。未初,至新新楼,同席者为蔡芝斋观察、王紫伯观察、吴蓂阶茂才、云毂、燕庭、鲁孙诸君子。申初席散,偕鲁孙、燕庭至桂林、双喜、巧林、金福、金玉、金宝各校书处茶叙。复至月娥处听堂折,薄暮归。

初五,辛未,晴,清明

寓中祀祖。饭后,率森儿至丝业公所扫继配陆恭人墓。转至金桂轩看戏,复至涤涟处小坐。往同庆里姚二宝家代康甫问信,顺访陈树生表弟,在彼晚饭。再至金桂轩看戏,并招涤涟同观。丑正戏散,即至涤涟处借宿焉。

初六,壬申,晴,大风

雨生邀同出城至同庆里高如意家,适蒋子彝年伯来,燕庭、榴生、鲁孙、幼谦继至。子彝邀饮,即招金月仙、张仪卿、王金玉、桂珠、双喜诸校书来侑酒。余招涤涟来说书。拇战豪饮,十分畅快。酒阑人散,余偕幼谦、鲁孙至涤涟、仪卿、金玉各家茶话。鲁孙复邀至丹桂茶园看戏。丑初进城。

十五,辛巳,雨

访鲁孙、燕庭、雨生,均晤谈。申刻,鲁孙邀至周爱林处饮宴。同席者为燕庭、幼谦、榴生,招仪卿来侑酒。席散后,邀鲁孙同至涤涟处听堂折。戌正回寓。

十六,壬午,阴

访黄仁甫晤谈,回寓午饭。饭后至科署访友,邀抡先世讲出城至涤涟处听堂折。转至小宝校书家茶话。旋即进城。

十八,甲申,雨

往访雨生、燕庭均晤。转访云毂不晤,至松亭处清谈,在彼午膳。饭后，至新关访仞千。俟散公后，偕芍圃、仞千至巧云、巧馥两处茶话。芍圃又邀至涤涟处听堂折。

二十，丙戌，阴，晴，谷雨

在燕棣处午饭。饭后，偕鲁孙、榴生、燕庭同出城至爱林、双喜、桂珠家茶话，爱林留点。鲁孙作东道主，即邀在爱林处吃夜饭。榴生、燕庭邀至咏霓茶园看戏，仍招双喜、爱林、桂珠诸校书来陪侍。丑正进城。

二十九，乙未，晴

少槎来嘱拟信稿草稿，即为代拟。邀至浦五房午饭。席散后，恕堂邀至丹桂园观剧。偕仞千、吉甫至巧云处茶话，再至金福处送琴条。

三十，丙申，晴，阴

饭后，至科晤雨生、筠坡。访海垞不晤，转访露园，已他出。即至大关晤诸同人，并与露园略谈。即赴北寻至最乐居晤伯年、燕庭、鲁孙、海垞。即偕至爱玲、桂珠处茶话。余复邀至复新园夜膳。鲁孙又邀至丹桂看戏，招涤涟、爱玲、桂珠同观。丑初入城。

四　月

十四，庚戌，晴

往周殿卿家祝顾子笙四十大寿，略坐吃面，即至蒋渌桥处作陪客。未正，燕庭来，云及评礼事，且改一期，明日主人补请，先行赔礼等语，余亦只得首允。即偕之出城至双喜处，榴生在焉。少坐即邀至涤涟处听堂折。

十五，辛亥，晴

午刻赴科闲话，仍回寓午膳。饭后，往黄、蒋两处谢步。偕仁甫兄出城至丹桂园看戏，晤周殿卿、龚东樵、顾子笙。戏散，偕至张韵兰校书家小憩。

十七,癸丑,晴

至科署邀筠坡同叙。随即出城到益庆楼。抡先、远哉、子范先到,筠坡继至,渌桥最后来,仁甫、伯珠、衡甫均不到。即坐席,拇战豪饮颇畅。席散后,抡先邀至丹桂园看戏。余复邀至涤涟处听堂折。殿卿函招诸友,均进城。余至爱玲处赴宴。同席者为陆陇之兄、曹子美、龚东樵、陈松亭、顾芷升诸君,招钱金珠、巧馥、金玉兰、巧云来侑酒。甫半酣,鲁孙在涤君处来招,即往。留鲁孙夜膳并邀至丹桂看夜戏,招爱玲、涤涟陪观。

十九,乙卯,晴

出城至小广寒,则东樵、松亭、殿卿、芷升均已先到。鲁孙留字嘱为代辞。甫入席,唐厚甫、朱幼谦来,即招仪卿、爱玲、宝玉来侑酒。席散后,主人陪余夜膳,余即偕往丹桂园看戏。

廿一,丁巳,阴,小满

至畅林园听书。鲁孙、远哉先后来。书场散后,鲁孙邀至万源昌小饮,任伯年在焉。点后,偕远哉访涤涟畅谈。复邀鲁孙来夜膳。鲁孙邀至丹桂园看戏,招爱林录事、涤涟词友、月娟词侍同观。

廿二,戊午,雨

与远哉畅谈,在小广寒午膳。同至畅林园听书,仍包卅筹。书场散后,仍至广寒室与涤涟姊妹、远哉斗花牌。夜饭后,唱《三笑》对滩簧,颇觉欢畅。

廿四,庚申,晴

偕森儿至爱林家,鲁孙、燕庭、伯年、远哉在焉。略坐即遣森儿先归。余仍至涤君处,筠坡、佑生、小蕺、松亭、殿卿先后来。余邀筠坡、榴生至新新楼夜膳。佑生邀至咏霓茶园看戏。新演《灵鹫山》,灯彩颇为新颖,耳目为之一新。丑初回小广寒。

廿六,壬戌,阴雨

往祝汪雨生兄夫人四十寿。主人邀手谈,至申正不分胜负。余即出城访小广寒主人,在彼夜膳。膳后,偕涤涟至丹桂园看戏。子正,松风阁口面回禄,火光灼天,离戏园止半箭之遥。看客惶惶星散。余将涤君首饰卸去,陪其回寓。

廿七,癸亥,晴

乘车赴浦东,谒叔母,为其家中事也。代作杭信三函。酉刻仍渡浦回北至小广寒夜膳后,后仍偕涤君至金桂轩看戏。丑初同回小广寒。

廿八,甲子,晴

至小广寒看主人理妆,同至畅林园听书。偕远哉访伯年,晤鲁孙。邀之同至涤君处小点。鲁孙先行,余与远哉至爱玲家小坐。即邀远哉、鲁孙至益庆楼夜膳。鲁孙先进城,余与远哉至金桂轩看戏,并邀广寒主人同观。

廿九,乙丑,晴,阴

姬人欲看夜戏。余饭后往约远哉先出城至丹桂园看戏。申初,偕访涤涟,松亭、鲁孙先后来。杨经德兄邀至小爱玲处吃酒。同席者为殿卿、芷升、小蕿、松亭、鲁孙诸君子,并招兰卿、爱玲、沈三官来侑酒。余招月娥来说书。席未散,知姬人及森儿、桂儿已至戏园。余即先辞至小广寒一转,旋至金桂轩看戏。姬人往邀月娥词友来同看。

五　月

初五,庚午,晴

遣冯升、薛福至各处贺节。为儿女打长命缕两条,绘花卉扇面一页,继配三周作享奉祀。饭后,访燕庭、远哉,偕之出城。先至爱玲、桂珠处茶话,复至小广寒听堂折。薄暮进城。

初八,癸酉,阴,晴

饭后,出城购得大理石、红木镜台一座,紫冠百颗,带致广寒主人。同至畅林听书,仍偕回寓。远哉、梅轩来。远哉嘱月琴做堂折。殿卿邀饮于王兰卿处,同席者为伯年、芷升、松亭、小蔢,并招爱珠、绮霞两校书来侑酒。余招涤君来说书。席散后,即邀松亭同至丹桂园看戏,仍招涤君同观。

初十,乙亥,晴

饭后,往祝杨经德兄四十寿,不晤。转至小广寒,同至畅林园听书。仍偕回寓。略坐即往访鲁孙,爱玲留饭。饭后,余邀鲁孙、爱玲、涤涟同至丹桂园看戏。

十二,丁丑,晴

抡先为远哉饯行,邀至丹桂茶园看戏,招余作陪。戏散后,同至小广寒小憩。余复邀至新新楼为远哉祖饯,并招抡先、子范、梅轩作陪。戌正席散,余复至涤君处听堂折,旋即入城。

十三,戊寅,雨

至月娥处小坐,同至畅林园听书。缘听客甚少,涤君嘱余包卅筹。梅轩、子范来,同回小广寒。子范为远哉祖饯,邀至新新小饮,并邀余及梅轩、燕庭作陪,先后均到。拇战酣饮颇畅。席散后,余复邀至咏霓茶园看戏,并招涤君姊妹同观。丑初回寓。

十六,辛巳,雨,阴

饭后,同访燕庭不晤,鲁孙先归,约晚间丹桂看戏。薄暮时,偕海槎出城。海槎邀至益庆楼夜饭,同至秀卿处访鲁孙。略坐即至丹桂看戏,并招秀卿同观。丑初进城。

廿五，庚寅，晴

约海垞、康甫、鲁孙来寓手谈。余大负，计输六洋。傍晚局散，偕同局诸兄弟出城。鲁孙邀至新新楼夜膳，康甫邀至丹桂园看戏，并招爱玲、秀卿、双喜、涤涟同观。丑初至爱玲家小憩。

廿六，辛卯，晴

访松亭并晤次仙、芷升、小稜诸君子畅谈。回寓午膳、洗浴。访康甫晤海垞，偕之出城至爱玲家。访鲁孙不值，海槎邀至复新园夜膳。余邀至金桂轩看戏，代招爱玲同观。丑初进城。

廿七，壬辰，晴

至丝业会馆访伯年少坐。鲁孙来，同看伯年作画。转访程小瑚晤谈。旋至秀卿处茶话，并晤次仙。至薄暮时，偕鲁孙同访爱玲。在彼夜膳，亥初甫辞去。乘车至同桂轩看戏。颇有绝好脚色，皆京班流寓海上者也。深为可惜。丑正进城。

廿八，癸巳，晴

邀吉甫、抡先、可权、鲁孙、海垞、云毂、燕庭来寓手谈。余得胜计得四洋。傍晚局散。夜膳后，偕鲁孙出城。余邀至丹桂园看戏，并招爱玲同观。戏散之后，复至爱玲、秀卿两处茶话。丑初入城。

廿九，甲午，晴

偕康甫出城。约康甫在三马路泉记等候。余即往探象山病，知为湿温伤寒，耳聋音闭，大非佳兆。略坐即辞去。至泉记约康甫，知云毂、燕庭在城外，随至丹桂园探视，果然在焉，并晤仁甫及沈亮甫。戏散后，同至爱玲处小憩。

六　月

十九，甲寅，阴

至爱玲处赴局。知为潘美之酒，仍招爱林、桂福、秀卿、双寿、小巧、小宝、兰卿来侍酒。席散之后,镃山复邀至小宝处吃局,再招爱林、桂林、桂凤、巧林来侑酒。一夜六抬,精神惫甚。席散,漏下五鼓矣,即偕松亭同行至小东门,尚未开城。即往福仙戏园小憩,俟天明同进大东门。

廿六,辛酉,晴,微雨

访松亭、殿卿仍不晤。饭后,出城独行踽踽至丹桂观剧,晤云毂、燕庭、海槎及沙子皆。戏散后,至爱玲处小坐,适松亭、芷升在焉。

廿七,壬戌,晴,微雨

午后,访松亭、殿卿并晤次仙、小蕿、雪村。即偕松亭出城至爱玲、桂卿两校书家小憩。适张小舫观察来招,偕松亭同至长春楼赴宴,晤唐阶平、陶蘋三,畅饮。席甫散,即先进城行至城关,适已闭矣。复至丹桂看戏,并邀松亭、叔常同观,招爱玲、涤君陪侍。半月不晤涤君,而形容消瘦甚。询知吐红,身弱一至于是,颇为忧心。丑正进城。

廿八,癸亥,晴,微雨,有风

午后,乘舆出城至万昌洋行,晤叔常畅谈。小舫邀至宝丰戏园听戏。阶平、蘋三、李鸾坡同观。戏散后,邀至爱玲家小点,日暮时同行。途遇松亭、经德、叔常。松亭邀至长春楼小饮,叔常复邀至爱玲处吃酒,招小爱林、张桂卿、张秀卿、小秀卿、顾阿宝来侑酒。席散后,叔常再邀至丹桂听戏,并招周爱玲、小爱林、张秀卿、小秀卿、张桂卿、王金宝、顾阿宝、桂福诸校书同观。阶平、蘋三点《五人义》一出,颇好。丑正进城。

七　月

初四,戊辰,晴

往访松亭晤谈。偕访殿卿不晤,同访小舫晤谈,即回寓。饭后，松亭来约往久乐园观剧。酉初戏散，偕至醉乐居小饮，转至爱玲、秀卿各处茶话。

十七，辛巳，晴

出城至爱玲处小憩。旋至文兰处晤皮惠之、沈兆祺、高辛甫、张瑶嵚。即偕惠之、兆祺至桂福处茶话，再至爱玲家闲叙。在彼晚饭。饭后，邀惠之、兆祺至丹桂园观剧，并招爱玲、小宝同观。在园晤鲁孙、海槎、露园、雨生、幼谦、雝之诸君子。

廿一，乙酉，晴

函致瑶嵚、筠坡、荫亭、子丰、吉甫、露园、芍圃，遣阿赵分送。访松亭、子范均晤。在科午膳。饭后，筠坡邀至同桂轩看戏。余复邀至益庆楼小点，再同访桂福、桂宝、爱玲诸校书。

廿八，壬辰，雨

史云邀饮，在双喜处吃局，招竹卿、桂卿、阿男来侑酒。席散后，满拟进城，只以松亭贪花，小蘐恋酒，均不肯进城。然除此两君无以叫城。不得已独往金桂轩看戏，招爱玲来陪看。

八　月

朔，乙未，阴，雨

乘舆出城。先访经德不晤，转访伯年晤谈。随至爱玲家，蝶庄、史云、达生、芷升先后来。即邀之小饮，并招小巧、桂宝、文兰、巧林来侑酒。席甫散，殿卿片招复至小宝处赴宴，不觉大醉大吐。殿卿复邀至金桂轩看戏，再招小宝、爱玲来陪看。

初八，壬寅，晴，雨

饭后，偕小蘐、春木、松亭同出城至清泉楼茶话，殿卿、芷升来。先往桂宝处小憩，松亭邀至醉乐居小饮。旋往爱玲、爱珠、桂林各处茶话。松亭再邀往泰和馆夜饭。殿卿、小蘐先进城，途遇砚孙，邀至满庭芳双桂茶园看戏，并招桂宝同观。爱玲饮大醉不果来。子正进城。

十一，乙巳，雨

饭后，至顾少楣家闲话。即偕芷升至湖心亭茶叙。瑶嵚、方星槎、杨萃生、王雪香、筠坡诸君先后来。煮茗清谈并唱昆曲数支。

十二，丙午，微雨，晴

至科署访友，晤燕庭。偕至湖心亭茶话，晤张瑶嵚、逵生、绍祺、子美、研孙、龙三、芷升诸君，煮茗清谈。旋与子美、龙三、芷升、逵生出城访庆宝、文兰、兰卿、爱玲诸校书。殿卿遣招，即至小宝家少□□[①]，至长春楼夜膳，复至满庭芳看戏，再至宝玉处茶话，晤文伯。丑初进城。

十三，丁未，晴，白露

至湖心亭啜茗，芷升、筠坡来。偕之出城至醉乐居小饮，复至得仙校书家小憩，得仙留饭。筠坡复赴邀至同桂轩看戏。筠坡招得仙，余招施月兰词友同观。

十七，辛亥，阴

芷升来，约至鸿月来茶叙，筠坡在焉，畅谈。旋访梅轩、松亭均晤。荫亭、殿卿、小蕿、丽园先后来，拢一牌局。戌正即散，荫亭独赢，邀至洽兴小饮。旋即出城至同桂轩看戏，并招云仙词友同观。丑初进城。

廿二，丙辰，晴

往一粟庵拜汪伯母十周。在庵午饭。饭后，访松亭不晤，转访筠坡晤谈。出城至云仙家，晤殿卿、小蕿、松亭、伯珠、子安、梅生诸

---

① 原本破损，缺二字，疑当是“坐”和“后”。

君子，并听堂折。薄暮，往得仙家访筠坡并晤芷升。筠坡邀至同福楼夜膳，殿卿邀至同桂轩看戏。殿卿点《双沙河》一出，余陪点《铁弓缘》一出。丑初甫进城。

廿三，丁巳，晴

小蓘邀至洽兴馆午饭。饭后，同至邑园君悦楼茶话。沿途闲看古董，出障川门，沿浦而南至云仙家小憩，晤伯珠、梅生并听堂折。薄暮时，殿卿邀至同福楼夜膳，余复邀至同桂轩看戏。松亭、筠坡及李松卿、张小舫偕来，邀之同看，并招云仙、得仙陪观。

九　月

朔，甲子

筠坡来邀之出城，拟在得仙处手谈。候至日暮，竟无一到者，乃至万通小饮，仍回得仙处夜膳。筠坡邀至同桂轩看戏，殿卿、松亭、小蓘、云仙亦来。

初五，戊辰，微雨，阴

饭后，往约小蓘出城访云仙、月兰两词友。殿卿已先到，煮茗清谈并听堂折。旋访凤保，人颇恬静，洵南元也。凤保留点，至薄暮始别去。同访筠坡，余邀至长兴馆夜饭，并往约戈文楷守戎来。饭后，殿卿邀至同桂轩看戏，并招云仙、凤保同观。

初九，壬申，晴

往南至云仙家茶话。殿卿、芷升继至，谈至薄暮。进城偕芷升至科署访筠坡，少坐即去。殿卿约至世公小饮，曹子美亦来。殿卿复邀至同福楼夜饭，再邀至同桂轩看戏，并招云仙、凤保同观。丑初始进城。

十三，丙子，阴，晴

殿卿遣邀，即至幼娟词友家听堂折，复邀至同福楼夜饭，再往云仙处听堂折。亥正进城回寓。今日知涤君已于前日物故,心甚恻然,好花毕竟留难久,伤哉!

十五,戊寅

偕殿卿诸君出城。先访王幼娟,因坐客已满,不能容膝,旋访李小宝,谈至戌正始散。诸君均为松卿邀饮,余独自至秀卿家小憩。秀卿留饭,即在彼处夜膳。饭后,知筠坡在金桂轩看戏,即往访之,承渠邀余同看。

廿二,乙酉,晴

函致筠坡。访撷芬、锦泉。撷芬邀至长兴楼午饭。饭后,复邀至金桂轩看戏。归途访松亭、殿卿、小薇,均不晤。怅怅而归。

十　月

朔,癸巳,晴

海坨来晤谈,小薇、殿卿偕来。同往鸿月来访芷升不晤,即往豫园湖心亭品茶,并吃点心。茶罢,往沉香阁闲步。旋即出城先至杨树巷爱宝处茶叙,随即至金桂轩看戏,招李小宝同看。申刻,复往畅林园听书,转至小宝家吃酒,并邀周京士、尹松期来,招花小巧、边十全、陈爱珠来侑酒,袁云仙来说书。席散后,同往胡丽卿词友家茶话,殿卿再邀至咏霓茶园看戏,并招王幼娟、袁云仙、胡丽卿、李小宝、李巧林同观。

十八,庚戌,晴

至王幼娟处小憩。本拟往同新小酌,适为子麟、竹生作东道主人。席散后,偕芷升、小薇至东金隆访金妹,系余之表姨妹也。惜为鸨母管束,不能通一语,怅怅而归。至盐辰街,适袁云仙、施月兰两词友出城,殿卿遂邀至同桂听戏。丑初回寓。

闰十月

朔,癸亥,晴

往许源兴看森儿,带往人和楼啜茗、剃头。同至邑庙拈香,又往玄妙观闲步,途中买点充饥,偕至老郎庙戏馆看戏。仍送至源兴带作,缘沈妈在彼故也[①]。

初三,乙丑,阴,晴

往东百花巷访王纳林兄,适渠已赴黎里,不晤。顺看森儿,转谒顾鹤汀丈,未晤。至邑庙闲步,在饭铺买饭充饥。独至义园啜茗,旋往三茅行宫戏园看苏武班戏。脚色如牛鬼蛇神,不足观也。

初八,庚午,阴,午后雨

沈妈今日定媳,为其写男女家求允各帖,即持去,在彼午饭。饭后,许源兴店主人邀至三茅行宫看戏,并率森儿同去。薄暮始归。

十九,庚戌,阴

访殿卿不值,旋访伯珠,为其写谢帖、角签数十纸,遂邀至长兴馆午饭。饭后,乘车往北至金桂轩看戏。傍晚进城。

廿八,己未,晴

出城至点捐局访唐韵斋晤谈,复至桂芳阁茶话。松亭亦来,遂偕至喜玲校书家小憩,晤小舫、篪友两君。小舫邀饮长春楼,海垞邀看金桂轩新灯戏。演《摇钱树》,颇热闹。丑正始进城。

十二月

朔,壬戌,晴,阴

饭后,往约筠坡,偕之出城至小宝校书家茶话。旋往泰源沽

① 本日至初八,作者在苏州。

饮,转至长春楼夜膳,再至三宝校书家小憩。筠坡邀至金桂轩看戏,并招三宝同看。在戏园中晤月锄、又泉、鲁孙、竹孙、洵侯、淡人、子卿诸君子。

初三,甲子,阴,晴,大风

至科署约筠坡,订定在丹凤园茶叙。余先偕松亭出城,途中购得小玉锁一具,为炎儿珮用。遂至丹凤品茶,久候不到,乃往三宝家访之,适已在彼。张桂卿亦来,同往泰源小饮。伯珠寻至,遂同行。途遇海坨,亦邀之同去。余至李小宝处复松亭后,即偕伯珠、桂卿、筠坡、海坨饮于新新楼。伯珠先进城。筠坡邀至丹桂茶园看夜戏,并招三宝、阿男两校书同观。

同治十年(1871)

二　月

初二,壬戌,晴

读《检心》篇一遍,江西谷、汪新斋来谒晤谈。延痘科诸云溪丈为儿辈看视。拟初五为之下苗种花也。抄《金刚经》三分。饭后,曹子美、周莲孙来均晤。松亭来,约至景芳园听戏。途遇马伯珠偕之出城。访陆小琴词侍,色艺恰在上中,惜口音未除甬东土语,似嫌不雅。并晤朱子范兄、蒋筠坡弟、胡梅轩兄,略为小坐。筠坡邀至彤云楼小点,同访秀福校书。旋即进城。

初三,癸亥,阴,微雨

读《检心》篇,抄《金刚经》三分。往谒江西谷、马伯珠、汪新斋、汪雨生、抡先、黄仁甫、皮惠之、潘露园、普上人、黄哲卿、朱幼谦、子范、蒋子彝、周莲孙、许蓉镜、胡梅轩诸君子,至科署午膳。饭后,访鼎三晤谈。旋至小东门外景芳园听戏,小琴因病不上台。子范、梅轩、子松、松亭先后来。戏散后同往问病。即为子松邀至杏花天小饮。进城访榴生亦晤。戌初,回寓。知伯珠、仁甫来,回始过矣。

初六，丙寅，阴雨

读《检心》篇，课森儿读。阴岐孝、唐春湖来，均晤谈。抄第五卷《金刚经》八分。松亭遣邀，即去。知渠得制造局差，与余商之。即在彼处午饭。饭后，同访燕庭晤谈，并晤云瞉、花舫畅叙。花舫邀至景芳园听戏。旋即回寓。

初七，丁卯，晴

读《检心》篇，课森儿读。复四姨妹书一函，致丽川一函，均交局寄。抄《金刚经》六分。饭后，访卓恬不晤，即至邑园闲步。适遇卓恬，即偕之出城，在怀社阁茗谈，再邀至杏花园看戏。归途购得洋皂、火油、梅香散等。酉初回寓，康甫来，晤谈。

初十，庚午，晴阴

诵《检心》篇，课森儿读。往傅子凤世讲处，吊乃尊敬亭同事丧，晤陈峿瞻少尹陪丧。转至新关筹防局，谒伍子卿茂才、王云坡乡台、高一兰姻兄，略谈即进城。访松亭亦晤，转访燕庭，即在彼处午饭。饭后，同访榴生，偕至景芳园观剧。陆小琴色艺俱佳，可称冠军，惜误落风尘，且又辱于泥途，深为愕惋。海垞、子松、子范、松亭、康甫先后来。戏散后，燕庭邀余及榴生、康甫往北，途遇汪恕堂。余、吉甫、汪厚斋均立谈。康甫先别去，余与榴生、燕庭至久安里，访桂珠、月琴、巧仙诸校书，桂珠留点。戌正进城。

十一，辛未，晴，大风

读《检心》篇，课森儿读。函致高义泉乡台、潘露园谱弟。访松亭、云瞉均不晤。至科署，晤雨生、子彝、子范、抡先叙谈。转访燕庭，即在彼处午饭。饭后，偕访榴生，同出城，乘车赴北，至丹桂园观剧，晤海垞，邀之同坐。戏散后，海垞邀至醉乐居小饮。燕庭再邀至桂珠处夜膳。亥初同进城。

十六,丙子,阴,微雨,夜雨,未初清明

读《检心》,便诵一遍。森儿花已齐集,桂儿亦皆见点。余早点后,带同赵升往陆恭人厝柩处祭扫。出小东门,乘车而往,并购油纸、麻绳,带去为陆恭人包柩,未初回寓。饭后,至邑庙闲步,顺道出障川门,乘车而东至景芳园看戏。适子范来邀余同观。松亭、抡先及筠坡、梅轩落续来。陆小琴演《双荡湖船》一出,声色俱佳,非寻常女优所能及,余颇赏识。戏散,入城,再至科署访友。适榴生、海坨、燕庭均在科,谈至薄暮始散。

廿一,辛巳,晴

起身后即出城,寻取苹果。至大马路,甫得烂果五只,即购归。进城至痘神前拈香。回寓补诵检心篇一遍。函致义泉、燕亭、子勋、月锄、伯珠、莲孙及王次轩襟丈,均遣叶升分致。午刻诸云溪来看视,云:森儿浆已助足,桂儿浆不起色。开方与服。饭后,至科署访友,晤筠坡、抡先,顺访榴生亦晤。出城至景芳园看戏,晤筠坡、松亭、芷升及张桂卿世讲。戏散后,芷升先行。余与筠坡、松亭、桂卿乘车往北,至金隆里,探金妹消息,仍不得交一言。随即入城,在山凤小饮,偕至松亭家小憩。知张瑶嵚兄在沈家邀局,意欲前往索旧,无如众友呶呶,不便起齿,随即归。桂儿花颇甚,竟夜陪视。

三　月

初五,乙未,阴雨,午后雷雨

读《检心》篇,往痘神前拈香,顺至鹤扬品茶,晤惠之、一泉,旋即回寓。拟一清肺解毒化痰之剂与桂儿服,丙儿今日已回浆,炎儿浆亦盛行。往探月锄世叔病,晤吉甫、康甫两昆季。转访子范、筠坡、抡先均晤,即在科午饭。饭后访松亭,即偕至景芳园听戏。先至小琴词史处小憩,旋即到园,花舫亦来。因天色昏黑,即先进城。行至东街,适雷雨大作,在姚家巷口之福禄木器铺中略为躲雨。及至到寓,已遍身湿透矣。桂儿气喘如故,喉似失音,颇增愁闷。函复榴生,拟明日交局寄。桂儿气抽更甚,十分危险,竟夜陪视。

十三，癸卯，晴

读《检心》篇，仍延一泉为炎儿诊。称系咳痰未化，热毒未清，仍以清热化痰之剂治之，并与再服犀黄一二。往鹤扬品茶，晤芷升、玉生、惠之、礼堂、筠坡诸君子。茶罢，访子范、抡先均晤。旋访松亭，适龚蓉坪在焉，芷升、殿卿亦来，主人留饭。饭后偕之出城。本拟往访金珠，以渠他出而止。殿卿、芷升即进城，约定五下钟至万仙台茶叙。余与松亭乘车赴北，至丹桂园，访筠坡不晤。甫下楼，渠适来，同是丹凤园看戏。金珠亦在演剧，秋娘老矣，丰韵毫无，兼之烟瘾极重，难以入目。即先偕筠坡至澧水台茶话。知严丽贞及姜月娟、月卿并汪月娥、王月琴诸词侍在彼说书。月卿人才中中，终难比涤涟之色艺矣。见新思故，不禁恻然。子范、松亭亦来，即偕回至万仙台，践适才之约。一泉、殿卿、芷升均来煮茗清谈。旋即进城各散。余即回寓。

十五，乙巳，阴晴，夜雨

读《检心》篇，再往仁甫处帮忙。未正大殓，俟一切开销毕后，即归。知一泉来为炎儿诊过，恐有变幻，嘱为慎之。访殿卿、松亭均不晤。至署前，晤筠坡，偕之出城，至万仙台，晤张桂卿。一同乘车往北，先至新长兴，访小男校书。略坐，筠坡邀至秦和馆夜膳。饭毕，又偕至西金隆，访爱宝录事。小憩片时，筠坡复邀往丹桂观剧。子正，大雨。俟雨住后，买蹬进城。行至四牌楼，雨复作，即匆匆回寓，巳丑正矣。炎儿身体仍热。

四　月

初三，壬戌，晴，夜雨，亥刻小满

晨起，偕筠坡至聚仙阁茶话。旋即进城回寓。知姬人又染痧，再令提挑。康甫遣招，即去，在彼午饭。饭后，至科邀筠坡、子范往丹桂茶园看戏。适为祥顺公号家包厅，俱系点戏，颇热闹，戏亦可观。酉刻，松亭来邀至泰和馆夜膳。俟戏散，即去。同席者为殿卿、荫亭、小襛、筠坡、子范连主人共七人，拇战酣饮，兴致颇豪。席散后,再为荫亭邀至丹桂茶园看戏。子初,即进城。

十四,癸酉,微雨,阴

至科署访友,并看待佛,秋舫叔留饭。饭后,走访康甫晤谈,旋往景芳园听戏,适筠坡、子范、桂卿及朱楠亭先在彼。筠坡邀余同坐,并点《双荡河》一出。小琴词友,声色俱佳,真堪娱目。戏散后,偕筠坡、桂卿往北,同访小男校书,略为小坐。筠坡邀至醉乐居沽饮,薄暮乘车回南。筠坡复邀至金宝校书家夜膳。桂卿再邀至万仙台看戏。小秀词友,色虽逊于小琴,而戏亦颇有可观。子初进城。

十六,乙亥,晴

至科署,访筠坡、子范均晤。科中仍在宴神,略为小坐。转访康甫,为其料理讣状。午后,榴生兄来晤谈。薄暮,云毂来,同在康甫处夜饭。饭后,康甫、秋甫两昆季邀至丹桂茶园听戏。丑正始进城,回寓已四鼓矣。

廿七,丙戌,晴

读《检心》篇两遍,课森儿读。函致敏斋,遣叶升送去。吉甫邀往帮办丧事。先往南门探闵小襚世伯病,未晤,即回寓。适陆少槎来答谢,晤谭。旋往吉甫处办理素事。午后,云毂、燕庭、次轩来。薄暮,露园遣招,即赴科晤谈。渠明日请修伯,邀余作陪,并嘱明早先遣人往订。在科夜膳。饭后,再至余处。秋甫邀至咏霓茶园看戏。康甫、次轩同去。丑初始进城。

廿八,丁亥,晴,夜大雨

读《检心》,便诵两遍。片函致修伯,托吉甫带关饬送。课森儿读,作函复子授大哥,交修伯带都。往余宅料理丧事。午刻,得修伯片复,即致露园。复得露园书云:席已备完,客已订定,嘱再往邀。乃复函致修伯,请其务必践约。酉正,出城赴露园之招。同席为丁竹香都督仁麟、徐燮堂太守炳奎、胡公寿府尹远，连修伯及余与主人共六人，畅谈积悃。席散，时逢大雨。露园复邀至丹桂茶园听戏。修伯先归，余偕竹香、露园同去，燮堂、公寿继至。点戏甚多。直至寅初始进城。

五　月

十四，癸卯，晴，酉初阵雨，夜有微雷

读《检心》篇两遍。函致殿卿，并完马褂，函致丽川族叔，交局寄宁。丁柚泉姻兄来谒，晤谭。饭后，回望柚泉不晤，旋即访秋甫畅谈。阵雨过后，秋甫偕之出城，乘车赴北。车上见东北起一彩虹，颇艳，乃口占一绝：彩虹万丈跨晴湖，天上长桥世上无。若使今宵逢七夕，省他乌鹊费功夫。至公兴东里，访爱林校书，适吉甫在焉，略坐。吉甫邀至新新楼夜膳。饭毕，复邀至丹桂茶园观剧。晤陈臧伯、唐韵斋、陈云樵、杨经德诸君子。丑初始进城。

廿一，庚戌，雨，午后晴

读《检心》篇。函致吉甫，旋往访之。偕秋甫往一粟庵拜姚岑芝乃尊冥寿，晤英甫、鲁孙诸君子。主人留面，仍与秋甫同归。饭后，回寓剃头，以地滑溜，跌，左足跌伤，两臂亦甚酸楚。在寓小憩。薄暮，偕秋甫出城，至爱林处，访吉甫晤谈。秋甫邀至浦五房夜饭，次轩亦来。饭甫毕，海垞继至，吉甫邀至丹桂茶园看夜戏。子勋叔亦来，并晤鲁孙、幼谦、露园、柚泉、子敬、石孙诸君。丑正进城，到家已四鼓矣。

廿二，辛亥，晴，微雨

读《检心》篇。往三妹处商量婶母丧事，畅谈。午初，访吉甫，次轩、蓉圃、柚泉在焉。饭后，吉甫又邀至丹桂茶园看戏，晤松亭叙谈。戏散后，偕吉甫、柚泉至爱林处茶话，适仞千亦在彼，畅谈。爱林留点。薄暮同进城。

廿八,丁巳,晴

读《检心》篇。为森儿理书,极生,严加训责。秋甫来,邀至邑园闲步,在四美轩茶叙,仍即同归。午后,函致露园借城照。薄莫,偕秋甫出城,乘车往北,至桂芳阁茗谈。旋即访吉甫、子槎、柚泉均遇诸途,乃邀至复新园夜膳。饭毕,秋甫邀往丹桂园看戏,甚为热闹。云毂、燕庭、鲁孙、海坨亦均来园。戏散进城,已漏下五鼓矣。

廿九,戊午,晴

甫经起身,伯珠即来邀至邑园湖心亭茶话,并买小点充饥,子槎亦来畅谈。茶罢,同访云仙词友,略坐,即辞去。乘车往北至长林馆午饭。饭毕,至丹桂茶园观剧,并招云仙同来看。酉初戏散,伯珠他去,余至桂芳阁啜茗。秋甫亦来,煮茗清谈,薄暮同进城。夜饭后,伯珠欲出城。余与秋甫、次轩、附骥同往。先至金彩堂访美,询知为锦云,人极恬静亦鹤立鸡群者也。转访爱仙,亦小坐,复偕至锦芳园看戏。子初同进城。

六 月

初三,壬午,晴

读《检心》篇。为子松世讲绘仕女纨扇一柄。秋甫遣邀,即去。与柚泉、次轩演文王数。申正散局,余大负,计输十二元五角。薄暮,偕之出城,同访爱仙、锦云两校书。秋甫邀至泰和馆夜膳。柚泉邀至丹桂茶园看戏,并招爱仙、爱林、锦云诸录事同观。丑初始回寓。

初四,癸亥,晴

读《检心》篇。柚泉来晤谈,仁甫继至,亦晤。函致伯珠,并寄杭信三封,宁信一封,津信一封。饭后,偕次轩、秋甫同访锦云,薄暮归。夜饭后,柚泉偕子松来,邀余及秋甫出城看花鼓戏,伯珠亦同去。先访爱仙,畅谈。子初,始至锦芳园看戏。丑初进城。

初五，甲子，晴

柚泉来邀同去大东门。乘车往北至新北门泾浜，购得大床一只。偕至怀杜阁茗谈，并买小点充饥，仍即进城同归。旋访仁甫，知其为乃尊及夫人举殡，嘱书知启。适竹孙弟来，倩其代写。饭后，访秋甫，适子松、柚泉在焉，遂偕至恒吉昌听云仙、月兰说书。书场散后，先偕秋甫、子松往北至清泉楼茶叙，子松先归。复偕秋甫至桂芳园茗谈。薄暮，正拟进城，行至馨里口，途遇柚泉、伯珠，遂为伯珠扯至胡桂芳词侍家听堂出。余即邀至复新园夜饭，秋甫邀至丹桂园看戏。子正回，南访爱仙、锦云两校书。丑正始进城。

初九，戊辰，晴

读《检心》篇，料理讣状。至科署访�、子彝均晤，转访秋甫畅谈。饭后，蓉圃来谈心。申初，至大关访竹孙、伯珠均不值，藉晤鲁孙、又泉，少坐即辞去。乘车往北至桂芳阁品茶。旋访姚悦三兄，知在聚兴楼啜茗，随即往晤并假城凭，约九点钟往取。酉正，秋甫来，再至桂芳阁茶叙。子敬亦来，略坐即先辞去。余与秋甫至爱林处访吉甫不值，即乘车回南同至锦云处茶话。龚幼兰丈来闲谈，锦云留饭。饭后，秋甫邀至丹桂园看戏，并约锦云同去。余先至悦三店中取城照，后至丹桂观剧，晤子范、梅轩、臧伯。子初后即回南，再至锦云处小憩。锦云留吃稀饭。丑初始进城。

十二，辛未，晴，亥刻阵雨

今日母难茹素。读检心篇。访仁甫晤谈，为其料理出柩除座事宜，即在仁甫处午饭。饭后，仁甫邀至恒吉昌听书。伯珠、竹孙偕来。书场散后，即进城访秋甫，适已他出，旋往豫园四美轩品茶。汉垞偕秋甫亦在彼，并知仁甫、竹孙、璜伯、树生俱集群悦楼。往来闲谈，颇觉畅怀。竹孙赠余蕉扇一柄。薄暮归，仍至余处，燕庭亦来。夜膳后，吉甫邀至丹桂园看戏。余偕秋甫先出城访锦云，略坐即往北听戏。丑初进城。回寓已四鼓矣。

十九,戊寅,晴

读《检心》篇,得友云复书。片函致伯珠、竹孙,约饭后至恒吉昌叙。托秋甫取绫子一丈四尺,拟挽联:方外订鸥盟,每当竹院来游,宝雨缤纷聆妙偈;天涯宗象教,何遽莲池澄觉,昙云缭绕护灵龛。往访雕之,欲倩代书挽对,不晤。顺至万福宫一游,适逢大士诞,香客甚众。转至小桃源与采芝三妹谈近事,略坐即辞。访云縠,请其书对,转至燕庭处午饭。饭后,至科访燕庭并晤雨生,适海垞亦来,畅谈。燕庭约余六点钟泰和馆便酌。余遂至恒吉昌践约。适雕之先在彼,伯珠继至,竹孙因有事不果来。松亭亦到,听书兼以谈心。书毕,偕雕之、伯珠至群悦楼茶话,竹孙亦来。小点后,余复往北至桂芳阁。适秋甫在彼,又复茶叙。转至爱林处访吉甫并晤芍圃。薄暮余往泰和馆践燕亭约,星垣、顺之、海垞亦在,拇战酣饮,不觉沉醉。顺之邀至金桂轩看戏。丑初始进城。

廿六,乙酉,晴

函致采芝三妹,汪恕堂兄、潘露园棣、怀泛大师、马伯珠兄各片函,又致沈子槎叔一信交扦船寄吴淞,又致敏斋兄一函交璜伯附寄天津。读检心便诵,课森儿读。至科署访筠坡晤谭。旋往火神庙赴薏岩约,子彝、荫亭已先到,雨生、鲁孙继至,即在庙中午饭。饭后,薏岩邀演文王数,遂与荫亭、薏岩及本庙羽士顾祥坞道长拢局。秋甫、仁甫、抡先先后来。薄暮时,余以无甚胜负,即先辞去。至邑园访秋甫不晤,再往锦云处访之,亦不见,怅怅而归。至秋甫处闲话,云縠、燕庭偕来。夜饭后,秋甫邀余至金桂轩看戏,晤英甫、竹孙、璜伯三君,遂同坐。丑初进城。

廿八,丁亥,晴

读《检心》便诵,课森儿读,再为理书。饭后访鲁孙未晤,途遇璜伯、汉槎,偕至湖心亭茶话。转访秋甫,知其心痛大作,略坐,即同吉甫至科署。旋即出城往访云仙、月兰两词友,伯珠先在彼。甫经坐定,朱逵生、王少云、马叔常均来。叔常邀听堂出,逵生再邀至恒吉昌听月兰词友说书。亥正进城,知仁甫处明日回请,并邀手谈。

七　月

初五,癸巳,晴,夜微风小雨

读《检心》篇。璜伯来约余午饭,略坐即辞去,嘱余往秋甫处会齐。旋访秋甫晤谈。午初,璜伯来,即与同行。顺至湖心亭寻仁甫,不晤,遂出城至长春楼。璜伯往邀顾瀛伯丈来同膳,饮颇畅。饭罢,秋甫邀至丹桂园看戏。戏散进城,过邑园,适嘉予、仁甫、竹孙在四美轩茶话,邀之同叙。至暮,始分手各归。到寓少坐,再至燕庭处晤云毂、顺之、榴生、吉甫、鲁孙、少云、蓂阶、燕庭、子范诸君,知系海垞邀局。直至子初才散。

十二,庚子,晴,午后阵雨

读《检心》篇,森儿开读《子罕》,仍自课之。唐春湖如弟来,偕至万和楼茶话,畅叙至午初始散。访吉甫昆季均晤谈。饭后,王仞千邀至咏霓茶园听戏。同看者为吉甫、秋甫、恕堂、芍圃,并晤榴生、海垞、又泉、溶卿、鲁孙、云毂、淡人、云垞、英甫、竹孙诸君子。新到脚色极佳。酉正始散,即与秋甫进城,仍至余处,适燕庭在焉,同吃夜饭。饭后,看柳溪上人施食。子初始回寓,得敏斋津信。

廿二,庚戌,晴

辰初局散,余胜一洋,即邀次轩、秋甫、子松同出小东门至杏花天小点,一元楼茶话。复乘车至石路闲步。仍即进大东门往科署,访筠坡未晤,偕秋甫归,代吉甫函致子彝,遂回寓。略睡片时,再偕秋甫访锦云。薄暮时,秋甫邀至长春楼夜膳,次轩亦来。秋甫复邀往金桂轩看戏。丑初回寓,遍身发烧,即睡,竟夜不曾退凉。

廿三,辛亥,晴

早晨略得微汗,热仍未净。甫起身,适松亭来拉之同去,知春木请赵观棠乡丈看戏,招余作陪。遂偕观棠、春木并其子侄蘋洲、杏村两世讲出城,乘车赴北。余先邀至长春楼午饭。饭罢,偕至金桂轩看戏。薄暮,进城至松亭处一转即归。仍发热,至五更始得汗退凉。

廿六,甲寅,晴

读《检心》篇,访春木晤谈。转访燕庭不晤,顺至科署一转,均不获晤。旋探吉甫病,适松亭在彼,邀之同去。饭后,出城至金桂轩看戏,并晤秋甫、汉槎、仞千、芍圃、子勋诸君子。戏散后,松亭邀至鸿运楼小点,随即进城。回寓,夜咳如昨。

八 月

初三,辛酉,晴

读《检心》篇。春木来约至鸿月来茶叙,晤仞千畅谈。茶罢与春木同往巡防快局访松亭,即在局午饭。饭后,松亭邀至金桂轩看戏。戏散,春木邀至醉乐居小饮。薄暮,进城访康甫,谈至二鼓始归。风疹愈,两儿又发,亦时风也。

初四,壬戌,晴,申初雷阵雨

读《检心》篇。访春木晤谈,偕访吴梅生、蒋秋来均不晤,即同出城在一里台息足。春木须照小照,即偕至三兴照相楼照之。照相毕,即至长林馆午饭。饭后,春木邀至金桂轩看戏。康甫遣招,知渠今日请邵伯棠世恩、陈蓝洲豪两明府兼为云毂弟祖饯,设复新园,邀余作陪。戏散后,因为时尚早,先至爱吾庐品茶,春木先归。薄暮赴约,康甫已先到,伯棠、蓝洲、云毂及嘉予、蓉甫、秋甫先后来,即入座,拇战与豪饮颇畅。席散后,康甫邀至丹桂园看戏。丑初进城。

初九,丁卯,阴微雨,戌正秋分

读《检心》篇,访秋甫晤谈。函致柚泉交渠纪纲王安带去。饭后,偕至邑园四美轩茶话。旋即出城往大马路闲步,再至桂芳阁品茶，直至傍晚始行。秋甫邀至长春楼夜饭。饭毕，子勋世叔遣招至丹桂园看戏，即与秋甫同去。馆中晤鼎珊、韵斋、露园、小襛诸君子。戏颇热闹可观，丑初才进城。

初十，戊辰，阴

读《检心》篇。访康甫并晤子槎、次轩。饭后，偕秋甫游邑园。申初，出城至金桂轩，适仁甫、抡先、雝之在园看戏。仁甫邀之同观，并晤竹孙、淡人、悦三、又泉、鲁孙、洵侯诸君子。薄暮戏散，各分袂。仍与秋甫同进城，即回寓。晚饭后，往访海槎兼晤蓂阶，顺之、南台、燕庭、子松、康甫、松亭均在彼，手谈藉以畅叙。亥初乃归。

中秋，癸酉，阴

读《检心》篇。代榴生作书三函并请理各欠款。持书往访榴生不晤，转至科署访�坡晤谈。旋往康甫处闲叙。饭后，再偕康甫至科闲话。即出大东门乘车往北进新北门，至豫园四美轩茶叙。仁甫、秋甫、雝之均来畅谈。秋甫约定看戏，旋即各散。余与秋甫回寓一转，仍出大东门乘车赴北，适雝之、仁甫亦来。仁甫即邀至长春楼夜饭，晤朱觃斋、莫尔佳两君叙谈。饭毕，至丹桂园看戏。嘉予亦到。丑正同进城。

十六，甲戌，阴。夜大雷大雨

读《检心》篇。访康甫昆季。饭后，海槎、松亭来畅谈。薄暮，海槎邀至复新园夜饭，遇任伯年于途，拉之同去。饭毕，康甫邀至丹桂茶园看戏。秋甫亦来，并晤南台、露园、鲁孙、燕庭、春湖、少笙、幼谦诸君子。亥正，雷雨交作。直至丑初，雨始住。即进城，途次虽湿尚不泥泞。

十九，丁丑，晴

读《检心》篇。汪重光、崔海槎来，均晤。重光先去，海槎邀余出城,先至桂芳阁茶话,晤陈臧伯,即将重光之事记之。茶罢,邀海槎至长春楼午饭。饭后,海槎邀至丹桂园看戏。今日为同和祥号包听戏,颇热闹。申刻,雝之、仁甫、抡先、秋甫、蓉圃均来,遂偕至醉乐居小饮。薄暮各散。海坨复邀至如松楼夜饭。饭后,再拉至金桂轩看戏,晤康甫、露园、筠坡。丑初同进城。

二十,戊寅,晴

读《检心》篇。往仁甫、雝之、抡先、仁甫各处谢步,均晤,并约四君子至邑园茶话。茶罢,遂邀之出城至长春楼午饭。饭毕,雝之、仁甫先进城。余与秋甫、抡先至桂芳阁品茶。旋即进城遇仁甫,再至四美轩茗谈。抡先邀看夜戏,约定在长春楼会齐。乃即复出城访重光,未晤,遂至树生店中小憩。上灯时分乃往长春,抡先、秋甫、仁甫先后来,即吃饭。饭毕,至丹桂园看戏。丑初进大东门。

廿三,辛巳,阴微雨,夜雨

读《检心》篇。汪重光来嘱改节略,即为其增纂改削录稿而去。往访海坨,略谈即偕访康甫并晤吉甫畅谈。饭后,偕海坨出城至桂芳阁茶话,康甫亦来。茶罢,至万里云吸烟,秋甫继至,同往石路闲步。余即邀至长春楼夜饭。饭后,复邀至金桂轩看戏。丑正始进城,得松亭手札。

九　月

朔,戊子,雨

读《检心》篇。往邑园访海坨,以践昨夜之约,晤于绿波廊,同买小点藉以茗谈。茶罢,游内园,再至点春堂、花神楼闲步,尚未完工。遂同出城至桂芳阁再吃茶,旋往长春楼午饭。饭后,至大马路诚信吸烟,装折极好,颇堪息足。吃烟而后,偕至久乐园观剧,亦略有可观。戏散,往醉乐居小饮,再至长林馆夜膳,万里云烟叙,丹桂园看夜戏。丑正冒雨而归。

初二，己丑，雨

读《检心》篇。往祝闵小蕽世伯六十寿，不晤即归。旋访康甫昆仲，均晤。饭后，出城访重光未见，遂往丹桂观剧。适璜伯、仁甫、秋甫均在园，拉余同看。戏散后，复访重光晤谈。进城探松亭病，亦晤，再至康甫处闲叙。亥正始归。

初四，辛卯，晴

读《检心》篇。复敏斋书，又致春湖、毓耆各一纸，索女扇也。为嘉予绘仕女扇面遣人至石皮巷送吴冀阶四十寿礼。访康甫未晤，即出城至三马路为春木取小照即归，顺购夹袜两双、套袜两双。再访康甫，并晤姜厚庵、陈松亭、崔海垞。饭后，偕海垞、松亭至邑园四美轩茶话。秋甫、璜伯继至，畅谈。松亭、海垞先去。薄暮，余复出城与秋甫订定看夜戏。余一路闲步至长春楼夜饭，秋甫亦来，遂邀之同饮。饭罢，即至丹桂园。今夜因有串客陈梦珩开演，戏园万分热闹。余与秋甫坐西面极边。适黄仁甫、诸薏岩来，遂同座。康甫、顺之亦偕来，因人满另座。子正，偕秋甫、顺之、仁甫、薏岩、康甫同进城，先陪顺之归，然后各散回寓。

初六，癸巳，晴

读《检心》篇。为起哉世讲绘仕女纨扇一柄。秋甫来，偕访雝之，请其着款。复同访仁甫，亦晤，遂偕至豫园四美轩茶叙。回寓午饭。饭后，走访秋甫，偕之出城，至桂芳阁品茶。薄暮进城，途遇子春、重光均立谈，到寓晚饭。饭后再偕至丹桂园看戏。丑正始归。

初八，乙未，晴

读《检心》篇。重光来，偕至鹤扬品茶，晤芷升、剑侯、瑶嵚、玉生诸君子，藉以畅谈，茶罢各散。途遇仁甫，邀余看夜戏，遂订定即各分袂。往康甫处访之，晤谈。偕访海垞，适冀阶、燕庭在彼手谈，海垞留饭。饭后榴生、顺之来均晤。薄暮出城，晤仁甫于浦五房，诸云涛、汪抡先与焉,遂同夜膳。饭罢,同至丹桂园看戏。晤秋甫、雠之、伯珠、竹孙、子勋乔梓,馆中甚挤。丑初进城。

初九,丙申,晴

读《检心》篇。函致伯珠及宝善上人各一函。走访芷升不晤,回寓课森儿读。再致芷升一纸,访康甫昆季并晤子槎,畅谈。偕秋甫至豫园萃秀堂登高,旋即出城至桂芳阁茶话,再往金桂、丹桂两戏园闲看。晤嘉予、雠之、海垞、抡先,略为叙谈。秋甫先去,余各访之不得,遂偕海垞、抡先至万里云小憩。海垞复邀至益庆楼夜饭,再往眠云阁过瘾,然后进城各散。余复访康甫,适子敬亦来,谈至子初,始归。

廿二,己酉,晴

甫经起身,重光即来,知其讼事今日集讯,遂偕往畅叙楼茶话,仍即回归。饭后,重光赴县署听审,余即往康甫处,知吉甫病势加剧,即至渠床前一探,口已不能出言,但作手势而已,十分危笃。适子敬、厚安来,遂与康甫一同出城往席馥记看寿器,无现成者,乃看定婺源板一付,计价卅六洋。订定后与康甫至石路闲步。康甫邀至庆兴楼夜宴,同席者为芍膿、子敬、厚安、又泉、鲁孙、露园共八人。席散之后,又至丹桂茶园看戏。子正进城,知重光讼事已结,妻已断离,子则领归,尚算不幸中之幸也。略谈即就寝。

廿三,庚戌,晴

读《检心》篇一过,并补诵昨日一遍。往探吉甫,病较昨更重。饭后,偕秋甫出城看昨日所定之寿板,顺至桂芳阁品茶。正拟进城,行至三茅阁桥遇伯珠来。秋甫先归,余偕伯珠再往北至丹桂茶园看戏。申正,康甫来同至庸霓园一转,再往馥记订定,随即进城。甫至余宅门口,见在焚烧纸转哭声盈耳,知吉甫已撒手回山,纪年只卅三岁,遗下孤儿弱女实属可伤。随遣人出城催合棺木,一面书报丧条数十纸。二鼓,燕庭、海垞来,略谈即去。余至子初始回寓。

廿五，壬子，晴

读《检心》篇，后仍往余宅料理丧事。巳初，往邑庙拈香祈保福愿，即归午饭。申正大殓，为其开销清楚，即请燕庭题主。薄暮，偕伯珠、海垞出城至石路闲步。海槎邀至复新园夜膳，余复邀至丹桂园茶戏。丑正始进城。

廿九，丙辰，雨

读《检心》便诵。访康甫晤谈。午饭后，秋甫邀至邑园四美轩茶话，晤仁甫、佩甫、雕之、树生诸君子，抡先最后来。遂偕之出城，行至宝善街，适逢大雨，乃至万里云小憩。雨住，抡先邀往会嘉楼小点。点后，即往庆兴楼为幼谦馁寿，见海槎、雨生、榴生、康甫、燕庭俱已先到，筠坡、南台及寿星亦皆继至，露园最后来，遂入席。席散，即往丹桂茶园听戏。丑正冒雨进城。

三十，丁巳，阴，夜微雨

读《检心》便诵。丁锦泉由吴淞来沪，来寓晤谈，旋即别去。寓中祭祖，为下元节也。饭后，访康甫，适锦泉亦在彼，遂畅谈。申刻，锦泉去，乃偕康甫访雨生，不晤。即往邑园，途遇子敬，偕之出城，至月仙校书家茶话，略为小憩。康甫邀往复新园夜膳，鲁孙亦来，遂畅饮。饭毕，子敬先进城，余与鲁孙再饮，兴极豪。鲁孙邀往金桂轩看戏。余乃与康甫至泉记访小安晤谈。后往金桂赴鲁孙约，并晤竹孙、溶卿、小蓑诸君子。即招月仙、金玉两录事来同观。子正进城。

十　月

初六，癸亥，晴

读《检心》篇后，即往各处归完欠项。遂出城至石路访赵君斋，不晤，旋即回寓。转访康甫晤谈。至南台家拜其长媳周年，并晤小云。略谈即归。饭后，偕秋甫出城至桂芳阁茶话，伯珠亦来，传言康甫、鲁孙嘱候。茶罢，偕秋甫至马路购法兰绒，再至桂芳阁茗谈，伯珠复来。候至薄暮,秋甫先归,余乃信步闲行,晤君斋,立谈片刻,遂各分袂。余往长春楼夜饭,康甫、鲁孙亦偕来,遂邀之同膳。饭罢,邀往丹桂看戏,新到脚色极佳。溶卿亦来,并招月仙同观。丑初始进城。

初七,甲子,晴

读《检心》篇。伯珠来晤谈,秋甫遣招,遂往。略谈即往吊郑莘田丧,晤又泉、步云,略坐即回。饭后,偕海垞、秋甫出城先访伯年不晤,旋往马路购零星。海垞邀至丹桂园看戏。戏散后至桂芳阁茶话。薄暮进城,知钱雨辰年殿撰明日北行,余处题主事项须改明日举行。乃与秋甫往复清音,再出城找康甫,至浦五房定席,转至吴鞠潭广文处改订明日期。旋为燕庭邀至丹桂看戏。丑初始进城。

十一,戊辰,晴,丑初小雪

读《检心》篇。至康甫处书讣状,签数十纸。饭后,偕秋甫出城,先至杏花园看戏,复往桂芳阁茶话。茶罢,燕庭来。余即邀至长春楼小点。点后,即拟进城,途遇康甫,偕访月仙校书。略坐,燕庭先行,余与康甫至晚才乘车而回,仍至康甫处夜膳。二炮回寓。

十三,庚午,晴阴,略有微雨

读《检心》便诵。至科署访筠坡晤谈,转访康甫,顺贺渠季侄周岁喜。饭后,偕康甫再至科署,访雨生并晤秋舫、燕庭、海垞、鲁孙、幼谦诸君子畅谈。薄暮归,秋甫来邀之出城,余先邀往长春楼夜饭。饭后,同往丹桂园看戏,鲁孙、幼谦、康甫、芍蕿先后来。丑初同进城。

十四,辛未,阴晴

读《检心》篇。至科署访子范、筠坡均晤。转访春湖不晤,旋往康甫处闲话兼晤厚庵。饭后,偕秋甫出城至丹桂园看戏,晤柚泉、榴生、诚斋、子敬、仁卿、子槎、锦泉、子勋诸君子。柚泉邀之同观。

薄暮仍与秋甫同进城，再至康甫处谈心，柚泉、子敬均来谈。至亥初，始各散。

十六，癸酉，晴

读《检心》篇，知子彝年伯逝世，遣人送锭。往访鑑亭画友不晤，旋往贺秋甫乃郎周岁喜，兼为料理讣状。海坨、仁甫、伯珠均来。饭后，柚泉遣招即去。略坐即偕海坨、秋甫出城至桂芳阁茶话，抡先亦来畅谈。余与秋甫先进城，顺购盖碗两只。秋甫邀往夜饭并晤石農。夜膳后，再与秋甫出城至丹桂茶园看戏。丑正始归。

二十，丁丑，晴

读《检心》便诵。访康甫昆季并晤海坨、嘉予，料理讣状，出门代康甫作杭信一封。饭后，至科署闲话，晤燕庭、雨生、幼谦畅谈。海坨约之出城，先至丝业公所访任伯年晤谈，转访鞠潭亦晤。旋至桂芳阁品茶，陈湛亭亦来，遂同叙。薄暮，幼谦来邀至浦五房夜膳。饭罢，复邀至丹桂看戏，十分热闹。丑初戏散，复至仪卿校书家小憩，仪卿留吃稀饭。直至寅正才进城。

廿二，己卯，晴

读《检心》篇。高又村姻叔由都门归，来谒未晤。访康甫昆仲，知关中今日团拜。略坐即往访海坨晤谈。偕渠乔梓至淡家巷送云棣夫人行，适逢上轿，即同至大东门外大码头舟次。并晤秋舫世叔、花舫、杏村两世讲，立谈数语即与海坨父子北行。海坨邀至益庆楼午饭。饭后至宝兴茶园看戏，不堪入目，旋至桂芳阁茶叙。薄暮，余邀往浦五房夜膳，遂至咏霓茶园看团拜戏，关中同仁毕集，极其热闹，戏亦可观。寅初始进城。

廿八，乙酉，晴

读《检心》篇。重光乔梓今日搭马汉卿小白云火轮船回籍。藉息子肩，余送其上船，即以话别。仍即回寓，函致南台，旋访康甫晤谈。海坨邀之出城至益庆楼午饭。饭后,往新开独秀茶园看戏,晤秋甫、抡先、子范、意岩、鲁孙。无如脚色既邱,行头又旧,看不满三出即悻悻而走。至三马路泉记庄小憩,顺往愷香阁沽饮。即进城至康甫家,适芍蓑在焉,遂在余处夜膳,与芍蓑、康甫、秋甫畅谈,子初始散。

十一月

初三,己丑,晴

读《检心》篇。松亭来嘱转订柚泉手谈,即去代邀。旋往关照松亭,即在彼处午饭。饭后,转访康甫晤谈。松亭、海坨来,即拉柚泉同至宝生寓次手叙,余为燕庭代战。申正,燕庭来。薄暮,殿卿、芷升、稺松均到。至戌正局散,随即吃饭,拇战兴豪,饮颇畅。夜饭后,复偕海坨出城至丹桂茶园看戏。丑初始归。

初四,庚寅,晴

读《检心》篇。得秋舫世叔片函,嘱写租缺契两纸,即为代书。书就一纸,携往康甫处再写一纸。缮毕,偕子槎、康甫、诚斋同至秋舫处交明。旋为燕庭邀之出城,海坨、康甫亦同往。先至松风阁茶叙,晤瓒伯、少之畅谈。康甫先归,余与海坨、燕庭至长春楼夜饭。饭后,往秀娟书寓闲话,顺至金桂、丹桂闲步,适晤鲁孙,遂邀看戏。丑初进城,得云毂手书。

初五,辛卯,晴

读《检心》便诵。访康甫昆仲晤谈,为写谢帖、角签百余条。饭后,秋甫邀饮于庆兴楼。酉刻,偕之出城。薄暮到馆,芍蓑、又泉、南台、榴生先后来,即入席,连康甫昆季共七人。饮罢,再邀至丹桂园看戏,露园亦来。丑正始归。

初七日,癸巳,晴

读《检心》篇。至邑园闲步,旋往采芝三妹处闲话,三妹留饭。

饭后，访康甫，适鲁孙在焉，偕之出城至畅林园，听云仙、月兰说书。云溪及袁鹤、庭林、养恬三君同来，遂招呼同坐，藉以谈心。书毕各散，仍偕康甫、鲁孙同访伯年。正在作画，遂小憩。伯年邀至王全美小饮。鲁孙招往桂珠校书处茶话。余复邀至长春楼夜饭。饭后，往云卿录事家小坐。康甫邀至丹桂茶园看戏，并招桂珠、云卿两君同观。子正即归。

初八日，甲午，晴

读《检心》篇。代康甫作浒浦信一封，并嘱余出城取项。取归即交去。饭后，偕至科署，知雨生已他出，即怅怅而归。旋即与之出城，往丹桂园，看盖三省演《赶会》一出，极好。转至松风阁茗谈，复至兆富里桂宝校书处访雨生，并晤燕庭、幼谦、子敬诸君子。雨生即留在桂宝处小宴，招云卿、仪卿来侑酒，颇觉畅饮。酒阑人散，遂往云卿处小坐，再至桂宝家约雨生、燕庭同行。甫经出门，见人声嘈杂，询知三马路口回禄，乃先送燕庭、雨生进城，后再偕康甫复往看火。途次洋龙及西洋灭火器拥塞甚不好行，兜小道至三马路泉记杭庄望小安晤谈。略坐即至尚仁二巷姜宅书寓探火，与月卿、月兰两词友畅谈，俟子初火熄即进城。

初十，丙申，晴

读《检心》便诵两遍。往吊傅小香兄五七丧。转至俞家巷贺曹少云兄乃郎完姻喜，顺至顾芷升、朱幼谦、姜厚安、严仁卿、丁柚泉、沈子槎各亲友家谢步，最后至康甫处叩谢，即在彼处午饭。饭后，偕秋甫出大东门至朱合盛购濮细。旋即往北至丝业公所访任伯年晤谈，再往看前日火沸处。转往桂芳阁茶话，康甫亦来。茶罢，秋甫先进城，约定晚间看戏。余遂往锦园洗浴扦脚，复至桂馨里王云卿家访康甫。适幼谦遣招，即与康甫同去。至张仪卿家见芍農、子敬、榴生、雨生、燕庭均已先到，鲁孙、子槎继至。戌初入席，连主人适符十全之数，同摆双抬，并招云卿、月仙、桂宝、桂珠、巧云诸校书来侑酒，饮颇畅。亥初席散，即与康甫至丹桂茶园践秋甫约。及到园,秋甫已先到,子勋叔亦来,遂同看戏。丑初入城。

十二,戊戌,晴

读《检心》篇。往科署访友,晤抡先、子范、雨生略谈,即至康甫处闲话。秋甫嘱代作杭信两封。饭后,再访燕庭于科署并晤梅村、梅轩、子敬、小春诸君。略坐即与梅村、燕庭、梅轩三人出城同至丽水台茗谈。茶罢,至王秀宝家小叙,奈外房甚暗不辨颜色即去。随至长春楼小酌,因酒兴极豪遂至大醉。旋往秀娟词友处茶话,余乃大吐,吐后似觉胸脘清爽。梅村因赏识秀卿校书,遂与订交。燕庭邀至丹桂茶园看戏,并招秀卿同观。康甫、榴生、子垞、又泉、溶卿均来。丑正同进城。

十三,己亥,晴

读《检心》篇。秋甫嘱拟信稿,遂为拟定交去。适恕堂在彼,藉以畅谈。饭后,恕堂邀至丹桂茶园看戏,遂与康甫同去。汉垞、燕庭、鲁孙、秋甫均已先到,子勋、仞千两乔梓继至,又泉、仁卿、诚斋、悦三、子垞、伯珠亦均来。酉初戏散,恕堂再邀至泰和馆夜膳,同席者为幼谦、鲁孙、燕庭、康甫、秋甫、汉垞、仞千连主人共九人,畅谈畅饮甚觉畅怀。戌初席散,即与康甫、秋甫同进城。

十四,庚子,晴

读《检心》篇。函致云溪托陈子丰事也。访康甫晤谈,秋甫嘱写泰山信一函,为作楷书与之。饭后,偕康甫出城至桂芳阁茶话。悦三、锦泉、海垞、伯珠均来,畅叙。茶罢,仍偕康甫进城。余往科署访友,晤燕庭、梅村、幼谦、子范、雨生、抡先、梅轩诸君子,在科夜膳。饭后,幼谦邀之出城至山凤茶园看戏。四童合串《三岔口》一出,极为出色。盖各童之年均在十岁上下,色艺恰与他优无异,洵堪嘉赏。子正即进城。

十七，癸卯，晴

读《检心》便诵。课森儿读。作函复四姨妹，交局寄杭。康甫见招，即去，适榴生亦在彼处，叙谈。饭后，偕之出城先访云卿校书，次访綵珠录事。榴生邀至复新园夜膳，康甫邀往丹桂园看戏，并招云卿陪观，并晤又村姻叔、英甫表弟。子正进城。

二十，丙午，晴

读《检心》便诵。往吊蒋子彝年伯五七丧，旋往一粟庵拜余太伯母及大伯母十周忌。康甫嘱余帮为酬应，在庵午饭。饭后，抢先邀往丹桂茶园看戏。薄暮进城，仍至一粟庵，海坨尚在彼，同在庵夜膳。直待焰口将终，与康甫、秋甫同归。到寓已子初矣。

廿一，丁未，阴，晴

读《检心》篇。函致闵小薆世伯、王云嫖兄、黄仁甫兄，遣叶升分送，均得复。为又村姻叔拟京信稿。遂往一粟庵拜高太姻叔九十冥寿。主人嘱为支宝，在庵午饭。饭后，访康甫，知吾乡钟莲舫兄由常熟来，已与康甫先出城矣，约在桂芳阁茗谈。随即出城，乘车而北径至桂芳阁。适海坨及曹云孙世讲来，一同茶叙。康甫及莲舫亦来，并知海坨胞弟敬庭由安庆来，亦于今日抵沪，与济舟在金桂轩看戏。康甫即往约定夜膳。无何济舟与敬庭同来，康甫即邀至庆兴楼夜饭，丹桂茶园看戏，并招云卿同看。丑初始进城。

廿四，庚戌，晴，阴，薄暮微雨

读《检心》篇。往一粟庵拜高又叔如君灵，缘彼在庵荐亡也。主人未到，不晤，与怀公、宝善两上人略谈。旋至又叔寓次，访之亦不晤。顺谒崔敬亭不值，即回寓。得露园书，即复。海坨招饮，遂与康甫同去。途遇燕庭亦赴海坨之招者，乃同行至彼，晤海坨、敬亭、敏斋及钟莲舫诸君子。午正入席，未正始散。得松亭片函，知殿卿招饮于庆兴楼，并招燕庭同去。申初，与燕庭、海坨同出城，先与海坨至迎凤阁茶话，复至万里云吸烟，与海坨订定丹桂园看夜戏,乃往庆兴楼赴宴。同席者为张小舫观察、王竹笙司马、孙逸堂明府及松亭、芷升、燕庭连主人共八人。席间拇战兴豪,饮酒颇畅。饮至半酣即先辞去,往丹桂园践海垞约。�、伯珠亦来,燕庭最后至。丑初同进城。回寓得谱香大姊书并致树生表弟一函。

十二月

朔,丙辰,雨,阴,夜微雨

读《检心》便诵。往科署访抡先,晤谈。旋访松亭亦晤,即在松亭处午饭。饭后,访康甫,同访雨生并晤榴生、燕庭、海垞诸君子畅谈。申正,与康甫出大东门乘车访云卿录事。日晡后,康甫邀至长春楼夜膳,再至丹桂园看戏,并招云卿陪看,藉晤又村姻叔、小農世伯、英甫表弟及李石渠观察、张小舫观察、杨芝芳太守、张渭堂司马、陆费若卿同转诸君子。丑初进城。

初八,癸亥,晴

读《检心》篇。往余处为仁伯、德仲两世讲上书。转至科署晤雨生、梅村闲谈,即在科午饭。饭后,出大东门,乘车往北至丹桂园,适抡先、仁甫、海垞在园看戏,抡先邀余同看。秋甫、伯珠继至,康甫亦来,均同坐。戏散后,至云卿处小憩,寻即进城,仍至康甫处。适褚涌江自杭州来,藉谈吾乡近事。亥正始归。

十一,丙寅,晴

读《检心》篇。函致云縠,交局寄苏。课森儿读。午后,康甫来邀之出城,同访云卿,适燕庭亦来,藉以闲话。上灯时分,康甫邀饮于长春楼,复至万里云吃黑饭,再往云卿处小憩。康甫为云卿留住,余与燕庭至丹桂园看戏。丑初同进城。

十二,丁卯,晴,子正大寒

读《检心》便诵。往科署访筠坡、子范、抡先均晤谈。旋往大关访伯珠亦晤,并晤又泉、济舟、燕庭、悦庭、汉垞、见山、竹孙、秋甫诸君子。在关午饭。饭后,偕秋甫闲步,顺至山凤茶园,适恕堂、芍圃、康甫、子勋、驾青均在看戏。恕堂邀之同看。童串《登云山》极好。薄暮同进城。仍至余处闲话,至二鼓将残始回寓,得顾鹤汀丈书。

同治十一年(1872)

正　月

初七,壬辰,晴

课森儿读。函致沈子槎世叔锡蕃、陈春木兄世俊,均交永义昶信局寄浒浦。饭后,访康甫,适鲁孙亦来,偕之出城。鲁孙至三雅园看戏。余与康甫北行桂芳阁茶叙,汉槎、秋甫及朱悦庭世讲偕来,一同茶话,顺访云卿。日暮始进城。今日大儿至高第拜年,转谒王戟云业师。

初九,甲午,晴

课森儿读。函致四姨妹交信局寄杭。往一粟庵拜闵小麓钊世伯母六十冥寿,晤高又泉乡丈正森、汪榴生谱兄翔藻、姚岑芝刺史锡禄、姚琅圃大令锡爵、孙右卿太守玉堂、金兰生对翁鸿保、高英甫表弟隽元及海槎、燕庭、康甫、汉垞诸君子在一粟庵午饭。饭后,偕康甫同行,途遇姜芍麓刺史长庆,约定晚间看戏,并与康甫至泉记会齐,遂各分手。余至寓中一转旋即出城,顺购大红小呢八尺,计洋三元,即交十二楼装订轴杆。在邑园晤沈少笙别驾大椿,偕至松风阁茶话。茶罢,往泉记,适康甫率其长侄仁伯已到,芍麓、秋甫亦来,小安留夜饭。饭后,同至丹桂茶园看戏,晤榴生、又泉及潘露园如弟承湛、叶淡人司马佳镇、徐溶卿丈嘉穀、胡公寿二尹远,遂同坐。戏极热闹。至丑正始进城。

廿五,庚戌,晴

课大儿读。复大姊一函,仍交原局寄杭。海垞来邀往豫园绿波廊茶话。适点春堂落成,顺道一游,旋即出城至眠云小饮,寻往益庆楼午饭。饭后,诣万里云小憩,遂往丹桂茶园看戏。薄暮乘车进城,途遇伯珠、季侯两昆季,略谈即往燕庭处陪其塾师朱幼仙茂才宴,同席者为海垞、雨生并主人乔梓共六人。二炮席散,即归,知秋甫、花舫均来回看。

廿九,甲寅,晴

课森儿读。绘四尺屏条。饭后,松亭来晤谈。秋甫遣招,即去。偕之出城乘车北,途遇又泉,即同至泰和馆夜膳。鲁孙亦来,畅饮至戌正始散。露园邀往丹桂茶园看戏,关中同仁毕集。丑正始进城。

二　月

朔,乙卯,晴,阴,午后微雨,夜雨

课大儿读,为其裱背书面。午后,海垞来邀之出城。先至诚信小憩,旋访任伯年画友颐晤谈,并晤陆静涛画家应祥,略坐即辞去。随往聚乐居小饮,复往万里云过瘾。海垞欲看夜演,而天时已有微雨,余乃进城向秋甫假城凭,回寓取雨伞再出小东门,乘车至三马路泉记庄。海垞在焉,并晤小安。即在彼夜饭。饭后,与海垞至金桂轩看戏。丑初进城。

初二,丙辰,雨

读《检心》篇两遍,课大儿读,绘四尺屏,看书消遣。薄暮,松亭遣招,约往山凤茶园夜戏。夜饭后往邀同去。童串甚妙。丑正始归。

初五,己未,阴,夜雨

读《检心》篇两遍。课大儿读。致张望升片函,知照明日森儿进塾也。子勋叔招往丹桂看戏,饭后即去。今日为宝源祥包厅祝寿,戏颇出色。上灯后始进城。咳嗽如昨。

初八,壬戌,晴

读《检心》便诵两遍。函复康甫并致榴生一函,均交局寄。往祝抡先夫人二十寿。主人邀手谈,遂与海垞及黄瑞书世叔崇台、沈心如兄镜同叙,仁甫、云涛亦来,并招词友邹宝玲来说书。薄暮局散,余负一洋。晚席拇战,饮颇畅。席散后,海垞邀往丹桂看戏,乃与心如、仁甫同出城。丑正始归。腹泻与咳嗽不减。

初九,癸亥,晴,阴,午后雨,晚间雷雨

读《检心》篇两遍。往科署访抡先、筠坡均晤。午后,抡先邀余出城同至咏霓茶园看戏。酉初进城,归途遇雨,在新北门各购一伞,始得遮雨而回。

十二,丙寅,晴,未正春分

读《检心》篇两遍,为百花飏红。午后至邑园闲步,在四美轩晤雝之、仁甫、伯珠、竹孙及金少芝、杨佩甫两书画家,略谈即出城至丽水台品茶。适筠坡、子范及张桂卿在,遂同茶叙。茶罢,同访三宝、小男两校书。日暮,邀筠坡、桂卿、子范至浦五房夜膳,遇幼谦,邀之同饮。夜饭后,筠坡邀往金桂轩看戏,晤抡先、伯珠、海垞。丑正同进城。腹泻仍作,得榴生复书。

十五,己巳,阴,濛雨

读《检心》便诵两遍。函祝应姻伯母寿,交局寄苏,代秋甫作杭信一封。午后秋甫遣招,即往。知其邀饮于庆兴楼,薄暮出城赴约。同席者为又泉、溶卿、悦三、涌江、鲁孙、伯珠,并招巧云录事来侑酒。饮颇畅。席散后,又泉邀至金桂轩看戏。新来花旦盖瀛洲色艺均不如盖山西,不足观也。丑正始进城。

十六,庚午,晴

读《检心》篇两遍。唐春湖如棣来畅谈,心如继至,邀往复新园午饭,遂同出城,仁甫亦偕往。乘车赴北同诣复新。候至未正,他客不来,遂改为晚膳。乃食小点,同至丽水台茶话。酉初,再至复新园,适抡先、海坨、子范、伯珠均先后来,唯黄秋甫最后至。遂入席,拇战豪饮,颇觉畅怀。席散后,心如复邀至金桂轩看戏,并招幼娟词友、巧云校书同观。丑正乃归。

十七,辛未,晴,甚热

读《检心》便诵两遍,看《郘亭诗钞》。午后至科署访抡先,偕之出城,至万里云小憩,桂芳阁茶话。晤潘连三、王秋甫,略谈即与之沿浦闲行。过彤云楼,适子范、衡甫及陈岵瞻在彼小点,遂邀同饮。点罢,同至宝云校书家茶叙。日暮回寓,知溶卿邀饮于庆兴楼,乃复出城赴宴。同席者为沈小亭、徐燮堂、蒋俊廷及杨月楼,连主人乔梓共七人。席散后,溶卿复邀至金桂轩看戏。丑正始进城。

十九,癸酉,雨,阴,夜雨兼有雪珠

读《检心》便诵两遍。大士圣诞,遣沈姬往观音阁拈香并嘱代求谋事签。得八十一签,中平,句云:庭前叶落暮秋时,行客奔程亦苦飞。谢得天公轻着力,顺风相送宝船归。占谋望大吉也。筠坡邀饮于泰和馆。午后至科闲话。酉初出城至桂芳阁品茶,抡先亦来,子范、筠坡继至,遂同往泰和。同席者为唐介鳌孝廉,筠坡之妻舅也,周仲均国学,钱珊庶常之似也,金雪川、朱子范、汪抡先,连主人共七人。席散后,子范邀至丹桂园看戏,并看烟火。丑正进城。

二十,甲戌,雨,阴,夜雨

读《检心》篇两遍。心如、仁甫偕来晤谈。抡先片羽相招,遂偕仁甫、心如至渠家午饭。饭后同往科署访抡先,即与子范、抡先一同出城至丽水台茗叙。王子松、高小云亦来,藉以谈心。茶罢,至眠云阁吃烟。薄暮,抡先邀至新新楼夜饭。饭后,心如邀至金桂轩看戏。丑正乃归。

廿二，丙子，晴，阴，夜雨

读《检心》便诵两遍。秋甫邀去过节。饭后，同出城至丝业公所访任伯年，不晤，遂至桂芳阁茶话。雝之、燕庭均来，遂同叙。茶罢，分袂进城各散。夜饭后，秋甫再遣招，复同出城至四美茶园看戏。子正回寓，得四姨妹书。

廿七，辛巳，阴，晴，夜雨，戌初清明

读《检心》便诵两遍。至科访雨生晤谈，转至邑庙拈香并完枷愿。回寓午饭。饭后，康甫遣人约于桂芳阁茶话，即乘车而去，相与茗谈。茶罢，同访云卿校书。日将晡，同至长春楼小点。旋即进城，仍至康甫处闲话，海坨在焉。夜膳后，秋甫邀余与海坨至三雅园看灯戏。久不见昆腔，且灯亦细致，耳目颇为一新。丑初进城。

三十，甲申，晴，甚暖

读《检心》篇两过。往探高太夫人病，适康甫、又村先后来，遂叙谈，即偕康甫同归。申正，同出城访涌江未晤，即往星园洗浴，转往筹防局访翁子文二尹秉钧晤谈，并晤王云坡茂才台。少坐即辞去。复访涌江始得晤，康甫遂邀往新新楼夜饭。少笙、春湖、访仲均来，邀之同叙。饭罢各散。余与康甫同行，途遇鲁孙，邀往丹桂园看戏，并招桂珠、云卿两校书同观。丑初进城。

三　月

初三，丁亥，晴，阴，下午雨，夜大雨

读《检心》便诵。函致子松、松亭各一纸。秋甫来，略谈即去。访康甫并晤柚泉、熙如、小圃，畅谈。饭后，偕秋甫出城至丽水台茶话，子松亦来。茶罢，往马路闲步，遇雨至桂芳阁煮茗清谈，藉以避雨。薄暮雨住，子松邀至庆兴楼夜饭。饭毕，复有雨。乃往购雨伞、灯笼，即拟进城。讵意抵宝善街口，倾盆大雨，万不能行，乃借爱吾庐茶室暂避雨，竟不止，只得冒雨乘车往金桂轩看戏。雨止，家人持雨具来。丑初进城。

初四,戊子,阴,夜微雨

读《检心》篇。往科署访抡先、子范均晤,在科午饭。饭后,抡先、子范邀往眠云阁小憩。旋即进城走访康甫畅谈。夜饭后,柚泉来邀往三雅园看灯戏。乃与康甫、秋甫、柚泉、熙如同往。丑初归。

初六,庚寅,雨,大雷大雨

读《检心》便诵,代康甫拟草底一纸,代秋甫作洞庭山信一函。访康甫晤谈。饭后访仁甫,不晤即归。下午,康甫邀饮于庆兴楼,乘舆出城赴宴。知今晨霹雳击去兆荣里口天主堂上之十字架并闻击死一洋人。午后之雷又击碎三茅阁桥西首之铜铸西人。一日连诛两夷酋,亦觉罕闻罕见。想外洋人无恶不作,已为天所不容。先击其十字架,复击其活人,再击其铜人,亦示警之意也。戌正始入席,同席者为子文、露园、鲁孙并主人昆季共六人。席散后,复至丹桂园看戏。丑初进城。

初七,辛卯,阴,微雨

读《检心》篇。走访仁甫晤谈,邀之同访抡先。遇诸途,遂同出城,邀往长春午饭。饭罢,仁甫邀往丹桂看戏。薄暮进城,知鲁孙邀吃夜饭,即往。康甫、燕庭已先到,遂入席。知己谈心,饮颇畅。亥正散席,子初归。

十一,乙未,晴,阴,夜雨

读《检心》篇,访又村叔晤谈,并晤璜伯。转访子松、爱庐均不值。至邑园代康甫卜举殡吉期,倩绍兴杜炳炎择定四月十二发引,二十上攒,遂转交康甫。饭后偕访芍麓晤谈,即同出城访伯年亦晤,看其作画。薄暮,邀同伯年至长春楼夜饭。饭罢,康甫嘱往小安处取件,芍麓邀至丹桂园看戏。丑初进城。

十二,丙申,雨

读《检心》篇。访秋甫不晤,至科访抡先亦不值。良卿、秋来两昆仲邀往彤云楼午饭，遂同去。爱庐、少笙、介璈、筠坡、子范先后来，即入席。酒兴颇豪，饮甚畅。席散后，子范邀往丹桂园看戏。爱庐、少笙亦偕来，并招宝生、宝筠两校书陪看。今日为茶号包厅戏，极可观。薄暮复偕子范同访宝筠，略坐即进城。访康甫、秋甫均晤谈，至子初始归。

十七，辛丑，阴，略有微雨

读《检心》便诵。访康甫晤谈。午后，往科署访筠坡偕之出城，途遇海垞遂同行。海垞邀至益庆楼小点，筠坡复约往澧水台茶话。茶罢，再偕往眠云小叙。晤介璈，乃同榻闲话。海垞先去，筠坡同至以仁里访潇湘妃子。介璈邀至鸿运楼夜膳，饮颇畅，不觉大醉。复又邀往金桂轩观剧。寅初始进城。

二十，甲辰，晴，大风

读《检心》篇。绘翎毛、花卉十六方，扇面一页，访康甫晤谈。饭后，出城至桂芳阁品茶、剃头。康甫偕鹤汀来，又村姻叔亦继至，畅谈。茶罢，同访小安亦晤，再往天盛祥小憩，长春楼夜饭，万里云小饮，丹桂园看戏，秋甫亦来。丑正回寓。

廿一，乙巳，晴阴，夜雨

读《检心》便诵，绘梅花、仕女帐者，为康甫作也。落墨后午饭。饭罢，访康甫晤谈，知秋甫招余赴关，即去。洵侯邀往丹桂园看戏。戏将散，康甫、鹤汀、鲁孙均来偕往石路闲步。途遇邱溶卿大会恩霈，同至云卿处茶叙。薄暮，余邀至长春楼夜饭。饭毕，适有微雨，遂即进城。得云毂书。

廿八，壬子，晴，未初立夏

读《检心》便诵，合椒枕四枚。访抡先不晤，途遇仁甫，遂偕之出城，在长春楼午饭，丹桂园看戏。晤秋舫叔、海垞、抡先，遂同座。日暮戏散，春湖邀饮于新新楼，少笙、访仲及程霭如同席。亥初即散,途遇康甫一同进城。

四　月

十四,丁卯,晴

读《检心》便诵。往康甫家为其收拾一切并书谢帖、角签数十条,为德仲世讲上坐书。转往科署访抡先,在科午饭。饭后,与�坡、子范、良卿同出城至宝凤园听朱素兰、幼兰两词友说书。筼坡复邀至渠书寓中听堂出,再往金隆里访五宝校书。良卿叫菜在五宝处夜饭。二鼓始进城。

十五,戊辰,晴,寅初小满

读《检心》篇。往探仁甫病晤谈,旋即回寓。伯珠来谢媒并约余六点钟出城至庆兴楼陪新亲。伯珠去后露园遣招,缘科神圣诞,邀往午膳,即去。海垞、鲁孙、少笙、燕庭均来,合科共饮,饮极畅。席散后,良卿邀之出城,遂与筼坡、子范、衡甫同出南门至云仙词友家茶话。适袁鹤亭都督在彼,藉以叙谈。良卿邀请听堂出,旋往宝凤园听书。少笙、幼谦、雨生、燕庭、鲁孙均来。书散后,余与雨生、鲁孙先进城回寓。乘舆往北至庆兴楼赴伯珠约。沈子馨部郎、陆龙三中翰、戚润如主政、蒲寿伯司马、葛莲伯茂才均先后来,遂入席。燕庭、少笙、幼谦亦来隔座同饮。席散后,幼谦邀往丹桂茶园,看新到脚色韩桂喜,及清客陈玉棠戏。韩桂喜武戏颇好,而姿色则远不如盖山西矣。陈玉棠声调圆熟,惜走相欠佳,亦不足取耳。鲁孙、筼坡、子范、衡甫均来,因戏园坐满,遂同桌叙。筼坡招金宝来同观。丑初始归。

十六,己巳,晴

读《检心》篇,往余宅遣转班,分致谢帖,并为德仲世讲上书。旋即至科,今日为册友宴待科神,邀余午饭。饭后,同良卿、子范、筼坡至宝凤园听书。复偕筼坡往潇湘馆访爱宝录事。主人留点,良卿、子范偕来,藉以畅谈。子范先进城,潇湘主人留饭。饭毕,筼坡邀至丹桂园看戏并邀爱宝、素兰、幼兰诸女士同观。丑初始进城。得云毂复函。

十八，辛未，晴，阴

读《检心》篇，绘四尺耄耋图一帧。仁甫遣招即去，知为上卯事嘱转催也。略谈即至科署访抡先、子范均晤。饭后同至宝凤园听书。良卿、幼谦亦来。书场散后，途遇筠坡遂同往北。先至素兰处茶叙，适逢主人岁庆留面。良卿嘱唱堂出。幼谦复邀至幼娟处小叙，再听堂出。日暮进城，同至科署夜膳，二炮回寓。伯珠来订定明午陪新亲宴，略坐即去，挑灯画四尺屏一纸。

十九，壬申，晴，微雨

读《检心》篇，绘四尺松鹤延年一纸。康棣夫人遣招即去，嘱寄康甫书也。旋即归绘白描仕女十六方，扇面一页，在寓午饭。饭甫毕，南台遣邀即往。新亲未到，与主人闲话。未正，沈企欧来，陪其茶宴。后即入席，适松亭亦来，遂同饮。酉正席散，即乘舆出城。缘南台、燕庭均邀饮于庆兴楼。余辞燕庭之招而赴南台之约。戌初，客始齐，为王积安、陈松亭、闵鲁孙、徐溶卿、许竺生、汪抡先诸君子。酒至半酣，燕庭、雨生、露园、花舫均来，拇战酒兴颇豪。亥初乃散席。南台复邀至丹桂看戏。子正始回寓。

二十，癸酉，雨，阴，午后晴

读《检心》篇，为幼兰词友作鸭脚扇一柄，遂携至鲁孙处，嘱其代余署款，旋即言归。函复子垞并寄爱庐扇面交原差带去。函致康甫并附子槎信及小烟盒盖交局寄杭。往科署访雨生晤谈。饭后，至山凤茶园看戏。筠坡、子范、薇舟、良卿、抡先均来，遂邀同坐。薄暮进城再往科署闲话，芍葰亦来，谈至二炮始各散。

廿三，丙子，晴

读《检心》篇，函致秋甫交局寄杭，至科署闲话。饭后，偕良卿、子范、雨生、燕庭、季花、筠坡、幼谦、德甫、蓉镜诸君子至宝凤园听书,仍即进城。薄暮往高又泉处赴宴,缘今日请陪丧及账房也。到者为崔海垞、朱琴舫、朱丽园、马伯珠、周又村、闵鲁孙、徐丽君、鲍燕庭、吴梅生诸君。伯珠嘱撰挽联,即席拟一联与之。“彤管流芬,群羡家声徵鹊起;紫泥颁诏,幸叨国典沐鸾封”。亥初席散,复出城访幼谦于幼娟家,良卿、子范、衡甫亦同在座,即唱堂出。转访素兰、幼兰再听堂出。子正始回寓。

廿九,壬午,晴,阴

读《检心》篇并补诵昨日一遍。函致康甫交局寄杭,又为溶卿代作一函,即携去。晤其乃郎丽君,略坐即归。饭后,至宝凤园听书,晤子范、良卿。书场散后,遂同往北至复新园小点,偕访素兰、幼兰两词友,藉以茶话,子范嘱唱堂折。日暮进城,至科署晤雨生、燕庭、幼谦、芍薐。夜饭后,同访南台晤谈。因彼处手叙有局,众客纷至,余与雨生先各辞归。

五　月

朔,甲申,晴,日食,巳初初缺,午正还光

读《检心》篇,至科署闲话即归。为露园拟贺节草稿一件。饭后,往宝凤园听书。旋即进城访南台,不晤。独步邑园,遇殿卿于四美轩,遂同茶话,并晤少梅、惠之、安恩、子根诸君子。略为小憩,随即出城。今日公请露园、筠坡两君,特为劝其戒赌,此亦朋友之应分者也。同分者为季花、少笙、幼谦、雨生、燕庭、子范、良卿宾主十人,饮极畅。席散后,良卿邀往丹桂茶园,看新到串客戏。一为油面,不见出色;一为青衫子,声调尚觉圆润;一为武生,颇有昆腔身段,京班中之出色者。其一则上年所来之陈梦珩也。戏极热闹。丑初始进城。

初三,丙戌,阴

读《检心》篇,函致露园。饭后往科署闲话。偕幼谦出城至锦园洗澡,转访幼娟,旋即进城。夜膳后,幼谦邀往山凤园看灯戏,颇觉新颖。丑正乃归。

初五，戊子，晴

读《检心》篇，遣叶升至各处贺节，为儿女作长命缕三根，另作三条送余氏姊弟继配陆恭人五周忌，作享年祀赏。午后即赴科，偕幼谦、雨生、燕庭同往北行。幼谦邀饮于王幼娟家。�坡、良卿、子范均来，并招素兰、幼兰两词友来说书。戌正散席，即行，途遇鲁孙邀往丹桂看戏。少笙、春湖亦来，招宝云、素卿、云仙诸女郎同观。丑初始各散。行至北门重闉不启，询知年宪谕差城落锁，后虽有城凭一概不开。乃与幼谦假宿于王幼娟家，竟夜清谈，不复就寝。

十一，甲午，微雨，阴

读《检心》便诵。往�坡处拜乃堂三十周忌。转访又泉晤谈，即回寓复康甫书，交局寄杭。幼谦片羽相招即去，同往得月楼取纨扇即交佩甫作画。遂出城至丹桂茶园观剧，燕庭亦来。酉刻，子范邀饮于爱卿家，即往。同席者为鲁孙、燕庭、良卿、�坡并招秀卿及钱雅卿来侑酒。头炮席散，复与子范、�坡至幼兰、雅卿两处茶叙。旋即进城，得经哥京信。

十三，丙申，晴，夜雨

读《检心》便诵。雝之、仁甫两君来，邀至上珍馆小点。转访秋甫不晤，作片函致之。即偕高、黄二子游邑园，在四美轩茶话。雝之须出城就医，仁甫即邀去看戏。出城后，乘车往北至长春楼午饭。饭后，同往丹桂园观剧，秋甫亦来。薄暮，偕访梦庐画友不晤，即进城顺访佩甫，亦不值。见幼谦扇已画就，即取之。再至四美轩茗谈，遂分袂。余交纨扇至科，晤幼谦、雨生、露园、伯珠、子松、子范。夜饭后即有微雨，遂各散。

十八，辛丑，晴

连朝阴雨，今日开霁，精神为之一爽。读检心篇，复敏斋书，合椒枕四枚。至科署约子范同往购縢扇,即交佩甫作画。仍即回科午饭。饭后,幼谦邀往丹桂园看戏,并晤子范、花舫、起斋。戏散后,幼谦至浦五房小点,再偕子范、幼娟、雅卿、素兰、幼兰、金宝、爱宝诸女士。日暮甫进城,复同至科晤露园、少笙、芍農诸君子,谈至二鼓始回寓。

廿一,甲辰,晴,阴,夜微雨

读《检心》便诵。访佩甫取画件,旋访秋甫未晤,旋即回寓。函复康甫仍交原局寄杭。往拜伯珠元配卅冥寿。至榴生处帮燕庭题神主,并晤仁卿、子松,顺倩燕庭作纨扇小楷一握。榴生留饭。饭后,偕子松出城。余至丹桂园听戏,晤子范、抡先、海垞,遂同坐,并招爱卿同观。戏散后,仞千邀饮于梧卿处,同席者为鲁孙弟、袁安之、唐叙卿、黄岳川、冯心平并招吴富玲、许富林、周巧龄、王宝玲、李秀卿诸女郎来侑酒。席甫散,又为张佑生邀饮于复新园,同席者为子范、筠坡、良卿、唐介璈、吴吟江、朱菊泉,揭标拇战,酒兴颇浓。亥初始散,城已闭矣。良卿邀往丹桂园看夜演,再招李爱卿、顾爱卿、钱雅卿、朱素兰同观。丑正戏散,子范复邀至爱卿处吃酒,并往邀幼兰词友来说书。直饮至五鼓将阑,始散席。天色黎明即进城。今日初闻知了声。

廿五,戊申,阴,微雨

甫经起身,雝之即来邀余同访仁甫,偕至邑园四美轩茶点。茶罢,同访佩甫,再至玉泉轩茗谈,春和楼午饭。饭后,复往四美茶叙。仁甫邀余出城至金桂轩看戏。溶卿、竹孙均来,藉晤谈。溶卿为余作东道主人。戏散后即进城。至科闲话,晤少笙、南台、鲁孙、子松、幼谦、雨生、燕庭、露园诸君子,谈至二鼓乃各散。

六　月

初二,乙卯,晴,阴,卯正小暑

读《检心》篇。至畅叙品茶,惠之、子范、小農、鳌峰、筠坡均先后来畅谈。茶罢,同往科署闲话。花舫来邀之出城,顺访子凤,即同往爱吾庐茗谈。余邀至浦五房午饭。饭后,花舫邀往丹桂看戏,晤仁甫、意岩,遂同坐,森儿亦来。戏散后,与子范访爱卿、素兰、幼兰诸词士。日暮始进城,代秋甫作杭信一封。

初八,辛酉,晴

黎明即起,往一粟庵吊汪嫂朱孺人丧。榴生倩余帮办帐务。至酉刻收奠,为其逐一开销清楚,乃出西门乘车往北,晤幼谦、鲁孙于浦五房。匆匆夜膳,即至丹桂园看戏。今日为杨月楼初进丹桂,颇为热闹,并招秀卿、联卿、幼娟同观。丑初戏散,与鲁孙同访秀卿,略坐即去。南北奔驰,无可息足,乃假宿于程小瑚家,与鲁孙乘凉闲话,坐以待旦。天色黎明,即乘车而南。

初九,壬戌,晴,下午有雷

至小东门候其开城即归。到寓后略为假寐,秋甫、仁甫来约往豫园茶叙。乃与森儿上生书并即洗澡,然后赴约。遇于邑园,同至四美轩茗谈。旋即出城再至爱吾庐茶话。午正,至浦五房午饭,晤子范、衡甫,邀余同饮。饭后,秋甫邀往丹桂看戏,遇海坨、抡先。戏毕,仁甫复邀至浦五房小点,顺访爱卿。旋即进城。

十六,己巳,晴,午后有雷雨

读《检心》篇。至畅叙楼晤子范、仁甫、海坨。茶罢,同至科,秋甫亦来。缘为子凤、衡甫合请于泰和馆,因与秋甫同出城乘车往北。两主人及陈诵甫、吴花舫已先到,子范、仁甫、抡先继至,遂入席。因天气炎热不能多饮,略微拇战即散席。复又邀至丹桂园看戏,森儿亦来,并晤子勋、季花、幼谦、榴生、燕庭、鲁孙及又村姻叔、英甫表弟、雝之姻兄、竹孙弟诸君子。戏散后,幼谦邀饮于浦五房,同饮者为季花、榴生、鲁孙、燕庭、子范。饭后,榴生、季花先进城,鲁孙、燕庭、子范同访秀卿、爱卿。略为小憩,鲁孙复邀往丹桂园看夜戏,并招联卿、爱卿来同观。戏散后,偕子范、燕庭假宿于爱卿处。彼此闲谈坐以待旦,黎明即早进城。

十八,辛未,晴

读《检心》便诵。秋甫来邀余同去为其乃郎今日皈依三宝也。遂同往一粟庵拜宝善和尚为师。宝善留饭,与霞光、宗华两上人畅饮。饭毕即辞归。剖瓜同食以解渴烦。复偕出城,访子范、筠坡,晤于恒吉昌书场,遂同听严丽贞说书。书毕,即乘车往北至潇湘馆,访潇湘主人小坐。旋往浦五房夜饭。饭后,先访雅卿,听其京调,转访素兰、幼兰,再听京腔,一则声调悠扬,一则音节合拍,各擅所长。最后访爱卿,略为小憩随即进城。

廿三,丙子,阴雨,有雷,下午仍晴

读《检心》便诵,课森儿读。秋甫来晤谈,嘱往转约子范、筠坡作城北游。即往科署访之,先与子范至秋甫处,偕之同行,出城乘车往北。余邀至长春楼午膳。饭后,秋甫邀至丹桂园看戏,筠坡、伯珠亦来,并招巧林、眉史、幼娟词友同观。季花、雨生、幼谦、花舫均先后来,森儿亦来。戏散后,雨生邀饮于新新楼,遂率森儿同去。亥初进城,沿途看灯而归。

七　月

初六,戊子,晴,下午阵雨有雷,夜雨

读《检心》篇,课森儿读,并为理书。子范来邀往畅叙楼茶话。茶罢,同至科。午后,偕良卿、子范出城,至丹桂园看戏。今日群花大会,有五十人之多,惜皆凡卉,无一当意者。惟赵雅仙丰神妩媚,韵出天然,有鹤立鸡群之概,余颇赏识。戏散后为雨阻,乃同访十全、爱卿两校书,爱卿留点。至薄暮乘舆进城,再至科署闲话。夜膳后偕燕庭同访春木晤谭。亥正始回寓。

初八,庚寅,晴,阴,末伏

读《检心》篇。森儿跪求读书不得,仍再课之。子范来邀往畅叙楼茗谈，茶罢遂同出城，乘车往北至浦五房午饭。饭后，榴生邀至丹桂园看戏，季花、雨生、海坨、鲁孙、燕庭、子松、小园、春木、良卿、秋来、子范、星伯均同坐，颇热闹。戏散后，子范邀往幼兰处听堂出。小园邀至泰和馆夜膳。饭罢进城，同至小园家闲话。亥正始归。

十四，丙申，阴，雷雨

读《检心》篇，课大儿读并为理书，录尺牍稿。午后，往姚家弄拜汪嫂朱孺人中元，再往东唐家弄拜余月锄世叔暨吉甫大兄中元，转往顾家弄拜高母沈太宜人中元，最后至一粟庵拜王母陆太恭人十周。旋即出城至北桂馨里赴幼谦招，榴生、雨生、鲁孙均来，遂入席。席将散，露园遣招往丹桂园看戏，即与幼谦、榴生、鲁孙同去。晤少笙并严伯雅观察锡康，招幼娟、少娟两词友同观。丑初进城。

十五，丁酉，雨，大雨有雷

读《检心》篇，课森儿读。康甫遣招即去。略谈旋即往科晤露园、季花闲话。子范邀余出城，即乘舆同往至浦五房。适海坨在上林馆，即邀之来同膳。午饭后，海坨邀往丹桂看戏。酉初戏散，同往庆兴楼为抡先、衡甫两昆季公饯。幼谦、良卿、筠坡、子凤均来，遂入席，招十全、爱卿、联卿、巧仙来侑酒，邀素兰、幼兰来说书。兴致甚浓，饮颇畅。席散，偕幼谦、子凤同访幼娟并晤芷升、稚松，略为小憩，随即入城。

十八，庚子，晴

读《检心》便诵，并补诵昨日一遍。课森儿读，并为理书。访康甫，饭后同至科署闲话，秋甫亦来。偕幼谦、良卿同出城，先访素卿，旋访十全。日暮，良卿邀至泰和馆夜膳，晤立斋宗兄。饭后，秋甫先进城，立斋邀往丹桂园看戏，并招素卿、十全、联卿、宝生四人同观。戏散后，先送良卿至十全处安顿，乃与幼谦同借宿于联卿家。

廿一,癸卯,晴,午后阵雨

读《检心》篇,课森儿读并为理书。往一粟庵拜潘如嫂丁孺人周祥。午后,得筠坡片函知其邀饮于钱雅卿处。下午出城赴筠坡招。因主人未到,乃即往素兰处访子范并晤介璈,听素兰京调,遂同至雅卿处赴宴。众客俱到,即入席,并招爱卿、十全、爱金诸校书来侑酒,邀幼娟词友来说书。席散,即独自进城。

廿二,甲辰,阴

读《检心》便诵,课森儿读。秋甫遣招即去,仁甫亦来与康甫闲话。饭后,秋甫邀往丹桂茶园看戏,仁甫、康甫同去,子勋、季花、榴生、幼谦、子范先后来。戏散后,同访云卿校书。旋即进城。

廿五,丁未,晴,夜雨

读《检心》篇,课森儿读。往探云溪病,适逢疾作,不晤。转探潘友石世叔病,知其小愈。旋即往访康甫晤谈,仁甫亦来。饭后往科,偕幼谦、鲁孙、燕庭同出城至桂芳阁茶叙。康甫、秋甫偕来同访素卿,听堂出。转访云卿,略为小憩。日暮,幼谦邀往泰和馆夜饭。饭毕进城,到寓后,适松亭来,嘱拟信稿,谈至三鼓始去。

廿六,戊申,晴,下午微雨

读《检心》篇,代松亭拟信稿二,课大儿读。饭后访康甫,少坐即至科署闲话。榴生亦来,遂与季花、幼谦、雨生、榴生并往邀康甫一同出城乘车往北。与康甫至桂芳阁茶叙,适潇湘妃子在彼,康甫得一晤为快。转至素卿处听堂出。康甫邀往复新园夜膳,秋甫亦来,饮甚畅。饭毕,季花、雨生先进城,榴生邀至丹桂园看戏。丑正始回寓。

廿九,辛亥,晴

读《检心》便诵,课森儿读。海坨来邀至畅叙楼茶话。茶罢,同访青士晤谈。复至龙门书院访范荔泉茂才亦晤。转至科署午饭。

饭后，与幼谦出城至丹桂园看戏。戏散，海坨邀往复新园小点，再访素卿、素兰、幼兰诸词友。日暮进城。

八　月

初二，甲寅，晴

读《检心》便诵，课大儿读。海坨来，同访青士晤谈，转往畅叙楼茶话。茶罢仍即回寓，绘墨兰纨扇一握。走访海坨亦晤。饭后，偕之出城至九乐园看戏。戏散，至诚信小憩，旋至庆兴楼赴鲁孙招。饱山已先到，榴生、雨生、燕庭、幼谦、良卿、子范、秋甫均先后来，遂入席。酒兴更胜于昨，饮甚畅。二炮席散，鲁孙复邀往丹桂园听戏，招素卿、秀卿、幼兰、宝云同观。戏散，因城门不能开，遂与幼谦假宿于朱素卿家。

初五，丁巳，晴，酉初白露

读《检心》篇，课森儿读。至科署闲话。午后往宝园听书，旋与子范访秋甫于潇湘馆晤谈，主人留点。日暮，至复新园，适榴生、雨生、燕庭、鲁孙、海坨、幼谦均在小饮，遂同膳。饭毕，幼谦乔梓邀至丹桂看戏，并招潇湘妃子同观。丑初始进城。

初六，戊午，晴，下午雨

读《检心》篇，课大儿读。为榴生拟存案草一扣。海坨偕春木率其子侄来邀余同访幼仙。旋即出城至复新园午饭。饭后，往丹桂园看戏。子松、燕庭、小园均来，两儿亦同至。戏散后，海坨邀至长春楼小点，子范邀至幼兰处预祝生辰。同席者为鲁孙、良卿、燕庭、秋甫、花舫，连幼谦乔梓及余适符八仙之数。招素卿来说书，十全来侑酒。戌正席散，即进城。

初十，壬戌，晴

读《检心》便诵，课大儿读。午后至宝园听书，伯珠、子范、幼谦均来，即偕往北。伯珠邀至新新楼小点，复同访素卿词友并听堂出。日暮进城访秋甫,谈至子初始归。

十三,乙丑,晴

读《检心》篇,代秋甫复康甫一函。至科署闲话,花舫来邀往金桂轩看戏,海坨亦来。戏散,余复往丹桂看日戏,晤秋来,略坐即进城。访榴生不晤,再至科署夜膳。饭罢,与雨生同访露园。亥初回寓。

中秋,丁卯,晴

读《检心》篇。乘舆往各处贺节,均不晤。至大关访秋甫晤谈,旋即至科署访子范亦晤,仍即回寓午饭,开销各帐。下午再至科,鲁孙亦来,谈至日暮,在科吃过节酒。席散,偕子范、良卿出城步月,顺至凤仙台小憩,随即往北至金桂轩看戏。幼谦、鲁孙、燕庭及鲁孙乃弟亦溪均来。丑初戏散,幼谦邀至联卿录事处小宴,招秀卿、十全来侑酒。寅初席散,复邀至素卿词史处再饮,仍招秀卿、十全两人来侍酒,邀幼娟词侍来说书。寅正散席,与子范同至素兰家略为假寐即进城。

十八,庚午,晴

读《检心》篇,代秋甫作兴化信一封,即交去。旋游邑园,陪殿卿偕至四美轩茶话。茶罢各散,途遇秋甫,再至四美品茶,转至科署午饭。饭后,幼谦邀至丹桂园看戏,并招素卿词史同观。戏散,同至素卿处小憩。旋即进城,归途购得《便蒙四书》一部,计十六文。

二十,壬申,晴,薄暮微雨

读《检心》篇,课大儿读。秋甫遣招,即去。同往科署中访子范,不晤。偕游邑园,至四美轩茶话。茶罢,出城至浦五房午饭。饭后,往丹桂园看戏。幼谦、良卿、鳌峰、子范、丙楼均来。戏散后,遇雨生、榴生、燕庭,遂至新新楼夜膳。饭后,复往丹桂看夜戏,并招素卿、联卿、幼娟三词史同观。丑正进城。

廿一,癸酉,晴,丑正秋分

饭后,往科,幼谦邀之往北,同访素卿。日将晡,邀往浦五房夜饭,子范与李韵卿来,遂同饮。饭毕,韵卿邀至丽琴处听堂折,再访素卿。亥正进城,得子槎叔书。

廿五,丁丑,晴

子熊邀至鸿运楼午饭,杨经德亦来,饮极畅。饭罢,同访金宝校书。旋即往徐雅云词史处访李韵卿,并晤子范。遂邀至复新园夜膳,秋甫亦来。饭后,往丹桂园看戏。幼谦、季花、良卿、松亭均来,招素卿、素兰、雅云、幼娟、爱金诸女士同观。今日为杨月楼回申复演,热闹之至,戏亦十分可观。丑初始进城。

廿六,戊寅,晴,午后阴

饭后至科,偕燕庭同访顺之晤谈。旋即出城往庆兴楼赴南台招。季花、幼谦、又泉、雨生及陈撷甫、朱兰汀均先后来,遂入席。戌正席散,燕庭邀至丹桂园看戏。鲁孙、幼谦亦来,并招秀卿校书同观,较之上日尤觉热闹。丑正始归。

九　月

朔,壬午,晴

午后访松亭晤谈,旋即往科与季花、雨生闲话。薄暮出城,至幼娟处赴幼谦约,良卿、子范、韵卿、东山均来,遂入席,招雅云、素卿来说书,十全、南观、竹卿来侑酒。席散,邀至丹桂园看戏,再招南观、雅云、十全、素卿同观。丑正进城。

初四,乙酉,晴,阴

午后往科署闲话,子范邀之出城。途遇莲孙,偕至万仙台茶叙。茶罢,乘车往北访南观,韵卿亦来畅谈至暮。子范邀至复新园夜饭。饭后,韵卿邀至丹桂园看戏,晤秋甫、东山,遂同座。幼谦、子凤亦来,招素卿、竹卿、雅云、南观同看。丑初戏散,与子凤同进城。到寓已丑正矣。

初五,丙戌,晴

徐丽君、唐春湖、朱子范先后来,均晤谈。课森儿读。午后,子范复来邀之出城至丹桂园看戏,并招南观陪看,晤鲁孙、燕庭、星垣、海坨、顺之诸君子。戏散后,星垣邀至新新楼夜饭。

初十,辛卯,晴

往一粟庵拜李闇斋太夫人冥寿,主人邀手谈,即与王者香、宗炳、吾及星垣丈拢局。至薄暮散,余无胜负,即出城至庆兴楼为少笙馔寿。同局者为南台、松亭、雨生、幼谦、鲁孙、燕庭、又村、良卿,连露园及余共十人,并邀季花作陪,招素卿、素兰、月珍三友来祝寿。席散后,均至丹桂看戏,点杨月楼演《白水滩》,韩桂喜演《无底洞》二出,甚觉可观,再招十全同看。丑初进城。

十一,壬辰,晴

偕燕庭出城至望月楼茶叙。因彼须等扎珠花,余先至三马路泉记杭庄访海坨晤谈。即偕访伯年画友,邀往醉乐居小饮。余复邀往长春楼夜饭,晤孙采臣、沈蓉圃、许竹生、唐春湖,遂邀之同座。松亭、燕庭同在复新,遣人相招。饭后即去,知与甘子熊、张师竹同席,复又拇战酣饮。伯年来,招往满庭芳看客串昆剧。海坨、燕庭亦来,戏不甚佳。松亭遣招至王南观家小宴,即与海坨、燕庭同去。

十二,癸巳,晴,夜微雨

丽君来晤谈。饭后,往科署闲话。子范邀至金桂轩看戏,晤又泉、秋甫、悦三诸君。戏散后,与子范同访南观,畅谈至暮。南观留夜饭。

十三，甲午，晴，阴，夜微雨

出城至锦园洗澡，旋与子范同访南观。日暮，访雅卿词友，适幼谦、韵卿、介璥、筠坡均在彼。幼谦遂邀往复新园夜饭，东山亦来。饭后，韵卿邀往丹桂园看戏，招素卿、幼卿、雅云、南观同看。子正进城。

十五，丙申，晴

饭后至科，仅晤良卿。偕之出城至万仙台品茶，子范亦来，遂同往北至长春楼小点，复至万云仙小憩。余先进城赴丽君招。渠今日请支宾，邀余作陪。是日到者为闵懋修、林寿泉、印希彭、蔡云章、周宾夫五人。戌正席散，余复出城至丹桂看新脚色，戏颇好。幼谦、子范、韵卿、秋甫均同观，并招南观、幼娟、联卿陪看。丑初进城。

十九，庚子，晴，阴

海坨来邀之出城，至复新园午饭，鲁孙亦来。饭后，鲁孙邀往金桂轩看戏，群花满目，热闹非常。惜乎花皆凡卉，戏复不佳，兴致索然，不待戏散即与海坨先行至桂芳阁品茶。

廿五，丙午，晴

至科略坐，即出城至万里云小憩，旋往素卿处访幼谦，并晤燕庭、鲁孙畅谈。抡先先去，幼谦邀至联卿处小饮，善民亦来，遂入席。招金玉来侑酒，并邀钱雅卿、朱素卿两词友来说书。戌正席散，鲁孙与燕庭先行，余与幼谦至丹桂园看戏。子正进城。

廿六，丁未，晴

午后至科，燕庭偕之出城至丹桂园看戏，晤幼谦、子范、海坨、花舫诸君子。戏散后，海坨邀至醉乐居小饮，旋即话别。今日与翁子文、汪雨生、鲍燕庭公请樊介轩庶常于泰和馆，邀季花、幼谦、鲁孙作陪。

二十八,己酉,阴,晴

至徐丽君家办丧事,并邀抡先来助办。晚间,请陪丧酒,又泉、秋甫均来。席散后,抡先邀余暨秋甫往丹桂园看夜戏。新到清客孙鞠仙串演《牧羊圈》,杜蝶云串演《玉玲珑》,安静芝亦到丹桂,演《虹霓关》,杨月楼演《翠屏山》,并皆佳妙。丹桂日盛一日矣。晤幼谦、子范、海垞。丑初始进城。

三十,辛亥,阴

出城往万里云小憩,旋即至南观处访子范,适鲁孙亦在,彼藉以畅叙。日暮,余邀往新开羊汤饭馆夜膳,颇不见佳。饭罢,子范、抡先先进城,鲁孙邀余至丹桂园看戏,幼谦亦来,并招秀卿、宝云、幼娟诸女士同观。丑初同进城。

十　月

初二,癸丑,阴,微雨,午后晴

往虹口丝业公所陆恭人厝柩处祭扫。归途独自至长春楼午膳。饭后至石路闲步,晤仞千,邀至龙泉阁茶叙,新关同人大半在焉。茶罢各散,余独行踽踽,遂往金桂、丹桂两处看闲戏,亦觉乏味。乃至四巷南观家访子范,适良卿、花舫均在座,畅谈。

初四,乙卯,晴

与抡先出城至万里云小憩,转至尚仁四巷访子范,适鲁孙来,邀往程宝云家小饮。同席者为榴生、幼谦、悦三、韵卿、良卿、子范,招南观、十全、小宝、经宝诸校书来侑酒,邀朱素卿来说书。席散,子范邀往丹桂园看戏,再招南观、十全、联卿陪看。戏散,复至南观处吃稀饭,然后进城。

初七,戊午,晴,巳正立冬

访康甫偕至科署,适雨生、燕庭须出城,遂与之同行。至三马路泉记杭庄晤海垞、榴生、鲁孙,乃偕往桂芳阁茶话。茶罢,榴生邀至最佳楼小饮。饭毕，与鲁孙、燕庭同访素卿，幼谦亦来，遂邀至丹桂园看戏。丑正始进城。

初八，己未，晴，阴

饭后至科署闲话，幼谦邀之出城同访素卿。薄暮，至浦五房夜饭，适葛遐凯在彼请客，遂为邀饮，韵卿亦来。饭毕，韵卿邀至金桂轩看戏，甚不见佳，子范、鳌峰来。

初十，辛酉，阴，晴

子范招饮于彤云楼，即往。岵瞻、衡甫及俞庆笙、许少莲均已到，遂入席，拇战兴豪，不觉微醉。席散，与少莲、子范乘车往北至丹桂园看戏，群花满目，热闹非常。戏散，同访南观畅谈。

十一，壬戌，晴

至科署闲话，良卿、幼谦邀至宝园听书。旋即往北同访幼娟。日将晡，幼谦邀至浦五房夜饭，饭后至丹桂园看戏。戏散，再访素卿，留饮稀饭。

十三，甲子，晴

饭后，松亭招赏菊，即去。燕庭、鲁孙、顺之在彼手叙，主人嘱余代倩。至晚局散，季花、雨生均来，即入席。酒兴甚豪，饮颇畅。席散即出城至丹桂园看戏，幼谦已先到，筠坡亦继至。丑初同归。

十四，乙丑，晴

子范邀至一元楼茶话，抡先、衡甫两昆仲来，一同茶叙。茶罢，途遇榴生、季花、雨生、幼谦、燕庭诸君子，乃至彤云楼小点。幼谦复邀余往北先访南观，次访素卿，偕幼谦至浦五房夜饭。饭后，往丹桂园看戏，晤少笙、鲁孙，并招素卿同观。戏散后，复访宝云、秀卿两校书，略为小憩，然后归。

十七,戊辰,晴

至科署访季花,约定至复新午膳。即出城至复新园,尚无一人到者。甫坐定,幼谦、子范来,季花亦继至,康甫、子文亦先后来,榴生以有他局来辞,乃即入席。饭后,至丹桂园看戏。戏散,榴生邀饮于庆兴楼。

十九,庚午,晴

康甫约至复新园小叙。薄暮,出城乘车往北先至桂芳阁品茶。榴生已先在焉,遂同茶叙。燕庭亦来,康甫继至,知康甫处人多,余与榴生、燕庭均就鲁孙之约。茶罢,即偕往,主人及蓴卿同时到馆,即入席,拇战亦颇畅。席散,至丹桂园看戏。丑正进城。

廿三,甲戌,阴,晴

至康甫处午饭。饭后,偕之出城至桂芳阁茶话,同访幼谦于朱素卿家。伯珠、叔常均来,遂邀至新新楼夜膳。秋甫、鲁孙继至,即邀同饭。饭后,幼谦邀余至丹桂茶园看戏。丑初始归。

廿四,乙亥,晴,阴

海坨来邀至畅叙品茶。茶罢,访康甫,即偕出城,途遇幼谦、雨生,遂同行至益庆楼,榴生及子敬已先到,即入席。饭毕,至丹桂园看戏,晤鲁孙、季花、子勋、又村、璜伯诸君子。日暮戏散,鲁孙邀至复新园夜膳。饭后,再偕幼谦至丹桂园看戏,并招素卿同看。丑初进城。

廿五,丙子,晴

往谒小蕿世叔畅谈,转至科署,虚无一人,即回寓。海坨来,邀之出城至彤云楼午饭。饭后,偕至南丹桂园看戏。子范、良卿、幼谦均来,十全、南观亦到。戏散,偕幼谦往北同访素卿。

廿六，丁丑，晴

偕竹孙弟同至潘家拜友石世伯六十冥寿，晤榴生、雨生、季花、康甫诸君子。同时吃面，旋即各散。余与季花、雨生同至科署。饭后，韵卿请往南丹桂看戏，乃与季花、幼谦、良卿、子范同去，康甫、秋甫继至。

廿七，戊寅，晴，阴，夜雨

与康甫出城至万仙台品茶，晤雝之、嘉予，藉以畅谈。茶罢，仍偕康甫赴北，先访云卿校书。子文、季花邀饮于庆兴楼，即去。幼谦、雨生已先到，鲁孙、秋甫、燕庭亦继至，即入席，拇战豪饮，颇觉畅怀。酒阑人散，复又至丹桂园看戏。

廿八，己卯，晴

至科署闲话。饭后，与子范出城闲步，至万仙台品茶，旋往南丹桂，邀韵卿至彤云楼小点，复至南丹桂，戏已将散。晤幼谦、榴生，遂同进城，再至科署夜饭。饭后，幼谦、子范复邀余出城再至南丹桂看戏。子正回寓。

廿九，庚辰，晴

访康甫不晤，乃赴海垞约，同访抡先，偕之出城至益庆楼午饭。饭后，至万里云小叙，再至九乐园看戏。戏散，途遇康甫，同至万里云小憩，旋即访幼谦于素卿家，邀至长春楼夜饭。饭后，遇子范同访南观，略坐，知福州将军文君在丹桂园看戏。康甫邀之往观。余知今夜外国水龙出会，乃独至浦滩，适洋龙云集，中外夫役及外洋音乐齐作，灯火照如白昼，观者如堵墙，大开眼界。俟其过完乃至丹桂看戏。丑正始归。

十一月

朔，壬午，晴

访康甫适已他出，不晤，旋即至科署闲话。海垞遣招，即去。

为康甫代斗牌,无何康甫来,复为抡先代战,均获小胜。饭后,抡先来,余即出城至南丹桂看戏,晤子范、韵卿。旋为子范拉之往北。

初二,癸未,晴

饭后,海坨亦来邀至邑园湖心亭茶话。茶罢出城,康甫邀至最佳楼小酌,并邀凌颖峰、杨一泉同膳。席散,与海坨、康甫同访文兰,不晤,乃至涵春堂小憩,旋即乘车往南至南丹桂看戏。丑初乃进城。

初四,乙酉,晴

访康甫晤谈。饭后,偕之出城至万仙台茶叙,子范、良卿、�均来。茶罢,偕之往北,先访南观,次访十全。康甫招饮于文兰家,即与子范、良卿、筠坡同去,幼谦亦继至,遂入席。招联卿、南观、十全、爱卿诸录事来侑酒,饮颇畅。席散,幼谦邀至丹桂园看戏,并邀素卿同看。戏毕,复至素卿家小坐。

初五,丙戌,雨

至科署闲话。饭后,海坨、康甫先后来,同访榴生晤谈。旋即出城乘车往北至桂芳阁茶叙。海坨邀至长春楼夜膳,榴生亦来。饭后,榴生邀至丹桂园看戏,秋甫、幼谦亦继至,并招文兰同观。季花、少笙、又村、筠坡、子勋均来。今夜为新脚色小水上飘上台,颇热闹。惜脚色平常,终不如盖三省之妩媚可人也。

初七,戊子,晴,丑正大雪

至科署闲话。饭后,康甫来,偕之出城至桂芳阁茶话,同访子范于南卿处。适幼谦来,偕往长春楼夜饭,秋甫亦到,遂同膳。膳毕,秋甫邀至丹桂园看戏。幼谦遣招至联卿处小酌,即去。

初八,己丑,晴

至科署闲话。饭后出城,至南丹桂看戏。幼谦、康甫、子敬、榴生、诚斋、鲁孙均来。戏散后，子槎邀饮于爱金家，遂偕子敬、康甫、幼谦、鲁孙、榴生同去。

初九，庚寅，晴

至科，幼谦邀之出城，抡先同去，至彤云楼午饭，榴生亦来。饭后，往南丹桂看戏，康甫、鲁孙、竹孙均到。戏散后，葛遐凯邀至佩卿处小酌。同席者为韵卿、幼谦、子范及傅经猷兄，招联卿、秀宝、宝玉来侑酒。席散后，子范拉之往北同访南卿，旋即回南丹桂访韵卿，略为小憩。

十三，甲午，阴，大风

访康甫晤谈，嘉予、采臣偕来，须假城凭，允以少顷交去。随与康甫出城访文兰录事，略为小憩，旋至长春楼夜膳，再至万里云买阿芙蓉过瘾。随将城照交往丹桂园与采臣，并晤乃尊右卿及王小云太守。

十四，乙未，晴

至桂林处，幼谦、榴生、鲁孙均在焉。雨生邀在桂林处小宴，招联卿、竹卿、文兰、金玉来侑酒。席散后，康甫邀至丹桂园看戏，秋甫亦来，燕庭、鲁孙继至，再招文兰、宝云陪看。丑初乃进城。

十五，丙申，晴

子槎来约余南丹桂看戏，略谈即去。余再往探松亭病，适宗易堂在彼诊视，谈悉病在肾。经总得脉起气平，方能奏效。旋即至科午饭。饭后，偕季花先出城至南丹桂园观剧，同人陆续而来，共坐三桌，颇为热闹。戏散后，子槎复邀至复新园夜膳。

十六，丁酉，晴

至科午饭。饭后，访康甫，偕之出城，途遇幼谦，同至桂芳阁茗谈。茶罢，同访素卿词友，谈至日暮。同往爱金处访子槎晤谈，幼谦邀至复新园夜饭。饭后,子槎邀至金桂轩看戏,并招爱金、联卿、文兰同观。戏散后,复至文兰处小憩,主人留小点。丑正始进城。

廿一,壬寅,晴,戌正冬至

遣叶升往各处贺节。访康甫晤谈。饭后,至科访雨生,略坐即出城至桂芳阁茶叙。旋访文兰,知已小愈。主人留夜饭。饭后,余至丹桂园看戏。子范亦来,遂同观戏。戏将散,康甫、少笙、春湖均来,均同进城。

廿二,癸卯,晴

良卿遣招,即去。途遇柚泉,邀之出城至复新园午饭。同席者为子槎、仁卿、诚斋、撷芬、康甫诸君子。饭后,至丹桂园看戏,森儿亦来。戏散即归。

廿三,甲辰,晴

偕燕庭出城沿浦闲步,往北访子槎、康甫均不晤,遂与之至长春楼小憩。先食小点,次即夜膳。饭罢,子槎来复拉至复新园再饮。春木、子松已先到在彼,康甫亦继至。饭后,至金桂轩看戏,晤又泉、鲁孙、悦三,遂邀同坐,并招爱宝、文兰陪看。戏散,复偕康甫至文兰处小坐,然后进城。

廿七,戊申,雨

海垞来邀至茗香楼茶话,旋即出城先至浦五房午饭。饭后,至丹桂园看戏。日暮进城。

廿八,己酉,晴

出城至凤仙台,适子范、抡先在焉,遂小憩。康甫亦来,偕之往北顺访南卿,略坐。子勋叔招饮于复新园,即去。同席者为朱稚村、张子敬、席芝田及汉垞、仞千两昆季。席散,复邀至丹桂园看戏,并晤子文、又泉、榴生、康甫、秋甫诸君。丑初同进城。

廿九,庚戌,晴

访康甫晤谈,并晤涌江、鲁孙、燕庭。饭后回寓,旋即独自出城至金桂轩看戏。鲁孙亦来,遂同观。薄暮进城。

十二月

初六,丙辰,阴,日夜大狂风,下午微雪

访康甫晤谈,旋即至科午饭。饭后,访榴生并交还《瀛寰琐记》一册,略坐即出城。途遇子范,同至泰来诚小憩,寻至南丹桂园看戏,晤韵卿、遐凯。日暮进城。

初七,丁巳,晴

朱诚斋来约余南丹桂看戏。饭后,率森儿同去。秋甫、汉槎亦来。薄暮戏散,命家人先送森儿进城。余与秋甫、诚斋同往北,途遇姜小石,邀之同去,访严丽贞,诚斋请听堂出。丽贞留点。点后各散,余与秋甫同访爱宝,略为小憩,即至长春楼夜膳。饭后,芍農邀至丹桂园看戏。厚庵、幼谦、康甫、鲁孙、悦三同看,并招文兰校书同观。丑初进城。

初八,戊午,阴

饭后至科,偕子范出城至凤仙台小憩,适幼谦来,同至彤云楼小点。点后,遇子松、寿泉,偕之往北同访南卿,略坐即至最佳楼夜饭。饭后,与子松先进城,同至露园看同人议事。亥正完议,复偕康甫出城至丹桂园定团拜戏,适鲁孙在园看戏,遂邀同观。丑初进城。

初十,庚申,雨

至科偕子范同行,先至凤仙台小憩,随即乘车往北至复新园赴筠坡约。森儿亦来,少笙亦到,遂同膳。饭后,偕往丹桂茶园看团拜戏。南北两关同人毕集,极为热闹,并招文兰、素卿、宝云、桂林、仪卿、南卿、彩云、十全、琴仙、瑞云、丽贞、丽娟、宝玲诸校书陪看,戏甚可观。丑初乃进城。

十二,壬戌,阴

至科署闲话。饭后,良卿邀饮于彤云楼,同席者为某司房友马鹿华、许子樵、张桂卿、朱子范、陈岵瞻、蒋良卿、蒋筠坡共八人。饮至申正,席散,偕之往北同访小云,次访秀珠,略饮稀饭。筠坡邀至丹桂园看戏,并招秀珠、十全、南卿同观,晤鲁孙、芍蕿、榴生、康甫、海槎诸君。戏散同进城。

十三,癸亥,阴,夜雨

饭后至科,偕幼谦出城至凤仙台小憩。薄暮,往北至复新园夜饭,康甫亦来,遂同膳。饭罢,访仪卿,略坐。余独往丹桂园,晤马又眉、汪海飒,遂邀同坐,并招幼娟同观。子初,康甫来。丑初戏散,同进城。

十五,乙丑,阴

饭后至南丹桂园看戏,同人均到,系案目义山拉正也。戏散,乘舆往北访南卿。旋至复新园夜饭。饭后,至北丹桂看戏,亦为荣桂拉正之局也。丑正始归。

十六,丙寅,阴

饭后,访子范晤谈,旋访筠坡,适渠塾师解馆酒筵未散,主人邀余拇战,不觉大醉。席散,即出城至凤仙台小憩,甫坐定,即大吐,遂即假寐。子范、春木先后来,谈至薄暮。往北同访谪仙,略坐。子范邀至复新园夜饭。饭后,至金桂看戏,亦为元奎拉局,同人均到。戏将散,又为康甫邀饮于文兰处。

十七,丁卯,阴,微雪

至科闲话,并倩燕庭著款,偕子范出城至泰来诚小憩,适海坨、子松、春木均来,藉以畅叙。旋即各散,余亦进城访康甫晤谈,复又与之出城至复新园，晤春木、海垞、子松、莲孙，遂同膳。饭后，余独往丹桂园看戏。丑初，约康甫同进城。

十八，戊辰，阴，夜雨兼有雪

往送春木行，并探松亭病，均晤。饭后，访康甫，偕之出城至桂芳阁茶话。茶罢，余先回南，至南丹桂晤子范，即为韵卿邀至同福楼夜饭。

同治十二年（1873）

元旦，辛巳，晴

朱子范率其乃郎来拜节，晤谈即去。元珍试周，为斋星官。读检心便诵。饭后，至关科署访子范，即偕之出城至南丹桂园看戏。幼谦叔亦来，并招仪卿录事同观。

初二，壬午，晴

至高又村姻叔家，不晤。旋至竹孙弟处拜祖容，晤采芝三妹，略谈寻即回寓。饭后，遣大儿去拜年。余复走访幼谦，偕游邑园，游人甚众，不堪容膝。即出城，幼谦他往，余独往丹桂看戏。戏将散，子范来。俟戏毕，即偕之进城。

初四，甲申，晴

饭后，偕子范出城至凤仙台小憩，良卿、�均来。良卿邀至鹤鸣书馆听施月兰词史说书，旋至万仙台茶叙。茶罢，偕之往北，途遇幼谦同至天一巷李小云家开果盘。略坐即为幼谦邀至张仪卿家小宴，招唐绿珠、李小云来侑酒。席散，余即邀至丹桂园看戏。花舫及森儿均已先到，招仪卿、南卿、绿珠、小云诸校书陪看。丑正进城回寓。

初八，戊子，晴，月晕

饭后，贺朱靓斋兄乃女于归大喜，略坐即回。黄仁甫来约看夜戏，沈少笙来嘱办城照，均晤谈，旋即辞去。余独自至南丹桂园看戏。薄暮进城，至鸿来园洗浴扦脚。回寓知幼谦邀饮春酒，即去。到即入席，同席者为罗鳌峰、傅子凤、汪衡甫、蒋良卿、胡丙楼、朱小湖、胡薇丹、陈岵瞻，连主人乔梓共十一人。拇战兴豪，且小点甚佳，饮颇畅。席未散，余先告辞，出城至丹桂园赴仁甫约。姜小石、朱企艭、陈步云、李桂岩、沈笈丽均先后来。子正戏散，同进城。

初十，庚寅，阴

外祖生忌，作享祀之。饭后至科，子范邀至南丹桂园看戏。戏散后，即乘车往北同访南卿，适韵卿亦来，南卿留饭。

十一，辛卯，阴

课大儿读，为次儿裱《学》、《庸》两卷。下午出城至南丹桂，晤幼谦。偕之往北访子范于南卿处，适榴生、燕庭在焉。

十二，壬辰，雨，微雪，夜雨

下午出城至万仙台品茶，复至泰来诚小憩。子范亦来，偕之往北至锦园洗浴，长春楼夜饭，丹桂园夜戏，并邀南卿同看。戏散后，至同庆里南卿新宅小憩，旋即进城。

十四，甲午，雨，阴

至科署午饭。饭后，偕子范、良卿出城。良卿邀至丹桂园看戏。薄暮入城，再至科署，适榴生、鲁孙、燕庭拟往彤云楼夜膳，复又拉之同往。

元宵，乙未，晴

至关科闲叙。饭后，偕海垞、子范出城至泰来诚小憩。幼谦亦来，遂偕之往北至桂芳阁品茶。复访仪卿、南卿，适鲁孙亦来。幼谦邀至复新园夜膳，丹桂园看戏，并招南卿、联卿同看。丑初进城。

十六，丙申，晴

至科署闲话。饭后，偕子范、良卿、�坡游邑园。随出小东门至南丹桂访韵卿，适幼谦在焉，偕之往北。

十七，丁酉，晴

薄暮，为曹少云邀饮于金谷园。主人以有事不到，嘱胡丙楼代东，余亦同往。同席者李渟山、褚薏岩、罗鳌峰、朱幼谦、鲍燕庭、汪雨生、朱子范共九人。席散后，复往丹桂看戏。丑正进城，得云縠复书，谱香大姊复函。

十八，戊戌，晴

饭后，万里云小憩，复又同访任伯年画友晤谈，偕至醉乐居小饮。余因幼谦招饮于复新园，即先辞去。到即入席，同席者为伯雅、季花、露园、雨生、榴生、燕庭、鲁孙，连主人乔梓共十人。席散后，榴生邀往丹桂园看戏，晤仁甫、秋甫。丑初进城。

廿二，壬寅，晴

往一粟庵拜胡大椿太世伯冥诞。主人邀手谈，遂与海坨、顺之、仁甫拢局。至戌正局散，余小胜一洋。夜饭后，偕仁甫同访薏岩晤谈，邀之出城至北丹桂园看夜戏。幼谦亦来，并晤竹孙、花舫诸君。丑初进城。

廿三，癸卯，晴

薄暮，燕庭来同往金谷园赴鲁孙招。到即入席，同席者为幼谦、雨生、榴生、海坨、露园、悦三、燕庭、子范共十人。余以宿酲未醒，不能多饮，席甫半，即为海坨邀至金桂轩看戏。丑初进城。

廿五,乙巳,晴

得鲁孙片函,约至长春楼午饭,即出城乘车往北径至长春。鲁孙、幼谦均已先到,遂同膳。饭后,偕往久乐园看戏。戏散,同访南卿,适子范在焉,略为小憩,即至金谷园赴露园招。同席者为季花、幼谦、海坨、榴生、少笙、端甫、雨生、燕庭。席散,复至丹桂园看戏。丑初进城。

二　月

朔,庚戌,阴,晴

子松遣招,即去晤谈。为其尊人厝柩事,旋即至科午饭。饭后,偕幼谦出城至丹桂园看戏。戏散,遇雨生、燕庭、鲁孙,遂同至复新园夜膳。

初三,壬子,阴

燕庭招饮于兰卿处,即去。良卿、雨生已先到,即入席。鲁孙亦来,并招十全、金玉、南卿、宝珠、桂林来侑酒。饮兴甚豪,均饮至十分畅满。席散,即与榴生、鲁孙至丹桂园践秋甫约。季花、子勋、幼谦已先到,燕庭、子范亦继至。丑初进城。

初四,癸丑,阴,晴

访子范不晤,至科署闲话。松亭遣招,即去。知邀手谈,仍即往科倩蓉镜代斗。余在科午饭。饭后,良卿邀往丹桂园看戏。仁甫、薏岩、秋甫、子范均先后来,遂同座。

初六,乙卯,阴

饭后,子松来邀往铎庵迁其尊人柩,又村亦同去,莲舟亦来,一同送至老白渡上船。顺至大关小憩,旋即进城。复出新北门访幼谦于仪卿家,遂同访素卿词士,子范亦来,嘱素卿唱堂出。

初七，丙辰，阴

至科署访子范晤谈。饭后，偕之出城，途遇亦芬、季花、燕庭、良卿、秋来，同往学宫看演礼乐，颇热闹。

初九，戊午，阴，夜小雨

子范遣招，即至科署，嘱代作绍兴信一函。饭后，邀至山凤园看戏。童串尚堪入目，余均不足观也。薄暮进城，再至科署夜饭。

十五，甲子，阴，微雨

命舟人移泊胥门码头，收拾行李上岸。进城仍寓同吉庆栈，略为清理即进藩署叩谒。适逢宴客，敏斋兄倩余陪宾观演文武两班轮唱。众宾咸集，直至二鼓始散。①

十六，乙丑，阴，晴

进署预祝。子播弟自杭来拜寿，多年不见，一倾离衷。主人仍属支宾，并为监菜。今日系张制军、李提军、恩中丞及各司道来馁寿，各僚属齐来预祝。传四喜、大雅、富春三班演戏，至子初始散。

十七，丙寅，晴，夜大风

进署拜寿，仍为支宾监菜，众宾络绎而来。自中丞以次，无不到者，热闹非常。仍传三班演戏。子正始散。主人复又点戏，邀之同看。丑正乃回寓。

十八，丁卯，阴

子播亦来。饭后，偕至渠舟次畅谈家事。敏斋专丁走请，与之同往，知系谢将。薄暮入席，为秦小岑、边琴溪、刘蔚卿、翁竹屿、徐燮堂、樊叔和、申宜轩、倪渭泉、蒋卓庵、王筤圃、陶春江、方少梧、丁松生、朱定庵、子播弟、朱小舫、夏岱峰，连余计十八人，共三席。女

① 本日至十八日，作者在苏州。

优演戏,沈春泉变戏法。亥正席散,即归。

廿五,甲戌,阴,晴

访竹孙伉俪晤谈,旋访花舫亦晤,至科午饭。饭后,良卿邀往丹桂茶园看戏。季花已先到,子范亦继至。下午,燕庭、雨生均来,知幼谦招饮于素卿家。戏将散,幼谦又片羽催速,即去。良卿、燕庭、子范均先后来,即入席,招兰卿、十全来侑酒。席散,幼谦、子范邀往丹桂园看戏。丑初同进城。

三　月

初二,庚辰,晴

薄暮,又泉遣招,知为子勋祖饯,设泰和馆,邀余作陪,即去。同席者为洵侯、悦三、鲁孙、秋甫、竹孙、伯珠诸君。席散后,竹孙与伯珠邀至丹桂园看戏,晤季华、子文,遂同观。丑初进城。

初十,戊子,阴,大风

至科署访子范晤谈。饭后,子范邀之出城至丹桂园看戏。花舫已先到,遂邀同坐,抡先亦来。戏颇可观。薄暮即归。

廿二,庚子,晴

海垞来,偕至畅叙楼茶话。茶罢,至科署,适榴生在焉。午饭后,偕之出城至丹桂园看戏。康甫、燕庭、子范先后来。日暮戏散,余与子范、燕庭同访南卿,略为小憩。

廿三,辛丑,晴

海垞邀往畅叙楼茶叙。茶罢,至科。饭后,邀子范同出城至丹桂茶园看戏。戏散即归。

廿五,癸卯,晴

海垞来,偕至畅叙楼茶叙。茶罢,访康甫晤谈。饭后,偕秋甫至科同访子范不晤，旋出大东门，乘车往北至金桂轩看戏。子范率其次子来，康甫亦继至。薄暮戏散，访南卿，旋为康甫邀往金谷园夜膳。

廿八，丙午，晴

海坨来邀往玉水台茶话。茶罢回寓，得子范片函，嘱约秋甫出城看戏，即往访之。饭后，偕之出城，康甫、子范亦同往，至丹桂茶园看戏。子范随来，南卿亦来同看戏。散后，子槎邀至泰和馆夜膳。

四　月

朔，己酉，晴

季花、燕庭偕来晤谈，约余听戏，略坐即去。新泉及唐子范来邀往长兴馆午饭，即约江西谷同去，顾瀛伯亦来，饮甚畅。饭罢，乘车往北至丹桂园看戏。季花、燕庭已先到，并晤子范、花舫。薄暮，雨生来。俟戏散，邀至金谷园夜饭。

初七，乙卯，阴，大风，夜雨

往松风阁品茶，子范亦来。茶罢，为子槎邀至爱宝家小饮。同席者为良卿、子敬、雨生、子范，招十全、翠云、爱宝来侑酒。席散，至丹桂园看戏。叔和、云毂、康甫、秋甫、伯珠均来。丑正始进城。

初九，丁巳，晴，戌初立夏

饭后，至科闲话即归。晚间，请叔和、云毂、子槎、雨生、子范、康甫、燕庭来寓便酌，均到。夜饭后，复为子范邀往金桂轩看戏，并招爱宝同观。丑正始进城。

十五，癸亥，晴

今日为科神正诞，颇热闹。季花、伯雅、叔和、少莲均来，遂同午饭。饭后，偕燕庭、子槎、子范出城至万仙台茶话，晤赵雨村、蔡桂岩畅谈。茶后,往北与燕庭至丹桂,晤顺之,略坐即访南卿。

廿一,己巳,晴

出城至仪卿处访幼谦晤谈,随即偕至松风阁茶叙。复与子范在石路闲步。薄暮,至长春楼夜膳,秋甫亦来。饭后,余至仪卿处践幼谦约,因他客均未到,即与主人对酌。席散后,至丹桂园看戏。丑正始进城。

廿八,丙子,阴

偕子范出城至桂芳阁茶叙。茶罢,同访兰卿,适燕庭在焉,谈至日暮。子范邀往复新园夜膳。饮至半酣,子文招饮于金谷园。饭毕,即与燕庭同去。叔和、康甫已先到,随即入席,复又畅饮。席散,邀叔和燕庭至丹桂园看戏。子范、秋甫均来,招兰卿同看。丑正始进城。

五　月

初六,癸未,雨

子范邀往金谷园小宴,幼谦、筠坡均来。席甫散,良卿招饮于小云家,即与筠坡、子范同去。桂卿已先到,随即入席,招秀珠、金玉来侑酒。余略坐即辞,往丹桂园赴康甫招。秋甫及富崇轩已到,露园、少笙继至,招称心、丽娟、爱宝、南卿、阿男同观。丑初进城。

初七,甲申,晴

至科访子范不晤,仍即回寓。松林请顾菊農、晴岚两昆季于老五房,邀余作陪,即去。候至未初不来,余独往长春楼午饭。饭后,子范邀往丹桂园看戏。燕庭、良卿、遐凯、秋甫、薇舟、幼谦均来。戏散,访兰卿、仪卿。

初十,丁亥,晴

饭后,出城至新关晤研農、又村,知其与分者十二人,遂往金谷定席,丹桂定戏。旋至桂芳阁品茶,丽君、子松、涤民、又泉均来畅谈。子松邀至泰和馆夜膳,同席者为幼谦、雨生、良卿、涤民、子范、敏斋诸君。席散,丽君邀至丹桂园看戏。幼谦、敏斋亦来,并招仪卿陪看。子正进城。

十一,戊子,晴

丽君遣纪招往陪媒,系为乃妹缔姻也。即往贺喜,晤李松卿、许少莲、王子松,并为料理盘面、回帖各件。未初入席,至申刻始散,即辞归。正拟出城,途遇季花、子文、雨生、燕庭,遂同行。出城至金谷园作函再往请露园,各友陆续而来,共卅八人。薄暮,露园来,即入席,共五桌,颇为热闹。席散后,均至丹桂看戏。点《三岔口》一出,并新演《金榜乐》,俱极尽妙。寅初始归。

十二,己丑,晴,子正芒种

饭后偕子范、燕庭出城至万仙台茶叙。茶罢,至彤云楼小点,衡甫亦来。点后,余独自往北,途遇顺之,遂同行至同庆里分袂。余往仪卿处访幼谦晤谈,同往松风阁品茶。茶罢,偕至泰和馆夜膳,并邀沈芸庭及杜蝶云、孙鞠仙、杨月楼同饮,饮颇畅。亥正席散,即进城。

十三,庚寅,晴

至科署闲话。午后,出城往丹桂园看戏,赴芸庭之约也。幼谦、子范乔梓来。戏散后,幼谦邀至泰和馆夜膳,并邀芸庭及王桂芳、李棣芗、冯三喜、韩桂喜同往,饮甚欢畅。席散,至兰卿处访燕庭亦晤。

十四,辛卯,阴,午后雨

至科署闲叙。饭后,偕良卿出城至丹桂园看戏。季花、子文、燕庭、子范、幼谦、芸庭、顺之均来。

十六,癸巳,雨,午后阴

至科署午饭。子文、季花、少笙、伯雅均来畅谈。鞠仙、月楼、蝶云招饮于庆兴楼。薄暮,与幼谦乘舆出城赴招。到即入席,并邀吴凤鸣、李棣香作陪。席散后,幼谦约往丹桂园看戏并招仪卿同看。丑初归。

廿一,戊戌,阴,午后雨

至科署闲话。午后,出城遇雨,至桂芳阁品茶。燕庭、子文、康甫至丹桂园看戏,邀余同观,遂去。兰卿亦来。戏散后,复同至兰卿家小憩。

廿三,庚子,阴,晴

偕康甫同归,略坐即偕之出城同访伯年画友晤谈,兼晤芍蕿。略为小憩即至兰卿处访燕庭,亦晤。转访南卿,并晤顺之,谈至日暮。顺之、燕庭先进城,康甫留余看夜戏,遂止焉。南卿留饭,饭罢即往金桂看戏。盖山西复来沪,投金桂。既无对手,又少器具,如提琴、梆子之类皆金桂所无,衣服既不称身,场面又不顺手,种种不佳,一人殊难出色,明珠暗投,实为可惜。丑初戏散。

廿六,癸卯,晴

绘花卉纨扇两柄,拟《明珠暗投记》一则,惜盖山西之投金桂也。

廿八,乙巳,晴

午后,子文邀往丹桂园看戏,遂率森儿同去。榴生、燕庭、康甫、季花均来。戏散后,访南卿、宝卿、宝珠诸校书。

廿九,丙午,晴,雨

至科午饭,晤季花、燕庭、榴生畅谈。《申报》来,见《明珠暗投记》,改《鹤立鸡群论》,已登报中,大快人意!

六　月

初二，己酉，晴

出城乘车至大马路访伯年，略坐即访兰卿、南卿两校书。薄暮往邀鞠仙、月楼、蝶云、桂芳至金谷园小饮，并约幼谦、燕庭同去，秋甫亦来。席散即进城。

初三，庚戌，晴，出霉

访燕庭，遇诸途，同访顺之，知已出城，遂与燕庭同去。至南卿处，康甫、顺之均在焉。南卿留饭。饭后，顺之邀至丹桂园看戏，并招南卿同观。

初五，壬子，阴

饭后至科，子范邀至金桂轩看戏。遂与季花、燕庭同出城。下午，子文、雨生偕来。戏散后，雨生邀往金谷园小点，晤露园、伯雅。

十一，戊午，晴

至科与雨生订定至桂林处小酌，旋又偕访子文，亦晤。遂即出城，访康甫于南卿家，适雨生遣招，即往。到即入席，招南卿、兰卿来侑酒。席散后，康甫邀至丹桂园看戏。幼谦、遐凯亦来，招仪卿、南卿同看。

十七，甲子，阴，雨

至科署闲话。饭后，偕子范出城至丹桂园看戏，招林小宝同观。

十九，丙寅，晴

往南台处贺其次孙弥月喜，晤顺之。候至未初无饭，乃偕顺之出城至长春楼午饭。饭后，同访南卿，略坐，顺之邀往丹桂园看戏并约南卿去同看，晤子范。

廿一,戊辰,晴

鲁孙邀至金谷园夜膳,招花桂林、王彩云、张桂林、李秀卿、黄兰卿来侑酒,饮颇畅。席散,露园、少笙、伯珠均来,露园招往丹桂园看夜戏,再招花桂林、称心、王南观、兰卿、秀卿、宝仙同看。丑初乃进城。

廿六,癸酉,晴

至科署闲话。榴生自浏阳归晤谈。饭后,�坡邀往丹桂园看戏,步青、良卿均来。戏散后,访南卿,适秋甫亦来,邀至金谷夜膳。途遇月楼、荻云,约之同往。席散即回寓。

廿七,甲戌,阴,微雨

薄暮,出西门,乘车至石路,访南卿,适秋甫来,主人留夜饭。饭后,至丹桂园看戏。今日新到脚色徐岱云、白吟香等开演,脚色颇佳。徐系老生,曾经到过,在景四宝之上。白系青衫子,色艺双绝,均列上等,丹桂可称众美毕集矣!丑初戏散,进大东门。

廿九,丙子,晴,寅正大暑

饭后,燕庭遣招,即往。适海坨、云毂均来,藉以清谈。酉初出城,月楼招往庆兴楼夜饭。幼谦、秋甫亦来,岱云、吟香、鞠仙、凤鸣、荻云、倚云均同席。席散,月楼邀至渠寓清谈。

闰六月

初四,庚辰,晴,二伏,下午阵雨并有霹雳

仁甫来偕游邑园,旋即出城同至桂芳阁茶叙。茶罢,至宴宾园午饭。饭后至丹桂园看戏。雝之、薏岩均来。戏散后,访南卿,适海坨、云毂、秋甫、顺之均在彼,藉以清谈。云毂、海坨先行,主人留夜饭,幼仙亦来,遂同膳。饭后,秋甫邀至丹桂看戏,并招南卿、庆玲同观。丑正进城。

十一,丁亥,晴

余至科探雨生,适榴生亦来。饭后,访顺之于南台家,适在手谈,主人留余暂住。至下午始出城,访秋甫于金桂轩,并晤榴生、子范。邀余看戏,顺之亦来。

十四,庚寅,晴,三伏

为江老太太料理身后一切。午正,斋备即殓,寄柩于浙绍公所。事毕出城,知八仙桥回禄。余至丹桂看戏,良卿、季花已先到,遂邀同坐。子勋、海坨均来。戏散后,筠坡邀饮于泰和馆。

十八,甲午,晴,甚热

秋甫来约游邑园,四美轩品茶。茶罢,回寓代子松拟草底一件。饭后,出城至丹桂园看戏。戏将散,秋甫、小石偕来约至松风阁茶叙。

十九,乙未,阴,晴,下午微雨

下午,偕燕庭、海坨出城同访南卿,次访兰卿,均小坐。海坨邀至金谷园夜饭。饭后,燕庭邀至丹桂园看戏。今夜新脚色开演,老生袁黼堂颇出色,花旦盖三省浓眉大眼,年已将及不惑,远不如盖山西多多矣。南卿、兰卿、庆玲均来同看。丑初进城。

二十,丙申,阴,晴,下午雨,夜雨

良卿邀饮于明月梨花院,即去。燕庭、雨生已先到,伯雅、季花、露园亦继至。戌正入席,招桂林、十全、称心、兰卿来侑酒。席散后,露园复邀至丹桂看戏。丑初进城。

廿四,庚子,晴,微雨,末伏

燕庭邀至金谷园为云觳祖饯,叔和亦来,并晤鲁孙、秋甫,亦邀同饮。饭罢,复访南卿、兰卿两校书。谈至子正,送云觳、叔和登舟后,乃往丹桂园,约秋甫同行。缘戏尚未散,遂少止焉。丑正戏毕,始进城。

廿五,辛丑,晴,微雨

至科署闲话。饭后,偕燕庭出城至丹桂园看戏,晤榴生、季花。戏散后,访兰卿。薄暮进城。

廿六,壬寅,晴,薄暮雷雨,夜雨

访海坨晤谈,转至科署闲话。饭后,偕筠坡、良卿出城至丹桂园看戏。子范亦来,并晤竹孙、鲁孙、秋甫。

廿八,甲辰,阴,微雨

少笙邀饮于金谷园,即去。季花亦来,招兰卿、桂林、爱玲来侑酒。饭罢,露园来邀往丹桂茶园看戏,南台、子勋俱到。子正进城。

七　月

朔,丁未,晴,阴,午初处暑,薄暮有雷

瑞亭回杭乡试,代为权理馆政。午后秋甫来约之往科,适康甫亦来,遂同出城访季花、燕庭于丹桂园。季花邀看戏,遂止焉。戏散,季花邀饮于金谷园。

初六,壬子,晴

下午至科,知季花、子文邀饮于金谷园,即出城过桂芳阁。仁甫在焉,邀余品茶,略为小憩,即往金谷。雨生、榴生、海坨、鲁孙、子范、筠坡、良卿、少笙、燕庭、南台、秋甫、康甫均先后来,即入席。席散,偕秋甫、康甫同访南卿,复为康甫邀至丹桂园看戏,招南卿、庆铃同观。丑正与秋甫进大东门。

十五,辛酉,雨

筠坡、子范、良卿合请于复新园。乘舆出城,先访南卿,略坐即往复新。主人均已先到,子坨亦已来,季花、燕庭、子文继至,遂入席，招兰卿、金宝、十全、秀珠来侑酒。戌正席散，复邀至丹桂园看戏。子正进城。

十六，壬戌，阴

午刻至科闲话，晤秋来、仁甫、子槎、燕庭诸君。饭后，秋来邀往金桂轩看戏。复回寓率森儿同去，仁甫、采臣均来同观。

十七，癸亥，晴

秋甫邀之出城至复新园小宴，幼谦、良卿、筠坡、子范均先后来，即入席。招金秀卿、张仪卿、华十全、唐绣珠、张庆铃诸校书来侑酒，饮甚畅。席散后，余与秋甫同访庆玲，复为顺之邀往丹桂园看戏，招南卿同观。丑初始归。

十八，甲子，微雨，晴

午饭后出城至丹桂园看戏，晤竹孙弟，遂邀同坐。良卿、子范、云溪均来。戏散后，偕子范、良卿同访筠坡于绣珠家，并晤鳌峰、桂卿。

二十，丙寅，濛雨，晴，大风

午后，子槎遣招，即去。知为仲鑫相邀看戏，遂与子槎、仁甫、仲鑫同出城至丹桂园看戏。戏将散，幼谦来，同访仪卿，次访南卿。知良卿招饮于十全家，即去。

廿一，丁卯，晴，濛雨，大风

散馆后至科署闲话，晤幼谦、燕庭，偕之出城。幼谦邀至复新园夜膳，子槎、筠坡、伯珠均来，为子槎祖饯也。饭罢，筠坡、伯珠、燕庭先进城，余邀子槎、幼谦至丹桂园看戏。丑初进城。

廿二，戊辰，雨，大风

秋甫来，知其泰山姜芷村丈由海门来沪，约余下午往谈。余将诸生功课毕,即散馆而往。晤芷村,谈近事。日将晡,秋甫邀往复新园小酌,并函招燕庭来同去。出城迳至复新,别无外客,藉以谈心。饭罢,秋甫复邀至丹桂园看戏。丑正始进城。

廿三,己巳,微雨,阴

午前至科,晤花舫、雨生。饭后回寓,略为假寐,即出城闲步。遇仁甫,遂至桂芳阁茶叙,黄秋甫来。茶后,至丹桂园,看韩桂喜演《烟火棍》,极妙。沪上优伶不知凡几,要得文武兼长色艺双绝者,惟韩桂喜一人。余最赏识,定为伶元。遂口占一绝以纪之:雏伶几辈集申江,角武争文未肯降;第一端推韩桂喜,推他色艺世无双。

廿六,壬申,晴

饭后,秋甫来晤谈。放馆后至科署闲话,幼谦邀之出城至金桂轩,晤季花、子文、海垞、燕庭、子范,遂少止焉。戏散,海垞邀饮明庆园。夜膳毕,子文邀至丹桂轩看戏,少莲亦来。子正进城。

廿九,乙亥,晴

午后,秋甫偕其泰山姜芷村丈来,旋即同游邑园,在四美轩茶话。茶罢,出城至丽水台听朱素兰、王月琴两词士说书。书场散后,往盆汤巷取绣件,转至复新园夜饭。饭后,同访南卿、庆玲两校书,略坐即往丹桂园看戏。张松筠、闵鲁孙均来。子正进城。

八　月

初二,戊寅,晴,辰正秋分

饭后至科,适幼谦、又村亦来,谈至薄暮。幼谦邀余及燕庭同出城至复新夜膳,晤筠坡、良卿、鳌峰、紫君亦在复新,彼此往来,拇战颇畅。饭罢,又村邀至丹桂园看戏。丑初进城。

初四,庚辰,晴

往科署闲话。日将晡,约幼谦、燕庭、筠坡出城至南卿家代康甫应酬，途遇又村、蓉卿，遂邀同去。酉正入席，招仪卿、兰卿、绣珠来侑酒。戌正席散，筠坡邀至丹桂园看戏。葛遐凯、张辅泉偕来。子正乃归。

初六，壬午，阴，微雨

日暮出城访绣珠、南卿、兰卿，最后至仪卿处赴幼谦约。又村、燕庭、筠坡、秋甫均来，即入席，招庆铃、绣珠来侑酒，饮颇畅。席散，至丹桂看戏，晤仁甫、伯珠、蓉卿、子范、子凤、子鹤、紫筠、衡甫、薇舟、仲甫诸君子。丑初始进城。

初七，癸未，晴，微雨

仁甫送缔姻喜并喜帖来，即封至榴生转交，衡甫来晤谈。午后至科，幼谦邀至丹桂看戏。季花、海坨亦来。

初十，丙戌，晴

饭后至科，幼谦邀之出城。途遇燕庭，同访兰卿，适主人独膳，乃各餐两盏，以代点。薄暮，访南卿，知秋甫约至长春楼夜饭，遂各判袂。余独往，秋甫未到，沽饮以待秋甫来同膳。膳罢至丹桂看戏。芷村、幼谦、海坨均来。丑初进城。

十三，己丑，晴

午后至科，偕季花、子文、雨生、燕庭出城。先访桂林，适幼谦亦来，同往盆汤巷绣馆购补服两付。雨生邀至复新园夜饭。饭后，访仪卿。诸君子先进城，余与幼谦先至丹桂园看戏，晤崔海坨。丑初同进城，得叔和书。

十四，庚寅，晴

饭后访竹孙伉俪晤谈，旋即出城至丹桂园看戏。戏散即进城，至科署闲话。

十五,辛卯,阴,晴

至科署闲话至晚,在科过节。季花、子文、海坨均来。饭罢,秋甫来,遂与幼谦、燕庭、秋甫出城步月。先至仪卿家小憩,鲁孙亦来畅谈。燕庭、鲁孙先进城,余与幼谦、秋甫至丹桂看戏,晤采臣、雝之。丑正进城。

廿一,丁酉,晴

季花来,约余明日帮办寿事,略坐即去。午后,雝之及采臣兄偕来,约往金桂看戏,遂同往。适季华、燕庭、子文、鲁孙、悦三、企蕘、小石、秋甫亦均在金桂看戏,颇热闹。

廿八,甲辰,晴

午后至科访友,均不晤。旋往邑园四美轩品茶,秋甫亦来。茶罢,出城至丹桂、金桂两园,戏俱不佳,不看即往云成购件。转至南卿处代康甫摆酒,邀良卿、筠坡、燕庭同饮,招十全、绣珠来侑酒。

九　月

朔,丙午,晴

饭后至科闲话,海坨、燕庭邀之出城探月楼病,略坐即往桂芳阁品茶。茶罢,同访南卿,旋即辞。途遇幼谦,偕访秀卿,谈至日暮。邀往长春楼夜饭。饭后,往宝昌成小憩。海坨与燕庭先进城,余与幼谦至金桂轩看戏。筠坡与张佑生来,遂同观。子正回寓。

二十,乙丑,阴,雨

至科闲话,晤吴端甫大令。在科午饭。饭后,出城至金桂轩看戏,赴又泉约也。鲁孙、淡人、悦三、竹孙、肖石均来。

廿二,丁卯,晴

康甫复邀至南卿家小酌,季花、鲁孙先进城,余与幼谦、端甫、榴生、雨生、燕庭、筠坡同去。到即入席,招素卿来说书。席散,复与康复、幼谦至丹桂看戏，招南卿来同看。丑初乃归。

廿四，己巳，晴

至又泉处助办丧事。秋甫自海门归，晤谈，碌碌竟日。夜饭后，偕伯珠出城，松期邀至金桂看戏。戏散，复至丹桂约幼谦同进城。

廿七，壬申，晴

至科署闲话。饭后访康甫，偕之出城。途遇幼谦，邀至丹桂看戏。韩桂喜昨日回申复演，颇惬余怀。戏散后，谢小园邀饮于泰和馆，即去。

十　月

初二，丁丑，晴

至南台处帮办喜事，燕庭亦来。下午出城至正丰街定灯轿，转至庆兴楼，赴仲鑫约。厚庵、丽君均已先到，遂即夜膳。饭罢，丽君邀至丹桂看戏。康甫、秋甫先后来，并招庆玲、南卿同观。丑初进城。

初三，戊寅，晴，未初小雪

饭后，出城往梅圃菊亭家帮办一切。日暮，至泰和馆践秋来、仁甫、梅生之约。季花、子勋、雨生、厚安、幼谦、良卿、榴生、小渊、康甫、秋甫均已先到，又村最后至，共两席，饮甚畅。席散，偕往丹桂看戏，招南卿同观。丑正入城。

初八，癸未，晴

下午，南台招饮，亲自往辞。即出城至满春园赴月楼约。康甫、秋甫、幼谦均来，鞠仙、倚云亦先后继至，遂入席。席散后，与秋甫、康甫同访南卿。略坐即往丹桂看戏，并招南卿同看。戏散后，复至南卿处小憩。

初九,甲申,晴,阴,下午微雨

至科约燕庭出城访陈春木于长兴楼,并晤小园、仲鑫及春木乃郎蘋洲世讲,遂同膳。饭罢,余独往北至丹桂园看戏,晤葛遐凯、张辅泉,遂邀同坐,并招沈桂香、徐桂福同观。丑初进南大门。

初十,乙酉,晴

往合兴堂访筠坡晤谈,并晤遐凯、良卿,遂至明庆馆夜膳。饭后,良卿先行,遐凯邀余与筠坡至丹桂看戏,招绣珠、桂香同观。余复至庆玲处访秋甫晤谈。渠今晚登舟回杭办葬,遂与话别。仍至丹桂看戏。戏散,与筠坡借榻于绣珠家。

十一,丙戌,晴

至科署闲话,饭后,偕燕庭出城至丹桂园看戏,赴仁甫约也。鲁孙、雝之均来。

十二,丁亥,晴

至科署闲话。饭后,幼谦来,邀往新戏园明庆馆看戏。脚色平常,不堪娱目,惟童串尚能角胜。

十三,戊子,晴

饭后至科,偕幼谦出城至桂芳阁茶话。茶罢,同访筠坡于绣珠家,遂同往复新夜饭。饭后,约往丹桂看戏。遐凯亦来,邀之同看。筠坡先约不到,继又爽约,不同归。拟明日议罚。

十五,庚寅,晴

出城先往遐凯处与之换帖,筠坡亦来。同访绣珠,略坐即至桂芳阁品茶。燕庭、幼谦亦来茶叙。茶罢,往复新园赴筠坡约,季华、少笙、雨生约来同膳。膳毕,复邀至丹桂看戏。此即前日先约之罚,以为先信于朋友者戒。

十七，壬辰，晴

至燕庭处助办寿事，子文自杭州来畅谈。季花、南台、幼谦、子文、雨生、厚斋、海垞、瑞亭均来。晚间家庭预祝，饮亦甚畅。席散，偕幼谦出城至丹桂园看戏。韩桂喜演《三世修》，令人声泪俱下，好脚色扮演悲欢离合，无不确肖人情也。丑正戏散进城。

廿二，丁酉，晴

往燕庭处料理请客事，邀清客滩簧佐宴。饭后，主人邀手谈，遂与南台、子范、鲁孙拢局。至晚，又村来请其代战。定更时分入席。饮至半酣，即与季花、幼谦出城至丹桂看戏。露园亦来，遂为东道主人，并有清客戏法，十分热闹。丑正进城。

廿四，己亥，晴

至科午饭。饭后，偕幼谦出城至桂芳阁茶话。久候春木不到，乃同访素卿。略坐即往长春楼夜膳，复至丹桂园看戏。丑初进城。

廿五，庚子，晴

至科署午饭。饭后，出城独往金桂轩看戏。下午，幼谦来。俟戏散同行，途遇良卿邀往复新园夜膳，并招筠坡来同饮。饭毕，往丹桂看戏，招秀珠、素卿同观。丑初进城。

廿六，辛丑，晴

至科署闲话，春木亦来，子范邀往彤云午饭，并邀衡甫同去。饭罢，衡甫邀往明庆园看戏。戏散，乘车往北，邀遐凯、幼谦、良卿、筠坡至明庆馆夜饭。饭后，幼谦邀往丹桂园看戏，遐凯亦来。丑正进城。

廿七，壬寅，晴

午后，幼谦邀之出城同访蕙青，适良卿亦来，嘱其转邀蒋生甫同年饮于复新园。即来，遂入席。破格豁哑拳，颇新颖。席散，良卿邀往丹桂园看戏。戏毕,生甫复邀至李巧珍家小宴,招花十全、张文卿、花桂林、顾宝金来侑酒,兴豪畅饮。

廿八,癸卯,晴,阴

饭后,访春木晤谈,旋即出城。同人俱集庆兴楼,伯雅、季花、南台、雨生、少笙、幼谦、鲁孙、竹孙、燕庭、筠坡、良卿、子勋、又村,连余共十四人,设两席。露园最后来,即入席。席散,至丹桂看戏,点《群英会》一出。子正进城。

十一月

朔,丙午,阴,濛雨

至顾蕙卿家约燕庭同往满春园小酌。栋山、良卿、筠坡及蒋小畲均已先到。筠坡作东道主人,招蕙卿、十全、秀玲、绣珠来侑酒。席未散,辅泉又邀饮于钱爱卿家。席散后,燕庭先进城,余与栋山、良卿、筠坡同赴辅泉招。到即入席,复招十全、绣珠、秀玲、三宝、桂香来侑酒。席散后,各分袂,余与栋山、辅泉至丹桂看戏。丑初,乘便舆进城。

初二,丁未,阴,晴

偕秋来、仁甫出城至复新午饭。饭后,同访南卿略坐,次访月琴,最后访素卿,不晤即判袂。余往金桂,晤鲁孙、竹孙,略为小憩。看盖山西演《烟火棍》一出,与韩桂喜各有所长,而韩桂喜较胜也。余即与鲁孙、竹孙话别。途遇幼谦及春木乔梓,约于泰和馆相候。余即与幼谦同往庆兴楼扰月楼喜筵,栋山、辅泉、鞠仙、松轩、倚云同饮。席散后,即往泰和践前约,俟春木、幼谦黑白饭毕,然后同往丹桂看戏。丑初进城。

初三,戊申,晴,丑正冬至

至科署闲话,与燕庭、鲁孙同访季花晤谈。复同至科,谈至日暮,始各分袂。途次闻人言:月楼因完姻事被获公堂。随即出城探听,知渠所娶者系粤东人,为粤人不服,控告被获。果尔是前生孽缘也。往复新园赴丽君约,子槎、厚庵、良卿、秋来、仁甫、小园均已先到,遂入席。饭罢,往金桂轩看戏。子正进城。

初四,己酉,晴

乘车往北至复新赴小园约,季花、厚庵、子槎、秋来、仁甫、丽君已先到,良卿、幼谦后来,遂入席。席散,秋来邀往金桂轩看戏。子正进城,途次遇伯珠、雝之、瑞亭,知月楼已解县严训酷刑拷问收禁,以风流小过,办如江洋大盗,诚不解问官何心!总之,欲加之罪,何患无辞。余深为月楼抱屈耳。

初十,乙卯,晴

伯珠来晤谈,留其小点。阅《申报》见有持平子论杨月楼事,长篇累幅,理正词严,不特深合吾意,实属先得我心,可知公道自在人心,是无烦多人之哓哓也。缘篇长,不记于此。子槎来邀之往科。饭后,与雨生、燕庭、鲁孙同出城。先至泉记庄小憩,旋与雨生访桂林,次访蕙卿。日将晡,至复新园赴厚安、子垞之招。宾主计二十六人,共设三席,颇热闹,酒兴亦豪。席散,子勋邀往丹桂看戏,季花、厚安同观。丑初乃归。

十一,丙辰,阴,雨

子垞来同至科署闲话,谈至日暮。往访春木,适幼谦、子垞均来,遂约之乘舆出城至满春园夜膳,丹桂园看戏。丑正进城。

十四,己未,微雪,晴,极冷

往桂芳阁品茶,幼谦、春木偕来。茶罢,至凤宝处访子槎,即同往复新园夜饭。适秋来、梅生、萼卿亦在复新,筠坡、小园、桂岩亦来,彼此分桌饮。饭后,梅生邀往丹桂看戏。丑初同进城。

十六,辛酉,阴,晴,滴水成冰

往科闲话,子敬、榴生,邀往彤云楼午饭,子垞、仁卿偕来。饭罢,同至鸣庆园看戏。子勋、竹孙、季华、又村、燕庭均来,童串颇出色。戏散回寓,得康甫书。

十七,壬戌,阴,晴,滴水成冰,戌初小寒

下午,偕燕庭出城同访蕙卿,略坐即往复新园赴筠坡、良卿之招。宾主十八人,设二席,欢呼畅饮。席散,偕小园至庆玲家访秋甫不晤,即与小园话别。子垞邀至丹桂园看戏。丑初乃归。

十九,甲子,晴

午初,子文、季花均来畅谈,良卿邀往彤云楼午饭。饭罢,仍即往科。下午,偕燕庭处成同访蕙卿,子垞、子文、幼谦均来。日暮,往复新园赴南台、鲁孙、燕庭之招。主宾共二十人,设两席,饮极畅。席散,露园邀往丹桂园看戏。子正乃归。

二十,乙丑,晴,阴

饭后,出城至桂芳阁品茶,访燕庭于蕙卿家晤谈。同至顾南卿处代康甫应酬一席。良卿、柚泉、秋甫均来,招庆铃、秀卿、蕙卿、十全来侑酒,饮颇欢畅。席散,偕秋甫、柚泉同访庆玲、秀卿两校书,略为小憩。柚泉邀至丹桂园看戏,复招秀卿、庆玲同观。子正进城。

廿二,丁卯,晴

至科午饭。饭后出城,途遇松亭及祁子佩,同访丽卿词友,听堂出。日暮,往复新作陪。同人毕集,共三席,计二十七人。席散后,即往丹桂看戏。丑正进城。

廿三,戊辰,晴,阴,午后雨,夜大雨

乘车往北遇良卿,同至十全处小憩。秋来、筠坡亦来,同往金宅赴子槎约。到即入席，同席者为安徽王氏昆季，招十全、绣珠、凤宝、爱玲来侑酒。席散，偕良卿、秋来、子垞、筠坡同雇舆往山凤园看戏。今晚为按摩拉正。厚安、幼谦、梅生、仁甫、衡甫、雝之、勉之均到，招巧林、绣珠来同看。脚色、行头两不见佳，勉强坐至子正乃进城。

廿五，庚午，晴

饭后往科署，偕幼谦出城至丹桂园看戏。日暮进城，往贺子松乃郎弥月喜。

廿六，辛未，晴，夜雪

日暮，至泰和馆赴仁卿、诚斋、竹君、子敬之招。群英毕集，宾主共到三十五人，计四席。酬酢杂沓，十分热闹。子文亦在隔座宴同乡汪成也、徐古芬二君。席散后，子文邀成也、古芬、季花、榴生、鲁孙及余同往丹桂园看戏。丑正始归。

廿八，癸酉，阴，晴

下午游邑园，至湖心亭茶叙，途遇子文、燕庭，遂约之出城，至复新园夜膳，并邀汪成也来同饮。隔座子槎、良卿、幼谦、桂卿、筠坡在焉。饭后，访蕙卿、十全，略为小憩即往丹桂园赴季花约。丑初归。

十二月

朔，乙亥，晴

出城先访月琴，次南卿、次巧云、巧林，最后至林小宝家。秋甫设席邀饮，遂招蕙卿、秀卿、巧云、巧林来侑酒。席散后，子槎邀余与秋甫至丹桂园看戏，再招凤宝、小宝、巧云同观。

初五，己卯，晴

至绸业公所访吴钦伯晤谈，旋往泉记为森儿购得浅驼宁绸马褂料六尺五寸,计洋四元。转至云成小憩,即与仁甫分道而行。访子槎于凤宝家,遇诸途,偕至复新园夜膳。饭后,独自往丹桂园看戏。适栋山来,遂邀同观。子正往南附便进大东门。

初十,甲申,阴,晴,夜雨

至科闲话,略坐即偕燕庭至湖心亭品茶,晤仁甫、雝之。适鲁孙、子垞亦来,藉以茶叙。茶罢,出城至复新园赴端甫招。同席者为榴生、季花、雨生、鲁孙、燕庭、瀛洲,共八人。席散后,往丹桂园看戏。今晚为荣贵拉正。

十六,庚寅,晴

至端甫处贺喜,后即往仁甫处道喜。巳正,榴生来即坐领轿酒,旋即领春舆至坤宅。到即入席。席未终,即返乾第,缘择定未时合卺也。主人请榴生大赞,倩余副之。合卺事毕,为其逐一开发。酉正庙见,随即入席。戌正,即与榴生同辞。回寓后,子垞、康甫来邀之出城复至泰和馆夜饭。饭罢,往金桂轩看昆腔戏,均系清客串演,耳目为之一换。丑初进城。

廿一,乙未,晴,阴

日暮,至复新园夜饭,季花、伯雅、榴生、子勋、燕庭、雨生、幼谦均来,良卿与榴生合作东道主人。饭后,至蕙卿、十全两处小憩,遂往丹桂看戏。同人毕集,共十六桌,并招名花十八人陪之同看,可称热闹。寅初始进城。

廿二,丙申,阴,夜雨

访康甫、秋甫并晤莲舫,旋即至科。饭后,偕良卿至丹桂园看戏。秋甫、竹孙亦来。日暮戏散,偕秋甫同访小宝、庆铃。

廿四,戊戌,阴,微雨

饭后,访康甫晤谈,转至科署闲话。略为小憩,旋即出城访筠坡于绣珠家，亦晤。日将晡，康甫邀饮于泰和馆，即去。伯雅、季花、子垞、南台、秋甫先后来，遂入席。席散，偕往丹桂园看戏。寅初戏散，同借寓于潇湘别墅。彼此谈心坐以待旦。

同治十三年（1874）

元　月

初二，丙午，阴

往祝闵鲁孙如弟令媛十龄大庆，不晤。回寓午饭。饭后往鸣庆园看戏。胃气大作，颇觉委顿，戏散即归。

初四，戊申，雨

访康甫晤谈，约往南卿处小酌。饭后回寓。乘舆出城至丹桂园看戏。适逢太左公司包厅请客，戏颇可观。薄暮，至普庆里顾南卿处赴康甫约。

初五，己酉，阴，晴

得蒋良卿如弟片函，招往科署闲话，即往。饭后，偕往丹桂园看戏。戏散，同至华十全家开果盘，适子垞亦来。复偕至金巧云处开果盘，略为小憩即进城。

初七，辛亥，晴，阴，下午有雪珠

往科署闲话。饭后，偕朱幼谦、闵鲁孙、鲍燕庭同游邑园，至湖心亭茶话。茶罢，出城闲步至宝善街，遇雪珠，遂至丹桂茶园小憩。适吴云毂、崔海垞在彼看戏，即小止焉。旋即同行至石路分袂，余往兆荣里倚云楼赴子垞招。柚泉、良卿、康甫、秋甫及汪雨生均先后来，招张桂林、顾南卿、张秀卿、冯宝珠、华十全、沈凤宝六人来侑酒。席散后，良卿邀往丹桂园观剧。余以戏不见佳，即辞进城。

初十,甲寅,晴

率两儿至绍兴会馆江老太太厝柩处祭扫。旋命叶升领次儿先归,余与大儿同往栋山处午饭。饭后,栋山邀往丹桂园看戏。

十二,丙辰,晴,阴,午后雨

往拜凌友孙老夫子,上海茂才,延课两儿者也,晤谈。即出城至泰和馆。今日团拜,江浙共三十五人计严伯雅、沈季花、王子勋、马南台、朱兰汀、汪榴生、沈子槎、丁柚泉、姜厚安、沈见山、姜芍藢、余康甫、秋甫、潘露园、姚悦三、闵鲁孙、汪雨生、鲍燕庭、王子松、吴端甫、吴云毂、叶芝亭、夏平叔、高又泉、周又村、吴梅生、朱幼谦、子范、蒋良卿、秋来、陈松亭、黄仁甫、张子敬、竹孙弟,连余共三十五人,设四席。席散,至丹桂看戏。招冯宝珠、李秀卿、张桂林、吴素云、顾南卿、华十全、花称心、朱蓉卿、小金宝、金巧云十人来同观。计用八十八洋,每分派洋两元五角。余出三元。丑正始进城。

十四,戊午,晴

出城至明庆馆赴栋山招,同席者为周殿卿姻丈、顾少梅兄、曹子美、皮惠之、吴庚香、陈小藢、陈松亭、张蓉初共十人。席散,蓉初邀往丹桂园看戏,招钱南观、沈桂香、小宝三人同看。康甫、秋甫亦来。

十五,己未,晴

往一粟庵拜蒋年伯母刑太宜人五十冥寿。在庵午饭。饭后,燕庭邀往丹桂园看戏。季花、端甫、南台、幼谦、鲁孙、云毂均来。

二十,甲子,阴,夜雨

仁甫来约往丹桂看戏,并嘱代书致淮徐道吴紫楣观察贺函。子垞、又村、南台、燕庭来寓手谈。饭后,出城赴仁甫约。

廿三，丁卯，阴，微雨

饭后，至科署闲话，旋即出城独自往丹桂看戏，晤陈栋山。戏散即归。

廿五，己巳，阴

往采臣处助办素事，以无甚要务，略坐即辞去。至科署午饭。饭后，出城闲步，至洪园听施月兰词士说书，转至丹桂、金桂两戏园闲逛。遇榴生、雨生两人于途，遂同访宝珠，略为小憩。

廿八，壬申，晴

往科署闲话。饭后，访燕庭于南台家。略坐，游邑园，晤雝之、西谷、新斋于四美轩，一同茶叙。茶罢，出城至丹桂园看韩桂喜演《余堂关》一出，极妙。

二　月

朔，甲戌，晴

出城至绣珠处，适筠坡、良卿、子垞、芸谷在彼晚饭，遂即同膳。饭罢，邀筠坡往丹桂园看戏，栋山亦来。戏散后，同筠坡假宿于绣珠家。

初四，丁丑，雪，雨，丑正春分

至科署访友。饭后，出城至丹桂园看戏。

初五，戊寅，微雪，雨

海垞来约至玉水台茶话。茶罢，回寓绘十六方便面一页。饭后，出城访秋甫于金桂轩。略为小憩即辞至南公舆，晤良卿、筠坡畅谈。

初七，庚辰，阴，雨

薄暮，至复新园，适雨生亦到，邀伯雅、海垞、良卿作陪，遂入席。席散,蓉初邀饮于钱爱玲家,即与良卿同去。栋山、筠坡均已先到,即入席,招桂香、秀宝来侑酒。席甫半,鲁孙招往丹桂看戏,余即先去。

初九,壬午,雨

海垞来邀至玉水台茶话。茶罢,至科署闲谈。饭后,与良卿、筠坡往鸣庆园看戏。薄暮回寓。

十一,甲申,阴,晴

往素卿处约良卿至复新园合饯。子文邀伯雅、季花、露园、宜孙、雨生、鲁孙、燕庭、筠坡作陪,饮亦甚畅。席散后,独访芸谷,同往丹桂茶园看戏。戏散,趁沈味畲之便,一同入城。到寓已交丑正矣。

十二,乙酉,晴

往访雨生,为其乃媳举殡葬事也。旋即回寓,率大儿出城同访少笙内弟,并晤子琴堂舅。遂邀往复新小酌。饭后,偕往丹桂看戏。芸谷、子勋先后来,邀之同观。戏散各判袂。

十九,壬辰,晴,卯正清明

海垞来邀游豫园,至绿波廊茶话。茶罢,出城至长春楼午饭。饭后,丹桂看戏。戏散,至益庆楼小点。

廿一,甲午,晴,夜大风

榴生邀之同访宝珠,雨生、康甫、鲁孙、秋甫均来,遂拟小酌。余以良卿、筠坡均另有局,乃先往合兴,赴良卿之约。到即入席,吴兰斋、钮自安、沈子槎、褚云涛同在座。余略为小憩,即辞往宝珠处践榴生约,招南卿、绣云、小宝、秀卿来侑酒。饮兴甚浓,露园亦来,补招花称心侍席。席散,露园邀至金桂轩看戏。季花、伯雅均来,再招宝珠、小宝、秀卿、称心、绣云各校书来同看。丑初进城。

廿六，己亥，雨

寓中酬太均催生送子诸神，兼以祀祖，为新女洗朝，取名月珍。至科午饭，饭后为榴生邀往丹桂园看戏。季花已先到，康甫、秋甫、燕庭继至。

廿七，庚子，阴，晴

饭后出城，访康甫于南卿处晤谈。旋为�坡招饮于复新园，即去。芸谷、良卿、栋山、蓉初均来。饭毕，复偕筠坡、芸谷、栋山至丹桂园看戏，招桂香、绣珠、巧玲、文宝同观。戏散，假宿于绣珠家。

三　月

朔，癸卯，晴

绘十六方翎毛花卉便面一页，为栋山作也。至科署闲话。饭后，季花邀往鸣庆园看戏，与燕庭同出城。榴生、雨生、鲁孙、秋甫均来。戏散，偕之北行，同访蕙卿。

初八，庚戌，晴

芸谷、康甫均来。饭后，同出城雇马车同游徐家汇、静安寺，看涌泉井。转至马路一带闲玩，至四马路而止。同访南卿，次访巧玲，适为筠坡邀饮复新园，即去。同膳者为查友白、朱子范、蒋良卿诸君子。饭罢，仍偕芸谷、康甫同访文宝，转访姚二宝，最后至丹桂园看夜戏。招文宝、姚二宝、南卿同观。

初十，壬子，晴，下午雷阵雨

转至科署闲话。饭后，出城至大关访康甫晤谈，旋为恕堂招往丹凤园看戏。子范亦来。戏散，乘车赴北至泰和馆践康甫约。渠请钱子诚、龚令甫两乡台，招余作陪也。席未终，筠坡、良卿招往复新园陪抚院房友戈子扬饮，即去。晤鲁孙、芸谷、雨生、榴生、燕庭诸君子。复为雨生邀往丹桂园看戏。季花先到，康甫后来。丑初始归。

十一,癸丑,晴

至科署为雨生书谢帖、角签。午后,雨生嘱陪季花往丹桂园看戏。晤海垞、子勋,遂同座。康甫亦来。戏毕,往金桂轩约榴生同访宝珠,略坐即独自进城。

十三,乙卯,晴

乘车往北同访幼兰畅谈。至暮,往复新小点,良卿、鳌峰、筠坡、松卿均来。酒至半酣,露园、子扬、子勋、榴生、雨生、少笙络绎而来,再邀同饮。席散后,复偕往金桂轩看戏。招桂卿、蕙卿、称心、丽卿、秀宝、大宝、十全、宝珠来同观。丑初进城。

十八,庚申,晴

访秋甫同往邑园四美轩品茶。茶罢分袂。余即至科,得少笙约,至如意处小酌。饭后,与子范出城至丹桂园看戏,良卿招也。

廿三,乙丑,阴

至科署午饭。饭后,访秋甫同游邑园,至四美轩品茶。茶罢,出城过丹桂园,知为西客包厅,即往观之。肖石亦来,三人同看。均说明不泡茶,大叨其东方发焉。

廿五,丁卯,雨

至科署闲话,为秋甫写谢帖十余纸。饭后,良卿邀出城看戏。即雇舆与季花、又村同去。本拟至丹桂观看,以戏不佳,随往金桂轩看之。戏散进城。

廿八,庚午,晴

收拾行李,命叶升先押赴舟次。余至科署午饭,饭后回寓收拾零星。仁甫遣人招往丹桂园看戏,即出城乘车往北至丹桂。仁甫、秋甫、秋来、肖石、竹孙、悦三均已先到。包正厅者为祥顺公客号。戏颇出色。日暮始散。

四　月

十四，丙戌，晴

济舟来晤谈。午后，与森儿闲步，途遇少笙邀往吉祥茶园观剧。脚色、行头均不见佳。[①]

廿七，己亥，晴

饭后，往邑园至湖心亭品茶，晤幼谦畅谈。子范、筠坡及曹肖珊来，遂同出城至复新园夜饭。饭毕，再至丹桂看外国戏法。子正，乘坐东洋小车进小东门。

五　月

朔，壬寅，晴，入梅

下午出城访翠娥，适秋甫与鲁孙在焉。略为小憩，即偕往长春楼夜膳。饭毕，往丹桂看外国戏法。子正乃进城。

初三，甲辰，晴

日将晡，往约鲁孙、悦三、善民同至长春楼，丁柚泉亦来。饭毕，秋甫邀往丹桂看外国戏法。姬人与大儿亦来。三鼓进城。

初八，己酉，晴，夜子初夏至

日将晡，至复新赴秋甫约。季花、雨生、海垞、榴生、良卿、筠坡、燕庭、鲁孙、又村及雨生之四令郎秋孙世讲均先后来，即入席。席散，雨生邀往丹桂看外国戏法。

十二，癸丑，晴，微雨

往探宜孙病，知其小愈，略谈即至科署闲话。午后，出城至复新定席，丹桂定戏，拟明日为燕庭乃郎馔弥月也。

---

① 此时作者在杭州。

十三,甲寅,晴,夜雨

出城至大关访季花晤谈。在关午饭,饭后,约季花至丹桂茶园看戏。竹孙、秋甫亦来。戏散即至复新园。季花、伯雅、宜孙、榴生、雨生、露园、良卿、筠坡、秋甫、南台均来,设两席。席散之后,同往丹桂看夜戏。丑初进城。

十五,丙辰,晴

往科署闲话。海坨来,偕之出城至长春楼午饭。饭毕,往丹桂看戏,晤季花、榴生、宜孙。

十八,己未,晴

至科署午饭。饭后,宜孙登舟,旋以潮水已退,不能开船,仍即进城邀余同往北,访汪播方乡丈于湘商局晤谈。寻与宜孙至长春楼夜膳。膳毕,往丹桂看戏,践播方约也。今夜为花标刘凤玲上台,貌仅中姿,而扮演较胜,亦出色之人也。

二十,辛酉,晴

今日设席于复新园。薄暮,乃往赴约。杨君习之以赴闽未归,不到。艺俦、春舫两主人,客则季花、伯雅、雨生、露园、良卿也。席散,露园邀往丹桂看戏。丑初乃归。

廿一,壬戌,晴

下午,樊叔和来晤谈。秋甫、燕庭先后来,偕访季花。遂同出城至复新园夜饭。余本有筠坡之约,乃辞筠坡而就燕庭。饭罢,秋甫邀往丹桂看戏。丑初始进城。

廿二,癸亥,晴

往科署闲话。饭后,良卿约往金桂轩看戏,招方爱卿词士同观。只以脚色不佳,实难娱目,观未及半,即与良卿往爱卿家小憩。旋往丹桂看后半尾戏,较之金桂有天壤之隔。戏散进城。

廿三，甲子，阴

往科署闲话，适露园、伯雅、季花、海垞、燕庭均来畅谈。露园邀饮于复新园，遂偕之往。夜饭后，复约往丹桂看戏。良卿片招邀至方爱卿家小酌，即去。筠坡、燕庭、雨生已先到，招桂卿、蕙卿来侑酒。席散，再至丹桂听戏。丑初乃进城。

廿六，丁卯，晴，夜雨

蓉初拉往庆兴楼小酌，坐中只有栋山、蓉初及余三人，甚觉寂寞，乃往约桂喜、凤铃、宝林、三喜诸词客来同饮，颇觉畅怀。席散，蓉初邀往丹桂看戏。子正进城。

廿七，戊辰，晴，夜雨

饭后，出城至复新园定粉蒸肉，寻至桂芳阁品茶。日暮，至复新，季花、雨生、燕庭、良卿、筠坡、秋甫、鲁孙均来，饮颇畅。饭罢，良卿邀至丹桂看戏。丑初始归。

廿九，庚午，雨，晴，初伏

往科署访良卿晤谈。饭后，又村约往丹桂茶园看戏，季花、燕庭同去。

三十，辛未，阴，晴，夜雨

余为少耕宗侄购得《诗经》一部，再至科署闲叙。旋访秋甫晤谈，秋甫留夜饭。饭后，复与秋甫乘舆出城至丹桂园看戏，晤蓉初、栋山，遂邀同看，并招丽琴陪侍。

六　月

初二，癸酉，晴

下午出城访余艺俦晤谈，知其须往金陵约半月可转。旋即往访蕙卿，适燕庭已先到，海垞、季花、雨生、南台、伯雅、良卿均来。燕庭乃设宴畅饮，招金宝、爱卿、凤云来侑酒。席散之后，南台邀至丹桂看戏。丑正始归。

初四,乙亥,晴

饭后,筠坡、桂卿约至万仙台茶叙。茶罢,独往北至浦五房小点。途遇良卿,邀往复新园夜膳,子范、幼谦、肖珊、梅轩均来。饭毕,良卿邀余往丹桂看戏,招爱卿同看。松亭薰薰而来,不问东道主,竟居然看戏,可谓孟浪已极。乃未看半出,即珊珊而去,徒费他人戏资,殊不可解。

初六,丁丑,晴

得季花片函,即往大关访之晤谈,并晤诸同仁。在关午饭,饭后约季花、秋甫至丹桂园看戏。戏散,秋甫邀往复新小酌,并约鲁孙同去。

初九,庚辰,晴,中伏

余与秋甫先访爱卿,适良卿在焉,略为小憩即行。次访宝珠,最后访南卿。上灯后,至复新园夜饭。饭毕,往丹桂看戏,适露园、季花、伯雅、幼谦、良卿、筠坡均已先到,遂邀同坐。丑正始归。

初十,辛巳,晴,巳正大暑

饭后,访秋甫偕游邑园,至湖心亭小憩,旋即出城同访翠娥。日暮,至长春楼夜膳。饭毕,往丹桂看戏。鲁孙、海垞、榴生均已先到,并往约露园来,鲁孙作东道主人。丑正始进城。

十二,癸未,晴

今日母难茹素,邀海垞、榴生、鲁孙、燕庭、秋甫、良卿、筠坡、仁甫来手谈,日暮即散。设宴小酌,并邀雨生来同饮。亥正客散,余复出城至丹桂看戏,赴幼谦约也。

十三，甲申，晴

海垞来约往邑园四美轩茶叙。茶罢，出城至复新午饭。饭后，至丹桂看戏，榴生、鲁孙、秋甫均来。

十六，丁亥，阴，晴

出城再至桂芳阁小憩。鲁孙、燕庭、子范先后来，即同访金玉略坐。燕庭邀往复新园夜饭，秋甫亦来。饭后，子范邀往金桂轩看戏。今日适有新到脚色上台，一为花旦侯三喜，演《拾镯》，貌尚韶秀，而身材太长，且一无嗓子，无足取也。一为武生王鸿福，身段一切，可称全璧，然投入金桂误矣。丑正进城。

十八，己丑，晴，午后阵雨

良卿邀之出城，乘车往北至聚福园，方秋蟾爱卿说书。书场散后，同访十全。转访宝琴，寻即往复新园夜膳。季花、雨生、嘉予、秋甫、露园均来。饭罢，雨生先进城，露园邀至金桂轩看戏。丑正进城。

十九，庚寅，晴

余与秋甫同游邑园，至四美轩品茶。茶罢，出城往复新园赴季花之约。主人及榴生已先到，雨生、端甫、仁甫、子范后来，遂入席畅饮。饭毕，榴生邀往丹桂看戏，幼谦偕嘉予来。丑正始归。

二十，辛卯，晴

姬人腹泻小愈，次儿身热已退，仍邀榴生为之复诊。云：湿热未清，积滞未化，仍宜清解。装订《礼记》四本。饭后，出城至丹桂园看戏，仁甫招也。季花、榴生、秋甫均来。

廿一，壬辰，晴

出城访余艺俦，金陵未归，不晤。转访韩桂喜词友，缘渠患河鱼之疾，交加味正气丸去也。顺访南卿，略坐即归。

廿二,癸巳,晴

至科署闲话。下午出城访桂喜晤谈,知其腹泻小愈,略坐即往桂芳阁品茶。

廿六,丁酉,阴,雨,晴,丑正立秋

出城至桂芳阁品茶,季花、少笙先后来。茶罢,余为栋山邀往复新小酌。季花诸君亦往复新园夜饭。饭后,余约季花、少笙、秋甫往丹桂看戏。丑初乃归。

廿七,戊戌,晴

季花来约游邑园,在四美轩茶叙。今日为广帮公请前任广东巡抚蒋中丞,招丹桂全班在点春堂演剧,颇热闹。茶罢,出城至复新午饭。饭毕,即往丹桂看文班。久不看昆戏,耳目为之一新。

廿九,庚子,晴

出城往复新园夜饭,赴良卿约也。季花、榴生、雨生、燕庭已先到,少笙继至,主人最后来。天气闷热,不能多饮。饭后,往丹桂看戏,招宝珠、爱卿同观。子正进城。

七　月

初五,乙丑,晴

至科署午饭。饭后,良卿邀往丹桂看戏,即去。筠坡亦来。戏散之后,同访十全,次雪卿,次爱卿,次金宝。日将晡,至长春楼夜饭。饭毕,筠坡复邀至丹桂看戏并招爱卿同观。子正进城。

初八,戊申,晴

至科午饭。饭后,游邑园,至湖心亭品茶,晤秋来、薏岩、幼谦诸君。茶罢,出城至复新园赴榴生之约。季花、幼谦、子范、筠坡均来。饭毕,幼谦邀往丹桂园看戏。丑初进城。

初九，己酉，晴

至暮，乘舆出城践子范之约，先至复新园夜膳，季花、榴生、海垞、良卿、幼谦均来。饭后同往丹桂园看戏，招爱卿、秀琴、十全同观。丑正进城。

十二，壬子，雨，酉初处暑

至科署闲话，榴生亦来。饭后，榴生约往丹桂茶园看戏，遂与良卿同去。季花已先到，幼谦、秋甫、燕庭先后来。戏散即归。

十三，癸丑，晴

往科署午饭。日将晡，偕幼谦、嘉予出城至桂芳阁茶叙，晤雝之、仁甫，遂同坐。茶罢，幼谦邀至复新园夜饭。饭毕，嘉予先进城。余与幼谦至丹桂园看戏。丑初进城。

十五，乙卯，晴

日将晡，与幼谦出城，途遇伯雅，邀往复新园夜饭。余先至西金隆里访吴秀宝校书，道听疑案，季花所嘱也。探得彼此均误，即往复新践幼谦约。饭罢，至丹桂看戏。连日少睡，颇倦。

十八，戊午，晴，薄暮有雨

出城至聚福园听书。书毕，同访琴川叶秀卿词史，声色两不见佳，略为小坐。转访爱卿，谈至日暮。良卿先进城，余与子敬、秋甫同往复新园赴步云之招。胡丙孙亦来，主人与伯珠继至，并往招康甫同饮。饭罢，秋甫邀往丹桂看戏。良卿又来招爱卿、南卿、幼娟、翠娥同观。丑正始回寓。

廿三，癸亥，阴

余复至庆馨楼赴康甫之约。席间，为朱茗斋、姚葆卿、符子琴及秋甫五人而已。余略一应酬即辞往陈月娥处听堂出。亥正进城。

廿四,甲子,晴,微雨

下午出城,偕良卿、嘉予至丽水台品茶。茶罢,同访月娥,适康甫亦来,谈至日暮。余往复新园为春木馔五十大寿,同局者为幼谦、雨生、燕庭、仁甫、子松、花舫,邀松亭作陪,适符八仙之数。席散之后,复邀往丹桂看戏。季花、康甫、秋甫、良卿、筠坡、嘉予均来,遂同座。招南卿、爱卿、金宝同观。新到脚色一为正旦,一为老生,均不见出色,人材之难得也。子正进城。

廿九,己巳,晴

饭后至科闲话。下午出城至桂芳阁品茶。伯珠率子而来,遂同叙。茶罢各散,余往复新园践雨生之约,伯雅、季花、燕庭、幼谦均来。饭毕,同往丹桂看戏,南台、良卿亦来,招爱卿同观。丑初进城。

三十,庚午,晴

饭后至科,偕康甫、嘉予、鲁孙同游邑园,至湖心亭茶叙。秋甫亦来。茶罢,出城同访南卿,略为小坐。嘉予邀往长春楼夜饭。饭后,同往月娥处听堂出。鲁孙邀至丹桂园看戏。丑初进城。

八　月

初一,辛未,晴,雨

席散,余与康甫至丹桂看戏。子正进城。

初二,壬申,晴

出城访良卿于爱卿家,适与云涛在焉,即偕往宝琴处小酌。康甫、秋甫、子范、梅仙、嘉予均先后来,遂入席,招爱卿、月娥、南卿、大宝来侑酒。席散,子范邀至丹桂看戏。梅先、良卿同往,幼谦亦来,复招爱卿同观。丑初始归。

初四，甲戌，大雨，大雷，霹雳

至科午饭。饭后，康甫亦来手谈。至薄暮，偕之出城乘东洋车往北至庆兴楼约孙鞠仙、任振家、杜蝶云、吴凤鸣、孙春蘅、谢梅卿、薛桂山、周长山、陈倚云、李棣香、谢宝玲、韩桂喜诸词友来小酌。秋甫亦来，设两席，饮甚畅。

初六，丙子，晴，阴

马伯珠来约往丹桂看戏，少坐亦即去。康甫遣招，遂往。偕之同访鲁孙，为其料理讣闻，即在鲁孙处午饭。饭后，即与康甫出城至丹桂赴伯珠之约。云毂、海坨、春木、燕庭、瀛洲均已先到。

初八，戊寅，阴，晴

下午，与嘉予、康甫出城至桂芳阁茶叙。云毂、鲁孙、海坨、英甫、�坡均来。茶罢各散，幼谦邀余与筠坡至复新园夜饭。饭罢，往丹桂看戏。丑初进城。

初九，己卯，阴，夜雨

至科署午饭，海坨亦来。下午，偕海坨同访云毂，遂同出城，乘车往北至宝善园茶话。茶罢，云毂邀往复新园夜膳，晤康甫、雨生、秋甫、燕庭、幼谦、南台、伯珠、嘉予诸君子。饭后，往丹桂看戏。丑初乃归。

十一，辛巳，晴

下午，雨生邀余与幼谦、燕庭出城，渠为云毂祖饯，招往作陪。途遇鲁孙，拉之同去。至复新园，云毂偕海坨来，并邀季花、康甫、秋甫来藉以畅叙。饭罢，与云毂话别，幼谦邀余与季华至丹桂看戏。丑初始进城。

十九，己丑，阴，微雨

饭后访康甫，偕之出城至聚福园听方爱卿说书。幼谦、良卿、筠坡均来。书毕,同访爱卿,略坐即邀至复新小酌,并往约赵雨村来。秋甫亦到。饭罢,再至爱卿处小憩。良卿邀往金桂轩看戏并招爱卿同观。丑初进城。

二十,庚寅,晴,雨,大热并有雷

余为幼谦遣招,即乘舆出城至复新园再饮。良卿、康甫、筠坡、雨村均已先到。席散,筠坡邀往丹桂看戏,招南卿、金宝、二宝、爱卿同观。丑初乃归。

廿二,壬辰,阴雨

日暮,同往复新,春木亦来。钱子诚、陈令甫由都门归,两君同至,即入席。席散,幼谦邀至丹桂园看戏,招爱卿来陪看。丑正始归。

廿五,乙未,晴

久雨初晴,差快人意。席散,露园又约至花称心家小酌,并往邀康甫、秋甫、良卿来,招惜香、南卿、爱卿来侍酒。席甫半,幼谦遣招,往丹桂园听戏。丑初进城。

廿六,丙申,晴

日将晡,至复新,同人为子范公祝也。季花、露园、雨生、榴生、春木、燕庭、薇舟、鳌峰、良卿、芸谷、筠坡连余共十二人,设两席。席散,往金桂看戏。康甫、秋甫、子凤亦来,招南卿、爱卿、金宝、称心同看。丑正乃归。

九　月

廿四,癸亥,晴

往复新园赴筠坡之约,幼谦、佑生、良卿、嘉予先后来,并晤栋山,约明晚小酌。饭后,海垞邀余与秋甫至金桂轩看戏。丑初乃归。

廿五，甲子，微雨，晴

出城至大关，将蔑件细货拆开装箱，及另叠行囊送至泉记。此次带货较多，交送颇不易。在泉记午饭。饭后，往运石公所访余艺俦杨少炜，均晤谈。略坐即至丹桂看戏。戏散，即往复新赴栋山之约。

廿六，乙丑，晴

访筠坡不晤，访鲁孙晤谈，即出城至聚福园听书。良卿亦来。书毕，同往爱卿处小憩。日暮，往复新园赴幼谦之招。秋来、仁甫公请芝楣、小园，稚卿亦在复新，招余作陪，余遂两边应酬。席散之后，秋甫诸君约至丹桂看戏。幼谦、良卿、栋山亦来，托春蘅、桂喜、宝玲另排演新戏《三疑记》，神情逼肖，颇为悦目，并招桂林、爱宝、翠娥、大宝、爱卿同观。丑初始进城。

廿七，丙寅，晴

下午出城至桂芳阁品茶。栋山、幼谦先后来，遂邀往复新园夜膳，并招春蘅、宝玲、凤鸣、棣香、倚云、长山诸词友来同饮。桂喜以有事不到，未免扫兴。饭后，同至丹桂园看戏。丑初进城。

廿九，戊辰，晴，亥正立冬

至科闲话。饭后，访露园晤谈。日暮，出城至复新园赴芸谷姻长之招。同席者为伯雅、季花、雨生、燕庭、雨村、良卿、筠坡、春木诸君子。席散后，季花约至丹桂看戏，晤蔡芝斋姻台、樊叔和如弟。均由都门来沪，畅谈近事。丑初乘舆进城。

十　月

初二，辛未，晴

下午回寓，得子播弟书，并小匾两块。往科署闲话。夜膳后，南台邀往三雅园看戏，晤楚卿族弟，遂同坐，藉以畅谈。丑正始归。

初四,癸酉,晴

日暮,至复新园赴芝楣之招。同席者为芸谷、雨生、露园、稚卿、桂岩、秋甫诸君。伯雅、季花、海垞、良卿在楼上饮。席散,良卿邀往丹桂看戏,招爱卿同观。

初五,甲戌,晴

饭后,偕良卿出城至聚福园听书。鲁孙来,告以渠次室昨宵遁去,嘱拟存案草稿。遂偕往甡甡泰账房拟与之。旋访爱卿,适海垞、秋甫来同访翠娥。薄暮,往复新夜膳。饭后,秋甫约至丹桂看新到脚色。一为老生,一为花旦,均不见佳。惟一开口跳,稍可。然终不如田黑多矣。丑初进城。

初八,丁丑,晴

薄暮,访康甫于南卿处晤谈。秋甫亦来,同至复新园夜膳,季花亦至,栋山最后来,作东道主人。饭罢,至丹桂看戏,招翠娥、南卿、大宝、二宝同观。子正进城。

初十,己卯,晴

薄暮,出城访良卿于爱卿处,遂偕往复新赴公所之约。伯雅、笈丽、露园、幼谦均来,即入席。席散,余与幼谦至丹桂看戏。丑初进城。

十三,壬午,阴,晴

至科午饭。饭后,季花、康甫来畅谈。下午,出城往公所交件去。薄暮,至复新夜膳。季花、康甫、秋甫均来。饭毕,季花邀至丹桂看戏,子勋亦来。丑初进城。

二十,己丑,晴

饭后,往科署闲话。偕海垞出城,途遇雝之、竹孙,同至宝善园茗谈。余复与海垞至桂芳阁品茶、剃头。康甫、幼谦先后来,遂邀往复新夜饭。饭毕，往丹桂看戏，招南卿、二宝同观。丑正戏散。

廿二，辛卯，晴，早大雾

至科署午饭。饭后，幼谦来偕之出城，访良卿于爱卿家。谈至日暮，同往复新夜饭。饭罢，至丹桂看戏。新脚色郑宝钦上台演《铁弓缘》，色艺俱尚有可观。招爱卿来同看。子正即归。

廿四，癸巳，晴

往聚福园听书，良卿在焉。嘉予、燕庭复同访爱卿，次访桂卿，晤雨生，同往复新晚饭。秋甫、筠坡、幼谦均来。饭罢，与秋甫、幼谦同访翠娥。幼谦邀往丹桂看戏。丑初乃归。

廿六，乙未，晴

良卿函招即往科。饭后，偕往升平轩看戏，子范亦来。园主孙菊仙作东道主。戏散，往北付公班价银兼往复新定席。仍即回南至同福楼，赴仁甫之约。璜伯、鲁孙、秋甫、燕庭均来。饭后，再至升平看戏，季花亦来。子正进城。

廿七，丙申，晴

薄暮出城至复新园，同人为筠坡预祝四十寿也。同局者为季花、子勋、芸谷、露园、雨生、鲁孙、燕庭、恕堂、少屏、子凤、花舫、幼谦、子范、子馨、子樵、云涛、秋甫、嘉予、小汀、良卿，连余共二十一人，设三席，豁万寿拳。席散后，至丹桂园看戏，招爱卿、少卿、桂卿、秀卿、凤保同观。子正进城。

十一月

朔，庚子，晴，雨

薄暮，偕仁甫出城访秋甫于翠娥家，恰值秋甫亦来，遂同往复新夜膳。季花已先到，良卿亦继至。饭罢，同至丹桂看戏。新到客串王某人，品与做法可称并美，惜喉嗓不佳，未能全璧。可见人材之难矣。幼谦亦来,招爱卿、翠娥同观。丑初进城。

初四,癸卯,晴

往科署访筠坡不晤,即至桂岩处贺三朝喜。饭毕,往亦芬处料理朝盘,仍至李家听清客戏滩。榴生自杭州归,晤谈。夜膳席散,出城至丹桂园看戏,践幼谦之约也。子范亦在焉。子正回寓,知子文南旋,来谒未晤。

初五,甲辰,晴

鲁孙来晤谈,即去。往科署闲话。午饭后,恕堂邀余与花舫出城至三雅园看戏。下午,往公所闲叙,再至戏园,适燕庭亦来。恕堂复招往陶如意家小饮,并邀雨生、筠坡、良卿来,招桂卿、爱卿、少卿、金宝来侑酒。

初六,乙巳,晴

季花嘱临《三星图》,钩稿落墨。访鲁孙未晤,即至科署午饭。谈至薄暮,始出城至方宅访良卿,适筠坡、桂卿、幼谦先后来,遂邀往复新园夜饭。饭后,良卿、桂卿先归,筠坡邀余与幼谦至丹桂园看戏。丑初同进城。

初八,丁未,阴,微雨

访小渊并晤秋来,略坐同往科署闲话,适子文亦来,畅叙离怀。下午,偕燕庭出城假座复新,合请子文并请少荪陪。客为伯雅、季花、雨生、榴生、鲁孙、良卿。客齐即坐,饮颇畅。席散后,良卿约往丹桂看戏,招爱卿来同观。丑初进城。

十一,庚戌,雨,夜大风

往科署闲话。下午乘舆出城至复新园赴雨生、榴生之招。同席者为子文、子勋、伯雅、季花、鲁孙、燕庭、良卿诸君。散席之后,与季花往丹桂看戏,幼谦所约也。伯雅亦来。丑初乃归。

十四，癸丑，晴，辰初冬至

遣家人李贵往各亲友处贺冬喜。至科署午饭。饭后，偕燕庭至升平轩看戏。刘凤玲丰韵较胜，然终不若韩桂喜之丰姿妩媚也。薄暮进城，往良卿处夜膳。

十五，甲寅，晴，阴，夜雨，大风

出城偕子范往北同访南卿，旋往复新为公所中陪宾。习之艺俦、春舫均已先到，郁正卿廉访熙绳、朱云甫方伯其昂、王介眉观察宗寿、瞿绍依明经世仁及伯雅太守、季花司马、露园刺史均来。席间共商公所正事，嘱余赴吴淞至钓船捐局议船捐事。拟明日即去。席散，鹭缘邀往丹桂看戏，南台、幼谦均来。子正进城，知少荪来谒。

十八，丁巳，晴

至吴淞海关谒朱诚斋、沈笈丽，小坐即往钓船捐局谒韦幹臣司马晤谈，并商办公所石船捐项。知局中尚未拿到总局饬议明文，乃重托之。回关午饭，幹臣即来回拜。饭罢，嘱诚斋代雇行风官快一只，即与幹臣、笈丽、诚斋话别。下船挂帆回沪，恰遇顺风顺水，行颇速。申正，抵大关。上岸进城，往访伯雅，即将船捐事告之。回寓后，萼卿招饮于复新园，即去。鲁孙、又泉、燕庭均在焉。饭后，恕堂招往丹桂园看戏，招如意、称心两校书同观。丑初进城。

廿二，辛酉，阴

季花遣招，即去，嘱余襄理喜事也。略谈即往访良卿。饭后，至科偕燕庭出城。余访习之晤谈。旋访燕庭、秋甫于翠娥家均晤。同至复新夜饭，适幼谦、筠坡、少屏在焉，遂同饮。饭罢，筠坡邀往金桂轩看戏，招小宝、翠娥、月仙同观。丑初乃归。

廿三，壬戌，晴

至科午饭。饭后，至季花处商办喜事，即出城访习之晤谈。进城至良卿处饮谢将酒,共三席。拇战兴豪,饮酒甚畅。席未终,即与筠坡出城至丹桂园看戏,幼谦亦来,招少卿同看。子正归。

廿五,甲子,晴

往季花处助办喜事。下午,女宅发奁,来为其开发各轿。晚间,仍设两席,饮亦甚畅。席散,出城至丹桂园看戏,赴幼谦之招也。丑初进城,眷草帖一扣。寅初始睡。

廿七,丙寅,晴

出城访良卿于方家晤谈。日暮,至复新园赴荻云之约,幼谦、秋甫亦来,凤鸣、倚云、棣香、梅卿、长山、桂山作陪,肴馔丰美,饮酒极畅。席散,幼谦邀至丹桂看戏。丑初进城。

廿九,戊辰,晴,子正小寒

往访笈丽晤谈,为公所中事也。旋即至科与雨生兄联谱。饭后,出城至同福楼算账。乘车赴北至复新园。今日约秋甫、秋来、仁甫为谢小园太夫人补祝六十寿,请在丹桂看戏,并邀小园在复新小饮。秋来、秋甫、仁甫先后来,小园亦到,大儿亦来。饭罢,同至戏园,命森儿亲叩谢太夫人并小园夫人。丑初乃归。

十二月

朔,庚午,晴,阴,夜雨

筠坡来晤谈,即去。知康甫由江北归,即往访之,未晤。出城回谒幹臣、素园均晤,商酌石船捐事。旋即至科午饭。饭后,秋甫约至丹桂看戏。季花已先到,康甫、榴生、雨生、燕庭、海坨均来。祥顺公包厅戏,颇悦目。

初二,辛未,阴,晴

进城告知伯翁,约定饭后同往习之处商办。至科午饭。饭罢,出城访习之,拟将余、胡两君剔去,习之一人独办,事亦较妥。转访爱卿，适良卿亦来，幼谦招往复新小饮，即去。鞠仙、荻云均来。饭毕，小园、秋甫邀往金桂看戏。余甚恶金桂之戏，辞不往，乃约良卿、幼谦至丹桂看戏，并招爱卿同观。丑初进城。

初八，丁丑，雨

誊认定船捐草一扣，即携至科交良卿掛，始饭。饭后，偕良卿、筠坡、小汀出城至升平轩看戏。叶紫绶亦来。戏散，即同至东升楼夜饭。

十二，辛巳，晴，阴

出城访习之不晤，转至畅福园听王月琴、金翠娥、王少娟、周二宝四词士说书，晤小渊、秋甫。书罢，同访德仙，转访金珠，最后访翠娥，适周少屏招饮于新新楼，即去。筠坡、良卿、幼谦均在焉。饮未毕，燕庭复邀饮于复新园，康甫、秋甫、小渊亦在座。饭罢，同访爱卿，略坐。筠坡复又招饮于德仙家，小汀在焉，招月仙、爱卿来侑酒。席散，爱卿约余与良卿至丹桂园看戏，少卿亦来。丑正始回寓。

十五，甲申，晴

饭后，出城访习之晤谈，并出草底与阅。旋即往复新夜饭，季花、伯雅、康甫、良卿、鲁孙、燕庭、雨生、幼谦、嘉予、秋甫均来。饭毕，往丹桂看戏，系按摩荣贵所请，此亦年例拉正之局，习之。南台、筠坡、又村亦来，并招爱卿同观。丑正始进城。

十七，丙戌，晴

往各亲友处谢步。饭后，良卿约至丹桂园看戏。薄暮，访爱卿、筠坡、幼谦偕来，约至长春楼夜饭。

廿一，庚寅，晴

至研孙处贺喜，即领喜舆至坤宅迎娶，仍领轿至乾第成礼。余为大赞,仲鑫陪之。结烛之后,即行庙见礼。待新毕,坤宅请回门。即陪两新人双临,坐茶后,行庭谒礼,旋坐席。席散,余先辞归,复出城至丹桂看戏,晤季花、伯雅、端甫、雨生、榴生、康甫、幼谦、筠坡、嘉予诸君子。今夕戏园中略备洋货若干件,分致看客,余得洋皂一匣。子正进城。

廿四,癸巳,晴

季花来约往上珍馆小点。点罢,偕至季花处畅谈。子文、仁甫、燕庭亦来,季花留饭。饭后,同至科署闲话。旋即出城至桂芳阁茶叙,余即邀至泰和馆夜饭。幼谦亦来。饭罢,仁甫先进城,余复约往丹桂看戏。丑初乃归。

光绪元年(1875)

二　月

廿七,乙未,晴,阴,微雨

乘舆出城访爱卿词史,适雨生、良卿在焉,晤谈。榴生招饮于复新园,即去。同席者为张蕴梅太史景祁、平叔、鲁孙、燕庭、雨生、良卿、秋甫。席散后,良卿约往丹桂观剧,即与秋甫同去,并招翠娥、爱卿同观。两月不看戏,颇觉悦目。惜桂喜回津,为缺陷耳。丑正乃归。

廿八,丙申,阴雨

至科闲话,饭后,筠坡约往升平园看戏,良卿亦来。戏散之后,乘舆往北同访爱卿。

三　月

初二,己亥,阴,夜雨

访鲁孙晤谈,访康甫亦晤。至科署午饭。饭后,良卿招往山雅园看戏。童怀之亦来。招爱卿、秀卿同观。戏散,旋至爱卿家,少笙、秋甫来，即同行。途遇康甫，同至长春楼小点。点罢，即进城，知子文来过，未晤。阅邸抄知嘉顺皇后于前月二十日寅时崩逝，距大行皇帝大丧未逾百日，此必由哀毁过甚致有变也。

初五，壬寅，晴

与鲁孙出城同访爱卿，略为小住，康甫来招往北西洋茶话，并晤秋甫。茶罢，康甫先归，余与秋甫同访翠娥。适鲁孙亦来，即约至长春楼夜饭。饭毕，鲁孙邀往丹桂看戏，余复往约良卿、爱卿同观。丑初进城。

初六，癸卯，晴

访良卿晤谈，偕之赴科。午后，访康甫、秋甫，即同出城，乘车至大马路富春园看戏。良卿亦来，为案摩顾桂拉正。戏甚不佳，聊以应酬而已。访南卿，略坐即进城督大儿读书。

初七，甲辰，晴，阴

午后，访康甫、秋甫同游邑园，至湖心亭茶叙。茶罢，出城往复新园，同人为又泉公祝五十大寿。连寿星，得云台将星之数，共设三席。席散，至丹桂看戏，点《长生殿》，灯彩颇佳。丑初进城。

五　月

廿三，己未，雨，晴，傍晚雷雨

至科午饭。饭后，访康甫、秋甫，同出城至唐泰丰杭庄交信件去。转往致和堂购卧龙丹卅瓶，许季仁所托也。旋至渭园茶叙。茶罢，康甫先归，余与秋甫至复新园夜膳，�坡来作东道主人。饭后，秋甫约往金桂看戏，招银宝校书同看。丑初进城。

廿四，庚申，阴，下午大雨，出霉

子文来不晤，访竹孙伉俪，均晤谈。转约康甫至科署午饭。饭后，出城往丹桂园看戏。戏散，同访爱卿，次访凤玲，旋即进城。

廿五,辛酉,雨,阴

访露园、雨生均不晤,至科署午饭。饭后,约康甫、秋甫至湖心亭茶叙。茶罢,出城至锦园洗澡、扦脚。旋至云成庄访颖峰,购得宁绌背心料一件。日暮,往复新园夜膳。饭罢,往丹桂园看戏。丑初进城。

廿七,癸亥,雨,晴

访幼谦、子范两乔梓,均晤。榴生来,约往东升楼午饭,遂与康甫、秋甫同去。海垞、又泉亦来,遂同膳。饭后至升平轩看戏,晤鞠仙。戏亦可观,较之丹桂、金桂似胜一筹。薄暮,往北访良卿于爱卿家晤谈,并晤雨生及严育甫,略为小憩。雨生邀至复新园夜饭。沈见山暨幼谦亦来,旋为�坡招饮于冯银宝家,即去。良卿、子范、桂卿、鳌峰、芸谷、灿庭均在座,招爱卿、如意、月仙、德仙、巧玲、竹琴诸校书来侑酒。席散,往丹桂园看戏,践见山之约也。丑初乃归。

六　月

初二,丁卯,晴

回寓知良卿遣招,即去晤谈,在彼午饭。饭后,乘舆出城至丹桂看戏。戏散,同访爱琴、次爱卿,薄暮访姚二宝。

初八,癸酉,雨,下午晴

至科署闲话。饭后偕良卿同探�坡病晤谈。往湖心亭品茶,晤雝之、仁甫、竹孙、少屏、虎臣、佩甫诸君子,藉以畅叙。薄暮,出城访爱卿略坐。良卿约至复新园夜饭。饭后,同往丹桂园看戏并招爱卿同观。子正进城。

初九,甲戌,阴,晴,濛雨

祥伯、秋甫先后来,均晤谈,即去。良卿遣招,遂往科,恕堂亦来。饭后,良卿约余及恕堂至升平轩看戏,晤榴生、子文、企农、鲁孙、秋甫、仁甫、竹孙、肖石、子松、秋来诸君,招爱卿来同观。戏散即归,知小襛世伯来过。

十六,辛巳,晴,大风

看端甫不晤,晤子文叙谈。旋即至科午饭。饭后,出城至金桂轩看戏,赴恕堂之约也。良卿、子范亦来。戏散,偕良卿、又泉同访爱卿,略坐即与又泉同至复新园践仁甫之招。

七　月

朔,乙未,晴

往子文处谢步畅谈,燕庭亦来,遂同至科。饭后,出城至金桂轩看戏,赴竹孙之约也。秋甫、仁甫、秋来、企农均先后来,子文、燕庭亦继至。

廿一,乙卯,晴,薄暮微雨

至科署闲话,海垞亦来。饭后,往丹桂看戏。戏散,同访良卿于爱卿家略坐。海垞先辞去,余与良卿同行。途遇秋甫,同访德仙、南卿,适鳌峰亦来,谈至日暮。往约筠坡同至复新园夜膳。饭毕,与秋甫至满庭芳看戏,践子勋之约也。丑初进城。

廿二,丙辰,晴,夜雨

至科署午饭。饭后,出城至金桂轩看戏,秋来招也。戏散,访爱卿。日将晡,筠坡招往银宝家小酌。

三十,甲子,晴,雨,夜雨

至科署闲话。饭后,良卿邀往爱卿家演文王课,遂与筠坡、鳌峰同往。戌初局散,余负三洋,爱卿留夜饭。饭罢,筠坡邀至丹桂园看戏,爱卿亦来同观。子正进城。

八　月

初六,庚午,阴,雨

函致季花、端甫,均交局寄。访子文不晤,即至科署闲话。饭后,出城至山雅园看戏。

十二,丙子,晴,阴,夜雨

至科署闲话。饭后,游邑园,在湖心亭品茶,秋甫来。茶罢,出城同访程令甫、钱子诚,均晤。日将晡,秋甫邀往复新园夜膳,晤榴生、海垞、子文、鲁孙、燕庭。饭罢,均约往升平戏园看戏。良卿亦来,招桂卿、秀卿、月兰同观。丑初进城,得敏斋书并洋三十元,藉佐节需。今晚至丹桂闲步,适桂喜自都门来晤谈,快慰之至。戏兴当又可鼓舞矣。

十三,丁丑,阴,晴

往贺右孙夫子令媛周岁喜。转至青莲庵拜右孙胞伯冥寿,谒又泉、又村、研孙、衡甫均不晤。至科午饭。饭后,良卿约至山雅园看戏,并招爱卿同观。申正,复往升平闲步,适鞠仙演《取荥阳》,颇觉可观。

十五,己卯,阴雨

下午至科闲话。偕燕庭同访子文,适鲁孙在焉,畅谈。薄暮,出城至吉庆楼夜膳。饭毕,往金桂轩看戏。秋甫亦来,招桂卿同观。丑正进城。

十八,壬午,晴

进城访燕庭,知在子文处,即往访之。略坐即出城。先访凤玲,次访彩铃、喜寿均不晤,再访桂喜仍不见,怅甚。子文约往泰和馆夜饭,海垞、鲁孙亦来。饭罢,海垞邀往丹桂茶园看戏,招月琴同观。丑正始归。

廿二,丙戌,晴,夜微雨

至科署闲话。午后,陈介眉来托羊毛漏税事,即往托露园略谈,再往科托筠坡。旋即出城访杨习之支六月修金十元。转访良卿于方第晤谈,同访筠坡、鳌峰均不晤,即偕良卿至长春楼夜饭。饭后,至山雅园看戏并招爱卿同观。丑初进城。

廿七，辛卯，晴

饭后，游邑园至湖心亭茶叙。茶罢即判袂。余购得《分韵子史题解》一部、《广事类赋》一部、唐诗两部、《幼学句解》一部、《诗韵集成》一部，计洋一元钱五百文。回寓后，鲁孙来约余同访子文，次访燕庭，同至科署午饭。饭后，往约寅谷一同出城至金桂轩看戏。戏散，鲁孙复邀至复新园夜膳，为寅谷祖饯也。海坨、榴生、悦三均来，饮甚畅。席散后，海坨约往丹桂园看戏。子正进城。

廿八，壬辰，晴

汪抡先世讲由福山归，来谒晤谈，偕之至科。饭后，秋甫来约往湖心亭品茶，鲁孙、燕庭亦来。一同出城访桂卿、次爱卿，适良卿在焉。秋甫邀至复新园夜饭。饭后，良卿约往丹桂看戏，招桂卿、爱卿、月春同观。放广东烟火，较之寻常者稍胜一筹。丑初始归。

九　月

初二，乙未，阴，晴

往朱玉卿家赴栋山之约。铁生、筠坡均来，即入席，招月仙来侑酒。席未半，鲁孙催请，即与筠坡同去。沈保三、钱忻伯、吴楚侯及秋甫均已到齐，随即入席，招小宝、朱桂林、徐五宝、庆宝来侑酒。席散，与秋甫同往丹桂看戏，赴榴生约也。仍有烟火，较前日稍逊。丑初进城。

初十，癸卯，阴，夜雨

访康甫晤谈，至科署午饭。饭后，偕康甫、秋甫同游邑园，至湖心亭茶叙。日将晡，出城至长春楼夜膳。旋访姚二宝，略坐即往丹桂看戏，栋山来拉之同观。丑初进城。

十一，甲辰，阴，晴，夜雨，丑初寒露

往复新园赴栋山之招，良卿、筠坡亦来。饭罢，偕良卿、筠坡同往叶秀卿家践童怀之之约。露园及金子嘉、龚幼春俱已先到，遂入席,招沈云卿、俞小宝、王秀宝来侑酒。席散,往丹桂园看戏,周少屏招也。秋甫、子凤俱来,筠坡后至,俟放过焰火乃进城。到寓已交丑正矣。

十二,乙巳,阴,晴

函致露园有所商也。往湖心亭品茶,晤抡先、衡甫、虎臣诸昆季及竹孙弟畅谈。茶罢,至科署午饭。饭后,出城至丹桂园看戏,竹孙招也。戏散,至复新园践榴生之约。

十三,丙午,晴,夜大风

至科署午饭。饭后,约康甫出城,途遇鳌峰,同访德仙畅谈,主人留点。筠坡来邀至朱玉卿家小酌。康甫、鲁孙、栋山、良卿、鳌峰、灿庭先后来,即入席。招姚二宝、李月琴来侑酒。席散,栋山约往升平园看戏。即偕同筠坡并携玉卿乘马车往南。子正进城。

十五,戊申,晴

薄暮,出城至复新园赴八仙会第七集。会主为鲁孙,同会者均到齐。附会之露园、康甫亦来,招沈云卿、金梅卿、朱玉卿、方爱卿来侑酒。席散后,约康甫、秋甫至丹桂园看戏,仍招梅卿同观。丑初进城。

十七,庚戌,晴

良卿招饮于爱卿家。即与筠坡、康甫、秋甫同去。雨生、燕庭、鲁孙已先到,即入席,招许金珠、冯银宝、李月琴、金梅卿来侍酒。席甫半,铁生复遣招,仍偕康甫、秋甫、筠坡同往朱琴仙校书寓。知车马已雇定,即乘车马至升平观剧。

十九,壬子,晴

幼仙、研孙来均晤谈,即去。余即往科闲话。饭后,良卿邀往丹桂园看戏,晤恕堂,为其拉之同座。良卿反主为宾,榴生、康甫、仁甫、抡先先后来。

二十，癸丑，晴

得季花书，回望春木不晤，即至科署午饭。饭后，访康甫，偕之出城同访梅卿。乘车马游静安寺，看涌泉井。薄暮归，邀铁生、栋山、灿廷、�坡、康甫、秋甫至复新夜膳，答东道也。并招鞠仙、韵卿两词友同饮，饮颇畅。

廿二，乙卯，晴

约康甫同出城访铁生于徐宝珠家。主人留饭。饭后，乘车马游静安寺，转至小东门升平园看戏。

廿三，丙辰，晴，阴，夜微雨

往浙绍会馆江老太太厝柩处祭扫，并托留厝柩弗葬。乘车往北至松风阁品茶。茶罢，至梅卿处小憩。康甫、秋甫偕来。日暮，秋甫邀至复新夜膳，铁生、栋山、�坡、灿廷均来。饭罢，康甫约往金桂轩看戏，招梅卿、琴仙同观。丑初乃归。

十　月

初十，癸酉，晴

至科署午饭，饭后出城至丹桂看戏，赴竹孙约也。良卿遣招，即去。知为又泉小星事，先付大衍之数为定也。略坐仍至戏园观剧。

十三，丙子，晴

访秋甫晤谈，至科午饭。饭后，偕海坨游邑园，至湖心亭品茶。茶罢，出城至益庆楼小点，秋甫亦来。同访爱卿，适鲁孙亦来，谈至日暮。同往复新园夜饭。饭后，往丹桂园看戏。今晚鞠仙复至丹桂演剧，座客颇多，十分热闹。丑初乃归。

十七,庚辰,晴

至科午饭。饭后,出城乘车至珊记码头丽君舟次探访,知其明日发妆,后日出阁,嘱余书奁目。以舟摇目眩,不能着笔,拟携归书写。即往金桂访良卿,适筠坡、少屏、爱卿均在观剧,遂邀余看戏。戏散,同至爱卿处小憩。

廿三,丙戌,晴

至科署午饭。饭后,函招子文来同游邑园,至湖心亭品茶。茶罢,出城至泰和馆夜膳,并约雨生、鲁孙、燕庭、良卿、秋甫、筠坡、灿亭同饮,子文作东道主人。饭后,秋甫约往丹桂看戏。小蓑偕公寿来,遂同坐。小蓑做东。丑正始归。

廿四,丁亥,晴

子垞来邀往上珍馆小点。点罢回寓,伯珠来晤谈。至科午饭。饭后,良卿约往丹桂看戏。筠坡亦来。戏散,同访爱卿。

十一月

朔,甲午,阴,大雾,夜雨

为子垞拟请核减福山口新增税额草底一扣,即交去,晤谈。柚泉姻兄自崇明来,亦晤。旋即至科午饭。饭后,芝楣招往金桂轩看戏。又泉、秋甫、又村、柚泉已先后到,芝楣与子垞后至。

十五,戊甲,晴

约子槎、柚泉出城至长春楼午膳。膳罢,至丹桂园看戏,同人为姚悦三公祝四十大寿也。戏散后,至复新园小宴。

十六,己酉,晴

蓴卿遣招,往赵巧林家小酌,即去。鲁孙在焉,顾勉夫亦来,即入席。招花春林、张桂卿来侍酒。席散,至丹桂园看戏,赴柚泉之约也。中国戏散,台中设东洋像生人,诡称外国戏哄人,看客一哄而散，殊觉少兴，余亦即进城。

廿二，乙卯，晴

子垞、良卿来邀至上珍馆小点。点罢，游邑园，至湖心亭茶叙，晤筠坡。茶罢，至科闲话，为筠坡写贺其塾师孙倬人入泮信一函。饭后，出城至金桂轩看戏，良卿所约也。晤子文、仲和、善民、肖石、竹孙。

廿五，戊午，晴

往复新园践鳌峰之约。子垞、子敬、筠坡、良卿、鲁孙、灿庭、燕庭、雨生均已入席，招凤珠、秀卿、桂卿、金和、月仙、德仙诸校书来侑酒。席散后，子敬邀子垞、鲁孙及余同往金桂轩看外国影戏，远不如上年丹桂所演者，再招凤珠、桂卿、琴仙同观。子正进城。

廿六，己未，阴

日暮，出城访子垞、秋甫于凤珠家均晤。主人留夜饭。饭后，子垞邀至金桂轩看影戏，余本不欲观，聊尽人事而已。招凤珠、金珠同观，晤子文、仲和。子正同进大东门。

十二月

朔，甲子，晴

出城访良卿于爱卿家，畅谈。爱卿留夜饭。饭后，约良卿同往丹桂园看戏。康甫、秋甫偕来，招爱卿、梅卿同观。丑正进城。

十五，戊寅，晴

至燕庭处赴牌局。余因下午须北行，言定与燕庭合股。申正，良卿遣招，适康甫、秋甫来，遂偕行出城。陪康甫购零物。日暮，至复新园赴良卿之约，雨生、筠坡均来。饭罢，康甫、秋甫、良卿同至丹桂园看戏，招爱卿同看。丑初进城。

十六,己卯,阴

至科署闲话。饭后,访康甫同游邑园,至湖心亭茶叙。秋甫、良卿、子垞、鲁孙先后来。茶罢,同出城陪康甫购零物。鲁孙邀至泰和馆夜饭。饭后,复约往丹桂观剧并招桂卿、梅卿、爱卿同观。丑初乃归。

十八,辛巳,晴,阴

至科署闲话。饭后,访康甫晤谈,旋游邑园,至湖心亭品茶,秋甫亦来。茶罢,同出城闲步。日暮,至长春楼夜饭,招良卿、筠坡来,适秋来、桂卿偕至,遂邀同饮。子垞、康甫、小园亦来。饭罢,至丹桂园看戏。今晚为案目荣泉拉正。因夜间封印,露园乃作东道主人。丑正戏散即进城。

二十,癸未,阴

函致敏斋,交局寄杭。至康甫、子垞两处送行,约定城北再叙。旋至科署午饭。饭后,出城至金桂轩赴案目元奎拉正之约。戏散,平叔、仁卿、子敬均邀往复新园夜膳。

廿一,甲申,阴,夜雨

至科署闲话。饭后,出城闲步。薄暮,进城访秋甫,复偕出小东门至同福楼夜饭。饭后,至升平轩看戏,赴案目荣贵拉局也。薏岩亦来。子正进城,得敏斋复书。所商不果,官情如纸,可叹。

光绪二年(1876)

元　月

初八,庚子,阴,微雨,夜雨

乘东洋车往北,雇马车游静安寺,看涌泉。归途至棋盘街,遇秋甫,即下车同至爱吾庐茶话。茶罢,同访沈桂香校书开果盘。桂香留点。日暮,秋甫邀至长春楼晚饭。饭后,余约至丹桂茶园看戏。韩桂喜词侍邀至渠寓，畅谈甚快。子正始进城。

初十，壬寅，阴，酉正立春

往科署午饭。饭后，访秋甫不晤，即出城至丹桂园。晤竹孙，看桂喜演《碧霞岭》，身轻如燕，色艺兼长，沪上伶人莫有过之者。复至金桂轩晤又泉及沈丹书姻兄载铭，看王八十儿演《北极观》，薛宝生演《卖饽饽》，貌皆韶秀，亦可观，惜投金桂误矣。

十二，甲辰，晴，大风

雨生遣招，即去。在科署午饭。饭后，乘舆出城至丹桂园看戏，赴榴生之约也。

十四，丙午，阴

往云成杭庄访凌颖峰晤谈，知其明日动身回杭，带口信致康甫。旋往畅林园听王逸卿说书。良卿、鳌峰、栋山在焉。书毕，余至秋蟾处说项，为爱卿事也。日暮，至逸卿家践良卿之约，栋山亦在彼。主人留饭。澹泉及钱和卿来畅谈爱卿事，愈以秋蟾不肯见机为可哂。饭后，偕栋山至丹桂看戏，并代良卿招逸卿同观。丑初乃归。

十八，庚戌，阴雨

下午回寓。栋山及傅子凤世讲鸣岐均邀饮春酒。余命森儿饮栋山宴，自赴子凤之招。共设三席，大半系新关同人。席未终，即辞。出城至金桂轩看戏，践榴生之约也。丑正始归。

十九，辛亥，阴

至科署闲话。旋访燕庭晤谈，复偕至科。下午，燕庭约出城，遂偕雨生同访子文，亦晤。即偕之同访榴生，不见。乃出城乘车往北先访逸卿词史，适良卿、花舫在焉。即约往复新园夜饭，鲁孙亦来，秋甫最后至。饭毕，燕庭约往丹桂茶园看戏。鲁孙、子文、良卿同往，并招逸卿陪看。子正进城。

廿五,丁巳,阴,晴,未正雨水

海坨来偕往科署午饭。饭后,海坨邀往升平轩看戏。晤刘韵卿词史,畅谈。薄暮进城,赴鲁孙春酒之约。

廿八,庚申,阴

即往楼下访逸卿,晤澹泉、和卿。薄暮,栋山、秋甫来,同往源号夜饭。饭后,至丹桂看戏。访桂喜畅谈。丑正始进城。

三　月

十五,丁未,晴,夜濛雨

函致三四两姨妹,交局寄杭。往王子京处吊其太夫人丧。旋偕康甫往拜胡秋舫二叔百日。良卿遣招,即去。午后,邀余与花舫往丹桂园看戏。王澹泉亦来,招王爱卿、徐少卿、金丽卿同观。

廿六,戊午,阴,微雨,丑正谷雨,夜雨

出城同访逸卿,次访姚二宝并晤瞿竹亭。适栋山招饮于桂香家,即与康甫同去。铁生、�坡、秋甫均已先到,遂入席。招阿兰、秀宝、二宝来侍席。秀宝京调极佳,可称绝唱。

廿八,庚申,晴,大风

往湖心亭品茶,康甫亦来。茶罢,出城购得《字学举隅》一本、《间架结构九十二法》一本、洋刀一柄、洋皂两条、洋碱两块。访林爱宝、秋甫,偕潘仲瑜来畅谈。燕庭遣招,即往金珠处访之,雨生、榴生在焉。日暮,雨生邀至复新园夜饭,良卿亦来。饭毕,偕秋甫往丹桂看戏。

四　月

初六,丁卯,晴

访康甫,偕往一粟庵拜燕弟如君三周忌。在庵午饭。饭后,同游豫园,在湖心亭茶叙,秋甫亦来。茶罢,出城闲步,至寄园小憩。

仍即进城回寓夜饭。饭毕，栋山邀往丹桂园观剧。丑初甫归。

五　月

初五，乙未，晴

饭后，游豫园，至湖心亭品茶。茶罢，出城访金珠、月琴，适鲁孙、燕庭、稚卿先后来，畅谈。知金珠明日即须适人，从此跳出樊笼，亦大幸事。不过，为燕庭不值耳。薄暮，约往长春楼夜饭。饭后，子范招往丹桂看戏。子正进城。

初十，庚子，晴，阴，夜微雨

良卿来订定下午出城付定，略坐即去。午初，榴生来，约之出城。乘车往北至益庆楼午饭。饭后，同诣山雅园看昆戏。戏散，余即至方家付定洋五百元。

十三，癸卯，晴

复云毂书，为次儿抄《禹贡》三页。至科署午饭。饭后，良卿约之出城至丹桂园看戏。良卿为湖丝帮邀去，余为竹孙弟邀看。戏将散，燕庭来，同至方宅小憩。

二十，庚戌，晴

抄《禹贡》四页。良卿、筠坡来同至聚奎街看房屋。旋访康甫晤谈。即至科午饭。饭后，良卿约往金桂轩看戏。陆竹亭、王淡泉、钱荷卿、沈小香、徐晓春及鲁孙、燕庭、康甫均来。

廿一，辛亥，阴，夜雨

访康甫，同至科署午饭。饭后，出城访姚二宝畅谈，同访鳌峰于绣珠家晤谈，筠坡亦来，遂倒铜旗。主人留夜饭。饭罢，约康甫往丹桂看戏，并招姚二宝同观。丑初冒雨而归。

廿四,甲寅,阴,晴

往月琴处访鲁孙、良卿及王澹泉,均来,遂约至王少卿家小酌,并邀陆竹亭、钱和卿及鳌峰来。招金丽卿、李月琴、李绣珠、朱玉卿、周月卿来侑酒。席散,独往三雅园看戏。子初,康甫来,拉往聚彩堂再饮。

三十,庚申,雨,巳正夏至

往云成访颖峰不晤,即至一林松茗谈。茶罢,往德仙处赴燕庭之约。鳌峰、鲁孙、良卿、顺之均来,招姚二宝、王少卿、李绣珠来侑酒。席散后,康甫邀至三雅园看戏。戏散,园中分送玩物,余得金绣四喜袋一只。丑初进城。

闰五月

初四,甲子,晴

鲁孙来晤谈,约定饭后至三雅园观剧。即至科署午饭。饭后,访康甫,略坐即出城观剧。戏散,至怡园洗浴。

初十,庚午,阴,出霉

鳌峰云:铁路告成,火车来往,约余及鲁孙、良卿、康甫、燕庭同往观之。遂出城见机器车后共拖五车,其行甚速。余等以游人太多,均不上车。旋至渭园茗谈,次访绣珠,次琴仙。日将晡,筠坡邀至复新小酌。同席者为昆山、灿庭、小艇、栋山、良卿、鳌峰,招阿兰、琴仙来侑酒。康甫、秋甫、顺之、鲁孙、燕庭亦在在复新夜饭。饭后,良卿邀余与秋甫、灿庭至三雅园看戏。澹泉亦来。丑初乃归。

廿一,辛巳,晴

函致端甫,交榴生附寄。往补祝雨生兄五十大寿,晤谈,即同至科。饭后,同人为雨生公馔就,丹桂园采觞称祝。戏散后,至复新园正厅举觞上寿。

廿三,癸未,晴

函致康甫,交局寄杭。午后,至科署闲话,良卿邀往丹凤园看戏。戏散,乘车往北访王少卿,略坐即进城。

廿五,乙酉,晴

往谒子文不晤,旋往祝潘太夫人五十寿,亦未见。至科署闲话。午后,回寓洗浴。浴后,往湖心亭品茶。茶罢,出城访秋甫于丹桂园晤谈,订定晚间复新夜饭。

六　月

初二,辛卯,晴,亥正大暑

至科署闲话。饭后,偕良卿至湖心亭茶叙。茶罢,出城同访少卿,略坐再至松风阁品茶。日暮至长春楼夜饭。饭后,丹桂园看戏。子正进城。

初三,壬辰,晴,雨

致康甫书,交局寄。午后往科署闲叙。旋至湖心亭品茶。茶罢,出城访鲁孙于丹桂园,晤谈。戏散后,同至李月琴处小憩。

初八,丁酉,晴,雨

往也是园看荷花,适冯竹如观察在内宴客,遂不果。转至畅叙楼茗谈,晤小艇。茶罢,至科署午饭。饭后,偕良卿、小艇至湖心亭品茶。旋即出城访李佩兰,嘱唱堂出。

初十,己亥,晴,微雨

良卿遣招,即去。鲁孙已先到,畅谈。王澹泉、钱荷卿、徐晓春、沈小香、陆竹亭、徐洁笙先后来。同至也是园观荷煮茗清谈。旋至一粟庵午饭,行拇战令,饮甚畅。饭后,乘舆出城,良卿邀往丹桂园看戏。戏散,访少卿略坐。

十一,庚子,晴,微雨

出城访子诚、令甫,晤谈。同访逸卿,子诚嘱唱堂出。谈至暮,秋甫约至复新园夜膳。饭毕,邀至丹桂园看戏。

十七,丙午,晴,微雨

往探雨生病,不晤。晤衡甫,略谈即至科署午饭。饭后,良卿邀往金桂轩看戏,招少卿来同观。戏散后,同往少卿处小点。

廿二,辛亥,晴

出城访良卿于外宅,同访少卿,略坐即偕访小艇、鳌峰、�坡,均不晤。复至少卿处夜饭。饭后,与良卿至丹桂园看戏,并约少卿同观。丑初进城。

廿四,癸丑,晴,雨

往小穹窿雷霄神院拈香。转至湖心亭品茶,晤子垞、悦三、鲁孙、�坡、秋甫诸君子。茶罢,子垞邀之出城至山雅园午饭。饭后,至金桂轩听戏。周小园、罗竹溪亦来,招凤珠、巧云同观。戏散后,访逸卿,次少卿。

廿九,戊午,晴

至科署闲话。饭后,至湖心亭品茶。茶罢,出城至长春楼午饭。饭后,往天仙茶园看戏。戏散,访少卿、桂香,略坐即至怡园洗澡、扦脚,晤韩桂喜畅谈。浴罢,再至长春楼夜饭。饭毕,访月仙,再往天仙茶园看戏,招月仙、凤珠、丽琴同观。子正进城。

七　月

初八,丙寅,雨,阴

日将晡,至佩兰处访小艇晤谈,随至复新园夜膳。莼卿、鲁孙、辅卿、子垞、小艇均来,即入席。招王秀玲、王兰香、王少卿、李月琴、李佩兰、陈凤珠来侑酒,饮颇畅。席散,与小艇至丹桂园看戏,践栋山之约也，再邀佩兰同观，并晤少屏、子凤。丑初同进城。

初九，丁卯，晴

至湖心亭品茶。茶罢，至科署午饭。饭后，出城至金桂轩看戏，良卿所约也。戏散后，访少卿。

十二，庚午，晴

日暮，良卿来，同至王兰香处赴谭辅卿之约。陆竹亭、钱和卿、钱云轩、邱璧卿均来，招王逸卿、王少卿、李月琴、金丽卿、莲卿来侍酒。席散，鲁孙约往丹桂轩看戏，邀王逸卿、绣云、少卿同观。子初进城。

十五，癸酉，晴

出城访良卿不晤。访小艇于潇湘馆晤谈，并晤栋山、筠坡、子垞、子范，偕至长春楼晚饭。饭后，往丹桂园看戏，招月仙、小宝、桂香、珮兰、凤珠同观。丑正进城。

十九，丁丑，晴

日暮，访鳌峰于秀珍家。略坐即偕往复新，赴露园之约。雨生、又村、筠坡、小艇及王轶舟均已先到。主人后至，即入席。子垞、小园亦来。席散，露园复邀往金桂轩看戏。丑初进城。

廿二，庚辰，晴

饭后至科署闲话。下午出城访少卿，略坐旋访良卿，不晤。至宝善园品茶息足，晤筠坡、栋山、昆山、子惠。茶罢，昆山邀至长春楼夜饭。小艇、子垞、小园、鳌峰均来。饭罢各散，子垞约余与小艇至金桂轩看戏，招凤珠、文兰、小金玲、巧生、佩兰同观。

三十，戊子，阴，晴，秋社

午后访燕庭晤谈，旋至科署闲话。下午访露园不值，即出城看火发场,至金桂轩看戏,晤良卿、子范。戏散后,访少卿略坐。

八　月

初六,甲午,晴,丑初秋分

午后至科署闲话。下午至湖心亭品茶。茶罢,出城访少卿,适良卿、子范在焉,畅谈至暮。同至长春楼夜饭,鲁孙亦来。饭后,子范邀往丹桂茶园看戏。丑正进城。

初七,乙未,晴

鲁孙、榴生先后来,均晤谈,遂同出城至益庆楼午饭。饭后,至金桂轩看戏。

十三,辛丑,阴

至科闲话,偕良卿游邑园,至湖心亭茶叙。茶罢,出城同访少卿。日暮,邀往复新园夜膳,系为王轶舟祖饯也。同席者为鲁孙、子范、鳌峰、筠坡、燕庭。席散后,鲁孙约余及子范至丹桂园看戏。丑正始进城。

二十,戊申,阴,晴

至湖心亭品茶,燕庭、鲁孙、康甫、秋甫均来。茶罢,出城同访德仙、月琴,适悦三亦来,畅谈至日暮。同至长春楼夜饭,良卿、筠坡、鳌峰、栋山、子范均来,遂同膳。膳毕,约鲁孙、子范、良卿至丹桂茶园看戏。丑初进城。

廿一,己酉,阴,微雨,辰初寒露,夜雨

饭后,偕室人率森儿、丙儿、元儿往丹桂园看戏,晤竹孙伉俪。良卿亦来。戏散后,命家人仆妇送室人儿女进城。余与良卿同访少卿。

廿六，甲寅，晴

汪若卿同年绶之由都门差旋过沪，来谒晤谈。午后，子垞来约余同往，回拜亦晤，并晤方少庵大令祖绶，同至丹桂园听戏。

廿七，乙卯，晴

日暮出城至复新园赴子垞之招。少庵、若卿已先到，鲁孙、燕庭、悦三、康甫、子范、良卿均来。主宾酬酢，饮甚畅。席散后，子垞复邀金桂轩看戏，招逸卿、少卿、桂林、金玲、凤珠来同观。子正进城。

廿八，丙辰，晴

至湖心亭品茶，康甫、秋甫来同出城购洋线、洋皂等件。旋访逸卿，适鲁孙、燕庭在焉。少庵、若卿、子垞偕来，乃倩逸卿唱堂出。

廿九，丁巳，晴，阴

出北门至泉记庄为榴生取土，旋访少卿，谈至日暮。至复新园赴燕庭之约。同席者为悦三、子垞、鲁孙、康甫、秋甫、鳌峰、良卿、榴生、子范。席散后，偕至绣珠处小憩。栋山招往金桂轩看戏，即偕子范同去，招竹卿同观。子正进城。

十　月

廿四，辛亥，晴

转访榴生，知渠昨日到沪已晚矣。游邑园，至湖心亭品茶，晤悦三、少屏、雝之、树生、秋甫。茶罢，偕秋甫出城同访绣珠，适鳌峰在焉。子垞、小艇、筠坡先后来，遂偕往复新园夜饭。饭后，访佩兰，略坐即往金桂轩看戏，并招佩兰、文兰、凤珠同观。子正进城。

廿八，乙卯，晴

午后，出城至云成庄，访颖峰晤谈，往石路之一林松品茶。茶罢，访少卿，甫坐定，子范来，复同访绣珠。适鳌峰、良卿均在彼，小艇亦来,偕往复新园夜膳,并招子垞同饮。饭罢,访文卿略坐。良卿招往金桂轩看戏,遂与子范、小艇同去,招佩兰、少卿、文卿、金铃同观。丑正始归。

十一月

初二,己未,晴

至三妹处料理素事,旋即至科署午饭。饭后,又村邀至丹桂园看戏。子肃、子先偕来。戏散后,独访少卿略坐。

初三,庚申,晴,阴

往访佩兰,小艇邀至复新园夜膳。同席者为闵懋修、娄砚生、周少屏、筠坡、良卿、鳌峰、子范诸君子。席散,良卿约至丹桂园看戏,招小金铃、小宝、文仙、佩兰同观。馆主备洋货分赠。余得东洋叫人一个,西洋磁人一个,香水一瓶,洋皂一匣。子正始归。

初七,甲子,阴,晴

日将晡,至复新园馔子垞寿。同人络绎到齐,共二十七人,连寿翁适符云台将星之数,共设三席。席散,至金桂轩看戏,招王文兰、陈凤珠、王逸卿、小金玲、王少卿、李秀珠、李佩兰、徐月琴、小爱珠、陶金和同观。点张大四及八十儿演《武文华》,任七、盖山西、陈彩林演《翠屏山》,王月山、赵祥玉、沈韵秋、贵小演《落马湖》,甚妙。丑初进城。

十二,己巳,晴

至逸卿家小憩,旋访鲁孙于月琴处晤谈。乃同访悦三,并招仲瑜至复新园夜膳。饭罢,往丹桂园看戏。今夜金桂、丹桂两班合演,脚色齐全,十分热闹,几无坐地。看至子正后乃觉身体欠舒,乃即进城。

廿六，癸未，晴

饭后，安顿子播卧榻，旋即偕之出城访鞠潭晤谈。往少卿处小憩，随至复新园夜膳，邀良卿、小艇来同饮。饭罢，良卿约往丹桂园看戏。子范亦来，招王逸卿、李佩兰、小金铃同观。丑初始归。

廿七，甲申，晴

日将晡，鞠潭、子播偕来，随后朱幼仙、邹清甫及燕庭继至，略坐。燕庭即邀至复新园夜饭，朱养斋孝廉、子范、小艇先后来，遂同饮。饭罢，至金桂轩看戏，晤良卿、筠坡、露园，招月琴、朱幼卿、李佩兰同观。丑正进城。

十二月

初四，庚寅，阴，雪，午后雨

访康甫晤谈，康甫留饭。饭后，同游邑园至湖心亭茗谈。日将晡，与子播至鲁孙处宴，同席者为悦三、小艇、良卿、燕庭。席散后，复偕子播乘舆出城至丹桂园观剧，践蓉斋之约也。鞠潭及华韵香兄均来。子正进城。

初五，辛卯，晴，夜雨

薄暮至泰和馆践康甫之约，同席者为鞠潭、芍農、霭如、又泉、露园、秋甫。散席后，康甫复邀至丹桂看戏。城关颇紧，候至丑初始得进城。

初七，癸巳，阴，卯初大寒

饭后，偕子播出城至北金丽源听金素娟、王逸卿、李佩兰、胡宝卿四词史说书。书毕，同往鞠潭处辞行，略坐即至复新园赴露园之招。同席者为严伯雅、沈霭如、高又泉、姜芍農、余、康甫。席散后，复约往丹桂园看戏。丑正进城。

初八,甲午,晴,阴

出城至大码头送子播登舟后,仍偕康甫、霭如进城。至康甫家午饭。饭后,康甫复邀往金桂轩看戏,仍与霭如同去。叶竹舟孝廉济亦来。戏散后,同至云成庄小憩。日暮,康甫约往复新园夜膳。同席者为竹舟、霭如及凌颖峰、杨一泉,并晤良卿、鳌峰、子范、小艇、燕庭、悦三诸君子,略往酬应。饭后,一泉邀往丹桂园看合戏。余先往老北门留城,旋往少卿家品茶,至丹桂践一泉之约,招朱桂林同观。子正进城。

初九,乙未,雨,阴

出城访桂林,周少屏来邀往泰和馆夜饭。同席者为悦三、鲁孙、砚生、仁甫、小艇、良卿、筠坡。席散后,往丹桂园赴案目荣泉拉正之局,晤薏岩、德甫、鳌峰,招佩兰、逸卿、文卿、桂卿、爱珠同观。子初进城。

十一,丁丑,雨,阴

海垞来邀往上珍馆小点。点罢,访康甫,旋至湖心亭品茶。午初出城,至长春楼午饭。饭后,偕海垞至新开戏馆鹤鸣园看戏,康甫亦来。京、徽、昆杂乱,凑成班,一无可观。

十六,壬寅,雨,午后晴

至科署午饭。饭后,约康甫至湖心亭品茶。茶罢,出城同访少卿、桂林。日暮,至长春楼夜饭,晤筠坡、小艇、子范、砚生、薇舟。饭后,康甫先归,筠坡邀往天仙园看戏,招佩兰、凤珠、爱卿、琴仙同观。子正进城。

十七,癸卯,阴雨,夜雨

至科署午饭。饭后,出城访少卿、桂林、佩兰。日暮,康甫招饮于复新园,即与小艇同去。同席者为王博堂、筠坡、良卿。席散后,往金桂轩看戏,子范亦来,招佩兰、金玲两词士同观。丑初冒雨进城。

廿二，戊申，雨

访康甫晤谈，同至科署午饭。饭后，同游邑园，至湖心亭品茶。茶罢，出城往云城杭庄小憩。旋至鹤鸣园看杨月楼演《黄鹤楼》一出，甚妙。

光绪三年(1877)

元　月

初四，庚申，晴

饭后，鲁孙来邀至科署闲话，晤蒋秋来兄、邢玉岩兄。遂偕良卿一同出城，余与鲁孙至怡园洗澡。浴罢，过鹤鸣园，适月楼演《翠屏山》，遂往观之。旋至小金铃校书家访朱子范晤谈，良卿、小艇亦在座，略坐。鲁孙约往爱珠录事处开果盘，爱珠留小点。日暮，子范邀至德元馆夜饭。饭后，往鹤鸣园看戏。朱幼谦丈亦来，招李佩兰词侍及小金铃同观。

初五，辛丑，晴，阴，大风

往科署闲话。饭后，良卿邀往鹤鸣园观剧。薄暮，往小金铃处赴子范之招。汪衡甫世讲已先到，鲁孙、筠坡、小艇俱来，即入席。招爱珠、月琴、佩兰来侑酒。席散后，余约至鹤鸣园看戏。筠坡、衡甫辞不往，乃偕鲁孙、子范、小艇同去，再招小金铃、巧仙、佩兰陪观。

初六，壬戌，晴，阴，大风，戌正雨水

日暮，至佩兰家赴小艇之约。鳌峰、良卿、子范均已先到，即入席。招小金铃、爱珠来侍席。胡薇舟兄继至，再招爱卿校书侑酒。席将散，筠坡始来，略坐即撤席。小艇复邀至鹤鸣园看戏，再招小金铃、佩兰同观。丑初乃归。

十二,戊辰,雪,阴,大风

往科署午饭,饭后,约良卿至丹桂茶园看戏。脚色既不能认真唱演,再兼杂以粤东土戏,甚不耐观,偕良卿至其别墅小憩。旋访子范不值,即归。得季花复函。夜饭后,复出城至金桂轩看戏,晤子范、小艇,同访陶桂卿校书,略坐仍至戏园。鲁孙亦来。丑正进城。

元宵,辛未,晴

回寓午饭。饭后,偕室人,率森儿、丙儿、元儿,并邀汪秋孙世讲出城至鹤鸣园看戏。戏散,命家人王福先侍室人及儿辈进城。余往马路闲步,途遇张子敬兄,立谈。旋晤鲁孙,同访爱珠。日暮,至复新园赴鳌峰之约。同席者为雨生、鲁孙、燕庭、筠坡、良卿、小艇、子范,招爱珠、桂卿、佩兰来侑酒。席散后,良卿邀往金桂轩看戏,子范、小艇、薇舟均来,招佩兰、小金铃、爱卿来陪看。

十七,癸酉,雨,阴

薄暮,出城至复新园赴少屏、筠坡之约。主人设两席,招逸卿、佩兰、月卿、巧仙、金铃来侑酒。席散后,小艇约往鹤鸣园看戏,招逸卿、金铃、佩兰、巧仙同看西人演戏法。仅一外国人首级至于案上,目能转动,口能饮食并能言语,而桌下面皆空,不知其身如何藏掩,惟满台均铺乱草,殊不可解。丑初进城。

二十,丙子,雨,晴,雪珠,大风

海埪来邀之出城至益庆楼午饭。饭后,往金桂轩看戏。戏散后,同至寄园小憩。日将晡,至泰和馆赴云縠、鲁孙之约。主人设两席,招巧仙、文仙、月卿、逸卿、佩兰、金十全来侍酒。席散后,露园邀往鹤鸣园看戏,再招巧仙、逸卿、佩兰、十全来陪观。子正进城。

廿二，戊寅，晴

榴生来约之出城至益庆楼午饭。饭后，往眠云阁小憩。旋至金桂轩看戏。戏散，同往泉记访崔小安，略坐，余即往复新园赴雨生之约。

廿五，辛巳，雨，阴

往科署闲话。午后乘舆出城访少卿，询其前日口角事，知尚未了，乃函托子惠为其排解。旋访逸卿畅谈。日暮，至复新园赴灿庭之约。到客为邢玉岩、俞庆笙、雨生、良卿、小艇，即入席。席散后，小艇邀余与玉岩至丹桂园看戏，招李佩兰、朱素娥、朱幼卿三词史同观。子正进城。

二　月

朔，丁亥，晴

余访佩兰，晤王澹泉。略坐即往访金铃，取得眼镜，往鸣乐园听金素娟、王逸卿、李琴仙、袁月仙四词士说书，晤胡雨生及楚卿族弟。书场散后，信步闲行，途遇鲁孙，同访巧仙。谈至日将晡，子范、良卿、小艇、筠坡及张桂卿、鳌峰均来畅叙。良卿先辞去，筠坡邀往长春楼夜饭。饭毕，子范约余与小艇至金桂轩看戏，招佩兰、金铃同观。丑初进城。

廿五，辛亥，晴，微雨

海坨来晤谈，即去。访康甫同至科署午饭，晤雨生。饭后，偕康甫出城至金桂轩看戏。又泉邀之同坐，并晤榴生、海坨、秋甫、子泉、王子勋、曹韵楼、朱企农、姜小石、秋来、悦三、鲁孙诸君。

三　月

初二，戊午，雨

函致子擂，并寄实收两纸交正和信局寄杭。午后，乘舆出城至金桂轩看戏，践鲁孙之约也。又泉、海坨、康甫、良卿、秋来、韵楼、花舫、悦三均来,招琴仙、素娟、巧仙同观。戏散,往庆兴楼赴子凤之招。

初八,甲子,晴

日暮,至泰和馆践康甫之约。海坨、鲁孙、良卿、秋来、企农、秋甫、小艇均来,即入席。招爱珠、爱宝、琴仙、春林、佩兰、逸卿来侑酒。席未散,玉岩招饮于绣云家,即与小艇、良卿、秋来同去,到即入席。略坐复为秋来邀往丹桂园看戏。企农、康甫、秋甫、鲁孙已先到,再招逸卿、佩兰、金珠、春林、素娟、爱珠、琴仙来同观。丑正进城。

初九,乙丑,晴,夜雨

复子播书,交局寄杭。饭后,出城至金桂轩看戏,仲鑫所约也。戏散后,往大马路购细件。

十一,丁卯,晴,阴

日将晡,至琴仙家赴秋来之约。到者为良卿、玉岩、鲁孙、小艇、康甫、秋甫、企农诸君子。入席后,招佩兰、绣云、爱珠、爱宝、金珠、春林来侑酒。席散后,良卿邀往鹤鸣园看戏,复招佩兰、爱宝、桂林、爱珠、琴仙、绣云、素娥同观。丑正进城。

十二,戊辰,阴,微雨

日将晡,出城至爱宝家践康甫之约。到客为鲁孙、悦三、良卿、秋来、企农、秋甫、小艇,招逸卿、佩兰、琴仙、春林、月卿、爱珠来侍酒。席散后,鲁孙复邀往鹤鸣园看戏,招琴仙、佩兰、莲卿同观。丑正戏散。

十五,辛未,晴

日暮,往王逸卿家践令甫之约。康甫、鲁孙、子诚、小艇先后来,即入席。招少卿、佩兰、爱宝、巧玲来侍酒。席散后,康甫约往金桂轩看戏,招王逸卿、王少卿、王秀宝同观。戏散后,至月卿处访悦三,承留小饮。丑正始进城。

十六,壬申,晴

往浙江海运沪局谒钱子诚、陈令甫不晤,即往科署闲话。略坐即访康甫。午饭后,出城至金桂轩看戏,秋甫所约也。

廿三,己卯,晴

午正,出城至长春楼午饭。饭后,至鹤鸣园看戏。康甫、良卿、灿庭均来。戏散后,访佩兰,次访爱宝。

四　月

朔,丙戌,晴,阴

致子敬书,托秋甫寄崇明。午后,往虹桥邑庙拈香。即出城至鹤鸣园看戏,践企䕼之约也。戏散,访爱宝,次访佩兰。

初四,己丑,阴,夜雨

出城,偕小艇、秋甫至淑芳书馆听李佩兰、陈芝香、陈月娥、朱玉卿四词士说书。书毕,同访佩兰,谈至日暮。秋甫约往复新园夜膳。康甫、企农均来,招佩兰、春林、秀宝来侑酒。散席后,企农约往鹤鸣园听戏,再招春林、爱宝、秀宝同观。丑正戏散。

初十,乙未,晴

饭后,偕小艇游豫园,至湖心亭品茶。茶罢,出城至淑芳书馆听陈芝香、李佩兰、陈月娥、朱玉卿说书。旋访逸卿,次访佩兰,谈至日暮。栋山来,同往长春楼夜饭。饭后,往天仙茶园看戏。

十二,丁酉,晴

日将晡,往复新园设席请培之、贯之两亲家并请顾晴岚、许亦桥、汪雨生、汪榴生、闵鲁孙、蒋筠坡、余秋甫、朱小艇诸君作陪。亦桥以动身回杭辞不到,招沈兰卿、张德仙、陶金和、小红、爱珠、桂珠、许金珠、李佩兰诸校书来侑酒。名花满座,知己谈心,饮甚畅。席散后,筠坡、雨生、榴生先辞去。复邀晴岚、培之、贯之、小艇、秋甫、鲁孙往丹桂园看戏,再招沈兰卿、二宝、巧琳、爱珠、绣云、金珠、佩兰、德仙来同观。丑正进城。

廿一,丙午,晴,甚暖

黄端书丈来晤谈。往科署闲话。午后至湖心亭品茶,秋甫、小艇均来。茶罢,出城同访金珠。薄暮,鲁孙来,同至复新园夜膳。膳毕,往鹤鸣园看戏,践仁甫之约也。端甫、子文已先到,薏岩、悦三继至。丑正进城。

廿二,丁未,晴,甚热,寒暑针升至九十三分矣

往科署午饭。饭后,良卿招往鹤鸣园看戏。秋来亦来,招王逸卿、李琴仙同观。

五　月

初四,戊午,晴,阴

榴生、雨生来,约之出城乘车往北至天保栈回看宜孙,适鲁孙在焉。略坐,雨生、榴生复邀往复新园夜膳。余往云成晤凌颖峰假得薪水洋二十八元,即往复新践约。又泉、秋甫亦来。席散后,与宜孙同访逸卿不晤,雨生、榴生、鲁孙亦来。复邀往鹤鸣园看戏,招逸卿、爱珠、金和、大宝同观。丑初戏散即进城。

初七,辛酉,晴

回拜悦三不晤,即归。榴生来,约同出城。雇马车至天保栈访宜孙,邀之同往长春楼午饭。饭后,榴生约至鹤鸣园听戏,鲁孙、又泉、秋甫均来,并招逸卿同观。戏散后,同访逸卿,次大宝。

初九，癸亥，晴

午后，出城访宜孙晤谈，同至长春楼小点。点罢，访爱宝，次逸卿，次金珠，次桂卿。日暮，再至长春楼夜饭。饭后，往丹桂园看戏。丑初进城。

十三，丁卯，阴，午后小雨，夜雨

午后，筠坡来晤谈，秋甫来偕至湖心亭茶叙。鲁孙亦来，同遇雨。雨后回寓。日将晡，秋甫复来约余出城。乘东洋车至长春楼夜饭。饭罢，往金桂轩看戏。新到胡子生刘玉奎喉音低哑，大不见佳。丑初进城。

廿五，己卯，晴，闻知了声

访子范于金铃处，晤谈。日将晡，同往鸿运楼夜饭。主人为筠坡、良卿、薇舟三君，正客为督辕房友范晋卿，陪客为小坡、鳌峰、子范及小艇与余而已。席散后，良卿邀往天仙茶园看戏，鲁孙亦来，招逸卿、爱珠、金铃同观。子正进城。

廿八，壬午，晴

访鳌峰于陶桂卿家晤谈。子范亦来，邀往金玲处夜膳。悦三来招至月卿家小酌。余以坐中有道署阍人，系余十年前旧仆，未能同席，乃辞不往。饭后，独自往金桂轩看戏。

六　月

初四，戊子，晴

饭后，往科署闲话，旋偕鳌峰、子范、良卿出城乘车往北至宝园小点。点后，同访宁妓。略坐即访金铃，在金铃处夜饭。饭后，往金桂轩看戏。招王逸卿、金铃、桂卿及宁妓同观。丑初进城。

十九，癸卯，晴，微雨

得良卿信，约余至科闲话。饭后赴科，良卿邀往金桂轩看戏。

兰洲、秋来、小艇及居少蕞、徐丽琴均来,招王逸卿、李琴仙同观。戏散后,余独往一林松品茶、剃头。

廿六,庚戌,晴,午后阵雨甚大,夜雨

往湖心亭品茶,燕庭、鲁孙、榴生先后来,遂同出城至益庆楼午饭。饭罢,往丹桂园观剧,赴端甫之约也。瀛洲、仁甫均已先到。园中满座名花,大快眼界。戏散后,与榴生同访大宝。

七　月

初四,丁巳,晴,午后雷雨

鲁孙来同访燕庭,略坐即偕鲁孙、燕庭、祥士同探南台病,不晤。即同往贺朱幼谦丈移居喜,晤子范。旋出城至益庆楼午饭。饭后,燕庭约至丹桂园听戏。良卿、仁甫及汉垞昆季来。戏散,偕鲁孙、良卿、燕庭同访德仙。

初六,己未,晴

日暮,往长春夜膳。仁甫遣人来约至丹桂园看戏,饭后即往。端甫、瀛洲均已先到,座客已满。新到花旦名一盏灯,系山西人,演《忠孝图》。身段、面目以及演法、唱法色色俱佳,颇堪悦目。子正乃归。

初九,壬戌,晴

午后访燕庭不值,知其与鲁孙同往湖心亭矣。即往访之晤谈。茶罢,出城先访爱珠,次访德仙。日将晡,同至复新园夜饭,幼谦已先到。饭后,往丹桂园听戏。子初乃归。

十四,丁卯,雨,雷,午后晴

下午,往邑庙拈香请枷。旋至悦三处赴第五会消夏。适云毂自吴淞来,遣招往复新园陪迮琴溪刺史晚饭,并知座中无他客,鲁孙、燕庭又均不能去,余只得辞悦三而就云毂矣。出城至复新已将日暮,晤琴溪、云毂。夜饭后,往丹桂园看戏。子正乃回寓。

十五，戊辰，晴，巳正处暑

云毂来，同往拜胡秋舫二叔中元，鲁孙亦来。主人留饭。饭后，出城搭龙云马车至珊记码头，访迮琴溪于舟次晤谈。略坐上岸同访李佩兰、次王逸卿、次张德仙。日将晡，往聚丰园夜膳，招德仙、爱珠来侑酒。席散，往丹桂园看戏。丑初进城。

十八，辛未，晴

回寓酬太均谢灶祀，祖毕午饭。饭后，率森儿出城乘车往北至月桂轩听戏。戏散，嘱陈纪陪森儿进城。余偕鲁孙、秋甫同访逸卿。

廿五，戊寅，晴，阴

悦三遣招，即去。嘱复小渊一书，即为代复。回寓后，榴生来约往湖心亭茶叙。又村、鲁孙、雨生亦来。茶罢，出城至益庆楼午饭。饭后，同往丹桂轩听戏，兰洲所邀也。鳌峰、子范、良卿、小艇、少蕖均已先到，令甫、子诚、证卿、丽卿亦来。

八　月

初三，乙酉，晴

往王鉴亭处取父母大像归。明日为父亲追荐七十冥寿也。乘车出城往北至长春楼午饭。饭后，往丹桂园看戏，良卿所约也。戏散后，鳌峰邀往桂卿处小酌。

初五，丁亥，阴，夜雨

回寓午饭。饭后，至科署闲话，晤子范、良卿。偕之出城同访宁妓。略坐旋访金铃，燕庭亦来，谈至日暮。与燕庭访德仙，主人留夜饭。饭后，同至集庆园看昆戏，招德仙同观。子正进城。

初十，壬辰，晴

悦三遣招，即去。嘱代复严伯雅书，遂书与之。转访端甫不值,旋访子文,适端甫亦在焉,藉以畅谈。午初,出城至长春楼午饭。饭后,往月桂轩听戏,赴子范之约也。兰洲、良卿、小艇、鳌峰、燕庭、少蘐、毓亭均来,招逸卿同看。

十一,癸巳,晴,阴

偕秋甫出城,至云成庄内凌颖峰支借八月分薪洋十四元,谈至日暮。同至德仙,访燕庭晤谈,适鲁孙、英甫来,遂同往长春楼夜饭。饭后,秋甫先归,鲁孙邀往丹桂茶园看戏,招逸卿、德仙同观。丑初进城。

十六,戊戌,晴

出城同至良卿别墅,复秋蟾话。略坐即偕良卿同访云毂,谈至日暮。乃往复新园赴燕庭之约。端甫、云毂、笃甫已先到,湛卿、子文、顺之、鲁孙先后来,即入席。席散后,子文邀往丹桂园看戏。子正进城。

二十,壬寅,晴

往湖心亭品茶,秋甫、鲁孙、燕庭、笃甫、顺之、良卿、毓亭先后来畅谈。日将晡,偕鲁孙、燕庭、笃甫出城同访爱珠,略坐即往复新园夜膳。饭罢,鲁孙约往大观园听戏。子正进城。

廿四,丙午,晴

率元儿游邑园,至湖心亭品茶,晤雨生、厚斋、又村、秋甫、秋孙。茶罢,偕雨生、秋孙并挈元儿出城至益庆楼午饭。饭后,往天仙园看戏。戏散,命家人送元儿归,余即至德仙处访燕庭。

九　月

朔,癸丑,晴

至湖心亭品茶,晤雨生、又村、厚斋并严毓甫诸君。茶罢,回寓函复云毂。饭后,出城至丹桂园看戏,子勋亦来,遂同观。

初三，乙卯，晴

至科署闲话。旋偕良卿、小艇同访燕庭，适鲁孙亦在彼，遂同出城乘马车往北至渭园茶叙。少蘐亦来。茶罢，同往咏吟书馆访金阊新来词史，晤殷蕙卿、周墨卿、巧玲、小宝四人，貌皆中人之姿，良卿、小艇各唱堂出。

初八，庚申，晴，夜雨

往吊严雨亭夫人丧。转贺葛栋山乃郎周岁喜。旋即出城至长春楼午饭。饭后，至大观园看戏，少蘐所约也。良卿、子范、小艇、兰洲、毓亭、鳌峰均来，招佩兰、逸卿、金铃同观。

十五，丁卯，晴

至湖心亭品茶。康甫、秋甫来，即同出城至长春楼午饭。饭后，燕庭、湛卿、汉垞、祥士均来，遂同膳。饭后，往大观园看戏，鲁孙所约也。戏散，偕康甫、秋甫同访爱宝。略坐即至复新园赴鲁孙之招。

廿二，甲戌，晴

访雨生不值，途遇康甫、秋甫，同访榴生，订定午后大观园看戏。偕至康甫家午饭。饭后，出城至大观园赴榴生之约。戏散，榴生复邀往复新园夜膳。

廿八，庚辰，雨

午后，往湖心亭品茶，陈小舫来。渠租定药局巷果育堂产，挽余作保租。乃同至果育堂晤瞿绍衣丈说定，仍至湖心亭。约康甫出城访爱宝畅谈，遍访小艇不值，即在爱宝处夜饭。饭后，往大观园看戏，招爱宝同观，晤春木乔梓、爱庐、伯珠。子正同进城。

廿九，辛巳，雨

得子播书并致康甫一函，即转交。饭后，小艇来约往丹桂园看戏,即与康甫同去。招佩兰、云卿、爱宝同观。

十 月

初六,丁亥,晴

至科署闲话。饭后,访松亭、春木均晤谈。下午,出城访爱宝并晤康甫。旋访雪卿,次访秀宝。谈至日暮,至长春楼夜饭。饭罢,往大观园看戏。小艇亦来,招雪卿同观。子正进城。

初七,戊子,晴

良卿来晤谈。旋访康甫,适洵侯来,一同出城附马车往北至长春楼午饭。饭后,往大观园看戏,践良卿之约也。逸卿、秀凤来同观。下午,复往集秀园看昆腔。略坐即访爱宝。

十四,乙未,晴

饭后,偕云毂、鲁孙、康甫、春木、花舫、瀛士,同出城至金丽源鸣乐园听书。迮琴溪亦来。书毕,同访爱宝、巧玲,谈至日暮。康甫邀往复新园夜饭,朱雪卿不招而至,康甫倩其弹唱。适季花亦在复新饮宴,邀来同叙。饭罢,云毂约往大观园听戏。子正进城。

十六,丁酉,晴,阴

午后,偕康甫、春木游邑园,往湖心亭品茶。茶罢,出城同访蕙卿。日暮,余往复新园践端甫、子文之约,陪季花也。同席者为安作舟、鲁孙、云毂。席散,至丹桂看戏。子正进城。

十七,戊戌,晴

饭后,往虎臣处探丧。申初大殓,为其一一开销后即出城。至复新园假座,请季花邀露园、云毂、鲁孙、子范、康甫、秋甫、良卿、小艇、雨生作陪,端甫、子文不到。席散后,云毂、雨生先辞去,余复邀合席诸君子往丹桂园看戏。子正乃归。

十八,己亥,阴,微雨,夜雨,午正小雪

往复新园赴子敬之招,康甫、秋甫、步云、小渊、小襛均来,即入席。甫坐定,露园催请,即与康甫同去。知季花略坐即去,雨生、云毂、良卿、小艇均在座。席散,至大观园看戏,招佩兰、雪卿、爱宝、云馥同观。子正进城。

十九,庚子,雨

出城至复新园践子范、小艇之约。季花、露园、雨生、云毂、鲁孙、兰洲、良卿、康甫均先后来,即入席,招巧玲、爱宝、爱男、云馥、金铃、佩兰来侑酒。席散后,复偕往大观园看戏,再招金铃、雪卿、爱宝来同观。子正进城。

二十,辛丑,阴雨

出城先访爱宝,适康甫亦来。谈至日暮,同往复新园践雨生、良卿之约。季花、露园、兰洲、子范、小艇、鲁孙、秋来均来,即入席。招郁怀芝、爱男、金铃、佩兰、秀宝、琴仙、云馥来侑酒。席散后,同往大观园看戏。子正始归。

廿一,壬寅,阴,晴

出城至复新园赴悦三之约,季花、琴溪、子勋、云毂、鲁孙、康甫均来,即入席。席散后,琴溪邀往大观园看戏。余与康甫同访秀宝,再至戏园,招爱宝、金莲卿同观。子正进城。

廿三,甲辰,晴

日暮,至泰和馆赴康甫、秋甫之约。设两席,到客为悦三、兰洲、琴溪、季花、芸谷、子文、端甫、云毂、鲁孙、良卿、小艇、雨生、子范、子敬,招素娥、佩兰、爱珠、爱男、月卿、金铃、云馥来侍席。席散,同往大观园看戏,乃因人满为患,遂至丹桂园看昌黎君演《三疑记》,甚好。久不见其演戏,一见为幸。子正始归。

廿四,乙巳,晴,阴,夜微雨

日暮,至泰和馆践鲁孙之约,亦设两席。琴溪、季花、端甫、子文、悦三、兰洲、云毂、康甫、秋甫、良卿、子范、小艇、雨生均来,即入席。席散后,复往大观园看戏。露园、鳌峰亦来,招素娥、雪卿、金铃、爱珠、爱卿、桂卿来陪看。新到角色十三旦、一斗金、人参娃均系山西人,色艺俱佳,颇为出众。子正进城。

廿五,丙午,微雨,阴,夜雨

日暮,至复新园,同人公贺康甫纳宠之喜。同局者为季花、雨生、露园、悦三、兰洲、小渊、子敬、云毂、鲁孙、良卿、小艇、又泉并余共十三人,设两席,邀秋甫作陪。席散,至大观园看戏。郁正卿亦来,招金十全、林爱宝、朱雪卿、郁怀芝、王巧仙、爱男、沈云馥同观。点《捉放曹》及《落马湖》两出。子正进城。

廿七,戊申,晴

饭后,约康甫同出城至鸣乐园听书,晤子敬。书毕,即至泰和馆。同人为子敬公祝四十大庆,同局者子勋、厚庵、仁卿、芝楣、爱庐、小渊、小蓑、雨生、露园、悦三、兰洲、鲁孙、云毂、康甫、秋甫、良卿、又泉、步云、南台,连余共二十人,设三席。席散,至大观园看戏,正卿亦来,招素娥同观。点《罗章跪楼》一出,乃新到脚色十三旦、人参娃、一斗金三人合演也。子正进城。

廿八,己酉,晴

为巧儿斋星官,请南台来抱剃头,并为上锁。康甫、芝楣、悦三、子敬、燕庭均来贺喜,研孙、悦庭两世讲亦来,均晤谈。下午出城至大观园看戏,燕庭、仁甫、榴生所约也。琴溪自吴淞回,亦来。戏散后,三主人复邀至复新园夜膳,招德仙、爱珠、秀宝来侑酒。席散后,余与康甫再至大观园看戏,晤良卿、秋来、子范、小艇。复与康甫、小艇同访秀宝、佩兰。

十一月

初二，癸丑，阴，微雨

出城访爱珠谈至日暮。季花往复新赴局。余偕鲁孙至三兴照相楼代琴溪取小照，旋至长春楼夜膳，燕庭、康甫亦来。饭罢，至大观园看戏并邀季花、端甫、子文同看，招德仙同观。

初三，甲寅，晴，辰初大雪

薄暮，季花、端甫、子文往复新赴局，余往鸿运楼践庆笙之约，谢媒谢将也。同席者为汪衡甫世讲、许璞山、斌生两昆季、陈松甫兄、高小云兄、唐春湖如弟。席散后，往丹桂园听戏，季花、端甫、子文、燕庭均已先到，招德仙同观。子正回寓。

初四，乙卯，阴，晴，微雨，夜濛雨

访榴生、雨生、康甫均晤，即在康甫处午饭。饭后，访燕庭亦晤，再访榴生知其患腹疾，嘱余代季花出城观剧。遂访季花并晤鲁孙，一同往北至爱珠家小憩，仁甫亦来。日将晡，偕往复新园夜饭。饭罢，往大观园看戏。康甫、小艇亦来，招佩兰、爱宝同观。子正进城。

初五，丙辰，晴

访康甫晤谈，略坐。旋访季花亦晤，仁甫来邀之一同出城至益庆楼午饭。饭后，复约往大观园看戏。日暮，至爱珠家赴鲁孙之招。

初八，己未，雨

日暮，往益庆楼践云毂之约，为季花祖饯也。鲁孙、燕庭、康甫、秋甫、露园均来。饭后，康甫约往丹桂园看戏，招德仙、爱宝同观。子正进城。

初九，庚申，阴，微雨，夜雨

往探榴生病未晤，旋即回寓。游豫园，至湖心亭品茶，良卿、康甫、西躔均来。茶罢,同出城访十全小憩。即偕良卿访华卿,谈至日暮。往复新赴鲁孙之招,为季花饯行也。同席者为芸谷、燕庭、云毂、康甫、秋甫、燕庭。席将散,子垞来闯席。席散,芸谷邀往丹桂看戏。新到山西脚色三人均不见佳。

初十,辛酉,阴,微雨,夜微雨

至湖心亭品茶,略坐即出城至德仙处。适燕庭、季花、云毂、鲁孙均在彼,谈至薄暮。同往华卿处赴良卿之约。小艇亦来,即入席。招爱珠、德仙来侑酒,佩兰招而不来。席散后,往丹桂园看戏,露园所约也。

十二,癸亥,阴,微雨,夜雨

访康甫遇之途,同访诚斋不值,即偕至康甫家闲话。子敬、子垞、芸谷均来,遂同出城坐马车往北至鸿运楼午饭,爱庐来作东道主人。饭后,子敬邀往大观园看戏。日将晡,偕康甫同访爱宝。

十四,乙丑,阴,微雨

出城访爱宝,旋访佩兰,适小艇在焉。略坐即偕至长春楼夜饭。饭毕,访十全不晤,次访宝玉亦他出。转访素娥晤谈,往大观园看戏。兰洲、虞圭均来,招秀卿、宝玉、佩兰同观。子初进城。

十九,庚午,晴,阴,夜雪

往一粟庵吊雨生三媳五七丧。下午,出城至大观园看戏,践小艇之约也。虞圭、康甫皆在座。

廿六,丁丑,雨,大雾,夜雨

李萱自福建来,询知授哥近状。访康甫不晤,仍即回寓。秋甫及丁熙如来均晤谈。饭后,出城乘车往北至大观园看戏。仁甫、薏岩已先到,邀余同坐。子垞、步云、小渊、芝楣、研孙均来,招明珠校书同看戏。

十二月

初四，甲申，雪，夜大风

访康甫，与之商酌团拜事。偕至科署午饭。饭后，回寓清理案头。申正，出城至泰和馆，关中同仁共坐七席，另设两席请外客。席散，均至大观园观剧。正厅全包，厢楼六间为各家眷属坐也。室人率元儿均来看戏。招宝玉、十全、少卿、怀珠、明珠、爱卿、文卿、秀卿、凤琴、宝卿、琴仙、云馥、佩兰、兰卿、称心、巧仙、月仙、二宝、春林、金铃、蕙卿、丽卿诸校书来同看，颇热闹。惜风雪交加，似觉减兴。子正与室人、元儿同归。

十二，壬辰，雨，夜雪，大风

熙如、子垞均来晤谈，旋访康甫，同至科署午饭。饭后，出城访爱宝，次访宝玉。薄暮，至复新园夜膳。饭罢，往大观园应酬，案摩陈元奎拉局。康甫、秋甫、步云、子敬、鲁孙、子范、露园、子垞、莲孙、小渊均到，招小金铃、沈兰卿、胡宝卿、胡宝玉、莲卿来同观。子正进城。

十五，乙未，晴

出城访兰卿，与子垞谈至日暮。同往复新园赴兰洲、鲁孙之约。设两席，招胡宝卿、沈兰卿、孙兰卿、林爱宝、李佩兰、李琴仙、云卿、爱男、谢秀凤、朱爱珠、小金铃来侑酒。席散后，良卿邀往大观园看戏，遂与露园、鲁孙、康甫同去。子初，戏房中突有烟气冲出，众客惊惶，一哄而散。其实毫无所事，似系好事者故意惊人，希图乘乱打劫也。余与露园、鲁孙独不走。俟至客散尽乃进城。

二十，庚子，阴，微雪，夜大风

回寓午饭。饭后，至湖心亭品茶，鲁孙、燕庭均已先到。茶罢，出城访康甫不值，遂访花卿，适良卿在焉。略坐即同往复新园夜膳。膳毕，往大观园听戏，招德仙、花卿、爱珠同观，宝玉、云卿亦来。子正始归。

廿五,乙巳,阴,微雪

得沈学成姻世讲信并授哥寄来卅金,藉佐岁旧。访康甫,同至科署午饭。饭后,至湖心亭品茶。茶罢,偕康甫、秋甫出城至云成杭庄访颖峰不晤,旋访宝玉。适楚侯、鲁孙、燕庭先后来,主人留饭。饭后,往大观园看戏,宝玉亦来同观。园中对号送洋货,递至丑初始进城。

光绪四年(1878)

元　月

元旦,辛亥,晴,阴,夜雨

先至虹桥利济侯及蛇王前拈香,顺至诸亲友家贺节,均未晤。至一粟庵晤宝善、大松两上人。回寓午饭。饭后,命森儿、丙儿往一粟庵拜年。余步行出城至大观园看戏,薄暮归。

初二,壬子,濛雨,阴

乘舆往各处拜年。叩李閤斋丈及汪三亲家太太、王子松姻世讲新灵,晤吴云毂成、闵鲁孙湮、鲍燕庭恩普、蒋良卿鸿贵、汪榴生廷桢诸弟兄。回寓午饭。饭后,一路贺节,出城至大观园看戏,践良卿之约也。

初三,癸丑,晴,卯初立春

至湖心亭小憩,晤康甫、鲁孙、小艇,即同出城。先至胡宝玉校书家开果盘,次至朱爱珠录事处开果盘。谈至日暮,主人留夜饭。饭毕,小艇邀至丹桂园看戏,招珮兰、宝玉、爱宝、爱珠同观。子初进城。

初四,甲寅,晴,夜微雪

余游邑园,至湖心亭品茶。朱子范洪承兄来一同出城访金铃校书,旋即设宴小酌,邀吴楚侯善宝、王西疇熙元、姚兰洲天吉、蔡子黼及鲁孙、良卿、康甫、小艇同饮，招袁月仙、金十全、爱卿、朱爱珠、胡宝玉、谢秀凤、李佩兰来侑酒。席散，余约鲁孙、康甫、子范、良卿至大观园看戏。小艇不果来，再招金铃、宝玉陪看。子正进城。

初九，己未，雨

至湖心亭茶叙。茶罢，出城访爱宝。日将晡，楚侯及蔡玉溪来邀至庆馨楼夜饭，并邀子黼及杨子京来，招沈桂林、花春林、金十全、李佩兰、胡宝玉、朱秀卿、林爱宝、花小宝来侑酒。席散，康甫约往大观园看戏。朱虞圭亦来，再招花春林、金十全、沈桂林、胡宝玉、袁月仙、朱秀卿、翠珠同观。丑初进城。

初十，庚申，微雪，阴

下午至湖心亭品茶。茶罢，出城往泰和馆赴罗鳌峰锦奎兄及子范、良卿之约。亦设三席，招李佩兰、王逸卿、朱秀卿、花春林、花小宝、金十全、沈云馥、爱卿、胡宝玉、金铃、李琴仙、陶桂卿、朱爱珠诸校书来侑酒。席散，子范复约往丹桂园看戏。丑初始归。

十四，甲子，阴

午后，至湖心亭品茶。茶罢，出城至复新园作东道主人，燕庭已先到，鲁孙亦继至，客亦陆续而来。设三席，招花春林、金十全、朱秀清、爱男、云卿、沈云馥、陶桂卿、李佩兰、小金铃、爱珠来侑酒。席散后，燕庭约余与鲁孙至丹桂园看戏，再招逸卿、德仙、爱珠同观。子正进城。

十六，丙寅，阴，月食八分八秒，夜雨

室人率元儿往天仙茶园观剧，燕庭夫人所请也。命两儿至浙绍会馆，江、陆两母厝柩处祭扫。余往大观园看戏，践秋来之约也。薄暮即归。

十七,丁卯,雨,晴

出城至泰和馆赴潘露园承湛如弟及褚薏岩惟诚、褚毓亭惟钟三君之约。亦设三席,招胡宝玉、花春林、金十全、云卿、李佩兰、沈云馥、张德仙、爱男、爱珠、陶桂卿来侑酒。席散后,邀露园、鲁孙、燕庭至天仙园看灯戏。子正甫归。

十八,戊辰,阴,丑初雨水

偕至甥游豫园,至湖心亭茶话。茶罢,出城至同福楼午饭。饭后,往丹桂园看戏。

十九,己巳,阴,晴,夜雨

至科署午饭。饭后,燕庭来,即同至南台廷槐家写鸾书凤目,鲁孙亦来。晚间,设席请媒请将,冰人为朱延青震、朱子和澄志、苏嫁秋绍柄,饮甚畅。席未散即归。代榴生作书两函,知今日端甫招两儿至天仙园看戏。

二十,庚午,阴,晴,夜雨

往南台处贺仲忻续聘喜,为之司账,陪媒饮宴。薄暮回寓。夜饭后,偕至甥出城至大观园看戏,看烟火。丑正始归。

三十,庚辰,雨

饭后,为两儿温书,旋即出城乘马车往北至不夜楼品茶。茶罢,往大观园访秋甫。戏散后,秋甫邀至复新园夜饭。

二 月

朔,辛巳,雨

日暮,约燕庭出城至泰和馆为子文补馁四十寿。端甫、鲁孙、良卿均来,招云馥、泛仙、爱珠来侑酒。席散,往丹桂园听戏,再招爱珠同看。子正进城。

初八,戊子,晴

至科署闲话。偕良卿游豫园,至湖心亭品茶,秋甫亦来。茶罢,出城同访花卿,旋偕秋甫至复新园夜膳,晤悦三、洵侯、蓉岩、虞圭、西鼉,拉之同饮,招云毂、金凤、素仙、素芳、云卿、金珠来侑酒。席散,至大观园看戏。子正进城。

十四,甲午,晴

为次儿温书,元儿理字,致子垞信并寄霭如信去,复霭如一函交原局寄。得霁亭书。午后,往天仙茶园看戏,践仲忻之约也。戏散后,偕秋甫、虞圭同访金珠。

二十,庚子,晴,夜风雨,四鼓时有雷

往科署闲话,旋偕良卿、燕庭出城乘马车往北访云馥不值。转访华卿,略坐即访德仙。适值斋老郎燕庭设席宴客,约悦三、兰洲、鲁孙、子范、良卿、小艇同饮,招王巧仙、陆金凤、汪爱卿、小金铃、沈云馥来侍酒。席散后,悦三邀往大观园看戏。子初进城。

廿八,戊申,晴,阴,夜雨

往一粟庵拜子勋世伯尊人九十冥寿,转访子范晤谈。旋即出城至益庆楼践榴生之约,雨生、又村均来。饭后,同至天仙园看戏。戏散,至升阳楼小点。

三　月

初四,甲寅,阴,雨,夜大雨

午后,至科署闲话。旋即乘舆出城至秀卿处访虞圭,并晤忻伯畅谈。复往余庆别墅小憩。日暮,至复新园夜饭。饭罢,往天仙茶园看戏。子正进城,得季花书。

初五,乙卯,阴,雨,夜雨

得雨生片函,约至益庆楼午饭。即出城,乘车往北至益庆楼赴约。榴生、雨生先后来。饭后,同往大观园观剧,践鲁孙之招也。戏散后,偕子范、秋甫同访金铃,次金珠。日暮,往复新园赴雨生之约。主人设两席,为得孙喜卮也。主宾酬酢,饮颇畅。席甫半,子苐亦招饮,与小艇、鲁孙、燕庭同去,虞圭亦在座。小艇招老三雅之花标周凤林来侍酒。凤林乃吴人,年未及冠者,目娟秀,天真烂漫,足称昆部中翘楚。席散后,复同至三雅园看戏。惜凤林酬应甚忙,不能上台唱演,以致未观其技,怅怅。子正进城。

十一,辛酉,雨

日将晡,小艇招饮于金秀宝家,辞不往。乃约燕庭、子擂往复新园小酌,并往邀钰斋、子范、良卿,均不到。小艇携凤林同来,虞圭亦来闯席。席散,虞圭邀往三雅园看戏,招吴莼香、朱秀卿、金秀宝同看。子正始归。

十二,壬戌,雨,阴,夜大雨

抄《金刚经》三页,往访子擂,适榴生在焉。遂同至益庆楼午饭,雨生、鲁孙、燕庭均来。饭后,往大观园看戏。戏散,复又邀至复新园夜饭。饭罢,燕庭约余与子擂至天仙园观剧。丑初进城。

十四,甲子,雨

出城乘车往北至义和栈与子擂闲话,转至花卿家访良卿。略坐同访桂卿,晤夏平叔,谈至日暮。良卿约往泰和馆夜膳,并邀小艇来,招谢秀凤、花桂卿、金秀宝,暨周凤林来侍席。玉女金童颇能下酒,饮之甚畅。席散后,平叔邀往三雅园看戏,嘱凤林演《会真记》之《跳墙》、《酬简》两出,身形、词调均到恰好地步,洵是后来冠首。丑初进城。

十五,乙丑,雨,夜大雨如注,雷电交作,竟夜未止

与燕庭至德仙处茶叙。日将晡,钰斋与子擂来,知丰顺火船已到,明日即须上船,遂约往复新园为之祖饯,招绣云、德仙来侑酒。

饭罢，再邀往三雅园看戏，晤子敬，知其今晚动身赴口。雨大如注，至丑初未止，只得与燕庭冒雨而归。

十七，丁卯，阴，晴

访秋甫不晤，即往拜子松姻世讲百日。寻至科署午饭。饭后，小艇来约往三雅园看戏，即偕毓亭同去，晤虞圭。戏散，先访金铃，适子范、燕庭在焉。

十八，戊辰，晴，阴，微雨，未初谷雨

端甫来约至湖心亭茶话，晤榴生、秋甫。茶罢，出城访子范于金铃家。高又村请来同至复新园夜饭，并邀燕庭同饮。饭后，往天仙茶园看戏，坐位十分拥挤。乃与燕庭同访爱宝，谈至子初进城。

廿二，壬申，晴

回寓午饭。饭后，往科署闲话，略坐即出城，访抡先，晤于小宝校书家，并晤幼清。即偕往北同访佩兰。日暮，往复新园夜膳。饭罢，抡先邀往天仙园看戏。虞圭亦来，招素仙同观。丑初进城。

廿五，乙亥，晴

访秋甫不晤，至科署午饭。饭后，偕燕庭、良卿、小艇、幼清出城乘马车往北至迎庐阁茗谈。茶罢，访桂卿，次访徐宝玉、庆云两词史，亦为明日兰洲处预定弹唱也。顺至寄园晤子范，同至金铃处小憩，主人留夜饭。饭毕，子范邀至天仙茶园看戏。子正进城。

廿七，丁丑，晴，甚热

至科署午饭。饭后，偕丽琴出城至淑芳书馆听书。悦三、良卿、秋来、毓亭先后来。书毕，秋来、毓亭同访琴仙。略坐即与毓亭同访爱宝，谈至日暮，偕往复新园夜饭。饭罢，往三雅园听戏，途遇小艇，招之同去，招金秀宝陪看。子正进城。

四 月

初二,辛巳,晴

陈树生表弟来,少坐即偕之出城至泰来盛。访抡先不值,子范、鳌峰来,遂同往北访金铃,次德仙,次桂林,次秀宝。薄暮,至复新园践悦三之约,共设三席,均系关科同人。席散后,至大观园看戏。悦三、秋甫、秋来均来,招李琴仙同观。新到脚色九人,以黑儿大升为最佳。子正进城。

初四,癸未,晴

唐春湖如弟来晤谈。榴生遣人相招,即去。雨生亦来,遂同出城。附马车往北至益庆楼午饭,鲁孙所约也。主人与洵侯已先到。饭后,偕往大观园看戏。戏毕,偕秋甫同访金珠,谈至日暮,往复新园践鲁孙之招。同席者为子静、子茀、西躔、虞圭、秋甫,招沈云馥、吴莼香、金十全、金秀宝、徐官卿、许金珠来侑酒。席散,至袁月仙家赴子范之约,适已席散,遂为虞圭拉往大观园看戏,再招金秀宝陪观。子正进城。

十一,庚寅,微雨,阴

抄《金刚经》四页。饭后,出城至大观园看戏,又泉所约也。戏散,秋甫约余同访庆铃,谈至日暮。

十八,丁酉,晴,夜微雨

抄《金刚经》五张。叔和、秋甫先后来,均晤。叔和先去,秋甫约至城外益庆楼午饭。饭后,至丹桂园看戏,端甫所约也。湛卿、燕庭亦来。

廿五,甲辰,雨,雷,午后晴,夜大风

代子播寄杭、闽各信。午后,室人请燕仲夫人看东洋戏,讵知日戏不演,即改往天仙园观之。

廿八，丁未，阴雨

悦三邀至醉白园小点。点罢，乘马车往北同至浣纱溪头小憩。良卿燃酸，哓哓不歇，旁人未免少兴，乃辞访云馥，略坐即至张桂林处赴雨生之招。鲁孙已先到，小艇、子范、兰洲、良卿、悦三先后来，遂入席。招吴秀宝、李佩兰、小金铃、沈云馥、黄招玲、沈瑞兰来侑酒。名花满目，知己谈心，饮酒十分畅快。席散，子范约往大观园看戏。旋为杨子京邀饮于花春林家，即去。同席只玉溪、蓉卿两人，招吴桂琴、沈桂林、沈云馥来侍酒，复又畅饮。席散，再至大观园约子范同进城。

五　月

初八，丁巳，晴

日将晡，余至复新园作第一次车轮会。会中客俱到，虞圭亦来。入会始招云馥、十全、素仙来侍酒。席散后，至大观园看戏。良卿、秋来均来，邀华卿、琴仙同观。子正，往天仙园约子范、毓亭、秋甫同进城。

初九，戊午，微雨，晴

小蓑世伯来晤谈，嘱道听房屋也。课儿女读。饭后，访李星垣丈，探听屋事。渠处亦来看定，略坐即出城至大观园看戏，赴虞圭之约也。蓉卿、仲瑜、小艇、幼清均来。戏散，蓉卿邀至张桂卿家小酌，薛桥圣与玉溪、虞圭均来。招小金铃、袁月仙、沈云馥来侑酒。席散，访子范订定看戏。即往云馥处赴虞圭之局。蓉岩、西躔、仲瑜、子茀同席，招素仙、十全来侍席。甫入席，玉溪、蓉卿来，知虞圭设宴而不相邀，大发咆哮。此诚犬羊之性，可称难养之小人矣。余带劝带讥，遣之去。匆匆席散，即往天仙园看戏。丑正始进城。

十二，辛酉，晴

至聚丰园赴仲瑜第二次车轮会，蓉岩因病不到，余与鲁孙略坐即至巧仙处赴悦三之约。子范、鳌峰、良卿、秋来均到，招月仙、琴仙、桂卿、秀凤、秀宝来侑酒。席散,约子范至天仙园看戏。子正进城。

十六,乙丑,晴

访良卿晤谈,同至科署。代少蕿拟复河南中丞涂朗轩宗瀛书,为黄焕烟观察作也。出城至寄园息足,旋往益庆楼午饭。饭后,至大观园听戏,树生、毓亭先后来。

十七,丙寅,晴,阴

游豫园,至湖心亭品茶。秋甫来,遂同叙。旋至科署午饭。饭后,少蕿约余与丽琴、薏岩、毓亭出城至聚秀园看戏。杂凑武班,甚不耐观。子范、幼清来。戏散,同往寄园小憩。

十九,戊辰,晴,阴

至浣纱溪头访良卿晤谈。日暮,子范约往复新园夜膳。今日为蓉岩第四集车会,亦设复新。余往略为应酬,即与子范、毓亭、幼清、良卿、秋垞、小蕿往大马路看广东戏。薏岩亦来,乃栋山拉局也。丑初进城。

廿三,壬申,阴,晴,微雨,夜大雨

绘横幅洛神一小帧,为少蕿作也。携访鲁孙倩其著款,略谈即往科署晤又村。同至雨生处践约,知其已先出城,遂偕乃郎衡甫、虎臣同行往益庆楼午饭。雨生、花舫已先到矣。饭后,同往天仙茶园看戏,鲁孙亦来。戏散,晤子范约往寄园小憩。

廿六,乙亥,雨,阴,午后晴

日将晡,先至聚丰园赴虞圭车轮会,略坐即往复新践秋甫之约。步云、芝楣、少屏均已先座,鲁孙亦来,招庆铃、明珠、金宝、兰卿来侑酒。席散,少屏邀往大观园看戏。悦三、子范、毓亭均来,庆铃来同观。丑初始归。

廿八，丁丑，晴，阴

偕子范、毓亭出城乘马车赴北至眠云阁小憩。谈至薄暮，即至复新园设小酌，邀芝楣、步云、少屏、秋甫、鲁孙、燕庭、子范同叙，招明珠、兰卿、庆铃来侑酒。席散，少屏邀余往大观园听戏。子正乃归。

廿九，戊寅，阴雨，有雷

出城至寄园小憩。薄暮至庆兴楼赴子茀车轮会，到者仅鲁孙、西躔及余与主人四人而已。席散，偕鲁孙往复新园，芝楣之约。到客只悦三、良卿、鲁孙及余宾主五人，颇形寂寞，乃招瑞兰、秀凤、明珠三校书来侑酒。席散后，良卿邀往天仙园看戏。子正归。

六　月

初七，乙酉，晴

出城至王小宝家访子范晤谈。日将晡，至聚丰园赴鲁孙终会。子茀、西躔、小艇、仲瑜及会外之钱忻伯均来，遂入席。余以腹胀不能多食。席散后，复访子范，同至大观园看戏。丑初进城。

初八，丙戌，晴，申正小暑

薄暮归，访小宝，适鳌峰在焉。谈至日暮，同往长春馆夜饭。饭毕，余往金宝处赴燕孙之约。同席者为小园、芝楣、步云、少屏、仁甫、莲孙诸君子。招明珠、金宝、兰卿来侑酒。席甫半，余即往天仙看戏，子范、少屏均来，芝楣、燕孙不到。子正回寓得铨叔书。

初九，丁亥，晴

薄暮，出城至泰和馆赴少屏之约。仁甫已先到，芝楣、步云、燕孙、主人偕来，遂入席。席散，仁甫邀至大观园看戏，并招明珠陪观。丑初回寓。

十五,癸巳,晴,阴,夜雨有雷

往邑庙星宿殿、虹桥三官堂拈香,顺道谢客。回寓午饭。饭后,率两儿出城乘马车往北至大观园看戏,仲忻所约也。戏散,命家人先侍两儿进城。余与鲁孙、燕庭、秋甫同访庆铃,次蕙卿,再次秀宝。日暮,偕鲁孙往彭巧珠家践西躔之约。子莽、小艇已先到,即入席,招金秀宝、吴秀宝来侑酒。席散,小艇邀往大观园听戏,晤严伯雅姻叔,招秀宝、素仙同看。

廿二,庚子,晴,阴,中伏

室人往邑庙虹桥雷祖殿拈香,得康甫书。午后,出城至天仙园看戏,云毂、燕庭均来。戏散,往马路闲步。

廿三,辛丑,晴

次儿感冒未愈,命往林一泉处就诊。寓中祀祖,为巧儿了愿也。午后,至科署闲话。子范来,同出城访臧伯不晤,留函致之。至小宝处小憩,适鳌峰亦来。谈至日暮,小宝留饭。饭罢,偕子范、小宝至大观园看戏,晤悦三、兰洲。丑初进城。

七　月

初五,癸丑,晴

子播弟自都门归,来谒。知其于月之初一由天津动身,今早抵沪。系偕子诚、令甫同归,寓城北天兄栈,与之略谈近事。渠即往鲍、闵、汪、余各处谒客,仍来沪午饭。饭后,同往润玉盆汤洗澡。澡罢,复偕至湖心亭茶叙,晤燕庭、海垞、秋甫。茶后,同出城至天元栈,谒令甫、子诚均晤。日暮,秋甫邀往复新园夜饭。饭毕,往大观园看戏,因人满为患,主人与燕庭、子诚先去,余与海垞、令甫、子播同观。丑初进城。

初六,甲寅,晴,下午雷雨

午后至科署为子播易银,仍至秋甫处。雷雨交作,稍觉凉爽。

阵雨过后，燕庭邀之出城。乘马车往北至复新园夜膳。湛卿、鲁孙已先到，即入席，招王逸卿、郁怀芝来弹唱。席散，余邀往看东洋戏。海垞、令甫辞不去，即偕湛卿、子诚、秋甫、鲁孙、燕庭、寅弟同往。两幼童技艺出众，颇觉可观，内杂拳师数人均湖南人，似系哨官游勇光景，纯以硬功卖技，不脱江湖俗气，甚属可厌。子正戏散即归。

初九，丁巳，晴，午后阵雨

出城至天元栈访令甫、子诚均晤，秋甫亦来。令甫邀往逸卿处小酌，并约陈安伯同去。鲁孙继至，即入席，招庆铃、秀宝、蕙卿来侍酒。席散，鲁孙约往看东洋戏。丑初戏散，余与燕庭送子播至大关吉祥码头登舟。

十一，己未，晴

下午至湖心亭品茶。茶罢，出城过法兰西马路，适过天主教，西人出殡，立而观之。先有巡捕二人导于前，继则有华人三名皆衣白，中一人持十字架，左右两人皆执长烛。后则中西幼童二三十人，皆衣黑衣红裤，持洋烛。再后则有神父数人带绣金六楞巾，衣绣金氅衣，手持书卷，口中喃喃讽诵。再后则有西乐一起，沿途鼓吹。后即丧车。车后大素旗一。此后则西人送殡者。男女约百余人，有车马车者，有坐东洋车者，有步行者，有乘舆者，亦可谓盛矣。至蕙卿处，少笙已到，笛云、听燕、韩华卿、何叔筠及春湖均来，即入席，招宝琴、巧林来侍酒。席散，往大观园看戏，邀蕙卿、宝琴同观，并晤令甫、子诚、秋甫。

十九，丁卯，晴，雨

午后，良卿来，同至湖心亭茶叙。仁甫、榴生、鲁孙先后来。日暮出城，仁甫邀至益庆楼夜饭。饭毕，复偕鲁孙至宝玲处赴良卿之约。同席者为兰洲、子范、鳌峰、秋来，招绣宝、小宝、桂卿、琴仙来侑酒。席散，往天仙园看戏，亦仁甫所约也。子文先到，良卿带宝玲来同观。丑初进城。

二十，戊辰，晴

往吊子凤夫人丧，并为支宾。饭后，出城至天仙园看戏，赴榴生之约也。戏散，偕雨生、榴生、海垞同访桂林。

廿七，乙亥，阴雨

海垞来，同出城至益庆楼午饭。榴生、雨生、又村、小园、端甫、仁甫、秋甫、鲁孙先后来，俱同膳。饭后，偕往大观园看戏，燕庭亦来。戏散，同至聚丰园夜膳。

八　月

十一，戊子，晴

访康甫不晤，即至科署闲话，康甫在焉。同游豫园，至迎晖阁茶话。秋甫、小艇先后来。茶罢，出城至三马路云成庄访颖峰，亦不晤。旋访月娟，次访云馥，晤子茀、西뺰。日暮，康甫邀至复新园夜饭。饭后，小艇约往天仙园看戏。子正进城。

十二，己丑，晴

访悦三，适康甫在焉，均晤谈。回寓午饭。饭后，康甫来，同出城乘车往北。余往天仙茶园看戏，晤雨生、小圃、海垞、又村、衡甫、雨生，邀同看。

十九，丙申，晴

康甫、春湖先后来，均晤谈。饭后，出城至三雅园看戏，榴生所约也。戏散，偕秋甫同至月娟处访康甫晤谈。

二十，丁酉，晴

下午，往湖心亭品茶，晤康甫、秋甫并姜渌庵。茶罢，出城同访庆铃。日暮，至新新楼夜膳。康甫作东道主人，子茀、忻伯、玉季、小艇、西瓛、子盖均来，招宝玉、月娟、金珠、秀宝来侑酒。席散，至大观园听戏。子正归。

廿六，癸卯，晴

康甫、秋甫来，偕访子辉。同出城至益庆楼午饭。饭后，至天仙园听戏。戏散，至升汤楼小点。点罢，同访蕙卿，谈至日暮。往新新楼夜膳，旋为鲁孙招饮于聚丰园，饭毕即去。子静、子茀、燕庭及吴绣宝均在座。略为小憩，即往三雅园看戏。丑初始归。

廿八，乙巳，晴

日将晡，至聚丰园假座请子辉、子茀、子静、西瓛，邀良卿、小艇、康甫、鲁孙作陪。赵新伯亦来，遂入席。招月娟、巧珠、月仙、十全、金宝来侑酒，饮亦甚畅。席散，至金桂园看新到小班，子范所约也。行头、脚色均尚可观，似有类乎粤班，且全班均系梆子非京班可知也。丑初归。

九　月

初三，己酉，阴

日暮，秋甫约往益庆楼晚饭。甫入座，子茀招饮于新新楼。匆匆一饭即与子辉、康甫往赴子茀之招。西瓛、子卿及王圣与皆在座。席已将阑，略坐即往天仙园看戏。子正进城。

初四，庚戌，阴，微雨，午后雨

往贺子凤乃弟行聘喜，转贺林一泉乃郎完姻喜。转至科署，虚无人焉。易便服后，往访康甫。适小艇来，即同访子辉，约之出城至益庆楼午饭，秋甫率其子鼎臣来。饭后，至金桂园看戏。

十一，丁巳，阴

往贺房东蔡松茂令媛留发喜。旋往一粟庵拜子勋世伯如君冥寿，转往贺傅子绶世讲完姻喜。回寓午饭。饭后，出城至金桂轩看戏。戏散,踽踽独行,仍即进城。

十二,戊午,阴,晴,夜微雨

饭后,偕雨生、兰洲、良卿同出城至同芳居茶话。茶罢,乘马车游下海浦。转至桂林处小憩,子范亦来,偕往升汤楼小点。点毕,与子范同访小宝,适鳌峰在焉。蒋纯甫招饮于宝玲家,辞不往,即在筱宝处晚饭。饭后,往丹桂轩看新脚色满天星,戏甚不耐观。子正归。

十八,甲子,晴

至科署闲话。饭后,偕良卿出城至泰来盛访子范,略坐即同往北至金桂轩看戏。戏散,至寄园小憩。

廿一,丁卯,晴,阴

至科署闲话。饭后,偕子范访燕庭,以患牙痛不晤。即同出城至寄园小憩。旋访蕙卿,谈至日暮。往邀鳌峰同至复新园夜膳。饭罢,往金桂轩看戏,招蕙卿、金铃同观。子正进城。

廿四,庚午,晴,阴,夜微雨

往榴生处料理举殡事。未初,人夫始齐,即发引丧仪。中诰命主人倩余骑顶马,邀子范、仲忻、良卿、秋甫坐对马。由天灯弄顺带王子松姻世讲柩一同出殡,送至老白渡舟次,旋即回吉。仍先送子松、真亭魂车至寓后,乃回汪宅略降各项逐一清理。即偕子范出城至德元馆夜饭。饭后,往丹桂园看戏。子正进城。

廿九,乙亥,阴,晴

至科署午饭。下午,偕子范、燕庭往北。途遇沈少笙,同访蕙卿。谈至日暮,往德元馆夜饭。饭后,至大观园看戏。新到脚色万盏灯,貌既美艳,戏亦演扮入神,可称双绝,洵足为沪上花标之冠。子正归。

十　月

朔，丁丑，阴，微雨

日将晡，出城晤康甫于宝玉家。旋为西躔约往新新楼夜膳。子茀、子静、鲁孙、秋甫均来。康甫以忌口不到。饭毕，偕康甫、秋甫、鲁孙至大观园看戏，并招宝玉同观。子正进城。

初六，壬午，晴

到馆晤湛卿夫子，并晤端甫。略坐即同访春木亦晤，偕至一诚楼品茶。茶罢，回寓午饭。饭后，再至春木处约之出城至北西洋楼，松亭、定安、端甫、竹轩均已先到。茶罢，定安邀至鸿运楼夜饭。饭罢，访子范于小宝家，即偕至禧春园看戏。戏既不佳，东洋技亦宿见不鲜，实觉乏味。子正进城。

初七，癸未，阴，晴

下午，春木来约余一同出城。甫出门，晤燕庭，遂同游邑园，至桂花厅茗谈，晤瀛洲、端甫、竹轩。茶罢，出城偕燕庭至眠云阁小憩。日将晡，至鸿运楼赴春木之约。康甫、秋甫来闯席。席散，子文邀余与端甫、燕庭往大观园看戏。子范亦来，遂同观。子正进城。

初八，甲申，雨

出城至北西洋品茶，晤定安、瀛士。甫坐定，春木、子范先后来。同至复新园夜饭，端甫继至。饭罢各散。余与子范同访金铃，略坐即往大观园看戏。子初即归。

初九，乙酉，雨

访春木知定安昨晚酒醉，任性打骂。酒泛如是，可耻之甚。即往拜小艇乃祖八十冥寿，略坐即匆匆出城至益庆楼赴端甫之约。湛卿、燕庭、鲁孙、春木均已先到，秋甫亦来。饭后，复邀往大观园看戏。良卿、子范、康甫、子文、竹轩、松亭、瀛洲、杏村、瀛士均到。

戏散后,与子范、湛卿、鲁孙同访金铃。谈至日暮,往复新园践燕庭之约。康甫昆季、春木乔梓、子文皆来,招秀宝留侑酒。席散,鲁孙约至天仙园看戏,招宝玉、巧玲、金铃同观。子正进城。

十六,壬辰,阴

复子揩书,良卿、康甫及杨卓田先后来,均晤谈。午后,出城至大观园看戏,践童子香之约也。贵州催饷委员程明府松亭亦来。戏散,同访逸卿,次小宝,次墨卿。日暮,邀往复新园夜膳,招逸卿、小宝来侍酒。饭罢,再往大观园看戏,复招小宝、墨卿同观。子初即进城。

十七,癸巳,阴

出城谒子香晤谈,适万盏灯偕其师及朱翠凤来。询知万盏灯乃天津名优,名元儿,号茗仙,年甫十六,色艺冠时。翠凤号佩秋,年仅十七,貌亦韶秀,惜烟霞之癖太甚耳。正拟午膳,子香有客来,余即辞。往访树生表弟晤谈,即留午饭。饭后,往天仙茶园看戏。戏散,访子香于逸卿家,亦晤。

廿三,己亥,晴

回看砚孙不值,转访秋甫亦不晤,顺访芝楣晤谈。略坐即出城至大关,雇船不得,晤又泉、仲忻、秋甫,留余午饭。饭后,仲忻邀往丹桂茶园看戏。戏散,访砚孙于王金宝家。主人煮蟹留酌,持螯大嚼,颇快人意。

廿五,辛丑,晴

日暮,与子范至复新园赴秋甫之约,为余二人祖饯也。燕庭已先到,出示子揩书,知其已于廿二抵苏,余乃定见,先至金閶一晤。鲁孙、少屏、砚孙、芝楣、步云、莲孙均来,即入席,拇战兴豪,饮甚畅。席散,与诸君话别。芝楣、步云嘱带榴生、子泉两处定仪。即与子范往大观园看戏,践良卿之约也。良卿、秋来均已先到,招琴仙、金铃陪看。新到山陕脚色童子红及真一斗金，一为胡子生，演《五雷阵》既不见佳，而真一斗金系青衫子，更属不堪，较之前来之一斗金实是天壤之隔。阅之乏味，复往素芳处访芝楣、步云谈近事。芝楣留余明日小住一天，看新到脚色达子红。余以今日所见不能出色，恐明日仍复不佳，徒稽时日，乃婉谢之。往大观看茗仙演《百草山》。后与子范往大东门大码头登舟，谈至四鼓，命舟子解维放至新闸，始各就枕。

十一月

廿一，丙寅，晴，阴，大风，微雪

午后，偕良卿出城访树生表仲，嘱为子擂煮烟。旋即乘车至眠云阁小憩。转至宝玲处茶叙。薄暮，往德元馆夜饭。饭罢，诣丹桂园看真十三旦演戏，尚觉老练，惟嫌过火，此系西班脚色通病。特是貌既不佳，嗓子又复甚坏，且所演之戏又出情理之外，不如万盏灯多多矣。子初进城。

廿二，丁卯，晴，阴

访仲忻晤谈。回看亦芬不值，转访良卿亦晤。旋至一粟庵拜仁甫元配夫人三十冥寿。在庵午饭。饭后，偕子范、仲忻、秋甫出城至丹桂园看戏。十三旦所演仍不见佳。戏散，访金铃。

廿四，己巳，晴

偕良卿、子范同出城代子擂购弗兰绒九码，转至眠云阁小憩。日暮，往复新园践榴生之约。同席者为良卿、子范、端甫、雨生、秋甫、仲忻、又村、莲孙。席散后，子范约余、仲忻至大观园看戏。子正进城。

廿五，庚午，晴

午后往科署闲话。出城访子范、抡先均不值，至寄园与小蓑话旧。日将晡，约端甫、清甫、鲁孙、燕庭、养斋、花舫至复新园，为朱湛卿兄贺弄璋之喜。席散,至大观园看戏。新到花标十四旦容貌秀丽,惜少丰韵,然胜十三旦多多矣。子正归。

廿八,癸酉,晴

余出城至泰来盛访树生,再致子播书,并寄烟膏十七交老正大公记信局寄苏。子范、抡先偕来,即同往北访小宝录事畅谈,留夜膳。饭罢,子范约往丹桂园看戏。子正回寓。

廿九,甲戌,晴,阴,辰初冬至,夜雨

良卿、悦三偕来,同游邑园。贴换眼镜一副,计洋一元钱一百廿文。往湖亭茗谈。茶罢,出城至益庆楼赴诚斋世叔之约。仁卿、榴生已先到,即同膳。饭毕,至丹桂园看戏。

十二月

朔,丙子,阴,晴

出城至泰来盛小憩。日将晡,乘马车往北至复新园假座,请厚安、诚斋、芝楣、小渊、亦芬、抡先饮宴,邀步云、秋甫作陪,仁卿以有恙不到。席散,至大观园看戏,按摩,陈元奎拉正也。子正归。

初二,丁丑,晴,大风

至听月楼赴步云之约。主人未到,仍即回寓午饭。饭后复去。仁甫已先到,主人乔梓偕芝楣、小渊来,少屏、少溪、又村、莲孙、秋甫继至,即入席。申正席散,即偕往北至寄园小憩。旋往聚丰园为抡先世讲补祝三十大寿。同人二十五人,共设三席。席散,往大观园看戏。点茗仙之《小上坟》,月山之《三岔口》两出。唱演双绝,颇为娱目。子正回寓。

初六,辛巳,晴,夜大风

榴生、诚斋、仁卿来同出城至益庆楼午饭。饭后,往丹桂园看戏。

初七，壬午，晴，大风，滴水成冰

午后出城，途遇抡先，偕至泰来盛小憩。子范亦来，遂同赴北至复新园。同人为良卿预祝三十大寿，集四十人共设五席。席散，往丹桂园看戏。点十三旦演《八大锤》，极妙。子初进城。

初八，癸未，晴

良卿遣招，即去。知渠须邀余同往苏州，余以岁事将阑，骤南应允。饭后至科署闲话。下午出城，偕子范往北至琼芳楼晚饭。饭后，访金铃，略坐即往丹桂园看戏，荣泉拉局也。

十一，丙戌，晴，夜大雾

出城至泰来盛，约子范、燕庭同乘马车往北。途遇康甫，邀至复新园夜饭。鲁孙、少蘐、小艇均来，并约良卿来为其祖饯。饭罢，良卿辞往北宅作别。少蘐、燕庭同进城，鲁孙、小艇亦各散。余与康甫、子范往丹桂园看戏，践抡先之约也。

廿三，戊戌，晴，夜大雾

下午，良卿遣纪来约往怡园洗澡。即与毓亭、子范同去。浴罢，至眠云阁小憩。旋即归，送灶。夜饭后，颇觉心绪恶劣，复出城至丹桂园看戏。子正进城。

光绪五年(1879)

元　月

初二，丙午，阴，大风，薄暮雪珠

午后出城，乘东洋车赴北至大观园看戏。茗仙演《下河南》，鞠仙、佩秋合演《美人计》，月山、黑儿演《花蝴蝶》，均甚可观。薄暮，往泰来盛晤陈树生表弟略谈即归。

初三,丁未,阴

饭后,出城至丹桂园听戏。春蘅演《金马门》,十三旦及韩桂喜合演《新安驿》。日暮归。

初四,戊申,晴

访朱子范兄,谈至薄暮。同出城顺至泰来盛小憩。旋即乘车往北至德元馆夜饭。饭罢,偕往金桂轩看戏。新到脚色谭鑫培演《挑铁滑车》,孙彩珠唱《探窑》,达子红演《白虎堂》,均尚可观。子正进城。

初五,己酉,阴,夜雨

回寓午饭。饭后,出城至大观园看戏,黄仁甫兄所约也。晤王子勋世伯、高又泉兄、吴端甫谱兄、姚悦三兄、余康甫如弟、余秋甫兄、蒋良卿如弟、鲍燕庭如弟、雨生、子范诸君子。茗仙演《送灰面》,鞠仙与佩秋合演《白虎堂》,十四旦唱《十八扯》、月山、黑儿演《八蜡庙》。

初七,辛亥,晴,夜微雨

往泰和馆赴康甫、秋甫、青茗之招。到客为姜厚安、叔岩、仁卿兄、张子敬兄、胡芝楣兄、陈步云兄、谢小渊如弟、姚悦三兄、姚兰洲兄、罗鳌峰兄、朱小艇兄、居少蘐兄、吴楚侯兄、王西躔兄、凌颖峰兄、杨益泉兄、崔小安兄、鲁孙、燕庭、子范、仁甫,共设三席。席间,行拇战令。席散后,子范约往天仙园看戏。盖七演《收关胜》,桂寿演《送灰面》,小秃三、熊文通、王桂芳、陈彩林、孙瑞堂合演《探母》,任七、盖六、桂寿唱《施公案》。子正归。

十三,丁巳,阴,大雾

日暮,往石路闲步即归。夜膳后,月明如昼,复出城步月。又遇良卿,同往大观园看戏,晤燕庭、子范。茗仙演《红鸾禧》,鞠仙、佩秋合唱《打金枝》,月山、黑儿演《金山寺》。戏毕,访焰火,尚觉可观。丑正进城。

十四，戊午，阴，晴，午初立春

下午，偕燕庭出城，途遇子范，同往石路闲步，遂各散。余往复新园赴兰洲之约。秋甫、仁甫、榴生、芝楣、步云、小渊、抡先、悦三均来。席散后，小渊约至大观园看戏。茗仙演《送灰面》，鞠仙、佩秋合唱《牧羊卷》，月山、黑儿演《迷人馆》，仍放烟火。丑初回寓。

十八，壬戌，阴，微雪

出城至茗园品茶。茶罢，往北晤衡甫于寄园。抡先、虎臣均来。谈至日暮，至德元馆夜饭。饭后，往丹桂园看戏。子凤亦来，王兆奎演《金兰会》，火奎唱《打龙袍》，桂喜唱《断桥》，春恒唱《七星灯》，福芝演《翠凤楼》，十三旦演《海潮珠》。戏毕，放烟火与大观园相仿佛。子正进城。

廿一，乙丑，晴

访良卿晤谈，仍即回寓。先大父及大妹生忌作享奉祀。午后，往大观园看戏，雨生所约也。戏散，芝楣、小渊邀至升阳楼小点。

廿五，己巳，阴，晴

午后，访子范于泰来盛。适燕庭同来，偕之往北至寄园小憩。谈至日暮，同往琼芳楼夜膳。膳罢，往天仙园听戏。子正进城。

廿六，庚午，晴

松亭遣招，即去。为其代作杭信一封，浒浦信一封。饭后，回寓得霁亭书。旋即出城至天仙园看戏，践榴生之约也。戏散，至寄园，适研孙、芝楣、步云、小渊、秋甫均来。谈至日暮，同往德元馆夜饭。饭后，再至丹桂园看戏，韵楼、锦泉亦来。戏毕，仍放烟火，不甚见佳，由于宿见不鲜耳。

二　月

朔,乙亥,阴,濛雨,夜微雨

下午出城访子范于泰来盛不值,即往北晤燕庭于寄园。鲁孙、秋甫、研孙、子范先后来。即同往琼芳楼夜饭。饭后,往大观园看戏。子正进城。

初三,丁丑,晴,阴

访榴生晤谈。候端甫、仁甫不来,仍即归。旋榴生与端甫、仁甫同来,遂一同出城至教门馆午饭。饭后,往天仙园看戏。戏散,至恺香阁小点。点罢,拟往复新夜膳,乃人满为患,竟无座地,遂往益庆楼夜饭。饭毕,再至天仙园看灯戏,甚佳。丑初始回寓。

初六,庚辰,阴,大风,夜雨

薄暮,至复新园,同人为子范祖饯。在座者为兰洲、燕庭、秋甫、毓亭、良卿、薇舟、筱坡、抡先诸君子。席散,至天仙园看戏。子正进城。

十七,辛卯,雨,下午阴

往一粟庵吊仲忻夫人五七丧。主人嘱为司帐事,至酉正甫毕。即乘舆出城往寄园访抡先,偕至德元馆夜饭。饭罢,往丹桂园看戏,践良卿之约也。抡先亦来。丑初回寓。

廿三,丁酉,晴

下午出城,途遇抡先,同乘车往北至寄园,适芝楣、步云、小渊、又村、秋甫、毓亭均来。谈至日暮,遂各散。回寓晚饭。饭后,复出城至丹桂园看戏,践抡先之约也。虎臣、仲忻、叔常俱已到。子正进城。

廿五,己亥,雨,午后阴

薄暮出城,至寄园晤良卿、抡先,偕至德元馆夜饭。饭罢,同往大观园看戏。新到脚色八宝旦，粗而且嫩。一汪水，余拟改名一段木，始名实相称，且皆西旦，不足观也。丑初归。

廿九，癸卯，晴，辰初春分

往汤宅料理丧事。未正大殓，代为转邀燕庭来题神主，并为逐一开销清楚，乃辞归。旋即出城至寄园访抡先晤谈，适周小园亦来，即在寄园夜饭。饭后，同往丹桂园看戏。丑初回寓。

三 月

初三，丁未，晴

子播归，适燕庭来畅谈。午后，倩燕庭代书楹联十四付。绍珊来晤谈。日将晡，约燕庭、子播同出城至琼芳楼夜饭。饭后，往天仙园看戏。子正进城。

初四，戊申，晴

午后，雨生、燕庭先后来，谈至薄暮。雨生约一同出城至复新园夜饭。饭罢，燕庭先辞归，余与雨生、子播至丹桂园看戏。丑正始进城。

初七，辛亥，雨，下午晴

与秋甫、子播同出城，先至寄园小憩。薄暮，往复新适康甫亦来，略谈近事，即入席。只彼昆季及余弟兄宾主四人，饮颇适意。席散后，往丹桂园观剧，乃人满为患，竟无容立足之地。即至大观园看戏。子正进城。

初八，壬子，晴

午后，偕子播回看石生，同至湖心亭茶话。宜孙如弟由绍来，亦至湖心亭，遂同叙。茶罢，出城至复新园夜膳，秋甫及朱墀孙偕来，往招宜孙，适已他出矣。饭毕，秋甫邀往丹桂园看戏。丑初归。

十二,丙辰,阴,微雨,夜雨

访绍珊不值,往寄园小憩。良卿、康甫均在焉。日暮,邀同康甫及子搢至复新园夜饭。饭罢,与子搢话别,命马春送其上船,余往大观园看戏,俟马春转来。子初进城。寅正地震自西北而东南,约一刻。

十三,丁巳,晴

得撷珊书并寄来二月份书局薪水洋十四元,又子搢嘱付关春蓑姻叔之廿洋一并寄到。下午即来取去。出城访宜孙不值,知在天仙园听戏,即往访之晤谈,并出示榴生来信,并晤雨生。

十五,己未,晴

饭后,收拾行李,命家人先押下船,并令其嘱舟子将船放闸。余即往科署访良卿不值,复至寓与家人话别。出城至大观园晤雨生、宜孙,遂同看戏。

廿四,戊辰,晴,阴

至关署与春木、伯珠闲叙。白马庙演剧,管班者率领脚色持手版至余舟请看戏。饭后,偕春木、伯珠同往。戏固不堪入目,脚色皆如木偶,特不过有气傀儡耳。乡人拥挤较甚。拣一茶棚品茶息足。旋即回寓。①

廿六,庚午,晴,午后风,夜大风并有雨

上岸至关署闲话。潘静山司马自杭归浒,来谒晤谈并订午后观剧。饭毕,先偕伯珠至春木处辞行晤谈。略坐即至白马庙看戏。在酒棚沽酒小酌并佐小点。点罢,仍择茶棚息足。虽云看戏,实是借此观热闹兼以消遣耳。

① 本日至廿六日在苏州。

闰三月

十四，丁亥，晴，夜风雨

午后，燕庭来请其代写楹联六副。旋即偕之出城乘马车往北至寄园小憩。仍即回南，晤抡先于泰来盛，知其昨由崇明来也。订定晚间观剧，遂回寓。得春木书寄来潘静山、雪山购仪四洋，又徐静芬、月舫、六敬四洋。夜饭后，率元儿出城至大观园看戏。新到青衫子兼演花标名陆小芬者，该园十分郑重，乃貌不如茗仙，唱不如瑞堂，身段不如常子和等，直不过一庸庸脚色耳。乃该园先于半月前登诸《申报》，以泥金笺书牌悬挂，称系盖北京一等名角，可谓少见多怪矣。

四　月

十二，乙卯，晴

往松亭处午饭。饭后，松亭约至大观园看戏，燕庭亦来。

十三，丙辰，晴

至科午饭。饭后，出城至寄园访抡先不值，与子范畅谈，良卿来同访赵文翠校书。日暮，至荣源馆夜饭。饭罢，往丹桂园看戏。新到花标小住红，年甚轻，演戏尚解戏情，口齿亦颇清楚，小有可观。小猫猫旦失之过火，胡子生范福奎既无身段又无场步，且无声音，可称三绝。如是居然大书特书，可谓厚颜之至矣。丑初进城。

十九，壬戌，微雨，阴

清理案头，复少笙书，录文一篇，提比四则。饭后，芝楣来约往丹桂茶园看戏，鲁孙、秋甫均来。戏散后，偕至寄园小憩。

廿一，甲子，微雨，阴，夜大雨

出城至玉楼春品茶。茶罢，往复新园践仲忻之约，同席者为吴菊友、抡先、良卿、子范、芝楣、鲁孙、叔常。席散后，抡先约至丹桂园看戏。丑初归。

廿六,己巳,晴

往义渡局访高小云不值,即至科署午饭。饭后,出城至丹桂园看戏,践芝楣之约也。子勋、子范、问竹、燕庭、秋甫均来。戏散后,往寄园小憩。日将晡,约芝楣、子范、燕庭、抡先、秋甫至复新园便酌。饭罢,子范复邀往大观园听戏,招金铃、明珠同观。丑初戏散。

三十,癸酉,阴,夜雨

至科署午饭。申初,出城访砚孙于金保家晤谈,并晤芝楣、桂农、亦芬。日暮,转访明珠,承留夜饭,饮亦颇畅。饭罢,同往丹桂园看戏。丑初进城。

五　月

朔,甲戌,雨,下午阴

芝楣、良卿、砚孙先后来,悦三、洵侯、又村不到,乃往邀子范来,遂成一局。日暮,良卿先去,友梅接替。戌正局散,得彩八金。夜饭后,芝楣复约同局诸君子及余往丹桂园看《新安驿》。至丑初始归。

初十,癸未,晴

访子文晤谈,并晤袁海观太守。略坐即至科署午饭。苏州戈子扬来,并知王燕堂亦来申。饭后,良卿约往大观园看戏。子扬、燕堂均不果来。戏散后,至寄园小憩,适燕堂在焉,略叙离悰。

十七,庚寅,晴,大风

录文一篇。午后出城,至大观园看戏。端甫、子范、雨生、榴生均来,鲁孙不到。戏散,偕雨生同访桂林。

廿四,丁酉,晴

转访雨生、榴生均晤,略谈即归。子范来,交到建帮木船草批。即持访子敬,适研孙在焉。曹咏梅亦来,主人留饭。饭后,研孙约往天仙园看戏。脚色齐全,文武昆、徽各擅其胜,颇堪悦目。惜天气太热,为少兴耳。

六　月

初六,戊申,晴

出城至花宝玲家践良卿之约。子范、毓亭、子衡、友梅均已先到,即入席。招小金铃、李兰卿、文卿来侑酒。席散后,子范约往大观园看戏。子正进城。

初七,己酉,晴

酉初,偕子诚同访榴生不值,遂各散。余即出城访子范、抡先,均不晤。途遇令甫及葛乐仙,同至占春园茶话。茶罢,令甫约至益庆楼夜饭。饭后,复邀往大观园看戏。三鼓乃归。

十六,戊午,晴,夜大风

雨生遣纪约至益庆楼午饭,即去。仁甫、榴生、雨生俱已先到,即同膳。饭罢,至天仙茶园听戏。戏散,访宝珠、桂林、蕙卿,谈至日暮。

廿三,乙丑,晴

出城至益庆楼,鲁孙、仁甫已先到,燕庭、雨生、榴生、端甫继至,遂同膳。鲁孙作东道主人。饭后,榴生邀至天仙茶园看戏,子范、秋甫、亦来,元儿、玉儿均来看戏。戏散后,偕雨生、榴生同访桂林、宝珠。

廿九,辛未,晴

日暮同归,得子播书并寄来英洋四十元,归借项并嘱煮烟者。得撷珊侄信并寄来五月份书局薪水洋十三元。夜饭后,出城至大观园看戏,践良卿之约也。子范、友梅亦来。子正回寓。

八　月

十八,己未,晴

今日为弟媳岁庆。余约至亲至友数人为子揩补馔五十大寿。来拜寿者为敬甫、贯之、燕庭、子垞、澥垞、汉垞、剑潭、铨叔、星墀、仲基诸君子。内客只大姊、二姊及两侄媛四人,家中唱滩簧。余与子垞、燕庭手谈至晚。局散,余胜四洋,内外设三席。亥正客散,滩簧唱至丑初。①

九　月

初二,壬申,阴,晴

回看秋甫不值,适研孙来,即同出城为康甫代购水烟两。乘车往北,又为代购清膏四洋,遂至张二宝家候秋甫。久候不来,子范来访,即偕至桂林处小憩。日暮,子范邀至复新园夜膳,鳌峰、抡先均来。饭罢,子范复约往丹桂园看戏,鳌峰先进城,秋甫却来。丑初始归。

重九,己卯,晴

出城至寄园小憩,晤子范、抡先、仲忻、友梅、榴生诸君子。谈至日暮,榴生、秋甫先辞去。余与子范、友梅、仲忻、抡先至杨处赴朱少梅之招。到即入席,招小宝、爱生、宝卿、秀宝来侑酒。席散后,往丹桂园看戏。丑初始归。

十一,辛巳,阴雨,夜大雨

访秋甫,适研孙、少村同来,遂同午饭。饭后,偕之出城,途遇元儿,即同乘马车往北至丹桂园看戏。同人为鲁孙、秋甫、仁甫三君子共祝百欲大寿,玉儿亦来。戏散后,先令女仆侍玉儿进城。同人至复新园饮宴,共设四席。席散,再至丹桂园观剧。子正率元儿

---

① 本日作者在杭州。

同归。

十　月

初十，庚戌，雨，子初小雪

往青莲前院吊罗春江五七丧，主人留饭。饭后，良卿约往天仙茶园看戏。景四宝与盖山西重来海上，合演《粉岱功》，似逊于前多矣。

廿二，壬戌，晴，阴，夜大风

午后，访春木，偕之出城至北寄园小憩。燕庭、涤铭、竹轩均来。谈至日暮，正欲言旋，适良卿、子范、仲忻偕来，邀余至益庆楼夜饭，乃良卿作东道主人也。饭罢，仲忻邀往天仙园听戏。子初归。

廿五，乙丑，晴

往南台处襄理素事。巳正大殓，请燕庭来题主。谈至下午，余出城访象山、竹林均晤。春湖亦来，约至复新园小酌。饭罢，余邀往大观园听戏。子正，与象山、玉阶话别即偕春湖进城。

十一月

廿三，壬辰，晴

回寓知榴生兄于今日寅时得一子，不胜欣喜，即往贺，晤谈。旋访雨生，同出城至德元馆午饭，子敬、锦泉、鲁孙、仁甫均来。饭罢，至天仙园看戏。适金秀宝、朱管卿两校书请客，约计八十余人。群花大会，惜少佳者。薄暮进城。

廿六，乙未，晴，阴

余以右臂酸楚，就席间倩培之、洛川两竹林诊视。称系血气两亏，急须培补，气血久则恐成偏废。云须服参茸诸味药品。贵重无力服此，只好听之。席散，至天仙茶园看戏。子正归。

三十,己亥,阴,薄暮雨

访康甫,略坐即归。适为仁甫招往看戏,即去。先至海源馆午饭。端甫、榴生、雨生、子敬均已先到,即同膳。饭罢,往天仙茶园观剧。康甫、秋甫均来,研孙自浒浦归,亦来。

光绪六年(1880)

元　月

廿七,乙未,雨

谒刘观察并投绶哥信,不见。转谒汪雨生恩庆姻谱兄,并乃郎抡先世讲,均不晤。即至秋甫处午饭。饭后,偕之出城至天仙园看戏。高又泉兄及其嗣子鞠臣并研孙、墀孙、桂岩、子敬、少屏均来,翰臣亦来。

廿八,丙申,阴

余往秋甫处闲话。桂岩、子敬、仁甫、研孙、少屏先后来。看桂岩绘账者及岁朝请供立轴。薄暮,子敬邀出城至得源馆夜饭,撷芬亦来。饭罢,往天仙茶园看洛阳桥灯戏。灯固可观,点缀亦妙,颇新耳目。

二　月

朔,己亥,阴

拟访秋甫,途遇子文,遂同至聚丰园赴席。端甫、鲁孙、燕庭、良卿、仁甫均来,傍晚入席。席甫半,闻乱锺报警,探悉小东门内警院场回禄,主人即匆匆终席而去。仁甫复邀往天仙园看戏。子正进城。

初四,壬寅,晴

往邑园代春木选择举殡迁柩日期。转访徐丽琴梓为王宅事也。回寓剃头。饭后,访抡先晤谈。同出城至天仙戏园,略坐即归。

初八，丙午，阴，微雨，子正雷电交作且大风大雨并有冰雹

午后，访燕庭晤谈，同往姚第回看湛卿，亦晤。出城闲步，薄暮有微雨即归。得子播书知其患腹泻，记念之至。夜饭后，再出城至天仙园看灯戏。子正进城。

四　月

初八，乙巳，阴

午后，出城闲步，遇仲忻同游豫园，仍即归。夜膳后，率元儿出城至天仙园看洛阳桥灯戏。子正回寓。

廿二，己未，雨，大风，下午阴

夜饭后，出城至丹桂园看戏，践子范之约也。周春奎由都回申复演。此诚都中名优，唱演双绝，然而已觉渐老矣。子正进城。

五　月

朔，戊辰，晴

饭后，抡先偕洪同山、施少溪来同游豫园，至四美轩茶话。茶罢，出城诣义和栈，访乔季仁。同转亦晤，遂同往复新园夜饭。秋甫、抡先作东道主人，周少屏亦来。饭毕，复约往大观园看福瑞山灯戏。灯彩点缀，似与洛阳桥仿佛，而与本戏毫无关合，遂觉乏味。丑初进城。

六　月

十五，辛亥，阴，雷雨，夜大雨

出涌金门买舟渡至三潭印月观赏荷花，极多，惜已开过十之六七矣。关帝殿侧德晓峰，方伯添筑敬楹，颜其额曰“迎翠”，为燕集之所。已落成，颇觉宽敞。甫坐定，见四面黑云如墨，雷声隐隐，俄而大雨如泄,一时许乃稍住。即回船,闻邻舟有女傥子班唱戏,貌仅中人,艺尤不善。遂令舟子移泊两宜楼,上楼小酌。①

廿五,辛酉,晴,夜雨

至二宝家小憩。研孙先为王少笙招去,余与秋甫、锦泉至聚丰园夜饭,秋甫作东道主人。饭后,至大观园看戏,研孙偕少笙亦来,少笙作戏东。子正进城。

七 月

初三,己巳,晴

日暮,研孙邀往老益庆楼夜饭。余顺道访贯之,不晤即至益庆践约。隔座为粟香乃弟子香宴客。座中有免痴笛舫以酒后语言各不相让,遂致口角。子香已大醉,独自而去。诸友听之,绝不一顾,而途中马车络绎,醉汉殊可虑也,乃竟任其独行,亦何贵有朋友乎?余颇不然。饭毕,秋甫拉至张处捕风,见席尚未散,乃往天仙园看戏,只听一出。

十二,戊寅,晴

往义和栈看令甫,适研孙亦来,遂同往荣昌茶叙。子敬、俊卿、锦泉、康甫先后均到并食点。旋即雇马车二辆逛静安寺。日暮归,俊卿先去,诸友皆至张家小憩,寻为研孙邀至复新园夜饭。饭后,子敬约往天仙园看戏。新排善戏《延寿录》似寓劝惩之意,卒至诸鬼跑台,沥血祭义,殊觉乏味。子正进城。

十七,癸未,晴

酉初同出城,同人为康甫补馔四十大寿。假座复新园正厅,共二十五人,设三席。入席后,余与搢弟即为贯之邀往楼上饮宴。同

① 本日作者在杭州。

席者为黄焕烟观察、夏平叔、许子万姻叔，宾主只六人。焕烟略坐即去，席上客愈少，余弟兄不能再至康甫一局矣。散席后，与子播往天仙赴公馔戏局。演《魁星现》，亦善戏也。关目既不见佳，又失戏名、本旨，甚至魂游地府，数见不鲜，还阳之时必须由棺而出不特阅者碍目，实属笨不可解。余君编此等戏，可招见其为人之不作观也。丑初归。

十九，乙酉，晴，下午阴

出城至老益庆楼赴研孙之约，主人未到。即往素娟处访之，在焉。令甫、桂岩亦同在彼。康甫、秋甫继至，乃往益庆楼夜饭。饭罢，与秋甫、研孙、桂岩辞，偕子播至天仙看戏。演《难中福》，系胡文忠尅复丹阳，发逆为王三麻子。关目既合，唱演亦真，行头别致，旗帜鲜明，一新耳目。善戏中之首推佳作也。

八　月

二十，丙辰，晴

阅庶几堂新戏曲本，俚鄙不堪入目，虽寓劝惩，亦不足以动人。

廿一，丁巳，晴

访少笙、墀孙均晤，归途购得纱小帽一顶，计六十七文。回寓得子文复函。再看庶几堂曲本，味同嚼蜡，不再复观矣。

九　月

初七，壬申，阴，夜雨

午间，备筵两席送至子播新寓。内外分设家宴。席散后，出城至大观园定包厢一间，正桁一只，仍即进城。夜饭后，请子播家眷、星墀伉俪、铨叔、子香至大观园看戏。演《福瑞山》，数见不鲜矣。丑初归。

十四，己卯，晴

子播雇马车三辆，家眷往游静安寺及徐家汇等处。室人偕元儿、玉儿皆同去。余与两儿不往。日暮始归。知搢弟已往复新园假座请同寅,余亦即去。仅到唐可玉大令、时蕚卿观察、翁子文太守、邵酉山司马四人并愚弟兄。只坐一席,留一席为明日宴客。甫入席,知眷属已到天仙茶园观剧,命家人先往伺候。席散,子搢往戏园。余至尚仁里谢韵卿,赴平叔之招。同席者为王郁两君,招佩芝、月兰、双珠、爱珠来侑酒。亥末,席甫散,即往天仙,适演《难中福》。丑初始归。

十六,辛巳,晴

日暮,至复新园请上南川同商并公堂诸襄事,顺为两侄倩祖饯。仅到平叔、亦桥、梦渔三人,忻甫、书绅及两侄倩均到。席散后,亦桥约两侄婿及余往三雅园听戏。演《铁冠图》,甚佳。惜看客寥寥,知音者少耳。

十　月

十一,丙午,晴

傍晚出城至复新园践锦泉之约,小园、芝楣、小渊、抡先、子敬均来。席散后,复约至金桂轩听戏。均系西梆子,惟花标为最胜。至《三上吊》一出,虽称绝技,然艺也,非戏也。既失戏字本旨,有何取乎?

十三,戊申,晴

出城至复新园为燕庭馔寿,共二十四人,设三席。余又为芝楣邀至楼上再饮。席散后,诣大观园看戏。新演《蜃中楼》,灯彩尚有可观。室人及森儿、元儿、玉儿、巧儿亦均来往看。子正进城。

光绪七年(1881)

元　月

十二,乙亥,阴

粤珍弟妇与室人订盟,代书兰谱两份。致丁锦泉如弟信交局寄江阴。午后，出城至大观园看戏，践仁甫之约也。戏固不佳，看客亦颇寥寥。新正如是寂寞，各业生意可想矣。

三　月

初九，辛未，晴

梅亭采觞谢客，余本已辞，乃邀之至再，不能固却，只得前去。晤沈远哉，已别十二年矣。戏尚可观，较之沪上脚色，究属稍逊。至二鼓回寓。

七　月

十七，丁丑，晴

为宗载之代购各件。旋雇马车同游静安寺。该寺落成后，余尚第一次到也。看涌泉，石上镌明天下第六泉，载入志书。至外国茶室啜茗，每盏二角。价昂而茶丑，不特无以适口并不足以解渴。得晤佩芝，询知乃依谢氏居。薄暮，回车至泰和馆夜饭，饭罢，往天仙看戏，均子敬作东道主人也。丑初率琛儿归。

十九，己卯，晴，阴，大风

率大儿同访秋甫晤谈，研孙来订定晚间金桂轩看戏。下午出城至荣昌品茶。日将晡，偕大儿至复新园践春湖之约。主人未到，即嘱园夥代办。与儿子同往德源馆夜饭。饭后，即往金桂观剧，秋甫、研孙、墀孙均来。湖北花旦月月红色艺均尚可观，演《玉环醉酒》身段颇佳，微嫌太火耳。新戏演《春秋笔》，不解何时故事，并不知何以命名。惟戏中杂以卖艺戏法，灯彩尚可醒目。丑初回南。

二十，庚辰，晴，阴，大风，微雨

午后，晴岚招喜莲处全班至公堂弹唱，四男三女共唱六回。询其价，称共十七洋，未免太昂，殊不值也。

廿三,癸未,阴雨,大风微雨

下午率琛儿往复新园践秋甫、仁甫、研孙之约。主人均未到。至云成访颖峰,不值。略坐再至复新,秋甫、研孙已到,鲁孙、墀孙亦来,仁甫继至,少屏、小园最后来。入席畅饮,席散至天仙看戏。子正归。

廿八,戊子,晴

余偕晴岚、伯华、墀孙、琛儿往城北游,在德源馆夜饭,天仙园看戏,颇热闹,喜莲、佩珠来同看。丑正始归。

闰七月

初二,壬辰,晴

转访孟检、子勉均晤。晴岚、伯华亦来,同至复新园晚饭。饭后,往天仙看戏。丑初归。

李兴锐日记

李兴锐(1827—1904)，字勉林，湖南浏阳人。起自湘军，与曾国藩、李鸿章等湘、淮官僚集团关系密切，是晚清的务实派官员，做过长芦盐运使、福建按察使、江西巡抚等。1903 年署闽浙总督，1904 年署两江总督，同年殁于任所。李兴锐日记尚存部分，其中有他看戏狎伶之记录。谷曙光据中华书局 1987 年整理本辑录。

同治九年庚午(1870)

五月二十五日(6月23日)

早起,至西河沿仁昌金店顾又亭名维新,浙江人。处,交兑银钱。闻天津百姓二十三有烧天主堂之变。其先洋人迷拐汉人小孩无数,谓之排花,吸髓取睛以供药味,凶惨万状。民间愤烧其堂,并毙其领事与其党二十余人。洋人来京控案。朝廷柔远保赤,不知何以两全。午刻,偕云舲至庆和园听戏。申刻,赴魏赓臣兵部之招。归已暮矣。是日阴雨不止,夜半大雨达旦。

六月初九日(7月7日)

吏部值日以□□□太后病,撤引见。莘印邀与云舲听戏,并入酒馆,醉归。抗谈直言关忌,自今戒之。是日晴。

六月十八日(7月16日)

许仙屏邀至广和居早饭,久谈始散。同乡聚会馆,以戏、酒请浙江提督黄芍岩少春,余为陪客,竟日欢饮,亥刻始归。黄恕皆侍郎,以余不解逢迎,甚不快,形诸言词,笑置之。是日阴,小雨。

六月二十四日(7月22日)

自昨宵大雨,至于日中方止。申刻,至西河沿正乙祠面邀顾又斋,柬请听戏两曲。旋赴李小轩湖广馆之招。归寓,料理明朝引见事。

七月二十一日(8月17日)

早起,答拜刘子务。出西关答拜刘子征军门盛休,并至陈小帆观察处。申刻,与荔秋、挚甫赴丁乐山观察之招。夜,以张翰泉亲供应否递交总署(编者按:下缺)。天津禁戏,谣言四起。夷务文书宜谕仇书办,格外机密,各事禀谒爵相。与荔、挚谈至三更。是日晴。

八月初七日(9月2日)

早饭后,过唐伯存,同高端甫、敖云乔至戏园听戏竟日,挚甫亦至。戌刻回县署晚饭。归署,发金陵家信、王少岩信。是日晴。

八月初十日(9月5日)

寄蒋养吾信。下午,与挚甫至县署听戏。夜,同荔秋斟酌府县供词。三更后,陈蓉斋自县醉归,向余糊语,此人妄甚。是日晴。

八月十五日(9月10日)

早起,同幕府诸位谒节相贺。饭后,听戏,拉荔秋同去,非彼所愿也。是日晴。

八月二十九日(9月24日)

早起,送栗諴协亭、鹭卿云舲回省。下午至金馨园观剧。夜,早睡。是日晴。

九月初五日(9月29日)

谒李中堂谈盐务及曾侯进京事宜,吾辈出处之事甚久,午刻始退。谒曾侯,一一言之。未刻,赴王纶阶戏园、酒馆之招。二鼓归寓。是日晴。

九月二十六日(10月20日)

丁乐山观察来拜,为史贤立说差事,不谐。未刻,同高端甫、敖云乔往金馨园观剧。酉刻,赴马松圃之招。夜,与端甫久谈。是日晴。

十月初一日(10月24日)

闲居天津县署斋。下午,送吴挚甫回保定。赵小山约观剧,马松圃约晚饭,皆未往。是日晴。

十月初二日(10月25日)

早起,拜司道府镇及寅好二十余处,辞行。恒云舫都转留早饭。申刻回寓。至袭胜园观剧,有盐山富商何慎斋邀至名庆馆小饮。狥众唤优名玉奎,玉奎粗莽,无相公忸怩气习,而善唱二黄。席终同众客至其寓处,给京钱十千,茗啜而散。归寓已亥刻矣。是日阴,大风。

十月初三日(10月26日)

早,东街火起,甚近运署,水龙至始灭。延烧店面十余间。巳刻谒辞李少荃中堂,坐谈颇久,适洋酋密妥士来,余即出。下午,至袭胜园观剧,余作主人,偿座钱四千,报诸友之请也。是日阴,小雨。

十月初六日(10月29日)

赵小山邀至东门外庆芳园观剧,又至名庆馆饮酒,玉奎在座。席散游览数处,归已三更。是日阴晴。

十月初七日(10月30日)

竟日风雨。夜,偕云乔、小山至宝兴堂小饮,余为主人,即以楹联留别玉奎云"儿女心肠,英雄肝胆;花草世界,优孟衣冠。"跋云:庚午岁始识玉奎于津门。端谨无龌龊气,所作《孝肃镵美》、《太白醉写》诸剧,嘻笑怒骂,意态若生,足以发人感喟。临别赠此,玉奎藏之。湘南筱水散人。"席散归寓,已寅初矣。是举并唤玉奎师兄名小云,才色谈唱皆不佳,取其安静,且玉奎恿怂数次矣。

十月初八日(10月31日)

申刻,敖云乔邀至聚兴园为余饯行,陪客为汪云皋大令以现为县中发审,不叫相公,极是,极是。万云笙户部,莲甫之从父也叫松保堂翠兰、高端甫、以现为莲甫幕友,不叫相公,极是,极是。何慎斋叫松保堂小翠,又叫冯占魁。占魁年将四十,唱须生好手,不当作相公论也。陆锦堂叫荣发堂玉翠，玉翠才色俱佳，大小喉咙皆擅长。云乔叫添树堂小金，小金色美不能唱。余并叫玉奎，小云堂曰宏兴。自戌初至亥末，更番拇战，更番高唱，欢笑一堂，极风流之乐趣。是局，赵小山未至，前两局小山所叫春福堂顺玉，有姿而不能唱，举动亦觉粗俗。席散，偕众客遍至诸相公寓处。子初归寓。复与端甫、云乔、赵小山久坐话别。丑正乃寝。是日阴。早间为云乔写楹联送小金。自初二至今，余叫相四次，花钱三十余千，从来无此行径，故缕列记之，以俟事过情迁，触目知所警耳。

十月十二日(11月4日)

早阴，巳刻大雪。申刻，始抵河间。住县令王纶阶处。夜，作信寄萧廉甫及其幕友端甫诸位，交纶阶耑便带去。夜半雪止。缄端甫、云乔、筱山云：津门之乐，得未曾有。数丈狂澜，陡起陡落，笑我者有之，怨我者有之，兄等用情最笃，知我最真，宁独无一言半解，以相谅耶？郁芬留于齿颊，咳唾隔以云天。回首东望，能弗怅然！别后道路泥洼，雨雪交困，四日方达河间，亦不知迂绕几何里数，销受几何闷气。前者过欢，今者过寂，环报若此，必非兄等所愿闻矣。弟半世飘篷，抖擞来直，丝毫无所建白，率尔挂冠，博一斗名以去，虽风流之罪过，亦解嘲之变格，未始不足以自豪。千金虽小，云筱自能珍之，无俟琐嘱。至于奎也，翠也，我之所至，而皆不能毫发无遗憾者也。此后渺渺山河，音问莫及，尚赖诸君广庇，为我左提右挚，以匡不逮。若遽加白眼，冷热天渊，彼必有词以怼我，兄何取焉？甫卸征装，走笔奉状，后会何时，诸惟努力自爱。

同治十年辛未(1871)

四月初四日辛未(5月22日)

拜客一天。容莼甫闳留晚饭。夜，至金桂园观剧。是日阴雨。

八月十九日(10 月 3 日)

阴天。下午赴运台戏、酒。

八月二十一日(10 月 5 日)

看庆字三操营。下午赴何莲舫家,公请戏、酒。是日晴。

同治十一年壬申(1872)

六月初五日(8 月 8 日)

申刻,请荔秋、桐云、竹儒饮于福庆楼,丹桂园观剧,一切均托桐云料理。为饯荔秋,故有此。

十月初四日(11 月 4 日)

至善征处听戏,夜方归。晴。

钼月馆日记

《钼月馆日记》，何荫柟撰。稿本藏上海图书馆，光绪丁丑下卷、光绪己卯至甲申上卷、光绪乙酉至庚寅上卷、光绪辛卯、光绪丁酉至乙巳上卷、光绪丙午至戊申、宣统庚戌至民国元年，共53册，版式为红格白口四周双边单鱼尾，原书尺寸24.1×15.5cm，板框19.4×13cm。任荣辑录整理。

光绪三年(1877)①

八 月

十五日,丁酉。有晴意又阴,飞小雨,晚晴忽见月

筠畦又来,听秀华清音,兰亭来唱二簧数套,聊解嘲耳。

九 月

初六日,戊午。晴,冷

午后吉庵携嗣香来,听摊簧调。此杭人之绝技,音律惬恰,别有声韵,亦足怡情。

十 月

初七日,戊子。晴暒,不冷

下午与松叔到富春茶园一行。自前日开演,门首仍复拥挤,但闻鼓乐喧腾,未尝寓目,遥想无非尘羹土饭也。

二十日,辛丑。晴不暒

午后与宰丈到街头一行,绕片刻而归。始意欲观剧,藉为松叔致饯,以庙戏,遂致阻兴,殊怏怏耳。馥芝来,略坐即去。嗣兰亦来谈。

光绪五年(1879)

正 月

初九日,癸丑。阴有风,晚微雨

午后演戏,复封篆公局东道,并幕中诸人,聚至子正许始各散

① 未加说明者,皆在杭州。

去。戏皆寻常，惟新彩尚足点缀年景也。

廿八日，壬申。晴暖

与铭弟到双门底一行，匆匆而归。午后演连福部，此镜如东道，约梧园、中之同聚，无他客。添唤联喜昆曲数出，连福戏尚平平，聊藉一新耳目，至有目共赏之文，亦仅一二可者。甚矣才难，不其然乎！子正后始各散。

二　月

廿一日，乙未。阴，潮湿燥暖，晚小雨风凉

午后演联喜部，此首领公所诸人公局，梧园、虎臣亦与焉，丑初乃散。……今日阿娇独演《思凡》一出，大佳，口齿清脆，关目周密，几至毫发无遗憾矣，诚空前绝后之文，不数觏也。

三　月

十六日，庚申。晴有云，晚月极佳

天已爽霁，为之大快。午后演联喜部，此局乃俞吉翁为其嗣少令甫、大令煐权篆花县，以喜酒借地宴客，少子叔华懋采、东床彭润菴保，又亦民父母均到，客则首领公所梧园、椒实、小巢、虎臣并幕中诸公，济济四席，畅聚至子正后乃散。上灯，福刁亭来，不肯同坐观剧，为备一壶一簋酣酌而去。

闰三月

初三日，丙子。晴，爽暖

今日闰上巳，苦于无可游玩，上屋设清唱一部，声色怡情，一快耳目，子初歇。

廿九日，壬寅。晴，不热，昨透雨之力

谦夫作东道主，午后演艳福班。此班尚未寓目，姑且领教，以验人言当否,果无出色之人,亦无新奇之作。复添如意、河桥来演数出,虽司空见惯,究属余味可寻也。子正散。

四　月

初五日,戊申。阴,小雨数点,旋雨一阵,午后大雨绵密,至傍晚始止,微凉

今日成子中夫人约两妹观剧,适遇竟日大雨,恐淅沥之声将胜于箫管矣。上灯后雨止,当可安心静聆。

二十日,癸亥。阴雨,晴,午后时雨时晴,至三至再,晚不热

泳儿三朝,为重闱贺,亲友有来贺者,留午面一餐,各散。上屋设清唱,丝竹管弦,足以娱乐。晚两席,公所首领梧园、聪庵聚至亥初始各散去。

廿五日,戊辰。晴有云,热不甚

文川来,以今日戏局宴客,遂不流连,匆匆去之。午后开场,演连喜部,并有别调者,至子正乃散。客则沈廉仲、李笛楼、管聪庵、王赓伯,余即幕中人也。

五　月

初五日,戊寅。晴,旋阴雨,午后小雨数次

今日演连喜,点缀佳节,首领谦甫、少棠到,公所中之到,余则梧园、桂孙、仲素及幕中诸公。戏未及半,而藩署忽来传人清唱,精者入选,大有搁笔之势。至席罢时乃陆续归来,择演数出,颇觉聚精会神。丑初始各散,就寝已丑正许矣。

十二日,乙酉。晴热

午后添寿人来,去后遂至金陵会馆行礼,武帝圣诞,乡人例祀也。张陶二公留观剧,遂在馆中瞻仰一番。……下午席未散,乃先归。

十八日，辛卯。阴晴风雨

泳儿弥月，诸相识均来贺，因留午面一顿，陆续各散。上屋设清唱一部，连喜虽未回省，于他部检选亦尚得人，特自然之致多不能及也。晚稚麟、少塘、聪菴、梧园、望三各此在（在此）便酌而去。

六　月

初二日，甲辰。晴热

早起为祖父叩祝，客来甚多。里外开戏，至子初后客散，一日亦甚疲之也。

初八日，庚戌。晴，午后大雨，入夜雨通宵

大婿生日，为重闹贺，设清唱一台，庶不寂寞也。

十四日，丙辰。晴不畅热

午后出门，为俞吉翁祝寿，适成方伯在彼，遂留相陪观剧，坐时许乃各散。

廿三日，乙丑。晴热，下午有雷未雨，微爽

午后演翠华戏，朵云、稚麟公局，坐有哲垒、莲仲、画舫，首领公所熙亭、赓伯及幕中诸人聚极欢。戏虽熟，将脚色安置得宜，亦殊不恶。阿娇演《琴挑》，可谓极品，前此者虽各极生妙，特未能举动皆然，此女独擅揣摩，如置身其中，所以神情毕肖也。子初后散。

廿七日，己巳。晴热

余生辰，为重闹贺。……以天时尚晴爽，遂唤翠华打软包戏数出，并传连喜昆曲，约首领公所及许王二公来，福熙亭亦来相祝，乃留聚，子初后乃散。

七　月

初八日,庚辰。晴热极,晚风一阵,少爽,有云有电

姨奶奶生日,至熟诸人均来祝,留午面而去。上房设清唱,亦点缀意耳。晚,中之、谦夫、少棠在此小酌。

十九日,辛卯。晴,有云

五弟生日,为重闱贺。松叔新得女孙,适今日弥月,伊唤清唱一部,设于上屋,颇不寂寞云。中之、少棠在此午饭,晚又来周旋而去。

廿六日,戊戌。阴,风凉

午后演连喜部,此局为公所首领祝寿之举也,约菽石来同聚。戏文亦皆寻常,惟《伯喈会妻》一出,凄婉动人,诚惊心夺目之作,即昆曲中《廊会》也。子正后各陆续去。

廿七日,己亥。阴雨,凉

今日母寿演剧,乃为内眷所请,遂不得不然也。向虽不以道学自居,然亦不屑作此无益之举。今则无可如何,盖信齐家之不易言矣。

八　月

初五日,丙午。晴热

宛文夫人生日,贺如例,虎臣在此午面而去。下去唤连喜清唱,聊以点缀。艳仙度《折柳》,清脆沉挚,音调动人,是不可多得者也。文川在此晚饭。

廿七日,戊辰。阴有晴意,下午雨一阵

今日宴客,冒哲斋、晏华方、江筱郇、姚菽石、邓仲熊清风,无锡人,新到运同、文川、少棠、谦夫、中之各及幕中诸人,并有西友延龄、履端、台三。午后开戏,演翠华,并传连喜诸人,子初后即散。

廿八日，己巳。晴，微热

早起为大人祝寿，并为大父暨慈亲贺。……今日又定清唱，复改为戏，匆匆收着铺排，申正开场，较昨颇佳，大有聚精会神之妙，丑初后始散。

九　月

廿八日，戊戌。晴冷

午后偕五弟到金陵馆，祀神演剧之局，松林即借地备席，以饷乡人，亦一举两得之道也。与云芬共话半日，傍晚散归。

十　月

初五日，乙巳。晴热

今日江小村、福熙亭、王赓伯、李笛楼借地演剧，首领公所及画舫、仪臣均到，别约张维桢、陶小松、陈芸芬来聚，子正后各散。

初十日，庚戌。阴有晴意，微爽，入夜小雨

午后演连福戏，万寿圣节，藉以宴客，两首县及首领诸公，并约子祥来，子正后乃各散去。

廿六日，丙寅。晴暖

今日同人治肴，为叔祖与宰丈洗尘，兼祝松叔，乃助以连喜之戏，亦颇欢畅。子正后各散去。

十一月

十一日，庚辰。晴不畅不冷

松叔、叔祖公东设席，且作预祝之局，设连喜戏于上屋，别无他客，颇属清净大妙也。子正即散。

十五日,甲申。晴暖甚

慈寿,率弟辈叩祝。同人至熟者均来,留午面,乃陆续散去。今日本唤清唱,因天时人事皆宜,遂演戏数出。

廿八日,丁酉。阴暖,雨甚密,即止,晚又雨

午后演连福戏,并传昆脚数人,客则叔勤、淮生、仲素、赓伯,余则中之、梧园早间来,遂留之同聚也。连福戏虽无十分出色之处,多皆平正通达之作,且近亦有昆曲数出,亦尚勉强不得去,或将总连喜而起欤?阿胜初学昆,上台居然稳妥,《南浦》关目无多,似尚容易,《琴挑》则颇见丰神,歌喉圆湛少逊阿娇,倜傥风流则过之无不及也。

十二月

初九日,戊申,阴细雨潮躁

少棠来午饭去。文川、中之各来去。今日本有清唱,因乏趣,乃改戏,亟亟收着,上灯后开台演数十龄,均极精神,且金屋中人已别择枝棲,行将去矣,今之雅奏等似骊歌,言念伊人音容顿绝矣。

廿九日,戊辰。阴,当午放晴,下午又阴,入夜风凉

早起辞年者络绎。……下午连喜班有来贺者,遂唤清唱以助兴。

光绪六年(1880)

正　月

初四日,壬申。阴有雨,不暖

饭后偕五弟赴中之之约,三弟继至,同座者梧园、子进,且有清曲二三人,亦点缀升平之意。

初六日，甲戌。阴雨，午后雨未止而忽畅晴片刻，此晴而不晴月照，晚大雨数阵，且有雷电

午后开戏，演连福部，有新灯彩，亦尚楚楚可观。客四席，哲斋、画舫、熙亭、筱郇、椒石、硕卿、积甫、中之、绍棠、谦夫、文川、赓伯、仪臣、梧园、松泉，并幕中诸人。一日戏尚不劣，特阴雨相坌，未免搅人耳。聚至丑初乃散。

十三日，辛卯。阴，风冷

早起赴金陵会馆团拜，看戏，巳正入席略坐，即偕叔祖出油阑门登舟。

十五日，癸未。阴雨竟日，风冷

今日唤清唱，聊以点缀佳节，但阴雨又作，兼有寒风，颇为闷人。

二十日，戊子。阴有云，不暖

今日哲斋太守诸人借地春宴，未初开戏，子初始各散去，同聚者皆初六局中人。

廿八日，丙申。晴暖，有云

虎臣来，谈及今日江苏一省团拜，演连喜戏，戏亦率见不鲜，但如意、阿胜演《琴挑》一出，殊令人遐然神往也。

二　月

十二日。晴有云，风冷

午后上屋清唱，本定初六改后者，为叔祖破闷，可以静坐领略一二，不致生厌。

三　月

十二日，己卯。阴雨

今日复首领公所春宴局，并请壶洲及幕中诸人。午后开戏，演连喜部,子正后客散。但一日阴雨,未免不甚惬怀耳。

廿四日,辛卯。阴雨,不凉

午后开戏,演连喜部,此梧园留别之局,只约中之及幕中诸人,庶可[免]酬酢之劳也。戏皆寻常,惟小阿顺演《佳期》一出独绝,初次登台即能自如,歌喉宛转,体态幽柔,不亚前辈风流也。子正后乃散。

四 月

初六日,癸卯。晴热

午后开戏,演翠华部,并选连喜昆曲数出,聊可一清耳目。小阿顺独演《思凡》,颇能合拍,且关目处处还到,点水无遗,后生可畏,前贤不得专美矣。

十二日,己酉。阴燥,午后雨一小阵,夜大风

今日本定清唱,临时改戏,申正后开台。大冰画舫、仲熊,陪冰筱郙、仲素、中之、绍棠、芝舲、缘臣,共两席,幕中诸人另一席,子正乃散。

十八日,乙卯。午前大雨半日,午后雨止,见阳光

泳儿周晬,又为绶姑娘生日,为重闱贺。……上屋设清唱,以助逸兴,亦点缀意也,仅来六人,亦足敷衍矣。

六 月

廿三日,己未。晴不畅,有微雨,旋止,晚又小雨,不凉

今日以无事,将月前松叔、宰公所定之清唱以遣长昼,遂复该软包戏十二出,皆聚精会神之作,颇足怡情。阿胜初演《思凡》,居然音调合拍,关目悉当,天下事固有不能专美者也。一无外客,且得竟夕清聆,闲适之至,将丑初甫散。

廿六日，壬戌。阴湿，午后大雨

今日唤升平清唱，亦庆贺万寿之意。连喜、连福一为海关所定，一为子中、方伯所定，即常唤几人亦有不暇也。不得已而思其次，聊娱心目焉耳。

七　月

初八日，甲戌。阴雨，午后晴，不畅

今日本唤清唱，下午改软包戏十数出，聊畅心目，虽尘羹土饭，亦足怡情。子初后即散，恰到好处，不必厌倦方休为得也。

十三日，己卯。阴有阳光，有雨，热，午后雨旋止

本定明日演剧，为成方伯夫妇饯行，因轮船未能久待，遂相辞，其配则过相叙别，只得留饭。明日戏局便尔中止，数见不鲜，亦姑少待，或久则别有滋味也。

廿二日，戊子。晴，午后雨一阵，又晴

到会馆，宰公、松叔、五弟已先至，祀福德正神，礼章观剧，戏甚不佳，奇形怪状，恶态百出，实不可耐。以维老意甚谆挚，不得不与之周旋也。下午即归。

八　月

初五日，晴有云。闻雷，未雨

今日本拟唤菊部承值，以反弓有演禁之仪，纷传不一，亦姑从众，须臾以俟之。以八音点缀，虽可悦耳，未足娱目，殊闷怀也。

十　月

初三日，戊戌。晴爽，有云

昨日今两日，海关署以生辰，仍复演剧，莫能禁阻。振老有谓“可恨全城平行太多，不能皆遵禁令”之说，是中心之怫怫，已毕露矣。

十一月

十四日,戊寅。阴,暖甚,间有阳光

今日唤清唱数人,消遣半日,久不聆此,亦足怡情。明日本可热闹,因月食,不便管弦也。

十二月

初八日,辛丑。晴,不冷

今日唤清唱,聊自娱也,亦以赏腊八节云。

光绪七年(1881)

正　月

初六日,己巳。阴,午后时雨时止,冷

今日唤清唱,亦点缀新年,取一时之热闹而已。子正各散去。

十四日,丁丑。晴暖

明日定演戏局,一切布置,少费经营矣。凡是坐享其成,亦诚误人不浅,及至事必躬亲,便有如许棘手处,可见不好贪安为上乘。然适当其境,而故为矫情,亦近伪作。能操纵自如而无形迹者,方见其胸怀也。

十五日,戊寅。阴有晴意,下午小雨一阵

辰正起为重闱贺。……午后开戏,演连喜。约张维翁、筱松、夏仲翁来聚,皆乡人也,绝无拘束。下午耕伯来,遂留同聚,颇乐从。伊家今日有开馆一席,遂托陪客代劳,此亦老练爽捷为至极矣。张陶二公先去,因会馆有公宴之局,延之来看戏,因留下榻。今日戏甚佳,且久不聆此,盖觉足怡情也。子正后始各散。

廿六日，己丑。晴，不畅，甚暖

今日清唱，且为叔祖预祝，晚放烟火。

二　月

初二日，甲午。阴冷，入夜飞雨

今日又唤清唱，聊以遣兴，惟清尊一曲，等似骊歌，枨触离怀，有心人固未能漠肰也。

初八日，庚子。阴冷，无风

下午唤清唱，坐者五人，亦尚静谧。中之在此晚饭。

廿七日，己未。晴暖

今日唤清唱，以遣长昼，亦得乐且乐，不问其他。但行色匆匆，为日无几，高歌清宴，瞬息皆虚，未免怏怏于怀。练江来下榻。

三　月

初二日，甲子。晴，不畅，下午小雨

今日唤清唱，以遣长昼，改用连福数人，领略所未经也。练江来，匆匆而去。

初九日，辛未。阴有晴意，下午小雨，凉

下午唤清唱数人，专聆昆曲，虽尘羹土饭，却耐人寻味，笛韵歌音，深足拨闷。惟当别绪萦怀，动皆枨触，亦殊情不自禁，言为心声，古语岂虚发哉！傍晚耕伯来，一饭而去。

七　月

廿一日，辛巳。晴热

无事无客，终日忽忽，未能宁静，殊不自解，放荡之甚也。下午与铭弟至佑圣观剧,片时而归。败裂衣冠,草野人物,不足寓目也。[①]

十　月

初十日,己巳。阴,晚雨甚密,达旦方止

今日唤摊簧一班,因铭弟生朝未成此局也,特补之。管弦齐奏,韵协歌喉,昔欸今情,为之神眩,声音感人,固如是也。

廿七日,丙戌。晴,冷甚

唤摊簧一班,以丝竹之音足娱耳也。

光绪八年(1882)

三　月

初四日,庚寅。晴暖

伯传来为双庆清音班介绍,预定十六日来寓承值。近世凡事无[不]仰借人情,生意固然,技艺亦复如此,可见谋生之难,世态之寥落矣。遂极口应之,亦一举两得之道耳。

初五日,辛卯。晴不暖

今日留唤得摊簧亦聊以娱耳,然土饭尘羹,无甚滋味也。

初七日,癸巳。晴有云,午后阴,下午密雨一阵

子贞丈来,谈久之。近作沪上行,观剧两日而归,可谓闲逸之至。

十五日,辛丑。晴,暖甚

晚双清堂此设清音,度曲数折。

---

① 此日至光绪十七年,凡未作说明者,皆在杭州。

十六日，壬寅。阴，近午密雨，下午雨止，近暖

黎明即起，贺客陆续来，大宾到后，辰刻发轿，巳初新郎到门。……晚聚设清音，亦点缀耳。

十八日，甲辰。晴，冷

三朝吉日，唤清音承值，聊以点缀。惟脚色殊不见佳，即《思凡》一曲，亦殊不耐听。今情昔欸，不禁心驰岭峤矣。

五　月

初五日，庚寅。晴热

家中唤摊簧遣闷，唱《见娘》一出，颇觉音节悽惋，声音感人，固如是也。

光绪九年(1883)

三　月

初三日，癸未。阴

下午壶舟、稚麟、笏臣、筠畦、殿英、莱北各来，赴上巳之会，并唤伶工度曲佐觞也。

十一月

廿三日，庚子。晴有云，晚雨

长至令节，家居无事，亦即免贺，筠畦、殿英、佛之各来，官场仪文不可除也。唤木人戏遣寂之举耳。傀儡登场，亦竟指挥如意也。

光绪十年(1884)

正　月

廿七日，癸卯。晴微冷

午后练江来略谈，匆匆而去。……闲步遇九叔祖，看猴戏片刻,亦自乐其乐耳。今日江苏大团拜。此举倡自廖穀士时任粮储、盛旭人时权杭道印。二公假地八旗馆演戏,亦盛会矣。

二　月

廿二日,丁卯。晴冷

仲持奉檄派巡中二保段甲,如愿以偿。一年之不必谋虑也。且可谢众人之约,亦无所用其游移矣。约润琴来聚,筠殿在此,且有摊簧可聆。亥正各撤去。

三　月

廿二日,丙申。晴暖

莱北来,在此午饭。饭后,出街一行即回。今日设木人戏,亦藉此消闲耳。

六　月

初一日,癸酉。晴雨不时,不甚热

进城看子韵,略坐而回。下午,稚麟、壶舟、筠畦、仔今、诵先、凤梧、殿英、馥芝、子白、穀宜、子贞、勋阁、谢师、仲持到齐,借地作暖局,并唤伶工度曲。至子正,始各散去。

光绪十一年(1885)

正　月

廿四日,甲子。晴有云,不暖

出门到佑圣观观剧。因人太拥挤,深恐滋闹,遂草草数出而罢。同坐有筠畦、勋阁、震生、献侯、调梅、寿亭诸人也。

二　月

初八日,戊寅。阴有雨,寒

三妹生日,为重闱贺,竟日无人来。午后唱摊簧,亦消遣之意耳。

三　月

十五日，甲寅。晴不畅，微凉

新人三朝，祀灶后始拜谒九叔祖，夫妇因服色拘拘，此亦各行其是耳。上房设清音，点缀嘉礼。

五　月

初五日，癸卯。阴，竟日雨

饭后，五舅来，近派催糟项一差，此真无聊极事。然犹有数十番可以入囊，否则家居谁为持赚。本拟一图海运遗席，为他人先，此粮储之亟意周旋耳。上房有摊簧，亦点缀意也。

廿九日，丁卯。阴有小雨，午后向晴

今日开发午节未清负款，俗谓小年。朝虽欲蒂欠，而竟弗容矣。晚，壶舟来便酌，上房设木人戏，聊娱耳目也。

七　月

初七日，癸卯。晴热

酉初即到苏郡盘门城下，前进泊南濠，时已酉正。与伯涛、叔铭登岸步至渡僧桥，过大观园，见戏目颇足流连。若为留一日，必滞行程，互相商酌，遂作罢。[1]

廿九日，乙丑。晴热

李经彝揞臣来，在松叔处午饭。饭后，往观剧聊娱耳目耳。

三十日，丙寅。晴热

为伯涛祝生日。饭后约往观剧，并邀三叔、铭弟、季弟、稚松同往。

---

① 此日在苏州。

八　月

初五日,辛未。阴爽,午后晴

饭后,约少甫、稚侯、伯涛、稚松往观剧。既足娱耳悦目,且使朋从联欢。

廿七日,癸巳。阴,风雨通宵,渐凉

竟日风雨未息,船窗闷坐,极无聊赖。涛弟约观剧。乘兴冒雨登岸里许,至庆乐茶园坐。地尚可,戏亦不劣。薄暮回船,晚风雨益甚。①

九　月

初七日,壬寅。晴,有雨

黎明开船,复得顺风相送,未正后直达苏州阊门城下。……出城复与叔铭、伯涛步至大观茶园观剧,声色之娱亦同而不同矣。

十五日,庚戌。晴,有云

杭垣今日揭晓……午饭后,与叔铭、植三到佑圣观剧。戏极劣,不耐久坐。乃至金雅园买醉而归。

十一月

十七日,辛亥。阴,有雨

出门到外家贺冬,谈久。看葭生、�畦均未值,遂归。今日唤木偶戏点缀佳节。

光绪十二年(1886)

正　月

十九日,癸丑。阴,见阳光

傍晚赴穀宜处约观剧也。今日浙之府厅官公宴。司道之局假

---

① 此日在镇江。

座八旗馆。李居乃馆之余室，内户相同，径行甚便，局外者遂无妄听之嫌。子正始归。

廿七日，辛酉。阴雨

进城到瀔宜处久坐，顺过安徽馆看戏两出。归已上灯。

廿八日，壬戌。阴雨

近午，仲持自城外来饭，旋赴团拜之会。假坐八旗馆有戏局，遂与三、五弟往观。张盖著屐，不辞其劳，亦复闲兴勃勃矣。亥正即归。班脚既不佳，戏复不善点，徒形其劣而已。

二　月

初八日，壬申。阴

三妹生辰，为重闱贺，上房设清音，藉助欢娱也。

三　月

廿七日，庚申。晴，甚凉

仲持又来城外，探消息也。因与偕至瀔宜处，顺在会馆观剧。八旗奉直为成竹坪公饯之局戏，与春团相仿，无惊人夺目之文也。傍晚乃归。

四　月

十五日，戊寅。晴热

五舅来午饭。日来总巡差事揭晓，上中下三城同时更易，传闻可望而依然其他重任，益难图矣。怅闷。过午，与植三到佑圣观观剧。绍兴土戏，无不恶劣，且多不能解识，无味已极。

十六日，己卯。晴热甚

与杨植三到杨处行礼，略坐而行。过佑圣观观剧三出，可解而不佳,兴尽遂返。

五　月

初四日,丙申。晴有云,不凉

竟日琐坌纷纷,无非馈送支取,毫无趣味之事。少得闲逸,乃与植三上街一行,观秧歌戏半出。所串情节既不辨而其音复不解。伫立少刻而归。

初八日,庚子。晴有云,下午雨,入夜大雨

午后,雨文来,乃与植三偕同登山,过神农殿观剧半出。由阮祠登山,过殿英处少坐。

十四日,丙午。阴雨竟日,凉

到外家祝三舅生辰,扰午饭,盘桓极久且扰面点。看筠畦戟辕内署有戏局,遂与同观。傍晚乃归。

六　月

廿四日,丙戌。晴热甚,风大

俗谓夏雨分牛脊,何况迢迢数里耶。下午,与五弟出门一行过佑圣观观剧。遇稚麟在彼有棋局,或娱耳目,或斗心机,意亦自得,乐此不彼。

七　月

初一日,壬辰。晴热,有云

傍晚与五弟上街小步,看佑圣观中散戏。白昼既消,黄昏足话,扶老携幼,互加品题,亦颇具升平气概也。

初七日,戊戌。晴有云,热,午后阵雨不甚畅

午后偕五弟到佑圣观观剧。戏人醵金之局。坐地在西楼,相遇皆识者，苦戏不甚佳，未足恋恋也。

初九日，庚子。晴热

近以园居荒阔，时有宵小窥伺，敝精劳神殊，有防不胜防之苦也。午后到佑圣观观剧。

十四日，乙巳。竟日大风，时晴时雨，不热，入夜风雨皆急

午后设中元供礼毕，赴祁炯堂处。公局有戏，坐有葭生、嘉笙、庆农、松轩、幹甫诸人。

十 月

廿四日，癸未。晴不冷

为郑经伯补祝辰。甫新自都下归，为乃翁称觞，留观剧，物以罕而见珍，虽不足取，亦聊以解嘲。

十一月

廿七日，丙辰。有阴意，风冷，近晴，不甚畅

闻昨日姚季眉为其元配作冥庆，设清音承值，鼓乐款客。晚即吹唱侑觞，已属非礼，且有焰口一台，独觉不伦不类。而坐客龙懂伯亟赞本地摊簧为妙，遂约同坐。公致一本以为乐，有附和者，有漫听者。

十二月

初一日，己未。阴冷，有阳光

往祝筠畦母夫人七十寿……午面一餐，肴不甚佳，饥不择食，聊以充肠而已。与壶洲、勋阁、幼勤、寿芝诸人清话时许，听清曲一二折，乃偕三弟同归。

光绪十三年(1887)

正　月

十二日,庚子。晴不甚畅,有阳光,云少,冷

今日畅见阳光,且逢春日,游人势必加甚……近暮归。葭生、壶洲晚饭去,上房设木偶戏以点缀春光。

十六日,甲辰。阴雨不大

阴雨犹淅淅不休,足致闷。唤花鼓曲在上房演唱,亦无聊之极事也。演者皆绍,属上虞乡人,年初务闲,以卖唱藉获小利,耕织之余,不事闲逸。

二　月

初八日,丙寅。阴雨,有雪花,午后止,见阳光

晚,筠畦、壶洲、练江先后来,夜酌而去。上房设摊簧作公祝之意。外祖母遂留下榻,以患咳且省夜行也。

四　月

初五日,壬戌。晴暖,午后大风,夜雨

到四景园一茶,少作凭望,惜东风力猛,颇不适人,乃各下山。因偕五弟先归,过东岳庙观剧。俗有谓花子班者,诚确不移,绝不拥挤,然隙地虽多,亦不耐驻足耳。

十五日,壬申。晴

饭毕,看伯涛,顺步过殿英、筠畦两家,各少坐。以访人为休息虽远为不劳耳。回家息静时许,又与植三、五弟步至佑圣观观剧一出,甚不见佳,遂归。

十六日，癸酉。晴有云

饭后，海楼来，为书联额三件，以应之。正拟出门，伯涛来清话，炊许而去。去后，乃追踪植三于佑圣观观剧三、两出，亦有胜于无而已。

廿七日，甲申。阴有雨，凉

午后无事，闻佑圣观有戏，因往观，虽不佳妙，聊以解闷。

闰四月

初五日，壬辰。阴见阳光，不暖

无事为人作书，草率应属，了无足取，而得者犹视为无上妙品，不亦谬与。午后，往佑圣观观剧，遇王智泉、张调梅诸人，戏文不过尔尔，未久坐遂回。

五　月

初五日，辛酉。阴有阳光，下午风雨入夜

早起为重闱贺节，殿英来炊许……上房有木人戏。

初十日，丙寅。阴雨，竟日湿

午后湘舅来，自臬署散衙，饥肠如雷鸣，为备面以饷……上房有摊簧曲，外祖母来盘桓，因留下榻。

十六日，壬申。阴湿，燥热，有晴有雨

海楼来谈，相约作江干之行……饭后，出门小步到佑圣观看戏三、二出，亦自乐其乐耳。

六　月

初八日，甲午。晴有云，有雨，有风，不甚

大妹生朝祝之。重闱谕免贺，亦客气行于家庭矣。上房设隔壁杂戏，热闹而已。

廿一日,丁未。晴热甚

许子社来,年逾花甲,不辞驰走之劳,是以动胜者。日前,葛仙庙前演戏,尚复持盖立观,骄阳之炎灼人,气之薰蒸,而竟无一所畏,是真非强制所可得者。

七　月

初一日,丙辰。晴热甚

下午与植三到街头招凉。葛仙庙前戏场未散,扶老携幼以此为遣暑之计。

十五日,庚午。阴雨竟日,凉甚

晨起祝植三生日,新凉袭人,竟可衣絮,气候之变如是……下午,与植三到佑葛仙庙前看草台戏。戏尚不劣,因雨中或可阻人,而人颇众,大喜意相同欤。

九　月

十七日,辛未。晴

出门看文达,其事颇有急促之势……傍晚,再看文达,又遇静波,谈少顷,各散。赴保之处夜聚听事,设六席,清音戏法,内外兼设,娱耳娱目。

廿四日,戊寅。晴大风,甚冷,下午雨一阵

饭后,保之来即去。偕五弟往祝程稻村母夫人生辰。缲觞款客,甚属闹热,坐客半皆相识,戏亦不甚劣。金陵之绰绰郭永芳者亦到此,大端依然,而精力逊矣。

廿六日,庚辰,晴

过雨亭门首,问其家室安否,乃留一刺。到稻村明府署,公馔局计五、六席。

廿八日，壬午。晴

出门到典中，今日神诞集会……下午，到佑圣观看戏两出。金陵之绰绰者得意串《四郎回朝》，家室久旷，而曲摹此别离之况不知亦有动于中否。观者甚众，而看楼有坐地，虽皆兴高采烈然独谢不登。

十　月

廿三日，丙午。晴暖

到典中一行而归，闻佑圣观有戏，因去一看，亦见猎心喜之意，以人众不耐其杂，怅怅以归。

十一月

十四日，丁卯。晴

近午，保之来匆匆，偕三弟以去。午后，往祝梦九母寿，看戏三五出。近暮而回。

廿一日，甲戌。晴近暖

祝王夔石生日，坐客盈庭，且当道齐至，亦戏局足以留人，与同人遂亦流连不去。子初后散归。

廿三日，丙子。晴暖

为人作笔墨事一二件，皆急迫之事，匆匆付之。……上灯后，到王夔石处看戏，公局也。子正后始散归。

光绪十四年(1888)

正　月

初一日，癸丑。阴夜雨

圣湖遂召秀毕清音承值，不使寂寂岁首也。

十三日,乙丑。阴

保之来谈,久久而去。今日请外祖母来聚。春初理有此局,并邀唐李两从母、三妹妯娌及其两女,以示春宴之意,唤花鼓曲点缀之。下午与植三到佑圣观观剧,戏无足取,聊以适性焉。

廿八日,庚辰。晴暖

今日祀神团拜,异地皆然,别无或先或后之事。有戏局,坐多相识者。与子牧、筠畦、席儒、余一舫、张申五汝昭同席。程稻村承办一切,巨细躬亲,极为周密。然戏文则不过尔玩,既不足以娱目,复无可以悦耳,有胜于无,亦可藉以流连。子正后乃归。今春各省团拜之局皆无戏文,或谓惜费,或谓悯郑灾而力趋俭约也。

二　月

初七日,己丑。晴不暖

子社来,谈王侍郎家昨日演剧试班,为宴客之局。此可谓大张旗鼓矣。

十三日,乙未。阴,霏雨

偕植三到同春一茶,以清寂不耐久坐,遂至毛郎巷看野台戏。一无足取,徒消磨光阴而已。

廿一日,癸卯。早雨,竟日阴

午后,赴筠畦相约观剧之局。抚署房科例有敬花神之举,演戏相酬,简臣总其事,戏尚不劣。

三　月

廿五日,丙子。阴,午后雨,不暖

今日立夏,杭人视与端节、中秋相等,多皆酒食自庆。犹不可解者,店夥之供张。乡俗久沿,创始之意,究亦不可考矣。上房设摊簧。今日换季。

四　月

初一日，壬午。晴有云，微暖

赴昌来之后，今日荣晋头衔，居然孔雀屏开矣。坐有胡履安、蓉波、洁泉、保之、三弟亦同到。聚至申初，乃先归。以有酒意，步至佑圣观看戏一出而回。

初三日，甲申。晴，甚暖

录课文未竟而七叔祖来家……到昌来处少坐，偕到王夔石处公饯戏局，计四十余人，而相识者及半，戏则优劣相间。丑初始散归。

十六日，丁酉。晴近热，近晚小雨

午后，叔英来谈片时。去后，到街上小步，过佑圣观有戏，甚劣，既不足以悦目，复不可以娱耳，因之并未驻足矣。

十八日，己亥。晴暖

齐姑娘三十生日，运见十岁，为重闹贺如常。意欲唤摊簧急就，竟未得成章。木偶戏亦以不暇辞，遂召隔壁戏及戏法来点缀。

十九日，庚子。晴暖

午前录课文，似珊在此同饭……今日有祀神戏局，为之流连至薄暮。

五　月

初五日，丙辰。阴细雨，下午密雨凉

仲持来，留其午饭，一壶膏粱，相与清话对酌。小雨润物，意颇适然，上房设清音，不使寂寂佳节也。秀华主人约薛伶工桂生来度曲，音调谐畅，固属不群，惟以境所迫，已经改图为人供钞胥之役，其技久则湮而不彰矣。

廿八日，己卯。阴

支搭戏台，张挂福寿匾额，碌碌纷纷，终日不静。

廿九日,庚辰。晴

五弟妇生辰,为重闹贺。振青、仲持、叔英各来午饭,相为照料琐务。午后演剧开台,约子社、春浦两塾师,筠畦、壶舟、练江诸人至,孰免得周旋。戏尚可,亦物以稀为贵耳。

六　月

初二日,壬午。晴热甚

早起略略快着,客已纷纷至,为大父敬祝。礼成,惟与诸客周旋,以音尊款客,益觉鳳集长乐。初,萧起山、许星台、德静山均看戏吃面,惜天气骤热,地狭人稠,均不耐久坐。

初七日,丁亥。晴热,下午忽小雨一阵,爽气未透

热势日甚,无专心致志之事,亦遂习拦戏台,仍布置尚待乘兴自娱,无与外人事也。

初八日,戊子。晴热

大妹生日,祝之且为重闹贺。出门看保之,未晤,与亦保弟兄共谈片刻。金子云亦至,再少坐。乃偕云查同归。保之亦到,款以面。仲持、润琴相约东渡曹部,几至一空,遂不得任意悠游也。今日召摊簧曲,安置在台上。然只足以悦耳,特无足以娱目也。

初十日,庚寅。晴热

归后午饭。饭后开戏,此局为松叔、静叔祖补祝之局,亦藉此一娱耳目。

七　月

初七日,丁巳。晴,风势少平,热

午后到大观园,葵生约观剧,坐有贝仲梅、仪百昆仲。今日之戏为歇夏复开台第一戏，颇精神，烁发致致之意。[1]

十二日，壬戌。晴，有风西南

清早解维，风色忽转西南，曳牵而进。巳初始得安泊江口……近午，到庆乐园观剧，转吴门少逊然。[2]

十九日，己巳。晴热

倪楚卿来略坐而去，叔师来午饭，约往仪凤园观剧，性之所好，遂亦乐从。[3]

廿九日，己卯。晴热，风大

今日伯涛生朝，并为备面，松叔约其观剧，因作陪，同局者叔师、宰公、搢臣、主人乔梓共九人。戏尚可，特冠裳不甚见佳。

八　月

十八日，丁酉。晴有云

隽臣、旋仲、慕琦各来言辞，谈久久……绍甫约观剧。到仪凤看一二出。同坐伯涛、三叔。

廿四日，癸卯。晴暖

酉初后过吴淞口，两岸皆是洋境，轮船林立，恍如外夷。进口后，抵黄浦码头上岸……饭后，到天仙观剧，一切规模皆极胜地。[4]

廿五日，甲辰。晴暖

散后，到同然居观博物，皆以蜡像形而制，四肢百骸，无一不

---

① 此日在苏州。

② 此日在镇江。

③ 此日至八月十八日在南京。

④ 此日至廿八日在上海。

备,多为医者取则之道,而极形容之处则在个中人,始得悟也。乘东洋车到天仙茶园赴信之戏局之约。

廿八日,丁未。晴暖

到春申馆,文莱召饮,便饭一餐,召邻士宰恭子。散后,到书楼听曲一二折,又乘马车到静安寺。

九　月

十二日,庚申。晴,不甚凉

过季昌处访之,又未晤。�畦约观剧,此亦投其所好。然甫经盛会,余味堪寻,此敷衍成为者几不值一盼。

廿八日,丙子。晴暖,晚密雨一阵

郑冠三为子纳妇,闻将有戏局,不禁见猎心喜,别无所嗜,此则怦怦心动。前番过沪,以酒食征逐,遂未得畅娱耳目,每为追忆。

三十日,戊寅。晴,不暖

下午往赴郑冠三家馔局,坐多熟人,大众怂恿戏局,至亥初始开锣。丑初复与五弟同回。

光绪十五年(1889)

二　月

初八日,甲申。阴濛雨,湿,晚大雨,躁气少减

近午,到保之处。今日补作三朝公馔之局,且值三妹生朝,道喜而兼祝寿。宾客已经满堂,扰其午面。与余卓舫、陈韵笙同坐,余亦无不识者。以大众怂恿,遂成戏局,惜脚色太坏,直无可留目。

十四日,庚寅。晴有云

进城看诵先、凤吾,谈片时归。后闻李处戏局又有变更,遂往一询。因抚署传演，只得改为夜局。……晚赴保之处戏局。卯初始归。

四 月

十六日，辛卯。阴有阳光，躁湿非常，近晚有风

通宵急雨，阴湿如幕……出门一行，绕道佑圣观，戏甚劣，寻植三、云查则不知所之。

廿七日，壬寅。晴有云

无事少亲几席，近午子社来，乃留饭。……访戴小楼未晤，过药材会馆，观剧一二出，不甚佳。

五 月

廿三日，戊辰。阴有云，不爽，下午闷躁非常，旋雨，晚阵雨，夜密雨

子白来，今日始到眷属，船泊壩外，亟待谋避风雨之地。为留朗山同门，且俟其看过再定。此来重登戏场，自能声调合拍，但赏识家好尚不同，果可以邀青眼，不可知矣。

廿七日，壬申。晴热

保之来为商馔寿之举……今日支搭戏台及琐琐诸事，无实务也。

廿九日，甲戌。晚有雷未雨

子社来，意为预祝，其实自图娱悦……午后开戏，演鸿福部，土饭陈羹，无甚精彩。

六 月

初二日，丙子。晴，午后闷热，下午阵雨，略爽

黎明起，祝客陆续而来，不甚寂寞，得暇随大人为大父叩祝。

近午,蕃臬二公来,皆未久坐。客亦皆以畏热,纷纷先散。戏尚可,但少清逸之致,此真无从求全者矣。

初四日,戊寅。晴有云

略有清暇,遂形倦惫,若逐逐终朝,亦复勉支,岂精神愈用而愈出,抑筋力非劳不为功耶。戏局尚待续演,一切未能顿复旧观。

十五日,己丑。晴有云,午后密雨,爽

莱北来为乡人探商辞戏局事,事在必行,似亦无俟赘词矣。……与植三小步街上,甚适人意,传定鸿福部后日演唱。

十七日,辛卯。阴,凉爽

午后开演,客陆续而至……子正后散,戏文不过如此,幸天气宜人,固亦无不可耐矣。

二十日,甲午。晴不畅,有云,下午大雨有云

下午密雨气爽,雨过地亦近燥,乃与植三、伯圭步至佑圣观,戏文大劣,不堪入耳。

廿四日,戊戌。阴,午后大雨,点滴不已,有阳光,夜雨

振青来,适雨,遂留闲话食瓜。同植三到花园一行,闻佑圣观有戏,往看半出,劣极,乃归。

廿七日,辛丑。阴有雨,潮湿

壶舟来,未接见,扰面。诸公往佑圣观看戏,亦与随喜。戏尚不劣,散即归。

廿九日,癸丑。晴热,湿气渐退

下午偕植三小步街头,闻佑圣观有戏,见猎心喜,因往一看,劣极。

七　月

十五日，己未。晴热不甚

王宝生坚约观剧，投其所好，情益不可却，乃偕信之同到天仙园，戏散甚早。[①]

廿九日，癸酉。晴，微热

出门往拜陆春江、许仙屏、马植轩、唐亿年、刘治卿均未值，只李小轩丈处晤谈片时，归即午饭。饭罢，约伯涛往观剧，戏则不过如此。[②]

九　月

十二日，乙卯。阴风雨，下午止，不爽

巳初后，已过南北望亭，经浒墅关、枫桥，由留园前入渡……雨窗无聊，颇形闷损，乃与伯涛、稚松到普安桥下蓬莱馆观剧，一切颇见精彩。[③]

十　月

十一日，癸未。晴，午后云阴

今晚请两塾师为预约明年之局。相陪者子社、春浦、笏臣、筠畦、壶舟，召荣华度曲。诸公酒余，各随喜一、二折。亥正始各散去。

廿三日，乙未。晴冷，有风

到通济小坐，后至保之处，只云查在家，夕阳匆匆西下，乃回。晚，门首傀儡登场，观者如堵。夜子初，始清净。

---

① 此日在上海。
② 此日在南京。
③ 此日在苏州。

光绪十六年(1890)

二　月

廿二日,壬辰。阴冷如冬

下午到万家戏局。今日郎官随妇回门,同人醵金演剧为贺。坐皆相识诸公,戏则陈(尘)羹土饭。亥正后乃散归。

三十日,庚子。阴雨,午后止,晚雨通宵

雨歇,因与叔铭到梅花碑,过佑圣观。有敬神戏而观者如堵墙,无从驻足。

闰二月

十六日,丙辰。晴畅,不冷

清明佳节,天气爽殊,人心大为之快,家中设傀儡戏娱耳悦目。

廿七日,丁卯。晴,潮躁

张卉伯自通州来晤……下午,到佑圣观一行。戏正喧闹,以无处驻足而回。

四　月

初六日,乙巳。阴雨,午后止,下午晴,凉甚

昨今雨日,巷头有火神戏,观者踵接。有败墙因挤而坍,闻小有受伤者。戏亦无益矣。

十一日,庚戌。晴热,躁甚

黎明出门到鲁家送殡,坐候辰初起行……与仲持步至佑圣观,有戏,特不堪其挤,乃行。

十五日，甲寅。晴近热

亦保来，无非为琐事……过佑圣观，有戏，小立。行头脚色皆不足一盼，乃去之。

五　月

十四日，壬午。晴热

步云来略谈而去。出门到保之家拜寿，且为陪客。以戏款祝者，可省若许周旋……晚饭后，再往看夜戏三五出，与五弟同回。

十七日，乙酉。阴雨近午，晴热少平

午后率庸官赴保之家馔局。未正开戏，较前日少足怡悦，虽非聚精会神之作，亦可以观矣。

廿七日，乙未。晴有云，爽

下午，同植三去访步云，过元帅庙，有绍兴小戏，殊不解识，即不驻足。

廿八日，丙申。晴热不甚，下午阵雨，爽

早起督率安排琐务，并支搭戏台等等。

三十日，戊戌。晴热，有风

大致安排已定。今日为乡人公祝之举……戏至子正，客散遂亦收着安憩。戏则张桂芳、锦芳承值，勉可敷衍。有旦名月仙者，尚属出色夺目，曾于镇江见其技能。

六　月

初三日，辛丑。晴热

晨起较迟，出门往祝保之生日，略坐而回。今日骄阳又炽，热势益加，遂不重连戏局，且棚座久支，亦嫌避闷。

光绪十七年(1891)

十二月

廿二日,壬子。晴,不冷

近晚,同五弟至保之家饭,坐皆熟人。既设清音,复招京腔数人,好事者为之醵金而成,亦殊无味耳。

光绪二十三年(1897)

正　月

二十日,庚戌。阴

午正始起。一点后约洛卿同去观剧。运见豫郎同往,步出胥门到庆乐园驻足。戏则不过如此,在沪绝不寓目者,此则物以罕而见珍焉。①

二　月

初八日,丁卯。晴不畅,风冷

闻少良到此,薄暮访之未值。为深舅寄杭信,遂至升平楼。无所遇,到冷红榭小坐。乃到聚宝园,甥舅对食。后至天仙观剧,藉散郁怀。②

十三日,壬申。阴

上灯到冷红榭小坐,占五约至晏会楼面饭。散,到天福观剧,乃耳未悦而目未娱。

---

① 此日在苏州。

② 此日至九月廿五日,皆在上海。

廿三日，壬午。阴湿，细雨

午初始起为永韶写寿联，既成乃饭。饭后，剃头看报，内载昨夜天观仪戏园忽遭回禄，幸当人散之后，否则不堪设想矣。

三　月

十二日，辛丑。晴暖甚

天气大热，衣棉尚汗流涔涔，天之变机也。到丹桂观剧，为约绶生夫妇以尽地主之谊。

十三日，壬寅。阴雨，冷

癸午初起，夜雨绵密，气候顿凉，又可以衣裘矣。……到丹桂观剧，《查潘斗胜》二本，喜怒乐哀，尽态极妍，描摹世情，惟妙惟肖，诚足醒世也。

廿四日，癸丑。阴

与蔚岑、竹泉同车，意将访一二人。晚间应观剧之约，乃驱车……至品玉楼一听弹唱。余乃往丹桂，仲舅约局，只小亭、竹泉到。

四　月

十五日，甲戌。阴，近晴且爽，忽阴，晚大雨

余乃直达众会，寻剑云，少待而至。同到复新，三公而外有养之约。庄迪先、赵致祥同聚。散，到天仙观剧。无新奇之作，而坐客甚满，将圆场各行。

二十日，己卯。晴暖

懿臣约赴一品香番菜，采蓉寓兴。散到丹桂观剧，过冷红榭候车而回。

五　月

廿四日,壬子。晴热不甚

巳正后起,无所事事。养之有酬应,均同车早行。乃与占五、埘之到跑马厅,无所见,遂去。访徐平泉谈片时,再与占五舍车。其时甚早,乃到天华观剧。坐客寥落,不过借地息足而已。

七　月

初九日,丙申。晴热甚

黎明时正寅正三十分,卯初后开驶,及午,过武穴停轮……有自安庆搭客,以胡琴唱京腔,自得其乐,音节谐畅,声韵幽敞,是于此道三折肱。询其姓,曰武,字另零,直隶大兴人。乃翁时官安庆。

九　月

初二日,戊子。阴湿

晚,稚松约在春申楼一饭,遂同德坚、伯涛、稚松、叔苓、占五、泽庄、庸见往丹桂观剧。子正乃散。

初五日,辛卯。晴

过木犀馆,略坐,以踽踽无聊,知汉广、占五、泽容在租界,寻其踪逐之。时许不得,乃独酌充肠。约韵公到丹桂观剧。散,至其寓候车而回。

十二日,戊戌。晴

夜饭既毕,与占五同车到升平,旋过木犀一转,再至复新,七叔祖、泽弟、稚松均相候。一餐既竣,乃往天仙观剧。散,寻占五同归。

十八日,甲辰。晴,闷

访永年、鲁卿各坐炊许而行。容公访致明,乃与心一到木犀馆候之。及其来，心一约赴雅叙园一餐，再到天仙观剧。演《胭脂神案》，即《聊斋》。所叙意境不少差缪。头本既毕，明日当待续演，欲窥全豹，兴不已也。

十九日，乙巳。阴有雨

子文约赴聚丰园小饮，即此数人并汝兄之郎官石桂小坐而去。散约诸公天仙观剧，《胭脂案》二本。明日犹有续演。

廿四日，庚戌。晴

途遇心一，约去借地闲话。同至万家春对酌，召韵来坐，以示不欺饰于往夕耳。到丹桂观剧。

廿五日，辛亥。晴，不畅

回馆，极无聊。蔚岑、金钊观剧有约，至天福，坐客大满，不见二人。因到补诗小坐，絮语耐人，不禁深坐。

十一月

十八日，癸卯。晴冷

晚饭后，与严少涵谈。渠以恰克图地方严寒加甚，恐不可支，已乞假明日南归。徒此劳劳，等于不自量矣。闲坐闷闷，遂往福仙茶园观剧，大致兴。[①]

十九日，甲辰。晴冷

饭后，与韩仪亭往鸣盛观剧，子寿后到来，作东道主。

廿六日，辛亥。晴，大风，冷

晚，子寿与晋卿来约到登福面饭。后至鸣盛观剧，无事可为，

① 此日至光绪二十四年九月，皆在北京。

藉此少畅胸臆耳。

廿九日,甲寅。晴冷不甚

饭后,与子寿往观剧。名班皆应内差,只西腔,坐同乐,人已不可相容,乃望望而去。

十二月

初三日,戊午。晴,不冷

及午,换便衣赴东升楼,郭声庭与其东李芝青魁和参局约聚。坐有子寿、蔡享斋、石云卿,同饱餐。之后又赴庆和园观四喜部,音节克谐,似胜南中。

初七日,壬戌。晴冷不甚

与子寿同饭,约往庆乐园观四喜部。《五彩舆》似犹未毕演。上灯归。

初九日,甲子。晴有云,不冷

管述亭来久坐,同午饭。家书一件为携交邮局,因约计半月到沪局,将封班,此间签西字可以加速,故允为转手也。客去,子寿约往三庆园观福寿部。

初十日,乙丑。晴有云,不冷

王安生、萼楼、竹林来谈片时,已及午。去后,赴子颐观剧之约。到庆乐园已经开戏,而主客无到者,又归来,以小食充肠。梓丈挈松、柳两弟来,拘拘答拜过事,劳谦小坐,偕往庆乐观宝胜和部。坐有王仲希河南人,山西直牧、成子番崇峻峰,方伯保之子,此与先大父为至交者、方晓霞诸人。戏尚可,十三旦虽已近老,而关目神致,究不相同,灵芝草者颇觉流丽动人。

光绪二十四年(1898)

正　月

初五日,己丑。晴有云,不冷

辰正后起,梓丈即出门,匆匆一晤,无事。写常寓信未毕,梓丈归,又共话,即饭。饭后,于上房院设傀儡戏,此家庭之乐。

初十日,甲午。晴不冷

安生相偕小步到庆乐园,意在观宝胜和,一觇灵芝草之妙。乃到彼,已无隙可容,只可望望而去。到庆和看三庆部,戏不甚佳,且叫天一未出台。夕阳未坠即散。

廿四日,戊申。晴,不冷

到中和园,子仪约观宝胜和,有张劬予鸿胪、黄慎之司业、钱新甫太史、冯润田布衣,梓丈后至。

三十日,甲寅。阴,傍晚雪,晚密

出门步访安生、萼楼、竹林,以践旧约。同到致美斋小食一餐,乃往广德楼观四喜部。

二　月

初四日,戊午。晴,大风

为子寿代人属写尺幅,饭后携往面致并为送行。明日一准起身,黯然为别情,固同之。旋赴冯润田之招,到中和园观宝胜和部。

初十日,甲子。晴,有风,不暖

晚,早饭,与衡仲到安徽馆观剧。堂会博采戏尚不恶。常府团拜亦附坐,熟人甚多,亦少周旋。

廿二日,丙子。晴

寻志先谈炊许,并晤剑秋而归。饭后,访涞之,少坐遂往同乐轩,青来约观春和部,续到子良、小湖、梓丈、钟叔怀。戏尚勉强可看。

三　月

初二日,乙酉。阴,下午见阳光,冷

饭后,与任静夫到湖南馆看夜戏。子宜招局,梓丈亦在坐。戏甚佳。丑正后始归。

初五日,戊子。晴有暖意

饭后,到武阳馆访孟渔,熟人甚多,不胜其周旋矣。过蕴和看君锡小坐,乃到庆和园,肇卿约观宝胜和,善宜在坐。

三十日,癸丑。晴风,不暖

辰正后起,朱功甫、张星南、陆勉斋先后来去。今日浙之杭、嘉、湖三府接场戏局。梓丈、棣山、东约饭前即出门,顺拜斋靖、旬方、湘宾,各投一刺,乃到全浙馆。韩樾堂为理琐事,有五七熟人。戏尚不恶,无夜局。

闰三月

初四日,丁巳。晴,不甚暖

出门访志先,略谈遂到湖广馆,子仪、润田相招戏局也。梓丈后至,相识者慎之、季申、薇荪、竹楼、颂圻诸人。戏甚不恶。丑初后始散归。

十二日,乙丑。晴暖

往为剑秋作贺,与诸公少谈而回。饭后,约静甫到同乐园观剧,以释其郁塞之意。戏甚不恶,四喜部之精彩固较甚焉。

二十日，癸酉。晴，不暖，大风

过丁衡甫处为贺序补之喜，投一刺而回。晚与衡仲到全浙馆听夜戏。丑正始归。

四　月

初四日，丙戌。晴

辰正后起，为泽之作书。此公多而无厌，不得置之不理，半日光阴皆交付。饭后，小作徘徊，乃与衡仲到广德楼观福寿部。

十九日，辛丑。晴，近热

午饭之后，小憩，再往瑞森处，因其约作观剧之局。适有乡人新科选拔程冠山鳌、徐仲蕃潞在坐，同到广德楼观四喜部。

五　月

初五，丁巳。晴，少热

赴志先之约，与诸公泛谈。欣圃分农部亦姑安此矣。剑秋约观剧于三庆园义顺和部。今日人满，势所必然。

初八日，庚申。晴热甚

巳初始起，群稚嘻嘻，相与解纷剃头。后出门看葭荪，略谈偕往三庆园观义胜和部。天气虽热，以心有所寄而弗觉。

六　月

初一日，癸未。阴，小雨数点，午晴而畅，有云，闷热

葭荪、剑秋、季如皆在寓，同是无聊藉消长昼，久谈且为作寿联。傍晚，云开风起，有作酬应者，余乃归而自憩。晚，隔垣听秦腔，抑扬激裂，绝无沉着和平之气，近人多皆好之。此亦感气而发有莫致而至者矣。

十三日,乙未。晴,微热

出门访葭荪,旋与偕季如到广德楼,志先约观王成部。主人后到,剑秋续至。戏尚可。散已上灯。

七　月

初二日,癸丑。晴不甚热,夜大雷大雨,至黎明后始息

午后,出门往葭荪处,同到广和楼欲观福寿部,而竟无隙地可容。乃到庆和园观宝胜和。

初三日,甲寅。晴,不热

辰正起,为主人作涂抹事,樾堂、菊墀在此同闲话。饭后,剑秋约观剧,亦同是无聊,往与偕行有葭荪。到庆乐园观义顺和部,福寿则不能相容也。

初四日,乙卯。晴,微热

访欧阳君重不值,看葭荪,彼正相寻,乃取便衣同往广德楼观福寿部。仅可置身,戏尚不恶。有新到之武旦杨金元,曾在上海天仙者,因此轰动一时。

初五日,丙辰。晴

饭后,葭荪、剑秋同往广和楼观福寿部,余兴未已,则小费因之。

初七日,戊午。晴忽大雨,午后止

饭后,葭荪、剑秋约同观剧,半以雨停演,到三庆园看义顺和部。

初八日,己未。晴不热

饭后,到江苏馆赴夏仲卿、叔卿、用卿三昆仲之约,乡人联欢局也。半席而行到葭荪、剑秋处,本有观剧之局。乃同行,看义顺和部于庆和。

八　月

十六日，丁酉。晴，凉极

匆匆写寄缄斋一函，闻大姑丈抱恙，日久犹未复原，高年缠绵，深以为虑。章孙约到庆和观四喜部。

廿一日，壬寅。晴，不凉

往葭荪处一饭后，相约观剧。有雪飘、剑秋到庆和园看福寿部而不见荔仙。

廿五日，丙午。晴

午后，与樾堂、菊墀、衡仲到庆乐园，梓丈偕青来丈后至。观四喜部素云、长盛、孙处演《群英会》，已属绝无仅有。

廿九日，庚戌。晴暖

午后，剃头，剑秋来候同往观剧。乃坿车同行到三庆园看福寿部，杨荔仙已不见其人，大约又回津上。戏不恶，《水帘洞》则甚佳，惜时已向晚，未得爽视。

九　月

初六日，丙辰，晴暖极

下午，赴慕韩三召于义和成，为梓丈饮饯。有毛子丹、鲁屿、莛生、樾堂、菊墀、谨斋、召侑觞者，为主人坚请，亦使从同，只可以少者怀之，较惜所费。有林桂生者唱老生极佳，曹梦兰于津上又张艳帜，天生此才，老而不倦。

初八日，戊午。晴暖

午饭后，莛生、衡仲、孝矩、季权、予虎有观剧之局。鲁屿、樾堂、子观皆同往。到新开天仙园，日戏甚不佳而坐地有，沪上情景胜于都下。回栈晚饭。静坐无聊,樾兄约至晴云听弹词,大致与沪上书馆相似,而演唱名色较多,亦颇称胜。

十二日,壬戌。晴,凉甚

与樾堂及孝矩弟兄同往,陈善卿在坐。饭毕,又至天仙观剧,较胜日演。

二十日,庚午。晴近暖,有云

出门赴丁另杰观剧之局。在庆和园演三庆部,为听叫天《捉放》,确与众不同。

廿六日,丙子。晴,近暖

午后,赴亮伯众宝堂之约,坐有黄中韬、刘仁卿、志先、剑秋。将罢席,先行到广德楼看戏两出。叫天演《鱼藏剑》,颇足引人入胜。

十一月

初六日,乙卯。晴暖

遇孙仲瑜、夏坚仲。饭毕,乃约孝矩、季权、余虎到丹桂观剧。[1]

光绪二十五年(1899)

三　月

十七日,甲子。晴暖

静叔祖相招,午饭一餐,作联数件。乃到郡庙观剧,彝场新班,尚不恶,特观者甚众,几不可以插足。

---

① 此日在上海。

四　月

廿五日，壬寅。晴爽

七叔祖病无增减而总觉支持，留午餐。有安伯、仲持、铭弟、松叔就庙前观剧，甚不见佳。

五　月

初三日，己酉。晴，近热

登山看七叔祖，少谈，相留午饭，坐避晴阳。松叔来，同往药王庙观剧两出，乃下山。

初七日，癸丑。晴有云，爽

上吴山七叔祖处问病，无甚增减……松叔在坐，同午饭。饭后就于庙前观剧。

廿一日，丁卯。晴有云，午后阴

下午，小步马路新辟租界，无非戏馆、烟寮、茶坊、酒肆以及妓院、书场而已。赴高懿臣之约……未经拇战，乃即罢席，到阳春园观剧。

廿二日，戊辰。阴有微雨

饭后，林伯英约茶叙，稼村约看妙儿戏于天乐园，昔年高家姊妹花犹在此间，盘桓久久。与仰之同赴华德之约于林筱保寓，有懿臣、南卿、丁棪甫。散后到凤仙观髦儿戏而归。

六　月

十八日，甲午。晴有云，不热

与舅氏叔、季晋到吴山伤念故人，声泪俱下。坐炊许，舅氏他行，与季晋过东岳庙观剧片时。

七　月

初七日,壬子。阴小雨,午后晴,忽下午又阴,晚大雨如泄

傍晚赴邹寓夜聚,有戏局。生、丑、净、旦,无一不恶。

十八日,癸亥。阴,近午畅晴,热燥

鹤丈以番菜饷同人,饱啖一餐,又至天仙观剧三二出。

八　月

十一日,丙戌。晴,近暖

季瑞约至第一春小酌,禹丞偕到天仙观剧。子正后散。

十六日,辛卯。晴,小有阵雨

上灯,小步至第一春,三人闲酌,复招侑觞。散后,念勤约观剧于天仙,戏不甚佳,而坐上有不速而来者甚无谓也。

十九日,甲午。晴

到第一春番菜,印士为东道主,有杨访石同坐,季晋来,遂留共食。复至天仙观剧。

廿八日,癸卯。晴,微暖

闲步回局晚饭。禹臣约至阳春观剧,子良、念勤、印士、恺臣、紫宇。

九　月

初二日,丁未。晴

至共一楼,紫宇在此设酌,遂同饭。散,为定船徘徊。吴绍梅亦来,将候起身,约诸公同至天仙观剧。陈禹臣丈亦到。

初三日，戊申。晴

到吴山一游，斗坛年例已渐启，一时至盛矣。在赵公祠一茶，下山仍到仲昭处看妙儿戏，坐多熟人。子初后乃归。

初五日，庚戌。晴

子良约至杏花楼小饮，有印士、禹臣、恺臣、念勤、访石、铸秋。散后，印士约观剧于阳春园。

廿三日，戊辰。阴

巳初起，容舅来深坐，商送许益老处喜事贺礼，乃叔冶得孙之庆。伯涛弟归自武原来晤，留午饭而去。旋与容舅登山到城隍庙驻足观剧，无可流连。

十　月

廿一日，乙未。晴

到局小坐，俟念勤不来，乃独步消闲。上灯后始到第一春，有印士三人公祝。仲昭约吴剑泉、赵兰坡作陪。散至阳春观剧。

廿二日，丙申。晴

晚，赴子良之约于杏花春，坐添恺八。散至天仙观剧。

廿五日，己亥。晴，风冷

恺臣约到兰陵旧客，坐上一餐。因偕至天仙观剧。约宋春木、任绍九、张如山、朱吉人皆以事未到。

十一月

初一日，乙巳。阴，晚雨，躁暖

午饭小饮，藉此略卧，醒后即出门过文达处小坐，乃赴鹤笙处馔局，坐多熟人。有髦儿戏，无足娱悦，一时绚烂而已。

初三日,丁未。晴暖

今日同人公分戏局,虽竭厥从事,不得不与,极力支持,苦自喻耳。养原、蓬仙、分梅、树生、四宪皆到,祝者甚众,万分拥挤。戏甚佳,所以多作流连。

初九日,癸丑。晴暖

因念勤约送少英,探询而不得其踪,遇兰孙正在太原公处设馔,只有其弟治菽与斐卿、芗孙,正苦清寂,留同饮。其局将残,因假潇湘别院治酒,鼓其余兴。即座上诸人闻马南卿到此,约之来聚。散到天仙观剧。

十六日,庚申。阴沉,风微冷,下午有小雨

稚英约至阳春观剧,戏甚劣。天仙有堂戏,且调阳春名脚所余,仅此遂益不堪寓目。

十八日,壬戌。阴雨

子良已往沪上,印士亦来雨楼聚话,甚属无聊。晚饭后,同至阳春观剧。

光绪二十六年(1900)

正　月

初七日,庚戌。晴有云,冷

念勤与其郎阿松后至,时将上灯。同至第一春茶话,在东聚华楼一饭,草草杯盘,过天仙观剧。

初八日,辛亥。昨夜有雪,朝阴犹积,下午放晴

念勤约至第一春番菜,瓒庭昆仲作东道主。散到阳春观剧。

廿四日，丁卯。晴，近暖

回局，印士、恺臣旋来，同到第一春。印士约晚食，念勤、翰平、子安、恺臣在坐。散尚早，乃到天仙观剧。

廿五日，戊辰。晴暖

过午，关道时宪到局，共作趋跄设席相款。少坐即到关与税务司孟加美晤谈，时许宪节回城，吾辈饱饭。饭后即到阳春观剧，一助鹤丈之兴。

廿六日，己巳。晴暖甚

季晋回菱舟湖，五妹就此便船一领彝场风景，早有此约，特就便来践也。同到第一春番菜，并招二三心赏助娱悦，后至天仙观剧。

廿七日，庚午。晴暖，傍晚阴风兴，夜雨

晚约懿臣、子坚、稼村、翰平、恺臣在潇湘夜酌。散，应懿兄阳春戏局，夜雨霏霏乃就近盘桓。

二　月

十三日，乙酉。晴，大暖

天气大暖，酒余甚倦，乃过潇湘小卧，唐仲之同铭弟在天仙观剧，往看数出。

十六日，戊子。阴雨，霰

阴雨不已，值得相与随嬉。晚饭后，稚林约至阳春观剧。

三　月

初四日，丙午。晴暖，衣棉

出城到工程局，禹臣、印士、稚林、念勤先后到，为鹤笙丈补祝之局。约叶茂如作陪，且有其东床侯惠甫家侨、阿郎霞生、迪孙、翰臣到此晤谈片时而去。席散,阳春观剧,专择所好。

初五日,丁未。晴暖,闷躁

到第一春,应治臣之约。散,就阳春看戏。

初八日,庚戌。阴,凉甚

印士、禹臣、念勤公邀至第一春番菜。建侯船到,相与照料,未肯应约,亦遂听之。过阳春观剧。

十六日,戊午。阴,午后密雨,夜大雨通宵

出门到工程局已将上灯,禹臣、印士、稚林已皆在坐,乳羔丈泊舟门前,亦来聚话。晚饭吃番菜,到阳春观剧,大雨如泄,闻之苦闷。

十七日,己未。阴,下午大雷雨,深夜又雨

回局,冯仲梓丈假道过此,即日往沪,概不作酬应,遂以名刺达忱悃、初仲昭相送而去。昭臣留此晚共饭。同人又陪乳丈到阳春观剧。

二十日,五戌。阴雨,下午止

泊舟纷纷麕集,殊苦应接不暇,虚而委蛇,非得已焉,各去后,乃与念勤到兰潇小坐,回局饭。饭后,到阳春观剧。

五　月

初三日,癸卯。晴,近热

晚到苏卷处小谈,回局与稚林及局友同饭。饭后,约诸公到阳春观剧。

初十日,庚戌。晴热,有风

在局小坐,怡晋偕徐焕其致章、任厚甫曾培来过第一楼茗话,再到阳春观剧。

廿六日，丙寅。晴闷，午后阵雨，下午又狂雨，旋止

晚，聚于第一春，稚兄以气痛不遑安食，遂去静摄。复至天仙观剧，听昆曲二出，甚足省味。

廿八日，戊辰。阴，时有雨，通夜密雨不已

往祝郑粮储生辰，略坐乃往贺张颂元权篆富阳。回署寓小憩，再往粮署观剧。

六　月

十七日，丁亥。晴，近热

遇荫阶，约明日租界观剧，少谈而归……到局一转，遂至云兰阁小坐，到第一春对酌，阳春观剧。

十八日，戊子。晴，近热

饭后，约丽生诸人天仙看戏，既不甚佳且近草草。

十　月

十六日，甲寅。阴，微冷，有阳光

未正前，中丞刘景韩到，群相恭送。我辈供差租界者乃先到工程局，宪舟过境呈递手版而已。禹臣、稚林同闲话，有俞梦丹部郎奉派催饷，由行在到此为禹臣之姊婿爽幹明达之才也。徐静仁同晚饭，到阳春观剧。

十七日，乙卯。晴冷甚，月佳

到防军局、巡防局寻质夫小谈，恺臣同步到兰芬、潇湘，后共一楼小酌，约二公到天仙观剧。

十一月

初六日,甲戌。晴暖甚

陈绍甫自新市局归,不知又将何图。到治臣处馔局,有髦儿戏敷衍一局,亥初即归。

十二月

十八日,乙卯。晴冷,午后大风,飞沙蔽日,冷意顿增

到局一转,访懿臣,已近上灯。同至潇湘对酌,一饭尚称畅怀,复到天仙观剧,不甚佳。

光绪二十七年(1901)

正　月

初四日,辛未。晴

上灯后,吴惺和、刘鹤笙、方卓甫、高笏堂、梁晋卿一同出城到此为候晤宗子才莅省也。草草一饭,同去观剧。子正后散即就卧。

三　月

初七日,癸酉。早晴畅,旋见阴云,有风不暖而湿不收

与恺八散步,再回理事局扰晚饭。有高笏堂、杨式甫、姚质夫、葛砚农、冯菊仙。饭罢,观剧于阳春。

初九日,乙亥。晴暖

巳初以后,回工程局。诸公皆在解衣,纷纷进城而去。与稚林一饭,到笏臣堂船上,相留观剧……在陈月娥寓,四人闲酌,散至天仙与笏堂诸人观剧。

十五日，辛巳。晴畅，湿暖，躁闷，下午大雨一阵，天闷少爽，月佳

回城独步，无事访印士于局，少谈。闻益老住亨达利，访之，遇禹臣同谈片时而行。调梅约食后，铭弟坐天仙观剧。

十六日，壬午。晴，不甚热

禹臣治肴，约益老来饭，同行者沈兰台、金月笙、姚善民、季玉、子业、子良、子漪。饭罢，印士约至天成观剧。散已丑初。

四　月

十九日，甲寅。阴小有阵雨，午后微晴，夜有雨通宵

与马南卿在三层楼茗话，陈子清彭甥三侄以舟泊相近，皆来随喜各散。南卿约至第一春与高靖暹、莼臣昆仲便饭，到天成观剧，潇湘夜粥。

五　月

初二日，丙寅。阴，密雨，下午大晴，不甚爽

赴陈荣甫之约于潇湘，有殿英、小斋及前席诸公。散至第一春，高氏昆仲相约有潘建侯、黄修予，已将散，乃同过天仙观剧。

七　月

初八日，辛未。晴爽有云，热不甚

就念勤之约于兰芬室，有何梅生、时调梅、陶景云。散到荣华茶园观剧，不过尔尔，人众热甚。

八　月

初一日，甲午。晴燥，早晚凉

到局小憩，莼畲已它往，一饭后访稚林、禹臣在坐。约同观剧于天仙。有沛云、恺臣、铸秋为看余庄之《儿女英雄传》。

初二日,乙未。早阴,有小雨,微躁,午晴,晚不凉

在局晚饭,约沛云、稚林、禹臣、恺臣、莪畲到天仙看《英雄传》续本。

十一日,甲辰。晴热

进城后闻案二起,陶亨九、赵穆士、吴兴九偕来晤,留夜饭,同往天仙观剧。

十八日,辛亥。晴,不甚凉

到局少少理事即上灯,赴倬云、伯涌乔梓第一春之约,只禹臣在坐,后到荣华观剧。

十九日,壬子。晴有云

下午,恺臣、莪畲同过谈,仲仪亭为听戏而来。禹臣供应一饭。余乃邀诸公在荣华听叫天演《空城计》,坐为之满。

二十日,癸丑。阴有雨意,夜雨

闻益三、鹤笙、笏堂、伯新在彼皆为观剧而来。饭罢,先后到,禹臣作东道主。叫天演《卖马》。

廿一日,甲寅。晴热,下午闷躁,云密,霏雨,晚尤躁热

公局中留饭,同坐者益老、伯新、鹤笙、倬云、禹、稚二君。饭毕,送其回舟。大众同到荣华观剧。……叫天演《打棍出箱》,新奇动人,声色皆妙,闻明日将旋申江。

廿二日,乙卯。阴,不甚躁,有时露阳光,有时因如幂,近晚密雨甚急

到工程局解衣,磅礴且适其适。诸公纷纷多皆进城,只笏堂、卓甫留此,恺八亦来同饭,遂约至天仙观剧,毫无鼓兴之文。

九　月

初四日，丙寅。阴凉，午后细雨，晚密

过理事府，同候接差，恺八同闲话。及时附轮起身北发，高飞远举，气运使人耳。坐至上灯，行人未到，乃归。稼村来，均到荣华观剧。

廿七，已丑。晴近暖

到局候迎关道，寂寂无消息。晚饭后，稚林约观剧于天仙。

廿九日，辛卯。晴暖

近晚，到第一春番菜。招兰、玉二人度曲两折，后到天仙观剧。

十　月

廿六日，戊午。晴，不冷

回寓已上灯，再赴子材之招，坐皆相熟，共设四席。有京班坐唱数人，盛席既毕，时已亥正，复整杯盘衔盂，听曲直至子正。

廿九日，辛酉。晴，不冷

上灯理事，晚陶西园约与秫畬、访石、绍九坐荣华观剧。

十一月

廿二日，甲申。晴，不甚冷

局中无事，遂留聚话，意味相投，不嫌言烦也。晚饭后，与稚林、禹臣到荣华观剧，亦无聊之消遣耳。

十二月

初二日，甲午。晴暖

下午，许迈公到此坐，工程局只得相与周旋，陆续而来者为沈兰台、叔冶、子实乔梓刘颐伯、常静仙月笙、谨斋昆仲、汪稚三、文定生。晚约在天仙观剧。

初四日,丙申。晴暖

下午到工程局与稚、禹二公在第一春作东道主。散赴懿臣天仙戏局看《借茶》、《后诱》、《放江》、《活捉》。

初五日,丁酉。晴暖

在工程局陪迈公,只其祖孙及兰台在此,余皆进城。残肴一餐,稚公约到荣华。因戏不佳再到天仙看《惊丑》、《前亲》二出。

廿七日,己未。晴,不暖

宗子材约晤,未知何事。乃匆匆而往谈。悉因春团戏局,中丞注意于昆班,云须预为访定。此公余之暇,所不得忘情者也。

光绪二十八年(1902)

正　月

初八日,己巳。晴暖

赴八旗会馆公宴。中丞任筱沅之会将军、都统、满汉营官、司、道、府、厅两县人,不为多,已属济济。未正后开戏,甚足娱悦。只惜宾从立如孱障,不容畅此品题且闲杂人多,但形纷嚣而已。

初九日,庚午。晴暖

匆匆饱饭一餐,遂至府署候,诚果泉、方伯到,乃入座开戏……酒肴既佳,戏犹爽目,直至子正以后始散。

十五日,丙子。晴暖

禹臣来,留其晚饭,一同赴府署。子材借题以团拜醵金演剧。

坐多数人,一时盛会,尚足为欢。

十六日,丁丑。阴,近午小有雨

赴两广会馆,两首邑萧益斋、汪半樵以团拜之局宴客,府、厅、州、县有差缺者皆在坐。梨园一部,歌舞升平。只连日寓目,亦殊率见不鲜。

廿八日,己丑。阴暖

到纱厂一行,与子坚、稼村诸人谈。晚,禹臣约至云庆园观剧。

二　月

初四日,乙未。晴暖甚

晚过理事局。饭后,到丹桂园观剧。子正始散即归。

五　月

初八日,丁卯。晴热,闷

今日局后旧区宇有草创台戏。虽未举国若狂,已是扶老携幼。夜演已禁止,恐其滋事。

八　月

十三日,庚子。晴,甚热

稚林自禾归来,招于第一春,乃往。坐上有费统领及李东琛威靖管带、贺子吉善化书记、张晋轩上海医士,皆费之门客也。散后,到荣华观剧。子正后归。

十　月

初八日,甲午。晴,近暖

铭弟今日生朝,到此寄兴附之而来者,邱丽生、朱书田、阮子进、朱叔农、宣端侯、郭彭甥、王来保、志曾侄。不速之客如此纷纷喧杂,便饭一餐,约至荣华观剧,不甚佳妙,遂即先归。

十三日,己亥。晴,近暖

进城晚饭,诸公闲话,因作梧原书,此谢久疏,自深歉邑。禹臣约到荣华观剧。

十一月

十八日,甲戌。晴,不冷

赴平桥云访逊斋、泽生,已我顾。归与五君便餐,以示联络。逊兄约至荣华观剧,皆关上诸友。

十九日,乙亥。阴雨,有雪,甚冷

小楼听雨,雪花霏微,寒意逼人,苦无聊赖,与莍答同话。懿臣约观夜剧,莍兄同往。

十二月

初三日,己丑。阴,午后晴,近暖

懿臣相招,为乃郎定缔姻属写庚帖,无关紧要者先为涂成。扰晚饭,有冰人姚育泉振榜、完玉珊宗璵。再赴荣华观剧。

初四日,庚寅。阴复晴,有云不甚畅,近冷

赴懿臣之招,冰人四尊而外有李彦臣,友卿之弟。散到荣华,禹丞约观剧,主人以劳倦未到,晋生、和卿、莍畲、虞笙,新戏一出,尚耐坐。

初八日,甲午。晴冷

未初后始起,为天仙、荣华负累,理处甚费唇舌一番。尚不知如何结束。

光绪二十九年(1903)

正　月

廿三日己卯。晴暖不甚,下午密云,风,微冷

回寓时已薄暮。因有几三五日无长暇,亟欲到局,乃匆匆出城。秫公与子弟同往观剧,云甥亦在。

廿五日,辛巳。晴早,夜少冷

今日官场团拜,演剧为欢。自中丞、将军以次有差缺者咸与焉。

二　月

初一日,丙戌。晴暖,下午密雨,夜冷甚

未正,到榆园,宗关道倡意醵金演剧,僚属联欢……宗道之子侄四人亦来观剧。荣华承值,脚色不过尔尔。

三　月

初七日,壬戌。晴暖不甚

饭后,懿丞约在荣华观剧,有其族人高瑞卿,今年初涉足,选声不过尔尔。

初八日,癸亥。晴暖

晚,懿臣约同耽伯乔梓到天喜园观剧,因昨为葛再初强作东道也。

廿四日,己卯。晴畅,下午闷躁,近晚风,转凉

出门访禹臣,犹未升帐,候其盥食,乃一同到安徽会馆。坐者已经济济,相识就谈。崔廉访、黄都转、陆宗二观察及各道、府、厅、州县约在五十人,特客诚中丞陪客翁方伯。未正后入座开戏。

四　月

十二日,丙申。晴爽,暖不甚

回局上灯即饭,和卿、虞笙来,遂约蕤畬、子方同往天仙园观剧。再来约泽生、海珊,又遇范、钟二公共坐。此园脚色初经领略,亦不过尔尔。

十六日,庚子。阴,晚有雨

傍晚,赴念勤之约,以清音而扩充戏局,不过热闹而已。

廿八日,壬子。晴,不甚凉

傍晚,与蕤公到工程局,适和卿、虞笙、保君、海珊、逊斋、泽生、奕垣皆坐。公约至第一春小酌。昨懿臣携眷到天喜观剧,自谓受侮。遂于晚间招厂工人前去,意在小与纷扰。而若辈无知,此招彼应,愈来愈多,大有聚众之势。园中亦恐酿事,亟求坐镇,因往勾留,并约诸公同去。懿臣亦来,约东友数人同来。丑初后散。

廿九日,癸丑。晴,不凉

昨日之举犹未能息事。因内眷有烦言,商令园伶戏演于公馆,以弥补前愆,此见小而量狭之所欲也。尚易转圜,因传属园伶承值一夕。适懿臣来,面与商定,欣然而去。……晚饭后,懿臣相约观剧。蕤公偕往,坐有关上各友及其厂同事。子正始响锣,直演至黎明后。戏虽寻常,尚觉聚精会神。如此敷衍,始觉心满意畅。

六　月

初四日,丙辰。阴,午晴,躁热,近晚少爽

懿臣见访,乃匆匆归晤,上灯去。适裴丈偕耽伯乔梓来作闲游,注意于朱素云演剧,且有外国影戏,则别开生面矣。

七　月

初十日，壬辰。晴热

夕阳西坠，乃访洪光庭，小坐匆匆进城，回家上灯。过素会堂遇瑞侯，即晚往观剧，闲兴不可及焉。

八　月

十七日，戊辰。阴，闷躁，湿，时亦偶露阳光，极似黄梅，且有云，头点雨，午后，急风密雨，加凉

辰正后，恽叔、元史、怡芝来，即起盥漱，谈炊许。二公昨偕琴生、佩珂到此夜泊观剧，借候接差，亦有意无意之作也。

九　月

廿六日，丙午。晴，不冷

晚饭后，泽生偕同周蔚卿粤东人，来自沪报关行主来晤。去后，与禹臣闲兴到荣华观剧，有黄益斋、董斌夫、包和卿、黄虞生在坐。为新戏之迷，一出不过《十八扯》扩充而已，无理取闹之作。

十　月

廿四日，甲戌。阴潮，有阳光近暖而雪之象

赴第一春程黼堂之招，交卸德清回省，在此夜泊，坐有施荇卿绍人刑名、蒋朗斋丹徒、姚源荪湖南、周润身宜兴笠珂之弟，皆其幕宾，禹臣亦在坐。番菜一番，尚不为恶。禹臣约观剧，正当偕行，局报有口角互伤事，乃急急而回，即讯理暂悬，未能遽结，再到天仙园，只看得一出即散。

十一月

十四日，甲午。晴近暖

回局一转，经领事处则差人去贺。禹臣来，遂一同进城到蕴斋处公馔之局。有水陆班戏，此投宗太守所好也。

光绪三十年(1904)

三　月

初十日,己丑。阴雨,凉,夜密甚

下午,凤山公所来约观剧,遂冒雨而去。扰便饭一餐,看戏十出。水陆班不过尔尔,在村镇已为罕见。[1]

五　月

十五日,癸巳。晴不畅,风爽,不甚热,已多衣夏衣

巳初起,照常点月望香烛。过兴隆庵晤立夫,谈片刻,乃即渡曹江往祝王锡丞生母寿,相晤三五寅好,吃面看戏局。旁为梁王庙之台,设剧足供乡人同好。绍郡土人举措,音声皆无足取,此真敷衍周旋。

十六日,甲午。晴热,风大当爽

偕芳轩视清来,谈炊许,约看夜台戏,以风大先行而归。

廿二日,庚子。晴,热甚

午后剃头,驾小船到大王庙拈香开戏,此为平安醮,亦乡俗年例也。

六　月

初九日,丙辰。晴有云,午后雨,时作时止

袁燮斋来取细丝茧衣护照,各一略坐而去。芳轩来约在孝女庙前观剧。因风雨无定,躁湿苦人且以季方小极,未已。

---

① 此日至宣统二年九月,皆在绍兴。

七　月

十一日，丁亥。晴爽

今日局前支台演剧，俗谓之太平戏，地方保安，人民祈福，亦乡人傩之遗焉。养时、视清、笠夫同此娱悦。绍之曲文戏情多不甚解，且亦不足观耳。芳轩、鹤轩、绥轩昆弟后到，极与周旋。彼等别具船只且有伴侣，遂亦去来任之。乡俗每戏必通宵达旦方可息鼓，而观者无论男妇，不厌不倦也。

十二日，戊子。晴爽

卯初起，戏已圆场，理官宜炮烛送神衣冠而拜其礼，遂毕。

十四日，庚寅。晴爽，近热

今日局前犹有戏剧。以船支台招演徽班，遂即哄动一时，水陆途塞。因约方杜洲、蒋养时、孙笠夫、芳轩兄弟便饭一餐。戏尚不恶，足以鼓兴，使人可以耐坐。丑初后始各散去，戏必黎明乃已，照料门内烛火，门以外当自有主张，非所暇顾也。

十五日，辛卯。阴爽，不风不雨，颇为畅适

申正才遇笠夫来，促同行。遂即偕步到芳轩处。今日茶号醵资演剧，支台在其东厢后轩之外，只隔一塘，凭窗遥玩，亦足娱悦，久之再往台前小坐。归与杜洲、锡臣、养时、笠夫同饭，再往观剧。

十七日，癸巳。晴有云，旋阴小有阵雨，午后不雨

巳正后起，安侯来述行商醵资在公所再演剧半日夜，亦可谓乐此不疲，相约允之，亦兴与人同矣。

廿六日，壬寅。晴不畅，时有云起，欲雨不得

坐凤山公所良久，遇章子梅东关人、袁燮斋、王植三、叶湘甫诸人，闲兴勃发，明日又于社庙醵金演剧。因徽班过此，又增脚色，与人同乐，得一娱耳目。

廿七日,癸卯。晴,秋热尚甚

下午过凤山公所观剧。所到三二新脚色皆拱宸桥所率见者,到此则以罕而见珍。

十二月

十一日,乙卯。晴暖,晚有雨

近暮,范友梅到此寻我踪迹,约过金翠娥寓相叙。乃兄子馨亦到此。许朴臣、周保君、叔铭同坐。散后到天仙园看妙儿戏,据云群仙犹胜于此。近来男戏寂响,竟为所掩。咸谓阴盛阳衰,世道然也。

十二日,丙辰。晴畅,暖极,夜雨颇大

过陆寓夜饭,自制蔬肴,颇可适口。稼村、虞卿在座。忽来厂客姜均甫寿、王亭、陈德卿,留之同饭。虽无喧嚣之气,究少静穆之致耳。稼村约至群仙观剧,似觉较胜。

光绪三十一年(1905)

正　月

十八日,辛卯。阴雨竟日

傍晚乃赴凤山公所,王公茂、陈正和、陈二房、陈信昌、朱晋康、叶兆丰六人商之占三席,有未识者二三人,得晤蒋二公子继武,亦称清隽。同座者为李济舟、徐美滋、高静山、蒋养时、马子庭、徐莼棕,酒肴等尔。散后观剧,绍班短出,详其情节无非扬善惩恶,果报循环。虽谓粗率,亦尚耐人寻味。

二十日,癸巳。阴,时露阳光,不得爽霁,密雨又是通夜

下午,三五局友同步至大王庙前小立,戏无足观,以此消磨。

二　月

初四日，丁未。阴，不甚冷

下午，载钧同船到孙端镇约两里许，由官河折而里西进，元度庙桥泊舟。土谷祠前徽班戏为乡不经见，哄动老少男女，贫富村悄，几至无可插足。看《祢衡骂曹》一出……或闲游意畅之小效欤，仁老坐船，巢云三君同到庙看戏。纷拥万分，三二出。回船休息时许，候人少散，再往。丑正而归，三君亟亟回车家埠，皆无行李也。仁老夜话，闻有后半本戏，姑待之。寅正后，闻爆竹酬神，遂就睡。

十二日，乙卯。阴冷，午后微雨，有霰

正当爵戏，刘虞卿亦来，近自杭归。述髦儿戏日盛，且三五可取之雏妓，亦多习演登台。天生此材，如此其易之也。

十三日，丙辰。阴，密雨

出门到曹，公议之局，于曹场署支台演剧。原议官场公局，后因百官商改，遂议各为东道主，复又推脱。

十四日，丁巳。阴雨

子正，陆续各散，与养兄后行蒿镇庙戏，经凤奎为定，三月二日此班，由此以后皆在此。数十里方圆左右乡镇醵演，真不啻天上笙歌，人间罕有，亦足耸动一时。

三　月

初二日，乙亥。晴爽

未初到局。今日张神殿醵金演徽班，亦乡人，亦一时之兴……饭罢，葆三、文锦来招观剧，看三二出。

初六日，己卯。阴，午后晴近暖

今日凤山公所年例祀神演剧。宴客来约，早到诸公惟以竹为戏，多皆詹眺徘徊。上灯入座，惟此相熟周旋。绍班咿唔，不足以留人。众又寄兴所好,略作局外之观,不辞先归。

十一日,甲申。晴有云,不畅,入夜大风,有雨,隐隐雷鸣

扁舟一叶,直放东关,为看迎会演剧。昆弟竹林已足结队,兴致勃勃,不愧英年。

五　月

初十日,壬午。晴有云

夕阳西坠,往为绍岚送行,遇养时、植三、芳轩共谈。复往公所便饭一餐,再到孝女庙看戏。

十四日,丙戌。晴爽有云,热不甚

出门遇联青,过其寓,为见其新夫人,甬中商家本色人也。借地清话,子清、子祥同阮子晋亦寻踪而至,共相周旋,唯唯诺诺,一同散去,遂败清泉之兴。张王庙及坝头有戏两台,略为小停。……趁月归去,无聊,两地观剧皆不堪流连。

十六日,戊子。晴,近热

葆三、联青谈事而去。将晚,步归。今日庙前有高调戏,小立,莫名其妙。

廿七日,己亥。晴有云,午后热闷,傍晚阵雨密,夜爽

到公所纳凉,甚惬此心,一榻横陈,姑适其适。今日,曹地同人要留徽班开演,亦借题为乐。兴与人同,不惜小费。开演至上灯,得戏六出,较之春间者,大致仿佛。

六　月

初三日,乙巳。晴畅,热

饭后,到孔君庙行香,社会年例演剧。傍晚往看,小立片时。

光绪三十二年(1906)

二　月

廿七日,甲子。风雨竟日,晚息

酉初,抵柯桥镇,去郡城尚有三九,须得夜行。到彼已不及上岸。因即下椗,明日早发。雨息,与同仁小步桥头有越腔戏,不堪娱悦,望望然去之。[①]

三　月

初六日,癸酉。晴不畅,阳光近昏

到凤山公所,此会人稠。同席者养时、美滋、徐哨齐、芳亭、履靖、笠渔、莼悰、伟堂、植珊、肇渭。有绍兴腔戏,经人指点,可以领略始末,特不足以娱悦耳。

廿六日,癸巳。晴畅,暖,傍晚风紧霏雨,晚小雨

乡会大喜皆备,亦属楚楚可观,得扰茶点而散,戏有三二处。遇公茂,行遇养时,匆匆而归,因雨已霏霏。晚饭后,武陵、仲甫、稚松同到大王庙前看戏。

廿七日,甲午。阴,微雨,时作躁闷,夜雨密

匆匆及饭,微雨不时且近躁闷,会事零落,使人败兴。小步大王庙前,戏尚鼓舞,忽遇梅炳南、萧养和。

闰四月

十六日,壬午。阴雨躁湿

卯初后起,因陈六笙川督八十生朝,旧好,制屏预祝。今日,郎

---

① 此日在离杭赴绍途中。

君于两广会馆演剧称觞,以先谊非泛,不得不躬往作祝。

五　月

廿一日,丁巳。阴,密雨,大凉

黄藻卿舟中留一刺,哲士旋来闲话,同夜饭。往大王庙观剧,浮生偷闲,如此而已。

廿二日,戊午。晴,不甚热

午后到大王庙拈香祈福,为保园境平安。旋即响锣演戏。

廿四日,庚申。晴,不甚热,有云,入夜点雨

下午微云蔽日,足以散怀,乃步行过观化桥,有平安戏,小立。

六　月

初三日,戊辰。晴,不甚热

今日里人醵金演剧,为卜平安。例在局门布置,一时喧阗而已。

十四日,己卯。晴,热甚

聚坐闲话,只嫌敲蒸蚊扰,徒自懊闷。夜月到大王庙前观剧,事无可为,无聊极事。

十七日,壬午。晴,热极

偕同武陵、履靖、芥孙同到养公处,笠渔、晓雅已先在,一饭颇自点检。后,到孝庙观剧,不足娱悦,等于消闲而已。

十九日,甲申。阴有雨,旋晴,当午大风雨,又畅晴,不热,月佳

下午扶病到兴隆庵进香,开台演剧,此举与前为一事。本拟秋爽,一招徽班,而醵金有余,久置多遂。适昨夜有过此招揽者,遂了此一椿未了。饭半盂,可勉强支,乃坐巡船,纳凉观剧,出头戏不为恶。

七　月

廿六日，辛酉。晴，近热，不爽

凤兄约朔日观剧，茶栈余资。适有徽班入境，迩以枯索藉作鼓舞，又将哄动一时。

八　月

初一日，乙丑。阴有云，下午晴

午饭后，正自徘徊，凤奎已来催约，乃同庸见到凤山公所。戏已开演，我辈固已满座，而楼上阶墀之老少男女排列无隙。以徽班为难能，无不图快耳目，所以愈形人拥。向晚少息一饭，戌正，再张旗鼓。戏多率见，惟音调不同越腔，且行头一二尚称鲜明夺目，亦都人所不经见，故啧啧称之。

九　月

廿五日，己未。晴不畅，有云，有风

今日，陈氏五凤为母称觞，亟想一去周旋，然竟不可轻试，只得请人作祝，借书院旧宇设坐，而于野地支台演剧，鼓乐铿锵，遥遥风送声……步蟾、子祥来，乘舆到此，特为一觇徽班，其可谓心闲体泰。

光绪三十三年（1907）

五　月

廿八日，戊午。晴热不甚

仓桥东有神戏，已哄动一时，振芬莘欲娱悦，乃同去。人极稠密，不过翘首遥望舞蹈而已。

光绪三十四年(1908)

三　月

十七日,壬寅。阴云,意倦,近午略晴,云开大畅如此晴稳,似可补救,然麦讯已不可收拾,亟盼向暖

少暇,批理各件,得王舜臣函,称两邑交界,迎会演戏,有兵民相争之事,查系诸邑球山获里村滋事之人居多,且闻有小刀匪会,亟宜禁戒等语。匆匆复函,交来差而去。

十一月

十三日,乙未。晴暄

黄笃生来,前以乡戏已为查示,乃未及宣布,已经开演。学堂设于祠,乡众于祠设剧,遂形肆扰学人,以违制争,即逞蛮无理,因属梁弁速去和平弹压。

廿三日,乙巳。阴,午后晴,躁湿,夜雨急而密

霞舟、生安、绰然过谈,注意戏班班长,意谓纵扰学,此真无理之理。村中年少不受禁约,以致违制而罪梨园,使谢学堂相迫照行。……申初始饭,饭后将班长吴阿林枷示,无可讯理,即无少多说,不过其人之晦气,恰恰遇一时糊涂官儿,付之一笑。

宣统二年(1910)

六　月

初三日,乙亥。晴热,有风

闻金华庙岁诞,从众一游,醵资困难,并不演戏,只坐腔三台,已远不如往年。

九　月

初四日，甲辰。晴，午后阴

荫庭、季琴约上街头，东南两市，楚楚可观。后过火德庙，有戏为之驻足。俗云水陆班，得此足资娱悦，所以哄动一时，看两出而归。

十一月

初五日，乙巳。阴，风冷

晚饭后，同到群仙看妙儿戏，尚属楚楚，观者亦众。吴新宝、林黛玉皆在演串，亦此中之巨擘焉。①

廿七日，丁卯。晴，冷不堪

晚饭毕，公玉同到大舞台在三马路观剧。围地规模大好，戏亦勉可，踵事增华，坐客大满，此亦可为销金之窟。

廿八日，戊辰。晴，冷不堪

晚饭后，渊翁似眷，约同往新剧场即凤舞台，在法大马路观剧，较昨日少胜。

十二月

初二日，壬申。晴，不冷

上灯后，行到理兄之约，有王君铭甫洞庭人，经商，番菜一餐，即至迎贵园观剧，全本《蝴蝶杯》尚堪解颐。

初三日，癸酉。晴，不冷

到吉升，渊翁诸公已入局，不能候，即赴理卿雅叙之约。后到歌舞台观剧，以清客串而招致，乃大受哄堂之笑。

---

① 此日起至日记终，皆在上海。

十六日,丙戌。阴冷,细雨

燧兄约同袖海楼小坐,便饭一餐,晤盛季莹、苏楚生、冯仲庄、金芝轩,先后到添花楼。随后来者,罗岳生、萨桐孙、王展卿、盛俊仲主人乃弟,犹有彭、麦、岩三叟,亦不复记忆,更有未及闻讯者,彼手谈人也。粤调聒耳,杂以喧哗,只觉纷扰,有花氏三姊妹唱京腔尚不恶,皆玉山产,惜非特色耳。

宣统三年(1911)

正　月

初一日,庚子。阴有雨,近午密。午后止,不爽,近似躁暖

清寂无聊,把卷而心不属,举笔更复意倦,乃到近地东关戏园一聆粤音,头亦类正本,声色皆不足以系人。

三　月

二十日,戊午。阴,有晴意

主客十四人围一席先饭后酒间以管弦,粤调纷纷,杂坐殊为扰人。

四　月

初九日,丁丑。阴有雨,湿

近晚,过天香小坐即留饭,约道谦来听月楼度曲,为晋仙以相属,音调较胜,神韵似逊之。

十七日,乙酉。阴有雨,近晚风大,甚凉

梁季典约到富贵酒楼,新始竣工,极求华丽,坐客陆续而来者,众始招弦索弹唱。

七　月

廿八日，癸巳

饭后，薛乐友与啸府过访，约同步到东关戏园看绳技。子初，演粤剧，不解声调，望望而去。

九　月

初四日，戊辰。晴，不暖

饭后，与理之到文明茶园观剧，大致尔尔，无惊人之处，傍晚归。饭后，燧公自袁静生处送来粤电，密码候译，电内称连日风声鹤唳，事机甚逼，乞速回粤。

十　月

廿六日，庚申。晴，冷

近晚，回栈加衣，到喜春晚食，印士约到丹桂第一观剧，不过如此，只武场交换器械竟有神出鬼没之妙，不可及也。

北行日记

王锡祺(1855—1913),江苏清河(今淮阴)人。字子蘐,一字寿萱,号瘦冉。其人擅地理学,名书斋曰"小方壶斋"。《北行日记》为王锡祺光绪五年(1879)北上应顺天试期间之旅行日记。王氏爱好戏曲,每经一地,皆有观剧之记载,对于京、沪等地的演剧状况略有述评,可资参考。谷曙光据《小方壶斋舆地丛钞》(上海著易堂铅印本)辑录。

光绪五年(1879)

三 月

十六日,庚申,阴雾,东北风

本拟今日搭轮船往沪,因招商太古下水须迟三四日,在原船坐候。早起,登岸。长乐园观剧,所演《百寿图》、《芦林坡》、《铁弓缘》诸出,脚色整齐,行头鲜艳,大净之喑呜叱咤,花旦之旖旎娜婀,观者叫绝。慨自京、卫二黄相继倡盛,所尚者急管繁弦,而南北昆曲金尊檀板,风流歇绝,阳春白雪变为下里巴人矣。近又杂以西腔、弋腔,登场必慷慨悲歌,按调则千篇一律,此唱彼和,互为标誉。噫!佣贩屠沽则已耳,士大夫奚为者。世风趋下,于此可见。晚大风,樯橹攲侧,妇稚叫号,舟极颠簸。饮食不得下咽,犹欲呕吐,径脱衣卧。夜大雨,竟夕不成寐。

十七日,辛酉,阴

重衾展转,短枕惺忪,数日离家,梦萦咫尺。晓起兀坐,风雨凄人。午饭后,介弟等往长乐园观剧,以昨日戏招准演《大香山》也。余畏烦嚣,不往。翻谢清高《海录》数页,古人有言"读万卷书,行万里路",鲰生辄向往之,此愿不难指日偿耳。扣舷歌徐青籐先生所谱《四声猿·骂曹》一阕,邻船长龙击鼓渊渊,高低急徐相应合。出望江景,水天一色,不辨对岸。此行抵京口而大风雨,如在瓜步荒洲孤泊,扫却多少兴趣也。晤曹勤记,随炮舶自金陵来,谈片刻。燕弟等回船,雨更大,船簸甚,夜不得睡。

二十日,甲子,阴

卯刻,烟霭渺瀰中见狼山雄峙,如海上三山,可望而不可即。巳刻晴,抵上海,住宝善街天顺客栈。晚天仙园观剧。自镇江至上海,得西人一百五十六米,每米伸中国三里三分。

二十一日,乙丑,晴

进城谒范丈兰堂,拜范君荔泉,留便饭。孙易堂信遣舆夫送去。出城乘东洋人力车,游洋场宝善街一带,车声隆然,往来雷动,泰西十七国货物麕集鳞聚,惊心眩目,应接不暇。晚则煤气火灯千百万盏如列星,洋楼有高三层者、四层者、五层者,金碧迷离,境各异态。珠宫贝阙,谅不是过。花月胜场,所在皆有。妖姬艳服,巧笑工颦。市肆之盛,各埠第一。千两黄金一浪头,大腹贾瞬将变为小乞儿,诸寓公何以善其后也。余乙亥同程君毓甫来游,较尚繁庶,近因丝茶利薄,倒歇过多,稍形不及,赖有戏馆五六家撑持门面。午后清客徐增寿来,识同寓倪君桂泉文焌,天津孝廉善音律,谈次甚契洽,倪君邀三雅园观剧。是日购日本地球仪三匣,为高丈子上、龚丈寿秋、莲侄买申昌馆[1]书籍。

二十二日,丙寅,晴

巳刻范丈暨荔泉出城答拜,并约明日午酌,辞,以将赴福州,因约荔泉同赴美华书馆。晤葛君芝眉、涂君紫巢,谈印书事。议定后至新报馆,订《西国近事报》一分、《新报》一分,托荔泉按月汇寄。晚约倪君观剧。

闰三月

初八日,辛巳,阴雨

葛芝翁、涂紫巢、李习之邀观剧。午后购买杂物。

十一日,甲申,晴

浴怡园盆汤。浦东观跑马,是日为第二天,游人云集,毂击肩摩。西人衣五色衣,稳坐马上,红旗一挥,奋辔争驱,星驰电掣间,已三四里,尽一周圈乃止。皆在所围白粉栏杆内,以后先定输赢。

① 原文如此。

西人尚利好争，于此可见。然藉以练习武事，亦狡谲矣。观赛二次，回寓，雷声殷然，飞雨倏至。一时许晴，往来游人梭织，兴尚未阑也。至啸园购书籍。戌刻天仙园观剧，所演《大香山》全本，变化百出，怵目骇心，免堕泥犁狱，当皈依莲座，念无万声弥陀佛也。

二十七日，庚子，晴

……移居莲华寺后，长夏无事，诸同乡时相过从。暇即作字、作诗文、校对书籍，或引酒独酌，或携俦观剧，或进城支继卿处闲谈，或诣秦年丈处询应办一切。迨覃甫、少青同住，终日晤对，更不寂寞。忽忽数月，春明梦醒，检点归装矣。

……

宴客极便，价亦极昂，宜衣冠会者，如福隆堂、余庆堂等，以堂名者是；宜便酌者，如万福居、广和居等，以居名者是；宜带局者如泰丰楼、汇源楼等，以楼名者是，然各处皆可挟雏优饮也。致美斋点心最佳，近亦兼卖群菜。

……

京师最尚雏优，宣南寓公半多沉溺，缠头之费不吝千万金。观四喜班剧，排立上场门者，五花十色，目眩神迷。余识景春荣贵、熙春杏侬，逢场作戏，匪我思存。

梨园八部，曰四喜、三庆、春台、永胜奎、嵩祝成，凡五部，演二黄、京、徽各调；曰玉诚，演弋腔；曰双胜和、瑞胜和，凡二部，演梆子腔。双胜和余未观，四喜间数日一往，余则一二至焉。四喜、三庆间有昆剧，雏伶嘤咿，只取其色。

九　月

二十二日，壬辰，晴

风定如常。午刻抵上海，住洋泾浜长安里祥发栈。才别长安，又入长安，叹长安居大不易也。是日适遇西人跑马跳浜，往观一周即返。观昆剧，久厌盲俚，忽遇清歌妙舞，心目为之一畅。

二十三日,癸巳,晴

今日即拟搭轮船赴京口,因开行者乃麦边洋行发财轮船,舱既逼窄,又无趸船。江表明日开行,改期以趋稳当。午刻进城,拜范荔泉罄谈一切。美华书馆晤葛芝翁、涂紫巢、李习之。申刻李习之来,送到印成《金壶浪墨》一千部。葛芝翁来,言其婿程姓,在江表司事,因托致意,在路照料。晚三雅园观剧,色色俱佳,“此曲只应天上有,人间能得几回闻”。吾欲腰缠十万贯,于此筑销金窝。

癸未甲申日记

《癸未甲申日记》作者王树，字杉绿，生平事迹不详。据日记，其人为侘傺名士，淹居京华，后迁沪上，往来踪迹闻见，颇有可採摭者。日记起自光绪九年(1883)正月，止于次年二月。其中有王氏在京、沪观剧之情状，可供治戏曲者参考。谷曙光据《中国史学丛书三编》(台湾学生书局1987年版)所收影印本辑录。

光绪九年(1883)

二月初三日,甲寅

睡梦中听仰皋读文声甚是认真,遂起,至会馆。今日会馆团拜。往年于祭文昌后会饮于福兴居,今岁以人数不多,公议停止,不过于文昌前烧香而已。午后偕友篪太丈、六叔咏民观剧于四义轩,观至正平挝鼓,不禁为千古名士之急于自见者同声一叹。傍晚微雪,过揖夫子,遂拟进城。揖夫子坚留,知揖夫子有看花之兴,不欲拂其意,夜遂偕六叔咏民四人冒雪而去。至一处,揖夫子与咏民俱止焉。遂邀兰友至侑酒,酒后余与六叔两人回乡馆。

二月初八日,己未

晨起,六叔去。午后出城,拟于四义轩观剧。至则人已满座,退出。……

二月二十八日,己卯

今日清明。晨起课徒毕,写白折半开,同稚山、巽卿、稚弟出城小酌于致美斋。予复赴查润甫万福居之约,略坐即赴合义寻稚弟等,途遇颂老,同至裕庆,则三人已在焉。略坐,颂老至泰丰楼,予等四人观剧于天和馆,听《审刺客》、《探亲》、《审头刺汤》三出。予即至泰丰寻颂老,见稚菱,入春来第一面也。……

三月十九日,己亥

晨起阅沈八先生《荣欧室文稿》二十余篇。六叔起即拟进城,六叔强邀余今日听戏。遂同至蕴和店晤小孟,复至鸿升店晤沈鹤士,还至致美斋吃饭,听戏于文昌馆,戏极坏,人极挤,乏味之至。……

四月初二日,壬子

晨起,即拟出城,适六叔来。饭后同出城,还大昌绸缎铺钱帖一百六十千。观剧于四义轩，万盏灯、马得子唱《虹霓关》，唱完时已申未。……

四月十六日，丙寅

晨起，到菱洲处，以明日系菱洲老太太五十寿辰，今日先行拜寿也。午后偕六叔、九叔观剧于福寿堂，间头眩又作。听至子仙出场，唱《打金枝》，则头晕立愈矣。子仙之唱，许久不听，一波三折，妙处依然。去岁，余与巽倩品评子仙，以为青衫子中第一，而都中之所谓老听戏者，皆以为不及小福、德处。岂看文与听戏皆各有一种讲究耶？故去岁与巽倩话别时，余谓之曰："哥去后，论文有孤立之势；听戏亦有孤立之势矣。"……

四月二十三日，癸酉

晨起，到上房拜寿，今日老太太八十四寿辰也。午后稚弟邀同巽卿、孟平出城观剧于会源堂，毫无兴致。观盖三省唱《新安驿》，衣装陈旧，黯淡无光。为想从前揖夫子兴高采烈时，殆不过一转瞬间耳，感慨不此(已)，不欲观之矣。……

五月初五日，甲申

晨起，到会馆。今日会馆诸同乡会饮于丽泽堂，余恐头晕，赴莘仲处午餐。畴丈与稚孟两弟陆续至。席间畴丈作玉盒子两个，一曰春闲，余曰蚕豆；一曰嫁人，余曰杏仁。饭后五人观剧于文昌馆，听魁顺唱《昭关》，傍晚回乡馆。雷雨交作，一晌即至。

六月初二日，庚戌

午前课徒，作方字四十。午餐春卿曰："今日闻左边人家有戏，已去定座。盍同去一观?"饭后写白折一开三行。春卿、伟人先行，余后去。至其处，进门即是院子，中架高大凉棚一座，四面犹余旷地。进凉棚，座中妇女居多，粉白黛绿，履□交错，戏台对面，旧屋三椽，似空洞无物者。余甚异，问春卿曰："此是何等人家?"春卿曰:“肃顺之子成六家也。今且同于无赖矣。”噫!以天潢之派下等齐民,然非圣恩宽大罪人不系,尚得优游于辇毂之下乎?戏皆客串,不甚可观。惟梁处所演之《三上吊》,两绳之上,跌宕自如,末复将缏发挂于绳上,舞双刀于半空中,左来右往,并能手挟两椅,足钩一人,技至此,神矣!观者称好不绝,真是见所未见也。收场后,同春卿、伟人登门前土山,据要道而看花,鬓影衣香,应接不暇,玉环飞燕,无一遗者,是亦足以为风流罪过欤?……

六月十四日,壬戌

晨起,星丈前拜寿,后雇车到太仓馆晤钟棣香丈,昨日来京。饭后拟同畴丈、孟弟听戏。出门,知戏园未开,三人遂拟同赴松江馆。……

六月二十六日,甲戌

晨起,雨势更大,庭中一片汪洋。小山丛树,望之如海岛焉。……闻今日星丈入大内朝贺,于大雨泥水中行礼。归途水从车垫涌上,臀肉冰凉,其苦如此。若夫听戏诸公,泥水衣冠,兀坐终日,更有不堪设想者矣。(逢万寿,军机、堂司及一品以上大臣,皆赐听戏。)

七月初五日,癸未

晨起。阅沪报,见鬼奴赵荣华一事,观察其懦矣哉!不知何以处此?午侯莲舫,请其开药方一纸。饭后同六叔、九叔至大栅栏观剧(嵩祝仁班),小百岁、孙菊仙、三永儿、六儿、全喜、得处都唱。惟得处以穆壮(彰)阿之孙,甘居下流,一声喝采,顾盼自豪。君子是以知穆中堂之无后矣。……

八月初七日,甲寅

晨起,同紫垣走出前门,道颇难走。到长巷头条胡同,紫垣往南昌馆。余过莲舫,请其方脉开方,谈良久。到会馆,晤揖夫子。

饭后揖夫子邀同六叔、九叔、小孟到庆和园听戏，不见十三旦者已不一年。夜宿会馆，同六叔下象棋一盘。

八月十四日，辛酉

午后同六叔、九叔听戏。……

八月十七日，甲子

午后同揖夫子、赞先生听戏，盖三省扮武生甚好。傍晚同揖夫子两人小酌于小酒楼，饮至晚，两人共饮烧酒八壶，各大醉矣。

九月十一日，戊子

晨起作书五函。……傍晚到东门寄奉。复至华众会，遇钱诵之，并遇李平书。平书邀至聚丰园夜饮，所谈者时事居多。饮毕余复邀平书至天仙茶园观剧，嚼蜡无味，惟小桂凤、蔡桂喜两花旦视甚美。观剧者粉白黛绿不计其数。时槎生、睦生叔父、踆甫弟、二梅姑丈亦在观剧。……

十月十六日，癸亥

……听戏于宝善茶园，晤香远丈。汪桂芬唱《鱼藏剑》、万盏灯唱《卖胭脂》。……

十月十八日，乙丑

王介伯来，尚在睡乡，起身作二书，一致冯雨人、一奉颂田舅氏。傍晚过忆卿，闲谈良久。往华众会寻梓叔不遇，怅怅而归。复到二梅姑丈家，梓叔亦不在。睦叔曰："盍去观剧？"余欣然遂同到宝善茶园，适汪桂芬在场唱《樊城·长亭·文昭关》，招忆卿。忆卿至，《昭关》尚未唱回也。第二出《泗州城》。第三出万盏灯、十四旦唱所谓《双小上坟》，无理取闹，沪上风景大抵如斯。其时忆卿颇不以十四旦为然，数曰："面貌可憎，神情无味。"余韪之。十四旦在都中时，小有声名，而一至沪上，声名大振，其命耶？其亦随风气为转移耶?端臣尝曰:"即以观剧而论,亦有无限感慨。"信然。……

十一月十九日,丙申

……午后汇叔偕至华众会啜茗,琼芳夜饭。饭毕,过忆卿,谈良久。汇叔又邀余观剧于宝善园。观毕漏下已逾三鼓。……

十一月二十八日,乙巳

午后到二梅姑丈家拜姑母周年,顺至南会馆听戏,晤汇叔于戏台。……

十二月十九日,乙丑

……邀巽倩小饮,谈次,知巽倩历得四琴。夜饭毕,复谈许久,观剧于宝善园。听三出后,余困乏已极,力不能支,乃辞巽倩……

十二月二十四日,庚午

午后子嘉母舅来字,邀余至署中闲谭,乃过之略谈。同出小东门华众会啜茗。至沪报馆晤禄秋姑丈,略坐即辞出,饭于鸿运楼。饭毕观剧于咏霓茶园(即宝善茶园班子,今晚同台),汪桂芬、万盏灯唱《四郎探母》。

十二月二十六日,壬申

……朝膳后撑笠归家。傍晚,子嘉舅氏来字,邀余咏霓茶园观剧。乘肩舆去,子嘉舅氏同邵寿卿亦至。今晚封台,汪桂芬唱《三娘教子》、万盏灯《卖胭脂》。归与柳叔谈。

光绪十年(1884)

正月初三日,己卯

……夜膳后,乘肩舆至老丹桂观剧,雪花大如掌矣。至则邵寿卿及账房诸友咸在。想九霄唱《卖胭脂》、周凤龄唱《凤凰山》。之二人者,此前了草见过,不甚着意。今晚始仔细领教,果然色艺俱佳,名不虚传。……观毕冒雪归。

正月初十日,丙戌

……傍晚饭于聚丰园,夜到咏霓茶园观剧,寿卿亦来。……

正月十三日,己丑

……夜膳后观剧于天仙茶园。……

正月十五日,辛卯

午到丸叶帐房,饭后往北缘。今夜约子嘉舅氏、寿卿听戏,先至咏霓茶园定座。……咏霓观剧移时,子嘉舅氏、寿卿来,冯瑞祥唱《桑园寄子》、汪桂芬唱《文昭关》。……

荣庆日记

荣庆(1859—1917),字华卿,号实夫,蒙古正黄旗人,《清史稿》卷四百三十九有传,称其"持躬谨慎"。其人由科甲出身,为晚清重臣,官至极品。清室灭亡后,荣庆以遗老身分移居天津。其日记中颇多观剧之记录,光绪后期,多是帝后寿诞蒙赏听戏;而进入民国后,则是遗老以观剧为消遣。谷曙光据西北大学出版社 1986 年整理本辑录。

光绪五年(1879)

十一月初一日,晴,风

侍三叔和季白、少皋、三表妹出德胜门观剧,暮归。

光绪六年(1880)

四月十三日,晴

同三叔观剧于平则门,遇琴堂比部,归阅题名,知伯愚兄中式。

六月十一日,晴

访景苏,归遇李西亭于道,均久谈。出阜城门观剧,无之。柳阴河沣,啜茗多时,并看儿童逐浪河心,旋乘小舟渡河归。

光绪十一年(1885)

四月初五日,晴

至六峰处送殡,至护国寺东口,到式勤处饭,旋同观剧于广德楼,三叔视女弟。

六月二十四日,阴,晴

同三叔、大哥、孟侯观剧于阜城园。

光绪十三年(1887)

正月十六日,晴

请神主归位,饭后观剧。

正月二十日,晴

祝崑小峰师太师母寿,观剧。

光绪十九年(1893)

五月初九日

午赴天福堂三庆园吃梦。

光绪二十四年(1898)

二月二十九日

均往阜城观三庆部,饭德福堂。至戚团圆,少长咸集,亦难得之境。

闰三月初八日

约吉表兄槐庭饭于同福,槐兄约观剧阜城。

七月二十二日

独至阜城观福寿部。

八月十六日

至万福居观弦管清音,尚清婉可听。

光绪二十九年(1903)

正月初十日

至政务处,衣蟒袍补褂至兵部报房、九卿房候,上升保和宴蒙藩时,入乾清门,在侍卫房稍候。驾还宫随至乾清宫阶下,有顷内侍报齐,上升座,乐作。东边礼邸、荣相,孙相、徐协揆、敬、鹿两尚书,每桌二人,寿田司马同庆及寿泉司空三人一桌。西边那邸、王相、崇协揆、瞿外部、张、世、徐、葛诸尚书即就位叩。戏登场,上汤饭赐御众叩,上奶茶叩,换果桌、上元宵。裕司马由东门出,脱褂由正门入跪,内侍奉爵,司马举爵,缓步由中阶升,稍停,面西行,复面北徐行,转东向上跪、恭进,由西陛退至原跪处叩,众皆叩。复由西陛升,至上前跪,捧爵,始向西、转南、转东、由中阶降,至原跪处,授内侍爵。又一内侍酌以酒,跪饮叩谢,兴(起来)由中门出,穿褂由东门回原席,各桌均进酒饮叩,进果羹叩。戏毕,均由东西门出,至正阶三叩谢,礼成咸退。赐如意蟒服袍褂花瓶手炉,由属官苏拉在乾清门外祗领(盘赏二金,拿酒者赏三十金,袍褂料一套)。回寓送宴桌到,顺道拜袁云台诸处。

六月二十五日

入宫门至德和园,蒙赏听戏。东边与兵工诸尚书一间,并命在院内平坐,上面设帏,一切较便,出自殊施。巳刻赏膳,未刻果桌奶茶,申刻晚膳,酉正撤帏入坐,叩谢后散。

六月二十六日

辰正二刻在仁寿门内甬道上,恭祝万寿,行三跪九叩礼,即入德和园听戏。午刻果席奶茶时撤归座,跪领赏物八件,行六叩礼谢恩,余与昨同,仍宿政务处。

十月初九日

卯初入值,蒙赏西苑门内骑马,碰头,次日具折。辰正至德和园听戏。传赏御前军机内务府大学士张鄂督椅轿,同未经赏过王大臣,阶前叩谢,巳正退。赏筵一桌送至家。未初上,酉初散。乐正斋斌小川画稿到,菊人、晦若来谈。

十月初十日

卯初入值,见面行九叩头礼。至听起处易朝服,至排云门,随驾行礼。至原处更衣,至德和园听戏,午初稍息。未正上,酉初至排云门观灯、赏元宵。传御前军机,阶上侍立,恩礼益隆,惶惧益甚。

十月十一日

卯初入值,辰初见起,述旨上入德和园听戏,午初二领果赏盘赏后退。未初二上,酉初谢恩归,韩二带赏赐物回。

光绪三十年(1904)

六月二十六日

卯初入值,辰初见起,有饬堵永定河决旨,并以事关民生毋拘回避。辰初行庆贺礼,见面时先叩喜寿九叩。至德和园听戏,巳初饭仍入座。午正果盒奶茶赏皆一叩,盘赏下六叩,旋出领赏。未初到本处易衣,未正入饭,申初散,叩谢归。

十月初十日

寅起入值,卯正见起,九叩皇太后寿喜。退出更朝服,至排云殿,皇上亲进表文,率臣恭行庆贺礼。辰正入园听戏,申始归,闻小川、式勤并季超兄到。

十月十一日

卯入值,辰正见起,即入园听戏。本日恭进晚膳,费一百二十金交内务府。蒙懿赏御书大寿字、大荷包。午正盘赏下,与去年同,瓶系哥釉,归小憩。申初入,申正谢归。公份四十两八钱交内府,各项赏六十一两,钱八千。本年带红珠三日。

光绪三十一年(1905)

十月初十日

天晶日丽,万象澄清。卯由西苑门入,辰初起上叩寿喜九拜,下更朝服,乘舟至宝光门上岸,诣景福门与二品以上同行庆贺礼,仍回勤政直房更补服,入丰泽园听戏。

光绪三十二年(1906)

六月二十六日

辰初见,九叩寿喜,退即入班行庆贺礼,礼成入园听戏。巳初赏饭仍入,午初赏果盘,赏杏仁双琯瓶、双龙磁盘,余同每届。领讫至听起处,小眠时许,赏晚饭后入园,申初后归。

八月二十九日

卯正起,到署点名查号,并与少川诸君谈学务考法,少川实有阅历,实有魄力。午初归,饭后小眠。未初祝式勤五旬寿,观女剧三出,五钟前回屯寓。

十月初十日

至西苑,奉宸官前导,本阁侍读随行,由学士墨麒手恭接表文,捧入至景福门内,宫门正中案上安奉,退至廊外朝房祗候。辰正行庆贺皇太后礼,仍在此换衣乘冰床,至园听戏,申正归。

光绪三十三年(1907)

六月二十五日

辰初径诣德和园恭候,辰正入座听戏,巳初赏饭,午初赏果,未初赏饭,未正二刻戏毕谢恩,回公所。次珊、宝臣来,留饭久话,酉刻客走,戌刻眠。

六月二十六日

卯起,同人陆续到。辰初二刻诣仁寿门内行九叩礼,即诣德和园,辰正入座听戏,一切如昨。午初二刻,果赏后即领盘赏,均如往,均红双珥瓶。申初戏毕,赏项交姜六,公二十零四钱,各项四十六,姜崔二两,余三人二两。如意二十三送往,今日赏还,六钟归家。

八月十五日

大哥到约三叔观剧。申设祠供,夜祀太阴。自辛丑后,眴隔五年,又得阖家团聚。酉雨一阵,夜月甚朗。

十月初九日

至德昌门内谢恩,孙相天明始到,辰初诣颐年殿伺候听戏,申正归,谈进讲事时多。

十月十一日

至西苑门,辰初与孙、铁同舟入,辰正诣颐年殿听戏,《行围得瑞》一出,为向所未见。午初果桌后蒙盘赏与每年同,描金蓝瓶。申正散,约小石、玉玱、琴轩、宝臣饭会贤堂楼畔。

光绪三十四年(1908)

六月二十五日

卯初起,在翰林院浣盥瞻眺。七钟到奏事处久候,九钟入德和园。赏座东边,仍与奎、增、孙、那同间。十钟赏饭,十一钟果盒独领。四钟归,独酌,看字画。

六月二十六日

天晴日朗,乔、丞、严侍郎陆续到,在翰园见熊编修。七钟入,辰正上升仁寿殿受贺,随行三跪九叩礼,廓尔喀使臣亦入班行礼,并赏听戏,礼成后入园。行礼前见起赏饭,后在奏事处小坐换衣。十二钟果盒盘赏,均如往年,五彩百蝶玉堂春瓶。申初归,喻编修来见,六钟到家侍三叔谈,满侄到,同九来,留饭园中,内侍婶至可园聆乐归。

八月初六日

早雨，午后晴阴，申至内阁阅稿，酉初至庆邸观剧。

十月初九日

乘马车至西苑门，同夔相乘舟至仁曜门西彩棚恭候。达赖面贡毕，两宫至颐年殿，随入听戏，赏糖点，叩领赏饭。巳正出旋入，赏果盒奶茶。未初出，领果桌谈稍久，赏晚饭领毕，申初散归。

十月初十日

卯同夔相策马入，至德昌门内，宝臣旋到。仍朝服，随御前大臣及内府南斋谢燕窝赏，旋同舟至景福门外。辰正行九叩礼，旋回彩棚，届时入座听戏，赏赐食息均如昨。达赖在西首间，赐予甚厚，谢恩，博公、寿继两大臣陪。本日撤戏一出，未正散归，阴微雨。

宣统三年(1911)

六月二十五日

礼部改为典礼院，李相为长，再到此间瞬十六月，从此秩宗为奉常矣。明允生女称觞演戏，午初往，申初归，叔婶夜半归。

宣统四年(1912)

六月二十七日

两男同继先游南东河沿，慕韩来话，午刻同内及两男钫孙请继先饭鸿宾楼，尚觉价廉肴洁，并至天仙观剧，中杂女伶，规矩尚整。

民国二年(1913)

正月十三日

同三叔赴范孙约阳明楼,亦香、弼丞在座。未正过华宾听杂剧,五钟归,明允在座久谈。

三月初三日

阅前五年此日日记及渔洋红桥诗,午后同三叔及梁步南边红桥,观绿波如腻,红杏在林,遂渡桥聆管弦于华兴茶园,五钟归。明允函到。"手拈红杏两三枝,问是谁家小女儿。料得李园春色好,故教消息报人知"。(茶园在李园道北。)

四月初八日

步访瑶圃,谈当年旧事。午后同内侍婶至四海升平园观杂剧。

四月二十日

早同三叔率梁男至古梅处,约允修及锡三饭于荟芳食鲥鱼,并至升平观楼(杨)小楼,古梅、叙五、秀瑜均为陪。

五月初六日

早访叙五,同至吴仲怡处,并至梦岩处,三叔同古梅适至,先后至松竹楼,秀瑜亦到,同扰梦岩饭。午后梦岩又约观杨小楼,晚归,婶及内亦观剧。

五月十五日

与三叔先后至增古梅处赴约,秀瑜、梦岩、叙五均到,饭于中豫,观剧于中华。

七月二十八日

访明允、心亭，张九世兄在座，梁男旋到，三叔后到，明允约食洋餐，望关逊庵于尚五楼中。午后欲观杂剧未得，仍回德义楼再话。

七月二十九日

往德义约明允、心亭、张九饭泉聚，观剧月桂。

八月初十日

午后侍婶同内率长、次两媳，罗、张两妾，梁、楷两男，麒、麟两孙，延孙女观剧天仙。

九月十三日

星期。叙五兄来谈，同三叔约其饭正阳楼，并速玉圃至，知筱川来津，与三叔、叙五观剧河东。增斌旋到，音容甚盛。

十月初七日

写日记，午后眠，婶及内观剧，后半日仍写日记。

十月十七日

访子年并游，行经天仙至荟芳。午两男侍内率楷、钫及延母女均至，为亲戚情话。晚再宴第一楼，日中观吕月樵、香水等，夜九钟归，三叔来信，劳玉初来访。

冬月十七日

栋送其妇及子女回京归宁，卯起见之，九钟坐眠，少皋来约饭松竹，观吕月樵于丹桂，同内及梁、楷赴之，上灯后归，夜淡月暗，详霙布地。

十二月二十七日

同三叔、梁约叙五饭华餐,与玉圃、梦岩同往,并至中华观卖水等剧。

民国三年(1914)

甲寅正月初一日

午眠起,北游观吕月樵及购《遁窑谰言》,真在遁言遁也。

正月初三日

视筱帆见其次子,视清弼久谈,午后率栋、梁等五人观吕月樵、金月梅演剧,归闻清弼、符曾到。

正月二十八日

明允自京到久谈,并交契物,旋同至德义并松崎处,午共饭第一楼,三叔、梁男、柏心亭、毓大、张九、立生保在座。午后张约观剧,小座申归,饯中鲁于家,李静轩、徐元抚、李丹孙、邬祉新、彦明允陪,中鲁复为题髫龄日记,夜午行。

正月三十日

瑶圃来函,代荫庭约饭又改汉纳根为主,午后婶、内及梁等观剧。明允来谈,至三钟上车入都,至松崎补牙后亦往观吕伶。

二月初四日

早访叙五,三叔旋到,玉圃亦来,饭于第一楼,观演《二县令》。

二月十三日

同梁欲答拜姚石泉,不得其处。观时慧宝剧,因其为小福子也。归李子丹师续配郝夫人到,至松鏊处叩拜之,因张松鏊为师母婿也。

三月初三日

约筱师、清志乔、梓蕃丈饭泉聚,观盘戏,聆口技于华宾。

三月十三日

同三叔、叙五、秀瑜赴琴公之招,亦香适到,璧臣旋到,并约韬甫,那公子亦出陪,九钟前踏月归。梁男约同九观张黑、小培、慧宝,徐六共观剧。

三月十四日

更换字画,午饭后同三叔赴天仙观慧宝、小培、张黑、吉瑞、喜奎诸伶。叙五为主,伊女公子、同九在座,与同九归饭,同九又与树男观剧。

三月十六日

率内以次祝三婶六旬正寿,中鲁遣侄到,少皋到,徐六到,式勤到,均同三叔以次饭第一楼,内边亦全往。明允到同饭久谈,亦赴天仙同男女主宾观剧。在家静坐,清老来话,式勒申到,阖家及明允、少皋、子谦、纪先、徐六、金侄均来夜宴,子刻始眠。

三月二十六日

至松竹楼,有顷三叔同内、梁携钫延均至,未刻观金月梅《孝女藏儿》,刘喜奎《藏舟》,温小培《义仆记》。

三月二十八日

辰至泉聚定菜,回看叙五,观名人书画扇面,王蓬心扇面殊可玩。又同至玉圃处,观庆蕉园对月理琴图手卷,题跋乾嘉为一卷,道光为一卷,始于庆公为司理,终于为宫辅,三朝名辈,半萃于斯,秀瑜、梦岩亦来同观。午饭泉聚,叙、玉、秀为主陪,梦岩赴之,约岩弟观金、刘女伶于天仙,叙、玉为陪。

三月二十九日

内人生辰，泉聚楼来备肴，艾亭午到，金格晚到，栋男请观金、刘、温诸伶，申亦往。

四月初五日

访叙五约其饭松竹楼，观《姊妹易嫁》，玉圃陪。

六月十三日

少皋来约叔婶及内饭于富贵楼，并观剧丹桂圆，酉归。夜月清澄，栋男来信，欧洲失和。

七月初七日

至松竹楼作主，清弼、筱帆、安圃先后到，归途答谢履庄步不晤，至增玉圃处久坐，午后同观剧法界。

七月二十六日

子谦约少皋饭于荟芳，叔婶同内均往并观剧广和。

七月二十七日

赵次珊以史馆名誉总纂相属，当即函以“久病颓衰，精神昏憋，学问实已荒废，旧事更多遗忘，修史重任不敢妄参末议，大启尤万不克承，敬谨奉璧，伏望体谅病躯，是为至祷。”交成子蕃代辞，亲走送之。婶同内观丹桂。

八月初三日

午后取《旧小说》，并同书卿聆音于四海升平。

八月初七日

春榆到，与安老同话，午后同三叔、玉圃、书卿并其戚李君竹坡观《二县令》。

八月二十二日

早步德界，饭后阖家三叔均观剧，张蕃老约观影戏未往，题成邸为多岁堂书。

八月二十八日

午后约观金伶，三叔婶及内往，申刻亦赴之。

九月初八日

少皋到，约饭餐华，婶、内并同栋男均往。未正归，栋男同聘三入京，听留音筒。

十月初六日

早起至中和栈并到车站送陆师乔梓，约清老乔梓、安老、蕃老东兴楼，肴馔清美，饭后至帽店，往同庆无人。归途至英界，遇三叔、丽生、聘三，遂同步行，又遇梁男，行至电车道，登车至同庆。三叔、梁男、丽生、聘三均到聆音，至六钟归，金侄在此，闻其同楷男观剧，栋男禀到南苑交租。

十月二十二日

同内率栋、梁、楷等，祝三叔寿，明允、丽生亦祝，并以酒肴为寿。早同三叔、丽生，少皋、明允、栋、梁、楷饭于餐华，家中食丽生送餐华肴。未正归，栋入京，三叔同明允诸君聆音同庆。

十一月十一日

午后同三叔约宝臣、玉圃观金伶河东。

十一月二十五日

约宝公及伯实三昆仲观香水等伶于天仙。

十二月初三日

午后约同九、河东观金、刘之剧，梁男亦到，三叔以次同宝公成，定、丰诸公观下天仙。

十二月初八日

贱辰，十钟上三层楼叩拜，有顷楼下拜叔婶、受阖家拜，伯实昆仲、丽生、钧九来视，两男陪之，饭于书屋。少皋自十方院，明允自北京来视，叔婶并同内共饭于楼厅，金侄妇同阖家饭于楼下。明允馈肴二器，少皋送酒四尊，吉子谦致函馈脯为寿，叔婶并率丽生、梁、楷及家人观剧，晚少皋、丽生、金侄饭于书房，同三叔及栋、梁陪之，甫入坐式勤适来共饮。

十二月二十四日

约玉圃、宝臣及其堂弟至下天仙，观吉瑞、承春、宝昆、菊芬、元红诸伶。

民国四年（1915）

正月初二日

纪先弟到，带栋禀及菊人所赠白鱼、熊掌。秀瑜、玉圃又到，定饭局，未正同三叔、纪先、金侄至权乐茶园。五钟婶、内率梁、楷观时、杨诸伶。晚与纪先预家宴，白鱼肥美，绍酒清醇，亦足以怡。灯下与继先对谈，手写菊人谢信。

二月二十日

午后叔，婶同内率大妾观四海升平。

二月二十一日

早焦书卿到，约饭餐华，同三叔赴之，午后同观金月梅《佛门点元》。

二月二十二日

午后侍婶同内率两妾观金伶《采茶奇案》。

二月二十七日

早与宝臣谈，同三叔、立生、梁男约凤时、伯实昆仲饭餐华，聆金伶《得意缘》。

三月初三日

启绳侄运衣箱入京，并前取之契约移存贞侄之首饰，此间无绳侄之物矣。同宝臣补祝安圃七旬于松竹楼，仲怡、镜宇、筱帆、赞如、瑶斋诸老人及稼生为陪。饭后又同宝臣至中华茶园。

三月初五日

早访张筱翁久谈，午后婶、内、大妾观剧，眠起，同三叔观日记。

三月十五日

同宝臣并伯实为李园之游，红新绿润，百卉含滋，云澹风清，池台无垢，旷然胎然，尘襟显豁。午归，婶、内率两妾观剧，眠起同三叔检日记。

五月初五日

请婶以次观侯俊山老伶，遇宝公父子及文小谷。

五月十六日

饭眠起至丹桂，三叔、玉圃、幼铁已到，同观菊芬演《梅降雪》，俟梁车到先归，安帅到谈至暮。

六月初七日

廊上作书，访翁前辈属书，久话玉堂旧事。答琴轩步，带雨归。饭时大雨，小眠起至天仙观朱伶演剧："曾是当年供奉班，风神无改貌凋残。德和旧事分明记,多少遗官不忍看。”

八月十九日

三叔率梁男妇、麟孙入京,送于车站门外,函徐八兄莲士交子妇代呈。午后同三婶内人等观《蝴蝶杯》。

八月二十五日

午后阴,同婶及老妻、张妾、启侄、梁男观素云《探庄》及林、邓新剧《浪子回头》。

九月二十六日

至沁春居,叔婶、内子、张妾已到,梁男旋到,共饭甚欢,并观剧广和。

十月初一日

范孙来谈,伊挽晦若两联,一情真、一典切,我为搁笔。午后又观下天仙,内侍叔婶,余率张姬及梁男先后往,六钟归,此两日剧尚可观。

十月二十九日

午后同叔婶及张妾、次媳、麟孙法界观剧。

冬月初五日

北游法界、日界、广寒、天仙等处,松竹楼小坐归。“学士班联旧清秘,翰林风月小澄怀”。此丁未夏修湖上翰林公所成,用南皮文襄、宗室瑞臣、天津范孙两学部,借觞于此。占此楹帖,三公均以为切,拟商同寿州文正,书而刻之,盖是时与文正同充掌院学士。又同治、光绪间先后充清秘堂办事,此上联意也,下联则以先朝澄怀园故事为仿佛,乃稍一蹉跎,即未如志,由今思之,更成隔世,因感梁氏《楹联丛话》之集,遂记于此。

冬月二十二日

午后筱翁约观广和楼，石莲老人及稼生、松壑在座。

民国五年（1916）

正月初二日

答伯讷、韬甫、琴轩、寿臣、瑶斋、理臣、阊生贺，会臣、符曾，访秀瑜久谈。赴玉圃白肉紫米之局，三叔、琴轩、秀瑜在座，至天仙等处一游，归途答金侄、叔炳处小坐。归闻安圃、履庄到，梁男侍内请婶天仙观刘、林、尚、刘、刘、瑞诸伶。

正月十五日

留张世兄饭，请三婶以次观刘伶《新茶花》，林伶《醉酒》。梁同往，未正亦往，晤筱翁、宝臣，三叔独在家。

正月二十六日

吴仲老率稼生到，小屋久谈，函复栋男午后发。独观刘伶《杜十娘》，申往。

正月二十八日

邓季垂仙逝，挽以"节钺门高家传治谱，诗书泽远代有闻人"。嘱吴稼生书之，至稼生谢，午归。未刻至天仙观刘伶《花田错》。申正三叔同林赞老、张筱翁、韬夫到。

二月初二日

午后少皋复约天仙刘伶《杜十娘》，晚寄内日记。

二月初九日

星期，借琴轩以《儒林外史》，午后三婶率张妾观梅、王之剧。梁男在家督安电灯，金侄亦在此，看《宋鉴》。

二月二十六日

步行由西至宝臣处谈,相约同至吴仲老请其饭。午饭时金侄妇到,内同婶及张妾观刘伶,未亦往,同宝臣、仲鲁、梁男聆《鸿鸾喜》。

三月初一日

有风,上楼拜祠,访宝臣谈。午后租车请婶及内、张妾观刘伶《杜十娘》。

三月初五日

午后同内至天仙观刘伶《花魁》,三叔先往,同宝同仲鲁申正到。

三月初九日

同三叔赴宝臣约松竹,清弼父子为宾,答寅伯弟于谦祥绸店久话。同三叔、宝臣观刘伶《鸿鸾喜》,内、婶亦往。

三月十一日

宝臣率伯实来,同三叔与之为李园之游,桃花熳烂,柳色青葱,始在西边园亭,继在东边书楼久赏,绝句二首聊以纪实:"园亭春晚画图中,柳绿桃红去岁同。天气清嘉人意好,依然丽日与融风。"去岁诗可证:"满目桃花客倚楼,青松如幕柳丝柔。今年春晚春常在,次第寻芳直到秋。"午归饭,观刘伶《藏舟》,与宝臣同坐。

郑孝胥日记

郑孝胥(1860—1938),字苏戡,一字太夷,号海藏,福建福州人。近代著名政治家。《郑孝胥日记》自光绪八年(1882)至民国二十七年(1938),延续五十六年,仅小有缺失,藏于中国历史博物馆。谷曙光据中华书局排印本(劳祖德整理,1993年出版)辑录其中清代部分。

壬午南旅日记

光绪八年(1882)

二月廿七日(4月14日)

余在泰利栈楼上,晨起呼仆,知滋卿已出买米。……酒罢,竹卿邀余至三雅园听唱昆曲。戏不甚佳,有一雏伶特美。滋卿至十二点始来,与余及竹卿乘东洋车至马头,入船安置略就,夜已半。滋卿及仆归泰利栈,余始寝。

癸未日记

光绪九年(1883)

正月廿八日(3月7日)

早,入口,抵招商码头,行李发至春源栈。安置已,即访滋卿于泰利栈。饭毕同出,买寄闽诸件,复往泰利写信,适有便船,并封托寄。夜饭后,同滋卿及陈姓增琰出看戏,十二点归春源栈。

正月廿九日(3月8日)

探知近日无赴津轮船。复往滋卿处,同至聚丰园,邀叶小莱舅翁饮。夜,复往看戏,三鼓归春源栈。是日为秋樵书扇,并为滋卿书联数付。

二月初一日(3月9日)

福建公车船至沪。余早过滋卿,复同至鸿运楼,邀孙幼谷饮。傍晚,滋卿先去,约余及幼谷至第一楼茶店候之。店皆洋楼,三层,极华丽,游人数百,几无坐处。复遘慕淮、秋樵于坐,皆来物色南部中人者。缘此楼男女杂坐,目挑心许,携手而去,人共羡之,不以为怪也。福建孝廉麕集，形容多呆憨可笑。有顷，滋卿来。夜，复往看戏，并请慕淮、秋樵及李畲曾、钟寿若等。四鼓始归栈中。

二月初三日（3月11日）

午后，滋卿来。栈中主人告余，武昌轮船至，拟明日下船。遂同出，至小酒肆中对酌。旋乘马车复往看戏。

二月初四日（3月12日）

晨，至滋卿处，复为书联扇数合。午后，坐车游静安寺，归同江万成主人名存贵者偕饮酒楼，已仍看戏，约十点登船。栈主人为占一房，同房者宝应人刘正卿，主仆分上下榻焉。

清明日（4月5日）

晨有微雨。作大卷一开。荫孙来坐久之，饭毕，同出看戏。都中近尚梆子腔，其声调哀烈，使人不欢。因往看三庆班，此盖老梨园所聚，犹有先辈风流者。观《五人义》、《五台会》，皆佳。傍晚始归，荫孙亦返。是日午前，林廉孙请在广福居，夜，杨心贶邀往便宜坊，皆谢之。

三月初三日（4月9日）

晨，作大卷一开。午后，步至厂甸，过英古斋，遂同王掌柜同车往精忠庙看戏。薄暮戏止，复同至汇源楼对饮，颇有酒意。二鼓始反寓。

三月十七日（4月23日）

……午后，往魁元店，同章幼叔出看戏，坐甫定，慕淮亦来。……

三月十九日（4月25日）

晨，往朱老师处，谈久之。午后王懋修遣人邀往看戏。夜，饮和丰楼,归已二鼓。

三月廿一日(4月27日)

晨,磨墨添墨盒,拟仍作大卷。午后薛慕淮邀往文昌馆看戏。

三月廿二日(4月28日)

晨,作大卷一开。午后,往访章幼叔。幼叔言:"未尝听梆子腔,盍往观之?"遂坐车至北孝顺胡同燕喜堂瑞胜和班中,觅坐处,听至数出,已不能耐,遂出。同幼叔至绸缎庄中,支汇票讫,步至正阳门,仍坐车返寓。夜,与礼芸谈。

三月廿四日(4月30日)

晨,书大卷,甫半开,李畬曾、周星仲偕来,亦索闱中文,并示之。星仲自诵场后诗曰:"招邀姊妹踏春光,椎髻徐娘也解妆。自把胭脂晕双颊,不教老态恼檀郎。"余旧亦有诗曰:"一笑何曾学画眉,新妆明镜剧先知。西窗自把菱花看,依样春山未入时。"星仲复杂诵近作。二子既去,余赴王梧冈约至汇源楼。同坐有缪氏叔侄,号柚岑者为同年,号绥甫者其弟也。寿若、友恭同出看戏,仍往精忠庙。傍晚归寓,林贻书昆仲来,少坐即去。余方独坐,得博泉十五日来信,计是日余方对策。博泉但云"家中一切平适"而已。

三月廿八日(5月4日)

作大卷一开。汪莱青来坐。午后,往西河沿访冯梦华,不遇。遂至福寿堂看戏,班名春台,亦老菊部。观者甚少,盖近日盛行梆子腔故也。傍晚归寓,为人书柳条等。

四月初四日(5月10日)

写大卷二开。午后微雨,同礼耘往看戏,是日以雨停演,回车,天复放晴。傍晚幼叔、慕淮俱来。

四月初七日(5月13日)

写大卷一开。赴任慎庵约,至万福居,同席徽人五人,惟龚衡堂尝晤面者。午后,李伯行邀至天和馆听戏,戏殊不佳。晚归,雨,始闻雷。

四月初八日(5月14日)

晨,写大卷未毕,希实过坐。午后,同礼耘等出看戏,至精忠庙,云部中俱往妙峰山烧香矣。回车,饭于四义轩。晚归,为人书扇数柄。

四月初十日(5月16日)

晨,至斌魁店见洪梦华,谈久之始返。旋往英古斋,遂坐车候缪佑孙。午后,同戚懋斋及店主人戚圣言往文昌馆看戏。傍晚归,复邀懋斋、王梧冈至万福居饮。二鼓各散,微有酒意。

甲申南还日记

光绪十年(1884)

嘉平十五日(1月30日)

辰刻过江阴。夜至沪。月明甚,缘江电火每数十步悬其一,间以煤灯,繁不可指,远望如星。移团记栈中,同滋卿往听戏。

嘉平十六日(1月31日)

同滋卿入县,买布及笔。夜,复往听戏,偕行者刘赞亭副贡,入京当教习者,南台人。

嘉平十七日(2月1日)

往织布局访叶小莱、槐轩昆仲,出饮太和馆,游第一楼茶肆。夜,复往听戏。

五月初一日(6 月 13 日)

……

初一日。作信寄安徽。晚,微晴。夜,同筱樵、陈正斋、陈彤友往义锦园听戏。

五月初二日(6 月 14 日)

阴雨。夜,至唱书堂听曲。筱樵,正斋邀至朱琴芳家,三鼓返寝。是日,作遗谅丹诗。

五月初三日(6 月 15 日)

……

晚,复同正斋至谅丹寓,偕出,至第一楼小坐。即同筱樵、山阴金夔伯秀才出,食毕,复往听曲。

八月廿八日(10 月 6 日)

十点钟,坐车出城,先至英古斋,观《庙堂碑》,非善本,舍之去。至爱苍宅,见同年宋浦田及王幼叔孝廉。复同爱苍至旭庄宅,饭毕,礼芸以车迎余,即同爱苍赴之。礼芸邀至中和园听戏,傍晚归。

九月初四日(10 月 11 日)

晨,出城至礼芸寓,爱苍亦来。礼芸同出,饭已,礼芸为龚蔼仁草辨枉节略。蔼仁新放湖南藩台,邓承修劾参各款,下彭玉麟察看复奏,奉旨革职者也。余同爱苍往听戏,夜归礼芸寓中饭,复同车往安徽会馆听夜戏。戏大不佳,三鼓归,与礼芸同榻。是夜,中堂由安徽入奏事。得稷臣信并滋卿寄白耳、梨膏等。

九月十二日(10 月 19 日)

中堂入朝请训。余同晦若往顺天府观榜,过钱粮胡同内兴隆买靴,偕晦若返。午饭后往访季直,已出。亦出城,至礼芸寓,亦出。至英古斋。赁车至旭庄宅,云已入城。过爱苍,别荫孙。复至厂甸,邀梧冈偕听戏，演《牧羊卷》，甚足动人。戏毕，始入城，夜，月绝明。

十一月十二日（12月17日）

希实来，邀至龙源楼饮，坐间六人。午后，往听四喜戏，夜散，过英古斋，月下归。

十一月十七日（12月22日）

晨，从旭庄乞墨，作大卷一开。希实来邀同出，天阴晦，微雪，偕步南出大街，坐车至龙源楼，雪渐大。食毕，往听戏。想九霄者盛名噪都下，色艺称绝。一出终，复同往听四喜班，演《朱砂记》、《采桑》，皆佳。冒雪坐车归，到门已暮，雪益大。

十一月十八日（12月23日）

晴。晨，作大卷一开，录《说文》一页。希实来，同访爱苍于弼臣寓，阅其文二首。复偕至爱苍寓，饭毕，阅王柳潭文一首，同往听戏，戏不佳，傍晚各散。余至前门外买贵州茧绸半匹，拟制袍照（袑）。行至广东门，途极泞，坐车归。旭庄出谈有顷。复录《说文》一页。

十一月廿二日（12月27日）

早，写文毕，廉孙、希实来，爱苍亦至，遂往听戏。傍晚，过刘小彭，偕至爱苍宅谈，二鼓乃返。

十一月廿三日（12月28日）

作大卷一开。为顾聘耆作隶二纸。聘耆，无锡人，旭庄西宾也。午后，拟访季直偕听戏，道逢季直与一人同车，言将诣聘耆，遂独往听戏。傍晚归。夜，爱苍来，三鼓始去。

十一月廿七日（1886年1月1日）

晨，作大卷一开。希实昆仲邀听戏，以柬抵爱苍，请同载。遂至致美斋,饭毕,往庆乐园。戏甚佳,演《四郎探母》,孙菊仙为杨四郎。同贻书至琉璃厂,共车归。竹师以通书旧式来。

十二月初三日(1月7日)

作大卷一开。录课文甫毕,廉孙兄弟来,希实邀同听戏。夜归。

十二月初四日(1月8日)

复稷臣、幼陵信。刘子澂来。既去,余步至厂甸,过英古斋,梧冈作汤饼食。余因邀季直同听四喜戏。登楼坐,希实亦至,戏甚佳,孙菊仙演《牧羊卷》,惜旦脚不称。散后,与爱苍同车归。夜,可庄亦返,聚谈酣甚。

十二月初七日(1月11日)

晨,往宝竹师宅贺喜,归。午后,往季直寓,芸阁亦在。偕听三庆戏,未毕,芸阁固邀至义胜居饮,同席十一人:二陈伯严、次亮、二张昆仲、华、乔、毛、方、文、季直及余也。夜,步归。

十二月初八日(1月12日)

作大卷一开。爱苍以字来邀,既至,廉孙、希实、贻书皆在。饭毕,同往四喜班听戏,以简速季直,亦至。晚,至福降堂,廉孙先入城,爱苍等强呼歌伶,为季直呼怡云,为余呼顺林。复至熙春堂素云寓设酒。素云,希实、爱苍所召也。几三鼓始散。希实与余同返。

十二月初九日(1月13日)

晨,偕希实、旭庄往花厂观牡丹、蜡梅,同步至爱苍寓,复偕诣弼臣。仍赴煤市街致美斋小食,季鸿亦来,俱听戏。晚,希实、季鸿入城。弼臣邀至广和居,夜谈颇酣。黄昏,初阴欲雪,定更风起,归来乃见月也。

十二月十三日(1月17日)

晨,作大卷一开,呼裁缝制半臂及皮褥,袭以布里。出至英古斋,坐久之。过季直,同出听戏。余未饭,独往致美斋,食已,复赴三庆园。戏演《红羊洞》,甚佳。逢廉孙、希实、季鸿等。既散,与季直步至十间房,遂坐车归,爱苍适来,夜月尤明,二鼓始去。

十二月十五日(1月19日)

雪犹未止,晨至南厅,隔窗观丛竹负雪。希实来,坐有顷。同旭庄至爱苍寓,共游陶然亭,一白连云,微界雉堞,西山不可见也。贻书亦来。逢乡人池子英、叶履恭于亭中,吟眺久之。五人坐二车至致美斋,饭毕,往听戏。傍晚,余及旭庄先返。夜爱苍复以车来速,与可庄同车往,刘子澂具肴宴客。二鼓返,贻书偕来。

十二月十六日(1月20日)

晨,希实来。午后,同希实、贻书过琉璃厂青云斋,复往听戏。顺林演《祭江》,绝佳;孙菊仙演《状元谱》,叫天亦有名老生演《铁莲花》,情文并妙。晚,坐车归,录《说文》一页。是日,顾聘耆邀饮,谢之,可庄、旭庄皆赴席。夜,月绝明澈,庭中寒不可立,积雪映月,疏林如画。

十二月十七日(1月21日)

晨,作大卷半开。步入宣武门,至闹市口,廉孙昆仲并在。留饭后,偕希实、季鸿等往护国寺观庙会,买镜一,费京钱三千。坐车归闹市口,爱苍亦来。夜,听季鸿促胡琴,猜诗为戏,因留宿焉。

十二月十九日(1月23日)

午后始出城,希实邀听戏。晚,归下斜街,在内城信宿矣。夜,可庄出观碑帖数种,《集圣教》一册,称是宋拓,实杂缀数本,佳者十可三四耳,梁芷丞家物也。复阅《昭仁寺》、《白鹤观》、《石淙诗序》、《城武庙堂碑》诸帖。

十二月廿一日(1月25日)

作大卷。雪微霁,怡书来,希实等皆来,邀观花厂。同怡书访季直,季直且移寓,余与怡书先出,约季直往听戏。途过安徽馆,台湾林维源觞乡人于内,余前却帖不往。门外车填人簇,宴未散也。至致美斋,饭毕,听戏,季直、弼臣、爱苍皆来。晚散,余附爱苍车赴心觊招于便宜坊,顷之,可庄亦来。席终,心觊邀过寓,阅桂未谷隶字、马元驭扶羲画。二鼓向尽始归。

丙戌日记

光绪十二年(1886)

正月初二日(2月5日)

风甚大,起视,庭中夜有微雪。弼臣以字来邀赴饮,偕旭庄坐车至其寓,爱苍亦在,有顷,可庄亦来。夜,可庄于文昌馆搭灯果听夜戏附席,名曰灯果,偕往听戏,三鼓,同车归。是日,天津兑来银七十二两,由同源汇局。

正月初十日(2月13日)

晨,希实来,与偕出琉璃厂买泥戏具数十。过英古斋,遂往致美斋,食毕,同往听瑞胜和戏。晚,希实进城,余复过英古斋,携存银归。夜,贻书邀至新会馆听戏,归已三鼓。

正月十二日(2月15日)

晨,爱苍来,同赴安徽馆听戏,三鼓归。

正月十三日(2月16日)

同乡团拜,在财神馆演戏。夜,邀张季直、梧冈、聘耆、彬孙听夜戏,四鼓,自大街步归,月色如昼。

正月十六日(2月19日)

晨,步过弼臣,同至心覞表叔寓观《九成宫》,大劣,复出《皇甫碑》二本,中一本称是宋拓,段晴川春湖跋语极多,实不过明拓之佳者。偕弼臣至致美斋对饮,旋往听戏,新立班名永成,都无脚色,颇败兴。俄演《祭江》,闻帘内歌声,愕然倾听,及出台,乃顺林也。戏毕返,可庄宴同乡,夜,爱苍、弼臣留谈至三鼓始去。

正月十七日(2月20日)

同怡书寻爱苍,得荫孙交怡舅书。同至弼臣寓,坐有顷,复同来致美斋,仍听戏。晚,怡书入城,三人返过刘小彭,共车至爱苍寓。夜月绝明,三鼓归。

正月二十日(2月23日)

午后,步至大街,坐车往大栅栏听戏。晚,步归。

正月二十一日(2月24日)

晨,往访爱苍,卧未起,与荫孙谈久之。出过弼臣,留食面已,同出听戏;是日忌辰,无戏,偕至致美斋食点心。……

正月廿二日(2月25日)

将午,风益大。与廉孙昆仲偕出城,食泰丰楼,听戏,顺林演《玉堂春》,颇佳。晚散,犹过英古斋,小坐乃归。

正月廿三日(2月26日)

晨,步至煤市街,买致美斋芦菔饼,携至前门,骑驴出西便门,至天宁寺。丁叔珩约共饮弼臣酒,坐中八人:叔行(珩)及兄丽生,濮紫泉,可庄昆仲,并爱苍、弼臣也。弼臣廿八日初度,故先共馔之,饮极欢。傍晚。入城至聚宝堂食点心。夜,俱过胜春堂紫云宅,紫云,同治中名旦,当时称绝,今年且三十矣。可庄命置酒,呼诸伶佐饮,顺林不至。二鼓归。

正月廿五日（2 月 28 日）

爱苍来，希实来，午后，爱苍先去，及希实、旭庄步至宣武门大街，同车过琉璃厂。旋往听戏。晚，同诣心觋表叔，不遇。余先访弼臣，希、旭二子复寻心觋。至弼臣处，天已黑，主人煮汤饼饲客。有顷，希、旭亦来，云心觋方赌，二子皆未食，遂同入广和居，呼爱苍至，谈久之，偕旭庄归。心觋升员外。

正月廿六日（3 月 1 日）

晨，弼臣来。午后，可庄昆仲、弼臣及余步至琉璃厂，道逢梧冈，同过英古斋，同往听戏，遇爱苍。晚，往致美斋饮，梧冈先去。五人坐车访熙春堂，素云在，呼酒招曲师操弦，顺林、怡云、小五、宝庆各歌一曲。二鼓始散。

正月廿八日（3 月 3 日）

希实及家叔来，午后，俱往听戏，爱苍亦来。戏散，往致美斋，遣骑速可庄等，顷之俱至。夜，过熙春堂，希实置酒素云处，呼顺林，不至。夜归，家叔宿余榻上。

正月卅日（3 月 5 日）

晨，希实来，得弼臣字，邀过饮，辞以且听戏。遂偕旭庄、希实出，坐车至大栅栏听瑞胜和班。有顷，弼臣、爱苍、贻书及二丁皆至。演《骆马湖》，绝佳。晚，与可庄、希实同车诣弼臣饮，丁叔珩出诗句令坐中猜饮，酒颇醇，不觉引满至十五杯。酒阑，欲乘兴过顺林，挟坐客俱东，二王、二丁、林、陈、濮及余八人。既至，呼酒，顺林唱《祭江》侑客，甚欢。四鼓，与希实同车归。濮紫泉、浙江人，京官。

二月初五日（3 月 10 日）

午后，借可庄贵州带回白马，乘入城，至闹市口，希实、季鸿皆在。夜，猜诗，听季鸿之妹五小姐弹琵琶，绝工。俄闻唱《二进宫》，尤妙。夜四鼓始寝。下榻梅花侧，香气醉人，一觉，天已曙。

二月初六日(3月11日)

晨,同贻书步至镶红旗官学,雇车出城,至南半截胡同访弼臣。复同出,坐车至煤市街,过致美斋,座已满,遂至肉市天泰楼,食饼代饭。既毕,往听四喜,晚散,归下斜街。

二月初十日(3月15日)

偕旭庄出城,步至升官店访叔伊,不遇,遂至爱苍处。从荫孙得柽弟旧腊望日书,云吴维允接盐馆已就。托爱苍代言柽弟一席,爱苍允诺。方饭,叔伊来。同往瑞胜和听戏,戏甚佳,逢希实。晚,与爱苍同车至菜市口西,下车步归。入门,风起。

二月十三日(3月18日)

叔伊来,同至致美斋小酌。旋出听戏,不佳。晚归,入门,爱苍、贻书适皆在,笑语至夜分,可庄兄弟归,出柑、蔗、橄榄共啖之。三鼓,爱苍去,送至庭中,月明如昼,仰视月华五色,大若车轮,盘轮空中,欢呼立视。回观室中,灯光烂然,窗纸映成深红。可庄笑曰:“此瑞采也。”又久,风起始散,余亦就寝。是日,得稷臣十一信、滋卿正月初十信、柽弟年内信。

二月十四日(3月19日)

作大卷。午后,作“纯如也”三句题文,俄顷而毕,晚,示可庄。爱苍邀至致美斋,遂偕可庄兄弟、贻书同出,赁车赴之,弼臣亦在坐。夜,往熙春堂置酒,旭庄局也。三鼓归,无月。方雨亭同年来。

二月十六日(3月21日)

晨,作大卷。临《庙堂碑》。午后,偕旭庄往听戏,爱苍、弼臣、林氏昆仲皆在。晚,爱苍邀饮福隆堂,复同至爱苍寓,可庄、弼臣亦来,三鼓始归。闻合肥相国到。

二月二十日(3 月 25 日)

梦华来,同出,至致美斋,拟往听戏,入大栅栏,始知无戏。同坐车至绳匠胡同,梦华自去,余访爱苍。晚,同访弼臣,因至广和居。夜归。

二月廿一日(3 月 26 日)

午后,爱苍邀至文昌馆听戏,龚仰蘧为客,至暮始来,与余谈,甚忸怩,有顷遂去。季直观顺林戏大悦,谓余曰:"此伶殆为冠绝,上妆幽艳,尤不易得,可为子得人贺。"因浮大白。顺林貌殊寝,特上妆不为劣。至其度曲窈妙,弼臣以为丝声多者也。夜,黄月山演《莲花湖》,举座称叹。四鼓归,星月烂然,与贻书同榻。

二月廿三日(3 月 28 日)

晨访季直,谈久之,同至致美斋,旋共听戏。暮归,爱苍来,坐至三鼓,贻书、季鸿皆来。

二月廿四日(3 月 29 日)

晨同旭庄、贻书、季鸿复往听戏,演《溪皇庄》,绝妙。黄月山唱二簧似余三胜,每转一字,神味隽永,都下诸部举无其匹也。同旭庄归。罗尔颜到自镇江,行李堆余室中,人已他出。

二月廿五日(3 月 30 日)

从尔颜得庐江正月廿九信,由滋卿转寄也。往访弼臣,呼爱苍偕往听戏,至大栅栏,始知斋戒。

弼臣步返,余偕爱苍入城至闹市口,林希实、季鸿等皆在,贻书有顷亦归。晚,邀希实、贻书、葆孙、家叔同至聚宝堂。夜,爱苍复邀叔伊、畬曾等过熙春堂,人甚闹,呼顺林,不至,约可庄昆仲,皆不来,弼臣来而复遁,余与贻书亦驾爱苍车潜去,返下斜街。

二月廿六日(3月31日)

晨,唤弼臣、梦华来,午后出观先哲祠。步至慈仁寺,二松作势甚古,徘徊久之。梦华去,约余来日听戏。与可庄等过爱苍,谈有顷归。是日,观先哲祠先辈字画甚多。夜,复观可庄藏名人手札四册。得怡舅信。

二月廿七日(4月1日)

晨,作大卷。得梦华字,约午后听戏。遂过季直,观“纯如也”三句题文,病多门面语。旋诣梦华,遇刘绂卿名岳云。饭毕,偕至吉安馆访章幼叔,同听瑞胜和。戏未毕,散去,道逢希实。步琉璃厂归,至王麻子店中买顶针。到门,天已暮,可庄邀陪陆世兄敬轩,孙幼谷在坐。幼谷,谷庭子,壬午同年。

二月廿八日(4月2日)

……同至致美斋饮,叔珩亦来。同往听戏,甚佳。晚至弼臣寓,谈至二鼓,坐车归。

二月廿九日(4月3日)

晨,作大卷。孙幼谷来。日来倦于数出,独坐订手录大谢诗。坐车赴广和居,应章幼叔之请,坐间旧识惟冯梦华、汪莱卿,馀四人皆未晤。可庄约文昌馆听夜戏,往听一出,坐车归。弼臣以柬来,订出游之期,报以寒食。

三月初二日(4月5日)

清明。午后,同贻书、葆孙叔偕往听戏,不佳。独出大街,南至城隍庙,游人半散,夕照微茫,立原上望,新绿已出,西山横黛。李星野师入京,得稷臣书及银柒拾两。

三月初三日(4月6日)

晨,同可庄至弼臣寓,遂同访爱苍。饭毕,出南西门,游永茂花厂。中建数楹,曲室浅廊,精洁可坐。日斜,入城返下斜街,黄仲弢来坐,索观予文。仲弢去,偕煦万、贻书、爱苍、旭庄等至聚宝堂,弼臣、可庄顷之亦至,夜,心觊来。饮散,同赴景善堂,煦万为主人,呼顺林,不至,三鼓始归。希实寄宿余榻。是日,股间忽生热疮,作痛竟日。

三月初六日(4月9日)

爱苍来,午后,同往听戏。既毕,过叔伊坐。爱苍邀赴可庄天兴居之约,从之。在席惟陈芝敏初见,馀皆熟人。席散,与可庄同过幼谷,遂归。

三月十九日(4月22日)

微雨复止。过弼宸,坐久之。同旭庄至爱苍处,饭后,往听戏。傍晚,步归。

三月二十日(4月23日)

雨。晨,坐车回拜吕庭芷,未晤。遂至肖雅寓。丁莪池堂庆,约往听戏。午后,至琉璃厂,晤王梧冈。往广和楼,至门始知无戏。回车听四喜班,逢冯梦华。晚,赴莪池之约于福隆堂,呼顺林,即至。三鼓散。

三月廿一日(4月24日)

晴。晨,至心觊寓,谈有顷。复访梦华、弼宸,皆不遇。步归,弼宸、煦万皆在余室。午后,同往听春台。晚,肖雅约至福隆堂。夜,幼谷邀过梅云宅,复呼顺林。四鼓月上,始归,幼谷宿余榻上。是日,春台演《铁弓缘》,有旦脚甚好,夜,问梅云,答是其家小主人,名笛云也。

三月廿二日(4月25日)

晨,始磨墨,姑拟作大卷。梦华来,邀同至致美斋,食讫,往听瑞胜和戏，不佳；复听春台，笛云演《打灶》。晚，步归，日来稍饮酒，人觉不适。

三月廿三日(4月26日)

早，唾血数口，头微晕，久之方定。书大卷、白折。丁叔珩邀饮广和居，往赴之，座间无一识者。步至琉璃厂，晤王梧冈，坐久之。梧冈言，为余占，甚吉。东入前门，至一间楼取丝带，京票二十一千，重四两六钱二分，每两四千五百也。出城，过荷包巷，出大栅栏，入春台班，笛云方在台上，不观而去。遂出五道庙，坐车至土地庙，前日戏谓弼宸，余将买荷包牡丹数本，自植玩之，以寄当归之意，遍觅不得，乃已。归饮白菊苦茗，神稍畅适，习劳亦以养气也。叔珩讶余神色甚减。

三月廿四日(4月27日)

早，枕上觉喉间作腥，口中燥苦，披衣既起，复唾血数口，久之稍定。作大卷一开。元恭来，四斋来。午后，往访季直，出文互看，季直文亦本色。坐小顷，复往听春台戏，不佳。步归已暮。是日，得庐江信，初七夜四鼓所寄。定初五团拜，始命长班走单。

三月廿五日(4月28日)

雨。晨起，复唾见血。午后，旭庄、贻书等邀俱听戏，余别定坐，邀梦华、梧冈等。戏散，幼谷邀至福隆堂，顺林自来入座。夜，旭庄设酒嬉春堂，贻书呼笛云来，言笑敏好，神采秀妙；顺林亦至。归才十一点。

三月廿七日(4月30日)

晨，唾犹见血。作大卷数行。同贻书诣爰苍，旋至致美斋，饭毕，往听戏。戏散，贻书邀食梦，在福隆堂，呼顺林至。夜，余邀林氏昆仲、葆孙、家叔、肖雅、爰苍、叔伊、旭庄等饮顺林寓，中厅甚窄，殊不适，三鼓返。

三月三十日(5月3日)

晨,作大卷。午后,同旭庄赴叔珩之约,在云和堂,主人名蔼云,年且三十矣,亦当时名下也。座间,濮紫泉、周蕙生名銮诒,弼臣昆仲而已。爱苍、可庄久之踵至。叔珩命具点心。席既终,可庄继之亦命具饭。日斜,呼顺林,扶病而至,余怜之,催令去。晚,呼笛云。是日,饮甚欢,归且三鼓。

四月初一日(5月4日)

晨,复唾血。作大卷,梧冈来,午后复写,遂竟一本。梦华来,似斋来。黄昏,赴聚宝堂,刘子澂请也。定更归。弼臣馈耿饼四枚。得滋卿来信及鉴泉、栗哥信。

四月初三日(5月6日)

唾仍见血。晨,临帖数页。同旭庄至汇源,应王梧冈之约,在坐缪氏三人。旭庄先去至幼谷寓,幼谷娶徐郙女,是日过礼也。过幼谷,为书礼单。坐有顷,过兴胜寺访梦华,晤蒯礼卿、陈同礼,谈久之,步归。季鸿邀饮颖和堂,不赴。丁叔珩取闱作去。

四月初五日(5月8日)

壬午同年团拜,公请老夫子,在粤东新馆。宝竹师辞不来,朱咏师小坐即去,同年到者四十余。戏不佳。晚,步归,倦甚就寝。

四月初六日(5月9日)

贻书来,薛慕淮来.邀过爱苍,季鸿、葆叔亦至。午后,同往四喜听戏,至福隆堂饭,遇煦万,贻书邀郭春如至。夜,过笛云,归且四鼓。

四月初七日(5月10日)

雨。日来唾血稍止。为人作隶书。午后,坐车适爱苍,荫孙强为作文,金台书院课也,题“志壹则动气”至“是气也”,信手写与之。

与爱苍偕赴熙春，陈弼宸昆仲、叔珩、肖雅、可、旭皆在。夜，顺林、笛云等皆来。三鼓归。雨霁。

四月初九日(5月12日)

午后，步至幼谷寓，弼臣等皆在。同往听瑞胜和，未毕，先出，过春台，笛云已唱，去矣。复至幼谷寓。夜月明，煦万邀至韵秀置酒，归且三鼓。

四月初十日(5月13日)

晨，为人作字数幅。午后，过英古斋，坐久之。往幼谷处贺喜。夜，旭庄邀至嘉颖堂置酒，笛云来。

四月十一日(5月14日)

晨，至朱老师处辞十二之请。过弼臣，晤叔珩。午后，并呼爱苍同赴春台听戏，笛云、丽云演《翠屏山》，绝佳。戏散，过致美斋，食毕，偕至笛云处置酒，同往幼谷处，复听戏，笛云再演《翠屏山》。鸡再唱，步绕老墙根归卧，戏犹未散。得季直字，约明日与沈子培兄弟、文芸阁等偕至乐椿花厂听录。拟不赴。

四月十二日(5月15日)

市中红录出，闻冯梦华、沈子封皆中，自是寂然。入夜，闻罗尔颜中，同小寓中只罗一人。曰：南归甚好，惜黄月山、尉迟笛云不可复见耳。

四月十五日(5月18日)

晨，为人书扇。似斋来，为书纸二幅。日斜，访弼臣昆仲，叔珩适在而弼臣他出，遂及叔珩、煦万谈，久之弼臣反，叔珩力赞东行，余不能自持，遂诺之。周蕙生来，弼臣留陪。叔珩、煦万及余先至韵秀堂，笛云出未归，坐待久之。弼臣来，笛云亦返，谈宴甚洽。呼旭庄，未至，三鼓，乘车归。弼臣微笑言曰："苏龛虽行，吾见之于四焉:于可庄处见其严切,于叔珩处见其激昂,于吾处见其散朗,于笛云处见其恳挚。”

四月十六日(5月19日)

雨。午后,同旭庄诣爱苍,弼臣、煦万来,同往听戏。闻春台无戏,旭庄邀过熙春置酒,可庄、叔珩来。晚,煦万邀过韵秀置酒,约十八听戏,廿一过笛云言别,廿二行,由通州下天津。

四月十七日(5月20日)

午后,爱苍来,煦万来。弼臣赠笛云扇,属余书之。五点,同适韵秀,命笛云置酒,呼其师赵保林来,谈至暮。归下斜街,叔珩亦至,月上,聚话久之始散。

四月十八日(5月21日)

午后,同旭庄过弼臣。旋至三庆园听笛云戏,改订明日过韵秀。戏毕,叔珩邀至福源居,不赴。夜,何肖雅来。荫孙来,携二姨及柽弟信并托买诸件。

四月十九日(5月22日)

稍检行李。午后,丁叔珩来,遂同旭庄、贻书过笛云寓。可庄、弼臣兄弟、爱苍等旋至,偕往听戏。雨大集,人众车少,众先往,余留待车,栖迟门外久之。车来,始复至韵秀,夜饮颇欢,为笛云进三酌。归,月上。是日,复召保林。

四月二十日(5月23日)

晨,同廉孙、希实过爱苍,独至弼臣寓。午后,弼臣入城,偕煦万诣叔珩谈。日斜,孙幼谷邀往熙春,道逢弼臣,同往。可庄、旭庄、希实等皆在,爱苍、贻书不至。笛云来坐,知余将行,固请过其寓小谈。客散,独与煦万、弼臣适韵秀,仍呼保林,命置酒。笛云讯行期,将诣送,给以未定。月上。乘车归,到门已四鼓。

四月廿一日(5月24日)

检装,拟由车行。遣人取焦吟雅夫人程恭寿之夫人,年七十四矣。画扇三柄。至英古斋,梧冈他出。买小折扇留遗笛云,坐车返。荫孙来。午后,丁叔珩来,坐久之先去。夜,可庄宴客于斋中,弼臣昆仲及幼谷、贻书、爱苍等并在。弼臣题余扇五言律一首,爱苍、可庄昆仲各有所题。席散,入可庄内斋坐谈,阅郑板桥画兰,旁有翁吉士集《楚辞》题语,语多可感。众散乃寝。

四月廿六日(5月29日)

……在上海八日。初九日,发家书,寄十元遗则轩二哥,由元恭带还。十一,作书与可庄、弼臣、爱苍。十三,作书与稷臣。连夜听汪桂芬戏,桂芬学长庚者,在京与笛云同在春台,又弼臣最喜者也。……

丁亥奇椽琐记

光绪十三年(1887)

三月十五日(4月8日)

鉴泉兄弟邀同季直过聚丰园,饭罢,俱往听戏。晚,与季直别。龚仲仁邀饮,不赴。

三月十八日(4月11日)

午后,立村忽来,邀俱听戏。有老生邢(邵)祥贵者演《九更天》,肮脏激越,使人动色。夜,饮聚丰园,同席者陈小圃、施理卿、陆子高、汪见升及幼莲,皆督幕也。

四月初四日(4月26日)

鉴泉邀同听戏。晚,汪朴斋雇船具酒,呼伎侑饮,三鼓始散。得栗兄十七书。

四月初十日(5月2日)

晴。偕往听戏。邵祥贵演《九更天》,实兼有京师卢台子、小叫天之技,今年再看此出矣。夜,月中步过幼莲,雪门、莲士等先在,月斜丈许始返。

四月十四日(5月6日)

偕怡泉、旭冈往听戏。邱松泉演《观星斗》,白髯赤面,声情激烈,有烈士暮年之状。邵祥贵演《教子》,老奴龙钟瞿铄,兼尽其妙,抚儿熟视,再三拂拥。坐左一人似是军将老者,掩泪太息。戏之感人如此。书栗兄及己名刺付刻。夜,月绝佳。

四月十八日(5月10日)

晴。造龚仲仁贺堂庆。晚,偕博泉步夫子庙。夜,复过仲仁宅,同乡毕至,幼莲倡议召彩霞街戏部,演四出。余潜返,月上,鼓三下。

四月廿六日(5月18日)

鉴泉兄弟邀陪克斋。幼莲招饮聚丰园,未赴。

四月廿七日(5月19日)

请客听戏。晚,饮聚丰园,幼莲呼霍玉恒至,讯其始末,是河南人,昔为李世忠乐部中,与上海之蔡桂喜同出也。

六月初一日(7月21日)

义昌樊时勋来,得爱苍信。姚仲容来。晚,同苇航、小樵在也是楼听曲。仲容招留春园,却之。

六月初十日(7月30日)

午后,入城,过吴吟轩取笔二支。出东门,探公司茶船。坐马车至棋盘街,望栗哥在同芳阁茶楼上。步归。夜,同雅斋等至张秀林堂插，秀林貌不扬，而冷静无尘气。旋过朱绣琴，登大观园书楼，复点秀林戏。出乘马车至静安寺，归三鼓矣。是日，得南京信。

六月十三日(8月2日)

晴，复暖。夜，往留春园，招秀林听戏。旋往坐谈，观其吐属靡曼，举止舒缓，无狭邪态也。苇航亟赞，余亦心动怜之。秀林自言有老父，其母旧岁已亡矣。步归，月明。

六月十四日(8月3日)

览《说文》。自选三国文，属筱樵录之。午后，叶小莱舅翁来邀游静安寺，还至一家春，饭毕，同往咏霓戏园。招秀林来，旋偕小莱翁过坐，三鼓散。

六月十六日(8月5日)

益热。日斜，过织布局，晤小莱。过虹口，晤陈慕吴。晚，至秀林置酒，客散，至大观园，点秀林曲，先归。

六月二十日(8月9日)

晚，出四马路，租马车下虹口，取款归公司。夜，同苇航等出听戏，复招秀林至。汪桂芬演《捉放曹》，至佳。戏散，驰至西园，翔步久之。归，月已午，车行丛林间，凉飔倏然，秋气入襟袖矣。

六月廿二日(8月11日)

酷热不可耐。午后，秀林果至，笑曰："不速之客来矣，愿从往西园。"呼马车同出。不半里，雷发雨至，至西园，衣皆沾湿，倚楼坐，风来颇凉。雨霁，日已隐，驰林中，蝉声尚如雨至。过秀林，饭毕，苇杭邀至天仙听戏，复招秀林。步归，月高矣。得南京信。

七月初一日(8月19日)

日有食之。未刻始食，不盈时而复初。过秀林，坐久之。至颜玉楼,点曲二支。夜,苇航邀听留春戏,招秀林来。戏毕复往,剖瓜啖客。人定将返,秀林知余入宁,固留作终夕谈,婉语却之,赧彻于面,虽强笑,色殊惭沮,心悯之而无以慰其意也。步归,顾苇航曰:"今夕亲见主人留髡送客矣,十年道力几败,公等慎之!"

七月十七日(9月4日)

……幼莲订明日听戏。……

七月十八日(9月5日)

晨,为书扇。午后,偕剑泉乘驴往听戏,有新来优人曰刘福永,曰甄风云、铁桂林、童子红,去而复回者盖山西、孙二喜,而邵祥贵亦至。观者填拥。所演戏,上海所不及,惟武行太劣耳。同局者十人,晚,约往问柳,剑泉偕余先返。裕大来人请取银换条,可免亏色。夜,亲往取银归。

七月廿一日(9月8日)

午后,剑泉邀听戏,未赴。晚,过幼莲。闻曾侯入都,裕寿山制军来署南洋。

七月廿八日(9月15日)

东绿来。午后,同苇杭步至盆汤弄访碑帖店,索数种,皆曰无之。遂至文瑞楼问王氏《说文》三种,索洋十元,以八元取之。旋过华众会坐,始尝葡萄,不佳。归,日已斜落。晚,复至洗心泉书楼听吴蕊兰曲,颇有汪桂芬音韵。返才二鼓。

八月初三日(9月19日)

晨,访希实、东绿,皆不遇。既归而东绿至,顷之,希实亦来。饭后同出,至华众会,同过秀林。东绿邀过李黛玉,挽发而出,状颇痴肥,小坐即去。复至桃源趣,听吴新宝曲二支。往杏花楼饭毕,同往留春听戏,汪桂芬演《举鼎观画》,音压丝竹,忽作横厉之响,殆所谓羽声者耶。戏未毕，二子皆去，余独步归。得爱苍信并靴。

八月初五日(9月21日)

甚热，午后几同三伏。希实及小莱翁来。日斜，至小广寒，遂至中和园。夜，往留春听戏，汪桂芬《取成都》，四座叹赏。归且三鼓。黑云如磬，飘风洒雨，热犹未解。梦回觉凉矣。是日，裕寿山至沪。

八月初六日(9月22日)

晨，作书与爱苍，并手钞《楚辞》寄之，遣交希实。午后，往视希实，已下船。过秀林坐，少顷即返。晚，龚达夫招希实在大马路晋阳馆饮，小莱以字来，遂往。夜，偕三子听咏霓戏，十三旦演《黄鹤楼》，神韵特绝，坡老词"遥想公瑾当年，小乔初嫁了，雄姿英发"真可持赠，当得杨岳楼之赵云、邵祥贵之刘主，方为绝观也。希实行。

八月十一日(9月27日)

晨，秀林使来馈节，午后，与苇杭俱过坐，良久乃返。夜，微雨。同苇杭往听咏霓，复招秀林。是夜，十三旦演《英节烈》。

八月十四日(9月30日)

复得南京信。月明，苇杭邀同至留春园，戏不佳。步归，甚凉。既卧，厨下火警，烟囱几爇，亟扑始熄。

九月朔日(10月17日)

晨，为景韩书扇。景韩索阅制艺，呰赏皆中肯。余乃笑曰："子于此道，盖颇深也。"午后，琴荪邀听戏，不佳，复至鹤鸣园饭。夜雨，肩舆返。景韩为余诊脉，曰："肺固伤，肝亦微创矣。"五鼓，楼中闻风起。

九月初五日(10月21日)

午后。剑泉邀听戏。

九月初六日(10月22日)

晨,过幼莲。不遇,晤少庭。晚,约过谈,梅湾、于明皆在坐,托于明定戏。

九月十五日(10月31日)

先妣林恭人忌辰。同星枢督匠搭戏台,傍晚始毕。晚晴,月明。

九月十六日(11月1日)

午刻开戏,客来甚众。与班中约,许以重犒,戏极佳。客散,鸡再唱矣。

十月初七日(11月21日)

晨,过幼莲,晤王佑丞,同少庭等赴仪凤园,甘于明之约也。是日,戏极佳,新至武生曰朱相旗,演《翠屏山》,声情肮脏,而刀法精熟如飞花滚雪,观者雷骇。夜,饮聚丰同,晤梅少庵、秦伯虞、顾子鹏。步归,星月烂然。为范月槎题长律十韵。

十月十四日(11月28日)

晨,过于明。偕博泉、怡泉听戏。

十月十八日(12月2日)

晨,过幼莲。旋至毗卢寺,偕少庭等听戏。夜,饮聚丰园。得滋卿、爱苍来信。

十月二十一日(12月5日)

同鉴泉过于明。午后,始开戏,戏大不佳,人复拥挤。夜初更,先归。

十月廿六日(12月10日)
风。独往看戏。晚归,晤吴子恒。

十一月初三日(12月17日)
为人书联。晨,偕怡泉出观戏单。午后,步夫子庙。

十一月初四日(12月18日)
听戏。雪门来,以郭茂之小照索题,又田君联索书。

十一月廿六日(1月9日)
同杜子往听戏。

戊子沪役日记

光绪十四年(1888)

正月十六日(3月28日)
晨,赴公司,道逢季直自太仓来,约晚会。遂亲视开车,片虽可轧,而所出甚少。晚,归长春栈,遇景韩,与同诣季直。夜,往天仙听戏,三鼓返。苇航复来。

己丑北上日记

光绪十五年(1889)

正月廿七日(2月26日)
……夜,剑泉约饮中和园,并往听留春戏。

正月廿八日(2 月 27 日)

剑泉晨来,午后,同出买杂物、衣料数事。过第一楼,途遇吕秋樵及同年魏挺生,皆将北行。夜,饭杏花楼,邀施小樵,属买杂物。复听留春戏。

正月廿九日(2 月 28 日)

筱樵来,托往换银。午后,行李下海定船,偕博泉、筱樵入城买笔墨,登船视住处。独诣爱苍,不遇,遂至四马路茶楼,博泉、筱樵亦至。同诣杏花楼,饭毕,听留春戏,苇航适至,坐威远兵船来。鉴泉亦来。戏未毕,余同苇杭先登船,爱苍、仲仁、小莱皆来,与爱苍谈至夜分始别。

二月十三日(3 月 14 日)

梧冈来。午后,同博泉听戏,至三庆园,四喜部小福演《赶三关》,紫云、孙处、小慕子演《二进宫》。归寓,张蔼青来。携余试书大卷去。夜,步月访弼臣,谈久之始返,过柴市已三鼓。

二月十五日(3 月 16 日)

博泉入覆、午后,弼臣来,同饮致美斋,听同春戏,顺林《祭塔》,周春奎《五雷阵》。梦华来,不遇。

二月十六日(3 月 17 日)

晨,诣梦华。过圆通观,晤同年卓芝南、方雨亭、高少桐等。返店。饭后,复同博泉往听同春,叫天《黄金台》,春奎《桑园会》,顺林《卖糕干》。夜,梧冈来。月明,同博泉出绕五道庙、韩家潭、樱桃斜街。

二月十九日(3 月 20 日)

始治墨合,拟作大卷。午后,同博泉至英古斋,梧冈邀听宝胜和西腔,戏散,归。

二月廿一日(3月22日)

晨,作大卷。午后,试作观善堂文"忠恕违道不远"三句,未毕,可庄邀至财盛馆听夜戏。三鼓归,月明。袁爽秋来。

二月廿二日(3月23日)

作大卷。午后,同博泉听同春,过王梧冈。

二月廿七日(3月28日)

作大卷,磨墨。午后,复作起讲四首。为可庄写请假折子。弼宸来,爱苍来。夜,蔼卿邀安徽馆听戏。

二月廿八日(3月29日)

治墨合。午后,梦华来,叔珩来。夜,同可庄、弼宸、盛伯希、叔珩同至义胜居,复往安徽馆听戏。

三月初二日(4月1日)

作大卷一开。过季直,同饮致美斋,遂听同春戏。

九月十六日(10月10日)

晴。吴太夫人寿辰,拜寿毕,作隶屏对数幅。午后,听清唱,宁人邱松泉,本业匠,戏学唱大净,即甚善,优人共邀之登台,颇倾一时;既与班中不合,母病,乃出应清唱以为养,闻事母甚孝。是日唱《回朝》、《五台会》、《打銮驾》,尤罄其技,利赏厚,且知主人之悦己也。

九月十八日(10月12日)

鉴泉邀听戏,畏雨未往。子朋来。

九月二十五日(10月19日)

阴。作白折。偕旭冈出听戏,有张子魁者学汪大头,说白得其四五,唱曲得其一二而已,虽不成响,然雅音也。怡泉于是日归庐江,戏散,出旱西门。余与旭冈过状元境买闹墨,同至福新楼,吃面而返。墨甚劣,葆真刻二篇,皆有才致。

十月初二日(10月25日)

晴。得王弢甫书,并一函与葆真,亲往访之,约往听戏。晚归已暮。

十月初三日(10月26日)

叶临恭来。钱季修来。午后,复同旭冈听戏。临恭约夜携诗来观,戏未毕即出,乘驴归。过龙王庙,水潦横道,塘流皆溢,雨至,急返,临恭亦来,留晚饭。阅其诗,近作有《北行绝句》四十余首,甚有风致。为余书扇一柄。

十月十四日(11月6日)

晨,季修来。商旭阿听戏,张子魁已去,复有刘桂芬者,声太狭弱,不能继也。

十一月初十日(12月2日)

午刻,到上海,移福森锠栈房,在永安街。探可庄,尚未至。顷之,爰苍来,邀过其寓中晚饭,夜,同往听天成戏。散归,月明,苇杭到寓,谈至夜分始去。

十一月十一日(12月3日)

午后,爰苍来,邀鉴泉及余同游大花园,复留晚饭。未终席,余与鉴泉同往浴。夜,复听戏。

十二月初一日(12月22日)

作书与剑泉、礼芸。王梧冈邀饮汇源楼,晤缪柚岑。饮毕,梧冈复邀听宝胜和戏,傍晚归。

十二月初二日(12月23日)

作家书,封毕付寄。希实来,午后,同听同春戏,与宣甫同车返。夜,仲弢来谈,观包慎伯对。

十二月初五日(12月26日)

与希实期致美斋,贻书亦至。拟听戏,以忌辰不知也。过草厂胡同一空宅,偕入观,弼宸急欲得屋,以字告之。旋得复,以此屋不吉而止。

十二月初八日(12月29日)

晨,作七律一首,报叔珩立秋见寄之作。弼宸书来,约听戏,出门,逢希实,遂同至福隆堂,饭毕,听春台,复逢季鸿、绍勤及濮紫泉、贾小云、王晋贤等。夜归,赴刘健伯之约,子培、爽秋,仲弢皆在坐。

十二月初十日(12月31日)

晨,阅《骑省集》终卷。谒黄漱兰,……饭毕,偕听春台。

十二月十二日(1月2日)

阅《中西纪事》。风甚大。梦华来。梅贞、梧刚来。晚,阅乖厓、清献诗钞。夜月绝明,约懋轩、宣甫听戏。

十二月十三日(1月3日)

晴。晨,诣弼宸,遇周蓉阶。先至万福居,午时,二陈始至,有顷,宣甫、懋轩与四林昆仲偕至,遂听春台戏。夜,懋轩复邀万福居,可、旭皆来,并呼诸伶,希实为余呼庄儿。月明,宣甫邀至云和堂酒局,十二点始散。

十二月十四日(1月4日)

晨,得郑植卿昨日交来陈少庭捐照等件,即诣信局,探可寄与否。午刻,践希实约于万福居,晤宝坻李幼卿茂才,复同听戏。夜归,月极明,仲弢、叔珩、晋贤、健伯、越仲皆来。

十二月十七日(1月7日)

晨,邀梧冈饮致美斋,听春台戏。归,适可庄为王晋贤饯行,二陈、二刘、叔珩、仲弢皆在坐。

十二月十九日(1月9日)

晨,步诣弼宸,适常熟翁尚书来请弼宸入诊,遂同煦万出饭万福居。是日封印,各酒馆皆满座。饭毕,赴广和园听春台,乃至无立足地。出遇希实、宣甫,不得已勉至庆和园小荣椿班,戏至劣,傍晚散。夜,作七律一首。

十二月二十三日(1月13日)

午后,贻书来。同旭庄赴季鸿约于绮春堂,傍晚归。是夜祀灶,作家信二纸。石卿送来少庭电。

庚寅日记

光绪十六年(1890)

正月初二日(1月22日)

晨,出拜客,晤弼宸昆仲,又晤叔珩。过英古斋。遂赴文昌馆,内阁团拜,戏甚佳,同僚多未晤者。夜过午始归,林缉勤表弟同来,分被与睡。床窄被薄,踡足终夜。

正月初四日(1月24日)

晨,临《龙藏寺》。午后,希实来。坐车出拜客。夜,同旭庄、宣甫、懋轩至财盛馆听戏,晤范久也。乙酉五月,余由上海至天津,与久也遇于海晏舟中。骤睹之,面熟识而不能举其号。又晤同乡林丽琴。范与林皆刑部。是夜，魏耀庭与小叫天演《乌龙院》，摹拟情状殆突过元人说部。魏乃某部贴写小吏，艺精几无其匹，异哉。

正月十二日（2月1日）

财神馆团拜，戏甚恶，晡时先返。

正月十三日（2月2日）

晨，复幼莲信，折差来取。作书与柽弟，可庄为余致书伯潜，拨三十金，并去年秋俸为五十金。赴万福居，弼臣之约。听汪大头，竟不至，薄暮归。夜，览苏诗。

正月十四日（2月3日）

晨，作白折。午后，游厂甸。过弼臣，不遇。归，赴万福居，二陈、二王、丁、刘呼诸伶至。酒散，月明甚，余与可庄先返。

正月十五日（2月4日）

晨，作白折。午后，诣新馆，与黄四斋同往听三庆班，紫仙演《战蒲关》，甚佳。

正月十八日（2月7日）

晨，作白折。二陈、叔珩皆来，欲往白云观，以风甚不果。可庄答长古一首。午后，同赴万福居。过二刘，观顾南雅、吴攘之、何子贞对。夜，可庄呼石头来，谈吐甚佳。归，于灯下临《史晨碑》。

正月二十二日（2月11日）

晨，坐车往打电报与鉴泉。还过弼宸，不遇，见煦万。遂独至致美斋，饭毕，往听同春戏。归而目痛。徐培辞往天津，以银二两遗之。

二月初六日(2月24日)

晨,为聘耆复书联,为懋轩作隶二对。同旭庄过白帽胡同云南馆华真君祠拈香。诣弼宸,坐有顷即归。午后,同旭庄入城,至镶红旗官学,晤杨康侯刑部,亦壬午同年。为学生立佩背《尔雅》。傍晚,同出城,赴梦华广和居之约,坐中晤章幼叔、薛慕淮、陈左庚陈彝之侄,□友香、汪叔亭。汪,扬州人,跌宕自喜,偶谈梨园程、余之法曲,汪甚诧,曰:“君是解人,吾当献艺。”即起歌一阕。余曰:“子声不足而音有余,此不可为俗人言也。外间纵有工者,气韵不雅,宁足当品题哉。”汪大悦,倾谈久之始散。月中与慕淮同车过醋章胡同乃归,可庄尚在室中,出观梅清、梅庚为屈翁山作《九旬寿母》小册。渊公作三峰浓绿,下为海波汩没,题曰:“海上三神山。”耦长作《罗浮群峰》,攒岩迭壑,皆俊绝。

二月十七日(3月7日)

晨,封讫。阅《三国志》邓芝等传及《说文释例》。希实来。午后,背书。与希实同出看戏。令王镛往送信。戏极恶,傍晚归。夜,陈笙陔、丁味荃皆来谈。临《不空和尚》。复放雀三十八只。

二月廿三日(3月13日)

晨,作隶数幅。午后,贻书、希实、季鸿偕来,余与同出城。至英古斋,梧冈已行。遂至鲜鱼口马聚源买江獭皮帽及呢帽、绒领。独听春台,汪大头《洪羊洞》,未毕,遽出,入城。可庄字来,邀明日过寓。夜,读《哀江南赋》及《东坡志林》、《代张方平谏用兵书》。

二月三十日(3月20日)

晨,作大卷一开。饭罢,出城至义成店,鉴泉已入城。令王镛与黄启同出至前门大街,为黄启买帽一顶,约银五钱许。遂至戏园,以字邀刘葆真,葆真已至待余矣。有顷,叔珩、剑泉皆来。汪大头演《取成都》,妙绝。戏毕特早,与叔珩同车至顺治门外,下车步归。夜,诵赋一遍,临帖数纸。

闰二月初一日（3 月 21 日）

晨，作大卷一开。剑泉来，饭毕，剑泉往拜客，有顷返学，遂同出至广德楼听戏，汪大头与石头演《打金枝》。步行入城。

闰二月初三日（3 月 23 日）

晨，作大卷。叔珩来。得可庄字，约万福居饮。与叔珩同车过剑泉，旭庄、贻书亦至。余呼庄儿，傍晚始来。席散，返，得林稚眉信。

闰二月初四日（3 月 24 日）

晨，作大卷。出城，携林稚眉诰轴交高升店折弁萧姓，萧适他出，交帐房。遂过剑泉。至福隆堂，约曼君，叔珩、旭庄、贻书、剑泉饮。邀葆真，不至。俱至广德，逢葆真于台下。菊生演《贾家楼》，甚壮；汪大头《御碑亭》亦妙。步复至高升店晤萧弁，遂行，入城已暮。

闰二月初六日（3 月 26 日）

晨，作大卷二开。午后，背书。四点钟，出城至下斜街，与童懋轩小坐。同旭庄赴福隆堂，在坐者范久也、杜衡斋、袁希斋、王子鹤、韩仲献、丁叔珩，剑兄亦在。杜善胡琴，袁善唱老旦。王，癸酉举人。席散已三鼓，复与旭庄、剑泉、叔珩至安华堂，饮散，与叔珩同车至其寓，为余下榻斋中。就枕不能寐，俄而天曙。

闰二月初七日（3 月 27 日）

晨，假叔珩车服，谒何小亭年伯南横街粤东馆隔壁，斋中有重立“古藤书屋”匾。年伯状甚龙钟，耳复重听，自言长子已通籍而丧，次子痛兄病疯，言之甚戚。过梦华，晤孙迭波同年。梦华邀同过曼君，遇廉孙。遂同至致美斋，饭毕，廉孙去，余与冯、朱同听春台。戏殊恶，庄儿演《盗魂铃》，睨余腼然掩口。未暮入城。得钟为桢朱卷，柽弟之内弟也，是日来拜。

闰二月初九日(3月29日)

晨,作大卷。饭后,同旭庄至廉孙宅贺堂庆。还,更衣出城,至千佛庵,晤钟赞周、曾小丹、王少轩。过葆真、叔珩,皆不遇。遂至鉴泉寓,坐久之。同至义胜居,旭庄亦至,饭毕,诣财盛馆,戏不甚佳,而魏耀庭病,不至,叫天与陈子芳演《桑园寄子》,尚可。四鼓,同赴下斜街,与鉴泉同榻。

闰二月十一日(3月31日)

查学。潘伯寅年伯早至,冠服见之,小语即退。易衣至贻书寓,晤书栾、笏孙等。将午,与季鸿同出城,过鉴泉。即至琉璃厂英古斋小坐,并托换银八两。旋入福兴居,坐间十余人,饭毕,看戏,桂芬演《鱼藏剑》,甚佳。晚,偕贻书入城。

闰二月十三日(4月2日)

晨,作大卷二开半。午后,钟赞周来。天阴微雪。步出城,至下斜街,与可庄谈久之。仲弢亦至。可庄宴客,客既至,余诣懋轩、丹曾坐。傍晚,与懋轩同车至万福居,懋轩邀剑泉饮,有顷,可庄、旭庄、仲弢、季鸿、宣甫皆来,并呼诸伶。既散,月明,可庄、仲弢、宣甫先去,五人同过熙春,余呼素云备酒。酒阑,复至下斜街,已四鼓,就枕。天明,步入城。

闰二月十五日(4月4日)

晴。卯初,上启銮东陵打围。晨,作大卷。饭后,往义成店,鉴泉往送驾,有顷始归,坐谈久之,复同听春台。闻闭城早,戏未毕,大头方演《举鼎观画》,余先行,步入前门,门已半阖。买斜皮三只归。风寒益甚。

闰二月十七日(4月6日)

晨,剑泉来,同出访叔珩,坐谈久之。同至便宜坊,饭毕,出彰义门,游天宁寺、南河泡。风甚大。入城至下斜街,旭庄已入官学,遣车迎归，同往福隆堂。余为可庄写请安折，错一字，过松竹斋取折，英古斋书之，毕，始共诣福隆堂。在坐者童、刘、丁、二王、吴及余七人。席散，月明甚，懋轩请乘兴往韵秀堂置酒，从之。韵秀，笛云堂也，余不至四年矣。是夕呼笛云，惭不出，久之始至，已成顽竖。问之，但逊谢面赭而已，余亦有感。四鼓，与剑泉同至义成店，卧有顷，天曙。

三月初二日(4月20日)

晨，写大卷。丁味荃来坐。王去舫来，大兴永掌柜。博泉到，得家信及银件，剑泉寄余二十金。章幼叔送卷自来。吴彦复来。同博泉过英古斋，托换银。同听同春戏，季鸿及郭曾和叔畴者亦来。博泉入城，余复过英古取银票返。少庭与余信，并还植卿二十金。

三月初四日(4月22日)

晨，书扇三。诸林表兄弟皆来。饭后，与贻书、季鸿同至英古斋，观古画三卷，二李公麟白描人物，一李晞古山水，皆绢本，甚精。听春台，丁、陈、杨三教习，诸林及郭叔筹，凡九人。大头不出。客散，过万福居食面，坐车入城。是日，上祈雨。晚阴，风起复晴。

三月二十日(5月8日)

晨，坐车过下斜街，至余庆堂请同年，午刻，大雨，至者尚不少。往丁莪池贺堂庆，在半截胡同江苏馆。遂赴福隆堂，叔珩席已散。复至三庆园，应丁、陈、杨、陈诸教习之约。旋诣广和楼，大头《昭关》，极抗壮之概。复大雨，晚霁，驰入城。夜，作家信及与怡舅信。

三月廿三日(5月11日)

晨，谒宝竹坡夫子，并晤世兄。旋出城，过季直。至宝兴隆，交剑泉实收于王寿山。遂赴梦华之约手便宜坊，逢浙人查益甫及戴静夫、成漱泉。席散，与静夫同诣万福居，童懋轩之招也。丁叔珩邀听戏,不往。过懿文斋,入城。日来连出城,人甚疲乏,始检案头,为小坐计焉。

三月廿四日(5月12日)

作大卷。博泉来,希实及笏孙来,伯茀世兄来,季鸿及孟姓者来。作宁信及与剑泉信。出城,至同春,诸林及博泉皆在。独诣广和居听春台,大头演《天水关》。暮,与季鸿同赴旭庄之约于万福居,散,复往德厚堂饮。四鼓,入城,宿季鸿斋中。寄宁信。

三月廿六日(5月14日)

晨,写卷。叔伊来。午后,出城至财盛馆,中书同年团拜,至者三十余人。日斜,过爱苍,亦方写卷,未毕,坐有顷。诣叔珩,饭毕,同至湖南馆听戏,始见魏耀庭《得意缘》带《恶饯》,才情横溢动人。三鼓尽,宿叔珩斋中。

四月初一日(5月19日)

晨,作大卷。可庄来。饭后,出城,过汪述庭、沈子培,晤杨渭村、王伯恭。旋过叔珩,同诣爱苍,并叔伊游南下洼,于陶然亭复逢伯恭、述庭等。伯恭晚招饮于龙爪槐,坐已满,余遂挟之俱东,至万福居,招博泉来。夜,雨,叔珩复邀至春馥堂。四鼓,同叔珩返寓,宿其斋中。

四月初五日(5月23日)

晨,作大卷。博泉来,饭后,同车出城,过季直谈久之。博泉先去。逢蒋书箴、张湘甫。步至才盛馆,问丙子、丁丑团拜,始知在湖南馆,步往。甚热。魏耀庭演《得意缘》。向晚,戏不甚好,而嗽转甚,遂与叔珩同车过其寓,复宿斋中,已子刻矣。

四月初十日(5月28日)

晨,诣宝老夫子贺娶妇,逢汪柳门老夫子、康对厓同年。出城,诣可庄，贺其侄咏蓼入赘许氏，遇叔珩，同过季直，约丁邀博泉共听戏。叔珩先去，余与童懋轩同车至博泉馆中，遇蒯礼卿，谈久之。叔珩不至，遂与博泉同听春台，戏极恶，各散。独过英古斋，复诣季直。红录已将毕，皆报罢。旭庄曰："不可太岑寂。"同车至郭春榆寓中，同南云及诸郭复东至福隆堂饮，呼素云等。席散，复同至咏秀堂，四鼓始归，展转已曙。

四月十四日(6月1日)

晨，作诗一首。封信毕，廉孙来。午后，叔伊来，同车出城。携信独过博泉，已定明日行。同行，买杂物，听同春戏，散后，入城。夜，月明甚，与高味荃坐廊下看月，至二鼓。

四月十五日(6月2日)

晨，可庄、旭庄皆来。午后，与旭庄同出城，至下斜街，观钱南园楷书。季直来谈。夜，同赴爱苍之约于杨朴生宅，主人未来，先诣聚宝堂饮。携素云至杨宅，饮不尽欢。散后，与爱苍同廉孙、贻书入城，宿贻书榻中。

四月廿五日(6月12日)

晨，作白折。向乡为吴鲁演戏迎归第于老馆，卯刻，知单来，余不往。午后，背书。旋出城，送葆真行，不遇。视子培疾，谈久之。复过葆真，犹未归。遂挟叔衡往听春台于广和楼，大头演《取帅印》，极佳。过英古斋，携银入城，托换三十金碎银以还节帐。夜，廊下纳凉，与高味荃谈至十一点钟。

四月廿六日(6月13日)

晨，作五律问子培疾。午后，背书。与高味荃及陈孜园、笙陔同出听戏，大头果演《昭关》。归后，嘱厨人留饭，竟为馆役郑庆擅取共食都讫。学中故有司事，何所司管？役无人管之，对其弛而横乃至此，怪哉！

四月廿九日(6月16日)

晨,作白折。可庄来,贻书来。午后,出城,至英古斋换银票。遂赴魏滋畹之约于便宜坊。主人未至,乃过叔珩谈。少顷复往,呼素云等至,在坐者有玉苍、柳丞、梅贞、豫生、子善等。豫生邀赴二魁,却之。入城,可庄复来。

五月十二日(6月28日)

晨,以信件寄李畬曾回闽。作白折二开。贻书偕龚云石来。午后,旭庄来。余独至万福居,同贻书等听春台,散,同入城。得柽弟四月十八日信。

五月十七日(7月3日)

晨,作白折。午后,阴欲雨,俄,风起复霁。为徐步青书扇。坐车至下斜街,偕旭庄至福隆堂,客至者魏、龚、二郭、宣甫、旭庄,陈水村、许柳丞皆不至。夜,复诣咏秀堂,三鼓始散,过下斜街,宿后院,醒,闻雨至。

五月廿八日(7月14日)

晨,作白折未毕,叔珩来。午后,同出听戏,遇王仲皋、王云生,归,已暮。

六月十五日(7月31日)

晨,改学生诗一首。作白折一开。可庄来,贻书来。午后,出城买鞢,听同春戏。步行入城,归学。月明甚。览叶梦得、张九韶诗。中夜醒,斜月至枕上。

六月二十日(8月5日)

晨,作白折。午后,偕怡书出城,坐车诣叔珩,同往窑台。随缘乐者姓施,号瑞轩,年五十余,说《水浒传·挑帘裁衣》,语极敏妙,中唱二簧调,甚有余三胜风概,其负名宜哉。晚,步入城。

六月廿四日(8月9日)

晨,作白折,阅《三国志》。午后,同怡书、康侯步出前门,听四喜,希实、绍勤皆至。晚,步入城,可庄在学中。半夜,风雨甚寒。

六月廿六日(8月11日)

晨,作白折,阅《吴志》。午后,出城,过英古斋换钱票八金。由英古斋出,过贺莲青笔寓,遂独过广和楼听春台,大头久不登场,是日演《天水关》,既出,欢声雷动。晚,步入城,可庄在学中宿。

六月廿七日(8月12日)

晨,作白折,未毕一开,滋畹来,属书条幅一、联一,坐久之。贻书及云石来,邀同出城,至福隆堂饭讫,同听春台戏,逢伯福、仲福二世兄。偕贻书缘城根步入顺承门。是日,遣王镛送笔二支还贺莲青,取来一支。

六月廿八日(8月13日)

晨,作白折,阅《吴志》。怡书、季鸿来。午后,王福奎来。黄启来,言欲南归而无钱;令初一来。杨康侯入谈久之。天复热。

康侯言,本朝政令之弊,故老相传有三:语、例、吏,利也。又言,去年修南海,皇太后、皇上移居之,外间编戏有三,曰《断桥》、《下海》、《空城计》。盖言金鳌、玉蝀之桥围入大内,而宫寝反置不居也。

六月三十日(8月15日)

晨,作白折。丁叔珩来。叔珩为其岳母作寿,于湖南馆唱戏,邀余往观。余曰:“畿辅大灾,万寿唱戏,吾侪常不谓宜,君以此时大张庆席,吾悔不能沮其议于事先。事虽已成,要不可不思过耳。”作家书一纸。怡书、玉苍来。得似斋弟信。夜,阅屏山、韦斋诗钞。

七月十一日(8月26日)

晨,作白折。阅武宗、世宗、穆宗纪。临《刘懿志》,康侯所借,庚戌本。午后,同贻书听小洪奎。归,得南京电报,曰:“屡去信。平安。”夜,阴无月,与熊少峰立谈久之。

七月十三日(8月28日)

晨,作白折。阅《明史》诸王列传。午后,独坐车往听三庆,有新脚色号尹大头,演《金水桥》,出台数句,喉间忽为痰塞,观者噪之,遂不能复出声,众为哄堂。步入顺治门,到学,得南京六月廿九日信。伯茀世兄来访,不遇。

中元日(8月30日)

晨,作白折。怡书来,饭后,同往听戏。春台无戏,遂入同春,甚劣。戏将毕,出步前门大街,入小店食饼,粗恶不能食。复入一店食面,亦恶。于前门城下僦一车,骡老瘠,不前。道中小儿皆持莲灯,又燃蒿枝如星点甚盛。到学,月上矣。

七月十八日(9月2日)

晨,作白折。叔珩来。午后,临《刘懿志》。独步出前门听戏,汪大头复演《洪洋(羊)洞》,绝佳。步入顺承门。夜,雷电,雨不甚大。

七月廿日(9月4日)

晨,霁。作白折。阅《说文》,《明史》诸王、公主。临《刘懿》为一寸字,悬肘书之,稍稳矣。午后,杨小农邀听戏,步出前门。大头演《昭关》,不甚出力,二奎忽登台演《黄金台》,众皆咤之,亦颇可观。戏散甚早,至龙源楼吃面,步归官学。怡书假去八金,即今日张国正之别敬也。非二奎,盖凤仙耳。

七月廿一日(9月5日)

晨,作白折。阅《明史》后妃传。背诸生二人书。廉孙、希实来,复邀听戏,午后,遂至三庆园听春台,大头演《鱼藏剑》。甫登场，天忽晦，风来甚疾，人多散，与廉孙等同车归。然天竟霁。

七月廿四日（9月8日）

晨，临《刘懿志》。可庄来。许仲弢送别敬八金。午后，阅《明史》，吴良等列传。背岳玉宽、崇立书。得徐步青书。步出城，至懿文斋、贺莲青、成兴斋，配扇骨二。独往听春台。逢李耀青，又逢吴子清前辈及其弟子蔚。晚，坐车返。是日，天复热。

八月初六日（9月19日）

晨，作白折。怡书来。午后，步出顺承门，至琉璃厂换银八两。遂至正阳楼，怡书、希实、董（童）懋轩、万小湖皆在。小坐，独往听戏，甚佳，大头演《二进宫》。晚，由西河沿步还。阅杨诚斋诗。是日，以团扇、折扇托宣甫带回。

八月初七日（9月20日）

早，王弢甫来。作白折二开。阅《明史》姚广孝等传。午后，复步出前门听戏，大头演《捉放》，极佳。步还，已暮。阅杨诚斋诗，多所不解。

八月十六日（9月29日）

晨，与旭庄谈良久。入城，借《李仲璇》来，写数纸。又为咏蓼写扇一柄，临《爨龙颜》，自视略有意思。杨小农强邀听戏，春台无戏，同春甚满，遂入四喜。紫云《戏凤》，桂云《盘丝洞》，尚佳，味荃亦来。步入顺承门，怡书、季鸿皆来，即去。夜，作七律一首。

八月十九日（10月2日）

晨，作白折。阅《明史》宋礼、陈瑄、周忱传，并写数则。午后，贻书来，即去。余亦出城，至英古斋换碎银交诸份。独往前门，无春台戏，遂听三庆。石头演《宝莲灯》，傍有赶车者言曰："此戏宜于堂会唱之耳。"余叹曰："斯言甚当，赶车乃解作此语乎。"黄三演《丁甲山》,绝佳,几无其匹也。坐车归。是日,始寄宁信。

八月廿四日(10月7日)

晨,作白折。阅《明史》张辅等传,钞宋礼等传。午间,为人书手卷。午后,步出前门,听三庆。步入顺承门。得张季直来信及诗。

八月廿五日(10月8日)

晨,作白折。午后,复听三庆,步归。夜,作七律一首,因十九日《京报》而作也。

八月廿八日(10月11日)

晨,临《等慈寺》。怡书来,午后,同步出城,怡书往听戏,余至宝兴隆探捐"本班先"银数。遂过叔珩,谈久之。雨至,借车诣王幼霞,告以将南旋。幼霞示词一阕,倾谈一时许。入城,雨益大。夜,陈笙陔来谈。作《夜坐》诗一首。

九月初一日(10月14日)

晨,旭庄、希实来。午后,与贻书同至福隆堂,旭庄约也。坐间有徽人吴绍春,内阁孙祖烈号辅峰,新到阁者,苏州人、蔚长厚掌柜王姓山西人。孙与章琴若亲戚也,因请代琴若。席散,希謇强听小丹桂,素云演《黄鹤楼》,不能佳。入城,可庄复来。

九月初四日(10月17日)

晨,自检书。可庄、旭庄皆来。午后,与贻书同听同春。步归学。夜,晤四馆张农孙,宝坻人。

九月初六日(10月19日)

晨,为人写屏对等。午后,可、旭皆来。同贻书出城,至万福居,在坐者旭庄、聘耆、懋轩、吴绍春、勒省旃、诸林及高味荃也。席方半，诸伶麕集。余独听三庆，戏不甚佳。入城，见月。

辛卯东行记

光绪十七年（1891）

四月十九日（5月26日）

辰刻，到沪，移入泰安栈。同苇航入城，访薛饴澍，不遇。夜，听戏。

四月二十日（5月27日）

作书与旭庄，又作闽中书。梁幼岚来。午后，出拜客，晤文报局王心如观察松森；谢大令号简庭，未见。晚，雨。同李、施至奇珍楼饭，复听戏。

六月初七日（7月12日）

叔颖来坐良久，与俱步至日枝神社清风亭凭眺，略讯家中事。归署共饭，午后始去，云欲买物，从余取五元。三点，同杏南坐小车至浅草町，高松保郎请听戏。戏园亦略同中国，戏不甚唱曲，而描演情状极有内心。钦差、军门皆至。二出未毕，即散出，过对门茶寮小坐，军门复邀饮于红叶馆，余与杏南先返署。杏南邀登所居楼食面，携三岁儿出见，秀黠可喜。顷复同赴红叶馆，席未终，秋樵、右丞、一琴、峙青等忽先去，余俟毕乃返，已十一点。

苏龛日记

光绪十八年（1892）

正月廿二日（2月20日）

午后，至上海，晤谢筠庭，闻柽弟坐新裕已到，即同苇杭走泰安栈访之,已出,遂至四马路遍觅。逢郑雅村,拉赴饮,却之。行数武,适遇柽弟及钟、吴、薛四人同行,又闻友石四叔亦到,寓长发栈。遂同往天仙听戏,汪桂芬演《取成都》。十一点,复同苇杭、柽弟至长发栈,四叔已寝,披衣坐床头,谈久之乃去。

正月廿三日(2月21日)

晨,同柽弟过四叔;过谢筠亭,邀便饭,因托换百金。晚,复同过四叔,谈久之。夜,听天福戏,甚劣。

正月廿八日(2月26日)

午后,苇杭、小樵来,同出至泰安栈,与小樵同至锦园浴堂,人已多,余遂不浴,但剃头而出。过论交楼听书,柽弟与其同寓等亦皆至。有花巧宝、小宝姊妹,柽弟与吴典北各点一出。既散,复同小樵至万华楼,候苇杭不至,余先返。夜,苇杭来,仍过永兴里,与小樵诣行云楼。返,过柽弟寓,尚未归。

正月廿九日(2月27日)

阴。张筱轩来,伯通、贻书来。午后,同柽弟、赞周、贻书游愚园、张园。张园梅开甚盛,地辟益旷,草根动绿,池波漾绉,颇宜纵步。夜,听丹桂戏,演《南楼记》甚佳。邀张筱轩,呼妓,名张玉书。

二月初一日(2月28日)

雨。陈绩九、施小樵来,同至老益庆饭,复同过筱樵坐久之,先返。绩九、苇杭、贻书、森甫皆至。柽弟取信件去。夜,与绩九谈。贻书招听戏,不赴。日来感风寒。

二月初十日(3月8日)

午后,翁少甫邀听戏,武行甚佳,双林等亦在隔座。归,可庄夜宴客,文芸阁来,写诗数首示余,谈至二鼓乃去。

二月十三日(3月11日)

晨,遣帖往汪处辞行。午后,同诒书、少甫听戏。遂至招商局,晤姜颖生于坐。诒书为余饯行,呼文仙、巧仙。巧仙,诒书所熟识也。十一点,登江裕船,同房有常州人杨性全,谢钟英之姑夫也。微雨。

四月廿五日(5月21日)

五点,始至上海,移入泰安栈八十六号。有顷,苇杭来,知柽弟寓同福祥,邀之,已出。石少山来,遂同听天福,桂芬演《〈取〉成都》,甚佳。归已一点。苇杭往觅柽弟,至二点过始同来,谈数语,余促令归寝。

五月初四日(5月29日)

德嘉之子子玉来,颇文秀,不似贾竖。过谢筠亭。访徽商汪益修大顺和,其友江厚卿云,在太古昌栈。午后,自出赁马车,挈诸女眷游愚园、张园而返。沈丹曾、郑芷庭来,郑,乡人,商于天津者也。夜,复挈诸眷听天福戏,汪桂芬《昭关》,不甚力。

闰六月十七日(8月9日)

微阴。入署。

《梦溪笔谈》曰:古之善歌者有语,谓“当使声中无字,字中有声”。凡曲止是一声,清浊高下如萦缕耳。字则有喉唇齿舌等音不同,当使字字举本皆轻圆,悉融入声中,令转换处无磊块,此谓“声中无字”,古人谓之“如贯珠”,今人谓之“善过度”是也。如宫声字而曲合用商声,则能转宫为商歌之,此“字中有声”也。善歌者谓之“内里声”。不善歌者声无抑扬,谓之“念曲”;声无含韫,谓之“叫曲”。

沈存中深于乐律,故此段意思极精。夫乐者生于人心,声成文谓之音,此皆自然常存。故古乐虽亡,而人心之寄于音,不得而亡。特世变愈异,则音不轨于正耳。咸同以来,京师极尚二簧。余幼时犹及见程长庚、余三胜、张二魁等,皆名盛一时,而不复省记其调。今日复尚梆子腔,更为噍杀鄙俗矣。二簧曲之仅存者,汪桂芬为最,其曲有驱声养字之妙,与沈存中所论悉合。故知古今一律,声文之果出自然也。余在京日,黄漱兰先生尝拈“纯如也”三句题使张季直作之,而不能言其理,余亦作一篇,独示可庄,极为叹绝,以为歌音之道尽于是也。周春奎者,声极高亮,而曲俗无含韫,小叫天号之曰“叫驴”,此即存中所云“叫曲”之意也。

七月初七日(8月28日)

晨,入署。钦差示赠鉴泉草堂联曰:“得据秦淮上游,众浊独清如此水;共挹钟山爽气,公歌我和好为邻。”顷之,又示和林右丞作《盆莲》七古一首。午后归寓,遣女徽及大七、小七往听戏。

十月十六日(12月4日)

入署。张袖海来邀观剧,谢不往。秋樵来,携学堂考课卷,云钦差属阅。即为阅批缴之。日斜,归寓。

乙未日记

光绪二十一年(1895)

二月廿一日(3月17日)

晴。过谢筠亭。作字与郑瀚生,并托谢代作送汪钦使太夫人范姓挽幛。归寓饭后,绩九、义符、瀚生来,见次玉之子拔可,从讯游杭州道里旅行细状。滋卿来,伺至明园浴。遂至雅叙园小饮,雪门寻来,因俱听戏天福,演《四进士》,汪桂芬不甚尽力。

八月廿五日(10月13日)

阴。谢筠亭来。往虹口义昌晤樊时勋,以爱苍信交来,逢宁波人沈深甫。坐有顷,步返寓。同滋卿出买布。浴于新锦园。登升平楼,饭于雅叙园。往天福茶园听戏,汪桂芬《捉放》,余紫云《五彩舆》。

九月初二日(10 月 19 日)

晴。自诣义昌,取源丰润兑京银信。樊时勋有拟禀免自来火内地厘金稿,因取一分。午后,与滋卿同出,买呢马褂一件,将以遗王梧冈。过胡二梅,其壁间有龚半千画,甚佳。夜,同滋卿、似斋入其萃楼徽馆吃面,复至行云楼听唱书。有翁梅倩者学汪桂芬,又能梆子腔;金处即金文兰,唱青衫亦颇善。计鉴泉今日当至,而新济竟未来。

九月十八日(11 月 4 日)

晨,诣王梧冈,观文征明楷书沈石田《落花诗》三十首及徐昌谷等和作,石田最善。梧冈邀饮致美斋,后院建楼三楹,迥殊六年前旧状。复同至前门大街公兴永广货店,亦梧冈所开者。坐有顷,同至玉成班听戏,见想九霄,丰韵犹存。步归寓。

九月十九日(11 月 5 日)

张绮卿来,谈久之。约梧冈复至致美斋,并听同春戏,殊不佳。叔衡来,数语即去。夜,芸阁、子培、子封来,邀至广和居。去时搭子培车,归坐芸阁车,月明甚。

九月廿三日(11 月 9 日)

过大兴永,遂至广和居,赴杨叔侨之约,王雪澄、文芸阁、叔衡、子封等皆在。日斜,叔衡来,以创立学堂稿示之。夜,沈荔虎来。张绮卿邀饮德春堂,辞不往。

九月廿六日(11 月 12 日)

荔虎、廉孙、希实、陈子武坐车过馆,约同听戏,遂至玉成。薄暮,先返。

十月初三日(11 月 19 日)

晴。诣英古斋早饭,梧冈强邀听戏,遂听玉成于广和楼。归已薄暮。叔衡来信,常熟约订余明日四点钟入晤。步至大兴永,取灰鼠袍褂一套。

十月十四日(11 月 30 日)

晴寒。午后,步至英古斋,邀王梧冈同听义顺和梆子腔,复至汇源楼饮。归过英古,谈有顷而返。吴彦复来。有长沙馆任锡纯者来拜,号寿文。

十月十五日(12 月 1 日)

闻廉孙丁忧,午后,走往视之。微雪。夜,同馆蔡蓬山固邀至绮春堂饮,为余呼时慧宝,乃小福之子也。自入都至今一月,始有此行。叔衡自广和居来迎,未往。

十月十六日(12 月 2 日)

蔡蓬山邀听戏,不往。

十月十八日(12 月 4 日)

祁固邀至同丰堂饭。姚益堂欲呼伶人,众沮之,姚愤然欲去,强挽乃已。余饭毕先去。

十一月初二日(12 月 17 日)

为人作字数幅。午后,同蔡献廷、林铁卿往听宝胜和,十三旦演《铁弓缘》。夜,赴杨仁山之招于同丰堂。欧阳君重饮醉,于坐斥上海李兰洲,李乃北洋俄文翻译也。与叔衡同归寓,谈久之。叔衡去,余以日来便血,服詹筱仙所立旧方。闻黄漱兰主南京文正书院。

十一月初七日(12月22日)

冬至。赴王梧冈之约,在其店中饭。午后,蔡蓬山邀听玉成,想九霄《探母》,黄月山《剑锋山》,甚佳。夜,饮同丰堂,晤陈子庄秉松、何克斋浙人。余先返。

十一月初八日(12月23日)

贺蔡蓬山堂庆。陈玉苍来,言船政之疏已上。陶杏南招听戏,谢之。高理臣侍御爕曾来,谈久之,其人颇忠实,然拘于旧说,未能达时务也。夜,石孙、弼余、莲峰等皆来坐。

丁酉日记

光绪二十三年(1897)

正月初六日(2月7日)

子朋、鉴泉邀饮,辞不赴。步访康安,同听戏,夜,康安留饭。微雪。张庚三送端砚一,索书数纸。

正月二十日(2月21日)

何眉孙、罗笃雨、沈笛伊、陈敬如来。午后,同滋卿步至大马路。晚,同听天福戏,汪桂芬演《朱砂痣》,甚善。罗少耕来,未晤。

正月廿七日(2月28日)

沈藕生、洪希甫来。午后,同柽弟过汪穰卿,访梁卓如,未来,坐逢马湘伯,谈久之。归寓,朱庆云、何眉孙来访,不遇而去,有顷复来,始言"盛太常极相倾倒,屡促来沮英伦之行。如能见留,当于二月初入宁,言之岘帅,先咨调来沪,经理商会公所事宜,然后入奏。君能为强留乎?"余故不乐欧洲之行,且家累颇重,三年在外,若非所堪。踌躇久之,遂应其请。眉孙欣然而去。夜,同柽弟往天福听戏,不佳。归又遇雨,幸入门始大至。

六月初四日(7月3日)

何眉孙来,邀同过师范学堂访张经甫,不遇,饭毕同返。施小樵、林香木来,夜,同听天仙戏,不佳。店中有陈观颐、杰士、玉村、林寿南等,皆乡人,自浙来,云将归乡试。杰士者,仲耦之子。

六月初九日(7月8日)

张经甫来。郑瀚生来,言有粤人赴北闱者,欲倩稚星为枪手;黄冕南来,亦言之。余笑谢言:"舍弟性拘执,恐不肯为,容作信问之。"蒋伯斧来,即开农学会者,苏州人,年二十余耳。貌尚笃实,坐久之乃去。诣时务报馆,晤穰卿及叶清漪,系自强学堂生,新从湖北来者,访一琴,不遇。遂入新锦园浴,逢陈庚白及其友陈子干者,亦江苏候补。李一琴招饮,却不赴。夜,独听天福戏。因坐久,遂大下血。归,微雨。

八月初十日(9月6日)

寄宁信并洋七十元。同小樵往视苇杭。为人作字十余幅。午后,过何眉孙,闻季直又有电来促咨文,并请余再入江宁。似斋来。夜,郑景溪来。盛旭人方伯八十四岁,众议公祝,于张园演戏,以十二日。

八月十二日(9月7日)

晨,过谢筠亭,又过福来栈林香圃。作字数幅。郑冕南来,持扇求书。作书与柽弟。借十元与苇杭。何眉孙来,与言景溪事。夜,诣同丰祥送苇杭,逢刘铁侯。听天福戏,遇雨,汪桂芬不出。

八月十二日(9月8日)

过梅富里访何梅生,观陈兰甫所书篆联。饭毕,同坐马车至张园,盛太常已到,坐客约百许人,礼节颇错乱。傍晚,坐东洋车先返。同居林弼臣生日,同寓者醵酒脯为寿,因共饮。夜,月极明,与小樵、似斋步四马路,遂至花萼楼,倚阑久之,乃归寝。

八月廿七日(9月23日)

似斋来。巳刻,往见盛太常,尚未起。午后,复往见之。诣宝源祥,晤太常,示德人锡乐巴、美人尔立枢、比人海沙地三次勘芦汉铁路《详说》,海沙地《说》乃草稿,属余阅讫付似斋及朱稚良钞一通。王司直来,言将入宁。晚,归寓,司直复来,云定房舱未得,余以旭庄将至,劝少候之。李郁斋邀至万家春饭讫,同往天福听戏。汪桂芬《一捧雪》,不甚用力,然已甚佳,当世故(固)无匹也。有演《池水驿》者,将别,冉三不决,既挥手,而暗牵郎衣,颇极凄恋之致。得柽弟廿三信,云九月初乃出。

九月初五日(9月30日)

晨,诣崔毅堂。过鼎升栈问赵香圃,已行。午后,诣宝源祥,沈敬夫、陈少岩、蒋书箴皆来,同见盛太常,谈分机事宜。夜,盛荔孙约崔毅堂、沈、陈、蒋及翻译潘剑云至一家春饭。蒋、陈邀同散步,遂至西合兴林媛媛家坐久之,又至恩庆里王雪香寓,王尝嫁想九霄年余,其楼中颇华洁,有浙人林翰卿先在。坐有顷,归寓。

九月初七日(10月2日)

晨,诣梁卓如,不晤。遂视何梅生,犹未愈。归过逢源里,答陈少梅作铨,陈布栈名洪泰晋,是日,召客唱戏,余谢不赴。

九月初八日(10月3日)

为人作字数幅。午后,诣宝源祥,三点归寓。刘一山来。蒋、陈、凌同来,遂挽至西荟芳里。陈少岩荐花月红,仍呼林媛媛,祝如椿称妹殂,未梳洗,不至。汪穰卿亦至。穰卿戏语余曰:“天下人惟二种,盗也、妓也而已。盖世态不越争与交耳。”余曰:“然则交中有争,争中有交,而世态备;以争为交,以交为争,而世道穷矣。”穰卿又曰:“吾人之乐,召伶挟妓。彼伶、妓所乐,仅得其半:伶以挟妓为乐,妓以私伶为乐是也。”余笑答曰:“然则吾子之召伶,有妓之乐;吾子之挟妓,又有伶之乐也。”归,于四马路逢杨叔峤,醉而行。

戊戌日记

光绪二十四年(1898)

二月初四日(2 月 24 日)

晴寒。午后,诣公司。至佛照楼视吴左卿孝廉学祐,鉴泉之堂弟。至三山会馆,晤林贶西、李郁斋。夜,胡子美来。爱苍来,邀同看天仙。高彩云之《戏凤》胜于蔡桂喜,五月仙《回荆州》亦佳。是日,为小乙断乳,余不耐其叫哭,遂宿于楼下。

二月廿八日(3 月 20 日)

李郁斋来,邀同出。过公司,视造册处器具已至。遂访林贶西,同游愚园、张园,返诣三山会馆,复至宝丰楼。夜,听天福戏,是日礼拜,汪桂芬竟不出。归值微雨。

四月初二日(5 月 21 日)

晴。赵泗进来。李郁斋来。胡子美来,订于初四日改自晨起六点读至八点。午后,遣朱庆带大七、小七、小乙至会馆看戏。诣公司。兴学会邀至格致书院,未能往。领薪水,交小樵。

四月初八日(5 月 27 日)雨

胡子美来。李干臣来。午后,诣公司,郑陶斋来,督办邀与子培谈久之。夜,独至鹤鸣园听戏。

六月十三日(7 月 31 日)

晨,过蒋伯斧,遇汪穰卿。诣公司。细田来。过季直,诵其出都诸诗,赠寿伯茀有云:“商量旧学成新语,感慨君恩有父风,”二语最佳。补作《愚园》诗。夜,月明,儿女等往听戏。

七月初五日(8月21日)

为人作字数幅。谢筠亭来,交兑票一纸。蒋伯斧来。招似斋来共饭。午后,诣公司,梅生未来,遂诣细田,共谈久之。郁斋邀共游张园,夜饭顺源楼,复共听鹤鸣园,戏殊不佳,余先返。小乙夜不寐,于床上歌跳不已,喧聒不能成寝。

七月廿六日(9月11日)

严紫卿来谈,出其子严寿民信示余。金子昌来。徐定超来。张菊生来。祁君殷来。王云舫来。拟《敬陈变法大要疏》稿,约二刻而毕。王梧冈来。王稷堂来。贻书来。郭春榆来。自书折毕,又书皇请代递呈一件。夜,贻书邀至湖广馆听戏,小坐即返。

八月十六日(10月1日)

金子昌来。谢钟英来,钟英饭毕乃去。午后,张菊生来,自言:“已备就逮,奴仆有下堂求去者,今特漏网耳。”零涕读三诗而起(去)。诣王梧冈,饭,坐有缪石宜,乃柚岑之弟。又有李某,山西人。缪今在头发胡同官学为教习,谈杨叔峤,冤痛久之。夜,诣便宜坊,贻书、雪庭、敬如、幼海等皆在。敬如邀至国秀堂,遂同贻书步月而往。呼朱素云,谈往事凄感不已。闻刘光第之妻缢死,五子,长者才八岁耳。哀哉。

八月十七日(10月2日)

为素云作隶,书扇端。赴黄石孙之招于其寓中,晤廉孙、少韩、郑扆丹。席散,步至清慈寺哭暾谷、叔峤而返。夏弟三偕复来。魏梅村来,不遇,于南横街遇之,言明日出京。阅报,袁昶以三品京堂在总理衙门行走。吏部奉密旨,查王照在京与否。

八月十八日(10月3日)

午后,诣贻书、晤仲弢及徐莹甫。遂偕贻书、幼海、敬如同入城,至西四牌楼同福馆,陈雪庭亦在,同至双翠、苏香、苏云各女档班中小坐。晚,出城至同丰堂饭,呼素云至,以扇与之。夜,月明。

八月二十日(10月5日)

得柽弟十二日来信及细田书,劝余南归。午后,独往听戏,义顺和有旦脚名灵芝草者,演《红梅阁》女鬼救其情人,甚佳。夜,赴便宜坊陈谅三之招。阅报,文悌以知府候补,犹称"前湖广道监察御史"以见报复之意。

八月廿五日(10月10日)

晨,至贤良寺访晦若,不遇。拜客数家而返。午后,独往听戏。夜,黄曾益者号幼沧,石孙之弟,在馆请同乡,被强拉出饮。

八月廿七日(10月12日)

晨,步行入城答访王仪通书衡。出城至英古斋,梧冈邀食面,同往中和园听戏。晚,步归。夜,张弼余来。

八月廿八日(10月13日)

作《哀林暾谷》三诗。午后,卓芝南邀饮,坐多生客,因出避之。独至广和园,仍听宝胜和。晚,步归。阅报,旨命裕禄会同张之洞督率筹办芦汉铁路,昉(仿)荣禄前例也。

九月朔(10月15日)

风起。午后,同梧冈、贻书听宝胜和戏,复至致美斋晚饭。步归。

九月初三日(10月17日)

晨,步至贻书寓,同至土地庙花厂观菊花。午后,贻书邀同养山、梧冈同听四喜戏,顺林、素云、小朵、孙处、百遂皆有戏,不甚佳。遂诣正阳楼晚饭。夜,偕养山步归新馆。

九月初七日(10月21日)

复至宝胜和听戏。……

九月十五日(10月29日)

梧冈来送行。晨,至马家堡搭火车,逢张戟门赴丰台。李铁船者,名征庸,蜀人,以广东知县致富,今为道员,尝捐二万金于蜀学堂,杨、刘二章京之死,出资收其尸者也。至津,移入春元栈,同贻书出小饮。逢金子昌。夜,听女戏。过严幼陵,谈至一点钟乃归寝。李铁船邀饮,未赴。

九月廿七日(11月10日)

作书与林琴南,托李郁斋寄之。午后,视博泉。遂至公司。晤汪穰卿。督办出单,订礼拜一赴鄂,即十月朔日。夜,与博泉,柽弟,垂、禹二儿听戏。仍登江宽,送博泉及周建堂、王西乡。

庚子日记

光绪二十六年(1900)

六月廿八日(7月24日)

皇上三旬天长节,与立村、叔伊、郑乐泉俱渡江,在福建会馆作万寿祈祝会,演戏设宴,携诸儿往观。夜,先归,以小轮送立村、叔伊、金少卿及诸儿归武昌。

辛丑日记

光绪二十七年(1901)

正月廿四日(3月14日)

雨。邱玉符、汪衮甫荣宝,金煦生世和、汪穰卿皆来。午后,往祭梅生。偕稚辛,滋卿复至张园,寂无一人。归至宝丰楼饭。夜,听宝来戏,女伶金月梅甚佳。

正月廿五日(3月15日)

劳玉初来,同诣赵仲宣、张菊生,菊生未归,晤其兄。金煦生来。偕滋卿出至抛球场买衣料杂物。严又陵来。晚,同至鸿运楼,饭讫,复往宝来听戏。

十一月十七日(12月27日)

叔伊来。得曾士元书,严巡检号绍韩者持书来见,云士元将改官知县赴江西。过江吊龙季骢,即返。夜同叔伊、子益等至戏园听戏。季渚婿林东明来见,林迪臣之子也。

壬寅日记

光绪二十八年(1902)

正月十二日(2月19日)

夜同博泉听戏。周子緗求借二百金。

三月十九日(4月26日)

诣吕尚书海寰。过赵竹君凤昌。至九华楼,赴刘宣甫、孙幼谷之约,座间晤张次山、黄仲弢、费屺怀、陈绥伯、林缉侯、林廉孙及其弟绍勤等。毛爱孙祖模来谈,见为商业公所副会员。夜与稚星携大七听群仙戏,金月梅演《乌龙院》,甚佳。

三月廿四日(5月1日)

答拜黄花农、杨彝卿、杨子萱、刘星阶。午刻,应张菊生之约于万年春,晤汤蛰仙、蔡鹤卿、沈小彝。出访陈吉士、谢筠亭、杨小宋,皆不晤。遂至虹口,稚辛亦出。道逢刘宣甫、许申季,同宣甫至第一楼，又至张园。返寓，携大七诣九华楼，邀孙幼谷、施小樵同饭讫，往听丹桂，驴肉红、路三宝皆颇佳。归，大雨。

三月廿八日(5月5日)

晨，过罗叔韫、汤蛰仙，张菊生。晚，为刘葆良邀饮九华楼，复偕葆良、蛰仙、竹君往听戏。

三月廿九日(5月6日)

王欣甫之侄牖基儒卿来。顾洛生来。施小樵来。上海道袁海观来拜。小樵邀饮海国春，遂听群仙，郭少娥演《滑油山》，病初起，然体段意态皆佳，金月梅《烤火》极妙。

四月初二日(5月9日)

邱玉符之子公恪卒，往其寓唁之。返，往送蛰仙之杭州，不遇。遂过译书院，晤徐仲可。陈少庭来。诣张让三小坐。拟电，呈之督办。罗叔蕴来访，余未返，留贻《扶桑两月记》二册。柽弟来。夜，饮雅叙园，逢蒋锡彤、饶幼卿质瑾等。又偕大七、小樵观群仙戏。郭少娥演《打严嵩》，极佳。

四月初四日(5月11日)

晨，过刘葆良于澄衷蒙学堂，饭讫乃返。盛官保召谈良久。复偕葆良过旭庄。归，约竹君同至张园，同观西人戏法，逢王子展、吴彦复、周彦升、刘一山等。晚至九华楼饭，小元适自汉口来，座中为葆良、竹君、张让三及小元、稚辛。席罢，复同刘、赵、张过谢寓小坐。让三言，识金月梅家。乘兴同至观盛里七十三号访之，月梅方在群仙演剧，坐室中良久，乃偕其客陈咏韶同返。陈乃盛宫保之甥而江天之买办也。月梅锐敏非常，巧于言笑。座有顷各散，约明夜听群仙。

四月初五日(5月12日)

午，赴林缉侯文炳太守之约于一品香。夜，赴孙孟延之约于聚丰园,座有刘问刍学询,为余召周桂林、花宝林、高文秀,周、高皆使人代应。席散,至群仙,陈咏韶为主人,金月梅演《池水驿》,凄楚动人。惟竹君不至。

四月初六日(5月13日)

张让三来。出步四马路,逢刘葆良。为金月梅书小联,句曰:“聪明冰雪浑难比;幻境芙蓉故未真。”

四月初七日(5月14日)

张让三来柬云:金月梅闻余将遗以扇件,求署款曰双清馆主人。会议加税、免厘事,为拟电致外部及江、鄂。马凯辞不议十五及落地税,云将返国。夜作诗二首,拟为双清馆书扇。稚星之幼子以惊风殇。

四月初九日(5月16日)

作柬与金月梅,索其照片。孙述庭幼谷来。赵竹君来。罗少耕来。为人书扇。盛宫保示马凯照会,又奉旨催议商约。为拟电二,请派江、鄂督来沪会议,以便定局,土药加税之电亦请即发。

四月初十日(5月17日)

至南市丰记码头答拜林文炳、孙述庭幼谷,三元宫答拜严小舫,新马路答拜吴彦复、陈子言。午后访竹君,同出至观盛里访金月梅,留具点心,意颇殷勤。竹君邀至谢寓晚饭,同往听群仙,月梅演《翠屏山》,殆为绝技。

四月十一日(5月18日)

晨,拟《请免厘折》稿一通。邀张让三同至万年春,折简召月梅,犹未起。竹君亦至。让三自乘马车复诣月梅,乃致之来。隔壁房中沈小沂、乔茂轩欲见,余乃并邀入座,月梅居右,茂轩居左,次右为沈小沂,次左为赵竹君,对坐则让三。席间谈笑甚酣,月梅至终席乃去。归，以奏稿呈吕、盛二公，皆畏不敢上。夜赴袁海观、罗少耕之约于洋务局。是日雨。

四月十三日（5月20日）

过易实甫名利栈，座间晤黄小鲁。张通典伯纯、黄钺幼蟾来访，不值。盛我彭及其弟某来。洪庆之约往海国春，谢之。午后，过金月梅，不遇。遂至虹口译书院，与菊生、稚星谈久之，返寓。易实甫及黄小鲁来。偕张让三至张园。夜，赴赵竹君之约于谢寓，座有乔茂轩、易实甫、曾敬诒、盛我彭等。席散，复过观盛里，以车迓月梅于丹桂，共竹君、让三候其归，谈良久，将行，遗五十圆。月梅辞，固与之，乃惭赧而受。

四月十六日（5月23日）

晨，过施滋卿。不遇。遂过陈吉士。晚，赴严小舫之约，座间有文小坡者、黄小农者及我彭、让三等，观所藏郭熙、马远长卷，郭卷内有鲜于伯几（机）题字；王鉴册子；新罗册子；有画中九友扇面并梅村二扇。可谓物聚于有力矣。呼日本艺妓，喧呼久之乃散。又诣月梅，登楼望月，至十二点乃返。

四月十八日（5月25日）

过祥丰买纱马褂、套裤。又过陈吉士，柽弟适来，遂同至大生帐房取回二百金。午刻，应滋卿之约于鸿运楼。未刻独诣金月梅，复遗百元，共谈至六点乃返。月梅为余言，沙逊洋行买办于某及周玉山之子第七在此斗炫阔绰、干数为周所窘之状。又有汉口蔡某欲娶月梅，游说万端，固拒之乃已。是日，盛宫保侧室刘氏开吊，吊客阗咽，马车空店毕出。滋卿邀听群仙，不赴。

四月十九日（5月26日）

过张绍桢、赵竹君，皆不遇。午后，诣吕尚书辞行，复过竹君，遂至虹口，谈有顷。又往观盛里，傍晚乃返，月梅殊有离别可怜之色。

四月二十日(5月27日)

为人作扇。至老介福买衣料。陈吉士来,与之同见盛官保。赴旭庄之约于江南村,座有邓松生及玉苍之子号伯翊,又黄小农,托寄书一封与张君立。复谒盛官保,谈久之乃辞出。张让三约至万年春。先过月梅,其客陈咏韶已来,共谈有顷,乃诣万年春。陈吉士亦来。月梅呼小双处者来唱,山东人,方十三岁,音节甚妙,月梅以为胜郭少娥。将去,余别赏以二元。席散,复至观盛里,小坐而行。是日人众,悒悒不能有言。月梅送登马车,执手含悲而别。即上吉和船,稚辛、大七皆来。一点钟开驶。

四月廿一日(5月28日)

微雨,过通州。舟中作书寄月梅,投邮政箱中。晚,抵镇江。夜三点,过南京。

四月廿二日(5月29日)

阴。寄月梅第二书。午刻,抵芜湖。

四月廿三日(5月30日)

阴。寄月梅第三书。八点,至九江。舟中逢王幼叔。

五月初二日(6月7日)

作第四书寄金月梅。

八月朔(9月2日)

叔伊来,共饭。夜,同听天一戏。

八月初七日(9月8日)

子益来,留饭,及季渚、子仁。子益言,上船之夕,稚星邀同过观盛里致余所寄万寿影片于金月梅,月梅云,不久将出演戏矣。

九月初三日(10月4日)

立村来,夜,同至满春听戏,路三宝初上台,园中所设电灯不佳,座客甚满。

十月十五日(11月14日)

晨,乘马车访罗叔蕴,已赴南京。访汤蛰先,已归杭州。午后,独坐车乘雨至双清馆,月梅梳洗甫毕,握手极欢,登楼看雨,谈次各有怨离之况。傍晚,周立之、王复初皆来,遂同至一品香晚饭。时天转寒,余衣薄,月梅以薄兰地酒一斝进,余饮毕乃出。周之戚张腾辉亦来。饭罢,复至群仙听戏,月梅演《富春楼》,妖冶绝伦,真奇艺也。又过双清馆,食枣粥一瓯始返。是日之乐殆为百年所不能忘者矣。

十月十六日(11月15日)

雨。过汪穰卿、张菊生,皆不遇。午后,吊于盛氏,谒督办于苫上,谈久之。督办出示二电,促余亲赴信阳迎袁慰帅,遂定十八日行。复过月梅,饭毕,俱诣群仙,月梅演《虹霓关》。

十月十七日(11月16日)

晨,过月梅,遗诗一本及蚨百元,小坐即出。午后,再诣督办谈,即辞行。过月梅,楼中听雨,促膝谈至薄暮。周立之等来,饭讫乃返。余语月梅,今日一谈,可销半年之别恨。

癸卯日记

光绪二十九年(1903)

正月十九日(2月16日)

暮,抵九江,泊船下货。复致双清书。

自壬寅十月而后,不复作诗,今将别盟鸥榭,岂能默然无一语耶。余来汉口四年,虽迹近放窜,犹能据江山之胜,以文字自娱,盖鸥榭非天下竞争之地耳。此去沪渎,实为是非之场,恐不能有鸥榭高枕之适矣。

庚子,北方大乱,京师沦陷,乘舆西幸,士大夫南窜者集于上海一隅,号为战外公地,酣歌恒舞,逾于平时。髦儿戏之盛行,昉于是年,其称为翘楚者,实皆一世之尤物也。以梆子著名者则有张福宝、小兰英,以二簧著名者则有郭少娥、金处,擅武技者则有陈长庚、一阵风,而金月梅以花旦独出冠时,压倒诸伶,其精彩夺人如彩虹竟天,观者莫不神眩。盖自赭寇流毒而徽调兴,拳匪煽祸而女戏盛,相因而起,岂偶然欤。

正月十四日(3 月 12 日)

汤蛰仙来。吊许九香于祝其公所,自大东门易马车返虹口。午后,过吉升栈视啸农、雨亭,不遇。遂过双清,坐有顷而归。高、方皆来,晚,与啸农同至一家(春),赴汤蛰仙、张菊生之约,座逢赵竹君、张让三、汪穰卿等。中照及女景以双清游愚园,夜,同听丹桂戏,余亦一至。送柽弟、钰甥、居平弟登江永。得子益复电。

正月廿一日(3 月 19 日)

晨,谒盛宫保于斜桥,犹卧未起。道逢王子仁。午后,诣双清,谈良久,又示余周立之书,有诗一首云,“羡君能自营三窟,愧我终当逊一筹。”致语曰:“可使苏堪共参之。”

正月廿三日(3 月 21 日)

遣族弟钊入广方言馆,族侄奎入工艺学堂。夜,坐家中小车至双清馆,月梅往戏园,余在楼中作字数十纸乃寝。云帅来电,允订一琴,兼托余代约菊生、叔蕴同入川。

正月廿四日(3 月 22 日)

午刻,宴菊生、一琴于一家春,饭毕同过双清,坐久之乃去。与一琴同至虹口，过其友张士希，松江富室也。夜，王子仁邀饮于九华楼。归寓；雷电大雨。中照携儿女等观群仙戏。是日，虞孙族弟移来寓。

三月十七日(4 月 14 日)

雨。同怡泉至安吉衣庄定制夹衣。偕怡泉过双清，出示周立之书，即为作复，托怡泉带都。同赴长乐意，李一琴之约。席散，怡泉往听戏，余复诣双清，双清忽喉痛发热。待怡泉至十二点不至，登新济视之，犹未上船，遂归虹口。

四月初七日(5 月 3 日)

过徐芷生。又过樊时勋，前托领商约四月薪水，袁海观以余已奉旨赴川为疑，遂告时勋使索回墨领。午后，至华园浴，遂过双清，坐谈良久。夜，同王子沅、钰甥听春仙汪笑侬所编《党人碑》新戏。

四月十三日(5 月 9 日)

过濮紫泉、金甸丞、逢菊生、穰卿于座，饭讫乃去。至双清小谈，主人与客他出，独坐至傍晚，归虹口。是夕，月梅始上台，演《胭脂虎》，与小元、柽弟同往，遇方雨亭之弟、陈伯初、曾幼荃之子。

四月二十日(5 月 16 日)

晨，过全安栈，郭秋屏已行。又过徐芷生，谈久之。归闻季直来，即往访之。与汤蛰先、赵竹君、季直饭于九华楼，同过黄子元。一琴约过双清，坐久之，遂同过季直。徐芷生邀饮于长乐意，席阑，余邀坐客同听群仙，月梅演《乌龙院》，来者一琴、芷生、刘朴生、胡二梅、赵竹君、李兰洲、廖樾庭谷似之子。钰甥是夕归福州。晡时，于中外日报馆逢俞恪士，随魏午帅来。夜，于戏园见恪士与杜云秋、朱子韩等同座。

四月廿一日(5月17日)

雨。晨,过署太仓州谢谦柱卿。遂赴樊时勋之约于义昌洋行,季直、蛰先、竹君等皆在座。饭讫,张、汤过寿椿里,谈久之,先去。夜,与季直、蛰先、俞恪士同饮于雅叙园。刘朴生邀听群仙《池水驿》。大雨。

四月廿三日(5月19日)

答拜晋抚张中丞,未晤。午后,过双清,谈良久。赴季直之约于万年春,座有黄一斋、俞梦旦等。恪士约同听群仙,先赴他约,久而不来,余乃先返。

五月初十日(6月5日)

汉水盛涨。士可、善馀来邀余至月华楼饭,座有子益及丁君幼坚,亦随云帅赴粤者。晚,云帅来局答拜,小坐乃去。夜,士可、善馀同听天一戏,返局已十二点。五鼓,梦至观盛里,双清馆被焚,询凤雏,移居对门,亟入视之,方寝榻上,未及问慰,惶愕而觉,怅然不能寐,遂至天曙。博泉荐仆小徐,随赴粤。

十月三十日(12月18日)

微雨。送何丰裕拔队赴爱店。得陆生宗舆书及所著《辽东湾一览记》,即作书答之。报登小兰英者复在群仙演剧,凤雏尝告余,兰英胜郭少娥。

甲辰日记

光绪三十年(1904)

九月初四日(10月12日)

与柽弟书,询《缕金箱》事。陆荣廷辞赴水口。丁澄如等借梅厅打麻雀,夜,醵饮,食七星丸、五柳鱼、江瑶柱、芋泥,甚美。

九月十三日(10月21日)

得柽弟廿五日书,大七廿二日书:廿三日乘太生轮赴日本。报言,文芸阁卒于萍乡,哀哉。《缕金箱》戏已于廿四夜登场,乃演杨龙友及其妾方芷殉国事也。谅江府华商欲建中华会馆,求余倡捐;乃捐百金,交同吉致之。丁桓光杲初来见,前以马平县革职者,此间生意颇大。

乙巳日记

光绪三十一年(1905)

五月初六日(6月8日)

顾赓吴堂庆请客,在揽秀园演戏。午后,先至小学堂开学,乃赴顾宴。席散归,已八点。粤调不可解,有一正旦曰阿八,花旦名阿南,众以为佳。

六月廿八日(7月30日)

四更,雨益大,滂沱达旦。队伍过河者半,余遂令停操。仍令荣军戏班入演,客百余人。晚,稍霁,各营灯技皆集,宴毕,座客华洋百余人,益以观者千余人,军民欢呼。鼓吹殷地,烟火涨天,西人皆称乃龙州第一次盛会。余谓莼孙曰:"我固有呼风唤雨之手段,翻江倒海之神通者也。"又赏各营二百元。

七月初二日(8月2日)

召新班在局门外演戏,使各营观之。午后,大风雨,观者皆散乃罢。夜,召入行台,演至十二点,走盘珠演《合成连耦》,甚佳。

七月初三日(8月3日)

午后开演,道台及各营哨皆来;夜,西人皆来,至十二点戏止。是日,走盘珠演《荡舟》、《补裘》,并妙。计两日戏价三百六十元,赏一百元,又特赏走盘珠四十元。有问余者,但诵"除却巫山不是云"之句而已。刘督带、宋管带、胡源初皆到。得云帅冬电,询海渊税局事。

七月初四日(8月4日)

晨,复电云帅。作二绝句,戏示莼孙,龙州殊不寂寞矣。莼孙借戏台召荣军旧班演唱,阿兰殚其技以媚之。余笑曰:"士为知己者死,女为悦己者容。阿兰有焉。"得稚辛十六、十八书,中照、大七十九日书。夜,月,有秋意。

七月初七日(8月7日)

召符镇堃议募武建新军第二营,复召林令大年,令函告太平土州李玿,使在各团内招募二百余人,以备选编入伍。夜,星月灿然,顾赓吴等复召荣军戏班演于门外。

七月十三日(8月13日)

晚,赴黄兰石清芬招饮道署,遂偕座客步至粤东会馆观剧,戏价及赏戏共费五十八元,归已三鼓。庄思缄来电,欲留孟莼孙。余大鸿来电问疾。高啸桐来电,约归时必过广州,"盼者甚众且切,帅意尤懃懃,千祷万祷!"复之曰:"拟过广州谒帅,留三日。请致意爱苍、季渚及见念诸友。"宁明州绅士黎、甘、周、郑等来见。周,郁文之父,名之歧。

七月十四日(8月14日)

致仲帅电,请催庄思缄来龙。啸桐复来电,云:"仲帅欲留武建军,云帅以决意调粤不允。"夜,月极明,蛤蚧屡鸣。莼孙饯少南,呼阿兰作数曲。

七月廿三日(8月23日)

少南行。孟莼孙、朱实甫为阿兰、走盘珠等日有倡和,阳子遂忽有句曰:“云霞妇艳争缠锦,风月儒酸不计钱。”余以为可。他日如有询余防边之状者,当语之曰:“军备完整,士气清明。百姓欢迎,群盗骇窜。如是而已。”是日,刘浩春在寓中邀走盘珠、香水橙共饮。

七月廿五日(8月25日)

龙州绅商六十余家公禀统税局之害,即为转电督抚。得中照敬电,云伯平到,喜期约八月半。即复电。戏班中又到女旦三人、杂脚五人。

七月廿七日(8月27日)

遗法领事及各洋员功牌十张。二画官皆给六品,凡六张。使罗开轩公服往致之,致词曰:“诸君过龙州,皆枉相延誉,此有功于两国交涉也,故敢奉功牌以留纪念。”莼孙宴客,呼走盘珠及新来诸女旦至,求见督办;余却不见。晚,雨,甚凉。阅上海各报,至十五日。

八月初六日(9月4日)

督抚皆复电,言统税事。盛宫保电询:“何日交卸起程?先往何处?有要函奉达。密电本尚存否?”复曰:“九月可交卸,即回籍省墓、就医。密电本尚存。寄函请交孝柽舍弟转寄。”召戏班商十四、十五二日包座,赏各营兵勇听戏。罗开轩来,言谅山五画官阿嘉有信与法领事,云二礼拜内将来龙州晤余。

八月十四日(9月12日)

与仲照书。陈、严来见。彬桥教习区景韩率其徒六人来见。赏各营兵勇听戏,全包戏座。

八月十五日(9月13日)

将弁贺节,悉行举手礼。阅粤报:初四日上谕,自丙午科起停止乡会试,饬各省速办学堂。赏学生、勇丁、工匠看戏。晚霁,月极明。

八月廿一日(9月19日)

晨,约阿嘉等在学堂操场观武建军操、步队学生器械体操,复至学堂门前照相。六点,邀阿嘉同来各员及龙州各洋员宴,并听戏,夜半始散。

九月十六日(10月14日)

众商公宴,召戏来行台。庄思缄到。发铣电奏。夜十二点散。

九月十七日(10月15日)

答拜庄思缄,遂过谢静之。午后演戏,大官绅士商凡十八席,夜二点始散。

丙午日记

光绪三十二年(1906)

正月十二日(2月5日)

起见赤日半衔海波,正对窗间,海水深绿,微作皱纹。又意凤雏已嫁,则当谢余不见;或请见余,略谈所遇情状,余何言以对之乎?余在龙州所为诗,亦有颇吐其怨恨者,乃余之褊尔,如彼不羁之概,要是能独立之豪女也。去年十月过广州时,周立之语余:"清尝遗吾书,言'龙州遣使迎我,而谢不往,此我不嫁之证也。'今君果往烟台,清必改其初志矣。"夜,梦凤雏被征入宫中教戏,既寤,殊郁郁。检卷中自光绪二十九年十一月在连城得凤书至三十年六月来书,共得八次,其末次乃杨秩五代笔,云"欲往太原,以指环留念",此余所认为哀的美敦书者。自此以后,余亦不复寄书,距今已一年有半也。去年,余托陈少南,吴怡泉过烟台视之,诘其:"未往太原,何无一书寄龙州?"对曰:"报纸言京卿将归,且久无音问,恐不能达故耳。”少南书述其语，余《杂诗》中有云：“边关病卧忽三秋，轻别真成悔下楼。金锁绿沈零落尽，归来空剩一生愁。”即为凤雏作也。自去年到上海，足迹不及观盛里。一日，无意中车驰过之，见其旧居后门有小纸书“金第”二字，余愕然，使探之，非是，怅惘累日乃已，偶占一绝曰：“三年旧恨欲成尘，又见人间别后春。枉向边城乞残骨，不知谁是梦中人。”夜半暖甚，起作一律曰：“夜半转春气，海中殊不寒。涛声炊正熟，月色烛俱阑。人定舟弥速，梦回天自宽。明朝应有见，冥想更无端。”

正月十三日(2月6日)

日自船尾上，舟行转西，过威海口，水色淡如江水。午后二点钟抵烟台，移入天成栈。四山积雪，道极泥泞。日本人铺屋甚多，有不类商贾者，疑有所规画于此地。华官毫无觉察，土人尤椎鲁，日人之权力将先发达于北方，危哉！乘轿至东庄，凤雏悲喜相持，为余下榻，絮语终夕。

正月十四日(2月7日)

晴。午后，乘轿至桃花街谦益丰取兑款。呼说鼓书济南张某来金宅弹唱，张及其未婚妇又十岁女子盲师二人，颇有别趣。在酒馆得意园具肴馔，凤雏母女及其戚王亮哥陪余共饮，听唱极欢。夜，月有晕。

正月十五日(2月8日)

夜半大雪。与凤雏约，母女同至苏州，就海藏楼文案之馆，余以幕友待之。雪后甚寒，复饮。多买烟火，风大，不能放。夜，偕凤雏母子同听戏，不佳，归时雪月交映，地皆坚冻。

正月十六日(2月9日)

晴寒，顷之复雪。与凤谈，占一绝曰：“海上名姝久拂衣，穷荒塞主亦东归。相逢复有扁舟约，只许鸱夷是见机。”夜，放烟火。凤出观画册映本,甚精致,乃陈石士所藏、蒋心余所题也。

正月十七日(2月10日)

晴。午后,与凤雏同登玉皇顶,在烟台土城之西北。有小蓬莱阁,乃龚蔼仁为登莱青道时所建,蔼仁及何子逸暐各有四律诗刻石嵌壁。俯监烟台全势,西面皆山,东有岛,连亘数十里,南为海口出口,向北为赴天津之海,遥抱东北,岛以内形如半环,而海绕其外。夜,月明。

正月十八日(2月11日)

晴。九点至天成栈,即登公平。临别戏谓凤白:"吾神机妙算,战无不胜,攻无不取。此次来烟台,如诸葛孔明之收姜维。可谓快矣!"凤请余书一联寄与玉皇顶小蓬莱阁,阁中有老道士,号石堂,礼余及凤甚恭,年六十三矣。凤在玉皇顶指示其父墓田,在阁西数百步,新植松甚茂,地一亩有余。凤言,即于墓后砌石为短墙,外缭以沟,防山水冲刷也,工竣遂南来。午刻,凤遣其仆老尹来言,船今日未开,请余再至寓中。谢不往。夜半,舱中复来一客。

正月十九日(2月12日)

天明启轮。来客粤人李道元,在山东办金矿者,乃李山农之子,谈唐少川、杨濂甫事,及杨秩五所办涤净公司,系欲包揽烟台全埠粪料,勒令铺户逐日缴粪。初用巡丁百余,挨户查索,各户多不允,或以粪搀土与之,遂大亏本至万余金。杨以利说金月梅入股三千金,将败,月梅取回千数百金。今此公司为粤商顺泰接办,杨遁归黄县云云。余尚见涤净公司匾,与金仆老尹所言相符。老尹本杨秩五之仆,杨去,乃寄住金处。杨自言,金月梅已许嫁己。此次金言,与杨甚疏,月余一来耳。实讳之也。杨寒士,初在招商局,月才数金,后荐为德国领事馆文案,月可三十金。在烟所暱妓名小顺,忽自言梦小顺为杨少川取去;杨少川新任德公使,过烟台见小顺,果大悦,一夕,以千二百金买之,同往德国。杨秩五大号哭,无如何也。亦李道元为余说者。余疑杨未去，避余不敢见，或月梅近日始疏之耳。夜，舱中热甚。作《烟台纪游诗》五首。

正月廿九日(2月22日)

阴雨。答拜陈玉澍、李家恺于长发栈，李未归寓，陈出示《请改朝仪折》稿一件；逢李平书为之诊脉。午后，雨稍止。同陈莲孙、钰甥诣颐园、张园，至九华楼饭毕，往群仙听戏。有小桂芬者甚佳，张福宝虽老犹善，郭少娥则殊逊昔年矣。

二月初二日(2月24日)

中照五十生日，梦旦、少庭之夫人皆来。夜，宴毕，同往听戏。季直邀余午饭，逢单叔生、袁伯夔、赵竹君、樊时勋、罗并轩、曾少卿等。伯夔求为其父代作公饯答辞，即坐间草与之。饭讫，偕赵竹君至颐园，小坐而返。开轩初八赴意国。

二月初七日(3月1日)

晴。得风雏二月二日书二纸，凡千余字，辨涤净公司并无入股事，语甚悲愤，谓余闻讹言有翻悔前约之意；即复书譬解之。凤又以金月梅小片上书“贵夫人寿安万福”以寄中照，余请中照亦作一书复之。袁海观邀饮。夜，季直、竹君、曾少卿、恽禹九公饯袁海观于颐园，邀余往陪。袁爽秋之子允棣来。

二月初八日(3月2日)

又致凤雏第二书。梦旦来。金巩伯及其弟来约明日往议华大利事。感冒。袁允棣约至一枝香，辞不往。瑞莘儒又来拜会，以病卧谢之。

二月初九日(3月3日)

晨，答拜瑞莘儒、宋芸子。遂至浙江铁路公司，晤蛰仙、巩伯、仲连、让三。有顷，季直、竹君及恽禹九亦至，谈承揽进出货行事，竹君极言其难办。午刻，余邀张、恽、二金同至九华楼，饭讫返寓。中照诣谦吉里，夜，诸儿同往听戏。月明，复作第三书与凤雏。

二月十九日（3月13日）

晴。过叔伊，同诣朱古微，遂至九华楼为张菊生饯行。饮罢，复同叔伊游愚园、张园。夜，听丹桂戏。博泉眷自南京来。复凤雏书。

三月初三日（3月27日）

阴。过金巩伯，出示其夫人及其妹画册。与怡泉同过张园，新绿甚可喜。晚，宴客于谢媚卿家，花采珍为余歌秦腔及二簧各一曲。

七月初六日（8月25日）

为建堂书屏四幅，并书联一以遗段芝泉。晚，约建堂至万年春饭，同听丹桂，不佳。

七月十七日（9月5日）

答拜陆干卿等。遂过高梦旦、朱古微、伍昭扆。午刻。宴陆，林、何、马、伍、高等于一品香。同干卿、怡泉至丽芳照相。偕怡泉至张园，微雨。至春晖里食面。夜，邀干卿、林竹君、怡泉听春仙戏，崔灵芝草演《烈女传》，甚佳。夜，雨。

九月十八日（11月4日）

答拜于晦若，不遇。又过季直，座逢钱念劬、沈友卿。午后，过梁幼兰、施小樵，皆不遇。独游张园，遇柯贞贤，谈久之。夜，听春仙戏。买菊花十数盆，不佳。

十一月十一日（12月26日）

晨渡江访叔伊，逢子益、子有、王渭臣、王文东等于官报馆。与叔伊同步入督署，晤陈介庵、张望屺、杨肖岩、金茗生等。以年愚侄帖便服谒见南皮，延入公事房对面小屋，余先谢其力助龙州边防之谊，复补贺赐寿之喜，谈甚欢，良久乃退。过叔伊，复至官报馆，共饭毕，出文昌门，仲弢居布局，投刺而去。于江岸逢司直及郑瀚生。雇小艇至法租界后华景街荣昌里访子仁、子益，索饭共食。有顷，子有亦来，出岑云帅电，云外部调子益入京差遣。余诣怡园听髦儿戏，十点返寓。

丁未日记

光绪三十三年（1907）

正月十六日（2月28日）

与怡泉同坐马车至下关，午帅遣马巡捕立朝来送。是日，太古正班安庆不至，遂移寓第一楼，待明日江新下水。马巡捕以午帅命，送官舱票乃去。楼，前对大江，甚壮。夜，独出步月，逢李一琴、辜鸿铭及怡泉。散步至江边，有擫胡琴携儿卖曲者，使歌二阕，儿十七八，唱净面，颇佳。

五月朔（6月11日）

晨，过徐芷生、李兰舟。午后，偕六姨游愚园、张园，饭于一品香，夜，往丹桂听戏。荫孙送其甥陈策往荆州。樊时勋邀饮花如兰家，晤史绳之念祖、叶揆初景葵。

五月十六日（6月26日）

陈翊臣为黄初媒于万氏。樊时勋来。黄均超、陆宝华来见。晚，偕博泉至张园，遂至丹桂听戏，孙菊仙、小子和演《教子》，绝佳；七盏灯《戏迷传》，亦妙。月极明。

五月二十日(6月30日)

过云帅饭。午后,与博泉同游愚园,遇福州人、南洋公学生孙某与女子吴淑均行自由结婚礼。归过张园,饭于一枝香,遇沈耕莘,约往丹桂听戏。

九月廿四日(10月30日)

与代表诸人同诣汉厂观化铁出钢,一琴留宴。午后,与盛谈联合招股事,四点始返。宋纬臣邀汉口众商议入股,皆赞成。往怡园听戏,王宝宝演《红梅阁》,尚可。宋纬臣宴客,席间呼缥缈楼。

十月初九日(11月14日)

作书与刘希堂,汇规元一千四百四十两,交厚坤转寄。赵剑秋来。午后,诣立宪公会,晤庸生。晚,赴朱筱兰之约于雅叙园,又往丹桂听戏,座间晤宝子观、乐正斋。乐为南韶连道,现办广东银行。

十月十一日(11月16日)

雨。至日辉事务所。午刻,刘伯生、厚生邀饮于商学公会,座有新架坡华商林梦琴、林文庆,能操福州语。过庄思缄、赵剑秋,不遇。六姨生日,女景请六姨听戏。

戊申日记

光绪三十四年(1908)

正月廿四日(2月25日)

借轿将出,闻鉴泉入署,遂不果出。郑瀚生来。鉴泉来。余大鸿来。夜,午帅邀宴,晤沈丹曾、缪小山、陈善馀。题《紫云出浴图》绝句一首。

二月初九日(3 月 11 日)

过鉴泉。中照稍愈。午后,至日辉帐房。夜,宴鉴泉于雅叙园,又往丹桂听戏。归,得伯平电,云:“惠病转重,添医商治,景焦急,奈何?”牙痛,竟夕不寐。

二月廿三日(3 月 25 日)

阴。访杨皙子于中西旅馆。得中照廿一日书及女景书,知景坐新济带小妞棶来沪,即作书复中照。鉴泉及夏剑丞来。作诗数首。夜,署中观优(戏),余卧不出。五鼓,窗月穿帐,不能成寐。

二月廿五日(3 月 27 日)

晴,稍寒。俞恪士、夏剑丞邀饭,座有蔡伯浩、汪穰卿、李梅庵等。杨子勤复约至金陵村,座有陶拙存、杨皙子、林绍勤等。夜,午帅复邀听戏。寄督批一件与上海中国体操学校王承煊季鲁。

三月十九日(4 月 19 日)

过金巩伯、长尾雨山,示以拔可所寄沈石田、李龙眠二手卷,即留借作廿六日书画展观会之品。过子益,座间晤汪穰卿、林敏生、前番禺令柴维桐等。午后,至丹桂听戏,福州学生会立可社,演新剧《倪烈士》、《思儿亭》等出,不甚工,观者塞座。晚,诣立宪公会,议国会研究所事。余意,以先举一时旅沪知名之士为会员,专以速成为主义,非独破坏腐烂专制之政府,兼欲删改列国完全之法度。夜,雨。

五月廿三日(6 月 21 日)

晨,过高啸桐,逢胡济生、王子仁。午后,与施伯安同游愚园、张园,雨中游人甚稀。夜,同往听丹桂,小子和扮杜十娘投水,孙菊仙叹曰:“十娘多情多义,可惜瞎了眼睛。”听者皆为凄然。五鼓,大雨。

六月十六日(7月14日)

赴厂。夜,应王一亭、李云书、李兰舟之约于商学会。独听丹凤戏,恩晓峰《戏迷传》,不甚佳。

九月初四日(9月28日)

赴厂,梁伯通、池绩宇来观。夜,与稚辛、仲阶、小乙往大观听戏。

十月十一日(11月4日)

赴帐房。江南公园文案顾衢庄永康来见,议劝业会事。六姨生日,置酒为寿。夜往看戏,举家皆往,余留守屋。

十月廿一日(11月14日)

见报,二十日奉上谕:"朕钦奉懿旨,醇亲王载沣,授为摄政王。钦此。"又奉上谕:"朕钦奉懿旨,醇亲王载沣之子溥仪,著在官内教养,并在上书房读书。钦此。"又电云:"宫内有重要事件,日前庆亲王赴东陵勘验万年吉地工程,中途召还。"赴厂,午后归,独至宝珠照相。晚,赴季直之约在大生帐房,饭讫,同至新舞台看戏,晤熊秉三。

己酉日记

宣统元年(1909)

正月初四日(1月25日)

雪。赴厂。午后,霁。归至招仙阁,携家人照相。至日辉帐房,与樊时勋谈久之乃返。夜,中照邀六姨及儿女往新舞台听戏。

二月朔(2月20日)

至日辉帐房。过棣桐,方剃发,云欲照相。访刘三安,不遇。

午后，风起甚寒。剃发释服。赴柯贞贤之约于清和一沈丽华家，楼上即缥缈楼也，呼之下，为度一曲。呼花如兰，其妹代至，戏洁之曰："如兰生子乎？"其婢对曰："是也。"又呼红冰馆，未至。先去，至大观园听戏。女景生日。

二月初六日(2月25日)

晴。复黄晦闻节书。视啸桐，遂至南洋路，过杨寿彤。晚，赴柯贞贤、王子仁之约于精勤坊周小宝家，呼缥缈楼，座有金媛媛，唱二簧老生甚佳。

三月廿八日(5月17日)

过朱古微，遂至日辉帐房。过交通银行访倪锡畴，不遇。大七自东京寄来盆树十盆，往返七八次，阅七八日，方得取回。五点，又至日辉帐房董事会，樊时勋未来，定于四月十九日开股东会。与贞贤同至谦吉里饭，晤周幼星，星仲之子；郑理庵，希杜之侄。贞贤邀至丹凤听戏，恩晓峰、筱翠(花)演《十八扯》。

六月初八日(7月24日)

晨，至日辉帐房。取借款六个月息六百八十二两七钱零，返虹口。午后，吴鉴泉自苏州来，同游海藏楼，遂至张园，过雅叙园晚饭，令小七同至新舞台听戏，余先返。

庚戌日记

宣统二年(1910)

正月十五日(2月24日)

邹怀西来谈。诣雪帅淡。清帅邀晚饭。夜，偕邹怀西、刘中武、崔文征出至德福听戏，遇沈卓吾于座，看筱翠[花]《连环套》、高福安《狮子楼》。步归，月色极明。

正月十六日(2月25日)

为人作字数幅。寄稚辛信及沪信。邹怀西示赵尧生侍御书,询太夷东来事。冯仲贤、刘仲武约陪清帅饭。翁右工、郑曰工、沈硕安邀晚饭。邹怀西约往庆丰听戏,看筱四宝《黄金台》、筱菊处《红梅阁》。午前大雪,晚霁,夜月出,寒光有加。

正月十七日(2月26日)

昨日承德县金正元来,字选珊,谈奉天事甚熟悉,乃甲午举人,尝被举为议员。谘议局副议长袁金铠字洁珊,来谈,言永贞刘兴甲日内将来,袁亦新自京归。午后,答拜都统多文、徐家保、金正元。张珍午来。与李兰洲共饯邹怀西于江南春,又至庆丰听戏,筱菊处演《新安驿》,颇佳。

二月十三日(3月23日)

金仍珠来。午后,过仁寿里,遂访林子有、金仍珠,观孙氏园。地数十亩,有水有丘,然无胜处。夜,宴客于聚和成,孙仲英来。食毕,观对门凤鸣戏,崔灵芝演《烈女传》,甚佳。在奉天或言崔已死,今果未死。夜归已一点半。

二月廿一日(3月31日)

《天津报》言,上海报论锦爱路事为排俄之论,辞甚激烈,且以预备立宪公会名义出之。潘季儒来访孝先,遂约廿三晚饭。伯平约至仁寿里饮,晤林子有、李伯芝。巴格士来,谈抵保三项,售票限十个月,购货先尽美商,皆可定;惟竞争、兑换不允。夜,孝先约至聚丰园,听凤鸣戏,德处《射戟》、叫天《空城计》。胡铁华赠一诗。

三月初十日(4月19日)

过严范孙、刘聚卿、孙荫庭,皆不遇。遂至仁寿里。午后,巴格上、金聂尔来,商定折中之工程办法。金占,明日再来定价。刘聚卿来,邀至聚丰园饭。孝先复邀同至红菊花家饮酒。席散,众皆往下天仙听戏，余先返。

四月十四日(5月22日)

为人作字。刘立夫来。午后，过李兰舟、张贞午，不遇。遂至谘议局，晤延寿珊及其二友，皆自日本初归者，一为鹤九皋，黑龙江人，一忘其名。彼等告余，三省地方自治联合会已将成立。又过田韫山、钱少云，谈久之乃返。夜，赴田、钱之约于营务处，晤黄君仕福，在俄京多年，今为蒙务局总办，为余言，有严俊人托人求余书，当寄纸至上海矣。席散，同至第一楼看戏，粱月楼《钓金龟》最有名。得安帅盐电。

四月十八日(5月26日)

午后，遣行李登泰顺，独坐无俚，又呼金宝来。自言与双清甚熟，每看其戏辄哭。余因为言识清以来情状。金宝言，"君之于彼，悲欢离合，亦一曲情感好戏。谁似君痴，何为溺情若此!"余感其语，怃然不乐久之。金宝请"他日为君往诘双清"，余止之曰："彼不从人，自食其力，于理是也。吾固痴绝，安能责人。"金宝泫然而去。刘聚卿来，欲邀余至第一楼，谢不往。伯平、女景自京来送，以俄国绒毯与景。夜登船，遇严范孙之子智怡。

五月初三日(6月9日)

雨。有同乡曾觉民持"世愚侄"刺来见，求代荐馆。过杨寿彤日辉帐房。吉升栈觅庄思缄，不得。夜，寿彤来邀至春贵听戏，刘鸿声演《洪羊洞》，学叫天几与齐名，都人或谓过之。

八月廿七日(9日30日)

午后，崔文征约往庆丰看戏，沈卓吾约至其家晚饭。罗希坚培銮持希白书来见。庆丰有小来凤者，众颇倾倒。

九月十二日(10月14日)

午后二点到青岛,百余里外已见劳山,孱颜插天,横亘数十里,舟从下过,所谓劳山湾也。抵埠,有海堤三道,阔约二百尺,上设铁轨二道。登岸,移入悦来公司,店主孙瑞应,绍兴人。店中以转运客货为业,寓客不多。孙言:"此埠商业不旺,出口货惟以草帽边为大宗。"即坐小车出观。绕海因山修马路,行数里至跑马场,营房甚修整,德兵著白衣往来,车夫云,不及三千人。步入营中纵观,有小狗跃啮衣破,小儿叱之乃已。返车入华市,至燕春楼饭,步行各马路,入天仙戏园坐有顷,戏不佳,九点返寓。

十二月朔(1911年1月1日)

是为西历千九百十一年正月一号。与刘仲武商复日辉电,借款须由万宝成请领。过苏葆笙。许仲威邀观庆丰夜戏。得中照、稚辛书,言微女自楼窗坠,幸得不死,阅书犹为失声,稚辛将名之曰空桑女子。贞贤来电,言万宝成已电奉请即发,押款已成。

十二月初八日(1月8日)

北方有熬果作粥以相饷者,以今日为腊八节,粥曰腊八粥。钱绍云来谈。独坐竟日。得崔文征书,云须至十五后回奉;即作书复之,促其早回。夜,月极明。许仲威来邀看戏,谢不往。盛杏荪为邮传部尚书,唐绍怡开缺,沈云沛为吏部侍郎。

十二月初九日(1月9日)

徐敬一来。孙伯髯来。过钱绍云、孙伯髯,皆不遇。夜,赴李兰舟之约于华富饭店,座间晤许隽人、傅写谌等。饭毕,许仲威又约至庆丰听戏,颇佳。

辛亥日记

宣统三年(1911)

二月初八日(3月8日)

答拜袁励准。午后,与稚辛、小乙、小虎同至三庆园听王玉峰。夜,赴力轩举之约。

三月初四日(4月2日)

阴。陈涟清,号亮功,来见,李平书托为求凋铁路差事。伯平来。饭后,与中照携小乙、小虎游陶然亭。叔伊来谈,同赴柯凤孙之约于聚贤堂,晤陈士可,约同听戏。

四月廿二日(5月20日)

为汪子仁阅其曾祖汪萸阶《萝摩山房诗》。中照携儿女、婉秋饭于聚丰园,至全利听戏;婉秋往省其母。夜,观韩秉谦戏法。柯贞贤来谈呢厂事。

八月廿六日(10月17日)

题邵位西诗卷、《遽庄图》卷。午后,过刘厚生、孟庸生,闻杨小楼挟某福晋逃往西伯利亚,前日召见民政部各堂官,大索。幼叔来。夜,端仲纲来。

恽毓鼎澄斋日记

恽毓鼎(1862—1917),字薇荪,又字澄斋,河北大兴人,原籍江苏常州。光绪八年中举,光绪十五年殿试,得二甲第二十九名进士。其人任晚清史官十九年,曾随侍光绪皇帝,撰有《崇陵传信录》。恽氏雅好戏曲,且能粉墨登场,其日记中颇多观剧拍曲之记录。谷曙光据浙江古籍出版社排印本(史晓风整理,2004 年出版)辑录。

北上日记

光绪八年壬午(1882)

六月初二日　晴

五点钟抵上海。即在太古昌徐旭山处落脚,一切供应较之栈房竟胜十倍,甚可感也。少停,即同旭山出门买书。饭后复出照相,归后乘马车至静安寺。是时也,天朗气清,大风拂面,群花毕至,妍姹咸集。予左顾右盼,饱看芳菲。然如此冶游,究属伤风败俗也。旭山遂邀饮聚丰楼,偕往金桂园观剧,三鼓始归。剃头。

六月初四日　晴

热仍不退,精神格外疲顿,奈何!傍晚,旭山在石愻家摆酒,强予往,予辞,不获已,乘轿而往。席散至天仙观剧。品舅北上,已于初一日到沪,住万安楼,今日在路始碰着,海中又可结伴同行。

六月初五日　晴

饭后雷雨。病仍未减。早间品舅见访。灯后旭山、珽卿往金桂观剧,恐余寂寞,以轿载余而往,情谊殷拳,良可感也。看未毕,先归。"丰顺"轮船于今日到沪,准于初七日开。接刘树千信。

六月十八日　晴,热甚

偕寄父至伏魔寺访仰皋、鲁叔文,叔文留饮,尽欢而返。饭后寄父邀至天和馆观剧,戏甚佳。归后外祖给酒食,又复醺然。

八月二十日　晴

午刻珽卿邀饮广和,散后往文昌馆观剧。静轩邀饮泰丰楼,遂于戏毕后偕静轩同车而往,三鼓始归。

八月二十四日　晴,甚热

早起送珽卿起身。十一点钟偕大哥至长椿寺,次伯在彼诵经故也。食素面,席佳。遂至文昌馆观剧。散后道甫邀饮熙春,乘韫兄车同往,三鼓归寓,以事至藜师处。

八月二十五日　晴,仍热

早起至藜师处,晤玉雨。饭后韫兄邀往文昌馆观剧,归后至广和居赴俞笏东之约。席散,偕笏东到寓,坐谈良久乃去。

八月二十六日　晴

早起至藜师处长谈。饭后偕仰高至文昌馆观剧。五鼓起观彗星,星出于东南,在井鬼之分,长二丈余,其形似刀,恐非吉兆。

计偕记

光绪十二年丙戌(1886)

正月十五日,己酉　阴

午时拜节。饭后往城隍庙略游而返。蒋子范来。晚,至凤来仪茶肆听戏一出。

二月十二日,丙子　阴

四鼓趁潮开行,五十里过周泰伯庙,小泊又行。一路春阴漠漠,山树迷离,绝好云林画景。午后抵上海。有大方栈伙引之到栈,至一房,忽见芷沅所书楹联,见其家人,知已于初十日到,惜外出,未即把臂,稍待之。雷雨骤至,临晚始已。芷沅仍未归,即偕惕仲赴四马路之中和园小饮。又至天仙观剧。戏过半,芷沅寻踪而至。场上金鼓大作,对面不闻声,遂偕出至普庆里茶话而别。中天月色皎然,非意所及也。归舟即眠。

二月十四日，戊寅　晴

饭前未出门，偕芷沅畅谈。午后至文玉山房买《郎潜纪闻初笔》，价洋五角。又往文瑞楼买旧板《全唐诗钞》，洋三元。业舅来，偕赴招商拜杏丈未遇。遂至万华楼，遇刘篠丈，坐许久。芷沅、楚生、砚生亦至。王君星采者（徽州人，在仁大典），与楚生有素，遂同邀至复新园晚饭。散后，偕仲光往老丹桂赴连城之招，一点钟归寓。发常州信并广锁两把。

二月二十八日，壬寅

天明开车。五十里至广渠门。城吏索酒钱，给以大钱贰百，应声而去，迥非曩年气焰矣。缘前岁曾重办一次，稍有惧心，蠹吏之不可不以法惩之如此。午后抵北半截胡同卸车。晤受之。多年阔别，一旦畅叙，觉快慰异常。傍晚偕寄父访韫石、厚存两兄，次伯随扈而去。俞笏丈亦来。掌灯返寓。晚饭后偕寄父、颖芝、受之赴财盛馆听戏，未毕先归。

三月十八日，辛亥　晴，有风

黎明出场。稍休息，即乘车出城。次伯枉过。饭后拟偕桂林往听戏，途遇受之，据云今日官工，各处无戏。因复折还。闷极无聊，卧看《困学纪闻·诸子门》一卷。引证博而论断确，深宁自是宋代第一等读书人。晚赴次伯之召，坐皆公车。寄父亦至。夜半冒雨而归。

三月十九日，壬子　阴，微雨

半日看书。饭后偕受之往庆和观剧。散时尚早。顺至寿春、云龢茶憩。傍晚往广和赴庭丈之召，剧未终先归。半夜雨。

三月二十一日，甲寅　晴

清晨出门拜城外客，顺往富兴楼赴董效曾之招，主人未到，因留字辞谢。东客拜毕，即往馀庆堂赴柳门学士之召，散后西行谒毕东师、周筱师,皆未见。唯晤徐季师,并谒俞曲园先生(先生名樾,字荫甫,别号曲园。浙江德清人。先祖甲辰所得士,学问博洽融贯,天下推为通人。)。略谈,言及今科题目,先生谓昔人言古无笔墨,此说未确。若使只用刀笔,子张之坤何以书之?即此一端,其学可见。黄昏归寓少息,即往福兴赴韫兄之约,召鹿。沈兰台又邀景龢,席未终先返。李半林固邀寿春,苦却之。书坤一事,归与玉雨谈及,玉谓古有漆书,绅上正可用漆,为之恍然。甚矣读书之难也。

三月二十四日,丁巳　晴

写大卷壹开。午刻往乐椿园赴岑泰丈昆季之招,饮酒甚豪。今日壬午南榜在安徽会馆团拜。晚,偕大哥同往观剧。三鼓偕仲光徒步而归。有邱(秉瑞)、陈(其镳)者,素未谋面,忽折柬邀余兄弟福隆堂,却之,然主人情盛,亦可感也。

三月二十五日,戊午　晴

写大卷贰开。韫兄、惕身来。饭后偕思臣往广慧寺访李毓如,未晤。遂访秋丞。三点钟往福兴,赴惕身之招,召鹿。傍晚偕玉雨诸君到财盛馆观苏府接场之剧,有想九霄者名噪都下,举国为之若狂。观其演戏两出,名花笑日,翠柳摇风,正如姑射仙人桃霞而出,情移目夺者久之。又双跑马中口技亦佳。两点钟始返寓。

三月二十八日,辛酉　晴

巳刻,大宛京官接场。午刻,武阳京官接场。偕大兄先至大宛试馆,兼祭先贤魁星。席未终,即往广和赴武阳之约。散后与子贞、仲良、子康、旸生、泽之诸君同到寓小坐。客去,写大卷壹开。张润生、赵士瀛来。晚偕蕴苓、兰台、受之、颖芝、芷沅、惕身、韫兄、大哥在福兴吃梦。看梦者吴玉雨。尽欢而散。客有招想九霄者,颇觉减色,不似彩氍毹上碧衫红袖,使人意消也。

四月初五日，戊辰　晴

闻伯渊定于后日南还，因往话别。在彼午饭。归，着衣冠赴徐季和师处观剧，系乡会门生集资公演，余不在摊分之列，而师兼邀余。戏甚佳。一点钟偕寄父同车而返。姚制芰午刻招福隆堂，却之。

四月初六日，己巳　阴

写大卷乙卅。与寄父、大哥诣次伯、韫兄处不遇。复至大川淀访汤伯丈，亦不遇，知其考御史名列二十有四。归途过南横街，雨至，急赴赵处暂避。晤仲丈、士瀛、重卿、棣威，坐谈良久。雨稍止乃归。饭后又写大卷一开。观澜来。傍晚天气甚凉爽，因偕大哥、仰高往法源寺观牡丹，共有数十株，红白相间，清馨袭人。镇日饱餐色香味，和尚之福不浅哉（住持名静涵，年七十余，矍铄如五十许人）！留连片时，归途又遇雨，急奔而归。岑泰丈邀粤东馆观剧，未赴。夜雨。

四月初八日，辛未　天竟放晴，甚为凉爽

写大卷壹开半。饭后往次伯处，均出未晤。晚，偕寄父至景龢赴芷沅之局。召鹿。一点钟返寓。

四月初九日，壬申　晴

写大卷半开。与大哥、颖芝同车至馀庆堂，赴江韵涛之召。本邀巳刻，时已未初。他客略用酒肴先去。坐谈许久，次伯、韫兄始到。又布席饮啖，同座无他姓，可一笑也。薄暮散。遂与韫兄到寿春，受之未到，贻机亦在彼。先入座小谈，受之继至。复设筵畅饮。召鹿，群芳毕集，笙管齐鸣，极一时之盛。归寓将四鼓。

四月十一日，甲戌　晴

心颇不定。受之、桂林来畅谈。午刻往广和赴方勉丈之召，散甚速。归后在内代写信四封，复写条幅两纸。芷沅、重卿来，少谈即去。晚,偕大兄至泰丰楼吃梦。同局颖芝、受之、惕身。韫兄看梦。沈琪泉及桂舲、玉雨召鹿。散尚早。

味腴室日记

光绪十五年己丑(1889)

四月十八日,甲午　晴

光梁自津还。知大兄已于十四日抵津,暂住电报学堂。偕孚丈往源丰润,孚丈借银二百两,写笔据一纸。因至财盛馆团拜。芷秋、竹芬演《小宴》,芷秋、莲芬演《双思凡》,极佳。座师唯昆师未到。五点钟散。入城往子寿师处,送去殿卷两开。灯下编辑策论。

四月三十日,丙午　晴

晨起偕绶金至翰林院看榜。买得全单一纸。朝元蕲水陈曾佑,余于直隶,当第五,可望馆选矣。发常州电。藜师枉过。午刻偕伟丈在安徽馆请士瀛诸君。散后,余邀诸君在馥春酒叙,掌灯即散。

五月初五日,辛亥　晴

至缪老太爷、汤伯丈、次伯、大兄处拜节。在次伯处午饭。偕四兄往打磨厂天乐园听小荣椿部戏,颇佳。绶金、厚兄亦至。傍晚归寓,接常州电。

五月初九日,乙卯　阴,大风,饭后微雨

偕季兄往肉市广和楼观小洪奎部,不甚佳。傍晚天复放晴。

五月十五日。辛酉　晴

饭前拜城外老师,饭后偕秉文、四兄至大栅栏庆乐园观同春部。夜,大风。

五月二十九日，乙亥　晴

拜西南城外客，归寓午饭。复出拜客。晚，冯雨人招景华，偕仲光同往，召秦。发常州信两封。

六月十一日，乙酉　晴

闭门作赋。五弟来。傍晚偕三兄，五、六两弟往财盛馆观剧，己未团拜也。归馆已四鼓，三兄等在此下榻。

六月十四日，戊子　晴

入城祝许星叔、廖仲山两师寿。又至东河沿答拜冯伯渊。饭后邀四兄、三兄、五弟至庆和园观小荣椿部，六弟因病未来。在東鹿堂买《缙绅》一部而归。接静之师信。写上外祖母禀，并礼叔信，为请封事。冯雨人邀福兴，却之。

六月十七日，辛卯　晴

次弟来。饭后，四兄邀三庆园同春部。接七弟信。

六月十八日，壬辰　晴

偕伟丈、绶金在福兴公请会试诸君。散后同至广德楼，观小荣椿部。

六月二十日，甲午　阴，微雨

午刻偕伟丈至陶然亭，赴庄心和丈之召。用劳閬臣家庖，菜甚精美。中席先散，往福兴赴冯雨人之约。散后惕身拉往韵春，召秦，二点钟始归寓。

七月初二日，丙午　晴

饭后偕季兄至庆乐园观义顺和部。李慧叔邀福隆，却之。

七月初五日,己酉　晴

晨起至会馆,写扇件数事。午刻往广和居赴潘小斋之约。散后至同乐轩观同春部。酉刻,季兄邀福兴,席未终大雨倾盆而至,良久不息。坐待雨势稍小,狼狈乘车归馆。头眩恶心,手足冰冷,痧势甚重,刮之摘之,服药闻药,不见喷嚏。静卧半时始觉稍适,乃就寝。天明时遍体大汗,衣被尽湿,系服药太多,过于发散之故。接苏州信。

七月二十二日,丙寅　阴

一点钟过茶山,天色陡变,风浪颇大,幸已在内洋,不甚颠簸。三点进口,四点钟抵埠。雨骤至,暂住吉升栈。剃头洗浴,如释重负。晚饭后,邀季兄在新丹桂观剧,归栈复久谈,乃寝。

七月二十三日,丁卯　晴,郁热特甚

清晨即起,入城拜龚观察。出城拜张楚生、任逢年、徐旭山、陈连城。旭山在汉未回。饭后雨。傍晚偕张崧甫往恒裕昌(宝善街,店伙汪子谅,常州人)洋货店买物。上灯,邀季兄在序宾园晚餐。餐毕,季兄邀天仙观剧。发常州及京信。陈望生邀同安里王月仙酒叙,余往而主人已去。

味腴室日记

光绪十六年庚寅(1890)

闰二月十五日,乙卯　晴

皇上谒东陵。奉皇太后启銮。受轩表伯、仲固年伯、润夫表兄答访。伟丈来谈,多阅历有得之言,伟因邀庆乐观同春部。散后偕至教场四条口访怀冰,往广和赴伯温丈之召,顺访潘弈卿,归寓已三鼓。取京官印结一张,托清秘堂汤黼辰年丈赴翰林院销假。

闰二月二十六日，丙寅　晴

闻大兄出城，因至五圣庵恭候，至则已往他处，不克晤。在濮氏昆仲处午餐。往武阳馆候季兄，在老丈处久坐。掌灯往财盛馆观剧。乙酉团拜，大兄来招故也。一点钟归寓。

三月初六日，乙亥　晴

写卷一开。季兄将搬小寓，顺道来谈。饭后同往同乐轩观同春部。老丈枉过。

三月二十一日，辛卯　晴

谢钟英来畅谈。钟英于三国舆地甚精，所论极有依据，亦朴学士也。留其午餐乃去。写卷一开。宝龢年同年来，互观所习大卷，指摘得失。惕身衣冠来，同至韵春小坐，因约余聚宝堂小饮，召秦，宾主二人尽欢而散。

三月二十七日，丁酉　晴

写卷一开。往湖南馆己未团拜兼请鄂抚谭、前藩于两年伯，新出小学堂班昆戏居多，莲芬演《双官诰》全本，竹芬、桂枝演《白罗衫》全本，砚侬、莲芬演《掷戟》，均妙。戏散始归。接三弟信，又纫秋信并笋豆。

北上记

光绪十六年庚寅(1890)

九月初六日，癸酉　晴

至级升栈询悉"海晏"已开，"新裕"未到。饭后行李起坡，率眷口移寓栈中。夜，在三雅园观剧，张寿颐丈作东。戏未散先归。

九月初九日，丙子　晴

重阳佳节，乡思凄然，诵摩诘"遍插茱萸"之句，沉吟者久之。

先令刘福搭“拱北”轮船赴津，以便预雇大船在白荡口等候。饭后入城，拜上海道聂仲芳观察（缉规），为谢护照兼有寿颐丈事。晚，拟至三雅观剧，以成儿又有发喘疾，不果。

十月二十日，丙辰　阴

看史，未写字。饭后出门答拜各客。闻缪仲英太年姻丈病殁，因往探丧。归寓更衣至韵秀，赴叔南之约，召秦。

日　记

光绪廿一年乙未(1895)

七月二十三日　晴

小孩洗三。未刻赴马石蘅之约；兼约观剧，辞。晚，水气凌心，呕吐甚剧，请西丈诊治。

八月十七日　晴

苏济帆来，偕访冯雨臣前辈，共诣天庆楼小酌，庆乐园观宝胜和部，皆济帆主人。归途访子蔚，其疟疾复因劳而发。

八月二十五日　阴雨，顿凉

写致沈叔钧信，复椒舅信，托志先带。至湖广馆，祝毛文达夫人八十寿，入坐观剧，雨甚，乃归。朱梦霆中翰言，在内阁见庶子题本，赞善在其次，应升单中。

日　记

光绪廿二年丙申(1896)

正月初三日　晴

国忌不拜客。编《明道先生语》。晚，落神影。至劳阊忱处赴刑部提调诸君之约（汤温丈、熊再卿、鹿粹斋、阎忱），缘十二日团拜请余主戏也。粹斋云《鹿忠节遗书》刻有三种，他日当见赠。

正月十二日　晴

刑部湖广馆团拜，请余提调各戏，适己未亦在馆团拜，竟日观，夜半两点始返。

正月十五日　晴

采涧生日，演大傀儡戏。吴稚初、董吉甫、受之来。女客散已不早，十二点钟始散戏就寝。

正月十八日　晴

常府同乡江苏馆公请任筱沅河帅。散后至安徽馆。乙卯团拜，有《春秋配》全本，情节甚佳，十一点钟返寓。发伟臣复电，又广东电，均托志先。

正月二十一日　晴

为成儿讲《尚书》，因与诲卿讲说今古文源流，发明《尧典》大义两处，诲卿叹为闻所未闻，自幼至今无人如此说法，盖俗学之误人久矣。饭后约温丈、叔南、橘农、志先手谈。晚，备酒肴，并约效丈。秦云来议团拜戏，留之侑尊。橘农交来曹根生令嫒八字（乙酉十二月初九日辰时生），将与成儿缔姻也。客散，采涧忽肝厥不省人事，请西丈诊视。诲卿闻余说经，始有意于经学。余即令其治今古文《尚书》，盖余于此经，曾用数年心力，略知义类也。

二月二十二日　晴，热甚

可御夹衣。己丑湖广馆团拜，余提调戏局，两点钟戏散，归寓鸡鸣，疲乏已极。户部不戒于火，自二更至四更未旦，大堂、档房、颜料库焚毁略尽，所未动者十四司耳。

三月十二日　晴

祝效曾丈五十寿。又入城祝孙燮师七十赐寿。出城至天庆楼赴效丈之约。散后到三庆园观玉成部。

三月二十二日　晴

饭后至安徽馆丁卯团拜,未暮即归。遣儿女往观剧。申刻至同丰堂赴稚英之约。

三月二十五日　晴

接八叔宜昌信。访俞幼珊,请其为赞儿种痘。答谒业舅,少谈而返。晚至湖广馆观剧,甚佳,一点钟归。

四月初七日　晴

张素斋来,饭后约其观剧,遣成儿代往。在家写扇、对十余事。接吕箴舅信,因访子蔚酌写复信。腹中甚不适,即归。效丈邀广和,辞。

四月十四日　晴

史馆送来《儒林》、《文苑》全传稿本,归余考订校阅。李子丹年丈枉过,又交来已纂未收及待辑《姓氏目录》三册。业舅来谈,留其午饭。子蔚来约观剧,因同出至庆和园观同春部,散后在万福居小酌。灯下看《东华续录·咸丰二》。

六月十三日　阴,微雨

申刻在广和居偕研甫合饯杨望洲丈并约温丈、赵子衡、谭复生(敬甫年伯三世兄、江苏知府)为曲局,唱和甚乐。

七月二十九日　晴

又接常州电,烦极头眩,不能久坐,静卧竟日,客来皆不见。效丈约万兴居兼观剧,辞之。西丈来诊。接龚萃民信。

十月十二日　晴

批卷毕，即交去。子蔚来谈。饭后入城祝崇峻峰先生（保）八旬晋二重宴鹿鸣寿，听戏两出而归。接家信并龚照及银三百余两，又七弟妇、新侄妇小照。归寓，春岩来访。

十月十九日　晴

子蔚来谈。竟日拂逆不快。傍晚至粤东馆祝管士修年丈太夫人八旬晋一寿，听戏两出。又至松筠庵赴张季端之约。归寓，张绍甄来久谈。接次伯信（阳江发）。

日　记

光绪廿三年丁酉（1897）

正月初四日　晴，大风

拜城外西路客。子渊、剑秋来谈。午后随意看《通鉴》一卷。傍晚至湖广馆观剧，十二点钟归。

正月二十日　晴

五伯枉过。至东华门银闸轧宅题主，礼毕少坐即行。至全浙馆，赴吴季卿丈之召，听戏四出。又至同丰堂，赴王鉴如之约。顺道诣兴胜寺略谈，归寓三鼓。竟日酬应，疲顿之至。接八叔宜昌密电，无密本可查，对之如天书，一字索解不得。夜梦疆事溃败，洋人已入京城，洋兵三五成群布满街市，子渊以书来商去就，余拈笔大书“国事如此，有死而已”八字答之。旋见案头一书，仿佛古今人表，上列屈原，陶潜在第二等中，其下注脚甚多，方欲细观，瞿然而寤。

正月二十七日　阴

子渊来谈，借去京足五十金。偕访伯崇议团拜戏。彭用侯来辞行。饭后为吴少序送行(将至英国)。岳母枉过。作半日手谈。晚,子蔚来,久坐乃去。灯下读《汉书》一卷。

二月初九日　晴

己丑科湖广会馆团拜。九点钟即往请先生及吉甫管账。昆、廖两师均到,衣冠趋跄,晚间不甚可支,十一点钟先归。(戏演福寿部,同年到者七十五人。)

二月十一日　阴

算结戏账。出门拜客,归途访润田,托其为虞(树荪)、刘(增广)捐誊录。

二月十八日　阴

春分节。写白折。答拜余芷舲。午刻至湖广馆赴癸巳团拜之请,上灯归。遣儿女往观剧。灯下为采涧写信。

二月二十一日　阴

竟日大雪。常府同乡搭安徽馆戏局团拜。楼上五桌,十点钟即往。丁卯、壬午南榜,辛卯三科皆具柬见邀,余以一身周旋于楼上下东西四科之间。至夜半一点钟,疲惫极矣,乃归寓。

二月二十八日　晴

至湖广馆赴乙酉团拜之请,九点钟归,遣儿女往观。看《朱子语类》论治道数卷,通达治体,绝不为迂阔难行之说。

四月二十五日　晴

引见,误于署中知会,一点钟即往,迟至六点半钟始带引。皇上辰刻御文华殿,觐见俄国使臣乌和他木斯科(在俄封吴王),偕子蔚、橘农诸君立于殿西隅观礼。俄使、参赞、随员凡二十二人,或谓邦交辑睦,玉帛相将,举欣欣有喜色,余则义愤填膺,深以为耻。立久甚疲，归寓酣寝。未刻微雨，至同丰堂，赴衡甫同年之约。散后在岳母处少坐，又至广和赴志先之约。余及徐研甫、莹甫、根生、次寅擫笛拍昆腔甚乐。

四月二十九日　晴

至观音院行吊，易便衣到陶然亭吃梦，余及子渊、葆真、葆良、叔南为梦中人，看梦者效丈、燮尹、志先、剑秋、四兄、五弟也。手谈笛唱，传杯畅饮，作竟日之欢。归已夕阳西下矣。

五月十五日　晴

伯母七十三岁生日，合家朝上磕头，以廿一金演大傀儡戏。巳刻开台，子刻散。拜寿者十八人（孙先生、汪子渊、董效丈、李橘农、吴子蔚、刘葆真、葆良、刘叔南、方燮尹、吴雅初、冯志先、赵剑秋、刘心斋、苏诲卿、赵叔沄、董吉甫、董寿之、四兄）。午面晚宴，直至一点钟乃散。疲极。

六月初一日　晴

同人醵资借余寓征歌会饮，三鼓始散。接吴质甫银信，至湖广馆祝曾慕陶（广汉）太夫人寿。

六月十七日　晴

何子襄表弟、效丈、四哥均来。午刻至陶然亭，赴冯润田之约。新霁微凉，山容淡远，车穿苇薄，清绿沾衣，尘烦为之一净。散后在岳母处少坐。次寅以七千文招歌弋腔，颇可听。

六月廿四日　晴

冯志先、张仲仙（自江右来）来谈。午刻至云山别墅，赴何润夫之约。同座白少植工青衫调，唱《蒲关》一段缠绵顿挫，余味曲包，自是雅人吐属。听毕觉神味犹悠扬不尽，音之足以感人如此。书业堂以旧板《朱子大全文集》、《王阳明全集》来售，以十金得之（余性素吝,独于书则挥霍不少惜)。灯下看《传习录》,尽三十余纸,启发甚多。

七月初二日

一日雨不止。阅卷。饭后偕次寅至湖广馆祝劳阆忱夫人寿。观剧至十一钟始归。夜,雷雨尤甚。

澄斋日记

光绪廿三、廿四年丁酉、戊戌(1897—1898)

丁酉八月二十五日　晴

早,半日会客。午后,至广德楼观剧(王希甫约)。归路访王西丈少谈。灯下读《汉书·艺文志》。班氏以尉缭二十九篇入杂家,而别出尉缭三十一篇入兵家。分明尉缭书有两种,乃郑樵《通志》诋之曰,尉缭子兵书也,班固以为诸子类置于杂家。此之谓见名不见书,竟似只见杂家之尉缭,未见兵家又有尉缭者。著书立说而乃卤莽灭裂若此,抑何可笑!夹漈所言之不足据,此其一端。郑樵《通志》最不满《汉书》,诋之甚力。后来蔡方山《广治平略》亦用是说,所谓一瞽引群瞽。班氏诸子总叙,议论精当,讽之数过。

九月初五日　晴

阿丙周岁。吉甫来。午面后至江苏馆,赴李玉舟年丈之约。知系十三日揭晓。席散,至中和园观剧。申刻,饮于同丰堂。皆志先约也。未刻,三座门内朝房灾,地近景运门,幸未蔓延。阅《时务报》所载,东抚李(秉衡)议驳赫德土药加税疏,戆直剀切,不愧名臣。

九月二十六日　晴

四哥、幼嘉诸君南旋，余与次寅借送行为名，作津门之游。十二点钟出南西门，至马家堡登火车，过丰台、黄村、安定、杨村，均略停车，四点钟抵津。住紫竹林中和栈。四哥邀裕泰吃番菜，鸣盛园观剧，京中名优皆在焉。

正月初二日　晴

孱体不快，未出拜年。与兄弟作手谈消遣。晚，在湖广馆搭戏局灯果，请袁、潘、陶、薛、刘、冯、董诸君。

正月初五日　晴

祀神。早作手谈。午后至安徽馆，乙卯团拜。初鼓，三弟及儿女往观剧，余先归。

正月十五日　晴

上元筵宴，寅刻入内侍班，至景运门始知因斋戒改期。诣兄弟招演大傀儡，以乐新年。采涧二十五岁生日，吉甫来祝。晚祀先。田介臣约消寒局，辞。

二月十七日　晴

己丑团拜，在湖广馆，戏演玉成部外串。力疾前往照料。未刻，昆、廖两师均到。傍晚，困惫不支，先归。留袁葆三、冯志先、陈庚年、五、六弟在馆调度一切。

三月十七日　晴

迎静斋来见。午刻至三圣庵行吊。即至湖广馆，与吴子蔚前辈，贻蔼人、宝瑞臣、俞伯钧三同年共议公疏。棣威约观剧，未往。

守拙日录

光绪廿四年、廿五年戊戌、己亥(1898—1899)

己亥年正月十八日　雪竟放晴

常州府在湖广馆搭楼团拜,公请新放太尊德乾一(元)。戏演太平和部,有声有色。余巳刻即往照料,子刻始归。

正月廿九日　晴

约成子蕃侍御(昌),王梦湘太守(以慜),杜莜生(本崇)、江润生(云龙)、王聘三(乃征)三太史,王伯唐驾部(铁珊),在广和居作诗钟(李橘农、张采南均不到)。午集亥散。凡得句七十余联。定十三日壬辰团拜戏。

二月十三日　阴,傍晚微雨

大兄在湖广馆壬辰科团拜,戏演太平和部,余司账房、提调,九点钟往,五鼓始归。

二月二十四日　晴

壬午科在湖广馆团拜,戏演太平和部。九点钟即往,午初孙燮师到,终席而去。余照料至寅初乃归。

二月二十六日　晴

咸安宫新传教习高凌霄(号石芝,四川丁酉举人)来见。午后答拜各客。傍晚至云龢,赴棣威之约。召十三旦,付清戏价。三鼓始归。余绶屏同年来谈。

三月初九日　夜雨,早晴

至大宛试馆团拜,先贤前行礼毕,在龙源楼午饭之后,同至三庆园观剧，少坐而出，在广盛祥买物而归。接浙江德令(恩)来信。

四月初五日　晴

步行访效丈。又访橘农。午后答拜兰翁兼谒见太叔祖母。晚至云龢，赴兰翁之约。

澄斋日录

光绪廿五年己亥(1899)

五月初六日　晴

巳刻至内阁会议筹饷兴利之策，唯恭阅前日谕旨，列衔画阅而已。出至同丰堂赴巢份叔之约，半席先归。延济帆来为采涧、柔儿诊疾。朱古微前辈来谈。晚饭后，侯伶来定十五日戏局。车中看山谷诗，其致思必深沉，其炼格必遒上，其造句必警健，其支对必灵变，昔人谓其善学老杜，余谓其实能融萃诸家之法成一家也。第其品格似在髯翁之上，或乃以无神韵少之。此乃新城支裔，第凡中晚唐诗者之说耳。山谷神味正在索之而愈深，泳之而愈远，未可为皮相者道也。从中晚派入手者，必须以山谷为归宿，方能涤尽公共家言。

五月十五日　阴晴不定

傍晚雷而未雨。在贵州馆为伯母称觞，戏演太平和部。到客二百五十余人，到分五百余家。竟日趋跄綦苦，夜间略得清闲。子正散戏归寓。内阁会议，托朱古微前辈代画奏字。

南游记

光绪廿五年己亥(1899)

八月十一日　晴

写应酬扇、对六件。麦羲民、翁弢甫均来访。羲民邀至一品香吃番菜,同至嘉伦绸缎庄买纱罗数种。至游戏报馆访李伯元(名宝嘉,季莽内兄也)略谈。复至全亨答访羲民、巨安,答访业臣。归寓黄小农来访,偕岳母坐马车游张氏味莼园,无甚足观,惟衣香鬓影掩映左右,为差胜耳。遇陈杏荪、王旭庄,匆匆立谈数语,日薄虞渊,始命驾而归。诣桂仙观剧。余暂赴一家春,应寅臣之约。复回桂仙,不终局而出。栈伙李阿金送客回京,托其带第三号家书。

日　记

光绪廿九年癸卯(1903)

正月十三日　晴

答拜缪恒莽、丁筱村,均未值。归寓发各省例信。接茅西农别驾(濬清)太原书(有伴函)。申刻橘农借庖在寓作消寒,宾主十人(李木斋府丞,余绶屏太守,陈梅生、周少朴两侍御,张季端殿撰,段春岩、陈苏生、孙问清三编修,橘农及余)。连日阅《桃花扇》传奇遣日。感慨缠绵,惊才绝艳,读至题画一折,令人辄唤奈何。至沉江一折,则泪涔涔承睫矣。文能移情,信然。古今传奇当推《琵琶记》、《牡丹亭》、《桃花扇》、《长生殿》为最。此论其词笔耳,若感伤时局,寄兴苍凉,事真景真情真,当推《桃花扇》为第一,而《长生殿》次之。《牡丹亭》描写才子佳人,遂开后世恶套。近人黄韵珊撰传奇七种,惟《帝女花》、《桃溪雪》二种差可观,其余皆平平。《居官鉴》尤腐,所有关白布置,悉平直乏味,益见传奇小道殊未易操觚。李笠翁十种失之浅俗,蒋心馀九种曲则远胜笠翁。然持较前四种,觉瞠乎后矣。(四种之佳在能入曲,所以尤难。)

正月二十二日　晴

至江苏馆,赴绶金之约。未刻至湖广馆,赴张振卿年丈之约。笙歌宴会,久无此举矣。上灯前归。

四月十四日　晴

安帅来答拜。午初琼林宴。同考官各蟒袍补褂集至公堂（本应朝服，因各人有带，有未带，遂一律穿花衣）。内外帘各员咸集。设黄幄于堂东，南向设拜垫三层，总裁、知贡举、同考官、监试、提调、收掌行三跪九叩礼谢恩。拜毕入宴。设总裁、知贡举筵于堂中南向，斜设监试、同考官（仍单东双西）筵于左右（均南向，第稍偏耳），再下则提调等筵。知贡举安总裁坐，司道安同考坐，各一揖。总裁复向同考一揖。筵系四水果，四干果，四冷荤，四菜。各官既入坐，乐作，先跳加官，次跳魁星（魁星凡五，以应五魁之数），次演《天官赐福》。各官皆起，再诣黄幄谢宴，行一跪三叩礼。礼成各散。未刻至江苏馆，赴巡抚司道首府县公局。戏系两班合演。二鼓归寓。

四月十六日　晴

闰枝因接家信断弦，附提调伴先行，托带家信一封。午后拜客。大雷雨。至八旗会馆，赴八旗奉直同乡公局，戏甚佳。有小桂枝、小蛮尤为翘楚。春怀不动已二十年，不觉情苗复发矣。与锡之方伯连引十五巨觥，陶然微醉。戏散始归，将近四鼓。接睢州牧王咏霓（提裳）信件。

四月十八日　晴　甚热

马积生前辈先行回安阳家中小住。半日会客。午刻至侯家胡同赴己丑同年费竹心观察之约，座皆同年。余夜不得眠，晨须早起，应酬来客，气促唇干，竟有不能支持之势。幸竹心乃同年熟人，在旁榻闭目矇眬片刻，精神稍复。至江苏馆赴同乡公局，戏不甚佳，然偌大戏局专为余及华、陈、杨四人而设，主人情亦重矣（主其事者胡丽伯全淦、郭文轩其章、李蘅宜景晟三大令）。半席先行，至信陵书院赴张星侪年丈（守炎。甲子举人。其胞叔又系乙卯年伯）、王季樵前辈（锡蕃）、于伯英世兄（开基）之约，三鼓始归，疲极就枕。延藩台送程仪五十两，又额外加送五十两。王粮道送三十两。……

澄斋日记

光绪卅年甲辰(1904)

正月十八日　阴。有风

起甚晏。涂晴初(熙雯)、张云翘两孝廉来谈,恳留史馆誊录二额。午刻访润田,为山西河津令黄子鹤(廷光)事。至湖广馆赴内阁(因与国史馆有交涉公事,特请两提调)及辛卯科之请,戏无外串,殊不佳。与润雅含(昌)、恩佐卿(佑。史馆满提调)议馆中公事。归途至便宜坊,赴橘农消寒局。见秦柚衡和聘三侍御诗之独造,殊有深意。近来悟出作诗固忌浅直,尤忌明媚甜熟。必使千辟万灌,真气郁盘,言中含可味之思,文外有无穷之致,乃为高作。少陵而后,山谷、后山其庶几乎?

五月廿五日　晴

状元归第,在畿辅先哲祠演戏,余往同作主人。因寿女病笃,心绪不佳,少坐即至聂处。盖旦暮事矣。

澄斋日记

光绪卅一年乙巳(1905)

四月初二日　晴

壬午南榜在湖广馆团拜,请北榜之江苏、安徽人,午刻前往。未刻至福隆堂赴保之师之召,散后仍往观剧。永清朱佑三孝廉(槐之),予旧交也。县革吏潘姓与有怨,勾结佑三旧仆,以五十金贿御史荣寿上疏诬佑三为会匪。廷寄交府尹查办。李大京兆竟派委员将佑三拿解过京。同乡官大哗,欲递公呈。钱侍御(能训)力言于兼尹徐公，事乃解。胥吏之奸恶，满御史之昏贪，府尹之迷谬，佑三遂几受其害焉。

四月十四日　晴

已丑公送昆师戏，前为雨阻，于今日补演。两世兄约往知客。午刻先至云山别墅，赴吴颖芝之约，少坐即行，至汪家胡同观剧。九点钟始出城。

十二月十六日　晴

上再设坛祈雪。午刻至李毓如、夏植三处贺喜。入城至毛家湾祝胡云楣丈七十寿，共演剧五日，然今日则甚不相宜也。稍坐即行，至松筠庵赴丁卯年伯公局。散后又至江苏馆赴壬辰消寒局（夏闰枝及大兄作主人）。睡前看《文苑传》二卷，月色甚佳。复吕舜臣舅信，为捐官事。

澄斋日记

光绪卅二年丙午（1906）

二月廿七日　晴

至会馆答拜钱霖叔、吴永森（大中）。午刻在万福居与珏生、敏仲、吉甫诸君公祝绶金四十生日，在三庆园观剧，小蓬莱啜茗。余不践此等地盖三年矣。申刻赴子封丈之约。以全年俸银壹百两送户部银行充国民捐。戌刻春分。

三月初四日　阴

三兄来谈。午刻同至致美斋。绶金复柬至庆乐园观剧，戏殊不佳。人才消乏，即梨园亦然。未终场，入城至吴子清处为其亲戚看病，脉见败象，谢不开方。上灯时家庖制肴，为三兄洗尘。笏斋、云依作陪，润夫、朗轩作不速之客。客散又写扇一柄、信一封，始入内室。宽仲侄亦自里中来,携有次伯信。

四月初一日　晴

刘博丈、张劭丈均枉谈。范俊臣来商编纂事,留其午饭。未刻至湖广馆赴张振卿丈之约,戏不甚佳,唤小儿女来观,余即归。闻朗轩在大兄处,往访之。夜饭后与笏斋同车而返。门人曲立斋(卓新)在日本寄来新译《法政粹编》十七种,殊有实用。得宝惠电。

四月初六日　晴

巳刻至编书处。饭后祝长沙张尚书六十寿,听戏两出,热甚而出。至广惠寺吊陆蔚廷丈之丧,陪宾一时许。至太原馆赴渠楚南之约。

四月廿八日　晴

己丑科团拜,搭湖广馆楼上,戏演同庆部。昆世兄、占柱臣、占栋臣均到,同年不满六席,不及二十年已寥落至此。子初方散。

闰四月初四日　晴

江苏团拜,在湖广馆演戏,余往略作周旋,即至学堂讲书。至孟延处诊病,与孟延谈道、咸间掌故,极可听,王谢子弟固自不同。风雨交作,天颇凉。晚,诣同丰堂,定乙酉壬辰团拜戏。夜雨达旦。

闰四月十二日　阴　有风

乙酉、壬辰湖广馆团拜,余主戏事,巳刻即往,丑刻始归。

七月二十日　晴

畿辅学生不遵约束,屡次起衅,教戒不悛。余与诸公熟商,不可再行姑息,使诸生效尤,以后办理棘手。因至学堂择其尤不安分者四人,悬牌开除。余草谕数百言以劝诸生。士习日非,共趋嚣竞,真人心学界之忧也。入城祝桂月亭同年五十生日,观戏一出而归。又至广惠寺行吊。晚，邀云依，大、三兄食蟹。接八叔回信。

七月二十三日　晴

祝那相五十寿，听戏一出。在兰泉处午餐。沪宁铁路火车开行。自镇迄沪，厘金水卡岁收二百万金，其利尽失。苏抚添设火车税捐，值百抽二五，然所收远不敌厘金。又铁路合同有优免之例（胶济路全免捐税，则以德人强权故也），利源尤匮，乃行文户部，议抵补之策。余与兰泉谈及，因检芦汉章程、公牍遍观之。然直豫本系陆卡，以火车税抵厘税，数尚相当，若镇沪则水卡林立，所以取诸商货者至纤且巨，其情事迥不相同也。又访午帅，贺督两江之喜，亦未值。出城至云山别墅，赴张采南之约。臧性甫以清爱堂正续帖见赠，大书、小楷毕备，心摹指画，颇有领悟。文清书，本自东坡来，亦频频仿之。余习坡书，见文清墨迹而大进。文清精于用墨亦苏法也。

七月二十九日　晴

壬午科团拜，在湖广馆演玉成部（江西省团拜为主，壬午分地之半），公请座主寿州相国，同年端午桥制府，刘益斋观察，赵芝珊太守，午后均到。余与陈梦陶丈、云依大兄在上场搭桌，请朱曼伯廉访（寿镛）、何小雅太守（刚德）。夜戏有《惠兴女士》两本，乃演杭州驻防瓜尔佳女士，为兴办贞文女学堂，经费不继，为人激辱，服鸦片自尽事本末。始尔演说；次经费被窃；次呈控将军府且请发款，为门丁索贿，格，不得上；次债主索逋；次一老学究冷辞讥刺；次女士仰药后，携呈再控，仍格于门丁，毒发卒于辕门；次将军瑞兴审讯，惩责学究及门丁；次遣佐领致祭，有祝文挽联，并据情实奏，颁发公帑，兴复女学堂，改名惠兴，以为纪念。戏之曲折，皆事之曲折也。观者耳目一新，且有拍掌者，可谓文明新戏矣。又汪桂芬演关帝《华容道》，力摹老伶程长庚，神情音节俱胜，在今日诚独出冠时矣。世衰才乏，即梨园中亦有人往风微之感。如桂芬者，犹老成典型也。忆吴子蔚五兄在时，雅不欲观剧，谓人才卑下，不胜今昔之慨。执今日以较予幼时所闻见，即此一端，洵不堪回首也。次儿宝褒去夏承嗣瑾叔九弟为子,憎其顽劣,不受教,遣归本宗,于今日到京。承嗣大事也,出尔反尔,有同儿戏,可叹可笑!瑾叔有书来,因泛言答之。

八月初八日 晴

写复亲友信三封,均交邮局。午后访经仲,交去戏价银壹百二十两。又至吴处复诊。又至会馆为同乡程蕴生(文灿)诊病,几为庸医所误。因申戒长班,此后寓馆诸君有病延医,须请余指挥,不得妄延市医。申刻赴吴少渠聚宝堂之约。

八月初十日 晴

余四十四岁生日,亲友枉祝者四十余人,一日络绎不绝,此足见人情之相爱矣。儿子于傍晚招伶演戏九出。笏斋自南方来,请其过舍略谈。

九月初二日 晴

午后王辑甫约广德楼观剧,天福堂夜饭。谢医也。

九月二十日 晴

午后至湖广馆祝华弼臣祖翁九十寿,听戏数出。………

十月二十一日 晴

三兄生日,往祝。面后偕三兄访萧翰臣,同至中和园观剧。散后赴幼安便宜之约。……

澄斋日记

光绪卅三年丁未(1907)

二月十六日 阴

……张振丈邀湖广馆观剧,袁植臣昆仲招饮,皆辞不往。……

三月十三日　晴

壬午、己丑两科在湖广馆合办团拜，余以一身周旋于两科客主之间。戏甚佳。归寓已鸡啼矣。

四月初五日　阴

大风扬尘。周政伯前辈见访，因新得讲官也。为铁路同人拟复袁慰帅函稿。午饭后至湖广馆，丁卯、乙酉、壬辰三科团拜，亥正归。前月廿五日，御史赵启霖疏劾新擢黑龙江巡抚段芝贵献歌妓杨翠喜于贝子载振，复向王竹林借银十万两，作庆亲王寿礼，钻营放缺。慈圣疑有人主使（西林北来，外间颇有入清君侧之疑，而此疏适在其后），庆邸力请查办，以杜众口，且谓如所劾属实，愿加等受罪，如查无其事，亦请以诬告反坐言官。遂派醇亲王、孙相国确查。越三日，御史江春霖复入一文字，言该妓可以退还天津，易于掩饰。而京报又讹传言官大会于嵩云草堂，谋联衔入告，为赵御史声援。此语上达禁中，上益疑外廷结党倾陷。今日两大臣复奏，派员密查，均无其事。上大怒，褫赵启霖职，并申戒言路，倘再妄言诬罔，定予严惩。闻者咸短气。臣谨按，此事有无不必论，赵启霖亦不足惜，唯国家设立言官，特许风闻言事，原欲其搏击权要，以警奸邪而肃朝纲，若科以反坐之罚，则此后谁复敢犯权贵，致蹈不测之诛乎？言路结舌，主听日蒙，恐非朝廷之福也。

十月二十日　晴

两淮候补盐大使刘翰章（号次平，莱州人）介田介臣来见。午刻至公善堂赴西源木商王晋勋之局。席散入城，至聚丰堂与何梅叟、大兄同作主人，请陈筱石制府，吕镜宇、俞廙轩两大臣。酉刻与许苓西在万福居雅座征伶畅饮。三儿宝纶自里门归。接盛杏丈书并寄董少卿百金。

十月廿一日　晴

三兄生日，往祝。面后至金筱珊处道喜。湖广馆江苏团拜。

与吕镜宇丈密谈甚久。戏有关公斩蔡阳,伶人李库演关公,神威颇胜。京师不演此戏数十年矣。凡旧排各戏曲词关目均有情致,不特昆腔为然,即杂戏亦不苟,不似新编之戏,杂乱粗野,无理取闹也。此等亦有今昔升降之感。得笏斋十四日书,洋洋十余纸。又得尚会臣闽电。

十一月初八日　晴

写对,齐书。宝惠生日,即于今日起身,随荫午楼侍郎赴山东查阅第五镇,易陆军冠服而行。面后出城,至大兄处,往文明茶园观剧,惠丰堂晚饭,同人为王粹甫农部祝七十生日也。

十二月初三日　阴,大风

客来仍不绝,迎送甚苦。午后珩甫来,拉出听戏,至广德楼。缘有伶王姓(即三麻子),专演关帝故实,以此见长,余久思一观,故珩来约也。北风如利刃,劈人肌肤。戏散同饮于福兴,自前门归。宝惠归自山东,述及在新城次弟,为政精勤,案无留牍,狱仅羁一徒罪囚,颂声载道。护抚吴中丞因公过县,有绅耆数人跪道,乞留恽大老爷多任几年。为政能得民心,闻之甚慰。

十二月十八日　阴

起居注进呈丙午年记注。卯正至署,同僚会食,辰正事下。奉旨收库。因与同僚恭送至内阁,荣中堂验收讫,加封条舁送大库。至朗轩处祝太夫人七十寿,归寓稍息。午后易便衣再往听戏,夜深归。

澄斋日记

光绪卅四年戊申(1908)

正月十五日

采涧夫人生日。好月初圆,名花不老。午前忽飞大雪,旋放畅晴。入夜月色尤佳。儿辈招金麟班演大傀儡戏。诸门人咸来祝。上灯时祀先,合家拜节。晚饭后复放烟火,王维琛、汪锡珍二君所送也。梅叟、珩甫独至,子夜始去。

正月十六日　晴

渑池张幼辰(劭伟)介李振甫同年(兆麟)来谒,执贽。幼辰年少好学,方持父服,因事来京,择余而师之。午刻出城赴梅叟约。至孟延、荫北处看病。晚,伯浩约在粤东馆观剧。亥刻与朗轩同车入城。……

正月二十二日

晨醒见屋脊雪厚二寸许,晴而甚冷。至尚、方、梁三处吊丧。赴湖广馆己丑团拜,兼在小池子与天池、石泉、大兄合请阔人(肃亲王,蒙古喀喇沁亲王,伦贝子,侗将军,那中堂,铁尚书,凤将军,寿侍郎,那左丞)。戏演同庆班。一日周旋,尚不甚倦。十二下钟归。

二月初六日　晴

壬午科在湖广馆团拜,十一点钟往请严范孙前辈,诣寿州师处催请,两点钟师到,终席而去。迨戏散,余归寓,晨鸦欲啼矣。夜,微雪。

三月廿五日　晴

起居注堂期。入西长安门,出东安门,赴杨德孙宁波馆局。招瞽者王玉峰,能以三弦代歌,作名优汪、谭二人音调,如聆其声。又作军乐排队唱歌及丧家举殡唪经诸事,锣鼓铙钹,步履音声,一时俱作,一堂之上为集数十人,神乎技矣。昔《虞初新志》、《聊斋志异》曾记口技,以为奇巧入神。此之手技,尤难于口,是见人心之灵,但能精专,无巧不臻,鬼神来告,金石能开,洵非虚语。吾辈为学不成,正坐不能精专耳。余因此自奋。入夜狂风复作,急驰归。

三月廿六日　晴,仍风

午刻同乡公祭刘博泉侍郎。又,至良席卿处行吊。又,至吕镜宇年丈贺生子之喜。丈于五十四岁得长子,今年六十七,连举丈夫子五人,可谓老当益壮矣。观剧六出而归。寒甚,艾卿招饮,辞之。

五月廿八日　晴

采涧十余日不更衣,余拟用下剂而不敢,乃折柬商之朱桂老,桂老既裁答,犹不放心,自来诊视,可感也。乙酉同年凤雨门将军五十生日,生日会同人醵资在贵州馆演戏一日夜为祝。酉刻前往,子刻大雨复至,率两女绕正阳门而归,电光闪闪,车行沉暝中,境幽可惧。

六月初六日　晴

巳刻诣史馆。浙抚奏请以湖州陆心源付史馆列传,并咨送所著《潜庵丛书》四百二十卷,内有《宋史翼》四十卷,专补《宋史》之疏漏凡一百七十余人,搜辑详备,实足辅正史以行,与厉樊榭补《辽史》功力相仿。午餐后出城,在恒裕久坐。申初至中和园观剧。雷电交作,大雨如注,杨明负余登车,至惠丰堂晚饭,均赵子登作主人。得次寅书并小照,欣慰甚至。

六月二十五日　晴

增瑞堂赐寿,请余代作谢折(皇太后前用汉文,且用骈俪语。皇上前则用满文,词甚简质)。余未能往祝,遣宝惠代行,并命赞、柔、西三孩往听戏。灯下看书。眠甚晏。

七月十七日　晴

午前会客九人。饭后坐精舍看书。傍晚出城,至万福居讲戏,壬午、乙酉、丙戌、戊子、壬辰、癸巳六科公局,请杨莲帅也。

七月廿一日　阴，稍凉

壬午、乙酉、丙戌、戊子、壬辰、癸巳六科在湖广馆请杨莲帅。戏演同庆班，余以一身联络六科，且提调戏务。莲帅未刻到，酉刻散。余至子初刻戏散归寓。

七月廿二日　晨雨

酣眠至午初始兴。饭后，朗轩、少泉来谈。郭伶来算戏价。本班价三百五十两。闻老辈言，同治朝四喜班底价不过数十金，其时名伶如程长庚冠绝日下，演戏两出，不过开销银捌两，今则谭鑫培极少给以百金，尚惴惴，唯不到是惧。噫！是亦足以觇人才风会矣。客去，至编书处看正本二册。

八月初十日　晴

余四十六岁生日。亲友门生来祝者五十六人。竟日趋跄跪拜，入夜疲不能行。儿辈唤八角鼓弹唱娱宾兼演小戏数出。客散后坐中庭观之，颇有足资噱者。愉儿满月，提前二日于今日祀先。

九月初六日　晴

诣史馆。出城祝冯润田太夫人九十寿，观戏数出，趁西城归。耕莱侄自南来（禹九弟之子），留其下榻（此初三日事）。闻张劭予丈殁于河南，失此名卿，殊可惜也。

十月初五日　晴

巳刻赴李处会齐，同谒杨莲帅……饭后归寓少憩，复至李氏荣园，赴李三昆仲之约。散后诸君约观剧，余以先世父忌日辞。

十月初六日　晴

朗轩自京来，许仲恒、李子赫均过谈，留三君午饭。饭后至李处会齐，同谒张都转。子赫约庆元楼羊肉馆便餐。申刻，余三人在聚和成回请诸纲总。散后至下天仙观剧。归寓填词一首,四鼓方就寝。

澄斋日记

宣统元年己酉(1909)

九月十五日　晴

弟妇许恭人忌日拜供。午刻诣史馆,又诣起居注督催功课,归时不早,不克再到讲习馆矣。看《隋纪·文帝》上之下一卷毕。万宝常闻新乐而知天下将乱,国祚不长。声音之道与政通,理数不爽。咸丰朝京师士夫皆喜昆腔,其音和雅雍容,故有中兴承平之象。近十年前乃变而嗜秦音,哀厉繁激,纯乎杀伐之声,有以知其非雅音矣。……

十月三十日　阴

午初刻诣孙文正师灵前。壬午科北榜公祭,徐尚书奠酒。国史馆提调、总纂、纂修复公祭,余奠酒(壬午北榜在京者,一尚书,二总督,二侍郎)。至恒裕午餐,赵子登邀文明茶园观剧,余不入戏场期年矣。上灯归寓,嗣香前辈来议兴办近京水利,余力任之。偕至东邻赴范孙前辈局。与张燕谋京卿论开平矿务,议不合而散。夜,又大风。

十二月初七日　晴

半日读《泾皋藏稿》。未刻赴香山馆何钟秩同年之约,上灯时在恒裕与袁、李二君会齐,偕至天乐园观剧,上座二千三百余号,几无容身之地,以孙菊仙演全本《四进士》也。子夜归。

十二月初八日　晴

看《记注》四册。饭后诣讲习馆。申初出城,至文明茶园,赴赵子登戏局，散后至大观楼赴觐枫约。……

澄斋日记

宣统二年庚戌（1910）

正月初一日　晴

国恤，罢朝贺。自通籍以来，年年入贺。正旦晨起无事，兹为第一遭也。恭诣先师神位行礼，祖先前行礼。出城至三兄处，二世父母神像前行礼。归寓午祀，举家食扁食（北方谓之饺子）。午后唯至北城长亲两处拜年，此外概免往还。实新正一大快事也（彼此互投名刺，照例拒客，欲求一晤而不可得）。故事岁首各省各衙门各科皆有团拜，原为群聚拜年，以免往还而设，乃相沿日久，团者自团，而拜者自拜，转以团拜为听戏饮啖之用，失其初意矣。倘能从此除去虚文，除尊长亲旧必须见面行礼外，概以团拜代贺年，岂非简易之一端乎？夜，大风。妇孺咸作手戏。余独坐书斋，检《张氏读书堂杜诗评论》读之。此编乃康熙初太史张上若先生（溍）所纂，竭三十年之力五易稿而后成。探赜索隐，十得其九，而无穿凿缭绕之病，评点亦多，独出手眼，杜诗善本也（此外则浦氏《心解》、杨氏《镜铨》，皆为善本）。……

正月十六日　阴，有风，甚寒

澜笙曾叔祖枉过，作竟日谈。擫笛唱昆曲，此调久不作矣。傍晚，偕锡哥至外东城为其令弟立三诊病。入崇文门赴陆天池局。南海戴相于十三日薨逝，实系温病头肿，习西医者徐华卿以刀剺面，且于少腹下针，遂致不起。西医治内科十治十死，而贵人犹笃信之，可谓至死不悟矣。御史江春霖劾庆亲王，谓直督陈夔龙为王之干女婿，皖抚朱家宝之子朱纶为振贝子之干儿。有旨着明白回奏。灯下草翰林院添设宪政研究所折稿。

八月初四日　晴

澜笙先生自津来,偕邵小亭观察过访。饭后与澜老同至东城祝晋甫六十生日,有顾曲诸君所结曲局,专排唱昆曲,乐器毕备,阕目不遗,在今日真成广陵散矣。澜老亦入局,共歌八阕,余听而忘归,遂至夜深。

八月初八日　阴

畿辅学堂小学毕业生十八人,衣冠来谒谢。饭后访赵子衡丈,请于初十日过寓作曲局。赴医学堂访龙伯。天骤凉,不能胜,急至恒裕借棉衣,归后遂发头眩,偃卧终夜。

八月初十日　晴

余四十八岁生日。晨起在佛前、祖先前行礼。是日兼为三儿宝纶定姻萧氏。午刻设席款媒,熊经仲、钱新甫两同年往返行盘如礼。一日来祝者百余人。澜笙曾叔祖、承庆侄特自津来。未刻以后,曲局诸君歌十阕,说白阕目皆全。余在期服中,无作乐唱曲之理,而澜老为余代约,其意甚盛,无可辞也。澜老唱《扫秦》一阕,声足传神,合座击节不置。客散已交丑刻矣。

八月十一日　晴

睡至午正始起,犹觉疲不能兴,甚矣吾衰矣。傍晚。至同兴堂,赴曲局诸君之招,半座先返。

八月二十二日　晴

三松学会第二十期,到者仅八人,未开讲。余因与李君实夫随意论学,辩论汉赵苞、范滂之事,有合于义否?实夫析义颇精,殊可佩服。午刻诣江苏馆恭祭先贤,余司东赞,祭毕午宴。至长椿寺行吊。申刻在方壶斋与新吾、荫北合请盛杏丈,趁西城归。复偕锡三、珩甫、量能兄弟至春仙茶园听刘鸿升唱《失街亭》、《空城计》,差足媲美谭伶矣(刘为吾邑横林乡人)。

八月二十四日 晴

湝生再来顾,仍未晤。留其近著《陶庐百忆》稿本见示。山川名胜,朋友存亡,流连感旧,各以一绝句系之,而详著其事。中有忆季龛一首云:“一榜先声年正少,诸昆后劲尔多才。那堪玉树惊双折(其六兄叔堃司马亦同日殁于汀洲),怕向东园策杖来。”又附录余去岁邮寄词稿《满江红》词及湝生次韵之作,阅之重增鸰原之恸。保山王少泉(嗣宾)来访,亡友西岑先生从子也,以拔贡来应廷试。余为指示西翁葬地,约日偕往祭扫。午后诣荣掌院处贺娶儿妇喜。易便服约锡兄、三兄至新丰市场庆升茶园听谭鑫培演《问樵闹府·打棍出箱》,有声有色,自非余子能仿佛也。薄暮出东城,至福兴居,为吴竹楼亲家饯行,座只润田一人。散后至大德通答访孟馨斋,久坐始归。

九月初二日 晴

午初刻同乡集大街,湖广会馆路祭鹿文端公,直至未刻殡始到,行礼后在恒裕午餐。偕锡、珩至文明茶园观剧。剧散,偕润田赴崇文门东寓中为其夫人复诊,归已亥初矣。

九月十三日 晴

晨赴对门李子赫家行吊。午后诣顺直咨议局为顺直学堂筹常款,晤王君古愚、谷君霭堂、张君祝笙,允于通省教育经费中匀拨常款,列为议案。访赵智庵侍郎,园林小景,曲折可喜。智庵宦情尽消,专为隐居计,殊难得也。申刻邵小汀、许仲衡约饮第一楼,散后赴天乐园观剧。观李子赫家出殡奇丽,为生平所未觏。

十月十六日 晴

午后至观音院,董效曾叔岳十周年忌日,唪经行礼。赴医学研究会。傍晚偕翰臣、珩甫饭于万福居,至广德楼听夜戏(谭鑫培唱《失街亭》、《斩马谡》,一时独步)。子刻归寓。

十一月初二日　晴

先大夫生辰拜供。饭后至恒裕。又至医学堂。与锡兄、珩弟、宽侄约饭于南园许。同赴东安市场吉祥茶园观演《玉虎坠》全本，情节颇不恶。子正归寓。

十一月初五日　晴

小门生刘晓沧自山右来见。蒋康之来谈。未刻出城为同乡顾范臣中翰点主。在恒裕易便衣，与润、锡、珩至文明观剧，散后饮于福兴居。

十一月初九日　晴

卯刻入内，带领起居注主事拟正增福拟陪锡荣引见，风寒削面，耳目之官为之不灵。诣南斋，见元和相国久谈。辰正诣养性殿，帮同陆相带引。先向御座跪请圣安，起，序立于监国旁，递绿头牌。事讫退出，巳初归寓。昨夜既欠睡，竟日僵冻不适，入夜始融和。偕锡兄赴春仙观剧，梅叟、卿和皆来赴约。龚伶演《行路哭灵》。此出说白本极驯雅(有“哀哀父母，生我劬劳”、“王事靡盬，不遑将母”数语，实乱弹所无)，而抑扬顿挫，沉挚浏亮，能使不能养亲人枨触流泪，绝唱也。子刻始归。

十一月二十六日　晴

有风。史受之来借款，留其午饭。未刻偕锡、珩至新丰市场观剧。上灯出城，赴大德恒惠丰堂之约。归寓复看《记注》四册。

十二月初三日　晴

午刻诣史馆。出城在商会易便衣，至文明观剧。新伶钟声演《聊斋》青梅事，近于演说，全无戏剧排场、情节，说白亦欠熟贯，余甚不取之。戏毕润田邀饭于万福居。萧隐公最不喜《孟子》，以其为近世革命民权所根据，著论痛辟之，余不以为然。归后作书致隐公力辨之，凡六百余言。

澄斋日记

宣统三年辛亥(1911)

正月二十五日　晴

一日卧看小说。傍晚饭于文记广东饭馆,遇陆听秋略谈。听秋约我观剧,辞之,命宝襄往。八点钟忽闻人声潮涌,巷南失火,距吾所居楼仅三家,火光熊熊照窗际,店客皆作遁避计。余以行箧、衣包置手头,仍写字看书以待之。幸风向南吹,不至延及,直至十一点钟始熄,馀烬犹然,揣无后患,乃就枕。

四月初六日

丁卯科、戊子科在湖广馆团拜,未刻前往,与赵次山年伯略谈。上灯时至恒裕夜饭。复赴馆听谭鑫培唱《托兆碰碑》,归寓四鼓。

五月十八日　阴

姚石老来谈,午饭后去,刘莒石(桐)、庄果臣(浩)来拜,皆新贵也。李中堂枉过久谈。四钟至同乐园听谭鑫培演《阳平关》,翼臣作东。晚饭福兴居,余作东。

五月十九日　阴

未刻至张同年(立德)处贺喜。至三圣庵为袁立三成主。至珠兰街赴李际唐太史之约,半席先行。至同乐听谭演《洪洋洞》。戏散,饭于福兴居,均润田东。归寓编医学讲义。

五月二十日　阴

四钟至医学堂,上堂讲《寓意草》金鉴案,兼及《伤寒论》。复至同乐听谭、杨合演《八大锤》连《断臂》。仍饭福兴,均程松山东。余于戏有酷嗜,不惜弃百事而从之,而鑫培又为戏界绝唱,足以沁人心脾,怡情适性。此难为不知者道也。

五月二十六日　晴　夏至节

昨日受风,殊不适。润田邀文明戏剧,已丑月团,均辞之。朱墀笙、陈松山(立。任觐枫之婿)、张景韩先后来谈。新铭录示吕幼舲同年庚子吊刘葆真太史《金缕曲》,悲壮沉痛,颇近辛稼轩。郑师择《东方杂志》中论事、说科学文之明畅切实者,授纶、懿于课暇读之,实获我心。两儿果能逐细领略,收益当不浅也。

六月初五日　阴

爽卿来作半日谈。饭后至喜鹊胡同祝镜宇丈寿,听戏两剧。出崇文门至花儿市一小栈房,为沙祖烈之长子治病。见其贫困类丐者,恻然伤之。助以药资、旅费银拾两。江南读书寒士,动辄来京谋事,往往流落不得归。科举罢而书院塾师均废,故其现象如此。又至顺直学堂,偕同堂诸君在同丰堂饯各教习,且订下学期之局。程伯葭自浙来京访余,未值。

六月初八日　晴

伯葭、新铭来谈,留其午饭。饭后墀笙、仲山又来。五钟偕锡兄至庆升观剧(谭伶演《战猇亭》、《火烧连营》,真绝唱也)。散后饭于聚魁坊,兼约荫之、仲恒及惠、铭、骏、襄、纶、懿。

闰六月十五日　晴

立秋节。未刻偕锡兄、铭侄赴三庆园观剧。同人绳扬伶贾璧云之美于余,特冒暑往观,色艺洵可取。热甚,略坐即行,至福兴居晚饭。微雨。

七月初四日　晨雨旋晴

午前至三圣庵行吊。未刻诣农会,发致各县分会公文廿六件,又咨内城总厅一件。五钟至庆升,钱仲甫作东,听谭鑫培《鱼肠剑》，散甚早。……

七月初六日　阴

未刻偕锡兄至新丰观剧，仍系仲甫作东。谭伶演《沙陀国》，请兵至收周德威，真绝唱也。凡旧排相传之老戏，无不入情入理，其关目皆极完密，不似新戏之脱支脱节，无理取闹。今之维新少年，目无古人，其实何曾梦见。归后仍读《吴志》一篇。吾于《国志》亦几韦编三绝矣。

八月初十日　晴

余四十九岁生日。宝惠传集喜连成班效彩衣之戏。晨起在菩萨前、祖先前行礼，合家叩祝。十一钟开戏，两钟散戏。男客二百廿人，收礼三百五十余份。余于事前并未敢声张，而亲友乃闻声踵至，于此见同人相待之厚也。朱桂卿前辈赠联云："进退之际，雍容可观，今是昨非，抗志直同蘧伯玉；君国为怀，反复致意，独醒众醉，放怀休拟屈灵均。"何梅叟、刘浩川均有赠诗。……

八月十五日　晴

晨起祭神。饭后为三兄贺节，为锡兄祝寿。月上时祀先，助祭者男女三十余人，可云盛矣。阖家拜节。夜饭后率铭、骏、襄、纶、懿至春仙观剧，演《渡银河》，灯彩极佳。归已四鼓，月明如水，凉透衣衫。

八月二十三日　晴

一日谣言甚多，传某某处皆兵变失守矣，或系伪电，或出讹传，均无其事。外城吴厅丞（篯孙）张皇失措，勒停唱戏，讥察行人，而无识无胆之京官，挈眷出都。邮传大臣复欲停止京津火车，一时人心摇惑，市面大扰，银行、钱店纷纷兑取银洋，周转不灵，遂致接踵闭门，钞票竟成废纸，甚至大清银行钞票亦不收用，是无国家矣。米价飞涨至每石银十二两，若非巡警得力，则剽剋横行，辇下不乱而自乱矣。朝旨起袁世凯督湖广,岑春煊督四川,革瑞澂及统制张彪职。

九月二十五日　晴

云老殓殡等事均锡兄一人任之。礼庭及云老之侄子深来送,暂寄棺广惠寺。余晨起衣冠哭于寺中。隐公来谈。未刻偕锡兄率铭、襄至文明观剧,以解昨日之烦闷。灯下读《唐纪·肃宗》一卷。得镜湘书,论剿抚大局,深合机宜,真军府赞画宏才也。惜鲰生不得膺疆守,握兵符,无从借重耳。

十月初一日　竟日阴雨

南望祖宗邱垅沦为化外,不胜悲悒。常府独立,逐去守令,屠敬山(寄)自为武进令,杨稚坚(同穗)自为阳湖令。群儿自相贵,可发大噱。山东独立无成,已思反正。大约宣慰使柯(劭忞)一到,即可随风转舵,不知任总统之孙宝琦何以自处(军界亦不承认,其愿作总统者,宝琦一人而已)?清江叛兵水陆犯台儿庄,为山东新军第五镇击退。以愚见计之,大江以南,四分五裂,一时骤难收拾。唯有全力措注燕、晋、齐、豫、雍、秦、新疆,使乱萌不生,根本槃固,慎择牧令,乂安民生,足食足兵,有备无患,即使威令不行于南路,犹可画江而守,徐为恢复之谋。此事倍极艰难。始知东晋、南宋,从分崩离析时,立定偏安之局,正未易言也。未刻约澜翁、锡兄文明观剧。有《宁武关》一出,周总兵一门忠烈,奕奕如生。闯贼谓,使明朝大将人人如此,孤家安能到此?吾闻此语,痛泪内咽矣。晚,饭致美斋,锡作主人。林女十岁生日。资政院建议剪发改历(从日本阳历)。当此分崩离析之秋,救亡不暇,忽为此大改革,惑民观听,愚氓误以为国家已亡,必生变动,是无故而搅之也。议员见识若此,何值一钱?亡国三妖:一东洋留学生,一新军,一资政院谘议局。三妖之中,尤以第一种为诸魔之母。毓鼎闻中官言,孝钦显皇后大渐时,忽叹曰:“不当允彼等立宪。”少顷又曰:“误矣!毕竟不当立宪。”是则侈言维新之足以亡国,圣母盖悟而深悔之矣。

不料监国初政更扬其波也。

十月初二日　晴

午刻至泰丰偻赴李雨亭之约，偕至文明观剧。酣歌于漏舟之中，此之谓矣。散后又至福兴居赴润田之约。谕旨定内阁制度，国务大臣不值日，不召见，政事皆归阁臣议决。……

十月初六日　晴

麟伯、朗轩来谈。闻官军战胜，已占大别山，汉阳指日可下矣。革军死伤甚多，精锐殆尽。偕郑先生率子侄春仙观夜戏，旃檀寺所驻禁卫军三百余人皆在戏场，哗噪蔽塞，莫敢谁何。其骄纵不守纪律如此！军士见无辮而似留学生者，则怒目而丑骂之。呜呼！怨毒深，杀机动矣！恐终有激愤相屠之一日也。（此次乱事皆成于留学生，背负国家，荼毒生灵，天道犹存，此辈断难幸免。）归后灯下看《五代史注》十余叶然后寝。旧史叙次详尽，实胜欧史。其叙邺都乱事，庄宗溃败情形，有声有色，千载下若或见之。文亦沉郁激昂。《新唐书》、《新五代史》帝纪，欲学《春秋》，过求简净，以致君德贤否，皆无从见，阅之枯燥无味。

十月初九日　晴

饭后梅叟约文明观剧。剧散，余复约诸君饭于大观楼。叛党纠苏沪之众万余人力攻南京，铁将军、张制军、张提督固守雨花台，与叛党苦战，叛党大败，死伤极多。愚民无知，贪其每日四十铜元之饷，应募赴战，以戕其生，可恨亦可怜。延平大兄有电致二侄女，郡城已失，署中平安。又接徐花老天津信并诗数首。

十月初十日　阴

袁总理入都，余以不在朝列，未通一刺。昨总理嘱令子芸台右丞特致殷勤，请余相见，勉为一行，值其阁议未归，遂留刺而去。饭于恒裕，至文明观剧，锡作主人。儿辈接骏侄上海信，知全家俱避乱在沪。闻友人谈张謇旧事甚详。謇本陆氏子,其母鬻于通州张姓。名张育才(别见《辛亥见闻录》)。

十月十七日　晴

周仁三来谈。未刻偕郑先生、梅叟、锡兄春仙观剧。谕臣民剪发自由,议改用阳历(地球列国不同历者,唯中国、土耳其、俄罗斯)。

十月十九日　晴

门人徐敏伯自奉天来。未刻觐枫约文明观剧,有幼伶仅七龄,悬空献技,翻腾超跃,如猿猱,如飞鸟,观者喝采如雷。余掷银元一圆奖之。固由人力,亦天才也。剧散饭于大观楼。以唐绍怡为全权大臣,赴武昌议抚局,英使朱遇典居间。

十一月初十日　晴

一日愤闷特甚,饮食锐减。晚饭后尤无聊,偕郑师至文明观剧。此次北军忠勇奋发,所苦无兵饷耳。袁总理、冯总统咸谓若有半岁之饷,以此军平乱党而有余。总理曾商请亲贵捐助。庆邸仅捐银五万。载泽捐五千金,以行贿所得不能兑现之大清银行期票抵之(纳贿例用期票,订明事成后付款。此五千两票为九月初期,其时乱事已起,所谋未遂,此票已成废纸矣),银行退还,泽无怍色。亲贵中,庆窃权最久,家最富,洵卖海陆军军官缺及崇陵监修差,泽卖各省监理官及盐政处差,所获皆不赀。昨日和议无成,御前会议,诸亲贵若能毁家纾难,不下二千万两,然后责成总理主战,明谕将士,将士必奋,召回议和唐、杨二全权,坐以通匪卖国罪,立斩西市。如此而士心不感,乱党不平,吾不信也。呜呼!其如诸亲贵毫无心肝何?呜呼!大清若亡,公等历年敛聚之财,不见夺于敌人,则受赚干没于外国银行耳。崇陵工程已三年,尚无基础。众谓再历三岁,亦未必竣工。盖洵唯知卖差,不暇督催也。国亡后,我景皇恐亦等于明思宗之袝葬耳。伤哉!痛哉!

十一月十七日 晴

天顿和暖，殊有初春光景。宝懿生日，饭后偕锡兄率懿儿至文明观剧。散甚晏，颇苦饥，饭于大观楼。夜见月华五色灿烂。闻端午桥同年在资州为叛兵所戕，先割一耳，乱刀殒之，断其首送湖北伪军政府。（谥忠敏。）其弟叔䌹太守（端锦）亦被杀。（志伯愚将军被害于伊犁，谥文贞。）不意良朋遭此惨祸，凄楚万分。午桥罢镇后，急于求出。今夏遂附和盛大臣，起督川汉路事。功名之念，足以误人如此，可畏哉！

澄斋日记

1912 年

正月十二日（二十九号）阴

午饭后偕锡兄访任觐枫，同至大舞台观剧，夜，饭于大观楼。……

二月二十五日（十二日）晴

丁香、鸾枝均开。梅叟来访，偕至同乐园观剧，梅作主人。五点钟散戏，饭于大观楼，觐枫作主人。

三月初七日（二十三日）晴

亲友多来贺者。饭后李啸溪、陆天池偕来吹笛唱曲。夜又大风，日日如此，几成昏暗世界矣。连日夜间细读《金匮》。自来注《金匮》者少于《伤寒论》。余所见数家，皆不甚惬意。尤氏平稳，苦乏精义。黄氏时有精义，而金木水火土，搅扰无已时。程氏、陈氏各有得失。《金鉴》臆断甚多，遇所不解，则指为讹错，最为劣妄。唯喻氏发挥详尽，能于无字句处窥破奥窔，所得最深矣。徐忠可以喻氏门人，所得亦较深。余读时，时有心得，用朱笔笺于《金匮辑义》之上，为他日作注张本。接五弟妇信，知庆侄女已于上月廿四日适胡氏。刘壬三来,请为其妹拟方。又接萧小虞信。

三月初八日(二十四日)晴

午刻访南园,携小虞书斟酌裁答。壬三追踪而至。昨药颇效,更定一方(病人在涿州)。饭后偕至大舞台观剧,上流社会人垂辫者唯余等一桌而已。同座谈保帆太史(国栻,广东人,癸巳同年)。戏散,饭于福兴居。趁西城归。复小虞书。又接徐贞盦翁、笏斋贺函,均随手邮谢。宝惠所辖镶黄旗,兵额四千六百人,月饷七千余两,米二千余石。若以八旗二十四部(每旗满蒙汉军各三部),约略计之,得兵十万人,每年耗饷约二百万,坐食习惰,度支安能不病哉!前朝屡议八旗生计,迄未出一策以救其弊,因循坐困,以讫于亡。今若骤议裁节,其不转于沟壑者几希。此真棘手题目也。

三月初九日(二十五日)晴

杨吉山自津来见。午刻饭于大观楼,锡兄作主人。饭罢偕觐、锡率惠至同乐观剧。戏散至大德通少坐,遇朗轩,又拉至东兴居晚餐。终日荒嬉,借抒郁勃之气。夜月甚佳。社会二字,几为人所恒言,究竟皆不知二字是何意义。即吾辈立社政进行会,不过作市面代名词而已。此二字包罗甚广。人生必有营业,有业必有群,自国以至家庭,无不有群,即无不有群之状态与心理,此社会学之所由起也。有历史习惯,有风俗宗教,有人情物理,此中煞有研究。今吾辈以市面风俗一面当之,但为社会之一部,亦无不可。余拟作《说社会》一篇,为会中言论之前导。

三月十二日(二十八日)阴

饭后至会馆答拜杨、汤二君。率惠、铭、振在大舞台观刘伶演《蔺相如完璧归赵》,关目说白俱佳,盖均本于《列国志》也。戏散,饭于大观楼,觐枫作东。归寓值新甫、晋甫两兄及珩甫在此,畅谈,夜分始去。

三月二十二日(初八号)晴

门人鲍幼卿来见。午后朗轩邀至同乐观剧,人山人海,几无隙地。以表面观之,已复承平旧景矣。散后在泰丰楼晚餐,亦朗东。接顺直保卫局公函,局中特设赞画,公推余任之。余于军事知识颇浅,当之有愧。

四月初六日(二十二日)晴

饭后率惠儿春仙观剧。散后即出城至恒裕,润田盛备酒肴。写大小对联十付、牌匾三件。归寓已子初。接季申四兄沪上书。贞盦前辈枉过。

四月二十二日(初七号)晴

未刻朗轩约往文明观剧(男女合演)。散后饭于新开之醒春居,大德通作东。修之来夜谈。

四月二十四日(初九号)晴

燥极。午前赴教育统一会员衷佑卿之约,茶话讨论。众人议论蔓冗,意气冲突,喧乱两小时,无一语正当办法。余及范栋臣拂袖而出。京师会场林立,其内容大率如是。社政会较为简而有实际矣。伶界在广德楼演义务夜戏助国民捐,有名脚色俱到,不收酬金。朗轩昨已约客往观,今日再约余及儿辈前往,饭于泰丰楼。八点钟入戏场。雷电骤作,大雨倾盆,诸伶不能到,仅演一出而散,声明廿六日补演。仓猝寻车不得,余以钱十千雇橡皮轮人力车冒微雨归寓。

四月二十六日(十一号)晴

未刻至顺直学校赴联合会茶话,余为主席。晚饭于大观楼。八钟至广德楼观剧,归寓东方明矣。入四月后时闻鸱枭夜笑。今夜采涧夫人及奴辈又闻异音,述其声如纺车如曳锯,余惊曰:此鬼车也,祸不远矣!既而知邻巷以机器磨面耳,一笑而解。

五月十六日(三十号)晴

冯华帅在畅春园营房搭台演戏三日,以和军心。自去冬以来,禁军多入戏园,时至滋事。华帅与之约法,从此不入戏场,而自演三日,以饫其望。禁军喜悦如约,今乃第二日也。特拍电邀余,乃乘马车出西直门,山光湖影,睽隔四年矣,遥望万寿山,不胜麦秀黍离之感。戏甚佳,而客座距台十丈,耳目之力均不及,约略听视而已。近台皆禁军,容纳几及万人。五点钟即向主人兴辞而返。是日客皆国务员,保卫局同乡不过五六人。郑先生夫人患痢甚苦,服吾药两剂而全愈,竟不烦改方。郑师诧叹以为神技。余近来每夜临睡前,必读《金匮》两三叶,详加笺释辨正(用日本丹波氏辑注本)。朱书如蝇头,简端殆满。经此一番工夫,仲师经文,字字从心头穿过,无一语含糊忽略,觉学识颇进。

六月初八日(二十一号)

午初仰恭来谈,大雨旋至,留其午饭,坐簃中纵谈时局,兼指示作书要妙,因写扇二柄、册一方。驾吾车送之。大雨淋漓,彻夜未止,召盲师唱曲,卧而听之,雨声歌声相应也。

六月二十九日(十一号)

竟日阴雨,闻东北城尤大,水深尺许。辰刻冒雨赴社政会,会员到者尚有十九人,可征进行之功。事之须公决者,因人少均未提出。唯宝惠提议禁止女伶演淫戏案,众皆赞成。午后公益会补推职员,拍电询之,会员无到者,已改期矣。傍晚,假寐受风,人极不适。发五、七弟妇信。

八月初十日(二十日)阴

余五十生日。时局如斯,无庆贺之礼。儿辈禀于其母,必欲效舞彩之举,只得听之。呼金麟班来演戏十七出,间以八角鼓。珩甫大儿少如初次结束登台演《托兆碰碑》,幸无蹉跌。一日来客仍不少,内外开席十五桌。傍晚微雨。接大兄信,大女禀,南方已着棉衣。气候真大变矣。

九月初十日(十九号)晴

同人因孔道式微,且有议废祀典者,特立一会,名曰孔社,专壹维持圣道,阐明正学。三钟在安庆馆开讨沦会,推余充临时主席,到会者六十余人。余演说孔学决无亡理,特当此晦盲否塞之交,吾党当尽保存发扬之责。提议进行方法,未得要领而散。景枫邀大观楼晚餐,偕赴庆乐园观剧,谭鑫培、田桂凤、龚云甫、杨小楼各擅胜场,戏界名人自不能舍此四伶而他属矣。丑刻散戏抵家,采涧温枣栗汤及牛乳以待,不苦疲饿矣。

九月十八日(二十七号)晴

饭后赴社政会。在珩甫处讨论孔社事。此举名义虽大而无着手处,会中诸人亦非能担当正学之人也。偕朗轩、炳南饭于玉壶春,同至天乐园听夜戏。谭伶抑扬断续已入化境,非邯郸所能学步,固宜让其独步一时。归寓已丑正,闻杨伶小楼以为优之可耻,力自修饬,尚道德,通文义,颇为伶界所引重。去秋乱起时,外间盛传监国福晋有杨白花之丑,出自谣诼之口,恐未可信也。吾家自先伯祖豫生公、先祖中丞公入大兴县籍,在道光初元,距今已九十年。近日因选举区域,余居在宛平境内,人随土著,遂为宛平人。从此,余一支改隶宛邑矣。

九月二十七日(五号)晴

接大兄信。午刻与采涧同车至小苏州胡同祝五叔岳母生日,吉甫酗酒谩骂,无情无理。急挈丙、恩先行,至春仙观剧(龚伶演《徐母骂曹》,声色俱妙。杨伶演《落马湖》,口白最擅胜场),寒甚欲僵,采涧继至,仍同车而归。卿和归自上海。

十月三十日(八号)晴

未刻赴社政会,有公民会代表胡、常两君来会协商整理自治会事,又提议电车事,盖有所为而为之。至广德楼观剧,泰丰楼晚饭,皆朗轩作东。

十一月二十一日(二十九号)晴

李嗣芗前辈请李符曾世兄来求婚,欲为其子彭年聘丙女。赵廓如来议校事。未刻赴社政会,闻伶人田际云(优名想九霄)当选为大兴县议员,玷辱议会甚矣。又至孔社略坐。又至畿辅学校携彭年小照归示采涧。夜,偕采涧、王妾、丙女、纶、懿两儿往饭于六国饭店。

十一月二十五日(二号)晴

饭后至廿四属联合会(以后简称为联合会)。至李、刘二媒人处下请柬,唯晤符曾。祝顾太姻伯母八十正庆,余逢场作戏,登台唱《失街亭》,居然中军遣将,巾扇风流也。与采涧同车趁西城归。

十二月初二日　晴

东风顿和,积冰俱释。四钟附快车赴津,与杨味云都转、胡海溟议长、程松山大令同坐二等车,纵谈竟路。七钟抵津,下榻德义楼饭店第四号,子登、子厚俱坐待,宝惠来侍。晚餐毕,偕子登丹桂观剧。阅报纸载明末玉谷子所撰卢督师传云:时值辉珥抱日,日下有杂色一股,如弓影反背。象升仰视,上令一珰趋问,公以文明之象对,而出语占候吏,谓弓影反背,或有不忠之臣,与谋国者相左,因与叹息久之。余因思辛亥八月,天象所见与此悉同,曾绘其形式于日记中,不知其是何祥也。今观卢公占候之说,天之示人,真有如此明确不爽者,孰谓天道远哉!新人物概以迷信目之。吁!灶焉知天道!

十二月初四日(十号)晴

午刻至督署祝冯帅生日,留吃面席。至吉升栈看三兄。又拜河北各客,晤严范孙前辈。归寓少憩,范老即来。六钟至第一楼赴嵩岑叔祖之约，谈及族高叔祖铁箫公（讳源浚）墓，在南门外小梢子口，距城数里。后嗣已绝，无人奉祀。嵩岑叔祖常遣人扫墓，尚有坟丁。余谓此后当与北方族人公定规约，每岁轮值主祀事。子登又约丹桂观剧。发京信。

十二月十六日（二十二号）晴

午前至学报社。午后读《通鉴·汉灵帝纪》一卷。傍晚在广和居请张、郑二师，以年底将解馆也。兼请管丹云、白仲三、刘孟禄、袁锡三四君，以酬悦生堂敬节会利仁、公善二厂一岁之劳。往返皆坐人力车。采涧赴文明观剧，深夜篝灯注《金匮》二叶，以待其归。英国二女子德芳美、包哲洁由翁大嫂介绍来访采涧夫人。接五弟妇信。

十二月二十日（二十六号）晴

起甚晏。恩女生日。饭后至社政会，三钟偕锡兄至春仙观剧。散后访朗轩，夜饭，久话始归。接惠禀。又接新嘉坡陈紫波信，皆华人行医于叻埠者，所以崇誉者甚至。若不进求真实本领，何以副此虚名耶？又接史益三湖北信。

澄斋日记

1913年

正月初九日（十四号）晴

宝惠得万寿赏，入内谢恩，见项城进奉寿礼十二色，黄签署名“臣袁世凯恭进”。饭后偕锡兄，惠、纶、懿赴春仙观剧，并约朗轩弟。散后晚餐于兴隆轩茶馆。述堂赠羊毫大小笔数支，殊适用。归途至剃头棚修容。复五弟妇信。随意看《辍耕录》两卷（杨廉夫《正统辨》、《发陵记》）。铁崖以宋辽金三史并修为非，谓当以宋为主，附列辽金。所论极正当。后柯氏修《宋史新编》，即据此说。曩得景岳《类经》,甚善,以为从此《内经》可读矣。近注《金匮·疟病篇》,根据经义,乃知景岳所注,笼统凌驾、囫囵滑过之弊,兼而有之,而于经文所说病之来源,及所以见此证之故,皆不能析言之,第随文敷衍而已。又时时搀入生克盛衰门面语,更令人坠入三里雾中,乃知注书之难。余凡读书,皆喜求其所以然,故往往所得较深。得失寸心知,非自负也。

正月十五日(二十号)晴

采涧夫人四十正寿,花好月圆人寿。晨起祭神。午刻祀先,荐元宵(本应夜祀,权移午间)。儿辈招祥庆和班演戏,效莱衣之舞,只可听之。灯彩极佳(此班乃太监祥王所立,灯彩皆南府供御品也),兼有客串,极一时之盛,客来颇多,夜两钟始散。

二月初九日(十六号)晴

病仍不减。看《辍耕录》卷三至卷六,第五卷有"勘钉"一条,乃知今戏场《双钉计》一出,亦有所本。笏斋自津来京叩谒梓宫,延至内室畅谈。隐公来就诊,亦延入内。

二月初十日(十七号)晴

病仍不减。竟日摩挲所藏画卷消遣。看《辍耕录》卷七至卷九。锡、珩入内室畅话。展仇实父《清明上河图》临本赏玩甚久。汴京故事,清明日,倾城士女出城上冢,沿汴河二十里,列百货,陈百戏,以娱行人,若趁集焉。张择端在南宋时,追忆绘此图,以寄丰镐之思。真本为世宝重。王凤洲之尊人巡抚豫,以此得罪权奸,贾惨祸。今戏剧之《一捧雪》,即影射王事,而易画为玉杯。汤裱褙,即其时裱画匠。其造姓名为莫怀古者,所以讽世也。真本不可见,即临本之在天壤者,亦不多觏。或疑仇名为赝,余以为不然。绘此者,非穷年累月不能毕工,迨出而售诸市,其价或未必过丰,所获不偿所劳,黠者不为也。精致研细,古画无其匹。图自可爱,真赝可勿问矣。

二月二十二日(二十九号)晴

龙伯、秉恒、仰恭、吴静岩皆来,命惠见之。闻谭伶夜在天乐园演《战长沙》,晚饭后出城往观。谭伶身裁瘦小,乃扮关侯则沉毅有神威。其声固非刘伶能及也。一钟归。

三月初五日(十一号)晴

大风。子厚来谈。饭后至顺校上课,讲东林党议,为诸生详论三案是非,并举倪文贞疏以断之。归途在通记取款,遇范诚斋同年久谈。看《庸言报》第八期。晚饭后在内室集夫人、媳妇、儿女,说八大锤断臂举狮观画故事。讲者眉舞色飞,听者津津有味,洵家庭乐境也。

三月初七日(十三号)晴

饭后赴孔社职员会,余再提议祀典,诸君赞成开成立会后举行特祭。夜饭后率惠儿至广德楼观剧,谭伶、贾伶演《盗宗卷》,神气宛然。归寓已三点钟,戏场犹未散也。接新加坡吴翘云信,因教育部于医学弃中医而习西法,大动公愤,劝余提倡抵制,救我华人性命,不第为保全国粹计也。教育部之罪上通于天。

三月十三日(十九号)晴

饭后偕采涧率儿女游乡祠,看海棠,登三层楼凭眺良久乃行。至广和楼观剧,泰丰楼晚餐,皆朗轩作东。归后作隐公《大学格物一贯之道》序,未脱稿。

三月二十九日(五号)晴

在新历为端阳矣。涛贝勒、桐琴甫来谈,留午餐。未刻至崇效寺,赴徐花老之约。所请五六十人,喧哗杂遝,无暇赏花。名为雅游,实俗局也。牡丹之外,黄蘼万点,楸蕊干霄,寸寸皆入诗料。在珩甫处久坐。入夜赴椿树三条赵子衡丈处。歌场演《举狮观画》。朗来未遇。

四月初四日(九号)晴

未刻至万善寺前古藤花馆,赴宋位三同年之约。厅事古藤两株,值于元大德时,清初文人俱有笔记著录,今归江宁陈氏。在花下徘徊良久,半席先行。至顺校上课,又赴朗轩广和楼观剧之约。归寓萧筱虞亲家、余节高世兄(绶屏同年之子)均来谈。绍儒、质雍弦歌半夕。接六弟信。

四月初五日(十号)晴

午后琴甫驶汽车迓往复诊。晚饭后率铭、纶、懿至椿树三条歌场,余演《洪洋洞》(《盗骨》)。

四月十二日(十七号)晴

看《通鉴·魏文帝纪》下,摘胡注数处,加入《三国志》书眉。余于《国志》研穷三十余年,朱墨烂然,简端几满,所得甚多,类非寻常论史家手眼也。傍晚与锡兄饭于瑞记,兼约润田兄。饭后至椿树三条演《失街亭》。

四月十七日(二十二号)晴

尚会臣、伯葭来谈。偕惠至广和楼观剧,散后饭于天福堂。夜睡极不安。

四月十九日(二十四号)晴

酌升来谈。饭后偕宝惠至枣花寺赏芍药。前后十余丛,均纯白色,香洁殆入仙品。盘桓良久。赴孔社新会场欢迎李燮和(湘人,革命巨子也),男女杂揉,怪状百出。散会又合摄一影。至恒裕晚餐,从对门瑞记传餐,盘榼交错于道。九钟赴椿树三条歌场,余与绍儒合演《托兆碰碑》。归途微雨。接五弟妇回信。门人吴蜀尤(嘉谟)来见,相别十年矣。

四月二十五日（三十号）

李师葛、江子厚来谈。连日苦闷，至广和楼观剧消遣，洪思伯作东。绍儒、质雍来弦歌。会臣送樱桃，作霖送鲥鱼，皆初夏鲜品也。录诗稿两叶。

五月十一日（十五号）雨竟日

夜饭后率惠儿连赴廿四属联合会、社政进行会、孔社，均因雨不能开会。在恒裕晚餐，至椿树三条演封台戏，余演《黄金台》。

五月十九日（二十三号）晴

至学务所访李润生未值。出城至松筠庵践高、袁之约，阒其无人。访石顽久谈。答拜凉督赵芝珊，亦未值。归寓杨云史来剧谈，述及载搏在津，去年所分乃父贪囊约百万，已挥霍受骗略罄。此天道也。夜与锡、珩谈菊部故事，因叹今日世界人物，不特经史词章之学全是野狐禅，即戏学亦解人难索矣。

五月二十三日（二十七号）晴

饭后偕锡兄春仙观剧。接云依信。又接周衡甫先生信，汇到洋一千四百元。信成储蓄四折，得洋一千四百七十五元，除汇费，酬劳经手人，及酒饭成交费，所得仅此。六房莒汀本存二千元，今应得七百八十元。

五月二十四日（二十八号）晴

饭后丁芝宇约春仙观剧，余又别约琴甫。傍晚忽大雷雨一阵，琴甫约六国饭店夜餐，适有外国音乐部侑食，极可听，足以悦心舒脾。芝宇名传福，镇江人，桐生年伯之子。光绪初，丁年伯母屡病，先君治之辄愈，故感先君至深。先君之殁，年伯母来吊痛哭，拊视余及五弟，极怜伤之。忽忽三十五年，询之芝宇，年伯母亦久下世矣。

六月初十日(十三号)晴

饭后赴社政会。又赴公益会。傍晚至南五老胡同,祝查维周生日,一则践众乐会公约(是日演剧,乃众乐会全部,即椿树三条俱乐部也),一则闻侗厚斋(伦贝子之胞弟,辅国将军)、王君直均登场,欲聆其雅奏也。两人皆酷摹谭派者。归寓甚早,夜凉殊爽。

七月二十七日(二十八号)阴,骤凉

午刻至大观楼,赴景枫约。入城至弓弦胡同为胡东岩太夫人诊疾。复出城至广德楼观剧,赴润田约。剧散宴会于福兴居,十点钟归。久不如此奔驰矣。犹撰《传信录》一条,乃寝。金陵既下,天下事大定矣。此次乱事,人民生命财产残伤以巨万计,言之诚痛心,然论大局,则为大转机。伟人元勋遍天下,跋扈飞扬藉甚,国民党攘政权,营营嚣嚣,狼吞而豕突。世界大乱,而良善被其灾。今且一网尽矣。国其有瘳乎?

八月初七日(七号)晴

张祝升、江子厚、何务滋、石顽兄皆来谈。饭后赴社政会。毕颐臣到会,请为其母夫人诊病。文明园观剧,王梦九作主人。挈杨郎、忆侬至致美楼,洪思伯作主人。归寓撰《传信录》一条,乃就枕。石顽兄评余文诗珠光多而剑气少,又谓余文笔字字入规矩,盖曾用宋儒理学功夫者。可谓深得我心,窥乎其微。

八月初十日(十号)晴

余五十一岁生日也。顺属水灾民不聊生,余独何心称庆?而椿树三条会友移排演期于今日,借吾处为剧场,借为吾祝,无以却之,用为半日半夜之局,费洋五十元而已。惠、铭分任之为舞彩。来客百余人,坐中庭殆满。十二钟即散。

九月二十日(十九号)晴

为广勉斋删润筹八旗生计呈稿。饭后赴社政会,余提议呈请京师解严。近来奸民投匿名书告变,为挟嫌报怨之举,警备司令处即据以捕人,殊非久安长治之正道也。晚饭后至何芷龄处,演《黄金台》。北风甚寒,霜将降矣。连日月出时,其色甚赤,旋作深黄色,直至月光到地始复元。与辛亥八月及今岁五月相同。岂东南又将有兵事耶?噫!民不堪命矣。

九月二十七日(二十六号)晴

许小篆自上海来。叔明侄来见,知仲谨侄殁于上海。饭后至小苏州胡同祝五叔岳母生日,至聚寿堂招待众乐会诸友。余演《黄鹤楼》刘先主。大约白口清真,摹神逼肖,吾辈取胜在此。十钟归。夜颇寒。

十月初四日(十一月一号)晴

谢作霖、赓莱侄来,余邀往便宜坊午餐,兼约锡兄。余先祝亚蘧生日。饭毕赴农会决议三事。归写致禹弟信,以蒋德华(绍彝)及族侄德麐托之。德华昔处张汉三廉访幕中,次弟存殁,皆承其出力照应,余感激肺腑,此恩不可忘也。(儿辈注意。)吾儿辈异日得志,如遇张、蒋、卢三家(卢海如,次弟夏津后任),必有以报之。勿忘老父之嘱。特记于此。晚饭后至椿树三条。余仍演《黄鹤楼》,何芷龄谓,举止入神,非梨园所能望也。

十月二十五日(二十二号)晴

沈子封丈来谈,见余所藏弘治碧云馆活字本陆注《鹖冠子》,赏叹不置。武英殿聚珍本即照此排印,乃世间孤本也。会臣亦来,偕至惠丰堂赴王铁珊之约,饭毕步至天乐园观谭伶演《举狮观画》,人如潮海,闷热异常,耐尽许多恶戏,而后耳目一新。时已十二钟矣。余于此出曾两演之,特能知其独长处。人之佞谭也以唱,余独剧赏其做工入神入情,非俗工所知。

十一月初二日(二十九号)晴

先大夫生辰拜供。李师葛来谈。三钟至三庆园观剧,在玉壶春晚餐,均朗轩作主人。八钟又入城,至六国饭店赴屠治安之约。

十一月二十三日(二十号)晴

畏寒惮出。日晷又短,转瞬即一日矣。俞曲园尝咏自鸣钟,谓针跃一秒,此光明即成过去,今生不能再来。用意之警,真觉惊心动魄,惜不能举其词。朗来谈。夜饭后赴歌场消遣。

十二月初九日(四号)晴

午刻在悦生堂午餐。未刻社政进行会开新年大会,换徽章,整核会员,到者九十三人。宝惠建议:储蓄银行骗害孤儿寡妇、寒士小贩铢积寸累之钱,其情可恶,罪不容诛,宜呈请司法部严定惩罚律。全场鼓掌。散会后拍照。晚餐后赴椿树三条演《盗宗卷》。

十二月十六日(十一号)晴

午刻至福全馆赴吴印臣之约。董授经同年自日本归国,别两年矣,相见欢忭。归途眩晕几吐,遂辞朗轩文明、福兴之局。到家卧不能兴。连日忧生计之日蹙,不觉动心郁气,遂生种种病痛,终日右耳喧鸣如怒涛之澎湃,甚矣!治心之难也。

十二月二十二日(十七号)晴

终日与澜翁畅话今昔,多足感者。饭后偕访会兄,略坐即返。五钟会邀益锠晚餐,西肴之精几可媲美六国。餐毕同至椿树三条,余演《黄鹤楼》,又与澜翁配演《访普》(余扮赵普)。昆曲在今日几成广陵散矣。归寓又坐簃中久谈,丑刻始寝。

十二月二十九日(二十四号)晴

左辅大齿摇动年余,久失咀嚼之力,近更时时肿痛作祟,毅然赴瑞金大楼美国牙医生恩格斯处用钳拔去二枚,虽受一时痛苦,而大患则永除矣。宝惠侍行，归寓犹觉痛楚心慌，三小时始定。授经来谈，以珂罗印魏《刁遵志》、隋《龙藏寺碑》见赠，皆旧拓之精者也。椿树三条年底封排，余演《双狮图》。在大楼医寓遇法友铎尔孟，谈甚洽。

澄斋日记

1914 年

正月三十日（二十四号）晴

饭后至天乐园观剧，万福居晚餐，皆心斋作东。接根荪亲家信。又澜翁信。

二月十四日（十号）阴

午刻至枰林山庄吊赵智庵都督，抚棺痛哭。……吊毕与凌润苔同年久谈（凌奉命令接办崇陵。赵之儿女亲家也）。至德吉里澜翁新宅午餐，兼为老姨太太诊疾。至丹桂观剧。晚，饭于第一楼，澜翁作主人。又至平安看电影。澜翁偕回旅舍，谈至夜深始去。夜寒甚。

二月二十七日（二十三号）晴

饭后扶病至农会，公请王大京兆（治馨），临时来辞。次日始知京兆即于今日解职矣。东城汪宅，有昆腔局，托侗将军转请，澜翁往，而余以疾辞。

三月十四日（九号）晴

门人四川鲍廉澄（湛）来见，考取知事，仍发浙江。饭后思缄来谈。客去写斗方一幅，系清秘阁所求，携赴巴拿马赛会场作陈列品。馀墨可惜，又临宝贤堂坡帖，写册页一开。六钟赴农会，出皇城缺口至本司胡同复诊，开调理方，留晚饭。复至吉祥茶园观夜戏,琴甫作主人,亮生同坐,一小方桌收戏资八元,可为昂矣。谭伶演《桑园寄子》。余少依伯父,老丧爱弟,戏中情节处处触我悲怀,向不肯观此剧,以谭伶故,勉观半出而出。接宝惠信,知大女不能来。看《野获编》卷四。

三月十六日(十一号)晴

午前在乡祠演礼。申刻至湖广馆祝梁太翁寿,任公及罗瘿公烦余演《审头》。与夫人同车而返。发宝惠信。

闰五月二十日(十二号)晴

热甚。饭后挥汗著书。晚饭后至第一舞台观剧,剑社作主人。局面宏敞而戏不佳。

六月初十日(八月一号)阴

饭后赴农会,与宝惠出城至恒裕晚餐。八钟至第一舞台观剧,润田作主人。坐位既远,人声又哄杂震耳,以致台上唱白全不相闻,楼上下座客甫开台即满坑满谷,而来者犹接踵,俱扫兴而去。此台戏价极昂,包厢仅容八人,价至十二元;二层楼散座每人一元五角;楼下九角;若六角、三角者则在三层楼上高据题颠,视听皆不适。以较四十年前人费一千三百文(合洋一角一分),即可静聆程长庚、徐小香一曲者,竟加至十四倍,而人犹踊跃若此,富耶贫耶?明眼人当能参其消息也。余记之不惮琐屑,盖于世界有无穷感慨云。十二钟归。

七月初一日(二十一号)阴,微雨

小初叔过谈。饭后偕锡兄至文明观剧,兼约润田、润泉。戏散,润泉邀全聚德夜餐。朗轩来夜谈。

七月初九日(二十九号)晴

门人吴厚安(丙炎)自鄂来,谈及官书局板片竟一无损失,黎宋卿保存之功大矣。崇毅才亦来见。饭后评阅潇鸣诗钟,计分咏、嵌字两种,共八百卷,可谓盛矣。诗钟虽小道,而法律至严,忌假借,忌添凑,忌改字,必能工确浑成,方为及格。诸卷知此者颇鲜,因知词章一道,今日几成绝业矣。噫!是谁之过欤!(南皮、长沙二张不得辞其责。)阅久沉闷不堪,乃偕张师、锡兄步太平湖畔,坐茶馆听清客坐唱,茶钱、座钱各二枚,便可听戏五出,消三小时之闲,座客皆近邻,大半相识,颇似乡居乐境。诵放翁"斜阳疏柳赵家庄"诗,怡然者久之。

七月十四日(三号)阴

裘家街冯姓来延诊,此开宗第一章也。归以诊金付夫人,司其橐钥,储为家用,不得挥霍,着为令。诊毕至福兴居赴润田之约,为其亲家洪玉山诊疾。此局专为此举而设。饭罢偕锡三、珩甫、宝惠、润田、沂初步行至民乐茶园观剧。吾之意专在赏白牡丹(报纸盛称其色艺),不意花已开过,大为怅惘,勉坐看他戏三出而出,时仅四点钟耳。其实幼伶武功极惊人,遂匪我思存也。归评潇鸣社诗钟分咏格讫,录取七十卷,滥竽甚多。

八月二十日(九号)寒露节。晴

殿臣来谈,商办先师圣诞祭事。午刻至同兴堂赴萧翰臣之约,偕至庆乐园观剧,专赏白牡丹,色艺腰肢果佳。归途访朗轩久谈。接王季樵前辈回信。又接量婿夫妇信。

八月二十六日(十五号)晴,天气燥热,过于京师

饭后访六太爷作半日盘桓,吹笛唱曲甚乐。傍晚至卞处复诊,似有起色。又为李五兄子香诊治。歌妓全凤、孙玉福亦来就诊。晚,至桐华楼西餐,本为嗣老所邀,静涵改作主人。

八月二十九日(十八号)阴

郑干臣新宰任邱来别。两钟至韩秀冬处为其母夫人成主。出至文明观剧,鑫培演《战太平》,一时无两。先遇董润泉为余买座,顾老八又拉至中座正面,甚适。戏散时大雨滂沱,宝襄及赵福左右掖余,踏泥水至商会,命赵福出觅骡车,淋漓而归,湿冷不可耐。

九月初二日(二十号)晴

在津每日两处诊病后即访澜翁、会臣或偕嗣老、幼香吃馆子,听落子,看电影,不能琐记。

九月初四日(二十二号)晴

宝惠奉命令交政事堂存记(此初二日事)。六、七弟忌日,在京作佛事。余在此亦不赴宴观剧。

九月二十日(七号)阴

寒特甚。三钟至中华听乐,嗣、性二公协资,由余点王金子戏,并以资点诸妓,戏尽,戏乃已。此津规也。散后至义和成赴孙妓玉福局,谢医也。归为典臣写屏匾。接夫人信。

九月二十四日(十一号)晴

晨醒见檐瓦微白,知夜中有雪矣。饭后偕锡兄赴文明观剧,在益锠晚餐。朗轩来,不值。

九月二十六日(十三号)晴,稍暖

午刻至便宜坊,赴孙子玖之约。散后至松筠庵,为聂玉书诊疾。又折至文明观剧,亦子玖作东。朗轩来,又不值,遣孙福请其再来,畅谈而去。接二媳信,随手复之。

十一月初八日(二十四号)晴

宝惠三十岁生日,来客竟有七八十人,小辈得此荣幸极矣。午后五钟,邀请众乐会诸友演戏,计昆腔四出,乱弹十出。澜翁演《训子》(乃关帝戏,昆腔),余演《黄金台》,宝襄演《武家坡》。不别搭台,即在客厅画界分前后场,足容男女百余人。一钟散戏。宝惠生日,无唱戏之理,一以移会友于吾处过排,一以为演习昆腔雅集,一以寄吾二老欢心也。连日料理一切,最任劳者澜翁、锡三兄、彤伯表侄也。

十一月初九日(二十五号)晴,大风,甚寒

午初始起。饭后挈惠往谢澜翁,久谈而归。澜翁复来,吹笛唱曲。接余熙臣信,童年旧友不通音问者数十年,兹因托吾谋事,忽以一纸见贻,倘所谋获遂,或不能代谋,则又断绝笔墨矣。人情如此,不足怪也。("平时不烧香,临时抱佛脚",熙臣之谓也。)灯下写泥金诗屏二幅,得资十二元。

十一月十一日(二十七号)晴

午刻润田邀福兴居午餐。诣甘井胡同樊(守忠)处,为其亡母点主,润兄所代请也。礼成少坐,即入崇文门,至苏州胡同吴季荃同年处为其令郎诊病。至贤良寺祝小松丈生日。归寓换人力车冒风寒赴畿辅学校,以校长范棣臣、学监李仲卤因为学生批字起衅,大为冲突,特往作调人。金筱珊、唐昭青、高蓂坡三同年均先在座。余反复劝慰棣臣,允不辞职。再返寓已上灯矣。进晚餐后,又挈宝惠至天乐园观谭鑫培演《宁武关》,悲壮苍凉,声情激越,绝唱也。回顾刘鸿升等,奚啻土苴。十二钟散戏。归途月明如水,寒气逼人,景象致为清迥。愉儿七岁,昨口试以加减算法,居然答对无讹,顾而乐之。闰儿八岁。能作四句小论,亦可喜。去冬锡兄患病,以黄芪建中汤治之,服十三剂而体健。今冬又病,诊其脉,乃改用六味地黄加黄蘖而收大效,治病之不可执一而论如是。夫人体不适,则又以黄芪建中进矣。

十二月初七日(廿一号)晴

大寒节。饭后至陈处复诊,病减五六。访梦陶丈久谈。晚,率惠在万福居请客,专谢上月初八日演戏、照料诸友,笙笛并奏,唱曲传觞,尽兴而散。以小洋二角四分买林畏庐《韩柳文研究法》一册,乃集畏庐读文评语成编,其中极有独得处,知畏庐于此道深矣。在梦陶丈处见钱茶山山水十叶,以通草为画本,高约六寸,宽约一尺,世间安得此大通草?知康、雍盛时,真无奇不有也(皴染朗润,大胜纸绢)。又南田公花卉扇面十幅,磨损脱矾,精采大减。

十二月十一日(廿五号)阴

闻女伶刘喜奎色艺双美,特约桐琴甫及福兴居孙掌柜(以其可派店伙预占座也),宝惠同观之。未刻先至陈处复诊。又为庄二姊诊病。即诣三庆园,刘伶演《玉虎坠》全本,已登场,姿容果胜,女伶中无出其右者。刘系南皮世家女也。夜,饭于福兴,惠作东。

澄斋日记

1915 年

正月初六日(十九号)晴。颇融和矣

午刻至北城为溥、诚两处诊病。四钟始至文明园观剧。澜翁、锡兄已久坐矣。散后至便宜坊晚餐,专吃烧鸭,澜翁作主人。惠自南归。接隽丞信。作议病三纸,致诚玉如,因其二世兄过于张皇扰乱也。

正月初九日(二十二号)。甲申　晴

三钟至史康侯处,祝其母夫人九十寿,请余演《盗宗卷》,配贾洪林,十钟即归。有从前医学堂学生方姓,素习余书,取余所书范君墓碑,摹仿付石印,托余名以牟利。锡兄买来一册,恶劣万状,且有讹字,可恨已极!十二钟复往史处。五钟始返,天将曙矣。

正月十一日(二十四号)。丙戌　阴

前晚吴念慈自岳各庄来,请为程孟常诊病,允以今日往,不意午刻有人来讣，孟常于五鼓殁矣。时正午餐，闻之掷箸而起。孟常为先师藜阁先生之子，自辛卯年由乡入城，寄宿裘家街寓中，又师事余，授以诗书，时年十七岁，相从五载，文理斐然可观。余又两次为之娶妻，助资置产。审判厅初立，荐于徐季龙充录事。屡经改革，厅员俱受淘汰，孟常以勤奋耐苦独留，累升书记长，月俸七十元，家计粗裕。乃去岁下乡勘案受寒，误服苏合丸，遽以汗死，年甫四十。哀哉！惨然竟日夕。饭后至溥处复诊。晚，在家设席请袁劭民、何芷庭、萧小虞、赵子敬、程伯葭、六太爷。劭民自津回，下火车后又休息数刻始来，入座已十钟矣。畅观两厅新悬字画，听赵、澜二君唱曲。

正月十七日（二号）晴

隽丞来谈，当面写经一叶，详语以作字章法笔法各口诀，此皆吾近年悟到者。隽丞习吾书甚勤，为及门能书之冠。傍晚至福兴居赴陆渭涣之约，专为廿九日做寿戏局而设。钱伯愚为梁季云同年集赙，共得二百元，全数交来。笃于风义，有足多者。因作书复季云夫人。

正月二十日（五号）乙未

庄旭初（毅）来见，自广西来，谈及迁省南宁之谬。饭后访澜翁拍《折柳》全阕，酉刻至福兴居赴贻来年股东会。因政府拟办经界，特检出《朱子文集》论经界各公牍，付宝惠读之。朱子在闽，力主举行经界，格于豪强，迄未实行。然奏议中详文状，筹画精详，思虑周密，断非今日衮衮诸公所能梦见，况其视朱子，只知能讲学而已，决不知有此经世大文也。宝懿赴津省其姊，以梁季云同年赙款二百元带去交季云夫人。

正月二十四日（九号）己亥　晴

饭后至溥处诊疾，余议病开方自谓颇有法度。归写对三副。隽丞以大八言纸求写七言，极雄健之姿。张先生自蓟来，今早开学,晚邀至益锠夜餐,遇伯葭略谈。澜翁来拍曲。接曹亲家信。

正月二十九日(十四号)晴

未刻至武进馆春季恳亲会。至江西馆祝陆渭渔母夫人七十寿,演剧系众乐会与昆曲会合班,余演《审刺客》,又配澜翁演《访普》,十点钟即归。行至闹市口,因罗圈胡同失慎,救火皮带纵横衢路,下车步行抵家,火已熄矣。接望之兄信(其次子寿昌携来)。

二月初一日(十六号)丙午　晴

寿昌族侄(字兰生)来见,望之兄之次子也。黄斗南屡来求见,只得延接,谋送考,谋派差,刺刺不休,余倦于酬对。人人希幸进,世界安得太平!饭后至周处复诊。又至市政会。约澜翁文明观剧。散后至益锠夜餐,澜翁作主人。彻夜不眠,心气耗散极矣。

二月初八日(廿三号)癸丑　晴

饭后至文明观剧,专为看新到沪伶林颦卿,色艺均不恶,然较之梅花则大减色矣。散后至致美楼夜餐,均润田作主人。写泥金对一副,以大八言写四言。

二月初九日(廿四号)甲寅

黎明天赤,照窗如映红灯,至九钟忽晦冥,屋中伸手不见五指,俄雨黄沙,气象之坏可畏。杨慎之将南园之命,送银币二百元来,余所借也。饭后至羊肉胡同杜志远处诊疾。过益锠进茶点,以补午餐之阙。即出城至文明,请钱新甫观林颦卿。夜,饭于致美斋。皆与六太爷合作主人,节省经费。夜半起风。接惠禀。

二月初十日(廿五号)乙卯　晴

甚寒。饭后至二侄女处诊疾,人病甚剧而脉不病,无从推测。算来总是学不精、识不广耳。又至姚处复诊。拟出城赴郑士敬大梁春之约,体中受寒,殊不适,遂辞之。伯葭来夜谈。寄夫人信。

两日车中看《缀白裘》，其中元曲甚多，自是一朝专门之学.非后来所及。中国历来旧学，清新相接，层出不穷，各极其妙。至光绪末造以及民国，铲除略尽，读书种子，行见断绝。真三千年未有之文劫也。

二月十四日（廿九号）己未　晴

未刻至织云公所祝姚石荃夫妇六十双寿，余演《黄鹤楼》。又与澜翁配《弹词》。在西邻温梦九处晚餐小憩，锡兄所介绍也。

二月十六日（三十一号）辛酉　阴

畿辅学校十年纪念，借乡祠宴饮拍照。散后至文明观剧，澜翁作主人。余读书写字之外无他嗜好，冶游无其兴致，赌博则深恶而痛绝之，唯观剧为性之所爱，借以疏荡精神。归后写对一付。

二月二十七日（十一号）壬申　晴

饭后至社政会。又至杨荫北处诊疾。朗轩邀广德楼观剧，福兴居夜餐。接玉山侄信。《伤寒论》中，凡仲师不出方者，欲后人随所现之证而斟酌制方耳。郭氏、常氏诸家，必举一成方以实之。是以死方治活病也，安能丝丝入扣？使有成方可用，仲师何不自定，乃待后人补亡耶？又《伤寒论》精简赅括，语无虚设，往往句中藏句，句外藏意，在人深思而自得之。注家以后世浅冗文法读《伤寒》，不曰文义不贯，即曰中有遗脱，臆增臆改，可谓胆大心粗（此弊《金鉴》尤甚）。

三月初五日（十八号）己卯　阴，微雨洒尘

未刻至大德通，偕任亮侪赴东邻福寿堂观剧。都人士梅、刘、林、尚分党标榜，足迹从不涉斯堂，而班中王素兰报章曾誉为坤角翘楚，度其必有动人处，观其《女起解》一剧，果然花颜俏丽，珠喉清脆，亦足销魂也。散后仍返通记进餐。又至谢辅庭处复诊而归。锡兄偕懿儿赴岳各庄为亡友王西岑扫墓，兼省孟常妻、子。改削昨作诗。凡五、七言古诗脱稿后,必须写出朗读,其中句弱字哑处,必多读之始见其病,随读随酌改,方成佳篇。此秘诀也。

三月廿九日(十二号)癸卯　晴

午前至王幼山、王芍庄两处诊疾。饭后新甫来谈,因约澜翁来此,同至庆乐观鲜灵芝剧,散甚早。接惠禀。

四月初六日(十九号)庚戌　晴

五女之乳妈忽患霍乱,几濒于危。凌晨即起,为之检定方药,遂不能就枕。幸得孙真人一方服之而愈。饭后至司法部街张毓皖(家骏)处(甲辰翰林),为其太夫人诊疾。至庆乐观鲜灵芝演《蝴蝶杯》,极视听之娱。夜,饭于致美斋,澜翁作东。门人塔式古赠余吴挚甫、张廉卿二先生合评《史记》。从前门人李子周曾赠余洋装本,用洋纸两面印,偶一破损,无从粘补,且印墨稍重,即侵及另半叶,殊不适。观此重印本,改从旧式,颇胜。

四月三十日(十二号)甲申　晴

孙幼屏来谈。未刻偕夫人、恩女至丹桂观剧,散甚早,夜餐于益锠。接惠禀,知初六日随冯帅北来。温李诗,非读破千卷书,不能道其片语。才人学人,兼而有之。宋人诗最为枵腹者所喜。然如东坡、山谷诗,语语有出处,运内典而融化之,亦岂易言哉!湘乡文正言,世人每自命能使贪使诈,正恐欲使贪诈,反为贪诈所使耳。真名言也(此出于余所记忆,恐与原文不符)。为蒋德华题泰岱观云图。

五月一日(十三号)乙酉　阴

啸溪同年来复诊,澜翁亦至,合拍《钗钏记》谒师一出。饭后至东城沈处诊疾,因答谢城内外各客。

五月二十九日(十一号)

癸丑　向明风雨交作,搴帷而起,神气稍清,惜一阵即止。饭后啸溪偕曹心泉（元和人，精于音律）来访，以马车迓澜翁来。合拍《钗钏记》中谒师一阕，余唱张御史，两时许始散。……

六月初二日（十三号）乙卯　晴

林女、樱孙均病喉痧，延房星桥来，内外兼治。至润田处为冯四嫂诊疾。又折而西至杨、王两家。宝惠请涛贝勒、桐琴甫在益锠夜餐，余亦往，畅谈至十一钟始散。谈及昨日敬懿皇太妃五旬千秋，王公、师傅、近臣均蟒袍补褂入祝。内廷传戏，鑫培、小楼、怡云、瑶卿等以改革之后宫廷复有斯举，皆竭尽心力，各奏其长，虽谕以少休而不肯，较从前传差倍殷报效。噫！诸伶可以风矣。门人涂璧垣来见。

六月初三日（十四号）丙辰　晴

约昆曲会中诸友，在三松精舍坐唱，局中合余为十五人。六钟开锣，十钟散，共唱十四出。余配唱《谒师》、《扫秦》。涛贝勒、桐琴甫、庄思缄出资听焉。啸溪、澜翁与余及惠均出资，极弦管抑扬之乐。

六月二十三日（三号）丙子　晴

午前至阮处复诊，病已十愈五六。归写武进馆门额。申刻至浦信公司，应李啸溪同年曲局。亥正始归。

七月十五日（二十五号）戊戌

十一钟始醒，热汗沾衣。西风忽起，大雨滂沱，顿凉爽有秋意，天时不测若是。未刻至景韩处复诊。上灯时，约景韩在第一楼晚餐，冒雨往还。无事看《西厢记》数回，词笔之妙，洵非后人所及。元人最重词曲，如此记及《琵琶记》，皆绝唱也。“寺警”一折，收尾惠明词有云：“绣幡开遥见英雄俺。”小批中断山论诗云：杜子美诗“遥怜小儿女，未解忆长安”，却将自己肚肠移置儿女分中，真是自忆自。王摩诘诗“遥知远林际，不见此檐端”，亦将自己眼光移置远林分中,真是自望自。二先生皆用倩女离魂法作诗也。(即分身法。此法至厉樊榭《小孤山诗》,其妙无以复加。诗云"俯江亭上何人坐,看我扁舟登翠微"。是我在这里望,他人在那里看。我望他看。)圣叹谓,作诗原来只是用得一遥字也。此种说诗,真入微之论。

七月二十日(三十号)癸卯　晴

锡兄之婿白少甫来簃,检点衣物,丹丈、孟禄亦寓目焉。啸溪同年来谈,合拍《浣纱记》"寄子"一出。至公度处复诊,病愈六七。访朗轩,不值。子刻彗星见西北方,除旧布新,孰谓天文不足信耶?

七月二十一日(三十一号)甲辰　午后阴

大雨达旦,而农商部观察天文标举旗色报曰本日天晴,岂非话柄?至吴、冯二处复诊。至澜翁处偕诣桐琴甫处祝其庶祖母寿(所生二女,一嫁涛贝勒,一嫁良弼臣荣文忠之胞侄,而母遂以女贵矣)。家台演剧,票友为多,内行不过配合而已。夫人及惠、纶、懿、恩均往,冒雨而归,东方将白矣。

七月二十六日(五号)己酉　晴

饭前至冯处复诊。午后预祝澜翁五十九岁生日,与啸溪同年同为主人,邀曲会诸君在三松精舍歌以乐之。亥刻散。

八月初一日(九号)癸丑　白露节。晴

……至吉祥园观剧,东兴楼晚餐,均六太爷作主人。与夫人、恩女同车而归。半夜,大风。

八月初八日(十六号)庚申　晴

大总统寿辰(总统生于咸丰己未年八月二十日。是岁西历为九月十六日。余因检查同治癸亥八月初十日为西历九月二十二日,倘中国定用阳历,则吾生日为九月二十二日矣)。诣新华门外司阍室通名叩祝。有一班人假用王印川名义，招集各省请愿代表人，组合团体大会于长安饭店。余见其杂乱无章，匆匆与润田同出，至广德楼观鲜灵芝戏，在醉琼林夜餐，均朗轩作主人。

八月初十日（十八号）壬戌　黎明微雨旋晴

余五十三岁生日。来客不减。年年以此累亲友，良用歉然。儿辈以金麟班大傀儡戏为舞彩，颇有可观，子正始散。嵩岑叔祖、玉山侄、典臣婿特自津来。

八月二十九日（七号）辛未　晴

魏静涵自南来。陈公孟来就诊。至椿树二条为沈步洲诊疾。访萧翰臣，偕诣广德楼观剧，遇车蔼轩，邀至正楼合坐。散后在万福居晚餐，翰臣作主人。量能自三河归。接王卓声奉天信，汪聘臣吉林信。

九月初十日（十八号）壬午　北风，阴凝骤寒，可着小皮衣

至李直绳、杨朗轩、姚石荃三处贺嫁娶之喜。晚，至贤良寺赴小松丈、李洛如、陶星如、朴如之约，为思缄五十生日预祝也。散后与思缄同年至直绳处观剧。梅郎演《嫦娥奔月》，古妆丽质，翩翩欲仙，樊山谓天上嫦娥恐亦逊此颜色。余因忆小说《来生福》弹词（闺阁所看之七字句），潘宫柳填《小游仙词》，有云："我似寒簧，正恐寒簧羞见我。"真妙语也。与夫人同车而归。看《通鉴·隋炀帝纪》中。

九月十一日（十九号）癸未　晴

仍风。写应酬字多件。傍晚又至直绳处观剧，唯鲜灵芝两剧差可观。女伶戏既恶劣，福兴居菜尤污宿不堪，乃至隔壁访伯谦谋食，兼约朗轩共谈。

九月十八日（二十六号）庚寅　晴

至伯谦处复诊。又至西廊下常宅、安福胡同王宅诊疾。夜，约子珩丈、刘凤叔、澜翁在簃唱曲,幼达、隐公来听。

九月二十五日(二号)丁酉　晴

至张处复诊。饭后季兄来,偕诣吉祥观剧,并约澜老、朗存在东兴楼夜餐,朗作主人。量婿归自朝鲜,详询亡国后情事,重增感惧。

九月二十七日(四号)己亥　晴

至小苏州胡同祝五叔岳母生日。复至常处询峨峰接诊情形。傍晚复至南池子,与曲会诸君合祝李啸溪同年生日,余唱《谒师》、《议剑》两剧。连日看《通鉴》隋炀帝、恭帝纪讫。《通鉴》纪年,以大业十三年为恭帝侑义宁元年,复以义宁二年为唐高祖武德元年。其时炀帝尚在也。夺去大业十三、十四两年,究嫌不合。若以统系论,炀帝既亡,自应以恭帝侗皇泰元年直绍大业,待次年王世充篡位,然后隋统始绝,即唐王所立之恭帝侑,尚是闰位也。《通鉴》为叙次直接之便,不得不沿《唐书》之旧,奉义宁为正统,为抹煞皇泰主,遂致隋祚短一年(炀帝谥号,《通鉴》未叙何处所上,若东都恭帝,则谥为世祖明皇帝,论理当以此为正,唯与炀帝太相违反耳。胡氏于恭帝禅位于唐下注三主三十八年,其实应为三十九年)。

十月初二日(八号)癸卯　立冬节。晴,有风

九钟至尹署投国体票,京兆代表廿人咸集,由王铁珊领衔。十钟投票,十一钟开匭,计得赞成君宪二十票,全体一致,即由铁珊登台宣读劝进文,台前拍掌如雷。众代表签名讫,京兆尹又出立法院委托书,请众签字,遂摄影。京尹两大令、众代表又别摄一影。宴于署之二堂,尽欢而散。至存处复诊。至六太爷处贺小孩弥月之喜。余命名曰福绳。曲会诸君醵资为贺,余亦与焉,歌《议剑》一曲。阮斗瞻处拍电请夜诊,坐人力车而往。归诣六太爷处夜餐。董授经约明湖春,辞。

十月初七日（十三号）戊申　晴

门人萨肖说（起岩）来见。癸卯一见十五年矣，与吾同岁，皤然若老翁。饭后至韦处复诊，在吉祥观剧，澜翁作主人。散后又至奎处复诊，病无可救，姑慰病人。又出城至明湖春赴谢辅廷之约。接宝惠禀。程颂臣面交南京汇款九百七十元，系常州田租所得，三房二百元，六房三百元，本房四百七十元（本是五百元，铭用去盘川三十元）。

十一月十九日（廿五号）庚寅　晴

天甚暖。赴实录馆校《实录》第二卷。傍晚约曲局诸君在思缄处清唱，为思缄预祝。余为澜翁配《刀会》。接宝惠南京、宝娴香河禀。伯葭自南来，邀赴益锠午餐（此昨日事）。

十一月二十日（廿六号）辛卯　晴

门人邹（国珍）来见。宁河苏新甫来访，请为其乡人邵锦堂看病。黄桐生乔梓来谈。饭后至冯处复诊。又至打磨厂德泰店为邵君诊疾。入崇文门至水獭胡同存懋亭处复诊。归已九钟。景枫邀广和楼听谭戏，竟不能往。

十一月二十六日（一月一日）丁酉　晴

天日和朗，气象颇佳。阳历元旦也。政界、亲友、外国友人皆寄柬贺岁，因如式一一答之。头眩稍差。饭后勉至赵剑秋处为其夫人诊疾。又至刘处复诊，两月崩漏，诸医束手。余本《内经》法立方，一药而止，阖家奉若神明。大德通约广和楼观剧，日期为余所定，不能不往，扶掖登楼，观一阕即散，在东兴居夜餐。寄量婿信，交香河来役带回。

十二月初一日（五号）辛丑　大雪

午刻至元兴堂赴干鲜果行之请。两钟至吉祥园观谭伶演《南阳关》。三十年未演此剧，故特定一桌（洋四元八角，加钱六千文），约润田、景枫、朗轩、翰臣、炳南同观。七钟始散。步行至德昌夜餐,润兄作主人。归途又至安福胡同,为汉乔郎舅诊疾,雪花犹乱洒也。

十二月初四日(八号)甲辰　晴

……至广和楼,约张先生、杨朗轩伯侄、管丹丈、白氏昆仲、溥哲臣、刘孟禄、澜翁、典臣婿及铭、纶、懿同观。宝懿与喜连成东家沈君熟识,特烦其演《奇双会》、全本《东昌府》,故演来倍见精神。萧翰臣闻有《奇双会》,羡而来观戏。散,同至福兴居夜餐。此局所以谢八月初十日诸君在账房之劳也。夜,大风。

十二月初五日(九号)乙巳　晴

饭后至朱处复诊。因至吉祥园观剧,溥哲臣请也。散后在对门东来顺羊肉馆夜餐。

十二月初十日(十四号)庚戌　晴

饭后至公度处复诊。因至吉祥观梅郎演《红楼梦》"葬花",聆曲体会神情,清歌妙舞,不禁叹为绝唱。在东兴楼夜餐,均澜翁作东。

澄斋日记

1916 年

二月初八日(十一号)丁未

晨醒望屋瓦皆白,知夜雪甚大,北风颇寒。饭后至背阴胡同为刘益斋前辈诊疾,形羸音哑,几不能识,廿年同榜至交,一病至此,泪承睫欲下,强忍之。势无可为,勉立一方,以慰病人。又至顾、饶、张三处复诊。李啸溪同年辞肃政使职,意欲南归。与小松丈、思缄弟、澜老纠合曲局,在三松精舍畅叙,余唱《议剑》。

二月十六日(十九号)乙卯　晴

始和。饭后访阑翁托代辞曲会诸君之约。至大同问小松丈疾。……

二月二十七日(三十号)丙寅　晴

午刻至益锠赴思缄之约,偕至大同公寓,张世兄病已大愈。又为阮斗瞻诊疾,谈及时事殊不佳,几有瓦解之势。蹙蹙靡骋,将不知税驾之所。伯葭、澜翁来篴夜谈甚畅。年来高位大老沉溺于赌,词人墨客沉溺于女伶,志趣卑污,廉耻道丧,世界安得不坏。

三月初十日(十二号)己卯　晴

风日始和。……四钟赴广和楼观《梅玉配》第三本,哲臣、宝铭相陪。戏散入城,在西单牌楼北汇美居小餐。

三月十六日(十八号)乙酉　晴

午后至便宜坊敬节会,置买申姓顺治门大街路东房一所(现开恒丰染坊),价银叁千壹百元,写契成交。余签押讫即至广和楼观剧。戏散,在天福堂晚餐。均巴秀峰作主人(巴彦济尔噶勒,系喇嘛章佳活佛之通事也)。归路顺为陈公孟复诊。向晨,风声怒起,为是担忧,几不成寐。

四月初一日(二号)己亥　晴

大风扬沙,入春至今,清朗之日甚少,九十日韶光真虚度矣。六媳二十岁生日,召瞽弦歌,命其用弦子、胡琴、月琴合调一曲,极可听,不知世界有乱事也。作霖、思缄来谈。至旧刑部街福惠苍处诊疾。又有城隍庙街富姓延诊,遍寻不得。接萧亲家信。旧辅荣庆薨于天津。皇室予谥文恪(上月内务府大臣景沣薨,予谥诚慎)。

四月二十一日(廿二号)己未　晴

江西洪述之(鉴)由门人陈桐甫(昌荣)介绍来执贽。江苏知事,年三十五岁。小门生刘晓沧(汉清)自山右来见。饭后访澜翁,偕至公园看芍药,红粉两种正盛开,光艳欲绝,共廿余畦,于其间各划蹊径,以便近赏,其法甚佳。徘徊良久,复偕至吉祥园观梅郎唱《思凡》。归寓即雨,入夜未止。久旱之后,闻檐溜琮琤,耳根一清。

四月二十七日(廿八号)乙丑　阴

午初即至陶处,未初押轿赴女府(轿式双马花车,甚丽)。申正新人进门,余即行。至沈步洲处为其小女诊疾。赴中和园观剧,东兴居夜餐,皆朗轩主人。归途风雨骤至,俄顷即止。杨朴庵招饮来今雨轩,辞之。十点钟,西方金星光芒四射,明如初八九之月,人及树木映墙有影,房屋庭砖皆能辨色。金星主兵,世界杀运大开,此其示兆耶?

四月三十日(三十一号)戊辰　晴

昨临卧服半夏、秫米汤,稍得美睡。申刻至小土地庙陆润生宅,赴应云卿、张耕农两同年曲约。宅中小有亭台,辟两小池,引自来水作趵突泉、珍珠泉,涌高几一丈,水星四溅,洒然生凉,立小桥良久,烦襟尽涤。与澜翁同车而归。

澄斋日记

1917年

正月初六日(廿八日)庚午　晴

丑夜全女病体忽觉心散烦躁不宁,吾夫妇均披衣而起。此乃服表药后,欲汗不得作汗之象,急调人参膏小半匙使服,遂获安眠,天明即得透汗而病解。余昔年治效五嫂病,悟得此法,屡试皆效。治外感用人参,他人不敢,亦不知也(夏日大雨将作,先燥闷郁蒸异常,即此理也。余从此得悟)。然扰攘一时许,余遂彻夜不能入梦。清晨亦未熟睡,竟日疲困。饭后至梅延卿、王河屏两家诊疾。四钟祝刘凤叔夫人四十寿，曲会同人公局也。余唱《刀会》。

正月初九日（三十一日）癸酉　晨微雪，午后晴

至阮、顾二家诊疾。祝史康侯太夫人九十二岁寿，齿健目明，灯下尚能作针黹，洵人瑞也。蒋性甫太夫人年八十二，冯公度太夫人年七十二，为同乡三寿母。皆康健。观剧至八钟，庭中颇寒，乃归。……

正月十五日（六日）己卯　晴，北风，甚寒

采涧夫人四十四岁生日，花好月圆人寿。余昨宵失眠，清晨又为茶房惊觉，惫极。觅静室休息。来客均由宝惠接待。儿女七人醵钱演夜戏以娱其母，余未便禁之。子后四钟始散。典婿、丙女晚车来京。小松丈延诊未往。酉初祀先。请侗将军演《空城计》。

二月初二日（廿三日）乙未　晴

至郑、李、苏复诊。诣报子街偕澜老至同兴堂赴伯葭及徐养吾之约，与林畏庐同年剧谈。易实甫邀看鲜灵芝《自由宝鉴》（新排戏），未往。

二月初三日（廿四日）丙申　晴

……又赴曲会，与澜翁，子敬偕回报子街，久谈始返。……

二月初十日（三日）癸卯　晴

一日无事。三钟赴吉祥园观剧。梅兰芳演《佳期》、《拷红》，艳绝。谭鑫培、陈德霖演《南天门》（《走雪山》），真绝唱也。

二月二十一日（十四日）甲寅　晴

午后广和楼观剧，福兴居夜餐，皆门人刘心斋作主人。心斋居宛平西山斋堂，理乱不知，黜陟不闻，诚有清心之乐。据言枯闷滋味，寒陋风俗，亦复不耐。

二月二十七日(二十日)庚申　晴

访伯葭,电约小松丈,偕访德友柯理尔。柯见余等喜甚,即电告辛公使,约明午相见。至第一舞台看夜戏。

闰二月初二日(二十四日)甲子　晴

刘心斋求书七里坟先茔墓表,饭后写百余字。许苓西邀舞台观夜戏,兰芳演《木兰从军》后本,不甚满意。与夫人同车而归。

杜隐园观剧记

张棡(1860—1942),字震轩,晚号真叟,别号杜隐园老人,浙江瑞安人。其人终生以教书为业,擅长诗文、书法,尤嗜观剧。张氏《杜隐园日记》,起自清光绪十四年(1888),止于民国三十一年(1942),逾半个世纪,其中颇多戏曲史料,对于近代温州戏曲的流变,甚具研究价值。沈不沉先生从日记中摘出观剧部分,付梓刊行,名曰《杜隐园观剧记》。据沈氏整理本摘录其中清代部分。

光绪十四年(1888)

正月初七日　午后雨

至前林看戏,“老绵升”班。

正月初八日　午后晴

本地看戏,“新品玉”班。

正月初十日

晚同枫甥、小竹弟买舟至莘塍地方看灯,并到东堂殿看戏。归来月色迷濛,约时近三更后矣。

正月十一日

午后同小竹、子枫、宝瑛(堂妹夫)三人至大典下看戏。

正月十二日

在肇平垟谢宅四舅父处吃午馔,即乘舟而归,便过塘下地方看戏。

正月十四日

晚,月色甚佳,过竹友夫子处,不遇,便经陶尖庙一游。是殿铺张华焕,灯彩辉煌,游人甚众。盖于是晚子刻开光,明日元旦演戏也。

正月十五日

是晚林宅设酒席,筵散后,即同诸人去看戏。是夜正演《春灯谜》新戏,余至时已演过半本矣。

正月十六日

午后同钰琳、小竹至陶尖殿看戏,是殿看戏男女之人较别处尤多，大家闺秀、小家碧玉皆呼童挈伴以至，游观者常至夹道而立，拥挤不堪。昔人谓东瓯看戏，挑挞之子每至，因戏诲淫起衅酿讼，此风最为浇薄。今瑞城虽不至如此，然以较余处乡村僻壤之纯朴已大不同。谚云："礼失而求诸野"，不其然欤！

正月廿二日

南门惠佑庙结彩演剧，游人极众，余乘月闲步，因书所见，得绝句十首。

画烛银屏艳绮罗，蓦从此地听笙歌。
彩云小队天魔舞，着意撩人是眼波。

清辉不让广寒游，鬓影衣香夹道浮。
博得行人齐喝彩，儿家新梳牡丹头。

一曲《琵琶》唱念奴，中郎才调世间无。
不知王四人何在，轻薄虚名已被诬。

阮家《燕子》演新词，暗谜春灯若个知？
千载声名君自累，不关社党有公私。

妒煞安仁玉样姿，春鸿瘦影暗相窥。
风流毕竟输肥婢，赚得唐家帝子痴。

旖旎瑶台送好音，教人忍俊最难禁。
须知良夜原无价，赌取吴娘缠臂金。

六街都为看灯忙，处处深闺斗晚妆。
十五鸦鬟年纪少，那堪肠断羽林郎。

元宵本是可怜宵，况复清歌度玉箫。

侬散春愁郎买醉,未妨赊酒换金貂。

谁家娇小擅心灵?法曲偷从隔座听。
待看回廊残月上,几行脂印认云屏。

胜景重游又一年,寻春杜牧怅无缘。
人生行乐须当记,笑指冰轮为底圆?

九月初十日

午后同李玉林表弟及小竹至三港殿看戏,班是瑞邑所聚"竹马歌",看至日暮而返。

十一月十六日

午后至后里看戏,"竹马歌"班。

光绪十五年(1889)

正月初七日

晨读沈选《唐宋八大家文》。午后至前林看戏,代人写诗数幅。灯下看《叶水心文集》。

正月初八日

晨同朱献甫、宇仁弟去三房饮酒,饮毕即一同去看戏。是日演《春灯谜》。

正月初九日

晚陪子枫甥等去三房饮酒,饮毕即一同去看戏,是夕演《绣襦记》正本。

二月初二日

是日同诸人谒墓，上山已午刻，祭毕下山至庆定禅寺吃午斋。斋后坐片刻，起身下舟。便过下林地方，适殿中有“新品玉”戏班演戏，因同诸人上岸看戏。

七月廿一日

晨晴，九点钟，船抵上海码头。

下午同延卿坐东洋车至茶馆吃茶，付车力廿四文；付茶资廿二文。

是晓同许竹师、程君莱仙、星卿及永嘉钱仲吹诸人到留春园听戏，正桌每人二角。

七月廿二日

下午同延卿、竹缘坐东洋车至四马路“芳凤馆”，听诸校书唱曲。四马路中书寓约十余间，楼上均摆设椅桌，上面两桌围红毯者，系诸妓唱曲之位。各妓均手抱琵琶，三面环坐，下面诸桌则各位来听者，挨次坐下。余与诸君听数出即出，计付资五十二文。

光绪十七年辛卯(1891)

二月十二日

早，至肇平垟谢宅外祖母家拜年，午后回，便过塘下看戏。

二月二十日

下午至邑当典坦看戏，晚饭后人小竹至南门外裕昌行中看灯，灯过，至三港庙边看焰火，旋至朝奉殿看戏。半本后即同小竹、陈宝墀进南门，路遇陈甥子枫，遂至李同丰店中坐谈文艺，近四更，即出店各分路而归。

四月廿六日

晚饭后小坐,闻南门卫房宫有戏,即同林艺香、巧郎二人去看,甫二出,正本初上台,忽有微雨,各人均无雨具,遂归。

五月初三日

微雨,买舟至蟠凤苏宅省岳母,便过帆游看戏。

六月廿九日

晚,便过第二巷,是处搭戏台一座,悬灯结彩,雇一盲人唱《陈十四收妖》故事。台下男女环坐,听者不下千余人。然游蜂浪蝶,大半为窥少年妇女而来。而少年妇女浓妆艳服,轻摇团扇,露坐至五更始返,亦可谓愚而不知礼教者矣。

九月十五日

在孙宅词塾,至蕖田先生处小坐,将自己闱作念与先生听,先生大加赞赏。是旺发月色如昼,同林子谦至小东门外校场看戏。

光绪廿一年乙未(1895)

三月初七日

至太阴宫看戏,是"新品玉"班。演《绣襦记》正本。灯下演《匿锁记》正本。

十一月十七日

到鲍田真身寺前看戏,是"新同福"班,正本演《一捧雪》传奇。

光绪廿二年丙申(1896)

八月廿二日

到承天宫看"新福建"班。班内有一花旦名晋卿,色艺俱工而曲韵悠扬,尤足令人心醉。

九月十五日

下午,同小竹至孙宅访洪博卿先生,博卿出所填《三生石》、《留云洞》传奇二种许阅。予观《三生石》是博卿自写身分,故以生文起鸿为影子。《留云洞》则写元真子传道演法事。据博卿云:疟中梦得此境,因有感近日倭人欺凌中朝衰弱,故借演此传奇,写其牢骚不平之意。

十一月廿二日

是日周宅寓公延陵吴太守之夫人高氏五旬寿期,因在驻春园内搭台演戏,班是"新福建"班。

筵间筹觥交错,珠翠辉煌,歌管嗷嘈,灯光灿烂,诚一时之艳事也。戏自巳时演起,至四更方歇。

光绪二十三年丁酉(1897)

正月十一日

晚同小竹、云苓及次玉弟到大典下看灯、看戏,三出后,又同到后朱看戏。班是"新同福",是夜演《醉菩提》一本。三更后始回。

正月十二日

午后舟过塘下地方看戏。酉刻始归。

三月廿一日[①]

早晨到周宅访仲明内弟,岳毋遂留余午饭,饭后同仲明出门游玩,路遇诸汉卿、伯琳弟,因邀之到信河街看迎神,闻尚在西郊外未迎进城。因绕道至县城隍戏台,看"新福建"班演戏,看至晚。

---

① 在温州。

六月初一日

是日清早,买舟上郡到周宅,并贺杨氏岳母生日也。在周宅吃过午饭,同工人上街买货,回来看戏。盖周宅寓公吴司马例有官戏,故台即搭在伊家门首也。

七月初十日

趁江天轮船抵申[①],遂与翁君石生、仲明等共寓三洋泾桥太安栈中。晚同仲明诸人到四马路"天乐窝"听女校书唱书,至三更后始回。

七月十一日

付(赴)愚园看"猫儿戏",英洋三角三分。

按是戏均以十余岁女子串成弋阳、昆曲、抑扬婉转,声色动人。内有一女子年近二九,演《文昭关》一出,尤为绝妙可观。

七月十二日

下午三点钟,同仲明、湘蘅、徐君仲龙到四马路"小广寒"唱书馆听女校书唱书。时校书来唱者,均不甚出色,唯竺文仙女校书颇觉可意。堂倌屡催人点戏,三位友人又强余点,余难违其美意,因即点一出《秦琼卖马》,校书即拨弦开唱。又将伊所用水烟筒请余吃烟。唱毕,遂送来红条子一纸,写明住处在久安里第三家。余即付点戏洋一元,四人遂下楼。

又转至"天乐窝"书馆听唱。此处校书出色者多,湘蘅属意郑月仙校书,即点《赏荷》一出,仲明属意贺爱蓉校书,即点戏一出,开唱毕,始下楼。

四人遂至各处访艳,先到百花里郑月仙家吃茶,听唱堂折,湘蘅付洋贰元;继至久安里竺文仙家吃茶,亦听唱堂折一出,余付洋一元;续至东合兴里贺爱蓉家吃茶堂折,仲明付洋贰元,郑年廿六,

---

① 由宁波。

竺年十七，贺年十五，三人中惟贺最佳。约游玩至上灯后始回。

七月十三日

仲明在美仁里王巧宝家摆花酒，折简招予往。予因乘东洋车而去。巧宝明眸皓齿，宜笑宜颦，善曲折迎人意。时叶湘蘅、徐仲龙均先在。酒开筵，四人各写条子招所欢至，少顷，东合兴里贺爱蓉至，坐于仲龙身后，抱琵琶唱一曲；继而，竺文仙自久安里来，坐余身畔，亦唱一曲；旋湘蘅之相好郑月仙自百花里来；仲龙之相好王秀林自东荟坊来，均不唱，坐片刻去。余四人约饮至三更，巧宝在旁侑酒，与仲龙、余及湘蘅拇战，均败北。巧宝酒力不胜，则倩伊娘姨代饮。余四人均与之调笑，三更后方回寓安寝。

七月十四日

早晨，徐君翰青同林君崇兰来访，翰青为仲龙胞兄，豪纵不羁，探花老手。余询以沪上访艳之事，君侃侃而谈，曲中情事。因劝余等此处务须挥金如土，方可称心。如果不破悭囊，与其贻笑于青楼，孰若保躬如白璧。余为首肯者再。

晚又雨，翰青在美人里张新宝家摆花酒，折简来招。时仲明、湘蘅均已出外，余遂独坐东洋车去。至则仲明、湘蘅已先在，尚有永邑林君崇兰，及太仓州黄君建侯，盐大使翁君杨桥，暨翰青共七人。翰青嘱余书伊所握槟榔扇，遂开筵畅饮，各折简招所欢至。少顷，余之相好竺文仙先到，次则仲明之王巧宝、湘蘅之郑月仙、俞君之郑芝香、黄君之二宝、林君之小桂芳、徐君之秦翠娥均来。名花满座，丝管齐鸣。诚一时之乐事也。酒散后，徐君翰青又怂恿仲明到王巧宝家定情，请其今宵再开一席，沪俗谓之"翻抬"。冲明首肯，遂先至巧宝家，余与诸人坐片刻同去。至则筵席已开，余因书一联赠巧宝，兼志明是日在巧宝家之事。联云："

绮席巧联珠络索；

良宵宝合玉连环。"

黄君建侯亦赠一联云："

巧不可阶其人如玉;

宝以为善我见犹怜。”

余又赠张新宝一联,兼寓翰青昨宵定情之意云:“

翰花新承青帝泽;

宝箱徐听雪儿歌。”

又戏集《四书》句嘲巧宝,各人阅之均大笑。坐席后,各校书又来侑酒。仲明又折简招贺爱蓉至;崇兰招赵文兰至,竺文仙以此次不愿唱,乞余缓颊,愿与诸君各打通关。群为首肯,遂与诸君各拇战三杯始去。赵文兰与崇兰微不合意,崇兰即当局付洋贰元而去。秦翠娥因翰青负约,设酒张新宝家,二人在翰青左右又有醋海翻波之意。翠娥申之而言,专责翰青,翰青惟俛首笑颔而已。酒散已三更后,翰青、崇兰均酩酊大醉,而崇兰尤狂纵无度,几与翰青相争。各人遂纷纷告别而归。

七月十五日

午饭后撰律诗二首赠徐君翰青:

信是徐陵有替人,豪情跌宕见天真。
名蜚翰苑家声藉,派衍青藤格律新。
铁板铜琶歌壮调,清宵浊酒赋良因。
鲰生叨陪宾筵盛,平视刘桢未许嗔。

软红十丈斗繁华,沪渎欣逢解语花。
宝帐风流泥客醉,秦楼日出误儿家。
但知名士倾城悦,争奈佳人隔座哗。
自古尹邢须避面,岂容有女赋同车。

徐君翰青为吾乡名进士班侯先生哲嗣,风雅多情,固今之不羁士也。近与余同客申江,花底寻娇,歌楼访艳,各有所眷。而余则客囊羞涩,未畅所怀;君乃一箭双雕,左宝右翠。昨宵设宴于美仁里张校书新宝家,并召所眷秦校书翠娥来侑酒。数笺召余,叨荷盛筵,良朋雅意,名士风情,均不可忘,聊吟短章,以当琼玖之报。

七月十六日

下午同湘蘅、仲明、赵朴斋三人乘马车至愚园看“猫儿戏”，戏毕复至张氏“味莼园”周游一遍始返。是日为礼拜三，较礼拜日之人少一半。

晚同赵朴斋至“丹桂茶园”听戏至三更始回，付洋四角五分，共三人。

十月初一日

下午同崧舫到夏宅庙看戏，未刻后有雨，晚上不去看戏。

光绪二十四年戊戌(1898)

正月十一日

晚命大姆同福锦兄买舟上郡拜年，先到后朱看戏，盖“新同福”班也，是晚正演《钟情记》第二本，关目颇可玩。戏毕，即登舟而行。

正月十六日

午后，命大姆、福锦兄划船到鲍田看灯，先至大营盘庙看“大吉昌”班，未甚佳，转至还佛寮看“竹马歌”班。三出后，因雨，遂乘舟回。

正月十七日

命大姆、福景划船到仙岩谒墓。

在仙岩寺午饭，饭毕遂到华光庙看戏，班系“老锦云”，方演《朱仙镇》。阅半本后始乘舟回。

二月二十日

早晨命大姆划舟到岩下杜宅妹夫紫石处看戏，盖伊杜姓圆谱演戏，班是福建“老荣升”也。

晚有微雨，又去看戏。是夜演《柳树精》新戏，颇曲折，与《聊斋志异》中《画皮》一折相似,颇堪娱目。

三月廿三日

是日太阴圣母寿诞,本年余值福首,整衣冠到宫中叩拜,命优伶演上寿戏三出。午刻则请各位在自家大堂享寿筵酒。下午晚上均去看戏。

闰三月十七日

买舟上城看重庆灯市,午后同云苓到三港庙看排设,又到陈节庙看槛中虎子及乳鹿。在庙中坐片刻,回转到大妗母处少坐,即同云苓到天妃宫看福建"老荣升"班,至晚始回。晚在林宅看陶尖庙看焰火。

闰三月十八日

午后又同云苓到天妃宫看福建班。未刻大雨,至晚始回。

灯下,二鼓后同小竹到陶尖庙看戏。是晚系"竹马歌"、"新三星"二班合演,极可娱目,四更后方回。

闰三月廿九日

早晨命大姆舟同福景兄上城,余亦同去,盖接三个女儿归也。

下午同内兄小竹到小沙巷看"新同福"班,时孙仲开家有戏厂,小竹即要余同去,坐看四出而回。即携女儿登舟,酉刻返里。

七月三十日

午后至本地陈司徒庙看戏,班是"新品玉"。

八月初三日

玉君表弟同"品玉"班中小生阿三、小旦国熙来游玩。下午、晚均看戏。

八月初四日

早晨，玉君同（品玉）班中大花脸阿青、阿桃来访，并送《意中缘》曲本来看。留阿桃午饭。

是晚与玉君到董田看戏，毕即归去。

光绪二十五年己亥(1899)

正月初九日

是晚月色如昼，微风不动。本地迎神，扮演彩灯，真有月明灯明、两相辉映之致。小儿毓寯亦在门首，约看两巡灯，甚是快活。

予到琅弟门首看焰火，旋到前岸看“新品玉”班演《永团圆》半本；又至太阴宫看戏，正演“包龙图判曹二”事。

正月十三日

早晨命方姜划船到肇平垟拜年，在谢宅三舅父处午饭。下午回舟便过塘下，看“新品玉”戏数场而返。

二月十八日

下午到董田看“新寿喜”戏班。看三出，即过周世甡表弟店中坐谈，至申刻返。

三月初二日

早晨同次玉、玉舟、阿同诸昆仲到渔潭谒坟，在庆云寺午饭。饭后动身，船至下林看戏。班系瑞邑“竹马歌”，至晚始回。

六月初二日

早晨抵郡城周家。是日为岳母寿期，并来送礼也。

下午出外买街货，便过道署，看“竹马歌”。

七月三十日

早晨看赵石臣先生《过来语》一至三册。先生为余门人赵德宽曾祖,世为下金人。道光十五、十六年间曾设馆余家,先君及仲父均从学。此书自嘉庆丁卯年起,时先生已将近五十矣。以下逐年记志。其中励品、励学、论世、观人,均是箴规之论。而轶事异闻亦间述及。亦吾河乡一大文献也。闻其书约有三四十册,俟阅毕当为跋语,以记一时师友渊源之意。

下午到本地庙中看"新寿春"演戏。

八月初六日

晚命阿生、大姆划船到塘西看"竹马歌",同去者有李芸林及馆中诸徒也。看至三更遇雨而回。

九月十一日

早晨乘方良船上城,到内兄林小竹处。下午卫房宫有戏,班系"喜春花"。云苓、熙琳均邀余坐台上看。时许君仲笙、薛君逸仲、管君仲凌、李君漱梅、项君瘦玉均在座听戏。至晚始乘舟回。

光绪二十六年庚子(1900)

正月初六日

早晨乘大姆船到肇平垟拜年。吃过午饭到二府庙看戏,班名"同咏霓",看三出后即回。

正月初七日

早晨,李安祺来贺年,下午同琅弟到前林看戏,班系"新同福",看三出即回。

正月十一日

晚饭后乘田森船上郡贺年。便过后朱村,看"新同福"班演《一捧雪》传奇。毕，即登舟上郡。抵大南门，晨鸡未唱，坐候天明，始划舟进谢池巷周宅。

正月十五日

是日命田森划船到长桥陈岙谒祖坟，在陈岙钱阿浩家午饭。午后同至长桥龟山殿看戏。

三月廿八日

早展乘大嬷船到仙岩谒祖墓，在仙岩寺吃午饭，饭后至外殿看戏三出。班名"大阳春"，内有一小旦，妙年玉貌，甚觉可人。未刻即乘舟回。

八月初一日

下午同林小竹、李芸林、杜宝瑛诸客至本地太阴宫看戏。晚上又去看戏。

八月初二日

是晚雨甚大，不去看戏，适有江西人携西洋留声机器至。此器形如竹箱，纵横方广约尺余，高称之，有机器一副系纯性钢打成，如近日打袜之器，藏有蜡圆筒十余个，安筒片上机器。其人将机轮一转，机上安一喇叭，忽其中音乐悠扬，生旦之音齐唱，工妙如生。约共唱《闹五更》、《牧羊卷》、《梅龙镇》、《二进宫》、《打斋饭》、《□□□》等戏十余剧，计至二更后始歇，共付小洋一角五分。

八月廿三日

阅李笠翁《一家言》。此老长于度曲教歌，故其《闲情偶寄》集中论填词诸则，最为明白晓畅。至于"声容部"、"饮馔部"、"居处部"亦多阅历尺道之语。诗文一途则无甚佳处。《东池草堂尺牍》极诋笠翁之笔墨。然笠翁文如其人，原难列著作之家。而填词度曲实有心得处，不可以其卑近而忽之也。

闰八月初一日

是日本地地主庙重庆演戏,庙中悬灯结彩,排设辉煌。

下午同诸位戚友至庙看戏,班是“新同福”,是日演《钟情记》第二本。

灯下,杜紫石以足力疲不去看戏。予同姜舜旋、耘林去看。晚演《钗钏记》。

闰八月初二日

午后看戏,演《钟情记》第三本。是本演沈凌云因嫖妓破家,赖其妻梁氏设法娶妾,暗将产业续回。直至沈某山穷水尽,始发愤攻书,下闱成名,夫妇依旧团圆。其警醒世人之意最为深切。无加近日荡子破家者甚多,败子回头者甚少,岂其家绝无内助之贤欤?然而如梁氏者,吾愿铸金事之。

灯下演《桂花亭》,即唐六如娶秋香事,见《今古奇观》。

闰八月初五日

与李玉君表弟自城乘舟归,路过董田世甡表弟家,吃过晚饭后去当地庙里看戏,“新同福”班,三更后回。

九月初六日

是日晚同乃志老司至小典下看戏,班是“大庆昌”,看至三更始归。

十一月初七日

本月初四,西岘山文庙开光演戏,班则“新同福”,约十本。予甫至城而戏箱已装载出城。问何故?则以昨夜演戏违总局诸公之命,几酿事故。刘君菊仙因即停演,故今日无戏也。

下午至大妗母处少坐,同玉君表弟到西岘山一游。见文庙丹旃焕采,扁额辉煌,后殿一带房间均修造精致,可为邑人诵读之所。闻刘君捐资约一千三百余金,而此次开光费须洋一千四百余金。

刘君任劳任怨，于此事极其郑重。而总局诸大绅横听蜚语，严禁夜戏，不从则命局勇去抬戏箱，几至激变。赖李漱梅出作调人，事始冰释。然以文事始而以武备终，识者无不讥其杀风景也。

光绪二十七年辛丑(1901)

正月初四日

看《茶香室四钞》。午刻同甯儿到珏弟家圆真叩拜，旋同至大房吃圆真酒。下午到后李看“新寿喜”戏班。

正月廿四日

午至玉君表弟家。饭后同玉君、耘林到南城下看戏。班系永邑新聚，均是十二三岁孩子，最长者不过十七八岁耳。看演数剧，以天渐昏暝，遂返。

三月初二日

同珏弟赴仙岩山谒祖墓，下山在寺内吃午饭，饭后归。船过下林宫，看戏两出，以天已下雨，遂登舟归。

四月十六日

灯下至显应庙看“同咏霓”戏班，半本后始回。

九月初四日

下午趁正水舟，同次玉弟、门人李安琪、赵宽、仲璜弟至莘塍聚星书院看戏，班是“新同福”，酉牌始回。

九月十三日

下午同赵宽、仲璜、次玉、安琪至莘塍乡学看“新同福”戏，看毕回家已上灯后矣。

十月十三日

下午乘田森船到枫村收租,借寓上寮寺中。晚饭后同浚生、载用、朱藻培三到士庄村看戏。是夜月色如昼,微风不飏,戏完已近三更,各人均步月而回。

光绪二十八年壬寅(1902)

正月初五日

看《国朝骈文录》。下午同珏弟至后里看“竹马歌”。灯下同寯儿至琅弟处吃圆真酒。

正月初八日

是日本地迎神赛会,邑城内兄林小竹同郑挹珊、李阿文表侄来贺年。午饭后同小竹等三人去太阴宫看戏至申刻。

正月初十日

同玉君、蕴斋、阿文诸人到洪岩庙看“新同福”班。时正演《八义记》,约看至半本即出。

正月十七日

本日陶尖殿有戏文,下午同云苓至陶尖殿看戏。是日正本演《雷公报》,颇可娱目。其《八蜡庙》一出,亦有声有色。

晚至丽生表弟处吃新年酒。旋同丽生、云苓、小竹到陶尖殿看戏。正本演《循环报》,歌泣淋漓,尤堪击节。

三月初七日

周森来说:本日汀田有戏,系“新同福”班,请予即登舟回里,予遂束装而出。便过正和局,托王玉佩先生买《新民丛报》及《政艺通报》,计共付洋四元。

饭后乘舟回里,抵家小坐即至庙看戏。盖三出已完,正本为

《花钟情》，又演至半本矣。余因托友夔弟将老朱所罚之戏今晚齐做，友夔允诺。是晚遂选正本戏两本，三出连演，计《摘桂记》、《巧团圆》二本，颇可娱目。

七月廿一日[①]

下午去张园游，与香浦、友夔、祝三、屏周、叶裔卿等上楼听戏。时本日正演《西厢记》之《游殿》、《寄柬》、《跳墙》诸剧，演毕已四点钟，各人付戏洋一元。

光绪廿九年癸卯(1903)

正月初八日

孙君季芃自城来贺年，并欲于本里赛会热闹时演说《妇女解缠足》白话一篇。时洪君岷秋三昆仲亦来贺年，旋去，午刻，林内兄小竹与襟兄赵羽仪、表弟李玉君、仙夹表弟周世甡、表侄李阿碎均先后到。因与孙君季芃并留午宴焉。未刻后孙君欲去演说。余谓今日人多口杂，且在看会，便无心听书，不如暂留一宵，先贴一广告通知地方，约于明日十一点钟在戏台演说，庶几两全其美。小竹、羽仪亦以余言为然。季芃因在西书室留宿一宵。

正月初九日

晨命培春先贴演说告白，并知会戏班早打头通。上午即同季芃、小竹、羽仪先到神庙台上小坐，俄而左髓、让卿、缪侄诸人均至，戏班即打头通，演八仙毕，游人渐集，季芃即在台上演说一番。旋以俗人无知，口语嘈杂，即停演回家。余并留左髓陪季芃午宴。而叶君芰汀亦于是日去前林地演说片刻，因并留之与孙、林、赵、李诸位同饮。未刻后，季芃、左髓、芰汀均归去。

晚，家翊臣弟来贺年，因留饭。小竹则在林晋三家饮酒，更余

① 在上海。

同羽仪去看戏,三更始回。

光绪三十二年丙午(1906)

正月初四日

是日为后李地方演剧,因率寯儿去看三出而回。班系“新同福”。服饰一新,脚色亦佳。

四月初五日

是日,东山德来予家唱词,其款即林阿钦等冒赎罚出之款也。午后唱一本,灯下又接唱,约至四点钟始罢。所唱故事乃两生两旦皆面貌相同而悲欢离合,情节颇佳。阿德又唱得淋漓尽致,故听者皆忘倦云。

按近日下等社会,最足以感动人心者,唯戏文及词曲。其所演唱者皆忠义之事,自然令听者眉飞色舞,激发爱国之肝肠,此忧时君子所以有改良词曲、戏文之说也。盖唱词虽小道,而精其技者,名亦籍籍人口。予阅赵钧先生《过来语》云(赵系下金人,为门人赵宽之曾祖,赵醇先生之父也。积学不倦,手不释卷,其所撰日记即名《过来语》):“白岩松最善唱词,至处皆悬灯结彩,倾动一时。”想其人在嘉、道之间,今已无知之者”。而同、光之间以唱鼓词知名者,无如“上坞发”。阿发唱词皆细针密缕,无一俗句,其所唱《倭袍传》尤脍炙人口云。阿发前数年始殉,年已六旬余矣。而今日则推东山德为巨擘。孟子云:“王豹处淇而河西善讴,绵驹处高唐而齐右善歌。”盖曲艺之人地以名传,其由来也久矣。

闰四月十八日

下午,南湖戏班“新品玉”已接到,在叶姓祠堂内开演。

闰四月二十日

是日上午九时,从郡城至南湖叶婿家看戏。下午,戏演《意中缘》。其净脚扮演思空僧者，诙谐诡诈，惟妙惟肖，予看至圆台始归。

七月廿三日

八点钟到堂，为小竹撰部剖呈一通，并寄函襟兄赵羽仪，盖伊新自汴旋里，约其八月来看戏也。

阅日报，七月十三日谕旨已颁，立宪新政，但中国民智幼稚，果有具国民资格，可以备立宪基础否？

七月廿九日

七点钟到学堂，制黄旗两枚，命琴轩绘飞龙于其上，悬挂大门口，以贺立宪新政。是日会吉李国盛来访，据说本城南门大街已经搭幔，悬灯大祝庆典。

下午至学堂，命李再坤将桐油漆黄旗两面，至显佑庙看戏片刻。晚送三女儿去看戏。

八点钟到堂，看堂役插翠竹、悬龙旗、点万岁灯。

八月初一日

是日下午同羽仪及嶲儿、宬儿、亹儿到太阴宫看“新同福”演戏，看一出予即回。

八月初三日

灯下便过五三房，坐谭片刻。又到显应庙看“老祥云”班演《合锦缘》正本，颇足娱目。九点钟始回。

九月初六日

下午两点钟到县城隍庙看戏，班为“新聘玉”，剧演《绣襦记》正本，阅至晚回。

十一月初三日

下午过五马街打铁巷,看东洋人所搭戏棚。高四丈余,长五六丈,四面围以竹簟,于中演奇巧戏术。入内看者,上等六角;中等四角;下等两角。闻前晚演戏时,有数人无钱者,不得其门而入,仅伏簟外窥探。日本人禁之不止,即拔刀乱戳,致伤数人头面。顿时哄聚多人,掷石放火,看戏者纷纷散去,戏遂停演。被伤者哭诉府县,而日本人谓,有领事关文到此演戏,横遭扰乱,必致酿成交涉。永嘉县无奈,赔洋四五百元,劝其出境,日本人始允。

嗟乎! 演戏本游乐事也,费财劳民,于地方上有损无益。彼东洋人未来时,为民上者不能禁之于前;既来而无理取闹,又不能禁之于后,赔累钱财,贻笑邻邦,何其值也!

光绪三十三年丁未(1907)

正月初九日

午后同孜臣、旭东、寯、宬两儿去看戏,是日演颖考叔争车事,颇奕奕有神。

夜至太阴宫看戏三出后即回。

二月初一日

至戴教习房闲谈,戴君言:约翰书院诸生散学后均演戏剧,而上海汪君笑侬及新菊花等演《潘烈士投海》,尤有声有色,观者为之下泪。戴君又言:现在时报馆中姓冷的所撰《火里罪人》小说极妙,近又撰《土里罪人》,皆写情小说之妙品也。

三月初三日

午刻至林宅午饭,饭后同小竹过孙经畬广明书局时,经安排留声机唱戏。余乃与诸君同留待之。俄而天雨,待数刻雨仍不止。小竹与林君吉臣先生、经畬将机器安排毕,乃装上喇叭,打动机括,其中鼓乐齐鸣,音韵悠扬。约听《一捧雪》、《黑风帕》、《战滎阳》等六七出，始辞出。

五月初七日

随陈冕卿到伊家少坐，缘本晚伊处尚有戏文也。在冕卿家约待至九点钟，始见开台演剧。不料戏演未半本，忽闻一群流氓拖洋油箱齐声发喊，谓荒年米价尚未定，何得黉夜演戏？顿将台上灯火一齐打灭，戏子均纷纷下台。予等以如此败兴，乃趁人稍散，即偕诸友回去，时已十点半矣。

七月廿一日

闻本日西门外西宫有戏，系“新同福”班。因偕屏周往观。路遇江阆仙，遂邀之同去。出西门约里许始到西宫。时台上灯火均未点齐，而看戏男女已络绎至。俄而，云汀偕友人至，项君叔先、薛君仲渠亦至。约至八点半钟始开台演唱。各人均坐台左首观之。首出演《刺目》；二出演《打店》；三出演《打肚》；时钟已近十点半，乃与云汀、屏周同路回堂。

七月三十日

晚同两女及三儿去本地看戏，班系“竹马歌”。

八月初二日

晨与杜紫石到醒同处，看《欧洲列国战事本末》。下午同诸儿到显应庙看戏。

晚，留林屏周晚饭，灯下又同杜君紫石及嶲、宬、崟三儿去看戏。

是晚三出演《蜈蚣岭》，各戏子均在台上打拳，极五花八门之致。

十月十一日

乘船上郡办事。晚至府前街看“竹马歌”剧二出即回。

光绪三十四年戊申(1908)

正月十七日

晨检点行装,同寯、宬、亹乘钦良船上城。十点钟开行,十二点钟到。在林宅午饭后,即同小帅诸儿到陶尖庙看戏。班系“新同福”,是日正本演《琵琶记》,看至晚回。

灯下又同寯、宬、亹三儿到庙看戏。是晚三出演《刺目》、《落锅》、《后和番》、《惊梦》,正本演《醉菩提》。诸儿均看至圆台,时已十二句钟。

正月十八日

四点钟,又帅两儿到陶尖庙看戏片刻回。是日演《钗钏记》。

正月廿四日

到竹岙地方看戏,班是“新锦福”。正本演《翡翠园》,情节颇佳,是昆曲新串成者。看至圆台乃回。

三月廿五日

是日周宅请寿酒,下午尚有寿戏,班名“新益奇”,日间在茶场庙做,是夜即在宅内扮演。

是晚吃闹夜酒,坐观寿戏数出。周维新、林蕴山点戏极多,约费赏钱数千文。

四月十三日

晚在郡城周宅,晚饭后同蟾妹到茶场庙看戏,九点半始回。

四月三十日

下午一点半钟上庚班课后,三点钟出外,过府城隍庙看戏片刻回。

五月十五日

十中与十师学生远足，予同王子祥、余小泉两君过府城隍庙看戏。

七月十六日

晨看《左传经世钞》，下午读《国粹报》，晚在月下看《奇中奇》传奇。

九月初六日

下午二点钟同林尧民到县城隍庙看演剧，闻系新到福建班。惜看者太多，仅从远处略寓目。

十一月廿二日

同宗易、剑秋便过陈菁卿家少坐。菁卿，宁波人，业医，又能度曲，听其唱《文昭关》一曲，颇有穿云裂石之致。

宣统元年己酉(1909)

正月十五日

乘船一西岙谒简斋公坟，旋到场桥永福寺内午饭。饭毕，即偕同人到龟山庙看戏。时龟山庙重建落成开光，班系“新同福”。

五月十七日

看《寄园寄所寄》，“报施”门中有金某为其妻父母弃之荒岛，后竟得横财回里。夫妻完聚。盖即《今古奇观》中《宋金郎团圆破箬笠》之蓝本也。

七月廿七日

午刻，整衣到夏姓宗祠饮圆谱酒，酒毕，即在夏祠看戏，班系“竹马歌”。

七月廿九日

下午帅诸儿到地主庙看戏,班系“新同福”。正本演《惠中缘》。灯下正本演《对金牌》,乃温州知府何文渊除胡四姓及江心恶僧两案。情节颇新颖可观。是晚素云、素绵二女均去看戏。

八月初一日

午后同诸客去看戏,是日正本演《钟情记》,晚同女儿去,正本演《天喜柱》。是戏乃《西游记》中四圣试凡心及乌鸡国除黄狮怪事,比《火焰山》情节稍佳而无其闹热。

八月初二日

下午又同诸儿及紫石、潘星斋到庙看戏。正本演《比目鱼》,其戏中演戏,戏台上一联颇佳。盖其戏本在晏公庙前,前临大溪,故联语云:“台中戏,戏中台,景物最宜人,演出一生真本领;庙前溪,溪前庙,风光皆入画,绘成千古大奇观。”横额四字:“近水楼台”。

八月廿五日

晨看《吴挚甫文集》。下午诸儿及馆徒均去看戏,缘前日翠弟家为下垟倒笼事,被阖地公罚演戏故也。班系“老祥云”。灯下复到地主庙看戏,正本演《龙凤球》,乃新串演者。

一白蛇精与穿山甲争洞,其洞旋为蛇据。时有山西书生名徐跃者,家贫,母子二人出外寻亲,途遇一人为虎所窘,跃毙虎救之。其人自言姓王名恩,愿与跃结拜异姓兄弟,留其母子于家。适藩王高子衡之妹长大未配,奉旨搭楼抛球招亲,白蛇预知藩妹与跃有缘,将破坏其婚姻,暗唤山上土地随行,自化书生去抢球,其球果为土地抢去交与白蛇。白蛇即投高府,冒名山西徐跃与公主成婚。先是公主得异梦,见一书生持剑揭帐呼曰:“我乃汝夫徐跃,汝难吾救,吾难汝救!”公主惊醒,暗记于心。今见接球书生与梦相符,合卺时,女致研诘劝以大斗,白蛇酩酊卧床,忽现原身,公主揭帐惊倒。白蛇遂将公主摄去。时侍婢捧茶到房,见无人,奔告藩王。王夫妇大骇，急带弓箭手四处搜寻不获。时各处知藩王之妹新婚夫妇同时不见，传为异闻。事为王恩所闻，告知徐跃，带弓箭搜寻，倘得踪迹，则二人定获重赏。跃诺之。

才至山，忽见黑云一片，似有人影。急放箭去，云中坠落弓鞋一只。二人谋曰："有鞋必有人，可蹑云追之。"追至蛇洞，黑云竟由洞而进。王恩乃放绳缒跃下洞，得晤公主。询知蛇精在后洞养神，跃仗剑往后洞与蛇斗。蛇顿被天神摄去，跃亦晕厥。公主听后洞声响有异，探悉生晕，悲泣欲绝，忽忆蛇精入洞时，有百草灵丹一颗，付与公主医创之剂，即取丹灌跃，顿时清醒。遂带公主出洞至王恩家见母。母询以始末，问剑何在？则答以遗失洞中。母曰："此传家之宝，必须取回！"王恩谓一剑能值几何？洞险不宜再往。跃颇孝，怕违母训，强恩同去。

恩竟衔恨，俟跃入洞，即运石填洞，趋归假称跃被蛇吞。跃母及公主大哭，为跃持服设灵。公主念出洞时曾赠钗与跃，愿为夫妇，今我生而彼死，哭之以夫，又与跃未成花烛，奈何？因只呼"恩公"以哭之云。

王恩以跃已死，遂趋藩王府报信，藩王知妹已得救，大喜，遂雇车迎妹及跃母到府，而封王恩为旗牌官，择日升任。

徐跃在洞觅剑，正欲出外，不意洞为石塞，遂大骂王恩负义，拔剑欲自刎，忽穿山甲破洞入，负跃竟出。盖甲已知蛇为跃所毙，占洞之仇已雪，故来此援生也。出洞后甲嘱生曰："子倘遇王恩此负心人，万勿误听其言。"跃诺之。即仗剑步回，至家则双扉紧闭，知必为藩府请去，复至高府。路间忽见王恩官服乘舆，喝道而过，跃欲以剑了之，恩连呼"吾弟不可错怪，当入洞时，兄几被蛇吞，急急回家报信，方痛吾弟之落蛇口，宁知今日有生还之乐乎？"急唤役请跃至邮亭饮酒道贺，跃听其巧言，误为好意，勉强入席，数杯后，恩暗置毒酒中，跃吞而竟毙，恩即命役推尸古井中灭迹。而搜其身畔，得公主所赠之钗，甫展玩间，突一松鼠飞至，衔其钗去。

时包龙图正巡视回衙，经井边，忽见一松鼠衔金钗跳入井中，包异之，命衙搜井，得钗并获跃尸，抚其体尚温，因加以还魂带，顿时跃魂复苏,历诉被害情由。包大怒,立拘王恩审明,乱棍打死,一面同藩王并奏,奉旨使徐跃与公主成婚焉。

全本皆梆子调,非高腔,亦高腔班之别开生面者。徐跃犹言蛇之药;王恩为忘恩之谐音,皆寓言以警世也。

八月廿六日

晨看《明季北略》,灯下又去看戏,正本乃演《高唐州》,梁山泊破高濂事。

十二月十五日

瑞城先达何橘仙先生芝耀之子庆辅,号翰臣,系某科甲榜,赐同进士出身,签分广西知县。到省候补数年,一贫如洗,蹭蹬而归。时有刘菊仙中选者,以明经捐同知衔,向在湖北黄叔镛观察任上当差,因叉麻雀发财,报捐实缺知县。且于邑之后河街营建新室。是年六七月间,由鄂回瑞,移居新宅,为其母称觞演戏,宾客盈门。何翰臣时在窘乡,向刘假贷不遂,衔之,适刘演戏,正在国恤未满百日之内,即借端禀揭,大相冲突,不知如何了局。邑有好事者撰一联嘲之曰:

橘仙子问菊仙母,尔儿从鹦鹉洲来,法曲谱梨园,是道也,何道也?

旧令尹告新今尹,吾辈闻虾蟆鼓响,借端敲竹杠,为官乎?为私乎?

盖何橘仙人矮而行蹒跚,有"虾蟆"绰号,于是人皆呼为"虾蟆儿"。

此联对仗精,用意巧,真可谓谑而不伤雅矣。

宣统二年庚戌(1910)

六月初七日

晨买舟同李乃文、寯儿上城。即留乃文家午饭。下午同李丽生到卫房宫看戏，班名“新洪福”，脚色俱系昆腔老手，尚可娱目也。灯下又同丽生去看戏。

十一月三十日

下午一点钟，至小南门外趁会昌小火轮回里。是日官舱人极多。船至塘下时，予家已遣银水小船待，即过船。适伶人丑脚定南亦自郡散班回，并附予舟回里。抵家已五点钟。

那桐日记

那桐(1856—1925),字琴轩,满洲镶黄旗人,叶赫那拉氏。举人出身,晚清重臣。光绪、宣统年间曾任户部、外务部尚书、内阁协理大臣、军机大臣等要职。清亡后,迁居天津。那桐酷嗜戏曲,其日记中颇多观剧聆曲之记录,诸如陪帝后观剧、自办堂会、赴戏园子看戏等等,不一而足。那桐在王府井东侧金鱼胡同的那家花园建戏台一座,是清末民初京城演出堂会戏的重要场所。谷曙光据北京档案馆编《那桐日记》(新华出版社 2006 年版)辑录。

光绪十六年(1890) 庚寅年

正月十二日

早饭后进署办事。未刻会同清辑廷、溥仲路、王敬臣、葛振卿、胡鼎翁、惠敬亭赴曾劼侯之约,观三庆部,戏甚佳。晚饭后戌初归。

二月初四日

早到锡远斋处,会同岳介之赴崇大人宅,回左翼事,谈时许。到署办事,申正散。同仲路赴延敬臣之局,看小荣椿部戏,偕锡弟子初归。

二月初九日

早赴崇大人宅回左翼事,到恩仲石处出奠分,筱岩处拜寿。午归早饭。申初拜续大人,在文子章处少谈,到佛老六处道喜。看同春部,戏甚佳,亥初散归。

二月十二日

辰初进署办事,分钱法堂饭银,未正散。到师继瞻侍郎处出喜分,宝佩蘅相国处道喜、出分。晚饭看票戏,甚佳,子初归。

二月十六日

午拜董健秋,为毓吟涛代约事。未刻到翼办事。申初赴福寿堂俸饷处团拜,看同春部并票戏,子正归。是日晴暖。

闰二月廿七日

早世伯轩来谈公事。饭后进署办事,申初散。赴宝佩蘅太夫子之约,观剧,至亥正归。

闰二月廿九日

早到八面槽看视,答拜惠敬亭、荣伯衡。午刻赴惠敬亭、胡鼎翁之约,同兴楼早饭,观同春部剧,同席宝泉局钱法堂诸君,酉正散归。

三月初五日

寅刻进内带引见,辰正散。今日引见张家口税差,朱笔圈出荣安,户部贵州司掌印奉堂谕派余署理。午刻仲路来。午正策马到劳凯臣处出喜分,赴徐大人宅画稿。未初赴清辑廷同兴楼之约,同席文涛、荩臣、仲路、邵民、敬臣、菊庄、锡弟,饭后观春台部剧,戌初散归。

三月廿二日

寅刻进内,皇上二旬万寿,颁诏朝贺行礼,卯正散。午刻进署办事,申刻散。到范子荫处出奠分,答拜桑铁珊、傅锡之、涂元甫、吴丰昌昆玉、赵仲固、刘星阶、王敬臣,到富华阁讲刻字匾对。进城到小甜水井看剧三出,绝佳,戌初归。

四月廿四日

辰刻进署办事。午刻赴会元堂清辑廷、林廉孙之约,同席宝泉局钱法堂友人,饭后观三庆部,酉正归。

五月初七日

卯刻到熙吉甫、多辅生、善受之、谦恒斋、春杏园道喜,答拜徐楫士。辰刻进署办事。午刻赴同兴楼惠敬亭之约,同席辑廷、仲路、菊庄、书云、湘石,饭后观四喜部,何九《火判》、子云《彩楼》,甚佳。

五月十二日

辰刻进署办事,蒙堂派余为豁免处总办,同事为清辑廷、溥仲路、庆云阁、葛振卿、王敬臣、胡鼎丞、曹菊农，共总办八人，又满汉管股各十四人。午刻赴同兴楼如仙槎之约，同席辑亭、菊朋、佩珂、湘石、省三诸君，饭后看同春部，酉刻归。

五月廿七日

辰刻进署办事，午刻散。赴曹菊农、徐梅孙泰丰楼之约，同席贵州司诸君，饭后观四喜部戏，甚佳，酉正散。到徐莲十处道喜归。

七月十九日

辰刻进署办事。午刻赴瑞鹤庄、裕如天福堂之约，同席南档房诸君，饭后观春台部，戌初归。

八月初七日

寅刻进内回事，巳刻散。子言兄来，会同赴十方院先茔补行中元展墓礼。午刻到同和楼早饭。未刻到嵩犊山尚书处拜五旬赐寿，归家小憩。酉刻赴松吟涛尚书处为其夫人拜寿，看剧，子初归。

十月初九日

查圆明园工，九友约同兴楼早饭，午观同春部，酉刻散归。延寿峰约同和楼，辞。

十月十九日

早到准仲莱处拜其太翁，又到敬子斋处拜寿。午刻进署办事。未刻赴葛振卿天福堂之约，同席福建司诸友，饭后看义顺和西腔戏，甚妙。

光绪十七年（1891） 辛卯年

二月廿二日

巳初进署办事。午刻乙酉团拜在财盛馆，演四喜部，翁师辞未到,余少坐去。答拜汪幹廷、陈芰生,未刻回衙,酉刻散归。赵德璧来,晚同饮。

三月初五日

同友人共三十人在家演戏一日,公请清辑廷、廷邵民两观察,戏甚佳,丑正散,每人摊资十五两。

三月十二日

寅刻带引见。巳刻拜立玉甫,英子恭请食祭肉,辑午桥嫁女出喜分,恽次远嫁女出喜分,王敬臣处道补郎中喜。安徽馆饭银处团拜,四喜部戏不佳,余午刻到,酉刻散归。

四月十二日

辰刻进署办事。未刻赴安徽馆延敬臣昆玉之约,看剧时许。答拜王铁山、黄廷辅,到额中堂宅谢栽培,增育圃处为其夫人接三,熙菊朋太夫人拜寿,答谢常少渔,酉刻归。

四月廿五日

寅刻进内带引见,巳刻散。午刻到泰丰楼同梅孙、鹭卿、心和、杏园为王梦九作五旬寿,早饭,作观义胜和梆腔,酉刻归。

五月十二日

辰刻进署办事,未刻散。为廖堂夫人拜寿。赴福寿堂李兰圃之约,观西腔剧,申刻散。酉刻赴福中堂回事,亥刻归。

五月十六日

辰刻到海赞庭处出奠分毕,到署办事。未刻到同兴楼约捐纳房、饭银处同寅吃便饭,饭后观小丹桂部,戌初出城。

五月十八日

辰刻进署办事。未刻赴同兴楼请南档房、贵州司诸人，饭后看同春部戏，戌刻归。

七月廿二日

辰刻进署办事。未刻贵州司徐梅孙、刘星阶、蔡鹭卿、王梦九、王殿臣约同兴楼早饭，观玉成部，酉刻归。

八月初八日

辰刻进署办事。未刻到熙旭庄处拜寿。申刻到松吟涛处拜寿，看剧，亥刻归。

八月十九日

辰刻赴泰丰楼，同同司诸人与徐梅孙公祝，饭后看同春部，酉刻还。

八月廿四日

因钱法堂留任，到徐大人宅谢栽培。午刻进署办事。申刻拜恩子厚、宝献廷，敬子斋处拜寿，看剧，亥初归。雨甚大。

八月廿九日

午刻进署办事，申刻散。赴英子恭、志小岩同兴楼之约，饭后观玉成部剧，酉刻归。

九月初三日

远斋来早饭。午刻进署。未刻赴如仙槎之约，在中和园看同春部。晚同和楼便饭，亥正归。雨终日，不大。初一日寄存恩达泉处兰花五盆、茉莉六盆、栀子二盆、夹竹桃二盆、竹兰二盆，共计十七盆。

九月初九日

卯刻到宝中堂宅送殡,出东直门。午刻集户部同人在柏林寺作重九会,畅饮。酉刻到杨子通观察处,约看剧,子初归。

光绪十八年(1892)　岁次壬辰

三月廿二日

午刻进署办事。申刻拜存菊庄、延锡之、景佩珂,立玉甫处道喜,熙溆庄约看戏,晚饭后戌刻归。

三月廿六日

卯刻同锡之、敬臣、振卿到崇堂宅回事,又到福中堂回事,到翼办事。午刻回家早饭。申刻到启省三处出喜分,看戏,亥刻归。

四月廿日

辰刻进署,未刻散。梅孙约中和园看荣椿部新演《儿女英雄传》第三本《能仁寺》一段,颇佳。申刻约梅孙、鹭卿、殿臣、佩珂到九和兴便饭,子初归。

四月廿八日

辰刻进署办事。未刻赴凌东甫同兴楼之约,到同乐轩看玉成班两剧,申刻归。晚恩俊叔约,辞。

五月十二日

辰刻进署办事。未刻赴存菊庄西域馆之约,饭后观丹桂、四喜两部剧。晚偕南档房诸友及内兄玉兄在太升楼便酌,亥正归。

五月廿一日

辰刻赴翼办事。巳刻进署办事,未刻散。同梅孙诸人约元甫、霭山、梦九、殿臣四人在泰丰楼早饭,观玉成部,余申初归。

五月廿八日

辰刻进署办事。未刻同贵州司诸君约周积甫福昌、重畅谷两太守在会元堂早饭。申刻崇华岩约广德楼看四喜部。晚在福全馆饭，亥正归。

六月廿二日

辰刻到崇受翁处拜寿，看同春部，子正归。晴。

六月廿四日

午刻瑞睦庵将军请迎谕祭天使，未刻礼成归。申初赴崇大人约看玉成部戏，子正归。晴。

七月十九日

辰刻进署办事，未刻散。赴徐涂延、刘凌同兴楼之约，饭后观玉成部剧，酉正归。

七月廿一日

辰刻到翼办事。巳刻进署办事。未刻赴马、蔡、王、王、张五人同兴楼之约，饭后看玉成班，酉刻归。

七月廿九日

同锡弟策马到别墅，约子斋侍郎、荩臣、梦琴、卓云、洁卿早饭，巳刻先后到，畅饮快谈，申刻出城。酉刻赴崇受翁侍郎之约，听清音六出，檀板金尊，颇饶清兴，子初归。

九月十五日

午刻进署办事。未刻同贵州司同人约蔡鹭卿在同兴楼早饭，观玉成班戏，酉刻归。

十一月初八日

未刻到古香处拜寿。申刻赴立大人之约看剧,丑正随母亲回家。

十一月廿四日

因母亲寿辰演戏一日,来客甚多,夜丑刻始散。自今日起署中请假五日。

十一月廿六日

母亲六旬晋八寿辰,演戏一日,来客数百人,甚荣耀,夜寅刻散。

光绪十九年(1893)　岁次癸巳

正月初十日

午刻进署办事。申刻到翁大人宅回事,申正归。今日为筠姨寿辰,余送影戏一天,果席二桌。

正月十六日

早到仲莱、仲渊两处。午刻进署办事。未刻赴礼部庆典处八君子湖南馆之约,看剧二出。酉刻赴崇受翁之约,饭后同远斋、玉如、介之诸人踏灯到灯市口,乘车到家亥初。

正月十七日

巳刻在同兴楼约湘士、远斋、佩珂、瑞鹤庄、裕如、介之、月坡、裕如内兄、茂如弟早饭。饭后,观宝胜和班。晚赴清阶平之约,子正归。

正月十九日

卯刻进署,开印大吉。午刻到同兴楼同南档房、贵州司诸友早饭，饭后至庆乐园看宝胜和班，酉刻归。

正月廿六日

早到福中堂宅回事。午刻进署办事。申刻到安徽馆癸丑科团拜，崇受翁约看玉成班新演《梦游上海夜》，寅初归。

三月初二日

早仲莱来，余代其借用广兴木厂京平松江银一千两，期限四个月归还，五厘行息，其款面交，其券余画押作中，送交广兴矣。午刻进署办事。申刻赴范子荫安徽馆之约，看剧二出。酉刻到张大人宅送照归。

三月廿一日

进署销假当差。未刻赴松文涛之约，看戏数出，酉正归。

四月廿七日

辰刻到翁夫子处拜寿。巳刻进署办事。未刻崇受之姻长约看同春部《儿女英雄传》六本，甚佳，子初归。

六月廿二日

辰刻进署办事。未刻到崇受翁处看剧，亥正归。

六月廿三日

辰刻赴宝泉局验钱。巳刻进署办事。申刻崇受翁约看剧，余送十三旦《辛安驿》、《双合印》剧二出，用银四十六两，亥正后归。

七月廿三日

寅刻到万寿寺，伺候皇太后移住颐和园。巳初驾到，余随福中堂同仲路七人站班。午刻在万寿寺早饭，未刻归。今日为余生辰，来客甚多，仲莱、仲猷、星桥、湘石、省三、仙槎、锡少、裕如、瑞裕如、秋岩、佩珂共十一人,送剧十五出,自酉正唱至寅正,客散。

七月廿八日

早到[拜]客十家。午刻在立豫甫处,与豫甫、增幼亭公请德晓翁中丞,陪客徐颂阁、敬子斋、张樵野、怀少先、景苐亭、文西园均到,崇受之、裕寿田、崑小峰、熙瀓庄辞,唱剧至丑刻散归。

七月廿九日

辰刻进署办事。未刻到西城拜客数家。晚德晓翁约看剧,晚饭,子正归。

八月廿八日

早到合盛元答拜葛振卿。午刻进署办事。申刻子年约看剧。酉刻湘石约德兴堂晚饭,亥正归。

九月廿五日

早到联建侯处送行。午刻进署办事。申刻到景月汀处送圣、海赞庭处拜寿看戏,戌正归。

十月十四日

辰刻福相国六旬赐寿,约余迎天使,午正天使长大人有到。客去开戏。申初到立大人宅拜寿,仍回箴相处看戏,戏为同春部,子正归。早午雪极大,晚风大,冷。

十月十五日

午刻进署办事。申刻到翁大人宅回事未遇,到和允修处出喜分,福中堂宅听戏四喜部,子正归。

十月十六日

早到崇公爷处拜寿。午刻到福中堂宅看戏四喜部,亥正归。

十月十七日

午刻进署办事。申刻到福中堂宅回事,听四喜部,丑初归。

十月十八日

辰刻到福中堂宅回事。午初到万薇生处出喜分。午正进署办事。酉初到福中堂听玉成部,子初归。

十月廿二日

早到善受之处出喜分。午刻进署办事。申刻答拜荣霈,溥卓云处拜寿,裕寿田处拜寿,福中堂宅回事,启省三处拜寿看戏,子正归。

十一月廿一日

寅刻进内递封奏一件,为查办钦案,奏提编修饶士腾解任来京一折。奉旨留中。辰刻到立大人宅送殡,三弟处拜寿。午刻进署办事,提讯人犯杨少舫。酉正到聚丰堂宝星桥太守拜寿看戏,子正归。

十一月廿六日

母亲六旬晋九寿辰,演四喜部,来客四百人,夜丑正剧止客去。天气早阴午晴,不冷。

十一月廿七日

内子三人(十)正寿,今日补办,演四喜部,来客并请客百余人,夜寅初剧止客去。天气早阴午晴,不冷。

十一月廿八日

四弟三旬正寿,余赠其五十金,唱双处评书、胡十大鼓,来客十余人,子正散。晴暖无风。

光绪二十年(1894) 甲午

正月廿五日

寅刻进内伺候入宴,卯正二刻皇太后升慈宁宫,皇上率百官行礼入宴,辰初二刻宴毕行三叩礼谢宴,又行三叩礼谢赏物件,均退出。巳正回各堂事毕归家。致德中丞信,张樵野侍郎所托也。午正后到后胡同看玉成班戏,酉刻归。今日蒙恩赏福字一方,如意一柄三镶,江绸袍褂料一套酱色天青大圆寿字,大小荷包各一对天青地绣花,有"万年如意"四字,缨纬一匣,磁瓶一件青花起线玉堂春瓶,罗甸漆盘一件,红磁盘一件,共八种。慈恩高厚,实属荣幸万分,当即恭呈母亲、叔父阅看,敬谨收藏,真国恩家庆也。

三月廿日

午后到崇受翁尚书处道承继孙之喜,看戏至子初归。

四月初十日

巳刻随同福中堂赴万寿寺查工,督修八山均到,酉刻散。文焕如十舅约饭看剧,子初归。

四月十一日

辰刻进署办事,未刻散。到东岳庙奭少南处出分。晚到文焕如处看戏,子初归。

十月初一日

巳刻查点景工程北张中堂段落。经棚戏台午正开戏,小吉利班演《大庆寿》,歌喉梵语,钟磬笙簧,嘈杂盈耳,而彼都士女观者如云,不可以万计,洵圣世奇观、古今旷典也。午刻进署办事,酉刻散归。

十月初二日

寅刻到北长街静默寺，福中堂点景伺候。辰初皇太后乘金辇由西苑出蕉园门进西华门，桐等在静默寺前跪迎慈驾，随进内。沿途瞻仰鼓乐之盛、仪仗之多，真千载一时之盛典，桐幸际斯时，福分为不浅矣。午刻进署办事。申刻到翁大人宅回事，未见。到福中堂宅回事，谈时许。其病颇见愈，自开去大金吾之后，甚觉惬意，或可望大全也，戌初归。

十一月十八日

内人生辰。午刻进署办事。申刻到张大人处回事。晚同寅十数人来拜寿，唱女剧甚欢，子初散。

光绪二十一年(1895)　岁次乙未　余年三十九岁

新正月十二日

午刻锡弟约同兴楼早饭，听同春部剧，同席徐师爷、月坡、裕如、小岩。晚到韩仲宪处为其夫人拜寿，晚饭，子正归。

新正月十九日

卯刻进署，开印大吉。午刻到天福堂约同南档房、贵州司友人早饭，观同春部，叫天唱《洪洋洞》，甚佳，酉正归。今日为叔父六旬晋八寿辰正期，因改三月十九日，是以今日仅备一饭。

三月初二日

巳刻到苦水井补给二妹拜寿。午初堉圃约早饭，看阜成园瑞庆和小梆子班。酉初到熙菊朋盟兄处行礼送贴。晚邀堉圃、省三、湘石、菊彭、裕如、裕如[①]、阶平、仲猷、小川、佩珂、锡弟在同福馆畅饮，子正归。

---

① 原文如此。

四月廿七日

早敬子斋来谈。巳刻到翁师宅拜寿。巳正进署办事,未初散。约同寅看玉成部剧,极佳。晚阶平弟约饮,子正散归。

五月十五日

辰刻进署办事。未刻存月坡约看宝胜和班。晚吃福全馆,亥初散。

八月初三日

丑刻进内带引见。午刻进署办事。申刻赴准仲莱正乙祠之约,看剧极佳,丑正归。

八月初十日

午刻进署办事。未刻到敬、翁两堂宅回事,景茀亭夫人处拜寿,寿子年太夫人处拜寿,看剧,子正归。

九月初九日

岳介之之女请封,请余策马迎诰封。巳刻由贤良寺引至伊寓,已午正矣,稍看剧。看福中堂病,裕寿田处道授都统之喜,启省三补拜寿,惠敬亭补道喜,申初归。晚鄂兰谷移樽,请客十余人,用仲献厨,子正散。

九月十一日

北档房同人公饯陈麓宾,巳刻在同兴楼便饭,午后观玉成部戏,酉正归。

九月十三日

午刻进署办事。申刻到师继翁处拜寿、看戏,亥正归。

十月十六日

早到翁弢夫处送殡。未刻在家，同延锡之、乐正斋、增育圃、熙菊朋、景佩珂、斌汉臣、斌小川、瑞鹤庄、瑞玉如、如仙槎、和允修、鄂兰谷、清阶平、宝湘石、准仲莱、恒介卿，锡弟约溥莛臣、仲路、裕寿田、寿子年、韩仲献，托李瀛斋讲小洪奎班，在止足斋演小戏，约陈子方、韩耀亭，呼叫天、路三宝、百岁、曹六等畅聚，自未至寅，酒戏均极佳，诸客寅初始散。

十一月廿六日

母亲七旬晋一寿辰，演戏一日，来贺客二百余人。天暖无风，戏美肴精，诸事吉顺。寅正戏止客散，母亲精神甚好，可喜之至。

十二月十三日

午刻进署办事。申刻到务。酉刻到庆和堂为斌小川太夫人拜寿，看戏，子正归。

光绪二十二年（1896） 岁次丙申 余年四十

二月十九日

辰初偕铁山、锡侯两弟诣先茔，行清明展墓礼。先至三岔河，次至二伯父茔，后至祖茔，午正礼成。未刻饭后顺路到东坝税局，值酬神演剧，书吏李、甘两姓、谕帖任姓，邀余同锡弟登看台，演《教子》、《打龙袍》，尚有可观。乡人三、五千，而村娃、乡妇亦以千计，真奇观也。坐二刻，仍乘马进城，酉初抵家。天暖无风，别支均未到。

三月十二日

寅刻进内，带领引见。辰刻到孙燮臣年伯拜七旬赐寿。巳刻赴同福馆增堉圃之约，饭后至阜成园观四喜部，剧尚佳。晚约海鹤汀、惠树滋、锡与九、斌小川、锡侯弟到福全馆晚饭，谈崇文门公事，子初归。

三月廿三日

午刻进署办事。申刻到务。戌初到惠树滋处拜其太夫人八旬寿,看剧,与端、睿两邸、伦贝子、敬子斋、溥卓云畅饮,子正散归。

四月初四日

巳刻进署办事。未刻到务。申初到翁宅回事。酉刻到德兴堂与清五拜寿,是日唱女剧,价四十金,甚热闹,子正归。

四月十五日

辰刻进署办事。未刻到怀绍先处拜寿,听剧。酉刻到溥仲路处拜寿,晚饭,亥正归。

四月廿五日

麟中堂总理户部,溥大人良调补户部右堂,刚大人升工部尚书。辰刻到溥大人、麟中堂两宅道喜。巳刻进署办事。未刻赴湖广馆癸丑团拜,涂元甫约看剧。晚赴仲献九九园之约,亥初归。

七月初八日

巳刻进署办事。未刻赴安徽馆庆云阁、谢春谷、沈兰秋、彭子嘉之约。申正到墨润西处拜寿,看剧,子初归。

八月十八日

巳刻到库,熙、许、吴、张四堂挑选库兵,共取四名,当日行文该旗,申刻散。到前司办事。酉初到熙大人宅回事。赴德晓峰之约看剧,至子初归。

九月廿四日

奉母谕,母亲寿辰今年在九月内举办,取天暖意也。请客二百余家，演戏二日，今日来客极多，天气晴和，寅正戏住。

九月廿五日

演戏庆贺，客来仍多，天气尤佳，寅正戏住。

十月廿一日

午刻进署办事。申刻赴立大人之约，看戏甚佳，子正归。

光绪二十三年(1897)　岁次丁酉　余年四十一岁

正月十七日

午刻进署办事。申刻赴孙孟延安徽馆之约，看四喜班戏，子正归。

二月初九日

巳初到五龙厅，溥二大人开工。巳正答拜定镇平、孟寿康，拜熙、立、许三堂，约海臣、阶平在万福楼早饭。午正后拜延颂臣、戴玉甫，赴瑞鼎丞、刘星阶湖南馆之约。是日总署团拜，演玉成部剧，酉正归。

二月廿七日

早德恒益钱店来谈（开设在齐化门南小街，掌柜任密，号友兰，山西人），为正白满俸饷事，铁宝臣、墨润西推荐也。午刻到庆邸处拜寿，王及大爷均见，留看戏两出。又到苦水井二妹处，预拜廿九日四旬正寿，酉刻归。

二月廿八日

辰刻赴库，徐大人巳正开库，申初散。到前司办事。酉正访弢夫。晚赴铁寿臣、琦叔敏聚丰堂之约，亥初归。今日乙酉在湖广馆团拜，演四喜部，余因赴库未到。

二月廿九日

早拜张振卿侍郎。午赴振卿聚丰堂之约,同席仲路、子岩、玉岑、伯蕃。申刻同仲路访伦贝子。酉刻访仲献议戏,留饮,子正归。

三月十七日

……午刻同诣祠堂上供行礼,至西院阖家道大喜,开演福寿班戏。是日为叔寿前期,来客拜寿贺喜数百人,国恩家庆萃于一时,洵为佳话。演戏至寅刻,尽欢而散。天气清和,母亲精神健壮,尤为可喜也。

三月十八日

溥仲路等十一人送女戏一天,午正开戏,子初散。客来廿余人,子正散。

三月十九日

为叔父七旬大庆之日,桐备寿筵,演戏一日,来客数百人,戏至寅初止。晴而有风。幸叔父精神甚好,尚幸事耳。自今日在署请假五日。

四月十二日

卯刻赴库,许大人辰正开库,午正散。到前司办事。申正到张振卿处拜六旬寿,聚丰堂唱戏,酉正归。

五月十二日

卯刻赴库,许大人辰刻开库,午初散。到前堂办事。未刻拜立夫子、德大老爷恺均不遇。晚继子受约看剧,亥正归。

五月廿五日

辰刻进署办事。未刻到三姊处拜寿。申刻拜启大人,未遇。到庆和堂志小岩拜寿,呼林桂生、小金弹琵琶,唱《玉堂春》,苏曲绝佳。小金复唱《教子》,老生亦好。子正散归。

六月廿一日

进内回部公事。辰正到库,拣选大使、笔帖式各缺。巳刻到前堂办事。未刻到伦贝子处探福晋之丧。申刻到崇受丈处拜寿,看剧,亥正归。

七月初八日

早到廖仲山处道升总宪之喜。巳初进署办事,未刻散。晚赴墨润西处拜寿,看剧,子正归。

七月廿日

辰刻到会典馆办事。未刻到海鹤汀处出分,看翁师病。申刻到立堂处道抱孙满月之喜,看戏,子正归。

八月初六日

辰刻到銮驾库勘估工程,右堂溥大人所派,同事启省三、清阶平、蔡鹭卿、朱子良、李兰圃也。午刻进署办事。未刻到翼办事。申刻到瑞鹤庄处为其太翁拜寿。在锡庆堂演剧,丑刻归。今日顺天主考为孙家鼐、徐郙、裕德、溥良也。

八月初七日

未刻到德亲家太太处拜寿,熙溆庄夫子处拜寿,看戏,子正归。

八月十八日

……同至鸣和戏园观灯戏,戏不甚佳,园则整齐严肃。余在下场楼上观戏二出,无名脚,仅一王喜云唱花旦者尚可,园中煤气灯极多,明如白昼,一大观也。子正归公馆,丑初睡。

九月初四日

卯刻赴库,熙大人辰正开库,午正散。到前堂办事,申刻散。到玉清庵,看剧三出。晚到福寿堂为启省三拜寿,子初归。

九月廿四日

母亲寿辰,谨择今日、明日举办。今日演福寿班戏,来客极多,天气晴爽,寅正散。

九月廿五日

演四喜班,来客仍多,天气晴暖,寅初二刻散。

十月十九日

午刻进署办事。申刻到敬大人宅拜寿,看戏,子正归。

十月廿日

巳刻到馆。午刻到署。徐小云署右堂陈桂生学差之缺,申刻到任。申正拜廷邵民,俸满来京引见,谈半时。敬堂处看戏,丑正归。

十一月十八日

早到绍叙五处出分。夫人生辰,来客甚多。唱影戏,子正散。

十二月初八日

巳刻赴天成亨惠丰堂之约,饭后观宝胜和戏。晚约松子龄聚寿堂之约,亥刻归。

十二月初十日

早到仲路处出喜分,十六爷完姻也。今日为奎妞二旬生辰,自申刻在花厅唱戏,来客十余人,堂官三十余人。戏甚佳,天气亦好,寅初散。

光绪二十四年(1898)　岁次戊戌　余年四十二岁

闰三月廿四日

早复文焕如信，交志一堂寄粤。午后同湘石、渠庵共廿四人公饯韩仲献大令，在家唱戏半日一夜，戏佳馔美，天好客贤，极乐事也。锡弟由津午刻来，明日午刻即去。戏寅正后散。

六月廿日

请三弟阖家饯行，唱四义班大台宫戏，吃闫厨席面，又约三、十姊、二妹、大女、松格、柏格等，午正开戏，子正散。

六月廿二日

申刻到牛排子胡同与志老大道喜拜寿，崇受丈处拜寿，看福寿班戏，子正归。

七月初八日

辰刻进署办事，未刻归。申刻到润西处拜寿，亥刻归，今日小妞生日，呼影戏。午写锡弟信，明日交三弟寄。

七月十一日

巳刻到馆，又到内大臣班回敬堂事，午正归。晚赴衡亲家太太拜寿，看剧，子初归。

七月十八日

午刻进署办事。未刻到广和楼看义胜和班。晚在永丰堂小饮，李兰圃同年约也，子正归。

八月十九日

午刻带二妞、三妞约同阶平在广兴园看三庆部。晚阶平约德兴堂晚饭,子初归。

八月廿九日

寅初二刻起,卯初行六十里,巳正二刻到石门早尖。午正又行十六里,未正抵马兰峪塔儿山药王庙住宿,古名堂子山,有明戚继光少保立碑塔各一,西厅名万峰仙馆,甚轩敞,庙居岭上,西望诸陵,北俯镇市,南瞻众岫,东瞰平原,极为得景,询知松文涛总镇查道未归,作书问候。晚到真武庙谒杨侍郎稍谈,杨亦来拜,与菊兄小饮。山下夜唱秦腔野台,同往看,武戏绝佳,见所未见,而后知何地无才也,亥正睡。

九月十四日

巳刻拜胡云楣京兆,为斌小川事。巳正查庙工,顺路拜启颖之大宗伯,午正散。请亮果厂、帽儿胡同在三教巷看戏,晚吃福寿堂,戌刻归。

九月十九日

早到嵩犊山处出喜分。午刻进署办事。未刻赴王殿臣天福堂之约,饭后观四喜部戏,酉刻归。

九月廿一日

午后到二里沟出喜分五十金,熙溆翁夫子处吃祭肉。申刻假立豫甫夫子花园请裕寿田、奭少南、准仲莱、宝湘石、寿子年、斌小川、清阶平、庚仲颐、立豫甫赏菊小饮,呼女曲四班,内有宝凤者,年十六,天津人,色绝佳,为近日罕见者,子正散归。

九月廿五日

母亲寿辰仍于今日举办,因皇上欠安未唱戏,来客甚多,天晴暖,子初客散。

十一月初四日

辰刻赴库，立大人巳正开库，未正散。到前堂办事。申刻到继子受处拜寿看戏，戌正归。

十一月廿六日

清大人到署右堂任，辰刻进署办事。巳刻到营。未刻到福寿堂，今日为母亲寿辰，因九月间举办，今日家宴，早在福寿堂，母亲、叔父、内子、儿女均往大餐，晚至近亲友三桌，亦在福寿堂晚饭，唤宝凤、小宝两女乐，子正散归。

十二月初七日

巳刻到天福堂约叙斋、子年、阶平、素云早饭，定十七日公请客之戏饭，后到天成亨，酉正归。

十二月十三日

巳刻赴刘博泉侍郎聚丰堂之约，同席刘、景、韩中丞树堂、何润夫京兆、陆凤石、荣华卿。未刻进署办事。申刻到斌小川处拜寿看女戏，子初归。

十二月十七日

约同湘石、子年十六人在家恭贺溥莛臣侍郎，并约斋翁九人唱戏，自申至寅，戏酒肴均极佳，卯初散。

光绪二十五年(1899)　岁次己亥　余年四十三岁

二月廿七日

卯刻进内值日，辰正归。饭后到袁爽秋处道喜，拜许竹堂侍郎，陈子方处出分，答拜荫五楼。申刻到湖广馆乙酉科团拜，略看剧，酉刻归。与荫五楼谈许久，其人精明稳练，西学、武事俱长，洵奇才也。拜合肥相国。

三月十七日

午后拜有梦琴,谈时许,渠由江苏来也。拜倭昆峰、刚中堂,均谈许久。恩一楼处拜六旬正寿,看剧,丑初归。今日四弟由津携大、二、四侄来。

三月廿三日

卯刻赴两黄旗校场十队合操,午初归。未正赴亮果厂为亲家太太、象大奶奶拜寿,看四喜部戏,子正归。

四月十四日

午刻李瀛斋约看同庆班剧。晚来一亭约九和兴小酌,亥正归。

四月廿四日

卯刻进内值日。辰刻到馆。午刻赴志一堂东升楼之约,同席有恩益堂方伯,饭后看太平和戏,甚佳。晚赴子年聚丰堂之约,子初归。大风。

五月初七日

辰刻到文焕翁处送殡。申刻崇辛翁约看戏,子正归。今日辰刻西城石碑胡同神机营震字队兵厂不戒于火,毁屋伤人,情形甚重,洵奇事也。

六月初二日

卯刻进内会奏议复大学士徐等各陈管见以裕饷源一折,奉谕旨一道。巳刻到局,午刻归。晚到立豫甫处为其女为寿,看戏,夜归。大雨。锡弟带大、二、三侄由津来。

七月初八日

二女生辰,唱影戏。巳刻到局。午刻到墨润西处拜寿,午正归。

八月十六日

未刻到局。申刻拜何润夫京兆，谈许久。文瑞图处道喜。晚赴恩俊叔之约，亥正归。

八月廿二日

卯刻进内回庆邸事，到荣相宅回事。午刻赴诚玉如广兴堂之约，饭后观玉成部。晚赴宝湘石同和楼之约，亥刻归。

八月廿六日

辰刻同四弟赴清阶平天福堂之约，看太平和部戏。晚赴恒和同和楼之约、锡与九福全馆之约，子初归。

八月三十日

辰刻到馆。午刻到广兴园看同庆部戏，约湘石、阶平、诚玉如父子三人、象鹤孙兄弟三人晚在德兴堂便饭，亥正归。

九月初四日

辰刻到营放饷。巳刻到省三家拜寿。午刻到局。申刻到斋翁处看戏，子初归。

九月初五日

辰刻到馆。申刻赴斋翁处看戏，子初归。

九月廿五日

母亲七十五岁择于今日庆贺寿辰，来客数百人，唱大台宫戏一天，丑初散。

十月二十日

卯刻进内回事。巳刻到馆。未刻到署。申初到斋师处拜寿，与荩臣、仲路、叙斋、阶平、湘石六人公送高腔一天，亥正归。

十月廿六日

巳刻到营。未刻到堃子岫处吊祭,宝湘石处道喜,五大军机处道谢。晚到象鹤孙处拜寿,看戏,子正归。

十一月初四日

早东南拜客。午西北拜客。晚到继子受寿吃饭看戏,亥初归。

十一月初十日

巳刻到馆。午刻到局。晚到河沿大姊处送圣,赴卓云处赛金花之局,子正归。

光绪二十六年(1900)　岁在庚子　余年四十四岁

正月廿四日

未刻乙酉团拜四喜部湖广馆,余到彼时许。晚赴吉甫同年术艺会,亥刻归。今日京察大典,奉旨军机六人徐相、李、张、裕、奎、崧五制军交部议叙,其余照旧供职。

二月廿三日

辰刻到郑邸吃祭肉。巳刻谒刚相未遇,荣华卿处出分,增育圃处道记名喜,苦水井姨太太故吊祭,熙溆师夫人六旬寿拜寿,看戏,酉正归。

三月十二日

辰刻由内阁恭捧皇上三旬万寿恩诏至太和殿黄案陈设,刚中堂接捧,辰初二刻礼成。未刻到银圆局。申刻赴马吉樟、刘果、陈嘉铭、丁象震嵩云草堂之约,看戏时许,酉初归。

三月十三日

寅正赴颐和园,皇上三旬万寿,官员加一级联衔谢恩,皇太后升仁寿殿，百官碰头。巳初崇受丈、英菊侪、溥荩臣约在步军衙门公所早饭。午正进德胜门看荣相病。贵喆生处拜六旬寿，看剧，吃晚饭，戌正归。

三月十六日

早到营。午刻到湖广馆搭桌请客，菜戏均佳。到者徐小云、许竹筠、曾慕陶、葛振卿、何润夫、袁爽秋、刘子嘉、杨莘伯、李荫墀、胡鼎丞、象鹤孙、大女婿、立五爷、诚玉如、志小岩、子言兄、锡侯弟，辞者为曾钧和、陈桂生、丁衡甫、吴惠寅、刘博泉，丑初归。

四月初三日

午后到亮果厂亲家太太处拜寿，亲家太太、大奶奶寿均改为今日，唱戏一天，甚佳，子正散。

四月十六日

巳刻到营。午刻到庆和堂为文大婶拜寿。未正赴诚玉如广兴园看义顺和之戏，酉正归。

八月二十日

鹤孙同孙菊仙来谈。未刻谒庆邸谈时许，到舒春舫处稍谈。酉刻陈小石、崇受翁、日本杉几太郎谈至戌初去。

十二月十八日

巳刻谒庆邸。午刻拜奎子东。未刻赴世伯先之约，酉正归。闻汪桂芬之唱甚美。

十二月廿四日

午刻谒相。未刻赴斌汉臣之约，桂芬、素云在坐，高唱入堂，大有江州司马之感，酉正醉归，而忧国之心未尝已也。

光绪二十七年(1901)　辛丑　余年四十五岁

五月十三日

辰刻复三弟信,交邮政局带宁。巳刻赴桥口请看巡捕队。未刻约饭看戏,庆、恭、醇邸均到,未正散归。

光绪二十八年(1902)　岁次壬寅　余年四十六岁

新正月十七日

未刻到馀园,日本正金银行请听戏,客甚多,子刻归。

二月十二日

早仍大雪。辰刻进内旗值日。春分,两祠上供。未刻赴华俄银行馀园之约,演玉成部剧。六点赴日本内田之约,同席荣中堂及外部九人、胡云楣、唐子其、陶杏南,亥初归。

五月初五日

辰刻进内,宁寿宫皇太后、皇上前谢恩。午刻复进内,带各国女眷筵宴,随两宫至乾清宫养心殿瞻仰,陪各参赞、翻译在颐和轩入宴。申初到阅是楼观剧,开场为《福寿双喜》,二出为《小宴》,申正外国客散,随出归家。清理节账。晚侍母亲饮酒甚乐。今日复荫五楼信一封、纸一箱,四弟信一封,由外务部交邮政局寄至柏林。

五月十一日

早花翎五品顶江苏试用知县杨元溥,号受之,年三十四岁,直隶束鹿县监生,持贽来拜门(任佩臣介绍),其人甚精明,真通材也。未刻到外部会晤赫德。晚到崑中堂宅为其夫人拜六旬寿,看剧,子初归。

五月二十五日

早进内，因外部事见庆邸，未遇即归。未刻到户部。申刻到志小岩处拜寿，道生孙弥月喜，看玉成班戏，寅刻归。

八月初七日

早诣西苑内勤政殿谢恩，巳正归。申初到外务部会晤英使、大西洋两使。戌初到王稚夔拜寿，看戏，亥正归。

八月十二日

皇太后、皇上驻跸颐和园，桐寅刻起，花衣补褂，赴西直门跪桥，辰正二刻驾到，桐策马到万寿寺，在广源闸站班，寺门站班，策马至绣漪桥站班，午正毕。至东宫门外步军统领衙门公所，同肃邸、景东甫、伦贝子早饭。午后小睡。酉刻约岳柱臣同东甫晚饭，小饮。戌初二刻至西路北查夜玉带桥还，亥正睡。住班第一日也。明日因移驻园，进奉饽饽果子八大盒，随敬十二两。

八月十三日

进奉饽饽果子八大盒，蒙赏月饼一盒。辰初进东宫门，诣乐寿堂檐前叩谢皇太后、皇上恩，蒙皇太后面谕住班日赏戏。辰初一刻进园，在殿前叩谢赏戏赏饭恩，蒙谕在西围房内听戏，并派首领太监照料，同伯轩、子受同坐一间，巳初吃饭，酉正二刻散，散时不谢恩，服补褂入坐，少刻脱褂。戌初到公所同叙斋晚饭。戌正查夜，亥正归睡。此住班第二日也。本旗今日值日。听戏十二出。

八月十四日

上赏戏，辰正二刻人园，服补服行六叩礼，入坐听今日赏御前大臣、军机大臣戏，午赏果酒，听戏七出，以《天香庆节》为佳，其次汪桂芬《长亭昭关》，酉正散。晚约伯轩、叙斋、卓云在公所小饮，饭后同伯轩查夜，子初归，即睡，倦极。此值班第三日也。

八月十五日

外务部值日。辰正二刻入座听戏,午赏果桌,戏四出。酉正二刻赏乘船游湖看河灯,同舟礼王,荣、王两相,鹿、瞿、世三尚书,继侍郎同余也,舟行至湖心,易轮船,赏果酒。皓月当空,波光澄碧,电灯高映,荷灯乱流,遥瞻两宫龙舟,明星万点,斜映白玉栏杆,琉璃飞阁,直是蓬莱三岛,不知人间竟有此境,举杯对月,感激圣恩,惟祝年祚灵长,万寿无疆而已。戌正二刻命散。出东宫门,赴伯轩、子受之约,在内务部公所晚饮,亥正归,即睡。终日补褂,未著花衣,皆紫色袍。此值班第四日也。

八月十六日

辰初到东宫门,辰正二刻人园听戏,午赏果酒及洋酒,听戏十出,酉正二刻散。皇太后、皇上赏天青酱色小卷宫绸袍褂料各一件、六件,大红堆花活计一匣,当面谢恩退出。今日得赏者御前大臣三人、军机大臣四人、内务府大臣二人及桐。向来左翼总兵无赏,今此开端,真殊恩也。晚铁宝臣、熙菊朋来公所小饮。亥初查夜,子初归,即睡。此值班第五日也。各他他备赏一百两,同伯轩、子受同。

九月初一日

寅刻赴园上班。辰刻诣德和园随同听戏一日,演戏十三出,酉正一刻散。戌初晚饭,亥初睡。

九月十五日

上赏听戏,巳正入园,演戏九出,酉正散退出。亥刻查夜,子初归睡。

十月初七日

皇太后还宫行礼,辰初二刻启銮,未正二刻回园。桐花衣补褂东宫门站班,并策马带刀随行。未正后进园听戏四出,酉正后散归。约伯轩、子受、寿臣、乾甫晚饭畅谈，子初散。

十月初八日

辰正入园听戏八出，酉正散。晚查夜，亥初归，即睡。早间提署奏事。

十月十四日

寅刻诣园上班，巳刻入园听戏，午初回公所早饭，申刻回园，因风大天冷即散。晚同叙斋畅谈同饮。

十月十五日

户部值日，巳刻入园听戏，午正回公所早饭，未又入园，末演《万寿无疆》戏尤佳，酉初散。晚饭后查夜，亥正归，即睡。病愈嗽未止。

十月十九日

提署奏事，沟渠河道处奏事，辰正下班，午初到家。申刻到庄乾甫处拜寿。晚赴振大爷之约，亥刻还。乾甫处听戏，子正归。昨日四弟妹灵柩地厝于三岔河余地内，乙山辛向。

十月廿二日

辰刻浙江试用知县伊象昂持贽来拜门，伊系福建汀州府宁化县，光绪甲午科解元，号少琴，前充会典馆誊录得保，人甚明白，现年三十三岁。巳刻到李总管处吊祭。午初到正黄汉衙门议世职事，午正归。申刻到外务部。酉刻到崇受翁处道喜，裕寿翁、溥玉翁处拜寿听戏，子初归。今日外务部值日注留署。

十一月廿四日

寅刻赴正阳桥跪班，辰初归。未刻到孚璞孙、松子龄处出分，王相处拜寿听戏。申刻到外务部。今日长至，两祠上供行礼，亥正归。

十一月廿六日

母亲七旬晋八寿辰,演福寿班剧,来客甚多。

十一月廿七日

演福庆班剧,客亦不少,天气较昨尤暖。本旗值日。

十二月十六日

巳刻上库。未刻到外务部。申刻到花园送圣,十条胡同毓宅道喜。晚胡云楣处拜寿听剧,亥正归。

十二月十九日

午刻外务部封印。申刻谒鹿尚书谈许久。酉刻赴正金银行锅仓之约。亥初到文李十舅处听戏一出,亥初归。

十二月二十日

早进奉年贡各色局绸十大卷、果子饽饽八大盒,蒙赏收。进内,巳刻归。午刻克林德牌楼告成,奉旨派醇亲王致祭,牌楼前安设黄案、奠池各一,立奠三爵颂辞毕,德葛署使答词,德军百人奏军乐,由牌楼穿行,各国驻京公使皆大礼服随行,由处姜军百人亦奏军乐,礼成时午正二刻。到帐房内用酒点少息皆散去,余亦归。申刻到文李宅听戏,子初归。

光绪二十九年(1903)　岁次癸卯　桐年四十七岁

二月廿四日

午刻到庆邸处出分,定镇平处拜寿,湖广馆癸丑科团拜,看玉成班剧。晚赴伦叙斋之约,亥初归。

六月廿二日

午初到崇中堂处迎七旬赐寿天使,看戏,子正归。

六月廿三日

早冯星岩观察来谈公事。未刻进署。申刻到崇受翁中堂处观剧，子正归。

六月廿五日

卯初起，辰初花衣补褂万丝帽常行朝珠进东宫门入德和园赏听戏。辰初入座，行一跪六叩礼(在本座次)，少刻赏饭，在仁寿殿南北配殿，时巳正。午正赏果桌奶茶，申正晚饭，听戏十二出，时四十二刻，至酉正二刻散，仍在本座行六叩礼。自入园行礼后即免外褂，散时亦不穿褂。晚回公所与陈、诚两中丞、伦贝子便酌，谈至十点睡。

六月廿六日

寅初起到东宫门，辰初二刻衣花衣在仁寿殿行皇上万寿礼，即入园入座听戏，赏果桌饭食如昨。午刻赏三镶玉如意一柄、均釉杏元双琯瓶一件、螺垫漆盘一件、大小荷包各一对、石青二则葛纱小卷一件、酱色二则直经地纱小卷一件、铜手炉一件、缨纬一匣，行六叩礼谢恩。听戏十二出，计四十二刻，至酉正二刻退出，回公所与陈、诚两中丞同饭，子初就卧。

七月初六日

二女十九岁生辰改于今日在新西花厅唱安庆班高腔戏一天，伦贝子、诚玉如、三祝、小川、彭子嘉、陶杏南送昆戏六出，来客甚多。午正开戏，丑正散。

七月初七日

未刻进署。申刻到杨星垣星使处送行，与诚果泉中丞订兰谱，溥小峰昆玉处拜寿看戏，子初归。

七月十四日

早会客数起。申刻到肃邸为其福晋拜四旬寿,看戏,子初归。

七月廿二日

午后进署办事。酉刻到瑞鼎丞方伯处拜寿听剧,子初归。

八月十九日

早菊人、伯讷、玉如来谈公事。未刻进署考试选商部司员。昨赴继子受看戏之约,子刻归。

十月初九日

卯初起,辰正入园听戏,上赏果点,早晚饭,午果桌,桐在第五间第一位,申正二刻散出。饭后冯星垣观察、铁宝臣侍郎、顾康民侍郎来谈,亥刻睡。

十月初十日

卯初起,朝衣诣排云门内,行三跪九叩礼祝嘏,即易花衣补褂入园听戏。上赏果品,早晚饭如昨,另赏大寿桃一盘。酉初戏止,至排云门外观演福禄寿及龙灯。灯月双辉,仙乐雅奏,花团锦簇,进退秩然。皇太后居中向南坐。皇上旁向西坐,御前大臣、军机大臣立于阶上,桐等立于阶下向西。少时赏元宵,行一跪三叩礼二次,约三刻余,行一跪三叩礼退出,时已戌初矣。回公所晚饭,亥正睡。

十月十一日

辰初入园听戏,果品饭食赏如昨。午刻皇太后赏桐三镶玉如意、青花起线玉堂春瓶一件、天青二则龙光杭线绉褂料一件、酱色小卷五丝缎一件、螺垫漆盘一件、金珀朝珠一盘、缨纬一匣、大小荷包二对,共八色。即时在本位叩头六个。酉初戏毕退出,叙斋贝子约至涧沟乐部公所晚饮,主客二人清谈小酌,月下看山颇饶清兴。亥初归,亥正睡。

十月廿二日

早到裕中堂处拜寿，早饭。未刻进署。晚到溥玉岑处拜五旬赐寿，听戏，亥初归。

十月廿七日

奏留奉天补用知州郑承源由代耕介绍来拜门，郑号雨泉，行一，广东潮州府澎阳县人，由军营捐保今职，年四十二岁，人明干有为，饶有吏才。早到李锦斋处出分。未刻进署。申刻到象鹤孙处拜寿，听戏。晚同铁侍郎公请山根、内田、郑永邦、山本、版西便饭，亥刻散。

十一月初五日

冬至节，两祠上供行礼。午刻到廷大太太、增寿臣处拜寿，庆邸处内田会晤。酉刻到继子受处拜寿听戏，亥刻归。

十一月廿八日

为锡侯弟四旬寿辰，余赠刘七八角鼓，并隆丰堂酒席。亲友贰十余人，赠福寿班灯晚，大戏五点开，夜四点止，甚热闹。余午初进署，未正同伍秩庸到日本馆谈六刻，申正归。

十二月十七日

午刻进署。申初在庆邸会晤美国会议银价大臣精琪。晚三女生日，唱刘七八角鼓。酉初宝胜和灯晚，男客二十余人，寅初散。

光绪三十年（1904） 甲辰 时官外务部尚书、会办大臣、步军统领管理工巡局事务 年四十八岁

三月初五日

巳刻备黄亭四座鼓乐仪仗，由隆丰堂恭迎御赐寿物，午正到，

桐率绍曾在门外恭迎,母亲率内子、二、三、五女在门内恭迎,扁额悬西厅居中,如意、绸缎供于黄案之上,母亲率桐等拜三跪九叩礼谢恩,阖家道大喜。礼毕,开福寿班戏,贺客来拜八旬正寿者以数百人计。天气晴和,一堂喜色,真国恩家庆也。夜丑正睡。

三月初六日

卯正到外务部,花衣补褂跪送皇太后所画圣容,辰初归。午正开戏,仍是福寿班,戌刻大雨移于屋内演唱,寅初散。

四月十三日

丑刻四弟之妾生一子,行六,甚壮实,阖家道喜。早戈颁、陈侍郎、徐阁学、瑞农部来谈。申初进署。晚到崇中堂处道得子弥月之喜,看剧,子刻归。

四月十四日

未刻进署。申刻到世伯轩尚书处拜寿,崇中堂约看剧,亥初归。

五月二十日

未刻进署,申刻归。今日请票戏一天,请客五十余人。天气凉爽,酒馔戏均佳,甚乐事也。寅正归。

六月廿五日

丑刻赴园,皇上万寿赏听戏。辰初二刻入园,花衣补服、万丝帽、寻常朝珠,赏饭、赏果桌,申初二刻戏毕。拜赵次山中丞畅谈。晚约锡远斋、顾康民便饭,余即宿于外务部公所,子初睡。

六月二十六日

卯初起,辰初进园,花衣补褂、白罗帽、红朝珠,辰初二刻在仁寿殿行三跪九叩礼,辰初二刻入园听戏,赏饭仍如昨日。午正盘子赏下，赏那桐三镶玉如意一柄、灰色小卷芝麻地纱一件、石青小卷实地纱一件、缨纬一匣、螺垫漆盘一件、铜手炉一件、天青描金玉堂春花瓶一件、大小荷包各一对，共九色。申初戏毕进城，酉正到家。

七月廿四日

江学璞来拜，安徽人，分省知县，号咏笙，年三十四岁，熟悉商情，吴成允令其来见（江叔名绍宗，乙酉举人，现署湖北黄安县知县。其叔祖名用铃，辛亥举人）。午刻进署。申刻到尚会臣处出分，巴三姑太太处拜寿看戏，子初归。

八月二十日

因二女二十岁生辰，今日唱玉成班剧一天，来客甚多，寅正散。

十月初九日

辰正入园听戏，蒙皇太后特恩绣蟒袍一件、大红堆寿字八件、荷包一匣、长福字一张、三镶玉如意一柄，当时谢恩，申正二刻戏止退出。四弟来园同餐同住。

十月初十日

辰初进园，皇太后七旬万寿排云殿宣表受贺，巳初入园听戏。桐进递如意，蒙赏收。赏大寿桃及早晚饭、午果桌，与上年同。申初一刻戏止退出回公所，戌初晚饭，亥初睡。

十月十一日

辰刻入园。桐进晚膳一桌，呈交库平足银一百廿两，蒙赏收。回赏长寿字一张、大小荷包各一对、银锞二个。午刻盘子赏石青小卷一件、酱色大卷一件、均釉杏元双瑁瓶一件、螺钿漆盘一件、铜手炉一件、缨纬一匣、大小荷包各一对、三镶玉如意一柄，当时谢恩。又赏玉田香稻米一石，申正戏止退出回公所，晚饭后亥初就寝。

十一月二十八日

四弟四十一岁生辰，唱玉成班戏，来客甚多，丑刻散。

十二月十七日

寅刻到北上门，皇上求雪站班，进内提署奏事，乾清宫谢赏福肉恩。午刻到提署挑缺。申刻进署。晚赴伦贝子、诚玉如、冯孔怀、彭子嘉之约，听剧，子正归。

光绪三十一年（1905）　岁次乙巳　余年四十九岁

二月初十日

外务部值日，注感冒。未刻进署，法吕使会晤。酉刻到湖广馆乙酉癸丑科团拜，演玉成部，亥刻归。

二月二十九日

早到庆邸处拜寿。巳刻到工巡局。未刻进署，英萨使来晤。申正到庆邸处听戏，亥正归。

三月初六日

早到工巡局。午初到振贝子处拜寿，迎三旬赐寿天使，未正归。晚又到振处看剧，亥刻归。

三月十九日

叔父七旬晋八寿辰，桐赠大台宫戏，来客甚多，丑刻散。

四月廿五日

卯刻赴颐和园谢恩。未刻到景东甫处拜寿。晚到胡云楣处拜寿，听戏，子初归。午间日使到署会晤。

五月初九日

未刻进署。酉刻到陶杏南处听戏，汪忠杰处出喜分，丑刻归。

六月初一日

早赴颐和园，外务部值日，两宫在仁寿殿召见，垂询日俄战争甚详。皇太后谕：尔近来办事甚历练，将来朝廷大事全仗你了。桐叩谢温谕，刻余退出。申刻访内田公使，谈美京派使事，酉刻归。五女十岁生辰，唱人台宫戏一日，来客四桌，丑刻散。

六月初七日

早雷、汪大人、邹子东来谈公事。未刻进署。晚到子受处拜寿，看戏，亥刻归。

六月二十二日

早到工巡局，又到锡远斋、恩保处出奠分。午正赴法使之约。未刻进署，会晤甘参赞。晚到崇中堂宅拜寿看戏，亥初归。

六月二十五日

卯初起，辰初进东宫门，辰正入座听戏，申初二刻散。赴伦贝子公所之约，亥刻归。四弟亦来同住。

六月廿六日

辰初二刻花衣补褂在仁寿殿行礼。辰正入园听戏。上赏三镶白如意一柄、石青芝地纱一卷、酱色芝地纱一卷、均釉杏元两瑁瓶一件、罗垫漆盘一件、铜手炉一件、大小荷包二对、缨纬一匣。申初戏毕，酉刻归。

七月十五日

卯刻起，辰正慰帅来拜，偕同到习艺所阅看，登台演说十数语。看其法良意美，有裨于政教者匪浅。阅毕同到巡警总局，游览毕早饭。归路答拜司道四人。申刻发家信一封、瞿子久信一封,交魏商人明日寄京。晚慰帅约在署晚饭,听小戏,若小桃、恩小峰、小蓝、英四、杜三麻子皆绝妙之品,看七出,子初归。

八月初四日

午刻进署。未刻同端午桥中丞在魏家胡同演戏,请客数十人,戏极佳,寅初散。

十月初九日

早进西苑门,皇太后万寿,颐年殿赏听戏。辰初三刻入座,未初二刻退出。赏饭,赏果点、奶茶与上年同。申初进署,酉正归。

十月初十日

卯刻进西苑门,捧表至仪鸾殿,陈设二宫门黄案上,穿朝服,辰初二刻行礼,换花衣,辰正入园听戏,赏饭如昨,未正散。日本众议院绅守屋等助来拜,未得见。

十月十一日

辰刻进西苑门,在颐年殿听戏,未正散,赏饭如昨盘子。赏三镶白如意一柄、天青描金皮球玉堂春瓶一件、彩红云龙大盘一件、铜手炉一件、缨纬一匣、大小荷包各一对、驼色宫绸小卷一件、石青五丝缎小卷一件,当面谢恩。

十一月初七日

未刻进署,酉刻归。同端午帅在家公请袁宫保,徐、铁两军机,唱戏。自五点至夜三点,戏极佳。

十一月廿八日

早进内,内阁提署奏事。未初到前门车站小村大使等送行。申刻进署,酉刻归。四弟四旬晋二寿辰,来客二席,唱影戏,亥刻散。

十二月初二日

袁宫保送洪奎班戏一天以为祝寿，请客二桌，寅初散。

光绪三十二年（1906） 岁次丙午 余年五十岁 官体仁阁大学士、外务部会办大臣、国史馆总裁、财政处大臣、步军统领

正月十七日

辰刻进内，带赫德、林懋德觐见。午刻在紫光阁入廷臣宴，桐在东边第二坐，未初散。蒙赏三镶玉如意一柄，天青描金皮球玉堂春瓶一件，金珀朝珠一盘，刻丝酱色蟒袍料一件，天青二则，大寿江绸褂一联，驼色大卷五丝缎一匹。申刻伦贝子、奎乐、翁尚书、恩艺堂中丞公请，送票戏一天，丑刻散。

二月初六日

午刻进署。晚到诚玉如处听清音，子初归。

二月廿九日

未刻到庆邸处拜寿看戏，亥刻归。

二月三十日

早沈葆澄来拜门，高云峰介绍也，号梅生，浙江海盐县人，年三十二岁，花翎北河候补同知。沈道守谦退庵之子，沈守守廉洁斋之侄，人明白有用，寓天津针市街西口，桐发祥货栈内。未初进署。晚赴庆邸之约看戏，子正归。

三月初六日

早洪翰香来信介绍安徽试用知府沈守定来拜门，号少维，行二，江苏江阴县人，前福建藩台沈葆靖之子，年四十五岁，人精明稳练，有用才也。申初进署，奥使顾亲斯基来晤。酉初到振贝子处拜寿，听戏，子初归。

三月廿日

桐恭与叔父庆七旬晋九寿辰，唱玉成班戏一天，天气甚和，来客甚多，夜丑初散。

四月廿八日

未刻进署。申刻到湖广馆癸丑科团拜，戌刻归。

闰四月十二日

未刻出城拜客，乙酉科在湖广馆团拜，酉刻归。

六月廿二日

未刻进署。晚到崇中堂宅拜寿，听戏，子初归。

六月廿五日

卯正进东宫门，辰初二刻入园听戏，赏果桌，赏饭，均照例，申初退出，听戏九出。申正赴徐菊人之约，同席午桥制军，少怀尚书，仲鲁太常，荣、铁两军机，戌初散。移住步军统领衙门公所。

六月廿六日

卯刻进东宫门，辰正入园，赏饭、赏果桌如昨。午正赏三镶玉如意一柄、天青描金皮球玉堂春瓶一件、五彩八吉祥大盘一件、石青小卷直径地纱一件、小卷京酱直经地纱一件、大小荷包各一对、缨纬一匣、铜手炉一件，申初退出，听戏六出。午初赴振贝子之约，申正进城归。

七月初七日

早到溥卓云、瑞玉如夫人处拜寿，午初归。二妞生辰，唱于庄儿小孩班戏，丑刻散。

七月二十三日

桐五十生辰，皇太后赐御笔匾额一面“亮工锡羡”、御笔对联一副“辑睦敦槼资莨画，调和鼎鼐迓蕃厘”、御笔福寿字一分、御笔寿桃灵芝画一幅、无量寿佛一龛、如意一柄、蟒袍面一件、尺头八匹、元金四匹，又当面加赏御笔长寿字一幅、大红堆花活计一匣；皇上赏御笔匾额一面“台衡星曜”、御笔福寿字一分、无量寿佛一尊、如意一柄、蟒袍面一件、尺头八件，遣使武备院卿文煦赏送至第。桐卯刻赴园，在仁寿殿两宫前碰头谢恩，行九叩礼，又行三叩礼，谢面赏，蒙皇太后面谕福寿久长，叩谢天语吉祥，巳正归。恭迎天使，午正礼成，是日贺寿者王公卿相亲友千余家，演玉成班戏，宴客，天气晴和，真国恩家庆也。阖家同道大喜。桐自顾德薄，膺兹异数全福，颇觉懔惧，惟有忠孝存心，敬对君亲而已，丑初客去。

七月廿四日

演同庆班戏，宴客，亥刻散。

七月廿八日

早月华来谈，留饭。未刻到朗润园。晚南北洋大臣约看自强传戏，饭后亥刻归。

八月二十四日

午刻进署。申刻到前门车站迎日本伏见宫博恭亲王。晚在家约端午樵制军、伦贝子、孙慕韩、英济臣、韩仲献、诚玉如晚饮，唱清音，夜子正散。

九月初三日

辰刻到提署拣选官缺。未刻进署。晚到诚玉如处听戏,丑正归。

九月二十二日

卯刻内阁会同法部勾到,辰初毕。提署奏事,午正归。申刻进署。晚同伦贝子、奎乐老诸人十二人在诚玉如处公请韩仲献,唱清音,子初散。

十月初九日

早赴西苑门,皇太后诣寿皇殿行礼站班。巳初入颐年殿听戏,申正散归。

十月初十日

辰初进西苑门,皇太后万寿,仪銮殿行礼。巳初入园听戏,申正散归。

十月十一日

辰初赴西苑门,巳初入园听戏,申正散归。今日上赏天青描金皮球玉堂春瓶一件、彩红云龙大盘一件、三厢玉如意一柄、铜手炉一件、缨纬一匣、大小荷包各一对、驼色小卷杭线绉一件、石青小卷杭线绉一件。

十一月十九日

内子四十三岁生辰,唱长春班戏,来客甚多,天气极佳。午刻到贤良寺拜溥仲路,进署,申刻归。

十一月廿六日

母亲八旬晋二寿辰,唱戏同庆班,来客甚多,天气甚难,寅刻归。宝儿由一品荫生在直隶赈捐案内加捐三品衔,昨日回部换照。

十二月十八日

早进内，崇文门奏事，到吴士鑑处出分。未刻到子受处迎匾，听戏，子正归。

十二月十九日

午刻封提督衙门印，文武官员拜贺。未刻进署。晚到继子受处听戏，子正归。

光绪三十三年(1907)　岁次丁未　余年五十一岁

正月十二日

辰刻进内，带领十一国公使在乾清宫觐见，又法国提督徐熙雍、英国提督华特士随同另班觐见，巳正礼毕，两宫移住西苑，在西华门侍班，午初归。晚同宝湘石方伯约伦贝子等十余人唱戏一夜，酒馔亦佳，寅初散。

二月初十日

庆邸九格格与宝湘石方伯之子祥浚作亲，两面约余作伐，巳刻带祥浚到府相攸，午初归。未刻进署。申初赴吴仲怡侍郎约，看戏，亥刻归。

二月十八日

早到张冶秋尚书处吊唁。未刻到铁尚书处拜寿，荣虞臣世叔处听戏，子刻归。

二月廿二日

辰刻赴庆邸第迎皇太后加赏寿物，到泽公府拜四旬赐寿。未初进署。申正复到庆邸吃饭，听戏，子初归。

二月廿七日

巳刻到庆邸处迎两宫赐寿物。午刻到文二姑太寿拜五旬寿,复到庆邸处听戏,子初归。内阁、提署奏事,注感冒,答拜冯星岩方伯。

二月廿九日

未刻进署。晚到庆邸听戏,子初归。

二月三十日

未刻到庆邸听戏,子初散归。

三月初六日

未刻进署。申刻到振贝子处拜寿,听戏,子初归。

三月十九日

叔父八旬正寿,今日举办,来客甚多,唱同庆班戏,天气甚佳,寅初散。

三月廿一日

外务部值日,注感冒。唱长春班戏酬客,天好客多,寅正散。

四月初五日

早到民政部。未刻到湖广馆乙酉科、癸丑科团拜,继子受处喜分,听戏,亥正归。

六月廿四日

吏部奏派拣选举人,奉朱笔圈出:那桐、于式枚、宝熙、杨佩璋。巳刻到吏部公同阅卷,拣选得一等二十三名、二等八十八名、三等二十二名,申刻散。酉正到颐和园外务部公所住宿,以备明日听戏。

六月廿五日

辰初入园听戏，未正二刻散。有《雁门关》四本，极佳。申刻到巴沟与叔父请安，酉正还，仍宿公所。

六月廿六日

卯刻起，辰初二刻在仁寿殿行礼，辰正入园听戏，申初二刻散。蒙赏三镶玉如意一柄、哥釉四方八卦瓶一件、石青直地纱一小卷、酱色直地纱一小卷、大小荷包各一对、螺垫漆盘一件、铜手炉一件、缨纬一匣，酉正归。

七月廿三日

余五十一岁生辰，来客甚多，唱马老八角鼓带小戏，丑正散。

七月廿四日

在家休息，未出门，仍唱小戏一天。

九月十一日

巳刻到署，伦贝子来看陈设，饭后申刻归。晚到诚玉如处拜五旬正寿，听戏，子初归。

九月十八日

午刻进署。晚到熙俊甫处拜寿，听戏，子正归。

九月十九日

早到车栈与徐制台送行，又到冯星岩处送行。午刻进署。晚到熙三处听剧，亥正归。

九月廿一日

午后进署。晚到继子受处为其夫人拜寿，听戏，子正归。

十月初二日

卯刻赴西苑,皇上还宫吃肉侍班。午后到政务处会议。申初进署。酉刻拜陈小石制军。晚到伦贝子处拜寿,听剧,亥正归。

十月初五日

早进内,内阁奏事。在勤政殿谢赏绸缎恩,巳初归。晚李季高移樽唱戏,丑刻散。

十月初九日

卯刻赴西苑门,皇太后诣寿皇殿行礼侍班。辰初二刻入园听戏,赏果桌饭皆照旧,申初退出归。

十月初拾日

卯正赴西苑门捧表,卯正二刻礼成。辰初二刻在景福门行礼。辰正入园听戏,申正退出。

十月十一日

辰刻进西苑门,辰正二刻入园听戏,申正退出。上赏均红杏元双琯瓶一件、三镶玉如意一柄、金泊朝珠一盘、螺垫漆盘一件、天青酱色小卷线绉各一件、缨纬一匣、大小荷包各一对。晚赴荣华卿协揆会贤堂之约,亥初归。

十一月初四日

午刻在两黄旗校场看两翼五营合操,未初毕。到增寿臣、扎老太太处拜寿,听剧,子初归。

十一月廿一日

早进内,外务部值日,提署奏事。巳刻到荣文忠处道喜,增宅拜寿。未刻进署,江浙代表人到署会晤。晚到那邸道满月喜,听戏,子初归。

十一月廿六日

母亲八旬晋三寿辰,唱承平班戏,来客甚多。巳刻桐留颏下须,大吉利。

十一月廿七日

袁宫保送同庆班戏一天,请客一百余人,夜寅初散。

十二月十六日

上赏福字一方,内阁奏事。辰刻进内,谢赏福字恩。巳刻到毓松泉处出喜分。午后唱喜联成班小戏,给大姑奶奶办三旬正寿,夜丑刻散。

光绪三十四年(1908)　岁次戊申　余年五十二岁　官东阁大学士、外务部会办大臣、参预政务大臣、督办税务大臣、步军统领

正月十二日

早到西苑门,税务处提署奏事,到景宅拜寿。申初进署,访博相谈许久。晚约伦贝子、刘聚卿、素云、小朵便酌,亥刻散。

正月二十日

早进西苑,带领奥使顾亲斯基请假回国觐见,外务部值日奏事,巳刻礼成。申刻赴振贝子之约看戏,子正归。

正月二十四日

内阁奉上谕:礼部奏大员乡举重逢请旨加恩一折,前任吉林将军铭安,早年登第,叠掌文衡,嗣在吉林任内开缺回旗,现届该将军

乡举之年,适周花甲,洵属科名盛事,加恩著赏给太子少保衔,以惠耆臣。钦此。阖家同道大喜。午刻同振、伦两贝子、世中堂、袁宫保等共十六人公请李季皋叔侄,唱戏一天,寅初散。

三月初二日

未刻到政务处。晚庆邸约听戏,子刻归。

三月初八日

世中堂、袁宫保公请振贝子、伦贝子、唐中丞、杨侍郎、凌府尹、熙侍郎,申刻听戏便饭,丑刻散。

三月十九日

叔父八旬晋一寿辰今日举办,又恭悬乡举重逢匾额,唱同庆班戏,午正悬额礼成。天晴暖,来客数百家,夜寅初戏止。

三月廿一日

谢客,演宝胜和班戏,天气清和,来客百余人,夜寅正散。

三月廿五日

早进内,带领大西洋钦差森达觐见,巳初礼成,到税务处。未初赴庆亲王之约,请各国公使也。晚到吕尚书处作弥月,观剧,亥刻归。前山西榆次县知县戴书铭,系江西馀干县人,年三十八岁,号仲钦,因翁弢夫介绍来拜门。

四月十六日

卯正起,午正带领各国夫人等三十六人觐见游宴,十二点入,两点三刻出。申正进城,到溥仲路处拜六旬赐寿,听戏,子正归。

宣统二年(1910)　岁在庚戌　余年五十四岁

十一月十八日

早进内,午初散值。到廷用宾处拜寿,午正归。申初进署,酉刻归。内子四十七岁生辰,有服未举办。

宣统三年(1911)　岁在辛亥　桐年五十五岁　时官太子少保、文渊阁大学士、外务部会办大臣、军机大臣、督办税务大臣

正月十六日

早进内,摄政王奉先殿代诣行礼,全国释服,今日值皇上万寿后二日,廷臣咸服花衣补褂,气象一新,天下臣民之福。巳初散值,东城拜客十余家。未刻进署。晚赴瑞玉如之约,亥刻归。

五月十五日

早进西苑,巳正散值。桐持服二十七个月期满,本日奉上谕:署大学士那桐现已服满,著仍授为文渊阁大学士。钦此。答拜张季直同年,午正归。祠堂上供行释服礼。未刻赴盛杏荪之约,到摄政王府、庆王府叩谢,酉正归。

五月廿二日

早进西苑,巳正散值。约同菊相到大学堂看视房间,拟改作内阁之用,午正归。申正到西城拜客四家,到季皋处为其太夫人拜寿听戏,子刻归。

五月廿八日

早进西苑,巳正归。比君主赠桐利物溥尔极等宝星。今日奏

奉谕旨:准其收受佩带。酉刻到泽公处为其夫人拜寿听戏,亥刻归。

五月廿九日

早进西苑,巳正散值。申刻到泽公处听戏。戌刻到伦贝子处听戏,子刻归。

六月初一日

早进西苑,巳正散值。今日为五女生辰,唱喜联成戏一天,来客无多,丑刻散。

六月十九日

早进内,巳正散值。到家后新郎、新妇行拜见礼。良缘佳偶,福泽绵长。余老夫妇同坐受贺,深以上天垂佑,祖宗余荫,感谢之余,弥深敬惧,惟存心忠厚,尽心国事,以自勉而已。午初吃酒,新亲到,午正礼成开戏,同庆、双庆两班合演,请客一百八十余家。天气晴朗,亦甚凉爽。夜寅正二刻戏止客去,余始就卧。

闰六月十五日

早进西苑,午初散值。未刻到内阁会议,申正二刻散归。唱戏影一天消遣。晚叔父忽病,延杨菊如、李殿元诊治,不见效。

闰六月十七日

早进西苑,午初散值。叔病益危,延至亥正二刻寿终。

中华民国元年(1912) 壬子年

八月二十九日

午后到闸口大街四弟处,谈一时余归。松侄来,旋去。今日赵智庵以国务员名义借金鱼胡同西花厅公宴孙中山先生。顷接王福来信，知主客四五十人，未正散局。

九月十一日

午后耆老三来谈。陈小石全眷赴上海，今日起程矣。今日皇族等借京宅西院公宴孙中山先生。晚宝儿来信，知京中平安。今日复京信一封。即旧历八月初一日。

九月十二日

早四弟来，饭后去。午后大姑奶奶来，晚饭后去。晚宝儿来信，京内平安。听评书。京信言昨日皇族之约，黄克强、陈其美亦在座，主客三十人。

九月十九日

早文博亭来谈。托孙慕韩介绍六女、七女入中西女学堂肄业，早宝儿送往，每学期每人十一元，膳费每人二元。熙九太太来补祝。大姑爷、大姑奶奶为予补祝，请吃鸿宾楼，饭后丹桂茶园听戏。内子、二、五女、宝儿、儿妇午刻同往，酉刻归。

九月二十四日

二女、宝儿、儿妇请在明阳楼早饭，丹桂茶园听戏，少阶、大姑奶奶在座，酉刻归。马厂道住房南北楼又续租三个月，由西十一月起至西正月三十一号止，锡周经手，立有租单二纸。

九月二十五日

即旧历八月十五日。早诚玉如、耆鹤朋来。午后约同四弟率宝儿、五、六、七女赴奥界通乐茶园听戏，酉刻归。晚阖家饮酒过团圆节。

九月二十九日

午后偕宝儿、五女、六女赴丹桂茶园听戏，酉刻归。

十月初六日

即旧历八月二十六日。宝儿生辰,阖家道寿喜,吃面。午后同内子等约四弟全家赴通乐茶园观戏。晚同大姑奶奶共七人赴利顺德吃番菜,亥刻归。

十月十三日

二女、五女请在明阳楼早饭,并约大姑奶奶、花园大姑奶奶。饭后均赴丹桂茶园听戏,酉刻归。同席共十人,予与内子、宝儿夫妇、六、七女也。

十月二十七日

午后偕内子、二、五、六、七女、宝儿夫妇,并约大姑奶奶赴丹桂茶园听戏,酉刻归。

十一月初四日

午后偕内子、二、四、五、六、七女、二侄、宝儿夫妇赴丹桂茶园听戏,酉刻归。吴锜来拜,未遇。

十一月初八日

午后偕内子、二、四女、宝儿夫妇,并约大女夫妇赴丹桂茶园听戏,酉刻归家便酌,亥刻散。

十一月十二日

今日交锡周付给广包公司孟家庄工程第四批行化银七千五百两,收有回据,此款系京正金支票,由津行付给贴水四十余元。早车王福来津,晚车回京。晚偕内子、二、五女、宝儿夫妇,并约大女、松侄赴丹桂茶园听夜戏,子正归。

十一月十四日

晚偕内子、二、五女、宝儿夫妇,并约大女、松、柏侄赴天仙茶园听夜戏，丑刻归。

十一月二十一日

午后偕宝儿、五女并约柏侄赴天仙茶园听戏，酉刻归。大姑奶奶来，晚饭后去。

十二月初四日

午后偕二、五女、宝儿赴天仙茶园听戏，酉刻归。晚接京信，知悉大敬甥于昨日辰刻病故，送其百元。

十二月十五日

早请岳母并约大姑奶奶，偕内子、二、五、六、七女、宝儿夫妇在松竹楼早饭，饭后天仙茶园听戏，酉刻归。

十二月二十一日

午后诚玉如约天仙茶园听戏，聚和成晚饭，戌刻归。三侄妇所生第三子今日殇。夜雪。

十二月二十二日

早晴。即旧历十一月十四日，冬至节。宝儿乘早车回京。两祠上供行礼。晚大姑奶奶来，留饭。余约增育圃、傅梦岩、四弟在松竹楼晚餐，听天仙夜戏，子正归。

十二月二十四日

晚约大姑奶奶偕内子等赴天仙听夜戏，丑刻归。

中华民国二年(1913)

一月八日

午后偕宝儿、七、六女赴天仙茶园听戏，酉刻归。晚内子约熙九太太、立五太太、大姑奶奶便饭。今午查出苦力王四携洋六百五十元零五毛、素席票等逃走,将其荐主王二交德工部局追问。

一月十二日

午后偕内子、二、五女、宝儿夫妇赴天仙听戏,酉刻归。清早孙慕韩来拜,未晤。

一月十三日

午后大姑奶奶来。晚饭后偕内子、子、女、媳等赴天仙听夜戏,子正归。

一月十九日

午后大姑爷、大姑奶奶约东天仙听戏,偕宝儿、二女同往,酉刻归。岳母、玉如夫妇来道喜。

一月二十二日

早荣华卿来,谈许久去。午后翁之廉来拜,四弟来谈。晚约四弟、少阶、大姑奶奶偕二、五女、宝儿夫妇赴东天仙听夜戏,子正归。早锡周偕张介眉朋年来与内子诊病,服药微效。顺儿早车回京。

二月九日

午后偕内子、二、五、六、七女、宝儿夫妇,并约大姑奶奶、祥格赴丹桂茶园听戏,酉刻归。

二月十六日

午后岳母、增二太太、熙九太太、大姑爷、大姑奶奶来,张介眉与内子看病。晚约大姑爷、大姑奶奶偕内子、宝儿、儿妇、二女、五女到天仙听夜戏,丑正归。

二月二十一日

早赴四弟松竹楼之约，同座大姑爷夫妇及内子、二、五女、宝儿夫妇。晚余约天仙听夜戏，子正归。

三月五日

晚陈锡周约阖家升平茶园看戏，子正归。

三月六日

早继旭生来谈。酉刻陈锡周、谭鑫培来谈。晚锡周仍约阖家升平看戏，丑初归。

三月七日

午间张介眉来与内子看病。晚锡周仍约阖家升平看戏，子正二刻归。

三月八日

早到岳母处，稍谈即归。今日即旧历二月初一日。午后大姑奶奶来，旋去。晚锡周仍约阖家升平看戏，夜子正二刻归。

三月十日

午后偕宝儿赴诚玉如华宾落子馆之约，酉刻归。

三月十五日

午后张介眉来与内子看病。晚偕阖家赴东天仙听戏，夜子正二刻归。午后四弟来谈。

四月六日

早四弟来，饭后去。午后偕五女、宝儿赴丹桂听戏，酉刻归。

四月二十七日

早少阶来谈。午后四弟、大女来看。晚约岳母、柏侄、大女、少阶并偕阖家赴升平茶园看戏,丑初归。

四月二十九日

早增育圃来谈,到庆邸处谢步,孙慕韩处补祝,午正归。午后荣华卿来谈,四弟、大女来看,二侄由京来津。晚约四弟、大女、柏侄、耆侄、少阶偕内子等赴升平听戏,丑刻归。

五月二日

午后象鹤孙夫妇、儿媳来道谢。晚少阶夫妇约予阖家升平看戏,夜丑正归。

五月四日

即旧历三月二十八日。早回拜崑源未晤,即归。孙慕韩来谈。宝儿妇生辰,熙九太太、立五太太、承肃生、立地孙均来拜寿。约熙九太太、立五太太、大姑奶奶、三姑奶奶、承肃生、立地孙偕阖家赴升平听戏,酉刻归。孙毓骏来拜,未晤。晚陈锡周送席一桌。

五月六日

晚约大女偕内子等赴升平听戏,丑刻归。

五月七日

午后继旭生、松侄来谈。晚偕内子等赴升平看戏,丑初归。今日交锡周付给英工部局孟家庄本年地税,自正月起至十二月底止,行化银五十五两四钱六分,合洋元八十元零五毛,当日收有工部局回条。

五月八日

午后叔岩来谈。晚偕内子等并约大女赴升平看戏,丑刻归。

五月十日

晚王福来津。约大女偕内子等赴升平听夜戏，丑刻归。

五月十一日

王福早车回京。午后三、四侄来。晚约继旭生、大女偕阖家赴通会楼晚餐，升平看戏，丑刻归。

五月十三日

四弟来谈，早饭后去。午后伯平由京来看。晚约大女偕内子等赴丹桂看戏，丑刻归。今日四弟送来三弟由沪寄来家信一封，袁云台寄来石花瓶一对、汴绉二匹、山药一筐、竹笋一筐。

五月十五日

无事。宝儿约伯平、少阶、大女、三、四侄晚饭后观戏。

五月二十四日

早约增育圃、和允修、穆锡三十方楼便饭，未刻归。午后三侄、大女来谈。晚约伯平、柏侄、大女偕阖家赴升平听戏，丑刻归。

五月二十五日

早曹润田来，谈许久去。午后偕阖家赴升平听戏，酉刻归。

六月二日

早到四弟处看视，即归。午后大舅太太来看，大姑奶奶来，留晚饭。晚约大姑奶奶偕内子等赴升平看戏，子正归。

六月四日

早四弟来谈，饭后去。晚偕内子等赴升平看戏，子正余归。

六月七日

午后大姑奶奶来,留晚饭。晚偕阖家并约大姑奶奶赴升平看戏,丑刻归。

六月九日

即旧历五月初五日。早三侄来,饭后去。午后偕阖家赴升平看戏,酉刻归。

六月十日

午后四弟来谈,旋去。晚偕阖家并约大姑奶奶赴升平看戏,丑刻归。

六月十一日

晚赴增育圃、傅梦岩松竹楼之约,并约升平看戏,丑刻归。

六月十二日

午后三侄送来三弟由沪来信一封。到岳母处看视,稍谈即归。晚偕阖家并约大姑奶奶赴升平看戏,丑刻归。

六月十三日

早存月坡、诚玉如来谈。约存月坡、诚玉如、柏侄、耆侄十方楼早饭,未刻归。晚偕内子等并约大姑奶奶赴升平看戏,丑刻归。

六月二十日

晚偕内子等并约大姑奶奶赴丹桂茶园看戏,子刻归。

七月五日

午后偕宝儿赴继旭生四海升平杂戏园之约,酉刻归。

七月十日

午后偕阖家赴丹桂看戏，酉刻归。

七月二十二日

午后李伟侯来，谈许久去。姨奶奶、三侄夫妇来，张介眉来与七女看病。晚偕阖家赴丹桂看戏，子刻余归。

八月十九日

午后访文卓峰，到岳母处，均谈许久，拜锡周未见。晚丹桂看戏，子刻归。

八月二十一日

午后松侄、耆侄来，大姑奶奶来旋去，四侄来。晚偕内子等丹桂看戏，子刻归。

八月三十一日

早倪大夫偕美医官满大夫来与二女看病。午后大舅太太、柏侄、大女来。晚约内侄女夫妇、大女并偕内子、五、六女、宝儿妇，在座八人利顺德西餐，饭后丹桂看戏，子刻归。

九月一日

即旧历八月初一日。早倪大夫来与二女看病。午后到庆邸处拜寿，即归。晚约岳母、内侄女、大女在家晚餐，饭后并偕内子、五、六、七女赴丹桂看戏，丑刻归。

九月四日

早到锡弟寓所庙内畅谈，拜姜翰青晤谈，拜孙慕韩、袁云台不遇，午刻归。晚七点钟，孙慕韩诸君借小园宴日本公使，主客七十余人，演戏至丑初散。予辞此局未作主客，借省酬应。

九月十二日

午间倪大夫来与二女看病,内侄女来看,旋去。午后诚玉如来谈,大女来看。晚约内侄女、玉如父子三人、大女并偕内子、五女赴鸿宾楼晚餐,天仙茶园看戏,子正归。

九月十五日

即旧历中秋节。早玉如来谈。午后张介眉来与二女看病。陈锡周来看。晚偕内子、五、六、七女、宝儿赴丹桂看戏,丑刻归。

九月十七日

二侄早车来,傅梦岩来。午后岳母同汪老大姑娘及大女均来,饭后偕内子、大、五女、二侄、宝儿看丹桂戏,丑刻归。午后张介眉来与二女看病。

九月十八日

二侄、宝儿、五女乘早车回京。余偕内子、六、七女约大女看丹桂夜剧,丑初归。

九月二十七日

晚偕二侄夫妇、五女、宝儿赴松竹楼晚餐,丹桂看戏,内子饭后往,丑刻归。

十月四日

午后约大女同内子、五、六、七女、宝儿赴丹桂看戏,酉刻归。大女晚饭后去。

十月五日

早到增寿臣处,谈许久归。午后约大女同内子、五、六、七女、宝儿赴丹桂看戏,酉刻归。大女晚饭后去。

十月九日

午后往拜岳乾斋，谈许久，申刻归。晚偕内子、五女、宝儿赴茂林春看戏，丑刻归。今日交英工部局孟家庄一年房捐行化银二百七十两整，当日收有回据。

十月十二日

早增寿臣来谈。午后四侄来。偕五、六、七女、宝儿赴丹桂看戏，酉刻归。

十月十六日

早玉如来谈。晚约岳母、大女同内子、五、六、七女、宝儿赴泉聚楼晚餐，丹桂看戏，丑刻归。

十一月十二日

门人陈二安次长借东厅为其母作寿，演戏甚佳。予往拜寿，同家人观戏，寅正归。

十一月二十九日

早赵次山、荣华卿来谈，留早饭。午后绍叙五来谈。晚约岳母、花园一姑太太、大女、诚裕如，偕内子、二、五、六、七女、儿妇赴泉聚楼晚餐，丹桂看戏，夜子正余归。

十一月三十日

早赴绍叙五泉聚楼之约，散后偕宝儿、五女到广东会馆一看，申刻归。

十二月五日

午后大舅太太来，旋去。晚偕二、五、六女、宝儿赴丹桂看戏，子正归。

十二月十九日

即旧历十一月二十二日。因予日前赴陵行礼,内子五旬生辰改于今日在广东会馆举办,演天仙班戏,并未知会外亲友,是日来客五十余人,戏至寅初止。

十二月三十一日

早赴泉聚楼李秀瑜之约,未正归。晚偕宝儿、儿妇、五、六、七女赴茂林春看戏,子正归。

中华民国三年(1914)

一月十四日

内子率宝儿、二侄乘早车进京,清理家中年事也。午刻访翁弢夫,谈时许即归。今日王叔鲁克敏借京宅宴客演剧,闻甚佳。

一月二十日

早赴华璧臣泉聚楼之约,申刻归。松、柏侄来谈。晚偕内子、二、五女、宝儿、儿妇赴茂林春看戏,子正归。旧历十二月二十四日戌刻公用库二敬甥之妻病故。

一月二十二日

晚偕阖家赴丹桂看戏,子正余归。

一月二十五日

即旧历十二月三十日也。午后振贝子处、常大爷、瑞二爷来辞岁。予戏集春联云:"今朝有酒今朝醉,一年又过一年春。"纪实也。晚阖家辞岁道喜,晚同饮,阖家欢乐。

一月二十六日

即旧历甲寅年正月初一日,予年五十八岁,前清告退之少保大学士也。晨起阖家均道新喜。午后拜年十余家，酉刻归。来拜年者二十余家。隐居海滨，消受清福，别有意味，非热闹场中所可知矣。

二月二日

早世中堂来，未见。今日京奉、京汉、津浦、京张四铁路局借予东院公宴，予作客，演戏甚佳，寅初戏止。今日请张介眉。

二月四日

早到毕郅臣、启省三处，未见，又到宝湘石处谈许久，午正归。明日黎副总统约饭，今日作函辞谢。午后偕宝儿赴瑞大、瑞二、宝三父子、斌二、继五、诚大、钟二吉祥茶园看戏，东兴楼晚饭之约，同座益堂、叙斋、锡弟，亥正归。钟三姑奶奶、继五太太、公用库姨奶奶均来拜年。祥大姑奶奶来，晚饭后去。

二月十三日

早乔亦香来，谈许久。晚同内子、儿妇并约松侄丹桂看剧，子正归。

二月二十四日

晚偕内子、二、五女、宝儿夫妇赴庆乐茶园看戏，子正归。王福、樊文志早车回京。

二月二十六日

早四侄来，午后去。晚约岳母、大女偕内子、二、五女、宝儿夫妇赴松竹楼晚饭，饭后丹桂看戏，子刻归。

二月二十七日

晚偕内子、二、五女、宝儿夫妇赴丹桂看戏，二侄乘晚车来津同往看戏，丑初归。直隶都督赵秉钧因犯怔忡旧疾，今日午刻出缺，新任已简朱家宝矣。

三月十日

午后同内子、四弟、姨奶奶、二侄夫妇、三侄往吉祥茶园看戏。晚二、三侄约东兴楼,亥刻归。请张介眉。

三月二十二日

早王福来津。午后诚玉如来谈,大女来。晚车王福回京。晚约大女偕内子、二、五、六女、宝儿夫妇赴丹桂看戏,丑刻归。今晚送张馨庵宴席一桌。

三月三十日

早增寿臣来谈。午后少阶来谈,程笃原叔侄来,宝儿见。晚偕内子、二、五女、宝儿夫妇并约大女赴丹桂看戏。

四月一日

即旧历三月初六日。早到振育周处拜寿,谈许久归。午后大女来。晚约大女偕内子、二、五女、宝儿夫妇赴茂林春看戏,丑刻归。

四月二日

晚约大女偕内子、二、五女、宝儿夫妇赴茂林春看戏,丑刻归。

四月三日

午后吴泰寿夫妇来拜,乔亦香来谈。晚约大女偕内子、二、五女、宝儿夫妇赴茂林春看戏。晚车王福来。

四月十五日

早王福来,晚车回京。午后增育圃来谈,玉如来谈。晚约内侄女、大女偕内子、二、五女、宝儿夫妇赴泉聚楼晚饭,天仙看戏,丑刻归。

四月十七日

早赴荣华卿泉聚楼之约,未正归。继旭生、诚玉如、祥达泉来谈,张伯讷、渠楚南来拜,因沐浴未见。晚偕内子、二、五、六、七女、宝儿夫妇赴天仙看戏,丑刻归。

四月二十二日

早毓三甥、常甥来谈。午间王福请予与宝儿,座中有保伯平、四弟、二、四侄在泰丰楼早饭,广和楼听戏,戌刻归。来拜者徐菊人数人,均未能晤。

五月十日

早继旭生、柏侄、毓三甥、象五甥来看。午后曹润田、钟叔岩、二姑太太、罗宅三姑奶奶、四弟来谈。晚约骑河楼二太太、姨太太偕内子、二侄夫妇、二、五女、宝儿、三侄赴吉祥听戏,丑刻归。

五月二十日

早增寿臣来谈。午后松、柏侄、振育周来谈,大女来。晚约大女偕二、五、六、七女、宝儿妇赴下天仙看戏。

五月二十二日

乐达仁昆玉在天津估衣街开设达仁堂药肆,今日在广东会馆演戏宴客,予送喜幛,并约大女同内子偕二、五、六、七女、宝儿夫妇前往,寅初归。

五月二十五日

即旧历五月初一日。早增寿臣来谈。午后大女来,旋去。晚约大女偕二、五女、宝儿夫妇赴下天仙看戏。

五月三十日

宝儿乘早车回京,祠堂上供行礼。余午后访文卓峰,谈许久归。接上海三弟来信一封。今日吴幼舲借予京宅东院演戏作寿,予送刻丝寿星一轴、对联一副。

五月三十一日

早微雨甚凉,终日无事。今晚吴炳湘总监借予京宅东院演戏宴客,请予作客,予辞之。

六月五日

晚同内子偕二、五女、宝儿夫妇赴下天仙看戏。

六月七日

早吴幼舲来拜,午刻答拜,谈许久归。午后松侄来,偕内子、二、五、六、七女、宝儿夫妇看广东戏,酉刻归。晚约大女同内子偕二、五、六、七女、宝儿夫妇赴利顺德西餐,亥正归。

六月九日

早赴荣华卿第一楼之约,未正归。晚同内子偕二、五、六、七女、宝儿夫妇赴下天仙看戏,丑刻归。

七月十日

午后柏鹤龄、三侄来谈。未刻同内子、二、六、七女、二侄夫妇赴第一舞台观剧,规模宏敞,布置精细,为京津之冠。遇孙俊卿候戏价,酉刻归。

八月二十四日

早访梁崧生、孙慕韩不遇,到岳乾斋处道喜,溥仲路处、四弟处看视,午刻归。午后松侄来谈,访伦贝子不遇。晚偕宝儿赴吴幼舲福兴居晚饭、第一舞台看剧之约,同席振育周乔梓、世伯轩、继子受、绍越千、抡五爷诸人，子正归。

八月二十六日

早毓三甥来看，旋去。四弟、闫警者来，留早饭。午后茂如二弟来谈，熙九太太来道乏。申刻到聚寿堂与宝湘石夫妇拜寿并看戏，丑正归。

九月十一日

早二、四侄乘快车来津。午后增寿臣来拜寿。晚约四女、二、四侄偕内子、二、五、六、七女、宝儿夫妇赴丹桂看戏，子正归。

九月三十日

早乔亦香来谈。午后多用舟来谈。晚偕内子、二、六、七女、宝儿夫妇赴丹桂看戏，子正归。

十月九日

早到茂如二弟、熙亲家太太处道乏，稍谈，到赵次山、奎乐峰、恩益堂、伦贝子处，均未见，午正归。午后祥达泉、敬二甥、沈雨人、伦贝子、袁得亮、孙慕韩来谈。晚赴四弟东兴楼之约，遂约四弟、三侄偕宝儿赴丹桂看戏，子初归。

十月十三日

即旧历八月二十四日。早继旭生来谈，松侄来，留早饭。午后保伯平来谈。晚赴伦贝子府之约，主人二十九人为：溥伦、冯汝玖、奎濂、傅兰泰、钟峻林、学珹、斌俊、景禐、宝棻、奎俊、恩寿、瑞龄、瑞丰、寿耆、诚璋、福启、增煦、陆保靖、铨林、溥侗、曹汝霖、耆龄、铁龄、尹良、继禄、赵尔巽、赵梅岑、赵介卿、增崇。演昆乱戏十余出。座无杂宾，饮馔均美，名为为予嫁女贺喜并补祝生辰，实则大家欢聚一日，诚人生乐事也。夜寅初归。

十月十六日

午后钟叔岩来谈,到五女处看视,谈许久归。晚偕内子、二、六、七女、宝儿夫妇赴丹桂看戏,子正归。

十月二十一日

午后诚大太太来谈。晚约大女、五女偕阖家赴第一楼晚餐,丹桂看戏,子刻归。

十月二十八日

早诚玉如来谈。午后许午楼来,谈许久去,杨云史、岳乾斋来,未得见。晚约大女偕二、六、七女、宝儿赴天仙看戏,丑刻归。

十一月十五日

早偕内子、二、六、七女、宝儿夫妇乘快车回京,并约大女同行,午初二刻抵家。午后四弟阖家来看,旋去。晚约大女偕内子、二、六、七女、二侄、宝儿夫妇赴第一舞台看戏,子正同归。

十一月十八日

早恩益堂来谈。酉刻到伦贝子处拜寿、听戏,予送祝敬六十元,寅刻归。

十一月二十二日

即甲寅十月初六日。早茂如二弟来谈,宝儿乘快车回京。午后志二姑太太来看,宝湘石、寿子年、瑞玉如、斌小川、林叔鸿、奎少湘约予父子丹桂茶园看戏,东兴楼便酌,在座有叙斋、育圃、祥达泉,宾主十一人,亥正散。

十二月十四日

午后华璧臣来谈。晚约大女、五女同内子、二、六、七女、宝儿夫妇赴东天仙看戏,子正归。午后乔亦香来,谈火车事。

十二月二十二日

晚张介眉来与二女看病。偕内子、六、七女、宝儿夫妇赴下天仙看戏,子正归。

十二月三十一日

晚偕内子、二、六、七女、宝儿夫妇赴下天仙看戏。

中华民国四年(1915)

一月二十三日

午后岳乾斋来道乏,大女、五女来。晚赴五女松竹楼晚饭、丹桂茶园看戏之约,丑初归。

二月六日

午后到利顺德拜孙慕韩,谈许久归。诚玉如、柏侄来看。晚偕内子、二、六、七女、宝儿夫妇赴上天仙茶园看戏,子刻归。

二月二十一日

午间承肃生、毓三甥、文博亭来谈。午后约岳母偕内子、二侄夫妇、宝儿赴第一舞台看戏,酉刻归。晚偕宝儿赴宝湘石、寿子年、斌小川、瑞氏昆玉东兴楼之约,亥正归。

二月二十七日

晚约振亲家乔梓松竹楼晚饭,天仙茶园看戏,丑刻归。二侄乘晚车来津。终日狂风,甚冷。

三月一日

即旧历正月十六日。午后大女、五女来。晚赴振育周松竹楼晚饭、东天仙看戏之约,子正归。大女、五女晚饭后去。

三月十三日

晚偕内子、二、六、七女、宝儿夫妇赴下天仙看戏,丑刻归。

三月十五日

午后诚玉如、柏侄由京来谈。晚赴大女下天仙看戏之约,丑刻归。

四月三日

早振育周来道乏。午后致三弟、聚卿、伯讷信三封,约四日可到。晚偕内子、二、六、七女、宝儿夫妇赴东天仙看戏,子刻归。

四月二十二日

辰初起。巳刻到三弟处,得见弟妹、侄女三人及侄妇,谈时许。拜陈小石,谈许久,午正归。华侄来,留早饭。申刻拜刘聚卿、瞿子久,均稍谈,酉刻归。晚约采臣、三弟、华侄、玉如携宝儿赴古渝轩晚酌。饭后王又宸约新舞台看戏,丑初归栈。

四月二十三日

辰正起。刘聚卿送席一桌,其子刘之泗来见。三弟、华侄来,均留早饭。未正同三弟、玉如、华侄、宝儿赴哈同花园一游,园主犹太人,接待甚优,园中花木茂盛,房宇轩敞,游二时许遂到张园、黄浦滩一游,酉刻归。赴三弟式式轩晚饭、大舞台看戏之约,丑初归栈。

五月十八日

午后公用库三姑奶奶、继五太太来看,祥达泉来谈。申正赴诚玉如吉祥茶园看戏、东兴楼晚饭之约,亥正归。

五月二十五日

午后约少阶夫妇、外孙女、四弟偕内子、二侄夫妇、宝儿赴吉祥茶园看戏，东兴楼晚饭，亥正归。

五月二十六日

午后裕三太太、松、柏侄来看。未正约大女偕内子、二侄夫妇、宝儿赴第一舞台看戏，酉正归。

六月十二日

晚偕内子、二、六、七女、宝儿夫妇赴东天仙茶园看戏，丑初归。

六月十五日

午后诚玉如由京来谈，旋去。晚偕内子、二、六、七女、宝儿夫妇赴东天仙茶园看戏，丑初归。晚接三弟信，知大侄女于旧历四月二十五日亥刻病故。

七月十六日

午后铁宝臣、增育圃来谈，宝儿乘晚车回津。晚偕二、六、七女、宝儿赴下天仙茶园看戏，丑初归。天酷热。

七月二十七日

雨后尚不甚热。晚同内子、二、四、六、七女到下天仙看戏，丑刻归。

七月二十九日

四姑奶奶乘早车回京，后日回新安。王福早来午归，带去二女衣服箱支。晚同内子、二、六、七女在下天仙听戏，遇雨戏止即归。

八月十一日

午后松侄、耆侄、祥达泉来谈。申刻宝湘石约吉祥看戏。晚赴振亲家会贤堂之约，亥刻归。今日即阴历七月初一日。

八月十六日

晚大姑奶奶约食东兴楼,余约第一舞台看戏,内子、二女、宝儿、六女、二侄夫妇皆同往也,子正归。极热。

八月十八日

即阴历七月初八日,二女三十一岁生辰。凑富连成小班戏一天,来客至近亲友、本家男女共五十余人,天气晴爽,酒馔、戏曲极佳,家庭小宴极人生乐事。寅刻戏止,天已大明矣。

九月二日

即阴历七月二十三日,为余五十九岁生辰,又二女回门。子正二女到家,午正二婿来家,交代礼节,一且吉顺,未刻二婿去,酉刻二女去。拜寿男女客来百余人,疏者挡驾,亲者留饭,演唱徐狗子八角鼓,子正后客散。

九月三日

补道喜、拜寿来客十余人。晚答拜客八家。宝湘石六旬正寿,余往聚寿堂拜寿,看戏,丑初归。

九月九日

早到庆邸处拜大老太太寿,又谢客一家,巳正归。午约大、四姑奶奶偕内子、六女、二侄夫妇、宝儿夫妇赴吉祥看戏。晚大女请食明湖春菜,甚佳,大女亥刻去。今日即阴历八月初一日。晚大风。

九月十三日

宝儿早车回京。余谢客十一家,午正归。晚饭后同六女、七女广和楼看戏,子正归。

九月十五日

早答拜华璧臣未遇,约增育圃、铁宝臣、裕小彭松竹楼早饭毕,中华园听乐子，酉刻归。

九月十九日

天热甚，着单衣尚发汗。晚偕内子、宝儿夫妇、六、七女到奥界观剧，子正归。

九月二十三日

即阴历八月十五日，大家庆中秋节。晚赴下天仙看戏，子正归。

九月二十六日

午后同大舅太太、大姑奶奶、宝儿夫妇、六、七两女赴下天仙看戏，戌初归。早间育周来拜。

十月初一日

即阴历八月二十三日。晚同内子、儿妇、二女、六女、七女到下天仙听戏，子正归。

十月初七日

午前继五老爷、敬二甥、三侄来。午后约瑞鹤庄、瑞裕如、宝湘石、墨润西、延菊臣、斌小川在吉祥看戏，晚在家小饮，亥正散。

十月二十四日

午后答三弟信由邮局寄沪。晚同内子、儿妇、七女下天仙看戏，子正归。小雨。

十月二十七日

午后张元奇来谈。晚同内子、儿妇、七女赴东天仙看戏，子正归。

十月二十八日

晚同内子、儿妇、七女赴东天仙看戏,子正归。

十月二十九日

午后吴彭秋来谈。晚赴东天仙同内子、儿妇、七女看戏,子正归。

十月三十一日

早到渠楚南处吊祭。晚同内子、七女、宝儿夫妇赴东天仙看戏,子正归。

十一月初三日

酉刻赴吴朋秋松竹楼之约。晚同内子、七女、儿妇赴下天仙看戏,子正归。

十一月初八日

午后谢客十余家。晚到伦贝子处拜寿,看戏,子正归。

十一月二十日

午后诚玉如来谈。晚约恩益堂、振亲家、五、六婿明湖春晚饭,并约振、庆两亲家太太、菊丞之女、大、二、四、五、六姑奶奶携二侄夫妇、宝儿夫妇同看大舞台戏,丑初归。

十一月二十五日

午后吴仲怡来,谈许久。晚同内子、儿妇、七女到东天仙看戏,子正归。

十一月二十六日

早荣华卿来谈,午正去。晚同内子、儿妇、七女赴东天仙看戏,子正归。

十一月三十日

午后同内子、儿妇、七、八女到广和楼看戏，酉刻归。

十二月十九日

宝儿乘早车回京。午后同内子、儿妇、七、八女赴天仙看戏，酉正归。

中华民国五年（1916）

中华帝国正月初九日

晚赴天仙观戏，子正归。内子、七女、宝儿夫妇皆同往也。

正月十三日

晚同内子、儿妇、女儿赴天仙听戏，子正归。

正月十六日

晚同内子、儿妇、七女赴天仙听戏，子正归。

正月十七日

午后与朗贝勒处拜寿，看五女，谈刻许。晚同内子等看丹桂戏，子正回。

正月三十一日

晚赴下天仙看新戏，内子、儿妇、七、八女同去，子正归。

二月初六日

晚同宝儿夫妇、七、八女到天仙听戏，子正归。

二月初七日

午后同宝儿夫妇、七、八女、内子到天仙看戏，酉刻归。

二月十四日

午后约旭生、裕如听吉祥茶园戏。晚赴孙慕韩、曹润田之约,亥初归。

二月十五日

未刻赴瑞鹤庄、玉如、宝湘石、奎少湘、钟秋岩、墨润西、斌小川中华园看戏、东兴楼便酌之约,亥正归。

二月十七日

天晴和。晚同内子、宝儿夫妇、七、八女到新开大舞台听戏,子正归。

二月二十二日

夜间、午后俱微雪。高楼眺远,终日无一事,与老妻闲谈、小孙嬉笑亦人生乐事,年周花甲黄粱梦熟不为迟也。哈哈!夜雪尤大。

二月二十三日

早雪止,天仍阴。午后五姑奶奶来,酉刻去。晚同内子、儿妇、七、八女欲看戏,因戏回未去。

二月二十四日

早晴。午后五婿来谈。晚同内子、儿妇、七、八女赴下天仙听戏,子正归。

三月初三日

早赴吴彭秋松竹楼之约。午到上天仙听戏,酉正回。大风终日,甚冷。

三月初六日

铁宝臣约松竹楼早饭。午后下天仙看戏,酉刻归。未刻六女来，晚饭后去。

三月初七日

约五婿、六婿伉俪同内子、儿妇、七、八女到致美斋晚酌，亥刻后五婿等去，余同内子等下天仙看戏，子正归。

三月初九日

李毓芬约松竹楼早饭，未刻归。宝儿晚车来津。戌刻同内子、宝儿夫妇、七、八女在松竹楼晚饭、下天仙听戏，子正回。

三月十二日

畅晴。晚同内子、儿妇、七、八女到下天仙听戏，子正归。酉刻慕韩来谈。

三月十三日

早赴荣华卿松竹楼之约，未正归。晚内子、儿妇、七、八女到下天仙听戏，子正归。余同往也。

三月十七日

同内子约岳母、继五老、大、二、四姑奶奶偕二侄夫妇、宝儿在中华舞台听戏，在家吃东兴楼菜，子正归。

三月二十四日

仍大风，冷。晚风止，同内子、儿妇、七、八女到丹桂听戏，子正归。

四月初四日

天气晴和。晚同内子、儿妇、七、八女到丹桂听戏，子正归。

四月初七日

晚同内子、儿妇、七、八女到下天仙听戏，子正归。

四月初九日

夜半起狂风大作,黄霾蔽天。早车王福来。酉刻风止。戌刻同内子、宝儿夫妇、七、八女赴醉春园便饭、丹桂听戏,子正归。

四月初十日

宝儿、王福乘早车回京。晚同内子、儿妇、七、八女赴丹桂听戏,子正归。酉刻铁宝臣来谈。

四月十二日

晚同内子、儿妇、七、八女赴丹桂听戏,子正归。

四月十三日

午后拜尚会臣举荐七、八女业师英韵峰先生名斌未遇,拜尚会臣同年谈许久,拜增育圃不遇,申正归。晚同内子、儿妇、七、八女赴丹桂听戏,子正回。

四月二十一日

午后视华卿病,稍轻,申刻归。晚同内子、儿妇、七、八女赴天仙看心培戏,甚佳,子正回。

四月二十四日

四姑奶奶乘早车由京来津。王福晚车由津去京。午后到华卿处吊祭,振亲家老爷处看视。赵次山、铁宝臣来,未晤。五姑奶奶午后来,饭后去。晚同内子、四姑奶奶、儿妇、七、八女赴天仙听戏,子正归。

五月一日

即旧历三月二十九日。午后偕内子、二侄夫妇、宝儿夫妇赴吉祥看戏,酉正二刻归。晚宝湘石、墨润西、彭子嘉、斌小川移樽小园,座中岳乾斋、瑞氏昆玉、钟秋岩、奎少湘、诚玉如等,亥正散。

五月初三日

午刻四弟来早饭。申初赴钟秋岩、诚玉如、瑞氏昆玉、奎少湘吉祥看戏、东兴楼晚饭之约，同席为彭子嘉、宝湘石、墨润西、斌小川、岳乾斋诸人，亥正散。

五月初十日

午后五女来，晚约至会宾楼便酌，饭后先归。余同内子、儿妇、七、八女到丹桂看戏，子正回。天热，可著单衣。

五月二十四日

子刻雨，旋住。晚同内子、儿妇、七、八女下天仙听戏，子正回。

五月二十六日

午狂风，晚住。同内子、儿妇、七、八女赴天仙听戏，子正回。

五月二十七日

宝儿早车来津，午后增育圃来谈。晚同内子、宝儿夫妇、七、八女食松竹楼，天仙听戏，子正归。

六月初三日

天热。晚同内子、宝儿夫妇、七、八女到舞台听戏，子正回。

六月初五日

即丙辰五月初五日，端阳节也。新晴凉爽，阖家欢喜过节。晚同内子、宝儿夫妇、七、八女大舞台听戏，子正归。夜雨。

六月十五日

午后访孙慕韩、翁弢夫，均谈时许。晚同内子、儿妇、七、八女天仙听戏，子正归。

六月十九日

天晴爽。晚同内子、儿妇、七、八女赴大舞台听戏,子正归。夜雨。

六月二十四日

早增寿臣来谈。午后五姑奶奶来,饭后去。晚同内子、宝儿夫妇、七、八女听大舞台戏,子正归。

六月二十五日

三六桥由奉来津,晤谈片刻,午后遣人答拜,送其食物四色。晚拟同内子、宝儿夫妇、七、八女到天仙听戏,子正归,因雨未去。

六月二十七日

晚同内子、儿妇、七、八女赴天仙听戏,子正归。

七月初六日

到华璧臣处吊祭,午正归。五姑奶奶、增育圃、继旭生、诚裕如来,均酉刻去。晚同内子、儿妇、七、八女大舞台看戏,子正归。

七月初七日

诚玉如来家早饭。余赴吴彭秋松竹楼之约。晚同内子、儿妇、七、八女赴大舞台听戏,子正归。

七月初八日

宝儿早车来津。晚同内子、宝儿夫妇、七、八女大舞台听戏,子正归。

七月二十五日

宝儿乘车回京。余早为张少轩夫人拜五旬寿,拜庆王爷,又试眼镜。晚同内子、儿妇、七、八女到大舞台观戏,子正归。

八月二十一日

即阴历七月二十三日，余六十生辰。蒙皇上遣内务府卿荣铨赐寿物六色，为寿佛一尊、御笔匾一面（文曰“宜家富寿”）、御笔福寿字一分、如意一柄、蟒袍面一件、尺头四件。巳正天使率司员增煦等四员、官役等四十余人颁赏到寓，桐率子、侄等门外恭迎厅内，行三跪九叩礼，礼毕恭送门外。是早四位贵太妃遣内监共赏寿佛一尊、如意一柄、尺头八件、活计一匣，如数祇领。前期恭进皇上衣料四件、食物八盒，四贵太妃亦如之，均蒙赏收。今日演双庆部戏，外串各名角。午初开演，天明戏止。是日天气晴和，来拜寿贺喜男女宾客约四百余人，实为家庭乐事也。

九月初三日

午后同内子、宝儿夫妇、七、八女东天仙看戏，晚酌雅园后又看戏，子正归。

九月初四日

早答拜孙慕韩，谈许久。宝儿早车回京。晚同内子、儿妇、七、八女到东天仙看戏，子刻归。

九月初五日

晚同内子、儿妇、七、八女赴东天仙看戏，子刻归。今日为七女十六岁生辰。

九月十一日

午后访赵次山，商游泰山事。晚同内子、宝儿夫妇、七、八女松竹楼便酌、下天仙看戏，子正回。

九月十六日

晚同内子、儿妇、七、八女赴下天仙看戏，子正归。

九月十七日

午后约裕小彭、增育圃广和楼看戏、松竹楼晚饭,戌正归。

九月二十一日

早雨止仍冷。晚同内子、七、八女赴下天仙看戏,子正归。

九月二十二日

宝儿乘晚车来津。晚同内子、宝儿夫妇、七、八女赴下天仙看戏,子正归。

九月二十六日

早五婿来谈。午后增育圃来谈。晚赴育圃松竹楼吃饭、广和楼听戏之约,子正归。

九月二十七日

午后看振亲家太太。晚同内子、七、八女赴下天仙听戏,子正归。

十月初五日

即旧历重阳日。辰初起,次山来畅谈,巳初二刻与次山乔梓依依不忍别。巳正二刻到车站,次山父子、沈幼沂知事、李五衡、李星源两团长、庆山和尚均来送行。因车误点,午正始开,行至张夏车站车头损坏,耽延二时许。四点开行,五点半抵泰安栈,赴鸿元楼晚饭,后赴俱乐部观剧,女角甚佳。十点二刻归栈,十一点就卧。

十月二十一日

晚同内子、七、八女赴大舞台听戏,子正归。

十月三十日

宝儿乘早车回京。晚同内子、七、八女到大舞台听戏,子刻归。

十一月十五日

大姑奶奶约吃白魁羊肉馆，午正后归。晚王福请吃新丰楼，菜肴甚佳。晚饭后听大舞台，偕同大、二、四姑奶奶、二侄夫妇、宝儿，丑初归。未刻杏甥来，即去。

十一月二十五日

即阴历十一月初一日。张子元约雅园早饭，未刻归。松、柏侄晚车回京。余晚到舞台听戏，子正回。夜大风，甚冷。

十二月初九日

晚同内子、七、八女到大舞台观戏，子正归。

十二月十六日

早毓二甥、敬二甥、杏甥、茂如夫妇、裕如、花园大姑奶奶来谈。申刻答拜汪伯唐，增寿臣处拜寿、看戏，子刻归。

十二月二十三日

午后岳母、诚玉如夫妇、松、柏两侄、二女申刻归。晚赴伦贝子、曹润田之约，听昆曲，子刻归。

中华民国六年（1917）

一月十四日

天晴和。晚同内子、宝儿夫妇、七、八女在松竹楼小酌、丹桂观戏，子刻归。

一月十五日

宝儿早车回京。晚同内子、儿妇、七、八女赴丹桂看戏，子正归。又优待皇室条件宜规定宪法公民意见书，那桐列名具呈参众两议院以待公决。今日世、徐两太保领衔在桐金鱼胡同家内公宴议员,到者一百七十六人,亥正尽欢而散。

一月二十五日

巳正接到京宅电话,第二孙女荇妞于今日巳正殇。午后同内子、宝儿夫妇、七、八女赴丹桂看戏,酉正归。

一月二十六日

午后同内子、宝儿夫妇、七、八女赴丹桂看戏,酉正归。

二月十二日

午延倪大夫诊头晕。申刻铁宝臣来谈。晚同内子、宝儿夫妇、七、八女赴松竹楼便酌、第一台听戏,子正归。

二月十四日

晚同内子、儿妇、七、八女赴丹桂听戏,子正归。

二月二十二日

即阴历二月初一日。晚同内子、儿妇、七、八女赴丹桂听戏,子正归。

二月二十三日

午后答三弟信。申刻同内子、儿妇、七、八女赴丹桂听戏,酉刻归。

三月初三日

午后约茂如二弟、锡侯四弟携二侄、宝儿并约大、二、四女同内子观吉祥戏。晚赴四弟东兴楼之约,亥初归。

三月初四日

午后约茂如弟、锡侯弟携二侄、宝儿同内子、大、二、四女吉祥听戏。晚约大女、二婿、四女、四婿、四弟、二侄、宝儿并二女六国饭店洋餐，亥刻散。

三月初八日

午后四弟、二婿、四女、松、柏二侄来。晚王福请食新丰楼，内子、四女、二侄、宝儿同往，饭后第一舞台听戏，子正归。

三月二十四日

即阴历闰月二月初二日。申刻为大婿少阶成主，襄题者增寿臣、锡侯弟，申正礼成归。晚同二、四女、内子、宝儿赴大舞台看戏，子正归。申刻访赵次山不遇。

三月二十六日

午后约宝湘石、瑞鹤庄、瑞玉如、诚玉如吉祥园观戏、东兴楼晚餐，亥刻归。

四月初八日

江宇澄等二百余人公请陆荣廷（号幹卿）督军，借余花园演戏，余亦作客，宾主畅聚，寅时始散。午后四弟来，即去。晚二姑奶奶、花园姑奶奶来听戏，二姑奶奶住，花园姑奶奶去。

四月十五日

晴，有风。无事。晚听市场丹桂富连成班小戏，子正归。

四月二十二日

晚约二、四女同内子、宝儿、二侄赴大舞台听戏，子正归。

四月二十九日

早二敬甥来，午后松侄、二婿、二女、四女来，约二婿、二女、四女同内子、二侄赴大舞台看戏，子正归。宝儿晚车赴津。

五月初六日

庆亲王百日,承泽园念经,余率宝儿申刻赴园行礼。戌刻赴伦贝子等八人约华丰楼晚饭、听大舞台戏,子正归。

五月初十日

宝儿乘晚车赴津。晚约四弟、二女、二婿、四女、四婿、内子、二侄赏牡丹,饮酒,亥刻散。名伶谭鑫培今日病故,失一角色,可惜也。

五月二十三日

早孙中山来谈。晚同内子、七、八女听丹桂戏,子正归。总理段祺瑞今日奉令免职。

五月二十八日

宝儿早车回京。终日大风,旱象已成。晚同内子、七、八女到天津第一台听戏,子正归。今日命令特任李经羲为国务总理。

六月初一日

即阴历四月十二日。午后访五婿,少谈。晚同内子、七、八女到广和楼听戏,子正归。

六月初五日

晚同内子、儿子、媳妇、七、八女、孙子、孙女松竹楼便饭,天津第一台听戏,归。

六月初六日

宝儿早车回京。晚同内子、儿妇、八女到天津第一台听戏,子正归。

六月十三日

晚同内子、儿妇、七、八女到天津第一台听戏,子初归。昨日特命江朝宗暂行代理总理，又特令解散国会。

六月十六日

晚同内子、宝儿夫妇、七、八女到升平听戏，子正归。

六月二十一日

早增寿臣来谈。午后同内子、宝儿夫妇、七、八女到丹桂听戏，酉正归。

七月二十七日

晚请岳母偕内子、宝儿夫妇、七、八女、绵、苹孙男女松竹楼便酌、升平听戏，绵、苹先回，余等子刻归。晚铁宝臣来，许久去。

八月十三日

早晴。柏侄来津。晚同岳母、柏侄、内子、儿妇、七、八女升平听戏，子刻归。午后致三弟信，秋山介眉之寿一卷托老九章范掌柜寄沪。

九月初四日

午后约逵臣、鹤朋、鹤仪到吉祥听戏，并约请岳母、二、四女听戏，在家便饭，亥刻散。

九月初九日

即旧历七月二十三日，余六十一岁生辰。内子、宝儿、大、二、四、五、六女公送富连成戏一灯晚，又唤小荣八角鼓为白画顽艺，男女来宾七十余人。是日清爽，菜、戏均佳，卯初戏止客去。此诚家庭之乐也。

十月十四日

午后到东天仙茶园看戏，酉正归。

十月十九日

晚赴东天仙看戏,子正归。

十月二十一日

午后复三弟信,交邮局寄沪。晚同内子、宝儿夫妇、七、八女东天仙看戏,子正归。

十一月初九日

早拜客二家。午刻约二婿、四弟、二、四女、花园姑奶奶吉祥听戏,并约大女,均晚饭后去。午间毓二甥来。

十一月十二日

世中堂来拜,未晤。二婿、敬二甥、四弟来。晚赴达博生东兴楼之约,饭后赴吉祥听戏,子刻归。

十一月二十九日

即阴历十月十五日。中国、交通、汇业、新华、盐业、金城六银行借北京金鱼胡同本宅演剧,公请日本实业家大仓等诸君,梅兰芳唱《天女散花》,极佳,予作客。晨乘早车由津来京,未初到家,宝儿、二侄赴站往迎。午后四弟、三、四侄、大、四女来,亥初演戏三出,子正散。

十二月二十日

晚赴下天仙看戏,子刻归。

十二月三十日

即旧历十一月十七日,为内子生辰前一日,王福孝敬高腔戏一灯晚,至丑刻散。至近亲戚本家二十余人来晚饭,听戏。出使奥国钦差沈瑞麟来晤。二女来住。

十二月三十一日

即旧历十一月十八日，内子五十四岁生辰，唱富连成戏一灯晚，来本家亲友七八十人。天气晴暖，至寅初戏止客去。

中华民国七年(1918)

一月十一日

晚赴第一台听戏，子正归。

一月十九日

同内子、儿妇、绵孙午后到广和楼看戏，酉正归。宝儿乘晚车来津。

二月初三日

早车四侄由京来，晚车同宝儿回京。余同内子、七、八女、绵孙午后赴第一台看戏，酉正归。

二月初六日

王福晚车回京。晚同内子、儿妇、七、八女赴大观园看戏，子刻归。

二月二十七日

午后同内子、儿妇、七、八女、绵孙到升平园观剧、松竹楼晚饭，戌正归。今日接到盐业银行来信，云：本行于二月二十日举行第一次通常股东总会，选举董事七人、监事二人、候补董事三人，执事已被举为本行董事。等因。又单内开：董事那桐、张恕斋、刘炳炎、黄承恩、王郅隆、段永彬、任凤苞，监事瑞丰、张家骐，候补董事李光启、陈秉镒、周作民。

二月二十八日

敬二甥早车来津,饭后回京。晚饭后赴新华看电影、杂剧,子刻归。

三月初一日

即戊午正月十九日。晚饭后同内子、儿妇、七、八女赴中舞台看戏,子正归。

三月初三日

宝儿早车来津。午后毓月华来谈,柏鹤龄来。亥初二刻日本三井洋行好富道明约赴日本俱乐部看梅兰芳《天女散花》戏,同宝儿、柏侄,子正归。

三月初六日

午后访张心庵,并送其食物四色。又访铁宝臣谈许久。晚同内子、儿妇、七、八女赴第一台听戏,子正归。

三月二十七日

午茂如二弟来。申刻同二侄、宝儿吉祥听戏。晚赴增育圃、傅梦岩、奎少襄、陆献夫、林幼梅东兴楼之约,亥正归。

三月二十九日

午后同子宝儿、二侄由新世界赴广和居,约大、二、四姑奶奶、花园姑奶奶一同晚餐,后赴第一舞台听戏,子正归。

三月三十日

午间四侄来,旋去。晚同内子、宝儿、二侄约二婿夫妇、花园大姑奶奶赴第一舞台听戏,子正归。余午刻到恩益堂、钟捷臣、岳乾斋三处先期道喜。

三月三十一日

午刻二婿来，旋去。二姑太太、五姑奶奶均来。未刻约瑞鹤庄、瑞玉如、四弟赴吉祥看戏、东兴楼晚饭，亥刻归。

四月初六日

午后同宝儿约柏侄到四海升平听杂戏，散后至松竹楼，内子同儿妇、七、八女、绵孙、苹妞共食晚饭，亥刻归。

四月初九日

天阴冷。晚同内子、七、八女赴升平听戏，子正归。

四月十三日

午后约柏鹤龄至四海升平看杂戏，归家，晚饭后去。林贻书来拜，未晤。

四月十六日

午后内子、宝儿、七、八女到安徽会馆为李伯芝太夫人拜寿、听戏，夜半归。

四月二十日

庆王爷乔梓均来，旋去。午后同二、四侄、宝儿、八女赴吉祥小班戏。酉刻大女来，晚饭后去。

五月一日

即阴历三月二十一日。午后到增寿臣处道得子之喜。晚同内子、七、八女到升平听戏，子正归。

五月初二日

晚同内子、七、八女到升平看戏。左边上槽牙摘去一个，计共摘去二牙矣。

五月初十日

即阴历四月初一日。晚同内子、二、七、八女到升平听梅兰芳戏,子正归。自子刻落雨。

五月二十四日

即阴历四月十五日。早到世伯轩处拜寿未遇,溥仲路处拜七旬正寿,晤谈即归。今日曹汝霖、陆宗舆、李士伟、仓知铁吉、冈部三郎、杨毓瑊六君借余花园演剧宴客,请予戌刻小酌观戏三出,子正散。岳母、大、四女均晚饭后去。夜大雨,午正止,子正又雨。

五月二十五日

夜雨甚大,至午止。四婿来,即去。唱影戏,因雷雨大作,酉初戏止,戌初雨住。冯幼伟借予花园演戏,请予作客,往听戏数出,子正归。

五月二十六日

冯祥光、冯耿光为其母作七旬寿,借余花园及海军联欢社演戏、宴客。余往拜寿,因人杂而回。茂如弟、毓二甥、振亲家老爷、大、四、五、六姑奶奶、四婿、承笃生、三侄均来看,晚饭后去。

五月二十九日

即阴历四月廿日。内子因绵孙去秋病愈,许愿祭天,今日子刻上祭,礼成后阖家均道大喜,午间同享神馀。午后举办联格满月,酉刻演富连成戏一灯晚,食东兴楼。来男女客计八十余人,欢聚终日,丑刻始散。昼晴,夜雨。

六月初四日

冯大总统、段芝泉总理差人来借予花园演戏,宴请两广巡阅使龙济光,政界荫昌等二十五人作主人,约予作陪。龙紫丞年五十二岁,云南蒙自人,善饮,极圆融。戌初到,演戏十四出,极佳,寅初散。午间四弟来，旋去。大、二、四女来听戏，大、四去，二留住。

六月十三日

即阴历五月初五日，为端阳节，宗祠、祠堂上供行礼，阖家同道节喜。四弟、三、四、五、六侄、诚玉如来，旋去。午后阖家赴吉祥听戏，戌初归。

六月十四日

庆密亲王在承泽园念经送圣，明日发引，初九日永远奉安承袭。庆亲王福晋亦于今日念经送圣，明日发引，二十九日安葬。申刻余同宝儿前往致祭，酉刻归。松侄来，旋去。戌正赴吉祥听戏，内子、宝儿夫妇、七、八女，子正归。

六月二十六日

晓晴。赴中央公园，晚听昆弋京班戏，颇有趣，丑初归。

七月二十五日

早五婿、六婿来。曹润田诸人为孙慕韩夫人五十寿日借予园演戏，由申刻起演至丑刻止，请予坐客听戏。

八月二十五日

同内子、儿妇、七、八女、绵孙、苹妞乘早车回京，二侄、宝儿到站迎接，午正三刻到家。四弟、三、四侄、大、二、四女来看。今日何颂圻世兄七旬双寿，借予园演戏丑刻散。自戌刻落雨。

八月二十八日

即阴历七月廿二日。友人梁士诒、任凤苞、胡筠、叶恭绰、曹汝霖、周自齐、孙宝琦、梁敦彦、李国杰、沈瑞麟、陆宗舆、方仁元、徐树铮、周作民等十四人为余祝寿，公送菊部全班、寿烛一对、宴席四桌、寿酒四坛，在余园演戏，自申时起至寅初止。伊等请陪客四十八人,余又约客数十人,皆余备馔。今日梅兰芳、杨小楼、刘鸿升等演戏,各尽所长,并皆佳妙。兼之天气晴爽,人客无多,从客宴会,极人生乐事也。

八月二十九日

即阴历七月廿三日,为余六十二岁生辰,早祠堂行礼。晚唱富连成小班戏,酉初开,丑正止,来者至近亲友百余人。天气晴朗,一堂欢聚,其乐融融。连日嘉会,身体尚健,殊堪庆幸。

九月初一日

即阴历七月二十六日。早到醇王府为其太福晋拜寿,西城拜客六家。刘紫升借予园演戏作寿,自巳刻开戏,至丑刻止。

九月初二日

午后拜客二家。赴伦贝子约中华听戏、东兴楼吃饭,戌正归。

九月十二日

即阴历八月初八日,为七女十八岁生辰。晚听梅兰芳《跪池》戏,甚佳,丑初归。在陶园勾留两时余也。

九月二十七日

即阴历八月廿三日,为叔母张太夫人忌日,祠堂上供行礼。午后赴宝湘石、墨润西、瑞鹤庄昆仲、诚玉如丹桂听戏、同和馆晚饭之约,亥初归,中途遇雨。今午赴德昌饭店答拜彭子嘉,谈许久归。

九月二十八日

晚同内子、宝儿夫妇、七、八女、二侄致美斋便饭、第一舞台听戏,子正归。

九月二十九日

早四侄、五、六婿来，留饭。午后二敬甥来谈。瞽者曹先生弹唱半日，晚饭后去。

九月三十日

即阴历八月廿六日，为宝儿廿七岁生辰。唱斌庆小班戏一灯晚。男女来宾七十余人。天气晴朗，酒馔均佳，夜丑正三刻散。

十月初六日

宝儿晚车回京。日界下天仙戏园改建大新舞台，晚饭后同内子、儿妇、七、八女前往听戏，子正归。

十月初八日

申刻门人戴书铭（号仲钦，江西人），山西知事来拜，畅谈去。晚同内子、七、八女、儿妇听新新舞台戏，子正归。

十月初十日

为双十节，徐大总统就职之期。今日乃阴历九月初六日也。早雨止天晴，秋风甚冷。北京来信，知吴镜潭诸人借予园宴外国客，演戏数出，藉以联欢。嗣接京信，知作为罢论。

十月十七日

早到徐大总统住宅拜寿，晤谈刻余。到四弟处预道寿喜，午正归。未刻大雷雨一阵，旋晴，起大风。五婿来，谈许去。晚同内子、二侄、宝儿并约四弟吉祥听戏，子正归。

十月十九日

午后赴增育圃、傅梦岩、陆献夫、奎少襄之约，广和楼听戏，济南春晚饭，亥正归。

十月二十五日

晚赴新新舞台观剧,子正归。

十一月初五日

酉刻赴伦贝子处拜寿、听戏,子正归。

十一月初七日

三井洋行经理大村得太郎借予园演戏宴客,予父子作客,酉正开戏,丑初散。岳母、五位姑奶奶均来晚饭、看戏,子正后去。

十一月初九日

宝湘石、瑞鹤庄、瑞玉如、诚玉如、清艾亭、墨润西约吉祥看戏、东兴楼晚饭,亥初归。天风冷。今日即阴历十月初六日,祭祀忌门作酒。

十一月初十日

二侄妇满月,至亲本家来者十余人,晚饭后去。予同二婿、宝儿、八女到吉祥园观剧,戌正归。

十一月十五日

午间李宣倜字释堪,福建人,予光绪三十四年所取东洋留学生中式超等第六名举人来,谈许久去。申刻拜赵次山、袁得亮、朱益蕃未遇,大姑奶奶、岳母处看视,酉刻归。

十一月十六日

午后赴茂如二弟处拜寿归。东三省绅士借予园演戏,公请奉天督军张作霖、吉林督军孟恩远,宴会宋小濂、绍英、徐鼐霖、冯德麟、杨乃赓、刘恩格、陈兴亚等,请予作客。酉刻开戏,亥刻散。

十一月二十日

即阴历十月十七日，为先光禄公冥寿，祠堂上供行礼。曹润田太翁今日寿辰并宴客，借予园演戏，请予作客，酉刻开戏，丑刻止。

十一月二十三日

午后到郭捷三处为其太夫人吊祭，申刻归。晚同内子、儿妇、七、八女到新新舞台看戏，子正归。

十一月二十四日

接京信，知各督军借予园演戏，宴客张作霖、龙济光、张怀芝、王占元、阎锡山、孟恩远、赵倜、陈光远、倪嗣冲、卢永祥、蔡成勋、田中玉、吴光新，请予作客，予具帖辞谢。想今日人客极多，必有一番闹热也。午后周子怡来，畅谈许久去。复三弟信，邮寄。

十一月二十八日

大总统今日阅兵，各国军队均备，洵大观也。李子香七旬寿辰约看戏，辞以疾。今晚各界庆贺战胜国利益。天气和暖，有吉祥气象。

十二月初一日

即阴历十月二十八日。午后同内子、七、八女、绵孙、苹妞到新舞台听西陕梆子腔，酉刻归。奴子福儿散去。宝儿早车回京。

十二月初八日

同内子、七、八女、绵孙、苹妞到新新舞台听戏，酉正归。

十二月初九日

立地孙来，少谈去。奉天督军张作霖今日借北京予园演戏、宴客，请予作客，予辞之。终日阴冷，欲雪。

十二月十四日

晚同内子、七、八女到大舞台听戏,子正归。

十二月十五日

午后同内子、七、八女、绵孙、苹妞到大舞台听戏,酉正二刻归。

十二月廿日

即旧历十一月十八日,为内子五十五岁生辰。自申刻起演富连成班戏,至丑正止。来至近亲友七、八十家。雪大天冷,至亥刻雪止天晴,月色甚佳。

十二月二十四日

午后东城拜客八家。晚到六条胡同崇宅为增寿臣夫人拜寿,听戏,子刻归。

十二月二十七日

诚玉如、五、六婿均来谈,旋去。晚大、二、四、五、六姑奶奶饭后亥刻去。今日唱影戏,子刻散。

中华民国八年(1919)

正月初五日

午后到燕乐茶园听杂耍,八女、绵孙同往。晚同内子、儿妇、七、八女到大新舞台听戏,子正归。

二月十六日

午后到西南城拜客九家。晚赴济南春掌柜之约,饭后文明园听女戏,子正归。

二月二十六日

请至近亲友七十余人，演斌庆班戏一灯晚，酉刻开戏，寅初戏止，亦春酒之意也。天晴和。

三月初四日

午门人徐钟庆号毓光，浙江人，由河南省来拜，少谈即去。晚大新舞台同内子、儿妇、七、八女听杨小楼戏，子正归。

三月初六日

晴暖。晚同内子、儿妇、七、八女到大新舞台看杨小楼戏，子正归。

三月初九日

晓晴。午后偕八女、绵孙到燕乐茶园听落子，戌刻归。

四月十三日

午后同二姑奶奶、内子、儿妇、七、八女、绵孙、苹妞赴广和楼听戏，酉刻归。宝儿晚车回京。

五月二十六日

同诚裕如等二十二人借桐琴甫花园请振育周全家看戏。申初开，丑初止。余与内子、宝儿同往作主，子正归。

六月二十六日

午后诚裕如来，门人李释龛为其母寿辰，借予园演戏一灯晚。大、二、四、六女均来，丑正戏散乃去。戏以梅兰芳《游园惊梦》，杨小楼《长板坡》，陈德霖、王凤卿《二进宫》为最佳。

七月初一日

即阴历六月初四日，为绵孙八岁生辰。适逢全家回京，叫金麟班傀儡以助欢兴,未初开戏,丑初止戏。岳母、大、二、四、六女均来听戏。午后落雨,移于东院戏楼演唱。二女留住,子初客去。

七月初二日

早雨午晴。参议院梁鸿志,福建人,因其母生辰,借予园演戏一灯晚。戌初开戏,寅初止戏。梅兰芳《审头刺汤》,杨小楼《恶虎村》,龚云甫《孝义节》,侗五爷、陈德霖《奇双会》为最佳。四弟来谈,即去。

七月十二日

海军部科长王锐,福建人,借予园为其母作寿,演戏一灯晚。岳母、大、四、六女均来听戏,戏散乃去。申刻小雨片时。

七月十九日

早雨午晴。汇丰邓君翔借予园办四十正寿,唱八角鼓小戏一日。早诚裕如来,午后大、二、四、六姑奶奶来,二姑奶奶住,余饭后去。宝儿晚车赴津。

八月初二日

即阴历七月初七日,为八女十三岁生辰。吃东兴楼菜,唱载宅影戏,约票数人,天气甚佳,丑初戏止,殊有趣也。来客岳母、二婿、诚裕如、五、六婿、祥老八、松、柏、耆侄、祥八姑奶奶、大、二、四、六姑奶奶,戏散均去。

八月十八日

即阴历七月二十三日,为余六十三岁生辰。演唱三庆园杨小楼班戏,外串梅兰芳、王凤卿、陈德霖,酉初开戏,丑正止,颇佳。食东兴楼菜亦甚好。天气晴朗,凉爽。外来男女客二百余家,徐总统、摄政王均遣人送礼,诸事吉祥,诚家庭乐事也。

九月二十五日

酉初到庆王府，为大老太太拜寿。看近支皇族满洲世家演戏，大有此地乐不思蜀之意，不禁为之慨叹。子正归。

十月十九日

即阴历八月二十六日，为宝儿二十八岁生辰，阖家道寿喜、吃面。四弟、松侄、笃生昆玉、三婿、祥达铨来，旋去。今日为五姑奶奶重格弥月，庆邸处演戏贺喜，予往听戏，子正归。

十月二十七日

天晴和。恩小岩之母六十正寿，在聚寿堂演戏，遣宝儿拜寿。予因伤风咳嗽，延胡医诊视，服其理湿宣畅之药。

十月三十日

众家银行借予园演戏，宴请日本德川公爵，约予作陪，予辞以疾。是日亥初开戏五出，子正止戏。主人为周学熙、熊希龄、曹汝霖、冯耿光、梁士诒、周自齐、张嘉璈、任凤苞、钱能训、李士伟、林葆恒、曹国嘉、孙多钰、周作民、陆宗舆、吴鼎昌、方仁元、陈文泉、丁士源、王郅隆共二十人。予约岳母、大、二、四、五、六女晚饭、听戏，子正散。

十一月初七日

早五、六婿、六女来，旋去。晚约其三人，并柏侄同内子、儿妇、七、八女、绵孙、苹妞吃四时春，系四川饭庄。饭毕五婿等约在升平园观戏，子正归。月色甚佳。

十一月十五日

即阴历九月二十三日。同内子、宝儿、八女、绵孙乘早车回京，日本大仓喜八郎由日本来京宴客，借予园演戏，并请予作客。八钟开戏，十二钟戏止。梅兰芳演《游园惊梦》，甚佳。约大、二、五、六女、四、五、六婿均来吃饭、听戏,子正去。晚电灯彩菊花山绚烂至极。天气晴和。

中华民国九年(1920)

一月初三日

即阴历十一月十三日,为岳母七旬晋九寿辰。内兄诚裕如等借予园称祝,予送富连成班戏一日,午正开,丑正散。伊处来宾甚多。岳母晚住我家。是日天气晴冷。

一月初八日

即阴历十一月十八日,为内子五十六岁生辰,演富连成戏一灯晚,吃东兴楼菜,均极佳。天气晴和,来者至近亲友数十家,酉初开戏,寅初止戏。是日座无杂宾,真家庭之乐事也。二女留宿。

三月二十四日

即阴历二月初五日。午后茂如二弟、瑞鹤庄、瑞玉如、象五甥均来看,即去。祥八爷、五婿、六婿来看,四女、五女、六女来,饭后去。今日梁士诒、曹汝霖、钱能训、陆宗舆、王克敏、周自齐、冯耿光、李士伟、吴鼎昌、周作民、方仁元、谈荔孙、孙多钰、陈文泉、贺得霖、张肇达借予园演戏六出,请予作客,杨小楼、梅兰芳戏绝佳。七钟开戏,一钟止戏。

三月二十五日

为道胜银行买办沈吉甫之母七十寿辰,借予园演戏一日,小楼与兰芳戏极佳。未初开戏,丑初止戏。五、六婿、四、五、六女在我处晚饭,丑刻去。徐大总统来信,十二日约予便饭,闻同座有世伯轩、绍越千诸君,予因足疾辞谢。

四月初一日

……今晚徐树铮借予园宴客，并请予作客，予辞谢之。是晚演戏八出。

四月初四日

即阴历二月十六日，为先太夫人忌辰。北京祠堂上供行礼。议员汪子健有龄为其母办七旬正寿，借予园演戏一日。予晚间睡亦安，病俱减，仍服昨药。午后寄三弟信一封，交邮寄沪。昨汪有龄借予园演戏一灯晚。

五月初五日

即三月十七日。儿妇、七女、苹妞早车回京。张午樵来看病，服药夜间出汗未止。晚唱斌庆社小戏，请男女客三十余人。酉正开戏，寅初止戏。天气和暖，座无外宾，牡丹、藤萝胜开，游园畅聚，洵家庭之乐事也。

五月初六日

即阴历三月十八日，立夏节。儿妇生辰改于今日，早间大家道喜，唱刘魔八角鼓一日，大、四姑奶奶、官堂客数人，晚饭后去。昨夜失眠。午后柏鹤龄同许竹云医师来，投以通气去湿之剂，颇有道理，试服之。

七月初五日

庆王府满月，内子、宝儿夫妇、七、八女、绵孙、苹妞均前往道喜、看戏。申刻大、二、四女、柏鹤龄均来，晚饭后子初去。早晴，申刻落雨一阵，入夜晴。

七月十九日

即阴历六月初四日，绵孙九岁生辰，阖家吃面。巳时翁弢夫来，谈两时许去。晚同岳母、内子、宝儿夫妇、七、八女、绵孙、苹妞到张园晚饭、听戏,子正归。今日闻两军战事颇烈,火车、电报均不通,胜负未得其详。天晴和,不甚炎热。晚张园遇张虎臣军门彪、李直绳军门准、祝读楼局长书元,托祝发京电报数字。

七月二十二日

午后接王福初六日早发之信,京中均好。晚同岳母、内子、宝儿夫妇、七、八女、绵孙、苹妞游陶园,看杂戏,子刻归。天晴朗。

九月初五日

即阴历七月二十三日,为余六十四岁生辰。阖家道喜,拜寿。午后唱徐狗子八角鼓小戏,吃东兴楼果席。来客至近亲友数十家,外客均挡驾,徐大总统送如意一柄。小戏寅初止。天气清和。东三省巡阅使张作霖、直鲁豫巡阅使曹锟均于昨日出京。

九月十九日

即阴历八月初八日,七女二十岁生辰。阖家道寿喜,唱富连成戏,吃东兴楼菜,来本家至亲十家,无他客。酉初开戏,丑正止戏。天晴和。

九月二十五日

午后五、六婿来,稍谈即去。同内子、二侄夫妇、全、永二孙、宝儿夫妇、七、八女、绵孙、苹妞到吉祥园看戏,杨小楼唱《长板坡》甚佳,戌初归。

十月初七日

即阴历八月二十六日,为宝儿二十九岁生辰。钟秋岩伐约昆戏票友二十余人,自戌初开戏,丑正止戏。旧味重寻,别饶逸趣。至近本家亲友来者十余家,彼此尽欢而散。天气晴和。

十月初十日

新语名为双十节，即阴历八月二十九日。大总统夫人系九月初一日生辰，我处送佛手、木瓜各四筐，遣人持片往祝。粤人王叔安其子王畅祖与余税务处旧同寅，今日借余园为其弟结婚，并于戌初唱广东戏，甚新奇，至子初散。大、二、四、五姑奶奶来看戏，松、柏、耆各侄亦来，戏后去。天晴朗。

十二月二十二日

即阴历十一月十三日，为冬至节。宗祠、祠堂上供，阖家行礼。女医福山来按摩。今日为岳母八旬正寿，余同内子到花园拜寿，送祝敬二百元、寿幛一端、如意一柄，明日借余园演戏称祝。五婿、六婿来看，旋去。天晴，有风。

十二月二十三日

即阴历十一月十四日。内兄诚玉如借余园为岳母办寿，演富连成部戏，外串陈德霖、梅兰芳等四人，来男女客千余人，天气甚好，午正开戏，丑正戏止。

十二月二十七日

即阴历十一月十八日，为内子五十七岁生辰，演喜群社戏。酉初开戏，丑正二刻戏止。王凤卿、梅兰芳唱《汾河湾》，王惠芳、朱素云演《得意缘》，梅兰芳等又演《上元夫人》，凡戏十二出，尽皆佳妙。戏价一千八百元。东兴楼菜亦好，来男女客约百余人，皆至近者。天晴朗，无风。

中华民国十年(1921)

三月二十七日

即阴历二月十八日。天明快雪时晴。北京谢佥事为其母作寿，借余园演戏，梅兰芳、余叔岩、龚云甫、杨小楼甚佳。内子、华侄、宝儿、诸女当可饱听也。未刻文博亭由京来,谈许久去。天晴冷。酉刻同儿妇、七、八女、四外孙女、绵孙、苹妞赴德国小饭店晚餐,戌正归。

四月初六日

午后同内子、儿妇、七、八女、绵孙、苹妞、四外孙女到大新舞台看戏,鲜灵芝演《长葛狱》,戏不佳,戌初归。天终日大风。

五月初四日

午后同内子、儿妇、七、八女、绵孙、苹妞约五婿、五女、四外孙女听大新舞台戏,戌初散,回家同饭。宝儿晚车来津。五婿等饭后去。天晴朗。

五月初八日

即阴历四月初一日。祥达泉来。巳刻同内子、宝儿乘汽车到崇效寺看牡丹,共四十二种,二百余株,开已过半,以姚黄、魏紫为最好,余三十年前曾游过,不禁有今昔之感,午正归。同二侄、四侄、宝儿、内子、岳母一家到吉祥园听戏,杨小楼《状元印》、梅兰芳、王凤卿《探母回令》极佳,戌初散归。天晴和。

五月十三日

曾霁生借余园为女公子行结婚礼。午后大姑奶奶请吉祥班听戏,戌初归。天晴暖。今日二侄交李花匠订买牡丹洋五十元。

五月十五日

即阴历四月初八日。政界诸君公请三巡阅使张作霖、曹锟、王占元,借余园演戏。主人四十八人,余作客辞谢未到。今日二侄妇三十正寿,晚在福全馆便饭,余同内子、宝儿、八女、绵孙去,晚饭后亥刻归。终日大风。

五月十六日

即阴历四月初九日。酉刻瑞鹤庄、瑞玉如、傅梦岩、墨润西、奎少襄、林幼梅、钟秋岩、陆献夫、增玉圃公请在福寿堂晚饭，玉圃未到，戌正散。晚商务总会、银行公会借余园公请三巡阅使，请余作陪，戌正入座，子正戏止。余与三使略谈，主客无多人，戏只四出，天极凉爽，有幽静之乐。入夜小雨。

五月二十一日

早阴，午后晴。内子约大、二、四、五、六女吉祥园看戏，晚来家晚饭，亥刻去。戌刻到世伯轩处拜寿，赴岳乾斋之约，酒馔极佳，亥刻归。

五月二十六日

即阴历四月十九日。新亲家杨稚鸿来认亲，晤谈片刻去。福文慎、如君红姨太太及其孙恒林乳名珠格来道谢。呈看捐助之款，内毓蕴之续捐二百元，前后共计二千二百元，阳历五月二十日存集成当，每月利银二十二元。今日三巡阅使张雨亭、曹仲山、王子春在奉天会馆演戏、宴客，余辞谢。午后岳母、诚玉如、松侄、承笃生均来看，岳母饭后去。酉刻大姑奶奶来，晚饭后去。

五月二十八日

即阴历四月二十一日。命宝儿往豆腐池胡同杨宅新亲认亲，见其老太太、三太太、四老爷、四太太。午后同内子、宝儿、八女、绵孙约大、二、四、五、六女到吉祥园看戏，戌初归。松侄一同来家，晚饭后子初散。天晴和。

五月二十九日

诚玉如、祥达泉、五婿、六婿均来看，即去。午后同内子、宝儿、二侄、八女、绵孙约二、五、六女在吉祥园看戏，戌初来家晚饭，子刻散。酉刻暴雨一阵，亥初晴。

六月初四日

即阴历四月二十八日。细雨淋漓连宵达旦,至未刻雨住,仍阴。达仁堂乐氏弟兄在河北中州会馆演富连成班宴客,余同内子、儿妇、七、八女、绵孙、苹妞、四外孙女雨住后前往听戏,子正归。天甚凉。

六月初十日

即阴历五月初五日,为端阳节。北京宗祠、祠堂上供行礼,津郡阖家道节喜。午后内子带同女孙辈到大舞台听戏。申刻风雨一阵,即晴。晚欢聚佳节筵宴。

六月十一日

即阴历五月初六日。早复三弟信一封,交邮局寄沪。午正同内子、宝儿夫妇、七、八女、绵孙、苹妞、四外孙女到德国小饭店便饭,午后同到大舞台听戏,金少梅演《邓霞姑》甚佳,戌初归。翁弢夫送鲥鱼,甚鲜美。

八月初八日

即阴历七月初五日,为立秋节。绵孙原系六月初五日十岁生辰,因余病改为今日,宴客小聚,唱什不闲八角鼓,王福所送。吃东兴楼,来客至亲本家共四十人。终日阴雨,天气凉爽。至亲欢聚不拘形迹,甚有趣也,子正散。天始晴。

八月初十日

即阴历七月初七日,为八女十五岁生辰。唱斌庆班戏,酉正开戏,丑正止戏。用朱英生厨人,江苏人,菜甚佳。来客二十余人,酒、肴、客均美,天气亦佳,可称难得。丑刻客散就寝。天晴热,为三伏之冠。

八月二十六日

即阴历七月二十三日，为余六十五岁生辰。唱富连成班戏，外串王凤卿戏一出，梅兰芳送戏一出，吃东兴楼菜，来客百余人。天气晴和凉爽。酉正开戏，丑正止戏。酒馔、戏曲极佳，宾客不杂，皆系至近亲友，殊可乐也。

九月初八日

即阴历八月初七日。大女、二婿、二女、四婿、四女、五婿、五女、六婿、六女共九人移樽公请余晚餐济南春，并唱什不闲小戏，岳母入座，主人均酉刻到，丑刻散。小凑颇有趣。天气晴和。七女明日生辰改为今日道寿喜。酉刻德医克力来诊视，服去血热药水，每日三次每次一匙，晚睡时服十二滴一次。

九月二十二日

即阴历八月二十一日。陆军部、外交部因美国大将伍德氏来京，借余园公请宴会，演戏三出，戌正开戏，子正散戏，邀余作客，辞谢未到。大、二、四、五、六女来，同看戏，戏散去。戏仅三出：杨小楼、余叔岩《八大锤》，梅兰芳、王瑶卿等《雁门关》、《天女散花》，皆佳妙也。天晴，有风。

十月初二日

即阴历九月初二日。余因宝儿三十岁生辰、崇孙弥月两重喜事会合一齐，约至近亲友本家开筵称贺，定于今日演戏一灯晚，来客一百余人，吃东兴楼菜，甚佳，酉刻开戏，丑刻止戏，杨小楼唱《长板坡》，梅兰芳、王凤卿、龚云甫、陈德霖唱《探母回令》，龚云甫又唱《钓金龟》，戏皆佳妙。天气晴和，客皆欢畅，诚家庭乐事也。

十月十一日

即阴历九月十一日。内兄诚玉如六旬生辰改于今日举办，借余园唱富连成戏，请男女客三四百人，未正开戏，丑正止戏。老母在堂,子孙罗列,极人伦之乐事。天晴爽。

十月二十四日

即阴历九月二十四日。故友斌小川之四女陶琦与全绍武结婚,借余园行文明结婚礼,并演戏娱宾,余往观戏二出。山东泰安斗母宫住持法霖、小妮能庆来京游历,今日来家看视,余赠其香资二十元,作别而去。天晴和。

十二月初十日

即阴历十一月十二日。广东商人马玉山之子与关伯衡之女结婚,借余园宴客,申刻礼成。晚演广东戏二本,戌正开戏,子刻止戏。协和医院美国女客二人、中国男客一人到余园游玩,款待茶点,少坐即去。二婿、二女、四女来晚饭,戏散去。四弟来,旋去。天晴暖。

十二月十三日

第九次用打牛乳法,大便甚通畅。午后到茂如弟处补道喜。申初同内子、宝儿夫妇到真光电影园听戏五出,酉正归。天晴暖。

十二月十六日

即阴历十一月十八日。为内子五十八岁生辰,大众道寿喜,晚唱富连成班小戏,东兴楼果席,来至近亲友本家男女客百余人,酉初开戏,丑正止戏。天早阴午晴,戌刻起大风,天明风止。

中华民国十一年(1922)

一月初二日

未刻二女、五女来。余同内子、宝儿夫妇、七、八女、绵孙、苹妞、二位姑奶奶到真光电影园听戏,酉正归,二位姑奶奶晚饭后去。天晴冷。

二月初二日

即阴历正月初六日。巳刻到四弟、二姑太太处贺岁,午正归。唱影戏,大、二、四女均来,并大、四姑奶奶处甥女等九人来吃晚饭听戏,二女去,大、四女晚饭后去。天晴和。

二月二十七日

即阴历二月初一日。明日为岳乾斋五十生辰,今日晚间演戏五出,余戌正前往拜寿,丑初归。天有风,甚凉。

三月初三日

即阴历二月初五日。夜咳嗽痰盛,睡未稳。酉刻请克力来,易以去热、开胃二种药水。酉刻大、二、四女来,晚饭后去。自早小雨至晚未住,甚冷。戌刻落雪甚大,旋晴。亥刻王福送王姓小娃唱大鼓书,子初散。

四月初二日

痰嗽如昨,仍服克力药水。未刻请岳母、大女、四女、二婿、四婿、二侄、四侄到吉祥园听戏,小楼、兰芳、凤卿演《霸王别姬》,戏绝美,戌初散,回家晚饭,亥刻后客去。天小雨,未刻止。

四月初九日

即阴历三月十三日。痰嗽如昨,仍服克力药水。未刻同内子、儿妇、七、八女、绵、苹、菊、联、藻共五孙男、女游城南游艺园,二女来同往,酉刻归。天晴暖。

四月十五日

即阴历三月十九日。前因大婚典礼业已派人筹备,桐今日备现洋壹万元作为经费专折具奏,本日奉旨赏收。又奉谕旨一道:绍曾着加恩赏给头品顶戴。钦此。跪聆之下感悚莫名。阖家均道大喜。余痰嗽渐愈,仍服克力药水。未刻同内子、宝儿夫妇、七、八女、绵孙、苹妞、二婿、二女到吉祥园看戏,戌刻同归,二婿、二女晚饭后去。天晴暖,有风。

四月二十二日

即阴历三月二十六日。痰嗽渐轻,仍服克力药水。早小雨一阵,申刻又雨。午刻五婿、五女来,旋去。外交部同人借余园演戏,约余作客,自戌刻起,子刻散。大、四女、四外孙女来听戏,晚饭后去。入夜甚凉。

四月二十四日

即阴历三月二十八日,儿妇三十岁生辰。酉刻唱斌庆班小戏,吃福寿堂果席。来亲友男女客数十人,皆极欢畅。酉刻开戏,丑刻止戏。天晴暖,戏、菜均佳。余看戏到子正睡,客丑正散。

五月二十一日

即阴历四月二十五日。痰嗽如昨,仍服倪大夫药水。沈砚裔五旬双庆,宝儿、七、八女、绵孙、苹妞前往拜寿,演戏,请余作客,辞未到。天晴和。酉刻瑞鹤庄、瑞玉如、增寿臣来拜会,均晤谈少刻去。

六月十一日

即阴历五月十六日。黎总统今日由津来京就职,余遣人持片往候。申刻同内子、宝儿夫妇、七、八女、绵孙、苹妞赴什刹海沿听八角鼓,酉刻散归。天晴热,申刻落雨数点。

七月十八日

即阴历闰五月二十四日。痰嗽如昨,未服药。海军总长李鼎新借余园宴请美国海军总长登白暨其夫人,主客二百余人,戌初入座,亥初演戏,丑刻戏止。梅兰芳、姚玉芙、姜妙香唱《游园惊梦》,余叔岩、尚小云唱《御碑亭》,戏皆佳妙。请余作客,余辞未到。天晴热，寒暑表九十度。大、二、四、五女来看戏、晚饭，散戏后去。

七月二十七日

即阴历六月初四日，为绵孙十一岁生辰，下学后行礼磕头，道寿喜，大家吃面。大、二、四、五、六女来。晚同内子、宝儿夫妇、七、八女、绵孙、苹妞并五位姑奶奶吃德国小饭店，菜甚佳，戌正归。王福处唱杂戏，唤至小园演唱，颇称有趣，亥初起，丑初止，莲花池边尚不甚热，时至丑正，姑奶奶散去。天晴热。

八月二十九日

即阴历七月初七日，为八女十六岁生辰。吃福全馆菜，叫奎第老新戏什不闲，来至近亲友男女客四十余人。申初开场，丑初止。天晴热，夜半客去，寒暑表犹九十度。

九月十四日

即壬戌年七月二十三日，为余六十六岁生辰。至近本家亲友来男女客二百余人，吃东兴楼菜，唱杨小楼《恶虎村》，梅兰芳、姜妙香、姚玉芙《金雀记》四本，王凤卿《战城都》、九阵风《扈家庄》、陈德霖、王琴侬《五花洞》，戊戌开戏，丑正止戏，戏极佳。丑刻诸客始散。天阴不热。余俟客去始睡。

九月十六日

即阴历七月二十五日。付与姚玉芙戏价洋二千元，又赏其办戏洋二十元。又赏杨小楼、梅兰芳、姚玉芙衣料各一件。天午刻小雨，少刻住，仍阴，寒暑表七十度。申刻复三弟信一封，交邮局寄沪。夜雨，寅刻止。

九月二十五日

即阴历八月初五日。中英协会借余园公饯驻京英国公使艾斯敦，亥刻演戏，唱梅兰芳《思凡》、琴雪芳《打花鼓》，亥刻散。五女、六女申刻来,使家厨移樽,约余便饭,菜极佳,晚饭后去。天晴朗,寒暑表八十度。

九月二十八日

即阴历八月初八日。昨夜大风,甚冷,寒暑表六十三度。今日为七女二十二岁生辰,唱影戏。岳母、大女、四女、五女、六女、外孙男女等、四婿、柏侄均来拜寿,晚饭后去。

十月十四日

即阴历八月二十四日。聂统领宪藩为其母作七旬正寿,因王怀庆介绍,借余园演戏、宴客二日。天晴暖,寒暑表七十四度。戌正刻开戏,丑初刻止戏。巳刻用打水法。

十月十五日

即阴历八月二十五日。聂宪藩借余园办寿第二日,午初开戏,卯初止戏,菜、戏均佳,客亦众多。天晴和,寒暑表七十度。

十月十八日

即阴历八月二十八日,为孙女苹妞十岁生辰。唱天桥歌舞台群益社小班戏,价洋八十元,吃福全馆菜。酉初开戏,丑正止戏,来本家亲友男女客八十余人。天晴暖,寒暑表七十二度。

十二月初九日

即阴历十月二十一日。天晴朗,寒暑表四十五度。胡馨吾六十寿辰,借余园宴客、演票戏,余出而拜寿。戌刻开戏,丑刻止戏。大、四、五、六女来,散戏后去。早至三弟信一封,寄去酱菜两篓、点心二匣、茶叶二瓶,托刘聚卿寄沪。酉刻刘聚卿来,谈许久去。

十二月二十一日

即阴历十一月初四日。天晴和,寒暑表四十一度。增寿臣五十九岁生辰，在刘十宅演戏庆祝，内子、宝儿前往拜寿。

中华民国十二年（1923）

一月初四日

即阴历十一月十八日，内子五十九岁生辰，唱高腔班一灯晚，吃福寿堂菜。来至近亲友、本家、官堂客数十人，酉正刻开戏，丑初刻止戏。天晴，寒暑表三十二度。戏极佳，韩世昌唱二出，戏价共二百元。

一月二十一日

即阴历十二月初五日。天浓阴甚冷，寒暑表二十八度。岳乾斋太夫人寿辰唱戏，余晚饭后亥初前往听戏，梅兰芳《奇双会》、高庆奎《珠帘寨》、琴雪芳《玉堂春》，均极佳，丑初止戏即归。

二月初五日

即阴历十二月二十日，立春节。天晴和，寒暑表四十度。准侄内务府保举候补员外郎加护军参领衔，今日来叩头。申刻复三弟信一封，交邮局寄沪。四侄来，旋去。今日张馨庵六十寿辰，在津演戏，宝儿前往拜寿。

二月二十日

即阴历正月初五日。天晴和，寒暑表四十三度。午后东城拜客四家。未正带绵孙、苹妞、菊妞到东安市场听杂戏，酉正归。

二月二十五日

即阴历正月初十日。天晴冷，寒暑表二十八度。正月十三日为皇上万寿，那桐进奉藏青荷丹云霞缎袍料一件、元青德阳云霞缎马褂料一件、饽饽、果品各四盒。奉旨回赏月白、驼色江绸衣料各一件、福寿字直幅一件，谨领谢恩。今日宝儿奉大总统谕怀仁堂赏游宴看戏。

三月初二日

即阴历正月十五日,上元节。天晴大风,寒暑表四十七度。王正廷借余园为其母办寿,来客甚多,自巳刻至亥刻始散。

三月初四日

即阴历正月十七日。天晴和,寒暑表六十度。今日在园中请亲友吃春酒,共来本家亲友男、女客三十余人,酉刻入座,吃济南春菜,酉正开戏,唱姜鑫坪小班,丑刻止戏。花钱不多,甚有趣也。

三月十八日

即阴历二月初二日。天晴朗,寒暑表五十八度。夜咳嗽,午刻用打水法。申刻大女来,稍谈即去。荣寿公主七十寿辰,演戏办寿,余送尺头二卷、如意一柄、寿烛一对、活计一匣,宝儿前往拜寿。

三月二十日

即阴历二月初四日。天晴和,寒暑表六十六度。五女、六女约请内子、宝儿、七、八女、绵孙、苹妞演戏聚会。酉刻大女、四婿、四女来谈,晚饭后去。申刻诚玉如来,稍谈即去。

三月二十八日

即阴历二月十二日。天晴朗,寒暑表六十七度。今日大女处祥姑娘二旬生辰,在会贤堂唱八角鼓作寿,余夫妇、宝儿、七、八女、绵孙、联孙、苹妞、菊妞、藻妞前往贺寿,饭后亥刻归。

四月十五日

即阴历二月三十日。天晴和,寒暑表七十四度。内子率七、八女、绵孙、苹妞到吉祥园看戏,晚饭时归。

五月十二日

即阴历三月二十七日。天晴和，寒暑表八十度。早四弟来。申刻二婿来谈，少刻去。戌刻到真光剧场听梅兰芳、王凤卿戏，极佳。

五月二十七日

即阴历四月十二日。天大风，寒暑表七十八度。今日乬格满月，亲友本家均来道喜。午后唱刘魔八角鼓，子正散。来男女客七十余人。夜间风止。

六月十九日

即阴历五月初六日。天晴热，寒暑表九十七度。酉刻同内子、宝儿夫妇、七、八女、绵孙、苹妞到第一舞台看盖叫天《开山见母》，戏极佳，子刻归。

六月二十九日

即阴历五月十六日。天晴凉爽，寒暑表九十度。晚饭后同内子、宝儿夫妇、七、八女、绵孙、苹妞到真光剧场听戏，梅兰芳《奇双会》甚佳，子正散归。

九月初三日

即阴历七月二十三日，为余六十七岁生辰，阖家拜寿，来至近本家亲友男、女客百余人，吃东兴楼菜，唱刘魔八角鼓，并王福孝敬王凤云女什不闲，子刻客散。天晴凉爽，寒暑表七十八度。近日余恙渐愈，眠食见佳。二、四女住。

十二月二十五日

即阴历十一月十八日。夜睡甚稳。今日为内子六十寿辰，阖家道寿喜，宝儿请亲友七百余家，演戏一昼夜，吃庆和堂菜，来男、女客约六百数十余人。午正开戏，丑初二刻戏止，极佳。天晴暖，寒暑表三十六度。

中华民国十三年(1924年)

一月二十九日

即阴历十二月二十四日。夜睡甚稳。颜韻伯明日五旬,荣庆、张弧等四十余人借余园为颜君庆祝,演戏一晚,丑刻散,二婿、二女、四婿、四女均来看戏。天晴朗,寒暑表三十四度。今日余亦作客,因天冷辞之。

一月三十日

即阴历十二月二十五日。先祖妣诰封一品太夫人杨太夫人忌辰,祠堂上供行礼,四弟、二、四侄、四侄妇均来行礼。今日颜韻伯借余园演戏酬客,余因天冷辞之。二、四、五、六婿、二、四、五、六女均来看戏。天晴和,寒暑表三十六度。

二月十一日

即阴历正月初七日。夜睡甚稳。松、柏侄来,旋去。张廷谔为其母作寿,借余园演戏宴客两日。天早阴,午后晴,甚冷,寒暑表十八度。

三月二十一日

即阴历二月十七日。夜睡甚稳。天阴,酉刻微雨,旋止,寒暑表四十二度。午后约本家至亲二十余人吃春酒,唱联十、什不闲、八角鼓,食朱虞生厨菜,子正二刻散。

五月初一日

即阴历三月二十八日,为宝儿妇三十二岁生辰。至近本家亲友来男、女客四十余人,吃福寿堂菜,唱刘魔八角鼓,子刻散。天晴朗,寒暑表六十九度。

七月初五日

即阴历六月初四日，为绵孙十三岁生辰，阖家道喜、吃面，来至近本家亲友男女客三十余人，吃福寿堂菜，唱连十新戏，子刻散。天晴朗，寒暑表八十六度。

八月初七日

即阴历七月初七日，为八女十八岁生辰，阖家道喜吃面。来本家亲友男女客四十余人，吃福寿堂菜，约票友演戏。戌刻开戏，丑刻止戏，甚佳。天晴溽暑，寒暑表九十六度。

八月二十三日

即阴历七月二十三日。为余六十八岁生辰，来至近本家亲友男女客二百余人，吃福寿堂菜，唱杨小楼《夜奔》、梅兰芳《金山寺》、尚和玉《四平山》等戏十出，戏、菜均佳。酉正余开戏，丑正余戏止客散，岳母留住。天晴热，酉刻大风雷雨一阵，旋止，晚凉爽。

九月初六日

即阴历八月初八日。七女二十四岁生辰，来本家亲友男女客二十余人，吃福全馆菜，唱影戏，子刻散。终日阴雨，寒暑表七十度。

十二月二十四日

即阴历十一月二十八日。夜睡甚稳。今日廖凤舒借余园作寿，演戏宴客，卯初散。天晴和。

中华民国十四年（1925）

五月十二日

即阴历四月二十日。今日宝儿酒会，借余园演票戏，二、六婿、二、六女、松柏、耆侄等均来听戏，子刻散去。

忘山庐日记

《忘山庐日记》，孙宝瑄撰。宝瑄，一名渐，字仲玙（一作愚或瑜），浙江钱塘人。生于清同治十三年（1874），卒于民国十三年（1924），终年五十岁。其父诒经乃光绪朝户部左侍郎，兄宝琦曾任清廷驻法、德公使暨顺天府尹等职。宝瑄以荫生得分部主事，继得保补员外郎，历工部、邮传部及大理院等职。民国初，任宁波海关监督。其日记始于癸巳年（光绪十九年，1893），每年一册，未尝间断，今仅存癸巳、甲午合一册，丁酉、戊戌、辛丑、壬寅、癸卯、丙午、丁未、戊申各一册，其余各册皆毁于兵燹。陈恬据上图馆藏抄本辑录标点。

光绪十九年(1893)

十一月

十八日　阴云叆叇

起,阅《南》、《北史》。日中,约冕侪来共午饭毕,同往庆和茶园观剧。余素性好丝竹,虽非知音,而听之忘倦,最喜徽曲,尤爱其老生,谓其一唱三叹,有激扬慷慨、淋漓悲壮之致,若遇忠臣孝子事,则尤能感人。薄暮归。……

二十三日　早,晴

览《汉书·艺文志》及陈涉、吴广传,暨《南》、《北史》。日向午,昼忽冥晦。饭后,子颐约余及仲基至庆和茶园观同春部,末一出有老生名叫天者,亦名优也。音喉婉转激楚,抑扬有致,惜已曛黑,不能卒听,急归。……

光绪二十年(1894)

正　月

初八日　风色晴和

迟起,母亲已出贺岁。庭作傀儡戏,价甚廉,不过京蚨数百文,殊可笑。……

十六日　早,杏孙来

览《续辞类纂》。午后,偕杏孙、石孙、大哥及甥孟庚往观剧。方至骡马市,履平、坚仲亦踵来,遂偕观同春部戏,甚佳。有名优曰小桂铃者,演《长生殿》,色技双绝,且举止闲雅,有闺秀态度。观者眉舞色飞。暮还过市,灯火笙箫,故是昇平景象。……

二十三日　晴,午后阴

……日昃时,诣林清宫,至许恭慎公处叩奠。悬遗像极肖,绘冠服工细绝比,其价盖百馀金。十日,饭僧诵经一日,以明早出丧。回忆去秋,余偕杏孙来此观剧,夜演《凰求凤》,灯彩笙箫,团花簇锦。余顾杏孙曰:富丽极矣。不谓今日重来,惟闻满耳此梵音,哀厉激楚,为之愀怆不已。屋宇东西,雕栏画栋,皆数年来恢拓添造者,今皆冷落,令人有仰屋之叹。……

二　月

初一日　早微阴,即晴

……日中宴客,座中有二长老:一汪子长,一张子盛。皆清臞洒落,诙笑如少年。饮尽欢而罢。晚,与大哥偕方甘士往湖广馆观剧。夜四鼓乃归。

初四日　晴

日向午,履平来晤,与谈算法,测度星月去地远近里数法。履平于算学颇能深造,言之皆有根据。午后,子颐约大兄及余往观剧,甚不佳。晚至万福居小酌,夜归。……

初六日　早,温经书,读管韫山时文

午后,作文半篇,仍去岁"故君子必慎其独也"题。览杜诗。晚,至湖广馆观夜剧。夜深归。

十八日　晴朗,微风

览《元文类》。向午,诣于忠肃祠,杭郡春团。晡,至全浙馆,林莲孙寿其母,称觞演剧,宾友杂沓。余昏黑始归。读《通考序》。

十九日　晴,日中半阴,大风

余晨观史。即诣下斜街,黄师母生日也。复入城,至新吾处,小坐即归。午后至湖广馆观剧。夜还,月色满庭。

二十四日　晴

晏起。日中诣全浙馆团拜，观剧，甚有情致。夜演《梦游上海》，灯彩缤纷，夜四鼓始归。是日，杰臣抵京，亦来会馆团拜。

三　月

初二日　晴，风

日向午，诣陶然亭宴客，座中有子颐、啸霞、颂臣及詹鏽廷太守、多舒农观察。子颐教伶人弦歌侑酒，尽欢。是日，山色不见，杨柳渐成阴，野水晶漾可画。暮散归。……

初四日

午后，诣湖广会馆己尹团拜，演戏。晚，宴客，稷臣、杏孙俱在座。

初七日

万小湖为母寿，称觞。余午衣冠往贺，宾客甚夥，并招优伶奏清娱母。

二十四日　早阴，午后晴

全浙馆同乡接场演剧，逮暮而止。余上灯时归。母亲小不适意，延梁医诊视，云微受时疫，尚不甚重，须稍见汗即愈。因拟一方，为解疫和肝化饮之剂，服之而眠。

二十六日　晴，风，暮微阴

余是日午复诣陶然亭，日暖风和，柳丝摇曳，唯见槛外游人杂遝，多次第作声，于于然远近云至。余与子颐等酌茗闲话，须臾即归。暮，至湖广馆观剧。

四　月

初四日

全浙馆演剧，丙子世兄弟约往。

五　月

初八日　晴

是日祥士如内引见。晚阴,诣安徽馆,黄榜团拜,观优。

十一月

二十九日　早,聘师出殡

余诣广惠寺,宾友杂沓,安灵讫,鼓乐竞奏,哀声感人,闻之凄绝。拜讫,归。饭后,偕地山观优,为葆胜和班,操秦声,繁音促节,盘薄摩荡,颇有歌呜呼之遗。归而悔之曰:子于是日吊则不歌。余朝吊而暮观剧,可乎?遂记过一次。晚,微雪,即止。

十二月

初十日　晴

妹霞裳生日,始著裙梳髻,年甫十五。庭院奏杂技、弹唱,虽里歌巷曲,亦别有风调,至夜深乃已。

十四日　晴

观史。向午,余兄命车来,遂至致美斋,有楼数间,颇高耸。余兄及仲基兄皆在,相对小酌。须臾,夏地山亦至,饮讫,同步往观剧。抵暮,始各归。……

光绪二十三年(1897)

正　月

初七日　微晴

仲逊过谈。录日记。……晚,在处舅处宴饮。夜,观优。

十七日　阴

撰《生日自述诗》成。庭作傀儡,大足排闷。夜览《云门禅师语录》。……

四　月

二十日

破晓，已过嘉兴……泊岸时，关钟鸣五，抵家俱无恙。是日，为先嫡沈太夫人忌日，晚家祭。燕生偕杨凌霄来，履平亦来，盖先余一日至沪也。凌霄与燕公小坐即去。凌霄索论议院书，余答以此举难行。乡邑中多一议员，与多一邑长一也。弄权颠倒，曲直不可禁，无益实事。凌霄颔之。履平留晚食，同至丹桂园观优。

七　月

三十日　晴

览《公法论》守局外国例，西人出一言，行一事，必有界限，而不可混，故言有益，而事核实。晡，子颐约在三庆园观优。晚，饮于一品升。……

八　月

初三日　晴

诣琉璃厂西学堂访粹卿、觉生。日中，微雨，俄止。晡，至广和楼观优。音乐之道，感人最深。其歌声之悲壮激楚者，能令人起云霄之思。晚归，观书。

十三日　晴

日中，完卷，出略食，至东交民巷西菜馆，余兄及坚仲皆在。俄，出城观优。

十七日　晴

补录十日日记。紫泉、子修、杏孙踵至。昳，诣蒋信侪谈。俄，至同乐轩观优，子颐约。

二十四日　晴

午后,偕甘士往观优。晚归,宴于修菊馆柏皋寺中。

二十五日　晴

览《植物图说》。诣兰秋师,复谒傅相,留午食。日昳,出城观优,暮归。

二十八日　晴

信侪、霖伯来视,俄去。……日中,诣育才馆观学生习算,留午食。日昳,观优。晚亦如之。

九　月

初一日　晴

览陈兰圃《朱子语类日钞》。过午,衣冠出。晡,谒夔老,晚归。夜,观优。

初二日　晴

诣浣生。日中,李赞臣招饮第一楼,复往观优。夜,诣稚夔,宴谈,终日不读书。坚仲来津。

十　月

二十九日　晴

录西史。昳,造祥士庐,晡归,履平已至,小谭去。览《观所缘缘论》,以内境为所缘,以眼根为增上缘,亦相宗之一也。夜,与履平诣天福园观优,鼓声震,持刀矛者腾跃如飞。余顾履平曰:我国有绝精道理,只纸上谈之;有绝精技勇,只台上演之。可叹!

十一月

初一日　晴

录西史。次申寿母,往贺宴。于庭作幻剧,俶诡谲变。晡,归。

晚，复诣，张灯高会，歌弦绸缪，夜深辞归。

十二月

初十日　微晴

观报。杏孙过。夜，观优。

光绪二十四年（1898）

二　月

二十八日　晴

览《华严》。峻斋来。晡，宣仲瑱偕汇东过。夜，同诣观优。阴欲雨。

三　月

二十九日　晴

……是日午后，偕莲兄诣丹桂园观优。晡，天忽黑，大雨如注，俄止。暮还，与叔耘饭于一品香楼，夜归。

四　月

二十二日　晴

览《东原年谱》。先生有言，阳明之讲学，实自韬晦，亦成功不居之意也。先生教人，学贵精不贵博，云知得十件而都不到底，不如知得一件而到底也。

昼，观傀儡。夜，张灯作杂剧，来观者夥。

九　月

初一日　晴

昳，偕履平访杏孙，同车游张园茗话。俄复至愚园，登其西偏之小楼，斜日回照，秋柳扶疏窗外。薄暮，三人闲步下楼，绕道至辛园观残荷。时渐昏黑,诣杏孙家晚食,谭久之,复与履平至张园。是夜,放烟火杂剧。

初九日　晴

是日,次申为其太夫人行题主礼,余往襄助。昳,至张园,浙人合宴星使许竹筼,观优。……

二十一日　晴

晡,诣杏孙,偕至徐园观女优。夜归。

二十九日　微阴

翔士过。向午,访宾钵罗居士,不遇。晡,见枚叔。晚,始晤宾钵。夜,偕省山观优。连日不读书,无所记。

十　月

二十二日　晨

诣梅溪书院,晤经甫先生。过午,出城见杏孙及汪颂虞,复谒外舅。夜,至丹桂园观优,演《湘军平逆传》。其于骆文忠、曾文达诸人事迹,皆本《湘军志》,饶有声色。曾文正素衣而出,盖时方丁忧在家也,状貌魁梧,伶人冯志奎所扮。夜深归,斜月东上。

十一月

初六日　晴

寓书新吾。过午,偕坚仲出城,同车驰往味莼园,有江西人赵仲宣与俱茗谈。薄暮始还,买得伶人名三盏灯者映像携归。此君为余所目赏而心醉者。记客岁旅析津,友人潘子静谓余平日议论所心折赞不绝口者,独有三人:曰宋燕生,曰三盏灯,曰李合肥。余闻之以为知言。是夜,遂为三人各制赞诗录下:

量如春海深,心侔秋月皎。流言遍九州,蝇蚋徒纷绕。李。

腰袅舞春风,明艳媚朝日。休言儿女肠,更抱英雄质。张,三盏灯姓。

断霞晚犹明，孤雁秋还唳。苍茫世界宽，中有人挥涕。宋。

初七日　晴

览《明治新史》。过午，与坚仲偕游松柏园。园多亭榭，颇幽旷，惜雕琢过甚。俄复至味莼园茗话。薄暮，诣杏孙家晚食。夜，观优。

十二日　晴

览《明治新史》。晡，往谒外舅筱老，谈湘军平洪杨事，以日来丹桂园演《平逆传》也。……

十二月

初一日　微阴

族妹是日纳采，往贺。晚，诣杏孙，与朱琴甫论算学勾股术。夜，观优。

初十日　阴，有雪意

日治外史，如常课。夜，随母往观优。

十六日　微阴

晡，杏孙太夫人书寿言，余兄撰文。太夫人明年寿八旬，正月七日生日，同人亦多以文祝者。夜出观优。归，观书。……

光绪二十七年(1901)

正　月

四日　晴

往视佩葱于旅舍中。……日中归。晡，复出观剧。

二十七日　晴

发电至西安。昳,访张让三,闻东三省事略有转机,可喜。是日,陆莼伯筹善捐无策,于味莼演剧一日,招集海上官商数百人来观,每人出银饼二枚或一枚以助赈。余亦往观。

支那国尚不至遽亡,以好善之人尚多。如去年蓟北遭惨劫,秦中又大荒,东南富民所输,殆各数十万,以救其同种,至仁也。今之谭新者,动谓此等事不足为,曰:此小惠也。余曰:不然。惠无大小,苟能益人,吾曹份内事也。未有不能行小惠而能行大惠者,欧洲人优为之矣。

二　月

八日　晴

诣荫亭。还访仲巽,又往视颐斋。颐斋甫归自海外,患呕血故,不能出门。与谭欧洲事甚详。晚,少川叔又伊陵斋皆招饮。夜,观优。……

十一日　晴

检视笥中书画。秉庵来。昳,访徐藩卿。先至《中外报》馆,阅日本近卫公覆电,盖海上志士有电乞其相助拒俄也。晡,与藩卿约谈于四马路茶楼,遂闲步偕至女优金家。晚,对饮于万福居,夜归。……

十二日　晴

检书画。秉庵来。出城访琴甫。晚,藩卿招饮。夜,观剧。

十八日　晴

访少川叔。向午,视藩卿,遂偕至四马路酒楼,饮尽醉。晡,遍至所识伎家茗谈。晚,共饭于金谷香。夜,观优。

三　月

三日　阴

偕稼霖至天仙菊部观剧。是日,合埠名班会演,观者极夥。以无日光,微暗不可辨视,遂复至宝来,观女优金月梅演《富春楼》一出。观毕,游味莼园。晚,登万福居酒楼小饮。夜归,写日记。……

五日　阴

早出访周寿臣,俄至宝记视石芝,遂造彦复。归,顺道谒少川叔。过午归,佑三来谈。夜,约经甫及稼霖至宝来观剧。

七日　阴

观书。是晚,经甫招饮于一品香,复至丹桂观优。……

九日　阴

访松林禅师。……晡,诣《中外报》馆,穰卿为余言:汪笑秾排演《党人碑》,北宋蔡京故事,盖隐射戊戌朝政也。明后日同志皆欲往观。余亦欣然曰:愿附末坐。因询笑秾之为人,信侪言其人善谈吐,工诗文,开化党也。遂与方守六、三六桥三多,杭州驻防、汪鉴斋偕访笑秾于三山会馆。是晚,宴于金谷香。夜,观优。

十日　晴

母生日,与稼霖等冠服拜祝。是日,稼霖师汪敏士到馆。日中,藩卿、经甫、颂南、仲逊咸至,相与宴饮。南方俗有以四五人围坐,弹丝吹住,嬉笑歌唱者,名曰摊簧。是日以寿母故,招业摊簧者,于庭间奏技娱宾。坐中有林步清,丹桂菊部名优也,善诙谐,尤解颐。

十二日　晴

诣松林习东文。晚,在石芝家饭毕,诣天仙菊部观《党人碑》。

十四日　阴

诣松林习东文。日中,访徐藩卿。昳,偕至女优金月梅家小坐,薄晚归。饭罢,复偕稼霖至名学会听演说。归已深夜,闻芝生来。

二十三日　晴

往习和文。昳,偕荫亭访金月梅,不遇,因往谢家及花宝林家小坐。晡归,写日记。……

二十四日　晴

……昳,至福安居,以与铭舫约,同诣月梅家。适月梅出观优,因往谢家,藩卿、郁堂皆在,诸人留彼手谈,余坐小车游园。……

二十七日　晴

欲往习东文,会三六桥来访,不果。日中始出,在藩卿所午食。复诣丽轩谈。晡,至广学会购得《天文图说》、《地理全志》、《佐治刍言》,持赠金月梅。月梅,晋产名女优也,聪慧爽闿,解文义,欲舍所业,从事西国语言文字。余谓曰:汝欲通他国方言,宜先明公理,知宇宙大势,乃有用。遂购四种书使观之,且为摘示大略,曰:熟此能换凡骨。月梅欣然。

二十八日　晴

往习东文。日中,诣彦复。晡,与彦复、虬斋偕访三郎,不遇,因至丹桂观其演新剧。薄暮,招三郎至金谷香宴饮,枚叔亦来。三郎未读书,不识一字,然谈吐极风雅。

四　月

一日　晴

往习东文。晡,偕张冠霞同车游园,观打弹,游人甚夥。薄晚,往松柏园闲步。夜宴于金谷香,少川叔之约也。饮毕,观女优。

五日　晴

诣豫顺里，与子涵同车，吊张子虞太夫人之丧。日中，颐斋、子涵、稼霖及三郎宴集于金谷香。晡，至张园打弹。晚，复至金谷香，稼霖约少川、敏士饮。夜，至宝来观剧。

七日　阴，大雨

舟中读虞子山《哀江南赋》。……晚，舟至拱宸桥，与稼霖登岸，饮于第一春。夜，观剧。

十二日　晴

……是晚，偕彦复至天仙观孙菊仙《鱼藏剑》，音节苍凉壮厉。

十四日　晴

诣松林不遇。昳，约徐藩卿至金月梅家，余至而藩卿已去。俄朱毓堂来，因与毓堂同访藩卿于林蕊香家。晚归，观《原富》。……

十五日　晴

秉庵来。午后，偕出城，晡，游张园。夜，观优。

王阳明云：礼乐不复作矣。今日而欲陶情善俗，转移风化者，其惟留意于戏子乎？盖能勉于善而不知，亦可化人于恶而不觉也。余谓支那菊部之歌调，凡三种：曰秦腔，哀怨激厉，亡国之音，不足尚也；曰昆腔，则柔曼靡丽，但传才子佳人之情绪而已；惟京腔中老生所唱者，虽词涉鄙俚，而音节悲感苍凉，能曲传忠臣孝子仁人志士之胸怀。擅其技者，惟京师之谭心培、孙菊仙二人，余生平所最喜听者也。至西国之乐，发扬蹈厉，固治世之音也，而其感人处不及焉。余尝云：民乐则无诗，既无诗安有乐？

十六日　晴

……夜，至宝来观金月梅《纺棉花》。俄至桂仙聆贾玉书《举鼎观画》。夜，与秉庵、质斋至左翠玉家小坐，又访月梅。归时月明。

十九日　阴

往习东文。午归,拟上夔老书,未脱稿,秉庵来。晚,同出饮于雅叙园。夜,观剧。

二十一日　晴

约藩卿、郁堂诸人,在金月梅家手谈,彦复亦来。俄随彦复至其家,因留晚餐。夜,至宝来观剧。

二十二日　晴

往视月梅,已雇车将游张园矣。余因至吉陞客寓,访佩葱。晡,与秉庵同车游园,遇月梅,在迤南楼上听昆曲。俄仲宣、藩卿、郁堂、彦复相继来,是日游客云集。俄闻都下名优二丽来此,年逾二十,颀而长,见余犹相识也。晚,藩卿招饮于金谷香。饮毕,复应仲巽之约。夜,观剧,金月梅演《杀狗劝夫》,极臻化境。

二十三日　晴

日中,邀金月梅于雅叙园,坐有秉庵及文劭儒。劭儒善京调,音节宏朗,学菊仙得其神。昳归,观书。……

二十五日　晴

访坚仲纵谈,见仲寅。晡,至金月梅家,仲宣亦来。……

二十七日　晴

偕坚仲至月梅家小坐,遂去。遇秉庵,同至公阳里胡翡云。晡,共驰马车游张园。是晚,芝洞招饮于锦谷春。夜,复至新太和馆,赴杨子萱之约。……

二十九日　晴

终日不出。秉庵来,过午去。补数日日记。

余旬月以来,颇为声色所汩没。日与妻侄秉庵狎妓观优,宴会征逐，无读书之暇。此心荡然泛然，若随风之蓬，若不系之舟，似甚乐也，其实甚苦。思欲徐收放心，静坐数日，温理旧业，不知能如愿否？孟浩然诗云：一日不读书，我心如废井。盖腹饥则思食，脑饥则思书，学问智识不进一日，则退一日，可无惧乎？

五　月

一日　雨

观斯密氏《原富》。是日，为金月梅书联云：寻常一样窗前月，才有梅花便不同。……

三日　阴

日中，林质斋约饮于雅叙园，坐有林季鸿及都下名伶二丽。酒后，弦歌甚乐。晡归，观书。……

七日　晴

习东文。诣藩卿，为书七言联十余纸。昳，访月梅，久待楼下。月梅于楼上笞其养女，女宛转啼号，甚惨。俄笞毕，犹不下楼。余大怒，谓其佣曰：月梅如不愿见我，我即去矣。顷之，月梅始下，神情淡然。余因拂衣去。晡，郁堂招饮于金谷香，坐有子丰、叔雍。闻稷塍来，访之不遇，因诣视勤甫。薄暮，至黛语楼，遇仲宣、梅仙。梅仙是晚置酒款余。

八日　晴

起观书。得铭舫书，知出口局事已辞退，移居钱江会馆。晡，往访之，与偕游张园。仲巽、彦复、枚叔、仲宣、丽轩、荫亭皆见。晚，仲巽招饮于一品香。饮毕，至天仙观剧。

十五日　晴

晡，宴集芝洞、次申、少塘、斌生、南仲、仲逊、绳伯于谢家。晚，竺生招饮于黛语楼。夜，观优。

二十日　晨

秉庵偕履平来,颐斋去。俄邵季英过,向午去。日中诣雅叙园,遇季鸿。俄黄益斋、文劭儒、邵季英皆至,数人皆知音者,相与弦歌笑语乐甚。晡,访琴甫,共诣枚叔。晚,三人偕至酒楼,彦复亦随往,沈饮尽醉。夜,余至春仙观剧。

二十三日　阴

……夜,宴次申、仲宣、叔雍、芸阁、梅仙、旭庄、竺生于松盛谢家。酒罢,诣天仙观孙菊仙演《法门寺》。

二十四日　雨

往习东文,适松林他往,因至大马路亿鑫里,遇李伯渊谈梨园中评语甚多。伯渊自创《繁华报》,销售颇广。上海杂报林立,然皆详于北里掌故,于菊部则从略焉。伯渊于《繁华报》中首列菊部记事及丛谈,意在提倡风气焉。日中,偕至雅叙楼中小饮,雨声淅沥,相对纵谈,颇有逸致。俄,质斋、季鸿相继至。酒罢,与质斋同诣《游戏报》馆,遇伶人余玉琴及法国人葛禄意。晡,至谢家。观路索《民约论》。……

二十七日　晴

次申返。晡,偕访毛实君,纵谈即归。夜,随母至春仙观优。

六　月

七日　阴

往习东文,值松林病,不能教,且云将返国,惟以所代购东文书三种畀余。怅然而回。日中,至雅叙园,质斋约饮,并邀伶人刘姓者,字永春,燕人也,善演包龙图故事。其人朴静善谈,颇明一切理,且通星命学。余以生年月日时八字告之,彼一览即知余好禅理,甚奇。晡归。写日记。

十日　阴

质斋招饮于一品香。坐有刘、何二伶。未几，李伯渊、胡仲羿皆至。

余谓沪居有三苦：一观剧之苦，一游会之苦，一猎围之苦。万人嘈啐，金鼓和鸣，歌不合律，舞不应节，眼枯头眩，心烦耳倦，意中之人迟徊不出，此观剧之苦也。丰肴衎衎，清酤兹兹，口厌醲脆，腹饥欲死，项直身疲，笑谈寡味，此宴会之苦也。夜行踽踽，言寻所欢，楼空无人，灯烛未阑，顽妪丑婢，献茶拂茵，丽人不归，枯坐沈沈，此猎围之苦也。

晚，复约刘、何二君及林质斋、张冠霞于金谷香。夜，观刘伶演《铡美案》。

十二日　晴

日中，访叔雅。昳，与偕至金谷香，因邀彦复、枚叔及张冠霞至小谈。……晡，同马车至张园茗谈。记去岁在宝记，余与枚叔、彦复、叔雅四人同影一像，今日四人又至一处，不易得也。晚，偕访李汇东，薄暮归。夜观《党人碑》第三本。

七　月

二日　晴

晨，访郁堂。日中，宴于金谷香，三郎在坐。晡，至江南春，李伯渊招饮。刘永春、汪笑秾先在，与笑秾谈，知其人旗籍，于乙酉年入庠，出先人门下。先人时督学直隶也。戊子，应试北闱，中式，遂以候选县官河南。未几犯奸案，发觉褫革，自是无聊赖。甲午，南游海上，遂入菊部，奏技以糊口。又屡至姑苏，博利甚微，落落不为人知。年来在天仙部排《党人碑》一剧，隐射时事，为新党所推重。与之谈，亦略闻新理，颇能读书者。晚，复与少川叔及质斋饮于金谷香楼下，闻京师谭鑫培到此，盖就桂仙部之聘也。桂仙主人亦于是夕设宴楼上，款鑫培，会饮者三十人。有梅五者，善奏胡琴，为南北之冠，与鑫培称二绝。质斋邀其下楼相见，遂同至歌伎高文秀家,遇林季鸿。季鸿善唱青衫,与梅五合奏曲。季鸿病后,气稍促;梅五则响逸弦清,闻之令人芟烦涤俗。有王熙庵者,都下旧相识也,是晚亦不期而遇。

四日　晴

履平来自苏州,不见者数年矣。日中,与偕访少川叔,遂同至饱德午餐。昳,往观日本杂戏,时尚蚤,台空无人,遂散。归,独与履平至谢家小坐。俄复诣黛语楼,遂同坐马车游张园、愚园。履平云:去岁携家奔走兵火之间,颠顿危苦,不图复有今日。言之太息。晚,饮于金谷香,三郎在坐。是夕至茶楼,听歌伎奏曲,皆靓妆连襟而坐,或抱琵琶,或执箫管,画中人也。

五日　晴

观书及报纸。……晡,出城访履平,值他出,因待之于茶楼间。薄暮,履平来,因共饮于吉祥春。

上海一区,盖以声色嬉娱为世界者也,而出入此世界中,大抵闲民最多。闲民约分三种,一维新党人,一依西商为生者,一富豪家子弟。今者前一种人渐就衰减,且多落魄不能自存者;惟后二种人特盛,且力能维持此世界,盖有金城汤池之功也。

上海闲民所麕聚之地有二:昼聚之地曰味莼园,夜聚之地曰四马路。是故味莼园之茶,四马路之酒,遥遥相对。

上海解音律人甚稀,故观剧人虽多,而视之不甚重。故吾谓上海有色世界,而无声世界。

上海每夜所销宴乐之费,并北里中及大餐馆等计之,殆数万银饼不止。若官抽其税,每银一饼税一角,亦可成巨款也。

六日　晴

访蛰仙不遇。日中,诣石芝谈佛。……晚,季鸿约饮于一品香,有梅五在坐。明日枚叔将赴苏州,彦复亦在彼设宴饯行,余亦陪饮。……

八日

蚤，秉庵来，余往习东文。日中，在雅叙园午饭。刘永春、梅五及质斋咸在坐，永春为余推此生命运吉凶顺逆，一一详说。余谓永春曰：凡人一轮之转，一胎之结，皆各有一无心组成之八字随之，据是可决其平生焉。我有八字，其关系直贯于转无量轮，结无量胎，而未有已也。八字云何？曰：无愧于己，有益于人。永春曰：具是八字者，生生世世不遭劫矣。

夜，观谭鑫培演孔明鼓琴却敌一事，纶巾羽扇，潇洒出尘，想见诸葛当年。

十一日　晴

观书，写日记。仲彝来，论孙菊仙、谭鑫培之分别。余曰：菊仙，钟鼓之音也；鑫培，箫管之音也。惟汪桂芬兼两人之所长。

未有文字以前，人与人相通仅赖有口耳之功；自文字兴，而目与手之功大于口耳，盖以目助耳，以手助口也。目与耳主受，手与口主施。

十五日　晴

晨，秉庵偕刘永春及于石卿、范序东过，日中去。……

十六日　晴

郁堂过谈，俄有蔡鹤卿、刘保良二君来访，纵谈久之去。日中，与郁堂偕至金谷香，招三郎来共饭。晡，诣彦复小谈。薄暮，仲宣来，因与偕访信侪，不遇。见清漪谈佛。……夜，与石芝观谭鑫培演《讨鱼税》一剧，确有英雄落魄气概。

二十一日　晴

往习东文，访质斋。日昳，至雅叙园，邵季英亦到，值梅雨田约永春、伯渊、秉庵饮，在隔壁屋中，见余至，咸来周旋，遂皆邀其入坐。须臾，质斋亦来。是日遂易余作主人，而雨田一局改他日矣。

纵谈尽欢。晡,偕访谭鑫培。有李华亭,为鑫培击鼓者也,谭八国兵入都事甚详。据云日本待我国人最善,有教民恃势掠取民物,为日本人察知,擒去严惩,因是地方赖以稍靖。亚于日本者,惟英、美而已,德、法、俄最逊。晚,归。观书。……

二十三日　晴

日中,梅雨田邀饮于雅叙园,坐有季英、季鸿、质斋、秉庵、永春、伯渊。晡,往习东文。晚,诣省三谭,夜深归。

二十四日　晴

……晡,亦韩、鹤卿来访。晚,赴永春金谷香之约。

八　月

初三日　晴

亦韩、鹤卿来访,小谈。日中,至雅叙园,约质斋、永春、雨田、怡云诸人饮。……

初七日　大雨

写日记。夜,出观谭鑫培演《群英会》,活画一鲁肃。

十日　晴

……晡,至味莼园,遇浑不似三郎,不交以言。晚,归。家祭,先人生祭也。夜,复出观优。

十五日　雨

琴甫过,待三郎不至。

余与张冠霞二人,分等君臣,恩犹父子,爱若兄弟,情同夫妇,交游往来如朋友,盖在五伦之外,而能兼五伦者也。

余三年前移居三多里时,诣神卜,得签有月明先有凤来仪之语,今日始验。盖三郎于本月初五始来忘山庐,十二日又来一次,皆在中秋前也。

晡,冒雨与琴甫至茶楼坐谈。晚,归。夜,复出观素云演《辕门射戟》。

十六日　晴

访省三,不遇。因往视季中,薄午饭于金谷香。三郎在坐。晚,季中邀饮于谢兰卿家,与季中纵谈。季中云:凡人处事接物,以庸为贵。余曰:是则是矣,但万事顺理,不可矜意。有意于奇固非,有意于庸亦非也。季中又云:致知而后意诚一语,圣贤阅历有得之言。余深服其说。是夜,痛饮大醉。观素云《白门楼》。

十七日　晴

又访省三,纵谈。晡,余至味莼园。晚,入城。家祭。夜,复出。素云演《岳家庄》。……

十九日　晴

观书。……晡,与秉庵偕出城。夜,至天仙观怡云《宇宙锋》。

二十六日　观书

夜至天仙观怡云演剧。……

九　月

五日　晴

观书。……夜,访季中不遇。是夕,观鑫培《卖马》。

七日　晴

观书。……夜,至春仙观菊仙演剧。

十日　晴

观书。凌霄来谈。余昨日购得菊花数十盎,罗置垣下,秋色烂然。晡,阴。凌霄去。薄暮,余出城,习东文。晚,诣石芝蔬食。……

旅居海上数年,往来之友甚夥,约分数种:曰学友,宋燕生、章枚叔、蒋信侪;曰谈友,张经甫、黄益斋、李耕余、孙丽轩、荫亭、丁叔雅、应季中、朱琴甫、邵季英、刘永春;曰诗友,吴彦复;曰道友,伊陵斋、朱云卿;曰佛友,欧阳石芝;曰情友,张冠霞。

此间宴会,每在北里之中,征歌选舞,习为故事。不知者以为此男女之乐也,余则曰非男女之乐,朋友之乐耳。斯言也,能领悟者,犹鲜其人。

十四日　晴

日中,质斋招饮,坐有阎姓者,燕人,去岁避拳乱之难奔陕西,今年自河南来海上,托迹梨园。此君与内监谙熟,谈及李联英颇谨小慎微,并无跋扈弄权之事,惟其属下之人,不免倚势横暴耳。……

十八日　阴

昨得介轩复书,因又作书答之。介轩新丧子,彭伯于初八故,老境殊无聊。……是夕,出城,观孙菊仙演《蔺相如完璧归赵》,语语皆根据《史记》,典雅有味。

二十五日　晴

……夜,观剧于丹桂园,鑫培未登台。时余于万人丛中,持一卷书观之,不异明窗净几时也,所观者即译编之《物竞论》。……

十　月

十四日　晴

与经甫先生饮于金谷香,坐有三郎。……夜,观三郎演《新安驿》,风姿不减当年。

十五日　晴

……晡，习东文。归访谨斋于旅社，晚共饮于九华楼，纵谈。夜，观优。

十八日　晴

……夜，与琴甫观剧于丹桂，三郎未出台时，余静坐观书。……

十九日　晴

晡，至《中外报》馆，与穰卿纵谈。晚，在石芝处饱食。夜，诣丹桂。观书。……

二十七日　晴

往习东文。晚，饮于金谷香，坐有三郎及穰卿。夜，归。观书。……

十一月

九日　晴

……与琴甫偕至春仙观优。

十日　晴

……夜，诣石芝谈。观优。

十三日　晴

……晚，访季英，偕至雅叙园。俄彦复、叔雅踵至，畅饮。夜，观优。

十四日　微阴

……夜，与偕出城，观优。是日买冷金联及珊瑚笺，欲书以赠张冠霞。冠霞于下月四日完娶，妇崔氏。余赠联云：月圆碧海闻箫鼓，曲谱西厢引凤凰。盖用君瑞、双文故事也。

十九日

醒时望窗外白光辉曜,田畴屋瓦皆积雪至三寸,遂披衣起,奇冷,时雪已止矣。向午,出城买物。至金谷香,与冠霞共饭。晡,诣彦复谭。……晚,约冠霞至金隆饱食。夜,至天仙剧场。偕益斋至黛语楼闲谭,论道释相通之处,互有所得。复至天仙观鑫培演《王佐断臂》,极有神采。

二十日　晴

……夜,出诣天仙观剧,遇质斋。

二十六日　晴

晡,诣味莼园,遇叔雅。晚,宴于雅叙园。夜,观剧。

叔雅自制一联,余为至略改。联云:百国宝书供我讽籀,一时贤士愿结友朋。

二十八日　晴

……晚,宴叔雅、彦复、子言、履平于雅叙园。夜,观剧。

十二月

七日　阴

……晡,诣彦复谈。晚,同饮于九华楼,又至春仙观剧。

十七日　晴

诣省三。昳,访质斋。晡,同游味莼园。薄暮,德国团练兵麕至,以明日德皇生日,于安凯第演剧相庆。华人旁立而观。剧台左右,丛竹峭倩中,为幕静垂。先有人出立,宣读祝辞,俄卷幕放电光,现人物树石。德兵皆起立,欢呼雷动。良久幕下,遂止。未几又卷,则演数人饮酒状,且歌且语,不解为何事。余遂出登车,访渭东,留晚食。夜,至丹桂观优。复诣天仙。三鼓归,即就寝,与忆莼谈。……

二十一日　阴雨

……晚，偕质斋、守六饮于雅叙园。夜，观优。

二十五日　晴

书春联。晡，诣《中外报》馆。俄访荫亭。晚，造石芝，因过质斋，与共饭于书楼中。夜，至丹桂观剧，演梁山伯祝英台故事。冠霞扮英台，色妙丽不减当年。易男服游学三年，与山伯同卧起，不知其为女子。比英台归家，山伯访之，则靓妆出见。山伯销魂，余亦为醉倒。盖冠霞居然大家闺阃也。余自叹何幸享是艳福。

二十七日　晴

……晡，诣子英。俄访石芝，又造彦复谈。晚，饭于金隆，招冠霞来共食。夜，到少叔家小坐，遂入城。……

二十八日　晴

……余今年于三绝图中人物，一一有以报之：于合肥则赠挽联云：与五洲万国缔交，从古英豪谁可匹；为宗社生灵受谤，此中心事几人知。于燕生则为荐寿春藏书楼教习，月脩白镪五十两。初燕生辞求是，杭人皆嗤薄之，以为生计自此绝矣。闻余此举，皆为夺气。于冠霞则馈银饼二百枚，冠霞得于月之四日完娶，有室家之乐。此三事，如不在一时，不足奇也。所奇者，今冬匝月内并了此三事，则尤天造地设，莫非缘也。

光绪二十八年（1902）

正　月

一日　晴

晨，衣冠出贺岁。日中，诣省三，留午食。昳，偕出城，至丹桂观优。晡，游张园，李氏昆弟皆在。晚归。夜倦早眠。……

初七日　晴

闻芝生兄来,诣客舍访之,已行矣。日中,约仲逊、琴甫及三郎,于九华楼饮,罢,仲逊、琴甫散去。昳,与三郎同车游愚园,循廊绕榭,登山穿径,忽见面东堂宇三楹,因坐而茶话,闻箫鼓声出小阁中。晡,至张园观游人试足踏车。薄暮归,饮于雅叙园。复赴襄孙之约。夜,观剧于天仙,谭鑫培演《寄子》。

初八日　晴

……薄暮,诣汇东晚饭。夜,造石芝,与谈久之;而仲巽至,邀余二人往圆明园路观外国剧。西人之剧,男女合演,其裳服之华洁,景物之奇丽,歌咏舞蹈合律而应节。人问其佳处何在?余曰:无他,雅而已矣。我国梨园,半皆俗乐,西人则不愧为雅奏。

十二日　阴

……晚,诣石芝共饭。石芝力劝余持净土,以待外缘之至。余深以为然。夜,观剧,将往天仙,遇新吾。

十三日　晴

……晚,归,家祭。月明。忽闻叩门声急,表兄子涵至,挈余出城,宴于一品香。夜,观剧,演《万寿山人参果》,亦《西游记》故事。

十四日　晴

观书。日中,至金谷香。顷之,子涵及石愚、企堂咸来。须臾,省三亦至。饮罢,子涵登舟往苏台。余与省三访刘咏春。咏春扶病出见,与省三旧相识,十余年不见矣。谈久之,遂散。余诣汇东。薄暮,与新吾散步至三板厂,观季皋所造新屋,巍然高峻,惜无树木翳卫。是夕,在汇东家晚饭。

余得一绝对,无能属对者,曰:海内三琪花农二梅翠玉。花农姓徐,名琪;二梅姓胡,名琪;翠玉姓左,名琪。夜,观剧。

十六日，蚤晴

……晚，观三郎演《卖榕花》。夜，饮于锦谷春，归时雨沾衣。

十八日　晴

……夜，汇东约观剧于桂仙。

十九日　阴

……晚，宴新吾、介眉于金陵。夜，观剧。

二十日　晴，风。观书

《西游记》九十一回，金平府元夜观灯，唐僧到金灯桥上观看，原来是三盏金灯，悟一子评云：三盏金灯，正水中之金，平满之候。宜看得明白，急早下手云云。在他人见此数语极平常，而余则以为大奇。盖张冠霞何以名此名，何以与我相遇，何以暗合道妙，岂非预兆？……晚，宴于九华楼。夜，与子涵观剧春仙。

二十一日　蚤晴

午阴，大风，微雨。作日记。汤蛰仙过。晚，季英招饮于一品香。夜，观冠霞演《错中错》。前在都，见田际云演此剧颇佳，后无续响者。冠霞此时虽丰采减前，而闺阁风度自若也，故演此剧犹不俗。

二十二日　晴

……余于己亥重阳后一日，与冠霞合影一图；庚子冬至后二日，与玉蟾阁主人合影一图。此为生平快意事，皆各印数纸，遍赠友人。其药水玻璃，贮黑匣内，携归置书架上，不启视者一年余。至是偶取观之，则匣中空空，玻璃不知所往，岂宝物不能久留，终当破壁去耶？

二十四日　阴，雨

喉间作痛，坐楼上终日，闲观《品花宝鉴》。是书摹写都下梨园中人物,笔墨尚清雅,惟无甚宗旨。余谓《石头》一书,写女子多美;《品花》一书,写男子多美。皆非佳处。又《今古奇观》一书,每一事自成一卷,不相联属,其事迹之曲折,亦颇悦目。

二十六日　晴

日中,与三郎共饭于金谷香。昳,往视刘咏春。晡,归。……

二十七日　晴

与友人约,同舟北行,检行装。昳,汇东及芷香,偕来送行。晡,出城,诣荫亭,途遇陖斋。俄至宝记,与张冠霞同影一相。晚,与陖斋饮于江南春。……

二十九日　晴

诣汇东,与同至张园,遇张冠霞。薄晚,及汇东,同映一相。是日在汇东家晚饭。

三十日　晴

……晚,襄孙招饮于一品香。又至迎春,四赴陖斋之约。夜,观剧。

二　月

十日　雨

终日不出,补作日记。晚,慕兄与稚夔宴集宾友于庆小山园中,盖兄所居即小山屋,园在屋东,楼廊树石颇幽胜。上烛时,诸客沓至,有伦贝子、那琴轩、清阶平及汪颂年。招城外伎侑饮,弹丝击鼓,唱北曲,坐客欢甚。……

十五日　晴

访杭州馆,访楼汝同。俄晤石虚,偕饮于万福居。幼珊亦至。饭后,观剧于天乐园。戏之佳妙,无过于京师,虽平常之脚色,皆有精神。最后演《骆马湖》，其扮黄天霸者，英雄儒雅，兼而有之。……

二十三日　晴

郁堂来。日中，出城，晤筠青，因诣蕃卿午饭，有二伶在坐。晡，偕郁堂至松凤。晚归。

筠青为言，张三丰有联云：八百火牛耕夜月，三千美女哭春风。

凡国家不患无异常人，患无平常人。外国平常人无不通普通学，此其所以盛也。今我国非无二三异常人，惜通普通学之平常人寥寥。以我国平常人，与外国平常人相较，而文野之程度，相去霄壤矣。请以观剧论之：上海之戏，平时远逊于京师，而近因义和团乱后，颇有三五著名伶人南下，人遂谓都中之好戏移于上海矣。及余至京，流连剧场二次，觉戏中精神，终什倍于上海，何也？以平常之好角多也。上海虽有二三异常之名伶，其戏之劣如故。犹我国虽有二三异常之学人，国之野蛮如故，其理一也。

二十五日　晴

筠青过谈。……晡，至平介馆观优。晚归。灯下作书致益斋、石芝。

三　月

四日　晴

范桐士过。桐士高也子，来自杭州。是日饭罢，同车出城观剧。……

十七日　晴

……晡，与桐士出城观优。晚归。夜观书。

二十六日　晴

与嫂氏谈仙佛之学，因果之理，极畅。薄午，履平、桐士过。昳，与履平同车出城,先至松风小坐。晡,观剧。晚归。夜,问槎来谈。……

四　月

四日　晨,出城

途遇筠青,与偕访少川叔。日中,饮于万福居。

余前论上海有三苦三乐,而京师则苦少而乐多,盖除车尘道路外,别无所苦也。其乐有六:曰山林之雄奇,曰宫阙之壮丽,曰林木之葱郁,曰寺观之苍古,曰街衢之广阔,曰房屋之轩爽。其他如酒楼论道,厂肆收书,妓馆谭禅,剧台听乐,合前为十乐,皆南方所不能胜,或有为他处所绝无者。

晡,往观剧,奏技极佳,末演《蝴蝶梦》,即《神仙史》庄周鼓盆故事。有伶曰福子才,艳妆作庄子之妻,绝丽。夜,归。观书。

十九日　趋署

日中,访内侄秉庵,留午饭。

秉庵云:昔有某君,尝挈其妻出游东南名胜,颇自得其乐。时其妻年逾三十,色衰,或谓曰:子何不觅娇好之女子,与之同游,乃以三十许之老妻为伴,有何乐耶?答曰:吾妻今日虽老且丑,吾犹及见其娇且好也。忘山居士曰:余与张冠霞之交情,所以始终不渝者,即此意。……

五　月

五日

桐士来,少川叔亦至。日中,共饮雄黄酒,应节景也。晡,出城,至天乐园观剧。薄晚,归。……

六　月

十三日　晴

诣署。时已散直,遂出城,至书局。昳,往贺钱幹臣母寿,在嵩云草堂演剧款宾。晡,归。……

二十一日

诣局编书。日过午,希尚至。余诣江苏馆,赴赵仲宣之约。归与希尚偕至百顺。薇香以有事故避去,二人坐其室中闲谈。晚,等车将入城,过伶人韵芳,招余入,则客坐间所陈设皆西式,极精丽。

七　月

四日

……晡,诣薇香阁。晚,归。诣高子穀家,观女优。子穀昨日三十初度也。

十二日

……晡,偕坚仲观剧。薄暮,至薇香阁。先是主人以他故避去,是晚甫归,遂留余宿焉。

十九日　晴

到局,编书。晡,至太和馆,观剧。谭鑫培演曹孟德杀吕伯奢一家,事见《三国志注》,非演义所捏造者。噫,宁我负人,千古奸雄心事!虽然,天下能反其道而行之者,又有几人?但不肯如孟德之直言不讳耳。惟其直言不讳,所以称奸雄。是日,闻菜市杀盗十余人。

八　月

五日

……晚,诣稚夔,观剧。忽大雨,宾友奔散,罢演。夜深,雨止,乃复张灯奏技。

七日

在局熟眠。昳,诣南横街,访蕃卿,偕至薇香阁。薄晚,冠带入城,贺稚夔生日。观剧。

九日

到局,观书,作日记。

凡天下乐事,有肉体与精神之别,即以观剧论之,袍甲雄艳,仪采光丽,所以悦目也;丝竹壮逸,歌讴和婉,所以悦耳也。然皆肉体之快乐也。故善观剧者,必求其形神入化,动合自然,音韵流荡,发于天机,而后满吾之所欲。何也?不如是,不足为精神之快乐。……

十三日 晴

往贺工部长官松寿泉寿。是日开宴,丝竹娱宾。昳,归。晡,至馀园,少川叔招饮。晚,在公所中庭,与锺笙叔、夏坚仲等七八人,团坐夜话。

十七日晨

在局与书衡等辨教育法。晡,与彦东、书衡诸人,小饮于万福居。

优人朱桂秋者,乳名小八。余丁酉在都时,偶宴客,召来侑酒,今五年不见矣。是日,彦东折简招其至,与余几不相识,而桂秋面貌亦改,无彦东,余亦不能记认。桂秋善谭,吐属风雅,惜沉溺罂粟,年已二十有五。

余未尝不游戏色界,然取人则以貌不以色,与色美而貌丑,宁色丑而貌美。

十八日

薄午,诣蕃卿。……日晡,到局,薄暮,归。与坚仲纵谈,闻弦管讴歌之声。

声音之道,最足动人之心,移人之情。无论有何等襟怀,何等抱负,何等感慨,何等情思,皆一一传写而出,与闻者之脑筋适相合。

九　月

十四日

张叔和于味莼园设宴，请听昆曲。余兄弟偕往赴宴。

词曲以昆剧为最雅驯，然可读而不可听，盖其音节繁促，转折太多，无延长之韵，故到耳即过，未能深感脑筋，此其病也。

晚，与邻居偕至垃圾桥李宅，观女优。夜深始散。月明。

十七日

邻居入城。日昳，偕赴菊生之约。晡，与铭舫至味莼园。夜，饮于金谷香。观女剧。

二十日

……都中昔有名伶曰程长庚者，人呼为戏中圣人，其音调浑厚，流传独步古今。凡后来之秀，如心培、桂芬诸人，皆分其一支派，而各自成家者。如颜、柳、欧、褚，皆分右军之一体也。近惟有同仁堂药店周子衡，能得长庚全豹，获闻其韵味者，几谓与长庚无毫发殊。自西人留声机器输入，于是凡精此技者皆大喜，以为吾辈所长，亦可不朽。然而长庚死矣，故子衡每每谓长庚无福。季英述子衡之语以告余，余笑曰：长庚未尝无福，子衡即长庚之留声机器也。季英曰：然。

十　月

十一日

……日中，饮于金隆。晡，归，作日记。晚，至雅叙园。季英、汇东、少山、益斋、秉庵同来，宴醉。益斋唱《取成都》全出送季英行，季英将北上也。

十二日

闻冠霞来自苏台，招与宴话，坐有汪敏士。薄晚，诣季英谭道。……

十五日　雨

宴蕃室、寅伯、昌士、健斋诸人于金谷香,坐有冠霞。

三十日

……夜,观剧,忽厌倦,遂闲步至第一楼品茶。……

十一月

二十五日　大风

厚庵过谈。薄午,出城,尘起。晤少川叔,又见徐藩卿。晡,归。佑三过。向晚,衣冠诣夔相家,观剧。夜深回,风犹不息。

二十七日　风息

终日不出门。作家书,寄杭。又寄益斋、渭东书。作日记。夜,诣夔相家,观剧。

大千春色在眉头,看者番玉暖珠香,重游赡部;十万莺花如梦里,记当日丁歌甲舞,曾睡昆仑。京都庆乐园舞台上联也,不知何人所作,当是故国遗老手笔。

二十八日　晴和

晨,诣大学堂,见亦园,力辞编书事。归途访子縠、笙叔。晡,又偕静山看屋,即还。夜,仍观剧。……

十二月

九日

访季英纵谈。季英大有彻悟。晡,至施家胡同聚庆堂,待客未至,先往观剧。观毕始回车,相与饮啖。夜入城,与稼霖为象戏,亦略见战守机权,颇有趣。

十六日

诣胡云楣家贺寿。日中趋署。晡,诣厚庵家,贺其子娶妇,宾友齐集，观其结缡。晚，至优人二丽家宴饮。夜，戴月归。

十九日

各衙署封印。余衣冠趋公所。晡，归。是日稼霖生日，呼善讴者至，唱北曲，弦鼓声相闻。俗乐也，听之不倦。

光绪二十九年(1903)

二　月

十六日　阴

过午趋署。晡，诣湖广馆，成侍御昌为其父峻峰先生称觞献寿，盖八十有九矣。奉旨重赴琼林，是日召梨园，大宴宾客。

二十四日　观书

过午，诣湖广馆观剧。是晚汪桂芬演唱《目莲救母》，韵格超胜，孙梦岩谓为宋拓《九成宫》。

三　月

五日

得澜妹信，知母亲于昨日由杭启行。向午趋署，又往视向岷。昳，饮于致美斋。遂诣佑三，见壁上有木刻钱南园对，极佳。晡，往观剧，暮归。夜，作日记。……

八日　晴

……日中，与稼霖饮于魁元馆楼上。饮罢，观剧。晡，余先归，观书，作日记。……

四　月

二日　晴,风

……子穀过谈,余以邻居寄来巴黎名胜图册示之,皆以光法留影著纸者,观之不啻亲游其地。余谓外国文明已极,人力太尽,遂致夺天地自然之趣,故其风景有不逮我国者。晚,出城观优。夜,宴于聚庆堂。

九日

趋署,又赴水司同僚之约,席散,访吴子修小谈,即往视汇东,与同观剧,晚归。……

十一日

母为余三十寿,乃命设丝竹于庭,歌讴北曲,其声乌乌,中有所谓大鼓书、太平歌、莲花落,音节恬荡,颇足怡人。余坐阶下听,至夜深始眠,月西斜。……

五　月

五日　晴

闻夔老拜武英殿大学士之命。文华殿自荣相没,不授人,武英遂为首相。饭后,余往贺,兼贺节。晡,出城观剧,未晚,归。

二十七日　阴

趋署。日中,至东昇楼,贩衣贾人曹姓者约饮,坐有子涵、啸霞,饮罢,至广和楼观剧。晚,啸霞设饮于天福堂,坐有紫云,则梨园老子弟矣,久不登台。又有月琴、华云、桂凤,皆在座。紫云与子涵,十余年前旧交,欢然道故。桂凤驰名殆二十年,赏鉴殆不乏人。然或老而死,或少而壮,或贱而贵,不知经几度变移,而桂凤神姿之妩媚如故也,举止之婀娜如故也,年已三十六七,殊不觉老,即卸装时笑貌举动,仍宛然一妇人。庄周所谓神动而天随者,非耶?

二十八日　微晴，乍阴

趋署。薄午，出城，因昨日介石来访，答拜之，不遇。遂诣杭州馆，见紫泉之郎君。是日，浙省同乡在越中先贤祠团拜，演剧设宴。余亦往观剧。到者约五六百人，皆浙人，多不相识者。复有外官数人，即紫泉、子涵等，皆局客位。剧所演极精妙，入夜犹胜。其《战宛城》一出，写得曹孟德军容之盛，如火如荼，虽在狭小剧台上，而有千人万骑之势。及其战张绣也，戈矛飞舞，金鼓动地，忽然夹出张绣婶母一段，龙争虎斗，变为莺歌燕语，使人耳目一新。其后醉典伟(韦)，盗双戟，写曹操自卧闼中奔窜，狼狈情状，真堪发笑。夜四更，犹未息鼓。余先归，到家东方明矣。

闰五月

九日　趋署

闻友三有腹疾，往视之，途遇龚景张。……昳，至友三寓所，友三疾小愈。晡，诣广乐园观剧。

六　月

九日　晨，晴霁

……益斋亦长音律，学汪桂芬甚肖。桂芬与鑫培皆长庚之后起者也。季英云：益斋之于桂芬，犹周子衡之于长庚，盖号称神似者。忘山曰：审曲与观画，皆极难事，必以能寻其味为上。曲之味从一字一字出，画之味从一笔一笔出。……

九　月

十三日　趋署

晡，出城观剧。

二十四日　晨

诣汪伯唐谈。伯唐任外部参议，其于国事流涕而已。问之，亦不肯言。薄午,访勉臣,同饮万福居。饮罢观剧。晚归,得梓潼庙来文,称奉陈雨苍侍郎教,遣往惠陵驻工。……

十一月

十三日　趋署

晚归,复与昌士同车出城,赴罗笃甫之约。夜,访东芳,东芳邀至伶人佩仙家饮。……

十八日　薄午

至天寿堂,盖义善源以新屋落成,大宴宾客,演剧侑饮。

二十三日

偕景周、勉臣及昌士、稼霖饮于阳春居。晡,观剧。夜,观书。……

十二月

一日

与昌士、稼霖及笃甫、桐士共饮于致美斋。晡,观剧。晚,访寄吾于工艺局谈。……

许宝蘅日记

许宝蘅(1875—1961),浙江杭州人,字季湘,号巢云。1906年入学部为主事,次年任军机章京。入民国后,在北洋军阀政府任职,经历复杂。其日记从1892年至1960年,基本完整,提供了认识、研究清末、民国历史的丰富史料。谷曙光据《许宝蘅日记》(许恪儒整理,中华书局2010年出版)辑录。

光绪十八年壬辰(1892)

壬辰陬月初九日(2月7日)

今日请春酒,演戏,演至《打盖》一折,未有不羡三国时人才众多也。在座者仍常来诸公,子初方散,阴甚冷。

陬月初十日(2月8日)

祖宗前今日盛供饭。辰,寄敬臣信。大哥、二哥、三哥均至豫成乾看戏。晚在上房打牌九,赢钱二千文。晴,有月。

陬月十五日(2月13日)

今日又请春酒,唱戏,子初方散。元宵节家中例于申刻摆供,一跪八拜,拜二次,供后道喜。晴。

陬月十七日(2月15日)

请逄子政太尊饮酒,演戏,子正方散。有茯苓者唱《米建游宫》一折,至太子弹琴时,果真流泪,其中情有感耶?今日为下灯节,申时拜供,焚寓钱,奠酒,揖送祖宗。晴,有风,甚冷。

皋月初十日(6月4日)

看《西京杂记》。步瀛、峨生来,约到元帅庙看戏,申初即回,方及门而雨至矣,上楼吃点心,饮自泡玖瑰花酒,晚在书房吃饭,盖请先生吃午节酒也,亥正方散。早晴,中时雨,片刻止。

皋月十四日(6月8日)

同子典到盐公所看填册,到青梅书院看戏,早晴,午细雨片刻即止,夜好月。

皋月廿五日(6月19日)

同子典到丰乐桥吃茶,宾来、峨生来,遂同至永宁院看戏,因其为鹦歌班,俗名懊悔班,因其班不好,看后而懊悔也,故有此名。又至延桥看戏。晴。

光绪二十九年癸卯(1903)

五月初二日(6月26日)

巳初又访赵竹君,晤谈许久,遂回万安楼。作朱如山书。又至竺叔处,晤沈虬斋。酉初偕竺叔、紫丞弟乘马车游张园,适子大昆仲、父子俱至,酉正回。至望平街访何熙伯,遂同至一品香大餐,餐毕略买书籍、扇子等物;又同至春仙园听戏,晤识高尽三。尽三在永年人寿保险公司,劝余保险:如保十年,险费十万,每年交一万两,若十年期满者,还银十万两外,加息六万两;若未至期而身故者,照赔银十万,保险过两个月者即赔;若一年以后虽自杀者,亦赔。听戏,散后,熙伯归去,又偕紫丞、尽三至谢校书家小坐,丑初归。至竺叔处宿。

五月初三日(6月27日)

晨至万安楼,商定坐招商局"广济"轮船渡海赴天津。作如山、叔裴丈两书,并寄书籍、扇子。午后又至竺叔处,夜酉末,南仲叔约至金陵大餐,餐毕至云仙园听戏,本约子大,不至。子初又至竺叔处。丑正上船,子大父子已先至,元已将行李安置妥贴。

五月初十日(7月4日)

寄各处书。令元至礼部取卷票。巳初二刻乘车出门,访程子大,未晤。访罗锦襄、豫少亭,不得其寓处。又至长椿寺访张望屺曾畴,知其随南皮宫保往颐和园。晤梁典五、汪荃台、宋德九、梁崧生、汪书堂君,典五留饭,饭后同至天乐园听戏,同座有汪书堂、何季方、黄蓉阁,共五人。戏散后蓉阁约至万源居吃饭。饭后书堂约至云和堂幼芬处,赌牌吃酒,典五带红喜,季方带佩珍,蓉阁带佩仙,余无熟人,幼芬荐妙香,典五又荐佩秋,均唤来。佩秋颇俗,妙香极细腻可爱,闻能画兰,酒散归馆,已丑初矣。葵初来答拜,未晤。

五月十一日(7月5日)

写卷两开。胡次珊、程子大来。未初偕叔通至琉璃厂、大栅栏一游,略买数物,未正三刻归。履平来谈,酉初去。仁先来,昨日殿试,上谕下,用庶吉士七十七人浙江七人,伯纲、叔通、勤才与焉,用部属九十四人浙江四人,燕孙与焉,仁先亦得部属,中书五人浙江一人,知县一百二十三人浙江十人,调甫、念白与焉,呈请归原班者十五人,归班知县□人。夜安敬甫来笺,约至韩家潭安华堂便饭,以夜深辞之。钟希洛濂同年来谈。

五月十三日(7月7日)

发兰州电。写卷一本,读韩文。酉初典五来谈,酉正梦惺约至锡庆堂陆宝珊处酒叙,同座有蔡南屏苏州人,大学堂师范生,调甫,燕孙,季诺,聪叔,伯絅,叔通,勤才。酒散后又偕梦惺诸公至南北班一游。北地胭脂其风情意度,远不若南朝金粉。季诺云两江有电致外部,知《苏报》馆诸人已被逮。……

五月十七日(7月11日)

梦惺出观金石拓本甚多,瓦当尤多,颇有精品,云为刘铁云所藏。陆勉斋懋勋,戊戌进士,今官编修及履平来。酉刻偕履平、梦惺、陆献甫部郎至妙香处便酌,看牌,并约胡次珊及其友周君,酒散,子初归。

五月十八日(7月12日)

辰初,出门访罗锦湘,得识王晋卿观察树枏,甘肃知县,现升道员,来京引见,曾经崧锡侯保选特科,未赴试。随至伯明处,畅叙竟日,酉正偕至湖广会馆听戏。谭鑫培即传称小叫天者，神情唱口均极安雅，可谓名下不虚。丑正始归馆，寄家书。

五月十九日(7月13日)

梦惺约至锡庆堂酒叙，酉末归，与调甫又饮。伯明来约，至长福堂看竹。

五月二十日(7月14日)

黎明由长福堂归馆，知特科发榜，余得一等三十名，令之十二，梦惺十七，共取一等四十八名，二等七十九名，第一为梁士贻编修广东人。典五来，约至德春堂便饭，申正赴约，同座为汪兰楣凤梁，宝子年丰、安敬甫钟憎、宗子立鹤年、张望岷曾畴、何季方、黄伯明，主客九人，亥正散归。天雨，略解凉，道路泥土较软，而泥泞特甚。托典五电告如山。

五月廿五日(7月19日)

寄家书。读《定庵集》。元病稍好，命至医局复诊。申初二刻乘车人城，至礼部，探询呈明捐官事，知俟覆试后尚须传写亲供，因官阶舛错者甚多也。出城至广和楼听戏，任星海所约，戏散至福兴居酒叙，同座七人，皆川产也。酒毕归，接俟斋、翼如信，知调甫明日行，赠《史姓韵编》一部。安敬甫来，坐谈。

五月廿九日(7月23日)

申刻伯明来，约至国兴堂吃饭，同座为宝子年、宝子孚、梁典五、李仲平、李春谷、陈伯凡，酒醉，丑初方散，偕伯明至其馆内宿。闻子年谈及渠曾告诉南皮宫保，余取特科一等，迟日只得往谒。酉初大雨，颇凉。

六月初一日(7月24日)

在伯明馆内早饭，饭后同到仁钱会馆。履平来谈，劝余往谒朱艾师、李柳溪两座师,伯絅、叔通亦力言不去之非,遂定明日往谒。酉初典五来,小坐,遂同出门。典五赴国兴堂之局,余偕伯明至长福堂,小坐,无聊之极,适仲平、春谷昆仲来,因而同至万仙堂打牌,子初方散。

六月初五日(7月28日)

午刻偕履平、次珊至清华楼吃番菜,申初归,接俟斋电。伯明来约听戏,酉初偕叔通至天乐园,戏罢至致美斋小饮,同座李氏、沈氏昆仲及伯明七人。饮毕,叔通先归,余及伯明诸人至长福堂。又至万仙堂,洪兰生留打牌,至寅初散。

六月初七日(7月30日)

早起往拜何敬臣、方勉夫、啸霞、陈仁先,皆未遇。未刻至国兴堂,安敬甫、和甫昆仲所约,亥刻酒散,偕子年至瑶月阁访伯明、仲平,丑刻始归。谱《金缕曲》一首。

六月十一日(8月3日)

仁先来,畅谈。履平来约十五日同出京,仁先欲约二十日同行,朴生亦约月望同行,因应履平之约。酉刻,同履平至杨梅竹斜街买物,便访振九不遇,遂归。典五、季方来,约至云和堂小饮,赴之,同座仅崧生、书堂,酒散丑正归。

六月十四日(8月6日)

买物。何敬丈约至便宜坊小饮,陈仁先约至绚春堂小饮。伯明、仲平诸君约至瑶月阁,未赴。

六月十五日(8月7日)

买物。午后出门辞行,典五约饮于德春堂,未赴。收拾行装。

光绪三十二年丙午(1906)

三月十三日(4月6日)

清明。十钟起,忽又咯血三口,上月廿七日春分,早起亦曾吐血两口,因乞伯稣为余诊脉,伯龢云肝木春燥,肺气不舒所致,拟一轻清宣解之方,劝余勿服阴药。午后人甚闷,冲叔来,本拟约余等观剧,余因观剧人多,不能吸纳空气,谢之。二钟十分偕伯兄、耳似乘车游陶然亭,在西亭后轩饮茶远眺,颇足畅怀,坐良久,至四时二十分始行。又至宾宴楼候撷珊,五钟五十分撷珊来,约同至同和馆晚餐,饭后过谢四宝及小宝处坐谈,十一钟四十分归。伯龢及撷珊、耳似均来谈,三钟五十五分方散。服药。

四月初七日(4月30日)

十钟入城拜梁崧生未见,晤汇益轩,随访海门、子立,遇张理端。饭后访端仲纲、曹君直,均不遇,拜那中堂,又至大学堂晤履平、锡侯及殷楫臣,谒柳师,坐客座候至一钟有馀尚不出见,遂函告履平而行。四钟十分自大学堂出城,五钟三分至中和园,因昨与省之约定此时见面,渠与叔芹、伯兄已先到,听戏毕,七钟五分至万福居晚餐。省之今夕附快车赴郑州,饭后八钟即去,余与伯兄、子健又稍坐,九钟至洪寓,十钟归。为和孙写楹联二。

四月初八日(5月1日)

刘聚卿观察送来寄云书。建斋来谈。午后仁先偕其弟定生来谈,约至中和园听戏,六钟四十分至致美斋小饮,尚有伯兄及仁先之弟觉先,八钟五十分散,遂归。撷珊来坐,十二钟子健在洪寓来笺,约往谈,至三钟余归。

四月初九日(5月2日)

午后极无聊赖,伯兄约看戏解闷,遂至广德楼,而适又无戏,遂访叔芹,在彼谈二钟馀始归,又过希洛处,留晚饭,伯唐同坐,饮谈甚欢,饭后至洪寓一转,听大鼓书,十一钟馀归,即寝。

四月十四日(5月7日)

午后二钟访耐寂谈,甚乐,并制藤花糕相饷,五钟归。答渔来谈,子健亦来。六钟十分赴醉琼林,履平、锡侯所约,同坐为李□□、张彦云、王蕙庭、章乙山、吴震修、周荃孙、陆春方,召伶侑酒,有名小梧桐者,能琵琶,略能弄弦却不精,歌喉甚粗,在今日已为难得者。尝与仁先谈及近世人才,不独政治、文学风流销歇,即僧侣、倡优亦迥不如昔,可叹。十钟散,偕履平、震修、荃孙至洪寓竹叙,三钟方归。

四月十五日(5月8日)

九钟起。书联赠调甫。午后二钟二十分朱慕瑗来谈。三钟三十分偕伯兄至安华堂访桐君,约崧生、益轩、答渔、海门、子立、叔芹、觉三、仁先便饭,召幼芬、蕙芳、芷芬、小宝、丽梅、如云、箫侬诸人歌,小梧桐、孟采芝弹琵琶。采芝字瑶华,弹琵琶极幽咽抗坠之致,迥非俗响,可谓难得! 闻又工画。今日文会最乐,至十一钟二十五分散。……

四月廿一日(5月14日)

式如来,知端仲纲约今晚饮于国春堂。十一钟伯兄赴吏部领凭,余入城访海门、子立,知其即刻赴天津,小坐,遂同过汇益轩处,即出城至东车站,海门、子立买票上车,至二钟四十分开车,拱手而别。又至叔芹处谈,叔芹定明日行,晤范星初。又至琉璃厂代啸仙买《曝书亭集》,遇沈雪庐,略谈鄂中近事,遂归。作武昌书十二次,交叔芹,并附毕枕梅部照一纸,又作如山书、绩铭书附荃舅、芬弟书,明日寄。冲叔约饮于阳春居,辞之。九钟赴国春堂,同座有张彦云、王式如、闫雨农、曾敬贻,馀四人皆不知姓名,酒醉吐,即归寝。

四月廿六日(5月19日)

子孚来谈,十二钟偕往万福居,并约雨农、雪庐,三钟散,同至雨农店中坐谈,六钟又同至国春堂,雨农所约,先竹叙,九钟后入座,同座为和松乔、王式如、端仲纲、锡伯瀛、恒子有、桂华亭、宝竹铭、子孚、伯兄及余,主客十一人,听歌,征酒,尽欢而散。过伯荃、彦云,又饮,子孚又约至颖秀竹叙,归时又三钟矣。连日深夜,于卫生实不相宜,而征逐友朋,无可戒除。归知张少秋故。

四月廿八日(5月21日)

啸仙早来谈,以所刻《圯上授书图》见示,甚精,上刻《张良列传》五千馀言,约长一寸七八分,宽不及寸,容五十馀行,可谓精矣,以显微镜照之,犹竭尽目力方可读,谈至十钟方去。人倦,又眠,起已一钟矣。饭后作绩铭书交式如,并补子二、榛子。伯兄自城内归。答渔来。六钟半赴福隆堂,子健所约,同座为蒋梅星、章穀生、李缉甫、周赞尧、周荃孙、吴震修、施端生、陆仲芳,九钟散。又赴云和堂,子孚所约,同座为岳凤梧、冯幼为(伟)、良赉臣、应云从、闫雨农、张华堂、锡伯瀛,十一钟二十分散。子孚又约至国春堂竹叙,至三钟散吃点心,归已四钟,东方白矣。接武昌书。

四月廿九日(5月22日)

十钟起。为少亭书扇,又书琴轩相国扇,又为子孚书佩兰扇。作武昌书十三次,即寄加紧信件。建斋来谈,勉老来访。六钟赴安华堂,和松樵、恒子有所约,同坐为于啸仙、闫雨农、张华堂、桂华亭、王式如、宝竹铭、延□□、王颂臣、端仲刚、林少琴,十二钟散。偕啸仙竹叙,过洪寓小坐,即归。

闰四月初五日(5月27日)

五钟料理伯兄行,送至车站,海门已至,七钟四十分开车,拱手而别。相聚两月,又复分离,后会何日,正未可料,为之黯然。八钟归,倦极,稍眠,至十二钟子修丈、乙山同年来访,即起,仲弢学使、慕韩太常、穰卿丈均到,盖为浙路议事也,欲余担任办事之责,余力谢,恐不能却,一钟散。发电与省之,嘱其照料伯兄。二钟五十分至三庆园观剧,遇李师葛,戏不佳。五钟后至雪庐处谈,见其近购得之《孔宙碑》、《西狭颂》、《张贵男墓志》,均好,另有《玉版十三行》一本,甚精,系原拓,惜全割为小块,后有张叔未解元跋并题七绝二首,雪庐云索价约百元。雪庐又示以所绘《龙藏寺访碑图》及龙藏寺隋铸铜观音像.盖其此次过真定时所作,谈至七钟方归。夜饭后极寂寞无聊,仁先来访,畅谈极乐,十一钟三十五分去,撷珊又来谈,一钟十五分寝。

闰四月初六日(5月28日)

为策云、仲刚书扇。午后访子孚、冲叔均不遇,至研孙处晤谈。五钟出城至广德楼听戏,有演说会,又有新排之惠兴女士殉学戏,傍晚归馆。九钟答渔来谈,同往洪寓坐,遇建斋、仲蔺诸人,遂竹叙,酒散已天明矣,方归。

闰四月初九日(5月31日)

归,接寄云书。读定庵诗,为桐君书扇,即书定公《桐君仙人招隐歌》一篇,又为答渔书扇。撷珊来谈。三钟后访仁先,途遇,偕至醉琼林坐谈两钟之久,遂至秀文斋,又访答渔叔侄,晤楚生,六钟归。笙叔来谈,偕往同丰堂晚餐,谈及蒙古畜牧公司办法,十钟偕往云兰阁小坐,十一钟四十分归。

闰四月十三日(6月4日)

十钟起。十一钟三十分子孚来,同往万福居午餐,主客十一人,三钟散,同至广德楼听戏。七钟至致美斋晚餐,冯幼为作主人,岳凤梧、辟畺父子、子孚及余共五人,饭后十钟至云和堂竹叙,二钟归。为人题扇云:“走马燕台下,春花正及时。客怀不如燕,孤负小杨枝。”

闰四月十七日(6月8日)

十钟至仁钱馆吊张少秋。一钟赴湖广馆,全浙同乡团拜演戏也,三钟后至仁钱馆,赞行题主礼,礼毕仍往听戏,至夜三钟方归。子孚约饮万福居,楚生约饮醉琼林,均辞之。

闰四月十九日(6月10日)

午后一钟一山同年、菊绅姑丈、穰卿前辈、仲弢、子修世丈、先后来,会议浙路事,五钟方散。至中和园听戏,雨农所约,七钟散。雨农约饮于天福堂,同坐为吴文甫、良赉臣、殷楚生、许寿占、宝子孚、祝□□、锡伯瀛、张华堂,主客凡十人。九钟四十五分余先行,至安华堂,仲刚所约,同座为岳凤梧、冯幼伟、韩□□、吴□□、杨仪曾、陈士可、吴菊农、林贻书,主客十一人,尚有二人均忘其姓字,一钟散归。

闰四月廿三日(6月14日)

拟定与源丰润、正金收股汇股条款。作致汤蛰仙、刘澄如公函,致张菊生函。三钟出门,至安华略谈,随至义源取银,至开泰交银,为翼如捐免验看事,与席卿谈,又至广德楼听戏,遇张次迈,七钟五十分后至安华,仲蔺、文甫、仁先、子建、答渔、楚生、宋六均至,十一钟散后至聚福、长福小坐,一钟归,即寝。

闰四月廿七日(6月18日)

一钟访答渔、文甫,随入城访岳凤梧,并晤子孚、云从。三钟至译学馆,访乙山谈。四钟至大学堂,晤锡侯、令之、履平、彦云、荃孙谈。五钟馀同荃孙至德兴堂晚餐,荃孙为主人,主客共十三人,余召雅仙。侑酒者凡八人,大都旗女,自庚子乱后,内城旧家零落无生计,始有出而卖笑者,昔人云“当做哀鸿一例看”,可叹。十钟馀出城,又访答渔不遇,至聚福、长福小坐,至洪寓,遇吴仲篪、穆如金、翰卿,十二钟归。

五月初五日(6 月 26 日)

早起设香案,南望叩头。桐君、竹君兄弟来。为听翁书扇。听翁来约早餐。十一钟四十分至鸿升店访倔斋、听翁谈,四钟仲蔺亦至,遂同往月娥家竹叙,有陆寿峰、李茂桢,至三钟归。

五月初九日(6 月 30 日)

至编书局访吴云啸,取铁路收据各件,加盖收据图记。聪叔来访。子孚来,约同往云和,幼伟为主人,同座为雨农、凤梧、云从、仪曾、子孚、易菊轩、罗春士,盖若兰出师,幼伟为张贺筵也,诸客皆有贺仪。又遇张次迈,十二钟后方散。又同子孚、仪曾访云香,遇仲刚,小坐,遂归。接寄云书。

五月十五日(7 月 6 日)

接策臣信并松银百五十两。午后入城答拜陈根儒光淞不遇,访穰卿谈,并晤施伯怡绍常,又访冲叔、研孙不遇,遂至福全馆。途遇觉三,同往,谈良久,因有事先行,仲刚、彦云、子孚、仪曾先后至,畅谈甚乐,八钟五十分散。子孚约至云和,遂同出城,并约幼伟至,竹叙,十二钟后小饮,一钟五十分归。知笙叔约饮于武林,瀚生约饮于华东,均未能赴。

五月十六日(7 月 7 日)

耐寂来谈,留早餐,为余书扇,二钟三十分同至天乐园听戏,五钟别。余访文甫、答渔谈,遇仲蔺、瀚生,约饮于福隆堂,同座有沈颂虞,十钟散。又同访谢畹,十一钟二十分归。……

五月十七日(7 月 8 日)

为答渔、撷珊书屏。三钟章縠生偕冯季常来访,谈及湖州府学后海岛公地,为耶稣教士韩明德私买霸占事,班侯、仲弢、穰卿先后来,会议湖州事,傍晚始散。答渔来,遂同赴宝九之约,至国春堂,同坐为阎瑞五雨农尊翁、江露圃□□之子、杨仪曾、冯幼伟,至二钟始散归。

五月廿九日(7 月 20 日)

逊斋来。剃发。午后一钟往送文甫、仲蔺,已行。便访子孚,不遇。归小睡,起食西瓜,阅报,理账,读玉谿诗。六钟至燕春园,杨仪曾所约,同坐有吴菊农、徐由庵、陈士可、陈仁先、杨仲华仪曾弟,主客七人,散后又至云和堂夜饮,添祁君异文端之孙,至一钟五十分散归。

六月初三日(7 月 23 日)

早过建斋谈。午刻出门访子栽、仁山不遇,访履平、肯哉谈,随至同源、义善源、丰润,又至天端成、聚魁、秀文斋,五钟至云和堂,又至飞云阁小坐。……

六月初七日(7 月 27 日)

冲叔、勤才、建斋来谈,达斋嘱谱新歌,冲叔译德人《爱祖国歌》,嘱暇时以中文译之,午十一钟半偕饮于阳春居,饮后散。拟访宝九,途遇雨农,知同凤梧在万福居,遂偕往,散后同至三庆园听戏,六钟同至国春堂观杂耍戏法,听大鼓书,夜竹叙,谈宴至三钟馀方归。接绩铭书、寄云书。知胡谔臣、徐花农丈、仁先同年来访,得左笏卿和词二首,汪子健来约叙云兰阁,内阁来知会十四日赴颐和园值班。

六月十三日(8 月 2 日)

笙叔送《钱节妇事略》来,嘱为歌词。幼伟来笺,约夜饮燕春园。四钟至湖广馆赴觉三约,同座为玉秀峰太守、王古愚观察、周少朴提学、左笏卿给谏、杨仪曾学部、陈仁先学部,谈宴甚乐,八钟散。偕仪曾至燕春园,同座为凤梧、辟疆、仲篪、应云从、子孚、吴肃卿,幼伟及罗春士为主人,十钟后散。凤梧又约至国春竹叙,二钟后归,谱《八归》一阕赠仪曾行。

六月廿六日(8月15日)

彦云来笺,约至广德楼听戏。子栽来坐。午后平润生来,询悉镜芙近状。一钟三十分至宾宴楼啜茗,二钟至广德楼,始知今日传差,无戏,便访王式如不值,遂归。夜为孙词臣太夫人作寿序。

七月初八日(8月27日)

十二钟出门访张华棠,又访樵孙,不遇,访啸仙谈。二钟至万福居,樵孙、恂伯、丹卿在座,雨农所约。三钟后同至中和园听戏,谭鑫培、王瑶卿、德珺如合演《御碑亭》,观者如堵,晤仁先、菊农、奎章、巨溟、稚荃、菊轩、幼伟,均为鑫培来也。七钟至云兰,与端生、荃士、震修、子健竹叙。十一钟又至飞云处竹叙,端生、震修先行,荃孙同局,二钟归。

七月初九日(8月28日)

未起而稚荃来访,谈一钟去。二钟后赴便宜坊,凤梧所约,同座为李重光、慕樵孙。四钟后访仁先,代写送笏卿丈寿联,六钟偕游龙泉寺,观常熟相国书联,回至仁先寓晚餐,觉三亦至,谈至九钟四十分散。又赴国春堂,樵孙所约,雨农、丹卿、凤梧、重光同聚,一钟归。

七月十五日(9月3日)

至花农丈处,恽薇孙为美妹题主。三钟过履平谈。六钟至仁先寓,因其祖太夫人寿日小宴,林贻书、徐寅甫、王爵三同座,余约采芝弹琵琶,贻书、寅甫对弈,饮酒微醉,归即卧。

七月十八日(9月6日)

黄春孙自南来,来访,十四年不见,畅谈甚慰,藉知竺生、斌生两叔,紫臣诸弟妹情状,十一钟去。仁先来,建斋、小樵亦来谈。三钟至中和园听戏,六钟至同源,静斋约饮,以人不适不及终席遂归。撷珊来谈。服药茶寝。

七月廿六日(9月14日)

穰卿来访。菊仙来约至便宜坊早餐,同座有汪仲虎、孙星农。二钟后至中和园听戏,汉臣、朴生、仁先、贻先、觉先、寅甫、仲刚、菊仙、建斋、春孙、冠叔先后到。夜至惠丰堂晚餐,又偕建、春访飞云听曲,即归。与春、建、撷三君谈。

七月廿九日(9月17日)

仁先来,同往谒宝瑞臣阁学,不遇即归。希洛来,王渭庭来,答渔来。接经彝信。曾又固来谈。琴南先生拟以五城学堂之历史教习相嘱,月修四十金,余约明日复信。四钟至履平处,为书挽联,留晚餐,九钟归。又至湖广馆听戏,遇徐莹甫,谈及学部调余,夜三钟归。

八月二十日(10月7日)

星期。建斋来谈。达斋来。幼伟来。仲篪来。剃头。觉先来。复易州朱伯同信,答询浙股事。仁先来,同往访啸仙不遇,至中和园听戏,遇端生,戏散至武林访子健不遇,至云兰阁,震修、荃生均在,竹叙,十一钟散。又访飞云小坐,十二钟三十分归。阅报。

八月廿一日(10月8日)

九钟入东城。十钟三十分至学部,与士可、笃斋、菊农、仁先、仲刚、仲桓谈。四钟十分出城至警厅,遍拜同厅诸友。六钟至中和园,人拥挤不得入,遂归。冲叔来谈,晚餐。荃孙来,同至鸿庆堂洗浴,至秋香阁小坐,十一钟归。

九月初五日(10月22日)

接寄云书、熙伯书。十一钟入城访哲之,留饭,晤识任振采观察逢章观察之子。二钟到学部。五钟偕仁先至中和园听戏,散后至万福居小酌,约瑶华、桐君、竹君谈,十钟归。知浙路公司所遣来之经松堂到。

九月初八日(10月25日)

一钟到学部。五钟偕莹甫、仁先到中和园听戏,遇谨堂、毅人,七钟同到太丰居,晚餐毕到万福居访冠叔,又遇子孚及廷幼达,十钟归。过聚福访谨堂不遇,遇沈方渠及凯夫、撷珊,小坐即归。

九月十四日(10月31日)

阿寿来,知紫丞昨夕到,寓花农丈寓,十钟往访,晤谈。十二钟入城至吴朗如处吊唁,随到学部,五钟到厅,饭后归。八钟紫丞来,同至云兰阁访子健不遇,遇端生、震修、景韩,小坐,春孙访至,约同到国兴堂饮酒,同座有张直庭、区尺君诸人,一钟归。

九月二十日(11月6日)

十钟出门。谒徐尚书、赵侍郎,均未见。访哲之、振采谈,留午餐。一钟半到学部,闻改革官制之谕已下。二钟半到畿辅先哲祠,花丈约饮,四钟半先行到厅。五钟十分到惠丰堂,哲之约饮,八钟散。到湖广馆听戏,二钟半归。

九月廿五日(11月11日)

星期。达斋、希洛、桐士、逊斋来,饭后班侯来,春孙、紫丞来。五钟到同源,随到厅,偕桂辛、建斋诸君至天桥一带勘地。六钟半到万福居晚餐,子孚、雨农、啸仙、春孙、朴生、紫丞同座,九钟散。至湖广馆听戏,遇仲骞、占云诸君,三钟偕春孙归。

十一月初八日(12月23日)

三钟起至天坛,八钟圣驾到,九钟半散班,十钟归。春孙来。小寝。十二钟半午餐。三钟至仁先处,偕莹甫、石钦、仁先、絜先、觉先到陈列所游览。五钟到三庆听戏,到三雅、长福、武林小坐,八钟归。又到履平处竹叙,三钟归。接寄云书。

十一月十一日(12月26日)

十二钟到学部,三钟偕仁先、石钦到中和园听戏,六钟二十分到警厅,八钟归。九钟朴生、伏侯、仁先、石钦来谈,一钟去。

十一月十二日(12月27日)

十二钟到学部,五钟到警厅,六钟后归。晚餐。七钟到同丰堂,春孙约饮,有陈贯三、孙华堂、董蕴卿,九钟同至绚春竹叙,二钟馀归。

十一月十五日(12月30日)

十钟到聚丰堂,柳师召饮,同年到者凡刘芷香焜、王蕙庭诵熙、张戴三弧、夏履平循坦、夏□□之霖、王素松荣曾、张彦云祖廉、文耀斋光、张文伯之纲、刘龙伯富槐、金锡侯梁、熊少襄贤、邵篸珊遵南、章一山梫、周芾南锡棠、傅吉士、吴联笙晋夔、王子性葆初、王伯荃大钧、都小帆显曾,改名俞、辉燮廷祥、燕诒孙昌、赵信臣奂、沈敬甫承熙、徐藻卿、郑榦人滋蕃。散后出三座门,遇紫丞,偕至山本照相。三钟到植之处,四钟四十分归。随至履平处,彦云、伯荃均在,晚餐又偕至德春记,燕贻为主人,竹叙,听林季鸿胡琴,二钟归。

十一月十七日(1907年1月1日)

十钟到学部,谒达侍郎。四钟到三庆听戏,彦云、伯荃、贯三在座。五钟半到警厅。七钟归。啸仙来谈,十二钟去。接经彝书、纫秋书、杭州电。伤风,人甚不适。

十一月十九日(1月3日)

春孙昨夕来宿,午餐后去。为友人写屏幅十件。到履平处,贯三约饮也,竹叙,十二钟归。咳嗽甚剧。

十一月廿二日(1月6日)

接汉堂书。十钟出门至絅斋处吊其伯太夫人,访一山不遇,访植之、枕梅、振采,知枕梅因夫人病危,明日赴鄂。二钟四十五分访穰卿,适范昌士、江叔海至,谈一钟。四钟出城访张华棠,托办汉堂换照事。随至德春,研裔、彦云、伯荃、贯三、履平、肯哉、季鸿诸君约公宴竹叙。八钟余先散,到警厅,九钟至北分厅各区巡夜,十二钟归。

十一月廿四日(1月8日)

春孙来。午餐后至琉璃厂买物,至同源,三钟到中和园听戏,遇石奇、闫雨农,七钟到燕春园晚餐,遇啸容,约军武林竹叙,十二钟散归。

十一月廿九日(1月13日)

文伯来,建斋来,稷堂偕唐士行来,肯哉来。午餐后偕佩芬乘马车入城至山本照相,便访植之不遇,余遂至中和园听戏,遇伯荃、彦云、贯三,伯荃约至正阳楼晚餐,彦云又约至锡庆堂竹叙,四钟散归。

十二月初四日(1月17日)

十二钟到学部。四钟到警厅。五钟到中和园听戏,约施省之、朱静波,遇仁先、石钦,同到惠丰堂晚餐,莹甫、仪曾、振采亦到,遇贻书,散后莹甫约至三雅竹叙,一钟归。

十二月初六日(1月19日)

寄汉堂书。十二钟至学部,四钟到警厅,六钟归。又到广和居晚餐,菊农约,散后又同到绚春饮酒,一钟归。接汉堂书。

十二月十四日(1月27日)

写对联二。五钟到中和园听戏,六钟半归。接听虚书第七次,吴进之同年来、紫丞书。

十二月廿一日(2月3日)

达斋来。午餐后到同源,二钟访植之,三钟偕省之到中和园听戏,七钟到履平处竹叙,二钟半归。大雪。

光绪三十三年丁未(1907)

正月廿四日(3月8日)

到学部,三钟到警厅,六钟归。徐子吕表叔邦瑞来访。接朱柏同书、翼如书。作朴生书、策臣书、汉堂书、柏同书均明日寄。佩芬到福寿堂听戏,十二钟归。

正月廿八日(3月12日)

植之来,同到湖广馆听戏,浙江同乡团拜也,夜三钟三刻归。

二月初十日(3月23日)

十一钟到学部,三钟到警厅,六钟归。接翼如信。夔一回来,略谈。七钟到醉琼林,小侯约饮,散后至湖广馆听戏,三钟归。

二月廿二日(4月4日)

巩伯来。一钟到同源,随出阜成门访詹眷诚,四钟到学部,五钟半到警厅,七钟半到升平园洗浴,十钟到湖广馆听戏,三钟半归。接裴舅书。

四月初五日(5月16日)

平镜芙乔梓来访,畅谈。肯哉来,同理浙路事。三钟到警厅,六钟到植之处,七钟访镜芙不遇,归。晚餐。写扇面二。九钟到长福,数月不至,旧人皆去,颇为感怅,又到三雅访春孙,十钟到湖广馆听戏,二钟半归。

四月初十日(5月21日)

清理浙路股息。午餐后到部。四钟到局,即到厅。七钟半到国春堂,振采约饮,有施子英则敬、张少堂担文之翻译、邹少和、毕枕梅诸君同座,酒后竹叙,达旦归。

四月十二日(5月23日)

两宫赴颐和园避暑,六钟到西直门外侍班,十一钟散,至同和居午餐后到学部,四钟归。七钟到国春堂,雨农约饮,一钟归。

四月十六日(5月27日)

到学部,四钟到源丰润、同源,五钟到警厅,六钟到中和园听戏,七钟半到燕春园晚餐,十钟归。知双松如自鄂来。

四月十八日(5月29日)

八钟出门,拜幹臣姑丈、徐班老、沈子封丈、陈石遗,到学部,九钟半拜昆勖初太夫人寿,十二钟到市政会议事,三钟散访植之谈,五钟到警厅,六钟归。又访仁先,偕至湖广馆听戏,遇汪仲虎。八钟到福兴居,雨农约饮,十钟散,同到国春堂与松如谈鄂中事颇详,得悉诸旧人踪迹,三钟归。接寄云书。

四月二十日(5月31日)

到学部,一钟到慈明寺祭锡侯师,四钟到警厅,五钟半归。子孚、励生、伯洪、幼伟、雨时、凤梧先后到,松如失约不来,晚餐,十钟散。十二钟到云和,仪曾所约。一钟半到警厅,出查左厅一、二、三、四、五各区,三钟半归。

四月廿一日(6月1日)

到学部,二钟到警厅,五钟半归。阅小说。夜十钟偕仁先到绚春,菊农所约,一钟半归。接翼如书。

五月初二日(6月12日)

到学部,二钟到警厅,五钟归。六钟到仁先寓,八钟偕仁先、絜先、士可、莹甫、仪曾到安华小饮,十一钟归。

五月十六日(6月26日)

十一钟到学部,三钟到警厅,七钟到燕春园,莹甫所约,散后振采约至国春堂谈,十二钟半归。

五月十九日(6月29日)

因佩芬不适,约吴绎之来诊。履平兄弟偕来。到捐局议会,到警厅。五时半到中和园听戏,七时归夜餐,九时偕寄云到聚福,高泽畬所约。

五月二十日(6月30日)

偕寄云访仁先,同到便宜坊午餐,二时归,遇莹甫,又至仁先寓坐。三时到捐局、到警厅。六时到履平寓访绎之。七时半归。寄云自城内植之处归。九时偕至韩家潭一带小坐,遇莹甫、仪曾、彦云、履平诸君,又至安华竹叙,余二时先归。

六月十二日(7月21日)

寄绩铭书。午后二时到捐局。八时到安华堂,莹甫、士可、仪曾、仁先、絜先在座,十时半归。

六月二十日(7月29日)

小雨。八时到捐局。夜九时到国春堂,士可约饮,坐有刘聚卿、丁叔雅、沈五丈、菊农、莹甫、叔伊、鹤亭、仪曾诸君,一时半归。

六月廿四日(8月2日)

七时起。九时到学部,一时到捐局,七时半归。九时偕仁先至云和,叔伊所约,十一时归。

七月初二日(8月10日)

晴。八时到捐局。十时到学部,清理文牍。三时归。四时又到捐局。七时到聚宝堂,陈静斋约,同座为履平、敬甫、书衡、穰卿、杨时伯。九时到国春堂,约由庵、振采、士可、履平、仪曾、仁先、絜先饮。二时归。

七月初七日(8月15日)

八时半到捐局,十时到学部,一时半又到捐局。四时半到谢公祠祝陈太夫人寿,便访劭希,七时半又到谢祠观剧,十一时归。与夔一谈。夜雨。

七月廿二日(8月30日)

八时起,九时到捐局,十时半到学部,一时复到捐局,五时偕星伯察看营沟工程,六时半到厅。旋到杭州馆为沈子封丈、植之饯行,并约新甫年丈、莹甫、鹤亭、仪曾、仁先,散后到安华堂,一转即归。接寄云书十八所发。

七月廿六日(9月3日)

七时半起。到捐局,十时到学部,二时复到捐局。六时到福寿堂听戏,汪桂芬唱《让成都》。桂芬供奉内廷,寻常不轻登台,故每闻有桂芬戏,客座无不满者,与谭鑫培齐名。今春太仓总宪家宴,预与汪约届时以马车迎之于西华门外,再三邀之,逡巡避去,卒不可得,其声价之高如此。夜一时归。接寄云书。接经彝书。

八月初九日(9月16日)

九时到捐局。写寿屏。闻昨夕韵花、云卿、双寿三处又有混混讹财情事,此风在往时甚盛,各乐户畏之如虎,自设巡警以后,征收乐户捐,实力保护,两年以来匪徒潜迹,不料又复萌芽,此中必有原动因由,已由警厅传知巡缉加意警卫矣。五时半归。七时到燕春园,仪曾约饮,九时半归。接翼如书。作田伏侯书并书九十八册,交蒋笃斋。作武昌书二十五次，并水梨、藕、十元，交仁先，明日行。

八月初十日(9月17日)

九时到捐局。十一时到学部。一时到定王府致吊。二时半到馀园贺兆丹生孙，观戏。五时归。七时约经才、笃栽、震如、蟾岭、希洛、仲篪饮，十时散。作策臣书并骨簪，交笃栽。

八月十五日(9月22日)

桐君、瑶华来谈。十时入城访桂辛、植之，均不遇。一时到捐局，旋归午餐。彦云、瑞堂、肯哉来谈，夜十二时散。作翼如书，作节庵书二十六次。

八月十六日(9月23日)

到捐局，到学部。二时到捐局。三时到总厅，晤桂辛谈。七时到万福居，莹甫所约。八时到同丰堂，笙叔所约。十时到安华，便晤李子申、宝十五谈，二时归。接寄云书附致子立书，接蛰老书。

九月初二日(10月8日)

十时到捐局，一时到学部，四时复到捐局，七时归。又到福兴居，雨农所约，散后到国春堂与孝先、兰泉、雨农谈，四时归。接汉堂书王洗凡郁骙来。

九月初六日(10月12日)

到捐局，一时到总厅，四时到源丰润访张虎臣不遇，六时归。孝先来谈，同到如春堂，季鸿所约，三时归。

九月十八日(10月24日)

到捐局料理经手事件，到学部见荣中堂、严侍郎、乔左丞、林右丞，六钟归。夔一病，请莘耕来诊。文伯来谈。莹甫、雨农在安华堂来约，往谈，十二时归。

十月廿六日(12月1日)

肯哉来谈。十一时访仁先略谈,旋至东车站送振采之天津,又至同源,三时又访仁先,五时归。晚餐。建斋来谈,偕至湖广馆听戏,十一时归。寄汉口书卅五次,作绩铭书明日寄。

十月初六日(12月10日)

夔甥两夕未归,早起再加训戒。答渔自鄂来,寓幹卿处,十一时来访谈。一时入城到学部,四时归。知班侯来为四妹诊治。六时到广和居与仁先公饯彦云,并约蒋则先、曾笃斋、陈叔伊、徐莹甫、汪子健、杨仪曾、徐豫斋饮,七时散,又到怡云小聚,二时归。介自来函,知桂辛自南来。接寄云书,接翼如书。

十一月廿八日(1908年1月1日)

入直,一时归。三时到湖广馆,祝朱艾师太夫人八十寿,观剧,十一时归。晤一山谈。

光绪三十四年戊申(1908)

正月廿五日(2月26日)

上直,十一时散,答拜樊介老不值,归。得植之书,约节庵同赴哈尔滨。夜到湖广馆听戏,封丈所约,十二时归。接戟门书,接植之书。寄两哥书第四号,复植之书。

二月初五日(3月7日)

蒋抑卮来访。偕节庵到山本照相,到三庆听戏,宾宴楼吃茶。夜到万福居小饮,并约仪曾、仁先,便赴张子靖、徐莹甫约。作寄云书第六号,并食物,交蒋抑卮,初十行。

二月初九日(3月11日)

十时与节庵、伯彝乘电车至考工厂,又至商业会场各处游览,一时访植之午餐，又偕陆古涵至各日本店游览，夜到广隆泰饭店，植之所约，散后到丹桂茶园听戏，一时回至植之处宿。

二月廿三日(3月25日)

入直，十一时散，到陈剑秋处，一时归。田姨、芝妹、佩芬到湖广馆听戏。希洛来谈，肯哉来。六时到杭州馆，请久香、问清、東笙、桂卿、班侯、絅斋、建斋诸公晚宴，十时散归。蒋家胡同又走水，自十六日到今八日无夕不火，颇为奇怪。接寄云书第六次，接翼如书并酸鱼，司直交来。复寄云书第八号，廿四日加函快递。

二月廿七日(3月29日)

入直，十一时散。一时吊张燮钧师太夫人。到江苏馆请同乡。五时半到湖广馆，内阁团拜。七时到万福居，与保叔、桐士商量印结事。到安徽馆、湖广馆听戏。

三月初一日(4月1日)

入直，十一时归。饭后偕节庵到琉璃厂，购得张温和山水一幅，盛祭酒白折一册，甚佳，五时归。夜治芗约到云和小坐，十一时归。

三月十二日(4月12日)

升平园洗浴。到惠丰堂，建斋约。到云和堂，菊农约。十二时归。

四月初八日(5月7日)

五时三刻人直，十二时散出，归。肯哉来谈。阅《晋书》。四时到三庆园听王玉峰三弦，能作各种剧曲，效各种声乐，诸音并奏，要眇嘈呟，宛转波折，高下如意，诚绝艺也。遇魏冲叔、朱旭辰，又遇傅治芗及慎先兄弟。六时偕治芗到升平园剃头，遇司直、彦诚及傅少年，七时同至天和玉晚餐，九时又同至迎春阁置酒，遇陈士可亦在彼置酒,十二时归。寄黄言兴书,托信成转,并京足银一百两。接节庵来书。

四月十一日(5月10日)

李经彝丈自湖北来,午刻过访,谈至申初,冯幼伟来访,四时偕经彝访阎雨农不遇,晤其友张子东。五时到云和堂,幼伟、子健先至,仪曾、伏侯、雨农、莹甫亦继至,晚餐后十一时归。今日知会,锡帅电奏,前敌获胜,柯树勋等奉旨嘉奖,王镇邦照知府阵亡例赐恤。

四月廿二日(5月21日)

玉初来谈,玉初在江南创办简字学堂,以谋下等社会人识字之利益,著有《宁音简字》、《苏言简字》等篇,并以都质夫所作《简字利弊说》见示。余于此事窃不谓然,玉初谓国文者锦绣膏粱也,简字者布帛菽粟也,二者必不能偏废,质夫之说以为非广行简字不能谋教育之普及,其言甚辨,余谓地球之上,无论何国,决无一国之中并行两种文字者,此中是非殊难解决。玉初又以旧著《筹算书》见赠。四时到升平园洗浴。六时到广和楼听戏,雨农所约,戏散到天福堂晚餐,座有朱樾亭、李仲明及经彝,皆鄂中旧友,又遇读楼、介白、铁庵诸君亦在彼宴客,拉饮,至十一时散归。接节庵书。

六月十八日(7月16日)

与经彝、如山同到厚德福午饭,二冯所约,散后同到韩家潭,二时半归。

六月十九日(7月17日)

作上海四叔信。过仁先小坐。三时到江苏馆,杨若米、杨竹川约同班诸公。七时到万福居,约慈圃、聃生、振轩、如山、与年、经彝、雨农及宝八、宝十五兄弟,十一时散,又到韵秀访玉林,三时归。

六月二十日(7月18日)

到学部。十二时半到便宜坊,望屺所约,三时归。五时又到韵秀,为二冯、如山饯行,一时归。作蛰仙书。

六月廿六日(7月24日)

偕经彝至文明听戏,六时散出。见电灯公司工人因收拾杆线,适值电机开动,触电坠跌,其一人因上前救护亦跌,俱死,可惨之至。仪曾、子健约在燕春园晚饮,八时又到万福居,石坞所约,十时归。今日咳嗽甚剧,听戏又危坐竞日,人极委顿,归即寝。

八月廿一日(9月16日)

为紫丞作书,与在京癸卯同年征寿诗,今年九月二十日为竺叔六十寿也。作寄云书交蕙初,明日行,并山药、蒲桃。经才来谈。介轩学使来访。夜黄介人姑丈来谈,留饭。九时到湖广馆听戏,遇黄小琴丈,一时归。

九月十七日(10月11日)

足三叔来,商定明日附火车回汴,午餐后去。到法源寺祭花丈夫人及美妹,策云兄弟除服,遇建斋,谈良久。三时半到黔馆,汪伯吾约饮,同座为汪颂年、路壬甫、晏云卿、陈贻谋、莹甫、劭希、仪曾。六时到松筠庵,孙莘农与张文伯约饮,同座为朱桂丈、纲斋、彬侯、敬甫,九时散。又到黔馆,十一时归。知子孚自奉天来,在国春堂相约,以时不克往。接春孙自柏林来笺。又接胡藻卿函,托代领度支部兴业银行执照,附度支部文一件,遂函致钱伯愚托其代办。

十月初五日(10月29日)

午后乘马车与仁先同到东直门外延寿寺祭端叔同之太夫人,四时半回到中和园听戏,七时归。

十月初六日(10月30日)

入直,十一时散。到福全馆,敬夫、朴生先后到,饭后二时半归。知松如来访,交来如山托交何福曾执照二张。夜六时到国春堂,雨农所约,与松如谈汉口事,十一时归。

十月十五日(11月8日)

入直。大风,甚冷。庆邸昨日请训赴东陵查看普陀峪工程,今日启程。礼亲王奏盛京尊藏玉牒礼成,朱批"敬悉"。十一时散直归。按竺叔书。午后到湖广馆吊胡幼卿。六钟到韵秀堂,与司直同宴松如,二时归。

宣统元年己酉(1909)

二月十七日(3月8日)

四时到国兴堂,彦诚约,夜到山海,司直约,为少常饯行,四时方散归。

二月十八日(3月9日)

知会,赵侍御启霖署四川提学使,侍御为前年参劾段志贵夤缘亲贵不实褫职,旋奉旨开复,前案为摄政王查办,颇知其冤,此次简命皆缘于此。那相丁忧,世相署外务部会办大臣。三时到嵩阳别业,袁树五、顾伯寅、叔平为主人。六时到安华堂,与雨农同宴姜颖生、吴菊农、张道孙诸人。十二时归。

十一月初三日(12月15日)

作冯藕云书。龙怡庭来谈。二时后回看史椠生未遇,到庆乐园偕峨生观剧,七时同赴便宜坊怡庭之约,散后到庆福等处小坐,遇戟门,十二时同归。

十二月初四日(1 月 14 日)

到行,雪晴,甚冷,五时归。春孙来谈。七时到醉琼林鉴衡约,九时到天乐园听戏,戟门约,归已一时后矣。接峨生书,接沪公司书。

十二月廿三日(2 月 2 日)

到银行,访司直谈,薄暮出顺治门归。运保不适,以保赤散与服。夜九时孝先、仲纲在安华小饮,散后雨农又约往国春,三时归。孝先明日行。接寄云书。

宣统二年庚戌(1910)

二月初四日(3 月 14 日)

到馆。作如山书即寄,作寄云书并纱小帽、食物,又听虚、节庵书、裴舅书并靴,均明日交翼如带。六钟偕翼如、蘧生、子玉、元孙、农先在东安饭店晚餐,散。便至丹桂园听谭鑫培戏,十二时后归。料理翼如明日行。

二月初五日(3 月 15 日)

九钟送翼如行,便到广成托办如山引见事。归作如山书、伯明书均即寄。午饭后到行。六时到东安市场,彦云、治芗、仁先兄弟亦至,吃小馆,仍到丹桂园听戏。一时归。

二月初六日(3 月 16 日)

到馆,三时到行,六时归。过仁先,遇子安、治芗,强拉至丹桂园听戏,北京饭店晚餐,十二时后归。

二月廿四日(4 月 3 日)

如山赴吏部验到,余到馆。十二时访冲叔、穰卿,谈及摄政王府前桥下发现埋藏炸弹,此等举动奇极,不知其人之宗旨所在,徒知非破坏不能改革,而未计破坏后之危险也。又访子立,未遇。至升平园洗浴。三时半归。为公毅写屏条一。偕如山出买物,到青云阁小坐,七时到同福馆继琨侯所约匐斋尚书之子,又偕到富贵堂赴李文石之局,散后偕阎雨农、端叔至安华堂,夜深方归。

二月廿八日(4月7日)

到馆。四时到中和园,散后偕如山、石笙至致美斋晚饭,如山入城听戏,过仁先谈,围棋两局。十二时后归。

三月初一日(4月10日)

星期。肯哉来,围棋一局。二时偕如山到源丰润、大庆元,又访式如不遇,到琉璃厂买纸,五时半归。八时到富贵堂,如山约饮,又琨侯约饮于吉升,散后到安华,与雨农、石笙谈。

三月初六日(4月15日)

到馆。三时访子健丈未晤,晤絅斋,谈甚畅。五时到行,六时归。赴舒季达约,又赴王式如约,十一时散,同至桐君寓,夜深方归。接峨生书。作寄云书明日寄,并听虚来书。

三月十七日(4月26日)

七时起,送戟门上车,九时半归。作伯明书、芷臣书汇公砝九百两,明日交去。到行,五时出城过仁先小坐,归。偕如山到同丰堂赴沈蕴石约,八时到北京饭店,晚餐后到东安市场听谭鑫培戏,夜十二时后归。

四月初八日(5月16日)

陶在东来访,俞树铭来。午餐后到行。六时访振采小坐。又到治芗寓,莹甫约饮,与治芗围棋一局,听莹甫吹笛,王□□唱昆曲,李文石正拍,秦煆庵拉胡琴,王君直唱二黄,甚乐。夜一时后归。接节庵书。

八月初七日(9月10日)

理路事。午刻为田姨祝寿。一时过钱幹臣姑丈,汲侯在彼约谈。二时到行。五时到中和园听戏,遇王式如、蒋石笙、朱伯言。八时偕节庵到醉琼林,亦奇、虞生约,遇王彦诚。九时半归。接寄云书。

十一月初六日(12月7日)

到行。午餐后到馆,仍到政务处协商预算,枢堂朗贝勒、那相、徐相亦到,至五时后散归。七时赴抑卮韵秀堂约,同座为木庵、凤楼、采臣、剑侯、澄如、弁群及蒋孟苹、史寿白,听采芝弹琵琶,剑侯使酒与余相斗,亟避至桐君寓,见箫侬,小坐二刻许归。接寄云书,复寄云书即寄。前寄听虚书改交银行伙友带去。

十二月初九日(1月9日)

作毅甥书即寄。到馆。三时后到行。赵萼楼约晚宴,九时后散。偕真卿、鉴衡到广德楼听戏,遇李润田及仁先、治芗。一时归。

十二月初十日(1月10日)

到行,三时到资政院,七时半先散归。晚餐。十时后到广德楼听戏,十二时归。作绍庭书并杨焕章,即寄。

宣统三年辛亥(1911)

正月十六日(2月14日)

九时起,咳嗽微带血。植之来谈。十二时到行,行中自今日始照常治事,五时半散。至嵩阳别业为劳玉老、钱幹丈饯行。幹丈未到,陪客仅絅斋、子昂,四人谈,甚乐,九时散。今日孝钦显皇后、德宗景皇帝丧服届满,行释服礼,闻钟粹宫今日已演戏矣。

三月十七日(4 月 15 日)

孟起来。为孟平写屏。十二时到行,五时后偕李巽甫到新丰市场听谭叫天戏,八时散后访仁先兄弟,均不遇,在彼晚饭后归。接鉴衡书,接亦奇书。

闰六月十七日(8 月 11 日)

四时起,入直,行至阙右门外,大雨平地,水深二寸许,衣裤均湿,十二时散归。阅《曾文正日记》,午饭后小睡。六时偕节庵、梅岑、固丞到青云阁小坐,八时到广德楼听戏,因有谭鑫培唱《空城计》,座客异常拥挤,至二时方散,散归已三时后矣。

闰六月十八日(8 月 12 日)

接寄云书,作复书,即寄。续阅《曾文正日记》,下午六时彦云来谈,留晚餐,后同至广德楼听戏,归已二时矣。接徐荣光自英国来信。

十月初四日(8 月 27 日)

四点起早饭入直,十时半散归,田姨昨服公则方精神稍复,午饭后同节庵到升平园剃头洗浴,三时入城到新丰市场听戏,七时半归。夜饭后访梁伯允不遇。

民国元年壬子(1912)

四月初二日(5 月 18 日)

六时半起,作书与院、府诸友,请假二日,略为休息。徐又星来谈。午后寄云赴交通部。三时偕治香、豫斋、介白至同乐园观剧,五时寄云亦至,散后过春华小坐,八时归。晚饭后,履平又来谈,仍留宿。

八月十九日(9 月 29 日)

十二时到院,四时过府,六时半出城,到天乐园听杨小楼、谭鑫培戏，遇熟人甚多，一时半散归。接津信，知王司直于中秋日去世。司直聪明，才力足以有为，不料病卧一年，竟尔不起，可惜，可痛。接绍庭信、补孙信。佩珣作阶丈书。

九月初九日（10月18日）

到院，交代公事，四时谒总统。六时赴朱哲丞约，到庆乐园听戏，三时归。寄阶丈书，发治香电。

九月初十日（10月19日）

到院，午后到局，接见局员，五时归。偕寄云、履平到何稚苓寓拜生，又到宗显堂，赴王书衡约，散后仍到何寓听戏，十二时归。

九月十一日（10月20日）

星期。至何稚苓家听戏，有侗将军、春将军、王君直诸人登场。侗将军扮《天雷报》、《奇双会》，神情闲雅独绝，谭鑫培尝称为外行第一，洵不诬也。春将军扮周瑜亦复风流豪宕，夜十二时后归。

九月廿一日（10月30日）

到局。五时赴恂士、子健约。十二时出城到庆乐园听谭叫天唱《火烧连营》。此剧为光绪卅三年德宗万寿时所排演，孝钦最为嘉赏，是后屡屡演唱，自两宫大事后，叫天仅于新丰市场一演，此乃第二次也。三时归。

十月十九日（11月27日）

到局，五时到法制局小坐。到福全馆，咏春、植之约。八时到陈庚年宅听戏，二时后归。作阶丈书。

民国二年癸丑(1913)

二月廿一日(3月28日)

十时出城,到天乐园听谭叫天、王瑶卿演《武家坡》一出,神情绝妙,盖数年不见矣,一时半散归。

四月十二日(5月17日)

九时到西苑,授汤芗铭、王隆中勋位证书,于颐年殿行礼。十二时到局,阅公事毕,阅《晋书》隐逸传,五时归。八时与寄云、茗雪、觉先到长吴馆听戏,二时归。接治香信、如山信。

四月十九日(5月24日)

午后到天坛观运动会,有协和学堂学生白葆琨等四人以十三分钟赛跑二英里,可谓骄勇矣。六时归。夜到长吴馆听戏,一时半归。

四月廿六日(5月31日)

一时到局,阅《蜀志》,啸麓来谈,六时散归。夜到长吴馆听戏,二时归。

五月初十日(6月14日)

史茀生来谈。接如山、挹珊书。到局,阅《晋书》,六时归。夜到长吴馆听戏,二时归。

七月初七日(8月8日)

到局。四时到三庆园听戏,剑秋约,京中每逢七月七日各戏园必演《渡银河》一出,余在京多年未曾一观,故今日剑秋特约看戏,散后到青云阁小坐。七时后到厚德福晚饭,治香为主人,九时归。

七月廿三日(8月24日)

星期。范翅摩、许龢笙、袁仲默来,吴向之荐王宝槐来见,徐花老荐李青园大勋来见。挹珊、蒋山来午饭,三时同到广和楼听戏,散后到劝业场吃茶,八时到六国饭店晚餐,十时归。

七月廿九日(8月30日)

足三叔来,接西斋叔祖书,接绍庭书。左楼夫人忌辰,十一时到龙泉寺致祭,旋归。午后写集汉碑楹帖二种,共二百四十联。傍晚与茗雪至街头散步,归,晚饭后到言乐社,一时归。

八月初六日(9月6日)

十二时到局办事,五时散归。松如、石坞来谈。九时到言乐社,一时后归。

八月初七日(9月7日)

星期。李锦公、徐万年来见。十一时到孔社访徐花老,谈芝妹喜事,归午饭。上供,田姨生日。三时偕寄云、节庵、治香、夔甥、宾郎到文明园听戏,到俱乐部,十一时归。与地山围棋一局。

八月十六日(9月16日)

瞿受巽来。戴奉疆来,言昨日总理有训令将勋局人员裁去十人,可谓奇极,在诸人不常到局,办事不得力,开除亦好,但不与余先商酌而迳行,未免权限不清。于子昂来谈。十一时到局,总理出门未得见。五时到织云公所,为周子廙之伯拜寿,听戏,有谭鑫培《洪洋洞》,绝佳,二时归。在局接冯自由书。

八月十八日(9月18日)

寄朵峰书。到局。六时到金鱼胡同,公宴冯华甫、段香岩两君,听谭鑫培演《取帅印》,此剧昔年为汪桂芬最擅场,鑫培因避汪之长故不常演,近因腿疾须人扶持,故连日所演皆有人搀扶之戏,二时归。

八月廿一日(9月21日)

七时起。贺客陆续来,午刻花轿来,四时发轿,夜约君直与王吉甫等坐唱,二时方散,倦极先寝。

九月初六日(10月5日)

先母张太夫人生日,午刻上供。李子观来谈。如山来,同到广和楼听戏,散后到俱乐部。

十一月十七日(12月14日)

星期。诸友来。午后到大成取衣,到日知报馆小坐。到劝业场,两兄及诸友均至,五时后到畅悦楼晚饭,到文明园听谭戏,十二时散归。大雪。局中来知会明早政治会议委员谒见大总统,须于九时前赴府。

十一月二十日(12月17日)

八时归。十二时到局,六时到劝业场,晚饭后到文明园听谭戏,十二时归。

十一月廿三日(12月20日)

余生日,告祖,家中人拜生。十二时到局。六时到广和居约诸友饮,莹甫、明甫吹笛,唱昆曲二折,暇庵、君直、润田、觉先唱二簧,甚乐,十时后归。治香、履平同来,至三时方散。

十二月初八日(1月3日)

十时起。松如与蔡子昭同来谈。十二时到福兴居,约勋局诸友公宴,三时散。到中和园听剧,六时到瑞记晚饭,均赵剑秋约,困极,先散归。履平、治香、介自来谈,小睡时许,诸友散,三时睡。

十二月十四日(1月9日)

公则、季达来谈。到局,复阅直隶案,六时归。仍陪徐太夫人作清贺戏。

十二月十六日(1月11日)

星期。见公报,考绩司长已发表。拟辞职呈稿。二时黄馀堂来。与茗雪围棋,钱小秋、濮绍戡、夏履平来,作十贺戏,夜十二时散。接絅斋书。

十二月十七日(1月12日)

佩珣生日。十二时到局。三时到西苑茶会,有戏四出,六时散出。诸友均来晚饭,一时后散。

民国三年甲寅(1914)

正月初八日(2月2日)

彭复初念宓,湖北人持徐绍五介绍书来访,知在陕与拙修相熟,来京应知事试验。十二时到局,二时李燮和来访,燮和为革命党人,历年奔走海内外,甚有效绩,谈至五时半去。在局晚饭。七时到那宅花园,京汉等四路公宴,演戏,观至三时后归。卧已四时矣。

正月十四日(2月8日)

星期。幼渔、挹珊来,履平来,陈石遗偕汪鸥客来,张文伯来。六时后到泰丰楼,夏仲膺约,又到万福居,蝦庵约,散后到清秘阁,听君直、润田清唱,十一时半归。制定考绩司各表册式。接段香岩书、阶青丈书。

三月十六日(4月11日)

十一时入城拜汪伯唐院长,未晤。到局,二时到部。五时到湖广馆拜梁太公寿,到瑞记晚饭,又到湖广馆听戏,三时归。

五月二十日(6月13日)

客来。一时到部,人甚困顿,六时归。治香、仲桓来,十时同至湖广馆听谭鑫培、田桂凤演《坐楼杀惜》,二时半归。接苏州信,知俞太外舅去世。

六月十四日(7月6日)

六时自孟嘉寓归,睡至十时起。接翼如书,致节庵书。一时到部,草说帖一件,论考察地方官吏仍应归内务部执掌,程恩培少周,浙江保送觐见来见。七时到万福居,如山约,遇朱祥甫,约至第一舞台观戏,又遇冯晓青丈。十二时归。

六月廿一日(7月13日)

到部。七时到升平园洗浴。九时到进化楼,子安约饮,听王君直、张小山合唱《武家坡》一出。十二时后归。大雨,甚凉,夜睡颇适。

九月初五日(10月23日)

客来。十二时到善先寓拜生,又到公柔寓贺其娶妇。二时到众议院,国务卿代见考取知事,四时毕。到部,今日传询第五班,黜者二人,录者三十七人,八时后散。到喻庵寓拜生,听戏,夜一时归。

十一月十二日(12月28日)

致黄馀堂函送六十元。接季履叔书。十二时到新华银行,以公债票一千二百元押借五百元,八厘息,三个月期。一时到部。七时到大梁春晚饭,蒋蒋山约。九时到天乐园听戏,一时归。

十一月廿三日(1月8日)

九时起,即有客来,午间内外开面席四桌,晚间内室开席二桌,外屋开席十二桌,到客百馀人。汪棣卿约数人于半舫唱昆曲,王君直约十馀人在福寿庭唱二簧，直至一时后方散，治香、子安、莹甫、履平谈至二时后方去。于啸轩赠余指钮刻佛一尊、偈一篇，绝精，又图书一方，边刻鲍明远《拟古》三首。

十二月初五日(1月19日)

希侠来，史茀生来。二时到铁路协会访方冠卿不遇，到织云公所祝乾斋太夫人寿，听戏，夜三时归。有雪。

民国四年乙卯(1915)

正月二十日(3月5日)

到部，六时散。到升平园洗浴。七时到宴宾楼，李润田昆仲约，有李吉甫、王君直、章小山、赵子衡诸人唱戏，甚乐，十一时后归。

四月廿一日(6月3日)

客来。俞荷生家驹来。午后同节庵到文明园听戏，七时赴霍初约，十一时归。治香、楚生诸人来，二时散去。接四叔母函，为兰妹姻事。又接汪叔平南召函。

七月廿八日(9月7日)

施赞丞鼎元，崇明人，闰秋丈之子来。八妹来，以孟平所作血书相示，全稿甚长，已写出者约千言，已刺左臂四处，论今日时政有三失九弊，言颇切至，八妹言其近月馀来饮酒常不醉，夜辄不寐，孤愤深忧。可敬！可叹！午后到部，核阅文件，建斋来谈近事，阅《魏志》卷廿五，余作事少恒，《魏志》至今未阅毕，七时散署。到同兴堂，林幼渔约饮，有两兄及孟平、幼芝，同到广德楼听戏，女伶刘菊香演《蜜蜂计》、鲜灵芝演《红鸾禧》全出，均甚佳，十二时散，又约孟平到寓谈，至一时后去。

七月廿九日(9月8日)

十时起。经根来。午饭后到孟平寓拜生。二时到部,阅《魏志》满宠、田豫传。七时到又一村,冯荪畬约,同座皆浙人,晤江少云,廿年前故人也,又到万福居公宴孟平,散后到广德楼听戏,十二时归。

八月十六日(9月24日)

阴雨甚凉,着棉。午后到部,六时散。到安徽馆拜李润田太夫人生,观剧。八时半到治臣寓,一时归。接刁宣书。

九月廿七日(11月4日)

慕韩来,乃郎缔婚于钱铭伯之息,约余为媒。午饭后到部,五时后散。到燕寿堂拜王筱侯太夫人生,到益堂寓晚饭,又到燕寿堂听戏,三时归。

十月初六日(11月12日)

九时起。十二时到汪荃丈寓午饭,押聘礼到陶宅。四时到部。五时到阮斗瞻处,贺其令子娶妇,听戏,至二时三刻归。

十二月初三日(1月7日)

阅《唐书》二卷。午后到部。四时偕仲桢到东安市场听戏,谭鑫培唱《走雪山》,神情绝工,信非凡手所能。七时赴虞生约,一时归。治香在寓,略谈即去。接程灿林书、叶作舟书、夏履平书。

民国五年丙辰(1916)

正月廿二日(2月24日)

蔡璞如来,黄馀堂来。午饭后到部,核阅文件,六时散。到宴宾楼公宴本司同人,九时散。到广德楼观剧,二哥与治香已先在,十二时归。

正月廿四日(2月26日)

午后到部,修甘肃土司表,六时散。到福兴居,茗雪约,散后到广德楼听戏,十二时归。

四月二十日(5月21日)

星期。七时起。偕寄云赴津,治香、宝之同行,十一时到,有王冠卿来迎,即到通甫寓午饭,饭后会议,议罢访柳溪师小坐,又到履平寓,五时到华楼吃茶,又商订矿事,九时到第一楼夜饭,到天仙园听戏,十二时到乐利旅馆宿。

四月三十日(5月31日)

仲桓来。作汉字书。接二叔父书。午后同寄云、衹庵携两小儿到文明园听戏。七时到彦云寓,衹庵约饮,听朱杏卿琵琶,十二时归。接东畲书、青可片、汉宇书并俄国毡一幅。

八月初四日(9月1日)

为耆寿民、姚顺伯写扇,录旧作。午饭后到部,与伏侯围棋,六时闻众议院会议提出国务员案,全数同意。七时到劝业场,二哥先至,八时同到南味斋晚饭,遇樊山、石甫、治香、介白,饭后同治香到第一舞台听戏,十二时半散归。

民国六年丁巳(1917)

六月十九日(8月6日)

早雨。读陈云伯《西泠闺咏》。午后到盐业银行寄二叔父书并四十元,到广和楼听戏,蓬莱春吃瓜,七时归。夜笠士、无梦来谈。

七月初七日(8月24日)

十一时到虞生寓,商量笠士事。二时入府直日,七时散出。到第一舞台听戏,三时归。

十二月初四日(1月16日)

十一时到赏延寓。到府午饭,二时到部,六时人府由西苑门至怀仁堂听戏,十一时半归。作叶作舟函,交汪叔平。

十二月十五日(1月27日)

星期。二时到醒春居,考绩司旧友公宴,散已四时。到劝业场剪发,金姬、耕儿来,五叔、二哥、肖研、又宝、麟保均来,同到容光照相,回至劝业场吃茶。七时到宝华楼晚饭,肖研明日拟南行,五叔为作饯,饭后到宾宴华楼小坐。十一时到广德楼,观鲜灵芝演《二烈女》新剧。十二时后归。写联赠张安圃年伯,其夫人六十寿,又为长孙娶妇,联句云:"燕喜在庭,鲁侯之福;凤鸣协吉,敬仲其昌。"此联为故友马兰台孝廉所制,用之恰合。又为肖研写一联。

民国七年戊午(1918)

正月初九日(2月19日)

十时到青云阁,与沈吕生、闵黄山约同游火神庙,购朱野云画一幅。十二时到新世界午饭。二时人府直日,作铁庵书、冕士书,六时散出。戟门自上海来,约到济南春晚饭,饭后到第一舞台观剧,一时后散归。

正月十九日(3月1日)

赓仲扬来,谈热河事,留饭。二时出门到宝沈庵处拜寿,到部,八时后散,再到宝宅听戏,四时后归。

正月廿一日(3月3日)

星期。午后入府直日,五时到掌扇胡同洗浴,同赤叔到沈步洲家,十时到第一舞台观剧,一时归。

九月廿五日(10月29日)

十时到东海府,四时后到部。六时后到段香岩宅听戏,香岩昨日五十生日,财政、交通两部分人为之公祝。十时到江西馆,言乐社[会]戏,一时先归。

十月十六日(11月19日)

到盐业银行寄杭州款。三时到部,七时归。饭后到江西馆听戏。翼如自汉口来。

十月廿八日(12月1日)

星期。饭到到全浙馆祝钱立凡母六十寿,听戏,六时后赴姚俪桓约,散后到宣南,晌晨始散归。

十一月初一日(12月3日)

到中海,饭后至集灵囿,四时到部,八时到同和堂,柳屏为尊人称觞演剧,十一时归。

十二月初二日(1月3日)

入府,到斡丈宅,六时赴松如约,八时到第一舞台听戏,戏散归。

民国八年己未(1919)

十月廿二日(12月13日)

七时三刻入府,十二时到济南春请客,三时后散,到广和楼听戏,六时到宣南俱乐部,九时归。致王松如书荐桂煦。交夏剑丞丈绍庭、补孙两条,又许家禾条幼芝之弟。

十一月初十日(12月31日)

六时半起。七时三刻入府,十二时到院午饭,二时再到府。五时赴河间邸送三,行至地安门,见送三已毕,遂未去。到宝瑞臣家祝其太夫人寿,六时赴刘厚生约,十二时一刻再到宝家听戏,侗将军演《乌龙院》,又与伦贝子演《连升店》,均佳,散已三时矣。

十一月廿八日(1月18日)

星期。十时入府,十二时归午饭。公柔、仲桢来。二时到广惠寺为严观侍先生之室金夫人点主毕,到府,至怀仁堂听戏。四时到袁涤庵寓。夜一时归。接夏剑丞丈函赠宋人笔记八种,商务印书馆刊本,皆剑丞校,另一份呈府主,接张子绍函。

民国九年庚申(1920)

十一月十七日(12月26日)

出门拜客,小石太姑丈、植甫姑丈均未晤,晤南仲叔、沈冕老、陈少石丈,一时归。偕金姬到黄重甫家,平江旅馆视裴丈如君,知裴丈准明日来,又拜沈季宣,到先施公司买物,到同丰楼夜饭,饭后到笑舞台看戏,《莲英被难记》第二本,所编叙情节及插科均好,十二时半散,到泥城桥挖花,四时归。

十一月十八日(12月27日)

陈小石丈、子康丈、少石丈、冕士、韫石、季宣均来答拜。一时到陶乐春,冕士约。回寓,收拾行李。五时半到平江旅馆谒裴丈谈,七时赴熙伯约,九时到笑舞台,馨、兰两妹约听戏,十时到华清池洗浴,不佳,又到笑舞台,戏毕又到泥城桥挖花。

民国十年辛酉(1921)

正月初三日(2月10日)

六时半起。入府,十二归寓午饭。三时同三哥到文明园听戏,七时到辛酉学会,二时归。接肖研、熙伯信。

六月初十日(7月14日)

早起客来,午刻祝寿,内外四席,客随来随去。四时全家到聚贤堂,演高腔班,内外客至者一百数十人,坐十三席,六时三刻开演,十一时红豆馆与德霖演《奇双会》,一时散。料理诸事毕,归家,将二时矣。

民国十一年壬戌(1922)

三月廿六日(5月22日)

七时入府,十时半归。二时再入府,六时半赴赵吟舟约,十时半归。今日写《说文汇纂》第一上卷毕,体例尚须修改。写赠司徒仲实、陈子云娶儿妇贺联。接菩僧、济青两叔信,接叔詹电。复云抟信。接幼云甥函,云炮台山坟前空地有人买去,将作攒基地一亩馀,价二百数十元。阅张亨甫际亮撰《南浦秋波录》,记闽伎故事,又《翠眉亭稿》、《碧云遗稿》合一册,大都赠伎之作,又《金台残泪记》,记都下伶人故事,自称为华胥大夫,又有《燕台鸿爪集》,乃赠伶人诗,撰者为粟海庵居士,与亨甫同时人。京师伶人今已无可观,忆初入都时,雏伶之著者,云和堂、安华堂、国兴堂、颍秀堂诸家,选酒征歌,颇极一时之胜,戊申国恤遏密之后,遂亦寂寥,辛亥革命,诸伶乃不复应召侑酒矣。览亨甫所记,乃道光间事,又盛于光宣矣。

藏晖室日记

《藏晖室日记》是胡适1909—1910年在上海求学期间的日记。胡适为中国新文化运动的领袖，开风气之先，并在多方面倡导西化。然而，其早年日记里却颇多观看中国旧剧之记载，反映他一度醉心传统戏剧的事实。谷曙光据《胡适日记全编》(安徽教育出版社2001年版)辑录。

宣统元年(1909)

己酉年十二月十六日

上午上课,以《日本杂事诗》二册寄保民。

下午经农,子高见过。上课。

桂梁,剑龙偕陈祥云来。陈祥云者,上海名伶小喜禄也。桂梁、剑龙近方从之学歌,其人温文敦厚,无丝毫优伶习气,亦不易觏也。(注:剑龙,贯徽字也,河间人,外号西湖侠隐,以居武林也。)

今日君墨建议,言蜀中每月初二、十六二日常醵赀会饮,今日十六矣,岁莫客怀,无以排遣,遂与李继尧,李永清,徐子端,仲实,亮孙等七人饮于雅叙园。余素不叫局,同席诸人乃怂恿仲实,令以所叫伎曰赵春阁者转荐于余,此余叫局之第二次也。

酒阑人散,余与仲实以与剑龙有宿约,遂至春贵部。是夜有贵俊卿、小喜禄《汾河湾》,神情佳绝。遇钟英、意君。

今日得二哥二书。作一片致保民。

十二月十八日

今日亦未上课。

怒刚与翁芸舫君偕来。意君来。陈祥云来。

今日君墨与剑龙同摄戏装《虮腊庙》合影一帧,余见猎心喜,遂假君墨西装衣饰摄一西装小影。钟英来。

是日君墨、仲实皆外出,桂梁来邀至伎家,食所谓私□菜者。九时余先行至胡希彭处,十时独归。得伯辉一书,云卿一书。

十二月十九日

意君来。得保民一书。作致保民一片,致亮孙一函。

下午,与君墨、剑龙、桂梁打牌。

是夜,观剧春贵部。

十二月二十七日

晏起。下午陈祥云来。桂梁出家肴沽酒饮之。时诸人皆抑郁无俚，得酒尤易醉，计所饮只一壶，而醉者三人，桂梁、剑龙及余也。

中夜酒醒，乃不成寐，至天明始睡。

是夜本拟访节甫，以醉故不果。

宣统二年（1910）

庚戌正月初二日

上午未出门。但怒刚、淡春谷来访。王云五来访。

是日下午诸君皆外出游览，独余块然独处。作一书寄二哥，约千余字。

是夜与剑龙观剧春贵部，有李百岁之《拾金》，贵俊卿、小喜禄之《硃砂痣》，李顺来、常春恒之《义旗令》，皆佳。

曲终，至否苑楼，以柬邀陈祥云来小饮，祥云约明午饭于其家。

正月初四日

未出门。新年以来又入窘乡矣。

下午五时子端来，邀至五龙日升楼吃茶，比至则仲实、君墨及二李皆在，小坐便同出，循大马路至四马路至湖北路西首，忽见一家屋上火发，火势甚烈，北风又甚猛，延烧比邻汇芳茶居及丹桂戏园、言茂园酒馆。救火水龙麇集，不能卒灭。尔时四马路东至石□路，西至浙江路，道旁鹄立者何止三四千人，皆观火者也。余与诸君同观良久，以力不能救，旁观亦良不忍，屡促诸人同归，皆莫之应，遂独归。

正月初七日

作函致亮孙。建藩叔见访。

下午打牌，以博进为观剧赀。是夜，观剧春贵部，有贯俊卿之《空城计》最佳。其“城楼”一节，飘洒风流，吾昔观刘鸿升唱此戏，辄叹为飘飘欲仙，今贵卿之丰神乃驾刘而上之，惟声稍低耳。

正月初十日

作一函致云五先生。善相叔来访。

先是剑龙尝为余言，小桃红能演《空城计》。小桃红者，菊部花旦，予前为作诗所谓“最是动人心魄处，一腔血泪染桃花”者是也。初不意其能羽扇纶巾作武乡侯，遂不之信。剑龙不服，遂与余角胜负，约：小桃红果演此剧，则余出资请剑龙及证人林、吴观剧。是夜余负矣，遂与林、吴、贾、唐四人观剧天仙部。

得意君一函。

正月二十日

上课。剑龙得家书促之赴杭，今日行矣。

守璠叔来。是夜观剧丽仙部。

正月二十二日

上课。意君今日移入复旦。仲诚来。

下午，意君复来，与偕访橘丈。

是夜，同诸君观剧春贵部。剧终邀祥云同饮于杏苑楼。

正月二十三日

上课。仲实今日去苏州访友。

是日，经农与徐荫阶君见访，饭于此间，谈许久始去。

（附记）前夜在丽仙观剧，有二女伶曰世伶玉、世俐玉，年皆在十岁以下。合演《富贵图》，串新婚夫妇，丰度绝佳。归时戏作一诗云：

红炉银镯镂金床，玉手相携入洞房。
细腻风流都写尽，可怜一对小鸳鸯。

正月二十四日

上午上课。下午无事。意君尚未去,君墨亦来。是夜与君墨、意君、桂梁观剧春贵部。

正月二十六日

上课。意君去[吴]淞。夏森林来言别,明日去辽东矣。

是夜,与桂梁同至丽仙观剧,遇薛纯甫、张元恺二君。剧终,归途遇祥云,遂同至杏苑楼小饮而归。

二月初三日

晨,仲诚、钟英、意君来。怒刚来。

下午,纯铭、咏春来。读西剧《夜未央》一过。是书叙俄国虚无党逸事,中有党人爱一同志女子,其后此人将以炸弹毙一酷吏,临刑时与所欢别,二人相视而笑。其人忽变色曰:"吾今生又多此一笑!"此等语大似吾国明代理学家临难时语,非有大学问不能道也。

是夜,诸友皆别去,同居之人亦皆外出,惟予独处,岑寂万状,乃独行至春贵部观剧。是夜,有《蝴蝶杯》全本,大佳大佳。

五月初二日

晨起习代数。希吕来。

作一短札致曹子卿,下午得复。

下午,翮臣之姊丈来言翮臣事。至亲同客异地,缓急不能相顾,言之可愧。

下午,习代数,是日习 Simple & Simultaneous Equation; Involution & Evolution.

夜作一札致经农。连日以节近,负债甚繁,四处张罗告急之书,正复旁午。游子远客,乃不能自顾一身,念之黯然。

夜与怡荪同出。怡荪往访汪孟邹,余则往视翮臣疾。小坐,即往觅怡荪,与孟邹谈甚久。孟邹极言劝业会之佳,与各报异。盖孟邹多历世故,故不事苛求;各报责人无已时,亦非忠恕之道耳。

与怡荪同归。偶思观剧，即同至新天仙部，遇魏叔明诸人亦在。曲将终，仲实亦至。余就其座与语，偶责以何以得我二函乃不一复。仲实即推席而起，呼曰："老魏，吾醉不能坐，今归卧矣。"即起离座而去。此种状态，思之殊觉可笑。

枕上读《不如归》二卷。

五月初六日

填《沁园春》一阕，题吾邑学子八人合影，录之：

画里园林，眼中人物，何似故乡？但相逢异地，相看一笑，无端回首，清泪淋浪。酿病轻寒，做愁梅雨，岑寂天涯日又长。还携手，倩写生青镜，图我昂藏。　凄凉对此苍茫，都念我尘寰作醒狂。是人间天上，寄愁长统，回肠荡魄，赋恨江郎。不朽功名，群贤事业，努力他年惠梓桑。吾衰矣，只旗亭觅句，绮席飞觞。

乐亭、慕侨来。乐亭病未愈，乃日见其重，故来复诊，为延曹子卿来一诊。

孟邹来，镜蓉来。

下午，客去习代数。

是夜，与诸人观剧迎贵部，有四盏灯之《锁云囊》。此剧惟四盏灯一人能之，吾尝于已酉日记中盛称之矣。是剧叙一女侠曰梅花娘者，闻一故家有家传遗物曰"锁云囊"，即于夜中往盗之。适故家有女甚丽，为势家所诞诬，其父尝负其赀，声言将劫女为抵。母女汹惧，哭于一室。女侠于屋端闻之，即慨然下与相见，与女易衣，愿以身代，而送母女至其家。因携"锁云囊"代女往势家。合卺之夕，启囊，以扇扇之，即生烟雾，势家触之即晕。女侠乃尽窃其家重器，挟之飞去。此事不知见于何种说部，颇具奇思。较之《新安驿》，同写女盗也，而相去远矣。

五月初七日

习代数。是日晏起，记昨日事。作一书致胡开文。

读《林畏庐集》。畏庐忠孝人也,故其发而为文,莫不蔼然动人。《集》中以《先太宜人玉环环铭》、《寿伯茀行状》、《谢秋浔传》及诸记为最佳。

是夜,出门为意君购物。至和记,遇李南坡、郑幼三诸人,坐谈有间。出至麦家圈,天大雨,卒不及避,急由五马路西行,欲至汪裕太避雨。途中雨益大,手中持物皆淋漓,遂入新天仙部小避。是夜本无心观剧,俟雨稍止即出。至裕太,遇杰甫兄,谈二时许。乃复至天仙,适仲实与魏叔明亦在,与仲实谈甚久。剧未终,予先归。

是夜,意君大呕,呻吟竟夜。

五月二十日

购物。至裕泰问二哥,知尚未来,留一字与之。少顷复往,见二哥留字,知已入城,约上灯时相见。届时二哥未来,遣人送一字来,言在新舞台看戏。予至已晏,鉴泉亦在。

是夜,有《新茶花》新剧极佳,末布战场尤佳,但太慢耳。

二哥言明日决行。

图录（下）

本卷主编　谷曙光

目　录

图画日报·世界新剧

《图画日报》是晚清上海最有影响的石印画报之一。1909 年 8 月创刊，次年 8 月停刊，日刊，计 404 期，环球社出版发行。《图画日报》设有“世界新剧”专栏，以连环画的形式记录了清末上海新舞台排演的若干出改良新剧。关于绘图者，部分画稿上有画师的落款和印章，如“咏霓”、“伯良”、“良”、“纯”、“刘纯”，其中“伯良”、“良”、“纯”、“刘纯”皆是同一人；撰文者是该画报的记者，署名一般只一个字，如“珮”、“愿”、“羞”等，具体姓名不详。

新舞台是清光绪三十四年(1908)，由伶人夏月珊、夏月润、潘月樵等与一批社会贤达人士集资，在上海南市十六铺创建的新式剧场。该剧场将旧式茶园改建为半月型镜框式舞台，设有机械转台，采用新式灯光布景，在当时令人耳目一新，是国人自建的第一座仿欧洲、日本的新式剧场。新舞台大胆突破、改良创新，排演了大量的时事时装戏，夏氏兄弟、潘月樵等欲藉改良戏剧针砭时弊、开通智识、促进社会进步。作为一种通俗性的画报，《图画日报》长期关注新舞台的改良新剧，并为之写真描述，颇能反映出办刊者的思想倾向。

当时排演的改良新剧虽夥，但多数没有剧本流传下来。诸多剧目，即便是详细剧情和出场人物，也难以知悉。而《图画日报》的“世界新剧”栏目，则以图文并茂的方式忠实记录了部分改良新剧的来龙去脉。恰如记者所云：

> 新舞台如何演，记者即如何述；新舞台如何之布置，记者即如何之编次；新舞台如何之形容，记者即如何之描摹；新舞台点缀如何之景象，记者即绘写如何之状况。盖记者无本来

之宗旨,依新舞台之宗旨为宗旨;记者无本来之事实,依新舞台之事实为事实;记者无本来之说素,依新茶花之说素为说素。记者实不啻为新舞台诸伶人之傀儡也。

正因如此,“世界新剧”栏目就不能仅仅视为剧情简介,而具有了一种特殊的文献史料价值。从中可知剧情细节、登场人物、剧场布景、舞台调度、演员神态等等。

本卷由谷曙光点校整理。

新　茶　花

环球社《图画日报》第一号第六页

环球社《图画日报》第一号第六页

世界新剧

新茶花(一)
探　病

《新茶花》一剧，为上海环球学生会诸君编述，其寓意乃日俄战争一役，有某日妓不惜牺牲一身，盗敌将地图献诸本国统兵元帅，卒获胜仗故事。全剧分二十余节，描摹新茶花堕劫、侠嫁、忍辱、屈身、窃图、朝夫、认弟诸端，能令观者忽喜忽怒、忽悲忽乐，诚为有功世道之剧。经上海新舞台名伶夏月珊、小连生、七盏灯会演，尤觉声容并茂。

按，新茶花姓莘[1]，名耐冬，母老家贫，携其弱弟名祝寿，僦居乡间。有堂表母舅某，无赖子也，涎耐冬之色，视为奇货久矣。一日，耐冬之母小病，无赖以探病为由，至耐冬家，诓耐冬以舅母思汝甚切，嘱接汝前往小住。耐冬之母信之，竟令女随之以去。祝寿诧曰："舅非好人，设姊不测，奈何？"母闻惊悔交集，顽痰上壅而毙。耐冬竟不获知，良可伤已。

（未完，明日续登《拐卖》）

① 此处作"莘"，而后文作"辛"。

环球社《图画日报》第二号第六页

环球社《图画日报》第二号第六页

世界新剧

新茶花（二）
拐　卖

青

无赖子挈耐冬行至中途，私自计曰：“是奇货也，鬻为妓，得重值，吾一生吃着不尽矣。”邻近有妓院，专诱良家子女卖淫图利，无赖子携耐冬至院，与鸨议得身价银一千元，人银两交。耐冬见此形景，惊悸不知所为，呼无赖子曰：“娘舅盍去休？此间非吾久留地。”无赖子诓女曰：“此系汝舅母家。”并指鸨曰：“是即汝舅母，待汝厚，我暂去，当即来。”耐冬欲辨其妄，无效。明知受骗，奈已入陷阱，不得不忍辱含垢，延此残喘，以冀有脱离火坑之一日。鸨见耐冬色，惊其艳，窃窃私议曰：“是倾国姝，系吾之聚宝盆、摇钱树也。”顾耐冬曰：“汝去后房沐浴，吾有新衣与汝更换。”耐冬唯唯。噫！如花如玉之辛耐冬，受无赖子拐卖，堕入卖笑地狱，旋即更名曰“新茶花”，为此剧中主人翁。呜呼！卖良为娼，无赖子之肉，其足食乎！

（未完，明日续登《盗救》）

环球社《图画日报》第三号第六页

环球社《图画日报》第三号第六页

世界新剧

新茶花(三)

盗　救

青

辛耐冬既被无赖鬻为妓，辛母愤毙，其弟辛祝寿，求其邻居集资市榇。殓其母后，屡向邻居求食，邻恶其频，迭肆呵斥，祝寿吞声忍饿，既哭其母，复思其姊，念孑然一身，竟无噉食处。不得已，乃沿途求食，盖斯时之辛祝寿，已流为卑田院中人矣。一日求乞，途遇胖妇，操北方音，呼祝寿至前曰：“咱老娘看你年纪很轻，何以乐为乞丐？”祝寿低声对曰：“家贫，姊被诱拐，老母因是愤毙，致孤露不能自给，乃至于是。否则安有乐为丐哉！”胖妇曰：“吾年老无子，汝愿母我乎？我饭汝。”祝寿踌躇曰：“可。”于是即呼妇为母，随之偕归。见有纠纠者三人在，截发西装，呢冠革履，手执短铳，似出洋游学回国者。妇指之曰：“是均有道之盗也。子其随之学道，果能学习行走，循资按格，何患不成操戈矛之大道哉！”

（未完，明日续登《恶报》）

环球社《图画日报》第四号第六页

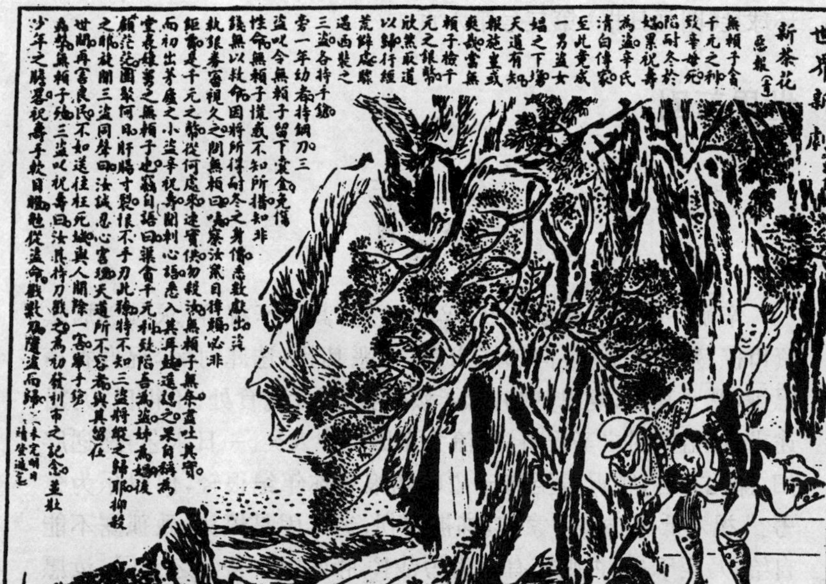

环球社《图画日报》第四号第六页

世界新剧

新茶花（四）

恶　报

青

无赖子贪千元之利，致辛母死，陷耐冬于娼，累祝寿为盗。辛氏清白传家，至此竟成一男盗女娼之下场。天道有知，报施岂或爽哉！当无赖子检千元之银币，欣然取道以归，行经荒僻处，骤遇西装之三盗，各持手枪，旁一年幼者，持钢刀。三盗叱令无赖子留下囊金，免伤性命。无赖子慌惑不知所措，知非钱无以救命，因将所得耐冬之身价，悉数献出。盗执银券省视久之，问无赖曰："咦？察汝鼠目獐头，必非巨贾，是千元之币，从何处来？速实供，勿杀汝。"无赖子无奈，尽吐其实。而初出茅庐之小盗辛祝寿，闻刺心语，悉入其耳鼓，遥认之，果自称为堂表娘舅之无赖子也。窃自语曰："渠贪千元利，致陷吾为盗、姊为娼，后顾茫茫，团聚何日？肝肠寸裂，恨不手刃此獠，特不知三盗将纵之归耶？抑杀之耶？"旋闻三盗同声曰："汝诚忍心害理，天道所不容者。与其留在世间，再害良民；不如送往枉死城，与人间除一害。"举手枪轰击，无赖子殁。三盗叱祝寿曰："汝其持刀戳之，为初发利市之记念，并壮少年之胆略。"祝寿手软目瞪，勉从盗命，戳数刀，随盗而归。

（未完，明日续登《逼乞》）

环球社《图画日报》第五号第六页

环球社《图画日报》第五号第六页

世界新剧

新茶花（五）

逼　乞

青

祝寿偕群盗归，盗妇逆诸门，见群盗有喜色，知今日买卖必得彩，语群盗曰："辛苦了，盍往休息？"盗诺之，而此时之辛祝寿垂头丧气，苦不自禁，念一身漂泊，日与豺狼为伍，后顾茫茫，大非了局。维幸假手群盗，大仇已报，然此生不知何日重见天日，默默自思，饥火中烧。忽闻盗妇大声曰："汝来前！汝无为盗资格，亦无杀人程度，生成求乞相，曷仍去街头作乞人！得金银归，与汝食，否则我家无坐食者，谁来养若野种耶！"力逼之，祝寿无奈，忍饥出门，沿路求食，终日不得一文，馁甚，姑返家，求盗妇赐一饱。盗妇叱曰："不得钱，饿死勿来！"祝寿复奔驰路旁，见纨绔少年二人，祝寿窃喜，趋向少年前叙困苦状，求渠少周急。二少年掉头不顾而去，而祝寿已困惫不堪言状，大有求生不得求死不能之苦。噫！安得有热心慷慨人，出而拯此茕茕无告之孤儿，俾仍骨肉团圆，以享人世完全之幸福哉！

（未完，明日续登《探友》）

环球社《图画日报》第六号第六页

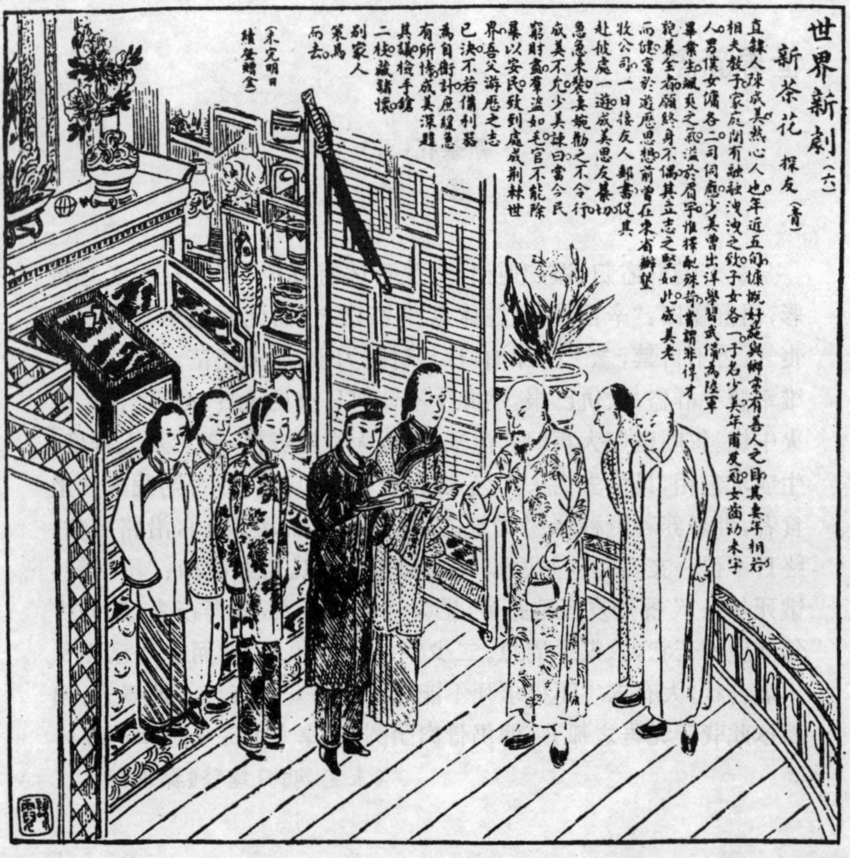

环球社《图画日报》第六号第六页

世界新剧

新茶花（六）
探　友

青

直隶人陈成美，热心人也，近年五旬，慷慨好施，与乡党有善人之目。其妻年相若，相夫教子，家庭间有融融泄泄之致。子女各一，子名少美，年甫及冠；女齿幼，未字人。男仆女佣各二，司伺应。少美曾出洋学习武备，为陆军毕业生，飒爽之气，溢于眉宇。惟择配殊苛，尝谓非得才貌兼全者，愿终身不偶，其立志之坚如此。成美老而健，富于游历思想，前曾在东省办垦牧公司。一日接友人邮书，促其赴彼处一游，成美思友綦切，急急束装。妻婉劝之不令行，成美不允，少美谏曰："当今民穷财尽，群盗如毛，官不能除暴以安民，致到处成荆棘世界。吾父游历之志已决，不若备利器为自卫计，庶缓急有所恃。"成美深韪其议，检手枪二枝，藏诸怀，别家人策马而去。

（未完，明日续登《赎金》）

环球社《图画日报》第七号第六页

环球社《图画日报》第七号第六页

世界新剧

新茶花（七）

赎　金

青

成美单骑独行，一日至郊，见道旁一幼丐，饥困无人色。睨视久之，忽触其慈善之念，俯而问曰：“若子无穷骨相，何一寒至此？贫儿贫儿，岂数日不得食耶？”祝寿仰望之，一乌须黑发、眉目清癯、和蔼可亲之叟也，嗫嚅对曰：“小子困甚，今遇长者，容可延一夕命。”成美怜之，即慨赠金磅一枚，匆匆乘马去。祝寿得金，喜出望外，急驰归缴呈盗妇，曰：“妈妈，今乞得金四开一枚，稍赎前愆，求一饭可乎？”盗妇手执金钱，播弄再四，立变凶悍之色，温语扶其眉曰：“好儿子，真有能耐，乞得黄金，老娘有靠矣。速往厨下，自取食，鲜鱼肥肉，任汝择之。”祝寿食竟，乐甚。旋盗妇与群盗询乞金究竟，童子无知，举所遇者告，并示以行踪。群盗急怀凶器，持绊马索以往，俟诸要路，欲得成美而后快。噫！慈善好施之陈成美，至此不几为热心所累哉！

（未完，明日续登《勒赎》）

环球社《图画日报》第八号第六页

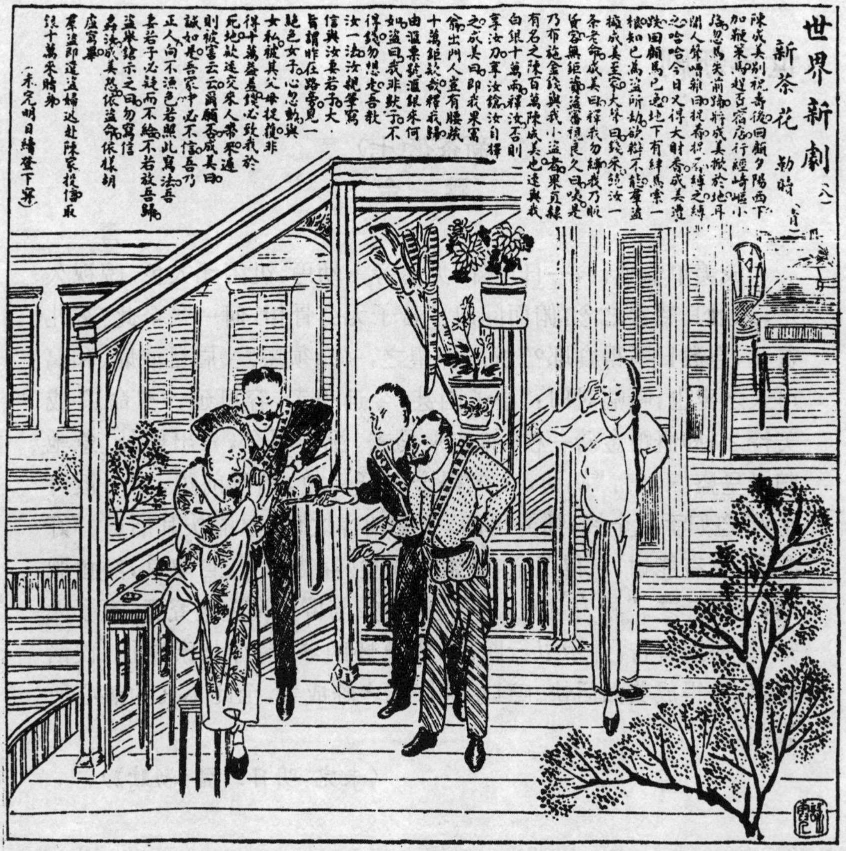

环球社《图画日报》第八号第六页

世界新剧

新茶花（八）

勒　赎

青

陈成美别祝寿后，回顾夕阳西下，加鞭策马，赶觅宿店。行经崎岖小路，忽马失前蹄，将成美掀于地，耳闻人声嘈杂，曰："捉着捉着，缚之缚之！哈哈，今日又得大财香！"成美遭跌，回顾马已逸，地下有绊马索一根，知已为盗所劫，欲辩不能。群盗拥成美至家，大声曰："钱来！饶汝一条老命！"成美曰："释我勿缚，我乃贩货客，无巨资。"盗审视良久，曰："咦？是乃布施金钱与我小盗者，果直隶有名之陈百万——陈成美也。速与我白银十万两，释汝；否则享汝刀，享汝枪，汝自择之！"成美曰："即我果富翁，出门人岂有腰藏十万巨款哉！释我归，由汇票号汇银来，何如？"盗曰："我非呆子，不得钱，勿想走。吾教汝一法，汝亲笔写信与汝妻若子，大旨谓昨在路旁，见一绝色女子，心忽动，与女私，被其父母捉获，非得十万盖羞钱，必致我于死地。款速交来人带来，迟则被害云云。尔愿否？"成美曰："诚如是，吾家中必不信，吾乃正人，向不渔色。若照此写法，吾妻若子必疑而不给。不若放吾归。"盗举枪示之，曰："勿写信，轰汝！"成美恐，依盗命，依样胡芦写毕。群盗即遣盗妇迅赴陈家投信，取银十万来赎身。

（未完，明日续登《下阱》）

环球社《图画日报》第九号第六页

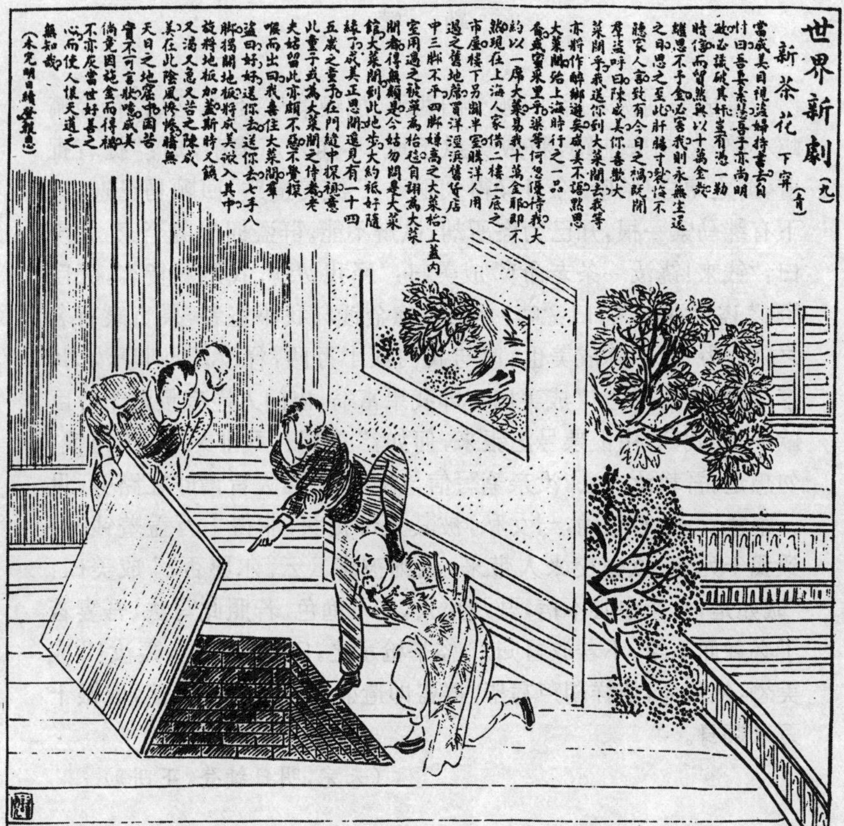

世界新劇（九）

新茶花　下穿（青）

當威美目視盜婦持書去。自忖曰。吾妻素忌喜。予亦尚明敏。必識破其奸。豈有恐一勤時儻而贊然與以十萬金哉。耀思不予金。必害我。則永無生還之日。思之至此。肝腸寸裂。悔不聽家人言。致有今日之禍。既聞羣盜呼曰。陳威美。你喜歡大菜館乎。我送你到大菜館去。我等亦將作醉鄉遊矣。威美不語默思。大菜館。始上海時行之一品餐。威實求畢乎。渠等何忽優待我。大約以一席大菜易我十萬金耶。即不然。現在上海人家借二樓二底之市屋。樓下另闢半室。購洋人用過之舊地席。買洋涇浜舊貨店中三腳不平四腳嫌高之大菜枱。上蓋內室用過之被單為枱毯。自詡為大菜館者。得無類是。今姑勿問最大菜館。大菜館。到此地步。大約祇好隨緣了。威美正思間。遥見有一十四五歲之童子。在門縫中探視。意此童子或為大菜館之侍者。老夫姑留此。亦顧不懸。不覺探喉而出曰。我喜住大菜館。羣盜曰。好好。送你去。送你去。七手八腳。揭開地板。將威美攛入其中。旋將地板加蓋。斯時又饑又渴。又急又苦之陳威美。在此陰風慘慘。暗無天日之地窖中。困苦實不可言狀。噫。威美倘竟因禍金而得禍。不亦反當世好善之心。而使人恨天道之無知哉。

（未完明日續登報處）

环球社《图画日报》第九号第六页

世界新剧

新茶花（九）

下　阱

青

当成美目视盗妇持书去，自忖曰：吾妻素慧，吾子亦尚明敏，必识破其奸，岂有凭一勒赎信，而贸然与以十万金哉！继思不予金，必害我，则永无生还之日，思之至此，肝肠寸裂，悔不听家人言，致有今日之祸。既闻群盗呼曰："陈成美，你喜欢大菜间乎？我送你到大菜间去。我等亦将作醉乡游矣。"成美不语，默思大菜间，殆上海时行之一品香或蜜采里乎？渠等何忽优待我？大约以一席大菜，易我十万金耶？即不然，现在上海人家借二楼二底之市屋，楼下另辟半室，购洋人用过之旧地席，买洋泾浜旧货店中三脚不平、四脚嫌高之大菜台，上盖内室用过之被单为台毯，自诩为大菜间者，得无类是？今姑勿问是大菜馆、大菜间，到此地步，大约只好随缘了。成美正思间，遥见有一十四五岁之童子，在门缝中探视，意此童子或为大菜间之侍者，老夫姑留此亦颇不恶，不觉探喉而出曰："我喜住大菜间。"群盗曰："好好，送你去，送你去。"七手八脚揭开地板，将成美掀入其中，旋将地板加盖。斯时又饥又渴、又急又苦之陈成美，在此阴风惨惨、暗无天日之地窟中，困苦实不可言状。噫！成美倘竟因施金而得祸，不亦灰当世好善之心，而使人恨天道之无知哉！

（未完，明日续登《报恩》）

环球社《图画日报》第十号第六页

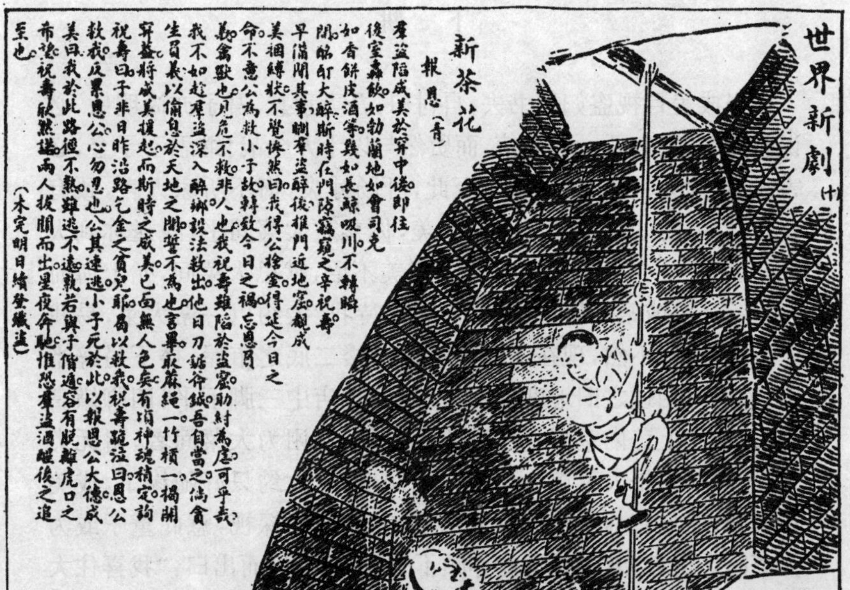

环球社《图画日报》第十号第六页

世界新剧

新茶花(十)
报　恩

青

群盗陷成美于阱中后，即往后室轰饮，如勃兰地、如会司克、如香饼皮酒等，几如长鲸吸川，不转瞬间，酩酊大醉。斯时在门隙窃窥之辛祝寿，早备闻其事，瞯群盗醉后，推门近地窟，睹成美捆缚状，不觉惨然曰："我得公舍金，得延今日之命，不意公为救小子，故转致今日之祸。忘恩负义，禽兽也；见危不救，非人也。我祝寿虽陷于盗窟，助纣为虐可乎哉？我不如趁群盗深入醉乡，设法救出。他日刀锯斧钺，吾自当之；倘贪生负义，以偷息于天地之间，誓不为也。"言毕取麻绳一、竹杠一，揭开阱盖，将成美援起，而斯时之成美，已面无人色矣。有顷，神魂稍定，询祝寿曰："子非日昨沿路乞金之贫儿耶？曷以救我？"祝寿跪泣曰："恩公救我，反累恩公，心勿忍也。公其速逃，小子死于此，以报恩公大德。"成美曰："我于此路径不熟，虽逃不远，孰若与子偕遁，容有脱离虎口之希望。"祝寿欣然诺，两人拔关而出，星夜奔驰，惟恐群盗酒醒后之追至也。

（未完，明日续登《歼盗》）

环球社《图画日报》第十一号第六页

环球社《图画日报》第十一号第六页

世界新剧

新茶花（十一）
歼　盗

青

群盗酒醒后，全往外室，见窟盖已开，窟内已无声息，方悟成美潜逃，祝寿亦不知何往。一盗曰："渠等纵逃不远，曷不携兵器追之？"众赞成，共怀利刃往，并力穷追，恨不立刻将两人一口吞下，以泄此恨。当成美、祝寿两人离盗窟后，心慌足急，几如漏网之鱼，无奈又饥又急，前无宿店，后惧追兵，勉力前进，已至山径。倏闻呼啸声，祝寿曰："殆矣！渠等挟凶器追来，吾辈无噍类矣。设有利器随身，尚足抵御；今手无寸铁，必遭毒手。恩公恩公，小子死不足惜，特厚负恩公耳。公请先行，小子当徒手与若辈敌，愿先公而死，不忍再见公就缚也。"成美斯时亦魂魄飞越，无所措手，良久忽语曰："无惧！当我离家时，吾子少美劝吾带手枪以行，今枪尚在身畔，未被群盗搜去。吾与汝各执其一，俟盗来出其不意击之，死活存亡，在此一举。慎之！"旋成美伏于东，祝寿伏于西，作犄角之势。三盗持明晃晃腰刀蜂拥而来，成美举手枪连击之，两盗毙；一盗正错愕间，而祝寿之枪子，亦击中是盗脑际。群盗尽歼，两人欣然得庆更生，仍徒步行。

（未完，明日续登《投书》）

环球社《图画日报》第十二号第六页

环球社《图画日报》第十二号第六页

世界新剧

新茶花（十二）

投　书

青

当盗妇奉群盗命，往陈成美家投书，满望得十万金，可以立成大富，星夜奔驰，沿途不知存几许希望，必欲求达其目的而后已。至陈家，见门闾高大，果然陈百万，名不虚传。入门高声唤曰：“有人么？咱老娘有要信在此，须面交尔家主母及少主人，小子们领我去。”陈家仆役，见此硕大无朋之胖妇，而容貌非常凶恶，心窃异之。因引之入，见陈成美妻，当时少美亦在室，同声问胖妇曰：“而来何事？”胖妇曰：“你家主人在外闯祸，幸我家竭力提救，许以金钱赎罪，款去人即回，否则恐大难，莫谓老娘袖手也。”陈母拆开成美信，给少美曰：“尔父老成公正，向不好色；即果有此事，何至要十万两盖羞钱哉？然惟此信，的系尔父手笔，事属离奇，可奈何？”少美曰：“儿已能决其究竟，我父在途，必遭盗劫，此掳人勒赎之信，岂有堕其术中，而贸然予之十万金哉！来投书之胖妇，必盗党无疑，非送往有司衙门，穷追其来历不可。”陈母正踌躇间，忽闻家人高声报曰：“主人回矣。”

（未完，明日续登《酬义》）

环球社《图画日报》第十三号第六页

环球社《图画日报》第十三号第六页

世界新剧

新茶花（十三）

酬　义

青

成美与祝寿两人，将三盗歼除后，为地方除一大害，心中快甚，星夜遄回家中。比入门，见盗妇正与家中人争执，成美呼家人曰：“来来来，持我名片，送此妇到县里去。”家人齐声曰：“诺。”即将盗妇强曳出外，成美与妻若子相见后，详述盗劫往事，指祝寿曰：“是乃救我性命之恩人也。”其妻若女俱罗拜，成美亦拜，少美则鞠躬握手致礼。祝寿还拜不遑，谓成美曰：“小子伶仃孤苦，无家可归，如蒙恩公收录为膝下义子，俾得报大恩于万一，可乎？”成美喜允之，即认祝寿为子。祝寿拜见义父母毕，与少美兄妹行相见礼，斯时融融怡怡，家庭之乐，喜可知也。成美为造就青年计，送祝寿往陆军学堂就学武备，祝寿赋灵敏，孳孳向学。斯时之陈少美，深幸得此同志，而手足之谊，有甚于桃园者矣。

（未完，明日续登《征调》）

环球社《图画日报》第十四号第六页

环球社《图画日报》第十四号第六页

世界新剧

新茶花（十四）

征　调

青

少美自游学武备回国家居，除昏定晨省外，仍研究武备有用之学，绝无纨绔少年恶习。一日，有同学友亦武备毕业者，至陈家访少美，曰："番兵觊觎我屏藩，强夺我利权，交涉棘手，恐起战端。现奉统兵大帅命，征调各兄赴营，拟授以军事侦探职，密探敌人地理，为进兵攻剿计。兄其有意乎？"少美本有从戎之志，闻之大喜，即日禀辞双亲及义弟，投辕门请谒。及见统兵元帅后，奉礼就职，日往各处要隘，探测地势，并窃窥敌人进兵方向。无如敌人防备甚严，数日以来，费尽心机，仍无一获。少美焦急甚，只好遂日奔驰，尽其力之所能为而已。

环球社《图画日报》第十五号第六页

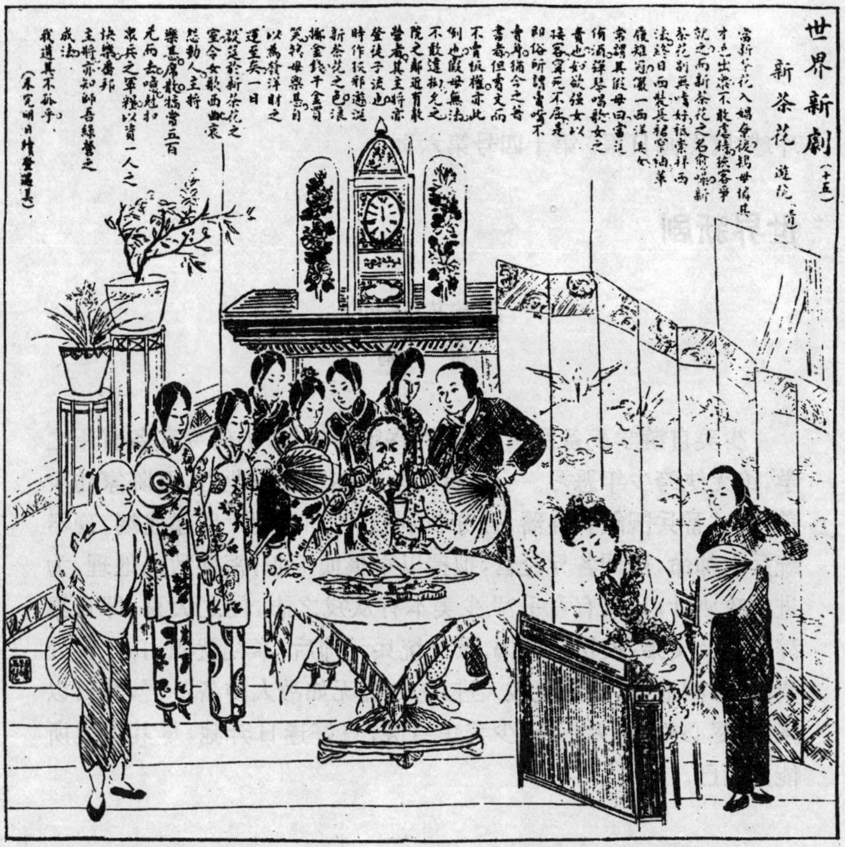

环球社《图画日报》第十五号第六页

世界新剧

新茶花（十五）

游　院

青

当新茶花入娼寮后，鸨母怜其才色出众，不敢虐待。狭客争就之，而新茶花之名愈噪。新茶花别无嗜好，只崇拜西法，终日西装，长裙窄袖，革履雉冠，俨一西洋美女。常谓其假母曰："当筵侑酒，弹琴唱歌，歌女之责也。如欲强女以接客，宁死不屈。是即俗所谓卖嘴不卖身，犹今之著书者，但卖文而不卖版权，亦此例也。"假母无法，不敢违拗，允之。院之邻近有敌营者，其主将亦登徒子流也，时作狭邪游，涎新茶花之色，浪掷金钱，千金买笑。鸨母乐甚，自以为发洋财之运至矣。一日，设筵于新茶花之室，令女歌西曲，哀怨动人，主将乐甚。席散，犒赏五百元而去。噫！剋扣众兵之军粮，以资一人之快乐，番邦主将，亦知师吾绿营之成法，我道其不孤乎？

（未完，明日续登《遇美》）

环球社《图画日报》第十六号第六页

世界新劇（十六）

新茶花　遐美（青）

人生不幸作女子身。乃降而至於為妓。此誠煢煢無告之苦女子也。故稍知自愛者。斷不存一擇人而事之思想。豈如花解語如玉生香之新茶花。而樂此不疲哉。故新茶花於從良之願為尤切。惟一時不得其人耳。當陳少美爲偵探地理重任。奔馳跋涉。艱險不辭。然敵人防守甚嚴。窺探不易。敵氣甚惡。迭致殊難。故雖終日奔馳。誠英雄終無用武之地。厥職既虧。再擢上台譴責。惶愧之餘。益滋焦急。一日閒步過妓院之門。忽聞琴聲清越。頓思入內一遊。稍舒積悶。以解我憂。入門。衆妓爭迎。殷勤趨侍。引進新茶花卧室。四目騈集。而兩人之視線。幾若經十萬八千疋之電力。盡貫注於四瞳人中。少美默計是傾國姝。何淪落於火坑中。生平期許。非絕色者不娶。不圖於今日見之。新茶花心中亦在此地物色人才。匪伊朝夕。所遇者非深目高顴之番將。即滑頭滑腦之細人。近未覩此莊重不佻。清華高貴如是人者。亦既見之。我心蘊結。斯時之新茶花。蓋有默默含情而不能自已者矣。

（未完明日續登伏華）

环球社《图画日报》第十六号第六页

世界新剧

新茶花（十六）

遇　美

青

人生不幸作女子身，乃降而至于为娼，此诚茕茕无告之苦女子也。故稍知自爱者，孰不存一择人而事之思想？岂如花解语、如玉生香之新茶花，而乐此不疲哉！故新茶花于从良之愿为尤切，惟一时不得其人耳。当陈少美膺侦探地理重任，奔驰跋涉，艰险不辞。然敌人防守甚严，窥探不易，敌氛甚恶，速效殊难。故虽终日奔驰，诚英雄终无用武之地。厥职既亏，再惧上台谴责，惶愧之余，益滋焦急。一日，闲步过妓院之门，忽闻琴声清越，颇思入内一游，稍舒积闷，以解我忧。入门，众妓争迎，殷勤趋侍，引进新茶花卧室，四目骤集，而两人之视线，几若经十万八十疋之电力，尽贯注于四瞳人中。少美默计，是倾国姝，何流落于火坑中？生平期许，非绝色者不娶，不图于今日见之。新茶花心中：我在此地物色人才，匪伊朝夕，所遇者非深目高颧之番将，即滑头滑脑之细人，迄未觏此庄重不佻、清华高贵如是人者，亦既见之，我心蕴结。斯时之新茶花，盖有默默含情，而不能自已者矣。

（未完，明日续登《侠嫁》）

环球社《图画日报》第十七号第六页

环球社《图画日报》第十七号第六页

世界新剧

新茶花(十七)
侠　嫁

青

陈少美、新茶花两人坐定,灵魂驱归脑壳后。因询问里居姓氏,一对玉人你怜我爱,欢洽生平。有顷,新茶花谓少美曰:“我良家女,被人诱堕烟花,苦乏有情人为之脱火坑而登衽席。今幸遇君子,似有前缘,我愿嫁君,君有意乎?”少美曰:“不敢请耳,固所愿也。特不知女子之身价若何?”女曰:“鸨母以我为饵,索价甚巨,非三千金不可。”少美曰:“客中乏资,我托故回家,筹得巨款,一月后来娶汝,何如?”女曰:“度日如年,一月之久,犹一世耳。何能待耶?吾曾积蓄数千金,君为我予鸨母,今日定议,可乎?”少美不忍拂其美意,诺之。呼鸨母至,慨与其三千金,鸨母喜逐颜开,而一班龟奴佣媪,索犒殊苛,少美复给以千元,新茶花始整衣与同院姊妹别。并谆嘱其假母,言甚恳切。假母欲壑既殷,唯唯从命。于是新茶花与少美携手同归,成为妇云。

(未完,明日续登《规夫》)

环球社《图画日报》第十八号第六页

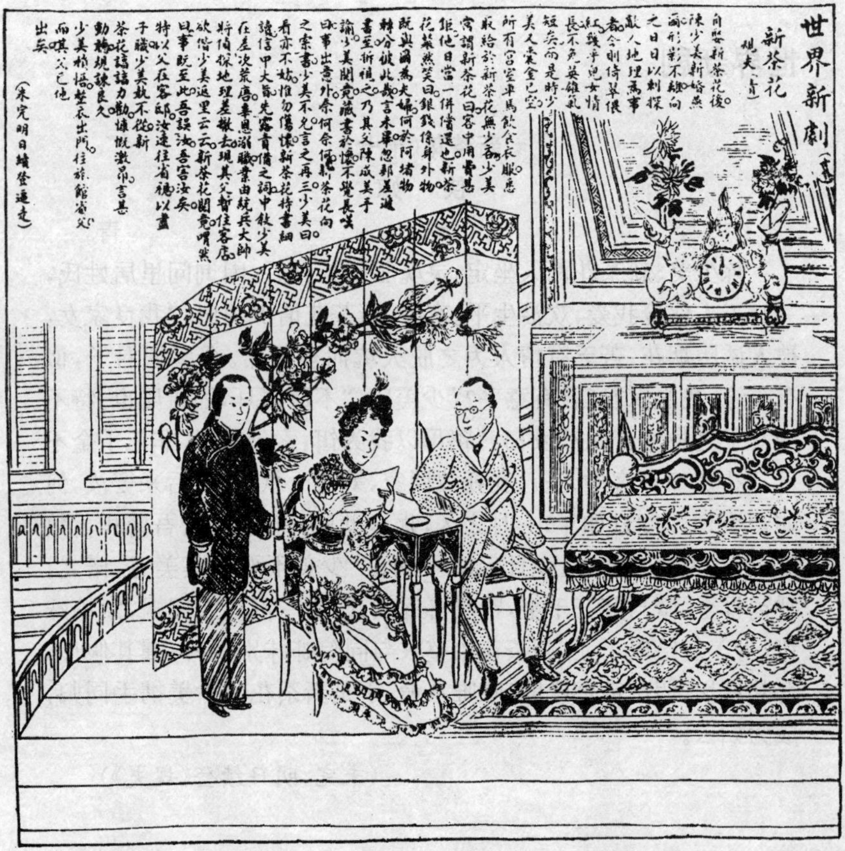

环球社《图画日报》第十八号第六页

世界新剧

新茶花(十八)

规 夫

青

自娶新茶花后，陈少美新婚燕尔，形影不离。向之日日以刺探敌人地理为事者，今则倚翠偎红，几乎儿女情长，不免英雄气短矣。而是时少美又囊金已空，所有宫室车马、饮食衣服，悉取给于新茶花无少吝。少美常谓新茶花曰：“客中用费甚巨，他日当一并偿还也。”新茶花粲然笑曰：“银钱系身外物，既与尔为夫妇，何于阿堵物转分彼此哉！”言未毕，忽邮差递书至，拆视之，乃其父陈成美手谕。少美阅竟，藏书于怀，不觉长叹曰：“事出意外，奈何奈何！”新茶花向之索书，少美不允，言之再三，少美曰：“看亦不妨，惟勿伤怀。”新茶花持书细读，信中大旨，先露责备之词，中叙少美在差次荒唐，辜恩溺职，业由统兵大帅将侦探地理差撤去。现其父暂住客店，欲偕少美返里云云。新茶花阅竟，喟然曰：“事既至此，吾误汝，吾害汝矣。特以父在客邸，汝速往省视，以尽于职。”少美执不从，新茶花谆谆力劝，慷慨激昂，言甚动听。规谏良久，少美稍悟，整衣出门，往旅馆省父。而其父已他出矣。

（未完，明日续登《逼走》）

环球社《图画日报》第十九号第六页

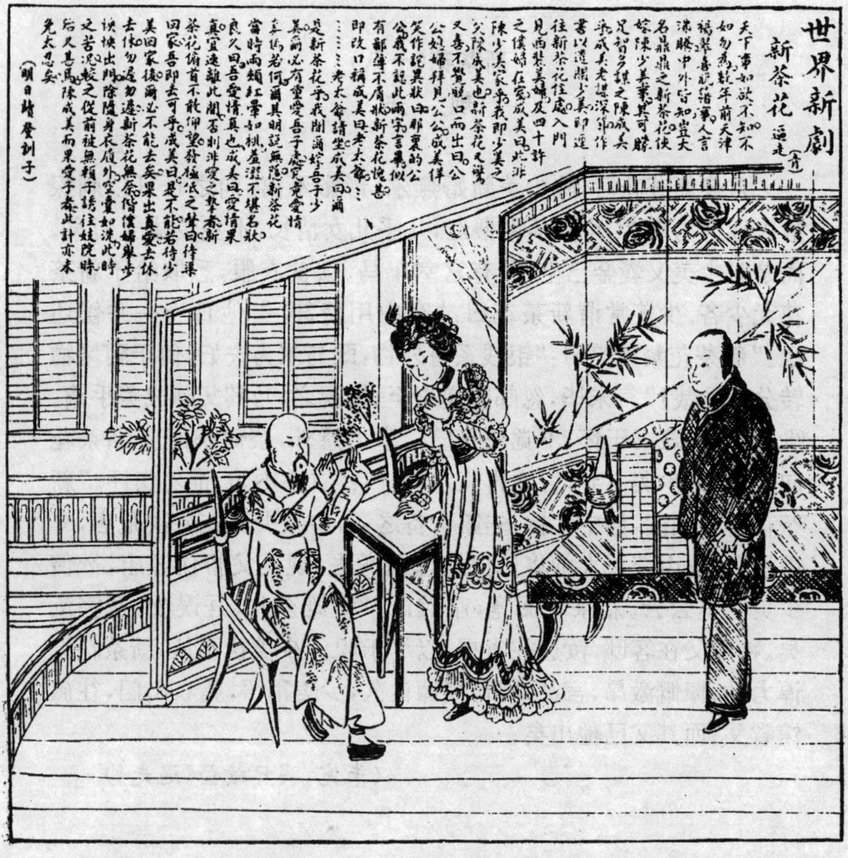

环球社《图画日报》第十九号第六页

世界新剧

新茶花(十九)

逼　走

青

天下事如欲不知,不如勿为。数年前天津杨翠喜脱籍事,人言沸腾,中外皆知。岂大名鼎鼎之新茶花,侠嫁陈少美事,其可矇足智多谋之陈成美乎?成美老谋深算,作书以遣开少美,即径往新茶花住处。入门见西装美妇,及四十许之仆妇在室。成美曰:"此非陈少美家乎?我即少美之父陈成美也。"新茶花又惊又喜,不觉脱口而出曰:"公公!媳妇拜见公公。"成美佯笑作诧异状曰:"那里的公公?我不认此两字。"言毕,似有鄙薄不屑状,新茶花愧甚,即改口称成美曰:"老太爷…… 老太爷请坐。"成美曰:"尔是新茶花乎?我闻尔嫁吾子少美,尔必有重爱吾子处。究竟爱情真伪若何,尔其明说无隐。"新茶花当时两颊红晕如桃,羞涩不堪名状,良久曰:"吾爱情真也。"成美曰:"爱情果真,宜速离此间,否则非爱之挚者。"新茶花俯首不敢伸望,发极低之声曰:"待渠回家,吾即去可乎?"成美曰:"是不能。若待少美回家后,尔必不能去矣。果出真爱,去休去休,勿迟勿迟。"新茶花无奈,偕仆妇举步怏怏出门,除随身衣履外,空囊如洗。此时之苦况,较之从前被无赖子诱往妓院时,殆又甚焉。陈成美而果爱子者,此计亦未免太忍矣。

(明日续登《训子》)

环球社《图画日报》第二十号第六页

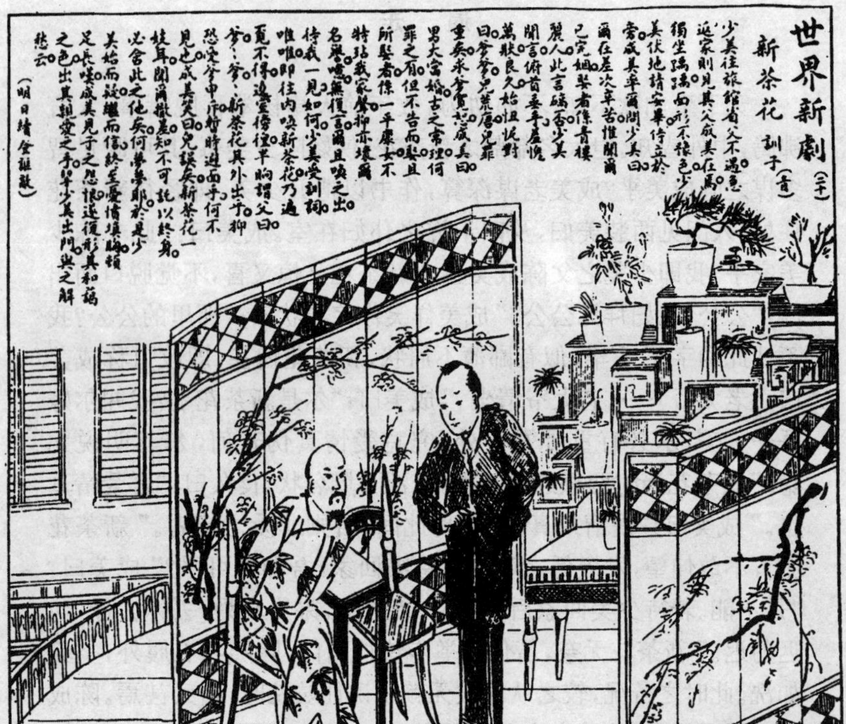

世界新劇（二十）

新茶花 訓子（十三）

少美往旅館省父不遇。急返家則見其父咸某在焉。獨坐踽踽而形不豫色。少美伏地請安畢。侍立於旁。父戚其卒爾問少美曰。爾在差次辛苦。惟聞爾已完姻。娶者係青樓麗人。此言確否。少美聞言。俯首垂手。羞愧萬狀。良久。始忸怩對曰。爹爹。兒荒唐。兒罪重矣。求爹爹寬恕。咸某曰。男大當婚。古之常理。何罪之有。但不告而娶。且所娶者。係一平康女。不特玷我家聲。抑亦壞爾名譽。噫。無復言。爾且喚之出。待我一見如何。少美受訓詞。唯唯。即往內喚新茶花。乃遍覓不得。遶室徬徨半晌。謂父曰。爹。爹爹。新茶花其外出乎。抑恐見爹爹申斥。暫時避面乎。何不見也。咸某笑曰。兒誤矣。新茶花一妓耳。聞爾撒差。知不可託以終身。必舍此之他矣。何夢夢耶。於是少美始而疑。繼而信。終至愛情填胸。頓足長嘆。咸某見子之怨恨。遂復形其和藹之色。出其親愛之手。挈少美出門。與之解愁云。

（明日續 金祖啟）

环球社《图画日报》第二十号第六页

世界新剧

新茶花(二十)
训　子

青

少美往旅馆省父不遇,急返家,则见其父成美在焉。独坐踽踽,面形不豫色。少美伏地请安毕,侍立于旁。成美率尔问少美曰:“尔在差次辛苦,惟闻尔已完姻,娶者系青楼丽人,此言确否?”少美闻言,俯首垂手,羞愧万状,良久,始忸怩对曰:“爹爹,儿荒唐,儿罪重矣,求爹宽恕。”成美曰:“男大当婚,古之常理,何罪之有?但不告而娶,且所娶者,系一平康女,不特玷我家声,抑亦坏尔名誉。噫!无复言,尔且唤之出,待我一见,如何?”少美受训词,唯唯。即往内唤新茶花,乃遍觅不得,绕室彷徨,半晌谓父曰:“爹爹!爹爹!新茶花其外出乎?抑恐受爹申斥,暂时避面乎?何不见也?”成美笑曰:“儿误矣!新茶花一妓耳,闻尔撤差,知不可托以终身,必舍此之他矣。何梦梦耶!”于是少美始而疑,继而信,终至忧愤填胸,顿足长叹。成美见子之怒恨,遂复形其和蔼之色,出其亲爱之手,挈少美出门,与之解愁云。

(明日续登《诓敌》)

环球社《图画日报》第二十一号第六页

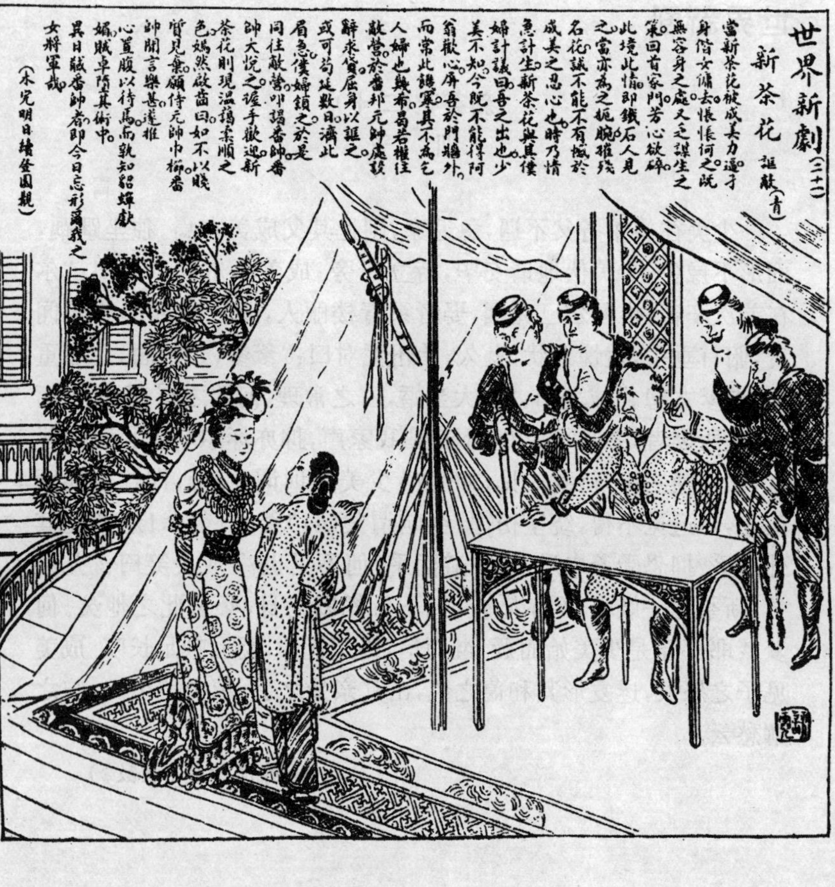

环球社《图画日报》第二十一号第六页

世界新剧

新茶花(二十一)
诓　敌

青

当新茶花被成美力逼，孑身偕女佣去，怅怅何之？既无容身之处，又乏谋生之策，回首家门，芳心欲碎。此境此情，即铁石人见之，当亦为之扼腕。摧残名花，诚不能不有憾于成美之忍心也。时乃情急计生，新茶花与其仆妇计议曰：“吾之出也，少美不知。今既不能得阿翁欢心，屏吾于门墙外，而常此饿寒，其不为乞人妇也几希。曷若权往敌营，于番邦元帅处设辞求贷，屈身以诓之，或可苟延数日，济此眉急。”仆妇颔之。于是同往敌营，叩谒番帅。番帅大悦之，握手欢迎，新茶花则现温蔼柔顺之色，嫣然启齿曰：“如不以贱质见弃，愿侍元帅巾栉。”番帅闻言乐甚，遂推心置腹以待焉。而孰知貂蝉献媚，贼卓堕其术中。异日馘番帅者，即今日忘形尔我之女将军哉！

（未完，明日续登《园觏》）

环球社《图画日报》第二十二号第六页

世界新劇（二十二）

新茶花　圖觀（青）

番帥與新茶花相處既有日。凡所以能得新茶花之歡心者。番帥靡不曲意奉承。適該處有一園。園頗具花木之勝。番帥與新茶花。偕往遊焉。攜手狎褻。種種齷齪之狀態。令旁觀者見之。莫不為麗若天人之新茶花。橫生妬心。況最親愛最關切之陳少美乎。少美既失所愛。終日焦急。一日隨父遊園。蓋欲藉此釋憂悶也。甫入園見一西裝婦與一碧眼黃鬚者。挽臂並坐。遙認之。隱約如新茶花。少美踉蹌狂呼。謂其父曰。爹……爹……得之矣。他……他。……此蓋吾其新茶花也。賣淫婦。……賣淫婦。甚至與犬羊同處。吾不殺之。吾不能洩吾恨。於是挾手鎗。急起而直通之。成美遽牽其袂曰。吾兒勿爾。彼一妓。何足道。吾早料及此。兒以千金身。與之拚命。割雞寧牛刀矣。速返。另籌良姻。遂强挈少美出。而少美髮指背裂。從此與新茶花。蓋若有切齒之仇者。

环球社《图画日报》第二十二号第六页

世界新剧

新茶花(二十二)

园觏

青

番帅与新茶花相处既有日，凡所以能得新茶花之欢心者，番帅靡不曲意奉承。适该处有一园囿，颇具花木之胜。番帅与新茶花偕往游焉，携手狎亵，种种龌龊之状态，令旁观者见之，莫不为丽若天人之新茶花，横生妒心，况最亲爱、最关切之陈少美乎？少美既失所爱，终日焦急。一日随父游园，盖欲藉此释忧闷也。甫入园，见一西装妇，与一碧眼黄须者，挽臂并坐，遥认之，隐约如新茶花。少美踉跄狂呼，谓其父曰："爹……爹……得之矣！他……他……此盖吾妻新茶花也。卖淫妇……卖淫妇！甚至与犬羊同处！吾不杀之，吾不能泄吾恨！"于是挟手枪，急起而直逼之。成美遽牵其袂曰："吾儿勿尔！彼一妓，何足道！吾早料及此，儿以千金身，与之拼命，割鸡需牛刀矣。速返，另筹良姻。"遂强掣少美出。而少美发指皆裂，从此与新茶花盖若有切齿之仇者。

环球社《图画日报》第二十三号第六页

世界新劇(二十三)

新茶花 剖完

當陳少美怒不可遏。挾手鎗以逼新茶花時。新茶花戰慄自危知己出亡之原由。少美猶夢然未悉。自忖曰。愛情深者。怨恨亦必甚。今日我與番帥把臂偕遊。爪田之嫌。固不能免而棄舊憐新。在未明底蘊者。驟焉見之。自不能不為之憤憤。少美之不平。常情也。曷足怪。惟此事之蹊蹺。皆阿翁所播弄我之醜類異族。實逼處此者。要非得已。今欲分辯種切。余番帥與阿翁在。欲長此黙黙。余爾我之悶葫蘆。何日勘破。無已。其俟諸將來乎。翌日。新茶花與傭婦計議定。遂偕往少美寓。賀焉登門。豈新茶花之品性卑下哉。蓋欲將不得已之苦衷。及所以出亡之故。剖白於少美前。以冀少美之見諒也。而孰知脫幅之卦已占。少美之固執。少美之蠻橫。有非新茶花所能逆料者

(未完明日續登受序)

环球社《图画日报》第二十三号第六页

世界新剧

新茶花(二十三)

剖　冤

青

当陈少美怒不可遏,挟手枪以逼新茶花时,新茶花战栗自危,知己出亡之原由,少美犹梦然未悉,自忖曰:“爱情深者,怨恨亦必甚。今日我与番帅把臂偕游,瓜田之嫌,固不能免。而弃旧怜新,在未明底蕴者,骤焉见之,自不能不为之愤愤。少美之不平,常情也。曷足怪?惟此事之蹊跷,皆阿翁所播弄。我之腼颜异族,实逼处此者,要非得已。今欲分辨种切,奈番帅与阿翁在。欲长此默默,奈尔我之闷葫芦,何日勘破?无已,其俟诸将来乎?”翌日,新茶花与佣妇计议定,遂偕往少美寓,贸焉登门。岂新茶花之品性卑下哉?盖欲将不得已之苦衷,及所以出亡之故,剖白于少美前,以冀少美之见谅也。而孰知脱幅之卦已占,少美之固执、少美之蛮横,有非新茶花所能逆料者。

(未完,明日续登《受辱》)

环球社《图画日报》第二十四号第六页

环球社《图画日报》第二十四号第六页

世界新剧

新茶花(二十四)

受　辱

愿

新茶花之往陈少美寓也,非见怜也,为剖冤也。乃甫入门,见少美独坐堂皇,甫启口,见少美即指斥之曰:“贱妓!尔何人?尔尚有面目见我耶!”新茶花红晕两颊,含羞对曰:“勿误会,勿错怪贱妾。今日之来,正为沥陈下情故,请君怜而察之。”数语未终,少美怒益甚,色益厉,声益咆哮,跳身直前,连批新茶花颊曰:“贱妓……淫妓……无耻妓!尔有何言?尔能言耶!尔言,尔敢言,尔若再言,即置尔于死地!”意势汹汹,语无伦类。一面更饬仆人往妓寮中,征与新茶花意见不洽同院之歌妓,名白兰花者来,诬蔑新茶花与番帅情好,笑骂之声,咄咄逼人。而少美之任意凌辱,肆横暴戾,又若出匣之干将锋。新茶花以一弱女子,当此众楚共咻时,何敢稍婴逆?惟饮泣吞声,含泪椎膺,而一腔郁勃气,则自顶至踵,几无一宣泄处。热血潮涌,呃逆之余,继以狂吐,虽非李长吉,心肝亦几乎寸断。乃少美熟视无睹,新茶花坐以待毙,面面相觑,若有彼此不下势。佣妇侍旁,知两人之不可以一时强合也,遂再三劝新茶花行。新茶花创巨痛深,受此意外之摧折,料少美不可以理喻,痛哭出门。噫!薄言往愬,逢彼之怒,新茶花即非是,陈少美亦忍矣哉!

环球社《图画日报》第二十五号第六页

世界新劇(二十五)

新茶花　定策(續)

新茶花既受此意外之催逼。反寫後忌欲覓一死。以表白其心之無他。傭婦某固具老成勝算者。知陳少美之波瀾。出於一時之氣憤。其心非必如石之不可轉也。遂竭力勸新茶花勿輕生。且言際此女權伸張時代。必留此身以為大用。作一驚心動魄事。勿令人謂巾幗中無英雄。若悻悻然以自經溝瀆。則鴻毛耳。何足道。新茶花聞言奇之。謂傭婦曰。善哉言乎。余我一弱質。欲建非常之偉業。得使我夫婦復情好之原狀。計將安出。傭婦曰。少奶奶亦知少爺所以撤差之原由乎。無非為偵探地理不力之故。聞番帥藏有精詳地圖。少奶既不時往番營。苟留心探察。得其當以竊之。更修一柬待傭婦送去少爺。得地圖後。不特功可成。官可復。且將自悔今日之所為。而彼此愛情從此可益深。阿翁亦將歡欣而器重。而少奶之不白冤亦從此可以昭雪。異日夫貴妻榮。少奶可揚眉吐氣矣。不然。今日即死。少爺終必謂少奶與番帥有苟且。懼羞成怒。以一死洗垢污也。少奶之冤。究少奶之貞潔恐無表見之一日。此緊要關頭。願三思之。新茶花情激之餘。忽經傭婦當頭一棒。方如夢初覺。自是主僕協謀。日夕籌所以竊圖之舉。侯生獻策。如姬竊符。新茶花之主僕。何多讓焉。

(未完明日續登竊圖)

环球社《图画日报》第二十五号第六页

世界新剧

新茶花(二十五)

定　策

愿

新茶花既受此意外之催折,反寓后,急欲觅一死,以表白其心无他。佣妇某,固具老成胜算者,知陈少美之凌辱,出于一时之气愤,其心非必如石之不可捲也。遂竭力劝新茶花勿轻生,且言际此女权伸张时代,必留此身以为大用,作一惊心动魄事,勿令人谓巾帼中无英雄。若悻悻然以自经沟渎,则鸿毛耳,何足道?新茶花闻言奇之,谓佣妇曰:“善哉言乎!奈我一弱质,欲建非常之伟业,得使我夫妇复情好之原状,计将安出?”佣妇曰:“少奶奶亦知少爷所以撤差之原由乎?无非为侦探地理不力之故。闻番帅藏有精详地图,少奶既不时往番营,苟留心探察,得其当以窃之。更修一柬,待佣妇送去,少爷得地图后,不特功可成,官可复,且将自悔今日之所为。而彼此爱情从此可益深,阿翁亦将欢欣而器重。而少奶之不白冤,亦从此可以昭雪。异日夫贵妻荣,少奶可扬眉吐气矣。不然,今日即死,少爷终必谓少奶与番帅有瓜葛,恼羞成怒,以一死洗垢污也。少奶之蒙冤,少奶之贞节,恐无表见之一日。此紧要关头,愿三思之。”新茶花愤激之余,忽经佣妇当头一棒,方如梦初觉。自是主仆协谋,日夕筹所以窃图之举。侯生献策,如姬窃符。新茶花之主仆,何多让焉!

(未完,明日续登《窃图》)

环球社《图画日报》第二十六号第六页

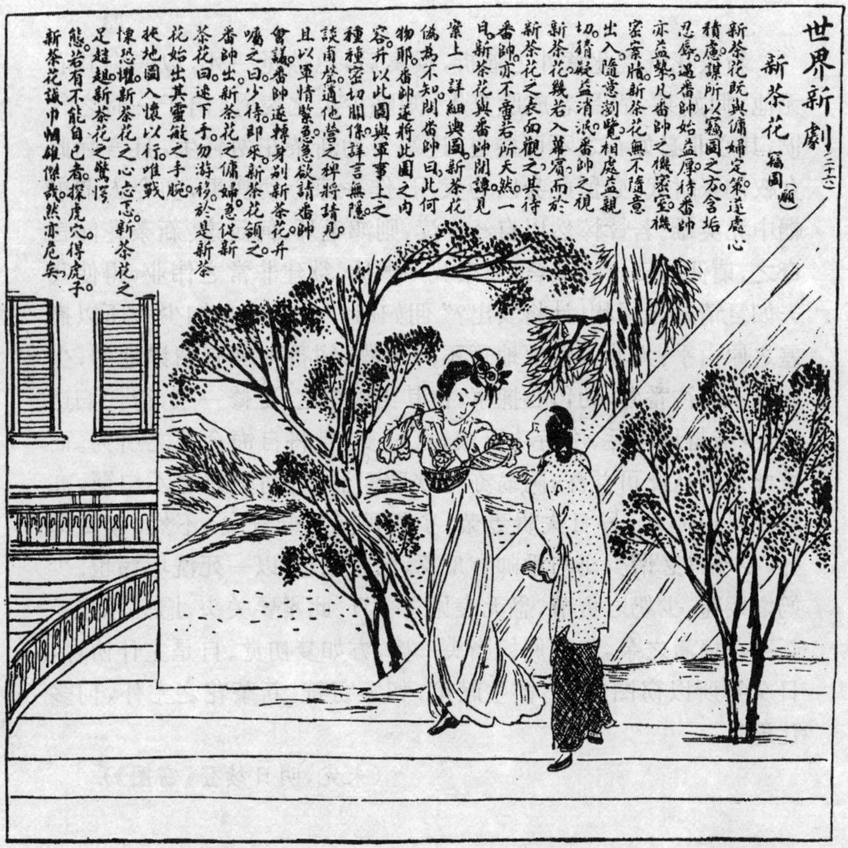
世界新劇（二十六）

新茶花（竊圖）（續）

新茶花既與傭婦定策。遂處心積慮。謀所以竊圖之方。含垢忍辱。遇番帥始益厚。待番帥亦益摯。凡番帥之機密室機密案牘。新茶花無不隨意出入。隨意瀏覽。相處益親切。猜疑益消泯。番帥之視新茶花。幾若入幕賓。而於新茶花之表面觀之。其待番帥。亦不啻若所天然。一日。新茶花與番帥閑譚。見案上一詳細輿圖。新茶花偽為不知。問番帥曰。此何物耶。番帥遂將此圖之內容。并以此圖與軍事上之種種密切關係。詳言無隱。談甫營。適他營之裨將請見。且以軍情緊急。急欲請番帥會議。番帥遂轉身別新茶花。并囑之曰。少待。即來。番帥出。新茶花之傭婦。急促新茶花曰。速下手。勿遊移。於是新茶花始出其靈敏之手腕。挾地圖入懷以行。唯戰慄恐懼。新茶花之心忐忑。新茶花之足趑趄。新茶花之驚愕態。若有不能自已者。探虎穴。得虎子。新茶花誠巾幗雄傑哉。然亦危矣。

环球社《图画日报》第二十六号第六页

世界新剧

新茶花(二十六)

窃　图

愿

新茶花既与佣妇定策,遂处心积虑,谋所以窃图之方。含垢忍辱,遇番帅始益厚,待番帅亦益挚。凡番帅之机密室、机密案牍,新茶花无不随意出入,随意浏览。相处益亲切,猜疑益消泯。番帅之视新茶花,几若入幕宾。而于新茶花之表面观之,其待番帅,亦不啻若所天然。一日,新茶花与番帅闲谭,见案上一详细舆图。新茶花伪为不知,问番帅曰:“此何物耶?”番帅遂将此图之内容,并以此图与军事上之种种密切关系,详言无隐。谈甫罄,适他营之裨将请见,且以军情紧急,急欲请番帅会议。番帅遂转身别新茶花,并嘱之曰:“少待即来。”新茶花颔之。番帅出,新茶花之佣妇急促新茶花曰:“速下手,勿游移。”于是新茶花始出其灵敏之手腕,挟地图入怀以行,唯战栗恐惧,新茶花之心忐忑,新茶花之足趦趄,新茶花之惊愕态,若有不能自已者。探虎穴,得虎子,新茶花诚巾帼雄杰哉!然亦危矣。

环球社《图画日报》第二十七号第六页

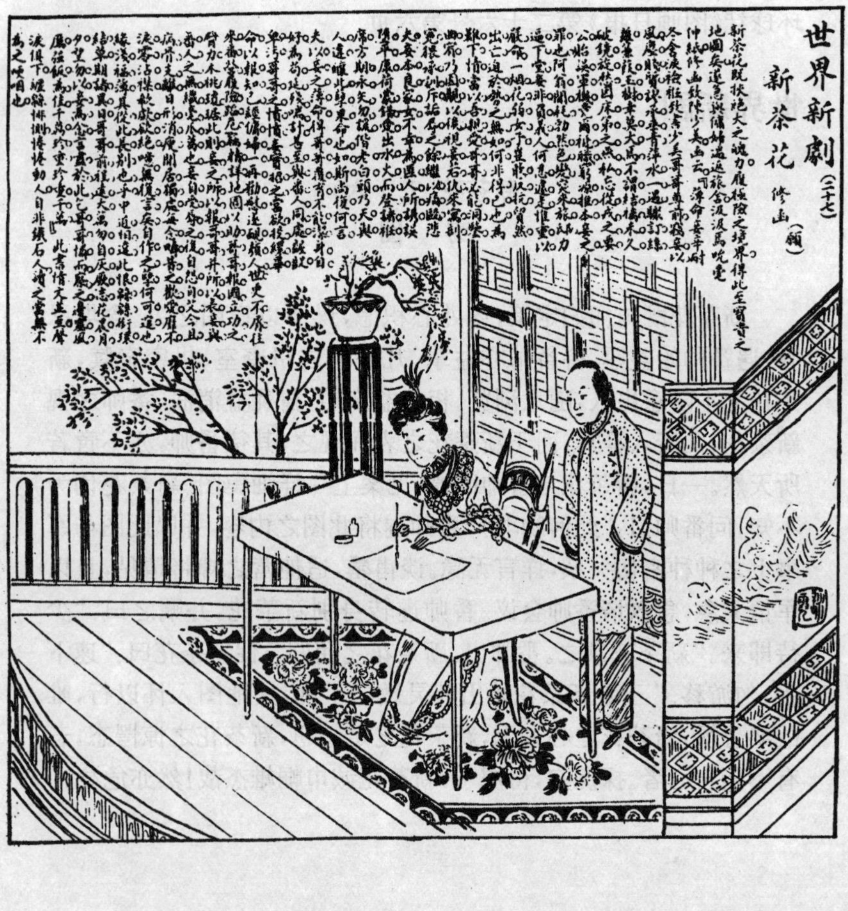

环球社《图画日报》第二十七号第六页

世界新剧

新茶花(二十七)

修　函

愿

新茶花既挟绝大之魄力,履极险之境界,得此至宝贵之地图矣,遂急与佣妇遄返旅舍。汲汲焉吮毫伸纸,修函致陈少美,函云:“薄命妾辛耐冬含泪裣衽致书少美哥哥尊前。窃妾以风尘贱质,谬承垂青,萍水一遇,骤订丝萝,兼葭玉树,幸莫大焉。不谓结缡未久,破镜旋愁。因床笫之燕私,忘从戎之要公。贻误军机,竟尔褫职。穷源推本,妾之罪也。阿翁闻耗,勃然色变,突来旅邸,力逼下堂。妾非负义人,何忍遽走?惟重以严命,一烟花弱女子,岂敢反抗?贸然出亡,迫于势之无如何,非得已也。为难下情,当以吾亲爱哥哥,必能洞鉴曲宥。乃园觐以后,视妾若仇。来寓剖冤,猥承训斥。诟辱之余,继以痛殴。悲夫!妾本良家女,不幸为匪人所诱,误堕平康。荷蒙错爱,出水火而登诸衽席。方期永矢勿谖,偕老白头;乃天与人违,酿此孽果,命也!如斯尚复何言!夫以妾之薄命,得哥哥覆育,不能洁身自好,为苟延残喘计,甚至与番人同处,龌龊卑污,哥哥之愤愤,妾实招之。当欲投缳毕命,以报知己。经佣妇一再劝慰,遂腼颜人世,更不屑往来番营,履险蹈危,窃精详地图,以助哥哥报国立功之臂力。木桃琼琚,此则妾之所以报哥哥,并所以表妾与番人之无纤毫瓜葛也。妾自受辱之后,自怨自艾,今且病骨支离,日形消瘦,闲居独处,每念畴昔之欢爱,靡不泪零沾襟,唏嘘欲绝。噫!无复言矣,自作之孽,何可逭也。缘浅福薄,其从此长别也乎?中道相违,此恨绵绵。衔环结草,期诸异日。哥哥前程远大,万勿自灰厥志。花晨月夕,望勿以妾为念。言尽于此,乞哥哥怜而察之。边塞风厉,强饭为佳。千万珍重,珍重千万。”此书情文并至,声泪俱下,缠绵悱恻,惓惓动人,自非铁石人,读之当无不为之哽咽也。

环球社《图画日报》第二十八号第六页

世界新劇（二十八）

新茶花 瑒兄（續）

當新茶花餞函之日。正卓卓然瑒兄之時。卓卓然既為陳氏義子。承陳仁美之培植。肄業陸軍學校。至此已四閱寒暑。列優等畢業。斯時四郊多壘。邊警迭起。士之受國家豢養者。靡不乘時奮興。以獵取功名。卓卓然既陸軍畢業。嫻習戰略。具高貴之軍人資格。因奉上峯檄飭從戎。挺身投効。不多日至邊塞。見帥節後。即派為砲兵司令長。隨營差遣。而卓然以一寒人子。未數年而榮膺武職。推原厥功。則皆義父陳仁美之力也。而義兄少美。則於軍事上頗有經驗。為地理偵探長。乃未幾為一青樓女所誤。致秘藏軼聞。義父因前次徵調至此。蒙元戎器重。派此來邊。今且未知其現況若何。卓然公務既竣。一切既部署周妥。遂急至少美旅舍。甫進門。即由僕人通報少美正在無聊。忽聞義弟到邊就職。欣喜異常。倒屣出迎。相見之餘。握手言歡。道契濶。罄積愫。雖異姓昆季。而怡怡之樂。則有較同胞為勝者。豈料天作之合。卓卓然於父子弟兄外。又得見夢想不到至親愛之手足乎。斯亦奇矣。

环球社《图画日报》第二十八号第六页

世界新剧

新茶花(二十八)

谒　兄

愿

当新茶花修函之日，正辛卓然谒兄之时。辛卓然既为陈氏义子，承陈仁美之培植，肄业陆军学校，至此已四阅寒暑，列优等毕业。斯时四郊多垒，边衅迭起，士之受国家豢养者，靡不乘时奋兴，以猎取功名。辛卓然既陆军毕业，娴习战略，具高贵之军人资格。因奉上峰檄饬从戎，孤身投効，不多日至边塞。见帅节后，即派为炮兵司令长，随营差遣。辛卓然以一窭人子，未数年而荣膺武职，推原厥功，则皆义父陈仁美之力也。而义兄少美，则于军事上颇有经验。前次征调至此，蒙元戎器重，派为地理侦探长。乃未几为一青楼女所误，致褫职赋闲，义父因此来边，今且未知其现况若何?卓然公务既竣，一切既部署周妥，遂急至少美旅舍。甫进门，即由仆人通报，少美正在无聊，忽闻义弟到边就职，欣喜异常，倒屣出迎。相见之余，握手言欢，道契阔，罄积愫。虽异姓昆季，而怡怡之乐，则有较同胞为胜者。岂料天作之合，辛卓然于父子弟兄外，又得见梦想不到、至亲爱之手足乎?斯亦奇矣。

环球社《图画日报》第二十九号第六页

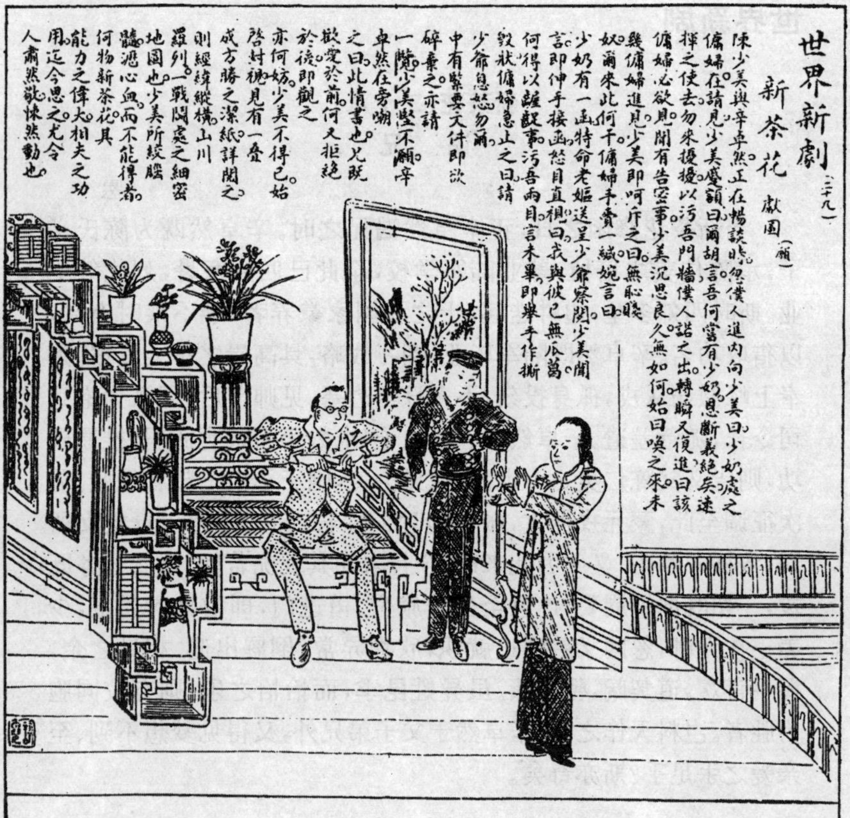

环球社《图画日报》第二十九号第六页

世界新剧

新茶花(二十九)
献　图

愿

陈少美与辛卓然,正在畅谈时,忽仆人进内,向少美曰:“少奶处之佣妇在请见。”少美蹙额曰:“尔胡言!吾何当有少奶!恩断义绝矣!速挥之使去,勿来扰扰,以污吾门墙。”仆人诺之出。转瞬又复进曰:“该佣妇必欲见,闻有告密事。”少美沉思良久,无如何,始曰:“唤之来。”未几,佣妇进见,少美即呵斥之曰:“无耻贱奴!尔来此何干?”佣妇手赍一缄,婉言曰:“少奶有一函,特命老妪送呈少爷察阅。”少美闻言,即伸手接函,怒目直视曰:“我与彼已无瓜葛,何得以龌龊事,污吾两目?”言未毕,即举手作撕毁状,佣妇急止之曰:“请少爷息怒,勿尔。中有紧要文件,即欲碎弃之,亦请一览。”少美坚不愿,辛卓然在旁嘲之曰:“此情书也。兄既欢爱于前,何又拒绝于后?即观之,亦何妨。”少美不得已,始启封视,见有一叠成方胜之洁纸,详阅之,则经纬纵横,山川罗列,一战斗处之细密地图也。少美所绞脑髓、沥心血而不能得者,何物新茶花,其能力之伟大。相夫之功用,迄今思之,尤令人肃然敬,悚然动也。

环球社《图画日报》第三十号第六页

世界新劇（三十）

新茶花　哭東（稿）

陳少美閱地圖竟。已愕然失色。更出絨詳閱。幾一字一淚。讀至詬爺之餘。繼以痛毆二語。少美不禁狂呼。自批其頰曰。肉眼。薄倖人。愧極。…愧極。更捧誦至病骨支離。日形消瘦。及從此長別數言。少美已淚珠涔涔下。面現青紫色。手足若冰。怒目上視。切齒蹬足曰。痛哉。陳少美具狗彘不若乎。何忍心乃爾。雖然。吾爹。吾爹。亦未免。言至此。形極慘之容。發極低之聲。曰已矣。其將結來世因緣乎。斯時辛卓然在旁。觀少美始而讀函。繼而自恨。終且至暈厥。不覺驚駭萬狀。傭婦亦不勝惶恐。遂互相急喚曰。哥哥…少爺…哥哥醒。良久。少美始大哭失聲曰。吾負人矣。回顧辛卓然。執其手。以新茶花函給卓然。曰。賢弟。請觀。愚兄非人也。卓然接書展閱。見哀痛之意。溢於紙上。而且責人者寬。責己者嚴。全篇無纖毫怨懟語。讀竟。愴然起敬曰。哥哥。請勿憂。明日弟當告之父。何難破鏡重圓。萬勿作兒女態。過於悲慟。一面辛卓然謂送書傭婦曰。爾速返。其盡心侍奉少奶。少奶之美意。及一切不白之冤。此間少爺已覺悟。不日當登門親近也。傭婦見少美感泣出於至誠。亦再三勸慰之而去。

环球社《图画日报》第三十号第六页

世界新剧

新茶花（三十）
哭　柬

愿

陈少美阅地图竟，已愕然失色。更出缄详阅，几一字一泪。读至“诟辱之余，继以痛殴”二语，少美不禁狂呼，自批其颊曰：“肉眼！薄幸人！愧极 …… 愧极 ……”更捧诵至“病骨支离，日形消瘦”及“从此长别”数言，少美已泪珠涔涔下，面现青紫色，手足若冰，怒目上视，切齿蹬足曰：“痛哉陈少美！其狗彘不若乎？何忍心乃尔！虽然，吾爹 …… 吾爹 …… 亦未免 ……”言正此，形极惨之容，发极低之声，曰：“已矣，其将结来世姻缘乎？”斯时辛卓然在旁，观少美始而读函，继而自恨，终且至晕厥，不觉惊骇万状，佣妇亦不胜惶恐，遂互相急唤曰：“哥哥 ……”“少爷 ……”“哥哥醒。”良久，少美始大哭失声曰：“吾负人矣。”回顾辛卓然，执其手以新茶花函，给卓然曰：“贤弟请观，愚兄非人也。”卓然接书展阅，见哀痛之意，溢于纸上。而且责人者宽，责己者严，全篇无丝毫怨怼语。读竟，肃然起敬曰：“哥哥请勿忧，明日弟当告之父，何难破镜重圆？万勿作儿女态，过于悲愤。”一面辛卓然谓送书佣妇曰：“尔速返，其尽心侍奉少奶。少奶之美意，及一切不白之冤，此间少爷已觉悟，不日当登门亲近也。”佣妇见少美感泣出于至诚，亦再三劝慰之而去。

环球社《图画日报》第三十一号第六页

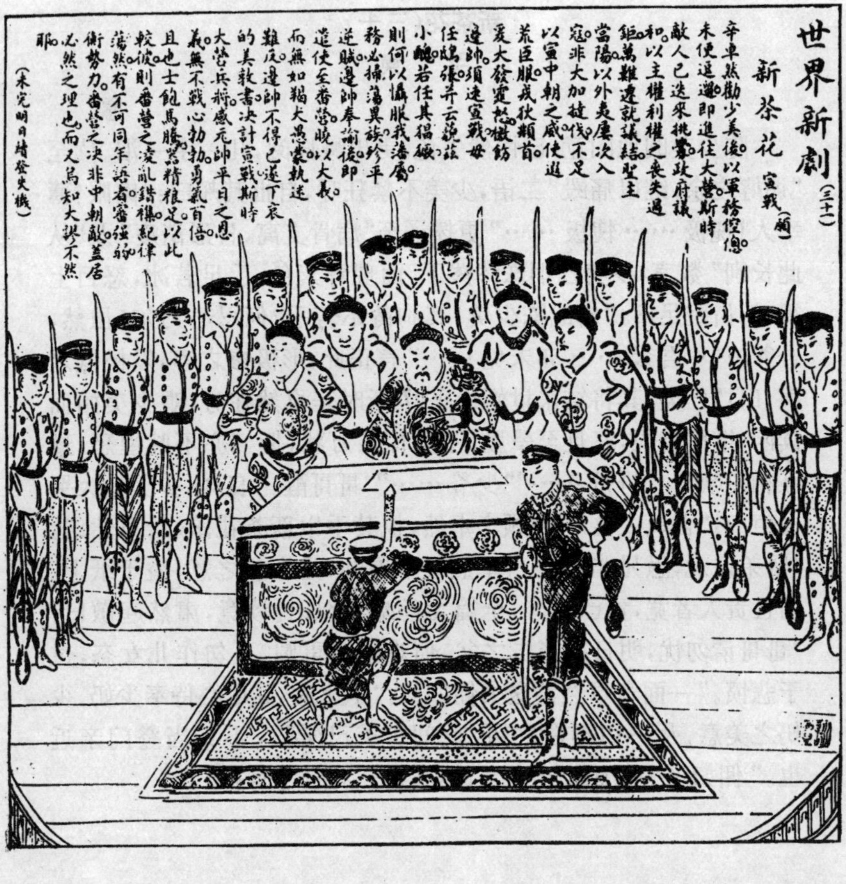

环球社《图画日报》第三十一号第六页

世界新剧

新茶花（三十一）
宣　战

愿

辛卓然劝少美后，以军务倥偬，未便逗留，即进往大营。斯时敌人已迭来挑衅，政府议和，以主权利权之丧失过巨，万难迁就议结。圣主当阳，以外夷屡次入寇，非大加挞伐，不足以宣中朝之威，使遐荒臣服，戎狄俯首。爰大发霆怒，檄饬边帅，须速宣战，毋任鸱张。并云藐兹小丑，若任其猖獗，则何以慑服我藩属，务必扫荡异族，殄平逆贼。边帅奉谕后，即遣使至番营，晓以大义。而无如羯犬愚蒙，执迷难反。边帅不得已，遂下"哀的美敦书"，决计宣战。斯时大营兵将，感元帅平日之恩义，无不战心勃勃，勇气百倍。且也士饱马腾，器精粮足，以此较彼，则番营之凌乱错杂，纪律荡然，有不可同年语者。审强弱，衡势力，番营之决非中朝敌，盖居必然之理也。而又乌知大谬不然耶！

（未完，明日续登《失机》）

环球社《图画日报》第三十二号第六页

世界新劇（三十二）

新茶花 失機

軍爭上之條件。有種種之緊要。而地理實爲戰鬬時之指鍼。山川之位置。道里之遠近。形勢之險要。從戎者苟偵察稍失當。無不隕越隨之。諸葛武侯入蜀。雖曰武侯之將略。然亦張松一圖之力也。故地圖一幅。足勝後鏜鎗百枝。羅爾孫之語。洵非虛談。當我昔與番人之開仗也。我全軍奮勇疾擊。所向披靡。番人疲弱奔竄。我軍望風逐北。轉輾向前。繞極峻惡之山路。過極汜濫之河澤。正在窮追時。忽砉然一聲。連珠勃發。我軍前隊知有變故。急反身引退。若一般小說上所謂以前軍作後軍。後軍作前軍者。而孰知一軍從刺斜命至。已敗之番軍。更轉身攻鬬。我軍腹背受敵。遂至敗績。然將士等。際此槍林彈雨中。猶能馳驟跳躍。以一當百。合全力以突出重圍。亦云勇矣。此一役也。死傷狼藉者無算。番人雖轉敗爲勝。而器械耗傷亦不貲。噫。以若此雄軍。而猶不免失機者。推原厥由。則皆不嫻地理之故也。甚矣偵探地理。眞軍事上最要之關鍵哉。

（未完明日續登復驥）

环球社《图画日报》第三十二号第六页

世界新剧

新茶花（三十二）

失　机

愿

军事上之条件，有种种之紧要，而地理实为战斗时之指针。山川之位置，道里之远近，形势之险要，从戎者苟侦察稍失当，无不陨越随之。诸葛武侯入蜀，能驱大兵直入，如无人之境者，虽曰武侯之将略，然亦张松一图之力也。故地图一幅，足胜后镗枪百枝。鼐尔孙之语，洵非虚谈。当我营与番人之开仗也，我全军奋勇疾击，所向披靡，番人疲弱奔窜。我军望风逐北，转辗向前，绕极峻恶之山路，过极泛滥之河泽。正在穷追时，忽砉然一声，连珠勃发。我军前队知有变故，急反身引退。若一般小说上所谓以前军作后军，后军作前军者。而孰知一军从刺斜奄至，已败之番军，更转身攻斗。我军腹背受敌，遂至败绩。然将士等，际此枪林弹雨中，犹能驰骤跳跃，以一当百，合全力以突出重围，亦云勇矣。此一役也，死伤狼籍（藉）者无算。番人虽转败为胜，而器械耗伤亦不资。噫！以若此雄军，而犹不免失机者，推原厥由，则皆不娴地理之故也。甚矣！侦探地理，真军事上最要之关键哉！

（未完，明日续登《复职》）

环球社《图画日报》第三十三号第六页

世界新劇(三十三)

新茶花 復職(劇)

我軍既敗績。元帥退守縣所以失機之故。知原因於地理之疎失。乃升帳大集將士會議。元帥當衆宣言曰。諸君老於戰場。亦知此次所以敗北之原由乎。夫得天時者。何如地理。我將士非不用命。我軍械非不精良。而卒至於敗者。則無熟悉地理之人爲全軍嚮導故。爲今之計。急宜用力於偵探地理。苟得於此間山澤形勢。瞭然明確。則何患不勝耶。言甫畢。辛亭然即出而言曰。請元帥恕罪。小將願保一人於麾下。元帥曰。保薦人才。何罪之有。爾姑言之。辛亭然曰。所保非他人。即前次被革職之地理偵探長陳少美是也。陳少美自被革後。日夕跋涉道途。以刺探地理。現已繪有精詳圖冊。屢欲扶策求見。恐冒昧得罪。是以逡巡。倘蒙元帥曲恕既往。復其原職。陳少美感激知遇。必當力謀報稱。以贖前愆。且以小將鄙見度之。際此邊情緊急。倘敵營遣來挑戰。非急用陳少美。必不能轉敗爲勝。設陳少美此時再有失誤。小將保薦不實。自願連坐。伏祈元帥詳察。元帥曰。我非不用陳少美。奈渠嶙嶙不得已而撤差。非所願也。現既據爾力保。自當准如所請。着爾明日帶領陳少美來營聽候調用。辛亭然聞言。欣然鞠躬致謝。畢翌日。辛遂偕陳少美至大營。元帥見少美後。即開復原職。溫諭諄諄。少美則謙謝不遑。當將陳飭處地理形勢險要。瞭如指掌。元帥一再稱善。而陳少美與辛亭然亦稱心快意。非言語所能形容矣。

(未完明日續登凱旋)

环球社《图画日报》第三十三号第六页

世界新剧

新茶花(三十三)

复　职

愿

我军既败绩，元帅遂审察所以失机之故。知原因于地理之疏失，乃升帐大集将士会议。元帅当众宣言曰：“诸君老于战场，亦知此次所以败北之原由乎？夫得天时者，何如地理？我将士非不用命，我军械非不精良，而卒至于败者，则无熟悉地理之人，为全军向导故。为今之计，急宜用力于侦探地理，苟得于此间山泽形势，调查明确，则何患不胜耶！”言甫毕，辛卓然即出而言曰：“请元帅恕罪，小将愿保一人于麾下。”元帅曰：“保荐人才，何罪之有？尔姑言之。”辛卓然曰：“所保非他人，即前次撤差褫职之地理侦探长陈少美是也。陈少美自被革后，日夕跋涉道途，以刺探地理。现已绘有精详图册，屡欲挟策求差，恐冒昧得罪，是以迟迟。倘蒙元帅曲恕既往，复其原职，陈少美感激知遇，必当力谋报称，以赎前愆。且以小将鄙见度之，际此边情紧急，番营迭来挑战，非急用陈少美，必不能转败为胜。设陈少美此时再有失误，小将保荐不实，自愿连坐。伏祈元帅详察。”元帅曰：“我非不用陈少美，奈渠旷职，不得已而撤差，非所愿也。现既据尔力保，自当准如所请。着尔明日带领陈少美来营，听候调用。”辛卓然闻言欣然，鞠躬致谢毕。翌日遂偕陈少美至大营，元帅见少美后，即开复原职，温谕谆勖。少美则谦谢不遑，当指陈该处地理，形势险要，了如指掌。元帅一再称善，而陈少美与辛卓然，亦称心快意，非言语所能形容矣。

(未完，明日续登《凯旋》)

环球社《图画日报》第三十四号第六页

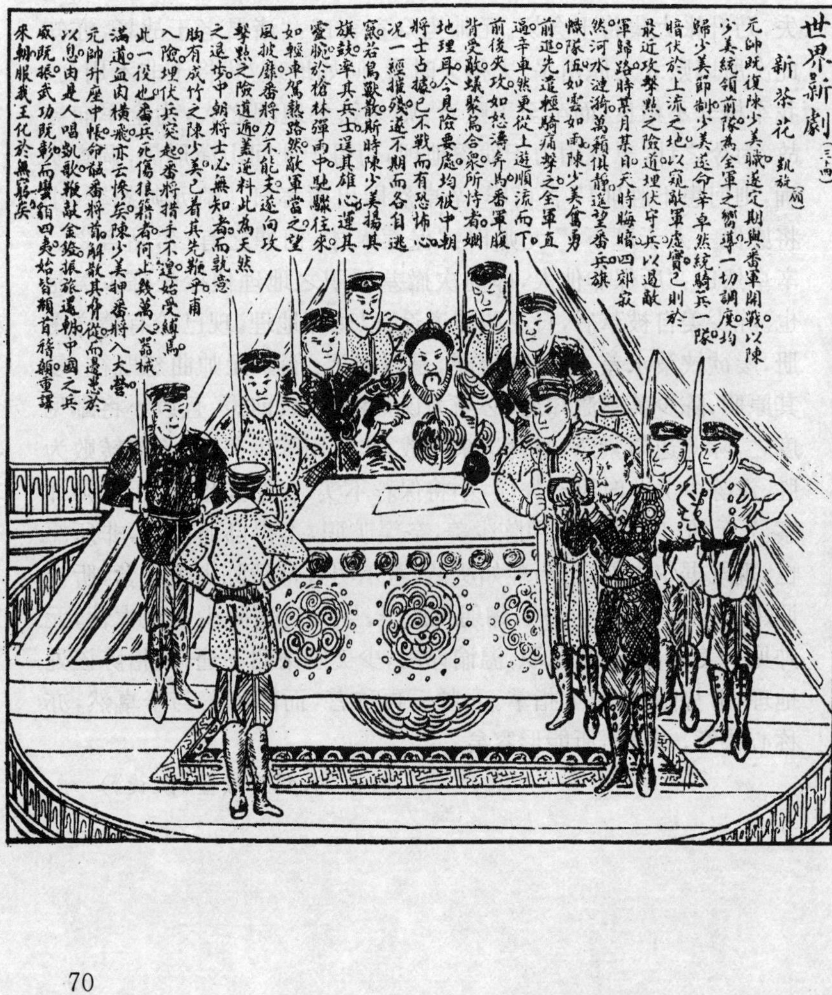

世界新劇（三十四）

新茶花 凱旋（續）

元帥既復陳少美職。遂定期與番軍開戰。以陳少美統領前隊。為全軍之嚮導。一切調度。均歸少美節制。少美遂命辛卓然統騎兵一隊。暗伏於上流之地。以窺敵軍虛實。已則於最近攻擊點之險道。埋伏守兵。以遏敵軍歸路。時某月某日。天時晦暗。四郊寂然。河水漣漪。萬籟俱靜。遙望番兵旗幟。隊伍如雲如雨。陳少美奮勇前進。先遣輕騎痛擊之。全軍直逼。辛卓然更從上遊順流而下。前後夾攻。如怒濤奔馬。番軍腹背受敵。蟻聚烏合。眾所恃者。嫻地理耳。今見險要處。均被中朝將士占據。已不戰而有恐怖心。況一經摧殘。遂不期而各自逃竄。若鳥獸散。斯時陳少美揚其旗鼓。率其兵士。逞其雄心。運其靈腕。於槍林彈雨中。馳驟往來。如輕車駕熟路然。敵軍當之。望風披靡。番將力不能支。遂向攻擊點之險道遁。蓋逆料此為天然之退步。中朝將士必無知者。而孰意胸有成竹之陳少美。已着其先鞭乎。甫入險。埋伏兵突起。番將措手不遑。始受縛焉。此一役也。番兵死傷狼籍者。何止幾萬人。器械滿道。血肉橫飛。亦云慘矣。陳少美押番將入大營。元帥升座中帳。命馘番將首。解散其脅從。而遣悉於以息。由是人唱凱歌。鞭敲金鐙。振旅還轅。中國之兵威既振。武功既彰。而蠻貊四夷。始皆頫首稽顙。重譯來朝。服我王化。於無窮矣。

环球社《图画日报》第三十四号第六页

世界新剧

新茶花（三十四）

凯　旋

愿

元帅既复陈少美职，遂定期与番军开战。以陈少美统领前队，为全军之向导，一切调度均归少美节制。少美遂命辛卓然统骑兵一队，暗伏于上流之地，以窥敌军虚实。已则于最近攻击点之险道，埋伏守兵，以遏敌军归路。时某月某日，天时晦暗，四郊寂然，河水涟漪，万籁俱静。遥望番兵，旗帜队伍，如云如雨。陈少美奋勇前进，先遣轻骑痛击之，全军直逼。辛卓然更从上游顺流而下，前后夹攻，如怒涛奔马，番军腹背受敌，蚁聚乌合众。所恃者，娴地理耳。今见险要处，均被中朝将士占据，已不战而有恐怖心，况一经摧残，遂不期而各自逃窜，若鸟兽散。斯时陈少美扬其旗鼓，率其兵士，逞其雄心，运其灵腕，于枪林弹雨中，驰骤往来，如轻车驾熟路然。敌军当之，望风披靡，番将力不能支，遂向攻击点之险道遁。盖逆料此为天然之退步，中朝将士必无知者。而孰意胸有成竹之陈少美，已着其先鞭乎？甫入险，埋伏兵突起，番将措手不遑，始受缚焉。此一役也，番兵死伤狼藉者，何止几万人。器械满道，血肉横飞，亦云惨矣。陈少美押番将入大营，元帅升座中帐，命馘番将首，解散其胁从，而边患于以息。由是人唱凯歌，鞭敲金镫，振旅还朝。中国之兵威既振，武功既彰，而蛮貊四夷，始皆俯首稽颡，重译来朝，服我王化于无穷矣。

环球社《图画日报》第三十五号第六页

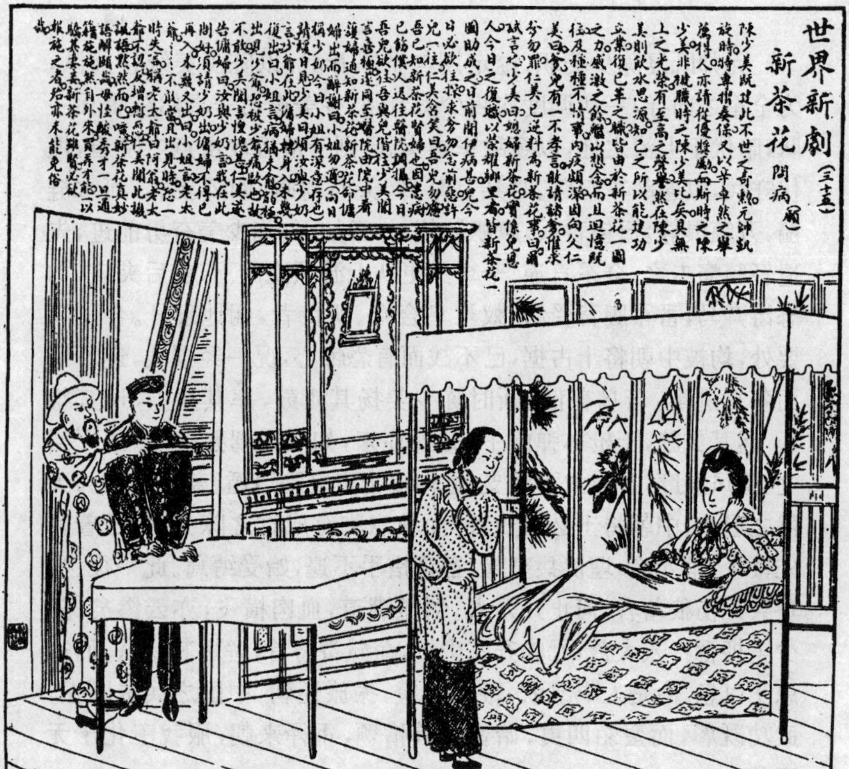

环球社《图画日报》第三十五号第六页

世界新剧

新茶花(三十五)

问　病

愿

陈少美既建此不世之奇勋,元帅凯旋时,专折奏保。又以辛卓然之举荐得人,亦请从优奖励。而斯时之陈少美,非褫职时之陈少美比矣。具无上之光荣,有至高之声誉。然在陈少美,则饮水思源,知己之所以能建功立业,复已革之职,皆由于新茶花一图之力。感激之余,继以想念。而且回忆既往,及种种不情事,内疚颇深,因向父仁美曰:“爹,儿有一不孝言,敢请诸爹,惟求爹勿罪。”仁美已逆料为新茶花事,曰:“尔试言之。”少美曰:“媳妇新茶花,实系儿恩人,今日之复职,以荣耀乡里者,皆新茶花一图助成之。日前闻伊病甚,儿今日必欲往探,求爹勿念前恶,许儿一往。”仁美含笑曰:“吾儿勿虑,吾已知新茶花贤妇也。因患病,已饬仆人送往医院调摄。今日吾儿欲往,吾与儿偕往。”少美闻言喜极,遂同至医院,由院中看护妇通知新茶花,新茶花命佣妇出而辞谢曰:“小姐勿适(向日称“少奶”,今曰“小姐”,有深意存也),请缓日见。”少美曰:“烦汝与少奶言,少爷在此。”佣妇转身入,未几复出曰:“小姐言病犹未愈,弱极,出见少爷,恐被少爷痛殴也。故不敢。”少美闻言,惶愧甚。仁美遂告佣妇曰:“汝与少奶言,我在此问好,须请少奶出。”佣妇不得已再入,未几又出,曰:“小姐言,老太爷……不敢当。且出见时,恕一时失言,称老太爷曰‘阿翁’,老太爷不认,反增惭恧。”仁美闻此讥讽语,默然而已。噫!新茶花真妙语解颐哉!毋怪酸秀才一旦通籍,施施然自外来,卖弄才能,一以骄其妻妾。新茶花虽贤,必欲报施之者,殆亦未能免俗哉!

环球社《图画日报》第三十六号第六页

环球社《图画日报》第三十六号第六页

世界新剧

新茶花(三十六)

认　姊

愿

陈仁美与少美正徘徊间，辛卓然继至，见父与兄趦趄户外，看护妇与佣妇则周旋其间，而所谓西装之嫂氏新茶花者，则阒焉不见。辛卓然大奇之，问仁美曰："爹与哥来此，非见嫂氏乎？嫂氏何往？我亦欲一见。"少美紧蹙双眉曰："吾弟且缓，尔嫂以昔日蒙冤受辱，现正任气凌人，坚拒勿见，吾与爹正在无可如何时。"卓然率尔曰："固执哉！哥哥，嫂氏贤者，必无是。彼既不出，或因病。哥哥受嫂氏恩，曷不进见，以偕之出拜爹？"仁美闻之点头曰："诚是言也。然亦不必过拘形迹，即我偕儿辈同进见，亦何妨？"于是仁美、少美在前，卓然在后，令看护妇、佣妇为先导，同进病室，见新茶花独坐病榻，拈带凝思。佣妇即上前谓新茶花曰："老太爷、少爷来矣，请少奶见。"新茶花闻言，宛转起立，低首向仁美跪曰："老太爷……婢子，请老太爷安……"仁美闻"老太爷"三字，不禁颜赧惶愧曰："……贤……贤媳勿尔。"急伸手扶之起。少美在旁，见此状，亦战栗不自安。方三人交互间，辛卓然忽注目直前，携新茶花手两泪直流曰："非吾姊耐冬乎？"新茶花闻此至亲爱之声息，即凝目视之，曰："殆我弟祝寿耶？何以至此？"卓然遂将母如何死，己如何丐，如何盗，如何救陈仁美，如何认陈仁美为义父，沥陈至半日久。新茶花闻弟言，忽而悲，忽而惊，忽而喜。涕泪之余，转大欣幸。于是将已被拐以后之境遇，详陈缕述，卓然亦毋任感慨。而斯时之陈仁美父子，见此情形，更亦为之叹息不置。噫！辛卓然流离转徙，新茶花转辗火坑，乃于地角天涯，能骨肉完聚，姊弟重逢者，亦奇数也。

环球社《图画日报》第三十七号第六页

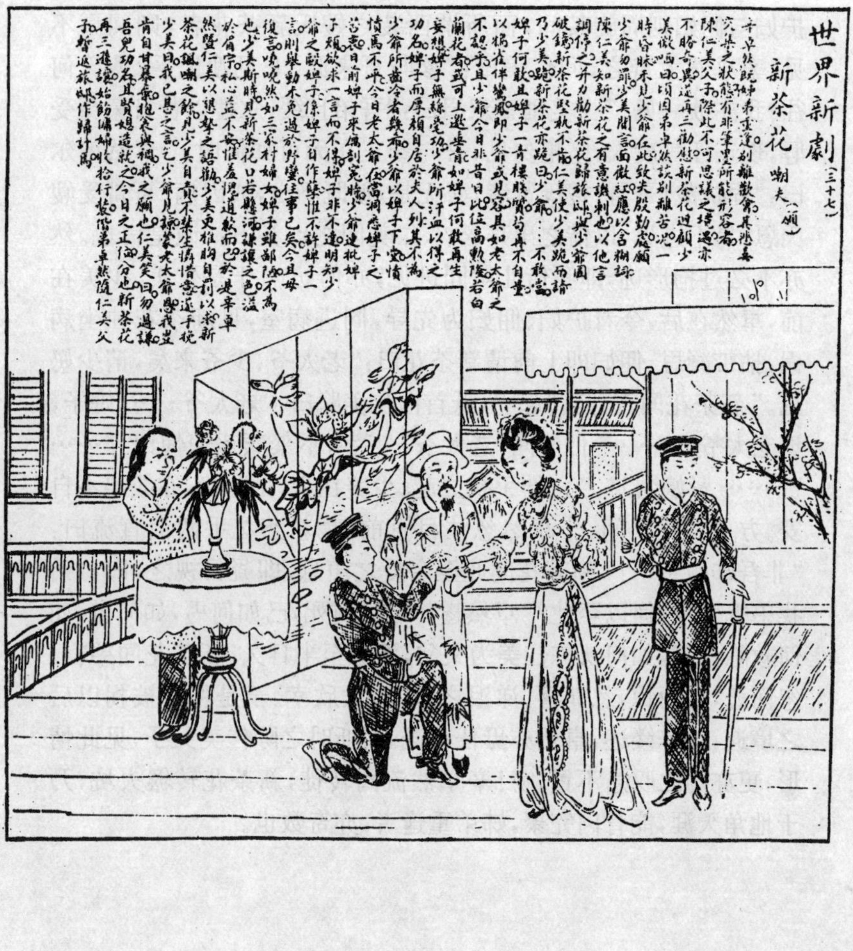

世界新劇（三十七）

新茶花 喇夫（續）

辛卓然既婢弟重逢別離歡會其悲喜交集之狀態有非筆墨所能形容者陳仁美父子際此不可思議之境遇亦不勝奇異遂再三勸慰新茶花過顧少美徽西曰頃因弟卓然談別離苦況一時昏昧未見少爺在此致失殷勤處顧少爺勿罪少美聞言面微紅應以含糊詞陳仁美知新茶花之有意譏刺也以他言調停之並力勸新茶花歸旅邸與少爺圓破鏡新茶花堅執不肯仁美使少美跪而請乃少美跪新茶花亦跪曰少爺……不敢當婢子何歡且婢子一青樓賤質苟再不自量以鴉雀伴鸞鳳即少爺或見容其如老太爺之不恕乎且少爺今日非昔日比位高勲隆若白蘭花者或可上邀垂青如婢子何敢再生妄想婢子無緣受功少爺所汗血以得之功名婢子而厚顏自居於夫人列其不為少爺所齒冷者幾希少爺以婢子下堂情憤馬不平今日老太爺往當洞悉婢子之苦衷日前婢子來滬剖究眺少爺逮批婢子類欲求一言而不得婢子非不達明知少爺之戲婢子係婢子自作孽惟不許婢子一言則舉動不免過於野蠻往事已矣今且毋復言噫噫然如三家村婦女婢子雖鄙陋不為也少美斯時見新茶花口若懸河謙讓之色溢於眉宇私心益不安惟羞愧道歉而已於是卓然暨仁美以惡聲之語觀少美更椎胸自捫以求新茶花諒解之餘見少美自責不禁生憐惜意遂手挽少美曰我已甚之言乞少爺見諒蒙老太爺恩我豈肯自甘暴棄抱衾與裯我之願也仁美笑曰勿過謙吾兒功名且賢媳造就之今日之正位分也新茶花再三遜謝始飭傭婦收拾行裝偕弟卓然隨仁美父子暫返旅邸作歸計焉

环球社《图画日报》第三十七号第六页

世界新剧

新茶花（三十七）

嘲　夫

愿

辛卓然既姊弟重逢，别离欢会，其悲喜交集之状态，有非笔墨所能形容者。陈仁美父子，际此不可思议之境遇，亦不胜奇异，遂再三劝慰。新茶花回顾少美，微哂曰："顷因弟卓然谈别离苦况，一时昏昧，未见少爷在此，致失殷勤处，愿少爷勿罪。"少美闻言，面微红，应以含糊词。陈仁美知新茶花之有意讽刺也，以他言调停之，并力劝新茶花归旅邸，与少爷圆破镜。新茶花坚执不肯，仁美使少美跪而请，乃少美跪，新茶花亦跪曰："少爷……不敢当。婢子何敢？且婢子一青楼贱质，苟再不自量，以鸦雀伴鸾凤，即少爷或见容，其如老太爷之不认乎？且少爷今日非昔日比，位高勋隆，若白兰花者，或可上邀垂青。如婢子何敢再生妄想？婢子无丝毫功，少爷所汗血以得之功名，婢子而厚颜自居于夫人列，其不为少爷所齿冷者几希。少爷以婢子下堂，愤愤焉不平。今日老太爷在，当洞悉婢子之苦衷。日前婢子来寓剖冤时，少爷连批婢子颊，欲求一言而不得。婢子非不达，明知少爷之殴婢子，系婢子自作孽。惟不许婢子一言，则举动未免过于野蛮。往事已矣，今且毋复言，哓哓然如三家村妇女。婢子虽鄙陋，不为也。"少美斯时，见新茶花口若悬河，谦让之色，溢于眉宇，私心益不安，惟羞愧道歉而已。于是辛卓然暨仁美以恳挚之语劝，少美更椎胸自罚以求。新茶花讽嘲之余，见少美自责，不禁生怜惜意，遂手挽少美曰："我已甚之言，乞少爷见谅。蒙老太爷恩，我岂肯自甘暴弃。抱衾与裯，我之愿也。"仁美笑曰："勿过谦，吾儿功名，且贤媳造就之。今日之正位，分也。"新茶花再三逊让，始饬佣妇收拾行装，偕弟卓然随仁美父子，暂返旅邸，作归计焉。

环球社《图画日报》第三十八号第六页

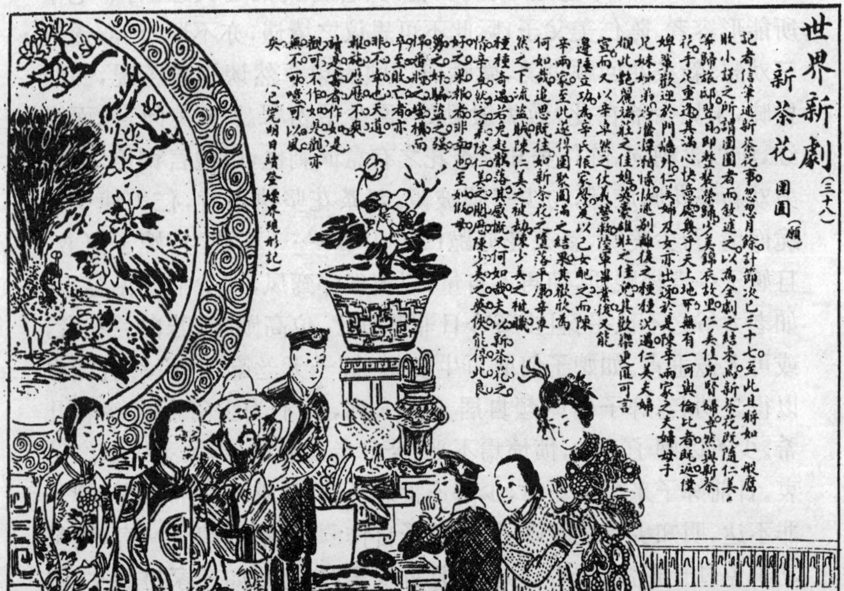

世界新劇(三十八)

新茶花

團圓(續)

記者信筆述新茶花事。忽忽月餘。計節次已三十七。至此且將如一般腐敗小説之所謂團圓者而敘述之。以爲全劇之結束焉。新茶花既隨仁美等歸旅邸。翌日即整裝榮歸。少美錦衣故里。仁美佳兒賢婦。卓然與新茶花。手足重逢。其滿心快意處。幾乎天上地下。無有一可與倫比者。既近僕婢。鞏散迎於門牆外。仁美婦及女亦出迎。於是陳辛兩家之夫婦母子兄妹姊弟。泠然一堂。潸然淚下。敘述別離後之種種況遇。仁美夫婦覩此艷麗端莊之佳媳。英豪雄壯之佳兒。其歡樂更匪可言宜。而又以辛卓然之伏義警敏。陸軍畢業後又能邊陲立功。爲辛氏振家聲。爰以己女配之。而陳辛兩家。至此遂得團聚圓滿之結果。其歡欣爲何如哉。追思既往。如新茶花之墮落平康。辛卓然之下流盜賊。陳仁美之被劫。陳少美之被擄。種種奇遇。若兎起鶻落。其感慨又何如哉。夫以新茶花之憐。辛卓然之義。陳仁美之賢。陳少美之英俠。能得此良好之果報者。非幸也。至如假母鴇之奸。騙盜之强。僞和尚。淫娼之蠻橫。而卒至敗亡者。亦非不幸也。天道報施。毫厘不爽。請是書者。作如是觀可。不作如是觀亦無不可。噫。可以風矣。

(已完明日續登娼界現形記)

环球社《图画日报》第三十八号第六页

世界新剧

新茶花(三十八)

团　圆

愿

记者信笔述新茶花事,匆匆月余,计节次已三十七。至此且将如一般腐败小说之所谓团圆者而叙述之,以为全剧之结束焉。新茶花既随仁美等归旅邸,翌日,即整装荣归。少美锦衣故里,仁美佳儿贤妇,卓然与新茶花手足重逢,其满心快意处,几乎天上地下,无有一可与伦比者。既返,仆婢辈欢迎于门墙外,仁美妇及女亦出迓。于是陈、辛两家之夫妇、母子、兄妹、姊弟,各罄谈积愫,叙述别离后之种种况遇。仁美夫妇观此艳丽端庄之佳媳,英豪雄壮之佳儿,其欢乐更匪可言宣。而又以辛卓然之侠义营救,陆军毕业后,又能边陲立功,为辛氏振家声,爰以己女配之。而陈、辛两家,至此遂得团聚圆满之结果,其欢欣为何如哉!追思既往,如新茶花之堕落平康,辛卓然之下流盗贼,陈仁美之被劫,陈少美之褫职,种种奇遇,若兔起鹘落,其感慨又何如哉!夫以新茶花之情,辛卓然之义,陈仁美之阅历,陈少美之英侠,能得此良好之果报者,非幸也。至如假母舅之奸,骗盗之强悍,番将之蛮横,而卒至败亡者,亦非不幸也。天道报施,历历不爽。读是书者,作如是观可;不作如是观,亦无不可。噫!可以风矣。

(已完,明日续登《嫖界现形记》)

续新茶花

环球社《图画日报》第三百零一号第六页

环球社《图画日报》第三百零一号第六页

世界新剧

续新茶花（一）
馘逆

珮

记者作《新茶花》新剧，计节次三十八，结束之一章，更大书特书曰“团圆”。是《新茶花》一剧，已告竣矣。乃新舞台名伶如小连生、七盏灯、夏月润、夏月珊等，以《新茶花》陈少美为新世界人物，苟从此安享幸福，不为祖国建立奇勋，则湮没不彰，亦若是之人物耳。爰重为点缀，更起波澜，盖曲折愈甚，则事实愈离奇；事实愈离奇，则得良好之结果愈难。惟其得之也难，故传之也盛。而所谓新茶花、陈少美诸人，遂得而益形显彰。记者之笔，固与新舞台之《新茶花》一剧相终始者也。新舞台既有三四本之排演，记者遂不得不有三四本之记录，此《续新茶花》之所以作也。此节系馘番帅首，并补前节之所未演者。惟记者已详述于前剧凯旋一章，故不复录云。

环球社《图画日报》第三百零二号第六页

环球社《图画日报》第三百零二号第六页

世界新剧

续新茶花(二)

再　寇

珮

番将馘矣,番逆退矣,大功告成矣,陈少美、新茶花之姻缘圆满矣。以情势论,是陈少美、新茶花之事业竣矣。乃竟不然者,则原因皆起于番邦之再寇也。番邦主既闻兵败将亡,并知朝中用陈少美以破坏厥事,遂不禁勃然曰:“陈少美何人耶?竟能歼我良将、败我雄兵、损我威武、改削我荣光?以我之雄视塞外,苟于此而隐忍不报,则何以慑服他国,执牛耳,以坐长蛮夷乎?”于是下谕令朝臣议再寇事。噫!戎狄跋扈,敢于一再入寇,甚哉!其讲强权而无公理也。

环球社《图画日报》第三百零三号第六页

环球社《图画日报》第三百零三号第六页

世界新剧

续新茶花(三)

规　夫

珮

番邦王既遣兵调将，为复仇之举。而番帅杜权，又雅善用兵，故其势焰之盛，较畴昔不可以同日语也。时中朝将士若陈少美辈，已赋闲家居，而所谓练兵事，则又旷废多时。是以一闻番邦再寇耗，不胜惊惶。以轻车驾熟路，所谓资熟手者，自然陈少美在必遣之列。惟陈少美留恋艳妻，置练兵事于不顾。其妻弟辛卓然，为练兵副都统。以敌情紧急，屡请陈少美注意军备，少美竟置若罔闻。时新茶花在侧，极意规劝，而陈则仍然依依，以空言相塞责。噫！英雄气短，儿女情长，不禁为陈少美慨也。

环球社《图画日报》第三百零七号第六页

环球社《图画日报》第三百零七号第六页

世界新剧

续新茶花（四）

玩　兵

珮

兵政之腐败，至中国而极矣。而中国兵政之所以腐败者，其原因胥在于主帅之不得人，练兵之玩忽，统兵之弛纵。观于陈少美之留恋少妇，至于玩视兵政，而用是慨然。少美既为妻弟辛卓然所迫，不得已至校兵场演习。少美治兵素持严重主义，乃今不然。兵士中有怠玩从事，及武术不精，步伐不整者，少美均置不闻。敷衍二小时久，辛卓然方辅助少美吆喝操演时，忽传令辍操。辛卓然大奇之，问所以，则曰："兵已练之熟，我急欲旋家视尔姊，何必强留此，为无益之举。"嗟乎！以陈少美英年豪俊，一遇美妇人且如此玩顽，彼一般醇酒妇人之新进，毋怪其销尽豪气于粉队中也。

环球社《图画日报》第三百零八号第六页

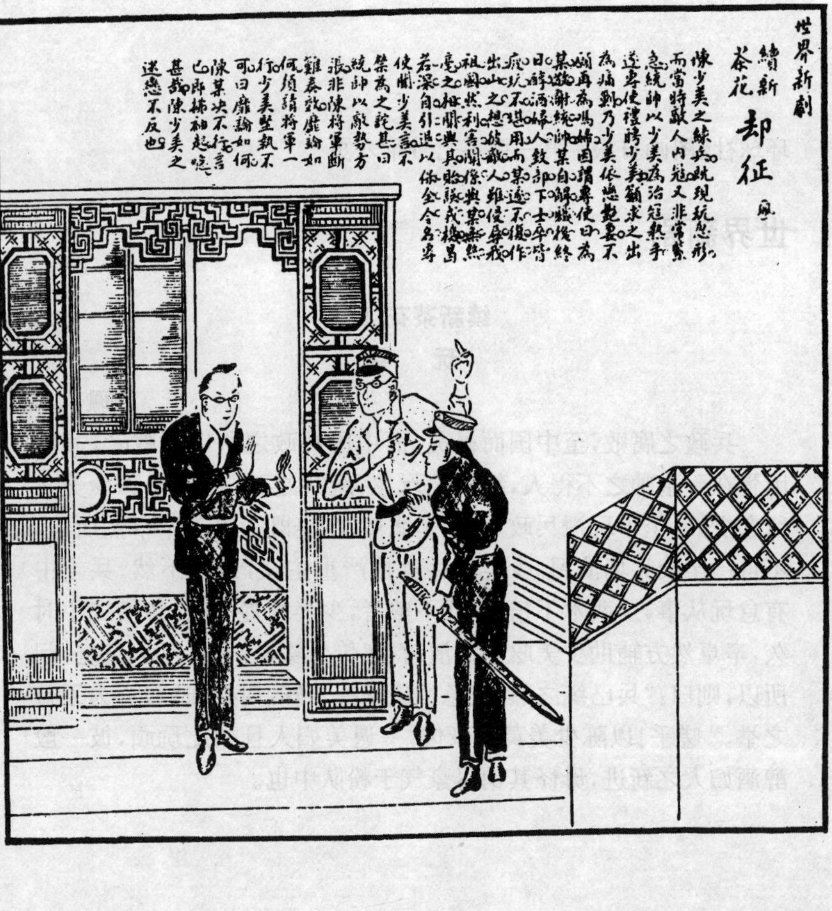

环球社《图画日报》第三百零八号第六页

世界新剧

续新茶花(五)

却　征

珮

陈少美之练兵,既现玩忽形,而当时敌人内寇,又非常紧急。统帅以少美为治寇熟手,遂专使礼聘少美,吁求之出为痛剿。乃少美依恋艳妻,不愿再为冯妇,因谓专使曰:"为某敬谢统帅,某自解职后,终日醇酒妇人,致部下士卒皆疲玩不堪用,而某遂不复作出山之想。彼敌人虽侵辱我祖国,然利害闻系与某无丝毫之相闻。与其贻误戎机,曷若深自引退,以保全令名。"专使闻少美言,不禁为之诧甚,曰:"统帅以敌势方张,非陈将军断难奏效,靡论如何,须请将军一行。"少美坚执不可,曰:"靡论如何,陈某决不行。"言已,即拂袖起。噫!甚哉!陈少美之迷惑不反也。

环球社《图画日报》第三百零九号第六页

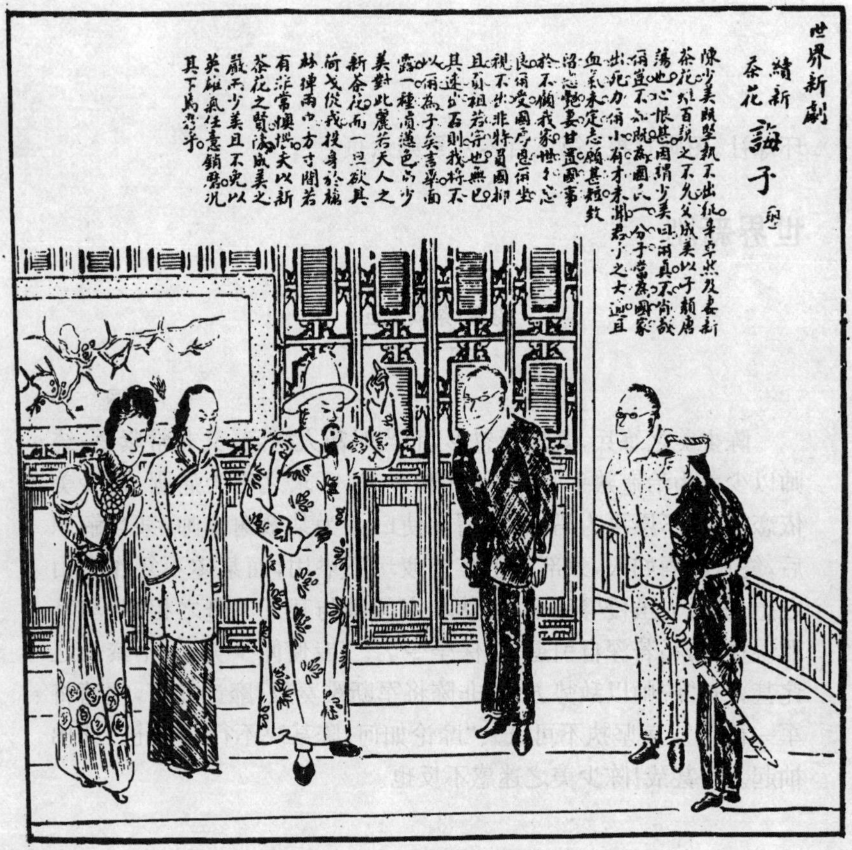

环球社《图画日报》第三百零九号第六页

世界新剧

续新茶花（六）

诲　子

珮

陈少美既坚执不出征，辛卓然及妻新茶花，虽百说之不允。父成美以子颓唐荡也，心恨甚，因谓少美曰："尔真不肖哉！尔岂不知，既为国民一分子，当为国家出死力。尔小有才，未闻君子之大道，且血气未定，志愿甚短，致留恋艳妻，甘置国事于不顾。我家世世忠良，尔受国厚恩，尔坐视不出，非特负国，抑且负祖若宗也。无已，其速出，否则我将不以尔为子矣。"言毕，面露一种愤懑色。而少美对此丽若天人之新茶花，而一旦欲其荷戈从戎，投身于枪林弹雨中，方寸间若有非常懊恼。夫以新茶花之贤、陈成美之严，而少美且不免以英雄气任意销磨，况其下焉者乎？

环球社《图画日报》第三百十号第六页

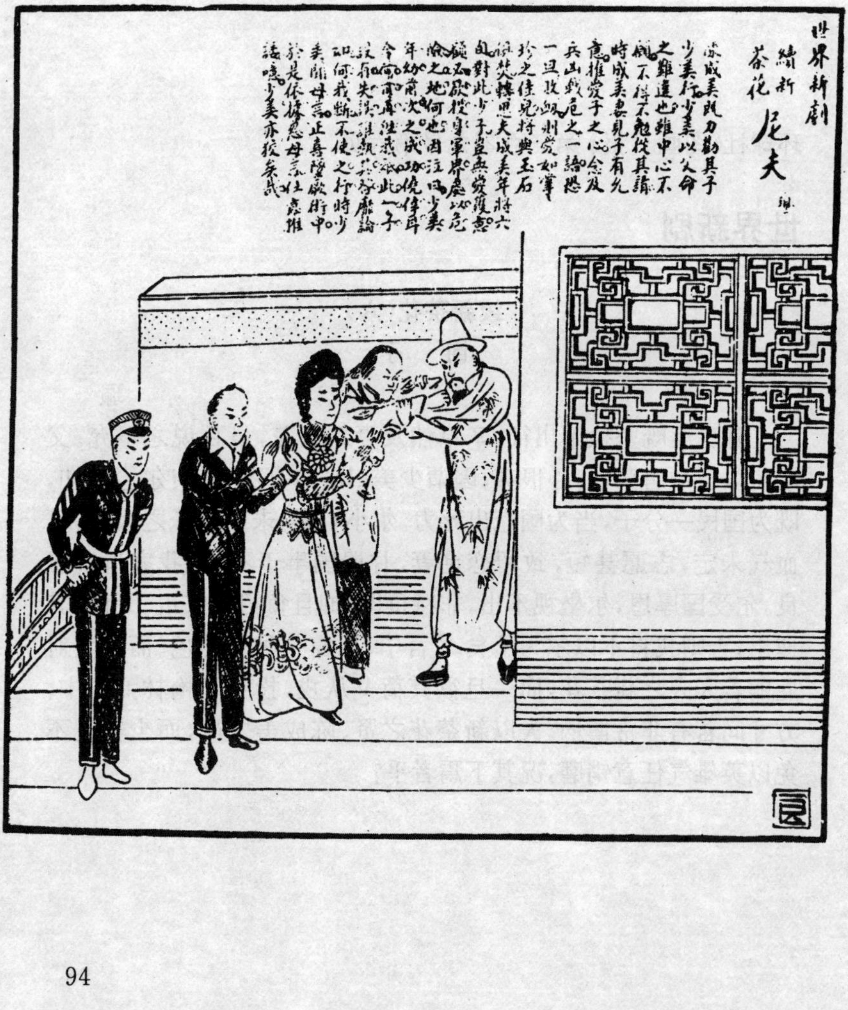

环球社《图画日报》第三百十号第六页

世界新剧

续新茶花(七)

尼 夫

珮

陈成美既力劝其子少美行，少美以父命之难违也，虽中心不愿，不得不勉从其请。时成美妻见子有允意，推爱子之心，念及“兵凶战危”之一语，恐一旦败衄，则爱如掌珍之佳儿，将与玉石俱焚。转思夫成美年将六旬，对此少子岂无爱护意？顾必欲投身军界，处以危险之地，何也？因泣曰：“少美年幼，前次之成功，侥倖耳。今何可再往？我只此一子，设有失误，谁执其咎？靡论如何，我断不使之行。”时少美闻母言，正喜坠厥术中，于是依据慈母言，任意推诿。噫！少美亦狡矣哉！

环球社《图画日报》第三百十一号第六页

环球社《图画日报》第三百十一号第六页

世界新剧

续新茶花（八）

明　义

珮

陈少美闻母言，娓娓动听，自思战事剧烈，设一朝失慎，为国家捐躯于疆场，将何以对两亲，更何以对艳妻?一再筹维，决意不往。时新茶花见夫为老母所惑，遂婉转其词，与少美言曰:“贱妾有一言，请君垂听。夫异族之入寇，而至于迭起争端者，种族之竞争也。我黄种失色久矣，君既善用兵，盍奋发出征，与白种争一日之荣光。苟不敌而挫折，则揆诸《春秋》攘夷之义，虽败犹荣。即不然，以马革裹尸，亦大丈夫所求之而不可得者。否则畏葸不出，非特自甘暴弃，无以谢陈氏祖若宗，且何以与国人争荣誉乎?”言已，频频叹息。少美聆妻言，细绎其宗旨，皆以大义责人，不禁怦然心动。然一见妻颜色之美，念及伉俪爱情之深，仍低首唯唯而已。

环球社《图画日报》第三百十二号第六页

环球社《图画日报》第三百十二号第六页

世界新剧

续新茶花（九）
别　家

珮

陈少美迫于父命之训诲，爱妻之劝导，遂不得已而为从军之举，并跪辞成美曰："儿此行，胜败既难逆料，生死又难预卜。第承庭训，乌可执己见以重违亲言？儿行后，求两亲善自珍卫。媳妇年少无知，更求两亲教训。"成美闻子言，不胜感怆。成美妻，固不以子出征为然者，至是痛哭不已。新茶花则侍旁慰解，先请翁姑入内室，已复送夫出。少美临行依依，若有不胜牵裾别离之痛者。辛卓然在旁，雅不谓然，遂强携少美出曰："时至矣！我辈豪杰自当立功异域，恋恋然效儿女子之状态，能不令人惭怍乎？"噫！若辛卓然者，殆所谓英雄否耶？

环球社《图画日报》第三百十三号第六页

环球社《图画日报》第三百十三号第六页

世界新剧

续新茶花(十)

引　疾

珮

甚哉儿女之情，盖有不能自主者矣。陈少美既因新茶花而不肯投身行伍，而副统将马某，乃又因妻妾之沮尼，至于引疾退职。观《续新茶花》一剧，于以知女为祸水，欲为英雄以建立大业者，实不可稍有陷溺之意也。先是陈少美有表兄马千里者，由少美之提挈教诲，得授为标统职。至陈少美奉命出征时，马竟俨然为副帅，以辅佐少美。少美既行矣，马乃归家料理行装，预备作万里封侯计。惟马有妻妾各一，闻良人远征异国，力阻之。马曰:“已许之矣，何可悔乎?”妻若妾闻已许一言，知良人意在行，遂相顾而哭。马固依恋于儿女之私者，于是转颜以慰藉曰:“即不行，其以何谋为退却乎?”妻曰:“引疾而已。”时辛卓然以久待马不至，特登门催促。马则重裘出见，故作委靡状，托病力辞。嗟乎!陈少美不肯出征，新茶花则力劝其行;马千里志在出征，而妻与妾乃阻之使不行。同一女也，贤否之相去远矣。

环球社《图画日报》第三百十四号第六页

环球社《图画日报》第三百十四号第六页

世界新剧

续新茶花(十一)

潜　代

珮

陈少美既行，以系念爱妻，于途中怏怏。□ 马千里，临行退却，更觉踽踽然无兴趣，因谓妻弟辛卓然曰："余非善用兵，如此孤军，何能辟易敌人？与其陨越国事，曷若见机引退？我计决矣。靡论有若何之命令，断不出征。临阵规避，固非尚武家之志愿。然中心如焚，慈母贤妇，终日不能去怀抱，已矣。其中道折回乎？"辛卓然闻少美"折回"二字，力谏之。少美不可，卓然曰："然则愚弟代兄，以暂行统摄兵事，可乎？"少美聆代统军事一语，喜甚，急诺之曰"可"。卓然曰："请易统将服。"少美遂于歧路之古庙中，互相易服云。

环球社《图画日报》第三百十五号第六页

环球社《图画日报》第三百十五号第六页

世界新剧

续新茶花（十二）

蹈　机

珮

陈少美逃逸矣，辛卓然进征矣。惟当时之番帅杜权者，因老于用兵者也。既统兵直逼边地，即日夜遣侦探侦访中朝军情，以为预谋抵制地步。一日，忽侦探报告中朝所遣统将系陈少美。杜权闻“陈少美”三字，知系善战家，即前次得胜捷者，因自计曰：“素悉陈少美惯用暗袭手段，今日领兵奄至，必乘我不备来相袭击。我军驻此已久，地势娴熟，利用此机待其来袭，而后痛击之，则庶几奏捷于一旦。”番将布置既定，即引领以望陈少美之蹈其祸机。初不料少美虽未至，而辛卓然不顾利害，竟坠其术中也。

环球社《图画日报》第三百十六号第六页

环球社《图画日报》第三百十六号第六页

世界新剧

续新茶花（十三）
探　敌

珮

番帅杜权既设陷阱，以待中朝将士之来袭，而适蹈祸机之辛卓然，竟以劫营为得计，而重陷于危地。噫！亦可悲也夫。先是，卓然以少美中道折回，中心愤甚，以为此国家大事，何可委卸？奋一朝之气，因易服而独当重任。既至战地，即招见侦探地理长，询以方略。侦探某某，固颟顸者。承卓然之问，即曰：“此间地势坦易，苟乘新军方张之锐气，于黑夜直入敌军，出其不意，攻其无备，必获大捷。”卓然少年徒勇，闻“大捷”二字，欣极，以为侦探深知敌情，既有此好计画，又能操胜算，而孰知番帅狡谲，固已先事设备乎！

环球社《图画日报》第三百十七号第六页

环球社《图画日报》第三百十七号第六页

世界新剧

续新茶花（十四）

阵　亡

珮

辛卓然既以劫营为得计，遂于最后之二十四分钟内，调集军士，准备宣战。时有士官某，固深悉敌情者，谏辛卓然勿草率。卓然不肯曰："为国家效死力，分也。即有挫败，亦何憾。"言已，驱全队出营，自则佩刀乘马，向敌营进发。敌营所驻地，固据形胜之险，且驻年既久，缮修自备，筑土城以自卫，非急切所能攻而破者。卓然既至，即奋勇攻城，城坚甚。卓然遂挟云梯为越城计，不意甫上梯，骤闻轰然一声，而勇往之辛卓然，竟临阵而亡矣。

呜呼！"出师未捷身先死，长使英雄泪满襟。"我不禁为卓然悲也。

环球社《图画日报》第三百十八号第六页

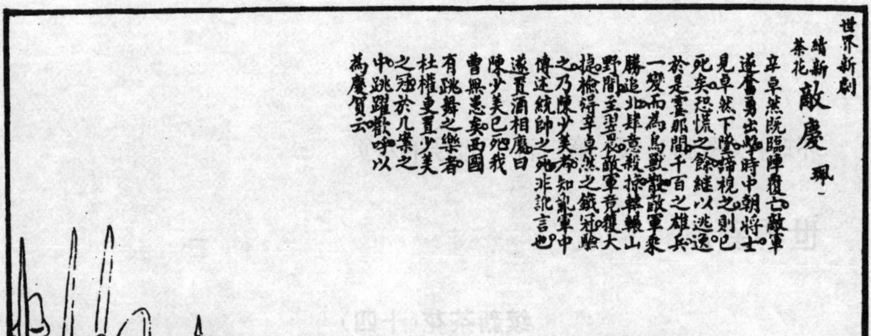

环球社《图画日报》第三百十八号第六页

世界新剧

续新茶花(十五)

敌　庆

珮

辛卓然既临阵覆亡，敌军遂奋勇出击。时中朝将士，见卓然下坠，谛视之，则已死矣。恐慌之余，继以逃逸。于是霎那间，千百之雄兵一变而为鸟兽散。敌军乘胜追北，肆意杀掠，转辗山野间。至翌晨，敌军竟获大捷，检得辛卓然之铁冠，验之，乃陈少美者。知乱军中传述统帅之死，非讹言也。遂置酒相庆，曰："陈少美已死，我曹无患矣。"西国有跳舞之乐者，杜权更置少美之冠，于几案之中，跳跃欢呼，以为庆贺云。

环球社《图画日报》第三百十九号第六页

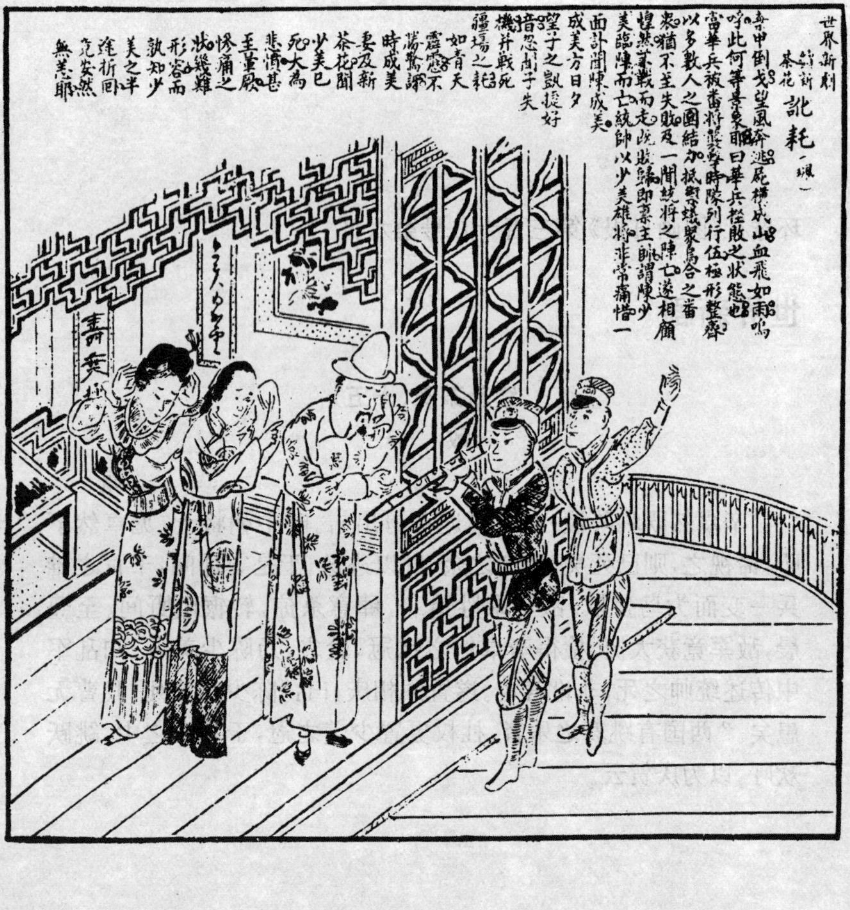

环球社《图画日报》第三百十九号第六页

世界新剧

续新茶花(十六)

讹　耗

珮

弃甲倒戈,望风奔逃,尸横成山,血飞如雨。呜呼!此何等景象耶,曰华兵挫败之状态也。当华兵被番将袭击时,队列行伍,极形整齐,以多数人之团结力,抵御蚁聚乌合之番众,犹不至失败。及一闻统将之阵亡,遂相顾惶然,弃战而走。既败归,即禀主帅,谓陈少美临阵而亡。统帅以少美雄将,非常痛惜,一面讣闻陈成美。成美方日夕望子之凯捷好音,忽闻子失机,并战死疆场之耗,如青天霹雳,不胜惊讶。时成美妻及新茶花,闻少美已死,大为悲愤,甚至晕厥,惨痛之状,几难形容。而孰知少美之半途折回,竟安然无恙耶。

环球社《图画日报》第三百二十号第六页

环球社《图画日报》第三百二十号第六页

世界新剧

续新茶花（十七）

设　奠

珮

陈成美暨妻及媳，自惊闻陈少美之死耗后，终日悲痛，爰设奠致祭，作招魂之歌，以招亡灵。新茶花既伤夫少美之战死疆场，又痛弟辛卓然之没于非命，抑郁哀泣。设奠之日，四方来吊者，云集成美家。新茶花触景悲愤，狂哭之余，仿佛泪人。成美因慰之曰：“为国捐躯，具非常之光荣。尔固贤者，斤斤焉效儿女子态，何为耶？”时表兄马千里，亦来吊奠，见新茶花之雅丽，垂涎之，因进谗间之言，而新茶花于是乎不幸矣。

环球社《图画日报》第三百二十二号第六页

环球社《图画日报》第三百二十二号第六页

世界新剧

续新茶花(十八)

悼　将

珮

陈少美讹耗既喧传于国内，统帅悼惜之甚，至陈氏设奠日，特亲往吊奠，见成美及陈氏戚族辈，皆泪盈两目，因慰之曰：“贤郎临阵而亡，固甚悼惜。然马革裹尸，战没敌军，英雄如马伏波，且求之而未得。贤郎以勇敢之气，牺牲生命，为陈氏生无上之光荣，为中国增莫大之声誉，为中国诸将加最高之价值。望公节丧明之哀，静俟抚恤典礼。”言已，再拜致祭于少美灵前，念及敌人猖獗，良将沦亡，亦不禁为之下泪焉。陈少美偏将耳，能使统帅如此优礼，其才略可想见矣。

环球社《图画日报》第三百二十三号第六页

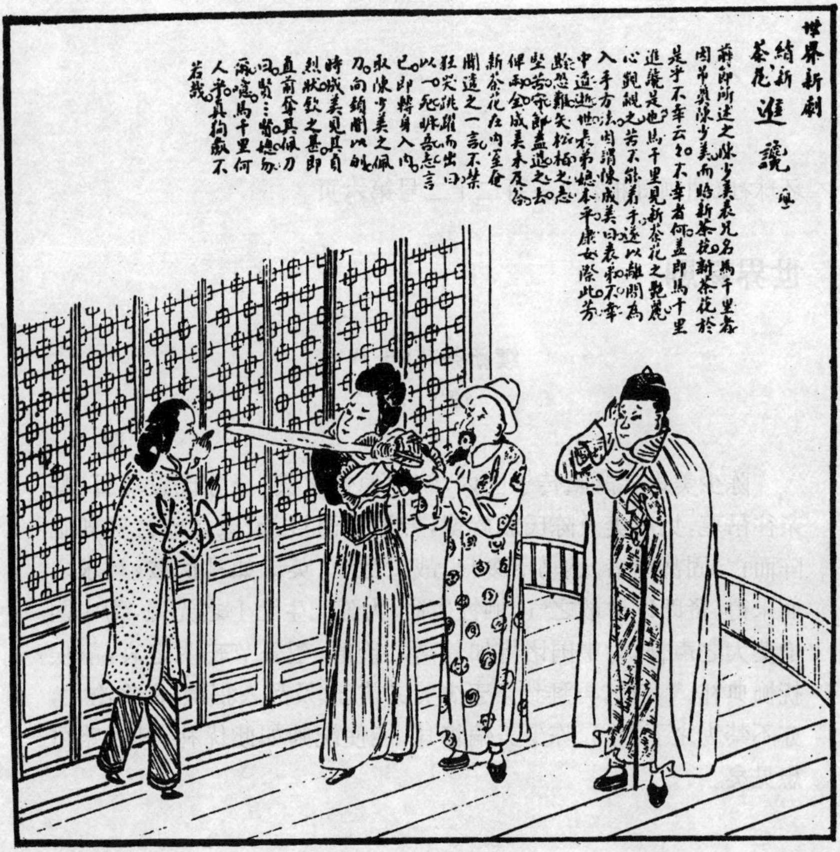

环球社《图画日报》第三百二十三号第六页

世界新剧

续新茶花(十九)
进　谗

珮

前节所述之陈少美表兄名马千里者,因吊奠陈少美,而晤新茶花,新茶花于是乎不幸云云。不幸者何?盖即马千里进谗是也。马千里见新茶花之艳丽,心觊觎之,苦不能着手,遂以离间为入手方法。因谓陈成美曰:"表弟不幸中道逝世,表弟媳本平康女,际此芳龄,恐难矢松柏之志,坚苦守节,盍遣之去,俾两全。"成美未及答,新茶花在内室奄闻"遣之"一言,不禁狂哭跳跃而出曰:"以一死明吾志!"言已,即转身入内,取陈少美之佩刀,向颈间以刎。时成美见其贞烈状,钦之甚,即直前夺其佩刀曰:"贤……贤媳勿尔!"噫!马千里何人乎?真狗彘不若哉!

环球社《图画日报》第三百二十四号第六页

环球社《图画日报》第三百二十四号第六页

世界新剧

续新茶花(二十)

慰　媳

珮

陈成美见新茶花引刀自刎,急起而救之。新茶花曰:“我夫已殁,我一平康女被人指摘,我有何面目立于天地间?我不如一死,以洗此辱。”言未已,又引刀自刺。成美见之忿然曰:“贤媳勿为此无意识之儿女态,素知贤媳巾帼丈夫,一死以殉夫,常人类能为之,何足奇?尔亦知复仇之举乎?”新茶花曰:“儿一弱质,何能与强敌抗衡,与我夫雪恨。”成美曰:“尔亦知国家之关系乎?欲兴家,必先兴国;欲强国,必先开通国民之智识;开国民之智识者何?振兴教育是也。中国国民之所以不强,在乎母教、胎教之不讲求。尔贤者,尔明通教育之原理者,我罄家财以振兴女学,开通国民以强国,以抵御敌人。是即所谓为夫报仇也。”新茶花闻翁成美一段大议论,遂弃刃而觉悟云。

环球社《图画日报》第三百二十五号第六页

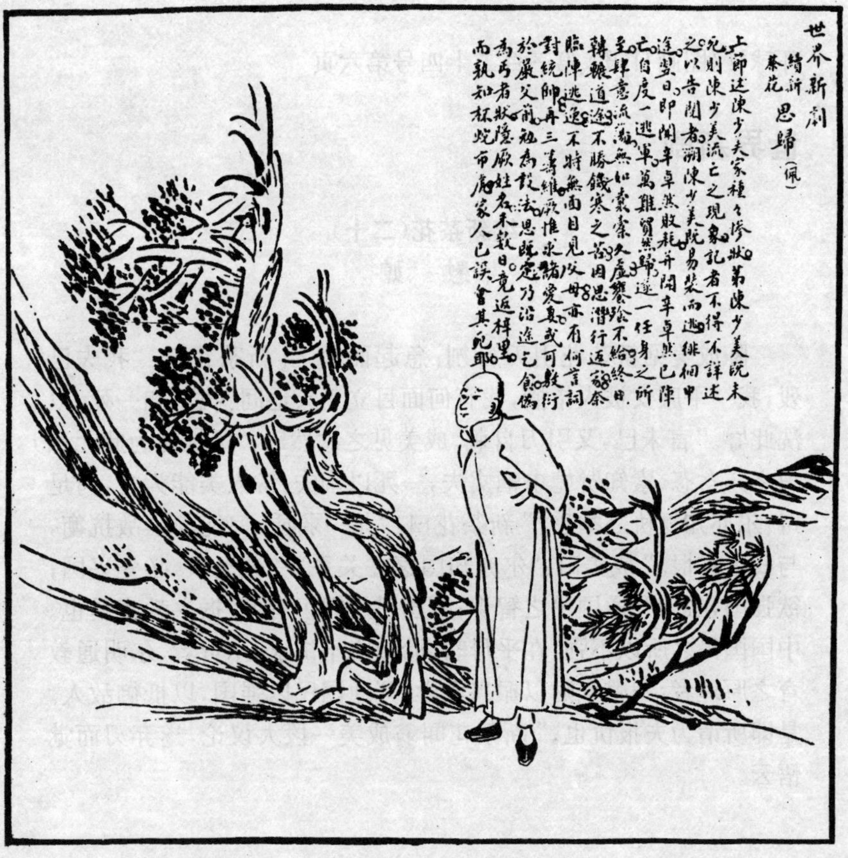

环球社《图画日报》第三百二十五号第六页

世界新剧

续新茶花(二十一)

思　归

珮

上节述陈少美家种种惨状,第陈少美既未死,则陈少美流亡之现象,记者不得不详述之,以告阅者。溯陈少美既易装而逃,徘徊中途,翌日,即闻辛卓然败耗,并闻辛卓然已阵亡。自度一逃军,万难贸然归,遂一任身之所至,肆意流荡,无如囊橐久虚,饔飧不给,终日转辗道途,不胜饥寒之苦。因思潜行返家,奈临阵逃逸,不特无面目见父母,亦有何言词对统帅,再三筹维,厥惟求诸爱妻,或可敷衍于严父前,勉为设法。思既定,乃沿途乞食,伪为丐者状,隐厥姓名。未数日,竟返梓里,而孰知杯蛇市虎,家人已误会其死耶。

环球社《图画日报》第三百二十六号第六页

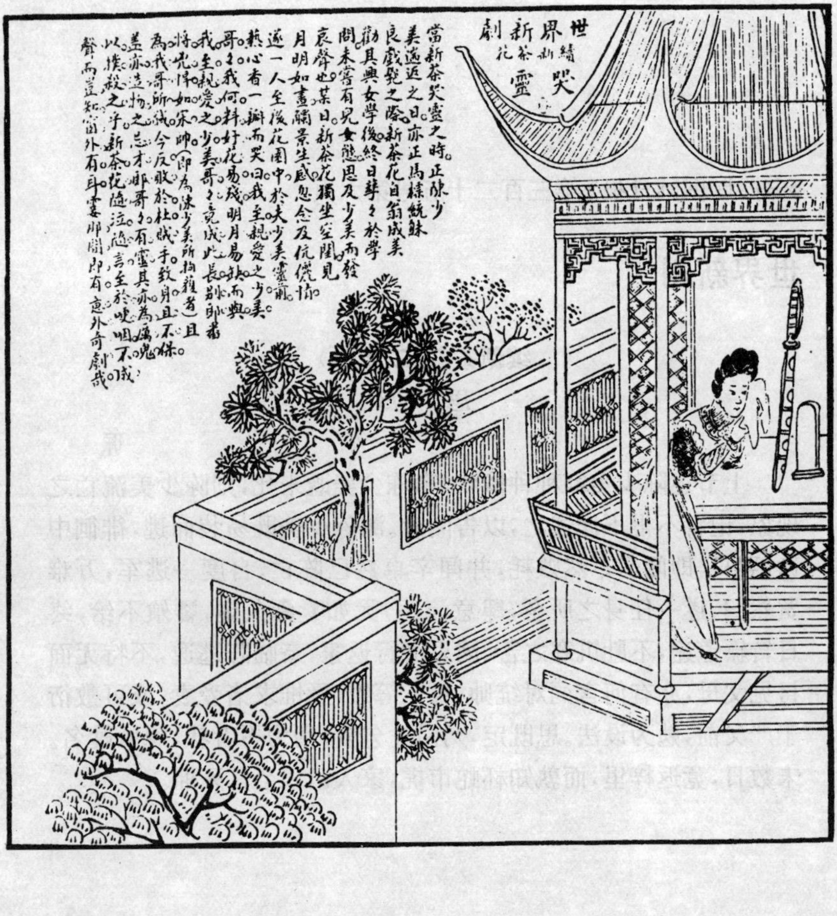

环球社《图画日报》第三百二十六号第六页

世界新剧

续新茶花(二十二)
哭　灵

珮

当新茶花哭灵之时,正陈少美遄返之日,亦正马标统昧良戏艳之际。新茶花自翁成美劝其兴女学后,终日孳孳于学问,未尝有儿女态,思及少美而发哀声也。某日,新茶花独坐空闺,见月明如昼,触景生感,忽念及伉俪情,遂一人至后花园中,于夫少美灵前,爇心香一瓣而哭曰:“我至亲爱之少美哥哥,我何料好花易残,明月易缺,而与我至亲爱之少美哥哥,竟成此长别耶!番将凶悍如宋帅(即为陈少美所拘获者),且为我哥所弑,今反败于杜贼之手,致身且不保,盖亦造物之忌才耶!哥哥有灵,其亦为厉鬼,以扑杀之乎?”新茶花随泣随言,至于哽咽不成声,而岂知窗外有耳,霎那间即有意外奇剧哉!

环球社《图画日报》第三百二十七号第六页

环球社《图画日报》第三百二十七号第六页

世界新剧

续新茶花(二十三)

窥　艳

珮

马千里标统自谗间新茶花未成后，老羞成怒，日夕思所以挑动新茶花，而使新茶花入于不正之途，俾已言之幸而中。某日晚，新茶花哭灵之日，马忽起诱奸意，以为新茶花固平康女，挑拨之固甚易易。第必自后花园潜入，庶可以达我谋艳之目的。于是于午夜人静时，马与妻女言，伪谓因要公外出，遂至陈氏后花园外。惟徘徊良久，苦无入门径，转辗寻觅，始见一带短垣，纵身一跃，已植立垣上，俯视园中，见花木参差，微露一线光明，耳边忽闻一种清音，细聆之，盖新茶花抚琴唱歌，以吊夫少美之哀词也。马俟其声辍，竟由短垣跃下，实行其诱奸手段。噫！马真非人哉！

环球社《图画日报》第三百二十八号第六页

环球社《图画日报》第三百二十八号第六页

世界新剧

续新茶花（二十四）

斥　马

珮

马标统窥伺新茶花既久，遂张大其色胆，敏活其偷香手，直至新茶花之前。新茶花于深夜静坐时，忽见一伟丈夫，自天上飞来，心忐忑，颜战栗，目瞪然，以注射马标统曰："尔……尔何人？"马乃委婉其声曰："我马千里是，我与少美凡弟也，我与卿叔嫂也。我知卿寂寞园林，特来伴卿。"新茶花闻言，怒曰："尔与少美既兄弟尔，岂可称我以卿？尔夤夜来此，意在于奸，尔亦知新茶花，固非水性杨花者乎？"马闻言，恐新茶花之伪也，更以戏言挑拨之。新茶花知马不可以理喻，遂反身抽少美常佩之利刃，直前以刺。马见新茶花用利器，于是奋身以逃，仓皇逾短垣出。孰知所谓陈少美者，即埋伏于黑暗中乎？

环球社《图画日报》第三百二十九号第六页

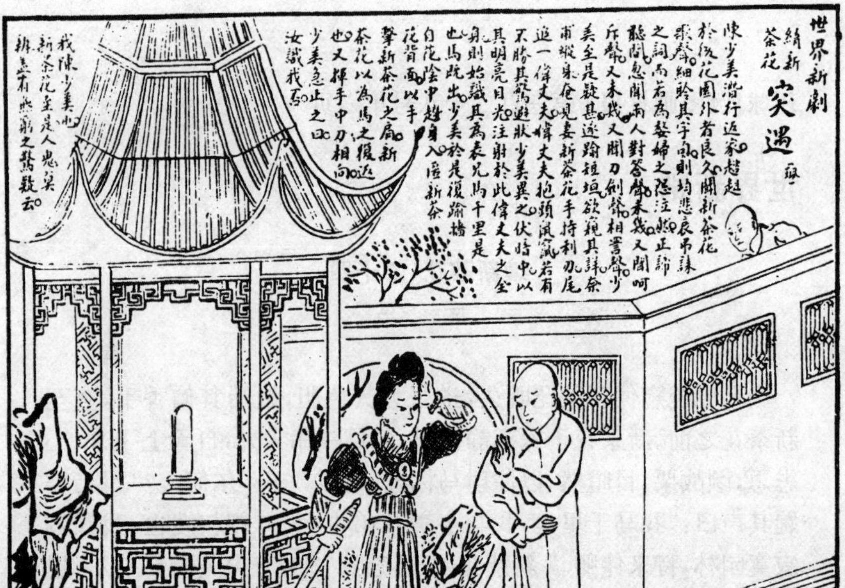

环球社《图画日报》第三百二十九号第六页

世界新剧

续新茶花(二十五)

突　遇

珮

陈少美潜行返家,趦趄于后花园外者良久,闻新茶花歌声,细聆其字句,则均悲哀吊诔之词,而若为嫠妇之怨泣然。正谛听间,忽闻两人对答声,未几,又闻呵斥声,又未几,又闻刀剑声、相詈声,少美至是疑甚,遂逾短垣,欲窥其详,奈甫纵身,奄见妻新茶花手持利刃,尾追一伟丈夫。伟丈夫抱头鼠窜,若有不胜其惊避状。少美异之。伏暗中,以其明亮目光,注射于此伟丈夫之全身,则始识其为表兄马千里是也。马既出,少美于是复逾墙,自花阴中趋身入,匿新茶花背面,以手击新茶花之肩,新茶花以为马之复返也,又挥手中刀相向。少美急止之曰:“汝识我否?我陈少美也!”新茶花至是,人鬼莫辨,盖有无穷之惊疑云。

环球社《图画日报》第三百三十号第六页

环球社《图画日报》第三百三十号第六页

世界新剧

续新茶花（二十六）

诫　夫

珮

新茶花于仓皇间，忽闻陈少美三字，错愕万状。既而凝神详察，则植立于前者，明明其最亲爱之良人也。新茶花至是，遂敛声而问曰："君非战死疆场者乎？何来返魂术，复得相见？"少美闻妻言，惶愧答曰："我实未死，死者乃卿之弟卓然耳。"新茶花闻卓然死，心痛甚，一哭几至晕厥。第以少美未死之原由，未经言明故，遂复节哀问曰："君何以未死？"少美曰："言之惭怍煞，我实逃军耳。"新茶花勃然曰："逃军乎！既为逃军，何面目返家？国家不惜重金，以豢养君等者，为欲得君等牺牲生命之报也。乃勇敢如君，亦偷生以甘为逃军，毋怪中国之军政，日就腐败，而国势之日就衰弱也。噫！已矣，我不愿为逃军妻，君为逃军而生，我为逃军而死。"言已，抽刀自刎，陈少美急止之，新茶花复抑郁不已。

环球社《图画日报》第三百三十一号第六页

环球社《图画日报》第三百三十一号第六页

世界新剧

续新茶花(二十七)

感　义

珮

陈少美闻爱妻新茶花曰“不愿为逃军之妻,愿为逃军而死”之两语,当头一棒,不胜羞愤,因夺新茶花手中刀曰:“如……如此吾死可也。”新茶花微哂曰:“君欲死乎?君死于此,鸿毛耳。外间哗然君阵亡,君既甘于一死,则死于敌阵,或可恢复其名誉,而不失为军人资格。若死于此一隅地,则所谓逃军之死,无异于匹夫匹妇之自经沟渎。吾家无逃军者,故不许君之死于此也。”少美闻而赧甚,曰:“然则我其复出乎?卿盖启门以送我出。”新茶花曰:“君从何处入,即从何处出,可也。”少美不得已,复逾短垣出。时马标统奄遇陈少美,复即探头附耳以窃听,至是聆新茶花之一番议论,及见陈少美之复出,遂天良未泯曰:“我实禽兽之不若矣。”无已,其从陈少美出征乎?乃潜从少美至敌阵云。

环球社《图画日报》第三百三十二号第六页

环球社《图画日报》第三百三十二号第六页

世界新剧

续新茶花(二十八)
帅　困

珮

当陈少美、马千里之奋勇赴敌阵也,正中国统帅失败之时。先是,统帅以陈少美既阵亡,遣将战又数不利,遂率兵亲自往剿,番帅杜权熟于地理,精于战术,种种设施之方,颇有良将风,而此伏彼起,出不意,攻无备,又如轻车驾熟路。然统帅既昧于地理,又苦于兵寡,遂致大失败。再战再北,其窘困之状态,使非陈、马中道袭击,则统帅之危迫,实有岌岌不可终日之势矣。

环球社《图画日报》第三百三十三号第六页

环球社《图画日报》第三百三十三号第六页

世界新剧

续新茶花（二十九）

伏　暗

珮

中国统帅既大败于番将手，于是踉跄奔避，窘迫之状态，几有陷敌之势。而中国之军兵，至此已一哄如鸟兽散。第为番兵所袭击，死伤于道者，不计其数。自子夜开战，至翌日午刻，枪炮声几未尝一绝，统帅见从军已将死伤尽，遂觅僻路逸，而后之追军，则又并力相逐。统帅至极险之境界，自分必死时，而忽于半山黑暗中，突出二少年，奋勇杀番兵，以救统帅，盖即陈少美、马千里也。陈少美相度地势，以此为要道，欲伏兵于此，继闻统帅大败，恐番将占据险要，特为先发制人计，潜藏此山凹中。马千里继至，见陈少美之埋伏，遂亦尾而从之，而不意统帅败北，适经此道也。

环球社《图画日报》第三百三十四号第六页

环球社《图画日报》第三百三十四号第六页

世界新剧

续新茶花(三十)

遇　救

珮

枪若林,弹若雨,血肉飞舞,尸骸纵横,奈何声震动山野,草木为之变色,此非战争时极惨之现状乎!冠不整,履不洁,戎服颠倒,血斑点若列星,伏汗马背,以全力鞭策之使行,此非战败之将帅,至狼狈之现象乎?上节所述统帅之败状,盖不外乎此也。统帅既大败至于危险时,忽得陈、马之救,心奇之,及反身以观,见番兵纷纷逸,两少年将,辟易千军,如入无人境,询左右曰:“此何人?”曰:“一为马千里标统,一不知何人也。”统帅方惊疑间,而马千里已返自番军中,以全力护帅节矣。

环球社《图画日报》第三百三十五号第六页

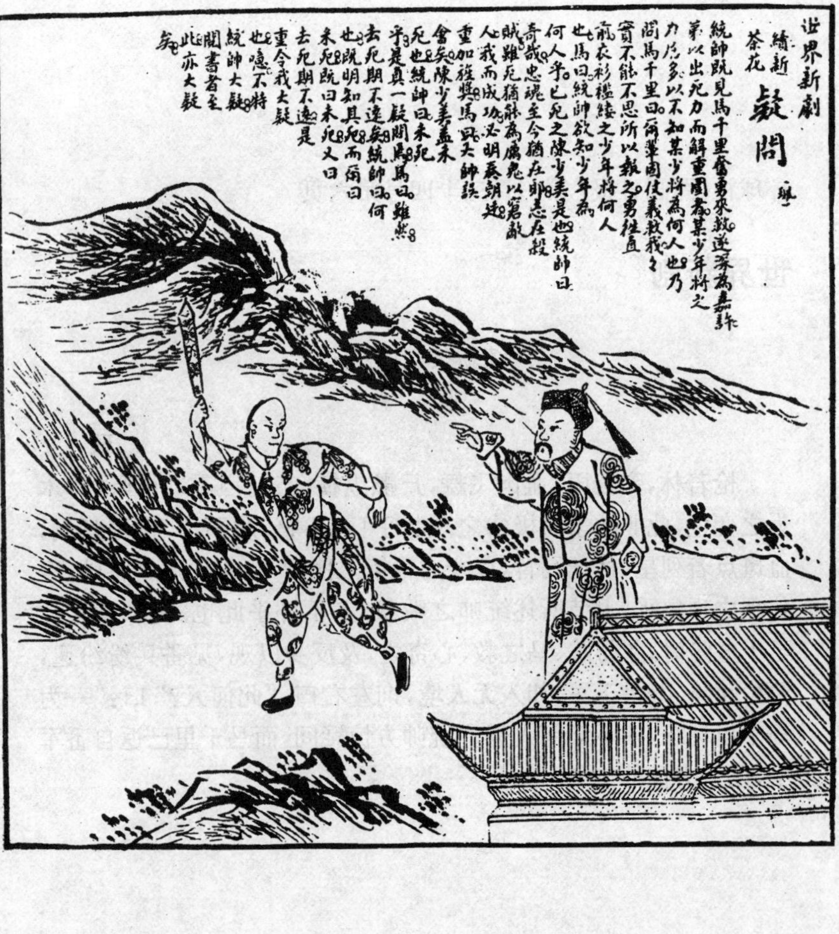

环球社《图画日报》第三百三十五号第六页

世界新剧

续新茶花(三十一)

疑　问

珮

统帅既见马千里奋勇来救,遂深为嘉许,第以出死力而解重围者,某少年将之力居多,以不知某少将为何人也。乃问马千里曰:“尔辈固仗义救我,我实不能不思所以报之。勇往直前、衣衫褴缕之少年将,何人也?”马曰:“统帅欲知少年为何人乎?已死之陈少美是也。”统帅曰:“奇哉!忠魂至今犹在耶!志在杀贼,虽死犹能为厉鬼以窘敌人,我而成功,必明奏朝廷,重加旌奖!”马曰:“大帅误会矣,陈少美盖未死也。”统帅曰:“未死乎?是真一疑问焉。”马曰:“虽然,去死期不远矣。”统帅曰:“何也?既明知其死,而尔曰未死,即曰未死,又曰去死期不远。是重令我大疑也。”噫!不特统帅大疑,阅书者至此亦大疑矣。

环球社《图画日报》第三百三十六号第六页

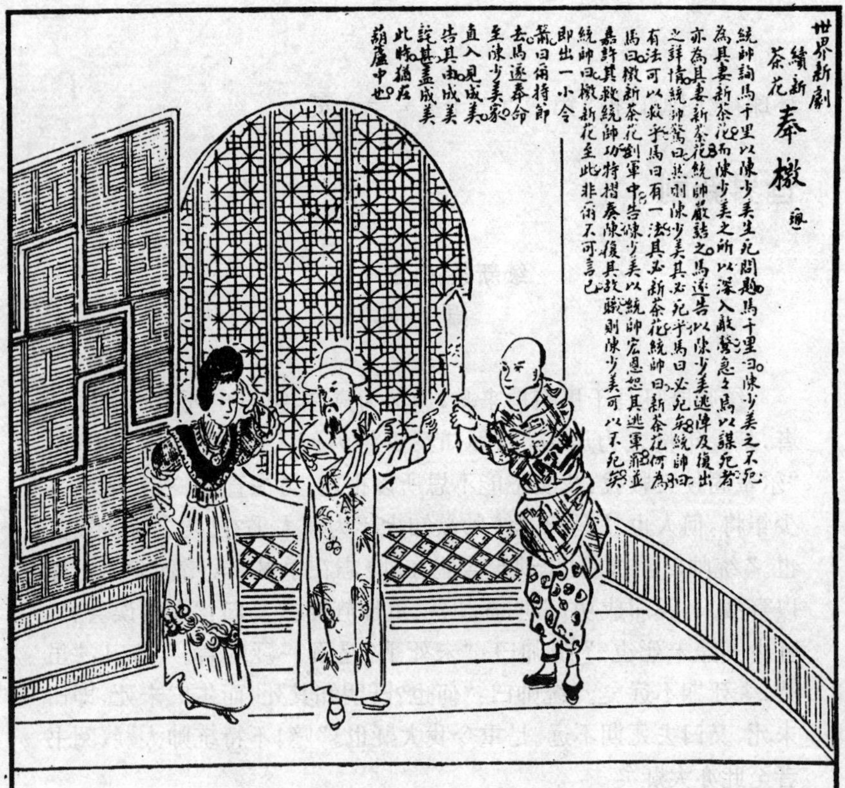

环球社《图画日报》第三百三十六号第六页

世界新剧

续新茶花（三十二）
奉　檄

珮

统帅询马千里以陈少美生死问题，马千里曰："陈少美之不死，为其妻新茶花。而陈少美所以深入敌营，急急焉以谋死者，亦为其妻新茶花。"统帅严诘之，马遂告以陈少美逃阵及复出之详情。统帅惊曰："然则陈少美其必死乎？"马曰："必死矣！"统帅曰："有法可以救乎？"马曰："有一法，其必新茶花。"统帅曰："新茶花何为？"马曰："檄新茶花到军中，告陈少美以统帅宏恩恕其逃军罪，并嘉许其救统帅功，特折奏陈复其故职，则陈少美可以不死矣。"统帅曰："檄新茶花至此，非尔不可。"言已，即出一小令箭，曰："尔持节去。"马遂奉命至陈少美家，直入见成美，告其由。成美诧甚，盖成美此时犹在葫芦中也。

环球社《图画日报》第三百三十七号第六页

环球社《图画日报》第三百三十七号第六页

世界新剧

续新茶花(三十三)

释 疑

珮

马千里既见陈成美,遂告以少美如何为逃军,如何返里见妻,如何被妻诟辱,如何感愤复出,如何埋伏要津,如何刀救统帅,及统帅如何檄令马某命请少美眷属至军营,一一详情,均与成美宣明。成美奇之,以子少美既未死,媳新茶花既复见子少美,何独使老父在梦中?遂唤新茶花出,以马言诘新茶花。新茶花曰:“少美未死是也,所以不与老父言者,恐老父不肯任其复出,故今既悔过赴敌阵,救统帅,亦大好事。统帅必欲我全家往者,恐少美奋匹夫之勇,为舍身殉国计耳。事亦近理,惟马言则我不敢信。”马惭于前事,逆知新茶花之不信,已将统帅令箭握掌中,曰:“此可伪造否?”新茶花见之,即不胜欢跃曰:“是真……是真!”成美夫妇至此,亦无任欣悦,而前日种种之忧伤、种种之疑虑皆涣然冰释矣。

环球社《图画日报》第三百三十八号第六页

环球社《图画日报》第三百三十八号第六页

世界新剧

续新茶花(三十四)

获　捷

珮

自古用兵者，莫要于地理，据形势上游之地，则虽兵寡将弱，亦可转败为功。陈少美之胜宋帅也，以得新茶花之地图，遂得以指挥自如，优胜之计划。陈少美固须臾不忘者，今既出与杜权敌，挈败余之残兵，一路相度地势，见某山险要，则伏兵几人；见某津胜利，则驻兵数人，一切布置，靡不悉臻妥洽。于是番将杜权虽勇悍，而对此层层节制之奇兵，则惟有俯首就擒而已。

环球社《图画日报》第三百三十九号第六页

环球社《图画日报》第三百三十九号第六页

世界新剧

续新茶花(三十五)
奖　功

珮

当陈少美与番兵剧战时,正陈成美挈妻媳随马千里至大营之日。陈成美既聆媳新茶花一番议论,观马千里一枝令箭,遂即随马至战地。陈成美固曾见统帅者,既至即进见。统帅告以少美事,并嘉成美教子有方,新茶花明达大体,谓成美曰:"国家培养军人,苟能悉如少美,则何患番邦小丑?虽然,少美之成功,尔翁媳赞助之力。俟大局底定,当特折奏朝廷重加奖励,以昭激劝。"成美闻言,与新茶花再拜谢。噫!佳儿佳妇,吾不知陈成美何修得此也。

环球社《图画日报》第三百四十号第六页

环球社《图画日报》第三百四十号第六页

世界新剧

续新茶花(三十六)
观　战

珮

陈成美既受统帅之嘉奖,极意谦抑,惟曰:“生子不肖,不为国家出力,而醇酒妇人,甚至临阵逃逸,罪愆良深。此次击番军,救统帅,亦渠悔过意。何敢言功?至于战死疆场,乃军人之本来职务,且老朽苟修得豚儿尽一忠字,则不特老朽之幸,亦陈氏祖若宗之荣光。”言已,向统帅长揖曰:“从未临阵观战,愿往览战事,以□不肖儿之军学。”遂挈媳新茶花至离营二十余里某山,登高望战。时则陈少美正奋勇当先,与番兵剧战云。

环球社《图画日报》第三百四十一号第六页

环球社《图画日报》第三百四十一号第六页

世界新剧

续新茶花(三十七)

结　论

珮

记者根据新舞台之三四本《新茶花》,依样葫芦,信笔直叙,定名曰《续新茶花》。新舞台如何演,记者即如何述;新舞台如何之布置,记者即如何之编次;新舞台如何之形容,记者即如何之描摹;新舞台点缀如何之景象,记者即绘写如何之状况。盖记者无本来之宗旨,依新舞台之宗旨为宗旨;记者无本来之事实,依新舞台之事实为事实;记者无本来之说素,依《新茶花》之说素为说素。记者实不啻为新舞台诸伶人之傀儡也。噫!以记者笔墨之高贵,而为伶人之傀儡,记者之自待亦过薄矣。虽然,为唤醒国民,为提倡武力,记者即为伶人之傀儡,而较之匠心独运,专以诲淫导邪,舞弄雕虫之伎者,似胜一筹也。是故新舞台演至新茶花、陈成美于山间晤陈少美而闭幕,记者亦述至新茶花、陈成美于山间晤陈少美而辍笔。新舞台之三四本《新茶花》,以此为结局,记者之《续新茶花》亦以此为结论,新舞台有无五六本《新茶花》之编排,记者有无再续新茶花之记录。新舞台未出现,记者亦难发表,记者原为新舞台之傀儡者,以新舞台有爱国心,记者亦有爱国心也。

嫖界现形记

环球社《图画日报》第三十九号第六页

环球社《图画日报》第三十九号第六页

世界新剧

嫖界现形记(一)

经　商

愿

《嫖界现形记》一剧，为新舞台名伶潘月樵所编。摹某说部所载，粤人某眷恋粤妓事，非沪上所售之《嫖界现形记》也。与七盏灯、赵文连等会演，绘影绘声，描摹嫖界现象，惟妙惟肖。全剧分二十节，中叙遇骗、索金、豪宴、威吓各事。不特演者出神入化，阅者眉飞色舞，而现声说法，且足唤醒一般沉沦孽海、嫖界纨绔之迷梦，诚有功世道之剧也。

直隶天津人杨和志，寄居清江有年。父某以商业起家，富甲一郡。和志未成年时，父以瘵病殁，托孤于至友金某。金以父执代杨经理业务，爱和志如己子。和志性倜傥，喜交纳，惟良莠不善择，酷爱嫖赌。经金一再训诲，虽稍敛迹，而年少纨绔终未能削除殆尽。金以垂暮年，恐一旦即世，则杨之家业，将无复孑遗。转辗思维，遂以己女妻和志。女容貌既俏丽，性情复开拓，操奇计赢，若善贾者，上至出纳巨万，下至米盐琐屑，持筹握算裕如也。自金氏于归后，杨姓全家财政，均归其管辖。和志唯诺而已，惟心郁郁，不甘雌伏。一日与金氏言曰："男儿志四方，何可伏处家中若室女?闻维扬商业繁盛，购清江出产品，往彼处贩售，其利可倍蓰。得母金一万，则往来贸易，其盈余有不可胜算者。"妻闻言力阻曰："吾辈岂市侩比，经商一言速勿谈。闻维扬多勾栏，君又狂嫖而滥情者，一朝失足，恐有不可收拾处。"和志指天誓曰："谓此次外出，必不再蹈金陵覆辙(和志曾往金陵，销耗多金，故云)。如勿信，请以指血盟。"言毕，伸手作啮指状。金氏急止之曰："勿尔，君固有意进取，妾亦何可阻尼。惟老仆李升有识且诚朴，君宜挈之往。小使王福，备服役可矣。"和志一一如命，一面金氏饬李升至账房，汇款备货。先行运往扬州，货价约两万金，签货单计一万六千两，以便和志到彼处取货。于是和志别妻，辞岳父母，带二仆往维扬。杜诗云："十年一觉扬州梦。"和志此时盖已渐次入梦矣。

环球社《图画日报》第四十号第六页

环球社《图画日报》第四十号第六页

世界新剧

嫖界现形记（二）
逼　娼

愿

扬州本繁华场，六朝金粉，二月烟花，舞榭歌楼，何啻以数百计。而穷无聊赖，辄以卖笑为生活，藉女子作门楣者比比。然有积世婆王氏，老奸而巨滑，著名之淫鸨也。设妓寮于多子街，萃多数弱女子，歌曲声闻十里外，俨然一招蜂引蝶之花丛。而王鸨心犹未已，暇辄与拐匪蚁媒通，冀获有所谓摇钱树者，以遂其爱钞之欲壑。一日，匪人某挈一女郎，年约二八余，秀靥承颧，长眉入鬓，姿态艳丽无伦匹。而裙下双钩，又瘦于菱角，冉冉如天人。王鸨见之涎甚，以多金置之，悬卖淫商标曰凡醉仙馆。顾女郎志高洁，不善酬酢，遇狎客有慢色。王鸨屡戒之不听，且加甚焉，语意多违抗。王诟詈之，而违抗益甚。于是凌辱之，鞭挞之，狠心辣手，几体无完肤。夫以女郎之嫩蕊娇枝，何堪经此摧折。受鸨之狂迫痛逼，遂宛转哀鸣："愿步诸姊妹后尘，求贷一死，以延此残喘，惟皮肉生涯，须任我自由，否则宁玉碎毋瓦全。"恶鸨闻言，自计曰："此倾城姝，苟有损失，影响于我生计，前途匪浅，今彼既允我所要挟者，则所谓皮肉生涯一语，不若姑妄听之。异日习俗所移，自能渐次入彀中。得寸则进尺，断难过事苛求。"而于是冰洁之女郎，遂为堕溷飘茵，一任恶鸨之指挥。所谓棰楚之下，何求不得也。噫！茫茫尘劫，零丁之弱质堕入火坑，而被一般恶鸨之凌逼者，不知其几许人。又安得杨枝一滴水，以苏此大千世界耶！

环球社《图画日报》第四十一号第六页

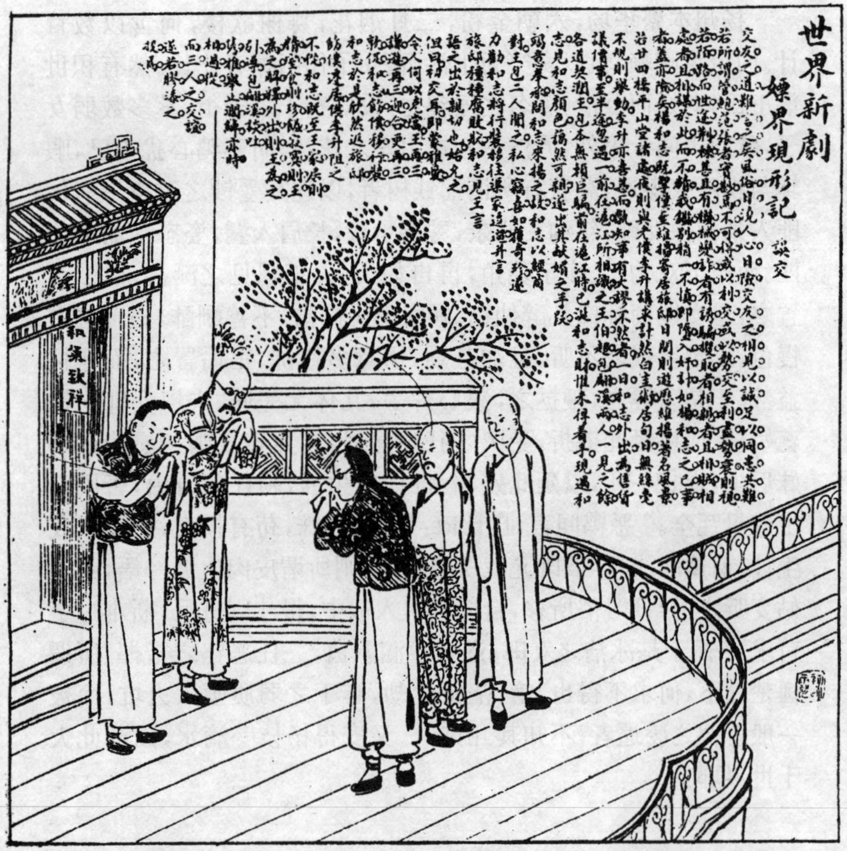

环球社《图画日报》第四十一号第六页

世界新剧

嫖界现形记（三）
误　交

愿

交友之道，难言之矣。风俗日浇，人心日险。交友之相见以诚，足以同患共难。若所谓管鲍范张者，实鲜焉不可得，或以利交，或以势交，至利尽势衰，则视若陌路。而世途荆棘甚，且有机械变诈者，有诱骗攫取者，相亲者且相贼，相处者且相谋，于此而不精。我鉴别稍一不慎，即堕入奸计。如杨和志之已事者，盖亦险矣。杨和志既挈仆至维扬，寄居旅邸，日间则游历维扬著名风景，若二十四桥、平山堂诸处，夜则与老仆李升讲求计然白圭术。居旬日，无丝毫不规则举动。李升亦喜甚，而孰知事有大谬不然者。一日和志外出，为售货议价事。至半途，忽遇一前在沪江所相识之王伯超、包翩溪两人，一见之余，各道契阔。王、包本无赖巨骗，前在沪江时已涎和志财，惟未得着手。现遇和志，见和志颜色，蔼然可亲，遂出其献媚之手段，竭意奉承。问和志来扬之故，和志以经商对。王、包二人闻之，私心窃喜，如获奇珍，遂力劝和志将行装移往渠家逗留，并言旅邸种种腐败状。和志见王言语之出于亲切也，始允之。但曰："初交耳，即蒙雅爱，令人何以克当？"王再三谦逊，再三迎合，更再三敦促和志饬仆移行装。和志于是欣然返旅邸，饬仆迁居，仆李升阻之，不从。和志既至王家，居则精室，食则珍馐，寂寞则王为之解释，外出则王为之引导。包翩溪谈吐隽雅，举止阔绰，亦时相过从。而三人之交谊，遂若胶漆之投焉。

环球社《图画日报》第四十二号第六页

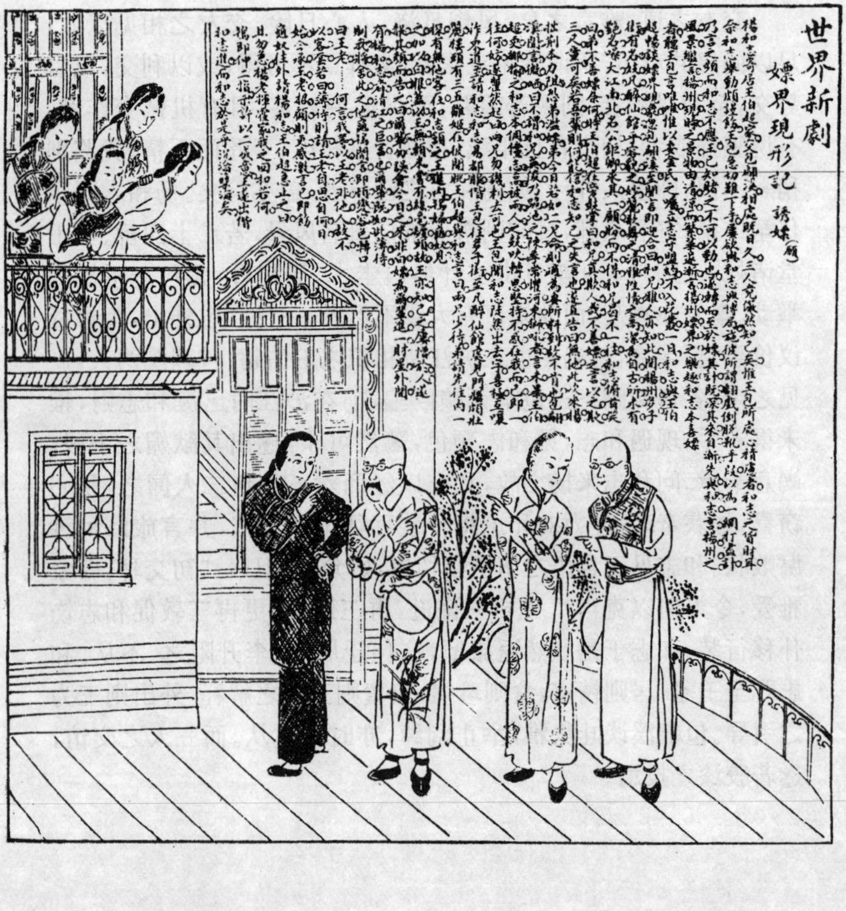

环球社《图画日报》第四十二号第六页

世界新剧

嫖界现形记（四）

诱　嫖

愿

杨和志寄居王伯超家，交包翩溪，相处既日久，三人竟俨然知己矣。惟王、包所处心积虑者，和志之货财耳。奈和志举动颇谨饬，王、包急切难下手，屡欲与和志兴博局，施彼所谓翻戏倒脱靴手段，以为一网打尽计，乃言之频，而和志不应。王已知赌之不可以动也，遂转而至于嫖。其计既深，其来自渐。先与和志言扬州之风景，继言扬州现时之景物，由清凉而繁华，遂渐言扬州嫖界之乐趣。和志本喜嫖者，听王、包言唯唯，惟以妻金氏之嘱，立志守盟约，不入花丛。一日，和志与王伯超畅谈嫖界现象，忽包翩溪至，闻言即迎合曰："和兄雅人，亦知此间扬州多子街有名妓凡醉仙馆乎？容貌之妙丽，歌舞之清雅，性情之高洁，为自古所未有，艳名噪大江南北，名公巨卿求其一顾盼而不得，和兄曷不一往？"和志俯首笑曰："弟不善嫖，奈何？"时王伯超在旁鼓掌曰："和兄真欺人哉！不善嫖之言，以之欺三尺童可矣。若吾辈则何能信？"和志知己之失言也，遂直告曰："无他，此次来扬，拙荆本力阻，恐弟滥嫖。弟今日若如二兄命，则适为妻所料到，故不肯也。"包翩溪闻言微哂曰："不谓和兄英俊，乃跪池之陈季常，惧河东狮吼者。"言未毕，王伯超更揶揄之。和志本倜傥志高，被两人之鼓吹，转思坚持不惑，在我而已，即一往何妨，遂瞿然起曰："两兄勿讥刺，去可也。"王、包闻和志陡然出"去"字，喜极互嚷作东道主，请和志。和志易都服，偕王、包往多子街，至凡醉仙馆处，见门墙颇壮丽，楼头有三五雏姬，在彼闲眺。王伯超与和志言曰："两兄少待，弟请先往内一探，有无他客在。"和志颔之。王进内，鸨妇龟奴见之，加以白眼，盖以王无赖，未尝有丝毫缠头，故王亦知己之屡憎于人，遂赧其颜而告之曰："尔辈勿误会，今日之来非白嫖，为尔辈进一财星。外间有杨和志者，清江之巨富也。尔辈既如此薄待，则我将舍此之他。"龟鸨闻言即顿变容色，转口曰："王老……何言，我等以王老非他人，故不以客套。若曰薄待，则请王老自思，自何日始？今承王老招顾，则更感激。"言已，即饬龟奴往外，请杨和志。王伯超急止之曰："且勿急，杨老挥霍家，我之回扣若何？"鸨即伸二指，示许以二成意。王遂出偕和志进，而和志于是乎沉沦孽海矣。

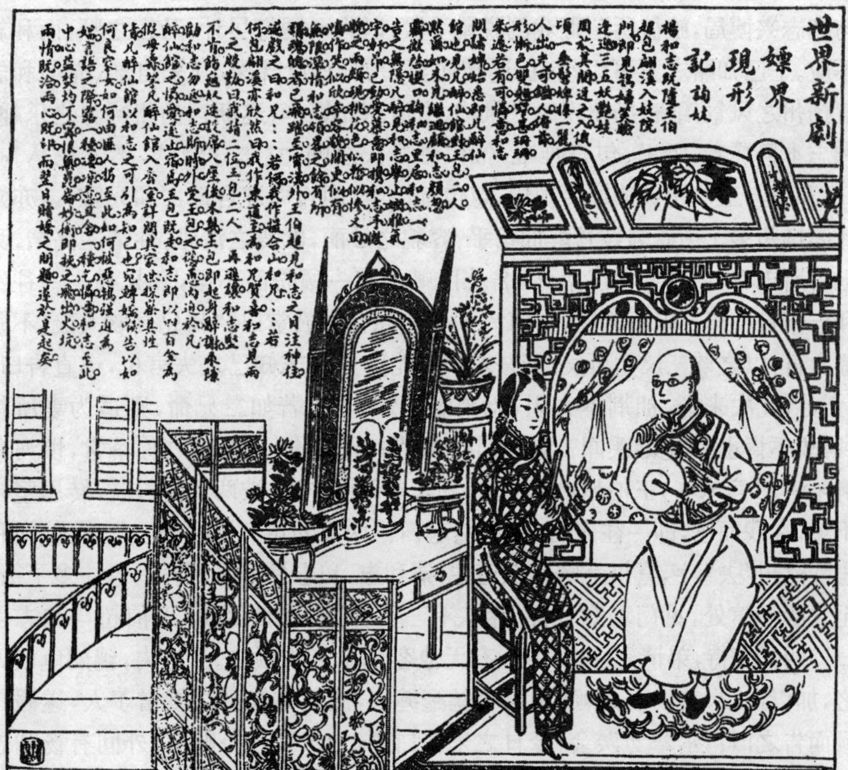

环球社《图画日报》第四十三号第六页

环球社《图画日报》第四十三号第六页

世界新剧

嫖界现形记（五）
询　妓

愿

杨和志既随王伯超、包翩溪入妓院门，即见鸨妇笑脸逢迎，三五妖艳妓周旋其间，迓之入。俄顷一垂髫婢捧一丽人出，光可鉴人，俯首形惭色，双翘窄甚，珊珊来迟，若有可怜意。和志问诸婢，始悉即凡醉仙馆也。见凡醉仙馆对王、包二人，默而如未见，继回顾和志，忽霁，微启樱口，询和志里居。和志一一告之无隐，凡醉见和志举止娴雅，气宇轩昂，已动爱慕意，即携和志手，微睨之，两颊现桃花色，似惭似惨，又回嗔作笑似欣幸，容貌间更似有无限深情。和志领略之余，有所谓魂魄者已飞跃至霄汉外。王伯超见和志之目注神往，遂戏之曰："和兄……若何?我作撮合山，和兄……若何?"包翩溪亦欣然曰："我作东道主，为和兄贺喜。"和志见两人之殷勤，曰："我请二位。"王、包二人再逊让，和志坚不肯，饬龟奴速设席入座。后未几，王、包即起身辞谢，乘隙劝和志勿返。和志斯时，外受王、包之怂恿，内迫于凡醉仙馆之怜爱，遂止宿焉。王、包既走，和志即以四百金为假母寿，挈凡醉仙馆入斋室，详问其家世，探察其性情。凡醉仙馆以和志之可引为知己也，宛转娇喉，告以如何良家女，如何由匪人拐至此，如何被恶鸨强迫为娼，言语之际，露一种凄凉意，且含一种乞怜意。和志至此，中心益焚灼不宁，恨无昆仑妙术，即挟之飞出火坑。两情既洽，两心既印，而翌日赎娇之问题，遂于是起矣。

环球社《图画日报》第四十四号第六页

环球社《图画日报》第四十四号第六页

世界新剧

嫖界现形记（六）

议 赎

愿

杨和志既止宿于凡醉仙馆处，凡凡醉仙馆难言之隐，于枕席间倾筐倒箧而出之。红袖青衫，和志固情种，闻恶鸨种种酷虐状，暨凡醉仙馆被匪人诱拐事，已不胜代为扼腕。继以相待之诚挚，感极生悲，泪珠涔涔下，相印心心。和志遂立意出凡醉于火坑。定情之翌日，即唤王鸨至，宣言欲纳凡醉仙馆为选室，问以需身价几何？王鸨知杨之已入情魔，可以奇货居也，索以至昂之价格，以侥倖于或试，又恐言之唐突也，遂以种种之烘托语，若所谓李老愿出多金，张少愿出巨价者，絮絮叨叨，烦琐至不可名状。和志素性躁急，闻言止之曰：“勿而，速言身价。”王鸨于是吞吐其辞。良久，始言曰：“非一万金不可。”和志讶之，自忖曰：“一小女子需如许巨款耶？”继转念凡醉仙馆之爱情，虽十斛明珠不为过，我苟靳而不予，则未免重财轻情，宁舍弃多金，决不甘今瞰财奴笑，遂允之无难色。王鸨闻言惊诧甚，以如此大主顾，转悔己之索价少，节外生枝，于是有所谓喜封者，有所谓下脚者，有所谓除牌子钱者，有所谓代偿狎客之局账者，一瞬间更增索二千金。和志亦允之，议定人银两交。噫！名花有主，凡醉仙馆，果几生修到耶！

环球社《图画日报》第四十五号第六页

环球社《图画日报》第四十五号第六页

世界新剧

嫖界现形记(七)

访　主

愿

杨和志既迷恋烟花，居平康若室家，与凡醉仙馆形影不离，不归寓者数日。仆李升以主人去如黄鹤也，挈王福遍访之不得，问王伯超则答以不知，李升知王之非正人，穷诘之余，继以讽刺，且言主人前日外出，确与王老爷偕行，何言不知?奴才以扬州生疏地，务请王老爷探听。王伯超迭被哓哓，知李升老练，不易给。遂于翌日，伪托探听，得耗，在多子街妓寮凡醉仙馆处。李升得信后，即偕王福往访，至多子街，见高张艳帜，名凡醉仙馆者。蓦然人，龟奴见之，直前拦阻曰:“尔辈何人?至此，殆欲一扩眼界耶。此为王孙公子冶游地。非尔须眉如戟之大腹贾所得问津者!”李升闻龟奴言，大声喝曰:“咄咄何言?我辈来此觅主人，主人杨姓，清江籍，居尔院已数日，速为我通报，有要事面禀。”龟奴闻杨之仆也，杨固该院之大主顾，不敢得罪，即婉言曰:“是……”遂转身入告。杨和志以仆李升之公正不阿，见时必被其箴谏，因嘱龟奴曰:“汝言……尔主人不在。”龟奴诺之出。李升见龟奴出，怒目曰:“何如?”龟奴固鼠怯者，见李升怒，战栗而言曰:“尔…尔主人言不在。”李升闻言笑曰:“何言……既言主人言，又曰主人不在……何言?”王福在旁，遂力迫龟奴再往内通报，务须见。龟奴以告和志，和志不得已出，见李升即以他言粉饰，并曰此为友人相好处，连日为友人所强留，今日晚间当返寓。李升始唯唯去。

环球社《图画日报》第四十六号第六页

环球社《图画日报》第四十六号第六页

世界新剧

嫖界现行记（八）

押　货

愿

杨和志既定计娶凡醉仙馆，以赎款需万二千金，手头虽有货品，值两万金左右，惟一时难脱售，奈王鸨又频频催款。杨不得已，遂乘仆李升访觅之机，托言有要事须返寓，于傍晚归王伯超家。晚餐后，即诣王处，告以定计娶凡醉仙馆事，并求指示筹款法。王颔之，且为之代谋曰："和兄有货在，曷不速售？纳宠事，可咄嗟办，何忧也？"和志答以："非不欲售，奈一时难成此大交易。伯兄有何至交，弟处有该宗货单，计一万六千两，最妙求伯兄为我押一万金，我已饬仆李升返清江汇款，约旬日到，到则可立时清赵。"言已，更再三谆求。王伯超知和志之将堕其术中也，遂莞尔曰："弟处本有三万现款，奈日昨为西人名划（读如滑）头者组织弗开煤矿公司，已将此款作股份，刻和兄既急需，当速请包翩溪兄至，与之商，或可成就。"和志于是饬仆请包翩溪。俄包至。和志告以筹款事，包即担任无难色，索和志货单，约片时即覆。临行时，和志再三嘱曰："无论若何，务必翩兄玉成。"去后，王伯超更追蹑之曰："勿迟迟，误乃公事，彼此好友，得利后速回。"和志尾之出，闻伯超言，误以为己也，感激甚。经二时许，包翩溪返，手握纸币若书卷。和志见而喜极曰："包翩兄果知己。"言未已，包即摇首曰："甚哉办事之难！为和兄事，且为和兄急需竭力设法，仅押三千元。言明一星期清赵，否则该货作绝。"和志诧曰："我万六千金之货单，反押三千元乎？何押款之狠也？"包闻言勃然曰："和兄真坐井之见，现在金融机关窒滞，人有十万货，欲押六七千金且不可得者有之，友人某以弟之薄面，故慨然应允。片纸之货单去，而现款三千元即由弟带来，如此易事，恐非我包翩溪不办。我临行时和兄且言务须玉成，故弟斗胆成交，如不欲则不妨立作罢议。"和志知己之失言也，遂婉言道谢。噫，王、包真巨骗哉！狠心辣手，令人无对付策。和志纨绔，又安得不为彼辈所绐耶！

环球社《图画日报》第四十七号第六页

环球社《图画日报》第四十七号第六页

世界新剧

嫖界现形记（九）

索　金

愿

王伯超与包翩溪，既骗得杨和志之货款，计除去三千两押款外，尚有一万三千两。王、包二人，至此如久旱之逢甘霖，其欣喜自不待言，惟所惧者一星期内，或杨和志汇款至，则此宗货物，断难措不交还，而绝大横财，适成画饼。二人转辗思维，转辗计议，必置杨和志于死地，使其于扬州无立足处，而所获得之货财，始可安享无妨碍。议良久，忽王伯超曰："得之矣，杨和志娶凡醉仙馆需价计万三千，现只有三千金，我辈往王鸨处，与之虚相委蛇。所有议定之回扣，亦慨然捐弃之，嘱王鸨日夕逼和志款。和志被逼后必走，如是则我曹无患矣。"包翩溪闻言，急赞成曰："妙哉！"于是王伯超往王鸨处，王鸨初以王之来索回扣，心甚怏怏，继以逼杨和志事，转为愉快，允之。王伯超叮咛后，恐为和志见，即悄然出。翌日，王鸨始运用其辣手段，鼓动其墨良心，掉弄其如簧舌，进凡醉仙馆房，谓杨和志曰："杨老…… 今日余款来否，我辈十余人悉赖此摇钱树过生活，今既为杨老所赏识，则身价银者，吾辈柴米之源头，万二千金已竭力减缩，为急需也。杨老只付三千金，所未付者尚三倍，岂此三千金，即可算数耶？吾辈群赖此三千金，则将喝西风矣。欲使凡醉接他客，而杨老又盘踞室中，究竟日内汇款来否？勿以欺人之言欺吾辈。"杨和志闻言错愕曰："勿哓哓！此星期内必来。"凡醉仙馆愁然曰："妈…… 请稍缓！"和志更一再陈说，王鸨始悻悻然出。自是朝夕逼索，始而轻侮，继而怠慢，终至凌辱。凡醉仙馆除皮肉生涯，杜绝不经营外，其歌舞佐酒事，则概照平日。和志以日就窘穷，亦不得已听之而已。

环球社《图画日报》第四十八号第六页

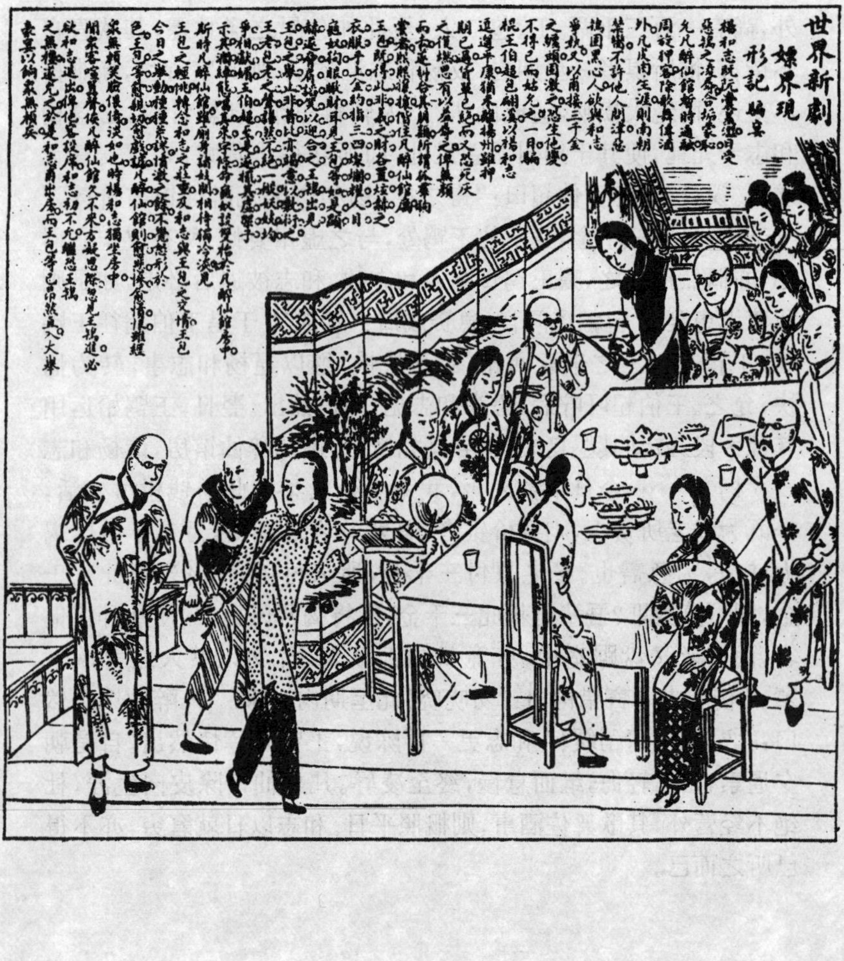

环球社《图画日报》第四十八号第六页

世界新剧

嫖界现形记(十)

骗　宴

愿

杨和志既阮囊羞涩，日受恶鸨之凌辱，合垢蒙耻，允凡醉仙馆暂时通融，周旋狎客，除歌舞传酒外，凡皮肉生涯，则南朝禁脔，不许他人问津。恶鸨固黑心人，欲与和志争执，以甫接三千金之缠头，固激之，恐生他变，不得已而姑允之。一日，骗棍王伯超、包翩溪，以杨和志逗遛平康，犹未离扬州，虽押期已过，货单已绝，而又恐死灰之复燃，思有以羞辱之，俾无颜而去。遂纠合其朋类，所谓狐群狗党者，熙熙攘攘，偕往凡醉仙馆寓。王、包既得此非义之财，各置炫赫之衣服，手上金约指三四，灿烂耀人目。龟奴狗眼，瞰财耳，见王、包等如是显赫，遂胁肩谄笑以迎合之。王鸨出见王、包之举止非昔比，亦竭意以敷衍之，王老、包老之声哗然不绝，一般妖妓均争相献媚。王伯超至是遂摆其虚架子，示其阔绰态，唱其来字条，命龟奴设双台于凡醉仙馆房中。斯时凡醉仙馆虽侧身诸妓间，相待独冷淡，见王、包之轻佻，转念和志之庄重，及和志与王、包之交情，王、包今日之举动，种种荒谬，愤激之余，不觉怒形于色。王、包等愈亲切、愈戏谑，凡醉仙馆则愈悲惨、愈愤恨，虽经众无赖笑脸偎倚，淡如也。时杨和志独坐房中，闻众客喧嚣声，俟凡醉仙馆久不来，方凝思际，忽见王鸨进，必欲和志退出，俾他客设席。和志初不允，继恐王鸨之无礼，遂允之。于是和志甫出房，而王、包等已昂然直入，大举豪宴，以饷众无赖矣。

环球社《图画日报》第四十九号第六页

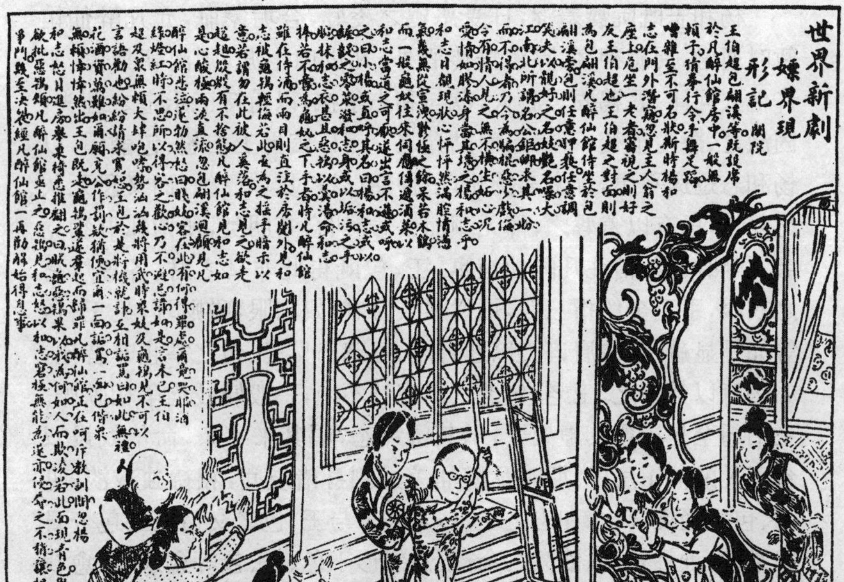

环球社《图画日报》第四十九号第六页

世界新剧

嫖界现形记（十一）

闹　院

愿

王伯超、包翩溪等，既设席于凡醉仙馆房中，一般无赖子，猜拳行令，手舞足蹈，嘈杂至不可名状。斯时杨和志在门外潜窥，忽见主人翁之座上，危坐一老者，审视之则好友王伯超也，王伯超之对面则为包翩溪，凡醉仙馆侍坐于包翩溪旁，包则任意狎亵、任意调笑。夫以靓好之名妓，艳名噪大江南北，所谓名公巨卿求其一盼而不得者，乃今为骗棍恶少戏侮，令有情人见之，无不横生妒心，况爱情如胶漆、身当其境之杨和志乎？和志目睹现状，心怦怦然，满腔愤懑气，几无从宣泄，郁极之余，呆若木鸡。而一般龟奴往来伺应，传递酒菜，以和志当道之可厌，遂出言不逊，或呼之曰小杨，或直呼其名曰杨和志，或以龌龊之零菜泼和志身，或以垢污之手腕抹和志衣，甚且恶鸨以羹汤命和志捧，若不啻为龟奴之下手者。时凡醉仙馆虽在侍酒，而两目则直注于房闼外，见和志被龟鸨轻侮若此，亟为之摇手暗示以意，若谓勿在此被人奚落，和志见之，欲走趦趄，殷殷有不舍态。凡醉仙馆见和志如是，心酸极，雨泪直流。忽包翩溪回顾，见凡醉仙馆悲泣，遂勃然怒曰："贱妓！客在此，有何得罪处，而竟哭耶？酒绿灯红时，不思所以得客之欢心，乃不避忌讳如是！"言未已，王伯超及众无赖大肆咆哮，势汹汹几将用武。时众妓及龟鸨见不可以言语劝也，纷纷请求宽恕。王、包于是将机就计，互相诟骂曰："如此无礼，花酒资万难如尔愿，充公作罚款，犹便宜尔。"一面诟骂，一面已偕众无赖悻悻然出。王、包既走，龟鸨辈遂群起而归罪凡醉仙馆，正在呵斥教训间，忽杨和志怒目进房，举桌椅悉推翻之曰："贼龟恶鸨！果以我为何如人，而欺凌若此！"面现青色，举手欲批恶鸨颊。凡醉仙馆亟止之，恶鸨见和志怒，以和志窘极无能为，遂亦侵辱之，不稍让，相互争斗，几至决裂，经凡醉仙馆一再劝解始得息事。

环球社《图画日报》第五十号第六页

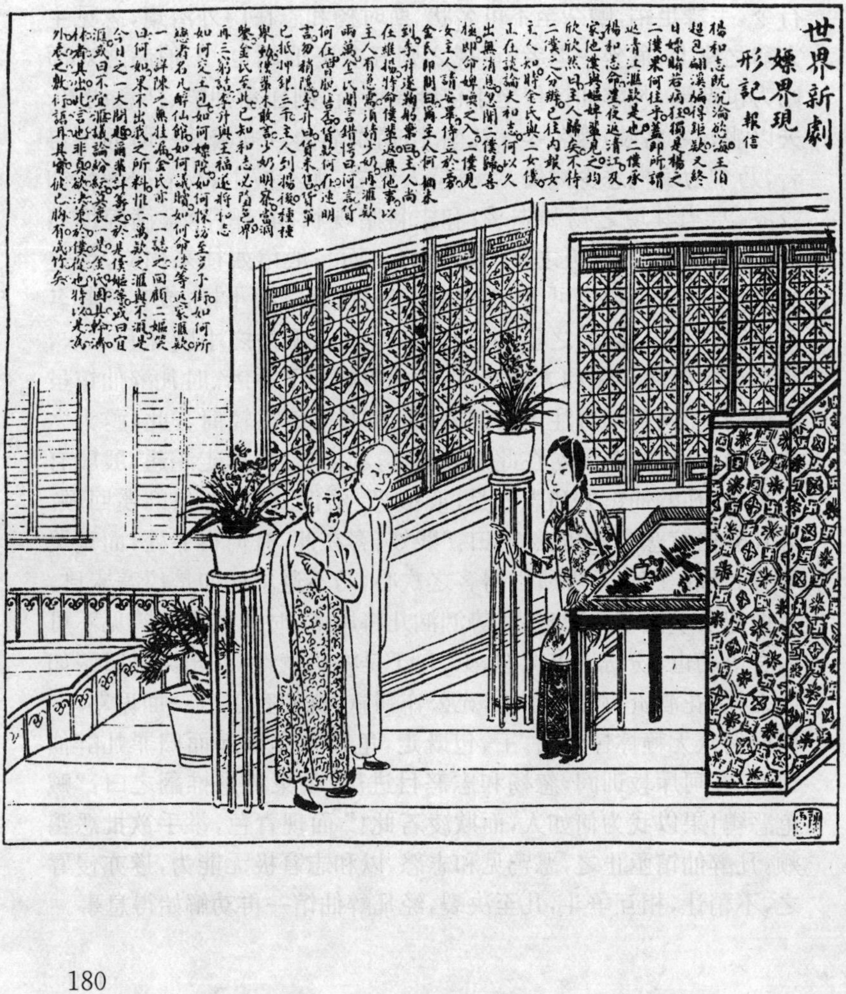

环球社《图画日报》第五十号第六页

世界新剧

嫖界现形记(十二)

报　信

愿

杨和志既沉沦欲海,王伯超、包翩溪骗得巨款,又终日嫖赌若病狂,独是杨之二仆,果何往乎,盖即所谓返清江汇款是矣。二仆承杨和志命,星夜返清江。及家,他仆与妪婢辈见之,均欣欣然曰主人归矣,不侍二仆之分辨,已往内报女主人知。时金氏与二女仆正在谈论夫和志,何以久出无消息,忽闻二仆归,喜极,即命婢唤之入。二仆见女主人请安毕,侍立于旁,金氏即问曰:“尔主人何犹未到?”李升遂鞠躬禀曰:“主人尚在维扬,特命仆辈返,无他事,以主人有急需,须请少奶,再汇款两万金。”氏闻言错愕曰:“何言?货何在?曾脱售否?货款何在?速明言,勿稍隐。”李升曰:“货未售,货单已抵押银三千。主人到扬后,种种举动,仆辈未敢言,少奶明察,当洞鉴。”金氏至此,已知和志必陷色界,再三穷诘。李升与王福遂将和志如何交王、包,如何嫖院,如何探访至多子街,如何所恋者名凡醉仙馆,如何议赎,如何命仆等返家汇款,一一详陈之无挂漏。金氏亦一一志之,回顾二妪笑曰:“何如?果不出我之所料,惟二万款之汇与不汇,是今日之一大问题。尔辈详筹之。”于是仆妪等或曰宜汇,或曰不宜汇,议论纷纭,莫衷一是。金氏固具干济材者,其出此言也,非真欲决策于仆从也,特以是为外表之敷衍语耳,其实彼已胸有成竹矣。

环球社《图画日报》第五十一号第六页

环球社《图画日报》第五十一号第六页

世界新剧

嫖界现形记（十三）

乔　妆

愿

金氏既得夫和志迷恋烟花耗，中心焦灼甚，遂与仆李升商曰："尔主人业已沉沦嫖界，急需买笑资，请求汇款至两万金，其需要不可为不奢。我日夕在家，管理米盐琐屑事，焦心劳思，至于利析秋毫。虽怨毒之于人，且安居之不顾，乃太过不及。尔主人竟取之尽，锱铢用之如泥沙，货款两万，未及一月，而倾囊既倾矣，又欲汇款两万。姐儿爱俏，鸨儿爱钞，彼辈之欲望难满。尔主人之请求无厌，而我之资财则有限。一旦需要过于供给，势必难乎为继，今若靳而不予，则听其落魄勾栏，非特我所不忍，抑亦理所必无。况欲海难填，爱河易竭，世无李亚仙，谁能使郑元和回头哉？转辗思维至今日，而欲挽救尔主人，觉登彼岸，则当头棒喝，其必我亲至维扬乎已矣。无复言，尔与王福在家照顾，账席张君，尔等与之和衷共济，明日速与我备一叶舟，我与二老妪薙发乔妆到维扬一探。既多子街有绝好风味，当假充狎客以饱眼福，际男女平权时代，彼既大嫖特嫖，我亦何可不小试嫖技，稍寻嫖趣，以抒我郁闷哉？"言毕，李升急劝之，曰："请少奶息怒，仆此次愿到扬州劝主人速返，若少奶亲往则未免……。"言至此，金氏即勃然曰："毋多言，吾意决矣！"李升素知主母之刚劲，不得已唯唯出。金氏遂将覆额发尽薙之无存。二老妪亦依计行，更从随服饰，易裙展而冠裳，变巾帼为须眉。金氏乔妆之余，居然一翩翩年少之佳公子矣！噫，金氏真倜傥哉！

环球社《图画日报》第五十二号第六页

环球社《图画日报》第五十二号第六页

世界新剧

嫖界现形记(十四)
探　　院

愿

金氏既乔妆若佳公子,偕二老妪鼓棹至维扬,一路流连风景,胸襟顿为之畅适,谓二老妪曰:“我生小娇惰,伏处深闺者十年。自入杨氏,日夕为家政,未敢越雷池一步。兹乃脱如狡兔,竟而买舟游维扬,使我领略此长江流域之好山水,则实尔主人作成之也。”未几抵扬州,金氏即饬二老妪于多子街左近赁一僻静旅寓,暂止行踪。翌日,金氏易丽服,二老妪尾其后,转辗探访,大类桃源问津状。经多数曲折,始得至多子街,初进街头,即遥闻笙歌声,见高张之艳帜,密接如市场商标。一再问讯,遂得至所谓凡醉仙馆者,二老妪即先金氏而入,龟奴时方徬徨庭心,搔首观天,见二老妪入,即胁肩笑脸逢迎曰:“二位自何处来?岂欲以此为行乐地耶?”二老妪笑曰:“勿妄言!我家少大人闻此间有凡醉仙馆者,特来一访。”言未已,龟奴见一美少年炫服丽都,光可鉴人,步入中堂,龟奴即高声呼曰:“少大人……跪接少大人!”斯时王鸨已出迓,金氏见王鸨年已五十余,而现皱纹,发秃鬓稀,谄媚能溢于眉宇,见金氏,足恭其颜色曰:“难得少大人到此,我家凡醉仙馆何来此福星照耀,今日贵人临门,老身近日干渴死矣。乃昨夜梦观音娘娘云,尔素所诚敬我,我已与财神言,财神云明日必有财主到,今果然乐煞我老身也。”金氏闻此无伦类之语,不禁为之哑然,遂随之以进云。

环球社《图画日报》第五十三号第六页

世界新劇

嫖界現形記

豪宴

吾妓之流少太人楊和志之妻金氏既涉足花叢隨鴇及衆妓蜂擁之入院羣起獻媚趨之若鶩金氏留意傾聽並不知何人為凡醉仙館亦不知和志是否況論院中疑信參半中心之忐忑如春潮起落並金氏性雖倜儻究係巨室乍睹見衆妓之種種狎褻狀不禁赧顏為之臉含羞強笑曰我耳凡醉仙館名特來飽餐秀色羣姬羅列我不識何人果凡醉仙館也王鴇指一長身玉立者曰凡醉仙館一蠢了頭茶少大人凡衆言問即攜凡醉仙館手至金氏前金氏諦視之見凡醉仙館秋波流慧的態生姿風鬟霧鬢娉婷天然而肌膚瑩潔朗朗若玉山照人不禁微哂曰我見猶憐況老奴乎時王鴇已飭設宴款待金氏金氏即飭二老媼以五百金為纏頭賞更以五百金為假母壽請王鴇曰我來雖欲攜歸看這名花今則凡醉仙館欲攜止已其他緣緣者將買之不仙館列惟北有無不速客與凡醉仙館有不藝者滿其直言無隱王鴇見金氏舉止闊極言語嫺雅且揮金若土而鍾愛凡醉仙館之意溢於言表聞金氏有無抑客不為之言即接子剖辯曰少大人真諒言哉我家凡醉仙館宮秒未退守身如執玉雖人盡可夫惟誓不胡亂失身即老身亦曲如其意斷不肯賤多金今真為大服貪破不謂予不信請嘗試可也言畢吃吃笑不止金氏應之曰既如是當每日報效酒資五百金推我來去無常無一定時刻滿許我否王鴇曰此間實無他客儘來無妨金氏於是起身出二老媼隨之行時院中均欣然獨凡醉仙館為楊和志則愛形於色也

环球社《图画日报》第五十三号第六页

世界新剧

嫖界现形记(十五)

豪 宴

愿

乔妆之伪少大人、杨和志之妻金氏既涉足花丛,龟鸨及众妓蜂拥之入院,群起献媚,趋之若骛。金氏留意侦察,并不知何人为凡醉仙馆,亦不知和志是否沉沦院中,疑信参半,中心之忐忑如春潮起落,盖金氏性虽倜傥,究系巨室闺阁,见众妓之种种狎亵状,不禁颜为之赧,含羞强笑曰:“我耳凡醉仙馆名,特来饱餐秀色,群姬罗列,我不识何人果凡醉仙馆也。”王鸨指一长身玉立者曰:“凡醉仙馆一蠢丫头,蒙少大人见爱。”言间即携凡醉仙馆手至金氏前。金氏谛视之,见凡醉仙馆秋波流慧,弱态生姿,风鬟雾鬓,妙丽天然,而肌肤莹洁,朗朗若玉山照人,不禁微哂曰:“我见犹怜,况老奴乎?”时王鸨已饬设宴款待金氏,金氏即饬二老妪以五百金为筵资,更以五百金为假母寿,谓王鸨曰:“我来维扬,欲看遍名花,今见凡醉仙馆,欲观止已,其他碌碌者将置之不问列,惟此间有无不速客,与凡醉仙馆有瓜葛者,尔其真言无隐。”王鸨见金氏举止开拓、言语娴雅且挥金若土,而钟爱凡醉仙馆之意溢于言表,闻金氏有无狎客瓜葛之言,即摇子剖辨曰:“少大人真谑言哉!我家凡醉仙馆宫砂未退,守身如执玉,虽人尽可夫,惟誓不胡乱失身,即老身亦曲如其意,断不肯瞰多金,令其为大腹贾破瓜。谓予不信,请尝试可也。”言毕,吃吃笑不止。金氏应之曰:“既如是,当每日报效酒资五百金,惟我来去无常,无一定时刻。尔许我否?”王鸨曰:“此间实无他客,尽来无妨。”金氏于是起身出,二老妪随之行。时院中均欣然,独凡醉仙馆为杨和志,则忧形于色也。

环球社《图画日报》第五十四号第六页

环球社《图画日报》第五十四号第六页

世界新剧

嫖界现形记(十六)

突　遇

愿

金氏既与王鸨订特别约,遂出院返寓,以未见和志形踪也,中心焦灼甚,谓二老妪曰:“尔等究曾见主人否?我观凡醉仙馆,确是已破瓜者,尔主人既金迷纸醉,沉沦孽海中,断难骤出此牢笼,嗣后当留心观察,侦探其真相,务使其回头彼岸。”二老妪笑曰:“善哉!少奶之言,我等宜速设法。”金氏闻言颔之。翌日,金氏与二老妪计议良久,研究侦探法,逆料和志之必在院中也,遂易服往凡醉仙馆处。至院中,阒焉无人,金氏私心窃喜,即直入凡醉仙馆房。乃寂静无声息,只见罗帐低垂,凡醉仙馆与一年少相偎倚,娓娓作倾谈状。审视之,所谓年少者,盖即和志也。金氏不见则已,一见后已不胜惊骇。凡醉仙馆忽回眸见金氏,即惶愕万状,唤和志曰:“速起身,少大人来矣。”和志闻言,从床上跃起,见一美少年容光奕奕,即反身取长服,抱头鼠窜去。时金氏既见和志,乃勃然怒曰:“何来此贱奴?敢逗遛此间?”回顾凡醉仙馆曰:“尔……尔好,尔母言无狎客,今何如?我非三尺童,尔等岂欲欺我耶?如此颠倒人,如此侮弄我,真贱妓哉!真恶鸨哉!”言已愤愤现不平色,方喧哗间,合院人均到,见金氏群相哀劝之,金氏始而笑,继而讥讽,终则大呵斥,风雨雷霆,大施其权术。噫!金氏一弱女子,能随机生变,玩至险至奸之恶鸨于股掌上,其智谋亦不可及哉!

环球社《图画日报》第五十五号第六页

环球社《图画日报》第五十五号第六页

世界新剧

嫖界现形记（十七）
威 吓

愿

金氏既突遇和志于凡醉仙馆院中，喜惧交集，惟彼此不得接洽，终无从援手，使和志脱离樊笼，转辗思维，遂特施其威吓手段，厉声谓王鸨曰："尔以我为何如人？如此欺侮，断难干休，凡醉仙馆明明有恩相好，尔何得任意蒙昧我？问尔凡醉仙馆房中究是何人？速实告，勿相隐，则尔等之罪犯刑罚或可取消释灭，若有讳言，则毋怪我有不情处。此间扬州府温太尊、甘邑尊、胡大令均与我至友。"言未毕，即唤其随从曰："速取我名片至甘泉县衙门，请胡大老爷速饬差至多子街凡醉仙馆妓院，即行发封！"因该妓院之主人翁王鸨有虐妓不法事，时金氏高坐堂皇，侃侃而谈，王鸨闻"发封"二字，战栗恐惧，状若鼯鼠之见狸猫。合院中自龟奴至歌妓、雏姬及侍婢辈共二十余人，咸崩角不能起，群相强辨曰："凡醉仙馆房中，实非他人，系此间相帮（即龟奴之俗称）小杨，杨家里（俗音读如革）。"金氏闻之愤甚，未及启齿，凡醉仙馆亦起而辨护之曰："少大人请息怒，小杨亦佳客也。现在阮囊羞涩，至于不堪，若云相帮，实非是。"金氏见凡醉仙馆所言，天良犹未昧，芳心已钦佩不遑，爰为之首肯，惟要求杨和志之侍奉，谓伊平日之侍奉，一切皆须弄童，故今日须得所谓小杨者，晚间随从左右。今日晚间，尔等苟能使小杨尽我欢，当以二千金为一夕之报酬资，不然则恐有不利于尔辈也。噫，金氏亦狡矣哉！

环游社《图画日报》第五十六号第六页

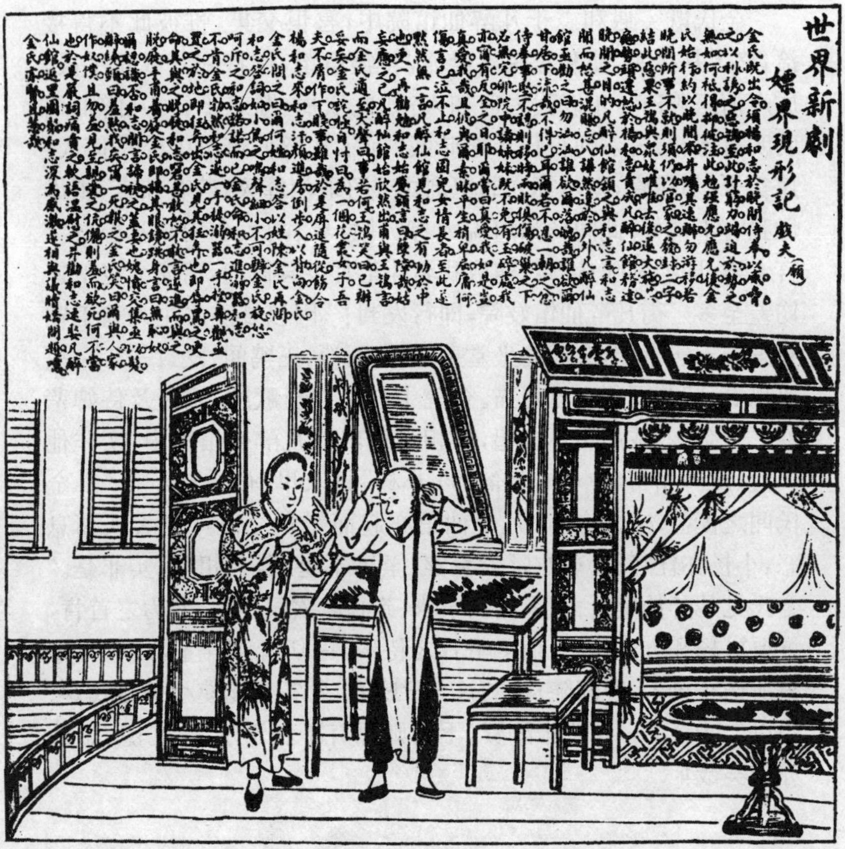

环游社《图画日报》第五十六号第六页

世界新剧

嫖界现形记(十八)

戏　夫

愿

金氏既出令,须杨和志于晚间侍奉,以威胁之,以利诱之,恶鸨至此计穷力竭,迫于势之无如何,只得抑彼注此,勉强应允。应允后,金氏始行,约以晚间来,并嘱其速办,勿游移,若晚间所事不就,则须仍以官家之"发封"二字结此恶果。王鸨与众妓唯唯去,后遂大施其龟势头,迁怒于杨和志,责成凡醉仙馆务达晚间之目的。凡醉仙馆颔之,与和志言。和志闻而怒甚,"混账忘八"哗然达于户外。凡醉仙馆亟劝之曰:"勿汹汹,谁欲尔落魄哉?谁欲尔甘居下流哉?不得已耳。尔若不忍一朝之忿,侍奉事坚不认,则移时两败俱伤,破巢之下必无完卵。院中诸姊妹既不免有玉碎处,我亦宁有瓦全之日耶?尔尝曰真爱我,如是岂真爱我哉?且彼与尔等素昧平生,稍卑屈庸何伤?"言已,泣不止。和志固儿女情长者,至此遂默然无一言。凡醉仙馆见和志之有动于中也,更一再劝勉。和志始蹙额言曰:"孽障哉!姑妄应之已。"凡醉仙馆始欣然出,甫与王鸨言,而金氏适至,大声曰:"事若何?"王鸨笑曰:"已办妥矣。"金氏诧极,自忖曰:"为一个花丛女子,吾夫不屑作下贱事,难哉!"于是屏退随从,饬令杨和志来,和志汗颜进房,倒步入,以背向金氏。金氏问之曰:"尔何姓?"和志答以姓陈。金氏再问,和志答词如小鸟之鸣声,细小不可辨。金氏旋怒,呵斥之。和志诺诺而已。金氏命和志进溺器,和志不肯,金氏勃然。和志遂一手提溺器,一手捏鼻颧,亟置之于地,即狂奔出。金氏见其狂奔也,即辱骂之,更命其与之脱履。和志窘甚,敢怒不敢言,遂进而与之脱履。手甫着履,金氏即揭其眼镜,跳身言曰:"无耻奴!尔认识否?"和志闻言,谛视之,盖妻也。愧愤交集,亟以发辫绕颈曰:"羞煞我矣!宁一死报之!"金氏笑曰:"尔与人家作奴仆,且勿羞,见至亲爱之伉俪,则羞而欲死,何不当也?"于是严词痛责之,软语温慰之,并劝和志速娶凡醉仙馆,返里团聚。和志深为感激,遂相与议赎娇问题。噫!金氏亦贤且慧哉!

环球社《图画日报》第五十七号第六页

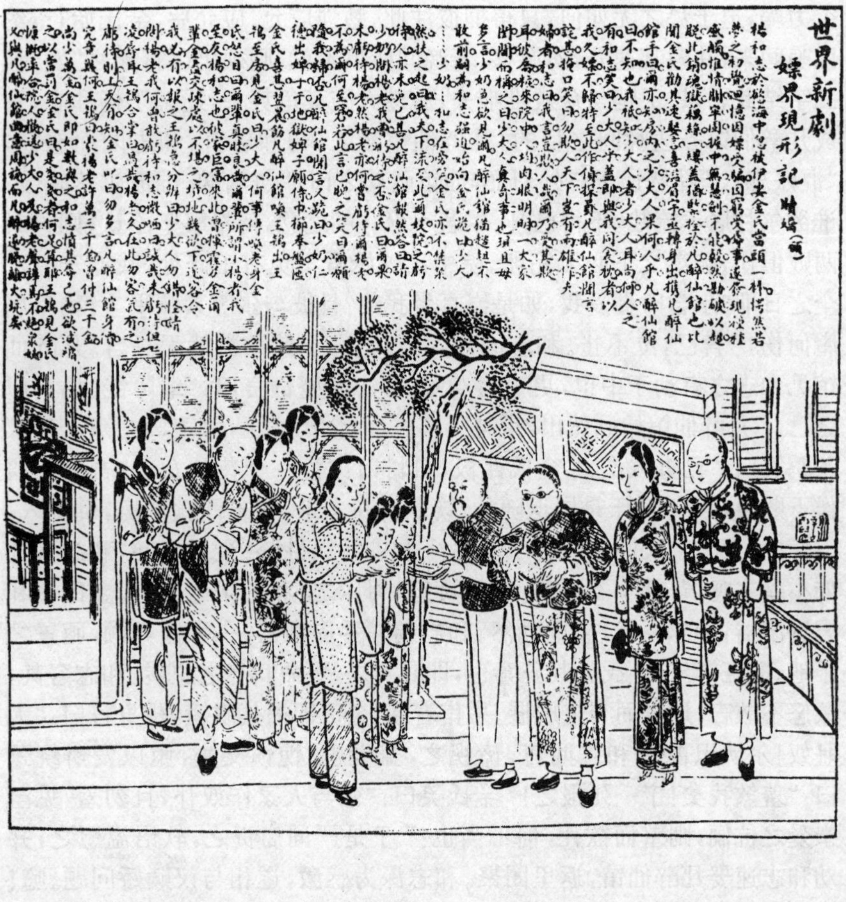

环球社《图画日报》第五十七号第六页

世界新剧

嫖界现形记(十九)

赎　娇

愿

杨和志于欲海中忽被伊妻金氏当头一棒,愕然若梦之初觉,回忆因嫖受骗,因穷受辱事,遂发现种种感触,惟情关牢固,握中无慧剑,不能毅然勘破,以超脱此销魂狱,藕丝一缕,盖犹紧拴于凡醉仙馆也。比闻金氏劝其速娶言,喜溢眉宇,亟转身出,携凡醉仙馆手曰:“尔亦知房内之少大人果何人乎?”凡醉仙馆曰:“不知也。我只知少大人者、少大人耳,尚何人之有?”和志笑曰:“少大人乎?盖即与我同衾枕者,以我久嫖不归,特至此作侦探员。”凡醉仙馆闻言诧甚,掩口笑曰:“勿欺人!天下岂有两雄作夫妇者?”和志曰:“我言岂欺人哉?尔乃受其欺耳。彼乔妆来,院中人均肉眼,明明一大家闺阃,而称之曰少大人,真奇事也。现且毋多言,少奶急欲见尔。”凡醉仙馆犹趦趄不敢前,嗣为和志强迫,始向金氏跪曰:“少大……少奶……”和志在旁笑,金氏亦不禁粲然,扶之起曰:“我夫下流至此,尔妓院之亏待人,亦未免已甚。”凡醉仙馆赧然答曰:“请少奶问杨老我曾亏待之否?”金氏曰:“尔果未亏待杨老,然杨老亦何尝亏待尔?杨老不为尔,何至窘若此?”言已,睨之笑曰:“尔愿随我归否?”凡醉仙馆闻言又跪曰:“少奶仁德,出婢子于地狱,婢子愿侍巾栉,奉盘匜。”金氏喜甚。翌晨,饬凡醉仙馆唤王鸨出,王鸨至房见金氏曰:“少大人何事传唤老身?”金氏怒目曰:“尔辈真昧良哉!尔辈所谓小杨者,我至友杨和志也。彼家巨富,来此曾挥霍多金,尔辈金尽交疏,处以不堪之境地,几欲下遂客令。我必有以报之。”王鸨急分辨曰:“少大人勿错怪,请问杨老,我何曾敢亏待?”和志微哂曰:“诚哉!未亏待,但凌辱耳。”王鸨合掌曰:“过哉!杨老久在此,勿客气有之,亏待则上天有知。”金氏叱曰:“勿多言!凡醉仙馆身价究竟几何?”王鸨曰:“蒙杨老许万三千金,曾付三千金,尚少万金。”金氏即如数与之,和志愤其辱己也,欲减缩之,以当罚金。金氏曰:“是戋戋者,何足算耶?”王鸨见金氏慷慨,率合院人欢送少大人及杨老,声哗焉不绝。众妓又与凡醉仙馆曲意周旋,而凡醉遂脱离火坑矣。

环球社《图画日报》第五十八号第六页

环球社《图画日报》第五十八号第六页

世界新剧

嫖界现形记(二十)

偕　归

愿

杨和志孽海超拔,凡醉仙馆火坑脱离,美满姻缘,卒得良好之结果。而《嫖界现形记》一剧遂于以告终。当杨和志挈凡醉仙馆,随金氏返旅邸也。途中忽遇一惊心动魄令人猛省事,则巨骗王伯超与包翩溪,忽身赭衣,脚黑索,捉将官里去是已。盖王、包二人既骗得和志巨款,悖入悖出,不数日而嫖赌一空,乃怙过不悛,更往骗一缙绅,天道昭昭,事机败露,致被人告发。和志偕归之时,适王、包被逮入官之际。和志见后,不禁为之悚然动容,叹曰:“有是哉!何报应之不爽也。”遂以曩昔遇骗事告金氏,金氏与凡醉仙馆均为之感慨不置。未几,返旅邸,整行装,归清江。贤妻娇妾,杨和志至是,更一反平日之所为,经营商业,生二子,及长,皆显贵于清江,遂成一望族焉。噫!自来陷溺于嫖界者,每至黄金化尽。英雄落魄,青衫湿透,豪杰短气,而魑魅魍魉、牛鬼蛇神种种之怪状,又复突忽涌现于花世界。一朝失足,宁有幸哉?剧中描摹杨和志受辱事足为好嫖者之暮鼓晨钟。杨和志之不致于孽海中沉沦死者,幸也。世无金氏之妻,凡醉仙馆之妓,慎勿学杨和志,而适蹈杨和志遇骗受辱之覆辙也,幸甚。

(《嫖界现形记》完,明日续登《义节奇冤》)

义节奇冤

环球社《图画日报》第六十号第六页

环球社《图画日报》第六十号第六页

世界新剧

义节奇冤（一）

诫　妹

愿

《义节奇冤》一剧，为劝善惩恶之作。剧中叙一富有之少年，乐于为善，勇于赴义。卒以血气未定，鄙陋不学，酿成冤狱事。全剧分二十余节，中叙良友之交谊，愚夫之徇情，贤妇之贞烈，循吏之明决，靡不形容尽致。名伶潘月樵、小保成等现身说法，演出愚夫妇好义之偏，尤足发人猛省，启人愚蒙，诚改良风俗、崇尚气节、感化社会心理之新剧也。

江苏某府属某县，户口繁殖，风俗朴野，民情强毅。尤崇尚气节，好善之风，贯彻全境。济贫恤嫠等善堂，几鳞次而栉比。惟僻居偏隅，闻见不广，多顽固守旧者。有开通志士，创维新之说，则目之为狂悖。俗尚迷信，更喜谈因果，敬礼神佛，若严父母。以故，官斯土者，每以神道设教。要而言之，盖锢蔽时代之好地方也。有富翁朱履方者，以耕读传家，生一子一女。子名守田，年二十一，性固执，举动诚谨，喜交纳。待友朋若亲昆季，平居自奉极俭约，而见义勇为，友人有急难相求者，虽千金不吝也。目击社会之日流于卑下，士习之日趋于浮靡，每发愤叹息。见一般假维新者，尤深恶而痛疾之。妹紫英，性情开拓，醉心于女学界，开通二字，与兄适成一反比例。易髻为辫，足则革履黑袜，日负箧至学堂，朝出而暮归，守田颇不为然。一日，以正言诫妹曰："妹亦知闺阁所谨守者何事乎？"紫英率尔对曰："当今之时，最急者莫开通若。"守田笑曰："开通？…… 诚哉！其开通也。然开通究从何处做起？尔辈女流，道听途说，断断然曰'开通'、'开通'，若开通之精义如何，则不知也。谨告我妹，勿沉溺其中，而不知自反。要之，貌文明而心野蛮，袭皮毛而失精神，沾染陋习，无丝毫之实益，我知将来必有追悔无及之日矣。"紫英闻言滋不悦，谓守田曰："哥哥，哥哥，勿干预，各行其志可耳。"守田知妹之不可以言语劝也，遂黯然微哂而出。

环球社《图画日报》第六十一号第六页

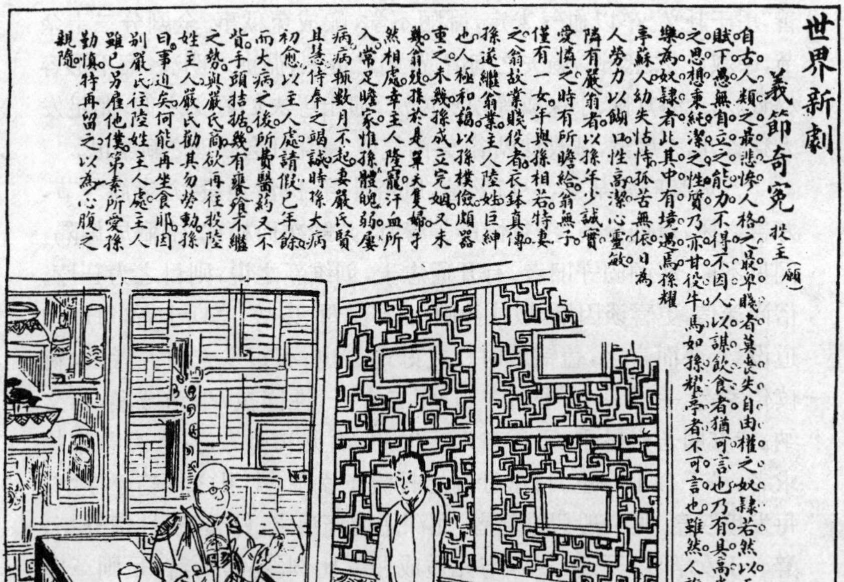

世界新劇

義節奇冤　拙王（稿）

自古人類之最悲慘人格之最卑賤者莫喪失自由權之奴隸若然以天賦下愚無自立之能力不得不因人以謀飲食者猶可言也乃有具高尚之思想秉純潔之性質乃亦甘役牛馬如孫耀亭者不可言也雖然人誰樂為奴隸者此其中有境遇焉孫耀亭蘇人幼失怙恃孤苦無依日為人勞力以餬口性高潔心靈敏隣有嚴翁者以孫年少誠實受憐之時有所贍給翁無子僅有一女年與孫相若特妻之翁故業賤役者衣鉢真傳孫遂繼翁業主人陸姓巨紳也人極和藹以孫樸儉頗器重之未幾孫成立完姻又未幾翁歿孫於是舉夫婦子然相處幸主人陸寵汗血所入常足贍家惟孫體魄弱屢病病輒數月不起妻嚴氏賢且慧侍奉之竭誠時孫大病初愈以主人處請假已年餘而大病之後所費醫葯又不貲手頭拮据幾有饔飧不繼之勢與嚴氏商欲再往投陸姓主人嚴氏勸其勿勞動孫曰事迫矣何能再坐食耶因別嚴氏往陸姓主人處主人雖已另雇他僕第素所愛孫勤慎特再留之以為心腹之親隨

环球社《图画日报》第六十一号第六页

世界新剧

义节奇冤(二)

投　主

愿

自古人类之最悲惨、人格之最卑贱者,莫丧失自由权之奴隶若。然以天赋下愚,无自立之能力,不得不因人以谋饮食者,犹可言也。乃有具高尚之思想,秉纯洁之性质,乃亦甘役牛马,如孙耀亭者,不可言也。虽然,人谁乐为奴隶者?此其中有境遇焉。孙耀亭,苏人。幼失怙恃,孤苦无依,日为人劳力以糊口。性高洁,心灵敏。邻有严翁者,以孙年少诚实,爱怜之,时有所赡给。翁无子,仅有一女,年与孙相若,特妻之。翁故业贱役者,衣钵真传,孙遂继翁业。主人陆姓,巨绅也。人极和蔼,以孙朴检,颇器重之。未几,孙成立完姻。又未几,翁殁。孙于是单夫只妇,孑然相处。幸主人隆宠,汗血所入,常足赡家。惟孙体魄弱,屡病,病辄数月不起。妻严氏贤且慧,侍奉之竭诚。时孙大病初愈,以主人处,请假已年余。而大病之后,所费医药又不资,手头拮据,几有饔飧不继之势。与严氏商,欲再往投陆姓主人。严氏劝其勿劳动,孙曰:“事迫矣,何能再坐食耶!”因别严氏,往陆姓主人处,主人虽已另雇他仆,第素所爱孙勤慎,特再留之,以为心腹之亲随。

环球社《图画日报》第六十二号第六页

环球社《图画日报》第六十二号第六页

世界新剧

义节奇冤(三)

遇　窃

愿

孙耀亭身厕奴隶，虽品质卑贱，而秉性谨厚，服役勤慎，为主人奔走，又竭尽劳瘁，以故主人待之，若纪网仆。一日，主人以纸币五百元，嘱其至钱肆易现银。孙耀亭奉差后，忽忽出，道经繁盛之通衢，忽遇一友人李某，见孙耀亭曲意奉迎，并问耀亭将往何处作公干。耀亭虚与之委蛇，并告以兑款事，李唯唯别去。李故无赖之赌棍也，闻耀亭携多金，陡起觊觎心。别耀亭后，即与彼同党人商，欲于途中要而劫之，又恐事之不就，遂设策以攘窃之。策维何？即集多数人，设赌场于孙耀亭必经之处，俟其来而故意哄闹，乘机以着手是已。陷阱既妥，预备猎取。时孙耀亭既别李，以日将暮，汲汲行。经旷空之郊野，忽见野畔，有桌二三，有人数十，呼卢唱雉，声触人耳鼓。因回顾曰："博局耶？"言已，即行近聚赌处，作壁上之观。忽哄然共嚷曰："捉赌者来矣！…… 捉赌者来矣！"纷纷逃逸，互相挤轧。一转瞬间，而鸟兽散。孙耀亭恐受池鱼之殃也，亦抱头窜避，行经数武手揭衣襟，掏摸主人所交下之五百元纸币，乃忽不翼而飞。时耀亭惊愕万状，如平地之闻疾雷。虽遍处寻觅，奈众无赖去之已远，终不能珠还合浦矣。

环球社《图画日报》第六十三号第六页

环球社《图画日报》第六十三号第六页

世界新剧

义节奇冤(四)

自　缢

愿

孙耀亭既于赌场失主人款，转辗寻觅，踪迹杳然。因而追思顷闻所以被窃之由，觉有一短衣黑面者，于喧哗时，向其身畔挤轧而过，推求再三，知为宵小所算，乃蹬足长叹曰："我孙耀亭素所谨慎，忽罹此大祸，失此巨款，真梦想所不到。惟众赌棍去之已远，一轻微之纸币，从何处搜缉？"日暮途穷，耀亭徘徊荒郊，暮鸦哀鸣，野犬穷吠，云黯淡作愁惨色，风萧萧然，若起无限之悲声。种种状况，无非增人忧思。耀亭感触之余，不胜怨愤。念及主人相待之厚，今忽有负付托，其何以报？且所失苟数十金，竭力筹尽，或可弥补。若五百金，则毕生所不能得者。主人虽信任我，然如此巨款，亦不能宽恕不究。与其贻羞于将来，不如雪耻于今日，以白绫三尺，了此残生。因解系裤罗带，向空中再拜痛哭曰："孙耀亭无面目见主人，敢以一死报主人恩。"继又大呼妻严氏名曰："从此长别矣！天道有知，其将结来世缘乎？"言已泪涔涔下，见近身有大树一枝，叶萎枯，即系带于上，伸颈入绝命圈。噫！亦惨矣。

环球社《图画日报》第六十四号第六页

世界新劇

義節奇冤　俠叔（續一）

孫耀亭誠實人也。感主人知遇之恩，以失款故，遂欲以一死為賠償之計。其愚可憫，其忠可嘉。造物有知，又豈肯使其死于非命哉。方耀亭投繯時，忽有一少年自北來，衣服亂都，見耀亭躬奔狂呼曰：勿短見……勿輕生。言未畢，即跳身直前，解繩命圈結，抱耀亭而救之。曰：愚哉，天下何事不可為，何事不可了，乃竟以至寶貴之生命，來此荒郊覓死。所耀亭本瞑目待斃，忽有人營救，始張目含淚謝曰：救命恩公，某之死非有他故，不勝一朝之忿耳。今幸恩公再造，未識恩公高姓，乞詳示之，俾將來圖報。少年急切言曰：勿客氣，四海之內，皆兄弟，路遇援手，理之當然，何恩之有。惟君究因何由作此可駭之舉動，欲自經溝瀆，且君年力富強，正發奮有為之時，今忽輕生，乃爾蓋必有所起，願祈速告，我勿隱。耀亭遂以失款對，少年笑曰：嘻，奇極矣。失錢耳，非犯彌天罪。五百金雖巨，較一命何如，何若為五百金，而竟以父母遺體兩相衡，斷寧不相當。救人須救澈，君為五百金極生，我救君，而不為君設法，五百金則救如未救。無已，其隨我歸，我耀亭至此，感愧交集，惟再拜道謝而已。問少年姓名，少年始一一答之。夫少年固何人乎？蓋即富家子朱守曰是也。守曰挽耀亭手同至居，姓氏具詳，因勸慰之曰：奴隸職役，非君所宜，易改之，缺資本則某或能稍助臂力。兩人隨行隨談，雖貴賤不同，而氣質相投，頗有一見傾心之狀態云。

环球社《图画日报》第六十四号第六页

世界新剧

义节奇冤（五）
侠　救

愿

孙耀亭，诚实人也。感主人知遇之恩，以失款故，遽欲以一死为赎愆之计。其愚可悯，其忠可嘉，造物有知，又岂肯使其死于非命哉！方耀亭投缳时，忽有一少年自北来，衣服丽都，见耀亭穷奔狂呼曰："勿短见……勿轻生！"言未毕，即跳身直前，解绝命圈结，抱耀亭而救之曰："愚哉！天下何事不可为？何事不可了？乃竟以至宝贵之生命，来此荒郊觅死所。"耀亭本瞑目待毙，忽有人营救，始张目含泪谢曰："救命恩公，某之死，非有他故，不胜一朝之忿耳。今幸恩公再造，未识恩公之高姓？乞详示之，俾将来图报。"少年急切言曰："忽客气，四海之内皆兄弟，路遇援手，理之当然，何恩之有？惟君究因何由，作此可骇之举动，欲自经沟渎？且君年力富强，正发奋有为之时。今志短乃尔，盖必有所起原，祈速告我勿隐。"耀亭遂以失款对。少年笑曰："呆蠢极矣！失钱耳，非犯弥天罪，五百金虽巨，较一命何如？若为五百金而丧父母遗体，两相衡断，实不相当。救人须澈，君为五百金轻生，我救君而不为君设法五百金，则救如未救。无已，其随我归乎？"耀亭至此，感愧交集，惟再称道谢而已。问少年姓名，少年始一一答之。夫少年固何人乎？盖即富家子朱守田是也。守田握耀亭手，问里居姓氏綦详，因劝慰之曰："奴隶贱役，非君所宜，曷改之？缺资本则某或能稍助臂力。"两人随行随谈，虽贵贱不同，而气质相投，颇有一见倾心之状态云。

环球社《图画日报》第六十五号第六页

环球社《图画日报》第六十五号第六页

世界新剧

义节奇冤(六)

慨 助

愿

朱守田挈耀亭至家,慨许借箸,谓耀亭曰:“请少憩,将往见我父。”时耀亭见朱家规模宏富,栋宇宽广,奴婢等云集,遇守田辄植立致敬。自惭形秽,已不禁局促如辕下驹。复经守田相待之亲切,更惶恐万状。守田见耀亭颜色之赧也,笑曰:“君何过谦至此?”言已,即往见其父履方,告以途遇孙耀亭为失款自缢事。履方闻言错愕曰:“失款耶?竟至自缢?伊何人?儿认识之否?既见之,曾救之否?”守田曰:“素不相识,惟已救之,且挈其至家矣。缢者孙姓,虽穷汉,然眉目秀美,气宇轩昂,决非终身窘者。闻所失款几微,儿已许为筹画,吾父欲见之否?”履方本善士,闻守田救人事,心窃喜之,口则唯唯应。旋守田出,偕孙耀亭进见。履方谛视耀亭,问曰:“君非失款自缢者乎?幸遇吾儿,否则枉死城中多一冤鬼矣。第所失款究几何?”耀亭曰:“五百。”履方闻五百,面有难色,目视于守田,守田恐父之不允也,急嗾孙耀亭谢曰:“吾父愿以五百金助君,君其速谢。”耀亭即再拜谢,履方既受耀亭谢,虽欲不允而不得。遂饬仆人往内携洋五百元赠耀亭。耀亭受后,更再拜道谢而出。守田送之,并挽耀亭手,赠以三百金,曰:“君性质朴诚,望速弃此奴仆贱役,我更赠此戋戋者,为君营商之资本。”噫!孙耀亭固何福得此耶?若守田之磊落慷慨、豪侠好义,则真难能可贵者矣。

环球社《图画日报》第六十六号第六页

环球社《图画日报》第六十六号第六页

世界新剧

义节奇冤(七)

惑　艳

愿

朱守田慨助孙耀亭，孙感激甚，谓守田曰："我孙耀亭几生修到，遇此大恩公，衔环结草，请候诸异日。"守田急止之曰："勿复言，吾与君将结金不交。吾少顷且欲至尊第造访，但未识住居何处？乞明示。"耀亭曰："桑牖蓬户，是岂吾公所履之地。"守田坚请不已，耀亭无奈，遂告之而别。守田转身返书室，早餐后，即拟往耀亭处。出门行数武，忽不识途之何处，信步前进，经一僻巷，突见一少妇，倚闾坐，年约二十许，面圆替月，妙丽若天仙。秋波一转，虽鲁男，魄亦随之而飞扬。详审之，盖小家碧玉也。守田年弱冠，貌秀美，固翩翩之佳公子。平日虽守身如执玉，而情欲之曷止，究系强制力。且其所以能完璞者，因性质迂拘，择配过苛，卒无当意者耳。若固倾城，则一触即发矣。今既见此可喜娘，心不禁为之怦怦，情焰高炽，遂一反其平日谨守绳墨之举动，与少妇作戏谑语。少妇固贤者，见守田轻薄，勃然变色曰："咄…… 尔何人？岂以我为可欺耶！我与尔，陌路耳。贸焉接谈，廉耻扫地矣。浮滑子，殆欲至此觅死所耶！"言已，悻悻人。"伊哑"一声，两门紧闭。守田至是，窘甚，追悔已之不当，毋任懊恼，自责曰："多言招尤，被人所辱詈，分也。"于是垂首汗颜而急图远扬。噫！人非木石，谁能无情？惟见艳而惑，惑而任意戏谑，则守田之过也。

环球社《图画日报》第六十七号第六页

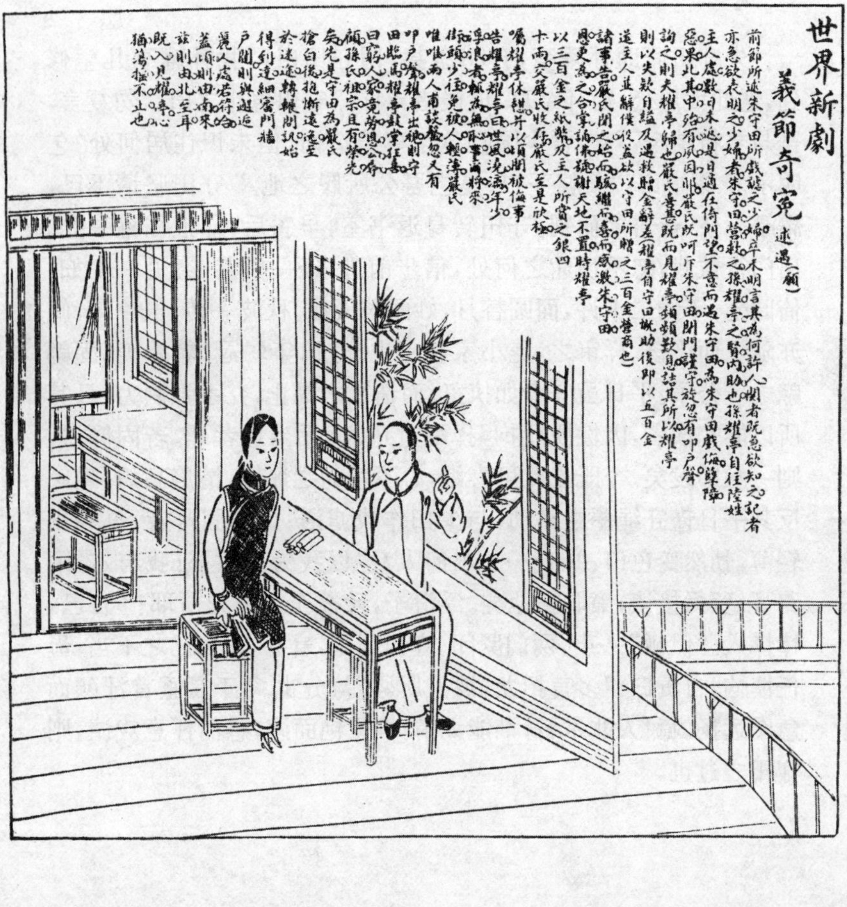

环球社《图画日报》第六十七号第六页

世界新剧

义节奇冤(八)

述　遇

愿

前节所述朱守田所戏谑之少妇,卒未明言其为何许人。阅者既急欲知之,记者亦急欲表明之。少妇者,朱守田营救之孙耀亭之贤内助也。孙耀亭自往陆姓主人处,数日未返,是日适在倚门望,不意而遇朱守田,为朱守田戏侮,孽障恶果,此其中殆有夙因耶!严氏既呵斥朱守田,闭门谨守,旋忽有叩户声,询之,则夫耀亭归也。严氏喜甚,既而见耀亭,频频叹息,诘其所以,耀亭则以失款自缢及遇救赠金辞差(耀亭自守田慨助后,即以五百金还主人,并辞仆役,盖欲以守田所赠之三百金营商也)诸事告。严氏闻之,始而骇,继而喜,而感激朱守田恩,更为之合掌诵佛号,谢天地不置。时耀亭以三百金之纸币,及主人所赏之银四十两,交严氏收存。严氏至是欣极,嘱耀亭休憩,并以顷间被侮事告耀亭。耀亭曰:“世风浇漓,年少浮浪者,辄为无耻事尔。将来街头少往,免被人轻薄。”严氏唯唯。两人甫谈罄,忽又有叩户者。耀亭出视,则守田临焉。耀亭鼓掌狂喜,曰:“穷人家,竟劳恩公辱顾。孙氏祖宗,且有荣光矣。”先是守田为严氏抢白后,抱惭远逸,至于迷途。转辗问讯,始得到达。细审门墙户阅,则与邂逅丽人处若符合。盖顷则由南来,兹则由北至耳。既入,见耀亭,心犹荡摇不止也。

环球社《图画日报》第六十八号第六页

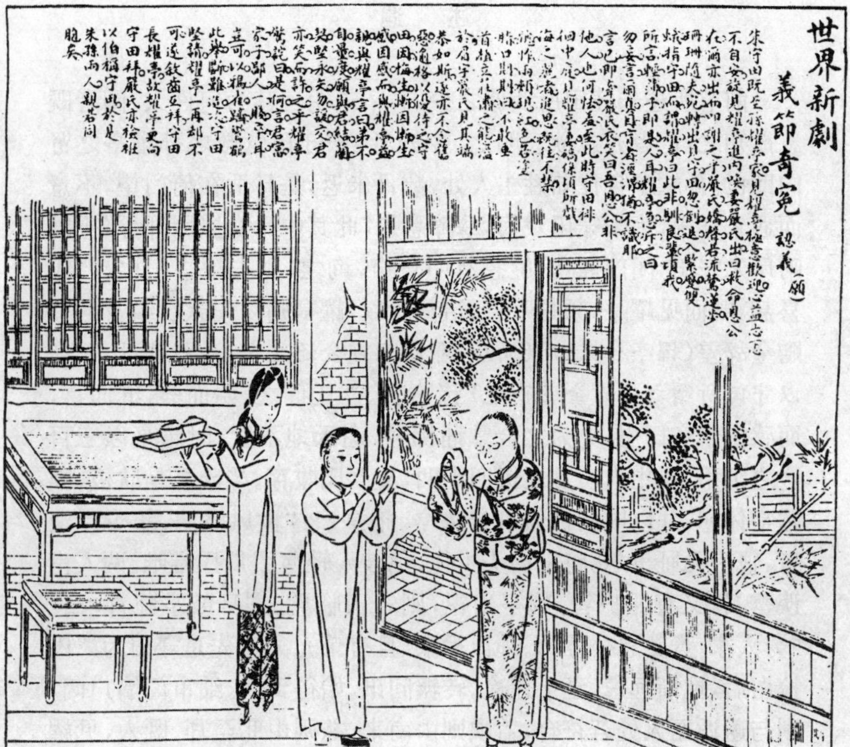

环球社《图画日报》第六十八号第六页

世界新剧

义节奇冤（九）
认 义

愿

朱守田既至孙耀亭家，见耀亭极意欢迎，心益忐忑不自安。旋见耀亭进内唤妻严氏出，曰："救命恩公在，尔亦出而叩谢之乎？"严氏娇声若流莺，莲步珊珊，随夫宛转出。见守田，忽倒退入，紧蹙双蛾，指守田而谓耀亭曰："此非驯良辈，顷我所言轻薄子，即是人耳。"耀亭急斥之曰："勿妄言。尔真目盲者，泾渭犹不识耶？"言已，即牵严氏衣，笑曰："吾恩公非他人也，何怯羞？"至此时，守田徘徊中庭，见耀亭妻，确系顷所戏诲之丽者，追思既往，不禁愧怍，两颊现红色若涂脂，口期期曰："不敢。"垂首直立，庄肃之态，溢于眉宇。严氏见其端恭如斯，遂亦不念旧恶，逾格以优待之。守田因悔生惭，因惭生感，而与耀亭益亲。与耀亭言曰："弟不自量度，愿与君结兰契，坚永矢勿谖交。君亦笑而许之乎？"耀亭惊诧曰："是何言！君富家子，鄙人一贱卒耳，岂可以鸦雀跻鸾鹤，此举断难造次。"守田坚请，耀亭一再却不可，遂叙齿互拜。守田长耀亭，故耀亭更向守田拜，严氏亦裣衽以伯称守田。于是朱孙两人，亲若同胞矣。

环球社《图画日报》第六十九号第六页

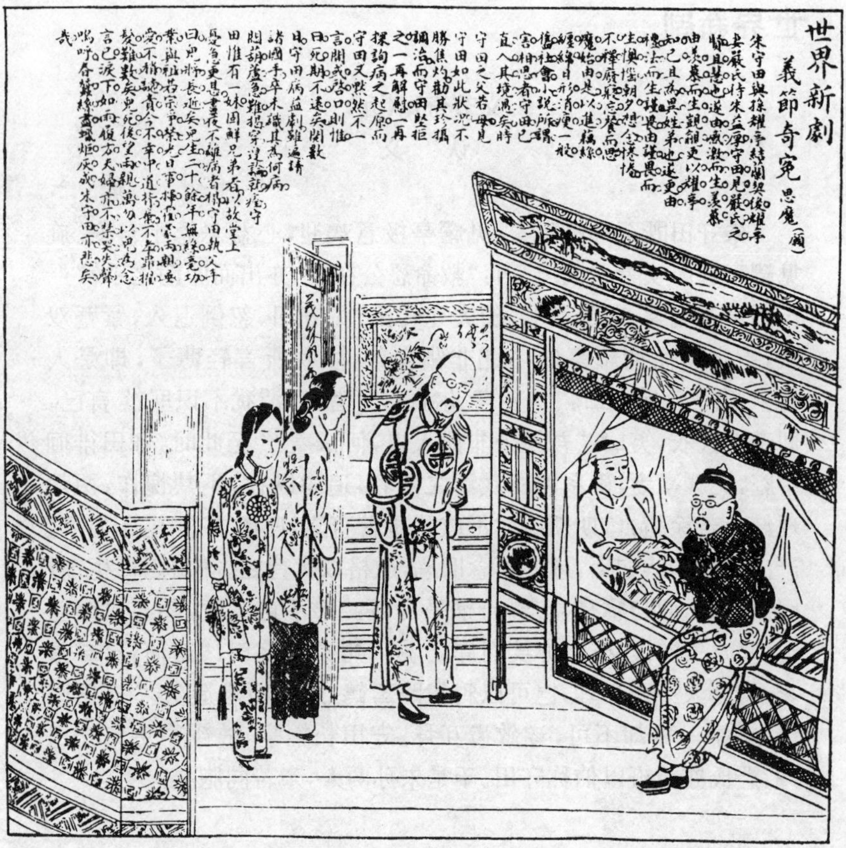

环球社《图画日报》第六十九号第六页

世界新剧

义节奇冤（十）
思 魔

愿

朱守田与孙耀亭结兰契后，耀亭妻严氏待朱益厚。守田见严氏之贤且慧也，遂由感激而生羡慕，由羡慕而生觊觎。更以耀亭知己，且为异姓弟也，遂更由礼法而生谨畏，由谨畏而生懊恼。朝夕想念，惓惓不释，废寝忘餐，而思魔始由是以进。藕丝缠绵，日形消瘦。一般旧社会小说所谓害相思者，守田已直入其境遇矣。时守田之父若母，见守田如此状况，不胜焦灼，劝其珍摄调治，而守田坚拒之。一再解慰，一再探询病之起原，而守田又默然不一言。间或启口，则惟曰死期不远矣。阅数日，守田病益剧，虽遍请诸国手，卒未识其为何病。闷葫芦急难揭穿，遑论就痊。守田惟有一妹，固鲜兄弟者，以故堂上忧急更甚，昼夜不离病者榻。守田执父手曰："儿将长逝矣！儿生二十余年，无丝毫功业与祖若宗争荣光，日事挥霍，蒙两亲垂爱，不稍谴责。今不幸中道背弃，不孝罪擢发难数矣。儿死后，望两亲万勿以儿为念。"言已，泪下如雨。履方夫妇亦不禁哭失声。呜呼！春蚕丝尽，蜡炬灰成，朱守田亦悲矣哉！

环球社《图画日报》第七十号第六页

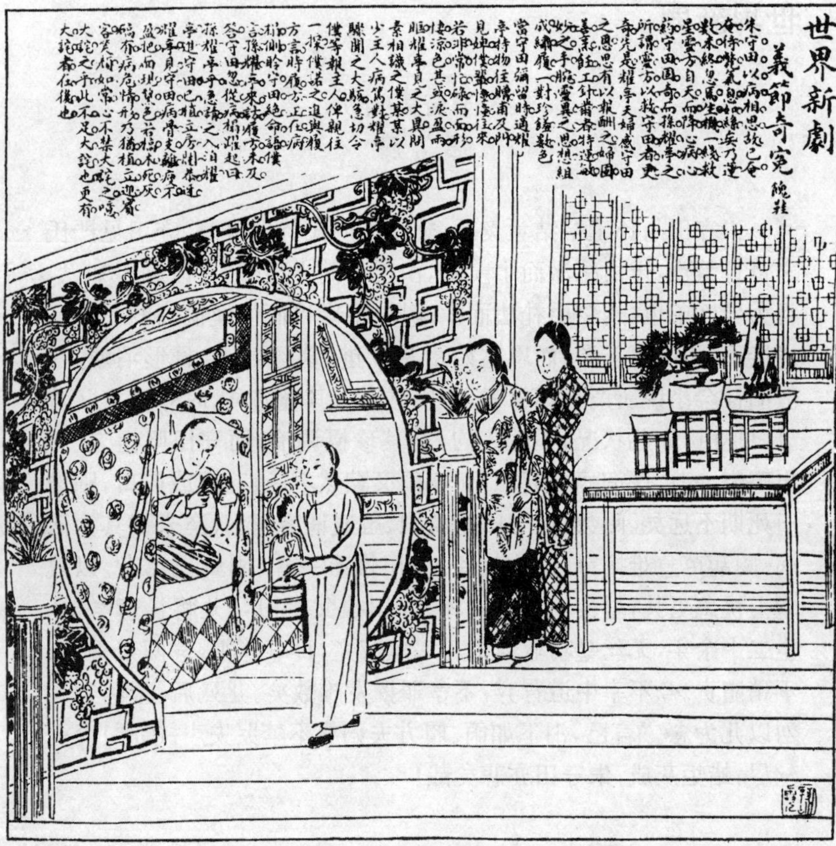

环球社《图画日报》第七十号第六页

世界新剧

义节奇冤(十一)
馈　鞋

愿

朱守田以病相思故,已奄奄待毙,气忽如丝矣。乃运数未终,忽焉生机一线,救星灵方自天而降。心病心药,守田固奇,而孙耀亭之所谓灵方以救守田者更奇。先是,耀亭夫妇感守田之恩,思有以报酬之。妇固善烹饪、工针黹者,特运敏妙之手腕、灵异之思想,组成绣履一对、珍馐数色。当守田弥留时,适耀亭待物往赠。甫及门,见婢仆辈憧憧往来,若非常忙碌,而面形凄凉色,甚或泪盈两眶。耀亭见之大异,问素相识之仆某,某以少主人病笃对。耀亭骤闻之大骇,急切令仆等报主人,俾亲往一探,仆诺之。进与履方言,时履方正在病榻侧,聆守田绝命语。仆言孙耀亭来访,履方未及答,守田忽从病榻跃起曰:“孙耀亭乎?急请之入。”洎耀亭进,守田已植立房闼,恭迓耀亭。见守田病骨支离,瘦不盈把,面现黑黧色,若槁木死灰,确有病危情形,乃犹植立迎宾客,笑顾如常,心不禁大诧之。噫!大诧之乎?此不足大诧也,更有大诧者在后也。

环球社《图画日报》第七十一号第六页

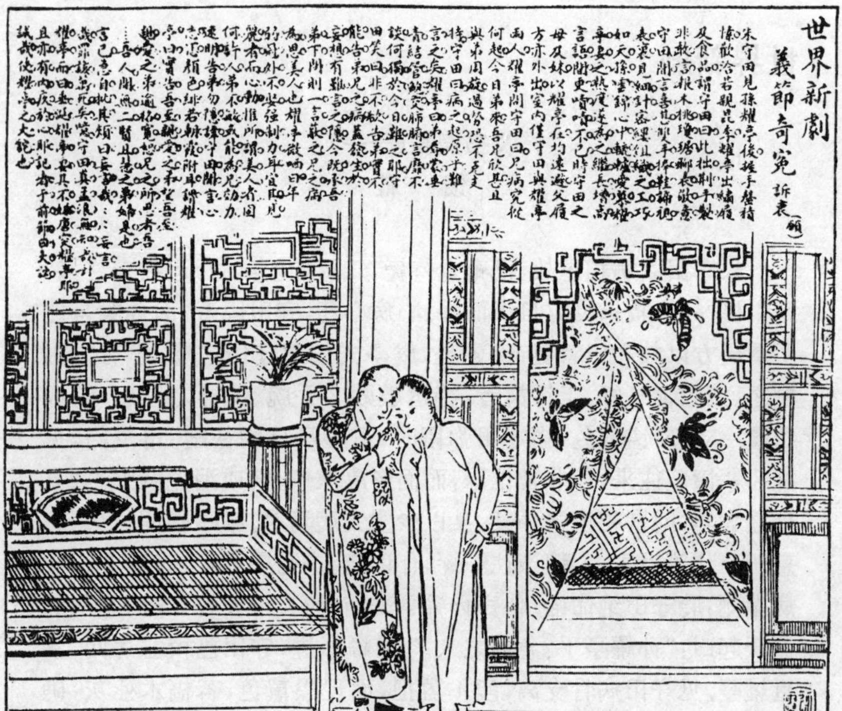

环球社《图画日报》第七十一号第六页

世界新剧

义节奇冤（十二）

诉　衷

愿

朱守田见孙耀亭后，握手罄积愫，欢洽若亲昆季。耀亭出绣履及食品，谓守田曰："此拙荆手制，非敢言报木桃琼琚，聊表敬意。"守田闻言喜甚，双手捧鞋，谛视表里，见细针密缕，组织之工巧，如天孙云锦，心中辘轳，爱慕耀亭妻之热度，遂为之继长增高，言语间更啧啧不已。时守田之母及妹，以耀亭在，均远避。父履方亦外出，室内仅守田与耀亭两人。耀亭问守田曰："兄病究从何起？今日弟来，吾兄欣甚，且与弟周旋，过劳恐不克支持。"守田曰："病之起原乎？难言之矣。"耀亭曰："弟辱蒙垂青，结管鲍交，肺腑言靡不谈，何独于今日难之耶！"守田笑曰："非不欲告弟，实不能告弟。兄之病，盖发生于妄想，有难言之隐。今既承吾弟下问，则一言蔽之：兄之病为思美人也。"耀亭微哂曰："年弱冠外不娶，强制力耳。宜其见丽者而心动，惟所谓美人者，固何许人？弟不敏，或能为兄效力，速明告弟，勿隐讳。"守田闻言，心忐忑，颜色绯若朝霞，附耳谓耀亭曰："实告吾至亲爱之弟，望吾至亲爱之弟逾格宽恕。兄之所思者，吾……吾人间无二，贤且慧之弟媳是也。"言已，急自批其颊曰："妄言哉……妄言哉！罪该万死。"噫！守田真孟浪无知哉！对耀亭而曰垂涎耀亭妻，其不嫌唐突耀亭耶？且亦有内疚于心耶？记者于前节曰"大诧"，诚哉！使耀亭之大诧也。

环球社《图画日报》第七十二号第六页

环球社《图画日报》第七十二号第六页

世界新剧

义节奇冤(十三)
恳 妻

愿

孙耀亭聆朱守田言,心大异之。转思吾妻一蒲柳姿,田野间之俚鄙妇人,何至以贵介公子而自贱如此。甚且以至宝贵之生命,不惜蹂躏斫丧,甘为情死,是亦奇矣。不宁惟是,夫所谓情者,必两情相洽,两意相投。若我妻之凛若冰霜,落落难合,更于情乎何有?顾守田则如此,是又大惑不解者矣。第渠既为我妻病,病而几至于死,我受恩深重之孙耀亭,又安可溺私爱而坐视不救?权操诸人,我孙耀亭力不能办,无如何也;若我妻,则权操诸我,权操诸我而袖手作壁上观,是不可也。因蔼颜怡声,谓守田曰:"兄勿忧,弟报效之如何?"守田闻言错愕曰:"弟何言?兄妄谈耳。此事何可戏谑?"耀亭曰:"弟之生命,尚承公再造,况妻子乎?且尔我既为兄弟,兄弟手足也,妻子衣服也。衣服破,尚可补;手足断,其可续乎(汉昭烈与关张之言)?兄勿疑,今日晚间务必来,弟当为三舍之避。若不从,则宁死兄前。"守田至是窘甚,默不发一言。耀亭见守田仿佛允,遂匆匆出,急返家谓严氏曰:"奇哉!初不料尔之能害人也。"严氏奄聆此劈空语,不解其所以,急欲询其详。未及启口,见耀亭又忽跪曰:"务恳我妻俯允,不尔,则请从此别。"噫!孙耀亭真愚哉!世岂有好义,愿以妻子与人,自戴绿头巾者乎?守田之病、守田之诉衷,既令耀亭大诧,而不意耀亭之恳妻,又令人大诧而特诧也。谚云:无独有偶。其孙、朱之谓耶!

环球社《图画日报》第七十三号第六页

环球社《图画日报》第七十三号第六页

世界新剧

义节奇冤(十四)
斥　夫

愿

孙耀亭既以含糊囫囵之言，与妻严氏相絮聒。严氏因急询其故，并诘以害人之语，固何所据。耀亭欲言又止者再，严氏穷迫之，遂嗫嚅曰："我亲若同胞之义兄朱守田，日前见尔后，骤起爱恋心。返家即狂病，我顷间送鞋至彼处，彼方晕厥，继闻我声息，即跳跃离病榻，病若失。我问之，彼告以故。我以彼惠我之多也，已……"严氏本明眼人，见夫婿言至此忽止，遂正色问："尔已……尔已如何？"耀亭目视严氏曰："我已许……我已许彼于晚间来，我则暂出作不知。"严氏闻言，气上遏胸臆，面现青色，两手麻木，指耀亭曰："咄……咄……怪事哉！尔真无耻奴！朱守田虽系我家恩公，第仅三百元之施主耳。尔重财轻情，为三百元欲以妻子与人通，是不啻以妻子卖三百元也。沐猴而冠，人乎？禽兽乎？我不知尔心肝何在！敢率尔出此言。曾见有感人恩，而双手送爱妻与人者乎？乃天地间厉气所种，忽有别具一种肺肠如尔者，以腆颜人世，遇人不淑，夫复何尤！惟明告尔，勿作此谬谈妄想，尔妻虽乡妇，若以皮肉事两人，即海枯石烂，亦不能也！"噫！斩钉截铁严氏，真贤且烈哉！孙耀亭闻之，得不羞愧而入地乎？

环球社《图画日报》第七十四号第六页

环球社《图画日报》第七十四号第六页

世界新剧

义节奇冤(十五)
曲　从

愿

孙耀亭以非礼事强逼妻严氏,被严氏斥辱,心中忧愤甚。转思我一贱卒耳,日为人役奔走,饔飧且不给,幸遇陆姓主人,得以粗就安饱。不意命途多舛,五百元巨款,忽被剪窃攫去,穷人运乖,方欲以老树一枝,了我生命。乃忽有朱守田者,慨助救援,并惠赠多金,俾我脱离奴隶籍,此恩此德,没齿不忘。今彼怀美病剧,我有救援之机,而竟袖手以坐待其毙,忍乎不忍?一再筹思,遂更向严氏叩头曰:“我妻真不可乎?”严氏曰:“不可……真不可!”耀亭知其决绝,始毅然起立曰:“已矣!我死而已矣。”言未毕,即解身间带,作自缢状。严氏见之急起而夺之曰:“尔何苦作此骇人举动!”耀亭泣曰:“我非必欲以妻子与人,贻我终身之奇辱。奈我非朱守田,已白骨久矣。我为财而死,彼以财救我;彼为尔而死,我安得不以尔救彼!要知彼今日之状况,与我荒郊觅死之情态,实无区别。我稍一游移,彼即不复能起活。”严氏闻言至此,心思夫婿之言,亦有以德报德之至理,因曰:“冤哉!……今日之艰难事,无非由于贫贱故。若素不藉人周恤,何至于此。我伉俪情爱甚笃,一朝作此背弃行,尔我心能不痛耶!”言随泪下。耀亭见妻言出至诚,感触之余,一时贾谊之悲、唐衢之痛、君山之涕,相并交集,发为号泣。严氏固慧者,虽方寸杂乱,而转辗计度,忽得一两全之策,曰:“良人勿悲,我曲从可耳。”噫!奇哉!我不知两全者,固何如也。

环球社《图画日报》第七十五号第六页

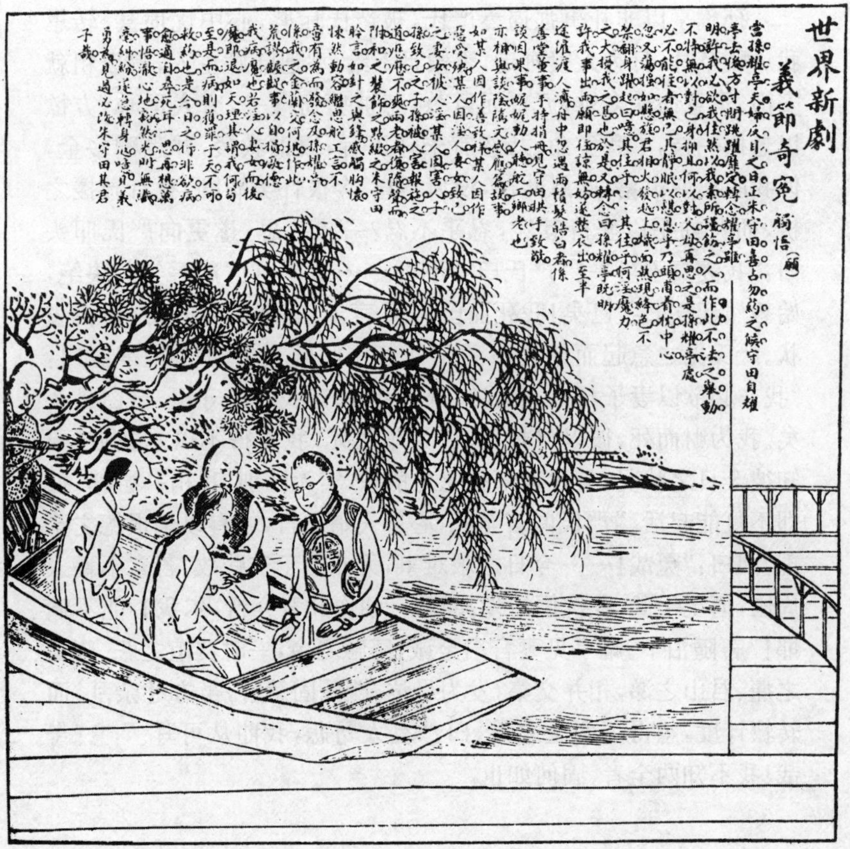

环球社《图画日报》第七十五号第六页

世界新剧

义节奇冤（十六）

触　悟

愿

当孙耀亭夫妇反目之日，正朱守田喜占勿药之候。守田自耀亭去后，方寸间跳跃靡定。转念耀亭虽明许我，必欲我往；然以我素所谨饬之人，而作此不法之举动，不特无以对己身，抑且何以对父母？再思之，是孙耀亭处，必不能往者。无已，其静眠以憩息乎？乃头甫着枕，中心忽又荡摇如悬旌，君相火发越上炽，面热现绛色，不禁翻身跃起曰："噫！其往乎……其往乎！何淫魔力之大，扰我之甚也！"于是又转念曰："孙耀亭既明许我，事出两愿。即往，谅无妨。"遂整衣出，至半途雇渡人济。舟中忽遇两须发皓白者，系善堂董事，手持捐册。见守田拱手致敬，谈因果事，娓娓动人听。舵工乡老也，亦相与谈阴骘文、感应篇故事。如某人因作善致祥，某人因作恶受殃，某人因淫人妻女，致己之妻如被人淫，某人因害人子孙，致己子孙被人害。报施之道，历历不爽。两老者复随声而附和之，装饰之，点缀之。朱守田聆言，如针之与锋，感触胸怀，悚然动容。继思舵工言，不啻有为而发，念及孙耀亭系我之金兰交，何堪作此荒谬龌龊事，以自损厥德？我病魔也，若淫人妻女而后魔即退，如天理其谓我何？苟至是而病，则获罪于天，不可救药也。是今日之行，非欲病愈，适自寻死耳。一思再想，万事悟澈，心地豁然光明，无纤毫纠纷，遂急转身返。噫！见义勇为，见过必改，朱守田其君子哉！

环球社《图画日报》第七十六号第六页

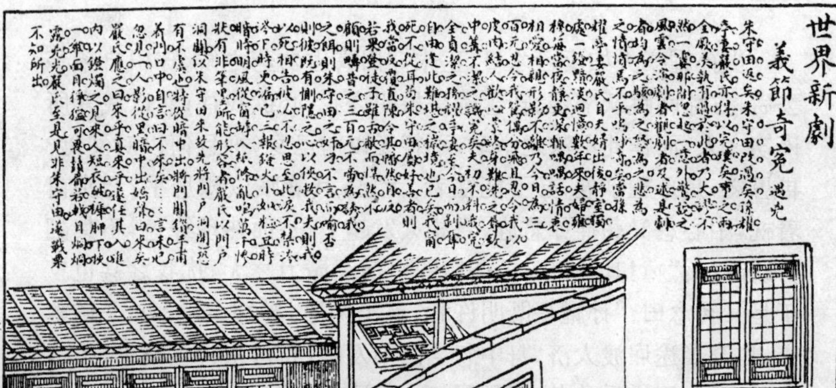

环球社《图画日报》第七十六号第六页

世界新剧

义节奇冤（十七）
遇　凶

愿

朱守田返矣，朱守田改过矣，孙耀亭妻严氏亦得以完璞矣。事之两全厥美，孰有过于此者？乃大谬不然，一霎那间忽起一意外惊诧之风云，令演剧者、观剧者及述是剧者，均为之骇、为之怒、为之悲、为之愤愤焉不平。呜呼！奇矣！当孙耀亭妻严氏自夫婿出后，静室独处，一灯黯淡。回忆数年来，夫妇雍穆，每当夜静更深，辄喁喁话情衷，相爱相亲，形影不离。乃今日为三百元，忍令我鸳偶分飞，且忍令我以皮肉结人欢心，蒙终身难洗之辱，致中篝不洁之讥，冤矣夫！初不料我完全贞洁之孙耀亭妻，至今日而剥夺自由，逢此难堪之秽境也。已矣，我宁死不从耳。苟朱守田属好善者，则我当反覆直陈，令其幡然自反。若果登徒子，虽舌敝而悍然不顾，则畴昔之三百元，不啻为诱我之饵，则朱守田之奸刁，不言而喻。否则彼既有恻隐之心，以侠救我夫，则我以死相告，彼必不忍。思至此，泪不禁涔涔下。时更漏，已三报。灯火小如粒豆，时暗时明，风从窗罅入，纸条乱鸣，万千惨状，有非笔墨所能形容者。严氏以门户洞辟（以朱守田来，故先将门户洞开），恐有不虞也。特从暗中出，将门关锁，手甫着门，口中自言曰："不来矣……"言未已，忽见一人影从黑暗中出，娇声曰："来矣。"严氏应之曰："来乎？真来乎？"遂任其入。进内以灯烛之，见来人短衣破裤，胛下挟一伞，面目狰狞可畏，须眉若战，目炯炯露凶光。严氏至是，见非朱守田，遂战栗不知所出。

环球社《图画日报》第七十七号第六页

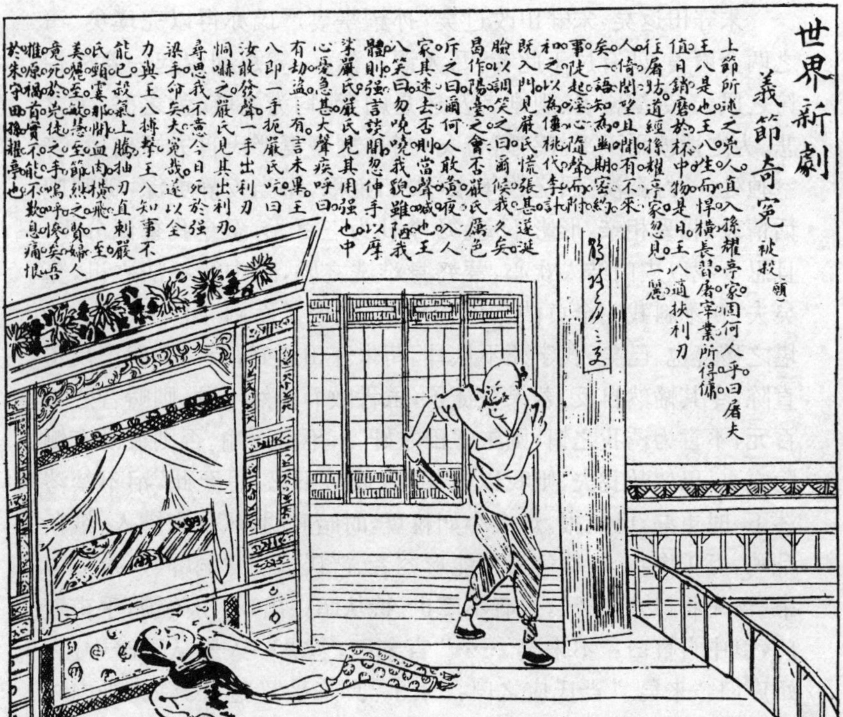

环球社《图画日报》第七十七号第六页

世界新剧

义节奇冤(十八)
被　杀

愿

上节所述之凶人,直入孙耀亭家,固何人乎?曰屠夫王八是也。王八生而悍横,长习屠宰业,所得佣值,日销磨于杯中物。是日王八适挟利刃往屠坊,道经孙耀亭家,忽见一丽人倚闾,望且闻有“不来矣”一语,知为幽期密约事。徒起淫心,随声而附和之,以为僵桃代李计。既入门,见严氏慌张甚,遂涎脸以调笑之曰:“尔候我久矣,曷作阳台之会否?”严氏厉色斥之曰:“尔何人?敢黉夜入人家,其速去!否则,当声喊也。”王八笑曰:“勿哓哓,我貌虽陋,我体则强。”言谈间,忽伸手以摩挲严氏。严氏见其用强也,中心忧急甚,大声疾呼曰:“有劫盗……有……”言未毕,王八即一手扼严氏吭,曰:“汝敢发声!”一手出利刃恫吓之。严氏见其出利刃,寻思我不意今日死于强梁手,命矣夫?冤哉!遂以全力与王八搏击。王八知事不能已,杀气上腾,抽刃直刺严氏颈。霎那间,血肉横飞,一至美丽、至敏慧、至节烈之贤妇人,竟死于凶徒之手。呜呼!惨矣。吾推原祸首,实不能不叹息痛恨于朱守田、孙耀亭也。

环球社《图画日报》第七十八号第六页

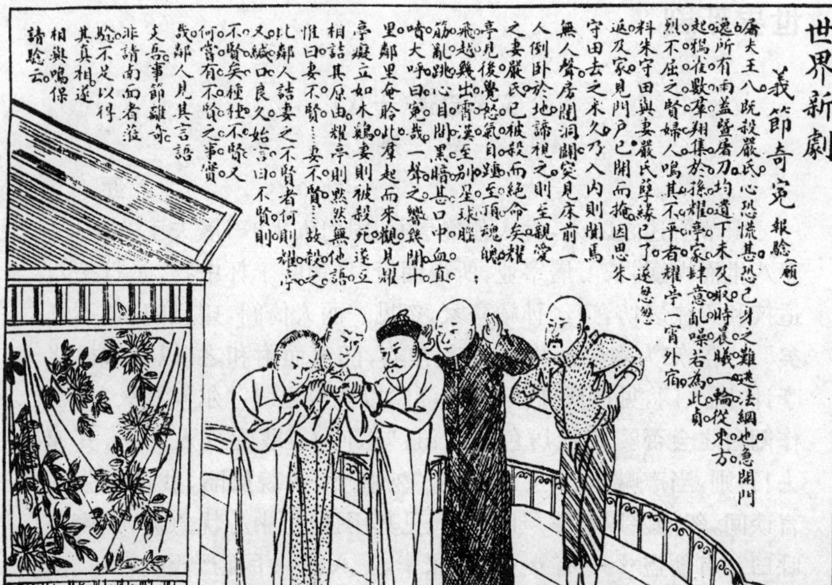

环球社《图画日报》第七十八号第六页

世界新剧

义节奇冤（十九）

报　验

愿

屠夫王八，既杀严氏，心恐慌甚，恐己身之难逃法网也。急开门逸，所有雨盖暨屠刀，均遗下未及取。时晨曦一轮，从东方起，鸦雀数群，翔集于孙耀亭家，肆意乱噪，若为此贞烈不屈之贤妇人，鸣其不平者。耀亭一宵外宿，料朱守田与妻严氏孽缘已了，遂忽忽返。及家，见门户已开而掩，因思朱守田去之未久，乃入内，则阒焉无人声，房闼洞辟。突见床前一人倒卧于地，谛视之，则至亲爱之妻严氏，已被杀而绝命矣。耀亭见后，觉怒气自踵至顶，魂魄飞越，几出霄汉，至别星球，脑筋乱跳，心目间黑暗甚，口中血直喷，大呼曰："冤哉！"一声之响，几闻十里，邻里奄聆此，群起而来观，见耀亭痴立如木鸡，妻则被杀死，遂立相诘其原由。耀亭则默然无他语，惟曰："妻不贤 …… 妻不贤 …… 故杀之。"比邻人诘妻之不贤者何则，耀亭又缄口良久，始言曰："不贤则不贤矣，种种不贤，又何尝有不贤之事实哉？"邻人见其言语支吾，事节离奇，非请南面者莅验，不足以得其真相，遂相与鸣保请验云。

环球社《图画日报》第七十九号第六页

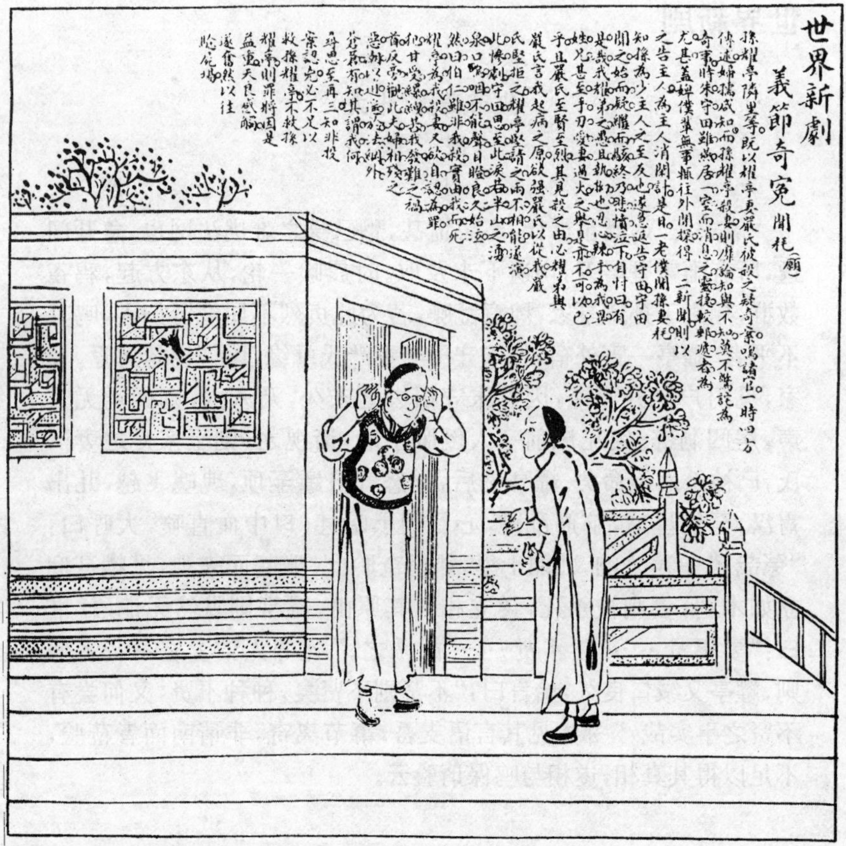

环球社《图画日报》第七十九号第六页

世界新剧

义节奇冤(二十)

闻　耗

愿

孙耀亭邻里等，既以耀亭妻严氏被杀之疑奇案，鸣诸官。一时四方传述，妇孺咸知。而孙耀亭杀妻，则靡论知与不知，莫不惊诧为奇事。时朱守田虽燕居一室，而消息之灵捷，较邮递者为尤甚。盖婢仆辈无事辄往外闲探，得一二新闻，则以之告主人，为主人消闲计。是日，一老仆闻孙妻耗，知孙为少主人之至友也，遂急返告守田。守田闻之，始而疑，继而骇，终乃悲愤泣下，自忖曰："有是哉！我耀弟之愚且执拗也，忍心辣手，为我异姓兄，甚至手刃爱妻！过火之举，是亦不可以已乎？且严氏至贤至烈，其见杀之由，必耀弟与严氏言我起病之原，欲强严氏以从我。严氏坚拒之，耀亭坚请之，两不相能，遂演此惨剧。"守田思至此，泪若半山之涌泉，口呜咽不能声，目瞪良久，始泣然曰："伯仁虽非我杀，实由我而死。耀亭为我杀妻，又欲自认为罪犯，甘受缧绁苦。我发难之祸首，反旁观此夫妇相残之恶潮，以逍遥于法网外，苍苍有知，其谓我何？"寻思至再三，知非投案认凶，必不足以救孙耀亭；不救孙耀亭，则罪将因是益重，天良感触，遂奋然以往验尸场。

环球社《图画日报》第八十号第六页

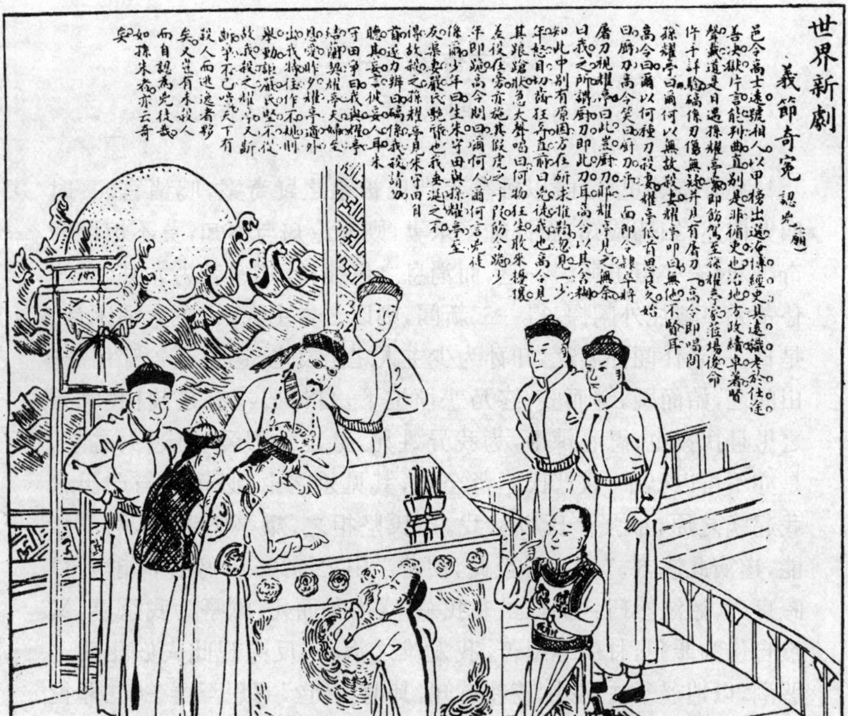

环球社《图画日报》第八十号第六页

世界新剧

义节奇冤(二十一)

认　凶

愿

邑令高士远，号湘人，以甲榜出选，淹博经史，具远识，老于仕途，善决狱，片言能判曲直，别是非，循史也。治地方，政绩卓著，贤声载道。是日遇孙耀亭案，即饬驾至孙耀亭家。莅场后，命仵手详验，确系刃伤无疑，并见有屠刀一。高令即喝问孙耀亭曰："尔何以无故杀妻？"耀亭叩曰："无他，不贤耳。"高令曰："以何种刀杀妻？"耀亭低首思良久，始曰："厨刀。"高令笑曰："厨刀乎？"一面即令隶卒将屠刀视耀亭，曰："此岂厨刀耶？"耀亭见之无奈，曰："我之所谓厨刀，即此刀耳。"高令以其含糊，知此中别有原因，方在研求推鞫，忽见一少年怒目切齿，狂奔直前曰："凶徒我也！"高令见其踉跄状，急大声喝曰："何物狂生？敢来扰攘！"差役在旁，亦施其假虎之手段，饬令跪，少年即跪。高令问曰："尔何人？尔何言凶徒系尔？"少年曰："生朱守田，与孙耀亭至友。渠妻严氏艳质也，我垂涎之不得，故杀之。"孙耀亭见朱守田自首，遂力辩曰："确系我杀，请勿听其妄言，彼妄人耳。"朱守田争曰："我与耀亭结兰契，耀亭夫妇至恩爱。昨夕耀亭适外出，我特往作不规则举动。讵严氏坚不从，故我杀之。"耀亭又断断争不已。噫！天下有杀人而逃逸者夥矣，又岂有未杀人而自认为凶徒哉！如孙、朱者，亦云奇矣。

环球社《图画日报》第八十一号第六页

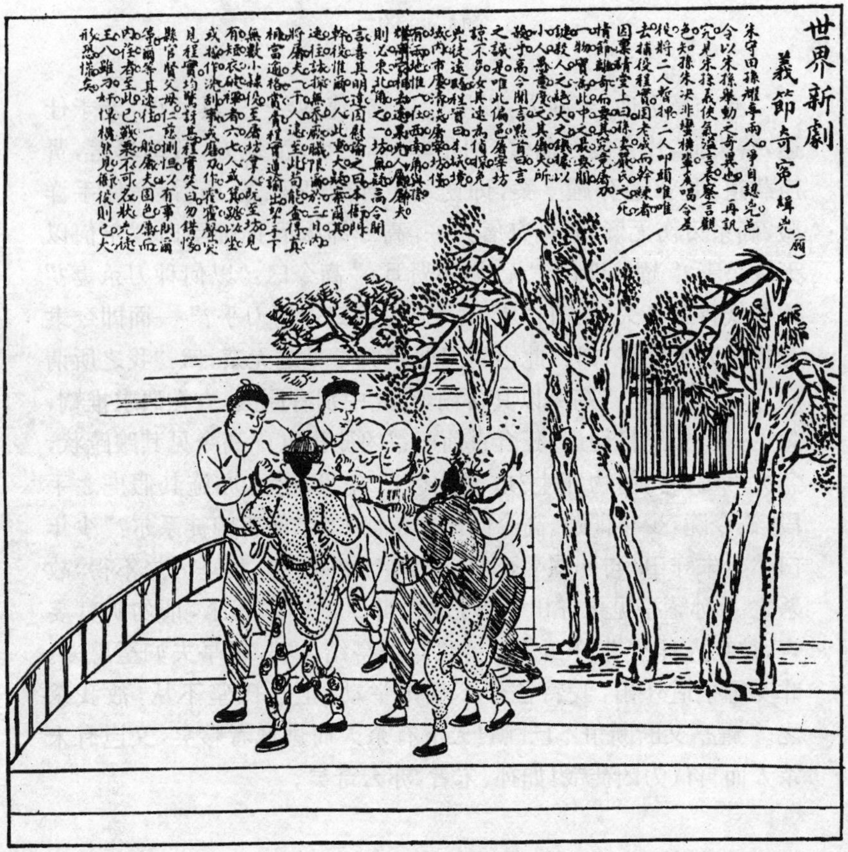

环球社《图画日报》第八十一号第六页

世界新剧

义节奇冤(二十二)

缉　凶

愿

朱守田、孙耀亭两人,争自认凶。邑令以朱、孙举动之奇异也,一再讯究,见朱、孙义侠气溢言表,察言观色,知孙、朱决非蛮横辈,爰喝令差役,将二人暂押,二人叩头唯唯去。捕役程实,固老成而干练者,因禀请堂上曰:“孙妻严氏之死,情节离奇,而要其究竟,屠刀一物,实为此中之最要关键,杀人之绝大之铁据。以小人愚意度之,其屠夫所杀乎?”高令闻言点首曰:“言之诚是。唯此偏邑,屠宰坊谅不多,汝其速为侦探,免凶徒远飏。”程实曰:“本城境域内,市厘清淡,屠宰坊仅有两地,惟一在西南角,与孙耀亭家相去远。果凶人属屠夫,则必东北角之一坊无疑。”高令闻言,喜其明达,因慰谕之曰:“本衙门干役惟尔一人,此重大疑案,尔其速往访探,无忝厥职,限尔于三日内,将屠夫一干人逮至此。苟能查得真相,当逾格赏赍。”程实遵谕出,挈手下无数小隶役,至屠坊拿人。既至坊,见有短衣破裤者六七人,或箕踞以坐,或操作洗刮事,或磨刀作霍霍声。突见程实,均惊讶甚。程实笑曰:“勿错愕。县官贤父母,仁慈恻怛,以有事问尔等。尔等其速往。”一般屠夫固色厉而内荏者,至此已战栗不可名状。凶徒王八,虽刁奸悍横,然见衙役,则已大形恐慌矣。

环球社《图画日报》第八十二号第六页

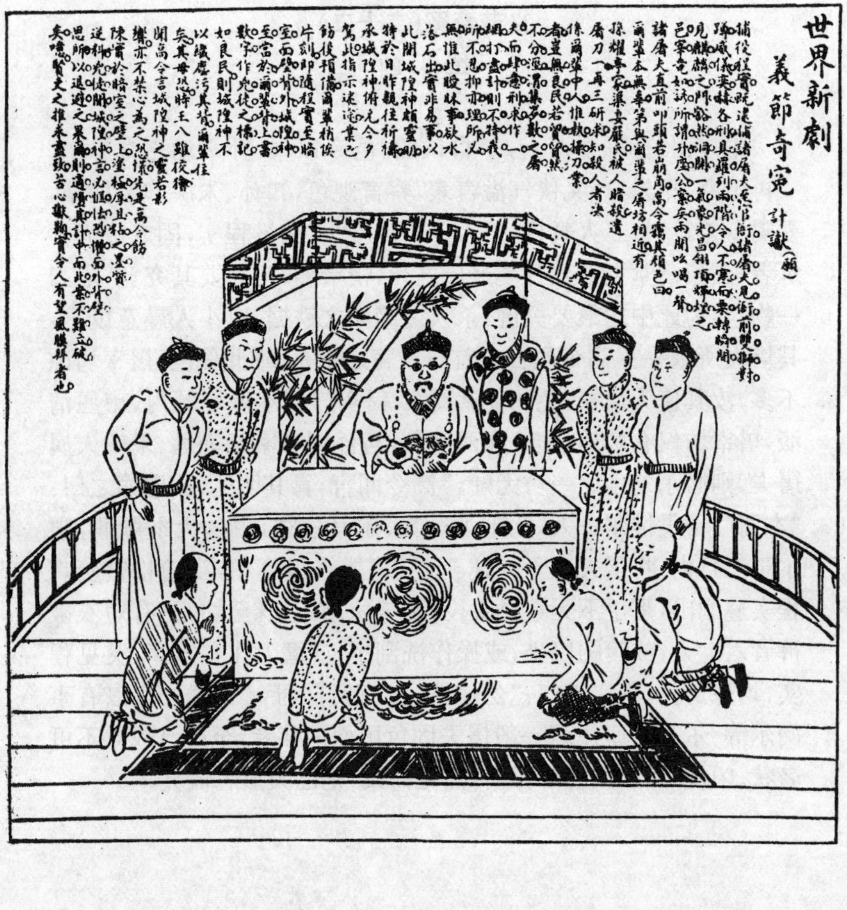

环球社《图画日报》第八十二号第六页

世界新剧

义节奇冤(二十三)
计　谳

愿

捕役程实,既逮捕诸屠夫至官衙,诸屠夫见衙前双狮对蹲,威仪奕赫,各刑具罗列,两阶令人不寒而栗,转瞬间见麒麟之门,豁然洞开,一气象光昌、翎项辉煌之邑宰,竟如谚所谓升座公案矣。两间吆喝一声,诸屠夫直前叩头若崩角。高令霭其颜色曰:“尔辈本无辜,第与尔辈之屠坊相近,有孙耀亭家,渠妻严氏被人暗杀,遗屠刀一。再三研求,知杀人者决系尔辈中人。惟执操刀业者,岂无良民?若贸贸然不分泾渭,集多数之屠夫,而肆意刑求,作一网打尽计,则不特我所不忍,抑亦理所必无。惟此暧昧事,欲水落石出,实非易事。以此间城隍神颇灵明,特于日昨亲往祈祷,承城隍神府允今夕驾此,指示迷途,业已饬役预备。尔辈稍俟片刻,即随程实至暗室,面壁背外,城隍神至,当于尔辈背上书数字,作凶徒之标记。如良民,则城隍神不以纤尘污其背。尔辈往矣,其毋恐。”时王八虽狡狯,闻高令言城隍神之灵若影响,亦不禁心为之恐慌。先是高令饬陈实于暗室之壁上,涂极厚且粘之墨质,逆料凶徒闻城隍神言,必恇怯恐惧,面外背壁,思所以退避之。果尔,则适坠其计中,而此案不难立破矣。噫!贤吏之推求尽致,苦心谳鞫,实令人有望风膜拜者也。

环球社《图画日报》第八十三号第六页

环球社《图画日报》第八十三号第六页

世界新剧

义节奇冤（二十四）

决　疑

愿

凶徒王八，固一狡狯之无赖也。惟智识卑陋，迷信神道说。闻高令城隍神言，已忐忑忑不知所届。既而进暗室，六七屠夫，均赤体，独王八紧握其敝衣，坚不肯脱。经程实呵斥之，始迟迟而解。既解衣，觉阴风侵入骨，昏黑中仿佛有神采焕发之城隍神。恍惚间，又若有形容惨淡之孙耀亭妻。王八塞缩如猬，私念苟城隍神来于背上书标记，将何以避之?必面外，背壁则庶几可免。记者述至此，不能不叹高令筹画之神妙。然念及王八手刃严氏之惨酷，则今日堕高令计中，又安知非冥冥间使之耶?良久，程实启扉入，导诸屠夫出，以火烛之，见一獐头鼠目者，盈背皆黑墨，询之，则王八也。急告官，曰："宪台神策，凶徒得之矣。"高令聆言狂喜曰："有是哉!计之妙也。速押渠入，释其他屠夫。"自是王八不得幸逃法网，而朱守田与孙耀亭，始得覆盆之雪矣。

环球社《图画日报》第八十四号第六页

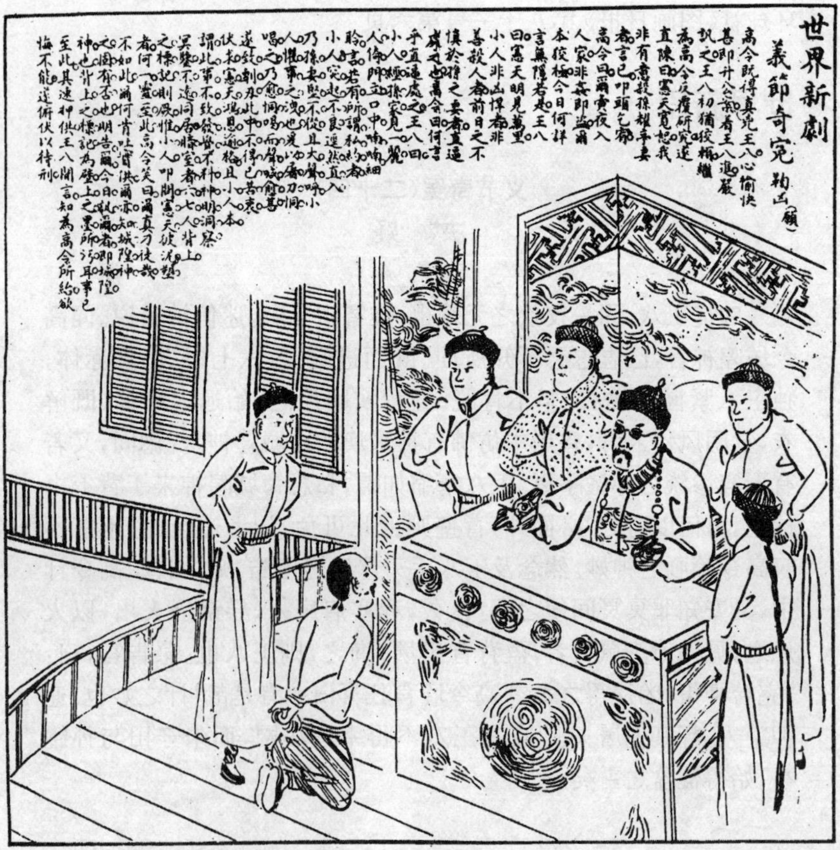

环球社《图画日报》第八十四号第六页

世界新剧

义节奇冤(二十五)

鞫 凶

愿

高令既得真凶王八，心愉快甚，即升公案，着王八进，严讯之。王八初犹狡赖，继为高令反覆研究，遂直陈曰：“宪天宽恕，我非有意杀孙耀亭妻者。”言已，叩头乞宥。高令曰：“尔夤夜入人家，非奸即盗。尔本狡极，今日何详言无隐若是？”王八曰：“宪天明见万里，小人非凶悍者，非善杀人者。前日之不慎于孙之妻者，直逼处之也。”高令曰：“何言乎直逼处之？”王八曰：“小人经孙家，见一丽人倚门立，口中喃喃细聆言，若有所谓私约者。小人突起不良，径然直入，乃孙妻坚不从，且大声呼。小人惧事之泄也，爰以屠刀恫喝之，乃愈恫喝而声喊愈甚，遂致钊刃，此中不得已苦衷，伏求宪天鸿恩逾格。且小人本谓此事不致发觉，不料神明洞察，冥鉴不远。同居暗室者六七人，背上之标记，则厥惟小人，叩问宪天。彼泥塑者，何一灵至此？”高令笑曰：“尔真刁徒哉！不如此，尔何肯吐实供？尔亦知城隍神之固有否也。明告尔，今日讯尔者，即城隍神也。背上之标记，为壁上之墨所污耳。事已到此，其速押供。”王八闻言，知为高令所绐，欲悔不能，遂俯伏以待刑。

环球社《图画日报》第八十五号第六页

世界新劇

義節奇冤 昭雷

王八既供認殺孫耀亭妻不諱。旋即服法。而朱守田與孫耀亭之疑獄。遂由是決。當省釋時。高令傳朱孫二人問曰。爾輩固義俠者。然不免過火。天下既有以妻子與人而自名為好義。天下亦豈有以父母遺體為兒戲。斷斷然爭認兇手而自名為好義。大凡匹夫匹婦之為諒。類皆乘一時血氣。執其偏見臆識。以求勝於人。以求好於人。而孰知行之一不得。當禍輒隨之。言已。更目守田曰。爾年少老誠。既能救人之急。何又為德不卒。覬覦人妻。雖悔悟獨早。無非禮之動。玷人閨闈。第內省之下。能無疚乎。守田聞言感泣曰。生知罪矣。惟孫耀亭既為我破家。今日何以報之。請憲天鈞裁。高令笑曰。爾殺人之妻。即令爾還人之妻。爾其速將爾妹嫁孫耀亭。(時朱守田父及母與妹均往觀守田。故高令知之)豐富其奩。贈以贖前愆。守田唯唯應。孫耀亭更叩謝不已。守田父母亦均欣然從。而於是朱孫竟秦晉矣。

环球社《图画日报》第八十五号第六页

世界新剧

义节奇冤(二十六)

昭　雪

愿

王八既供认杀孙耀亭妻不讳,旋即服法;而朱守田与孙耀亭之疑狱,遂由是决。当省释时,高令传朱、孙二人问曰:“尔辈固义侠者,然不免过火。天下既有以妻子与人,而自名为好义。天下亦岂有以父母遗体为儿戏,断断然争认凶手,而自名为好义。大凡匹夫匹妇之为谅,类皆乘一时血气,执其偏见臆识,以求胜于人,以求好于人,而孰知行之一不得当,祸辄随之。”言已,更目守田曰:“尔年少老诚,既能救人之急,何又为德不卒?觊觎人妻,虽悔悟独早,无非礼之动,玷人闺阃。第内省之下,能无疚乎?”守田闻言感泣曰:“生知罪矣。惟孙耀亭既为我破家,今日何以报之?请宪天钧裁。”高令笑曰:“尔杀人之妻,即令尔还人之妻。尔其速将尔妹嫁孙耀亭(时朱守田父及母与妹均往观守田,故高令知之),丰富其奁赠,以赎前愆。”守田唯唯应,孙耀亭更叩谢不已。守田父母亦均欣然从,而于是朱、孙竟秦晋矣。

环球社《图画日报》第八十六号第六页

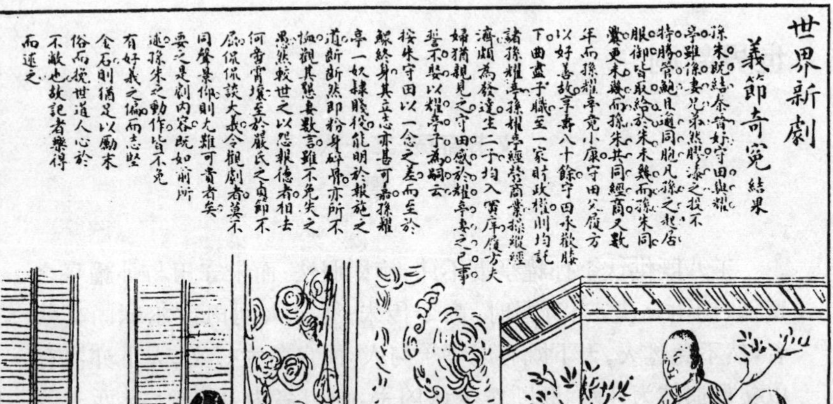

环球社《图画日报》第八十六号第六页

世界新剧

义节奇冤(二十七)
结　果

愿

孙、朱既结秦晋好，守田与耀亭，虽系妻兄弟，然胶漆之投，不特胜管、鲍，且逾同胞。凡孙之起居服御，皆取给于朱。未几，而孙、朱同爨；更未几，而孙、朱共同经商；又数年而孙耀亭竟小康。守田父履方以好善故，享寿八十余。守田承欢膝下，曲尽子职，至一家财政权，则均托诸孙耀亭。孙耀亭经营商业，操纵经济，颇为发达。生二子，均入黉庠，履方夫妇犹亲见之。守田感于耀亭妻之已事，誓不娶，以耀亭子为嗣云。

按，朱守田以一念之差，而至于鳏终身，其立志亦甚可嘉。孙耀亭一奴隶贱役，能明于报施之道，断断然即粉身碎骨，亦所不恤。观其恳妻数言，虽不免失之愚；然较世之以怨报德者，相去何啻霄壤。至于严氏之贞节不屈，侃侃谈大义，令观剧者，莫不同声景仰，则尤难可贵者矣。要之，是剧内容，既如前所述，孙朱之动作，皆不免有好义之偏。而志坚金石，则犹足以励末俗，而挽世道人心于不敝也。故记者乐得而述之。

黑籍冤魂

环球社《图画日报》第八十七号第六页

世界新劇

黑籍寃魂

演述黑籍寃魂之名伶夏月珊現身說法圖

咳 好了 現在我們中國人 都說鴉片煙是大大的一害了 卻是說的只是說 吸的還吸 這是什麼緣故呢 咳 只因這鴉片煙害人的真像 總沒有看見 所以我排一齣黑籍寃魂的新戲 現身說法 並且拍了這個照像片 請吸煙的人看看 究竟不吸煙的時候是怎樣 吸煙的時候是怎樣 吸了煙後來的收成結果又是怎樣 我想諸位看了這個照像片 自然是不能不戒的了 又有人向我說 你把吸煙的 形容得太利害了 那吸煙的人看了 一定要罵你的 我說只要吸煙的看了這照像片就肯戒煙 他就是罵我 我也是情願 要是只曉得罵不曉得戒煙 恐怕他後來的收成結果 要不如這個樣子哪

环球社《图画日报》第八十七号第六页

世界新剧

黑籍冤魂(一)

演述黑籍冤魂之名伶夏月珊现身说法图

珮

咳!好了,现在我们中国人,都说鸦片烟是大大的一害了。却是说的只是说,吸的还吸。这是什么缘故呢?咳!只因这鸦片烟害人的真像,总没有看见,所以我排一出《黑籍冤魂》的新戏,现身说法,并且拍了这个照像片,请吸烟的人看看,究竟不吸烟的时候是怎样,吸烟的时候是怎样,吸了烟后来的收成结果又是怎样。我想诸位看了这个照像片,自然是不能不戒的了。又有人向我说:“你把吸烟的,形容得太利害了。那吸烟的人看了,一定要骂你的。”我说只要吸烟的看了这照像片就肯戒烟,他就是骂我,我也是情愿。要是只晓得骂,不晓得戒烟,恐怕他后来的收成结果,要不如这个样子哪!

(图下文字从左至右:这就是吸烟入了黑籍的废民;这就是不吸烟的好国民;这就是黑籍中到后来的冤魂。)

环球社《图画日报》第八十八号第六页

环球社《图画日报》第八十八号第六页

世界新剧

黑籍冤魂（二）
劝　子

珮

洋烟之害，遍于全国。热心志士，奔走劝导。虽遍处开会演说，而回头者卒鲜。沪上许复民君，惄焉忧之，因研究社会之心理，与夫导化之感触力。知入人者深，要惟戏剧，因编新剧所谓《黑籍冤魂》者，为沉溺黑籍者之当头棒，其用意良苦。沪南新舞台名伶夏月珊、潘月樵、七盏灯辈，固开通之优孟也。因将《黑籍冤魂》稍易节日，登台演唱。剧中形容吸烟之昏惰，靡不维妙维肖。而夏月珊等尤善于词令，不特讥讽处令人眉飞色舞，箴规处更令人惊心动魄，诚有功世道之剧也。

富翁曾和度，上海人，以商业起家，性朴俭，衣布食蔬，甘之如饴。子伯稼，天资超迈，举止豪奢，喜交纳，对于地方公益及施济贫寒等事，虽千金不吝。一切动作，与父适成一反比例。和度患其挥霍过甚，思有以裁制之。每见沾染鸦片者，辄俭约和柔，因劝令吸烟，养成昏惰之习，俾终日闭门紧守，长保家业。伯稼坚不从，谓父曰："子虽不肖，然出生二十余年矣。与社会周旋，友朋接洽，每见英雄豪杰，受困于黑籍中者，有非常之艰苦。一榻横陈，坐令壮志消磨，儿何人，入其牢笼？他事无不从严命，若吸烟则万不能。"和度闻言，愤甚，且为子曰："尔不从吾言，日出外挥金若土，我将为尔辞世矣。"言已频频叹。时伯稼母及妻均在侧，母亦起身劝，伯稼执不愿。母无奈，因令媳张氏往劝，媳遂亦含笑谓伯稼曰："勿执拗，过抗二老言。"伯稼回顾诧异曰："奇哉！尔亦随波逐流乎？甚哉！我两亲运动力之大，殆运动尔来作说客耶！"噫！曾伯稼之父母真狂悖哉！异日，曾氏家产销败无孑遗，宗祠不血食，伯稼之过乎？和度夫妇自作之孽也。

环球社《图画日报》第八十九号

环球社《图画日报》第八十九号

世界新剧

黑籍冤魂(三)

拒　烟

珮

曾伯稼妻张氏,素嫉鸦片若鸠毒,今忽变易初志,劝令伯稼吸烟,是岂受二老同化力乎?抑亦以鸦片为束缚制限之良品,欲藉此以范围伯稼乎?曰:皆非也。盖欲承堂上之意,委曲周旋,以尽于人子之职耳。因婉转谓伯稼曰:“勿误会。我岂不知鸦片毒品,吸之有大损。惟迫于堂上命,过激烈则恐有他变,何勿虚与委蛇,伪吸数口?立志既坚,自然不致陷溺。如是则上博亲欢,下尽子道,两全厥美,岂不懿哉!若必断断然如小丈夫之所为,我不取也。”伯稼闻妻言,娓娓动听,转思鸦片上瘾须经年累月,我姑妄允之,如妻言之所谓伪吸者,庸何伤?因即反身向父曰:“儿悟矣,鸦片固卫生妙品,儿当尽力以吸之可也。”和度奄闻伯稼语此,喜甚,急命婢仆辈出烟具,装令伯稼吸。伯稼初吸觉头晕目眩,喉间频频作呕吐,急从烟榻跃起,曰:“已矣。其从此清了乎?若欲儿吸,则将牺牲我生命。”张氏见夫若此坚拒,知其体魄与鸦片绝对不相合。不得已,谓舅姑曰:“彼固不能吸,非不欲吸也。请稍缓时日,令其诱掖渐进,若急之则实非所宜。”噫!张氏亦苦心哉!孰意荒谬之舅姑,误认鸦片为裁制人身之宝贵,一再勉强,必欲置其子于死地而后已耶!

环球社《图画日报》第九十号第六页

环球社《图画日报》第九十号第六页

世界新剧

黑籍冤魂(四)

成　瘾

珮

曾和度以子伯稼吸鸦片后,眩晕呕吐,媳张氏又劝令勿与之吸,心忧之,乃急思所以融洽鸦片之方法。研究鸦片之性质,遍问黑籍中人,讲求吸鸦片成瘾之事绩,务使伯稼吸之无恙。于是以吸鸦片人之喜食果品也,劝伯稼吸鸦片时食果品;于是以吸鸦片人之每以迦南香末入鸦片和吸也,亦使伯稼吸鸦片时和迦南香末;于是以吸鸦片人之每俾书作夜也,更劝伯稼迟眠晏起。种种设施,必欲伯稼吸鸦片成瘾而后已。不数日而伯稼惯习,更不数日而伯稼果曲全父志以成瘾。伯稼既成瘾,厥志渐昏,厥性渐柔,厥心渐昧,厥行渐惰。初则每二三钱,继则五六钱,后则两余,最后则二两左右。烟霞深处,半榻一灯,日在云雾中销磨岁月,斫削壮气,沉溺迷途,虽大声疾呼而不之反。张氏愤甚,日向伯稼劝导,更以伯稼畴昔痛骂吸烟片之言词以讥讽之。伯稼卒不稍悟,宴安鸩毒,不可怀也。曾和度夫妇,其未之知耶?

环球社《图画日报》第九十一号第六页

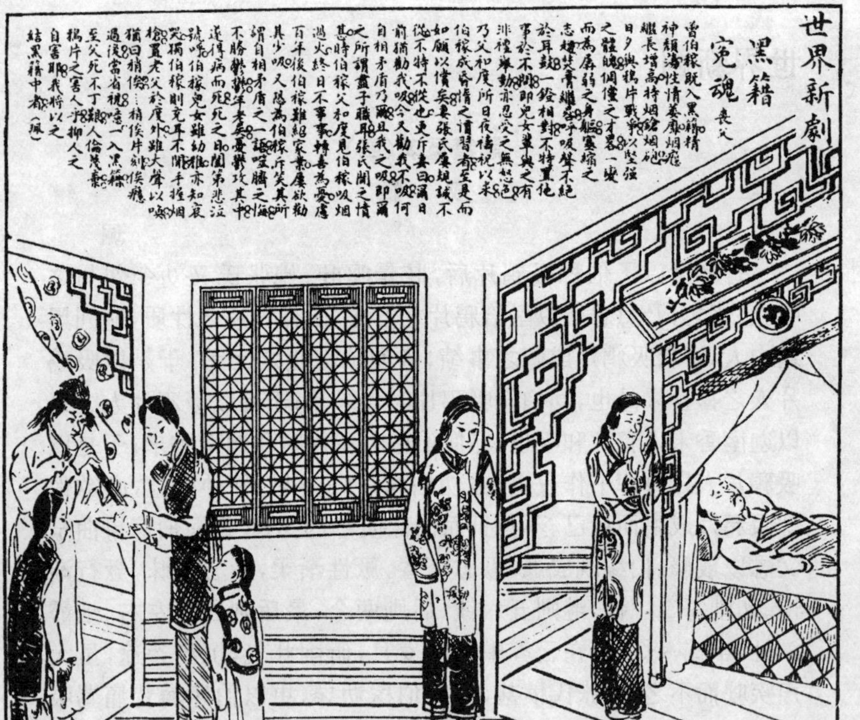

环球社《图画日报》第九十一号第六页

世界新剧

黑籍冤魂（五）

丧　父

珮

曾伯稼既入黑籍，精神颓荡，性情萎靡，烟瘾继长增高，持烟枪烟炮，日夕与鸦片战争。以坚强之体魄、倜傥之才略，一变而为孱弱之身躯、塞缩之志趣。焚膏继晷，呼吸声不绝于耳鼓。一灯相对，不特置他事于不问，即儿女辈与之有非礼举动，亦忍受之无怒色。乃父和度所日夜祷祝以求，伯稼成昏惰之惯习者，至是而如愿以偿矣。妻张氏屡规诫不从。不特不从也，更斥妻曰："尔日前犹劝我吸，今又劝我不吸，何自相矛盾乃尔！且我之吸，即尔之所谓尽子职耳。"张氏闻之愤甚。时伯稼父和度见伯稼吸烟过火，终日不事事，转喜为忧，虑百年后伯稼难绍家业。屡欲劝其少吸，又恐为伯稼斥笑其所谓自相矛盾之一语，噬脐之悔，不胜郁郁。年老矣，忧郁攻其中，遂得病而死。死之日闾第悲泣号呼，伯稼儿女虽幼稚，亦知哀哭；独伯稼则充耳不闻，手握烟枪，置老父于度外，虽大声以唤，犹曰："稍俟……稍俟片刻。俟瘾过后，当省视。"噫！一入黑籍，至父死不丁艰，人伦蔑弃。鸦片之害人乎？抑人之自害耶？我将以之结黑籍中者。

环球社《图画日报》第九十二号第六页

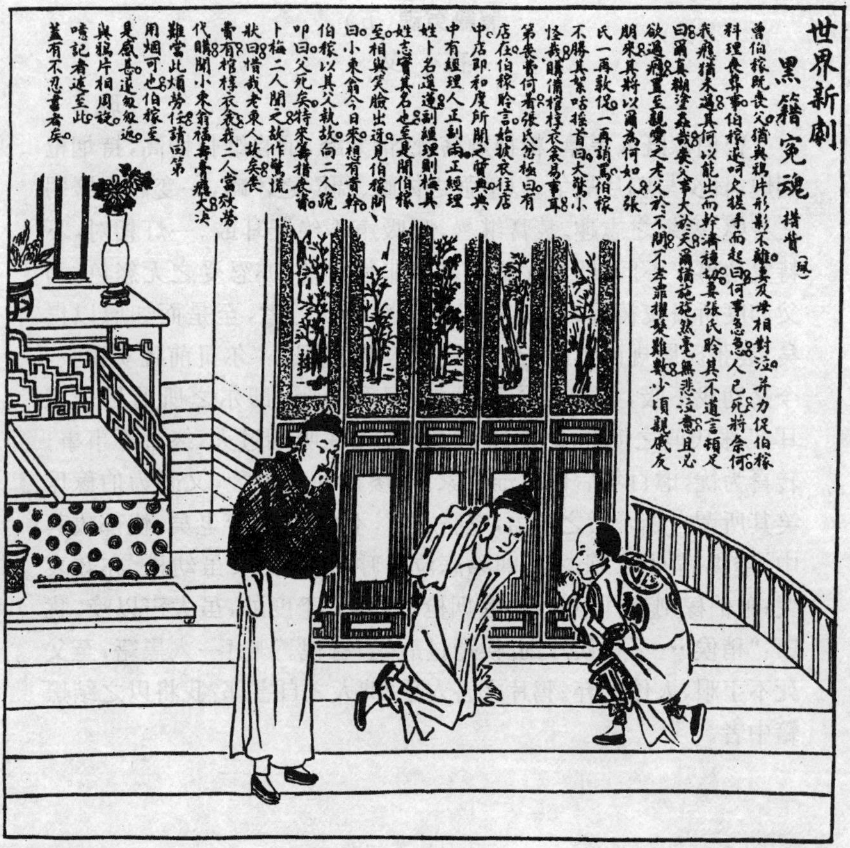

环球社《图画日报》第九十二号第六页

世界新剧

黑籍冤魂(六)

措　资

珮

曾伯稼既丧父,犹与鸦片形影不离,妻及母相对泣,并力促伯稼料理丧葬事。伯稼遂呵欠搓手而起曰:“何事急急?人已死,将奈何?我瘾犹未过,其何以能出而干济种切。”妻张氏聆其不道言,顿足曰:“尔真糊涂虫哉!丧父事大于天,尔犹施施然毫无悲泣意,且必欲过瘾,置至亲爱之老父于不问,不孝罪擢发难数。少顷亲戚友朋来,其将以尔为何如人?”张氏一再敦促,一再诮骂,伯稼不胜其絮聒,摇首曰:“大惊小怪哉!购备棺椁衣衾易事耳。第丧费何着?”张氏忿极曰:“有店在。”伯稼聆言,始披衣往店中,店即和度所开之质典。典中有经理人正副两,正经理姓卜,名遥莲;副经理则梅其姓,志实其名也。至是闻伯稼至,相与笑脸出迓,见伯稼问曰:“小东翁今日来,想有贵干?”伯稼以其父执故,向二人跪叩曰:“父死矣,特来筹措丧资。”卜、梅二人闻之,故作惊慌状曰:“惜哉!老东人故矣。丧费有棺椁衣衾,我二人当效劳代购。闻小东翁福寿膏瘾大,决难当此烦劳任,请回第用烟可也。”伯稼至是感甚,遂匆匆返与鸦片相周旋。噫!记者述至此,盖有不忍书者矣。

环球社《图画日报》第九十三号第六页

环球社《图画日报》第九十三号第六页

世界新剧

黑籍冤魂（七）

出　殡

珮

曾伯稼自至店中措资返后，竟日沉溺于鸦片孽海中，虽经妻张氏大声疾呼，卒不能回头彼岸。至丧殡各事，则均假手于店伙卜遥莲、梅志实二人。卜、梅均狼心而狗肺者，染指于鼎，争尝一脔。伯稼妻张氏虽刻意节俭，内外兼顾；而无如卜、梅以狡狯之伎俩、偷天换日之手段，款项出入，转瞬万变。张氏以大家阃范，虽知此中弊窦，亦不能与之断断争。不得已促伯稼出为监督，而伯稼则痛斥之，若以为预闻丧事，则不啻夺其鸦片之生命者。张氏无如何，遂一任卜、梅两人之上下其手。伯稼父出殡之日，卜、梅借口于丧尽其礼之说，一切仪仗备极华丽。即对于亲朋之吊奠者，款待筵宴亦异常丰盛。盖财政权在卜、梅手，丧用之支出愈多，则卜、梅之中饱愈充也。噫！伯稼后日之落魄，由于店伙之所以昧良，则又何莫非鸦片贻之咎乎？

环球社《图画日报》第九十四号第六页

环球社《图画日报》第九十四号第六页

世界新剧

黑籍冤魂（八）

诤 夫

珮

曾伯稼自父殁后，家业经卜遥莲、梅志实之剥削，于是日就□落。支出之途，既日形浩繁；应付之方，又日渐支绌。己复禁锢于鸦片冤狱中，尽力呼吸，尽力朘括。至有所谓讲求经济问题者、改革家政问题者，则均置之于脑背后，灯影黯淡，烟气空濛，终日迷离颠倒，几不知天壤间，除鸦片外，尚有何物为人身之宝贵品。妻张氏以伯稼之陷溺不反也，屡婉言以规劝之，不听，更峻词以告诫之，亦不听。张氏无如之何，遂以危言谏诤曰："君亦知我家家业之现况乎？"伯稼固盲徒，今奄聆此，不知妻发言用意之所在，含糊其词曰："不知也。我家家业之现况与畴昔等耳。"张氏紧锁双蛾，长叹曰："畴昔等乎？是梦话耶？抑呓语耶？以家业之现况比曩日，恐不及万分之一矣。君犹昏昏然不知振作，来日方长，惧饔飧且不继也。"伯稼闻言变色曰："何至于此？"张氏曰："何至于此乎？吸鸦片之至于此也。"于是以鸦片之流毒，足以丧身亡家之种种历史，沥陈于伯稼前，冀伯稼之一悟。噫！良药苦口，张氏亦贤矣哉！

环球社《图画日报》第九十五号第六页

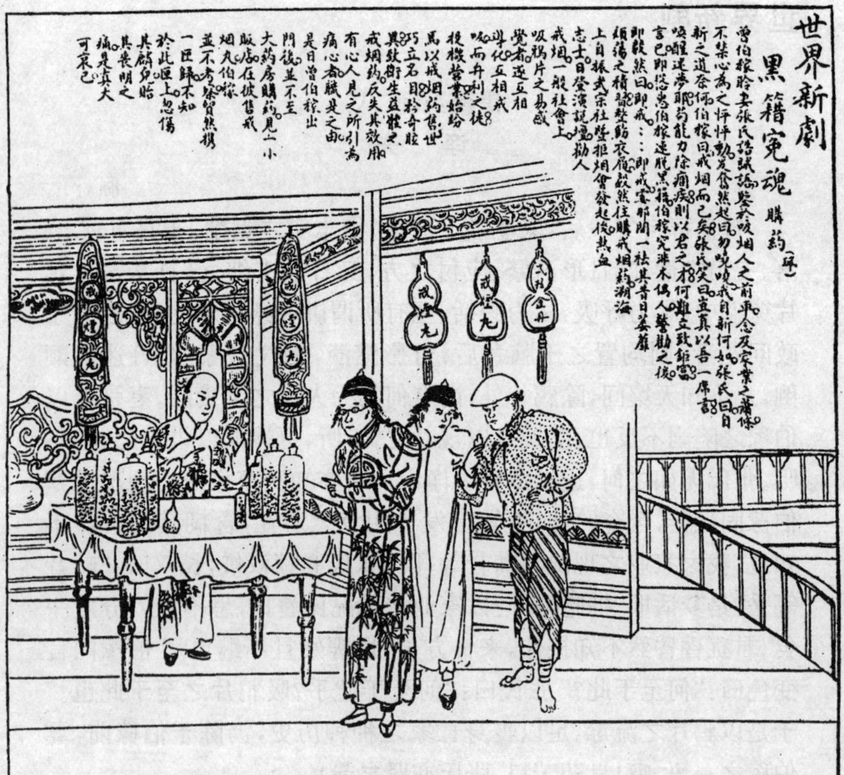

环球社《图画日报》第九十五号第八页

世界新剧

黑籍冤魂（九）
购　药

珮

曾伯稼聆妻张氏告诫语，鉴于吸烟人之前车，念及家业之萧条，不禁心为之怦怦动，爰奋然起曰："勿哓哓！我自新何如？"张氏曰："自新之道奈何？"伯稼曰："戒烟而已矣。"张氏笑曰："岂真以吾一席言，唤醒迷梦耶！苟能力除痼疾，则以君之才，何难立致巨富？"言已即怂恿伯稼速脱黑籍，伯稼究非木偶人，警劝之后，即毅然曰："即戒……即戒。"霎那间一祛其昔日萎靡颓荡之积习，整饬衣履，毅然往购戒烟药。溯海上自振武宗社暨拒烟会发起后，热血志士，日登演说坛，劝人戒烟。一般社会上吸鸦片之易感觉者，遂互相导化，互相戒吸。而牟利之徒，投机营业，始纷焉以戒烟药售世，巧立名目，矜奇眩异，致卫生益体之戒烟药，反失其效用。有心人见之所引为痛心者，职是之由。是日曾伯稼出门后，并不至大药房购药，见一小贩店，在彼售戒烟丸。伯稼并不考察，贸然携一匣归。不知于此匣上，忽伤其麟儿，贻其丧明之痛，是真大可哀已。

环球社《图画日报》第九十六号第六页

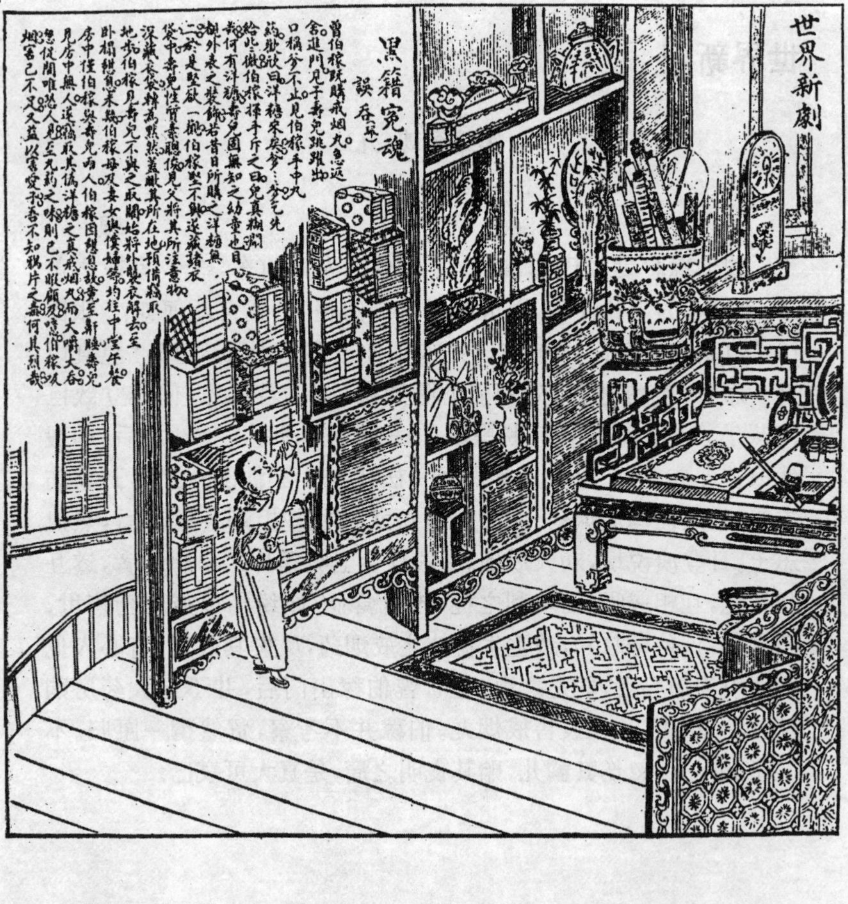

环球社《图画日报》第九十六号第六页

世界新剧

黑籍冤魂（十）

误　吞

珮

曾伯稼既购戒烟丸，急返舍。进门见子寿儿跳跃出，口称爹不止。见伯稼手中丸药，欢欣曰：“洋糖来矣，爹…… 爹，乞先给些微。”伯稼挥手斥之曰：“儿真糊闹哉！何有洋糖？”寿儿固无知之幼童也，目睹外表之装饰，若昔日所购之洋糖无二，于是坚欲一观，伯稼坚不与，遂藏诸衣袋中。寿儿性质素聪俊，见父将其所注意物，深藏衣袋，转为默然。盖瞰其所在地，预备窃取地步。伯稼见寿儿不与之取闹，始将外袭衣解去，至卧榻憩息。未几，伯稼母及妻女与仆妇等，均往中堂午餐。房中仅伯稼与寿儿两人，伯稼因憩息故，竟至鼾睡。寿儿见房中无人，遂窃取其伪洋糖之真戒烟丸，而大嚼大吞。忽促间唯恐人见，至丸药之味，则已不暇顾及。噫！伯稼吸烟害已不足，又益以害爱子。吾不知鸦片之毒，何其烈哉！

环球社《图画日报》第九十七号第六页

环球社《图画日报》第九十七号第六页

世界新剧

黑籍冤魂(十一)

请　医

珮

曾伯稼子寿儿,既误吞戒烟丸,阅二时腹中作痛,未几,肝肠疼若寸裂。寿儿固稚质,何能当此大毒物?药质既攻发,遍体绛若朝霞,两眼突出,面额汗珠直流,狂痛之下,倒地大呼曰:“苦哉!行将痛死矣!”既倒而复起,若晏子之距跃三百。时伯稼从梦中惊醒,见子之困苦状,不禁为之骇诧,遂大声唤,伯稼妻及母已蜂拥至房,将寿儿抱怀中,急问其起病之由。时寿儿痛苦已达极点,欲言自吃糖后,致痛迄今;又惧父母之扑责也,更禁声不言。伯稼母及妻忧急甚,促伯稼速请医看视。伯稼于是饬仆人往请所谓黄、陆两医生者。至则诊脉良久,不识为何病。寿儿时已气息奄然,伯稼妻又再三问,寿儿始曰:“吃爹所购之洋糖。”时伯稼在旁顿足曰:“冤哉!是戒鸦片丸也。已矣!其速请救吞鸦片之医生乎?”其实鸦片毒至是已入膏肓,虽有和缓,亦鞭长不及矣。噫!惨夫!

环球社《图画日报》第九十八号第六页

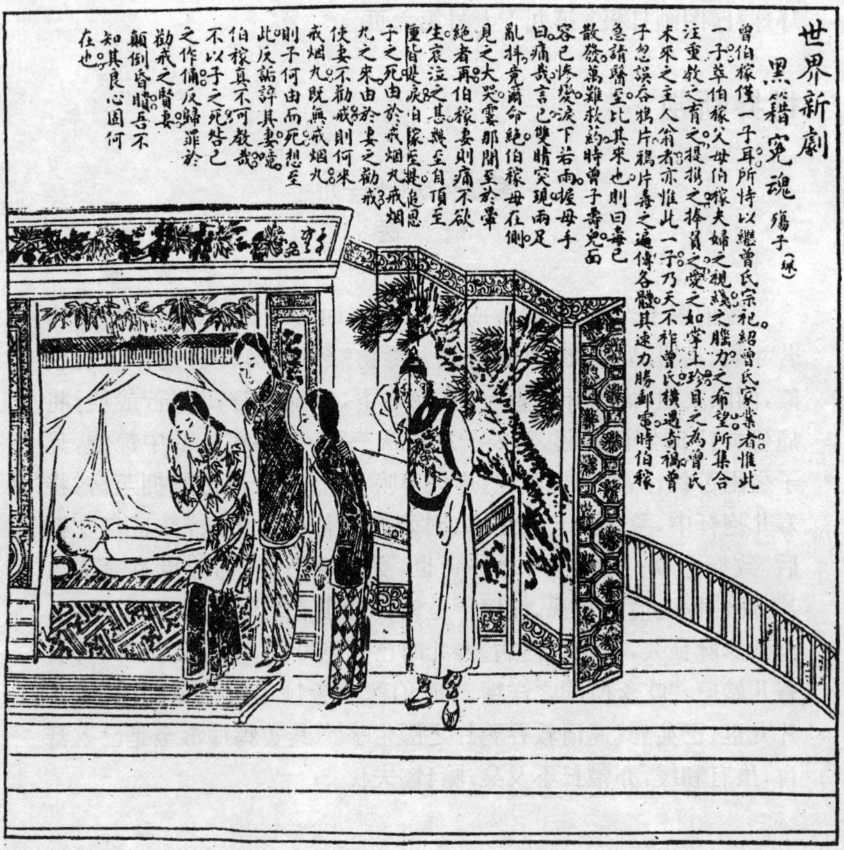

环球社《图画日报》第九十八号第六页

世界新剧

黑籍冤魂(十二)
殇　子

珮

曾伯稼仅一子耳,所恃以继曾氏宗祀、绍曾氏家业者。惟此一子,萃伯稼父母、伯稼夫妇之视线、之脑力、之希望,所集合注重,教之、育之、提携之、捧负之。爱之如掌上珍,目之为曾氏未来之主人翁者,亦惟此一子。乃天不祚曾氏,横遇奇祸。曾子忽误吞鸦片,鸦片之毒之遍传各体,其速力胜邮电。时伯稼急请医至,比其来也,则曰毒已散发,万难救药。时曾子寿儿,面容已惨变,泪下若雨,握母手曰:“痛哉!”言已,双睛突现,两足乱抖,竟尔命绝。伯稼母在侧,见之大哭,霎那间至于晕绝者再。伯稼妻则痛不欲生,哀泣之甚,几至自顶至踵皆是泪。伯稼至是,追思子之死,由于戒烟丸;戒烟丸之来,由于妻之劝戒;使妻不劝戒,则何来戒烟丸?既无戒烟丸,则子何由而死?想至此,反诟谇其妻。噫!伯稼真不可教哉!不以子之死,咎己之作俑;反归罪于劝戒之贤妻,颠倒昏聩,吾不知其良心固何在也!

环球社《图画日报》第九十九号第六页

环球社《图画日报》第九十九号第六页

世界新剧

黑籍冤魂（十三）

丧　母

珮

曾伯稼既痛丧明，心郁闷甚，无以解怀，仍取鸦片以为扫愁帚，日夕蜷伏一榻，几若舍鸦片则不足为欢者。伯稼母年逾耳顺，自夫殁后，见家业渐次衰落，已不胜烦虑。至是复有伤孙之意外变，痛心饮泣，终日忽忽，如有所失。于是不数日而病，更不数日而病剧。伯稼妻朝夕侍奉，奈二竖子，已深入于膏之下、肓之上，非药石所能奏效。转辗床褥间两旬，而伯稼母竟撒手而归。伯稼连遭大故，至是竟大窘，筹丧葬资，煞费经营。而俾昼作夜昏惰之惯习，既牢不可破，经办一切，遂仍归于店伙卜遥莲、梅志实两人。一剥再削，卜、梅固幸灾乐祸者。仍用其畴昔对于伯稼父之丧礼，以施于伯稼母，不少节减，且从而附益之、侵蚀之。伯稼迷恋于黑籍中，一味唯诺而已。呜呼！伯稼以鸦片而丧其父、杀其子，至是而更丧其母。吾不知鸦片何等宝贵，忍以父母爱子之生命易之也。

环球社《图画日报》第一百号第六页

环球社《图画日报》第一百号第六页

世界新剧

黑籍冤魂（十四）

哭坟

珮

曾伯稼既丧父母及子，境地益形悲苦，志趋益觉懊丧，而烟瘾之数量亦益见增进。妻曾氏自翁姑怛化、爱子猝毙，感哀万状，忧郁攻中，日惟饮泣。又目击夫伯稼之酷嗜鸦片，无片刻离，家业堕落，有日下势。而回忆两月前之家况，二老健泰，夫婿振奋，幼子活泼；乃未几而死者三人，沉溺黑籍者一人，家道凋敝，更不胜今昔之感。一再劝伯稼戒吸，力图振作，伯稼视妻言若耳边风。张氏不得已，徒呼负负，因于其姑与子安置窀穸之后，挈女真真及婢兰和扫墓。张氏既至墓间，见嘉树葱郁，落叶萧瑟，林间风作悲鸣，张氏触景生感，追思既往，念及将来，不禁痛哭失声。而推原祸始，则又不得不归咎于夫婿之好吸鸦片，百结愁肠，两行血泪，播间之愤，言哀音愁，令人有不忍卒听者。

环球社《图画日报》第一百零一号第六页

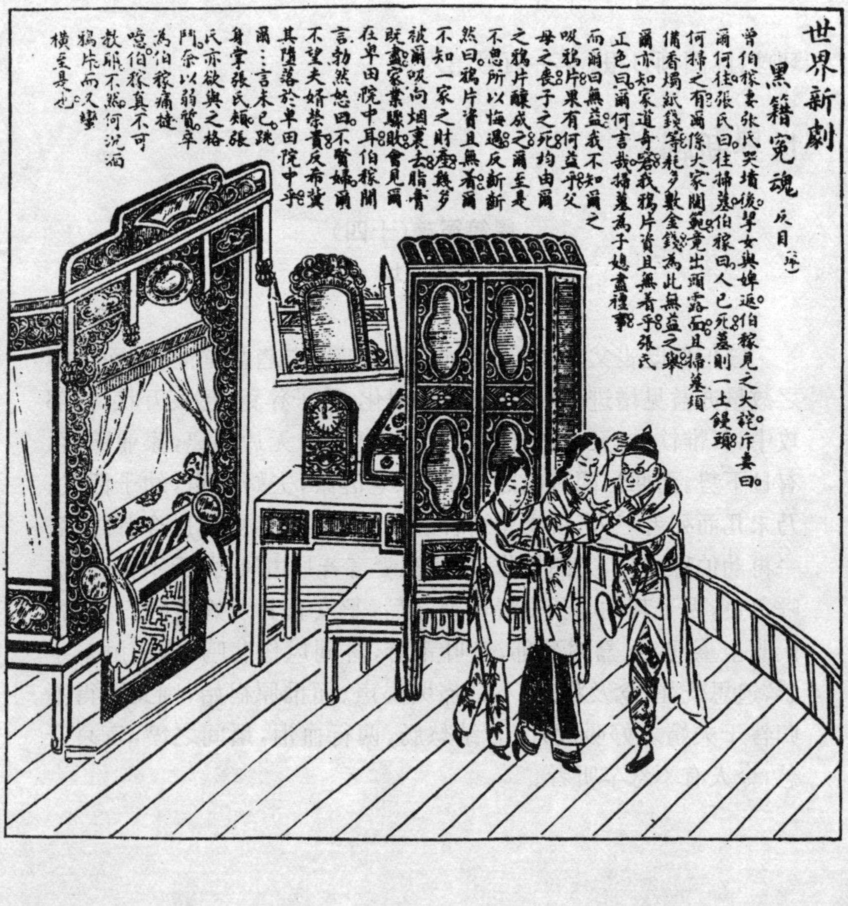

环球社《图画日报》第一百零一号第六页

世界新剧

黑籍冤魂（十五）

反　目

珮

曾伯稼妻张氏哭坟后，挈女与婢返。伯稼见之大诧，斥妻曰："尔何往？"张氏曰："往扫墓。"伯稼曰："人已死，墓则一土馒头，何扫之有？尔系大家闺范，竟出头露面。且扫墓须备香烛纸钱等，耗多数金钱，为此无益之举。尔亦知家道奇窘，我鸦片资且无着乎？"张氏正色曰："尔何言哉！扫墓为子媳尽礼事，而尔曰无益；我不知尔之吸鸦片，果有何益乎？父母之丧、子之死，均由尔之鸦片酿成之，尔至是不思所以悔过，反断断然曰'鸦片资且无着'，尔不知一家之财产，几岁被尔吸向烟里去！脂膏既尽，家业骤败，会见尔在卑田院中耳。"伯稼闻言勃然怒曰："不贤妇，尔不望夫婿荣贵，反希冀其堕落于卑田院中乎？尔……"言未已，跳身掌张氏颊，张氏亦与之格斗，奈以弱质，卒为伯痛挞。噫，伯稼真不可教耶！不然，何沉湎鸦片，而又蛮横至是也。

环球社《图画日报》第一百零二号第六页

环球社《图画日报》第一百零二号第六页

世界新剧

黑籍冤魂(十六)

仰　药

珮

曾伯稼妻张氏,受夫挫折,郁勃气儿壅遏而不能宣,泪珠涔涔下,自忖曰:“良人者,所仰望而终身。今若此,其将奈何?溯我自归曾氏,伉俪颇相得,和霭亲切,即家道亦颇丰裕。乃今为鸦片冤魂,忍将爱妻肆意殴辱,家业日就堕落。夫我之劝戒者,为其一身之前途计,并为此一家之前途计;而孰知夫婿不谅,竟执迷不少悟,不特不悟也,更以我言为忤逆。我知长此不反,则必有破家之一日,我苟身受窘迫,何若早自为计?已矣,其从此辞世乎?规夫不成,以一死自明,并以一死励彼。虽不目击其悔过,然因我一死,而振兴家声,则我虽死犹生,可以见二老于地下矣。”张氏思至此,心豁然开朗,执最后之希望,而死志遂决。窃取已吸之鸦片渣滓,尽力狂吞,阅半日毒发而倒地毙。呜呼!张氏真贤且烈哉!记者述至斯,恨不食曾伯稼之肉,而寝曾伯稼之皮矣。

环球社《图画日报》第一百零三号第六页

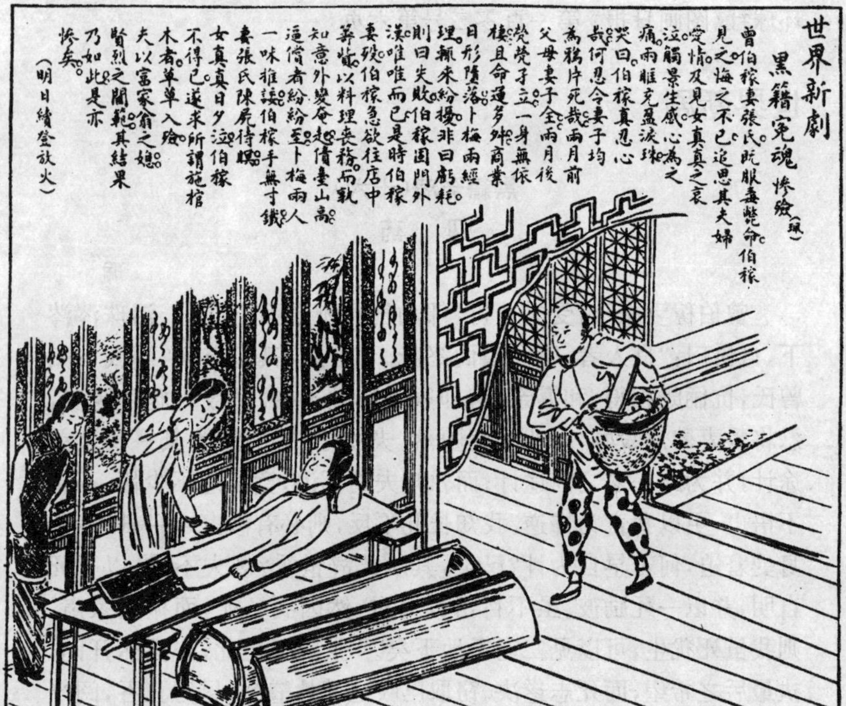

环球社《图画日报》第一百零三号第六页

世界新剧

黑籍冤魂(十七)

惨　殓

珮

曾伯稼妻张氏服毒毙命,伯稼见之,悔之不已。追思其夫妇爱情,及见乃女真真之哀泣,触景生感,心为之痛,两眶充盈泪珠,哭曰:"伯稼真忍心哉!何忍令妻子均为鸦片死哉!"两月前父母妻子全,两月后茕茕孑立,一身无依栖,且命运多舛,商业日形堕落。卜、梅两经理,辄来纷扰,非曰亏耗,则曰失败,伯稼固门外汉,唯唯而已。是时伯稼妻殁,伯稼急欲往店中筹资,以料理丧务。而孰知意外变奄起,债台山高,逼偿者纷纷至。卜、梅两人一味推诿,伯稼手无寸铁,妻张氏陈尸待瞑,女真真日夕泣。伯稼不得已,遂求所谓施棺木者,草草入殓。夫以富家翁之媳,贤烈之阃范,其结果乃如此,是亦惨矣。

(明日续登《放火》)

环球社《图画日报》第一百零四号第六页

环球社《图画日报》第一百零四号第六页

世界新剧

黑籍冤魂(十八)

放　火

珮

曾伯稼店伙卜遥莲、梅志实二人,既忘恩负义,甘为卖主贼;至是见各处之执有债权者,群相索偿,遂密议曰:“此间各债,虽曰清偿系店主事;然经理人为一店经营业务,管理财之关键,含有料理债务之天职。名义所在,责无旁贷。且当时以店中货物抵偿各债,尚绰乎有余裕。无如彼此于平日间,已侵略其一空,今日苟欲和盘托出,则巧妇难为无米炊,尔我将以何物塞责耶?”卜遥莲至是思索良久,梅志实拍手起曰:“妙哉!其必用此辣手段,不特免祸,且能邀福。”卜遥莲问曰:“有何良策?”志实遂以放火及骗取火险单事告,遥莲鼓掌称善。翌日,卜、梅二人于傍晚即外出,其实所谓导火线者,已暗埋于其中。至晚间一遇触发,而曾伯稼之店,遂悉成灰烬。痛哉!曾伯稼其天不祚彼乎?不然,何转盼间而丧父母、丧妻子,而祝融氏又丧其经济之命脉耶?

(明日续登《控欠》)

环球社《图画日报》第一百零五号第六页

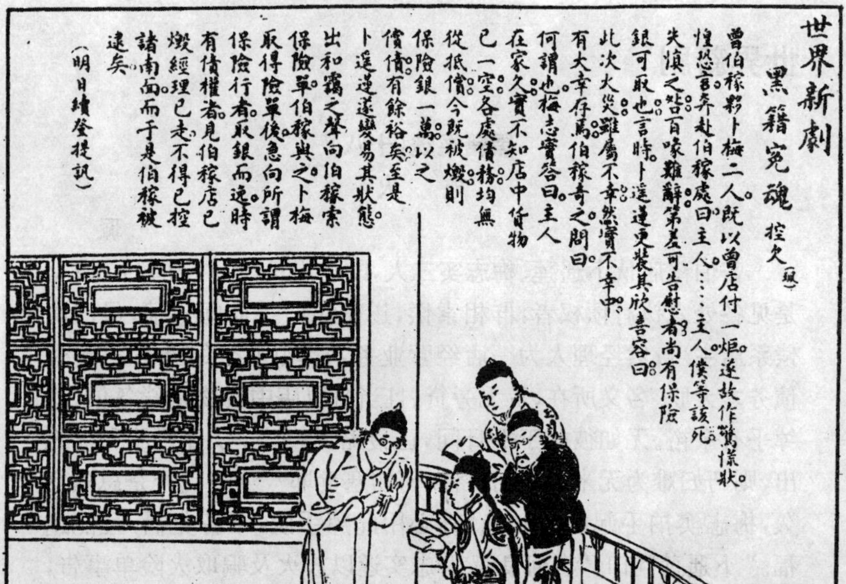
世界新劇

黑籍冤魂 控欠(續)

曾伯稼彩卜梅二人。既以曾店付一炬。遂故作驚惶狀。惶恐言奔赴伯稼處曰主人。……主人。僕等該死失慎之咎。百喙難辭。第差可告慰者。尚有保險銀可取也。言時。卜逵連更裝其欣喜容曰。此次火災。雖屬不幸。然實不幸中。有大幸存焉。伯稼奇之。問曰。何謂也。梅志實答曰。主人在家久。實不知店中貨物已一空。各處債務。均無從抵償。今既被燬。則保險銀一萬。以之償債。有餘裕矣。至是卜逵逵遂變易其狀態。出和藹之聲向伯稼索保險單。伯稼與之。卜梅取得險單後。急向所謂保險行者。取銀而遁。時有債權者。見伯稼店已燬經理已走。不得已控諸南面。而于是伯稼被逮矣。

(明日續登捷訊)

环球社《图画日报》第一百零五号第六页

世界新剧

黑籍冤魂（十九）

控　欠

珮

曾伯稼伙卜、梅二人，既以曾店付一炬，遂故作惊慌状、惶恐言，奔赴伯稼处曰："主人……主人，仆等该死，失慎之咎，百喙难辞。第差可告慰者，尚有保险银可取也。"言时，卜遥莲更装其欣喜容曰："此次火灾，虽属不幸，然实不幸中有大幸存焉。"伯稼奇之，问曰："何谓也？"梅志实答曰："主人在家久，实不知店中货物已一空，各处债务，均无从抵偿。今既被毁，则保险银一万，以之偿债，有余裕矣。"至是卜遥莲遂变易其状态，出和霭之声向伯稼索保险单，伯稼与之。卜、梅取得险单后，急向所谓保险行者，取银而逸。时有债权者，见伯稼店已毁，经理已走，不得已控诸南面，而于是伯稼被逮矣。

（明日续登《提讯》）

环球社《图画日报》第一百零六号第六页

世界新劇

黑籍冤魂

提訊（承）

曾伯稼被逮矣。曾伯稼一執絝子。一黑籍中之流民耳。豈足當威嚇衙門中之虎狼。方被逮時。伯稼已遍身凜然。塞縮如猬。隸卒周仁乃大扶其凶狠之手段。手執牌票。以恫喝伯稼曰。汝富家翁也。汝亦知爾被控之久歟。有縣何爾欲於其中稍寬縱。爾亦知吾輩之能。加可以為爾設法乎。爾速自為計。伯稼雖昏瞶。聆其言。知為苞苴者。惟手頭拮据甚。不得已。獨首乞憐。隨之而往。至衙署。見承審官。獨坐堂皇。二隸卒擎伯稼至堂下。棄南面者。未幾。南面者詰伯稼曰。汝各債戶幾何。現在私產有幾何。及經理何以走。店何以倒。種種被控原由。乃伯稼瞠目不能對。惟報顏呢某實不知。某實不知。南面者曰。汝均不知。然則汝所知者何。伯稼良久曰。某惟知鴉片耳。南面者笑曰。鴉片乎。鴉片逼汝死。鴉片逼汝父母妻子亡。鴉片逼汝家破。汝尚知有鴉片乎。無已。其押退。於是堂下一聲吆喝。紛擁曾伯稼至囹圄

环球社《图画日报》第一百零六号第六页

世界新剧

黑籍冤魂(二十)
提　讯

珮

曾伯稼被逮矣。曾伯稼一纨绔子,一黑籍中之流民耳,岂足当威吓衙门中之虎狼?方被逮时,伯稼已遍身凛然,蹇缩如猬。隶卒周仁刁大挟其凶狼之手段,手执牌票以恫喝伯稼曰:"汝富家翁也,汝亦知尔被控之欠款有几何?尔欲于其中稍宽纵,尔亦知吾辈之能力,可以为尔设法乎?尔速自为计。"伯稼虽昏瞶,聆其言,知为苞苴者。惟手头拮据甚,不得已俯首乞怜,随之而往。至衙署,见承审官,独坐堂皇,二隶卒挈伯稼至堂下,禀南面者。未几,南面者诘伯稼曰:"欠各债户几何?现在私产有几何?及经理何从走?店何以毁?"种种被控原由,乃伯稼瞠目不能对,惟赧颜曰:"某实不知,某实不知。"南面者曰:"汝均不知,然则汝所知者何?"伯稼良久曰:"某惟知鸦片耳。"南面者笑曰:"鸦片乎?鸦片逼汝死,鸦片逼汝父母妻子亡,鸦片逼汝家破,汝尚知有鸦片乎?"无已其押追,于是堂下一声吆喝,纷拥曾伯稼至囹圄。

环球社《图画日报》第一百零七号第六页

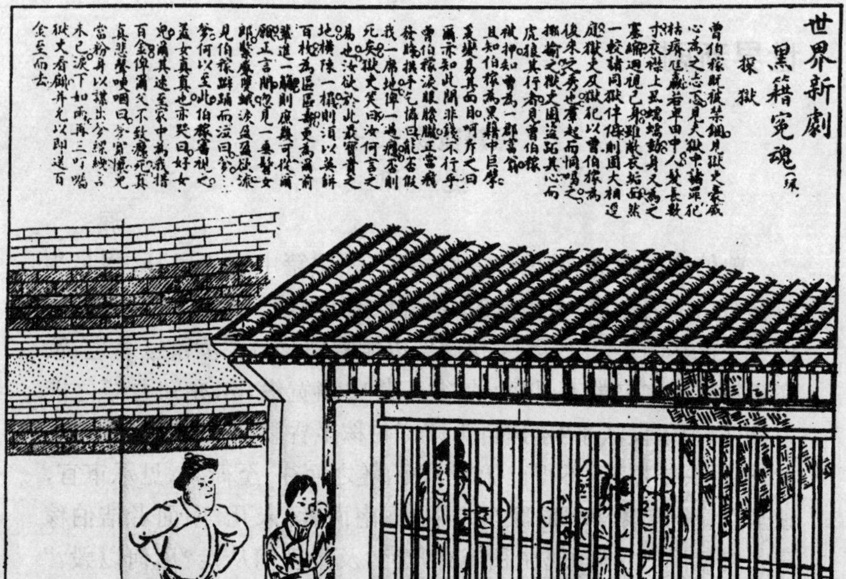

世界新劇

黑籍冤魂（續）

探獄

曾伯稼既被禁錮。見獄吏豪蠻。心為之忐忑。見大獄中諸罪犯。枯瘠尪羸。若卑田中人。髮長數寸。衣襟上虱蟣蠕動。身又為之塞縮。迴視己身。雖敝衣垢面。然一較諸同獄伴侶。則圓大相逕庭。獄吏及獄犯以曾伯稼為後來之秀也。羣起而恫嚇之。揶揄之。獄吏固盜跖其心而虎狼其行者。見曾伯稼被押。知曾為一郡富翁。且知伯稼為黑籍中巨擘。遂變易其面目。呵斥之曰。爾亦知此間非錢不行乎。曾伯稼淚眼朦朧。正當飛發時。拱手乞憐曰。能否假我一席地。俾一過癮。否則死矣。獄吏笑曰。汝何言之易也。汝欲於此最寶貴之地。橫陳一欄。則須以英餅百枚。為區區者更為爾前驅。[illegible]進一解。則庶幾可從爾願。正言間。忽見一垂髫女郎。緊蹙雙蛾。淚盈盈欲流。見伯稼踴躍而泣曰。爹。爹。爹。何以至此。伯稼審視之。蓋女真真也。亦哭曰。好女兒。爾其速至家中。為我措百金。俾爾父不致癮死。真真悲聲哽咽曰。爹宜懷兒。當粉身以謀出爹縲絏。言未已。淚下如雨。再三叮囑獄吏看顧。并允以即送百金至而去。

环球社《图画日报》第一百零七号第六页

世界新剧

黑籍冤魂(二十一)

探　狱

珮

曾伯稼既被禁锢,见狱吏豪威心为之忐忑,见夫狱中诸罪犯,枯瘠尫羸,若卑田中人,发长数寸,衣襟上虱蠕蠕动,身又为之塞缩。回视己身,虽敝衣垢面,然一较诸同狱伴侣,则固大相径庭。狱吏及狱犯,以曾伯稼为后来之秀也,群起而恫喝之、揶揄之。狱吏固盗跖其心,而虎狼其行者。见曾伯稼被押,知曾为一郡富翁,且知伯稼为黑籍中巨擘,爰变易其面目,呵斥之曰:“尔亦知此间非钱不行乎?”曾伯稼泪眼朦胧,正当瘾发时,拱手乞怜曰:“能否假我一席地,俾一过瘾,否则死矣。”狱吏笑曰:“汝何言之易也,汝欲于此最宝贵之地,横陈一榻,则须以英饼百枚,为区区寿。更为尔前辈进一觞,则庶几可从尔愿。”正言间,忽见一垂髫女郎,紧蹙双蛾,泪盈盈欲流,见伯稼躄踊而泣曰:“爹……爹,何以至于?”伯稼审视之,盖女真真也,亦哭曰:“好女儿,尔其速至家中,为我措百金,俾尔父不致瘾死。”真真悲声哽咽曰:“爹宽怀,儿当粉身以谋出爹缧绁。”言未已,泪下如雨。再三叮嘱狱吏看顾,并允以即送百金至而去。

环球社《图画日报》第一百零八号第六页

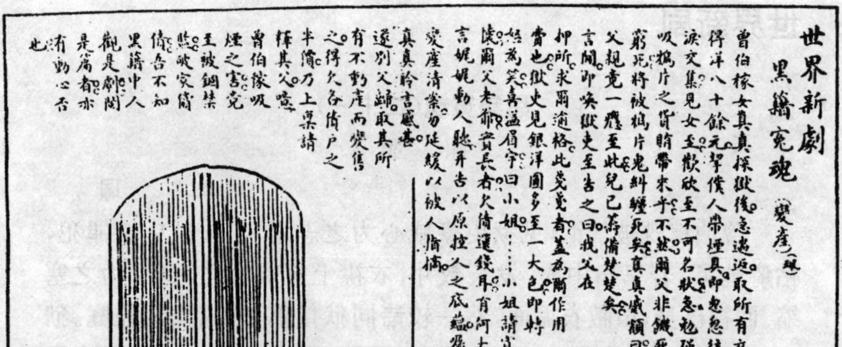

环球社《图画日报》第一百零八号第六页

世界新剧

黑籍冤魂(二十二)

变 产

珮

曾伯稼女真真探狱后，急遄返，取所有衣服及金银饰等，至质库典，押得洋八十余元，挈仆人带烟具，即匆匆往押所。时伯稼蜷伏一隅，涕泪交集，见女至，欢欣至不可名状，急勉强起立曰：“好女儿，吸鸦片之货贿带来乎？不然，尔父非饥死、逼死、穷死，将被鸦片鬼纠缠死矣。”真真蹙额曰：“父亲竟一瘾至此，儿已筹备楚楚矣。”言间，即唤狱吏至，告之曰：“我父在押所，求尔逾格，此戋戋者，盖为尔作用费也。”狱吏见银洋圆多至一大包，即转怒为笑，喜溢眉宇，曰：“小姐……小姐，请宽怀，尔父老爷，实长者，欠债还钱耳，有何大不了？”言娓娓动人听，并告以原控人之底蕴，嘱其变产清案，勿延缓以被人指摘。真真聆言感甚，遂别父归，取其所有不动产而变售之，得欠各债户之半价，乃上禀请释其父。

噫！曾伯稼吸烟之害，竟至被锢禁监，破家偿债，吾不知黑籍中人，观是剧、阅是篇者，亦有动心否也。

环球社《图画日报》第一百零九号第六页

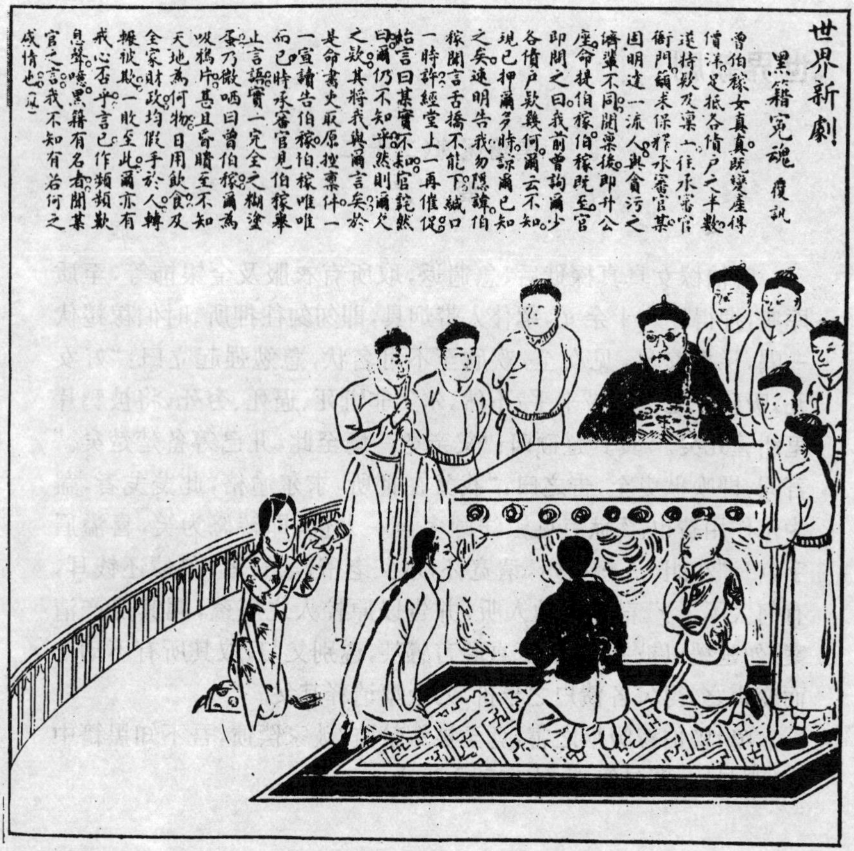
世界新劇

黑籍冤魂　覆訊

曾伯稼女真真。既變產得價洋。足抵各債戶之半數。遂持款及藥一。往承審官衙門。願求保釋。承審官某固明達一流人。與貪污之儕輩不同。閱稟後。即升公座。命提伯稼。伯稼既至。官即問之曰。我前曾詢爾少各債戶款幾何。爾云不知。現已押爾多時。諒爾已知之矣。速明告我。勿隱諱。伯稼聞言舌撟不能下。緘口一時許。經堂上一再催促。始言曰某實不知。官詫然曰。爾仍不知乎。然則爾父之款。其將我與爾言矣。於是命書史取原控稟件一一宣讀告伯稼。伯稼唯唯而已。時承審官見伯稼舉止言語。實一完全之糊塗蛋。乃微哂曰曾伯稼爾為吸鴉片。甚且昏聵至不知天地為何物。日用飲食及全家財政。均假手於人。轉輾被欺。一敗至此。爾亦有我心否乎。言已。作頻頻歎息聲。噫。黑籍有名者。聞某官之言。我不知有若何之感情也。(未完)

环球社《图画日报》第一百零九号第六页

世界新剧

黑籍冤魂（二十三）
覆　讯

珮

曾伯稼女真真，既变产得价洋，足抵各债户之半数，遂持款及禀一，往承审官衙门，吁求保释。承审官某，固明达一流人，与贪污之侪辈不同。阅禀后，即升公座，命提伯稼。伯稼既至，官即问之曰："我前曾询尔少各债户款几何，尔云不知；现已押尔多时，谅尔已知之矣。速明告我，勿隐讳。"伯稼闻言，舌挢不能下，缄口一时许，经堂上一再催促，始言曰："某实不知。"官诧然曰："尔仍不知乎？然则尔欠之款，其将我与尔言矣。"于是命书吏取原控禀件，一一宣读告伯稼，唯唯而已。时承审官见伯稼举止言语，实一完全之糊涂蛋，乃微哂曰："曾伯稼，尔为吸鸦片，甚且昏聩至不知天地为何物。日用饮食及全家财政，均假手于人，转辗被欺，一败至此，尔亦有戒心否乎？"言已，作频频叹息声。

噫！黑籍有名者，闻某官之言，我不知有若何之感情也。

环球社《图画日报》第一百十号第六页

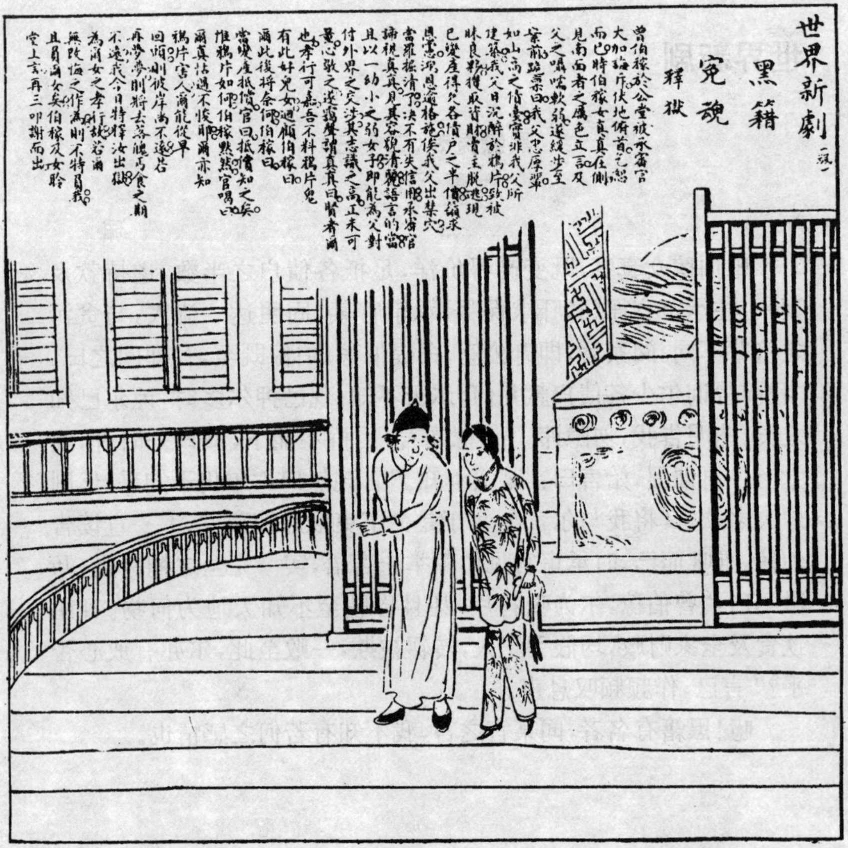

环球社《图画日报》第一百十号第六页

世界新剧

黑籍冤魂(二十四)

释　狱

珮

曾伯稼于公堂被承审官大加诲斥,伏地俯首,乞恕而已。时伯稼女真真在侧,见南面者之厉色立言,及父之嗫嚅软弱,遂缓步至案前,跪禀曰:“我父忠厚辈,如山高之债台,实非我父所建筑。我父日沉醉于鸦片,致被昧良伙攫取资财,卖主脱逃。现已变产得欠各债户之半价,吁求恩宪,鸿恩逾格施,俟我父出禁穴,当罗掘清了,决不有失信用。”承审官谛视真真,见其容貌清丽,语言的当,且以一幼小之弱女子,即能为父对付外界之交涉,其志识之高,正未可量。心敬之,遂霭声谓真真曰:“贤者尔也,孝行可嘉,吾不料鸦片鬼有此好儿女。”回顾伯稼曰:“尔此后将奈何?”伯稼曰:“当变产抵债。”官曰:“抵偿知之矣,惟鸦片如何?”伯稼默然。官喝曰:“尔真怙过不悛耶?尔亦知鸦片害人,尔能从早回头,则彼岸尚不远;若再梦梦,则将去落魄丐食之期不远。我今日特释汝出狱,为尔女之孝行故。若尔无改悔之作为,则不特负我,且负尔女矣。”伯稼及女聆堂上言,再三叩谢而出。

环球社《图画日报》第一百十一号第六页

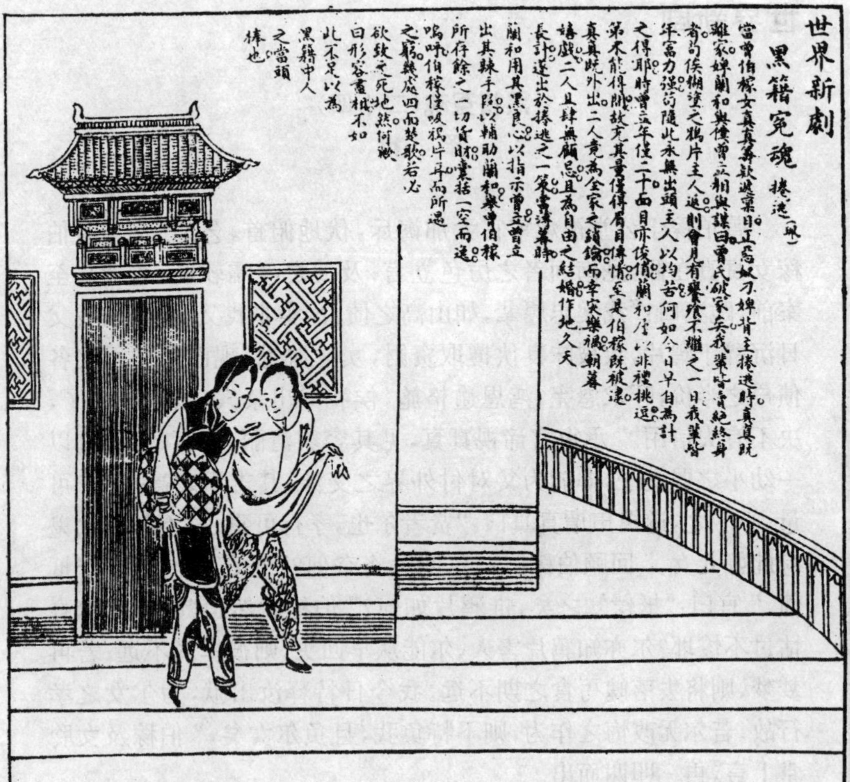

世界新劇

黑籍冤魂

捲逃（縱）

當曾伯稼女真真為款逃案日正為奴刁婢背主捲逃時真真既
離家婢蘭和與僕曾立相與謀曰曾氏破家矣我輩皆賣絕終身
者苟俟糊塗之鴉片主人返則會見有饔飧不繼之一日我輩
年富力強苟隨此永無出頭主人以均苦何如今日早自為計
之得耶時曾立年僅二十四目亦佻儇蘭和屢以非禮挑逗
第不能得間故充其量僅得眉目傳情至是伯稼既被逮
真真既外出二人竟為全家之鎖鑰而幸災樂禍朝暮
嬉戲二人且肆無顧忌且為自由之結婚作地久天
長計遂出於捲逃之一策當演第幕時
蘭和用其黑良心以指示曾立曾立
出其辣手段以輔助蘭和舉曾伯稼
所存餘之一切資財囊括一空而逃
嗚呼伯稼僅吸鴉片耳而所遇
之窮幾成四面楚歌若必
欲致之死地然何歟
曰形容盡相不如
此不足以為
黑籍中人
之當頭
棒也

环球社《图画日报》第一百十一号第六页

世界新剧

黑籍冤魂（二十五）

卷　逃

珮

当曾伯稼女真真筹款递禀日，正恶奴刁婢背主卷逃时。真真既离家，婢兰和与仆曾立相与谋曰："曾氏破家矣，我辈皆卖绝终身者，苟俟糊涂之鸦片主人返，则会见有饔飧不继之一日。我辈皆年富力强，苟随此永无出头主人以均苦，何如今日早自为计之得耶？"时曾立年仅二十，面目亦俊俏，兰和屡以非礼挑逗，第未能得间，故充其量仅得眉目传情。至是伯稼既被逮，真真既外出，二人竟为全家之锁钥，而幸灾乐祸，朝暮嬉戏。二人具肆无顾忌，且为自由之结婚，作地久天长计，遂出于卷逃之一策。当薄暮时，兰和用其黑良心，以指示曾立；曾立出其辣手段，以辅助兰和。举曾伯稼所存余之一切货财，囊括一空而逸。呜呼！伯稼仅吸鸦片耳，而所遇之穷，几处四面楚歌，若必欲致之死地然。何欤？曰形容尽相，不如此不足以为黑籍中人之当头棒也。

环球社《图画日报》第一百十二号第六页

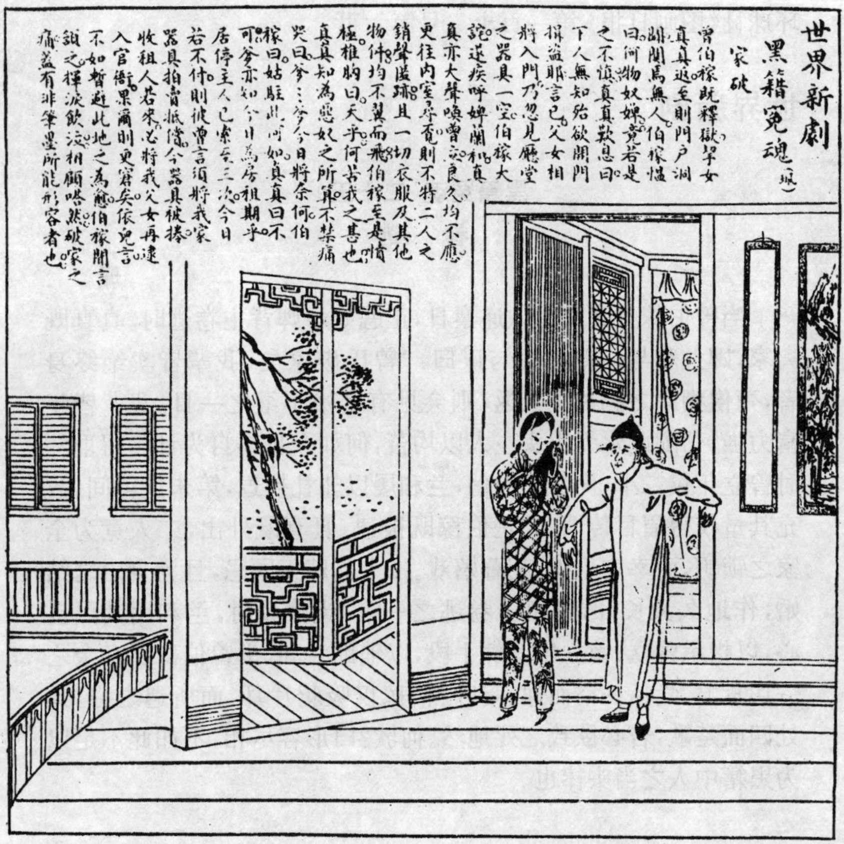

环球社《图画日报》第一百十二号第六页

世界新剧

黑籍冤魂(二十六)

家　破

珮

曾伯稼既释狱,携女真真返,至则门户洞辟,阒焉无人。伯稼愠曰:“何物奴婢,竟若是之不慎。”真真叹息曰:“下人无知,殆欲开门揖盗耶?”言已,父女相将入门,乃忽见厅堂之器具一空,伯稼大诧,遂疾呼婢兰和,真真亦大声唤曾立,良久均不应。更往内室寻觅,不特二人之销声匿迹,且一切衣服及其他物件,均不翼而飞。伯稼至是愤极,椎胸曰:“天乎!何苦我之甚也!”真真知为恶奴之所算,不禁痛哭曰:“爹……爹,今日将奈何?”伯稼曰:“姑驻此何如?”真真曰:“不可。爹亦知今日为房租期乎?居停主人已索至三次,今日若不付,则彼曾言须将我家器具拍卖抵偿。今器具被卷,收租人若来,必将我父女再逮入官衙。果尔,则更窘矣。依儿言,不如暂避此地之为愈。”伯稼闻言颔之,挥泪饮泣,相顾嗒然。破家之痛,盖有非笔墨所能形容者也。

环球社《图画日报》第一百十三号第六页

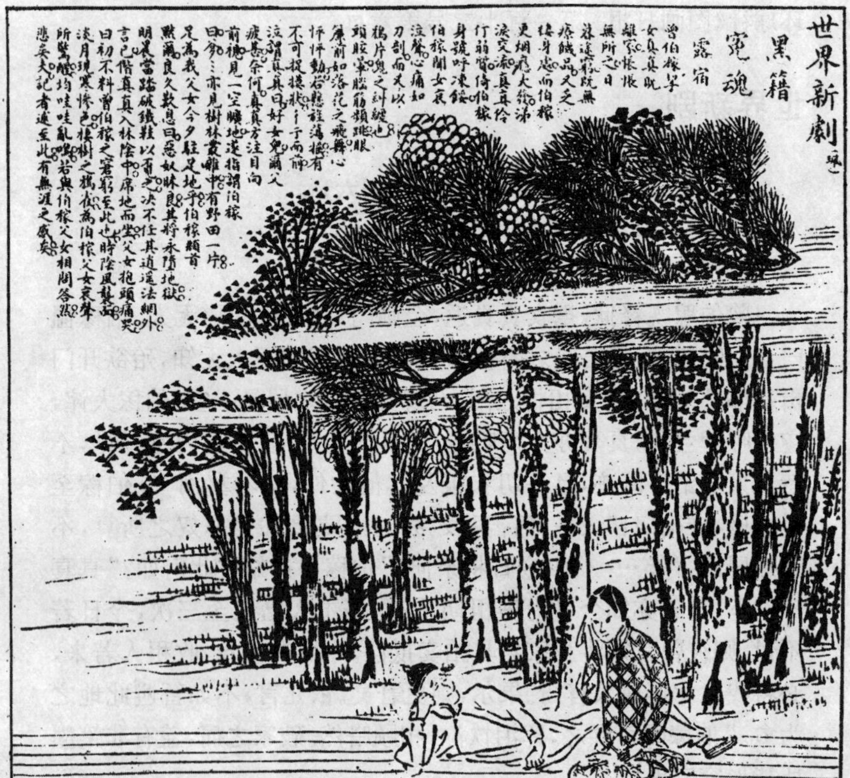

环球社《图画日报》第一百十三号第六页

世界新剧

黑籍冤魂(二十七)

露　宿

珮

曾伯稼挈女真真既离家,怅怅无所之,日暮途穷,既无疗饥品,又乏栖身处。而伯稼更烟瘾大发,涕泪交流;真真伶仃弱质,倚伯稼身号呼冻馁。伯稼闻女哀泣声,心痛如刀剖;而又以鸦片鬼之纠缠也,头眩晕,脑筋频跳,眼帘前如落花之飞舞,心怦怦动,若悬旌荡摇,有不可捉摸状。彳亍而前,泣谓真真曰:"好女儿,尔父疲甚,奈何?"真真方注目向前视,见一空旷地,遂指谓伯稼曰:"爹……亦见树林丛杂中,有野田一片,足为我父女今夕驻足地乎?"伯稼俯首默尔,良久叹息曰:"恶奴昧良,其将永堕地狱!明晨当踏破铁鞋以觅之,决不任其逍遥法网外。"言已,偕真真入林阴中,席地而坐,父女抱头痛哭,曰:"初不料曾伯稼之窘穷至此也。"时阴风袭面,淡月现寒惨色,栖树之鸦雀,为伯稼父女哀声所惊醒,均哇哇乱鸣,若与伯稼父女相问答然。

悲矣夫!记者述至此,有无涯之感矣。

环球社《图画日报》第一百十四号第六页

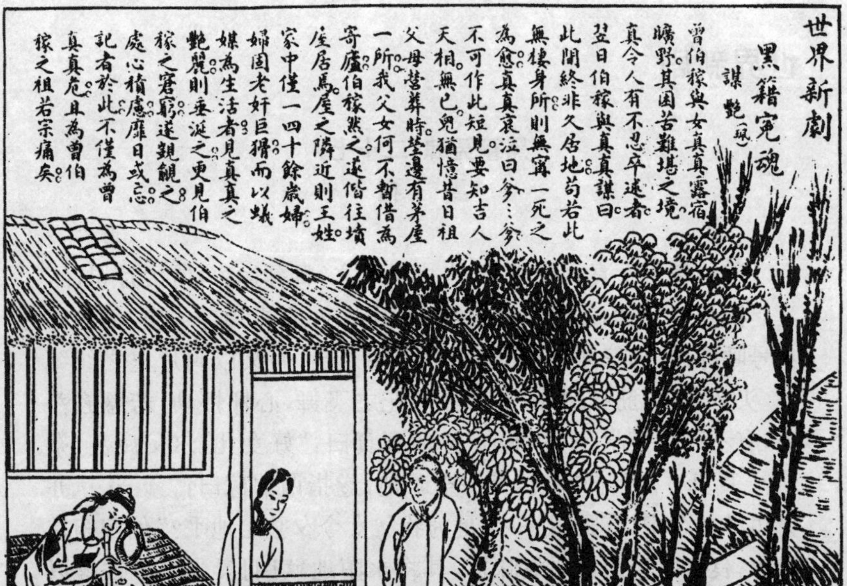

环球社《图画日报》第一百十四号第六页

世界新剧

黑籍冤魂(二十八)
谋 艳

珮

曾伯稼与女真真露宿旷野,其困苦难堪之境,真令人有不忍卒述者。翌日伯稼与真真谋曰:“此间终非久居地,苟若此无栖身所,则无宁一死之为愈。”真真哀泣曰:“爹……爹,不可作此短见,要知吉人天相。无已,儿犹忆昔日祖父母营葬时,茔边有茅屋一所,我父女何不暂借为寄庐?”伯稼然之,遂偕往坟屋居焉。屋之邻近则王姓,家中仅一四十余岁妇,妇固老奸巨猾,而以蚁媒为生活者。见真真之艳丽,则垂涎之;更见伯稼之窘穷,遂觊觎之。处心积虑,靡日或忘。

记者于此,不仅为曾真真危,且为曾伯稼之祖若宗痛矣。

环球社《图画日报》第一百十五号第六页

环球社《图画日报》第一百十五号第六页

世界新剧

黑籍冤魂(二十九)

鬻　女

珮

曾伯稼栖身坟屋,每当风雨飘摇、饥寒交乘,父女相依,实有不胜今昔之感。真真以一身兼仆,侍奉伯稼外,复用力于针黹,冀有所得,以为俯仰资。一日,真真正在作无米炊,邻王姓妇忽偕一獐头鼠目者,来相告曰:“姑娘大喜。”真真固具慧眼者,素知王姓妇为奸猾辈,奄聆大喜二字,且大喜二字,又出诸王姓妇口,心不禁顿为忐忑,两颊绯若朝霞,嗫嚅曰:“妈……妈,请少坐,我父尚在睡梦中也。”时伯稼闻女真真与人语言,遂从败絮中,呵欠而起身曰:“阿真,我鸦片何在?”时王姓妇在旁笑曰:“伯稼叔,我等来久矣。今日特来为姑娘说好事。”伯稼唯唯,王姓妇复盛称张家之富、李家之贵,说东道西,胡诌至两时久,始将来意告伯稼,并言为某姓媒介,将以真真为养媳,苟蒙见允,则须当日人银两交。伯稼初不肯,继为金钱所动,遂商诸真真,真真闻言哭曰:“爹……爹,何忍弃儿乎?”伯稼垂泪曰:“我本不忍,奈为境遇所迫,不得不尔。苟再长此因循,则势必至于两毙。苟尔得所,我藉此区区以经营商业,或可彼此存活。”言已,泣数行下。

噫!痛哉!一为鸦片所误,而甚至鬻女所不恤,鸦片之毒、鸦片之困人,可谓烈矣!

环球社《图画日报》第一百十六号第六页

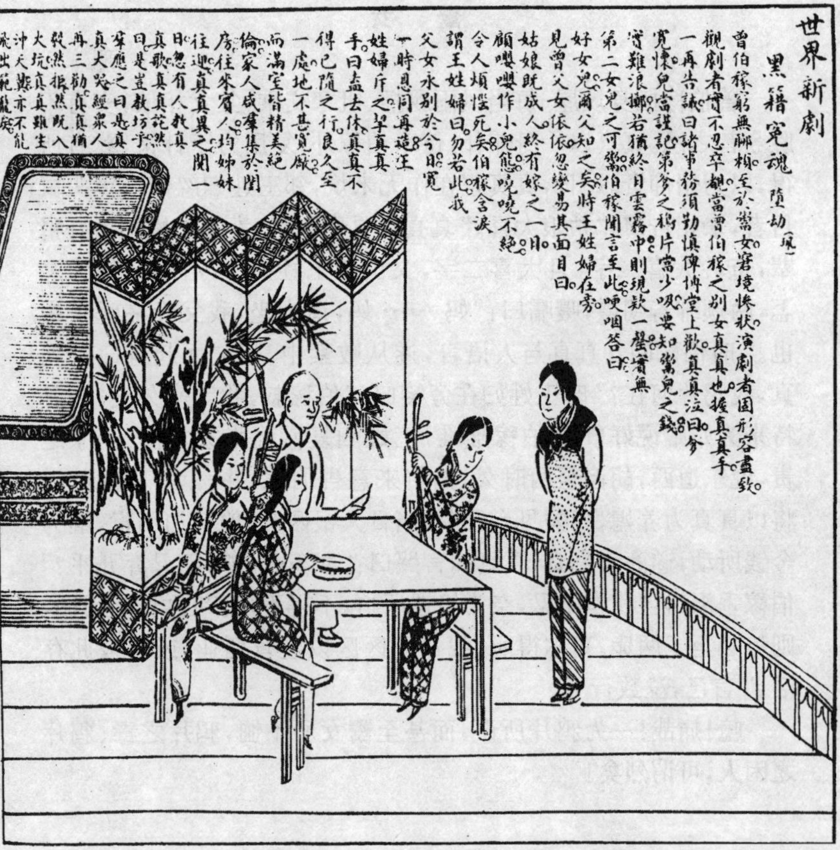

环球社《图画日报》第一百十六号第六页

世界新剧

黑籍冤魂(三十)

堕劫

珮

曾伯稼穷无聊赖,至于鬻女。窘境惨状,演剧者固形容尽致,观剧者实不忍卒睹。当曾伯稼之别女真真也,握真真手,一再告诫曰:“诸事务须勤慎,俾博堂上欢。”真真泣曰:“爹宽怀,儿当谨记。第爹之鸦片当少吸,要知鬻儿之钱,实难浪掷。若犹终日云雾中,则现款一罄,实无第二女儿之可鬻。”伯稼闻言至此,哽咽答曰:“好女儿,尔父知之矣。”时王姓妇在旁,见曾父女依依,忽变易其面目曰:“姑娘既成人,终有嫁之一日。顾嘤嘤作小儿态,哓哓不绝,令人烦恼死矣。”伯稼含泪谓王姓妇曰:“勿若此,我父女永别于今日,宽一时,恩同再造。”王姓妇斥之,挈真真手曰:“盍去休。”真真不得已,随之行。良久至一处,地不甚宽敞,而满室皆精美绝伦,家人咸群集于闺房,往来宾人,均姊妹往迎,真真异之。阅一日,忽有人教真真歌,真真诧然曰:“是岂教坊乎?”群应之曰:“是。”真真大哭,经众人再三劝,真真犹毅然拒。然既入火坑,真真虽生冲天翼,亦不能飞出樊笼矣。

环球社《图画日报》第一百十七号第六页

环球社《图画日报》第一百十七号第六页

世界新剧

黑籍冤魂(三十一)

受　辱

珮

曾伯稼自鬻女后,所得身价钱,日销磨于鸦片欲海中,几以烟肆为家室。漏卮不塞,一刹那而囊空如洗。肆中之佣保,以伯稼之昏聩也,觊觎其所有,而诱骗之一空。既空矣,又任其短欠。既短欠矣,又日逼其清偿。伯稼无如何,遂流落道途间,至沿街求乞。一日行至中途,忽被烟佣瞥见,奔赴而直逼曰:“曾伯稼,还我钱来!”伯稼奄聆此,知为烟佣,遂狂逸,转辗隐匿,以得脱烟佣之凌逼。奔走二里余,喘息方定,乃忽有炫妆都服之丽人,闪烁于眼帘中。伯稼凝目视,彷佛若真真,急呼曰:“阿真!”溯真真自籍隶青楼后,清歌妙舞,名噪一时。是日正待酒归,闻父声,回首望。龟奴王八固凶狠者,见伯稼状类乞人,即反手掌其颊。伯稼大呼“王八”,复攒殴之。伯稼以孱弱之身躯,经此挫辱,遂至奄奄待毙云。

环球社《图画日报》第一百十八号第六页

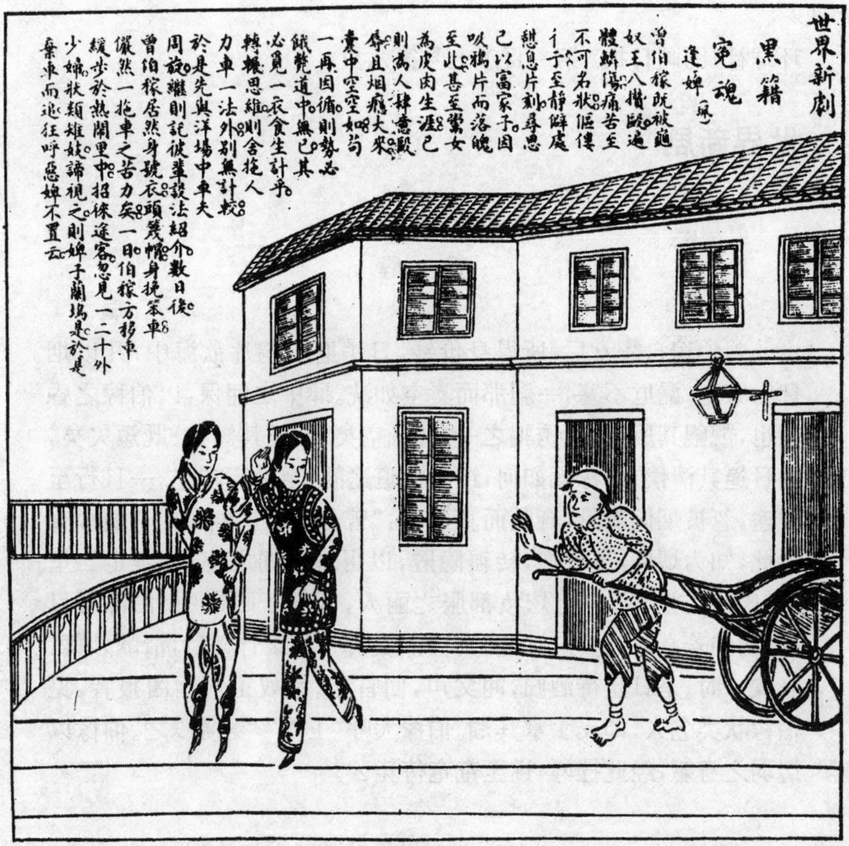

环球社《图画日报》第一百十八号第六页

世界新剧

黑籍冤魂(三十二)

逢　婢

珮

曾伯稼既被龟奴王八攒殴,遍体鳞伤,痛苦至不可名状,伛偻彳亍,至静僻处,歇息片刻。寻思已以富家子,因吸鸦片而落魄至此,甚至鬻女为皮肉生涯,已则为人肆意殴辱,且烟瘾大来,囊中空空如,苟一再因循,则势必饿莩道中。无已,其必觅一衣食生计乎?转辗思维,则舍拖人力车一法外,别无计较。于是先与洋场中车夫周旋,继则托彼辈设法绍介。数日后,曾伯稼居然身号衣,头篾帽,身挽笨车,俨然一拖车之苦力矣。一日,伯稼方移车缓步于热闹里中,招徕途客,忽见一二十外少妇,状类雉妓,谛视之,则婢子兰和是。于是弃车而追,狂呼"恶婢"不置云。

环球社《图画日报》第一百十九号第六页

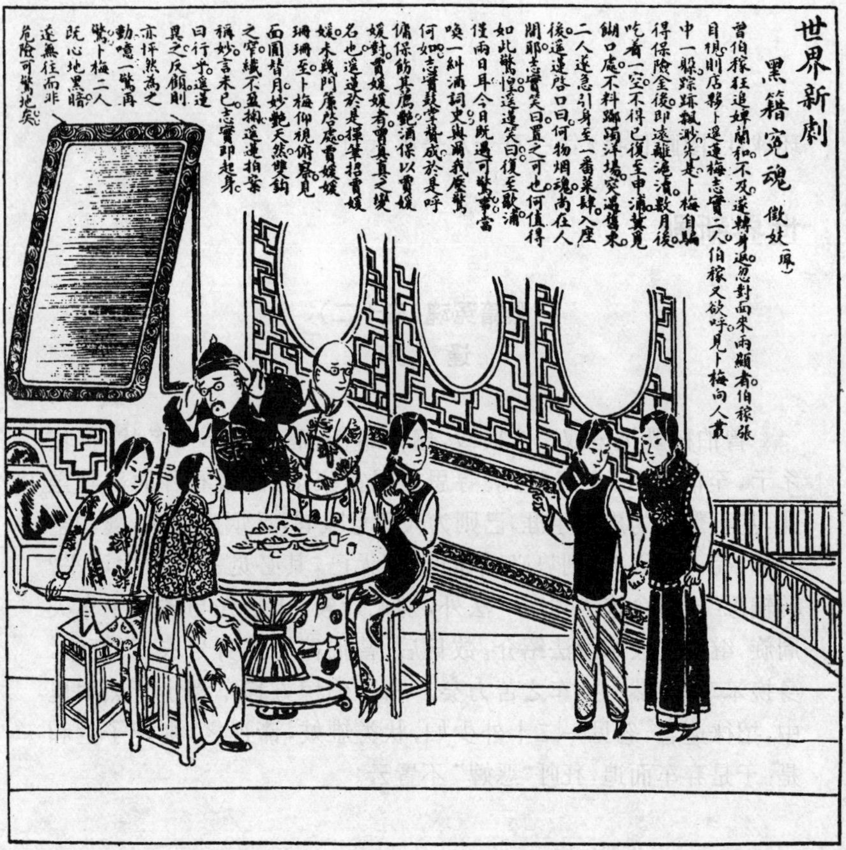

环球社《图画日报》第一百十九号第六页

世界新剧

黑籍冤魂（三十三）
征　妓

珮

曾伯稼狂追婢兰和，不及，遂转身返。忽对面来两显者，伯稼张目视，则店伙卜遥莲、梅志实二人，伯稼又欲呼，见卜、梅向人丛中一躲，踪迹飘渺。先是，卜、梅自骗得保险金后，即远离沪渎，数月后，吃着一空，不得已复至申浦，冀觅糊口处。不料踯躅洋场，突遇旧东，二人遂急引身至一番菜肆。入座后，遥莲启口曰："何物烟魂，尚在人间耶？"志实笑曰："置之可也，何值得如此惊惶？"遥莲笑曰："复至歇浦，仅两日耳。今日既遇可惊事，当唤一纠酒词史，与尔我压惊何如？"志实鼓掌赞成，于是呼佣保，饬其荐艳，酒保以贾媛媛对。贾媛媛者，曾真真之变名也。遥莲于是挥笔招贾媛媛。未几，门帘启处，贾媛媛珊珊至。卜、梅仰视俯察，见面圆替月，妙艳天然，双钩之窄，纤不盈掬。遥莲拍案称妙。言未已，志实即起身曰："行乎？"遥莲异之，反顾，则亦怦然为之动。噫！一惊再惊。卜、梅二人既心地黑暗，遂无往而非危险可惊地矣。

环球社《图画日报》第一百二十号第六页

环球社《图画日报》第一百二十号第六页

世界新剧

黑籍冤魂（三十四）
骗　报

珮

卜、梅二骗伙，于酒肆招妓侑酒，见所谓贾媛媛者，实即旧东曾氏女。志实恐人之窥其底蕴，遂起身欲返。遥莲则天良断丧，悍然曰："何能为哉！畅饮可也。"时真真见卜、梅之状况，及言语之隐约，知为逃伙。回忆其昔日卖主事，及种种酿祸之举动，不禁为之郁怒。方注目凝思，忽有人自侧面至，指卜、梅二人骂曰："背主而逃，骗取资财，今犹觍颜行乐，何颜之厚耶！"卜、梅奄闻此，惊惧交集，谛视之，则前此索欠之债户某。于是颜间顿发赭色，嗫嚅而对曰："勿……勿如此，清偿可也。"债户某曰："何时？"卜、梅曰："指顾间。"债户某犹势汹汹，正不可排解时，真真即挈婢走。一面卜、梅与债户某极意周旋，致债户某于无可如何境，更虚与委蛇，以乘间脱飏。债户某知为其所给也，四处侦缉，至老北门，见卜、梅方徘徊街头，遂急起而执缚之，送南面者究追。噫！昧良串吞，纵火劫财，致主人于死地，其报也，实意中事也。

环球社《图画日报》第一百二十一号第六页

环球社《图画日报》第一百二十一号第六页

世界新剧

黑籍冤魂(三十五)
惩　骗

珮

卜、梅二骗既被债户某捉将官里去，俯首汗颜，缄口若金人。未几，承审官升公座，喝卜、梅曰："尔辈竟昧良至此耶！曾伯稼之财产，均被尔辈搜刮尽，致各债户款于乌有，致曾伯稼受囹圄苦，尔辈之罪，真擢发难数哉！尔辈所窃资财，究有几何？尔辈其速言无隐！"卜、梅闻而抵赖曰："青天明鉴，曾伯稼财产之销磨，实与我等若风马牛。曾伯稼沉沦鸦片中，一日且数十金。我等一店伙，安有款项与之偿债？"承审官见卜、梅言语之狡狯，遂击桌怒曰："何言……信如尔辈说，曾氏财产，皆曾伯稼消败，但保险银究属如何？伯稼言明明在尔辈处，尔辈领银后，即杳如黄鹤。尔辈举动，不异盗窃，尔辈尚曰无罪耶？尚欲抵赖耶？"卜、梅至是，知证据已露，遂如笼鸟槛虎，摇尾乞怜而已。承审官徇各债户之请，饬命隶役，将卜、梅严禁，必偿清各债，始准开释。其实卜、梅已贫无儋石，悖入悖出，所骗之保险银，早付之嫖赌逍遥界矣。永远缧绁，天之所以报卜、梅者，亦肃且烈哉！

环球社《图画日报》第一百二十二号第六页

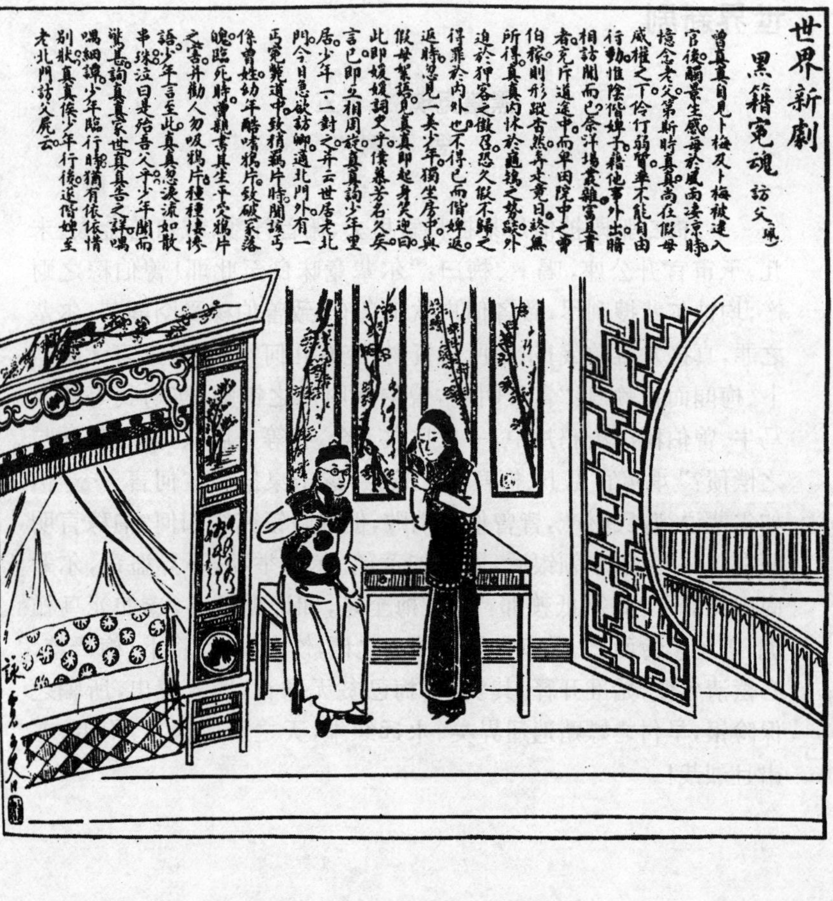

环球社《图画日报》第一百二十二号第六页

世界新剧

黑籍冤魂(三十六)

访　父

珮

曾真真自见卜、梅及卜、梅被逮入官后,触景生感,每于风雨凄凉时,忆念老父。第斯时真真,尚在假母威权之下,伶仃弱质,卒不能自由行动。惟阴偕婢子,藉他事外出,暗相访闻而已。奈洋场丛杂,富且贵者,充斥道途中;而卑田院中之曾伯稼,则形踪杳然。奔走竟日,终无所得。真真内怵于龟鸨之势焰,外迫于狎客之征召,恐久假不归之得罪于内外也。不得已,携婢返。返时,忽见一美少年,独坐房中,与假母絮语。见真真,即起身笑迎曰:“此即媛媛词史乎?仆慕芳名久矣。”言已,即互相周旋。真真询少年里居,少年一一对之,并云世居老北门,今日急欲访卿,适北门外,有一丐冤毙道中,致稍羁片时。闻该丐系曾姓,幼年酷嗜鸦片,致破家落魄。临死时,曾亲书其生平受鸦片之害,并劝人勿吸鸦片种种凄惨语。少年言至此,真真忽泪流如散串珠,泣曰:“是殆吾父乎?”少年闻而惊甚,询真真家世,真真告之详,喁喁细谭。少年临行时,犹有依依惜别状。真真俟少年行后,遂携婢至老北门访父尸云。

环球社《图画日报》第一百二十三号第六页

世界新劇

黑籍冤魂　結果(續)

記者信筆述黑籍冤魂新劇。已三十九節矣。前節所述着少年所謂之驚馬。蓋即此劇中之主人翁曾伯稼是也。曾伯稼於洋場中。遇愛女。遇惡妓。遇迷婢。乃三遇而牽樹離遊。返反身覓人力車。忽不見車之所在。蓋曾伯稼蹤女形跡。車夫有守人。旋被警兵攫去。至伯稼返原地。則車已不翼而飛。故伯稼既失車。自思何以對車行。更何以謀饔飧。不得已轉號衣易去。遠遁至老北門。因念孑然一身。萬難存活。與其餒斃。不如速死。第以富家翁而得如此結果。其原因皆在鴉片。近現身說法。刺血書冤單一紙。力勸人不可陷溺鴉片。如己之一敗不可救。詞意排惻。哀怨動人。時值嚴寒。伯稼書後竟一任其凍餒。而於老北門關奄然但化矣。

嗚呼。曾伯稼一富家子。一入黑籍。即至作親厭妻鬻子賣女。種種不道之行為迷起立來。卒至為苦力。為乞丐。為汙瀆溝海中一冤魂。要安鴉毒。鴉片害人之烈。如曾伯稼者何止千萬人。曾伯稼特一縮影耳。演劇者則在勸人戒吸。觀劇者不知因能力祛痼疾否也。記者述此蓋有深望矣。

(世界新劇黑籍冤魂完)

环球社《图画日报》第一百二十三号第六页

世界新剧

黑籍冤魂(三十七)
结　果

珮

记者信笔述《黑籍冤魂》新剧,已三十九(七)节矣。前节所述美少年所谓之毙丐,盖即此剧中之主人翁曾伯稼是也。曾伯稼于洋场中,遇爱女、遇恶伙、遇逃婢,乃三遇而率相离避,遂反身觅人力车,忽不见车之所在。盖曾伯稼踪女形迹,车乏看守人,旋被警兵攫去。至伯稼返原地,则车已不翼而飞故。伯稼既失车,自思何以对车行,更何以谋饔飧?不得已,将号衣易去,远遁至老北门。因念孑然一身,万难存活,与其饿毙,不如速死。第以富家翁而得如此结果,其原因皆在鸦片。遂现身说法,刺血书冤单一纸,力劝人不可陷溺鸦片,如已之一败不可救。词意悱恻,哀怨动人。时届严寒,伯稼书后,竟一任其冻馁,而于老北门间奄然怛化矣。

呜呼!曾伯稼一富家子,一入黑籍,即至忤亲殴妻,药子鬻女,种种不道之行为,迭起互乘,卒至为苦力,为乞儿,为洋烟孽海中一冤魂。宴安鸩毒,鸦片害人之烈,如曾伯稼者,何止千万人,曾伯稼特一缩影耳。演剧者则在劝人戒吸,观剧者不知固能力祛痼疾否也。记者述此,盖有深望矣。

(世界新剧《黑籍冤魂》完)

刑 律 改 良

环球社《图画日报》第一百四十一号第九页

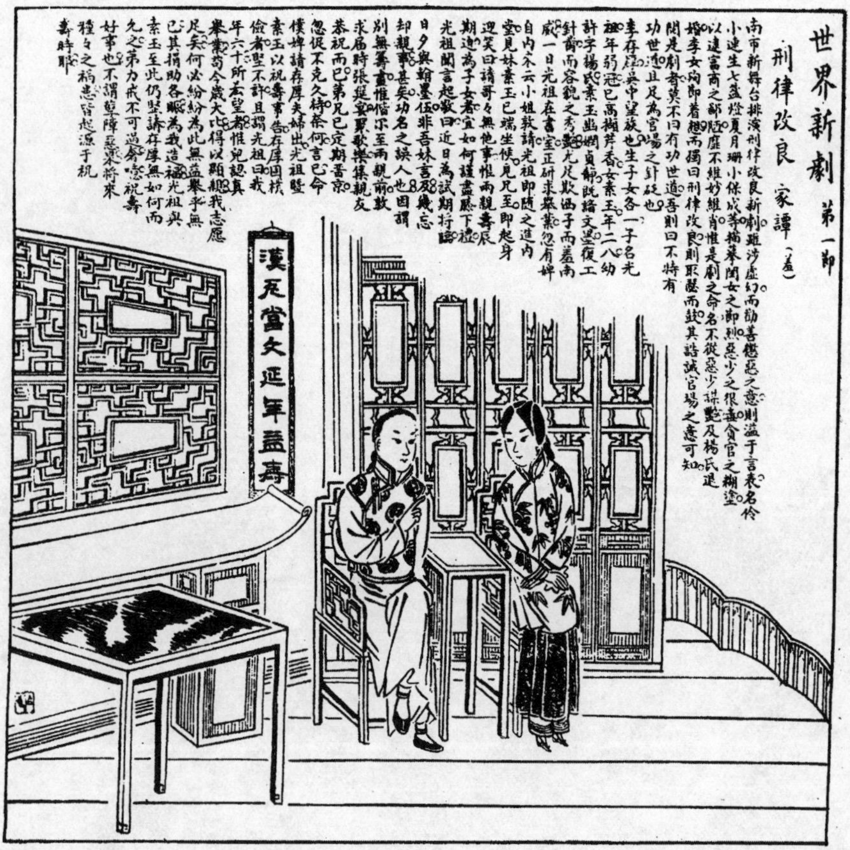

世界新劇 第一節

刑律改良 家譚（蓋）

南市新舞台排演刑律改良新劇雖涉虛幻而勸善懲惡之意則溢于言表名伶
小連生七盞燈夏月珊小保成等擂摹閨女之御烈惡少之恨毒貪官之糊塗
以逮富商之鄙陋靡不維妙維肖惟是劇之命名不從惡少謀斃及楊氏退
婚李女殉節着想而獨曰刑律改良則取醫而鼓其諷誡官場之意可知
閱是劇者莫不曰有功世道吾則曰不特有
功世道且足為官場之針砭也
李存庠吳中望族也生子女各一子名光
祖年弱冠已高擷芹香女素玉年二八幼
許字楊氏素玉幽嫻貞靜既嫻文墨復工
針黹而容貌之秀麗尤足欺西子而羞南
威一日光祖在書室正研求舉業忽有婢
自內來云小姐敦請光祖即隨之進內
堂見妹素玉已端坐候見兄至即起身
迎笑曰請哥哥無他事惟兩親壽辰
期邇為子女者宜如何謹盡膝下歡
光祖聞言起敬曰近日為試期將臨
日夕與翰墨伍非吾妹言及幾忘
卻親事甚矣功名之誤人也因謂
別無籌畫惟借不至兩親前數
求屆時張筵宴聚歌樂集親友
恭祝而已弟兄已定期晉京
忽促不克久侍奈何言已命
僕婢請存庠夫婦出光祖暨
素玉以祝壽事告存庠固楪
儉者堅不許且謂光祖曰我
年六十所奢望者惟兒認真
舉業苟今歲大比得以顯親我志願
足矣何必紛紛為此無益舉乎無
已其捐助各賑為我造福光祖與
素玉至此仍堅請存庠無如何而
允之弟力戒不可過奢噫祝壽
好事也不謂孽障惡來將來
種種之禍患皆起源于祝
壽時耶

环球社《图画日报》第一百四十一号第九页

世界新剧

刑律改良（一）

家　谭

羞

南市新舞台排演《刑律改良》新剧，虽涉虚幻，而劝善惩恶之意，则溢于言表。名伶小连生、七盏灯、夏月珊、小保成等，描摹闺女之节烈、恶少之狠毒、贪官之糊涂，以逮富商之鄙陋，靡不维妙维肖。惟是剧之命名，不从恶少谋艳及杨氏退婚、李女殉节着想，而独曰《刑律改良》，则取瑟而鼓，其告诫官场之意可知。阅是剧者，莫不曰有功世道。吾则曰不特有功世道，且足为官场之针砭也。

李存厚，吴中望族也，生子女各一，子名光祖，年弱冠，已高撷芹香；女素玉年二八，幼许字杨氏。素玉幽娴贞静，既谙文墨，复工针黹，而容貌之秀艳，尤足欺西子而羞南威。一日，光祖在书室正研求举业，忽有婢自内来云小姐敦请，光祖即随之进内堂，见妹素玉已端坐候。见兄至，即起身迎笑曰："请哥哥无他事，惟两亲寿辰期迫，为子女者，宜如何谨尽膝下礼？"光祖闻言起敬曰："近日为试期将临，日夕与翰墨伍，非吾妹言及，几忘却亲事。甚矣，功名之误人也。因谓别无筹画，惟偕尔至两亲前，敦求届时张筵宴，聚歌乐，集亲友，恭祝而已。第兄已定期晋京，忽促不克久待，奈何？"言已，命仆婢请存厚夫妇出，光祖暨素玉以祝寿事告。存厚固朴俭者，坚不许，且谓光祖曰："我年六十，所希望者，惟儿认真举业，苟今岁大比，得以显亲，我志愿足矣！何必纷纷为此无益举乎？无已，其捐助各赈，为我造福。"光祖与素玉至此仍坚请，存厚无如何而允之，第力戒不可过奢。噫！祝寿好事也，不谓孽障恶果将来种种之祸患，皆起源于祝寿时耶。

环球社《图画日报》第一百四十二号第九页

环球社《图画日报》第一百四十二号第九页

世界新剧

刑律改良（二）
祝　寿

羞

李光祖暨妹素玉，既竭诚敦请，与椿庭荣开寿觞，存厚以儿女之尽礼也，竟遂俯如所请。第光祖起程期迫，似难俟寿辰后行，定先期开家宴，叙天伦乐。翌曰，光祖饬仆婢辈陈设种种，庭前则琪花多盆，十色五光，耀人眼帘，堂上则排列所谓寿屏、寿幛等，布置精雅。凡几椅垫毯，靡不以红色，纷华靡丽，虽无丝竹管弦，而骨肉团聚，亦无量欢喜事。清晨，存厚夫妇梨眉艾发，扶鸠杖出。光祖、素玉相继捧兕觥以进一觞，添筹彩舞，洁膳兰馨。正倾樽欢饮时，忽仆人报光祖曰："姜公子来。"月明何与浮云事，偏向圆时故故生。当李氏家庭欢会之秋，奄来一谋人妻、破人家之刁徒。是亦不可以已乎？

环球社《图画日报》第一百四十三号第九页

环球社《图画日报》第一百四十三号第九页

世界新剧

刑律改良（三）

惊　艳

羞

姜公子者，李氏之葭莩亲，号柏良，一无赖恶少也。椿萱早凋，丝萝未缔，惟性奸险，好弄刀笔，终日游行无度，虽与李氏有戚谊，而往来则素疏。是日于无意中信步至李第，忆及光祖近状，遂入内，讵料合家团饮，询之乃李老弧辰。光祖起立谦让，素玉以亲故，亦低首相见。时柏良与光祖握谭，更向存厚夫妇倒地拜。拜后就座，见素玉秀骨珊珊，面现羞色，两颊绯若朝霞，容貌之艳丽，是为柏良眼帘中所罕接。感触之余，心不禁怦然动矣。于是胁肩笑言，极意与光祖等亲切云。

环球社《图画日报》第一百四十四号第九页

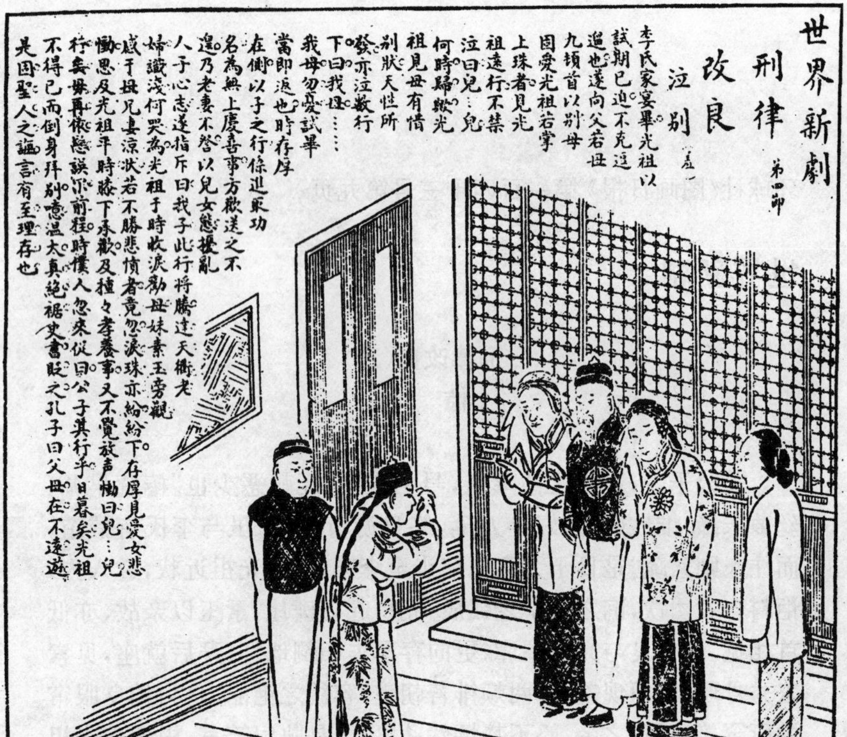

环球社《图画日报》第一百四十四号第九页

世界新剧

刑律改良（四）
泣　别

羞

李氏家宴毕，光祖以试期已迫，不克逗遛也，遂向父若母九顿首以别。母固爱光祖若掌上珠者，见光祖远行，不禁泣曰：“儿……儿何时归欤？”光祖见母有惜别状，天性所发，亦泣数行下曰：“我母……我母勿忧，试毕当即返也。”时存厚在侧，以子之行系进取功名，为无上庆喜事，方欢送之不遑。乃老妻不查，以儿女态扰乱人子心志，遂指斥曰：“我子此行将腾达天衢。老妇识浅，何哭为？”光祖于时收泪劝母，妹素玉旁观，感于母兄凄凉状，若不胜悲愤者，竟忽泪珠亦纷纷下。存厚见爱女悲恸，思及光祖平时膝下承欢，及种种孝养事，又不觉放声恸曰：“儿……儿行矣，毋再依恋，误尔前程。”时仆人忽来促曰：“公子其行乎？日暮矣。”光祖不得已而倒身拜别。噫！温太真绝裾，史书贬之。孔子曰：父母在，不远游。是固圣人之诲言，有至理存也。

环球社《图画日报》第一百四十五号第九页

环球社《图画日报》第一百四十五号第九页

世界新剧

刑律改良(五)

诈　简

羞

李光祖既行,存厚夫妇益不胜牵裾之感,素玉至是,虽以同胞谊毋任怆怀,惟恐二老之过伤也,遂破涕为笑,力为劝慰。时无赖表兄姜柏良者,则与存厚夫妇极意殷勤,以献其亲切恳挚之诚。第心忐忑,目闪烁,常绕旋于素玉身。素玉见姜有轻佻状,羞颜微红,恚意溢于眉宇。未几斜阳西下,柏良辞归。归后静坐书室中,谋所以夺艳之法(素玉缔亲杨氏)。自语曰:“不谓如斯美人入于杨某手,杨某一市侩耳,岂能以鸦雀伴鸾凤?无已,其速谋之。”柏良自言至此,复转语曰:“谋之奈何?”良久又言曰:“必如是而后可乎。”于是携砚磨墨,伸纸吮笔,写所谓伪情书者,书冒素玉名,备述忆念情郎意,盖欲携书以掷诸杨氏门,使杨氏见之,为退婚之左券。鹬蚌相争而彼得于此收渔人利也。噫!计亦狡矣。

环球社《图画日报》第一百四十六号第九页

环球社《图画日报》第一百四十六号第九页

世界新剧

刑律改良（六）
拾　简

羞

吴郡殷富地，多豪商巨绅。李素玉许字之杨氏，盖吴郡富贾也。杨名日辉，以经商起家，惟性吝识，见浅薄，惧内，有季常之陋习。妻王氏悍泼甚，凡事无大小，悉操诸厥手。子潇桂年弱冠，犹从师习举业，质地诚实，天真未离一日，有诸同学访潇桂，将行，潇桂送之出，忽见槛外遗一简，拾而视之，乃路人所遗下者，拆阅之，则不禁惊骇欲绝，盖是简即姜柏良所作之伪情书也。既得简，狂奔入告父母，父固富猪，目不识丁者，得书翻覆一再，不知于意云何，但见子满面羞愧，询之，则欲言而嗫嚅。时女王氏在侧，知夫之不学无术也，促子言，潇桂不得已，始将书中大意告，于是一经宣扬，而李杨两家之恶潮，遂卷地起矣。

环球社《图画日报》第一百四十七号第九页

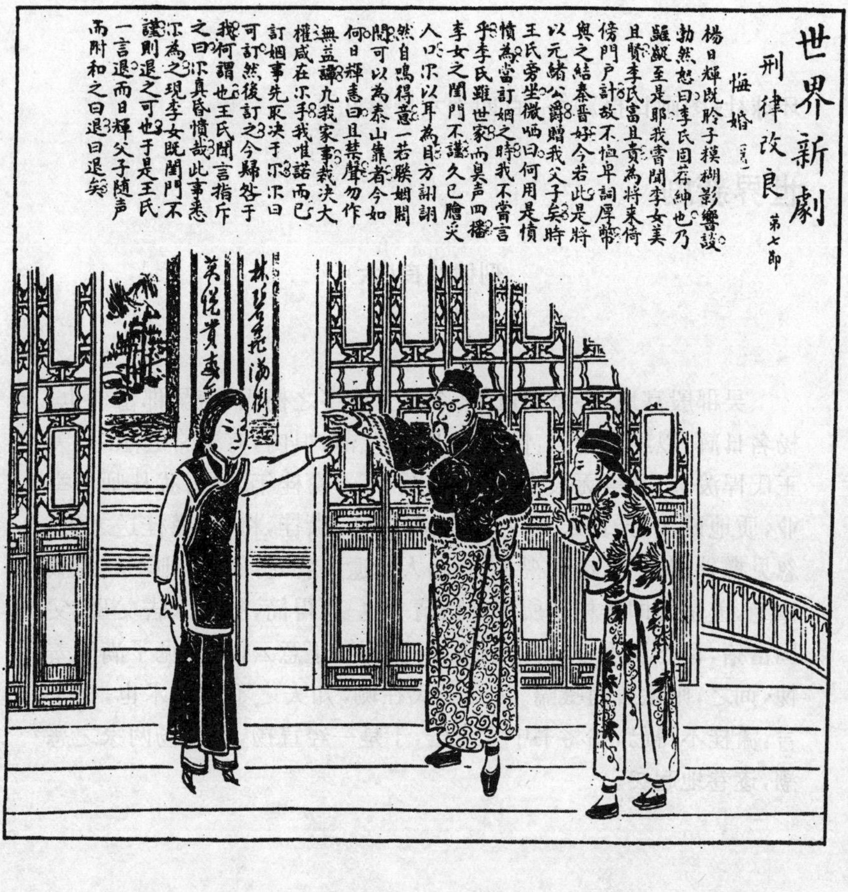

世界新劇

刑律改良 第七節

悔婚（三）

楊日輝既聆子模糊影響之談勃然怒曰李氏固存紳也乃驕傲至是耶我嘗聞李女美且賢李氏富且貴為將來倚傍門戶計故不恤卑詞厚幣與之結秦晉好今若此是將以元緒公爵贈我父子矣時王氏旁坐微哂曰何用是憤憤為當訂婣之時我不嘗言乎李氏雖世家而臭声四播李女之閨門不謹久已膾炙人口尔以耳為目方詡詡然自鳴得意一若聯婣閥閱可以為泰山靠者今如何日輝恚曰且禁聲勿作無益譚九我家事裁決大權咸在尔手我唯諾而已訂婣事先取決于尔尔曰可訂然後訂之今歸咎于我何謂也王氏聞言指斥之曰尔真昏憒哉此事悉尔為之現李女既閨門不謹則退之可也于是王氏一言退而日輝父子隨声而附和之曰退曰退矣

环球社《图画日报》第一百四十七号第九页

世界新剧

刑律改良(七)

悔　婚

羞

杨日辉既聆子模糊影响谈，勃然怒曰："李氏固荐绅也，乃龌龊至是耶！我尝闻李女美且贤，李氏富且贵，为将来倚傍门户计，故不恤卑词厚币，与之结秦晋好。今若此，是将以元绪公爵，赠我父子矣。"时王氏旁坐微哂曰："何用是愤愤为？当订姻之时，我不尝言乎，李氏虽世家，而臭声四播。李女之闺门不谨，久已脍炙人口。尔以耳为目，方诩诩然自鸣得意。一若联姻阀阅，可以为泰山靠者，今如何？"日辉恚曰："且禁声，勿作无益谈。凡我家事，裁决大权咸在尔手，我唯诺而已。订姻事先取决于尔，尔曰可订，然后订之。今归咎于我，何谓也？"王氏闻言，指斥之曰："尔真昏愦哉！此事悉尔为之，现李女闺门不谨，则退之可也。"于是王氏一言退，而日辉父子随声而附和之曰退，曰退矣。

环球社《图画日报》第一百四十八号第九页

世界新劇 第八章

刑律改良

議退(差)

楊日輝既受妻之譏刺憤然指斥李氏一往之氣非退婚不可爰飭僕人往喚媒婆王姥婦未幾王媒婆至日輝突然起立頓足痛罵曰何物老嫗以我家相待之厚乃忍令不潔之淫賤女子來辱我門墻耶王媒婆奄聆此無頭語既見此無情態不知所以徒形恐慌曰老老老爺何事累及老爺竟一怒至此時日輝婦王氏在側嘲笑王媒婆曰勿驚憶老爺以爾將殘缺之羹肴看作未經染指之禁臠來相混稱故也王媒婆固龍鍾者目瞪然無對且仍不解所言之何意王氏至此遂明揭之曰李氏女破瓜矣爾不知之否爾不應以穢聲四播之女郎污我家好男兒我子一表豈此輩廉恥掃地者所能匹配今無言惟責成爾退却之則爾之欺騙罪或可倖免否則王氏言至此伸拇指曰我老爺將捉爾官裡去王媒婆聞言詫然曰烏有是謂不知李小姐係好女子求老爺不輕信飛播言未已王氏冷笑曰汝勿庇護誰不知李小姐係賤女子王媒婆無如何遂婉言所以退婚之說謂良久始向所謂老爺者叩頭以出。

环球社《图画日报》第一百四十八号第九页

世界新剧

刑律改良(八)

议 退

羞

杨日辉既受妻之讥刺，愤然指斥李氏，一往之气，非退婚不可。爰饬仆人往唤媒婆王姓妇。未几，王媒婆至，日辉突然起立，顿足痛骂曰：“何物老妪?以我家相待之厚，乃忍令不洁之淫贱女子，来辱我门墙耶?”王媒婆奄聆此无头语，陡见此无情态，不知所以，徒形恐慌曰：“老……老爷，何事累及老爷竟一怒至此?”时日辉妇王氏在侧，调笑王媒婆曰：“勿惊惶，老爷以尔将残缺之美者，看作未经染指之禁脔，来相混杂故也。”王媒婆固龙钟者，目瞠然无对，且仍不解所言之何意。王氏至此，遂明揭之曰：“李氏女，破瓜矣。尔知之否?尔不应以秽声四播之女郎，污我家好男儿。我子一表，岂此辈廉耻扫地者所能匹配?今无言，惟责成尔退却之，则尔之欺蒙罪或可幸免，否则……”王氏言至此，伸姆指曰：“我老爷将捉尔官里去。”王媒婆闻言诧然曰：“乌有是，谁不知李小姐系好女子，求老爷不轻信飞语。”言未已，王氏冷笑曰：“汝勿庇护，不知李小姐系贼女子。”王媒婆无如何，遂婉言所以退婚之说词。良久，始向所谓老爷者，叩头以出。

环球社《图画日报》第一百四十九号第九页

环球社《图画日报》第一百四十九号第九页

世界新剧

刑律改良(九)

斥　媒

羞

杨日辉夫妇既以退婚之非难问题,责成王媒婆办理。王媒婆遂处于困窘无告之地位,不得已而传语于李氏,惟素知李氏缙绅第,苟所言或不当,则势必备受挫辱,遂筹画其进言之法,婉转其词,兢业其态,恭顺其貌,以进见李存厚夫妇。存厚以其为爱女之冰人也,特优遇之若上宾。少顷,存厚问曰:“杨宅近况若何?坦腹君习举业认真否?结缡期不远矣。尔其善为我言。”言未已,王媒婆闪烁其语曰:“杨宅 …… 杨宅颇有不适。”存厚惊问曰:“不适者何人?”曰:“不适乎,不适者此间贵千金也。”存厚妇诧曰:“尔所言者何?我家素玉日来颇健泰,何不适之有?”王媒婆知其误会“不适”二字,遂改容谢曰:“非谓贵千金不适,乃杨氏不以贵千金为然,以贵千金闺门不谨,故欲将退婚。不适云者指姻事言也。”王媒婆至是既大放厥辞,存厚愤极不能耐,以巨灵掌饷王媒婆颊,王媒婆踉跄出。

环球社《图画日报》第一百五十号第九页

环球社《图画日报》第一百五十号第九页

世界新剧

刑律改良(十)
戚　衅

羞

李存厚夫妇既怒王媒婆之唐突，又恨杨氏之谤毁，相与议曰：“此事必有无识小人，簧鼓其间，若杨日辉固商界之巨擘，虽非簪缨世家，然断不致谬戾至此。我与彼既结朱陈好，其他蜚言，均可置勿论，惟‘闺门不谨’四字，则无颜承认。况彼又哓哓然必欲退婚耶！”正言间，忽仆人报曰：“杨老爷与太太及公子晋谒。”存厚闻之，疑窦丛生，自思曰：“顷间且无礼于我家，今岂来负荆乎？既贤夫妇同来，乘龙客亦莅止，当恭迎以尽礼。”遂偕妻出迓，乃见日辉面目狰狞，与之揖，则昂头直入，若未见存厚状。其妻及子均面带怒色，存厚延之进，与之寒暄。忽日辉夫妇指骂曰：“何物大龟？任令女孩儿养汉耶？”存厚夫妇奄闻此不堪语，不禁怒曰：“贼奴！敢无礼欤？”日辉跳身直前曰：“无礼尔奈我何！”彼此汹汹，几有扭殴不解势，仆人竭力劝解，而杨日辉必不休，曰：“欲息事，非见南面不可。”存厚至此已成骑虎，遂曰：“见南面亦何妨？”时日辉妻子已遄返，日辉遂偕存厚至所谓衙门者，以求南面之一评曲直云。

环球社《图画日报》第一百五十一号第九页

环球社《图画日报》第一百五十一号第九页

世界新剧

刑律改良（十一）
起　诉

羞

杨日辉暨李存厚既因儿女事，起雀角鼠牙争，倖倖然偕至地方官衙门。日辉恃豪富及平日金钱结交之力，诩然自得。存厚则以地方士绅，素所冠裳往来，亦丝毫无畏惧意。既入署，见管理诉讼之吏胥，告以所控之事实，并敦请问官即讯。官粤东人，姓胡名图泽，性贪婪，质愚钝，举止卑鄙，而平日且尸位素餐，事事受制于虎狼之家丁。是日适静居于所谓签押房者，与妾婢辈戏谑，忽仆人以杨、李互控之事告，遂升公座。素知杨之富、李之贵也，胁肩笑颜，以逢迎之。噫！以一民之父母，而谄媚无风骨若此，安得不酿生事变哉？

环球社《图画日报》第一百五十二号第九页

环球社《图画日报》第一百五十二号第九页

世界新剧

刑律改良(十二)
堂 哄

羞

问官胡图泽既升公座,讯杨、李所控事。杨具以李女之不贞及陈请退婚事告,图泽听毕,即回顾李存厚哂曰:"汝真昏聩哉!汝以一炫赫绅士,阀阅门第,乃竟任令爱女作逾闲荡检事,可谓无耻之甚。"存厚闻言,冷笑曰:"公祖何糊涂至是?公祖言某昏聩,其实昏聩者惟公祖也。我女素玉守身如执璞,杨以蜚语诬蔑,夫闺阃之事,岂可任意谤辱?试问我女之不贞,彼有何证据?"图泽闻而愕然,乃转视杨日辉怒曰:"汝真谬戾哉!汝以一明达商人,富家巨室,不应误入谗言,以无根据之空谈,坏人名誉。试问尔有何证据?"日辉闻"证据"二字,径以子所拾得之伪情函奉上曰:"此非证据乎?"图泽展览毕,更指斥李存厚曰:"尔其厚颜哉?证据确凿,尚敢辩否?"存厚正色曰:"何言乎确凿也?一空头信即可视为铁券耶?尔不研究,信之真伪,可谓偏听。"图泽至是赧然,遂怒目视杨日辉,日辉闻存厚辩护言,更见问官之勃怒,遂愤愤力争。存厚亦挺身与杨争,哄然滋扰。胡图泽竭力调停,而两造均不稍让。噫!片言折狱,当机立断,问官之紧要学问。胡图泽无丝毫识见,一味唯喏,卒成冤狱。胡图泽乎,糊涂贼也。

环球社《图画日报》第一百五十三号第九页

环球社《图画日报》第一百五十三号第九页

世界新剧

刑律改良（十三）

贿官

羞

胡图泽当杨、李交哄时，竭力调停。惟杨则坚指李女失节，必欲将婚事退，李则靡论如何，婚事必不可退。胡图泽处两难之地位，遂为之解决曰："婚事之退否，视乎李女之失节与否，无已。订翌日将女一验若何？"存厚闻言称善曰："如是则公祖实不失为贤父母矣。某愿挈女至公堂请验，惟验后苟或失实，则杨氏诬蔑之罪，必不能宽贷。"言已，拜谢去。时杨日辉尚未行，见李已去，遂变易其颜色，和蔼请曰："此事务求大公祖成全。"图泽知杨之富，有可以猎取之资财，乃嘻笑逢迎之曰："成全乎？未知成全何事也？"杨即以顷间退婚之事告，并要求将李女陷入于黑暗之冤狱，愿献二千金，为南面寿。胡图泽固宦途中之无赖也，涎其多金，慨允之。噫！可恨哉！中国官场之行贿也。有以百数十金而陷人死罪者，遑论胡图泽耶？展阅是图，吾不禁泪珠为之涔涔下矣。

环球社《图画日报》第一百五十四号第九页

环球社《图画日报》第一百五十四号第九页

世界新剧

刑律改良(十四)

赂 奸

羞

杨、李二家既起鼠牙争,而心怀险恶之姜伯良,终日侦探消息。未几得验女信,始知此事将不了,盖素悉李女守洁,一经查验,不特杨氏不能退婚,而移花接木之念,亦将顿成画饼,且伪情函之根源,势必穷搜细寻,一不得当,事机败露。转辗思维,非施狠毒手段,不足以告成功。而当务之急,宜先勾通官媒,令其故入人罪,一颠倒其黑白。于验女时,稍加以诬蔑,云该女确非处子,已经破瓜,则非惟杨氏不能不退婚,即其他缙绅家,亦不肯与之结朱陈,而明珠一颗,稳到我手矣。爰挈厚资,急赴刁官媒处叩门入,见刁妪以来意告,刁妪初拒之,及柏良以银币出,始含笑逢迎,力为担任。柏良以此事关系之大也,更许其成事后,酬以百金。噫!谋人暗室,不惜巨金以作恶,彼苍有知,吾知柏良必有难堪之祸矣。

环球社《图画日报》第一百五十五号第九页

环球社《图画日报》第一百五十五号第九页

世界新剧

刑律改良（十五）

再　讯

羞

当姜伯良赂奸之翌日，即杨、李二次对簿公堂之时，李存厚携女素玉，素玉以不出闺闼之贞女，娇羞满容，不知所谓衙门、所谓老爷者，如何威赫，乃忐忑其心房，万不获已，随严父至官署。时则杨日辉已到，见存厚父母，微哂而已。未几胡图泽出，向存厚正色曰："尔女来否?"存厚长揖对曰："弱女已来。"图泽饬传李女。素玉趦趄不前，经存厚促之，始低垂粉颈。良久向胡图泽跪，图泽固好色者，见素玉妙丽若画图中人，不禁涎脸曰："妙哉!"存厚见图泽恶状，怒目视图泽，图泽始忸怩而起曰："请小姐往来走数武。"素玉不解其何意，初犹不肯，总为存厚勉强，遂自西至东，走至三次。图泽复升座，饬传官媒验。刁妪领命，携女至内厅，于是实行所谓验字主义，而混淆是非，刁媪遂得因缘以为奸。李素玉自是冤沉孽海矣。噫!痛哉!

环球社《图画日报》第一百五十六号第九页

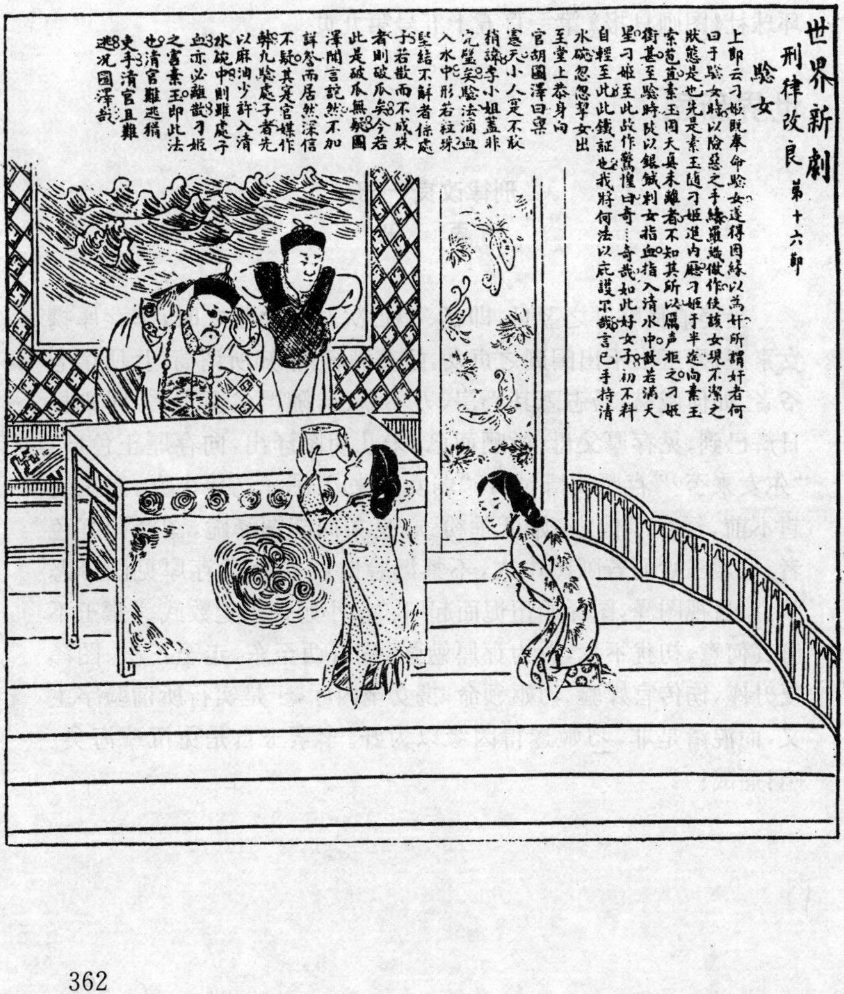

环球社《图画日报》第一百五十六号第九页

世界新剧

刑律改良（十六）
验　女

羞

上节云刁姬既奉命验女，遂得因缘以为奸，所谓奸者何？曰于验女时，以险恶之手续，罗织做作，使该女现不洁之状态是也。先是素玉随刁姬进内厅，刁姬于半途向素玉索苞苴，素玉固天真未离者，不知其所以，厉声拒之。刁姬衔甚，至验时陡以银铖刺女指血，指入清水中，散若满天星。刁姬至此故作惊惶曰："奇……奇哉！如此好女子，初不料自轻至此，此铁证也。我将何法以庇护尔哉？"言已，手持清水碗，忽忽挐女出至堂上，恭身向官胡图泽曰："禀宪天，小人实不敢稍讳，李小姐盖非完璧矣。验法滴血入水中，形若粒珠，坚结不解者系处子，若散而不成珠者则破瓜矣。今若此，是破瓜无疑。"图泽闻言诧然，不加详查而居然深信不疑。其实官媒作弊，凡验处子者先以麻油少许，入清水碗中，则虽处子血，亦必离散。刁姬之害素玉，即此法也。清官难逃猾吏手，清官且难逃，况图泽哉？

环球社《图画日报》第一百五十七号第九页

环球社《图画日报》第一百五十七号第九页

世界新剧

刑律改良（十七）

武　断

羞

刁姬既以李女破瓜之伪证据，呈明公堂，胡图泽见而异之，向素玉笑曰："此岂处子之血耶？"刁姬至是逞其如簧之利口，反覆以勘明李女之不洁，并以刺血滴水之整散为衡。时素玉惭悚交并，闻刁姬言，塞缩伏地，若有不胜恐惧之态。李存厚则俯者低眉，恚怨意溢于言表，独杨日辉谈笑自若，扬扬有得色。胡图泽既自为廉得真情，遂拍案怒曰："李存厚，尔至此尚有何言？尔女之贞淫已豁然明朗，尔若不自量度，犹坚执不退婚，则可谓自不知丑。杨氏巨族也，岂容尔龌龊之女子，污彼清名。"言已，回顾杨日辉曰："尔所控李女不贞，及陈请退婚之说，所见确无乖谬。现在准如所请，可也。"李存厚尚欲剖白，乃古云奸不通父母，未知己女究属若何，若果有非礼之动，则愈争而愈形其丑矣，不得已忍气禁声，遵问官断，携女以出署云。

环球社《图画日报》第一百五十八号第九页

环球社《图画日报》第一百五十八号第九页

世界新剧

刑律改良(十八)

迎　兄

羞

记者述《刑律改良》新剧至此已十八节,而上节所述之《武断》,已若一大结束。李素玉则蒙不洁之名也,杨李之姻事则离异也。姜柏良之奸谋,问官及刁姬之贪墨,则皆如愿以偿也。李氏覆盆之冤,至此宜若永无昭雪日者。

乃事出意外,风云儿之李光祖,忽自京师遄返,演一大惨剧。噫!亦痛且快哉!李光祖试事既竣,急束装旋里,甫入门,仆婢辈即群起而呼之曰:“公子归……公子归矣!”光祖固素具孝行者,至是急欲见两亲,忽忽进内室,忽见妹素玉端庄鹄立,裣衽以迓曰:“哥哥归矣。”言已,若有不胜怨恨态。噫!深闺弱质,忽遭诬蔑,见同胞而心伤,是则天性之流露也。

环球社《图画日报》第一百五十九号第九页

环球社《图画日报》第一百五十九号第九页

世界新剧

刑律改良（十九）
诘　妹

羞

李光祖远道旋里，甫至家，即见同气者有无限委屈，意窃窃然疑之，未几趋庭请父母训。存厚方闷坐默然，奄睹子返，心大慰解。及光祖问安毕，存厚始长叹言曰："吾…… 吾儿尔亦知我李氏之廉耻扫地乎？"光祖闻之茫然，瞠目对曰："何廉…… 何廉耻扫地之有？"存厚遂以杨氏退婚事告，并曰："吴郡礼节之邦也，我缙绅之闺范若此，又何以风世励俗？无颜居此，拟迁地为良。"光祖至是始悉大略，惟素知妹端庄严重，无龌龊苟且行者，欲为妹剖辨，又恐触父怒，唯唯退，急招妹诘之曰："尔究竟有此事否？"素玉俯首缄口，默不发一言，及光祖一再诘问，始将颠末罄谭，谭毕嘤嘤啜泣，顿足自伤曰："哥…… 我亲切之同胞哥哥，靡论若何，须与妹洗此奇辱。"光祖曰："欲无此奇辱乎，则愿比死者一洗之乎？"噫！光祖真烈哉！为名誉事甚且愿杀妹以恢复之，为之妹者至是有难处之境矣。

环球社《图画日报》第一百六十号第九页

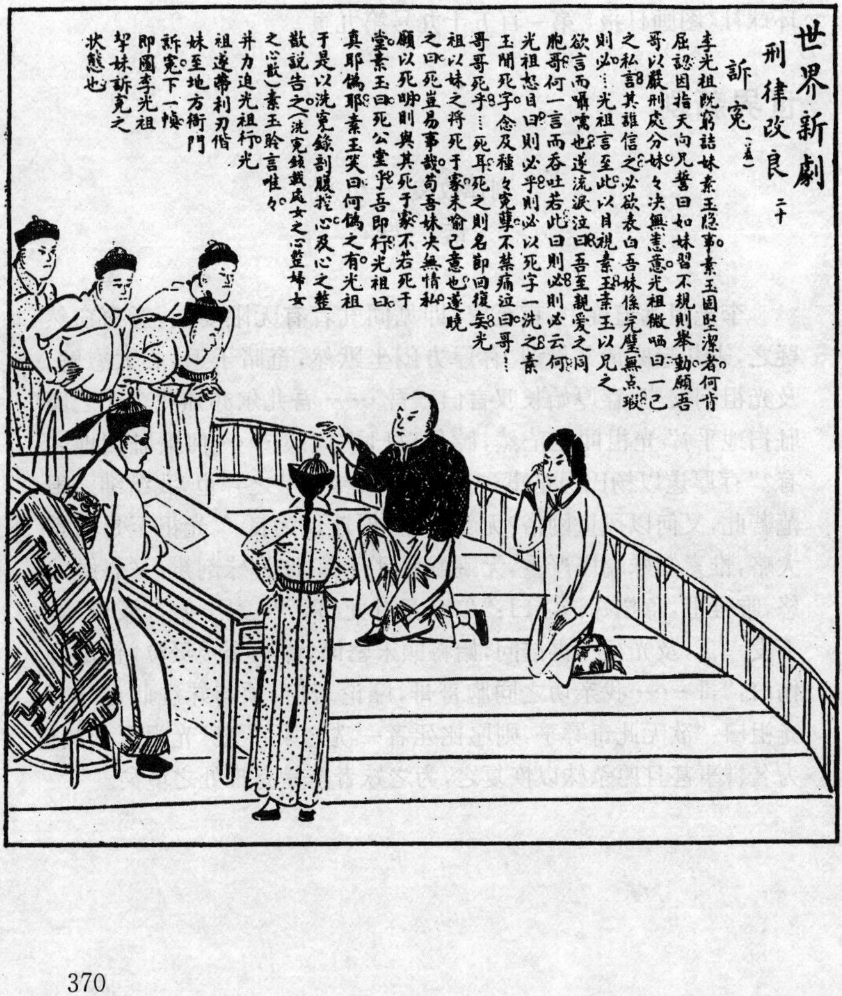

环球社《图画日报》第一百六十号第九页

世界新剧

刑律改良(二十)
诉　冤

羞

李光祖既穷诘妹素玉隐事,素玉固坚洁者,何肯屈认,因指天向兄誓曰:“如妹习不规则举动,愿吾哥以严刑处分。妹妹决无恚意。”光祖微哂曰:“一己之私言,其谁信之?必欲表白吾妹系完璧无点瑕则必……”光祖言至此,以目视素玉,素玉以兄之欲言而嗫嚅也,遂流泪泣曰:“吾至亲爱之同胞哥,何一言而吞吐若此?曰则必,则必云何?”光祖怒目曰:“则必乎,则必以死字一洗之。”素玉闻“死”字,念及种种冤孽,不禁痛泣曰:“哥……哥哥死乎……死耳,死之则名节回复矣。”光祖以妹之将死于家,未喻己意也,遂晓之曰:“死岂易事哉?苟吾妹决无情私,愿以死明,则与其死于家,不若死于堂。”素玉曰:“死公堂乎?吾即行!”光祖曰:“真耶?伪耶?”素玉笑曰:“何伪之有?”光祖于是以《洗冤录》剖腹挖心,及心之整散说告之(《洗冤录》载处女之心整,妇女之心散)。素玉聆言唯唯,并力迫光祖行。光祖遂带利刃偕妹至地方衙门诉冤。下一帧即图李光祖挈妹诉冤之状态也。

环球社《图画日报》第一百六十一号第九页

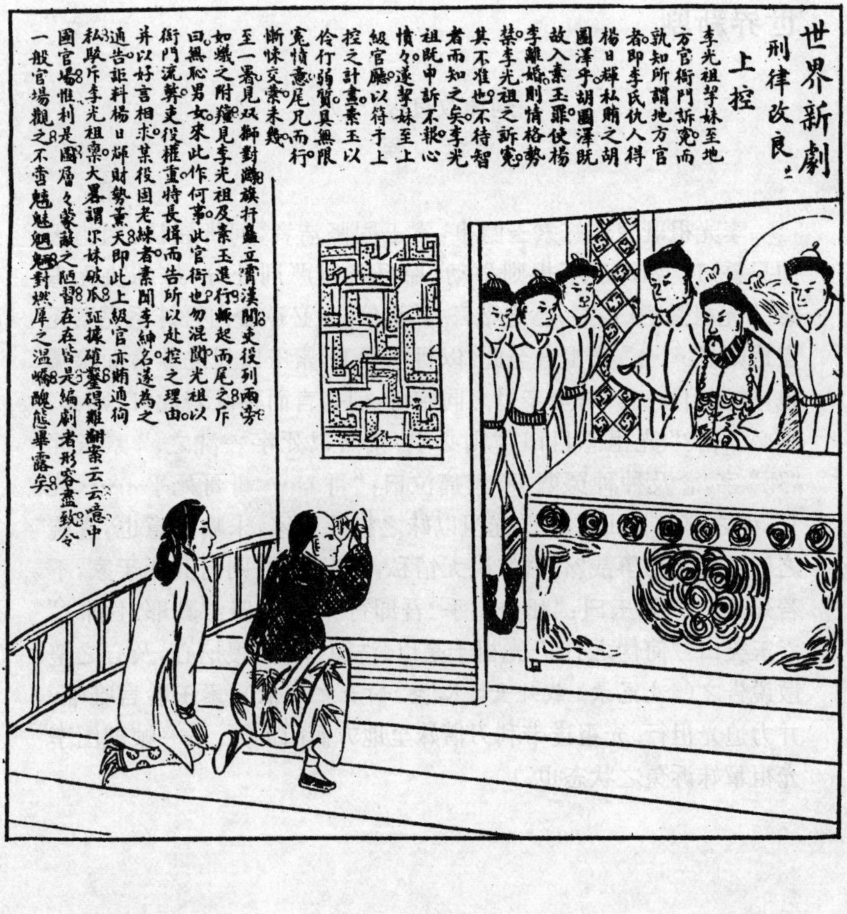

环球社《图画日报》第一百六十一号第九页

世界新剧

刑律改良（二十一）
上　控

羞

李光祖挈妹至地方官衙门诉冤，而孰知所谓地方官者，即李氏仇人、得杨日辉私贿之胡图泽乎！胡图泽既故入素玉罪，使杨、李离婚，则情格势禁。李光祖之诉冤，其不准也，不待智者而知之矣。李光祖既申诉不报，心愤愤，遂挈妹至上级官厅，以符于上控之计画。素玉以伶仃弱质，具无限冤情意，尾兄而行，惭悚交萦。未几，至一署，见双狮对蹲，旗杆矗立霄汉间。吏役列两旁，如蚁之附羶，见李光祖及素玉进行，辄起而尾之，斥曰："无耻男女，来此作何事？此官衙也，勿混闯！"光祖以衙门流弊，吏役权重，特长揖而告所以赴控之理由，并以好言相求。某役固老练者，素闻李绅名，遂为之通告，讵料杨日辉财势熏天，即此上级官亦贿通徇私，驳斥李光祖禀，大略谓尔妹破瓜，证据确凿，碍难翻案云云。噫！中国官场惟利是图，层层蒙蔽之陋习，在在皆是。编剧者形容尽致，令一般官场观之，不啻魑魅魍魉，对燃犀之温峤，丑态毕露矣。

环球社《图画日报》第一百六十二号第九页

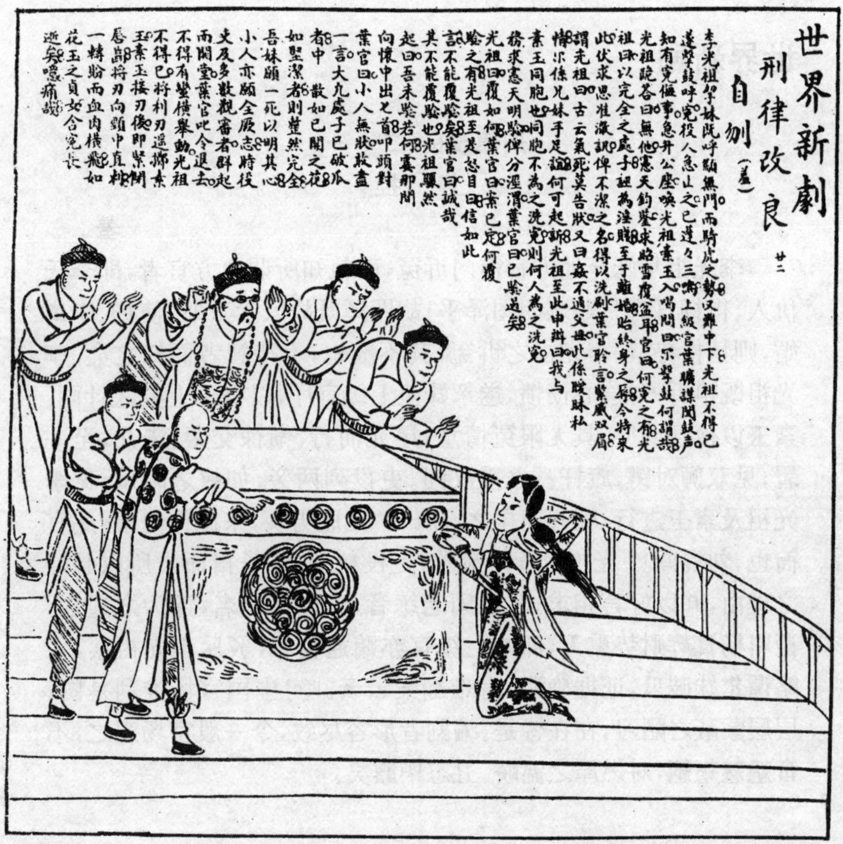

环球社《图画日报》第一百六十二号第九页

世界新剧

刑律改良(二十二)

自　刎

羞

李光祖挈妹既呼吁无门,而骑虎之势又难中下,光祖不得已遂击鼓呼冤,役人急止之,已蓬蓬三鸣。上级官叶旷谋闻鼓声,知有冤侮事,急升公堂,唤光祖、素玉入,喝问曰:“尔击鼓何谓哉?”光祖跪答曰:“无他,宪天钧鉴,求昭雪覆盆耳。”官曰:“何冤之有?”光祖曰:“以完全之处子诬为淫贱,至于离婚,贻终身之辱,今特来此,伏求恩准澈讯,俾不洁之名,得以洗刷。”叶官聆言,紧蹙双眉,谓光祖曰:“古云气死莫告状,又曰奸不通父母,此系暖昧私情,尔系兄妹手足谊,何可起诉?”光祖至此申辩曰:“我与素玉同胞也,同胞不为之洗冤,则何人为之洗冤?务求宪天明验,俾分泾渭。”叶官曰:“已验过矣。”光祖曰:“覆如何?”叶官曰:“案已定,何覆验之有?”光祖至是怒目曰:“信如此言,不能覆验矣?”叶官曰:“诚哉!其不能覆验也。”光祖骤然起曰:“吾未验若何?”霎那间,向怀中出匕首,叩头对叶官曰:“小人无状,敢尽一言,大凡处子已破瓜者,中□散如已开之花,如圣洁者则整然完全。吾妹愿一死以明其心,小人亦愿全厥志。”时役吏及多数观审者,群起而哄堂,叶官叱令退去,不得有蛮横举动。光祖不得已,将利刃遥掷素玉,素玉接刃后,即紧闭唇齿,将刃向颈中直刺,一转盼而血肉横飞,如花玉之贞女含冤长逝矣。噫!痛哉!

环球社《图画日报》第一百六十三号第九页

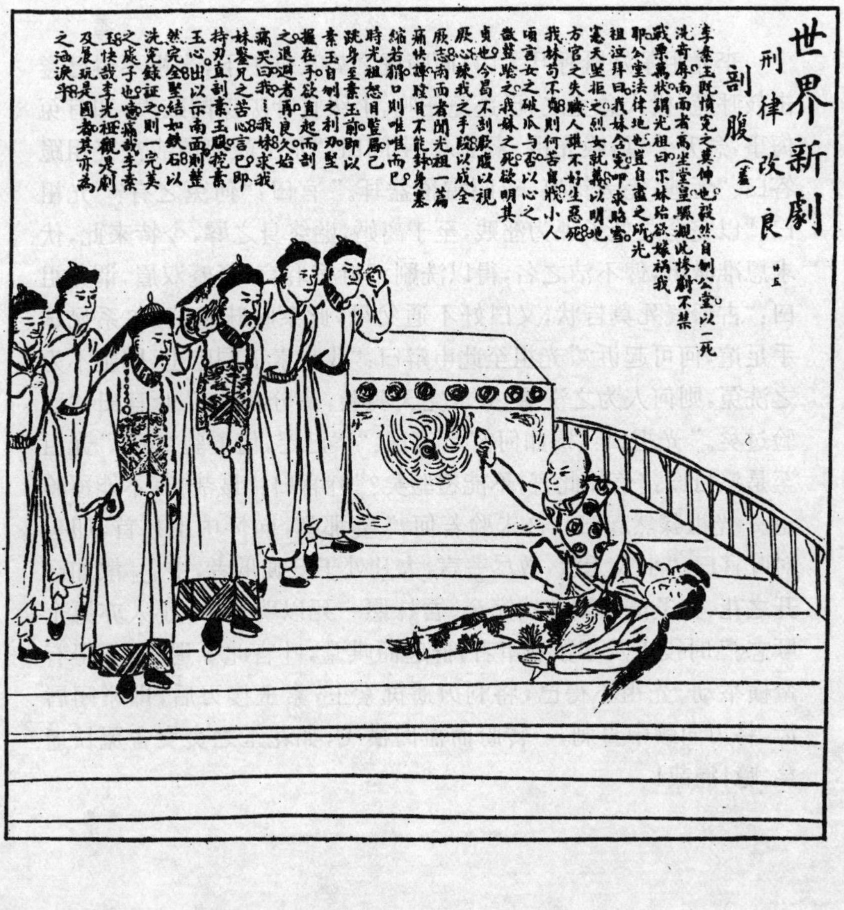

环球社《图画日报》第一百六十三号第九页

世界新剧

刑律改良(二十三)

剖　腹

羞

李素玉既愤冤之莫伸也,毅然自刎公堂,以一死洗奇辱。南面者高坐堂皇,骤睹此惨剧,不禁战栗万状,谓光祖曰:“尔妹殆欲嫁祸我耶?公堂法律地也,岂自尽之所?”光祖泣拜曰:“我妹含冤,叩求昭雪!宪天坚拒之,烈女就义,以明地方官之失职,人谁不好生恶死,我妹苟不贞,则何苦自戕?小人顷言女之破瓜与否,以心之散整验之。我妹之死,欲明其贞也。今曷不剖厥腹以视厥心,辣我之手段,以成全厥志。”南面者闻光祖一篇痛快谈,瞠目不能对,身塞缩若猬,口则唯唯而已。时光祖怒目竖眉,已跳身至素玉前,即以素玉自刎之利刃,坚握在手,欲直起而剖之,退避者再。良久,始痛哭曰:“我……我妹,求我妹鉴兄之苦心。”言已,即持刃直剖素玉腹,挖素玉心出,以示南面,则整然完全,坚结如铁石,以《洗冤录》证之,则一完美之处子也。噫!痛哉李素玉!快哉李光祖!观是剧及展玩是图者,其亦为之洒泪乎?

环球社《图画日报》第一百六十四号第九页

环球社《图画日报》第一百六十四号第九页

世界新剧

刑律改良（二十四）

庭　争

羞

李素玉自刎矣，剖腹矣，挖心矣，贞洁之名显矣，为之上者，宜如何为之表扬，为之昭雪，乃问官反贸贸然曰："李光祖，尔妹固烈女，然杀身以污辱公堂，罪亦难免。"光祖至是愤甚，存厚夫妇以儿女之偕出也，相继访寻，素玉自尽时存厚夫妇适至，至则血肉横溢，已香消玉碎矣。存厚夫妇不胜悲痛，闻问官与渠子言，所谓"罪亦难免"语，更不胜愤懑，遂痛诋之曰："糊涂官！"光祖亦昌詈之曰："民贼……贪墨吏！"问官恼羞成怒，不自省厥过，反倖倖然曰："尔辈无礼！须严惩！"光祖以贪官之难以理喻，遂偕父若母出署，预备往大吏处控告云。

环球社《图画日报》第一百六十五号第九页

环球社《图画日报》第一百六十五号第九页

世界新剧

刑律改良(二十五)

姜　娶

羞

李存厚夫妇及子光祖，以原问官之一糊涂残酷也，特再赴大吏处控告。将入署见帅节适启发，光祖正欲直起呼冤，忽见一盛妆若新嫁娘者，后随一少年，翎顶衣冠，谛视之，则表弟姜柏良也。先是姜以凶恶之手段离杨李婚，以谋李素玉，后素玉坚不肯许他姓，至于自刎公堂。柏良遂改娶陈氏，陈固吴郡望族，当光祖上控日，正柏良完姻吉期，鼓舞悠扬，亲期缤纷，两玉人如双璧，所谓人间天上，大好之乐境，实无有过于此者。合卺后，柏良欲见好于新妻也，遂尽以隐谋素玉之事告之。噫！冤孽哉！姜柏良也，以极大之罪恶不供于刀锯桁杨之下，而供于帷薄床席之间。人曰天理昭彰，吾曰报施之道，必然之势也。

环球社《图画日报》第一百六十六号第九页

环球社《图画日报》第一百六十六号第九页

世界新剧

刑律改良（二十六）
疯　报

羞

姜柏良既将李素玉事，尽情以告新妻陈氏。陈固谨饬之以闺质，闻姜言不胜其猜疑，自度彼此虽伉俪，苟或稍不慎，而所夫者，一反其平日亲切之举动，施厥凶狠手段，则将何以为生活。夫良人者，所仰望而终身者也。今若此，是床席而鹰鹯矣。于是始而疑忌，继而惊惧，终至畏姜若虎，一见辄退避咆哮，口喃喃道素玉被害事，不知者以为是阴阳报施之道。其实蛇影杯弓，神经病之所致也。

环球社《图画日报》第一百六十七号第九页

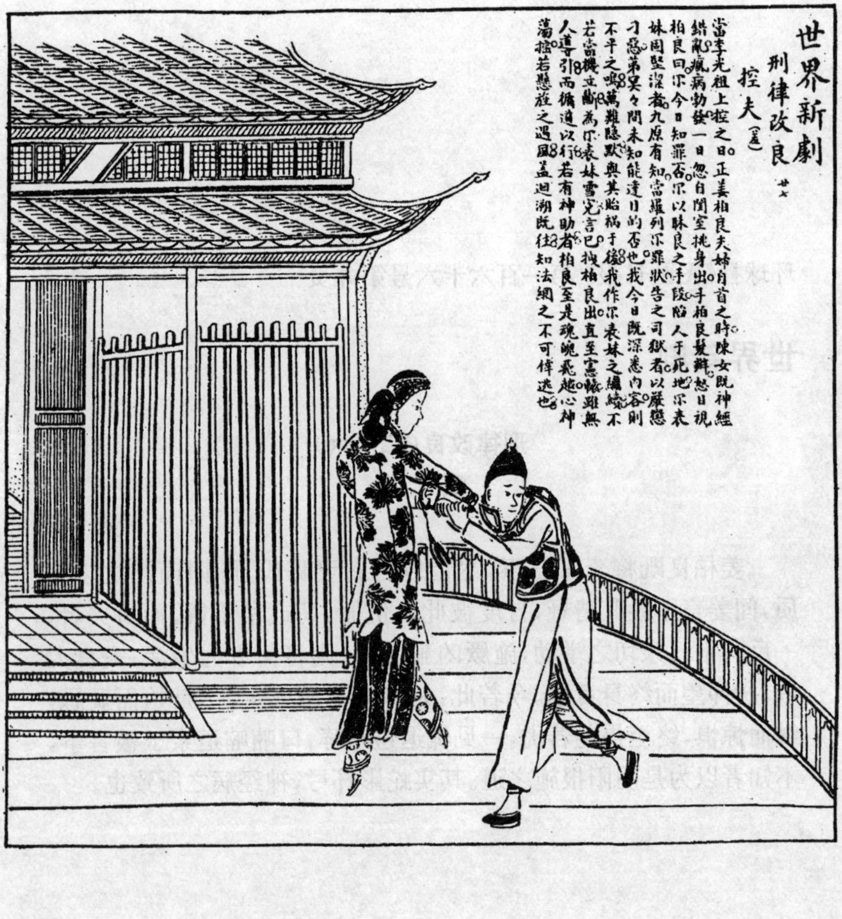

环球社《图画日报》第一百六十七号第九页

世界新剧

刑律改良(二十七)
控　夫

羞

当李光祖上控之日，正姜柏良夫妇自首之时，陈女既神经错乱，疯病勃发，一日忽自闺室挑身出，手柏良发辫，怒目视柏良曰：“尔今日知罪否?尔以昧良之手段陷人于死地，尔表妹固坚洁者，九原有知，当罗列尔罪状，告之司狱者，以严惩刁恶。第冥冥间未知能达目的否也。我今日既深悉内容，则不平之鸣，万难隐默，与其贻祸于后，我作尔表妹之继续，不若当机立断，为尔表妹雪冤。”言已，拽柏良出，直至宪辕，虽无人导引，而循道以行，若有神助者。柏良至是魂魄飞越，心神荡摇，若悬旌之遇风，盖回溯既往，知法网不可倖逃也。

环球社《图画日报》第一百六十八号第九页

环球社《图画日报》第一百六十八号第九页

世界新剧

刑律改良(二十八)

讯　姜

羞

姜柏良既被妻强拽至官衙,知孽果发生,行将及祸,方寸间栗乱如紊丝,面现恐慌色,衣襟不整,踉跄随疯女进。时宪节正高坐堂皇,阶下跪列多人,是即李存厚夫妇及子光祖也。光祖愤同气之屈死,正在胪陈地方官之糊涂贪婪。忽见一女扶一少年入,状类疯狂,吏役等奄睹此,喝令退避。乃疯女忽大放厥词,举姜柏良对于李素玉之恶手续,实供无讳,且曰:“宪天明鉴,小女非疯人,特发其隐私,以谋灭此大憝。”李存厚父子倾耳静听,不胜诧异。姜柏良俯首伏地,闻女言,舌僵若木石,正凝思间,忽南面者拍案问曰:“姜柏良!尔何险恶若此?”柏良方欲置辩,陈女又指斥之曰:“尔毋狡展,此亲供也。求宪天恩准严惩。”姜自悔失言,至是已无可推诿,遂直认画供而后已。

环球社《图画日报》第一百六十九号第九页

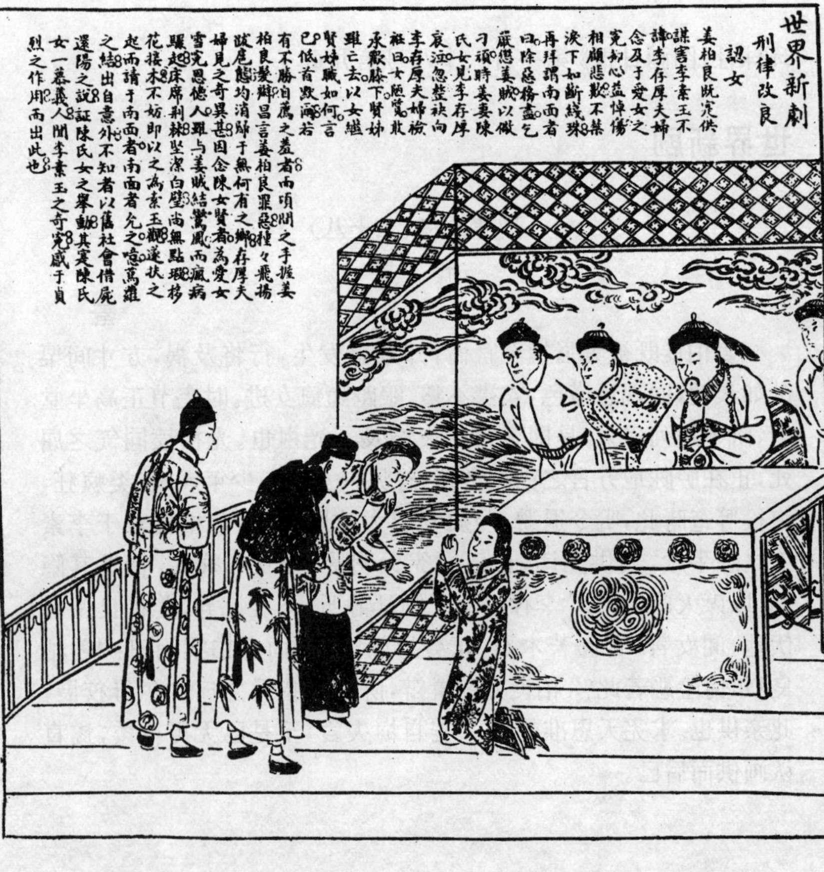

环球社《图画日报》第一百六十九号第九页

世界新剧

刑律改良（二十九）
认　女

羞

姜柏良既实供谋害李素玉不讳，李存厚夫妇念及于爱女之冤，抑心益悼伤，相顾悲叹，不禁泪下如断线珠，再拜谓南面者曰："除恶务尽，乞严惩姜贼，以儆刁顽。"时姜妻陈氏女见李存厚哀泣，忽整袂向李存厚夫妇敛衽曰："女陋质，敢承欢膝下。贤姊虽亡去，以女继贤姊职如何？"言已，低首默尔，若有不胜自荐之羞者，而顷间之手握姜柏良发辫，昌言姜柏良罪恶，种种飞扬跋扈态均消归于无何有之乡。存厚夫妇见之奇异甚，因念陈女贤者，为爱女雪冤恩德人，虽与姜贼结鸾凤，而疯病骤起，床席荆棘，坚洁白璧，尚无点瑕，移花接木，不妨即以之为素玉观，遂扶之起而请于南面者。南面者允之。噫！茑萝之结，出自意外，不知者以旧社会借尸还阳之说，证陈氏女之举动。其实陈氏女一慕义人，闻李素玉之奇冤，感于贞烈之作用，而出此也。

环球社《图画日报》第一百七十号第九页

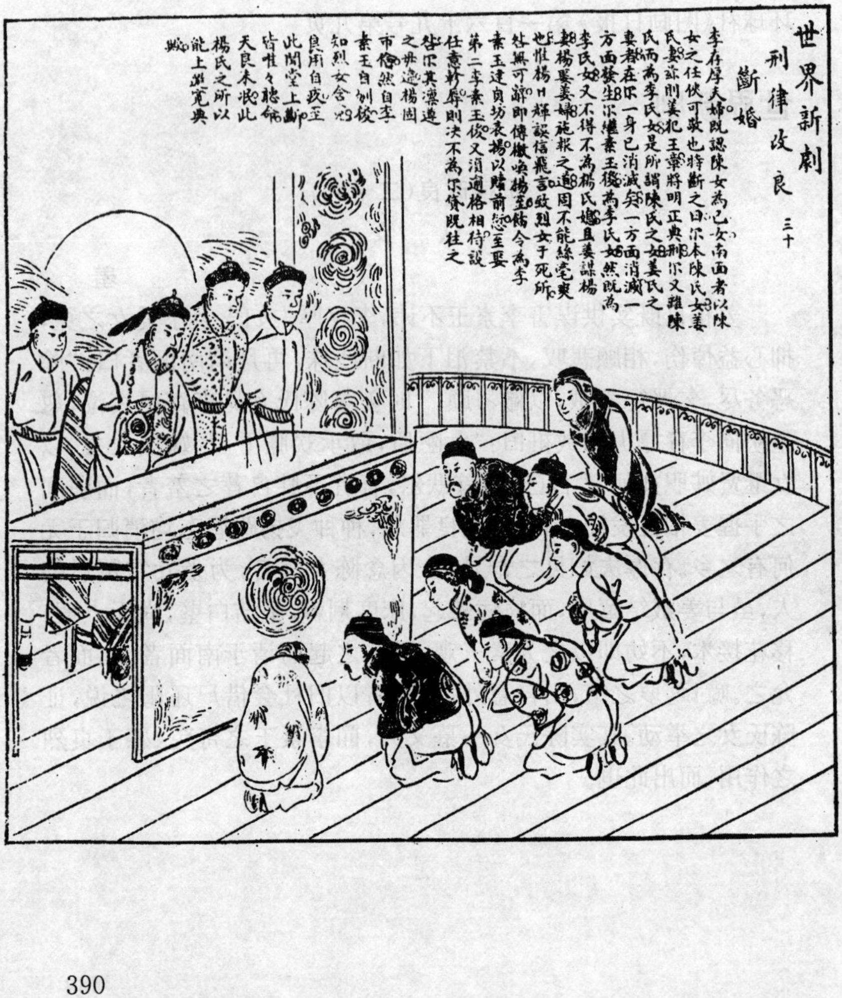

环球社《图画日报》第一百七十号第九页

世界新剧

刑律政良（三十）
断　婚

羞

李存厚夫妇，既认陈女为己女，南面者以陈女之任侠可敬也，特断之曰："尔本陈氏女，姜氏妻，兹则姜犯王章，将明正典刑。尔又离陈氏而为李氏女，是所谓陈氏之女、姜氏之妻者，在尔一身已消灭矣，一方面消灭一方面发生，尔继素玉后，为李氏女。然既为李氏女，又不得不为杨氏媳，且姜谋杨妻，杨娶姜妇，施报之道，固不能丝毫爽也。惟杨日辉误信飞言，致烈女于死，所咎无可辞。"即传檄唤杨至，饬令为李素玉建贞坊表扬，以赎前愆。至娶第二李素玉后，又须逾格相待，设任意轸辱，则决不为尔贷既往之咎，尔其凛遵之，毋违。杨固市侩，然自李素玉自刎后，知烈女含冤，良用自疚，至此闻堂上断，皆唯唯听命，天良未泯，此杨氏之所以能上邀宽典欤？

环球社《图画日报》第一百七十一号第九页

环球社《图画日报》第一百七十一号第九页

世界新剧

刑律改良(三十一)
惩 贪

羞

李素玉之冤既白,杨李之姻谊既恢复,而惟酿此冤狱,为案中之罪魁祸首者,则原问官胡图泽也,使原问官稍循礼法,稍明道义,稍能研究法律,则何至一误至此,且使其不贪杨氏贿金,不误听官媒谗言,亦何至利令智昏,使李女死于非命。大吏推本穷源,以恤民命,清吏治,必自严儆官邪始也,遂下令登胡于白简。李光祖闻而俯伏请曰:“求宪天勿为此褫人翎顶,盖中国之积弊深矣,凡一地方官衙门,奸吏几何?蠹役几何?陋规几何?为之官者,于未入宦途之前,或欲做一好官,于既入宦途之后,感于外界之激刺,及层层压制、层层蒙敝,而且贿赂公行,请托之风盛于一般之官吏社会,近墨则墨,于是良吏可为而不能为,贪吏不可为而能为。今宪天即参革一二,未必能惩一儆百,于吏治前途,其实无丝毫之补也。叩请宪天,际此灾荒迭见、赈抚需款之秋,可否严罚贪吏数万金,以济穷民,则于民生实有裨益。”大吏闻光祖言,颇痛切,遂俯如其请,而惩罚胡图泽三万金云。

环球社《图画日报》第一百七十二号第九页

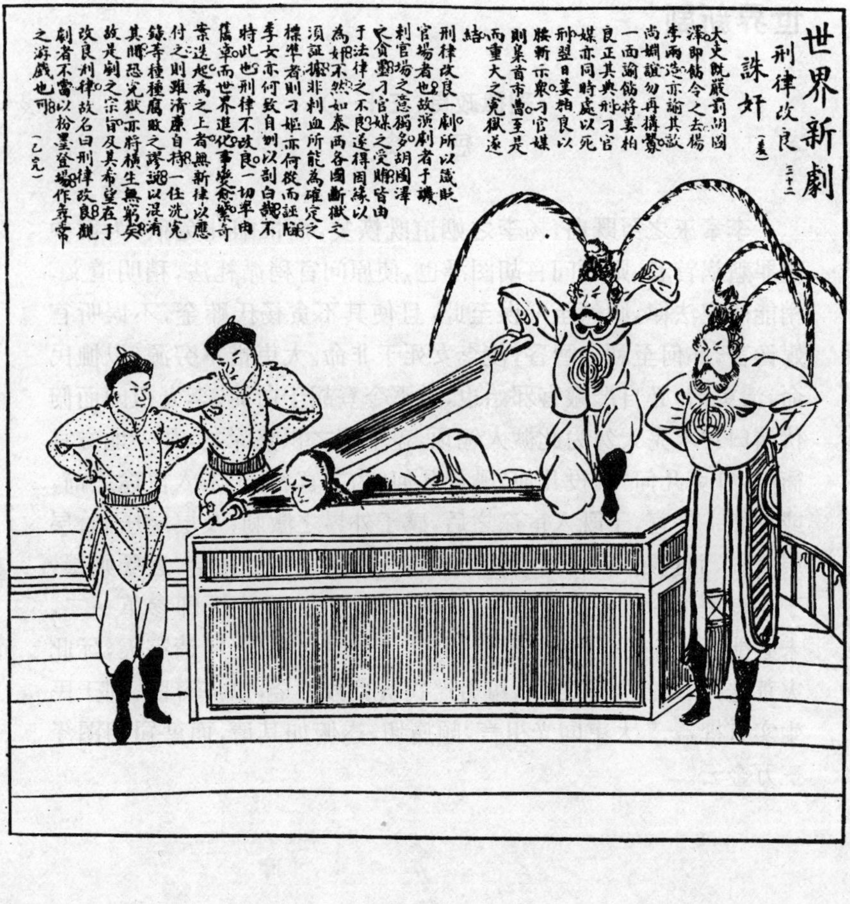

环球社《图画日报》第一百七十二号第九页

世界新剧

刑律改良(三十二)
诛　奸

羞

大吏既严罚胡图泽,即饬令之去。杨李两造,亦谕其敦尚姻谊,勿再构衅,一面谕饬将姜柏良正其典刑,刁官媒亦同时处以死刑。翌日,姜柏良以腰斩示众,刁官媒则枭首市曹,至是而重大之冤狱遂结。

《刑律改良》一剧所以箴贬官场者也,故演剧者于讥刺官场之意独多。胡图泽之贪墨、刁官媒之受贿,皆由于法律之不良,遂得因缘以为奸,不然,如泰西各国断狱之须证据,非刺血所能为确定之标准者,则刁妪亦何从而诬陷李女?亦何致自刎以剖白哉?不特此也,刑律不改良,一切率由旧章,而世界进化,事变愈繁,奇案迭起,为之上者,无新律以应付之,则虽清廉自持,一任《洗冤录》等种种腐败之谬说,以混淆其间,恐冤狱亦将横生无穷矣。故是剧之宗旨,及其希望在于改良刑律,故名曰《刑律改良》。观剧者不当以粉墨登场,作寻常之游戏也可。

(已完)

拿 鱼 壳

环球社《图画日报》第一百七十三号第六页

环球社《图画日报》第一百七十三号第六页

世界新剧

拿鱼壳（一）

缘　起

忆

当康熙中叶，天下初定，民间乘乱离之后，生计困穷，盗贼蜂起。而长江流域，地又私枭充斥，金陵一带，几为盗薮。有大盗名鱼壳者，纠党抢掠，出没靡常，甚且骚扰闾阎，杀害良民，虽曰萑符，实大患也。康熙三十年，两江总督奉朝命简直隶巡抚于成龙补授。于公号北溟，山西永宁人，居官清廉勤慎，政声卓著，而威望之隆，与李光地辈并驱争先。当抵江督任时，即知大盗鱼壳为江南患，遂饬令缉捕。而至诚动人，卒令所谓鱼壳者自首就戮，亦奇事也。南市新舞台名伶小连生辈，以于清端循迹，昭然在人耳目，特将拿鱼壳一事，编成新剧，以演诸红氍毹上，使一般身任疆圻日以清盗为急务，而盗贼之毒焰仍不少衰者，知所愧也。

环球社《图画日报》第一百七十四号第六页

环球社《图画日报》第一百七十四号第六页

世界新剧

拿鱼壳(二)

遇　艳

忆

大盗鱼壳,张姓,横其名,鱼壳其弹号也。纠盗党多人,横行于长江流域,而金陵则所据以为根据地者。一日,鱼壳踞盗薮,谓其党徒曰:“此间清苦甚,寂寥甚,哥弟辈何处觅一好女子,为作咱伴。”侣盗李四者,凶横甚,闻言奋然起曰:“繁华市中往来者,何一非粉头丽质,以我辈权力,曷往一抢以贡献诸麾下?”鱼壳欣然,挈众人起立,服短褐、佩利刀,要于往来市场之必经处,而静候焉。未几,一白发长者,及小车一辆,车中端坐一女子,忽炫耀于盗之眼帘中,而奄然遇。鱼壳见车中女,妙丽若天仙,不禁跳跃起曰:“好女子!”方欲从事抢夺,乃昙花一现,车中女已疾弛去。鱼壳欲追赶,奈前途均热闹地,遂趦趄道中,偕众盗懊丧而已。

环球社《图画日报》第一百七十五号第六页

环球社《图画日报》第一百七十五号第六页

世界新剧

拿鱼壳（三）
抢　女

忆

前章所述之车中女，果何人乎？曰：刘商人女，名贞娘者是也。刘商人年逾耳顺，鸾弦早断，仅存弱息。父女二人，居金陵城外之田家村。是日，有葭莩亲钱姓，歌琴瑟之好，刘时携女往贺，不意于途中奄遇强徒。幸而驶车疾驰，未及于难。未几至钱家，又未几，忽仆婢辈失色仓皇，报钱氏子曰："大祸至矣！新娘 …… 新娘劫去矣！"钱氏子闻耗，顿足曰："何 …… 何言？"仆人曰："新娘乘舆至某处，忽来强徒五人，手执利刃，见人乱刺，仆等惊惧之余，新娘舆忽被劫去。"钱氏子哭曰："劫去矣 …… 奈何？"夫劫钱氏新娘者，果何人耶？曰：鱼壳及其党徒是也。盖鱼壳见刘女后，犹彳亍道左，及见红灯照耀，一新娘舆奄至，遂劈手以夺之去。

环球社《图画日报》第一百七十六号第六页

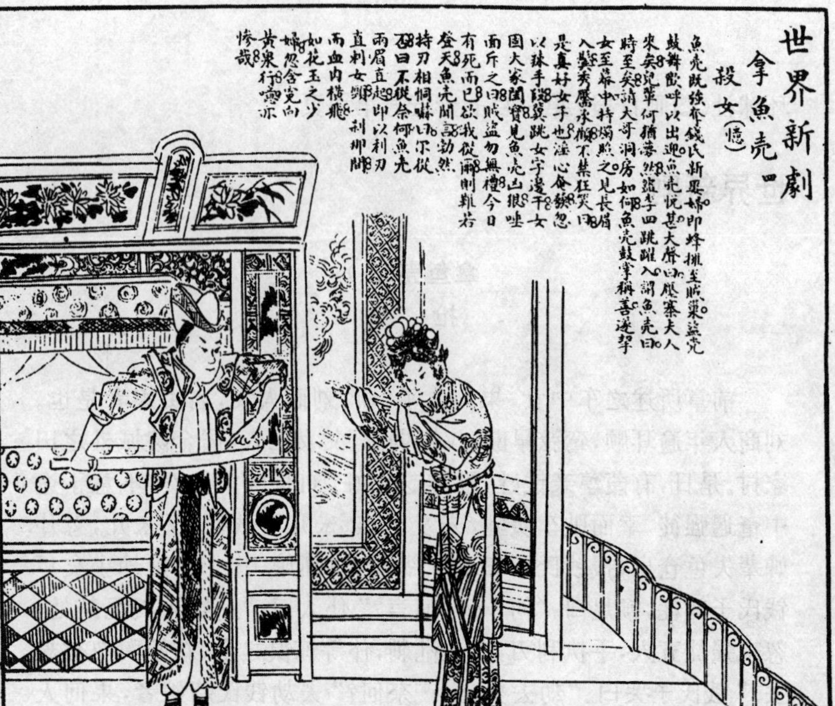

环球社《图画日报》第一百七十六号第六页

世界新剧

拿鱼壳(四)
杀 女

忆

鱼壳既强夺钱氏新娶妇，即蜂拥至贼巢，盗党鼓舞欢呼以出迎。鱼壳悦甚，大声曰："压寨夫人来矣，儿辈何犹梦然?"盗李四跳跃入，谓鱼壳曰："时至矣，请大哥洞房如何?"鱼壳鼓掌称善，遂携女至幕中，持烛照之，见长眉入鬓，秀靥承颧，不禁狂笑曰："是真好女子也。"淫心奄发，忽以辣手段，冀跳女字边干。女固大家闺宝，见鱼壳凶狠，唾面斥之曰："贼盗无礼！今日有死而已，欲我从尔，则难若登天！"鱼壳闻言，勃然持刀相恫吓曰："尔从否?"曰："不从奈何?"鱼壳两眉直起，即以利刃直刺女颈，一刹那间，而血肉横飞，如花玉之少妇，忽含冤向黄泉行。噫！亦惨哉！

环球社《图画日报》第一百七十七号第六页

环球社《图画日报》第一百七十七号第六页

世界新剧

拿鱼壳(五)
说　亲

忆

鱼壳既杀钱氏新娶妇,中心懊恼甚,谓盗党曰:“咱貌非夜叉,何美人均不我欢?弟辈有何良法?俾觅一女将军,作咱伴侣。”盗李四起立,曰:“哥宽怀,前日途遇之车中女如何?”鱼壳笑曰:“车中女乎?是固活观音也。弟知此女之室家何在?”李四曰:“弟已探厥底蕴,奉哥命,往说亲,可乎?”鱼壳闻言,鼓掌称善。李四遂偕盗党王八至刘家,刘固商人也,闻客至,即出而恭迓,见李、王状貌凶恶,衣襟不整,不得已揖之入,礼之座。未几,李四即将说亲意告刘,刘问婚者何人,曰:“煌煌总戎张军门是也。”刘闻达官,喜甚,索聘礼万金,李四诺之无难色。噫!引狼入室,贸贸然不加详察,而轻以爱女见婚,刘老其糊涂虫乎?

环球社《图画日报》第一百七十八号第六页

环球社《图画日报》第一百七十八号第六页

世界新剧

拿鱼壳(六)

劫　库

忆

李四以凶横之贼盗,居然委婉厥辞,以蹇修自任。出刘氏门,即匆忽返巢穴,以刘老所需聘礼告鱼壳。闻万金额,讶曰:“如许巨金,何处得来?何物女子,价值竟一昂至此耶!”李四曰:“哥勿忧,偌大南京城,万金尚难筹,吾不信也。煌煌官库,存贮皆百姓膏血,取之不为不义。吾辈今宵曷不结队往劫之?俾成全大哥好事。”鱼壳善其言,至午夜,挈党徒偕行,均窄襟短褐,手挟利刃,面涂黝色。逾至高之垣入,将守门禁卒叱退,畅所欲以取,腕中腰间,充盈金银。鱼壳低声曰:“贼官吏今晚惩创之,亦一快事也。”噫!盗固跳梁小丑,然所谓贼官吏者,亦慨乎其言之矣。

环球社《图画日报》第一百七十九号第六页

环球社《图画日报》第一百七十九号第六页

世界新剧

拿鱼壳(七)

儆　贪

忆

鱼壳既偕党劫库银，党皆鱼壳之胯下人，腕力既无鱼壳强，胆力亦无鱼壳大，遂挟银纷纷行。鱼壳则鼓勇直前，复趱行至内堂，曰："试观贼官吏此时作何公干。"蛇行约百步，俯首倾听，闻所谓太太者，娇声言曰："近日尔大发财，奴之金珠饰，何推诿不办?"而所谓大人者，则又含笑曰："请宽心，太太内务府差，必办无疑。但某属吏所允馈之三千金，尚未送来。乞宽限两日，可乎?"鱼壳听至此，愤甚，曰："真不愧为贪官矣。百姓如何苦，彼等如何乐，今宵不有以惩创之，则咱不成为英雄!"遂奋身跃下，曰："好贪官!尔爹在此!"时钱藩正夫妇喁喁细谈，忽闻大声自半空来，若霹雳然，不禁神魂飞越，合掌跪求曰："大……大王，请恕卑官。"鱼壳笑曰："断不污我宝剑，其速将尔妻之珠饰衣服送咱，若稍迟，则……"钱潘闻言，塞缩如猬，回顾其妻曰："速……速解衣。"于是将所有金珠，悉数恭送于鱼壳。鱼壳笑受之，曰："便宜尔。"言已即翩然登高去。

环球社《图画日报》第一百八十号第六页

环球社《图画日报》第一百八十号第六页

世界新剧

拿鱼壳(八)
悔　婚

忆

鱼壳既行劫府库及钱方伯大人金珠饰，中心悦甚。燕行归巢穴，至则群盗呼哨出迓，欢声雷动，并行所谓剪拂礼。鱼壳狂喜曰："今日大利，夺得不义财，以儆贪邪，是一大快事！"群盗跳跃附和之。盗李四固自认为冰上人者，即起立曰："大哥万金易得，一美难求。其速将金珠饰及礼金交弟，俾往聘焉。"鱼壳欣然诺，李四遂挟重金至刘氏。先是刘老允亲后，即唤女贞娘以张横求姻事告之。贞娘凝思良久，问张横何人，曰："总戎也，俗名鱼壳。"贞娘闻鱼壳二字，始悉老父为盗所赚，即以鱼壳之盗历史告之，并曰："此事何能承认？承认是致女于死地矣。"言已嘤嘤啜泣。刘老闻女言，惊惧失色，自责曰："老糊涂何昏聩至此！"言已默然者久，又转言曰："拼老命与之敌，爱女决无从贼礼！"噫！啜其泣矣，何嗟及矣！不谨饬于事前，而徒懊恼于事后，老卤莽之咎，百喙难辞矣。

环球社《图画日报》第一百八十一号第六页

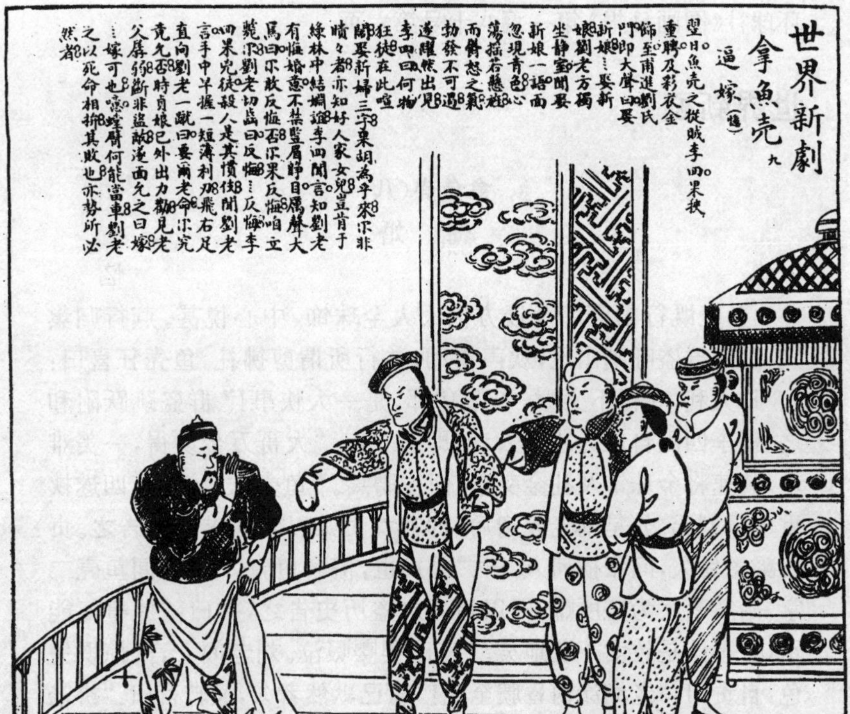

环球社《图画日报》第一百八十一号第六页

世界新剧

拿鱼壳（九）
逼　嫁

忆

翌日，鱼壳之从贼李四，果挟重聘及彩衣金饰至。甫进刘氏门，即大声曰：“娶新娘 …… 娶新娘。”刘老方独坐静室，闻娶新娘一语，面忽现青色，心荡摇若悬旌，而郁怒之气勃发不可遏，遂跃然出见李四，曰：“何物狂徒，在此喧闹！娶新妇三字，果为乎来，尔非聩聩者，亦知好人家女儿，岂肯于绿林中结姻谊？”李四闻言，知刘老有悔婚意，不禁竖眉睁目，厉声大骂曰：“尔敢反悔否？尔果反悔，咱立毙尔！”刘老切齿曰：“反悔 …… 反悔！”李四果凶徒，杀人是其惯伎，闻刘老言，手中早握一短薄利刃，飞右足直向刘老一蹴，曰：“要尔老命！尔究竟允否？”时贞娘已外出力劝，见老父孱弱，断非盗敌，遂面允之曰：“嫁 …… 嫁可也。”噫！螳臂何能当车？刘老之以死命相拼，其败也，亦势所必然者。

环球社《图画日报》第一百八十二号第六页

环球社《图画日报》第一百八十二号第六页

世界新剧

拿鱼壳（十）
别　父

忆

贼盗李四，助鱼壳为虐，以蛮横之手段，强迫良家女，使之从贼，其目无法纪，亦谓至矣。刘老既被李四窘，刘女贞娘既面允李四嫁，以为救父之缓兵计。李四固卤莽者，至是信甚，且笑曰："姑娘大矣，安有不想丈夫者？"贞娘闻言良愧，惟自忖一弱女子，万难与之抗违，与其作门外之抵制，不若虚与委蛇，作幕内之哄斗。古人有美人计杀巨恶大慝，如貂蝉董卓故事者，吾曷弗效之？事苟获济，则不特声名洋溢，而一方蒙福，刘贞娘三字万古不朽矣。计既定，遂拜别严父，第此去前途危险，一念及劬劳之恩，则又不胜悲愤，泪珠纷纷下，父女相顾大哭。噫！盗贼鸱张，骚扰闾阎，果谁为之而令至此欤？

环球社《图画日报》第一百八十三号第六页

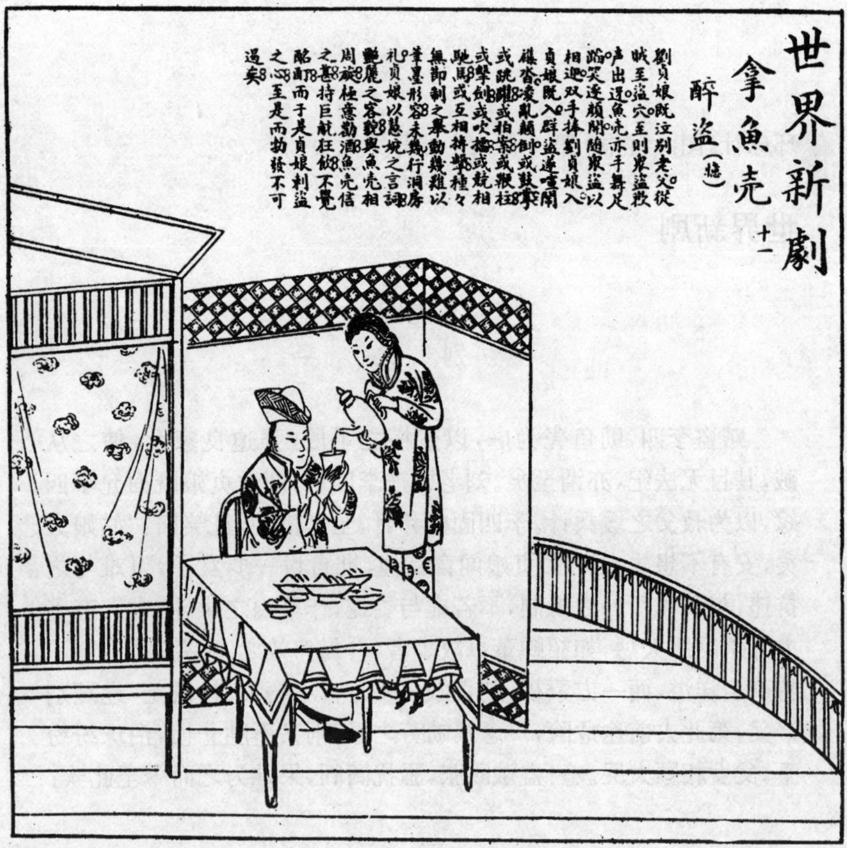

环球社《图画日报》第一百八十三号第六页

世界新剧

拿鱼壳(十一)
醉　盗

忆

刘贞娘既泣别老父，从贼至盗穴，至则众盗欢声出迓，鱼壳亦手舞足蹈，笑逐颜开，随众盗以相迎，双手捧刘贞娘入。贞娘既入，群盗遂喧闹杂沓，凌乱颠倒，或鼓掌，或跳跃，或拍案，或鞭柱，或击剑，或吹擂，或竞相驰马，或互相搏击，种种无节制之举动，几难以笔墨形容。未几，行洞房礼，贞娘以慧婉之言词、艳丽之容貌，与鱼壳相周旋，极意劝酒。鱼壳信之甚，持巨觥狂饮，不觉酩酊；而于是贞娘刺盗之心，至是而勃发不可遏矣。

环球社《图画日报》第一百八十四号第六页

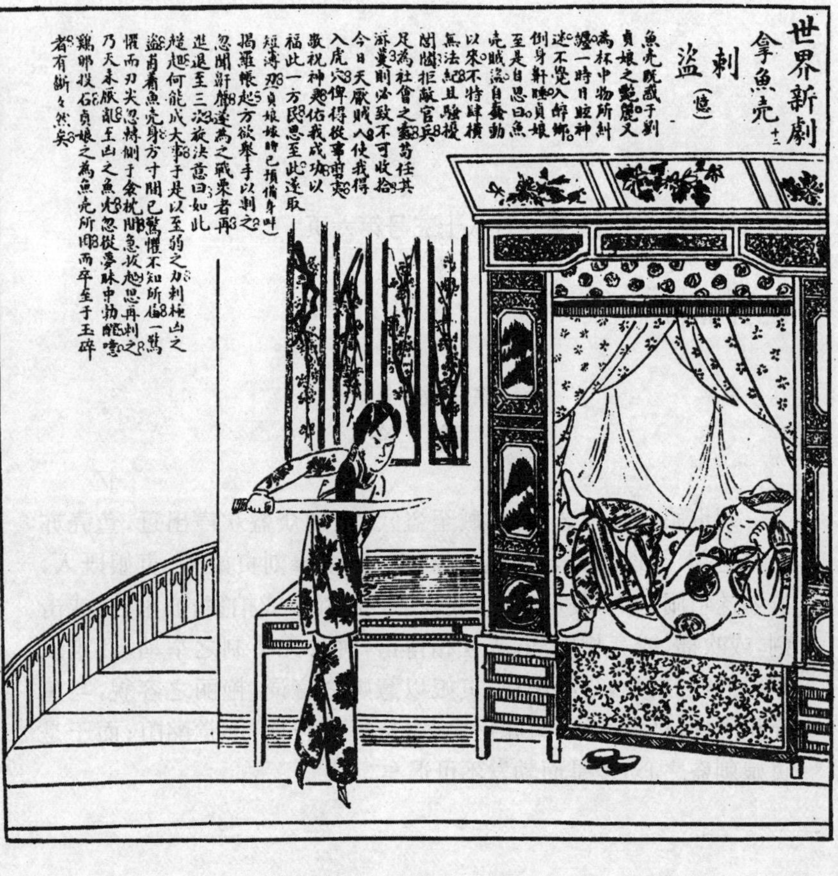

环球社《图画日报》第一百八十四号第六页

世界新剧

拿鱼壳(十二)

刺　盗

忆

鱼壳既惑于刘贞娘之艳丽，又为杯中物所纠缠，一时目眩神迷，不觉入醉乡，倒身鼾睡。贞娘至是自思曰：“鱼壳贼盗，自蠢动以来，不特肆横无法纪，且骚扰闾阎，拒敌官兵，足为社会之蠹，苟任其滋蔓，则必致不可收拾。今日天厌贼人，使我得入虎穴，俾得从事剪夷，敬祝神灵，佑我成功，以福此一方民。”思至此，遂取短薄刃(贞娘嫁时已预备身畔)，揭罗帐起，方欲举手以刺之，忽闻鼾声，遂为之战栗者再，进退至三次，旋决意曰：“如此趑趄，何能成大事?”于是以至弱之力，刺极凶之盗。甫着鱼壳身，方寸间已惊惧不知所届，一惊惧而刃尖忽转侧于衾枕间。急拔起，思再刺之，乃天未厌乱，至凶之鱼壳，忽从梦昧中勃醒。噫!鸡卵投石，贞娘之为鱼壳所困，而卒至于玉碎者，有断断然矣。

环球社《图画日报》第一百八十五号第六页

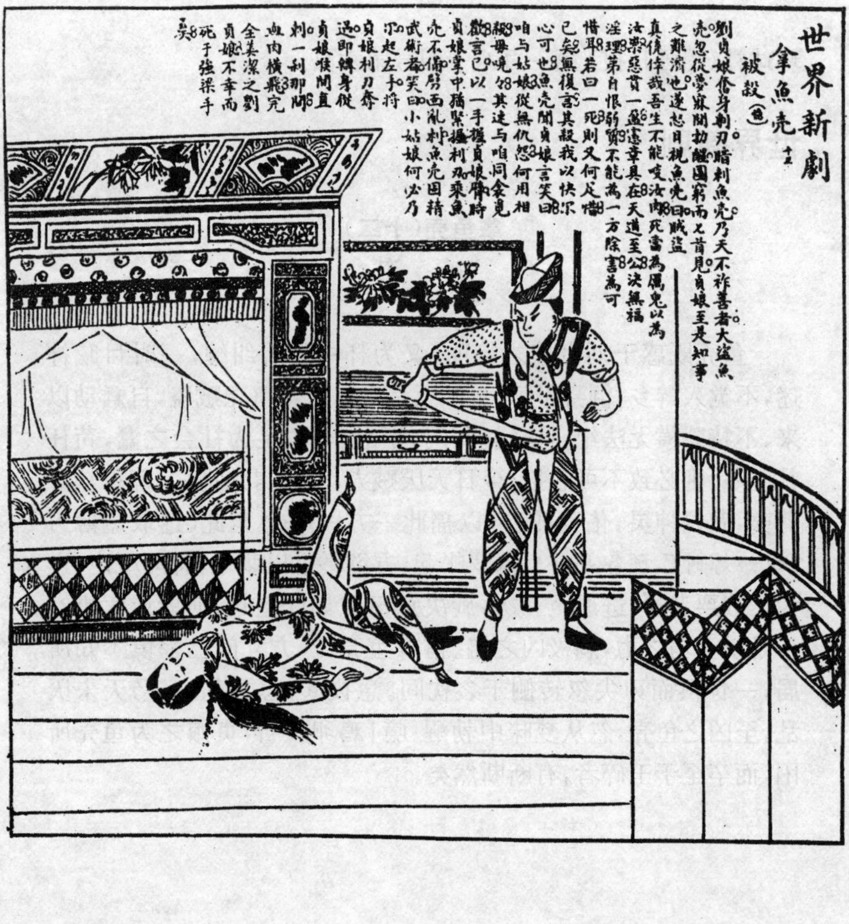

环球社《图画日报》第一百八十五号第六页

世界新剧

拿鱼壳（十三）
被　杀

忆

刘贞娘奋身夺刃，暗刺鱼壳，乃天不祚善者，大盗鱼壳，忽从梦寐间勃醒，图穷而匕首见。贞娘至是知事之难济也，遂怒目视鱼壳曰："贼盗真侥幸哉！吾生不能啖汝肉，死当为厉鬼以为汝祟。恶贯一盈，宪章具在，天道至公，决无福淫理。第自恨弱质，不能为一方除害，为可惜耳。若曰一死，则又何足惜已矣。无复言，其杀我以快尔心可也。"鱼壳闻贞娘言，笑曰："咱与姑娘，从无仇无怨，何用相杀？毋哓哓，其速与咱同衾觅欢。"言已，以一手握贞娘臂，时贞娘掌中犹紧握利刃，乘鱼壳不备，劈面乱刺，鱼壳固精武术者，笑曰："小姑娘，何必乃尔？"起左手将贞娘利刃夺过，即转身从贞娘喉间直刺，一刹那间，血肉横飞，完全美洁之刘贞娘，不幸而死于强梁手矣。

环球社《图画日报》第一百八十六号第六页

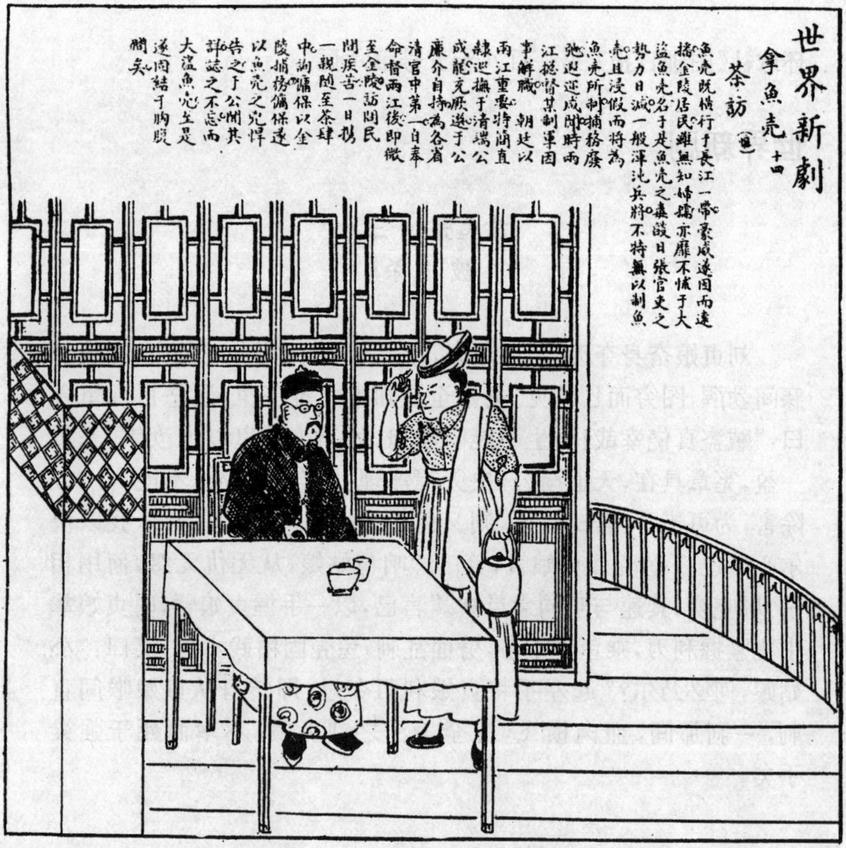

环球社《图画日报》第一百八十六号第六页

世界新剧

拿鱼壳（十四）

茶　访

忆

鱼壳既横行于长江一带，豪威遂因而远播，金陵居民，虽无知妇孺，亦靡不怵于大盗鱼壳名。于是鱼壳之毒焰日张，官吏之势力日减，一般浑沌兵将，不特无以制鱼壳，且浸假而将为鱼壳所制，捕务废弛，遐迩咸闻。时两江总督某制军因事解职。朝廷以两江重要，特简直隶巡抚于清端公成龙，充厥选。于公廉介自持，为各省清官中第一。自奉命督两江后，即微至金陵，访问民间疾苦。一日携一亲随至茶肆中，询佣保以金陵捕务，佣保遂以鱼壳之凶悍告之。于公闻其详，志之不忘。而大盗鱼壳，至是遂固结于胸腹间矣。

环球社《图画日报》第一百八十七号第六页

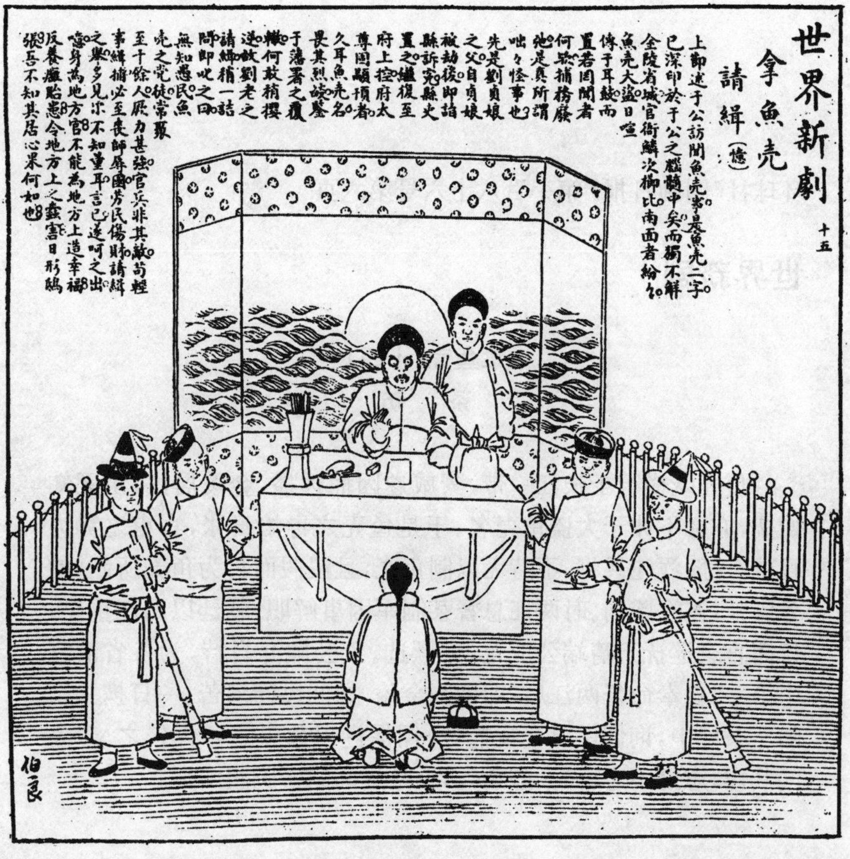

环球社《图画日报》第一百八十七号第六页

世界新剧

拿鱼壳(十五)

请　缉

忆

上节述于公访闻鱼壳事，是鱼壳二字，已深印于于公之脑髓中矣，而独不解金陵省城，官衙鳞次栉比，南面者纷纷，鱼壳大盗，日喧传于耳鼓，而置若罔闻者，何欤?捕务废弛，是真所谓咄咄怪事也。先是，刘贞娘之父，自贞娘被劫后，即诣县诉冤。县吏置之，继复至府上控，府太尊固颟顸者，久耳鱼壳名，畏其烈焰，鉴于藩署之覆辙，何敢稍撄逆。故刘老之请缉，稍一诘问，即叱之曰："无知愚民!鱼壳之党徒，常聚至千余人，厥力甚强，官兵非其敌。苟轻事缉捕，必至丧师辱国，劳民伤财。请缉之举，多见尔不知量耳。"言已，遂呵之出。噫!身为地方官，不能为地方上造幸福，反养痈贻患，令地方上之蠹害，日形鸱张，吾不知其居心果何如也。

环球社《图画日报》第一百八十八号第三页

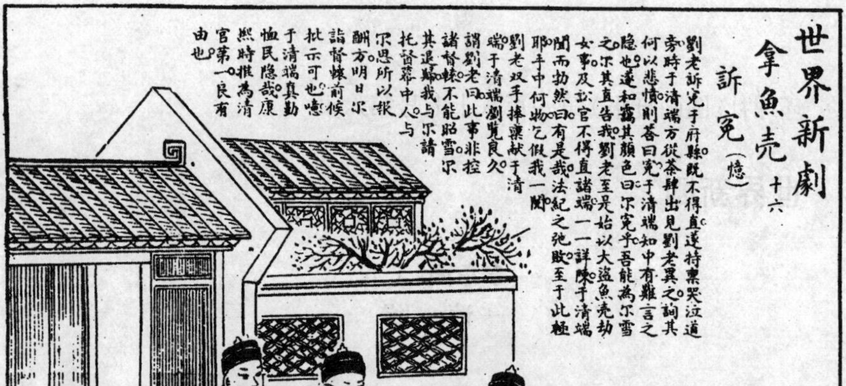

环球社《图画日报》第一百八十八号第三页

世界新剧

拿鱼壳(十六)

诉　冤

忆

刘老诉冤于府县,既不得直,遂持禀哭泣道旁。时于清端方从茶肆出,见刘老异之,询其何以悲愤,则答曰:“冤。”于清端知中有难言之隐也,遂和蔼其颜色曰:“尔冤乎?吾能为尔雪之,尔其直告我。”刘老至是始以大盗鱼壳劫女事,及讼官不得直诸端,一一详陈。于清端闻而勃然曰:“有是哉!法纪之弛败,至于此极耶!手中何物,乞假我一阅。”刘老双手捧禀献于清端,于清端浏览良久,谓刘老曰:“此事非控诸督辕,不能昭雪。尔其退归,我与尔请托督幕中人,与尔思所以报酬方。明日尔诣督辕前候批示可也。”噫!于清端真勤恤民隐哉!康熙时推为清官第一,良有由也。

环球社《图画日报》第一百八十九号第六页

环球社《图画日报》第一百八十九号第六页

世界新剧

拿鱼壳（十七）

迓　帅

忆

于清端公既访闻民间疾苦，于金陵地方上隐患，咸知其详。而所谓大盗鱼壳者，又深悉其为害闾阎之恶状。闻见稿，遂择期赴任。宁省属吏，自藩臬以下，素仰于清端清风亮节，及在直隶时之循绩，均相戒曰：“于公廉介，关节不到，吾曹其各自谨饬，勿被其所轻致登白简。”时藩司某，素有贪黩名，闻于公至，更战栗不知所届。翌日，于公赴任，属吏辈皆手版脚靴，出郭数十里，恭迓帅节。舞台诸名伶如小连生等，皆描摹官场足恭状态，形容尽致，虽禹鼎铸奸，不是过也。

环球社《图画日报》第一百九十一号第六页

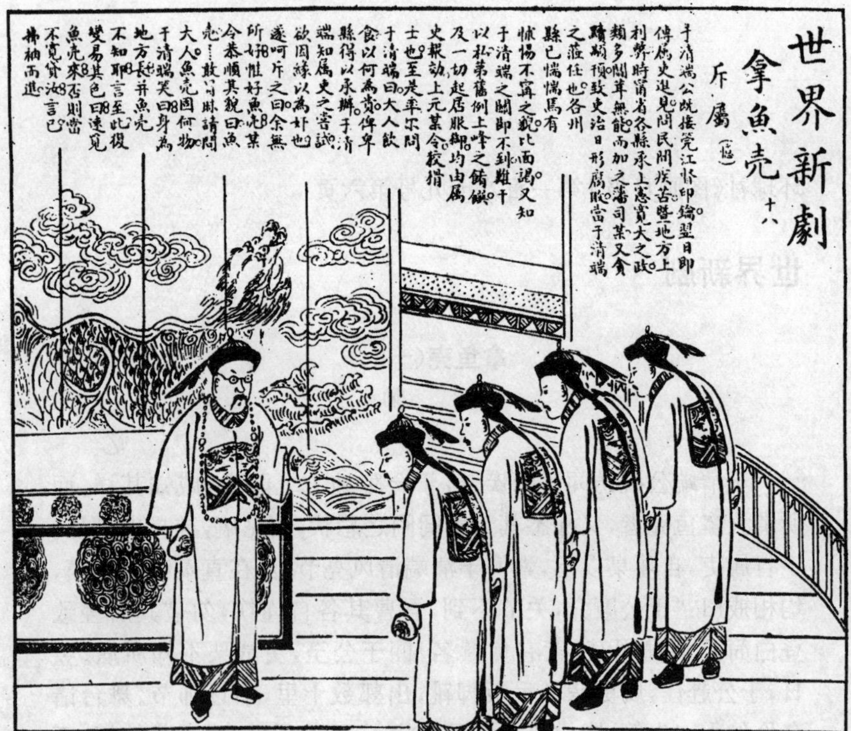

环球社《图画日报》第一百九十一号第六页

世界新剧

拿鱼壳(十八)
斥　属

忆

于清端公既接管江督印钥,翌日即传属吏进见,问民间疾苦暨地方上利弊。时宁省各县承上宪宽大之政,类多阘茸无能,而加之藩司某,又贪黩颟顸,致吏治日形腐败。当于清端之莅任也,各州县已惴惴焉有怵惕不宁之貌。比面谒,又知于清端之关节不到,难干以私。第旧例上峰之肴馔,及一切起居服御,均由属史报效。上元某令,狡猾士也。至是率尔问于清端曰:"大人饮食,以何为贵?俾卑县得以承办。"于清端知吏之尝试,欲因缘以为奸也。遂呵斥之曰:"余无所好,惟好鱼壳。"某令恭顺其貌曰:"鱼壳…… 敢冒昧请问大人,鱼壳固何物?"于清端笑曰:"身为地方长,并鱼壳不知耶?"言至此,复变易其色曰:"速觅鱼壳来,否则当不宽贷汝。"言已拂袖而进。

环球社《图画日报》第一百九十二号第五页

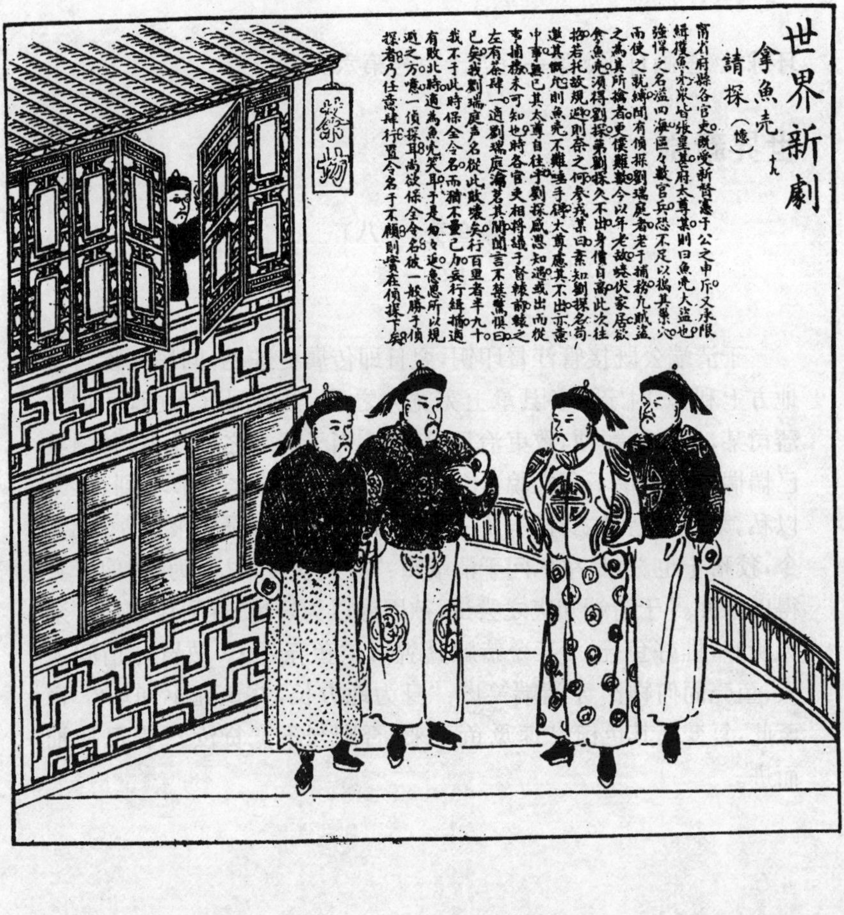

环球社《图画日报》第一百九十二号第五页

世界新剧

拿鱼壳(十九)
请　探

忆

宁省府县各官吏，既受新督宪于公之申斥，又承限缉获鱼壳，众皆张皇甚。府太尊某则曰："鱼壳大盗也，强悍之名溢四海。区区数官兵，恐不足以捣其巢穴，而使之就缚。闻有侦探刘瑞庭者，老于捕务，凡贼盗之为其所擒者，更仆难数。今以年老故，蜷伏家居，欲拿鱼壳，须得刘探。第刘探久不出，身价自高，此次往招，若托故规避，则奈之何?"参戎某曰："素知刘探名，苟邀其慨允，则鱼壳不难唾手得。太尊虑其不出，亦意中事。无已其太尊自往乎?刘探感恩知遇，或出而从事捕务，未可知也。"时各官吏相将议于督辕前，辕之左有茶肆一，适刘瑞庭瀹茗其间，闻言不禁惊俱曰："已矣!我刘瑞庭声名从此败坏矣。行百里者半九十，我不于此时保全令名，而犹不量己力，妄行缉捕，适有败北时，适为鱼壳笑耳。"于是匆匆返，急思所以规避之方。噫!一侦探耳，尚欲保全令名，彼一般胜于侦探者，乃任意肆行，置令名于不顾，则实在侦探下矣。

环球社《图画日报》第一百九十三号第六页

环球社《图画日报》第一百九十三号第六页

世界新剧

拿鱼壳(二十)
诈　疯

刘瑞庭既知官界有倩彼缉捕鱼壳事,惧令名不克保全也,遂急返家,与老妻议所以规避法。老妻愕然良久,始言曰:“缉捕贼盗,固良人之天职也。贼盗横行,而良人坐视之,于心乎何忍?”瑞庭闻妻言,斥之曰:“老妇何知!鱼壳小子非他人比,党徒既众多,拳术又精良。我苟或失败,则不特名誉大损,且适以长贼人之气焰。再四筹维,则必以隐匿为最善。”刘妻曰:“隐匿奈何?”瑞庭曰:“其作疯乎?”言已,忽闻叩门声,瑞庭曰:“来矣!急避之。如问及,则曰疯已三年。其他则我自对付之。”刘妻领之出,见翎顶辉煌者四人,盖府县及某某两参戎也。府尊某先启口曰:“此刘瑞庭家乎?”刘妻曰:“是。”曰:“刘瑞庭在家否?余辈特来图晤。”刘妻吞吐其词曰:“不敢讳言,吾夫瑞庭已疯狂三年矣。”府尊某闻之,不禁为之恐慌,转思刘探狡猾,莫非诳哉?遂厉声曰:“勿无礼,其速唤之出!”刘妻无如何,唤瑞庭出。瑞庭面涂黑色,手持破簏,口中喃喃作狂语,见府尊等任意凌辱,任意调笑。噫!刘瑞庭一捕役耳,能自好如此,能蔽屣富贵如此,彼一般熙来攘往、日钻营差委者,对之,能勿愧死!

环球社《图画日报》第一百九十四号第三页

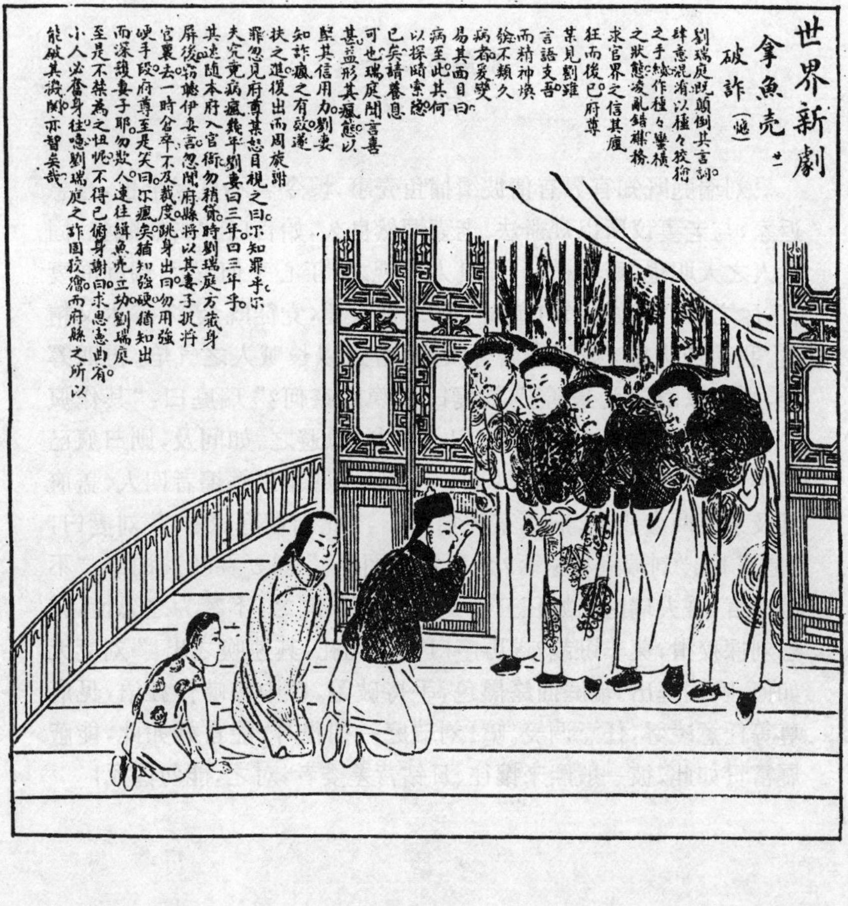

环球社《图画日报》第一百九十四号第三页

世界新剧

拿鱼壳(二十一)
破　诈

忆

刘瑞庭既颠倒其言词,肆意混淆以种种狡狯之手续,作种种蛮横之状态,凌乱错杂,务求官界之信其疯狂而后已。府尊某见刘虽言语支吾,而精神焕发,不类久病者。爰变易其面目曰:"病至此,其何以探赜索隐?已矣,请养息可也。"瑞庭闻言喜甚,益形其疯态,以坚其信用力。刘妻知诈疯之有效,遂扶之进,复出而周旋谢罪。忽见府尊某怒目视之曰:"尔知罪乎?尔夫究竟病疯几年?"刘妻曰:"三年。"曰:"三年乎?其速随本府入官衙,勿稍贷。"时刘瑞庭方藏身屏后,窃听伊妻言,忽闻府县将以其妻子捉将官里去,一时仓卒,不及裁度,跳身出曰:"勿用强硬手段。"府尊至是笑曰:"尔疯矣,犹知强硬,犹知出而深护妻子耶?勿欺人,速往缉鱼壳立功!"刘瑞庭至是不禁为之忸怩,不得已,俯身谢曰:"求恩宪曲宥,小人必奋身往。"噫!刘瑞庭之诈固狡狯,而府县之所以能破其机关,亦知智矣哉!

环球社《图画日报》第一百九十五号第六页

环球社《图画日报》第一百九十五号第六页

世界新剧

拿鱼壳(二十二)
侦　盗

忆

刘瑞庭即奉命侦鱼壳，遂变易其常态，服敝衣，手破竹，施其平日灵敏之手腕，快利之目光，日往来于盗贼丛中，以探察鱼壳之行踪。先是，鱼壳自刘贞娘不屈后，靡时不念贞娘。从盗李四辈，遂怂恿其征逐妓寮，时在秦淮河畔，征歌选色。刘瑞庭侦知之，即伪为乞人，叫号求合于鱼壳舟旁。恐鱼壳之匿身不出也，更以无礼之言词感触之，盗固不学，闻瑞庭言，竟跃身起，不知陷阱钓饵，适堕其计中矣。

环球社《图画日报》第一百九十六号第六页

环球社《图画日报》第一百九十六号第六页

世界新剧

拿鱼壳(二十三)
服　盗

忆

刘瑞庭即以无礼言,叫嚣于鱼壳船畔,从盗李四,怜其穷而与之饭一盂、青蚨数十。瑞庭接饭顷河中,持青蚨碎之若泥沙。李四见其倔强,叱喝之曰:“何物丐儿不识抬举如是耶!”瑞庭闻言指斥之曰:“勿梦梦,亦知尔祖若宗在此乎?”李四至是怒甚,奋身跃至岸,与瑞庭格斗。未及交手,即被瑞庭挥斥至河中。李四既失败,盗党纷来相袭,乃稚子与贲育敌,一霎那而蹈李四覆辙者,十人而九。时鱼壳见瑞庭大猖獗,遂持利刃,跳跃起曰:“老乞儿,勿退避。”言未已,以利刃直刺瑞庭。瑞庭和蔼其颜色,伸颈迎之,鱼壳以为其中计也,以横刀逼之。而孰知瑞庭张大厥口,以齿紧咬利刃,鱼壳力拔之不得脱。不但不得脱也,且手腕麻木,肢体力尽,不禁跪叩曰:“是非前辈刘瑞庭乎?”噫!鱼壳大盗,遇刘瑞庭而败北,武力强弱之关系也。

环球社《图画日报》第一百九十七号第六页

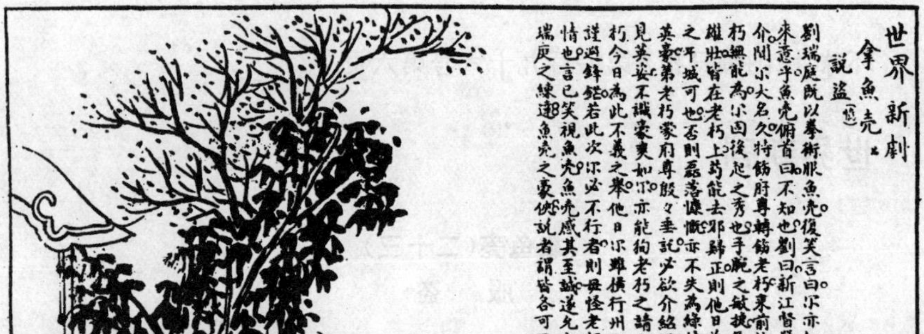

环球社《图画日报》第一百九十七号第六页

世界新剧

拿鱼壳(二十四)
说　盗

忆

刘瑞庭既以拳术服鱼壳,复笑言曰:"尔亦知吾之来意乎?"鱼壳俯首曰:"不知也。"刘曰:"新江督严威廉介,闻尔大名久,特饬府尊转饬老朽,来前敦请。老朽无能为,尔固后起之秀也。手腕之敏捷、气宇之雄壮,皆在老朽上。苟能去邪归正,则他日为国家之干城可也。否则磊落慷慨,亦不失为绿林中之英豪。第老朽蒙府尊殷殷垂托,必欲介绍尔,使一见英姿。不识豪爽如尔,亦能徇老朽之请求否?老朽今日为此不义之举,他日尔虽横行州郡,亦当谨避锋芒。若此次尔必不行者,则毋怪老朽之不情也。"言已,笑视鱼壳,鱼壳感其至诚,遂允之。噫!刘瑞庭之练达,鱼壳之豪侠,说者谓皆各可取处也。

环球社《图画日报》第一百九十九号第三页

环球社《图画日报》第一百九十九号第三页

世界新剧

拿鱼壳(二十五)
侠 从

忆

鱼壳聆刘瑞庭言,心不禁为之感动,眉目间则现一种钦佩之诚。闻刘瑞庭有逮其入官语,遂转身向瑞庭揖曰:“前辈命敢不谨遵。惟图圄中良苦,不自由之束缚,似难忍受。设受之有难色,不克始终若一,半途出押,而前辈或二次来相干涉,则咱决不承认所谓前辈。以低首服从,故全面子者,亦只此一次而已。前辈其许之乎?不然,背城借一可也。”刘点首曰:“呆哉鱼壳儿!吾为府尊所委任,直逼处此,非好为之也。尔其曲谅我苦衷,甘心随行,俾卸我仔肩,全我令名,我且感激之不遑,又何肯重来麾下,不知退让,以自献厥丑乎?”鱼壳闻言喜甚,即偕刘瑞庭至府衙。府尊闻刘瑞庭果擒鱼壳至,欣幸极,先征瑞庭入,嘉慰之。复以礼接见鱼壳,并以英雄好汉之滥词,敷衍一时许,始命禁錮。而铁汉之鱼壳,遂从此束身法网中矣。

环球社《图画日报》第二百号第六页

环球社《图画日报》第二百号第六页

世界新剧

拿鱼壳（二十六）

逃　狱

忆

鱼壳既入狱，刘瑞庭遂向府尊请曰："鱼壳获矣，职尽矣，小人之怨毒于人亦甚矣。彼党众多，时虞暗伤。免祸之策，厥惟高蹈邱园。若云重赏，则小人既充捕役，应为公家效奔走，区区微劳，何足挂诸齿颊。"府尊知刘之高洁也，力为慰劝，奈刘行志已决，万难挽留，不得已放任之去。乃事出意外，于刘去之翌日，而叱咤风云之鱼壳儿，即远飏不知所往。先是鱼壳入狱，见种种束缚，已不能耐受。比用缧绁，中心更愤愤。至晚遂以臂力解脱之，逾垣而逸。一禁穴也，而鱼壳任意出入，毫无留难，于以知当时法网之疏矣。

环球社《图画日报》第二百零一号第六页

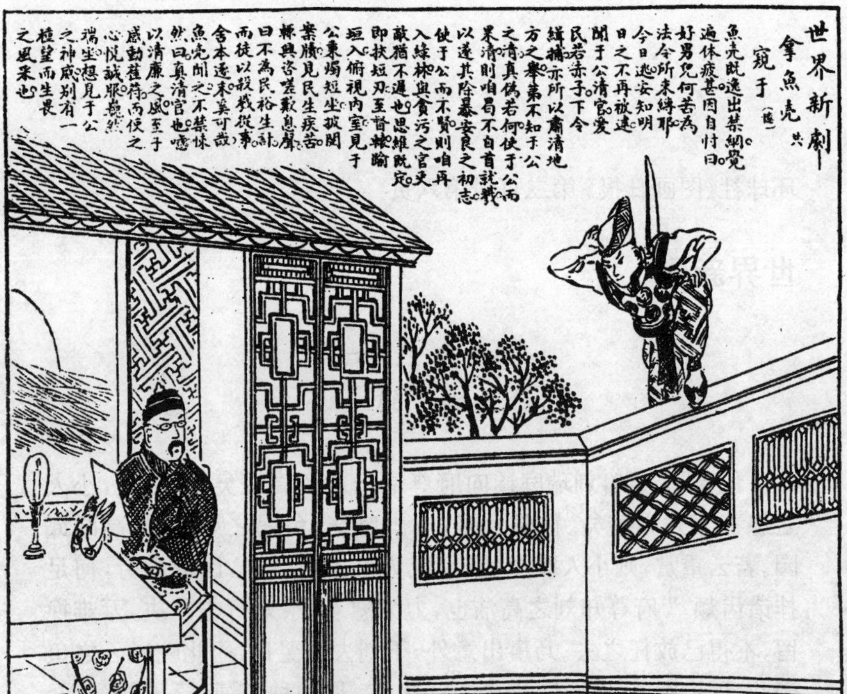

环球社《图画日报》第二百零一号第六页

世界新剧

拿鱼壳(二十七)

窥　于

忆

鱼壳既逸出禁网,觉遍体疲甚,因自忖曰:"好男儿何苦为法令所束缚耶!今日逃,安知明日之不再被逮?闻于公清官,爱民若赤子。下令缉捕,亦所以肃清地方之举。第不知于公之清,真伪若何?使于公而果清,则咱曷不自首就戮,以遂其除暴安良之初志;使于公而不贤,则咱再入绿林,与贪污之官吏敌,犹不迟也。"思维既定,即挟短刃至督辕,逾垣入。俯视内室,见于公秉烛短坐,披阅案牍,见民生疾苦,辄兴咨嗟叹息声,曰:"不为民裕生计,而徒以杀戮从事,舍本逐末,奚可哉!"鱼壳闻之,不禁悚然曰:"真清官也。"噫!以清廉之风,至于感动萑符,而使之心悦诚服,巍然端坐,想见于公之神感,别有一种望而生畏之风采也。

环球社《图画日报》第二百零二号第六页

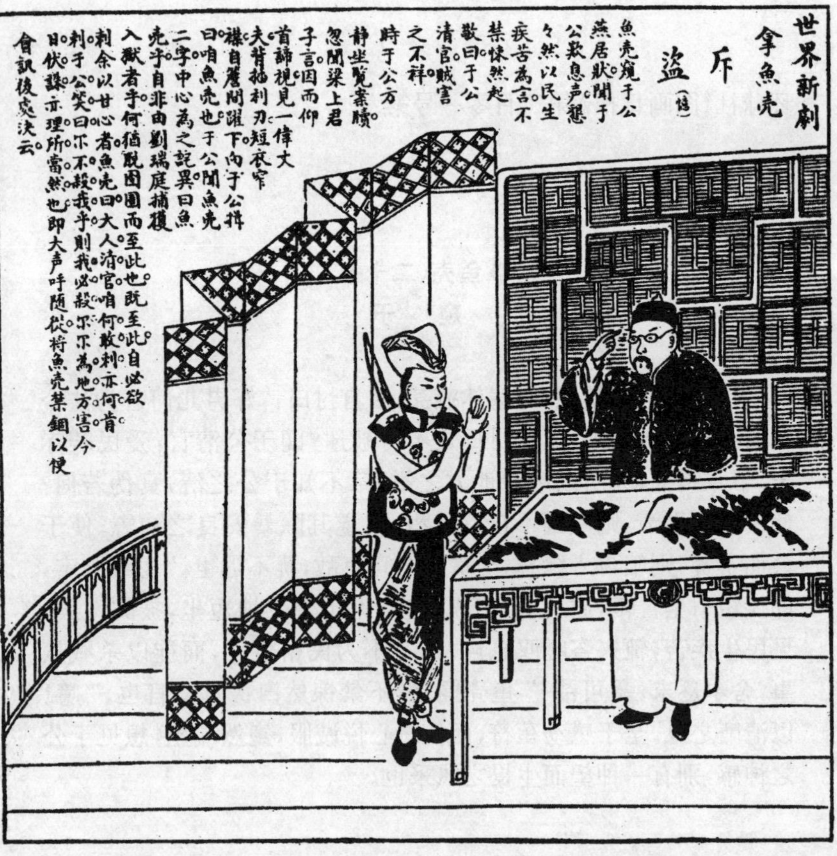

环球社《图画日报》第二百零二号第六页

世界新剧

拿鱼壳（二十八）
斥　盗

忆

鱼壳窥于公燕居状，闻于公叹息声，恳恳然以民生疾苦为言，不禁悚然起敬曰："于公清官，贼害之不祥。"时于公方静坐览案牍，忽闻梁上君子言，因而仰首谛视，见一伟丈夫，背插利刃，短衣窄襟，自檐间跃下，向于公揖曰："咱鱼壳也。"于公闻鱼壳二字，中心为之诧异，曰："鱼壳乎？自非由刘瑞庭捕获入狱者乎？何犹脱囹圄而至此也？既至此，自必欲刺余以甘心者。"鱼壳曰："大人清官，咱何敢刺，亦何肯刺？"于公笑曰："尔不杀我乎？则我必杀尔。尔为地方害，今日伏诛，亦理所当然也。"即大声呼随从，将鱼壳禁锢以便会讯后处决云。

环球社《图画日报》第二百零四号第六页

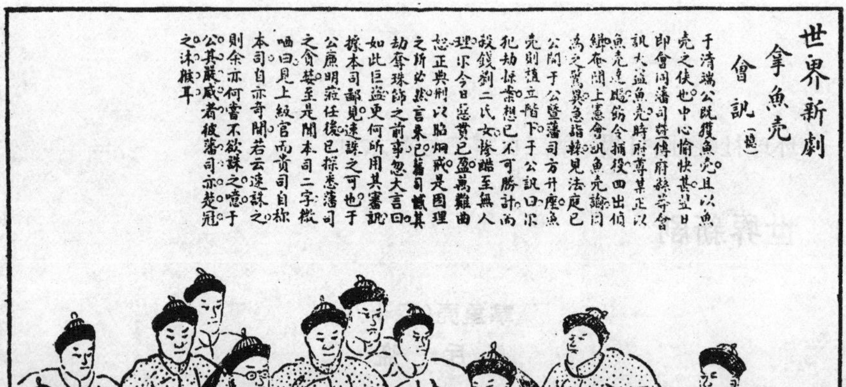

世界新劇

拿魚壳

會訊(愬)

于清端公既獲魚壳。且以魚壳之伏也。中心愉快甚。翌日即會同藩司暨傳府縣等會訊大盜魚壳。時府尊某正以魚壳逸贓。飭令捕役四出偵緝。適聞上憲會訊魚壳。諭同爲之驚異。急詣轅。見法庭已公開。于公暨藩司方升座。魚壳則植立階下。于公訊曰。汝犯劫掠案。想已不可勝計。而殺戮剝二氏女。慘酷至無人理。汝今日惡貫已盈。萬難曲恕。正典刑以昭炯戒。是因理之所必然。言未已。藩司誠其劫奪珠飾之前事。忽大言曰。如此巨盜。更何所用其審訊。據本司鄙見。速誅之可也。于公廉明。蒞任後。已探悉藩司之貪婪。至是聞本司二字。微哂曰。見上級官而貴司自稱本司。亦奇聞。若云速誅之。則余亦何嘗不欲誅之。噫。于公其嚴威者。彼藩司亦楚冠之沐猴耳。

环球社《图画日报》第二百零四号第六页

世界新剧

拿鱼壳(二十九)
会　讯

忆

于清端公既获鱼壳，且以鱼壳之侠也，中心愉快甚。翌日即会同藩司暨传府县等会讯大盗鱼壳。时府尊某正以鱼壳远飏，饬令捕役，四出侦缉。奄闻上宪会讯鱼壳谕，因为之惊异，急诣辕，见法庭已公开，于公暨藩司方升座，鱼壳则植立阶下。于公讯曰："尔犯劫掠案，想已不可胜计，而杀钱、刘二氏女，惨酷至无人理。尔今日恶贯已盈，万难曲恕。正典刑以昭炯戒，是固理之所必然。"言未已，藩司憾其劫夺珠饰之前事，忽大言曰："如此巨盗，更何所用其审讯？据本司鄙见，速诛之可也。"于公廉明莅任后，已探悉藩司之贪婪，至是闻本司二字，微哂曰："见上级官而贵司自称本司，自亦奇闻。若云速诛之，则余亦何尝不欲诛之。"噫！于公其严威者，彼藩司亦楚冠之沐猴耳。

环球社《图画日报》第二百零五号第六页

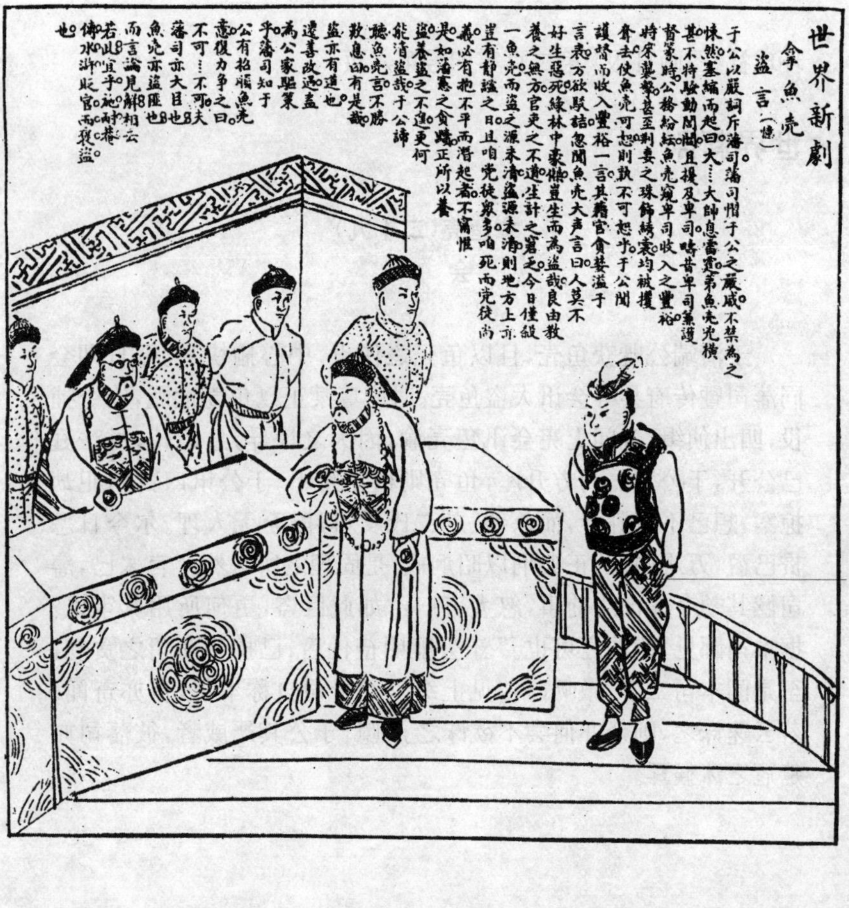

环球社《图画日报》第二百零五号第六页

世界新剧

拿鱼壳（三十）

盗　言

忆

于公以严词斥藩司，藩司惧于公之严威，不禁为之悚然，蹇缩而起，曰：“大…… 大帅息雷霆。第鱼壳凶横甚，不特骚动闾阎，且扰及卑司。畴昔卑司兼护督篆时，公务纷纭，鱼壳窥卑司收入之丰裕，时来袭击。甚至荆妻之珠饰绣裳，均被攫夺去。使鱼壳可恕，则孰不可恕乎？”于公闻护督而收入丰裕一言，其藉官贪婪溢于言表，方欲驳诘，忽闻鱼壳大声言曰：“人莫不好生恶死，绿林中豪杰，岂生而为盗哉？良由教养之无方，官吏之不道，生计之窘乏。今日仅杀一鱼壳，而盗之源未清；盗源未清，则地方上亦岂有静谧之日？且咱党徒众多，咱死而党徒尚义，必有抱不平而潜起者。不宁惟是，如藩宪之贪黩，正所以养盗；养盗之不遑，更何能清盗哉！”于公谛听鱼壳言，不胜叹息曰：“有是哉！盗亦有道也。迁善改过，盍为公家驱策乎？”藩司知于公有招顺鱼壳意，复力争之曰：“不可……不可。”夫藩司亦大臣也，鱼壳亦盗匪也，而言论见解相云若此。宜乎施耐庵传《水浒》，贬官而褒盗也。

环球社《图画日报》第二百零六号第六页

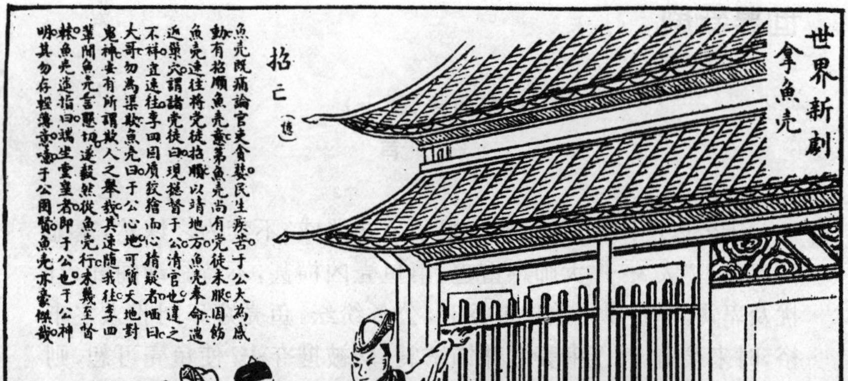

环球社《图画日报》第二百零六号第六页

世界新剧

拿鱼壳(三十一)

招　亡

忆

鱼壳既痛论官吏贪婪、民生疾苦，于公大为感动，有招顺鱼壳意。第鱼壳尚有党徒未服，因饬鱼壳速往将党徒招顺，以靖地方。鱼壳奉命，遄返巢穴，谓诸党徒曰：“现总督于公，清官也。违之不祥，宜速往。”李四固质狡狯而心猜疑者，哂曰：“大哥勿为渠欺。”鱼壳曰：“于公心地，可质天地、对鬼神，安有所谓欺人之举哉！其速随我往。”李四辈闻鱼壳言恳切，遂毅然从鱼壳行。未几至督辕，鱼壳遥指曰：“端坐堂皇者，即于公也。于公神明，其勿存轻薄意。”噫！于公固贤，鱼壳亦豪杰哉！

环球社《图画日报》第二百零七号第六页

环球社《图画日报》第二百零七号第六页

世界新剧

拿鱼壳(三十二)
侠　果

忆

鱼壳招盗党入督辕，各盗虽桀骜，第见于公之丰采，均惴然不自安。时鱼壳已将各盗名，禀达于公，复宣扬于公之德意于各盗前，且曰："于大人仁恕，必能曲宥尔辈罪过。但尔辈嗣后须各安生业，若再匿迹绿林中，则不特负于大人，且负咱鱼壳矣。"各盗闻言，瞿然曰："弟辈为良民，大哥如何？"鱼壳曰："咱罪恶滔天，神人共愤，若再偷生，天地所不容。即于大人施逾格恩，而咱独何面目立于世间？故惟咱则有死而已。"言未已，各盗忿然曰："弟辈愿随大哥于九原下。"一转盼间，各盗皆手利刃；又一转盼间，而各盗皆横刀自刎，血肉横飞。鱼壳至是，神魂亦为之簸荡。于公坐堂上，目击各盗之尚侠殉义，不禁感叹，遂下令免鱼壳死，鱼壳跪叩曰："兄弟辈皆死，咱独生，无是理也。"言毕即剸刀自尽。噫！侠哉鱼壳也！义哉各盗也！神威哉于公也！新舞台以是剧为白下奇闻，诚哉其奇闻矣！

(已完)

赌徒造化

环球社《图画日报》第二百零八号第六页

环球社《图画日报》第二百零八号第六页

世界新剧

赌徒造化(一)

诫　子

荣

《赌徒造化》一剧，即旧剧《金不换》之变相也。经南市新舞台名伶七盏灯、夏月珊、小保成等排演，所以描摹赌徒之昏聩，形容赌棍之欺诈，靡不穷形尽致。凡一般有刘盘龙癖，曾受迷龙劫者，对此铸奸鼎、照妖犀，当无不废然返矣。

商人岳定仲家者，家豪富，举动谨饬。年花甲，仅有一子，名炳，性质灵敏，容貌秀美。年弱冠，娶妻张氏。张氏者，郡绅张鑫文之女也。闺范既整肃，姿首亦妙丽。自于归岳氏后，米盐琐屑，均张氏所操作。岳炳有知，当喜中馈之有人，而克勤正业，谨守典型，以全父志。乃生小骄惰，沾染恶习，而所谓刘盘龙病，则已深入膏肓。虽经严父及爱妻婉劝，卒视若耳边风，而置之脑后。一日，定仲力戒之曰："炳儿…… 尔亦知赌之足以倾家乎？尔不以我言为然，则会见尔在卑田院中耳。"岳炳闻父言，愤极。噫！知子莫若父，定仲其先知哉！弟逆子无可治，虽舌敝唇焦而卒归于无益，奈何！

环球社《图画日报》第二百零九号第六页

世界新劇

賭徒造化 二

詛妻（續）

世間誤人最烈之事。莫如嫖賭。而一擲千金。一霎那而失業蕩產者。則賭較嫖為尤甚。岳炳英年甚憒。乃亦溺此。甚至傾家鬻妻。賣身為奴。噫。是亦可憐可恨者乎。岳炳既沈溺賭海。遂日與翻戲局騙之輩。積如馮赤閣譚林綱華相友高。譚國。善。葉。子。（即骨牌也如牌九類）馮則溺。遊六色（即骰子如搖攤擲羊之類）而岳。炳。無。知。日與之。為伍。即日與之。增進。收入。全錢之流出。無以千百計。而岳炳囊々空也。一日。岳炳大負。旅家。損備起將。軍為拔。土重來。舉弟恐妻張氏之措款不發。故特籌所以詛妻法。入室謂張氏曰。我終日賦。閑。良非佳。策。近有一可營之業。須三千金。即能承辦。盡為我一籌。俾不致坐失此好機會。張氏初不信。及聞其言懇切。遂啓匣与以二千金之紙幣。岳炳欣然。匿懷抱。跳躍去。張氏知有異。及欲喚之返。已杳然如黃鶴矣。

环球社《图画日报》第二百零九号第六页

世界新剧

赌徒造化（二）

诓 妻

荣

世间误人最烈之事，莫如嫖赌。而一掷千金，一霎那而失业荡产者，则赌较嫖为尤甚。岳炳英年慧质，乃亦溺此，甚至倾家鬻妻，卖身为奴。噫！是亦可怜可恨者乎？岳炳既沉溺赌海，遂日与翻戏局骗之无赖，如冯赤阁、谭林网辈相友善。谭固善叶子（即骨牌也，如牌九类），冯则深通六色（即骰子，如摇摊掷羊之类）；而岳炳无知，日与之为伍，即日与之增进收入。金钱之流出，每以千百计，而岳炳固梦梦也。一日，岳炳大负旋家，预备起援军，为卷土重来举。第恐妻张氏之揹款不发，故特筹所以诓妻法。入室谓张氏曰："我终日赋闲，良非佳策。近有一可营之业，须三千金，即能承办。盍为我一筹？俾不致坐失此好机会。"张氏初不信，及闻其言恳切，遂启匦与以二千金之纸币。岳炳欣然取，匿怀抱跳跃去。张氏知有异，及欲唤之返，已杳然如黄鹤矣。

环球社《图画日报》第二百十号第六页

环球社《图画日报》第二百十号第六页

世界新剧

赌徒造化(三)

巨 负

荣

岳炳凭三寸舌,得二千金,中心愉快甚,卷而怀之,急向博场进。时冯、谭诸赌棍,正翘足待施财主。忽见岳炳来,群起而欢迎曰:“岳兄来矣,弟辈待之久。将以为手谭乎?抑将以为色戏乎?”岳炳见冯、谭咸在,不禁雀跃曰:“今日诸军悉备,可一大战。第手谭旷日持久,决胜负于俄顷,不若色戏之迅捷。”冯赤阁闻言,不俟岳炳之词终,即狂呼曰:“可。”并伸手曰:“赞成。”一转盼间,彩盆安置中央,冯探囊取牙质之色骰六枚,赤墨相间,彩色耀人眼帘。岳炳见之一若纨绔子之见美丽娘,神魂飞越。于是掷骰声锵然,吆喝声哄然,呼卢叱雉,黑白颠倒。岳炳目眩意迷,比赛不数次,而二千金均掷诸虚牝矣。呜呼!赌之为害,其烈乃一至于此。可惧哉!可惧哉!

环球社《图画日报》第二百十一号第六页

环球社《图画日报》第二百十一号第六页

世界新剧

赌徒造化（四）
訾 婿

荣

岳炳既陷溺赌海中，而金钱之溢出，遂若恒河沙。父定仲忧之，妻张氏亦忧之。定仲以正言规诫，张氏则以婉词相谏。奈迷途深远，欲一旦跳出牢笼，几有难若登天之势。定仲目击状况，毋任焦急，感触之余，继以罹疾。张氏无如何，遂以夫婿之溺赌，堂上之抱疴，饬仆人告诸父若母。父张鑫文固缙绅也，母周氏亦练达而仁慈者，闻乘龙客终日受迷龙劫，爱女将失其所恃，不禁顿以指摘。夫鑫文曰："为爱女择婿，乃竟择得一赌中迷鬼。"鑫文辩曰："传来言不可信，我婿必非常人，万无溺赌理。"周氏曰："噫！无溺赌理乎？尔亦闻外界之风谈乎？总之此婿即不赌，亦非能养我爱女者。"鑫文曰："请勿訾彼。"张氏怒曰："訾彼奈何？"呜呼！择婿不慎，致爱女贻讥终身。周氏之言虽顽固，然所谓贻讥终身一语，未始无先见之明也。

环球社《图画日报》第二百十二号第六页

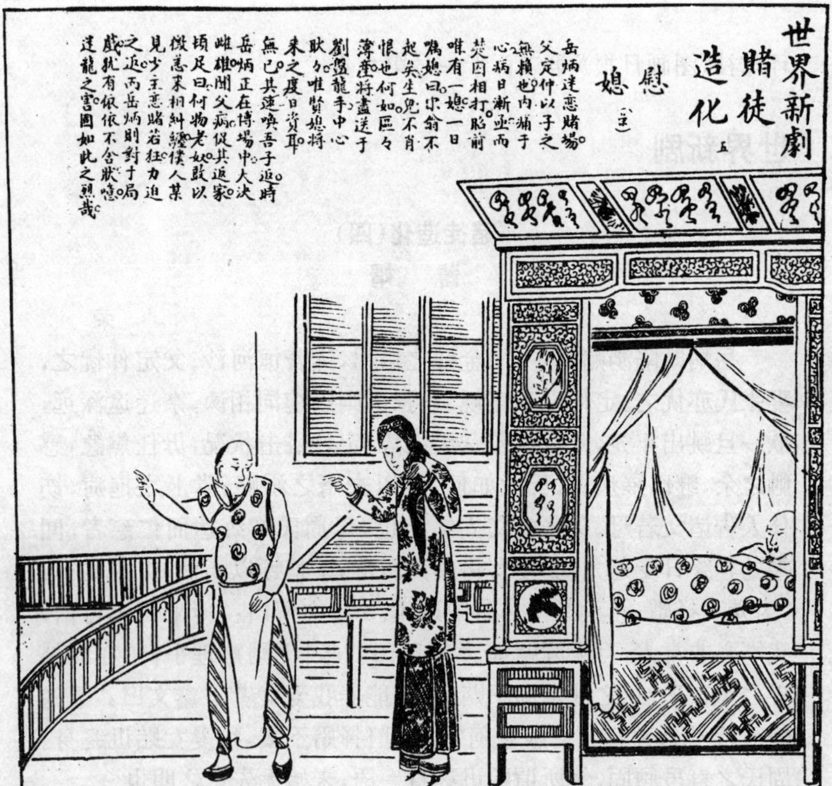

环球社《图画日报》第二百十二号第六页

世界新剧

赌徒造化(五)
慰　媳

荣

岳炳迷恋赌场，父定仲以子之无赖也，内痛于心，病日渐亟。而楚囚相打，昭前唯有一媳。一日嘱媳曰："尔翁不起矣，生儿不肖，恨也何如！区区薄产，将尽送于刘盘龙手，中心耿耿。唯贤媳将来之度日资耳……无已，其速唤吾子返。"时岳炳正在博场中，大决雌雄。闻父病，促其返家，顿足曰："何物老奴，敢以微恙来相纠缠！"仆人某见少主恋赌若狂，力迫之返。而岳炳则对于局戏，犹有依依不舍状。噫！迷龙之害，固如此之烈哉！

环球社《图画日报》第二百十三号第六页

环球社《图画日报》第二百十三号第六页

世界新剧

赌徒造化（六）
训　婿

荣

岳定仲既在弥留之际，而子犹恋赌不归。媳张氏无如何，饬仆辈往外家请父张鑫文。鑫文闻耗，即偕妻周氏至。至门则定仲已奄奄一息，急请鑫文进，告以子之不肖，并以家业托鑫文曰：“定仲不幸，豚儿辱我门墙。区区米盐资，求吾公管钥，俾我之媳、公之女不致为乞人妇，幸甚。”言已瞑目而逝。鑫文凭几受遗嘱，不胜悲哀。以婿之置大丧于不顾也，更不胜痛恨。不得已，饬仆三四辈，往赌场促岳炳归。岳炳固惧丈人峰者，遂怏怏返。返后，鑫文痛斥之，并言受遗命，将置之死地。第岳炳此时虽身遭大故，耳聆训辞，然心目中则惟有所谓叶子色骰而已，喃喃言曰：“可惜，清一色未经到手。”噫！岳炳置父丧于不顾，其真不可教哉！

环球社《图画日报》第二百十四号第六页

环球社《图画日报》第二百十四号第六页

世界新剧

赌徒造化（七）

赚　金

荣

张鑫文既以严词诫斥婿岳炳，毋恋赌，岳炳唯唯。鑫文又以岳炳遭大故，理宜为严父治丧具，以尽儿子礼，遂呵斥之曰："不肖逆子，亦思父母之丧，抢地呼天，尔亦躬亲从事大丧，购办衣衾棺椁，必敬必诚以一消前愆乎？"岳炳迷恋赌乡，梦想系之，而所苦者囊中羞涩。今闻妻父命其办丧具，知必有巨金到手，可以为屡次挫败之援军，遂欣然诺曰："衣衾棺椁，务求丰盛，而丧资何在？婿当亲往购觅良者，以尽子职。"张氏敏人也，闻夫言，恐其假手丧资，以为赌博之资本金。第见父谆谆训诲，虽偶人当亦感觉，遂深信不疑，而与以千二百金。岳炳见而亟受之，入之囊，而飘然行曰："当速来，当速来。"其实南辕北辙，已急向赌处去矣。噫！岳炳其名教之大罪人哉！父死而置之，不待置之也，且利用其死，而藉端赚金。吾知赌神有知，当亦为之切齿矣。

环球社《图画日报》第二百十五号第六页

世界新劇 賭徒造化

再北（未）

岳炳賺得洽喪具鉅貲。天良斷喪。挾之入博場。一般無賴如馮赤閣譚林綱輩。又奉承之若慈父母。塞卿卿。賭具攢萃集于中央之桌上。馮譚等笑曰。今日岳兄。何面有不豫色。豈預料戰必敗耶。岳炳曰。何言戰必敗。父殁耳。馮赤閣曰。尊公年幾何矣。岳炳曰。年五十餘。譚林綱鼓掌曰。五十外。不為夭。何不豫之有。無已。其速入局。岳炳曰。此辦喪費也。馮曰。以辦喪費。為翻本出贏之資。所謂一舉而數利備者。何樂不為。于是岳炳將所有金錢盡數與之博。乃未幾而盡數向馮譚處去噫。金錢之去如流水。而岳炳猶執迷不悟。其不至宵家蕩產者幾希乎。

环球社《图画日报》第二百十五号第六页

世界新剧

赌徒造化(八)

再　北

荣

岳炳赚得治丧具巨资,天良断丧,挟之入博场。一般无赖如冯赤阁、谭林纲辈,又奉承之若慈父母。霎那间,赌具复萃集于中央之桌上,冯、谭等笑曰:“今日岳兄,何面有不豫色?岂预料战必败耶?”岳炳曰:“何言战必败,父殁耳。”冯赤阁闻曰:“尊公年几何矣?”岳炳曰:“年五十余。”谭林纲鼓掌曰:“五十外,不为夭,何不豫之有?无已,其速入局。”岳炳曰:“此办丧费也。”冯曰:“以丧办费为翻本出赢之资,所谓一举而数利备者,何乐不为?”于是岳炳将所有金钱尽数与之博,乃未几而尽数向冯、谭处去。噫!金钱之去如流水,而岳炳犹执迷不悟,其不至消家荡产者几希乎?

环球社《图画日报》第二百十六号第六页

环球社《图画日报》第二百十六号第六页

世界新剧

赌徒造化（九）

议　箴

荣

岳、张之联姻，张鑫文之妻弟周锡卿者，固两间之媒介也。至是岳定仲殁，岳炳日在博场中图生活，张鑫文夫妇忧之甚，转辗以思挽救术，而乘龙客又在兴高采烈时，知非片言可使之回头。素悉妻弟周锡卿练达周详、智谋足备，遂诣周氏谋所以箴婿法。周固商人中之富于经验，而营业精明者。娶妻名雅琴，青楼人也。是日正夫妇闲谭时，忽仆人报张至。周以张至戚，遂与妇携手出迓，见后谭岳定仲死事，并谭岳炳嗜赌事。周锡卿闻而憾曰："何物赌棍，敢导岳家子下沉陷阱耶！有某在，当必有严惩彼辈之一日。"周固干练者，不然，冯、谭等巨恶也，人何能低首下心，以向张鑫文摇尾乞恕哉！

环球社《图画日报》第二百十七号第六页

环球社《图画日报》第二百十七号第六页

世界新剧

赌徒造化（十）

净　夫

荣

当张鑫文之与周锡卿议箴岳炳也，正岳炳夫妇反目之日。先是岳炳与冯、谭诸无赖博，岳炳输负至万金。冯、谭辈逆知岳炳素丰，且具纨绔性质，虽赌款必有完赵日。遂一意放纵之，而日积月累，由万金而且至数万金。岳炳固颛顸者，萃数万巨债于一身，而茫然无所觉。惟手头既窘，日向张氏需索而已。张氏忿甚，诤曰："汝亦知若翁之家产，已消归于无何有之乡乎？所仅存者，此破屋数椽耳。"岳炳曰："不信如许家产，尽化乌有耶？"张氏曰："不特家产乌有，且破衣败絮，亦均质库。尔若不速自改悔，会见尔在卑田院中耳。"噫！岳炳至此，犹执迷不悟，观剧者莫不同声叹息云。

环球社《图画日报》第二百十八号第六页

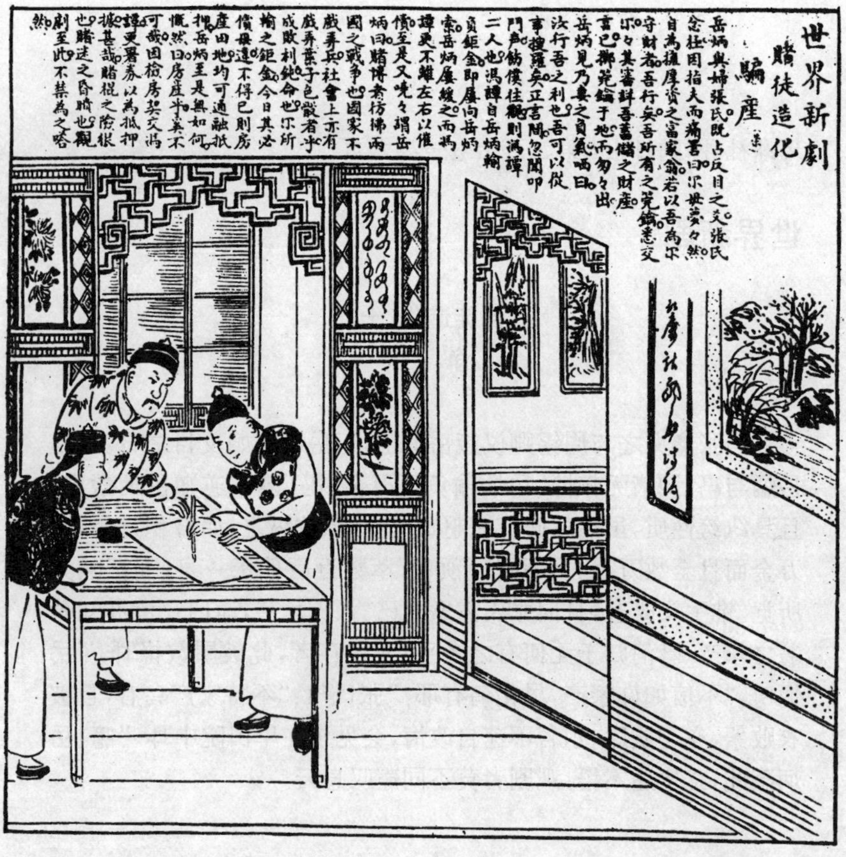

环球社《图画日报》第二百十八号第六页

世界新剧

赌徒造化（十一）
骗　产

荣

岳炳与妇张氏，既占反目之爻，张氏忿极，因指夫而痛詈曰："尔毋梦梦然，自为拥厚资之富家翁。若以吾为尔守财者，吾行矣。吾所有之管钥，悉交尔。尔其审详吾蓄储之财产。"言已，掷管钥于地，而匆匆出。岳炳见乃妻之负气，哂曰："汝行，吾之利也。吾可以从事搜罗矣。"正言间，忽闻叩门声，饬仆往观，则冯、谭二人也。冯、谭自岳炳输负巨金，即屡向岳炳索，岳炳屡缓之，而冯、谭更不离左右以催债。至是又哓哓谓岳炳曰："赌博者，仿佛两国之战争也。国家不戏弄兵，社会上亦有戏弄叶子色骰者乎？成败利钝，命也。尔所输之巨金，今日其必偿毋违。"不得已则房产田地，均可通融抵押。岳炳至是无如何，慨然曰："房产乎？奚不可哉！"因检房契，交冯、谭，更署券以为抵押据。甚哉！赌棍之险狠也，赌迷之昏瞆也。观剧至此，不禁为之嗒然。

环球社《图画日报》第二百十九号第六页

环球社《图画日报》第二百十九号第六页

世界新剧

赌徒造化（十二）

怼　夫

荣

岳炳以祖宗遗产，悉数断送于赌乡，而所仅存之家屋，亦被赌棍冯、谭辈攫去。宗社邱墟，家业沦亡，凡稍有心肝者，对此消衰之现象，必有一种感慨不忍之状态。而独有岳炳者，昧昧然毫无触觉。而冯、谭辈之攫夺其家产，且以为理之所宜有，因自解曰："金钱之转移，莫速于博场，胜败实赌家常事。今日房产去，安知明日之房产来乎?"方言间，忽张氏自母家至，奄聆房产去之一言，遂问曰："何言房产去?"岳炳见妻来，并闻妻询房产二字，遂慨然曰："房产乎?已抵押于冯、谭二人以偿赌负。"张氏惊闻房产抵押语，顿足泣曰："岳氏其亡矣。"言时遂转身复向母家去，时父及母均已往舅氏周锡卿处，议所以箴规岳炳（参观"议箴"一节）。张氏遂至周氏，见父母及舅父母，将岳炳荒行，详言之无遗，而怨怼之色，溢于言表，曰："良人者，所仰望而终身者也。今若此，何可恃乎?"言已，嘤嘤啜泣。噫!亦可悲矣。

环球社《图画日报》第二百二十号第五页

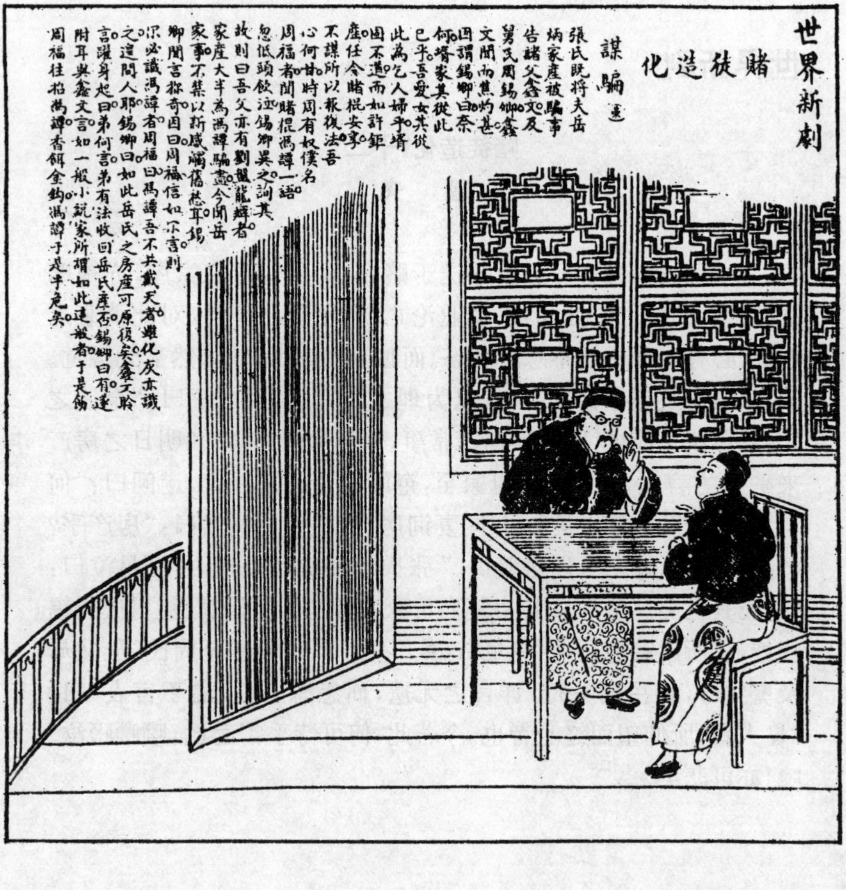

环球社《图画日报》第二百二十号第五页

世界新剧

赌徒造化（十三）
谋　骗

荣

张氏既将夫岳炳家产被骗事告诸父鑫文及舅氏周锡卿，鑫文闻而焦灼甚，因谓锡卿曰："奈何？婿家其从此已乎？吾爱女其从此为乞人妇乎？婿固不道，而如许巨产，任令赌棍安享，不谋所以报复法，吾心何甘？"时周有奴仆名周福者，闻赌棍冯、谭一语，忽低头饮泣，锡卿异之，询其故，则曰："吾父亦有刘盘龙癖者，家产大半为冯、谭骗尽。今闻岳家事，不禁以新感触旧愁耳。"锡卿闻言称奇，因曰："周福，信如尔言，则尔必识冯、谭者？"周福曰："冯、谭，吾不共戴天者。虽化灰亦识之，遑问人耶！"锡卿曰："如此岳氏之房产可原复矣。"鑫文聆言跃身起曰："弟何言？弟有法收回岳氏产否？"锡卿曰："有。"遂附耳与鑫文言，如一般小说家所谓如此这般者。于是饬周福往招冯、谭，香饵金钩，冯、谭于是乎危矣。

环球社《图画日报》第二百二十一号第六页

环球社《图画日报》第二百二十一号第六页

世界新剧

赌徒造化(十四)

吓 骗

荣

张鑫文与周锡卿既谋所以惩骗之策，饬仆周福往招冯、谭矣。乃先事筹备，鑫文曰："冯、谭来，将奈何?"锡卿曰："周福招冯、谭，固伪托请其入局者。弟惩骗之法，不外《孙子兵法》所谓'知彼知己'，相机行事，而紧要关键，则又在于证据确凿。"正互谈间，忽周福导冯、谭至。冯、谭见锡卿，色足恭，语卑巽，且见鑫文衣服华贵，面团团若富家翁，知为醉心博局，而输出金钱之良主顾，遂极意笼络。冯赤阁先谒锡卿曰："今日之局，固色骰六枚乎?抑叶子三十二张乎?"锡卿曰："叶子不若色骰之便捷，但此间无佳品，兄囊中备否?"冯曰："护身法宝，安得不备?"即探囊入手中，时鑫文已探手向冯取观色骰，笑曰："兄系善博者，此必无上妙制。"冯初不料其诡也，遂慨然与之曰："此系牙质，不过尔尔。若青鱼脑壳制则佳矣。"言未已，忽见鑫文勃然色变，击案怒曰："好大胆赌贼!骗人房产，今日必捉渠至官里去。"冯、谭满意与鑫文博，见鑫文忽变易其状态，如晴天雷霆，不禁惶愧失措。锡卿至是挽言曰："好赌棍，谓予不然，此色骰必有机关。"鑫文曰："何机关有?灌铅耳。所谓灌铅结统耳(赌徒称色骰万结统)。不信劈而视之如何?"冯、谭见语言含刺，知必有为而发；而证据既落人手，遂不胜形其恐惧之色云。

环球社《图画日报》第二百二十二号第六页

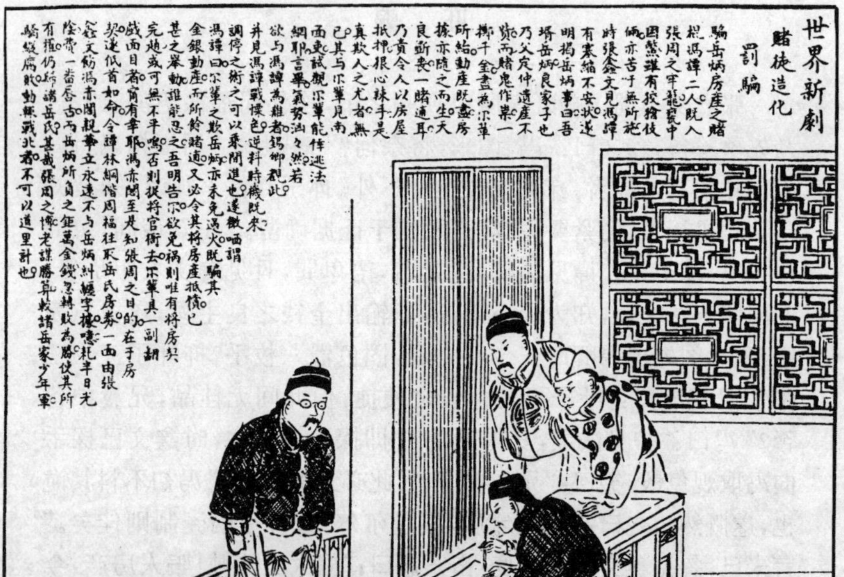

环球社《图画日报》第二百二十二号第六页

世界新剧

赌徒造化(十五)
罚　骗

骗岳炳房产之赌棍冯、谭二人,既入张、周之牢笼,瓮中困鳖,虽有狡狯伎俩,亦苦于无所施。时张鑫文见冯、谭有塞缩不安状,遂明揭岳炳事曰:“吾婿岳炳,良家子也。乃父定仲遗产不赀,而赌鬼作祟,一掷千金,尽为尔辈所绐。动产既尽,房据亦随之而生。天良斫丧,一赌逋耳。乃责令人以房屋抵押,狠心辣手,是真欺人之尤者。无已,其与尔辈见南面吏,试观尔辈能幸逃法网耶!”言毕,气势汹汹然,若欲与冯、谭为难者。锡卿睹此,并见冯、谭战栗色,逆料时机既来,调停之术之可以乘间进也。遂微哂谓冯、谭曰:“尔辈之欺岳炳,亦未免过火。既骗其金银动产,而所余赌逋,又必令其将房产抵偿。已甚之举动,谁能忍之?吾明告尔,欲免祸则唯有将房契完赵,或可无不平鸣。否则,捉将官衙去,尔辈具一副翻戏面目者,宁有幸耶!”冯赤阁至是知张、周之目的,在于房契,遂低首如命,令谭林纲偕周福往取岳氏房券,一面由张鑫文饬冯赤阁亲笔立永远不与岳炳纠缠字据。噫!耗半日光阴,费一番唇舌,而岳炳所负之巨万金钱,忽转败为胜,使其所有权,仍归诸岳氏。甚哉张、周之博,老谋胜算。较诸岳家少年军,骄纵腐败,动辄战北者,不可以道里计也。

环球社《图画日报》第二百二十三号第六页

环球社《图画日报》第二百二十三号第六页

世界新剧

赌徒造化(十六)
勒　贷

荣

张鑫文暨周锡卿以狮子搏兔之全力，严惩赌棍冯、谭，使岳炳已失之房契，珠还合浦。其一种欢喜之状态，盖有不能以言语形容者。锡卿因谓鑫文曰："房契返矣，而岳炳鼾梦未醒，万难轻易与之。若一误再误，则冯、谭之中计，断无一而再者。"鑫文点首曰："然。"手持印契，欢声呼爱女曰："吾儿，尔父赎产矣。此印据我暂执之，第勿与尔夫明言，以自贻伊戚。盖尔夫不至困境之极点，断不肯毅然反身也。"张氏闻父言颔之，以房产之完赵故，欣然返。时岳炳正徘徊空屋中，口喃喃啼饥，并詈妻寡情。见妻入，即悍然曰："岳家钱借来乎?腹枵矣，速与我一盂饭者。"张氏哂曰："言何易也?丈人峰下非有金穴铜山者，岂有取之不竭耶?"岳炳恚曰："尔爱女，岂无骨肉情?我命途多舛，致遇赌辄败，盍念伉俪情?至外家告贷，以一苏涸辙。"言已，倒地向张氏拜，张氏无如何，遂转身复出。呜呼!衣食住三者，为人生不可或缺之需要品，岳炳至是，其亦自悔一掷千金之失策乎?

环球社《图画日报》第二百二十四号第六页

环球社《图画日报》第二百二十四号第六页

世界新剧

赌徒造化（十七）

攫　币

荣

秋风萧瑟，残月朦胧，四壁寒蛩声，如泣如诉。迷龙阵中失败之岳炳，独影孤灯，端坐若偶人，翘首引领以待娘子军之后援。方凝思间，而张氏已自外家至，岳炳笑脸欢迎，问曰："室人返乎？钱几何矣？"张氏以岳炳欲壑之难填也，故作懊丧状，泣曰："阿翁忿甚，见我辄下逐客令。欲稍留须臾，且曰'毋污辱我门墙'，遑云告贷！因觍颜向婢仆辈乞得纸币十元，暂作饔飧资。"言已频兴叹息声，若有无穷之怨怼者。岳炳固纨绔子，见十元鄙薄之，掷于地，怏怏曰："丈人竟炎凉乃尔！区区十元，何足道！"张氏哂曰："十元固不足道，第吾家现况，无十元即不能存活。汝固小视此，我享用之可也。"岳炳至是，并十元无之，遂转身复索诸妻曰："无奈何，则姑收之何如？"张氏掯不与，岳炳力攫之而出。赌星高照，一霎那间，又尽数送诸博场，返家则赤手而已。张氏至此愤极，誓曰："良人无赖，从此饿死无周旋法矣。"岳炳于是窘甚，遂萌鬻妻之策，而乔装王公子之周锡卿妻，遂得乘隙以入，伪为纳妾，藉施其救援之术云。

环球社《图画日报》第二百二十五号第六页

环球社《图画日报》第二百二十五号第六页

世界新剧

赌徒造化（十八）

鬻　妻

荣

岳炳既萌鬻妻之不良念，逐日占脱幅卦，与张氏启口舌衅。张氏亦明知良人之不能容也，特暗递消息于舅氏周锡卿。先是周锡卿娶平康女名雅琴者，以续断弦。岳炳以其青楼质也，耻贱之，未往拜见。至是，周锡卿既悉其甥有鬻妻说，并曾受张鑫文之重托，拟将计就计。令人伪作买女者，先出其甥女于火坑。第事不可以外扬，欲觅此出面主顾，良难厥选。继以妻之从未识岳炳也，特巾帼而须眉之，乔扮所谓王公子者，特往岳氏作买妾行。又恐岳炳之猜疑也，先令一曾在岳氏服役之老妪，至岳炳处周旋，并怂恿岳炳鬻妻以自赡。一日岳炳与张氏哓哓争，老妪假劝解名，力说岳炳与张氏离，且曰："有王公子者，急欲置妾媵，盍卖之，使彼得其所，尔得其钱，以为两便策。"岳炳允之，于是老妪遂介绍其伪王公子，议定身价六十元，人银两交云。

环球社《图画日报》第二百二十六号第六页

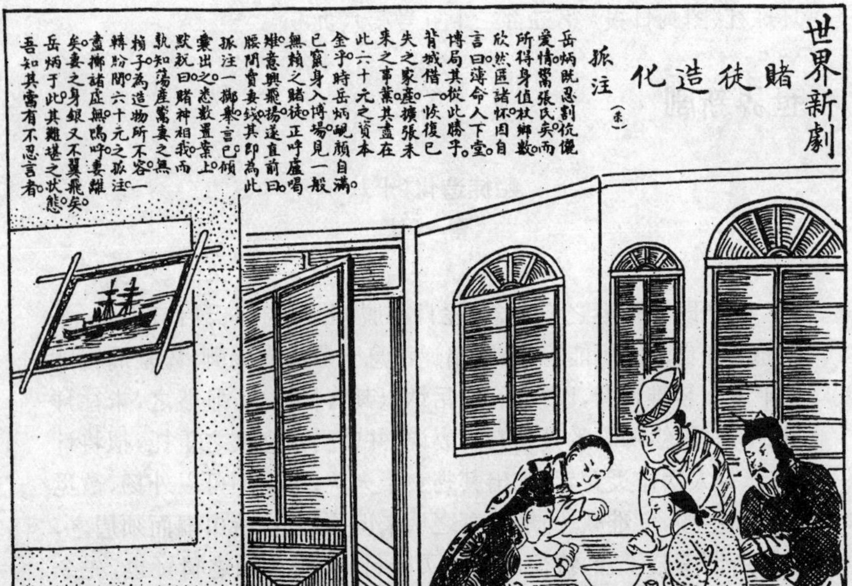

环球社《图画日报》第二百二十六号第六页

世界新剧

赌徒造化（十九）
孤　注

荣

岳炳既忍割伉俪爱情，鬻张氏矣。而所得身值杖乡数，欣然匿诸怀，因自言曰："薄命人下堂，博局其从此胜乎？背城借一，恢复已失之家产，扩张未来之事业，其尽在此六十元之资本金乎？"时岳炳觍颜自满，已窜身入博场，见一般无赖之赌徒，正呼卢喝雉，意兴飞扬。遂直前曰："腰间卖妻钱，其即为此孤注一掷举。"言已，倾囊出之，悉数置案上，默祝曰："赌神相我。"而孰知荡产鬻妻之无赖子，为造物所不容，一转盼间，六十元之孤注尽掷诸虚无。呜呼！妻离矣，妻之身银又不翼飞矣。岳炳于此，其难堪之状态，吾知其当有不忍言者。

环球社《图画日报》第二百二十七号第六页

环球社《图画日报》第二百二十七号第六页

世界新剧

赌徒造化(二十)

自　尽

荣

晚风淅沥，暮云叆叇，斜阳一轮，与黄叶相照映，作寒碧色。而流声滔滔，隐约间一穷蹙之男子，破衣跣足，植立岸边，嘤嘤啜泣，若有无穷之怨言，与此声相问答者。噫！此何人也？曰迷龙阵中之败将岳炳是。岳炳自将卖妻钱孤注一掷，因念阮囊空匮，孑然一身，而茫茫前途，此六尺躯，几无依栖处。更转忆甘冒不韪之鬻妻行由，于饔飧不给故。惟饔飧不给矣，则此身价金，宜如何宝贵而爱护之，以为糊口之资、营业之本，乃必盘旋曲折，仍悉数以输送至博场。自问何辜，而必自投网罗，追悔前愆，毋任怨尤。因自忖曰："与其作道路饿殍，不若以鱼腹为葬身地。"临河悲叹，歌绝命词以告河伯曰："人生兮金尽，名裂兮败身。家业荡然兮，孤苦伶仃。演迷龙之惨剧兮，为赌徒之警。"歌已，跳身投河，作自尽计。运数未终，岳炳之背后，忽有人将岳炳拥抱，力挽之曰："何短见若此？"岳炳回顾，则一少年人，为掉臂救溺之义行也。噫！途人援手，此少年人，盖亦不可多得者乎？

环球社《图画日报》第二百二十八号第六页

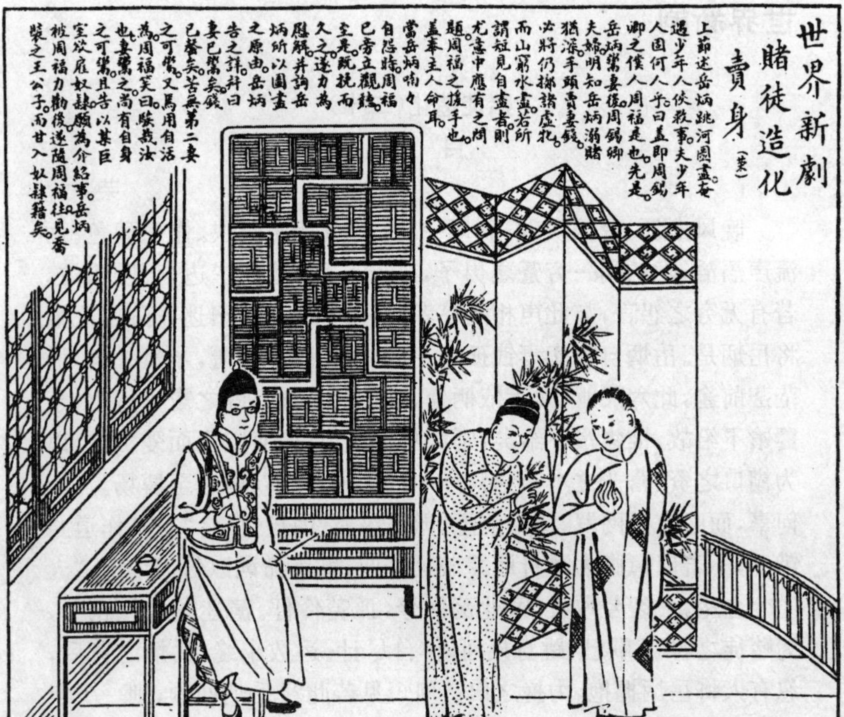

环球社《图画日报》第二百二十八号第六页

世界新剧

赌徒造化(二十一)
卖　身

荣

上节述岳炳跳河图尽,奄遇少年人侠救事。夫少年人固何人乎?曰:盖即周锡卿之仆人周福是也。先是,岳炳鬻妻后,周锡卿夫妇明知岳炳溺赌犹深,手头卖妻钱,必将仍掷诸虚牝。而山穷水尽,若所谓短见自尽者,则尤意中应有之问题。周福之援手也,盖奉主人命耳。当岳炳喃喃自怨时,周福已旁立观听。至是,既挽而久之,遂力为慰解,并询岳炳所以图尽之原由。岳炳告之详,并曰:"妻已鬻矣,钱已罄矣。苦无第二妻之可鬻,又焉用自活为?"周福笑曰:"呆哉汝也!妻鬻之,尚有自身之可鬻。"且告以某巨室欲雇奴隶,愿为介绍事。岳炳被周福力劝后,遂随周福往,见乔装之王公子,而甘入奴隶籍矣。

环球社《图画日报》第二百二十九号第六页

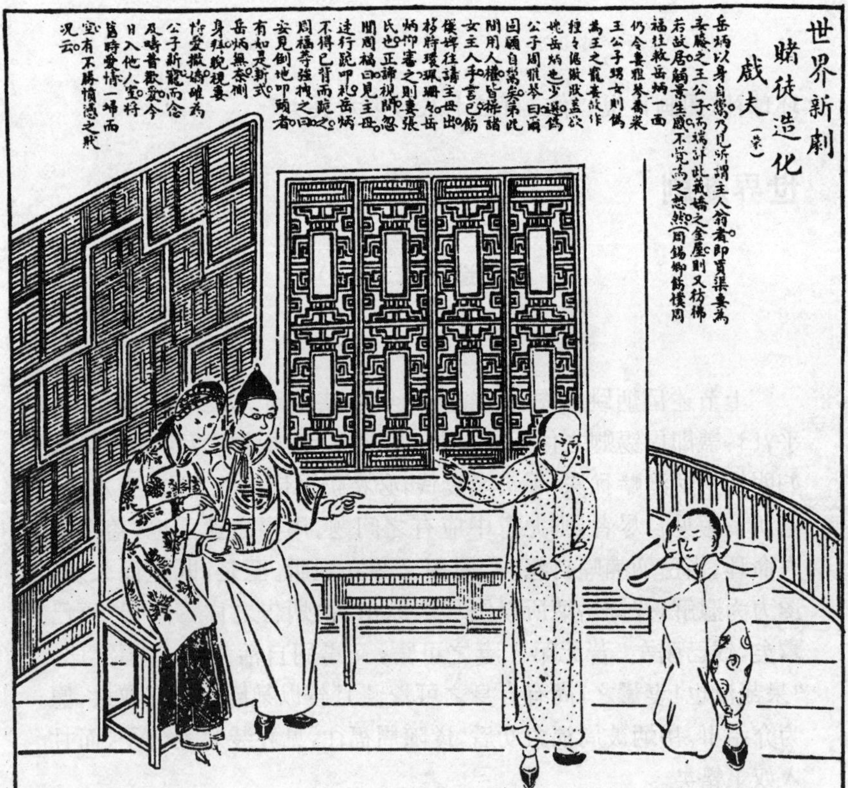

环球社《图画日报》第二百二十九号第六页

世界新剧

赌徒造化（二十二）

戏　夫

荣

岳炳以身自鬻，乃见所谓主人翁者，即买渠妻为妾媵之王公子，而端详此藏娇之金屋，则又仿佛若故居。触景生感，不觉为之愁然（周锡卿饬仆周福往救岳炳，一面仍令妻雅琴乔装王公子，甥女则伪为王之宠妾，故作种种倨傲状，盖欲愧岳炳也）。少选，伪公子周雅琴曰："尔固愿自鬻矣，第此间用人权，皆操诸女主人手。"言已，饬仆婢往请主母出。移时环珮珊珊，岳炳仰审之，则妻张氏也。正谛视间，忽闻周福曰："见主母，速行跪叩礼。"岳炳不得已背而跪之，周福等强拽之曰："安见倒地叩头者，有如是新式。"岳炳无奈，侧身拜，睨视妻恃爱撒娇，确为公子新宠。而念及畴昔欢爱，今日入他人室，将旧时爱情，一扫而空，有不胜愤懑之状况云。

环球社《图画日报》第二百三十号第六页

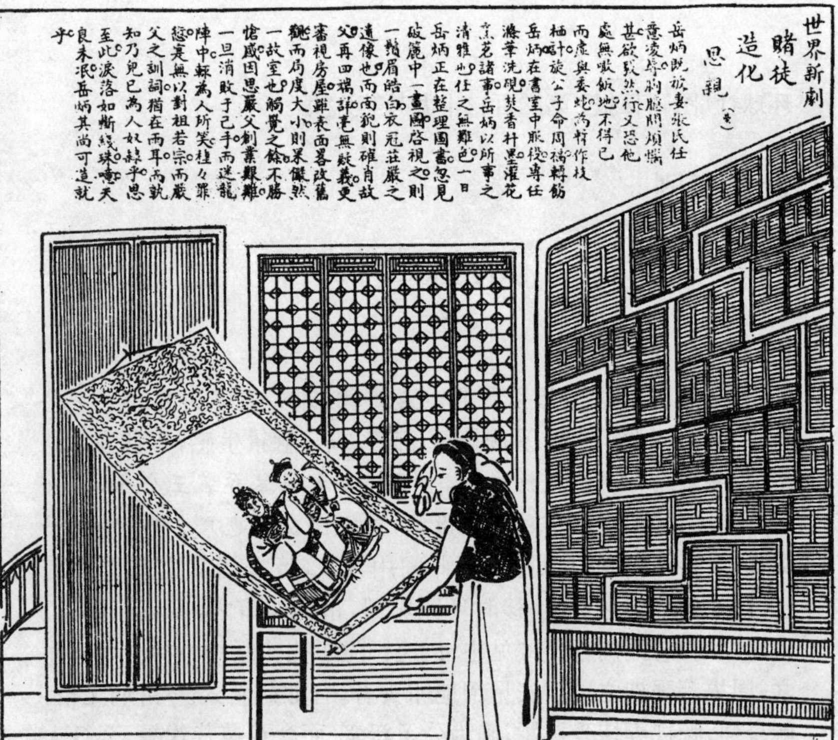

环球社《图画日报》第二百三十号第六页

世界新剧

赌徒造化(二十三)
思　亲

荣

岳炳既被妻张氏任意凌辱,胸臆间烦恼甚,欲毅然行,又恐他处无噉饭地。不得已而虚与委蛇,为暂作枝栖计。旋公子命周福,转饬岳炳,在书室中服役,专任涤笔洗砚、焚香扞墨、灌花烹茗诸事。岳炳以所事之清雅也,任之无难色。一日,岳炳正在整理图书,忽见破簏中一画图。启视之,则一须眉皓白、衣冠庄严之遗像也。而面貌则确肖故父,再四端详,毫无疑义。更审视房屋,虽表面略改旧观,而局度大小,则果俨然一故室也。触觉之余,不胜怆感。因思严父创业艰难,一旦消败于己手,而迷龙阵中,辄为人所笑。种种罪愆,实无以对祖若宗。而严父之训词,犹在雨耳,而孰知乃儿已为人奴隶乎?思至此,泪落如断线珠。噫!天良未泯,岳炳其尚可造就乎?

环球社《图画日报》第二百三十一号第六页

环球社《图画日报》第二百三十一号第六页

世界新剧

赌徒造化（二十四）

自　责

荣

岳炳于无意中，奄见故父遗像，天良犹在，念及一身飘零，暨故父诲言，不禁反躬自责，深咎迷赌之非是。因自言曰："儿不肖，致岳氏不血食。罪恶滔天，万死难赎。"岳炳方喃喃语，忽周福导厨役送午膳至，曰："此公子所赐者，盖优待新进之特别肴也。"岳炳拜而受，周福旋去。岳炳因思父殁久，从未受儿一祭者，今既有盛肴在，盍一奠以赎前愆？于是将遗像高悬，倒地叩拜，更执一木棍自击，代父训斥曰："炳儿，尔尚欲赌乎？"遂发一种极悲惨之声，曰"我父……儿知过，儿从此不赌矣。"自问自答如是者数次，聆门外若有人暗窥，遂起立将遗像撤去。圣人云："过而不改，是为过矣。"又曰："过则勿惮改。"岳炳虽有莫大过，然能引过自责，则较诸怙过不悛者，犹不可同日语也。

环球社《图画日报》第二百三十二号第六页

环球社《图画日报》第二百三十二号第六页

世界新剧

赌徒造化（二十五）
庆　寿

荣

岳炳独居书室中，正在自怨自艾时，忽见周福直进书室，呼曰：“公子有要事，速往毋迟。”岳炳闻言，即随之行。见公子后，始知翌日系公子寿辰，戚友辈将群来致贺。唤岳炳者，饬其洒扫庭轩，先事预备也。岳炳奉命后，遂偕周福出而整理种切。先是岳炳自责时，妻张氏与周雅琴在室外暗窥，见岳炳之悔过也，喜甚。遂伪定一寿辰，请张鑫文夫妇至，饬岳炳在旁服役，俾现身说法以愧之。噫！张氏之用心亦苦矣。

环球社《图画日报》第二百三十四号第六页

环球社《图画日报》第二百三十四号第六页

世界新剧

赌徒造化(二十六)

辱　婿

荣

岳炳奉伪公子周雅琴命，预备庆寿。凡奔走往来之贱役，皆躬尝之。至期，贺客寥若晨星，而踵门者仅公子之丈人峰暨亲长周某两人。见后大为诧甚，盖所谓公子之丈人峰者，既己之丈人峰；公子之亲长周某，即己之亲长周锡卿也。自顾满身奴隶状，何来厚颜与之周旋服役？于是远避之别室，奈公子又屡呼之出，岳炳不得已，低首人前。正含羞默默时，忽见鑫文直起端详再三，问曰："尔非岳炳乎？尔非我婿岳炳乎？何落魄至是也？鬻妻荡产，尚有何面目以立于天地间？乃竟甘为人奴隶，甚哉其厚颜！否则稍有志愿者，与其贻祖宗羞，曷若以一死洗厥羞。"言已，哂笑者再。岳炳聆言至是，忽起身曰："岳炳…… 岳炳，尚欲偷生耶？"骤然跳跃起，若有觅死状。妻张氏固早知夫之悔过，今见受辱过甚，至于短见，不禁起而拥抱以阻挠之，曰："真欲死乎？"言间泪涔涔下。噫！张氏其情种哉！至是而真情现矣。

环球社《图画日报》第二百三十五号第六页

环球社《图画日报》第二百三十五号第六页

世界新剧

赌徒造化(二十七)

悔　过

荣

记者述《赌徒造化》新剧,忽忽已二十余节。至是且将作如一般小说家之所谓结束文字矣。岳炳既深悔迷赌之非,欲戕身以盖愆。而妻张氏固情种,恐良人短见也,骤起而拥抱之。岳炳异甚,曰:“尔固他人妇,又安得依恋哉!”张氏至是,不禁感泣曰:“我犹尔妻也。此非公子,系尔之舅母。”言已,周锡卿与妻雅琴举伪装买妾事,一一告诸岳炳。张鑫文遂亦起身训勉,并将房契一纸,检出交岳炳曰:“尔之妻、尔之舅氏,保卫之;尔之产,尔之岳家保全之。今而后其回头彼岸乎?”岳炳至是感激万状,且执妻手曰:“败子回头金不换。岳炳其从此力图上进矣。”于是乐昌破镜重咏团圆,而《赌徒造化》一剧,遂于是乎终。

(《赌徒造化》已完)

明末遗恨

环球社《图画日报》第二百四十七号第六页

环球社《图画日报》第二百四十七号第六页

世界新剧

明末遗恨(一)

原　乱

珮

明之亡,亡于流寇。流寇之起,起于饥荒洊至、水旱频仍。民穷而思乱,思乱而匪徒得乘隙以煽惑。愈煽惑而乱民愈众,乱民愈众而祸变愈繁。高迎祥、张献忠、李自成辈之接踵而起者,殆亦空穴来风。因时世之变,遂起而揭竿耳。然推原酿乱之由,则实一般尸位素餐之官吏致之。流离失所而不思所以安辑之方,盗贼蜂起而不谋所以扑灭之法,养痈贻患,而明室之祸,遂不可救。呜呼!此有心读胜朝遗文,不禁叹息痛恨于官吏之天良斫丧,而目击时艰。若近日湘省之民变,则前车覆辙,更有无穷之感慨。当袍笏登场,于红氍毹上见所谓《明末遗恨》之新剧者,则又不特遗恨,且将引起我新恨矣。噫!可痛哉!

环球社《图画日报》第二百四十八号第六页

环球社《图画日报》第二百四十八号第六页

世界新剧

明末遗恨(二)

说 闯

珮

明代自万历季年，辽左被兵，重税苛派，天下嚣然。天启中，四川永宁土司奢崇明、贵州水西土司安邦彦等，乘间窃发。虽经朱燮元一举剿平，然流贼之势，已肇于此。崇祯初，边事益急，兵费益繁；而各省旱蝗相属，饥民、乱民遍天下。陕西土地瘠硗，饥荒更烈。府谷人王嘉儿倡乱，四方响应。安塞人高迎祥等继之而起，啸聚饥民，剽据州县，自号曰"闯王"，是明末流寇史中"闯" 字之起点。米脂人李自成，无赖也，闻迎祥起事，遂聚众附迎祥，号曰"闯将"，是为亡明之李寇史中称"闯"之起点。崇祯九年，迎祥为陕西巡抚孙传庭擒斩于盩厔，群贼夺气，遂共推自成为闯王。群聚鼓噪，私立名号，众至数十万。任意骚动，势焰渐次燎原，遂不复可制矣。

环球社《图画日报》第二百四十九号第六页

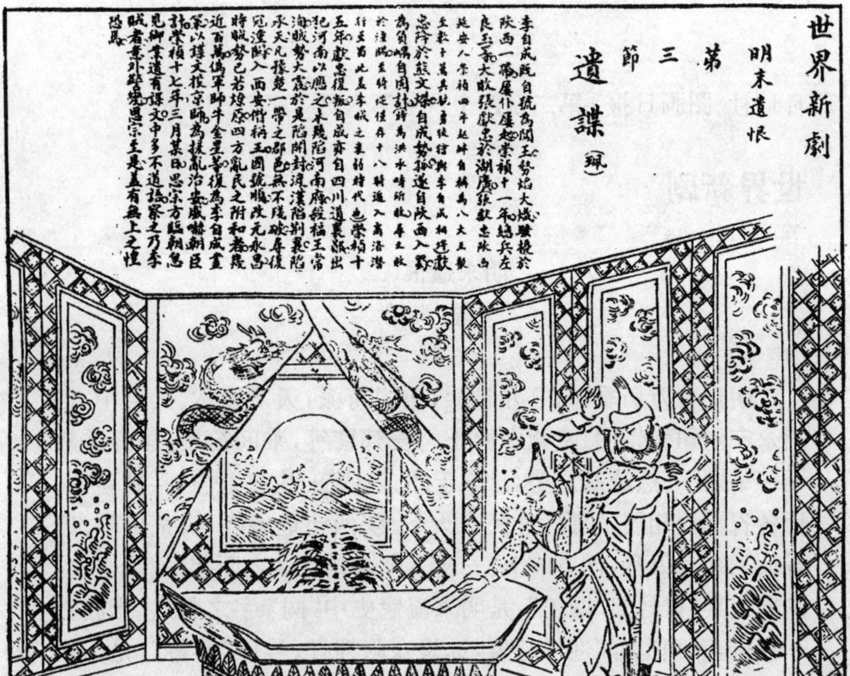

环球社《图画日报》第二百四十九号第六页

世界新剧

明末遗恨(三)

遗　谍

珮

李自成既自号为闯王，势焰大炽，骚扰于陕西一带，屡仆屡起。崇祯十一年，总兵左良玉等，大败张献忠于湖广(张献忠，陕西延安人。崇祯四年赵衅自称为八大王，聚至数十万，其骁勇狡狯，与李自成相埒)，献忠降于熊文灿，自成势孤，遂自陕西入蜀，为负隅自固计。(时为洪承畴所败，寻又败于潼关，至骑从仅存十八骑，遁入商洛，潜行至蜀地。此盖李贼之衰弱时代也。)崇祯十五年，献忠复叛，自成亦自四川道襄陨，出犯河南以应之。未几，陷河南府，杀福王常洵，贼势大震。于是陷开封，渡汉陷荆襄，陷承天，凡豫楚一带之郡邑，无不残破。寻复寇潼关，入西安，僭称王，国号顺，改元永昌。时贼势已若燎原，四方乱民之附和者，几近百万。伪军师牛金星等，复为李自成画策，以谍文投京师，为援乱治安、威吓朝臣计。崇祯十七年三月某日，思宗方临朝，忽见御案遗有谍文，中多不道语。察之，乃李贼者，意外警变，思宗至是，盖有无上之惶恐焉。

环球社《图画日报》第二百五十号第六页

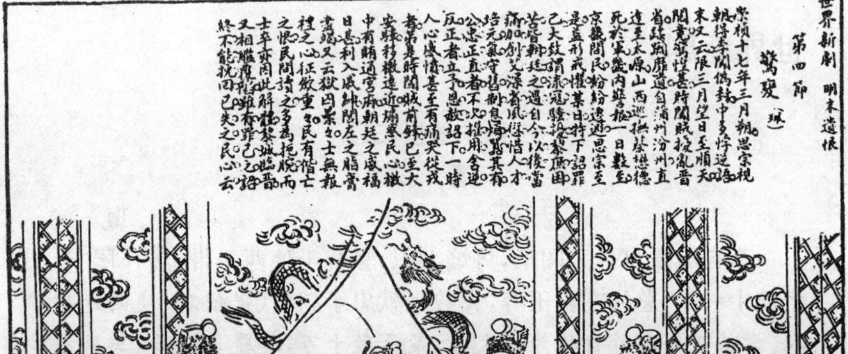

环球社《图画日报》第二百五十号第六页

世界新剧

明末遗恨（四）

惊　变

珮

崇祯十七年三月朔，思宗视朝得李闯伪封，中多悖逆语，末又云“限三月望日至顺天”，阅竟惊徨甚。时闯贼扰乱晋省，蹂躏靡遗，自蒲州、汾州，直达至太原，山西巡抚蔡懋德死于军。畿内警报，一日数至，京畿间民，纷纷迁避。思宗至是，益形戒惧。某日，特下诏罪己，大致谓流寇骚扰，黎庶困苦，皆朝廷之过。自今以后，当痛加创艾，深省夙愆，惜人才，培元气，守旧制，息烦嚣。其有公忠正直者，不次擢用；舍逆反正者，立予恩赦。诏下，一时人心感愤，甚至有痛哭从戎者。第是时闯贼前锋，已至大安驿，移檄远近，煽惑民心。檄中有“贿通宫府，朝廷之威福日甚；利入戚绅，闾左之脂膏尽竭”，又云：“狱囚累累，士无报礼之心；征敛重重，民有偕亡之恨”。民间读之，多为扼腕，而士卒亦因此解体。黎城临晋，又相继覆陷。虽有罪己之诏，终不能挽回已失之民心云。

环球社《图画日报》第二百五十一号第六页

环球社《图画日报》第二百五十一号第六页

世界新剧

明末遗恨（五）
朝　议

珮

闯贼既陷黎城临晋，复攻代州，趋真定，总兵周遇吉退守宁武关。都中警报日急，思宗临朝，大集百官，会议御贼策，并命府部大臣各条陈战守事宜。时大学士范景文、左都御史李邦华、少詹事项煜、右庶子李明睿，皆倡议南迁，请先奉东宫抚军江南。大学士陈演、礼部尚书魏藻德、嘉定伯周奎，皆默不发一言。而周奎又谈笑自若，毫无恐惧之意。吏科给事中吴麟征，请弃山海关外宁远、前屯二城，徙总兵吴三桂入关，屯宿近郊，以卫京师。李邦华等又以为弃地非策，力反对之。一时议议论纷纷，卒无成谋。思宗见廷臣首鼠两端，中心怒甚，顾左右曰："卿等平日所言若何？今国家至此，无一忠臣义士，为朝廷分忧，而谋乃若此。夫国君死社稷，乃古今之正。朕志已定，毋复多言。"噫！思宗之言，使千载下读之，犹凛凛有生气。奈何当日诸臣闻之，不稍动耶。

环球社《图画日报》第二百五十二号第六页

世界新劇 明末遺恨

第六節

出師(續)

思宗日臨朝。集議剿亂策。朝臣皆袖手坐視。思宗不禁歎曰。卿等肉食無能為國家分憂者。大學士李建泰進曰。主憂如此。臣敢不竭股肱力。臣晉人。深悉賊情。願提兵西行。更以家財佐軍。資數日之糧與賊為背城借一計。思宗聞奏。慨甚。即命建泰出師。行遣將禮。命駙馬都尉萬煒以特牲告太廟。更賜宴餞建泰。設節鉞。賜尚方劍。親觴巵酒曰。先生此行。如朕親征。朕引領以望凱旋之報。先生勉之。建泰頓首起行。是日大風揚沙。建泰御肩輿不數武。輿杆折。識者憂之。以為不利行師。某日大兵出都。急聞山西烽火甚急。建泰家財被掠盡。所恃以為餉糈之助者。至是悉潰。寇逼惶急之餘。進退失據。於是日行三十里。逡巡涿州。徘徊躑躅而已。

按李建泰出師。以明史稽之。似在思宗得聞賊偽封之前。兵部接聞賊偽牒之後。而新舞臺排演時。則移此節於思宗聞警之後。似以兵部所接偽牒。而誤認為思宗所得之偽封者。今姑依原劇述之。免致閱者以為與原劇倒置也。

环球社《图画日报》第二百五十二号第六页

世界新剧

明末遗恨(六)
出　师

珮

思宗日临朝,集议靖乱策。朝臣皆袖手坐视,思宗不禁叹曰:“卿等肉食,无能为国家分忧者。”大学士李建泰进曰:“主忧如此,臣敢不竭股肱力。臣晋人,深悉贼情,愿提兵西行,更以家财佐军,资数日之粮,与贼为背城借一计。”思宗闻奏悦甚,即命建泰出师,行遣将礼。命驸马都尉万炜,以特牲告太庙。更赐宴饯建泰,授节剑,亲赐卮酒曰:“先生此行,如朕亲征,朕引领以望凯捷之报,先生勉之。”建泰顿首起行。是日大风扬沙,建泰御肩舆,不数武,舆杆折,识者忧之,以为不利行师。某日大兵出都,忽闻山西烽火甚急,建泰家财被掠尽。所恃以为饷糈之助者,至是悉资寇盗。惶急之余,进退失措,于是日行三十里,逡巡涿州间,徘徊瞻顾而已。

按,李建泰出师,以明史稽之,似在思宗得闯贼伪封之前,兵部接闯贼伪牒之后。而新舞台排演时,则移此节于思宗闻变之后。似以兵部所接伪牒,而误认为思宗所得之伪封者。今姑依原剧述之,免致阅者以为与原剧倒置也。

环球社《图画日报》第二百五十三号第六页

环球社《图画日报》第二百五十三号第六页

世界新剧

明末遗恨(七)
刺　李

珮

李建泰既统兵出都,以家业之破败,至逡巡畿内。思宗以闯贼势炽,迭饬建泰进兵,勿稍因循。建泰外怯于强敌,内迫于朝命,进退维谷,益形趦趄。九门提督杜之秩奉谕抚军,建泰以礼迎之,并款以盛筵。询以进兵破敌之策,杜固通贼者,至是知朝臣之所可畏者,厥惟建泰,苟得建泰而甘心,则明代不难灭之。遂虚与建泰周旋,建泰信之。闻杜所规画之破敌,又井然有条,相互欢饮。杜窥建泰之醉也,遂乘隙而刺杀之。建泰既被刺,军心大乱,解散逃逸者数万人,于是明事不可为矣。

按,明史李建泰无被刺事,闯贼陷保定时,御史金毓峒死节,李建泰被执。乃原剧为建泰被九门提督杜某所刺,考明史无九门提督杜姓者。太监杜勋及杜之秩、曹化淳等,固开门而揖盗者。此九门提督杜某并指为杜勋之叔,想即指杜之秩也。惟杜之秩实非九门提督,亦无刺李建泰事。原剧点缀遗事,宗旨在痛恕奸佞,故不免穿凿误会。记者恐阅是剧者,以此为鲁鱼亥豕也,特附志于此。

环球社《图画日报》第二百五十四号第六页

环球社《图画日报》第二百五十四号第六页

世界新剧

明末遗恨（八）
通　贼

珮

杜之秩既暗杀李建泰，即以建泰首，暗献于闯贼；并与闯贼及伪丞相牛金星、伪军师宋献[策]等，规画破京城计，且曰："吾侄杜勋，统禁兵之提督也。苟大王不吝封侯赏，则明室江山，不难立奉之殿下。"闯贼见之秩恭顺甚，喜曰："杜卿不弃，天相我也。我三月望日至京师，尔其速预备献城事。若或有误，则功不掩过，破灭之后，决难恩施。"之秩闻言唯唯。翌日，即潜至京师，与杜勋谋里应外合云。东汉之亡，亦亡于宦官；李唐之亡，亦亡于宦官；乃至有明之亡，亦亡于宦官。甚哉！宦官之不可重用也。王振、刘瑾专横于前，魏忠贤叛逆于后，卒至杜之秩、曹化淳辈，卖国通敌于末造。甚哉！宦官之不可重用也。

按，此节明史亦不载，今姑依原剧述之。

环球社《图画日报》第二百五十五号第六页

环球社《图画日报》第二百五十五号第六页

世界新剧

明末遗恨(九)
征 饷

珮

李建泰被刺,大兵如鸟兽散。杜之秩既通贼,返后遂极称贼之势盛,京师势蹙力孤,决难与敌。因力劝思宗早为计,并隐寓说降意,思宗斥之。惟以贼势渐炽,京师危在旦夕,因急召集百官,议御贼策。以防守之计,不外兵力,京师兵力薄弱。欲御贼须征兵,欲征兵须增饷,欲增饷而又苦度支之虚耗。不得已,出征饷之策。凡勋戚大珰,皆征其助饷。于是太监王永祚、太康伯张国纪,皆慨助至二三万金。惟杯水车薪,难济眉急。思宗无如何,遂复遣太监徐高等,按籍征纳。已则悉索敝赋,期为背城借一之举云。噫!叔世之君至于俯首乞贷,亦可怜矣。

环球社《图画日报》第二百五十六号第六页

环球社《图画日报》第二百五十六号第六页

世界新剧

明末遗恨(十)

吝　捐

珮

当国破家亡之秋，受朝廷隆恩，而不能为主君分忧，反窖金自肥，其居心尚堪问乎？观明末诸臣，有不禁为之叹息痛恨者。思宗既按籍勋戚大珰，征其取饷，而又以外戚嘉定伯周奎，素拥厚资，特遣太监徐高往谕，饬其为倡。乃周奎悭吝成性，闻征饷言，一若剜厥肉者，极形容窘困状，托徐高转奏无有。徐高闻而怫然曰："外戚者，与国同休戚者也。外戚如此，国事去矣！虽多金，亦奚益？"侍臣王之心者，巨富也。宫人费氏知之，因上闻。思宗遂面谕其助饷，并以君臣大义，反覆劝谕，而之心卒揹金不输。时诸内官及勋戚，以上之征饷也，皆于门閭间大书曰："此房急卖。"并杂出雕镂玩好诸物，陈市肆求售，以表白其穷也。魏藻德、陈演辈皆富有，藻德仅输百金，演且诉清苦。虽再三告诫，应之者殊寥寥云。噫！世无卜式输财助饷者，能有几人？彼周奎、王之心者，郭开之流亚耳。思宗谕之助饷，如与狐谋皮，宜其百说之而不应也。

环球社《图画日报》第二百五十七号第六页

环球社《图画日报》第二百五十七号第六页

世界新剧

明末遗恨（十一）

苛　派

珮

贼臣周奎既悭吝成性，掯金以不纳饷捐；而又以太监徐高之敦促，拒绝之无法也。遂藉征饷之名义，召集黎民，任意勒捐，且曰：“国家当此危急存亡之秋，尔百姓等，若不毁家纾难，惟有以国法从事。”时黎民均以生计窘迫，万难捐款，流涕乞免。乃周奎不特不允也，反从而苛求之，并令健儿数百，按户查抄；且查抄之款，悉入己囊。闾阎骚动，小民有不堪其苛派，至于痛哭避难者。呜呼！当国破家亡之时，为大臣者，不能为朝廷分忧，反利用国家之灭亡，而苛派小民，昧良中饱，其心肝正不知何在也！

环球社《图画日报》第二百五十八号第六页

世界新劇　明末遺恨

第十二節　討樂

思宗以周奎等吝金不捐也。中心甚以國戚與君主同安危。君主危急至是。國戚未有不扶助者。周命駕親往周奎宅。蓋欲親諭周奎輸餉也。太子及宦者王承恩等。均隨思宗徒出乎門。見居民紛紛遷避。宦吏之攜箱挈篋逃難遷逸者。更不知凡幾。思宗見民心惶惑如此。知大局瓦解。歎息而已。未幾。至周奎第。見府門緊閉。宦者王承恩一再呼啟。而應者杳然。第附耳於門。闃闐靜聆有無應聲。則一派歌樂聲。忽達戶外。思宗聞之。不禁鬱甚。急。大廈將傾。燕雀猶飛翔。自得。世界亦是煙乎

环球社《图画日报》第二百五十八号第六页

世界新剧

明末遗恨(十二)

讶乐

珮

思宗以周奎等吝金不捐也，中心诧甚。以国戚与君主同安危，君主危急至是，国戚未有不扶助者。因命驾亲往周奎宅，盖欲亲谕周奎输饷也。太子及宦者王承恩等，均随思宗往。出乎门，见居民纷纷迁避，官吏之携箱捧箧，避难逃逸者，更不知凡几。思宗见民心惶惑如此，知大局瓦解，叹息而已。未几，至周奎第，见府门紧闭。宦者王承恩一再呼启，而应者杳然。第附耳于门间间，静聆有无应响，则一派歌乐声，忽达户外。思宗闻之，不禁讶甚。噫！大厦将倾，燕雀犹飞翔自得，世宁有是理乎？

环球社《图画日报》第二百五十九号第六页

环球社《图画日报》第二百五十九号第六页

世界新剧

明末遗恨(十三)
诮　主

珮

思宗夜访国戚周奎,周奎以闭门羹待之。不特以闭门羹待之也,且狂歌酣舞,置国家之危急于不顾,天良斫丧。不特有心人闻之,为之叹息痛恨;即厕养贱卒,稍有心肝者,当亦为之扼腕。周奎之门官某某二人者,周奎之心腹也。惟以周奎之贪劣暨平日剥削民膏,与现时之幸灾乐祸,因互相私评曰:“主人今日庆寿,特演剧自娱。主人之福大矣,主人国戚,主人贵极矣。主人拥巨资千万,主人富极矣。惟主人之富贵,国家之恩也。国家至是危急甚,主人不思所以分国家忧;非惟不分国家忧,反醇酒妇人,日事歌舞,是真所谓丧心病狂者也。”时思宗尚植立门外,聆是言也,不禁为之叹息,为之泣数行下。宋之亡也,贾似道与妾婢等踞地斗蟋蟀;明之亡也,周奎庆寿歌舞。噫!国君虽贤,其如亡国之臣何哉!

环球社《图画日报》第二百六十号第六页

环球社《图画日报》第二百六十号第六页

世界新剧

明末遗恨(十四)
御　闯

珮

思宗夜访周奎，周既天良斫丧，拥资自豪，置君父于不顾。思宗遂太息返宫，时闯贼自陷大同宣府后，势如劈竹。居庸关外之柳沟，天堑形胜之地也。以一人守之，可御万人。苟以百人守，则贼虽众不能破，乃竟置不设备。闯贼遂由柳沟至居庸关。总兵唐通开门降，于是陷幽州、陷昌平州，诸军昏降。贼传檄远近，京师一带，警耗迭闻，思宗飞檄吴三桂入关。吴以留恋陈圆圆，故日行仅数十里，比至则已不及矣。先是贼陷昌平州，襄城伯李国桢率众出御，贼将李岩败走。惟彼众我寡，不能击之，使走耳。

按，李国桢御贼事，正史亦无之。

环球社《图画日报》第二百六十一号第六页

环球社《图画日报》第二百六十一号第六页

世界新剧

明末遗恨(十五)

骄　李

珮

李国桢既与闯贼为背城借一计,而又以众寡不敌,转旗入城,筹固守策。时提督杜勋,已通款于闯贼,并已将都城内兵力之现状,与夫百官离叛情形,悉告诸闯贼。闯贼知都内之空虚也,因攻之益急。李国桢以闯贼急攻,特商诸杜勋,以都城饷糈告罄,利在速战。欲集合两军,与闯贼决胜负。乃杜勋恐李国桢之成功也,故抑之,盛气谓李国桢曰:"尔真匹夫之勇哉!尔何知用兵术?李闯远来,利在速战;我负险自固,利在坚守。若尔好勇无谋,与李闯战,设李闯以奇兵袭尔后,尔腹背受敌,都城有失,尔罪将何逭?尔亦知尔非李闯敌乎?若我则或可抵御,然以策万全,故不敢战也。"国桢闻杜言,非不成理。第心存叵测,言与行相违耳。

按,此事顾亭林杂记有之,而明史不载也。

环球社《图画日报》第二百六十二号第六页

环球社《图画日报》第二百六十二号第六页

世界新剧

明末遗恨（十六）

迎贼

珮

杜勋既恐李国桢之成功，而任意诬蔑之矣。又惧外援之至，致闯贼不能陷京师，遂甘冒大不韪，密遣隶卒走告闯贼，约以子夜攻城，视标灯为信号。三月某日，闯贼既得杜勋为内应，遂起大军攻彰义门。彰义门者，杜勋所守者也。杜勋知闯贼至，即开门迎降，而外城于是乎破矣。

三月乙巳日，李自成陷京师，开门迎贼者，太监曹化淳。曹与王化成同守城，贼闯自沙河进行直犯平则门，竟夜焚掠，火光烛天。兵部侍郎王家彦，急集兵防堵；而曹化淳辈饮酒城上，谈笑自若。先是杜勋降贼闯，随贼至京师，欲说思宗降，由太监王承恩缒之下城。故以正史考之，献城者，非杜勋也。第孔子作《春秋》而乱臣贼子惧。杜勋虽非献城，而卖国通敌之罪，则虽寸磔之不为过也。

环球社《图画日报》第二百六十三号第六页

世界新劇　明末遺恨

第十七節　馳闖　續一

當杜勳之來闖門迎賊也。襄城伯李國楨。既受杜勳之誘脅。明知奸佞之不可以理喻。遂別杜往大營。欲集殘兵。再與賊決戰。奈是時賊闖已遍塵滿橋。城外之大營。皆潰降。所有器械輜重。大車巨礮。皆為賊有。賊反礮攻城。轟聲震天地。京軍五日無餉。臨之防守。率多不至。有以武力威嚇之者。則閧然一聲如鳥獸散。李國楨見此危迫。狀知大局已瓦解。遂匹馬馳闖下。汗浹霑衣。面見青紫色。冠裳顛倒。髮倒豎。內侍呵止之。國楨曰。此何時也。君臣即求相見。不可多得。乃猶阻止之耶。於是直入內宮。思宗叩以賊情。及防守事。國楨跪泣曰。人心離渙矣。臣當以死報陛下。思宗撫之起。亦泣曰。大事果不可為乎。則以一死殉社稷而已。因命內臣俱隨國楨出守城。更括中外府庫金二十萬犒軍。是日細民有痛哭輸金者。然終屬不給云。噫。亡國之慘。未有如勝朝者也。以思宗之賢。亦不能挽回已失之人心。以國楨之忠勇。不能抵禦烏合之賊寇。天心已去。雖以諸葛武侯。文信國之賢。亦無如之何也。痛哉。

环球社《图画日报》第二百六十三号第六页

世界新剧

明末遗恨(十七)
驰　阙

珮

当杜勋之未开门迎贼也，襄城伯李国桢既受杜勋之谤辱，明知奸佞之不可以理喻，遂别杜往大营，欲集残兵，再与贼闯战。奈是时贼闯已过卢沟桥，城外之大营，皆溃降；所有器械锱重、火车巨炮，皆为贼有。贼反炮攻城，轰声震天地，京军五日无饷，驱之防守，率多不至，有以武力威吓者，则哄然一声，如鸟兽散。李国桢见此危迫状，知大局已瓦解，遂匹马驰阙下，汗浃沾衣，面现青紫色，冠裳颠倒，须发倒竖。内待呵止之，国桢曰："此何时也?君臣即求相见，不可多得，乃犹阻止之耶?"于是直入内宫，思宗叩以贼情及防守事，国桢跪泣曰："人心离涣矣，臣当以死报陛下!"思宗挽之起，亦泣曰："大事果不可为乎?则以一死殉社稷而已。"因命内臣俱随国桢出守城，更括中外府库金二十万犒军。是日细民有痛哭输金者，然终虞不给云。噫!亡国之惨，未有如胜朝者也。以思宗之贤明，不能挽回已失之人心;以国桢之忠勇，不能抵御乌合之贼寇。天心已去，虽以诸葛武侯、文信国之贤，亦无如之何也。痛哉!

环球社《图画日报》第二百六十四号第六页

环球社《图画日报》第二百六十四号第六页

世界新剧

明末遗恨(十八)

掠　民

珮

襄城伯李国桢见思宗后,即反身出,而贼已大队至。贼闯毡笠缥衣,手执长枪,乘乌骏马,昂然为群贼先。伪丞相牛金星、伪尚书宋企郊、伪军师宋献策、伪将军李岩等五骑从之,余则头缚青衣、足穿草履、手挟利刃之贼军而已。贼军皆产自陕、甘、云、贵诸处者,奄见京师市场之华美、小民衣服之丽都,及官吏宅第之崇宏,以为得未曾有,遂大肆侵掠。凡民间稍有积蓄者,皆搜括靡遗;虽逃避隐匿,亦必以敲吸从事。国戚嘉定伯周奎闻贼恣杀掠,遂怀挟厚资,挈妻妾以奔逸。奈满地荆棘,所携之金银宝物悉被贼人攫去。呜呼!征饷则不名一钱,被贼人攫去则亦无如之何。人以周奎为奸,吾则以周奎为愚耳。

环球社《图画日报》第二百六十五号第六页

环球社《图画日报》第二百六十五号第六页

世界新剧

明末遗恨（十九）
巷　战

珮

贼闯领兵正大恣杀掠时，忽闻难民狂呼曰："李大人……李大人来矣。"贼闯举首望，见军中不战自乱，西南角溢巷中，见一人弃冠散发、素袍白马，手挟长枪，如天外飞来，口中大喝"闯贼"。贼闯骤见之，不知为何人，及闻声端详，则李国桢也。贼闯素耳李名，且未陷京师时，曾为李所败；至是不禁惊惧，反马以避厥锋。伪将李岩者，恃勇与国桢战，国桢以一人敌贼众千万，转辗斗杀，力竭声嘶，遍体受刃伤者，数十处，血流袍服，素者成绛色。自昧爽至日晡，贼军啸聚愈众，国桢知不敌，暂走匿己家。以未得思宗消息，不敢遽死。盖福州一隅，崖山扁舟，犹图恢复之举也。

环球社《图画日报》第二百六十六号第六页

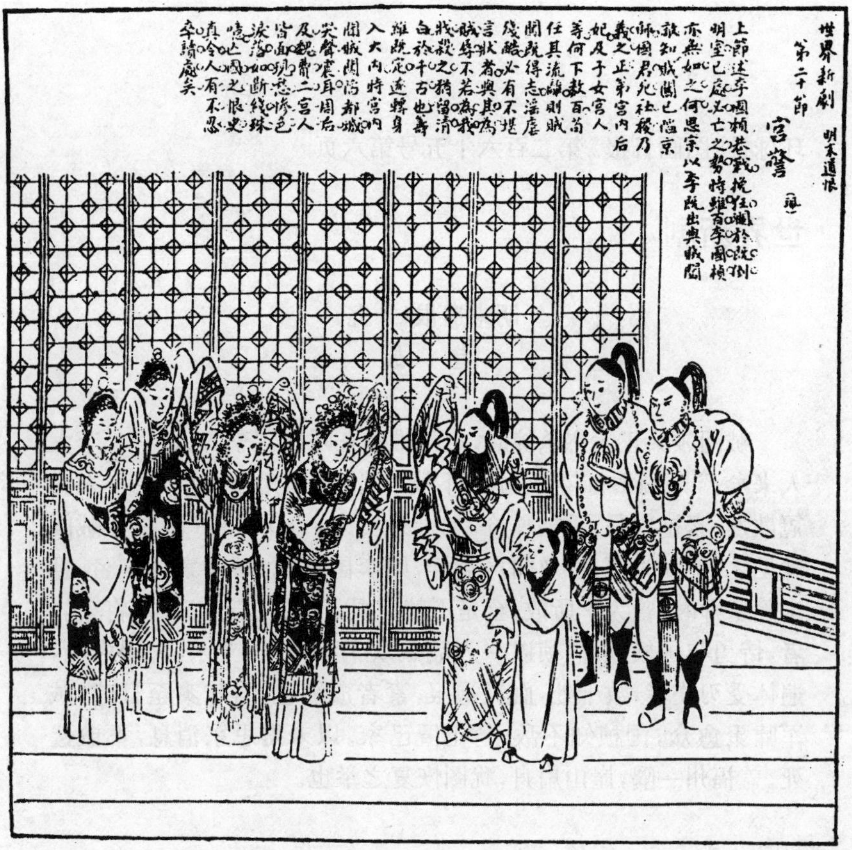

环球社《图画日报》第二百六十六号第六页

世界新剧

明末遗恨（二十）

宫　警

珮

上节述李国桢巷战，挽狂澜于既倒，明室已处必亡之势，时虽百李国桢，亦无如之何。思宗以李既出与贼闯敌，知贼闯已陷京师，国君死社稷乃义之正，第宫内后妃及子女、宫人等，何下数百。苟任其流离，则贼闯既得志，淫虐残酷，必有不堪言状者。与其为贼辱，不若为我戕杀之，犹留清白于千古也。筹维既定，遂转身入大内，时宫内闻贼闯陷都城，哭声震耳。周后及魏、费二宫人皆面现愁惨色，泪落如断线珠。噫！亡国之恨史，真令人有不忍卒读处矣。

环球社《图画日报》第二百六十七号第六页

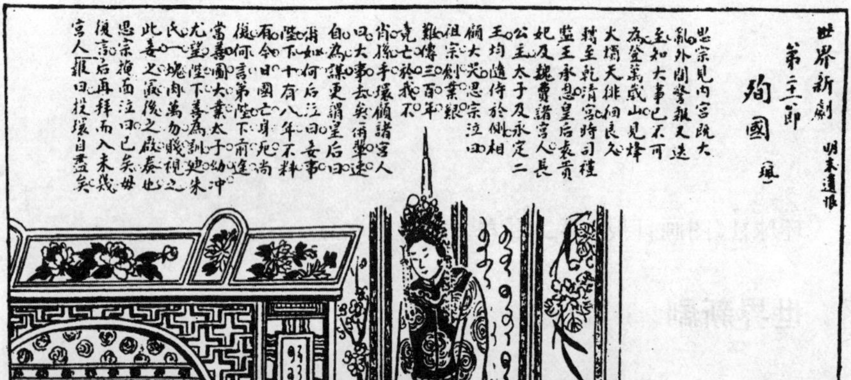

环球社《图画日报》第二百六十七号第六页

世界新剧

明末遗恨(二十一)

殉　国

珮

思宗见内宫既大乱,外间警报又迭至,知大事已不可为。登万岁山,见烽火烛天,徊徘良久,转至乾清宫。时司礼监王承恩,皇后、袁贵妃及魏、费诸宫人,长公主,太子及永、定二王,均随侍于侧,相顾大哭。思宗泣曰:“祖宗创业艰难,传三百年竟亡于我不肖孙手。”环顾诸宫人曰:“大事去矣,尔辈速自为谋。”更谓皇后曰:“尔如何?”后泣曰:“妾事陛下十有八年,不料有今日国亡身死,尚复何言?第陛下前途,当善图大业,太子幼冲,尤望陛下善为训,延朱氏一块肉,万勿贱视之。此妾之最后之启奏也。”思宗掩面泣曰:“已矣,毋复言。”后再拜而入,未几宫人报曰:“投环自尽矣。”

环球社《图画日报》第二百六十八号第六页

环球社《图画日报》第二百六十八号第六页

世界新剧

明末遗恨(二十二)
戕女

珮

呜呼!亡国之惨,未有如胜朝者也。亡于流寇,而一任流寇之蹂躏,惟一任流寇之蹂躏也。故思宗不恤以惨酷之手段杀宫人、戕爱女,以免贼闯之肆意凌辱。当周后自经后,思宗即召长公主入(年十五),右手挥剑,怒目视之曰:"速就死,勿战栗。要知尔金枝玉叶,苟被贼闯污,则我何面目见祖宗于地下?"公主泣曰:"父……父皇,女无罪,曷欲女死?"思宗叹曰:"尔无罪乎?尔何为生我家?生我家即有罪。"言已,泪若雨下,左袖掩面,右手起剑,公主转辗哀鸣,思宗奋力劈之,断公主左臂。霎那间,血湔衣衿,蓝色服一变为赭。手栗目眩,心荡摇如悬旌,其惨状有非言语所能形容云。

环球社《图画日报》第二百六十九号第六页

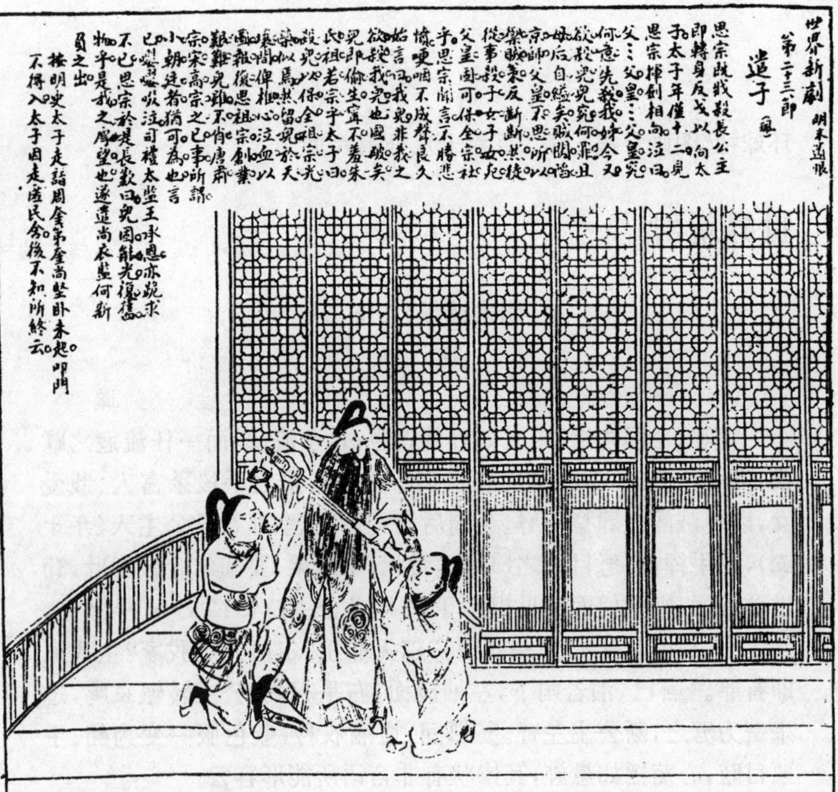

环球社《图画日报》第二百六十九号第六页

世界新剧

明末遗恨(二十三)
遣　子

珮

思宗既戕杀长公主，即转身反戈，以向太子。太子年仅十二，见思宗挥剑相向，泣曰：“父……父皇……父皇，究何意先杀我姊，今又欲杀儿？儿究竟何罪？且母后自缢矣，贼闯陷京师，父皇不思所以御贼策，反断断然徒从事杀子女，子女死，父皇固可保全宗社乎？”思宗闻言，不胜悲愤，哽咽不成声，良久始言曰：“我儿，非我之欲杀我儿也。国破矣，儿即偷生，宁不羞朱氏祖若宗乎？”太子曰：“杀儿以保全祖宗光荣，似焉；然留儿于天壤间，俾椎心泣血，以图报复。思祖宗创业艰难，儿虽不肖，唐肃宗、宋高宗之已事，所谓小朝廷者，犹可为也。”言已嘤嘤啜泣，司礼太监王承恩亦跪求不已。思宗于是长叹曰：“儿固能光复旧物乎？是我之厚望也。”遂遣尚衣监何新负之出。

按，明史太子走诣周奎第，奎尚坚卧未起，叩门不得入。太子因走匿民舍，后不知所终云。

环球社《图画日报》第二百七十号第六页

环球社《图画日报》第二百七十号第六页

世界新剧

明末遗恨（二十四）
杀　宫

珮

思宗既遣太子，复持剑杀诸宫人，泣曰："我决不留一点污辱，以贻贼人笑。"诸宫人环叩相向泣，咸曰："感陛下隆恩，陛下今且至此，臣妾等敢偷生乎？第臣妾等非必皆委身贼人者，而陛下乃必欲臣妾等死，何也？"思宗闻言叱曰："即贼人不辱尔等，尔等不委身贼人，使将来有谈天宝遗事者，尔等宁不伤乎？我为尔等计，其速死为愈。"言已，即起手杀诸宫人，血溢宫庭。时袁贵妃在旁，见之痛甚，因曰："臣妾自经可也。"遂自经，久之苏，思宗复刃其肩而绝。

按，明史有思宗手刃御妃嫔数人者，即此事也。

环球社《图画日报》第二百七十一号第六页

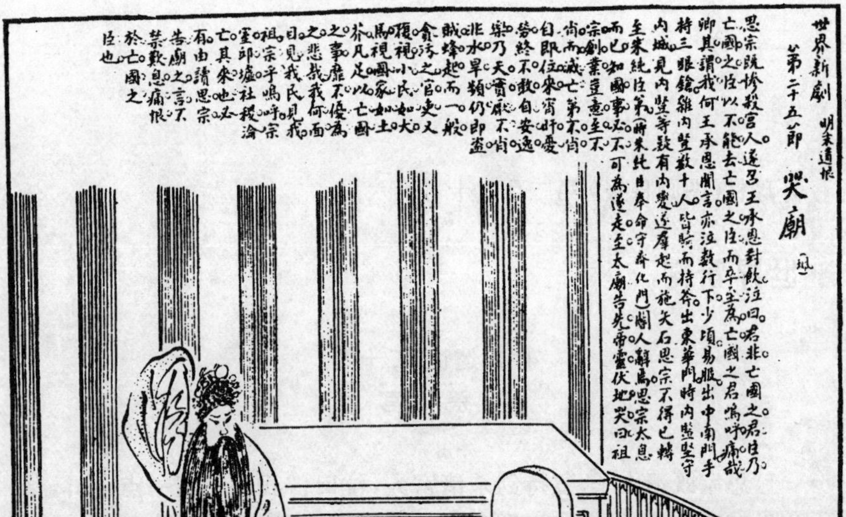

环球社《图画日报》第二百七十一号第六页

世界新剧

明末遗恨（二十五）
哭　庙

珮

思宗既惨杀宫人，遂召王承恩对饮，泣曰："君非亡国之君，臣乃亡国之臣。以不能去亡国之臣，而卒至为亡国之君。呜呼！痛哉！卿其谓我何？"王承恩闻言，亦泣数行下。少顷，易服出中南门，手持三眼枪，杂内竖数十人，皆骑而持斧，出东华门。时内监坚守内城，见内竖等，疑有内变，遂群起而施矢石。思宗不得已，转至朱纯臣第（时朱纯臣奉命守齐化门），阍人辞焉，思宗太息而已，知国事必不可为，遂走至太庙，告先帝灵，伏地哭曰："祖宗创业，岂意至不肖而灭亡。第不肖即位来，宵旰忧劳，终不敢自安逸乐。乃天实厌不肖，非水旱频仍，即盗贼蜂起，而一般贪污之官吏，又复视小民如犬马，视国家如土芥。凡足以亡国之事，靡不优为之。悲哉！我何面目见我民，见我祖宗乎？"呜呼！宗室邱墟，社稷沦亡，其来也必有由。读思宗告庙之言，不禁叹息痛恨于亡国之臣也。

环球社《图画日报》第二百七十二号第六页

环球社《图画日报》第二百七十二号第六页

世界新剧

明末遗恨(二十六)
愤　缢

珮

思宗既痛哭告庙之灵,复以贼闯势逼,一旦陷内城,必致玉石俱焚。遂手书二十四字于庙碑,以诰诫闯贼曰:“朕与尔留宫殿,尔与朕留太庙;朕与尔留仓库,尔与朕留百姓。”书已,为之痛哭良久,始逡巡出太庙。走安定门,门坚不可启。时天已渐曙,复御前殿,鸣钟集百官,无一至者。不得已,转回南宫,登煤山之寿皇亭,远瞩百姓流离载道,哭声、金鼓声、喊杀声,声闻数百里外,思宗不禁叹息曰:“使子民如此者,我之过也。我尚敢觍颜偷生乎?”遂自经,披发,跣左足,右朱履,御蓝衣,衣前书曰:“朕自登极十七年,逆贼直逼京师。虽朕薄德匪躬,上干天咎,然皆诸臣之误也。朕死,无面目见祖宗于地下,去朕冠冕,以发覆面,任贼分裂朕尸,勿伤百姓一人。”噫!思宗以身殉国,犹斤斤以百姓为念。史臣谓其非亡国君,诚哉其非亡国君也!

环球社《图画日报》第二百七十三号第六页

环球社《图画日报》第二百七十三号第六页

世界新剧

明末遗恨(二十七)
宧　节

思宗既自经于煤山,司礼监王承恩,转辗访觅不可得。先是思宗出中南门,时王承恩犹相随,遇内监群施矢石,思宗奔避,忽相失。及是,王承恩由南宫至万寿山,忽见思宗自经于寿皇亭,盖即校阅内操处也。王承恩不胜悲愤,读思宗遗谕,至诸臣误朕一语,遂痛哭曰:"诚哉诸臣之误国家也!结交权贵,夤缘苞苴,自魏珰叛逆,四海被其荼毒,养痈贻患,迄于今国破家亡。痛哉我民!忍哉我诸臣!已矣,尚何言?以一死报主恩而已。"遂与思宗对面,解衣带自缢。噫!宧官多小人,曹节、魏忠贤辈,接踵联袂,求如吕强、王承恩流,真凤毛麟角,有不可多得者。史臣记之,亦足以讽世而励俗矣。

按,大内有秘室,鐍键甚固。相传刘诚意藏秘记于内,非有大事变,戒勿轻启。至是启之,得绘图三轴,末一轴图像,酷肖思宗,身衣蓝衣,左足跣,披发。中悬对悬一宧官,状若王承恩,与当日煤山事无异。诚哉诚意术数之深也!

环球社《图画日报》第二百七十四号第六页

环球社《图画日报》第二百七十四号第六页

世界新剧

明末遗恨(二十八)

计 括

珮

上节述思宗殉国，王承恩死节诸事，已不胜亡国之悲。而孰知贼闯之蹂躏黎庶，骚扰闾阎，一经优孟衣冠者详为阐发，更毋任荆棘之感耶。当贼闯之甫入京城也，即与伪军师宋献策、伪将军李岩等谋所以搜括民财，为安富尊荣之计。宋献策固狡而刻、贪而媚者，窥贼闯有聚敛意，即竭力逢迎曰："大王战争多年，至今日而富贵两全，金帛锦绣，声色狗马，惟大王所命。土地者，大王之土地；人民者，大王之人民。大王欲如何，则如何耳。大王虑府库空虚，彼官民之所有，何独非大王者？大王攫取之可也。"贼闯闻宋言，于是剥取侵牟之术，肆行无忌矣。汉高入秦宫，不爱财色，而汉于以兴；李闯陷明京，沾沾于财色，而李闯于以败。呜呼！此汉高之所以为帝王，而李闯之终不外贼也。

环球社《图画日报》第二百七十五号第六页

环球社《图画日报》第二百七十五号第六页

世界新剧

明末遗恨(二十九)

拷官

珮

贼闯与宋献策等既百计搜括,又以民穷财尽,不能任意猎取也,遂转而至于官吏。宋献策曰:"明之亡,亡于官吏,官吏之所以能亡国者,在乎贪墨大王。欲征集厚资,须从官吏入手。"贼闯从之。遂遍招明臣,责令报效,有推诿及吝金不纳者,以非刑威逼之。魏葆德家颇富,贼征饷二十万。魏难之,贼即以极刑拷掠。若所谓猿献果红、绣鞋步步娇诸刑,靡不任意行用。魏不得已,将所有尽献诸贼闯。贼闯复以魏之贪也,逼魏自勒死。又,王之心者,家豪富,性鄙吝,贼亦以严刑酷虐之,王献金十五万得免。思宗征饷之时,魏、王掯金不捐,至于一再劝谕,仅输百金。今被拷掠无遗,天意哉!

环球社《图画日报》第二百七十六号第六页

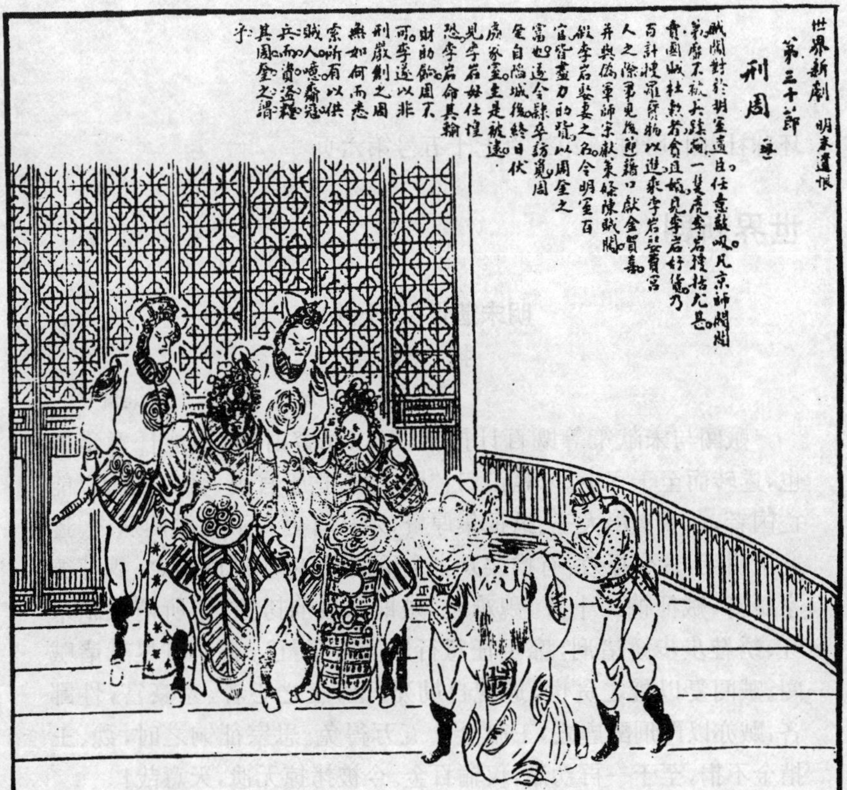

环球社《图画日报》第二百七十六号第六页

世界新剧

明末遗恨（三十）
刑　周

珮

贼闯对于明室遗臣，任意敲吸，凡京师阀阅第，靡不被兵蹂躏。一只虎李岩搜括尤甚，卖国贼杜勋者，贪且媚，见李岩好货，乃百计搜罗宝物以进。乘李岩娶费宫人之际（事见后节），藉口献金贺喜，并与伪军师宋献策条陈贼闯。假李岩娶妻之名，令明室百官皆尽力助资。以周奎之富也，遂令隶卒访觅。周奎自陷城后，终日伏处家室，至是被逮。见李岩毋任惶恐，李岩命其输财助饷，周不可，李遂以非刑严创之。周无如何，而悉索所有以供贼人。噫！赍寇兵而资盗粮，其周奎之谓乎！

环球社《图画日报》第二百七十七号第六页

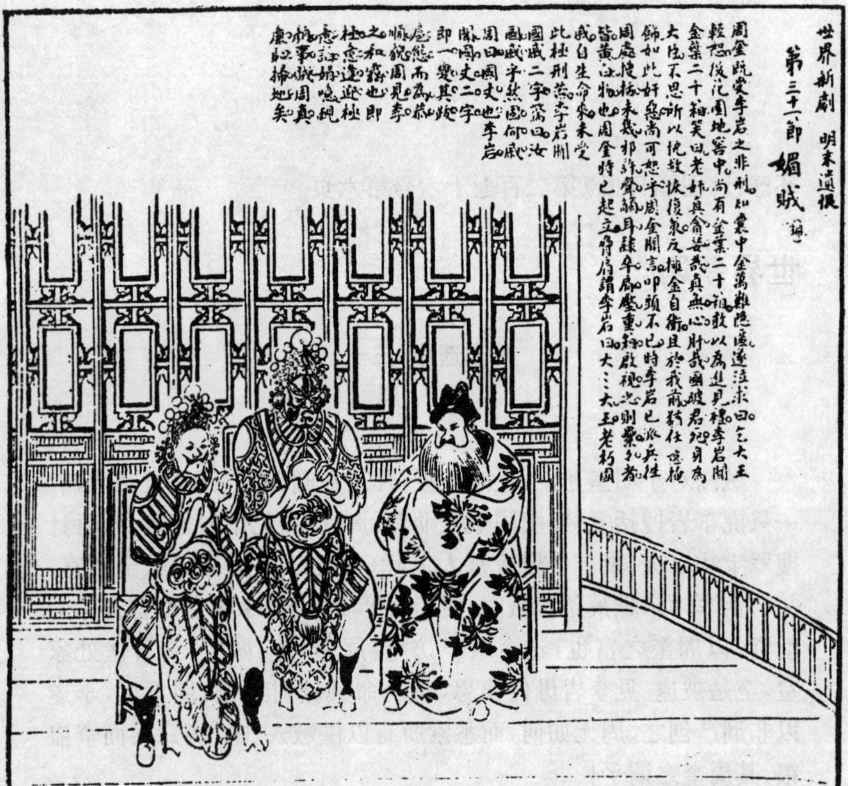

环球社《图画日报》第二百七十七号第六页

世界新剧

明末遗恨(三十一)

媚　贼

珮

周奎既受李岩之非刑,知囊中金万难隐匿,遂泣求曰:"乞大王轻恕,后花园地窖中,尚有金叶二十箱,敢以为进见礼。"李岩闻金叶二十箱,笑曰:"老奸,真贪婪哉!真无心肝哉!国破君死,身为大臣,不思所以挽救恢复策,反拥金自卫。且于我前,犹任意掩饰,如此奸恶,尚可恕乎?"周奎闻言,叩头不已。时李岩已派兵往周处搜括,未几,邪许声触耳,隶卒肩压重箱,启视之,则累累者,皆黄白物也。周奎时已起立,胁肩谓李岩曰:"大……大王,老朽国戚,自生命来,未受此极刑苦。"李岩闻国戚二字,惊曰:"汝国戚乎?""然。""固何戚?"周曰:"国丈也。"李岩闻国丈二字,即一变其跋扈态,而为恭顺貌。周见李之和霭也,即极意逢迎,极意谄媚。噫!靦颜事贼,周真廉耻扫地矣。

环球社《图画日报》第二百七十八号第六页

环球社《图画日报》第二百七十八号第六页

世界新剧

明末遗恨(三十二)
索　珠

珮

上节述周奎媚贼,贼亦媚周奎。周奎媚贼,无论矣;贼媚周奎,果何为也?先是贼闯入大内,兵士以费宫人献,询之,则曰:“我长宫主也。”贼闯见其艳丽,欲纳之,宋献策不可。时李岩在侧,求贼闯以费宫人赐彼,贼闯允焉。第费宫人曰:“我金枝玉叶,欲成姻何可草率?大王既见爱,须以大礼相迓。否则,宁死不从。”李岩准之,先令人洒扫宫室,预备好事。至是问周奎系国丈,则所谓长宫主者,明明周之外孙女。李岩既自命为长公主之未婚夫,安敢不以尊长视周奎,而极意迎合之?惟在旁之杜勋,则与周奎有夙嫌者。默坐静思,必欲惩创之,始得甘心焉。遂心生一谋,告李岩曰:“周国丈有明珠百二十颗,盍索之献公主?”李岩闻明珠二字,欣甚,遂向周奎索。周曰:“无有。”李曰:“不信。”周曰:“不信问长公主。”李遂倩费宫人而询焉。

环球社《图画日报》第二百七十九号第六页

环球社《图画日报》第二百七十九号第六页

世界新剧

明末遗恨(三十三)

惩　奸

珮

李岩坚向周奎索明珠,周奎力白无有。不得已,询之周自认所谓外孙女。当时群称曰"长公主"之费宫人,费固慧且烈者,闻周奎名,已切齿,又思见后恐窥破隐衷,遂于李岩问明珠有无时,乘机进言曰:"明珠百二十颗,系父皇所赐者。何得言无有?我当要求之。彼坚不肯与,彼固欺软而怕硬者。大王爱我,明珠必不可听其揞匿。若不从命,杀之可也。"李岩贼平见费宫人之艳色,竟魂不知所之,一意逢迎,遂必欲周奎珠。周奎仍力白无有,而于是李岩竟杀周奎。杀之时,周奎念及征饷不捐暨种种辜恩溺职事,有不胜悔怨意。嗟乎!人亦何乐而为贪官奸臣哉!

环球社《图画日报》第二百八十号第六页

环球社《图画日报》第二百八十号第六页

世界新剧

明末遗恨(三十四)

结　婚

珮

李岩既杀周奎，翌日，即议娶费宫人事。杜勋极意逢迎，凡婚事之应预备者，皆杜勋为之布置。伪军师宋献策，藉婚事敛财，谓李岩系贼闯之季弟，凡明室遗臣及闾巷小民，皆当辇金致贺。因下令有揹金不贺者，罪之无赦。某日，鼓乐喧阗，李岩竟与费宫人结百年好。贼闯及牛金星、宋企郊、宋献策等，均往贺，拔剑击柱，纷纭扰攘，不胜喧嚣之乐。李岩亦中心窃喜，而孰知祸之不旋踵耶！

环球社《图画日报》第二百八十一号第六页

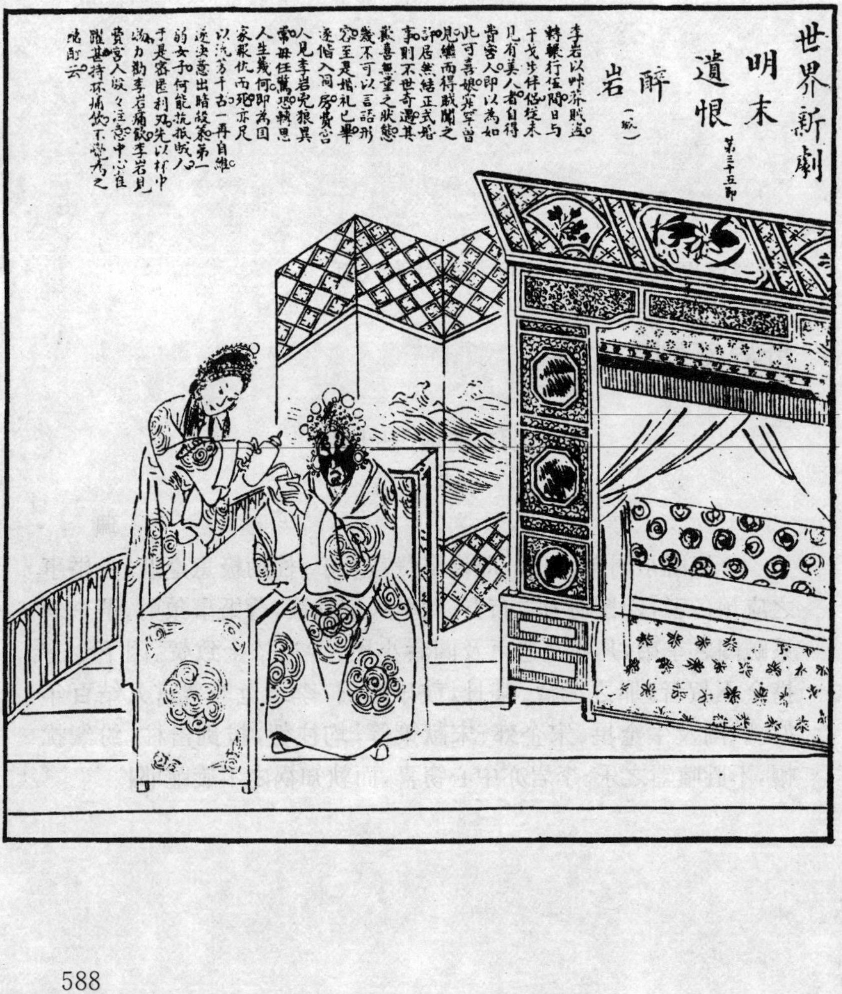

环球社《图画日报》第二百八十一号第六页

世界新剧

明末遗恨(三十五)
醉 岩

珮

李岩以草莽贼盗，转辗行伍间，日与干戈步伴侣，从未见有美人者。自得费宫人，即以为如此可喜娘，实罕曾见。继而得贼闯之许，居然结正式婚事，则不世奇遇，其欢喜无量之状态，几不可以言语形容。至是婚礼已毕，遂偕入洞房。费宫人见李岩凶狠异常，毋任惊恐，转思人生几何，即为国家报仇而死，亦足以流芳千古。一再自维，遂决意出暗杀策。第一弱女子，何能抗抵贼人？于是密匿利刃，先以杯中物，力劝李岩痛饮。李岩见费宫人殷殷注意，中心雀跃甚，持杯痛饮，不觉为之酩酊云。

环球社《图画日报》第二百八十二号第六页

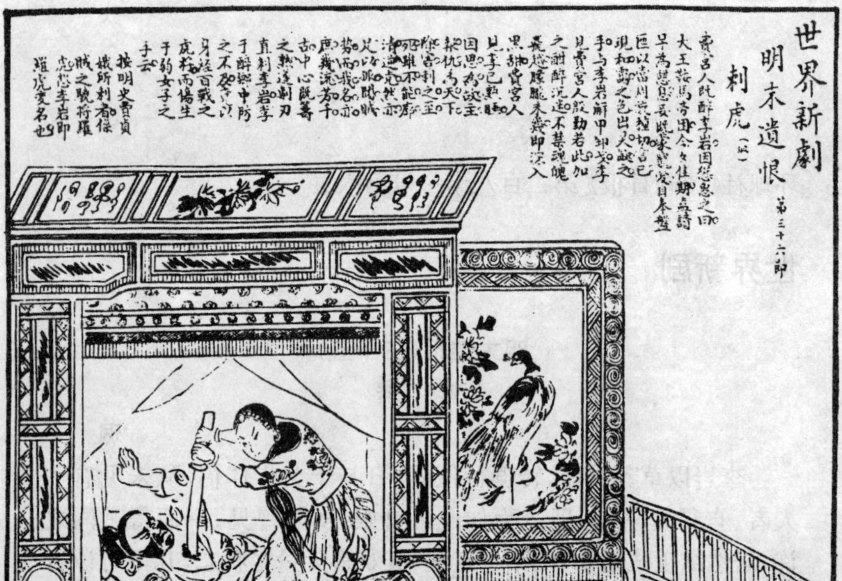

环球社《图画日报》第二百八十二号第六页

世界新剧

明末遗恨（三十六）

刺　虎

珮

费宫人既醉李岩，因怂恿之曰：“大王鞍马劳困，今夕佳期，盍请早为憩息。妾既蒙宠爱，日奉盘匜以当周旋种切。”言已，现和蔼之色，出灵敏之手，与李岩解甲卸戈。李见费宫人殷勤若此，加之酣醉沉迷，不禁魂魄飞越，朦胧未几，即深入黑甜。费宫人见李已熟睡，因思为故主报仇，为天下除害，刺之至死。虽不能廓清逆党，然亦足以孤闯贼势，而我名亦庶几流芳千古。中心既筹之熟，遂刳刃直刺李岩。李于醉乡中，防之不及，竟以身经百战之虎将，而伤生于弱女子之手云。

按，明史费贞娥所刺者，系贼之骁将罗虎。想李岩即罗虎变名也。

环球社《图画日报》第二百八十三号第六页

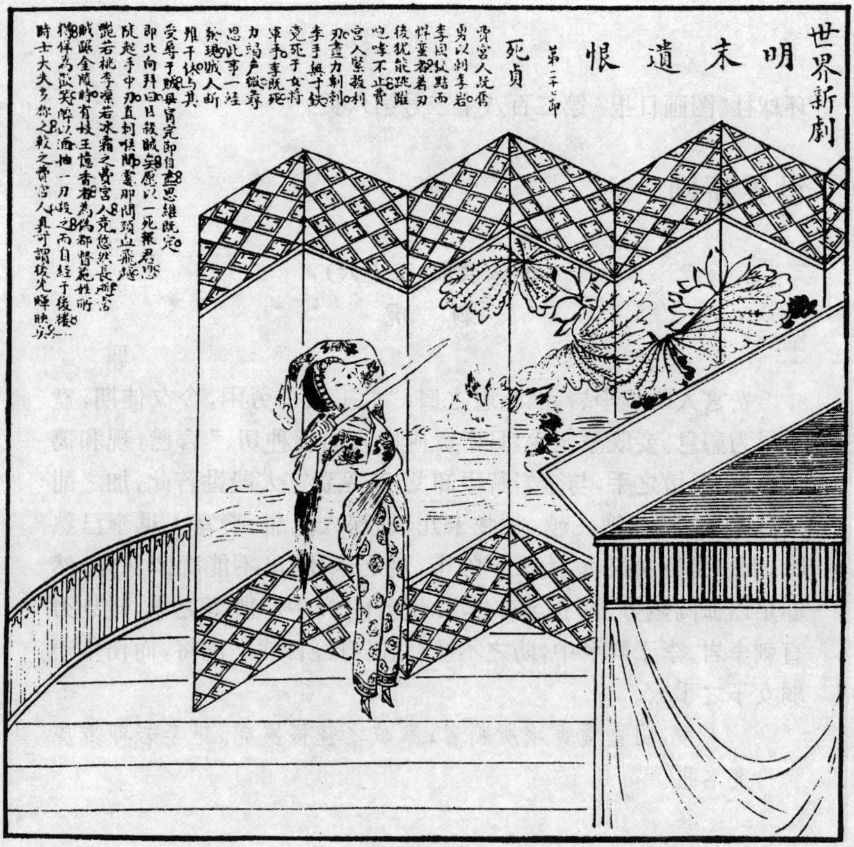

环球社《图画日报》第二百八十三号第六页

世界新剧

明末遗恨(三十七)
死 贞

珮

费宫人既奋勇以刺李岩,李固狡黠而悍蛮者,着刃后犹能跳跃咆哮不止。费宫人紧握利刃,尽力刬刺。李手无寸铁,竟死于女将军手。李既死,力竭声微,寻思此事一经发现,贼人断难干休。与其受辱于贼,毋宁完节自尽,思维既定,即北向拜曰:“臣杀贼矣,愿以一死报君恩。”陡起手中刃,直刺喉间。霎那间颈血飞越,艳若桃李、凛若冰霜之费宫人,竟悠然长逝。当贼踞金陵时,有妓王忆香者,为伪郡督施姓所得,佯为欢笑,醉以酒,抽一刀杀之,而自经于后楼。一时士大夫多称之。较之费宫人,真可谓后先晖映矣。

环球社《图画日报》第二百八十四号第六页

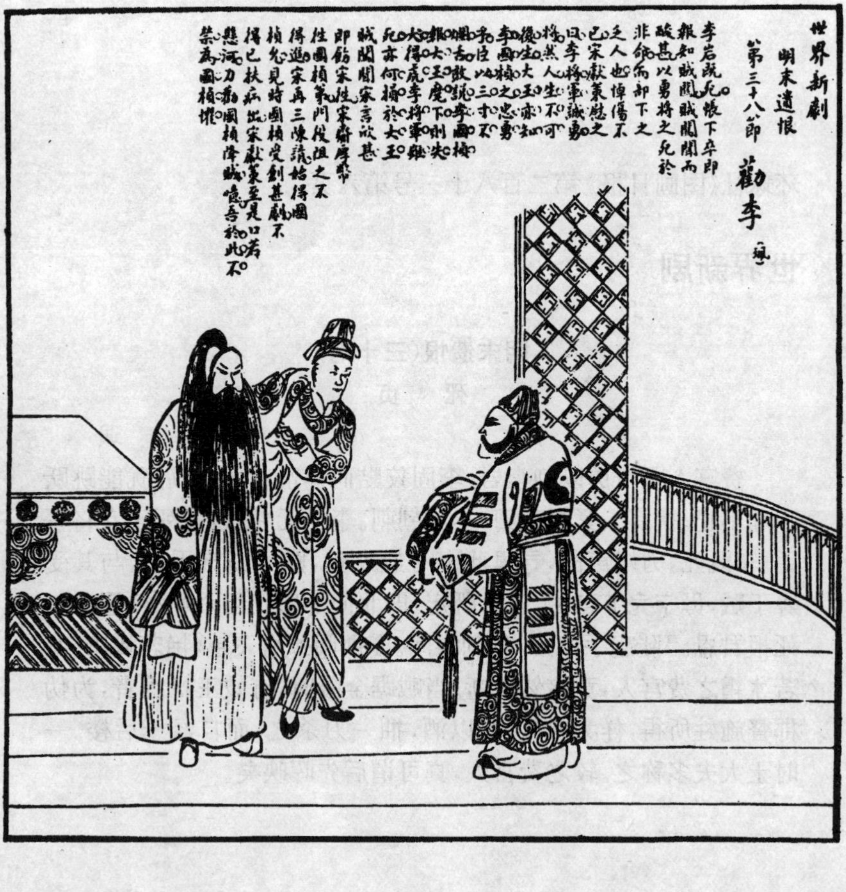

环球社《图画日报》第二百八十四号第六页

世界新剧

明末遗恨（三十八）

劝　李

珮

李岩既死，帐下卒即报知贼闯。贼闯闻而酸甚，以勇将之死于非命，而部下之乏人也，悼伤不已。宋献策慰之曰：“李将军诚勇将，然人生不可复生，大王亦知李国桢之忠勇乎？臣以三寸不烂舌，敢说李国桢报大王麾下。则失犬得虎，李将军虽死，亦何损于大王？”贼闯闻宋言欣甚，即饬宋往。宋赍厚币往国桢第，门役阻之不得进。宋再三陈请，始得国桢允。见时国桢受创甚剧，不得已扶病出。宋献策至是口若悬河，力劝国桢降贼。噫！吾于此不禁为国桢惧。

环球社《图画日报》第二百八十七号第六页

环球社《图画日报》第二百八十七号第六页

世界新剧

明末遗恨(三十九)

斥　宋

珮

宋献策以婉词劝李国桢降贼。李国桢者，胜朝之忠良，张世杰、陆秀夫之流亚也。所以不即死者，以太子远遁，或可得当以图恢复。兹闻宋献策言，不禁勃然曰:“贼子敢侮我乎?我何人，肯屈膝俯首，以向贼闯耶?大胆妄言，欲于此觅死所耶?我宝剑新磨，决不以贼血污之!速走毋多言，寄语闯贼，俟国桢病愈，当与之一决死斗。事成，则国之福;不成，则一死报国。若偷生恶死，如尔贼人之靦颜干禄、廉耻扫地，我知吴将军大兵到日，必难幸免。”言至此，更闯贼痛骂不已。

环球社《图画日报》第二百八十八号第六页

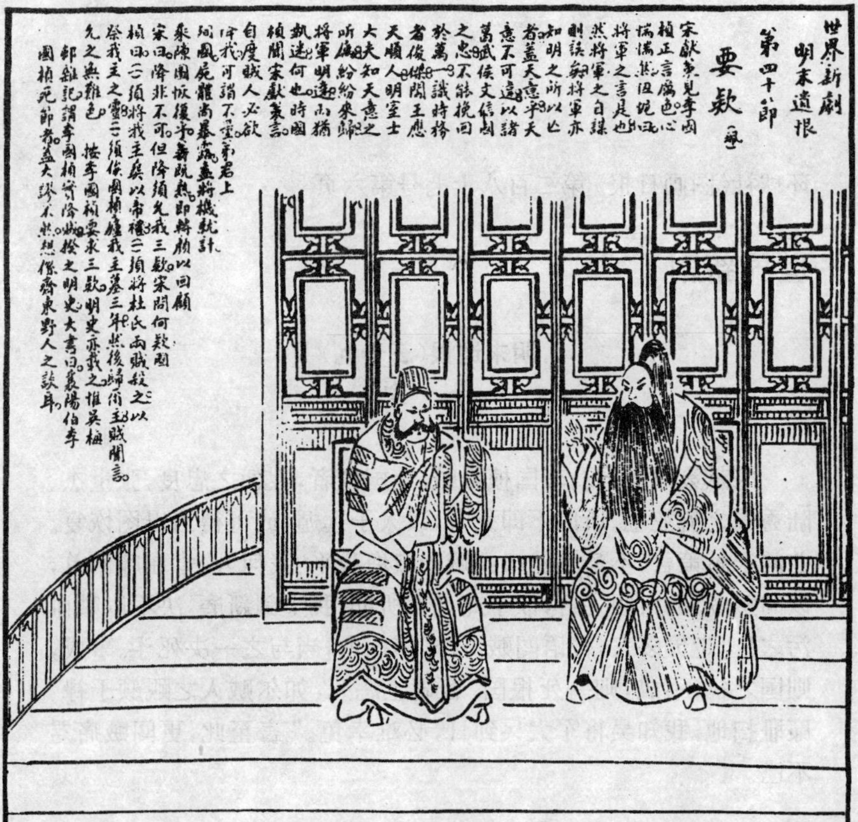

环球社《图画日报》第二百八十八号第六页

世界新剧

明末遗恨(四十)
要　款

珮

宋献策见李国桢正言厉色,心惴惴然,忸怩曰:“将军之言是也,然将军之自谋则误矣。将军亦知明之所以亡者,盖天意乎?天意不可违,以诸葛武侯、文信国之忠,不能挽回于万一。识时务者俊杰,闯王应天顺人,明室士大夫知天意之听属,纷纷来归。将军明达,而犹执迷,何也?”时国桢闻宋献策言,自度贼人必欲降我,可谓不量。第君上殉国,尸体尚暴露,盍将机就计,乘隙图恢复乎?筹既熟,即转颜以回顾宋曰:“降非不可,但降须允我三款。”宋问:“何款?”国桢曰:“(一)须将我主葬以帝礼。(一)须将杜氏两贼杀之,以祭我主之灵。(一)须俟国桢庐我主墓三年,然后归尔主。”贼闻言,允之无难色。

按,李国桢要求三款,明史亦载之。惟吴梅村杂记谓李国桢实降贼。揆之《明史》,大书曰:“襄阳伯李国桢死节者。”盖大谬不然,想系齐东野人之谈耳。

环球社《图画日报》第二百八十九号第六页

环球社《图画日报》第二百八十九号第六页

世界新剧

明末遗恨（四十一）

投　闯

珮

李国桢要求三款，宋献策既允之无难色，即辞国桢而归投贼闯。贼闯即询以国桢能否降顺，宋献策即自矜厥功曰：“李国桢不特良将，抑且忠臣也。”贼闯闻忠臣二字，逆度国桢无降意，遂转颜曰：“李果不肯归从乎？”宋笑曰：“以他人往说，可决其必不归顺；以臣臣之善为化导，即顽石亦当点头。动之以富贵，激之以利害，李国桢非偶人，安有不降者？”言至此，即以国桢要求之三款，详述无遗。贼闻杀杜勋事，有难色，宋献策曰：“杜氏佞贼，杀之何妨？以二杜易一李，以二奸易一忠，何不可哉！”贼闯闻言，始颔之无异辞云。

环球社《图画日报》第二百九十号第六页

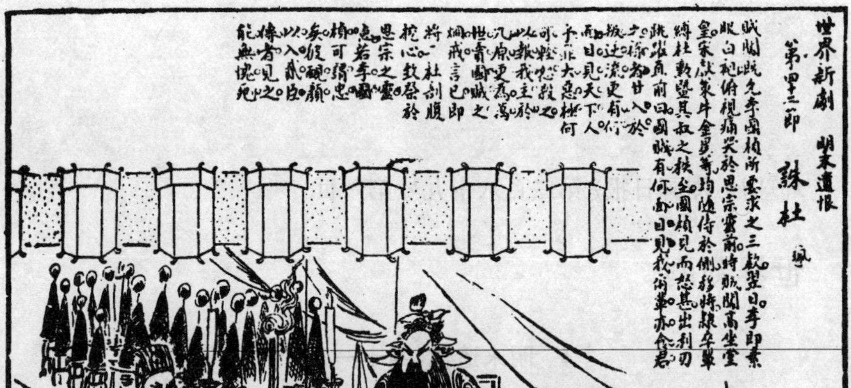

环球社《图画日报》第二百九十号第六页

世界新剧

明末遗恨（四十二）

诛　杜

珮

贼闯既允李国桢所要求之三款，翌日，即素服白袍，俯视痛哭于思宗灵前。时贼闯高坐堂皇，宋献策、牛金星等，均随侍于侧。移时，隶卒辈缚杜勋暨其叔之秩至，国桢见而怒甚，出利刃跳跃直前曰："国贼，有何面目见我？尔辈亦食君之禄者，甘入于叛逆流，更有何面目见天下人乎？罪大恶极，何可轻恕！杀之，以报我主于九原，更为万世卖国贼之炯戒。"言已，即将二杜剖腹挖心，致祭于思宗之灵。噫！若李国桢，可谓忠矣。彼觍颜以入贰臣传者，见之能无愧死！

环球社《图画日报》第二百九十一号第六页

环球社《图画日报》第二百九十一号第六页

世界新剧

明末遗恨(四十三)

击　闯

珮

李国桢手刃杜氏二贼后，忽仰首见贼闯高坐堂皇，因思相去竟咫尺，盍乘机以刺杀之，为天下除害，为明室复仇。思既定，遂执刃直起，怒目视贼闯，奋勇奔赴。贼闯本强有力者，而且左右护卫，何止千余人。见国桢行刺，群呼曰："拘刺客！"而一转盼间，孤忠豪勇之李国桢，已束缚于贼人之手矣。呜呼！以一弱女子之费贞蛾，刺李岩而有效；以一百战百胜忠勇之李国桢，刺贼闯而不果。岂李国桢之刺术，不如费贞蛾乎？抑费贞蛾之幸，而李国桢之不幸乎？曰：皆非也。天亡明室，李岩可死，而贼闯不能死。故费贞蛾之愿能偿，而李国桢之志难成也。

环球社《图画日报》第二百九十二号第六页

环球社《图画日报》第二百九十二号第六页

世界新剧

明末遗恨(四十四)
死　难

珮

李国桢刺贼闯不果,至于被缚。因思与其受贼人辱,而逼我以不堪,何如速行自裁,俾上报君恩,而下不致陷身于不义。遂转颜谓贼闯曰:"天不祚明,致我事不成。第国亡君死,为人臣者,万无偷生之理。"言已,刳刀以向颡间刺,一霎那颈血飞越,而忠勇之李国桢竟殉国而死。文信国有言曰:"人生自古谁无死,留取丹心照汗青。"李国桢之死,足以流芳千古。较之文信国,后先辉映焉。

按,明史李国桢之死,乃于思宗之梓宫前自缢死,与上述不同。即要求之三款,与剧中所述亦有异。(《明史》所载三款,一系要求葬思宗以天礼;一系要求祖宗陵寝不可废;一系要求太子、二王不可害)合附识于此。

环球社《图画日报》第二百九十八号第六页

世界新劇　明末遺恨

第四十五節

驚吳（續）

襄城伯李國楨既自刎。賊闖遂大集兵士。謀掃蕩六合策。僞軍師宋獻策。主議先稱帝而後號召天下。時平西伯吳三桂。乞師 聖朝。長驅入直。賊勢已漸次衰弱。聞吳三桂大兵至。更不勝風鶴之警。蓋蟻聚烏合。本有不可恃者。初吳三桂率兵入援。聖朝遣大軍相助。賊闖聞報。大驚曰。吳三桂何可敵哉。遂脇三桂父襄作書招三桂。復使唐通齎銀四萬兩犒師。別以賊兵二萬守關。三桂陽受犒銀。隱遣心腹將盡殺守關賊。並復書絕父。於是賊闖無所施其技。且以吳三桂之決裂也。遂毎仕驚惶云。

环球社《图画日报》第二百九十八号第六页

世界新剧

明末遗恨(四十五)
惊　吴

珮

襄城伯李国桢既自刎,贼闯遂大集兵士,谋扫荡六合策。伪军师宋献策,主议先称帝而后号召天下。时平西伯吴三桂,乞师圣朝,长跪入直。贼势已渐次衰弱,闻吴三桂大兵至,更不胜风鹤之警。盖蚁聚乌合,本有不可恃者。初吴三桂率兵入援,圣朝遣大军相助,贼闯闻报,大惊曰:“吴三桂何可敌哉!”遂胁三桂父襄,作书招三桂,复使唐通赍银四万两犒师,别以贼兵二万守关。三桂阳受犒银,隐遣心腹将,尽杀守关贼,并复书绝父。于是贼闯无所施其技,且以吴三桂之决裂也,遂毋任惊惶云。

环球社《图画日报》第二百九十九号第六页

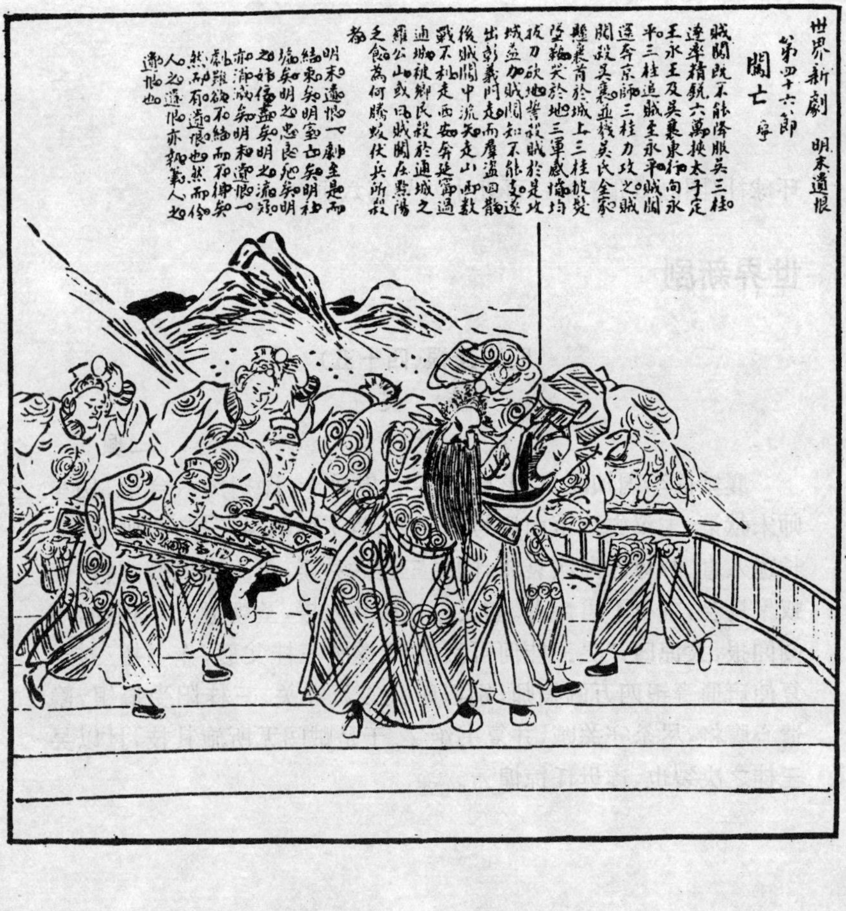

环球社《图画日报》第二百九十九号第六页

世界新剧

明末遗恨（四十六）

闯　亡

珮

贼闯既不能降服吴三桂，遂率精锐六万，挟太子、定王、永王及吴襄东行，向永平。三桂追贼至永平，贼闯还奔京师。三桂力攻之，贼闯杀吴襄，并戮吴氏全家，悬襄首于城上。三桂披发坠鞍，哭于地，三军感愤，均拔刀砍地，誓杀贼。于是攻城益力，贼闯知不能支，遂出彰义门走，而群盗四散。后贼闯中流矢，走山西，数战不利。走西安，奔延宁，过通城，被乡民杀于通城之罗公山。或曰，贼闯在黔阳乏食，为何腾蛟伏兵所杀者。

《明末遗恨》一剧，至是而结束矣。明室亡矣，明社墟矣，明之忠良死矣，明之奸佞尽矣，明之流寇亦消灭矣。《明末遗恨》一剧，虽欲不结而不得矣。然而有遗恨也，然而伶人之遗恨，亦执笔人之遗恨也。

申报

本卷主编 陈 恬

目　录

申　报

《申报》创刊于1872年(同治十一年)4月30日,初为双日刊,从第5号起改为日报。至1949年5月27日停刊,前后历时77年,共出版25600号,是近代中国出版时间最长、影响最大的一份报纸。《申报》版面分为新闻、评论、文艺(副刊)和广告,奠定了我国中文报纸四大块的基本结构,忠实记录了从清末到民国近八十年间政治、军事、经济、文化、社会各方面的情况,具有很高的史料价值,被称为"近现代史的百科全书"。

陈恬辑录、标点、校订。

同治十一年(1872)

戏园琐谈

洋泾浜戏园林立,其最著名者为丹桂茶园、金桂轩,皆京班也。金桂仅以杨月楼一人哄动时目,遂使车盖盈门,簪裾满坐,几欲驾丹桂而上之。而丹桂之扮演,则争能角胜,领异标新,务在与金桂相抗,盖势成晋楚,竟有狎主齐盟光景焉。近丹桂又新到都中名优,为老生、为武旦者数人,连日登场,容艺双绝。而歌喉之妙,则如贯珠,如裂石,抑扬顿挫,淋漓尽致,盖自辇毂之外,固无能与之并驾齐驱者也。廿七日演《夺太仓》、《忠节烈》等剧,摹写豪雄忠烈之概,真觉神采奕奕,金鼓声中刀光飞舞,跳掷之技神化无伦。而尤以《法门寺》客串之唱口为最妙,盖旦脚之扮宋氏,女老生之扮郿乌县者,皆极能用真实本领,竭力献技,用相角斗。至扮刘司礼之脚色,则又仪观俊伟,类非常人,冠带场中真觉惟妙惟肖也。夫近时读曲者本少其人,谁则能为顾误之周郎哉?而惟此弦索乱弹二簧杂沓,则群乐往观,以为习于视听也云尔。至神情何以逼肖,音节何以恰合,则固耳目所共赏也,登场者其亦真善于揣摩乎!

同治十一年四月二十九日/1872年6月4日

戏馆琐谈

金桂、丹桂本齐名,乃近日观之,则有微分优绌者,知音之人自能辨之也。金桂以跌打跳掷为专长,故彩衣绣裳未必新艳夺目,生旦唱口未必宛转尽致。惟前日夜演《翠华宫》,张贵妃唱之梆子腔,殊觉从容自在。《赵家楼》之杨月楼,神采俊拔,是为最出色戏。至《宝莲灯》、《取荣(荥)阳》二出,全恃老生唱口,惜皆以喉中格格,未尽所长。至摹状飞檐走壁之奇,则身手矫捷,固为差强人意者也。丹桂园今又新到京都名优四人,争奇角胜,层出不穷。昨夜所演正戏,若《雅观楼》之缠绵,《彩楼配》之浓艳,《黄鹤楼》之豪迈,弦索丁丁,极情尽态,是真不遗余力者。即《双沙河》之神情曲折,《朝金顶》之曼衍新奇,亦非庸手所能。满堂喝采,座客尽为流连,宜矣哉!

同治十一年五月初二日/1872年6月7日

后竹枝词(之二)

海上忘机客

好是吴中窈窕娘,春风一曲断人肠。只因听惯京班戏,近日兼能唱二黄。

吉祥街却不寻常,惟见行人站两旁。忽听一声锣鼓响,髦儿戏正闹头场。

同治十一年五月初七日/1872年6月12日

前洋泾竹枝词(之四)

龙湫旧隐稿

北里胭脂一路香,环肥燕瘦费评量。珠娘娟素苏娘艳,蛮调吴歈各擅场。

五陵裘马少年多,携得红儿共听歌。不待曲终人已去,春宵一刻莫蹉跎。

共说京徽色技优,昆山旧部倩谁收。一枝冷落宫墙笛,白尽梨园子弟头。

呖呖莺喉畴乍圆,枇杷花下拨鹍弦。自从世俗翻新调,不似旗亭赌唱年。

同治十一年五月初八日/1872年6月13日

洋泾浜序

海天富艳,景物饶人。花月清阴,春光醉我。香迷十里,爰开歌舞之场;丽斗六朝,敢续烟花之记。则有地名北里,美集西方。花灿堆银,天真不夜;火齐列树,星有长明。杨柳帘栊,送出笙歌一派;枇杷门巷,围来粉黛三千。或步软绣而寻芳寻芳里,或听钧韶而同庆同庆里。水边多丽丽水台，排翡翠之香楼；桂下原馨桂馨里，构蟾蜉之暖窟。百花里敞，双秀堂开；兆添富贵荣华，当驻香车宝马。锦昼东西南北，偏多翠羽明珠兆富、兆贵及东昼锦、西昼锦等，皆里名，教坊俱聚于此。松风吹弦管之声松风阁，桐月丽妖娆之色桐月楼。吴绛仙之冷艳，黄菊经霜吴素卿，鞠部其选也，以下都一时名姝；谢小娥之娇憨，绿芙出水谢宝琴。仙渡银河之鹊李巧仙，娥分白玉之蟾吴月娥。万缕回文，兰言锦织沈文兰；一枝金粟，桂殿香分金桂、桂林。朱粉不施，冠花枝于南部朱南官；翠颦淡扫，迟琴韵于西楼翠琴。本月阙之仙人，尘间小谪月仙；是云中之彩色，天上飞来彩云。杜兰香丰韵娉婷张韵兰，袁宝儿秀姿妩媚蔡秀宝。解汉皋之佩，卿意云何佩卿；赋洛水之仙，雅人深致雅仙。鹅绫十幅，全描锦字于环中十全；鸾镜双窥，喜立情郎于影里双喜。文皆争宝，两称苏小芳名诸文宝、周文宝，时齐名；爱只为卿，愿向君王广觅沈爱卿、黄爱卿、小爱卿，名此者甚多。要皆具可餐之秀色，秉绝世之英姿秀英。杏白梨红，关心细认；荷珠兰玉，过口犹香。而且花既含娇，叶还竞媚。泥中小婢，惯通蜂蝶之蹇修；帘底妖姬，窃学鸳鸯之野偶。琼浆一盏，便嫁云英；玉宇三椽，即留阮籍。乍离乍合，空谈朝暮之期；予取予求，不记氤氲之簿。心岂同夫栀子，头偶并夫莲花。只须十五嫁王昌，无俟三年窥宋玉也。若夫曲艳霓裳，歌翻玉树；记广寒之旧谱，度金缕之新腔。本为桂府传来，桂看列四金桂、丹桂、攀桂、同桂，皆戏馆名；听到雅音迭奏，雅可成三三雅园。翠绕珠围，一纸下红妆之牌；烟斜雾散，满庭流春海之芳满庭芳，亦戏园名。管则急而弦则繁，乐府新来北地；婉以柔而清以越，吴歌总说西昆。寺启金山，图开铁冠《金山寺》、《铁冠图》，以下皆戏名。黑沙洞里，鬼帜神旗《黑沙洞》；青石山前，雨师风伯《青石山》。淮安府虎狼竞闹《淮安府》，赵家楼蝴蝶寻花《赵家楼》。金凤描来《描金凤》，白蛇传出《白蛇传》。楼中结蜃，宝光腾海气之结《蜃中楼》；阁下回龙，仙仗焕朝仪之彩《回龙阁》。冠裳入座，艳夺红菱《红菱艳》；巾帼登场，钗横紫玉《紫玉钗》。莫不炙燕莺之脆舌，泻珠玉之歌喉。他如鼓击花奴，丝牵木偶花鼓戏、牵丝戏，现诸天之魔舞，宣大地之音声。有馆皆歌，无街不绣。别有厨非香积，市等长安。金斗十千,吴姬劝酒;玉盘百品,易牙调羹。豹舌熊蹯,何止脍毋厌细;玉杯象箸,果然器必求精。同兴则帘卷水晶同兴楼,益庆则窗横云母益庆楼。味擅东南之美,雅说新楼新新楼;羞调西北之珍,共推泰馆泰和馆。神仙留玉佩,卿相解金貂,洵不虚矣。至于万里云写其间情万里云,一洞天涤其雅抱。清泉则春暖烹茶,醉墨则秋高擫笛清泉楼、醉墨林。胜难枚举,国可香称。明知色味馨香,回头是梦;争奈莺花风月,过眼兴怀。未免有情,小志沪滨之韵事;于斯为盛,来添海国之清谈。

西冷漱华子稿

同治十一年五月二十日/1872年6月25日

劝戒点演淫戏说

戏剧滥觞于优孟,其由来也久矣。取往事而流连,借昔人为劝惩,偶遇忠孝节义诸大端,苟能摹绘入神,往往动人感泣。虽戏也,亦寓导民为善之意焉,以故沿习至今,不干禁令。乃近日上海各戏园中专演淫戏,榜诸门首,帖诸街衢,昆班如《倭袍传》、《双珠凤》、《借茶》、《裁衣》、《斋饭》诸剧,徽班如《晋阳宫》、《打樱桃》、《庙会》、《瞎子捉奸》诸剧,百般秽亵,万种淫污,不顾衣冠之满堂,不问男女之杂坐,且有座上之客指名索点者,廉耻云亡,自居何等!此种过失,较之刊布淫书、描画春册者,尤为大伤阴骘。圣人之言曰:非礼勿视,非礼勿听。奉劝诸君于挥金买笑时,少为留意,勿大荒唐。尤劝开张戏园者,既存图利之心,勿为丧德之事。托业已卑,为恶又大,天听不远,恐报应之机捷于影响也,可不惧哉?可不惧哉!

同治十一年五月二十九日/1872年7月4日

戏园竹枝词

晟溪养浩主人稿

洋场随处足逍遥,漫把情形笔墨描。大小戏园开满路,笙歌夜夜似元宵。

穿来柳巷与花街,一片歌声处处皆。新彩新灯新脚色,教人沿路贴招牌。

大汉关西唱大江，应推张八擅无双。歌喉啭处声高下，滚出铜琶铁板腔。

丹桂京班素擅名，春奎北调甚分明。《五雷阵》与《双园会》，定自旁观喝采声。

争新斗巧费思量，创出奇情亦擅长。山凤一班童子串，翩翩歌舞共登场。

帽儿新戏更风流，也用刀枪与戟矛。女扮男装浑莫辨，人人尽说杏花楼。

戏名花鼓本轻佻，燕语莺声各弄娇。莫笑上台多丑态，秋波转处也魂消。

竟把黄金视作灰，纷纷舆马戏场开。兴豪正桌居然坐，还写红笺叫局来。

传书去后不多时，报道佳人到未迟。飞轿一肩灯两盏，后边跟着俏娘姨。

晚饭娘姨手共携，看楼细认客来齐。秋波一瞥逢恩客，不负今宵打野鸡。

轻薄言词指点工，《滚灯》《背凳》太玲珑。无端笑煞家婆态，眷属谁家入座中。

二桂名园赌赛来，一边收拾一边开。月楼风貌倌人爱，不羡红妆浪半台。

鸿福名优迥出群，眉稍眼角逗红裙。飞舆竞说来山凤，要看今朝唱《上坟》。

包定房间两侧厢，倚花傍柳太猖狂。有时点出风流戏，不惜囊中几个洋。

群英共集画楼中，异样装潢夺化工。银烛满筵夺满座，浑疑身在广寒宫。

偶将俚句补新闻，拟为春申扫俗氛。付与诸公同一笑，休嫌村语不成文。

同治十一年六月初四日/1872年7月9日

洋场竹枝词(之九)

鸳湖隐名氏

花样翻来局局新,京腔同唱《玉堂春》。阿谁值得千金价,好向灯前认美人。

第一关心逢礼拜,家家车马候临门。娘姨寻客司空惯,不向书场向戏园。

日日频将戏目分,偏于妓馆最殷勤。声声小姐来相请,今夜新灯好戏文。

一声提轿出兰房,茉莉花簪满鬓香。今日倌人来请客,琉璃件件作高装。

戏楼上下屡眸回,熟客相逢笑口开。致意大爷须转局,装烟先遣小鬟来。

湖北京徽与粤东,两洋戏术复无穷。女伶莫道于今老,演得衣冠一样同。

周文杨武共相推,□喜胭脂点两腮。一自满堂齐喝好,看他得意下台来。

今宵新彩兼新切,招纸粘来到处传。莫笑空中架楼阁,此中赚得几多钱。

昆腔勉力旧园开,新戏《香球》演几回。毕竟富绅有京派,斗牌叫得阿真来。

同治十一年六月初七日/1872年7月12日

洋泾竹枝词(之三)

沪上闲鸥

戏园观剧足流连,何必勾栏唤素娟。为逞风情万人里,轻将班管写红签。

歌声宛转让昆腔,离合悲欢总擅长。不信淫哇堪动听,《倭袍》荤素互开场。

今朝相约戏园中,正桌包来气自雄。案目弯腰忙动问,逢迎若辈素来工。

仆不善诗词，自惭俚鄙，因见敝友龙湫旧隐稿，意在动人，语颇警切，效其意为二十四绝，仍俟高明斯正。

同治十一年六月十四日/1872年7月19日

观剧小记

岭南羁士稿

月之五日，晚饭罢，友人拉往丹桂茶园观剧，时正演《雷击张计宝》一剧。张计宝者，不知何代人，生而其母弃之桥下，为张姓抱养，十三年得以成人，后大魁天下，置养父母于不认，以致张姓夫妻二老撞死阶前，负义忘恩，罪难逭矣！然扮演张老之神情不真，则逆子之案情不露。是夜扮演者为吴凤鸣，能手也，声情激越，刻划逼真，观者佥发指，有陨涕者。顷刻间雷霆下击，玉虎鞫鞫，如闻其声，一时楼上下阖园人无不眉飞色舞，为之称快，至此而天良不勃然动者，无是理也。余慨然告友人曰：古圣贤欲求平治，首正人心，无如机械变诈，风云幻苍狗之形，以致水火刀兵，运会酿红羊之劫。于是著书立说，聊当暮鼓晨钟，究之苦口婆心，枉是唇焦舌敝，黑海波中，黄粱梦里，唤醒痴蒙，殊非易易。不谓声色感人若斯神速，今夜观剧者数百人，其间智愚贤不肖料非一等，何以顿经激发，都现天良。正如乍见孺子入井，恻隐心生，不待勉强。苟能存养，稍事扩充，纵不敢望圣域贤关，决不失为端人正士。独是天良，偶发萌芽也，存养工夫，灌溉也。假令园丁勤于灌溉，将见万紫千红，满园春色矣。卒之一曝十寒，萌芽尽以枯死。呜呼，若辈园丁亦负此萌芽哉！友人曰：子言是矣，子亦知宇宙间为一大梨园乎？钲琵响处，涂抹登场。夺利争名，博得高官厚禄；花团锦簇，拥将艳妾娇妻。若者贤奸忠佞，凭人指摘当前，更有厮养贱贫，苦我流离半世。迨入场后脱去冠裳，洗却脂粉，回思一切喜笑怒骂，尽为何人，可哀也夫！余唯唯。适改演武戏，锣鼓喧天，无甚意味，相率归寓，漏已四下矣，因挑灯而为之记云。

同治十一年七月初十日/1872年8月13日

沪城竹枝词(之一)

南仓热眼人戏笔

十番如意九连环,锣鼓声喧彻浦滩。行近石桥音调别,二黄高唱学京班。

同治十一年七月二十六日/1872年8月29日

沪北竹枝词(之七)

花川悔多情生草

丹桂茶园金桂轩,燕歌赵舞戏新翻。人人争看齐称好,闲煞笙箫山雅园。

红旗赤炽将登台,鼓击三通疾似雷。一阵花香香扑鼻,回头行过丽人来。

吴娘唤到淡妆同,醉脸霏微浅露红。隔座忽传鸳牒下,花香钗影去匆匆。

周春奎曲妙通神,任七郎还技出人。新到争传韩桂喜,一时抹煞众伶伦。

一出登场众伎收,徐陈李杜数名流。有人偏说寻常甚,必竟输他杨月楼。

团团布幔幕天高,戏演鱼龙技独操。马上飞升来往疾,轻疑海燕快如猱。

沧海桑田事易更,最繁华处最心惊。歌楼舞馆消魂地,鬼火当年夜夜明。

同治十一年八月初七日/1872年9月10日

续洋场竹枝词(之一)

席间未肯便相陪,女串还工《二度梅》。装得粤东大模样,何人曾把大厅开。

前作竹枝词二十八首,颇有以为无征不悉。客曰是尚未尽,为述若干事,余愧闻见之未广,醉后续此。第恐言之无文,未免笑于方家耳。

鸳湖隐名氏

同治十一年八月十六日/1872年9月19日

六馆闲情·戏馆

南仓热眼人自喝稿

月光醉眼雨朦胧，落魄梨园兴尚浓。台上莺歌金粉艳，灯前燕笑绮罗丛。

究谁演剧谁观剧，不尽形容尽冶容。一曲莲花音咽切，分明为尔打晨钟。

同治十一年八月二十三日/1872年9月26日

俄皇子在港观剧

俄国皇子于去月廿八晚偕该国水师提督军门，命驾往本港昇平戏院看梨园子弟演剧，本港督宪署中军及巡捕官皆到同阅。皇子及各官员驾到时，院主敬谨迎迓。清道辟人一役，则有巡捕官饬派所属差役为之。皇子等驾到后，优人仿和声鸣盛格，另自排场，演《指日加官》出目，随演《六国封相》，一时袍笏满场，甲胄霜严，军容火盛。伍秩庸先生在座，将戏文节目以英语详解，皇子及督部各官俱甚欣悦。皇子通英国语言文字，气象伟然，是夜驾往阅剧，港中人士多瞻仰焉。

同治十一年九月十六日/1872年10月17日

沪上女伶题词

壬申秋仲，偶偕二三知己泛棹申江，历访梨园，遍寻柳巷，看花杜牧，当意颇难。迨至杏花楼观昆剧数折，始叹沪上风光于斯为甚矣。班中惟宝和校书为吾吴人，其他若九珠、若云宝、若梅林，以及阿桂、阿男，非系土著，即为浙产，人才济济，无不各擅胜场。惜草草劳人，未得常亲乡泽耳。别后客思无聊，率成七绝八章，聊述芳型，非敢雌黄人物也。楼中姊妹闻之,得毋嗔其妄语否耶?

春申江上泛扁舟,曾为寻芳小滞留。数遍勾栏谁当意,最销魂是杏花楼。

海国风光本绝伦,相逢况是故乡春。生成一种温存态,扮作男儿更可人。宝和

玉体丰肥拟太真,登场舞袖转轻盈。眉如新月肤如雪,两道秋波别有情。九珠

休论软语惯撩人,两瓣莲钩已醉心。不索缠头索诗稿,知他翰墨也缘深。云宝

丰姿消瘦态轻清,合把梅花当小名。安得常来妆阁里,调将金粉传卿卿。梅林

谑浪能教百媚生,解人颐处动人情。微怜莺舌调难稳,格磔钩辀听未清。阿桂

老去秋娘态尚娇,腰肢杨柳鼻琼瑶。十年前若相逢早,定使吴侬意也消。阿男

无限柔情与艳思,而今回忆每神痴。最怜客馆凄凉夜,正是高楼歌舞时。

吴门红豆馆主人初稿

同治十一年九月二十一日/1872年10月22日

都门新竹枝词(之五)

醉里生

艳说京华曲绕梁,满城征逐马蹄忙。二奎黄土长庚老,近日惟推袁富堂。

桂枝老小各如仙,小凤轩云亦并妍。毕竟抡才谁第一,艳侬早占百花先。

新腔梆子效山西,粉墨登场类木鸡。有客南来听未惯,隔墙疑作鹧鸪啼。

挥金买笑走雕轮,标客从来性不驯。忽起酸风吹斗去,不知又落那家春。

石头巷与韩家潭，选色征歌乐兴酣。时样铺陈新样曲，夸人多说出江南。

同治十一年十月二十一日/1872年11月21日

记天津优伶与潮人押店械斗事

夫忍一时之气，可消百日之灾，诚至言矣。昨日十二点钟时候，予适闲步将赴小东门外，至南丹桂茶园前，忽见沿途过往尽皆停步，登时人众咸集，几如江岸之看潮、庙园之观剧者然，涌挤万分。予异而问之，有客告余曰：则有优伶系天津人者，至押铺赎毯，因争换小钱数十文，至于口角相争。店主人系粤东潮阳，性情高硬，竟敢行凶逞强，将碗飞掷，致伤戏子头颅，登时满面流红，互相争殴，宛如三战吕布，毁物斗殴，一时暂休，复打还风阵。店主纠党，同帮并不劝和，竟如狼似虎，手携双刀，乱舞通衢。天津人见势不敌，遂飞信相邀北丹桂茶园同事，亦拿短刀软棍，两相对敌，观者无不骇然。兼且身长力壮，俱不败休，有如大闹天宫，虽有巡捕拾数，难以弹压，互相争斗，无不流血，俱就重伤，各扭送捕房以待审断。噫！此押铺虽属将本求利，实则刻薄穷民，岂知按月九分利息相继，本轻利重，此种恶习，狼心狗肺，例禁有干。此番之遭其毁物伤人，亦似天之假手斯人，俾之不能开张也，人心俱为之大快云。

同治十一年十一月十九日/1872年12月19日

学台彭公严禁淫戏告示

为出示严禁事，照得本部院考试苏州时，据苏提调详据试用训导吴振宗等禀称，窃维风俗之厚薄，系于人心之邪正，视乎趋向，趋向不端，则风俗因之而坏。近如淫书淫画二者，固易荡人心志，然其甚者，尤莫如淫戏一端。夫于千百广众之中，为男女亵狎之剧，无论少年血气未定，意逐神驰，即平素谨饬自持者，至此亦不能制长，淫风戕人性命莫此为甚。盖忠孝节义之事，千万人效之未必尽能感化；奸盗邪淫之事，一二人导之无不立见披靡。迩来因奸谋命之案，各属均有，未始非荡检逾闲之说职为厉阶。前年丁中丞抚吴时,曾行查禁,其贩淫书合淫药之流,固已稍稍敛戢。惟淫戏淫画,至今未尽查。道光中,优伶徐秀龄等扮演《葡萄架》等淫戏,当经绅士公禀,郡尊桂公祖出示严禁。现在戏园中无论文武京班,大率以淫戏动人,据为利薮,甚至创造逍遥乐及串淫空欲等名目,种种淫剧,不可胜数。其中因以陷溺者正自不少,伤风败俗,实基于此。此次应请颁发示谕,实贴戏园门首,谕令梨园子弟,嗣后此种淫剧不准再演,违者绳以峻法。至淫画俗名春工,实为导淫之尤物。近见洋广货铺中所售洋画,春工居多,如玄妙观中之西洋镜洋画摊亦不能免。睹者如市,廉耻尽亡,此而不禁,将何以整齐风俗?敢请转详饬府广发示谕严禁,务使净尽而后已,庶人心日趋于正,风俗因之而厚等情到院。查所禀各情,实属有关风化,亟应出示禁止,除出示札饬苏州府查禁外,兹查该属上海县城,系人烟聚集之所,诚恐似此事件在所不免,合行出示严禁。为此示仰居民人等知悉,尔等自念别人讲乡约送善书,方欲大家成个好人,何独售卖扮演此等,甘为不肖?且其所以为此者,无非为利起见,而究之此辈,仍终岁穷困,亦不知利在何处。况尔等各有身家,何可轻罹法网?自示禁之后,其各激发天良,凛遵毋违,特示。

同治十一年十一月二十六日/1872年12月26日

戏子案究结

前日小东门打架之案,由县访提并押店王姓具控,当即诣勘干。昨饬差提到相打之戏子张某、王某及原告王姓,讯明两造互相纠殴,均有不合,各予责惩,姑念初次,从宽免究,嗣后须要安分,如有再犯重办云云。

同治十一年十二月初三日/1873年1月1日

观剧书所见

余观剧金桂,有武旦黑儿者,身轻于燕,腰细犹蜂,跳踯则如猱升木,迅疾则如隼腾空。弓鞋装去,何殊巾帼凌波;鬒须梳来,孰识男儿本相。舞动双枪,雪花乱滚,娇柔百态,风韵环生,诚足为一时优伶之冠。及观丹桂之韩桂喜，飞刀剑之光，犹是夫人振万；作婆娑之舞，宛如天女散花。余故并及之，以见余子碌碌不足道也。

惜惜主人偶笔

同治十一年十二月初六日/1873年1月4日

庙台观剧文　集四书语

与众乐乐，好事者为之也。夫人幼而学之，必有可观者焉。乡人皆好之，亦为之而已矣。达巷党人曰：于戏，人之所欲也。暮春者，在野，经始灵台，亦为采色，选于众曰：若是班乎？率其子弟，使之一本。当是时，其徒数十人，填然鼓之，管乐之音，翕如也。于此有人焉，端章甫，衣锦尚絅，出曰：事有终始，如之何如之何者，此其大略也，彼哉彼哉，亦末也。正其衣冠，南面而立，姓所同也，名所独也，坐以待旦，子为谁？曰：我生矣。杖者出，望之俨然，如五六十，冕衣裳者，加朝服，拖绅，外也。公孙丑曰：素以为绚，达于面目，与吾同类者，三人，胁肩谄笑，手之舞之，非人所能为也。是诚在我，若此者，君臣也，父子也，夫妇也，群居终日，行乎富贵，行乎患难，可立而待也。朝觐者，讼狱者，讴歌者，声音笑貌，象忧亦忧，象喜亦喜，不可及也。于斯时也，冠者五六人，导其妻，子则之野，又从而招之，树墙下以桑，皆坐，曰：得其所哉！童子六七人，避兄离母，举欣欣然有喜色，而相告曰：待先生放焉，夫然后行，将为君子焉。春服既成，其子弟从之，揖所与立，与与如也。将谓野人焉，衣蔽缊袍，其颡有泚，襁负其子而至，立之斯立，皇皇如也。或曰大人，长一身有半，中道而立，众皆恶之，皆曰：彼丈夫也，从而掩之，吾何以观之哉！或为小人，则具体而微，引领而望之，语人曰：吾未之见也，易地则皆然。有妇人焉，衣服不备，不能出门户，讪其良人，乞诸其邻，阉然媚于世，与乡人立，屦[其]大小同，其为士者笑之。有贱丈夫焉，则慕少艾，不得近，又顾而之他，其冠不正，足缩缩，如有循，美目盼兮，睨而视之，由由然不忍去也。视之而不见，谓之瞽，亦北面而朝之，是亦不可以已乎？彼将曰：耳之于声也，闻而知之，我未尝不得见也。出家而成教，谓之和，四方来观之，如之何其不可也? 彼将曰:目之于色也,有同美焉,吾何为独不然? 为间,天油然作云,沛然下雨,纷纷然散而之四方者,几千人矣。芒芒然归,蹶者趋者,匍匐而亟拜也,喟然叹曰:今日病矣! 如有复我者,吾不欲观之矣。

此文系旧作,不知何人所为,观其集句之妙,真人所莫及也。

同治十一年十二月初八日/1873 年 1 月 6 日

同治十二年(1873)

观剧闲评

前月杪,余自都抵申,萧斋寂寞,旅况无俚,日以观剧为消遣计。申地戏园林立,终推丹桂、金桂为巨擘。然金桂仅以武技见长,刀枪剑戟,满地斤斗,似易生厌。至生旦唱口做工,终有格格不入者。反不如丹桂之文武兼优,引人入胜也。试列论之,其长于武技者,如杨月楼之神采奕奕,艺容双绝;韩桂喜之飞舞跳跃,尽态极妍;陈吉太、田黑之疾如猱升,轻若飞燕,固已尚矣,以视金桂中月山、黑儿辈,有过之无不及也。他如景四宝、吴凤鸣之摹拟入神;秃扁儿、皂儿之游戏三昧;旖旎风光,珠喉宛转者为王桂芳、李棣香;潇洒出尘,风流跌宕者为杜蝶云、冯三喜;争能角胜,极力揣摹者为安静芝;其他诸人,则各擅所长,笔难尽述,观止之叹,信不诬矣!然吾于诸优伶中推静芝为梨园翘楚,盖看花者于上妆时看其体态,尤当于卸妆时察其性情。若静芝则静气迎人,秀色可餐,终日对之,令人忘倦,斯真铁中铮铮,庸中佼佼者也。仆南北奔驰,笔墨生涯已作陆庄荒矣,然一时兴到,遣管城子聊缀数言,其有当于大雅之一噱否?

都门惜花子戏笔

同治十二年正月初六日/1873年2月3日

华人在法拟建戏院

华人之服贾于法都者,实繁有徒,不可悉数。兹欲于都内建造戏园,以为演剧娱目骋怀之所。西字新闻纸有谓:唐人之俳优,衣服都丽,技艺精工,极能悦目,殊堪赞羡也。又云:唐人设肆法都者,有如鳞集,其买卖货物者,又日增而日多,诚为商贾凑泊之区矣。

同治十二年正月初九日/1873年2月6日

海上十空曲(之二)

锣鼓声中,鬼帜神旗气象雄。奇幻《盘丝洞》,艳冶《描金奉》。咚!异曲更同工,京徽争哄。士女纷纭,错坐几无缝。君看优孟衣冠总是空。戏馆

异处求工,淫逞妖姬狂逞童。花鼓新腔送,卖眼春心动。咚!丑态帽儿同,干戈虚弄。一样排场,难把周郎哄。君看轻薄桃花总是空。花鼓戏、貌儿戏

海上之游,几及十稔,此调久已不弹。近阅诸吟侯沪上竹枝、洋泾浜序等作,形容尽致,不觉忘其固陋,辄思效颦,戏为海上十空曲,调寄金络索,以博善顾者一噱。曲终更缀一绝自忏云:

青天碧海复寻春,五十年华阅历身。我本东来狂道士,狂歌几曲渡迷津。

香鹫生未定草

同治十二年正月十六日/1873年2月13日

论淫书淫画淫戏不宜看

守黑老人

戒淫之文,先贤言之详矣,且痛切言之矣。自好者触目惊心,或不致作荡检逾闲之举,以干国宪阴律之诛,此其显而易见者之,不待赘言也。而隐受其害之足以坏人心而伤风化者,则莫如淫书、淫画、淫戏三事。夫美人香草,本属寓言,不过文人笔墨,借绮语之缠绵,达柔情之缱绻。吟风弄月,赋物言情,赠帕弹琴,借题写意,如锦花泡语等,书之一往空情,令人心摇目眩也。等而下之,至于小说弹词,俗影村言,写出偷香窃玉,绘成钻穴逾墙,粗鄙不堪,秽污特甚,不可出语口者,居然笔之于书,此野史稗说等书之久干厉禁也。至于淫画、淫戏,殆有甚焉。春苑秘戏,当场出丑,淫情点缀,摩传口角风情;秽体描工,幻出肌肤亵体。化日光天之下,忘耻寡廉;瞻观视听之余,乱心荡志。三者之遗害,人每不及防,而受其害者,则如火燎原,一向而不可扑灭也。每见人家子弟,其聪明特

秀者，阅之而执迷不悟，隐泄其原精者有之，自戕其性命者有之；其愚鲁质朴者，阅之而效尤不悛，紊乱伦常者有之，显犯王章者有之。是为人父兄者，并未尝导其淫，诱其淫，而子弟之观淫书、阅淫画、听淫戏，直不啻父兄导其淫，诱其淫矣，且不啻父兄迫其死，蹙其生矣！况残篇断册遗落闺中，妇女无知，偷窥窃视，其害更有不可胜言者。淫词秽曲唱演神前，天道祸淫，降灾愈酷，其罚已在万恶之首。人孰不爱子弟，不敬神明，而独于淫书、淫画、淫戏，玩而忽之，岂老悖不念子孙哉？故欲求祸者弗思甚耳。我故不揣迂拘，刍荛再献，诸君子其有同志乎？随地留心，遇有淫书、淫画、淫戏，取而焚之，禁而绝之，虽不能锄尽根株，究亦足以补救世道，而使少年子弟不致夭折之伤。除害自膺多福，冥漠中不爽报施，古训昭垂，引为炯鉴，是则子之厚望也夫。

同治十二年二月初九日/1873 年 3 月 7 日

英国啊领事清装游嬉观剧

前初四日夜，四马路弹子行传唤中西梨园，演唱中西戏出，在沪之西国官商莫不前往，悬灯结彩，极足一时之娱目骋怀。英国啊领事衣中朝服式，而去翎顶补服，居然中国贵官，啊公真可谓乐其乐者矣！闻是夜租界之陈司马轻衣小帽，亦经麦正领事请去云。

同治十二年三月初六日/1873 年 4 月 2 日

申江陋习

海上看洋十九年客

从来习俗之美恶，关乎风气之盛衰。近日风气之坏，惟上海为最，故习俗之可笑，有难更仆数者焉。晴窗无事，视有余墨，略举数端，试与诸公共验之。

一耻衣服之不华也。衣服取人，古今同慨，金玉其外者，往往败絮其中。乃申江之习，专重此道。知交因狐裘而订，不问出身；旧友以鹑结而疏，视同陌路。遂令舆台隶卒，辉煌而上友官绅；寒士贫儒，蓝缕而自惭形秽。余性爱敝衣，友或嗤之，余答曰：此乃免应酬之一法,诸君何以不知?友问故,余曰:盛服而出,识与不识,人尽寒暄,殊觉可厌。不若敝衣出门,虽知交亦见而不顾,免却一番酬答之精神,岂不便宜?

一耻不乘肩舆也。圣人之言曰:以吾从大夫之后,不可徒行。寻常市井之子,徒步何害?乃不分贵贱,出必乘舆,尽有家中无米为炊,而犹高坐蓝呢之轿者。且有轿役之身分超乎轿中之人者,殊可骇也。余爱步行,平平王道,安步当车,友或笑之。余曰:此之谓脚踏实地,人行其危,余取其安焉。

一耻狎么二妓也。狎邪之游,何分高下?乃游长三者以二三为可鄙,游二三者以么二为可鄙。不知惟不作此中之游,或可自高身分,否则是以五十步笑百步耳。且此辈之升降,亦何常之有尽,有长三倏降为么二,而么二遽升为长三者,诸君应如何密探而详辨之耶?余则无所不游,友或非之。余答曰:观东海者不鄙西湖,据邱垤者亦登泰华,此辈供吾人之娱乐,岂吾人借此辈定身分哉?且目下名姝,惯与优伶交好,诸君即专游无上上品,亦不过媲美杨月楼已耳,乌足道耶?

一耻肴馔之不贵也。饮食之间,亦足觇人学问。无如餔啜之徒,不以口食,专以耳食目食焉。一入酒家,争尝者燕窝鱼翅。夫燕窝鱼翅,珍羞也,非美味也,徒慕贵重之虚名,而不求饮食之真味,不若满碗尽盛明珠矣。庆兴之楼,泰和之馆,肴非不佳,然自余观之,终嫌有市井气,以视党太尉家羊羔美酒之豪贵气,陶学士家煮雪烹茶之名士气,恐在不足比数之列焉。语云:三世仕宦,才晓得穿衣吃饭。今之阔客,大半微贱出身,其先天所具之舌,本不知味,即世拥厚资者,半生肉食,其鄙忒甚,满口大嚼江瑶柱,何足怪哉!

一耻坐只轮小车也。圣门高弟,冉有樊迟常为仆御,胡今之人耻坐小车?彝场地面,周道如砥,驾轻就熟,余颇受其有自适之趣。一友谓余曰:奈何先生亦坐此车耶?余答曰:正欲使人人知此车之可坐耳,若趋奉权门,寅缘狗窦,是乃大不可者耳。

一耻无顶戴也。冠带荣身,国家所以牢笼豪杰也。乃近日为小人窃取之物，不论出身，辄捐顶戴，遂令文章减色，志士灰心。要知小小顶儿，盖不住许多秽迹，只赢得入庙烧香时骄夫僧人道士，盖棺定论日登诸木主喜容尔。

一耻戏园末座也。戏园座分三等，台座为上，价洋八角；椅座次之，价洋四角；凳座又次，价洋二角，此市僧敛钱之法耳。乃一班豪客佥曰我则必须上座也，又曰我决不可次座也。甚有友人之坐四角者，且不与之晋接焉。余除请客外，随意便坐，案目亦不相强。一日余谓案目曰：汝试思之，欠汝钱者，八角之客耶？四角之客耶？举座哄然大笑。犹记数年前见有乘华舆、被丽服、招名姝、据上座而听戏者，不数月行乞于市，特忸怩不肯过宝善街耳。甚矣哉，人心之不古若[是]也！身家不清不为耻，品行不端不为耻，目不识丁不为耻，口不谈文不为耻，而独耻此数端，可谓是非颠倒，黑白混淆之甚矣。所望士君子之来游是邦者，亟为移风易俗，不必随波逐流，将见习俗变而风气一新，未始非世道人心之大转机也。故特质言其概如此。

习俗移人，贤者不免。然食色为性分中事，人即趋时，亦何至因习染而夺其性分。昔人谓惟俗不可医，若此类得毋俗情大化乎？今读海上客所云，言言切实，足以唤醒俗人，允宜亟登报中，以为世劝。

去怡云居士跋

同治十二年三月十一日/1873年4月7日

拟开演善戏馆莫如禁绝各戏园淫戏论

尝思当其可之谓时，行而宜之谓义，是事本制乎宜，要在衡其时之可行，能适其可，自皆协乎义之宜。乃今有绅善某先生者，目击沪间之恶习，思回既倒之狂澜，因挟重资，远游湖越，雇来善戏，攒合一班，于石路中市开演，借为劝化。事非不善，义非不宜，而未及来复之期，观者绝迹，卒至收场，其故何哉？皆由申地戏园，首在脚色驰名，次必行头新彩，再有唱工、做工、打工，方能取胜。若此班一色俱无，直如乡间之花子班耳，而欲动人之观听，以默寓其劝惩,岂可得耶?且考虚戈为戏,本属梦幻,而始为傀儡,继作俳优,将古来之忠孝节义、奸盗邪淫,无不穷形尽相,抑事中之离合悲欢、喜笑怒骂,亦皆摹像入神。考之唐明设左右教坊,始有梨园子弟,所谓霓裳雅奏者。然其词谓清幽,仅足供上达之娱情,难激下愚之感志。是以后世降为高腔,为梆调,及复有二簧、四琵诸曲,词白虽皆粗俗,颇盛行之。每见观者拍案,听者击节,觉游戏之中具有前因后果,鉴临之下不无福善祸淫,洵足启发人之善心,惩创人之逸志,又何须专设善戏,以不足惊人之物色,来此班门弄斧耶?噫!是不度其地之宜也,是不审其时之当也,是并不知自量,而第沾沾于事之善,以弋誉而沽名也。盖沪郊一靡丽纷华之境也,淫俗流行,淫风日炽,岂惟淫戏之能诱人,亦岂善戏之能化人?他如青楼比户,则有么二长三以及花烟灯、私局,与夫帽儿戏、花鼓戏等名目,再有女唱书馆、娘姨烟馆,皆属淫人之物,陷人之坑。今仅以无足重轻之善戏化俗移风,何殊以杯水救车薪,火正燎原,岂能扑灭耶?夫戏之为文,本从史传、记说、演义、淫词诸书串合而成者也,生丑净旦,人各肖形,唱引曲词,言皆醒世。特世风日下,人竞趋淫,遂艳其奸诱之情,忘其果报之事。人能于所果报推厥由来,将目触心惊,自可鉴戒,以虚为实,似实仍虚,全在看者意为之耳。若今专演善戏,难动大观,莫如饬令大小戏园将一切淫戏开单呈验,删其前之淫诱,并小说书词一律查禁,摘其后之报应足警人心者,准行串演。仍勒令各园具呈供结,后如再演淫戏,照律坐法,晓谕通衢,并禁点演,未始非惩恶劝善之一助也。即不然,或将串成善戏各出稿本照录数分,发交大小园,每日照本串演一二出;抑或将雇来脚色,择有善戏入相者散入各园,俾其传授演法。庶南北园处处善戏,兼有人物彩色衬合生新,自必观者多多,感化日广,较之孤立无倚专囿一隅,徒费钱粮毫无济益者,当何如耶?是在有心世道者斟酌尽善以行之,则得矣。

同治十二年三月十二日/1873年4月8日

春明品花诗

鸳湖恋恋子

元龙奇气出湖海，白芷香芽长嫩珊。多少名花让名贵，春风锦带玉兰干。阆宫书史陈紫珊

艳李浓桃莫并妍，神清骨秀态尤娟。自从抝笛宫墙出，玉貌何人比散仙。琼岛琴仙李砚农

姑射仙人体态清，调笙能作凤凰鸣。偶从群玉山头见，鬓雾鬟风太瘦生。丹山鸣鸾陈素香，即秀兰

绰约登场步步宜，凌波仙子不凡姿。具嫌谑浪多成韵，好在端庄流丽时。瑶林舞燕曹韵仙，即小福寿

绮席无人及乃公，春风和气一团中。调簧况有莺千啭，赢得氍毹日正红。圆灵镜月时琴香，即小福

寡言笑似息家娘，桃李输他自在芳。看遍梨园三百部，大方家数属陈郎。嵰山艳雪陈月秋，即桂亭

玉树临风非貌似，芙蓉初日比神来。维摩当作拈花笑，云水光中两眼抬。珠宫玉树徐蓉秋，即如云

出尘玉貌喜清腴，缑岭神仙兴不孤。鼓瑟湘灵宜敬听，凝思不比野禅狐。洞庭秋月王湘云

悱恻芬芳尽笑颦，清歌妙舞更宜人。朵云本是无心出，牵惹风姨取次亲。碧花银花董桂秋，即度云

芳根曾种玉莲家，绛雪微云貌不差。绰有清歌传绮席，浅斟应不羡盘鸦。玉宇彩霞陆薇仙，即小芳

么凤丹林日映红，多愁应是可怜虫。天生眉眼都成媚，绝似纤腰斗楚宫。秋圃幽芳李佩秋

舞袖歌衫拂绮筵，语言妩媚动人怜。不愁长夜飞觥饮，博德才名小谪仙。云中舞鹤朱秋芬，即桂枝

香粉孩儿玉琢成，天然伶俐齿牙清。无端一曲回头岸，恰好人呼小达生。天上玉麟王楞仙

琴言能醉花间客，芳讯常探竹主人。最爱森森林馥处，调簧么凤炙喉声。碧沼文鸳邹琴芳

须眉飒爽貌端凝,歌遏行云气欲凌。铁板铜琶谁领略,座中尚有李阳冰。岳阳仙篆尉迟韵卿,即喜儿

铅华洗尽更袍笏,不碍长髯貌自妍。若使词弹天宝事,梨园重见李龟年。太华霜钟张蕙芳,即月芬

□□凤彩亦难寻,空谷须求金玉音。时下揣摩差太熟,要从流水悟常琴。林花彩蝶吴凤林

宜嗔宜笑又宜憨,一曲琵琶唱叠三。席上几人青眼处,广陵散尚在花南。兰苕翡翠余紫云

清弹如听杳娘词,婉□纤浓各适宜。七宝莲花台上现,大千欢喜上场时。出水芙蕖钱宝莲

余返都门,迄今三载,息肩申浦,虚掷寸阴。黛绿脂红,习见江南佳丽,歌衫舞袖,远怀冀北婉娈。时同客京都者,有友西冷怡道人,每集绮筵,遍邀鞠部,论丰恣则秀色可餐,聆吐属则深情若揭。如斯慧业,合共品题,友乃信口占成,余亦濡毫备录,久伴行囊,几同覆瓿。闻贵馆刊行《申报》,询及刍荛,则是诗不类子虚,愿登梨枣,并附七绝二章于后,以志一日三秋之感云尔。

寄迹京华逐管弦,无端契合证前缘。自从返旆南城后,好梦依然遇众仙。

终日挥毫愧笔耕,栖迟海上忆多情。云山已隔二千里,闲咏新词续旧盟。

同治十二年四月十二日/1873 年 5 月 8 日

看戏酿命

今闻得宝山嘉定毗连之乡村地方,为春台演戏起衅,聚众相打,伤毙多人。惟不知究竟如何事故,尚难得知底蕴,容探明的确,明后日再行登报可也。因有所闻,故先列之。乡村赛会演剧,本易肇事,故地方官每要查禁也。

同治十二年四月十九日/1873 年 5 月 15 日

论盖山西演剧如鹤立鸡群

绛芸馆主人记

良禽择木而栖，贤臣择主而事，此因喻事之正大者。然推而广之，即游戏琐事亦何独不然。如上海洋泾浜大小戏园林立，其最著者则惟丹桂、金桂两园。盖两园之行头脚色以及一应铺排，较之他处为胜，而以两园相比，则无分优劣焉。乃自上年起金桂轩馆运渐衰，脚色纷纷星散，间有一二出色人材，亦均瑜为瑕掩。月前闻金桂新到脚色，余即往观之。所谓常子和者，系唱青衫子，声调非不圆熟，然实不若王桂芳出口之珠圆玉润也。贵小系开口跳脚色，亦可称杰出，然终不如田黑之口齿清朗也。至于童串之宝奎，闻即老生林全贵之子，甫经出师，即能如此唱演，将来正未可限量。近日又闻金桂二次新到脚色，并闻盖山西亦与焉。余闻之，始而疑，继而憾，终乃大戚。何则？盖盖山西者，都门名下士也。前曾来沪投丹桂园，色艺双绝，久已脍炙人口，上年业已回都，此所以始而疑也。继见金桂悬牌定期开演，而盖山西居然名列其上，明珠暗投，深为可惜，此所以继而憾也。及开演之次日，适有友人邀往金桂观剧，余亦急欲看盖山西演戏，遂欣然往观。是日演《翠屏山》，本为京班出色之戏，乃以极粗极躁之林全贵演杨雄，一不足观也。再以金陵小面演潘老丈，二不足观也。复以音出于鼻声似雄鹅之长寿演迎儿，三不足观也。所最不堪者，花脸张石亭，粗而且俗，每至登场学操吴音，恶态已极，乃竟以之演海阇黎，何堪入目？且演至石秀操刀相逼之时，询以何来女服，而竟答曰盖山西所赠表记云云，此何语耶？即演杨雄之林全贵，出场亦学作吴音，殊失胡子生身分。惟演石秀者为武生黄月山，尚有可观。而盖山西□人合演，既无对手，场面又不驯熟，衣服复不称身，尤可笑者，竟以纸煤竹管混充梆子，一出未终，怯力已至廿四分，此所以终乃大戚也。呜呼！是真鸡群鹤立者矣。余素有戏癖，凡脚色来沪者，每啧啧赞赏不置，而不料盖山西、黄月山诸名手及竟受如此之累也。故聊为倾吐于此，幸嗜痂者其共评之。

同治十二年五月二十九日/1873年6月23日

当街戏台挤塌

宁城中元时节,城厢内外请僧赈济恤孤,名曰兰盆盛会,各处皆然,至次日安神演戏,热闹非常。于本月十二日甬江水衖口安神,当街搭台演戏,吉祥小班脚色颇好。是处往来行人极多,到此均驻足观剧,是以更觉挨肩擦背,如潮水一般。不料戏台薄削,将台拥塌,有台后看戏者跌下三人,幸而伤轻。当时台下人有叫救命者,有觅鞋者,有碎衣者,不知凡几。有后场击鼓板者,亦跌伤一人。于是公议有伤者令当会首家各给洋四元医资,舁之回。宁城街上观剧者,良可畏也!

同治十二年七月二十日/1873 年 9 月 11 日

记戏园争坐位事

《争坐位》一贴,为艺林名作,振(震)古铄今,不虞戏园亦有以争坐位滋事者。去月二十九日,高升戏园演剧,班名普丰年,歌舞颇推冠时。观者裾连舄错,恒以无可位置为忧。故日戏未已,即有预为夜间阅剧地位者。有不识姓名男子已树立一椅上,一咸水妹欲据其椅也,以身就之,竟视其座若虚无人焉。男子不甘,语使别坐,该妹亦忿,因角口,锋芒互竞,遂至口手并逞,男子白衣亦为该妹扯裂,破衫如叶,煞忿无由。以喧嚣声为列等巡差所觉,前而核察,误执一阅剧者。幸戏园巡访差役告以此人非闹事者,并指破衫男子以示,乃舍误执之人而执破衣男子,该差先已目击破衫男子,复有一同党人滋事,乃并执之而去,惟时闹事之咸水妹已避窜无迹。一时场如鼎沸,笑声骂声并作。甚矣,阅剧之滋事也!

选录香港中外新闻

同治十二年八月二十九日/1873 年 10 月 20 日

广东戏园戏台坍塌

前礼拜六夜,广东戏园演《珍珠衫记》,粤都人士兴高采烈,观剧者固不止如火如荼,而优孟衣冠亦聚精会神,以期有目共赏。夜将过半,台上立人如堵墙焉,盖以台下略无厕足处也。台建已历年所,而修造亦不过应酬故事。当角力时,台上屏风遽尔坍塌,台亦震动,看客如风卷残云,潮趋巨壑,夺门而出。楼上蛮姬粤女约数百人,鹿乱不宁,走出者争先恐后,以致遗簪堕珥,不可枚举云。

同治十二年十月二十八日/1873年12月17日

杨月楼诱拐卷逃事发

桃李轻狂,杨花飞逐,申江花柳大底如斯,而不谓绣阁名姝亦逐臭嗜痂,取材于优孟衣冠也,试泚洒笔记之。王氏者,吴人,抱衾与裯,某贾人之小星也。某浮梁卖茶,经年不返,春花秋月,而王氏以佳人半老矣。中郎有女,年仅及笄,而貌丽于花,鄙神女之生涯,拟小姑之居处,闺中待字,固完璧无瑕也。春台部有杨月楼者,貌颇魁梧,失品名花趋之若鹜,甘之如饴。而王氏于三更灯火,一曲氍毹,亦心焉向往。但年将老大,自荐为羞,于是以弱息为酒之帘、马之辔焉。缕金箱子,充实其中,尽以归杨,僦居于文运里。三星有烂,牛女佳期,盖择于昨长至日也。为某里人侦知,以某半生湖海,被剽一空,而弱女又为伶人所有,他日归来海上,固不止入其宫不见其妻已乎,急报案缉拿。双镮昼闭,破壁以入,获杨并母女两口,并起皮箱七具,首饰称是。杨押捕房,而女解会审公廨,小车一辆危坐其中,告天地祭祖先之红衣犹未去身也。沿途随从观者如云,迨至公堂,人摩肩,车击毂,几无厕足处。嗟鹊桥高驾,优人原是假鸳鸯;鼠狱为灾,老母酿成真犴狴。小儿女出乖露丑,何堪喜拆红鸾;大老爷发伏摘奸,那怕幻成苍狗。试问如何判断,请观今日早堂云。

同治十二年十一月初四日/1873年12月23日

拐犯杨月楼送县

谚云:从前做错事,没兴一齐来,昨犯拐盗之杨月楼是矣。杨月楼不过春台班一伶人耳,不列士农工贾,侪同皂隶娼优,良贱攸分,尊卑各别。自龟鸨等眼光知豆,嗜痂逐臭,掀浪随波,而金玉其外败絮其中者,于花天酒地亦居然自命为裙屐少年焉。恶贯满盈而遂发拐盗一案,昨已录报,兹请再陈始末。韦王氏乃粤人韦某小星也,蛾眉虽好,马齿徒加。韦返粤东,未免有情,谁能遣此,而悦杨月楼焉。阿宝者芳龄十七,年雏貌美,乃其血抱之弱女也,亦以归杨氏。恐格于物议,事不得行,于月之朔日,天仅黎明,乘家人尚在睡乡,倩宝乳母窃负而出,杨诣马车以待玉人上辇,一鞭人影,去已无踪。氏盖居泰和行中,管门人俯头洗扫,未及提防,且属宅眷,不虞其有他也。日午,氏舁朱红箱子大小数具以出,夕阳在山,去而不返。夫属侦骑四出,初二日知与杨月楼僦居文运里,盖将坦腹月楼,以昨长至为乘龙吉日,投知广帮会馆,急将拐盗各节公禀公堂。陈公于初三日当即签差协捕往拿,到文运里时已作准备,双门昼闭。捕破壁而入,杨月楼由楼头跳落,措手不及,为差捕拿获。当同韦王氏、阿宝母女两口,并起大小皮箱七事,一并解案。前日长至不理刑名,昨日会审,观者如火如荼。原告乃韦某叔长,赴案历供拐盗如绘。次传杨月楼对簿,陈公责以稔恶已犯众恶,案头三尺,决不轻饶,公堂发落,罪止枷责,不足蔽辜,备文将男女并赃概行送县究办。在公堂上未将该母女提出讯谳,观审者毂击肩摩,欲识庐山真面,至成画饼。昨午已派捕协差,将男女箱子移县矣。或曰:韦王氏之赏识杨月楼,由演《梵王宫》一出,所有情传月下,启户风前,皆该乳母为之。至以半老佳人,青年弱女,并私房蓄积四千余金,统归入伶人之手,而又身败名裂,被逮公堂,转而解县,露面抛头,出歪献丑,是何不值之其耶!夫杨月楼不过一至微极贱之伶人耳,即以貌取人,托业之微一概不论,亦非美如冠玉也。沪上闲花野草争妍取怜,至绿窗闺秀、红粉佳人亦耳食其名,日执箕帚,何物优人,于温柔乡中能享如许艳福,故天必欲其败露而降之罚也。诱人闺阃,得厥罪名,叶公嫉恶如仇,想必有以处之耳,俟定谳后再登报奉闻。

同治十二年十一月初五日/1873年12月24日

杨月楼拐盗收外监

杨月楼由公堂送县,前报已详。初四夜堂讯,原告历供拐盗各情，随传杨月楼备质，不能隐讳，情节较重，众恶滋深，当吊打一百脚踁，收禁。韦王氏乃阿宝乳母窃负而逃，罪有应得，鞭背二百。至讯阿宝，称嫁鸡逐鸡，决无异志，亦掌责二百。稳婆探验，已非处女，讯悉于本年四月初三日成奸，奸宿已非一次，撮合山则该乳母也。昨日会审公堂，又由捕房在杨月楼家搜出药末一盒，其色黯黑而味奇香，或曰秘戏药也。昨由公堂送县，杨月楼拐盗已有明征，罪在不赦，而又合春药以迷人妇，其罪更不容诛。至诘其会面之由，乃因观剧，由乳母赤绳牵足，并究出昨报录之韦王氏乃其乳母顶认，叶公掌责数百，再用藤条鞭背。杨月楼则因其犯罪已非一次，前者小东门之聚众械斗，厥罪同科，故吊打一百脚踝，予收外监，将春药送县，想又当尽法以处矣。此前夜堂讯情形，至定罪再行登报。

同治十二年十一月初六日/1873 年 12 月 25 日

本馆论杨月楼事书

持平子

杨月楼一案，刻下众论纷纷，愚旁观者也，惟借舆论与贵馆陆续所列，悉得大概，并无他处能知其底细。韦女阿宝心属月楼，其母王氏从其意，许嫁之。长至日行合卺礼，方谓志愿已遂，兼喜其母尽携所有银物回归焉。婚礼甫成，粤人公讼其事，发票传人，事遂败。陈司马讯后，即以拐盗移解过县。众皆言案系和奸，无论未成已成，即使重办，男则杖枷递籍，女则离异归宗，况有媒妁婚书，似尚不至以奸论。邑尊堂讯乃将月楼敲打胫骨百五，阿宝因已合卺，誓不再嫁，能不顾寒苦微贱，愿同生死，亦似尚知气节。邑尊亦予掌责二百，年幼娇姿，甫行合卺，满面红肿，不复人形。在粤人以为大快人心，在旁人以为大惨人目。敢问贵馆，邑尊究执何例以办？夫月楼虽不安分，咎实难辞，然就事论事，似尚不比于抢盗。今竟敲击胫骨，其将以强盗律之乎？至于母女同犯例，应先罪家长，乃王氏安然无事，仅重责其女，并将其女之乳母鞭背，愚亦不明其何意。阿宝年仅十七，世事既少经历，岂能深知理义？父既常寄于外,平日所秉承者,母也。母已准其结婚与心上人,女安有不乐从者?今闻其誓不离异,方谓其能先奔而后节,可邀宽典,乃亦得领重刑,不禁为之一叹。夫柳如是一介名妓,而身殉明社,君子尚称其节烈。李药师一代伟人,而不拒红拂,君子仍称其忠良。盖苟能挽盖,不责前愆也。阿宝年幼无知,其母许其嫁人,自当从一而终。月楼身属微贱,有人肯嫁以女,岂有二三其德?试思贫士当困顿之时,忽有配以美色之女,断无不愿娶之理,况月楼乎?闺秀当怀春之候,忽令嫁得合意之婿,岂有不愿从之事,况阿宝乎?故愚谓罪不在于月楼、阿宝,实在于其母王氏也。粤人公讼其事者,以为顾惜同乡朋友颜面也,今使其弱女掌责,家丑外扬,其父之颜面果何存乎?且闻王氏并非韦姓之结发,阿宝亦非韦姓之亲生,王氏乃野鹜而成家鸡,阿宝乃螟蛉而为果嬴。既犯如此不肖之罪,代韦姓驱逐断绝,谓韦姓无此不肖妻女,谓粤人无此不肖妇女,岂不光明磊落哉!乃计不出此,反以合省正人而公讼一优伶一奔女,何异以泰山之尊重而压一卵,以狮象之全力而搏一兔,胜之亦觉不武。至于邑尊素称廉明慈惠,今乃用此重刑,殆深恶月楼而波及阿宝与?阿宝之父身虽在外,固犹然在堂也,其妻女事自应候其主持。同乡诸人代为泄愤,惟须夺其母女回家,共囚一室,函致其父,令其自行发落,何必遽行兴讼到官,既使其女大受刑辱,并令其父大获丑声乎?夫子女一体也,父不在家,子若窃其资财,擅娶娼妓,为同乡者亦不能指其子为犯窃犯奸,呈官究办,仍须候其父自行惩治。奸盗一例也,即令阿宝私通月楼,亦当候其父自行处置,况受母命、倩媒约、具婚书、得聘礼,而后迎娶合卺,尚未成婚者乎?孟子有言:女子之嫁也,母命之故。愚谓阿宝疑若无罪焉,同乡诸人似当善为调处,何必遽令出丑,使其父无地自容?纵其母匿而不出,是何其代人为父,又不代人惩母也?或曰:月楼不应抢亲,并不应先奸后娶。愚谓韦姓既欲悔婚,月楼始行抢亲,亦不过奉行沪俗之故事耳,并闻实由王氏主使也。至于先奸后娶,此更莫须有想当然之事,果其属实,韦姓一家,岂无一人先知耶?总之代人虑事,必须化大为小,化小为无,而后为能了事。若此事早能根究防闲,直无事耳。乃始任其母之胡行，继因其叔之不察，终实其叔之失算，至令小事竟成大讼。逞一时之气，贻全家之羞，岂徒其兄有帷薄不修之丑，并使同乡有调停不善之讥，官长有刑罚不中之议哉！国家立法，官宪执法，自有一定之例，即君上亦不能逞私意，上下其手，出入人罪。若淫刑以逞，似更非哀矜勿喜之意也。佥称杨月楼素行不端，人所共恶，然今日所犯，尚非凶恶棍徒、积匪滑贼可比，故疑此案觉有情轻罚重之处。愚非敢偏袒优伶奔女，议论贤良父母，第因愚昧无知，律例未悉，不识此案果当如此办否？用敢详询贵馆，望明以教我，幸甚祷甚。顷闻人传，女言实由其父欲纳为妾，王氏乔醋，逞此伎俩，绝夫妄念。果尔，则至圣“名不正”数言，乃觉特为此案发也，为之狂笑，故复录呈贵馆，以博一粲何如？

同治十二年十一月初十日/1873年12月29日

记杨月楼事

阅尽沧桑道人

杨月楼者，沪上春台部之小生也，貌仅中人，惟馨技颇佳，故名噪一时，观剧者每以不得见月楼奏技为恨。今岁新正，月楼演《梵皇宫》出时，粤东韦王氏率女往观，母女皆悦之，遂连往观三日。归后，女作书函并年庚帖，细述思慕，意欲订嫁婚约，令人持投，速其亲往相见。月楼恐为人所诳，至蹈陷阱，不敢往。女因是遂病，母恐女死，遂遣心腹招月楼，告以故，保其无事，月楼始至。至，母女同出见，令延媒妁以求婚，月楼艳女美且有厚奁，故如约从事。于是当往来于韦宅，后定长至日行亲迎礼。王氏夫弟知之，谓王氏曰：“嫂昔言婿为天津商，今闻实系杨月楼，果尔，惟退婚方不辱门户。”王氏遣人告月楼，月楼商之同乡，同乡以为彼此均有媒妁婚书聘礼为证，岂可退婚。复命于王氏，遂密商于十月晦日，效沪上故事以抢亲焉。粤人怒，公讼之。长至日，夫妻方行合卺礼，县差与巡捕至，扭月楼夫妇并其乳母赴会审衙门。陈司马堂讯后，以案关抢盗，移县究办。叶邑尊提审，痛恶月楼素行不端，敲打其胫骨百五，批掌女嘴二百，鞭乳母背二百后，男收外禁，女押官媒，尚未定案。然街谈巷议,实令人不堪入耳矣。犹忆昔年游杭,曾闻一事,与此相类,可见物必有偶,事亦必有偶云。浙有盐商某者,娶数年即谢世,仅遗一女,母女相依以为命。女及笄,往观剧,见小生演《受吐》、《独占》出,温存备至,女悦,告母欲托身焉。母曰:“此戏也,乌可信为真?”女遂病,厌厌欲死。母惧甚,商之于女之伯叔兄弟及外戚,皆执以为不可,并为画策曰:“速择名门而嫁之,即谓为某小生,亦何不可?”母是之。时小婢泄其言,女誓死非某小生不嫁,母恐女死,复婉求内外戚族破格从女,谓救女命即救余命也。众曰:“我等与汝母女向无仇恨,何必相逼同死,第家素清白,安能作此丑事,无已,有数策在,能听则任汝行,不能则任汝死。汝女病亟,人所共知,买棺一具,伪作汝女死者。而后汝母女改姓易名,移居他处,婚嫁之事汝等为之,我辈不预闻也。嫁女之后,母归则可,女归则不可。自后汝可往女家,女则不能来汝家,婿则更为路人。愿从则行,不愿则止。吾家不能容此女,此女亦不必认吾家。”母女从之,诸事照行,当时事甚秘密,无论通国不知,即近邻亦不知也。女赘某小生后,某性情暴戾,全不似演剧时之温存,而且癖嗜嫖赌。未期年,母女积蓄数千金挥霍罄,女贫苦无诉,抑郁而死,不能成殓。其母哭曰:“早知如此,听汝早死一年,何至出此家丑!”后其小婢嫁出,始泄之于人云。予因今所见,忆昔所闻,并详书之,俟诸君阅两事所处之法,孰得孰失,必有能辨之者。且以告天下后世,遇家庭之变,必有法以善处之,断不可使秽德之彰闻也。

同治十二年十一月十一日/1873年12月30日

杨月楼复讯情形

杨月楼案昨十一日夜堂讯,韦阿宝之母韦王氏投案备质,奉邑尊提案复证,据韦王氏称伊嫁韦姓为妾,并非价卖,因事将携伊回粤,不愿,故将阿宝许配月楼,况韦姓在沪之日亦曾允许等语,余不细诘。堂谕有韦某系有职人员,谅不致以女许配优伶,果其属实,则是良贱为婚,有干革责,当将赴案办,予分别认明。箱子内三只系韦王氏给予收领月楼者,亦准觅保收领,韦王氏释回,余原禁押,俟韦某回沪,再行质断云。

同治十二年十一月十三日/1874 年 1 月 1 日

禁止妇女看戏论

日前因广东韦王氏及优人杨月楼一案,闻上海绅董有禀请禁止妇女看戏之举。因未能防范于前,尚欲求补苴于后,可谓因时救弊,煞费苦心,亦善举也。然余不能无议焉。夫洋场之所称为妇女者,良家尚不及半,其实则广东之咸水妹、洋人所包之广东婆,与夫本地之长三么二、说书先生、花鼓戏、私窝子、花烟间、女堂倌、拼头妇、搭脚娘姨居多,有如许光怪陆离之妇女,而欲其咸遵约束,不犯律法,岂不难哉!而且官欲禁止,必须会同外国领事,戏馆以妓女为生财之道,妓女以戏馆为出色之场,安得不设法哀求领事少弛禁令?如法界内之花鼓戏,至今仍然开演,非明证与?故我谓凡事贵务实,但当专指曰禁止良家妇女不准看戏,不必泛言曰禁止妇女看戏。盖专指良家,以后良家妇女一入戏馆,则无赖子必指而目之曰:此殆妓女耶?否则必不来矣。良家妇女不堪其戏侮笑谑,自此断不入戏馆矣,岂非一禁而止哉。若泛言曰妇女,则娼妓故犯功令,有司又安能日日办此妇女看戏之案,少纵即弛,则良家妇女从而效尤矣,岂非禁犹不禁哉。抑吾更有进者,即以戏论,陆登之一门尽节,花云之万箭丧身,岂不足以报忠?目莲之为僧救母,安安之送米养亲,岂不足以教孝?碧莲姐之守节训子,秋湖妻之受侮投缳,岂不足以教节?《九更天》之钉板鸣冤,《一捧雪》之换监代戮,岂不足以教义?至于阎婆惜之受戮于乌龙院,潘巧云之并杀于翠屏山,瑞云尼之铜铡丧身,刁刘氏之木驴游市,岂不足以戒淫?若于戏罢台空,归家燕语之时,为父母兄姊者果能为之一一开导,又何尝不为劝惩之一道与?且妇女谨守闺门,毫无闻见,故一旦得见一美男,即生羡慕,若任其常常看戏,则演者看者之美男不一而足,又安能人人而悦之哉?亦犹富贵之家日餍粱肉、衣文绣,岂复羡慕,若令贫贱见之,安有不啧啧称美乎?今因一人犯案,遂归罪于看戏,遽禁众人不准看戏,得勿因噎而废食乎?试思至圣教人,但训为为国为民之君子,并戒为患得患失之鄙夫,乃一王误学周公,杨雄误学孔子,阿瞒误学文王,甚至曹丕诸人误学尧舜,又有吴开、莫俦为不肖之状元,复有秦桧、魏藻德为无耻之状元宰相,国家岂能因此而废状元,因此而废宰相,并因此而废至圣之教乎?此虽我偏[至]之论,然亦不无至理存焉,以此类推,当能得其要领矣。总之古人所训妇女不宜为之事,皆为训良家妇女言之也,若寡廉鲜耻之妇女,又何责焉?今统言曰禁止妇女不准看戏,则寡廉鲜耻者且曰:"礼岂为我辈设哉!"又安有不冒犯禁令者乎?寡廉鲜耻者既犯禁令,则良家妇女又从而效之,安用此禁止□哉?且我闻咸丰年间,京师亦有此禁,厥后妓女有另设戏筵以请分子者,于是良家妇女亦敛赀而演堂戏。京师尚且如此,何况沪上之洋场哉!我故谓当专指良家,不当泛言妇女也。语曰令出惟行,勿为反若,令而不行,是不若不禁之犹为愈也。好名之人宜□筹之,勿使出尔反尔,致贻笑于一时也可。

同治十二年十一月十八日/1874年1月6日

不平父论杨月楼事

阅初十日《申报》,有持平子论杨月楼事致贵馆一书,长篇累牍,喋喋千言,异哉,何许子之不惮烦耶!夫月楼一优伶耳,不过挟演剧之末技悦人耳目,至微至贱,固何足道。因持平子逞如簧如流之口,作诪张为幻之论,余虽不知其详,惟就《申报》陆续所载,略书数语,以析众疑。据初八日《申报》谓月楼先私其母,遂及其女,奸而后娶,娶之不得,继之以抢,其罪有曷可胜言者。讵料书中翻言奸非盗等,以议邑尊妄刑,毋乃悖谬太甚。殊不知万恶淫为首,语云奸盗诈伪,亦举奸为先,即如陈平盗嫂,讳奸为盗,是奸重于盗之明证也。今邑尊宽猛相济,仅击月楼胫骨百五,宜乎?不宜乎?韦女阿宝年方十七,情窦初开,□心属月楼,以思淫奔,其不贞不洁之渐,已可概见。向使宗族作主,置之死地,谁曰非宜?独怪阿宝于提审时不言初不知而误犯之,翻言嫁鸡逐鸡,以触邑尊之怒,即掌责千百,皆伊自取,况轻恕发落,仅责二百,有何足惜!乃书中竟引柳如是比阿宝，李药师比月楼，岂知柳虽良，不外乎娼妓，宝虽微，不失为闺阁；月楼何物，而竟与一代伟人之李药师并列，是犹以狡兔拟麒麟，燕雀并凤凰也，大非伦类。至于乳母乃受贿引线之人，乌得无罪，予以鞭背伊亦□心忍受，是可存而不论也。余乡定例，良贱不婚，或娼优隶卒中偶有财势，良家若妻以女，合族不容，即将全家驱之出族，所以别名分、重礼教也。今粤人不肯辱没乡亲，因韦某远出，迫不及待，公禀究治，足见粤人气节过人，誉之不暇，何毁之有？至云办一优伶，何必以泰山压一卵，狮象搏一兔，此言虽是，然论月楼之势力不得不然。阅初六日《申报》载月楼名噪一时，不独花街柳巷争想罗致，即红楼绣阁亦愿奉箕帚，更有征逐酒食，投赠往还之贱丈夫，遇有一事，无不曲为斡旋，其势力之大可想见矣。若非粤人同心协力出首公庭，其可得乎？书中又谓粤人家丑不出外扬，宜终秘之，此言更不近情。设使吾乡人亦犯此事，已亦外出未归，同乡人肯如粤人之不避嫌怨，代讼乃事，以雪其耻，其人归而不德者，必非情理。若持平子之家亦犯此事，必含垢忍辱，秘而不宣，自以为心地之白而不知头衔已绿矣。夫秽事犹秽物也，委而去之不过一时臭气，旋即消耳，若恐傍人知觉，韫椟而藏其秽气，徐徐寻隙而出，无日无月纠缠不休，势必递数传而莫能洗涤，方自悔前日之掩匿，迟矣，晚矣！书中既曰佥称月楼素行不端，人所共恶，洵斯言也。宜乎趁此奸淫大恶，明正典刑，岂不大快人心！而曰所犯尚非凶恶棍徒积匪滑贼可比，何自相矛盾一至于此。且又云国家立法，官宪执法，自有定律，则持平子更何劳预闻也？况街谈巷议尚干例禁，今敢以月楼一事谤毁邑尊，一则曰刑罚不中，再则曰情轻罚重，公然列于《申报》，令千万人观看，坐事不干己之咎，可谓工于谋人，拙于谋已也。既而思之，持平子之偏袒，似乎与月楼有旧。谚云：兔死狐悲，物伤其类，故不复云。余拟邑尊办法，若格以母女同奸，则乱伦之罪，骈首难辞；倘以罪疑惟轻，则抢女盗财，军流莫宥。庶几其余优人稍知畏惧，不然犹纵虎归山，其害岂浅鲜哉！余非好事者，遇事有不慊于心，如陈仲子误食鶂鶂之肉，必出而哇之为快，不禁伸纸书之,以示同好为何如也。

同治十二年十一月十九日/1874年1月7日

邑尊据禀严禁妇女入馆看戏告示

上海一区戏馆林立,每当白日西坠,红灯夕张,鬓影钗光,衣香人语,沓来纷至,座上客常满,红粉居多。自伶人杨月楼犯案,合邑绅董正本清源,请禁妇女看戏,因由上海县移知会审陈司马一体示禁。果尔禁绝,则一曲氍毹,两行金粉,此情此景,将付之水流花谢矣。若窒碍不行,示者自示而看者自看,言之而不行,不如不言之为愈,不将视告示为具文哉！姑将该示录呈一览耳。

出示谕禁事。据合邑绅董江承桂、郁熙绳等禀称,上海五方杂处,良莠不齐,近因洋泾浜一带尤为华靡,戏馆优觞,男女杂沓。兹悉优伶杨月楼犯事解讯,计其在馆演剧,大都肆其淫荡,始由勾引青楼,继渐串诱良户,求提严办。并请移会,示谕各家长约束,不准妇女入馆看戏,以端风化等情到县。据此除移会审委员外,合行出示谕禁。为此示仰军民人等知悉,尔等为家长者,务各约束妇女,不准入馆看戏,免伤风化,各宜凛遵毋违,特示。

同治十二年十一月十九日/1874年1月7日

公道老人劝息争论

连日阅报,列有不平父不平子论杨月楼事一篇,真可谓是父是子矣。不平甫故改甫为父,二字古原通用,今竟自称曰不平父,子仍其旧,殆亦欲效张献忠自称咱老子之意与？今先录其父之言,又后及其子之语,父作于前,子述于后,《申报》馆亦不敢紊乱其昭穆也。余先论其父所引陈平盗嫂一事,《史》、《汉》所载,平□盗嫂物,嫂怨其不事生产,曰:“叔亦糠覈耳,有叔如此,不如无。”平兄知之,遂弃其妻而逐之。奸乎盗乎,不待辨而自明矣。叔嫂相奸,罪应论死。高祖于开创之初,即用□罪应□死之人为宰相,有是理乎？无乃读书太不求解矣。次则谓阿宝嫁鸡逐鸡之言以触邑侯之怒,然则必须朝秦暮楚,方可博邑侯之喜乎？阿宝乃年幼无知之弱小女子，贤父子实阅历已久之须眉丈夫，设身处地，宜将何辞以对，方能免打？至谓当言初不知而误犯之，此何事也，而□言不知，且言误犯，若如此则官必当曰：初犯姑宽，下次不可，纵能免责，毋乃近于戏文之科诨乎？孟子有言，食色性也。一优人耳，忽有配以美色之妇而不愿者，夫岂人情？一弱女耳，忽许配以合意之婿而不从者，夫岂人情？而且窃玉偷香，士大夫名闺秀尚有犯之者，而欲以发乎情止乎礼之道望之于优人弱女，能乎？不能。贤父子亦未免太重视优人弱女，然则坐怀不乱、贞洁自守之人，又何足贵乎？至于乳母受贿，例应鞭责，固也，第与受同科，律有专条，受者乳母，究竟与者何人？若谓为月楼阿宝，韦某虽曰远出，而王氏岂不知情乎？若禁良贱为婚，亦律也，不言国而言乡贤父子，岂他国之人乎？邑侯亦谓韦某例干责革，殆公平之论与？又谓格以母女同奸，则乱伦之罪，骈首难辞，亦不知所引何国之律。月楼即令成奸，不过一奸夫耳，奸夫奸妇，仅可谓为不伦不类之伦，不得谓之伦纪之伦，又安能谓之为乱？似更属奇谈矣。然则所谓伦者，仍一姓母女也，母女同犯，罪坐家长，王氏又安能逃罪乎？至云骈首，愈觉新奇，若谓月楼与王氏骈首耶？王氏到案，并未刑责，何有于死？若谓月楼与阿宝骈首耶？夫妻同死，应亦甘心。若谓三人骈首耶？则律例所无，亦不能如粤逆之任意妄行也。贤父子见惯粤省办理盗案，每事骈戮多名，故以为凡案可以如此办理。此案若欲办至骈首，必须奸妇奸夫同将韦某谋死，则母女均行凌迟，月楼始能斩立决也。其子则谓以强盗律之，至光棍为首，例应斩立决等语。姑以光棍而论，即令杀死人命，尚须问其情节轻重，方能定其立决监候。若仅扰害地方，至重者发极边烟瘴及新疆等处充军，遇赦不赦，亦与强盗殊科，此大清律也。至谓例应斩立决，又系贤父子所定私律，恐邑侯亦不能比照遵办也。试观邑侯初讯敲打月楼，及王氏到案，反令将月楼衣箱保结领回，岂有强盗赃物可以令人代领乎？是父是子，岂尚不能仰体邑侯主意乎，而仍肆此詈骂，何为也？倘粤人果能照持平子所言，或囚禁以待韦某之自处，或逐绝以泄粤人之公愤，则粤省又安得有此佳话，以遍传于上海与天下哉！故人乐有贤同乡也，若无此辈贤同乡,则韦某既革头衔之后,又安能另换头衔乎?持平子恐无如此贤妻女,恐无如此贤同乡,即欲另换头衔,恐亦不能也。律例者,国家之所定也,故持平子谓即君上亦不能逞私意上下其手,出入[人]罪,岂非至言。今揣贤父子之意,以为律例罪刑只须任贤父子以定,粤人以定,县令以定,无须上详咨部题奏,即若然,则贤父子与诸人比 皇帝更大矣,不亦傎乎!彼持平子之于邑侯,一则曰素称廉明慈惠,再则曰贤良父母,惟于此案重刑,仅议曰刑罚不中,情轻罚重,殆深为之惜与?于阿宝一则曰年幼无知,再则曰奔女,并不忍言其先奸后娶,殆深为之讳与?于杨月楼一则曰咎实难辞,再则曰素行不端,何尝有所偏袒,岂非深恶之与?其居心何等忠厚,岂徒以詈骂为能哉,是亦立言之体也。若贤父子言,曰先奸后娶,曰黑药蛊惑,是竟以韦宅为妓馆矣,断断不可。邑侯初讯击胫掌责,再讯发还衣箱,管押待质,亦悔为人所误,改己所为,人孰无情,此亦君子之过也,殆圣贤所谓过也人皆见之,及其更也人皆仰之与?而贤父子又从而为之辞,复何为也?又谓谤毁邑侯,贤父子亦知谤毁二字之意否乎?无其事而诬之,可以谓之谤毁,有其事而言之,仅能谓之议论也。议论国事尚无厉禁,况县令乎?(此稿未完)

同治十二年十一月二十一日/1874年1月9日

续录公道老人劝息争论

至言街谈巷议尚干例禁,此例不知何朝所制,此禁不知何典所出?吾但闻赵高为相,禁止民间偶语,以致秦二世年余亡国,高亦戮死,其他未闻有此虐政。贤父子有志欲学赵高乎?惜今非其时,枉有此高才也。贤父子动则言律,请以律论。妇女犯奸,惟其夫其父始能执,家庭尊长尚不能预,何况同乡,此岂非律例所载乎?阿宝尚有父在,又何必人人得而诛之。今众粤人既已代人作父,何以此时又须待其父归乎?谓阿宝之罪当死,何以众粤人不共杀之?谓阿宝之罪当另嫁,果何人而肯聘娶之?谓阿宝之罪当归宗,岂非使之为月楼守节乎?事不三思而轻举妄动,必至进退失据,徒事詈骂,无益也。平心而论,不幸己家有此大变,果喜人为之宣扬出丑否乎？至谓秘之则头衔已绿，宣之则头衔不绿，然则娼妓之夫通国皆知，实宣而不秘矣，亦可谓头衔不绿乎？夫谈人闺阃，文帝尚以为丧德，况扬人家丑，而使之传播于公庭里巷哉！持平子尚不忍斥韦某为头衔已绿，吾揣其意不过不欲逞己之口，以致伤人之心，贤父子反谓持平子头衔已绿，未免拟于不伦矣。今粤人不为韦某少留置身地，反护王氏以为韦家宝，此更非予所能解也。至于月楼，更不足污人齿牙笔墨矣。夫日日言例而日日诱人于罪，陷己于法，此近日讼棍之恶习也，贤父子何必效颦？倘若不信，请闭门读律，方知余言之不谬。不然，自己事事犯律，反欲事事以律责人，此端木子所谓多见其不知量也。吾观贤父子所引各例，皆市井口谈之例，非朝廷颁发之例，以之恐吓乡愚则有余，以之耸动正人则不足也。总之，持平者天下之公义也，詈骂者村妇之丑态也，士君子形诸齿牙尚且不可，何况施诸笔墨！细玩贤父子词意，似不肯自居粤人，更何必代粤人文过而塞清议乎？此举本非美事，此案又多疑义，更何必强作谩骂，愈显遁辞知穷？贤父子责人不应连篇累牍，颠倒是非，又何以尤而效之，加以詈骂乎？夫持平子所论，公也；贤父子所詈，私也。且以天下人不屑为之事，而诵扬惟粤人独能为，未免太藐视粤省全无晓事之人，更非忠厚之道也。其中之关人罪名、损人声名之处，略辨数条，以为忠告相规。至若诡立婚书等事，惟王氏至亲密戚始能知其底细，我等外人不必辨其真伪，更可不复预闻。贤父子责持平子事不干己，诚哉是言，然自己作千余言痛詈他人，是何其明于知人而暗于知己，薄于责己而厚于责人。殆利害切身，痛痒关心，故父子同为此肤受之愬、不平之鸣与？果尔，恐不但哇陈仲子之鹅肉，亦必将呕周公瑾之心血矣。故奉劝贤父子保身自爱，尚可留以詈别事，勿遽因事不干己之故，以致伤己可辨事之身也。贤父子所言自谓皆例，亦知例有“骂人笞一十”之条乎？《传》曰：无瑕者而后可以戮人。韦王氏诸人固不足责，但论粤人之气节，果能无瑕乎？贤父子之恶詈，果能无瑕乎？请自反而思之。《聊斋》有言：从此不作诗，亦藏拙之一道也。吾愿移以相赠为箴，但忠言往往逆耳，亦未知肯听否也。其余原论具在，有目共知，一览而定知贤父子之涵养学问、历练见识,亦无俟予之多言也。然虽天下之有卓识无私心者,当亦不少,细观数论,必能辨其是非,听言信行,亦能别其曲直。使粤中先达见之,应亦怨恨贤父子之好事而喜翘人过也。肯纳药石,请勿再言。此论顷刻书就,即欲付刊,故语多杂沓,不成片段,虽有戆直之风,毫无修饰之处,阅者谅之。余非好辩者也,特以上海为通商最盛之地,外国诸君来游于此者甚众,能识华字、通华文者亦不少,即喜阅《申报》者,日有数十人。前见此事初起,邑侯始讯之日,外国诸君已笑华人喜为非分之事,华官好用非法之刑。今观贤父子二论所引律例,更将谓中国何以有此非情非理之律例。贤父子果欲卖弄词藻乎?抑欲谤毁国家乎?余亦不敢强作解人也。中国素称教化覃敷、人文蔚起之邦,不意一旦竟至于此,岂不贻笑于外国乎?是败坏中国之声名者,贤父子诸人不得辞其责也,岂不深可叹息与?予故特为论辩,亦聊以存中国之体统,不至令外国诸君笑中国上下之人皆为糊涂虫而已,岂甘心与人斗弄笔墨哉!

同治十二年十一月二十二日/1874年1月10日

与众乐乐老人致本馆书

前阅贵馆所登禁止妇女不准看戏一论,分别良贱,仅欲禁止良家,更为卓识。乡绅防患之心既能无阻,戏馆生财之道亦未尽除。俾戏馆不至见恶于乡绅,而乡绅不至招怨于戏馆,是一举而三善备焉。然推究事理,亦有偏枯之病。夫看戏一举,原属赏心乐事,本当男女同乐,良贱共观。今妇女仍无属禁,惟良家独至向隅,故愚谓此论未昭平允。试思男子处世,有交游之乐,有登临之乐,有酒食征逐之乐,有纵马田猎之乐,甚至有秦楼楚馆之乐,博钱蹋球之乐,而在妇女皆无之。至于看戏一事,可以消愁解闷,可以博古通今,可以劝善惩淫,似宜任其观阅无禁,不宜复分男女,复论良贱也。而且男子日专心于经理生业,应酬人事,踵事于繁华之地、财利之场,日有盈而岁有益,可以无从事于戏馆。或者亲朋初至,宾主相逢,不得不借戏馆以为酬酢之地。甚至有亏本倒帐不幸诸事,为之友朋者，更不能不借戏馆为解忧消遣之举矣。至若生在深闺，毫无乐趣，已属不幸之身，倘再遇不幸之事，或因夫妻反目、子女伤心，难觅排遣之方，闺中良友邀赴戏场，以释愤懑，此亦人情之至当，尚非国法所必禁者。今因偶尔妇女二人看戏被迷，遂累及上海一县妇女，禁止不准看戏，岂非波及无辜乎？若使向来妇女一入戏馆，尽行被迷，则此禁万不能停，万不可缓。是戏未有不迷人，而人未有不为戏所迷者，有是理乎？倘为二人被迷，竟禁一县妇女，是犹因一人出门赴市而被车马碰伤，遂禁一县之人不准出门赴市乎？禁止何尝非理，然使人尽杜门，市无行人，可乎？又如一人因醉伤人，遂禁一县之人不准饮酒，因严酒禁而废沽酒之肆，并废饮酒之礼，能乎？不能。夫世事之出人意表者，每因平常之偶变也，以偶变之端，何为废平常之事乎？就大事而论尚且不可，何况区区看戏之小事耶？妇女之贞淫岂关看戏，其人果贞，虽看戏亦不改其常；其人果淫，不看戏之人而有苟且之行者亦多。要在乎家主平日之修齐刑于，不在于偶尔之看戏行乐也，故吾深不愿有此一禁也。他日者余将携家属同赴戏馆，不徒愿吾一须眉男子独乐其乐，并将使吾众巾帼妇人共乐其乐；不徒携我家妇女与少乐乐，并欲邀同人妇女与众乐乐。断不因贵馆之论禁止，遂使之大杀风景也。夫禁止不准往看戏者，末也；禁止不准演淫戏者，本也。淫戏不演，看戏何害？道宪此禁，可谓知其本而得其中矣，贵馆以为当否？

同治十二年十一月二十五日/1874年1月13日

劝持平子息论事

阳江散人拟稿

连阅贵馆《申报》列诸匿名高士辩论杨月楼事，予非读书不惯舞文弄墨，略就见诸报而论之。尝闻中外诸君佥谓不平父议论公正，愿地方官□严□月楼，以快众心，优伶党毋以效由猖獗，所谓以一警百也。不平子甘心拜服，愿以父执辈事之，此其遵仰之意耳。不意公道老人只论不平父不平子为贤父子，殊不知持平子与不平子派同字同，岂非不平父之子欤？细看《申报》持平子、公道老人之书,笔墨出在一人之手,骂粤人,谤邑尊,逞豪雄,辩强词,非老手难下如此淋漓之笔。惜乎持平子,似此高才,不登翰苑而掌封疆,尚在市廛之间,与至微至贱之优伶为党羽耳。故俗语有云:享□不享福,诚哉是言。持平子虽属笔下千言,倚马可待,心太慈祥,故天不愿其为牧民也。其论杨月楼以李药师而比,阿宝以柳如是而比,譬如抢盗光棍,其必以迫于饥寒之语而解,设使叛逆盗魁,其必引宋太祖之言黄袍加尔身而比,奸淫之徒,其引孟子之言食色性也。想持平子前生必为如来祖之门徒,予欲劝持平子早日削发为僧,极合其宜,今世不为名宦名儒,亦可为名僧矣,岂不美哉,岂不美哉!凡事以强词解嘲,国家何设刑罚,朝廷安用设官,以持平子论比之,是乱天下也。国家制律设官,牧民所以端风化而正人心,若月楼阿宝一案,自有公庭正论,何必持平子、公道老人嚣嚣辩论哉!予虽不才,观其文墨,颇知持平子年近花甲,当为养气,何乃屡驳,恐驳多反耻之耳。

同治十二年十一月二十五日/1874年1月13日

奉劝息争说并俚句一绝

冷眼旁观翁识

吾历观《申报》持平子、不平父、公道老人互论杨月楼事,引古摘今,多方构索,千万言略无一中,奈何二三子者皆不惮烦也!邑侯为朝廷命官,刑罚自有律例,奚劳市井讽论,转使问官无权,有伤大体。韦某粤人,彼以乡谊同愤,况有亲叔主张,应得有罪者,何可惰逭?苟无瓜葛者,不必与闻焉。至杨月楼乃一伶人耳,细小幺么,何足挂齿,更不劳辩驳多言,惊动遐迩,所谓明于防人,昧于防己也。予非多事者流,然彼此喋喋,殊伤雅道。若单论韦杨婚嫁之事,情尤不禁,何敢一一,牵连邑尊,大肆讥讪,实为藐法玩纪。要知谚云:说是非者,即是非人,良可信也。嗣经既往不咎,持平、不平各守本分,公道老人亦当低首敛容,莫管闲事。邑尊为一县之主,父母官名分攸关,毋得姑蹈刑科,凛之慎之。韦某宠妾纵女,家规自弛,小受玷辱,固其宜也。幸乃女非亲生者,尚可譬解。杨月楼擅作威福，罪所不容，既责其已受之刑，且开彼自新之路，男女责放，藉以完案可也。

骄奢风成反朴难，无端讥刺各摧残。劝君缄口休胡说，且作傍人冷眼看。

以上二论一诗，想见下笔得意之时。予读之不觉眉飞色舞，大笑如狂，几乎五体投地。其中略有笔误，本拟代为更正，惟具此通才，有此卓识，成此高论，断不喜人妄改一字，谬移一词。有目共赏，定当叹为海上奇才，并将赞二论一诗为海外奇文也。岂非两家祖宗功德，安能生此出类离群绝无仅有之子哉！为之太息者两日。惟"男女责放藉以完案可也"等语，微嫌有以教训邑尊，阴讽其不知办案之处，未知有当尊意否？

同治二年十一月二十五日/1874 年 1 月 13 日

广东同人公致本馆书

广东四直府二直厅七州七十七县同人，谨斋宿薰沐顿首稽首，公奉书于《申报》馆主人暨主笔列位先生执事，前读贵馆刊列持平子及公道老人一书一论，此必列位先生托名之作。其论事立言，实属公正通达，温厚和平，义正辞醇，令人拜服，史兼三长，先生有焉。若能虚心承教，必可大开茅塞，广益智慧，谓为有功世道之言，谁曰不宜？其余各件，一望而知为粤人所捏，至浙西冷眼旁观人致贵馆书一题，业已全露马脚，其他更可不论。立志痛诋先生，命意已居下乘，即令文理优长，已系班门弄斧，而况出以鄙俚之言、骂詈之语乎？桀犬吠尧，蜀犬吠雪，盖吠非其主，吠所未见故也，又何足怪？先生置而不辩，尤为不恶而严，此更令人意料不及，观此可以卜先生读书养气之功矣。夫人生有幸有不幸也，幸则生于曲阜邹峄之地，近圣人居，沐圣人教，使人皆称为圣人同乡，何乐如之！不幸而生于胜母朝歌之地，曾子不入，墨翟回车，恶其名也。又况同乡皆属不堪之辈，先生有不屏诸门墙之外者乎？愚等不幸而为粤人，近因杨月楼一案，先生统谓之曰粤人。先生地隔他省，谓粤人尽属不堪，理所当然，势所必至，岂知粤人亦自有辩，谨为先生详陈之，务望先生鉴察焉。盖粤人所称为糠摆渡,俗名买办、细崽、广东婆、咸水妹者,均系香山一县男女也。生无耻之乡,习不堪之业,在粤人已不齿之于人类,而香山男女方以此为发财之路,致富之端,扬扬得意,以为光荣实甚。他县间或有之,而同乡不以为齿,故虽实为此事,而亦不敢竟居其名,见人必自讳其所为,求免不齿于乡里也。然粤省无此种人之州县亦甚多,并非粤人尽属无耻不堪之辈也。此案在事之人皆香山人也,先生统谓之曰粤人,殆未能知其详与?虽然,此事亦实难分别也,香山本系粤属无论,先生不能不谓之曰粤人,即使愚等亦不能分别之为非粤人。先生其何以教我,而使愚等不为粤人,庶免为此案断累乎?昔人有上书求削门生籍者,愚等又不能上书求削粤人籍,实属进退维谷,无法求全也,奈何奈何!先生可否自后若论此案,直斥之曰糠摆渡,或曰细崽,或曰韦党,或曰党于韦姓者,祈莫统谓之曰粤人,是则愚等所祷祀以求者耳,然恐势又有不能也。但先生尚能原谅敝同乡叶君之苦衷,想亦必能原谅愚等众粤人之苦衷也,先生以为何如?夫人而曰糠,言其轻而且贱也;曰摆渡,言其小而不稳也;曰买办,言其贱同衙署众人下役也;崽本渺小而加之以细,甚言其微贱也。顾名思义,先生可以知伊等之品行矣。至于妇女,更不待言矣。此案犯者、讼者、毁谤先生者,均系何等样人,先生谅无不知之理,故敢祈先生笔下超生,恕我众人,无统谓之曰粤人也。糠摆渡等之最可痛恶者,赚足洋人银钱,便自命为绅富,诚如伊等自供,平昔所作所为肆无顾忌,忘却本来面目,究竟伊等知何道理,明何律例,故于此案有此胡行乱为,今复敢为呓言谵语毁詈先生,少有人心,必不至此。子贡有言:人虽欲自绝,其何伤于日月乎?此之谓也,伊等何知焉!惟是愚等粤人自沐昌黎文公教化以来,皆知孝弟忠信、礼义廉耻,断不敢为非礼之行、非礼之言。今因一县为无耻不堪之事,遂使合省众人蒙不白之冤,心实不甘,故敢祈先生原宥也。至于韦党诸人诬谤先生,谓为优伶党,谓受优伶贿,先生大度处之,不屑与辩,更非常人所能及。盖公论自在,亦不必与之辩也。持平子一书尚有讥讽之言,若公道老人一论,为中国存体统,为朝廷正律例,命意何等正大,措词何等周详。彼买办细崽及其党羽岂知之乎？又何怪其狺狺狂吠而不能知所底止也！愚游沪上，前见敝同乡许星台先达述及先生品优学粹，文富识高，称为当今不易得之才。本拟趋承提命，适遭此案发作，并见各论，深知韦党饰非文过，诋毁高贤，又知先生大度深仁，包容鼠子，因此未便进谒，恐先生视为韦党，必招麾之门外、拒而不纳之辱。倘能缘结三生，下次再来，定当竭诚走候，以慰景仰之思也。今为此再三之渎，祈先生不却所请，改粤人二字为韦党，粤人幸甚，愚等幸甚！天气严寒，尚祈先生为道自卫为祷。再者先生足迹遍游天下，闻又久在楚北，谅亦深知粤人与香山县人原不同道，故汉口粤东会馆之外另有香山公所，各分朋党，此亦一明证也。先生不信，祈详查之。

广东同人公启

同治十二年十一月二十六日/1874 年 1 月 14 日

武圣关帝已升中祀禁止优伶戏出

国朝定例，优伶演唱戏文，装扮大圣大贤者，均应罪干满杖，原所以尊重礼典也。恭照武圣关帝已升中祀，凡三国戏中有帝君事迹者，皆当禁演，以昭诚敬。现奉道宪檄县示禁，因沪地戏馆设诸租界，并行陈司马会同晓谕，不准演唱，倘敢故违，即行查提重究。自示之后，倘再演唱关帝事迹各戏，以及看戏之人任意点演，一经查出，定即严提究办云。

同治十二年十一月廿六日/1874 年 1 月 14 日

记武林戏馆争胜

武林向无梨园开演之事，去年冬间，有鸿福堂雏伶始创为之，一时诧为盛事，传为美谈，观剧者遂有座上客常满之盛。今春金玉堂雏伶继之，斗艳争妍，各极其技，由是武林梨园遂有两部。近来更演夜戏，灯火氍毹，笙歌剑佩，几几乎有昔日吴门、今朝沪渎之观焉。现又聘请京都名优数人为之领袖，由是排场唱口遂无不摹仿京腔者。所演《霸王庄》、《贾家楼》、《八仙闹海》诸大剧，《打扛子》、

《杀皮》、《三怕》诸小剧,无不摹仿入神,淋漓尽致,竟纯乎京班伎俩。都人士采烈兴高,趋之若骛,致令湖山佳丽倾心于优孟衣冠。虽曰点缀升平,亦可以见世风之愈趋奢侈,愈习浮华也。

同治十二年十一月二十七日/1874 年 1 月 15 日

书持平子公道老人后

公平老老组稿

连日贵馆《申报》持平子、公道老人二论,不通之极之极,见者无不痛恨。持平子既系不平父之子,想必不平子之弟,渠父兄多少光明正大,胆敢望行乱爻,以律而论,骈首难辞。公道老人自称老人,年纪必过花甲,所以如此胡言乱道,则就木焉,犯而不较可也。月楼一优伶耳,胆敢与人家妻女通奸,罪该千刀万剐,而持平子如此相护,必系月楼至戚无疑。可惜不平父之子、不平子之弟,忤逆不孝之极也。邑尊素称严明,所传取保之话定系谣言,断不是此,邑尊定必轻则充军,重则立决也。究竟月楼一优伶,岂足污我粤人哉!请贵馆即日登报为要是荷。

言为心声,细观此论,已知其人。立言既多不通,居心未免好杀,此人得志,则官民无噍类矣。持平子既系月楼至戚,其父兄安能自外?又言以律而论骈首难辞,因此文墨小事,遂使三人骈戮,朝廷无此重刑。况各人意见不同,有是有非,何得概行骈首?邑尊办理此案,不过误用非刑,谣传取保,即使上台揭参,亦不过得交部议处而已,职尚不至于革,况亦不至于揭参乎!至谓邑尊定必轻则充军,重则立决,更属岂有此理矣!若言岂足污我粤人,粤人公启业已辩明,现被污者不过党于韦姓之人而已。

同治十二年十一月二十七日/1874 年 1 月 15 日

本馆复广东同人书

《申报》馆同人顿首稽首死罪死罪,谨复书于广东诸君子执事。至圣有言:躬自厚而薄责于人,则怨远矣。昌黎有言:惟陈言之务去，岂不戛戛乎其难哉！故善于责人者，必须先能责己；善于修辞者，必须先能立诚，岂非圣贤设教之深意哉！敝馆日前论韦某之事，失于详查，遂至统曰粤人，实属敝馆之大过。乃诸君子惠书，并不责其枉悖，而且委曲原谅，反详告以所不能知，何其意厚而言婉也。孔子所谓：有德者必有言，其诸君子之谓与！彼哓哓詈骂者，岂非自外于粤人乎？敝馆之于此案，本属局外之人，何以前后数千言议论辩驳，在旁人以为敝馆多事，而敝馆另有苦衷，今为诸君子详陈之。缘此案之初发也，敝馆胪列杨月楼罪状，得诸谣传，未免过甚。至邑侯严刑之后，匿名揭帖遍贴于法租界内，或谓敝馆受韦姓贿属，或谓敝馆受韦党情托，持平子之书所由作也。不然，事不干己，即冤死一优人，与本馆何干，而必为之辩白乎？厥后韦党传语，谓邑侯必欲得持平子与敝馆主笔人而甘心焉，故又有中西问答一则。诚恐邑侯无法严办，因导以周来罗织之术，否则何以痛诋酷吏也！后见邑侯全无举动，于是不平父子群起而攻之，此亦韦党势所必至也。敝馆本欲不复与较，乃西人见骈首、乱伦、斩决等例，纷纷下问，中国如此不通之礼，何人所定？中国如此非理之例，何朝所颁？在西人方且谓中国实有此礼此例矣，而旁人又谓贵馆理直气壮，彼等纵能詈骂，君等独不能辩驳乎？又况事关贻笑外国，更不可不为中国洗清，故公道老人所以有劝息争一论。盖因韦党不谅敝馆，大肆詈骂，所以敝馆不恕韦党，与之辩驳也。嗣后韦党所来各件，愈趋愈下，至圣所谓其余不足观也矣，此之谓乎！今蒙诸君子过誉，一则曰置而不辩，尤为不恶而严；再则曰大度处之，不屑与辩，更非常人所能及。在诸君子以为引人入善，在愚等实觉受之有愧矣。非愚等不屑与辩也，诚以求全之毁，古人常有，止谤莫如自修，古人恒言，心窃慕之。又况公道老人一论，义正辞严，不遗余义，珠玉在前，不欲更为沙砾，再赘一言，恐蹈狗尾续貂、画蛇添足之诮，是以为之搁笔，想诸君子断不笑其江淹才尽也。至于韦党所作各件，来必代为刊列，其语言太谬者，少为辩驳数语，有识者阅之，必能辨其是非曲直，亦不待敝馆之多言也。诸君子惠赐一书，敝馆若不抛砖，安能引玉，又广许多闻见，岂非敝馆之厚幸哉！诸君子来函,既未尽姓名,又未详住址,上书谢罪,无由送呈,故仍刊诸《申报》,一以谢诸君子教诲之殷,一以志敝馆同人冒昧之过。且告以天下之人,于不能深悉之事,不可孟浪误会,以致陷强不知以为知之失也。前公道老人一论,敝馆已蹈不可与言而与之言之失,今诸君子赐书,倘又置之不复,敝馆更蹈可与言而不与之言之失,岂不大愧于知者乎!故不揣固陋,将先后原委尽行布陈于诸君子也。惭感交并,借书以达,望诸君子原谅之。诸君子品学兼优,故能法至圣躬自厚而薄责于人之训,又能效昌黎惟陈言之务去之语,何其粤多君子若此也!愚等不肖,窃愿步后尘焉。案结之后,倘诸君子惠然肯来,面赐训语,敝馆不敢请耳,固所愿也,祈诸君子辱而教之,幸甚感甚。临颖不胜感激之至。惟读赐书,因韦党数人斥及香山一县,未免过于激烈。叨属挚爱,故直举以相规,未知肯容纳否?诸维鉴察不既。

同治十二年十一月二十八日/1874年1月16日

杨月楼案内韦王氏已死

杨月楼一案,粤都人士聚讼纷纷,雁札鱼书,踆来报往,本馆概登之报上,以存公是公非。但杨月楼作何发落,尚未波及一言,未免忘却庐山真面。兹查胫伤已愈,尚羁外监,阿宝在官媒无恙,而韦王氏已传闻忧愤成病,于前数日作古矣。噫!杨月楼命厄妻宫,好伉俪难谐白首;韦王氏生憎官讼,先女婿竟殁黄泉。本属喜照红鸾,何至丧成白虎。外监久寄,泰山徒伤。死者常已矣,生者又将何设措哉?

同治十二年十一月二十八日/1874年1月16日

本馆劝慰香山人论

杨月楼一事,两下互相辩论,可谓极矣。亵渎局外诸君之罪,亦敝馆所难辞也。不料论一事,言词蔓及他事,如牵连香山人是也。本馆所素不愿者,两相构恨事也。故特请诸君于杨月楼与香山人二事可不再论,以免烦渎局外,肇衅粤人也。本馆视各方人如一，毫不偏袒，今见香山人既受辱，故于绝论之时不可不少陈数语，以为公平之论。盖韦党之辱持平子诸君者，皆虚言也，而广东诸君之辱香山人者，皆实事也，故本馆作此平心之语焉。所谓细崽者，此跟班类耳，香山小民从业于此，亦谋生一路，即如他处人亦均有之。如买办者，此生意人类耳，西人既来他方贸易，该方规矩皆不能悉，故赖本人引道，而华人方从事于是也。即细崽亦不可谓之洋奴，何况买办乎？盖西人之奴，必卖身之人而后有此称也。西人既赖中人为事，犹之华人亦有待洋人作事，如海关炮局是也，此类洋人，岂可亦谓为贱役乎？夫西人通商之事，于国计为大事，而上海一处亦为更甚，无之，则此处为区区一小鱼乡也。香山人奏效于此役也，功莫大焉，恐亦非上海诸人所宜责也。夫人类各有分，如士农工贾是也，欲较量其上下，则以其所行所为之大小，仔细而求之，乃商人之数更为大矣，吾不知有何贻笑士人之处也。士人有高有低，以其所行所为，尚有不如商人者，若商人原而谅之可也。然香山人自为商贾者，已属多处，即如中国四方茶叶生意大宗，皆香山商人操之，乃有一小县之人能兴理此大业，而遂敝之，其可乎？吾故谓天下各县之人，若能如香山人大奏功效，实中国之大幸矣，即或嘉之过分，不亦可乎？然闻有人被轻，则稍过分以慰之，似亦无妨，况香山人大有功于通商之事者乎！

同治十二年十二月初四日/1874年1月21日

戏场抢女子

武林章家桥之不戒于火也，始于竹器店之烘逼毛竹，而止于桥塊之相隔一水。中有某氏酱园者，独岿然仅存于烟焰瓦砾之中，亦异矣哉！园主人及里中人士感祝融氏之灵异也，遂于桥东隙地建台演剧，以答神庥。来观者士女骈填，履舄交错。有某氏女子者，年及笄，虽荆钗布裙，而肌理细润，眉目娟好。无赖某见而艳之，垂涎已久，而下手殊难。昨日偶见于剧场中，盖杭俗妇女出观庙台路台戏剧者，皆有高台搭于戏台之侧，帷而观之，此女亦在台上也。无赖纠众不逞之徒，汹汹如潮奔，拥挤如马骋，一拥至台下，台为之荡决而倒。无赖某呼喝一声,即将此女蜂拥而去,不知所之云。

同治十二年十二月初四日/1874年1月21日

劝息争歌

西泠一笑生戏草

物不得平固当鸣,诸公何亦积不平?唇枪舌剑肆讥评,各不相下如两军。仅为区区一优伶,大才小用殊自轻。持平子,不平父,盂盎相击闻先声。公道老人步后尘,口似山膏善骂人。皆与刘四可齐名,千言万言不辞盈。此訾彼詈不雅驯,由来相持已兼旬,絮絮聒聒犹未停。独不闻养气从古推儒生?豁达能容世所钦。又不闻慎言明训垂圣经?御人口给屡取憎。当此天寒景色清,围炉觅句足陶情。斯事权衡在讼廷,彼此何苦徒纷纭。聊陈短歌冀解纷,不羞布鼓向雷门。恨我频年藉舌耕。阮囊羞涩无可倾。不然破费四五金,特开绮筵集诸君。劝彼劝此持一尊,各释芥蒂遂息争。吁嗟乎!安得劝彼劝此持一尊,各释芥蒂遂息争。游戏之作,信笔直书,通韵处自知未合,尚乞诸吟坛勿哂为幸。

同治十二年十二月初四日/1874年1月21日

目笑过客书奉

《申报》贵馆主人暨列位主笔先生阁下,仆艺执四民之末,既非读书,尤未习律,偶过沪,阅《申报》有持平子、不平父等连日论优伶杨月楼事,因亦略舒鄙见,祈贵馆代刊,以博一笑。夫不平父一论,辞严义正,众目共赏,其理顺,故其言畅。至所谓持平子、沧桑道人、公道老人、赴粤宦客,并捏广东同人公启,其理逆,其言强,似皆持平子一人之手。想其受贿优伶,自愧独立,故必假捏多名,以耸众听,岂知人之视己,如见其肺肝焉,则何益矣!又日不惮烦,字满篇幅,想亦每日得贿若干,每字计贿若干。优伶何知,以为有此长篇,必具伟论,可以犯奸,可以卸罪,于是倾心奉贿。而持平子遂藉此为生财之道,亦如优伶之犬吠,非优伶猖猖不已矣。据云妇女犯奸,惟其夫及父始能执,家庭尊长亦不能预闻。试问本夫不在,为尊长者遂可任其开门引汉，夹带随人乎？古来才子佳人偷香窃玉，父母官略法原情者，间或有之，若比之匪人，势难作合，不知悔过请罪，犹曰嫁鸡随鸡，安得不遭朴责乎？夫奸情者，亦不过桑中月下、钻穴逾垣耳，若以优人强婚良户，既拐其人，复骗其财，随诡婚书妄称许配，亦仅律之以和奸已乎？国家立法，官宪执法，无贤愚贵贱一也。士大夫家读书知礼，犯者自少，若优人弱女既易逾闲，倘不严为之防，更有不可向耳。若谓此辈不必过责，然则拐骗之条但为士大夫设乎？儒者草茅坐论，酌古准今，或拟议时宜，或颂扬德政，可也。若朝廷刑罚罪人，亦可肆其议论，鼓惑人心乎？果尔，则下流讪上，贱好自专，又何说也？持平子着人闭门读律，而自以为通律，吾亦移《聊斋》之言以相赠曰：南人固多通者，而通者未必是足下。且夫婚嫁大事，父兄主之，其母但教以妇道而已。若云三书□定，试问三代何名？乃持平子代证为有婚书，倩媒妁，受聘礼，且误引孟子云女子之嫁也母命之以为断，岂知母而不知父耶？迨至拐骗已明，法无可宥，犹欲强为之解，曰孟子有言食色性也，斯言果孟子之语乎？如作孟子之语，则缕兄之臂而夺之食则得食，逾东家墙而搂其处子则得妻，亦可作孟子之教矣。持平子谓人读书太不求解，必自以为甚解也。不意其所谓甚解者，乃竟如是解孟子，孟子亦何不幸，数千年后而忽得此解人也。既而思之，好善恶恶，本乎人情，而利令智昏，遂亡其性，无惑乎持平子詈人曰蜀犬吠雪，吠所未见，如月楼事得毋家常惯见，故不之吠耶？吾恐不平父亦不肯认此不肖子也。要之，舆论公评，目击者易分曲直，而舞文弄墨耳闻者难判是非。予为□惧，岂好辩哉？自后优党詈我，我亦不较，譬诸村狗吠人，叱之愈狂，与犬较理，是又不如对牛弹琴耳。彼不平父亦目笑置之也可。

来条知贵馆因涉杨韦之案不复刊刻，具见仔细，惟是箭在弦上，有不得不发之势，务祈酌量登之，以存公道。非敢有所挟制也，谅可以为然耳。此致贵馆诸台翁先生电鉴，严少瀛顿首。

此件几及千言，毫无一句是处，并多不通难解之语，真可谓宇宙第一篇夏器通文章也。辩之不胜其辩，教之又不屑教，奈何！昨在《申报》馆，见诸君子却之再三，不肯代列，原欲代为遮羞，不意求之屡次，必欲刊列，定其自己献丑，真至圣所谓吾未如之何也已矣。至于不平父一人，既诸君如此拜服，何妨竟以事父之礼事之，断无他人与诸君争此贤父也。一笑馆外人识。

同治十二年十二月初六日/1874年1月23日

本馆复刊香山人论韦杨事情节

本馆前言凡关涉韦杨之案及牵连香山人处，概不肯再刊，本欲息两下之争，且本馆代刊前件，业已代人受过，故决计停止也。不料香山诸君又有多论属为代列，且谆属再四，志在必刻，以供众阅，岂以为受辱已极，必刊此不平之鸣，始能消不平之气耶？是以姑允其请，复行代刊，后不为例，不能再录矣。除香山人外，他邑诸君望勿效颦。何则？平心而论，香山人皆受实气，他处人不过略受空骂而已。此本馆所以复代香山人列，不能更为他处人列也，诸君谅之。而且香山诸君与本馆□无嫌隙，中日贸易诸事深得其益，今因误列各件，初实不知为香山人，及见广东公启，始知其事，后见荣(荥)阳甫一辩，故以后遂止不刻，实非本馆有意于辱香山人也。所幸香山诸君能识大体，尚未与本馆构衅也。本馆书此以志过，请质之香山诸君，以为何如？

同治十二年十二月初七日/1874年1月24日

妇女看戏竹枝词用上下平韵

练溪听香馆素梅小史稿

里中十月朝，请昆腔名班演戏三日，游人毕集，粉黛偕来，逸趣横生，真情悉现。目之寓不觉技之痒矣，因于灯下即其事而描摹之，得二十韵，以博一粲，有识者见之，得毋笑予之孟浪乎？

演戏刚逢十月朝，家家妇女讲深宵。看台宜与戏台近，吩咐奚奴预作标。

邻家姊妹各商量，明日如何作晓妆。小婢点灯亲检钥，隔宵翻出好衣裳。

一夜芳衾睡不成，晓鸡齐唱报天明。先挑锦帐窗首望，果否何如昨日晴。

胭脂微点粉匀黏，蚤起匆忙启镜奁。妆罢最无聊赖处，更将莲瓣捻尖尖。

天气轻寒尚著棉，菊花斜插鬓云边。晨餐未毕心先急，扶掖丫鬟已在前。

莲步方移忽又回，菱花细照意徘徊。不知可有矜持处，翻被旁人暗笑来。

一路行来弱不支，生来真个好丰姿。问卿底事回头去，看见人来避已迟。

看台密密界西东，抄得三叉路更通。怪煞陌头风一阵，藕丝裙底露双红。

阑干几曲只低凭，台是蓬张系是绳。背后一声呼小姐，吾家小姐也来登。

瞥见裙钗队一过，交头接耳话谁何。衣裳时式鬓时样，谁是新娘谁是婆。

刚才流盼忽凝眸，半作欢颜半作愁。为底红潮在两颊，霎时走过是郎不。

士女纷纷来往频，红尘是处有迷津。听残锣鼓喧阗甚，看戏人看看戏人。

惊飞檀板杂悲欢，蝶梦醒来又劈棺是日演《蝴蝶梦·劈棺》等戏。生怕旁人相议论，妇人真是铁心肝。

最无情处最殷勤，冷眼看来面半醺。谁是凤鸾谁是鹊，暗中心事定能分。

两情脉脉最难抛，台底肩儿影已交。消受下风都有韵，伊人身上挂香包。

本是无心算有心，秋波偶盼当知音。魂灵出窍回头去，看买麻团不自禁。

腰如杨柳口樱桃,翠鬓轻松首屡搔。只恨身难双蝶化,好花围绕两三遭。

扇痕折叠手频探,隙里红颜分外酣。可笑轻狂年少子,腹饥眼饱两难堪。

狂生遍体已麻酥,适有人来偶一呼。故问此番第几出,只优到是好规模。

京式烟筒京式鞋,墨晶眼镜手还揩。两行红粉齐回首,第一魂消是坠钗。

风流公子是谁家,不道张郎貌似花。想到错翻鸳牒处,侬今未免凤随鸦。

郎君何事故依依,出众人材出式衣。记得门前曾经过,看来越想越依稀。

若离若即忽相逢,几队游人莫定踪。纤手故交携茗碗,玉环金钏响铮铮。

未到场中眼已迷,红妆遥对夕阳西。欠身欲惹傍人看,娇倚娘肩首故低。

袖长微露手掺掺,个里芳情豆蔻缄。欲买梅干怜小妹,不知滋味有酸咸。

归来曲曲路曾经,蜂蝶犹思影逐形。替尔担惊浑不少,沿桥小步最零丁。

欲言又止漫评论,月影朦胧最断魂。姊笑郎痴郎笑姊,各猜心事过黄昏。

更深独坐剔银釭,悄悄空凭六幅窗。玉漏惊魂孤枕冷,犹疑人影一双双。

含愁无奈是缘悭,销损腰支憔悴颜。不及鸳鸯堪剪纸,买来双影尚回还。时有唤买耍货者

西风消息渺愁予用王渔洋诗,过眼烟花总是虚。寄语红楼须郑重,戏场且莫驻香车。

吹气如兰,振声若玉,其笔舌互用,兼得分外巧妙,与《渭南诗集》之无题诗,《随园诗话》之《西湖竹枝词》,《曝书亭集》

之《闲情》、《风怀》等作同一风味，至于绘形绘声，而风诵之意自在，言外尤足唤醒一切。乳溪村农附跋。

同治十二年十二月初九日/1874年1月26日

戏场产子

梨园出目中有诞育婴孩者，顾演剧诞婴不过虚拟其事，不谓观剧产子竟为实有其人。佛镇某姓新科举人得宴鹿鸣，大开菊部以娱亲友。说者谓其借名演戏，乘机猎赀，此亦寒士释褐之常，不足深论。所可异者，赴场阅剧之某姓妇也。该剧场建于大基头，女子棚则设于附近练厂之地。有居住普君墟细庵之某姓妇，随众往观，忽觉腹疼隐作，犹不欲辍观而返。盖一则距家略遥，一则声色入妙，故恋恋耳目之娱，不遽惜其身体之疾也。不期此妇履石梦月业已数月，一旦临盆，不能遽返，竟以子棚为闺房临蓐之所，知其事者无不失笑却走焉。夫闺阁阅剧本属招摇，况已验兰征，岂容漫漫为此，一旦竟占瓜熟，能无赧赧羞尔耶？此可为妇女嗜阅戏者戒。

选录香港中外新闻

同治十二年十二月初十日/1874年1月27日

韦女发落

韦氏女阿宝犯奸一案，于十三日已□邑尊复讯发落，当传家长韦某，诘明实无主婚，许配杨月楼情事，韦某毫不知情，取到切结。因家长不愿领回，将阿宝掌责，发善堂择配。乳母王氏亦予从重掌责，枷号沿门示众。杨月楼再予笞责收禁，尚须另行□拟究结也。

同治十二年十二月十六日/1874年2月2日

阿宝乳母荷枷游街

昨报录韦阿宝业经发落，伊父韦某不愿领回，掌责一百后由善堂择配。该乳母掌责二百，荷校沿门示众十日。昨为枷示之第三日也，观者呵气成云，挥汗如雨，不减本年正初之枷示女堂倌周小大也。当夜落发时，杨月楼亦提出外监，仗责五百，仍予收禁，再候发落,腿伤受冻,步履仍艰。因前报未尽详明,故补录之。

同治十二年十二月十七日/1874年2月3日

上海茶园竹枝词押上下平韵

松江养廉馆生稿

南北茶园号不同,班分文武演相通。西人门首严看守,戏目皇皇贴满红。

招友身依六幅窗,京徽调响间昆腔。登楼坐阁凭予便,片纸鲜红自已降。

茶烟先敬点微迟,男女连肩意欲痴。看毕小生来人面,末来小旦好丰姿。

出众声音出式衣,窥来目炫手频挥。许多节义兼忠孝,看罢抽身且暂归。

回来意兴乐何如,满眼形容认不虚。寄语红楼须早到,黄昏约定接香舆。

夏服轻罗冬服狐,时花斜插色堪娱。夕餐未毕心先急,扶掖丫鬟已早呼。

狂生到馆志昏迷,点戏须从板上题。局到恰逢串此出,只优果是好无批。

京式烟筒京式鞋,墨晶眼镜手频揩。两行红粉齐回首,第一消魂是坠钗。

中宵妓女忽思回,莲步方移麋眼来。多少情深无语会,临行低首意徘徊。

士女纷纷笑语频,红尘是处有迷津。听残锣鼓喧阗甚,欲往仍留一种人。

最为巧妙绝烟氛,地火光明面半醺。上下楼台都照澈,暗中机括孰能分。

瓜子消闲声隐喧,手巾连把送频烦。更深漏尽人将散,摸取囊钱数不论。

歌台暖响不知寒,睡眼朦胧尚倚栏。小巷私街知已闭,二三知己且盘桓。

一夜怡情看未还，晓鸡齐唱报开关。群开倦眼窗前望，果是天明各散班。

明朝趺趺又来前，金桂那如丹桂妍。鸣庆童多山凤老，个中贤否我能宣。

演剧每逢礼拜朝，规模最好在芳宵。行家得暇争前看，遍贴优名预作标。

戏文有彩最难抛，名妓台前影已交。远盼两廊多认识，佳人身上挂香包。

几个娘姨兴赤豪，腰非杨柳口非桃。水烟装去低头语，翠鬓轻松首乱搔。

闺门妇女亦随波，有似新娘有似婆。时式衣裳时式髻，神凝目定语无多。

一坐园中眼已花，红妆偏对夕阳斜。欠身恨惹旁人看，娇倚娘肩首故遮。

寻常姊妹作凄凉，彼此同情作艳妆。接耳交头争坐位，便宜还是拟包厢。

几等游人已定踪，赏心豁目倚窗楹。玉环金钏铮铮响，纤手原来举茗烹。

戏牌一挂著优伶，脚色全完演不停。剧到出神齐喝采，喧天锣鼓醉应醒。

台挂彩球廊挂灯，阑干几曲只低凭。参差上下难交接，相对无言漫唤朋。

刚才流盼忽凝眸，半作欢颜半作愁。为底悲愉形尽致，霎时良贱不相侔。

本是无心算有心，无端忠佞当知音。可怜世态如春梦，长叹一声不自禁。

多方劝善静中参，绘影绘声分外酣。堪笑轻狂年少子，腹饥眼饱两难堪。

观剧连朝神倍恬，临回栗碌月当檐。最无聊处提灯转，云散风流兴转淹。

逢场作戏信非谗,过眼奢华望□芟。□劝青年须郑重,戏园垂盼勿贪馋。

同治十二年十二月十九日/1874年2月5日

同治十三年(1874)

观优谰语

元旦赴丹桂茶园观剧，而叹上海之市道江流日下也。上海繁华甲于天下，数年以前元旦观优者，一曲氍毹，两行红粉，恐后争先，位厕至无隙地。客岁较前少杀，然犹座上客常满也。今春看客寥寥落落，如曙后晨星，其所谓出局之姊妹花，不过一二十人而已。统计上海去年倒闭行号约五十家，亏欠银至二百四十余万。一年之计在于春，一日之计在于寅，春为岁首，沪上诸君子殆黾勉从事，其不屑荒于嬉乎？无平不陂，无往不复，上海其有转机也！

同治十三年正月初七日/1874年2月23日

国忌演戏说

洋泾浜者，中国之幅员也；居洋泾浜者，中国之子民也。地当中国，民籍中国，则万不能自外于中国也，明矣！乃租界梨园每逢国忌，唱演不息，此何故哉？谓开馆者非中产耶？固中产也。谓演戏者非中产耶？固中产也。谓听戏者非中产耶？固中产也。惟有洋捕一人非中产耳，以一洋捕故，遂令开馆者、演戏者、听戏者从而洋之，噫，奇矣！开馆者、演戏者、听戏者岂尽倡优隶卒之伦，出洋捕下哉？即使其皆出洋捕下，要非披毛戴角之伦也，非披毛戴角之伦，万不能蔑视国忌者也，而竟蔑视之矣，官斯土者，何以不之禁耶？盖等若辈于披毛戴角之伦而不与较耳，然而不可不较也。假令有重于国忌之事，亦等若辈于披毛戴角之伦，听其唱演而不与之较乎？我日望之当轴者矣。

嘉树堂稿

此书由苏寄来，其言虽觉过激，其理何尝不是□查本朝忌辰每年总共二十九日，每月遇忌停演，多者不过七日，少者不过一日,至六月十月两月尚无之。倘通融办理,尚可日停夜演。现丹桂一园每月停演日戏七日,其他亦尚有停演者,亦何乐而不为,必求陷于无君之罪耶?试思洪逆陷金陵,刘逆陷上海之日,其中人民何等苦楚,今则居于光天化日之下,一切人等均得俯仰自如,何等快乐,岂非大清之德政哉!今仅言于其前代忌辰停止不演,亦何乐而不为哉?且令人皆称尔等操术虽卑,居心则高,亦何乐而不为哉?更乌知夫今日停演,明日看戏者不且加倍乎?愿开戏馆者与有戏班者详细思之,勿负本馆之苦劝也。

同治十三年正月二十二日/1874年3月9日

西国戏院会演中西新戏

本馆告白内一则,知丹桂茶园戏班为洋人正凤延请,在西人戏院,定于下月初三夜与西班会演,此实创行之事也。按该院系西人所新建者,院内宏阔,层楼整饬,华丽奇巧,便于观客,快畅安逸非常。照院之法,圆顶高设灯一具,灯光下射各隅,院内光如白昼,故谓为太阳灯也。戏台亦有特佳,除戏子外,不使他人杂入,其上且以画扇屏幅立障。台后能随戏样照而成景,各类变化可观。今以中戏西台兼用,实向日所未见。西商皆拟届期以闺阁偕往,想华人之带巾帼类以去者,亦必甚多,果然,则中外男女一时之大快乐场也!

同治十三年正月二十八日/1874年3月15日

戏子浑名

梨园子弟各擅胜场,惟美人妆者,其称谓尤艳冶移情,如俗所呼花旦是也。然旦曰花旦,而名应亦花名,若汉班之人参叶、一枝花、白牡丹各等名色,尚堪供人迻笑。今偏于香国衣裳之外,别构一贵重名目,闻之可为解颐。鄂北省垣新建丞相祠堂,每届新春,便堂开百尺,座列肆筵。而小小楼台,玲珑鼎峙,选郢中之乐部,竞高唱以入云。一片承平,官僚喜溢。篆务开后,有荆州统帅眷念莀徽，玉舸联编，锦帆低卸，话沙市之新班，肃忠臣之遗像。曲调一部，名羡三台班名二台，脚色尽多，雅有秦关百二，而其中之斗艳争妍，向称为花旦者，盖金钗十二行也。所尤胜者，惟二千四、一千六、倭貂绒、通海缎四相公俗呼花旦为相公，更当行出色。虽倚翠偎红，真堪绝倒，而顾名思义，却拟非伦。一时之选胜探奇，管弦共斗者，每当登场一曲，万首齐回，正不止跂予望之也。

同治十三年二月十七日/1874 年 4 月 3 日

劝子弟勿阅淫书淫画淫戏论

书曰：天道福善祸淫。训曰：万恶淫为首。是戒淫之文，先贤言之屡矣，且言之详矣，且言之痛切矣。自好者触目警心，或不作荡检逾闲之举，而自弃者每以为赏心悦目之方。如害人心术、有伤风化者，有淫书也，淫画也，淫戏也，三者并行于世而不悖，通行于世而弥彰。噫，可慨也已！夫美人香草，不过文人笔墨，借达柔情之缱绻，每多绮语之缠绵。赠物弹琴，借题写意，吟风弄月，赋物言情，但泡语锦花，已令人心摇目眩矣。等而下之，至于弹词俚语，俗引村言。绘来钻穴逾墙，历历在目；写出偷香窃玉，娓娓动人。粗鄙不堪，秽亵特甚，本不可出诸口也，而居然笔之于书焉。至于淫画淫戏，尤而效之，殆有甚焉。春苑秘戏，当场幻出，淫情丑态，化日光天之下，为寡廉鲜耻之场。视听之余，心迷魄荡而阴受其害者，世人每不及防，维久之若火燎原，不可向迩矣。常见人家聪明子弟，阅之执迷不悟而手不释卷者有之，自戕其命者有之；其愚鲁质朴者且效尤不悛，紊乱纲常。是为人父兄者，固未尝导其淫、诱其淫，而子弟之观淫书、淫画、淫戏而不知杜渐防微，直不啻父兄之诲其淫也，且迫其死，盈其罪矣！兹不揣固陋迂拘，愿凡为人父兄者，随地留心，遇有此三者之弊，力挽而湔除之。虽不能尽绝根株，亦足以保全身命，且使少年子弟不至夭折之伤，自能诞膺多福，是于世道人心岂浅鲜哉？予将拭目俟之尔。

同治十三年二月二十二日/1874 年 4 月 8 日

杨月楼解郡

杨月楼拟以军罪出详,前报业经述及,兹于昨日解郡过堂矣。或有闻而于问我者曰:杨月楼一案,失出失入,疑重疑轻,所犯各情,似奸非拐。即诱拐论,同时亦有瞿茂和诱拐上海人潘某之女小金珠一案,情同事同,按律定罪断案,自无不同。何以彼蒙宽典,笞责百许保释;而杨月楼诱拐香山人韦某之女,独科以打胫及军遣乎?是前日之断,今日之断,孰是孰非也?大清律例可随意重轻,罪有等差,律无一定,随意援引以定爰书乎?余曰:律有专条,但上海援例之理,是我特不谙也。问人谆谆以瞿茂和一案为问,野人不知政体,想邑尊必有深意于其间,非局外人所得知也。

同治十三年二月二十七日/1874 年 4 月 13 日

杨月楼翻供

杨月楼解郡,风闻业已翻供,如果属实,□应发回再讯。

同治十三年三月初八日/1874 年 4 月 23 日

洋场竹枝词上下平三十首(之三)

云间逸士初稿

戏馆　出色京班次第来,金丹二桂□排开。春魁大嗓音清爽,喊好旁人几十回。

花鼓戏馆　畅月楼中集女仙,娇音唱出小珠天。听来最是销魂处,笑唤冤家合枕眠。

妓馆　富贵荣华四字□,苏扬名妓色倾城。娘姨含笑迎游客,此处长三曲调清。

同治十三年三月十二日/1874 年 4 月 27 日

看戏受伤

千金之子,坐不垂堂,此非为观剧言也。海上戏院堂皇冠冕,以观剧受伤则无妄之灾,诚非意料所及。或者曰:戏字半从戈,此中伏杀机焉。金桂轩武戏胜场,每演《四杰村》、《赵家楼》角力诸剧，黄月山、黑儿等伶人必聚精会神，以动座客之目，而场中看客亦一齐翘首，叹独其胜场焉。前夜演《双包案》，刚借大罗天上兵将收妖，角武之余，手捻长枪误落台下，击中座客王某太阳穴上，客神为之昏。同人谓客无关紧要，岂知客昏极不能言也。逾时神气稍定，以布裹头，蓝舆舁客归。客系某典商，连日医理，尚未痊可云。

同治十三年三月二十四日/1874年5月9日

记杨月楼发郡复审案

前传杨月楼在松郡翻供，系得之松郡友人来函，继太守发娄县严打二百，而杨月楼不敢复翻供词，太守勘定照例转解至省。兹闻卫廉访于十八日提案问供，臬宪秉公不肯加刑，杨月楼如先至松郡时依旧翻供，矢口不移，臬宪随照例发回松郡复审矣。夫县内刑人索供，及到郡复严刑不使翻异，噫，惜哉其事也！幸省内有臬宪明鉴，凡属犯人，既翻供则照例发回复审此案也。吾不论杨月楼罪恶之重轻，惟知于审际极刑以临之，三木之下，何求不得，则供词亦惟随问官所欲也。所又惜者，太守既闻刑审之惨而又加刑，以使犯人不准翻厥先供，则解审于上官者，其设理果何在乎？叶邑尊之筹设《新报》馆，意由杨月楼一案所基，《新报》将取《公报》之名，公字其尚可存欤？

同治十三年四月初五日/1874年5月20日

英报论杨月楼事

通文馆《新报》曰，上海丹桂轩著名戏子杨月楼，前经结婚，为女父亲友逞势，上海县残刑以审各事，想读本报者皆忆而未忘也。兹闻解犯至松江复审，犯人将上海□刑所索各供翻异，知府又加重刑，责二百板，而卒逼犯人认其先供。继解至省内，在臬宪堂下声称先供皆非己意，系受刑所逼而认□，矢口不移，照例发回松江重审。噫，该官其将重加以惨刑，以使复认先供欤？夫此事也，已得之有据，查先后皆属残惨备至。中国自称文雅，与泰西并等，而犹有此等害闻取辱之行欤？斯事也，仁义攸关，想驻扎上海诸领事义应联名与中国官宪为辞,使中国官宪咸知有是等审断之恶,天下各文雅仁义之国闻之而无不憾然非之也。况查杨月楼原系英国巡捕拿获,解于其怨主也。通文馆之言如是,译录之下而为我国俯首含羞,不可驳矣。幸我国亦有秉公仁义之官,请西人不以一案而归罪一国可也。然一国不取其辱,惟在上宪严加办理,庶几我华民可仰首曰:王例虽以办罪,亦即所以制官而保民者,庶几知所戒焉。

同治十三年四月初七日/1874 年 5 月 22 日

论杨月楼发郡覆审一案

杨月楼不过一优人已矣,而所出案情,实为当今之大事也。固不以杨月楼一人之所干而论也,以兆民之得失、国家之尊严两者所关系而论之耳。此案也,非上海一隅之人所共为称论者耳,实在中国十八省传扬已遍矣。非为中华一国内之人所谈论,经英京伦敦《大新报》名代默士亦为传论,几于天下士人无一人不知悉也。在我下民所问者,中国县官其肆私以残民,私刑以随私意而索供,其可忍乎?县官挺逆舆论,背违上意,如欲拼官职以肆其私意,以紊乱定例,其事尚可问乎?其情尚可容乎?县官越例以残民人,事既播扬于远迩,而为上司者,其尚能因循又加刑审,以掩饰众人耳目乎?夫此案也,既扬之远迩,三者若果能也,则不啻树天下诸县之榜样,而谓各官曰肆私而可免,越例残人亦无妨也。噫!如是者置民于何地?王例尚焉用欤?本馆实无意于辩驳官行,然闾阎既被为父母官恃势倾危侵凌者,而犹不可惜其一人,以惮《新报》申兴怨之责任也。此案也,不拘读客以杨月楼之罪为重否,须只念上海既极残刑以索供,至郡内又加刑以逼迫犯人不使翻其前供也。审人莫有不公于此,残忍之事从未闻有如此之甚也!如《字林新报》所云,或逼犯随官意以招供,否则三木之下可毙身者,实则其势然也。夫官之设也,盖以遵例办理违例者也,然施例者宜其为法则于下人,是以施例而自违例,其罪固倍于下民矣。今在此案,中外皆属耳以听其终也。闻苏省臬宪以翻供发回,无不称颂,交相谓曰:弄势虽至郡而不可至省也。而吾华民所引领望者,非覆审杨月楼之罪，盖此一人之细事耳；而所愿者，冀查审案残刑各越例之事，照例而严加办理，俾使百姓知悉，虽偶有县官肆私以害国制，事及上官而征罪之理，不拘官民，一例以行之也。又我国今于泰西亲近，有通商及各国之互为□待，固与互相仰慕之意相为维系，熟思其理之所致，而始可知其切要耳。然则我国以一县之行而见辱于天下，使各国讪我国家以审民无例之言者，其可乎？本馆今说此事，言辞或本质直，然以恤民瘼之切切，请各官与预事者原之。且虽为民人所申，亦知惜民有仁心者，诸官亦必然其言耳。

同治十三年四月初八日/1874年5月23日

杨月楼解审情形

闻杨月楼自上海解至松江太守提审，杨月楼磕头声冤哀求，太守见而有怜悯，曰："汝之被冤，吾知之矣。"杨月楼闻之，如脱桎梏而登衽席，深深磕头曰："小的复有生望矣，蒙大人秦镜高悬，实罪民之生死而肉白骨也。"既委之娄县，遂复责二百，逼其不得翻供。本馆先归咎于太守，继知其存心仁厚，又惜其卒委于娄县复审，而不坚持先意也。所闻者，自太守提审至于发娄县复责二百，如是如是。殆于上海邑尊有何夹往于此案也，本馆有所不及逮者，则以未尝录出邑尊所索犯供。各案之供皆易于得悉，而此案邑尊独过为周密，使不得抄录，是则所不可解者耳。

同治十三年四月十二日/1874年5月27日

英京新报论杨月楼事

英京伦敦《大新报》代默士述杨月楼案曰：上海民间风传或有力请于邑令者，务须将杨月楼置之死地，以雪同人之怒，且许之若果能杀也，则贿以二万银数。是风相传，抑或因同时瞿茂和一案，瞿茂和和奸，仅予杖一百而释；杨月楼亦属和奸，不但极刑，且堂上声称必欲置之死地，而奸民遂据空以讹传焉。此等恶风远扬，甚为可惜。英人若知上海邑尊且以情理揆之，则岂有自受人贿而反出示毁《申报》之受贿耶？世上岂有如是之果胆耶？即以此一班，而即知其不足信。本馆译之,姑欲使官宪□之,而遂设法使英京之人皆知《新报》虽尚可纳贿,而上海县邑尊断断乎不可出此也。

同治十三年四月十二日/1874年5月27日

记杨月楼在省翻供事

苏台八十四叟稿

顷接苏省来函,得悉杨月楼在臬台案下翻供,颇为详细,故再录之,以供众览。盖当时由县招解到郡,钱太守提勘原供□经翻异,迨娄县复鞫,立予刑审,再行解送府堂,始据悉照县详承认,府尊随依上海县之原招转解苏省。卫严访批阅原详,据称杨月楼承认诱拐良家子女为妻,其诱拐情由系叙杨月楼在戏馆唱戏,因见韦阿宝风姿可爱,贿串跟随之乳母,多方诱与通情,得以来往成奸,遂瞒韦阿宝之父母,拐为妻室,因而控获等情。查杨月楼系北京之优伶,流品极贱,韦乃良户,是即诱拐良家子女。查例载诱拐良家子女为妻,照律拟予军遣。岂知臬宪提案过堂讯供,与原招大不相同,因恐前开供词非其本意,致多屈抑,臬宪因向杨月楼一一盘诘。据称韦阿宝实系伊母作主许配,嫁与为妻,众所共知,并非诱拐,惟伊父曾否得知,尚未悉□底蕴。查询原详口供,坚不承认。问以府县之如何画供,只声称当时实因受刑不过,屈打成招,所以如此勉强俯首成供等语,连连叩首,口口开恩。臬宪堂谕以为犯人之叫屈图翻,原属常态,如果手足受刑以致残废,或可以畏刑妄认借口,今既无用刑伤损情形,岂容狡展,惟果其不肯承认原招,则惟有照例发回复审,然亦徒取拖累耳。研诘至再,因杨月楼坚执不认,随饬发回松郡者也。今细核案情,该犯之辩白不能明晰者,有数端焉。其最著者,闻曾为地方绅董联名禀其淫恶不法,并先有小东门押店与戏班滋事被控,则官场之谓为不安本分也已可必矣。中国婚娶务须父母之命、媒妁之言,今其得娶韦女虽称韦母主婚,然父未得知,欲以为明媒正娶而论,究属牵强,区区乳母岂能以之为媒妁乎?况定例良贱不可为婚,总总不合事理,恐翻供亦徒然耳。惟韦姓之治家不严,致令妻女与优人通奸,固已不堪塌茸。杨月楼之罪有应得,原无可逃,不过到案之用以极刑,而必欲其问成诱拐之谳,则案之失入,殊觉太为过分,宜其人言之藉藉,外论之哓哓也。今因已得其供词实际而函致贵馆,以察度焉。且俟上宪之□何定案,以成信谳而生新例,自有公论耳,自有明征耳。

所接来书如此定论,虽不知其为何人所作,然既得自公署,是以论断虽未必悉合,而所述各情似尚非无因也。今所请于阅者,欲其辨明。杨月楼在上海招供,谓曰犯人瞒阿宝父母以诱拐其女云,若仅即案状以照例求其罪,则其有无罪者,全在于父或母之许婚与否耳。然则在犯寓获犯,而母经已同居三日,是上海阖地众人所明明周知者。且公堂究问其母,而母亦供认以曾行许配,亦有公据可凭耳。故以刑逼犯,越实自罪在此也,明矣。或曰除母外应又得父许也,其应得也,固规矩之自然也,然父远出,母擅为主者,虽不顺于常规,而未闻有罔干于定例也。乳母不能作媒者,不知其例载于何条?至于未婚而先奸者,亦未尝闻有男女既成夫妻,而犹追查□前事,重办其越礼也。本馆实不愿掩蔽杨月楼一人之罪,不过欲征明夫刑人随私意,索供之不公,且愿□明上司又加刑,以掩蔽下官之有过。是一事不拘南北,各民所在均有关系,故请粤人之于论此事,务须将杨月楼前情皆置之于论外。至所谓杨月楼身无损伤,果尔亦非邑尊之惠,闻其打脚胫二百之多,吊拇指以半日之久,以天平架重压颈项,几乎不能呼吸,而又加之以杖责,不可枚举,决此刑也,如犹不足逼人随意招供,则其又加何刑法乎?吾不得而知之矣。

同治十三年四月十四日/1874 年 5 月 29 日

沪游竹枝五十首(之四)

衣冠优孟各争妍,歌舞低回亦可怜。丹桂□开金桂续,游人齐唱《九更天》。

梨花列座好排场,有客豪华拥上方。拼得红儿频转局,好教人看野鸳鸯。

绝妙歌喉杨月楼,误从戏局认风流。痴心也欲携红拂,空戴南冠学楚囚。

别有风光一洞天,好花香到舞楼前。笙歌夜谱霓裳曲,妒煞蟾宫女谪仙。

邱江以湘甫草于沪寓之留耕砚室

同治十三年四月二十七日/1874年6月11日

演剧滋事

租界之西北与法华相近之乡镇,有盛姓者,家颇小康,近日邀聚乡民,希图建台演剧。乃前晚甫当开演,而左近来观者已如堵墙,烦聒之声达于远近。于是为法华巡检司潘君所知,以为黉夜演戏并无请示,立即饬差驱逐,而盛某竟置若罔闻,依然如故。次夜潘君乃亲带差役赴乡,谕令拆毁,乃未及详言而便即交哄,竟将潘君殴辱回署。当经潘君亲诣道宪禀诉,道宪委叶邑尊查办,现已饬差缉获乡人一名,管押在县,特未知如何惩治耳。

同治十三年五月二十日/1874年7月3日

沪上将复演善戏

往年余君莲村曾于上海设行善戏,大抵借优孟之衣冠,为遒人之木铎,其所以警觉提撕之意,不可谓非别具热肠也。惟是命意虽工,而总系徽班腔调,所以远近来观者未臻极盛。今闻鸿秀班所演《活佛图》、《同胞案》、《西方路》、《保婴福报记》、《红蛇记》、《惜谷记》、《穷极图》、《绿林图》等剧,俱改昆腔,词曲既佳,而伶伦又复出色。现将自浙西来沪,不日便当场演出,喜听昆曲者,度已翘首而望之已。

同治十三年六月初一日/1874年7月14日

阳春班在宁演剧

戏班曰阳春自上海去宁,脚色陆续已到。现租寓宁波城内西门之天宁寺僧寮,每月租洋六元。宁地人情,喜新厌故,想到后必有争相传演。如从前之鸿福班自杭州来者，其中贴旦名小桂龄，尤名噪一时。但聆音识曲，果谁为周郎乎？

同治十三年七月十六日/1874年8月27日

杭城戏园复开

杭城戏馆有吉祥、鸿福两园，夏间曾奉大宪封禁之令，在园主固然失利，而都人亦觉扫兴。由是有为之缓颊者，有为之屈膝者，昨已弛禁复开矣。歌衫舞扇，斗胜争新，亦洵足为升平鼓吹云。惟是戏剧虽云弛禁，而妇女仍不许为壁上之观，此亦杜渐防微之至意也。乃前日忽有御七香车而来者，双鬟明丽，似作内家妆束，婢媪如云，簇拥而至。吉祥园中柜上不知来历，以奉宪禁为辞，即有随来狼仆大肆咆哮，园主出视，始知为堂堂宪眷也。随即挂脚请安，延之进内，赶忙让出包厢两间，为之铺椅垫，挂珠帘，献果盘，上茶碗，一时鹊乱鸦飞，案目咸不所措。噫，异哉！

同治十三年八月十三日/1874年9月23日

杭城戏园笑谈

杭友来书，云及日前吉祥戏园大吃虚惊一事，颇堪喷饭，因亟录之。缘杭城戏园久闭复开，故观者大为踊跃，闹热异常，纷至沓来，几无立锥之隙地。时正演《兰花院》传奇，台上品竹弹丝，猜枚行令，正乐境也。忽东偏厢楼上一人大呼而起，众客和之，争相逃避，有自窗前跳下者，有自梯上滚下者，霎时之间势如鼎沸，彼此呼唤声、脚步践踏声、盘碗碎落声、椅凳翻倒声，汹涌喧呶，嘈乱已极。经园主查明，始知为厢楼椽折，虑有倾覆，其实楼仍无恙也。于是人重坐，戏重演，而看客之遗失物件与园主之损伤器皿，已不可胜计矣。及戏阑人散，遂纷纷传说，竟谓吉祥楼倒，压死者七八人，受伤者数十人云。

同治十三年八月十四日/1874年9月24日

凭空观剧

苏垣穿珠巷有玉工某,以久事攻琢,颇形厌倦。前一日因告假于店主人,冀与同侣作竟日之游,于是结伴呼群,步出吴阊门外,左顾右盼,意兴方浓。乃甫至上塘,忽闻锣鼓喧天,笙箫聒耳,游人杂沓,趾错肩摩。惟闻众人曰:今日所演《大香山》,颇新奇可喜。某方在人丛中倾听,而回顾同来诸友已挤散无踪,自觉踽踽独行,了无趣味,亦拟从之观剧,无如囊中不名一钱,因是徘徊于戏园门之侧。俄见双扉轻启,有华服者数人昂然而进,其仆从亦夥,某即与之偕入,而阍者不知也。第既进园后知无坐位,若站立于侧,又恐为开园者所驱逐,私心转辗,因生一策。盖两廊故多大柱,遂猱升而上,踞于斗栱而观之。旋为园主人所呵叱,某乃从容答之曰:我若碍于输钱之坐客,则尔之呵逐也固宜,今我下不在地,上不在天,手攀足蹬,空际系悬,汝又何多饶舌也!园主人亦一笑而罢。某由是意更得甚,不意随后观至出神处,竟忘其所以,忽大笑一声,从上跌下,筋摇骨折,气息奄奄。同观之人及开园者俱色骇罔措,幸内有相识者,急借门板一块舁回,并延伤科救治,然闻受伤较重,正未知其能愈与否也。

同治十三年八月十五日/1874年9月25日

春申浦竹枝词(之二)

厌看双桂茶园戏,爱听昆腔到畅林。底事一般清曲好,珠喉唱出转情深。

芳名久耳丽贞娘,争道琵琶最擅长。珠凤弹词刚唱罢,接来京调更飞扬。

珠联璧合山房未定草此稿未完

同治十三年九月初一日/1874年10月10日

戏园现拟分设

古杭北关向有夜市,为杭城八景之一。以地当舟船辏泊,是以舞衫歌扇,灯火连宵彻旦也。元明以来虽渐衰落,而官绅商贾之过往者，船每停泊其处，故街衢之喧阗，铺家之装潢，尚不异于昔时云。杭城向无戏园，上年吉祥茶园开后，都人士咸以寓目为快。嗣又选聘脚色，新添彩结，而戏园遂日盛矣。迨鸿福园重开，争相焜耀，各排新戏，两园并盛，座无虚位。惟杭垣虽称热闹，究非舟车辐辏之区，专恃本处绅民，终有日衰景象。客来既倦，两园遂均难敷衍，然骤为闭歇，情有不舍。吉祥园主因思北关地方当可经久，现拟于卖鱼桥侧度地鸠工，起屋分设。园主此举颇有见地，盖冠盖往来送迎不绝，而品竹弹丝亦无闻而倦听者矣。

同治十三年九月初七日/1874 年 10 月 16 日

伶人看戏受辱

杭友来述，云前月二十八日吉祥茶园演剧，座客颇多。时演《穆柯寨》一楔，台上穆桂英与杨宗保秋波顾盼，眉目留情，忽而双枪并举，各奋神威，旋一转身，两面相近，竟揾腮而接唇焉。座客有哗笑者，有议论者。迨杨宗保受擒，而穆桂英身不卸甲，手不丢枪，走至台之西偏，西偏本有梯在，即下台来至近台偏厢位上，连掌一客之嘴，作忿忿状，而仍上台去，客亦无言。群视其人，身穿蓝布大衫，元色马褂，亦一清秀少年也，共怪之。旋被园主邀之出外，始知此人是别班旦脚，曾在吴门见过。今当揾腮接唇时，其人自言曰：不知口中香臭如何耶？时正锣鼓乍歇，座更与台相近，为其听得，故责之耳。夫以行乐而受大辱者，比比然矣，彼伶人亦乌足责哉！

同治十三年九月初八日/1874 年 10 月 17 日

持 械 逞 凶

天津人杨三前与金桂轩戏子徐士芳挺刃殴斗，又有一天津人刘二是日正为探望杨三，缘即为巡捕同时缉获，往送公堂。陈公以持械相斗，理应重责，遂备文将原被告一并移县候讯。

同治十三年九月十三日/1874 年 10 月 22 日

续述金桂戏园斗殴事

天津人杨三与戏子徐士芳持刃相斗一案,昨已录其大略。兹悉其起衅之由,为推荐一人所致也。查杨三于七月间从天津来沪,以金桂园戏子系津人居多,因欲荐一人在该戏园演剧,而领班者以人满相辞,爰作罢论。嗣后杨三探得所以相辞之故,实系班内徐士芳从中阻挠,于是遂致怀恨。曾于七月间已在石路持械殴击,本馆曾经列入报内。至现在礼拜二晚上,杨三又身怀利刃,并邀同伴七八人,复至金桂戏园,意图寻衅。其同伴俱暗伏于戏园之外,杨三乃独自进园,而适值徐士芳从内走出,四目相瞻,遂各交手。是时看戏之客正以锣鼓喧阗,旌旗杂沓,兴会方各飙举,乃忽见园门口刀光雪亮,人声鼎沸,遂半皆失色,其胆怯者便先自走开,亦有遗失零物者,亦有飞步逃奔者,内有一人眼镜亦俱跌碎。戏房以其时已在十一二点钟,故即借此停止。而门外巡捕亦知其事,俱前来拿捉,杨三之同伴见势不对,遂潜自扬去,故所执获者只有杨三与徐士芳也。至礼拜三早起,巡捕将此二人解赴公堂,而途中又值一津人刘二与杨三固旧相识,见被巡捕所解,因前来问讯。巡捕正欲缉其党羽,因将刘二一并扭解。陈公讯明原委,以挺刃寻仇事关重大,爰即将一干人等移县惩办。嗣因飞龙马房之洋东素与刘二认识,知其并不干预此事,是以即将刘二被获情形面与陈公诉明,当为保出。至杨三与徐士芳解县后,即经发审委员讯问,据徐士芳供称与杨三素无轇轕,而杨则称有旧时欠款屡索不归,所以情急相斗云云。若邑尊如何讯断,俟提审后再行续录。

同治十三年九月十四日/1874年10月23日

戏园分设已禁

前报述杭城吉祥茶园之园主拟分设于卖鱼桥侧,现知非园主所为,乃系本班中旦脚见杭人均带寒酸气,大约满城皆秀才作料也,况计园中日用所出,势难敷衍,乃集资五千金,于卖鱼桥起造戏馆。当舟车辐辏之地,启管弦丝竹之场,生财有道,宜如是耳。园主得知此事,遂与婉商,言一切费用可否由我理值,所集五千金仍各归缴，盖以此举为大佳而欲独揽于一己也。各旦似亦许可，园主乃多方借贷，积久终难足数，又思于各旦脚所集数内抽借一二人之款，均无首肯者。园主力不能胜，亦听之矣。岂知版筑方兴，而事已闻于大宪，城内两园中丞本拟禁止，以绅士公请，谓鼓吹休明，亦承平时景象，不可竟废，遂只禁夜演而仍准其开设。旋闻分设城外之信，深恐此风渐开，而官绅商贾之费财日甚，谁则腰缠十万骑鹤而来者。且开设在城厢之外，必至金吾不禁，恶类由此而混迹，匪徒由此而滋事矣。急传谕府县速行禁止，如起造之屋禁后仍不停工，即俟其完竣后，屋则封闭入官，人则锁禁究办。雷霆一震，草木皆惊，以知分设之事势必不能举行也。所惜者，屋虽未曾完好，而已费各用想亦不赀，求财失财，亦若辈之不幸也夫！

同治十三年九月二十一日/1874 年 10 月 30 日

论戏园

天地间一戏场也，古今事皆戏剧也，世上人尽戏伶也。宇宙中忠孝节义之事，即世所扮演之好戏也。□贪邪奸盗之人，即世所扮演之淫戏也。世之人茫茫碌碌，日日扮演真戏于天地之间，当局者反忘其为演戏之人，旁观者亦迷其为观剧之人，遂置真戏于不识不知，反流连玩赏于优伶扮演之假戏。故有妄拟为真而乐观者，亦有明知其假而禁止者。乐观者世人谓之为痴，禁止者吾亦不敢谓其为不痴也。盖在乐观者之意，则曰观剧之举虽属劳神伤财，然亦有益人之处，大则可以尽孝养，中则可以寓劝惩，小则可以破忧愁，其他尚可以裒多益寡、用富济贫也。曷言乎可以尽孝养也？人子当双亲垂暮之年，苟少具天良者，必求所以娱亲之道。若登山临水，作竟日之遨游，亲力已衰，何以堪此跋涉？妓馆博场为偶然之遣兴，道理不正，岂可借以承欢？惟有戏园之地，一肩蓝舆奉亲以往，所费无多，实可少慰亲怀。或值二老之寿期，或值四季之佳日，或值一家之多故，老莱子尚自着彩衣以戏舞，亦不过欲博双亲之一乐而已，何况仅费些须即可以娱亲者，何乐而不为哉？曷言乎可以寓劝惩也?士人博涉载籍,固无须观剧而知善恶,若农工商贾妇人孺子,毫无所知,常有观剧而兴起者,故昔人有因观《双冠诰》一出而能誓志抚孤者,吾颇有偏见焉。不但好戏不必禁,即淫戏而有报应者亦不必禁,不然,何以左氏犹录齐庄棠姜之事,卫风不删墙茨鹑奔之诗乎?故戏似可不禁,惟淫戏之无报应者,禁之可也。曷言乎可以破忧愁也?或因所谋不遂,或因远游他乡,或因劳苦终日,忧闷长宵,无可以解忧者,自有戏园之设,亦可借为消遣之地,较之嫖赌之事,不至倾家荡产伤生败名。故不但日戏不必禁,即夜戏亦不必禁,何也?农工商贾,日有正业,惟长夜无聊,始能为此耳。不但城中之戏不必禁,即城外之戏亦不必禁。说者曰城外若设戏园,宵小易生,奸宄常出,然则无戏园之地,宵小奸宄皆无耶?恐亦未必也。且无戏园之地,人若欲为行乐之计,非嫖即赌矣。秦楼楚馆,无钱者尚不能至,若博场则无人不能入也。大以就大,小以就小,其破家亡身者实难枚举,盖因无钱者欲借以起家,有钱者欲借以益业故也,此宜禁实甚于戏园万万也。曷言乎可以裒多益寡用富济贫也?地方有一戏院,戏院内之人可以谋生,不必言矣,即戏院外之人借以获利者,亦不知凡几。试观沪上之戏院,其余均不必言,仅小车一项,每日观者二次,往返四回,而小车之送往迎来,其获利已不可胜计,是贫民之赖以养家糊口者不下万户。若看戏者,非有余之家即有钱之客,从未闻有卖一物当一衣以博观戏之乐者,故闾阎之盈虚,贸易之消长,并不关乎戏院之有无也。为民上者不能博施济众,以救贫民,犹奈何为守财之虏以惜钱,不肯使穷苦之民以苏困乎?此真令人不解也。余在上海已历年所,前数年商贾兴隆而戏院之设两倍于今日,而观戏之人,每院皆有座上客常满之喜。今则戏院之闭歇业已三分有二,而每院之座客亦甚寥寥,观乎此已不胜今昔之殊,盛衰之感矣。上海之衰颓如此,故戏院不禁而自禁。是他省地方有能添设戏院者,岂非地方之大幸哉!有地方之责者,奈之何不思所以厚民生培元气,而斤斤禁此歌舞升平鼓吹休明之举乎?即如上海前日新到外国巧戏,用于久乐园中开演一夜,竟以见势不能支,恐徒有搬演之劳,而仍少热闹之利,忽已挈包而去，飘然无踪。由此观之，是果何待于禁哉！

同治十三年九月二十五日/1874年11月3日

吉祥茶园改号

吉祥茶园初拟分设湖墅，旋经禁止，本馆已备列前报。惟各旦脚所集之数势难仍归己橐，必须力图一举方肯甘心。而园主荣棠以所商不果，似觉坍台，前之欠找各户遂疑园主亏空，因即多方催索欠项，园主力不能支。正在踌躇之际，各旦脚等即乘此机会，均思与园主摊开，园主亦即欣然乐就。现已议定园主拟碰进二股，其余八股则各按股按人匀派，于十月初一日起，改吉祥茶园之额为富春茶园，连演新戏三天，以耸听闻，以广招致。想其锣鼓喧阗，管弦繁杂，都人士洗耳而听、拭目而观者，当更增一番热闹矣。

同治十三年十月初五日/1874年11月13日

武林竹枝词（之一）

钱塘梦花仙子偶草

昆腔不唱唱京腔，新到津门王桂芳。试问园中真色艺，小花三喜与边郎。王桂芳，正旦；小花子，小丑；冯三喜，花旦；边宝笙，贴旦。

同治十三年十月初八日/1874年11月16日

杭城戏园夜演

杭城戏园夜演，久经大宪禁止。现际皇太后四旬万寿，两园又唱夜戏，以庆圣寿之无疆，以见普天之同庆也。于初十晚七点钟开演，连唱三夜。富春茶园于十二夜演《梵王宫》一出，座客多有以杨月楼案助谈者。灯火迷离，管弦繁杂，每夜开演，两园均无立锥地，其热闹亦可知矣。惟各宪只准开演三晚，想亦与各穿蟒服不理刑名之同有定期耳。

同治十三年十月十八日/1874年11月26日

水手打戏馆

昨晚丹桂戏馆以新到有郑宝钦旦脚,兼王桂芳正旦亦自浙垣回申,是故观剧者益形拥挤。至九点钟,时台上正锣鼓喧天,妓院内之出局者亦冉冉而至。不谓来有中国兵舶上之水师十余人,强欲进园,冀扩眼界。把门者与之理说,执不肯从,戏园中所雇用之西人爰即持棒驱逐,于是遂两相交哄。西人正以寡不敌众,恐难得胜,而戏房内之优伶俱下台帮同执获,因即拿住两人,随由巡捕带赴捕房。该戏子有名大喜者,身受微伤。是时听戏诸人但闻门外喧嚣,各有去留难主之状,而街上聚观者几于举袂成帷。嗣经园主刘维忠请到该船管带官,诉知缘起,然一时尚难酌夺,正未知今日如何发落耳。或曰:该船为福州船政局之伏波火船也,然亦得之传闻云。

同治十三年十月二十三日/1874年12月1日

戏园夜演已准

杭城戏园自庆贺皇太后万寿开演夜戏,本只准演三天,现以众绅士之请,重准夜演,如不能安分致有滋事等情,仍饬即行停止。近来夜戏座无虚位,爱听弦歌之韵,不惮风雪之威,亦可见热闹之一斑矣。而园伶亦各斗靡夸多,矜奇炫艳,舞扇歌衫,脆竹哀丝,竟与玉凤之灯光并耀,铜壶之漏点齐喧矣。

同治十三年十月二十六日/1874年12月4日

观剧闹小旦

杭垣富春茶园连演夜剧,热闹异常,每夜必座无虚位。向惟衙中之差役、营内之勇兵以及座客之家人均不给钱,园中人以茶碗与碗盖异色作认,名曰便茶。二十七日晚间,有一水师营兵来坐偏箱位上,园中按目即叫便茶。茶至,营兵怒呼换茶来,园中人见其势甚凶恶,即为换泡上等细茶,而碗则犹是也。营兵即将茶碗泼去,适泼在正桌一客身上。客固裘服翩翩一佳公子也,满身淋漓碎磁茶叶,狼藉不堪。客怒不可遏,遂喝令家人打逐。经按目劝散,又于公子前陪礼，公子怒始息。营兵去后旋邀十余人复来，思拉此客出园窘辱之。为园主及柜上按目人等阻拦，再四劝止，营兵因迁怒于戏园中人。其时正演《女绑子》一出，老生扮君王，贴旦扮贵妃，正旦扮公主，甫坐台前，营兵暗中登台拿去鼓板，满园嘈乱，锣鼓顿歇，妃子手指其人而言曰：尔即使要拿鼓板，也须俟此出演毕，此何理耶？尔时但闻台上台下一片叫打之声，妃子双手乱摇，求告台上台下等人。于是多有变怒为喜者，满园哗笑，妃子自顾其妆，亦失笑进台，扮君之老生犹依然高坐也。旋被按目取回鼓板，众客就坐，锣鼓又响，而公主已不知去向，妃子立出上场门前，欲出不出，君乃起座往拉妃子就位，又寻公主来，亦拉就位，满园又大哗笑，内有叫好者。妃子顾台下而言曰：闹到这个样儿，看有什么好来。扮妃子者，盖边郎宝笙也。人咸谓滋事之地，必多惊恐，今则变惊恐为欢笑，亦可谓见所未见，闻所未闻矣。

同治十三年十一月初三日/1874年12月11日

妇女观剧受辱

杭垣戏园例禁妇女看戏，惟庙社演剧则不在禁例。而妇女之伴绿携红、约群同往者，固不特小家碧玉、巨室青衣等而已也，而何以不禁耶？夫戏园观剧，所能目注而手指者，不过座客及园中人耳。庙社之观剧，则蜂拥而来、鹭立而望者，贤愚百出，毂击肩摩，至少亦有千余人，妇女等涂脂抹粉，艳服明妆，任闲人之平视，供游客之笑谈，虽妇女无知，而其父兄翁婿独不一思及此时情景乎？况妇女观剧每多滋事，一遭凶暴，夫复何言！如近日之观剧受辱者，亦可鉴矣。杭之童乘寺在清河坊大街，向为最热闹之区，亦即为无赖辈最聚集之地。日前因酬神演剧，其拥挤喧哗自不必言矣。惟其寺之两廊向有看楼，每逢演剧之期，均为妇女租坐。是日两廊看楼满坐裙钗，几令旁观目眩。突有无赖四五辈忽然摄衣登楼，意图迫视，及至扶梯，为守者拦阻，不得遽登。无赖即逞强梁，直打进去，另有无赖辈从而和之，霎时间寺内鼎沸，尽数登楼，梯忽中断，而楼中男妇错杂，竟无立锥隙地矣。旋经地保禀知保甲总巡委员,总巡委员赶即派役弹压,始各纷纷散去。人散尽后,视楼中妇女有脂粉异色者,有钗环异处者,有衣裙之皱折者,有袜履之脱落者。恍忆《西厢记》所云:村的俏的老的少的,没颠没倒,好似闹元宵云云,不觉失笑。然观人散后之形状,即可想人聚时之情景,真有不堪过问者矣。为之父兄翁婿者,更将何以为情哉?吾愿人之自禁其妇女,尤望官长之出示严禁妇女看戏也。

同治十三年十一月初九日/1874年12月17日

续春申浦竹枝词(之二)

苕溪洛如花馆主人未是草

三层楼已半欹斜,久乐园荒未足夸。今日洞天游迹冷,分明非复旧繁华。西大马路多三层楼,半已倾圮,久乐园戏馆、一洞天茶室,旧皆著名,今俱停止。

丹桂飘香金桂开,双双菊部帝都来。莫嫌歌舞即当甚,曾沐君恩雨露培。丹桂园在宝善街,金桂轩在闸路,中皆京都梨园,声闻辇下,名优如周春奎等,曾经供奉御览,其余以曲胜以艺胜者,复不一而足。

同治十三年十一月十三日/1874年12月21日

鸿福班纠会

杭城鸿福茶园自某司马之屋覆租后,园主妙手空空,势不能开版筑之场而为歌舞之地矣。惟以富春茶园则得安定观察主持,又得各旦脚集赀成事,脆竹哀丝,连宵不绝,相形之下,自知减色异常,勉欲再为迁乔之计,而又无此大富翁肯舍千金于一掷,以为梨园子弟生欢喜心者。因商之各绅士之居乡方正者,本不屑助成此举,乐为者又力不能及,反覆筹维,幸蒙蜀中观察慨允代为出单延客,备席唱戏,每日延客二十四人,每客出分洋六元,即在观察宅内开演,以十二点钟起,演至五点钟止。所邀各客上自候补人员、大僚幕府、各学诸生以暨当商盐商及铺中之伙友人等,排日为欢,醵钱合晏,拟定唱戏十天,得洋一千余元,可以集事。现已开演二天矣，惟闻座客寥寥，每有约而不至者，似未能足二十四人之数，即未能如一千余金之数，然亦可勉强再为支撑。夫是鸿福园主之于蜀中观察公，当奉为一家生佛，宜如何之感激而驰驱也哉！

同治十三年十一月十六日/1874年12月24日

富春茶园情形

杭垣富春茶园前时本甚热闹，无如开销既大，帐目复多，以致渐形拮据，甚至各伶之辛工鸠钱亦不能按时给发。其园中诸优有北产者，有吴产者，大率皆有家室，皆有嗜好，乌可一日无钱用哉？而无奈园主之妙手空空何，伶人不得已，思有以挟制之，随得一计。故当座上裙屐已满，场上锣鼓已响之时，而副末既不登场，脚色尽行高卧，不扮不演，仿佛学孔明之空城计也者。园主再三恳情，竟不开演，于是座客皆扫兴而去。闹至晚间，优伶百余人群拥至安定观察府中，声言贱优等皆异方人氏，不能糊口，势将流落于此矣，君本喜施舍者，请给川资，以便各回乡井云云。观察设法遣散，并未滋事。然人上之帐目既繁，经手之亏空不少，园主再四筹画，实难支持。遂思效鸿福班纠会之举，于十六日具帖，在本园恭请绅商士夫恩赏观剧一天，计正桌每位四元，偏厢五角，所分之戏单不摆戏目，专请绅商士夫随点随演。惟是日风雨交加，去者未免寥寂，故亦不甚热闹，所得之赀亦复无多。安得再有慷慨好事如蜀中观察者，为之提倡而扶助之耶？

同治十三年十一月二十五日/1875年1月2日

丹桂园会戏

十九日晚间，丹桂茶园合菊部之名优，演梨园之盛剧。生旦副末靡不各尽所长，故聚观者几于座满。今晚知又唱会戏，且于演毕后，其凡柗包者苟有对号，则又分赠以东西洋及京广物件。既足以增眼界，复得以入腰囊，想选胜之人当益形热闹矣。

同治十三年十二月二十一日/1875年1月28日

光绪元年(1875)

戏园主具禀

本埠南北两市计大小戏馆共有九处,大都日夕演剧,歌者云集。往年至新正日则尤座无虚位,愈形热闹。今正自奉宪谕后已一律停止,盖所以遵国家定制也。乃日昨丹桂、金桂、一桂、山雅、富春、久乐各园主,俱缮禀环叩公堂请恩准开演等语。其禀中大意谓各班中人数颇多,且均系贫苦之辈,若历久停演,未免糊口无资矣云云。陈公将禀词逐一详阅后,随讯为首者何人,众对以王荣堂也。陈公又问:尔等系北人多乎,抑南人多乎?众又曰:北人居多。陈公曰:然则既大半北产,岂国家制度尚未闻知乎?盖京师内须遏音乐者三年,故各直省当一概停止,何独于上海一隅而疑之?如班中人果系贫苦者居多,亦宜俟诏书到后再讲可也,现在正无容多渎云云。随又有金桂轩人复投一禀,声称既停音乐,何以聚福、畅福、畅林、诚仁义等各书场仍然男女弹唱,并北西洋茶馆自客腊念八日新开张起,逐日鼓吹,迄无虚晷耶?陈公因谕以即行传谕禁止,由是各园主遂俱退去云。

光绪元年正月初六日/1875年2月11日

戏园主复请开禁

昨报录丹桂等六戏园主已具禀于英租界会审衙门,求为开禁演剧。兹悉法界内升平园等三戏园亦联名具禀于法会审公堂,恳请恩准开演云云。问官谓:优人失业恐致肇事,我固深知,然诏书尚未颁到,终难开禁也。戏馆主又将此情到美领事署内递禀,经晏领事亦覆以前意,故仍作罢论耳。

光绪元年正月初七日/1875年2月12日

上海戏园不得不禁

《大清通礼》载，遇有国丧之事，各直省于诏到日起，遏音乐期年，此定制也。普天之下莫非王土，故西官亦曰戏宜禁演。乃说者曰：上海优人数百，若久禁开演，恐转滋事，似宜变通以百日为率。此等大不敬之言，不但不可以示外人，且于地方反为不便，何也？普天同禁，人人皆安之若素，倘只一隅开端，则近如苏宁杭镇，远如京师天津各处，优伶不下数千，将闻风兴起，势必群趋上海，定至多益加多，莫可安插，从此地方反生出无限事端，而租界断不能安静，工部局亦增累矣。当局者其审之。

塞耳人稿

按：国有大丧，停止演戏，此固历来之正理。第华人终岁勤劳，惟此新正数日，无论老幼男女，仕农工商，皆借此娱乐，以快升平之景象。今戏园书场一概禁止，在民人固未免扫兴，而作小贩者或亦因之而减色矣。是故创为百日之说者，彼亦成见及于此，而因作此权宜之论欤？然有司者自有定衡，且俟诏书颁到后，当必明定章程，出示晓谕，静以待之可耳。

静观道人附识

光绪元年正月初七日/1875年2月12日

宝兴茶园演戏

本埠南北各戏园主前已先后赴英法两租界会审衙门投禀，恳请开禁演戏，经会审官以国有大丧故，谕止在案，此已列入前报。乃昨闻法租界吉祥街宝兴戏园竟于初八晚间挂牌复演，惟除其锣鼓等响器而已，意盖以为遏音乐不遏歌唱也。至英租界龙泉阁茶馆亦于昨晚唱戏，借以招揽茶客。呜呼，号令不行，谁之责耶？□煌煌禁令，固可以弁髦视之乎？

光绪元年正月初十日/1875年2月15日

抢　簪　珥

昨晚十点钟时，宝善街龙泉阁茶室因聚人唱戏，不特店内之茶客较多,即门外倾听者亦觉非常热闹,几至道为之塞。乃忽有小鄉嬛内妓女二人偕一女仆,方乘坐东洋车迤逦经过,是处随有多人将车拥翻,该妓与仆妇尽扑于地。于是有无赖子三四十人随上前按住,将钗环首饰尽数抢去,该妓惟蓬头散发,垂涕而回,观者俱为之不平。乃方扰攘之间,随又有一肩舆至此,无赖子又拥上,惟闻格杰一声,轿亦挤碎,中坐之女人亦即倾倒,幸衣饰尚不遇劫掠,此真幸事也。然所以致此者,皆以龙泉阁之唱戏故也,是以人皆啧有烦言云。

光绪元年正月初十日/1875年2月15日

劝戏园勿开演说

普天同哀之事,莫大于国丧,此际决不容有权宜变通之说。凡有血气者,食毛践土,何得少有异词?乃近日本埠因停止演戏,而各戏园主竟敢纷纷投禀,意请弛禁,荒唐妄诞莫甚于斯。夫外国犹为半旗以示哀,而中国子民竟有如此狂悖者,此二百余年来罕见之事也。如谓歇业则糊口无赀,试思上海各优平日包银之巨,为天下所罕有,每人每年或千数百金,极小者亦数百元,鲜衣美食,俨同富家之翁、贵介之子,既无农家输漕之费,又无商人输税之事,且各署差徭皆不承应,光天之下,优游岁月,频年之乐,为有目者所共知。乃甫经停演,便尔喧呶,其故何哉?《书》曰:四海遏密八音,此事自古以来,经数千年奉行不悖。各优人当习业时,闻之亦熟且烂矣。且犹有说焉,本埠戏园生意之旺,惟新正为极盛,盖一年之计全赖此时。今月将过半,诸店栈行号一律开张,已是周公所其无逸之时,并非召公泮奂优游之日。即使官宪允准百日之期,屈指春光九十业已消磨,将见作戏者尽皆吐气扬眉,看戏者难免销声匿迹,生意清淡不卜可知,反不如恪遵功令之犹得为良民也。本埠之仕宦经商,既有身家,必知自爱,即贸易中人大半捐有顶戴,亦决不肯冒大不韪之名入园看戏,见讥于中国之人,贻笑于外国之人也。藐尔优伶跃跃欲试,曾亦熟思而审处之耶?

持正人稿

光绪元年正月十一日/1875年2月16日

龙泉阁唱戏停止

昨报录龙泉阁茶室唱戏，门前拥挤异常，以致为游手之徒将过路之妇女亦乘机拔去钗环等物，幸公堂亦早悉是事，故昨早陈公即饬差邀同捕役赴该茶室传人。是时因店东他出，故仅拘司堂者岳姓到案，即谕暂且收押，须提到店东再行训饬。至午后店东侯二亦到，想可遵谕停止，以免无赖者肇事矣。

光绪元年正月十一日/1875 年 2 月 16 日

戏园主削发

去年本埠山雅园戏馆甚获厚利，盖南北两市之戏园大抵京班居多，而山雅园独唱昆曲故也。所以有向在戏园充当案目之洪某甚垂涎之，曾即告贷数百金，于石路之丰乐园旧址改造，易名一桂轩，将图亦演昆曲，与山雅园角胜。其改造戏园之价虽已言明，而尚未付楚，即往苏地聘请文班中著名之脚色，计已费去数百元。然其戏园中一切装修，则皆系亏欠也。乃岁底接到京师哀音，知名戏班一例停演，于是索逋者咸来问取，而洪某知万难过去，遂将辫子剪落，虽不为赵五娘之卖发，而已几如鲁智深之打山门矣。闻其刻下尚无头绪，正不知如何设措归偿也。特书此为绠短汲深者戒。

光绪元年正月十二日/1875 年 2 月 17 日

论禁止音乐事

天下责人以循礼合义之事，欲博一己之得美名，必先使众人之无实害，若不揣其本而但齐其末，不顾其事之能行与否，而必欲强而行之，则众人之实害立至，而一己之美名亦不可得，如国丧必欲禁止音乐三年之事是也。《书》言：放勋殂落，三载四海遏密八音。此万代至美之事，亦万代当法之事也。乃前乎尧者未尝有，后乎尧者亦未尝有，何也？盖尧之为君，孔子称之曰大，至舜则但曰君哉舜也。尧德之大，万古无及，而舜之绍尧，又以德选而升者，其居尧之丧必有大异于人之处，故能使三载四海遏密八音，一则思念旧君之德泽而不能忘，一则仰见新君之哀思而不忍悖，故舜禹以后亦不能有此,何况后世哉?即如三年之服斩衰,古人行之于君父,是以三年之丧为贵贱之同礼,亦古今之通义也。然其事实有难言者,盖三代以前,大夫以上则皆世其爵,士虽不世官而亦世禄,庶人则世受井田,父死之后子得承袭,每年禄耕所入,足以养赡身家,故上下皆能持三年之服,守三年之丧。古礼所载,居丧之时,惟兵革之事可以墨绖从戎,其余各事虽君上亦不强使与列,以夺人子之情也。夫欲行丧礼,必先自持服始。古人三年之丧服虽时有变更,然皆不离乎衰绖,时时见身衣衰绖,虽欲居处安、食旨甘、闻乐乐,而自有所不忍也。自秦始皇尽废古制,汉文帝诏行短丧之后,虽晋武帝以天子之尊欲复行三年之丧,而臣下均请仍依汉制者,岂当时之臣工尽属不孝之人哉?盖三年之丧,岂有天子一人独行之,而臣民可以不效行者乎?若欲天下皆行,而臣民均无世业,父死之后,一家之人皆赖其子一人所养赡,身服衰绖,岂能出外谋生?欲行丧则阖家皆须饿死,欲不死则三年何以支持?故间有能行持服庐墓诸礼者,朝廷遂旌表为孝子,然则未经旌表者,皆为不孝之子乎?嗟乎!谁非人子?谁无父母?岂有天下人子皆欲靳三年之爱于其父母,同甘为不孝之人乎?此亦为时势所迫,使之不得不尔也。至于三载停乐,此亦能行之于中古而不能行之于后世也。古之所谓八音者,古乐也,非后世之优伶吹唱也。惟在上之人祭祀之时事神祇则用之,朝聘之时飨宾客则用之,其他如婚丧诸事皆不用也,若庶人之家更皆不用也。礼不下庶人,岂有乐反及庶人乎?而且掌乐之官有禄于朝,掌乐之伶亦食官饩,无论遏密三年,即令遏密百年亦无不可。譬如今之太常乐工以及各省宪署所用鼓吹,三年之内虽不作乐,其工食仍然照给,伊等求其遏密亦不可得。至若民间演戏之优伶与雇用之乐工,平时禁止不令学习此业则可,既无是禁,故每遇国丧,部议亦仅令民间百日停止音乐,盖深知恃此以营生者实繁有徒,故不欲设厉禁以害众生也。余生遇国丧七次,仅见京师停止演戏,若百日之外,音乐亦不停止,京师以外演戏亦仅停止百日。故每遇此事,而京师之优伶纷纷皆往保定天津等处糊口,何况外省,此实朝廷宽大之恩也。亦以为秦废古制,三年之丧,子且不能尽礼于父;汉诏短丧,三年之丧,臣且不能尽礼于君。夫以臣子不能尽礼于君父者,而反欲以唐虞至美之事责之于优伶乐工,岂非舍本而逐末乎?若如上海之戏园并百日亦不愿停止,亦未免太悖也。倘于去腊悬牌曰元旦开演,俟哀诏到日即行停止,官宪尚可置之不议不论。今忽而停演,忽而开演,且开演而又滋事,官宪安能再装痴聋乎?自今以往,各戏园均当恪守功令,静候百日期满,再恳官宪宽大之恩,慎勿再蹈覆辙,以至干宪怒而滋人言也。

光绪元年正月十五日/1875 年 2 月 20 日

论上海戏园

国有大丧遏音乐,例也,亦人心自然之理也。惟梨园素以此为生,未免有向隅之叹。是以都中虽有二十七月之禁,而一过百日即有说白清唱名目,常服登台,听者颇不乏人。官宪知之,亦不之究,大抵深悉此辈为衣食起见,故亦不复吹求,于谨遵国制之中,仍寓体恤深意。上海洋泾浜虽系各国租界,然普天之下莫非王土,百日之期自应恪守。乃□□□法界宝兴园作俑于始,居然挂牌演唱,金桂等踵而行之,旋均奉官宪饬禁。而止独丹桂一园竟计缄默,即各园同赴公廨具禀,亦不附和其间。盖其管事诸人大半都门翘楚,且有曾奉内廷传演者,深谙例禁,故不妄为,是诚所谓庸中佼佼者矣。近有英法诸商暂借丹桂等因开演影剧,顷刻变幻层出不穷,亦足令观者赏心悦目。因论戏而并及之,伏乞贵馆登报为幸。

游目生稿

光绪元年二月十六日/1875 年 3 月 23 日

杨月楼遇赦

优人杨月楼之犯案拟军节经列诸前报,原议以其引诱良家子女问,发足四千里充军。案经刑部核准,正当起解发配间,恭逢皇太后去年四十寿辰□颁恩诏,凡遇军□以下人犯,通行天下,皆得减等发落。是以叶邑尊遵诏免其刺配起解,核定罪名尚在可以准赦之列,叙明案情造册详请援免,苟能各宪鉴原转咨题准,一经部复,即可递回原籍,归□省定地充徒,迨至三年徒役罪满,取保释放,仍得自□而无拘束矣。第未知经此番磨折后,他日尚能登场演剧否?

光绪元年三月初二日/1875年4月7日

唱戏被责

杭城之作手艺者于夜行时,往往高唱各腔调以壮胆,其即不知曲文亦为随意者混叫,名为怕鬼调。乃下前夜城钮扣店司王某于二鼓时候由上城回店,高唱京腔,路遇巡查喝令勿唱,乃王某已入醉乡,若为不知也者。巡查官命勇丁拿住,斥之曰:方今正守国制,不准唱戏,尔于夜深时胆敢沿途高唱,殊属目无法纪。王某乘醉答曰:禁演戏者,禁作乐也,我随口唱曲,并无乐器,无干法之有。于是官遂怒命责军棍二十,始行释放。窃思王某本属无知小民,醉后口号曲文,究非唱戏可比,而官必欲责以军棍,抑何其不惮烦耶?

光绪元年三月十九日/1875年4月24日

金桂轩又添脚色

日昨天津船到,知老生周春奎、金四宝,武旦黑儿、环九及不知姓氏者多人,均来上海金桂轩戏园内,不日当即登场演出。想好观剧者久耳其名,自必延颈以待矣。一声锣鼓响,万目共观瞻,其热闹定逾平日矣,将拭目俟之。

光绪元年四月初三日/1875年5月7日

名优演剧

前报列金桂轩新添脚色,兹悉黑儿、环九、何哈、袁世奎均于初六夜登场演戏,其周春奎、景四宝则尚未定期也。想雅好声歌者,当必以先睹为快矣。

光绪元年四月初四日/1875年5月8日

优人命案

金桂轩唱生色之直北优人徐士芳，因与同乡郭印堂有抵实衣服索欠之嫌，初一日郭知会徐必赴三茅宫进香，于清晨守诸□门之□，至九点钟始见徐到，即上前索欠，遂至角口争殴。郭解所佩小刀将徐戳伤右臂，当被徐夺获刀回戳，致伤郭之胸腹等处四五伤，郭□掩伤口逃进西门，离门未及数步倒地。徐追至，为城门汛兵获住，送本营，城汛金千戎立饬带同受伤之郭添一并送县。经验伤痕，徐亦承认不讳，当令收禁。彼时讯问郭添尚能回答，而伤已十分沉重，谕饬敷治无效，延至三点钟时殒于县署头门之外，报奉松邑尊验殓，传属领埋，现在想须复审即可详办矣。查徐士芳前为马贩群殴，足胫几至于断，当时见者从未见其喊痛求饶。今与郭斗，追至郭伤倒地，亦毫无惊骇退避之状，门兵上前查问，即称杀人抵命理所应得，遂坦然同往见官，此正北方刚劲风气也。若南人则拒捕脱逃，必烦缉获而后到案矣。

光绪元年六月初三日/1875 年 7 月 5 日

杨月楼提禁

戏子杨月楼犯法拟军，恭遇恩赦节，经本馆列诸前报。现奉臬宪核明情罪，确在应得援免之列，汇案转详抚宪核准奏咨，专候部覆到日，即可释放，予以自新之路矣。是故前日已蒙松邑尊先准提禁，交该差看管，盖按察衙门为通省刑名之总汇，向来遇赦人犯，如果例准援免，一经核转，应得先为提禁，免其久系图圄，原所以广皇仁也。苟或有患病等情，并可取保听候刑部核覆。今既准先行提禁，想不日间可邀旷典也。

光绪元年六月二十四日/1875 年 7 月 26 日

伶人寻衅

富贵者，某戏园之优伶也。前至新街赵姓客寓探友，友向富贵索旧欠，言词哀恳。旋有寓主人赵某即帮同劝说，不料富贵非特不还，反迁怒于赵，谓我与友人交往，与汝何干？争兢之后，竟纠多人,俱手持器械及三连棍等具,到寓寻斗。寓主稍有受伤,幸无妨碍。问官讯得两造供词,断富贵罚出银洋四元给寓主养伤完案。

光绪元年八月十八日/1875 年 9 月 17 日

查禁唱戏

京师东四牌楼泰华、景泰两说白清唱馆,近已奉提督衙门查禁停歇。九城内外所有戏馆,现亦一概禁尽。初五日有全班脚色浓抹淡妆招摇过市者,盖提督衙门提到上场扮演之班也。差人戏子拥塞通衢,大地文章别开生面,路人均为驻足观焉。至如何发落,以事属细微,无暇根究耳。

光绪元年八月二十九日/1875 年 9 月 28 日

徐伶解府候讯

本年六月初一日,金桂轩戏子徐士芳即阿狗在本埠之西门刀毙郭某一案,曾经邑尊验明,果系受伤身死,当将徐士芳拿获研鞫,亦供认不讳,故饬即监禁。兹于前日将徐士芳铐锁解府拟勘,并移会营汛拨取精兵,签派丁差勇目人等沿途护送,由大东门码头下舟,至松江府听候府勘,再行解省核办云。

光绪元年九月二十三日/1875 年 10 月 21 日

戏园互殴

天津伶人孙菊仙者,善唱京腔,号为文武生,向在小东门昇平戏园之领袖。宝善街丹桂茶园羡且妒,因以庆兴楼酒肆之伙某为介绍,而百计饴之来。于前礼拜三,菊仙随舍昇平而来丹桂。昇平主人心弗善也,然绌于力,不敢较。会丹桂园中有孙春恒者,亦以歌喉著于时,欲为互换计,出聘洋八百元,有成说矣。丹桂主人旋有悔心,止孙春恒不令行,且还其聘金,而如数以酬之。昇平主人怒,商于众武老生。张大四亦天津人,自以来沪最久,拳勇最精,且与丹桂园之武老生黄月山等俱相识,故有恃无恐,且激于义愤,挺身愿往。有助之者一人,为陈永和。时本月十六即礼拜六夜,是夜丹桂园中初演《黄鹤楼》，继演《赵家楼》，演者兴高采烈，观者色舞眉飞，叫呶之声与欢笑之声相和。金鼓既息，弦管旋调，台又演《文昭关》矣。维时孙菊仙扮伍子胥，缓步而出，正欲与伍尚话别，忽有一衣黑衣者飞上台端，将孙菊仙之坐椅向空飞掷。扮伍尚者知有变，坌息争逃，菊仙随其后，亦遁。时余正偕友人在包厢中凭栏闲眺，忽睹此变，不解所谓，维稔黑衣者，则俨然张大四也。旋见大四口操京音，戟手大骂，台中台椅如雨打梨花，纷纷飘堕。有一椅将飞出台沿，幸有自来火铁条阻之，然火已扑灭一半。正鸦飞鹊乱间，又有黑衣者数人，即庆兴楼之酒伙也，耸身而上，径将张大四揪倒，拳足交加，并将椅背舂其腰腹。戏房中人不及易衣，亦奔而出，有助殴者，有解劝者。并闻台下有一人亦被人按倒而痛打焉，继见孙菊仙衣衫破碎，潜身而出，传闻向金桂轩戏园避匿，而即易衣也。余与友人急欲出园，则挨肩推背而出者，如水之趋壑，不能与偕。因坐于该园之柜内，静而观之，闻有惨呼者，则女校书朱幼兰，其首饰为人攫去也。既出，又闻有寻银水烟管者，有碰坏轿子者，人已去十分之七，而喧嚷仍如故也。噫嘻！虚戈为戏，自昔云然，若乃于鸾皇迭奏之时，陡为鹬蚌相持之举，观者骇目，闻者寒心。虽同业争衡，势所必至，然因一人之故，遽尔操戈，亦无乃太不情乎！然闻昇平戏园仅恃孙菊仙哄动众听，丹桂必从而招致之，已觉逼人咄咄，况犹靳孙春恒而不之畀，亦无怪昇平之切齿矣。昨日闻丹桂昇平两茶园均悬牌停演，谓须鸣官理直云云，俟有所闻，当更续述。

光绪元年十月十八日/1875年11月15日

戏园互殴案涉讼

昨日报列优人互殴一案，兹悉升平园之受伤人张大四、陈永和已赴县请验。当据陈永和呈称：我与孙鞠仙本合股开设升平戏园，近以孙鞠仙私负初约，复欲至丹桂演剧，我是以邀请孙春恒过来，于前月由张大四当面议定，每年工银一千四百两，先付定洋，在泰和馆立据，此系两相情愿。不料有庆兴楼酒馆主左春七与张某等纠同多人，硬将孙春恒掯留，仍将所付之定洋交还，尚有找尾，允于礼拜六晚找给我。邀经手之张大四讨取不遂,致相口角受伤,求请验明。张大四供词与陈仿佛。邑尊饬仵作验明,该二人伤痕一三处、一二处,饬候传集通案人证质讯明确,再行定断。其丹桂园主暨按目等亦将张陈毁殴情事禀请会审衙门核办,孰是孰非,均候传聚核讯判结云。

光绪元年十月十九日/1875 年 11 月 16 日

优人解和

前报载列丹桂与升平两戏园斗殴一案,曾经两造互控,正在饬□□。昨知伊等均系京人,未便入羁讼累,是以两造邀请公正人等持平公议。以丹桂脚色人众,升平未免偏枯,因劝丹桂日逐轮拨脚色二名,前赴升平帮同登场扮演,以全乡谊。一面仍嘱升平园主赴天津等处邀名优来沪,丹桂再行收回脚色,各安各业,永归和好。其控经各衙门讼事,各自料理求息,想问官亦必俯准也。

光绪元年十月廿五日/1875 年 11 月 22 日

戏园扫兴

戏扮故事,戏而正也,故演本朝事者,例所必禁。间有服色从本朝者,如徽班《玉堂春》之医生,《闹学堂》之先生,皆取小丑之科诨以博一粲而已。若昆部时剧《描金凤》之汪朝奉、《打差》之南京人等类,亦皆傅会取笑,无甚关碍。未有居然扮演实事者,虽随口腔调胡诌可以成文,而梨园子弟不敢为此者,以其干例禁也。粤东升平戏园演永祯祥班,观者寥寥,忽出招揽之计,于上月三十日红纸帖招,谓演《洪秀全窜陷金陵》,于是好奇者至期盛赴,座为之满。开场数出后,一武生袍甲出场,自称洪逆,命伙党分窜金陵,寥寥数语,划然而止。忽演别剧,观者大哗,以为何以不演。经管班者致慰,众始寂坐以待其复演也。乃一出已竟,又是生旦小剧出场,于是座客不服,好事者飞掷茶碗椅垫于台上,或喝或骂,情颇汹汹。经巡差闻声入视,扭五人于巡理府,始纷散。夫在戏班哄诱,固属不合,而观者既不知此等故事例所禁演,而又于寻欢赏目之地大肆猖狂，抑亦太多事矣。甫就彩筵而旋居班馆，一经回首，悔莫如何矣。

光绪元年十一月十三日/1875年12月10日

看戏吃惊

廿九晚十一点钟时，法界宝兴茶园几至失慎，幸即经扑灭，只焚去门口柜台一具而已。闻其起火之由，则因看门人在柜旁拾钱，而柜内故藏有椅垫等物，一时失于检点，落有余烬，遂致烟焰飞腾耳。当是时台上适演《火烧大悲楼》，烟火叠施，观者正眉飞色舞，不谓回头一顾，门前人已杂沓，声如鼎沸。众以为如竟焚着，势必欲出不能，生归无所，以故愈形惊恐，负急狂奔，因之落帽溃履者不计其数。迨火已浇灭，而园内之人去其大半矣，顾未知各客看戏赀其已收齐否也。

光绪元年十二月初一日/1875年12月28日

伶人慷慨

京师伶人郑秀兰，字素香，丙辰年间，有别号不钓徒者曾著《明僮合录》，叙其轶事曰：素与杨君善，时济其乏，逼岁阑，杨妙手空空，深虑无以酬素也。素微知其意，多方慰之，会有赠以巨金者，即转纳杨怀，俾卒岁焉。杨以孝廉官农部司务，雅有笙歌之好，于群伶中独赏素香与梅蕙仙。蕙仙名巧玲，《明僮录》亦言其与某公善，居久之，某公得监司，贫无以治装，蕙贷以赀，且不责券，某公强予之。囊橐既具，未成行而某公殁。会设奠日，甫辨色，蕙遽至，人谓为索逋来也，迨蕙人帏哭且拜，探怀出券，就烛焚之，大恸去。杨现于前月二十日闻讣丁艰，数年京宦，积蓄毫无，难为归计。素与蕙相约而至，各出数十金以馈之，始得治装，行有日矣。如此慷慨之举，乃于二伶也遇之，嘻，异矣！

光绪元年十二月初七日/1876年1月3日

演剧失火

前月初十日,京师米市胡同有胡姓者,特开寿筵,令伶人在宅演戏,并放奇巧烟火,祝寿者俱为之目眩神迷,齐声赞叹。岂知雅兴方酣,而院内席棚陡然焚着,火星突冒,烟焰横空。此时已近三更,人将睡静,幸骡马市与善水局俱在米市胡同北口,所有水龙闻声即至,得以扑灭,仅烧去戏台旁一佛堂耳。满堂宾客乘兴而来者,各扫兴而返,主人亦呼咄咄云。

光绪元年十二月十一日/1876年1月7日

续闻都门演剧情形

京师演剧情形,前报叠经详载,近日则又有不同者。程长庚领三庆部脚色,自十月中旬在西珠市口之天和馆饭庄开演,给孤寺西浙绍乡祠之剧,即无人往观,势不能不停止矣。盖长庚演剧,久为都门巨擘,今虽年过六旬,老当益壮,现在开演月余,每日观者何止五六百人,所有大栅栏之临汾会馆、铁门之文昌馆,生意顿为减色。虽四喜部之领袖梅巧玲及时小福,每日登台必演擅长之剧,亦不足动人耳目。惟西珠市口汇元堂之秦腔双顺和班,邀来山陕名优,生意尚称茂盛。打磨厂福寿堂之秦腔全胜和班,十三旦到京,已演剧十余日,每日所上之座倍于天和馆焉。秦腔之戏,非极惨即极淫,十三旦所演者,大半男女苟合之事,是以足使人心荡神怡也。昨春台部领袖余菊生纠合全班脚色,并约小班各脚色,在浙绍祠复行开演,甫开之日,观者仅数十人。盖春台脚色自程宝云殁后,胡喜禄不肯登场,其余本无可观,今夏王长寿复殁,更无能唱之人。至小班脚色,如回回、李四、冯住儿之类,止知任意高呼,既未学口齿吞吐,复不审戏之情理,欲其传古人之神态,安可得乎?夫演戏一事,原以其善者可以感发人之善心,恶者可以惩创人之逸志,是以例所不禁。若十三旦之冶容诲淫,败俗伤风,未免坏人心术,乃观之者转与国若狂,良可慨已!

光绪元年十二月十二日/1876年1月8日

创造戏园

维扬为自古繁华之地，人所艳称，而惟戏园则兵燹后未之开设也。盖未奉国恤以前，间或演剧，均在各省会馆中，观者非官即商，除此外不得引领望之也。现悉康山之傍购买基地一块，拟即起造戏园，与安徽会馆相近，系镇江人某与本地王某合伙，大约明春屋工竣后即可开设，而邗上闲人借此足以消遣矣。

光绪元年十二月二十六日/1876 年 1 月 22 日

伶人遇雠

昨晚八点钟有不知姓名天津人，因与金桂轩之优人两有嫌隙，是以在戏馆门前争闹。园内诸优伶均经手持刀棍以备不虞，然观戏者已不胜惊异。所有争闹之天津人当由巡捕获送捕房，其如何理妥，并起事之由，容探明再录。

光绪元年十二月二十六日/1876 年 1 月 22 日

光绪二年(1876)

伶人争闹

昨会审公堂,据丹桂茶园伶人杜蝶云声称,现有开口跳高文中,向因有病,已经辞歇,刻下仍时来缠扰,并搜其身藏洋刀,恐遭不测,送案请究。质之高文中,供称我是北京东四牌楼人,前因杜蝶云邀我来沪,在丹桂戏园为开口跳,家内尚有妻子在沪,余均含□,惟有涕泣而已。谢刺史与英翻译讯据各情,均为怜悯,但既据供称高文中持刀争吵,恐酿事端,着暂将高文中管押,以冀悔悟。第念高文中有恙在身,况既经邀请于先,须得资送□后,杜蝶云亦不得置身事外。俟有开往天津轮舟,即着杜蝶云妥为资遣,俾回故土,而全乡谊,毋得听其流离失所,致令伊全家作他乡饿莩也。

光绪二年正月初七日/1876年2月1日

国忌停演

粤□帝典,遏密八音,足见盛世之隆,民心之厚。降自后世,今不如古,然而犹未尽泯也。上月初五日为我穆宗毅皇帝周年之期,京师伶人说白清唱之馆,是日并未示禁,乃不约而同概行停止。夫清唱之开,本为饥寒所迫,出于万不得已。今于先皇升陟之期,尚知追念深恩,自行停止,足征我朝德泽所□,先皇帝恩施所被,固已深入人心,虽优伶贱业,具有天良,亦知感戴也。

光绪二年正月初九日/1876年2月3日

演戏被阻

京师说白清唱既开,渐有宴会之局。前月底有双顺和班之领袖薛某者,绰号薛小刀,因自作寿,欲假万福居酒馆演戏。正在搭盖席棚,忽有本城御史微行过此,瞥见询问,始知颠末,旋遣司坊官谕之曰:该地为士商云集之区,何得显违国制耶?司役等不容分说,即令将席棚拆去。盖万福居开设杨梅竹斜街,为选舞征歌之客所必至者也。薛某遂改于本月初六日在自己寓所清唱一天,是日车马喧阗,缙绅踵至。晚间有新到脚色名十二旦者,年十二岁,清歌妙舞,娓娓可听,初十日即在汇元堂出台,意欲压倒十三旦也。

光绪二年正月初九日/1876年2月3日

赠陈彩林

冷眼旁观客偶笔

陈彩林者,上洋金桂轩之伶人也。初隶京师胜春奎班,班为内监某所蓄。其时彩林尚在髫龄,因不赴某侍御之召,侍御衔之,飞章弹宦官不得蓄养梨园,而该班遂散。彩林乃来海上,登场四顾,倾倒一时。睹陈平冠玉之姿,动陈藩下榻之想者,颇不乏人。一日游目主人过四马路,遇彩林飞车前来,略一驻足,四目相瞻,此中密意深情,断非管城子即墨侯所能代达。聊书数语,并系二绝,俾芳名远播,佳话常存,亦未始非有美必彰之意尔。

彩云一朵扬晴空,林下丰姿月下逢。半晌停留重返顾,目成却在不言中。

剪彩难摩合绣丝,上林信有好花枝。罡风何忍教零落,历劫皆缘绝世姿。

光绪二年正月初十日/1876年2月4日

杨月楼递籍

杨月楼犯事拟遣,遇赦援免,叠经列诸前报。今县中已奉部覆准免,是以前日蒙松邑尊备文派差,逐程递解回安庆之原籍地方衙门交保管束矣。惟望杨月楼从此改过自新,不蹈旧辙,庶不致上负国恩,下辜宪恩耳,否则恐有加等治罪之日也。

光绪二年正月十三日/1876年2月7日

劝妇女勿轻看戏说

戏不知昉自何时,或曰偃师陈诸技于周穆王前,舞女流盼,是即戏之权舆,然究系傀儡登场,犹木人头戏耳,非今之戏也。至孙叔敖死后,其子贫苦不堪,优孟特假衣冠而扮演之,是为戏之所自始,由是此风盛行。唐则有梨园子弟;欧阳公作《五代史》,特立“伶官传”。今则各城乡镇遇有赛会等事,靡不演戏酬神。而京师上海等处又各设戏馆,备人行乐,居然成一行业,当道官宪亦从未禁止。诚以忠孝节义之风曲曲传出,足以感人心志;即奸淫邪盗诸戏,亦报施不爽,观之者或得以潜移默化,是亦寓惩劝之微权也。所以世族之家,无论男女均可观眺,从无有禁之者。第昨据友人来言,前晚有某宦因新正无事,偕同眷属赴戏园观剧,而戏房内诸伶竟敢手持千里镜窥探,评骘妍媸。夫缙绅家妇女,原系大家风范,无不可以见人,而戏有戏规,在诸伶究为越礼。且当共睹共闻之地,以名门淑质为优伶指视,是非看戏而为戏所看矣,亦奚取焉?其每夜戏园中除男客外,大抵女妓之出局者居多,与若辈杂厕其间,犹之鹤立鸡群,更失身分。苟得齐心裹足,殆亦闺范之所宜然欤!

光绪二年正月十五日/1876年2月9日

优伶慢客

目击生来稿

本月十四晚,本埠两客赴金桂轩观剧,坐于台前正桌。迨戏毕,将放烟火,客以距台较近,恐火星爆落衣襟,因退立于后。时有包厢中女校书某某与客素相识,恐其久立腿酸,招之使上,由是身之旁则名花拥护,台之上则异彩飞腾,其乐只且不言而喻矣。俄而轿班车夫等闻锣声已歇,烟火将施,俱一齐涌入台前,见无隙地,亦多有入包厢者。人气熏蒸,蓬蓬勃勃,校书等已心恶之。嗣又闻一片喧笑声,回视之则即该戏园之武小旦也。校书恐碰损头上花枝,客因随即劝止。岂知该旦便满口京腔,大声肆骂。窃思看客输银,伶人献技,犹之买卖交易,当以和气为先。乃竟出口伤人,是岂招徕看戏之道乎?纵客不与较,而于该园声名殊有微碍矣。

光绪二年正月十七日/1876年2月11日

书劝妇女勿轻看戏说后

昨阅冷眼旁观客所论妇女勿轻看戏一则，苦口婆心，言言中肯，无论大家小户，均宜奉为闺箴。但客之所言仅计及一面，而非顾及面面也。盖妇女看戏，原系随时行乐，为历来所勿禁。今使以优人之轻侮，遂致裹足不前，绿窗默坐，值此良辰美景，亦不得游目骋怀，一豁怀抱，则为男子者何其乐，而为女子者又何其苦乎！仆闻以千里镜照看内眷一事，实发端于金桂轩茶园，而为众目所共见者，似此情形，实有玷于戏规，而为各处戏园所罕见矣。惟愿开张戏园之主人，并掌班之老板，亟宜整顿规条，善为劝戒，俾以后尽遵约束，勿再唐突，实为盼切。设以客言为河汉，仍蹈故辙，势必名门淑媛俱相戒不来，而戏园之生意亦从此减色矣，岂不惜哉！仆因客所言专为妇女设想，而不筹及于戏园，故特赘数语，务祈即日登报是幸。

煮石道人来稿

光绪二年正月十七日/1876年2月11日

江西演剧

江西省会自旧岁来，以国制之期，各处停止演剧。今开正之初九初十等日，则城内之二郎庙各处均已贴出戏单，于是闻者皆延颈跂踵，拭目以待。乃数日以来，台上毫无响动，闻因索规费未遂，故不成议也。现惟惠民门外蓼洲上一处已在扮演，观者蜂屯蚁集，较平日更多，其后来者几无容足地。盖值新春时节，各人无事，皆得乘兴闲游，遂无不争睹之为快也。

光绪二年二月初二日/1876年2月26日

看戏受惊

去岁冬月，报中曾载有看戏受惊一事。兹接京友来信，亦有与前事相类者。虽不关性命,已大受痛楚,盖亦年前冬月间事也。正当大栅栏慧雅轩说白清唱弛禁之后,每日排演各色新戏,务在娱耳悦目,可广招徕,有时标签张帖街巷,准演某戏,投观者之好,挟赀而往,挨挤不开。一日场上正唱《思志诚》,各堂名旦齐上。且有赶三扮老媪,以科诨之举座若狂,池内诸公跳跃鼓舞,交口喊好不绝。不图自上落下洋铁一片,正中池上座客左颊,伤透寸许,即时血如泉涌,不特看戏人吃惊,即台上优伶亦都注目凝眺,于是哗骇之声稍歇。管事不知如何调停,始将此人扶掖而出。查京师洋铁棚只有慧雅轩一处,盖其地址系当年宴汇堂,即临汾会馆旧地,至今碑碣犹存。始因内有戏台,遂令看馆长班邵姓看守,除每年数次乡饮外,准看馆人借给戏园宴客,所得贯赀为看馆人出息,犹之浙绍乡祠之会仙堂、谢公祠之集贤堂也。唯宴汇堂开设最初,当道咸年间,生意极其兴旺,旋因临汾一县无在京作仕商者,以此会馆废弃。看馆之邵姓更欣得所,且有数典忘祖之势。咸丰九十年间,邵姓子孙不肖,宴汇堂生意日形减色。至文宗大行期年以后,竟不能支持,遂租与四喜部演说白清唱,然彼时台阁旁衬,犹壮丽可观也。同治四五年,邵姓家道日落,私将宴汇堂拆卖,今日一梁,明日一栋,都为邵家吃尽,邵姓卒为饿莩。因此宴汇堂倾圮荒芜,只余文昌阁一层孤立。前数年间,临汾又有来京者,修葺草草,落成数楹,无力恢复,因将此处再开说白清唱。四喜领袖又租而假之,空院一片,只好筑棚,有人以草棚不及铁棚之坚固,且不透风雨,又以上海丹桂园之戏棚系洋铁所造,管事者信之。讵知匠人既拙,主人亦惜赀,于是七拼八凑,颇不完整,遂有铁片伤人之事。然则以看戏为乐者,亦宜稍知所慎欤?

光绪二年二月初五日/1876 年 2 月 29 日

图绘伶伦

京师前门外廊房头条胡同比户鳞栉,皆系灯铺画铺,共约五六十家,所售纱绫玻璃各灯,穷工极巧,尽三冬之力制造齐全,每届腊月朔日以至除夕,皆一一悬设,以供主顾购买。举凡稗官传奇以及一切戏出，无不绘于灯扇并屏幅之中，布局命意颇具匠心，未可以俗工之笔遽行訾议也。其中惟方学圃画铺门前旧悬一额以作招牌者，上绘昔年弋腔班中十三名脚，各着登场冠服，无不酷肖其人，为道光年间内廷供奉贺公世魁笔也。去腊方铺于旧额之下新增一额，绘时下名脚五人。小生徐小香作周公瑾装束，老生张喜儿着武乡侯巾服，花旦范松林、正旦时小福、丑脚刘赶三皆各作登场模样，惟小香、松林尤为酷似，真可谓传神之笔。京剧最重老生，各部必有能唱之老生一二人，始能成班，俗呼为台柱子，如上海金桂轩之春奎、景四，丹桂园之孙春恒是也，余皆系陪衬。是以数年来老生中时出脚色，余三胜没后，虽曰仅有程长庚，然继之者尚有王九龄焉。若小生、花旦二脚色，竟无能步徐、范之后尘矣。小香所宗为吴正田一派，相传吴在乾嘉间系弃儒为优者，将戏文鄙俚之句尽行删改，归入典雅，并自撰各剧，如《得意缘》全本即其手笔，一传而至曹喜林，再传而至徐小香。小香尽得其传，而声音笑貌且能过之，其演周郎之剧尤为擅长，真令观之者想见顾曲神情不过如斯也。若松林所宗者为魏三。闻魏三演剧周历各省，无不叹为绝技，缘其在某省演剧，其装束即似某省妇女，不爽丝毫，且其语音举止亦揣摩绝肖，故能令观者色舞眉飞。松林虽只能效京师闺阁，然亦尽善尽美。二人现皆歇业，不肯登场。兹绘于额，其音虽渺不可闻，其人若呼之欲出，且足能传诸久远。作此图者，人谓其有益于阅者之目，而余谓其有功于二优之名，并可以见京师灯市之盛矣。

光绪二年二月初七日/1876年3月2日

京师梨园近状

前报叙及都中十三旦统领秦晋名脚，在财盛馆演秦腔说白清唱。甫开未久，卖座极多，旋即日就减色。且财盛馆所部脚色，又须分隶于汇元、禄寿各堂，因此财盛馆卖座愈少，而财反不盛，已于日前停止。盖缘该馆在宣武城南，附近住宅多系京官，文墨之士多而贸易之人少。秦腔之音如鬼斯号，毫无意味，其所擅长者，非斗狠即谑浪，纵有一二感慨悲歌之剧以感触人心，然啼笑既不中节，形神亦觉过高。盖虽优孟衣冠,传神亦须恰好,始能动人,往往秦腔过之,徽腔则又不及。有人谓秦腔有情无理,弋腔有理无情,昆腔有情有理,徽腔无理无情也。现自财盛馆散后,文昌馆之四益轩戏座亦不见好。四益轩后台首领系武生饶增禄,闻已赔去万余千,专靠会试公车,二三四五数月,座有起色,始能弥补亏空。目下公车纷纷而来,每日招贴戏目,名脚亦林立毕露,而观者仍不满五百。足见国服期内,稍知检束者裹足不前,即有不拘小节之辈,或癖于四喜部者,亦不常川往观,绝无间断。唯大栅栏之慧雅轩,即前报所载临汾会馆故址,亦系四喜部人排演,其中看座似较四益轩为多,前后场则□过之。慧雅轩脚色大半皆四益轩分去,兼顾两边,春台脚色不过十分之三,唯石小福号琴香专在慧雅,余子云号砚芬专在四益,皆四喜名下红旦,各有所长,不相轩轾。他如天和馆皆三庆部人,程长庚为之统领,戏座较四慧两处尤多,且三庆只有长庚系多年有名老生,硕果之遗,绝无仅有,余皆既灌而往,无足观者。然长庚之红不减于十三旦者,咸谓前门地势使然,吾谓两人财运有以致之也。

光绪二年二月二十二日/1876年3月17日

戏园闭歇

本埠小东门外之升平轩戏馆,上年开设时,俱挑选名班脚色演剧,嗣因生意不佳,遂致星散。看戏者以内无著名优伶,往者亦少,是以该戏园旋经减价。班主陈永和于去年因有急需,曾托陆某为中,向林修记借洋六百六十元,以班中行头系自己所置,立券作抵。本年新正以来,亏本过多,遂于月之初二日闭歇。班主陈永和亦避去,所有该班内人或即走散,或仍在园。然林修记闻戏园已闭,即邀同陆某至该园,意图将戏箱取回,岂在园诸伶竟措留不给。日昨陆某与林修记至法公廨控告,经陶明府细询缘由,并将契券阅视,知戏箱行头抵押是实。又据陆某供称,曾还八十二元,尚欠五百七十八元等语,故问官饬将戏箱派人收管,自行寻着陈永和到堂再讯云。

光绪二年三月初四日/1876年3月29日

戏园亏本

前录林修记控升平戏园主陈永和欠项，请陶明府饬提园内行头，当堂估价分偿云云。上礼拜六传到该园司帐章方周到堂，供称陈永和亏累实多，现同其眷属避去，并将戏园内所欠各帐开列清单呈阅，计共有二千九百九十余元之谱。问官以所欠较巨，恐行头拍卖不彀分摊，且亦须查问明白，故再宽限一礼拜，如陈永和竟不到堂，定将行头估价出售，公派各欠主云。

光绪二年三月初九日/1876年4月3日

看戏吃惊

各处戏馆，日戏多而夜戏少，即有夜戏，亦无过于本埠戏园，盖以台有煤气灯，而旁有火油灯也。然火油最易生事，上礼拜六天仙茶园演《瑞香山》新戏，时已一点钟矣。旁有火油灯忽自坠落，油到处一片通明，戏园内人急以水泼之，而火直穿上。观者无不惊骇，虽其时已晚，去者已半，而所存之老媪幼童，大是惊惶，尽有遗冠而堕履者。幸旋即扑灭，始得无事，盖火油宜以板压熄，而不宜以水浇熄也。

光绪二年三月十六日/1876年4月10日

演春台

苏垣戏馆久经停止，近以国恤后八音遏密，伶人益无生意。现在正当春令，农工将作，故娄盘门外一带农民均搭台演剧，即所谓演春台者是也。城内居民以久不闻梨园菊部之声，都结队往观，较平常更为热闹，此亦升平之景象也。特无赖者即借此开场设赌，是以地方上人谓当查禁耳。

光绪二年三月二十七日/1876年4月21日

杨月楼重来上海

优人杨月楼曩年犯案，监禁县衙，嗣遇恩赦减等，改为徒罪，由本埠起解到省过堂，此已叠经列报。昨闻月楼已回上海，惟仍演剧与否则未悉也。

光绪二年四月初三日/1876年4月26日

观剧互殴

本埠大马路之富春戏园,前晚十一点钟时,台上所演之《九更天》,戏至淫妇破肚时,将刀一刺,其血喷出,正射于正桌看客之马褂。客系大英公署之用人某,于是大怒,即将茶碗向台上乱掷。时有看门巡捕进内弹压,适该巡捕又系替工,不由分说,便上前将某之发辫乱扭。某更怒,以致众客不服,互相殴打。嗣经按目等再四调停,始得完结,然毁坏物件已不少矣。

光绪二年四月十二日/1876年5月5日

名优赴润

杨月楼案结后重到上海,前已登报。近有人颇垂青眼,意欲令其重上高台。故每夜与同伴手持红螺山馆灯笼,叩关直入,进出自如,议尚未定,忽王桂喜来自京江,奉李松岩军门之命,招其赴润,已于前礼拜六搭汉口轮舟前往。重看优孟登场,将见铁瓮城边,声名复噪;金山寺畔,风景增新。沪上狎邪女,得勿倾翻醋葫芦耶?红螺云者,有人谓螺蛳结顶之义也,又有谓是红萝匍之萝,为其取此名者,故作谐音以揶揄之也,未得其详矣。

光绪二年五月初二日/1876年5月24日

名优重演

杨月楼递籍后重到沪上,意欲复理笙歌之技,重登傀儡之台。嗣为李军门招赴镇江,前经登报。兹闻已在该处同乐园开演,其园本可容千五六百人,杨月楼登台之日,来观戏者竟至四千余人,园小难容,大半莫入,皆有不能先睹为快之意。杨伶每日辛工七两,工价之丰,声名之噪,乐部中绝无仅有矣。闻开同乐园者,广东人得其八股,追念前事,不知尚耿耿于怀否?倘杨月楼再来沪地,戏馆必增一番热闹也,拭目俟之。

光绪二年五月初九日/1876 年 5 月 31 日

新开戏园

苏州阿六者初为名旦,颇聚缠头,今则年长色衰,遂作班长。然真赏识家于宴客侑酒,仍非此君不乐,盖以技艺既精,应酬亦熟也。以故交情广阔,囊橐丰盈。今合数十股分,在扬州徐凝门内康山街开设戏园,内外一式新造,其价目规矩费用,一切俱照镇江戏园例。有小旦十二人,号为十二月花神,班内又有十六岁以内之生旦净丑十数人,为清音十番。又欲往镇江邀杨月楼来扬演剧,包金每日五十元。于五月初一日破台挂衣,次日开演也。维扬本繁华渊薮,兵燹以来,笙歌歇绝,今将渐须复元,又睹升平日景象矣。

光绪二年五月初十日/1876 年 6 月 1 日

杭垣戏园复开

杭垣戏园重开,早已有此信息,惟以生意不聚,兼无殷实之主,故尚徘徊观望,久而未发。近知黉门局故址业经改造,落成飞台联座,巍焕一新。诸伶人已各凑赀合股,议定章程,不日即当开演。试听锣鼓一声,登台扮演,其结伴连肩而往者,热闹当倍于前时矣。鼓吹休明,升平盛事,当道者其有与民同乐之思乎!

光绪二年五月初十日/1876 年 6 月 1 日

禁优演戏

杨月楼在镇江唱戏,前已述及。兹闻镇江地方官以其为刑余之人,不准重操旧艺。然戏目上虽已除名,而戏台上仍复演剧,以故每日看客依然人海人山也。窃思杨月楼旧曾犯案,然既恩赦,自当不咎既往,绝其生机。况官禁之而戏园主仍私聘之,适以见令之不行,转毋乃多事欤?

光绪二年五月十七日/1876 年 6 月 8 日

观戏滋事

宁城人崇奉关帝,在在皆然,日湖与月湖两处香火为尤盛。月之十三为关帝圣诞,是日月湖陆殿演戏庆祝者凡四家。又有名为春秋会者,其中会友大约湖西人,向来并不演戏,且先期标红亦无演戏字样,今见喧闹较甚,亦欲开演,并先令戏子登场,于是各会不服,哗然争闹。宵小辈见此情形,便诡称庙内失火,人皆向外奔出,两廊妇女群相逃窜,嘈杂中或拔去簪珥,或扯碎衣衫者,不计其数。后见一妇遍体受伤,裸身僵卧,气已将绝,命舆抬归云。

光绪二年五月十八日/1876年6月9日

戏园停闭

小东门外昇平戏园主陈永和,前因亏本脱逃,经林修记控告于法公堂,嗣后班内诸伶情愿重开,改名公兴,作拆帐生意,所有昇平戏园之帐目,仍由公兴戏园理直,此已叠录在报。近自四月初一日开演,其班首归曹吉安等四人经理。迨至四月下旬,各伶人仍给俸金,不做拆帐,是以均有不愿者。本月以来,其头等脚色遂渐散去,曹吉安等知难乎为继,因于前日将公兴茶园停止,意欲在英界石路新戏馆开演。债主林修记与中陆某闻知此信,昨又至法公堂禀诉,问官因陈永和前有笔据在林修记处,允将行头抵偿,刻下园虽闭门而行头尚在,着即点明交林修记收管,在后或租或卖,再行调楚云。

光绪二年五月二十三日/1876年6月14日

公兴戏园续禀

前报载公兴戏园之戏衣交林修记收管,后再行理楚等情,昨复据戏园之房主魏永兴具禀,称尚欠房租洋十二元,求请着戏子搬出,以便交还房屋。又据该园司帐张方舟将公兴园之帐薄呈堂,谓自昇平轩改为公兴之后,除各项开销外,又亏洋一百余元。惟林修记新借款已还清,尚透付去十余元,可归前帐划算。现在园中尚有徽班脚色一百余名,均愿重开,但尚未说妥。前日曾与房东说明,据房东称限于三日内,如不说妥,即将房屋归还云云。于是问官准其所请，限至下礼拜二再行定夺云。

光绪二年五月廿五日/1876年6月16日

戏园案略

各行之开闭，总视乎生意之盛衰。设戏园以邀人观听，固亦一行业也。乃本埠小东门外之升平轩，前因亏本闭歇，涉讼公庭。嗣又改名公兴园，作拆帐生意，每日拨还林修记银洋六元。近日复因亏本停演，经法公堂断将行头归林修记，或出租或出售，以清旧欠。而该园之徽班伶人又愿重开拨帐，限以三日内议妥开戏。上礼拜六限期已满，班头曹吉安复至公堂声称，仍将原班脚色调回作包帐生意，每日归林修记行头租洋一元半，至从前每日拨还六元之说作为罢论。官以照此办法，则林修记之帐永远不得清偿，碍难准允。又据徽班头朱湘蕖禀称，愿率徽班戏子照初开公兴时规例开演，曹吉安以付定洋在先，意有未洽，两相争辩，官因饬在外自行理楚云。

光绪二年五月二十八日/1876年6月19日

名优演剧

上海京班之戏，本已驰名海内。昨见《迎宋灵》一出，乃武穆直捣黄龙府，兀术投降之事，为中国吐气而作也。命意既新，扮演尤妙。其旗帜之鲜明，士马之雄壮，而为二帝发丧，仪从赫然，有喇嘛僧，真是塞外风景矣。岳王忠心耿耿，声泪俱下，所告四太子之言，意正词严，深得大国之体。乃孙春恒所演，有声有色，令人忠义之气勃勃而生。此虽京中所未有也，可为上海独步。司其事者为杜蝶云，可以见其一斑矣。

寻乐老人书

光绪二年闰五月初六日/1876年6月27日

演戏送命

黔垣西门外有庙曰紫林庵，于闰五月上旬敬神演戏。地方既狭，观者又众，而戏亦极形热闹，于是拥挤不开，竟将铁铸香炉挤倒,打死老妪一人、小女一人,并伤旁边数人。呜呼,其乐极生悲耶!

光绪二年六月二十三日/1876年8月12日

凶殴肇事

直隶人李二者,为洋人之厨司也。前礼拜六夜九点钟时,与金桂轩之伶人刘石头肇事,刘即返身入园,手持短棍,与李二殴斗,李二亦用骨牌凳相敌。刘又入园邀集多人,复将李二打倒,以致身有伤痕。观者如堵如墙,颇觉喧闹。经巡捕将李二送仁济医馆疗治,刘则押捕候讯,其究为何事,俟审明再录。

光绪二年七月二十四日/1876年9月11日

伶人打架

李二与刘石头争殴受伤一案,业已列报。昨据受伤人李顺卿即李二到公堂禀称,我与金桂轩优人李春保索鞋子钱不还,反耸同园之优人大福喜、小黑、大三诸人将我殴伤,请究。问官验得受伤属实,饬候传到李春保等到堂再行质讯。又丹桂茶园优人陈双喜禀称,我于昨夜在途,忽被桑阿来殴打,致将芭蕉扇纱长衫扯破,请究。巡捕亦称在途见桑阿来与陈双喜相打等语。质之桑阿来,供因母病至八仙桥叫妻室回来,同坐车子路过四马路口,陈双喜骂我姘头,我亦骂其瞎眼,由是两相争斗,并被打伤,请究。问官以陈双喜被毁之衣扇有据,桑阿来所称之虐谑无凭,竟判罚洋一元给赔双喜,并据桑阿来坚称亦有伤痕,陈司马谕以果经受伤,尽可自向上海县控告,毋再多渎。噫,何两日内而两园戏子善于肇事哉!

光绪二年七月二十五日/1876年9月12日

戏园热闹

宁郡之庆丰戏园已于初四日开演,看客非常之多,后来者几无坐位。更有看白戏者,以其大门紧闭,未能擅入,各怀愤恨,尽有欲扛巨石而撞开其门者,亦有搬运瓦砾堵塞其门者,更有从墙外抛砖掷瓦而至园内者，又或爬上墙头挖开壁洞而窃窥者，种种闹事，致园中看客均抱不安，台上诸伶亦觉无味，惟有暂且停演，再行设法。或当照沪上规模，亦雇西人弹压耳。

光绪二年八月初十日/1876年9月27日

戏园准开复停

杭垣富春茶园荣记本定前月二十日在黉门局前开演，复又改至二十六日，再后又改至本月初六日，然终以资本不敷，仍未见演戏也。

光绪二年八月十二日/1876年9月29日

禁开戏馆

宁波新设之戏馆，前以看白戏者较多，小不如意，使抛砖掷瓦，洞壁逾垣，致即停演，此已列报。昨闻东门外之庆丰戏园业已草创具备，正图登场演出，忽见府县尊两示禁止，谓奉道宪面谕，宁地虽亦通商码头，其情形究与上海有异，如此危楼薄壁，哄动多人，难保不随时滋事，着即永禁在案。而戏园主以事已垂成，忽然中止，将数千元之赀本从何索还，爰浼领事官向道宪关说，而道宪则未之允也。又闻孙邑尊亦以履任以来，命案叠出，如此次再设戏园，则斗殴必多，即使道宪准行，亦将禀详中丞也。戏园主闻是消息，只得闭歇，门贴招盘字条。然而银盔画戟，舞衫歌裙，岂急切可得主顾耶？惟有频呼咄咄而已。宁人之来函如是。窃思菊部梨园，本亦歌咏升平之事。京师为辇毂之地，犹且有之，岂宁波而必不可设耶？至若恐生事端，则全在园主章程之善，官府号令之行。今且无论上海香港两处，即从前之苏垣戏馆林立，亦何尝案牍繁滋耶？使必因畏事而一概严禁，是必遁入于无何有之乡斯可矣，岂所论于四明之大地哉！

光绪二年八月二十三日/1876年10月10日

论禁戏

人生可以取乐之事,本非一端,要视乎其人何如耳。人之有志于圣贤者,则以学道为乐;有志于利济者,则以为善为乐;有志于材艺者,则以读书为乐;有志于显扬者,则以仕宦为乐;此皆人之上焉者也。次则志在恬淡者,借琴棋书画以为乐。下则志在纷华者,因嫖赌吃着以为乐矣。至于观剧一事,其素性不喜者,虽戏在其侧,亦不欲观;其素性若喜者,固不论富贵贫贱,知愚贤否,老幼男女,一闻有戏,不拘何地,皆趋之若鹜,赴之恐后,一律往观也。若夫演戏固歌咏升平之意,亦献寿公堂,与民同乐之一道也。或值丰年演以酬神,或当万寿演以报君,或因舞彩演以娱亲,或有喜事演以宴宾,此常事也,故功令亦不禁之。然此种事岂能日日常有,而伶人业此,原借以糊口养家,时常无事,其资从何而得?故不能不设法开馆以卖戏焉。昔时戏馆之设,惟京师、保定、天津、苏州数处,余则未闻。然予少年在滇时,往往在小县山乡,居然有借庙中戏台演戏以卖钱者,往观者每人给钱不过十文,而伶人亦可因此以免冻馁,从未闻有滋事之时,亦足见昔日云南民俗之厚也。自通商之后,凡西商租界皆许伶人设馆演戏卖钱,始则创于香港,继则及于上海,后则至于镇江,今则又闻宁波亦有戏馆之设。盖缘西人以观剧为至乐,故西官推己及人,于此事不设厉禁焉。兹闻镇江之戏馆因折耗业已停止,宁波之戏馆又因官宪恐生事端禁止开设,并闻广东省垣近日亦禁止不准演戏,故省城之人有附轮船赴香港以观剧者,本馆均已录之于报。昨闻西人言曰,吾国在上之人惟恐世人无取乐之事,中国在上之人惟恐世人有过乐之端,故西国各处皆有公家花园、演唱戏馆以及各项可乐之境,即如西人之在中国,各处亦均有之。至于西伶演戏,时去时来,不一而足,且有富[商]大贾在西人戏馆之中自行登场演唱各戏,使众纵观以取乐者。故现闻华官禁止演戏,西人皆不以为然。夫华官之禁戏,恐其滋事也。第京师各处以及香港上海从未闻有因演戏酿成大案者,惟在各官设法以禁无赖之滋事,何为禁止演戏也?若欲禁止演戏,必使已能演唱之伶人有所位置,令其改业,不能演唱之伶人不准学习,另为他图而后可。否则一省之赖此以活命者不下数万人，一旦绝其生路，懦弱者必咸为饿莩，强悍者必尽为盗贼，岂不更致多事哉！吾闻此语不禁有感矣，夫地方之可以滋事者，岂独戏馆哉？而妓馆赌馆其尤甚焉者矣，乃妓赌二馆往往难禁，由于一切人等或因之以得陋规，或藉之以为生财，故或使官不及知，或致官不能禁。若戏馆之往观剧者，不但不能得钱，而且反致失钱，故欲官禁之也。虽然，汪龙庄先生有言：官须己做，何以今之为官者反致为人所役，岂不大可惜哉！然前在轮船见一广东疯癫之人，询其同行其病因何而得，曰：彼向无此疾，因一日观剧回家，忽得此症，医治多时，毫不见愈，实不明其何故也。今各处官长之禁戏，或系闻此人得病之由，故尔禁之，是亦爱民之一道，未可厚非也。不然，世之滋事之地，不独演戏一事，何以独禁演戏，使居家无事、在外久游之人无可取乐之地，皆竞趋赴于妓馆而荡产丧资，或生风流之疮，或致缧绁之乐也，不亦偏乎！

光绪二年九月初二日/1876年10月18日

名优蹉跌

黄月山本丹桂戏园之武小生也，色艺双佳，足与杨月楼相埒，近又换在金桂园中，于是欲专看黄月山者，不之丹桂而之金桂矣。前晚正演《赵家楼》，月山装作华云龙，耸身直上，攀援铁条，作逾墙之势。不意用力过猛，致铁条脱笋，人即从上坠下，赶即回入戏房，少停仍登场演出，闻系并无受伤云。然当时见者已代吃惊不小，以为设有伤损，恐不止月山一人自为扼腕而已也。

光绪二年九月初二日/1876年10月18日

串戏笑谈

本月初八日，京师文昌馆演《思志诚嫖院》等剧，檀板轻敲，筠廉齐卷，妖姬荡子，各极形容。赶三扮思志诚，贵云扮鸨母，正当两相酬答，突有一少年公子衣便服、着乌靴、头戴墨晶眼镜大步而来，遽向坐旁与某伶调笑。伶笑谓曰：何不就正座作嫖客？少年喜，竟趋正座,赶三让坐,少年喜笑自若。赶三复敬茶,贵云又继之,少年皆一一笑领。然池中人已大哗,两旁看客亦怒其乱局,将群起而殴之。贵云素与少年善,乃谓之曰:汝不去,将饱老拳矣。少年始向后台逸,贵云复谓赶三曰:真老爷已去,假老爷可上场矣。闻者俱为之粲然。嗣闻此少年为某太史之令子也,此固跌宕风流游戏三昧事,不足为品行之玷,特未免纨绔习气太深耳!

光绪二年九月二十二日/1876年11月7日

旧剧新演

沪上京班以丹桂、金桂两处为大,前年则丹桂稍胜于金桂,近来则金桂大胜于丹桂矣,以所有名脚色皆在金桂故也。丹桂仅大奎、鞠仙、春恒、双喜数人而已,观者既少,演者亦不高兴,每夜寥寥坐客,如同晨星,班主杜蝶云竟有朝不保暮之势。乃再三邀请杨月楼登台,月楼不允,蝶云又复恳请沪上衣冠中人以及候补官场中为其说项劝驾,月楼不能却情,允其帮演三夜。前夜为《牧羊卷》、《泗洲城》文武两出,观者几无从插足。初唱《牧羊卷》声音宏亮,腔调圆熟,无不喝采,曲终偪音,格调纯是京都程长庚脱胎。后演《泗洲城》扮悟空收妖,枪棒如梨花滚雪,明月走珠,至于平空纵跳,更为余事。人但知其能文又能武,不知月楼故为某大僚家将,武备是其所熟娴者也。旧剧新演,神乎技矣!

光绪二年九月二十五日/1876年11月10日

拟禁戏馆

宁波前有庆丰戏园,诸事垂成,以官禁中止。现在江北岸傅家道头又买一地,雇工□造,月内将即演剧,系法人贝鲁爱为戏馆主也。戴明府下车伊始,闻欲重申禁令,不准举行,虽未有明示,然闻已拟稿矣。但传得法人于买地之先已禀明驻沪之法总领事,当蒙批准,此次华官申禁,其能弗掣肘耶?又闻戴明府于前日有照会一函致驻宁之英国固领事,经领事拆阅,以为不明公事,当将原文加函送还,此初四日下午事也。照会中系何事,尚未深悉,惟谓不明公事,岂署中幕宾书办皆愦愦耶? 殊所未解也已。

光绪二年十一月初六日/1876年12月21日

论宁波戏馆事

歌咏太平,本属盛事,故自古及今,均有优伶,隶为乐籍。第古时尚有伶官之设,而玩世不恭之贤士,往往降志辱身以隐处于其间,此《简兮》之诗所由作也。后世始列此为贱役,不令于士大夫齿。自唐明皇帝另设梨园子弟,不使隶于太常,惟供奉宫中游宴之乐,此即今之演戏伶人所由始矣。后唐庄宗最喜伶人,称为伶官,与宦侍相等,然其中如敬新磨诸人,常效法东方曼倩,以谲谏感悟其主,故一时之官民每赖其戏言感动庄宗,以免其罪,是伶官之中亦何尝无人也! 嗣后由宋迄明,乐籍之中男女并列,所可惜者,常以忠臣义士之后裔子女发入其中,未免酷虐耳。本朝龙兴,革此弊政,大典举行所用之乐,则隶于太常,大内游宴所用之伶,则隶于内府。至于民间,自京师以及各省,无论通都大邑,海澨山陬,均准习为伶人,演唱历朝君仁臣忠、父慈子孝、兄爱弟敬、夫正妇顺、朋友信义诸故事,劝善惩恶,亦足为教化之一助。大则庆贺万寿、报赛神祇,小则为亲祝寿、遇庆乐宾,皆准演戏。及至伶人无事开馆演戏,国家亦无厉禁,其顺恤人情者至矣! 惟视伶人为贱役,不准本身及子孙入仕与试而已,其余则皆不禁也。尝闻雍正年间,有山东巡抚某,品行不端,为人论奏,其事尚未发作,而某不知也。又有某令官声颇好,已为宪庙所知,又为东抚所恶。适因母寿演戏,东抚借此遂上弹章,并胪列他款,奏请革职拿问,实欲锻炼以陷害之。当奉宪庙朱批,大略云:歌咏太平,本属盛事,况系该令为母祝寿,不过欲效莱衣戏舞故事而已,该抚据此即上弹章,大有作福作威之意,该抚着即革职,该令着毋庸议,以为擅作威福者戒。传者谓为实有此事,惜余未经恭读宪庙朱批圣谕全书,不能指其姓名耳。足见国家驭下,断不愿为拂情之事。所以不禁演戏者,一以广伶人谋生之路,一以宽民间作乐之方耳。现接宁友来信云,宁波欲设戏馆,当道必欲禁止,已屡登前报。但宁波最大之害莫过于买空卖空、演花鼓戏二端,当道虽欲禁止,民间阳奉阴违,余如各种赌场,亦尚未能一律禁绝,而独专心致志于禁开戏馆者,何也?惟是戏馆之设,京师为最,次则保定、天津、苏州亦然,余如各省城市乡村亦均有之,租界如镇江、上海皆有数处,均未闻有禁止不准开者,何以宁波必欲禁止乎?若谓恐其滋事,则各处戏馆并未闻酿成大事者。若谓宁人喜事,则宁郡演戏亦未酿成大事者,且可令开戏馆者具结,若至滋事必须重办严禁,亦无不可,何必先行逆亿也?夫开设戏馆,原为歌咏太平之盛事,而当道竟视若为非作歹之大事,其欲禁止更甚于教匪盗贼娼赌诸事,何也?既绝伶人谋生之路,又杜民间作乐之方,恐非国家准人为伶、许世演戏之本意矣,愿宁波当道者详细思之。

光绪二年十一月十四日/1876年12月29日

戏馆落成

前报宁波江北岸经法人贝鲁爱购买墓地起造戏园,兹闻已将次完工,园名熙春,月内当即开演,但未知戴明府闻之又将何似耳。

光绪二年十一月二十二日/1877年1月6日

看戏赔银

金桂轩守门之洋人称,有苏阿九来看白戏被阻,遇殴,致将金纽扣一粒失去,值洋六元三角,当由巡捕查得苏之身畔有洋十九元,其时尚有许升者,亦苏之同伴也。苏供进园寻友,并未相打。官总以苏滋事,判罚洋七元给赔,许升笞百板示儆。余谓苏幸有洋十九元耳,否则必同遭鞭扑矣。虽然象有齿而焚身,苏之赔银,未始非十九元有以启之也。惜其腰囊向裕,何犹吝此区区而图看白戏耶?所供进园寻友,并未相打,然欤?非欤?

光绪二年十一月二十五日/1877年1月9日

演戏有忌

都下自国服后,各戏馆均改为清唱,其实旌旗锣鼓,固无异平时也。诸名班各据一园，如西班、春台均在前门一带，四喜则专在文昌馆。惟文昌素称凶宅，内多鬼魅，而四喜座客不亚他部。所忌者《思志诚嫖院》一出，昔年一演此戏，不数日座客寥落，脚色顿散，屡试屡验。今年秋又演此剧，识者怃然曰："四喜又将散乎?"闻者尚不尽言，已而果然。岂此出有关通班盛衰耶？抑有所忌耶？何独他班不忌而专不利于四喜也？殊不可解矣。

光绪二年十一月二十八日/1877年1月12日

新开戏园笑谈

宁波新开之熙春戏园，叠经入报，昨闻定于二十八日开演。二十五日，戴明府曾传江北岸地保进署，责其何不早报。地保答以大老爷月初出示发贴园前，想大老爷已知之矣，故未禀报耳。明府转为之语塞，惟谕以探明开演日期，速来报知。地保始唯唯而退。于是宁人闻此，或相笑曰：邑宰欲知演戏之期，究是何故？将待戏子登场，面示禁欤？抑逸兴遄飞时，率宾僚而往观欤？

光绪二年十一月二十九日/1877年1月13日

新开戏馆

沪上戏馆京班脚色首推丹桂、金桂二园，今闻宝善街新造戏园，一切规模与丹桂仿佛，坚固整齐，华丽宏敞，有过之无不及也。现为西商巴客所开，招集京都、天津、沪上有名诸人，并邀请都中著名清客，择日登台开演。艳舞清歌，描摹月宫胜景；争长斗异，荟萃海国奇观。试彼手艺，悦我心苗。想闻风者莫不欲先睹为快，扩充眼界也。

光绪二年十二月初五日/1877年1月18日

戏子跳槽

本埠小东门外同乐戏园主楚金丰及其管门人曹福堂，昨赴法公堂禀称，园内之后场樊长林与其寄子之演戏者余阿昭，两共每月辛工洋三十七元。本月初，樊余二人要预支辛工三月，计洋百十一元,诚恐其别有就绪,借此为辞,随付六十一元,尚余五十元,约定不日交给。不意樊余二人近闻欲往新开戏馆生理,但定洋已接受,何可他图?因请恩断。质之樊余,则称现不愿在同乐,欲往新开戏园。谢刺史询以新开戏园何人所设,则称外国人。刺史闻言,知其狡展,大加申斥。樊长林又称预收之洋情愿当堂缴还,刺史谕以既收过六十一元,理宜做满再定去留。樊犹未肯遵断,及刺史喝责,始畏而遵谕,随着的保斥退完案。

光绪二年十二月十一日/1877年1月24日

园 主 诉 词

英租界鹤鸣戏园主巴客,昨至法公堂声称,前有控称三人勾引戏子一案,实系诬告,是聚仙园主李小毛串成,请将李小毛交带至英界究办。谢刺史与补头闻之,深为诧异,以为当日所告者系高王二人,并无李小毛名姓在内,碍难准行。巴客向多方辨诉,谢刺史谕以即欲提人,亦须照西例告准发给照会,方可提去,亦不能凭空与之带回也。于是巴客退出云。

光绪二年十二月十八日/1877年1月31日

论各处戏园被焚事

天下五洲之地,大约分有百国左右。虽其国家之政治各有不同,其闾阎之风俗亦复各异,然各国均有其国之戏,而各国亦均有演戏之园。惟此一事,几乎天下各国皆如一辙,其故何哉?盖戏也者,均属传演其国之故事,不但可以博识多闻,而且可以劝善惩恶,至于悦目赏心,犹其小焉者也。此所以各国皆不禁止演戏,并不禁设戏园也。不然,何以各国戏园均遭惨事,而官长但令更改其旧制,不即禁绝其唱演?于此亦足见各国之君官体恤人情,不塞演戏人谋生之路,不杜看戏人作乐之方也。即以今岁之事言之,所被焚之戏园不止一处。先则日本之戏园不戒于火,焚死者已属不少;次则旧金山华人之戏园继之;终则美国辅林戏园又次之。其间焚死之人,多则盈千,少则数百,惟美国之戏园为最惨,故其地诸父老谓:从未见如此惨事。数日之后,始将不能分辨之尸代为攒葬,见之者犹无不太息流涕焉。若使各处之官长素恶戏园,正可借此禁止,以杜绝其后患。而各处之官长并不即行厉禁,仅言园门窄小,故致如此,以后再设戏园,务须宽大其门,不致再蹈此等覆辙。亦可见各国之官长,皆得临下以简、御众以宽之道矣。虽然以赏心悦目之事,忽变为伤心惨目之举,其事实未经见,而其中想亦实有数存焉。犹忆故老传言,道光年间,广东省垣各衙署头门之外演唱土地会戏,此亦举行向例,而戏台皆设于头门外者,盖纵民齐观与众同乐之意耳。不意学使署前忽因看台微火,登时烟焰薰天,竟成大难,共烧死男女老幼数千人,此实目所未见耳所未闻之奇灾也。而演戏之伶人,其逃出得生者亦仅寥寥数人。当戏未开演之时,看台之上有数小儿,见戏台之上无数奇鬼,中多肢体不全者,皆大哭欲归,并拉其父母亲戚同去。长者坐而不行,幼孩哭而不止,众多厌之,促其同回,归后火发,数家之人皆得免于此难。又有班中之人,亦皆先有见闻,或见鬼形,或闻鬼哭,均行托病而去,亦皆得免斯难。夫以戏园言之,看戏之人聚于园内,园门既属窄小,一旦火起于中,人众拥挤,以致不能逃出,尚属常事。若广东戏场遭灾之事,其地原属宽大,虽有辕门之栅栏阻隔,固可用力推倒,众人亦可趁势奔出,乃一经火起,亦至烧死数千人之多,真有令人索解不得者,若不谓为有数存焉,讵可得乎?至于看戏者之多家与演戏者之众人,又皆各有见闻,得以保全,岂真不在数中之人,鬼神先示之兆,令其皆得趋避与?抑岂华人信鬼神命数之说,故先示以兆,使世知此理之有凭,西人不信,故亦不示之以先兆与?虽然人死至千百之多,不谓为数不能也,但纵有天数,仍须尽人事以挽回,即各国均有偏灾,而在上者不能坐视不救,此固宇宙皆同之理也,岂止戏园一事乎?故西人亦必设法以善其后,断不因火而遽禁止其事也。

光绪二年十二月十九日/1877年2月1日

论演戏救灾事

同一事也,华人借之以利己,西人借之以济人,故自华人视之,则以为无益之行为,而自西人视之,则以为有益之举动,如演戏一事是也。前阅近事编录所载,本港戏园除高升、同庆、普乐而外,兵房左近复有剧台一座,以为西人士游观之举。日前有英国战船猝遭沉溺,兵丁水手死于是役者,殊堪悲怜,复有家属零丁孤寡,无所倚靠,更觉可怜。有心者即于十九晚相集演剧,于赴观者皆税其赀,即以是夕所税之赀,尽为周济沉渔家属之用。此其立心不减于仁人施济,且使来观者既得娱目,亦足以写其好行其德之心,不待签捐,无烦代贷,一举两得,诚为甚便。使世之演戏皆如此用心,则谓之有益亦无不可。其报所言如此。因思去冬上海租界寄居之法人,缘法国有一地方饥荒,法人之在沪者欲集赀以赈之,亦用此法。演戏两日所得之赀,尽行寄往,以助赈务,其法亦可谓良矣。出赀者不费大力而集腋成裘,众擎易举,既得多赀,有益正事。使华人亦能效其所为,遇事照此办理,势必易于成就。演戏之优伶,果亦能如此用心,如此行事,实属大可有益于世。方且诸务司仗优伶以成,又何至目优伶为贱业哉!日前沪上闻燕台等处灾荒甚巨,亦有倡议,欲令各戏馆于礼拜六夜演戏一宵,各馆所得之赀,聚送一处,汇寄燕台等地以助赈项,商之于平日与各戏馆相熟之人,属往相商于各馆,无如其人畏难,不肯往商。余初闻之,亦谓事尚可行,何也?因租界各戏馆,一至残冬,所有寄居租界之各处客民,均求各戏馆代演一宵,所得余赀,尽归求演各人分用,名之曰打野鸡,向来如此,今冬尤甚。余因有此习俗,故以为事在可成,盖谓戏馆肯帮数人之用度,岂有不肯帮赈大众之饥饿乎?不料竟无人肯言也。今余连类论及者,盖欲使各戏馆知西人有此办法,或能触目动心,有此一举,亦未可知。虽然,西人之为此者,实非平日演戏之优伶,赖戏以猎食谋生者也。而各戏馆之优伶,固借此以事蓄养赡,苟少一夕之赀,即少一日之用,似不可以一概而言。但人之欲善,谁不如我,古人已有明言。况仅一宵所得尽行助赈,似于各馆尚无大损,何不以小人之业而为君子之事,令受之者感激,闻之者羡慕,或能因此感动而勃然兴起,乐输重赀往助赈务,以为彼演戏者尚能如此,何况我辈席丰履厚者哉!果能如此,则其有功于赈务实属不少，岂得犹谓演戏为无益之行为，非有益之举动乎？吾是以不惜谆谆相劝而不肯止也。又况所失者小而所得者大，从此沪上各戏馆之美名，亦可以与西人演戏行善之美名同见称于一时也，岂不美乎！

光绪二年十二月二十六日/1877 年 2 月 8 日

光绪三年(1877)

戏园闹事

宁波之熙春戏园于十四日亥刻,突有小船户四五十人硬欲进内看戏。经园主拦阻,当将园主拖至街心殴打,受伤颇重。随即获住两名,送由巡捕房管押云。

光绪三年正月十七日/1877 年 3 月 1 日

看戏吃惊

上年本埠某戏馆正演《火烧大悲楼》之戏,烟火冒空,观者色舞。讵料台上之假火方燃,柜中之真火突出,以致各看客落荒而逃,惊惶失措,真事之巧相值也。前晚天仙戏园又演《春秋配》全本,所谓干柴烈火,看客复皆注目,不图厢房内伶人之床帐为烟灯引燃,红光照耀,人都苍黄出避。虽即经扑灭,戏仍开锣,而女妓五六人逃至园外,所有钗环、水烟筒已半遭匪人抢拔,云鬓蓬松,粉黛无色,亦只有付之无可奈何耳。

光绪三年正月二十二日/1877 年 3 月 6 日

札拿伶人

杨月楼遇赦后,在鹤鸣园演剧,已非一日。昨闻冯道宪忽札饬会审公堂派差协捕往拿,固未知因何事,而月楼则已遁去无踪矣。

光绪三年二月初一日/1877 年 3 月 15 日

看戏败兴

菊部中唱昆山曲者,向以苏垣戏馆为最擅长。若梆子二黄,断推北地。近年来上海盛行京班,兼各戏馆排场极其华丽,上等脚色每月可得工银百金,由是归之者如流水,而冀北空群矣。客于十七日在天津三官庙观戏，是日三班合演，并请清客，台上台下，坐者立者，约有二千余人。开场演《空城计》，其次《探窑》，《空城计》之老生不及丹桂之景四宝，《探窑》之顾奎龙声韵虽佳，而玉润珠圆究逊于常子和、王桂芳。童串之《打金枝》，客串之《铡美案》，亦均难出色。扮包龙图者，闻系侯家后之贾某，平时以大面擅场，乃是日亦平淡无奇，不得谓空前绝后。继而演《五花洞》，陆离光怪，殊堪悦目。无何又丝竹登场，为十四旦之《扇坟》，丰神跌宕，情致缠绵，真足销魂也。继之者为徐大云所演之《九龙杯》，至"搜府"时，其惊惧形容奉承情状，描模曲肖，色色入神。乃正当其赏之余，忽台下喧声错杂，盖以争坐位而挥老拳矣。一时看客尽散，人数较多，竟不得其门而出。尽有跃上戏台，欲从后面之正门而走，戏子固莫能拦阻，致戏未终而锣鼓暂停，客皆扫兴云。

光绪三年二月初五日/1877年3月19日

看戏殴人

又据天仙茶园管门巡捕禀称，昨有周胜福来园看戏，我当嘱其买票，伊不肯从，硬欲进内，当有茶房拦阻，即被其脚踢，致伤小腹，故将周胜福送案，请究质之。周胜福供称，看戏相殴是实。问官堂谕，既据巡捕禀明，该戏园尚有受伤之人，未便核断释放，着将周胜福管押，俟受伤人伤痊，再行复讯定案。看戏原欲取乐，乃恃强逞凶，伤人被押，不知何日方能了结，是未得乐先受苦矣。世事往往如此，故处世者所以贵乎能忍也。

光绪三年二月初七日/1877年3月21日

戏馆停演

宁波来信云，传得驻沪之法领事已准宁波瑞观察照会，饬将熙春戏馆闭歇，故前日已停演矣。然本馆尚未得有实信，未知果确否也。

光绪三年二月十七日/1877年3月31日

新班演戏

宁波熙春戏园奉本埠法领事照会饬停,此已列报。然班内各伶之辛工已付至四月为止,宁波既不准开演,辛工又未能索回。因于前日来沪,经班主禀明法总领事,准暂借新北门外回乐园,于昨晚登台演戏云。

光绪三年二月二十九日/1877年4月12日

戏资赈饥

山左饥荒景象,本报已言之屡矣。即中外诸善士之捐银者,亦随闻随书。盖好生恶死,人之同情,救灾恤难,古有遗训,故乐得而揄扬之也。兹见本报后幅鹤鸣戏园所列之告白,知从本月十五日起至端午日止,每日所得戏赀除去房租火食外,各伶人皆不取辛工,所有余银愿为山东赈款,何优孟中亦知自好如是哉!按本埠外国戏园日前亦有此举,则知“天良其在,为善最乐”之语非虚也。

光绪三年三月十三日/1877年4月26日

论福建李监生控宁波郭举人开设熙春戏园事

古语有云:两雄不并立,天下事大抵皆然。观于宁波来信所述,旅居甬上之福建监生李某,屡控开设熙春戏园之郭孝廉于道宪两署之事,愈足徵矣。初控县时,已经戴明府批驳,斥其非本地人,事不干己,并将原禀发还。李某复将此情控于道署,观察批府饬县查覆。李某又不遵候,屡次禀催。后经观察亲行提讯,李供戏园实属有伤风化,并恐滋事,且国孝未满,有违制典。郭某无恶不作,乡里侧目而视,急请传提严办。观察面驳,何以所控之人前少后多,且戏已停歇,何得以不干己之事屡控,并斥其胆大。李供戏虽停而园尚未拆,且谓观察胆小,一个举人尚不敢办,做何道台?观察欲令掌责,幕友遣人劝止。闻李某尚欲赴省上控也。此事前后情节已屡列报,兹特节其大略耳。夫举人郭某平日行为,本馆亦未能知,第据李供无恶不作,乡里侧目而视,若果如此,是为一乡共恶之人矣,何以乡里之人又无一呈控及之者?即李某亦仅能控其开设戏园一事，他事亦不能指出，可见不过李某之刁诬，宜乎各官斥其事不干己也。至于李某本非宁人，仅属旅居宁地耳，宁人举动若合其意，即行久居，若不合意，亦可回籍，何必挺身出讼为哉？其今时各处之敝俗，官长尚难革化，绅士亦难阻止，李某以一监生而欲移风易俗，多见其不知量也。县控之禀业已驳还，似亦可以息讼矣，乃全不自反，仍然固执，复控于道，能不谓为喜事健讼乎？何况戏园之设，上自京师，下及各省，往往有之，亦不止宁波一处，何尝一有戏园即行有伤风化，便至滋事，乃例所不禁者，李某欲一人禁之，能乎？不能。若谓国孝未满，有违制典，何以京师之中尚准演唱？岂上自朝廷，下及闾阎，竟无一人能如李某之知礼乎？而且开设戏园本无厉禁，不比开设赌馆与为贼窝家，例有入官拆毁之条。又况戏园现已停歇，官又安能令其拆毁乎？夫正己者而后可以正人，如李某者，但知责人，不知责己。今既以如此正大题目控告郭某，何以道讯之时如此猖獗，在堂如此情形，即律以咆哮公堂之例，照光棍例边远充军，又谁得而议惜其非罪，何况仅予掌责乎？所幸者，观察之宽厚、幕友之省事耳，否则其身已罹法网矣。若再不知进退，哓哓上控，一遇严明之官，仍复如此无状，必至不能幸免，岂犹能作监生哉？国法人情全然不明，惟知一味胡搅，纵能省控京控，执法者又安能为之另设一例乎？适足以见其取辱而已。大抵李、郭二人平日已有两雄不并立之势，及开戏园之时，又欲从中分肥，不遂其欲，故至激成讼事。在旁人均知其事不干己，在李某实觉其欲不从心，是以必欲上控求胜也。虽然，郭某亦有自取之咎也，开设戏园，例虽不禁，究非正业。郭某身为举人，亦系一乡之望，奈何甘与优伶为伍而为此下贱之业乎？又安能禁李某之不控也？总之，郭、李二人均非安分守己之人，郭若不为，李必为之。今则郭某既为，李某不能再为，此控之所由来也。吾故曰：必属两雄不并立也。

光绪三年四月初六日/1877年5月18日

梨园声价

近见《沪游杂记》中载金、丹二园角色，品列颇当，第不别何项角色,而统为甲乙,恐未见专门之长。且金、丹二园外,概不之及,而二园中遗珠亦复不少,阅者终未惬心。仆等薄游海上,十有余年,拟将目所及见者,分各项角色,列上中次三品,得百二十人,各详名姓籍贯,隶何园,擅何技,上品者缀以评赞,并列其当行之剧,俟有成书即以问世。兹先录其品目一则,烦贵馆列诸报中。如或搜采未周,评骘未当,尚祈大雅君子有以教我焉。

胡子生　上品:周春奎、孙春恒、孙鞠仙、景四宝、陈孟珩、吴凤鸣、熊金桂;中品:范兴盛、徐岱云、袁辅堂、陈万有、马六、王兆奎、刘均喜、童串小庚弟、小秃三;次品:李兴斋、刘久奎、刘桂卿、左月春、周长春、夏奎章。

青衫旦　上品:常子和、王桂芳、孙瑞堂、李棣香、陈双喜、田玉珊;中品:童串王喜寿、王宝凤、陈玉棠、刘荟方、薛宝生、任庆云;次品:京小六、董子明、董喜林、段小兰、丁琴凤。

大面　上品:大奎官;中品:张七、童串小胜奎、小穆、董三雄、刘福义、孟七、张九柱;次品:宁天吉、赵殿奎、谢云奎、刘玉庭、刘福永。

武生　上品:任七、杨月楼、黄月山;中品:李春来、任子山、郝福芝、赵珍玉;次品:沈韵秋、周长山、谢梅卿、三麻子、庆禄喜、杨文玉。

开口跳　上品:田黑、陈吉太、薛大庆、贵小;中品:环九、张永升;次品:小和尚、杜增林、宋立官。

花旦　上品:傅紫秋、谢宝林、安静芝、盖山西、盖三省、皂儿、童串小十三旦、小水上飘、陈彩林、梨双玉、刘凤林、陆玉珍;中品:浪双喜、浪半台、冯三喜、赵宝龄、金香翠;次品:何哈旦、童串小桂寿、蔡四喜、候长寿、俞三元。

武旦　上品:韩桂喜、黑儿;中品:大福喜;次品:对儿、王玉山。

小生　上品:杜蝶云;中品:杨吉祥;次品:江春山、张玉涵。

老旦　上品:冯玉春;中品:张东元;次品:段廷辉。

小花面　上品:秃扁儿、崔景福;中品:毕不得、周松林、周来全、庆振亭、徐九;次品:赵祥玉、朱二小、宋赶生、李毛儿、马八海。

右计上品三十八人，中品四十一人，次品四十一人。

沪上寓公评定。

光绪三年四月初七日/1877年5月19日

戏园热闹

三月初六日，天津四大戏园开场唱戏，演者兴高采烈，观者色舞眉飞，盖如久旱逢甘雨也。计东门外之庆芳园，鼓楼北之金凤园，侯家后之协盛园，大关西之袭胜轩，各有所长，不分轩轾。盖重庆班以腔口胜，丰桂班以排场胜，小班双凤则脚色整齐，时多点染，每日所演不过四五出，故开演之日座客常满。三月望日后轮值，丰桂班在庆芳演剧，最足耐人观听者，为花旦一阵风，即前在沪上之武旦黑儿也。念三日当锣鼓喧闹之际，忽有挟兵刃与馆人为难者，幸即为督辕武弁拿住，并获铁尺两柄，铁枪一杆。嗣闻滋事者为某署轿班，戏馆于若辈向有陋规，因此次开场尚未议妥，遂借争座为名以泄其愤。馆主不欲与之结怨，旋请开释，其人始扬长而去云。

光绪三年四月初九日/1877年5月21日

论戏园节钱助赈事因述所见

凡善举之事，随时随地可以量力倡助集而成之，不必尽富商大贾动辄解赠巨万而后可以济事也。通都大邑之中，五方杂处人间，应酬之费必十倍于乡僻小地。若上海一海边埠头耳，人之到此者，勿论妓馆、酒馆、戏馆必入之。或每日招邀，迭为东道主；或间日一往，以叙友朋，恣游宴；即极知省俭之人，亦必旬日一至，一月一至。而其中之人，又不必尽富商大贾与夫显宦客官之暂时至止者，即橐笔寒儒、经纪小伙，亦尝呼朋引类，游宴其中。降而至于酒店、茶店、烟店，费不必洋钱者，较之别处所用，亦多至十倍。于此十倍之中，大者省费一月十元，小者省费每月一元，尚不至于杜门谢交，无可赏心悦目。盖通计一月之中，在殷富者十元之洋，不过太仓之一粟，即平常之人，每月一元办差，如钱绳之串底。月省此十元一元，止须于阔绰之中少存减省,即已留此有余。通计万人,十元者二,一元者八,则一月之中,可以集资二万八千元,积至一年,已有三十余万。苟有如山东青莱之饥荒者,一赴上海而愬之,有何捐赈之不可办哉!前山东之灾,西教士倡为启文,而捐者络绎不绝,香港之西人、日本之西人,均各解囊相助,交教士散赈,旅居上海者更无论已。本馆方谓西人肯如此急公好义,而中土之人反不能拯中土之灾,未免甘心让美于西人。厥后中人亦均乐输助赈,源源而来,至于鹤鸣戏园、久乐戏园倡行敛钱之法,折扣其一切开销,以其余资赈饥之用,亦可见天良之发,尽人有之,即善举之成,亦尽人能之,特患无所创率以致不踊跃耳。或曰:戏园借此招生意,以看客之钱资其博取美名,不惟无损于园主,且有益焉,亦何取哉?余曰:不然,人情惟无所激动于中,即有是心,亦不感发,彼赴园看戏者,岂非即余所谓月可省十元至一元之人哉?有此可省之费而不知省,借戏园之倡定此章,多往数次,既得恣游嬉之乐,又遂戏园敛助之意,明则耗看戏之资,而暗已襄助善举,一事而三善备焉,是亦何乐而不为哉!彼戏园故不以招生意为嫌,而居然登之告白,示之众人,亦可谓好善有诚矣。然诸观剧者必待戏园之倡行此法,始以多出资者匀其半以充赈,何如以平日之少出资者,留其余以待赈,不尤为实惠哉!凡事由积渐而成其功,不觉其难。既居上海,必不能矫情干誉,所谓逢场作戏者,往往有之。若每日五六点钟出门散步,遇友朋招去,先饮酒馆,猜枚豁拳,满座群花,争相酬劝。迨屡舞傞傞,而后醉中怂恿,移席妓家,复招名姝,听艳曲,以至一夕数局,一局动费数十元者。此等中苟能临时见几,念及我辈如此之乐,灾民如彼其苦,互相劝止,力为撙节,则渐积其费,使之常留有余。一旦闻某处偏灾急待赈救,则解囊相助,自觉裕如,且不仅拾元一元之定数也,又不止戏园缴用所扣六折七折之盈余也。故曰:善举之事,随时随地可以倡助,不必尽富商大贾之所为也。凡人酒馆妓馆戏馆诸公,即余言而思之,亦可知略事撙节,固未尝一齐扫兴也,何惮而不为哉?

光绪三年四月十三日/1877年5月25日

荒诞戏宜禁

禁演淫戏一条，载明律例，毋庸赘述。所谓淫戏者，如《翠屏山》、《海潮珠》等剧，均寓劝惩之音，欢梦未终，杀机已露，是在观之者之知所警觉，不得仅以淫戏视之。最宜禁者，莫若近年新出之《五福堂》一出。盖旧传洞宾三戏白牡丹，本属不经之谈，今京班竟演作淫剧，自目成以至避劫，荒谬绝伦，竟以人间秽行污蔑上界仙灵。我恐撰此剧者，徒悦世人耳目，不顾身后沦入犁舌地狱。况孚佑帝君已列本朝祀典，岂容任意亵渎？用特告沪上当道官绅，赶紧劝谕各戏园班长，将此剧情节大加删改，或竟永远停演，不致上干天怒，获福正未可量。不胜跂予望之。

彩云旧尹

伶人演戏，贞淫杂出，然统观开场结局，其善者固所以劝人，恶者亦所以警人，报应昭彰，熟视之而诚足为当头棒喝。但演全本者少而节取者多，妇孺知识较浅，苟见淫戏，岂能目中有而心中无哉？荡检逾闲，往往职此。至昆班中近所演之《来唱》，描摹逼肖，尤足动人，实为风俗之害。贤有司能速为谕禁，是亦有裨于世道人心也。

懒听丝竹人附识

光绪三年四月二十一日/1877年6月2日

看戏落水

南昌府学前白马庙近因开演会戏，一时观者聚若堵墙。台前有月池，约深一仞，水极秽浊。周池之旁护设石栏，势甚坚固，从无失足者。前月演戏日，天气晴和，游人愈盛，台之下几无插身地。时值名戏出场，众各注目凝视，不遑他盼。适有患病家祷神者，土人谓之抢魂，来时声迹寂静，咸不及觉。携带各物有雄鸡一头，即所用以验法者，缚其翼足，挟以赴坛。既至，道士诵咒作法，令牌一击，爆竹齐放。鸡因被缚久，闻声而惊，急性暴发，且跃且鸣。众以为魂之附也，急以钢叉斧戟腾掷而起，叫嚣狂奔，如鬼使神驱，如山翻海倒，前呼后应，一声声“归来”“归来”，即从人丛中直冲经过。

众人闻喊已惊怖欲绝,又被撞挤,各转头一望,纷纷者遂大至失次,凌乱杂沓,愈拥愈紧,身居局中者,犹如箍桶,莫能运动。未几轰然一声,石栏倾塌,近旁一起人排叠倒落池中。台上优人迅将所用枪棍抛下,俾资攀援,在岸者继曳之以手,遂得出坎。登岸之后,犹神痴目呆,不知所语,损失服物无算,或一袜一履,或有袜无履,白纺长衫,青绉马褂,以及几种苏式杭庄洋货等服饰,俱为泥污,莫辨其色。久之始有扶掖而归者,步行者、乘车者、坐轿者,各路并见,惟头发上为苔萍所盖,揩之不去,苍绿之色堆积满头,路人不知何故,辄哗然大笑。又有幼孩两人坐石柱上,当倒陷时,先偕石齐下。迨多人已经救起,池内尚有数泡喷出水面,见者疑之,即宣言有肯赴水捞救者,每获一人,给钱千文,持票以示。有一人应声出,解履脱襦,一跃而下,立足甫定,仍举手相招曰:“速援我起。”询其故,则云:“此中冷不可耐,我不贪多财,自惜性命也。”聚观之人不下数百,皆莫敢复往。闻有两幼孩杳无踪迹,或即是此欤?惜当时人众纷乱,未得捉彼道士,一试污泥滋味也。

光绪三年五月初四日/1877 年 6 月 14 日

看戏伤头

热闹场中,最易生事,故谚有“好男不到三场”之说。本报昨登南昌人因看戏落水,并失幼童二名,兹又闻金陵南门外眼香庙上月十五日信士酬神演戏,地方本极宽敞,无如游人甚众,台前不免拥挤。其时天气正暖,观者因日光晒下,故将随带小伞撑起,以冀阴凉。然后面之人未免碍目,屡唤收伞,前立者竟亵如充耳,置之不理。在后者动怒,遂拾一小砖,向伞抛去,不期伞尚未破,而旁观者之头颅破矣。一时彼抛此击,满场砖如雨点,有击伤头颅者,有打破额角者,抱头鼠窜,几无隙地可容。直令台上戏文中止,大众始散,而罹无妄之灾者已不少矣。

光绪三年五月初五日/1877 年 6 月 15 日

勘定戏园防火章程

租界内各戏园，大半在人烟稠密之处，且看夜戏者较多于日戏，设有火灾，千百人俱从一门逃出，必致挤拥践踏，祸实不堪设想。是以监造房屋之德和洋行，与工部局管理工程之克拉克，现奉工部局命诣各戏园会勘妥筹防火善章，共计十二款列左，诚得遵而行之，是亦防患于未然也。

一、每园须大门两个，至狭以六尺为率，门向外开，院中通门处概不准存储杂物；

一、因大门之外则无门径通大路者，故此门愈大愈好；

一、戏园旁墙每旁至少开一门，每门至狭六尺，门俱向外开，不锁，只用小闩，可使于冲门而出；

一、另外各旁门应预备可避入邻家，或可破门，或撞薄墙，又恐邻近小弄尚难通达，不如在两旁门前特雇一房以备之；

一、楼板应加坚固，以防众人受惊，拥挤一处；

一、楼梯每园须设坚固者四张，每张至狭四尺，梯边又设坚牢栏杆，以防跌下，其梯两张在大门之旁，两张在台旁；

一、自来火须与木板相离，不得如现在仅离几寸；

一、园四旁所有空地务宜不着一物，如四围俱有空旷处所更好，盖便于看戏者之逃出，并救火者可易于行事；

一、若外墙不过三寸厚，则旁门之有无，或不如墙厚之要紧，盖墙薄则易于撞破，众人可借以躲至邻家；

一、楼上向外之壁不宜太薄，恐拥挤一处，必致轧坍，在上者固因跌损，不克避火，在下者亦有压伤之患；

一、楼上如外柱之间，其栏杆亦应加坚固；

一、围墙若十寸或十二寸厚，此旁门最为紧要，若墙厚而无旁门，倘大门拥断，患将不测，于妇女幼孩更为可虞。

光绪三年五月初六日/1877年6月16日

请禁喧嚣

病人养疴，当在静室。然本埠之仁济医馆，其西南角实与宝善街之丹桂、鹤鸣两戏院相近,彻夜敖曹,恐非所以安病体。故日昨英教士慕维廉医士章君等联名赴英会审公廨,禀请设法禁阻,官判候查察批覆。

光绪三年六月初九日/1877 年 7 月 19 日

谕禁深夜开锣演戏

前报英教士慕维廉等以仁济病房与戏园逼近,彻夜大锣小鼓,太觉喧嚣,实与病人有碍,请即谕禁,当由问官许以查明由覆。旋查条约内载有关地方不便事宜,准请禁止。故昨特饬传丹桂、鹤鸣戏园主谕话,嗣以鹤鸣园主未经到案,由会审官止谕丹桂剧主杜蝶云,限于每晚十二点钟后不得再用大件响器开演,如违议罚。杜蝶云禀称遵谕,惟金桂、天仙两戏馆请一律禁止。问官准如所请云。

光绪三年六月十六日/1877 年 7 月 26 日

戏子打架

前夜九点钟,中桂戏园严任两戏子因向园主陈双喜索取工银,致相争击,严任受伤数处,当即由捕送仁济医馆疗治,并将陈双喜收押。昨闻已获到动手之人,陈因保释,想当由公堂核办也。

光绪三年七月初九日/1877 年 8 月 17 日

盛设戏剧

南昌广外浮桥头,本月五日起开演目莲戏全本,台场铺设极宽阔而又整齐。煤炭坡有新发园茶馆,适当前面,实为近水楼台。馆主以地利所在,遂欲据为垅断,先期设定价目,出贴通衢,入其座者,每人日间取制钱六十四文,并不置茗,至夜演杂剧,其值减半,乃设茗焉。由是不名一钱者,皆倚徙于门外,概不得入。猝有地方赤膊鬼结伴麕至,直前敲门,守者索值,前行者拍腰间小袋,示之曰:有钱在此,即扭断绊门之绳,一拥而入。未几,座上之客已满,囊中之物终虚,茶馆主但左右望而莫敢谁何,然逐日如此,恐不免滋事也。相隔数弓,又有一煤炭铺居台之旁,小楼一椽仅堪容膝,某布商以钱十八千包座。较本埠丹桂、中桂各戏馆，止须三四角洋银便可高坐正桌，且有茶点适口，不啻天渊之隔矣。

光绪三年七月二十日/1877年8月28日

梨园赞语

沪上寓公稿

周春奎　戏海飞鸿，行空天马。卓尔不群，夫惟大雅。
孙鞠仙　行神如空，行气如虹。兴高采烈，绝大神通。
陈孟珩　规矩从心，炉锤在手。看似寻常，无奇不有。
熊金桂　海上梨园，惟君创始。雏凤清声，方兴未已。
王桂芳　仙露明珠，松风水月。宜僚弄丸，有此圆活。
李棣香　彤管可贻，以贻之子。雪槛风帘，闺人深致。
田玉珊　翠袖单寒，在彼空谷。楚楚可怜，羞为膏沐。
任　七　矫若饥鹰，阚如虓虎。精悍之色，见于眉宇。
黄月山　英姿飒爽，气盖一世。裼裘而来，太原公子。
陈吉太　水断蛟龙，陆截虎豹。壮心不已，太阿出鞘。
贵　小　巧盗骊珠，怒入虎穴。朔方健儿，见者辟易。
谢宝林　揽镜自怜，顾影独赏。燕赵佳人，并世无两。
盖山西　巧笑宜人，倩盼留媚。观者蚩蚩，阳城下蔡。
皂　儿　白雪红梅，幽人清赏。秀色可餐，对之神往。
小水上飘　是耶非耶，彼姝者子。我亦怜卿，色授魂与。
梨双玉　媚入双涡，憨生薄怒。一捻腰支，自然婀娜。
陆玉珍　金屋妆成，蛾眉淡扫。遗貌取神，徐娘未老。
黑　儿　弱燕穿帘，惊鸿逸网。仙骨珊珊，欲舞掌上。
冯玉春　古戍寒笳，深秋孤鸠。恻然动心，起坐中夜。
崔景福　嬉笑怒骂，各擅其技。作如是观，文章游戏。
孙春恒　披一品衣，抱九仙骨。名士风流，想见诸葛。
景四宝　天骨开张，须眉欲活。生气懔然，蓬蓬勃勃。
吴凤鸣　天半朱霞，云中白鹤。此响不传，广场寂寞。
常子和　行云欲停，悲风四起。韩娥之讴，闻者出涕。

孙瑞堂　雅度蹁跹,真力弥满。玉佩琼琚,大家举止。
陈双喜　弱态激昂,柔情慷慨。吾视魏徵,弥觉妩媚。
大奎官　龙跳天门,虎卧凤阙。喑哑叱咤,此其余烈。
杨月楼　彼狡童兮,好行小慧。名过其实,造物且忌。
田　黑　积健为雄,返虚入浑。髑髅手提,英风懔懔。
薛大庆　黑衣白刃,如古侠客。妙手空空,飞行绝迹。
傅紫秋　洗尽铅华,自然流丽。一转秋波,心绝欲死。
安静芝　著五铢衣,迷三里雾。灼灼桃腮,娟娟莲步。
盖三省　古称倾国,奚止三省。抹倒座中,寻常脂粉。
小十三旦　枝上流莺,梁间语燕。色相可参,优昙偶现。
陈彩林　飞鸟依人,新荷出水。红袖添香,称此娇婢。
刘凤林　秋燕乍归,春莺巧啭。作内家妆,绝世姿态。
韩桂喜　鬓影生春,刀光如雪。作变徵音,弥见激烈。
杜蝶云　李广才气,睥睨一切。相宜封侯,豹头燕颔。
秃扁儿　神龙变化,不可捉摸。纯任自然,绝无造作。

前于四月中旬,录梨园品目一则,蒙列入报。兹将上品三十九人脚色,各从其类,并缀赞语,质诸慧眼人,想有目共赏也。

光绪三年七月二十二日/1877年8月30日

演戏未定

前报苏城内外两处戏园拟即择日开演,兹闻府宪以金鼓一鸣,游手好闲之辈夺门争座,恐致斗殴生事,以故尚未允许。但园中按目、班中脚色,固已待哺嗷嗷,关系身家性命,现欲央恳绅士为之挽回,不识能有转机否也。

光绪三年七月二十九日/1877年9月6日

宁波戏馆续闻

前录福建李监生控鄞县郭孝廉开设戏园一事,叠控十余次,均以越俎驳斥。近闻戏馆复开,该监生约镇海某孝廉等十余人在郭孝廉近邻之酒肆会议,欲郭集资一千五十元馈之,如不敷数,嗣梅中丞来宁时，即当上控云云。事虽未成，然使之闻之之意，已可概见。并闻前月二十九日早轮舟抵宁，到有伶人六十余名，准于初一日开演，园名则改为会春矣。

光绪三年八月初二日/1877年9月8日

看白戏

京师内地棍名目不一，纠众打架者，谓之土包；向人讹索者，谓之土虚子。土虚子初入其党，必先经土包痛打三次，能忍死无声，方为好汉，此之谓试刑，从此饮之食之，皆取给于土包，可无须自营生计矣。上月广合楼戏馆新到一山西旦脚，名曰八宝旦，开演时座无虚位。土包与土虚子骈肩闯入，齐声喊好，众客疑有滋事，散去数桌。戏馆主以土棍肇事，将为首之刘姓送坊官，即以四十余斤之枷枷之，每值八宝旦登场，牵刘于戏馆前示众。

光绪三年八月初五日/1877年9月11日

鄞县演戏

宁波府鄞县衙门于八月初旬在署演戏，酬答福德尊神，岁以为常。近因国制停演两年，今当期满，故于初一、初二两日，在大堂向东搭台演戏两昼夜，其大堂上亦搭有看台，为委员幕友坐观者，其优伶为福建徽班也。

光绪三年八月初九日/1877年9月15日

斗殴叠见

上月十八日金陵雨花台有染业齐行演戏，观者约有二千人。看台上有甲乙两人，正在注目之际，忽有染业某丙登台，与甲乙争座，致相殴打。一时染业同人咸来帮助，某甲众寡不敌，欲遁不能，以致身受重伤，口吐血沫，命在呼吸。同来某乙欲救不得，见甲伤重，遂将凶手一名扭交汛官萧把总收管，一面将甲抬回。不料凶手自知殴打伤重，命必不保，恐官究办，因再四设法央求。萧不知甲伤之重，以为偶尔斗殴，无关大事，竟允所请。及乙抬甲至，请萧验伤,始知伤痕甚重,命在垂危,察查凶手,其人已如江上黄鹤,一去不返矣。乙向萧索,萧无可交出,不胜急迫,又再四向乙恳情,愿延医为甲诊视,一面饬差缉获凶手。但甲伤已重,恐医亦难保无恙也。又是日有担米者与贩鱼者殴打,担米者大受其伤,登时倒地晕绝,据闻肾囊已破。惟时旁观者咸动公愤,遂将贩鱼人扭送保甲分局,请官惩办,即将贩鱼者重责枷号,须俟其人伤痊再行释放云。

光绪三年八月十五日/1877 年 9 月 21 日

看戏乏钞

吉祥街盈桂戏园之管门巡捕曹福堂昨至法公堂,声称有谈正华等十余人来园看戏,迨至收钱时不会钞,我为解劝,转被谈姓等殴打,号褂扯碎,呈验。质之谈正华,供是南京人,向业手艺,是日因有乡亲来沪,随同看戏,不意又遇友人到来,然我之戏钱早经付讫也。又据曹供并未付钱,曾有西捕眼见等语。官以既有西捕为证,显见滋事,本当重究,姑念手艺中人,着管押一日示戒。

光绪三年八月二十日/1877 年 9 月 26 日

吴中近事(之一)

苏阊外普安戏园每逢开演,近地之看白戏者蜂拥而入,无可拦阻,甚至高据正桌,不肯稍让。本馆曾谓其必致构衅,果于十四日因拥阻太甚,为之停演。现在戏园中屡欲纠集多人,与之背城一战。事虽未成,然彼此相持,终恐非戏园之福也。

光绪三年八月二十二日/1877 年 9 月 28 日

戏子殴伤案讯结

前报载中桂戏园之优人任九、陆顺因与园主索取包钱,被童三打伤,当由捕送医馆,昨经解送公堂。据任九与陆顺俱称,因讨包钱,致被□□童三用刀戳伤甚重,目下虽能行动,而陆顺恐或残废,请从严办。质之童三,供词闪烁。问官讯得陆顺因伤成废,该津人每好动刀伤人,若不严办,不足以昭炯戒,判将童三移送上海县监禁两年正断结。后又据任九等禀称，我等至门前，即有天津多人守候，尚欲寻仇，请究。当即派捕前往，拿得余二一人，饬笞一百板，发捕房管押候示。

光绪三年八月二十三日/1877 年 9 月 29 日

提讯优人

署宁波府李太守于日前提优人蔡宗明亲讯一事，即举监互控之案也。福建监生李庆瑞前又以鄞县举人郭诗臣复开戏馆等词控于道署，观察行府饬查，故太守将蔡宗明提案。讯据供称，本园自有行头股份，其郭诗臣并无拼合，不过借与小的洋五百元耳。太守以堂堂举子，何缘假戏子以多金，必有不实不尽之处，即将蔡发县研讯，再行详办。

光绪三年八月二十六日/1877 年 10 月 2 日

吴郡琐闻(之一)

二十日，普安戏园中有某作坊匠人强欲入内看戏，把门者拦之，其人势欲用武，惟时把门人数众多，遂将其人扭辫握发，挥拳乱打。正喧嚷间，讵意台前之看戏者因与兵勇争论，而各兵之看白戏者，遂各飞盘掷碗，毁墙拆户，亦复大肆殴打。于是内外争斗，各看客进退维谷，致有遗失物件者，伤损衣服者，且有拥挤受伤，额颅破损者。是日伤重者两人，一为把门群殴，一为兵勇猛击也，现虽延伤科医治，第未识能无恙否？

光绪三年八月二十六日/1877 年 10 月 2 日

宁波近事(之二)

二十日，宁波各酒馆齐行雇名班在城隍庙演戏，时以看客较多，台前不胜拥挤，因有站立台旁熟视者。在后愈聚愈众，戏子进出未免不便，嘱速下台，遂致两相打架，看客二人头面受伤。于是台下者咸抱不平，将前后门紧闭，各以砖石乱掷，戏子亦持械相拒，势各汹汹，莫能相下。当由酒馆中人先开庙门，请营勇弹压，始得歇手,然头破血淋者已多多矣。

优人蔡宗明在县,闻自愿具永不复开戏园甘结存案,然园中戏子刻仍端居而未散也。

光绪三年八月二十八日/1877 年 10 月 4 日

论禁戏

凡各省府州县以及乡镇村社,遇岁晚务闲,力作休息之际,醵金赛神,群聚饮福,或演戏酬报,以为一年勤劳,值此闲暇,恣意行乐耳。考其缘起,即古人吹豳饮蜡之遗风,而演剧则后世所增,然不过一岁之终,农隙之时。自城乡社堡庙宇日多,所供之神祀典不载,群相戏弄,以为某神司某事。业某者宜祀之神有诞辰,神之偶亦有诞辰,不特杀牲祭报,必演戏以祀之。台上奇怪百出,台前男女杂沓,神居其上,灵爽式凭,而妖淫之戏,伤风败俗之事,毕现逼肖,亦与教忠教孝、惩恶劝善之剧并陈于前,非以妥神,实以娱人。其初社长村老与各业首董司理其事,必敬必谨,渐而观者纷来,贤愚交集,或至藉此滋事打架者,窃物者,并有勾引妇女,作奸犯科者,风俗日坏,地方官不能不禁。然王道以顺人情为本,亦未尝大拂乎民之所欲,故有迎神赛会之禁,而搭台演戏,岁时一举,亦不过置若罔闻耳。盖禁赛神,末也;禁立庙,本也。今省府州县乡镇村社之庙宇林立,岂皆在祀典中哉?城隍土地之外,若关帝庙最多,几于无处不有,且一处数庙矣。其他如古昔圣贤,前朝名宦,本地先觉,皆有祀宇,而年湮代远,伍髭须、杜十姨之类,亦复不少。佛教既兴,寺院更多,此皆不尽为地方官所准由敕建而成,原在可有可无之数,徒令无知之人附会穿凿,踵事增华,以取罪过耳。又况烧香拜会,许愿宿山,僧尼师巫勾结人家妇女,因而帷薄不修者,比比皆是,岂特因演戏而滋事哉?历来演戏为最热闹之场,人杂地挤,易于生事。故杭州开设戏园时,官宪大为踌躇,即宁波戏园之设,忽禁忽弛,亦多费周折,皆不能如京城上海两处之盛。盖庙台演戏尚且滋事,何况开设戏园,无钱莫入,彼无赖之徒肯听人驱逐乎?亦自知白看之可耻,甘心裹足不前乎?昨日报中录宁波酒馆在城隍庙演戏，看客与戏子两相争打，至营勇弹压而始散，此亦常事也。然宁波近有复设戏园之举，因控案未息，仍难开演，而优人蔡宗明业已具结永不复开。二事正在一时，可知宁人性情，宁地风俗，断非可以开设戏园者也。然戏本不在禁列，非若迎神赛会之招摇。若谓戏园不可开，则京师实为之先导；若谓可开，则又何地不应演戏哉？京师戏园林立，每日闲得片时，必进园少坐，习以为常，从未闻有因争位拥挤以致滋事者，亦从无闯进白看戏者。上海则以巡捕守门，寻常之人乘间入内，必为阻止，稍一倔强，即送捕房，戏则未看，身必受刑，故亦从无此事也。愚谓各处皆可设戏园，惟当滋事之际，必获其人而重惩之，若聚众则更倍惩其为首者，使之不敢再犯。苟因滋事而禁戏园使不开，是无赖小人反有恃而无恐矣。因恐滋事而预禁开戏园，是无赖小人先有声势矣。为民上而不能为民除害，反使害民者猖狂得志，奚其可耶？且开设戏园而演戏，戏也，庙中登台而演戏，亦戏也，能禁戏园，仍不能禁庙中所演，岂戏园宜禁而庙台独可不禁乎？抑官府之权止能及于戏园乎？况戏园之滋事，以其设在城市通衢孔道之中，官宪耳目所最易周，其寻衅滋事之人犹可稍少；而乡社庙台穷僻之所，无赖小人尤无忌惮，其滋事之案不更加多乎？于此则禁之，于彼则不禁，固未见其禁令严明也。要之，乡社赛神，开台演剧，岁时常例，是农夫织妇居息宴乐之时。而城市戏园朝夕开演，又为市井生意人及时行乐之举，既不在例禁之中，何妨任人所为，而必欲夺人所好乎？我愿为民上者，于地方利弊之最重大者极意厘剔之，勿徒因噎而废食也。缘阅昨报宁波近事而论之如此。

光绪三年八月三十日/1877年10月6日

戏园闭歇余闻

宁波会春戏园内之蔡宗明出具不再开园切结等情，前已录报。兹闻地方官亦有永禁告示晓众，大意谓恐有滋事，且为保护绅衿子弟免致游荡起见云云。惟左月春、左福玉等各伶人以由沪负债来宁，此次禁演，实属进退两难，投道辕禀诉，即由瑞观察传入，每人给洋银二枚,着回北京安业。是以各戏子及行头箱皆陆续出口,行头箱并免税云。

光绪三年八月三十日/1877年10月6日

看客枷示

因看戏而滋事者,本埠已指不胜屈,然办者办,犯者仍犯,其果寻乐乎?抑讨苦乎?昨日公堂据席阿保声称,我在宝乐戏园照料台桌等事,关阿纪、冯阿早、王阿龙等来看戏,将桌椅移动糟蹋,再四劝嘱,非但不听,转将我头角打伤,随至体仁医院疗治,并将关阿纪等送案请究。质之关阿纪等,供词含糊。问官以其藉端行凶,殊属可恶,判将关阿纪笞百板,罚洋三元,给席阿保养伤。冯阿早仅笞百板,王阿龙枷一月示儆。

光绪三年九月初六日/1877年10月12日

看戏被窃

前日本埠十六铺桥南之泉漳会馆唤名班演戏,闻为祝天后飞升诞。时台下观剧者甚形拥挤,剪绺者即混杂其中,乘间窃物。有浦左徐姓者因买物来申,路过该会馆,即进内观看。剪绺者以其乡愚为可欺也,即剪其眼镜一副,乃适为同伴所见,随即声喊拿获,眼镜尚在其手中。徐某欲解之于巡防局员处重办,经旁观者解劝,谓原物未失云云,方始释手,该窃遂抱头鼠窜而逸。

光绪三年九月十一日/1877年10月17日

禁开戏馆示

钦加四品衔补用总捕府正任钱塘县调署鄞县正堂加六级纪录十二次沈:为遵札示禁事,查接管卷内光绪三年八月十六日奉府宪李札开,照得本府风闻戏子蔡宗明串同劣绅郭诗丞等,在江北岸地方,托名洋商开设会春戏园。查上年开设戏馆经前府严禁中止详请,道宪永禁立案,并札知该县,嗣后永不准复开。旋又移址江北开设,据监生李庆瑞禀,奉道宪批府转饬该县查禁,各在案。兹则故智复萌，仍蹈前辙，殊堪痛恨。札饬迅速示禁不准开设，如敢抗违，即提该戏馆首事从重惩办。仍将遵办缘由具报备案等因，下县示禁在案。兹奉前因，合再出示严禁。为此示仰阖邑商民诸色人等知悉，自示之后，务各遵照宪饬，不准托名洋商再行开设戏馆。倘敢故违，即严提戏馆首事及该班头到县，从重究办，决不姑宽，各宜凛遵毋违，特示。光绪三年九月初九日。

光绪三年九月十四日/1877 年 10 月 20 日

复拟开设戏馆

宁波江北岸戏园屡开屡禁，事亦可以已矣，不意昨传得又有人欲在兴圣街将楼房改造戏园开演。窃思贸易之途甚广，既有资本，何事不可为，而必设梨园以牟利耶？且沪上戏馆林立，亦未见利市三倍。吾谓官必悬禁固多事，民必违禁亦不驯。

光绪三年九月二十一日/1877 年 10 月 27 日

看戏亡身

前晚大观戏园因新到小十三旦，看客益形繁盛，楼上楼下无一空座，迟来者皆扫兴而返。嗣演至《罗章跪楼》一出，十三旦甫经登场，而台下喝采者已如苍鹰呼风，老鹳啸月矣。正当众人注目，而正桌上忽又人声嘈杂，或起立，或奔跑，或招手呼朋，或延颈远望。俄而守门之西捕亦至，扶掖一人出外，群以为此人必争座滋事，以致拖出。嗣悉实由急病，故而西捕舁入东洋车，送往仁济医院疗治耳。当在大门前登车之时，看客及跟仆与各轿班俱聚而围视，门限几穿。出局妓肩舆而来，闻此消息，多半回去。昨早闻此人至医馆后随即气绝，揣其衣履，似是外省人云。

光绪三年九月十四日/1877 年 10 月 20 日

梨园竹枝词二十首

云间最不羁生稿

园名丹桂创熊家，济济人材尽足夸。小杜而今渐寥落，何时恢复旧生涯。

鸣凤清音不可追,天教小六占须眉。试从《请宋灵》中见,便是黄龙痛饮时。

就里青衫孰轶群,棣香名贵不多闻。小连生竟无人识,浪说新回任庆云。

是翁矍铄更精神,叱咤风云迈等伦。欲向此中参上乘,大奎以外更无人。

福芝矫捷犹嫌弱,大庆玲珑更出奇。此外武工谁屈指,纷纷打伞与掮旗。

一盏灯来风月暗,宝林情态本娇憨。若从梆子论真派,新到应推太谷三。

桂喜刀光擅胜场,年来筋骨渐颓唐。风神毕竟还倾倒,一出新排《五福堂》。

鹤鸣去岁创机台,中桂更名又续开。管领大观园一众,月楼去后月山来。

鞠仙满腹是精神,不但音高气更清。排到《昭关》今夜唱,园中喝采想雷声。

孙刘阎郭□青衫瑶堂荟芳金福秀华,俱惜繁芜未尽芟,听到自来红出口,新歌变徵实非凡。

春来身手能娴熟,八十风光亦擅长,寄语若曹自珍惜,莫教鲍老□郎当。

人参娃美果难寻,楚楚还怜一斗金。何物宁馨十三旦,秋波一转动人心。

小童强作英雄气,昔日蛾眉态未除。试与凤林仝斗艳,轮他出水似吴蕖。

吉太轻躯任所之,真教履险尽如夷。张三卖艺尤奇绝,差足相当有对儿。

当场涂抹尽酣嬉,里巷何须杂陋辞。可怪座中声啧啧,动称二小与毛儿。

春奎四宝自言旋,往迹尘封金桂轩。鹤立鸡群真不恤,如何任七到天仙。

等闲一出《取成都》，万有声情慷慨多。更有小庚才可造，莫将放废逐颓波。

桂芳伉爽宜求婉，花鼓专长陈彩林。四喜回申重又去，近来桂寿逞妖淫。

昆腔出色更何人，葛子香来赛阿珍。独有桐城旧太守，将歌当哭欲沾巾。

花鼓停声已六年，近闻渐欲拨新弦。茶楼一角娇歌起，赚得乡农几十钱。

光绪三年十二月十四日/1878 年 1 月 16 日

戏台坍塌

无锡县城隍庙中因报赛酬神，雇班演戏。鱼龙曼衍，金鼓喧阗中，正演《赵家楼》一剧，一优人跃上铁条，不料台柱业已枯朽，柱折台塌，当时压伤者共有十数人，其中闻惟看戏者居多云。

光绪三年十二月二十一日/1878 年 1 月 23 日

光绪四年(1878)

见戏园热闹有感书此

近日闻戏园之热闹,为年来所未曾有。前两日更极其盛,盖元宵佳节,又当礼拜六礼拜之期,而园中又加花炮烟火等,数日前先出红招,丹桂、大观几于无厕足处。入而复出者,皆趋向天仙,天仙又因而无隙地,于是改听昆腔,座亦为满。有友乘兴而去,少顷即返,因无坐处也。告余曰:旧岁除夕,见亲友问及景况,无不戚戚然忧,大或缺千万,小亦短百十。乃近数日戏园座客大半皆此等人,狐裘黄黄,绝不类诉穷告苦者。于此见人情之作伪,而沪江之地浮也。且别处无戏园,新正庙演,人如蜂屯蚁聚,而上海则夜夜元宵,又何必于此日为及时行乐哉?花炮烟火,大则费钱数千,小则百十文,均可购置庭中燃纸点放,以娱耳目,以给儿童,又何必于戏园中为扩充眼界哉?以是见人情之多愚,而习俗之染人深也。而况诸君过此数日,亦仍乐此不疲,今日戏场,明朝酒馆,固不以幸逢新岁为乐境也。余曰:不然,普天之下奇奇怪怪之事,一经闭目坐思,无不寻常平易。戏为行乐之事,穷乡僻壤,农士商工终岁勤劳,得新年十数日偃息在家,村耆社老醵金赛神,于是乎有戏。远村之来者,不惮百里,延亲接友,治馔备肴,一家之费,多至数十千,此可暂而不可常者也。若上海戏园之多,不及京都,而亦甲他省。逢闲即往,此款彼邀,不必日做东道主,而循环邀约,无夜不可尽兴。良友四五人,品评妙伶色艺,夜阑散出,随意饮酒点心,联袂归寝,致足乐也。而通计一月之费,每人不过十数元,较之呼卢喝雉一掷成空者,果孰得孰失乎?较之浪费缠头千金买笑者,又孰得孰失乎?沪上费钱之事不可枚举,区区戏资尚无关于身家,即夜夜往观无不可者。夫入妓馆者未有不观剧,而剧场座客竟有不入妓馆者,彼之所费,庸有愈于此乎?况观剧触于性之所好,家无储粮,日过一日,当庙台演戏之日，拥挤于万人之中，其父母妻子不甚以为不务正业。即沪上戏园出资而观者，亦何莫不然？若借债卖产，轻掷多金，流连妓寮，乐而忘返，则多见其不知量，而家人之号寒啼饥，必归咎其人而不能相谅，于此可以知观剧之不甚费也。夫人大抵厌故而喜新，明知上海无夜不演戏，而新年必结队而往；明明花炮烟火并非罕见之物，而戏园必往观之。天下趋炎附势之俦亦同此性情，而风俗相沿，积久不变，又不过此等人之好尚有以致之也，子何尤焉？子见戏园中皆除夜欠债之辈，特未见其元旦拜客后，已约僚友相将入妓馆，而出腰间之洋钱为果盘犒赏也。此又上海之风俗使然，稍不立异，即随波逐流，趋于浮薄矣。子徒以戏园为费，真见其小也。虽然，人生幸居乐土，得行乐事，当时作对面想，念及非乐土而无乐事之地之人，则处处知足，时时知止，苟有其余，散而为善，以体天地好生之心，而弥宇宙不平之憾，斯为能行乐事，而无负乎居乐土矣。方今灾黎遍地，秋获尚遥，助粟捐银全赖众举，选胜秦楼酣歌达旦者，固已节缠腰之金而输以活饥民，即丹桂、大观上座诸君，亦半与有力焉。惜输者一再而饿者仍然亿万，天意不回，民生终绝，犹累诸君更番相助耳。当此岁事更新之际，居值繁华富丽之乡，又使囊有余金，昼夜嬉游，精神不倦，无亦自怠，吾生何修而得此？而彼槁面黄馘嚼树根草茎者，又何不幸而适罹此灾？即事不对镜，无以见优绌，理不返观，无以知屈伸。居乐土而念苦境，行乐事而思苦况，恻隐之心油然自生矣。天之使余生寄迹上海，享尽繁华，不可谓不厚我也，慎勿自负，以违天可矣。

光绪四年正月十九日/1878年2月20日

看戏失镯

昨日本埠衣业整规，在南市泉漳会馆演剧。有某乡人身带新兑银镯一副，据云是婿家托办者，竟被剪绺者剪去，为之对众大哭云。

光绪四年正月二十日/1878年2月21日

戏园重开

苏阊外普安桥戏园两所,自去年开演以来悉皆亏本,至于无所抵债。嗣又以营兵滋事,遂乃同时歇闭。兹于十九日福仙园改为双桂戏园,重复雇班登场,开园卖戏。第日来苏地各处景况清淡,出钱者既已无多,而戏园使用浩繁,寻衅者在所不免,恐得利少而失利多也。

光绪四年正月二十一日/1878年2月22日

会馆演剧

苏城内八旗奉直会馆于月之初间开台演剧,预备早晚酒席颇极丰盛,故日来车马喧阗,入其中者,非当道诸公,即本地缙绅,大都仿团拜之遗意耳。

光绪四年二月十六日/1878年3月19日

戏园殴女

有客自香港来者,为余言本月之初,偕友在某戏园观剧,忽见坐中人咨嗟太息,且有嗔目怒喝者。异而询之,则言有妓某,花柳场中之翘楚也,与佣于西人之某甲有衅,是日正遇于戏园门首,辄挥老拳,妓出不意,钗珥纷飞,髻鬟狼藉。幸有数华人前来解劝,始释手,然该妓已狼狈不堪矣。客以述于余,犹愤愤然怒形于色。余谓人生今日,倚西人之势鱼肉烟花者,岂仅香港一隅哉?即以上海论,亦罄南山之竹,书恨难穷矣。诚有人约束而惩儆之,护花之功莫大焉。

光绪四年二月十六日/1878年3月19日

演戏纪盛

宁波江北岸戏馆,上年闭歇后,伶人星散,存者无几。兹闻水师右营之帐房某出资四股,庆丰戏班主出本三股,五福戏班主出本三股,共合十股,向上海聘请著名脚色,于上月二十八日由轮船到宁,于本月初一日在郡庙开演敬神。是日有卫安绿头勇十数名在台，示以弹压之意。不料锣鼓一响，观者纷至沓来，人海人山，何止数万，大半有不得入庙门而返者。场中挨挤如铁桶，虽欲求出而不可。因有扒上戏台者，绿头勇执鞭挥之，于是同声呐喊，众抱不平，蜂拥登台，几如破敌。绿头勇见势不佳，赶将缠头绿布及号衣扭脱，混入人丛中，始免于厄。看客落下之舄，满场飞舞，不下数百。丹墀下之大铁香炉旋转如磨，炉顶上所踞之人连呼救命，亦各置不理，幸未挨倒，否则数十命共成齑粉矣。大殿以及两廊阎罗殿之屋脊上，人皆坐满，初不知从何处而来，在后查知从后面小屋跳上，然后扒至前殿，盖已越数十间之屋矣，统约踏破屋瓦当有数万张。是日因挤久而发晕者一人，散时踏伤者一人，失物者不计其数。佥以所演之《赵家楼》一出为最，缘台上加有铁条，戏子缘条而行，为宁郡各庙所创见也。现闻福建徽班业已着人来沪添雇脚色，将与新班角胜云。

光绪四年三月初七日/1878 年 4 月 9 日

封山演剧

苏郡枫镇之西有何山土地庙，一号飞虎城隍，极灵爽，居此山者咸敬奉之。何山产药草及百足虫，入而采捕者每至倾毁坟冢，故山人公议，集资于月之初四日起，在飞虎城隍庙中雇班演剧三天，日后不准外人入山采药捕虫云。

光绪四年三月初十日/1878 年 4 月 12 日

演剧纪盛

甬上大京新班之剧，刻已盛极一时。闻初三日下午，该班在湖西财神殿演唱之际，有道署官亲等亲送五斤重红烛一对，红绉一匹，金书恭贺大京新班六字。当将红烛恭点神前，红彩高结台上，并将所赠之花炮鞭炮一齐施放，观者咸啧啧称羡。初八、初九、初十三日，瑞观察传入署内，昼夜开演，阖城文武及文武署中各幕宾与夫各官眷属。皆道宪分日邀请，殆有与属僚同乐之意焉。时则戏台之上诸优兴烈采高，酒席之中各官眉飞色舞，加之官封与赏封纷纷飞投,自四元起至四十元不等,甚有赏猪肉数十斤,油包数百枚者。客席均用燕菜,每席数十金,至夜发蜡烛二次,每次五十斤,计此三日所费不赀。瑞观察又因班中行头衣服新旧不齐,命将向时置备之戏衣给与穿用,遂更可观。署内长随大半能登场串演,乃先后串《走雪》、《骂曹》、《昭关》诸出,唱口的是京腔,声音洪亮,胜于班中数倍,惟举动及场步稍逊耳。又有某宪之少君串《打金枝》一出,尤为出色,哄堂喝彩几如雷动,闻其头戴之驸马冠,系白银打成而满嵌珍珠者。复因班中无上好大面,访知福建徽班内有一人甚佳,立刻往唤,报病不来,复出差往提,始乘小轿至署,亲验果确,遂舍而另传庆丰班主蔡忠铭来合演《宛城遇张秀》一剧,赏洋二十元。班中人将脚色花名开一清单呈览,以备逐名面讯来历,加注存候传演。计此三日之中,伶人虽备极辛苦,然赏洋共有三百数十元之多,官宪真善于提倡也哉!

光绪四年三月十八日/1878年4月20日

看戏伤树

前报何山村人封山,当已集资数百千文,拟欲尽付戏班,以作大观。无如初六日甫经开台,各处观剧者实繁有徒,登高远望,多以松枝遮蔽,□将山顶所种松秧大小千数百株,或则催折,或则挖拔,戏台左右前后不遗寸木。首事者呵禁不止,且恐更生事端,是以即时停演云。

光绪四年三月十八日/1878年4月20日

看戏失物

前日俗传天上圣母诞辰,沪地各会馆皆演戏敬祝,极形热闹,然小窃等已杂沓其中。有某甲肩掮小儿,在潮惠会馆看戏,小儿手上之银镯银手锁俱被贼解去,而甲尚不知,直待儿啼检视,徒呼负负而已。

光绪四年三月廿五日/1878年4月27日

甬上邮闻(之一)

宗太守访得民间每演夜戏,深恐盗贼窃发,已出示禁止。庵观寺院或有窝赌,立提管庙人及赌犯重责,故赌风近稍敛戢矣。

光绪四年三月二十九日/1878 年 5 月 1 日

演剧续闻

前报宁道署盛演戏文,兹据宁人来言,署中人马不安,因是祭马王神而演剧。《打金枝》一出中之紫金冠,并非银质而嵌以珠宝,即新鲜行头皆系外借,并不请客,亦无串戏。红采红烛由外送来,戏价赏封仅共百余千文云云。来言如是,想耳闻者究不如目睹者之为确也,姑如其意而录之。

光绪四年四月初一日/1878 年 5 月 2 日

永禁开设戏馆示

鄞县正堂沈为遵札示谕事,光绪四年三月二十六日奉道宪瑞札开,本年三月二十一日准英领事固照会,据向在本口之英商包尔斯禀称,拟在此处开设戏园一所,如蒙道署允准,或四月半年,除亲自照管外,再当雇用稳干买办,决不滋生事端,每夜的于子正停演,并愿捐赀助赈等情,禀祈照会前来。据此本领事查该商素称妥练,相应照会,照请酌夺等由准此。查此案前于光绪二年八月间,有华人在东门外开设戏园,当经前署宁府孙守饬令闭歇,详道立案。嗣十月间法商贝鲁爱在江北岸开演,即有监生李庆瑞以戏园滋事等词来道具控,复经本道分别照会,谕饬禁止。而上年八月间,美商会理复在该处开设,又据绅士陈政钥等禀以事属无益、民实有害等词,联名公禀请禁,复经本道札府督县出示永远禁止在案。兹准前由,除照覆固领事并抄案分别札饬,暨此次照覆领事文稿一并札发详报外,合行札饬。札县即便查明前项告示,如因未曾通贴晓谕,以致该商在本口尚未见知,复有此举,务再声明前案,出示多为缮发,遍贴晓谕,永远禁止,俾可周知,免致再生觊觎,切切。计发抄案并照会覆稿等因,下县奉此查是案,前奉宪札示禁不准开设戏馆戏园,倘敢故违,定即严提为首之人及班头戏子到县,从重究解,决不姑宽,各宜凛遵毋违。特示。

光绪四年四月初六日/1878年5月7日

戏馆将成

昨报登鄞县沈司马奉道宪示禁戏馆不得复开云云,兹闻西商包尔斯志在必成,行将开设。查和约,通商口岸苟西商欲设戏馆,原无禁例,即领事官亦不能挠阻。缘此为歌咏升平,中西各国行之已千数百年,断不能独于宁波而禁革也。且闻宁波百姓亦皆乐开戏园,俾暇时得以赏心娱目,如华官必执意不依,势必仗西人力购地开演,斯时禁之不能,听之不可,何弗及此时而乐得留一情面哉?如谓恐无赖辈滋事,则殊不然,地痞土棍何处蔑有,官本当随时惩儆,要不在戏馆之有无。京师上海戏馆林立,亦安见其日有事故?而穷乡僻壤终年不闻丝竹之音者,将地老天荒岂一无斗殴案件乎?总之因噎废食,事事难行,即于永禁戏馆一端,心殊不解。

光绪四年四月初七日/1878年5月8日

会馆演剧

苏阊外上津桥下塘楚南会馆,由去年捐资落成,其中房屋不及一二十椽,而外观颇极宏敞。正殿供奉关圣,头门内有戏台一座,月之初六日开台演戏。诚恐观剧者拥挤不开,是以特将戏台左右围墙一概拆卸,以便大众观瞻,俟演戏事毕再行修砌,是亦极好事之至矣。

光绪四年四月初十日/1878年5月11日

戏园助赈

直陕晋豫四省死亡遍野,本报已详载言之矣。沪上一隅,人咸向善,筹捐筹赈,书不胜书。兹闻经募司董向各戏园熟商助赈,丹桂园许于本月二十六日即礼拜一起,每逢礼拜一、四日演,共一月,计八期。大观园于本月二十六日夜即礼拜一,又本月三十日夜即礼拜五，又五月初三夜即礼拜一，又五月初七夜即礼拜五，共四期。天仙园于本月二十九夜起即礼拜四，共一月，计四期。三园每逢是期，邀集名优，排演新戏，所集戏赀，除茶点开销之外，余洋尽数送交果育堂助赈。凡诸君欲及时行乐者，皆宜届期往观，既畅游兴，藉助赈资，真一举而两得也。鸣呼，诸伶之好义如此，方诸古人抑何多让哉！惟老三雅、禧春两园尚未闻定议，想善与人同，当无不闻风兴起也。

光绪四年四月二十四日/1878年5月25日

观剧繁盛

天津戏园计有四所，城内曰金声，城外曰庆芳，曰协盛，曰袭胜，而去岁梨园子弟尚有可观。盖重庆班之杨月楼，协盛园之景四宝，及梆子腔之达子红，足为各班点染。乃月楼登场未久，为陈长庚邀往京都，今年达子红与景四宝又南辕北辙，相继以去，班中遂无一名优，一曲氍毹，几难寓目。日间言孙小六、谢宝林、大奎官等由申回津，带有新式行头，于前月念四日在东门外天后宫内开演一日。宫旁本有茶楼曰大楼，是日每茶卖钱三百五十文，座客为满，而戏台以外山门以内两旁铺户，房上瓦面一望皆墨。开场一出为《反西凉》，时值张氏出殡，道出宫前，路为之塞，棺不能举，送殡之舆桥淅沥有声，有挤至半空，出人头地者，殡宫一过，如山崩，如岳决，人山人海，潮涌风驰，斯时欲前不得，欲却不能，备诸苦恼，而嘘气成云，挥汗成雨，犹其小事也。第二出系谢宝林之《破洪州》，一出帘栊，即异口同声，一齐喝采。嗣而每遇关目，即叫好声喧，而唱者亦兴高采烈。是时人数比前更多，忽闻东北角上砰訇有声，则栋折榱崩矣。旁有煎卖饺子者，碗盏壶盂尽成齑粉，受伤之人更实繁有徒。第三出为孙小六之戏，人愈众，力愈猛，怯懦者实不敢须臾留矣。天津人士咸啧啧称羡，谓为数年来未有之伟说云。

光绪四年五月初四日/1878年6月4日

台戏弛禁

杭垣各社庙台戏,无日无之。自前年十一月初八日阔板桥演戏,有一旗人与宁波人殴打,几酿命案,是以杨石泉中丞严谕永禁,以杜滋事。城中士女不见歌舞者,约两年矣。本年四月间,适值荐桥告竣,诸绅耆等假酬神之名,传得一东阳新班,于十五日在龙吟庵开演,幸无滋事。至次日遂于东园内东岳庙连演两台,亦俱安妥。当道诸公,亦以为萧何律上不禁笙歌,遂不复申前禁。近如下城盐桥之广福庙、登云桥之二圣庙、贯桥之宝极观等处,无不以次相及,逐日开演。且五六两月为关圣火神圣诞,祝寿之戏尤为热闹。从此箫管盈城,重见和声鸣盛矣。

光绪四年五月初六日/1878 年 6 月 6 日

妇女寻斗

湖广煤船舟子某甲于初二日至普安桥戏园观剧,为把门所阻,某挺身直入,复遇优人格架,某力不能敌,狼狈归舟。初四日某之妻单身走赴戏园,[把]门者不能拦阻,于是直上戏台,旁若无人。是时金鼓喧天,各优正在跳舞,某妻将在场者赤手连掷数人,如抛砖落地,应手颠仆,通班诸伶莫敢拒敌。乃由班主婉言解劝,为其夫赔礼而罢。

光绪四年五月十四日/1878 年 6 月 14 日

戏园难开

昨报普安桥戏园以湖广某妇上台肆殴,当经诸伶赔礼息事,颇费张罗。讵一波甫平,一波又起。初六日,有绍兴染匠某甲入园看戏,为把门者拦阻,不令前进,某甲负气退回,纠合同伙数十人,群赴戏园门首,将欲挥拳寻斗,幸班中人先已得信,央人邀至茶肆,再四恳情,所有合肆茶资悉由该班会钞,以示薄罚,各染匠始得解散云。

光绪四年五月十五日/1878 年 6 月 15 日

名优演剧

由沪回津之名优孙小六、谢宝林等，带有行头全副，四月二十四日就津郡东门外天后宫开演亮台，哄动多人，已经列报。嗣即拟就各戏园轮流开演，而东门之庆芳、侯家后之协盛两园主，争先罗致，协盛园以人事胜，庆芳园以地势胜。班中属意庆芳，嗣即为庆芳捷足先得。开演之日，座客既满，而座后之看白戏者，几如肉屏风，密不容针，令人欲进不能，欲退不得，而园主获利市三倍矣。五日后即向协盛园开演，其热闹亦复如是。两园戏价，每座津钱四百，照常增价一百云。

光绪四年五月十九日/1878 年 6 月 19 日

戏园出售

江北岸戏园之屋，现已卖与湖西苍圣庙，董事拟即日拆往，盖造余屋之用矣。

光绪四年五月二十日/1878 年 6 月 20 日

续记演戏情形

名优孙小六等，带有新式行头，回津演戏，其热闹情形，前报业已略述。兹又悉端六日在东门外庆芳园开演，门外车马如云，未及一点钟，坐客为满。场上行头五色相间，帘栊帐幔俱系贡缎盘金，桌围椅披概属大红顾绣，无一不新颖可人。班名泰庆恒，泰即吴荣泰，庆即景四宝庆云，恒即孙小六春恒，盖三人合股者也。开场系《龙虎斗》、《长坂坡》、《挑华车》诸戏，俱系重庆班旧人陈陈相因，并无标新领异者。至第四出，桌围椅披门帘俱用黄缎团龙，系演《打金枝》也，除富贵寿考之郭汾阳夫妇外，系小司坊扮演，引人入胜，有色有声，惟紧关节目，究不若寝馈有年者能得此中三昧耳。既而演《庆顶珠》，景四宝扮作萧恩，白发苍髯，挺胸露腹，烟蓑雨笠，布袜芒鞋，结束自佳而又神采奕奕，优孟衣冠，断推独步。其弱息系三元扮演，三元本司坊出身，年来专心致志，颇觉擅场。是日扮鱼家女，浓妆淡抹，戴双龙采花束额，艳逸多姿，项下云肩璎珞低垂，衬洒花小袄百褶裙，杨柳腰肢，几堪作掌上舞，一颦一笑，皆足动人。即息夫人不言而坐立之间亦姿态横生，恍惚泛乎中流，得荡漾光景，幸是陆地行舟，若在云水光中，恐被游鱼吸去矣。至唱口，景四宝固响遏行云，三元亦按腔合拍，看客均叹观止。继之者孙小六之《牧羊卷》，缘内有祭奠各节，台上又换白缎盘金房帘并椅桌披围各件，孙小六戏固大佳，腔口亦胜。白莲喜扮作丐妇，哀艳感人，虽裙布荆钗，自饶姿态。继此为谢宝林之武戏，似非所长也。呜呼！景四宝等不过一伶人耳，乃竟装龙像龙，装虎像虎，然则士人为学，刻鹄不成而类于骛者，对之未免滋愧矣。

光绪四年五月二十四日/1878 年 6 月 24 日

看戏批颊

二十一日苏阊外普安桥戏园有两人入座观剧，演毕散场，园中值客者某甲向索戏资，两人令至府署领取，某以素不相识，无凭取讨，两人伸手将某甲批颊数下，且骂且走，竟自出门而去。

光绪四年五月二十八日/1878 年 6 月 28 日

戏子自宫

金桂轩戏园之二花面，年约十四五，昨忽自将剃头刀割去其势，血流如注。旁人询其故，称有白须老人所使，业即延医敷治，性命之克保与否，尚未定也。遇祟耶？病狂耶？莫得而知之也。

光绪四年九月初八日/1878 年 10 月 3 日

违禁夜演

前报宁城各店铺公吁开禁，嗣闻府悬止准迎神，仍不许夜演，是以均各遵谕。十三日大庙菩萨驾驻醋务桥行宫，是处与某巨绅家相近，年例十三、十四两日夜演，刻因府尊谕禁，绅意大不浃洽，并不赴府商请，是夜便饬当街搭台，雇振玉班演唱。虽有差役往查，某绅仍毫无忌惮，演至三更始罢。观者塞途，极形热闹。由是十四夜，城中十余处之爵献闻之，皆接踵开演矣。

光绪四年九月二十日/1878年10月15日

演戏酬神

本年扬境两属五谷丰收，而江甘为尤盛，较之豫境目下情形，不啻霄壤。故城内各官于各庙演戏，以伸谢意。昨闻于本月初六、七两日在刘猛将军庙演戏，初八、九两日在城隍庙演戏，是日各官入庙拈香，民间看戏者亦络绎于道云。

光绪四年十月十七日/1878年11月11日

优人泼悍

苏州阊门外普安桥戏园京班伶人，恃其勇力，素行泼悍。十一日下午，有染匠甲乙两人挑布回坊，经过戏园，将布寄存他所，入门看戏。园中以其未付戏钱，不令入门，彼此争持。其时甲先乙后，甲被殴辱，乙往排解。讵优人各执器械，蜂拥寻斗，甲见势不佳，先自逃逸，乙则被众围住，不能脱身。众伶将乙拖至河滩，恣意搏击，观者不敢向前解劝，转瞬之间，头颅破裂，肢体攒伤，仅存气息。染匠闻知，随又邀集同行二三十人重至戏园，意图复斗。而各优紧闭园门，高距楼窗，飞砖掷石，如雨如雹，染匠不能驻足，轰然却退。则各伶乘势启门，手持利刃，奋勇追逐，染匠又败。维时有破头者，有折臂者，纷纷逃散。其中惟某匠膂力素钜，遇一伶将木棍当头劈下，匠夺其棍，反手击中鼻梁，当时晕倒。然究以染匠徒手无具，而伶人居高驭下，至于再斗再北。去后伶人自将桌椅摧毁，作为染匠寻衅，拟欲构讼，而染匠亦以某乙受伤深重，各禀吴县请验。当经验得两造各伤一人，均系破头流血，受伤深重。县主汪邑尊断以斗殴滋事，各有不合，兹姑从宽免究，随各给伤药数包，着将受伤人各自领回，各养各伤，自后如再生衅，决不宽贷，即饬其结完案。断案若此，亦可谓之省事云。

光绪四年十一月二十一日/1878年12月14日

看戏遭打

沪上戏馆中人见鲜衣华服者，则趋奉不遑，见粗衣布服者，则鄙夷不齿。昨日法公堂据原告王镜春等称，往小东门外禧春园看戏，付起码之钱，未谙馆例，误坐在前。按目陶长生即来喝叱，时未开台，我愿加钱文，乃陶非但不允，竟将我倒拖出至大街有数十家门面，以致身受重伤，打落牙齿一个，发辫半断，马褂扯为粉碎，身畔手巾包内有洋两元、钱三百文化为乌有，求请恩断。陶长生供在戏馆生理，前日因王等误坐椅位，我向彼关照，伊等即肆殴打，致将马褂扯破云云。又据看戏园门之巡捕称，适有事往英界，不在馆中。孙明府谓戏馆积习，早已访知，极宜重责，以儆刁风，今姑着陶长生出洋四元给王镜春看伤，后再责一百板。

光绪四年十二月初九日/1879 年 1 月 1 日

戏曲补考

鄂省汉阳府属某文童因抱病未与府试，闻文宗即日按临，乃托其同窗友代为补试，拟俟文宗到院，力疾操觚。讵知所托非人，将其卷全抄戏曲，并杂以不经之言。汉阳府严太守阅之，不胜忿怒，饬差查代补文童名姓，并着该廪保交该文童到案讯究，当时有谓该童病患疯癫者，而太守不之信，且押廪保着令交人云。

光绪四年十二月初十日/1879 年 1 月 2 日

戏班建庙

优人所供奉者为老郎神，向惟苏垣有是庙。今本埠京徽各班齐集提捐，复有是举。先经置地，为同辈孤身病故而无力回籍者之义冢。秋间又由现开天仙戏园之东人赵锦华创首，筹垫款项，在城外建三圣宫即为戏班公所，办理同辈善举，已鸠工庀材，共造三间两披，业将完工，此为沪地新有老郎庙之始也。

光绪四年十二月十二日/1879 年 1 月 4 日

光绪五年(1879)

会馆演戏

本埠泉漳会馆规制崇宏,建有戏台。昨阅本报后告白,知城内各衣庄择于今十六七日雇名班演剧,虽酬神而实为整规起见,想是日游观者当济济也。又江浙各丝业,前因外省偏灾,历经踊跃捐助,蒙李伯相据情入奏,奉旨着南书房翰林恭书匾额一方,交李鸿章差员赍至上海丝业会馆关帝神像前敬谨悬挂,钦此。钦遵在案,但会馆之基地虽广而屋宇不多,恐不足以昭诚敬。现闻丝业请诸董欲将历年存余之公项银,雇匠兴工,拆改旧屋,将廓大其规模云。

光绪五年正月十五日/1879 年 2 月 5 日

演春迎春

十二日下午,苏州府宪以迎春大典,先期饬备春牛春花及扮演春官各等夫役。是时府宪端坐堂皇,书吏呈进花名簿册籍,堂上唱名,堂下应名,且应且演,或歌或舞,观者莫不抃额称美,预庆丰年。盖往年迎春各役,多以村童牧竖充当,本年则以京班优伶为之,故服色既觉鲜明,而扮演又为入彀也。至十三日清晨,苏州府宪暨长元吴三县迎春东郊,是日三邑尊先至府署官厅伺候,及迎春礼物仪仗执事各项齐集,府宪暨三县咸穿朝服,乘轿出署,由吉利桥至太平桥,转入护龙街,经迎春坊,迳出娄门迎春。回署开筵演剧,春酒公堂,盖犹见承平景象云。

光绪五年正月二十二日/1879 年 2 月 12 日

禁止戏园

金陵欲开设戏园,前岁已有此议,嗣于小彩霞街口租赁救生局市房基地,起造戏台看楼等屋。其时因工料浩烦,未能蒇事,又兼有禁止之信,故台架虽竖,余俱停工。去年终,重复纠本兴筑戏台及正厅看楼,俱经楚楚园主人择定新正初四日开门,一俟新雇之京班到省,便拟开演。不料戏箱甫见抬进,即经保甲总局刘冶卿观察示禁不准开锣,饬即停止。嗣闻局宪因在新年,游人必多,恐或闹事故,暂行示禁,俟出月仍可开演。刻知此说全系子虚,实永远禁止也。盖刘冶卿观察新近奉督宪传考题,系金陵戏园宜禁论,刘观察已取列一等第一,则非暂行禁演可知矣。但园主人罗雀掘鼠,煞费张罗,始将房屋建造成功,今若永远禁开,未免枉费多金也。且系租地盖屋,原于租据上注明,无论开歇,照常付租,倘一拖欠,便拆屋还基,今既不能开设,而地租仍不能少,其亏折不更无底止乎?但近来戏馆生意亦有名无实,即如上海镇江各戏园均未得手,通商码头尚且如此,何况金陵乎?则上宪之禁止,正所以防其亏本也,园主其无悻悻焉可。

光绪五年二月初八日/1879 年 2 月 28 日

看戏滋事

前月底,杭城良山门外之机神庙敬神演戏,计两昼夜,所演之戏班闻系由嘉湖雇来,价甚昂贵。班中子弟共有一百余人,大半皆京班中著名脚色,小旦尤色艺俱佳,行头亦极鲜艳,衬里衣裤,皆以五色绸为之。故不惟城外各乡远近奔集,即城中士女亦几倾城往观,至营中旗人,尤成群结队而往。但村庙演剧,虽儿童亦不准上台,例禁极严。是日有十数旗人站立台上观看,台下之乡人高声呼禁,旗人始则置若罔闻,继且大声嚷骂。乡人等咸为忿忿,齐声呐喊,势将作鹰鹯之逐,别有数十人将戏房门把守,恐其逃脱。乃旗人既以为满营之可恃,又以为勇力之足凭,渺此乡僻村愚,何足当尊拳之一饱。其时旗人之在庙观戏者总计约有七八十人,其轻裘缓带、儒雅恂恂者约有二三十人,余则皆好勇斗狠、轻生任气之流。见众乡人如此布置,台上之人必遭罗网,相约一齐动手,为夺门劫人之举,彼等见有外应,定必从内打出,一时里外夹攻,庶可脱此重围。由是数十旗人鼓噪而前,意将先打开戏房门,为台上人之接应。彼守门之众乡人见台下旗人奋臂齐起，知将为台上者助阵，不禁袒臂大呼，齐声相应，一时间庙中庙外，乡人争先奔集，以数百计，虽村乡别无军器，而肩负之扁担，与手携之烟筒，横挥倒击，势如雨集。众旗人被困垓心，众寡不敌，自顾不暇，遑论救人，一齐冒死冲围，争先走脱。然远近乡人，来者愈众，勇气愈增，因将戏房门大开，见有一人逃出，则群聚而攻之。故台上所立之十余人竟无一人漏网者，虽均无致命要伤，然皆衣裳毁裂，血迹狼藉，受创负痛而归矣。闻乡人之受伤者亦有十余人。当两造纷斗之时，曾见有十数旗人衣冠整肃，皆立桑林下，袖手而观，不来劝助。乡人等亦皆敬之如上宾，反向其谢罪，可见礼法之足服人也。或谓此事在两年以前，则旗人必将以抬枪巨炮从事矣，乡人虽众，其奈之何？噫！幸矣哉，亦危矣哉！

光绪五年二月十四日/1879 年 3 月 6 日

会馆演戏

扬城各会馆向每于正月间演戏，以行庆贺礼。自去岁将此项拨入赈款内，故新正一切燕会无不从减。惟昨闻江西会馆仍欲演戏一月，缘寄居扬州之豫章人均称得意，不愿惜此小费也。

光绪五年二月十五日/1879 年 3 月 7 日

苏台杂志(之一)

苏郡旧有两戏园，城内为昆班，城外为京班，向来两处生理不相上下。近来观剧者往往专嗜京腔，不好昆曲，是以京班颇有起色，拟于旧园之西头添一座戏楼云。

光绪五年二月二十一日/1879 年 3 月 13 日

看戏失褂

上海热闹之场，宵小最易匿迹，一或不慎，衣帽巾带便为窃去，故来游者宜事事加意也。初四晚，闻有顺天某君偕友在大观园看戏，同坐包厢，因天热，珠皮马褂两件叠置诸靠椅背上。斯时正兴高采烈,注目台端,不意偷儿已从后面将一褂抽去。迨锣鼓渐停,触动归思,转身查检,则轻裘一袭已化冥鸿。急问案目,而案目不知;还问巡捕,而巡捕不解。惟有惘惘出门,相视而笑,然则人可大意乎哉!

光绪五年三月初七日/1879 年 3 月 29 日

观剧受伤

沪上各会馆俱崇敬关圣及天后二神,本月二十三为天后诞期,各业皆于先期就各会馆演剧以祝之。昨日小东门外潮州会馆传天仙茶园戏班敬神演戏,观者甚众。有一幼孩年约十一二岁,亦入观看,拥于人丛中,欲出不得,大声呼叫,众若不闻。幸适当暂停之际,随众拥出,面色灰白,气息仅属,坐庙后街沿石上喘气不止,谅已受有内伤,为父母者所当戒之于先也。

光绪五年三月十九日/1879 年 4 月 10 日

伶人散去

天津于去夏新拢一戏班,厥名泰庆恒,盖以吴荣泰、景庆云、孙春恒三人倡议,尚有杨月楼、周春奎等在内,故脚色既佳,行头尤好,座上之客常满也。嗣因景四宝即景庆云北往京都,孙春恒南来上海,杨月楼又被陈长庚邀去,差强人意者,仅剩周春奎一人,独木难支,生意遂觉稍逊。前月春奎复往京师班中,虽邀得老生顾起云、青衫子郭秀华、开面四滚,色艺亦各有擅长处,然看戏者终不如去年之热闹。三月中旬在庆芳园开演,该园地基最大每日不过一百九十余人,有名无实,故拟罢演。惟念六至念九河东有外台四日,早经订定,不能不往。一俟演罢,本月初间或当全班来沪也。

光绪五年闰三月初十日/1879 年 4 月 30 日

观剧殒命

汉镇历年三月二十八日,逢东岳大帝圣诞,各岳庙演戏广多,并酬愿还斋,指不胜屈。其省垣外之洪山岳庙、汉阳东门外之老岳庙、汉镇之静室庵及大东岳庙陶圣庵、后湖岳庙数处,皆届时演戏祀神。男子妇女,或涉游玩,或因敬神,是时人山人海,挨挤不开,固不待言。而此次因看戏以至受伤殒命者,竟不少也。二十七日,静室庵戏厂有不知姓名者父子三人,坐于长凳观剧,被众一拥,前凳尽倒,两人受伤,一子当即被压殒命。同时后湖岳庙前两行看台不异会馆,比有东首看台人密,力不胜载,一声坍塌,似天崩地裂,一切摊担立成齑粉,受伤者不计其数,伤重不能行走者六人,当时负归者有五,不卜存亡,惟一人查系咸宁人,当时在场殒命。次日邑尊闻报看验,责令众看台捐钱安埋。二十八日早戏,更有蔡家巷某家子立凳观剧,无端倒地殒命。二十九日,一年迈者被拥踣地,受伤亦重,同来者雇夫舁之归,生死不测。并有汉阳老岳庙泥匠被木撞,眇一目,满面鲜血,当投仁济医院调治,是诚所谓乐极生悲也。或曰:汉地演戏,往往搭看台而敛钱,此风殊属可恶。凡平地演戏,左右必有看台高耸如城,兼之高凳纵横,几无隙处,逼使入其台、立其凳而后可观。若辈借此谋利,而不顾其害地方,亦无有禁阻之者,嘻,奇矣!

光绪五年闰三月十八日/1879 年 5 月 8 日

名班角胜

甬上大京新班本盛称一时,后因福建徽班减价贱售,而雇演者皆贪便宜,以致大京生意渐形寥薄,不敷开销,而本地班更无论矣。现闻戏子蔡宗明倡议,邀请本地各班主各出股分,向上海聘请著名脚色,将与该班角胜。于日前由轮船到宁议定,与该班同价,情愿每台帮贴若干,使其坐以待毙,不战自退。于十四日在都神殿开演,是日锣鼓一响,观者纷至沓来,人山人海,何止数万,大半有不得入庙门而返者。场中挨挤有如铁桶,至散后,失物落履者不计其数。佥以所演之戏,色艺并佳,声音洪亮,无出不哄堂喝采,咸称此班果胜福建十倍云。

光绪五年闰三月二十二日/1879 年 5 月 12 日

接纪总统在沪情形

美前总统格兰脱既抵沪上,总董事立德持有贺书向之宣读,大致惟敬贺而兼慰劳也。总统答以蒙诸董事殷勤款接,实出意计之外,心甚感激,此游更扩眼界,使早我十余年,岂不更深欣幸云云。迨入美领事署后,上海道刘观察及文武各官皆往拜候,延坐后又西人麦克来从旁传译。刘观察谓总统此来,实属有光沪渎,欣佩无穷,想来时一路平安。总统道谢,并言游已二年,甚有兴味,继复述谦逊之辞,观察等遂兴辞回署。是晚,美总领事设席为总统洗尘。礼拜日下午,总统偕美总领事闲游英法两租界,又入城观览。晚,总统又偕客入大礼拜堂。昨礼拜一晚,接见总董事立德,同用夜膳,遂至汇丰银行楼上观水龙盛会。闻今日四点钟至六点钟,总统及夫人在领事署接见各客,晚至元芳洋行夜膳,继赴上海丝钱两业大观园观剧之招。礼拜三则上海道宴之于萃秀堂。礼拜四偕英按察使早膳,下午为旗昌洋行主福必司于芳园邀饮,晚至法兰西银行夜膳。礼拜五即开行至天津北京等处,大约西六月二十日前往日本云。

光绪五年闰三月三十日/1879年5月20日

纪美公子观剧事

本埠钱丝两业于闰三月三十日公请美国前总统至大观园观剧,已列前报。兹悉是晚美总统以二十九日夜水龙盛会误伤中西人民,心殊不忍,故婉言辞谢,命其公子及美领事前往。九点钟时,偕旗昌行东及西女二人乘马车而往大观园,门首预有诸巡捕头前来弹压,并饬中西各捕,自宝善街大同酒店起直至松风阁茶馆止,沿途巡缉。时大观园中亦已悬有异样灯彩,灿烂如琼宫贝关。公子既到,即升炮奏乐以相迎,钱丝诸董事衣冠出接,谦让异常,分宾主坐于正厅台上,即行开演。先演《赐福》、《加官》、《财神》,公子命赏给钱三千六百文。次演《金山寺》、《双摇会》两剧,又命各赏钱三千六百文。比演《四杰村》,则诸优伶各显奇伎,层出不穷,观剧者咸抚掌大悦,公子即命赏洋二十圆,始兴辞而出。是晚,大观园中正厅之两旁皆坐钱丝两业中人，而妇女等亦有预领执照而往观者，甚为热闹，惟闲杂人则概不准入，以昭肃静。闻公子戴盘金帽，盘金大衣，乘轿式马车，驾小白马二匹，甚为华贵，不若总统之躬行节俭也。

光绪五年四月初二日/1879 年 5 月 22 日

演戏滋闹

天津火会计七十余家，每年敬祀赤帝，例有演戏酬神之举。但神听和平，火会中人多在戏园而不在外台唱演。胜水东西中并总首等五局蝉联在东门外闸口等处一带地方，于前月二十四五六七等日，火会在周家坑搭台演戏，班系泰庆恒。该班于三月□在河东鱼厂演后，匝月迄未登台，本欲来申，前经列报，现在不果。此次在周家坑外台开演，前对卢家庄，后枕南斜街，旁出东南城脚，四通八达，居人辐辏。该班又以行头制胜，皮相者流目所未睹。是以上场之日，远近纷来，无论客座茶棚，几无隙地，巾车小轿，环若堵墙。坑旁系积潦之区，春水才深四五尺，野航恰受两三人。亦有绿发红颜，容与中流，坐以观剧。墙之阴，水之涘，更粉白黛绿，目迷五色，美不胜收。第二日人更繁多，戏更热闹。三点余钟演《打扛子》一出，剪径者系祥子，又名大嘴，是谈言微中，能解人颐者。花旦上场，与祥子并皆佳妙。原议台口不许摆凳，恐登高而观，碍人远目，至第二日而台之两旁已有不能如约者。至是人如潮涌，将台西板凳一概挤翻，有手脚几折者，有头面碰伤者，儇薄少年更拾凳脚飞掷台上，彼倡此和，而凳脚遂如鹰隼盘空，纷纷交下，台上远未命中，台下人等已支持不及，头破血流。锣鼓乍停，会中人等赶往弹压，然后登场再演。乃氍毹甫上，砖石仍来，于是是出不克终奏。换史玉堂演《双摇会》，继以《双冠诰》而乐止矣。胜水等局每年在该处有演剧之举，即去年饥馑洊臻仍未停止，特未尝如此排场，如此挤拥耳。今年元气虽未复原，而杂粮价贱，以视去年直天渊相隔，招致名班，神人共乐，谁曰不宜。然或谓当痛定思痛，去年此际，正凶荒之后郁为疠疫，饿殍盈途，死亡载道，刻尚疮痍未复，而忍以无益害有益乎?况淫戏最足逗人情欲,荡人心思,如《双摇会》等戏,更非外台所宜唱演。质之会中董事,以为何如?

光绪五年四月初七日/1879年5月27日

演剧庆寿

本月初七至初九日,闻慈溪县邑尊之太太寿诞,县署内外皆张灯结彩,雇名班演剧三昼夜,同僚皆为之往贺云。

光绪五年四月十六日/1879年6月5日

赛会伤人

春祈秋报,俯顺舆情;赛会迎神,有干例禁。王者定制,固有深意,非两歧也。甬上都神会已列前报,兹又续悉详细。闻赛会者于十五日齐集右营教场,无论大街小巷,莫不肩摩踵接。傍晚过税关署,署外左右人山人海,仅留走路一条。彤云社过后,天色已晚,各有归心,两路散开,势如潮涌。有六十余岁老妪,足力不支,一拥而倒,即经押会者见之,高声喊救,然已被众人践踏,满口鲜血,遍体重伤,霎时毙命。是夕神驻县署,署之大堂两廊以及大门仪门皆悬灯结彩,约有数百余盏,照耀如同白昼,所摆爵献亦倍胜他处,是以男女游观者更多。石邑尊惟恐滋事,预派干役多人在场弹压。十六日黄昏时,会过湖西后营教场,戏台之旁,妇女搭台观看者不下千余人,灯下视之,更觉粉香脂腻。正在点放烟火,有无赖子弟暗将台板抽脱,纷纷倒堕,人声鼎沸,男女莫辨,内中青年妇女数辈簪珥尽去,发乱如麻,身上衣裙亦无完整者。幸有营官弹压,未酿大祸。是时已届二鼓,会所未到之爵献止大庙前一处,适值微雨,各会已散,总柱意将迎神回殿。是处值事者闻之,以为空费钱力,终不得一睹为憾。从旁好事者怂恿,一呼百诺,约集数百余人,将神抢归,勒令重赛一天,总柱不得已允之。然次日阴雨廉织,未免兴致索然耳。

光绪五年四月二十一日/1879年6月10日

灯戏新彩

苏城申衙前文班戏园，近以观剧者皆厌故喜新，爱听京腔而不谱昆曲，由是钩心斗角，排出《西游记·火焰山》一剧，佐以灯彩，其灯则多以五色纱绢制为百般形色。演之于四点钟时分，先行闭窗关户，使戏台暗如漆室，然后灯火齐明，别开琉璃世界。台前灯屏灯幔，三倒三变。第一起为火焰山，一座横峰竖岭，艳若霞蒸，异鸟奇花，娇如电掣。山下三藏、行者、八戒、沙僧，或则托钵，或则牵马，或则荷担，皆以灯盏为之。未几行者误借铁扇，登山一挥，烟火四起，火焰闪烁之中，倏忽万变，屏上现出山精水魅，牛鬼蛇神，掉尾昂头，如生龙活虎，光怪陆离，可惊可怖。正在惊顾间，忽觉簇簇云灯，如祥光瑞霭，拥出大士舍身端坐莲花灯上，火树光明，银花簇落，遂成万朵金莲，盖观者于此莫不齐声喝采也。然以视沪上之戏园，得毋有见大巫之叹乎！

光绪五年四月二十一日/1879年6月10日

淫戏为害

淫戏之害甚于淫书，淫书则文理通达者能看，而淫戏则贤愚皆被所害。如读书子弟，朝咏夕吟，一看淫戏，攻苦由此抛，而欲念由此起矣。富贵子弟，履厚席丰，一看淫戏，家产由此消，而元精由此丧矣。农夫出作入息，寒暑不辞，一看淫戏，田地荒而精力疲矣。商人握算持筹，经营惨淡，一看淫戏，钱财轻而生意脱矣。淑女待字，白璧无瑕，一看淫戏而春心挑动，玉楼前结莺哥缘矣。寡妇守志，劲节流芳，一看淫戏而春色恼人，珠帘下伤燕子飞矣。贱而至于仆妇，琴瑟久悬，一看淫戏，托烧香点烛为名，而祸生一旦矣。苦而至于婢女，父母早离，一看淫戏，借淇上桑中之处，而丑露百端矣。尼姑本清修持诵，已谢尘缘，一看淫戏，念佛声几为卖花声矣。和尚本势利乖张，亦干例禁，一看淫戏，诵经楼变为望春楼矣。甚至祝万寿而点淫戏，敬神明而点淫戏，种种祸害，何日可已！想乐善君子点演戏文，自有积福之处，彼爱点淫戏者，其好看乎？其害人乎？

鸳湖知非氏来稿

光绪五年五月初六日/1879年6月25日

戏台坍塌

本城内邑庙东首之岳王庙,向有戏台,年久失修。前日大雨后,柱更欹斜,昨午后竟连屋顶及台尽行坍毁矣。

光绪五年五月初九日/1879年6月28日

优伶侈肆

苏郡京班花旦吴兰仙,每扮演淫秽之出,不惜尽态极妍,使人荡魂摇魄。由是纨绔子弟见而悦之,缠头争掷,顷刻千金。刻乃自赁华屋,并制蓝呢大桥,出入肩舆,优孟衣冠,直与搢绅无异矣!

光绪五年五月十六日/1879年7月5日

演戏酬神

杭省弼教坊钮扣店内于本月朔日失慎,只以众邻齐心,争为救护,不致酿成巨灾。该处居民店户无不感谢神庥,争为酬神之举。闻已议得于该处演戏两台,以敬火帝,今择于棚桥相近之大空地中搭台一座,于初六、初七日开演云。

光绪五年五月二十一日/1879年7月10日

访拿优伶

苏阊外戏园花旦吴兰仙,因二三纨绔竞掷缠头,遂乃顿增声价。前日赁屋于宝林寺前,并雇用时髦大姐,大开温柔之乡。自是龙阳酿雨,巫峡行云,使寻芳者如入山阴道中,应接不暇。现因甲乙两人,彼此含酸,其父兄恐致酿成事故,密恳吴县汪邑尊访拿拘押。闻已到案,想不日即须递籍也。

光绪五年六月初十日/1879年7月28日

台塌伤人

安徽休宁县光里地方乡民,以天时之久旱也,于六月二十八日夜,雇戏班在三宝寺旁祈神演戏。二十九日午后,天气更热,而往观者人甚拥挤。台上闹场方毕,云际略有雨过,班中拟俟雨止再演，观者大哗，遂鸣锣重演。不料一声锣震，霎时四野霁阴，怒风骤起，冰雹交下。该处系荒野之区，无从躲避，群奔台下暂憩。正喧嚷间，群闻台中有啧啧之声，又冒险奔逃。龙风过处，全台尽塌。有吴某者挈其两子同在台下，逃避不及，被压于千斤重台之下。比风定后，有窑匠及附近乡人赶忙起出，吴某神知犹清，而肾茎中血流不止，延至申刻，即行长逝。其两子附父身旁，竟无伤损，殊可奇异。并查有一人名德功者，为台压其脑后，口伏泥下，登时闷死。尚有妇女数人，或伤手足，或伤头面，皆不致死。闻其时风狂如虎，班中大锣吹去数丈之外，小钹吹出里许，亦可谓非常之变也。

光绪五年七月十七日/1879年9月3日

看戏罚洋

大观园管门洋人称，昨夜有人来坐正桌看白戏，我令出外，不依，另有二三人帮助，将我拖出戏园殴打，当由华捕覆住二人，兹故送请公堂究办。华捕禀，因何起见，我实不知，止见彼等殴打洋人，我先拖住一人，此一人尚把我手搦住，不许带到捕房，是以洋人帮同将二人一并送究。魏阿和供是大有裕钱庄出店，昨夜伴同先生看戏，管门捕以我看白戏，即拖出戏园，与之争论是实，未曾殴打。戚嘉生供亦是大有裕出店，管门洋人殴打魏阿和，我往相劝，并未帮殴。阿副领事总以魏等殴打洋人，华捕可证，请罚陈司马随判魏戚二人各罚洋一元，充医院经费，当堂缴案。两造出外，复俱上堂，魏供洋人尚欲打我，洋人亦供彼等又要报复，司马随令魏具结完案。

光绪五年八月初五日/1879年9月20日

优伶被押

优人十三旦，今岁三月间由京来沪，在丹桂茶园唱演数月，闻共得有数千金。六月间由沪回京，约定在瑞胜和开演，乃未及两日，即被倭四差人拿去。按倭四系某宅阍人，而为十三旦之养主，自当格外尊敬亲密，不意回京后并未往谒一次，即在瑞胜和定价开演,是以倭四发怒。现闻尚被禁押,十三旦已托人理说,恐急切未得开交也。然则胡宝玉校书远越重洋,不几叹佳耦之难成,寻坠欢于莫续哉!

光绪五年八月十三日/1879年9月28日

淫戏不可不禁说

古之所以感人者,莫如诗,诗盖于善恶之中,寓劝惩之意。今之足以动人者,莫如戏,戏亦于舞歌之际,端风化之原。余自今秋薄游沪江,偶至戏园听戏,见《迷人馆》、《卖胭脂》、《送灰面》等出,摹写淫情,丑态毕露。此戏一作,不知陷害多少子弟,多少妇女,伤风败俗,莫此为甚。一园如此,则别园可想。推其故,始由于演戏者之诲淫,继由于观戏者之好淫,遂致风俗卑靡,淫风大炽。前沈仲复观察分巡苏讼太道时,曾严禁淫戏,各戏馆均能恪遵宪谕。何以沈公升任后不过数年,而该戏馆等竟敢故智复萌,肆无忌惮如是耶!余谓禁淫书宜先禁淫画,禁淫画宜先禁淫戏。有治人之责者,盍重申禁令,以挽颓风,庶沪上之子弟妇女,不致为淫戏所炫惑也,则大幸矣!是为说。

目击心伤人稿

光绪五年八月十六日/1879年10月1日

看戏失银

十九日,宁波望春桥人某甲进城卖布,得洋数元,藏诸搭膊内。路过月湖财神殿观戏,觉一人挨身而过,□自摸索,则搭膊无恙而洋银已失。遂将其人捉住,搜其身畔,并无原赃,无可追究,仍释之去。时有旁人见者,谓当挖出洋银时,已递交他手,深恐说破,彼或衔怨,将阴受其害,故不敢声张耳。

光绪五年八月二十七日/1879年10月12日

淫戏不可不禁论

淫戏淫书,均为坏人心术、贻误子弟之事,而充其流弊,则淫戏更甚于淫书。盖淫书约有二种，一则以文言道俗情，借风花雪月诸般点缀秘戏，非略解吟咏，善读小说章回书者，虽日置案头，犹觉漠然无睹。即如《西厢》、《牡丹亭》，淫亵极矣，试与掩卷而曼歌《酬简》、《惊梦》数出，愚者不知也。《金瓶梅》、《肉蒲团》以及各种小书，淫放甚矣，若不知讲解而徒顺文读之，不识字之妇女以及未谙文理之童家，亦若忘其为淫也。盖此等情事，写之笔墨间，必用兴比两体，若实事求是，纯用真实字句，则村夫酒汉之骂人而已，不成书矣。故上等者寓深文奥义，即浅近者亦必不能如道平常话也。若传之于戏，则姑置其曲词而不之听，至一切丑态当场现出，稍知人道，莫可自制，靡靡忘倦，必至于斫丧天真，戕贼其身而后已。夫人生惟五六岁以后，知识渐开，至十五六而后成人，此十年中之知识，各随其所习以趋。诗礼家风，延师教书，藉十年之培养，而成秀俊之子。小家气派，群儿嬉游，积十年之闻见，而成刁猾之徒。惟于男女相慕之事，至此时始渐有知觉，或会悟敏捷，书塾兼看闲本，早有贯通。街巷征逐，早晚间窃听辱骂，私自揣摹，未免早岁警悟。不过是时气体未充，肝胆犹小，虽极下流不敢妄作而已，然已如将然之火，一引即灼。苟庙社村会之中一经注目，则真男假女之妖态，不禁心醉魂飞，急而难遏，于此而有邪缘逗引，则造作罪孽者有之。若犹多方顾虑，强制道防，则抑郁致病，痨瘵丧生者有之。此则父兄所不及，教师友所不能规。甚或荡检逾闲，靡所不至，流入匪类，贫贱终身矣。若夫妇女入庙看戏，本为例禁所不容，稍有家教者，必不纵令其去。然而习俗相沿，以为偶然行乐，初不妨事。或父母溺爱，或亲族招邀，明眸皓齿，盛饰艳装，仆婢将扶，烟筒果盒，登楼而选坐者，虽大宅绅眷亦所时有。迹其赴观之情形，已属冶容诲淫之极，而况恶少联翩，恣意评品，任人指点东西，衡量妍丑，殊自轻自贱矣。加以繁弦急响之中，忽而曼歌低唱，一生一旦，眉目含情，妖态万端，柔情百出，台以下举头齐向楼之上倩盼，不移斯时，即内禀贞烈，外绝妖邪，而过眼云烟，宁无少滞于心目间耶？苟为有夫之妇，中年之妪，犹无他也。若孀寡数年，及笄待字之女，则口不能言而心辄摇摇。即使秉性贤淑，见事聪明，力能制防，识足勘破,原无虑乎失足隳行,而一时神为之夺,必待转佥而始复其原,则甚难保妇女之必有此学问也。倘自此陷溺炫惑,不能遽回,则势必至于不可问矣。自来门第之家有帷薄之诮者,大率类此,亦大抵由此。甚矣,淫戏之害人也,过于淫书多多矣!向来地方官恐为民间之害,随时禁止,原与禁坊间摊买淫书,及闹市之中搜拿淫画,同一认真,援照科罪。而限于耳目不及周遍,且乡村赛会,城寺神诞,偶然演看,转瞬过场,虽饬役守视,而役等犹是人情,方甚愿观其态状,谁肯以官之禁令煞人风景者,故禁亦殊难也。上海戏园林立,城内外各官署每夜必有娱客之人,且园中刷印红单随处分送,苟欲禁之,执其戏单即为凭据,戏园中尚有何词?然而京徽旧调梆子新腔,所以擅胜场者,若《翠屏山》、《双钉记》、《巧姻缘》、《卖胭脂》等剧,从前曾摘目指禁者,至今公然挂牌,毫无忌惮矣。岂不曰上海娼妓如云,有几等之人,即有几色人行乐之处,关系风教,实不在数处戏园,而何况淫戏之一演即完,初无所勾留也。殊不知娼妓之害显,而淫戏之患隐,显者犹浅,隐者犹深。且妓馆中惟有腰缠之金而后可以自迷,其患更不及于妇女。若淫戏之杀人,则凡男女老幼贫富贵贱之人,无一而不在其诱惑之中,夫是以可慨也。

光绪五年九月初二日/1879 年 10 月 16 日

优 伶 凶 横

苏阊外普安桥两戏园,其中优人半系天津人氏,恃其膂力,且能出入衙门公馆,往往恃强逞霸,动辄殴人。有朱姓优人者,家住义慈巷中。二十一初鼓时分,某甲寻亲至彼,以黑夜模糊,误入其门。甲故读书口呐,朱又满口京腔,询问甲从何来,甲未及申说,朱已举手将甲连击数掌。朱之妻复散发跃出,扭甲衣襟,势将图诈。幸邻里解劝,甲之亲串适与朱比邻而居,亦出向朱辩论,而朱犹拉甲不释。嗣以众邻咸抱不平,甲始得免,然面目青肿,已觉受伤不浅矣。

光绪五年九月二十五日/1879 年 11 月 8 日

看戏虚惊

本埠天仙茶园前因柱脚松陷，致各看客小受虚惊。讵于十六晚九点钟，正演《小寡妇上坟》之时，其起码看客房内挤断一凳脚，顿时人声鼎沸，疑是坍屋，俱望外奔跑，以致碎坏茶碗无数。幸楼上看客各默坐不动，台上伶人亦仍行所无事，故不致有遗簪堕履之虞耳。

光绪五年十月十八日/1879年12月1日

观剧宜慎

苏闻普安桥两处戏园，房屋皆由匠作包工建造，工料既不坚固，又以日久未曾修理，故观剧者屡有坍塌坠跌之虞。念三日大风拔木，天桂园戏台竟致因风掀动，台顶芦席数十张吹入空中，恍若断线风筝。维时园中看楼墙柱亦时闻瑟瑟有声，摇摇欲坠，人故不敢久留，未及开场已散尽矣。

光绪五年十月二十九日/1879年12月12日

看戏寻斗

苏闻外京班戏园，所有优伶及把门等人，类皆好勇斗狠。每逢闲人进园观剧，苟非先行会钞，即便饱以老拳，挥之门外。由是弱者每被欺凌，强者必致争斗。月之初间，有城中响铜作某匠出城看戏，硬欲进门，被把门者拳打足踢，大受凌辱。越日，某匠纠其同行数十人，即在戏园对门吃茶，声言欲与戏园寻斗。而戏园班长恃其同班人数足与相将，将欲与之对敌。嗣以本处地保恐酿成人命，两面调停，始得罢事云。

光绪五年十一月初十日/1879年12月22日

论雅俗异趣

戏剧何自昉乎？盖始于春秋，即楚庄王思令尹孙叔敖，令优孟服孙叔敖之衣冠是也。然当时虽有优人，亦伶人之属，不过习乐舞而已。如卫人《简兮》之诗，乃伶官所作。鲁太师挚等八人去国，孔子慨之,是伶官中亦大抵贤而不得志之人也。盖当时士大夫犹有躬习歌诗作乐者,故贤者不以伶官为耻而居之。大抵伶官之设,职司亦多,《周礼·春官·大司乐》以下皆是也。至于扮演故事,则未之前闻。即优孟之于楚庄王,亦因其体相能似之,而又善体会孙叔敖之词气声色,故一使为之,非其职掌能演戏也。后世如唐天宝年之教坊,亦止乐籍之极盛耳。自此雅乐仅留遗于太常,而俗乐靡靡,浸成风俗,遂为下贱之所为,而民间沿之矣,而戏固未有如今日者也。戏之渊源,盖起于乡,岁晚务闲,乡人歌跳为乐,唱于台而和于下,此殆起于汉时。观于老莱子彩衣歌舞以娱其亲,即戏之意也。其后唐人小令改为宋人词,又改为元人曲,一时风俗尚淫靡,遂以士大夫而编戏本,而戏乃大行。至于今则词曲之剧目为一途,而京二黄西梆子楚调乱弹,则又沿乡人跳舞之遗,而日事增美,出而与士大夫所编之词曲相胜,俗乃有文班武班之分。积之愈久,而武班日炫其华,文班又几成古调,无人喜听之。此则京师风气实开天下之先,人情恶雅而喜俗,靡然争趋,即通人贵宦,高坐而听二黄,亦泰然自安。且有词曹部属自命不凡者,信口学唱,不以为俚。呜呼,无乃太俗乎!西人则异是,其所谓戏者,无金鼓之喧,有琴瑟之好,喁喁而歌,或坐或舞,无斤斗翻跳之陋态,而诸观者怡然以为乐。同谓之戏,而其所尚者乃在此而不在彼,殊觉我中人之好怪也。夫西人之戏所重在歌,中国之戏亦未尝不重于歌。然今之所重,乃里巷小儿信口号叫之词,盲人弹三弦坐唱之七字句也,本无律吕,又不叶乎宫商,既昧重轻,更不分夫清浊,无声无调,惟以一句之转折,一字之顿挫,悉心研究,取其音曼而长,声圆而转,则满座喝采矣。歌而以此重也,诚无异于无歌也。余初不知西人所唱其文理何若,然观其国中好尚,一技著名即通都赞好,至有歌女而月得俸银万金者,则其为西国之雅歌而非俗调可知也。观其所搏拊勾弹之诸器,亦断非俗乐之声矣。夫人之性情不可强同者也,吾中人听昆腔曲本,变目嚃然,直视台上,无所领略者多矣,而欲其观西剧听西歌,以心领而神会,亦戛戛乎难之。苟强西人而观京班,当亦不识其妙处之所在。然而西人观西剧固安乎其雅也,中人观中剧亦安乎其俗也，以是为中西人之异趣可也。然即其趣而论之，而中人犹不如西人之甚也。京师名优，童年玉貌，以歌舞名者半，以应酬者胜者半。王公大臣昵而就之，赏赉至数千金者，固亦有之。其不读书通古今者，绮罗结习，纨绔终身，以彼狡童之故，使我不能寝息，姑无怪其然也。至于文名藉甚，清华之选，乃亦随波逐流，酷好此种，无乃惑乎！然而诸童出入骏马，服色鲜明，广厦安居，奴仆百辈，稍不如其意不遂其欲，虽王公亦夷视之，此等气象，盛名之下时有其人。而欲若意大利歌女之月俸力金，则亦未尝有是也，于此可见西人之好雅为真好也。第有一端，西人不及中人。常有朝士昵比狡童，或因囊涩而不遂其欲，或因时乖而为人所夺，则有甘以死殉者，如所传甘太史故事。若西人之剧班则不以为贱役，即如意大利女以歌得名，各国之人皆称赏之，而特无昵契之者，其所与之俸金乃包钱之类，而并非缠头之谓。以此较之，则中人之陋实不堪矣。惟其愈陋而愈见其惑也，惟其愈惑而愈见其俗也，而西人之好雅乃真雅矣。

光绪五年十一月十五日/1879 年 12 月 27 日

戏园亏闭

小东门外迎桂轩戏园，本孙凤祚所开，后因资本竭蹶，复纠刘长泰入股。无如看客寥落，终难敷衍，致亏工部局捐洋四十余元。经局控于法公堂，当传刘长泰暂押，刘以有烟癖，恐在捕房失瘾，特倩其甥马某代押。然该戏馆负欠累累，向索者踵接其户，因于十八日闭歇。馆中有着衣大镜一面，云是方钰良借与孙凤祚者，已被该馆打鼓板之卜阿二押在协元质栈，得钱十二千八百文。方钰良投控法捕房，亦将卜阿二管押。昨解法公堂讯理，原告方某供明前由，质之卜阿二，则称与方素不相识，因馆主未付我名下各欠户钱文，不得已将镜质钱。张司马知该馆负欠不少，当即派捕守门，一面将卜阿二及马某放出，着寻到孙凤祚、刘长泰再为核办。

光绪五年十一月二十三日/1880 年 1 月 4 日

伶人走脱

本埠各戏园皆聘京班脚色,包价甚巨,每有支用洋银,登台演剧数日,旋即另谋棲止者。昨有天仙园主赵金华投禀英公堂声称,于十一月初一邀到京班伶人刘宝奎,言明每年包价银四百八十两,至本月初五日被支用银一百六十五两,竟不别而行,不知去向。照算除去应得之辛工外,尚透支银一百十五两四钱四分。园中脚色甚多,照此效尤,伊于胡底?为特呈诸备案,俟刘宝奎访有下落,再行禀请提追。陈司马俯准所请云。

光绪五年十二月初九日/1880年1月20日

新班进省

江省近到一戏班名曰荣华,皆十五六岁童子,色艺俱佳,尤善武戏,自万寿宫开台后,连日为各武衙传演,故外间尚未甚悉也。

光绪五年十二月十三日/1880年1月24日

光绪六年(1880)

会馆演戏

本城内各衣庄,向例于每年春正必齐聚同业,重整规条。兹闻今明两日又雇名班在泉漳会馆演剧,一切庄规已详列本报后告白,姑不赘述。

光绪六年正月十六日/1880年2月25日

戏楼坍塌

苏州阊门外普安桥京班戏园,坐上客常满。其看楼之坍塌,已非一次,伤人戕命,屈指可数。前隳不远,宜何如修造坚固,以保无虞。乃房主惟知省费,匠作但冀赚钱,而戏园中人贪图生意,亦不暇料理。月之十五日为元宵佳节,观戏者蜂屯蚁聚,且其中更有艳妆妇女及班中各优伶妻室,男女混杂,更形拥挤。正在锣鼓喧天干戈相接之际,众人注目凝神,忽闻霹雳一声,西首包厢楼房倏又坍塌,上者咸坠,下者被围,一时间倾覆颠越者,约有百余人。其身受重伤而性命难保者五人,幸该处伤科较便,纷纷抬入医家分别救治,然伤至不救者,传闻旦夕间必与鬼为邻也。苏人咸谓郡中向无京班戏园,亦无妇女看戏之事,此次坍楼,其咎在房主省费,匠作苟且,而优人兼容妇女入园,以致拥挤杂沓,伤人肇衅。想官宪有知,必当重施禁令也。乃该园构此巨衅,优人仍置若罔闻,依然鸣锣敲鼓,照旧开场。该处社坛守府闻信,饬传班主,拟令暂时歇闭,俟房屋修理坚固,再行开台。而班主抗传不到,由是守府震怒,亲往戏园拉出班主,各责军棍,将俟禀明上宪,出示禁闭。按京班优伶素皆强悍,自戏园开设以来,外而械斗,内而跌仆之事,指不胜屈,若不早行禁逐,恐肇事正多不测也。

光绪六年正月二十四日/1880年3月4日

优人逞凶

苏阊外京班优伶,类皆好勇斗狠,恃霸逞凶。且年来恃有一二当道为之护符,遂更肆行无忌,动辄殴人。正月十六日,有河南甲乙丙三人,各出大钱数十文买票立看。甲入戏园,立于正桌后面,适为台上优人观见,以为该处非立看之所,不问情由,遽将某甲连击数掌,某甲正待还手,复被优人踢倒在地。于是乙丙挺身相助,众优各持短刃,蜂拥迎敌,将三人浑身殴击,全行受伤,而甲则伤痕尤重。当经旁人劝解,始将三人舁出戏园,现闻该帮中人已为之报伤抬验云。

光绪六年二月初六日/1880 年 3 月 16 日

指控伶人

向开金桂轩之宁人唐玉英,扭控伶人谢梅卿,前日由陈司马晚堂庭讯。唐供交谢银洋四百二十元,原许招集伶人开场演剧,岂知初则延约,继则避面,今始寻见,向论一味支吾,是以送请着令交还。谢供唐某交我银洋数目不错,但尚有不敷,嘱伊再添资本,迄未添付,以致迟延若此。陈司马得供之下,饬将谢看管,着令两造具呈申诉,再行覆讯核断。

光绪六年二月十六日/1880 年 3 月 26 日

误伤伶人

本月十一日晚,鄞县署中之门丁等雇京班,在火神殿公饯同署幕友之行。有门丁之跟役某,行过戏房,其火夫误以粉水沾其衣,某即以足踢之。火夫力怯被扑,不意一旦坐于梯旁,当被撞落楼下,赶即扶起,不能言语,已受重伤。戏亦中止。次日戏班人赴府控告,宗太守亲往看验伤处属实,饬县提某管押,一面给费养伤。大约此案总视某且命之存亡,以定该役罪之轻重也。

光绪六年二月二十一日/1880 年 3 月 31 日

看戏滋祸

杭垣竹竿巷火灾之后，民间即公议酹谢火神，议定单间店面产主轮洋六角，店户三角，双间倍之，自众安桥以上起至有玉桥止。爰于教场火神庙、竹竿巷内白泽庙、有玉桥之二圣庙，各演戏一台以申敬。月之初五日，二圣庙内戏初开台，而台下之人已拥挤万分，两边看楼上之瓦檐屋角，无处非人。演至将半，东边之看楼一声震响，早已栋折梁摧，一齐坍损，诸女眷无不作坠楼之绿珠矣。其台下诸人，伤头损臂者不可胜计，幸尚无性命之忧。惟一老妪则已压断肋骨，十分沉重，并有十一二岁之女孩亦甚伤重云。

光绪六年三月十五日/1880 年 4 月 23 日

伶人跌死

前夜大观戏园演《江东桥》一出，诸伶人各欲献技，内有某伶翻一悬空筋斗，因偶不留神，致伤脏腑，当即横卧戏台不起，即由诸伶人扶进戏房，旋即气绝云。

光绪六年三月十六日/1880 年 4 月 24 日

看戏受惊

苏阊外戏园看楼素不坚固，偶当拥挤，常致坍塌伤人。初十日下午开场演剧，正当金鼓齐鸣之际，突闻楼头声响如霹雳震地，观剧者群惊楼塌，争相奔避。霎时之间如山崩潮涌，至于脱帽坠履，不暇兼顾。厥后楼虽无恙，而在场数百人闻已悉受虚惊云。

光绪六年三月二十一日/1880 年 4 月 29 日

议演新戏

优孟衣冠，最易动人。前有金匮已故善士余莲村广文治，曾谱《庶几堂今乐》二十八种，皆搜罗古今善恶果报贯串填成，募诸幼童教演成班，登场时形容点缀，式歌式舞，足可移人心志。旋因经费不继，废弃已久。今悉本埠协赈公所及江浙等处绅董，以近来各该戏馆扮演一切淫戏，以显新奇，殊属有害风俗，因议将庶几堂原刻脚本多为刷印,饬发戏园各班中演习,每遇开场搭演一二出,亦可藉资化导。但原本久已散失,诸善长广为搜求,越半年之久,始得见庐山真面。爰即重付手民,寿诸梨枣,刻已装印成帙。日前披阅一过,觉曲文科诨语语新颖,并可增以灯彩,苟得妙伶扮演,吾知观者必色舞神飞,赞叹不绝矣。现闻已禀请天津、镇江、上海各道宪批准举行,即将曲本送呈,请饬发各戏班演习搭串,仍取不得再演淫戏各结备查。想不日间各戏园当可奉到宪谕,自此眼界一新,未始非移风易俗之一助也。

光绪六年四月初三日/1880年5月11日

重开戏园

苏省郡城隍庙旧有武班戏园一所,前因滋事封禁,歇闭多年。近日城内文班知音绝少,观剧者皆不喜昆曲而喜京腔,大抵阅者好武厌文,而演者不得不移商就徵。由是邀集武班脚色,拟就该处文武合演。现在戏园已经修理整齐,即日开台演剧云。

光绪六年四月十一日/1880年5月19日

严禁淫戏告示

会审分府陈为出示严禁事,奉苏松太道刘札开,据协赈公所江浙闽广绅士谢家福等禀称,窃维移风易俗,莫善于乐,今时鞠部梨园,摹色绘声,穷极形相,其移人心志尤易尤捷云云。已故金匮善士余治笃行乐善,晚年注意惟以禁绝淫戏,乘机化导。尝取近世事迹足为劝戒者编演杂剧,名曰《庶几堂今乐》,另募优僮习演。嗣以集资不敷,将优人遣散,《今乐》刻本亦未竣工。绅等惜之,已将《庶乐堂今乐》二十八种募资刻成。拟请饬发各戏园依样习熟,每日夜搭演一出,冀广观听。有能就此字迹略加关目,耸动观听者,由绅等酌赏加奖。至淫亵诸剧本干例禁,拟请出示严禁,随时查惩。呈送善戏刻本,请饬发各园一律遵照,并前取具各戏园遵禁淫戏切结,以端风化而正人心等情到道,饬将发去善戏刻本转给各戏园依样习演,并取具禁止淫戏切结送查。等因奉此,除将善戏刻本分发取结外，合行出示严禁。为此示俾该戏园主及各优伶，一体遵照，务将发去善戏刻本赶紧依样习熟，以三个月为限，每日夜搭演一出。惟淫戏即以出示之日为始，不准再演，倘敢故违，一经察出，立提园主严办，决不姑宽，凛之切切。特示。

光绪六年四月十六日/1880 年 5 月 24 日

戏园押闭

前报苏垣郡城隍庙新开戏园，当时疑为文武合演之班，现悉开园者多系京班脚色。按苏城前因徽班在城曾酿盗案，株连昆班，经昆班伸诉得雪，自此立案勒碑，不准外来各班入城演剧。事越数十年，而碑石尚存。县署闻信，亦恐因此寻斗生衅，故特于月之初四日，饬差押令闭歇云。

光绪六年四月十七日/1880 年 5 月 25 日

戏园迁徙

前报苏城郡城隍庙前开设京班戏园，已经诸色齐全，嗣以向例京班不准入城，遂尔中止。兹该班主复于阊门外杨安浜另租房屋，一应装修，全行搬至城外，限日修葺，不及十天业经工竣，闻不日即须开台演剧云。

光绪六年四月二十七日/1880 年 6 月 4 日

女班演戏

离汉口十里之乡镇阳□地方，近有新到女班，男女几十人，演唱诸般小剧，最足令人神往心移。日来远近乡民莫不先睹为快，故该市生意骤增，人亦接踵摩肩而至。逢场作戏，虽足动人观听，然伤风败俗莫甚于此。更兼刻下农忙之际，尤宜勤东作之功，岂可使乡民耽此而失业？有地方之责者，曷不禁逐之！

光绪六年四月三十日/1880 年 6 月 7 日

伶人骤颠

章门四喜班生脚某甲,于端节日上午在万寿宫前方登场演剧,忽自台上跑下,头上尚带网巾挂须亦未除去,身穿青布大衿袍,持竹片若牙笏焉。自唱自舞,行至洗马池口,即席地而睡,气色惨□。迨傍晚该班始有人寻至,则已不能言矣。

光绪六年五月二十日/1880年6月27日

纪演新戏情形

本埠刘道宪前曾札饬租界委员传谕各戏园,勿得再演淫戏,并颁给《庶几堂今乐》全部,着即演习登场,以资观感,此已列报。念一夜天仙茶园首先遵谕扮演《魁星现》一出,居沪上者闻有新戏,咸来坐观,楼上楼下无一空座。按是出关目本多,又加该伶人竭力描摹,多增灯彩,愈觉新奇可赏。至唱口之高妙,做手之灵敏,自是该班本色,无须赘述。愚尝谓戏者意也,命意既佳,自可人意。即如《乌盆计》、《伐子都》、《赵家楼》、《大香山》、《洛阳桥》等剧,何尝不讲报应以及神仙鬼魅,而观之者乃如蚁附膻,惟恐不及,独何故哉?盖由其中情节描绘入神,自足动人观听耳。今披阅庶几堂曲本,俱能令人沁入心脾,吾知以后各戏园定能陆续习演,互相仿效。不特看戏者之耳目皆得一新,即唱戏者之生意亦增三倍,革浇风而成善俗,胥出自有司官之雅化也。

光绪六年五月二十三日/1880年6月30日

戏园滋事

天津戏园计有四所,座中看客,营兵土棍每不给钱,如偶一揶揄,即至生事。去年经营务处出示禁止,营伍中人稍稍敛迹,而土棍之出入无忌,行止自如,依然如故。现营兵亦日久玩生,每值四园轮演日期,居然入座,戏园虽大,实不能容。初四日,金声园内正金鼓喧阗,鱼龙曼衍,而门外一片声喧,砖瓦木石密如雨下,一时门窗半破,屋瓦皆飞,盖系土棍挟嫌纠党寻衅者。戏园中人亦工力悉敌,不停锣鼓,出与抗衡,缚得三人,头面均已受伤,其一最重者，左眼青黑，肿起如桃。戏园邻近系一浴堂，姑将三人位置其中，俟戏毕再议。即使不至经官，已小受挫折矣。谓之自取，谁曰不宜？

光绪六年五月二十八日/1880年7月5日

狎优起衅

京师士大夫观剧狎优，历经台谏参奏，宜如何束身自爱，无玷官方。乃前月间，闻有某词林赴正阳门外某酒楼友人之招，各召优人陪饮，猜拳行令，乐极而醉，诸优亦醉态可掬。宴毕将散，优等各向主人索赏，始则低声，继而高骂，声达街市，路人云集，酒馆主恐有不便，始劝众客由后门散去。

光绪六年七月初九日/1880年8月14日

演剧构衅

苏胥门外某姓绣庄，年来承办贡货，骤拥多金。月之十六日，以其子十龄初度，并为聘妻过柬，某之亲友□此醵资申贺，怂恿唤班演剧，某亦欣然应允。惟念华堂之上，一经金鼓登场，左右远近邻里争先快睹，必致蚁集蜂屯，喧宾夺主。乃预告某处汛官，请拨兵弁四名藉资弹压。无如门内笙歌甫作，门外众邻欲待入门观看，辄被兵弁拦阻呵斥。众邻忿不能平，以为该兵食国家粮饷，转为铺户把门，犹复装威作势，欺侮平民，情殊不严。由是一声喝打，众口齐应，该兵见众怒难犯，三人早已窜逸。惟一人自恃勇力，强与争持，被众人此拖彼曳，拉至市梢，饱以老拳而散。某姓见众邻构衅，随即遣退优人，即时落场云。

光绪六年七月二十四日/1880年8月29日

戏园具结

淫戏早经示禁，讵大观戏园之万盏灯近又演《迷人馆》一出，为陈司马访闻。昨因饬差传该戏园之司帐人郑惠卿到案，严加申饬。郑一再叩求，始着具以后不再演淫戏切结存查，违干重惩不贷。

光绪六年七月二十九日/1880年9月3日

会馆演戏

扬州江西会馆每年必演戏酬神，约有一月之久。盖经费素充，由西岸票商提出，故能热闹如此。兹闻于上月念九日为始，已传班照旧开演云。

光绪六年八月十二日/1880年9月16日

封禁戏园

苏郡向例，戏园非土著优伶不准近城开设，盖前此曾有越城盗劫巨案，悉为江湖班中人所犯，赃匿戏箱，破案后勒石永禁在案。兹京班某甲于阊门外南潼子门租地建屋，将欲创立戏园，大兴土木，工已垂成，忽于月之初八日由吴县饬差发封，并将班头带至署中，谕令赶紧拆卸云。

光绪六年八月十四日/1880年9月18日

看戏破窗

金桂戏园主田文炳至英公堂称，昨夜有三人来看白戏，喝阻，即用石块掷破玻璃窗片，约洋二元，交捕送究。张金荣、周明发同供，误碎玻璃窗是实，尚有一人系属哑子。哲翻译令张周二人赔洋二元，再押两礼拜，司马允之。哑子押候过堂安插。

光绪六年九月初五日/1880年10月8日

优伶敬神

九月初九日俗称为九王神诞，各优伶莫不持斋虔敬。苏阊外戏园两家，统共优伶百余名，彼此醵资酬神，复于前一日预置纸人纸马楮帛等项，堆如山积，均于晚间抬至空地焚化。是时远近望见火光，群讶失慎，至有误扛水龙行至半途，得信而始返者。

光绪六年九月十九日/1880年10月22日

光绪七年(1881)

看戏受伤

苏郡戏园把门之人，皆系地棍无赖，虽遭人命而不惧者。第不用此辈，则囊中不名一文而昂然直入者，势将无可拦阻，而伶人之博利更难。然戏园中重门叠户，宛如扼守要隘以御仇敌，遇有闲闯而入者，不问情由，即便挥以老拳，亦不免时滋事端。月之初间，有无锡某甲直闯入园，为把门者所阻，彼此争持，而园中人众一呼百应，举械攒殴，致甲体无完肤。幸为某营哨官所见，将甲舁回养伤，其动手各人，饬地保查明姓名，倘有不测，行将送县照办云。

光绪七年二月二十五日/1881年3月24日

演戏伤人

扬城徐凝门内之江西会馆，年例演戏数十本，以祀许真君兼谢水神。今年则加酬火神，故更为热闹。戏子两班，分内外台，自本月十五日起，观者如堵。会馆特新辟三门，合之旧门共有四路，以便出入，免致拥塞也。外台看场更觉宽阔，虽半里外尚能遥睹，但布置虽善而人数太多，日甚一日，即数十里外之乡人亦扶老携幼而至。十六日午刻正演《西游记》，忽一声大震，挤倒东首危墙，压伤三十余人，死者二人，一则肠出尺许，一则左膀全断。十七日，又有卖饼者挤仆于地，背脊为人踏烂。一中年妇怀抱女婴，为天篷压棍击碎头脑，母女皆毙。十八日，台左一壮汉自高遥望，忽然翻跌，头亦缩入胸内，顷刻身亡。于是甘泉邑宰闻知，飞舆入馆弹压，乃人众一涌，官亦跌出，舆外众役及护勇极力抵挡，官幸未伤，而勇役已伤十余人。邑尊怒甚，且恐滋事，当即示饬停演，并禀明太守，所有各庙各会馆一概不准演戏，然而迟矣！

光绪七年二月二十六日/1881年3月25日

戏园奉谕

英租界各戏园遵公堂谕，逢国忌停演一日，而法界小东门外禧春茶园因未奉法公堂谕禁，故照常演剧。昨翁太守传到该戏馆主孙文明，谕以国忌日一律停演，并令具结存案。孙文明遵谕，当堂具结而退。

光绪七年三月初一日/1881年3月30日

看戏滋闹

天津戏园计有四所，所有戏班向系轮演，其售得之钱，散座系戏园与班子三七开分，官座则平分。官座价值不一，督辕及道署中人每桌给价二千，府署一千五百，县署一千，捕厅五百。今则捕厅署并不给值，县署只给五百，或竟效尤不给，以是观者虽多而觅利不易。又每以争座滋闹，卖座颇难，调停卖座者，犹南方之按目也。京班武旦名黑儿者，又号一阵风，曾在上海演剧，继入京都，声名大噪，绣铠登场，众人目无旁顾。天津之如意班自知脚色数见不鲜，难以制胜，遂罗而致之，副以十四旦同演。而是班登时生色，车满于门，客满于座。第人多则生事尤易，自黑儿到班，园中几无宁日。前月十四日竟至不能终场，其习气可为甚矣。是日该班在庆芳园演剧，演至第三出为王洪贵之《四郎探母》，司玉堂扮宫主出场，方上氍毹，忽园之东偏拍桌声与台上裂帛声相应，继闻马鞭急击如挝鼓，如燃炮，桌椅杯盏顷刻飞腾，众人错愕。嗣知因县署曾定两桌戏，已开台，人尚未至，突来三人自称院上当差，形赳赳而衣楚楚，欲觅座头。时各座皆满，无可位置，彼即强占县署所定之一桌，卖座莫敢如何。少顷原定者五六人来，见只一桌，向卖座诘责，连击桌子，掷碎茶壶。其三人从旁观看，怒不可遏，随取马鞭向县署人乱击，犹以为未足，椅桌掀翻，拳脚交下，被打者虽有六人，然皆瘦弱无勇，鸡肋不足当尊拳，颇为所窘，经人再四劝解而散。时座后看白戏者骈肩叠背，环绕如六曲屏山。霎时黑儿装束出，若辈拥挤上前，或竟立于桌上。卖座范三喝阻不退，以茶壶虚拟作泼水状，座有营伍中人乘势夺茶壶向外掷去，一时一倡百和，群取壶杯抛击，外亦以之掷还，磁片星飞，水点雨洒，中之者血流于面，湿透于衣。众人声如鼎沸，争上戏台避躲，台上锣鼓骤住，女将军亦脱甲卸妆矣。被打者作何究竟，不得而知。翌日尚属轮演之期，即以闭门羹待客矣。

光绪七年三月初四日/1881 年 4 月 2 日

观剧殴斗

苏阊外小郝弄戏园生意甚盛，座客常满。前月念二日，有镳局甲乙两客往观，与山西人争座启衅，旋至挥拳，镳客止有两人而山西人却有十数人光景，乃甲左右冲突，乙上下支架，竟致众不敌寡，头破血流，披靡走散。嗣悉山西各人皆管中兵勇，一兵被镳客掷盏伤脸，故致鲜血被面。而异日两造复至戏园，将图寻衅，幸为该管哨官闻知，立即前往斥退。复经参戎传提滋事管兵，各责军棍一百，又申饬哨官严加约束，得遂寝事云。

光绪七年三月初十日/1881 年 4 月 8 日

狎优滋事

苏阊外山塘金桂戏园优人某甲者，色艺虽不甚佳，而酬应颇为周到，日来声价骤贵，不轻侍宴，因此不满人意。有乙丙两弁素与熟悉，前数日间唤甲至酒肆陪酒，甲不肯，乙丙意殊不怿。厥后酒性发觉，相将硬拉甲出，恣意凌辱。该班同伙闻信，出为解劝，始得寝事云。

光绪七年四月初一日/1881 年 4 月 28 日

国丧停戏

近以哀诏将临，会审公堂饬差知照租界内各戏园停止演剧，故各家遵谕，于昨日起一律停止。至停演几时，尚须俟诏到后再行谕知云。

光绪七年四月初二日/1881 年 4 月 29 日

禁止演戏

浙省于上月念三日接到部咨,大行慈安皇太后于三月初十日戌时仙驭升遐,然民间多有未及知者。念四日,下城之弥勒寺适以箔业行规,敬神演戏,不期戏方开台,突有城守署之兵丁数人奔入戏房,将班中之刀枪箱封闭而去,且令该班速即出城,倘再逗遛,未免自获咎戾。该班唯唯而退,当即卷旗息鼓,瓦解冰消。而两面看楼之女眷等,无不桃花扇暖,杏子衫轻,艳裹浓妆,先人早至,翠楼倚遍,望断秋波,诚所谓乘兴而来败兴而去矣。念六为黄道吉日,杭垣婚嫁之家不下数十户,无不金锣辟道,鼓乐喧天,即一切彩舆灯牌旗伞等件,亦无不如火如荼,猩红夺目,绝无一毫顾忌。想因宪示未颁,故装袭(聋)哑耳。否则官宪往来,尽已麻衣如雪,岂相彼小星,尚敢以身试法耶?

光绪七年四月初五日/1881 年 5 月 2 日

看戏受惊

入园观剧,所以游目骋怀也,乃竟有至惊心丧魄者。苏郡阊门外戏园,房屋皆系包工赶造,均不坚固,屡至坍塌生变。上月二十五日,山塘金桂戏园演《洛阳桥》灯彩新戏,是日园中观剧者蜂屯蚁集,多至一千余人。比见灯彩登场,陆离闪烁,方共啧啧称奇,目不暇给,忽闻金鼓声中,突如霹雳震地,盖正楼之槅栅已断,由是观者咸恐楼坍倾跌,仓皇趋避,如山崩潮涌,有坠履者,有脱帽者,指不胜屈。楼上下数百人挨挤出园,莫不相顾失色,虽未颠蹶受伤,而虚惊固已不浅矣。

光绪七年四月初六日/1881 年 5 月 3 日

优伶卖艺

京师前门外大栅栏为热闹之区,戏园盛列,今因国制禁戏,其地便尔冷落,小本生意亦形减色。都中戏班多至十余部,每部约有百人,一朝无事,几如涸辙之鲋,生计难艰。闻各优有纠联数人在市中卖艺者,如城外前三门大街,城内东西四牌楼及各胡同所在,多有京人谓之说白清唱，不装束，无音乐，止用梆子一具，有添用胡琴者，即被司中巡役拿去，笞五十板释放，此后遂莫敢玩禁。卖艺之场，观听者竟亦拥挤，所得之彩颇足糊口，其出色之优并可利市三倍。闻有京优名唤皂儿者，向为秦腔中翘楚，现亦纠伙卖艺，闻每日获利佰千，较在园演戏时有增无减。又传闻国丧百日期外，即准会馆戏台开演，惟不得束装，用乐仅添一胡琴一小锣，然向例至期年始能如此，今之传言未知确否。又都门向年有四大徽班，其中三庆一班凡遭国制，其著名脚色班主仍为供给衣食，并不离散，俟开演后将其工赀抵还。然惟该班主程长庚在时行之，兹长庚物故已久，此例不复行矣。

光绪七年四月二十三日/1881年5月20日

玩禁宜惩

宁郡日月两湖之关帝庙，每逢端节前后，恒有名班演剧庆贺神诞。近因国制禁戏，是处便觉寂寞。惟郡庙转较往常热闹，评话弹词坐唱淫书，益以赌博诗谜等摊，人多口杂，想地方官闻之，定必严行驱禁也。

光绪七年五月初三日/1881年5月30日

违制演戏

苏郡自闻国丧之信，虽未奉到遗诰，而民间嫁娶已停，音乐已遏，服色招牌更素，盖不待三令五申，早已谨遵礼制矣。乃前月二十四日，有贸易于苏之徽人甲乙两姓者，由城迁往洞泾里胜塘新宅，衣吉服，敞华筵，宾客盈庭，为醵金公贺之举。先唤优伶而优伶不敢往，继呼乐部而乐部不敢前，由是降格相从，招某班女优于晚间开演，弱燕翩翩，娇莺呖呖，惟除金鼓喧阗，备觉笙歌嘹亮，是夕邻里观者如堵，宾主欢饮达旦。彼纵不念国制，抑何不畏官法耶？

光绪七年五月初四日/1881年5月31日

戏 园 呈 禀

昨日法公堂据小东门外喜椿茶园主孙某投诉称,奉谕遵守国制,停止演戏已历两月,各伶人皆无余资,已将衣物典尽,苦实难言。为此拟于出月初一日起清唱,不用锣鼓,聊资敷度等语。翁太守谓沪地戏园,英租界亦有五家,自有一律章程,须候核示云。

光绪七年五月二十八日/1881年6月24日

众 伶 求 恩

昨晨有伶人蔡其桂等二十三名齐投英公堂求准开演,并称道咸以来凡遇国丧只禁六十日,今奉饬停止亦已二月,小的们谋食无方,惟求大老爷体恤施恩。陈太守谕尔等奉制停演,声名颇好,今既停有二月,尚余二十日,何弗一并恪守,以全美誉?况百日音乐之禁,国家大典,本分府殊难允请。该伶人等竟嘈杂求恩,跪而不退。太守问蔡在谁家戏园,答称天仙茶园。太守曰:尔等可向园主商量,答称园主久置我等不问。太守视诸伶均未蓄发,随怒叱曰:尔等均未蓄发,胆敢到堂,如再多言,当先惩责。诸伶仍齐声求恩,太守乃谕令具禀呈候批示,始各纷纷退出。

光绪七年六月初一日/1881年6月26日

查 禁 清 唱

前述小东门外喜椿戏园上禀法公堂,求于六月朔日起准其清唱,翁太守以事关大禁,自有一律章程,谕令候示在案。讵该园竟于月朔公然清唱,太守暨法巡捕头访知,饬包探往传园主,而该园尚有欠缴工部局四季捐洋十八元五角,已由捕房拘人。昨日解案,据该园沈三将应缴捐洋呈案销讫,太守问:尔园奉何人之谕擅敢唱戏,唱有几天?答称实因诸伶困苦不支,故初一晚起穿随身衣服清唱两出,听者乃邀到之行家熟客,伏求恩宽。太守谓本当惩办,今姑宽宥,不准再唱,若续有所闻,定当重办。沈三遵谕,叩谢退出。

光绪七年六月初四日/1881年6月29日

戏园续闻

英租界各戏园伶人投英公堂渎求开演不准等情，已列前报。兹陈太守访闻大观戏园挂牌，写初四日客串清唱，天仙茶园亦已挂牌，未定开演日期。及饬捕查究，天仙戏园即行除牌，是以昨晨惟提大观园司帐人吴长林到案究问，而诸伶蜂拥随往。太守问吴园主是谁，答称股东不一，至清唱之举，实由诸伶困苦，群议为此，以资糊口，诸伶即嘈杂求恩。太守怒问吴领班为谁，答称黄月山，随饬差立提黄月山。吴禀黄系安分守法之人，求免差提，容小的招同投案，太守乃饬差同吴往传。俄而黄月山到案，则称小的不敢犯禁，诸伶窘迫，出于此计，小的不能约束，总求施恩。太守再四开导，诸伶仍齐声求恩不已。官乃谕黄月山具结，仍须过本月二十日开演，惟稍为从宽，先期数日准其清唱。诸伶乃遵谕而退。

光绪七年六月初五日/1881 年 6 月 30 日

戏馆宜多设便门说

近以国制，遏密八音，上海各戏园皆恪守王章，一律闭门，本报登之，以见诸伶之克知礼义。乃迩日将届百日之期，所争不过七八日，而反纷纷求请先期开戏，是诚不解其故。如曰诸伶食用无资，何以前已闭门七八十日而未有饿毙者，今此数日中而忽忧乏食也。如曰先期开演可以夺生意乎，然一处开演，则各处皆开，又何以独擅其利，徒多受官之诃斥，并前此恪守王章之义而付诸弁髦。噫！此伶之所以为伶也。然官宪犹复体恤周至，以诸伶舍此别无谋食之方，况距百日之期相去无几，因亦从权，准其先期清唱，此又官长之特恩，而诸伶所当感激不遑者也。夫当其蚁聚环求，意存挟众，头皆新剃，嘈杂不已，似此情形，即将其为首者从严惩办，□以显违国制聚众要求之罪，当亦无所逃避。而官长仁慈，姑从宽典，念其前日遵制之义，不特不加以罪，而更曲为矜全。自此诸伶可以复理旧业，无忧饥饿。开戏园者亦可以重整楼台，大辉金碧，行见沪上旅人又多一番清兴矣。然当此将开未开之际，各戏馆想必略事修饰，土木之工在所不免，吾于此窃有所筹也。房屋之必有门户，所以通出入也,而门往往不肯多设,盖多一门户即多一照顾,恐照顾有不到之处,故不敢多开门户,是亦小心谨慎之道。而独于戏馆即不然,戏馆一业,地则通都大邑,人则蚁聚蜂屯,而且板壁重重,灯火叠叠,桌椅层排,妇孺列坐,千头万足,出入同此一门,每见散场之际,人皆恐后争先,极形拥挤。夫以兴尽而返之时尚且如此遑遽,设有意外之变,杂沓蹂躏,更复何堪设想。犹忆客秋月夜,偕二三友人至某戏园观剧,正在舞衫歌扇,旖旎动人,鬓影衣香,迷离醉客,忽闻户外喧噪声,一时众情纷乱,浪拥波腾,夺门争出,挤而莫前,呼儿哭母之声,与惊心骇目之状,几如倒海排山,云谲波诡。仆素闲适,时亦身不自由,几为所窘。幸为时甚捷,旋即云净波澄,询厥所由,则以门前轿灯偶尔失慎,见者惊喊,众手纷扑,以至声闻于内,势成汹汹,幸而随即扑灭,未兆焚如。假使封姨助虐,祝融肆威,竟敢咸阳一炬,则即不至焚毙,亦将践毙。迄今思之,犹令人心悸不止。况戏馆中脚色实繁有徒,行头亦正不少,一遇凶警,无从夺门,势必悉付一炬,凡此皆不能多设便门之故也。今后务于各戏园之前后左右,但有径可通之处,多设便门,户必以五尺为率,门必以反关为宜。若以路窄门宽,恐嫌不便,不妨一门两折,中实以□,既便驰驱,又不累赘。平时则照常反链,有事则四壁洞开。无论诸伶看客,莫不心安性定,处之泰然。所谓弭祸于无形,虑患于先事者,此之谓也。至于楼上扶梯,尤宜多设几处,平时以楼门拦之,止留一梯,以便稽察,设有意外,急将楼门拔开,使人得以乘便下楼,争先奔避。此则正与便门相辅而行,皆防患于未萌之要务也。夫开戏馆者,既以此为谋生之计,亦复各有身家,即不为看客计,亦必为己之资本计,行头之值若干,装修之费若干,一旦遇有非常,有门可出则尚不至尽归一炬,如止有一门一梯,则看客既欲争前,诸伶又各恐后,而馆中什物又将何能搬移?故曰为馆主计,亦以是为善策也。仆之欲为此言,盖已久矣,第恐凿壁开门,必烦土木,又谁肯停数日之演以成此举者,则空言仍属无补也。今当停戏既久,刻下复将开演,正可乘修理之机会,亟为进言。适有友人亦以劝戏园多设便门小启一纸邮寄见示,因略加增损,录以登报一则,使吾友之婆心不致湮没，一则借此以作刍荛之献，倘或采而纳之，则亦不费之惠而方便之一端也。

光绪七年六月初八日/1881 年 7 月 3 日

违制演戏

南昌城厢各庙社会戏，向以广润门外之关赵庙、进贤门外之黄司空殿为最繁盛。每年一处都有演戏至四五十台者，名为敬神而实借以聚赌也。兹于月之初八日，黄司空殿居然首先违制，雇用鸿林班开演，观者倍形热闹，生意之旺，赌博之盛，自可获利十倍。惟蔑礼干禁，于斯为甚矣。

光绪七年六月二十一日/1881 年 7 月 16 日

戏园清唱

苏地戏园优伶自奉国制以来，无从谋食，或在闹市通衢耍拳弄棍，或在茶坊酒肆吹竹弹丝，虽亦赚得蝇头，终觉入不敷出。现彼等以百日已过，故择于本月念八日开台清唱矣。

光绪七年六月三十日/1881 年 7 月 25 日

禁止清唱

前报苏郡京班伶人以停演日久，糊口无方，设为清唱之局，于六月二十八日开台，预于前数日间措垫资本，收拾戏园，整理行头，挂牌订期。识者早知国制未满，一经官宪访闻，必当禁止。果于是日清晨，各伶齐集戏园，正拟预备登场，有府县各差持有告条黏贴戏园门首，谕令即刻停止，着俟二十七个月国制期满，再行开演云。闻此次府宪本欲拘提班头治以违制之罪，因念该伶皆愚贱无知，第为谋食起见，法虽不贷，情有可怜，以故从宽免究云。

光绪七年七月初二日/1881 年 7 月 27 日

论淫戏难禁

国有大丧，三年四海遏密八音。近日上海戏馆公然演唱，已属有违国制。观于苏郡戏馆之封禁而穷叹,租界地面何竟自外于生成也?然而犹有说者,则以为租界之地华洋杂处,戏馆本较多于他处,伶人以歌舞谋生,舍此则无糊口之法。况伶人皆天津等处人,北方强悍之气,最易滋生事端,久无事业,或且流为匪类,转足为地方之害。故官宪曲体苦情,深防祸害,因独弛其禁,以听诸伶之得以自求口实,从此既有恒业,可以不必再防他变,以致诸伶之误罹法网,为害闾阎。是亦思患预防之意,而仁人之用心,所谓不惜委曲以迁就之者也。然诸伶则实不能仰体官宪之心,不开演则其害仅在于伶人,既开演则其害且中于风俗。噫!与其坏风俗以养伶人,又何如弃伶人以全风俗之为愈乎!夫戏原属古风诗之遗意,最足以感发人心。演一忠臣孝子、义士节妇之戏,则令人慷慨,泣数行下,而忠君爱国之念,去谗远佞之志,不觉油然而自生。演一奸邪荒乱之戏,则令人感愤,发上冲冠,而扼腕咨嗟之态,与奋袂欲起之情,不觉勃然而莫遏,可知此事之感人甚矣。间尝观乡村社戏,妇孺争观,归而津津道之,凡有忠孝节义之事,无不色飞眉舞,似乎企慕甚殷,及谈至奸邪叛乱之事,则亦间以唾骂诟詈,意似恨之甚。由此观之,则可知凡人之性情,善恶两端,原无不知之处,特惑之者甚,则或至引而去耳。今上海各戏馆所演,每日必有一二淫戏,如《来唱》、《庙会》之类,穷形尽相,描摹想像,必使惟妙惟肖而后快。观者目注神移,意摇心夺,其有刚正之士自必不至变易其心,而因邪入邪,其害有不可胜言者矣。此而犹以为不足患,又将以何者为患乎?前者由官宪颁发《庶几堂今乐府》,谕令各戏园学习搬演,亦既演成数出,夸新斗异,设色争妍,观者未尝不多,生意本尝不盛。苟能自此遵奉宪谕,但择善戏为之,吾知戏馆之利亦断不至有所减少,而且借此以劝人为善,其功德实为无量。独奈何置官谕如弁髦,不以为善戏可以使人感,而以为善戏足以使人厌,不以为淫戏足以害人,而以为淫戏足以招人,故前此谕演善戏之时,亦必每日以一二出淫戏错杂其间。今则此风尤甚,渐渐淫戏居多,即有不在淫戏之列者,亦不过枪刀剑戟,牛鬼蛇神,并无忠孝节义之戏,而于善戏则将积久渐忘。呜呼,何其官宪禁令之不能行于诸伶乃尔哉!

前者百日未满，环求开演，已有挟众要求之势，官宪念其苦情，俯如所请。而既经开演之后，乃日以淫戏蛊惑人心，人心愈坏，风俗愈下，其为害岂浅鲜哉！说者谓上海之地本属邪气，拼头搭脚居然显言于公堂之上而不以为怪，台基林立，私局尤多，固不独妓馆之足以诱人子弟已也。即便戏馆日日以善戏感人，并无淫戏以摇惑人心，窃恐上海之风气亦未必能变于纯正，是区区者又何足言。不知上海风气之所以坏者，特大姐娘姨之流以拼头搭脚为正务，而廉耻道丧耳。若大富家巨室之子女，则犹不至若是之无耻也。若偶入戏馆观戏，而所见之戏皆系目挑手引花前月下之事，则将目孜孜而不倦，心摇摇而为移，有不觉情之为所动者。设当情窦初开，其有不怦怦欲动者乎？至于此情一动，而后从而遏之则难矣。吾故谓戏馆之演淫戏，其害于人心风俗者为最甚也。夫伶人既习此艺，自不得不竭呈其技以取悦于人；然既有此艺，又何妨用之于善戏，以悦人者转而感人。吾知上海为通商码头，来往商旅不绝如蚁，即不演淫戏，亦未见其生意之减色也。吾愿与各戏园诸伶人商之，且愿与有地方之责者共商之。

光绪七年七月初八日/1881年8月2日

戏园清唱

国丧期内，天津戏园皆照例停演二十七月，惟杂耍馆于百日外间有清唱，带串一二出戏，不用锣鼓，俾伶人借资糊口。今闻口海顺轩及天后宫□后仁和轩两茶肆，有说白清唱并带串者，一系梆子，一系二簧，伶人皆有行头，惟破敝不堪，故有司怜其贫苦，亦网开一面，听彼谋食云。

光绪七年七月初九日/1881年8月3日

伶人违禁

前报苏郡京班戏园创为清唱清串之戏，经府宪暨吴县饬差于戏园粘贴告示，谕以国制未除，不得违例开演。当时停止，乃未及数日，各伶复将戏园改作茶园，仍以不着行头，不开花脸，不鸣金鼓,居然挂牌于初四日减价开台。是日开演,观者寥寥,所得钱文不及十分之一,始终不敷开销。至初五日为县署闻知,以该伶不遵禁令,屡屡违制,立传该班到署,闻须惩办,以示炯戒云。

光绪七年七月初十日/1881年8月4日

违制原情

厦门地方当孝贞显皇后大丧百日未满,该处伶人竟有在街上演戏者,为衙役所见,捉获数人,解至官署。官诘以何得违制演戏,则云实以谋食无方,不得已而为此,尚求施恩。官念其苦情,不予重罚,申斥数语,即行释去。

光绪七年七月十一日/1881年8月5日

惩办伶人

前报苏郡京班伶人于奉示禁止开演后,辄复改设茶园名目,希图蒙混,照常清唱清串。兹为吴县金邑尊拘提班头某甲,重责数百板,诘以国制停演,例有限期,复经府宪出示晓谕,何敢显违禁令胆大妄为?甲供违禁开唱,诚知犯法,无如班中数十名异乡乏资,实无他途觅食,求恩俯察云云。邑令谕将班中各伶一一开明姓名籍贯,呈案候核。想邑令或者垂念伶人苦况,行将设法资遣乎?

光绪七年七月十一日/1881年8月5日

戏馆为民间开演说

国制虽满百日,而音乐则禁一年。或曰礼部明文,民间禁嫁娶二十七日止,音乐百日。戏馆者,乃有人以资本开设,雇戏班而唱演者也。其□近于商人所为,而观之者民实多。商与民类,其人品不得于士大夫中齿数。然则百日之外演之可也,观之亦可也。第以为民间之音乐而不能使身列士夫者,各有束修自好之心,而绝不一往也。夫民间之音乐在定例之意,以为不过鼓吹已耳,故二十七日之外,准其嫁娶,陈鼓吹而不作,逾百日则皆弛其禁矣,初不料民间之有戏馆也。夫万寿圣节，普天同庆，民间亦许醵资唱戏；社公蚕母，秋报春祈，村人亦竞搭台酬神，其于戏如是焉尔。若云戏馆则岂到处皆有，必通都大郡或客商码头，斗靡争华，方有所开设也。而通都之中，冠盖往来，不皆民所居也，客货所至，舆马纷沓，其人又不尽为商也。盖有戏馆之处，类皆官员之所出入，而酒筵妓馆，应酬纷杂既不能免，即一曲氍毹亦未有不携手过从者。惟其为官员之所止，是以京城戏馆最多，独不敢援民间止音乐百日之说，而居然开唱也。京师如此，外省亦不得不然。是以苏州戏馆正在修理完竣，装潢精洁，方欲登场，忽然差禁，而演者看者皆一齐扫兴也。上海一隅之地，论生意之大，则通中外商贾之盛，论管辖之制，则在滨海小县之列。以省中所得行之禁令，而独不行于上海，可乎？如谓京师戏旦等人专事应酬，不倚演唱为生业，即终年停止而赚钱之法犹多。上海不然，一两月之空闲，众已不堪其苦。此辈何知礼法，闲游无事，饥迫寒驱，辄生意外之变。而通商地面，五方杂处，良莠不齐，实易滋事，官宪不得不斟酌而体恤之，非可以常例论也。然全班子弟岂尽旦贴脚色，舍此而外，实繁有徒。辇毂之下富庶繁华，岂有逊于通商码头者，而独不虑其滋事，不恤其无生业乎？而况乎苏州与上海皆无戏旦应酬之风，乃苏州可行而上海不可行也哉？要之如前月诸伶之哄入公堂，借众挟制，并违制薙头，昂然自若，一种侮慢桀骜之态，务使官宪允以期日准其开唱而后已，凡诸情形，惟上海可以横行，在官宪亦曾有大不得已者，乃肯含糊过去，姑勿深论可也。第过戏馆而相谓曰，此民间之戏馆也，此商人所往来娱目赏心之处也。若夫薄有头衔，曾膺一官一职者，则惟自懔于止音乐一年之义，虽过而不入焉可也，闻其锣鼓喧叫之声而若勿闻焉可也。盖君臣之义，一命皆恩，不必受恩深重、身膺殊遇而后为有当尽于心也，否则一介之夫何知皇家之恩惠，而亦养其发百日也。义在则礼以行，有百日不忍听音乐之义，止乎其节而勿过；有一年不忍作音乐之义，不及其时而不能。国家定制，所以有隆杀有等威者，岂偶然也哉。上海风气，原不能拘拘为守礼之儒，然吾心之所克尽者，人亦不得而强之。假如吾不忍于听戏而吾之友有以听戏招吾者,则彼固仅遵百日之禁而不必符一年之制可知也。吾则谢之曰天时炎热,不耐久坐于人丛也。若彼本应待一年之后而今遽随和于百日之外,则此人也吾亦何为而曲徇其请而与之交游也?故曰上海之异于京城省城,惟其为民间之戏馆而民间看之,是以开演于百日之外也。吾为此论,非敢谓吾亦一官,不肯不侪于民,因前日有以现在戏馆多演淫戏为言者,吾思今日尚宜以有戏无戏分别言之,而不当以淫戏不淫戏惩劝及之也。盖今日之戏,既专为民间而设,则见之者皆民也。民能看淫戏,民不能有禁淫戏之权也,宜其日夜演淫戏而官无知觉也。

光绪七年七月十三日/1881年8月7日

禁演夜戏

宁郡风俗,凡遇新造屋宇必演戏以落成。近闻东门二境庙改造大殿,择于月之初六日上梁,附近如东殿庙、茶场庙、大树庙、念条桥、开明桥等处,均雇名班演戏,各占风水。是夜观者十分热闹,乃正在登台开演,被宗太守访闻,知是处离药局不远,深恐失事,又因台匪不靖,恐乘机窃发,立饬差役持牌往禁,台上即锣鼓收场,台下亦如鸟兽散,事遂中止云。

光绪七年八月十二日/1881年10月4日

论申禁淫戏之法

淫戏之宜禁,本馆屡言之,已为数见不鲜。即官府亦屡经出示,善长等亦禀请申禁,似不必再为论及矣。然而近日以来,戏馆之演淫戏者,仍复日盛一日。其初不过偶搭一二出,继而无人焉以惩之,于是胆日益肆,渐至淫戏日多,甚有一夜之间叠点淫戏三五出者,是则终不以宪示为意也。夫戏馆之中何戏不可演,即非淫戏,未必于生意有碍,而乃必欲以妖形恶状、艳色淫声,以为荡人心魄之计,俾少年子弟与夫青年妇女见之者,面红耳热,心旌摇摇,月下花前,目挑眉语,无所不至,风俗愈坏,人心愈邪,而后乃以为快,试问其居心何等矣!又有观剧者自点淫戏,更不解其何意如,将娱一己之耳目耶？鱼龙曼衍，宫商协律，未尝不可相娱，何必取此淫声邪色！如以为娱客耶？则点此淫荡之戏，先以不肖之心待客，不特非所以敬客，直是慢客矣。况戏馆之中，观者不止数人，其间血气未定者居其大半，今以一人点此淫戏，而遂令此辈目想神移，潜开情窦，其谓之何？且安知自己子弟辈不因观此等淫声浪气，而渐启其邪僻之心也？故老言，昔有某乡，素称朴质，妇女向无淫荡之风。忽有一年秋成告丰，报赛社神，搬演花鼓戏，其年孀妇再醮、闺女私奔者不下十余人。可见此等淫声最足坏人心术，官府禁之必严，良有以也。上海虽为五方杂处之地，花街柳巷到处皆然，然大庭广众之间，究亦尚知廉耻。若时演淫戏，耳濡目染，势必至廉耻益丧，毫无顾忌，则为祸尤有不可胜数者，又安得不重申禁令也乎。虽然，禁之亦正非易耳。前者诸善士禀请官宪授以《庶几堂今乐府》，责令各戏馆唱演，以为观感之方，并令各戏馆出具甘结，不得再演淫戏，各戏馆主亦遵谕具结在案。乃为日无几而已渐觉懈弛，置禁令于不顾，而又有不肖之辈特为点演淫戏，以为之提倡，于是淫戏愈盛，人心愈坏。就此时而禁之，徒以一纸告示，彼将视为纸上空谈，仍前玩愒，吾恐变本加厉，无济于事也。花鼓淫戏，前者何等严禁驱除净尽，数年以来耳目一清，而近来萌蘖复生，已觉有履霜坚冰之渐，然犹迟之，又久且不敢遽肆然如前时者，正以前此风行雷厉，毫不假借，有犯必惩，故有所畏惮也。若淫戏之禁亦如禁花鼓戏之法，则若辈恐亦不敢公然逞志若此，是岂一纸示谕之力所能致此也哉！租界中英界戏馆独多，官斯土者，政务殷繁，恐听暗有所不及，然苟有人焉诣案禀请，则亦未有不邀俯听者，盖亦深知此事之有关于人心风俗也。第禁者自禁，犯者仍犯，诚属无可如何。计当于告示之外，传集园主，重为谕话，责以违禁之故，而诘以前此出结云何，自此次重为谕禁，之后如敢再犯，定当按律惩办；并责令写奉宪禁演淫戏二纸，一悬于戏馆门前，一悬于戏台上面，俾观者咸知禁令。其有出钱点戏者，则指禁条以告之，请其另点。如有听从唱演者，厥罚惟倍。如点戏者必欲违禁强点，许园主指交巡捕，从重罚究，或竟禀请将告示勒石永远禁绝。如此则或者不至再有违禁之日,而淫戏永绝矣。虽不敢谓淫戏既禁,淫风即可廓清,然去得一害,即免一害,未始不足为人心世道之一大防也。如有善士能禀请大宪通饬各属律示永禁,功德尤大。总之观剧但求娱乐而已,忠孝节义等戏,同一声调,同一排场,寓目者何尝不可悦目,快心者更觉别有会心。即开戏馆者,除去淫戏,亦未尝不可招徕生意,使人怡悦,而顾必欲以淫曼靡丽之音,丑秽恶浊之状呈诸大庭广众之间以为快,是真毫无人气者矣!即科以诲淫诱奸诸罪,谁曰不宜?所愿有心世道者汲汲图之。

光绪七年九月十一日/1881年11月2日

夜观想九霄演戏,归集随园句成四绝,录乞金竺山人、梦鹿子、益三酒舲诸吟坛政和

弹丝吹竹谱宫商,戴上新妆卸故妆。深夜花明灯照影,四弦三调本凄凉。

自把新诗写性情,落花风定管弦清。歌声旧爱伊凉听,每到低头总为卿。

频来敢负蜡花红,论事情深一笑中。好似流莺啭高树,新宫无谱曲三终。

我有闲情海内知,教人各自惹相思。关心子晋颜如玉,除却风怀不咏诗。

辛巳立冬节免痴道人初稿

光绪七年九月二十一日/1881年11月12日

海上五伶吟并序

余非西涯,未工乐府,闲居选事,择梨园子弟之佳者,各制一吟,其名似古乐府题,即摹乐府以赋之,其实秧歌樵唱也。录尘诸吟坛斧政,聊以畣免痴道人四绝集句,奉匀高昌寒食生丈、雾里看花客、艺兰生、醉墨生、郢和我友、莫釐旧隐、香溪渔隐、赋艳词人,见之勿笑南人眼界窄也,所谓闲居选事云尔。

金竺山人程伯子戏笔

想九霄

想九霄，盘空鹰隼当秋高。凌风飚，势迢遥，举头云白，可望兮不可即。不可即，中心藏，何日忘。碎金屑玉唐人行，长笛一声奏伊凉。魂欲销兮喜欲狂，春申江兮真无双。真无双，歌燕郎。

水上飘

水上飘，白莲千朵木兰桡。水天涵一色，风露静三霄。此情此景浑难描，欲往从之兮，渺舟子之招招。吁嗟乎，水上飘。

童子红

童子红，年少周郎顾曲中。一曲未终，风流作态清而丰。清不染尘埃，千树万树梨花开，太原公子裼裘来。裼裘来，北里谓公子兮，无乃是龙门登李。千金敝屣，白璧无瑕，勖哉童子。

小金红

小金红，小金翠，红与翠兮红秀媚。秀骨珊珊，竟体芳兰，顾影自怜弱且孱。弱且孱，识素面。何以拟之？王珉白团扇。

万盏灯

万盏灯，放光明，照来花天酒地，不夜之江城。城北一角，粉白黛绿，须眉何为巾帼，孱立鸡群兮云中鹤。鹤长鸣，其声清，巾帼须眉可卿卿。小园赋庾兰，成彼小园兮万盏灯。

光绪七年九月二十八日/1881 年 11 月 19 日

梨园苦况

苏省戏园自国制停演以后，其脚色大半流寓苏台，游手失业，衣食维艰，苦窘之况殆不忍寓目。近又在庙前义园茶肆说白清唱，冀日得蝇头以自给，园门口居然高挂红单，大书新到角色某某，准日清唱。旁观者谓小题大做，恐所得式微，终无以持久也。

光绪七年十月初七日/1881 年 11 月 28 日

伶　说

伶之原始，其来久矣。《卫风·简兮》为贤人不得志而仕于伶官之所作，降至春秋，孔子周流不遇，悼道难行，而《鲁论》犹记太师挚诸人之隐,以见与圣人同志。然则古之伶人大抵为贤者所讬足,非可等夷视之矣。何今之伶人不然也?盖伶官为大宗伯之属,《周礼·大司乐》以下钟师、镈师、笙师等职,凡以上士、中士、下士为之,俨然官也,各掌一艺,以共王之役。惟其职司专一,课绩平常,仕而不易于进用,故贤者居之,以为不得志耳。秦火既燔,《礼经》散失,汉世表章,儒者功在复古,而礼乐自此不并立学官,乐渐轻则伶亦愈贱。于是春官之职不能备官,而郊祀燕飨雅乐声容,皆众伶之所奏,而下厕于诸役矣。此古之伶寖而为今之筑工也。伶自为伶,优自为优,二者古不相混。孙叔敖既没,楚王思之,优施孟服叔敖之衣冠以见王,王以为叔敖也。此形貌之偶似,如汉武思李延年,唐明皇思杨太真,方士幻术为戏,聊以慰藉君王之意,非当日之优已有扮演故事之习也。窃谓古之优人,大抵雩祭时之巫,跳舞祈雨,与逐疫之方相氏蒙皮涂面之类,别有职掌,不与《周礼·大司乐》以下诸职同也。后世因优施孟一事,遂以扮演故事者为优,并以戏剧必用乐,乃并优于伶而称之为优伶,袭古之名,失古之意,由是而人耻为之矣。夫巫觋方相,今不设官,象功昭德,古道云亡,为优为伶,而乃以今之戏剧当之,戾古甚矣。然而人情好弄,风尚迁流,彼优伶者,虽身厕贱役,士夫羞为,而亦有时极其名贵,比身分于王侯者,何也?盖尝思之,今之优伶既非古若,而其变古制为今俗,实始于唐时之教坊,为帝者之所创,故不与下流手艺相为等伦也。唐时置教坊,初为歌曲,并未演扮,秦汉以来胡乐渐入中国,箫管琴瑟之外,杂用筝琶笳笛。而六朝词章之盛,唐又承其余风,以新乐娱耳,以新词编曲,人情喜奇,是以愈传愈盛。而经五代之修饰,伶人遂极宠贵之名。更越宋元,词曲愈工,院本杂剧争相流传,由是歌唱者尽变而为扮演矣。夫扮演之伶,又岂唐教坊之可比哉?当日如后唐庄宗昵近诸伶,致令扮刘老以戏其后,固为好之太过,卒以自速其亡,然如开天之间李龟年一辈人材,虽以声伎取容,其人亦犹足取,果皆如此,好亦何伤?乃至于今而流品愈下,方之后唐,实有过之。然而士夫之家靡然从风,殊可异也。盖院本时剧虽靡丽淫哇,而犹觉词章之富艳,苟非通人相对点拍,直不知所云耳。

是以听科诨则乡童村媪跃然而喜，而按音调则文人学士始有会心，殆亦俗不伤雅之道。何期乱弹梆子西徽二黄者流，竟喧呶于座上也。或以为此辈本无文理，秦腔晋调、楚曲吴歈，各随其乡之所宜而制为节拍也，然何以不仅行于乡曲而行于通都？且不止行于外省，而更行于京师也。此等曲文，成何节奏，授吾笔而使钞胥焉，每书一字，不觉洟涊汗出，而谓见而色喜，吾不知之也。夫音者，发于人心，感于天籁者也，苟非文词而曰曲入妙处，则孩提之呕哑，听之亦足开颜，何必出于伶之口乎？以京师之大文人之通而乐此不疲，且愿与若辈为伍，何其未能免俗也！今有人初入京师，乡亲邂逅，招伶侑酒，有指告者曰：此某藩邸之所昵，某显官之所知，则且曲意承迎，倾囊相结而不惜。迨其出也，深以得识某伶为荣，而且哼哼呜呜唱京二黄数句，以为时趋则然也。呜呼！若辈乃承人眉睫仰人颐指之流，而令贵显之官文雅之士，反以得其欢为幸，世风之变一至于此，岂不异乎！夫古之伶官，如鲁卫之多贤才而终不得志，即后世之伶人，如天宝后唐之盛，而当时正人谏诤，犹以为小人比匪之祸。独至今日，盛于京师而交于士大夫，其技艺远不如前，而势焰直不可及，吾以为此嗜痂之甚者也。然天下事孰非由古而变，一变而小异，再变而全亡，名称之相假，固不可以为信也。区区伶人，其微之又微矣！

光绪七年十月初八日/1881年11月29日

演戏纪始

南昌国服以来，在城各喜庆事均不演戏，每以昆曲小唱为娱。而各庙社节寿款神，则或以傀儡，或以影戏代之。兹闻前月下旬，顺民门外孙家坪地方始行开演大戏，共有八夜。城内人以久不睹此，故多相率前往，借以赏心娱目云。

光绪七年十月十五日/1881年12月6日

观戏滋闹

香港东新戏馆于本月十六日开演，因所演之戏与戏单不符，看客颇为不悦,高声责问。优人置之不理,仍复搬演。于是看客滋怒,拍台掷凳,向戏台上乱击,两下纷闹。巡捕闻知,立将滋事之看客捉获数人,乃不敢用武,但与园主言,令其将戏资给还,皆欲拂衣而出。嗣经有人调停,仍令优人照单搬演,始得寝事。

光绪七年十月二十二日/1881 年 12 月 13 日

观剧折臂

汉皋西帮会馆落成情形,叠经列报。兹又悉该会馆于本月十一日开场演剧,观者骈肩叠背,不可转动。前半本戏将毕时,呼被挤痛者,呼失鞋帽物件者,摇手呼停锣者,不知凡几。迨至停戏,众从大门拥出,势如排山倒海。当有一十余龄之男孩,垂手啼哭,谓臂骨已被挤断,人皆劝令速归就医,不知能接好否也。其余挤伤之人,约言之有数十人云。闻汉镇风气,凡遇人家或公所演戏,恒舍业而往观,如阍人阻止,则彼百计千方务遂其欲而后已。况该会馆恢宏壮丽,宜人之更欲观瞻也。

光绪七年十月二十五日/1881 年 12 月 16 日

伶人致富

某伶本吴人,居都中有年,向扮官生,调高响逸,无出其右,观者眉飞色舞,誉满燕京,以是数年来遂得致富。近闻由津南下,迳返乡里,广营厦屋,购买良田,且为其子纳粟,居然欲以富家翁终老,人称其腰缠有十万金云。

光绪七年十月二十八日/1881 年 12 月 19 日

古伶今伶辨

剧之由来旧矣,说者谓优施孟服孙叔敖之服,楚王不知其伪,以为叔敖也,疑即演剧之最古者。不知此时之优,即古之伶人,专娴乐舞之事,未尝如今之杂剧也。特优孟之技艺,能体物而神似之故,服叔敖之衣冠,即俨然一叔敖,因以解楚王思念叔敖之切,并非优之本以扮演为事也。窃谓优伶之职,为古之乐工,列于春官。至汉唐以后，教坊盛行，然后伶人乃为贱役。但伶人之贱，亦不过时君所好在靡曼之俗乐，而非朝祭之礼乐，故别设教坊以专司之，而此靡曼之声容，非阿谀谄媚之人不能习而工之，好之者又复昵近宠赉，于是小人争为媚悦，伶人之品遂以日下。至于扮演故事以相谑乐，此戏剧之所由昉也。不然戏剧之伶即乐舞之伶，何以《卫风·简兮》之诗，能文舞武舞者为不得志之贤人，而唐末诸君转以宠任伶人自致亡国，如后唐庄宗之自号李天下者，以英武豪杰而受制于诸优，尤为人君之失德耶。然则礼乐之伶与教坊之伶，显判两途矣。顾后世之好尚，犹有不能解者。盖既分两途，知一则典礼之不可废，一则顽童之不可近，法戒昭然，宜乎。稍知自爱者皆不屑狎比小人，以玩人丧德玩物丧志为箴铭矣，独奈何使其风之日趋而日盛也？且试即其人而思之，以彼自幼学习以歌曲科诨取闻者之悦，以手势场步博阅者之欢，充其所至，乃为谐谑柔媚之极则而已，其人本无足取也。特以演扮故事，举古人之忠廉贞孝者制为院本，身体而心处之，貌合者其神亦似，可以动人观感之心。是以唐宋至今千年以来，天下靡然乐之。其在元氏至以院本词曲取士，殆极盛之时耶。然而以今日之戏剧言之，则又迥乎不侔矣。夫院本词曲虽为靡丽，犹为文士词人之所作，音韵之清浊，节奏之高下，刻徵引商，尚见纤巧之能，非善于摹情写景者，固难漫填一阕。伶人虽不知其妙，而演出关目，拍出声调，足以怡情悦志，而其人其事忠廉贞孝之迹，又不知兴起愚蒙多少。平情论之，虽今不如古，固无伤于雅道也。若夫今之高唱二黄，繁弦急管，有腔调而无文字者，何以亦盛行如是也？或谓戏剧之劝惩，在节目而不在词句，若为平人言之，彼不能于经史中识古人之名，而于戏剧中见古人之事，但使某出忠臣，某出孝子，非无观感之效，其词曲则本不听闻也。故同一扮演，虽梆子腔之粗俚，亦得与院本并行也。然而今之赏戏剧者，固不皆村社赛神乡愚之童叟也，且至于群听京徽西楚等腔而不乐见昆山部也，此岂京徽西楚等腔有胜于院本词曲耶？我惟知其曲与科白了无异文而已，盖皆俗子之所剿袭，诸优之所讹传，彼其胸中本无点墨，口中先有腔调，随意牵合，既无文字，安有音节，更不逴知其清润高下矣。乃文士贵官居然乐此不疲,倾耳以听,不惟不以为耻,而且高声喝采,我不知其得意者究何在也。如谓京徽等腔以色胜而不以词胜,诸伶之年少也,衣装之新异也,耳不耐听,目犹为视,固其宜也。何以宦游京华而归者,且于得意时曼声学唱数句也?花天酒地,契友相从,楚馆秦楼,小饕侑饮,哀弦轻拨,转弄珠喉,大老官亦复轻点靴尖,为之按拍,观其神情,似于词句真有会意者。目下更有一种习气,每听京腔,则举箸而叩碗碟,以为之节,若有慕乎古人击缶者,颠头播脑,拍膝摇髀,作诸丑态,此又何为也耶?呜呼!人情之好怪也有甚于嗜痂。居今日而于赏心乐事之场,点院本一二折,听长笛两三声,悠然而有余思者,真雅士也,然而不多得矣。或曰风气之开,始于京师,今之贵显名公比顽童者皆善唱京腔,甚或气□逼人,一介之士不获仰望颜色,而与诸伶为生死之交、忘形之友,以故京班伶人声价十倍,名都大会中竟不惜数千金以聘之,而旧日梨园子弟几几为沟中之瘠也。此事虽细,然风尚攸关,正以起于京师之故,清浊之不辨,贤否之不知,以从风而靡之,识见而畀之,以国家之事,事可治乎哉!

光绪七年十二月十四日/1882年2月2日

看戏闹事

扬州仙大庙镇生意以木业为大宗,湖北帮居多,江西帮次之。兵燹以前,江西帮曾建双桃会馆,今年因消场畅旺,江西龙南客于十六日在会馆演剧酬神,锣鼓喧天,人多如蚁。二十一日,有保甲局巡勇硬欲上台,经龙南客峻拒,先则角口,继则挥拳,木客数十人竟将此勇攒殴,势将就毙,随舁赴巡检司署,官不肯收。维时巡勇亦集十余人,齐执器械,拖一江西客痛打,虽有保甲局员呵喝,亦置不理。在后江西客将受伤者抢回,声言约人复打。幸本镇绅董出为调处,不致有还覆阵。然闻江西帮行将上扬州控告也。

光绪七年十二月二十八日/1882年2月16日

光绪八年(1882)

伶人夭没

伶人小桂寿,花旦也,去年在本埠天仙茶园唱戏,其每年包价银至一千五六百元之多,家住仁济医院左近。小桂寿之父系江北人某甲,其母亡后,甲与某氏拼(姘)识。旋甲亦殁,某氏复拼(姘)某乙而抚养小桂寿,使之学习唱戏,竟成名旦,某氏赖以坐享丰厚。去腊二十七日,小桂寿在家祭祖,忽问某氏谓生父今年几岁,究没于何月何日,母逐一告知。小桂寿谓:“然则何以每逢忌日未见设祭?嗣后届期务须尽礼。”氏亦允诺。小桂寿又取壁间悬挂之冥镪尽行焚化,口中并祝亡父收银。俄而睡床,口中喃喃谵语,身发寒热,病至天明,延医服药无效,旋即毕命。成殓时,某氏哭谓:“摇钱树子一朝摧折,吾复何靠?”闻者怜之。

光绪八年正月初七日/1882 年 2 月 24 日

演戏纪始

南昌为省会之区,大宪耳目甚近,法纪森严,凡违制干禁之事,自较外府州县有所忌惮而不敢为,所以国制以来,城内久未演戏。兹于月之初八日起,各庙始行创举,官亦俯顺民情,未再申禁。闻先是诸班头于年底向各署差役问计,愿重赂以求庇。差与之约,俟新正试演,倘有查禁声息,当预为关照,且不取分文酬谢。如六爻俱静,一尘不惊,则再受规例,班头等皆诺,故有是举。是日计万寿宫、大神庙、东岳庙、天后宫、城隍殿及各坊段社神祠,共一十三班同时开演。又闻各处同演者,因众议以新年人俱无事,又久不睹此,风声所播,必遐迩遝至,苟仅一二处首唱,诚恐拥挤伤人也。

光绪八年正月二十二日/1882 年 3 月 11 日

温郡杂录(之一)

温郡于元旦各庙皆演戏剧,惟各班行头不佳,无可观者。若能将十余班拣选并合,自足悦目。惟满口方音,难令更改,终为缺憾耳。

光绪八年正月二十六日/1882年3月15日

梨园近闻

前报曲部生机一节,兹悉闻门外公乐堂于戏法、南词之外,亦有新到脚色扮演一二出,以新耳目。并闻三月初有弛禁开演之说,谓国制已届期年,即音乐无庸遏密,故刻虽藏头露尾,行将旗鼓大张。是说也,未悉曾否奉到明文也。

光绪八年正月二十九日/1882年3月18日

京师演戏

去腊念六日,步军统领衙门传集南营将弁面谕,国服期内照例不应演剧,现所谓说白清唱者,究与演剧无甚区别,殊乖政体,自元旦起当仍禁止。谕后又榜示于各戏园门首,语极剀切。是以本年元宵亦无敢悬挂灯彩、施放烟火,街中为之一静。十六日,忽正阳门外之精忠庙开演说白清唱,听者肩摩毂击,接踵而至,日未卓午,已高朋满座矣。及三通鼓吹方作,金守府率领多人来园,问何人在此演剧,台后一人飞跃而出,曰:"是我,是我。"审之乃春台班老板俞菊生也。守府问以堂谕煌煌,尔何敢如此大胆,速为收拾,否则封门矣,言毕即策骑而去。看戏者似各扫兴,菊生随向台下云:"诸君且住,今日戏必唱,此是祭神戏,奉送诸君看,守府何得阻我?"至三点钟果开演四出,次日依旧停演。十九日开演者忽有五六处,衣冠济楚,锣鼓喧阗,精忠庙亦复如是。禁于前而弛于后,是诚莫明其故也。

光绪八年二月初六日/1882年3月24日

戏场认真

大观戏园伶人陆洪喜投英界会审公堂诉称，昨夜唱戏间退进戏房，有同班伶人陈吉泰以我遗漏说白一句，即举手中之竹刀砍我头顶，以致受伤，诉捕往拘未获，求为提人究办。三号华捕禀称，该伶人到捕房诉明缘由，当奉惠捕头饬拘凶手，及到陈家欲上楼拘拿，即有人拦称楼上系卧房，有新产妇人，不得上去，为此捕头令该伶人投案云。陆又称陈家并无产妇，系其托词。陈太守验得陆受伤属实，随饬差传陈吉泰候讯。夫嬉笑怒骂，至于戏场，何一非假，乃不谓以假面目假刀枪而成真殴斗，亦太认真矣！虽然，世之嬉笑怒骂，何一不可作戏，观彼兴大讼、结大仇者，何愚！

光绪八年二月初八日/1882 年 3 月 26 日

赠伶人周凤林

凤林苏州人，身裁袅娜，秀外慧中，隶上海三雅园昆曲部中，声技为诸伶之冠。所演《定情》、《絮阁》诸出，如见太真当年丰致。勾栏中人每往观之，翠绕珠围，必俟凤林戏毕始散。而予尤喜其酬应之工，绝无俗态。知音者想必以鄙言为不谬也。

玉貌芙蕖出水新，居然绝世女儿身。珊珊舞态凌波步，疑是瑶台降洛神。

宛转纤腰学小蛮，风流妆束美容颜。登场一曲《长生殿》，如见当年真玉环。

绕梁余韵笛声迟，坐上春风唱柘枝。多少红妆都妒煞，迳须掷果未嫌痴。

歌如珠串玉为肤，声技金台鞠部无。最爱尊前微醉立，腰肢杨柳倩风扶。

壬午清明味馨室主人未定草

光绪八年二月二十三日/1882 年 4 月 10 日

会馆演戏

船政大臣黎星使自去夏政体违和，后时愈时发。兹闻入春来有夜不能寐之恙,势似怔忡,其同乡人之业茶于南台者,以二月十六日为南台广东会馆内所供之洪圣大王宝诞,向例演戏三日,故请星使于十六日赴会馆看戏,借以怡情。星使恐重□乡人之请,爰即命驾于十八夜返工。查此会馆建于同治十年,约费八九万金,其材料皆从粤省运来,其式样皆由粤匠制造,四大厅,六廊舍,一神殿,一僧房,栋宇则金碧辉煌,厅廊则回环曲折。内有花圃,用粤东花匠二名专理,又有粤僧一名专司香火,闽中工人四名分管杂事。东花厅戏台一座,头门外戏台一座。大门前红棉树两株,直干参天,旁门内白玉兰一株,繁花当户,皆粤产而移栽此地者。馆中所悬名人字画如楹帖横幅中堂等以百数,计内有番禺陈兰坡京卿澧所题洪圣大王殿前木刻长联一阙,写作俱佳,可为各楹帖之冠。联云:大地自南而转东,沧海弯环,此中有沐日浴月;明师居高以临下,洪波永靖,随处皆甘雨和风。按洪圣大王自唐以来历受各朝敕封,碑刻林立,其庙在广东番禺县波罗乡,距省会四十余里。庙旁有海光寺,庙前有波罗树五株,槎枒□郁。庙侧有浴日亭,苏东坡先生题诗其上,字大如碗,今尚存羊城,古钞《番禺县志》及《东坡诗集》皆载此诗,好古之士可考而知也。

光绪八年三月初一日/1882 年 4 月 18 日

申禁淫戏

本埠租界各戏园,曩时搬演淫戏,叠经陈太守传案严行谕禁,着令具结在案。无如日久玩生,渐已阳奉阴违,近则居然照旧挂牌开演。是以日昨复经陈太守传集谕斥,如此后再敢犯禁,定即重惩云。

光绪八年三月初九日/1882 年 4 月 26 日

书陈宝渠太守申禁淫戏示谕后

淫戏之宜禁,夫人而知之。前者本埠各戏园演唱淫戏,竟至不成体统。于是诸善士禀请官宪,饬为禁止,并以《庶几堂今乐府》发交各戏馆,令其演唱,以寓发聋振聩之意。各戏园主及优伶等皆具结遵领以去，不数日间，即有一二出善戏操演已熟，登台搬演，耳目一新，观者颇众，生意为之一起。日久渐演渐多，《今乐府》中竟有若干出为各戏园所演熟，中间又自出心裁，加以花样新彩，未尝不足以耸动人之耳目。不知何故而忽又间杂小戏淫戏，官宪知之，重加谕禁，而伶人仍置之不闻，于是陈太守复有此番谕禁。观谕中所言，何等剀切详明，现尚在国服期内，如拘三年四海遏密八音之说，则上海地面虽属租界，究系中国版图，岂得自外生成，居然演戏。观于苏郡伶人，无从觅食，窘迫万状，而官府断不通融。则上海各戏园之得以说白清唱为名开台演唱，未始非曲体诸伶之苦，而为之别开生路也。既得此生路，则即使所演者皆一无淫艳动人之戏，夫岂患观者无人而不足以糊口。度唱淫戏者之意，不过以上海市面花天锦地，非靡曼之音、妖娆之容，不足以新斯人之耳目，而不复顾其作孽与否。谓不如此则生意不聚，虽曰此时他处别无戏馆，然上海一处戏馆已属不少，此园不演淫戏，彼园演之，而观者皆哄然往矣，故不得不此争彼赛，以为招徕生意之计。昔有友人自京都来，谈及京中梨园，以为目下之京伶亦大不如从前。从前专以善唱为高，响遏行云，悠扬宛转，而观者为之拍手叫绝。今则知音者少，伶人亦不复以音调相高，所演之戏非极淫即极惨。其极淫者坏人心术，极惨者竦人毛发，又何取乎尔哉！由是观之，上海伶人之以淫戏为招徕计，亦属揣摩人情之一法，而不知其干禁令而荡人心，害有不可胜言者也。闻之故老，某村因春祈搬演花鼓戏三日，而村中之孀妇改醮者八九人。某村因秋报搬演髦儿戏五日，而村中之闺女私奔者三四辈。可知此等淫剧，其足以坏人心术也实甚。今本埠之淫戏虽不至如花鼓戏、髦儿戏之淫荡尤甚，而描摩尽态，亦足以荡魄而移情。少年子弟情窦初开，有不见之而心荡者乎？至于孀妇闺女之被其诱惑者，犹属家长父兄纵令观剧之故，罪不专在淫戏矣。尝谓天下之人无人不具淫心，其能强而制之者，非大英雄即极麻木者耳。而淫心之动有迟有早，早动则寿必促，迟动则命可长。大家世族，家中不蓄淫书淫画，正惧血气未定之子弟偶一见之，而凿开其情窦也。然淫书淫画之足以动人，犹不若淫戏之甚，色授而魂与,其不引而去者几希矣。然则太守之一禁再禁,其有裨于世道人心者岂浅鲜哉!说者谓为淫戏者,亦非有意诱坏人心,特以非此则观者恐无人,而生意因之减色,故为此耳。不知观剧之人,亦但求一时之娱悦而已,各戏馆中来者攘攘,往者熙熙,毕竟真有戏癖者能有几人,大都为酬应起见者居多。或亲朋戾止,或商贾远来,则为之主者必请至戏园一娱耳目,或欲带妓女出局,则亦时至戏园,即时在上海者,或见其无日不入戏馆,而不知其有所为也。戏馆中但得唱功高妙,手法灵便,喜怒认真,声容并茂,如是焉足矣。或见□善戏新奇变化,何尝不足娱目。常演之各淫戏,观之既久,亦味同嚼蜡。第伶人之意中以为淫戏足以引人,而其实则戏馆生意之优绌,不在乎淫戏不淫戏也。自得此番申禁之后,如再有违谕者,必将重办一二人,以为惩一警百之计。吾愿开戏园者以及诸伶人,勿误于淫戏足以招徕生意之说而以身试法,此则太守再三示谕而不遽加惩办之苦心,诸伶人所当仰体而深为感激者已。

光绪八年三月十五日/1882 年 5 月 2 日

戏园开演

苏城戏园遵国制停演,各班脚色带有眷属,糊口维艰,往往在茶坊清唱,蝇头之利,所得式微,不免饥寒之叹。今国制已逾期年,闻他处已有开演者,园主暨京徽等班诸伶历陈苦情,禀请権宪恩准开演。今定于本月十六日阊门外金桂茶园演《洛阳桥》正本,异常出色,观者甚众。从此歌舞升平,梨园数百家不致嗷嗷待哺,仰见権宪俯体舆情,宜乎颂声载道也。

光绪八年三月二十一日/1882 年 5 月 8 日

神诞演戏

三月二十三日俗传为天后圣诞,今沪地以国制周年期满,各会馆均雇名班演剧,十分热闹,兼以久无庙台之戏,故往观者更形拥挤云。

光绪八年三月二十一日/1882 年 5 月 8 日

观剧生事

全桂戏园之按目钱姓投英界会审公堂控称，古玩铺伙韦姓来看戏，欲写帐，我回伊东人知照勿写帐，讵韦便动怒，将我批颊两下，我仍为赔礼，而伊又举足踢我致伤，于是与论争扭，由管门捕帮同拘住送案。惠捕头禀，韦到捕房，经其友人王姓保出，言明今晨九点钟交到，讵届时未到，应得罚银五两，故并传王，及王到时，韦亦随至，今一并送案请断。王供韦到太迟，请为宽恕。韦供与全桂戏园之钱姓系老主顾，从无蒂欠，今伊忽称不写帐，故与较论。陈太守判罚韦洋一元，给钱养伤完结。

光绪八年三月二十二日/1882年5月9日

伤人禁押

金桂戏园管门洋人投英界会审署控称，昨夜有一人来看白戏，为我所阻，旋我在卧房，讵此人手持扁担到来，将我乱打，伤及头颅右手，当即扭住其人，交捕请办，扁担呈阅。其人供姓沈，昨夜走过戏园门首，见有一起人聚集，似在殴斗，方驻足观看，即被该洋人扭住交捕，实不明其何故。陈太守问诸解沈之华捕，禀称当时闻有多人喧哗，前往查看，惟见洋人与沈争夺扁担，该洋人即将沈交我，却不知因何起衅。太守验得该洋人受伤属实，判将沈管押一月云。

光绪八年三月二十九日/1882年5月16日

喜伶人周凤林重至申江，即夕观剧赋赠

小别方愁后会迟，重听檀板慰相思。筝琶俗耳从今洗，座上春风唱柘枝。

含商咀徵度清箫，况复丰神搦柳腰。一转秋波银烛底，四围红袖也魂销。

壬午浴佛日味馨室主人未定草

光绪八年四月初十日/1882年5月26日

伶人倍利

南昌近来生意之旺,当以诸戏班首屈一指。东西迭演,遍地笙歌,如行山阴道上,应接不暇。盖各□段既举本年例会,又须补行旧欠,化一为二,以致惟日不足也。其间可讨厌者,更有所谓栏街戏,卜夜而不卜昼,每于通衢架台,观者两头壅塞,行人□急务,莫能飞越,惟有另寻别径。然别径亦难料其遂可畅行也,故常有欲到一处,绕行数路,俱为所阻,卒致疲顿而还。然俗尚所好,竟皆习焉不以为□,怪哉!

光绪八年四月十三日/1882年5月29日

戏园暂停

苏垣戏馆自三月十六日吉祥茶园开演后,生意日盛,于是天仙、同乐两茶园接踵而开,斗丽争新,颇形热闹。近闻左侯相莅苏大阅,兵勇甚多,恐有拥挤等事,故拟自十一日起停演十天,待左相启行后,仍即开演也。

光绪八年四月十四日/1882年5月30日

梨园复开

苏垣戏馆现已开设三家,前因侯相阅伍莅苏,暂时停演,已列于报。刻闻各戏馆于二十日即经开演,旗鼓重张,筝琶声沸,入座之客尚不落寞。惟班内优伶既鲜出色,而近时晴雨又属无常,故老于顾曲者都不愿过问也。

光绪八年四月二十七日/1882年6月12日

偕伶人周凤林游静安寺归,途饮醉春园酒楼赋赠

青莎马道雨余天,纵辔芳郊稳着鞭。绝似弹丸流转疾,遨游人拟挟飞仙。

十里波斯窟比邻,柳阴簇簇护双轮。六郎面似莲花好,绝胜香车载美人。

古寺停骖夕照斜,衣香鬓影杂飞花。雕鞍来往人如玉,争看风

流卫玠车。

管弦灯火酒家楼，共汝衔杯一洗愁。疑是九天珠玉落，好风吹处送歌喉。

壬午清和月味馨室主人未定草

光绪八年四月廿九日/1882 年 6 月 14 日

伶人风雅

伶人吴兰仙，旧在吴下梨园演戏，以色艺噪于时。本年挟技来沪，每一登台，笑睐宜人，风流自喜，喝采之声震于四座。前年在吴门租屋娶妇，近已生有一子，弥月之期，买棹返吴，闻有搢绅子弟为之醵贺开觞。其屋中陈设之精，于富丽中得风雅气，四壁琳琅，类多名人书画，案头秦汉碑碣、宋元图画，令人目不暇赏，古玩搜罗尤夥。兰仙雅善绘事，丹青花卉，吮毫渲染，毫无俗气，书法亦落落大方。飞燕身材，灵犀夙慧，洵时下伶人中之仅见者矣！

光绪八年五月初五日/1882 年 6 月 20 日

伶人求恩

英租界石路全桂戏园小戏子四十余名投县署喊禀，称我等不愿演戏，欲回乡里，而师父不肯放归，求大老爷作主。邑尊谓戏园在英界中，尔等应控于会审公堂，姑念年幼，着候饬役理处，令园主给发用资，送尔等回家，各人叩谢而退。

光绪八年五月初六日/1882 年 6 月 21 日

狮林演剧

狮子林为吴会胜迹之一，素擅盛名。兵燹后，池榭亭台荒芜满目，几令人有荆棘铜驼之叹。惟叠石玲珑曲折，乃当日倪迂结构，虽历红羊，犹存真面。园主人黄姓日就陵替，无力葺治。每岁春秋佳日，往游者不过数人，如晨星之落落。刻下招集优伶，在园内真趣厅架台开演京剧，于是裙屐纷来，盖输赀甚末，而游园观剧二者均堪娱目，座客又女多于男，花韵衣香，令人心醉。惜所演皆小戏居多,如《卖胭脂》、《双摇会》、《小上坟》等剧,尽相穷形,其流弊实不可言也。

光绪八年五月初七日/1882年6月22日

演戏滋事

金陵自弛禁演剧以来,各处均开台演戏,故远近戏班闻风而至者,踵相接焉。开演之处既多,即观戏者亦散而不聚,所以观者并不十分拥挤,不至有滋闹等事。不料日前城隍庙有某公馆酬愿,因新到一班,传来开演,旋因地方狭隘,恐白昼人多,易于肇事,遂改为晚戏。比至晚间灯甫点齐,而台下观者业已拥挤不开,喧嚷异常,事主恐致闹事,即将台灯概行吹灭,意欲候人散而再行开场。惟时散者固不乏人,而不散者仍复不少。待至许久,众见仍无举动,遂喧闹不止。有多人拥上戏台,将灯代为点齐,逼令该班开演《八蜡庙》。班主谓酬神戏本止三出,早经事主点定,故止将应用行头打包携来,若演《八蜡庙》,则应用各物悉存在箱,何能开演?众恃蛮不允,台下之附和者竟将碎砖石子纷纷向台上抛掷。幸经该庙和尚出为恳情,并由该段分局委员饬令巡丁前来弹压,众始安静。班主赶将所点戏三出草草了事,众始散去。

光绪八年五月初九日/1882年6月24日

松郡杂志(之一)

松郡演剧久已无闻,兹当大阅后,诸武弁集资演戏,敬酬武圣,闻于初十日开演云。

光绪八年五月十二日/1882年6月27日

戏园即闭

崇文门外三条胡同败垣中新起戏园一座,以木为台,以席为棚,颇甚草草,拟于四月十三日开演。讵三出未毕,即被差役阻禁,一时坐客惊怖,扫兴而散。闻该园司事曾以白金七十两预交某甲,嘱代为夤缘使用。甲则银一入手,已作孤注罄之,只以空言嘱托了事，故其变有如此者。

光绪八年五月十四日/1882年6月29日

戏园近事

苏城镇府司前翼宿庙供设郎（老）郎菩萨，俗称郎（老）郎庙，系文武昆班公募创立。嘉道间，该业以弋腔夺利，曾经涉讼，请示严禁弋腔唱演，勒石嵌壁。其庙兵燹中未毁，克复后重经修理，文班即在庙中开演。近年城外开设戏园，京徽班日盛一日，昆腔虽在郡庙前演唱，知音绝少，几无过而问者。但弋腔纵盛，因从前严禁有案，不准入城，且不得在郎（老）朗庙会议各事，故今春伶人杜季云在小郴弄吉祥戏园内创立梨园公所，议定章程，京徽各班每开演一本，捐资若干，以为经费。本因国制停演，杜季云竭力营谋，得以开戏，吉祥茶园生意甚佳。嗣后天仙、同乐陆续开演，争奇斗艳，后来居上，每日各得洋百余元。吉祥每日不及十元，未免嫉妬。并闻天仙、同乐抽捐公费隐匿少报，于是互相争论，彼此各执一词，闻即日欲行禀控云。

光绪八年五月十六日/1882年7月1日

姑苏琐志（之一）

苏省自弛禁演剧以来，计今共设有戏园三家，庙前之聚福昆班亦相继开演，生意均称繁盛，而普安桥同乐园行头脚色较为整齐，观者尤多。吴人最喜观《三上吊》一剧，该园聘到名优专演是剧，坐客无不惊心骇目，闻声喝彩。闻渡僧桥下塘及普安桥后刻下大兴土木，不久即可落成，行将大张旗鼓，并闻设有女客观剧之所，以冀大获厚利也。

光绪八年五月十七日/1882年7月2日

新台开演

宁郡鄞县城隍庙现已修理焕然一新，惟映墙尚未修筑，乃各社会因神诞在迩，咸欲演戏以申庆贺之忱。故董事择于本月初七日雇新庆丰班先行贺台,是夕往观者如蜂屯蚁聚,殊形热闹云。

光绪八年五月十九日/1882 年 7 月 4 日

淫戏为害

北直敬奉药王,四月念八日相传为药王诞期,前后数日,各处赛会演戏颇称繁盛。王家口系直隶大城县境,水陆通衢,人烟辐辏,镇有药王庙,据传神甚灵验,居人事奉极虔。诞前每舁神出会,并雇河间府之恒庆武班演剧三天,以为酬报。该班著名北部并有一旦脚擅长风月,小立氍毹之上,尽态极妍。该处有某氏妇系文君新寡,前月归宁,遂留而观剧,不觉移情。每于该旦及一武生登场,注目不移,如是者三日,一点灵犀,台上下两相会意。深恐当面错过,后会难期,妇遂向卖茶汤人私叩两伶姓氏,并央通款,称有事相商。若辈与伶人无不相知,遂为撮合之山,约于人静黄昏,领来相会。比来喜出望外,同归寓所,密订鸳盟。当为该妇改作男装,鸦髻不盘,发长委地,凤头卸却,履着登云。幸喜道路无人,藏之于村外芦苇中,约于五鼓戏散,船过接取芦中人,作妻孥一舸。讵人事虽周,天意莫测,夜半即雨,俄而如注,衣履尽湿,寒气侵肌,勉强隐忍而长夜如年,逼不获已,且出芦丛再作区处。是时欲归不得,惟有硬着头皮向前行去,或天假之缘,船能赶上固佳,否则前途再定行止。转瞬东方已白,甫行至昆头地方,该处系花丛荟萃之区,瞥睹是人不伦不类,好事者上前问难。妇不能隐,遂将心中事和盘托出。王家口去彼不过十余里,有知妇家者,一面将妇送归,一面要截恒庆班问其拐逃之罪。妇之母族不愿领妇,大费踌躇。而恒庆班因有此举,无人雇演,班子即散。或云事已经官矣。夫淫戏本干例禁,而妇人尤不可纵观,历来似此之事不一而足,本馆曾著为论说。有治家之责者,尚勿疏防于前而贻悔于后哉。

光绪八年五月十九日/1882 年 7 月 4 日

戏园开演

杭垣戏馆屡兴屡废,盖以获利甚难而滋事甚易也。所有上城之金玉、鸿福两茶园，自前岁停歇后，迄未开演。今岁为大比之年，现值　国制期年已满，各处神庙无不争先开演。是以该班首办重整旗鼓，仍在火药局弄之原屋内，定于五月初三日开台。杭人闻风，远近争集，以致门庭如市，座上皆满。至第三日为天中节，百工皆停，各业出游，是日之看戏者尤属人山人海，挤塞不堪。不知因何事故，忽有人与戏馆中争闹，一时人多手杂，势如潮拥，一切桌椅器皿损坏不少，所幸人无打伤，不致成祸。然该园即于次日关门停演矣。

光绪八年五月二十一日/1882年7月6日

观剧有感

傀儡登场乐未央，笙歌丛里谱鸳鸯。悲欢岂必皆陈迹，离别从来欲断肠。

絮果兰因留想象，镜花水月太荒唐。是空是色浑难辨，儿女英雄一样狂。

南汇花月吟庐主人杨步云甫脱稿

光绪八年五月二十四日/1882年7月9日

逞能毙命

五月初十日，京都双顺和班演唱《喜崇台》剧，中有驼腰者，系武生宋玉珍扮演。宋本名优，而该班是日又新到武脚色数人，宋思压倒之，庶可独推巨擘。乃尽献平生长技，左旋右抽，势如御风掣电，一时观者莫不喝采。讵翻筋斗落地，偶一失足，震动脑颏，是时口鼻流血。及抬至该班寓所，则已气绝矣。

光绪八年五月二十六日/1882年7月11日

淫戏滋害

前报苏城狮子林开台演戏，杂以淫剧，曾言及恐多流弊。兹以生意日盛，竟在真趣厅对面池中搭台，逐日开演。座地益宽，看客益盛，妇女竟十居六七，少年浮荡之子谑浪轻狂，恣其调笑，为害何可胜言。所愿园主人速将淫剧停止,庶于牟利之中仍积阴德,否则恐地方有司耳目甚周,一经查禁,未免大杀风景也。

光绪八年六月十四日/1882年7月28日

英界公堂琐案(之一)

丰成号之粤人蔡某至英界公堂称,有满庭芳戏园房屋租与黄月山开金桂戏园,我则时往看戏,戏钱照给。昨夜同兄长往观剧,忽由黄月山招兄至戏房殴打受伤,诉捕传黄送案,兄亦投案请验。黄则具禀声称,租蔡之屋开设戏园,蔡忽欲加租,因目下生意清闲,街上亦无加租之举,故却之。岂知初十夜蔡突来将园中自来火尽行吹灭,致看客失物甚多,咸索赔偿。昨与理说,并未殴打,他实将我司帐人程琴斋殴伤头颅等语。陈太守阅禀之下,谓蔡被殴之事,本分府已有风闻,实系黄等逞蛮,然黄既禀诉原告,蔡姓亦应明白具呈。随饬差送受伤人至医院医治,俟蔡进词,再传黄覆讯察断云。

光绪八年六月十五日/1882年7月29日

英界公堂琐案(之一)

粤人蔡某与开金桂戏园之黄月山互控遭殴等情,已列于报。昨据受伤之蔡某即蔡耀德投案递呈,声称潮州人,现在小东门外开丰成糖栈,有满庭芳房屋凭中租与黄月山开金桂戏园,计每月房租洋二百元。于十三夜间向收五月份之房租,只付洋二十五元,因与理论,讵被恃蛮殴打,致失物件。陈太守阅呈,谕俟饬传黄月山晚堂讯断。

光绪八年六月十六日/1882年7月30日

戏场起窖

金陵南门东老土地庙演戏,有某甲者在旁搭看台一座,因理台椿,将地掘一小洞,忽见土内有象牙箸数双,并有青蚨在下。其时虽未演剧,而台下闲人甚多,一见有窖,群往争夺,几致酿成大事。

旋经首事邀同该段巡丁前往弹压禁阻，不准擅动，一面赴保甲分局禀请局员前来，旋经该委员带同亲兵前往挖取，共计起得窖藏青蚨四十余千文，别无他物，其钱当即由官起去矣。

光绪八年六月十六日/1882 年 7 月 30 日

殴案移县

粤人蔡锦堂与黄月山互控各情，迭经列报。兹悉由陈太守饬差传黄于前日晚堂庭讯，蔡锦堂供前夜同兄蔡耀德及友人到金桂轩看戏，并向园主黄月山索取五月份应找之房租洋五十元，黄只交我兄长洋念五元，余则约期再付。及至十点钟时，我先出外。十二点钟时，突闻兄被招进帐房攒殴，遍体鳞伤，尚被交捕，幸捕房验得受伤实重，着即医治。我就急往探问，见兄身穿之官纱衫如血染一般，旋被戏园吞没，至所收之洋亦遭打失。昨奉饬送医院，由医生给服药水，因欲呕吐，故已舁回，自行延医调治，然伤势甚重，叩求究办。陈太守问既已付洋在先，何又殴打？蔡称我亦不知其故。程琴斋供在金桂戏园司帐，因蔡姓弟兄及其父亲于初十夜间来将自来火吹灭，致看客失物，戏资无从收取，旋约蔡于十三日付租。是夜蔡父子三人同来看戏，兼索房租，我先交其父手洋二十五元，应找洋二十五元，约于十六日照付。岂蔡耀德不允，又要吹灭自来火，我故劝其到帐房，以便商恳。彼以我掩扭，就将茶盘掷伤我头，我趁势将彼一推，跌在柜傍，致伤头额，其实并未殴他，我则实血流如注，白短衫如血染，今特请验。至于黄月山是夜在虹口看马戏，并不在园也。黄月山供亦相同，并称在虹口看马戏之戏票尚在，可以呈阅，蔡何诬指我殴打？蔡又称黄既不在园中，而在虹口看马戏，戏票理应掣销，何尚在手中？显系捏说。既称并未殴打，则我兄之伤何来？陈太守研诘之下，谓蔡称之殴失银洋，据程称洋交在蔡父之手，殊难凭信。蔡又称银洋事小，性命要紧，即使被欠租洋，尚可向保人柴樛云理偿。太守随饬差舁蔡耀德到县请验，黄月山着具自行投县结，程亦应投县请验，候本分府再备移文云。

光绪八年六月十七日/1882 年 7 月 31 日

儿戏毙命

杭垣于六月以来,城厢内外各庙社戏极为闹热,钱塘门外之茅家埠地方,亦于初四、五、六日搭台演戏,夜以继日。每日戏散后,远近各小儿争先上台玩耍,此歌彼舞,逐队成群。一日,当群儿嬉戏之时,有甲乙两儿学作武戏,各以拳脚从事,甲儿方起一足,适中乙之小腹,乙呼痛而踣,群儿咸拍掌大笑,相与搀扶而送其还家。乙父母系开豆腐店者,膝前已有四子,素以大意视之,且以为儿戏偶伤,必无大害。不意乙自到家后,仰卧于床,不言不食,至半夜大声呼痛,势不可支。乙父母始为惊慌,解视痛处,已肿而带青黑色矣。只以住在荒村,医药俱无,救治非易。迨至天明奔告甲家,甲父母系开酒店者,急为入城延请伤科诊视,迨医生赶到而乙儿已伤重殒命矣。乙父母痛子情切,势将报官成讼,嗣经众邻里竭力解劝,罚令甲以上等棺衾收殓,延僧拜忏超度,甲儿则执绋助丧,从丰安葬。乙父母难违众论,且与甲有邻里之谊,只得含忍了事。然甲家倾囊搜箧,共用去百余千矣。

光绪八年六月二十日/1882 年 8 月 3 日

开设戏园

金陵凤仪园戏馆自起造完工后,适奉谕禁止演戏,故久未开演。近因城厢各处准其搭台演戏,该园遂禀蒙督宪批准,于本月初五日开演。事属初创,不无草率,若行头脚色均未能尽善尽美。想自此以往,当必加工选办,渐臻佳妙也。

光绪八年六月三十日/1882 年 8 月 13 日

戏园闹事

英租界大马路西首之久乐戏园,演戏者均系粤省伶人。前夜有看客竟至台前立看,致将余客遮住,彼此口角争殴,管戏园之西人劝阻不听,反被打伤头颅。当报捕前往,而闹事人均已四散,无从拘究,受伤西人只得自行医治云。

光绪八年七月初三日/1882 年 8 月 16 日

戏资加价

登台演戏,原所以点缀升平景象,若因国服禁演,盖本遏密八音之意也。然以四海之穷伶守三年之法,令其势必有所不能,而官宪亦不为已甚,于是于周年后听其开演,俾作糊口计,亦所谓王道不外乎人情也。惟京师与天津则不得在戏园演唱,以示区别。天津戏园计有四所,先均卖茶,搬演杂耍。杂耍者,津人所谓说书、唱曲、戏法、相声、大鼓书词诸类。在后闸口上之德声轩,河北之三官庙,河东之行宫庙,渐见搭台开演,然亦不敢争奇斗胜。兹则每日忽添演淫戏,描摹尽致,阿堵传神。又尚恐不能动人,河北之泉庆奎班特雇到花旦两盏灯,每日有二簧及梆子一出,如演《海潮珠》、《拾玉镯》等戏,看客云集,观听一倾,每位骤加钱一百文。河东因亦效尤,雇到想九霄,于六月二十四为始,大书特书,榜于通衢:"有上洋新到山陕脚色想九霄演《卖胭脂》。"每日亦二簧夹梆子一出,每座亦加钱一百文,由是看客甚于河北,几至呵气成云,挥汗成雨。津城之听白戏者,俗谓之围屏,大约取肉屏风之义,若等人最夥。又营兵、官差、土豪、地棍及各衙署之□□人等,向不敢收钱。除此之外,稽查人数谓之画座,尚得三百余人,官坐例以桌计,不在此内,则看客之拥挤可知矣。比至《卖胭脂》,想九霄一揭帘栊,齐声喝彩,已而一颦一笑,一唱一叹,均喝彩不休,坐者目眩神迷,笔难缕述。班中固利市三倍,然人心风俗为之大坏。至于茶钱骤增一百文,合计共四百四十文,亦为从来所未有,是亦市廛中一大漏卮也。

光绪八年七月十三日/1882年8月26日

戏园重开

苏垣梨园以歇夏停演,经列于报。兹以天渐凉爽,复旗鼓重张,于七月初二、初四等日陆续开演者,计四家,生意颇形繁盛。并闻普安桥新造戏馆,不日亦将落成,会当壁垒一新也。

光绪八年七月十七日/1882年8月30日

伶人受窘

天仙茶园之旦脚伶人周凤林至英公堂称,昨日雇坐马车往静安寺及广肇山庄游玩,途中有多人以砖块掷击,当由巡捕获住金阿寿一名送案,为此投质。金供砖块是别人所掷,我被误拿。陈太守随判罚金阿寿洋半元,充医院经费,以示薄惩。夫见潘安而掷果,爱美者人之常情,今乃以砖块见贻,何好恶之不同耶!

光绪八年七月十七日/1882年8月30日

戏园厮打

日来吴门演剧之盛,较春末夏初更形热闹。每日街招四贴,血染猩红,观者极为高兴。虽近时秋暑郁蒸,挥汗如雨,而座客犹联袂成云。园主利市三倍,不无趾高气扬,恣意叱咤。本月念二日,有抚标右营标兵至金桂轩入内观剧,把门者以其不肯输资,遽与争殴,诸优伶复助势加殴,该兵面血模糊,受伤甚重。旋经该营哨官前来将兵抬回,并拿伶人一名回营,尚未知如何发落。不期一波未平,一波又起,少顷复有铜锣作坊中及染坊工匠两党,与该园管门者奋拳互殴,搅作一团,两造各有夷伤,旋为人调处而罢,亦足见戏园滋事之多矣。

光绪八年七月二十七日/1882年9月9日

优伶相妒

名优孙菊仙由沪回都,在前门外打磨厂演唱。该园观剧之人一时骤集,车马盈户外,孙亦自鸣得意。而福寿堂所演乃嵩祝成班,管领该班者为奄(阉)人庞姓。庞见孙声价顿高,遂重孙而轻视诸脚色,思欲裁减数人。内有著名武旦一阵风者,心颇不平,于七月十八日午后到园寻衅,向庞姓争闹辱骂不已,继以老拳。台上正演《一捧雪》,孙方描摹穆成忠义,忽闻后台喧闹,戏遂中止。观剧者各自惊疑,旋又见诸伶一拥上台,将台帘台幔一齐扯碎,人声鼎沸,观剧者俱败兴散去。次日该园乃闭门未演云。

光绪八年八月初五日/1882年9月16日

看戏殒身

皖垣有某甲者，年十九，家世业农，略识之无，乃父于前冬弃世，甲遂束书不读。今春纳妇，耕前锄后，伉俪亦颇相得。日前渡江完粮，见东门内火神庙重建戏楼，雇班演剧，遂将所买物件托邻人带回，而通知母妻偕来观剧，两日始回。甲于次夜忽觉头痛身麻，即回大南门上正街亲戚处止宿，未及天明，颠狂乱语，伊母闻信来城，而医药已不能为力，延至下午竟毙。或谓系看搭戏篷以致冲煞，是亦无稽之谈也。

光绪八年八月初七日/1882 年 9 月 18 日

戏场角胜

皖垣某甲，年三十余，住居东门外，肩贩营生。或束芦苇以入市，性好杯中物，得钱即向肆中酣饮。膂力甚大，遇有不平事即以拳从事，人皆畏其力，无不退避三舍。七月二十六日，适有某公廨乙等三人亦来看戏，因与甲互占地步，致相争论。甲遂挥以拳，乙等见甲辈人众，尚未举手，而甲等只顾乱殴，十数人围成一片，自内打出庙外，逾时不散，乙同伴殴伤卧地，甲等始行歇手。地保将甲乙丙等解送保甲局，由局移县，当经尹明府讯验伤痕，谕受伤乙丙等交保领回，延医敷治，甲讯责收押，俟查拿帮殴之人到案，再行质讯惩办。

光绪八年八月初七日/1882 年 9 月 18 日

法典犹存

同治年间昆班盛行，京徽各班不能与之并驾齐驱，盖有士大夫提倡于其间也。迨后国制停演，迄今已八年矣。文人雅士之征歌选舞者，未免有今昔之慨。近有旧日老梨园聚集数人，在淮上状元楼茶寮开演，虽脚色不多，所演不过一二人，而笛韵歌声，俗耳为之一洗，故座上之客常满云。

光绪八年八月十三日/1882 年 9 月 24 日

戏馆将开

吴中京徽戏馆业已三峰鼎峙,钲鼓喧阗。近复有人在普安桥东乐荣坊巷新造茶园一所,特雇金玉名班择吉开演,名曰大观园,以冀后来居上,压倒群流。想争奇斗胜,届时必有一番热闹也。

光绪八年八月二十四日/1882年10月5日

戏楼坍塌

苏垣昆腔甲于天下,兵燹后梨园子弟半多白发。世风亦变,人皆喜二黄京调梆子等腔,而昆腔几如广陵散矣。今年七月初,城隍庙前开演文班,观者寥寥如晓星之可数。班中欲别开生面,串成新戏一本,名曰《溯慈愿》,灯彩陆离如《洛阳桥》之类,更有观音化身种种变幻,先期传布,于十七日开演。讵是日观者云集,致将厢楼压坍,受伤者数人。有一人木柱贯入于脑,遂成一洞,血流不止,经伤科医治,闻性命尚无虞也。

光绪八年八月二十五日/1882年10月6日

戏园多故

京都西珠市口汇元堂戏庄,自今春开演三庆班,其地址乃庆和戏园之邓姓所租,与三庆班之小掌班程某合谋而成者也。春夏以来,甚属兴隆,每日午后开演,由武老生池定儿与邓姓会同清点人数,计算帐目,剖分财利。讵邓起意蒙混,暗向池定儿说通以多报少。日久为程知觉,胸中不无芥蒂,遂于八月初间停戏不演。继邓复倩人向程说合演剧,程佯允之,邓请于十四日晚间将戏箱拉入后台。次早邓前台小伙数十俱到,挂出戏幌,安排桌凳。值中秋节,观剧者盛于常日,出入迤逦不绝。乃日已卓午,后台仅来老弱二三十人,唱口一人无到,勉强鼓吹三通毕,仍无继至者。又迟半刻,已两点钟,他园演过数出而该园仍不得开场,观剧者为之大哗,渐次星散。邓疑,至后台启箱而视,则俱空空如也,于是复收戏场,观剧者一哄散尽。邓受程欺,心亦不平,次日遂相涉讼云。又崇文门外二条胡同之三合成戏园,于春间新造棚台,未获演剧,兹于八月中旬忽而开演五六日，至十八日复被衙署封闭云。

光绪八年九月初五日/1882年10月16日

看戏殴伤

苏垣金桂戏园日前因看白戏起衅，殴伤三人。兹悉其中二人系某营男丁，经营官讯明，即将该勇斥革，送长洲县讯办。一人因受伤甚重，即着该戏班为之养伤。长洲县尊又将班头郭同来传到惩儆，如伤重致死，当为重办也。

光绪八年九月十二日/1882年10月23日

戏园构讼

梨园之设，所以鼓吹升平。金陵自甲子克复后，湖南江西两会馆落成，遂演剧酬神，旋因闹事中止。十数年来，几疑广陵散不复在人间矣。近年虽造戏园，然皆旋开旋闭。自左侯相开府两江，与民同乐，始开数处戏园，当以南门内彩霞街之仪凤园为最。该园式样均仿上海戏园，脚色亦有京班中人，故坐客常满也。至戏价则每日仅收钱十九千数百文，由班头耿某支领，自本年六月初演起，积少成多，已有一千余串。耿某与园中领坐之武某最为契合，所有款项统归武某与园主结算，耿某积钱五十余千，即存武某处。讵耿某之母近日至江宁，耿某需钱奉母，即向武某索取，武某延至数日始付市钱两千。耿某以存款甚钜，何以仅给此数，武某答以存项仅有此数，即逐耿某出园，不准在内管班。闻耿某已在上元县郝邑尊案下控告矣。

光绪八年九月十三日/1882年10月24日

伶人□返

名优李春来之自沪至京，□□舅氏某伪以母丧相告，然李母□无恙也。盖李自娶妻之后，即只身赴沪，二年余无归志。其母思子心切，倩舅假辞以速其归耳。甥舅偕行，将至都，舅始以实告，李恍然乃释凶服。回家后母不许李至沪，乃在打磨厂福寿堂登场演唱，近又迁至西珠市口天和馆云。

光绪八年九月二十二日/1882年11月2日

看戏失物

九月二十日为永嘉县城隍威灵伯寿诞之辰,近因谣言四起,禁止夜间演戏,司事者通融办法,将夜戏改为晨戏。但城隍庙向归大街六花轮值,届期咸相赌赛,近年庙内铺式装潢尽觉热闹,故妇女游玩如云。是日傍晚时,戏完人散之际,突有抓儿手将一年约十三四岁之女头上押发花扦等物抢拔而去,其时正值拥挤,该女虽曾喊叫,亦属无益。又念三日大街赞善王庙寿诞良辰,庙内遍搭天篷,悬挂灯彩,演戏庆祝,两廊妇女看戏比城隍庙更加数倍。是日有林某之妻在庙看戏,林抱其子送交食乳,温俗小孩颈上均挂银圈,林某抱子进廊,适被拥挤,偶不经心,其颈上之银圈已被抓手攫去矣。

光绪八年十月初四日/1882年11月14日

名盛一时

花旦金翠湘有声菊部中,前自京航海赴烟台演唱年余,去而之申,不甚著名,然薄有所积,皆置备衣物。前月赴营口,尚未登台奏技,而营地人眼小如豆,见其被服都丽,臂钏辉煌,不觉哄动一时,皆渴欲一观其艺。有某号客先招往饭庄,试演《杀狗劝妻》一出,阖座喝彩,赏钱无算,由是声价顿长。次日在大西庙旧谱重翻,台下拥挤者不下三四千人。越三日改演《海潮珠》,观者益众。其实色艺均属平常,且身材太高,而粉面尽带阿芙蓉气,非若出水芙蓉之明丽,惟满口京腔,服色新艳,是以举国若狂,有争先快睹之意。闻目下各贵客有招以侑酒者,日必十余席,湘翠奔走不遑,反自嫌声名之为累也。

光绪八年十月初四日/1882年11月14日

赠想九霄

听惯吴儿唱《浣纱》,忽闻别调洗筝琶。移来芍药丰台种,开作江南第一花。

银烛高烧欲唤迟，东风沉醉海棠痴。消魂最是《新安驿》，想见迷离扑朔时。

品艳评花录小名，飞来燕子体轻盈。留仙不遣风吹去，犹唱昭阳殿里春。

氍毹一曲后庭芳，罗袜凌波绝世装。自是洛神好风格，不应专取十三行。

怡红生未是草

光绪八年十月十四日/1882 年 11 月 24 日

演 戏 闹 事

宁波邑庙修理告竣，于十三日雇大四喜京班演戏，庆贺落成。演至第二出，台下观者咸谓戏子偷懒，令其加工唱演。戏子置若罔闻，观者大怒，即以秽物向台上泼去。戏子亦怒，跃身下台，遂致两相打架。于是看客咸抱不平，将前后庙门紧闭，以瓦石乱掷，戏子亦持械相拒，两不相下。幸董事等出为弹压，始各罢手，未酿大祸。然看客已伤四人，戏子则伤二人，董事乃罚令戏子当晚另演戏四出，以息众忿，方得寝事云。

光绪八年十月二十三日/1882 年 12 月 3 日

沪北杂咏（之一）

戏馆京徽接比邻，其中梆子欠分明。都因爱听新翻曲，冷落梨园旧谱声。

苕溪红蕉馆主人子美陈鼎草

光绪八年十一月二十三日/1883 年 1 月 1 日

金陵琐闻（之一）

金陵利涉桥前有空房一所，数年前曾开戏园，旋因闹事押闭，后又开张茶社，亦不利而歇。有某甲见彩霞街仪凤戏园生意颇好，欲分其利，因出贱价赁得此屋，并招集股分（份）制办行头，兼聘定京班数人。方拟择日开演,前日禀官请示,旋奉宪批以仪凤等戏园尚须押闭,以后不准增开。某甲鼓兴于前,不觉败兴于后,闻所费已属不赀云。

光绪八年十一月二十九日/1883 年 1 月 7 日

京口琐闻(之一)

新河街广东会馆于上月初八日为关帝开光,演戏三日,神前摆设均用五彩,戏文甚为闹热,文武各员皆来拈香。当演戏之时,观者颇众,会馆中几无容足之地。内有一人年近不惑,被挤于人丛之中,欲出不能,欲进不得,而口中之气已不能达,遂致晕去,口血直喷。会馆中人见之,即令戏子停演。幸有营勇差役赶开一路,将其人扶出,令送回其家,次日竟毙。此演戏第一日事也,至第二日第三日,则看戏者更多,挤伤者亦不少,失帽脱鞋者更不计其数云。

光绪八年十二月初七日/1883 年 1 月 15 日

戏子脱逃

前报苏城戏园争价殴打,将郭仝来送吴县管押一案,当即交张阿南刑房收管。讵于十九日抵暮,松去刑具,跃至梁上,将椽子敲断,破屋而飞。比及知觉,已杳如黄鹤矣。当时各处遣役搜捕,并知照城门兵弁拿提,竟未弋获。闻此案并非重犯,封印后可取保开释,何至乘间脱逃,致重获后加等治罪,甚不可解。岂自恃其技,故作惊人之事乎?抑秉性躁急,不能稍忍须臾乎?然而愚矣!

光绪八年十二月二十四日/1883 年 2 月 1 日

光绪九年(1883)

吴会丛谈(之一)

十九日系春祭苏府城隍尊神之期,是日毕太守亲诣致祭,并传城外京班在庙台演戏四折,顷刻间闲人四集,庙内外无一寸隙地。至日将亭午,即已锣鼓收场,然闻信而至者犹道路相属,至斜阳西下始散云。

光绪九年二月二十六日/1883 年 4 月 3 日

论风雅不振

风俗根于好尚,而好尚由于人心颠倒变乱之故,有非常情所能解者。即一戏剧之微,一讴歌之细,而亦若有关乎时数之适然者已夫。声音之感,其道至微,五声六律,十二管发乎天籁,有自然之矩,虽良工不能逾越。童子呕哑学唱山歌,无谱之腔调,皆合乎清浊高下之宜。五方异性,言语不通,而夷昧之乐虽节奏不同,要不外六阴六阳之律。故曰凡音之起,由人心生也。三代之乐器乐章,制自圣人,所谓和声依永,无相夺伦者,每奏一阕、歌一章,皆有至理存焉。然歌诗而知国之盛衰,闻乐而识人之邪正,春秋士夫犹时见之。盖雅乐不亡,而声音之根于人心者,尚可识也。后世以声音为娱耳悦志之事,战国豪华世家汰侈,争尚新声以纵其欲,于是正乐沦胥而诗歌废弃。积而久焉,愈失本来,遂转以为荒淫佚荡之端,而学士大夫终身未尝知乐律者有之。盖《乐经》不传,举世所习,无非靡曼哀滥之音。鉴其流弊而不考其本原,乐遂无复古之日。而优伶贱伎,乃得专门名家,无怪其日流于卑污也。古人六艺并重礼乐,后之学者屏而弗为。然古人之乐,即近世亦有师其遗意者。朝会燕飨祭祀所用乐章,与一切典礼所陈器物,去古未远,特用之朝庙而不行于民间,人罕见闻。且士夫不躬肄习,每举典礼,辄以为其文而虚应故事,非若古者自士夫下□劳人思妇皆能作诗歌,而深得乐意也。故近时民间之所谓乐者,本不足以云乐,世风渐薄,好尚愈奇,古诗变体而为五七言,又降格而至词曲,四千年来风会尚可问乎!夫至变而词曲,而犹不能人人理会,如三百篇之《国风》,古今人固不相及矣。乃至词曲之文又渐易,而盲词之俗且流为二黄西尾,更改为秦人之梆子。呜呼!孟子与齐王言乐,已有今昔之感,矧今之所谓乐者,视当日之今乐更相去万万耶!如谓以是验世运之升降,人情之醇杂,又不知居何等矣!或曰二黄西尾昉于楚而盛于幽燕,梆子又变于秦晋之间,此本非乐,不过土人之腔调,随地而殊,其语句之粗俚,原难博大雅之听。元世以词曲取士,流为剧本之滥觞。今吴中之昆腔部,其流亚也,生旦净丑配合停匀,宫调科介音节韵雅,言戏剧者固当以是为杰出。虽无当于古乐之流传,尤不失为士夫之雅制也。然使昆部与诸腔并行,则吾南中尚不愧为人文之薮。特无如风气渐染,自京二黄梆子腔称盛以来,昆腔戏剧几于无人过问,事虽细微,运会所开,不可谓非偶然也。沪上五方杂处,好尚不齐,始犹他省人酷爱之,既而吴人亦以昆腔为冷淡矣。始犹粗俗之人以南北曲为艰深不易听,故群趋京秦之腔调,乃今则贵官显宦墨客骚人,亦居然榨破喉咙高唱其曲,以自鸣得意矣,数年之间俗尚竟至于此。吴中名班如大雅者,子弟寥寥如晨星,即有时勉强凑集演扮数日,而座上几于无客,以故游上海者欲聆一曲而不得。灯红酒绿,翠绕珠围,乌师擫笛,雏妓弄喉,又辄不耐听。然观于今日而始知曩之妓馆侑觞,清歌一啭,玉笛悠扬,正不啻一发千钧之□□也。盖近来妓馆又因乌师之分其客赏,并此而革之,然则顾曲者乃真无可顾矣。士夫不知乐而伶人为之,姑无论或南或北,其品格相悬不啻霄壤。即曰同一贱伎,何以京班秦班一出色之子弟而工资岁辄千金,独至唱昆曲者必使不遇知音,并区区供给妓馆之筵而亦绝其糊口之术也耶?噫!人情逐臭,异癖嗜痂,向谓京师首善之区,风气□关,有开必先,然意多少名公大老学士文人,好者自好而厌者自厌,未必皆肯附和。乃今观于上海而知京师之果有是事矣。吴中小儿习清音者,其声不良不能学戏,乃至供筵教曲，是若辈之周旋于妓馆中，亦不得已之所为。今戏已散场而曲亦绝响，不知何以生活也。愚久有慨于昆班之不振，欲约二三同志为提倡风雅之举，广集曲会，庶几南腔北调不至如广陵散之失传，而兴会飚举者借此消遣，亦强如持棍打弹，逐逐于方丈之间。乃见近日好尚之愈趋愈下，不禁爽然若失矣。

光绪九年三月二十三日/1883年4月29日

海上四伶诗

曩在丁丑戊寅间，与皖江孙君顽石同辑《梨园声价录》，今阅数年，名优星散，逢场偶顾，后起有人，戏咏小诗，聊当月旦。

月月红

迎人笑靥瞥相撩，底事倾城谓阿娇。黛影波光飞舞处，吴侬魂薄不禁销。

蔡桂喜

难得风情出大方，寻常燕昵肖闺房。生成北地胭脂好，碧玉何须小样妆。

吴兰仙

昔日苏台擅盛名，娇憨态度想年轻。风光海上更番换，珍重腰肢太瘦生。

李长生

才解欢情未解愁，十分春思上眉头。若教秘戏当场演，最好罗襦半掩羞。

荟红巢主人江南最不奇生来稿

光绪九年三月二十七日/1883年5月3日

会馆演戏

南市有地俗呼为野荷花池，本建浙宁会馆，兵燹以后变为瓦砾。嗣经该董事等集资重建，鸠工庀材，迄今将届三载，始克告成，美轮美奂，顿复旧观。是以宁帮各号商及各钱庄，于前月起至本月中旬止，逐日演戏，以庆落成，观者颇众。前日午后戏止而人不散，中有一人竟被众人轧起,望之兀然,可谓出人头地。尚有一年幼者忽然倾跌,致被挤伤,经人送回,不知能无恙否。

光绪九年四月初二日/1883年5月8日

新声悦耳

吴中当承平时,梨园极盛,大抵昆剧居多,二黄梆子非作京师游者,未得一聆也。兵燹后,京徽子弟充牣苏台,向所谓聆音识曲者,几无从问鼎。大雅不作,正如商妇琵琶,自伤老大,识者慨之。日前本报登新设荣贵茶园,以吴人喜听新声,生意颇不寥寂。刻闻该园诸伶登场日演,来观者几无容足地,迟之又久,名优想九霄乃挂招起演,其秾纤合度,颦笑可人,固不必论。所可爱者,眉目间别饶妩媚,苟事涉风情,于流利中不失端庄之度,虽衣冠优孟,而神情仍曲曲传出。是以人愈赏其俊雅,观者益兴高采烈矣。

光绪九年四月初八日/1883年5月14日

看戏溺毙

松江西门外十二里李塔汇猛将庙于十二日敬神演戏,极其热闹,至五点钟戏散,观者或过石河桥斜塘,或由渡船摆渡。岂渡船满载,离岸约二丈许,为风浪打沉,落水者闻共有五十二人,只救起十五人,余皆死于塘内,并闻有一家父子三人皆死于此厄云。

光绪九年四月十七日/1883年5月23日

伶人枉死

客有自丹阳来者,言日前有某捕快在外缉案,瞥见某甲形迹可疑,然又不敢仓猝下手,遂尾之而行。甲忽入某烟馆,捕快亦相继而入,则见某甲已与一人同榻而卧。捕快疑之,以为此必甲之同党也,遂向其人盘诘甲之根底,絮聒不休。其人不解捕快之意,谓我辈吸烟,干尔甚事。捕快亦以恶声相答,其人大怒,奋拳擦掌,跃跃欲试,捕快见其如此,益疑其为大盗。适捕夥跟踪而至,各出利刃相与格斗,而其人遂死于乱刀之下,甲则乘间逸去。后闻烟馆主言，其人乃武小旦，虽与甲同榻吸烟，而不与甲相识。捕快始知其误，然死者不能复生，只得目之为大盗而已。

光绪九年四月二十二日/1883年5月28日

串戏宜禁

杭垣近来到有串客戏，一起不过十余人，而装旦者竟有其四。所演者皆生旦小戏，无非男女淫乱之辞，此外则无所闻也。初仅公馆墙门偶尔传演，外人不得与观。渐而远近传播，凡神会社庙等事亦有搭台高演者。本月十三日为关帝诞辰，下城之孩儿巷关帝庙中因传该班，作长夜之欢，乃一更初起，戏才开台，而巷中之人已拥挤不堪。盖杭人少见多怪，远近闻者皆以目所未见，无不争先奔集，以致《戏凤》一出未终，而台下已殴打两次，且有一老妪一小儿皆遭踏伤。首会见此光景，恐致滋事，忙唤停锣息烛，下场共散云。

光绪九年五月二十八日/1883年7月2日

津门近信（之一）

国制期内遏密八音，伶人无所施技，因有说白清唱之举。天津戏园本有四家，自国制停演，迁向杂耍馆。而说白清唱亦有四处，闸口之德声园、河东之行宫庙、侯家后之清净庵、西关外之金华园。清净庵以与营兵斗殴，首先闭歇。各戏园俱丹垩一新，一俟国制期满，即开场扮演矣。说者谓天津戏价，从前每座不过二百余文，年来骤增倍蓰，在说白清唱则可，若在戏园，则看客必至寥落云。

光绪九年六月十三日/1883年7月16

论淫戏之害

淫戏之害，尤甚于淫书。盖淫书非读书识字之妇人孺子，且读书识字不能通解文义者，不能阅也。即阅之而未必尽解，必待有人焉为之讲说揣摹而始知其妙。夫讲说淫书而与妇人孺子听者，非外人也，必此妇人之父若夫，与孺子之亲若长而后可也。若执淫书而请教于外人为之解说揣摹，天下必无此妇人孺子也。天下无此妇人孺子,则夫手淫书而口讲指画,说者津津而听者娓娓,天下又安有此父夫亲长哉!绮词丽语,北调南腔,嫌其文而不俗,章回小说,闲话家常,又病其藏而不露,皆非功深于文章者不能寻味玩索也。故乡社村落,百十小户,或耕或织,终岁勤动,其父兄既以力作承家,其子弟复不识读书之趣。即使冬学偶闲,师尊高坐,人塾请业,不过千文百家,略识之无,求自道其名姓岁贯而已。若此者书且不能有,何虑有阅书之人,更何虑妇孺之得阅是书哉。妇孺而阅淫书,千百中之十一也,其于败坏风俗寡廉鲜耻之事,犹不多见焉。至于淫戏则举目即是,无论贤愚秀蠢,皆能观之。城市会集之区,乡村庙社之所,岁时报赛,举国若狂,直有倾巷出游之盛。一声喝采,万目攒观,意会神移,不觉怦然欲动。试问此时此际,观戏者之心作何景象耶?亦有心正辟邪,虽极态穷形而毫不介意,痴若木偶,但觉五花八门,娱耳眩目,而绝不解其关目者,然亦千百中之十一,不多见也。故淫书之害,害甚于流传古今,而要其弊犹有所限。淫戏之害,害止于转眼即空,而究其弊实无所底,淫戏之禁所以先于淫书也。夫戏之演也,巨室世家有喜庆事则用以娱宾,其他衙署差传,或逢万寿之期,或私有喜庆,皆无过数日即行停止。若神诞报赛,在城在乡,岁或一举再举,或间岁始举,演不常演,即观不常观,其贻害于人心者终有限也。惟通商大埠,气象繁华,丝管笙歌,达旦不息,则观戏之人愈夥,演戏之技亦层出而不穷。盖戏既有馆,终年常演,穷工极丽,务求耳目一新。于是脚色必请最优,戏名必选最新,衣服甲仗必制鲜艳,灯彩烟火必设最奇,使常观者有日日不倦之意,罕观者亦有幸得一见之乐,无非因人心之喜新厌故,而出其心思巧力以迎人而牟其利也,而风俗亦愈趋愈下矣。上海戏馆林立,近年北腔入时,昆部减色,日竞其巧,以博人欢,而其间惟淫戏尤为绘声绘色。前年经道宪檄饬租界会审署出示禁止,一时各馆奉行惟谨,不敢肆演淫戏,红纸贴招鲜有以新制戏名张扬道路者。久之其禁渐缓,馆中巧于尝试,将向来淫戏名目更改别字以期掩饰,数年以来居然无人过问。近则日日扮演,又不知禁令之为何矣。乃昨见有红招高贴曰某日某夜准演新戏《金瓶梅》,噫,《金瓶梅》何书也，而竟扮作戏剧乎！此书例禁最严，毁板烧书，几无存者，即有私藏，亦不敢借坊间以翻刻，倩缮手以传钞。并有子弟者明知此书之祸，亦不敢列诸书室之中，与别样小说传奇恣人玩看。而戏馆中乃搜得秘本，宛转扮演，将以大扩上海诸人之眼界，是诚何心哉！或曰上海奢华淫靡，遍地球之上无处可以方喻，其风俗之愈趋愈下，原不在乎淫戏之演不演也。然廉耻道丧之时，奸邪之辈有堕行于冥冥，而犹不肯败名于昭昭者，虽浪子荡妇，苟觌面而唾詈之，必勃然怒，即此人心之倏明倏昧，未始非转移风俗之机。今于大庭广众之中而曲写其秽琐邪淫之态，彼见之者以为已所为者皆人之所可知也，则亦何必曲自掩饰，而求人之讳之也。且非奸邪之人一旦骤睹此态，其又何以为情？苟设身处地以思之，而为之推究其弊，则此一见之时不啻人禽之界也。上者忘情，中材随焉，其下□之有不坠于俗者几希矣！夫戏名而招贴通衢，人所共见，一城之隔，官岂无闻，独怪知而不禁与禁而不久。以优伶之微而争官宪之权，而官宪卒亦无如之何，此则殊不可解者已。

光绪九年六月二十三日/1883年7月26日

苏台近闻(之一)

小郏弄口京班戏园于本月朔开台，脚色行头较前稍整，房屋则焕然一新，大有洋场风景。另有女客看楼，装潢尤精，故日来座客恒满，而内家宅眷更惠然肯来。

光绪九年七月二十六日/1883年8月28日

会馆演戏

英租界丝业会馆向来供奉武圣，十三日适逢诞期，是以该会馆连日演剧酬神。十四日并演夜剧，即雇天仙茶园戏班，演至《大名府》，台下看客愈聚愈多，困在垓心急不得出，有大呼救命者。戏台上随即停演，人始一拥而出，西捕不能弹。少顷欲再接演，锣鼓未响，看客已去而复来，恐再肇事，遂不复演云。

光绪九年九月十六日/1883年10月16日

中西戏馆不同说

中国之戏与西戏不同,说者谓其音容节奏大相悬殊,不能强同,其势使然,无足怪者。然其实则所以不同者,不仅在音容节奏,而在于规模章程之殊而已。客有好动而不好静者,质然来谓余曰:子今者坐拥书城,居今稽古,虽静观而自得,衡以人生行乐之说,其毋乃太自苦乎?曷不以弦诵之余闲,听霓裳之一曲,一唱三叹,有遗音焉。为今之戏,犹古之乐也。余曰:是戏也,非乐也。客亦知夫乐之所自仿(昉)乎?昔者黄帝使伶伦自大夏之西、昆仑之阴,取竹之生于嶰谷,其窍厚均者,断两节而吹之,以为黄钟之宫。制十二□以听凤凰之鸣,雄鸣为六,雌鸣为六,比黄钟之宫而皆可以生之。是以十二律旋相为宫,各有七声,合八十四声。又宫商角徵羽各十二声,凡六十声,为六十谓,咸池之乐所由作也。自时厥后,尧作《大章》,舜作《大韶》,禹作《大夏》,汤作《大获》,武作《大武》,而六代之宫悬备矣。且夫王者功成作乐,非所以娱心志悦耳目也。鼓钟之设,和乐存焉;声音之道,政治通焉。是故响音以知乐,审乐以知政,记有之,乐行而伦清,耳目聪明,血气和平,移风易俗,天下皆宁。然则今之乐顾可与古乐并论哉!夫薰风之歌可以解愠,是为歌之所自始;羽钥之舞习于秋冬,是为舞之所自始,而未尝以歌舞为戏。即方相氏掌逐疫之傩,说者以为近于戏而非戏也。楚庄王思慕贤臣,令优孟状孙叔敖之貌而出之,遽使衣冠如昨,奕奕有神,后世之踵事增华殆始于此。然使演戏者充类至尽,则忠臣孝子□叹如闻,吉士美人形容毕肖,令人神游往古,慨□当年,善者足以感发人之善心,恶者足以惩创人之逸志,则虽旌旗队里傀儡登场,锣鼓声中俚言相表,犹与古先王易俗移风之意不至大相悬绝也。近日上海租界中,京班徽班广东班不一而足,生旦净丑扮演于歌台舞树之间,间有诲盗诲淫,演之者习以为常,观之者亦毫不为怪。纵滩簧花鼓等戏之足以败俗伤风者,屡经贤有司示禁,尚不敢公然扮演。又于日演夜演之中,添入善戏一出,意至良,法至美也。然此等戏,观者颇以为不足极视听之娱,诚有如魏文侯所云,吾端冕而听古乐则唯恐,卧听郑卫之音则不知倦者。而况戏馆之内喧嚣

□杂，包厢正桌流品不齐。乘醉而来，□□难状，一张局票飞叫先生，而长三么二之摩肩擦背而来者，亦且自鸣其阔绰，轿班娘姨之辈杂坐于偎红倚绿之间，□有各处流氓连声喝采，不闻唱戏，但闻拍手欢笑之声，藏垢纳污，莫此为甚。若西国戏馆则不然，其座分上中下三等，其间几席之精洁，座位之宽畅，人品既无溷杂，坐客纯任自然。观者洗耳恭听，演者各呈妙技，乐音嘹亮，按部就班，武舞有□于《赵家楼》、《大悲楼》，唱功亦不减《四郎探母》、《三娘教子》，而从不闻有人焉高声叫采，离座出观，其章程何其肃也。余初亦不解其何以安静若此，西友谓余云，凡西戏未演之前先出告白，贵客眷属均请往观，而妓寮不与焉。夫是以视听□动不干非礼，静而能安，并无喧扰。至于捉狮擒虎胆智兼优，踏索走绳变化不测，各种戏法尤令人不可思议，华人虽不能尽得其妙，而醒心快目，清兴正复不浅。则其价自一元以至三元，视华戏为稍贵，实较华戏为甚优，余于西戏，叹观止矣。夫竟谓西戏犹存古乐之风，华戏宜与郑声并放，其论似乎太苛，必强华人以观西戏，未免扞格而不入。但戏仍各从其俗，而章程规模倘能仿照西戏馆之法，庶几两美皆备，犹可以观。否则宁守寒毡耳，岂屑役志于氍毹哉？客唯唯而退。

光绪九年十月十七日/1883 年 11 月 16 日

光绪十年(1884)

禁止戏园

扬州当乾隆嘉庆盐务极盛之时，本有戏园四座，后为各总商收为家乐，即春台老班、荣升、红福诸名部是也。在后外间又于新城花园巷另开一戏园，脚色与诸名部相抗。吴祭酒□人题句云：听二分明月箫声，依稀杜牧；有一管春风妙笔，点染扬州。一时之盛，独擅东南，后以陶陆济美，盐务顿衰，时异势殊，风流不再，扬城遂久无戏园。近日忽有某甲等醵赀，议开戏园，聘定脚色，在新城观巷租屋一所，大张报条名雅观园，约已用去三千余金。扬州府宜太尊履新后访知其事，深惧滋事，已谕江甘二县出示严禁矣。

光绪十年三月二十一日/1884年4月16日

女戏盛行

杭城去年盛行串客之戏，迎神赛社各处传演，更其名曰秧歌戏，取其价廉而事易也。乃今则更有所谓帽儿戏者，计班中生旦净丑不过十余人，而粥粥群雌，都系迎奸卖俏之流。所演者皆生旦小戏，而淫荡者尤多，观者咸啧啧称羡。近则公馆私衙到处传呼，而富家巨族亦皆尤而效之。虽女卷盈堂，垂帘平视，而此辈淫声浪语，绝无忌讳，是真风俗人心之大害也，安得贤有司尽驱而逐之！

光绪十年三月二十五日/1884年4月20日

续获津党

西包探麦根同华包探徐阿土至英公堂称，前年冬间有天津流氓李占鳌，同侨寓浦东烂泥渡之天津流氓魏真扰殴，各自纠党持械，至租界寻衅。当时两造未遇，由捕房拘到李占鳌等送案解县递籍，魏真在逃未获。昨在法界相遇，即行拘获，送请惩办。魏真供在沪营生,并未犯事,前事亦与我无干。包探又称在魏身畔搜得洋四元呈案。黄太守商之施翻绎,判将魏真发捕房管押两月,俟期满送县递籍,起案之洋存候给还。旋问魏真之羽党仍在浦东烂泥渡、唐桥等处,因思魏真被拘,别无他故,惟曾欲兜揽老丹桂戏园包银生意未成,稍有龃龉,或者被该戏园指使捕房将魏真拘办。适该班在南市潮惠会馆演戏,花旦想九霄乘轿回时,天津流氓数十余人蜂拥持械,将想九霄劫至浦东。该班中人闻信,飞报班主徐广泰诉捕房,由麦捕头将徐带至英公堂禀明前情。黄太守派差协同徐至县署,经蒋明府讯问前情,立饬值日差役加派捕班前往探明踪迹,禀请提究。俄而想九霄已被该流氓等逼勒出洋五百园,立据画押,央人作保,始得放回云。

光绪十年三月二十五日/1884 年 4 月 20 日

秣陵琐录(之一)

钓鱼巷陆八子家有女伶一部,小狮子家亦有一部,脚色不相上下,而行头则以小狮子家为簇簇生新。前日东牌楼有县役张姓者以演剧为寿庆,合两部为一,选奇斗靡,至令观者隔三四日犹如余音袅袅绕梁。前日江宁县忽访知,飞签提责三千,且谓之曰:聊为尔海屋添筹。

光绪十年四月初二日/1884 年 4 月 26 日

演戏公饯

升任广东运使前宁关道瑞都转荣行在即,故宁郡六营员弁特选各戏班中著名脚色到宁,于初一日为始,在观堂合演三昼夜,藉送行旌。惜山门口有营勇手执藤鞭,拦阻民人入视。读"此曲只应天上有,人间能得几回闻"之句,不禁低徊久之。

光绪十年四月初五日/1884 年 4 月 29 日

英界公堂琐案(之一)

包探秦少卿称,伶人郭秀华在金桂戏园唱戏,前被天津流氓田六即天六索借洋五十元不遂,竟欲行凶,郭乘间走避,报捕往拘,田已逃至苏州。今又来沪,被郭得信报捕,由我拘案。郭供与略同,并称向在金桂戏园唱戏,因东人曾欲歇手,与我股开,田六以我开戏园,即欲硬借洋五十元。田六俯首无词。哲副领事谓此等天津流氓,动辄讹诈,情殊可恶,请判发捕房管押六月,黄太守然之。

光绪十年四月十五日/1884年5月9日

赠伶人小金翠,戏索孟(梦)畹和

玲珑骨节妙年华,碧玉而今定破瓜。似此腰支原是柳,果然颜色胜如花。

新声拚与哀弦裂,娇态偏将折扇遮。笑我平生工腻语,男儿当作女儿夸。

苏州太痴生高误轩草

光绪十年四月十八日/1884年5月12日

戏和太痴生赠伶人小金翠诗

绮游如梦复如云,小阁呼灯夜乍分。金谷群芳趁月访,翠翘旧曲隔花闻。

愁边摈笛调琼尺,醉后题诗写练裙。知否苏州狂刺史,柔肠恼乱半因君。

梦畹生草

光绪十年四月十八日/1884年5月12日

赠小歌儿,戏索梦畹和

月里丰姿画不成,凤莲山下见卿卿。见其演《凤莲山》一剧。变为娇女真殊色,使作才人定得名。

托业竟归无赖子,乔妆最是可怜生。笑余空占樱桃艳,姓字何曾问一声。

太痴生高误轩草

光绪十年四月十八日/1884年5月12日

戏和太痴生赠小歌儿诗

水晶帘下语幺弦，惨绿丰裁正绮年。霞帔留香春有迹，琼枝照艳月初圆。

得成胡碟应同梦，便唤樱桃亦可怜。何事凤莲山下路，重来无复面如莲。

梦畹生草

光绪十年四月十八日/1884年5月12日

伶人畏祸

前有丹桂茶园伶人想九霄在潮惠会馆演戏毕，行至大关前被津党抢至浦东，即经领班徐广泰报县请究，□给五百元洋票始行释回等情，已列前报。前晚蒋明府讯，据徐广泰并想九霄即田福供称，前日肆抢之津人并非魏真，亦未被诈出洋等语。明府谓既称并未被诈银洋，着即具结完案。按该伶人恐津党凶横，一经实供，明府必按名提究，畏其报复，故含糊了结也。

光绪十年四月二十一日/1884年5月15日

定期演戏

虹口铁路新造之天后宫刻已落成，惟码头等工尚未蒇事。闻于月之初六日演戏一本，名为扫台，闲人不准观看。而初七、八、九三日则为关道宪、邵观察预祝太夫人寿诞演戏三本云。

光绪十年五月初三日/1884年5月27日

演戏改期

昨报定期演戏一则，现已改期于今日黎明，演戏三出，谓之破台，闲人不可往观。初五日又演戏一本，初七八九十等日演戏四本，即系关道宪为太夫人祝寿，均雇天仙茶园伶人。天后宫内共装自来火灯四十盏，庙貌为之一新云。

光绪十年五月初四日/1884年5月28日

演戏续述

关道宪邵观察之太夫人寿诞,雇天仙茶园之戏班在天后宫演剧,已列前报。兹悉天仙茶园之戏班惟于端阳节作开台戏,至初七八九等日系招老丹桂之戏班开演,并另传咏霓园伶人黄月山、汪桂芬、黑儿等脚色伺候点戏。想届时舞彩称觞,不数瑶池高会矣。

光绪十年五月初七日/1884 年 5 月 31 日

簪裾骈集

昨报祝嘏称觞一节,兹悉前日天后宫接演夜戏,文武各官在座纵观,并有西国领事官挈同眷属前往祝寿而兼观剧,直至半夜始散。并闻老丹桂戏园之各伶以分演之故,不甚认真,昨日遂饬戏园停演,而专在天后宫开演,则不致脚色不齐云。

光绪十年五月初九日/1884 年 6 月 2 日

看戏闹事

镇江西门外荣贵戏园端午日开演,有新募勇丁百名前来看戏,守门粤人某甲见勇丁人众,本不欲放入,深恐若辈恃蛮,因未拦阻。不料该勇等吵闹不休,且又踞占正桌,不许别人入座。该园主无法,先尚向之哀恳,谓正桌借此售钱,公等可在两厢坐看。勇复不允,旋与口角,继即动武,该园戏子与众人共抱不平,遂与勇丁乱打。勇见园内人众,一哄而散,只将守门粤人拖至桑巷内饱以老拳。内有一勇身带小刀,竟向甲乱刺,约受十余伤,甲遂晕倒。比园主率带多人前去护救,勇已去而止见甲晕绝于地。该园主复向前追赶,见果有勇六名,遂喝众将六人捉住,鸣保投县报案。冯邑尊升堂研讯,六人皆茫乎不知,盖同营而非同生事者。邑尊馆将六人收押,俟看甲伤势如何,再行定案,并饬差缉捕正凶云。

光绪十年五月初十日/1884 年 6 月 3 日

看戏轧伤

京口西门外广东会馆,例于五月十三关帝诞期演戏敬神,非常热闹。前日开演，有某姓子偶向会馆经过，闻有锣鼓声，即进立台前。无如看戏人多愈聚愈众，将某姓子挤于中央，进退不得，未几鲜血直流，面如死灰。众始为之狂呼停演，让开一路，将某姓子背驮出门。有识者指示之送其归家，赶急医治，势已不及，延至晚间，血尽而毙。噫！养一小体而失其大体，殊不值得。是故凡遇迎神赛会观灯演剧，一切热闹之场，为父师者宜禁之勿出。

光绪十年五月十九日/1884年6月12日

迎接法像续志

昨报迎接法像一则，系由小东门行宫迎天后圣母法像至铁路之新建宫内。昨日午刻起，各执事由北而南，英法两租界凡在迎像应过之地方，两旁男女驻足纵观，殊有万人空巷之势。盖粤省泉漳潮惠及苏省与本邑人等，皆有入会迎像者，无不恪恭将事。两租界之捕房均由西铺头督令中西捕按段伺候，至两点半钟时，法像过十六铺桥，即由法捕房中西捕随同弹压，及过外洋泾桥，即经英捕头同中西捕照料。至仪仗除寻常清道鸣锣、天后圣母之衔牌銮驾、马执事外，有大万名（民）伞一项，嵌以银字，光彩陆离。清音迭奏，舆马分陈，中有扮作戏出，乘马者并有年将及笄之女郎，红妆骑马，按辔徐行，殊有婀娜之态。他若仙童玉女，各乘白马，并童子扮作八仙，亦皆跨马，翩翩而至，栩栩欲仙。看马三匹，锦鞯玉勒，耀日嘶风，马夫亦衣履簇新。台阁三架，亦以童男女扮作戏出，惟妙惟肖。继有粤人身穿官衫纱裤，手戴金镯，敲鑪掮旗。及头戴凉帽，身穿荷色雪青纺绸熟罗长衫，并戴墨精眼镜者，或掮旗，或舁额，不知凡几。俄而钲鼓喧阗，笙乐迭奏，则为清客班也，其锣鼓则在船式凉亭中，雇人舁之随行随敲。各种香亭约十只左右，托臂香者约二十人，香烟缭绕，扑人鼻观。乘马执令字旂者数对，闽广帮进香供桌如全猪全羊糕果等，按队徐行。乡民扮作侍卫乘舆，捧敕印，执清香。步行者肃肃穆穆，绝无喧哗。神舆系黄缎□□□□五鹤朝天，随后乘舆执清香者约四十人。凡经过处，观者填街塞巷，真一时之盛会也。至五点钟时，法像进宫，各会首莫不济济拈香。并闻铁路天后宫于今日为始,至念七日止,乃潮惠众绅公演戏三本,念八日系顺祥源号敬演一本,闰月初一日乃揭普丰号众糖商公助戏一本,此后敬神演戏,谅当络绎不绝矣。

光绪十年五月二十五日/1884年6月18日

演戏续闻

铁路天后宫于本月二十五日起,由各商演戏敬神,至闰月初一日止,已列前报。兹悉初四日系关帮众商各号雇定咏霓茶园戏班,敬神演戏一本云。

光绪十年五月二十九日/1884年6月22日

看戏失女

上月十六日,杭州下城之弥勒寺中酬神演戏。有青云街某姓民家女,盈盈弱质,已怜碧玉之愆期;寂寂空闺,犹作绿珠之待字。是日与邻近女伴同往看戏,乃道场散了,而玉人究竟不归家。其父犹疑其为戚好家款留也,待至更余仍然不返,急向邻女询问,咸谓戏散后一路同归,至人多处忽然相失,以为先已到家也。于是四处追寻,杳无踪迹。或谓为拐徒所骗,或疑为有约而逃,今已数日矣。

光绪十年闰五月初一日/1884年6月23日

演戏续述

前报新建天后宫有关帮众商于初四日雇咏霓茶园班演戏一本,兹悉敦厚堂油酒各业亦于初三日敬戏一本云。

光绪十年闰五月初二日/1884年6月24日

伶人跌毙

本月二十二日,禾郡南堰镇各绅耆传喜庆班演剧,演至《太平桥》一折,老生之扮陈友谅者,层叠五方桌从上跃下,讵偶不经心,倒地气绝。夫演剧所以酬神也,乃赫赫者高踞幔中,竟坐视其死而不救，神果有灵乎哉！

光绪十年闰五月二十八日/1884年7月20日

优人作贼

优人作乱者有之矣，作贼则未之闻也。今春□群恶少欲在扬州招梨园一部，鼓吹升平，照上海镇江之例。嗣以禀官不准，鞠部中之有色技者相率邀去，惟滥竽之辈托足无门，欲归不得，流落二十四桥边，效梁上君子之所为。初二夜新城兜肚巷凌宅来一贼，为更夫所获，乃班中之副净也。是夜旧城双井街四家同获三贼，班中之老旦也。初四夜彩衣街郭宅后院有二贼绕树而下，时有人纳凉树下，伏而伺之，获贼二名，一大净、一武旦也，均送官惩办。于是江甘二县同出告示，不准此辈逗留境内。嗟乎！梨园子弟白发新，一旦捉将官里去，以视三五雏龄，登场一曲，辄得缠头数百缗者，得毋如东家施之视苎萝女否？

光绪十年六月二十五日/1884年8月15日

大闹戏场

营口三江会馆常年中元节演戏数天，以答神贶。今岁司事者为宁人董某，特雇名班登场唱演，歌声舞态迥不犹人，不啻羽衣仙人在广寒宫咏霓裳三叠。一日台上演《拾玉镯》一折，花飞钏击，尽态极妍，司事赏给花红钱十千文。忽台左茶寮内人声鼎沸，茶碗掷空作蝴蝶舞。司事方欲查问，蓦一碗飞至，击中司鼓板者之首，鲜血横流，痛极倒地。众优不平，皆欲下台报复，司事急上前喝住。查出为首打架之四五人，押令向该优赔礼，始得了事。嘻！逢场作戏，本所以娱情也，乃因娱情而反以扰事，乡蛮举动真所谓桀骜难驯者欤。敬告班中人及早收拾下场，勿再使锣翻鼓破。

光绪十年七月二十二日/1884年9月11日

赠想九霄

丁歌甲舞艳吴天，一曲霓裳压众仙。香国漫□春富贵，芳姿合比月婵娟。

早娴绛树双声曲,□□红尘二十年。学画蛾眉临玉镜,江南荷叶正田田。

香风飐袖乍登场,徐整梅花七宝妆。飘拂舞衣惊蛱蝶,留连绣被媚鸳鸯。

环姿讵入参军队,芳姓□同协律郎。扑朔迷离犹忆否,红儿相约在兰房。谓小金红

掇芳室主初稿

光绪十年十月初八日/1884年11月25日

侠优

一翦花,京师菊部中尤物也。年可十五六,眸凝秋水,脸晕朝霞,袅娜娉婷,不啻姑射仙人。徐步玉梅花下,顾羞涩特甚,花飞钏击之余,客或偶入游词,辄骍□引避。惨绿词人拟之林颦儿,谓宜贮之潇湘馆中,与曲榭鹦哥喃喃话昨宵花事。诚哉,品评得当也。滇南某公子借椿庭余荫,早岁擢巍科,羊车玉貌,可拟璧人,每一挥毫,千言立就。丙辰春入都应礼部试,友人或导之过梨园,取次花丛,了无当意。一日在某侍御席上与一翦花□,不觉梦魂颠倒,水乳交融。花亦契之,深眉语目,成尔情眷眷,酒阑携手,细诉幽衷。座间有妒之者,以呆霸王奚落金荣语嘲之,花红潮晕颊,急躲入花丛。他日公子伺隙往,花一见即泪承于睫,曰奴辱承公子垂青,故不避嫌疑,略抒怀抱,然自问守身如璧,清白无瑕,何图浪蝶狂蜂造为蜚语,竟以鄂渚□香故事平地相诬,奴已矣,奴此身不能复侍琴书矣。公子意良不忍,慰以好言,意稍稍解。嗣是花前月下,啮臂盟心,密意犀传,芳情凤□。见之者疑为比翼鹣鹣,不知乌之雌雄也。是年公子连捷春闱,殿试成三甲进士,一挥出守知湖南某县事,临去以五千金脱其籍,挈之同行。公子平日履厚席丰,钱谷薄书素所未习,未及一年,亏空□银数万两。又有逆伦要犯越狱潜逃,广缉不可得,六吏飞章弹劾,旨下拿问,罪几不测。皇急之际,忽报花窃朱提数千两,中宵遁去。公子无心缉捕,惟骂小贱人无良

而已。抵京下刑曹，定以斩监候罪，请室幽囚，延颈待戮。一日忽狱吏入，笑容可掬，举手道贺曰，恭喜贵人，金鸡赦下矣。他日出此圜扉，请以白金十笏为□，勿食言也。公子错愕，不知其由。少选，□一公子衣履翩翩，贿狱卒启门而入，拜倒阶下，涕泣不能仰。公子骇问："尔何人？"斯徐起曰："奴即公子辱爱之一萼花也。前日恐公子依依不舍，故不告而行，先怀金入都打点。刻以某内侍之力，得免恩减流戍极边地方，屈指起解尚需半年。奴请将公子细小送归滇池，然后相随出塞，可乎？"公子感极涕零，几欲下跪。花正色曰："公子勿亵尊，奴承青眼，尚不能报效万一，何感之有哉？"翌日即备糇粮，戒仆御，□关万余里，护送眷口至家。洎公子将押解至配所，而花已行李一肩，翩然而至矣。从此冲风犯露，形影不离，随侍十余年，无稍疏懈。及公子遇赦得归，花亦年过而立，颜色渐凋。公子重其义侠，遂结为异姓手足，不复以优伶视之。

光绪十年十一月二十日/1885 年 1 月 5 日

京师近事（之一）

名优孙菊仙现辞嵩祝成班而搭四喜班，又有春台班之老生小叫天亦同在四喜班演唱。该班增此二优，名誉大噪，突驾诸班而上，每日来观者不下千余人，而嵩祝成班遂至响灭音沉。嗜痂之癖，举世类然。

光绪十年十一月二十六日/1885 年 1 月 11 日

光绪十一年(1885)

梨园先生

梨园虽年老亦称子弟,至易子弟为先生,此诚事之罕有者也。徽州同春班有程某,在班中以武小生称脚色,班例冬月各散归原籍,至春复集。程亦在遣中,随其师来金陵,师故善拳勇,多识草头方,治跌打损伤尤为得心应手。其法即以生三七一味为君,而用红花、当归为佐引,煮酒一升,随其量而饮,饮尽即病除。徽在万山中,三七易得,故取效如响。客腊程在笪市桥,见一人从桥上跌下,时水涸,桥高十丈许,跌者损其骨,已昏绝不省人事。程抚之未冰,急倾其所携之三七酒,楔其齿灌之,又令其家持三七归,制酒如法。人或谓姑妄言之,姑妄听之,未必果效也。讵三日伤者忽扶杖而来,望程即崩角道谢,具言服酒后神已醉而心甚了了,迨既醒,痛果减其半,后将所制之酒与一病筋酸楚者分而饮之,两人俱病若失,先生得毋华陀转世耶!因出袖金为程先生上寿。程不受,谓师戒得方便处与人方便,不从中取利,拒不纳。于是程先生之名洋洋乎在大耳矣。查三七本草,谓能去淤生新止痛,不料其效之神,竟能如响斯应也。

光绪十一年正月十三日/1885年2月27日

伶人被控

兆丰洋行东投英领事署诉称,大观戏园之伶人王月山,曾挽徐镐元为中,将戏班行头抵银二千两,言明按月拔付本利银二百五十两,届期不付,请传王徐究追等因。翟副领事据情照会黄太守,饬差传王徐于昨晨投案,兆丰洋行东申诉前因,并将抵据呈阅。王月山供当时租兆丰洋行房屋开戏馆,该行言须借伊银二千两,每月利息三分半,按月连房租拨付,迄今已付洋五百元光景,有帐据可呈,况我不愿借□重利之银,设照原议,系二月初六日到期,现在措办银两,情愿到期还银。徐镐元供作中是实,该行将此房屋召租,定欲一并借银,深恐届期还银,兆丰又生枝节。太守谓苟能付清本利,岂有不允之理。兆丰洋东又称设到期再不取赎,定当将行头拍卖归本。太守商之翟副领事,饬王月山赶紧措银,届期赎回行头,逾干未便。

光绪十一年正月二十六日/1885年3月12日

戏园命案

秣陵彩霞街仪凤戏园自前年开演以来,今两阅春秋,获利颇厚。今年自交正月,观者益多,大有座上客常满之欢。本月初二日照常演唱,座中有旗人数桌,见是日戏目内有《黑风帕》一出,属伶人改换。掌班以业经出标,又不在禁戏之内,未肯允从,以致互相争论。始犹舌剑唇枪,继则拳脚交下,究因旗人势众,戏园不能相敌,当被殴伤多人。内有两名伤极沉重,恐有性命之虞,业经报县请验。故现在戏园暂行停演,大约须俟讼事了结,方能开演也。

光绪十一年三月十一日/1885年4月25日

戏园闹事

续述金陵仪凤戏园常时不准旗人看白戏,以致积成嫌隙,互斗受伤。当格斗时,该处地甲飞禀府县,江宁府孙太守以事关驻防人寻衅,立即飞舆亲来弹压。时江宁桂明府已到,太尊饬其将该园主带回衙中审办,一面亲诣理事署与恩司马商议,除园主管押外,余俟两造所伤之人养息平复,再行查究。先是武姓者多交结恶少,斗鸡走狗之雄,座上恒满,是日并未堤防,猝有旗人肇祸,以致梨园脚色伤至十一人之多,而旗人仅伤其四,内有一人被九节铁鞭所系,鲜血淋漓。桂明府验明两造伤痕轻重后,即派差押同受伤家属领伤者回家养息,俾免触风致命。刻下两造皆已无恙,不日当可讯结。园主虽羁囹圄,尚不至听琅珰(锒铛)声,身轻万里行,亦幸矣哉!

光绪十一年三月十九日/1885年5月3日

严禁淫戏

沪北各梨园往往搬演淫戏,伤风败俗,贻害无穷。历经各宪禁令严申,终难风清弊绝。近悉英界会审委员黄芝生太守复传谕各戏园,所有艳曲淫词一概不准演唱,如敢违犯,定予严惩。噫,沪上风俗之坏至斯而极矣!得太守实心实力整顿一番,苟得持之有恒,则淫媟之风何患不能渐息,维持风化,太守真古之贤令尹哉!

光绪十一年三月二十日/1885 年 5 月 4 日

淫戏难禁说

天下之最易动人心者,其惟戏乎?鄙夫鄙妇,语以忠孝之大本,善恶之分途,虽惟日孜孜口讲指画,而一部十七史彼实素未所闻,则亦且茫然昧然,乌能心领而神会?即领会矣,而事不经目睹,语只属耳闻,亦且将信将疑,未必即有所感触。惟一经梨园之扮演,乐部之讴歌,则数千百年之忠佞贤奸,不啻与接为构。洎乎戏场人散,扶杖归来,妇子家人闲相评论,谓若者忠,人所共仰,若者佞,世所不容,若者贤,流芳百世,若者奸,遗臭万年。凡所触于目而儆于心者,虽属优孟衣冠,直无异象魏之□□人之铎焉。顾戏之正大者,劝善既易于为力,则戏之媟慢者,导淫亦易于为功。昔年雅尚昆腔,音雅志和,平矜释躁,虽犹是儿女之情、闺房之事,而和平中正,绝不画角描头。诚哉盛世之元音,固有合于乐不淫哀不伤之大旨也。自□寇殄灭,重整笙歌,旧时鞠部零落无存,沪上满庭芳遂以徽班登场演唱,继又嫌其无甚生色,爰航海至天津延请津班至沪,其所谓京都新到者,大抵皆七十二沽间少年子弟也。自是二十年来戏馆愈多,戏情愈坏,往往帏房之乐床笫之私,搬演于大廷广众之中而不以为恧,而观者亦不知许事,且食蛤蜊。见有老生登场,□□危坐,则几如魏文侯之听古乐,不免端冕而卧。及一观花旦诸剧,则早已色舞眉飞,观至淫狎之处,云情雨态刻意描摹,则更不觉手舞足蹈,喝采声疾若春雷。原优伶之所以为此者,岂乐于描绘秘戏图,作此伤风败俗之事哉?特欲惬观者之意向耳。我□不知夫中冓之事,凡人所不忍道不屑道者,果有何意趣,而必欲屡观不一观乎？夫我辈花下听歌，司空见惯，即有淫戏，宜不致神摇目炫，为其所迷。而少年子弟，绣闺娇娃，当其情窦初开，欲心易动，平日观《石头记》、《金瓶梅》、《平山冷燕》诸说部，犹且凭空想像，如醉如痴，至一观种种淫亵之剧，则后庭大体双不啻宛呈诸心目，有不堕名失节、不堪设想者哉？昔年杨月楼演《梵王宫》一剧，致成巨案。某小说亦记雏伶阿元丰姿如好女子，一日演《金山寺》中蚌精，淫声浪态，出色描摹，某姓女惑之，致情不能遂，痨瘵而亡。其他戏之为害，实属更□难终。昔年沈仲复大京兆观察上海时，曾申淫戏之禁，乃未几而依然开演矣，且更甚于前矣。或谓淫戏一禁，则戏馆之生意必清，生意清则千百优伶无所得食，必致流为匪类。噫，天下迂腐之谈，孰有甚于此者哉！如谓惟淫戏可以得财，则从前集秀集芳诸昆班从无淫秽之剧，何以能名闻海内，声冠梨园？如谓优伶恐无所得食，则试问纵千百辈轻薄优伶得以膏粱文绣，与防亿万家旷夫怨女不使身败名裂，二者固孰重孰轻乎？近英界会审委员黄芝生太守有严禁淫戏之举，本馆闻之，喜而不寐，亟登报牍，极意颂扬，意以为从此弊绝风清，戏馆之恶习当为之一洗矣。阅日之晚，友人拉往某园观剧，见煌煌谕条黏贴柜内，私幸各优伶而能奉令承□若此，是非黄太守之善政入人，乌能若是？既而见演《杀子报》，其淫秽之状，实难令人注目。既又观演《瞎捉奸》，其淫更超乎《杀子报》之上，不觉诧异者久之。友曰，嘻！子何少见多怪若此，即堂堂一监司大员，然且旋禁而旋演，而况租界中之会审委员，安能令出维行，即时禁绝？且□日淫戏亦愈禁而愈多矣，如《南楼传》、《金瓶梅》、《金锔记》、《错杀奸》诸戏，当禁令初悬之日，正若辈登场得意之时。亦有掩耳盗铃者，如《瞎捉奸》则改名《眼前报》矣，《迷人馆》则改名《画春园》矣，《打斋饭》则改名《无介寺》矣，《翠屏山》则改名《石十回》矣，《铡姑子》则改名《白衣庵》矣。凡此淫风愈禁愈盛，其所以必黏贴谕条者，正以明官虽煌煌示禁，在若辈视之，直无异拭秽之纸、抹桌之布而已。然则如之何而可？曰必得禀明上宪，照会领事，共筹良法，亦安见淫戏之不能绝哉？虽然，窃料黄太守必不能行也，太守高坐堂皇，踞案判□，举凡□酒拆梢之案，拼头搭脚之风案,□如出不能遽了,至于淫戏则演者观者既以游戏视之,即禁者亦何不可以游戏视之。此次谕条大抵循例奉行耳。况公堂示谕,何人不视为具文,岂独戏馆为然哉,太守亦何尝计较哉,吁!

光绪十一年三月二十八日/1885 年 5 月 12 日

查禁淫戏

沪上各戏园所演淫剧,几于罄竹难书,近更以《杀子报》一出为时尚,其中关目凶恶淫荡,尤觉不堪入目。数日前本馆曾著为论说,敦劝公堂派差协捕梭巡各戏园,见有扮演此等淫戏者,立时拿下,枷责游行,盖欲整顿浇风,固不得不稍加严厉也。昨日黄芝生太守果答票饬差,请值年领事加盖印信,然后关照捕房遴派捕役,协同地保,往各戏园逐一详查,如仍违禁登场,立将园主及各伶人一并拘案究办。似此雷厉风行,维持风化,求之近世地方官,实属不可多得。心香一瓣,我敬为太守热之已。

光绪十一年四月初四日/1885 年 5 月 17 日

戏园亏闭

英租界满庭芳街之满仙戏园,系各伶人凑本合开者,现已闭歇,自房东以及茶房案目均被拖欠。昨晨各欠户将伶人薛大庆、徐瑞生等扭至英会审公廨,黄太守着明白具诉,并饬薛徐交保候讯。又有该园之管门华捕禀被积欠工资,该园股东共有七人等语,太守亦着暂退候讯。

光绪十一年四月十一日/1885 年 5 月 24 日

津门菊部花榜

彩云　音律品貌,卓绝一时。彩华堂

翠元　桃李逢春,异常娇艳。深山堂

桂香　金玉其音,兰蕙其质。荫秀堂

蕙香　柔情脉脉,雅度翩翩。佩春堂

小元　天生艳质，四时皆春。德馨堂
春香　纤浓合度，宜雅宜风。莲香堂
三元　善解人意，聪慧绝伦。永和堂
四元　玉润珠圆，词容并美。深山堂
莲生　声情激越，慷慨悲歌。和春堂
漱云　流利轻圆，后来之秀。彩华堂

品花主人评定

光绪十一年四月十九日/1885年6月1日

杂剧偶语

刺目，杀皮。背凳，顶砖。四进士，两将军。乌龙院，白虎堂。五雷阵，七星灯。一匹布，八件衣。金光阵，火焰山。飞叉阵，滚鼓山。五花洞，百草山。朱仙镇，白帝城。打黄盖，造白袍。玉柄扇，铁胎弓。镔铁剑，珍珠衫。拾玉镯，失金钗。双跑马，小放牛。雄黄阵，牡丹亭。六月雪，九更天。蝴蝶梦，狐狸缘。双龙会，独虎营。北极观，南天门。游十殿，赶三关。游地府，上天台。群英会，十美图。大嫖院，小上坟。演火棍，打金枝。落女店，望儿楼。跑马卖艺，遇龙封官。水战庞德，火烧余洪。绑子上殿，探母回营。抱娃进府，打侄上坟。杨四郎探母，闻太师回朝。刘二姐赶会，王大娘补缸。

绮禅戏拟

光绪十一年五月十二日/1885年6月27日

观剧殒命

十三日关帝诞辰，京口广东会馆循例演戏三日。四乡男女纷至沓来，几于无处插足。第三日有何姓子逐队往观，被众人挤至棚栏边，无可再让，气急欲死，口吐鲜血。会馆中人见之，急令戏台上停演，待众稍散，方将何姓子救出，遣人舁归其家，医治无效而毙。其父母只此一子，恸悼异常，几欲以身殉之，是亦可伤矣。

光绪十一年五月二十四日/1885年7月6日

看戏伤人

邵伯镇信来,谓泰州樊汊镇于四月廿日在火星庙演戏,唱到《九更天》一出,因人众将正殿大楼压坍两间,当日压毙男女大小二十一人。内有蒋姓老媪,年已七十五岁,又有捐局幕友陆姓太仓州人同时立毙。其头破血淋手足断折者不可胜数,大约受伤者共百余人,仍有陆续毙命者,至首饰钗珥失落无算。然则热闹场中,其可轻于涉足哉!来信又云,本月初一夜至初二日大雨滂沱,平地积水约有五六寸,湖水陡增,下河一带麦尚未割,当必损坏也。

光绪十一年五月二十四日/1885年7月6日

大哄梨园

镇江西门大街荣华戏园系粤人郭锦泉所开,定价正桌人各收洋二角,惟衙者、旗管中人仅半其值。近来货捐、电报、洋药、招商等局亦援此例,园主恃为护身符,不敢与较。本月初五日,有旗管中二人到园观剧,越半点钟时,又有素识之漆店伙三人入座。看座者向收戏资,旗人即写给票洋五角,看座者以漆店人不在此例,不之允,旗人大怒欲出。看座者婉言,此刻已看过二三出,必须如数给资,漆店人掷以英洋一元,旗人夺回不付,盛怒而去。翌日竟纠集旗人数十名蜂拥入园,每桌分坐二三人,戏值分文不与,看座者向之索取,初则口舌相争,继更互相殴击,桌椅乱掷杯盏纷飞,彼此均有所伤,始各罢手。郭以旗人有意寻衅,即令伶人赴都统衙门诉冤,守门丁役谓其哄闹衙者,禀明都宪拿住八伶,交县收押。各旗员亦以部下观剧被殴,面禀都宪,冯邑尊赴园查验,即有旗兵随同出城,声言捉拿郭锦泉,愈聚愈众,扰扰纷纷,园内物件尽被搬去。邑尊在场莫能弹压,只得将郭暨潮州人五名拘拿至署。晚上堂讯,邑尊以两造争殴,拟从轻办,旗员则谓无辜被辱,哄闹官衙,务必严究。初七日都宪委海防分府验伤复讯,将郭重责一千七百板,钉镣收禁;八伶各责二百板,当堂释出。事后房主有源洋行西人具禀,领事照会道宪索赔被毁之桌椅等物,正不知如何了结也。

光绪十一年六月二十三日/1885年8月3日

伶人肇衅

二十日苏州晋安桥堍金桂戏园中开演第三出《八蜡庙》之际，突有一人手持利刃飞身上台，将鼓劈为两半，又将锣踏为数片，一时人声鼎沸，胆怯者争欲夺门而出。嗣由戏房飞出一镖，适中其人囟门，随即自行戳伤数处，转瞬间其人遍身血污，然犹能飞步进城，至吴署大堂倒卧请验。值日差立即禀官任明府，登时传仵，验得囟门偏左及腰胁臀上均受金刃伤五六处，臀上深至五寸余，而囟门偏左等均系致命重伤。讯其因何起衅，据供系浙江人，因看戏论价争执，被园主徐姓喝令徐二等仗众行凶，求请提究伸冤等语。任明府当交地保妥为医治看管，一面签差立提园主徐某及行凶之徐二等到案。讵二炮后该园纠集通班人众，闹至县署，声言我等均靠园主吃饭，今被管押，均要饥饿，所以一概投案，如不放出园主，决不干休。值差等理喻势禁，一味逞蛮，甚欲闯进宅门滋闹。任明府传集通班民壮，一面会管派勇协捕，伊等见势不佳，始各逃散。翌日将提到之园主徐某及徐二等数人均予重责禁押，尚须回明大宪严办示惩也。闻受伤者实亦优人，因所教之徒三人习艺方成，被徐某钩约至苏，故此次特来拼命。当验伤时血污满身，两目灼灼，观者无不害怕，而受此重伤居然徒步三四里，猛鸷若是，谅亦决非善类。旋为谭护抚所闻，廿一日立饬三县及城外总巡海防管务处将该戏园封禁，并将在苏该班伶人立刻驱逐出境，不准一名逗留。自京班到苏开演以来，打降之事实所常有，况有天津流氓溷迹其间，实非地方之福。今得大宪雷厉风行，将此等凶悍之徒全行驱逐，亦快事也。

光绪十一年七月二十六日/1885年9月4日

观剧卮言

星期多暇，友人邀过梨园观剧，适有雏伶自苏台来者，一曲登场，万人倾靡，顾而乐之，不觉形输色授。既而袍笏阑珊，游人渐散，乃偕友登青莲阁小饮。友曰：嘻！使天下人而尽如戏台上人，则我辈出门交友，何至贤奸莫辨，误受牢笼哉！予曰：曷以故？曰：

我见貌白皙容端庄者,则为正人君子;形猥琐言诙谐者,则邪僻小人;其他阴奸者则黑白乱涂,状如鬼丑矣;粗卤者则油朱满抹,颜如渥丹矣。即以妇女而论,若者为绣阁名姝,若者为青楼荡妇,若者为漆宝狐□,要皆各有分别,不相混淆,一经觌面相逢,即可留心趋避。即使少年诚朴,素鲜交游,亦何患两目青盲不能辨别耶?予则不待听毕,即鼓掌而笑曰:噫嘻,子误矣,子误矣!子固以戏为真,何怪其动多受诳也。子亦知今日之人有不可以寻常测度者乎?其在诚朴之流,言语则呐呐不出,举止落落大方,寻常一举一动,不肯轻假词色,易露笑嚬。其实诚伪无欺,热心如火,而浅见者反趋而避之,以为是倨傲也,是疏冷也,与我辈有何相干,而必屈己以就耶?至于浮夸之子,轻薄之儿,酒边握手,花下谈心,交浅言深,如珀拾芥,一言契合,不啻手足之亲,而不知其酒肉酣嬉,烟花征逐,耗费时日,□削赀财,狎昵渐深,为害即不可底止。一旦床头金尽,羞涩若阮家郎,鹄面鸠形,呼号于狂风烈日中,欲求故人一绨袍□赠,即反眼若不相识,昂昂然顾而之他,甚且斥辱之,讪詈之,信口讥呵,以为闲中下酒物。呜呼,世道如彼,人心若此,人固可以面貌论哉!虽然此等友朋尚无甚隐险之心,忮刻之念,不过嬉笑无常,挥霍无度,以致无益有损,为害良多耳。其无赖之尤甚者,聆其言似甚真实也,窥其意似甚殷拳也,平时闻声相思,极高山景行之意,一朝握手,即以白首相要,字字披肝,言言沥胆,初观之似较之管鲍分金之交、雷陈胶漆之谊,有过之无不及也。一或不慎误信其言,而始尚小试其机谋,继即暗施其伎俩,终且百般倾轧,诸事挤排,见其心之直于我则曲为播弄之,见其技之高于我则阴为抑置之,其中有利可沾,虽小亦不妨染指,即曰一无所利,亦必一试其鬼蜮之奸,诩诩然自以为得意。及至险巇倾侧两无所施,而他人之受其倾侧、陷其险巇者,反得出樊笼临风振翼,则又不惜忝颜侧媚,以冀稍借余光。阳君子而阴小人,面忠厚而心奸贼,滔滔斯世,所在皆然。子欲以观剧之法观人,乌得不以择友无方动遭计算哉!且就目前而论,子独不见李仁山之一案乎?仁山之初至申江也,貌堂堂衣楚楚,颐指气使,居然一富贾豪商也。人有信之者,渐与往还,始知其在新架坡开设字号。继又有苏人某乙辗转营谋，得为执事，乃遂假立牌号，大张旗鼓，向各行号赊取货物，多至数千余金。在乙及各行号实见李局面阔绰，行止端方，宛然一硕腹巨贾，故与之往来货物，冀得利益稍沾耳。而孰知其开设字号之先，早存一诳取钱财之意乎？至萧某假官之案，拐骗机关尤觉不可思议。其文凭则朱印辉煌，其言论则吐属风雅，而又居移气养移体，装模作样，气宇轩昂，以致杨某诸人误信其奸，致受株连之苦。是萧犹优人，平时獐头鼠目，猥鄙形骸，一旦装束登场，居然有龙行虎步，顾视不凡之概。而杨等则为看戏之人，竟以戏为真，不复疑其为伪，遂致堕其术中也。且予亦尝以言貌取人，卒致为人所累矣。某年落托无聊，欲求一席地而不得，后得同乡某君招司笔札，深幸爰得我所，不致臣朔辋饥。又有同事某生互相磨琢，花晨月夕，得免旅馆孤凄，意其得也。未几有告以某生不可交者，予漫听而漫应之，窃意同此寒士，同此依人，未必暗中计算，或好事者之从中挑逗耳。居有顷，又有以某生播弄予告者，予见某生言语肫诚，不类阴贼轻浮之辈，或所告未尽实情，窃于暗中微窥之。又久之始见旁人之所告果非无因，且阴愈倾排，阳愈爱护，隐愈计算，显愈议和，乃始恍然曰，世道之难，竟如是哉！遂拂衣竟去，不复与共笔砚。迄今忆及此事，犹冷汗淋漓，肌为之栗也。今与子因戏而论人，请以假面目而窥真情，庶世上无难行之路乎。客曰谨受教，乃归而作卮言。

光绪十一年八月二十五日/1885 年 10 月 3 日

论戏价不宜太减

上海戏馆昉于同治初年，其时各省匪踪未净，商贾之辐凑于是者，几于寸地黄金。富绅巨商起居华侈，酬应挥霍，每当列筵顾曲之际，招妓侑觞，虽千金之赏亦不吝惜。以故戏园卖座辄包一席，摆酒请客二席三席，以至于厅楼全包者有之，其价并酒筵由戏馆包办，动须每席二三十元。自江浙楚皖渐次肃清，旅人星散，游宴之举稍杀于前。而洋场华靡之风日甚一日，酒馆林立，如金陵之新新楼、复新园，天津之庆兴楼，本帮之泰和馆等家，无不楼房高敞，门宇轩昂,椅桌器具杯盘什物,式式精美,凡宴客者皆于酒楼而不于戏园。自后戏座惟清茶一碗、果点数碟,而其价亦渐减于前。若包一房不过六元,包一桌则四元而已,单客点座每位洋八角,出局之妓亦止一元,如是者有五六年。而统南北两租界戏馆无过四五家,除时尚所重京班二黄调之外,间有昆腔旧部,偶然开演,江浙人之知音者群趋观之,然古音清雅,较之急响繁弦高声直喊之京腔,转觉寂寞。客商所集,性喜热闹,且南腔北调,听之格格不相入,应酬之事,往往以从客为敬,虽风雅者不能不趋时派。两三月后,昆曲登场,或至无人入座,是以京帮及秦腔者转能久待局面,而大雅子□云散风流,不复能与他班竞美矣。京班初惟丹桂与金桂两家并峙,余则杂以徽班。继而京津名伶来去无常,开馆者辄被亏空,因而减价以广招徕,价愈跌落则支持愈难。于是开馆者往往易主,班中脚色愈调愈杂,或开不及年,或仅止数月,价亦不齐,各馆各卖,不相议定。大约三四年间,虽不能如初时之每人八角,而亦尚有半价可收,全班脚色京徽苏昆皆有之,鱼龙曼衍之中,忽然玉笛一声清歌嘹亮,尘襟顿觉一涤。此上海戏园之变局,而洋场局面之盛衰所系也,讵意至于今日而其变有特甚者。夫局面之衰,关乎生意,戏园之寂寞,乃生意清淡之形所著也。自光绪六七年来,各项生意无不亏折,银根紧急不能流通,而又股票地契押款繁多,骗局新奇。富商敛手,贸易既稀,应酬亦减,酒戏之叙□省五六。开馆者以伶人众多,包价透支,不能中途收歇,思再贬价以期兜揽,于是四五角者又减至二三角,果然座客常满,昼夜不息。然较之极盛之时,须以四客之价抵一客,虽坐数百人,无过百元上下,而一切开销容有时而不敷,听戏者虽易于作东,而开馆者仍不免折本,此则戏园之下梢矣。窃谓戏园本属消磨岁月,点缀升平,为富贵道中之一境界,在乐于顾曲者,糜费□洋招朋宴客,本来不甚吝惜,否则以两日之费供一宵之用,亦可酌盈剂虚,量入为出。以洋场十余里之大,各项生意之有体面者不下数千家,若以三四戏馆轮流请客,每家每月亦只须到馆二三次,每次有客五六人,核计亦可满百,正厅包楼之座,加以外来官场往来客栈者,每日但有一二人听戏,其数亦不少矣。前两年中以生意败坏，市面局促，座客为之寥寥。又以法事龃龉，和局不能，当保人以惊慌各项缩手，以致愈无生色。今则和议已成，战祸可免，客帮生意逐渐疏通，中外之人皆翘首跂足，以复睹繁华为望，洋场气象顿觉改观。窃谓如从前之昂至八角，则目下跌价之余，自觉人人裹足。若适乎其中而收每客洋四角，则固未必因此而少观剧之人也。盖戏价太贱，在园主固操招徕之法，人山人海，颇极大观，以云场面无异盛时。然与其日收百元不敷开销，徒有虚名不济实用，亦属不甚值得。而所可虑者，尤在观戏之人因此杂乱，有冠履溷淆清浊不分之患。洋场流品本不能齐，屠沽贩竖厕足缙绅，自是司空见惯，然至能厕缙绅之列，必其有可冒缙绅之名，然后缙绅不觉其非类而暂与为伍。若以二角洋银而适然听一夕之戏，则尤为易事□。夫衣裳楚楚顾影少年，问其操业，则非洋行之细崽与西人之圉师，亦既杂居上座，无敢谁何。乃前日闻有友人在某园听戏，忽见有某烟馆之堂倌，嗣改业而充捕夥者，湖衫青袿崭然一新，突入正厅与隔座两人拱手为礼，挨次让座，彼两人者亦其流亚也，不知何事而衣履阔绰如此，且有侑座之妓焉。噫！使不知者而误与此辈同桌，令人见之，不几大加诧异乎哉？然则减价太甚，其流弊固无所底止也。

光绪十一年八月二十九日/1885年10月7日

罗浮清梦

上月某日，粤东南海某乡落雇优演戏，选色徵声，并皆佳妙，当筵一曲，几于倾动万人。绅士某君以为粉墨登场亦一销金巨窟，而且肩摩毂击，男女混淆，末俗浇风，实属不可为训。遂竭力劝令暂停，不从，则密禀县宰，率役十数名，欲将戏台拆毁。乡人愤极，群欲与甲为难，甲大受窘迫，反向众人说情，始得无事。噫！举世滔滔之际，而欲与乡愚野老禁革浇漓，宜其如柄凿之不相入，冰炭之不能融也。然而某君则自此传矣！

光绪十一年十月初六日/1885年11月12日

幼伶出洋

妇人翟陈氏昨晨投英公堂诉称,丈夫翟显之前备演戏行头,并收幼童三十名习演戏出,与各家父母立六年期限。嗣因丈夫将行头抵卖与罗某,幼伶亦随去。斯时各幼伶已演习三年,因与罗亦立三年为期之据。迄今一载,丈夫病故,罗某亦逝世。现知罗某之子将此戏班往新嘉坡开演,不日起程,深恐各家父母向我饶舌,且据上并未言及出洋,请为传讯等因。罗太守立即饬传,升坐内堂集讯,罗遣石锦泉投质。该氏申诉前因,并称所立年限至光绪十三年十月为止。石供另有汪姓领班出洋,亦言明两年即可回来,彼此均系规矩人,决不失信。且该氏夫立据时言明听凭往来各处,该氏不应时到罗家吵闹。该氏又称往来各处只在本国,并非指外洋,苟能如期回来,我亦无异言。太守随着石具幼伶出洋以二年为限,至期交还之结,并着该氏具遵断不得再往吵闹结完案。

光绪十一年十月十五日/1885年11月21日

光绪十二年(1886)

伶人苦况

津人之为花旦者,时有流氓向之讹诈。花旦不得已,往往以著名光棍为护身符,甚致戏馆包银亦由光棍领取,然后转给本人,仰人鼻息,亦殊可怜。近有花旦小桂喜受某光棍之辱,又被勒住包银,抑郁无聊,投河觅死,幸经人拯起,不致月堕花沉,然玉容已憔悴矣。

光绪十二年正月初八日/1886 年 2 月 11 日

论戏馆亟宜多辟门户以防意外

前者仆曾著有一论,言及戏馆之制未能尽善,设有非常之事,拥挤而不能出,厥祸最烈。且证以外洋各处戏馆之制度,其中门户盖不仅前后两门而已,东西南北各有门户,平时则扃而不开,设有变故,立即将馆中各门悉数脱扃,俾馆中诸人得以争先奔避,不至于不得其门而出。其思甚远,其法甚善,上海戏园宜仿其制而行之。仆之为此言也,亦不过思患预防之意,而迄今卒无人焉以听之。沪上各戏园除前门外,不过有后门一道,且亦甚狭小,此外则别无门户。即其大门亦不甚大,且其门系由内开者,设或有意外之变,则园中诸人争先拥出,匆遽之际,势必将大门挤住而不得启。后门则仅容一人,舍此两门之外,惟有跳窗而已,此其为害于人者岂浅鲜哉!彼开戏园者所以图利也,乃知有利而不知有害,故苦口以劝之,而无如其不听,何也?新正初九夜间,阆苑第一楼灾,仆之寓庐适在其后,相去咫尺,天井中火鸦成群飞入楼上,照耀如同白日。仆睡梦中惊起,亟命家人收拾细软以待,幸而水火洋龙十分得力,自来水吸浇甚便,西人救火奋不顾身,止焚去该楼,稍带及定安里妓馆万华楼后,而并九如里左侧而止,祝融旋即返旆,否则尚堪设想哉!尔时恐有抢火者混入,故将前后门紧闭,专待事急再图迁移,有敲门入者,一为马君晚农,一为何君云裳。何君衣救火号衣,亦杂西人中相与浇救,特命两伙在仆寓处等候,且不时以火势相报,所以慰藉之良厚,两君皆至火熄后始去。更有亲戚鲁君又甫,亦率染坊诸司来相救,由南而北路颇远,又以巡捕水龙横亘道路,不得其门而入,比至门,火已就衰,然其情则固可感也。次日各亲友之走相庆者络绎,莫不以幸未殃及为贺。余曰:仆之幸犹小焉者也,昨晚之火,幸而已在夜深,该楼茶客烟客俱散,否则一闻火警,争先下楼,梯狭人众,其挤倒及跌毙者必不乏人,吾尤为诸君深幸也。该楼之梯,第一层则一梯,第二层则二梯,第三层至顶则又一梯,说者或以为其象如离卦,离为火,故有此灾。或者又谓该楼小便之处皆在楼上,有管以达楼下,而管之所达,适在灶间,秽触灶神,以致成灾。兹二说者,皆近乎穿凿荒渺,不值识者一笑。然以如许大地方,而每层止有前后两梯,后梯仅容一人下上,前梯虽宽而人数过众,一经拥挤必将不堪,此则所不可不防之于先者也。既不防之于先,而此日被灾祸仅及于该楼,而众人竟未波及,其可幸为何如者。因而思凡众人所萃之处,必须防此一着,欲为之防,非多开门户不可。聚人之最多者莫过于戏园,刻下灯戏新排,足以娱耳悦目,则此数日内,观剧之人当数倍于平时。戏馆日间所演往往不甚出色,至晚间则格外加工,观剧者日间或苦无暇,至晚间则可以偷闲为乐。且烟火花灯皆宜于夜而不宜于昼,故每至夜分而人聚愈多,园中除烟火花灯而外,用自来火凡若干。中国戏园又不若西戏园之规矩,坐客莫不手烟筒,或水或旱,一时并吸,加之以雪茄烟,星星之火,积之则多,提灯出入如叫局请客者,又复不少。设或偶不经意,猝兆焚如,则坐中男女老幼纷纷乱窜,争欲夺门而出,而门止一路,末由得出,其强有力者尚可为计,若老弱妇孺其有不挤伤踏毙者几希。前者西国有一戏园,偶有火灾,立即遍启旁门,纵客使去,尚有妇人幼孩被轧而伤者。以西戏园开门之多,犹有此祸,则上海戏园之止有一门者,倘遇意外,其祸尚忍言耶?前者英会审员禁止淫戏,其意甚善,而仆以为一纸告示未必遂能禁绝,必须派差协捕随时侦察，俟其演淫戏时，立将该伶人拘获，重办一二人，则淫戏可不禁而自止。乃久之而此策仍未见采用，窃尝疑之，继而知官宪既申淫戏之禁，岂有不欲侦察为惩一儆百之计，特恐当场一经拘拿，在知其事者固不之怪，而不知者则一见喧嚣，必将疑为非常之变，或致讹以传讹，相率一拥而出，阻之不得，告之不闻，因而挤轧受伤，甚或践踏致毙，则其所害者滋多，为此忍而不发，未可知也。仆则以为沪上各戏馆皆当由华官会同西官查勘，饬令四边多开门户，多装楼梯，门仿西国之法，由内出外，平时则闭之，仍不至有所碍，一有事变，馆主立派人将旁门大开，以放坐客，是为最要之事。既有多门，则有恃不恐，而烟火花灯均可放心搬演，观者亦不至有所疑畏而裹足不前，是所望于贤事求是者。

光绪十二年正月十七日/1886年2月20日

衣业演戏

上海以衣业为大宗，故洋价上落悉听衣牌。城内各衣庄向例照码七六折，洋价不抬，每至春初，同业必演戏两日，以整规例。昨今两日又雇名班在泉漳会馆演剧，观者闻甚热闹云。

光绪十二年正月十七日/1886年2月20日

侠优

上月二十四日，京师源顺和班武生李春荣与花面某甲口角，将甲扭住，喝众攒殴，以致伤痕甚重。事后班中皆为李左袒，舁甲至其家，正令家人收领。甲性柔懦，隐忍不敢言.事经雏伶响九霄闻之，勃然曰:是可忍孰不可忍，似此弱肉强食，将惺惺惜惺惺之谓何哉？遂力劝甲妻赴中东坊署控请验伤究办，坊官验得甲伤颇重，派役捕李，李已闻风脱逃，遂将加功之九人锁拿到案，饬役痛笞，下之于狱，拟俟获李然后详城。二十六日为中城察院城期，李潜俟城宪下车，竟以坊官私押案证、任意拷打等词朦诉，城宪细检详报公文并无此案，遂大怒，面饬坊官谁专刑讯私押人犯，令该坊解任候参。旋经坊官之各同寅代为吁请，未卜能否允准也。窃谓响九霄一荏弱优童耳,而竟能路见不平,抑强扶弱,□谓梨园艳质,独少荆聂一□哉!

光绪十二年二月十三日/1886年3月18日

演戏酬神

沪北天后宫连日由洋货洋药船号等商资雇名班登场演戏,英会审公廨派有护勇四名及地保等人在彼弹压。

光绪十二年三月十八日/1886年4月21日

同祝神诞

昨日沪上各会馆均雇名班演戏,祝天后圣诞,浦中各沙船均悬彩旗,金利源码头对面所泊钧和兵船上亦扯五色旗帜,迎风飘展,头桅高悬龙旗,以志敬云。

光绪十二年三月二十四日/1886年4月27日

名噪梨园

优人八十儿,武旦中之出色者也。出入某大臣之门历十数年,客岁某大臣去世,某公子重赏优人白镪数千,使其他去,不准复来,并将某大臣生前所制灯彩戏具一切悉以赠之。八十儿既得各物,乃自立庆顺和班,在诸戏园轮流演唱。三月十二日该班飞签演唱《水帘洞》一出,传言是出彩切即某大臣之故物,金碧辉煌,以玻璃作成水法,新奇异常,为外间戏班所未有。故是日观戏者蜂拥而至,鲜鱼口天乐园几被撑破,何逐臭者之多也!

光绪十二年三月二十六日/1886年4月21日

戏台忽倒

近日九江各庙宇演戏酬神,指不胜屈,三戏班往来轮演,尚有应接不暇之势。风和日丽,柳暗花明,拾翠人来,踏青路远。衣香队里,时见美人;筝笛声中,杂以笑语。此时此景,乐且未央。二十四日,小校场左偏看台忽然坍倒,一时人声鼎沸,有压伤手足者,有撞破头颅者，有遗失簪珥者，各妇女经人舁回，无不眼零雨而首飞蓬矣。乐事未终，惊魂欲断，恶哉斯游！

光绪十二年三月三十日/1886年5月3日

伶人匿女

江北人姜成子将女荷花抵与兰芳里陈仁子家为烟妓，得洋一百五十元，言定六年为限。去秋限满，陈索找洋九十元，再抵二年。冬间有烟客茅念六者，以荷花溷迹娼寮，终非久计，因商诸成之，愿出洋一百廿元，邀同毛桂松、曹力三及已革包探孙宝生，向陈料理赎身，当经议定给陈洋六十元，其余五十元由毛等瓜分，姜遂将女领回，借居英界公堂后面。日前姜忽偕妻陈氏投县控称，荷花赎出，于今春二月间忽然失去，至三月十五日在宝善街寻见，正欲领回，即有天仙园伶人刘金福出为阻住，叩请移提讯究。莫邑尊饬差赴英公廨，派差提刘并荷花至案，前日集讯。姜诉称荷花幼曾许字徐姓，上年因事来沪，居英界，被刘诱匿，现既提案，叩请究惩。刘供荷花被姜押入娼寮，去冬由小的备齐身价，央毛桂松等赎出，荷花亦矢愿相从，并非小的诱拐，姜之押据呈电，荷花供与刘同。邑等反复研讯，两造各执一词，邑尊遂将荷花暂发善堂，余均交保，候补提毛等严讯核办。

光绪十二年四月初四日/1886年5月7日

重办伶人

开老丹桂戏园之刘维忠投英会审公廨控称，光绪八年派杜蝶云、文琴舫赴京都聘汪桂芬来沪唱戏，先付银八百两，立有合同收执。讵汪延不到沪，嗣知伊嫌银太少，去冬又着熊文通往付银七百两，允即前来。不料汪又由新开留春戏园之李巧玲邀至沪上，我所付银共一千五百两全被吞没，情同诳骗，检呈合同，请为提追。罗太守即饬差周顺往提，旋以汪住兆丰洋行未便拘提禀覆，太守照会英正领事啊君，函致兆丰洋行东，命买办陈芳水将汪送案。前晚由太守审讯，刘维忠申诉前因，并称汪同李巧玲抵沪时，预先知照捕房派有西捕护卫,同坐马车登岸。熊文通供刘命我聘汪,我同母亲到京,耽搁法华寺内,请汪会面,我先付银二百两,旋由我母交银五百两是实,讵汪又反悔,应李之聘。太守命将汪桂芬带案,喝问尔是李巧玲邀来否,汪答称非,的系兆丰洋行遣我友王某来邀。太守怒曰,戏馆是西人所开耶?如果西人上台演戏,开馆者方是西人。汪又称洋行东命买办陈芳水遣王来邀。太守谓陈买办亦是华人,岂是陈所开耶?尔究竟收过刘名下银若干?收陈若干?汪答称熊文通系我素识,熊抵京都留住在家,熊寄存银二百两,后来说及欲邀我至刘处,未允,至王某邀我,收银千两,立有合同。熊文通在旁呼曰,我与母亲交尔银七百两,尔允即来,凡事要凭良心。汪又递禀称原籍天津,现在京都唱戏,并未受杜蝶云、文琴舫之银两,亦无合同可以对质,想刘维忠不欲兆丰行开戏馆,捏诬小的为挟制地步等语。太守怒谓汪一伶人,身价自高,吞人巨款,既已到案,尚敢抵赖,可恶已极。刘又称职员因要邀汪,将衣物典押,困苦已极,忽被悔赖,情何以甘,求请照追银两,充作善举。太守谓既有如许银两,何等生理不好做,而欲开戏馆,耗费银两,亦属咎由自取。太守又问汪曰,尔收刘银立有合同,应照直供明,今由李邀亦何妨承认?汪答实未收过刘银,不过寄存之二百两由熊交下,现在实不干李巧玲事,且未识其面,不过搭轮来沪时,李亦乘此船。太守谓既称不识李面,何又言同船来,喝令重笞至百余板,皮开肉烂,汪始称愿供。太守命即供来。汪称收过刘银是实,合同未立。太守又喝笞至二百板,汪称愿供,随命住板。汪称立过合同,太守问在何年月日,汪所报不合,太守又喝笞,汪又称八年分十月间,日子确记不清。刘曰,尔忆不清,我为尔说罢,在十月中旬。汪亦曰十月中旬。太守又问,尔早之禀言未收过银两,现既承认,且问是禀是否陈芳水交尔。汪答称非,太守又喝笞,着即供认,非陈则何人与尔备禀。汪称实是陈交与我者,并称禀上虽未认收刘银,私下原要还伊。太守谓天下安有如此好人。太守又问,尔此次来沪,究由李邀耶?汪答称不干李事。其时已共责三百二十八板,皮肉已烂,鲜血直流。刘向汪曰,尔既收我银,立有合同,岂容任意反悔,今能仍照前议,我可代求。汪曰,刘老班我愿到尔戏馆,再不敢违,请为代求。太守闻之,怒喝刘不得胡言,并谓皆是尔等开戏馆人争邀伶人,以致伶人任意妄为,亦当惩办尔等。又问汪曰,陈与尔备禀赖银之事,可以质对否?汪答称可。随着书□具收刘银之结,又判枷号一月,发头门示众,银如数着缴,俟期满递解回籍,本埠各戏园均不得雇用。昨晨由地保带汪至头门,观者甚夥。午刻佩副领事奉啊正领事之命会见太守,请保汪再行会讯。太守以汪乃伶人,已经枷号,未便即释。佩君以汪系兆丰行雇用之人,理合会商惩办,两相辩论,佩君告辞回禀正领事,再赴道辕。太守亦即乘舆到道宪衙门面陈一切。

光绪十二年四月十二日/1886 年 5 月 15 日

严禁淫戏示

宁波府正堂胡为出示严禁事,照得民间春祈秋报,虽击鼓鸣锣,例所不禁。兹本府访闻郡城赛会,每有雇用娼妓扮演杂剧,以及唱演串客花鼓淫戏等情,大为风俗人心之害。现值赛会届期,合行出示严禁。为此示仰诸色人等知悉,如有雇用流娼扮演抬阁、唱演淫戏,定必严拿,照例惩办。本府言出法随,毋谓言之不预也,切切,特示。

光绪十二年四月十三日/1886 年 5 月 16 日

名优罚锾

伶人汪桂芬被刘维忠告发,经罗太守于晚堂提讯枷责,其情形已录前报。兹闻判案之次日,佩副领事奉正领事之命,以该伶系英商由京雇来,故特至公廨请太守开释。太守以为按照从前中外官准单,洋商本不能自开戏馆,且汪桂芬图吞包银,现已供认确凿,例应枷责,本委只知就事论事,执法无私,若华官之权不能行于戏子,则亦安用此官为!于是副领事辞出,太守随命舆上道辕及见道宪,而英正领事亦到,彼此诉述缘由,汤观察亦以太守所判为是。正领事谓我非左袒汪伶,特请暂为松枷耳,然太守仍不许焉。至汪之招供,则称实已前后收过老丹桂包银一千五百两,此次又收新开戏馆包银一千两等语,今愿具结存案云。至昨晨太守饬提汪至案,汪以腿伤甚剧,倩差保扶掖上堂。太守饬将枷开去,问本府办尔冤枉否?汪称不冤枉。太守问尔究竟是何处人?汪称北京人。太守谓北人性直,受笞不屑叫饶,尔亦北人,何以只笞三百余板,即装出步履蹒跚形状,实是不中用之人。且本府初意并不欲笞尔,即大盗到案,苟肯直承,亦毋须枷责,实因尔狡猾图赖,是以喝笞,岂非尔自己讨打乎?汪俯首不语。太守问是尔讨打乎?汪称是小的讨打。太守谓本府因尔抵赖,喝笞百板,后只加责十板,尔何以停责即赖,以致渐渐责至如许?尔苟不情虚,何必托人向本府说情?须知本府办事一秉至公,深恶旁人关说,且已讯明陈芳水唆使尔到堂抵赖,尔自愿传来对质,今日尚忆及否?汪称是。太守谓尔乃一伶人,只会唱几折二簧,便尔庞然自大,独不见去冬天仙茶园花旦蔡桂喜图赖包银百余元,到案直认,惟判罚而未责惩,尔何故受人之愚,思在本府案下朦混乎?本府忆及北京伶人程长庚,技艺较尔高,声名亦较尔大,然偶然犯事,且被地方官重惩,尔之名望技艺未必如程,而竟敢若是之任意妄为乎?今已开枷,即是格外施恩,照原控一千五百两外,再罚银五百两,共成二千两,几天可缴?汪称十天。太守问此次邀尔者究竟是否李巧玲?缘何暗使西人出面?汪称只求大老爷开恩。随着当堂具结,令如限缴银。俄佩副领事到来,先至班房验明汪两腿伤痕,欲带交医院医治,随入花厅拜会太守,而太守已乘舆公出矣。

光绪十二年四月十四日/1886年5月17日

罚锾续述

昨报列名优罚锾一节,兹悉英正领事啊君会见海关道汤小秋观察后,观察即委洋务提调陈宝渠太守商之,罗太守将伶人汪桂芬从宽办理,准其送归栖流公所医伤,并准觅的实保人,限十日缴银二千两云。

光绪十二年四月十五日/1886年5月18日

戏园违禁

老丹桂、咏霓、天仙、鸿桂等戏园曾议章程，凡伶人在某园已受包银，立有合同，或半年或一年者，须俟期满再定去留，如未满期自去，或为别园挖用，须罚洋千元，以五百元充赈，五百元归梨园公所。各园又定戏价不得任意涨落，违亦干罚等情，禀请英会审员罗太守出示晓谕，发贴戏园及公所门首。前夜捕房派西捕查察各戏园，见有告示，即携至捕房，嗣据副捕头到英公堂禀称，各戏园本定于夜间十二点钟停演，不得鸣锣击鼓，日前传案晓谕，伊等仍阳奉阴违，特请核办。太守谓日前传各戏园主到案时，据称夜短，请宽限一点钟，本府曾商之佩副领事，允宽限半点钟。副捕头称前日之事，总巡捕头未经遵照，且查戏园昨夜演至一点半钟始止。太守谓如此已过半点钟之限，候再饬传申斥可也。

光绪十二年四月十六日/1886 年 5 月 19 日

名优保释

刘维忠控伶人汪桂芬一案，本馆叠登报牍。一则曰重办伶人，再则曰名优罚锾，三则曰罚锾续闻，可谓言之详矣。前日英正领事啊君面晤汤小秋观察后，复函牍往来，反复辩论，观察遂面谕陈宝渠太守衡情发落。至晚太守驾临公廨，拜会罗少耕太守，俄又至栖流公所命汪觅保出外，依限缴银。当有津人王庆云及中和园酒馆主某甲愿为具保，如逢传唤，即行投案，不得远离云。

光绪十二年四月十七日/1886 年 5 月 20 日

英界公堂琐案(之一)

留春戏园之管门华捕称，夏金山来看白戏，为此拘案。夏金山供为裁缝，昨夜在该园门口大便被拘，并非看白戏。蔡太守谓尔在人家门口大便，亦有弗合，判押三天，以示薄惩。

光绪十二年五月二十四日/1886 年 6 月 25 日

英界公堂琐案(之一)

包探陈阿九禀称,本月二十日,虹口碎石行主叶浩安投捕房报称,妾周德仙即素云偕佣妇姚朱氏脱逃,卷去金珠首饰约值千余金,开具清单,请为查缉。当即查得其妾从北京伶人逸去,至昨在八仙桥缉获妾及佣人,并起出所卷金珠首饰,邀叶认明,尚缺几件,查获时妾已易京装。今特解案请讯。叶递禀申诉前因,并称职员之妾本属妓女,原籍青阳,今既不安于室,不愿领回,叩请递回原籍,免致再在沪上为娼。周德仙即素云供称,小妇人原籍青阳,曾为娼妓,后由叶娶为侧室,平日被其欺负,是以携物私逃,并无人引诱。至所带各件,曾将金如意一支、金戒指二枚典质使用,余均起案。姚朱氏供曾在叶处为佣,不合背主偕逃,乞求恩宥。蔡太守饬将起案之件当堂给叶具领,周德仙及姚朱氏暂发官媒,俟分别递籍。

光绪十二年五月二十八日/1886 年 6 月 29 日

伶人诱妾

叶浩安控妾周德仙即素云偕佣妇姚朱氏卷逃一案,前已两纪情由。前日下午蔡太守升堂复讯,先问德仙究从何人逃逸?答称小妇人实遭丈夫欺负,欲投尼庵削发。问既欲为尼,尽可迳投庵院,何故租屋另居耶?答称尚须告知丈夫。问尔丈夫曾否到过尔处?答称尚未。问然则何从告知丈夫?答称遣人邀夫,即被报捕拘案。问所卷金饰缺少甚多,匿在何处?答称均已起案,惟少金如意金戒指共三事,皆已换洋用去。太守怒谓尔到此尚敢逞刁乎?若不从直供明,定用藤条鞭背。德仙依旧支吾。太守喝掌颊六十下,始称愿供,太守命即照供。德仙称小妇人曾往戏园观剧,伶人万盏灯在包厢后勾引,后竟到家诱令私逃。太守问勾引尔时是否先通佣妇,其余金饰匿在何处?答称此事佣妇并不得知,金饰亦无藏匿。太守又喝掌颊六十下。提问姚朱氏可有丈夫?答称丈夫现在乡间。问尔主母被主人欺负,意欲削发为尼,尔曾同行,岂尔亦欲为尼乎?答称小妇人既已为佣,自应听凭使唤。太守谓卷逃何事，尔亦可听凭乎？尔究竟得贿若干？如何接引？答称不敢得贿，惟主母在银楼兑换首饰时，曾办几件银饰给我，并无接引事情。德仙在旁言我未给尔银饰。太守以该氏饰词朦混，喝掌颊四十下。该氏又称主母作此勾当，小妇人曾屡次劝阻，言主人待尔不薄，何忍为此，设被察知，事不得了，无如主母不依。又向德仙曰：此事由尔害我。太守问德仙曰：该氏言曾劝阻尔，果有此事乎？答称有之。太守向该氏曰：若不责尔几十下，尔尚不知犯法，将来至别处佣工，又将做出不法之事，随饬仍发官媒候示。

光绪十二年五月三十日/1886年7月1日

伶人宜办

叶浩安控留春戏园花旦万盏灯诱妾周德仙卷去金饰遁逃一案，前报已纪情由。兹悉蔡太守已饬差协捕，提万盏灯到案管押候讯矣。

光绪十二年六月初四日/1886年7月5日

伶人保释

伶人万盏灯因周德仙事拘押候讯，昨晨忽有沈砚香及中和园酒馆主、宝胜斋鞋铺主缮具呈词，俟蔡太守乘舆到署时投递。呈中备陈万盏灯系北京人，从沈砚香学习唱戏，前次来沪曾至妓女周德仙处，为邂逅之缘，后即回里。光绪九年挈妻复来，临行时由其母托沈照顾。既来沪，与沈同居，赖其约束，不离左右，久不知周德仙踪迹，不知何故忽被诬扳。其妻本已怀孕，闻夫遭累，惊坠小胎，命在旦夕，□不忍坐视，愿具结保万盏灯并无犯法违条之事等语。蔡太守阅禀之下，饬令暂退，复于下午二点钟时复讯。周德仙即素云供不与万盏灯同逃，前为娼妓时确与相识，现无别故。佣妇姚朱氏惟求施恩。万盏灯供词与沈砚香等呈词同。太守随将万盏灯令沈砚香等保释，姚朱氏具嗣后安分切结，周德仙发善堂择配完结。

光绪十二年六月初六日/1886年7月7日

菊部新谭

庆顺和班以秦腔驰名日下,班中老生十二红、十三红歌喉浏亮,响遏行云,一曲登场,万人喝采。五月中二人夤夜私逃,以致顾曲无人,歌场寥落,班主乃邀请花旦飞来凤,俾得多赚戏资。凤向隶源顺和班,年可十余龄,掠鬓扫眉,画图中人物也。源顺和班主李春莱(来)怒其无端攘夺,率领多人夺凤而去。庆顺和班主忿甚,贿嘱赵回回持刀赴源顺和班,与李寻衅。适李他出,赵乃将管班人梁九砍伤,梁素有膂力,摔赵于地,举木棒击赵,折其胫。经班中人控诸中正司署,司官立派差役锁赵及梁下狱。旋于廿三日详城。

五月二十六日前门外大栅栏庆和戏园演《溪皇庄》一出,一时珠履三十,座无虚位。适有某甲冒充饭馆送茶人入园观剧,所提茗壶暂置座旁,被乙潜移而去。甲乃伺诸门外,戏停人散,见乙挈壶出门,乃揪其发辫,向众缕述缘由。众怒,齐挥老拳,乙哀哭乞饶,众乃褫乙衣衫,释之使去。

光绪十二年六月初八日/1886年7月8日

大闹戏场

昨晚七点钟时,六马路咏霓茶园前有多人围绕观看,据云有吃赌饭之长脚阿福与园中伶人因戏言起衅,两下各张旗鼓,园中拥出多人,将阿福拖进,饱以老拳。阿福虽有党羽,然究寡不敌众,赶出呼唤巡捕。适当掉班之际,街上不见华捕,只唤到印捕一人,进内将逞凶者拉住一人。其时人多手杂,欲出不能,即吹号叫,亦无接应者,只得将拉住之人狠命曳出,至石路向北而去,后面随观者颇众,其细情容俟续述。

光绪十二年六月初九日/1886年7月10日

大闹戏场续述

昨报大闹戏场一节,据包探秦少卿至英公堂称,昨夜九点钟时闻咏霓戏园大闹,查得七点钟时该园茶房范春才在园前坐长凳纳凉,后有该园之柜台上人郝开泰至,欲与同坐,又令让开,范不依,争执间郝掌范之颊,以致扭殴。后范告知其姨丈张阿福,同到戏园寻郝理论,致由各伶人助郝殴张,当经范报明印捕,至该园将张带出,固已受伤。当问张、范,则称行凶者系郝开泰及伶人云里飞即崔光芝与蔡桂元等,因将张送入仁济医院,并派中西捕往拘各人一并送案。范春才申诉前因,并称姨丈张阿福被郝开泰喝令云里飞、蔡桂元行凶,尚有某伶等持棍逞蛮,用长凳乱打,其余人数众多,殊难指认。张蒋氏称张阿福是我丈夫,现被打伤腰背等处,余供与范同。郝开泰供山西人与范同在戏园,因细故口角,后纠同赌徒张阿福等与我寻衅,初只十余人,继至百余人,我故将长凳殴打张阿福,并无别人帮助。蔡太守谓尔只一人,彼有如许人,张阿福何以受伤?尔当从直供明。郝坚称并无别人。太守又问尔用长凳殴张何处?郝答称背后一下。崔光芝、蔡桂元同供在戏园唱戏,并未帮凶,凭空被拘。太守又问该包探两造人数究有几何?答称自七点钟起闹至十点钟,张在园被殴后,其党毕集,伶人亦各会齐,并有观看者,拥挤异常。范春才又称张阿福被殴后又被吊打,幸印捕来始得救出。包探唐青山禀称曾至医院问张之伤,据医生言七天可愈。太守随饬将解案各人一并带回捕房,俟张阿福投质再讯,该氏饬退。范春才之母范某氏上堂请将儿子免押,太守谓尔子系起衅之人,理应并押,尔既求情,姑准交保候讯。

光绪十二年六月初十日/1886 年 7 月 11 日

凶伶笞责

大闹戏园一事,前已详列报章。前日下午蔡太守查阅班房之际,经张阿福之妻蒋氏具禀诉称,丈夫伤势日重,饮食不下,大小便不通,叩请将凶手严惩,以伸冤抑。太守饬将在押之郝开泰、蔡桂元、云里飞即崔光芝一并备文送县,并谕该氏偕范春才舁张投县候质。随经莫邑尊升堂讯问,张供宁波人,向籍水果营生,本月初六日傍晚偶往咏霓茶园门前乘凉,少顷即他往购物。洎回时见优人郝开泰等向茶房范俊才口角,范系小的外甥,小的不忍坐视,向之喝阻,郝等即迁怒小的,纠众蜂殴。幸事闻于捕房,捕头督同中西各捕将郝等三人拘解公堂,讯明管押,并验明小的伤痕,谕令自行医治,现因伤势渐重,送归案下。邑尊验得张受伤属实,即派差赴英公廨提郝等入城,以凭质讯。昨日午后三下钟时,蔡太守遴派差捕将郝等押送县中。下午邑尊提案集讯,张范伸诉前因,郝等同供惟曾与范口角,不敢殴张。邑尊谓尔等津人往往纠众逞凶,实属可恶。遂判郝笞臀二十板,蔡及云里飞从宽免责,着分别具结交保,谕张仍投医院养伤。

光绪十二年六月十三日/1886 年 7 月 14 日

演戏酬神

湖州府属某孝廉下第南旋,海中遇大风,孝廉默祷于神,始得转危为安。抵沪后,即于昨日雇天仙茶园伶人,在沪北天后宫开演,观者殊形热闹也。

光绪十二年八月初二日/1886 年 8 月 30 日

优伶溺毙

宁波老江桥旁,近因大小船只合帮停泊,接尾衔头,水面为之阻梗,而潮水又甚湍急,以致舟楫往来,时闻失事。前日有徽班伶人由奉化回宁波,将往江北下白沙演戏,船过老江桥,水如箭急,舟子把舵不稳,适撞于所泊船只,立时覆没。优伶十余人无不浮沉水际,戏箱亦漂没江边,幸经救生船极力救起,内有优伶二名未经捞获,想已被龙君邀去作踘蹋戏矣。现在江桥厂首事暨众绅等深悯船只覆没之多,已禀请邑尊示禁一切商船以及小船等,不得停泊是处,以利舟行。

光绪十二年八月初五日/1886 年 9 月 2 日

演剧酬神

升任豫臬邵筱村廉访由□莅申,已登昨报。兹悉廉访奉太夫人之命,于昨日资雇天仙乐部,在沪北天后宫演戏酬神,本埠官员前往拈香，颇形热闹云。

光绪十二年十月二十二日/1886 年 11 月 17 日

花园演剧

法工部局董事创设法文书塾，凡华人子弟有愿入塾肄业者，不费丝毫，即塾中师傅之束修亦由公项给发，此均列入前报。约计书塾创设以来，迄今已历多时，师傅则诱掖不倦，学生则精进良多，其余通晓法文法语者不一其人。领事官闻而善之，拟就新辟公家花园中招中国优伶于今日演剧，俾各学生得以游目骋怀，是亦勉励后学之意也。

光绪十二年十月二十五日/1886 年 11 月 20 日

花园演剧详述

法总领事官之夫人定于昨日在新辟公家花园招优伶演剧，借以鼓励法文书塾各学生，已列昨报，兹复详述以供众览。花园内五层楼之月台前张以布幔，中间有黄色尖角小龙旗两面，旁有江海关三黑字及法国旗帜。布幔之外直接六角亭亦搭幔帐，中间挂灯结彩，两边亦张龙旗如前式，下设靠椅二百余只。月台下左首设红布帘，摆三层桌一张，陈设外国式文具一架，并有木刻五枝桅悬挂风篷之海船一艘，自鸣钟、镀金表、大小火油灯、洋烛灯台、香皂、洋刀、纸墨笔砚、木刻轿一乘及东洋车、刻金匣、卖鱼人、花木匣、宽紧带、大小布袋、挂钟等共计一百五十四件。月台之右设西国各式糕饼及各样洋酒，玻璃杯甚多，六角亭中亦照前陈设点心洋酒。午后二点钟，各西官命妇及各西商陆续而至，法文书塾刘俞两教习带领各学生纷纷而入，就坐于布幔下。园中预雇老丹桂优伶于二点半钟开演，先演《大赐福》一出，各西人咸拍手称善，继演《双跑马》、《打金枝》、《赵家楼》三出。而戏毕接演戏法，初用杯三只，忽来忽去，名曰飞水，继以飞鸟，则有黄头鸟两只翺翔而去，众又鼓掌称善。接演佛肚肠，则腹中之纸蝉联而出，终之以大团圆，则以大碗一只满贮清水，而戏法亦毕。仆从将靠椅摆定，众命妇及西商眷属挨次而坐,工部局打样西人以字条分给各学生,随即对号取物,亦如吕宋票之对号,然惟其物由西妇手递给学生,即长揖以致谢。散物毕,众人起立,略用酒点,陆续散出花园。前有三道头捕率中西各捕弹压,门外马车东洋车不计其数,亦一时盛会也。

光绪十二年十月二十六日/1886年11月21日

光绪十三年(1887)

衣业演戏

本埠以衣业为大宗,今悉城内各衣庄于去年创设公所,定于今十六、七两日资雇名班,仍在泉漳会馆演戏酬神,藉整规例,其细情已登告白,在本报后幅云。

光绪十三年正月十六日/1887年2月8日

禁淫戏议

呜呼,沪上之淫风流行,至今日而亦已极矣!始惟妓馆娼寮诱人失足,近且野鸡流妓拉人于光天化日之中。始惟荡妇妖姬作为无耻,近且台基遍地,良家女亦不免乱节丧名。甚且淫书也,淫画也,淫戏也,亟天下之不忍道不忍观者,不难于广众大廷纷纷求售。噫吁嘻!江河日下,竟至于斯。恐再阅数十年,其不胥十里洋场,尽变为桑间濮上而不止。而我以为诲淫之至易而导淫之至使者,则莫甚于今之淫戏。考戏肇自周时,优孟假作孙叔敖,楚王见而感悟,亟求其后而优待之。五代之世甚重伶官,甚至恃宠而骄,动辄弄权窃柄。至唐世设立梨园,专尚声色,而黄幡绰、马仙期、李龟年之辈,极见信于明皇。然当日之所谓妙舞清歌者,如《清平调》、《金缕衣》、《霓裳羽衣》等曲,惟即名人乐府协以宫商,登场奏技,并无所谓戏剧也。元时始盛行院本,《西厢》、《琵琶》诸传奇,一时风行于世。至明玉峰魏良辅制为昆曲,而戏剧乃得盛行,流传数百年来,不特江新各省子弟皆以昆曲争长,即北至燕都,所谓红相公者,不习引商刻羽掀竹调丝,断不能出而肆□若是。□昆曲之风,行于世也久矣。沪上为中国第一繁华泽薮,戏馆林立,向推三雅为正宗。聚吴下老伶工专唱昆曲,雍容大雅,卓尔不群,每当袍笏登场,一洗浮靡叫嚣之习。即或绿窗绣户,艳曲流传,要皆敦厚温柔,不涉荒淫邪僻。故俗子虽听□而生倦,而文人韵事常满座焉。自京戏南来,杂以秦腔梆子,诸优喜新厌故,无不尤而效之。而其戏非粗戾即哀惨,时而为盗贼行藏,时而为地狱变相,蛇神牛鬼,见者胆寒。顾犹曰意在劝惩,或有一长可取也。所最可恶者,其为搬演淫戏,如《海潮珠》、《翠屏山》、《百万斋》、《卖饽饽》、《瞎捉奸》、《打斋饭》、《杀子报》之类,不特风情月意,极意描摹,甚且当稠人广座之中,为云雨荒唐之事,其中不堪寓目之处,直更甚于后庭大体双。嘻,岂不如是竟不足动人观听乎?何故为此淫荡秽亵也!愚以为天下之最易感人者莫若戏,鄙夫鄙妇,目不识丁,听人谈古往今来忠佞贤奸之事,往往格格不相入,非笑其迂拘,即疑为荒谬,一经戏剧之扮演,而若者忠,若者佞,若者贤,若者奸,既已历历在目,即无不了了于心,其感人之深且易如此,而谓淫戏之害,□非害之更甚者乎?平居无事,啜茗闲谈,每闻某倌人姘某老生矣,某先生姘某花旦矣。私心窃谓优与娼本不甚悬殊,即明明缔为婚姻,亦何足异,仅曰私识,何足为奇。乃至绣阁幽姬,小家碧玉,居恒户庭不出,无人挑逗,春心如止水然,安有波澜之起。自一入戏园听剧,而妖娆之态、淫荡之状,毕呈于耳目,人非木石,谁能无情,一遇机缘,能不立时失足耶?况戏班中轻薄子弟,往往见有妇女在座,故意描摹淫态,以冀彼姝留情,然后遍托鸩媒,引人入胜,此种伎俩,实属诛不胜诛。然使无淫戏以为之媒,则虽欲引动其心,亦苦无从引动。是则淫戏也,不较之野鸡台基淫书淫画淫药,而其害更甚哉!昔年黄芝生、罗少耕两太守及葛蕃甫大令会讯英廨时,曾先后严申禁令,有犯必惩。而日久玩生,淫戏仍扮演如故,或则巧易名目,以为掩耳盗铃,官宪之耳目难周,亦惟付诸不闻不见。或曰是非官之不欲禁,亦非官之不及知,诚以此辈衣于斯食于斯,倘一旦将淫戏禁革净尽,只许演唱忠孝节义之剧,势必无人观听,生意寥寥,欲改业而无从,欲谋生而乏术,不将坐视其尽为饿殍耶?东山妓女亦是苍生,南部歌见孰非赤子,一言及禁,实所有不忍禁耳。愚则以为不然,诚观三雅园昆戏馆闭歇将近十年,今岁新正重复开设,所演之剧类皆堂皇冠冕,婉转悠扬,大抵有合于《关雎》乐而不淫哀而不伤之旨。惟诸伶皆能出类拔萃，高出京班数筹，则观者即如水如云，履綦满座。然则欲求生意之盛，但当计声技之妙不妙，无关于关目之淫不淫，更何忧若辈之糊口无资，而任其淫风之煽耶？且更有一说焉，去年巡捕房恶锣鼓之聒耳，下令夜间十二点钟之后不准再演，各戏园无不唯唯从命，令出惟行。而淫戏之禁，黄罗葛诸谳员既已创之于前，今日者任其玩视宪章，干犯禁令，不为之重申前约，力革浇风，是纵令其慑服西人而藐视地方官长也。玩禁既宜惩，导淫更应责，所愿为民父母者一再思之。

光绪十三年正月二十九日/1887 年 2 月 21 日

看戏殒命

宁波新到有京班脚色，日前在邑庙开演时，城中某姓携子女往观。是日天气晴朗，游人如织，内有一女姿貌都丽，为匪人挤倒在地，当即雇轿回家，越日毙命云。

光绪十三年二月初五日/1887 年 2 月 27 日

重禁淫戏

英租界中各戏园所演戏剧，淫戏居多，足使见者荡心，闻者倾耳。地方官以其有害风化，屡次出示禁止，本馆亦经著为论说，以冀挽回世道人心。而各戏园总以利之所在，往往阳奉阴违。近为英会审员蔡二源太守访闻，遂拟出示重申禁令，所有告示俟后照录。

光绪十三年二月初五日/1887 年 2 月 27 日

竹西歌管（之一）

邗上江西会馆在外台演戏已有多日，兹又另在镇江雇来名班，专在内台开演，闻戏值甚巨。内有津郡新到名脚王姓，色艺尤佳，为诸伶之冠。居人闻之，咸欲入内一扩眼界，于是争先恐后，扰攘纷纷，司阍者虽下逐客之令，而人多口杂，置若罔闻。会馆主遂于本月朔日特令是班在外台演唱一日，俾众人得以畅观。讵是日戏场上拥挤非常,几有举国若狂万人空巷之概。迨王某扮演上场,甫啭歌喉,而下面喝采之声已如百面春雷同时竞响。当是时也,稠人之中互相拥挤,凡跌残肢体、挤伤腰胁者,不可胜计,至坠珥遗簪脱靴落帽,犹其小焉者也。距戏门外约半里许,途路皆为塞断,自来肩摩踵接,从未有如此次之甚者。说者谓王姓一优伶耳,而其踪迹所到,竟使观听为之一倾,乃知李延年"一顾倾城再顾倾国"之语为不虚也。

光绪十三年二月初六日/1887年2月28日

示禁淫戏

英廨谳员示禁淫戏,曾纪报端,并悉昨日已将告示遍给各园,因即照登如左。为出示严禁事,照得演唱淫戏,最为风俗人心之害,历经本廨示禁,并取各戏园遵结在案。兹本分府访闻,迩来租界各戏馆仍敢故违,实属胆玩,合再出示严禁。为此示仰各该戏馆一体遵照,自示之后,毋再演唱淫戏,倘敢故违,定行提案严究,决不宽贷,其各凛遵毋违,特示。

光绪十三年二月初八日/1887年3月2日

邑庙演戏

本邑城隍庙不演戏者二十余年矣。前年上海县监犯殷光海潜自脱逃,当经前任黎壶山明府饬捕踊缉,未即就获,捕役柴慘无计可施,即至城隍神前默祷,后果将殷光海擒获,仍行收禁,深感神之默佑也。现拟招天仙茶园伶人,于本月二十七、八、九三日在城隍庙演戏,以答神庥。先期禀明蒯邑尊请示弹压,邑尊以城中演剧深恐人多滋事,未便遽准,禀商龚仰蘧观察,嗣经议准,于本月二十七日开演一日,以曲徇该捕之请云。

光绪十三年闰四月二十七日/1887年6月18日

英界公堂琐案(之一)

伶人吉胜奎诉称,小的于今年二月十六日由留春戏园管班人郭同来邀往该园唱戏，每月工洋七十元，至四月二十日辞歇。算至四月十六日已满二月之期，应收工洋一百四十元，只收一百元，被欠四十元。且既已唱至二十日，应再加一月工洋七十元，总共欠去一百十元。向之索取，一再迟延。昨夜至账房与论，郭竟逞蛮殴打，并将右手小指咬伤，复持刀砍伤头额、左胁，为此诉捕拘郭。郭系著名流氓，前因吵闹公堂监禁脱逃，请为究办。郭供吉由郭秀华荐来，至四月十六日为止，已付工洋一百四十元，并未唱至二十日，伊图再支一月工资，自来寻衅，小的并未殴伊，更无持刀行凶之事。吉又呈四月十七、八、九等日之戏单，并称既云十六日为止，此后如何单上尚列小的之名？兆丰洋行买办陈芳水称，行中所开留春园，托郭为执事。昨夜戏止时，我适在账房，见吉突如其来，自行砸破头颅，其余伶人亦均目见。蔡太守问其余见证在否，陈招徐世芳投质。徐供郭曾否殴吉，小的未经亲见，惟知在园唱戏，每月的系七十元，两月工资早已付楚，惟吉以唱至三十日始行辞歇，向索一月工资，口角之余，小的曾为之调处，嘱郭给吉半月工洋三十五元，两造均已允许，约于二十六日付洋。届期未付，吉候至二日，郭避而不面，因此忿恨。昨夜相逢争扭，及小的赶至，吉已诉捕拘郭矣。吉称在园伶人皆偏护郭，此亦一定道理。太守谓徐之所诉，事尚近情，然吉既称被郭持刀砍伤，有无见证？答称见者甚多，恐皆不肯作证。太守向吉曰：尔既因多演四天，欲索一月工资，亦当将情直说，不得妄供，致坏自己声名。今仍饬徐秉公调停，如果不服，禀候察断可也。贾副领事请太守问陈：园中所演有无犯禁之淫戏？太守问陈，陈称不敢违禁。贾君谓如果将来知该园演唱淫戏，定须惩办。太守然之。

光绪十三年五月初一日/1887年6月21日

营口赘谈（之一）

山左某戏班，梨园巨擘也。来东半月余，日在馆子中演唱，至上月二十二日，始上西大庙戏台。是日演《二进宫》一剧，歌喉浏亮，几于裂石穿云，其中正旦尤为有目共赏，大会中赏钱八十吊，以旌其能。

光绪十三年五月初二日/1887年6月22日

论西官留心禁淫戏事

前日英公廨有留春园伶人吉胜奎控案一节,经蔡二源太守传讯,其案中之是非曲直与夫断案之公私偏正,堂上者自有权衡,姑不赘论,独于英副领事贾君之一问而不禁有慨也。贾副领事于讯问此事将毕之时,请蔡太守询诸该戏园房东、兆丰洋行买办陈姓,曰:园中所演有无违禁之淫戏?陈答以无,则又曰:如有将来查出该园唱演淫戏,则当重办。此数语深得官体,且深得中国官体,由是而叹西官之留心时事,可谓随时随地不敢稍缓须臾者矣。夫淫戏之禁与不禁,华官之事也,以地在租界,则必与西官会同出示,庶几令出惟行耳。其能禁与否,西官固无所损益也。淫戏之演在于中国戏园,则其所以荡人之心,坏人之性,引诱人家子弟而使之凿开情窦,败裂人家名节而使之荡检逾闲,种种弊病,皆中国之人受之,即种种祸端,亦中国之人当之。租界中虽有西人,从来不观中国之戏,即使偶有往观者,亦未必知戏中之情节,至于科白关目、曲意曲情,则更无由知之,故西人虽见淫戏而视若无睹。况往观中国戏之西人,千百中不过一二,有何足以为害于西人?西官即不之禁,亦不得以为人除害之理责之。然而西官之所以听从华官会同禁止者,盖亦有一视同仁之意,以为华人而寓居租界,则亦不得过为外视,凡有足以为害于华人者,自当从华官之请,为民除一患,即为民树一德,此则西官会同华官示禁淫戏之本意也。独是禁则禁矣,日久玩生,难保其不阳奉阴违,仍前搬演,潜以引惑人心。三令五申,则觉条教之太烦;一过即忘,又觉号令之不重。而西官乃时时在心,刻刻留意,遇便即查而问之,是不亦加人一等乎?尝论中国之病,第一在于因循文饰,假如有一事也,不得不禁,则官出示晓谕,示中所言法重令行,言出法随,不知其若何风厉。而此示一出,胸中即已空空洞洞,毫无痕迹之留。其示而有人遵奉也,则听之;其示而无人依从也,则亦听之。盖以此固循例庸行之事,我已出示，则我之事已毕，而我之心已尽，至于遵与不遵，则在人而不在我，我但有以掩人之耳目也，斯已矣。故每当一官到任，下车伊始，先出关防告示，则言本官自矢清廉，亲友仆从俱不敢在外招摇，倘有遇见，即须捆送来署，以究假冒之罪。而其实则官亲豪仆到处横行，曾未闻有具控一人者，官亦若痴若聋，而绝不复问之矣。此外如禁小钱，此乃所以整顿圜法，题目甚大，而一年之中大约必有两次示禁，且或下一札子，出一谕单，或委吏典，或饬衙役，持向市中各钱庄，谕令务须禁绝。然起视市上，则鹅眼榆荚通行如故，盖奉札捧单，闻所闻而来者，早已盈腰满橐，见所见而去。则是一示一札一单，不足为民除害，反足为民生害，其所谓示也札也单也，无异于市肆中支取之票而已。推而至于禁烟馆，禁流妓，禁土娼，禁花鼓戏，禁宰耕牛，禁赌博，禁酗酒，大约一官到任，有所谓十禁牌，皆所应禁之事，好名者且于十禁之外再加数禁。彼其意以为此示一出，见者必将屁滚尿流，莫敢不遵，而吾之所以为地方造福者，胥于是乎！将来德政之牌，万民之伞，以及后人传记，皆当以此数者为关心民瘼，除莠安良之左验。至此后绝不顾问，绝不访察，即有猾吏蠹役持官票以支钱，而黄绸被里放衙者不闻不见也。此则中国之大病，所欲思补救而无从者也。即如租界之地，其所应禁者，若而事女堂倌则尚有发觉而严办者，此外则妇女啜茗吸烟，前此曾经严禁，今日何如乎？赌博早经严禁，而今日何如乎？街头流妓，巷口雏鬟，拉客入室，前此亦曾严禁，今日何如乎？凡若此者，不胜枚举，岂独淫戏之一端为然？而改《杀子报》为《天齐庙》，改《倭袍》为《南楼记》，堂堂乎登台搬演者，初不知凡几也。华官政务殷繁，又安得有此闲情逸致，于无意中闲闲一问，使闻之者如听霹雳声，不觉毛骨俱悚也乎？华官无暇为之，西官乃乘间有此一问。呜呼，贾副领事诚天下之有心人哉！

光绪十三年五月初三日/1887年6月23日

英界公堂琐案（之一）

西人名掰者向在留春戏园管门，昨至公堂诉称，一昨之晚，突有郝二铭、张桂卿二伶闯进戏房,向管班人郭同来寻衅,我见郝手持利刃,前往阻住,幸未伤人,当经园中人帮同获住,交捕送案。郝供小的系北京人,唱戏为生,前在姑苏,被郭刃伤五六处,曾在县署控告,有案可稽,只以郭惧罪遁逃,未经惩办,昨往寻见,并不持刃行凶。张供小的亦是伶人,昨与郝至留春园寻郭理论,决不敢帮同逞蛮。蔡太守问郭到案否,髯称未到。太守饬将郝、张交捕房带回,俟郭投质时再讯。

光绪十三年五月初四日/1887年6月24日

燕兰新谱

瑞胜和班专吹秦腔,系杨娃子、黄胖儿、想九霄三人所创。四月某日某邸演戏,赏赐颇丰,瓜分不均,致犯众怒。杨等因将诸武伶辞歇,诸伶怒甚,欲与寻仇,旋由某富翁劝解再三,令杨等借给白镪千金,俾诸伶另合一班,开台售技,诸伶允之。随赴张家口邀得老生十二红,花旦盖兰州、双掌灯等,定于五月初六日开演,班名宝胜和。想届时氍毹红处,粉腻脂翠,舞态歌声,定足消魂荡魄也。

包衣人乔某,翩翩惨绿,丰致绝伦,与抓髻赵同喜什不闲班,扮作小女儿,嫋嫋婷婷,齐齐整整。风流倩影,写上春屏,回视十万名花,不觉贱如粪土。人皆以小乔呼之,盖袭周郎佳话也。前时承值漱芳斋,颇邀宸赏,梨园声价几于噪遍软红中。近其兄以为落落须眉,何致与荡妇妖姬争妍斗丽,严行约束,不准征逐于歌舞队中,而乔则技痒难挠,仍不免潜出扮演。一日与同班约集于东单牌楼长义茶社,其兄侦知,偕多人持械拥至,乔急逾垣而避,所有脂奁粉盝,歌扇舞裙,摔毁无遗,几如风扫败箨,翌日班主以乔兄纠众抢夺等情控诸官署。噫!乔固习于下流,而其兄煮鹤焚琴,亦未免大杀风景矣。不知此后铜雀台高,能免春光锁住否?

光绪十三年五月初五日/1887年6月25日

英界公堂琐案(之一)

留春戏园管门西人名髯者拘送伶人郝二铭、张桂卿至英公堂,由蔡太守讯据该西人称，郝张二人突至戏房，与管班人郭同来寻衅，太守命俟郭同来投质再讯，已列昨报。昨经人舁送郭同来投案，声称郝二铭前来图诈行凶，我受棍伤，左太阳旁及手臂、左足等处均受伤，请为究办。郝二铭仍供我在苏省时被伊用刀斫伤六处，足伤最重，已成残废，曾经投县控告，今来寻郭，并未行凶，郭实装伤。张桂卿供词如前。郭郝二人两相争论，太守商之贾副领事，饬差协捕送郭至仁济医院验明伤势，再行核办，郝、张仍交捕房带回。郝又请将郭移苏省。郭称不愿到医院医伤，容自延医敷治。兆丰洋行买办陈芳水上堂称郭欲自行医治，并称伶人吉胜奎之事已经徐世芳调停明白。太守谓今送郭到医院验明伤势，如欲自医亦可。

光绪十三年五月初五日/1887 年 6 月 25 日

伶人挺撞

留春戏园管班人郭同来控，被伶人郝二铭同张桂卿前来寻衅，被郝持棍打伤数处，由蔡太守饬将郝、张押，俟郭同来至仁济医院验明伤势再讯，已列前报。昨经捕房将一起人解案，包探戴金宝禀称，送郭至医院，据医生言受伤甚微，如在医院医治，七日可愈，如欲出外，则须十日全愈。郭同来仍执前词，并称郝意图讹诈，伊前被王三土子戳伤，已经将王解苏，在吴县惩办，与我无干。兆丰洋行买办兼为该园执事之陈芳水上堂称，郝二铭因向郭同来索洋不遂，以致行凶。郝二铭供我已残废，何能行凶？我前遭王三土子戳伤，系郭同来唆使，王在吴县供明，因郭避匿在沪，故特来沪找寻。张桂卿供与两造相识，不过从中解劝，并未助郝殴郭。太守检阅吴县马明府备文移提王三土子、郭秀华等之案，随谕郝二铭曰："尔在苏被王戳伤，投吴县控告，由马大老爷移提王三土子、郭秀华、郭胜等，本分府已先后饬差捕获王三土子、郭秀华，解归吴县惩办，并无郭同来字样，尔如何请将郭同来移苏？如来文有郭同来字样，本分府安有不解之理？"郝答称："王三土子到案后供明由郭同来唆使行凶，且郭胜即郭同来之乳名。"太守谓："然则马大老爷于王三土子到案后，又备文续提郭秀华，何以未及郭同来？且查来文载明郭秀华在留春戏园之郭同来处等语,显见郭胜、郭同来实是两人。”郝又称:“小的在吴县质讯时,曾请补提郭同来,马大老爷允准,备文来沪移提。”太守谓:“马大老爷当堂分付,本分府有所不知,惟照来文办理,案牍现在,奚容任意妄言。即使马大老爷移提郭同来,本分府当派差拘拿,岂容尔自任寻衅?”郝称:“小的实未殴伊。”太守谓:“伤已验明,何谓不殴?惟伤势甚轻,可毋庸议,尔以后不再寻衅可也。”郝又称:“小的已成残废,不能唱戏。突有伶人郭秀华到案称,郝二铭受刀伤致成残废,确系郭同来唆使而起,请将郭移苏。”太守谓:“尔既移解到苏,讯无干涉,现在之事与尔无干。”郭秀华称:“戳伤郝二铭之案与小的无干,反致移解到苏,此冤应请伸理。”太守谓:“此语尔应在吴县申辩,今尔欲再到苏乎?”郭秀华又称:“愿与郝郭等同到吴县,并请将吴县初次来文检出一观。”太守大怒,喝令跪下,谕曰:“尔疑本分府偏护郭同来,欲将来文交尔观看,殊属藐视公堂。”郭秀华又哓哓置辩,太守愈怒,命押候递籍,又向郝二铭曰:“尔受刀伤致成残废,情殊可怜,姑饬陈芳水酌量调处,以示体恤,惟不得再向郭同来寻衅,如果遵断,准尔与张桂卿觅保,静候议恤。”郝称:“小的无人肯保,只得请陈芳水作保,不再向郭同来寻衅。”陈芳水称:“郝二铭向在沪上唱戏,岂无相识之人?我不能保伊。”太守饬将郝二铭张桂卿带下候示,郭同来仍到医院医伤,又谕陈为之调处,陈称遵谕。太守又将吴县来文三道当堂给听审人观看,果无郭同来字样云。

光绪十三年五月初八日/1887年6月28日

演剧助赈

汉口吴君奇纯善士因深悉需赈之急、募赈之难,遂仿前年演戏助赈章程,邀首人数十位,各自下帖,接人看戏,每位出钱一千文,竟得集成钜款。敝所于昨日承元丰昌宝号汪兰生先生交来规银二百六十七两四钱五分,系合汉口九八钱四百千文,除按户掣付收票外,合亟登报以代灾黎望云叩谢。

三马路与昌协赈公所竹坪陈煦元谨志

光绪十三年五月十四日/1887年7月4日

看戏遭厄

十二日，嘉兴北门外水环桥堍之五福庙，传大同庆班演太平戏一台。其时宿雨初收，晴光微露，乡人无不扶老携幼而至，几于嘘气成云，挥汗如雨。戏场中实无容足之地，遂有在桥□纵眺者，石栏早已活动，人多挤轧之时，但闻砉然一声，石栏登时落水。适有四人倚栏看戏，同入波心，经人赶紧救起，不致有性命忧，然已不免跌伤矣。语云三场勿入，于此益信。

光绪十三年五月二十日/1887年7月10日

戏子跌伤

有天津人绰号云里飞、马上飞者，与其同伴八九人，至杭州变演戏法。吴公山上，西子湖边，总管局前之场，宗阳宫门之外，到处献技，围场大开，观者如堵墙，获资无算。云里飞、马上飞二人精于拳棒，习于纵跳，局外人视之，但觉其击刺进退，从容不迫，纵横高下，迅捷如飞，名实颇克相副。惟当开场演技，围观之人太众，彼此争相拥挤，不免纷闹滋事，以致戏法场中无日不肇衅端。事闻于吴郡尊，饬差驱逐出境。有如意戏班之班主倪姓者，爱二人技艺之精，邀至班内为开口跳，该班名誉因之大噪，雇演者争先恐后，继于应接不暇。织造齐尚衣闻其名，传至署内连演数日，极为嘉许，赏赐甚多。其演戏时应用铁杆以麻绳代之，是日二人上绳，竭尽生平本领，冀博尚衣赏识。讵意麻绳忽断，二人均跌台下，云里飞伤手，马上飞伤足，受伤颇重，抬出署外就医诊治，医者言二人所伤手足，将来恐不免成残废。二人以杭郡无好医生，遂买舟他往，杳不知其所之。语云：善猎者必死于兽，善泅者必死于水，此二人者何独不然？

菊部卮言

赤日行天，炎熇如炙。有客叩关而入，曰：子亦知丹桂园将演新剧乎？其名曰《火烧沪江第十楼》，盍趁兹风月良宵，偕往一观，以恢眼界乎？笑应之曰：诺。翌日客复至，曰：斯剧当不演矣。英公廨以其描写洋场近况,恐遭人忌,谕令不准登场。然剧中关目,则子固耳熟能详也。纵优孟衣冠,类多插科打诨,而撮其大旨,不外乎善士之集捐以振饥黎,流妓之过市而招狎客。其间善有善报,恶有恶缘。或则孤诣苦心,食德正无涯涘;或则穷奢极欲,末途饱受饥寒。盖虽粉墨登场而供人骋怀娱目,而究其命意之所在,直不啻警梦之霜钟,砭愚之药石焉。慨自十余年来,始中州,继秦晋,继直东,水旱频仍,黎民转徙,赤地数千里,几于草树俱无。不特败草淤泥勉强咽食,甚至析骸易子,极人间惨不堪言之事,而亦忍而为之,卒乃饿殍累累,同归于尽。即仅有存者,亦多入匪人之手,辗转售人为婢为娼,此生无复有还乡之日。呜呼噫嘻!苍苍者天,何竟疾视我民至于如此耶?东南诸善士恻然悯之,大声疾呼,广为募款,亲自携往,挨户布施,一时百千万灾黎同声称颂,铭恩戴德,无异二天。昔年青浦熊纯叔明经因放振款,积劳成疾,殁于汴中。汴中诸绅民鸠款建祠,春秋报赛,蘋蘩蕰藻,荐享不衰,使非恩德入人之深,乌能若此哉!顾诸善士则皆谦言曰:此非我辈之力也,实赖好善者集腋成裘,聚沙为塔,始克成此大功耳。溯自各省告灾以后,上自朝廷截漕以资赈济,下至农工负贩亦无不悯兹离乱,量力解囊,而达官贵人巨商富贾,不惜金资千万,交各赈所输往灾区者,历观《申报》所登,其数若恒河沙,几不可以计算。使无如是之慨慷恻隐者,虽有善念,独力其能支持乎?查募赈以沪上为总汇之区,好善士亦莫多于沪上。高易公馆、文报局、陈与昌丝栈、丝业会馆诸处,聚精会神,不遗余力,捐册缿筒,散布各处,或多或少,随时汇解灾区。彼捐助者,岂真望报施而为此哉?而积善之家,必有余庆,报施之至,实有不期然而然者。独是沪上之习俗颓坏至斯而极矣,淫风流行几于不可收拾矣!所有好善之士,固不惜巨款叠施,乐善不倦,而浮华子弟、轻薄少年,怒马高车,征逐于花天酒地,心未尝忧匮乏,身未尝受饥寒,惟知摆花酒耳,吃大菜耳,坐马车耳,打弹子耳,燕朋狎友,终日闲游。试语以饥民之困苦若何,彼直褎如充耳,劝其节省浮费,略助赈捐,彼且斥劝者为好事,谓秦豫直东等省远隔数千里外,若风马牛之不相及,何必枉抛心力,舍近图远为？且彼之受苦，彼实自作之孽，故天降奇灾以示之罚耳，必欲赈之，是逆天也，逆天乌乎可？噫！彼之设心如此，彼之作事如彼，而欲其行善，宜乎如枘凿之不相入。将见祖父辛勤立业，贻子籝金，徒以供嫖赌之资，烟霞之费，卒至狐群狗党，渐染下流，一转瞬间而家计顷归乌有，为贼为丐，流落无依，地下有知，有不跌足捶胸，深悔生前之作牛马者哉！剧中所谓沪江第十楼，并无其地，即颜姓亦系乌有子虚，搬演荒唐，哄人观听，宜乎蔡太守之勒令具结不许登场。然事虽凿空，颇足以儆愚顽，则梨园歌舞之场，安见非生公说法之石乎？而我尤慨夫北地水灾尚无底止，黄流横决，旦夕堪虞，散赈诸君时动无米难炊之慨，而所收捐款则渐渐零星琐碎，难得有累万盈千者，江河日下之形，不知伊胡底止。而沪上烟花之盛，则又突过乎从前，虽市面年不如年，而帘卷枣花，车题油壁，笙歌队里，送客留髡，核计一年之中，买笑之钱，缠头之锦，尽情挥霍，积之当可如邓氏铜山。而遍路野鸡夜深拉客，书场罗列，四马路咫地多至一二十家，各处烟寮多有女堂伺应，甚至此风沿及于南市，私窠土妓到处皆然，行栈学徒悮入其中，辄至一败涂地。彼设陷人之阱渔利诲淫者，天道昭彰，日后岂无报应耶？因论新剧，纵言及之，不敢以庄论自居，亦惟如漆园叟所云卮言日出而已。

光绪十三年五月二十八日/1887年7月18日

演剧肇祸

敛钱演剧，每有祸而无福。自廿二日起，松郡人士在北郊以优觞奉都天神，喧攘才四日，而事端已接踵而至。盖此次优伶稍有衣饰，而手口亦颇灵妙，以致城厢哄动，空巷并观，傀儡场前，几无插足之地。天气酷热，受暑气而晕倒者，实繁有徒。两行看台以人多拥挤，因而折足伤肱，遗簪堕珥者，亦时有之。所尤可悯者，有某妇反扃其门，乘兴诣观，及归去时，室中所有各物已为匪人席卷一空，妇恐夫归谴责，吞声饮泣，遂投缳以逝。呜呼，惨矣！又有华亭某生，家在北门外之鬼搭桥，当郡人集资演剧时，生尝阻挠之，又请于有司出示禁止，盖恐演戏则多人聚集，良莠不齐，易滋事故也。廿五夜人定后,突来暴客五六人至生家打劫,均操湘楚口音,手持利刃皎洁如霜,向人恫喝。生父年迈,闻有盗至,惊出视之,盗挥斧断其臂,生妇闻声往救,盗举刀一挥,妇之四指已断矣,邻妪亦来赴援,盗又刃伤其背。此处地旷人稀,虽有号呼之声,然无敢出而救者,遂任盗之饱掠而去。报县后,华亭县杨超亭明府立即往验,饬捕缉拿,而北门外之戏于是始行禁止。

光绪十三年五月三十日/1887年7月20日

帝京丛话(之一)

四喜部年例七夕在前门外肉市广和戏园演《渡银河》一出,都人士争先快睹,莫不先期定座。三庆、春台、胜春、嵩祝成、小荣椿等徽部,悉于是日仿而行之,惟名目不一,有谓《渡银河》者,有谓《乞巧图》者,有谓《天河配》。往观者皆有千数人之多,莫不利获三倍。

光绪十三年七月十八日/1887年9月5日

伶人解讯

兆丰洋行买办陈芳水至英公堂称,现在我行所开留春戏园,于前日在台上跳加官时,忽有伶人徐阿狗持刀骂人,俄而自将头颅砍伤,后投捕房诳指我砍伤,我是日未到戏园,且园中一切事均归郭同来经手,我不干涉,不解何以诬指,今蒙送案请讯。郭同来亦上堂称,徐阿狗是武老生,患疯症,时发时愈,为人素守规矩,不料今又发病,自己砍伤头颅,投捕房后送至医院医伤,今始解案,情愿保伊以后不再生事。夏正领事谓,津人往往持刀砍人,今徐阿狗虽系自伤头颅,究属不合,请将徐阿狗递解回津,不许再在上海。徐世芳即徐阿狗供,小的素来安分唱戏,妻子儿女均在上海,殊难回津,且有郭同来具保,即上海三家戏园中之伶人皆肯保我。太守谓郭曰,徐无端持刀逞凶,如将来扰祸,则将如何?郭答称惟小的是问。麦总巡捕头禀,三个月前,郭同来被伶人郝二铭刀伤,曾经控告到案,如何尚能保人勿再持刀行凶?太守随饬将徐世芳即阿狗交捕房带回候示，徐又称伤尚未愈，仍须到医院，太守谓伤既未痊，捕房自当送医院，毋庸多渎。

光绪十三年九月初七日/1887年10月23日

不准演戏

日前裴大令访得本邑廿八保西七图人林阿庆、张韦发、张和尚、王关林、阿钱、阿龙、吴阿仁、黄全荣、吴阿根等，趁猛将堂演戏时纠众滋事，饬差拘拿到案。庭讯之下，林等供称，今岁秋收丰稔，众乡民凑资演戏酬神，并不肇事，惟看戏人多，略有口角耳。大令谓酬神亦情理之常，惟演戏每多肇衅，谕令林等八人同具嗣后不再演戏滋闹切结，存案备查。

光绪十三年九月十二日/1887年10月28日

三山雁字（之一）

抚左营庄协戎镇藩之封翁八秩寿辰，特召梨园子弟在署演剧，闽人进署观看，如山如海。是日署中分三班演戏，众人因箭道之戏不佳，欲进花厅一广眼界，遂蜂拥上前，把门营兵阻之，中有一人强要闯进，被营兵所殴，遂致受伤，众人见之，代抱不平，相与哗然。旋为协戎所知，急令开门，任听众人观看，以示与民同乐之意，众遂怡然。

光绪十三年九月二十一日/1887年11月6日

戏　辨

秋气正肃，菊花初肥，月上半钩，客来不速，相将至三雅园观剧。余素不良于目，歌台舞榭中，往往迷离扑朔而不能辨，凡观剧非置身台前正桌不可，故有相招以优孟衣冠，辄辞不往。独喜听昆曲，暇则亦与二三知音人按拍而歌。□昆腔□多文雅，虽亦有花旦小丑，演儿女淫佚之词，而词多雅驯，态亦平正，不若京徽班之穷形尽相，俗态俚词，以故自三雅园之开，而余之踪迹于此乎常密。盖文班戏观者颇少，正桌前列迟早均可坐着，而笛板清扬，不杂筝琶俗响,间与一二素心人,可以时作清谈,半日偷闲,一涤尘俗之气,但须与耳谋而不必与目谋也。客亦与余有同感,乃相与偕往,至则台上正演《佳期》一折,扮红娘者为徐小金宝,身材之袅娜,声音之清脆,殆无与匹。既而陈金观演《草诏》,唐梅亭演《八阳》,皆为该班中卓卓有名之士,高唱入云,神情毕肖。正在循声按拍目注神怡,客忽谓余曰:闻之友人曰,昆腔之戏,其音靡曼委弱,非雅颂之正声也。词曲之声肇于南宋,元曲尤为著名,而此时皆未免离乱。近年以来,上海埠头日盛一日,□京徽班大盛于前,而昆戏仅一班,亦且时作时止。若是乎今日时世其为承平无疑,吾辈殆可以永享太平之福也,此说□然乎?否乎?余曰:否,不然也。唐明皇以乐工隶于太常为不雅,乃选子弟之清俊者自教之,名曰梨园子弟,此盖由于明皇自通音律,欲藉此以自娱耳,以乐工隶太常为不雅者,乃托词也。然霓裳一曲,艳称于今,而赏名花对妃子,特召醉学士为新声以付李龟年,而其新声止清平三调,可知彼时所歌者,仍属以诗为讴吟。李白之《菩萨蛮》、《忆秦娥》乃始开词之风气,尚无与于曲也。以词为歌,盛于南宋,小红低唱我吹箫,刘改之独得风趣,而词与曲固若无所分也。至元代以词曲取士,而人乃竞尚词曲,行之既久,曲多于词,而词与曲乃显分两途,然其被之宫商、形诸歌咏者,则不知与近日之腔拍如何,而要非昆腔也。昆腔者,或言为苏州昆山所创,或谓有苏人顾昆生作此腔,因以昆腔名之,起于明季而大盛于国初乾嘉之世。然明季虽已有此,而新声初奏,尚未纯熟。阮大铖以《燕子笺》自鸣得意,而其曲情词意尚不如《桃花扇》,他可知矣。《西厢》之曲实为元人所填,然欲以此曲付之昆腔,则不能合宜,何则?《西厢》诸曲,每折皆以一人独唱,余人则不过科白打诨而已,曲则或十余叠,或二十余叠,欲以一人卒其事,未有不望而却步者。名之曰《北西厢》,盖北曲也,自董解元删改以成南曲,而后可被管弦,流传以至于今。然则可知《西厢记》虽制于元人,要亦徒工其曲,而所以唱之者,则决不若今之昆腔,故可以一人独唱如是之长曲也。且吾闻之,元以词曲取士,人人皆学为曲,譬之今时以八股取士,人人皆学为八股,而所制之曲词句工妙,而不可以播之声律，犹之今人之八股，其说理精粹词调圆熟，而决不能见之于行事，以此例彼，想当然也。故习昆腔者，必称乾嘉之世为盛轨。尔时太平无事，君明臣良，苏杭扬淮等处大兴昆曲，王梦楼先生至自教女乐一班，出而炫耀于人，其在林泉退老之员，无不以此为娱老计。即都中亦盛行此曲，京徽各班几于响绝音沉，诚以昆腔之曲，类多清新绮丽，文义深邃，耐人咀嚼，不若京徽戏之以俚言入曲，但有腔而无字也。听昆曲者，听其曲可以知其音，闻其音可以循其律，按其律可以识其文，熟其文可以知其音义之所在，文义之所存。而檀板一声，四座无言，侧耳静听，有观其神情者，有按其节奏者，有会其丰韵者，而拍手叫好以及喧嚣不靖之气，一扫而空。若此者而犹曰非承平之景象，然则将以扰扰攘攘者为承平乎？魏文侯曰：吾端冕而听古乐，则惟恐卧，听今乐则不知倦。彼之所为古乐者，自是清庙明堂之章，然以今之时较之彼之时，则今之昆腔实已为今之古乐矣。上海戏园计四五处，而观者或多至千百人，少亦数百人，惟三雅昆班则听者多不过二三百，少则仅有数十人，可见上海地方雅者少而俗者多。子之友人善篆隶，精于《说文》，工于雕刻图章，颇具风雅，何乃亦为此言乎？三雅戏园前已有数年久不闻见，至今年正月始来，未几而又闭歇。今复来此，此正雅颂之元音，升平之点缀，方欲视其观者日多，长驻沪上，一洗人间筝笛之耳，俾俗者渐趋于雅，嚣者渐归于静，以挽风气于波靡之余，胡乃为此言耶？客极意称善，曰：快哉此论！吾友闻之，当亦为之心折矣，请笔之以告天下之不知雅俗之辨者。余曰：诺。

光绪十三年九月二十七日/1887 年 11 月 12 日

梨园助赈

河南水灾急矣，灾黎望救情殷，刻不容缓，赈捐诸公几于不遗余力。闻梨园子弟中有好事者谓，不如以戏钱助赈，于是新丹桂戏院踊跃争先，以为之创，准于二十八日日间演剧，尽以此一日之所入，捐归赈所，用助赈项。世不乏乐善好施者，藉此既可娱目赏心，阴行善事，广积阴功，一举而数善备焉。想诸戏院闻风而兴起者，当不乏人也,不禁拭目以俟之焉。

光绪十三年十月二十七日/1887年12月11日

广梨园助赈说

昨报登《梨园助赈》一则,谓新丹桂戏园准于二十八日日间演戏一天,尽以戏资捐助河南赈款,并劝乐善好施者于是日结伴往观,既可娱目赏心,又可阴行其德,盖一举而数善备焉。又闻天仙园伶人戴天林悯灾黎之荡析离居,无衣无食,特邀集同班子弟各解腰缠,慨充豫赈,一俟集有成数,即当送往赈局,汇解灾区。夫河南之灾巨矣,河南之民亦几不聊生矣。他省之灾,或苦旱或苦水,虽极流离颠沛,宛转沟渠,而苦旱者甘澍一施,苦水者横潦一退,即可复我邦族,依然凿井耕田,受灾既在于一时,灾退即元气易复。独至豫省而数年前曾遭亢旱,赤地者几千里,洊饥者二三年,甚至草根树皮民皆食尽,偶一倒毙,彼行道者且分其肢体以充饥。近幸天意渐回,雨旸时若,小民熙熙皞皞,如登春台。不料河决,郑州蓦遭淹没,重罹困厄,几如雪上加霜,彼苍者天,岂必欲斯民之靡有孑遗而后快然意满乎?况水灾之苦,更甚于旱灾。旱灾由渐而来,尚可绸缪未雨,或预谋夫旨蓄,或转徙于他方,虽有死亡,尚可偶留夫硕果。水灾则一泻千里,猝不及防,屋宇田畴尽行湮没,往往家人妇子方在睡梦之中,而洪涛一掀,悉数葬江鱼之腹。呜呼噫嘻!言念之斯,虽其铁石心肠,能无惨然下泪欤?顾筹赈诸公亦已几费心力矣,从前如晋如豫告灾之始,各省皆物力丰盈,是以数十百万金资不难源源接济。至山左顺直,已如三鼓气竭,不能踊跃争先,然犹可集腋成裘,零星补缀。下而至于此次豫灾,赈款则由一而再,由再而三,虽极笔舌卒瘏,恐终难集成巨项,盖亦几类强弩之末,即鲁缟亦不能穿矣。而乃远近闻风,青蚨慨掷,盈千累万,依然集自浃旬。历观电报局、与昌栈、丝业会馆、高易洋行所登本报清单,诚可谓广结善缘,不遗余力。说者上自王公卿相,下逮富商巨贾,墨客文人,咸能通大义发慈悲,故一闻诸善士之孤诣苦心,即各竭已力以襄助耳。由是言之,将何解于梨园助振之事。夫人而至优伶,其品卑矣，其类下矣，不特王公卿相不屑与之并驾齐驱，即欲与墨客文人富商巨贾分庭抗礼，略分言情，其势亦断乎不可。彼其人亦惟知以色艺娱人目，歌管悦人耳而已，乌足以深明道理，恻隐为怀，乃亦慨念饥黎，解囊佽助，聚沙成塔，广种福田，然则彼即所助无多，以视王公卿相富商巨贾墨客文人，累万盈千慷慨一掷者，不尤难能而可贵乎！醴泉无根，芝草无源，孰谓优孟衣冠皆无足重轻之辈耶？虽然，仆窃尚欲推广其义焉。夫丹桂之戏资仅一日耳，天仙之集款亦仅一次耳，或数十元，或百余元，终不能胥千万灾民咸得果腹，请为借箸，再于戏园内筹长久之方。按戏园除起码外，凡坐包厢正桌椅位边厢者，类皆有瓜子点心，瓜子或尚可藉以消闲，点心则具文而已，断无人食，故在看客咸视此项为可有可无，而园主则积少成多，每日所费者不少。约计每客需青蚨十余翼，每园日得客五百人，所费已有六七千，综计沪北四戏园，已可积二十余千之谱。今请将此项裁去，出其以助赈捐，则一月之内，总可得钱数百千。在看客断不因无瓜子点心为之裹足，或且见园主好行其德，相约结队来观，则园主不费分文，而灾民可因之活命，阴功之大，夫亦何惮而不为耶？或曰戏园中之当茶房者，每日薪工无几，惟向园主包办点心瓜子，得钱为糊口之费，一旦裁而去之，茶房将何从糊口？则亦有一法焉，如每客十文者，酌提四五文给茶房，余则尽行充赈，然则于茶房仍无所损，何至退有后言。且不但戏园已也，推而至于茶寮烟馆，虽无瓜子花生之可省，不妨每碗每匣酌量加钱一二文。沪北一隅，烟馆茶寮多至千百处，每日亦可得数十千，其款诚不为不巨。或又疑烟馆茶寮之主断无好人，倘藉此向客加钱，私入己橐，以多报少，实际全无，岂非令助赈者徒存善愿乎？则应之曰是不然，彼开设烟馆茶寮者，托业虽微，岂必天良之尽昧？救灾如救火，乌忍私饱悭囊。即曰事或有之，而私肥者十之四五，助赈者十之五六，则即此十之五六，灾民亦受惠良多矣，不大愈于见死不救之辈乎？因观梨园助赈事而推广言之，然耶否耶，试质之筹赈诸君子。

光绪十三年十月二十八日/1887 年 12 月 12 日

梦畹生偕补枝桐荪游徐园，主人为之合印一照，园林人物，点缀生新，韵事韵人，洵称合璧。征题及仆，为占二绝句应之，质诸画中人，其亦不嫌唐突否

惨绿华年美玉姿，岁寒三友订心知。披图幸睹春风面，愧乏中郎绝妙词。

小憩园林境最幽，骚人韵事足传流。百花祠外花开日，还乞招携续旧游。

徐园百花祠香尉忏情稿

光绪十三年十月二十八日/1887年12月12日

赠雏伶徐介玉，呈镜中花史粲政

曲部征歌韵事新，管弦南国十分春。男儿占得天然秀，清丽娇憨此可人。

妆成艳欲蛾眉妒，浅笑轻颦迥绝尘。此是人间情种子，避风台护绮罗身。

江夏绮禅漫涂

光绪十三年十一月初三日/1887年12月17日

小桂香，黄姓，隶天仙茶园，桐荪之入室弟子也。闻余为介玉题名，因亦乞名于余，取宋之问诗意，名之曰云，字听秋，媵之以诗

前身合与咏霓裳，一曲风生齿颊香。我欲听秋何处是，胥塘烟水隔仙乡。

镜中花史

光绪十三年十一月初十日/1887年12月24日

大闹戏园

金陵推武庠出身者为好汉，以其怒人能为北宫黝之不肤挠，侮人能使韩淮阴之出胯下，故凡众所属耳目之地，非得若人为钤为符，即不能余音绕梁，高朋满座。彩霞街之仪凤戏园其一也，园初开门，驻防人以先睹为快，辄与寓目者相矛盾，园主用欺善怕恶之法，阳拒而阴纳之，使不得逞，久□悉入其彀中。数月来共指郭□兄为血性男子，争引为刎颈交。一日忽来一干人，蛮靴窄袖，才入门，遽攘臂夺戴公之席，其侣即四顾，促之曰："起！起！"众皆不平，欲与抗，则碗飞椅折，令人不可近。园主知其为某局工匠也，乃拱揖而言曰："诸公来此，无非借雅音涤俗虑耳，使台上寂然，又焉用争此尺寸地为？今由我处分，后来者请坐楼上，何如？"事始定。有离者谓园主此举差强人意，盖局匠共七百余人，无锡皖北两帮各居其半，锡帮最懦弱，皖人则恃有护身符，多骄纵无赖。从前某观察严绳以法，不少贷，近则太阿倒持，常有挟制之势，每逢朔望散工之期，茶寮酒肆中肉薄血飞者，皆系此辈，人皆忍气吞声，听其强暴而不之较，园主殆见惯而以和事为晓事者。所阅数日又有丹桂戏园一事，丹桂所演者惟傀儡戏耳，在东牌楼，系杨姓所开，平时惟扶杖之老夫，摊饭之间曹，与夫鹤发老媪携一二雏鬟，就此团坐，以消岑寂而已。虽有丝竹，不足以驻高轩也。是日忽有某局中人三名闯入，黝黑如鬼，见者皆惊起走避，其人即呼茗茶博士沦两盏，故迟迟而至，索其值不应，临行又不与，茶博士颇诮之，遂挥拳相持。间又一人至，见状即趋回，邀同类数十人为之报复，桌椅无一完者。既出至粮道署前，与马相遇，有识马面者，交扭马，反缚于道署之栅栏□，捶楚备至。局内共近三百余人，闻打降事，争努目戟手而出，一时跳者舞者笑者骂者，真不啻吴道子所画十八层地狱变相。局员闻其事，飞舆前来弹压，命亲兵将为首者数人带回，而讯后知与民争斗，乃送两造请江宁县办理。该匠在县供称，原籍湖北，为铜匠手艺，由匠头雷姓者招来，本日在丹桂园与堂倌口角是实，至吊打园主，则系众匠中之喜事者所为，人多嘴杂，小的但见七手八脚，并未确见是谁下手。陶大令得供后，即将该匠交差管押，以待请示发落。戏园主本无应得之咎，无故遭人殴毁，应着赔补完固，此办理之最得其平者也。不料匠头不惟不知感激，且怂令众匠人停工以挟制，监工委员见此情形，扬言于众曰："汝辈不速开炉，过在上不在下。"其意若不胜其仓皇者。先是滋事时，藩宪并不知有吊打平民之事,意仅因看戏口角,就此开释,亦无不可。其所谓停工已阅二日,在藩宪亦无人告知,皆由委员一手上下弥缝,期于了事而已。故藩宪见委员再三乞恩,亦即令县将匠释回,无如野性生成,宽之不知德,横视暴戾,无所忌惮。大令见人已释回,无从断结,只得令差役带木匠为之修理一日,传谕挂牌开门。园主亦不愿结怨于亡命之徒,就此帆随湘转,可止则止,免为将来荆棘挂衣。因思此事,在园主则为知进退,在匠头则不知轻重,而在停工则此风不可长,强暴不可纵。总之热闹之场风波易起,所恨者社鼠城狐,蒙其福而不知嫌,庇其宇而不知惠耳。无已则道之以政,齐之以刑,庶可驯犬羊之性乎?是亦急则治其标之意也。

光绪十三年十一月十二日/1887年12月26日

雏伶徐介玉,绮年玉貌,楚楚动人,而结束登场,尤觉神韵兼绝。惜来申未久,遽返姑苏,□本恨人,不能无感。爰赠二律,用志离悰,□录请梦畹词宗政刊

登场一曲最风流,色技□魁鞠部头。媚影娉婷辉玉貌,新声婉转伤珠喉。春风宜笑舒螺□,秋水回波昵凤眸。无那销魂肠欲断,迷离扑朔恋温柔。

旖旎清歌已绕梁,凝情软语艳生香。腰支袅娜骄池柳,体态娇憨妒海棠。微晕粉涡通密意,巧□宝髻挽时妆。申江自是莺花薮,底向苏台理棹忙。

□情侬甫脱稿

光绪十三年十一月二十三日/1888年1月6日

梨园助赈

十一月十五日,本埠天仙戏园诸伶及后台共五十九户,合助豫皖赈洋一百八元虚、对开六个、小洋二角、钱一百八十七文,由周来全、周钊泉、戴天林交来,当掣收票,并将各户姓名捐数汇列清单登报矣。可见何地无善人,亦何人而不可以为善,其志可嘉,是宜特志。

上海三马路与昌协赈公所竹坪陈煦元谨志

光绪十三年十二月初四日/1888年1月16日

竹西二事(之一)

邗上久未得雨，风干物燥，火患频仍。地方官前曾设坛虔祷，雨师迄未驾临。日内运司街、彩衣街各铺户纠资，在大财神庙演戏三日，以禳火灾。竹脆丝清，花娇玉软，歌声舞态，倾动一时。江甘两邑尊各出示禁屠，就郡庙斋戒熏坛，重行祷雨。不识苍苍者能感格精诚，甘霖渥沛否也？

光绪十三年十二月初五日/1888年1月17日

光绪十四年(1888)

新丹桂戏园向演秦腔,色艺称双绝,惜沪上无知音,观者殊未盛也。近邀昆班妙伶数人登场,座客常满,余亦喜与小金宝重晤,时往观之。为赋四绝,即用去年重送别原韵

风气休云惯转移,好花总说上林枝。今朝重见春风面,莫向东皇怨别离。

玉门岁岁度春风,也识花天色是空。独有会心人不远,顿忘幻境太虚中。

去时曾约共消寒,此日相逢觉太难。别有关情人不识,但知春水底相干。

同是氍毹队里身,分明絮果与兰因。秦庭击碎渐离筑,留得阳和自在春。

镜中花史漫笔

光绪十四年正月初六日/1888年2月17日

周凤林,海上骚坛所称之桐荪词客也。别沪五年,不闻清歌,怀念不可言。昨夜天仙园重逢,宝相秀韵依然,音节仪文俱臻绝诣,昔之赏心者,今当刮目也。我辈饱食终日,无所用心,悠悠忽忽,能弗恧然?归寓,友人示以《粉墨丛谈》,见其酬赠两诗,清丽可喜,益信所称书画琴棋擅兼人之艺,决非虚誉。因成韵语,即奉梦畹生哂政,转视词客,以搏一笑可否

海棠春影破帘栊,压倒群花敢不红。隔岁欲听莺语细,低徊丝簪又东风。

游戏璚仙萼绿华,优昙空现女儿花。别开诗境修篁里,海市楼台第几家。桐荪诗室名修篁别墅,俗尘不易到也。

云雨巫山拟弗伦，柔情侠骨玉精神。当场献技邀知己，羞煞侯门服媚人。

粉墨争雄各擅长，桃花流水过申江。香风鼓动鸣春鸟，青凤白鸾飞一双。时与周补枝《会真》第七折。

之豁居士待定草

光绪十四年正月初八日/1888年2月19日

会馆演剧

英租界盆汤弄之丝业会馆，昨雇京班演剧酬神。诸董事衣冠楚楚，皆往拈香，观剧者殊形热闹。该会馆系在新巡捕房之内，派有巡捕弹压，殊为周到，故人多而不致拥挤也。

光绪十四年正月初十日/1888年2月21日

喜小金宝徐介玉词史重来，隶新丹桂茶园，赋赠四绝，即用镜中花史原韵，录请政刊，并呈雾里看花客、申左梦畹生、之溪居士、两呆山人同粲正

一冬无奈朔风寒，多少离愁欲诉难。难得新春好时节，得卿来倚玉栏干。

满身犹带麝兰风，秀色能教百虑空。同住有情天世界，初逢偏在海天中。余初遇词史于海天春酒楼。

玉立亭亭现在身，虽无后约有前因。唐昌更比丰台秀，谁敢花红唱好春。

莺声连日逐春移，红占江南第几枝。为语多情何水部，从今应免赋将离。

晚霞生未是草

光绪十四年正月十六日/1888年2月27日

榕城琐记(之一)

优人林吉吉在高连升戏台为小旦，前日在南台路毙。其姊王林氏以林生平与三连升掌班郑清鉴有隙，且被郑擒殴一次，具词控

县。经闽县刘大令相验,饬仵审视,始报无伤。后王林氏称如果无故病毙,何以身上有草席遮盖,显系被人打毙,移尸此处。大令又饬仵详细相验,俄而仵作见太阳穴微肿,用旱稻烧灰滴水其上,团团不散,委系有伤。大令将伤填格,并饬差将被控之人提案讯问,嗣闻此事已经调处明白矣。

光绪十四年正月二十一日/1888年3月3日

小金宝者,新丹桂之翘楚也。镜中花史为更其名曰介玉,水镜散仙赠之以诗,用步原韵,录呈吟香馆侍史、先占荷花半月生一笑,并请镜中花史斧削

才得相逢别正多,予将有远行,最难忘是笛声和。生来雅有含羞态,几度徘徊一曲歌。

醉月生未是草

光绪十四年正月二十二日/1888年3月4日

照料戏场

上海县裴邑尊于今日雇优在城隍庙演剧酬神,深恐人多肇事,预饬捕役铺甲人等在戏场照料,如遇不肖之徒乘间骚扰,许即送案严惩。

光绪十四年正月二十五日/1888年3月7日

演剧志盛

昨日城隍庙演剧酬神,清晨九下钟时,即锣鼓喧阗,登场开演。衫兜杏子,扇掩桃枝,舞态歌声,真不数广寒宫里,以故观者甚众,几无插足之方。上海县裴邑尊于十下钟时,亲诣神前拈香行礼,至午后始排道而回。

光绪十四年正月二十六日/1888年3月8日

丹桂茶园观剧,赠徐介玉,录请高昌寒食生大词坛哂政

豪竹哀丝斗晚风,风吹烟散现惊鸿。为君欲续群芳谱,宝树琪花分外红。

城北徐公绝世姿，五铢衣重倦难支。有人愿作司香尉，十万金铃悄护持。小金宝为桂丈所赏，声名骤起。

一声檀板惊山鸟，我已中年感易生。听罢霓裳归路晚，隔花落月逗帘旌。

误堕情魔转自怜，万金手散悔从前。无端又作莺花梦，为赋闲情第一篇。

润玉堂主陇西也云氏未定草

光绪十四年二月初五日/1888 年 3 月 17 日

思存子为丹桂园伶人郭文琴索句，倚《沁园春》一阕，用放翁韵，录呈拍正

匪我思存，怎得相逢，如此可人。念卞和刖足，玉还在璞；鲛人泣泪，珠亦成尘。文彩风流，琴尊日对，何用花开才算春。情无那，对新人念旧，旧事翻新。　相亲道是浮云，却偏为浮云绊此身。想香留衣袂，秦宫未老；美如冠玉，曲逆长贫。离却情天，又来爱海，何日重寻张翰莼。吾何愿，愿兰苕翡翠，永结芳邻。

镜中花史漫笔

光绪十四年二月初六日/1888 年 3 月 18 日

曲江春宴(之一)

江省自旧冬迄今，梨园戏剧累月不休，每班日得钱逾百千，合数戏班计之，所费已不少矣。日前有某戏旦为某公召以侑觞，姗姗来迟，意甚矜贵。某公怒飞一觥，以告座客曰：请诸君嗣后勿用某戏班，座客应之曰诺，该戏班遂不觉声价顿减云。

光绪十四年二月初十日/1888 年 3 月 22 日

观新丹桂伶人满天飞兄弟与飞来凤演《双跑马》戏，不禁拍案叫绝，为赋长歌一章

金铙乍响击鼓镗，挥鞭直出神飞扬。北方健儿好身手，顾盼奕奕生辉光。初如苍鹰盘空际,欲下不下参翱翔。继如怒貌忽抉石,胆落魄夺身欲僵。缘竿本是寻常技,见此乃叹技无双。置身台顶高岌岌,一落奚啻千丈强。兔起鹘落色不变,何怪绝艺称遐方。有西人约伴往观,莫不拍手擲足,称为绝艺。大好头颅坚如铁,千钧重压无所伤。柔者能刚累不坠,绕指柔复百炼钢。一手一足卧空际,三人植立犹彷徨。齿牙余力势独劲,任人攀附轻蜩螗。满天飞舞尘不动,意气穆穆神洋洋。飞来一凤偶展翼,从容跌宕无慌忙。我来观剧不同趣,所爱本止在昆腔。志和音雅戛金玉,听之不觉成坐忘。小金宝昆曲称最,余极喜听之。今睹此技亦心折,豪兴勃发志昂扬。英雄儿女本无别,雌伏岂仅枪榆枋。君不见闻鸡犹欲拔剑舞,睹此能不举十觞。

镜中花史醉笔

光绪十四年二月初十日/1888 年 3 月 22 日

徐介玉词史去岁来沪,即为镜中花史所赏识,故名重一时,惜余未之见也。戊子春访花史于尊闻阁,谈次即以介玉进问,花史出介玉小照,并自填《水调歌头》一阕见示,率成二十八字以赠,不知唐突否?乞花史正之

绝世丰姿城北公,翩翩玉树想临风。莺歌燕舞皆佳妙,尽入何郎彩笔中。

西湖花隐戏笔

光绪十四年二月十八日/1888 年 3 月 30 日

善戏可嘉

戏者,所以劝善而警恶者也。然近时之戏,往往诲淫诲盗,渐失本旨。俞莲村先生所制古乐府,多以劝惩为事,曾经各宪传令本埠各戏园扮演,无如节目清疏,观者颇嫌冷落,以故终未盛行。昨日七里滩渔子邀余至新丹桂观新戏《水火报》,于鱼龙曼衍之中,悉出以劝善惩恶之意,既足以惊心动目,又可以悦目赏心,其用意之厚为何如矣!吾知此戏既行该戏园,生意必且蒸蒸日上,而所以感人者尤深且广焉。至其戏之新奇，则有目者所共赏，无烦赘述也。

光绪十四年二月二十五日/1888年4月6日

敬神戏筵资助赈小引

敬启者，月之廿三日恭逢天后圣母神诞，历年来敝号等招集梨园诣庙演剧，以答神庥，凡在交往之各庄号均有致送香烛者，故于是晚肆筵设席，藉散神福而联友谊，为年例也。去岁敝省水灾，曾移此项以助赈需。今年则豫皖之灾较重，需款更大，爰商诸同人，仍将戏资筵费洋一百元，送交陈与昌汇解灾区。虽属杯水车薪，于事无济，然有闻风而起者，则于赈务不无小补焉。想神灵鉴此微忱，定能默佑，在交往诸君，省兹一夕口腹，俾救无数灾黎，种福正复不浅也。谨书小引，用登报章。

山东瑞生祥、瑞呈祥、瑞蚨祥、瑞林祥、谦祥益同启

光绪十四年三月初六日/1888年4月16日

丹桂园观剧，赠隽伶郭文琴，奉岳生梦畹两先生哂政

蜃市瑶花第一枝，万人喝采上妆时。激昂燕赵悲歌曲，啸咏温韩艳体诗。

雉尾拂云飞锦帔，莺声穿柳唱铜鞮。红牙新按霓裳谱，肠断何戡老拍师。伶为镜中花史所赏，花史精音律，有赠文琴《沁园春》一曲极佳。

太古遗音出爨桐，秦声东彻海天空。星星旧恨蘅芜绿，日日新栽芍药红。

仙府桂枝如满月，江南玉树又春风。谓小桂林、徐介玉两昆伶均称一时之秀。为言海上司香尉，续入瑶台粉墨中。梦畹生《粉墨丛谈》自当续刻也。

之溪居士草

光绪十四年三月十五日/1888年4月25日

枪伤伶人

英租界大马路咏霓戏园，系伶人黑儿、大生、十四旦等合股所

开。大生向为班头,司排戏之役,现往都门招访脚色,遂以排戏事托之十四旦。向例有名脚色之戏,排在中间第四、五、六出,观者既此以此为出色,演者亦于此竭尽所长。该园花旦粉菊花初来时,其戏排在中间,继因观者寥寥,未免因之减色,昨日十四旦遂将粉菊花排在第二出,演《佘塘关》。粉菊花以十四旦相视太薄,不胜愤懑。及演毕尚未卸装,见十四旦出园,遂欲得而甘心,向人借六閧手枪,赶至十四旦面前,先开一响,弹从右腰旁擦过,略受皮伤,又放一响,弹中左胁,园中人闻声而往,十四旦已经倒地。管门之中西捕等即将粉菊花拘住,又据十四旦指小生玉春林帮同行凶,一并拘拿,又有巡街之印华各捕帮助,将粉菊花、玉春林带至捕房管押。一面送十四旦往仁济医院,由医生探以银针,不得枪弹所在,现虽用药敷治,留在院中,尚难保无性命之忧也。自张宋案出,茶寮酒肆中人津津乐道,藉佐谈资。不谓粉菊花竟抄袭旧文,如法泡制,好勇斗狠之风,日甚一日,有心人其能无世道之忧耶!

光绪十四年四月十一日/1888 年 5 月 21 日

枪伤伶人续闻

昨报列枪伤伶人一节,兹悉咏霓戏园领班之周大生赴京后,实托黑儿为班头,十四旦乃黑儿之徒弟。初十日,黑儿排粉菊花在第二出,粉菊花迟迟不到,黑儿遣人再三催促,依然不到,遂由十四旦代演。及卸装,粉菊花始至,十四旦告以若照班规,尔须受罚,粉菊花与之争论,俄持手枪轰击,此其起衅之原委也。外间谓其因争风吃醋起见,事涉暗昧,可置不论。当日又经捕房包探陈阿九至粉菊花家,搜出双宝剑一对,手枪弹二匣。昨晨解送英公堂,打鼓板之津人张二投案诉明前情。黑儿上堂称戏由我排,粉菊花临演不到,十四旦与之理论,讵被行凶,斯时适我不在园中。冯瑞彩即粉菊花供,平日派演各戏,隔日先有戏单交来阅看,以故临时即到,并无错误,近来并无戏单,我不知所派何戏,以致迟到,被十四旦折辱,心有不甘,口角时张二助十四旦将我殴打,又被开枪,反伤十四旦,我不敢行凶。王连桂即玉春林供与略同,并称并无持刀助同行凶之事。黑儿又称一再遣人催粉菊花不到，岂尚不知扮演何戏。又有汤元称眼见粉菊花持手枪向十四旦开放二响，甄财喜称见玉春林持刺刀帮助粉菊花，有行凶之势，惟刀尚未伤人。蔡太守谓粉菊花持枪伤人，见证确凿，岂容抵赖，饬同玉春林及起案之手枪弹子刺刀宝剑并交捕房，查明十四旦伤势如何，再行核办，如有不测，当移送上海县办理。

光绪十四年四月十二日/1888年5月22日

观剧毙命

楚人性喜戏剧，粗卤之人，平时每效伶人讴唱，虽不合腔板，而一路高歌，若有发于情不自已者。倘遇会馆宴客演戏，便欲厕足其中，一扩眼界，何况酬神演剧，空地搭台，何怪万人空巷，相率来观也。近因看戏致毙多命，殊骇听闻。缘武昌城外筷子街地方前遭回禄，邻近未被灾之铺户祈保平安，集赀演戏。除架木支搭戏台外，欲觅蝇头者又在两旁高搭看台，任人凭眺，每人给数十文或数文，以时之久暂为区别。当日观剧者，红男绿女，塞海堆山。有一看台搭在濠沟之上，沟内水深数尺，坡高寻丈，沟底乱石如麻，口上有闸，可以闭遏江水，看台离坡又高寻丈，是台皆系男子立看，可容百余人。戏正热闹时，忽闻豁喇一声，台木尽断，观戏者悉倒入沟内，断木败板乘势而下，在上面者受伤犹轻，若入沟底则欲逃不能，欲喊不得，真有进退维谷之势，一时人声嘈杂，戏亦停锣。嗣有善堂中人饬工捡拾板木，下水捞摸，已经毙命者二十有四名。一霎时有亲人飞奔而来，哭声震地，戏场变为尸场，各善堂拟尽收其尸，无力者从之，有力者仍各舁尸而归，此真意外之灾也。语云：三场勿入，信然。

光绪十四年四月二十五日/1888年6月4日

研讯凶伶

咏霓戏园花旦粉菊花即冯瑞彩枪伤武旦十四旦即王子林，并指小生玉春林即王连桂持刀助凶，已详前报。昨日捕房带一干人至案,并传甄财喜、汤元、黑儿、张二备质。十四旦诉称,是日由小的排戏,粉菊花应演第二出,延不到来,催之再三始至,则为时已晚,不及登场,因照班规议罚,伊即辱骂不休,与论争执,去而复至,用手枪向小的轰轰,以致左胁受弹,虽经西医敷治,现尚未痊,据医生言,再须医治几天方能无碍。粉菊花、玉春林俯首求恩。太守谓十四旦虽不致毙,然粉菊花罪实难辞,饬连玉春林押候备文,连凶器移送上海县,照例科罪,甄等着自行投质,十四旦伤既未痊,仍投医院疗治。

光绪十四年四月二十八日/1888 年 6 月 7 日

演戏伤人

客有来自奉贤者,谈及上月十七日高桥镇居民资雇名优,在城隍庙演剧,一时人山人海,空巷来观。庙之比邻为三官堂,其强有力者相与跻升堂顶,俾得俯察仰观。不料堂屋年久失修,早经糟朽,轰然一响,栋折榱崩,百余人纷纷滚堕瓦砾中,男女四人及一八九龄之小孩身受重伤,肝脑涂地。陈邑尊闻之,传谕各图地甲禁止不许复演。

光绪十四年五月初五日/1888 年 6 月 14 日

东瓯琐志(之一)

昆腔新同福班在温郡已首屈一指,今年班中一切行头均系五马街和凤楼绣花店所制,故该班日夜唱演,甚为热闹。但该班居心不良,欲将和凤楼垫做行头之欠洋一百余元概行吞没,和凤楼之店东遂于上月二十六夜纠人将该班之戏箱抬回数只。该班伶人因戏箱被抬,不能唱演,当于二十七早亦纠多人赶至和凤楼肆行捣荡,并将店东扭浸尿缸。和凤楼之店东当即同母赴县喊冤,不知此案如何了结。

光绪十四年五月初六日/1888 年 6 月 15 日

英界公堂琐案（之一）

华捕沈才福称，捕头嘱我查各戏园有无淫戏，曾到新丹桂戏园，见演《斗牛宫》，又添五个幼伶，系新学习□，所演情状淫秽不堪，禀请查禁。蔡太守随饬差立传新丹桂戏园主讯究。

光绪十四年五月初八日/1888 年 6 月 17 日

候传园主

新丹桂戏园所演《斗牛宫》新戏，另添幼伶扮演淫秽之状，由捕房禀请蔡太守传案讯究，已列昨报。嗣由差捕传到幼伶四名，太守以事与幼伶无干，麾之使去，候传园主问话。

光绪十四年五月初九日/1888 年 6 月 18 日

吴市谈资（之一）

秦伶十三旦，幼时颇著艳名，今则年已三十余，蕉萃丰姿，无翩翩惨绿矣。春间经宝凤园聘令演剧，吴侬好事争以一见为荣，檀板一声，履綦满座。黄子寿方伯访知，妇女不准啜茗后，咸于戏馆中搔头弄姿，遂传谕总巡派人看守园门，粉白黛绿之流，不准得门而入。宝凤生意顿觉清寥，虽有十三旦之艳帜高张，终苦无人问鼎。然则人果爱看十三旦哉？仍贪近粉腻脂柔耳。

光绪十四年五月十二日/1888 年 6 月 21 日

津沽杂志（之一）

河东小圣庙与紫竹林相隔一河，来往行人均需问渡。该庙例于五月间演戏数日，今届端阳令节，正值演剧之期，招招舟子，人多于鲫。是日午后，以舟小人多，偶尔翻侧，问诸水滨者不一而足。幸潮平似掌，均经遇救，未占灭顶之凶。而是日城西双庙街河边有临流浣手者，偶尔失足落水，遂随三闾大夫以去。死生有命，洵然。

光绪十四年五月十四日/1888 年 6 月 23 日

皇都纪胜(之一)

前门外优伶下处及各妓寮,入夏必高搭凉棚,以避炎熇。五月初,韩家潭某妓家凉棚忽被旋风一阵吹至左邻某伶家,将屋压倒,屋内书画玩好损坏不堪,所幸尚未伤人。旋以索赔物件而兴讼云。

光绪十四年五月十五日/1888年6月24日

瑁湖烟雨(之一)

西门外钱泾桥某庙建有戏台,每当春秋佳日,好事者集资演剧,以答神庥。迩来市中小钱过多,各铺户遂雇名优于初九起演戏三天,以便整顿钱市。

光绪十四年五月十七日/1888年6月26日

燕市闲谈(之一)

前门外王寡妇在斜街新开一教门饭铺,取名元兴堂,于四月初四日开市。五月初六日,忽来一广东人,似系工部某司官,飞笺速二客至,并唤小伶桂琴侑酒,飞红帖翠,其乐无涯。至五点钟时,忽闻房内乱呼,某人之衣被伶撕破,并将面目抓伤。铺主为之劝开,大家遂乘车而去。

光绪十四年五月十八日/1888年6月27日

题徐介玉小影,调寄《柳梢青》

是镜中花,是花中意,是意中人。于意云何,问花无语,对镜凝神。　一奁雅可随身,且莫管、无情有情。寄语东君,休教醉后,错唤真真。

高昌寒食生漫笔

光绪十四年五月二十日/1888年6月29日

甄讯优伶

粉菊花即冯瑞彩枪伤十四旦即王子林一案,迭纪前报。前晚经裴邑尊升堂讯究,王诉前情,并称伤已医痊,叩求究办。张二、汤元、甄才喜同称冯行凶是实，小的均在场眼见，求恩讯明惩办。玉春林称短刀一把乃演《杀子报》后遗在戏房，并无持刀带凶情事。冯称当日班头张二不将所排戏单送来观看，以致临时不到，乃张既将小的埋怨，王又将小的辱骂，继以殴打。小的年才十九岁，满师未久，见王凶狠异常，即欲奔避，王用手枪轰击小的，不料反伤自己，小的不敢行凶。邑尊以冯抵赖，反复开导，冯狡展如前。邑尊怒饬令跪链，并用梃棍脑箍，历一时之久，冯乃称愿从实供。邑尊命即松刑，冯称小的因一时气忿，适手中持有手枪，王将小的追及，揿住殴打，小的欲将手枪遮架，岂知误触机关，枪子暴发，致伤王身，实出无意，且家中尚有老母，求恩超豁。邑尊饬将冯曹行还押候办，惟送案之短刀，玉春林尚不照实供诉，着将玉锁在二堂，再行复讯，余人饬退。

光绪十四年五月二十三日/1888 年 7 月 2 日

梨园减色

杭州之小京班，有一正旦、一花旦、一武生，技艺出众，目无余子，与大庆喜班主结为异姓兄弟，素称莫逆，念其无力聘请名优，以致生意寥落，遂相约瞒过本班，潜入大庆喜班，于前日在二圣庙登台助演，欲假此一日之名，藉增该班之声价也。三人者为演《彩楼配》、《采桑》、《三叉(岔)口》三出，台下观者响声喝采，因是彼此哄传，谓该班到有名角矣。小京班管班者闻其事，遂援戏班旧规，悬挂老郎菩萨像，议令三人各罚洋一元，以后不准再赴他班私演。三人迫于班规，当时均各应允，次日交出罚洋，联袂辞出，径至大庆喜班，愿供一臂之助，不计工资多寡。班主喜出望外，当有人雇演五本，嗣是以后争相雇定，直至下月初旬，无一空闲之日，戏价亦已增昂，各色行头亦渐改观。而小京班则失此三人，其余角色均甚平常，故前经雇定者，兹又概行退回，声价为之大减。现拟出游乡镇，藉至苏申聘请二三有名伶人，再行回杭，与大庆喜班一决胜负。嗟乎！二三伶人之去就，乃为全班所关系，即小喻大有国家者，不诚当以得人为先务乎？

光绪十四年五月二十四日/1888 年 7 月 3 日

英界公堂琐案(之一)

新丹桂戏园三百四十一号管门华捕瞿桂和禀称,昨晚陈福昌、王小二到园,坐在正桌前观剧,小的挥令至后边,陈、王即逞蛮,小的因知照印度巡捕拉出。旋有醉人某甲,言陈、王系伊随从,不应逐出,致将小的扭殴,拉破衣服,为此一并拘案。甲供昨晚偕客观剧,管门华捕纠同印捕殴打从人,故与理论,既遭殴辱,又被扭至捕房,幸有某乙代为保出。陈、王同供小的等昨随家主到园看戏,被管门捕驱逐,向论又遭印捕及某伶人扭殴,致碎衣服。蔡太守着静候礼拜四查明实在情形,再行覆讯察断。

光绪十四年五月二十五日/1888年7月4日

芝罘延夏(之一)

十三日为关圣诞辰,潮州会馆、天后宫二处俱演戏庆祝,凡隶籍戎行者,是日尤虔诚致祭。俗又以是日为帝君磨刀日,必有风雨,午后雨雹片刻,田禾尚无伤损。

光绪十四年五月二十六日/1888年7月5日

禾中琐事

郡城北门内大街定于十七日延请羽士设坛建醮,五日至二十一日功德圆满。又南门外施王庙于十六日传鸿福武班搭台演戏,观者颇众。

光绪十四年五月二十六日/1888年7月5日

九峰雾影(之一)

松郡荒草地支台演剧,致有压伤男孩一事,早登前报。嗣悉该孩足膝虽遭打损,尚可医治,惟伊家住白杨滩,该地民人素称强悍,旋于十五日纠合多人前来问罪,将所搭看台悉数打毁。台伙均抱不平,亦于十六日密约数百人,以图报复,幸彼处消息灵通,无一来观者,始得相安无事。讵料是夜该戏班哄聚于某茶园中,系原议演剧三天,应得青蚨六十六千,好事者从中短付,以致大费唇舌。正在旗鼓相当之际，适有一醉汉蹒跚而至，絮语纷纷，某武旦不察，遽尔麾之以肱，跌卧于地，意犹未慊，复取长櫈伤其胁，顿时气闭，当即延医救治，渐渐苏醒。惟某武旦凶横已极，经旁观诸人勒令将未付之戏款为甲医药之资，事始寝息。无端演戏，遂致枝节横生，不作无益害有益，古人所以委戒也。

光绪十四年五月二十六日/1888 年 7 月 5 日

梨园选舞

今日之晚，西人资雇中华菊部，在圆明路戏园中登台演唱。笙清簧煖，竹脆丝柔，舞态歌声，并皆佳妙。寄语中西士女，盍乘兹良夜，命驾一观乎？

光绪十四年六月初十日/1888 年 7 月 18 日

会戏热闹

距九江六十里之湖口县，襟江带湖，颇据形胜，城内外市廛鳞次，烟火万家，亦热闹码头也。邑中城隍神素称灵应，每年六月初四、五、六等日为迎神赛会之期，今年阖城士庶相与敛资，先期雇菊部演剧三天。初四日起用全副仪仗迎神出巡，鼓乐声中杂以爆竹，前导牌伞台阁，秋千高跷，靡不斗丽争妍，五光十色。远近士女或泛桂楫以来游，或驾香车而莅止，几欲挥汗成雨，嘘气若云。其时天气炎热，发痧倒毙者不少。有某姓妇抱一小孩，艳妆靓服，邀同姊妹行，买舟入城。会过时，小孩不耐炎热，啼哭不止，妇但知看会，不暇顾孩，至船拢岸时，小孩哭声顿息，妇审视之，则已体冷如冰，于是痛哭而返。

光绪十四年六月十五日/1888 年 7 月 23 日

《沁园春》三阕

久不见小桂芬，填词寄念。

柳线牵愁，荷珠滴泪，前欢渺然。忆霓裳试按，修箫月底；蓝桥暗渡，解佩风前。细马驶来，娇莺唤入，不学齐宫步亦仙。真堪爱，爱十分韶秀,一味清妍。　同车竞指翩翩,问双璧谁家美少年。奈春来秋去,不情不绪;离多会少,无福无缘。百种思量,几番耽搁,小扇轻衫杳碧天。吾何似,似鸳鸯影只,鸿雁行偏。

郭文琴即小金喜,数年前曾倚《洞仙歌》赠之,时犹髫龄。重遇海陬,已不胜长大飘零之感矣。

旧曲桃根,最小偏怜,天涯又逢。但丰神略带,几分憔悴;歌喉似逊,百转玲珑。梅影清癯,梨魂淡冶,并入春风一面中。重携手,只娇憨未减,笑态酒浓。　风流云散匆匆,剩么凤来栖百尺桐。问翠儿踪迹,可能细说;玉郎姿貌,何竟相同。文采深藏,琴心暗逗,莫为飘零感不穷。须知我,把惜花情思,长搁眉峰。

倚红生邀观咏霓园牡丹花,余已二度识面矣。倾爱无比,亟赠以词。

一十年来,金翠歌名,无人继之。恁莺簧蝶板,清音袅袅;秦筝赵瑟,幽绪丝丝。袜小凌波,裾长委地,舞态固兼妙若斯。心相许,喜兰翘金翠字也去后,得此佳儿。　龙门声价应知,看片语褒扬便入时。顾风流自赏,易沾闲恨;月圆将届,须借芳姿。绿鬓厮摩,红牙缓拍,莫使今生有流离。江郎笔,为名花写照,蜂蝶休疑。

高太痴戏题

光绪十四年六月十九日/1888 年 7 月 27 日

观剧志盛

皇上万寿圣节,例于前期一日,命王大臣入侍宁寿宫观剧二日,以本年适逢驻跸南海,改于西苑阅是楼演戏,赐近臣入聆霓裳羽衣之曲,兹经奏事处奏于六月二十五、二十六两日阅是楼听戏,派出王大臣衔名录左。东边照料和硕惇亲王、总管内务府大臣协办大学士户部尚书福锟;东边和硕惇亲王、军机大臣和硕礼亲王世铎一间;多罗贝勒载滢、多罗贝勒载澍、固山贝子奕谟、固山贝子鸿伦、奉恩辅国公载泽、溥侗、辅国将军载瀛、载津一间;军机大臣大学士额勒和布、军机大臣协办大学士刑部尚书张之万、军机大臣署兵部尚书吏部右侍郎许庚身、军机大臣工部左侍郎孙毓汶一间;总管内务府大臣协办大学士户部尚书福锟、总管内务府大臣户部左侍郎嵩申、大学士恩承、吏部尚书锡珍、吏部尚书徐桐、毓庆宫行走户部尚书翁同龢、礼部尚书奎润、兵部尚书乌拉喜崇阿、刑部尚书麟书、工部尚书昆冈、工部尚书潘祖荫一间；毓庆宫行走吏部左侍郎松溎、毓庆宫行走兵部左侍郎孙家鼐、南书房行走礼部左侍郎徐郙、南书房行走侍读学士李文田一间；西边照料御前大臣伯彦讷谟祜、总管内务府大臣兵部左侍郎师曾；西边御前大臣伯彦讷谟祜、御前大臣多罗克勤郡王晋祺、御前大臣多罗庆郡王奕劻、固伦额驸景寿一间；御前行走那彦图、御前行走玛什巴图尔、御前行走贝勒那尔苏、奉恩辅国公载濂、多罗贝勒载漪、固伦额驸符珍、辅国将军载澜一间；和硕额驸扎拉丰阿、御前侍卫厢黄蒙都统德福、乾清门侍卫副都统福森布、乾清门侍卫护军统领恩铭、乾清门侍卫护军统领芬车、乾清门侍卫护军统领桂祥、乾清门侍卫副都统希朗阿、乾清门侍卫副都统希隆阿、乾清门行走头等侍卫明安一间；总管内务府大臣兵部左侍郎师曾、总管内务府大臣正蓝旗护军统领巴克坦布、总管内务府大臣崇光理藩院尚书绍祺、都察院左都御史松森、都察院左都御史祁世长一间；上书房行走礼部右侍郎童华、上书房行走侍讲学士徐会澧、南书房行走侍读王文锦、南书房行走修撰曹鸿勋、南书房行走修撰王仁堪、上书房行走编修蒋艮、上书房行走编修李培元、上书房行走编修高钊中、前湖广总督李瀚章一间。

光绪十四年六月二十七日/1888 年 8 月 4 日

英廨琐案(之一)

伶人孟七曾在苏省开设戏园，因花旦周双林向伊取过包银，演不多日，不告而去，现知在上海英租界留春园唱戏，核算尚应回找洋三百余元，遂投吴县衙门，黏呈合同求追。经马渔珊明府备文派差投英公廨，请移提周双林归案讯理，蔡太守即饬差协同来差往提周双林，去后留春戏园主陈芳水同周双林及原告孟七同称，已经自行料理明白，求请移覆销案，太守姑准所请，静候移覆。

光绪十四年六月二十八日/1888 年 8 月 5 日

戏资发充郑赈

杭城绸业观成堂公所等再将戏资移赈事,凡我绸业议增价目,必□输分钱,在上下祖庙敬神演戏。前因直东灾振孔亟特将戏资连次移助。今郑州告急,恪循上两次商充同行,移助寄上英洋一百十六元又钱五百五十文,交丝业会馆筹赈公所少钦施丈察收汇解,并恳另条登明报牍,俾众咸知,同声感激。

观成堂董事胡坤拜启

光绪十四年七月初三日/1888 年 8 月 10 日

燕市歌声(之一)

京师宝胜和班唱老生之十三红,客岁由张家口购来。张家口戏班老板侯姓自失十三红,生意日减,难以支持,竟自歇业。然恨宝胜和班之夺十三红也,独自来京,潜赴宛平县控告,宝胜和班主素有势力,侯以人地生疏,竟未得直,隐忍而归。七月廿八,宝胜和班分包于德胜门外戏园,十三红唱毕,时乘马将赴前门外戏园。不料行至皇城根,突来一伙强人,各持利器,辄将十三红抢去,直出齐化门,飞向东行。是时虽有保护者三四人,然众寡不敌,只好狼狈而逃。现经班主派人各处搜求,毫无踪迹,疑是侯姓所为,将率多人赴张家口寻衅矣。以一伶之故而兴鹬蚌之争,洵不愧红之一字。

光绪十四年八月初十日/1888 年 9 月 15 日

赠牡丹花并叙

咏霓园雏伶牡丹花,色艺妙绝,较之金翠,有过之无不及焉。每登场,有轶类超群之概,洵无双国色,第一天香也。仆惨绿年华,南奔北走,笃于看花,自许尘外知音,个中识趣。近者忏情修道,时逢顾曲,辄爱逃禅。良以沧海归来,目空障碍,惟于小部犹深惓惓。曩既得任海儿,今复得牡丹花,聊以遣穷愁,纾旅感,差堪自慰耳。因《沁园春》词意未尽,再赋十二韵以赠,藉写秾芳,无伤本色。

奉敕花宫向晓开,千红万紫尽舆台。呼名羞借樱桃颗,养艳拟含豆蔻胎。

一朵仙云新堕落，九霄甘露旧栽培。清平调里能增色，富贵场中解爱才。

三月春风传信息，二分明月助丰裁。脂腮粉面偎红烛，芗泽情波腻绿□。

愁日愁阴魂太弱，宜云宜雨梦初吐。名姝本合藏金谷，温尉何惭赋玉台。

娇极况教罗作幕，春深只许锦成堆。不禁残睡浓于酒，未必相思冷似灰。

近侍新添怜芍药，芳名竞避笑玫瑰。霓裳按罢浑无力，懊恼□间羯鼓催。初演《赠珠》，□怜其怯，再演《扇坟》，弥惜其劳，故云。

太痴戏题

光绪十四年八月十一日/1888 年 9 月 16 日

戏场斗殴

河南沙头乡之康公庙，神灵素著，乡人报赛甚虔，每至诞辰，则建设醮坛，延羽士以讽经，雇名优而演剧，久已沿为常例。上月杪因庆祝神诞，唱演杏花村戏班，连日之往观者，人海人山，络绎不绝。本月初一晚为开台之次夕，衣香人影，倍觉周遮。乃戏场中歌舞方酣，而看台上喧嚷忽起，始犹拳脚相竞，继且刀械齐施，其中击格之声与锣鼓之声相应，各观剧人惊骇却走，恐后争先，后经绿勇力为弹压，始渐止息，而受伤者已不乏人。闻相斗者均属附近乡邻，因两乡素有微嫌，故狭路相逢，势不相下，其受伤诸人自耻不武，尚欲再建旂鼓，以决输赢。惟期该乡绅耆晓以官法之森严，喻仇杀之利害，或可惩其忿而不至再逞也。（录《港报》）

光绪十四年八月十八日/1888 年 9 月 23 日

新丹桂部雏伶李月秋，年十四岁，声光并茂，袍笏登场，颇有雍容华贵气象。余为命其名曰辉，字月明，扬而□以诗

春月胜秋月，斯曾不我欺。春月使人乐，秋月令人悲。我今谓月秋,喜气扑双眉。天高气益爽,□生丹桂枝。秋声更可听,霓羽谱新奇。□声自豪致,渺渺寄遐思。乃知月本同,人心觉两歧。为扬秋月明,光辉无缺时。

高昌寒食生戏笔

光绪十四年八月十九日/1888年9月24日

赠桐荪并叙

哀丝豪竹,英雄托足之场;舞燕歌莺,儿女生愁之地。结因缘于巾帼,未免有情;虚赏识于须眉,岂无增感。是以春兰秋菊,终叹飘零;野草闲花,每嗟沦落。周生凤林者,桐荪是其别字,明月证厥前身,解晓风残月之清讴,俪宋朝子都之姱态。丰姿不俗,翰墨尤工。写出兰茳,墨香馥郁;摹来钟鼎,古致横生。一局频敲,不失雅人深致;五弦并奏,止能为我移情。以一介书生,三吴下士,风尘特识,愿终老乎斯乡;月旦公评,且相期于后日。爰缀冶辞,以博芳粲,呈诸梦畹同人乞和。

果然顾曲有周郎,花下相逢喜欲狂。漫说秀灵钟北地,常留旖旎祝东皇。

满腔抑郁谁堪诉,素愿孤高不易偿。飘泊江湖向无主,生尝谓苟能觅一生涯,可以糊口,于愿足矣。劝自珍重少年场。

风流态度孰如君,占尽扬州月二分。月旦果然推第一,梦畹生著《粉墨丛谈》,以君为冠军。天才况乃更超群。

漫教乍见神明契,赢得深谈齿颊芬。乐部增光何足羡,雅宜鸣盛奏元勋。

广寒宫侍史脱稿于海上幽栖仙馆

光绪十四年九月初二日/1888年10月6日

戏无益说

四明荥阳子周甫来稿

演戏例所宜禁乎?曰不禁也。昔周穆王时,有巧人名偃师者,刻木为人,能自歌舞,谓之傀儡,是为戏之鼻祖。自是而优施教骊姬以蛊晋献，优孟扮孙叔敖以讽楚王，见诸史书，历历可信。五代时，镜新磨、黄播绰辈，更以清歌妙舞，倾动人君。唐明皇新置梨园，而一曲霓裳，传来天上，风流佳话，传播千秋。吾朝崇实黜华，深戒般游之习，而内廷亦有名优供奉，俾得万几之暇，一聆法曲仙音。若是乎戏虽为无益之端，然亦何尝悬为厉禁哉。曰：我见今州县官之文告矣，凡在一乡一邑，春秋佳日，报赛酬神，往往醵钱延雇戏班登场演唱，红男绿女远近来观，诚有如子贡所谓一国之人皆若狂者。而为民父母者，必出示谕禁，派差弹压，务令锣收鼓歇而后已。若是乎不特大杀风景，等丁煮鹤焚琴，抑且于所不应禁者而禁之，毋乃与例适相刺谬乎？曰：是不然，是非禁戏，禁因戏而滋生事，端败坏风俗也。凡在通商口岸、省会名区，大都有人开设戏园，引人入胜，征歌选色，极巧穷工。入其门者，苟非富道名公，即系多钱巨贾，茶余酒后，遣兴关情，类皆儒雅彬彬，不致藉端胡闹。独至乡间搭台演剧而事故百出，将有不忍出诸口且不忍笔诸书者矣。乡人耳目甚狭陋，一闻某处演戏，即不远数十里，扶老携幼，邀约来观。无赖匪徒错杂其内，见有妇女之稍具姿色者，即任情嘲谑，肆意讥评，甚且摸肚捺胸，扒簪攫珥。妇女既受其辱，不特不敢反唇相稽，即归亦不能向翁姑丈夫一一申诉。盖以出门观剧，本非妇人之道，是以只得默尔而息，隐忍不言也。更有一种外来赌棍，乘多人观剧之际，开场聚赌，罄人腰缠。其挟多金者，既入局中，断不令其携资出外，即或小本经纪，贫无余钱，而既为迷龙神所迷，每有自褫其衣，质钱以作孤注者。至其他之走失小孩，堕落衣物，打降抢醮，翦绺掉包，种种弊端，戏场中真无奇不有。而谓戏固宜禁乎？不宜禁乎？曰：以子所言，戏固非徒无益，其害更有深焉者。正不得谓通商口岸、省会名区，既容人开设戏园，引人入胜，而一乡一邑，即不妨暂开禁令，任人雇班唱演，不为之厉禁高悬也。虽然演戏尚在白昼，时众人之耳目易周，尚不致于为害不可收拾。以我所闻，见诸凡弊病，尚有更甚于演戏数倍者，何以官宪竟如聋如瞽，置若罔闻乎？弊病何在？一曰赛会，一曰出灯。每年三节，各处例得舁神赛会，以祭乏祀孤魂，虽曰藉神道以导愚民，然既祀典昭垂，亦谁敢议其非礼。而会中人必争奇斗巧,务为奢华,仪仗所需,动以千百金计,然犹曰虽无所益,亦无所伤也。顾赛会之时,既卜其昼者,必又卜其夜,每至宵深籁静,始舁神像遄回,斯时灯火辉煌,笙歌嘈杂,一切铺饰更胜于日中。而绣闼娇娃,香闺丽质,欲恢眼界,争倚楼头,鬓影衣香,若隐若现,轻浮子弟,成群结队,品足评头,秽语淫词,几难入耳。噫!闺房三尺地,岂男子所可轻逾,而竟令露丑出乖,不顾羞耻,谁作踊(俑)者,其罪不归之赛会者而将谁归耶?至于出灯而为害尤有甚于此者,盖赛会只以迎神仪仗,尚为肃穆,至出灯则心裁各出,装扮离奇,务令人惑志荡心,称奇道好,以故人尤争先快睹,挤拥喧哗。昔年曾闻某处出灯,有扮作螺蛳精者,薰香窄袖,妖冶绝伦,浪蝶游蜂,如水趋壑。某姓小家女,苞含豆蔻,袅袅婷婷,插身人丛中,以冀一见颜色,蓦有无赖子探手摸其乳,用力过猛,致受重伤,随即玉殒香销,归家而毙。又有某姓女自乡间至镇,行至荒僻处,忽有人负之而去。旁人疑系一家人,怜其荏弱,是以负之,亦不以为意也。不料其家失女,遍寻不得,至翌晨始得诸旷野,则已被诸恶少轮奸数次,只余一息奄奄矣。又某姓家膝下只有一子,髫龄玉貌,爱之如掌上明珠,一夕令老苍头挈之观灯,万人如蚁中,一眨眼忽失所在,其家惟痛哭流涕,深恨苍头之粗忽而已。阅年余,有人在省中观剧,见一雏伶而悦之,飞猩红笺征之侑酒,叩以姓氏里居,忽泫然流涕,盖即某姓家子,是夕被人诱去,售入班中,因出囊金脱其籍,送之还家,然已圭玷难磨,终身含垢矣。以上诸事得自耳闻,不知出自何地,然赛会出灯之流弊,于此已见一斑。然则为人上者,其可仅禁村台演戏,不并此而俱禁之耶?至于影戏、花鼓戏、花烟馆、台基,凡若此者,王法在所不赦,堂皇高坐者,目必嫉恶如仇,除之务尽。贵馆亦早经论及,不俟鄙人之借箸代筹已。

光绪十四年九月初四日/1888年10月8日

台疆樵语

台湾访事人云,八月二十九日为台抚刘省三爵帅夫人六十帨辰。先一日为其三公子春圃茂才合卺吉期，女家系袁甲三大帅之后，先期由省帅派员迎至台湾淡水县署，是日清晨三公子乘舆前往行亲迎礼，前面吹手十数名，继以全副执事，并有本署各差官乘马拥护，观者人海人山，极口称赞。先数日署之东花厅搭戏台一座，特雇福省名班登台演戏，台前罩以五色布棚，下设筵宴，各官挨次而坐，冠裳云集，鼓乐齐鸣，诚极一时之盛。次日各官纷纷进署，叩祝爵夫人，饮酒观戏，诚盛赏会也。

台北天后宫刻经告竣，陈设一切壮丽非常，大殿之前另建一戏台，画栋雕梁均极精美。月初，福省某戏班到台，既在抚署演唱，复移至庙内开演三天。远近之人携老扶少来观，各大宪眷属亦皆命舆与往，从楼头垂帘而看，衣香鬟影，翠绕珠围，尤为一时之盛云。

光绪十四年九月十八日/1888年10月22日

粤人赛会

粤东人士之寄居邗上者，择定上月二十一日，在琼花观三层楼上作吕祖会。胆瓶拳石，瑶草琪花，木鸡火齐之珍，珊瑚玛瑙之宝，陈设璀璨，五色迷离。复雇小清音一堂，类皆十余龄，歌拍象板鹅笙，低唱《扫花》、《折柳》诸昆曲，仿佛大罗天上奏三叠霓裳。一时红袖青衫，缁流墨客，骈肩而至，如水如云，直至日过花梢，始各尽欢而散，盖亦一年之胜会也。特不知羽衣松尘者，果肯跨鹤而来，不厌红尘十丈否？

光绪十四年十月初二日/1888年11月5日

戏评

余于戏，独爱昆腔，京调即不甚爱，听之亦不甚解其音调。所谓二簧板起而板止，西皮中眼起中眼止，大都皆得自耳食，即其戏剧名目，亦未能尽悉焉。至于秦腔梆子，则纯是凄楚激烈之音，大抵杨恽《报孙会宗书》所谓仰天击缶而歌呜呜者。盖所击之梆，其声高抗，或疑即高渐离所击之筑，然筑亦有兹，空其中可以灌铅，高渐离曾以之击秦王，至今人犹惜其击之不中，则与今之梆子必非一物。而缶之声纯一不杂,亦无转音余韵,似乎与之相类,况秦人所善,以之歌秦声,当相去不远也。然但闻其音调而实不能辨其字句,且其字句亦不足辨,盖其鄙俚有过于京调者,故余每逢梆子戏即起而去之。自徐郎介玉就丹桂园之聘,乃时往观之,余所欲观者固不过昆戏而已,而有时或前或后杂以梆子戏,则亦不得不勉强听之,习久稍稍耐听,然终以为近乎北鄙杀伐之声,非若昆腔之为盛世元音也。乾嘉之时昆腔盛行,京腔梆子诸戏乃兴于咸丰季年,由是以观,昆腔盛衰之数,所关岂浅鲜哉!孔子谓:“吾自卫反鲁,然后乐正,雅颂各得其所。”说者谓自孔子正之,窃以为倘使孔子所正,安有自夸之理。盖孔子前此去鲁,正值祸乱频仍,国无宁岁,故音乐不免于淆乱,至自卫反鲁,鲁乱已弭,各复旧规,乐亦各得其所,此则举乐之一端,以征政治亦各得所之意。乐之正不正,关乎国之治不治,此乃天意,非尽关乎人事。以故乾嘉时尚昆腔而天下承平,咸丰时尚京梆而发匪扰乱至于如此。有强为之解者,谓乾嘉时亦有京梆诸戏而不看昆腔,咸丰季年都下亦有昆曲,有“家家收拾起,处处不提防”之谣,后卒应其识,可知治乱之机不关乎此。此则强词夺理,不足与之辩。独怪夫近日之戏,其命名原大不可者,竟无人焉起而论之,殊可异也!近来各戏馆竞排新戏,或旧戏而翻作新名,如丹桂之《善游斗牛宫》、《赤龙游海中》,名目诧异,费解特甚。又如天仙之《素贫贱素富贵》,一掉书袋,转成钝置,不如《笑笑笑》三字之尚为新颖。顾此等命名之意,原不过冀动观者之耳目,初无关乎紧要也。至于淫戏有禁而戏名纷改,如《杀子报》之改为《天齐庙》,《卖胭脂》之改为《月华缘》,诸如此类,不一而足,此其意皆有所为,尚可原也。至于《大闹天津府》、《大闹杭州府》诸戏名,则可怪甚矣!推原其故,由于《大闹嘉兴府》一折而起,是戏出于《绿牡丹》一书,颇为热闹,金鼓喧天,刀枪盖地,观者喜其煊烂,或乐观之。于是踵其后者,如前有《大闹天津府》之作,其实则改头换面之《乾元山》也,近来留春又有《大闹杭州府》一折。夫谶纬之书,儒者弗道,此等游戏之事,何足措意,而不知几之先见,亦有信而可征者。明季伶人,其名古怪如小秦王、小红娘等类,厥后流寇中果有是名，加之以射塌天、一只虎、独行狼，与今日之云里飞、一阵风等颇觉相似，而居然接踵而起者日益众。然犹曰：若辈北鄙粗人，但取其足以震惊庸耳俗目，他所不计，独至《大闹》诸剧，则官宪应早有以禁之。夫一戏一名，或一戏数名，何名不可取，而偏取此天津、杭州等府，固本朝版图也，天津且近于畿辅，北门管钥，自有伟人，而可轻易加上大闹二字乎？吾恐此风一开，将来安知不为大闹顺天、大闹京都等戏。盖此辈但知穷思极想，以期生意之兴旺，初不知有所顾忌，而官宪之见之者，于此等处不以为意，或曲加原恕，不与之较，然较固不必较，谕而禁之何独不可？夫岂曰此等小事，其细已甚，不足动明公之听耶？然我观近来之禁淫戏者矣，出一通示，传一遭人，谕一番话，各戏园主遵谕具结，唯唯而退，官以为此所以整励风化，诚善举也，而不知只以饱差役辈之腰橐，一次传人，一次费用，而所禁之淫戏，则不过改易名目，仍前唱演，绝无顾忌，不过稍稍暗藏，不至如前之当场出彩而已。其所禁焉者如彼，其所不禁者如此，此则尤为不可解者矣。夫淫戏之宜禁，人人知之，此等伤时触目之戏名宜禁，人或未之知也。为之表而出之，禁与不禁，听之有禁之之权与夫有禁之之责者。论甫毕，介玉适至，见之，首为之肯，且曰：各戏馆之所以取此名者，大都无人焉为之提破耳，此论一出，各戏园当自为禁止，即无官宪验示，亦更易矣。余将曰：此则不敢预必，予姑俟之。

光绪十四年十月十七日/1888 年 11 月 20 日

金　缕　曲

余之将病未病也，忽忽若有所失，非观剧不乐，非观牡丹花剧又不乐。朋辈招邀，要必往咏霓园，病中犹恐其遽去，而后会无期，故思之或复梦之。病已，又以葆养心神，歌场屏迹。今晚赴饮归，始乘醉往，芳容再观，妙曲徐聆，喜可知已。然听雨闲有，终多凄恻，临风倩影，逾觉清癯。虫实可怜，鸟非同命，一念及此，则又兴尽悲来矣。因拈是解，但洛水微波，未识斯灵亦有鉴于予怀之渺渺否耶？

似恁琼枝瘦，想当临、香桃玉骨，怎堪消受。怜尔娇柔，怜我病重，见不胜僝愁。却讵料、相离许久。亸袖低鬟惊绝艳，更歌珠迸散盘中走。一字字，莺簧溜。　药炉烟里空厮守。喜今宵、轻音软语，勾人兴逗。傅粉薰衣知分浅，但愿花前邂逅。共半晌、旗亭贳酒。收得丹珊归铁网，算从今声价无其右。应识取，此情厚。

太痴戏笔，丑月之十一晚也

光绪十四年十一月十四日/1888年12月16日

赠高郎彩云

寻常渴睡歌场下，今夕惊疑目一开。尚有遗珠落沧海，几番珍重拾归来。

津门一觉笙歌梦，回首依稀记小名。多谢天公增眼福，好花留待病书生。

太痴戏笔

光绪十四年十一月十四日/1888年12月16日

仆本痴人，每易堕泪，昨见《关王庙》剧，又觉凄然，因占二绝

风流一折《关王庙》，独自伤心湿袖罗。何事近来脂粉队，钟情人少薄情多。

寒酸莫笑王公子，还有青楼肯解衣。我辈穷途空一叹，何人到此尚依依。

太痴戏笔

光绪十四年十一月十四日/1888年12月16日

说　戏

宇宙一戏场也，古今一戏局也。君臣父子，夫妇昆弟，以至仆隶舆台，一戏中之脚色也。恻隐羞恶，恭敬是非，以至忠孝节义，一戏中之关目也。推之问暖嘘寒，即带须之副净；迎新送故，即花面之丫头。富者文绣，贫者蓝褛，即老莱子之斑衣；少而朱颜，老而白

发，即狄将军之面具。周旋晋接之间，饮食起居之际，又何莫非戏也哉！尝闻有戏台联云："尧舜生，汤武净，五霸七雄丑末耳，汉祖唐宗漫弄一双撒手，其余拜将封侯，不过摇旗呐喊称奴婢；四书白，五经引，诸子百家杂说也，杜甫李白能唱几句乱弹，以外咬文嚼字，都是沿街乞食唱莲花。"相传为纪文达公晓岚书撰，顾斯联也，上下千古，包扫一切，手笔之大，眼界之宽，诚有非文达公不办者。即非出自文达公，而按其语考其时，当在乾嘉以前。其时都中惟昆腔盛行，以昆腔为正声，以京腔为乱弹。昆腔者即长洲昆山太仓之中原音也，京腔者即今所谓二黄西皮也。乃时移世易，俗尚变迁，取舍不同，爱憎各异，一时盛行京腔，而昆腔遂鲜有闻者。虽温文尔雅倜傥不群，戴南冠而操土音者，亦且谓昆腔之音乐，故和之以竹，京腔之音哀，故和之以丝。写乐者难工，写哀者易好，故昆腔之志和音雅，沨沨移人，反不如京腔之慷慨悲歌，声情激越，其感人为尤深耳。呜呼！闻其乐，知其德。戏即今之舞也，曲即今之歌也，世运之盛衰，国祚之短长，胥于是乎卜焉。然则正变贞淫，存亡兴废，顾可以忽乎哉！自汉迄于六朝，去古未远，入奏者必协音，其置□之处，乃谐声之极也。唐初之歌皆以诗，诸公以入唱为高，"云想衣裳"盛传乐府，"黄河远上"独擅旗亭。自宋代以调兴，而和诗之法废，宋时之歌皆以词，"大江东去"铁板酣歌，"杨柳晓风"红牙低唱。自金元以北九宫兴，而歌调之法废。洎我朝昆山魏良辅出，始以南曲鸣于时。良辅初习北音，绌于北人王友山，退而镂心南曲，足迹不下楼者十年。是时南曲率平直无意致，良辅转喉押调，度为新声，疾徐高下清浊之数，一依本宫，故南曲以魏良辅为正宗，张五云为大家，娄东人张小泉、海虞人周梦山竞相附和，与朱美、黄问琴辈，皆羽翼而接武者也，惟梁谿人潘荆南独精其技，至今云礽不绝云。南曲之兴也，始于玉峰，盛于梁谿，百余年来，不绝如缕。而自《西厢记》后，北曲之传者寥寥焉，惟谱南曲者，时有北曲参错其间，促节繁音，都非正调，夫是以南曲兴而北曲废也。夫我朝既兴南曲而废北曲矣，曾不一再传，乃又兴京腔而废南曲，是岂徒时移世易，俗尚变迁，取舍不同，爱憎各异哉？盖将以觇世运焉，将以稽国祚焉。我朝发祥长白,定鼎顺天,则京腔当为正声,而当时以为乱弹者,意者前有三藩之乱,后有粤寇之乱,此其兆端也欤?今者景运中兴,与民更始,故南曲废而京腔独盛,于以订一代宫商之谱,正千秋律吕之宗,自兹以往,玉烛长调,金瓯永固,卜年卜世,无待蓍龟矣。独不解沪北洋场戏园林立,另编新剧,竞尚新声,如《大闹天津》、《大闹杭州》、《大闹嘉兴》诸剧,不知何所取义而云然。其尤可骇者,为《万法扫北》一剧,夫法国为鲸吞蚕食之强邻,北京为虎踞龙蟠之都会,溯自中法失和,海疆肇事,曾几何时,忽睹是剧,试问是何主见?是何居心?虽有百口莫能为之解矣。藉曰编者出自无心,演者不求甚解,则岂无人焉为之警戒,为之呵责,而竟任其通衢招帖,触目惊心,肆无忌惮,至于此极也哉!虽然吾方以宇宙为戏场,古今为戏局,吾之所遭逢浃洽者为戏中之脚色,吾之所竭(竭)蹶图维者为戏中之关目,非戏也而视以为戏,则于戏也,其又何尤姑戏言之,戏笔之,为《说戏》云。

光绪十四年十一月二十日/1888年12月22日

余之观剧也,志在昆曲。丹桂茶园近日以新角登场,不演昆戏者数日,余亦不复往观。前日徐介玉又演《琴挑》一出,欣然命驾,并见夏溆芳演《夜奔》,并皆佳妙,归而赋《醉太平》一阕以志喜

情真意真,调高韵清。恍然身在花阴,听黄鹂数声。 天生俊生,亲卿爱卿。归来寒恋重衾,更无端梦醒。

镜中花史倚声

光绪十四年十一月二十日/1888年12月22日

桐孙回苏葬亲,诗以送之

去年毁瘠怜卿孝,今日行营与子诚。漫向歌台夸色艺,为标至性一心倾。

高昌寒食生

光绪十四年十一月二十日/1888年12月22日

观剧酿祸

大凡热闹场中，最易滋事，谚云：三场勿入，洵有味乎？其言之也。兹闻宁郡大沙泥街张氏宗祠，于冬至之前夕雇京班演戏，庆贺令节。戏未开台，有近处童子六七人，皆欲一扩眼界，扒上所堆谷袋，作壁上观。不防谷袋霎时倾倒，其势如泰山压卵，童子皆压入其中，急切不得出。当经众人将谷袋扒开，诸童子或头破血流，或折股伤足，内有五岁幼童，受伤更重，气息奄奄，恐性命尚难保全也。

光绪十四年十一月二十二日/1888年12月20日

赠小凤奎

不须傅粉略施脂，色艺声声并有之。剑佩雍容袍笏整，高瞻阔步上场时。

丹山雏凤尚堪夸，媚发堆云脸晕霞。破例东风莫相笑，海棠亲赐状头花。丙戌冬，余品题诸雏伶，以凤奎为冠，比诸春海棠。

闲倚云屏弄玉笙，蓦然含笑动人情。无双抵似连城璧，奕奕丰神照眼明。

秀骨曾含仙子胎，俊庞偏胜玉人腮。何当媲美随园老，招得琼枝立雪来。

侣琴

光绪十四年十一月二十三日/1888年12月21日

赠牡丹花，录尘太痴

清平调里艳名留，一面缘悭恨阻修。欲借新诗夸国色，可能移植到江楼。

魏紫姚黄迥出尘，百花虽好总称臣。沉香亭北娇无那，怎肯低头让太真。

平章合让太痴生，选舞征歌最有情。羡尔何缘邀赏识，北花新记著芳名。太痴拟辑《南雪北花记》，牡丹花亦与其列。

鲰生雅爱拂霓裳，小队深知独擅场。他日酒阑灯影下，须防顾曲有周郎。

爱莲仙侣戏稿

光绪十四年十一月二十三日/1888 年 12 月 21 日

赠周补枝

周生落落殊不偶,惟遇佳士辄低首。曩日相逢奇我痴,今日相逢叹我瘦。余告以病吁且嗟,为言暌隔如天涯。居停不知失慰问,衷曲念虑时交加。近闻良已心窃喜,邂逅何期获观止。左手握余右梦畹,劝共倾谈入酒市。龙山小隐工写生,更有某君相将行。里门在望余揖谢,辞以微寒衣须更。初时坚持道不可,继约余至方入座。却之未免太无情,惟有中怀私感荷。是夕座中饮俱豪,余及小隐将酕醄。周生适有季常惧,生将演《梳妆·跪池》,故戏云。谐噱杂作欢声高。酒阑拱手各分散,余亦踽踽归旅馆。对烛围炉还自思,周生气谊薄云汉。余友香尉时运艰,生独只手相周旋。订交无过酒与食,临难披沥殊等闲。余亦有时造其舍,真觉幽栖无俗友。书画琴尊雅绝伦,早知生是风尘秀。慨余落魄春申江,穷愁每借歌舞降。阅人虽多类生少,知己得一难得双。良俦何肯交臂失,但愿他年同卜宅。倦游偕隐归吴门,好结比邻数晨夕。

太痴初稿

光绪十四年十一月二十九日/1888 年 12 月 27 日

看戏遇祸

宁郡新到京班,一曰大春台,一曰大雅堂,于月之初八日,在郡庙前后殿开演。宁人闻风往观,骈肩接踵,戏未开台,人已拥挤。迨至锣鼓声喧,观者愈聚愈多,大半不得入庙门而返。场中挨挤愈甚,欲进不能,欲退不得。甚至大殿下之千觔重铁香炉亦被挨倒,喊声震天,众人命令停演,然已压伤四人,一伤足面,一伤手指,尚可医治,又有二人均受重伤,奄奄一息,想难活命。至分散后,失帽落履者更不计其数。是日庙外之茶坊酒肆座无虚位，开张以来，生意从未有如此日之繁盛者，即摆食物等摊，亦无不利市三倍云。

光绪十四年十二月十三日/1889 年 1 月 14 日

光绪十五年(1889)

梨园十艳吟

秀艳　周凤林

红轮娇媚碧输鲜,别具风流淡愈妍。仿佛瑶台明月下,万花扶出蕊珠仙。

富艳　想九霄

天香夜染露痕滋,国色朝酣酒不辞。绘出东风好颜色,千金不惜买胭脂。

幽艳　小桂林

春风吹醒蝶魂柔,一缕幽香淡欲流。残雪平林天欲晓,有人扶醉梦罗浮。

哀艳　金菊花

严妆初罢绣帘垂,欲上红毹却屡迟。赢得销魂禁得泪,一声莺语落花时。

丰艳　小双凤

藕为心窍最玲珑,冰作肌肤暖怕融。绝爱百花亭子上,双涡微映海棠红。

鲜艳　高彩云

红脂一捻粉双毫,香韵天然冠尔曹。可惜西山好标格,被人差唤作樱桃。

素艳　小金虎

漫将幽怨托青琴,冷艳孤芳隐碧浔。我欲访卿湘浦畔,淡无言处证同心。

娇艳　牡丹花

略解风情俊不禁,十三年纪发鬅鬙。生平绝艺丹山凤,欲饷娇花苦未能。

明艳　小采珠

妙质端宜列绛纱，鱼鱼雅雅大方家。如何老去香山叟，犹认墙头佛面花。

妖艳　万盏灯

脸波微映酒波红，疑是夭桃暖日烘。何事瑶池仙品贵，也随秾李笑春风。

半田居士戏稿

光绪十五年正月初十日/1889 年 2 月 9 日

夫品骘梨园，虽云游戏，而佳人倒置，实属难平。如牡丹花，何等艳也，乃半田抑居第七，太痴得不争乎？何怪僧转笑其痴。余虽局外，敢步原韵，为太痴与牡丹花辨之

并非词客爱花王，实是才堪占艳阳。香国品评须中肯，管城争论敢从旁。闲情月旦虽云细，彼美风流讵倚妆。不是书生操笔削，佳人颠倒在词章。

兰蕤阁主戏笔

光绪十五年正月二十五日/1889 年 2 月 24 日

润州兰蕤阁主以半田十艳词抑牡丹花第七，亦邮诗相争，并致怪僧辨余不痴，应其知余，且知牡丹花，叠韵一律，以订神交

花宫艳帜久称王，娇额依稀学寿阳。却误品评香管下，替争声价锦机旁。君怜彼美非凡质，我爱斯儿绝代妆。莫向梨园轻选色，从今约法订三章。

太痴

光绪十五年正月二十五日/1889 年 2 月 24 日

牡丹花将去沪之甬，诸名脚咸往送之，作客串数日，徐郎介玉亦与焉，并为乞余诗以宠其行，曰：此太痴意也，感而赋此

我与花王相见少，为怜桃李也关情。兰言欲白芳踪远，柳色垂青别绪萦。之水盈盈萍易合,爱河漠漠石难平。何堪更尽尊前酒,金缕歌成肠断声。

镜中花史

光绪十五年二月初二日/1889 年 3 月 3 日

闻牡丹花于二月初将赴四明,值余近日忧愁廓落,心绪棼如,无可奈何,聊倚《金缕曲》以送之

郁郁难居此。慨斯间秦筝赵瑟,赏音谁是?赖有书生双慧眼,肯为名花吐气。这也是彼苍深意。我有浮名君绝色,可如何总被庸流忌。携素手,泪沾袂。 伤离自古情难已。况年来,怜声惜影,感怀知己。凄绝灯前歌一曲,报道明朝去矣。问再会玉人何地?寄语甬江诸俊侣,念曾经抬举东风里。休看做,闲桃李。

高太痴题于佩珠龛

光绪十五年二月初二日/1889 年 3 月 3 日

花 埭 寻 芳

广州访事人云,顺德大良乡天后庙素著灵应,迩经乡人从新建造,择吉正月十七日落成。连日赛会游行,并雇名优演剧,远近士女联袂往观,宝马香车,如云如水。一日戏台忽然倾倒,压毙数人,伤者无算。兴尽悲来,其斯之谓欤?

光绪十五年二月初六日/1889 年 3 月 7 日

优 伶 作 贼

江西有伶人,其色艺颇佳,声名大噪,显宦势要多赏识之,未几积累至千金,遂在吉安开设店铺,易辙改弦,不复登场歌舞矣。今年正月,偶至省垣,闲游数日,忽闯入藩署,窃狐皮马褂,穿之以出。窃为方伯撞见,阻住盘问,言语支吾,即交南昌县讯究。初供与某幕宾熟识,诘其姓氏,信口妄指,知为诬扳,重加笞责。次日复讯,又妄扳数十人,或诬伙党,或诬窝家,或诬买赃,不知将来如何了结。说者谓优伶开设店铺,颇堪自给,而尚效鸡鸣狗盗之所为,岂真所谓贼星照命耶？

光绪十五年二月十二日/1889年3月13日

演剧酬神

昨日洋药董事资雇梨园子弟，在沪北天后宫演戏酬神，并请江海关道龚观察、英界谳员蔡太守前往拈香。

光绪十五年二月十六日/1889年3月17日

北通近闻(之一)

正月三十至二月初三日，北街铺商在西海子演戏祀神，并有灯彩，鱼龙曼衍，鼓乐喧阗，观者几无容足地。

光绪十五年二月二十日/1889年3月21日

京华琐纪(之一)

前门外大栅栏同乐轩戏园，于二月初四日开演秦腔宝胜和班，忽有某当道轿夫多名蜂拥而入，在台前乱嚷乱骂，势甚汹汹。四座之观剧者纷纷惊避，有已付戏价而出外者。戏园主人见此情形，忿不可遏，喝令诸伙各持棍棒，与轿夫相斗。幸地面官役闻知，急来弹压，彼此遂均罢手，然已各受重伤矣。当经官役将戏园主人及轿夫扭送北城坊署惩办，至轿夫因何寻衅，俟有闻再录。

光绪十五年二月二十一日/1889年3月22日

新戏述奇

新丹桂戏园新排《红楼梦》，登本报后幅告白者多日矣。意以为此书专叙家常，易于疏散，恐味淡声希，无足观也。前日为开演之第一期，约小蓬莱客监门后人同往观之，顿觉生面别开，新裁独出，盖以数事攒簇而成一事，故关目不嫌其散漫。前半以清虚观打醮，宝黛因金玉二字两相龃龉，其关键全在袭人，以徐介玉为之，殊见娇婉动人，喜嗔合节。后半则以刘老老游大观园，并杂以女伶演戏，牙牌宣令，其关键全在鸳鸯，以杨秀云为之，真个伶牙俐齿，如见当筵指画时。至想九霄之为黛玉,万盏灯之为宝钗,小桂林之为湘云,都能摹绘入神。最妙者,描儿女之情而绝无淫媟之态,尤为得体。而中间灯牌灯船园景戏台,一切灯彩令人目眩神怡,竟有莫名其妙者。即插科打诨之处,亦巧不伤纤,雅俗共赏,较之《斗牛宫》有过之无不及。排戏者之灵心,与演戏者之妙艺,可称双绝焉。余素不耐久坐,往往听昆戏一二折毕,即命驾而起,是晚直至戏阑人散而后归。既归,挑灯记此,以自诩眼福云。

光绪十五年二月二十九日/1889年3月30日

联珠曲

余曾为任海儿、牡丹花作合璧词,然隶籍与习艺均不同。比牡丹花又去沪赴浙,选舞征歌,斯有憾焉。则有小彩珠飘零菊部,生长苏台,秉绝代之丰华,檀部门之妍唱。偷照芙蓉娇靥,镜槛闲凭;羞言豆蔻芳龄,筝弦笑指。瑶台月下,真疑缟袂之仙;玉树风前,绝妙青衫之旦。况与海儿同班,沪滨结伴,吴门幻出雌雄,情同伉俪,天作之合,夫岂偶然?嗟嗟!鼠姑春色,倏已成空;鲛客奇珍,于焉可贵。名花国色,不禁回忆以销魂,瑞彩寒光;且使及时而长价。是宜词翻合璧,曲谱联珠,并志严言以彰双美。

梅聘海棠空惹恨,鸦随彩凤亦含嗟。天生佳丽何劳觅,深悔从前位置差。

咏霓歌簪已阑珊,一阵东风送牡丹。消却眼前惆怅事,明珠正好配丹珊。海儿字曰稚珊。

携手随肩乐有余,娇羞最好上场初。背人相顾偷相笑,无限丰神画不如。

去年璧合已非常,今日珠联更擅长。戏借香山诗句赠,紫薇花对紫薇郎。

太痴偶笔

光绪十五年二月二十九日/1889年3月30日

虞美人

偶见小彩珠装《翠屏山》之迎儿，低鬟窄袖，风致弥佳。且能换吴语而操京腔，幻圆肤而行细步，令人爱煞。忆《后秀词》自叙云：但愿已录者色艺渐臻，未录者精光早露。如彩珠者，殆不负余殷殷属望者欤？亟再奖以新词，为长价之左券。

去年灯下匆匆见，蓦地垂青眼。孤芳冷艳惯留情，可喜好花今日已知名。　在山泉水原清洁，不称青衣列。脂唇乍启意绸缪，软语低声双靥晕娇羞。

天灵地秀原无几，半多钟男子。牡丹去后彩珠来，赢得孤高两眼又重开。　大家丰范虽云好，半臂添逾俏。罗裳不掩小金莲，宛似凌波仙子立风前。

太痴戏笔

光绪十五年二月二十九日/1889年3月30日

日间多暇，欲观九香剧，以彩珠不演，且不与海儿合演为憾。园主人何惜清歌妙舞，不使彼美登场耶？诗以速之

休笑书生赏识奇，偏于两小最情痴。因怜灵秀原稀罕，忍使飘零不护侍。慰我应教常作伴，令人何必殢相思。春光欲暮真须惜，珍重看花在此时。

挹翠词人

光绪十五年三月十六日/1889年4月15日

偶见小彩珠装《油坛记》之金定，觉白香山"玉容寂寞泪阑干，梨花一枝春带雨"二句如为写照，因即座上题《虞美人影》一首以贻之

淡妆逾觉丰神洁，仿佛瑶台璧月。侧媚偏娇难说，八字蛾眉列。　痴情径向天公乞，倘化雏鬟艳绝。我愿千磨百折，誓与同衾穴。

高太痴题

光绪十五年三月十六日/1889年4月15日

丹桂武生小玉楼,扮《红楼梦》芳官,较寻常结束,尤觉轻情宜人,洵翠玉山头一朵能行白牡丹也。亟书一律以誉之

粉脸脂唇太俊生,寻常见面已关情。堪怜玉树亭亭立,更爱金莲步步行。鸦髻分开华月满,莺喉啭出晓风轻。仙童宫住高寒处,借问何年离玉京。

太痴戏笔

光绪十五年三月十七日/1889年4月16日

演戏热闹

镇江北岸七濠口浙宁会馆,于本月二十二日起至二十四日止,演剧三日,袍笏登场,笙箫齐奏。远近男妇成群结队而往,大有连袂成帷,挥汗如雨之概。京口居人亦皆渡江而往,小划义渡满载开行,倍增其利。所幸风姨不恶作剧,得无意外之事云。

光绪十五年三月二十九日/1889年4月28日

戏园发封

苏城外洪福戏园为伶人王喜寿所开,于前月邀订外国人来苏演西国戏法,事为吴县及保甲局所闻,即行禁止,未及登台开演。日前护抚院广大中丞接到上海道龚观察禀报,外国人系王喜寿邀令赴苏,并非游历云云。中丞怒该伶之多事也,饬县查提究办,吴县马渔珊明府奉札后,即将该戏园发封,立提王喜寿到案讯办,如何发落,容后续录。

光绪十五年三月二十九日/1889年4月28日

金缕曲

不得小彩珠消息,正切怀思。兹复登场,亟往观其《回龙阁》一折,觉声色之间,不胜凄楚,伤离恨别,殊为黯然。转瞬人随春去,更不知何以为情。安得早□珠□,不使名花失所耶?为题是解,余将拭目俟之。敬乞桂师聘弟赐和。

不分重相见。对眉山私衷脉脉，倍增凄恋。小别思量才几日，已觉魂销肠断。又怎忍芳踪去远。金屋藏娇侬岂惜，奈看花枉把情丝绾。浑未得，酬心愿。　飘零惹起题红怨。写新词、殷勤赠与，桃枝小扇。贵采秾姿真绝世，三五华年月满。更可爱歌娇舞软。空谷幽兰知遇少，似明珠埋没光犹暗。谁为我，垂青眼。

高太痴笔时暮春二十有七日也

光绪十五年三月三十日/1889年4月29日

都门杂记（之一）

三月二十八日清晨，有无赖某甲手持利刃，向宝胜和优伶黑灯讹索钱文。黑灯亦非懦弱之辈，即就手中棍棒将甲打翻在地，揪其发辫，同赴中东坊署控告。后经人调处，其事遂寝。

光绪十五年四月十四日/1889年5月13日

鞠部翻新

英租界地方妓院林立，前年有雇女孩学习演戏者，名曰猫儿班。人家或有喜庆事，唤往开演，价值不贵，生理甚佳。因此效尤者日众，现在共有四处，清和坊仇如意家女班更添男孩扮演，以期别开生面，说者谓更犯禁令矣。

光绪十五年四月二十三日/1889年5月22日

宴会志盛

新任常镇通海道黄观察祖络，由宁来苏谒见黄抚院，小驻行旌。苏省各同僚于廿一日假座八旗会馆公请观察赴宴，并雇菊部演剧，直至二鼓始散，诚盛会也。

光绪十五年四月二十六日/1889年5月25日

演剧敬神

台北大稻埕茶商早经开市，同人兴高采烈，极意铺张，自厦门雇来童子班，于月初登场开演。是班皆系幼童，在十六岁以内，以徽班之腔调,学京班之串法。衣服行头系在广东制成,五光十色,甲舞丁歌,万目观瞻,诧为得未曾有。闻此班由茶商包定三个月,价银三千元,名为敬神,实则招徕生意也。

光绪十五年四月二十七日/1889年5月26日

吴下谈资(之一)

阊门外大观戏园平日生涯冷淡,自得雏伶小金翠后,声名大噪,座客常盈。金翠燕人,昔年为挹翠词人所赏,赋诗提倡,珠玉盈编,一时襄阳播掿词几致家家传唱,梨园佳话,闻者艳之。近日金翠忽欲舍而之他,园主坚留不舍,以致互相角斗,几以鸡肋抵尊拳。地方官闻之,恐酿事端,押令收锣歇鼓,该班遂于次日徙至申江。

光绪十五年五月初二日/1889年5月31日

菊部清谈

京师同春班以《战宛城》戏剧擅名,每一登场,座无虚位。盖老生小叫天扮张绣,有色有声,惬心实当;大净金秀山扮曹操,描写奸雄情状,亦能委曲传神;而其扮张继(绣)婶母之田桐秋,玉软花嫣,脂柔粉腻,宛如十七八好女子,几令人忘其乌之雌雄;以故哄动一时,万人倾靡也。四月二十七日,方在大栅栏庆和园开演,忽有中西坊署差役将园中掌柜传去,经坊官大加申斥,谕令不许再演,旋于五月四月又出示严禁。说者谓有某当道见此剧淫荡不堪,有关风化,故饬令一律禁演也,然乎?否乎?

四月某日,太医院庄君在三庆园观剧,珠香翠暖,竹脆丝柔,悦目怡情,甚自得也。不虞腰间翡翠嘴旱烟袋一支已被妙手空空儿乘机窃去,庄君大怒,立向园主索偿。园主诉诸中正司,饬差拿获绺手,幸原赃尚未售去,得以原璧归还。

光绪十五年五月十八日/1889年6月16日

观剧杂咏

《空城计》

纶巾羽扇妙无伦，一曲瑶琴退敌人。儒者风流成往事，好凭名角善传神。

《凤鸣关》

战迹千秋说《凤鸣》，雍容名将擅论兵。仗他绝顶通神技，又见旗开细柳营。

《进蛮诗》

梨园独步信无俦，玉貌清音占状头。醉写丰神皆入画，当年学士尽风流。

《梅龙镇》

谈何容易演《梅龙》，流丽端庄迥不同。一洗人间筝笛陋，似么鸣凤在梧桐。

桂宫侍史未定草

光绪十五年六月初二日/1889年6月29日

悯优论

语云：人生不幸作女子身。余窃以为偏见，斯言也，以为女子母仪是式，姆诫是娴，容必端庄，行必稳重，自幼即有诸多拘束，不得自如。稍长则深闺闭锁，不能动弹，偶或露面抛形，便有旁人指摘。幸而福泽过人，自少至老，诸事遂心，此则千百中不数数觏。无如红颜命薄，磨折居多，饮惯吞声，其苦不能尽述。至于为婢为妾，或见凌于主母，或受屈于大妇，斯则允堪悯恻。若夫髫龄稚齿，误遭匪人，沦为妓女，见虐龟鸨，则又苦中之苦。所以发为斯语，动人怜香惜玉之心也。余初亦深韪之，近年浪游南北，阅历歌场，目见耳闻之下，乃叹不仅女子有不幸，即男子亦有不幸者，盖优伶是也。古有优孟，有伶官，或更美其名曰梨园子弟，见于史传者，由来久矣。唐庄宗溺之而罹其祸，后世引为龟鉴，如是则此辈类非良善，已可概见，何烦挂诸齿颊哉！然笙歌袍笏，点缀升平，亦盛世所不废。方今菊部盛行，京师首屈一指，各省商埠以及繁富之区，皆朝弦暮管,歌舞承平,优伶亦倍形众多。顾其不幸之故何在?不知生为男子,何事不可为,徒以家世寒微,或遭沦陷,隶名乐籍,受尽艰辛,于生旦净丑中学得一艺,以糊其口,而托业既贱,终其身不齿,且玷及子孙,斯其不幸何如耶!其初韶颜玉貌,丰度翩翩,曾几何时,色衰爱弛,舞袖郎当,遂至不堪设想。即有矫矫不群,急流勇退,或委身于达官,或属意于贵介,不过伺应于前,奔走于后,以童仆终老耳。苟遇叵测之人,有不与夺马失欢弃鱼同慨者几希。或竟慧眼识人,深心相士,酒边花下,未必鲜遇知音。而我辈钟情,虽知爱而加敬,冀为超拔,无如问心乏力,援手无从,亦只得付之一叹。况一落火坑,断难脱离,所谓行业既在其中,只好得过且过,一任悠悠忽忽,悮尽青春,家室未成,事业不就,转瞬头童齿缺,迟暮堪伤,犹不免溷迹其中,而顾影自惭,处处遭人白眼,谁复惜之,此其不幸又何如耶!曾见某伶囊橐丰裕,思赋好逑,人皆鄙薄,莫与为婚。有小家女欣然愿归之,重之父母之命媒妁之言,而人犹群加诮让。又有某伶鳏居无偶,偶入勾阑,妓本素识,见有客在,便作势装腔,盛气相向,客亦醋海生波,谓是可忍孰不可忍,立送诸官惩办。旁观者曰:优伶虽贱,固亦天地所生,父母所养,安得无室家之念,情欲之感?设使攀附名门,勾引良女,固罪无可逭,乃仅与妓院联姻结好,是区区而不之畀,殆将废其天伦,绝其人道矣!况优与隶卒并称,何隶卒居然亦娶妇嫖伎耶?且优与倡同类耳,何独严其界限若此?此实平心之论,而咸以为左袒伶人,排斥之不暇。夫乃叹男子未必尽不幸,独至为优为伶,则不幸孰甚焉,吁可哀已!然余所谓目睹耳闻者,又不在是。盖以幼伶之见虐于师,其苦楚情形,有不忍不亟为之大声疾呼者,爰直陈之。凡人家子弟,必穷苦异常,方令投班学戏,或卖入班中,顾无论从学鬻身,概称其人曰师父,亦尊之至矣。夫以雏稚之年,暌离膝下,依靠他人,已觉可悯。为师父者宜如何矜情体恤,尽心教之,不受教则薄责之,于其饥寒疾苦,仍时时关切而调护之,庶不愧此尊称也。而若辈则不然,每收一徒,写关书必注“打死勿论,疾病夭亡,各由天命”字样,以后可恃为护符。孩童一入其手,或自教,或请人教,要皆丧尽天良,绝无人理。朝习一曲，暮习一技，藤条皮条，竹杖木杖，克日督责，毒打无休。痛深创巨因而伤残者有之，腰折骨断因而损废者有之。饥寒不为之虑，任其寒瘦；疾苦不为之医，听其瘐毙。以有前项关书，父母亦不得过问。幸而千磨百折，得以长成，色艺惊人，声华出众，乃令登场扮演，或令出局肄应，所得工资悉供其师挥霍，鲜衣美食，终日吸洋烟，斗叶子，以享安闲之福。徒则黎明即起，喊嗓念白，绑跷练功，以迄唱戏陪座，酒馆茶园奔驰历碌，直至更阑，不啻牛马之累。即有人赠以缠头，亦锱铢不敢私蓄也。倘欲出师，彼必多方抑勒，曰年限未满也，身价未偿也。平时居则不离跬步，无异囹圄；行则到处防闲，如驱羊豕。诿曰怕他胡行，被人暗算，实则虑其乘间脱逃，逢人诉苦耳。及其春华渐谢，始肯放令脱身，犹必满其欲壑乃已。既出师矣，辄复侈其教养之恩，逼借硬索，缠扰不休。盖此辈忍心害理，比比皆然，其罪恶实有不胜书者。嗟乎！谁不爱其子弟，不得已而学优伶，遂使幼小之年遭此奇虐，其不幸斯为极矣！彼俨然称师父者，既已全无人心，亦不足责。独怪夫鸨母有虐妓者，或经告发，或被访闻，官宪无不重办，而虐伶之事非但从未访闻，亦从无告发，岂其凶焰犹未若鸨母之张耶？抑岂幼伶之甘受其虐耶？盖其平日束缚之严过于鸨母，且孩童胆小，素被慑服，是以不敢耳。然则终无人发其复欤？所望贤有司随时密访，并大张晓谕示禁，如有以上种种凶恶情形，准受虐幼伶赴诉，即予提惩，与鸨母虐妓同罪，勿使雏伶之不幸甚于雏妓，庶不失少者怀之之心也夫。

光绪十五年六月十七日/1889 年 7 月 14 日

为凤林题扇，录请梦畹生粲正

桐荪我至友，亲爱如手足。不以形迹拘，奚致巾帼辱。翩翩神仙亚，怜君貌如玉。良材屈泥涂，奇□苦局促。置身歌舞场，品概已留俗。娟如青莲花，岂肯受龌龊。发声雅且正，凡响洗筝筑。即比一艺长，众情已倾服。抱负凡非常，余子笑碌碌。诗书有夙缘，翰墨交弥笃。观君蝌蚪书，古气何磅礴。睹君冰雪姿，丰神自静穆。举世重妖冶,斯人信幽独。相交淡如水,真味愈浓郁。晤言斗室中,欢饮每秉烛。余亦不逢时,对君益振触。焦尾同爨琴,赏心类丝竹。古有知音感,今胡不可续。他时慎勿忘,携手虎邱麓。种梅三百株,结邻筑茆屋。

太痴漫笔

光绪十五年七月初一日/1889年7月28日

见小桂芬有感,示小彩珠

桂芬重来,声态俱进矣。同辈咸称许之,余亦自喜从前赏识之不谬。回顾彩珠在侧,因慨然曰:人生时运,所遭固非偶然哉。忆昔桂芬与今彩珠何异,泥涂屈辱,青眼谁加,所倾赏者,惟系一人耳。桂芬郁郁去此,殆将二年,而复来居然出人头地。彩珠方将远离汉皋,他时再至,安知不更胜桂芬耶!因作诗为桂芬幸,兼为彩珠勖,世俗毋重视桂芬而轻视彩珠焉,彩珠芬勉旃。

当年埋没有谁怜,今日花枝忽吐妍。一曲终时一回首,那禁惆怅倚香肩。

莫叹飘零未逢时,香名此日少人知。请看桂□芬芳处,占断秋风不算迟。

明珠眼底黯无光,位置疑分上下床。但愿歌喉自珍惜,好听余韵绕虹梁。

并非舍旧更怜新,只为新交分外亲。色艺不殊声价别,暂时遭际不如人。

梦彩生稿于怀珠室

光绪十五年七月十五日/1889年8月11日

观一仙园彩珠桂芬合演《孝感天》歌

叔段实不弟,姜氏何尝贤。胡为院本淆是非,直呼其名孝感天。此事三传所不载,遂令讹误相流传。我且略故事,纵观氍毹前。桂芬徐行出,金冠绣服何翩翩。彩珠随后至,霓裳霞帔殊娟娟。璧人一对相向立，瑶花琼树辉映妍。麈尾轻挥竞举步，芳尘不动移双莲。俄闻发声唱，哀怨促素弦。啭如叶底莺，鸣如花外鹃。细如竹梢雨，清如石上泉。异曲虽同工，爱之听或偏。我谓桂芬固朗润，未若彩珠轻且圆。是夕彩珠有小恙，扶病登场原可怜。况乃歌喉不相让，彼此所争伯仲间。河鱼几与恶作剧，痛定思痛为我言。依依不忍去，宛转凭我肩。恰如西子病，捧心态愈娴。几回劝令早归去，珠箔飘灯独自还。吁嗟乎！彩珠恃者人，桂芬恃者天。我爱彩珠知心复可意，彼哉桂芬何足居其先。

太痴戏笔

光绪十五年七月二十五日/1889 年 8 月 21 日

剧场毙子

扬州南河下江西会馆，每逢春秋佳日，必招菊部演戏，藉联桑梓之欢。本届先在外台开演，一时红男绿女莫不联袂来观。闻此次诸伶皆技艺超群，声色俱妙，以故歌喉乍启，喝采声顿如百面春雷。有某氏妇襁其子高坐看台，适当鱼龙曼衍之际，其子娇啼遽作，乃以鸡头肉送入其口中，喂之良久，迨演毕俯视，怀中子不知何时气绝，早已肌冷若冰矣，无奈自怨自艾，痛哭而回。

光绪十五年八月十三日/1889 年 9 月 7 日

演戏酬神

连日天气畅晴，道宪龚观察、上海县裴邑尊定于今日雇天仙茶园戏班，在城隍庙演剧一日，以答神庥。

光绪十五年十月初九日/1889 年 11 月 1 日

演戏续志

上海县裴邑尊以天宇放晴，择于昨日传天仙戏园名班在城隍庙演戏酬神，已列昨报。兹悉海关道龚观察、提右营陈参戎、松海防刘司马、上海县裴邑尊、英会审员蔡太守均于昨日午刻至邑庙拈香，即行开台演戏，袍笏登场，金丝迭奏，各官暂坐观剧，旋即鸣驺回署。戏场中驻足观看者十分拥挤,道辕护勇及县差分投弹压,殊为周到云。

光绪十五年十月初十日/1889年11月2日

弹压剧场

本邑城隍庙演剧酬神,已登昨报。连日观者挤轧不堪,幸有县差及巡防局勇地甲人等认真照料,不致滋生事端,惟脱帽失鞋在所不免耳。

光绪十五年十月十一日/1889年11月3日

彩戏志新

昨值星期,徐园初设彩戏,午后偕寄鸥主人、惺若居士联袂往观,凡演五折,颇见手法,观者咸叹赏不置。园主人举酒相酌,并言园内菊花颇盛,本欲开园设会,惟以江浙告灾,惨不可言,故不忍独乐。余曰:灾区办赈,吾子亦已捐助,则既忧其所忧,何妨乐其所乐,坚请设会。主人勉从所请,拟以本月望日为始,开园纵观,每日更换奇花异种,以悦游赏者之意,星期并有曲会,自是又得一新耳目矣。

光绪十五年十月十三日/1889年11月5日

小伶周四宝,年才十二,绝技惊人,诗以奖之

□然游戏亦通神,信口诙谐妙绝伦。为说绿毛初著誉,声清雏凤已惊人。

惆怅江南花事尽,龟年老去鬓毵毵。如何门下新桃李,总角年华已胜蓝。四宝为名优姜善珍之高足,故云。

观曲生偶吟

光绪十五年十一月二十六日/1889年12月18日

有招余赴天成茶园观剧者,辞不往,答之以诗。

竭来日日新丹桂,只为霓裳一曲工。今日曲终人不见,岂宜重

闻《斗牛宫》。

有人研得三升墨，泥我亲书七字联。省识歌场频变换，无多陈迹易成烟。

高昌寒食生漫草

光绪十五年十一月二十八日/1889 年 12 月 20 日

法界公堂琐案(之一)

西人阿三控伶人沈韵秋、孟七将戏衣潜押，葛同转着限期交楚一案，屡列前报。昨晨沈等复交到戏衣六件，尚有十八件，年内不及赎还，求请宽限至明春正月底交楚。同转商之祁翻译官，当传该伶人之保人陈姓至案，谕以沈等之事涉讼已阅一年，急应了结，既据供称限日交衣，姑准从宽谕限。倘届期再不交案，定予提究，沈等仍交陈姓保去。

光绪十五年十二月二十五日/1890 年 1 月 15 日

光绪十六年(1890)

谕禁女伶

英租界地方初时有某妓购置雏鬟,学习唱戏,名曰猫儿班。红氍贴地,翠袖翻风,绕梁喝月之声,拨雨撩云之态,足使见者悦目,闻者荡心。人家有喜庆事,往往招之,嗣有某某等接踵而起,此风大盛。名园宴客,绮席飞觞,非得女伶点缀其间,几不足以尽兴。英会审员蔡二源太守以其伤风败俗,商诸麦总巡捕头,下令禁止。麦捕头亦知女班之干禁,惟已由某甲代该班等缴工部局捐洋,可否俟至华历元宵后再行禁止。太守令出惟行,饬差传谕某甲,转行知照各班即时停演,违干提究。从此雏莺乳燕匿迹销声,淫魔之风庶几可挽。

光绪十六年正月初七日/1890 年 1 月 27 日

饬查女戏

英公堂示禁女伶演剧等因,已详前报。兹蔡太守查得仍有不法之徒在石路中租屋开演,因饬差前往查察,以候提惩。

光绪十六年正月十五日/1890 年 2 月 4 日

法界公堂琐案(之一)

伶人孟七、沈韵秋短少西人阿三之戏衣十八件,限期缴案等因,屡详前报矣。昨日该伶人偕保人投案,缴到戏衣十七件,阿三称租出之衣均系绸料,目下有布衣四件,并非原物,况尚少一件,务请再追。孟沈同供称此衣本由戏馆主租用,后戏馆主将衣暂押脱逃,阿三遂将小的等强拘来案,小的等曾出洋银三百四十二元料理经手各帐,此等衣物因无押票,由小的代为挂失赎回,尚有一件前经阿三取去矣。阿三称从未取过,该伶人称如必欲赔,由小的等买还一件可也。朱明府谓须择好者买还，缴案之衣着阿三领去。

光绪十六年二月十五日/1890年3月5日

法界捕房琐案（之一）

伶人孟七、沈韵秋补缴到戏衣一件，朱明府谓尔等涉讼已一载有余矣，孟沈同称因戏馆主月月红亏欠脱逃，经小的等赔出洋银三百数十元，明府谓日后月月红来申，尔仍可向其索取，孟沈唯唯称是，明府遂将缴案之衣给西人阿三领去。

光绪十六年二月十六日/1890年3月6日

谕禁淫戏

戏园中所演《杀子报》一出，淫秽兼甚，早经英会审公廨禁止。兹闻某戏园仍演是戏，为蔡太守所闻，立即饬差传谕该园主，以后不得再演，如敢抗违，定当提案惩办。此亦黜邪崇正之一端也。

光绪十六年二月十七日/1890年3月7日

大闹戏园

宁波江北岸馥兰戏园数日前有水师兵丁四人进园，出钱买定坐位，纵目观看，该兵丁等已正桌乏人看戏，移坐于此。该园执事人见之，加以呵斥，该兵谓此刻看客稀少，不妨暂坐，何必狐假虎威。该园管事人王阿茂闻之大怒，喝令戏子多人出而攒殴，兵丁寡不敌众，一哄而去。霎时召集多人，各持木棍，蜂拥进内，众戏子亦各持器械上前抵御，两下各逞威武，戏场变为战场。看客见此情形，无不争先逃避。幸巡捕赶来弹压，不致酿成大祸，然两下皆已受伤。当时拿获兵丁一名，羁押捕房，次日送县请办。官以戏园所禀情节支离，批斥不理。王阿茂自知理亏，只得将所拿之兵丁释放，园中所伤之人自行出费养伤，所毁器具什物修理完整，依然开演。说者谓该戏园动辄恃势行凶，屡次聚集人众争闹斗殴，此次与兵丁打架，在兵丁固有不是，然亦该戏园有以激成之也。

光绪十六年二月十八日/1890年3月8日

法界捕房琐案(之一)

去年西人阿三控伶人孟七、沈韵秋将月月红租去戏衣潜押,经葛同转提讯交保,限日追还,至日前孟等将戏赎取缴案,此已详登前报者也。昨日孟复投案,请将月月红书付该洋人之笔据追还。朱明府谓,据上出名者系□丽卿,究竟是何等人?答称即花旦月月红。谓今有笔据两纸,一纸计洋三百元,一纸一千二百元,尔等自认可也。孟等供称小的等均未见过此据,须候月月红来申,当即领□而去。

光绪十六年二月二十三日/1890 年 3 月 13 日

大闹戏园续闻

上月十八日报登宁波大闹戏园一事,其情形已供众览。兹据该园主函称,其起衅之由实有与前报大相径庭者,爰照录如下。据来函云,初二夕有客四五人进内,坐于六角头椅位看清。及向其收票,并不交出。嘱他让坐边位,当即起身,口请买票,而看清友李阿尚跟至柜边。不料该客预在门外布守十余人,一声呼唤,将李阿尚拖至傅家道头,幸途遇行人勒回李阿尚,惟身已受伤。管门巡捕一见如此,当即拿来一人,系乍浦营水操勇刘阿星,园内执事友王梅生将受伤李阿尚等一并送交捕房,谁知该营勇仗势凌人,霎时间招集多人,各持器械,打坏围屏、柜头、洋灯及柜内收钱友陈先生,头顶出血,当时昏倒在地,幸请医调理,始得渐愈。其时禀请捕房,由美领事照会道台,道台亦委员来查察,将拿到之勇刘阿星由捕房送县究办,至打坏什物等件,由邓大人出来修理。

光绪十六年闰二月初九日/1890 年 3 月 29 日

戏 费 助 赈

浙江诸君子之服官楚北或游幕经商者,悯去年浙属被水成灾,民生困苦,因议定二月二十七日在汉口徽州会馆演戏,筹集振资。于征歌选舞之场,寓救灾恤邻之义,善缘广结,群黎之受赐良多已。昨承以戏资银五百两,由元丰昌送交本馆协赈所,嘱为解散灾区,并云此后如有续收，再当汇寄。当此赈款支绌之际，向人募劝，难之又难，而诸君子能生面别开，集成巨款，苦心孤诣，能无铭镂肝肠耶！除填写收单交去外，敬书缘起，以表芳徽。

光绪十六年闰二月十四日/1890 年 4 月 3 日

戏楼坍倒

苏湖自通商以来，繁华靡丽，迥异从前。惟戏园只长乐一家，在江口横街下首，其中优伶类皆一时之奇，为时流所竞赏。每日开演时，座客常满，履舄如云。本月二十日正演《狮子楼谋杀亲夫》一出，观者神移心醉，群相称赞。忽砉然一声，对楼官座骤坍，楼上看客纷纷坠下，有折臂断胫者，有头破血淋者。前办钞关税务之德大令是日亦在座，罹祸最惨，额穿骨折，仅存一息。又某武弁小腿压成齑粉，皆由各家属抬回，不知有性命之虞否。是日平康姊妹来应戏局者共有四十余人，钗光鬓影，隔座争辉，一见楼倒，舍命狂奔，堕珥遗簪不可胜计。园主人见罹祸者多系官宦贵客，恐当道拿办，立即潜逃，优伶亦各鸟兽散，不知所之。乐事未央，灾生不测，谚云：戏场须少至，岂不信欤！

光绪十六年闰二月二十六日/1890 年 4 月 15 日

观剧溺毙

松江郡治之西，有地名张庄，系娄县辖境，滨临斜塘，波涛汹涌。本月初二等日，该镇居民凑集赀财，支台演剧，又值邻村迎赛城隍会，于是黄口娇儿，白头野老，篷门课织之女，芳郊荷蓧之人，相与偷半日之闲，尽一时之兴，挨挨挤挤，皞皞熙熙。洎乎红日西沉，兴尽思返，渡船争上，载至三十余人，欸乃一声，中流竞去。其时浪急风狂，究因船小人多，一时覆没。间有略谙水性者，得庆更生，其余二十七人均占灭顶。尚忆二三年前该地观剧之人亦以争搭渡船，溺毙二三十人，此次复遭大劫，殊可伤也。

光绪十六年三月初十日/1890 年 4 月 28 日

观剧溺毙续述

续述前报纪观剧溺毙一则,兹又接松江访事人信,较前尤为详尽。据云距张庄数里佘来庙,系松郡金山县辖境,亦于是日支台演剧。迤逦西北二三里间,有名泖港者,为众流进归之所,水势湍急,迥异恒溪,兼之河身环绕如鼎足形,故名其渡曰三角。当日亭午,观剧者争上渡船,载至二十九人之多,放乎中流,该船忽如桶脱底,一时老的小的俏的村的,无不沉浮于波浪之中。其稍谙水性幸而遇救者,只有七人,余则随波逐流,同占灭顶。育舟子某甲之孙亦遭溺毙,除先后打捞外,尚有尸身二具迄今飘泊无踪。事后各尸属以渡船损坏之故,归咎于甲,盘踞骚扰,致将所储米谷十七八石搬取一空,房屋什物悉被打破。刻闻递禀琴堂,未知金邑尊如何办理也。

光绪十六年三月十五日/1890 年 5 月 3 日

演 剧 酬 神

日来潮惠广肇洋货洋药等商雇定天仙、天成、丹桂等戏班,就天后宫登台演戏,预祝天后圣母诞辰。至二十二日又有浙绍酒业,二十三日各处税行雇班演唱,连日风和日丽,观者塞途。然闻日前竟有因观剧而踏毙孩童者,然则热闹之场所宜留意也。

光绪十六年三月十九日/1890 年 5 月 7 日

乡镇宜禁演剧说

梦畹生性喜观剧,每当压线之暇,辄携杖头钱,徒步至戏园入坐纵览。平日耽寂静,惟值鱼龙曼衍,锣鼓喧阗,则乐此不疲,并不知其所苦。犹忆幼居乡曲,乡之人每逢春秋佳日,或雇梨园子弟就庙台开演,以乐升平。地方有司知之,必出示严行禁止,甚或拘为首者而笞之枷之。尔时虽人微言轻,不敢置喙,然窃以为演戏亦非违例之举,农人卒岁勤动,足胝手胼,偶值余闲,正宜行乐及时以抒筋力,诚何必大杀风景,等于煮鹤焚琴耶?乃观近日报纪松江观剧溺毙一事,而知乡镇诚不宜演剧,禁止固不容迟也。报之言曰,距张庄数里佘来庙归金山县辖，是日搭台演戏，乡民争往纵观。庙之迤西北二三里有名泖港者，为众流之所归，水势湍急异常，河身环绕如鼎足，故名其渡曰三角渡。时当亭午，观者争上渡船，一船载至二十九人之多，放乎中流，船底忽脱，一时老的少的村的俏的，莫不浮沉于波浪之中。其稍谙水性幸而遇救者，只有七人，余皆随波逐流，同占灭顶。噫！是虽舟子之以破船载多人，致肇此祸，宜其事后群向饶舌，打毁一空，然苟非庙中大启剧场，则诸人断不结队而来，舟子亦不贪多务得，及溺之惨何自来哉？虽然，此虽惨甚，犹其偶焉者也。每见乡镇演剧时，其祸更不可以偻指计。尝有深闺弱质，蓬巷娇娃，平时足不出户庭，至此必挈妹呼姨，环坐观看，而扒手之类往往乘机混入，攫取簪环，及至得知，早已无从追索。抑或轻狂子弟结队成群，故意挜近身旁，耳鬓厮磨，以为得意，甚至评头品足，肆意讥嘲，秽亵之词，令人不堪入耳。嘻！大家闺秀身价千金，何必贪片刻之游观，以致当场受辱哉！更有抢亲之举，凡乡间儿女幼即联姻，及长而家室萧条，无力完娶，必乘观剧之际劫取而归，清歌妙舞之时，忽闻一片哭声自近而远，事所恒有，俗乃愈浇已。顾果使无力婚姻而后劫取，犹之可也，乃有素未闻名，忽焉强抢，行同盗贼，旁人皆莫敢谁何，他年堕溷飘茵，恶可设想？使不出而观剧，何致罹此祸端耶？至小孩老妪，行步迂迟，一遇拥挤，时或踏毙。而贫民当此之际，辄或邀宾速舅，藉叙亲情，质取衣衫以供酒食，此中苦况尤觉难堪。而我所深恶而痛绝之者，则为搬演淫戏，莫多于沪上《卖胭脂》、《荡湖船》诸剧，描摹尽致，亵狎异常，官欲禁之，似宜从沪上而先为申禁。不知沪上除显官巨贾外，惟青楼之娼妓为多，彼其人既以皮肉作生涯，则后庭大体双目已如司空见惯，于淫戏乎何有？独至乡镇而观者多良家女子，年当瓜破，情窦初开，偶阅小说盲词，犹恐春心暗动，加以当场搬演，泔泔传神，有不心荡神移失其操守者乎？然苟无淫戏，则观者必不兴高采烈，反归咎于为首者之不善雇班，道路烦言由此而起，则何若永远禁止不准演唱之为佳乎？况乎一经演戏，则赌与盗二者必相因而起，人既键户往观，则鼠窃之流必乘间而肆其伎俩。每见洋洋得意观罢而回,而箱箧已空,后悔不及。抑且游匪土棍藉庙台演戏,举国若狂,即开设赌场,罄人腰橐,结茅为屋,达旦通宵,卢雉之声闻于远近,迨至戏已告止而赌尚未停,经纪小民输至无可抵偿,势必自尽以图塞责。浇风恶俗,真有不忍道不忍闻者。原夫演戏之初心,曰以敬神也,乃因敬神而酿成若此情形,神若有知,其能荫佑乎?于是乎作乡镇宜禁演戏说,随以告留心风土人情者。

光绪十六年四月初八日/1890年5月26日

观剧罹祸

初五初六两日,杭垣荐桥直街各店铺集资酬谢火神,就地搭台演戏,观者热闹异常。凌木梳巷口有短墙一垛,已经前次火烧,其下瓦砾堆积,累累如山丘。一时人多,置足无地,思凫趋而登短墙之上,以冀一览无余。不料瓦砾甚松,不堪践踏,当即纷纷散落,墙亦震动,同时倾坍,压伤多人,幸伤势不甚重,可保无性命之忧,然亦危矣!

光绪十六年四月十四日/1890年6月1日

古潞新闻(之一)

俗传三月二十八日为东岳大帝圣诞,是日会首雇定人和班在庙演戏。庙前有卖香草者,系五色山草系成一束,价廉色美,气味芳馨,观剧者争先购买,生意颇佳。其余赶庙市者,亦俱获厚利云。

光绪十六年四月十五日/1890年6月2日

酬神戏资移赈

天下事有寓权变之方而赖神明之庇者,厥惟移资济世乎?镇江帮在沪同人敦润堂,年例演戏酬神,因念江浙水灾綦重,将该资洋十七元二角移助赈项,由广义行交来。纾妙术以斡旋,仍联友谊;汰繁文于歌舞,亦迓神庥。睠灾况其扶持,不必援旧章而胶执也。上海北市丝业会馆筹赈公所愚弟施养昌谨志。

光绪十六年四月二十一日/1890年6月8日

示禁淫戏

英会审员蔡太守奉到苏藩司黄方伯禁演淫戏告示，发帖通街，今将宪示照录于左：

头品顶戴江南苏州等处承宣布政使司布政使黄，为明白示禁，以端风教而正民心事。照得演戏观剧，事虽侈靡，于人无益，然由来已久。如将古来忠孝节义事迹描摹演唱，亦属可歌可泣，足以动人兴感之心，是于无益之中，尚不尽属无益也。惟演唱淫戏，易启邪思；演唱武戏，尤近诲盗。凡年轻子弟，血气未定，观此淫浪之剧，无不神驰心荡，艳彼所为。其粗暴愚氓，性本非良，再看强悍之戏，更生桀黠之心，诩为英干。光天化日之下，何容有此诲淫诲盗之为？若用之于庙台酬神，尤属荒谬。为此择尤示禁，特仰戏园班头识目戏脚人等知悉，自示之后，凡属淫盗之阕，一概不准演唱，如敢故违，一经访闻，定即封班拿究。须知不禁演戏，已属从宽，藐玩不遵，即难宽贷。又查有小毛儿戏，男女不分，演唱淫曲，尤属败坏风气，必应禁绝，其各凛遵，毋贻后悔，凛之切切，特示。计开淫戏如《卖胭脂》、《打斋饭》、《唱山歌》、《巧姻缘》、《珍珠衫》、《小上坟》、《打樱桃》、《看佛手》、《挑帘裁衣》、《下山》、《倭袍》、《瞎子捉奸》、《送灰面》即《二不知》、《杀子报》即《天齐庙》、《秦淮河》即《大嫖院》、《关王庙》等戏。强梁如《八蜡庙》、《赵家楼》、《青枫岭》、《浔阳江》、《武十回》、《三上吊》、《绿牡丹》、《鸳鸯楼》、《杀嫂》、《刺媳》、《盗甲》、《劫狱》等剧。名目不胜枚举，无非奸盗邪淫，凡若此者，均宜永禁。此外或有亵神侮圣之戏，亦不准演，如违严究不贷。

光绪十六年四月二十七日/1890 年 6 月 14 日

戏馆宜禁放烟火说

大庭广众之间，肩摩趾错之地，而胆敢以无情之火作为玩具，是直以火之烈者视同水之懦，不但不畏之，而且狎之矣，其有不祸人者几希。尝与友人闲谈，言及戏馆中施放烟火，新创灯戏，最为易于肇祸。盖戏馆开也，必期其兴旺，欲其兴旺，必思召集多人，人数既多，四面挨坐，楼上楼下环如堵墙。忽场内一有不测，则必致人声鼎沸,惊窜而出。一门之阔,能容几人并出,势必争先恐后,狼突豕奔,强者挤人,弱者挤于人,挤于人者受伤矣,挤人者亦未尝不伤,甚或有践踏致毙者。此其情形,余曾见之于画报中,甚可惨也。友人曰:外洋戏园与中国戏园不同,四壁皆有门户,一遇急事,四面齐开,任人奔走,平时则闭之,以故虽有变端,而园中看客犹不至有性命之忧。不若中国之戏馆仅有大门一面,此外别无他门。或尚有后门,要亦不过平时设以自便其出入,门极狭窄,止容一人行走而已。或另有边门者,则已为仅见。然由何处可至后门,由何处可出边门,亦惟园中诸人所熟谙,若看客则茫然不识头路,不若外国戏园之四面八方皆可出去也。今中国何不亦仿外洋戏园之法,于戏园之前后左右多置数门,平日无事则闭之,仍由一门出入,以便稽查人数,免致看白戏者混入。若一有小警,立即四面开门,俾看客可以一哄而出,其戏资已于进门时交明,或现或帐,则亦不虑人之混出,又何不可之有?吾子前曾论及之,而无如人之不听,何也?余曰:外国戏园其所以防变者,不但门户之多而已也。即平日章程尽美,座上不得吸烟,欲吸烟者必须出外,非若中国之在人丛中吹烟灰,不顾他人衣服之焦灼否也。娘姨大姐顾见客人,必持水烟筒装吸数口,以是为招呼客人,而隔座之客防不胜防,此等情形外洋所无。盖所以防火患者至矣,又安肯听其在戏台上施放烟火也乎?近年以来,上海戏馆往往出奇制胜,以期悦人之耳目,每至正月必演灯戏,而又以多为贵。试思戏台之上其地几何,而全班之人约在一百以外,各得一灯飞舞而出,转辗盘旋,不无碰撞之虞,即使演之极熟,尚恐易肇祸端,况其为新彩新切,大半生手者乎?至于烟火,本干例禁,其或在旷场河滩地广人稀之地,尚可偶一施放,以悦耳目,若放于戏台之上,安得不险?说者谓彼开戏馆者,岂肯轻率从事,致戏园付之一炬,必其算准火力之大小而后用之,故无虑乎意外也。顾火药本为无情之物,设有意想所不到之处,则悔之晚矣。窃以为此事大可由中西官出示会禁,好在此时各戏园非做灯戏放烟火之时,再迟则或恐有预赶他处定做烟火,以作明年之用者,不若及此时而先行出示剀切晓谕,务令永远禁绝。倘此次示谕之后,仍有复萌故智者，则差捕可以拘之解之，公堂可以责之罚之，所谓令出惟行，赏信罚必。以实心行实政，所以未雨绸缪者，无非为爱民防患起见，谁不深其钦佩也哉！夫戏者，乐之一端也，古时仅有歌舞，自优孟衣冠见于经传，是即戏之权舆。然所贵乎戏者，丝不如竹，竹不如肉，全在乎神情态度，间与嘹亮之音应弦合节，乃为可贵。自后人踵事增华，渐趋渐下，霓裳新制，古乐云亡。至于今则诸戏中惟以昆腔为最古，二簧梆子之抗声高唱，促节繁弦，本非正声。无如举世俗人多而雅人少，听文戏则昏然欲睡，听鞺鞳哙哝之声则拍手喝彩不止，喜嚣恶静，人心到处皆然。于是揣摩风气，不但殚思竭虑，思有以悦其耳，而且穷形尽相，思有以悦其目，并以欲图悦目，故而不问利害，不顾性命，至于在台上逼仄之处施放烟火，大演灯戏，迨害之既见而亟思禁之，抑已晚矣。呜呼！安得有旋乾转坤之手段，悉去世俗嚣张之气而一返于浑穆，俾人心由动而静，静则能虑，静则能安。虽曰戏为小道，然所以感人心变风俗，其道至捷，其用至神。子曰：诗可以兴，乐即诗之类也，戏更乐之显而易见者也。正乐之举，乌可已哉，禁放烟火，犹其一端焉而已。

光绪十六年七月初一日/1890年8月16日

神京杂记（之一）

本年皇上二旬万寿，普天同庆，恩赏近臣观剧，特命改于南海中举行。惟一切事仪，应查乾隆年间有无似此成案，酌核分别奏咨办理。近经内务府堂宪谕知造办处章京，宁寿宫所置万寿演戏所需棚幔灯只各项物件，可否与纯一斋相符，如有不堪使用者，作速查明缮单，立为禀报，以凭核办。

光绪十六年七月初六日/1890年8月19日

雅乐重兴

本埠戏园林立，顾多系京腔梆子，昆戏则几成广陵散矣。今由诸大雅集资，雇得苏昆名班，在宝善街满庭芳旧址开设三雅园和记文班，以朱西权、徐介玉领其事，定于本月二十晚开演，已登告白于本报后。从此一曲阳春,又得和声以鸣国家之盛,茶余酒后,又得以消遣雅怀矣。雅乐之兴,于斯乎望之。

光绪十六年七月二十日/1890 年 9 月 2 日

雅乐复古论

慨自沪上法曲闭门,杂调当行,君子于此亦可验时尚消长之几焉。夫曲调之由来亦已久矣,当时盛行之际,士大夫靡然从风,至以分学问之优劣,决进取之得失。故唐人尚诗,宋人尚词,元人尚曲。曲至元代称为极盛,引商刻羽,杂以流征,欲正其拍,必使无纤毫之谬误而后可。霓裳羽衣一曲,至称天上之音,若夫顾曲之周郎,正曲之相公,审音□律,穷极分杪,曲何尝不重于一时哉!降至后世有南曲北曲之分,竞胜争奇,自夸杰出。其称为昆曲者,则始于梁龙高则创一格,众俱称善,遂擅盛名于当世。当夫氍毹贴地,箫鼓喧天,一曲甫奏,众耳悉倾,其抑扬宛转高下疾徐,无不妙合自然。绿酒红灯,金尊檀板之间,几于绘影绘声,曲终奏雅,江上峰青,余音绕梁,三日不歇,其所以悦耳娱情者,可云听止矣,蔑以加矣。乃自后人嗜好不同,雅俗各别,遂有所谓渝调、京腔、弋阳梆子等腔出焉,而昆曲遂微,至于今日,几成广陵散之绝响矣,岂不可叹哉!而幸也今好事者有三雅园之设焉,亦世之有心人哉,其意将以挽回时尚,而留此雅乐藉以复古也欤?时有之溪居士者,雅好昆曲,尝曰:昆曲变乐也,太音法物,古意犹存。乃一变而二黄楚调也,西皮晋曲也,击筑界声也,更为吴之歈粤之讴,渐有洋之风琴歌舞移人,势不可遏。欲黜淫哇、放郑卫,必兴法部,昆曲必不可废也,废则古之变乐无或存焉者矣。若使时尚流极至于若斯,则余之所深忧也。天南遁叟曰:不然。物极必返,今必后乎古,岂独音乐一端为然。□先王制礼作乐,所以治民而淑世,降而至于俳优之登场演剧,虽服古衣冠演说古事,抑末矣。然即此亦可以想见古乐之流传为古乐,固不系乎戏剧,而亦藉戏剧以留存。夫一二风琴出于虞陛,而康衢作歌;雅琯播诸明堂,而偃师献伎。逮后巴渝之舞,玉树之唱,亦稍变矣,而遗意未泯,余风尚在,或似有永言和声之意存于其间。唐太宗作有钱唐破阵乐，干戈师为旌旆，诗章杂入管弦，铙歌鼓吹，由此而兴焉，亦可云盛矣。至教子弟于梨园，传伶人于史册，古意新词，更唱迭和，于是大千世界，不能不更质朴而为华靡，翻陈出新，豪竹哀丝，藉以饰人观听。昆山之曲，虽变而不离乎古者也，实足以扶大雅之轮，而延太音于勿替，亦犹昌黎之文起八代之衰，玉茗之词擅一朝之盛，善乎哉！近日三雅园之设，为足以复乎古也。或曰昆曲固善矣，彼夫二黄杂剧未尝不可以声音感人，捷于影响。试观当场列坐，眉飞色舞者有之，足顿手拍者有之，亦自然之几具有和乐之意，所以流传至今，久而不废。道学之儒或谓其召乱，或谓其导淫，当事者曾三令五申，止之勿演，而终非法令之所能禁也。今都中伶人之能娴京调者，自陈长庚后，汪桂芬几于独步一时。若海市之习京调者，以讹传讹，初何足贵。或者之意，以为杂调亦具有妙音奥旨，因追咎于学者之不精，不知非也。夫女子声音专尚柔和，所谓百啭莺簧，既圆且滑，今必使之极其伎俩，面赤颈红，无乃非情。唱家之推巨擘者，中年如吴蕊兰，雏年如黄□林，仅得其半，终非擅长，曷不尽厥技能改唱昆曲，则不至如秦武王有举鼎绝膑之患矣，强而为之，殊令人意兴索然。京俗论唱，必曰有味，味之一字极深且长，太羹元酒味之至者也，海错山珍味之美者也，更有如司空表圣《诗品》以为在得味外味，诗固有之，曲亦宜然，此躁心人不克知，即空心人亦不易知也。譬之道有道味，世有世味，书有书味，知此乃能领略戏味。审是戏之有味，孰有胜于昆曲者乎？呜呼，推而广之人心，世道关乎戏而岂必尽关乎戏哉！惟昆曲亦风流也，而不作淫状；亦杀伐也，而不启乱机。善者真足以感发人之善心，恶者实可以惩创人之佚志。试令庸俗之流、暴戾之辈，环坐静观，即不解音节，不知律意，而由勉强以至于自然，自不觉矜为之平，躁为之释。盖声音之道，其感通于人心也亦微矣哉。谁谓今之乐不如古之乐哉？使举世咸尚昆曲，有不其臻于和平之福也哉！今当以三雅园为嚆矢矣。且昆曲之美，孰有胜乎三雅园者乎？之溪居士尝入而观焉，《青门》、《卖子》，正旦殊佳，《详状》、《雪冤》，老生亦妙。最可爱稚伶丁兰生，玉琢兰芽，温文蕴藉，何物老妪生此宁馨。徐生介玉尤为班中之冠,登场一曲,能使听者神移,观者志夺,洵乎寡二少双矣。或诮之溪居士有戏癖,而天南遁叟独为解之曰:否否,盖不知者以为戏也,而知之者以为戏焉而近乎道也。请以近事征之,某巨公帅蜀,发逆初平,昆班零落,巨公月捐清俸百余金赡其众,至今雅曲赖以不忘。定乱名臣,岂癖是戏哉?姑以存雅乐焉耳矣。三雅园之兴,亦犹是也。昔范蜀公与司马温公议乐不合,投壶以决之,不胜,围棋著一子,蜀公跃起呼曰:大乐还魂也。今三雅园之特创于沪上,将以续绝而起衰,有一无二,谓之复古也可,即谓之还魂也亦可。因诣徐园观剧,聊复论之如此。天南遁叟戏作。

光绪十六年八月初八日/1890年9月21日

梨园新语

沪上自设三雅园昆班,各京优未免顾问者稀,歌板生涯颇嫌冷落。天成园遂议并归大仙部,以冀重整歌场。议既成矣,天成顿思负约,因由班主央人公同商议,罚出香烛酒筵,天仙园主允之,昨遂依旧各张旗鼓。噫!歌场舞席,原属过眼云烟,乃由合而分,由分而合,久客沪上者,一一寓诸目中,世界沧桑,能毋令人感慨耶!

光绪十六年八月初九日/1890年9月22日

雅俗共赏

三雅园登告白于本报后幅,云开演《双熊会》新戏,初不知其何戏也。二十晚先演前半本,因邀王君海峤同往观之,至则坐客已满。台上方演《断桥》一出,极酣畅淋漓之致,其中扮小青者尤为认真。俄而新戏登场,乃知即《十五贯》全本,熊友兰友蕙兄弟奇冤,得况太守为之昭雪,离而复合,危而复安,故以是名。此剧失传已久,所常见者惟《商赠》以下数出而已,今乃从头至尾全部翻新。是晚以《出熊》起至《男监》而止,其情节之变幻,穿插之周密,音调之宛转,不觉为之心旷神怡,而老生李少美、小生邱鹤皋更为出色,见之可以端风化,敦友于,戒贪暴,诚有益之戏也。闻昨晚续演后半本，后礼拜日尚须昼夜接演，想赏音者当更不乏人，而益增我以望古遥集之感矣。王君曰：何不见丁兰荪之戏？余曰：兰荪固妙人，惜戏尚少，且其祖爱之甚，不忍使之多劳，请俟异日。

光绪十六年八月二十二日/1890 年 10 月 5 日

戏赀助赈

汉口裕隆全盐号以北省水灾，筹赈孔亟，捐洋四十元，嘱文君国华由元和轮船寄交本馆协赈所。其原函略谓：今秋号中在会馆关帝庙春秋楼敬献对牌一副，悬挂之日，本拟演戏以表敬忱，因念北省灾黎颠连困苦，特以戏资移助赈款，伏乞察收云云。节梨园之巨费，拯草宅之孑遗，恺恻慈祥，众所钦仰，神灵赫濯，当必鉴此善心，正不第数万饥民同声颂祷也。

光绪十六年八月二十九日/1890 年 10 月 12 日

狎优酿命

营口访事人云，本月初四日，有某票号中人在福合园酒馆宴客，酒酣耳热，忽动听歌之兴，乃召梨园登场演剧，演至《捉放曹》一折，临风高唱，响遏行云。忽闻门外哗然曰：杀死人矣！杀死人矣！座客惊惶无措，急问数人者为谁，突有数十人蜂拥入门，棍棒齐施，座客皆抱头鼠窜，杯盘骰核毁坏无遗。随舁死人至院中，面目模糊，血污狼藉。细查致衅之故，缘前二日仁大园演戏时，有小金有者调戏班中小花旦，某局跟丁魏四向之拦阻，口角之下将金有辱骂一番。金有心不能甘，意图报复，至是见福合园演剧，魏杂在人丛中，遂暗带利刃而来，未及数言，将魏刺倒，并带伤王姓等两人。当时人数虽多，因金有持刃乱挥，皆不敢近，竟任其逃去，不知所之。及乡约闻知，当即据情报县，翌日下午海城县陶邑尊亲临相验，签差务获凶徒。夫戏也者，戏也，原以供人游戏也，乃因看戏之故，狎及优伶，因狎优伶致成命案，卒之死者已死，生者亦难望幸生。然则此优伶也，不诚可谓祸水欤？书此以儆世之有断袖癖者。

光绪十六年九月十五日/1890 年 10 月 28 日

演戏酬神

杭垣于九月中旬屡次失慎，邻近居民铺户获庆平安者，以为幸邀天眷，遂折集梨园子弟在火神庙唱戏酬神，约有四五处，合城士女选舞听歌，颇极一时盛事云。

光绪十六年九月二十九日/1890年11月11日

甬上杂闻(之一)

宁波访事人云，十月初三日为宁绍台道吴福茨观察之太夫人六十帨辰，适逢幼孙弥月，于是悬灯结彩，大会宾朋，特召梨园登台演剧。既歌清而舞妙，复酒冽而殽芬，裙屐簪裾，颇极一时之盛云。

光绪十六年十月初十日/1890年11月21日

恶俗宜惩

本月初十日恭逢皇太后万寿圣节，普天之下共献颂忱。福州有一种无业游民，藉口祝釐，向各铺户敛钱，每夜迎赛会景。其有名为地下枰、肩头枰者，类以十二三龄小旦装扮戏剧，站立壮汉肩头，遍历通衢，式歌且舞，千娇百媚，宛转可怜。有装《卖西瓜》之妙伶，秀色可餐，眉目如画，少年轻薄者尾随其后，几如蚁之慕羶。败俗伤风，莫此为甚，未知地方官亦有所闻否也。

光绪十六年十月二十二日/1890年12月3日

燕市歌声(之一)

梨园黑七前曾带领十三红、元针、元禄、桂凤等四人赴沪唱剧，其妻某氏在京度日，影只形单。宝胜和班主以黑七之不谋而行也，遂迁怒于其妻，控诉坊官，立派差役拘拿某氏到署，发交官媒看押。嗣因黑七等于九月中旬由沪回京，宝胜和班主转怒为喜，央人说合，将某氏放出，由是解释前怨。十三红、元针、元禄、桂凤四人依旧在宝胜和班内演唱，座客如云，争以一听妙曲为快。十月初旬，该伶等在大栅栏庆乐园唱演露戏四天。一声檀板，裙屐纷来，年少周郎，当筵顾曲，又添几许声价矣。

光绪十六年十月二十七日/1890年12月8日

看戏受惊

上月廿六日午刻，嘉兴北门内天宁寺街钟姓雕花作，不知因何失火，顷刻冒穿屋顶，鸣钲报警，本坊水龙首先驰到，俄而远近各水龙亦电掣星驰而至，竭力灌救，地方文武各官亦皆到场弹压。所幸其时阴雨淋漓，起水尤便得以立时救熄，只焚毁楼房两幢。是日北门内下塘碧漪坊款待龙神，并雇鸿寿堂京班在天后宫开台演戏，尚未开场，适值天宁寺街火警，各龙夫立即赴救。事毕而回，戏已登场，台上则弦管咽雨，歌声遏云，台下则琼筵甫开，瑶斝徐引。正在采烈兴高时，忽闻厨房失火，众皆惊顾失色，戏亦停演。各看客大呼一声，争先奔出，各逃性命，真有狼突豕奔之势，将庙前各食摊及馄饨摊等尽口踏毁，更有自相践踏因而跌仆，大呼救命者，几于鬼哭神嚎，天翻地覆。及从千军万马中披靡而出，则厨下之火早已救熄，由是人心帖然，回忆出门时拥挤慌乱情形，不觉哑然失笑矣。

光绪十六年十一月初九日/1890年12月20日

准开戏馆示

宁绍台道吴为晓谕事，照得江北岸馥兰戏馆，前因不遵章程，于宁口通商事宜甚有关系，勒令停歇。嗣准美领事照会，以该馆停止已久，美商赔累堪怜，再三照请准予复演。本道谊难坚拒，因思戏馆为地方无益之事，或藉以筹有益地方之款。当于薛升道定章之外，续定章程三条，内有令其加缴洋六十元，送巡捕房呈道发县，以作本郡各项善举不敷之用，其余较前定章程之意更为周密。即经照复美领事，饬据该馆主情愿遵缴，复请给示开演，前来不得不从权照准，以固邦交而示体恤。除咨呈提军门照案晓示，禁止兵勇闯看滋事，并札府县遵照，一面谕饬督捕华生添雇巡捕认真弹压外，合亟出示晓谕。为此示仰绅商居民人等一体知悉，须知该馆既愿遵章缴款，为郡城善举如育婴施材恤嫠江桥等经费，于地方损益稍可相抵,所有续添章程三条,该商均已遵照。该戏馆本系薛升道允许在先,今美领事又迭次商请,本道是以复准开演,就地绅民当所共谅。自示之后,如有棍徒藉端阻挠,并无故恃强闯祸,定行拿究,事关交涉,勿谓言之不预也,特示。

光绪十六年十一月十一日/1890年12月22日

演戏赎罪

有混名三疯儿者,向在杭城菜市桥柏子巷口开设棉花店,好赌博,喜饮酒,指张说李,遇事生风,为一方之土棍。一日傍晚,其妻之母登楼收拾衣服,将洋油灯泼溅地板上,延烧棉花,唯烈焰虽未冲霄,而浓烟已经满屋。当时妻母目定口呆,手足无措,有领女年十二三岁,狂呼救命,邻人争集。而三疯儿将牌门紧闭,并不登楼救护,惟向柜中取出银洋细软之物藏于怀中,意欲偕妻遁去。幸市屋分间皆用三分薄松板,左右邻人破壁直入,竭力浇灌,得以扑灭,而床帐器皿门窗一切均已焦灼。现闻众邻公议,限令于月内移徙他处。三疯儿知众怒难犯,于十二日敬备酒筵,邀请里中耆老,自言如蒙见宥,以后不独火烛小心,而且痛改前非,现愿罚火神戏一本,以赎前愆。耆老怜而许之,遂得安居如故。

光绪十六年十一月十八日/1890年12月29日

光绪十七年(1891)

燕筑遗声(之一)

京西琉璃窑赵姓设立隆顺和秦腔小班,在京西一带演唱三年有余。近至京都,在大栅栏广德园悬挂花红,开张演剧大,约停留不久,仍回京西。人情厌故而喜新,笙歌起处,裙屐纷来,固在意计中也。

光绪十六年十二月十一日/1891 年 1 月 20 日

恶俗难除

宁郡各乡向有串客,男女合演,极为秽亵。乡村中每演一次,辄有寡妇失节,闺女逾闲,败俗伤风,莫此为甚。屡经府县严拿重办,并令各地保出具遵禁切结在案。乃日久玩生,近闻各乡又有无耻之徒,借灯祭为名,广演串客。地保人等因得贿不报而纠者,士庶亦不禁阻,是以若辈更无忌惮。为之上者,宜如何严行申禁耶?

光绪十七年正月二十五日/1891 年 3 月 5 日

津门谈薮(之一)

城厢内外各茶园,向于腊尾春头演唱各种淫词,招徕生意,然尚有声无色也。前年变本加厉,用男落子演剧,淫思古意,败俗伤风。去年经天津府访闻,饬县惩办,若辈稍知敛迹,不复敢装束登场。今春改用男女幼孩公然演唱,争妍斗丽,倾动万人。正月廿三日,邹太守传集差役,给以牌票,按园谕令闭门,如违带案严办。

光绪十七年二月初四日/1891 年 3 月 13 日

押解伶人

包探何瑞福至英公堂禀称,天仙戏园伶人郝春德即三□子称楼面转租与刘永生即刘三,与霍凤来同居,刘□指郝与霍□非礼事,将菜刀砍伤郝之□手,并以霍凤来与郝春德有暧昧情事,令霍承认,霍情急吞烟得救。据云去年刘持腰刀欲砍汪桂芬,由郝□散夺下之刀尚在,巡捕头命小的拘刘,并将小刀腰刀呈堂。郝春德供小的籍隶天津,刘与霍有非礼事,反指小的亦与有奸,其实并无此事,小的戏园唱戏,历来安分,刘虽同班唱戏,实是流氓,同班皆知,今请验伤究办。霍凤来供小的是北京人,现在天仙园为武旦,刘平空妄指小的与郝□诸丑事,逼小的承认,小的情急吞烟,由同园伶人董三雄设法救治,呕吐得愈。刘永生即刘三供北京人,向在天仙戏园为二花面,每月包洋十六元,去年园主命小的往北京邀汪桂芬来园演戏,小的费洋不少,并为汪制成时式衣服,言明到沪取到包洋偿还□百元,迄今并不交付,与论口角,并未持刀。至霍凤来在北京在伊母舅名下为嗣,因糊口无赀,恳小的领伊为徒,带至上海,转恳园主收用,所有衣服费用皆由小的供给,理应管教伊。前夜见霍与郝登楼,情有可疑,向霍盘诘,言语支吾,曾掌颊一下,并无持刀砍郝及逼霍认奸等情,惟与郝争扭时,郝自跌仆碰伤手指,请验伤痕便知实情。赵阿金上堂称本邑人,现在园中承值戏历,专司招集伶人扮演戏出等事,刘三初在园中唱戏时,与同班伶人叶金德因细故口角,刘即持刀向叶,同班伶人共议凑资送刘回北京,后又来沪唱戏,去年与汪桂芬口角,持刀行凶,经人阻止,今又砍伤郝春德,虽未目睹,然是实情。蔡太守得供之下,验明郝春德伤势虽轻,然刘不安本分,若再逗留上海,势必酿成事端,饬将刘永生即刘三交捕房暂押,交轮船押解回籍,不准再来沪上。

光绪十七年二月初五日/1891 年 3 月 14 日

戏园批示

河南拟设戏园,遂有阻挠,以致未能速成。今蒙善后局批据李鸾章禀承河南戏园请在原地建园开演等由,此案现据番禺县饬令紫来街铺户及南州三乡局绅□复,该商拟建戏园,现已改向收小,四面各留余地,于地方铺户均无妨碍,自可准其建园开演。至李升平所禀与南关生意有碍各情，查河南与南关相隔一河，各分地面其为无碍，已属显然。仰该商陈鸾章赶紧照案开演，以重饷源，李升平不得再行阻挠，切切，特示。

光绪十七年二月二十一日/1891年3月30日

众怒难犯

汉口某甲以钱店起家，心目中惟知有豪商巨贾，视乡里邻舍之人蔑如也。其住宅在汉阳，日前值其母七旬令诞，邻舍纷纷送礼，甲一切却之，惟汉上硕腹贾所送者，则敬谨收下。门前特搭戏台一座，以备招致梨园子弟，届期开演，门口则于寿期之前一夕演放烟火花爆。不料是日汉上之豪商巨贾纷纷而至，甲遂将梨园子弟引入内室开演，至门外之戏台遂成空设。邻舍人以甲之平日行为骄慢，久已积不能平，今又却其礼物，失其观剧之望，一贫一富显然相形，于是恼羞成怒，一唱百和，大兴问罪之师，拥入某甲室中，佯称观剧，室中人呵斥不住，邻人咸以老拳奉赠，以致杯盘狼藉。众客亦各鸟兽散，女客且有遗钗堕环者，并有一八九龄童子被挤受伤，未知能否治愈。刻下事虽平定，而某甲不能甘心，恐不免于兴讼也。

光绪十七年三月初四日/1891年4月12日

琼岛春阴（之一）

文武老生杨月楼瘵症痊愈后，即赴南府销假，正月间曾在安徽会馆演唱《黄金台》、《戏妻》等剧，一时顾曲周郎同声称赏。二月下旬，忽触旧病，淹缠数日，遂以不起。噫嘻！白雪阳春，人间有几；何戡已渺，孰唱渭城？赏音者能不感慨系之。

光绪十七年三月十九日/1891年4月27日

玉京瑶札（之一）

前报录文武老生杨月楼病殁云云，兹闻月楼病势沉重，发昏几次，有顷复苏，志之以正前报之误。

光绪十七年三月二十一日/1891年4月29日

穗城春眺(之一)

南关同乐戏园日前开演,一声檀板,细啭歌喉,顾曲者相率呼朋挈侣而来,四座喧闹,几无隙地。有甲乙两人因争坐位起衅,始而角口,继而用武,甲力不敌,为乙所伤。旁观者代抱不平,咸欲为甲报复,一时人声鼎沸,喧扰异常,台上优伶立时停演。后经和事老出为调处,由戏园补回番饼若干与甲养伤,始得无事。

光绪十七年三月二十七日/1891 年 5 月 5 日

会戏盛行

九江天后宫火帝庙等处,正值神诞赛会之期,众檀越相与敛资,雇梨园子弟登台演剧,以答神庥。各庙中张灯结彩,鱼龙曼演,袍笏鲜明,数十里内外携男挈女而来者,几如临淄道中肩摩毂击。白袷临风,圆映王珉之扇;红罗贴地,香兜小玉之鞋。真觉士女丰昌,莺花撩乱矣。闻江北各乡村亦有买棹而来者,良辰美景赏心乐事,兼而有之,诚升平之佳话,江国之胜游也。

光绪十七年四月初五日/1891 年 5 月 12 日

西泠小志(之一)

杭垣近有一种戏班,名曰串客戏,脚色不多,所演无非淫秽之事,摹拟入神,大伤风化。下皮市元帅庙于十六十七十八等连演三日,借以敬神。夫聪明正直之诸神,以此敬神,神其飨之乎?为民上者,当与男女班一例禁止也。

光绪十七年五月二十三日/1891 年 6 月 29 日

首善邮音(之一)

京师近出玉成菊部一班,乃梆子二簧两调共立者,系花旦响九霄、武旦一阵风、生角黄胖等六人所开,一切俱系新制,率由上海选购来京,并邀到名角数人,择吉于六月十一日在大栅栏三庆园开演。都人士争先快睹往观者,约千数百人,园中几无隙地。其演戏则一出二簧,一出梆子,相间不乱,故与他班较形闹热,斯亦别开生面者也。

光绪十七年六月二十日/1891年7月25日

燕兰小谱

京师访事人云，名优想九霄及黄胖约同金香玉、杨娃子、胖小生、飞来凤、一阵风等人，设立玉成班，择吉本月十一日在三庆园开演。舞衫歌扇，簇簇生新，檀板一声，珠履满座，诚升平之雅奏，京洛之风光也。

三庆班自杨月楼殂谢后，诸伶如失林之鸟，无所依栖。近有某宦愿出资财，令同春班文武老生谭心培当三庆班主，逐加遴选，重整笙歌。想大千春色中，甲舞丁歌，珠香翠暖，不难重复昔时之盛也。

光绪十七年六月二十四日/1891年7月29日

岭南闲话(之一)

前日有甲乙两人同在西关广庆戏园观剧，及至散场时，两人仍隐几而卧，一若睡熟者。戏园中人近前抚视，则已身冷如冰，魂归地府矣，随报知其亲属，备棺盛殓。自是而后，每日必毙一二人，闻者咸谓园中有疫，相戒勿往，故近日观者无多，几如晨星之寥落。

光绪十七年七月十六日/1891年8月20日

三雅园观剧记

前日之晚为广东丁财贵名班开演第一日，园主人折简来招，余遂偕芙蓉山畔客联袂而往。时袍笏犹未登场也，而台上门帘桌围等物，金光闪烁，簇簇生新，耀人耳目，座上之客几如孔文举在北海时，殆无虚席。无何锣声锵然，如敲云板者三下，继之以招军声、钹声、鼓声、管弦声，声声相应，一洗京徽班闹场习气。而优孟衣冠已列队而出，歌喉嘹亮，响遏行云，袍帜鲜明，光夺杲日，所演者即所谓《庆太平》也。继此而出场者为苏季子六国封相故事，其中情节人皆习知，无庸记，记其脚色之整齐，行头之煊烂，串插之绵密，布置之紧簇而已。如六国之君各有将,将各有兵,衣服则崭然焕然,步伐则井然秩然,旗帜则罗然赫然,其间车马之喧闹,军容之整暇,可谓有声有色,如火如荼。而最足动人怜者,则尤莫如各旦脚,或掌盖,或推车,或执扇,或驰马,身如弱燕,声似流莺,设令作赵飞燕掌上舞,当无多让。盖不仅体态轻盈,品格风骚,为足使游荡子心迷目醉也。末后一出为《惜婢缘》,情节之离奇变幻,可泣可歌,亦复出人头地。时钟鸣已十一下半矣,余与客遂同兴尽而回。

光绪十七年八月初六日/1891 年 9 月 8 日

嘉兴近事(之二)

嘉兴县六房书吏差役年例于九月中集赀雇班演戏,以祝武圣三相等神寿诞。今秋仍循向例,于十一十二两日,雇鸿秀班在署之仪门左演唱昆曲,并备三牲福礼,叩祷如仪。

东门内绅士居民咸喜佞佛,兹于本月十二日集资传鸿福堂京班,就里中白鹤观前搭台演戏云,以祈神保佑也。嘻!聪明正直之谓神,岂亦若厉鬼游魂,贪一日之饮食游观,遂肯曲为庇护乎?

光绪十七年九月十八日/1891 年 10 月 20 日

津水冰花(之一)

天津各茶馆每以幼女登场度曲,招徕座客。九月下旬,西门外某茶馆被人掳去幼女一口,勒钱取赎。至本月初六七日,河北宜春茶园等处又被掳去歌妓小刁小焕二口,目今一已贿和,一已兴讼矣。

光绪十七年十月十八日/1891 年 11 月 19 日

京口丛谈(之一)

凤宝戏馆十四日正开演时,有营勇数人入内观剧,因写票口角,遂致凶殴,座上客即一哄而散。经官弹压戡验,将滋事人薄责,饬赔修理费,事始寝息。

光绪十七年十月二十日/1891 年 11 月 21 日

京邸述闻(之二)

椿台戏班自歇业后,文老生许处已归入小丹桂班演唱,每日得资四十串,此外寻常脚色暨司箱鼓吹人等,则尚无所事事,天寒地冻,庚癸频呼,糊口之难有如是耶!

恭亲王诞辰前二日,传小丹桂全班脚色入邸演剧三日,嗣又唤小荣椿全班脚色演唱三日,四喜全班脚色演唱三日。所有三班大小脚色暨一应司箱鼓吹人等,按照旧章均有赏赐,其上等者银十二两,绸缎二卷,中等者赏银八两,下等者赏银四两,当由账房给发,诸人领赏后欣然散归。

光绪十七年十二月初六日/1892 年 1 月 5 日

光绪十八年(1892)

辜负佳节

前日系元宵佳节,英租界各戏园先期扎成灯彩并演新戏,此外如鞭炮店、灯彩店莫不钩心斗角,极意求工,以卜一年利市,城内豫园中要货店亦然。岂知天公不做美,急雨狂风直至夜半始止,不特各戏园生涯冷落,即马车东洋车生意亦皆为之减色,惟有频唤奈何耳。说者谓去年中秋夜细雨连绵,以故今年元宵节亦雨,盖沪俗有“去秋云掩中秋月,今春雨打状元灯”之说也。意者古语相传,皆由灵验,故能历历不爽欤?

光绪十八年正月十七日/1892 年 2 月 15 日

北通近事(之一)

年例正月中,北关三官庙必征召梨园子弟演戏,以娱水火二神。今岁自正月初十日起,雇同顺和班演唱四日,有武旦飞来凤者,刀马娴熟,矫健如猱,洵翘楚也。

光绪十八年二月二十一日/1892 年 3 月 19 日

伶人被控

兆丰洋行西人密司好投英领事署诉称,于光绪十二年春间开留春戏园,邀伶人汪桂芬唱戏,订立合同,被伊用透银两,乘间遁逃,今又来沪,请为传追,并呈合同。梁副领事据情照会蔡太守,饬差传汪桂芬,汪请英律师担文申辩,于昨日下午三点钟时会讯。密司好申诉前情,太守将合同给汪桂芬阅看,问是否由尔签押,汪称合同系小的签押,惟英领事官印并未见过,合同上加添“兆丰行有戏园房屋家伙,邀伶人唱戏,如有盈余,充作善举”等字样,小的亦未见过。担律师偕翻译罗诚伯上堂称,密司好控汪桂芬七款,汪已备有诉词，现须先问者，好于光绪十二年三月初六日与汪订立合同，后以汪遁逃，三年后又来沪，在天仙戏园唱戏已有二年，何以先时并不控告，直至今日始控？当初既指为遁逃，汪既复来，理应即控，当时既不即控，耽延迄今仍复控告，请令好申明其中缘故。太守请梁副领事问好，好称汪遁逃后复来沪上，知其在天仙戏园唱戏，包钱甚优，但愿其积蓄银两以偿我之各款，故未即控，兹因日久不了，始行控告。担律师曰：如此亦应于汪复来沪时控请立案，以待汪积银归偿，方是美意，安有先时并不声明之理？且阅合同系光绪十二年三月初六日所立，王庆云、王全忠居中，陈芳水为见中，载明每年包银二千两，先付六个月包银一千两，期满再议，所立合同早经期满，并未另立合同，然则期满听其自去可也，既非中止，更无罚银之理。好称中西人交涉欠款，耽延日久，始行控告，公堂上常有此等案牍，何独不容我控告乎？且曾有人调停。太守谓被欠款项有故耽延，后始控告，事固常有，然好先指汪遁逃，及汪来沪不即控告，未免于理不合。担律师又称问过汪，并无人调停，又问好所控汪各项，试问有无凭据？好称凭据现不能说定有无。太守谓既已控告，须即言明有无凭据，不得游移。担律师又曰：若照英例，好不能控汪，然中国无此定例，既经控告，容申辩其所控七款，惟事隔多年，如其间稍有记忆不到之处，亦不能较量。梁副领事谓好所控七款，汪既有辩，且由担律师写有诉词，俟细核后，于下礼拜三再讯如何？太守谓既有诉词，即可详问，总之控追银两，须有凭据。好称第一款邀汪唱戏，立有合同。担律师称汪已认立合同。好称第二款因于三月初六日立合同，言定四月初一日上台，而汪竟延至五月初四日始行登台，当三月间另邀各伶人与汪同演，耽延月余，耗费银二千四百三十余两，连立合同时所付包银千两，均应由汪理偿。汪桂芬称包银千两已为唱戏，可以划清，本言四月初一日登台，因留春戏园诸事均未预备，不能开演，迟至五月初四日登台，耽延月余，咎不在小的。好又称当时因汪被人控告，罗大老爷将汪责打，汪因受伤不能唱戏，经医生末而司验过，医鉴有凭，我园中早已预备。汪又称小的被人控告，宪差来传时，买办陈芳水嘱小的住在伊屋里,不许到案,致触罗大老爷之怒,因屡传不到,喝令笞责。担律师曰:汪系伶人,官令差传,应即到案,既因抗不到案,笞责受伤,亦出于无可如何,不能指为有意耽延,遂欲令其认偿耗费。好称并无抗不到案之事。担律师又称好所控第三款汪非但不能认,且毫无头绪。至所控第四款,立合同时付银千两,后被用透银两,试问既先付半年包银,须待期满再付,安有再被欠银之理?好称先付之千两存在汪处,以后按月照付包银,因汪系上等伶人,初原深信。太守问汪先收银千两,既因耽误月余,累好亏耗二千余两,尚肯照付包银外再被用透耶?好称当时原望汪尽心唱戏,待伊甚好。好控第五款,与汪议明逐日登台,如一日不上台,须罚银五两五钱五分,共有一百八十五日不上台,照算应共罚银千两之谱。担律师曰:好与汪立合同,先唱六个月,今竟指为一百八十五日不上台,如此则六个月中非但一天不唱,且过六个月之多。好又称汪在留春唱戏多时,共有一百八十五日不上台。汪又称一月之内,或因患病,或因喉疾,不唱三四日容或有之,并无罚银之理,况小的因留春园闭歇出外,并非逃逸。好控第六款,被汪借银一千七百余两,先曾还过金条三条,除去被欠千两之谱。汪称并未借过银一千七百余两,小的被股开戏园即兆丰行买办陈芳水借去赤金三条,原价银七百八十两,发票上由陈画押,陈再立经折一个,交小的陆续收支本利,共收过洋六百六十一元,呈阅。太守问陈芳水:发票是否尔画押?经折是否尔立?陈芳水均不承认。梁副领事问汪曰:金条是否亲手交陈?经折是否陈亲手交尔?汪答称皆系亲手交付。好控汪第七款,被汪取去银千两,原言另邀优伶,嗣未到来,应还银两。汪称并无其事。太守与梁副领事问好曰:尔被汪借如许银两,且有应令认偿各款,共计五千余两,须有凭据,方可办理,尔付银帐簿上汪曾否签字?付银时何人经手?好称凭据未有,见证确有,帐簿亦未签字。汪称所有枝节均向陈芳水言明,并不与好商酌。太守商之梁副领事,以好所控无凭,饬将发票经折存堂,再候复讯核办。

光绪十八年四月十七日/1892年5月13日

帝京杂纪(之一)

都察院汉左堂□都□户部汉右堂徐少司农因门生赴京会试，缁尘乍洗，枢衣晋谒，款洽逾恒，遂在安徽会馆内盛设筵席，招小丹桂班演剧市觞，尽酬酢之欢，略师生之分。文章旧价，桃李新阴，韵事流传，同深艳羡。

光绪十八年四月二十七日/1892 年 5 月 23 日

复讯伶人

日前兆丰洋行西人好控称，商人前丌留春戏园时，被伶人汪桂芬亏欠银两，且有借项应还者，有因事应赔者，合计各项共五千余两，请为追缴。英国梁副领事据情照会英谳员，蔡二源太守饬传汪研讯。汪延英律师担文辩驳，大略谓好所控各项均无证据。太守遂商诸梁君，再行复讯，此已详登前报者也。昨日下午三下钟时，太守会同梁君升堂复讯。好延英律师小威金生带翻译曹吉福至案，汪仍由担律师带翻译罗诚伯为之辩论。威律师代好诉称，禀单上所控各款均须对明，第一款汪已承认，上海所立合同已经呈阅，京师所立合同系一式者。第二款汪到上海在四月初一日，延至五月初七日始登台，其间耽延时日应偿亏耗银，尚有买办及司帐人均可作证。曾问过汪立合同时先收银一千两，后须归还，其时戏园中已预备一切，何致耽延月余之久，实应将亏耗银照偿。问好曰：尔邀汪至上海，知其欠人银两乎？答称初未闻知，继知有人控告。问官差传汪时，有人阻止乎？答称无人阻止。问汪至上海耽搁何处？答称耽搁商人行内。问既至公廨，情形如何？答称罗大老爷讯供之下，即行笞责，后诉请英国领事，转请罗大老爷开释，罗大老爷初未允，继乃释归。问开释后即能登台唱戏否？答称不能。问后来如何登台？答称伤痊后于五月初七日登台。问汪在戏园唱戏时有赢余否？答称有。问满期后是否照合同再唱？答称是。问再唱时被欠银否？答称被欠。问何项欠款？答称□欠及零星支用。问帐目是买办所写华文乎？答是。问与汪曾否当面算过帐目？答称未算。问汪唱戏三年有奇，及逃往京师时，曾欠银乎？答是。问汪往京师时告知尔否?答未告。问既未告,逃往京师,尔作何办理?答称当时即发电报到天津,托海关办事人代为查拿,然未获住。问既未获住,则如之何?答称后汪伶仍至上海,商人即遣人知照,曾至留春,汪伶不来。二年前十月担律师有信来,言及汪事,商人即经回信。问回信如何缮法?答称惟仍催还银两而已。问为何当时不控?答称汪回上海后,另在他戏园唱戏,包银甚丰,商人思待其积蓄后清还。答现在如何控告?答汪耽延至今,且在他戏园唱戏,后回至京师,又来上海,仍不料理,因遂控告。问尔知汪现有生理否?答有甚好之生意。问尔控汪欠银,汪供称有金三条交尔,尔知此事否?答称知之。问金条于何时交尔?答称汪养病时,欠商人银两甚多,故先将金条付下,问买办立折与汪,陆续支取本利。[问]尔知之否?答称此事不知。问买办知金条价值否?答称知之。问尔控汪共一百八十五日不登台,岂在尔园中唱戏三年余,竟有如许日不登台乎?答称是。问邀汪时另付银两,托其另邀他[伶],曾否邀到?答称付汪银两,托伊另邀别伶,并未邀到。问其银若干,如何付法?答称银一千两,由德泰庄汇付。问汪欠尔如许银两,究竟算过帐否?答未算。问当时汪在会审曾受惩,开释后向尔有何言语?答称汪一再道谢,并言感恩不浅,自当竭力报效。问汪曾否央人说恳,暂缓还银?答称有。问尔与汪之帐目均由买办缮写乎?答称是。担律师起立曰,本律师问过汪,立合同签字后,又至领事署盖印,由副领事佩福来签字属实。随问好曰,尔先付汪银千两,有收条签字凭据否?答称有合同载明。问合同所载包银即借项耶?答称是包银。问合同系六月为期,期满则包银唱退矣。答称一千两一项未经唱退。问所付一千两尔望汪还银,均已预备,只待汪登台乎?答称是。问汪在京师邀至上海,议明各节否?答称议明。问汪不能登台,是否受笞之故?答称是。问汪受笞后不登台,欲令认偿各款乎?答称须认偿。问官办汪,欲汪认赔各项乎?答称官办汪之事,与商人不涉,惟思着汪认赔耳。问凡大园主所与伶人立合同,较生意场中一式乎,抑或另有分别乎?答称谅是一式。问合同期满后,曾议及续立否?答称并未续立,然言明逐月照付包银,以后共唱三年有奇。问期满连下，悉照原议否？答称悉照原议。问期满后既未续立合同，仍在尔园唱戏，一切悉照原议，则例应在原合同上注明情由。答称问未注明。问合同期满理，合商量续立，既未续立，则当时曾否言及？答称汪仍无演唱，故未言及续立合同之事。谓期满后再唱，定须续立合同。答称并无一定之理。担律师谓，先既立有合同，及期满应照此合同办理，问期满时被汪欠银若干？答称有五千两之谱。问如何被欠如许之多？如何付法？答称陆续被欠。问既已被欠如许银两，又不续立合同，则应向之立据。答称有帐簿可证，无须立据。问帐簿上由汪签字否？答称未签，想亦不必。问先付一千两时，汪立合同签字后，尚须至领事署签字盖印，慎重若此，后被欠银五千余两，竟凭买办之帐，何忽草草？即答称有原议合同故也。问期满时已欠银五千两，以后曾否付过包银？答称付过。问包银如何付法？答称三元五元十元不等，均有帐目折子为凭，及唱至三年有奇，又欠六百余两。问原立合同在一千八百八十六年十月，即阴历光绪十二年四月初一日，及期满后至现在已历五年半，六月间被欠五千两，后三年被欠六百余两，迄今已隔五年半，从未向之算帐，且不立笔据，是何故耶？答称有帐簿可证，不必再立笔据，然时欲与之算帐，汪一味耽延。问帐簿何人所写？答买办陈芳水。问被欠者是何人之款？答商人自己及戏园中赢余之款。问戏园除尔之外，尚有何人入股？答称并无他人入股。问汪所欠银有他人干涉否？答并无别人。问陈在何时辞歇？答称在一千八百八十九年。问陈外有无别人经写帐目？答称有时因陈名下之人写帐，然行中惟陈是问。问曾令买办与汪算帐立据否？答称未也。问有人担保汪欠项乎？答无之。问汪在他戏园唱戏，忽回京师有几时？答称六礼拜。问复回上海有生意否？答称有甚好生意。问前在尔园中唱戏，忽往京师，及重来又在他园唱戏，后又往京师，再回上海，又换戏园，照尔所诉，汪已遁逃复回，并不控告，今又由京师返沪，仍有生理，故始控告，何也？答称初料其逃而复来，不致再逃，故不控告。问汪在他园唱戏，曾向园主言明尔处欠银之事乎？答商人未说，另经他人说过。问汪初往京师，尔电至天津未获,后曾否在天津领事署及驻京钦差处递禀乎?答称未也,一千八百九十二年四月始控告。问尔知汪不还银两乎?答称恐欲图赖。问汪现复来此,尔不虞其再逃乎?答称汪唱戏名望素著,谅不致再逃。讯至此时已五点二刻,太守遂商诸梁君,定于下礼拜二即本月初六日下午三点钟时再讯,担威两律师及原被告均告退。

光绪十八年五月初二日/1892年5月27日

三讯伶人

兆丰洋行西人好控伶人汪桂芬共欠银五千余两,汪伶延律师担文辩驳,好亦延律师小威金生代质,蔡太守会同梁副领事两次讯供,俱详前报。昨日午后三点钟时复讯,两造人证律师齐集。好诉称留春戏园于五月十三日停止,曾登告白于《申报》中,至九月二十五日汪伶逃逸,前者惟诉月日,今始查明。担律师问好曰:据尔言戏园于五月十三日停止,汪伶于九月二十五日逃逸,然则停止逃逸事隔四月矣,四月之间,尔岂不虞汪伶逃逸乎?好称当时确不料及伊竟逃逸。担律师问汪伶逃逸欲赖好银乎?既已逃逸,如何复来其间,有何缘故?好称先时汪伶逃逸,谅欲赖银,后既复来,望其将银还楚,别无他故。问前据好言,付汪伶银一千两,是规银耶?足银耶?答称付京平银一千两,合上海规银一千零四十余两。问在何时付与?答称约在十二年四月。问既已付银一千两,当时何不向取收条?答称例无收条,故未向取。即问付银一千两,既无收条,曾否另立合同?答称信汪伶诚实,故不另立合同。问当付汪伶上海银千两后,曾立合同,且至领事署签字,后付京平银千两,托伊转邀他伶,较之上海银数更多,何以反不立据?答称时候不同,汪伶已立有合同,即付伊本身银一千两后,托伊另邀他伶,再付京平银,即可以凭信矣。问好用汪伶已有三年余,时时见面否?答称初用时汪伶有伤痕,医治好时,问伊伤已痊否,后则难得见面。问或有事招汪伶说话时否?答称无事招汪伶说话。问好所控各节,汪伶均已声明不认,好知之乎?答称汪伶在我面前未认欠银,然曾在买办陈芳水面前认欠。问好用汪伶先以六月为期,期满后共用三年余，总被欠银五千余两之多，如何从未招伊算帐？答称因想汪伶不赖之故。威律师问好曰，尔向汪索银乎？答称是索银。问好邀汪伶唱戏，先立合同乎？答称是先立合同。问初邀汪伶到此，故须立合同乎？答称是。问好既用汪伶，立有合同，后来付银各节，不再问索笔据乎？答称是。问立合同时所付之一千两，原言陆续拨还，设不拨清如何？答称亦须索还。问担律师问汪言立合同时所付之一千两即系包银，究竟如何？答称此一千两非包银。问汪伶前者由官笞责，不能唱戏，受伤之项欲汪认偿乎？答称汪伶自己有不是之处，由官笞责，理合归汪伶认偿。问向帐房支用银洋，有小折为凭，尔知之乎？答称知之。问除付过一千两及金条等项外，汪伶逃逸时所有包银好欠汪伶耶？抑汪伶欠好耶？答称包银照算应找汪伶无几。问汪伶向好索找乎？答称未索。问好曾向汪伶言被欠之银不要还乎？答称并无此言。问留春戏园停止后，有人留汪伶仍在上海唱戏乎？答称有。问后付京平银一千两是托汪伶另邀他伶，并非立合同之一千两乎？答称是。问被欠各银均买办经手乎？答称是。太守问好曰，尔先用汪伶于四月初一日起唱戏，曾先登《申报》告白乎？答称此等事并不熟悉，皆托买办经手。问然则究竟何月何日预备戏园等待汪伶上台？答称四月初一日均已预备。问好知汪于何时到上海，何时笞责？答称约在三月间到上海，四月初笞责。太守谓本分府查阅前卷，四月初六日出票提汪伶，至初十日提到，试问四月初一日已经预备，惟待汪伶登台，然则未提之前何不先唱戏耶？或汪伶预知到案须笞责，何先避去乎？至立合同所付之一千两，载明包银，如何向汪伶索还？答称原欲汪伶拨还。太守谓合同载明唱戏六月，付银一千两，然则既历六个月，一千两已再讫，合同上并不载一千两须还，前据好称汪伶唱戏六月后被欠五千两之数，以后三年被欠六百两，是何项银两？答称六百两系不上台唱戏应扣之款。问好禀帖上写不上台唱戏，应算银一千余两，如何今又称只六百两？答称所诉皆大约之词，须查阅帐簿。问好控汪伶欠银皆由买办陈芳水经手，好并不自问，汪伶究竟欠银乎？若以帐簿为凭，帐簿皆好处买办司帐人所写，岂能作凭乎？答称只照帐为凭,如有错处,请讯明究买办可也。太守谓事隔五年半,今始查帐,何当时从不亲对帐目耶?答称现求大老爷细查,如果买办司帐人有错,即可惩办,况明知帐目无错,即他伶之帐亦素无讹误。问汪伶被人控告到案日期,及好所诉开演日期业已详查案卷,是否?答称想大老爷案卷无错,我系随问随答之语。威律师请传天仙戏园主赵金,详问戏园章程。担律师曰,原告威律师请传天仙戏园主赵金到案,问付包银及不上台各章程,照此案为西人控告华人欠银,总须以字据为证,即大老爷准传赵金到案,本律师亦当辩驳不凭。威律师又称不论何家戏园主均可传问,太守谓汪伶曾在天仙唱戏,今已至别园,传问赵金有所不便,或者传丹桂戏园主问之可也。威律师请传买办陈芳水上堂。担律师问,尔是兆丰洋行主好之买办乎?答称是。问是光绪十二年到行乎?答称十一年到行。威律师问:好于十二年分开留春戏园,邀汪伶唱戏之事,尔知之否?答称知之。问好先付汪伶银一千两,尔有帐否?答称有帐。问汪伶于何月到沪?答称约在三月之杪。问其时戏园均已预备否?答称已预备。问立合同签字,尔忆及否?答称尚记得。问汪伶到上海后,何时被人控告?答称早已有人说及刘维忠欲控汪伶。问尔有何法使汪伶不到案?答称并无其事。问尔偕汪伶到案乎?答称偕之到案。问汪伶受笞后,至四月之杪仍不能上台乎?答称其时伤尚未痊。问汪伶初到,住在行中,尔经借银两与伊,曾写帐乎?答称所借之银均曾记帐。问再付汪伶银一千两,令另邀他伶之事,有否?答称有。问此系何人主见?答称此系汪伶之主见。问邀到何人?答称并未邀到。问然则银两如何?答称原言寻不到他伶,则将原银带回,后邀到汤四一人,并非上等优伶,用去银五百二十两有奇,其中四百八十两须汪伶归还。问尔同汪伶言及此事否?答称已言明。讯至此时已五点三刻,太守乃商诸梁副领事,俟礼拜四下午三点钟时再讯。

光绪十八年五月初七日/1892年6月1日

四讯伶人

兆丰洋行西人好控伶人汪桂芬欠银一案，汪请律师担文辩驳，好请小威金生伸诉，由蔡太守会同梁副领事讯供，此已叠详前报。昨日午后二点半钟又讯此案，原告律师小威金生、翻译曹吉福，被告律师担文、翻译罗诚伯齐集案下。小威金生问陈芳水曰：尔知交汪银千两另邀他伶，除邀到汤四外，尚有何人？答称邀到汤四，作银四百二十两，又邀华福山，作银六十两，两人皆不能唱戏，两共四百八十两，好不承认，只认五百二十两。问帐簿上记明否？答记明。担律师问：前日陈芳水所呈各帐簿，大老爷曾否查明？太守谓帐簿已略为查阅，且邀熟悉帐情之二人前来查帐。担律师又问查帐之人为谁？太守谓本公廨邀英领事署司帐及总巡捕房司笔墨者二人。担律师又问：查帐之二人曾否看明帐目？太守谓已由袁近仁查过。威律师问陈：有一月之间汪不能唱戏，好欲汪认偿各款银二千四百余两之帐簿，是那一本，当即指明。陈遂检呈四月间帐簿。太守阅得帐簿系六月间，问何以写四月间之帐？且尚有六月间至八月间之帐。陈称当时汪不肯认，故未算结，直至六月间再算，始行写上。太守问查帐之人曰：四月间之事能否写在六月间之帐上？答称无此写法。威律师问陈：除此帐簿外，另有簿记此帐否？答有。问何在？答在洋东好写字房。梁副领事阅帐，见有五月之后写四月，四月之后又写八月，太守遂又阅得打鼓人等半年辛工洋八百元，何以写在四月间？陈称亦系耗费之款。太守又问：阅三月间伶人万盏灯、沈云秋以相等三人辛工，如何写在四月帐上？答称万盏灯等三月辛工亦欲核算，所以写在四月帐上。太守问：然则万盏灯等之工洋亦欲汪赔乎？答称与我不干，洋东欲汪赔偿。太守问陈曰：十二年分四月间起各伶人包银簿何以不呈堂？陈称四月间之帐我以为不要算，不料洋东要算，故未检呈。太守又问：然则四月间之帐簿可即呈堂否？答尚容翻寻。问几日可以呈堂？答我自兆丰歇出已有多年，翻寻非易，须缓五六天。太守又问：四月间之帐较六月八月不同，何也？答初未算帐，在后算明，另行抄誊，故有不符之处。太守问何时抄誊？答在十二年八月间。太守又问:先后所抄不同,是何故耶?答先有草簿算明,后再行抄帐。威律师问陈:五月间之帐簿有否?答有。问付汪及各伶人之包银帐均有否?答均有。太守着陈检呈,又问付万盏灯洋二百三十元,又抄写二百七十三元八角,何故?陈称要找与万盏灯。太守问四月间之帐,包银火食不过数百元,何以控有二千四百余两?陈称此皆零星帐,至盈千满百之款,另有帐簿。太守又问:四月间陈付各伶人包洋二百余元,何以陈与好算帐有一千七百余元?陈称现在只将汪桂芬之帐呈电,另有各伶人之帐尚未呈阅。太守谓好控汪四月初一日不上台,至五月初七日始行唱戏,其间一月有余,亏耗均要汪认,所有帐目自应呈电。商之梁副领事,谓四月间之赔款可置不论,又问陈曰:尔供汪于三月底到沪,何以立合同付银千两,至英领事署签字乃在三月初六日?答称合同日期照在京所拟之草合同照誊。威[律]师问在京先有合同乎?答有。好称在京所立合同可以呈案。太守查阅帐簿,汪六个月期满后至年终结欠银四两三钱三分,并写明以后逐月照付包银。威律师遂接问陈付汪银之帐共有几本?答有二本。问戏园中帐簿共有几本?答共有十本。问借汪银两是否在十本中?答另有帐簿。问何以帐上汪只记明欠银,问行帐有几本?答二本。问帐系何人所写?答戏园行内各有司帐。太守谕令将行帐戏园帐分别检呈,又问戏园付汪之银及行内付汪之银共有一帐乎?答无。问初时汪不上台,记明日子否?答若不上台皆记帐簿。问期满后有不上台之日子否?答亦记帐。太守谕将帐呈堂阅,见每月有数日不上台,确曾记写,惟未写明何日。陈称当时逐日记写,满月总记。威律师问陈:各伶人不唱戏之日子欲扣银否?答:欲扣银。太守又问:帐上五月至十一月已写明,至十二月有二十一日不上台,又有正月至三月之帐竟写四月至十二月每月不上台之日期,何以能先知乎?且戏园伶人甚多,何以只写汪桂芬不唱戏之帐,别伶皆不写乎?况好控汪不上台共有一百八十五日,何以尔呈帐有二百八十余日?好称汪至普陀时不唱戏,不扣工银,故只控一百八十五天。太守又问,正月至三月之帐,何以写至十二月为止?威律师诘问陈,答称不唱戏之日,逐日有字条交与洋东，先有草帐，然后抄誊。太守又问陈曰：别伶无停唱之日乎？答称虽有停唱之日，包银少者不与计较。问难道只汪一人扣银乎？答包银满千两者须扣。问万盏灯包银岂少乎？答万盏灯不唱戏之日甚少，故不与计较。太守又问：戏园有一定章程乎？答留春戏园如此，别园则不知。问伶人患病或有意不上台有别否？答有别，总之包银大者须扣。太守传杨庆和银楼伙某甲上堂，问曰：兆丰洋行买办陈芳水有金条兑与尔处，价银若干？答称六百五十六两五钱四分三厘。太守问陈曰：尔帐上何以只收赤金兑银五百七十两？陈称先未兑换，约略计之耳。太守又问六月间兑去赤金，何以写在八月帐上？威律师又接问陈曰：汪所付金条三条，系因取银作抵耶？抑汪将赤金存与尔处耶？答称因汪欠银，将金条作抵。太守又问：帐自三月初起至四月为止，忽又写三月之帐，有此帐情乎？答称此皆抄帐。太守谓抄帐亦无此理。威律师问陈曰：尔如造假帐，亦须造得干净，断无如此糊涂。答不敢造帐，的系真帐，系由王先生所写。太守传天仙戏园之赵锦华、丹桂戏园之周凤林上堂，问伶人不上台，须扣银乎？周称无一定之理，戏园各有章程，总视相待之厚薄及在园唱戏之久暂以为衡。问如欲扣算，如何扣法？答称每月包银若干，按日应扣若干。问立合同之包银须还乎？答称既立合同，付银后伶人至别处唱戏，应还银两，如照合同行事，则不还。威律师问周曰：戏园付伶人之银有收条乎？答无收条。又问如伶人在园唱戏，欠银后可至别园唱戏乎？答须先料理欠项。又问天仙戏园赵金华曰：尔曾登《申报》告白言邀汪桂芬到天仙戏园，因汪欠兆丰行银两被阻等语，有之乎？答无。好将《申报》告白呈堂，太守阅见“天仙戏园邀汪来沪定期登台演戏，因与兆丰行有未了事被阻，现向兆丰行言明，准在天仙园唱戏”，并未言及欠银。威律师问赵锦华曰：尔园中曾用汪桂芬，令伊又至别园唱戏，尔园中被欠之银及不上台应扣之款，应照还乎？答称均应照还。又问周曰：凡伶人至别园唱戏，前事未料理及不上台之扣款，定须料理清楚乎？答称此难执一而论。太守问赵锦华：向汪算帐，汪自愿算还银两乎？答自愿。又问伶人包银大者须扣，小者不扣，有此规例乎?答无一定之理。太守问陈曰:尚有各帐簿,何以迟五六日方可检呈?且此等帐簿系何人所写?答称亦是王先生及侄辈所写。好称检帐不必迟至五六日,大约二日即可检呈。讯至此已六点钟,太守商之梁副领事,定于礼拜六下午两三点钟再讯,各帐呈堂。

光绪十八年五月初九日/1892年6月3日

伶人案结

兆丰洋行西人好控伶人汪桂芬欠银,两造均延律师辩论,俱已详记报章。昨日午后二点钟时,原告好偕律师小威金生、翻译曹吉福,被告汪桂芬偕律师担文、翻译罗诚伯及查帐之袁近仁等齐集公堂,蔡太守偕梁副领事升案。威律师称合同先在京师订立,其时系三月初六日,后在上海再订,约在四月初旬,惟持纸英领事签字盖印,亦写三月初六日,现在其余各帐已一并呈堂矣。蔡太守曰:应将十二年三月至十三年五月之流水滚存各帐检呈,便知所付包银等项。陈芳水称停歇后,即将帐簿交与接办之人,后来如有帐务欲向洋东结算,则取出几本,是以存在接办人处者为多,现在接办人亦已辞歇,无处找寻,以致流水簿未经带来,只将滚存簿呈阅,且流水与滚存并无歧异。太守谓流水与滚存各别,流水系逐日记载之帐,滚存系总结存银若干之帐也,本分府今先欲查者,实系流水簿。两律师即辩论一番。太守曰案经详讯,既无流水簿,则金条及先付包银一千两之帐,今日能检呈乎?陈称帐簿均有,惟自十五年分停歇兆丰生理后,一旦稽查前帐,颇非易事。两律师又辩论至再,担律师称先付包银一千两及金条之事,既无流水簿,如何查问?威律师称包银一千两汪已承认。太守谓汪伶认收一千两包银,已满期清讫,盖照汪伶算自三月起至九月止,已历七月,一千两已讫,照好所呈之帐,则自五月起至十一月止,亦历七月,因命袁检滚存簿上有无一千两及金条之帐。袁称细查并无此帐。担律师称即滚存簿亦无此帐,殊见帐系假缮,可不必再问矣。太守谓检呈各帐均甚糊涂,虽系真帐,然加写汪桂芬之款项,不问亦知,威律师如果不服,亦可邀熟悉帐务之人来查。梁副领事请问汪伶：立合同六阅月之内，好曾否付尔银两？答称未付。问好付尔银一千两已扣回乎？答称已扣回。问此外尚欠银乎？答称未欠，好控小的欠银，有何凭据？袁称阅有付洋银四百元之帐。太守问陈曰：此是何款？答称此四百元作为凭。太守谓岂有帐目不作为凭之理？担律师称所呈各帐均是假缮，应请销案，况大老爷恐阅帐不妥，已邀公正人细查，明知搪塞，可即断结，勿再拖累，陈应请管押。且事隔五年半始行控告，及奉传讯一再，检呈之帐均不实在，如再容原告检呈，势必缓日再讯，仍恐无益，且无定谳之日矣，今日定可断结。况陈华人也，一再检呈帐簿，若此蒙混，应请严办。威律师称好所控各项银两，难道均假乎？太守曰控汪欠银总须有凭。威律师称今呈之帐大老爷尚未细查。太守谓各帐业经查明，担律师称案经详讯，毫无证据，应请注销，如好不服，听凭上控可也。梁副领事谓须再查问经写帐目之人，总须彻底根究。担律师称此系中国公堂，权在蔡大老爷。威律师称汪伶自京师复回上海，人皆知结欠好银。太守谓试问有何凭据？担律师称既将帐目呈堂，查明假缮，即可严办，不必讯问下情。梁副领事谓：顷问汪伶立合同六阅月之内曾否收银，汪称未收，现据言汪伶有手折收洋六百余元，何谓未收？太守谓汪伶确曾供明六阅月内包银未收，所收洋银系金条之款，本分府查包银簿上并无付汪伶洋银若干，惟各户曾记簿上有付洋银情事。威律师称本律师应辩各情尚未尽说，须请传写帐人问过，然后断结。担律师称近来香港英刑司署断有争产事，两造均延律师，讯问时原告所呈字据系假造，原告律师即告退，请照例究诬。梁副领事仍请再讯，太守谓此案应不准理。威律师称如不准理，尚须上控。太守谓尔既不服，听凭上控，所呈各帐存堂。威律师称因欲上控，容将帐带回细阅。太守谓如欲阅帐，仅可至本廨详阅。威律师称大老爷以为帐系假缮，无须存堂。太守谓本分府并不以帐簿为假，不过加写假帐而已，既欲上控，本分府应将帐呈送道辕候示。威律师称请将帐簿带回，决不使他人观看，倘欲稽查，必本律师在场，可无意外之虑矣。太守谓本分府并非不准贵律师所请，实防兆丰行买办陈芳水也。讯毕即退堂。

光绪十八年五月十一日/1892年6月5日

袁江杂录(之一)

江西会馆奉祀陶许二真君,现因殿宇落成,遂于初十日开光演戏。笙歌起处,裙屐偕来,自道宪以下各官咸往拈香,车马阗咽,极一时之盛。

光绪十八年五月二十二日/1892年6月16日

论惩办串客

天下事之害人心志,坏人名节者,不一而足,而串客戏其一端也。所谓串客戏者,大率市井无赖少年,学习淫词艳曲,迨其艺既成,则遍赴城乡市镇,搭台演唱,借以惑众敛财。聆其歌唱,则固靡靡之音也;睹其形容,则皆委琐龌龊不堪寓目之事也。而有逐臭之癖者,则不以为可憎而以为可喜,不以为害心志坏名节,而以为足以消遣芳辰安排绮思。不论男女老少,贵贱贤愚,趋之若鹜,恐后争先,如蚁之附膻,如蝇之逐臭。串客所至之处,几于举国若狂,诚有不可解者。夫串客所演者,无非以绘风描月之情,传濮上桑间之事。在未开知识之孩童,与夫衰朽龙钟之老者,虽亦足以污耳目而亏心术,然其害犹有底止。若夫红颜弱女,待字闺中,正当破瓜之年,易动摽梅之感。听清歌于子夜,尚唤奈何;闻艳曲于前溪,能无枨触?倘以一念之差,致贻终身之玷,虽有西江之水,难洗前羞,纵回东海之波,莫明素志,后虽悔之,嗟何及矣!更有寡鹄衔悲,离鸾奏曲,愿守柏舟之节,誓完冰蘗之操。石化山头,独洒望天之泪;澜沉井底,常怀太古之心。或以偶尔逢场,遂致柔情顿触,所谓一失足成千古恨,再回头是百年身。揆其致误之由,谓非扮演淫戏者之职其咎乎!昔施耐庵作《水浒传》,中有数处描写风月,几于颊上添毫,有人谓其因此堕入泥犁。彼为串客者,现身说法,其惑人也尤易,其害人也更多,假使天道果有报施,当不仅堕入泥犁而已也。夫淫书之为害尚浅者,良以别声被色之伦,未必人人识字,尝有性格虽极聪明而不识一丁者，卷册之中虽有诲淫之语，亦无从而体会，即不至为淫书所误。若淫戏则其事极鄙，其语不文，人咸得而注视之，倾听之，苟其沨沨移情，洋洋得意，则声入心通之下，未有不顿失操持者，又何怪其为害之至于如此其烈也。串客淫戏江浙等省皆有，而以宁波为尤甚。大宪以其故违禁令，贻害民间，亦尝严饬差保留心巡察，见有此种淫戏，立即驱逐出境，不准逗留，以贻人心风俗之忧，如有不遵，立即送官惩办，以为犯法者戒。一面大张告示，粘贴通衢，谆谆然谕以顺逆之理，报应之机，宽其已往之愆，导以自新之路，亦可谓无幽不烛，剀切详明矣。而若辈徒以趋利之故，遂致视禁令若弁髦，犯宪章而不顾，甚或贿通差保，暗地潜踪，引诱乡愚，售其故智。官宪虽以除恶为心，然深居衙署之中，耳目究有所难周，精神亦有所难及，岂能统都鄙乡遂一一巡察耶？故禁者虽三令五申，而演者仍阴违阳奉，风俗何由而整顿，人心何由而向化哉！前日本报载，宁波西南乡又有利欲熏心、罔顾法纪之裘钟鳌、金阿洪等，特雇串客奉化人邱景新等，日在该处空地学习歌唱，俟身手娴熟即欲搭台扮演。事为杨大令所闻，即派干差往拿，将裘钟鳌等三名拘获到案，各责数百板，取保释放，邱景新等从重笞责，发差看管，再行核办。夫裘钟鳌等雇串客学习歌舞，无非为渔利计耳，不知天下何事不可为，懋迁有无，囤积货物，苟有计然之术，何患不能坐拥厚资。虽曰经商一道，必赖资本以为挹注，苟囊中无阿堵物，即不能徒手从事，然商之外不又有工艺乎？果能自精一艺，自食其力，亦可起家室而贻子孙。西国之以工艺致富者后先相望，亦可见糊口之计随在皆有，又何必甘为违法乱纪之事耶？邱景新等怙恶不悛，是真无耻之尤。杨大令既将裘钟鳌等各笞数百板，取保释放，以惩首恶，而受雇之邱景新等亦皆从重笞责，发差看管，以待后命，办理不可谓不严。凡逖听风声者，当无不晓然于杨大令除恶务尽之意，相与革面洗心，弃邪归正，积弊因此而革，陋俗由此而挽，此一举也，其关系于政治民风者岂浅鲜哉！惟是一邑之中，市镇林立，良民固多，莠民亦难保必无，所望持之以久，绳之以严，时饬差保到处侦察，则莠民无所售其计，良民不致受其害，淫靡之俗不难一变而为知礼之乡。书有之曰:尔惟风,庶民惟草,感应之机,捷于影响,不禁于杨大令有厚望矣。

光绪十八年六月二十九日/1892 年 7 月 22 日

戏场聚赌

杭垣下皮市巷温元帅庙,向例于夏间酬神演戏。上月二十一、二十二两日,传某梨园子弟搭台开演。一声檀板,游屐纷来,台之左右摆设赌摊,五花八门,引人入胜。又有以两钱掷地上,覆以碎瓦,仍有青龙白虎进出四门,俗呼为颠颠俏者,十居八九。说者谓戏场聚赌,在乡间或有行之者,若省城重地,此辈竟敢明目张胆肆无忌惮,此风又乌可长耶!所望高坐堂皇者严密查拿,毋使漏网,是则地方之幸也。

光绪十八年七月初一日/1892 年 8 月 22 日

大闹戏园

戏园斗殴向系兵勇居多,而天津城西湾子地方之广庆园,其房东系某营官,班主系某武将,开张茶园者系该处之于氏昆弟,均炙手可热者也。津人以看白戏为卓(桌)腿轩,又曰肉围屏,至此遂绝无仅有,亦不闻有滋事之举。不料月初江北河运漕粮到津,船户不知凡几,不名一钱,竟欲入园观剧。门者势难拦阻,任其作座上之宾。翌日又蹈前辙,而某营兵勇御侮而来,河北粮船近在咫尺之间,船户振臂一呼,全帮皆应,一时由戏园用武至双街口,俨如大敌当前。看客悉由戏台转出后门,争先逃逸,遗失衣履不可胜数,是亦游戏场中之小劫也。

光绪十八年七月十四日/1892 年 9 月 4 日

袍笏登场

营口为商贾荟萃之区,常年演戏,几无间断。各铺家均有看戏排单,每当演戏时,各伙伴轮流观看,得以游目骋怀。今年自六月杪,各戏班一概下乡,由是阛阓间遂无丝竹管弦之盛。本月十九日西大庙又有严家班登台演唱，一声檀板，裙屐纷来，喝采声喧，异常拥挤，是亦一时盛会也。

光绪十八年七月二十四日/1892年9月14日

戏场失火

南海金子堡六乡祀洪圣为香火神，自号为大六伴，缘邻乡有小六伴故也。六伴轮流值年，迎神而祀，于其乡每年八月十六日为瓜代之期，是日例必赛会，仙仗排云，灵旗映日，征歌菊部，选舞梨园。各乡人不远数十里来观，士女如云，络绎不绝，诚乡落之大闹热场也。前月十九日有江湖士买药于戏场，尝以香火融化膏药，为人敷贴患处，余烬误掷于篷厂中，遽兆焚如。烟馆赌场，酒厂茶肆，瞬息之间尽付一炬。时值北风大作，戏棚在南，观者人海人山，惊相走避，班中亦急于封箱，以为灾且立至也。乡人急捧洪圣龙牌神位，大呼神灵垂救，忽而反风灭火，戏棚卒保无恙。

光绪十八年九月二十八日/1892年11月17日

北地胭脂

优人万盏灯寓居京师韩家潭，某日演戏既毕，乘马回寓，相离一箭之远，一时疏忽，致令马失前蹄，该优人翻落某姓门外阶石上，撞伤额角，耳根皮破血流，幸喜双足未曾入镫，否则不堪设想矣。

玉成戏班在庆和园演唱各样新戏，九月二十一日，忽有甲乙丙三人在戏台后面纵眺，洋洋得意。唱戏者见之，知为某巨宦宅内轿夫，因带至前面，令伊等选座。甲乙丙三人多方挑驳，无一当意者，且言貌神情异常傲慢。时有唱武丑之张黑怒谓：我辈岂卖座者，而竟以此种面目相向耶！甲乙丙闻之，默然而去。次日过午，纠约伙党三十余人，各执刀械，拥至园中，见张黑扮作蒋平，在台上演《三侠五义·捉花蝴蝶》一折，诸人即取茶壶遥掷，击中张黑头颅，血流如注，花面脚色宋九及张黑之徒某亦被伙党等砍击受伤。此外武脚色多人见来势凶恶，跃向台下，并力御侮，诸人见势不敌，纷纷窜逸，仅扭伙党一人，以木械打伤两腿，另获四人，扭送中西坊押收候讯。

九月二十二日,三庆戏园雇小丹桂部演剧。班内司事某丙与戏园司事某丁,于中折过后查点观剧人数,见座上有听白戏者,令其暂起。其人忿然作[色]曰:我辈惯听白戏,从未经人撵逐,言毕狂詈不止。丙与丁怒气直冲,立即扯扭至戏台后面,看守至戏罢,问知为某巨宦宅内轿夫,因扭交中西坊主押收候讯。

九月二十三日午后,有甲乙丙三人赴庆和戏园,寻觅应点卯差之人,骂詈不已,势欲行凶。时大栅栏一带戏园及各戏班,均因轿夫滋事一案相约暂歇,而庆和园内尚有武脚色多人在焉,见此情形,代抱不平,一拥向前,扭住一人,各以老拳奉赠,反缚双手放于地上,听候送交中西坊署归案审讯。

光绪十八年十月初四日/1892 年 11 月 22 日

论酬神宜禁淫戏

梨园歌舞,逮李三郎而极盛,当时如镜新磨等,装束登场,一座尽倾,故优伶率奉李三郎为始祖。其实戏剧初不自李三郎而特创也,但初时只唱词曲,只演杂剧,霓裳之歌,羽衣之舞,随意游戏,俱成妙谛。其有因事诙谐涉趣者,尚存东方谲谏之风,如回波栲栳之词,足见一斑矣。逮至有元,列于考试之条,始有曲本,南调北调,悉尚《中原音韵》。明季苏昆生创为昆调,后人宗之,谱曲家精益求精,遂有正宫、仙吕、商调、羽调、大石、小石、南吕、黄钟之辨,要皆学士文人吟啸之余,编为定谱。所演事迹,要皆忠臣孝子、义夫节妇之所为,本化导之心,寓劝惩之旨,足以教忠孝而惩奸恶,戒薄俗而感愚蒙,可以挽习俗之颓靡,辅王化之不足,其有功于世道人心,诚不可少也。自是而后,世风变古,性情志向日即于偷。咸同以来,优人曲调一变而为弋阳,再变而为京腔,大声高唱,句调鄙俚,昆曲沦胥,几如广陵散之不可复见。其所演者,大都冶容诲淫,败俗伤风,莫此为甚。其所演说无所谓故事遗闻也,大抵皆无根之谈,不知出于何典,乃阅者反心向往之。一时生旦粉墨登场,曲绘形态于氍毹之上,同声击节,以至人心风俗变本加厉。子弟知识初开，一见此等戏剧，挑逗春心，跃然欲试，几视钻穴逾墙为常事。其闺阁中人不能自持者，目想神游，或因此而堕名丧节者有之，图奸酿祸者有之。当道知其与风教相关，故特垂为厉禁，不准唱演。迭经蔡太守张谕晓示，悬之通衢戏馆之门，乃若辈视为具文，藐若弁髦，初禁之时稍为敛迹，未几故态复萌，肆口无忌。又恐明目张胆之有犯禁条也，于是改其名目，其戏则是，其名则非，阳奉阴违，弃国宪如赘疣，藐官长若聋瞆。故禁淫戏一节，虽经三令五申，而禁者自禁，演者自演，其所以漫无顾忌者，岂真不畏官刑哉！差保既为之狗蔽，当道又惮其多事，若辈潜窥默喻，深知其术之可售，遂乃毅然为之，不劳顾虑。此虽小人常伎，然亦在上者有以成之也。夫歌舞之事最易感人，戏剧中可歌可泣可师可法者甚多，优孟衣冠，何戏不可扮演，而必欲以淫靡之声、亵媟之态坏人心术乎？虽然戏馆之中为招徕生意起见，其演淫戏犹可言也，所可异者，神庙森严之地亦多犯此辙，殊不可为训。闻各处演戏敬神者，靡不点粗俗淫荡各剧，梨园子弟薰香傅粉，炫服丽妆，谈笑描摹，尽态极妍，无非窃玉偷香故事。入庙观看之人趋之若鹜，不独男子，妇女亦杂其中，一见花旦出场，无不鼓掌喝采，小家碧玉，大户琼姬，皆成习惯自然。司事者不知其亵，故点亵狎之戏以娱群众，以新耳目，一若非此不足以侑神之欢心，不足以豁众之眼界。不知此等戏目久在上官例禁之中，无奈习俗相沿，牢不可破，演之者视为固然，观之者恬不为怪，非惟败俗，抑亦亵神。夫聪明正直之谓神，其所以受馨香、享俎豆者，以其保卫人民驱恶崇善也。阳世之官既恶淫戏而禁之，岂阴世之神反爱其淫，贪观无厌乎？大抵神道最公而最灵，凡世间淫邪不善之徒，尤为明神所深嫉，故积善必有余庆，为恶降之百殃，此亦理之必然，情之至正者也。吾人酬敬祭献，本以禳灾，非为取祸，本以邀福，非为召殃，自宜以忠孝慈祥之气感格天心，方可上博神欢，默邀呵护。今乃扮演淫戏，敬之适以亵之，媚之适以怒之，明德惟馨之谓，何以不德待神？神而有知，非惟吐而不歆，且将恶其不恭而示之严罚矣。夫欲求福而反以获罪，人即至愚，当亦不敢出此。或谓神道设教本为下等之人，非为上等人说法，然敬神之人非尽明达其意,因祸福两字萦绕于心,平日又无修省之功,故于淫戏之亵神敬神习焉不察,各处演唱淫戏已如司空见惯。自今以后,愿各庙明理绅董于淫戏概不点演,以杜绝此弊,而上官亦为再申禁止,若果如此,非独上感天和,抑亦下敦民化,将见草偃风行,戒淫靡而致休嘉,风俗蒸蒸日上矣,岂不懿欤!

光绪十八年十月十六日/1892年12月4日

戏场大火

广东肇庆府属高要县金利墟,经好事者高搭戏台,雇尧天乐名班演剧。本月十一日之夜,正当恒舞酣歌,有贼混迹场中,强欲登看台,为守台者所阻,贼人恨之,潜于棚上纵火。万人如海之中,忽观火焰飞腾,烟冲霄汉,即排山倒海,惊相走避,挤拥不进,至于塞途。忽台上绳索焚断,火从空中飞落,场中之人同付一炬。妇女之遗簪堕珥烂额焦头者,固极可伤,即或不葬于火,而纤足挪移,亦往往互相蹂躏以死。班中小武名崩牙启者,方欲冒火而逃,奈身上宽袍大袖急不能脱,为杉椽所挂,以致火焚其身。丑脚三从戏台跃过看台,发辫缭于棚竹,不能猝解,亦致焚身。花旦名曰蛇森者窜身人丛中,为人所压,火至,幸有尸为之障蔽,过后得从积尸中匍匐而出,幸免于死,而已火伤及颈,吹弹得破的脸儿,未免华光大减矣。此外复有司金鼓之头手二手两人,司衣箱之二人,司杂箱之一人,同归一炬。神庙亦已化为瓦砾,惟神座尚存,附近铺户人家被灾者,多至二百余户。回首可怜歌舞地,顷刻化为劫灰,惨目伤心,有如是耶!

光绪十八年十月二十一日/1892年12月9日

戏场大火续述

粤东肇庆府属高要县金利墟戏场大火,已列前报。兹接续信云,是处乡人迎神赛会,采烈兴高,并雇梨园子弟登场演剧。附近男女结队往观,几致万人空巷。十一晚二更时候,忽见戏场火发,缘戏场上下皆用葵篷结构而成,一经燃着,遂致不可收拾。四面火光熊熊，场中人等无路逃生，喧哗扰攘，不啻海涌潮奔。男女焚毙者约计七百余人，惨酷情形，足使闻者伤心，见者流泪。尸骸堆积如山，类皆烂额焦头，不堪辨认。省城爱育善堂一闻消息，立即购办棺木数百具，率带工人前往收殓。查此火系被盗匪所种，缘前一月有盗匪多人，明火执仗，至该乡行劫，乡人协力追捕，拘获二匪，转解县署惩办。赛会之前数日，盗党致信乡人，请将所获之盗释放，否则纵火焚烧，乡人以为虚声恫喝，置诸不理，不料盗匪竟下此毒手以泄其忿，是真目无法纪者矣！盗匪凶横若此，实为地方之患，有守御之责者，将何以善其后耶？又十二日辰刻，新城内石亭巷广协左哨分府衙门口马房失慎，红光上灿霄汉，水龙闻警齐集，顷刻救灭，仅焚去马棚一座，騄駬骅骝先期走避，得免于厄。又十四日巳时，西门外清安里刘姓家，因煮茶遗火积薪中，致成燎原之势，幸人手众多，协力救护，仅烧去房屋一间，邻里皆得无恙。

光绪十八年十月二十五日/1892年12月13日

神诞演剧

十一月初十日相传为宁波府城隍诞期，庙中各执事先期悬挂明灯，结成各种绸彩，璀璨辉煌，一新耳目。并召梨园子弟登台演唱，琅璈曲奏，响遏行云。府县各官莫不鸣驺临止，在神前拈香。初九初十两日，裙屐纷来，尤形拥挤，不可谓非一时盛会也。

光绪十八年十一月十五日/1893年1月2日

帝里风光(之一)

唱花旦之福财与唱文武老生之十二红、黑七等，另招富庆和班，以西腔徽腔开唱。十一月十四日祀神，十七日在中和园挂红演唱四日，再赴他园轮唱。又闻同春班内文武老生谭心培邀约本班名脚，及荣盛班内著名脚色，将三庆戏班重加整顿，以冀旗鼓重张，可屈周郎一顾云。

光绪十八年十二月初六日/1893年1月23日

燕市余谈(之一)

伶人谭心培重整三庆戏班,定于十一月十七日祀神,二十五日在大栅栏三庆戏园挂红开演,珠喉玉貌,又足耳目一新矣。

光绪十八年十二月十四日/1893年1月31日

演戏酬神

去冬雨雪稀少,以致今秋飞蝗遍野,层出不穷,然所过之处,有啮食者,有未啮者,冥冥之中,一若有神为之主宰。今冬甘霖叠沛,先后约得尺许,秋间蝗集之处,纵有遗子经此,大雪定可歼灭无余。扬城各宪遂在南门街八蜡庙招雇优伶演戏三日,以答神庥,是日自都转以次均往拈香。并闻城外某乡刻亦酬金演戏,以谢蝗神,并祈来岁丰稔云。

光绪十八年十二月二十日/1893年2月6日

光绪十九年(1893)

羊城新语(之一)

初一夜,有某甲在西关广庆戏园观剧,歌舞既阑,观者纷散,甲仍危坐几上,寂然不动。园中人见而异之,近前抚视,则渺渺幽魂已逐李三郎,步入月宫听霓裳三叠矣。急舁至门外,未几即有人认领,备棺成殓。来也无端,去也如蜕,殆禅家所谓得大解脱者。

光绪十九年正月十一日/1893年2月27日

古董春光(之一)

正月初八日,提督冯煜康军门假南门外广东会馆,大开筵宴,遍请同寅,复传京班中各妙伶登台演唱。灯红酒绿,欣联萍絮之缘;竹脆桐清,净洗筝琵之耳,亦及时行乐之一端也。

光绪十九年正月十七日/1893年3月5日

观剧被困

元宵佳节,沪上各会馆均由号商招雇梨园开演戏剧,借酬神贶。笙簧幽咽,钲鼓喧阗,观者如云,但见万头攒动。本邑人某甲,身穿蓝绉皮袍,至沪南泉漳会馆中观剧,正在凝神侧耳时,有剪绺贼挨近身旁,以并州快剪刀将皮袍割去下半截,迨甲惊觉,则向之长可曳地,今已短仅及膝,昂头四顾,剪绺贼已无踪迹,只得怅然而返。又有某姓小孩,年仅七龄,挤入人丛中,进退维谷,神色惨变,大呼救命,为其亲戚所见,奋勇上前,将孩救出重围,携挽向南而去,亦险矣哉。语云:戏场勿入,信然。

光绪十九年正月十七日/1893年3月5日

甬上述新(之一)

宁波风俗,莫坏于串客。所谓串客者,并非梨园子弟而能慢舞清歌,大抵抹粉涂脂,妆就妖娆荡妇,云情雨意,刻意描摹,甚至娼妓所不屑为者,彼竟敢于稠人广座之中尽情搬演。少年子弟一经入目,往往色授魂输。绣阁名姝,绿窗妙选,因此而香偷贾午,枕授宓妃,失节败名,更不可以数计。前任宗太守曾出示谕禁,犯者必惩。迩来日久玩生,依旧登台演唱,聚花帘卷,座客如云,上元佳节竟移官署之旁。或曰:事经差役得贿隐瞒,故敢毫无顾忌,若是则精明如杨大令者,亦且被若辈所蒙矣。时事日非,积重难返,有心人能无引为隐忧乎?

光绪十九年正月十九日/1893 年 3 月 7 日

铁瓮谈资(之一)

染坊一业,获利颇丰,俗称之为水当铺。近年以来,同业互相减价以广招徕,遂致利息日减,去岁竟有亏折者。今年业此者,以同业中不应互相挤轧,遂公同商议,将颜色价目逐一递加,又各集资若干,为演剧酬神之用,议定神戏两台,定于日内在德星宫开演。

光绪十九年二月初一日/1893 年 3 月 18 日

美 尽 东 南

江西巡抚德晓峰中丞来沪,已纪前报。昨日关道宪、聂观察、提右营廖参戎、松海防刘司马、上海县黄大令、英谳员蔡太守并各局总办等,雇菊部妙伶在英租界天后宫演唱,并陈设华筵,请中丞赴宴观剧,联唱酬之乐,极视听之娱,不可谓非宦海中之佳话也。

光绪十九年三月二十日/1893 年 5 月 5 日

演 剧 续 述

昨报纪道营厅县各官在沪北天后宫开筵演剧云云,兹悉定于明日举行,想届时妙舞清歌,浅斟低唱,使君于此兴复不浅也。

光绪十九年三月二十一日/1893 年 5 月 6 日

观剧肇衅

前日俗传为天后圣母诞辰，沪南各商船各号商雇沪北梨园子弟，在荷花池宁波会馆及外滩揭普丰会馆、商船会馆等处演戏酬神，袍笏初登，游人麕集。小本贸易之辈设摊求售，无不利市三倍。昨日午后，有某甲在揭普丰观剧，偶不经心，误践某乙之足。乙谓尔岂两目青盲耶？何敢任意蹂躏！甲亦反唇相稽。乙大怒，磨拳擦掌，弃好寻仇。甲力大如牛，乙不能敌，致被击伤手臂，正在为难，适有友人为之排解，同往养和茶楼一评曲直。乘兴而来者，不免败兴而返，血气之不可逞也如是。

光绪十九年三月二十五日/1893 年 5 月 10 日

观剧跌伤

沪南揭普丰会馆雇就某戏班演剧，补祝天后圣母诞辰，观者甚形拥挤。有甲乙二人贸贸然来，欲上戏台领略清歌妙舞，看台人挥令他去，甲乙正欲下台，偶一失足，凭空坠下。旁观者哗然曰：跌死矣！有顷，二人挣扎而起，踯躅而行，甲受伤甚重，不知能医治痊愈否。

光绪十九年三月二十八日/1893 年 5 月 13 日

汤饼筵开

郡王衔多罗贝勒载漪诞育文孙，本月十三日为弥月之期，近支王公福晋等暨王大臣均往贺喜。漪贝勒在府第中大开筵宴，并召三庆部并外串名优演剧三昼夜，以佐瑶觞。喜气盈楣，祥光绕室，闻者莫不称羡。

光绪十九年三月三十日/1893 年 5 月 15 日

重兴戏馆

粤垣西关广庆戏园，前因资本亏折，暂停歌舞。现有富商某甲愿出股本，重兴旧业，但以输饷过多，恐难获利，遂具禀善后局宪，求将饷项酌减，未知局宪能批准否。如蒙恩准，则端阳前后即可开台演唱矣。

光绪十九年四月十四日/1893年5月29日

优伶无分

广东新会县城阜宁里邓某氏有女,芳龄二九,艳绝尘寰。氏因家业凋零,欲将女居奇以索重聘,奈高门鄙其寒贱,小户又乏多金,故年既长,尚未字也。上月二十八日,潮连乡演剧,女之姨母家于潮连,氏携女往观。女艳妆而出,钗光鬓影,炫人心目。班中某旦见而悦之,访之乡人,知其氏族,因托蹇修往求婚焉。女母转询媒媪,媪言旦芳名噪甚,且富于赀,无论家道若何,即一年所得工银,亦以千数,谓若以女归之,嬷嬷亦一生吃着不尽矣。母为利所动,索聘金三百两,媒媪返命于旦,旦诺之,即在其姨母家交定银三十圆,容俟择吉迎娶。女知之,自怨母老而贪,致失身为伶人妻,因私与表姊妹言曰:为丈夫者,所贵有须眉气也,彼既丈夫而巾帼登场演剧,献丑态于万人属目之场,彼从不以为羞,而妻妾不羞者几希矣!吾宁作农人妇,亲操井臼,实不愿作伶人妻也。表姊妹以女言达其母,母言既受定金,势难休退,女遂郁郁不乐,辞姨母以归。自恨蕙阁英姿,下配梨园贱质,缄愁茹恨,顾影自怜。一日晓起梳妆,对镜含涕,将抹鬓所余之香脂服之而绝。及母惊觉,则玉体已冰,乃抚尸而哭之曰:我误女矣,我误女矣!旋为之备桐棺以殓。昔周子云:莲出污泥而不染。若此女者,其真妙莲花后身耶!书此以嘉其志,并以告世之因贫而轻掷掌珠者。

光绪十九年四月十七日/1893年6月1日

上清银膀(之一)

四月初十日,昆筱峰大宗伯冈悬弧令旦,召集菊部群英演剧两昼夜,以佐桃觞。廷臣知友僚属门生躬往祝嘏者,车马仆从烂盈其门。

光绪十九年四月二十四日/1893年6月8日

戏场滋事

金陵聚宝门外东岳庙新造内台一座，内外演戏三日，借答神庥。四月廿八日午后，金鼓喧天，笙歌沸地，游人来往，络绎如梭。其中以机匠为最多，遇有少妇则评头品足，穷形尽相。两旁看楼上人山人海，忽闻轰然一声，如天崩地裂，东楼倒矣。妇女受重伤者十余人，用板舁去微伤者二十余人。楼下卖荸荠人伤势更重，众女坠下，皆倒压其上。二十九日，修整厢楼，重整旗鼓，傀儡登场，忽雨师税驾而来，白点抛珠，黑云如幕，乘兴往观者，咸败兴而返。有一妇年约二十许，莲钩贴地，疾走如飞，适机匠三四人在旁彳亍，见其丰姿绰约，弱不胜衣，遂故意嬉戏，互相推扑，用力过猛，直撞妇肩，立足不牢，惊鸿堕地。众方鼓掌，初不料其藁砧相随在后也，藁砧亦机匠，见而大怒，攘臂上前与之角力，挥拳若雨，势颇汹汹，内有一人头颅已破，犹束帛大斗不止。幸督捕营勇经过，大声呼喝，方各罢手。此时天已放晴，红日半吐，诸机匠不觅归途，仍寻去路，粉白黛绿者亦搀杂于其中，抑何甘受人侮，略无顾忌耶？噫，异矣！

光绪十九年五月十一日/1893 年 6 月 24 日

寿辰演剧

明日为江苏海运局总办兼松沪厘捐局提调谭太守泰来花甲寿辰，道营厅县各官恭送寿仪，太守一概璧谢，遂于今日雇沪北某戏园伶人赴局演剧，为太守祝嘏。八琅曲奏，四座欢腾，太守当亦顾而乐之。

光绪十九年五月二十四日/1893 年 7 月 7 日

凤儿词

芜湖妙伶柴金凤，隶名天成菊部，二九年华，冶丽无俦，袅袅婷婷，疑是双文再世。及短衣帕，手舞双刀如雪，秋莲两瓣，回舞盘旋，则又如隐娘红、线一流人，几非尘世所得而有。以故乌衣子弟，白袷名流，乍见娇姿，无不魂梦颠倒。金凤亦自高身价，俯视风流。一夕某公子携之作北里游，姊妹花咸着意温存，嘘寒问暖。有雏妓名金宝者,年仅十三四,流利俊逸,突过其侪,而一串珠喉,更若银瓶泻水,公子拍案叫绝,金凤亦击节赞之。金宝闻言,推琴而起,怒谓:姨母在此唱曲,与汝何干?汝只合向兔园中寻生涯,竟妄想月旦舞裙歌扇耶?金凤受此奚落,满面通红,拂衣而起,大言曰:我今无暇,明日当再与尔理论。龟鸨戟指指其面曰:今夕尽可理论,安用诘朝?遂呼集龟奴,拳如雨下。幸有公子极力庇护,始免狼藉花枝。既而公子忿无可宣,白诸地方官飞下鸳符,将门封闭。旋有护花使者展转排解,得以浪静波宁。然曳尾泥中者,已大伤元气矣。

光绪十九年六月初八日/1893 年 7 月 20 日

佞佛丧身

释家者流谓六月十九日为观音大士诞辰,以故佞佛者咸往浙江普陀山焚香叩祷。前日下午,某轮船既抵山前下碇,善男信女皆坐小划船登岸。旋风忽起,巨浪奔腾,船中十余人悉入波心,舟子亦同占灭顶。及经他船救起,则四人已膨脝其腹,气息全无矣。其中有张姓者,生自天津,浪游沪上,隶名某菊部,以演剧为生。昨日眷属接得讣音,哀恸之余,急前往为之棺殓。嘻!我佛慈悲,奈何目睹其鱼腹葬身,绝不渡以慈航,超登宝筏耶?君子曰:是天下之忍人耳,何慈悲之有!

光绪十九年六月二十一日/1893 年 8 月 2 日

牡丹无恙

津伶张某往浙江普陀山礼佛,以致堕海身亡,此已列诸报牍。兹悉张隶名天福戏园,本月中旬偕天仙丹桂等园各伶,乘某轮船往普陀山。阅日相约下山,至莲花漾,唤渡划船渡登轮船。是日风浪甚恶,各划船皆不肯开行,独有一年老人应声而至,张及丹桂伶人袁姓及天仪雏伶牡丹花一跃而登。少焉,有一职官模样者带家丁五名附之而去。驶近轮船,旋风陡起,划船蓦地泼翻,篙师及舟伙渡客共五人次第入海。袁及牡丹花得以浮起,拉住轮船铁栏杆,经人救去，天香国色，不致消沉。张等多人则皆气绝身死矣，惨哉！

光绪十九年六月二十二日/1893年8月3日

平湖秋月（之一）

六月二十七日，驻防营梅青院中演戏酬神，箫鼓喧天，笙簧刮耳，聚而观者，男女老幼人海人山。是日溽暑薰人，流金烁石，有某甲者手持东洋伞植立街心，正在翘首仰观，忽立足不牢，跕跕欲坠。旁人询之，答曰：两目昏花，身不自主。好行其德者知其发痧也，扶至关帝庙檐下坐定，给以红灵丹、霹雳散服之，良久始徐徐而去。

光绪十九年七月初八日/1893年8月19日

定期演剧

江西客之寓沪者，以碗业为大宗生意，夏布次之。今届夏布颇有利益可沾，故业此者相约集资雇梨园子弟，择于八月初一日在沪南江西会馆演剧酬神。惟愿天公做美，大放晴光，则届时枣花帘底，袍笏登场，定有一番热闹也。

光绪十九年八月初一日/1893年9月10日

押解伶人

沪北天仙戏园伶人小穆，向在内务府当差，此次请假一月，私自来沪，早逾假期，由内务府备文至沪，饬江海关道提解。聂观察接文后，立饬英廨谳员蔡太守派差往提，旋由太守拘获，转送到县。黄大令立饬差役押上招商局新裕轮船，起程北上。

光绪十九年八月初六日/1893年9月15日

演剧娱神

各州县监狱中供奉萧王神像，相传八月十六日为神诞辰。昨日上海县监狱中雇梨园子弟演剧，以酬神贶。清晨黄大令、陆捕廉均至神前拈香[行]礼也。

光绪十九年八月十七日/1893年9月26日

古乐今乐论

古昔先王制礼作乐以治天下,礼乐既兴,天下和平。故孔子自卫反鲁,慨周道寝衰,举世悖乱,于是删《诗》《书》,定《礼》《乐》,将以备典则也。司马迁著《史记》,惧礼乐之沦亡,爰作礼书乐书,上下古今,昭示来许。其乐书曰:凡作乐者所以节乐,以为州异国殊,情习不同,故博采风俗,协比声律,以补短移化,助流顺教。天子躬于明堂临观,而万民咸荡涤邪秽,斟酌饱满,以饰厥性。故云雅颂之声理而民正,嗚噭之音兴而士奋,郑卫之曲动而心淫。及其调和谐合,鸟兽尽感,而况怀五常,含好恶,自然之势也。洵探本之论,乐之为用,至于如此哉。故咸池韶获,定为盛世之曲;桑间濮上,识为亡国之音。后虽声容递变,时尚各殊,而雅俗所判,于以觇风会之盛衰,人情之邪正,引远鉴近,鲜或失焉。昔者子在齐闻韶,至于三月不知肉味,曰:不图为乐之至于斯也。吴季札观乐,沨沨洋洋,情为之移,辄有美哉观止之叹。盖乐之感人至深,圣贤有不能已者,况其为众人乎?然太羹元酒,朱弦疏越,味淡声希,此宜于古者也。人每厌敝喜新,事物因之改制。降至今世,古道散亡,古乐残缺,几于无可考寻,即存亦无有解者。歌舞一流隶于俳优,不列六艺,士大夫少有习者。诚以雅乐失传,古风渐邈,太常法曲,国家惟于大典用之,飏拜赓歌,称功献颂,亦俱托之空文。即琴瑟为古君子所日御者,此时无论制操作谱自协宫商,第求按谱能弹者,顾亦难乎其人。一二安弦操缦者,人望之已觉清高迈众,又孰能数羽籥之仪,工箫韶之奏哉?惟以靡靡为动听,竞相沿习,遂滋流弊,正始垂绝,哇咬日繁,六代风流已无足采,作乐之意宁及是哉!然学士文人发为歌词,播诸弦管,指事言性,按节唱和,其于乐也犹未大坏。自梨园子弟滥觞于天宝,供奉伶工,至推为戏班之祖。后唐庄宗身杂伶官,粉墨登场,日事戏弄,似已肇演剧之端。乃至元明,院本杂剧日盛一日,风气开自昆山,而曲分南北,字限尺凡。王实甫填词于先,汤若士辈继声于后,要其旨归,或因事纾感,或借端寓言,怀仰遗躅,讽刺世态,非不出风入雅,和声鸣盛。由是袍笏登场,厘定脚色,摹声绘影,举忠臣孝子义男烈媛,奸佞之徒儇薄之子，莫不宛然曲肖其人，嬉笑怒骂俱足以资惩劝。间有猥亵，要不甚亏雅道，虽去古已远，而综歌舞之大观，诚可极视听之娱也。盖自有新剧，而隶名子弟者务为妍唱妙姿，争奇斗靡，悦人耳目。人从而好之，致古乐一变而萧寥，再变而歇绝，原其凌替之由，不得不归咎于此也。然昆曲究多文士所为，音律谨严，词色娴美，一趋和平，能使观听者宣气导和，揆之"荡涤邪秽，斟酌饱满，以饰厥性"数语，犹未大乖。故玉笛清歌，金尊檀板，借以点缀升平，上自贵显，下迄士庶，靡不击节叹赏也。而无如近数十年以来，有所谓弋阳梆子京徽等调，纷然杂出，各张旗鼓，而京调梆子为尤盛。夫燕赵之曲，其声激烈高亢，荡佚紊乱，豪竹哀丝，非不不足以激昂慷慨，宛转低徊。然其辞句关目大率鄙俚不文，无意义可玩索者。其调亦不过如二黄西皮，非如昆曲之有谱有宫也。其板不过快慢而已，无所谓一板三眼、一板一眼者也。贩竖隶卒无不栩栩然自命知音，而昆部反为所掩，几乎无人过问，譬之阳春白雪曲高和寡，固不能与下里巴人比也。史公所谓雅颂之声理而民正，昆则庶乎近之矣。京调梆子，其殆鸣嗷之音、郑卫之曲乎？然而乐之雅俗判然矣，以俗乱雅，岂不谓可叹耶！且京剧所演非淫即恶，务为凶险惨烈之状，雍容唱叹者不多睹焉，此则尤足以为风俗人心之害。至于近今之新戏，则等之自桧以下而已矣。

光绪十九年八月二十五日/1893年10月4日

观剧失环

沪北铁马路钱业会馆落成以来，日雇菊部名优在内外二台演剧，青衫红粉，络绎偕来。昨日有老叟携六七龄之幼孩，在人丛中瞻眺，正在凝神注目时，孩忽失声啼哭，叟一回顾，见左耳所带金圈一枚已为匪人攫取矣。叟乃顿足抚臂，携孩而返。

光绪十九年九月初五日/1893年10月14日

茶帮演戏

南台茶帮伙友有诚流轩义成堂，两帮素不相合，现因神诞，该帮就在桥仔□当出庙,于上月二十二十五两日,合梨园子弟演戏,以答神庥,颇形热闹云。

光绪十九年九月初七日/1893年10月16日

穗垣杂录(之一)

新会某县某乡因有事于神,遂来省招雇名优,定于八月廿三日开台唱演。该优伶人等于廿二早由省开行戏船两艘,用小轮为之拖带。不料是日午后飓风大作,波浪掀天,戏船轮船均遭覆没,水手谙习水性,得庆更生,其余百十人皆随波逐流,葬身鱼腹。吁,惨哉!夫演戏娱神,将以求福也,乃福未至而祸先临,彼佞神者又将何词以自解哉!

光绪十九年九月初八日/1893年10月17日

戏剧新奇

沪上之有戏园,自甬人刘维忠始,事经二十余载,若京班、若苏班、若绍班、若广班,以及帽儿戏、花鼓戏,亦可谓争妍斗丽,压倒京华矣。独未有潮州班来沪演唱,有之自凤仪园始。日前园主折东以招,因得纵观诸技。其中所演《芦花絮》一折,摹描老妪之龙钟,小孩之跳荡,恶妇之虐子,孝子之顺亲,色色形形,惟妙惟肖,洵足以新耳目而资观感。正不第脂柔粉腻,为足勾绮思而写冶情矣,因乐得而记之。

光绪十九年十月初一日/1893年11月8日

赛会肇衅

浦东南汇县界有狮眼庙中供城隍神,该处乡人于前日邀齐会首,舁像出巡。会中除寻常伞扇外,有扮作三百六十行者,有扮作卖私盐之妇女者,有三人扮作《荡湖船》,浪态淫声,不值识者一噱。行经分水墩地方,有无赖等以赛会未曾发帖,近于侮慢,遂将头锣攫去。会中人不敢向前,中道折回,约齐各会首与无赖理论。后经地甲钱晋卿出为排解,始了其事。

光绪十九年十月初六日/1893年11月13日

帽儿戏

帽儿戏或曰猫儿戏，不知起自何时，班主购得十余龄女郎，教成歌舞，长筵广座借以侑觞，盖以唱而兼娼者也。杭州访事人来信谓，迩者此风大盛，人家有喜庆事，非有帽儿戏不能得座客之欢心。班中多十余龄之幼童，傅粉熏香，婉丽如好女子，而又杂以娼妓，诙谐嘲笑，淫亵不堪。每日仅需番佛十二尊，赏号则多多益善。戏罢即筵前并坐，猜枚饮酒，四座生春，甚有加诸膝者，探诸怀者。局中人虽欢乐异常，以局外视之，诚恶习也。为之咏坡仙句曰：笙歌丛里抽身出，云水光中洗眼来。庶几俗虑一清，仍不失我辈本来面目欤？

光绪十九年十月二十二日/1893年11月29日

帝京杂纪（之一）

花旦小桂林由沪赴京，入同春班，登台演唱，名噪一时，与小桂凤相埒。从此贝阙分香，不让瑶禽独步矣。

光绪十九年十月二十六日/1893年12月3日

古润观涛（之一）

宝凤茶园日前往姑苏等处，聘请诸妙伶来镇登台唱演。玉媚花娇，丝清竹脆，冶游裙屐，把臂偕来，迟到者几无插足处，园主因之获利三倍。

光绪十九年十月二十八日/1893年12月5日

观剧伤人

宜昌大南门内有东岳庙一所，近由首士捐款重修，在两廊添塑十殿，并将戏台修理，焕然一新。本月初六日开台演剧，鸣钲伐鼓，声彻通衢，观者蜂屯蚁聚，致将两廊棚栏挤坏，人声鼎沸，闻有两人身受重伤。当戏之未演也，官府出示晓谕，谓目下正当祈雪之时，未可恣情观听，演戏以三出为限，违者有罚。不料一霎时已酿意外之灾，未知受伤人能医治痊愈否耳。

光绪十九年十一月二十三日/1893年12月30日

火神观剧

粤东花县某乡落于本月望前迎神赛会,仪仗鼓乐等件,备极一时之盛,连日演唱大有年戏班以娱神听。红男绿女登场观剧者,如蚁之聚,如蜂之屯。庙前燃放爆竹,蝉联不断,忽有余烬飞堕戏棚,遂兆焚如之祸。时值朔风凛冽,转瞬势成燎原,幸在光天化日之中,诸人尚易逃脱,戏班中亦能抢出贵重戏服,不至全付一炬。惟时声势汹汹,因践踏致伤者二三十人,坠珥遗钗不可数计。附近铺户幸未殃及,仅焚去戏棚一座,洵可谓不幸中之大幸也。

光绪十九年十一月二十五日/1894年1月1日

戏场肇祸

本邑南会馆自二十五日起,由商船帮中人集资演剧,以答神庥。昨日有西门外郁姓女郎,年约二十余,袅袅婷婷,无异临风弱柳,雇小车而往,行经校场之畔,突被无赖攫去头上镀金压发簪,女郎骇极狂呼,而无赖已捷足奔去矣。又有小毛郎者,划船户也,昨日午后怀抱幼孩挤入会馆,人如潮涌,磕仆阶前,致孩被踏伤左臂,未知能否医痊也。

光绪十九年十一月二十八日/1894年1月4日

戏无益

昨日南会馆仍在演戏,下午钟鸣四下,清歌妙舞,兴往情来,观者如云,惟见万头攒动。有某甲者正欲夺门而出,突被小船户某乙某丙误践其足,遂申申怨詈曰:尔岂两目青盲者耶?奈何竟举足乱踏也!乙丙不自引咎,反唇相稽。甲大怒,挥拳击之,战斗移时,扭结不解。忽有人排众而入,大呼曰:此某县武进士也,尔等竟斗胆开罪乎?乙丙闻而畏惧,潜身挤入人丛中,甲乃怏怏而去。

当锣鼓喧闹时,众无赖就戏场畔支板为台,招人坐看,每演一折即伸手乞数文。钱江北妇某氏,雌虎也,一啸风生,万人辟易。昨日正在台上高坐,忽台板欹倒,跌仆尘埃中,鬓乱钗横,异常狼狈。有流氓之曾受其侮者,见之鼓掌大笑曰:是可以复我仇矣!于是或按其头，或擎其足，拳如雨点，顺势饱殴。氏至此顿敛虎威，不敢与较，俟其殴毕，始垂头丧气而归。噫！演戏以敬神也，乃神未必果有灵感，而戏场祸事几于罄竹难书。然则敬神果何为也哉？是故君子曰：戏无益。

光绪十九年十一月二十九日/1894 年 1 月 5 日

会馆重修

芜湖湖南会馆系彭刚直公督师江上时集资创建，宽宏壮丽，足以冠冕此邦。其门额楹联系公亲手标题，名公手迹，历久常新，迄今瞻仰遗徽，犹流连不忍去。迩因会馆头门及万年台年久失修，丹青剥落，遂由会馆领袖鸠集工匠重加修饰，髹漆粉垩，焕然一新，于上月十八告竣，特雇三庆戏班登台演戏，以答神庥。一时城厢士女结伴来观，鹤跂鹭翘，万头攒动，更有名门淑质、蓬户娇娃，列坐两旁看台，借聆一曲霓裳，自下望之，几如月殿仙人下临尘世。直至二十三日始曲终人散，不可谓非一时盛会也。

光绪十九年十二月初二日/1894 年 1 月 8 日

淫戏宜禁

山东戏班不行于营口，四乡封河以后，营街并不演戏，班中数十人无以支持，遂设法在西潮沟沿三海栈院开设戏馆，每客取东蚨六百，日夜开演。初时尚可敷衍，迨后天气寒冷，车马渐稀，掌班者遂令演《杀子报》一出，哄动远近，观者有数百人之多。按淫戏之害，较淫书淫画为烈，该戏班只图渔利，不顾害人，其罪诚擢发难数。虽然，上海租界戏园扮演淫戏，明目张胆有过于营口者，官府并不严密查拿，于营口乎何诛？

光绪十九年十二月十三日/1894 年 1 月 19 日

凤城纪事（之三）

上月下旬，同春班胡子生小叫天入内廷当差，皇上点戏三出，只唱二出。皇上问：尚有一出，何故不唱？内侍奏云：渠托言有病。

皇上大怒,命内侍责四十棍。

近来新增戏班名曰小吉利,其听戏之资,较他班减收京钱二百文。

日内各戏园皆将陆续封台,故所唱之戏比平时十倍认真,并有数班合演,招徕听客。俟二十日之后,则一概封台矣。

光绪十九年十二月二十四日/1894年1月30日

封印演剧

十二月二十一日辰时为封印吉期,镇江关道黄观察朝衣朝服升坐大堂,新兵前后各营兵丁剑戟森严,站立两旁。观察望阙行三跪九叩礼,将关道营务三篆封固,府县文武各员次第恭贺。礼毕,各员均回署次第封印,彼此往还道贺。是日午刻,道署特召宝凤京班诸妙伶登台演剧,丝竹嗷嘈,衣冠济楚,不可谓非一时盛会也。

光绪十九年十二月二十五日/1894年1月31日

光绪二十年(1894)

迎春志盛

杭州访事人云，省垣迎春，向由本府率同三厅两县诣庆春门外迎入，转普安街东街直上，经抚辕头门，中丞恭设香案行礼，然后回署。去年十二月二丨八日为迎春之期，是口卯刻，理事同知溥司马水利厅陆别驾、钱塘县朱邑尊、仁和县伍邑尊齐集府辕。巳初，陈六笙太守命驾出辕，各官随同诣壇，行一跪三叩首礼，演戏三剧，然后请芒神入城。前导有甲午年芒神牌、清道旗各一对，五谷亭五座，中悬黄斗，上书“五谷丰登”字样，神像作少年状，青衣穿鞋。及进城，因崧中丞停丧在署，护抚刘中丞尚驻藩辕，是以改道由飞市桥大街过联桥、和合桥，转众安桥大街，进清河坊，经藩署穿辕而过，将芒神暂供湖南会馆。是日天气晴和，庆春门大街观者如堵。至傍晚执事人排齐灯牌鼓吹，至会馆迎芒神至府署，太守行礼毕，即请入城隍山太岁殿供奉。前导仪仗大有可观，第一起为潘粮二道大班灯牌一堂，牌书“万象回春”，玻璃灯一堂，鼓吹二班，清音一起。更以孩童扮《八蛮进宝》，衣服华丽，手执珠灯光明璀璨，照出亭亭玉树貂冠猞服，别具风流。后有黄亭供敬神如在牌，牌前设万象回春明角灯一架，其次为杭州府大班，有孩童扮《八仙祝寿》一起，其余仪仗如前。次为杭捕府大班、理事府大班、水利厅大班，仅灯牌四对，鼓吹一班，黄亭一座，万象回春灯则均以五色纸扎成。又次为钱仁二邑大班，各有青龙绢灯一条，黄亭前万象回春则以点铜锡制成，中嵌五色玻璃，上面加一统万年灯一盏，光彩尤为夺目。所过之处，万人如蚁，嘘气成云，杂以鬓影花香，觉灯光月色中尤有旖旎温柔之致，岂独上元灯市为足娱目骋怀哉！

光绪二十年正月初十日/1894年2月15日

戏场书所见

莺啼燕语，乍报新年，日丽风和，春光无价。本邑南市各会馆均由各商号召集梨园子弟演剧酬神，昨晨潮州会馆方演《赵子龙大战长板(坂)坡》，锣鼓喧阗，观者如堵，有某姓孩被人挤住，力竭气衰，喘若吴牛，面色灰败。班中人恐滋事故，即令锣鼓暂停，众人遂纷纷散归，惟见孩已晕仆尘埃中，鲜血喷薄矣，险哉！

前日午后泉漳会馆演剧时，有一游方僧挤入人丛中，意欲一恢眼界。流氓某乙戏拍其肩曰："班中花旦甚佳，师太盍与之串《翠屏山》一出乎？"僧知其谑己也，笑曰："我为海阇黎，然则尔姊其潘巧云乎？"旁人闻之大为愤懑，遂揎袂而起曰："我乃拼命三郎是也，秃驴无状，请试我刀！"言毕，批其颊者再。僧自知不韪，抱头鼠窜而逃。

光绪二十年正月十一日/1894年2月16日

帝京杂录(之一)

都中各戏园至封台之前，照例演《长坂坡》一出，平时则不演，不知何故。

光绪二十年正月十二日/1894年2月17日

瀛州春色(之一)

宁波府钱太守访拿串客，早有牌谕给发府署头役曹某。乃曹希邀奖赏，急欲见功，诱嘱陈五宝特往乡间雇召串客脚色上郡，在太平巷药局阿林即张仁林娼家扮演，曹某在场点演一折，赏洋一元而去。众以为府差曹某作主，并不畏忌。不料曹某出去之后，立刻通报府宪，钱太守速派干役多名，会同绿头勇前往该娼家，前后兜拿，共拿获五人到案。内有二名审系看客，当堂取保释放，其余三名分别责枷示众，并将该娼家房屋封锁入官。有知其事者，咸谓曹某不应如此作为，然串客等苟能恪遵官谕，不再扮演，何至受曹之愚，是亦可谓自投罗网而已矣。

光绪二十年正月十四日/1894年2月19日

祝融观剧

广东花县某乡落于元旦后一夕演戏娱神，正当袍笏登场，笙簧盈耳，祝融氏忽命驾而至，观剧之人东奔西窜，所伤甚多。缘乡中崇祀洪圣神，例于岁首数日报赛，是日夜半时，戏台前食物棚中火油灯失慎，致兆焚如。郡民奋勇救援，片时即灭，而沿途奔走之人已异常惶乱。幸戏场尚未延及，否则不堪设想矣。

光绪二十年正月十五日/1894 年 2 月 20 日

佳节清游

昨为元宵佳节，适值天公做美，南市各会馆由各号商集资，雇梨园子弟演戏酬神。清歌甫起，观者纷来，绿鬓红裙，掩映于道。豫园内游人如蚁，剪绺匪徒乘间施其伎俩，亦复不少。上海县黄大令预派差役地甲往来梭巡，保甲总巡叶司马、东局委员王二尹、北局委员蓝二尹各带局差勇丁，至邑庙前后弹压。晚间不准游人施放花爆，如敢故违，立提究办。自午至暮，安静如常，并无聚众殴斗之事，不可谓非弹压之力也。

光绪二十年正月十六日/1894 年 2 月 21 日

衣业演戏

沪城东街地方向有衣庄十余家，每于正月中旬集议行规，议毕演戏酬神，以示欢忭。本届定于昨今二日，雇沪北天仙菊部在南市泉漳会馆演戏。昨日天气晴和，乌衣子弟，绿鬓女郎，结伴偕来，争欲一扩眼界。小本贸易者设摊求售，莫不利市三倍。

光绪二十年正月十八日/1894 年 2 月 23 日

观剧挤毙

苏城胥门外三山会馆，年例于正月十五日招集梨园子弟登台演戏，以答神庥。今年天气畅晴，风和日暖，红男绿女联袂往观，较常年更形拥挤。有某甲步入场中，纵目观看，正在左顾右盼之际，观者愈聚愈众，渐逼渐紧，甲进退维艰，不能少动，面转土色，口喷鲜红,竟被挤毙于人丛中。嘻,惨哉!

光绪二十年正月二十日/1894年2月25日

粤谚(之一)

小伶靓卓,本姓郑名卓天,只以柔情媚骨误赋于男子之身,遂易须眉而巾帼。清歌妙舞,意态形神,美妇人无以及,几不能辨其雄雌也。每当一出未终,万人喝彩,无不羡其靓而爱慕之,而特以靓卓名之。自仙花萎谢后,卓即艳帜独张,每年所得不下数千金,而浪费为豪,犹不足供其挥霍也。有被其负债者,息上加息,年中略不追问,待散班后合班时乃向之追讨,必班主为之代偿,否则债项不清,登场演剧时,有索债而被拘去者。卓现隶国丰年班,某日在河南大观院开演《再生缘》传奇,突被衙役拘之而去,维时面涂脂粉,身披绣服,踉跄下台,观者皆为惊异。班主急往探问,方知被人告其旧欠,乃即托有力者代为保释,如原告到案,即当交出。县主准之,始得复回戏院。

光绪二十年正月二十五日/1894年3月2日

恶俗难禁

各处地方凡遇迎神赛会之时,往往有无赖赌棍借此大开赌场,以倾人之腰橐,甚至荡人家产,坏人身命,殊堪痛恶,此地方官之所以必禁也。宁波赶会开赌之恶俗,屡经府县严禁拿办,而禁者自禁,犯者仍犯,所谓积重难返者非欤!兹闻西乡黄公林庙及奉化之西鄮等处,又借灯祭为名,特雇名班日则唱戏,夜演串客。而开赌者或聚集舟中,或搭厂庙外,其赌船赌厂之多,如鳞次,如栉比,不特滋斗殴之风,而且大伤风化。有牧民之资者,宜如何重申禁令以挽颓风耶!

光绪二十年正月二十八日/1894年3月5日

会馆演剧

沪城小南门外江西会馆,每逢许真君诞辰,由各董事集资雇梨园子弟登台演剧。前数日风片雨丝，阻人游兴，故未开演，日来天宇放晴，遂择于今日开场演戏。想嬉春士女，可以联襟偕来，一扩眼界矣。

光绪二十年二月初四日/1894年3月10日

演剧余闻

沪城小南门外江西会馆，于初四日雇天仙茶园戏班演剧，曾记本报。当演剧时，署理常镇道蔡和甫观察、江南副主考文芸阁太史均命驾而来，黄大令设筵款待，各司董皆翎顶辉煌，往来酬酢，至五下钟剧止。是日观者人山人海，迨停锣歇鼓时纷然各散，争先恐后，势如潮涌，人丛中误将某员所坐蓝呢轿轧坏。虽有巡防局勇丁弹压，究以人数过多，无能为役。会馆木栅外，小本营生者密布如林，有甲乙二人各摆掷骰摊，忽因争夺地位，互相殴打，良久不释，经二十三七铺地甲将甲乙揪住，其争始息。

光绪二十年二月初六日/1894年3月12日

观剧受伤

杨城南河下江西会馆对门有戏台一座，谓之外台，画栋飞云，珠帘卷雨。每遇春秋佳日，必招集梨园子弟演戏数日，以答神庥，并听人观看，以示同乐之意。本届特招陆八小班登台开演，氍毹贴地，袍笏登场，锣鼓喧阗，歌喉嘹亮，其脚色皆十余龄幼童，身材长短都归一律。一时远近哄传，绿女红男相率来游，争欲一扩眼界，台以下惟见万头攒动而已。有某少妇手抱婴儿，欣然前往，甫至廊下，为众所挤，妇不觉将手一松，抱中儿已坠于地。妇一时心慌意乱，急以身覆儿，意在庇护，不料人如潮涌，致母子俱受损伤，嗣为强有力者扶掖使起，倩人送回其家，不识呱呱者可能无恙否。又月前马市口鞋店失慎，街邻幸保平安，特于日前在地官第火星庙演戏酬神。有一十七岁男孩被人挤轧，登时口吐鲜血，当经人舁送回家，仅有奄奄一息。语云：三场勿入，睹此不益信哉！

光绪二十年二月十二日/1894年3月18日

戏场用武

前日有关东帮永丰会诸人,在美租界北河南路天后宫演剧酬神,牲醴既陈,笙箫间作。梨园子弟粉墨登场,一曲霓裳引人入胜,红男绿女远近来观。有宁波人某甲,身如长狄侨如,贸贸然植立台前,在后者皆被其遮蔽,某乙挥令他往,甲不允,口角之下驯至挥拳。后经诸人婉劝再三,始各悻悻然散去。

光绪二十年二月十五日/1894 年 3 月 21 日

福仙园观剧记

谷埠羊城,春光无价,珠儿珠女,艳冶如花,画舫银灯,诚不少风流佳话。而不知梨园妙选,亦有足压倒京华者。古花朝后五日,月光如画,嫁线稍闲,偕客过福仙园,一听钧天雅奏。福仙为粤人所设,子弟隶名荣天彩班。是晚演《金钟记》及《先贫后贵》二折,《金钟记》即包学士判断奸僧慧性事,《先贫后贵》为买臣妻逼休改嫁,及既贵而求收复水,撞死马前,其间描写泼妇之凶顽,贫儒之潦倒,淋漓尽致,可泣可歌。洎乎五马荣归,故乡衣锦,扬眉吐气,激昂青云,向之白眼相加者,至此忽奴颜婢膝。噫!士当困厄里巷,贩夫牧竖皆得狎而侮之,苟无富贵逼人之一朝,则虽锦绣罗胸,亦惟埋没蓬蒿以终老耳。酒阑灯灺,盖不禁感慨系之,戏云乎哉!至其中笙歌旖旎,巾帔鲜妍,铜笛一声,万花齐放,是则珠女珠儿之本色,见之者固有目共赏,无俟赘言。

光绪二十年二月二十三日/1894 年 3 月 29 日

闽客谈新(之一)

出南门里许,有地名茶亭者,向有武圣庙一所,某日里人召祥升班演剧,以答神庥。正在袍笏登场,笙歌间作,突台畔某酒楼坍下,杯盘肴馔,狼藉不堪。楼下闲人伤至十余名之数,有甲乙二人血流被面,一息奄奄。并闻柏姬庙人某甲亦因看戏而被石栏压伤,舁回救治不效而毙。谚云:戏无益,信然。

光绪二十年二月二十四日/1894 年 3 月 30 日

潞河鲤信(之一)

北通州访事人云,年例二月间东街众商集资演戏,以祀水火二部,今年择于初七日起,雇定京都宝胜和班在东海子演戏四日。班内有十三旦、十里香、刘七、十二红、十三红、十四红、黑灯等名角,歌喉一串,几于裂石穿云。台下观者努力争先,跌仆者有之,压伤者有之,吐血者有之,扰攘喧哗,与台上筝笛声相应,可谓举国若狂矣。

光绪二十年二月二十四日/1894 年 3 月 30 日

学 优 登 仕

有陈春福者,家在法租界,其子名长林,自幼隶名菊部。既长,娶姑苏王连生之妹阿秀为妻,童养在家,结褵未赋。其姊曩在四马路荟芳里某龟处卖倡,某大员宠之,置诸篷室。连生(长林)攀龙附凤,宠眷逾恒,报捐从九职衔,听鼓台湾委办善后局事务,盖竟从戏场而入官场焉。近与陶姓女结成露水因缘,置阿秀于不顾。阿秀锦衾角枕,独旦生悲,遂与德春客栈主大毛囡有私。郎咏迎桃,妾耽赠芍,两情叩叩,一水盈盈,竟效范大夫之泛舟五湖,携西施而去。日前其母偕春福之妻投诉法捕房,请提大毛囡追究,捕头谕令赴公堂声请葛同转办理。

光绪二十年二月二十七日/1894 年 4 月 2 日

戏 台 劫 火

粤东新宁县属狄海地方,日前因有事于神,特至省垣雇尧天乐戏班演唱,远近男女结队来观,人海人山,极形热闹。某日午后,正在鸣金击鼓兴高采烈时,忽见光焰熊熊,不可向迩,诸人皆惊骇欲绝,夺路狂奔。拥挤之余互相践踏,有损伤手足者,有遗失衣履者,狼狈情形不一而足。一刹那间戏台全座被焚,变为焦土,尚幸时当白昼,易于走避,故台上演戏、台下看戏之人,皆不至为六丁所厄。乡人谓为神灵默佑,尚拟重张旗鼓,以答神庥。“是何意态雄且杰”,少陵句可以移赠。

光绪二十年三月初七日/1894 年 4 月 12 日

戏场火劫

广东番禺县属谭三乡,洪圣灵诞辰,乡之人举行胜会,于二月二十日演剧两台,一为国丰年班,一为庆百年班,两台相距只半里之遥。至夕有窃匪混迹其中,施其妙手,乡勇拿获数辈,重笞之后,更啖以粪而释之。匪恨之入骨,至二十三夜,潜置引火物于女客看棚下,一时火焰上炽,诸妇女惊魂飞越,夺路而逃,即男子亦有情状仓皇互相践踏者。既而火烈具举,延及戏台,庆百年班中人闻警赴救戏箱戏具,幸免被焚。看棚中焚毙一十余岁女郎,其余践踏跌伤者不知凡几。其尤堪发指者,匪徒于戏场火起时,见乡人忙乱救火,遂乘虚肆劫乡中潘某家,并掳掠两女郎而去。

光绪二十年三月初九日/1894 年 4 月 14 日

笙歌鼎沸

本月二十三日相传为圣母诞辰,各行号集资雇福仙茶园天仪戏园诸优伶,在沪南潮惠会馆演剧,自十六日起至二十三日止,檀板千声,歌喉一串,衣香帽影,烂其如云。十六铺巡防局委员派勇多名弹压,以免滋事。至二十三日,揭普丰荷花池及洋行街之潮州会馆、美界北河南路天后宫亦雇名优演戏数日,循常例也。

光绪二十年三月十九日/1894 年 4 月 24 日

观剧受伤

沪南商船帮近日雇丹桂茶园名优登台演剧,自清晨起至下午三点半钟始止,观者拥挤异常,由该处巡防局派勇弹压,以免肇事。昨日散场时,观者一拥而出,争先恐后出会馆门,势如潮涌。有某甲向作绳索生意,力不能支,致被撞跌在地,踏伤足背手指。又有某乙一蹶不振,被人踏伤小腹,一时昏卧不起,经人舁回家中,延医诊治。又有少妇小名新妹,昨与风姨月姊相约偕来,共听霓裳法曲。十点钟时行近会馆,突有小船帮人上前调笑,妇等知非善类,正色拒之,新妹更欲以铁掌掴其面。无赖见娘子军中大有人在,始狼奔鼠窜而去。

光绪二十年三月二十三日/1894年4月28日

析津赛会

天津所谓皇会即天后元君胜会，今岁仍沿向例，于月之二十廿二等日举行。天后宫坐落郡城东门外，津人谓之娘娘宫，庙中正座除天后圣母外，两旁供奉子孙娘娘、送生娘娘、斑疹娘娘、眼光娘娘等像，皆不见于祀典，黄冠者流借以鼓(蛊)惑愚夫愚妇，从中渔利。先于十六日送天后并各神像于城西皇姑巷，谓之送驾，十八日迎回庙中，谓之接驾。送神之日虽会景无多，而天后及各神皆御黄轿，备全副銮驾，簇簇生新，执事诸人无一不衣冠济楚，舆夫均服红绣绣花驾衣，不下数十人。各神仪仗亦复冠冕堂皇，惟驾衣稍次，盖神舆四乘，舁者较多，不得不稍从节俭耳。黄姑巷前搭盖单棚，并于十六日起演戏三日，巷之左右茶棚四座，光怪陆离。无怪乎是会不易举行，如广陵散者计经廿载，然而识者仍以为作无益害有益也。

光绪二十年三月二十四日/1894年4月29日

观戏酿祸

镇城对岸七濠口宁波会馆，栋宇宏敞，金碧辉煌，每至春间，演戏三日以答神庥。今首事者在公款中拨出洋蚨数百翼，于上月二十七日招集宝凤茶园诸妙伶登台演剧，檀板一声，万花齐放，诚有如杜少陵所谓"此曲只应天上有，人间能得几回闻"者。戏台前支搭茶棚二座，男左女右，以免混杂。会馆之外摆设孩童玩艺食物各摊，星罗棋布，几无容足之地。是日也，天朗气清，惠风和畅，柳浪微蹙，鞠尘不惊。乌衣王谢，青娥尹邢，杏子衫轻，桃花扇薄，不数曲江春游。迨一点钟时，台上正演《三娘教子》一出，歌喉宛啭，惊起梁尘。观者方侧耳以听，注目以视，不料两廊栅栏被人挤倒，有两人身受重伤，仰卧于地，当经首事者雇人舁回，每人给洋蚨三贯为养伤之资。有某甲在楼上观看，因事与某乙口角，唇枪舌剑，各逞威风，竟以老拳从事，甲力大如牛，揪住乙之发辫，拳如雨下。正在为难时,幸水陆总巡周守戎率领勇丁前往弹压,两造始各释手,守戎命将甲乙各责藤条三百下,谕以不准再滋事。又某氏妇花信年华,浓妆艳抹,轻移莲步,姗姗而来。至夕照衔山,始整归鞭,所坐肩舆底忽脱落,妇亦翩然坠下,珠珥金簪多被无赖攫去,鬓云撩乱,非复向时之一顾倾城矣。一娼妇粉面油头,莲船盈尺,以藕色洋绉镶制弓鞋,遍绣花枝,体被绫罗,踽踽独行。恶少一见魂飞,向之围绕,蜂喧蝶闹,娼妇一路喃喃,詈不绝口。其余有遗失簪环者,悲泣狂呼者,寻男觅女者,不一而足。戏无益,谅哉!

光绪二十年四月初六日/1894年5月10日

演剧滋事

宁波各嫁装店司事于日前盛设筵席,雇大春台京班在郡庙演剧,招集同业整顿行规。是日同业到者甚多,席设东西两看楼,厨房则设于东看楼下之廊屋。仆人赴西看楼上菜,必须自东而西,正在高擎而出,忽被伶人将盘碰翻。仆人某甲向伶人索赔,伶人不允,两相争论,遂致用武,甲亦不肯相让,众仆齐出帮助,各逞威武,戏亦停演。顷刻之间,戏场变为战场,幸司事等出为阻止,未酿大祸,然甲已受伤。当召班首到庙,问以如何料理,班首自知理屈,愿出费养伤外,并备酒筵四席,标红演戏,事始得寝。

光绪二十年四月十六日/1894年5月20日

演剧打架

杭城联桥广福庙供奉之神,相传姓蒋,生前操米业,以岁大歉,倾家赈济,殁后为神,故米行中咸相崇奉。五六月间酬神演剧,无日无之,五月廿五日戏班较好,看客亦多。有机匠数人不知因何起衅,将附近居民击伤头颅,一时人声鼎沸,台上诸伶为之停演,观者各鸟兽散,当场拘获肇衅者一人,交与地保,其余乘间脱逃。次日由地保调停,令肇衅之人出养伤费用三元,并在庙中点烛赔罪,其事始寝。

光绪二十年六月初三日/1894年7月5日

渔家乐

鲥鱼出产向以中江一带为最盛，每年自春末夏初开网，渔户必按尾抽厘，以资演剧酬神之用。今届出产既旺，价又极高，渔户无不采烈兴高，于本月朔日就江口龙王庙搭台演剧。一时歌喉嘹亮，袍笏鲜明，远近渔舟无不衔尾而来，聚泊于招商码头。每当山颠日落，水面风来，渔人箕踞船唇，引类呼朋，欢呼畅饮。既而肴核已尽，杯盘狼藉，相与枕藉乎舟中，酒醒梦回，则已东山月出，树影微茫矣。

光绪二十年六月十三日/1894年7月15日

梨园声价

小长胜、小胜奎均为梨园后起之秀，黄浦江头艳名久著。近效新莺出谷，鼓轮东去，流览江天胜景。道出鸠兹，适江口胜凤梨园重整旗鼓，选舞征歌，知小车花外惠然肯来，乃迓于江皋，代会船资，遂与之订定缠头，择日登台。无何二街凤鸣园主得闻此信，乘其行装甫卸，倍蓰其资，以为罗致之计，二伶为其所诱，即弃胜凤而就凤鸣。胜凤主忿甚，鸣保理论，倔强不服，即控诸保甲总局。经饶芷芗刺史略讯端倪，饬二伶暂停三日，俟查明究竟二园孰先孰后，再行核办。不料凤鸣园中次日恰有某贵客不吝缠头，必欲此二伶登台演剧，园主恐负客意，即令二伶粉墨登场。一曲未终，胜凤已纠人拥至，欲与为难，局宪亦以凤鸣藐视原断，遂出票提人，园主早已逸去，次日即将园门封闭，并拘看台者一人备质。是日胜凤恰值开张之第一日，清歌起处，座客如云。凤鸣园主妇心不能平，即纠娘子军一大队蜂拥而来，将为大杀风景之举，适座有长官并勇丁弹压，未敢动手。旋有鲁仲连其人出场排解，准凤鸣揭封开演，而此二伶则两不相就，其事始寝，然已大费周章矣。

光绪二十年六月二十四日/1894年7月26日

梨园声价

营口访事人云，各庙演戏酬神常年不绝，行号中多喜征歌选舞,兴往情来,往往就帐房高贴排单,许诸伙轮流观戏,不必请假,尽可畅怀,盖亦风气使然,未可谓其逾闲荡检也。上年山东班演成新戏,名曰《杀子报》,初次在双庙子开演,戏台倒下,压死多人。嗣后西水门外小庙塘亦复酿成事故。道宪谕令严行禁止,于是王徐氏得免凌迟之苦,而衲云僧亦不复能引逗春情矣。上月初九日,山东济孤祠重演此戏,戏牌一出,举国若狂,蚁聚蜂屯,万头攒动。班主恐又肇祸,立即摘去戏牌,观者始怏怏而散。初十日会戏已毕,班主与各茶寮各点心铺合伙自演一天,先一日遍贴市招,准演《杀子报》全本,茶价遂加涨一倍,食物亦昂贵异常。甚矣,人情之厌故喜新也!

光绪二十年八月二十三日/1894 年 9 月 27 日

伶人自阉

天津伶人何兆德隶籍天仙菊部,铜琵铁板,高唱江东,袍笏登场,颇具豪情逸概。前晚在家独坐,家中人令其晚膳,不应,入内视之,血液淋漓,已持刀自阉矣。不禁惊骇欲绝,投报捕房,捕头命舁送仁济医馆求治,医士敷以药饵,不知可免性命之忧否。

光绪二十年九月十二日/1894 年 10 月 10 日

承平雅奏

十月初十日恭逢皇太后六旬万寿,昨日上海县黄大令饬传紫彩工匠,在西门内万寿宫铺设新妍,拟于十月初一日起召优伶演剧十天,以伸祝悃。

光绪二十年九月二十五日/1894 年 10 月 23 日

芜湖剩语(之一)

芜湖胜凤、凤鸣两梨园,歌楼舞榭,弦管生春,每日裙屐联翩,履舄交错。而青皮地棍恃其男儿好身手,硬看白戏者,亦复踵趾相接,故园内把门者,每丛为怨府。本月十三日,凤鸣梨园正在歌娇舞软,忽有本埠水师左哨某炮船舵工萧某,偕其弟萧甲前来观剧,昂然直入，甲来自田间，且患久疟，病体郎当，望而知非聆音识曲之人。园中把门之某乙阻不使进，甲强自拔关，乙挥之以肱，不料甲即颓然而倒，气丝一缕随风而去，立即命归地府。萧回顾大骇，急将某乙扭住赴县喊控。是日王邑尊适赴东乡踏勘盗案，即由捕廉于次日上午带集刑仵到园相验，死者年仅十八，数茎病骨枯瘠如薪，当由仵作反复检验，不见致命要伤，少尉亲自近前细验，亦确无伤痕，随即填明尸格，排道回衙，由尸亲偕同公役备棺收殓，抬葬荒阡。至把门之某乙及园主某丙均即带县看管，俟邑尊王明府回署再行核办。并闻死者来意实欲避疟，不期疟鬼虽逃而病根亦拔，命耶数耶？吾不得而知矣。

光绪二十年九月二十七日/1894 年 10 月 25 日

万寿无疆（之一）

明日为皇太后六旬万寿，南市高昌庙广东街一带居民铺户相约悬灯结彩，以表祝忱。江南机器制造总局亦遍悬红色纸灯，上书“普天同庆”、“万寿无疆”等字。西门外四明公所则延清客登台演戏三日。

光绪二十年十月初九日/1894 年 11 月 6 日

万寿演剧

本月初十日恭遇皇太后万寿圣节，本城万寿宫业已悬灯结彩，陈设一新，今日由江海关道刘观察召菊部名班在万寿宫演剧，道署亦于明日演戏一台，借伸庆祝。

光绪二十年十月初九日/1894 年 11 月 6 日

承平雅颂

沪城西门内万寿宫于昨日起雇天仙戏园优伶演剧三天，本邑文武各官均于今日赴万寿宫行庆贺礼。

光绪二十年十月初十日/1894 年 11 月 7 日

邑庙演剧

本邑城隍神开光,雇丹桂园优伶于今日起演戏三天,并请关道宪、刘观察赴庙拈香,设筵观剧。加以万寿期内,庙中游人如蚁,由巡防东局派勇多名在庙弹压。

光绪二十年十月初十日/1894年11月7日

祝嘏盛仪

昨日恭逢皇太后六旬万寿圣节,江海关道刘观察、上海县黄大令预饬办差丁役在万寿宫预备一切,正殿悬灯,联云:天开寿寓,堂哉皇哉;德合坤元,博也厚也。前晚三点钟时,文职上海县黄爱棠大令、县丞吕庆堂二尹、主簿林珍虞少尹、典史蔡季卿少尉先在官厅伺候。既而松海防同知刘乙笙司马、教谕宣琴山广文、保甲总巡叶临恭司马、法谳员葛蕃甫同转、英谳员宋莘乐通刺以及各巡防局员、各绅董耆老,武职城汛李采臣千戎、守备程少庵守戎、道辕亲兵营统带娄月亭游戎先后衣冠戾止。俄而提右营参将廖楚材参戎、江海关道刘康侯观察、升任浙江臬司聂仲芳廉访、调署湖南巡抚邵筱邨中丞亦以次鸣驺而至。各官迎入小憩,至曙色将开,各官均朝服朝冠,趋诣殿前,行三跪九叩首礼,然后各坐蒲垫观剧。梨园子弟袍笏登场,合串《蟠桃宴》、《八仙庆寿》等剧。礼生唱起班,各官重回官厅略坐,随分道而回。

光绪二十年十月十一日/1894年11月8日

旗营祝嘏

本月初十日恭遇皇太后六旬万寿,浙省文武官员在万寿宫行礼,先期高搭篷厂,悬灯结彩,城厢内外大街店铺各制灯景悬挂门首,以志庆贺。驻防旗员在满营中梅青院恭设宝座,铺垫一切均用黄缎绣龙,从大门起直至殿廷,一路灯匾灯对及各样异色灯景。庭中高设菊花山两座,山上以五色绸扎成群仙祝寿,人物花鸟极其华美,中可点烛。殿上亦摆设菊花灯四架,中嵌"万寿无疆"四字,夜间灯火光明,照耀如昼。自初三为始,至十七日止,陈设半月,以申敬忱。军宪以下自初八日起十四日止亲诣庆贺，并传名班演剧七天。近日营门均于二炮后始行上锁，以便营外居民往观。并闻初九夜大放花灯，有烟火十余架，皆在院前空场点放，是夜营门通宵不闭。金吾不禁夜，玉漏莫相催，真有与民同乐之象也。

光绪二十年十月十二日/1894年11月9日

演剧遭惊

戏剧中最危险者莫如《三上吊》一出，前经官府禁止，今则花样翻新，将《三上吊》一戏铺张扬厉，装作无数鬼形，与贼共搏，贼则登高履险以避，甚危事也。前晚宝善街天仪戏园正演此戏，扮贼者在绳上往来行走，不料绳忽中断，幸扮贼之伶人心灵手敏，不至从高坠下。迨后又作钻火圈等技，而所穿之衣忽然燃着，幸经他伶代为扑灭，不致殃及其身，亦幸事也。然是戏之危险，于此已见一斑。

光绪二十年十月十五日/1894年11月12日

祝釐纪盛

初十日恭逢慈禧端佑康颐昭豫庄诚寿恭钦献崇熙皇太后六旬万寿，常镇通海道吕镜宇观察先期颁发红谕，自本月初一日起至初十日止，凡军民人等一律张灯结彩，敬谨祝釐，各官咸于一月内俱穿蟒袍补褂，不理刑名，并饬办差人等在西门内万寿宫洒扫洁净，搭盖彩棚，陈设一新。是日天甫黎明，镇城文武印委各官纷纷齐集，迨班次排齐，即行三跪九叩礼，凫趋表范，虎拜修仪，分庭燎实烛之辉，觇佩玉锵金之度，雍雍肃肃，诚盛典也。副都统保统制谕，令八旗营官在公衙门摆设茶供，悬挂各种明灯，其灯景之奇巧如明角灯、鳌鱼灯、凤凰灯、螃蟹灯、狮子灯、八仙上寿灯，尽态极妍，钩心斗角。并陈设玉器玩物，杂以奇葩异卉，俾观者眼界一新。此外税务司、英领事署以迄耶稣天主各教堂，均雇工匠高搭五色彩棚，悬挂红灯，上书“万寿无疆”、“一统升平”等字。各西人住宅于黄昏时弹琴奏曲，音韵悠扬，并燃点灯球，施放花筒爆竹。江中所泊各公司趸船兵船，亦高揭五色彩旗，洪波漭荡中，如雨后长虹横亘天半,真奇观也。镇江关例应给假停公,以伸庆贺。道署由内达外,一望灯彩辉煌,吕观察招集梨园子弟,清歌妙舞,共庆升平。薄暮盛设筵席,邀请在城各官宴饮,水陆分陈,管弦竞奏,霓裳一曲,响遏行云。诵"罗衫叶叶绣重重,金凤银鹅各一丛。每遍舞头分两向,太平万寿字当中"之诗,觉天上人间,同此欢乐耳。城厢内外大小店铺皆高悬各色彩球,租界中义和洋货铺及各商家亦遍挂明灯,争奇斗胜,妍丽无方。洎乎曜灵西坠,皓魄东升,但见万盏明灯,光烛霄汉,金吾不禁,玉漏停催。其最热闹者,由银山门至西门大街,万道烛龙,光明如画。璇闺秀质,绣阁名姝,联袂偕来,密如梭织,猗欤盛哉!

光绪二十年十月十六日/1894年11月13日

祝釐志盛

初十日恭遇皇太后万寿圣节,金陵城中大街均扎彩棚,掩映层霄,仿佛赤城霞起。每距数家之地,又在当街高搭彩台,陈设磁盆,执各种名菊,□靖节东篱,古人不远。至于各种大店铺,有数家用黄绫装成匾额,中可点灯,其额曰"共祝升平",联云:天上神仙,千秋祝嘏;女中尧舜,万国呼嵩。台上清音打唱,亦有召梨园演剧者,亦有木人耍戏者,于是观者蜂屯蚁集,拥挤异常。日将西沉,有一轻年妇女浓妆艳裹,姗姗其来,行至三坊巷口,被机业匠人围在垓心,肆意调笑,此时欲进不能,欲退不得。正在危急之间,幸江宁县赵大令经过此处,喝令拿人,机匠闻言,始一哄而散。由县役拘获机匠一人,经赵大令当街讯问,恶其滋事,喝责八百大板,尚欲拘回收押,因其叩首苦求,从宽释放。妇虽得出重围,然衣裙已撕成粉碎,片片作蝴蝶飞矣。

光绪二十年十月十七日/1894年11月14日

吴侬软语(之一)

苏州访事人云,皇太后万寿圣节,普天同庆,薄海胪欢。江苏巡抚奎中丞预饬地方官将元妙观中所搭草篷一律拆卸,以便悬灯结彩，华祝嵩呼。并令将观内戏台细加髹饰，演剧十日，以乐升平。

光绪二十年十月十八日/1894年11月15日

戏场遭劫

粤东高要县属之白土乡，于初四五日有事于神，雇优演剧，并建设醮场，张灯结彩，热闹异常。初五晚三更时，忽尔失慎，万丈红光直冲霄汉，场中一切器具皆系引火之物，且又遍缀火油灯，故一经燃着，遂至不可收拾，顷刻之间顿成灰烬。是时男女之聚观者累百盈千，皆夺路狂奔，互相践踏，呼声动地，怨气冲天。事后查悉男女焚毙者约有百余人，烂头焦额，不堪逼睹。场中陈设之灯彩景物值银数万两之多，悉付咸阳一炬，诚可谓浩劫矣！按前年金利乡曾因演戏祀神，惨遭奇祸，此乡与之邻近，不能借鉴前车，竟至蹈其覆辙，咎由自取，于神乎何尤！

光绪二十年十月十九日/1894年11月16日

南市纪闻(之一)

朱隆茂沙船运米赴天津，事毕至牛庄装货南返，前日平安抵沪，遂召天仪园菊部在会馆中演戏一日，以答神庥。

光绪二十年十一月十七日/1894年12月13日

观剧启衅

日来南市沙宁各船均雇沪北梨园子弟，在南会馆登台演戏，观者人山人海，虽有巡防局派勇弹压，仍不免有吵闹情事。前日正在锣鼓喧天，有某冶坊中人与某营勇丁因争夺地位口角，一言不合，互扭殴打，其时勇丁甚多，故冶坊中人披靡败北，大受损伤。旋令人回坊纠合六七十人兴师问罪，至会馆外阻住去路，见人便殴，于是勇丁等力不能支，反受损伤，有四勇身受重伤。旋有人至营中报信，当由营官某命将受伤诸勇抬至源来冶坊中，纷纷扰扰，不知如何了结也。

光绪二十年十一月三十日/1894年12月26日

光绪二十一年(1895)

润州鲤信(之一)

初三日,文武印委各官在江西会馆大张筵宴,举行团拜礼。十点钟时,文则道宪吕观察领班,武则副都统保统制居首,鸣珂戛玉,穆穆皇皇。礼毕排席如雁翅然,锦褥灿红,金瓯泛绿,珍错迭进,鼎俎生辉,并招六书班演唱戏剧。一时车马如龙,冠盖如织,洵宦海之美谈,亦新年之乐事也。

光绪二十一年正月初十日/1895年2月4日

汉水笙歌

汉皋梨园子弟统京伶汉优,约有四五班,要皆各擅其长,武剧以京班为最,若夫歌喉宛转,神态描摹,汉班独擅其妙。汉俗呼京班曰小班子,汉班曰大班子,盖曩日芜湖四喜班初至汉口时,其优伶年皆幼小,今虽更易壮优,日久相沿,其名遂不可改。南粤、北直、吴越等处寓公喜听京腔者多,汉班之角色较京优虽不相让,究以土音啁唧,远方初至者未能领会,不似京腔之易解也。广东香山各会馆于元旦敬神演戏,游人如蚁,场中设有板凳,高出人头,每人出青蚨二三十翼,即可寓目,零星食物水烟瓜子,亦可随意购取。每逢名角登场,戏场之内万头攒动,势如潮涌,非有力如虎者,断难挤入。甚至有先入之人被挤在内,欲出不能,随人转侧,失履落帽,折臂闪腰者,时有所闻。乘兴而来,败兴而去,戏之无益,于此可见。

光绪二十一年正月十三日/1895年2月7日

迎春志盛

正月初十日交立春节,扬州府县官暨三学广文扬州卫府经历各官，均于先一日行迎春典礼。清晨，各官排列仪仗，诣府署取齐，然后随沈太守至东门外琼花观芒神前，依序行礼，设筵欢宴，并有优伶登台演戏。及席散，各官换坐显轿，迎芒神春牛绕大街而返。当各官升舆时，筵间果品器皿早已不翼而飞，即俗所谓抢宴也。初十日辰正，太守具吉服，步出大堂，至春牛前行鞭春礼，绕牛一匝，以五花棒鞭之。鞭甫下，牛头已被捕班中人抢去，其余腹尾蹄角转瞬间亦争夺一空，攘攘纷纷，极为热闹，其亦一年之胜事欤。

光绪二十一年正月十四日/1895 年 2 月 8 日

沪渎春游

南汇揭普丰、潮惠泉漳各会馆以前日适逢元宵佳节，由董事雇就沪北天仙、天福两茶园名优登台演剧，金鼓齐鸣，丝弦迭奏，霓裳一曲，足令听者色舞眉飞。绿女红男，争来观看，热闹异常。本城邑庙亦复游人如蚁。前日上海县差役及保甲总巡翁明府、东局王二尹、北局蓝二尹均循旧例，饬差弹压，以防匪徒肇事。

光绪二十一年正月十七日/1895 年 2 月 11 日

沪城零拾(之一)

今日好事者就本城邑庙为梅花会，檀心磬口，列诸广筵，更召集菊部妙伶演[剧]，以娱神听。疏影暗香之畔，杂以艳曲娇歌，满美风流，一时无两矣。

光绪二十一年正月二十五日/1895 年 2 月 19 日

十洲春语(之一)

每届新正，四乡均演串客戏，淫声浪态，败俗伤风，屡经府县严惩，而若辈仍不知忌惮，谓非积重者难返欤？兹者东乡下王鹿山头又藉灯祭为名，日夜登台开演。某绅往阻不听，爰即赴县控陈，杨大令准之，饬差前往查拿，未知果能拿获否？

光绪二十一年正月二十八日/1895 年 2 月 22 日

羊城仙迹(之一)

每届新年,官场例有团拜之举。兹因倭奴犯顺,君上忧劳,各官仰体朝廷宵旰之心,停止团拜,故事梨园酒肆生意顿稀矣。

光绪二十一年正月二十九日/1895 年 2 月 23 日

南徐春色(之一)

镇城对案七濠口宁波会馆规模轩敞,装饰华丽,每至新正,必雇梨园子弟演戏三日,以答神庥。今届董其事者捐集公款,择于二十三日招集同福戏班诸妙伶登台演剧。檀板一声,高唱大江东去,青衫名士,红粉佳人,结队往观,蜂屯蚁聚。二十四日,有某甲口操湖北音,年愈不惑,踽踽独行,前来观剧。迨歌舞既阑,观者云散风流,甲已横卧于戏台东畔,寂然不动。会馆中人见而异之,近前抚视,则渺渺幽魂已逐李三郎步入月宫,听霓裳三叠矣。人生如朝露,信然。

光绪二十一年正月三十日/1895 年 2 月 24 日

厦岛新闻(之一)

正月初十日,霞溪仔街征召梨园演剧,某姓家小孩彳亍台边,与群儿嬉戏。不料台上所挂煤油灯忽然坠下,班中人恐台被燃及,举足踢开,以致是孩衣服被烧,火毒攻心而毙。此诚无妄之灾也。

光绪二十一年二月初一日/1895 年 2 月 25 日

灊水春鳞(之一)

安庆访事人来函云,每届新正,各会馆例有团拜之举,演剧设宴,藉联桑梓之情。兹福少帅以迩来海氛不靖,皇上宵旰勤劳,凡属臣民,正在尝胆卧薪之际,因谕令各会馆概行停止团拜,官民演剧者,亦一律禁止。总期节浮费而裕度支,庶强敌不致凭陵疆圉云。

光绪二十一年二月初五日/1895 年 3 月 1 日

观剧贻殃

邗上各铺醵金招雇名优，在大财神庙演剧酬神，已纪前报。兹悉各铺以人众拥挤过甚，随于翌日停演。并闻当日尚有甲乙两人，因争看地互相扭殴，甲力不能敌，身受重伤，二人均住钞关门外，经人舁甲回家，逾日竟因伤重毙命。现闻其家属已将乙拘住，拟欲控诉公庭，尚不识作何了结。世之奸勇斗狠者，可以此为殷鉴。

光绪二十一年二月初七日/1895年3月3日

西泠渔唱（之一）

前广东学政徐花农太史任满回籍，现择于初八日由省垣起程，往江苏之如皋，小作勾留，再至沪渎，然后鼓轮北上复命。先期在姚园寺巷老屋招集梨园子弟演戏两昼夜，酒醴笙簧，高朋满座，极一时之盛事。

光绪二十一年二月十三日/1895年3月9日

演戏停工

金陵制造局新正以来兼做夜工，几无片刻之暇。本月十五日为工匠祖师太上老君诞辰，向例各匠集资于十四十五等日唱戏，藉以敬神。今届是期，郭月楼总办以军务日紧，制造军械不容稍缓，碍难循例给假，于是匠人数百均拂然而起，各厂工头再三吁恳，郭总办勉允舆情，当即牌示大旨，谓军务旁午，制造岂容稍缓，姑念一再恳求，勉如所请，准于十四日下午三点钟放工，并免做夜工，十五本系放工之日。是牌一出，各匠欢声如雷，当将老君殿陈设一新，即雇仪凤园优伶登台演唱，请城捕厅甘二尹、保甲局贺大令、汛官萧把戎到殿弹压，总局郭观察、会办蔡观察均助香烛，到殿拈香。十六晨开工，天尚未明，局门外已站数百人守候入厂，工作踊跃，如此可见，总办刚柔并用，足以感人也。

光绪二十一年二月二十五日/1895年3月21日

北通碎锦(之一)

年例正月中,各商集资演剧,以答神庥,袍笏笙箫,殆无虚日。今者边防孔亟,兵士如云,陈司马、张直刺以时事日非,会衔示禁,如有再照年例演剧酬神者,定行传案究惩。

光绪二十一年三月初二日/1895年3月27日

示禁赛会

本邑南市高昌司庙常例于清明节,由江南制造局各工匠集资赛会。今年本拟三月初六日举行,事为江海关道刘观察所闻,谕以现当海防多事之秋,诚恐匪徒溷迹其间,易于滋事,着暂停迎赛,以靖地方。各工匠遵谕奉行,惟各备牺牲以申祭献,并于是日召梨园子弟演唱一天。

光绪二十一年三月初二日/1895年3月27日

武伶跌毙

宝善街金桂茶园武丑混名缠子飞者,于前晚搬演《三上吊》一剧,失足而颠,身受重伤,不能行动,遂倩人舁送仁济医院求医,延至昨晨,溘然长逝。旋经班主备棺盛殓,送往冢地瘗之。

光绪二十一年三月初七日/1895年4月1日

观剧酿命

客有自越中至杭州者,语于本馆访事人云,上月二十八日绍兴昌安门外乡人有报赛之事,集资就社庙演剧,妇女多登台平视者。忽来外县武生多人一拥而上,土人以男女不可同观却之,武生不由分说,擅自登台,众人咸抱不平,拖之使下。武生心颇不服,回寓邀集多人前往寻衅,乡民亦势不相下,互相斗殴。此处地临河畔,适有文童三人乘小舟而来,将登岸,忽被拥挤,一人失足落水,竟从三闾大夫游。当肇衅之始,保甲局员立即往彼弹压,两造均不听从。地保深恐酿祸,飞奔赴县禀报,俞邑尊随乘舆带同差役到场。乡民纷纷逃避,势如蜂拥,挤入河中者十余人,溺毙其一,余皆救起。文童之所以落水者，正为此也。邑尊当场捉获武生三人，乡民五人，带回严讯，令供出肇衅之人，再行核办。是役也，武生中受重伤者三人，翌日已殁一人，乡民受重伤者二人，均舁入县署请验。被溺之文童亦由家人具禀诉冤，邑府命其先行棺殓，俟审明后再行拟抵。或云越郡考试时，每有诸暨嵊县等处赌棍冒充考客，开场聚赌，此番殴击实系赌徒，非真武生也，不知是否。

光绪二十一年三月十七日/1895年4月11日

赛会纪盛

镇江访事人云，距郡治东六十余里，有地名大港镇者，铺户如林，人烟比栉。南街东岳庙每岁三月，好事者例舁东岳大帝暨王天君偶象出游，即俗所谓永昌会是也。今岁定于三月二十九日举行，适是日天公不做美，大雨滂沱，遂改至四月初一日。时则天气清和，麴尘扇暖，会中人兴高采烈，效束皙之补笙诗。上午十点钟时出庙门，偶象咸乘黄轿，全副銮驾，簇簇生新。执事诸人衣冠济楚，舆夫均服红缎绣花驾衣。前导有玻璃伞、明角牌灯、花茶担、鳌鱼灯、凤凰灯、金瓜月斧、五色明角伞、八仙玻璃灯。继以台阁二架，选十五六岁美貌男子，改作女妆，扑朔迷离，几难辨别，秦宫一生花底活，见者殊不知鸟之雌雄矣。台阁前有锣鼓灯棚五六起，光腾巷陌，响彻云衢，绕游城内外大街，前者甫过，后者又来，真如山阴道上，令人目不暇给。杂以高跷三十余起，所扮《蟠桃会》、《打金枝》、《荡湖船》、《彩楼配》、《八仙过海》、《四郎探母》、《打鼓骂曹》诸剧，无不钩心斗角，尽态极妍。其扮《小上坟》之萧素贞缟素衣裳，天然妩媚，莺声低啭，圆如贯珠，玉容寂寞泪阑干，梨花一枝春带雨，诚足令人真个魂消也。迨至日堕崦嵫，各会齐集长街，排如雁翅，约长十余里，蚖膏万点，蜡炬千枝，绣地锦天，风流旖旎。中有八角字灯十余对，银钩铁书，遒劲异常。又以彩绘扎就龙灯，长约十余丈，昂然头角，夭矫云中，世有僧繇其人，当不难点睛飞去。此外各灯如狮、如虎、如鳣、如鲔、如鲂、如鲤，以及神中鬼怪，莫不惟妙惟肖，几如铸鼎象形。每起间以伶工数人，沿途奏乐，洋洋盈耳，清脆可听。以故白袷名流,青楼妙伎,万人空巷,络绎于途。加以远近乡村白叟黄童,靡不豪情飙举,铜街十里,毂击肩摩,酒肆茶寮,座无隙地。小本营生之辈无不利市三倍,喜溢眉梢。而妙手空空儿亦乘间挤入其中,探囊取物。有某甲者,翩翩惨绿,顾影自怜,正在娱目骋怀,忽觉腰际微动,急撩衣视之,则袋内洋银三圆、对时表一枚不胫而走,只得懊恨而回。某姓妇乘肩舆而出,舆底忽脱,堕诸缸甏摊,乒乓乒乓,其声清脆,妇仆于地,满头珠翠被无赖攫取一空。其他堕珥遗簪、寻男觅女者,即罄南山之竹,亦苦书不胜书。虽曰胜游,诚无谓也。

光绪二十一年四月初六日/1895 年 4 月 30 日

优伶受罚

安庆府东门外有东王庙,神灵显赫,香烟极盛。上月二十八日乃东岳大帝圣诞之期,善男信女均诣庙敬香,祈将来之福,赦已往之愆。连日神前拜奠,几无插足之地。每届诞期,必招梨园子弟演戏十数部,分班换演。是日乃东王庙本甲众姓敬酬神戏,升炮开锣,因生脚未到,稍停片刻。及生脚登台,匆匆上装出演,忽台下哄然吆喝。盖演戏开锣必先跳加官,然后演戏,该班因候生脚,竟忘旧例。众香主当场责问,班头低首无词,愿罚戏一部。

光绪二十一年四月初七日/1895 年 5 月 1 日

观剧招灾

上月二十八日为东王圣会,皖垣向例各卖买及众姓轮流敬演神戏,数日以来颇为闹热,凡小本营生者无不眉开色舞,又兼天气晴和,红男绿女群相往观。庙内隙地甚宽,该处篾货店寄竹成堆,有妇女就竹堆搭台观演,而立观者亦喜登高,均相挤于竹堆之上。剪绺辈亦混杂其间,以图攫物,更有轻狂子弟名则观剧,实则偷观妇女,甚至口谈手指,肆其品评。台上妇女有不平者,谓:"男子平地可观剧,必相挤于此,不亦无礼之甚耶!"剑舌唇枪,颇为利害。时有武生多人,亦立于竹,听闻之下,怒发冲冠,谓:"泼妇何得犯众!”有某即欲登台,与娘子军一角胜负,极力一推,诸人纷纷下坠,用力太猛,致某将头颅跌破,鲜血淋漓。一时人声鼎沸,看台摇动欲倒,诸妇女抢急下台,有一老妪将腿筋折断,呼痛欲绝,然皆自跌自坠,无可申诉。搭台演戏,哄动乡愚,其为无益有损之事可知矣。

光绪二十一年四月十七日/1895 年 5 月 11 日

洪都纪事(之一)

汉丞相萧何、曹参,由刀笔吏起家,功业烂然,光昭千古。至今各衙书史皆奉祀惟谨,馨香俎豆,千古不祧。相传诞辰四月初旬,各科房皆征集名优登台演戏。

光绪二十一年四月二十三日/1895 年 5 月 17 日

观《左公平西》新戏有感

宿雨初霁,旅寓无聊,酒后枯坐,感怀时事,浩然长叹。有客叩门而请曰:子何忧之深也! 今晚天仪茶园新增《左公平西》戏文,有兴相偕一寓目乎? 余曰:可。相与携手而往,六街如画,车马骈阗。未几,入戏园杂坐,时正新剧登场。余于戏文情节关目均未考究,但见有红其顶、黄其褂、双眼孔雀翎者,客指曰:此左公也。旁有红蓝晶顶而趋者,即江、刘、王、杨诸将也。一出既下,即有贼目军帅率众逆绕场外一周,作啰唣状。场中设布城,上题“甘泉城”,有县令衣冠凭城而守。忽有左公差弁至,谕令招兵御寇。县令遂升堂招募,无兵无饷,作种种为难状。未几,有正、花旦各一,小生并仆婢四五辈登场,则县令之夫人子女也。令告以兵单饷竭,孤城不足当剧寇,誓以身殉,谕家属先行微服出城逃避。众皆哭拜,愿同死。未几而满城百姓扶老携幼,仓皇奔告曰:寇深矣! 将奈何? 令谕:寇至,我先与之约,若能无害尔等,当举城降,我则再作计较。问夫人公子如何,则仍愿随同殉。令乃以幼子付托长老,俾承宗祀。惟时满场哭声鼎沸,电光灯乍明乍暗,座客目定口呆,有屏气不息者,有含泪欲堕者。忽焉火把如林,鼓鼙动地,刀矛旗戟,蚁聚蜂屯。百姓惊窜四散,剩县令全家被执。令骂贼,被焚死。夫人、女公子守节不屈,先后饮刃,血溅横飞。座客皆惊,莫不浩然咨,喟然叹,逡巡离座而起。余亦惘惘者久之,偕友回寓,挑灯就枕,百感交集。因思梨园演剧,本寓劝惩,近来海上所骈新曲,大半不经,独此出演说近事,虽不无描头画角,而摹写忠臣孝子、节妇烈女,令人惊心动魄,可泣可歌。嗟乎!人生一入仕途,无论其为劝纳,为科目,为达官,为末秩,君臣之分既定,义利之界须明。不幸而身临大节,子死其父,妇死其夫,仆死其主,大义昭然,彪炳日月。咸同两朝发逆之乱,忘身殉国者指不胜屈,足见圣清名教纲常沦肌浃髓,凡有血气,莫不尊亲。乃曾几何时,宦途愈杂,官品愈卑,甚有是官而实商,总理官局,经手官项,借重官势,不顾官声,平时藉官以求利,临难见利而忘官者,比比皆是。今者倭奴犯顺,关辽边郡相继沦陷,兵弁将校望风溃窜,督抚举实参奏,业已降革,逮问科罚有差矣。乃屡阅邸抄所失州县之郡县牧令,从未见有某员殉节,某员死事,如咸同朝之请祀昭忠、请加褒锡者,岂人心不古耶?或天良之渐丧耶?抑上之德不足及下,而居官者大半视作官如作贾,本无忠义之心耶?不然,何以如《平西》曲中之甘泉令者,竟不获一见耶?虽然,躯命者,人之所最贵也;刑戮者,人之所大恐也。仓卒临难,而欲其从容就义,诚非易事,一旦贪生忘死而出于逃,亦急迫无计万不得已之下策。乃自倭人寇,沿海告警,中原乐土仅恃上海一隅。半载以来,本埠之轮船进口坐客常满,且时有营口数十人,箱笼数百件,仆从十余辈,盈车累担者,几于无船不有。未几而五陵年少,绣闼娇娃,乘钢丝车,游静安寺,开聚丰、泰和之筵,听丹桂、天仙之戏,叩其来由,则皆有土有职之贵公子、尊眷属也。而细叩其所来之处,则又云去寇尚远,并未曾有寇至。在有土职者,或预备临事死节,不欲牵累家属,故先为安顿之计,然欲求如甘泉令之子死其父,妇死其夫,仆死其主,全家相随,恩义固结者,亦竟不可复得。嗟乎!三纲沦矣!五常斁矣!文臣无死守之心,武臣无力战之志,以至我皇上宵衣旰食,忍辱允和,上安宗社之灵,下惜黔黎之命。特不知内外臣工亦曾计及君父之忧,而为之砰然一动其良心否也?《国语》有之:敝屋蓄鼠,穴墙作室,墙空室罄,而鼠压焉。今之中国，犹敝屋也；今之溃逃诸臣，皆鼠类也。安所得善捕之猫扑杀群鼠，俾屋中人得以救其不敝，免其再敝，庶无虑风雨之飘摇乎！此余所以观《左公平西》之剧而不禁感慨系之者也。惟时晓钟乍鸣，寐不成梦，披衣起坐，泚笔书写，以质世之伤时嫉俗者，同作戏曲听可也。

光绪二十一年四月二十九日/1895年5月23日

戏园获盗

前日阊门外大观戏园正在袍笏登场之际，忽来一壮汉，背垂松股大辫，身穿元绸短袄裤，突如其来，自携方凳，坐于正桌之旁。梨园子弟疑为不名一钱者，嘱人令其退坐于后，孰知其勃然怒曰："我岂看白戏者乎！"遂探囊出番蚨为戏资。时有捕役以其形迹可疑，且见所穿之短袄上尚有点点血影，早已看出破绽，属目久之，因在戏园中，未便举手。随之进城至某茶寮，捕役乃上前盘问，数言即锁以黑索，拘解县署究办。咸谓此系江洋大盗，案已久悬未破，各捕查缉甚严，今忽一朝被获，诚天网恢恢疏而不漏也。

光绪二十一年五月初三日/1895年5月26日

儿戏酿命

京班中所演武剧，大率皆须盘旋铁杆，杭地庙台均无此物，各伶每以不克展其所长为憾。现在各班已自备铁杆，用活络机关装于台上，演毕拆回，以娱观者之目。故《三上吊》一剧，在沪上已数见不鲜，而杭城则甫经试演也。初十日，湖墅关帝庙演剧，首事者特点《三上吊》一折，二武伶盘旋杆上，各炫所能，五花八门，无奇不备，观者无不喝采，以为得未曾有。迨演毕，因次日尚有连台接演生意，未将铁杆拆卸。有顽童五六人登台学演，一扮窃贼，一扮缢鬼，先在台上跳跃，继则从台柱爬上铁杆，窃贼在前，缢鬼在后。扮窃贼者其年稍长，业已盘旋，扮缢鬼者尚在柱上，急欲上牌，举手攀杆，尚离尺余，耸身而上，不意坠落于地，头触阶沿石上，血流如注。当时看客尚未散尽，急用香灰敷上，一面遣人通知其家，用门板舁之而归，业已气息奄奄,延至夜半殒命。其扮窃贼者,见此情形,不觉失手从杆上坠下,两足亦受重伤,惟不致有性命之忧,余童早已逃避矣。

光绪二十一年五月十六日/1895年6月8日

金焦夏景(之一)

十八日为镇江关委员王孟芝大令之太夫人设帨良辰,是日通城文武各官均备礼仪祝贺。大令设筵款待,樽开北海,寿献南山,并召六书班演唱杂剧,丝清竹脆,极一时之盛。

光绪二十一年五月二十九日/1895年6月21日

白下琐言(之一)

金陵访事人云,南门外扫帚巷宝恩寺外余地,经机器制造局众匠集资盖造道院,装塑太上老君偶像。每年五月十三日哗传为老君诞辰,例必征菊部,集梨园,袍笏登场,以相娱乐。今岁倭人生事,局中添作夜工,工资倍于往时,各工匠囊橐丰盈,益复兴高采烈,召彩霞街某戏园子弟演剧,以道院不甚宽舒,特就雨花台下另搭戏台,于十二日下午八点钟时开演,至夜间钟鸣二下,始袍笏阑珊。翌晨则由八点钟时至十二点钟为止,下午由一点钟时至六点钟为止,如是者三日。诸伶皆眉飞色舞,尽态极妍,远近来观,如蚁之集。

光绪二十一年闰五月初六日/1895年6月28日

演剧庆寿

上月二十八日为宁波府钱甘卿太守五十设帨之辰,太守先一日往普陀进香,是晚召梨园子弟在内署唱戏庆寿,同寅属僚以及阖郡绅士皆纷纷往贺,舆马喧闹,颇形热闹。廿九至初一等日,又传班演戏,大开筵宴,以伸酬谢云。

光绪二十一年闰五月初八日/1895年6月30日

与伶为难

伶人王喜寿控伙友韩金粉、徐增金、高东明、张英浦等攫取班中绣袍六件一事，先后由包探将韩等拘解公堂，业已讯判。无如被控家属以王积欠包洋，自愿将戏袍交伊等质钱，今忽报捕讯押，心甚不服，故于昨日约同妇女多人，至英廨前茶肆中与王喜寿为难，并嘱令在押各人满期后不必出外等语。嗣经同业从中理劝，不知能否无辜耳。

光绪二十一年闰五月十三日/1895 年 7 月 5 日

看戏失孩

俗传五月十三日为关帝诞辰，兹当皓月重圆，杭省好事者咸为武帝举行重庆，或传班演剧，或用清音，或招木人戏，连日以来，颇为热闹。十七八等日，下城西关帝庙建台演剧，比戏散场，左近居民皆因观戏失去三孩，一为王衙前张姓子，名阿发，方七岁；一为清远桥朱姓女孩，名宝珍，才九岁；一名奎福，仅五岁，其姓氏住址非他人所能悉。三家父母俱手持铜盆或小锣，沿街叫喊，大街小巷无不周历。至次早，奎福之家尚在寻觅，而朱张两家则寂然无声，想在深夜时早得合浦珠还也。谚云：戏无益。在出资演戏者固属无谓，而看戏者何注目台中，竟置小孩于不顾，亦可谓全无心肝者矣。

光绪二十一年闰五月二十四日/1895 年 7 月 16 日

演剧禳疫

京口访事人云，本月望后天气骤凉，北风愁号，江中巨浪拍岸滔天，居人早起可穿单袷，夜间可拥薄衾，至十九日烈日腾空，炎热异常，以致寒暑不调，疫疠较前尤甚。近日城厢设坛建醮者，几于无处无之，惟闻街头巷尾，铙钹叮当之声不绝于耳。而驻扎京岘山之常胜右营兵丁，患疫者不下二十余人。十八日，左右两哨官亦患急痧而逝，统领恐疫气传染，饬患病者另居一处，并延医生为之疗治。有某什长年近不惑，衣履整齐，上街巡查，将至东门，忽患急症,晕倒在地,见者代为施救,药石杂投,迄无效验,登时毙命,当由差勇舁至营中,统领见而悯之,遂购棺收殓。此外宝塔巷南首,一日之间共毙十余人。有某姓家八人,其四已登鬼箓,四人病莫能兴,呻吟床褥,炊爨乏人,奄奄待尽,甚可怜也。又某姓一家五人已毙其二,似此类者不一而足。山巷人某甲,年甫而立,在某茶社倚阑啜茗,以涤烦襟,阅片时忽发瘪螺痧,自言腹内痛如刀搠,面色灰败,宛转呼号,社主急递信其家,旋经家人用门板舁回,则已魂游地府,何苍苍者之不爱我民耶!十九日,宝塔巷居民及各店铺复延请僧道,醵金建醮,以冀禳灾驱疫,并在巷之东畔高搭戏台,摆悬各色灯彩,辉煌夺目,择于二十日召梨园子弟演戏三日,笙簧咽雨,锣鼓喧天,一时远近红男绿女,结队来观,颇有溢巷填衢之势。丹徒县水利厅张焕文少尹恐戏场中有匪徒乘机滋闹,特派差勇前往弹压。二十二日,有某校书芳龄二九,秀骨珊珊,挈一女班子同往观剧,弓鞋细步,蹴碎香尘,行至小营盘,游人如蚁,深入重围,宛如虞姬之被困垓下。突有无赖子以如箕之手扪似玉之胸,妓大呼救命,时适差勇梭巡到此,无赖子始一哄而散。有一口操京都音之某姓,正在观望,忽有妙手空空儿从人丛中挤近身旁,将表袋内所储洋块五元乘机窃去,遂如黄鹤之高翔,迨某姓知觉,已无处追寻,只得顿足抚膺,徒呼负负而已。

光绪二十一年闰五月二十五日/1895 年 7 月 17 日

约 束 梨 园

新任英界会审委员屠兴之别驾出有告示一张,其文曰:为示禁事,照得演唱戏剧,理宜扮作忠孝节义各出,以资观感。乃近查各茶园演唱《铁公鸡》、《左公平西》暨《鲍公十三功》等戏,其中情节支离,任情捏造,颠倒是非,甚至讥将士为衰弱,指逆党为英雄,其描摹凶恶情形,尤为惊心触目,不独有亵前代名臣,而于世道人心亦大有关系。除差饬遵照外,合行示禁。为此示仰该园管班人等知悉,自示之后,凡前项《铁公鸡》等戏一概停演,并不得改换名目再行演唱。倘敢有违,一经查出,即行提案究办,决不稍宽。本分府言出法随,切勿尝试,凛之切切,特示。

光绪二十一年六月初八日/1895年7月29日

演戏斗胜

俗传五月十三日为关帝神诞,杭城各庙均于闰月间举行重庆,下城池塘巷弥勒寺旁供奉武帝神像,年例于诞日演剧一台,同会二十余人于观剧后在庙饮福而后散。今年为某甲值年,一切需用概从减省,其意欲将节费再为重庆之举。有某乙者亦会中人,谓其惜费,啧有烦言,甲因于重庆之事概置不管,请乙经理。乙于闰月廿四补祝重庆,特传著名京班演剧,并设盛筵。杭城庙台演戏向无此举,故是日不特会中人齐到,即未入会者亦愿附分偕来,以致两厢看楼客座俱满,而台下观剧者人山人海,几无立足之区,诚大观也。盖乙家本富饶,兼有好胜之心,此番赔贴较多,而中心颇为欣悦也。

光绪二十一年六月十一日/1895年8月1日

戏场肇祸

安庆八卦门外有禹王宫焉,客之来自襄楚间者,皆于此合萍踪,联梓谊,人遂以两湖会馆称之。六月初六日俗传夏禹诞辰,年例襄楚南北之士庶官商,醵集金赀,征召伶人演剧,丝清簧煖,柳媚花明,旬日之间,观者云集。有花旦名月仙者,瘦骨珊珊,不盈一把,山眉水眼,秀韵天成,某名士赏之,曾书联以赠,曰:“前身是月,有酒学仙。”其倾倒可谓至矣。某日扮《卖胭脂》剧中之王月英,冶冰作肤,碾玉为骨,柔情绰态,使人意消。正在娇歌艳舞之时,有二土娼扶婢而来,挤入人丛,欲一睹夭桃颜色。诸恶少见之,大呼曰:“似此药叉鸠盘荼,岂堪与台上人争妍斗丽耶!”遂一拥而上,摩胸擦乳,任意讥弹。二土娼粉汗蒸流,几致钗横鬓乱,幸保甲局员派勇前来弹压,始得突出重围。嘻,其亦苦哉!是日看台忽然塌倒,有一中年妇凭空跌下,几如金谷园中坠楼人,小腹擦伤,袒衣血染,乃倩人扶之而去,一路犹闻娇喘如丝也。

光绪二十一年六月二十四日/1895年8月14日

恶优残忍

江省近年风俗,演剧为盛,有演一出而赏百金,演一日而赏千金者,约计每年两次各演一月,每次一伶可获千金,一班可获万金,可谓谋生之善策者矣。是以伶人争教幼徒,格外严责,以期速成而贪重赏,其虐待情形,固有口不忍言、笔不忍书者。有某伶者,向[在]某戏班演剧,收徒三人,年俱十龄左右,平日虐待情形不胜屈指。日前三徒因不胜痛苦,相约私逃,行至某渡口,渡夫欲待人多始允开行,三徒跪求渡夫,坚执不允。三徒情急出洋元给之,自行执篙摇橹,惜年轻力弱,不无濡滞,尚未诞登彼岸,某伶已追至,三徒魂飞魄散,渡夫不知利害,将船驶转。某伶一跃登舟,盛怒之下,即将一徒手毙,次将一徒裂毙其后,一徒推入河中,致葬鱼腹。一时行人见者,莫不发指眦裂,恶某伶凶恶残忍,全无人理,执送某营军法从事。事后谈者闻者,犹有余忿,谓一人抵三命,尚不平允,如某伶者,罪恶真濯发难数也。然非贪重赏,当不期速成,不期速成,当不惨毙三命,然则彼之挥金如土重赏伶人者,亦罪恶维均也。

光绪二十一年七月初一日/1895 年 8 月 20 日

演剧酬神

沪南江西会馆昨日由董事雇天仙戏园优伶登台演剧,以酬神贶,并聚桑梓观剧为乐,以敦乡谊。袍笏登场,笙箫迭奏,洵一时之盛事也。

光绪二十一年八月初二日/1895 年 9 月 20 日

神京珥笔(之一)

七月二十三日,皇太后驾幸颐和园,午前遇雨,懿驾至申刻出宫,当日驻跸半途圆明园内。至二十四日早幸昆明湖,是日在湖中观剧,恩赏侍座听戏者,恭邸、礼邸、固伦大公主三人。

光绪二十一年八月初七日/1895 年 9 月 25 日

伶人获盗

京师访事人云,某日有一妪骑驴至京南某处探亲,行过海子墙外,忽有贼匪三人出白刃横驴前,意图劫掠,妪跪祈饶命,愿以衣驴赠之,三人即取之而去。少焉,有一人乘车至此,问悉情由,此人勃然大怒,由车上掣铁尺一跃而下,飞步狂追,见贼便击,贼力不能敌,被伤其一,复絷二人,交与乡约,一并捆送通州州署。州刺史升堂严讯,始知车中人为某梨园武伶,乃出白金五十两犒之,一面派役将妪护送回家。受伤之贼伤势甚重,恐难保无性命之虞也。

光绪二十一年八月十六日/1895年10月4日

烟台纪事(之一)

福建会馆十余年尚未落成,所有戏资一概移补于工程项下,故虽值端阳中秋,亦偃旗息鼓,丝竹无闻。惟有庆会戏班于中秋节前演唱数日,究不知何人心愿也。

光绪二十一年八月二十五日/1895年10月13日

演剧求赈

顺直赈捐自开办以来,各处善士莫不慨解囊橐,以苏涸鲋。募捐善信亦无不具广长舌,展菩提心,不惜劝导谆谆,惟望成裘集腋,汇解灾区。近因世道艰难,捐款势成弩末,汉皋诸善士不得已另筹善法,别开生面,邀集同人,择借朱文公祠内演剧求赈,各绅商店号各就相知,互相关照,届期当必座为之满。月前汉上名妓王佩兰亏空过巨,无法弥缝,因藉姐妹花各举所欢,出场帮贴,于夹街东升楼彩觞宴客,到者二百余人,妓遂获资数百千。捐赈之需,更非妓债可比,想是举当不惜解囊也。

光绪二十一年九月初二日/1895年10月19日

黄堂条教

宁波访事人云,新任宁波府程稻村太守下车伊始,循例出示,黏贴通衢。一严拿窝留盗贼,包庇分赃;一严拿游匪地棍,结党扰害;一严拿开场聚赌,贻害良民;一严拿奸胥蠹役,搭台串诈;一严拿积惯讼棍,播弄教唆;一严禁串客游民,扮做淫戏;一严禁无耻娼优,扮演台阁;一严禁师巫邪术,敛钱惑众;一严禁溺女恶习,保全婴命;一严禁纵容妇女,入庙宿山。

光绪二十一年九月十四日/1895 年 10 月 31 日

营口琐谈(之一)

自去冬边烽告警,各戏班已星散经年,兹有双胜和班由广宁来营,禀准倭官在东营三义庙演唱三日,大会及各商会馆因时局多艰,寄人宇下,未知何日复我版图,均无兴宴会,该戏班所以生意毫无。又有昔为衙蠹、今设花会之流氓出头敛钱,在旧道署西南空场搭台演唱。适值倭官传大会,谕以本月十六日即东历十一月二号为日皇万寿,令营埠各店悬旗庆贺。该空场本系道署公地,向章每逢万寿,即在该处搭棚演戏三五日,以示与民同乐,今为日人占据,不能无今昔之慨也。

光绪二十一年九月十七日/1895 年 11 月 3 日

兰台佳话(之一)

内廷南府升平署,即古之梨园也,有太监司之,凡遇内廷传演戏剧,一切事宜均归管理。有优伶俞菊生,向隶春台部,近因在内演戏,向太监称赞汪大头音腔之妙,冠绝当时,惜其远在沪滨,未能进内当差,于是某太监因传汪大头来京供奉。想不日汪大头来京,俞伶可重正春台旧部矣。

光绪二十一年九月二十五日/1895 年 11 月 11 日

酬神演剧

杭地每届回禄之后,例有禳灾□□,或建道场,或演神戏,随所募之多寡以行之。前月众安桥大火之后,该处未曾被灾各家,由某甲为首,向之捐募,因系市面,店铺居多,故所募钱文颇觉丰厚。爰拟在联桥广福庙传集名班演剧二本,尚有余资,拟在大街之上补行盂兰盆会，以济孤魂。

光绪二十一年十月初一日/1895年11月17日

祝釐盛典

今日恭逢皇太后万寿圣节，江海关道黄幼农观察辕署即悬挂灯彩，以伸庆祝，并征召各戏园妙伶登台演剧，笙歌奏处，响遏行云。县署各衙亦一律张灯伸贺，至晚烛龙万道，灿烂辉煌，洵一时之盛也。

光绪廿一年十月初十日/1895年11月26日

会馆演剧

浙省油纸扇一业名驰天下，关东一路销数尤旺，各号家每于春间发货，航海而去，秋间返杭，则带北货而回。今春海氛不靖，各帮迟迟观望，直至五月间始行出门。现于上月陆续回里，均在扇业会馆演剧酬神。会馆中系供奉天后圣母及水陆财神，自月初至今，连日演戏，甚为热闹也。

光绪二十一年十月十四日/1895年11月30日

燕市谈资(之一)

同春菊部老生谭心培，家在韩家潭，生有八子。十一月十二日为第六子完婚，梨园诸妙伶群往道贺，珠明玉软，锦簇花团。当迎娶时，轿前有宫灯、飞虎旗、衔牌、肃静回避牌。嘻，何僭制竟如此哉！

光绪二十一年十二月初二日/1896年1月16日

观剧受惊

杭友信云，报赛，古礼也，乡民每当收谷已毕，集资演剧，以答神庥，亦犹行古之道耳。武林太平门外横塘地方，系东乡一大镇市，该处农人于上月廿四日起，在社庙中传班演剧三昼夜，以酬田神。至廿五晚间，正值袍笏登场，忽闻戏房中人声鼎沸，诸伶人手忙脚乱,飞奔入内,锣鼓之声一时俱绝。台下喧传火发,看戏者纷纷逃避,争先恐后,有啼哭者,寻人高叫者,妇女之失簪堕环者不计其数。少顷人声渐息,戏复开场。询之,始知因后房洋灯倾翻,火着于芦扉之上,霎时烈焰腾空,幸诸伶人赶将芦扉拉下,以水浇灭,不致延烧,而两廊看客已受惊不小也。

光绪二十一年十二月初十日/1896 年 1 月 24 日

捕役酬神

山西人李阿林被王家金砍死一案,经上海县差薛贵、蔡金、柴儸、赵金协同地甲李升,偕事主王锦如之夥张希源,获凶犯解案,讯实收禁。各差遂择期本月二十一日,在邑庙演戏一日,以答神庥。

光绪二十一年十二月二十日/1896 年 2 月 3 日

演剧谢神

前报纪县差酬神一则,昨日雇天仙戏园妙伶在城隍庙登台,红毹贴地,金鼓喧天,丁歌甲舞,观者耳目一新。十一点钟,本县黄大令、城汛李千戎咸赴神前拈香,以谢神贶。

光绪二十一年十二月二十二日/1896 年 2 月 5 日

光绪二十二年(1896)

福州纪胜(之一)

省垣菊部,以大吉、祥升为最优。大吉老生刘凤鸣、青衫旦余彩林,舞态歌声,无不出人头地。祥升丑脚周玉兰,身轻如燕,力捷于猱,能以发辫悬空中,献诸般妙技。一时金张贵胄,王谢名流,顾曲梨园,貂冠满座,咸谓京华子弟未必能争擅胜常(场)云。

光绪二十二年正月初二日/1896 年 2 月 14 日

秣陵春色(之一)

彩霞大街仪凤戏园开设十有余年,生涯鼎盛。某日正锣鼓喧阗之际,忽闻座中喧闹异常,急趋视之,则督辕卫队十数人乞假出营,拟闯入栅栏,一恢眼界。值事者上前拦阻,向索戏赀,口角之余,相与摩拳擦掌。卫队恃众斗狠,声势汹汹,殴伤五六人,头破血流,晕于地。园主随命将门扃闭,舁受伤人赴江宁县禀陈。翁笠渔明府当堂验视,略诘卫队数语,即饬丁持名刺送请本营营带处治。嗣经督中协俞协戎、城守协袁协戎会衔出示,悬帖戏园门首,大略谓勇丁自宜恪守营规,不得逸出民间滋事,此后如有前项等情,许园主扭送来营,斥革不贷。刻下歌台舞榭整理一新,管弦丝竹之声依旧洋洋盈耳矣。

光绪二十二年正月十七日/1896 年 2 月 29 日

十洲春语(之一)

月湖书院供奉前任宁波府张太守等栗主,本月十六日,程太守饬鄞县备办牲牢酒醴,亲往祭奠,并招梨园子弟演戏一日。

光绪二十二年正月二十五日/1896 年 3 月 8 日

公宴名园

李傅相来沪,各情早登本报,关道宪、黄幼农观察等定于昨日,假泥城桥迤西张氏味莼园内之安垲第大洋房,肆筵设席,恭请傅相笃临,并召丹桂菊部演剧侑觞。昨晨黄观察并招商局总办沈子枚观察、前招商局总办马眉叔观察、前津海关道盛杏荪观察等,先至园中准备一切,而上海县黄爱棠大令、英谳员屠兴之别驾亦各带差役到园照料,巡捕房则派华印各捕在园外守门。未几,丹桂园主周凤林到黄观察前请示,观察复添传天仙、天福两园各妙伶。午后各客陆续乘坐马车而至,两点半钟,傅相因乘轿迟缓,不如马车便捷,又以一切仪仗于游园不甚雅观,乃改乘双套马轿车,前列用炮队马兵十六对,已则身穿黄马褂、三眼翎宝石顶,左右护卫出行,辕过铁大桥向南,由抛球场入大马路,迤西至味莼园,一路风驰电掣,观者塞途。既至,黄观察等出园恭迎,大排筵席,傅相居中,陪座者除现任文武外,则有前两广总督李制军、前出使大臣邵中丞、制造局总办刘观察、官银号严观察、厘捐局总办福观察及随节同来之罗观察等数十余人,一时衣冠济楚,水陆杂陈。钟鸣三下,开台演戏,约至晚间十二点钟时始席散。

光绪二十二年二月初五日/1896 年 3 月 18 日

演戏酬神

扬城访事友云,江西会馆每年春秋佳日,必演戏数旬,以答神庥。木月初旬,会馆外台业巳开演,笙歌嘹亮,袍笏鲜明,有某青衫声色俱佳,尤为全班翘楚。闻某日演《卖胭脂》一出,媚态柔情,几令见者魂销心醉,而台下观者一时拍掌喝采之声,不啻春雷之发。一时人如涌潮,致将西边女台挤倒一半。台旁即系后院角门,其未遭倾跌者,咸纷纷扶掖而出,然钗横鬓乱,狼狈不堪矣。

光绪二十二年二月十三日/1896 年 3 月 26 日

顾曲钟情

汉口采访友人云,此间菊部诸伶,大抵专尚二簧西皮诸调,其音短而促，繁弦急管，令人闻而厌心。自光绪五六年，皖江庆升班飘然而至，独辟町畦。嗣是而福□、三庆、宏庆、鸿福诸京班以次远来，咸以解佩仙卿为安乐之土，天魔十六，步上氍毹，妙啭莺啼，轻捎剪艳，柔情逸致，从此冠绝尘寰矣。近有荣升班妙伶金菊花者，华年三五，艳若天人，一曲霓裳，倾倒四座。本月初三日假山西会馆献技，日交午，方演《铁弓缘》一剧，柔情绰态，宜喜宜嗔。有桑生者，一见魂消，几致神摇目夺，即席高吟"碧眼湘秋寄词人，曾按红牙倾座客，独飞青眼到狂生"之句。金伶一若弗闻也者，演毕翩然而入，帘下枣花，直至剧散人归，并未轻呈半面。生乃恨恨而返，忽惹情魔，时而效殷浩之书空，时而学小青之语影，忘餐废寝，瘦骨支离。友有向叩病由者，生惟诵允(元)九"不是花中偏爱菊，此花开后更无花"二语答之。嗟乎！榛苓托兴，空成彼美之吟；蔓□无功，谁疗相思之病？如生者，诚可谓天壤间第一多情种子矣，特不知陶家冷艳，果能微吐芳心否耳？

光绪二十二年二月十六日/1896年3月29日

北通州近闻(之一)

俗传二月十九日为观音大士圣诞，是日大烧酒胡同观音庵演戏，有甲乙跃上后台窥视，不听拦阻，因之口角，已经劝散。不料该二人复持刀来找掌班，该掌班亦即下台，用斧把迎敌，竟将二人打倒于地，经弹压营兵拿获送官。

光绪二十二年三月初五日/1896年4月17日

南湖风景(之一)

南汇镇乡间众乡民集资，择定初五日迎神赛会，并传班演戏，以伸虔敬。禾俗凡未育蚕之前，各乡之迎神赛会者，皆各兴高采烈，循向例也。

光绪二十二年三月初七日/1896年4月19日

绿杨城郭(之一)

扬城西门外驻防合字营于本月中旬招雇名优演戏数台,以答神庥。其大台正对营门,笙歌嘹亮,袓笏鲜明,今已三日。城内暨四乡居民联袂往观,几致空巷,幸地方辽阔,尚无倒台挤碰之虞。惟天公不甚做美,时而细雨丝丝,沾衣欲湿,以致梨园子弟时唱时停,乘兴而来者,不免扫兴而返耳。

光绪二十二年三月二十八日/1896 年 5 月 10 日

日下纪闻(之二)

三月初七日,工部各司经承在打磨厂福寿堂举行财神会,招承庆菊部演剧一昼夜,外串名角,笙簧盈耳。在会者衣冠楚楚,设席张筵,拇战之声颇称热闹。直至玉兔西归,始各陆续星散云。

四喜部名优孙菊仙向在大内南府挂名当差,遇内廷唱戏,每传唤演唱,赏赐有加。三月初,孙又入内,获赏银百余金,命其从人携之出城。行至东南园僻静处,天已昏黑,被同行之甲乙自高坡推下,攫金去。从人归述于孙,并指被谁抢去,盖甲乙亦四喜部伶人也。孙浼人向两人追索,不与,乃报诸官,刻皆获赃收械。甲已应承帮同夺银,乙不招认,故尚未定案云。

光绪二十二年四月初五日/1896 年 5 月 17 日

西湖葑信(之一)

杭垣向无戏馆,光绪初年,有某绅开设吉祥茶园,嗣后鸿福堂优人亦在火药局弄增设一园,初时生意极盛,后因官宪禁止夜戏,又以无业游民时往滋事,两戏园均被封禁。刻下中日通商,大关以外一片荒郊将成闹市,有天津人王某等在该处购买地基一方,价洋四百余元,闻俟租界开辟之后,即为营造戏园之用,真所谓先声夺人者矣。

光绪二十二年四月初八日/1896 年 5 月 20 日

燕京夏市(之一)

玉成菊部演《难中福》一剧,系曾文正公昆仲克复金陵之故事也。前年演唱,当被中城侍御出示禁止。今于十二日又演,改名为《旗开得胜》,是日观者人山人海,拥挤纷纷。

光绪二十二年四月十一日/1896 年 5 月 23 日

祝寿停讯

昨礼拜四法公廨堂期,因关道宪黄观察太夫人之寿诞,谳员郑大令趋辕叩贺,饬家丁持名片咨照捕房,将应讯各案再停一期。是日驻沪各国领事及阖属文武各员咸诣辕祝嘏,观察特设中西筵席,演剧待宾,衣冠济楚,舆马盈门。

光绪二十二年四月十七日/1896 年 5 月 29 日

京师零拾(之一)

东四牌楼山左人猪市同行演剧酬神,名曰庆司会,始自光绪十三年倡举。今于四月二十五日,在前门外打磨厂福寿堂饭庄聚集同行,雇义顺和菊部演剧,笙歌盈耳,设席建筵,直至金乌西坠,始纷纷各散。

光绪二十二年四月二十三日/1896 年 6 月 4 日

示禁女伶

钦加四品衔办理上海英美租界会审事务、兼办洋务局提调、正任江宁府南捕分府屠,为出示严禁事,照得演唱戏曲,男女混杂,实属攸关风化。本分府访闻同庆广东戏园有女伶混杂演剧,殊违禁令,业经饬差传谕,将该女优散去。惟恐日久玩生,复萌故智,合行出示严禁。为此示仰该戏园主遵照,自示之后,不准再邀女优同演。倘敢故违,一经访闻,定提严究,决不宽贷,凛之切切,特示。

光绪二十二年四月二十五日/1896 年 6 月 6 日

南湖夏景(之一)

平湖东门外各店铺居民,于十八日为始,搭盖灯棚,悬灯三日,并传文班演戏,以祝大王千秋。远近买舟往者甚众,闻灯景甚盛,城开不夜,人乐通宵。讵天不做美,夜半降雨甚猛,未知往观诸人如何淋漓尽致耳。

光绪二十二年四月二十六日/1896 年 6 月 7 日

西湖竞渡(之一)

初七日,联桥庆福庙同人集资演剧,系属年例。是日所传戏班系属著名京班,是以观者如堵。不料左角看台被人挤倒,一时人声鼎沸,狂呼救命。台上急为停演,观剧者俱纷纷如鸟兽散,妇女失簪堕珥不知凡几。

光绪二十二年五月十四日/1896 年 6 月 24 日

饬查女伶

英租界满庭芳同庆粤东戏园雇令女伶美玉演剧,捕头以其男女混杂,风化攸关,遂将此伶驱使回籍,复禀请屠别驾颁发告示,谕令以后不得再用女伶。宪谕煌煌,至今尚张挂园之门外。日来园主陆阿祥忽请某洋人出面,依然令美玉登场。事为捕头所知,饬某包探往查属实,不知将来作何办理也。

光绪二十二年五月十四日/1896 年 6 月 24 日

看戏失妻

青龙桥张连□之妻名阿昭者,昨晚由伊夫领至天仪茶园内看戏。戏毕即雇东洋车二辆回南,至法大马路时,伊夫回顾妇车杳无踪迹,当时想系车夫从别路绕行。讵及至家,俟至天明未见妇归,岂有暗约而逃,抑为车夫所诱?刻下妇之父母反谓被张卖去,向论索人也。

光绪二十二年五月十五日/1896 年 6 月 25 日

禁阻女伶

宝善街满庭芳同庆戏园雇用广东女伶演剧，捕头请谳员屠别驾出示禁止，后由某洋人至捕房领照会，捕头不给等情，早已迭详前报。兹悉园中有女伶两口，一名美玉，一名桃仔，日来虽收锣歇鼓，不敢登台，而捕头恐日久故态复萌，与别驾一再会商，请提园主及二女伶惩办，或设法禁止。别驾允之，旋于昨晨函致广肇董事，略谓访闻满庭芳街同庆广东戏园有雇女伶美玉桃仔登台演剧之事，业奉道宪而谕以男女混杂，风化攸关，亟须示禁，贵公所谊关桑梓，请速为传谕，令其不得再任女伶演剧，以息浇风。想园主不能不遵照矣。

光绪二十二年五月十六日/1896 年 6 月 26 日

嘉兴琐语（之一）

郡城北门外钮家桥财神庙每年必演戏娱神，神貌颇狰狞，意殆谓人必凶恶如斯，始得起家立业，创此者盖藉以讽世，而市侩乃纷纷然信而奉之。迩者炎暑逼人，菊部星散，会中人贪其值之贱也，向各店募款演戏数天。五月三十日清晨，戏台甫搭成，而甲已收取戏资逃避。会中拟令伶人演《天官赐福》后不再登场，有张某者夙爱听歌，随即如数出资，令仍开演。北门内仓桥之畔，于春间新建玄坛小庙，日前亦经某乙向各处集资演剧。

光绪二十二年六月初四日/1896 年 7 月 14 日

演戏惊人

杭州访事人章草书云，杭垣各庙会每届五六月必争演戏酬神，以故各班皆往他处招集有名脚色，期揽生意。秀华堂者，本系姑苏清音，延请京都伶人教习唱演，今夏又复赴申邀得都中名伶十余辈，登台试演，无不喝采，该堂不觉名噪于时。上月廿六日，在盐桥广福庙演《三上吊》一出，扮演窃贼之开口跳及缢鬼之武旦，技艺尤其绝伦，正从台上跳跃而出，盘旋铁杆之上，身轻似燕，体软如蛇，观者咸叹为得未曾有，齐声叫好。该伶等以一手引绳直扑台下，若故作倾跌之状,以示惊奇,然其绳在手,虽落地不伤也。讵一女郎年约十四五,随其母在戏台旁观看,见此女从空坠下,为之惊惶失措,身不自主,恍惚铜山西崩,洛钟东应。幸其母眼快,伸手拉住,同座因是争询情由,人声鼎沸。台下相顾,不知何事,各纷纷如鸟兽散,逾刻始定。然妇女中之胆小如鼠者,呼姨唤姊,携手扫兴而去。

光绪二十二年六月初七日/1896 年 7 月 17 日

法捕房纪事(之一)

某戏馆伶人天津人某乙,年甫十八岁,前晚至某洋行盗铃,不图铃响不止,为西人所闻,将乙扭送捕房,捕头命押候堂期,解请研讯。

光绪二十二年六月十三日/1896 年 7 月 23 日

论官长示禁淫戏凶戏宜摘其关目

沪上各梨园所演淫戏凶戏,论者言之屡矣,官长之示禁者亦屡矣。昔黄子寿方伯任苏藩时,饬属严禁,最为认真,榜列淫戏凶戏诸名目于梨园门首,触目惊心,无敢偶犯。然在当时已有巧改名目、阳奉阴违者,如《杀子报》改为《天齐庙》,《翠屏山》改为《双投山》,《小上坟》改为《荣归祭祖》,又名《游虎邱》之类,难更仆数。迨时日既久,官长去任,继其后者未尝踵而行之,查案示禁,则若辈公然仍复原名,毫无顾忌。窃谓此非特禁令之久而必弛也,实禁之未得其要也。何谓未得其要?盖仅指其戏名而不摘其关目,即令旧戏不改新名,而新演之戏层出不穷,官长能逆知其名而预禁之乎?抑岂能随时查得淫凶新戏而续行示禁乎?既不能逆知而预禁,又不能随时而续禁,则若辈即新造各种极淫极凶之戏,日日夜夜演之,座客常满,举国若狂,而差役地甲不得过而问也,以其戏名固不在示禁之列也。抑知新旧各种淫戏虽层出不穷,而其关目则不过数事;即新旧各种凶戏亦层出不穷,而其关目亦不过数事。淫戏之关目奈何?曰生旦狎抱也,袒裼露体也,帐中淫声也,花旦独自思淫、作诸丑态也。此外若目成眉语、手足勾挑、语言媟狎，虽亦足荡人情思，而但令真个销魂之际，出以轻描淡写，不犯以上各事，则犹可弗禁。凶戏之关目奈何？曰真军器比武也，开膛破肚也，支解分尸也，活点人烛也，装点伤痕、血流被体也。此外旧戏中若《伐子都》之呕血，《罗通》之盘肠大战，以及地府十殿种种冥刑，意主劝惩，亦可在所弗禁。地方官长诚能洞烛此弊，而欲永革浇风，莫如即以上所云淫戏凶戏各种关目开列示禁，不必指其戏名，但令新演各戏中有犯此等关目者，即为违禁；若旧戏中所本无而新添此等关目者，亦为违禁。良以京徽梆子各部与昆曲不同，昆曲有一定关目，不能增减，而京徽梆子各部则可随意砌彩。是故同一戏也，而津地所演与沪上不同；即同一地也，而此园所演与彼园不同；且即同一部也，而此人所演亦与彼人不同。总之人心厌故喜新，若辈即踵事增华，有加无已，但为阿堵物充牣计，而于败俗伤风固不顾也。即以淫戏论，闻之故老言，嘉庆年间蜀伶魏长生入京师，首以色身示人，创演《销金帐》、《葡萄架》诸剧，辄袒其胸系红纱诃子，作种种亵狎态，令观者魂销魄荡，厥后人人效之，遂开风气，以迄于今。然京中戏园固无女客羼入，而沪上则男女错舄，良莠连袂，每演此种淫戏，如《迷人馆》、《大别妻》、《打斋饭》、《来唱》、《巧洞房》、《巧姻缘》、《珍珠衫》、《割发代首》等剧，至紧要关头，凡在良家少妇，何堪寓目，若孀居处女，尤属不堪设想。此淫戏之关目宜禁也，固夫人所知也。若夫凶戏关目，如开膛破肚、支解流血等事，凡在循谨良懦之流，必回首他顾，不欲卒视。其视之而毫无怖畏，叫好声如殷雷，手足舞蹈，跃跃如欲试者，此人非流氓即匪类，否则失教之子弟，习于斗狠，将入下流者也，是凶戏关目之坏人心术如此。而其尤甚者，则莫如真军器比武。相传昔年杨月楼始用真刀，而任七、黄月山辈因之。至于众武行皆用真刀真枪，俨如械斗，则自《铁公鸡》一剧始，今此剧虽已不演，而改头易面者大略相同耳。闻某园某伶其于登场演武戏时，所用之双匕首即今俗称插子者，实其防身利器。近来沪上流氓喜学津派，每带插子，安知不取法于戏剧中？试观连岁以来戏园竞用真军器，而沪上凶器伤人之案几于无日无之,其故亦可恍然悟矣。夫平民挟带军器且宜严禁,而况于优伶?况于沪上之津伶?此凶戏之关目宜禁所以首指此事也。要之,草偃风行,其权在上。淫戏之关目禁,可使沪上奸淫妍诱之案渐稀;凶戏之关目禁,可使沪上械斗人命之案日少。地方官长当不河汉斯言。

光绪二十二年六月十五日/1896年7月25日

北通州近闻(之一)

西海子无量寺供奉平天上帝地藏菩萨,年久未修,殿宇倾圮,佛像剥落。住持不忍坐视,募化无方,叩求绅董公议演戏集资,俾成善举。于六月初九日起,聘请京通子弟二簧,外邀各班名角在庙内演戏四天,每人随带香资三百文。未知得此一番资助,于庙工究不无小补否?

光绪二十二年六月二十一日/1896年7月31日

西湖佳话(之一)

杭州每逢神诞之期,居民大率集资演剧,以答神庥,或在庙中,或于空地中建台开演。俗称本月十三日为火神诞辰,西城地方于十八日,在广福营空地中搭一高台演剧,男女来观者如蚁排阵,几无立足之处。台上方演《陈塘关》,大战之际,讵料台板之下横木本不坚固,又加观剧之人两手攀扶,意欲立至台上,台上人呼之使下弗听。正在争嚷,忽闻一声俨如天崩地裂,木已分为两段,台板坍折,连人及桌俱被倒下。一时有十余人均被压坏,其受伤较重、不省人事者三人,即用门板舁归。

光绪二十二年六月二十七日/1896年8月6日

京江夏汛(之一)

城外银山门各店铺居民捐集巨资,自六月初十日起至二十三日止,征召梨园子弟就万家巷德星宫演戏,以答神庥。连日金鼓喧天,笙歌沸地,戏场之内人海人山,每有轻薄少年见有荏弱小娇生,即耳鬓厮磨,任情调笑。某日有一少妇,年约二十余,贴地莲钩,瘦如菱角,正在珊珊细步,突有三五恶少故意互相推扑,直撞妇肩,妇立足不牢,惊鸿堕地。众方鼓掌狂笑,初不料藁砧相随在后,见而大怒,赠以老拳,旋有相识者效鲁仲连之排难解纷,始得罢手。

光绪二十二日六月二十七日/1896年8月6日

京师近事(之一)

宝胜和菊部之十三红、十四红等名角,均散归玉成班,亦有归义顺和班者。观剧之人因而逐渐减少,不敷开发,停演有日矣。班主人某甲与小鸿奎主人商妥,徽西合并为一。至义顺和之班长某乙,专能设法招徕名角,戏座常满。甲心怀忿恨,上月二十日竟在宛平县控告,将乙传案收禁。某日宝胜和遽在内市广和戏楼开演,义顺合班主人侦知,纠众纷纷潜入戏园,佯为观剧,意图寻衅,一面令人在中东坊成讼。坊官恐滋事端,急派饬练勇二十名至该楼弹压。红绿登场开演未久,义顺和潜入之人果一哄上台,刀枪并举,两班之人滚作一团,戏亦停演。看戏者纷纷逃避不及,有失衣服者,有失烟袋杂物者。而两边各受重伤,幸练勇上前,分头将肇事之某甲拿获,锁送中东坊。噫!辇毂之下,竟常有不法之事至再至三,果何道哉!

光绪二十二年七月初十日/1896年8月18日

请禁淫戏

英界包探黄四福以天仪戏园新排《狼心狗肺》一剧,描写云情雨意,实为诲淫之尤,因告知捕头,投公堂禀诉。屠别驾颔之,即出传单,传天仪园主于礼拜三到案讯究。

光绪二十二年七月十七日/1896年8月25日

小秦淮打鱼歌(之一)

今夏中伏后酷热异常,自入新秋,居民间有患瘡螺痧等症者。于是好事者每就本坊醵资赛会,或赁空屋,或度隙地搭高台,结彩张灯,雇香火演唱各种淫词艳曲,美其名曰太平胜会,实则无非藉饱私囊也。香火所诵之词,非经非忏,字句鄙俚,几令人入耳难堪。有时复涂面挂须,如戏剧中之金钩李胡子。有时更将男作女,易弁而钗,脂粉乱涂,装出鸠盘茶母药叉恶状。小家妇女每喜往观,无夜无明,围坐如堵。非特坏风俗,害人心,抑且匪类乘机攫物打降,或向小妮子恣行调戏,鞋杯口盏,秽亵不堪。安得贤有司严查而厉禁之,庶妖言惑众之流,不敢肆行于化日光天之下乎!

光绪二十二年七月二十一日/1896 年 8 月 29 日

燕市秋筑(之一)

京师访事人函云,七月七日传为牛女会合之期,京师梨园多于是日演唱《天河配》戏文,以应令节。今年皇太后传同春菊部入内,在南海中亦演此出。各戏园只剩四喜、玉成两部在外间演唱,是日观剧者称极盛焉。四喜在庆乐戏园,上座人至二千有奇,玉成亦有千五六百人云。

光绪二十二年七月二十六日/1896 年 9 月 3 日

襄平佚事(之一)

某日好事者邀女伶登场演唱,中有名宝珊者,盖巾帼而须眉者也。扮演《伐子都》一出,刀光一闪,霍霍风生,戏场中哄动万人,争先快睹,以致台上梁木摧折,诸伶皆滚入尘埃中,虽未受伤,然已惊慌万状矣。

光绪二十二年七月二十七日/1896 年 9 月 4 日

金焦秋黛(之一)

南门外三十里有元通山,虽不甚高峻,而巨石撑云,清泉洒砌,野花斑剥,宛如世外桃源。山麓一小兰若供奉木偶,不知为何神,土人因祈子,以娘娘庙名之。每年七月二十四日相传为娘娘诞辰,四乡妇女不远数十里而来,皈依莲座,香车宝马,络绎于途。庙祝更于是日雇六书班演唱杂剧,笙歌嘹亮,观者如云,庙中所得香资不可以数计，香市之盛可见一斑。

光绪二十二年八月初二日/1896年9月8日

论淫戏之禁宜严于淫书

前月天仪茶园新排《狼心狗肺》一剧，描摹云雨之情，穷形尽相，几令观者色授魂与，不能注目。经包探黄四福告知捕头，投英公堂禀请禁止。本月初又经黄四福查得专在青莲阁兜售淫书之夏仁忠、王毛头、张阿荣，并起出《桃花传》二百部，并解英公堂惩办。本馆均纪报章，想从此以后各戏园均不敢再演淫戏，各书蠹均不敢再看淫书，弊绝风清，奉行惟谨，挽回廉耻，默化颓风，于世道人心皆有裨益。或谓淫书之害流传久远，古今聪颖之子，因阅淫书而自害其身者，不知凡几。若淫戏之害，不过于顷刻之间绘声绘色，转眼已空，情随境往，则亦不甚措意，非若淫书之可以日夜披阅，玩索无穷，故淫书之禁宜严于淫戏。余则以为淫戏之害多在红闺之女郎，而非女郎亦或受其害；淫书之害多在青年之子弟，而不能知书则即不受其害。故淫书之害不过数人，淫戏之害流毒一世，二者固宜并禁，而淫戏为先。盖淫书不徒不读诗书者不能通晓，即略识之无而不通文理者，对之亦觉茫然，其有博涉书史、血气既定者，此种秽亵之书固不屑流览，即或偶尔兴到借阅数种，亦只如过眼烟云，聊以驱遣闲暑，谓之荒学业则有之，谓之有所害则未必。惟学舍书童，情窦初启，父师偶不觉察，往往互相窃观，奉为枕中鸠秘，然读书不多但能知粗浅之书，精妙者均所未解。即如《红楼梦》一书，世称意淫，描写秽事只一二处，其妙全在于若隐若见、乍离乍合之间，缠绵婉约，词雅意微，恨不读十年书者无由知其曲折之情，一往如缕，足以迷神而悦魄，佚志而荡思也。且无论童子何知，即通解文义而心粗气豪者，亦不耐观读，未终卷辄弃掷随之。故是书虽同名为淫，而足以使人受淫之害者盖鲜。其最足使人受淫之害者，淫书中莫如《金瓶梅》，摹绘秘秽如象铸鼎，迥非《肉蒲团》诸书所能望其项背。然此书例禁最严，购之不易，借之良难，见者亦因之而少。闻是书中颇多难解之词，非可猝晓，不通扬子之方言者，辄令人作三日思,故是书虽最害人,而其害人也犹不广。余尝谓淫书之害,无论浅显深奥,总之均在读书识字之人。妇人女子目不识丁,纵使横陈之状推阐尽致,何由而得知其细,必待有人焉为之演说其状,讲解其情,而后始能了然于心。然试思彼姝者子,大都静处深闺,所见者非其父若夫,即其兄若弟,曾谓其父若夫兄若弟而为罕譬曲喻,口讲指画,摹绘床笫之亵,不顾礼义廉耻者,吾知天下虽大,必无此种佻达之人也。即谓妇女之中亦颇有能抱一卷书而目十行下者,然此种书籍在沪上固有沿途兜售之人,书肆中究不敢明目张胆罗陈架上,非素所熟识者,即有亦不敢出视。妇女既不出门,未便以此事转浼他人,亦不能使仆役向书坊内购取,故足以荡其心眩其目,而使之不能自持者,则惟在于淫戏。沪地为通商大埠,新奇之景日辟月异,富绅大贾侨居于此者,如蝟之集,日益加多。即在他郡之人,每闻上海风景,辄羡慕不已,思欲一履其地,以扩眼界,男子皆然,妇女尤甚。昔时以苏杭两处最为胜游,故有"上游天堂下游苏杭"之谚,今则苏杭之游稍杀,而惟上海为最盛。地当孔道,来往必经,揽胜之徒于于而至,大率挈其如花美眷,戾止此邦,或为巨商之明珠,或为小家之碧玉,日不知其几千人至,则番菜之馆,茗饮之楼,凡略顾体面者,尚不肯闯然入座,惟于看戏一事,则固视若寻常不以为异。或有亲串在沪,必略尽地主之谊,先期邀请,环佩偕来。一曲笙歌,郎当两袖,已属意醉心迷,忽又幻出异相,如展唐宫秘戏之图,秽词亵态,平日所未经目睹、未经耳闻者,骤然纷接于前,有不觉神魂飞越而梦为之颠倒者。斯即须眉丈夫尚觉中心摇摇,不能无一毫之介意,何况女子善怀,不见可欲则不乱,睹此情景,有不意会神移、怦然欲动者乎?倘使一灵遽昧,遏欲不能,遂疑为淫邪秽行,彼且陈之大庭广座之间,我何妨为之?于曲室幽闺之内,由是失节者有之,堕名者有之,而风俗因之大坏,则此一日之游观,不啻一身之关键。诗礼之家,不令妇女观剧,良有以也。虽然,淫戏之害,余固知其甚于淫书,然在沪上,二者均不难于禁止。尝闻友人言,杭州每有一等旧书铺,专以淫书出租,每本或十余文,或数十文,并可饬其携负至家,更番调换,地方辽阔,官长耳目难周,故无败露之日。至于春秋佳日，乡间报赛，演剧酬神，所演淫戏亦时有之，甚至有一男一女扮演花鼓淫戏，万人空巷，举国若狂，秽迹亵词，更属不堪闻听，此则为患之大又有甚焉。安得尽法惩之，使皆归于正而不入于邪乎？是所望于有牧民之责者。

光绪二十二年八月初九日/1896 年 9 月 15 日

观剧客谭

淫戏之害甚于淫书，余既论之详矣。客有乘槎至海上者，揖余而言曰：子知近今淫戏之害，亦知近今新排之戏有足以感发人者乎？余曰：久耽沉寂，未暇此观也。客曰：请为子述之。畴昔之夜，尝与二三同志欢饮于酒楼，席间所谈，大都生平感遇事。酒酣耳热，觉胸中块垒殊未消尽，信步至戏园观剧。园中适演《人头当夜壶》一出，始知即系战国时范雎事，其始演范雎之落魄，须贾之奸诈，以及魏齐声势之赫濯，栩栩欲活，令人意不能平。既而至于折胁，至于坑厕，至于狱卒义释，而又有穰侯逐客之令之厄，则以叹士之处乱世而欲展其志之难也。及王稽荐之秦王，秦王长跽受教，而后向之所颠连困苦万死一生者，乃得扬眉吐气，一伸于知己之前，亦可慨已。由是而二本三本四本，无夕不演，无演不观。而奸诈如须贾，卒至膝行请罪，夹匕而食，使若马牛然。赫濯如魏齐，则又闻风逃遁，至于情急自刎，以其头为溺器。而其间虞卿解组之高，平原赴关之勇，廉颇斗阵之力，以及当时狱卒之得意，秦王之奢愿，莫不痛快淋漓，描摹尽致，如令人置身战国，亲见范叔之复仇者。且夫范雎特游说之士耳，偶一得志，即快其意之所发，以报平日之所仇，亦足见笑于天下。后世而必取其事以演之，一新海上人之耳目，殆亦欲使今之为魏齐者，惕然有所惧而不敢肆其丞相之威，今之为须贾者，皇然有所顾而不敢用其小人之术，如是而近今新戏安在不足以感发人乎？余曰：子何言之深也！尝考戏所自始起于周穆王时之偃师，然此特刻本象人能自歌舞，即今所谓傀儡戏也。至春秋时，优孟着孙叔敖衣冠以讽楚庄王，今之演戏实滥觞于此。自元人以词曲取士，剧本流传，为吴中昆戏所本，词藻之美，科白之妙,虽非古乐,足称雅音。明季士大夫家每有梨园子弟以供侑酒者,沿至国朝,此风未息。当康雍朝,物阜民康,海内称全盛,尝有达官值国讳唱戏,致被弹劾罢官日,有句云:“可怜一曲《长生殿》,断送功名到白头。”可想见当时昆腔之盛。自二黄西皮梆子诸腔,繁弦急管,流播于时,而南北诸曲不免江上峰青,渐流为广陵散矣。近今沪滨风气,则又以花旦为重,闻某园新到花旦,则逐臭之夫相与麕集而观,屏息而听,几有万人空巷之势。至若忠臣孝子义仆烈女等戏,反谓司空见惯,而薄之为不足观,此亦世风迁变而好恶之不同也。今该戏园所排《人头当夜壶》一出,推演六国时事,既无花旦之足以动人,亦不过老生常谈已耳,而子顾言之深若此,益令我不能无慨焉。方今五洲之大,骎骎乎成战国之势,若英若法若德若美,一韩魏燕赵齐楚中山也。俄罗斯古谓之大秦国,一当日之虎狼秦也。观其加冕一事,泰西各国莫不遣亲信重臣前往朝贺,我中国亦特简李傅相衔命于数万里之外,虽睦邻修好,礼当如此,而俄国声威已可概见。斯时各国使臣设有奸诈如须贾者,播弄其间,安知当世执政柄者无魏齐其人?安知当世能游说者无范雎其人?如或有之,欧洲各国俄为大将,使复仇者以俄为秦,奉辞致讨,无论小弱之国,危如累卵。即使英法德美诸国富强相埒,而海疆之上不将有烽燧之警乎?况战国之秦仅长陆战,今则水雷铁甲荡决于洪涛巨浪中,一炬之余,所费动数千百万。战国时未有火器,今则红衣之炮、毛瑟之枪,其制造之精,实中国四千年来所未见,为祸之烈,不且什佰于当日之秦哉!呜呼,杞人之忧,曷有极也!客曰:仆论戏而子谓我言之深,子闻仆之论戏而忧及于天下,子不几更深耶?天下大事,固非草茅所敢议,特惜海上一隅,戏园林立,而新排之戏,若此之足以感发人者不可多得。既得矣,而又命其名曰《人头当夜壶》,亦未免俚俗太甚。余曰:何为俗也?海上自通商以来,风气转移,全视乎富商巨贾之趋向。苟易以美名,彼略识之无者,既不知前世有范雎事,又安肯相约而观?惟以是名名之,乃足刮其目而鼓其兴,庶几座上客常满乎!租界中凡园子妓馆,无事不然,所谓仁者见仁智者见智也。且余更有为之解嘲者,司马子长作《范雎传》,

尝明言诸公贵臣皆溺之矣，则是名也，与误太史公为何科进士者，不有间乎？俗云乎哉！客笑而退，余乃泚笔而记之。

光绪二十二年八月二十一日/1896年9月27日

蘋花溪访菊记(之一)

陂邑汤姓者，巨族也，卜居南乡，雄视一切。北村有李姓者，北平之后裔，前将军气概亦复不可一世。上月某日，南乡演剧酬神，汤令演罗通扫北故事，有意侮弄之。李姓闻而以为辱，因亦招优演剧，特演五虎平南事，以报复之。汤姓不服，与之争闹，一时台上之袍笏方登，台下之棍拳齐举。嗣经两姓族长出为调停，始各悻悻而退。两姓之愚，一何可笑！

光绪二十二年九月十一日/1896年10月17日

谕逐女伶

英界满庭芳同庆广东戏园前因生涯寥落，特雇女伶美玉与小生桃仔登台演剧，迷离扑朔，观者几莫辨其为雌雄。该伶色艺俱佳，以故座客常满，颇获厚利。嗣为捕房访闻，麦总巡捕头恶其男女混杂，据情禀知英谳员屠兴之别驾，函致广肇公所董事，传谕该园主立即停止，并饬赶速回籍，不准逗留，一面出示永禁，迭登五月间报章矣。讵该园主神通广大，先请某洋商出面，继又托某律师向关道宪黄观察恳商，以园中亏累颇巨，可否准该女伶续演两月，不挂牌号，一俟满期，即当回籍。观察体恤商情，俯从所请。不料现已历三个余月，该女伶依旧在园演唱。兹观察查知该园逾期已久，何得仍令女伶演剧，因面谕屠别驾速即知照捕房，传谕速行停演，该女伶不得再事迁延，致干未便。别驾已遵宪谕办理矣。

光绪二十二年九月十三日/1896年10月19日

书十三日本报女伶台基两则后

沪上一隅，本为三吴下邑，风俗素称简朴，所有靡丽奢华之习，昔固未之染也。一自我朝康熙雍正以后，海禁大开，里中殷富之民遂各出其所有,建造沙船,载运货物,航海以达辽左山左,如牛庄奉锦登莱青诸处。谓之沙船者,以此船托始于崇沙,虽为沪人所制,故仍袭其名而不改也。每一岁中船之往还者数次,获利不赀,沪江遂为沙船分碇起落诸货之所,而市面渐改旧观,然犹未能远胜于前也。道光二十二年,西人定议,首于沪上创设口岸,商利即于是而振兴。迄今五十余载,百货麕集,列肆鳞比,无论中邦各行省凡土地之所产,人力之所成,与夫贵重微贱之品,莫不捆载而来,以与西商贸易。即环瀛大小诸国,亦各挈其章身之布帛,适口之珍饵,一切日用之器皿,以与我互市,而繁盛之形,因亦有加无已。西儒之论五洲大埠者,均谓除英京伦敦外,沪上实居天下大埠之八。所辟租界延袤一十余里,西商第宅约得其半,中人廛肆亦得其半,山邱易为华屋,往日衰草白杨之域,一旦悉成红灯绿酒之区,此其繁盛为何如乎!然而风俗之败坏,未尝不由于此。盖民劳则思,思则善心生;逸则淫,淫则忘善,忘善则恶心生。所言虽若近于迂阔,而斯理固阅千秋而未之或爽也。今者租界之中通衢僻巷,无不有卖茶之坊、沽酒之店、售烟之室、梨园奏曲之场、百戏骈填之所,土木雕绘,备极纷华,日甫午而偕来,夜已阑而未散,金钱之浪费又何待言乎!浪费如是而欲物力之无耗,事变之不兴,更何可得乎?况乎诪张为幻者,日出其巧诈以蛊惑乎人,以罔其所欲得之利。戏馆不已,则杂女伶;烟馆不已,则用女堂;而妓馆之外,别有雉妓;雉妓之外,复设台基,此其为人心风俗之害讵胜言哉!幸也有西官以主持政令于上,日察其为人心风俗之害者,悬为厉禁,与为驱除。复得西捕巡逻于下,周视其干法犯纪者,告之西官,量为惩儆,以清其渊薮,而流弊不致无所底止,此西官西捕之所以大有造于租界也。然而中土人心不古,虽西官久所垂禁之事,又未始不乘其耳目之偶忽,私行尝试如前,烟室又有雇用女堂者,赖捕房侦而知之,立时勒令遣去,是固不必广议矣。讵意同庆戏园复招女伶登台演剧,我海关榷宪与以两月期限,后即回籍,可谓体恤商情,无微不至矣。而该园逾期匝月,迄未停止,弁髦宪谕,得无已甚,宜昨观察面谕英界谳员,饬即知照捕房传令停演,不得再事迁延。我知捕房每事秉公而不玩公，守法而不卖法，其所以禁止者，当必不再迟缓。识者向谓租界中苟非西官西捕为之随时补救风俗，将致不堪复问，信不虚也。虽然，台基之恶较女伶为尤甚，此亦何容任其阴设于租界者哉！先时曾有职官局绅私入台基情事，中西各官一惩创之，而台基以息。未几又有开设者，至酿命案，而后重申旧禁，台基又幸一息。无如日久玩生，先时闭歇之家，近又暗集无耻妇女，再启秽墟。夫无耻妇女本不足恤，然安保无清白之躯阴堕网罗，致受玷污者，此而可忍，孰不可忍？我知捕房闻之，自将雷厉风行，立予查究，决不使之蔓衍于化日光天之下，一时造福丁人者，要岂浅鲜也耶！抑又思之，西官之所行者法，法则施之于既犯之后者也，苟或遁于法外，法即不得而加之。惟谕之以礼义之防，示之以廉耻之道，则人心可以返朴，而风俗可以还醇。今夫市井儇薄不学之子，家人生事，日不暇给，而高轩大马，鲜衣华帽，谬为富豪，博簺呼卢，奔走声色，视钱财为粪土，笑驯谨为拘墟，一旦迫于逋负，无救饥寒，欲悔之而已晚。使有人早为之指其迷途，极之覆辙，不可憬然悟欤？而妇女之好为嬉游者，各得父兄夫男预为诰诫，自不致或受意外之辱。此实正本清源之术，尤欲众之自相劝勉，而无待禁令为也。世有知本者，当不河汉斯言。

光绪二十二年九月十五日/1896年10月21日

演戏酬神

新闻大王庙自前年重修以来，香烟鼎盛，又添塑雷祖像，并李总办长生禄位。相传本月十七日为大王诞辰，由该会首集资，雇天仙菊部演剧三天，以伸诚敬。红男绿女，如蚁附羶，颇极一时之盛。

光绪二十二年九月十八日/1896年10月24日

津沽雁字（之一）

租界内创盖戏园，云斤月斧，业已落成，所差者不过髹漆之工一篑耳。上月十六日请客，先敬神戏三出，谓之破台。甫揭帘栊，正演开章第一义，有优孟扮如朱砂判者，沿台跳跃，随以双锋割鸡两翼,掷向台中乱扑,鲜血点滴如染胭脂。随将房上瓦片洞穿,俾漏日光一片,台上盖系用铅皮而成,故留其隙,俾免棘手。破台两字副其实,特不知是何取义,只以事属新奇,故附记之。至于开演日期,尚须时日,刻未揭报通衢也。

光绪二十二年十月初四日/1896 年 11 月 8 日

皖公山色(之一)

安庆访事人函云,安省西门俗名八卦门,外有盐河一道。近因水蚀,砌有新岸,岸上有大王庙焉,即金龙四大王庙也。皖省长江水师营尊为福主,奉祀虔诚。相传九月十六日为大王诞期,每届是日,长江水师协谭镇军于庙前搭台,招集梨园子弟演剧娱神,各营哨弁咸于是焉,专诚致敬,仰答神庥。数日间袍笏笙箫,花团锦簇,诣庙拈香者皆红蓝顶戴,冠盖如云,极为热闹。此处半城半郭,因此陡变为闹市。且喜天道晴和,凡肩挑贸易借觅蝇头者,群集其间,莫不利市三倍。诸流氓摆设赌摊,呼卢喝雉,亦各眉飞色舞。两厢看台之上,金谷佳人,红闺娇秀,衣香扇影,如在画中。其时正演《三哭殿》,伪唐主假宫妃悲声大恸,忽闻河岸一片声嚷,万头攒动,群奔往视,见四舟拢岸,船头各置木笼一具,询系潜山县解到假官诳骗之犯三名,解役兵差持械燃枪,以张声势。某委员见其人众,恐拥挤肇事,遂令舟子泊于对岸小星桥上坡,好事者仍雇划船前往。有某甲者欲趁某船,此船业已拢近,尚未靠岸,甲不及候,遂纵身一跳,不期正落水际,幸此处浅滩,水仅平腰,遂攀舟而上,沿岸观者皆为担惊,而甲毫无惧色,拖泥带水,仍附此船而去。嗣过金宝门口,见兵役押解囚笼三具,上有十字封条,一名郑锦清,一名叶长胜,一名郑夺魁,解者为潜山游营兵勇。据道路传述,郑犯与游戎为表亲,前月在潜邑被获,现已解省,须候赵廉访由金陵回辕讯夺耳。

光绪二十二年十月初五日/1896 年 11 月 9 日

鹿城宦辙(之一)

城守营王敬亭都戎之太夫人本届七旬大庆,设帨之期在月之初四日,文武各官咸制寿屏寿幛,登堂祝嘏。都戎征召梨园子弟袍笏登场,效戏彩故事,大张筵宴,款待同寅。

光绪二十二年十月十二日/1896年11月16日

甬上杂识(之一)

宁波采访友人云,本月初十日俗传城隍神诞辰,先期庙中值事香工陈设辉煌,以冀新人耳目,并征召梨园子弟,曲奏琅璈,逸响遄飞,云为之遏。宁波府程太守率同僚属诣庙拈香。

光绪二十二年十一月十八日/1896年12月22日

剧场浩劫

福州采访友人云,本月初六日□□乡白菜行中人,就琯头乡三官庙议事,设筵速客,并召西梅班梨园子弟演剧侑觞,士女往观多若过江名士。至夕□钟鸣九下,戏台下忽浓烟缭绕,优人急将台板揭起,火遂突然上冲。某雏伶玉貌花容,沉鱼落雁,时适立当其处,以致祝融焰煽,首先□折阑摧,其时台上下及两楼观剧之人以千百计,一见火起,争先捷足奔逃,无奈庙祝坚锁大门,不容走出,不得已群间角斗拥挤,人多门窄,几如潮涌一般。有簪珥作凤之飞者,有履舄如凫之化者,亦有一蹶不振,在尘埃中蕙泣珠啼者。惟膂力方刚之莽男儿,尚得争先挤出。屠户某甲,少年力壮,极力救援,甫曳出四五十人,而手足已被火所灼。斯时戏台早付之一炬,旋即延及大殿,其在两楼观剧者,皆从楼窗跃下,如鱼之贯,约有二三百人。乡人以长木支窗边,呼令缘之而下,亦有好善者以稻草铺积地面,以防跌下受伤,然大半已额烂头焦骨折筋断矣。其登时跌毙者,计共二三十人,类皆血肉模糊,不可辨认,诚惨矣哉!有人在山上俯窥,见庙中男女成群,皆在浓烟烈火之中东躲西闪,毒焰一冒,立时倒仆劫灰中,哭喊之声震动山谷。约焚至十一点钟,之后火始渐衰。当火起时,乡人某甲以其子先时拥入庙场,亟入内救援,不料其子亦在找寻其父,两不相值,同与于难。里人郑谋才家拥巨赀,次子新入邑庠,拟订日演剧,治觞款客,时挈同长子入庙订约戏班,遂致葬身火窟。次日乡父老相约赴灾区勘视,惟见尸骸高如山阜,断脰折胫,肉烂皮焦,逐日请人检放空园中,立簿登记,其有衣服首饰尚未烧尽,经亲属领回收殓者,约计百余具。截至初八日止,共检出尸身三百二十八具,其余零星骸骨积有二缸,募集洋银一千数百圆,就近地义冢瘗之。至伶人之惨罹是劫者,适符金钗之数。中有名三妹者,偶患风寒,未克登场,得以免祸,殆亦有数存乎其间耶?老生金鸣深负时名,同遭浩劫,人皆惜之。村妇某氏携一幼孩观剧,孩忽啼哭,妇遂抱之回,甫出庙门,庙即被毁,是亦异矣。

光绪二十二年十一月二十日/1896 年 12 月 24 日

示禁串客

串客者何?宁波轻薄子弟,偶习淫词艳曲,即相约登场,雨意云情,工于摹绘,并头交颈,恬不知羞,盖较之闽中七子班,尤为淫荡无度焉。昨得宁波采访友人来信,悉宁波府程□郇太守目击浇风,特申严禁,某日为之出示晓谕,曰:照得扮演淫戏,例禁綦严。宁郡外来串客,口唱淫词,手摹淫态,淋漓尽致,见者神移,败俗伤风,莫此为甚,迭经各前府示禁严拿在案。现因日久玩生,复萌故态,宁属市镇以及四乡又有串客演唱,实堪痛恨。除派差查拿外,合亟出示严禁。为此示俾军民人等知悉,嗣后切勿雇演淫戏,遇有演唱之人,立即驱逐,不准容留在境。如串客胆敢任意逗留,许尔等据实禀请拿办。倘尔等仍前雇演,或地保包庇,则是抗违禁令,一经拿获到案,定即严惩,地保一并革究,其各凛遵毋违,特示。

光绪二十二年十二月初四日/1897 年 1 月 6 日

吴山立马(之一)

京都伶人张二顺在杭演剧,名盛一时,兼教梨园子弟,与同班之王、周、吴三伶赁屋于斗富二桥居住。一日张与吴同至梅花碑啜茗,各将房门锁闭而去。比及归来,王亦出外,仅有周伶一人独坐中堂。张吴各回房中,门扃如故,而吴床上羔皮马褂一件已不知所在。张因箱内有洋一百二十四元,急启笥查点,亦失去花信之数,仅存百番。遂疑王周串同偷窃,周坚不承认,指天立誓,张、吴两人疑信忝半,必欲穷追。比王归来,询知其事,不觉怒发冲冠,肆口詈骂。张、吴二人亦不相让,谓室中并无他人,皮褂与洋岂能不翼而飞?唇枪舌剑之余,各以老拳奉敬。北人刚劲性成,厮打每不顾性命,邻右居民恐酿事故,遂通知戏班中人,力为排解,虽暂息争竞,而两造均未能释然于心。据个中人云,张等四人素称莫逆,其技艺亦不相上下,彼此辛工每月均有二十元,在张吴断不致诬陷同人,在周亦非甘为鼠窃之流者。或云当张吴出门后,有素不相识之人来与王、周评论戏曲,移时乃去,此殆所谓铁算盘者,在暗中肆其妙手乎?然王、周二人并非身无长物者,何以一无遗失耶?一个疑团,殊令人无从索解也。

光绪二十二年十二月十一日/1897年1月13日

厦门腊鼓(之一)

访事人函云,武营因保甲查夜认真,深恐神军营勇有半夜越墙出外滋事者,特派总查武员捧大令带十余人夤夜梭巡,凡遇演夜戏之处,尤须前往弹压。十一月二十三夜,三十六崎顶地方演戏,总查戾止,台上竟未鼓吹迎送,又未跳加官。总查以为侮己,大发雷霆,饬勇将掌班带回妈祖宫公寓升堂笞责,掌班求饶再四,始令罚戏三本完事。据班中人云,凡遇官长到场,后台皆要鼓吹迎送,以示恭敬,此次罚戏亦咎由自取。

光绪二十二年十二月二十七日/1897年1月29日

光绪二十三年(1897)

铁瓮春涛(之一)

客冬嘉宁,二十一日,好事者征召梨园佳子弟,在马神庙登台演剧。日方卓午,锣鼓喧天,远近来观,人山人海。某氏妇携一七岁子逐队而来,见诸剧皆关目新奇,不觉大开眼界。洎满场袍笏渐至阑珊,回顾掌珠,早已不知去向,乃沿途哭喊,怅惘而归。当此腊鼓敲残,新年又届,夫妻共饮团圆酒,儿女争分偃岁钱时,凄惨情形,不言可喻矣。

光绪二十三年正月初七日/1897年2月8日

琼花艳影(之一)

扬州采访友人云,新正初二日为立春令节,各官先于元旦行迎春盛典。黎明时,府县各官随同两淮运司江蓉朋都转恭诣万寿宫拜牌,礼成后都转循例至财神庙拈香,随步至后殿与各寅僚团拜,然后呵殿回辕。既而沈碧香太守率同江都县童明府、甘泉县程明府及军厅扬州卫府经历暨府县三学广文,排齐仪仗,高坐显轿,迤东至蕃釐观向芒神行礼,然后同入绮筵。伶人袍笏登场,笙歌迭奏,嬉春士女逐队来观。及乐阕宴阑,迎春牛芒神回驾,青旂载道,淑景宜人。迨次日复循例鞭春,亦新年之盛事也。

光绪二十三年正月十九日/1897年2月20日

彤阶日丽(之一)

某日,宋侍御伯鲁邀某廉访至大栅栏同乐轩观四喜菊部,主人仅予一官座,廉访色不豫,戏语侍御曰:“阁下既豸冠岳岳,何□令竟不能行之于梨园菊部中耶?”侍御默然。翌日即饬传卯头某甲,令持票封同乐轩之门。

光绪二十三年二月二十一日/1897年3月23日

英界火警

昨晚钟鸣两下，忽闻捕房中蒲牢怒吼，旋分四下，知火起于英界，急出访探，知系宝善街天仪戏园失火。经救火会洋龙闻警飞驰而至，协力灌救，始得熄灭。其起火之由及焚去房屋若干，俟探明再录。

光绪二十三年二月二十三日/1897年3月25日

火灾详纪

英界火警已纪报章，兹经访事人查悉，火起于英租界宝善街天仪戏园后。其时报时钟已逾一下，早经袍笏阑珊，惟管衣箱人某甲尚在园中，比见火焚，立即夺门而出。旋即冒穿屋顶，延及西桂馨里第三百三十七八两号房屋，鸨儿金湘莲所开娼院、同春客栈、陈荣泰土栈三幢两厢石库门房屋三所，至东来升客栈只焚去后披及楼面一角，陆素英家娼院亦微有损伤。捕房既鸣钟报警，救火会西人急驱水龙而至，竭力灌救，祝融氏始渐渐敛威，然天仪戏园已尽付楚人一炬矣。当火炽时，前后各娼寮中莺莺燕燕，珠啼蕙泣，泥途彳亍，几于蹴损金莲。直至三下钟时，火势已衰，而呼姨唤姊之声，犹是不绝于耳，诚可怜也。闻被灾者皆曾保火险，事后必当可索偿。至昨晨道路喧传天仪戏园以力不能支，有心种火，捕头因令某包探往传园主何永宽查询一切。至午后四点钟许，有人在火场中扒出尸身一具，有识者谓此人名金标，在园中司茶水，不及逃避，以致葬身火窟中，后好善者为之醵资收殓。或曰：金标先已逃出，蓦忆及尚有青布长衫一件，因复入内携取，致遭此厄。为此区区之物，以致丧身，亦愚矣哉！至火起于包厢之角，缘人散后司事者持火寻捡，以防看客遗下物件，火触所储灯彩上，遂致一发难收云。

光绪二十三年二月二十四日/1897年3月26日

戏园防火说

日前本邑天仪戏园失火，以致一炬成灰，本报已缕纪情形，既详且尽矣。原其致火之由,或曰园主何永宽亏负甚巨,疑有纵火图遁事情,故捕头曾传入捕房向之诘问,然亦毫无证据,是以依旧释回。或曰非也,各戏园包厢中,时有归女凭阑观剧,遗簪堕珥,所在良多,执事人于戏阑后持灯照之,以致延及灯彩,轰轰烈烈,一发难收。今者园已毁矣,人已散矣,当时肇祸情形,夫固谁见之而谁述之者,亦只互相揣测,以讹传讹已耳。独是沪上各戏园,其巇险阽危,实有令人谈之色变者。园主知旧戏之不足供人玩赏也,于是竞为灯彩戏,争奇斗丽,以期观者之娱目赏心。每一折中燃烛至数百枝,灿烂辉煌,五光十色,在观者固足以娱目赏心矣,其亦知灯彩皆纸绢做成,最易引火,歌扇舞裙之侧,保无有一经触着,顿肇飞灾者乎?其险一。园中竞尚烟火,一至上元佳节,金吾不禁,玉漏无声,烟火之繁尤胜平日。当夫良宵风月,袍笏登场,药线一燃,万花怒发,火星飞舞,遍地硫烟。斯时放者既意兴飞扬,观者更齐声喝采,万一失于谨慎,灼及屋梁,火势蔓延,祸患即难于收拾矣!其险二。然此犹未足为险也,但得园中略改其制,多辟数门,务使曲畅旁通,四通八达,则偶逢火警,诸客尚可寻门而逸,幸获更生。所至险者,园中仅一大门,居中开辟,演剧者于斯入,观剧者于斯入,即圉人车子仆从家丁亦皆于斯入,熙来攘往,若通衢然。平时不遇奇警斯已耳,万一事起苍皇,燃眉祸急,逃命者既争先恐后,赴救者更辟易喧哗,挤至门边,安保无因之轧毙者?即不轧毙,而父失其子,夫失其妻,黄口娇儿,更复相失在后。当此之际,哭声震地,呼救连天,嗟乎,嗟乎!其险有更甚于此者乎?我乃益美西国戏园之美善矣。沪上有西国戏园一,坐落英界圆明圆路博物院迤西。其屋皆以铁制成,椽柱栋梁无一木质,所装自来火更高悬屋顶,从无一逼近人身者。园中除正门外,四旁皆设偏门。演剧时禁观者不得吸烟,人亦无敢梗其令。台上则不用自来火而用洋烛,盖以洋烛一吹即灭,不似自来火之管一绽裂,每致滋蔓难图也。今华人所设戏园,既不能禁人之吸烟,必责园主以用铁制为椽柱栋梁,所费又不可以数计。然旁门之设,事尚易为,如虞贪看白戏之人乘机溷入,则不妨多派数人看守,以密防闲。而自来火之横亘于台前、密排于柱上者，亦无妨移置正厅上高处，或一律改用电气灯，庶几未雨绸缪，不致临时而束手无策欤。抑更有说者，昔年京伶想九霄在沪上设新丹桂戏园，就台下两旁装设自来水管各一，以为灭火之需。及想九书重返京华，丹桂已易其主，而自来水管一仍旧贯，并未改弦而更张之。今拟劝各戏园师其成规，一律添设自来水，复购置吸水皮带，责令班中人以期操演，务期节节通灵。设遇火灾，诸客见施救有人，即不致棼若乱丝，以致酿成人命，而园中衣冠砌末亦得多所保全。所费只数百金，而其利甚溥。且既有救火之具，观者亦不致惧而裹足，而生涯不患其不兴，岂非一举而数善备耶？否则，演剧时既雇用巡捕以守门，何妨禀请捕头，令此捕于剧散后亦在园中值宿，较之无人照管者，当亦略胜一筹也。鄙人夙具今乐之癖，自来沪上，歌台舞榭，阅历已二十年。每当抑郁牢愁，辄以梨园为痛哭场狂歌地，性之所好，不自觉其所以然也。回忆昔岁浪游日本东京时，曾应友人招观剧于歌舞伎座，适妙伶市川团十郎演《忠臣藏》全部，一时柔红媚绿，鸟语花香，裙屐纷来，多至三千余辈，而园屋全用木质，台之上下遍缀明灯，客皆随意吸烟。趺坐垒上，窃与友人言，谓人世危险之事，无有甚于斯者。及观沪上诸戏园，其情几与东京无异，则为之私心筹画，思设一法以保全之。今观天仪被火事情，而不禁伸纸畅论如此。事虽微末，颇觉心重语长，凡以歌舞作生涯者，盍于此加之意乎？

光绪二十三年二月二十七日/1897 年 3 月 29 日

春明梦迹(之二)

二月十二日，义顺和班方在前门外肉市广和楼演剧，观者如堵墙。午后忽有数人自称某察院宅中人，立索楼上官座，园中伺客者婉词却之，其人大怒，将器皿摔毁，并坏及窗棂。园主急命停演，奔赴坊署控诉情形，坊官立派局勇来园锁六人以去。

二月十五日起，正阳门外各戏园主以轿夫车子之类逐日踞扰，被累不堪，因之一律闭门，邀集个中人在精忠庙梨园公所互议，大旨谓嗣后再有冒充车轿班强索官座者，先将其人扭送地方衙门控告,一面齐集同行出资供应,庶几无耻之徒知所儆畏也。

光绪二十三年二月二十九日/1897 年 3 月 31 日

雨中春树(之一)

前报所纪京师广和楼戏园有某宅家人索座肇事一案,兹得访事友人来书云,索座者为宋侍御伯鲁家人。是日园官座均已卖出,商以座桌抵之,宋宅家人不允,致相争闹,继将园中房屋窗壁拆毁,又摔碎后台义顺和戏班神龛。园主因赴中东坊署控告,坊官禀之城宪,饬令将闹事人看押。当晚宋侍御差人来求释家人,城宪不允,宋侍御复致意城宪,请按公办理。刻已数日,案尚未结。前门外戏园七八家公议停演,大栅栏一带甚形寥寂,各班梨园中人亦只唱官会堂会戏剧而已。

光绪二十三年二月三十日/1897 年 4 月 1 日

隋堤春柳(之一)

扬城每届岁首,例有团拜之举。兹盐务官员特于本月中旬,假康山盐宗庙举行团拜之礼,并雇梨园子弟,自月之十七起至十九日止,演戏三天。各属分司暨各场员均因公在扬,遂作簪缨之会,共联寮宷之欢,洵宦途中乐趣也。

光绪二十三年二月三十日/1897 年 4 月 1 日

戏 园 防 患

某善堂董某某等具禀英公堂,略谓迭阅各报章,登有广东宁波等处戏场大火,伤至数百人情形,实为惨酷。近日英租界宝善街天仪茶园失火,幸为时已过一点钟,戏场已散,若在袍笏登场,当有不堪设想者。职董等睽想情形,实抱深虑。英界戏园林立,应请饬下各园主,务于戏园周围多开门户,并设立自来水龙头,即使偶有不虞,取水较便,而男女看客亦易于趋避矣。屠别驾阅禀之下,立即饬差传谕各戏园参酌办理。

光绪二十三年三月十四日/1897 年 4 月 15 日

液池春柳(之二)

右安门外二里许,旧有观音寺,年久失修,众善捐资重新庙貌,于二月十九日开光。本地绅富措资于神前演戏四日,自十六日开台演剧,十九日封台之夕,施放烟火。适广和楼某宅要座肇事,停戏之时,诸名角闲暇无事,皆会于此,所以观者更形热闹。一时红男绿女,夹道如云,毂击肩摩,喧哗鼎沸,虽荒郊旷野,其拥挤殆有甚于城市者,洵为迩来未有之胜举也。

某察院亲串在肉市广和茶园要座滋事,两造在中东坊涉讼,迭记报章。嗣悉副宪饬中城察院秉公讯办,屡经严鞫,而要座滋事之某甲等互相推诿,各不承认。及经庆侍御详加复审,云尔等既经获案,断难轻恕,着将某甲等三名掌颊后,荷校于广和茶园门首示众,满日责释,其余三名俱着杖臀二十,以示惩儆。同乐轩强要官座之某甲,亦枷号该园示众,为从二名均予杖责。并云嗣后如有官亲车轿夫役持条在各该戏园要座,许该园将要座之人捆送该管地方衙门惩办。倘尔等畏势私予官座,希图了事,经本院查出,定将该园卯头斥革究办不贷。

光绪二十三年三月二十一日/1897 年 4 月 22 日

神诞演剧

本月二十三日相传为天后圣母华诞,向例前后数日,各号商必醵资召梨园子弟,在沪南各会馆登台演剧,以答神庥。本届仍遵曩例,故各会馆中日来无不号召菊部袍笏登场,一曲霓裳,观者如蚁。保甲总巡钟明府恐人多滋事,特饬各局员一体派勇往来弹压,以资静谧。

光绪二十三年三月二十二日/1897 年 4 月 23 日

江州客述(之一)

本月十五日俗传财帛司诞辰,各店主欲作面团团富家翁者,咸备香花纸烛,虔诚顶礼。南昌帮更醵金召菊部,在洪都会馆登台演剧,红男绿女相约往观,十里长街异常拥挤。

光绪二十三年三月二十六日/1897 年 4 月 27 日

潞河锦缆(之一)

年例东关东岳庙于三月二十八日演戏祀神,今届雇定同顺班唱演四天,天气清明,观者甚众。端木氏所云一国之人皆若狂者,于此复见。

光绪二十三年四月十二日/1897年5月13日

云津夏谚(之一)

去岁法租界开设戏园,生意颇为不恶。奈园主戴云亭非个中人,以致班中名角如周春奎、景四宝、飞来凤、严宝恒等风流云散,现虽有一二平常脚色登台唱演,恐生意不能久持。近闻海大道西英租界顺成木厂地方又造一戏园,经某绅出本银二万两,以四千两令周春奎赴上海置备戏箱等件。其戏园地势宽广,较法界戏园规模更为宏畅。余地建造楼房二百余间,出赁各项生意,及为班中人居住之所。现已鸠工庀材,将兴土木,拟于中秋前后开张。吾恐是园一开,法界戏园当更不能支持矣。

光绪二十三年四月二十三日/1897年5月24日

匡庐瀑布(之一)

俗传四月十五日为炎帝神诞,居民醵金为寿,并召梨园子弟演剧,以娱神听。十四日起,在南门外火神庙演唱十天。红男绿女之往观者络绎于途,诚所谓举国之人皆若狂也。

光绪二十三年四月三十日/1897年5月31日

戏馆讹言

前晚丹桂戏园开场演剧,观者甚多,及至十一点钟余,优孟丛中已将度尾声之曲矣。忽看楼上人语喧哗,大呼失慎,一时座客莫不惊惶失色,夺门而逃。甚至楼梯拥塞,有从看楼跳下者,失钗落珥,不一而足,哭喊之声闻于远近。及至事后细查,并无失慎情事,谅系匪类扬言所致。更有某姓妇人跌伤一足,是真可谓无妄之灾也。

光绪二十三年五月初四日/1897年6月3日

古润丛谈(之一)

某日宝凤梨园诸子弟正在娇歌艳舞,粉墨登场,忽有学宪船上水手数人强欲叩门而入,园中人与之口角,以致格斗不休。水手力渐不支,败北而去,旋号召同类大兴问罪之师,声势汹汹,几若疾风暴雨。保甲局勇丁宛转开导,若辈声言必欲得逞凶者而甘心,直至袍笏阑珊,曲终人散,犹纷纷扰扰,恣意叫嚣。次日局员拟即封闭戏园,园主惧急,雇肩舆将水手送回,并放鞭爆服罪,始得氍毹重展,依旧丝清竹脆,珠媚花娇云。

光绪二十三年五月二十五日/1897 年 6 月 24 日

梨 园 小 录

芜湖胜凤、同春两戏园,舞衫歌扇,各擅胜场,而观者独推胜凤雏伶十里香为翘楚。盖其芳龄细数,恰符花外阑干。每当傅粉簪花,氍毹甫上,憨情媚态,正如芍药笼烟,而弦索声中,莺喉一转,尤不数霓裳卍字绛树双声。所演《十八扯》、《青云下书》、《合凤裙》、《送银灯》诸剧,时而目成眉语,时而翠谑红矜,绘菊部之芳情,嗣梨园之绝响,真天然尤物也。以故一声玉笛,裙屐满园,所获缠头几如山积。同春主人恐生涯渐被所夺,亦从上海聘得五雏伶,虽非尽态极妍,亦足娇歌谩舞。惟是花枝有主,即须璧返秦廷,园主乃留其二,而以三伶交其师。其师见所留者,实此中上乘,恐如蜀先主之借荆州,未免存久假不归之意,索之急则园主以恶语相侵,于是各展雄威,同拚老命。未几师被园主将头颅击破,短发种种遍染猩红,乃直奔保甲总局鸣冤,请传园主讯究。及园主至案,倔强不服理,严局员怒甚,饬役掌颊四十下,勒令翌晨交出二雏伶,师乃泥首阶前,深深致谢,次日即携玉树双株而返。从此春江花月夜,依然艳帜高张矣。

光绪二十三年五月二十八日/1897 年 6 月 27 日

绣州夏绿(之一)

嘉兴采访友人云,郡城天后宫有鸿福堂演戏娱神,两旁看楼分别男左女右,分曹而坐,不能如莺之移柳、蝶之穿花也。甲乙两妇同坐一凳,始不相识而后互谈。甲妇蓦睹乙妇头上有赤金簪,忆及前曾失去一枝,似即此物,乃伪为借观式样,细视之系真赃也。顾并不说破情由,仍为乙戴上,乙妇亦漫不知觉。甲妇旋细询里居姓氏,待剧散与之携手同行。道经嘉兴县署南街,乙妇翩然人家,甲妇佯称内急,欲觅石家金谷中香枣,乙妇允之,遂登楼溺焉。既而熟视桄上之衣,亦系从前所失。爰相辞而去,告知捕役前往搜寻,并拘乙妇至秀水县禀陈。官令小心看押,又将乙妇之私夫某丙拿获,看管待讯。

光绪二十三年六月初七日/1897年7月6日

鸠水延秋(之一)

江口胜凤梨园自聘雏伶十里香来芜唱演后,妙舞清歌,座客咸叹观止。近日园主又从苏沪招致杜文宝、小胜奎、小三省等名角,亦皆妙龄玉貌,雏凤声清,合之十里香,益觉无美不具。上月二十日甫经登台,扮演诸剧无不神采焕发,娴雅如仙,一串清歌,尤如银瓶泻水。芜人之能为周郎顾曲者,方击节观赏,谓十数年来所仅见。不谓未越三日,即由皖南镇宪饬令城守千总传赴宁国府,以备镇辕庆祝万寿,兵民同乐,全部妙伶悉被召去,惘惘登程,皆有柳愁花僝之苦。芜地看客亦无一不呼大煞风景,甚于煮鹤焚琴。盖当花飞钗击,胜赏欲狂,有贵介子弟慨掷银饼者,因是杜、十诸郎益觉尽态极妍,用心唱演。闻抵宁后各官赏赉亦颇不菲,已于是月朔日演毕还芜。方谓钧天之乐,从此再听新声,不意他埠又有以重金来聘者,声色动人,何竟一至于此耶!

光绪二十三年七月十一日/1897年8月8日

演戏酬神

邗江访事友人来函云,扬州城外河东岸南自新河湾起,北至沙河壩以上止,柴篷鳞次,栉比如林。上月十六蔡姓柴篷失慎,虽将河西城根下铺户居民延烧八十余家,而河东则仅焚柴篷三座。因之个中人谓当日幸免，实有神助，特公同集议于某处招雇梨园子弟，在天后宫侧支搭板台，择于月之初二日登台演唱，鱼龙曼衍，人海人山。惟连日阴晴不定，时或火伞高张，时或银盆倒泻，未免减人清兴耳。并闻各居民亦拟接演三日，以答神庥，并添雇名角数人到台合演，想必较前更形拥挤矣。

光绪二十三年七月十四日/1897 年 8 月 11 日

神京杂俎（之一）

京师访事友人来函云，六月廿三日俗传为马王诞，廿四日为关帝圣诞，每届此两日，京师之马王庙关帝庙处处作会，或招梨园，或演杂剧，更有聘请子弟文武，各会歌舞进香，热闹非常。但此两日每每为雨败兴，今年连朝晴朗，天公可谓做美矣。闻安定门外外馆街市中公议邀请子弟，各部会沿街玩耍，居民两旁高搭看台，廿三日恭祀马王，计会十五六部，廿四日至关帝庙进香有六七部，至二十余部之夥，游人咸集，较之别项作会者，尤觉盛饰云。

光绪二十三年七月十六日/1897 年 8 月 13 日

生祠祝嘏

镇江采访使者掾笔云，云南提督冯萃亭宫保子材，当甲午年中日启衅，防务戒严，宫保奉命督办江南防务，统率常胜萃字十余营驻防润州，坐镇雍容，节麾生色，地方受惠非浅。迨和议告成后，奉旨撤防，回粤督办□□边防，于去冬仍赴云南提督本任。镇郡绅商曾于客春集款，公议在城内郡庙西首购地，建立宫保生祠，屋宇宽敞，装饰辉煌，名曰红梅阁，并供长生禄位牌，以志宫保之惠泽。本年六月二十七日为宫保八秩寿辰，镇郡各绅暨常镇道宪曾观察、副都统吉统制、镇江府饶太守、丹徒县王大令、水陆总巡周都戎均诣红梅阁行祝嘏礼，并招六书班演唱杂剧，丝清竹脆，音韵悠扬。祠内复悬灯结彩，陈设一新，门以外冠盖往还，极一时羽葆之盛。

光绪二十三年七月二十六日/1897 年 8 月 23 日

津沽秋雁(之一)

天津租界向无戏馆,自去年九月始开鸣盛茶园于紫竹林北,楼台金碧,丝竹嗷嘈,是为津地戏园之鼻祖。今年英国新增租界,于汽灯行西又复起造戏园,闻定于八月初开台演剧。想此后红腔紫韵,点缀承平,必更有接踵而起也。

光绪二十三年七月二十六日/1897年8月23日

戏场纵火

粤东演戏最易肇事,往往欢乐未已,祸患随之,而人并不知为前车之鉴,岂亦有数存乎其间耶?七月初九,从化县高塘垆小塘乡酬神演戏,是夜忽然失慎,由子炉起火,延烧戏台,不一时之久,即已同归灰烬。当起火时,匪徒肆行抢掠,妇女之被攫钗珥者不知凡几。闻起火之由,因乡勇捉获寇贼数人,严为办理,是以该匪党下此毒手,纵火以为报复云。

光绪二十三年七月二十七日/1897年8月24日

寿诞称觞

昨日系铁路公司督办盛杏荪京卿之封翁旭人方伯八十开一良辰,京卿在沪假泥城桥西之张氏味莼园为称觞之地,于前昨两日特召梨园演剧,大开华筵。一时官绅之往贺者,如海关道刘观察、提右营周参戎、松海防刘司马、上海县黄大令、英谳员翁明府、法谳员郑大令以及中国银行董事严小舫观察等,莫不整肃衣冠,纷纷往贺,京卿率领公子辈一一款接。至亲友之恭送联对屏幛及糕桃红烛者,更络绎于途云。

光绪二十三年八月十四日/1897年9月10日

歌舞承平

天津法国租界去年曾创设一戏馆,名曰鸣盛茶园。今年英国新画之租界内踵设戏园一所,于工未竣时业经列报,现于秋节前夜以继日,赶将工程报竣,丹垩一新,颜曰福仙茶园,亦系二黄梆子更唱迭和。于十四夜登台试演，十五日卖座，价目与鸣盛同。是日适逢佳节，日未亭午，座客云集，多至一千余人，午后踵至者，已有实不能容之势。喜新厌故，人情大抵皆然也。

光绪二十三年八月二十五日/1897年9月21日

酬神赛会

嘉兴采访友人云，嘉兴县署各房书吏醵资酬三耜神，征召名班，于本月初六七日就仪门内左旁演戏，并具三牲福礼，虔往拈香，循旧例也。

光绪二十三年九月十三日/1897年10月8日

优伶送县

李金隆、林鼎山曾以窃赃向妓院诳骗图卖，由捕拘解公堂，前由翁刺史函送县署请究，昨日蒋刺史升堂提讯。李供睢宁县人，年三十一岁，幼习梨园之业，向在京都苏州等处演唱，近有友人荐至天福茶园唱戏，因此来沪。所有呈案之铜表二只，前在大马路南首旧货店中出洋六元八角购来，现有急需，爰为质钱使用。所有金叶二张，前在马路被某雉妓看见，出洋三元二角买去。隔一日小的复经过是处，该妓指称伪金诳骗，即交巡街捕拘入捕房。林系小的师弟，同由苏州来申，欲进天福茶园演唱，因园主只许二人工洋三十元，小的等嫌少，尚未进园，同住栈内，被包探一并拘解公堂，转送案下。小的二人实非行窃之流，可邀天福园主到案具保，求请恩鉴。又据林鼎山供山东历城县人，年三十三岁，与李金隆同习演戏，余供略同。刺史讯供之下，殊难核信，判暂收押所中，候饬差查明禀复核夺。

光绪二十三年九月二十四日/1897年10月19日

庆寿演剧

宁波访事人云，十月初三日为宁绍台道吴福茨观察太夫人之寿辰，一时脚靴手版贺者盈门。道宪特传大四喜、大吉升两京班到署,自初二日为始,演剧三日,以宴嘉宾。

光绪二十三年十月初八日/1897年11月2日

戏馆将开

苏州访事人云,盘门外青阳地自辟租界已来,牟利之徒莫不争先恐后,集资开设各铺□□□头,前有猫儿戏班首某妇拟在马路旁集赀建屋,开设猫儿戏馆,为吴县赖大令所悉,以此戏有伤风化,即饬差传谕该妇不准开设,迄今事不得果行。兹有阊门外大观戏园主薛大庆纠集股东十人,合洋一千元,在巡捕房东首鸠工庀材,起造平屋三大间,月斧云斤,丁丁不绝,不日行将告竣矣。闻准期本月二十日开演,想届时袍笏登场,定必更增热闹也。

光绪二十三年十月十四日/1897年11月8日

观剧失孩

汉口访事友来函云,本月十七日为寓汉西商初次赛马之期,有贾人章某者携其七龄幼孩逐队往观,维时连袂成帷,万头攒聚,至极拥挤之时,章某偶一松手,该孩顿失所在,刻已四出侦骑,不识能珠还合浦否也。谚云:戏无益,信然。

光绪二十三年十月二十七日/1897年11月21日

和声鸣盛

京师访事友来函云,十月初十日恭逢　皇太后万寿庆典,所有点景诸事及受贺之所均登前报。惟内务府预备各戏一节,向届庆典之期俱系前三后五,恭设彩场,敬候慈闱赏阅。因南府班部不敷应用,近来每传外班各著名角色合并演剧,本届自十月初七日起,应至十五日期止。兹因各外班新戏颇佳,灯彩鲜明,是以谨遵懿旨,由十六日起接续三天,并赐重赏,众优叩谢不已,于是十八日始行停止。

光绪二十三年十一月初六日/1897年11月29日

菊部重兴

沙市访事人云，沙市局面久非昔比，年来冯夷肆虐，市面更疲，故梨园子弟亦有响灭音沉之势。所幸武汉案结，十三帮又在旃檀巷公分演剧，为武汉两帮和事，武汉两帮亦凑公分，在泾太会馆歌筵酬之。武汉会首鸠工，将本会馆补苴修葺，粉饰一新，两帮各业皆敛费酬神。惟鄂城书院损坏颇多，迩日工尚未竣。晴川书院已于下元日开门，连日笙歌嘹亮，粉墨登场，菊部各班皆得稍沾余润。闻两帮各行约有百数十会，此信一传，即有宜都之楚兴班闻风下沙，改名福兴，上月二十二日在三清观亮台，二十六日即在晴川书院登场呈技矣。祝融公所万年台年久倾圮，经各会首捐资重修，今已告成，择于十月十五日雇三元班扫台。向例有文扫武扫之别，是日系用武扫，扮灵官者须以著名大花面为之，先期在灵官殿斋戒三日，会中雇一乞丐假扮韩林。及期各会首衣冠恭迎至庙，为灵官者闭目屏息，受各会首拜跪，然后升台，以桃木弓柳木剑作收伏恶鬼状。灵官又命功曹锁拿韩林，功曹等执刀叉枪剑等器巡行街市，得韩林于某面馆中，一拥上台，灵官怒詈多端，命锁之台柱下，扮韩林者即隐身桌内，以草人代之。扫台礼毕，始演吉祥正大戏以娱神。按韩林不知何许人，据班内人云，韩林古之孝子，为母窃贳药，道出某戏台下，以人众拥塞不能前，乃稍待人散而归，归则其母已死，韩林悔忿万端，因往某戏台下触柱而亡，亡后往往向戏场为厉，故扫台者必锁禁之。夫既为孝子，宜人人所钦敬，班内能崇祀之，则鬼有所归，自不为厉，何至为灵官怒詈锁拿，至于此极？且班中所崇祀者，老郎神也，其偶像一少年王者，旒冠赭袍，据云是陈后主。后主虽亡国之余，实与优人贵贱悬殊，即云为后庭一曲起见，亦何至祀荒主而仇孝子，乃甘为桀犬而吠尧，则适成为俳优而已矣。

光绪二十三年十一月初七日/1897 年 11 月 30 日

戏园肇事

芜湖向有梨园数处，每日丁歌甲舞，裙屐偕来，生涯颇不寂寞。只以地方青皮日众，往往随意入座，不名一钱，略向诘问，即致奇祸横飞,因之园主动称亏折,不能旗鼓重张。近日二街天仪茶园不知从何处请得西人数名,挂列洋字招牌,欲往观剧者,非先从外柜会钞买酱,即不准入内,因之外间啧有繁言。事经保甲局访闻,以历来洋商贸易必先有领事照会保护,今独阙如,且二街非西商互市之区,万一滋事,将何办理,因禀诸道宪,札委江口巡局苏华洲少尹前去开导,并勒令园主将洋字招牌除去。讵园主恃顽不遵,乃将园门标封。不料未阅三日,该园忽又重门洞启,遍张招纸,择于初十日重开,并高挂英商乾和厚茶园字样长牌,不伦不类,非贾非商。后闻是日舞扇既陈,头门果有二西人,隆准深目,高踞柜头。青皮辈平日惯看白戏者,悉翘然雁列,不能越雷池一步,正思摩拳擦掌,适见官符飞下,标封园门,若辈即乘间鼓噪,几致酿成事端。幸该西人见机避入戏台,由伶人护送而出,始免肇祸。且闻此事西官亦经照会,欲请照准,特格于通商章程故,华官毅然阻止,如何结局,容俟续录。

光绪二十三年十一月二十一日/1897年12月14日

倡优之物

龟子陈礼卿开设妓院于公阳里,中有钱树子一株,与伶人佛动心结不解缘。该伶衣服等件均存妓处,日昨忽被龟奴赵玉山将所寄各物席卷而逃,报捕后为包探石金荣拘获,起到原赃,解送英界公堂请究。陈龟投案代妓领赃,质之赵,供被积欠工资,屡索无着,故取物为质,求恩明鉴。张赓三直刺判押五天,赃还失主。

光绪二十三年十二月初三日/1897年12月26日

观剧肇衅

杭州池塘巷兴福庙于上月二十七日酬神演剧,有箔坊宁人与本地人某甲争坐,遂致用武,将甲打伤。甲不甘休,邀集多人将往复仇,经某董事出场调处,命其服礼始罢。

光绪二十三年十二月初五日/1897年12月28日

重整笙歌

前报曾纪芜湖二街天仪戏园主因惧青皮滋扰，雇用某西人作护花幡，事经当道所闻，勒令将西人斥去，园主不遵，因之封闭。兹接本馆采访友人信云，园主恃有西人出首，遂于某日擅自揭封，并悬英商乾信和洋行牌号，凡欲聆霓裳法曲者，必先由外柜买筹而入，且有甲乙二黑人守门，是以青皮皆哗噪门前，险致酿成事故，地方官遂又加封扃鐍。既而西人以园主曾与之订立合同，归其保护，一朝歇业，未免枉费经营，因据情禀知领事官富美基。富君虽代向华官函商，然可否仍听华官自主。华官坚持前说，富君爰宣言本领事不再认该园主为西商。讵料西人竟自赴县署要求，并称不速开禁，所亏厥本定当向贵县索偿。县宰吴明府闻之，复拜会领事直告情形，富君仍力顾大体，始终不渝。迨明府回署，西人又遗书申请，大言炎炎。明府以西人既敢不遵该会领事之谕，安知其不能别作风波，爰复恩准开演，但令将英商招牌收进，并斥去守门之黑人，另由县署派护勇为之逻守。上月下浣，园中遂重复鱼龙曼衍，锦簇花团矣。

光绪二十三年十二月十二日/1898年1月4日

大闹梨园

金陵采访友人云，城南彩霞街有戏园焉，牓其门曰仪凤，昔年胡碧霞、王子环诸名旦花团锦簇，粉腻脂柔，艳舞娇歌，直欲压倒秦淮粉黛。今虽星移物换，玉悴花飘，而后起雏伶，犹足于蒋妹祠边、莫愁湖畔，招风引月，别擅风流。本月初五日，园中方演《十万金》一出，好事者皆诧为新奇，于是燕赵名姬，金张右族，马龙车水，开咽门前。而正座上已有某营勇丁团团围坐，赳桓之气令人难□，然虽心恶之，而未能挥之使去也。迨演至《唐王游地府》，刀山剑树，排列森严，刳腹剖心，离奇变幻，人皆眼花撩乱，忽被几个遮眼神障住，不禁怒从心起，厉声斥之。若辈亦反唇相稽，遽以老拳从事，以致龙争虎斗，鏖战一场。园主人见势不佳，急令停钲息鼓，而座中器物早已破坏不堪，门以外之堕珥遗钗者，更燕泣莺啼，蜂喧蝶闹。

次日子弟遂不复登场开演,霓裳法曲几于响绝音沉矣。

光绪二十三年十二月十三日/1898年1月5日

观剧受惊

本邑英界大马路天福戏园,前晚十点半钟时,正在袍笏登场、座客拥挤之时,忽闻人声喧哗,看客咸疑失慎,争先逃避,甚有跳上戏台,欲从后门而出者。纷纷扰扰,约历一刻许始定。事后查悉,因看门西人驱逐看白戏者,以致争闹,并无失慎情事,人心始安,然已受惊不浅矣。

光绪二十三年十二月十八日/1898年1月10日

瓯江宦辙(之一)

永嘉县叶咏霓明府于初七日午刻在考棚行台设席,公请李友梅、李穀宜、王心斋三观察,山珍海错,肴馔纷陈。并雇召新同福、新三连福两班侑觞,袍笏登场,氍毹贴地,东南宾主,畅饮尽欢。迨鸣驺返局,早已日堕崦嵫矣。

光绪二十三年十二月二十一日/1898年1月13日

光绪二十四年(1898)

迎春例志

姑苏访事友来函云，本月十四日为立春令节，省垣地方各官循例于先一日举行迎春之典。是日清晨，府尊桐太守率同总捕分府刘司马，及长元吴汪、李、赖三县主，排齐全副仪仗，由府署东辕门过养育巷，出娄门，至柳仙堂，以四人彩亭恭迎太岁春牛回辕。太守偕各官高坐大堂，传令梨园子弟演唱《劝农》等戏剧，以伸与民同乐之意。正当袍笏登场，堂下观看之人已一哄而上，将官座上陈设及菜肴糖果等物抢取一空。太守等以积习相沿，亦惟付之一笑而已。

光绪二十四年正月十七日/1898年2月7日

串客宜禁

宁波访事人云，宁郡串客戏诲淫诲盗，实为恶俗之尤，屡经府县严禁在案，无如禁者自禁，犯者仍犯。迩者南门外离城约里许，祖关对河三层楼仍搭台串演，哄动男妇，举国若狂，未免有伤风化也。

光绪二十四年正月二十日/1898年2月10日

演剧酬神

南市小南门外小普陀桥地方有江西会馆一所，内奉许真君像，每届春秋，豫章人之旅居于沪者醵资酬神，沿为成例。日昨复由会馆董事征召梨园子弟登台演剧，江海关道蔡和甫观察、保甲总巡钟受百明府以及印委各员，均先后命驾亲往致祭，由董延入内厅，茗谈片时，始分道而返。上海县黄爱棠大令适在假期，故未前往。二十三七铺巡防局委员姚殿卿二尹复派地甲勇丁分投弹压，以免无赖滋生事端。

光绪二十四年正月二十九日/1898 年 2 月 19 日

兰亭真本(之一)

昔年绍郡乡间演戏,时值考试,与考武童与乡民争闹,致酿人命大祸。目前灯节方过,适武童府试在即,山阴南门外渡船庵于正月廿三日演戏,任邑尊饬差役前往禁止,是亦杜渐防微之意也。

光绪二十四年二月初三日/1898 年 2 月 23 日

烟海春帆(之二)

庆丰戏园自客腊至今,虽仍粉墨登场,笙歌围绕,而盈耳洋洋之际,坐客寥落如晨星。盖近由官府示禁,不准妇女入园听戏,免肇事端,以故不能如前之车马盈门,簪裾荟萃也。

小海阳疃自去冬开设女戏园,一时玉软香温,座客云集。至今正忽尔闭歇,所存园中杂物出帖招租,尚未有人接手。不知霓裳羽衣仙曲,何时得重聆也。

光绪二十四年二月初八日/1898 年 2 月 28 日

兰亭修禊(之一)

绍兴访事友云,每届学院按临,考童云集,城中禁演戏剧,惧肇祸也,若乡间则向不在禁令之中。自乙未岁院试时,西南乡蒋家溇演戏酬神,考童闹事,致伤多命,山会两邑尊有鉴于此,本届因先出示谕禁,凡近城十里以内概不准演戏,违者惩究。

光绪二十四年三月初八日/1898 年 3 月 29 日

神庙祝釐(之一)

今日为天后圣母诞辰,本邑南市商船会馆、浙宁会馆、泉漳会馆、揭普丰会馆等,各董事循例征召梨园子弟,相继登台演剧,一时袍笏登场,歌喉嘹亮。远近红男绿女趋赴观剧者,如水如云,几无容足之地。各巡捕局委员恐有流氓棍徒届时乘间窜扰,均饬各巡勇分往左右弹压。

光绪二十四年三月二十三日/1898 年 4 月 13 日

烟雨楼题壁

嘉兴采访友人云，嘉兴县属连泗荡刘王庙，每年清明节前后，远近各网船例得举行胜会，雇班演戏，并舁神像出游。本月十二日回殿时，突有王江泾帮不知何故集众打架，竟将殿上陈设之物捣毁一空，凡往观者莫不败兴而返。

海盐县属沈汤镇于本月初赛龙马灯，远近往观，络绎不绝，约十余日而止。为首诸人复雇名班演戏谢灯，并购烟火数架，以待晚间燃放。是夜观者甚多，戏台上大为拥挤，以致场倒其半，压毙三人，其余受伤或因吓致病者不计其数，所以贤长官必预行禁止也。

光绪二十四年三月二十五日/1898 年 4 月 15 日

严禁淫戏

花鼓淫戏，例禁綦严。近有天仙戏园伶人混名三麻子者，竟敢在英界四马路乐也逍遥楼搭台演唱，如《庵堂相会》、《陆野臣卖妻》之类，云情雨意，描写逼真，实足坏人心而伤风化。老巡捕房柏总捕头查知其事，令某包探传谕停止。三麻子一味玩延，演唱如故，遂于前日令包探陈阿九传三麻子入捕房，昨晨解送公廨，禀请襄理谳政之郑瀚生大令严加讯鞫。三麻子供称：小的姓王名鸿寿，近日演唱花鼓戏者不止小的一家，何以大老爷独禁小的演唱？大令曰：如有，尽可随时禀究。三麻子俯首唯唯。大令遂判罚洋银五十圆，谕以此后永远不准再行演唱，如违严究。

光绪二十四年三月二十五日/1898 年 4 月 15 日

雏伶奋武

伶人高彩云隶天仙戏园，花娇玉软，艳冠申江。前晚扮演《关王庙》一剧，值场者未将椅子摆正，以致高伶当场跌仆，几如玉山之颓。及演毕卸装，将值场者肆行殴击，直至头破血流，尚不肯已。

后经他伶帮同劝解,始行释手,而值场者受伤已非轻矣,虽立即调治,不知能无碍否耳。

光绪二十四年闰三月初八日/1898年4月28日

言语两歧

丹桂戏园主何文卿昨投英界捕房控称,胡家宅天仪戏园主何永奎冒用丹桂招牌,捕头立饬包探往查属实,爰将永奎及执事人陆金□带入捕房。永奎诉称,丹桂戏园由陆经手盘与小的,是以黏贴丹桂字样。文卿称,此说何来?如已盘顶,必有中人及过付洋银之人,安得捏造?捕头着一并送至公堂办理。

光绪二十四年闰三月十六日/1898年5月6日

演剧酬神

昨日为天后圣母华诞,南琛、南瑞、保民、开济、镜清、寰泰六兵舰管带恭备牲醴,同至沪北天后宫致祭,并召丹桂乐部演剧娱神,远近往观者人海人山,殊为拥挤。美捕房蓝副捕头恐人众肇祸,特派华捕数名前往弹压。

光绪二十四年闰三月二十四日/1898年5月14日

十洲艳曲

自乐府改为传奇,填词家遂分南北二曲。有明中叶,昆山魏氏更制为昆谱,洎国朝而北曲亦叶以笙笛,今且无复有弦索遗音矣。日本与我同文,梨园中有所谓明清乐者,所歌皆元明院本,其工尺一准魏氏遗制,惟不能袍笏登场耳。我友禾原散人雅好之,迩者解组游沪江,适徐郎云标由甬东航海至,同人遂促令假丹桂园试演,为散人称觞。郎年可十七八,绛唇玉貌,艳绝尘寰,莺转芳林,尤极宛转低徊之致。我知散人于月白风清之夜,水精屏角,轻抹檀槽,必有以十幅银笺写此风流艳影者,断不令紫云一曲,让水绘园主独传佳话于千秋也。

光绪二十四年四月初四日/1898年5月23日

顾曲闲情

日本前司法大臣清渝大司寇，偕贵族院议员松平子爵航海来华游历，征尘甫浣，韵事良多，酒社诗坛，盛名鼎鼎。前晚与前文部大书记永井君、驻沪总领事小田切君、三井初产会社总理人小室君观剧于丹桂园。适我友独臂翁之弟王砚云孝廉，由甬东携雏伶云郎至申，遂令演《红娘寄柬》一剧，花娇玉软，绝世无双，歌至"将金钗敲门扇儿，我是散相思的五瘟使"诸词，媚态柔情，几令人魂消心醉。盖以清浦诸公从政之暇不少，闲情红豆拈来，时向屏间记曲，故云郎亦毕献其技，以博座客之赏心也。禾原散人顾而乐之，命今晚重复登场，俾照眼花枝，不致如优昙一现云。又闻□晚旅沪日东诸巨贾公宴于东和旅邸，冠裳济济，车马如云。

光绪二十四年四月初六日/1898 年 5 月 25 日

戏园获盗

安徽人王玉标向在吴淞綦营当勇，瞰自强军哨弁李虎臣富有资财，爰约同党羽二十余人，于深夜入其家，抢掠一空，四散逃逸。事后李弁禀知统领，沈仲礼观察派人缉拿。前晚有巡丁秦福庵者，在本邑英界某戏园与王相见，当即报知捕房，捕头立饬包探朱阿高同往获住，昨晨解送公堂请讯。秦手持沈观察名刺投案，请将王带回严办。王玉标供同党共有二十余人，小的分得各物，约值洋银一百数十元。秦称李弁失赃三千余金，王答称余已分散矣。谳员张赓三直刺商之德翻译法时敏君，以案关伙劫营员，事情重大，着即交秦带回本营究办。

光绪二十四年四月初十日/1898 年 5 月 29 日

戏园送匾

丹桂戏园与天仪戏园涉讼，经英界公廨谳员张赓三直刺讯理，丹桂得直。是以园主何文卿(即已革劣探何瑞福)恭制德政匾，文曰"公正廉明"，媵以万名伞一顶，备书园中各优伶名姓，□偕花旦周凤林舁送至□，导以鼓乐，厥□锵鸣。直刺谦逊不遑，立命悬挂大堂之上。何革探复就廨之东西角门悬挂红灯数盏,上金字曰“恭颂英美会审府张青天德政”,临风飘荡,见者奇之。

光绪二十四年四月二十一日/1898年6月9日

□场芳草(之一)

松江访事友人来函云,本月十四五六等日,郡中好事者敛资雇定江湖戏班,初欲借罗神庙开演,嗣因庙祝坚却,始改而至府城隍庙,袍笏登场,笙箫沸耳,连袂往观者几如蚁聚蜂屯。十五日更有某幕宾之子演《天水关》一剧,声音嘹亮,响遏行云。正鼓掌称快时,大雨骤至,恍如倒泻银河,奔避稍迟者无不淋漓尽致,两庑游人满坑满谷,几无容足地。幸天公做美,逾时即豁然开霁,乘兴而来者不致扫兴而返。并因班中技艺衣饰颇有可观,故尚需接演数日,俾四乡闻风而来者,亦得一扩眼界也。

光绪二十四年四月二十三日/1898年6月11日

有 声 有 色

连夜英界四马路迤西荣春茶园开演影戏,观者如云。前日适逢休沐之期,访桐荫书屋主人不值,茶烟禅榻,郁伊寡欢,乃于晚间一往观览。时则银花火树,灿烂辉煌,雏伶金香玉方演《翠屏山》一折,花娇玉软,宜喜宜嗔,西山白樱桃真足令燕支失色。犹忆去冬某君咏林黛玉校书诗,有“极知香玉称尤物,可惜明珠误此身”一联,吟讽再三,几欲书以移赠。演至石三郎醉舞钢刀,海阇黎乘夜赴约,戏即戛然而终,免使潘巧云惨受一刀之苦,有情人于此颇惬情怀。既而灯火息,电光明,布幔张,奇情现。其中如渔人泅水,巡役受愚,雪地飞车,海天浪涌,广场赛马,旷野蒐军,要皆惟妙惟肖,栩栩如生。而尤以瀛西女郎临风飞舞为离奇变化,袅娜娉婷,至于粉颊轻偎,芳心暗逗,闺房燕婉,时露闲情,则有非周勖画图所能形容尽致者。时香玉方轻衫小扇,顾影徘徊,较之傅粉登场时,尤则具天然丰韵。呜呼,观止矣,蔑以加矣!客有具雅人深致者,尚其略解杖头钱,一赏此中奇景,慎毋良宵寂坐,致令花月笑人也。

光绪二十四年五月初一日/1898年6月19日

观剧肇祸

镇江访事人云，东码头奶奶庙每届夏间必演戏数日，以答神庥。本届定于四月二十五日，雇同福名班登台演剧，金鼓喧天，笙歌沸地，游人来往，络绎如梭。两面看楼上人山人海，忽闻轰然一声，如天崩地裂，则东看楼已倒塌矣。妇女受重伤者数人，用板舁去，微伤者十余人。语云：戏无益，诚哉是言也。

光绪二十四年五月初五日/1898年6月23日

戏场肇祸

本邑西南乡有地名朱家行者，乡民皆以务农为业，出作入息，怡如也。每至重午芳辰，好事者必捐集巨资搭台演戏，清歌谩舞，举国若狂。日前乡民某甲邀得梨园子弟袍笏登场，绿女红男聚观如堵。突有流氓数辈蹑梯上戏台，班中人挥之使下，以致互相口角，各奋老拳，哗噪之声几如鼎沸。迨至斗毕而散，而乡民已伤及十余人。图董某君据情禀知上海县署，前日黄爱棠大令已饬差将为首之肇事之人查明拘办矣。

光绪二十四年五月十三日/1898年7月1日

花下听歌

静安寺之畔有愚园焉，花木扶苏，亭台曲折，珠帘雨卷，画栋云飞，洵足以涤尘襟，消绮思。每当夕阳西下，广陌风来，燕赵名姝，金张贵胄，香车宝马，如水如云，此赋采兰，彼歌赠芍，谓非芳郊之胜赏，尘海之仙乡乎！迩者园主人更度地建厅事，征召猫儿戏班诸名妓，清歌妙舞，以乐嘉宾。昨介友君笑缘见招，乃于压线余闲驱车而往。至则场上方演《探母》一折，扮四郎者为女伶小如意，须眉袍笏，落落大方，妙转莺喉，几讶穿云裂者，梨园侍史当亦无此声容。既而展绮席，布芳筵，醉月飞觞，清欢无极。席间晤周忆心词史,华年三五,婉丽宜人,自言甫自十洲阁边从瑯琊孝廉来此,小览春江花月,行将重返甬东。时已日落帘钩,酒阑舞罢,乃命仆夫展轮而返。夜就荣春园观影戏,当鱼龙曼衍之际,犹神往于舞衫歌扇间也。

光绪二十四年五月十五日/1898年7月3日

鉴湖销夏(之一)

绍郡城坊村堡每届夏秋之交,居民皆醵资演剧,名曰平安戏,由来久矣。然值时和岁丰,袍笏登场,一曲霓裳,固足为升平乐事。兹则米价昂贵,手艺中人如箔工、机工皆多停歇无业,饥民愈聚愈众。地方官恐酿事端,拟暂禁止,不特可以节浮费,抑且可以消隐患也。

光绪二十四年五月二十六日/1898年7月14日

吴山香市

杭州访事友人云,上月二十三日为火德星君诞辰,抚□廖穀□□委盐运使世振之都转亲诣吴山火神庙致祭。是日黎明,都转恪恭前往,先由宁嘉二分司及首府林太守、仁和箫明府在庙伺候,迨都转驾临,迎入小憩,随即升殿行礼。钱塘县陈大令因患疟,不克亲临。城中佑圣观及茅廊巷之火神庙亦由各社居民酬资演剧,以娱神听。二十四日雷祖诞辰,由府宪林太守亲诣拈香,致诚致悫,备极□□。其居民之持雷斋者,先一夕上山宿庙。游人拔来报往,不绝于途,真所谓一国之人皆若耳也。

光绪二十四年七月初四日/1898年8月20日

燕京杂俎(之二)

京师访事人云,崇文门外广兴戏园前因顾曲人稀,闭门已久。兹由名优于庄儿出资改建,歌台舞榭,焕然一新。一切铺陈装饰及看客坐位,均与他家迥异,仿沪上之新式,除京师之旧规,生面别开,匠心独出。开张之日虽值大雨,而楼上下坐位全满,后来者竟无从插足。喜新厌故,岂独于戏馆为然哉!

前者京师喧传有优人捉贼一案，兹悉此案由北城坊官讯得，贼系奉天汉军，姓周名本德，供出窃案四十余起，其中以宝中堂公子景宅一案为最巨，失物约值白金二十万。破案之由，缘三益兴玉器铺掌柜携珍珠十八子手串一挂、翡翠秋叶一副至景宅求售，景宅认为所失原物，立将掌柜送官。学徒闻信往探，途遇此贼，即诱至铺中，拟暗地报官掩捕。贼见掌柜者久不至，而学徒神色有异，急夺门而出。铺众追之至韩家潭，福寿班童优某姓阻其去路，贼窘急，放手中洋枪，击中优之左膀。诸优闻枪齐出，始得成擒。适玉器铺追者亦至，乃同往给孤寺北城勇局报案，局员研讯之下，供出销赃各店不下六七十家，其代销赃物最多者为珠宝市之富华楼，并有为贼作保之某局员，乃饬差役押贼挨户起赃。至富华楼则双扉反扃，阒其无人，询之邻居，知已于前数日闭门逃去矣。翌日富华楼忽又开门，惟掌柜张姓避匿不见。景宅闻信，先以千金赏获贼诸人，及赴署领赃，则赃物尚缺大半，其中至要者为宝石珍珠翡翠数件，均传家之宝也。左翌官弁访知此贼家住东四牌楼，立差弁兵围其居而抄之，将贼妻贼弟及男女仆人解交步军统领衙门审讯。

光绪二十四年七月二十二日/1898 年 9 月 7 日

竹西凉月(之一)

每届中元，居民咸醵资延缁流羽士，施放瑜伽焰口，振济无祀狐魂，月之中旬为最盛。盖亦习俗相沿也。今岁各居民花样翻新，皆雇香火登台演唱。香火者，即江南之巫觋也，金铙法鼓，一变而为俚语村歌，巷尾街头，触目皆是。而香火因生涯陡旺，遂亦兴高采烈，踵事增华，向不过一钲一鼓者，今则丝竹管弦，袍笏咸备。本坊有庙宇即假庙内戏台，无庙即择旷地搭台开演，清歌妙舞，粉面带□，俨然与梨园子弟无异。顾梨园只可卜昼，而若辈则张灯结彩，历三昼夜不息。红男绿女，联袂往观，真有举国若狂之势。说者谓以有用之财，置于无用之地，且伤风败俗，莫此为尤，是不可不有以禁之也。

光绪二十四年七月二十六日/1898 年 9 月 11 日

恭祝神诞

本邑小南门外小普陀禅院西首,向有江西会馆一所,为寓沪赣人所建,其中供奉许真君神像。昨日相传为神诞之辰,预由董事某君等征召梨园登台演剧。本埠江海关道蔡和甫观察、上海县黄爱棠大令、保甲总巡戴子劢明府均先后戾止,拈香行礼。各董迎入内厅,畅谈良久,始各兴辞。附近二十三七铺巡防局员邵子怡二尹恐有无赖乘机滋事,特派勇甲汛官在外梭巡,故能安静如常也。

光绪二十四年八月初二日/1898年9月17日

鸳湖双鲤(之一)

北门外坛弄内麻皮桥安乐王庙择定于本月初二日辰刻出宫,遍巡四门,以驱邪疫,仪仗鲜明,并谓各处会中以扮诸戏。讵出宫后天又绵绵细雨,时止时落,在会诸人冒雨以迎,由中街坛弄塘湾街进北城门,走大街秀邑城隍阜,俟北门内大街恭迎安乐王受茶毕,遍迎城内,出南门至曹王庙,武惠王迎迓待筵,饮后辞出,仍进南门出北门回,至坛内时已下午,请信义王接待设筵,并即开台演戏,以昭虔敬。至次日晨排导回殿时,阖城急症而毙者仍不稍减,北门外众绅士民复请城内忠靖王即温天君出巡逐疫,瘟侯准请,已择定初五日出辕驱逐。北门外众士民定雇金玉堂班,于初五日俟神驾到坛,开唱全本,至晚奏乐,烟火花炮,以答神灵,至初六日回辕。禾郡向来旧例,每至夏秋必请忠靖王出巡驱疫,乃近年时世艰难,已届十外年不出矣。并闻太平坊冷水湾杨庙杨老爷亦恭请出巡逐疫,择于初七日出宫。

光绪二十四年八月十七日/1898年10月2日

公宴日相

日本旧相伊藤博文由津莅沪,各情已详前报。昨日日商三井洋行及正金银行、邮船会社各行主,假座英界中旺街钱江会馆肆筵设席,并招菊部一班,邀请伊相宴会。日商到者约二十余人,畅谈时事，杯酒言欢，直至日薄西山，始尽欢而散。

光绪二十四年八月二十五日/1898 年 10 月 10 日

苏堤残柳(之一)

拱宸桥自辟作租界后，游客往来日益繁盛。七月间，二马路新开阳春戏园，招集京都山陕名优开演，一时座客云集，生意极佳。至中秋节前后，连日阴雨，观者渐稀。园主因命停演数日，借排新戏，至二十日开演，又复座无虚席。现在又有吴伶招集姑苏名角，在南马路开设丹桂茶园，择于九月朔开张，惟所演系昆曲，知音者稀，未识能否与阳春园争胜耳。

光绪二十四年九月初七日/1898 年 10 月 21 日

名园宴客

前署川沙厅陈仙海司马之公子、哲甫观察之介弟，曾随许竹筼星使两次出洋。现值星使任满，回华入京覆命，道出沪江，观察因于昨日在张园肆筵设席，征召名班，柬请星使赴宴，簉座者为江海关道宪蔡观察。正任上海县黄大令及英界谳员郑大令午后先后命驾至园，一时琴樽入座，袍笏登场，宾主尽欢，颇形热闹。

光绪二十四年九月初十日/1898 年 10 月 24 日

妙伶手翰

九月初三日贵报登恐被株连一则，读之骇异，此何事耶？遂使猿鸟惊疑，杜蘅蒙耻，数千里谈词风影，敢剖白于先生长者之前。际云于午节前，即在内府请假半年，回籍修墓。迨出京后，所部之玉成并三庆班均未奉传进当差，两班顾曲车马寥寥，因之三庆星散，玉成到津，在租界天仙部开演，至今座客常满，未尝不娥眉见妒于梨园子弟中也。惟际云自请假以迄来津，不第有册可稽，有时可考，且全眷仍寓京师，如稍有越分情罪，所谓惊弓之鸟，入林唯恐不密，而敢逗留津上乎？而敢以一身出亡，置一家于不顾乎？必无是理也。夙仰贵馆主持清议，迥异恒流，凡有采访者失实，立予更正，都人士皆交口誉之,非谀词也。可否仰顾,赐照原函登诸报末,则感荷湔洗,靡有常穷,不胜瞻盼屏营之至。专此奉恳,敬请箋安。际云想九霄叩首。

光绪二十四年九月十二日/1898年10月26日

戏场肇事

杭州访事友云,省城油纸扇为生涯之大宗,每届春夏之交,各扇庄将货发往关东等处销售,秋时旋里,例于兴忠巷扇业会馆演剧酬神。重九日为各扇庄敬神之期,特雇余庆堂京班开演,往观者人山人海,闾巷为空。有二旗人挈两女郎结队来观,借扩眼界。比至四点钟,方演《杀子报》一剧,观者愈形拥挤。突有机坊工匠三人从人丛中冲入,致将二女挤仆,旗人大怒,纠约二十余人,声势汹汹,意将用武。幸有陈某者素与旗人相识,竭力排解,始得无事。

光绪二十四年九月十七日/1898年10月31日

戏园□□

天津访事友人云,天津电汽灯公司由英商创设,经领事函请前任津海关道许观察示定专利,十六年期内他人不得步武。自前年租界创开戏馆,如英租界之福仙、法租界之天福,皆用电汽灯大放光明,后起之天仙则用煤油灯,未免相形见绌。现有人在禅臣洋行新开街道起造天桂戏园,以煤油灯既不明亮,而价值殊□,爰思得一劳永逸之法,购置机器,用煤油蒸汽成灯,与公司之制大同小异。西人侦悉,禀请科罚。嗣由有力者出为转圜,请以所购机器归入公司,作为罚款,仍由公司安置电汽灯,按月计值。

光绪二十四年九月二十七日/1898年11月10日

戏园受罚

英租界石路天仙戏园系公堂差役赵胜所开,前晚演唱《打斋饭》一出,淫亵之状,足令见之者心荡神移。适为包探刘森堂查知,以淫戏有干例禁，当即回禀捕房。昨晨捕头传赵至公堂请究，赵供称园内一切自有管班人经理，小的素不与闻，以后当不准再演此种戏剧可也。谳员郑瀚生大令据情商之梅翻译，以赵系办公之人，未便从宽，判罚洋一百元以儆。

光绪二十四年十月初二日/1898 年 11 月 15 日

禁止演唱淫戏说

自优孟衣冠传自楚国，而梨园一业遂为古今所不废。《左传》载陈氏鲍氏之圉人为优，士皆释甲饮酒，且观优至于鱼里，此即今日观剧之滥觞。迩自京都以及各省会，凡商贾荟萃、市廛繁盛之区，皆有戏园。即下至桑柘之村、枌榆之社，每岁春祈秋赛，亦必演剧酬神，父老欢呼，儿童拍手，每演至古来忠臣烈士义夫节妇，则又为之感慨唏嘘，几欲泪随声下，盖其感动人心，实有不能自已者。本朝雍正六年，安徽巡抚魏廷珍奏乡民违例演戏，应严禁，奉旨：州县村堡之间借演戏为名，敛钱耗费，招呼朋类，开设赌场，种种不法，此则地方有司所当严禁者。至于有力之家祀神酬愿，欢庆之会，歌咏太平，在民间有必不容已之情，在国法无一概禁止之理。今但称违例而未分晰原由，则是凡属演戏皆为犯法，国家无此科条也。朕立法皆准情理，其有不便而难行者，则奉行之不善也。大哉王言，与民同乐之意隐然见于言外，可知演戏之事，本为圣朝所不废。若夫泰西之俗，凡都会以及各省名区大埠皆建造戏园，如英法京城各有大戏馆十余所，意瑞等国亦不下三五所，一馆之内优伶乐人数具盈千，富商巨贾越数日辄一至焉，甚有终年买座者，其陈设华丽，装饰奇巧，令人目眩神迷。惟淫戏淫词则禁例綦严，无敢或犯。今沪上为中国通商第一大埠，自英京伦敦外，繁富无与抗衡。洋场十里中，酒馆茶楼鳞次栉比，类皆装设华美，炫异矜奇，而各家戏园更复互争富丽。凡陶猗豪商，金张贵族，以及红楼艳质，白衿名流，偶过申江，无不思一扩眼界。当夫粉墨登场，氍毹贴地，花团锦簇，纸醉金迷，园主人竞出新剧借以娱宾，但广招徕，不知顾忌，于是竞演淫戏，浪词亵态，摹绘尽情。如本月初二日报纪戏园受罚一则云,英租界石路天仙戏园系公堂差役赵胜所开,演唱《打斋饭》一出,淫亵之状,足令见之者心荡神移。适为包探刘森堂查知,以淫戏有干例禁,当即回禀捕房。捕头令传赵至公堂,谳员郑瀚生大令据情商之梅翻译,以赵系办公之人,未便从宽,判罚荐洋一百元以儆。窃谓沪上一隅风俗淫靡,贻椒赠为(芍)之风更甚于濮上桑间。凡冶游子弟偶一不慎,辄至身败名裂,贻害终身。虽曰孽由自作,然苟无淫书淫戏以导诱之,或尚不至若此之甚。淫书如《金瓶梅》、《肉蒲团》、《痴婆子》、《灯草和尚》等,皆属秽亵不堪,然尚须稍知文义者始能寓目。至淫戏则于稠人广众之中,心摹手追,轩豁呈露,凡青年浪子、碧玉小家,偶尔见之,辄为之绮思萦回,情魂荡漾,因此丧廉失节者不知凡几。是必有犯必惩,予以重罚,此风或能稍止。抑又思之租界中戏馆不止天仙一家,岂天仙独演淫戏?天仙每日所演淫戏,亦岂止《打斋饭》一出?此次为包探所知,殆亦适逢其会,其余虽演唱而幸未受罚者,恐亦不知凡几也。夫梨园之设,原所以娱耳目,畅心神,苟使所演之剧果能音韵清越,情态逼真,自足致坐客如云,履綦交错,而获利丰厚,不难操券得之。若但思牟利,不计有害人心,吾恐虽偶然侥幸,而一经有司访知,即难免图小利而罹重罚,窃为若辈不敢焉。

光绪二十四年十月初五日/1898年11月18日

神京珥笔(之一)

京师访事友来函云,此次皇太后万寿圣节,先期钦传四喜、三庆、福寿、宝胜和各班优伶,在南海丰泽园演剧。所有派出听戏之王公大臣均奉懿旨,由南海坐船赴丰泽园,各按次序以定坐位,威仪秩秩,肃穆无哗。

光绪二十四年十月十四日/1898年11月27日

禁止演剧

本邑西北乡诸翟镇农民,迩以秋收有获,演戏酬神。而牧猪奴一流人遂借此开场聚赌,三十保六图地保恐肇事端,投县禀请谕禁，王大令即饬差前往禁止，违干提究。

光绪二十四年十月二十二日/1898年12月5日

菊部新声

前晚丹桂菊部扮演《湘军平逆传》新戏，执笔人压线之暇，偶尔往观。至则座客如云，诸伶方登台献技，声情激越，悲感苍凉，令人忠义之气油然勃发。当此国家多故，莠民隐怀携贰之心，借此一警其愚，未始不足以挽回世运。既赏园主人之能见其大，而又喜各伶人之豪情胜慨，摹绘极工，正不徒檀板红牙、曼声低唱始足以悦目怡情也。

光绪二十四年十月二十三日/1898年12月6日

伶人被困

苏州访事人云，伶人柳品云者，梨园中妙选也。貌丽若花，神凝若水，人咸以银菊花呼之。本月十五日□□□罢，由青阳地入城，赴元妙观游玩。正在左顾右盼之际，突来流氓多人，将柳拉入某茶肆啜茗，谓乃公不得醉饱者，非一日矣，□□□二十银圆为寿，将缢尔之吭，令如反□之无声。柳谓素昧平生，何见逼若此？流氓等大怒，各奋老拳。正在扭殴之际，适有衣冠之人见而不平，立唤地甲至，将流氓中之最凶□者获住一人，命柳投总捕署喊禀。刘少峰司马立即升堂研鞫，谓流氓曰：彼虽优伶，执业下贱，然亦不得平空作践，任意拆梢。且查尔屡屡犯事，似此怙恶不悛实属法无可恕，遂命从重笞责五百板，荷以巨枷发犯事地方示众。

光绪二十四年十月二十七日/1898年12月10日

珠江雪浪（之一）

离城北三四十里之亚湖乡，又名虎啸乡，户口富庶，民情大都喜事。上月某日，乡中祠宇落成，演戏酬神，异常热闹。会中人复多备仪仗及各种台阁游行，各乡踵事增华，令人目眩。远近来观者几致万人空巷,劳民伤财,甚无谓也。

光绪二十四年十一月初七日/1898年12月19日

会馆落成

同治年间,寓沪粤商购得南市新马头北首旷地十余亩,兴造潮惠会馆,背城面江,颇占形胜。迩者沿浦滩开筑马路,粤商恐风水不利,另购涨滩隙地,将会馆移近新马路。曾具禀县署,于去岁腊月破土兴工,旦夕经营,已经竣事,规模颇为轩昂,遂筮吉下月初旬雇就名班登台演剧,以庆落成。想届时袍笏登场,琴樽入坐,当有一番热闹也。

光绪二十四年十一月十五日/1898年12月27日

演剧酬神

昨日相传为某水神诞辰,各商船主例有庆祝华诞之举。先期由董事人等醵资,征召梨园子弟登台演剧,一时歌喉嘹亮,袍笏齐场,红男绿女,观者云聚。二十三七铺巡防局员邵子怡二尹,恐有流氓匪徒乘机滋扰,特派勇丁地甲捕役人等前往弹压。

光绪二十四年十一月二十六日/1899年1月7日

丁沽寒浪(之一)

英国新租界自去年八月间开设福仙戏园,邻近楼房租价骤涨,居民之得受一廛者,以为转瞬即可利市三倍。乃不料旋开旋闭,今岁自秋徂冬,迄未见粉墨登场,所有铺户生意大不如前,犹幸有妓院十数家点缀其间,尚不至门堪罗雀。现在若辈以新马路兴基公司所建房屋租价稍廉,于是莺莺燕燕迁徙一空,是处风景仍复零落。闻各业主所盖房屋,其地均向西人以重价租来,想此后难免亏折也。

光绪二十四年十二月初五日/1899年1月16日

庙貌重新

南市大东门外潮惠会馆，诸董事因沿滩开筑马路，恐于风水有碍，公议将会馆移近新马路，业已工竣，众商醵资征召梨园，于昨日为始，登场演剧，以答神庥，至二十四日止。闻明年正月十四日尚须开演，以庆落成。

光绪二十四年十二月初九日/1899年1月20日

演剧须知

昨日英界公堂署理谳员郑瀚生大令发出告示一道，其文曰：为出示严禁事，照得租界各戏园演唱《铁公鸡》等戏，早经示禁在案。嗣因各园主置办砌末，资本甚巨，工部局准令暂演，系为体恤起见。初时开演情节尚无关碍，乃近来添砌秽语，任意描摹，不独有亵名臣，而于世道人心亦大有关系。会商工部局，亦以各戏园近来所演为非，除饬遵外，合行出示严禁。为此示仰各戏园主人一体知悉，自示之后，不准再将《铁公鸡》并《左公平西》、《鲍公十三功》等戏演唱。倘敢不遵，定即拘案究办，决不宽贷，其各凛遵毋违，特示。

光绪二十四年十二月十四日/1899年1月25日

会馆迎神

南市粤商所建潮[惠]会馆，经董事集议迁近新马路，刻已告竣。前晚十一点钟时，各董事整肃衣冠，会同潮帮商人，舁天后偶像游行街市，旌旍匝地，鼓乐喧天。至晚，前任上海县知县黄爱棠大令命驾前往拈香。昨日诸商又征召菊部，登场演剧，以答神庥。

光绪二十四年十二月十五日/1899年1月26日

雅曲重聆

昆曲为有明玉峰魏良辅所创，平和雅正，一洗志微噍杀之音。初本与北曲分道扬镳，嗣自北曲亦以笙笛易筝琶，遂与昆曲合而为一。当承平之世，京华子弟无不以此驰声于梨园菊部中。迨二黄兴，秦声起，诸天法曲渐渐凋零。近则靡台鹿苑间，亦无复有徐按红牙、歌“杨柳岸晓风残月”者。桑田沧海,有心人益感慨系之。沪上自吴伶周凤林重入天仙部,每夜歌昆曲一二折,凡有今乐之好者,辄复欣聆雅奏,履舄骈阗,当兹腊鼓声中,兴复不浅。爰于本月十八、十九、二十日,邀集苏浙松沪诸清客,登场歌舞,以写幽怀。犹忆昔年,予邀五羊石桥生观凤林演剧,即事成诗,曰:夜凉沉醉海棠窝,胜侣邀从菊部过。银蒜四垂花灿锦,铜荷双照月舒波。难消绮恨薰香卧,尽有闲情倚瑟歌。萍絮十年丝两鬓,当筵争忍泪痕多。今者石桥已归道山,予则凤泊鸾漂,益无聊赖,独凤林花颜玉貌依然,芳誉交驰。重过歌场,盖不待听河漏一声,已不免今昔盛衰之感矣。

光绪二十四年十二月十七日/1899 年 1 月 28 日

光绪二十五年(1899)

英界公堂琐案(之一)

前晚妓女陈翠娥、朱润卿□约伶人潘连生、赵小廉、王仁寿、王福奎、朱纳渭作麻雀之戏,正在兴高采烈时,被西包探所知,写华包探赵银河前往拘获,昨日连赌具送案禀称,当晚陈、朱二妓等各以洋银二十五元存在捕房,得以出外,今将王仁寿、王福奎、朱纳渭三人解请讯究,余人均未到来。王等供时当新正,偶尔消闲,况妓院向例不禁麻雀,此次忽被拘拿,实出意外。谳员郑瀚生大令商之梅翻译,姑念履端伊始,从宽免究,未到者着将所存洋银一律充公,赌具销毁。

光绪二十五年正月初九日/1899 年 2 月 18 日

北固山冶春词(之一)

镇江访事友人云,腊尾年头,天气晴和,红男绿女咸作春游,因之西洋景、变戏法诸玩意,莫不利市三倍。宝丰戏园新从沪上招致名优数辈登台演唱,袍笏鲜妍,一曲未终,缠头竞掷。银山门一带灯市尤为热闹,所扎人物花草各灯排列如云,踏青士女游罢芳郊,咸购之以去,是以钩心斗角者无不兴高采烈也。

光绪二十五年正月十一日/1899 年 2 月 20 日

研讯伶人聚赌案略

前报纪伶人王仁寿等在妓女陈翠娥、朱润卿房中聚赌,兹悉聚赌之事实在林黛玉家,惠副捕头查悉,当时伶人夏月润及向在平和洋行为伙之王明扬,向惧捕脱逃之伶人李长胜索洋二十五元,但伊等均非捕房中人,何得随同西包探蓝勃在外捉赌,因于昨曾饬包探赵银河将一干人传至英界公堂请讯。李长胜投案供称,小的于初七晚与同园唱戏之伶人三麻子即王仁寿、赵小廉、小连生等四人,在妓女林黛玉处斗牌消遣。至十二点钟时,忽捕房中洋人蓝勃并一西洋人偕夏月润、王明扬前来捉赌,小的乘间逃逸。至三点钟时,夏月润来家叩门,邀至林妓处,忽称须出洋银二十五元,否则同到捕房,小的无以应付,只得挺身同往。既而王又言不必同往,如可转圜,最为妙事,小的虽唯唯应之,然洋银确未付去。夏月润供小的开设丹桂戏园,园中两次被罚,后即与蓝勃熟识。蓝勃每晚来园观剧,必留一席以待。初七晚又偕王及西洋人考利来观,旋唤小的同往妓女林黛玉处宴饮,小的不敢拂其意,因随之往。入房后即闻他房中有人赌钱,蓝勃等即毁门而入,李乘隙逃去,其余各人由蓝勃令王照料带入捕房。事后蓝勃责小的不应放走李长胜,定须拿到,否则一同办理。小的无奈,遂又唤李至林妓处,王明扬嘱李出洋二十五元了事,小的并非捕房中人,因畏蓝勃势焰,不得不然,求鉴。王明扬供在平和洋行生理,与蓝勃、考利等为友,是晚同往丹桂观剧,后至林妓家饮酒。岂知入门后即闻赌博之声,小的意欲折回,而蓝勃已入内捉拿,后惟嘱小的书写名姓而已。赵小廉、小连生、三麻子三人同称,王明扬在途拉各人发辫,最为凶横。郑瀚生大令与梅翻译互商之下,谓妓院中四人打牌,并非摇摊牌九可比,时值新正,从宽免究,前有捕房之洋银,着分别发还。夏月润随同蓝勃擅自捉赌者,罚洋一百元。王明扬素不安分,此次插身多事,尤属可恶,着发回巡捕房管押三月。判毕,惠副捕头呈出蓝勃赠夏伶之银烟盒一枚,大令与梅君略一审视,命暂留存。

光绪二十五年正月十四日/1899年2月23日

庆赏元宵

昨为上元令节,居民咸制就各种花灯,沿街悬挂,入晚燃以腊炬,照耀通明。南市潮惠会馆由董事征召梨园登台演剧,观者如堵,几无驻足之区。簇竹街向有浙宁会馆,即俗所谓荷花池者,昨亦由经理首董陈设各式花果,异常鲜巧,晚间更燃放烟火,以赏元宵，游人络绎如梭，不啻山阴道上。

光绪二十五年正月十六日/1899 年 2 月 24 日

西湖灯景（之一）

每岁灯节前后，有扮演花鼓戏者，由绍兴渡江而来，沿街敲击锣鼓，演唱《荡湖船》、《卖胭脂》诸剧，淫词艳曲，丑态毕陈，实为风俗之害。现经府尊林太守札饬各城门委员严加查禁，不准入城，并谕江干保甲局速即驱逐，毋许逗留。

光绪二十五年正月十九日/1899 年 2 月 28 日

首屈一指

本邑南市潮惠会馆于上元日起，征召梨园子弟，清歌妙舞，共乐升平，远近来观，人多于蚁。前日午后演《翠屏山》一出，伶人潘小连生扮拼命三郎石秀，手执利刃，飞舞盘旋，偶一不慎，砍落一指，鲜血迸流，点点猩红沾染襟袖。然犹能忍痛终场，迨解去戏衣，始用药敷治，观者莫不骇然。

光绪二十五年正月二十四日/1899 年 3 月 5 日

东海涛声（之一）

俗传正月十九日为火德星君诞辰，西营房建有火神庙，届期由庙祝招致优伶演戏十余日，远近观者络绎如云。

光绪二十五年二月十六日/1899 年 3 月 27 日

淫凶宜究

苏州人金琴生即金清镳，向为报关生理，纳妓女顾彩林为箧室。妓本江湖卖解之流，熟娴武艺，金非其所敌，慑于阃威，一切皆仰承眉睫，惟恐失妓欢心，如是者有年。妓与天仙茶园花旦高彩云结不解缘，往来甚密，匪伊朝夕。高伶见金懦弱可欺，遂与妓商通，拟迫之以势，拔去眼中钉，俾一对有情人成了眷属，从此天长地久，不必暗度陈仓。议既定，乃于前晚同金回家，勒令写立休书。金嗫嚅以对,高伶袖出匕首,大言恐吓。金无可如何,大声呼救,邻人毕集,得免于祸。事后金忿不欲生,将情告知某西人,函达捕房,得将高伶及妓拘获,连刺刀一柄送呈英界公廨,由值日差禀明谳员郑瀚生大令,谕令分别管押候讯。

光绪二十五年二月十八日/1899 年 3 月 29 日

法界公堂琐案(之一)

金荣记报关行主金琴生纳妓女顾彩林为妾,赁居英界逢吉里。顾妓先与伶人高彩云有染,高时时往拾坠欢。日前为金所见,既忿无可泄,又锋不敢撄,爰特控诸英界公廨。谳员郑瀚生大令饬将高伶与顾妓一并拘案禁押,旋诘知顾妓尚有首饰等物,寄匿高伶所赁法界鸿源里屋内,爰咨照法界捕头,请饬探将女佣王时氏、钱阿多拘入捕房。昨礼拜二堂期,解请谳员朱森庭明府、何缙(翻)译官会讯。王时氏供主人纳顾妓为妾,私与伶人高彩云姘识,惟小妇人与阿多服役未久,有无首饰寄存,不知其明细。明府与何缙(翻)译官会商,谓金既控于英界公廨,着将王时氏、钱阿多押候移送归案办理。

光绪二十五年二月十八日/1899 年 3 月 29 日

严办淫凶

天仙茶园花旦高彩云与金琴生之妾顾彩林私识,拔刀向金恐吓,由金控诸英界公廨,谳员郑瀚生大令饬将高伶与彩林拘押候讯,已迭纪日内报章矣。前晚九点钟时,大令倩襄谳委员刘穆庭二尹提讯。金琴生即金清镳递禀声称,职员于光绪十七年纳妓女顾彩林为妾,生有一子一女,子年已九岁,女甫六岁,赁居大马路北首逢吉里。彩林素与花旦高彩云苟合,至今正二十六日被职员撞见,高伶即乘间逃逸,职员以颜面攸关,并未声张。至二十八日,高伶复至,职员亦未知觉。不意本月初八日竟避匿后屋,见职员盘诘彩林,持刀突出,职员大声呼救,车夫阿三奔进,高伶遂免脱。职员深恐后患难防,是以来案控陈,叩求重办。顾彩林供年二十九岁,原籍扬州,自幼被胞兄带至镇江,堕落烟花,至十九岁来沪,由金纳为篷室，生有子女各一。当卖笑时，先与高伶相识，及从良后并未往来。前日途中相遇，偶与闲谈，金即疑为有奸，求恩明察。二尹再三驳诘，彩林矢口不移，遂命掌颊一百五十下，彩林仍不吐实。二尹大怒，命鞭责籐条，高伶闻之，即称此事实系小的不合，与彩林无干，且小的并无持刃行凶之事，乞开一线之恩。车夫阿三供称，前日主人归家，知小主母行止不端，略向盘问，高伶即从后房持刀跃出，主人情急呼救，小的趋入，高伶遂逃逸，此事傭妇等实共见之。二尹谓高伶淫凶已极，未便从轻，着重责二百板，发押捕房半年，期满递解回籍。顾彩林发栖流女所羁押一年，期满再行核夺。

光绪二十五年二月十九日/1899年3月30日

论严办淫凶事

《中庸》有言：君子之道，造端乎失妇，夫妇伦纪之一也。中国守先王之道，秉圣人之教，以伦类纪纲为治国齐家之本，千百年来王霸迭兴，未之或易。所谓伦纪者，君臣父子夫妇兄弟朋友也。虽君臣之道居五伦之首，实则有夫妇然后有父子，有父子然后有君臣，有君臣然后有朋友，诚以家齐而后国治，夫妇实为齐家之本，各得其道，蔚为敦庞，各失其道，寖为敝俗。然则夫妇之道顾不重哉！近来风俗日衰，夫妇之道日苦，而寡廉鲜耻之事尤以沪上为多，有心人蹙然伤之，而终无法以挽救也。前日本报纪严办淫凶一则，云天仙茶园花旦高彩云与金琴生之妾顾彩林私识，拔刀向金恐吓，由金控之英界公廨，谳员郑大令倩襄谳委员刘二尹提讯。金称光绪十七年纳顾为妾，已生子女各一，子年九岁，女则六龄。顾素与高苟合，至今正二十六日忽被职员撞见，高即乘间逃脱，职员以颜面攸关，并未声张。本月初八日高避匿后屋，职员盘诘顾时，高竟持刀突出，职员大声呼救，车夫阿三奔进，高遂免脱。深恐后患难防，求恩究办。顾供当卖笑时，曾与高相识，从良后并未往来。二尹命掌颊五十，仍不吐实。高供此事实系小的不合，与顾无干，惟并无持刀之事。车夫供称主人因知小主母行止不端，归家盘诘，高即从后房持刀跃出，主人情急呼救，小的趋入，高遂脱逃，傭妇等实共见之。二尹以高淫凶已极,未便从轻,着重责二百板,发押捕房,半年期满,递解回籍。顾发栖流女所羁押一年,期满再核。夫倡之与优,其贱相等,其私姘也固不足怪。而顾既为人妾,且已生有子女,居然为良家妇矣,即与高有前情,至此亦宜断绝,而乃不顾廉耻,任高往来。虽高供并未持刀,而金与车夫则供辞凿凿,明目张胆,任奸夫逼勒本夫,不但无耻已极,其居心更不可问。世称最毒妇人心,若顾者不亦毒之尤者?即掌颊发所,尚属问官之从轻判断也。说者谓顾之犯淫固堪痛恨,然顾既从良,即有藕断丝连之意,不能忘情于高,而诸多牵制,亦何从而就高哉?此事必高之色胆如天,就而诱之。况高屡至其家,且敢出而与金相抗,高之罪不更重于顾耶?高仅责二百板,监禁半年,递解回籍,不免太觉便宜矣。曰:顾苟有忌惮,不复招蜂惹蝶,高即欲寻旧好,亦无门可入。以余论之,二人厥罪惟均,其办理之从重从轻,关键全在持刀与否。顾余又有说者,顾高之罪固不可道,若再从重惩办,亦不为过至金之身败名裂,虽顾害之、高累之,而所以致此者,实亦自取其咎。盖既知顾与高姘识,即不应纳以为妾。既纳矣,且于正月二十六日见高在室矣,即无力扭获,亦当控之琴堂。奈何徒以颜面攸关,养痈成患,卒至颜面仍不能保。而当高持刀恐吓之际,命亦几丧于钢锋,事后追思,能毋悔见几之不早耶?寄语世之纳妾者,当于此而加慎也。且寄语世之为倡为优者,切勿以此事之可以轻了而以身尝试也,则风俗或可以挽回乎!

光绪二十五年二月二十四日/1899 年 4 月 4 日

会审凶伶

淫凶不法之优伶高彩云事发,经前英界谳员郑瀚生大令判令笞责管押,日前倩律师小威金生至公堂声辩,意图翻案。谳员翁笠渔直刺大为震怒,移送上海县署,昨日午后两点钟时命驾至县,会同县主王欣甫大令升堂严讯。想须治以应得之罪,断不致如从前之从轻发落矣。

光绪二十五年四月初六日/1899 年 5 月 15 日

淫凶宜办

淫凶不法伶人高彩云私识金琴生即金清镳之妾顾彩林，持刃行凶，几酿命案，控经英界公廨前谳员郑瀚生大令薄惩管押，犹不自知罪无可逭，延西状师上堂强辩。经谳员翁笠渔直刺移送上海县署，前晚随带卷宗至县，会同县主王欣甫大令升堂，饬提金所雇车夫殷阿三研讯。殷称小的年二十有八，系江北某邑人，去年十一月二十七日至金家拉车，前事均不知悉。本年二月初八晚，主人在一品香晚餐，命小的先回。及至家，小主母顾彩林称患病甚剧，嘱催主人回家施治，小的即往载主人回。主人登楼后，陡闻狂呼救命声急，往视之，则高伶方恶狼狈，持锋利之刀向主人欲砍。金供职员系苏州府属某邑人，年三十二岁，在治下开报关行，纳顾彩林为妾，已历九年，生有子女各一。本年正月二十八日之夜，职员回家见后屋有人藏躲，正欲捉拿，被妾将发辫拉住，致其人逃逸，时尚未知其为高伶也。至二月初八晚，车夫寻职员回家，云妾忽患病，职员入房，见高伶在内，突持刀欲杀，逼写休书，职员不从，被高伶掌击一下，以致血流被面，职员见势不佳，大声呼救，幸车夫上楼，高伶始收刀逸去，否则性命已丧于高伶之手矣。似此罪大恶极，务求尽法以惩。顾彩林供称小妇人年二十九岁，当卖娼时曾与高伶相识，洎嫁金后仍往来数次。高伶供小的系天津府属天津县人，年三十岁，顾彩林为妓时已与相识，迨嫁后通奸则有之，并无持刀逼写休书之事，求恩鉴宥，以全蚁命。大令商诸直刺，谓高伶淫凶已极，罪不容诛，遂喝令从重笞责二千板。高伶宛转哀嗥，声如屠豕。大令饬钉上脚镣，收入自新所，候再按律严惩。顾彩林鞭责竹梢五百下，发栖流女所收管。

光绪二十五年四月初七日/1899年5月16日

示儆淫邪

前日上海县王欣甫大令既刑讯淫凶不法优伶高彩云，旋复发出简明告示云：人生为女，应守闺训。无论贫富，总要归正。唱戏优人，艺居何等。如何不法，敢作非分。聚党招摇，百般勾引。奸人妇女，淫行以逞。体面之家，含羞隐忍。贫贱小户，哄吓更甚。此等恶习，廉耻丧尽。败俗伤风，人所共愤。若谓租界，可以乱混。岂知邪淫，中外同恨。高彩云案，昨经会讯。奸夫淫妇，严责关禁。事之始末，谅已共听。此后尔等，当为引证。妇女优伶，各宜猛省。再滋不法，按律严儆。不顾身家，也有性命。言出法随，其各遵凛。

光绪二十五年四月初八日/1899 年 5 月 17 日

承平雅奏

雏伶徐云标生长十洲阁畔，绮年玉貌，艳绝尘寰，一曲紫云回，几欲压倒苏台花月。去年夏五曾演剧于丹桂园中，帘卷枣花，新莺低转，缠头之锦，高积如山。近又应大成乐部之召，航海来申。大成以昆曲鸣于时，刻徵引商，和声依永，云标所演如《连环计》、《蝴蝶梦》、《牡丹亭》、《西厢记》诸剧，歌声舞态，并世无双，今夜更演《南楼传》全本传奇。顾曲者谓其浅笑轻颦，几与周凤林不相上下，其殆燕兰谱中后起之秀欤？会当于风清月朗时邀友观之。

光绪二十五年四月十五日/1899 年 5 月 24 日

淫伶解省

淫凶不法之天津伶人高彩云奸占金清镳之妾顾彩林，拔刃相向，逼写休书，由英界公廨谳员翁笠渔直刺讯实口供，移送上海县署，会同王欣甫大令严刑覆讯，钉镣收禁。事为江苏臬宪米竹石廉访查悉，以该伶淫凶已极，自应按例严办，以儆效尤，因飞札到申，饬即解省讯明定罪。大令奉札后，立派原差于前日午后押解赴苏。

光绪二十五年四月十七日/1899 年 5 月 26 日

凶伶提省

苏州访事人来函云，淫凶不法之天仙茶园优伶高彩云，因与金姓妾顾氏私通，持刀向金恐吓，逼写休书，控经前英界公廨谳员郑大令从轻拟办管押捕房。讵料该伶反延英律师小威金生到堂辩驳，意图翻案，谳员翁直刺即将全案人证解送上海县署，请县主王大令会讯。事为藩宪聂仲芳方伯访悉，以该伶如此淫凶不法，若不严行惩办，何以儆效尤而安良懦，爰即电饬上海县将高伶解省讯究。王大令饬差于本月十六日午后将高伶押解来省，方伯饬交苏州府彦太守讯办。闻宪意欲拟办以永远监禁之罪，究竟如何拟办，容俟研讯后再行续录。

光绪二十五年四月十八日/1899 年 5 月 27 日

珠江菊部

珠江花月夜，枣花帘卷，燕舞莺歌，小队霓裳，足令燕兰失色。诵某君"凤儿一曲销魂甚，眉有春痕眼有波"之诗，觉媚态柔情，几于活现纸上矣。迩闻沪上叙乐园粤东乐部独出冠时，因于前晚压线余闲，结伴往观，以舒轸结。时方演《十二寡妇征西》一剧，戈矛历乱中，见有淡扫蛾眉，冶丽如梨花映月者，友人告子曰：此为女伶嫦娥月，年方二八，来自海外新加坡，征尘犹未浣也。既而铜丝徐拨，妙啭莺喉，宛转抑扬，几使白云凝遏，其殆古者秦青之流亚欤？狂生素号朽枝，观至此不觉魂输色授矣。此外如金山贞之铜琶铁板，牡丹池之玉韵珠情，要皆尽态极妍，一时无两。噫，观止矣，蔑以加矣！爰书此以告有今乐之好者。

光绪二十五年四月二十日/1899 年 5 月 29 日

凶伶拟罪

上海淫凶不法伶人高彩云，因奸挥刃，几酿巨案，经上海县王欣甫大令钉镣收禁，以待严惩，事为上宪所闻，檄饬解省，发交苏州府彦咏之太守讯究。本月十七日午刻，太守升堂推鞫，高伶供称小的系直隶天津府属某邑人，当在京唱戏时，即与妓女顾彩林相识，月贴洋银一百圆。及顾妓至沪卖娼，小的仍在京都，两地睽违，久疏音问。至去年小的航海赴上海，隶名天仙园。本年正月初八日，小的演剧时瞥见顾妓在座，不禁枨触旧情，遂于卸妆后伺于门外，洎顾妓乘舆而出，小的即尾随至其家，适其夫金清镳出外未归，顾妓因招之入室,重拾坠欢。未及片时,闻金回家,小的遂飞步奔逃。某夜顾妓又遣傭奴招往,事为金之大妇所闻,遣车夫尤阿三促金回,告以故,金即偕尤登楼,声势汹汹,大有灭此朝食之意。小的不得已挥以臂,金仆地,方得乘间逃归。事后金捏词诬控,致被县主王大老爷收禁,今既到案,叩求大人网开三面,俾小的得有一线生机。太守怒曰:汝持刃行凶,逼写休书,罪恶滔天,尚思狡赖耶?高伶坚称小的并无其事。太守讯以刀从何来,答称小的实未用刀。太守大怒,喝责大板二十下,继上天平架良久,始供称小的一时情急,拔出身畔所带小洋刀,只图伺隙脱身,并非有意恣横。太守乃饬押入长洲县署刑房。翌日饬提覆讯,供词无甚大异。至十九日晚堂,始供认掣取东洋刀插桌上,意图金将顾妓休退。太守饬发府狱收禁,闻已拟定科以四千里军罪,然尚未见宪批也。

光绪二十五年四月二十二日/1899年5月31日

曲兴未阑

日前丹桂园主邀集寓沪知音客登台演剧,以款嘉宾。执笔人星期多暇,纵步往观。时方演《思凡》、《小宴》诸折,珠圆玉洁,明艳寡俦。末演《风筝误》全本,尤绘色绘声,极妍尽态,此身飘飘然如在琼楼玉宇间,宜乎座客云集,惊叹同声。迩者茸城俊侣又相率闻声而至,园主人并坚留苏湖诸君暂停芳躅,同于今明两日邀请登台,重奏霓裳仙曲。寄语有公瑾之癖者,盍亦破费工夫,一听钧天雅奏乎?

光绪二十五年四月二十五日/1899年6月3日

移提伶人

徐少轩递禀法界公堂,控称伶人萧荣祥即王荣祥欠洋七百余元,图赖不还,求为追究。经谳员朱森庭明府准词出票,饬探呈送值年领事签字,复投英界捕房,请派包探协从。业已拘押捕房,捕头命俟堂期解请讯判。

光绪二十五年五月初四日/1899年6月11日

营口琐谭(之一)

牛庄访事友来函云,七月十六日营口某店主在福和园酒肆设宴,并招东营宝来茶园福顺班女优登台演剧,以乐嘉宾。正在清歌妙舞之时,不虞某营弁将台后芦席穴孔窃窥,班中人斥之。弁遂回营招集同伍,飞驰而至,将班中各乐器尽情击毁,并殴伤数女伶。店主某甲飞报营中,旋由徐厚村都戎、乔子敬副戎先后到场弹压,并获住肆殴之亲兵数名,带回讯责。

光绪二十五年八月初一日/1899 年 9 月 5 日

之罘近事(之一)

潮州福建两帮商人,每届秋初,向有鱼篮圣母之会。鱼篮圣母者,不知为何神,而若辈皆虔奉之。今岁潮帮定于七月二十六日为始,建帮二十九日为始,各建醮三日,并召梨园子弟,清歌妙舞,以娱神听。举国若狂,甚无谓也。

光绪二十五年八月初七日/1899 年 9 月 11 日

戏 非 无 益

钦加同知衔赏戴花翎尽先补用县正堂督办广东南海县属保甲团练委员张、钦加同知衔赏戴花翎广东南海县正堂加十级纪录十次杨,为出示晓谕急公襄助事:现据绅等禀称,目击时艰,心切捍卫,每念保甲团练两事,诚弭盗之良方,为当今之急务。自去年七八月间,奉上谕严饬开办以来,每多有名无实,推原其故,苦经费之不足,以致措办为难。现值国用支绌,凡有各项正款,又当报效公家,势逼于闲杂浪费之中稍分盈余,作有用急需之款,于民间毫无骚扰,在团费大有裨益。绅等窃计,年中每逢赛会祀神以及喜庆等事,多半演戏,所费不赀,拟于戏费之中作挹彼注此之意。如戏价每百元,再加五元为省城内外保甲团练之费,出自雇戏者之囊,并不抽于优伶之辈。但戏班设于南海属附城之黄沙有吉庆公所,向来各处雇戏演唱,均到吉庆公所写立合同定单,订明戏价若干,其缴保团经费即在雇戏定单时一并随缴。缴银之多寡,均按每百元再加五元推算,无论城乡及各州县演戏,均照此一律办法,专为省城内外团练保甲之费。绅等为筹款起见,可否仰恳局宪遴派司事到吉庆公所,随时经收,抑或责成各班司事及吉庆公所董事,随于戏价内将加五厘之数代收缴局,伏乞批示遵行等情前来。查赛会演戏,踵事增华,虚耗钱财,民俗毫不吝惜,而于保甲团练当务之急需,转觉艰于筹措。取彼浪费济此要公,实为允当;该绅等好义急公,深堪嘉许。本委员、本县奉督抚宪以及各大宪札饬督绅筹款,自当如禀办理。除批准给谕饬遵及禀报各大宪察核外,合行出示晓谕,为此示仰诸色人等一体遵照。当知省城为阖省根本之重地,五方士商来往托足之区,非认真保甲团练不足以弭盗匪,非借经费充足不能切实举办。现筹抽收演戏之价每百增五,事在必行,尔等如遇雇定戏班之时,即将所抽之款交各班司事及吉庆公所董事,一律代收缴局,以佐公费而济要需。倘敢抗违,即将戏船戏箱截留,不许演唱,各宜凛遵毋违,特示。

光绪二十五年七月二十五日

光绪二十五年八月初八日/1899年9月12日

之罘近事(之一)

每届中秋令节,各帮客商皆集资演戏,丁歌甲舞,借答神庥。本届以市面艰难,阛阓中人无复如前之兴高采烈,潮州会馆仅演戏二日,福建会馆则不闻丝竹之声,过其门者,盖不胜今昔盛衰之感焉。

光绪二十五年九月初三日/1899年10月7日

观剧酿命

前江南盐巡道降补通判胡芸台通刺家桢之夫人,系姑苏仓米巷前湖北汉黄德道史观察之女公子,通刺自解组后,即携梅挈鹤,流寓吴门。本月初一日之夜,夫人带同家丁仆妇,至盘门外青阳地天□观猫儿戏。枣花帘卷,袍笏登场,人影花光,迷离扑朔。正在娱目聘怀之际,忽觉腹中微馁,因遣家丁某甲出外购点心。迨甲回戏园,守门人某乙向之阻止,甲告以胡大人之太太在内,乙竟如灞陵尉醉呵李广,大言曰:任尔现任道,亦不能在租界中行威权,尔纵认识胡大人,我则惟行我法而已。由是互相争执,吵嚷不休,戏园中人闻之,即唤四十三号巡街华捕至。捕亦虎而冠者,举棍向甲腰际连击二下,园中人复围而痛殴之,甲身受重伤,仆地不起。迨夫人闻声出视,甲已一息奄奄,因归告史公子,函请元和县主陈大令亲临勘验,不知因何,仵作以无伤唱报。迨阅日,甲毙,观察饬地甲人等投吴县署报请验尸,盖以肇事处系吴县所辖也。洎县主临场相验,仵作知不能讳饰,爰唱报死者腰际有致命伤一处,伤在皮肉之内,故死后方显明,回护前非,可谓巧矣。大令随饬书吏填明尸格,令史公馆主备棺成殓。史公馆家丁某丙半跪禀称,小的奉主人命,求大老爷暂缓将尸棺殓,以待尸属到来,大令准之。遂饬差将行凶之巡捕带回录取口供,钉镣收禁。

光绪二十五年九月初六日/1899 年 10 月 10 日

名园盛会

日本邮船株式会社长近藤君航海来华巡视各分社,行旌抵沪,小作句留。前日社中执事人施君静斋就静安寺畔愚园设筵以款,中东裙屐络绎而来,命酒评花,清欢竟日。饮次,主人更召北里诸名妓演剧娱宾,钏动花飞,歌迟云遏,珠香翠暖,尽态极妍。洎乎日下崦嵫,始各尽欢而散,诚海滨之盛会也。

光绪二十五年九月十八日/1899 年 10 月 22 日

烟台杂录(之一)

重阳佳节俗传为天后圣母飞升之日,凡有航海之业者,信奉甚谨。往岁闽广各会馆均演剧敬神,以祈默佑。今届惟潮州会馆演戏三台,以伸庆祝。福建会馆及天后宫二处皆中门紧闭,丝竹无声,未知何故也。

光绪二十五年九月二十三日/1899 年 10 月 27 日

圣节停讯

本月初十日为皇太后万寿圣节，几百臣工咸须诣万寿宫竭诚叩祝。英美租界公廨谳员翁笠渔直刺循例照会各国领事及英美各租界捕房，自初九日起至十一日止，停讯三天。初十日，本埠官场拟在沪北斜桥畔洋务局大开绮筵，并召梨园演剧，以伸庆祝之忱。

光绪二十五年十月初九日/1899 年 11 月 11 日

观剧跌毙

甬人某甲不知作何生理，前晚忽扳住英界三马路桂仙戏园后窗猱升而上，私窥歌舞之场，偶一失足，从高下坠，抚之已冰矣。园主惧祸，立即投报捕房，正欲报县请验，即由甲之亲戚某乙为之买棺收殓。

光绪二十五年十月十七日/1899 年 11 月 19 日

仙乐同聆

十七八女郎着红绡衣，曳紫霞帔，枣花帘卷，一曲凌云，是即唐时宜春院女乐之遗意，而申江俗谚则谓之髦儿戏。是戏向惟沪城西北张愚二园有之，迩者群仙茶园主人就英租界四马路西胡家宅大诚茶园旧址，重加修饰，邀请著名各校书登台演剧。昨晚执笔人压线余闲，乘兴往观。所演《梅龙镇》、《文昭关》、《洪羊洞》、《打花鼓》、《西厢记》、《乌龙院》、《三娘教子》、《佘塘关》诸出，或柔情婉约，几疑燕惰莺娇；或豪气激昂，仿佛鸾吟凤哕。而一种低徊羞涩之态，时流露于眉梢眼角，令观者目炫神迷，此身飘飘然如游群玉山头，不复作尘世间想。唐人诗所谓“此曲只应天上有，人间能得几回闻”，觉琼思瑶情，犹未足尽其倾倒也。世有知音者，盍趁此良宵风月，一领仙音法曲乎？

光绪二十五年十一月初五日/1899 年 12 月 7 日

女戏将盛行于沪上说

演剧之有髦儿班，固不自今日始也，道咸之间盛行于苏州，然无戏园常演之所，惟绅宦有喜庆事，召以侑酒。缘髦儿班皆以十二三岁女童为之，既便于内眷之可观，而又非若男优之必须搭有高台，苟厅事宽敞者即可开演，价目既廉，排场亦易，故人皆乐于观之。自发逆扰乱苏省，各庙均遭蹂躏，惟沪上一隅为干净土，四方来者车马辐辏，而又创开租界，市面陡兴，人烟稠密。有名大脚桂芳者创演女剧于满庭芳戏园，即聚当时曾入髦儿班之诸女伶，并教习妓之能歌舞者，集而开演，其时人心寂寞已久，忽然耳目一新，故开演之后，无日不车马骈阗，士女云集。且各女伶年皆过笄，无不可作夜度娘，故人更趋之若鹜，此女伶入戏园演剧之权舆也。嗣后京腔日盛，戏园日多，京都天津诸名优来沪演唱，人情厌故喜新，女伶仍散而为妓，而女班于是闲寂矣。数年之间，京腔愈盛，非但昆腔女班不能复兴，即昆腔之男班亦几如广陵散矣。近年髦儿班又渐渐复集，然皆妓家之雏妓为之，非若昔时髦儿班之专讲演戏，且惟于张园愚园日间开演，为名园点缀起见，非专以演剧为事。近日始有人开设美仙、群仙二园，日夜开演，价目与各戏园无二。虽演戏者仍属张园愚园之班，然从此大张旗鼓，认真开演，将来女戏必又盛行于沪上矣。说者谓女班虽已入园开演，哄动多人，究不若男戏之认真到家，人虽厌故喜新，恐终不能持久，不然，当日之满庭芳何以不过一二年忽然中止？可知女班之终不若男班也。曰：当时苏省盛行昆腔，故髦儿班皆习昆曲，满庭芳开演之时亦并无京剧。自京班到沪之后，京调一兴，昆曲势杀，人非不欲观女班，实不耐听昆曲也。近来妓馆之中都习二黄梆（梆）子，故髦儿班所演亦皆京戏，虽有昆腔戏一二折，亦几绝无而仅有。大抵能听昆曲者少，即当盛行之时亦不过江浙两省，而江苏之能听者不过苏松太三属之人，浙江之能听者不过嘉湖两属之人，且此数属之能听者，尤不过文人雅士耳。若二黄梆（梆）子则各省之人皆能入耳，故女班而习昆腔或不能持久，若演京戏则可决其必能盛行。大抵人情好色者多，男优而美，尚有溺于声色而狎昵之者，而况于女伶乎？演剧即不认真到家，人无不以其女而恕之，不但恕之且更乐就之，其势然也。况安知其不久久习演，而唱工做工竟与男班相埒乎？迨至相埒,吾知观剧者且必舍男而就女,而女戏不从此大盛耶!惟念沪上繁华甲于各省,秦楼楚馆列若繁星,自来销金之窟莫有过于此者,自来风俗之坏亦莫有过于此者。妓家每虑门前冷落,令妓女日夜赴书场,为招蜂引蝶之计,过客游人因此而倾囊者,已不知凡几。今女戏若再一兴,其招徕自比书场为更胜,妓而并优,人皆以为口实,妓自为优,则尚有何声名之顾惜耶?且久之必至于无妓不优,无优不妓,习气愈趋而愈下,风俗愈变而愈漓,于市面虽可日望其兴,而于人心则必日见其坏。有心人于此,不禁忧喜交迫而不能已于言矣。质诸当世之君子,以为然耶否耶?

光绪二十五年十一月初七日/1899 年 12 月 9 日

光绪二十六年(1900)

武伶御盗

天津访事友人鲤简云,去年兴基公司新造房屋,均在荒烟丛葬间,虽栋宇云连,而行人殊鲜。目下是处新开天桂戏园,延名优孙鞠仙登场演唱,座客为之常盈。腊月某夜,雪后严寒,观者较为寥落。时将三鼓,曲终人散,小丑苏廷奎携钱五百文踽踽独行,遥见一人伏于路侧,初不为意,及抵是处,其人跃然而起,虚作当头棒喝之势,问苏曰:"客胡为乎来者?岂听老乡亲妙曲而回耶?"老乡亲者,孙伶之通称,盖孙系津籍,故津人皆以是呼之。苏曰:"然。"曰:"然则所携者是何物?"曰:"非青蚨即朱提耳,何问为?"曰:"仆株守此间,无衣无食,盍分润若干,以苏涸鲋?"苏曰:"吾闻此地向有所谓打扛子者,汝岂其俦类耶?"曰:"是。然安得谓为打扛子?不过我兄弟两人聊谋果腹耳。"苏自念略谙武艺,或可与之一决雌雄,遂问曰:"倘不给汝,汝将若何?"曰:"请试乃公手段。"言毕,遽以搠刺之。苏略一闪避,遂以白巾所裹钱五百文权作军械,与之格斗,适中其鼻,其人蹶然倒地,尚有一人从后继至,苏复以钱击其头颅,来者知非所敌,弃棒而逸。苏时因失履,复回戏馆,偕伴踪迹之,则见鲜血淋漓结成红冰片片,裹钱之白巾亦作胭脂色,惟两贼已无踪影矣。苏亦勇矣哉!

光绪二十六年正月十二日/1900 年 2 月 11 日

湖上嬉春(之一)

杭省每岁灯节后,有绍兴惰民演唱花鼓淫戏,以博蝇头。本年兼署臬司世尚衣以此等淫戏实属有伤风化,特饬司城委员及各段巡员严加查禁。保甲提调王太守复饬各段分巡委员向茶肆中逐一清查,如有演说盲词小说者,责令肆主出具不敢说唱淫词甘结呈送到局,倘敢阳奉阴违,立即发封,并提肆主及说书人从重治罪,亦挽回风俗之意也。

光绪二十六年二月初二日/1900年3月2日

禁唱淫词

演唱花鼓淫戏例禁綦严,本邑法租界中迩来市面清寥,好事之徒遂赴工部局纳捐,禀请暂行弛禁。工部局董俯顺舆情,准其演唱对白摊簧,以兴市面。不料此端一启,靡然从风,自公馆马路以及小东门外,各茶肆每晚黄昏时节,座客常盈,秽语淫词,不堪入耳。事为法总领事白藻泰君所悉,以租界藏垢纳污,不免为外人姗笑,爰面谕捕头饬包探传到各茶肆主,自昨日为始,勒令一律停唱,如违严究不贷,特不知果能令出惟行否也。

光绪二十六年二月初五日/1900年3月5日

皖公山色(之一)

本月某日,南门外招商码头支盖高台,招梨园演剧,淫歌沸耳,袍笏登场,观者举国若狂,几无容足地。牟利者于台前两旁支木遮篷,排列椅凳,为闺秀坐处,俾不至贴地金莲如风飐蜻蜓立不牢也。而少年浮浪子弟亦即择艳丽处,解杖头青铜钱买一席地,以恣其刘桢平视之欲。故设台者每遇闺阁名娃,尤趋承恐后,盖生涯之所在也。是日,有一年约花中之鹤发妇预占一座,后来丽者数辈亦列坐其旁,一时青衿者子如蚁附羶,皆于此书鲁公争坐位之帖。设台者见利市所在,恳老妇为三舍之让。妇大怒,詈曰:"老娘四十年前亦曾令多少王孙如蝇钻纸,今不过马齿加长耳,何遂视为厌物耶?"男女坐客闻之皆色赧。

光绪二十六年三月初八日/1900年4月7日

沪南杂录(之一)

本月二十三日俗传为天后圣母诞辰,南市潮惠会馆董事于昨日为始,征召梨园子弟演剧,以迓神庥。袍笏登场,氍毹贴地,远近观者，络绎如云。

光绪二十六年三月十七日/1900年4月16日

禁约伶人

迩来英租界各戏院所演《杀子报》、《三上吊》等戏剧，诲淫诲盗，实属有害人心。英美租界公廨谳员翁笠渔直刺特于昨日派差至天仙、丹桂、桂仙、叙乐等园，传谕各伶以后不准再演，如违定干提究。

光绪二十六年三月十八日/1900年4月17日

演剧娱神

昨日为天后圣母诞辰，本邑南市各会馆司事咸征召梨园子弟演剧，以娱神听。清晨九点钟时，县丞刘二尹、主簿孙少尹、典史赵少尉均命驾至潮惠会馆拈香。

光绪二十六年三月二十四日/1900年4月23日

潞河杂录（之一）

新城北后街向有水火两神祠，每年由好事者集资演剧。今岁自三月十九日为始，征召大和班演戏五天，二十四日起复由德顺和班演戏四天，以答神庥，观者几如蝟集。

光绪二十六年四月初四日/1900年5月2日

瓯江夏涨（之一）

乐清县柳市土地神相传于本月初三日诞生，好事者征召同永义班菊部开场演唱。正在兴高采烈，突有营勇十余辈身穿号褂，肩荷洋枪，声称某营官寿辰，立即传赴营中演唱，不待戏毕，强将戏箱封闭。柳市首事恳以晚间往演，营勇不允，以致激成众怒，将营勇闭入空房。有乘间逃回者，诉知营主，备文□县请惩，县主盛大令立命值役往查。不期值役利令智昏，视为利薮，多带副役任意驿骚，柳市各店铺遂相率闭门罢市。阅三日，始经绅董调停了事，刻已安谧如恒矣。

光绪二十六年四月二十二日/1900年5月20日

伶人控案

前日伶人陈彩山投英美租界公廨,控桂仙戏园主应桂馨将学徒小喜凤即杨来福措留不放。谳员翁笠渔直刺研讯之下,陈供小的系安徽怀宁县人,年五十岁,向在天津唱戏,收小喜凤为徒。初来时伊只十三岁,至十五岁始克登台献技,约费二千余金。由小的挈之至沪,先在鹤鸣园,去年调至桂仙园,被应觊其工艺双绝,据为已有,不肯释回。今小的欲领回天津,求恩公断。小喜凤供小的系直隶某县人,年十七岁,本姓叶,嗣因家贫难度,寄名杨姓膝下。当十三岁时拜陈为师,言明八年期满,至十五岁即解歌唱,能博座客之欢。小的托业虽微,颇知廉耻,在天津时被陈逼作无耻之事,小的不从,痛遭笞责。现在桂仙园,陈复萌故智,逼勒如前,不得已商之园主应桂馨,出洋银一千元向陈赎身,立有笔据,今竟复来诬控,尚求明察。直刺谓小喜凤与陈既系师徒,照原定八年期满,甫阅四年,尚欠其半,察阅陈呈词,有四年限满再缴洋银一千元之说,着准如所请,令小喜凤分三期遵缴洋银,务于年内清楚,以免纠葛,具到限状呈案。

光绪二十六年五月初六日/1900年6月2日

戏园控案

伶人李春来投英美租界公廨,控桂仙戏园主应桂馨侵吞股本洋银一千一百元。谳员翁笠渔直刺准之,前晚倩襄谳委员张柄枢司马研讯。李伶供小的与应合开桂仙戏园,曾出股本洋银一千一百元,所有戏衣均由小的置备,议定延小的在园经理帐目,不料应忽与小的不睦,吞没股本,并将戏衣据为已有,求恩讯究严追。应供职员开设桂仙戏园,倩李伶经理帐目,现经查悉李伶多开虚帐,自去年五月至今侵蚀不少,今李伶忽欲核去股本,经张国殷调处,令职员按月付还洋银一百元,分十月还清,李伶不允,反来冒取戏衣，求恩公断。张供此事曾经小的理处，无如两造各执，致成讼端，所有戏衣理应公派。司马判令应每月拨还洋银二百元，衣戏照股分派两造，遵断各具限状切结，呈案备查。

光绪二十六年七月十九日/1900年8月14日

观剧遭灾

杭州访事友人云，本月某日，好事者召集优伶，在东街萧王庙演剧酬神。太平桥畔范姓妇将门反锁，散步往观，不提防烟灯未熄，以致火忽炎上，延及蚊帐，迨两点钟时，遽尔冒穿屋顶，邻人窥见，急入内救灭，然已焚去房屋半间。戏场上骤闻警锣，诸人仓皇奔避，致被轧颠仆者多至二十余人，内有四人受伤甚重，是亦无妄之灾也。

光绪二十六年七月二十七日/1900年8月22日

烟台近事(之一)

□南隅海阳畛历年秋收后招优演戏，酬答神庥，谓之太平戏。本届照例举行，乡人无不兴高彩烈，中秋节天后宫及潮州会馆亦皆征优演戏。相彼小民，真有理乱不知者矣。

光绪二十六年闰八月初三日/1900年9月26日

淫戏宜禁

桂仙戏园主应桂馨新排《捉拿张桂卿》一剧，前晚开演时，巡捕头带同包探赵银河往观，见其中情节淫秽不堪，因请英美租界谳员翁笠渔直刺讯罚。昨晨应自行投案供称，职员新排《张桂卿》戏并无淫秽关目，乃赵探带同某号西捕直入职员家，各处搜查，职员颜面有关，务求究办。直刺商之白翻译官，著候礼拜三会讯察夺。

光绪二十六年闰八月初十日/1900年10月3日

诲淫判罚

英租界桂仙戏园因演《捉拿张桂卿》新戏，经捕头禀请英美租界公廨谳员翁笠渔直刺饬传园主应桂馨讯罚,应以包探擅入内室等词投案声诉,直刺谕俟礼拜三覆讯核夺。昨晨赵银河、潘应奎二包探投案禀称,桂仙戏园所演《捉拿张桂卿》新戏淫秽不堪,务求究办。直刺商之梅翻译,谓应演唱淫戏,伤风败俗,不法已极,本当将工部局所给戏园执照吊销,姑念初犯,略予从宽,判罚洋银二百元,日后如敢再犯,严惩不贷。

光绪二十六年闰八月十一日/1900年10月4日

禁演淫戏

前者桂仙戏园扮演《捉拿张桂卿》戏剧,情节淫秽,不堪入目,旋经捕头访知,将园主应桂馨解送公堂,禀请谳员翁笠渔直刺判罚洋银二百元。昨日工部局董以戏园扮演淫戏,最为伤风败俗,不可不有以惩之,因将桂仙戏园捐照吊回,知照捕头派中西包探至园中勒令停演,如敢故违,定即函致公堂,提案重罚。

光绪二十六年九月十一日/1900年11月2日

禁花鼓淫戏议

有客问于执笔人曰,近者法租界各茶肆以生涯寥落,无计招徕,竟雇无赖少年演唱花鼓淫戏,妖声浪态,侈陈于大庭广众之中,坐而听者,男女杂沓,履舄骈阗,如醉如痴,罔知廉耻。若辈见官宪之不即禁止,而利市之左券可操也,于是一倡众和,效尤者多。若不力遏狂澜,恐淫侈靡丽之风日甚一日,尚复何所底止!吾子职司记载,岂竟寂无闻见,乃亦效寒蝉之噤而不鸣耶?抑果无关于风俗人心,故付之不论不议耶?执笔人曰:恶,是何言欤!夫花鼓戏之干犯禁令,谁不知之?然穷乡僻壤之中,饮蜡吹豳之候,愚夫愚妇时或醵资搬演,以娱目骋怀,官长以耳目难周,无从禁遏,然若辈究有所畏忌,不敢公然搬演于城市之中。犹忆曩年初至沪上时,小东门外此风盛行,时人名之曰东乡调。后经中西官严行查禁,浇风遂绝,迄今已阅十余年。虽英租界各梨园之淫戏叠出,而若辈不敢故态复萌者,惧巡捕包探之查察严密也。不意去岁以来,法界各茶肆选声征色，举国若狂，其始尚不敢混淆钗弁，颠倒鸳鸯也。久之而兴愈豪，胆愈大，须眉巾帼，变幻多端，密约佳期，到处皆是。后为法总领事白藻泰君所闻，谓是伤风俗，坏人心，立饬捕头传谕严禁，一时秽浊之地顿变而为清净之场。乃曾几何时，依然演唱，而明目张胆，包探不之缉，巡捕不之[查]，是果何所恃而不恐乎？或曰：法界市面素较英界为衰，故当事者冀以此挽回商务，然商务之大，不在此区区茶肆中。且往听者类多食力负贩之徒，游手好闲之辈，与夫一切小家碧玉，一经引诱，心志易淆，因是目想神游，闲检尽丧，小而废时失业，大而败节丧身，是益市廛者有限而害风化者无穷，又乌可以不禁乎？闻之故老言，昔有某乡，素称醇朴，妇女皆能以礼义自闲。忽某年秋成告丰，报赛社神，搬演花鼓戏，是年寡妇之再醮、闺女之私奔者不下十余人，可见此等淫声，最足坏人心术。《乐记》云：齐音傲僻骄志，宋音燕女溺志，郑音促（趋）数烦志。声之所感，情为之移，故喜心感者，其声啴以缓；哀心感者，其声噍以杀。音乐之道，通乎其微。昔瓠巴鼓瑟，游鱼出听；伯牙鼓琴，六马仰秣；物犹如此，人何以堪。今沪上淫风素盛，加以妖邪之状与目谋，靡曼之音与耳谋，荡佚之情与心谋，其为害于风俗人心何如者，而顾可纵令变而加厉耶！夫英界各戏园扮演淫戏，向虽高悬厉禁，不免阳奉阴违。近自桂仙园演《张桂卿强奸乡妇》一剧，过涉淫邪，工部局董饬捕头查吊捐照，勒令闭歇，余遂稍知敛迹。乃淫戏之禁于英界者如此，而花鼓戏之演于法界者如彼，岂花鼓戏之淫恶与淫戏微有不同欤？抑一时之风气使然，故无人焉议其后欤？是则非子之所知矣。

光绪二十六年九月十七日/1900年11月8日

苏台揽古（之一）

姑苏城外自建筑马路后，市面较盛，戏园中遂彻夜演剧，以广招徕。近闻日人以青阳地市面萧条，声请上宪禁止阊门戏馆不准开演夜戏，盘门则禁令特宽，盖欲其移彼就此，变冷淡为热闹之场也。且闻阊门外市房现已一律加捐，每幢须洋银一元，其余妓馆烟寮亦无不加抽捐款,盘门则一概豁免,特未识蚩蚩者氓趋向何如耳。

光绪二十六年十月初二日/1900 年 11 月 23 日

禁演夜戏

宁波访事友来函云,宁波府高屿卿太守下车伊始,首先严禁演戏,盖以节耗费而端风俗,亦为政切要之图也。讵料民间不能仰体宪意,仍有违禁演唱者,且时当深晚,依然袍笏登场。太守恶之,爰于上月某日再行出示严禁,略谓唱演夜戏例禁綦严,盖深夜演戏,鱼龙混杂,男女拥挤,凡赌博斗殴盗窃奸拐等事,往往由此而起。故本府莅任之初,首先严禁,盖亦为绥靖间阎起见,并非故事烦苛也。乃前日访闻江东石戏台庙仍敢有违禁夜演之事,当经本府亲往查明,将余庆丰班首带归讯究,既念其到案之后即知有违禁令,咎实难辞,再三求恩宽办,并据老聚丰等十九班一体环求,各称自此以后,凡在宁属乡镇如再开演夜戏,愿甘封箱究办,公叩免究前来。本府闻宁属风俗,各乡演唱社戏往往预向戏班订定,届期不往,必须受罚。更有一种首事,待日中戏毕,命唱夜戏,如不接应,将戏箱扣留。询据各班首当班中诉照本府所闻相同,均应剀切谕禁,为此示仰宁属各县士庶人等知悉:尔等须知春祈秋报,酬神演戏,固属间阎恒情,任所不禁。然当此国事多艰,皇居未奠,地方不靖,盗劫频闻,凡在食毛践土之伦理,宜共切忧危,何可故事奢靡,尚图逸乐?况敬神在于诚敬,岂必定演夜戏,始谓所答神庥?且有夜戏必有赌博,输极无聊,盗心起矣;而男妇抛家听戏,门户不谨,防范疏矣。其间流弊,尤有不可胜言者。兹已将违禁夜演之余庆丰班从宽封箱十二日,以示薄惩。所有此十二日以内各乡所订之戏,该班不能如期而至,彼系恪守官法,与寻常失约不同,直(值)事人等不得仍循俗例,执此议罚。其各县城乡镇市,嗣后演唱社戏,只准日中,不准掌火。如敢勒令戏班夤夜演唱,一经访闻,或被戏班到案供明,定提该首事地保严惩不贷。本府令出惟行,幸勿轻为尝试也,其各凛遵毋违,特示。

光绪二十六年十月初四日/1900 年 11 月 25 日

严禁淫戏

演唱淫戏向干例禁，而《杀子报》一出尤为淫恶，各戏园虽不免阳奉阴违，尚不至明目张胆。乃前日山东路髦儿班宝仙茶园竟敢公然演《杀子报》，英界捕头闻之，即带同包探张才宝往查属实，因饬张探至英美租界公廨，禀请谳员张柄枢司马传园主申饬，司马准之。昨晨特饬差役传园主朱锡臣到案，研讯之下，恶其伤风败俗，商之梅翻译，判罚洋银一百元以儆。

光绪二十六年十月十五日/1900 年 12 月 6 日

论英界查禁淫戏事

淫戏经官示禁，由来久矣，本报论之亦已舌敝唇焦，墨干笔秃矣。然历年来各戏园主阳奉阴违，仍不能免其点者，择示中查禁各剧逐一改易名目，如《海潮珠》之改名《碧玉钏》，《送灰面》之改名《二不知》，《卖胭脂》之改名《月华缘》，诸如此类，不胜枚举。官长之耳目有限，优伶之变诈无穷，试观各戏园每夜所演之剧，有不配搭淫戏一二出者乎？无有也。夫梨园菊部为征歌选舞之场，一曲氍毹，鱼龙曼衍，何者不可以娱目骋怀？乃必欲以浪态淫声为荡人心魄之计，俾少年子弟与夫青年妇女面赤耳热，心旌摇摇，月下花前，目挑眉语，坐使风俗愈坏，人必愈邪，其居心尚可问哉！犹忆十余年前，沪上某善士慨淫戏之日盛一日，力遏狂澜，禀请官宪授以金匮余莲村明经所谱《庶几堂今乐》，责令按日排演，以为观感之资，并令出具甘结，不再演唱淫戏。时天仙茶园即演成《魁星现》一出，以为之倡，各园效之，善戏叠出，如《德政坊》、《金榜乐》、《醒世良言》之类，虽于风俗未必遽能转移，而人心究不至日趋邪僻。不意阅时未久，禁令渐弛，而纨绔中之不肖者或点演淫戏，导之先声，于是若辈兴益豪，胆益肆，云情雨意，极力描摹，至今日而目染耳濡，益无顾忌。秋间桂仙茶园创演恶棍张桂卿强奸乡妇一剧，奸形恶状，觍然陈于大庭广众之前。而如《杀子报》等淫恶之戏，更如司空见惯，无人焉敢议其非。夫以沪上淫风之盛，复导以淫戏之多，久而久之，势将伊于胡底，有心人兴言及此，方切杞忧。乃桂仙园方演《张桂卿强奸乡妇》,即由前谳员翁笠渔直刺传园主应桂馨到案,判罚洋银二百元,而宝仙髦儿戏馆又唱演《杀子报》,由今谳员张柄枢司马判罚园主朱锡臣洋银一百元。窃意各园主即利欲熏心,亦当闻风知惧,何居乎数日前春仙、桂仙二园又以唱演淫戏,经包探传案,司马姑从宽典,判各罚洋银五十元。覆辙相循,一若不知禁令为何物也者,是岂以罚锾为不足畏耶?抑非此不足以娱视听,故必为此招徕之计耶?盖各园主但知若《张桂卿强奸乡妇》、若《杀子报》为绝禁之戏,而不知其余淫戏之同为犯禁也。夫天道福善祸淫,古训昭垂,报施不爽。伶人执业下贱,贪利忘害,或不能见及于此,故即在上者严行禁止,而若辈终置若罔闻。各戏园特不幸而为捕头查知,有此雷厉风行之举耳,若此外各园,明目张胆恬不为怪者,岂少也哉!仆尝窃怪近人好淫,而深叹《魁星现》等各善戏已如广陵散之不可复闻。今者桂仙、宝仙、春仙各园已因此一再科罚,则凡幸免者当亦稍稍敛迹,然利之所在,人争趋之,前次各园明知淫戏之宜禁而甘冒不韪者,岂真乐于造孽哉?利在则然耳。今虽慑于官法,安知异日不别启狡谋,是亦不可不有以防其渐。窃以为此事即无善士禀请查禁,亦宜传集各园主勒令具结,不再唱演,如敢故犯,立提严办,或即将园门封闭,庶若辈有所忌惮,不复敢以淫戏祸人。或谓迩来法租界各茶肆演唱花鼓戏,日新月盛,未闻禁令特颁。今英界偶演淫戏,即遭究罚,而子乃更欲推广行之,其谓之何?不知法界花鼓戏之禁与不禁,非英界所能越俎代谋,英界中西官惟以正人心、端风俗为先,故捕头奉行维谨,有犯必获,小惩大戒,此中具有深心也。或谓若此则英界某茶肆中演唱滩簧,前经翁直刺查禁,今何故态依然,置之不问?曰:是殆未经发觉耳。淫词与淫戏同为坏人心术之端,岂有淫戏禁而淫词不禁者?且司马与直刺均以除恶务尽为心,必能因类而及,则今日之禁淫戏,其嚆矢也,谓予不信,请拭目俟之。

光绪二十六年十月二十九日/1900年12月20日

金阊小志(之一)

姑苏访事友人云,省垣盘门外青阳地自开埠通商以来,牟利之徒咸于此设肆,妓寮戏馆尤密比如鳞,由是街市繁华,游人麕集。迩者马路通至阊门外,梨园子弟纷纷迁往,青阳地一带顿觉清淡异常。近经日本人请护抚宪聂仲芳中丞札饬长元吴三县主,会衔出示,令妓寮戏馆将于十一月内迁回盘门,果能如愿以偿,则市面重兴当可指日而待矣。

光绪二十六年十一月十五日/1901 年 1 月 5 日

论英界禁唱淫词事

英界三马路海天览胜茶楼之唱摊簧也,数月于兹矣。前英美租界公廨谳员翁笠渔直刺尝严行禁示,并提茶楼主许某讯惩,一时雷厉风行,以为若辈当不复敢尝试矣。乃曾不移时弹唱如故,包探不之缉,巡捕不之查,公堂亦不之问。仆尝窃怪其是何神通,乃敢肆无忌惮若此,然人心好趋淫僻,举凡游手好闲之辈,与夫一切荡妇妖姬,闻有艳曲淫歌,无不趋之若鹜,而幽期密约败名失节之事,亦因之书不胜书矣。夫以沪上淫风如此之盛,今复导以淫词,声音感人,其应如响,亦无怪人心日坏,风俗日偷,而其害将至不可究诘。善夫今谳员张柄枢司马之重申前禁也,司马继直刺之任,实心为政,大有萧规曹随之风,日前特商之英总领事署翻译官梅尔思,召饬将从前所给凭照吊回,不准再唱,恐各茶馆书场人等仍不免阳奉阴违,复出示晓谕,违则严办不贷。读此示者,咸恍然于司马型方训俗之心,与西官嫉恶如仇之意,无不心香一瓣,低首钦迟。顾或谓凭照捐自工部局,华官之力恐不能行,司马即欲吊回,恐亦空言无补。不知工部局董素持大体,略不胆徇面情,向惟意其无害于民,故得遂其所请耳,今者包探已发其覆,捕头亦悉其情,司马恶之,梅君然之,而谓工部局董反掣其肘者,未之有也。夫梨园搬演淫戏,若桂仙、若春仙、若宝仙,必将园主一一提案,分别罚锾。前桂仙园主应桂馨且以搬演《张桂卿强奸乡妇》一剧,过涉淫邪,吊去凭照,不准重开。可见工部局董从善如流,不稍宽假,岂有淫戏既严其禁令,而摊簧独可格外从宽者,此后即欲巧为尝试,当亦无此绝大神通,岂非租界中一大快事哉!书至此,有客见之曰:子何恶摊簧之深也?夫摊簧虽多淫秽之词,尚不及花鼓戏之甚。今法界各茶肆搬唱花鼓戏,日新月异,曾不闻在上者议及禁止,乃英界淫戏既已禁绝,惟此摊簧俚曲又必驱除尽净,其将使沪上污秽之地一变而为清净法场乎?则正告之曰:摊簧与花鼓戏同工异曲,总之皆导淫也。淫戏淫其状,摊簧淫其词,禁淫戏而不禁摊簧,何以服优伶之心,而谓有心世道者,可付之不论不议乎?司马有见于此,下车甫及数月,即首禁淫戏,旋禁淫词,孜孜以正人心端风俗为务,日后兴利除弊,诸善政必能与直刺后先辉映,而此特其见端耳。倘果力而行之,始终弗懈,不独鬼蜮之技无所施,英界人民咸受其福,即法界亦将闻风兴起,将花鼓戏一律禁除,不令英界独专其美。人之欲善,谁不如我,涉笔及此,盖不胜厚望焉。

光绪二十六年十一月二十七日/1901年1月17日

白下衢歌(之一)

彩霞街仪凤戏园自京伶五月仙开设后,丁歌甲舞,观者如云。上月某日忽被某营勇丁击毁,旋经营主某君及江宁县保甲局员饬役持条封闭。既而五月仙夤缘某当道,转饬营县从宽发落,未三日即复启封,迩又袍笏登场,笙歌沸耳矣。候补通判李别驾宗镇及佐贰多员闻而恶之,联名具禀藩辕,请饬永远封禁。旋奉恩艺棠方伯批示,以该园既经营县封闭,何以又任开演,仰江宁府饬江宁县查明,据实禀办。

光绪二十六年十二月十八日/1901年2月6日

光绪二十七年(1901)

润州新语(之一)

广东会馆屋宇宽敞,金碧辉煌,向例每届新正必演戏数日,以答神庥。今届董其事者捐集公款,择于初六日征召菊部登台演唱。展花下之毡,舞翻浑脱;拈屏间之豆,曲记玲珑。是日风和日丽,梅柳争妍,故红男绿女结队往观者,无不争先恐后也。

光绪二十七年正月十四日/1901年3月4日

南市琐谭(之一)

本邑南市大东门外有浙宁会馆,向例于元宵节招集梨园子弟登台演剧,以答神庥,至晚燃放各种烟火,重门洞启,任令闲人入内纵观。今届各司事仍循曩例举行,十六铺巡防南局委员陈二尹深恐届时人多滋事,特派勇丁前往,预为照料。

光绪二十七年正月十五日/1901年3月5日

令节娱神

昨为元宵佳节,本邑南市各会馆董事皆召梨园子弟登台演剧,以娱神听。一时笙歌迭奏,响遏行云,游人之往观者车水马龙,颇形拥挤。

光绪二十七年正月十六日/1901年3月6日

演剧酬神

去年某日,本邑南市丰记商船号某沙船驶至某处海面,猝遇暴风,嗣得转危为安,从容抵沪。爰于昨日征召梨园子弟,就商船会馆演剧两日,以答神庥。二十三七铺巡防局员邱友林二尹恐人多滋事,特派勇捕前往照料。

光绪二十七年二月初三日/1901年3月22日

宣南雁帛(之一)

伶人张某居前门外迤东芦草园,本月初九日,突有德国巡兵闯入,在炕边搜出小洋枪一枝,盘诘由来,家人惶急间漫指为仆人某甲之物,巡兵遂将甲扭交德员管押,旋更挨户搜查,汹汹竟日。甲衔家人诬害,于讯供时坚称张尚有十三响洋枪及东洋刀,同埋院中某处。德员饬巡兵至家,果掘得两物,因将张拘去,未知如何发落也。

光绪二十七年三月二十二日/1901年5月10日

苏台买夏(之一)

省垣盘门外青阳地自开埠通商,而后妓寮戏馆密若繁星,一片干净土顿成繁华世界。非但少年子弟一入迷魂之阵,即流连忘返,荡产倾家,即绣阁娇娃亦有因之失身败检者。闾门马路利华戏园有伶人霍春祥者,燕兰小谱中人也,年才二十余,风姿秀丽。本年正二月,乔装小家女引诱某大姓眷属,乘舟至各处闲游。近又混入某绅家,向绅妻骗取金银珠翠,约值五千金,绅妻无可对人,竟萌短见,旋经某绅查悉,函请上宪将霍伶拘送县署究惩。县主田大令研讯情由,喝令笞责数百板,钉镣收禁。现闻臬司朱竹石廉访已科以监禁二十年之罪矣。

光绪二十七年四月初三日/1901年5月20日

严惩淫伶

苏州访事人云,淫伶霍春祥经某绅禀请臬司朱廉访,饬吴县田大令拘案究办,已纪前报。兹于本月初二日之晚,大令复提该伶讯问,因供词游移,大令命鞭藤条四百五十下,血肉横飞,声如斩豕。责毕,饬收入流氓公所,候再复讯核办。

光绪二十七年四月初八日/1901年5月25日

营勇肇事

安庆访事有人云,自去岁北省拳匪肇乱,各处匪徒均不免蠢然思动。安徽抚宪王芍棠中丞患之，札饬练军炮队营统带陆小宝副戎会同各防营严加查缉。又思省垣营勇屯积，难免滋生事端，面谕府县各官及保甲局冯观察，出示禁止赛会演剧等事。不意三月二十八日，省城东岳庙主持仍资雇招梨园子弟演戏酬神，袍笏登场，观者如堵。练军某哨弁带勇数名在场弹压，突有楚勇数辈不知因何忽与练勇斗殴，相持片刻，楚勇回营，号召同类列队而来，戈戟交加，如临大敌。幸副戎闻信，督率各勇飞骑前来，楚军某哨弁亦到场弹压，始得免于祸端。然两造已各受伤，台上亦从此锣收鼓歇，不敢袍笏登场矣。

光绪二十七年四月十八日/1901年6月4日

西湖佳话(之一)

四月某日，菜市桥大街梁宏泰纸店失火，延烧房屋二百余间。左近店铺之幸未被灾者，于二十二、三等日在广福庙演剧二本，以答神庥。

光绪二十七年五月初三日/1901年6月18日

吴侬细语(之一)

阊门外利华戏园伶人霍春祥诱奸某大姓妇女，骗取财物事发，经署江苏臬司朱竹石廉访密饬，商务局发审委员李大令派差协捕拘解吴县署，县主田明府迭次研讯，饬用竹梢鞭背数百下，钉镣收禁，禀请上宪拟定罪名，一切情形，均详前报。兹悉此案已由廉访科以监禁十五年，禀详督抚二宪批准。月初某日，霍父具禀杲辕，哀求开释。廉访怒谓：汝子所犯何案，汝岂尚在梦中耶？本当重办，今姑念汝老悖，格外从宽，汝非但不知感激，反敢来辕渎请，殊属不知轻重。因将原禀掷还，麾之使去。

光绪二十七年五月初六日/1901年6月21日

宣南要语(之一)

京师无赖子弟好唱词曲，俗呼之曰玩票，近时官员子弟亦有渐染此习而不以为耻者。东西牌楼北花枝胡同玉部郎纵子玩票,租屋一所作为彩房,同玩票者有闺秀二人,履舄交错,毫不为怪。当此国家危急之时,不思发愤自强,而为此丧尽廉耻之事,真可谓全无心肝者矣。

光绪二十七年六月十九日/1901 年 8 月 3 日

伶工受责

温州访事人云,迩日温处兵备道童绍甫观察出示禁止夜戏,雷厉风行。适本月初三日之夜,总捕通判李古渔别驾署内土地神诞,特雇梨园子弟登场演剧,以伸庆贺,直至更鱼二跃,依然钲鼓喧阗。事为观察所闻,立即谕令差役将戏班管事人某甲传案,发交府经历包吉甫参军严办。参军研讯之下,以其故违禁令,着从重笞责三百板,并令荷校示众。在甲虽咎有应得,然使别驾闻之,得毋难乎为情否?

光绪二十七年六月二十六日/1901 年 8 月 10 日

鸠江客述(之一)

上月某日,宁国府城内东岳观招集梨园子弟演剧,以咨娱乐。正在袍笏登场之际,突有营马一匹飞驶而来,观剧之人避让不遑,竟致互相践踏,断胵折胫,所伤甚多,亦无妄之灾也。

光绪二十七年七月初八日/1901 年 8 月 21 日

法租界公堂琐案(之一)

上期王介堂递禀,控前丹桂戏园主周凤林积欠扎彩工料共洋银一百零五元,大令查得周方被人控诸英美租界公廨,因饬探移提研讯。周供去冬戏园闭歇后,小的于本年六月赴苏州,曾许贴王洋银二十元。大令饬交的实人保出,限五日理楚。

光绪二十七年七月十二日/1901 年 8 月 25 日

榕荫闲话(之一)

上月二十六日恭逢皇上万寿圣节,寓厦华洋各商均在门前悬挂龙旗,燃灯志庆。和前福山两保更征召梨园子弟登场演剧,共乐升平。道宪延观察则就署中选舞征歌,以宴各国领事,直至金乌西坠,始席散而回。

光绪二十七年七月十六日/1901年8月29日

恭 祝 神 诞

本邑南市小普陀桥附近江西会馆内供奉许真君偶像,昨日相传为神诞之期,预由董事征召梨园子弟登台演剧。上午江南机器制造局总办毛实君观察、江苏抚标沪军营管带龙保珊游戎均诣神前拈香行礼。

光绪二十七年八月初二日/1901年9月14日

鸠江菊影(之一)

芜湖戏园自今春闭歇后,旋由王某续开,未几又债台百级,力不能支,遂偃旗息鼓而退。此后接踵而起者,不知尚有人否也。

光绪二十七年九月初十日/1901年10月21日

准 开 戏 馆

武昌访事人云,汉上向未开有戏园,盖因流痞众多,易滋事故也。近有某甲者具禀督辕,请准在汉镇租界左近开设戏馆,每年愿报效银三千两,以充本省度支。湖广总督张香涛制军以时局多艰,饷需支绌,得此不无小补,爰批准先行试办,并檄饬夏口厅同知张尧臣司马派拨差役,妥为弹压,毋任滋生事端。从此甲舞丁歌,和声鸣盛,商务或借此得以振兴乎?

光绪二十七年十月初四日/1901年11月14日

女 伶 胡 闹

职员徐洪正投英美租界公廨,控收租人许文华侵吞英界山东路聚仙戏园租银,既而聚仙园主何文卿以此项屋租曾由徐止付,延俟鲁公律师到堂声辩,谳员张柄枢司马谕令静候给谕,重开在案。不意日前有甄云卿者向徐租定此屋,拟开会仙戏园。前晚八点钟后正在部署一切,聚仙女伶吴新宝纠得甲乙二西人及无赖数十人蜂拥而来,意图寻衅,因急投报捕房,捕头派包探前往弹压,若辈始一哄而去。

光绪二十七年十月初十日/1901 年 11 月 20 日

禁止夜戏

南昌访事人云,江西省垣好事者往往拦街搭台,搬演夜戏,观者如堵,最易滋生事端。迭经地方官禁令严申,而言者谆谆,听者藐藐,各处仍不免有唱演之事。本月某日,南昌县戚升淮明府出署巡夜,见之,即饬地保传谕停止,次日复出示援案谕禁,略谓如再不遵定,行提办。似此雷厉风行,居民断不敢弁髦视之而以身试法矣。

光绪二十七年十月十六日/1901 年 11 月 26 日

十洲新曲

沪上诸乐部自三雅歇业后,京华子弟竞尚二黄,其有嚼徵含宫,偷声减字,能远嗣玉峰魏氏造音者,我见已罕。兹者甬东太守严禁中宵演剧,梨园子弟遂转而至沪江,醵资就英租界中新设雅仙戏馆,烛龙队里,帘卷枣花,玉笛一声,流云顿遏。其中妙伶如徐云标之婷婷袅娜,林如铃之旖旎温存,说者谓置之胥台妙选中,当不让周凤林、葛筱香、陈桂林诸人独驰芳誉。会当俟茶阑酒尾,巾车而往,一聆法曲仙音也。

光绪二十七年十月十八日/1901 年 11 月 28 日

示端风化

京师访事友人云,此间地方自各国暂管以来,茶馆戏园每有女伶演剧,游荡子弟更或不顾廉耻,挟妓冶游。目下和局既定,地方一律肃清，亟须大加整顿。除女伶已于九月杪概行驱逐外，旋由会办五城事宜顺天府府尹巡视五城察院出示严禁。略谓近日五城地面戏园酒馆私卖女座，时有人家邀同女眷，游客携带乐妓，入座观剧，进馆饮酒，男女混杂，毫无顾忌，沾染申沪之恶习，伤坏风俗之萌芽。恭查钦定《台规》内载"妇女庙期名色永远禁革，如有仍前违犯者，立即根究，照例将本妇夫男治罪，并将失察之该管文武地方官一并议处"等语，是妇女入庙烧香尚且大干例禁，况酣歌恒舞之场，岂容混迹其中，致多勾引邪淫、诱拐逃走之案，若不亟行严禁，何以端风化而正人心。除饬传各戏园酒馆主出具不卖女座甘结外，合行出示禁止，为此示仰官绅军民各色人等知悉：须知中馈宜治，女流无暇逸之时；内政先修，家长有防闲之责。自示之后，如有女眷擅行游宴，娼妓过市招摇，再到酒馆戏园强买座位者，准该戏园卯头酒馆佣保到官喊报，立派弁役官媒扭获到案，议夫男以应得之罪，治荡子以违制之刑。倘该戏园酒馆得钱容留妇女在座，一经查出，定必从严惩办不贷。若司坊稽查不力，一并咨部察议。凛之毋违，特示。

光绪二十七年十月二十一日/1901年12月1日

歌舞升平

武昌采访友人云，湖北武汉二处地方虽极繁华，向无人开设戏馆。月前有江某者具禀督辕，请准就汉口通济门外倡建戏园，招集名优登台演剧，每年愿报效银三千两，湖广总督张香涛宫保允之。自十月初旬开设，迄今历一月余，座满履綦，生涯鼎盛，每日除开销外，可获洋银三四百圆。于是趋利之徒闻风歆羡，现又有某甲者纠股开设天仙戏园，具禀督辕，亦愿岁以三千金充公费，并请札饬夏口厅妥为保护。更有欲开髦儿戏馆，赴苏台沪渎罗致女伶者。从此甲舞丁歌，珠香翠暖，或亦可借以歌舞升平乎。

光绪二十七年十一月二十四日/1902年1月3日

诲淫重罚

扮演淫戏与歌唱淫词同干例禁,无如若辈贪利忘害,终不免阳奉阴违。前日英界山东路会仙髦儿戏馆女伶搬演《小上坟》一剧,易其名曰《小荣归》,雨意云情,描摹尽致。适为包探张才宝所见,立即回报捕房。昨晨捕头令传掌班人朱锡臣至英美租界公堂禀称,此人素不安分,光绪二十五年私取洋人兰生空白票案发,经前任大老爷判押六个月,递解回籍。既而徐王氏控黄少斋串吞田单案,亦曾牵涉。旋又骗取珠花,经已革包探黄四福拘解请办。去年宝仙髦儿戏馆扮演久经示禁之《杀子报》淫戏,解请大老爷判罚洋银一百元,今仍怙恶不悛,请为究办。朱供小的前犯各案均已讯明,至《小上坟》一剧并无淫秽关目,目今各戏馆演者甚多,叩求明鉴。谳员张柄枢司马商之伟翻译官,判罚洋银一百元。随问廨差屠林曰:朱前者被控各案,究竟曾否了结?屠差禀称:小的查得各原告均未投案禀□。司马谕令从宽开释,随即饬吏缮成告示,严禁淫戏,违干重惩。

光绪二十七年十二月初七日/1902 年 1 月 10 日

示禁淫戏

日前本邑英租界中会仙、天仙两戏园诸伶搬演《小上坟》、《送灰面》等淫戏,先后经张才宝、胡瑞龙、金立生诸包探将各园主传送英美租界公堂,禀请判罚,谳员张柄枢司马以近来境内戏馆林立,难免阳奉阴违,因特重申禁令,出示严禁。其文曰:照得淫书淫戏有伤风化,均干例禁,迭奉各宪饬禁在案。乃近来复有戏园演唱淫戏,殊违禁令。除已提违禁之戏园主到案谕罚外,合再出示严禁。为此示仰各该园主等一体遵照,毋再演唱后开各淫戏名目,倘再故违,即提案严办不贷,其各凛遵毋违,特示。计开:《卖胭脂》、《打斋饭》、《唱山歌》、《送灰面》、《巧姻缘》、《珍珠衫》、《小上坟》、《打樱桃》、《看佛牙》、《挑帘裁衣》、《下山》、《倭袍记》、《瞎子捉奸》、《杀子报》(即《天齐庙》)、《秦淮河》(即《大嫖院》)、《关王庙》、《荡湖船》。

光绪二十七年十二月十二日/1902 年 1 月 21 日

宜昌客述（之一）

宜昌城内戏园经地方官封禁，舞衫歌扇，久已寂寥。近有人欲在城外唱演，惟房屋合式者甚少，一时恐不能如愿以偿也。

光绪二十七年十二月二十一日/1902年1月30日

光绪二十八年(1902)

凤阙祥晖

京师友人来函云,每届新年,各省同卿官例有团拜之举。本年正月十五日,军机处各章京在宣武门外南横街粤东会馆举行是礼,并雇福寿菊部演剧侑觞。始自午前九点钟时,至夜间五点钟时始散,衣冠车马为之塞途。

光绪二十八年正月二十七日/1902年3月6日

风流小谴

日前有人绘成雏伶高彩云与荡妇顾彩林淫媟之状,题曰“海上风流案”,雇人沿街唤卖。适为金琴生即金清镳所见,不知为何勃然大怒,扭住穷诘,知系城内陆新昌店主陆金宝所刊,遂倩律师哈华托函致英美租界公廨,声请究惩。谳员张柄枢司马准之,备文移提陆金宝到案,昨晨会同伟翻译官研讯。金遣抱呈投案,声诉前情。陆供小的无知误犯,尚乞施恩。司马商之伟君,饬交人保去,缴出原板,不得再售,违干未便。

光绪二十八年二月初四日/1902年3月23日

照料戏场

日前某宦偶患喉症,曾在本邑城隍神像前许愿,后果霍然。因定于本月十五日雇雅仙茶园诸甬伶在邑庙演戏一日,以答神庥。诚恐届时观者拥挤,未免滋生事故,先期函请县主汪瑶庭大令及保甲总巡朱森庭明府派出差甲,妥为照料,昨日大令已饬差役薛贵多率夥役前往弹压矣。

光绪二十八年二月十二日/1902年3月21日

大闹戏园

苏州访事人云，省垣武备学堂设于盘门外汲水桥附近，额定肄业生六十名，每逢礼拜循例休沐，任诸生随意出外。本月初七日适逢礼拜之期，傍晚时有甲乙丙丁戊五学生同至群仙戏园观剧，不知何故忽启衅端，大肆殴击。巡捕阻之，亦被挥拳凶殴，捕急吹号叫召集众捕，将甲乙丙丁四生拘入捕房。戊则乘间逸出，回至学堂纠合众学生，各持器械至戏园寻衅，逢人即殴，遇物便毁，以致台凳灯盏击毁无遗，戏房内衣箱亦被毁坏，诸伶人不敢与较，均由后户逃出。时虽通班巡捕毕集，见势凶横，无可奈何。旋有四捕与学生抵御，均被殴伤。马路工程委员兼武备学堂提调李子馨大令闻之，立即飞舆而至，饬将拘押之四生先行释出，然后劝诸生回堂。诸生声称若不令戏园服礼，每届礼拜仍须殴打云云。翌日巡捕头鄂尔生据情禀知抚宪恩中丞，中丞一筹莫展。嗣闻教士杜尔西君出作调人，闻令戏园演剧三日，并备酒若干席，以息诸生之怒，所毁物件悉由杜君出资赔偿，惟此系传述之词，未知确否。

光绪二十八年二月十三日/1902年3月22日

论苏州武备学生大闹戏园事

自国家变法求才之志切，诏令各省广设学堂，于是在省为大学堂，在府为中学堂，在州县为小学堂，风发云从，相继而起，所收肄业生多者一二百名，少者六七十名，不惜重资礼延教习，购书籍，定课程，汲汲皇皇，不遗余力，曰凡以造就人材也。犹恐海内之有力如虎者，困守闾巷，无由自见，未免兴老骥伏枥之悲，复令设立武备学堂，俾桓桓武士群萃其中，演习各种技艺，为他日折冲御侮之资。盖自武科既停，此辈骤乏进身之路，故不得不设此以维持之，以示文治武功未尝偏废。嗣见各省疆吏借口经费无出，未能一律遵行，于是纶綍重颁，责令仿照江鄂武备学堂及山东随营学堂章程，实力兴办。朝廷求才若渴，所期望于兔罝之选者，其意弥殷，岂不以武人之可寄干城腹心，无殊文臣之可为股肱心膂，故不惮广收而乐育之。膺是选者，宜何如感激奋勉，讲求韬略，以备国家缓急之需。

乃吾观日前苏省武备学堂诸生大闹戏园之事,而不禁深有慨焉。夫苏省武备学堂设于盘门外汲水桥附近,额定肄业生六十名,人数尚不为多也。每七日循照西国章程,任令诸生休沐,随意游行,亦不得遽指为旷误功课也。本月初七日傍晚时,甲乙丙丁戊五生同至群仙戏园观剧,忽起衅端,大肆殴击,虽已违夫礼法,犹曰武人性情浮躁,未经化导,不觉一发难收耳。迨巡捕阻之,亦可以稍止矣,何居乎恃其膂力,挥拳便殴,致被召集众捕将甲乙丙丁四生拘入捕房,咎由自取,夫复何尤!乃戊乘间逸出,回至学堂纠合诸生,各持器械,群往寻衅。所到之处,台凳灯盏击毁无遗,甚至戏房内所置衣箱亦被毁坏,一若与诸伶人仇深切齿,不如此不足以快其心也者,何其肆无忌惮若此耶!幸而诸伶人畏其凶焰,不敢与较,均由后户逃出,得免性命之忧,否则若辈恣意猖狂,吾恐覆巢之下必无完卵矣,又岂仅四捕略与抵御致被殴伤也哉!厥后武备学堂提调李子馨大令见势不佳,饬将拘押之人先行释出,然后劝诸生回堂,而诸生气尚未平,必欲令戏园主服礼而后已。刻下此事已由巡捕头鄂尔生禀知抚宪恩艺棠中丞,日后如何约束之,方必能斟酌尽善,顾执笔人于此窃有议矣。国家郑重育才,筹拨巨金,设堂兴学,无论为文为武,皆期砥砺有成。今苏省武备学堂甫经开设,即已肇此风波,虽出自勇敢之徒,或由气质未化所致,然若辈之所以敢于为此者,大抵恃其人众耳。使各堂学生相率效尤,是不啻多一学堂即多一隐忧也,奚其可哉?故居今日而言,学堂尤赖良师悉心教训,方可化其矜躁之心。试观江鄂两省所设武备学堂,阅时已久,而从未闻学生有滋生事端者,此无他,驾驭有方之故也。兹之肇祸,殆办理者容有未善欤?呜呼!今天下学堂多矣,合各省大中小三等学堂,计之人数之众,当不可以偻指终,此外私设各堂尚难查核。从前诸生散布,故不至聚而为非,今一堂皆有数十名百余名,人愈多则势愈盛,设一旦事起仓猝,一呼百应,恐不止如此次之大闹戏园也。况各学堂中沾染康梁恶习者又不知凡几,见兔顾犬,亡羊补牢,杜渐防微,是在有振兴学校之责者。

光绪二十八年二月十八日/1902年3月27日

贺使行辕纪事

昨日吕镜宇大司空、盛杏荪宫保、上海道袁观察以及本埠文武印委各员，均诣行辕请安。十一点钟时，英兵官五员、德兵官三员、英副水师提督、美总领事、美陆军提督又某国兵官均进谒。贝子于三点钟时，偕梁镇东参赞乘紫疆马车便衣至大马路鸿昌洋行、双龙洋行购物，至耀华照相馆拍一小像，四点钟回辕。五点钟江苏巡抚恩大中丞至行辕拜会，七点钟赴芦花荡八号洋房马钦使处筵宴。闻钦使特招丹桂园菊部各伶演剧，并放烟火以娱嘉宾。十一日，新关税务司裴式楷君假徐家汇二十六号洋房设筵，恭请贝子宴饮。昨日午后，裴君已遣人投道厅县各署柬请袁观察、刘司马、汪大令等，届时前往陪宴，藉联樽俎之欢。

光绪二十八年三月十一日/1902 年 4 月 18 日

神京珥笔（之一）

会办五城事宜顺天府府尹陈大京兆访知境内戏园饭馆设立女座，殊于风化攸关，因会同五城察院示禁。略谓：携眷招妓，欢饮冶游，本关伤风败俗，前经出示晓谕，厉禁颓风。近日复闻饭庄有私卖女座者，除饬五城各局饬传戏园饭庄取具不卖女座甘结外，为此示谕各戏园饭庄知悉，倘再有希图渔利，私卖女座，及招接娼妓各情事，一经发觉，定将该戏园饭庄掌柜收押枷示，决不宽贷。

光绪二十八年三月二十一日/1902 年 4 月 28 日

庾楼觞月（之一）

武昌访事人云，汉口丹桂戏园向借某洋行资本开设，迩已闭歇。洋行经理人将园主某甲扭赴夏口厅署，声请押追，不知冯司马将如何处置也。

光绪二十八年六月二十日/1902 年 7 月 24 日

淫 戏 宜 惩

小朱即朱锡臣犯案累累，曾经英美租界公堂惩治。近在带钩桥北品仙髦儿戏馆执事,奈因生涯清淡,不敷开支,遂顾违禁令,嘱各女伶搬演《乌龙院》等淫戏,秽亵之态不堪入目。事经捕头查知,禀请谳员张柄枢司马饬传小朱讯究。小朱抗传不到,捕头遂禀请签提。小朱知此次到案必被重惩,爰即乘机逃避。说者谓小朱前因搬演淫戏,讯实罚锾,今又犯此,想南面者决不任其法外逍遥也。

光绪二十八年八月三十日/1902年10月1日

都门杂录(之一)

大栅栏三庆戏园现已易主,业于九月初旬清理地基,重行修建,约年内即可竣工,明正定当开场演剧矣。

光绪二十八年九月二十八日/1902年10月29日

剧场巨劫

广州访事人云,上月二十三日,三水县属金鸡山左近有好事者赀雇梨园登场演剧。日加午,祝融氏忽乘兴惠临,全台顷刻化为煨烬,观剧者大半殃及池鱼,诚无妄之灾也。

光绪二十八年十二月二十二日/1903年1月20日

光绪二十九年(1903)

京洛缁尘(之一)

端阳佳节,内务府掌仪司饬传福寿、玉成、同庆各部优伶,于五月初一日起至初六日,每日赴颐和园演剧,并传演《雄黄阵》、《五毒阵》等戏。

光绪二十九年五月十四日/1903年6月9日

神京珥笔(之一)

闰月初三日,大栅栏庆乐戏园盖成开市。是日演昆弋二腔,系安庆班登台,角色大半皓首台背者。次日改演宝胜和班,系徽秦二腔更翻递唱。连朝观剧者接踵连肩,园下几无隙地云。

光绪二十九年闰五月十七日/1903年7月11日

麋台录要(之一)

自三月迄今,时有窃案,大抵越垣而入者居多。本月某某等日,经警察勇及捕役等陆续拿获窃贼十余名,解经官宪究出,此辈均系江湖上梨园子弟,为武丑武旦之类等人,遂饬差捕至附近各乡将若辈驱逐出境,不准逗留。

光绪二十九年闰五月二十七日/1903年7月21日

严惩诲淫

玉仙戏园演唱《张桂卿吊膀子》淫戏,经英界包探方长华查明,告知捕头,着将园主王金宝传案请讯。昨晨方探将王解送公堂禀称,淫戏最为风俗人心之害,历经各宪查禁在案,不意前夜玉仙戏园演唱前已伏法之张桂卿向湖丝阿姐吊膀子、诱至某庙逼奸等情,备极淫秽,应请究惩。谳员孙建臣直刺商之英总领事署翻译官迪比南君,判罚洋银五百元,分充善举。王称无力遵缴,求恩酌减。直刺据情转商迪君,见其并无转圜之意,遂谓王曰:尔如无力缴银,当荷校三个月游行示众,期满再押西狱两年,以示惩儆。

光绪二十九年七月十七日/1902年9月8日

诲淫宜罚

玉仙戏园伶人王三麻子之子名金宝者,演唱匪棍张桂卿将缫丝女郎在某庙逼奸一剧,云天雨地,刻意描摹。英美租界谳员孙建臣直刺闻而恶之,饬拘至案,判罚洋银五百元,违则枷号三月,游街示众,然后收禁西狱二年。日昨王倩博易律师函致英总领事署迪翻译官,请宽限期,设法措缴,尚未识迪君俯允所求否。

光绪二十九年八月初一日/1903年9月21日

演剧酬神

昨日道家者流相传为许真君诞辰,赣省寓沪各商人相率醵资征召梨园子弟,就南市小普陀桥江西会馆登台演剧,以答神庥。董事某君特禀请二十三七铺巡防局员派勇四名在彼弹压。

光绪二十九年八月初二日/1903年9月22日

鹭屿采芝(之一)

去年某甲等人招集女孩四五十口,雇人教以戏剧。随租定三兴馆客栈后屋开设猫儿戏馆,每年出洋银一千六百元,禀请兴泉永道延少山观察批准施行。观察以若辈难免滋生事端,批斥不准。

光绪二十九年九月初六日/1903年10月25日

剧场纵火

闻之广州友人云,九月二十四日,粤东德庆州城有好事者广征菊部,大开剧场。至夜三鼓时,突被匪人纵火,熊熊之焰将戏台悉化劫灰,观剧之人大半焦头烂额,焚毙压毙者几不能以数计。西宁县黄某之子伤脑折足,飞艇往西医局求治,言及忙乱中被匪人掳去少妇幼女二十余口，真非常之灾也。

光绪二十九年十月十四日/1903年12月2日

戏园防患说

火警之事，沪上最多，以人烟之稠密也。戏园被火，沪上最险，以看客之众多也。当夫氍毹贴地，粉墨登场，老幼男女之入座纵观者，如蜂屯，如蚁聚，万头攒动，笑语喧闹。于斯时也，锦绣盈眸，笙箫聒耳，既心神之专注，亦顾盼而自豪，娱目赏心，孰有加于此哉！忽焉而警钟怒鸣，其声震耳，园之上下群哗然曰：火发矣，火发矣！虽不知祝融氏之税驾何方，而数百千人无不惊骇失措，奔窜不遑，风卷怒涛无此汹涌，而祸端种种遂从此起焉。闲尝推原其惊扰之故，约有数端。一为旅居沪上者，土著绝少，其赁屋数椽借栖梅鹤者，大率皆东西南北之人，平时既无邻里往来，又少亲朋照料，一旦猝遇变故，其保有火险者心尚稍安，否则居家者半系老弱妇女之流，焉有不惊惶无措者？故在戏园而一闻火警，势必至拂衣而起，借探吴回氏之行踪，此争先拥挤之故一也。一为偶游沪上者，朋侪三五，买棹而来，信步剧场，借娱耳目。其于沪埠情形既不熟悉，心胆之怯迥异寻常，故当蒲牢怒吼之余，见同人之纷纷而逃，方疑祸在目前，不觉心志纷乱，此争先拥挤之故二也。一为匪徒之好事者，少年无赖，游手好闲，遇事生风，是其惯技。戏园本为若辈麕集之处，平安无事则亦已耳，忽而钟声噌吰，突报火起，不觉心花大放，乘间肆其诡谋，或攫少妇之簪环，或劫乡愚之衣物，故作惊人之语，借遂鬼蜮之奸，此争先拥挤之故三也。有此三端，故租界每逢火患，即不必近在戏园，而一夫夜呼，无不仓皇四应。从前因此肇祸既不一而足，此次石路蒋鹤龄药肆火灾，左近天仙茶园竟因人急奔逃，踏毙一人，挤伤多人，而妇女之遗簪堕珥、散发蓬头者，更属不可胜数。本寻乐事，忽踏危机，先笑而后号咷，亦殊可怜而可哂。或曰：然则因此而中西官会商，禁止伶人不准演戏，或可以免祸机乎？不知此亦非人情也，既系事势之所难，即非禁令之可及。故仆再四思维，欲弭其祸，仍无以易从前报中所论请捕头遍告各戏园多辟旁门之说。按本报自倡此议后,中西官宪曾俯采刍荛,出示谆谆告戒,无如各戏馆仍多阳奉阴违,未能照此办理。即或有于正门外另辟旁扉者,然皆紧贴狭巷之中,苟聚多人,仍难免因而肇祸。或非情形熟悉者,并不知另有旁户可行,故名虽更换章程,而于事仍属无补。愚意此后凡开戏园者,必报明捕房共有出入之路几处,其门户必甚宽大,且须两面均临马路,庶一闻警信,可得数处畅行,苟不如式则不准开,如此防患未然,或稍有裨益乎?若夫为观剧者计,则虽遇警报,只宜静镇,断不可稍有惊惶。盖火之为患虽烈,然甫闻消息,断不致焚身之祸遽及于目前,若随众而慌急狂奔,则颠蹶跌仆之虞,可操左券而卜。试观自来戏园遇火,从未闻有焚毙其中者,而压毙跌伤之祸则书不胜书,此中情事,亦可以悟矣。爰作此说,弁之报端,世有今乐之好者,或亦有所取哉!

光绪二十九年十月三十日/1903 年 12 月 18 日

光绪三十年(1904)

请防诲淫

前者旅沪商人宋维翰、金清镳、祝大椿、荣瑞馨、吴承杰、赵用廷、王铸、包曾滂、石承时、潘作楫、沈嘉顺、胡受福、何恭寿、张麟魁、薛翼运、陶栋、袁焕章、周荃、叶泰米、赵文瀚、沈顾承、高昌麟、马纪祥、曹骧、殷步堃、席庭勋、陈燮均、程钟杰、朱树卿、沈元恺、冯增元、季孝荣、文万甫、冯翰藻、刘之艇、倪淦、郭士杰、曹邦安、裘筱韩、郑伯蕃、陈蔚杉、韩文谊、费秋屏、严锡光、倪佩卿、沈念岵、倪小圃、房子明等四十八人，鉴于苏商祝承桂即祝少英之妾胡丽卿被伶人灵芝草即丁剑秋诱拐无踪一案，联名具禀英美等国公共租界会审公廨，略称著名淫伶李春来、赵小廉、夏月润、吕月樵、赵如泉、小连生、郭蝶仙等七人，专事引诱良家妾媵，坏人名节，罔知天理王章，请即提案究惩，以杀淫焰等情，时谳员关絅之司马以交卸在即，未及提究。迨新任谳员黄耀宿司马查阅接管卷，即援笔批其牍尾曰：查租界地方藏垢纳污，久为风俗人心之害，其浮薄恶少，马夫优人，勾引妇女，无恶不作，言之实堪痛恨。然被诱者或系下流娼妓，或系小家荡妇，本属寡廉鲜耻，又无家主约束，以致相习成风，甘心比匪。若如所禀是良家妾媵，亦被若辈贿通诱惑，更为法纪所不容，商民所共愤。本分府目击浇漓，亟思挽回恶俗，以维风化。查祝承桂控告丁伶诱占伊妾一案，现正认真研究，一俟讯取确供，即当照例严办，不稍宽贷。至所请将李春来等讯办一节，现在未据指控，若凭空提案，若辈恃无质证，必多狡赖，应候饬查明确，再行核办可也。

光绪三十年二月十九日/1904 年 4 月 4 日

演剧酬神

本月二十三日为天后圣母诞辰,沪南各会馆征召梨园登台演剧,先后五日,以答神庥。十六铺、二十三七铺各巡防局员咸派勇丁妥为弹压。

光绪三十年三月二十一日/1904年5月6日

大闹梨园

宜昌访事人云,前日某局总办某观察之夫人某氏挈女至南门外某戏园观剧,因□外被人拦阻,饬丁驱逐。不意此辈皆系轮船上人,不稍退让,大起争端。某氏怒,喝令拘拿,船上人不服,将丁痛击数下。丁即逸出,纠集局勇,各执器械,前往报复,当场拘获数人,丁欲泄前忿,持棍乱殴。于是若辈呼喝一声,奋勇恶斗,旁观者复从而助之,直至勇役大受伤病,始一哄而散。时江畔有轮船二艘,一为大元,一为江和,不知系何船上人所为,又无姓名可指,虽经委员某君诉知船局执事,终以无可指拿,怅然而返。

光绪三十年四月初五日/1904年5月20日

淫伶递籍

淫伶丁剑秋即灵芝草前因诱拐祝少英之妾胡丽卿,由英美等国租界公廨谳员黄耀宿司马移送上海县署。昨日县主汪瑶庭大令饬吏缮备公文,派差押解天津县原籍,交地方官严加管束,不许再来。

光绪三十年四月十七日/1904年5月31日

京华琐录(之一)

日本人某甲租定西珠市口天和戏馆演唱女班,钲鼓喧阗,夜以继日。上月十七日正在粉墨登场,忽中城练勇奉城宪之谕,勒令即时停演,一时观剧之人纷纷如鸟兽散。

光绪三十年四月十九日/1904年6月2日

南市琐闻(之一)

今日为许真君诞辰,本邑南市江西会馆董事特征召梨园子弟登台演剧,并柬邀寓沪同乡官商宴饮,爰由二十三七铺巡防局员姚李两二尹派勇前往弹压。

光绪三十年八月初一日/1904年9月10日

伶工效死

日本东京来信云,东历八月十日旅顺之战,我日军诸军舰内兵士死伤甚众,尸积如山,其中以军乐工队为最多,计全队二十六名,只有十名得离死地。闻之某将校曰,自中日交战之后,诸舰皆不用军乐,以故伶人绝无效命疆埸者。此次战事初开,乐工队领班人白诸统带,诸武员自愿入营供职,是以由二月以迄今日,诸舰号鼓手皆用伶人承当。致执籥秉翟之流,亦不免血飞肉薄也。

光绪三十年八月初二日/1904年9月11日

都下琐谭(之一)

大栅栏庆和戏园庚子之变悉付劫灰,现经雇匠兴修,约计年内可以告成,转瞬粉墨登场,又足令都人士一新耳目矣。

光绪三十年九月初二日/1904年10月10日

优伶蒙赦

姑苏访事人云,前者伶人霍春祥因犯诱奸之案,被逮羁縻,兹逢皇太后七旬万寿,大赦天下,霍伶亦与其列,得于本月某日释出图圄,十三日已在全浙会馆演剧娱宾矣。

光绪三十年十月十八日/1904年11月24日

伶人饮刃

丹桂戏园伶人刘天贵与同班李万富积不相能,前晚刘行至英界三马路,适与李遇,口角之下,遽被拔刃猛砍两下,致伤脖颈及手,登时踣地,血涌如泉。随经旁人将李拘获,交巡街捕送入捕房,捕头着将刘异送仁济医馆疗治,医者察得喉管未断,尚不致有性命之虞。李则押候解送公堂,禀请谳员黄耀宿司马讯究。

光绪三十年十一月十五日/1904 年 12 月 21 日

光绪三十一年(1905)

厦门(之一)

绛仙女戏班前在鼓浪屿货屋开演,因与厦岛遥隔一水,往来不便,是以观者甚稀。兹于新正起已迁至寮仔后,改名天仙茶园,择于初九日开演。

光绪三十一年正月二十八日/1905年3月3日

沙船演剧

陈丰记船号近因在牛庄来沪,获庆安澜,因雇梨园中人就商船会馆登台演剧,并请二十三七铺巡局派勇弹压。

光绪三十一年二月二十三日/1905年3月28日

戏园捐助学费(芜湖)

芜湖髦儿戏馆为前巡警总办童次卿观察禁绝,现观察甫经交卸,留春园髦儿戏馆即重整旗鼓,订于二十日开演。闻巡警总办黄再香观察仍饬以女伶之内不得杂以优童,并示明淫戏多出不准演唱,微示限制,并令每日缴洋两元,以充小学堂经费。

光绪三十一年三月初一日/1905年4月5日

求禁淫戏(苏州)

苏垣大观戏园新排《大闹灵鹫寺》一剧,淫戏也。头二本业已编就,遍贴招纸,准三月初二日开演。皮市街某纱缎庄以是戏系伊家丑事,实于颜面攸关,因以番佛二百尊投巡捕房禀充善举,并求工程局会审委员洪鹭汀大令设法禁止,不准再演此戏。大令准如所请,业已知照该园停演矣。

光绪三十一年三月初七日/1905年4月11日

禁演淫戏(镇江)

梨园演唱淫戏,有干例禁。镇郡群玉戏园托名洋商,近由沪上雇集女伶,名曰髦儿戏,日夜登台,扮演各种淫剧,裸身露体,备极丑态,哄动男妇相率往观,有举国若狂之势。为常镇道郭月楼观察所闻,谕饬丹徒县暨警察洋务各局员一体严禁,以端风化而正人心,月之初一日起已经停演矣。

光绪三十一年三月十三日/1905年4月17日

严禁淫戏续志(镇江)

镇郡大街群玉戏园前因演唱淫戏,致被官宪严禁,暂闭停演。甫及旬日,该园主神通广大,赀雇某洋人出面,于初七日重张旗鼓,仍招集髦儿班中之女优伶扮演各种淫戏。事为当镇道郭月楼观察访闻,因即出示重申禁令,特未知该戏园能改过否。

光绪三十一年三月二十一日/1905年4月25日

神诞例志(之一)

今日为天后圣母诞辰,南市各会馆供奉圣母神像者,咸雇梨园子弟登台演剧,以答神庥。

光绪三十一年三月二十三日/1905年4月27日

严禁演唱淫戏(芜湖)

芜湖髦儿戏馆经巡警局总办黄润九观察弛禁后,饬令加认襄垣小学堂经费,惟淫戏及男女伶混杂扮演则禁令甚严,文告煌煌,有目共见。不意留春髦[儿]戏园主王永升竟敢由申招得男优林小芬来芜,与女伶一同演唱,事经观察闻知,谕令该段分巡委员转饬禁止。讵竟视若弁髦,且淫戏如《庙会》、《打花鼓》等剧亦无日无之。邑绅谢庆芬、甘小秋明经现已援案合词禀请严禁矣。

光绪三十一年四月初四日/1905年5月7日

迎主招优

南洋公学定于初五日恭迎李文忠公栗主入祠，昨日函致公廨，请屠司马传天仙等三菊部至祠中演剧。

光绪三十一年四月初四日/1905年5月7日

九江(之一)

前月浔城南门外小坝地方正在酬神演剧，[不]意看台忽坍，跌下男女数十人，有一妇伤势甚重，并压毙男孩一口。

光绪三十一年四月十一日/1905年5月14日

会讯伶人王鸿寿欠洋图赖案

王弼臣曾入日斯巴尼亚籍，昨投该营总领事，控伶人王鸿寿、陆文德欠洋图赖，由领事照会谳员屠兴之司马，准即签差将王鸿寿、陆文德提案，订于前日午后由襄谳孙耳三大令会同日领事阎第士君提讯。原告王弼臣延律师陆舌儒到案，译称王鸿寿前开三马路玉仙戏园时，王有押柜洋银五百元，迨其闭歇，向索不还，是以控奉传案后，王鸿寿已挽人向原告恳情，出立期票，分期拔还，业已允诺，惟司帐陆文德有期票洋二百元，顾请究追。质之陆供，一切款项均应由王鸿寿归还求察。大令得供，商之阎君，判陆退去，于一礼拜内自向原告理楚，违干提追。

光绪三十一年五月初九日/1905年6月11日

移解女伶

昨日公共公廨据芜湖警察局移解女伶小月芬即王月芬一口到廨，查其来文谓该伶向在芜湖荣华富贵楼髦儿戏班为优等情，屠司马谕令着交官媒看管，听候讯核。

光绪三十一年五月二十八日/1905年6月30日

芜湖(之一)

富贵楼髦儿戏班花旦白菊花前次突然截发为尼，颇出人意，其夫亦未有异说。不意该氏复控其夫于芜湖县署,谓自愿出家,夫不得阻挠。县主萧策吾大令接呈后,即差提其夫,羁之于狱。其夫畏刑,随愿具结离异,乃始释放。说者谓有某少尹向与白菊花私识,故设此谋,为将来永以为好之计,其然,岂其然乎?

光绪三十一年六月初十日/1905年7月12日

江宁(之一)

省垣彩霞街旧有仪凤戏园,歌舞升平已二十载。比年因与学界中人屡有冲突,迭起风潮,遂为地方官所封闭。嗣由园主设法运动,当道准其另造戏园,已卜地于王府园,鸠工庀材,大兴土木。又有髦儿戏班亦备银五千金,在中正街购买地基,兴造戏园,据云已得官府准开之凭照,是可见优人之能力矣。

光绪三十一年六月二十七日/1905年7月29日

禁止男女合演淫戏及蹦蹦戏(天津)

前天津县详禀直督,略谓据徐绅士銮□禀称,津郡戏馆自庚子后毫无忌惮,竟敢男女合为一班,合演淫戏,伤风败俗,莫此为甚。窃拟仿照上海租界章程,恳请照会各国租界领事等官,禁其男女合演,不禁其男女分演。各隶戏园男优只入男班,名其戏馆曰某茶园;女优只入女班,名其戏馆曰坤剧馆。必从其类,不准溷杂。最可恨者外来蹦蹦戏,在河东河北西头等处演唱,其戏□□廉,诲淫尤甚,自应照准□禁。除详请津海关道先行照会各国领事立案照办外,拟合具文详请宪台查□,俯赐批示立案等语。兹经直督批示,男女合演淫剧,大为风俗人心之害。所请仿照上海租界章程,示禁戏馆茶园不得男女合演,准其专设坤剧馆,禁演淫戏及蹦蹦戏,应准立案。仰天津道饬县传谕各戏园遵照,并移津海关道照会各国领事,一律禁止,以维风化。

光绪三十一年八月十八日/1905年9月16日

万寿庆贺志仪

今日系皇太后万寿，本埠关道袁观察特在泥城外洋务局雇匠札就灯彩牌楼，预备中西官商前赴祝嘏，并传梨园演剧一天，更备中西筵宴请各官及驻沪各领事官会饮，由英美公廨谳员关司马招待一切。

光绪三十一年十月初十日/1905 年 11 月 6 日

戏资助赈

顷承春仙茶园熊文通善士将至日戏金移助沙洲水灾，计交到洋一百五十三元六百六十三角钱十文。急公好义之资，至集于妙舞清歌之地，所谓人之欲善，谁不如我。拜颁之下，并此只谢。上海六马路仁济善堂董事严信厚、陈霖、曾铸、朱佩珍、马发昱、施则敬、张韦承等谨志。

光绪三十一年十月二十日/1905 年 11 月 16 日

上海县案（之一）

杨文玉前日投县喊冤，当晚奉汪大令提讯。杨供唱戏为生，前有李姓将子送与小的为徒，立有合同八年为满。甫及二年有余，李子已能串演，刻往镇江搭班，每月包洋一百二十元，讵置小的不顾，求提李姓，追偿饭食等洋一千余元。大令得供，谕谓本县不能帮尔讹诈人财，将词掷还不准。

光绪三十一年十月二十八日/1905 年 11 月 24 日

戏园攫物

某公子前夜偕妾至春仙戏园观剧，行至楼梯，被郑子明党之流氓四五人攫去银水烟袋，匣上有珠值洋甚巨，当投捕房报失，捕头派探王宝生前往查缉。

光绪三十一年十月三十日/1905 年 11 月 26 日

榛苓小学堂发起

伶界潘月樵、夏月珊创议借梨园公所组织一榛苓初等小学堂，学科分修身、讲经、读经、国文、算术、体操、图画、手工、外国文、唱歌诸门，阶级以一学年为一班，满四学年凡四班，共一百二十人，此外职员、学费、学规、考试、各项简章并附记、书式、经费豫算表亦均井井有条，组织尽善。其第六节学费项内款"初等小学为义务教育，一切费用皆由本学堂筹备，不收学生分文"，尤足见其热心兴学，任事宏毅云。

光绪三十一年十二月十七日/1906 年 1 月 16 日

光绪三十二年(1906)

各业演剧戒用铜元(绍兴)

越郡铜元拥挤,每一墨银可兑一百十余枚。现下南货帮等大宗各业借口于完粮纳捐官场不收,因相约演剧概不收用,仍以大小银元与制钱交易,似此办法殊与圜法有损也。

光绪三十二年正月十二日/1906年2月5日

榛苓小学堂宴会

榛苓小学堂发起人潘夏两君,今日借座聚丰园款宴学界伶界赞成员,报告本月二十二日开学。

光绪三十二年正月十四日/1906年2月7日

榛苓学堂开学志盛

昨为沪北各戏园伶人在本城九亩地创设榛苓学堂开学之期,本埠道宪袁观察、商务大臣吕尚书、电政大臣吴侍郎及印委各员均诣堂观礼,颇极一时之盛。

光绪三十二年正月二十三日/1906年2月16日

戏价拟助女学堂经费(京师)

杭州蕙馨女士因办女学校,不惜牺牲身命,京师学界屡开追悼会。日前黎(梨)园中人会议定于三月初在虎坊桥湖广会馆演戏三天,专卖女客座位,所有戏价概充蕙馨女士所立学校经费,以继其志。并闻华丰锦票庄总理以此实为善举,若寄此款时不收汇费,以尽义务。

光绪三十二年二月二十五日/1906年3月19日

栈司因加工资演剧布告

洋行街各建帮杂货行均雇栈司送运货物,各司现因钱价日跌,所入工资不敷用度,爰向行主议加二成,以资贴补。前日经该行司遍发传单,约各行主及执事人等齐集邑庙点春堂会议,已允照加。各栈司因在泉漳会馆演剧一天,布告大众周知。

光绪三十二年三月十六日/1906年4月9日

请禁男女合演戏班(北京)

御史李灼华以天津一埠现仍有男女合演戏班,致伤风化,特具折奏请饬禁,奉旨交巡警部办理。

光绪三十二年三月二十六日/1906年4月19日

戏捐补助警观费(重庆)

重庆举办警察,由烟灯捐及旧有之保甲局经费拨用,尚属不敷。兹又创办戏捐,每天每部抽钱二千文,或早戏或夜戏半部则抽钱一千文,计二月分共收钱二百三十余千,全年可得三千千。

光绪三十二年四月初一日/1906年4月24日

陶公子因观剧与西人互殴(镇江)

镇江道陶森甲之子,年二十余,日以嫖赌为事。本月初二日夜,公子约同某游击及警察员弁某某等诣小街玉润戏园观剧,并招雏妓王金宝等到园,以相娱乐。未几,公子与隔厢看戏之某洋行西人及杜某、冯某两名口角互殴,公子力不能敌,头颅略受微伤。维时在座警察某员立即调集站街各巡士数十名,执持枪械蜂拥而来,如临大敌。园主张某见势不佳,急向公子及西人等苦求,始各释手而去。事后陶观察派员密查,当将杜冯两人拘获,札饬丹徒县审讯,一面照会驻镇英领事窦君查明核办。初四日午刻,窦君饬传是案行凶之洋人些到署讯问原委,着照西例收押领事署两礼拜,并罚洋二百元以儆。

光绪三十二年四月初八日/1906年5月1日

松府札县严禁乡镇演戏聚赌

上海县汪大令接奉松府戚太守札开：访闻青浦县章练塘一带演戏累月，难保无聚赌情事，除饬青浦县将章练塘董保惩罚外，亟应通饬立即示禁。如再违犯，图董地保不先禀报，必应罚办。巡检汛弁不先禀报，即系得规包庇，亦应详请分别示惩等因。汪大令接札之下，昨日饬差传谕各董保实行查禁，并即日出示晓谕。

光绪三十二年五月十四日/1906 年 7 月 5 日

榛苓学堂游艺会

昨为九亩地榛苓学堂暑假之期，一点至五点钟开游艺会，兹将顺序单录下：一唱歌(校歌)，二讲国文(读本)，三黑板写字，四讲国史(读本)，五画地图(经纬线)，六讲历史(读本)，七唱歌(采莲)，八黑板写字，九习算(心算)，十习算(笔算)，十一朗诵文(读本)，十二黑板画(猫、鱼、葫芦、藕)，十三风琴(简易进行曲)，十四演说，十五画地图(五道五带)，十六唱歌(游戏)，十七英文口述问答，十八默书翻译，十九读书讲演，二十讲演国文(读本)，二十一黑板写字，二十二唱歌(勉学歌)。

光绪三十二年六月初五日/1906 年 7 月 25 日

万寿节　恩赐观剧(北京)

本届万寿圣节奏事处奏准二十五、六两日，所有恩赐听戏之王大臣如下：东边照料恭亲王溥伟、礼亲王世铎、醇亲王载沣、庆亲王奕劻、载洵、载涛、溥伦、载泽、溥倬、载□一间，鹿传霖、翟鸿机、荣庆、徐世昌、铁良一间，世续、增崇、孙家鼐、那桐一间，奎俊、溥良、清锐、溥兴一间，西边照料载振、庄山、那彦图、肃亲王善耆一间，阿穆尔灵圭、达赉、桂祥、芬车一间，伊立布、讷钦泰、继禄一间，葛宝华、松寿、特图慎、寿耆一间，张百熙、陆润庠、陆宝忠、张亨嘉、吴士鉴、袁□准、姜桂题一间，是日奉懿旨均赏吃饭。

光绪三十二年七月初三日/1906 年 8 月 22 日

伶人行凶

春桂戏园伶人冯三狗与住居广西路之妇人张王氏素识,近氏忽触怒冯伶,致被纠人将妇凶殴,前晚复纠同其兄二狗并带领多人,至氏处见物即毁。氏投报捕房,捕头饬守徐阿四前往,三狗闻信逃脱,遂将冯二狗拘入捕房,押候解堂讯究。

光绪三十二年七月二十二日/1906年9月10日

论戏曲改良与群治之关系(僇)

七月念八日,上海报界同人于张园举行立宪祝典。礼既成,海上名伶潘月樵、夏志皋等演《爱国青年》一出,盖班本中最新出者也。一时观者时而叹,时而泣,时而怒骂,时而泪涔涔下,且鼓舞且赞叹。天僇生立稠人中,若有物焉,沈沈冥冥而来袭心,乃使吾魂飞扬出于九天之上,而入于九渊之下。既散会,乃有感于戏曲之关系也,著为论。论曰:国之兴亡,政之理乱,由风俗生也。风俗之习惯,由匹夫匹妇一二人之心起也。一二人之心,由耳之所濡、目之所染习而成也。习于善则善,习于恶则恶,习于正则正,习于淫则淫,习于非则非,习于是则是。浸淫既久,风俗之良窳因之,朝政之得失因之。是故欲革政治,当以易风俗为起点;欲易风俗,当以正人心为起点;欲正人心,当以改良戏曲为起点。

昔法之败于德也,议和割地,丧师辱国。议院诸人痛之,乃于巴黎起一剧场,专演德法战争之惨状,法人之如何被辱,德人之如何横暴。观斯剧者,无不痛哭流涕,誓复前仇。不数年后而国势复振,蔚然仍为欧洲强国之一,盖演戏之效如此其捷也。吾闻泰西诸大文豪若谢侍辟的、若苟特、若玉哥、若吾邱瓦士,皆以戏曲擅名于时,率登场自演所为剧,而人亦极重演剧者,往往一曲未终,而声名已遍于全国。诚以戏曲之力足以左右世界,其范围所及十倍于新闻纸,百倍于演说台。盖报章演说,其力量仅及其中上社会,或有听而欲卧者。至于戏曲,则无上无下,无老无少,无尊无卑,罔不受其感动力也。且夫吾国曲界之变迁,亦至剧矣。宋以前诗与乐合,宋以后诗与乐分,诗之宫谱失而后有词,词不能尽作者之意而后有曲。胡元崛起，入主中华，于是始创曲本。曲本之中又有南北之分，南曲主柔，北曲主刚，南曲多合唱，北曲多独歌。当时旧乐荡然无存，语言杂糅，而北曲四曲遂缺其一。盖自元以来，凡贤人君子不能行其志于时者，思为移易风俗之举，舍此道末由，如马东篱、关汉卿、王实甫、高则诚之徒，皆江湖不得志之士，其心多悲凉，视世事无所可，不得不托于浮靡之文以自见其心，至可悲也，世人亦无有知其心者。至本朝雍正间禁止乐籍，不许士夫蓄声伎，宫谱丧缺，而移风易俗之洇，转采于村优里倡之手。昆曲既废，俗声旋兴，于撰曲者则呼之为词人，于演剧者则视之为贱业，无惑乎所演者非淫即杀，有志之士惟恐卧也。今上海诸剧场亦稍知改良班本矣，然所演者不过十之一耳，而其曲词不必尽雅驯，其宫谱不必尽吻合。吾侪今日诚欲改良社会，宜聘深于文学者多撰南北曲（鄙人自撰有《血泪痕》、《断肠花》传奇二种，尚未脱稿），宜广延知音之士审定宫谱，宜于内地多设剧台，宜收廉价，宜多演国家受侮之悲观，且多演各国亡国之惨状，凡一切淫靡之剧黜勿庸，一切牛鬼蛇神迷信之剧黜勿庸，一切曲词之不雅驯者黜勿庸。夫如是，则根本清，收效速，数年以后，国民无爱国思想者，吾不信也。吾故曰：欲革政治，当以改良戏曲为起点。

光绪三十二年八月初五日/1906年9月22日

论禁旗丁观剧（镇江）

京口奎都统因西城外增设戏园四处，深恐旗丁纷往观剧，滋生事端，爰颁手谕发贴西城，饬守城人等如遇旗丁外出，务即捆送来辕候讯云。

光绪三十二年八月初八日/1906年9月25日

论禁醵资唱戏

现当花稻秋收之际，本埠西乡一带竟有无赖暴徒藉酬神为名，醵资演唱花鼓淫戏，败俗伤风，莫此为甚。现为本县王大令访闻，当即谕饬各图地保从严禁阻，如有不遵，许即禀究，该保得贿隐庇，并干严办不贷云。

光绪三十二年八月十九日/1906年10月6日

陆军第九镇严禁各军挟妓观剧札文(江宁)

为札饬事,照得军人之资格最为高尚,一瞻视之微,一跬步之细,苟检察稍疏,即足招舆论之指摘,损军队之名誉。矧将校为目兵之表率,将校行止不端,则目兵效尤,禁令惩罚俱虚设而无效。果是则军人之道德其修明与堕落,所关系于军队者大也。前因马队营有排长方敬先身着军服,携带妇女入戏园观剧一事,当派正执法官前往查办。旋据查明同观剧者实系其家属,并非挟妓等情,惟是身穿军服与妇女同坐观剧,究属有玷军人之身份,即经从宽撤差,免予究办在案。诚恐各标营将校仍间有不知自爱,沾染挟妓观剧之陋习,亟应剀切申戒。凡我全镇军人当知,一入军队,即属以身许国,荷绝大之责任,为四民所钦仰。凡一般社会之习惯嗜好,早当痛除净尽,始克完葆其纯洁高尚之人格。古来善将兵者,必与士卒同甘苦,饮食居处公诸士卒,并不自有其家,更何论一身之娱乐,见诸史册,传为美谈。即近今东西各国设有海陆军人俱乐部,星期无事,群聚欢饮,狂歌起舞,在战胜之军国民亦恒有之,其英光浩气流著于杯酒间,其有英雄豪杰睥睨一世之概,尚不以放弃礼仪为歉。至若堕志绮靡,荣情声色,于稠人广坐之中狎伍倡妓,即不为人所诟病,试问亦自居何等?江南成镇未久,教练之成绩尚未昭著,正我军人卧薪尝胆之秋,更不可不谨小慎微,以免贻羞远迩。本统制为整饬军纪起见,深愿各将校顾全个人之名誉,即以顾全全镇之名誉,嗣后断不可有挟妓观剧情事。设有不遵,无论中下级官长,一经查悉,定当执法严绳,不稍宽宥。其本营队目兵,即责成各官长诰诫而约束之,合行札饬。札到该司令官、统领、统带、管带、队官,即便转饬遵照毋违,特札。

光绪三十二年九月十五日/1906年11月1日

邑庙演剧

上海县署各差役自今日起，集资在邑庙演剧三天。

光绪三十二年十月二十二日/1906年12月7日

伶人设立学堂(苏州)

阊门外义慈巷梨园公所由夏云峰等为发起人，设立公立菁莪两等小学堂，分高等、初等二级。一切经费均由伶人担认，每逢星期日，所售戏资悉充该学堂常年经费。额设六十名，如办有成效，再议推广，业已禀准开办矣。

光绪三十二年十月二十七日/1906年12月12日

纪上海名妓演剧助赈详情

上海补助义振会邀集著名校书二十余人，借南京路小菜场楼上工部局议事厅合演戏剧，定于本月初六日晚七点钟至十二点钟止，所得看资赏封悉数充入江北赈灾之用，一切详细情形分列如左：

(演剧者)林凤宝、蓝桥别墅、缥渺楼、彩霞阁、彩云阁、潘凤春、王桂英、秦美云、讯梧楼、翁梅倩、胡翡云、馨芗阁、沈宝玉、小林黛玉、金莲香，以上校书十五人，担任戏票五百张。

(戏目)《纺棉花》蓝桥别墅、《乌盆计》潘凤春、《算粮登殿》彩霞阁、《宇宙峰(锋)》王桂英、《卖马》胡翡云、《卖绒花》秦美云、《探母回令》沈宝玉林凤宝、《大赐福》全体。

(价目)头等三元，二等一元半，办事员一元(如会员警察等是)，值事半元(如各人所带男女仆从及后场茶房等是)，清客(即各校书)一元。

(卖物者)(茶酒水果点心等俱全)薛金莲、胡丽春、花如兰、张飏、王佩香、十二楼、乐小宝、朱小二宝、秦寓、雪印轩、胡玉莲。

(执事者)总管虞洽卿，接待朱葆三、周金箴、李薇永、胡寄梅、施善畦、袁恒之、王宪臣、席子佩、李云书、祝兰舫、袁康祺、陆达生、楼心如、严子均；指引叶慎斋、金琴孙、郑景峰、干馥庭、周荫斋、刘绶荪、陶秉钧、徐通浩、陶春洲、虞瑞清;售票杨振骧、顾企韩;收票陈茗霖、黄季植、徐乾麟、黄玉书;管班卢锡荣;管台方云卿;警察长王西星、石运乾;警察屠也香、蒋绍曾、顾渭泉、郑国治、花吉生、方子渊、席鼎甫、黄锦全、花丙荣、沈粹卿、陈锦堂、周家骏、陆子渊、陆葆泉、王祖荫、王楷荪、陈上达、陈荔卿、张丽云、邱文彬、徐季凤、陈祥麟、郑崧生、杨乐山、卢蘅芳、钱小坡、宗奇云、朱臣、吴渭川、黄国良、郑木卿、乌象山、胡京夫、范松夫、汪元庆、徐宝琪、唐吟江、周鸿卿、毛庆发、李秀山、陈安甫、王鹤琴、金秋沼、马承康、赵敬荪、孙泉标、董杏生、左子慎、何德兴、陆莼舲。

光绪三十二年十二月初一日/1907 年 1 月 14 日

学堂演剧助赈

城内昼锦牌楼培才学堂现将年假拟于初六日开会演剧,所有入场券每纸取银五角,悉助淮徐赈捐。

光绪三十二年十二月初四日/1907 年 1 月 17 日

论今日演剧助赈事(哭)

尝论天下万事无大无小,莫不有盈虚消息之理焉。昔战国衰微之世,纲纪荡尽,而草野游侠之士出。东汉桓灵之末,习俗卑靡,而党锢气节之士兴。今者咸同以降,士夫奔走于利禄,商民计较于镛铢。家人族党之间,往往以薄物细故,觌面若不相识;而四海之兄弟,若同舟之吴越焉。于是下等社会之人,其急公好义救灾恤邻之事,反时时有所闻。

方淮徐海初告灾荒之时,闻有华工汇巨款助赈者,心窃异之,以为百万侨民飘泊万里之外,而犹能恤同胞之困难,则吾国之民气可用也。继又闻有伶人以戏资充赈者,心更异之,以为梨园子弟不惜捐弃名誉以搏区区之资,独能为此义侠之举,则吾国之民心未死也。至今日而更有女伶演剧助赈之一事,是否闻前二事而兴起,抑发于一点慈善之本心,皆不可知,但其急公好义救灾恤邻之盛意,固不可淹没也。吾初闻之时,亦颇绳其执业之贱,继思西国歌伎与色伎不同，歌妓恃一艺以自活，初不碍其人格之高，色妓借卖淫以敛钱，始不齿于齐民之列。吾中国亦何独不然，书寓者，旧时所谓板局也，入其家者，讴一曲以奉客，招之侑酒，亦只歌一曲而去。今虽风气日下，品类不齐，而书寓之中犹只设宴侑酒两事，初无一定夜度之资，则与西国之歌妓正同，安得以其业贱而卑之？又何怪西人之慨然以议事厅相借也。人之欲善，谁不如我，愿论者其略迹而原心焉。

抑又论之风气开于上，则下焉者有所自解，而不应风气开于下，则上焉者必且自愧而益奋。今区区女伶急公好义救灾卹邻，既如此，彼上等及中等社会之人，宜何如其慷慨乐输焉？况今日泯泯棼棼之世界，有志之士正欲多设白话报、画图报，为下流社会开通其智识，增进其道德，则既有明白事理之女伶，又安得不提倡之、扶助之，使之日增其智识，而渐进于道德焉？至有疑其以卖淫之技为敛钱之举者，则又不然，彼演者既为一点好善之心，而起观者虽所费区区，又何莫非本其一点好善之心而来？且东山妓女即是苍生，一时裙履偕来，虽在歌台舞榭之中，正宜视之如数百万灾黎辗转沟壑，环叩我前，非仅仅纵其耳目之欲也。所谓仁者见仁，知者见知，是则又在观者而不在演者也。

光绪三十二年十二月初六日/1907年1月19日

内廷演戏（北京）

本月初三日内廷演戏，太后点派名优汪桂芬会同南府太监演唱《洪洋洞》，派谭鑫培唱《当锏卖马》。唱毕，赏宁绸袍料各件，赏银各八两，均在驾前谢赏。

光绪三十二年十二月十二日/1907年1月25日

西报纪女优演剧助赈事

十三日《字林报》云，今晚著名中国女优四十人再在英大马路市厅演剧，补助华洋公会筹集赈款。所演之剧内，有三出系明朝故事，二出系周朝故事，一出系唐朝故事，节目甚长，定于晚间七点三十分钟开演。

光绪三十二年十二月十四日/1907年1月27日

剧资助赈计数

本月十三晚,补助华洋义赈会仍延著名女伶就大马路议事厅演剧助赈,计售头等票洋四千二百十二元,二等票售洋九十四元五角,办事票头等售洋念四元,办事票二等售洋二十九元,办事人票售洋三十三元,值事人票售洋九十一元,赏封计洋四百十七元,捐款计洋二百二十三元,卖物计洋九百七十六元,共计得洋六千另九十九元五角。是日所有工部局议事厅及巴勒洋行之戏台上电光灯,亨达利、谋得利、美华利三洋行之戏单,一品香点心以及各女伶所售花果等,俱以事关赈务,一概捐助,其余费用统由同人按股匀摊,并不开支公款云。

光绪三十二年十二月十九日/1907年2月1日

光绪三十三年(1907)

伶人冒官禀请归标(苏州)

伶人张某购得张永泰把总功牌,于去腊廿八日来苏投抚辕禀请归标。苏抚陈中丞委臬司朱廉访验看,廉访询以何人所保,答称宋。问宋何名,瞠目不能对。问汝作何业,答称唱戏。又问何人为汝购此功牌,答称抚辕差弁鲍某。廉访怒,交苏州府讯究,并传鲍弁对质。鲍谓张曰:如此大事,岂可信口诬指耶?张会意,即称并非此人,实系妄供,功名系由宋庆大人所保。太守得供,即据情禀复,并代求免。廉访准之,业已交保释放。

光绪三十三年正月初七日/1907年2月19日

南市拟开戏园

南市市面日兴,现有某商拟在该处开一戏园,盖亦招徕商贾,扩充市面之意也。

光绪三十三年正月二十五日/1907年3月9日

严禁营兵至汉口观剧(武昌)

武昌新军兵勇多人,于十五日晚私自渡江至汉口看戏。张统制得报后,以恺字营勇丁滋事未久,恐再肇祸,随即亲自渡江拿获六名,从严责办。并传谕各标营严加约束,倘再有违玩,定惟该管官员是问云。

光绪三十三年正月二十七日/1907年3月11日

戏资补助公益

昨礼拜日,春仙戏园联合申江四班文武名角合演新戏,所收戏资半充榛苓学堂经费,半备梨园公所善举。一时巨绅富贾来者如云,合园座位几为之满。而园主亦招待周至,得座客之欢心。以游娱之资,助公益之款,闻者无不美之。

光绪三十三年二月十九日/1907年4月1日

准开髦儿戏园(扬州)

六合县某茂才以扬州风气渐开,各业无不获利,因赴江北提督衙门禀准在扬城开设髦儿戏园,每月认捐洋一百二十元。荫午帅饬淮扬道移知淮运司,转饬府县遵照。该附生连日在南河下张同兴旧商大宅租赁修饰,以便开演。

光绪三十三年二月二十一日/1907年4月3日

学生演剧助赈

昨日上海实业学堂及震旦学院学生,假徐家汇李公祠合演中外古事,集捐赈济淮海饥民,本馆记者承赠券往观。是日来宾颇多,午后二时开会,先由徐家汇法教堂学生演奏西乐,次由马湘伯观察演说演剧助赈为淮海饥民请命。兹将开会次序列下:洋琴合奏(高恭安、张谔)、化学游戏(实业学生章祖纯、曹永成、李鸣和、王士杰)、学生音乐班(震旦学生)、西剧《璧衣缘》(实业学生荣大瀛、黄光正、葛吉生、黄国恩、刘元济)、西剧《伪翻译》(震旦学生胡光复、陈鸿藻、张其铎、翁灏孙、文耀、顾羲吉、徐鸿吉、高孟启、陈体信)、洋琴独奏(胡鸿猷)、中国戏剧《冬青引》(束奉铭、张同辰、周绢庵、张封良、顾翕钧)。至五时,复由徐家汇教堂学生演奏西乐散会。计来宾当场助捐者,约得百数十元云。

光绪三十三年三月初三日/1907年4月15日

演剧肇祸(重庆)

重庆城内雷祖庙日前因修理告竣,开台演戏,观者甚为拥挤。内有书楼一座,不胜压力,忽然坍塌,折足断手者十余人,有二人受伤尤重,恐有性命之虞云。

光绪三十三年三月初五日/1907年4月17日

学堂演剧助赈

日前复旦公学及商部实业学堂学生曾假座李文忠公祠合演戏剧，助赈水灾，一时观者无不同声赞叹。现该两院学生以灾区甚广，复拟演剧一次，以所入看资汇寄赈所。已定于本月初九日仍在李公祠开演，自午后二时起至五时止。其用心良可敬佩，想届时往观者必更为热闹也。

光绪三十三年三月初八日/1907年4月20日

附生开设戏馆(扬州)

六合县附生章国樵近在扬郡左卫街租定孙姓旧宅，拟开髦儿戏馆，业已雇匠兴修，不久即可开演。知其事者莫不劝阻，而章君谓现在禁烟一事将次实行，有此消遣地，亦可为戒烟之助云云。章君之意，殆欲借戒烟消遣之名，以达其崇拜金钱之目的乎？噫，异矣！

光绪三十三年四月初四日/1907年5月15日

附生开设戏馆续闻(扬州)

附生章月樵藉词为戒烟者觅一消遣，拟开髦儿戏馆，已志前报。兹悉江北提督荫午帅因该生愿缴巡局捐款，业予批准，而运司赵都转则以饥民麕集，恐滋事端，未允开办云。

光绪三十三年四月十一日/1907年5月22日

伶人猝毙

玉成戏园伶人乔荣成前晚至状元饭馆用膳，讵甫至门即倒地不起。该饭馆当即鸣捕，将乔车送捕房，察得业已气绝，捕头遂饬探知照乔之家属备棺前往收殓。

光绪三十三年四月十五日/1907年5月26日

日下近闻(之一)

杨翠喜一案，京津之间议论纷纭。查王益孙函致《顺天时报》馆，自言购以为妾，而覆奏则称购为使女，前后显有不符。且王丁忧不过五六月,尚在守制期内,王纵渔色,断无遽行置妾之理,又何必以区区一婢甘冒不韪,自认为妾。今将王锡瑛、杨翠喜二人亲供录下,以待明眼人之辨别,夫人学婢,亦每下愈况矣。(一)职商王锡瑛禀为据实陈明事,窃职于光绪三十三年二月初十日,有杨李氏情愿将其养女杨翠喜卖给职为使女,言明身价洋三千五百元,当时人钱两交,立有字据为证。现在该使女杨翠喜收在职家服役,实无他项蒙混情弊,缘奉饬查理,合抄呈卖据,呈候钦差大人查核施行上禀。(二)杨翠喜呈为据实陈明事,窃身向在天仙茶园唱戏,于光绪三十三年二月初间,有王五爷向身母说允以三千五百元价买充当使女之用,身遂于三月初三日在天仙茶园停演,初四日回东安县,初十日返津,在日本租界楼房暂住,于三月十八日归王五爷住宅服役,所具是实,并无蒙混情弊,为此叩乞钦差大人查核施行。光绪三十三年三月二十九日,杨翠喜。

光绪三十三年四月十七日/1907年5月28日

商团公会演剧助捐

沪北商团公会因云南待赈孔急,又以同济、仁济两医院经费竭蹶,定于二十五六七三日下午七时半起,在英租界南京路小菜场楼上会演特别改良新戏,并请绅商合串,所取看资即分日拨助同济、仁济及云南灾赈。其预定二十五日戏单录下:《秦琼卖马》、《乌盆伸冤》、《司马挂帅》、《彩楼巧配》、《华容挡曹》、《扫雪打碗》(演至此暂停十分钟)、头本《醒世警钟》(此系特编改良新戏)。尚有廿六七两日戏目,明日续登。

光绪三十三年五月二十四日/1907年7月4日

商团会第一夜演剧助捐

沪北商团公会公议于二十五六七三夜,假英租界南京路小菜场楼上演剧助捐,已志前报。昨晚为第一次开演之期,中西男女宾到者极多,会场规则甚为整肃。演戏者除商团会诸君外,又请绅商鲍鹤龄、陈运新、赵宣堂、孙芝圃、骆秉堃、毛祝三诸君合串京戏,其

《醒世警钟》一剧尤为特色。所有寄售及需用各物均由热心诸君担任义务，兹特录下：电灯运装工（衣把得洋行林镒泉君）、荷兰水（中法药房黄楚九君）、皮酒（三井洋行同茂盛号）、戏班底人（丹桂茶园夏氏弟兄）、彩绸（九章大伦嘉纶三庄）、戏单纸张印工（谋得利洋行、亨达利洋行、英华利号、同茂盛号、钮化、张俊卿君）、冷食间（谢芝庭、顾琢如、秦履云、吴行健、徐辅卿、顾棣一、朱金龙、席惠生、陈遂卿诸君）、药物（周寿田、屠康侯二君）、日本戏衣（古河洋行）、新戏衣（正昌公号）、雪茄烟纸烟（福和号）。

附预定二十六晚戏单：《朱砂痣》、《黄金台》、《除三害》、《骂杨广》、《李陵碑》（演至此暂停十分钟），接演第二本《醒世警钟》。

光绪三十三年五月二十六日/1907年7月6日

商团会第三夜演剧助捐

昨晚为沪北商团会第末次演剧之期，适值天晴，又系礼拜，观者益众。鲍鹤龄、孙芝圃、毛祝三、赵宣堂、骆秉堃、梅陶卿、武春泉诸君仍担任义务合串京剧，其商团会诸君会演之第三本《醒世警钟》，均按切时事现身说法，尤为可观。闻此次所得看资为数甚巨，诚灾民之幸也。所有干事诸君力尽义务，深堪敬佩，其招待中西体面绅商尤极周到云。

光绪三十三年五月二十八日/1907年7月8日

万寿停讯

本月念六日为今上万寿，公共公廨谳员关之太守查照往例，饬丁照会英美德各国领事，请转饬各捕房，自二十五日起至念七日止，此三天内停讯公堂。一面饬差分传天仙、丹桂各伶人，于念五日赴洋务局演剧庆贺。

光绪三十三年六月二十四日/1907年8月2日

万寿恭祝

前日为皇上万寿日期，本埠文武官员循例停理刑名。沪道瑞观察复在泥城外斜桥洋务局接见外宾,并招菊部演剧,东西各国官商咸往道贺如仪。

光绪三十三年六月二十八日/1907年8月6日

戏园开幕之先声

英界大新街口春桂戏园现已落成,园主李春来慎重角色,各处延请,故尚未开幕。闻本月二十前后必能开演云。

光绪三十三年七月十四日/1907年8月22日

批斥不准设园演戏(扬州)

扬州职员杨鹏飞日前具禀运司,略谓拟于城内开设大木人戏园,专准关闭烟馆之贫民入园售物,俾失业之徒借可谋生,不致流为盗匪等语。当奉赵都转批示云,据禀在城内开演大木人戏,仍于戏资中酌提二成拨充巡督经费,请为保护等情。查现当岁款之后,民间应各务实业,以关财源。至闭歇各烟户,穷民已由本司筹设工艺所,尽可报名入所习业,无虑力绌谋生。似此耗财废事无益之举,断不准行,着即遵照。

光绪三十三年八月初三日/1907年9月10日

严惩淫伶

淫伶郭蝶仙与冯翰携之妾沈宝宝私自往来,久之,该妾即席卷逃遁。兹经冯侦知,遣丁徐升投廨呈控。谳员关之太守以淫伶诱奸人妾已有数次,殊堪痛恨,非从严究办不足以挽浇风,立即签差协探于昨将郭伶提案,奉判押候过堂严追,不准交保。

光绪三十三年八月初四日/1907年9月11日

研讯淫伶拐逃案

淫伶郭蝶仙诱奸冯翰之妾沈宝宝卷逃一案,前晚奉帮谳宝子观明府提讯,原告遣家丁徐升偕马夫王阿金、龚阿弟、严春泉投案,同供姨太太日至天仙观剧,并与郭伶私语,七月十二夜,小的们目见同坐马车游园是实。讯之郭伶，供宝宝并不认识，是夜小的与赵小廉同坐马车相识，余供支吾。明府以伶人诱奸殊堪发指，遂判押候复讯再确。

光绪三十三年八月初五日/1907年9月12日

群仙失窃戏衣

群仙髦儿戏馆主童子卿投报捕房称，被戏子花某窃去戏衣四箱，请为查缉，捕头当派包探沈阿岳查缉送究。

光绪三十三年九月初一日/1907年10月7日

淫伶李春来罪案

广肇公所董事唐元湛、罗崇龄、钟文耀等上沪道禀

敬肃者，昨敝同乡钟子垣、唐露园、陶协华送来怡泰轮船公司周树奎函，称已故黄子元星使之遗妾朱氏不顾廉耻，结交匪类，而淫伶李春来不但与私往来，俨然以公馆主人自居，且诳骗巨资任意挥霍，并开春桂戏园，朱氏亦无日不到该园听戏，往往同车共载而归，以致丑声四播，遐迩咸知等语。当即四处查询，人言凿凿。窃思子元在日身为京堂，讵意去世未及两载，墓土未干，而丑声业已四播，不惟子元含怒九泉，亦我同乡所共忿。爰将周君原函另无名信一函附呈台鉴，伏乞宪台饬公廨关太守将李春来从严究办，以端风化而儆诳骗，实为德便。

附呈周树奎一函另无名信一函

敬启者，黄子元星使开甲在日，与公等交情不薄，今其遗妾朱氏不顾廉耻，结交匪类，而淫伶李春来不但私与往来，俨然以公馆主人自居，而且诳骗巨资任意挥霍，并开春桂戏园，朱氏亦无日不到该园听戏，往往同车共载而归，以致丑声四播，遐迩咸知。夫子元在日，亦中国大员，赫赫钦差，逝世以来曾几何时，乃其家业竟得败坏于小人之手，公等闻之，能不恫欤？盖子元之耻，亦即公等之耻也。奎虽不肖，颇亦引以为辱。盖同是中国士夫，既有所知，断无漠视之理。公等乘时得势，扶摇直上，大可为游学同人扬眉吐气

也。今子元京卿亦头班出洋一百廿人中之一,而遗孥不竞,有此丑行,充其所至,殆不破其家不止,故人之所当以寇仇目之者也。尚祈追念前情,函致沪道审的情节,将淫伶李春来按例重办,并将朱氏送入清节堂中,以为不守妇道者戒。而黄氏遗产,则现在公子年纪尚幼,须交妥人或律师代为经理耳。

启者,今有淫伶李春来为灵芝草一案羁禁新署,尚未定案。所可恶者,该淫伶设计私姘黄君开甲之夫人,先奸之后,再骗钱财,时常同坐皮蓬马车游玩花园,众目昭彰,人所共知。此乃有碍黄君之名誉,失黄家之财产,而黄君有子有女,颜面攸关,望贵同乡出场公禀。虽黄君恐与贵帮无深交者多,但贵帮素来出人头地,急公好义,此事早已人言啧啧,逞此机会再不请究,真暗无天日矣。请须顾全同乡场面,切勿袖手旁观,办与不办,出在好义诸公也。

译高易律师致公廨函

启者,为因向湖北路春桂戏园主人或股东李春来索款事,强斯敦娘娘与非尔邱先生已延敝律师。闻李春来解至公堂发押数日矣,且有请将李春来解至城内讯办者。李君系住居租界之人,在租界贸易,遇有控案,须照向章,经过捕房而归会审公堂讯理。并闻拘拿李君并无牌票,且尚无控伊有何罪名,为因以上情形,敝律师严告贵分府不得将伊解入城内。如不将李春来今日开释,拟请工部局及敝事主之领事注意此事,请从早办理此事。

再敝事主于春桂戏园内有利益,因李君被逮,今日因将门关闭,日后惟强将李君管押之人是问。

公廨复函

启者,顷接来函,系为春桂园主李春来事,读悉一切。查李春来前经本分府堂讯,春桂戏园是渠一人所开,并无洋股在内,何以来函忽云强斯敦娘娘与非尔邱先生与有利益?窃所不解。即使以上二人与李春来另有私人交涉,亦应申具禀词,由该管领事移送本廨,贵律师何得代函请开释?拘人有无牌票,捕房自有责成,此案应否送县及有何罪名,公堂自有权衡,贵律师均无庸干预。查来函云严告贵分府不得将伊解入城内,如不将李春来今日开释,拟请工部局及事主之领事注意，并事主所有利益惟强将管押之人是问云，全是一派恫喝之词。本分府办事公正，不畏强权，严告贵律师，以后不得将此种恫喝之词漫相尝试，本分府不能任受也。

光绪三十三年九月二十三日/1907年10月29日

谳员与意瑞两领辩论李春来案

李春来一案，日昨意大利、瑞典两国领事往谒谳员宝司马，称李欠瑞意两国商人银一万二千两，请将李保出料理。宝司马答称，李如果欠贵国商人款项，尽可另案具控，本分府必为严追，至欲将李保释，则万不能。盖李为道宪饬办之犯，且淫恶昭著，万人共愤，外间颇有李辇金四处运动之说，本分府爱惜名誉，不能稍涉轻纵云云。领事又云春桂系李与该国商民联合商业，利益攸关，若不将李释出，该国商民必致亏损云云。司马答以既系联合商业，何以春桂门首不挂瑞义(意)两国旗，而独挂龙旗？且李到案时何以不即声明，直迟至两礼拜以后始来饶舌？领事话塞，谓须回道台交涉。司马曰甚好，领事始无言而去。闻宝司马已据实禀请道宪坚持矣。

瑞典领事致公廨函

敬启者，顷悉华人李春来已定于明晨提堂定案，本总领事谨会同义总领函致贵分府，声明此案与义(意)国本国商民均有关系，李之被押，该商民实受亏损。其被控案件必须由义(意)国本国派员会审，所有堂讯谕断，未经两国陪审官会同到堂，不得举行。本总领事已会衔照会美总领事，请其谕饬美陪审官将案批归义(意)瑞两国陪审官与贵分府会审，以符向章。为此函请贵分府查照办理。

又　函

启者，华人李春来被押一事，昨日晤商承说本总领事辖下商民与李利益攸关，然定案拟罪一节，仍系贵分府与美会审官执政等语，并见示美会审官白函件，本总领事当以权限定章所在，碍难应允。现已与美总领事商明，承允谕饬美会审官收回讯理此案之权，归本国陪审官到廨会审，附上美会审官白致贵分府函。内言伶人李春来现由义(意)瑞两国总领事知照美领事，以该国商民与该被告联合商业,谨即退出办理此案之权,而此案必须归义(意)瑞两国总领事之会审官会审等语。至请贵分府查照办理,案关本国商民利益,应归本国派员会审,而牌票未经本署签允,即应立予释放后,将该票送到本署签押,再行提案。只以当时不知误提误押,现李被押,牵动亏损,前已泐函奉布。因欲保全公堂应施法律,请予暂行交保开释,俾可两无损碍。用特函请贵分府查照,克日准予交保暂释,一面饬将牌票持到义(意)署本署签押,订期知照会审,以便派员到廨会同讯理。义(意)总领事与本总领事共表同情,并此布闻。

公廨复函

敬启者,顷奉来函,并附美白副领事函,读悉一切。查视姓控告李春来一案,系早堂刑名案件,贵总领事无讯理早堂刑名案件之权,虽有美白副领事函,本分府未能承认。盖此案本系华人控告华人,如美领事退出,办理此案之权自应归入华案,由本分府独权办理。倘贵总领事必欲讯理此案,不妨在领事公会提议,嗣后每日早堂刑名案件亦由瑞义(意)两国领事来堂会讯,公会如能承认,本分府自所欢迎。现在贵总领事尚无讯理此种案件之权,本分府惟知谨守定章,恪遵权限,不敢妄有纷更。来函请将李交保暂释,一面将提票送请瑞义(意)两署签字一节,查定章惟洋商用人,始应由该管领事签字,现李春来到堂初供并无外股,春桂门首龙旗招飐,万目共睹。春桂既非洋商所开,李春来又非洋商用人,若但借洋债便须签字,则何事何人不可隐戤牵混,实于定章显有不符。查李春来淫恶昭著,万人共嫉,公愤所在,人言汹汹。且又广有多金,四处运动,一经保释,舆论哗然,诚恐人心不平,激成事端。贵总领事纵不畏舆评,本分府却未便担此重咎。如李春来果欠瑞意两商款项,尽可另案控。除禀上海道宪并函复美领事外,合行奉布。

光绪三十三年九月二十五日/1907年10月31日

不准淫伶借词求释

苏州伶人霍春祥前因犯案,经吴县收押流氓公所十年,原定限内不准保释,即限满之后亦须由县察看,另行详办。乃霍不自引咎,反央人营谋,借母老病重为词,求请保释,迭至抚臬各辕递禀,均经批斥不准云。

光绪三十三年九月二十九日/1907 年 11 月 4 日

再告菊部诸君书

(一) 路政伊始,待办尚多。就江苏而论,除苏嘉沪嘉清江已定路线,其余尚须扩充,故集款之法尤当源源相继,以本省各路之告成为限。窃拟贵团体可每年合演数次(或春夏秋冬四次,请酌夺可也),抵作路款。第一次即核成整股一期缴足,向公司填取息折,以免分期缴付之纠葛。嗣后每次悉照办理,则股分之多少,前后亦不必相同,盖以每次剧资之多少为断,此持久之计也。

(二) 其路股所入之利,即可作为榛苓学堂常年经费,所登股名即以榛苓学堂名之,指定永为榛苓学堂的款。将来路政发达,红利必多,则榛苓学堂之经费亦日益充裕,此两利之法也。

以上两条,仆等细心体察,似可照行,未审台端以为何如。时局日迫,同胞共危,无论商学各界皆当随时联络,以共跻文明之城,同登大舞之场。此仆等所以不避疏阔,敢为越俎之谋,万一有补,庶几危亡可救,幸福可谋,而春台可乐也。诸维审鉴澄衷,学堂职员同启。

光绪三十三年十月初八日/1907 年 11 月 13 日

满春戏园栅夫见杀(汉口)

满春戏园新添名角,以致观者甚众。昨初四夜,突有某营革勇数人并未买票,强欲入内观看,当被守栅人拦阻,勇等怀忿而去。初五早晨,园中人甫经起床,勇等纠合多人,带刀直入,将守栅人用刀乱搠,当时杀倒二人,其一伤重毙命,其一亦负伤甚重,另有三人亦受微伤。现由该班主报请夏口厅相验,拿犯惩究。

光绪三十三年十月十二日/1907 年 11 月 17 日

妓女热心助赈(汉口)

汉上商界现筹赈云南旱灾,颇具热心。近闻有妓女沈宝玉等亦热心赞助,特于廿六日邀集姊妹中人,至怡园戏园客串一日,以其所得之资全数助赈。

光绪三十三年十月二十九日/1907年12月4日

淫伶奸案讯结

冯宦前遣家丁徐升在公廨具控淫伶郭蝶仙、赵小廉等诱奸逃妾谢宝宝等案,由包探刘森堂拿获案中要证顾金福及谢宝宝、朱小妹、蒋老大等解讯判押,候传原告再讯在案。兹因原告延久不到,昨解请断。谳员宝子观明府商之美白副领事,判顾押西牢一年,勾引之蒋老大押官媒九个月,谢宝宝押官媒四个月,期满送栖流所再押六个月,然后择配,佣妇朱小妹无干,当堂斥释。

光绪三十三年十一月初二日/1907年12月6日

不准开设戏园(安庆)

商务局据班头汤贵禀请在省城开设戏园,逐日认指经费四元等情禀详抚署,刻奉冯中丞批,谓芜湖系通商码头,开设戏园尚于商务有益,省城本无戏园,亦于商务无损。现在百物昂贵,创设戏园耗财费日,无益有损,所请应无庸议云。

光绪三十三年十一月二十三日/1907年12月27日

光绪三十四年(1908)

淫伶李春来奸案近闻

淫伶李春来经公廨谳员宝明府迭次与美领事商请解道讯办,坚执不允,嗣经再四磋商,仅允与灵芝草、黄朱氏并案讯□□□□□□□□□□□□□□□□□□□□□□□□公堂讯办,改押西牢,或须仍遵前论解道讯究,未便擅专,爰特禀请沪道核示遵办。

光绪三十四年正月初六日/1908年2月7日

旗丁与伶人之冲突(镇江)

十四日,有旗丁八名相率至娼寮游宴,忽有武伶七阵风等三人搴帘而入,旗丁即向凶殴,伶等因寡不敌众,衣服尽被剥去。警局提调饶子敬别驾以娼优姘识几传为美谈,若不严加警戒,殊与风俗有碍,爰即将该伶等驱逐回籍。

编者按:娼优姘识诚有碍风俗,而旗丁宿娼争风凶斗,独无伤风俗耶?

光绪三十四年正月十八日/1908年2月19日

学生观剧被辱(镇江)

镇郡电报学堂学生赴丹桂园观剧,因欲减缴戏价,致被殴辱。电局总办以学生不循规矩,例应开除;而园伙一味逞凶,尤有应得之咎,已片送该园伙请警局究办矣。

光绪三十四年正月二十八日/1908年2月29日

开设剧场(汉口)

汉口华景街现有华商数人拟在该处租赁洋房,开设剧场兼阅报社,业已禀准工部局总理,不日开演。

光绪三十四年二月初二日/1908年3月4日

铁路小工打毁戏园(苏州)

无锡县城外某戏园系县差诸某所开,今正由万中杰、陈培元及陆纯伯观察之妾等出资盘顶。前日有铁路小工数十人至园看戏,不出看资,因而滋闹。各小工相率殴打,竟将按目数人打伤,并打毁台凳什物等项。即经陈培元等将受伤各人饬人抬送至县请验,当经赵大令提案验明伤痕,饬令医治,俟伤痊再行核办。

光绪三十四年二月十六日/1908年3月18日

金陵戏馆封禁之原因(南京)

金陵戏馆向有庆升、升平两处,庆升馆主暗将升平名角重利诱去十六人,升平遂大为减色。馆主大怒,约日各率优伶械斗。事为江宁县所闻,即饬差将两馆同时封闭,差到时值十二句钟,庆升座客已满,遂不免鱼散而归。

光绪三十四年二月二十四日/1908年3月26日

赣人观剧酿祸(福州)

福州古田县辖水口为赣人鸡公船、貂鼠船、十锦标往返必经之路,初八日该处土地神庙演戏,观者如堵。赣人与本地人互相挤轧,遂致用武。赣人约有数百人,均持刀执杖,虽经分县石应昌二尹躬临弹压,而赣人人众势盛,击毙两人,受重伤者数人。各铺户愤愤不平,相率罢市。该邑庐明府闻报,带同船埠头驰往,拿获十余人从严治罪,以昭炯戒。

光绪三十四年三月初九日/1908年4月9日

亲兵捣毁戏园(苏州)

十四晚有藩署亲兵数人至阊门外春仙髦儿戏园观剧,不给看资,账房某甲大声喝阻,茶房等亦出言辱骂。各亲兵老羞成怒,遂拍案吵闹，该戏园当唤巡警前来，将各亲兵拖出。是时适各营勇丁咸在城外迎接藩宪，各亲兵即唤集数十人前来，冲进戏园，任意乱打，将台凳什物碗盖洋灯等项全行捣毁。一时看戏者相率奔逃，人声鼎沸。后由捕房捕头鄂尔笙饬派通班巡警前来，始得解散。次日该园主禀请工程局陈大令转禀藩宪，饬令吴县王竹坡大令严查究办。

光绪三十四年三月十七日/1908年4月17日

卫队冲突戏园案了结（苏州）

苏垣阊门外春仙戏园被藩署卫队捣毁器具一事，已志前报。既悉事起后，藩宪瑞方伯即饬县查办，旋由清乡局提调王元章司马商之工程局员陈大令，将该戏园所有被兵捣毁器具由大令照数认赔，以便和平了结。其肇事队兵七人昨日已由司马拘局略责军棍，以示惩儆。故该戏园已照常开演矣。

光绪三十四年三月十九日/1908年4月19日

查禁演戏酬神

浦东川沙地方现有地棍流氓借词酹神，定于二十八日搭台演戏。沪道蔡观察以现在枭患未靖，若任演戏，深恐乘间滋扰，爰即飞札川沙厅陈司马迅即查禁。

光绪三十四年三月二十八日/1908年4月28日

伶人淫骗案补出牌票

《字林西报》云，李春来一案刻闻公廨已于星期四日发出牌票，并经领袖领事签字，以便拘提复讯。

光绪三十四年四月二十五日/1908年5月24日

淫伶改押西牢

淫伶李春来经公堂改押捕房后，时有人入内探望，并送食物。前日西官恐有疏忽，特派五十号西探头目阿姆斯脱郎偕捕头司必林非与李伶同乘马车,送押提蓝桥西牢。旋饬二十七号西探朋山将该伶摄影,并派印捕四名日夜看守,以昭谨慎。

光绪三十四年四月二十六日/1908 年 5 月 25 日

淫伶李春来改期会讯

二十六日《文汇西报》云,李春来案本定二十七日在公廨会讯,兹已展期礼拜四早堂鞫讯。

光绪三十四年四月二十七日/1908 年 5 月 26 日

淫伶奸骗案之文牍

美总领事致沪道函

启者,今据敝国有名誉佑尼干律师禀称,礼拜四即本月二十一日为李春来代表一案,宝明府出言不逊,频有激烈等语。本总领事阅中西各种日报照录供词,虽李伶之案还无凭据,而宝明府先已知晓李伶有罪,竟以言语讥刺敝国律师,未免有损名誉。恳请贵道另派委员会讯,本署亦拟另派员会讯,并希嗣后敝国律师代表到堂,务须和融相待。是案订于礼拜二会讯,即祈迅速派定委员核办为荷。

沪道致宝谳员函

敬启者,李伶一案,顷接美总领事田来函,谓执事用言讥刺佑尼干律师,未免有损名誉,属另派员于礼拜二会讯等因到道。查此案佑律师代李伶如何申诉,并执事如何辩驳,当时堂上一切详细情形,应请查明,逐层见复,以便核办。美总领事来函抄附青览,除函复并转商律法官外,此请升安。

宝谳员复沪道禀

窃淫伶李春来一案,前奉宪札饬令复讯,按律究办等因,遵于礼拜四早堂将李春来带案,会同美白副领事复讯。原告广肇公所请费烈律师,被告李春来延请佑尼干律师到堂申辩。是日观审之人拥满堂下,公愤所在,万目交叹。讵佑尼干律师上堂即手指知县面斥,言曰:贵分府为大清国官,违背大清国法律,妄押无罪之人至七月之久，请问被告何罪？原告何人？并引袁宫保《奏定天津府属审判章程》第五十六条，伍、沈两大臣《奏定刑民诉讼法刑事规则》第四十五条以相诘责。知县即平心静气而告之曰：本分府□事年余，从未见贵律师上堂，然素仰贵律师之名誉，不料贵律师今日竟为万人共嫉之淫棍李春来上堂辩护。李春来淫恶昭著，妇孺皆知，岂贵律师尚未知晓？实深不解。此案本可早行讯结，因瑞义（意）两国案件从中牵缠，以致稍迟。本分府于此案惟知遵守国律，按法严惩。灵芝草一案，罪为容留过犯，现原告已赴东洋。黄朱氏一案，罪为奸□官嬖，并欺诈□财，应照窃盗计赃，原告为广肇公所。佑律师又云，案尚未讯，贵分府何以知其有罪？知县驳云，案尚未讯，贵律师何以知其无罪？是时堂下观审人众闻知县辩驳之词，人人感动，情不自禁拍手者再四。佑律师气为之阻，仍复申其强辩之词，再三请将该伶保释，并称观审之人拍手哄闹，请为办理。知县告以李春来一犯罪恶昭彰，系奉督宪及宪台札饬严办，未便保释；至观审之人拍手，系一时义愤所发，不平则鸣，本分府无从阻止。当商准美副领事，灵芝草一案当照两罪并发，以重论轻，罪不□律，先行注销黄朱氏一案，定下礼拜二复讯，李春来还押。当据捕房以公廨向章，民事押廨，刑事押捕房，李春来、黄朱氏一案系属刑事，请将该犯改押捕房。知县查所□与向章相符，因准其带回捕房，嘱令小心收押在案。正在具文禀报，间接奉钧函内开接美总领事函，以知县用言讽刺佑律师，有损名誉，属另派员会讯，饬将佑律师如何代李伶申诉，并知县如何辩驳详细情形，逐层禀复等因并抄函。下廨奉此伏查，该律师上堂时用手指斥问官，藐视公堂，知县尚未加以诘问，讵意该律师转为此先发制人之计。殊不思知县当时与该律师辩驳，意气虽然慷慨，词色仍属和融，据理相争，并无不合，谓为出言不逊，实所不符，谓为有损名誉，更所不解。该律师代表李伶到堂申辩，其为有益名誉、有损名誉，人口如碑，公道自在，岂因知县一言所能增损？问官与律师辩驳，亦属事理之常，若因辩驳而遽谓讽刺，遽谓出言不逊，然则将来问官皆将箝口结舌，低首下心，伈伈俔俔，以听命于律师乎？伏念李春来一案，自起案迄今，运动之说洋洋盈耳,知县素□□取,且蒙宪札勉励,勖以爱惜声名,故虽经该律师再四坚□释放,知县执意不允。该律师见无隙可寻,并知知县讯□此案,绝不肯稍涉宽□,故为此挟制之词,希图更换他员承审,以为放松案情地步。知县恫吓有所不惧,荣辱有所不计,甘受外人之排挤,决不受华人之唾骂。仰祈宪台鼎力主持,以申公愤而成信狱。所有当时与佑律师辩驳详细情形,理合遵谕禀复。

光绪三十四年四月二十八日/1908 年 5 月 27 日

淫伶奸骗案从缓会讯

淫伶李春来奸骗一案,前经公廨中西官商定于昨日早堂会讯。昨早八九点钟时,各帮商人前往观审络绎不绝,公廨附近各茶肆每茶一盏售洋一角,仍挤拥不堪。旋闻此案因中西官各怀意见,并不解讯,始渐散去。现华官已将初次会讯时与佑尼干律师辩论情形通禀上宪,西官亦电禀驻京美使请示办法。

光绪三十四年四月三十日/1908 年 5 月 29 日

淫伶李春来案近闻

《文汇报》云,本埠华人传言,公廨会审委员宝明府因李春来案办理棘手,业已辞职。现美领事要求宝君向佑尼干律师赔礼,闻宝君已将照行,惟不知是否当众行之。并闻有另行派员会审此案之说,然事尚未确。而广东会馆对于此事颇为激昂,将提议特别之事件,所议何事,外间无从得知。大约此事在数日之内或有进步,其实在情形则尚难逆料云。

光绪三十四年五月初六日/1908 年 6 月 4 日

淫伶奸骗案近闻

租界谣传公廨谳员宝大令为淫伶李春来一案有辞职之说,实则并无其事。至佑律师要求道歉一节,大令亦始终坚持,故会讯此案尚无实期。现佑律师已偕美总领事赴宁与江督端午帅妥商办法,而粤帮全体闻于日内将开特别会议云。

又《文汇报》云，领事公会现拟将宝谳员对待佑律师及前日观会者拍手之举共同研究，闻此案各领事皆将过问，已公函沪道极力争辩。由此观之，前此不过为美领一人与华官之交涉，今则为领事公会全体之交涉。

光绪三十四年五月初八日/1908年6月6日

李春来案卷送京

美总领事田君以李春来案纠葛甚多，函请沪道另派能员会讯，经蔡观察据理驳复等情，已纪前报。现闻蔡观察访悉美领事已将此案电禀驻京钦使，转向外务部交涉，恐外[务]部无案可稽，反生枝节，因将宝大令会讯此案情形及与领事来往文件，一并录呈端午帅，转送外务部查核办理。

光绪三十四年五月初十日/1908年6月8日

会商淫伶李春来案

昨日，上海道蔡观察、谳员宝大令暨美领事、佑尼干律师先后至洋务局，会议淫伶李春来案。佑律师首先声言，敝律师对于此案并未执有一定之意见。蔡观察云：本道办理此事一秉至公，亦未固执成见，总期两无屈抑，且以保全两国之感情。宝大令谓：本分府承审此案，所以据理力争者，顺舆情而已，初非有意与贵律师反对云云。中西各官畅谈良久，尽欢而散。

光绪三十四年五月十八日/1908年6月16日

会讯淫伶李春来案

淫伶李春来奸骗已故四品京堂黄开甲之妾黄朱氏案，因佑尼干律师与宝谳员略有争执，经道宪与美领调和，声明彼此各无意见等情，业见前报。昨日十句钟，捕房将李伶解至公堂，由谳员宝子观大令与美巴副领事会讯。先据道辕翻译陈君述明中西官各无意见，奉道宪札饬开讯情由。旋据原告担文帮办费烈律师译称，李伶奸骗官眷，违犯大清国法律，应照大清律例讯办。惟因事在租界，须由公堂陪审官会讯,所以两造各延律师到堂。然此案宗旨,华人犯事应归华官主持,缘西国通奸案视为平常,故西官并不为意,然照华律极为重大。乃西报载有华官办理此案太觉偏袒原告,不应将被告禁押七月之久等语,敝律师以为华官并不偏袒,因此案本系华案,李伶串出洋商,一再交涉,遂延至七月之久。西报并谓援照西例,被告未经讯明,不作有罪之人,今李伶尚未讯明,何以知其有罪? 查西报此说,英美各国皆然,惟法国与大清国定例相同。前佑律师著有中华法律书一部,即言中法律例大旨相类,今将佑律师书呈案,请堂上察阅。且李春来系一伶人,在中国为最下等之人,不能投考入仕,其所开春桂戏园,春字即李春来之名,桂字即黄朱氏之闺名,以一下等人犯奸骗官眷,照大清律应加等重办,即英国十年前旧律,伶人犯案亦须用火铁烙首,但现已改良不用耳。总之李伶奸骗已故四品京堂之如夫人,同坐马车,招摇过市,证据凿凿,共见共闻。今由广肇公所经理关湘泉等粤帮全体同人主控,务请严究,现见证均在堂下,请逐一传讯。

关湘泉投供,李伶与黄朱氏通奸并骗多金一事,早有所闻。嗣据怡泰洋行买办周桂生投函公所,谓屡次目睹黄朱氏与李春来出入同车,招摇过市云云,公所同人与黄京堂同乡,不甘受此大耻,鄙人遂为代表,公禀到廨控究。

佑尼干帮办弗心登律师译称,原告抄来单上并无原告名字,然列名控告,亦有应得罪名。原告所控李伶通奸一事,西例本属寻常,今被告受押日久,例可注销。且黄京堂系嘉应洲籍,广肇公所并非同乡,关湘泉又非亲长,按照华例不能为原告控李,须要受害人自作原告。今原告律师愿照大清国律讯办,敝律师亦甚愿照华例办理。

见证林小妹供,年二十岁,前年八月初二日至黄公馆梳头,每月工洋四元,于去年五月初六日歇出。李春来初次到黄公馆系前年十二月十五日,以后时常往来。去年十二月十一日盘黄老爷灵柩到苏安葬,住紫竹林祠堂内(按紫竹林本一庙宇,由住持僧某售与黄朱氏为祠堂),李亦到苏,与太太同卧一室,约十余天,旋乘火车返沪，住新闻路公馆。李每于晚上十二句钟到公馆，黎明五六点钟即去。上年二月十六日，太太小姐等与李同舟至杭州，女子亦随往，寓拱宸桥大方客栈，小姐与女子等住一房，太太与李一房，尚有李带来男佣另住一房，李在杭州唱戏两天，约住七八日，然后回沪。平时与太太同车出入为常。

怡泰洋行买办周桂生投供，与已故黄京堂相识多年，死后其如夫人朱氏与李春来通奸，人言藉藉，半疑半信。旋于去年八月间，屡见朱与李伶于晚上十一余钟在春桂戏园门前登车，往南京路向西而去。因此函致广肇公所，请黄京堂同乡人为京堂雪耻，控告李伶。

牛奶棚主陈阿堂供，与黄京堂素识，家住黄公馆相隔五六间门面。京堂死后，李时至黄公馆内。去年八月间，见李与朱氏同坐洋台上纳凉，嗣后屡见李与朱氏同坐马车，至十二点钟时回公馆。

前在杭州拱宸桥大方栈为茶房之沈子全供称，去年二月廿七日，李春来与黄太太到栈，大小共有十人，李与太太同居二十四号房间，少爷、小姐、娘姨居二十五号房间，男佣各人居二十七号房间。此次来沪游玩，因知此事，投案作证。

讯至此时已过午，原告费律师请堂上再行订期会讯。佑律师亦起而言曰：原告见证不足深信，请堂上传黄朱氏到堂作证。

宝大令曰：黄朱氏原告并未控及，即使传来，伊亦未必承认，况贵律师前堂已经声明私相往来，即传到案，亦是被告，不能作为见证。费律师曰：被告律师从前并不提及传讯黄朱氏，今日忽有此语，得毋又欲借此耽延乎？大令曰：朱氏准为传讯，惟按中西律例，决无同案之人可作见证之理。遂商之美副领事巴君，判李春来还押西牢，候传黄朱氏到案，于礼拜四再行会讯核夺。

光绪三十四年五月十九日/1908年6月17日

学生看戏肇事（山东）

鲁省前有客籍学堂学生数人至闻善茶园观剧，甫经入门，适有某姓妇女下轿，移步上楼，该学生等亦一拥齐上，跟随妇女，仆人上前拦阻,遂致口角。学生等即将该仆扭交站岗巡兵,着送总局。该冈兵以事无头绪,按巡章向该学生等要一凭据,带至总局,以便交差。学生等以事难措词,又无法释放,遂带至学堂责打后,送往历城县。县尊丁大令以既经责打,法难再惩,且为事甚微,旋送归该堂释放。现闻某姓家拟合邻家公控臬署,尚不知如何了结。

光绪三十四年五月二十日/1908 年 6 月 18 日

李春来案临讯改期之辩论

淫伶李春来奸骗黄朱氏一案,原定昨晨十点钟传黄朱氏到案质讯。昨日捕房特派英印各捕看守公堂侧首东北两门,禁止下流社会中人入内听审。十点一刻,谳员宝子观大令与美巴副领事同升楼上公堂会讯,由二十七号西探朋山将李伶解案。宝大令即传原役张福至案,据该役与十三号西探并华探陈永康禀称,昨日奉谕至池浜桥西黄公馆往传,当有一妇人自称黄李氏系四品京堂之夫人,已早逃避,妇人不愿到堂等语,故未传到。宝大令得禀,判将传单注销,即谓被告律师曰:黄朱氏既不愿到案,应将此案开讯。

被告弗心惇律师曰:黄朱氏往传不到,暂且提开,惟此案佑律师以被告见证未齐,不及到堂声辩,昨日赴美总领事署请改期于下拜一会讯,贵分府处必有照会接到,想原告律师亦无不允之理。

原告费烈律师驳曰:黄朱氏系佑律师请传,到与不到,敝律师毫无成见。惟被告律师所请改期一层,深堪诧异。查刑名案业已定期,无改讯之理,临讯改期,尤属不合律例。然既经禀明美总领事,敝律师亦不反对,请堂上主裁。但此案外间议论纷纷,谓李伶已押七月之久,未能讯结,据此观之,可见皆系被告耽延。是日宝大令曰:会讯改期必须预为照会,今本分府并未接到美领事照会,至面晤美领事始知。且佑律师以被告见证为言,此案为日已久,人证早应预备,不知者以为公堂延误,故本分府定欲赶将此案讯结。今原被律师既允改期,本分府岂有不允之理,惟下礼拜二此案必须讯结。

被告律师起而言曰:此次改期系敝律师所请,并非堂上延误。

然所请改期原因有二:一因承办别案,已经订期;二此案关系之人或苏或杭,一时不及到堂。此等案件缓期数日亦不为过,于各国刑事均有一定之例,一定地方一定原告,察核原告控单,并无以上情形。贵分府虽于下礼拜二讯结,亦须问明见证定断,方可以成信谳。

费律师驳曰:被告律师所称原告控告奸骗并无地方日期一节,从前何不声明,今忽故意借口,且原告见证数分钟可讯毕,改期一节,仍请堂上作主。

宝大令与巴君磋商良久,判李春来还押,准下礼拜二九点钟再行会讯。

光绪三十四年五月二十一日/1908 年 6 月 19 日

巡防队大闹戏园余闻(苏州)

苏垣巡防队击毁聚福戏园一案,经官绅租平了结,已志前报。兹闻该营管带陈友珍除认赔洋一百元外,并将送禁长洲县署之五勇分别拟办,以二勇荷校游行示众,三勇各监禁三年。自后营勇出入街市,均须悬一腰牌以志区别。其持令箭查街之官即行裁撤,余事俟该戏园管门人张老三到案再行核办。并闻上宪以该戏园无辜受累,仍准照当开演,惟不准售卖妇女,并不准用流氓管门,故该园业于前日开演矣。

又闻该戏园开设一年,折本已二千余元,各清客知其折本过巨,特客串五天以补助之,朱绅等亦多赞成者。讵方串二天,即遭此祸,不特血本二千尽付流水,而所赔一百元,即抵被毁各物犹觉不敷。今将该园所呈长署失单照录于下:柜台一只、青龙牌一块、大水牌一块、赈桌抽屉内大洋五十六元、小洋二百余角、铜元十余千挂、厨内看客衣物不知细数、洋灯一盏、长靠杌子五只、杌子四百余只、台子三十只、台布三十块料、高脚盆八十余只、包厢内茶碗八十余套、正桌茶碗四百余套、茶壶二十把、茶杯三十只。

又闻该园开演时,议定日缴中路巡警局费洋二元。巡防营以同是兵队,不能分肥,蓄憾已久,是日遂藉此一泄其忿,而各巡警亦莫敢与抗云。

光绪三十四年五月二十五日/1908 年 6 月 23 日

讯结淫伶李春来案详情

淫伶李春来奸骗黄朱氏一案,昨早九时由西探朋山将李伶于西牢提出,解至公廨。一时观审者拥挤不堪,上下公堂几无容足之处。俄而谳员宝子观大令与美巴副领事同至楼上公堂升座会讯。

原告担文帮办费烈律师称:今有见证西人,请为传讯。宝大令命该西人至案,据称在福利洋行执业,名麦丁司,西历去年九十月间晚间时,见李伶与一妇人同坐马车,至颐园观看电戏,询之旁人,云该妇人系黄家太太,观毕仍同车而去,现如见面,确能认识。被告佑尼干帮办弗心惇律师起问麦丁司:尔能立誓指实李伶与朱氏往来否?麦不能对。弗律师称被告亦有三男一妇见证,请堂上传讯。

费律师称既有见证,请为传案,待敝律师一面饬退,逐一传讯,以免口供相同。中西官允之,即传被告见证研讯。

妇人黄素贞投供,嘉应洲淳平县人,胞兄黄开甲于前年在日本弃世,族中并无黄开泰其人,今将讣闻呈电。胞兄故世后,即盘柩回沪,运苏安葬后,朱氏嫂嫂住居上海。去年七月,妇人至嫂嫂处,曾同往戏园观剧,见李春来演唱,旋即回苏。至十月间,见报纸上登有控告李春来奸骗朱氏禀稿,因有碍故兄名誉,即至电局与唐大人并故兄知友朱宝奎、曾子安会议,以李春来系下贱伶人,被污名誉,各同乡代表公禀,确系好意,惟须有实据,否则须将故兄名誉收回。唐曾两人以势成骑虎,置之不理,但彼等办一伶人,污及故兄名誉,亦有不合。况所有遗产均由长子黄文龙管理,今虽出洋,仍托同乡人执管。妇人出入嫂家,从未见过李伶。且去年十二月初九日,与嫂嫂、侄女及兄友陈姓等赴苏办葬,同住紫竹林祠堂,妇人与嫂嫂同房,至十七日即行返沪。所用梳头之林小妹只用四五个月,后因失物辞歇。费律师驳曰:尔嫂失物将林小妹辞去,曾否投报捕房?究竟李春来尔曾见过否?尔言见报上登载禀稿,即至唐大人处会商，何以各小报揭载已久，并不查问？况公堂饬传尔嫂不到，恐欲保全名誉亦已不及。黄素贞答云：失物确未报捕，惟与嫂嫂观剧后，虽有蜚语，已详询佣人，均谓实无其事。黄朱氏系四品京堂夫人，公堂固未便传讯。今广肇公所同人以虑作实，不顾故兄名誉，妇人定欲责令收回，否则死不甘休。费律师曰：该妇到堂为收回名誉，然有律师代表，此非演说之所，命黄退去。

杭州大方栈股东胡启正投供，李伶并未到栈住过，去年二月李伶在杭唱戏，住居船上。小的在杭亦开设戏园，本月念二日见报载杭州大方栈茶房沈子泉投案作证，小的以栈中并无此人，故到堂声明。

陈朋寿投供，为洋货生意与黄京堂之弟曾在天津电报学堂同学，故与相识，京堂安葬时，我亦在苏，并无李春来同住紫竹林之事。

陈永生投供，向在黄公馆为马夫，现充管事，常住公馆，未见李伶到来。

佑律师起言：此案发起后，尽人皆知，中西各报纷纷评议，而某华字报讥刺被告律师不合承办是案。但本律师办案遵照中西条约会审章程，如华官办理不当，陪审西官可以反抗。查英国优待伶人，曾有一伶死后，英皇赐以花圈，而中国轻视伶人有如兵丁，亦知兵士现已渐渐尊重乎？今原告见证所言，奸情均难指实，即或有其事，亦系相奸，照中西例均不能治以重罪。且投案控告者系广肇公所书记，并非亲戚，公堂竟准所请，此例一开，恐为健讼者开方便之门。况李伶在押已有七月之久，始行控告，并闻原告有贿嘱律师不办是案之意。语至此，费律师驳曰：请堂上饬令被告律师交出贿嘱证据。并申说曰：被告所陈各节皆不切实，原告所邀见证则均系体面人，周桂生乃怡泰洋行买办，更有洋人到堂，且陈阿堂等自愿作证，陈目睹李伶与朱氏同车出入，大方栈茶房沈子泉曾供明李与朱氏同住卧房，并与朱氏梳头之林小妹所供更为紧要。佑律师所引英国优待伶人，岂如李春来者英皇亦优待之乎？佑律师未免误会。至广肇公所因谊属同乡，公愤具控，且控单上注明李春来与黄朱氏通奸,原告之见证早已证实。今黄素贞到堂,怀恨控告之人碍及伊兄名誉,不知皆李春来为之也。应请堂上照大清法律秉公惩办。

宝大令得供,即商之美巴副领事,佥以李春来奸骗命妇,万难宽恕,判押西牢三年,期满递解回籍。

光绪三十四年五月二十六日/1908年6月24日

宝谳员与美巴副领事往来函牍(为李春来事)

美巴副领事函

启者,顷接巡捕房卜总巡来函,以李春来一案业奉堂谕,发押西牢三年,期满递籍,各在案。兹据其家属禀称,请准其在狱仍着常服,并由外馈送饮食,及眷属不时入内看视,烦为转致等语。相应奉布,即希贵分府查照为荷,附西函一纸。

宝谳员复函

启者,顷准来函,以接捕房卜总巡函,以李春来一案,据其家属禀称,请准其在狱仍着常服,并由外馈送饮食,及眷属不时入内看视,烦为转致各等语。本分府查昨日华报已载有此则新闻,鄙意方谓工部局及巡捕房办事素称公正,西牢章程亦向来整齐严肃,断不至有此等举动,必系出自谣传。讵料接展来函,捕房竟代为陈情,实属出人意料之外。查西牢章程奉行有年,岂能因李春来而独异?若因家属一禀而即准如所请,此端一开,将来人人可以在狱仍着常服,人人可以由外馈送饮食,人人可以眷属入内看视,章程何在?法律何存?况李春来以一下贱之伶人,而独得享此种逾格之优利,本分府尤为大惑不解。所以捕房转致各节,本分府万万不能承认。此案自起案以来,浮言四起,运动之说洋洋盈耳。卜总巡品行公廉,本分府素所敬佩,诚恐道路愚民不无误会。此事若果实行,于卜总巡之名誉与西牢之价值,恐有减损。本分府与卜总巡共事一方,睦谊素敦,不能不尽其忠告,即希贵副领事转致卜总巡,务将李春来一名照西牢各犯一律办理,不得稍有歧异,以昭公允而息浮言为荷。六月初四日。

光绪三十四年六月初六日/1908年7月4日

沪道不以破坏西牢定律为然

美副领事前以淫伶李春来在狱准穿常服等情函达公廨，经宝谳员缮函驳复，已志前报。兹悉宝谳员禀报沪道后，蔡观察以西牢定律严厉，从未通融，该伶系一微贱之人，竟能得此特别优待，此中意见，殊难索解。惟该淫伶既经判定羁禁三年，实系有罪之犯，应与该牢各犯一律看待，方为公允。爰即照会领袖领事，饬令捕房照例办理，一面将该伶在廨会讯判押西牢各情具详江督查核备案。

光绪三十四年六月初十日/1908 年 7 月 8 日

惩处打毁戏园弁兵（苏州）

苏省巡防队勇丁打毁聚福戏园一事，迭记前报。兹悉此事业经长元吴三县详请上宪将该什长萧鸿升监禁五年，勇丁孟有发、朱之山、周臣山各监禁三年，并请将该管哨弁记大过一次。苏藩瑞方伯以萧鸿升等分别监禁，固属情罪相当，惟该管哨弁平日漫无约束，临事又不能禁阻，本应从严惩办，姑宽即行撤差，业已移会巡防营务处遵办矣。

光绪三十四年六月十八日/1908 年 7 月 16 日

淫伶奸骗案录折报部

公廨谳员宝司马以淫伶李春来奸骗宦妾黄朱氏一案，现既会讯判定禁押西牢三年，应将此案自始至终与领事来往辩驳函牍，及会讯时原被律师供词，一并折报各宪查核。爰于前日详送沪道，请为转详江督，咨送外部察核。

光绪三十四年六月十九日/1908 年 7 月 17 日

预备庆贺万寿

本月二十六日，皇上万寿，沪道蔡观察定于是日在洋务局演剧，邀请各国领事饮宴，以伸庆祝而敦睦谊。

光绪三十四年六月二十四日/1908 年 7 月 22 日

李春来仍穿犯衣

总巡捕房拟请准予判押西牢之淫伶李春来仍穿常服，经沪道与公廨谳员据理驳复等情，均志前报。现管理西牢捕头麦高云君已饬该淫伶穿着四百五十号犯衣，与各犯一律看待矣。

光绪三十四年六月二十七日/1908年7月25日

戏园缴捐开演(福州)

董事杨腾飞禀认大吉、上升三庆等三大戏班，又宝发、阿花等各小班，年认捐洋二千八百元，充习艺所经费。昨经闽候两县详奉财政局核准，并传董事带同各班长当堂呈缴认保切结，并预缴一个月捐项，呈明如万寿正神各诞仍应循例供差外，其余官戏及文武营县勇役规费概予删除，自六月初十起，准在南召广资楼城内妙巷别有天分设戏园。闻别有天已定二十二日开演，并另往上海雇订名角云。

光绪三十四年七月初二日/1908年7月29日

李春来案之余波

淫伶李春来因奸骗黄朱氏事发被控，讯押在案，当案未讯结时，有绍兴人葛锡山、葛璋山(即葛锦山)与某洋行伙李润生等互相串通，以代李运动保释为词，向李伶堂兄李文仁骗去洋一千元。迨李伶发押西牢，三人即匿迹不面。前日葛锦山为李文仁遇见，立即投控捕房，饬探叶长亭将葛拿获。昨解公堂，奉襄谳王大令与英郭翻译官研讯。李文仁偕见证赵荣卿投诉，于二月初五日将洋一千元付与李润生收取，当时葛锦山等均各在场，声言能保李春来释出。迨后春来收押，伊等即匿不见面，今始遇见，求请澈究。讯之葛锦山，供绍兴人，为酒业生理，于正月十三日来沪。堂兄锡山向为茶栈生意，去年与李润生等帮办李春来一事，小的实不在场，求恩省释免累。中西官磋商之下，以案关冒官骗诈，判葛押候查明实情，于下礼拜三再行讯核。

光绪三十四年七月十七日/1908年8月13日

乡民因演剧互斗(常州)

常郡乡民偶有仇隙,必藉演剧时聚众斗殴。日昨北乡毛家场因演青苗戏,特有乡民聚集百余人,互相恶斗,致有两人受伤甚重,舁至阳湖县,陈仲陶大令验伤属实,凶手业已在逃,遂将演戏经事人羁押,一面饬差严缉凶手讯办。

光绪三十四年七月二十一日/1908年8月17日

淫伶奸骗案之余孽

淫伶李春来奸骗黄朱氏一案,当未经断定时,曾有绍兴人葛锦山、葛锡山弟兄与李某等,向李伶之堂兄李文成骗洋一千元代为运动。迨李伶判押西牢,葛等即避不见面。兹葛锡山忽被李文成遇见,扭控捕房,解廨讯押在案。昨又复讯,李偕见证投案,诉明前情,请追骗银。讯之锡山,坚不供认,襄谳王明府商之郭翻译,判锡山押,限一礼拜再交其兄及同谋各人到案,一并严办。

光绪三十四年八月初一日/1908年8月27日

淫伶运动保释之确证

绍兴人葛锦山、葛锡山串同某洋行看栈伙李润生,自称熟悉官场,向淫伶李春来之堂兄李文成以保释李春来为由,骗取洋一千元,已迭志前报。昨由公堂复讯属实,判葛锡山押,限七天交出骗取之洋并同谋各人到案讯夺,如违须押西牢三年,再缉同党严办。

光绪三十四年八月初八日/1908年9月3日

复讯招摇串骗案

绍兴人葛锦山、葛锡山弟兄与李润生等串骗淫伶李春来之堂兄李文成银洋一千元一案,昨由公共公廨宝谳员与英郭翻译官复讯。李文成偕见证郁长卿等投案求追,葛锦山仍倩穆安素律师辩称,原告所控骗洋系葛锦山之堂兄葛锡山及李润生等所为,与锦山不涉,现其母病剧,请为交保。判葛还押,候下礼拜五再行讯核。

光绪三十四年八月十七日/1908年9月12日

伶董

学界有学董,商界有商董,工界有工董,而今日之伶界则又有伶董之名目发现。

学界、商界、工界之开大会也,设局所也,办事则有干事局,讲事则有评讲员,演说则有演说员,而今日之戏园亦复有演艺员之名目出现。

辉煌之银牌累累然,满演清艺员之胸际也,吾们伶界、吾们伶界之名词屡屡挂之于伶董之齿颊也。艺员哉,伶界竟同工商学界相埒;热心哉,伶董竟以维持市面之责与商董诸君分其担任。

吾国之优向与娼隶卒并视,而屏之于工商学界之外,诚□贱视。泰东西之梨园子弟较吾国稍为尊重,然亦不过一技一艺之名耳。若欲援学董、商董、工董之例,而俨然自居于伶董,则虽遍考泰东西之梨园历史,恐终未必有此名称也。

虽然,今日之妓界犹且有董事焉,则伶董何不可称之有?

光绪三十四年十月十八日/1908年11月11日

伶董二

或曰:处此振兴市面之时,有伶界者出面与商界□若担任提倡之责,不可谓非热心地方公益也。子伶董之说,得毋将反对振兴市面之举乎?

应之曰:不然。昔金陵克复粤贼后,城舍荒凉,曾文正见娼妓四集,甚喜,以为有市面恢复之望。则今之南市开设戏园,亦士君子之所许也。惟商界诸君子苦心经营市面,大半多尽义务,而伶界必要求专利十年之权利。然则彼伶界之所谓热心者,将热心维持市面欤,抑亦热心十年之专利欤?

或又曰:子言辩矣,然伶董之称,则余固未之闻也。

光绪三十四年十月二十日/1908年11月13日

国恤汇纪三(之一)

公共公廨致捕房卜总巡照会云:奉道宪札开,本道只奉电传上谕，驾悉大行太皇太后仙辂升遐，大行皇帝龙驭上宾，曷胜哀痛！应即先行摘缨素服，俟遗诏到日，再行举哀成礼，除报明两院函致领袖领事并分别移行外，合亟札廨即便遵照等因。下廨奉此，所有公堂捕解早堂各案及午会后讯案件，自今日起一律停止二十七天，并饬租界戏园书场妓院暂停演唱音乐，静俟哀诏颁到之日，再行函致，即希贵总巡查照。

又传谕廨役云：所有租界各戏园自应一律停止，除函致领袖领事并出示晓谕外，合行饬遵。该役遵单，立饬后开各戏园主及书场妓院一律暂停演唱音乐，如违提究，限即日禀覆核夺，该役毋稍违延干咎，切速。

计开：春桂、丹桂、大观、天仙、群仙、丹凤。

光绪三十四年十月二十六日/1908年11月19日

国恤纪·租界戏园

国丧停止演戏音乐，旧例也。公共租界会审公廨出有谕单，领袖领事不肯签字，各戏园主借口未奉命令，依然出演，一异也。

二十六日，公廨传六家园主来廨，拟面加劝导，晓以大义，饬其自行停演，而忽半路折回，是明明各该园主出而运动，二异也。

今日报载日本领事谕令旅沪日民，停止演戏、歌唱、作乐、跳舞三天。异国尚表哀思，该戏园主均系华人，乃敢仗外人势力与华官反抗，三异也。

合而观之，始也借口未奉命令，依然开演，不过觊觎广利，延不停市，其情尚可谅。继也运动捕房，中道截去，是特倚恃外人，务达其求利违制之目的，其心真可诛。卒也日本戏馆停演三天，华人戏园日夜不息，是国恤之礼行于外人而反自弃于华人，则真毫无心肝，毫无血气，为禽兽之不若矣。

君子曰：于此可以见伶界之程度。

光绪三十四年十月二十七日/1908年11月20日

国恤汇纪五(之一)

苏垣光裕公所弹唱一业,自二十七日起停止三天。又城内昆班戏园及马路各戏园,均于二十九日起一律停演。

光绪三十四年十月二十八日/1908 年 11 月 21 日

国恤纪·梨园

我国不幸叠遭大变,上海租界权力虽不我属,欧美各国国俗虽不尽同,而巡捕亦摘缨,公堂亦停讯,此西人敦睦邦交之意也。乃我华人所开之戏园始则抗不遵谕,继而仅允停演三日。昨日各园大书国丧停演三天,其右则书准廿九日礼拜一日夜开演,右偏高悬工部局示谕,其意岂以为停演三天乃由工部局之强迫,而非心之所愿耶?抑以为遵照向例须停音乐百日,今乃以暂停三天自豪耶?优伶无讥,诚不足责。惟闻各园园主不少体面之人,顾不能如旅沪日人之通晓大义,而甘为外人所笑,是则可怪之甚矣!

光绪三十四年十月二十八日/1908 年 11 月 21 日

租界戏园不再停演

租界各戏园前因国丧仅停三日,由沪道照会领袖转饬停演二十七天,以崇国体。兹领袖西拂君与工部局各董核议,佥以此事与市面大有关碍,不允照办,闻已照覆沪道查照矣。

光绪三十四年十一月十四日/1908 年 12 月 7 日

杭垣将开戏馆(浙江)

职商徐人骥等集合同志,拟在省洋坝头地方创办戏馆,每年认捐洋二千元,禀请府县及商务局,未邀允准。日前该商等复又禀呈抚院,奉批云:现在振兴商务时代,省城为商贾荟萃之区,据禀建立戏馆,似无不可。所称每年认捐缴洋二千元,以开演之日起按月摊解,作为地方新政之用。是否于市面居民两无妨碍,于商务有无利病,并应否酌派警兵巡查之处,札饬农工商矿局会同警务处核明详复。兹闻汤观察以是项戏馆既经抚宪批准,似可照办,惟须俟国丧期满后方可开办。

光绪三十四年十一月十九日/1908年12月12日

戏园请求援例开演(镇江)

镇郡各戏园自遵国制停演后,市面顿形清淡。现闻玉仙各园主以停戏日久,梨园子弟生计萧条,目下上海各戏园业已开演,拟禀请当道援例准于年内开演,不知能邀允准否。

光绪三十四年十二月十九日/1909年1月10日

宣统元年(1909)

请禁男女合演之恶习

公共公廨宝谳员禀陈沪道云,窃上海五方杂处,男女之际苟稍弛防闲,不但于社会风俗攸关,亦且于地方治安有碍。乃租界湖北路丹凤戏园竟公然有男女合演之事,虽名为分剧演唱,然经卑廨调阅戏单,其配角之中实系男女混杂,伤风化而败治安,莫此为甚,亟应严行禁止。除函致工部局及总巡外,理合禀乞宪台照会领袖领事,转饬捕房迅行禁止,以肃风纪。

宣统元年正月初九日/1909 年 1 月 30 日

演剧联合会开演新戏

城内演剧联合会定于今日一时,假座春桂戏园开演新剧,借筹常年经费。其所演各剧均系新编时事,闻会员有张周两君等能舞真刀,余如蓬莱居士、润身草庐亦均串演。

宣统元年正月十五日/1909 年 2 月 5 日

戏园主开枪拒捕骇闻(厦门)

代理招商分局瑞记洋行东某,同安人也,幼无赖,占黄姓财产十八万,改入日斯巴籍,易名玛甘保(惟闻官场已电查领事,据云并未入籍),颇强横。前年在本埠开设天仙戏园,去腊在国丧期内仍旧开演,厦道谕令停止,该商不听。遂于正月十二夜饬陈巡官带巡士往该园指拿女伶,该园主竟敢恃势用强,关闭园门,将二巡士拘去吊打,不肯释放。各巡士打门去夺,该园主复敢开枪拒捕,陈巡官几遭不测。现刘道宪已电禀松督外部请示严办。

宣统元年正月二十一日/1909 年 2 月 11 日

戏园主抗官毁局续纪(厦门)

厦门托名日斯巴籍商玛甘保所开天仙戏园,违制演剧,拒捕肇祸,已详纪前报。兹悉巡警西局陈巡官以该园不遵国制,前往劝谕,该园主恃洋籍为护符,毅然不听。乃禀明道宪刘子贞观察,谕令以和平手段办理,但示禁华人不准往看,陈巡官遵谕出示。讵该园主以官长莫可如何,益无忌惮。本月十二夜,该戏园内有棍徒四五十人互相斗殴,陈巡官当派巡士前往弹压,不知该园主是何用意,胆敢关闭园门,将二巡士掳去拷打,一面令人站立屋顶开枪拒捕,又于屋上泼硝镪水,掷击石块,陈巡官身受二伤,巡士之受伤者无算。刘观察闻警,赶出弹压,一面电禀外部松督及南洋大臣请示办理,一面照会法领事索人。十四日,法领事即将掳去二巡士代为送还,已奄奄一息。厦门绅商学界当即大开会议,拟联名禀控外部,又发传单劝全体商界不与该商往来生意,如邮部不撤换其招商分局,则以后客货均不准搭载招商轮船,违者以一罚百。该园主闻而大恨,并迁怒于巡警西局,乃决计于十六夜上灯时聚众持枪拆毁西局。陈巡官早已侦知,乃伏人于途,乘其来时,于半路中即将园主之子擒获,余党一哄而散。陈巡官当将园主之子及其手持五响洋枪一并送交,道宪刘观察当即照约交代理班领之法国领事办理刻正交涉,未知如何了结也。

另一访函云:自道宪示谕华人不得前往听戏后,园主始央人向警局言明,愿每月认缴警费二百五十元,近日向之索取,园主忽食前言,故有十二夜鸣枪拒官之大冲突。十六午后六时,玛之仲子名雷者又在寮仔后街与站岗巡士冲突,巡士吹笛求助,立即呼集数十名,各携器械,将雷拘送西局,旋复押送道署暂拘。逾时,法领事陆君及一西人戎装至道署晤谈一切,并求释放,道宪遂允,令将雷带回。是晚绅商学界遍发传单,订各界于十七日午后二时同集外关帝庙讨论此事,协筹抵制之策略。谓玛甘保父子本为华产,现且办理招商分局,今以戏园之故,居然侮辱长官,扰乱秩序,以致酿起交涉,同人宜图抵制,以维公道。届十七日午后,各绅商学界共聚于外关帝庙,人数颇多,先由陈紫衍京卿宣布天仙戏园横暴及殴禁巡士开枪拒官之罪状,谓我国现无治外法权,各同胞凡遇外人侮辱,关于公共国家或团体者,宜用文明合力对付,方可却外侮,保主权。且该园地属华界,地方官例有干预及保护之权,该行虽系外籍,不应藐蔑吾国至此。言毕众皆拍掌,次邱君汝明,又次钟君南屏相继演说,意与京卿略同,至上灯时始各散去。

宣统元年正月二十五日/1909年2月15日

厦门戏园闹事三志

巡警与戏园冲突一案,日昨松督电委汀漳龙道何碧鎏观察查办,已于二十日晚到厦,假寓崎头宫叶绅公馆。园主玛甘保之长子某已于前日携带巨资乘轮北上,闻此行系欲进京运动班公使向外务部交涉。玛本兼理本埠招商分局,自此案出现后,各界大发公愤,已联禀大部,请其撤退。二十一日午后,本埠绅商学界共百余人先后至巡警总局会议,并面谒道宪,备诉该园主种种横暴情形,力求官长出力交涉,以纾公愤。同时又公拟对待八法,由众签名认可者五十余人,至上灯时始各散去。

宣统元年正月二十九日/1909年2月19日

工部局禁止男女合演

英美工部局对于丹凤髦儿戏馆男女合串一事,因华人意见均谓有伤风化,故本届集议时,已命书记员知照该戏馆停止演唱。

宣统元年正月二十九日/1909年2月19日

厦门戏园闹事四志(厦门)

巡士与戏园冲突一案,已三志本报。兹悉起事后,马之徒党即托词自卸,以是日为日斯巴国王寿诞之期,闽人入籍者均兴高采烈,召集梨园弟子唱戏为乐,该处警察巡士不知其故,以当国服期内不应鼓乐,向前拦阻,即由前开瑞记洋货行东马甘保奋身与巡士斗殴,巡士亦恃众拆毁戏台等情,禀陈该国领事。领事即据一面之词,以巡士来索规费,弗如其欲,胆敢将戏台拆毁,殴伤教民等情,电达外部。外部接电，即电请闽督迅查咨复。

宣统元年二月初一日/1909 年 2 月 20 日

戏园拒捕案未了(厦门)

日昨本埠绅商学界集议于劝学所，到者甚众，咸谓马甘保身居华界，违法抗官，殴禁巡士，已属不法，近复朦耸领事，要求多端，尤属无理。爰决议即晚再行电禀松制军，转饬刘何两观察办理此案，务必据理力争，勿涉迁就，以纾公愤，至晚始散。

宣统元年二月十一日/1909 年 3 月 2 日

营勇哄闹戏园详纪(嘉兴)

初九日，嘉兴文明戏园营勇滋事，几酿大祸。闻该园外场本李乐山一人经理，自正月初四日开演，因系国制期内，李乐山和平办理，凡有看白戏者并不禁阻。现国制期满，李即大加整顿，添雇管门数十人，其管门头名小鬼强庆向系无赖，平日结怨甚深。初九夜将次开演，看客亦已满座，有营勇二十余人横行进内，一时飞碗掷盏，势甚汹汹，楼上妇女各自逃遁，惟呼救命。嗣戏班中人亦各持器械自防，当场扭住兵勇一人。其时大门已闭，忽闻门外又起闹声，欲将园屋毁去，园内戏子又持械而出，自相践踏。统领徐梅峰参戎闻信，亲自到场弹压。秀水县秦大令、嘉兴县胡大令、府城汛潘千总相继莅至，善言规劝，始能渐渐解散。初十日，嘉兴府杨太守、嘉乍协雷协戎嘉防统领徐参戎会衔示禁，略谓如有兵勇滋事，立提重究，故当日仍照常开演云。

宣统元年二月十五日/1909 年 3 月 6 日

查封戏园之原因(天津)

津埠各戏园刻已经上宪封闭，闻其原因系巡警局只准各园清唱，并令具结到案，乃各园仍复阳奉阴违，演唱淫剧，事为直督杨廉帅所闻，遂饬封禁。

宣统元年二月二十一日/1909 年 3 月 12 日

禁止幼妓出入酒馆戏园

公共租界工部局近据巡捕报称,中国酒馆戏园近来多有年在十五岁以下之歌妓出入其中,请于该馆等照会内加入禁条等语,现工部局已议准照行矣。

宣统元年二月二十一日/1909年3月12日

委员诱伶为妾(苏州)

苏垣阊门外马路春仙髦儿戏园,近有盘门稽查周委员暨六门厘局文案委员日夜到该园看剧,竟诱得著名女伶为妾,致该园不能开演。经该园主具禀控告,兹悉上宪已将稽查委员撤差示儆,惟捐局文案某委员闻尚无恙。

宣统元年闰二月初四日/1909年3月25日

论厦门办理戏园交涉之失计

我国势处积弱,与外人交涉,仅凭公文之理论,不施决裂之手段,以故一事之起,倘与外人有纠葛者,无论有关国权之交涉,如土地、铁路、矿产等,只得含糊应允,任其侵蚀。即推之个人交涉,亦每不问是非曲直之谁属,而横遭屈抑。纵有其是在彼、其非在我者,我固负荆谢罪之不遑;至于明知其非在彼、其是在我者,则以强弱之势不敌,亦甘居下风,彼族仍得胜而去。其所以如此者,一由于国势之不振,一由于治外法权之未收回。彼国之民侨居我国,不守我国之法律,仍为彼国领事所治,宜其横行不法。加以国势寝衰,遇事又不敢从严理论,此其所以益肆行无忌也。虽然彼国之人借其国势以欺人,固不足怪,独怪我国无知之民,不务自强以恢复国力,反移心外向,甘弃国籍改入外籍,以为鱼肉乡人抗违国法之护符。呜呼,斯真丧尽天良,毫无心肝矣!于此何诛?窃叹其道之无由而得也。前月厦门天仙戏园主玛甘保以中国人改隶日斯巴尼籍,于国丧期内开台演戏,地方官以其有违禁令,阻止开演,礼也,亦法也。彼悍然不顾,照常开演,巡警入园劝阻,彼竟率众相抗,胆敢放枪掳人(其事历载前月本报),行同匪贼,虽诛以大辟,犹不足以蔽其辜。乃法领事假代理日斯领事之名出而干涉，闽督以事关交涉，即电饬漳州何道驰往查办，法领事要索多端，甚至以罢斥厦门道为请。以一卑微之优伶而至罢斥堂堂之道员，无理已极，谁堪忍受？乃何道含糊应之，玛甘保逍遥法外，且枪伤巡警之事亦置不议。当时记者窃疑何道办事之懦弱无能，而益愤弱国与强国之不可以遵公理而处事也。私衷郁郁，方欲一鸣其不平，岂知事有大谬不然者。前月念九日，本报补录厦门刘道照诘法领之不解八款，皆言之有理，足间法领之口。乃何道急于建功，置此不顾，自请法领与刘道不必辩驳，可与我直接交涉，以致酿成失败之结果。噫，私心之足以败坏公事有如是！今复据访员来函，松督经外部申斥，乃电责何道挽回，但已铸之错，虽极力磋商，终难得完全之结果。记者不嫌过去之陈迹，爰追论此事办理之失，当以警告当道，俾于后此之交涉可稍留意焉。

当此事之发现也，玛甘保既违礼犯法于先，巡警出而禁止，又敢放枪掳人，其曲显系在彼。法领无端出而干涉，正可严词拒驳。盖以玛甘保之改籍小民，决非真确之外人可比；以戏园在中国之地界内，亦非租界可比；以法领之代人理事，亦非本国之交涉可比。况去岁上海日斯总领事已将改隶彼国籍之中国人悉数削除，有案册可查，则此事非重大之交涉可知。当此之时，闽督极应责成厦门刘道与法领事直接谈判（刘道照会且有不认法领为代理日领之语），法领亦知公理不容，反于闽督前极诋刘道办事之失宜，闽督理宜直言严拒，乃不察其事之真相如何，贸然电饬何道驰往查办，示人以曲在刘道之意，设计可谓左矣。即使两造相持不下，则刘道虽办理不善，法领亦必有所不合，应由闽督与上海日斯总领事各派一员，公同查办，今不出此，彼仍为法领，我已易刘道为何道，非示人以其曲在我之意乎？但何道到厦，苟能与刘道会商办理，尚不至大张法领之气焰，乃何道自恃已能，并借宪宠，非特不与刘道一气相联，反置刘道极关重要之诘责照会于不顾，此固法领所求之而不得者，乃何道竟不待其要求注销，而先以不必辩驳答之，是诚何心？宜其后此之种种棘手问题层出不穷也。彼族不顾公理，徒恃强权，我以正言责之,彼且不认,而况我先不认乎?办事之卤莽至此,可谓已极。匪特此也,何道一面结法领之欢心,一面必以刘道之辨事不周上禀闽督,借夸己长,此亦事理所必然者。故闽督有以何道调补厦门道之意,且刘道亦以此后交涉更难办理,有告退之意(均见报载),何道不顾国权之凌夷,不愤外人之强暴,而专为个人显达计,甚矣,其居心之险诈有如是者!呜呼,往事已矣,言之何益?特念前车之覆,乃后车之鉴,故不惮饶舌,以渎清听。窃愿当道之支持外交者,鉴往事之失败,而策励方来。至事到临头,宜以勿固执,勿放纵,勿阿容,勿拘牵为主,不宜倒行逆施,予人以可乘之隙,尤不宜私心自用,败坏大事,其或可稍挫外人之气焰,而存公道于强权之下乎!

天下之藉以折衡事理、维持和平者有二,在人与人之间曰公道,在个人曰天良。彼恃强之外人,忘本之籍民,不肖之官吏,均不足责,独哀我蚩蚩无识之小民,不知国权国耻为何事,愚昧成性,难动义愤,诚可痛也!彼玛甘保既违国制于百日期内,藐视禁令,开台演剧,倘我民念国恤之当哀愤,演剧之非礼,父戒其子,兄勉其弟,人人相约不往,则该园虽锣鼓喧阗,名角争胜,其如无人赏识何?虽其心不愿停演,势必出于停演,而放枪劫人之举亦或可免。惜无人敢倡此义,以致酿成至耻奇辱之交涉,其咎不得不归诸当地一般之士民也。且闻当天仙开演之日,以警察劝阻游人往观,恐无人赏光也,特广送戏单,不取分文,以为对敌之计。我民于此苟稍明是非,正以相约不往为是,何意贪耳目之欲,忘君父之忧,甘吞钩上之饵,徒贻外人之笑,甚为我民惜之。今天仙戏园借外人之庇荫,而得胜利之结果,势必重振旗鼓,以示威权,切望当地诸人追念往事之痛,痛定思痛,而以入天仙戏园为戒,庶我民之义愤足使外人起敬,又能使彼忘本改籍者知所愧赧乎!记者跂足望之矣。

宣统元年闰二月初十日/1909年3月31日

演剧筹款

寰球中国学生会为筹款起见,特请新舞台伶人演唱新戏剧,名《二十世纪新茶花》,准于星期六即二十五日一时开演。是剧由最新小说中纂辑而成，具有爱国哀情两种性质，足使观者兴起。

宣统元年四月二十四日/1909 年 6 月 11 日

清谈·新舞台一

昨日为新舞台演戏之日也，昨日为新舞台演剧诸伶演甘肃旱荒新戏以助振(赈)之日也。伶界如是，则凡非伶界者若何？

一观演剧者与灾氓之比例　饥者甘树皮，甘草根，甚而树皮草根之不得食，至辗转以成饿殍。而观剧者啜雨前，啜乌龙，高座堂皇，同是圆颅，同是方趾，同是一母之遗体，而苦乐奚啻天壤。我不知观剧者对此甘肃旱灾新戏作何等之感情。

一开演剧者与优伶之比例　优伶下流也，演剧末技也，然而闻甘肃之荒灾，饥民之相食，甘捐其精神、奏其技术以补助之。则凡非优伶而有能力以济施人者，闻新舞台之演剧助振(赈)，又将作何等之感情？

一散振者与济施者之比例　以大善士而作大富翁者多矣，故曰善人是富。今观剧者见灾民之可怜也，出囊金以助之；开演者闻伶人之热心也，解囊金以助之；伶界诸人闻灾民之可怜也，演剧以助之。假令散振(赈)者惟利是图，不能丝毫归公，则非特无颜以对解囊助振(赈)诸公，尚有何面目以对新舞台诸伶？

新舞台二

昨日新舞台为甘肃旱荒事，特演《甘民泪》新戏一出，以资助振(赈)，绘影绘声，形容毕肖。观者为之感动，当场掷洋捐助者，铿然震耳，约达二十余元，可谓见义勇为。夫演戏仅描摹饥民惨状之万一耳，而我济人之感动已如此。若甘省之官场目睹甘民流离之状况，而乃漠视三年匿不报告，抑何忍也！

夫以忍心害理、漠视民疾之升允，而毛藩台犹以“清正爱民”四字赠之，宜乎今日清正爱民之官之多也！

宣统元年五月十一日/1909 年 6 月 28 日

演剧助振

甘肃旱灾待赈孔急,兹由《繁华报》馆、《娜嬛杂志》社发起,约集女伶名妓,假座丹凤茶园演剧助赈。丹凤园主慨然愿假班底,诸伶妓等亦允尽义务,择定六月初一初二两夜演串,所收戏资悉交筹赈公所,汇解灾区,核实散放。想届时往观者,既极视听之娱,又惬解推之志,必能极一时之盛也。

宣统元年五月二十九日/1909年7月16日

学界与伶界之消长

学界素以智识程度最高称也,而况今日文明开化之学界。伶界素以智识程度低微称也,而况今日繁华缛世之伶界。故人之语及学界者,必肃然起敬,□重而称之曰学界。语及伶界,则必鄙夷以为不足道。

自有文明开化智识程度最高之学界,而后繁华缛世智识程度最低之伶界因是转移,于是有夏氏兄弟之改良新戏,林氏兄弟之改良摊簧,消除从前淫靡繁乱之音,创立今日规范惩恶之剧,别开生面,称道一时,说者莫不归其功于学界。

由是而伶界文明开化之兴大躁,一时各省有灾荒,则演剧以助赈,学堂缺经费,则演剧以补助,虽曰伶界之热心,亦文明进步之创格也。当是时,学界演剧之风亦由是大开,然其所演者,无非如《黑奴吁天录》、《新茶花》等等,彼主义无非痛洒丧家之余泪,发挥爱国之热忱,其功亦足与圣经贤传并建,由是而伶界之名直与学界并传。

今则伶界之名将骎骎乎超于学界而上之,是何以故?剧场中最著名之戏,莫不曰《潘烈士》、《黄勋伯》;而学界之所演者,则有《十八扯》、《翠屏山》。《十八扯》、《翠屏山》者,旧社会中导淫之良剧也,而今日学生仿而演之,此何主义也?且延伶人以教之,此何学问也?由是观之,学界之程度已不若伶界远甚。我恐异日人将以旧日藐视伶界之心理加诸学生,而以旧日重视学界之心理加诸伶界,则中国前途其可问乎?我于是不能不为学界前途放声一哭。

宣统元年九月初三日/1909年10月16日

聚殴戏园之风潮（常州）

商人刘亦亭在西门外开设逸仙戏园，已于前月十九日开演，平日小有风潮，即经官吏拘去惩办，以致积怨成仇。至上月三十日，忽有多人往该园大起冲突，砖瓦台凳飞舞满园，当击破洋灯数盏，几肇焚如。幸文武兵差驰往弹压，并捉住滋事者数人，始克寝事。而观剧者号呼奔走，受伤失物者已不少矣。

宣统元年九月初五日/1909 年 10 月 18 日

戏园几酿人命（常州）

逸仙戏园自开设以来，屡起风潮。月前二十九日，有绍兴铜作帮二三十人拥至该园，强行看戏，不肯出资，该园遂将绍兴人放一半入内，留一半在外，暗中召集打手数十人，内外夹攻，以致殴伤绍帮九人，内有二人闻受伤甚重。现虽控至武署，闻徐大令亦无可如何。各处绍帮人均纷纷来常开会馆公议办法，恐不免一番交涉也。

宣统元年十月初四日/1909 年 11 月 16 日

张园开演新戏

张园出品协会之环球音乐厂，前已聘定嘤求集同人于二十九日登台会演新剧，兹闻又添聘群贤集诸君，如竹林逸士、白鹤山人、西湖游客、陕滨雅主、江南海骏、云间雅士、无聊山人等，同于是日会演。除京昆各戏外，并特排香梦词人所编之《新官场笑话》、《海上新繁华梦》两种著作播入管弦，诚剧场中空前绝后之盛会也。

宣统元年十月二十六日/1909 年 12 月 8 日

伶界亦知公益

上海新舞台潘月樵、夏月珊等邀全班名伶，定十一月初四日下午在会场音乐厂开演新剧，所得看资除酌提门资外，悉充上海医院及孤儿院经费，该园主等自备车马，饭食诸费概不于戏资内开支分文。群仙戏园主童子卿定初三日邀全部女伶日夜开演新戏，并聘请著名各女伶会串，为增助会兴之举。同春戏园主拟于礼拜日下午全班合演。伶界亦知公益,吾知此次会场之良好效果,可于此预决焉。

宣统元年十月二十八日/1909年12月10日

伶人热心公益

伶人小叫天,楚产也,近因概念鄂省水灾,将二十年来所积两宫恩赏悉数充赈,亦可谓热心公益者矣。

宣统元年十一月初二日/1909年12月14日

出品协会又演剧

张园出品协会今日邀到南市新舞台全部艺员,准下午二点钟开锣,会演文明义勇新戏头二本《黄勋伯》,余如七盏灯之《李陵碑》、毛仲琪之《辕门斩子》,俱是出色当行之作。初六日又邀到同春部诸名角会演拿手好戏。寄语有周郎癖者,曷弗命驾出游?

宣统元年十一月初四日/1909年12月16日

戏馆弭患新法

戏馆建筑法宜求精密,西人思得一法,凡造戏馆者,须择空旷之地,造高大数层房屋。或因人多偶致失慎,则一切器具不须人手移动,将所设机关一转,则各式器具什物俱移于门外矣。或于失慎时人多拥挤,不能行动,则将转关一动,可使房屋旋转,而人已各得乘间而出,无一损伤,此亦弭患之妙法也。

宣统元年十一月初八日/1909年12月20日

榛苓学堂暂缓毕业

沪道蔡观察昨出牌示云,案据夏志皋、潘万胜等禀称,身于光绪三十二年正月,就沪城九亩地伶业公所创设榛苓初级小学堂。查初级小学照章四年毕业,兹届榛苓开办第八学期,当举行毕业考试,谨择于十二月初八九十三日为毕业之期,届期务即派员莅堂考试,以重学务等情。当查此案前由袁升道详奉濮护抚宪批行苏学务处核议，经瑞升道照抄原详章程咨复核办，迨后如何核议未准移会。据禀前情，当即咨请查复，去后兹准苏提学移复。查初等小学堂奏定章程原系五年毕业，光绪三十二年十一月间，曾据该伶人夏志皋等请于省城添设菁莪两等小学与海上榛苓学堂，互相辅佐，并声明高初两等均定四年毕业等情，禀奉前抚宪陈批司核议，当经前升司周核与定章不符，札行苏州府转饬查照定章，将初等改为五年毕业，该榛苓初等小学堂事同一律，自应比照办理，应请饬令遵照定章，扣满五年再行毕业，以免歧异，咨请转饬遵办等因到道，准此合行牌示。为此示仰榛苓初等小学堂学生人等一体遵照毋违。

宣统元年十二月十五日/1910年1月25日

宣统二年(1910)

杂录·小叫天传

"商女不知亡国恨,隔江犹唱后庭花",二语颇具脍炙人口。庚子后京师有人仿其意曰:"□□□□□□□①,满城争说叫天儿。"盖小叫天之声名,比于寂寂无闻、尘尘布殁之大老之价值,所高不知几许,几与柳敬亭、苏昆生等并为文人墨士所称道,殆非汪大头、孙菊仙等所能颉颃。而其邀宫庭之特遇,谱乐府之新传,又远出诸侪辈上,则小叫天亦可谓人杰也哉!

社会所最喜以为谈助者,一曰宫廷盛事,一曰冠裳盛史,一曰梨园佳语。记者不敏,不敢自以为国中人,然于小叫天之轶事略有所知,特堂述之以供社会之谈助焉。

小叫天昔年供奉内廷时,演唱《花果园》一出,忽触孝钦皇后意,欲杖之。叫天大惧,乞哀命,唱《双摇会》得免。然叫天终身引为大耻,居恒戚戚不乐,殆以此也。

小叫天当以事赴天津,为某大吏所闻,谓某巨商曰:"倘能延至署中一演,兴复不浅。"某商承意旨,与小叫天言之再三,叫天固拒不许,谓:"吾特来消遣,不事生业。"商复托某君问接强求,以数百金为寿,叫天乃强应之。演毕,某大吏大欢,复酬赏数百金。人谓叫天:"何苦居奇乃尔?"叫天曰:"吾之所以固拒,正吾之所以善事生产者也。譬如某伶,其技不在吾下,然徒以奔走太滥,月给不越数百金,以吾之事半功倍较之,其优劣为何如?且戏之为物,本无甚趣义,时时而售焉,则人必生厌,不以为可娱。吾故靳之,则求我者益多矣。"此殆与《聊斋》之恒娘相似,留侯谓佞臣之□以固宠不外于此。呜呼,小叫天其神乎技者矣!其殆不止神

① 编者注:原文缺字,此句应为"国自兴亡谁管得",清人狄楚青诗。

乎技者矣！（未完）

宣统二年正月十九日/1910年2月28日

佚史·前制军雅有周郎癖

已故前任某省制军某公，生前喜徽调，尤喜与女伶合唱。抚山东时，每日午后必饬材官传女伶诣署，度曲以娱之。于是一般稍谙工尺者，见公出，伪为弗知，引吭低唱，公闻之，必召至署内。有彭某者，亦以此术进身。久之，公意渐弗属，荐于烟台关道。道问："各何能？"曰："无能也。"历月余，无所事事，然碍……不为安置。一日，彭自言善俄文，该道亟送至某学堂，特开俄文班，及上课，□略通俄语，同事者皆不为礼。彭亦自知无术惊人，惟歌□尚堪自信，遂私入梨园，袍笏登场，万目举注，彭羞甚不能开口，又脱衣冠而去。公之门下若此类者殊多云。

宣统二年二月二十八日/1910年4月7日

男女学堂演剧筹款

中国女公学今日假座新舞台演剧，所得看资充作该校经费。又商学社两等小学亦定于三月初八日假新舞台演剧，除开销外，所得看资悉归该校，以充推广校舍、增聘教员等经费，是亦不得已之苦衷也。

宣统二年二月三十日/1910年4月9日

粤女伶演剧助充医学校费

粤中升平公司新康年女班在海宁路鸣盛梨园演唱数月，近接粤电，有人聘之南归。该班主及各女伶等以离沪有日，于同乡之情未能恝置，爰于十六十七连演两日夜，以十六日所得戏资助充广肇医院经费，以十七日所得戏资助充广志学堂学费。闻此议初非由医院学堂所运动，实出于班主女伶等自愿云。

宣统二年三月十九日/1910年4月28日

新场镇演戏赛灯之阻力

南汇新场镇人陶瑞生、张燕伯、王瑞堂等现往嘉兴雇定戏班,定于本月念八日开始在镇演戏五天,夜赛灯彩。该镇绅商恐有匪徒乘机扰乱,业已请县谕禁,并于昨日来沪到道具禀,旋乘火车赴松,禀请戚太守加札禁阻。

宣统二年三月二十一日/1910年4月30日

清谈·新剧场观剧纪

世界感化力最大之一物何物乎?曰戏剧而已。欢乐悲感,摹写情状,均足移人心志而动其兴趣。以故沪上各戏园莫不争奇斗胜,排演新剧,歆动一时。而法界之新剧场尤为角色齐备,唱演俱佳,如新排《血泪碑》一出,激昂哀艳,真足令人堕泪。演至"割股"一节,足令人油然生其孝思;"大狱"一节,足令人慨然增其志气。此外如女学生家庭不幸,男学生慷慨赴义,地痞设谋之可恶,剧盗天良之忽发,监狱之黑暗,官吏之颟顸,莫不随处指点,有声有色,诚妙剧也。

宣统二年三月二十八日/1910年5月7日

铁路巡警大闹戏园(镇江)

镇江宝安新街春华茶园于三月二十八晚正在演唱时,忽来铁路巡目张炳、王凤山并多数工人硬行寻闹,始而口角,继则冲打,声势汹汹,并将警察总局某巡长头部殴伤。该园主见势不佳,令诸优伶暂停演唱,直至三更时,若辈始一哄而散。有知其事者谓,巡缉局某弁不知因何事,故欲与戏园为仇,邀约多人,是晚先在小街金桂戏园意图闹事,为水陆总巡吴小亭都戎得知消息,驰往解散,初不意复至春华园,竟演出此剧云。

宣统二年四月初三日/1910年5月11日

学生与戏园(奉天)

本溪县同升戏园日前未识因何开罪该县两等小学堂学生,突有李廷荫兄弟等纠集同学多人，蜂拥入场，假看戏为由，故意寻衅。始仅抛碗掷人，继而为首者一声喝令，诸生一齐动手，运用其平时体操科学，顿将园中卖票人张海山殴击，受伤甚重。该县王大令闻信，带兵前往弹压，勒令解散，幸未酿成巨祸。刻闻已将为首滋事人三名呈请学司斥革惩罚，该堂教员饶恩、校长苑清海管教不严，咎无可辞，分别各记大过。

宣统二年四月初十日/1910 年 5 月 18 日

伶界热心公益之一斑

南市新舞台各伶人前曾倡议设立救火会，筹集银数千两，托法界救火会领袖某君赴外洋定造救火器具及拆屋机器梯车等件，曾志前报。兹悉在会诸人业已分班练习一切救火方法，尤恐未能尽善，故于前日下午邀同全体会友，至法租界大自鸣钟捕房后空地上，请法界管理救火机器之西人将梯车舁出，逐件指示，并令各人上梯至顶，试演一周而返。

宣统二年四月初十日/1910 年 5 月 18 日

监司招集女班演戏之风潮（江西）

江西调查总局总办江观察峰青寓书院街地方，素嗜笙歌，到江以来，屡屡征集梨园名角作长夜之乐。近因省中新到猫儿女班，声色俱佳，适值该道于十二日生辰，遂由诸属吏资雇到寓演唱，一时锣鼓喧天，远近俱闻。讵料附近自治研究所学员、测绘学堂学生、两等模范学堂学生共计百人，内外拥挤该寓，破扉而入，巡警拦阻不住，闯至内厅，群起口角，竟将家具门窗捣毁。当因事机决裂，招呼停演，报知该管官员，未悉如何办法也。

宣统二年四月二十二日/1910 年 5 月 30 日

津官场之恒舞酣歌（天津）

天津督练公所及粮饷局总办等，每晚必约督幕数人，在广兴里凤鸣班红菊花处豪饮，马车约二十余辆停放门首，毫无顾忌，而叫条亦必数十余人之多,以至车横门外,行人裹足,各巡警亦不敢干涉也。

宣统二年五月十三日/1910年6月19日

商会主持演戏之奇突(吉林)

乌拉街商务分会附设财神庙院内,开办已将一载。该会贲议董、凤坐议等提出一种新奇议案,拟联络商界各家于本月初间开一特别团体会,在财神庙演剧五日,遂于本月十一日恭具增福财神名帖,请关圣帝君驾临观戏(俗传五月十三日为单刀赴会之期)。当时该会职员均愿赞成此举,惟理案议董王某坚不认可,出言反对,然居于少数地位,究难阻止,遂于本月十一日在财神庙开台演戏。十三日午前十一钟时,正演《张秀大战皖(宛)城》一出,忽有吉林府李太守派委刘蓝田君率领马巡数名,前来张贴告示禁止停演。该员弁一面协同巡警传谕通知,一面勒令戏班歇业办理,颇为认真。讵商会坐办凤云等坚执不允,饬令戏班照常开演,谓商会不归吉林府节制,所示等因碍难照准。当下戏班人等遂照常开演,刘委员再四饬令停演,优人置若罔闻。该员协商该处桂巡官,欲开枪恐吓,驱逐出境。该巡官以未奉明文,不敢冒昧,劝刘委员和平办理。委员只得忍气吞声,听之而已。一时台下观戏之人谣传巡警将要开枪击捕,妇孺闻之,多致涕泣,奔走狼狈,道路为之拥塞云。

宣统二年五月三十日/1910年7月6日

榛苓学堂放假

梨园公所之榛苓学堂开办以来,已届五载,一切经费由夏、潘诸伶担任,今年始归群学会经理。昨日放假,三时开恳亲会,兼演学艺,来宾约三百余人,五时摄影。末由夏伶以折扇分赠各生,藉留纪念。

宣统二年六月初七日/1910年7月13日

戏园人命案难从轻灭(苏州)

苏垣马路春仙髦儿戏园内有常熟人某甲,因事被该园主王开生等纠同马夫殴伤后服毒毙命等情,已记前报。兹悉该常熟人系名原祥,因酒醉闯入戏园内滋闹,即经王阿宝(即戏箱阿宝)纠同马夫张金寿等将原祥殴伤后,原祥自行服毒,至园内卧地,毒发毙命等情,由吴县陈大令提讯后,拟将戏箱阿宝杖责若干,将就了结。日前将办理情形详报各宪,左臬司以该戏园纠人用强,将原祥殴打,受伤甚重,亟应照例严惩,未便宽纵等情,札饬该县速提该园主人等到案,传同尸亲等审明详办。

宣统二年六月十三日/1910 年 7 月 19 日

髦儿戏馆之热力

老北门外凤舞台髦儿戏园之电灯总门,于前晚十一点钟时忽然爆裂,一时火焰飞扬,几致肇祸,幸即开放自来水浇灌熄灭,然观剧者已饱受虚惊矣。

宣统二年六月十六日/1910 年 7 月 22 日

瞿真人庙演戏

西门外瞿真人庙自昨日起演戏三天,到庙拈香观剧者络绎不绝,西区警局恐肇祸端,特派巡士多名前往弹压。

宣统二年八月初九日/1910 年 9 月 12 日

淫伶将释

湖北路已闭春桂戏园主淫伶李春来,前因奸占已故京堂黄开甲之夫人黄朱氏并骗巨金案发,奉公共公廨提案讯实,判押西牢三年,期满逐出租界在案。今春外间谣传谓,李伶由其家属求准开释,已往奉天某戏园唱戏云云,实则并无其事。兹悉该淫伶开释之期应于西历九月二十九号,即华[历]本月二十六日,然虽得释,恐亦不能再在租界招摇过市云。

宣统二年八月二十一日/1910 年 9 月 24 日

淫伶递解回籍

湖北路已闭春桂戏园主淫伶李春来,因奸骗黄朱氏控奉公廨讯实,判押西牢三年,期满递回原籍。扣至今日刑期已满,昨日预由捕房将该淫伶之案由单送廨禀明,今晨将该伶提至公堂,请中西官验看后,即行递解回籍。

宣统二年八月二十六日/1910年9月29日

淫伶尚未解廨

已闭春桂戏园主淫伶李春来,因奸骗黄朱氏案发,奉公共公廨判押西牢三年,期满递回原籍,扣至昨日期满,解堂递解回籍各情,已志昨报。兹悉昨日尚未解堂,因须于礼拜六带赴总巡捕房摄影留查,然后再解公堂发落云。

宣统二年八月二十七日/1910年9月30日

淫伶发落尚待美领堂期

淫伶李春来期满解堂递回原籍,并于星期六带赴总巡捕房摄影留查,各节已两志前报。兹悉捕房以此案当由美领陪审,饬仍留候,于礼拜二解送公堂发落。

宣统二年八月二十九日/1910年10月2日

照案递解淫伶之波折

淫伶李春来前因奸骗黄朱氏巨款,控奉公廨判押西牢三年,期满递回原籍,扣至上月二十六日即西历九月二十九号期满,嗣因带赴总巡捕房摄影留查,以故改期于昨日即礼拜二解堂发落,已三志前报。昨日届期,该淫伶于清晨九时由中西包探押解至公共公廨,当由驻廨五十八号西捕将李伶带入写字房内候示,一时观者拥挤。俄而美副领事海君莅廨,先在憩息所与宝谳员磋商此事,闻西官意见,竟拟将递解回籍四字改为逐出租界。华官以当时会判堂谕未便更易,当照原断办理,在内磋商一时之久,仍不解决。谕将该淫伶带回候核,当由西探押乘电车而去,见者佥谓李伶不减旧日精神，惟面庞稍瘦。迨中西官升讯捕房琐案，已钟鸣十句半矣。并闻此事业由宝谳员函请南洋律法官担文君莅廨面商办法云。

宣统二年九月初三日/1910 年 10 月 5 日

李春来果递回原籍耶

奸骗黄朱氏之淫伶李春来，昨晨九时仍由总巡捕房西探押送到廨，请为发落。即经驻廨五十八号西捕带入写字间内候示，一般得信来观者，较前日更形拥挤。逾时，美副领事海君莅廨，即与宝谳员升讯各捕房琐案毕，退入憩息所磋商。旋奉传谕仍将该淫伶带回，观者佥谓中西官尚未商明办法，或谓此案如不照原断办理，恐再动粤帮公愤云云。惟闻此事已由宝谳员与美领会商妥，洽定于今晚由廨派差协探将该淫伶押登轮船，递回天津原籍，以故不解公堂发落云。

宣统二年九月初五日/1910 年 10 月 7 日

李春来蔑视法权之骇闻

奸骗黄朱氏之淫伶李春来，闻由中西官商明，定于昨晚由廨派差押登轮船，迳解天津各节，备详昨报。兹悉前日下午廨役张福奉谕至总巡捕房，询问购何项船票起解，讵该淫伶竟怒谓："何人敢来押解，定将其抛入海中！"并由一百五十一号西探接称："李伶自由捕房起解，毋庸干预，否则定行押办。"该廨役即据情回禀宝谳员核示，谳员大怒，以此系向来办法，何称毋庸干预，该西探不应藐违定章。当即照会英美总巡卜罗斯君，略谓递解人犯，向由本廨签差押解，捕房只有护送之责，历来定例，遵行已久。今递解李春来，该西探竟敢出面抗阻，捕房如此举动，无怪外面谣传李伶有多金运动之说。该西探究奉何人命令，请为查核。素稔贵总巡办事公正，即希示复，以便照章起解云云。闻昨日又据廨役禀称，该淫伶竟倩有保镖多人，长途押解诸多危险，当奉宝谳员谕候禀请道宪示遵。

宣统二年九月初六日/1910 年 10 月 8 日

续志公廨递解淫伶之波折

公共公廨宝谳员以淫伶李春来捕房西探竟不允廨役押解,违章背约,深堪骇异,特致函英美总巡卜罗斯君严重诘问,曾纪昨报。兹探录原函云:案查淫伶李春来禁押期满,于本日早堂过堂,由本廨照章备文签差递解。不料顷据原役张福禀称,奉文前赴捕房询明何船赴津,准备动身,讵一百五十一号西探声称须由捕房押送,无庸廨役过问,如若多言,将役收押等语,禀请示遵前来,不胜诧异之至。查该犯系本公堂断定递解之案,自应按照向章,由廨备文签差押解,该西探擅谓无庸廨役过问,并大言恐吓,欲将廨役收押,违章背约,实属荒谬已极。岂不思递解系向内地,一经登舟,便非租界,西探并无向内地解人之权,何得插身干预?且试问既无廨差押解,又不凭本分府公文,到津之后交付何人?该西探如此野蛮无礼,未识受何人之命令。李春来素号多金,善于运动,该西探如此举动,实属令人可疑。恐外间物议纷传,必谓捕房亦受其运动,殊于贵捕房名誉攸关。贵总巡办事公明,本分府素所钦佩,决不出此,此事谅系该西探等所为,尚未经总巡查悉。用特专函奉致,即希转饬捕房无庸干预,照章将李春来交廨役赍文起解,并一面将该西探擅专违章之处严查究办,仍希见复为荷。闻此函去后,尚未据卜总巡函覆。而昨日有人至捕房探望李伶,竟不见其人,外间传言谓李伶已由捕房押送至顺天轮船上,迳回天津,确否俟探明续录。

宣统二年九月初七日/1910年10月9日

李春来果由捕房递回天津矣

公共公廨宝谳员查悉,淫伶李春来果由捕房于初五晚押登顺天轮船,迳行递解,殊属违约背章,因又于前晚照会卜总巡严重诘问。略谓淫伶李春来案昨上一函,盼候两日,尚未得复,不审已邀察人否,甚念。兹再以种种情形想为贵总巡所不及知者,特续为贵总巡一一明告之。查捕房向来押犯期满,即行解堂听候发落,逾期不解,即为私押,即为违章。李春来扣至上礼拜三即华历二十五日期满,乃捕房竟延不解堂,经本分府严加诘问,直于礼拜二即本月初二日始行解案，试问捕房向来有此章程乎？李春来自西牢释出之后，闻在捕房相待极优，游行自如，即解到本廨过堂，亦不与众犯一处，独在驻廨西捕五十八号写字间内坐候，从前虽中国极体面商人亦无如此相待，此次于李春来实为破格。李春来以至恶至贱之人格，而独得此至优至渥之待遇，不知该管西捕人等何以颠倒若此，其中是何理由，本分府实所未喻。当李春来将届押满之时，值公堂副捕头斯宾菲尔曾面告英陪官康副领事，请本分府即日预备起解公文，何以现在一百五十一号西探又谓无庸廨差过问耶？无庸廨差过问，即无用本廨公文，然则副捕头何以先又请备公文耶？不但显违定章，亦且自相矛盾。前礼拜六早堂，在领事间询据副捕头斯宾菲尔声称，李春来已于今早乘顺天轮船赴津，并称捕房向来如此办法。本分府诘以既系向来如此办法，李春来何日押满，即应何日起解，何以于押期满后，犹在捕房擅押一礼拜始行带堂？何以先请备文，后又无庸廨差公文而遽纵令启行？捕房向来曾有此等办法否？该副捕头无辞以对，云系美领事之意，与捕房无涉云云。其时本日会审之德副领事在旁，并为本分府及斯宾菲尔通译。本分府闻该捕头之言，不胜诧异，试问以前西牢押满递籍之犯，是否均由捕房擅押一礼拜之久，但候原审领事命令，任犯人自行回籍，不凭本廨起解印文？其以后西牢押满递籍之犯，是否一律亦由捕房擅押一礼拜之久，听候原审领事命令，任其自行回籍，不凭本廨起解印文？抑系李春来一人如此办法？如以前无此办法，以后无此办法，何以李春来一人独得此极优极渥之待遇？此种特别之办法，既据称出自美领事之意，是否美领事与贵总巡商定？有无公函知照尊处，可以送案作证？抑系有人转托美领事与贵总巡商定？本分府深为不解。查该伶之淫恶，此案之办理，妇孺皆知，万人瞩目，且该伶运动多术，本分府不能不格外慎重，免遭物议。请将以上情形一一明白见复，以释鄙人之疑，并释上海租界全体人之疑，是为至要。此函去后，宝谳员又于日昨专禀道署，略谓窃淫伶李春来一案上年讯断之时，多方阻难，仰承宪台训示，始克就范，将该伶判押西牢三年，期满递解回籍在案。上礼拜三即八月二十五日押期届满，捕房照章应将该伶解案，听候备文起解。讵捕房是日竟不解送，知县以违章严向捕房询诘，据称受美领事命令。迨至本月初二日美领事堂期，捕房始将该伶解案。美海副领事于未讯之先，在领事间与知县大起冲突，议翻前案，欲准其重来租界，并在法界演剧。知县与争持两小时之久，未能解决，只得将该伶仍行带回捕房。至礼拜四即初四日，捕房又将该伶解案，美海领事经知县据理磋争，始渐就范，允照前判解津，并以后不许再来租界，惟要求免予驿递，由海道迳解赴津。知县查卑廨向来解送人犯，有照章按站递送者，亦有迳解该管衙门者，均由临时量案酌定，既美副领事极意袒护该伶，商照前判解津已费几许唇舌，若不稍示通融，恐又另生枝节，是以允其由轮船起解。正在备文签差押解间，讵据该差张福禀称，前赴捕房询明何船赴津，预备起解，讵一百五十一号西探声称须由捕房押送，无庸廨役过问，如若多言，将役收押等情前来。初六早堂询据值公堂副捕头声称，该伶业趁顺天轮船赴津。诘其何以违章，则称均系美领事之意等语。查该伶系公堂断定递解之犯，今改为由轮船起解，已属格外通融，乃该西探擅敢谓无须廨差过问，并大言恐吓，欲将去役收押，不思既无廨差押解，又无卑廨公文，到津之后交付何人，实属荒谬之至。该伶为至恶至贱之人，而捕房此次始终保护，种种优待，初则延不解堂，继则擅行起解，违章背约，莫此为甚。除函致总巡切实诘问外，理合据实禀陈，仰祈大人鉴核主持，实为公便。闻宝谳员又以李春来既由捕房擅行递回原籍，自必向天津县投到，否则几成私释，因又电致天津县查询该淫伶抵津投到情形，速行电复，以凭核办。

宣统二年九月初九日/1910年10月11日

学堂演剧筹款

国民学校缘经济困难，特于念七晚假中国青年会演剧，以资挹注。剧名《出入世》，乃清客谢星泉、韦旭初、程孙大、梁耀庭所串者，并演影戏以助余兴。

宣统二年九月二十五日/1910年10月27日

李春来之妻又自尽矣

前日，有一年约四旬余之妇人在南泥城桥浜内投河自尽，由捕救送仁济医馆，已不及医治，遽即身死。旋经捕房将尸车送验尸所，饬保报县请验。昨日薄暮时，本县田大令带同刑仵人等至验尸所，验得该妇委系投河身死，遂填明尸格，饬堂收殓。是时，忽有一老妪持女鞋一双到场，为死者更换，捕房中西包探深为诧异，立即拘住盘诘。该妪云死者乃李春来之发妻李黎氏，年四十八岁，向与李春来之弟李明同居贵州路荣寿里一百零八号屋内，今忽投河身死，不知何故。该探立将该妪带回捕房，转送公共公廨收押，一面复由捕头谕饬二十七号西探彭山与华探目李星福，老闸捕房亦派十三号西探同至李黎氏家内，查见黎氏小照一张，实是李春来之妻，遂即回禀捕头，请为核夺。一时远近哄传，佥谓李伶之弟李明已服毒自尽，今李伶之妻又投河身死，更令人疑团莫释云。

宣统二年十月初七日/1910年11月8日

戏馆手巾之价值

陈家采等前托粤人卓子琴谋荐春桂戏园绞手巾生意，当付押柜洋一千二百元，由某报关行伙卓爱堂运动本行盖戳担保。讵事既无效，洋亦无着，陈以卓子琴避匿不理，控奉法公堂将卓爱堂拘提解讯。据供卓子琴之父国卿于九月内到过行内，子琴并未来过，不知避匿何处，判令退去，限七天内将子琴交案，如违传该报关行主严追。

宣统二年十月二十六日/1910年11月27日

清谈·资政院之戏迷传(希夷)

上海各戏馆近来喜唱《戏迷传》，此戏别无所取，不过以唱工见长耳。京师资政院议员亦善唱《戏迷传》者也。江苏议员之叫天儿，初唱《打鼓骂曹》、《颠僧扫秦》诸剧，慷慨激昂，台下观者击掌叫好不绝。叫天儿忽抹大白脸，登场变调，改唱曹操秦桧等之老奸口吻，闻者大笑。或曰：《戏迷传》本忽丑忽净忽副忽贴，随便可唱。

或曰:王公大臣喜听此种戏剧,故叫天儿变调以博其欢耳。余则服叫天儿之无戏不会唱。

宣统二年十月二十八日/1910 年 11 月 29 日

调查李春来兄妻自尽原因

金琴孙横遭暗杀案内之嫌疑犯王三,由英捕房探目李星福至靖江县移提来沪,解送公共公堂,讯供不认,判送上海县署严讯,去后业经帮审委员承明府研讯两堂,仍无确供,详情已志前报。兹悉本县田大令以王三所供各节,核与金绅暗杀案无甚关系,惟查淫伶李春来之堂兄李明及发妻黎氏相继自尽一事,何不在李伶在押西牢之时,而发现于李伶得释、金绅被害之后,其情不无可疑。昨特函致公共公廨,请将李明、黎氏相继自尽缘由详细查复,以凭研究。

宣统二年十一月初十日/1910 年 12 月 11 日

再志戏馆手巾之价值

陈江清、盛如栋等前因谋挖春桂戏园绞手巾生意,曾出押柜洋一千八百元,在新昌泰即太古昌报关行内成交过付,由该行小主人卓子庭掣付收据,并盖该行图草为凭。嗣因生意无着,银又不还,控奉法公堂,饬传该行主讯究在案。昨由捕房将行主卓谷庆及司帐卓桂堂传廨请讯,卓供儿子逃避在外,盛陈之事商人并不预闻,亦无盖戳情事,孰虚孰实,须待儿子到案方能明晰。聂司马以此事卓谷庆既未干涉,姑宽判,限两礼拜将子交案讯办。

宣统二年十一月初十日/1910 年 12 月 11 日

三志戏馆手巾之价值

陈江清、盛如栋等前控新昌记报关行主卓子庭,以荐谋春桂戏园绞手巾生意为由,骗去押柜洋一千六百元,经法公堂传讯不到,将卓子庭之父国卿及司帐卓桂堂传讯。国卿供称,儿子向不在行,骗洋一事实未预闻,亦未便代理。桂堂供,行中图记帐簿均由商人执管,所有保单上之图章,谅系卓子庭私窃盖用。当奉聂司马判令国卿限寻子庭到案，再行讯究。兹原告又复投案求追，讯据国卿供称，儿子实不在申，故难寻交，判国卿具并不藏匿儿子切结存查，如将来查有藏匿情事，仍惟国卿是问。

宣统元年十一月二十四日/1910 年 12 月 25 日

髦儿戏忽准忽禁(南京)

宁垣上年创办劝业会时，正会长张制台劝令上海南京商界集资，在三牌楼新辟马路两旁建造楼房数白幢，以兴市面，舞馆歌楼，十分热闹，其路即名为劝业路。自闭会后，游人绝迹，生意清淡，第一舞台以不能支持，业于十一月初九日停止，阛市惶惶，皆有停闭迁移之意。当经益利、宏裕、上建、振兴四公司禀请劝业道准演髦儿戏，以维市面，经李子川观察查核前案，概行批驳。嗣由上海某商商同筹赈会员，陈请督座试演三个月，除开支外，盈余充作江皖义赈，一以维持市面，一以拯济灾黎，蒙督宪批准试演。该商即出巨资，聘请著名之王家吉庆坤班于二十二日由杭赴苏，自苏乘火车抵宁。正拟大张旗鼓，择吉二十五夜开台，乃巡警总监李子香观察突于二十四夜出示禁止，并云倘敢抗违，定行严拿惩办，一时人心惊惶无措。讵二十五夜，城南绅商未知示禁，马车人力车络绎而至，该舞台已悬停演之牌，来客仍拥挤入内，以致不能拦阻，一时楼上下人皆坐满，直至八点半钟，经各按目婉劝，始各散去。闻李子香观察因劝业会开会时自违警章受罚，遂衔劝业会入骨，故有此忽准勿禁之举云。

宣统二年十一月二十八日/1910 年 12 月 29 日

再志女伶扮演淫妇之活剧

宝善街丹桂髦儿戏园女伶陆菊芬演唱《翠屏山》一出，扮演潘巧云，过于淫亵，经老闸捕房包探刘森堂目睹，以其有伤风化，业已禀明捕头，请廨饬传园主戴云舟到案，讯明属实，宝谳员与英康副领事以戴故违禁令，着罚洋三十元充公。

宣统二年十一月三十日/1910 年 12 月 31 日

法界戏园亦不准再演淫戏矣

法捕房前日控告新剧场演唱《杀子报》淫戏,改换名目,或曰《清廉访案》,或曰《和尚不守清规》,即经公堂饬传该园经理人到案审讯。据称歌舞台戏园亦常演此戏,既是违背禁令,应请一并传究,因是判候传到歌舞台经理人再行讯核在案。昨日歌舞台经理某甲到案禀称,歌舞台开幕未久,新剧场则已开二年,该园常演此戏,不闻禁阻,故本园亦仿而效尤。聂司马商之顾副领事,姑念无知误违,从宽免罚,惟以后不准再演淫戏,如再故违,定须重办。

宣统二年十二月二十日/1911年1月20日

宣统三年(1911)

戏馆亦为自治事业矣(镇江)

髦儿戏有伤风化,历年为各上宪所严禁。不料近日镇郡董事会某总董因与土娼朱奶奶有染,受其运动,竟借口为自治公所筹费,力任保护,已于前日开演。查所演之剧,皆系《珍珠衫》等著名淫戏,议者大为非之。

宣统三年正月十七日/1911 年 2 月 15 日

金琴孙与李春来之关系

荣记报关行主金琴孙遇仇被害案内之嫌疑犯瞿小林、瞿马氏、马阿毛等男女三人,昨由捕房并解公共公堂,请为讯究。先据总巡捕房探目李星福禀称,瞿小林向随伶人李春来,李伶与金有隙,去年李伶由西牢释出递解,未几金即被人暗杀。查金案未出之前,瞿尚在沪,迨案发现后瞿即逃匿苏州。外间咸谓金琴孙被李贿嘱瞿之妻弟马阿毛谋毙,当由小的赴苏杭等处,将瞿等男女三人移提来沪,解送上海县讯无眉目,送回捕房,因此解案请究。讯之瞿等,均供实被冤诬,求恩省释。宝谳员商之德副领事师谋君,判瞿等分别还押,候询明上海县再行核夺。

宣统三年正月二十八日/1911 年 2 月 26 日

新剧场亏欠地租

英商乾克沙生控同济公司股东杨润之、沈莲莼等不付地租一案,前日午后由公共公廨宝谳员会同英副领事康君会讯。原告代表派生士律师译称,原告有坐落法租界之地一方,租于杨等建筑新剧场戏园,订定十年为期,讵租金迄未照付,该被告等又临讯不到,先请堂上给谕,准归原告管业。中西官磋商之下,准先给谕管业,并候饬传各被告到堂质讯核断。

宣统三年二月十七日/1911 年 3 月 17 日

伶人切勿受愚

沪道刘观察近接驻日汪星使来函,略谓访闻迩来有等下流商人,拟在中国招雇梨园子弟,前往日本演剧牟利。惟中国戏曲尚未改良,锣鼓喧阗,向为外人所厌,且一切戏具到口,关税极重。闻曾有专演戏法之男女数,前往外国,因无人观看,盘川告罄,几至不能回国,即此可为前车之鉴。敝处本拟传谕禁阻,因该商人等极为秘密,无从调查,请即出示晓谕各戏园伶人,切勿受愚,致贻后悔等因。刘观察准即札行英法两公廨一体出示切实谕禁。

宣统三年二月二十五日/1911 年 3 月 25 日

戏禁开不得(江西)

临川商民酷嗜演戏,并借此以为敛钱之具。自戚升县拟提此项糜费补助学款后,此风稍息。王升府莅任,复将抚州会馆改办商务学堂,自是笙歌绝响,行之数年矣。讵今春城外某富商邀集同业数人,密订戏班,开台演戏,兴高彩烈,远近来观者,大有人山人海无地容足之势。商会总理郑权睹此情形,恐酿事变,提议禁演夜戏。不料是夜人丛中即有窃贼混迹,偷去商务学堂某教员暨某学生衣物多件。次晨该总理召集商董诸君公同协议,比将梨园子弟概行遣散矣。

宣统三年三月初五日/1911 年 4 月 3 日

伶界补助商团会经费

全国商团联合会开操在即,经费难筹。前日在东市新舞台开会时,议由虞洽卿、李平书、沈缦云、叶惠钧诸会长分投劝募,以资开办。并由沈缦云等商准新舞台艺员潘月樵等于十八日演剧一天,所得戏资悉充该会经费。闻前夜八时,已在南市毛家弄事务所邀集会员分任售券矣。

宣统三年三月十六日/1911 年 4 月 14 日

剧场忽来霹雳(湖北)

湖北荆州城与沙市镇同在一隅,商业虽称繁盛,然尚不敌宜昌,而沙市地方戏园之发达竟与汉口相埒,其故盖由男女之合演,描摹淫剧殆尽也。荆沙政商绅学各界之酷嗜淫戏,大有趋之若鹜之势,挥金如土,不可数计,而尤以荆宜道吴筠孙、荆州府斌俊、在籍道员札凤池、荆州都统连俊等提倡为最力。日前吴道斌守等同日寿辰,竟各在其衙署内召天仙、丹桂两梨园连演五日,所获赏钱多至万缗以外,极称一时之盛。讵事为鄂督所闻,以男女合演淫戏,最为风俗之害,该地方官不惟不严切禁止,反敢推波助澜,本拟用正式公文从严惩办,因碍于连都护吴观察之面子,乃特电沙市警察局总办黎令春华即日出示禁止男女合演,如敢故违,定行封禁云。

宣统三年三月二十四日/1911 年 4 月 22 日

伶人被捕之八面观　安得秦宫照妖镜

十九日晚伶人田际云等被捕一案,事出仓猝,外间莫明真相。有谓与党人有连者,有谓系贻谷案牵涉者,纷纷传说,莫衷一是。兹将各处函述情形汇录于下,聊备参究。

京友通函云,十九日御史瑞贤呈递封奏一件,揭参京津保各处匪徒招摇棍骗,扰害治安,请旨严拿惩办,以维社会之秩序,当即奉旨着民政部、内外城警厅、步军统领衙门一体严拿。是晚十一钟,即有兵警八百余人分途拿获屈臣氏药房业西医之知县瑞星樵、公益银行总理顾太史琼之公子顾八爷、天乐茶园主人田际云、外城堂子胡同知县刘树楠等八十余名,内有推事三员,员外郎一员,未获者尚有五十余人,其在津保两处人犯中亦有为候补道者。二十日已电饬各该处官厅协拿,并由京派员前往矣。此案现在异常秘密,故详情无从探悉,但据外间传说,谓与革党有连云。

又函云,伶人田际云前晚忽为步军统领衙门所逮,其事甚怪,兹探得其情节,系在长巷头条胡同该伶自己寓内拘去。是时田正与诸同业筹议兴办学堂事,忽见仆人进来回称有客,田云请东屋坐。仆出语客,已复回述,客言曰:不必让坐,请到门口打话便得。及至门,则兵士甚众,但云有公事,请即上车,遂簇拥而去,直送至左翼管押。田问何事,则皆曰不知,奉乌大人交谕,故如此办耳。至究竟何事,讯供如何,容俟探明续志。或曰与贻谷案有连,情节甚复杂云。

又有一函则谓,此次封奏系赵侍御炳麟所递,特参京师地面土棍横行,请旨严拿,以靖地方。内中指名土棍共计二十余名,并有妇女二名,当奉廷寄交民政部、步军统领衙门按名严拿务获。并闻赵侍御所参最重要人物为名伶想九霄即田际云,共计伶界中四人,其二人皆田之羽翼。此外十余人,有鲍某系官界中人,亦一并被获。

又有一函则谓,此事确为贻谷而起。盖贻谷历年行贿数十万,始得脱卸罪名,乃事结后忽将贿托李氏(即外称李三太太者,或云系前法部尚书廷杰之妾)之酬金图赖不给,李氏愤甚,托伶人田际云向审判厅告密。贻侄钟岳恐事发觉,必至不了,乃泣求某枢相密饬步军统领、民政部拿办该伶,为先发制人之计云。

宣统三年三月二十七日/1911年4月25日

京师大狱株连之真相:瑞贤不贤,子良不良,直一傀儡耳

京师伶人田际云等被捕一案,原因复杂,业将各处函述情形汇录前报。兹又接到多函,知与贻谷一案确有关系,摘录如下。民政部及步军统领衙门会同顺天府拿办要犯数十人,伶人田际云亦在其列,已见前报。兹探悉此事之原动力实因贻谷之子钟岳与李鹏年之妻涉讼,近日李范氏既经取保出厅,遂遣其子李菊侪运动审判厅员,代其运动者为天乐茶园主人田际云、屈臣氏医生瑞星桥。事机不密,被钟岳侦知,遂托人到廷尚书宅陈说,此事如发露,于故尚书之体面甚有关系。廷尚书之子原系那相国爱婿,遂令其妻回求其岳代为息讼。那相国始不应允，既因姑奶奶痛哭流涕，誓不归家，那相国无法，勉强首肯。遂请瑞子良侍御过谈，那与瑞原系至交，既见面，即请其设法，瑞子良遂捏词具奏折上，之后由军机处片交步军统领衙门、顺天府一体严拿。于十九日下午五钟，有左翼办案熟手光头儿到田际云家，假充陈文启（亦伶界人，即今在本埠第一台唱戏者）求见，田云让在厢房。少时田出见，光头云："外边有人找。"田至门外，见有十数人，均不相识，光头向众说道："这就是田际云。"大家手持刀枪索链，将要牵走。彼时有一天乐园掌柜松月山与光头相识，问其原因，光头云："此事重大，系奉廷寄。"遂将田装入车内。彼时适遇朱旭东（音乐学堂教习）向其询问，光头问道："你叫甚么？"朱旭东告之，光头云："亦有你名。"遂一同拉至左翼，当时办案人约有五十余人。是晚光头等又在瑞星桥家（长巷二条）将瑞星桥用绳绑之。二十日上午九句钟，又在崇文门外二条将萧治臣拿获（德森银号掌柜），到警区挂号时，巡官问其姓名，始知拿错。光头说道："有错拿，没有错放，候全都到案，你再回家罢。"萧虽辩解，亦不济事。光头又在果子巷堂子胡同拿获刘树楠，刘树楠之弟问其所以，光头说道："这件事大了。"又闻光头于十九日晚七钟余，到《京都日报》馆打听掌柜的萧七，馆役道不在，光头问："家在那里？"馆役云："蟠桃宫铁辘轳把。"次日光头到萧益三家四次，到处搜寻，未得拿获。并闻十九日已将李鹏年与伊子一同拿获云。此案未发现之前，由御史瑞贤奏参某某等七十余人借事招摇，扰害治安，当奉交片着民政部、步军统领衙门一体拿办。闻瑞贤所奏之七十余人，上中下三等社会皆有，其中固有当初贻谷行贿之说项过付者，但闻原参中绝未提及贻谷一字，则此参折之由来亦可想见。民政部奉旨后，又拿获二十余人，其余诸人仍在秘密搜捕中，将来必兴大狱。并闻此案系特旨拿办之犯，须交大理院审讯云。

瑞贤参折之折由为京师匪党充斥，勾结外匪，为害地方，请饬拿办云云。所拿获之员外郎一员，即法部员外郎、安徽歙县人鲍滢字良笙，并牵涉外城六品警官马荣，谓有招摇诳骗情事，均于十九晚拿交步军统领衙门取具亲供,于二十日送检察厅讯办。闻瑞贤此折系受人贿嘱,外间已议论纷纷,谓此案多有滋人疑窦之处云。

李范氏或曰是廷尚书宅女仆,或曰非也。初李范氏持公益银行五万元之银票向公益取银,公益不与,曰此贻宅捐助大舞台之款,今不付矣。李范氏遂出诉于地方审判厅民事庭,民庭搁之未审。一日贻谷之子钟岳嘱巡警拘李范氏而置之区役所数日,李范氏急,乃使其所亲出诉于地方审判厅刑事庭,刑庭不能拒,于是向□区索提李范氏矣。李范氏既到案,承审者为预审庭推事陶某,李范氏供称为贻谷行贿,此五万元银票乃其余数,今事结而措不付,实所不甘,故诉之。词连廷杰,承审官大窘回避。廷杰之子党对陶某泣曰:"先尚书清节数十年,今殁后乃遭此污蔑,为人子者其何以安!"案延不决,李范氏知势不敌,乃托其党奔走运动,田际云其一也。贻氏见李范氏之党四出奔走,思所以锢之。未几乃有瑞御史之奏,托言匪党充斥,扰害地方,请饬密拿。当日民部及军署交片拿人,应拿者凡十余人,多半就获。此十余人中情节若何,则不可得其详云。

贻谷之子、吏部郎中钟岳因控李氏妇骗贿一案,由京师内城地方审判厅于二十日饬警往传质讯,钟大怒,对该警骂曰:"你们厅丞怎不持牍来请咱,反敢持票来传咱?! 那有这们混蛋! 你速去,咱就来会你们厅丞!"该警唯唯而退。少间,见一四轮马车中道而驰,至审判厅门首,车即停止,车中人出,命仆人持名片付守卫警兵云:"咱们大人会你们厅丞。"警兵持入,适为张巡长所遇,见即顷传到案之钟岳,遵章阻令该巡勿得回堂,并令代(带)到画到处画到,一面自行禀知检察长。检察长即饬张巡长出,若为招待也者。不料钟岳大肆咆哮,骂一声混帐,骂一声忘八蛋,口沫喷出如雨。张曰:"做官的人是通达事理的,有理请到堂上讲去,何必动气?"钟闻之,益怒,即以手批张颊,幸张退步得免。钟仍如王婆骂鸡,骂不绝口,拂衣而去,且行且骂曰"□家回去,你们审判厅一群混蛋,也不配和咱家说话"云云。长警因该地非法庭,只得任其大步而去。审判厅院内之候审及投呈各色人等,观者如堵,咸谓贻谷未犯罪时威风无比，钟岳饶有父风焉。

宣统三年三月二十九日/1911年4月27日

京师大狱续记

田际云等奉旨捕拿一案，业经两次报告，原因复杂，情节离奇，兹更分列于下：

（一）全案之人数　外间传百人数十人不等，详细调查原折只十七人，除当晚拿获之田际云、瑞星桥、朱旭东、刘树楠、鲍渫、李云阶、李菊侪、魏可斌（即喂不饱）、老胡（即臭狐）等八人外，尚有丁宝臣、萧益三等在逃未获，李三太太已经收押审判厅，外城六品警官马荣等奉有上官命令，无庸派拿。

（二）人犯之种类　田际云、鲍濛、瑞星桥、刘树楠、马荣等之出身业经报告，余如朱旭东现充音乐学堂教习，丁宝臣现为《爱国白话报》总理，萧益三现为《京都白话报》总理，李云阶系候选知府，李三太太之夫魏可斌、老胡系京中混混，犹上海流氓，李三太太系已故廷尚书暗中之姨太太，又马荣现充外总厅某科科长。此案上中下三等社会人皆有，至顾八在内与否，尚须调查。

（三）奏折之大要　闻十九日瑞贤参折中李云阶之罪名为匪党，瑞星桥、田际云之罪名为要犯，余若鲍渫、马荣之罪名为招摇撞骗，刘树楠、朱旭东、魏子斌、老胡等之罪名或为聚赌，或为匪棍，皆参折中之附属品云。

另一京函述此事原委，颇有趣味，重录之。贻谷案未判定时，其侄钟岳百计运动，无孔不入，已故法尚廷杰有上坑跟妈（有姨太太之实用而无姨太太之名号者）曰李三太太者，甚宠幸，招权纳贿，与凌福彭之五姨太称一时瑜亮。钟岳因出金五万为廷寿，使代达己意，另以万金相酬，金皆用期票，两月为期，此去腊初旬事也。今年二月，贻案果结，科罪甚轻，六万金有效果矣。然廷已死，钟遂有背约之志。适票期满，三太太持赴某银行兑取，该行阅票毕，曰："是诚有之，但票旁注有字'非葛祥麟（老像姑）当面，此款不缴'。"盖钟发票时之亲笔也。三太太往谒祥麟，祥麟不纳，谒钟又拒之，乃以钟骗债控审判厅。检察官谓:“汝贫妇人,那有如许金钱购债权耶?钟府六百万家资,又何为而堕入债务之地位?”因斥其妄,置不理。三太太忿火中烧,仍往钟宅强讨,钟命家人持名片押送外城警厅,三太太大呼冤枉,具以实告。警厅又遵章咨送审判厅传讯一过,而三太太与廷用宾夜半无人私语时之艳史,遂谱为宣南佳话矣。审判厅以此案牵涉甚多,而钟岳又屡不到审(大闹审判厅已见昨报),碍难断结,拟日内送交大理院办理矣。

又函云,贻谷之子钟仑与伶人郭香菱昵,他报或作果香林者,非也。贻案急时,香菱受钟仑之托,请田际云为之道地。际云号想九霄,负时名,颇足以结交当路。因使李范氏贿通承审大员之妾,而承审大员或不知情也。及大员殁,钟仑以此贿为无效,故靳而不与,此公益银行所以敢于拒却者也。李范氏第一次起诉时,初不言行贿,但曰钟仑欠买珠宝银五万两,盖李范氏亦知代人行贿为有罪也。瑞星桥乃医生,寓屈臣氏药房。李云阶即李范氏之夫,李鹏年、李菊侪系李范氏之子,能作画。此次缉获之十余人,不尽与贻谷李范氏案相连。瑞贤原折亦不指出贻谷案,但言此辈勾结匪类,招摇撞骗,贿赂请托,无所不至,并涉及香厂事,谓其苛敛把持,并有牵连王公世子者。瑞贤自为受意权贵,开脱廷氏起见,而此辈之决非善类则可想而知。此中亦有与诸案皆不相连而无故砌入者,亦有以姓名住址相混而被拘者,如德森银号掌柜萧治臣是也。李范氏本在审判厅看守所,当步军统领拿人时,曾以电话嘱审判厅勿释,或谓李范氏亦系当日就系者,误也。

又函云,田际云案外间传说不一,有谓与贻谷案有关系者,有谓与香厂事有关系者,闻当日片交民政部、步军统领衙门时,不过“结党营私,招摇撞骗”八字。此案关联之处甚多,贻谷案确为原因中之一端,而其真正主动者,实为今日之李莲英。盖现在被拿诸人皆与昔日之李莲英有密切关系,大为今日之李莲英所恨,故有此狱云。

宣统三年三月三十日/1911年4月28日

拿捕田际云案三纪　辇毂下之新水浒

田际云等一案业经屡次报告，兹悉此案牵涉之人甚多，外城总厅除马荣外，尚有五人。而尤可异者，原折中揭参肃邸极其严厉，竟有该邸藉势亲贵搜集无赖等语，惟监国阅后知非真相，留中不发，只将田际云等交军机处饬办。

瑞贤参折原受意于某枢相，闻此折拟稿时，有极有势力之宦官潜至瑞宅，出四百金为寿，请加入田际云。探因田际云前为北京城内创办公园，特在香厂地方购地一区，预为修筑公园地址。不意该宦官谋购此地甚切，正拟向地主价买，适落田后，因而恨田，故田及于难云。

又闻瑞贤上折时，庆邸大为震怒，谓京师巡警布置周密，尚有此等人混迹其间，殊为不法。当日交旨谓，有人奏京师匪党充斥，扰害地面一折，着民政部、步军统领衙门、顺天府按照所奏各节严密查拿，分别办理，钦此。乃旨下而李锦甫已逃，日前民政部四出侦探，始在景州拿获，于昨夕解京。至其原折，大略谓京师土匪盛行不法，想九霄即田际云去岁在二条胡同勾串洋人聚赌，瑞星桥包揽词讼出入法庭等语，现一干人已先后解赴地方检察厅矣。

又闻此案牵涉体面人甚多，萧益三系《京都日报》主笔，是日所拿获者系德森银号掌柜之萧治臣，盖即萧益三之误。李厚田天津人，为华俄银行买办。乔荩臣亦曾充华俄银行买办，开设一洋货铺，名曰百代公司，其中多卖留声机片等，又能唱戏，时往文明茶园客串。并闻有龙泉寺僧某亦与此案有连。

宣统三年四月初三日/1911年5月1日

杂录・谐伶

京伶谑浪之词，有令人解颐者，□录如左。

同治甲子乡试题为"上老老而民兴孝"，第三人某文中有"天子有老，庶人亦有老。天子之老聚于一堂，庶人之老散于四境。等老也，而多寡分焉矣"诸语，闱墨出，都下为之哗然。会新举子宴主试同考于文昌馆，优人扮耆老数人相见，各问讯年齿，有云九十者，有云八十者,有云七十六十者。一人曰:“吾辈皆老矣。”又一人曰:“虽皆老,然甲之齿多于乙,乙又多于丙,丙又多于丁戊,不能一律以老概之。”又一人则恍然点首曰:“等老也,而多寡分焉矣。”听者哄堂,三主者及本房皆恧然,未终席而去。

刘赶三者,京伶中丑角第一人也,同光之交名噪一时。甲戌会试题为“君子坦荡荡”,场后戏园例有讲题之举,诸伶公推赶三。是时十三旦艳名甫噪,堂会非十三旦不欢,赶三为释之曰:“君子者,京官老爷之称。析坦字为十一旦,两荡字中各藏一旦字,合之坦字为十三旦。君子坦荡荡,则谓京官老爷以昵十三旦之故,至于罄其资而典质及衣物耳。”盖蕩当同音也。闻者粲然。

光绪初,禁中演戏扮《思志诚》一出,赶三为鸨母,客至则引吭高叫曰:“老五老六老七出来见客呀!”盖都下妓女以排行相呼。而是时惇恭醇三邸皆入座听戏,惇行五,恭行六,醇行七,故以是戏之也。恭邸故脱落喜诙谐,闻之大谑。醇贤亲王故恭谨,虽不悦,然以在太后侧,未敢言。惇邸夙严正,则大怒,叱曰:“何物狂奴,敢无礼如此!”立叱侍者擒之下,重杖四十。

宣统三年四月初五日/1911年5月3日

枢府对于粤乱之惊惶(之一)

枢垣近因屡接粤东匪信,宫庭重地,自宜严加防范,且现在两宫驻跸南海,尤当特别慎重,因奏请将初一初二两日外学伶人供奉观剧暂行停止。其本月中旬移驻颐和园之说亦已作罢,所有内务府前派预备阅差各员现已奉饬回京矣。

宣统三年四月初九日/1911年5月7日

纪事·小叫天无烟不唱戏

日前内廷演剧,传小叫天唱戏,连传三次,均抗传不到。后诘其故,曰:“我向来唱戏,先抽烟两余,方有精神。今禁烟森严,不准吸烟,实不能唱,非抗传也。”后经再三设法,始进内演唱。

宣统三年四月十六日/1911年5月14日

瑞贤奏请拿办匪党原折　不料御史倒是大侦探

京师大捕田际云等一案，屡纪前报。兹探得瑞贤原奏略云：京师匪党充斥，扰害地方，拟请旨饬查拿办，以保公安而弭隐患事。近来会匪横行，聚众戕官之案层见叠出，都门地大物博，轮轨交通，外省奸民往往来京勾结，因都门匪徒消息灵通，得以潜谋不轨，都门匪徒亦恃有外援之势，愈行猖獗，内外勾串，其患何可胜穷。若不及早驱除，从重惩治，恐伏莽因之起事，会党从而生心，滋蔓难图，良可虑也。虽经该管衙门严切巡查，若辈行踪诡秘，为耳目所不及查者，所在多有。以臣所闻，有所谓瑞星樵者，住湿井胡同，冒充洋医，党羽极众，尤以架讼为能，交结司法官，朋比为奸，愚弄平民，恶声在道，无不知有瑞星樵者，其非善类可知。有所谓翔九霄者，即优人田际云，住长巷头条胡同，勾结奸民，以演新戏为名，实阴图煽惑，貌尽义务，心实叵测，尤以引诱良民聚赌为骗财之具。上年东城二条胡同伙架洋人聚赌，经民政部查拿，有人暗送消息，是以漏网，人所皆知。奸淫不法，积恶多端，虐死其妻，贿免其祸，敢于如此者，结纳官绅，恃以不恐。如刘树楠、朱旭东、萧得森等，皆为伊死党。有所谓李云阶者，即李三，住板厂胡同，本系长随贱役，冒充职官，以代人运动为业，形迹可疑之人结为羽翼。其妻李范氏尤为凶悍不法，闻李范氏绰号母老虎，以一女流而日与匪类为伍，设局诈骗。探知有人办矿，彼即云与农工商部尚书相好；探知有人兴讼，彼即云与法部堂官深交；以至运动官缺，昌言不讳，无恶不作。往往无识之人被其诳骗者，指不胜屈，其刁恶情形，非寻常女棍可比。至李八即李锦甫，天津著名棍徒，来京与外城警官马荣勾结，寄居大马神庙，伪办公司，伙骗财物。魏可斌即喂不饱，老胡即臭狐，寄居官菜园上街成都馆。耿少臣即耿蛮子，鲍老皮即鲍良笙，寄居顺治门大街歙县馆。李厚田即小扇子，住灯草胡同。老朱即朱子良，小玉子即玉子，老马即马翰臣，寄居观音寺街裕隆店、云集寺乾元栈。成群结党，遇事生风，茶楼酒肆，踪迹皆有。其余滋生事端，未有真实名姓者，尚不知几。应请饬下民政部、步军统领、顺天府严密查拿，务获究办，庶奸党不至以动，地方得以安谧。臣为思患预防起见,谨奏。

宣统三年四月二十一日/1911年5月19日

戏园殴伤看客(镇江)

镇郡宝安新街聚华茶园自以报效自治经费,尝依势忤客,迭酿事端。数日前,该园茶房与客冲突,几遭人命,尚未完结。前晚该园演戏时,园主某甲突然与看客某乙某丙二人大起冲突,始则口角,继以挥拳,并令将栅门上锁,台上停演,一面喝令全班伶人暨茶房人等将客扭住,任意凶殴。众看客惊惶异常,逃窜无门,霎时哄然大乱,栅外人声更如鼎沸。俄顷间栅门冲开,拥进多人,咸抱不平,互相对垒,各伤数人。另有看客三人未及逃避,亦被殴伤。该园主见势不佳,急令伶人某自将头颅擦破,以希图赖。是晚由该园门口直至鱼巷一带,人山人海,途为之塞,附近各店铺恐有匪人乘间奸发,一律关门避祸,直闹至三更,人始稍散。

宣统三年四月二十五日/1911年5月23日

演剧助振之踊跃

前晚杂粮公会全体发起假大舞台演剧助振,该舞台各名角如赵如泉、吕月樵、白文奎诸人尤为认真,临时掷台捐款共计大洋一千一百零七元,小洋五百十六角,钱三千九百七十文,内有施君子英凭信捐洋一百元一并在内。是日共售出入场券计二千八百零六张半,计洋二千八百零六元五角,悉数充振,并无丝毫开支。该公会及寓沪绅商热心善举,见义勇为,殊为不可多得。

宣统三年四月二十六日/1911年5月24日

朱家阁开印戏之活动(松江)

松江府戚太守曾于春间通饬各属禁止演剧,而青浦县属之朱家阁镇商民,因该镇城隍庙向有开印戏,今被禁止,咸归咎于绅董之附和官长,不肯争论,遂在镇上遍布匿名揭帖,指摘痛詈,语多激烈,并有将于某日捣毁自治局及学校与经办者之房屋等语。该镇商会总理以愚民无知，恐被摇惑，且演剧之费向于米业庙捐内拨助，与领钱演戏者不同，况一年之中只此数日，合镇商家可望利市十倍，今并此而无之，似与商业前途亦有关碍，爰于二十五日亲诣县署，拟将以上情形一一陈说，仍请通融准演，免肇事端。适是日蒋大令因公离署，未获面晤，究不知将来能准如所请，取销前示否。惟闻蒋大令素主和平，想必允该绅董之请，而泯患于无形也。

宣统三年四月二十八日/1911 年 5 月 26 日

伪造演剧入场券纪详

报载华洋义赈会演剧助赈，被人伪造入场券一则，兹悉实系沪北水炉公所首事俞后臣等拟办两等小学堂，并夏季施药等各项善举，无款可筹，故于星期六假三马路大舞台演剧集资。讵有成都路四百十七号门牌老虎灶主镇江人陈国卿伪造入场券舞弊，被俞等查悉，控奉公堂押候查办。昨日复讯，俞偕见证陆忠先等上堂禀称，是晚真票只售出一百三十余张，假券反有二百余张，查系陈国卿伪造，应请彻究。被告所延之凯第士律师辩称：原告系公所内用人，陈系董事，有公廨所给告示呈电。孙襄谳驳曰：陈因舞弊被控，不能以水炉公所董事名义为护符，此案孰是孰非，公堂自有讯断之权，今未讯及贵律师，应暂缓辩论。凯律师唯唯。遂由孙襄谳商之美仇副领事，判陈押候传集人证，于下礼拜二讯核。

宣统三年四月二十八日/1911 年 5 月 26 日

杂录·赶三儿轶事

京师名优赶三儿，利口捷给，善于滑稽，有黄幡绰、敬新磨之风。光绪丁丑会试题为“修己以安百姓，修己以安百姓”两句，榜发，新进士团拜，例当演剧。是日赶演《御碑亭》，演至榜发谒师时，剧场中扮三进士共坐论艺，即借本科文题串拆。次坐者言曰：“吾场作共分两大比。”首座者曰：“何以立柱？”次坐者曰：“一比是雄百姓，一比是雌百姓。”次问至赶，赶曰：“吾乃分三大比而作者。”次坐者曰：“三□□时却是□格，但如何分柱义，敢请？”赶曰：“一比是雄百姓,一比是雌百姓,与君所见略同。尚有一比是不雄不雌之百姓,则我所独到也。”首坐者愕然曰:“天下人男女两途而止耳,安所得不雌不雄者?”赶回顾戏场后所立诸像姑,指而言曰:“谓彼为雄,则袅袅其躬;谓彼为雌,则鬑鬑其髭,夫非不雄不雌者耶?”举座大笑。

甲午之役,东事失败,将领中如叶志超、卫汝贵、丁汝昌等,皆淮军旧部而合肥所调遣者也。是时朝议归咎合肥,至有褫黄马褂拔三眼翎之论,合肥甚怏怏。会安徽馆因事演剧,赶伶亦与焉。适演《红銮(鸾)喜》,赶装作丐头,演至丐头偕婿赴京时,例将旧日充役服御交付与新充之丐头。赶脱一衣则呼曰“撕去黄马褂”,脱一帽则呼曰“拔去三眼翎”,观者大噱。是时合肥独子新吾太史方在座,见而深衔之,剧罢,立饬司坊提赶至其门,责令叩头一百下乃已。赶时年已七十余,因是得疾不起,所养一驴亦不食死。

宣统三年五月初二日/1911 年 5 月 29 日

请弛青浦县属朱家角镇戏禁意见书(来蝶轩主)

我镇向有城隍行宫,亦称大庙,庙中恒产不多,其岁修杂支等费皆取给于捐。若猪捐年收钱一百千,若花生捐年收洋四十元,此外又有各店铺统捐,名之曰万善缘,年收钱一百千。近十年来捐数渐短,每年约收钱八十千,而其大宗进款则全恃米捐。抽捐之法,于乡民粜米时每石提钱六文,由米商汇缴。光绪七年每石加收一文,捐助接婴。十二年,由经董议定米捐每石七文,以二文作接婴捐,以一文半拨修阖镇水旱各栅,以四文半归入大庙。宣统元年,复由经董会同米商议定,将米捐每石改收洋码一分,由商家包认捐数,年缴洋二千元,除以二百元拨助商会,以九百元拨助学堂,以二百元拨助接婴,以一百元拨助修栅外,尚余六百元,仍拨归大庙。盖是项捐款取之于农,缴之于商,商家与农民固分担义务者也。顾捐户终岁担任义务,不能不思所以报酬之,慰劳之,故于每年二三月间,酌提捐款演神戏三台,先明牌示,以娱大众。镇上铺户、乡下人民莫不视此举为相当之投赠,遐尔来观。相传咸丰年间,有王姓庙董因戏期迟误一天，被众扭捆庙门石狮子前，揪断发辫，由是凡为大庙董事者，于演戏一节奉行罔敢或违。此例不知创于何代，大致总在兵燹以前，行之迄今，垂数十载。盖自有捐以来，即有演戏之事，亦自有捐以来，即未尝有抗捐之事，历任地方官亦从未出而干涉之。意者春祈秋报，歌舞升平，区区习俗相沿之举，诚有无烦贤父母之过计者，初不料近年来官府迭有禁戏之论也。顾官之禁戏，其斤斤焉为吾民虑者，大要不外六端，曰迷信神权，曰糜费巨款，曰殃民敛钱，曰集众聚赌，曰游手滋事，曰淫剧害人。而不知之六端者，胥不足以绳我镇大庙之戏也。城隍之神本非淫祀，文武官员犹且朔望行香，春秋致祭，使必以演戏酬神者为迷信，则何不并朔望春秋之敬礼而尽废之？毋亦以祀典所关，不可无崇德报功之举耶？不然，圣如孔子，何犹美盛德于鬼神，敬乡傩以朝服耶？则迷信之说不足云也。每届演戏，戏资不过二百元左右，而此三五日中，商家莫不利市三倍，其小本营生者为尤甚。□令市面萧条，赖以补救，故公家输出之费少，而地方输入之费多。设必靳此区区，不独商业受其影响，并恐输捐之民不获观戏即不乐出捐。因节有限之戏资，而失无数之捐款，恐始因禁戏而谋节费，继必因罢捐而遂无费之可节，又岂计之得者？则糜费之说不足云也。他处往往因戏而筹资，独我镇则储资以待戏，无所谓敛钱，更安有所谓殃民者？况逐年戏价既有比较，尤不便任意开支，经手者实用实销，照墙榜示，稍有舛错，即受万人指驳，故徇私分肥之事尚无所闻，则敛钱之说不足云也。乡村僻壤每假戏场号召赌徒，故欲图聚赌，必先谋演戏，若我镇之戏，其宗旨本不在赌。查十余年前，间有光蛋游民在镇诱赌，近来禁令日严，此风已戢。而一般愚民又以看戏热心，深恐因戏聚赌，必干官法，官将因禁赌而并禁戏，故相率戒赌，以期达必能演戏之目的，则聚赌之说不足云也。我镇戏例流传已久，历届开演未闻有骚扰情形，惟绅董中苟有主张辍演者，则群起反对，故演戏未必滋事，而不演戏则难保其不滋事。况一镇之中，官界有殿山司，绅界有巡警局，举凡临事之弹压与夫事前事后之保卫，谅所优为，则游手滋事之不足云也。花鼓淫戏久干例禁，若我镇所演系京昆两班之戏,要皆择忠孝节义故事登场扮唱,俾愚夫愚妇于嬉游之中得观感之趣,遇有稍涉猥亵者,虚渎神明,例不点演。故此举非徒与社会无损,且与社会有益,较之宣讲员之演说,藉以激发人心、开通民智者,何莫非异曲同工耶?则淫剧害人之不足云也。如上所指六端,我镇既并不蹈此,似亦可以释官府之廑系矣。而蒙以为我镇之戏之不宜禁者,更有三大原因,再请得而缕析言之。一曰揆之于理而不当禁也。查律例本无禁戏专条,故近时优人供奉内廷者既时有所闻,而京外衙门遇喜庆则有戏,娱宾客则有戏,未闻有禁之者。至民间演戏,他处无论矣,即以上海一隅而论,南北两市客帮会馆林立,馆皆供神,神皆有戏,而振市公司之创开新舞台,尤以是举为振兴市面之要点,未闻有禁之者。上行下效,理有固然,何独于我镇而歧视之?是理之所不当禁者,其原因一也。一曰准之于情而不忍禁也。古人藏修不废息游,西人星期休假即取此义,甚者若公园,若球场,若春秋赛马赛船,莫不各尽游兴。我中国富家贵族佚乐终身,而贫苦小民通年力作,不能得片时乐境,斯亦极人世不平之事也。良有司苟体察及此,未必不恻然悯之。幸而有此神戏三台,俾若辈得以稍纾筋力,略旷心胸,其欣喜盼望为何如者!推之近时报章所载,震泽则赛双洋神会矣,嘉定则有竞渡龙舟矣,而松江郡城日结彩悬灯,庆贺国会矣,凡此皆迹近游戏,在上者既任之听之,而独于吾镇之戏苛绳之,将与民同乐之谓何?是情之所不忍禁者,其原因二也。一曰度之于势而不可禁也。我镇演戏之举相沿既久,此次禁止,适在创行新政之时,乡民无识,必且因此一端,疑及新政种种不便,势不至仇视学堂,仇视警局,仇视商会,仇视自治公所、禁烟分所等各项事宜不止。而筹备学堂、警局、商会、自治公所、禁烟分所等事者,惕于感情之恶,风潮之险,必至畏首畏尾,不出一谋,不办一事而后已,于是文明程度但有退化而无进步。语云:星星之火,可以燎原。近如南汇之川沙,远如嘉善之西塘,暴动之案相继而起,前车之覆,后车之鉴,是势之所不可禁者,其原因三也。去冬各米商习闻叠次禁戏之□□乘机建议禀请将大庙米捐拨充警费,是盖严从禁戏之令而因势利导也,并非特创禁戏之说而发凡开端也。愚民不知官府论禁在先，反疑主张此事者均系本地绅董，因之积不能平，两月以来，匿名揭帖信函日有数起，始而诋毁，继而恫喝。各米商亦知前议失于持重，第既经禀县有案，无从起灭自由，而庙董某君又以禁令煌煌，未便通融办理，于是相持观望，致谣言日甚一日。有谓将捣毁各局所者，有谓将殴辱某绅董者，有谓乡民此后将赴他埠籴米，永不载至我镇者，虽杯蛇市虎，所言未必认真。第此时最可虑者，警局之月捐，商会之常年捐，各店铺皆藉词延欠，万一各项捐款一律抗缴，恐举办地方公益无所取资，顿形竭蹶。况我镇筹备新政，虽立各种机关，然办事者只此数人兼筹并顾，故一端掣肘，全局即易于牵动。目下既有如此现象，若不亟筹调停之法，将响影所及，尚不知伊于何底。所谓调停之法奈何？则莫如仍开戏禁而已。顾戏禁宜开，而官绅面子尤不可不顾，否则无意识者此后设有种种非礼之要求，更将何以应之。查官所禁者，神戏也，此外之戏本未尝尽禁也。若愚民则但求有戏可看，于演戏名目本不深求也。为今之计，莫若停止酬神之戏，改演恭祝万寿之戏。伏查正月初十、十四等日为两宫诞辰，率土臣民理宜庆祝，今春以国制未除，自应另日开演补贺。从明年起，准于元宵节前演戏三天，专为祝嘏而设。如此办法，既与从前文告不相矛盾，且一则可以兴起其尊君爱国之心，一则使知宪政方新，亦有俯顺舆情之举，庶一切猜疑疾视之心消弭于不觉，庸非一举而数善备欤？抑鄙意犹未尽者，我中国全国政策未能大同，文纲之疏密，动视上官之好恶以为衡，甚至一省之中，道府州县辄各自为风气。故有时法律所不禁者，命令得而取缔之，原其所以取缔者，何莫非息事安人之念所迫而出也，徒于社会上之心理、风俗上之习惯，未尽洞烛而无遗，故上种善因，下反报以恶果，至是而勤求民事者亦将哑然失笑，自悔其多此一举也。是故官之禁戏，将以保护治安也；蒙之请弛戏禁，亦正所以保护治安也。官之禁戏，将以保存经济也；蒙之请弛戏禁，亦即所以保存经济也。衡量于常变经权之际，审择于从违可否之间，处事本无成心，为政惟求其是。必回护其最初政见，而以反汗为难，坐使一乡一邑之间，将因细故而酿巨衅,我知贤长官断不出此。草茅下士,管见既伸,天职斯尽,发号施令之权,请以俟之当世之临民上者。

按:是篇甫脱稿后,已闻该区自治会各员董提议请弛戏禁,大旨以该会成立伊始,拟会同商会学堂警局择日演剧悬灯,作补庆国会之举,就商监督蒋邑尊亦颇赞成,从此风潮可望平静。此举诚由就地绅董善于调停,而蒋邑尊之顾全大局,善体人情,尤足令都人士称颂弗置已。

著者附识

宣统三年五月二十九日/1911年6月25日

田际云无甚大罪

田际云一案拖延已久,现闻确已定谳,月内即可奏结。田亦无甚大罪,不过以演唱新戏煽惑人心,科监禁数年了事。然田际云所唱新戏,均有戏目呈送警厅,又不可以此为际云罪。现在问官之意,必欲于新戏之中指摘几款为煽惑人心之证据,始能了结也。其案中拖累之法部郎中鲍潆,大约可以释放无事,已有人为之道地矣。

宣统三年六月二十二日/1911年7月17日

田际云与王钟声

田际云　田际云一案日间即可复奏,以田曾排演《越人亡国泪》新剧,即拟定为摇惑人心之罪名。此外如刘树楠诸人,虽无甚罪名,然因此案由廷寄交下,不能不略加之罪,拟酌定徒流若干里,照律折锾收赎。

王钟声　王钟声日前被警厅拘拿,已详志前报。外间咸谓浙籍某大老所主使,而据警厅中人则云,实因其犯勾引希太太(即前报所谓稽太太、郗太太),在茶楼蛊惑良家妇女之罪。查希太太乃祥和金店之掌柜乔仲仁之妾,四川人也,此案之发觉,即由乔主动云。

宣统三年六月二十九日/1911年7月24日

元元红不准纳锾赎罪(天津)

元元红判以押禁十年,送交习艺所等情,已纪本报。日昨伊母魏葛氏在巡警道署投禀,愿缴罚金为子赎罪,道宪以元元红情罪较重,特行批斥不准。

宣统三年闰六月初五日/1911年7月30日

法部奏结田际云王钟声等案原折

奏为京师地方审判厅审明交拿人犯,按律定拟,恭折具奏,仰祈圣鉴事。窃据京师地方检察厅呈报,地方审判厅审拟瑞星桥即瑞洸等扰害地方一案,缘宣统三年三月二十一日,准检察厅片付,据步军统领衙门拿获瑞星桥即瑞洸、翔九霄即田际云、朱旭东即朱□蒸、老马即马汉臣、刘树楠、萧得彬即萧五六名,奏交地方机察厅审□等因。又于廿二日准检察厅片付,据内外城巡警总厅□称,拿获李云阶即北党李三、魏可斌即魏不饱、耿少臣即耿蛮仔、鲍老皮即鲍莨筀、李厚田即小扇子李、小忹即忹仔、老朱即朱仔莨七名,并前经获案之李范氏一口,及听候传质之警官马荣一员,奉民政部劄开奏交地方检察厅究办等因。并经各该衙门抄录原奏,先后由检察厅转送到厅,派庭审理。并据外城巡警总厅先后送到涉于疑似之李景桢、萧得霖暨案内有名之李八即李锦东等三名,当即添传核与本案确有干涉之陈镕、呼克勤、周杨氏、周佑之等来案,由检察官莅庭,按照所奏各节,逐一□鞫。如原奏瑞星桥冒充洋医,党羽极众,尤以挑词架讼为能,交结司法官员,设局愚弄,朋比为奸,鱼肉平民,恶声在道一节,审据瑞星桥即瑞洸供,年三十六岁,系正白旗满洲长寿佐领下人,由从九报捐县丞,先在屈臣氏药房当伙,行医为生。本年正月间借买药为名,骗过旅客一奉天人刘姓银十七两花用。三月间因李范氏与果香龄构讼,曾递辩诉状,保李范氏外出说合等供。查瑞星桥藉医买药,诳骗得财,复敢朦混作保,干预词讼,其平日不安本分可知。调查保李范氏诉状相符,原奏□其冒充洋医,挑词架讼,设局愚弄,或即指此。惟讯以如何交结司法官员,朋比为奸,鱼肉平民等事,该犯供称捐有职官,并未当差,不能鱼肉平民,至司法官员均不认识,来往朋友亦无与伊狼狈为奸之人。查据该旗佐领出具图片,派拨骁骑校玉麟到案,认称瑞洸从前并无过犯,似未便过事苛求。又原奏翔九霄即优人田际云勾结奸民,以演唱新戏为名,阴图煽惑,貌尽义务,心实叵测,尤以引诱良民聚赌为骗财之具。上年在东城二条胡同伙通洋人聚赌,经民政部查拿,有人暗送消息,是以漏网,人所共知。奸淫不法,作恶多端,逼死其妻,行贿免验,结纳官绅,恃以不恣,如刘树楠、朱旭东、萧得霖等皆其死党一节,审据翔九霄即田际云供,年四十八岁,系直隶高阳县人,曾邀素识之刘树楠、朱旭东、萧得霖等帮同办理善仁戒烟会,唱义务戏,捐钱资助,在外城巡警总厅报明有案。至每日演唱王钟声新戏,亦将戏单呈报总厅。伊妻周氏原有疫病,宣统二年十月间伊往天津有事,周氏旧病复发,吞服洋药身死,经伊妻母杨氏、妻弟周佑之在旁眼见,因颜面攸关,报官慰准免验。至东单牌楼二条胡同开赌,伊不知情,仅于平日斗麻雀牌消遣等供。质之刘树楠、朱旭东、萧得霖供各相符。当即严密访查,旋据外城总厅复称,翔九霄演唱义务新戏,报明赈目戏单属实,京城聚赌查阅原卷各供,亦未涉及翔九霄等语。传讯周杨氏、周佑之,供称田周氏实系疯发自尽,取具切结□卷。查翔九霄演唱新戏,既有戏单呈载,似无煽惑别情。捐资助会戒烟,尚有□办义务三处。东城聚赌,原案未经牵涉,事属已往,□以当时有无暗通消息,坚不承招。周氏死由自尽,传质尸亲,亦无凌虐情形。考之案卷,证以口供,情节尚不相差,至行贿免验,查无实据。朱旭东系充音乐教习,刘树楠、萧得霖俱系经商,均非官绅,无所用其结纳。其与翔九霄认识往来,系一时商办义务,未尝结为死党。惟萧得霖系案内有名之人,乃□开设《京都日报》馆,竟将密参交审原折,转录报章,虽非公然违背报律,究属罔知顾忌。又原奏李云阶即北党李三本系长随贱役,冒充职官,以代人运动为业,形迹可疑之人结为羽党。其妻李范氏尤为凶悍不法,李范氏绰号母老虎,以一女流,而日与匪类为伍,设局诈骗。探知有人办矿,即云与农工商部尚书相好;探知有人兴讼,彼即云与法政堂官深交;甚至运动官缺,昌言不讳,无知者往往受其愚弄。

而尤以刺探阴私，自诩为消息灵通，其刁恶情形，非寻常女棍可比一节。审据李云阶即北党李三又名李□年供，年五十八岁，系大兴县人，并无功名，从前当过长随。有子五人，长子荣林捐有职官，已故；四子继明系陆军学堂毕业生，在保定府第六镇候差。朋友往来，常称伊夫妇为李三老爷、李三太太。李范氏系伊继配，去年与果香龄等买卖玉器，说定价银一万两，李范氏因票取银不给，涉讼在案，伊亦知情，并无诈官代人运动等供。质之李范氏及原奏内之李厚田即小扇子，与李所供交涉买卖玉器大□相同。查李云阶供系长随，因子捐有职衔，人以老爷相称，尚非冒充职官。李范氏在外昌言与农工商部法部堂官相好，系属空言，其运动官缺，刺探阴私，原奏未指明确据，无从根究。惟李范氏与果香龄因买卖玉器构讼，原在刑科一庭起诉，应与知情之李云阶、李厚田，另案讯办。又原奏李八即李锦甫，系天津著名棍徒，来京与外城警官马荣勾结，寄居大马神庙，伪立公司，伙骗财物一节，审据李八即李锦甫供，年五十一岁，系直隶天津府沧州人，手艺营生。宣统二年九月间，有素识先往大马神庙之杨恩庆，在外城警厅禀设香厂公司，托伊招股，后因入股无人，遂未收□人手，与马荣亦不认识等供。查李八因杨恩庆禀设香厂公司，愿从在外招股，与原奏所指伪立公司伙骗财物，不为无因，当行查外城巡警总□。旋据覆称，杨恩庆禀办香厂公司，□经批驳，因杨恩庆尚未收到股银，从宽斥释。覈与李八所供招股并未收银之词，尚属相符。行查李八原籍天津县，据覆不知其人。马荣到案对质，各不认识，并无勾结之事。惟马荣家寄居之李憬桢与李锦甫姓名近似，讯系先在天津习艺所当差，今年三月来京，在贫民工厂充工艺员，亦无与马荣勾结各情。分查巡警总厅与天津县，据覆亦各属实，李憬桢涉疑误拿，自可徵信。又原奏魏可斌即喂不饱又名魏鸿儒，老胡即臭狐，耿少臣即耿蛮仔，鲍老皮即鲍莨笙，李厚田即小扇子李，老朱即朱仔莨，小任即任仔，老马即马汉臣，成群结党，遇事生风，私立公堂，伪作图记，诈财图利，倾害良民一节，除老胡即臭狐尚未获案外，□据魏可斌即喂不饱又名魏鸿儒供，年七十二岁，四川新都县人，来京行医为生，自称员外郎，早年指分户部,并不当差,与陈镕认识。光绪三十年及三十一二年间,不记月日,伊向陈镕□说,带有银钱,商办煤矿并盐务等事,托陈镕干求门路,希图事成得财,彼此信札往来。□接陈镕函,称事已妥协,向伊索银一万两,因事无成,未给。鲍莨笙即鲍滐供,年六十七岁,系安徽徽县人,法部候补员外郎。上年冬月间,与素识之张树铭等伙办香厂市场,由耿少臣代向公益银行关说,借水印保款六十万两,禀明外城警厅批准,当时并无股分存储。后因验款期近,由马汉臣等向恩聚炉房铺伙呼克勤暂借银条六十万两备验,付过该炉房纸笔银一百元,并许事成酬谢。当□炉房借据一纸,印有永安市场公司图记。质之耿少臣即耿蛮仔又名耿觐汝、老马即马汉臣又名马学融,供各相符。老朱即朱仔莨又名朱淡昌供,年六十二岁,系浙江会稽县人,来京谋事,素有烟瘾,未领执照,右髅跌伤成废。上年在天津包办津浦铁路工程,立有合同二纸,由天津恒利生银号保银二十万圆,蒙铁路公司批准后,又将伊撤换。伊□由议叙县丞,历保知号同知知府衔,并无奖札执照,年月亦记忆不清,所称职官系属在外谋差。(未完)

宣统三年闰六月十二日/1911年8月6日

法部奏结田际云王钟声等案原折(续)

小恎即恎仔又名恎恒供,年三十一岁,系镶黄旗满洲瑞兴佐领下人,先充内城巡警总厅巡官,后在步军统领衙门充中队官。本年三月初一日,与素识之胡姓商办香厂市场,希冀成立,可谋好事,并无骗财别情,鲍莨笙等均不认识各等供。查魏可斌、鲍莨笙、耿少臣、马汉臣、李厚田、朱仔莨、小恎等案情各别,事非一端,或互有往来,或各不相识。原奏所称成群结党,遇事生风,殆指魏可斌、朱仔莨、李厚田行踪诡秘,在外招摇而言;所称伪作图记,诈财图利,殆指鲍莨笙、耿少臣、马汉臣等刻有永安公司图记,招股伙办市场而言。陆续行交各衙门,查□朱仔莨所言职官保奖均无档案可稽,所言包办铁路土工,据津浦铁路公司亦称并无朱仔莨之名。复讯朱仔莨所供职官保奖又前后不符,包工借款合同毫无依据,显系诈伪营私。鲍莨笙等伙办香厂市场，因无的款，经外城巡警总厅批驳，并未骗财到手，所借恩聚炉房保股六十万两银条二纸，并永安市场公司图记一块，现由鲍莨笙缴案，借券一纸并笔费一百元，由恩聚炉房铺伙呼克勤缴案。质之呼克勤，情词相合。至原奏私立公堂，查无其事，倾害良民，亦无何人指告。小任先说充中队官，嗣经查明已因误差被革，旋据该旗佐领出具图片，认称从前并无过犯。李厚田诘无不法别案，仅止与李范氏买卖玉器轇轕一事。当以魏可斌所认各供与起获信函，惟属于陈镕各情为重。且陈镕所给魏可斌信札，至三十余件之多，语多隐秘，迹涉招摇，传讯陈镕供认不讳。复于到案时假冒顶戴，自称文生，嗣查该犯原籍涿州，学册并无其名。至翔九霄原供演唱新戏之王钟声，或即为原奏所指翔九霄勾结之奸民，惟原奏内并未指明，且新戏名单亦经查明警厅，呈报有据，既无为匪实迹，未便遽行追究。正由检察厅一面搜查之际，旋据外城巡警总厅以王钟声违章占住会馆，博赌争殴等情，将王钟声并同赌之朱韵笙、谢蕓筱、乔嵇氏即稀姓妇人一并送案，起诉豫审，因王钟声所供在天乐园演戏，与翔九霄案有关系，取供付送归案前来。审据王钟声即希普供，年二十八岁，系浙江上虞县人，留学德国，回国后编纂新戏演唱为生。宣统元年十二月来京，与翔九霄认识，商在天乐园演唱，戏单呈报外城巡警总厅，并无悖谬词曲，亦无与翔九霄勾结作奸情事。本年五月间，有同乡素识之朱韵笙约住全浙新馆，伊于二十四日携带戏具搬住馆内，值年以唱戏营业不能住馆，屡令移出，伊因一时觅房无着，未即迁去。廿七日朱韵笙、谢蕓筱、并乔嵇氏来伊屋内，商打麻雀牌戏耍，伊应允，乔嵇氏即与朱韵笙、谢蕓筱三人赌耍，朱韵笙与谢蕓筱因戏谑争吵，彼此用手互殴成伤，经人劝息，伤□平复，后□值年查知呈送。复讯翔九霄，亦供王钟声由前年来京商演新戏相识，伊恐内有犯禁戏文，易与王钟声同招声气，当令开明戏单报厅，后只唱戏交涉，并无勾结作奸情事，王钟声是否奸民，伊不得知，与朱韵笙、谢蕓筱、乔嵇氏素不认识各等□。质之朱韵笙、谢蕓筱、乔嵇氏即稀姓妇人又名嵇宗华，供俱相符。惟据送案原表内有稀姓妇人行为太坏一语,严诘稀姓妇人,供认常至文明茶园听戏,或上第一楼喝茶,与素不相识女子谈话,自称是女学生,与王钟声相熟,同朱韵笙、谢蓂筱一同斗牌,均是有的,并无勾引女学生事,亦未入过学堂等供。查王钟声演唱新戏虽无背谬词曲,惟会馆系同乡公所,理宜严肃,王钟声携带戏具住内,辄行留人赌博,不但妨害公益,且男女混杂,亦属有坏风俗。稀姓妇人以一女流,时游荡于茶楼戏馆之中,遇见妇女,辄自称女学生接谈,虽无勾引实事,而行为之坏,已属显然,辇毂之下,未便容若辈溷迹其间。正审判间,据看守所报称魏可斌在所病故,经高等检察厅会同地方审判厅验明魏可斌尸身,委系因病身死,填格附卷。案经多方调查,复经再四研讼,或罪有应得,未便稍事姑容,或审系无辜,未便过为周内,证供俱确,应即分别拟结。查律载无官诈称有官,有所求为者,徒三年。又例载在家容留赌博,徒一年。又赌博之人,处十等罚。又假冒生监顶戴者,处十等罚。又律载诓骗人财物者,计赃准窃盗论。又窃盗得财一两以上至一十两,工作四个月。又例载一切有顶戴官,如系寡廉鲜耻,不顾行止,及好讼多事,分别咨参除名。又律载不应为而为事,□重者处八等罚各等语。此案老朱冒认职官,借图谋事得财,系诈官求为,罪应满徒,其违章吸食鸦片烟罪止酌罚,应从重按律问拟。老朱即朱仔莨又名朱荣昌,合依诈官有所求为者徒三年律,拟徒三年,系废疾照律收赎,应追赎银二十两入官。王钟声容留乔嵇氏等在会馆赌博,亦属有违法令,惟在节偶然斗牌戏耍,究与在家聚赌,抽头图利者有间,自应按例量减问拟。王钟声即希普合比依在家容留赌博徒一年例上量减一等,拟处十等罚,应追罚银十五两入官,如无力完缴,改折工作六十日。陈镕听从魏可斌借办煤矿盐务,希图渔利,虽索银尚未到手,且事犯在光绪卅四年十一月初九日恩诏以前,核其情节,应准援免,惟假冒生监顶戴,仍应按例□断。陈镕即陈子陶合依假冒生监顶戴处十等罚例,拟处十等罚,应追罚银十五两入官,如无力完缴,改折工作六十日。该犯老朱、王钟声、陈镕均素不安分,应俟追银到官及限满后,分别递解回籍,交地方官严加管束。瑞星桥以捐纳县丞,辄藉知医,代人买药,诓银十七两花用，准窃盗□计赃在一两以上，亦应按律科断。瑞星桥即瑞洸合依诓骗人财物者计赃准窃盗论，窃盗得财一两以上至十两，工作四个月律，拟工作四个月，系职官行止卑污，应从重分咨内阁度支部按例除名，免其工作，仍交该旗严加管束。翔九霄虽讯无聚赌骗财等情，惟既供认斗牌消遣，亦应按例科罪。朱韵笙、谢蕓筏与乔嵇氏赌博，罪均应十等罚，其朱韵笙与谢蕓筏用手互殴成伤，既各平复，系属轻罪，应从重论。翔九霄即田际云、朱韵笙、谢蕓筏、乔嵇氏即稀姓妇人又名嵇宗华，均各依赌博之人各处十等罚例，各饬处十等罚，各追罚银十五两入官，如无力完缴，分别改折工作监禁各六十日。萧得霖虽讯无与翔九霄结党情形，惟系案内有名之人，辄将密参原折转录报章，实属不合。鲍莨笙身充部员，乃并无实股存银，□与耿少臣、老马伙办市场，发招物议，虽无骗财实据，而迹近□利，未免不知检束。鲍莨笙即鲍滢、耿少臣即耿蛮仔又名耿觐汝、老马即马汉臣又名马学融，应与萧得霖均酌照不应为而为事理重者处八等罚律，各拟处八等罚，鲍滢系职官，应交内阁议处，免其罚金，耿少臣、老马、萧得霖均追罚银十两入官，如无力完缴，各改折工作四十日。限满与翔九霄、朱韵笙、谢蕓筏分别释放，乔嵇氏驱逐回籍，不准在京逗遛。朱旭东、刘树楠、小任、马荣、李八等，讯无不合，应与课拿到案之萧得彬、萧德森、李憬桢，并传□之周杨氏、周佐之等，均免处罚。魏可斌即喂不饱本干律□，业已在所病故，验无凌虐情弊，应毋庸议，尸□浅埋标记。李范氏先与果香龄在刑科一庭构讼，应与李云阶、李厚田另案讯办。恩聚炉房开□保款，图得重利，本有不合，既据该铺伙呼克勤将所得笔资一百元缴官，念系商业性质，从宽免议。老胡即臭狐获日另结。借券及永安公司图记，□起获陈镕等与魏可斌信函，朱仔莨包工合同等件，一并存案；洋银一百元储库；朱韵笙借用梅姓麻雀牌据供烧毁，无从查起；瑞洸捐照一纸，案结送度支部查销等因前来。臣等详加查阅，情罪尚属相符，理合具奏，恭候命下。臣部劄行该检察厅遵依分别施行，所有京师地方审判厅审明交拿人犯，按律定拟缘由，谨恭折具奏，宣统三年闰六月

初三日奉旨。(已录)

宣统三年闰六月十三日/1911 年 8 月 7 日

纪事·田际云王钟声两案始末记

田际云与王钟声先后出现于吾人之耳目间,北京社会之里面,于此亦可以睹其一班。然外间但知田际云案原因之复杂,而不知钟声一案实有过之无不及也。王钟声名熙普,浙之上虞人,当来北京伊始,下车于天乐茶园,与木铎、亚方等专以演新戏为生活,声名大震。钟声有姘妇某为韵花金寓之妹,从上海偕之来,木铎以同事资格,因得朝夕过从,渐与之有染。钟声知之,意弗能平,暗潮大起,木铎乃顿出一不做二不休之手段,遂诱其姘妇北走奉天。二人时正戴志士假面目,欺社会皆弗敢声张,惧报纸载其事也。然钟声在天乐园,自是亦不能独支门面。由是出都门,经天津,走上海,游南京,历数月卷土重来,复受田际云之聘,嗣又搭班于文明茶园,上书于资政院,演戏于庆王府,其头角崭然大露,而意气亦岸然,非复往昔可比,以故恶之者亦日多。亚方者其党徒也,二人因事相龃龉,钟声遽揭其秽迹于某报纸,亚方知其所为,嬲之不已,复由钟声具函向某报更正。乃未几钟声复假某报纸暴亚方之短,亚方扬言曰:"此钟声所为也,我必有以报之。"由是一面挑拨其同乡之恶感,一面联结木铎以协谋之。时木铎在奉天,收入甚短绌,久欲返北京,徒以有钟声在,弗之便也。因遂函托某某为之设法驱逐出京,以为伊出现于北京之地步。布置妥贴,而钟声逐被逮矣。(未完)

宣统三年六月十四日/1911 年 8 月 8 日

纪事·田际云王钟声两案始末记(续)

然钟声到案,为全浙新馆值年所控,指以违章占住会馆,赌博争殴为词,其罪名至轻也。且会馆并无不准优伶住居之规定,违馆章亦不能成一种罪名;况又麻雀在北京为常事,因戏谑互殴,亦无被害者之起诉。外间有此种种之推测,均谓不久可以释放。至田际云案由审判厅拟定十年监禁,喧传已久,因原参如勾结奸民,演唱新戏，阴图煽惑，及引诱良民聚赌为骗财之具，并奸淫不法，积恶多端，虐死其妻，行贿免验各节，皆甚重要。乃昨日由法部审结，仅以斗牌消遣，依赌博之人各处十等罚例，罚银十五两入官了事。而王钟声除比依在家容留博徒一年例上量减一等，各处十等罚，追罚银十五两入官外，复以素不安分四字得递解回籍，交地方官严加管束之处分，两相比较，不免有重者减轻，轻者加重之嫌。且钟声既非奉旨交拿人犯，亦勉强牵附并为一案，至于上渎天听，亦似失宜。于是外间又言田案由运动之效果，此次改轻，系出法部堂官意旨，而审判厅人属，近日尚有不以为然者。王案则木铎间接之陷害实属有力。确否虽不可知，姑志其说如此。

宣统三年六月十五日/1911年8月9日

扬城两大戏园竣工

扬州虹桥之大同戏园、太平码头之广陵大舞台，现均一律竣工。大同在沪上聘请迎贵之四盏灯戏班，广陵则聘歌舞台之三麻子，现已先后至扬，开演之期当不远矣。一般青年士女已纷纷往观舞台，虽晚间亦络绎不绝云。

宣统三年七月初七日/1911年8月30日

皇皇巨绅转不如一女伶耳

鄂蜀沙市镇近日戏园林立，有歌舞台女伶小桂英，色艺双佳，为巨绅邓某系公子所心赏，不惜巨金报效。事为邓绅得知，欲驱逐之，未得其便。乃日前该绅之侄某太守至园点小桂英某剧，桂英不愿出台面，骂之为禽兽，某太守大怒，掌其颊，仍大骂不已，后饬送巡警总局，欲勒令出境，已具结矣。突有驻防季伯川太守出为讲情，谓将军凤禹门留守之眷属欲看小桂英某剧，警局乃商令桂英改进荆舞台，以全某绅颜面。然桂英歌舞台包银未满，仍间日一至该园。某绅以不能达驱逐目的，意殊不怿，然亦无如之何也。

宣统三年七月十一日/1911年9月3日

强奸幼女之怪剧

伶人张季亭在公共公廨禀控住居大沽路五百四十八号门牌之天津人任四，串通其妻闵氏与邻人孔宪嘉并孔妻王氏等，诬指强奸其养媳并勒据诈洋等情，昨晨十时由德襄谳会同英翰副领事升座特别公堂研讯。先由捕房代表侃克律师上堂，将此案始末情由详述一遍，请为察核。旋据原告张季直供称，于去年十一月间起，由任邀往其家，教授其子学习戏曲。讵前月间任妻闵氏忽串马夫孔宪嘉之妻王氏等，诬指强奸伊家养媳，诱骗小的登楼勒写笔据，并令出洋二百元，以息其事。业已两次取去洋十三元，余洋未付。事后由任戚陈德喜函致该养媳父母来沪理论。讵任恐验视不确，于闰六月某日故令闵氏出外，托称观剧，任即强奸养媳，希图嫁祸，乞恩明鉴。讯据任之养媳林小二子供称，年十三岁，由父母许与任姓家为养媳。去年除夕，姑问女子与张干过事否，女答不知。今年正月间，姑又问女究与张要好几次，女亦答不知。至六月某日，姑邀张至楼上，与孔王氏等向张逼勒写据，并令出洋二百元，女在楼下闻悉。至后六月某日，姑忽出外看戏，留女与翁在家。讵翁诱女至楼下房内，欲做不端之事，因女叫喊，被翁用花絮塞口，并将女手缚住，致被奸伤。又据女父林启发、女母林张氏投诉各情，与女相同，并求按例严究。讯之任闵氏供称，张调戏养媳，曾经妇人目睹，当向理论，张即央友孔宪嘉之妻王氏等理劝，自愿立据，并非勒写。至丈夫任四，向在台湾谋生，始于本月间返沪，并不知悉此事，求察。质之孔王氏供称，此事由张令其学徒来唤妇人前往调停，立据出洋均张自愿，丈夫孔宪嘉并不预闻。讯之孔供此事间由女之父母将女领回，以致涉讼，小的实不在场。又讯任四供称，小的向在台湾，返沪未久，此事实不知情，今被养媳诬攀，须求查察。并由孔宪嘉之代表律师费信惇声称，此事孔实不在场，已由其妻供明，应请核释。中西官磋商之下，以女被奸受伤，有西医验单为凭，惟是张是任，尚须详察。遂判孔宪嘉交保，其余人证分别还押，候今日早堂复讯核夺。

宣统三年七月十四日/1911 年 9 月 6 日

戏　考

吴下健儿

上海人多喜新剧而厌旧剧，以旧剧纯用京话，不若新剧之全系土音，易于领悟也。实则新剧远不如旧剧之有声有色。鄙人溷迹申江，于今三十载，素嗜旧剧，今敢略述梗概，贡诸同志，聊为他山之助云尔。

须生戏

《李陵碑》一名《两狼山》，又名《苏武庙》，此系宋代故事。宋辽失和，使杨令公业征之，令公兵困两狼山，使子七郎至潘洪元帅处求救，潘竟不发一兵，将七郎射死。令公久困无援，夜梦七郎托兆，知事不妙，使子六郎溃围出，单身杀至苏武庙，见李陵碑，大骂一场，撞碑而死，以李陵在汉时战败而降匈奴者也。剧中调用反二簧，一波三折，抑扬顿挫，极尽情致，刘伶鸿声演唱最佳。（未完）

宣统三年七月十六日/1911 年 9 月 8 日

戏　考

吴下健儿

《乌盆计》一名《奇冤报》，又名《定远县》。此系大宋年间，有一绸商姓刘名世昌，投宿客店赵大家。赵大夫妇觊其行裹富有，顿起不良之心，将刘某药死，砍为肉酱，团成乌盆，事隔数年，毫无破绽。适有张别古至赵大处讨草鞋钱，赵大悭不与钱，天网恢恢，卒以乌盆与之。别古取盆回家，忽有鬼声自盆出，诉冤甚苦，嘱其至包龙图处首告。包公准之，签提赵大，一鞫而服。剧中反二簧一段，呜咽悲凉，凄恻动人。此戏普通只唱“诉冤”一段，惟谭贝勒必演全本，“服毒”一场，绕场跌扑煞费力量。近贵俊卿亦演全本，纯系谭派，惟嗓子稍哑，“诉冤”一段，不及谭之娓娓动听耳。

宣统三年七月十七日/1911 年 9 月 9 日

戏　考

吴下健儿

《双狮图》一名《举鼎观画》,又名《薛蛟领兵》。唐朝武则天时,薛刚闯祸,满门抄斩,刚逐出占据寒山,买粮招兵,为报复之计。时刚兄猛被武三思全家诛戮,有儿蛟尚在襁褓,猛有至友徐策,服官在朝,闻信后往法场祭之,以尽友谊,将己儿藏之金斗,换出薛蛟,以留薛门后裔。行刑时,策子被狂风吹去。蛟年长,膂力过人,策亦拜相。一日策往朝堂,蛟同书童至门外,将石狮举起戏玩。适徐相回府,见狮易处,问书童,知蛟所为。乃唤蛟入祀先堂,观薛家被难图,薛蛟莫明其故,策乃细诉当日冤情,声明蛟非亲生子,乃薛门之后代。即缮书嘱其至寒山助叔。剧中白口至“家院磨墨伺候”,接唱一段,全神贯注,疾徐高下,最难得中。前在春桂听刘鸿声唱,最为出色。其后“跑城”乃策子回来,做工首推三麻子,小孟七则效颦不当,火气未除也。

《洪羊洞》一名孟良盗骨,又名《三星归位》。令公碰碑后,遗骸藏于洪羊洞中,令公托梦六郎,嘱其取回,六郎乃使孟良往。焦赞瞒过二人,暗随孟后。孟至洪羊洞,正欲取骨,觉后有人声,以为番将,急以大斧砍毙之,细察之焦也。孟念结义之情,悲不自胜,即以令公骨付于降番之宋兵,嘱其逃回,交付杨元帅,旋即自刎。六郎得信,惊悸成疾,将星出现于郊外,被八贤王赵德方所射,遂至不起。故剧中八贤王探病时,六郎万分惊骇,《倒板》中“就是你、你就是、不该放雁翎射我前身”,一连几个“你”字,极难顿挫。近贵俊卿演此剧,《洪羊洞》之“洞”字调最佳。(未完)

宣统三年七月十八日/1911 年 9 月 10 日

戏　考

吴下健儿

《打棍出箱》亦名《问樵闹府》,又名《琼林宴》。宋时,范文正公仲淹进京投考,回家时妻子不知去向,愤气填胸,如醉如痴。问樵夫,知为庞相劫去,乃至相府,以死相拼,要其送还妻子。庞不动声色,好言相劝,用酒灌醉,扶入书房,遣家将杀之。幸有文曲星保护,至明晨,庞见家将吓死,而范仍在,大惊,嘱家丁将范乱棒打死,藏之箱中,舁之郊外。出榜后一甲一名适属范,报喜者四处寻访,并无下落。偶从郊外经过,见箱,深为诧异,内有人声,盖范当时虽被打闷,而此时复醒也。乃扶出箱外,状仍痴颠,问其姓名,知是新科状元,乃导至开封府包龙图处告状,将庞定罪。此剧谭叫天演"闹府"时,能以鞋踢于头顶上,他伶皆以手置之。惟前年谭至新舞台演此剧,亦以手置之。

宣统三年七月二十日/1911年9月12日

戏 考

吴下健儿

《空城计》一名《扶琴退兵》。三国时,马谡死读兵书中"置之死地而能生"一语,不听诸葛先生之言,札营山头,被司马围困,水泄不通,失去街亭。司马带领四十万雄兵直抵西城时,先生守城,兵微将寡,欲战不能,欲走不可。乃大开四门,作空城之计,与二童焚香兀坐,酌酒扶琴,谈笑自若。司马一见,惊骇不已,听琴声始终不乱,恐是诱敌之计,不敢进城,兵退四十余里。先生乃调赵云等来西城,而自回汉中。此剧唱做兼工者,首推小叫天,三句"再探",顿换三样面色,白口唱工,处处传神,不减当年卧龙先生风度也。刘鸿声惟唱工可听而已。

宣统三年七月二十一日/1911年9月13日

戏 考

吴下健儿

《当锏卖马》一名《天堂州》。隋唐间,秦琼解差至天堂州,被蔡老爷批文耽搁,盘费用尽,患病店中。店东再四催逼房饭钱,琼不得已,嘱店东代卖黄标(膘)马还账。店东牵至大街,买单雄信见之,十分叹赏,到店访琼。适家丁来报,雄信之兄被唐太宗射死,雄信一文未付,匆匆骑马而去。店东又气又恼,琼又使当锏,幸遇至友谢映登、李药师等周济,得以脱身。英雄落魄,千古同悲。小叫天最擅此剧,生成一副偃蹇面孔,而又声调悲凉。汪大头尝谓此剧"只好让叫天专美了",因其面容酷似英雄落魄景象,他伶终不能模仿也。

宣统三年七月二十二日/1911 年 9 月 14 日

戏考

吴下健儿

《文昭关》一名《一夜白头》。春秋时,楚国伍奢为太子建传,被费无极谗于平王,收之狱中,逼其缮书招二子来。二子得书,长子尚欲往,次子员字子胥,恐遭不测,力止之。尚曰:"不往,非孝子,我为父死难,弟为父复仇。"尚遂往,与奢同戮于市。费知员不来,斩草不除根,逢春必复发,使武城黑追之,关津险要,画形拿捉。子胥得信,急出逃奔,遇黑,以箭射退。子胥思可以复仇者,惟吴国,以吴楚世仇,易于挑衅也,但不识路由,踌躇无计。幸遇东皋公,留住山庄。然欲往吴,弗过昭关不可,子胥万分着急,七日夜不得安眠,发眉尽白。东皋公云:"友人皇甫讷与公貌相似,已折东相招,到时彼此调换衣服,可以混出昭关。"未几,皇甫至,东皋公嘱其易衣先至关上,果被关吏拿住,皇甫方欲剖白,已一哄进城,而真子胥遂混出昭关矣。东皋公乃见关吏,说明并非子胥,的系至友皇甫讷,吏释之。后子胥破楚归,齐金帛投东皋公家来,但见荒烟蔓草,破瓦颓垣,公已杳如黄鹤。噫,施恩不望报,公亦人杰矣哉!恩晓峰唱此剧,余最喜听之。

宣统三年七月二十三日/1911 年 9 月 15 日

戏考

吴下健儿

《鱼藏剑》亦名《子胥投吴》,又名《吴市吹箫》。子胥出关后,遇渔丈人渡江(剧名《芦中人》),濑女乞食(剧名《浣纱女》),皆嘱其勿告追兵,二人遂投江,以死明志。至吴国,吹箫行乞,见专诸勇而孝，结识之。一日至市，适遇吴公子阖庐出游，隐身窄巷，以箫声动之。公子听箫声，知非常人，呼出与语，见其状貌魁梧奇伟，深相爱悦，载至府中，委以重任。后刺王僚，破楚国，覆中原，皆出自子胥之力，子胥亦位至首相焉。此剧于见吴公子时一段悲调[二六]板，极难宛转如意，字字绽出，孙菊仙以此剧为拿手，此段尚可听，他伶多含糊耳。

宣统三年七月二十四日/1911年9月16日

戏　考

吴下健儿

《清官册》一名《升官图》，又名《提寇阴审》。令公撞碑后，六郎进京告御状，金牌宣召寇准，刻日进京，审问潘杨二家之事。寇本一县令，抵京后，潘妃贿以金帛，准直告八贤王，王嘱以暂领贿金，留作证据。审时潘洪欺准官卑职小，傲不为礼，请过圣旨，潘始下跪。审问时一味狡赖，乃令差役扮作阴曹鬼卒，冥刑齐备，夜深提审。潘讶己身已死，见此情状，毛骨悚然，始直供定罪。此剧于进京时宿店中，准左思右想，坐至天明，所唱一段二簧，调颇动听，入后则全系白口取神耳。

宣统三年七月二十五日/1911年9月17日

大同茶园停演

扬州大同茶园于二十二日夜开演时，收票人与学界冲突，观戏人代抱不平，一时茶碗横飞，椅桌俱碎，该园几成齑粉。弹压巡官朱霞仙亦无从施其弹压之力，嗣经该园主赔认不是，始勉强下场。该园遂于今日停演矣。

宣统三年七月二十六日/1911年9月18日

戏　考

吴下健儿

《八义图》一名《搜孤救孤》，又名《程婴舍子》。春秋时，晋国有佞臣屠岸贾，景公宠之，屡与赵氏不睦，诬赵盾以弑君之罪，将赵氏抄斩。赵朔之妻，公之庶妹也，怀孕走入宫中，得免。后生武，托家客程婴、公孙杵臼设法保护。屠为斩草除根计，严索婴儿。婴适生子，杵臼请将婴儿作孤儿以纾难，婴许之。杵臼乃抱婴子藏之首阳山，嘱婴出首。屠带校尉搜山，果得杵臼及婴儿，将孤儿掷死，屠命婴举鞭击杵臼，以试虚实。婴及杵臼向为赵氏家客也，婴竟击之，屠乃信，杀杵臼。后公崩，至成公时，武拜上卿，将屠剞戮，以报昔日之冤。武既成立，婴乃自杀，以报杵臼。武感二客之义侠，立位于宗庙，配享祖先以报之。世之卖主求荣，见利则趋前，见害则远避者，观此剧能无觍然？此剧于婴鞭击杵臼及法场时，唱做颇难得神，孙菊仙与小连生合演，最为有声有色。

宣统三年七月二十六日/1911 年 9 月 18 日

戏 考

吴下健儿

《桑园寄子》一名《黑水国》。晋时，黑水国石勒造反，扰乱中原。有邓伯道者，携弟妇一子一侄避难，投其至戚潼关守将金水成。不料中途弟妇被乱兵冲散，止余子侄，邓年已老，子侄又弱不能行，负子则侄号泣，负侄则子啼哭，左右为难。路过桑园，唤子采桑葚，以带缚之，留血书为证，负侄至潼关。适弟妇过桑园，见侄，急解之，携至潼关，一家团聚，殆天意焉。然正史所载，伯道之子竟失去，故曰天道无知，使伯道无儿。此剧情节离奇，形状悲惨，能使观者悲喜交集，感泣涕零，可补家庭教育之不足，有功世道人心之剧也。孙菊仙、小连生合演是剧，可谓四美具、二难并矣。

宣统三年七月二十七日/1911 年 9 月 19 日

显宦优伶名妓集对

老侠

恩晓峰，赵午桥。杨福田，夏荣坡。陆菊芬，盛杏荪。管海峰，窦(宝)湘石。赵飞燕，吴振麟。萧国珍，朱家宝。桂云峰，柴洪山。

郭筱兰，唐蔚芝。筱金钟，唐文鼎。荣桂，宝棻。筱翠，桂春。八九贯，三六桥。陆福来，吴祥达。文桂香，王芝祥。张翠芬，吴郁生。窦佑廷，陶树恩。盖叫天，张鸣歧(岐)。李德山，程利川。张桂轩，陈筱石。路三宝，赵次珊。谢月亭，岑云阶。

宣统三年七月二十八日/1911年9月20日

戏　考

吴下健儿

《第一忠臣》又名《骂杨广》，乃《南阳关》之前段也。隋炀帝弑父弑兄，篡夺帝位，召伍建章草诏，慑服众心。伍披麻戴孝而入，大骂炀帝无父无兄，大逆不道，头可断，诏不可草也。帝怒杀之。孙菊仙唱此戏，声音洪亮，调又悲壮苍凉，字字清绽，一字一泪，有石破天惊之概，非菊仙之声调不足以状伍公之忠愤也。余生平听菊仙戏，以此为最得意，名下无虚，实深钦佩。他伶多以大巫在前，不敢孟浪试之。

宣统三年七月二十八日/1911年9月20日

伶人强奸养媳案之贻累

伶人张纪廷控大沽路天津人任四与妻任闵氏串同邻妇孔王氏等诬指强奸伊家养媳小二仔，并勒据图诈洋二百元一案，详情迭志前报。兹悉此案因情节较重，由廨禀详道宪核示在案。讵该养媳父母由清江来沪，寓居小客栈内，所带川资无多，候讯日久，业已用罄，栈中不肯留宿，无所栖止。前日投老闸捕房，求请转禀公廨，速将此案断结，俾得早归故里，免致流落沪江，业由捕房将情禀请中西官核示矣。

宣统三年七月二十九日/1911年9月21日

戏　考

吴下健儿

《黄金台》一名《田单救主》，又名《搜府盘关》、《火牛大阵》、《乐毅伐齐》。战国时,齐滑王宠邹妃,信用太监伊立,耽于酒色,不理朝政。邹妃伊立欲害太子田发章,诬以戏妃,王大怒,嘱伊立搜斩太子。太子闻信,夤夜逃出宫中,适遇田单巡街,隐于田单府中。伊立大索宫中,不得太子,竟至田府。单嘱太子改扮单妹模样,搜府时竟被混过。伊立去后,单及太子扮作兄妹进香,连夜出关,逃至即墨。后燕昭王使乐毅伐齐,一朝下七十余城,都城失守,滑王被弑,邹妃、伊立死于乱军之中。赖田单出奇计,用火牛阵大破燕军,齐地尽复。太子返国即位,单亦位至上卿。谭叫天、金秀山合演是剧,最为出色。金秀山去伊立,"搜府"时白口斩钉截铁,一字不苟,的是斵轮老手,神采奕奕,能将奸阉身分活演出来。刘永春、郎德山辈,白口尚可,做工台步弗如金远甚。叫天则做工老当,神情周到,而尤以踢灯时最为得势,唱至"回头再把千岁请"一躬到底,一"请"字抑扬顿挫,有余不尽,真有三日绕梁之概。"盘关"时形容尽致,尤可作贪鄙关吏之现形记也。

宣统三年七月二十九日/1911年9月21日

戏名对

云庐二童子

《打城隍》,《骂阎罗》。《乌龙院》,《白虎堂》。《对银杯》,《拾玉镯》。《花蝴蝶》,《玉蜻蜓》。《黑风帕》,《明月珠》。《小上坟》,《大劈棺》。《游地府》,《闹天宫》。《虹霓关》,《紫霞宫》。《取城都》,《失街亭》。《春秋配》,《日月圆》。《嘉兴府》,《洛阳县》。《笑笑笑》,《骗骗骗》。《捉曹放曹》,《搜孤救孤》。《九十九岁》,《八百八年》。

宣统三年八月初一日/1911年9月22日

戏考

吴下健儿

《取北原》一名《斩郑文》。三国时,司马懿使郑文至蜀营诈降,假说司马用人不公,艺出秦朗上,而懿反使朗为先锋,因此愤恨来降。言犹未毕,而朗来挑战,孔明使文出战,暗随其后,只一合斩朗于马下，孔明乃知其诈。回营时孔明诘以司马营中有几个秦朗，文词塞，孔明大怒，欲斩之，文乃直告，孔明嘱其修书，诱司马劫寨。懿得书，系文亲笔，欲亲往，幸子昭精细，劝父勿出。使秦朗往探其虚实，果中计，魏兵大败，朗死于乱军之中。懿若无昭谏阻，必中孔明之计，而不能生还矣。刘鸿声擅此剧，出场时一段西皮调颇动听，而尤以司马懿之“懿”字，唱得更为出色，悠扬婉转，能转至四十余转，洵非易易也。

宣统三年八月初一日/1911 年 9 月 22 日

戏　考

吴下健儿

《审刺客》一名《六部大审》。晋时，奸相贺道安与太监贾玉欲害后宫史娘娘，贿嘱谢二改名史龙，行刺圣驾，复冒认史娘娘为姑母，诬其指使，带发交刑部审问。适刑部闵觉抱病，贺竟擅审，含糊画供，被闵拖下痛责之，抱病审问，均为贺贾暗止之，严刑拷问，舌割齿落，竟不肯直供。闵亦血吐数回，知刺客碍于贺贾颜面，万难招认，退堂后招至内室，用好言劝慰，始问出真供，奏明晋帝，将贺贾定罪。此剧后本不多见，上海戏园常演至退堂后即终止。

宣统三年八月初二日/1911 年 9 月 23 日

戏　考

吴下健儿

《马嵬坡》即昆曲《长生殿》中之《迎像哭像》也，伶隐汪筱侬编成京剧。按唐明皇宠杨贵妃，信任安禄山，后安禄山叛唐，河北两京皆失守，明皇奔蜀。行至马嵬坡，禁兵怨杨氏之误国，鼓噪要明皇赐杨妃死。明皇不得已，赐贵妃自尽，三尺白绫，一抔黄土，薄命红颜，轻轻断送。后郭汾阳平定大难，明皇回銮，至马嵬坡，怅触旧情，设祭凭吊，徒呼负负而已。筱侬感身世之飘零，所编戏多系悲剧，借恨事以重提，泄胸中之块垒，殆柳敬亭之流亚欤？前在春仙演此剧时，声调凄恻，情致缠绵，尤能体贴入微，能使观者泣下沾襟，戏剧之感人也深矣！昔沪上开菊榜，拔筱侬为菊榜状元，不为圣朝之循吏(汪本拔贡出身，曾为县令)，而得伶界之状头，亦可伤已。

宣统三年八月初三日/1911年9月24日

新舞台演剧筹振盛况

江苏各属水灾，经周舜卿君、沈缦云君等发起江苏义赈会，由夏月珊、潘月樵二君新舞台排演水灾新剧，以助赈款。昨日午后，新舞台上下约二千人，颇极一时之盛，各艺员无不抖擞精神，以故观者愈形踊跃。是日先售券约一千三百余元，特别捐另有清单，当时捐册填写约二百余元，抛台一百四十一元八角，钱一百零一文，另有金表一只，金戒一只，押发一只，嵌宝金戒一只，安徽铁路股票一股。特别捐沈缦云君五百元，毛韵珂君二百元，潘月樵君五百元，信成银行一百元，振市公司一千元，姚柴若君五十元，姚柴若君代募二百元，杨次梁君二十元，张顺来君二十元，宋宰清君二十元，王一亭君一百元，林黛玉女士二十元，夏月润君一百元，李老太太二十元，李荣魁君三十元，杨金培君十元，包载卿君十元，朱少屏君十元，无名氏十元，杨君十二元，夏月华君十元，林步青君二十元，共计三千三百六十一元正，总数俟收到实数后再行报告。

宣统三年八月初四日/1911年9月25日

戏　考

吴下健儿

《党人碑》亦汪筱侬所编。宋徽宗时，蔡京专权，贿赂公行，欺君误国，恨元祐诸君子，目为党人，镌之碑上，忠奸颠倒，是非淆乱。有书生谢琼仙见之，气不能平，乘醉毁碑。蔡京严捕之，藏于古寺，大索不得，赖友傅人龙杀差改装，谎出皇城，得免于难。汪在春仙演此剧时，适当事者封禁，《苏报》馆及《大舞台报》(此报为汪所组织)罗织党人，侦骑四出，筱侬触景生情，悲不自胜，抚今追昔，慷慨悲歌，凄然泪下，现身说法，一若身历其境，几不知为演戏矣。座客知与不知，无不动容。当此天荆地棘，箝制清议之时，独能借往事以刺当世，演悲剧以泄公愤，导人心所不能到，优孟直胜于衣冠也。

宣统三年八月初四日/1911 年 9 月 25 日

戏名对(续初一日)

云庐二童子

《凤凰山》，《鸳鸯楼》。《芦花荡》，《柳林池》。《七星庙》，《五雷阵》。《黄金台》，《白水滩》。《九更天》，《六月雪》。《三娘教子》，《四郎探母》。《鸿鸾天禧》，《龙凤呈祥》。《水淹庞德》，《火烧曹操》。《元帅代马》，《牧童放牛》。《和尚打野鸡》，《大姐捉强盗》。《滑头夫人》，《野蛮公子》。《状元认子》，《皮匠杀妻》。《举鼎观画》，《打棍出箱》。

宣统三年八月初五日/1911 年 9 月 26 日

戏　考

吴下健儿

《骂阎罗》亦汪筱侬所编。宋康王南渡，秦桧夫妇专权误国，诬害岳武穆父子于风波亭。有书生胡迪者，负气至阎罗像前，痛哭谩骂，恨天道之昏昏，责阴曹之梦梦。筱侬去胡迪，骂阎时，义愤之气溢于言表，捶胸顿足，冤诉不已，痛责之，痛责不已，谩骂之，借题发挥，满腹牢骚，尽情吐出。汪本伤心人，以伤心人演伤心戏，宜其如此之沉痛悲壮也。后其魂被冥王勾至阴司，责其侮慢之无礼，谓数皆前定，善恶报应，只在迟早耳。胡与冥王抢白一场，唱工纯用急板，义愤之气，戆直之概，至死不懈。王嘱鬼卒导至地狱，观秦桧夫妇已受冥刑，不久惨死，复观武穆父子已登上界，安享清福，胡气稍平，王乃送之还阳。此剧虽近迷信，而能泄人抑郁，为忠良吐气，大快人心，其用意亦有足多者矣。

宣统三年八月初五日/1911 年 9 月 26 日

戏　考

吴下健儿

《四郎探母》一名《四盘山》。宋时，杨家八虎闯幽州，为辽所败,四郎被虏,改名木易,萧后配以铁镜公主,招为驸马。后萧天佐寇宋,杨六郎御之飞虎峪,佘太君押粮抵营。四郎闻信,意欲前去探望,寻思无计,恳求公主盗令箭出关见母,一宿即回,誓不失信,公主许之。乃至宋营探母,一家团聚,悲喜交集,黎明即返。后杨宗保大破辽兵,萧后请和,四郎夫妇乃返宋。前见春仙四班会串,演此剧,坐宫一段,七盏灯去四郎,唱慢西皮,声调铿锵,抑扬尽致。出关见母,孙菊仙去之,唱回龙腔一段,悲壮苍凉,神情周到,至"看一看女裙钗儿转回来"句,一"来"字纡徐曲折,直至进戏房后,犹余音袅袅,不绝如缕。汪筱侬去太君,声调凄惨,情状哀痛,毕肖老母望子心切景象。小子和去公主,发音如雏莺出谷,婉转娇啼,旗人装束,尤为特色,珠联璧合,观止矣,蔑以加矣!

宣统三年八月初六日/1911年9月27日

戏　　考

吴下健儿

《法门寺》一名《井边验尸》,《拾玉镯》之后段也。明正德时,符朋路过孙家庄,见孙玉姣貌美,故遗玉镯,适为刘媒婆所见,为许玉姣作撮合山,玉姣以绣鞋与之。刘之子彪,业宰牲,性凶恶,以鞋讹诈符朋,索诈不遂,怀恨夜至玉姣家,持刀入房,杀死二命,将女之头掷于邻舍刘公道家。彪以为己所杀系奸夫淫妇,不知是玉姣之舅父母也。公道见人头,嘱工人宋兴儿投入朱砂井内,恐宋漏言,推之入井以灭口,反以兴儿为窃物而逃,控诈其父银十两。孙家庄出此有尸无头之案,乡约报县,赵令廉提问玉姣,玉姣将当日玉镯之事尽情说出,赵令度必符朋因奸起衅,提符刑讯,屈打成招,诬枉定罪。后刘媒婆酒后漏出真言,为符之未婚妻宋巧姣闻悉,欲京控,适太后同太监刘瑾拈香法门寺,巧姣遂入寺呼冤,告赵令诬陷未婚夫。刘瑾准之,提赵令对质,刘诘以无凶器、无人头,何遽定符以杀人之罪?赵语塞,遂摘去其帽,提刘媒婆及彪严讯,始招出缘由。刘使赵至井边相验,捞出人头及宋兴儿之尸,深异之,提刘公道讯之,始得其情。乃将二刘斩首,符朋出罪完案。瑾生平有此以着，犹不免抄家斩首，后之阉寺弄权，擅作威福者其鉴诸。此剧各园止演前段，后段从未见过，以后段进京时，须生唱西皮一段，多至百余句，虑力不足也。前郎德山、德建堂、刘静轩、富仙舫合演是剧，尚觉有声有色，余多敷衍耳。

宣统三年八月初七日/1911 年 9 月 28 日

戏　考

吴下健儿

《打鼓骂曹》一名《群臣宴》。三国时，有祢衡者，才学优长，抱负宏深，目空一世，尝云："大儿孔文举，小儿杨德祖，余子碌碌耳。"孔融荐之于曹操，衡见操，操傲不为礼，以傲遇傲，遂如柄凿之不相入。操夸张其门下之人才，衡一一鄙薄之，操甚不喜。适操大宴群臣，使衡当鼓吏，衡满腔气愤，正无发泄处，慨然允诺。届时，衡假鼓泄愤，怒击三挝，渊渊有金石声，座客俱动容，大骂操欺君罔上，擅作威福。操忍不与较，嘱其持书往荆州，劝刘表来降。衡至荆州，表令至黄祖处，酒后触黄祖之怒，被害于鹦鹉洲，此实操假手黄祖以杀之也。前在丹桂见七盏灯演此剧，进帐时唱《二六》板一段，激昂慷慨，沉郁顿挫，击鼓时鼓声忽而如沙崩巨鹿，瓦碎长平，忽而如雁唳长空，猿啼巴峡，能使座客心向往之，鸦雀无声，不啻听当年正平先生之《渔阳操》也。

宣统三年八月初八日/1911 年 9 月 29 日

戏拟京剧廿四绝

朽　木

投我琼瑶报李难，如君来意怒冲冠。后宫妻妾何多事，要把堂前贵客看。《沙陀解宝》

不劳红叶做良媒，佳偶何难唾手来。堪笑颊边须薙去，老人也想接球回。《彩楼配》

半窗残月漏声迟，逆旅今宵抱闷思。不共戴天仇未报，谁知须发已如丝。《文昭关》

严城刁斗夜沉沉,孀妇怀春一曲琴。国贼偷香惟妙手,此翁真不愧知音。《割发代首》

宣统三年八月初八日/1911年9月29日

戏　考

吴下健儿

《打严嵩》一名《开山府》。明嘉靖时,严氏父子弄权误国,贿赂公行,朝野侧目,诬陷忠良,任用私人。同朝有邹应龙者,有权变,善巧诈,疾严氏父子之威势,屡欲倾陷之,苦无机会。适嵩为太子所殴,应龙乘机入严府,阍者索陋规,应龙卑辞诱之,乃得入。嵩告以太子之无礼,应龙以为伤甚微,恐帝不信,不若重殴以坚帝之信。嵩从之,自击其面,应龙犹以为太师自击,惧痛苦,不肯猛击,不若应龙代太师击之。嵩一一听之,冠带欹斜,伤痕遍体,嵩大喜,以为得计。应龙又告以阍者之需索,嵩大怒,立斥阍者,始上殿诉柢。孰料太子已泣诉帝前,故帝不信,深斥嵩之骄横,嵩忍气吞声,犹以为伤之不及太子也,不知已中应龙之计矣。此剧以小连生、冯志奎演得最为有声有色,盖此剧本以做工见长也。

宣统三年八月初九日/1911年9月30日

戏　咏

椿萱拜别去和戎,弱女倾身报国忠。塞外崇台风景好,离情尽在不言中。《二度梅开》

云散风流叹瓦岗,不堪回首去投唐。红鸾刚炤丧门至,狼子野心终灭亡。《双投唐》

当炉(垆)女子识英雄,倩母邀郎试铁弓。记否严亲曾有嘱,未言杏脸泛桃红。《铁弓缘》

忙将缞绖换罗纨,回首慈颜不忍看。江水无情轻一跃,魂归蜀道抑何难。《别宫祭江》

宣统三年八月初九日/1911年9月30日

戏　考

吴下健儿

《马鞍山》一名《伯牙捽(摔)琴》。春秋时，晋大夫俞伯牙善琴，出使他国，路经马鞍山，舟中枯坐，弹琴解闷。山间有樵夫钟子期，亦善琴，闻伯牙高山流水之音，深为击节。伯牙深异之，与之论琴，切中肯綮，深相契合，目为知音，因有使事，匆匆即别。及返，访其里居，岂知良缘不再，玉树长埋，徒见新冢累累，磷火荧荧，白杨萧瑟，墓草零落而已。伯牙叹息者久之，乃对之抚琴一曲，恨古调之独弹，感知音之难得，遂捽(摔)琴而去，终身不复弹。此剧如得汪笑侬演之，必然可观也。

宣统三年八月初十日/1911 年 10 月 1 日

戏　考

吴下健儿

《天雷报》一名《青风亭》，即昆剧《幽闺记》之《赶子》也。薛贵有私生子，方在襁褓，因急欲进京，留下血书汗衫为证，遗于路旁。有开豆腐铺之张元秀，年迈无儿，拾得之，喜出望外，交老妻抚养，取名继宝。年长，送之入学，虽属螟蛉，而情深舐犊，深望异日作慈乌之报。至十三岁时，逃学至青风亭，适有一妇人在焉。妇见继宝酷类薛貌，深异之，问其年岁，答以十三，屈指计之，与薛进京之年适合。问有血书汗衫否，答以俱在老父处，益信无疑。乃告以我即尔之亲生母，何不同往京中寻尔亲父，继宝甚愿意。张老赶至，见继宝伏妇旁，怒不可遏，欲挞之。妇谓此非尔子，乃我之亲生儿，欲携往京中寻父。张细诘之，妇言之凿凿，悉合当年情形。张哀以夫妇年迈，欲依以养生送死。妇答以寻得亲父，决不漠视二老也。张犹恋恋不舍，继宝悍然不顾，竟从母而去。事隔数年，继宝一举成名，居然第一人及第，衣锦还乡，至青风亭了愿。而张氏二老白发婆娑，饥寒交迫，已似卑田院中人物矣。闻诸道路，新科状元薛继宝至青风亭了愿，大喜往见，至则继宝全不念抚养之恩，仅赏以青蚨二百，拽之便出。二老气愤填胸，含冤莫诉，即撞死于亭前。忽然阴云四合,雷电交加,将继宝殛死于亭下。前在丹桂见夏月珊、羊长喜合演是剧,唱做均耳不忍闻、目不忍睹,白口语语哀痛惨楚,直可作逆子之当头棒,而做工羊尤胜于夏。今羊已长逝矣,如此唱做俱佳之老旦,竟渺不可得,亦顾曲者之一大憾事也。

宣统三年八月十一日/1911 年 10 月 2 日

戏 考

吴下健儿

《取成都》一名《石伏岩》。三国时,刘璋为刘备所困,求援于汉中张鲁,鲁遣马超救之。不料马至葭萌关,竟降备而攻璋,璋不得已,乃开城迎备。相见时,璋诘之曰:“当日以成都让贤弟,却之再四,今日兴兵至此,意欲何为?”备语塞,孔明代答:“吾主乃不得已而为之。”嗟乎!利之所在,虽谊属同宗,情关骨肉,亦慢不顾惜,遑论仇敌?得已乎?不得已乎?无非借此搪塞耳。汪大头善唱此剧,声调高逸,神情周到,临行时唱二六板一段,悲歌慷慨,韵节苍凉,直欲击碎唾壶,天生一副好歌喉,非他伶所可望其项背也。

宣统三年八月十二日/1911 年 10 月 3 日

戏咏京剧廿四绝(再续)

朽 木

几番誓众报夫仇,一见冤家万事休。轻薄淫娃春兴好,洞房曾否享温柔。《虹霓关》

当年盗草救良人,恩怨未明陷妾身。最是伤心难舍割,呱呱何日得相亲。《合钵》

江中劫夺作生涯,也想秦淮去品花。刚选环肥评燕瘦,何期狭路遇冤家。《大嫖院》

挈女携儿走帝京,寻夫被害丧残生。阴司也许行私贿,方可王前诉不平。《鸳鸯壶》

宣统三年八月十三日/1911 年 10 月 4 日

戏　考

吴下健儿

《七星灯》一名《孔明求寿》。三国时，孔明伐魏，至六出祁山，心血日耗，自知不久，以后事嘱托诸将。姜维劝以用延寿之法挽回天命，孔明乃设七星灯，终日步罡踏斗以禳之。司马懿仰观星象，知孔明不久人世，又不敢深信，使夏侯霸领兵探之。不料魏延误作劫寨，匆匆奔至帐中报信，将本命灯踏灭，孔明掷剑而叹曰："死生有命，不可挽也。"姜怒欲斩魏，孔明止之，乃告以司马非劫寨，但探我生死之虚实耳，况孔明寿数当终，原不在灯之灭不灭也。谭叫天演此剧，唱则呜咽悲怨，做则涕泗横流，将孔明鞠躬尽瘁死而后已，一腔心事尽情描出。白文奎辈止有声调而不善摹神，终不能引人入胜耳。

宣统三年八月十三日/1911 年 10 月 4 日

戏咏京剧廿四绝（三续）

朽　木

俨然拥抱效齐人，到底难沾雨露均。六子虽公犹有弊，此中排解仗高邻。《双夺头彩》

频年社鼠害人多，井底冤沉小宋哥。一日案中情败露，昏庸邑令愧如何。《法门寺》

星河耿耿月三更，百尺楼高一望平。雁断衡阳音信杳，几曾割弃念儿情。《望儿楼》

六寸肤圆不染尘，吴歌高唱调时新。何来抱布虞山客，也曾推舟学榜人。《荡湖船》

宣统三年八月十四日/1911 年 10 月 5 日

戏　考

吴下健儿

《辕门斩子》一名《白虎堂》。杨六郎之子宗保经穆柯寨，被穆桂英所擒，逼其成亲，宗保不得已允之。六郎闻之，怒发冲冠，以其私自成亲,目无君父也。宗保回营,六郎升坐白虎堂,使焦赞、孟良缚宗保于辕门外,欲斩之。焦孟代宗保恳求,被六郎大加申斥。焦孟请太君说情,六郎出帐,诉说宗保种种不肖,有玷家国,亦不允太君之请。后八贤王赵德方闻信,驰至白虎堂解劝,力救宗保,语言冲突,六郎怒其无礼,有犯军律,命焦孟斩去其坐骑之蹄以警之,八贤王丧气而回。适桂英至,跪于帐前诉说,愿谐秦晋非出宗保之意,恳求释放,不允则婚姻变为仇敌,行将无礼矣。六郎素闻桂英威名,不得已从之,美满姻缘,深资臂助,诚杨家之幸福也。此剧唱做冗长,颇觉费力,刘鸿声力厚声雄,无一句放松处,足见名下无虚。毛仲琪声细如蝇,而乃东施效颦,屡演是剧,多见其不知量也。

宣统三年八月十四日/1911 年 10 月 5 日

戏咏京剧廿四绝(四续)

一鞭残照客还乡,陌上遥看妇采桑。试问罗敷夫自有,任人戏谑不轻狂。《马蹄金》

梨花带雨哭夫魂,半老徐娘丰韵存。僧俗钟情游极乐,贪欢杀子祸萌根。《天齐庙》

待到天明下债台,喜神迎罢遇官来。笞臀三百皮开裂,为记妻言不口开。《遇新年》

云寒露冷月无光,今夕穿窬喜欲狂。厉鬼何冤多恶作,一番戏抟共完场。《三上吊》

宣统三年八月十五日/1911 年 10 月 6 日

戏　考

吴下健儿

《除三害》一名《周处斩蛟》,又名《应天球》、《无双谱》。西晋时,有周处者,性凶力猛,横行乡里,人咸侧目。父老患之,乃伺周至,故作愁眉蹙额,路旁长叹。处问老丈:秋收丰富,咸歌乐岁,何为长叹?答以地方新出三害,因此闷闷。处问其一,答以长桥蛟,二答以南山白额虎,三则故作惊惶之状,四顾无人,方郑重谓处平日无恶不作，人皆患之。处乃自怨自艾，誓改前非，遂往长桥斩蛟，往南山射杀白额虎，已则徒步至华亭二陆处从学，凶悍横行之恶霸，一变为周规中矩之书生。后凉州树机能作乱，慷慨就义，名昭青史。此剧可补社会教育之不足。沪上各梨园以此等戏为无足重轻，多以扫边老充之，毫无精采，实则戏之动人不动人，全视演之者何如耳。

宣统三年八月十五日/1911年10月6日

戏咏京剧廿四绝（五续）

朽　木

淫妇诬人太不良，乘夫醉后逞如簧。翠屏山上僧衣服，触鼻犹闻隔夜香。《翠屏山》

一声骊唱去曹营，驿道斜阳送远行。极目疏林人不见，命军伐木表离情。《荐诸葛》

孩提生性本痴顽，未责儿身泪自潸。白发求情原老仆，命他力学志高攀。《三娘教子》

还妻故剑任鳏居，积善之家必庆余。天锡亲儿仍璧返，从今晚福乐何如。《朱砂红痣》

宣统三年八月十六日/1911年10月7日

戏　考

吴下键儿

《焚棉山》，春秋时，介子推从晋公子重耳出亡，割股啖君，忠心耿耿。及公子返国即位，诸人皆叙述从亡之功，以邀利禄，介独深鄙之，耻与为伍，遂与母逃隐棉山。后公子念及，征召子推，子推托故，屡征不起。公子再四催逼，子推坚辞不出，公子遂以火焚棉山，意其为火窘迫，必出而佐我也。岂知子推坚抱偕隐之志，至死不渝，火势蔓延，焚及介室，遂抱母痛哭，同死烈焰之中，公子徒呼负负而已。此剧悲惨万状，泪随声下，火焚时跌扑至数十余次，煞费力量，沪上名角多不喜演此等剧，不知其知难而退乎？抑鄙弃不屑乎?

宣统三年八月十六日/1911年10月7日

戏　考

吴下健儿

《金鳌岛》一名《斩秦洪》,又名《忠孝全》。明英宗时,太监王振弄权误国。督粮官秦洪有子,自幼失散,胡姓所得,取名胡建,长而膂力过人,弓马娴熟,立功至上将。后也先入寇,英宗嘱王振精选士卒,御驾亲征。秦洪运粮失期,延误要公,振怒,欲斩之,使建监斩。建抵法场,见犯官状貌依稀似父,大为惊骇,细诘之,果父也,抱头大哭,痛不欲生。洪悲喜交集,不觉下跪,嘱其至王振处恳求。建乃至振前诉说缘由,愿代父死,振哀而赦之。洪谢振,振云:"尔养得好儿子,犯罪有儿力救,可怜咱家孑然一身,异日倘有不测,不知如何下场。"洪急令建拜振认为养父。后英宗被虏,振亦死于土木之难。前天仙小孟七演此剧,白口做工神情均见周到,惟法场一段,不及近日贵俊卿之敏捷而得神也。

宣统三年八月十七日/1911年10月8日

戏　考

吴下健儿

《一捧雪》一名《莫成替主》。明嘉靖时,太常寺正卿莫怀古有一雪杯,视为希世之宝,珍惜异常。严嵩欲得之,怀古惧其威势,不敢不与,乃令匠工依杯造一赝者,送之严府,嵩竟被瞒过,万分感激。怀古有妾雪娘,娇艳绝伦,门客汤勤觊觎已久,苦无机遇。适怀古醉后泄赝杯之事于勤,乃往严府直告之,嵩大怒,带领校尉大搜莫府。怀古有仆名莫成,见事不妙,携杯从后门遁去,嵩遍搜不得,扫兴而回,成乃归。怀古斥其畏祸先逃,成云:若非小人携杯逃匿,身家早不保矣,劝怀古从速回乡以避祸。方出城,被严府校尉追得之,幸子已失散,其余皆被捉去,交于蓟州镇总兵戚继光。戚与怀古有旧,正宽慰问,嵩矫诏至,令继光斩怀古。戚接诏,忧闷万状，幸莫成忠义，而状貌又与怀古相似，请以身代主人，甘心就戮。继光乃促怀古换装，修书荐至边关魏总兵处安身，怀古竟免于难。小连生演此剧，最为慷慨激昂，凄恻动人，白口至“老爷此去酒要少饮，话要少讲，倘再酒后露出真言，没有第二个莫成来代了”，忠心耿耿，直是一字一泪，不忍卒听。在蓟州堂上商酌时，说走又说走不得，说反又说反不得，处处着劲，在在摹神，至“我倒想起一桩心事来了”一段，忽喜忽悲，有声有色，予亦未见有如小连生之第二个莫成也。

宣统三年八月十八日/1911年10月9日

戏　考

吴下健儿

《审人头》，莫成枭首后，将人头解至严府，汤勤查验，又说此非莫怀古之头，系他人代戮者。嵩怒，提戚继光、雪娘及刽子手进京，着锦衣卫指挥陆炳覆审，汤亦到堂观审。陆炳反覆审问，三人口供始终如一，毫无弊窦可寻，欲据以覆命，汤终以为假说，陆审问之不公。陆怒诘汤，何所见而知其假，汤云怀古脑后有三台骨，此头却无，以此知之。适圣旨下，命陆至法场斩大盗，堂上止有汤与雪娘二人。汤乃谓尔如肯从我，我即说真，否则尔等休想保全。雪欲保全戚等，允之。陆回时，汤云头系真实，并非假冒，但须以雪娘交我。陆云雪系案中要证，须留署中。汤云然则头仍是假的。陆知其故，乃许之，提雪至前云，汤大老爷公忠正直，不比莫大老爷刁诈阴险，须要小心侍奉，将手中之扇挥开，暗示刺字。汤携雪去，以真头覆命了案。至晚，汤被雪灌醉，以针刺死，雪亦自刎。此剧纯系白口，惟戚与陆分别时有一段平板二簧。孙菊仙演此剧，白口至“须要小心侍奉”时，挥开纸扇，敏捷绝伦，神情得势，态度从容，的如老吏，惟白口不及贵俊卿之得神耳。

宣统三年八月十九日/1911年10月10日

戏 考

吴下健儿

《雪杯圆》,莫怀古之子失散后,改名易姓。后严氏败,怀古潜回,藏于戚继光府中。其子已一举成名,奉命查检边关,至蓟州见戚,有意挑剔,吹毛求疵,以戚为杀父之人而欲报之也。及宴时,见席上有一棒雪,睹物思人,愤不可遏,严诘雪杯之由来,戚乃详诉情由。怀古之子喜不自胜,急请出见,父子重聚,悲喜交集,感戚深情,下跪叩谢。怀古回乡,见冢上孤碑屹立,上书太常寺正卿莫公怀古之墓,旁有一妪一童,焚帛哀哭,即莫成之妻子也。忽见怀古,妪深异之,怀古诉说当日情状,童欲击之,愤其父之冤也,妪斥止之。后怀古厚养其母子,以报莫成当日之忠义焉。

宣统三年八月二十日/1911年10月11日

戏 考

吴下健儿

《状元谱》一名《打侄上坟》,改头换面之《绣襦记》也。有郑员外者,家资丰富,膝下无儿,兄嫂早亡,止遗一侄。员外爱之如己出,教养备至,望其一举成名,慰先灵于地下。及长,侄信馋言,逼叔分柝(拆)家产,叔不得已允之。侄即吃喝嫖赌,挥金如土,将已之所有扫荡一空,饥寒交迫,流入卑田院中。适逢荒年,员外开仓放粮,赈济饥寒,其侄闻之,蒙袂辑履,踵门乞食。员外见之,气愤填胸,历责其种种罪状,将侄掀翻地下,重笞之,拽之门外。婶母贻以银五十两,而时衰运蹇,又为偷儿所窃。时近清明,自念郑氏一门,承祧惟我,祭扫之礼,年年阙如,鬼将馁而,乃沿街求乞,购锭帛往祖墓焚化。坟丁欺其衣衫褴褛,揶揄不已,隐忍而去。后郑员外夫妇至墓祭扫,见有锭帛余灰,深为诧异,诘坟丁,始知侄曾来此祭扫也。因思侄虽流为乞丐,犹念及祖先,尚非枭獍一流,乃追寻回家厚待之。侄亦痛改前非,下帷发愤,后竟以第一人及第,衣锦还乡焉。

宣统三年八月二十一日/1911年10月12日

戏　考

吴下健儿

《打金枝》一名《男梆(绑)子》,又名《满床笏》。唐汾阳王郭子仪平定安史之乱,肃宗以公主妻其幼子暧。子仪生辰,八子七婿捧觞上寿,满堂跪拜,济济跄跄,独不见公主,以其挟贵也。众皆讪笑之,暧受人奚落,气愤回房,痛殴公主。公主回宫哭诉于父,子仪闻之,恐天威不测,祸及家门,立命缚暧入朝请罪。肃宗谓之曰:"不痴不聋,不作阿家翁。"又深责公主有亏孝道,咎由自取,与暧无十,命释其缚,携暧入宫,谆谆劝慰,遂和好如初。盖唐室复兴,深赖郭力,故肃宗待郭氏父子如此其厚也。肃宗之优待功臣,子仪之责儿无礼,识者谓于君臣之道两得焉。

宣统三年八月二十二日/1911年10月13日

戏　考

吴下健儿

《九更天》一名《义仆救主》。米俊徒之嫂私于侯子化,将夫谋毙,恐俊徒告发,乃杀侯妻,藏其头而抛尸于米宅,已即匿于侯宅,佯为被杀,怂恿侯告俊徒强奸不遂,杀死寡嫂,贿通衙役,将俊徒屈打成招,以头无着落,尚未定谳。米家有老仆马义者,秉性憨直,作事忠诚,极口呼冤,谓二东人读书之人,决不昧却天良,作此无耻之事,必为人暗中陷害。县令限其三日找寻人头,有头即放尔东人,无头则行将定罪。马急于救主,不辨其意之真伪,遽允之。然人非米家所杀,何从悉头之下落?因思家中尚有一女,只得将女杀死,以头呈县,县令见头,即可放出东人,虽女儿无端断送,未免忍心,而东人得庆生还,尚称幸事。遂回家逼女自刎,将头报县,要求释放。县令谓此尸非米家所杀,尔何以知头之下落?显系主人谋杀,仆亦知情,前日无头,事属疑案,尔东人尚难定罪,此时有头,谋杀已实,尔东人万无生理。马语塞,号啕大哭,盖杀女欲以救主,初不料适所以害主也。乃往京赴闻太师处诉冤,太师有铜铡钉板,凡控告者必试过乃准,马已拚一死,毫无惧怯,一一试过,语仍不乱。太师即出京,天未明已抵县,俊徒已定天明斩首,太师嘱缓之。访得侯子化,搜出俊徒之嫂,一鞫而服,即将二人刳戮铡斃,革去县令,放出俊徒完案。方俊徒刑期之前夜,天久不明,司更者打至九更天始明,而太师亦至,俊徒得不死,故名《九更天》云。此剧全本沪上不多见,多演杀女一段,做工以小连生为第一,持刀入门,遮遮掩掩,描出一种惊惶之情状,他伶多不能及。白口至"儿吓,罢了,一旁坐下",两目直注女儿,凄惨之声,低徊往复,令人一痛欲绝。前年丹桂李德奎演此剧,亦不弱也。

宣统三年八月二十三日/1911年10月14日

戏　考

吴下健儿

《庆顶珠》一名《讨渔税》,又名《打渔杀家》。梁山泊宋江投顺后,阮小五不愿招安,仍以捕鱼为生。所生一女,许于花荣之子,荣以庆顶珠定之。烟蓑雨笠,一叶扁舟,父女二人悠然自适。土豪丁某假官吏之威,向阮需索陋规,阮不与。丁知阮系梁山壮士,不敢较,延请教师授家丁以拳棒之术,拟与阮一较优劣。阮一日正宴吴用、李俊等,而教师率其徒至,勒索渔税,阮答以无,教师信口胡诌,劝阮速即交出,否则捉将官里去。阮冷笑,教师欺其年迈无能,遽用武,一交手间,教师筋折骨断,仆不能起,其徒拥至,阮举手一挥,徒等前仆后继,竟如落花流水,负创而回。阮盛怒之下,遂率女杀至丁府,歼其家而逃隐焉。前小叫天在天仙演"杀府"一段,行至中途,阮女畏怯不前,阮已势成骑虎,进退两难,惶急万状,叫天演得须眉飞舞,痛快淋漓,白口字字急切,的肖当日情形。他伶多偷懒而割去"杀府"一段,遂致无精打彩,亦顾曲家之憾事也。

宣统三年八月二十四日/1911年10月15日

伶人罚戏三天

阊门外大观园某伶人,日前在马路行走,与人口角行凶,被警察拘入捕房,移送三□湾初级审判厅。开庭审讯,以该伶人恃强用铡之。曹见包公侄尚不肯放宽,他人更难幸免,遂挂冠以去,不知所终。余生平听此戏,以李长胜为最劣,偃蹇登场,含糊混唱,无一字可听,白口至"长亭伺候",声如病夫。或谓李烟瘾甚大,终日不过瘾,故所演戏无精打采,其然,岂其然乎?

宣统三年八月二十八日/1911 年 10 月 19 日

戏　考

吴下健儿

《草桥关》,东汉光武帝灭除王莽,汉室复兴,大封功臣。有草桥关地当险要,伏莽丛多,非威望夙著之上将,不足以镇慑之。乃命吴汉等召姚期进京,亲赐筵席,谆嘱姚期谨慎小心,驻守草桥,以备不虞。而梨园中所编之剧本,以姚期不容于后宫,调取进京,竟为所害,有二本《草桥关》,姚有二子刚、猛等大劫法场,姚期一死,二十八宿同时举命等情节,事属正史所无,且于光武帝仁爱贤明、厚待功臣亦不符,似以前说为是。曹寿山演此剧,嗓子虽未臻灵善,而字字沉郁顿挫,用鼻音尤善操纵,举动严重,的肖大臣风度,亦不弱于刘永春也。

宣统三年八月二十九日/1911 年 10 月 20 日

戏　考

吴下健儿

《御果园》一名《单鞭救主》。唐李渊之幼子世民延揽群雄,削平海内,功高望重。其兄建成、元吉忌之,屡思倾陷,尉迟恭深为世民忧,说世民先发以制其死命,世民反以为离间骨肉而深斥之。尉迟气愤回家,装作疯汉,明知建成、元吉不敢发难者,惧尉迟之不离世民左右也。二人探悉尉迟病疯,乃设筵御果园,招世民入席,暗伏一形似单雄信者以杀世民。世民中计,单身入园,徐勣、程咬金等知之,急请尉迟入园救主。时尉迟方洗马,立即提鞭牵马入园,而世民已为追兵所困,危急万状,尉迟急杀退伏兵,救出世民,盛怒之下,将建成、元吉并杀之。世民知二兄被害,己将被恶名,乃嫁罪

扬州鄂乱中之广陵舞台

太平码头广陵大舞台于二十四日晚间，因得漕运署人役施放鞭炮服礼，观者愈形拥挤。先有安徽旅扬公学因包厢事与该园大起冲突，继有黄某者因无票入园，马褂被戏园执事撕破，乃持小砖块将该园保险灯自来月遍行敲击，经该园打手等将黄某痛殴，曳出了事。讵有府中学生刁鸿声等五人，入门向售票处购票，该执事不应，学生遂声言补票，甫进二门，即为门者所请，喝众朋殴，以木柴为武器，学生均受重伤，更有某生当吐鲜血数口。其时该园已将园门紧闭，学生等不得外出，遂与该园质问受殴理由，该园理屈，乃命园丁二人出与学生揪扭，声言结辫至钞关下河。讵甫出园门，突有弹压委员沈禹臣派勇将学生押送四区警局，四区警员鉴于朱警员之前事，不敢收受，移送甘泉县，署役受园丁指使，竟将五人管押班房。该学堂监督周君已得急足报告，偕同该堂姚君至署进谒禹令，请惩戏园滋事人等。禹令不得已升堂，责二园三百板，送受伤五人回堂。五人尚未回堂，全堂学生已至甘署，商请禹令提究园主。禹令以该园主为要绅宠丁，恐干未便，遂以转禀府宪为辞，婉请诸生归堂候信。至二十五日，该堂诸生仍未闻有下落，遂全体不愿上课，遍出传单，报告学界。闻嵩太守以现在鄂省兵乱正在紧急，而该园迭次滋事，已决计予以封闭云。

宣统三年八月二十八日/1911 年 10 月 19 日

戏　考

吴下健儿

《铡包勉》一名《长亭铡侄》。宋包文正公拯膝下无儿，有侄勉在任，得贿三千两，恐干未便，进京求曹国舅袒护，向叔缓颊。曹正与包公有隙，伪允之，骗出真情，直告包拯，说勉贪赃买法以羞之。包公大怒，提侄审问，勉求曹说情，曹冷嘲热骂，反落石下井焉。包公怒不可遏，欲铡之，王延龄说包公："尔包氏一门止有此子，何不奏明情由，请圣上发落？"包公意稍动，曹谓勉云："尔有叔父援助，谅无妨害，不比他人贪赃买法，察出即斩也。"包公抱惭无地，遂怒挫其锋。云知事不妙,回家令妻自尽以免辱,嘱妾装疯,负儿潜逃。乃出战,卒以弱不敌强,与文信同为友谅所擒。云嘱文信见友谅勿作软弱语,文信又不听,一味哀求,竟为友谅所杀。云抱头跪而大哭,以尽君臣之谊,见友谅直立不跪,矢口大骂,友谅爱其忠勇,亲释其缚,而劝云降。云不为劝,友谅见不可屈,乃缚于竿而射之。云诳以再释即降,友谅喜而允之。云遂夺刀大杀一阵,至力竭乃自刎,尸屹立不倒。友谅钦敬之至,亲为跪祭焉。小叫天善此剧,但不肯轻演。恩晓峰曾一演之,然亦人云亦云尔。

宣统三年八月二十六日/1911年10月17日

戏考·黑头戏

吴下健儿

《黑风帕》一名《牧虎关》,又名《背鞭认子》。宋杨氏父子为潘仁美所害,有步将高旺愤权臣骄横,忠良屈死,弃妻子出关逃隐。后天堂六国叛宋,使佘太君率兵征之,太君使八妹乔扮男装,领取高旺回国,以资臂助。高情不可却,允之,行至牧虎关,守关者即高之妻子。高子以其关外人,不许过关,被高辱骂,即出关对敌,败回关上。高妻使媳出战,使黑风帕以困之,而高旺之黑风帕更高三尺,一切法术均为所破。高旺见女将袅袅婷婷,忽发狂态以戏弄之,媳抱惭而回。高抵关下,见城上一白发婆娑者,直呼己名,高异之,再四询问,始知即老妻也。乃开关迎高及八妹入,数年阔别,一旦聚首,悲喜交集。即唤子媳来见,旺见媳,大惭,高妻以不知不罪解之。此剧谢云奎弃世后,推郎德山为第一,"东北风西北风"一段纯用鼻音,而又字字清晰;"戏媳"一场,扭扭捏捏,效妇女身份,亦恰到好处。日来沪上黑头,佳者寥寥,各园以上海人只知看戏,不知听戏,此等角色素不重视,遂亦无意物色。现第一台之二刘及纳绍先辈,虽偶一排演,而敷衍塞责,不肯着劲,终不如郎之惬意,殆深明沪人之心理乎?

宣统三年八月二十七日/1911年10月18日

武，殊属不合，遂判大观戏园罚戏三天，即以戏资充作赈款。该伶畏祸遵断，昨将三日戏资二十元零缴送筹赈公所，筹赈公所以司法独立，未便越俎，饬令自行□厅销案云。

宣统三年八月二十五日/1911年10月16日

戏　考

吴下健儿

《斩黄袍》亦名《陈桥兵变》。柴荣、赵匡胤、郑恩三人结为兄弟，时值五代，天下纷乱，弟兄三人争成帝业，国号后周。柴死而兵心叛乱，遽以黄袍加赵身，赵遂即帝位，国号宋，封弟郑恩为北平王。河北韩龙进妹素梅，匡胤纳之为妃，甚宠，重赏韩龙。郑以其无功而得赏也，怒殴之，韩惧其威，不敢较，衔之而谋于妹，议报复之策。适帝回宫，嘱妃侍宴，妃遂灌醉之，说郑欲谋为不轨，篡夺天下。帝已醉，不辨真伪，欲斩之。妃即矫诏，使韩龙捕郑，立即斩首。高怀德等以郑系忠良，又为帝之义弟，屡次奏保，皆为妃延误，郑竟含冤以死。郑之妻陶三春，女中之健将也，闻夫被害，遂举兵反，直抵汴京，诸将俱愤郑死之冤，作壁上观。高怀德急入宫奏帝，遇韩龙，怒斩之。帝恳其劝陶退兵，高请斩黄袍以谢过，封郑儿以褒忠，杀韩妃以泄愤，帝不得已，皆允之，陶乃撤兵而回。此剧本红面生戏，自刘鸿声来沪一演，而须生之有名者遂竞效之。刘演此剧，好处在哭头一段，欲哭又止，欲止还哭，高下疾徐，调门变化不测，而尤以"你我他"三字，三样调门，最为得神；城头对唱一段，声调亦变换有法，得机得势。恩晓峰近似，然究有上下床之别焉。

宣统三年八月二十五日/1911年10月16日

戏　考

吴下健儿

《太平城》一名《花云代箭》。元顺帝时，天下分崩，群雄割据。花云从朱文信，占据太平，为江西陈友谅所困，云以众寡不敌，劝文信坚守，乞援他人，待其师老而击之。文信不从，再四逼云出战，以于尉迟，而暗为解救焉。此剧佳处在装疯一段，须得唱做兼长之黑头，演之方觉有声有色。而稍享盛名者，以此剧煞费力量，多不肯演，亦憾事也。

宣统三年八月三十日/1911年10月21日

戏　考

吴下健儿

《平北海》一名《大回朝》。商朝纣王宠妲己，荒淫暴虐，北海先叛，西岐继之，使闻仲往平北海，日与佞臣尤浑、费仲、宠妃妲己等酣歌淫舞。龙逢、比干竭忠进谏，俱遭惨戮，又设炮烙之刑，以绝言路。姜后为妲己所谗，挖目而死。闻仲平北海回朝，见御座尘封，同僚零落，不胜感慨。再四盘诘，知比干剖心，姜后挖目，俱为奸佞谗害，悯其死之惨，不觉哭之恸，气愤填胸，将尤费二人打死于殿。王反怒其无礼，伤其嬖幸，大加申斥。后闻仲征西岐，殉节于绝龙岭。此剧沪上名园多排在第一二出，以极劣之净充之，遂致精彩毫无，不堪属目。

宣统三年九月初一日/1911年10月22日

戏　考

吴下健儿

《打龙袍》一名《普天同庆》，又名《仁宗观灯》。宋仁宗之母李后生帝后，被刘妃及奸阉郭槐以狸猫换去，诬以产妖，逼入冷宫，老监陈琳知之而不敢言。后又放火烧冷宫，为斩草除根之计，幸宫娥漏信，因得走免，栖宿寒窑，行乞度日。事隔数年，辰州大饥，仁宗命包拯放粮赈济。包至赵州桥天齐庙，忽有盲目乞婆呼冤，自称今上之亲生母，为刘妃郭槐所诬害，以致行乞，有先王黄绫帕、寇准题诗为证。包乃带回汴京，排不孝故事之花灯以激帝，仁宗果大怒，欲斩排灯人，包谓帝亦有瑕，何以戮人？遂将当年狸猫换子之事详细奏明，帝见诗帕犹不信，召老监陈琳问之，陈不敢隐饰，直诉情由，帝始恍然大悟。刘后闻信先自尽，乃斩郭槐而迎李后还宫。后怒帝昏,以紫金棍赐包,嘱代打之。包谓以臣打君,断无是理,遂请帝将龙袍脱下,一击了事。刘永春演此剧,台步从容,声调雄厚,黄钟大吕之音,不比铮铮细响,虽金秀山亦钦佩莫名。唱二六板一段,至“那有臣子敢打圣明君”,一“君”字如疾风骤雨,戛然而止,尤见简洁老当,殊令人百听不厌也。

宣统三年九月初二日/1911年10月23日

戏 考

吴下健儿

《锁五龙》一名《苍龙归位》。隋炀帝荒淫无道,群雄纷起,各据州郡。有单雄信、程咬金、徐勣、秦琼、罗成等三十六人,在贾家楼义结金兰,归于魏王李密。后李密擅作威福,薄待群雄,众遂离贰。程徐秦罗等多投唐王李世民,雄信以兄为世民射死,立志报仇,誓不降唐。世民钦敬雄信之忠义,再擒而再释之,竭诚劝导,雄信意不稍动。至第三次被擒,乃令斩之,以全其志,雄信慷慨引颈,毫无惧怯。临刑时,世民嘱程徐秦罗等祭之,以尽友谊,俱被雄信羞辱,斥其不义而辞之。惟程谀以忠义,奖以英雄,献三爵,皆一饮而尽。世民遂命尉迟恭挥刀斩之,以余人皆贾家楼金兰中人,不欲伤其友谊也。时适秦琼在外运粮,及回,见雄信已斩,忆及当年周急之情,共事之谊,抱头大哭,痛不欲生。世民急止之,琼要以厚葬其尸,世民俱如所请,琼乃叹息而退。此剧须唱做兼长,刘永春演此剧,“大唱一声出帐外”至“二十年后我再来”一段,唱工句句沉痛,无懈可击,惟饮酒一段,做工似不及郎德山也。

宣统三年九月初三日/1911年10月24日

戏 考

吴下健儿

《白良关》一名《父子相会》。尉迟恭微时,业锻工,膂力过人,善用雌雄鞭。以隋室不振,群雄扰攘,遂提单鞭投唐,留一鞭及妻梅夫人、子宝林在家,被白良关守将刘某所得。后唐王李世民削平宇内，命秦琼挂帅，率尉迟恭、罗通等扫北兵。抵白良关，刘某迎敌，被尉迟击伤其臂，负痛而回。宝林见父为唐将所伤，怒愤出关，力挑尉迟出战，以图报复。尉迟恭见其举动类己，深异之，战至日暮，未分胜负，遂各收兵。宝林回关见母，述及日间战状，梅夫人细细盘诘，知系亲夫无疑，遂大哭。宝林愕然不解，夫人将当日被劫情由详细说明，始恍然大悟，誓报复之。明日出关复战，佯败至僻静处，下马跪地，说系父子，将母言直告之，请其急攻，愿作内应。尉迟回营，拥兵直抵关下，刘某急备抵御，宝林出其不意，举鞭击死之，遂开关迎降，急入后堂，请母出见。而梅夫人以屈节受辱，无颜再见，已悬梁自缢矣。宝林见而大哭，出诉于父，皆叹息不已。知前日之隐忍偷生，不即尽节者，以大仇未报，徒死无益也。此剧去尉迟恭及宝林须皆黑头，如以劣者充之，便无趣味，近日第一台之二刘堪称合璧。

宣统三年九月初四日/1911年10月25日

戏　考

吴下健儿

《铡美案》一名《不认前妻》。宋仁宗时，陈思美娶妻金香莲，已生二子，往京应试，第一人及第。太后爱之，欲以公主配之，招陈为驸马，陈竟允之。为妻探悉，携儿进京控告，陈大惊，遣家将候于要路截杀之。不料家将见香莲母子三人，零丁孤苦，心存恻隐，顿效鉏麑。金香莲乃藏刀赴开封府包相处，告陈以离妻娶妻，欺君杀妻。包邀陈至府直告之，劝其将妻子纳入府中，欺君之罪，拯愿代为解救。讵陈竟不认糟糠，讳言事实诬蔑。包谓不听良言，后悔无及，此事关系甚大，论法当斩。陈倚驸马之亲，夜郎自大，语语挺撞。包公大怒，令铡之以彰国法。太后公主闻信急至，命包释驸马。包谓不斩思美，国法不伸，枉法从事，愿弃官去，竟不徇太后公主之情而斩思美，令公主香莲各携一子以终身焉。前郎德山演此剧，出场白口“铁面无私大宋臣，擎扶龙廷”十一字，顿挫有法，严重得体，确肖正色立朝之大臣风度，一“龙”字用鼻音转出，纡徐曲折，尤为得神。

宣统三年九月初五日/1911年10月26日

戏　考

吴下健儿

《双包案》一名《五鼠闹东京》。宋仁宗时,英才辈出,豪杰挺生,一时有七侠五义等豪侠。仁宗封南侠展昭为御猫,而白玉堂等弟兄五人,以有妨彼等之混名(五人皆以鼠作混名),心不甘服,往京向展寻衅,展笑慰之。包公闻之,急出解劝,白等气稍平,后遂归包公部下,此五鼠闹东京之真相也。而梨园剧本以讹传误以为五鼠成精,施秀才进京考试,五鼠奸占其妻。施赴开封府告发,而五鼠即变作包公模样,随从衙役一律相同,一时开封堂上有两包公,真伪莫辨,无从控告。后包公上天表,假玉面猫咬死五鼠,其害遂除,此说似近荒诞。此剧去两包公之黑头,须旗鼓相当,又须声调相同,彼此可以摹仿,始与戏情吻合,而听者惬意,否则各唱各调,真相一失,趣味毫无。李长胜受业于谢云奎,前在天仙初登场时,与谢合演是剧,不特调门一样,而抬(台)步举动亦无丝毫之异,非以身材之长短(李甚短矮),听者几莫辨其孰谢孰李也。

宣统三年九月初六日/1911年10月27日

戏　考

吴下健儿

《高平关》一名《借人头》。五代残唐时,老将高行周智勇兼全,精神矍铄,又有子怀德、怀梁,英雄盖世,占据高平,远近惮之。周世宗柴荣拟取高平,而畏其威武,不敢造次。知赵匡胤之父与高有亲,乃伪以赵之家属下狱,逼令赵往高平取行周之头以赎罪。赵未至高平,行周仰观天象,见已星为客星所掩,知气运不久,咨嗟叹息。忽报赵至,行周迎入,赵哭诉其事,行周毫无难色,但要其何以报德,赵许封怀德等高官厚爵,亲立笔据,交于行周。行周以为官爵吾所固有,不烦假手,嫌其报施甚轻,怒摔笔据于地,必吾女为尔妻，尔妹为吾媳始可，否则惟有坐视也。赵俱允之，高遂自刎而死，赵乃携头，率怀德、怀梁归世宗。此剧唱极冗长，又多急板，煞费力量，各伶多偷懒，从赵入城演起，惟刘永春自升帐叮咛诸将及二子起，且力大声雄，到底不懈，毕竟胜人一筹，宜其克享盛名也。

宣统三年九月初七日/1911 年 10 月 28 日

戏　考

吴下健儿

《暗探阴山》，《宋史》有"阎罗包老"一语，后人遂调包公燮理阴阳，日理阳，夜理阴，荒诞不经，不足供识者之一笑。然神道设教，圣人不讳，不妨姑妄言之，姑妄听之也。宋仁宗大放花灯，与民同乐，朝野上下，歌舞欢欣。有女子柳金蝉随家人逛灯，至中途被众人冲散，踽踽独行，至桥下，为无赖李保谎至家中，强奸逼死，移尸于颜公子门首。地方即逮颜于案，包公审问时，颜极口呼冤，包见颜系书生，不类杀人者，乃下阴曹，令判官查生死簿，而簿上又注明柳金婵因看灯为颜生奸毙。包总不信，至阴山盘诘金婵及看守之小鬼，始知凶手为李保，而判官为李保之叔，营私舞弊，将李保之名挖去，补入颜生。包公大怒，立令判官改正，判官不认，竟至与阎王相骂，包遂怒铡之(剧名《闹五殿》亦名《铡判官》)。回至阳世，开释颜生，铡李保了案。全剧唱工其妙处在都城上一段，郎德山唱此剧，声调沉郁顿挫，悲壮苍凉，句法一气贯串，奔腾而下，有若长江之水一泻千里，求之晚近，不可多得也。

宣统三年九月初八日/1911 年 10 月 29 日

戏　考

吴下健儿

《雅观楼》一名《沙陀国》，又名《解珠宝》。李国昌被谗人诬害，得罪于唐，几至灭门，赖陈景思竭力斡旋，始得减轻，流至沙陀。其子克用英武宽厚，深得众心，又择将士之强悍者收为养子，名为太保。时适黄巢、王仙芝等作乱，杀人如麻，生灵涂炭，唐室几亡。陈景思乃请重载珠宝,往沙陀厚赐克用,借其兵以平黄王之乱。陈至沙陀,克用不忘其恩,接入雅观楼厚待之。陈于席间谈及借兵之事,克用愤唐王宠信奸佞,屈害忠良,掉头不允。陈探悉克用惧内,乃结欢十二太保,嘱其于二夫人前代达衷情。二夫人竟为所惑,悍然令太保发兵,随陈入中原,助唐平乱。克用无如之何,惟叹息而已。刘鸿声现改唱须生,初系黑头,李春来开春桂时,刘尚唱黑头,第一夜与王玉芳合唱是剧,声调浑厚雄壮,台步亦严重得体,宜其改唱须生而游刃有余也。

宣统三年九月初九日/1911年10月30日

戏　考

吴下健儿

《李密投唐》一名《双带箭》,又名《断密涧》。瓦岗散后,群雄多投唐,李密势日孤,止有王伯当随密未去,兵微将寡,屡为唐困。伯当知事不成,劝密降唐,尚不失封侯之望。密恐唐不纳,伯当请使于唐而探之,密势穷力尽,无可奈何,乃使伯当往。李渊及世民悉密有降意,甚喜,许以王爵,并赐公主为密妻。伯当覆密,后遂同投大唐。路遇世民打闹,拾得世民射死之雁,借此进见,世民引二人回见其父,厚待李密,俱如前约。在唐之待密,固云厚矣,而密终以为寄人篱下,不若独树一帜之自由,悔念一萌,叛心顿起,酒后与公主商酌起事,公主不从,旋手刃之。伯当闻悉大惊,深怪密作事孟浪,劝以从速出城,逃遁避祸,已愿护之同行。密遂夤夜出城,离城不远,而世民已率追兵至矣。二人至断密涧,恐被擒受辱,遂自刎而死。伯当可谓忠于密矣,惜其择主未当,而不得善终也。

宣统三年九月初十日/1911年10月31日

戏　考

吴下健儿

《取荥阳》一名《楚汉争》,又名《纪信替主》。秦末,项羽刘邦同起逐鹿,项英雄盖世,力敌万人,刘豁达大度,待人宽厚。初则共事怀王，以图强秦，继则各争帝业，势不两立。刘邦拔荥阳，项羽以重兵围之，孤城危在旦夕。赖张良设计，请诸将赴宴，中悬逢丑父代齐顷公受缚故事画一轴，诸将莫明其故，张细为解释，极赞丑父忠勇，以激诸将。诸将中惟纪信之貌与刘相似，纪遂慷慨请代，张良嘉许不已，请刘扮作小兵逃出荥阳，而以纪改扮刘邦，开门迎降，以谎项羽。项入城会面，始知其诈，大索刘邦，已去远矣，遂怒焚纪信。后刘邦垓下一战，项羽乌江自刎，遂成帝业，大封功臣，即素有嫌之雍齿尚封侯，而于舍身救己之纪将军，独未提及，负义忘恩，言之可慨，宜乎功如淮阴，犹不免钟室之祸也。

宣统三年九月十一日/1911年11月1日

戏　考

吴下健儿

《取帅印》，唐太宗命秦琼挂帅平北，后又欲平高丽，知盖苏文勇猛不凡，琼年已老，恐非其敌，拟令尉迟恭代之。琼不服，太宗命琼与恭在金殿举石狮，一较优劣，琼究以年迈力衰，伤其内部，遂病不能起。程咬金亦欲得帅印，力言尉迟粗暴，不可当此重任，太宗不听，乃往秦府嘱琼举子怀王自代。太宗率徐勣、尉迟恭等至琼处探病，兼取帅印，琼遂荐怀王。太宗嫌其资格太浅，不敷众望，不允，并谓盖苏文英雄盖世，非用尉迟将军挂帅，不足以慑服之。琼无奈，遂以印交恭，负气抗颜，叮咛再四，有意为难，咳唾其面。恭志在兵符，忍气吞声，唯唯奉命而已。此剧为须生黑头合演之戏，而须生较重。前述须生戏遗漏是剧，故补述于此。

宣统三年九月十二日/1911年11月2日

戏　考

吴下健儿

《大保国》，明隆庆皇上晏驾，李后抱幼主登基，后父李良居心叵测，窥窃神器，哄女命己摄政辅佐幼主，实则隐以王莽自居也。老臣徐延昭、杨波恐明室亡于老奸之手，急上本劾之。后为父所惑,以为不过令外戚扶助耳,并无他意,并力言父非梁冀、王莽一流,请徐杨等和衷协力,共扶王室,万勿疑虑。徐杨不从,与李良在金殿始而争执,继至用武,将李良痛打,良大怒,请后斩徐。而徐又为功臣中山王之后,先王御赐银锤,专打奸佞,封为不斩之臣,后亦无如何,惟气愤而已。

宣统三年九月十三日/1911年11月3日

戏考

吴下健儿

《叹皇灵》,徐杨与李良争执之后,徐退回朝房,独自至先王灵前伏地痛哭,将李后昏愦,权奸篡国,徐杨忠心谋国,后反不谅,目为奸党,一片苦衷,诉之冥冥。忽闻人马喧嘶,徐恐李良之劫已也,大惊,后见杨波带领子侄及众将来护皇灵,乃大喜,遂传进皇灵,抚慰众将,奖以义勇,勖以忠贞,以共保王室,斩除奸佞为主义。众将深感老成谋国之忠,俱心悦诚服而出。前见刘永春演此戏,出场唱正二簧一段,激昂慷慨,悲壮苍凉,苦诣孤衷,曲曲传出,听者如闻子夜悲歌,低徊欲绝。至于台步之从容,声调之雄厚,犹其余事耳。

宣统三年九月十四日/1911年11月4日

戏考

吴下健儿

《二进宫》,徐杨叹皇灵后,复至宫中竭诚开导,后亦悔悟,深嘉徐杨等忠心谋国,虑其父凭权藉势,侮弄幼主,扰乱王室,命徐谋一万全之策。徐谓杨波智勇兼备,公忠体国,以幼主托之,必能慑服国丈,振起朝纲。后从之,杨尚犹豫不敢,徐愿粉身碎骨保助杨波,而杨始允。卒之李良气夺,不敢谋篡,而明室大安。此剧曲本,黑头、须生、青衫唱俱冗长,知音者百听不厌,至三人跪地时,声声促接,步步紧凑,非常动听。刘永春在大舞台演此剧,配角为韦久峰、沈飘香,韦为孙菊仙之高足,初开口尚有孙调气息,入后则模糊影响,步步松懈,沈更等诸自桧。配角配置不当,名角因之减色,大舞台屡蹈是弊，深望排戏者从速改良也。

宣统三年九月十五日/1911 年 11 月 5 日

戏 考

吴下健儿

《渭水河》一名《八百八年》，又名《文王访贤》。商纣无道，姜尚怀抱异才，道号飞熊，年老不得志，隐于渭滨，垂钓度日。西岐文王夜梦飞熊入帐，使散宜生卜之，宜生谓主得一良相与我西岐，请文王出猎，沿途探访。遇樵夫武吉，询以飞熊消息，知系渭滨渔父，乃诣姜处。见其年虽老迈，而精神矍铄，议论纵横，有不可一世之概，知系非常人，急载之后车，亲自挽之以归。后以武王托姜，兴师伐纣，翦灭商朝，创立成周八百年之基业，皆姜之力也。此剧沪上各园皆排在第一二出，以极劣之角色充之，稍具闻望者从未演过。鄙人考戏剧中历史事实，未有先于此剧者也。

宣统三年九月十六日/1911 年 11 月 6 日

戏 考

吴下健儿

《捉放曹》一名《中牟县》，又名《陈宫计》。汉献帝时，董卓专权，谋篡汉室，廷臣侧目，不敢撄其锋，徒作楚囚对泣。曹操请王允假以七星宝刀，刺死董卓，以安汉室，王慨许之。操藏刀入府，卓方酣睡，正欲拔刀而卓已醒，急问操来此何为，操托言购得宝刀，献于丞相，卓受之不疑。后卓备述其故于婿李儒，李谓明系谋刺不成，托言献刀，卓怒，大索曹操，而操已遁，乃行文各处，图形严索。操逃至河南中牟县，为关吏所得，解至县令陈宫处。操见宫，以言激之，劝其解组归里，号召豪杰，同举义师，共扶汉室，宫从之，遂弃城同走。路遇吕伯奢，操之父执也，留住二人，宿于庄上，沽酒款待，以尽地主之谊，寒暄略叙，匆促出门。操甚不安，又闻内室磨刀霍霍，操本多疑，值此风鹤惊心之际，更增疑窦，遂仗剑入室，遍杀庄丁。宫止之不及，至厨下，见一豕方缚于地。宫深责操作事孟浪，误杀多人,操谓事已误,请速行避祸。行未数武,遇吕回,操又杀之。宫怜其死之冤,不觉哭之恸,谓丈夫作事,一误岂容再误。操谓大丈夫作事,宁我负天下人,毋使天下人负我,操虽负心,然势成骑虎,进一步则生,退一步则死,英雄作事,不得不然也。宫与操宿客邸后,留书责其不义,不别而行。操遂回乡里,招募义兵,以图董卓。后虽袭董之故智,挟天子以令诸侯,此时操实忠于汉室也。

宣统三年九月十七日/1911年11月7日

戏　考

吴下健儿

《天水关》一名《初出祁山》,又名《取三郡》。蜀汉诸葛亮平南后,出师北伐,兵出祁山,魏使夏侯渊之子御之,亮使人诈谓夏侯都督受困,请各郡援救,待其出兵后,即使赵云袭取其城,守将中计,遂得二郡。至天水,守将马遵闻信,急欲出救,为姜维所阻,谓都督固宜援救,而天水亦不可不备,恐诸葛亮出声东击西之计以袭天水,请马提兵出城,待蜀兵来则回击之,内应外合,以困蜀兵。马从之,离城不远,赵云已至,马与姜夹击之,赵大败而回。亮大惊,探知姜甚孝,乃潜以兵往翼城取其母,姜闻信,提兵往救。亮择军中之貌似姜者,乔扮姜维,夜半攻城,谓姜已降汉,马骇甚,黎明即退。姜维回天水,请马开城,马以为诳己也,以乱箭射之。姜拟投他郡,为亮伏兵所困,不得已遂降。刘永春演此剧去姜维,唱慢西皮一段,字字跌宕自喜,声声激越不平,至"赛过当年美髯公","美髯公"三字有一落千丈之势,更非时下所可企及也。

宣统三年九月十八日/1911年11月8日

戏　考

吴下健儿

《五台会兄》,辽王请宋王金沙滩赴会,杨继业父子八虎闯幽州,辽人衷甲以待,宴会未终,干戈顿起。杨大郎为辽将刺死,杨二郎拔剑自刎,杨三郎乱军之中为马踏死,杨四郎被辽将所擒。杨五郎逃回时,恨奸邪之误国,痛骨肉之摧折,尘缘勘破,万念俱灰,欲往五台山遁迹禅门,削发为僧。宋王、杨继业阻之,五郎志决,以死自誓,宋王乃诏五台山住持用金刀为五郎削发,并赐银十万两修葺庙宇,以偿其愿。后杨继业被困两狼山,潘洪射死七郎,坐视不救,使六郎溃围出,进京告御状。路过五台山,投宿庙中,弟兄会面,叙述往事,五郎知数不可挽,悲不自胜,款待终宵而别。前在丹桂见小九山演此剧,年仅舞勺,而声调浑厚,台步周详,做工亦卓尔不群,童年得此,未易才也。

宣统三年九月十九日/1911 年 11 月 9 日

戏 考

吴下健儿

《长亭审七》,《碧云湖》中之一段也(刘鸿昇在春桂曾排《碧云湖》十六本)。明正德时,李七之父为同朝奸佞诬害,戮及全家。李七膂力过人,先期走免,改易姓名,为江湖亡命,豪强钦慕其义侠,多归之。有书生王良者,亦愿归附入伙,李以其胆力浅薄,不耐劳苦,婉词却之。而王信誓旦旦,恳请收录,李怜而收之。后案发,王良捉将官里去,讯问时攀及李七。官吏惧其威,以计诱缚之,与良对质,谳定罪当流。良妻及老仆来探李,大骂王良不义,胆如鼠子,畏首畏尾。狱吏需索陋规,李大声呵斥,吏畏其威力,不敢作声。就道后解差等俱惧其威武,悉心侍奉,一味谦恭。后正德巡行遇难,王良之仆力救之,诉说李等冤情,乃赦其罪,而复其原职。全剧事实曲折,情节离奇,惜刘当日止演至七八本,听者多以未窥全豹为憾。此剧刘去李七,至长亭时,王良妻来,刘唱黑头时忽变青衫,声调清脆,惟妙惟肖;仆来,忽改唱须生,抑扬顿挫,摹仿尽致,诚黑头戏中别开生面之杰作也。后刘廷玉亦演是剧,须生尚可,而黑头青衫弗如远甚。上半年刘在第一台,曾与刘永奎同演一次,然已不敌前年矣。

宣统三年九月二十日/1911 年 11 月 10 日

戏考·青衫戏

吴下健儿

《别宫祭江》,赵云截江奋斗后,孙夫人久居江东。后刘先主痛关张二弟,为荆州遇害,大伐东吴。欺陆逊年龄幼小,资格浅薄,漫不留意,被逊用火攻连营七百余里,尽付一炬,赖赵云救往白帝城,得免焚毙。孙夫人在吴闻信后,误作先主已死,辞别国太,欲往江边祭奠,以尽夫妇之谊,国太允之。夫人至江边,改易白衣冠,望西号恸,一痛欲绝,凭吊一番,竟投江而死。后人以为孙夫人投江后,上帝嘉其贞节,封为枭姬。沪上各园多不从"别宫"演起,止演"祭江",以此剧唱工冗长,煞费力量也。牌上每挂《别宫祭江》,以哄动看客,贪卖座之丰耳。此剧"别宫"一段,调系西皮,至"祭江"换反二簧。吴彩霞唱此剧,声调清脆,如雏莺出谷,婉转娇啼,至一波三折处,抑扬顿挫,跌宕风流,而转折自然,毫不费力,尤非他伶所及,具此一副好歌喉,殊令人追溯不置也。

宣统三年九月二十一日/1911年11月11日

戏　考

吴下健儿

《孝感天》,春秋时,郑太后武姜宠幼子共叔段,以致骄奢淫侈,目无兄上。郑臣恐其谋为不轨,请庄公箝制共叔,慑服其野心。讵公别有会心,一味优容,所请必遂,骄其气而肆其志,待叔段恶名显著,乃兴师讨之,杀其夫妇,幽禁母后。公以为必如此举事,人乃谅我不得已而为之,可以掩不孝不弟之名。实则叔段之怙恶弗悛,武姜之溺爱少子,皆公不早防闲有以养成之也。武姜幽禁后,以哀怜少子故,终日抑郁悲啼,泪痕洗面。而叔段夫妇死后,冤气填胸,幽魂不散,又痛老母舐犊情深,倚闾望切,遂于夜半乘老母入梦时,恺切解劝,谆谆抚慰而去。全剧调系反二簧,叔段夫妇须二青衫去之,一种幽愁哀怨之声,惨不忍闻。前第一台吴彩霞、筱喜禄、陈文启合演是剧,珠联璧合,出色当行,诚沪上不可多得者也。

宣统三年九月二十二日/1911年11月12日

戏　考

吴下健儿

《明末遗恨》,《铁冠图》中之一段也。新舞台所编之新戏,以此剧最为聚精会神,有声有色。前年第一夜排演,鄙人即往观焉。忆当场有杨公赠以联云:“国犹忍卖何论友,金不能捐况在躯。”亦可见此剧之悲愤动人,名重一时矣。后格于清廷例禁,忽焉辍演,顾曲者引为深憾。今胡虏式微,汉族重兴,故函请新舞台重演是剧,激励汉民,以作当头棒喝,愿吾同胞人人效齐襄公复九世之仇也。鄙人不敏,敢述颠末。明庄烈帝末年,李闯、张献忠等流寇犯关,廷臣多胆如鼷鼠,畏葸不前,以致养痈贻患,大局糜烂。帝遣李建泰、杜勋等剿之,而李颟顸误事,逗留不进,杜更甘为卖国奴,通诚贼寇,后李为杜刺死。国丈周奎利禄熏心,置国事于不顾,及兵临城下,犹酣歌恒舞,大开筵席,庆贺生辰。帝同太监王承恩扣门借饷,周竟不纳。回宫时适遇李国桢败创而回,并谓大势已去,哭请帝出奔。后内监又报杜勋及其侄已开门降贼,祸在眉睫。帝急极无奈,令周后自缢,手刃公主,使内监负太子逃出,乃往太庙辞别,题诗大哭,痛骂廷臣误国,并抚躬自责,斥为不肖子孙,遂往万寿山自缢。宫中自尽者不可胜数。惟费宫娥乔妆公主,静坐以待,被贼将牛金星(混名一只虎)解至李处,李即赐牛为妻。当晚费将牛灌醉,遂刺死之,自惜大才小用,聊报君王,自刎而死。李登殿后,明臣之无耻者纷纷朝贺,独李国桢杜门不出。李敬其忠,使军师铁冠道人宋献策往劝之,国桢要以三事:(一)为帝开丧;(二)李闯须率众躬亲祭奠;(三)须将杜勋叔侄刳心祭帝。李俱允之,国桢乃披麻带孝而入,哭陈奉职无状,贻误君王,一恸欲绝。祭毕,欲拔刀刺李,急不能中,遂自刎。忽报吴三桂借清兵入关,来攻李闯,李大惊,合殿大乱,演至此遂终剧。新舞台演此剧,瑕不掩瑜,大纯小疵,其优劣处待明日续登。(青衫戏暂停)

宣统三年九月二十三日/1911年11月13日

戏考·明末遗恨(续)

吴下健儿

小连生之崇祯帝　小连生之戏,做工微嫌过火,此戏则甚宜,以其事情急迫也。视朝时,殷殷垂询国事,的肖爱民之主;借饷时,扣门不应,惶急无措,冷嘲热骂,讥刺一般贪官污吏,意在言外;分宫时,逼周后,杀公主,语语酸心,淋漓尽致,一种呜咽之声,悲惨之状,令人耳不忍闻,目不忍睹;至太庙题诗,则沉郁苍凉,泪随声下;至万寿山自缢,出场一跌,即赤足散发,踯躅而前,此段演得万分悲痛,做工为全剧之冠。布山景烟雾迷漫,亦凄恻动人。小藜青去太子,天伦不错,戏情亦合。

夏月润之李国桢　夏月润演此剧,自始至终,处处着劲,无懈可击,而尤以开城接战、麻布哭帝两段为最佳。李闯接杜勋降书,直薄京师,以为唾手可得,不料被李国桢领兵出城,大杀一阵,国桢卒以兵无后援,众寡悬殊,败回城去。月润戎装出战,勇气勃勃,殊得背城一战之旨,戏情亦出其不意,变幻得妙。祭帝时一段唱工,沉郁顿挫,娓娓动听,偃蹇登场,又能将亡国孤臣之苦衷一一摹出,老八的是可儿。

七盏灯之费宫娥　分宫时,帝手刃公主,七盏灯涕泗横流,拼命救护,跌扑至十余次,殊为难得。惟所唱昆曲似未娴熟,初尚动听,入后则模糊影响,不能辨其字之准确矣。寄语钟林,于《刺虎》等昆剧尚宜加之意焉。

夏月珊之周奎　周奎苏人也,月珊善吴语,去周奎当行出色,议论国事,专讲资格,以调侃当世,描出一种贪黩无厌,庸夫误国之情状,处处得神。为李闯刑讯时,三夹三百万,尽情吐出,现身说法,诙谐之中,语涉劝诫,唤醒世人不少,用心亦良苦矣。小双凤去其妾,面目可憎,毫无可采处。

宣统三年九月二十四日/1911年11月14日

戏考·明末遗恨(二续)

吴下健儿

夜来香之周后　口齿清利,貌亦娟秀,素擅小品戏,此次去皇后，举动大雅庄重，不露丝毫轻薄，足见其谨慎从事，力争上游。自缢一幕布景甚佳，夜来香颜色灰败，头露于上，足垂于下，离地约二三尺，逼真缢死。七灯盏偃卧其旁，婉转悲啼，如闻子夜鹃声，令人呜咽流涕。

林步青之王承恩　步青善以诙谐讥讽当世，庄谐杂出，类淳于曼倩一流。惟去王承恩，止用吴下滑稽语，以博人欢，不能慷慨激昂，尽情描出，以致"借饷"及"守门杀监"数段毫无精采。闻今已将林易去，改去周奎庆寿时之说书者，但不知代林者何人。昆班中以老旦去之，唱则字字清绽，悲歌慷慨，做则抚剑四顾，目眦欲裂，迥非率尔操觚者可比。

马飞珠之杜勋　马本丑角，去九门提督，鬼鬼祟祟，绝类卖国奴卑鄙龌龊行为。小保成去其侄，为兵部尚书，穷凶极恶，不类兵部尚书身分，小巫不如大巫远甚。

邱蕊卿之宋矮子　举动极为得神，措词□嫌儿戏，不像军师模样。李闯虽系流寇，而宋确为饱学，须于语言态度上注意焉。

赛魁冠之牛金星　原名夏月华，善武二花戏，去牛金星凶恶勇猛，工力悉敌。惟"刺虎"一段语涉粗鄙，不堪入耳。昆曲更不能道只□，七盏灯且然，遑论月华乎？

其余刘培山之李建泰，许奎官之李闯，赵文连之公主，俱等诸自郐。新舞台自诩改良戏剧，铺张扬厉，然究其内容，程度低者甚多。闻教以文字稍深之白口歌曲，则皆视为畏途，不愿受教。以不学无术之优伶，而欲求其改良戏曲，开通社会，南辕北辙，庸有济乎！

宣统三年九月二十五日/1911年11月15日

戏　考

吴下健儿

《宇宙峰》又名《金殿装疯》。秦二世胡亥荒淫暴虐，宠任奸佞赵高，置国事于不顾。赵有女，丰姿韶秀，体态婀娜。二世幸赵府，见女大悦，欲纳为后。赵迫于帝之威势，且思可以利用也，遽允之。

讵女以二世淫佚放纵,亡秦可待,执意不从。赵利禄熏心,悍然不顾,再四逼迫。有哑婢教女装疯以难之,女遂胡言乱语,指天画地,蓬头破面,大声疾呼,一似真有神经病者。赵万分惶急,而车驾已至,赵告以女病疯癫,二世不信,迎接而去。登殿后,女大骂二世骄奢淫佚,忠奸不辨,治乱不知,亡在旦夕。二世佯令武士推出斩首以惧之,女仍痛骂狂笑而去,二世亦无如何也。此剧青衫须唱做俱佳,方有趣味。大舞台伍月华唱此剧,做工恰到好处,反二簧一段,声调亦娓娓动听,惜身太肥胖,不如彩霞之优美得体耳。

宣统三年九月二十六日/1911年11月16日

戏　考

吴下健儿

《彩楼配》,唐王允官居宰辅,膝下无儿,止生三女。长女金川配苏龙,次女玉川配魏虎,惟有三女宝川待字闺中,乘龙未得。古代相婿用抛球之法,绣球接得,即入东床。宝川已卜吉有期矣,适至园中解闷,忽见墙外猛虎腾跃,大惊,细审之,见一头角峥嵘,跌宕风流之乞儿,睡眼朦胧,欠伸而起。问其姓名,知薛平贵,宝川颇属意个儿郎,赠以白金,并告以抛球之期。届期点缀楼阁,望之如锦绣丛,五陵年少,走马王孙,翩翩而至,而衣衫褴褛之平贵亦厕列其中。既而彩球掷下,疾若飞鸟,适为平贵所得,众皆嗟异而去。此剧事实得之裨(稗)官中,正史却未见也。全剧调系西皮,筱喜禄唱此剧,声调摹仿彩霞,已得三昧,如再加以锻炼之工,不难青胜于蓝也。

宣统三年九月二十七日/1911年11月17日

戏　考

吴下健儿

《三击掌》,薛平贵接得彩球后,宝川以为月老多情,早把红丝系定,良缘美满,快何如之,即禀告双亲,愿随薛去。而王允则富贵骄人,鄙弃不屑,谓女乃相国千金,天上神仙,而薛则卑田人物,乞食歌儿，岂可彩凤随鸦，自贻伊戚。讵宝川深信一双慧眼，赏识无差，执拗不从，谓将相本无种，衣貌取人，英雄易失。王允愤不可遏，始而争执，继至怒骂，逼女将身上钗钿环佩尽行卸下，父女之情从今斩断，须击掌明誓，听其自去。宝川一一从命，掉头不顾，竟随平贵以去。出门后，夫妇二人栖宿寒窑，裙布钗荆，安贫度日，毫无怨悔，拟之孟光无多让焉。后西凉入寇，唐王募兵御之，薛乃立志从军，投身行伍，从此蛟龙出海，奋迹青云矣。

宣统三年九月二十八日/1911 年 11 月 18 日

戏　考

吴下健儿

《探寒窑》一名《母女会》。平贵从军后，已立功至将帅。魏虎为督粮官，魏常觊觎宝川之姿色，妒忌平贵之才略，回京运粮，故造谣言，谓平贵行军失利，战死沙场，已马革裹尸矣。宝川闻信，惊忧成疾，相府家丁报知老夫人，夫人即率家院携银带米，往寒窑探病。见败瓦颓垣，荒凉满目，回思府中画栋雕梁，荣华安享，不胜感慨。入窑门，见宝川腰肢瘦损，形容憔悴，悲不自胜，劝女忍气吞声，同回相府，以调治孱弱之躯。而宝川孤芳自赏，掉头不允。夫人谓不听母言，惟有与女同居寒窑终老耳。宝川无如之何，乃假意应允，诳夫人及家院等出窑，即紧闭窑门，以示决绝，夫人叹息而去。吴彩霞、陈文启在第一台演此剧，陈虽嗓子已倒，不能博座客欢，而吴固无恙也，是晚竟排在第三出，不知排戏者是何居心，宜吴之郁郁以去也。

宣统三年九月二十九日/1911 年 11 月 19 日

戏　考

吴下健儿

《武家坡》一名《平贵回窑》。平贵征西，用兵如神，西凉慑服，而又宽严并用，大得凉民之心，西凉主封以王爵，并赐尚公主。然距离窑时已十有八年矣，数年来戎马倥偬，风餐露宿，及回时已须发苍然,不似曩年跌宕风流之美少年矣。将抵武家坡,遣散仆从,装作薛友,携书送银,单骑探访,以试宝川之贞节。遇宝川适在旷野挑掘菜根,平贵故作不知,借问路途,而宝川竟不识前度刘郎,重回乡里。平贵略问数语,即呈书掷银,语涉狎亵。宝川怒形于色,戟指大骂,含羞带愤而回。平贵急随入窑,始详告己名,及别离后之状况。宝川闻之,悲喜交集,心乃大慰。贵俊卿、吴彩霞演此剧,唱则清澈得神,旗鼓相当,做则形容尽致,工力悉敌,二难兼备,观止矣。

宣统三年九月三十日/1911年11月20日

戏 考

吴下健儿

《拜寿算粮》,平贵之征西也,魏虎欲陷于死地,措不发粮。及闻平贵得胜,乃于王允生辰厚赂金帛,托其斡旋。王允大开筵席,苏龙魏虎夫妇俱捧觞上寿,而宝川亦登门叩贺。王允笑其零丁孤苦,礼节不周,魏虎夫妇又揶揄不已。宝川毫不介意,冷笑而回,即邀平贵重至相府,趾高气扬,昂然直入,将向日之抑郁不平尽倾吐于席间,冷嘲热骂,羞辱王允,众人莫敢撄其锋。又盘诘魏虎,十八年来之军饷,何以把持不发,魏犹哓哓强辩,平贵即拽魏至金殿,御前结算。众亦不欢而散。此剧各园率以梆子青衫演之,而尤以崔灵芝为最佳,声如裂帛,响遏行云,其白口字字清脆高绽,如并州剪,哀家梨,属耳之余,令人胸中一爽。

宣统三年十月初一日/1911年11月21日

戏 考

吴下健儿

《回龙阁》一名《大登殿》。平贵征西有功,唐主封以王爵。与魏虎御前算粮后,唐主命其发落,平贵乃回至回龙阁,立斩魏虎。又恨王允往日欺贫重富,势利待人,欲斩之以泄愤,幸赖宝川念父女之情,哀求宥罪,始免一死。适西凉主送公主至,与宝川相见,彼此亲爱若姊妹。平贵即率二女,向老夫人叩谢往日周济之恩。平贵一生，恩怨了了，诚大丈夫得志于时之所为也。平贵之戏，演至此乃终剧。前德建堂、刘静轩、富仙舫演此剧，德去平贵，出场一段唱工四平八稳，抑扬尽致，台步亦落落大方；刘去宝川，声调静细，神情周到；富去老夫人，气机充畅，而腔调微欠圆到，然求之近今，亦甚难得矣。

宣统三年十月初二日/1911年11月22日

戏　考

吴下健儿

《六月雪》一名《斩窦娥》，昆剧《金锁记》中之一段也。窦娥之未婚夫任事他方，家中止有一姑，窦娥悉心侍奉甚孝。邻有张驴儿，博徒也，游手好闲，家无担石。张有老母，年逾古稀，常至窦娥家作庚癸之呼，窦娥恻隐为怀，时给以衣食。后窦娥之姑患病，思饮羊肚汤，张母遂唤驴儿购诸市肆，聊作涓埃之报。讵驴儿觊觎窦娥之姿色，久谋奸占，特碍其姑面而不敢发耳，今得此机，喜不自胜，遂往药铺购砒霜调于汤中，付之母手。张母奉之窦姑，不料窦姑嫌其味涩，一尝即止，而张母饥肠雷鸣，馋涎欲滴，窦姑即与张母饮之。未几毒发，张母痛不可忍，滚于地下，七窍流血而死。窦娥及姑惊骇不已，驴儿见之大恚，诬指窦娥毒害其母，声言如肯为其妻，则息讼免究，否则捉将官里去。窦娥及姑戟指大骂，斥其狂妄。驴儿遂控告于县，县令略加审讯，即以窦娥毒杀张母定谳，罪当斩决。行刑时，适值盛夏，天忽彤云密布，雨雪霏霏。上宪知有冤情，遽令停刑，严讯驴儿，张始直供，乃以张凌迟处死，释放窦娥完案，亦可见纯孝之可以格天也。

宣统三年十月初三日/1911年11月23日

戏　考

吴下健儿

《落花园》一名《二度梅》。汉高祖灭强秦，破项羽，混一宇内，猛将如云，谋臣如雨，雄兵所至，当者披靡。不乘此犁庭扫穴，系单于之颈于阙下,遽令公主和亲,图暮年一时之安,贻子孙无穷之患。至元帝时,匈奴入寇,又以王嫱赐单于,与之和亲,琵琶出塞,马上悲啼,忍令倾城弱质玉碎黄沙,香埋青冢,薄命红颜,千古伤心人为之同声一哭。而菊部多情,弥缝恨事,特编此剧,谓昭君出塞后,有神人引之归国,遗在某员外花园中。适为员外妻女所见,详细探问,知系宫女,怜其零丁孤苦,收为养女。事虽无稽,其用意诚足多也。犹忆今春在第一台听戏,吴彩霞本排《别宫祭江》,及出场高插雉尾,改唱此剧,丰姿摇曳,俨如绝世美人,但嫌其唱句短少,不如《祭江》之惬意耳。

宣统三年十月初四日/1911年11月24日

戏考

吴下健儿

《三娘教子》即昆剧中之《双冠诰》,宋冯京之故事也。京剧则谓有儒生薛广,往镇江营业,家中有妻张氏,妾刘氏、王氏,刘氏生一子,乳名倚哥,又有老仆薛包。薛广在镇江适遇同乡人,以白金五百两托其带回家中。不料其人吞没白金,而购一空棺停厝荒郊,以为薛广灵柩回家,报知张刘等,举室号啕,薛包运回其柩。后家渐衰落,张刘不能耐贫,先后再醮。三娘王氏深鄙之,誓与薛包茹苦含辛,抚养倚哥,送之入学,已常织布以易升斗之粟。同学识倚哥为无母之儿,倚哥气愤,回家不认三娘为母,语语挺撞。三娘怒不可遏,将刀立断其布,以示决绝。幸赖薛包竭诚劝导,勖以大义,母子始和好如初。前在丹桂听孙菊仙、小子和、小黎青合唱此剧,唱做俱妙,无懈可击,生平最为惬意。孙去薛包,白口至"三娘"二字,声若洪钟,有石破天惊之概。

宣统三年十月初五日/1911年11月25日

戏考

吴下健儿

《双冠诰》一名《忠孝牌坊》。薛广在镇江营业数载,弃贾应试,竟得及第，以勤劳王事故，不遑一省庐墓。后解组归田，甫入门，三娘薛包见之，以为鬼也，惊愕无措。广亦惊讶不已，彼此细诘，始悉前情，悲喜交集。问及张刘，已下堂而去矣，不胜愤恨。举家颠沛，劳燕分飞，悉为乡人所误，遂以乡人送县严究之。张刘闻广富贵还乡，深悔前日之孟浪失节，匍匐入门，求收覆水，广叱之出。忽闻锣声喧闹，呼殿入门，则倚哥已第一人及第，衣锦还乡矣。倚哥见广，欲逐之，经三娘详细说明，方知是父，乃跪并谢罪焉。后朝廷敕赐忠孝节义之牌，以嘉奖之。此剧各园多以梆子青衫演之，四盏灯以此剧为拿手戏，做工殊胜于崔灵芝，而尤以白口中之“薛包，你随我来”六字，神情周到，最为得神。

宣统三年十月初六日/1911年11月26日

戏考

吴下健儿

《牧羊卷》一名《席棚会妻》，又名《双槐树》。山东朱春登与从弟春科，奉旨平西施国黄龙之乱。春科之母宋氏欲谋春登家产，遣侄宋成候于要路截袭之。宋成正欲下手，忽遇一猎者放枪猛击，宋大惊，止夺其衣服而去。春登至军中，有神人赐以三箭，得以荡平西施，封为平西侯。春科亦得忠义大夫之职，衣锦还乡，将宋氏立斩之。春登回家，见门庭沉寂，阒其无人，大惊，询之婶母，则谓春登出门后，老母娇妻因思成疾而死，实则被其逐出，流落他方，沿门求乞耳。春登闻此噩耗，五内崩裂，以为昔之捧檄而喜者为母也，今乃皋鱼增痛，奉倩伤神，虽得高官厚禄，有何生趣，遂庐墓面居，高搭席棚，施衣舍食，以济孤寒。而春登之母及妻赵锦棠正在行乞，有神人引至双槐树前，姑媳二人见有施食处，即向门役丐得残羹冷汁，食毕细认双槐，确系朱氏祖墓，号啕大哭。春登闻之，随入席蓬，细询穷诘，又细玩赵之手掌，有朱砂红印，确为结发之妻，急请老母入蓬，叩首请罪，一家团聚，悲喜交集。春登请问婶母，何以下此毒手，宋氏对天发誓，誓语未终，即被苍龙抓去，亦可见报施之不爽焉。

宣统三年十月初七日/1911年11月27日

戏　考

吴下健儿

《南天门》一名《走雪山》,又名《曹福登仙》。明天启时,魏忠贤勾结容氏,意图篡国,忌吏部曹正郭守正不阿,乃于庆生辰时,厚赂金帛于曹,曹拂袖而去。魏遂矫诏削曹职,追曹回乡,又遣人刺杀于途,而搜其家属。曹夫人闻信,投井自尽,正郭之女玉姐及老仆曹福急往大同投亲避难。深恐为魏追及,兼程而进,而一路崇山峻岭,殊苦跋涉,又值严冬,雨雪载途,玉姐之衣衫环佩已典易一空,寒威凛战,避冻难行。曹福脱己衣加于玉姐身上,扶之顾行,至广华山,彤云益厚,雪飞更甚,而曹亦不能支撑,僵倒雪中矣。适大同请人来接玉姐,相遇于广华山,遂接之去。相传曹死后,上帝嘉其忠义,遣仙曹接引,封为南天门都土地焉。前在春桂见满堂红与金香玉合演此剧,用梆子腔,可谓别开生面。走雪山一段,衔须怒目,描出一种义勇之气,极为得神,所唱乐腔亦哀艳动人。该伶年只十三四耳,雏伶得此,诚非易易。金香玉秦腔尚不弱,惜年太老大耳。

宣统三年十月初八日/1911 年 11 月 28 日

戏　考

吴下健儿

《桑园会》一名《马蹄金》,又名《秋瑚戏妻》。战国时,秋瑚游学楚国,家中止有老母及妻罗氏,姑媳二人相依为命。后楚王用秋瑚为光禄大夫,而须发苍然,距离家已十八年矣。自念萍踪浪迹,飘泊多年,客况萧条,未得频寄南金,为家庭作涓埃之助,恐甑釜生尘,糟糠充食矣,遂请假回乡。将抵家,欲试罗氏数年贞节与否,怀书携金,装作秋瑚之友,代为投递。适遇罗氏在桑园采桑,而秋瑚半生奔走,仆仆风尘,苍颜白发,老态龙钟,罗氏竟不识前度刘郎,锦衣归里。秋瑚即将家书呈上,又投以马蹄金,动以濮上桑间,任意戏谑。罗氏恼羞成怒,戟指大骂而回。秋瑚随之入门,拜见老母,后忽不见罗氏,急入内室觅之,已悬梁自缢,而奄奄垂毙矣。母子急解救之,秋瑚乃下跪赔罪,夫妇始和好如初。今春第一台刘鸿声、吴彩霞、陈文启合演此剧，旗鼓相当，争奇斗胜，句句动听，二六板尤妙，几令人一句一击节。

宣统三年十月初九日/1911年11月29日

戏　考

吴下健儿

《金水桥》一名《乾坤带》，又名《秦英钓鱼》。秦琼举力唐室，唐太宗以公主嫁其子怀玉，酬其公忠。公主生秦英，膂力过人，不畏强御。英在金水桥垂钓取乐，有詹国丈倚势作威，招摇过桥，叱英让路，英不服，詹欺英黄口小儿，令家丁强拽之去，英大怒，挥拳击散家丁，并捽詹于地击死之。詹妃得信，哭诉太宗，请报父仇。而公主闻信亦大惊，即绑英上殿，请父发落。太宗欲斩英以谢詹妃，长孙皇后以英系功臣之后，力求赦免，时怀玉征西被困，令英立功赎罪。太宗欲允其请，而詹妃号咷大哭，力请斩英，以伸父冤而彰国法。太宗左右为难，乃令公主向詹妃赔罪，又为国丈建祠，以平其气，詹妃始允。遂赦回秦英，以乾坤带赐之，令援救其父，立功报效，英即喜跪而去。前天仙德建堂、富仙舫、刘静轩常合演此剧，今春第一台日戏，刘鸿声、吴彩霞、陈文启亦屡演之，唱则此善于彼，做则彼善于此也。

宣统三年十月初十日/1911年11月30日

戏　考

吴下健儿

《祭塔》，许仙之妻白氏系蛇妖化身，金山住持法海与有嫌隙，用合钵镇压白氏，而建塔其上。后白氏所生之子士林以第一人及第，衣锦还乡，询母所在，安排祭礼，供于塔前，恸哭祭之。白氏知子来，在塔中呜咽嘤咛，历诉往事，痛恨许仙负心薄幸，法海作事狠毒。士林虽乌哺情深，亦无如之何，叹息愤恨而回。此剧为青衫之独脚戏，全剧倒板及反二簧煞费力量。前在丹凤听柴子云唱此剧，生成一副苦脸，愁眉泪眼，殊动人怜，演悲剧甚得体，所唱倒板及反二簧,幽怨哀痛,酸人心脾,坤角得此,洵非易也。

宣统三年十月十一日/1911 年 12 月 1 日

戏　考

吴下健儿

《宝莲灯》一名《打子放逃》。刘兴长之前妻生沉香,死为白蟒山圣母。后刘入京应试,第一人及第,续鸾胶于某相国,又生秋儿。埙篪之间,酷似祥、览。与秦宫保之子同在学塾攻书,因言语龃龉,误伤秦子,竟至毙命。沉香、秋儿回家禀明,刘大惊,即请夫人共诘细情。问沉香,沉香供认不讳,夫人欲笞之,而秋儿挺身自承,愿抵秦命。刘欲笞秋儿,则沉香供如秋儿,兄弟固争不已。刘遂痛笞二子,将沉香由后门放走,率秋儿赴秦府自首。秦宫保一见秋儿,怒不可遏,亲率家丁用乱棒击死,以报子仇。刘恼忍气饮恨而已。前见贵俊卿、伍月华、董长清合演此剧,唱做神情均极周到,而尤以董长清打死秋儿时之做工为更佳。

宣统三年十月十二日/1911 年 12 月 2 日

戏　考

吴下健儿

《太原府》一名《洪洞县》,又名《苏三起解》。有公子王金龙,挟巨资作狭邪游,遇名妓苏三,一见倾心。定情之夕,为之改名玉堂春,而苏亦深情款款,愿同偕老。从此两情缱绻,挥金如土,花晨月夕,真个魂销。久之床头金尽,壮士无颜,而勾栏恶鸨即加白眼,逐王出院。王拟回家据挡悉索,卷土重来,而祝融无情,已付之一炬,王遂无家可归,流落卑田,惟日唱莲花落,沿门求乞耳。适为卖花郎金哥所见(昔在妓院,曾得王赏金五十两),报知苏三,苏不胜伤感,乃嘱金哥约王至关王庙,已即装作腹痛,携金而往关王庙烧香还愿(剧名《庙会》)。甫入门,见一衣衫褴褛者伏于门侧,即王也,遂以白金三百两赠王,叮咛而别。王乃埋头伏案,终日咿唔,力图上进。苏三回院后,即杜门谢客,鸨母强之再四,苏以死自誓。适有富豪沈延林欲置小星，鸨母即以苏许之，诳苏以王及第还乡，欲迎归金屋。苏不知其指鹿为马，喜不自胜，随之而去。入门后，沈之大妇皮氏见苏丰姿娟秀，意不自安，妒心一萌，杀机顿作，伏毒面中，与苏三食。不料沈因饥肠雷鸣，先自取面，食之净尽，七孔流血而死。皮氏诬苏毒死亲夫，控之洪洞县，又贿以巨金，苏遂屈打成招，以死罪定谳。时值秋审，即解往太原府而去。崔灵芝演此剧，所唱秦腔苍凉哀艳，呜咽幽怨，如闻高渐离变徵之声，做工亦灵活超脱，得神之至。

宣统三年十月十三日/1911年12月3日

戏 考

吴下健儿

《玉堂春》，苏三之解往太原也，王金龙已一举成名，得中进士，而巡按山西矣。盘查仓库毕，乃检阅案卷，阅至苏三毒杀亲夫一案，不觉大惊，即升坐大堂，请潘臬二司同执此案。差役解苏三至堂，王一见，枨触旧情，酸入心脾，昏迷闷倒，乃退坐二堂。苏三遂将始末根由一一招出，招至赠银一段，王又昏迷不醒，乃由潘臬代审。潘臬已知王公子即堂上巡按，故意细询穷诘，痛骂浪子之游荡，嘲笑公子之薄幸，以此案牵涉巡按，知干未便，见机而退。苏三亦知巡按即王公子，转悲为喜，以哑谜动王。王退堂后，请臬司刘秉义彻底审讯，务求水落石出，开脱苏三。刘会意承旨而去，提皮氏严讯，一鞫而服，乃以皮氏抵罪，释出苏三。后苏从王以终身焉。吴彩霞唱此剧，娇声软语，如初啭黄鹂，百听不厌。新舞台之全本《玉堂春》，小连生去臬司，模仿官场，维妙维肖，讥刺当世，意在言外，直是一幅官场现形记也。

宣统三年十月十四日/1911年12月4日

戏 考

吴下健儿

《御碑亭》一名《金榜乐》。王有道之妻孟氏归宁后回家，行至途中,忽遇大雨,遂至御碑亭避雨。薄暮,有某书生亦来避雨,孟氏局促不自安。而某书生因名教中人,素以礼法自□,不涉丝毫轻薄者,举止端庄,语言厚重,有柳下风,孟氏乃稍慰。夜雨连宵,天明始止,各自别去。孟氏抵家,述于小姑,而姑竟诬蔑孟氏,谗于有道。有道大怒,缮就休书,立逼孟氏下堂。孟氏有口难辩,含冤忍辱而归。后值大比,士子云集,棘闱榜发,有道竟及第,而亭中之某书生亦获隽,谒座主时,济济英才,一堂环列。座主谓某生之卷毫无惊人语,然屡投之而屡杂其中,诘其生平有何阴骘,得此良果。某即以御碑亭避雨一事,述之座主,有道闻之大惊,汗涔涔下,窃念亭中之妇即己妻也,误信谗言,遽行逐归,不胜愧悔。回家后急迎孟氏归,拜谢一时孟浪之过矣,妇始和好如初焉。

宣统三年十月十五日/1911 年 12 月 5 日

潘月樵致沪都督书

陈大都督麾下,敬肃者,月樵一窭人子耳,尝以少年不学为恨,然区区爱国之忱,固未敢片刻去也。曩年创办榛苓学堂,收留贫寒子弟,不使失学,襄办救火联合会,捐助商团公会费,凡有益于社会者,力苟可及,无不踊跃。满清肆虐,苛捐稠叠,当道者以多金为贵,专事搜括,致民力愈穷。月樵细小数十口,米盐琐碎,亦时觉捉襟露肘矣。以无为有,贤者所讥,更何敢矫乞邻之直。虽然,制造局之攻克,上海城之光复,一洗二百余年奴隶于胡虏之耻,海内英杰闻风响应,不匝月东南半壁悉为我有,黄种同胞出水火而登衽席,谁之力欤?盖菩萨矣!九月十三之役,月樵亦亲历炮火,稍尽义务,偶为敌弹伤足,不得不杜门养疴,但每读日报,见江宁战事,殊有身欲奋飞病在床之憾。今喜全城光复,灭此凶残,所谓天心人心无二致也。月樵既未能身历戎行,以尽国民之职,而毁家助饷,岂肯让美于前人?拟俟贱恙小瘥,即摒凑千金,聊助饷糈,尽蚁驮一粒之忱,并为殷实绅商先导焉。专此敬请勋安,伏维垂鉴。再,月樵拟俟足疾告痊,会商夏志皋,在新舞台演剧筹款,以作涓滴之助,又及。

宣统三年十月十六日/1911 年 12 月 6 日

戏　考

吴下健儿

《朱砂痣》一名《行善得子》。有林员外者，老而鳏，所生一子，孩提时又为匪徒拐去，孑然一身，凄凉万状，拟置小星，以延嗣续。适有一客卧病旅邸，欲卖其妇，以偿医药之费，员外不知底蕴，贸然购之。迎之入门，而妇泪痕满面，紧锁双眉，员外见之大骇，细询穷诘，乃知罗敷固有夫，贫病交加，不得已而作破镜之举。员外不忍见鸳鸯折翼，鸿雁分飞，遂遣之归，并赠以白金二百两。而客既得金赐傥来，又获珠还合浦，喜不自胜，病顿霍然，夫妇二人即登门叩谢。后客往京中，买得一儿，送于员外，聊报深恩。员外见其举动酷肖己儿，忆己儿足上有朱砂红印，脱而视之，果有红印在焉，遂大喜而厚谢客。员外以不忍离人婚姻，而竟得天伦乐叙，骨肉团圆，此中殆有天意焉。刘鸿声、吴彩霞合唱此剧，令人心旷神怡，刘唱"借灯光"一段，词圆声逸，转折自然，白口至"银钱是好宝贝"，将"贝"字重顿后，紧接"我助你的钱"数句，一气奔放，从容不迫，毫无力歉之态，尤属难得。吴亦竭力从事，句句着劲，极抑扬顿挫之妙。

宣统三年十月十六日/1911年12月6日

戏　考

吴下健儿

《汾河湾》一名《仁贵打雁》。唐薛仁贵立志投军，从征高丽，出门时妻柳氏已怀孕。后客玉平定高丽，仁贵之功居多，官封平辽王。短衣出门，衣锦还乡。回至汾河乡，见一黄口小儿弯弓射雁，矢无虚发，技出己上。仁贵忌之，乘其不备，□矢射中其要害，遂毙命。及抵家，欲试柳氏数年贞节与否，故意细诘别后状况，默察家中物件。忽见床下有男鞋一双，疑其有私，遂怒目而盘问此鞋之由来。柳氏笑谓：穿此鞋者，系□吾最亲爱之人。薛更疑惑不解。柳氏谓自薛出门后，即生一儿，取名丁山，今已头角峥嵘，技能穿杨矣。仁贵惊问儿何在，柳氏谓往汾河射猎，尚未回家。仁贵惊愕无措，穷细询之，射猎者即己儿也。直告柳氏，彼此均伤感不已，同往汾河湾收殓其尸,但见狐兔出没,荆棘纵横,而丁山之尸竟无从寻觅,悼叹而返。或谓丁山被射后,其尸为黄禅老祖取去,用灵药敷救,醒后收之为徒,教以武艺,异日令之平西云。

宣统三年十月十七日/1911年12月7日

凑资演剧助饷

旅沪甬人孙福年因见民军饷糈关系紧要,特典卖衣物,并劝热心诸友赞助,定本月二十二夜全包丹桂第一台,演戏所得看资全数助饷,费用一切由孙君等担任,不在戏资内开支。若孙君者,真可谓热心志士矣。

宣统三年十月十八日/1911年12月8日

戏　考

吴下健儿

《三疑计》一名《拾绣鞋》。有参将唐寅,止生一儿,请王标入府教之读书。王适患疟,向生假被,生即取母被往覆王身,不料有绣鞋一双卷于被中,误坠王榻下。唐寅回家,携灯入王卧室探病,见绣鞋为妻物,拾而恼之,回房怒欲杀妻。妻惊,诘其故,唐即出绣鞋示之,叱为淫奔无耻。妻以事属诬蔑,羞恚欲死。唐逼妻至王处,一试真伪,妻不得已从之。至王卧室外,唐逼妻呼王开门,王答以男女授受不亲,况在夤夜,更涉嫌疑,拒不纳。唐又逼妻以文君红拂故事动之,王怒其不守礼法,玷辱门楣,大加训斥,并谓明日诉明东翁,决计辞职。斯时唐乃自悔孟浪,亟向妻赔罪。明晨王标之辞职书至,唐更羞惭无地,躬诣王处道歉,王始允照常教授焉。

宣统三年十月十八日/1911年12月8日

戏　考

吴下健儿

《芦花河》一名《梨花斩子》。薛丁山征西,夫妇挂帅,兵抵玉泉山,见薛应龙年方弱冠,英俊不群,收为养子。后与苏宝同战于芦花河，薛应龙私往白家庄招亲，梨花以其未得父母之命，并干军律，欲斩之以伸军法。丁山不忍，亲向梨花说情，梨花恐诸将效尤，唐王责其治军不严，执拗不从。后经众将恳求，令其立功赎罪，梨花始允。时苏宝同请恶僧妖道摆设金光阵，丁山不敢轻敌，往求老师下山扶助。临行嘱应龙坚守营门，慎勿轻出，并叮咛梨花严加防范，免遭不测。而应龙立功心切，竟瞒过梨花，独打金光阵，卒以众寡不敌而阵亡焉。

宣统三年十月十九日/1911 年 12 月 9 日

戏考·老旦戏

吴下健儿

《断太后》一名《赵州桥》，又名《天齐庙》。宋包拯辰州放粮，回经赵州桥，忽起狂风，将轿顶吹去，知地方有含冤莫白事情，即驻天齐庙，出示招告。有李后因狸猫换子事，被刘妃诬害，逼入冷宫，后流落赵州桥，目已盲，栖宿寒窑，茕茕孑立，饥寒交迫，日往街头沿门求乞。闻包拯出示放告，遂往天齐庙，苦诉冤情。包恐其诈，不敢遽信，李后谓目虽不明，尚能以指摸头骨而辨包之真伪。包暗以己之衣冠使地保穿戴，令其摩抚猜测，李后方着手，即斥其伪。包乃默不作声，近前试之，李后略按一回，即大呼包拯。包大惊，盖包之帽赐自内宫，系李之亲裁，而此时尚得忆其头颅之若何也。包询当年冤屈情由，有何证据，李后即出黄绢与之，包见上有寇准题句，隐寓冤情，知系真确，乃请其升座而朝叩之。同回京中，奏明仁宗，迎入宫内以奉养焉。

宣统三年十月二十日/1911 年 12 月 10 日

戏　考

吴下健儿

《吊金龟》一名《张义得宝》，又名《孟津河》。有张媪者，生四子，家赤贫。长子张仁习儒，已娶妇，媳不能耐贫，时起勃谿，媪不能堪而分炊焉。次子张义，秉性纯孝，日往孟津河钓鱼度日，卖得鱼资,悉入家中,以供菽水。后在河下钓得一物,形似龟而甚重,磨之色甚灿烂,知系金龟,喜不自胜。又闻河下人传说,张仁已中第八名进士,莅任祥符。即急回家中告母钓得金龟,母以傥来之物,恐系赝物,细为试验,果系黄金,不禁笑逐颜开,以为张义纯孝格天,得此酬报。张义又告母,兄已一举成名,博得官职矣。媪不信,使义问诸邻近,皆言之凿凿,而官报为仁妻接去,已抵祥符,声言任张义母子饿死家中。母子闻信,大骂其丧尽天良,愤恨不已。义以兄已得官,尚不肯板舆迎养而高堂侍奉,反责之河下渔郎,亦掉头不顾。经媪哀恳再三,始允终养焉。媪即与以所用之杖,令义持往祥符,痛击其兄,责其不孝之罪,义遂痛哭愤怒而去。

宣统三年十月二十一日/1911年12月11日

戏　考

吴下健儿

《目莲救母》一名《滑油山》。目莲一门素行善,目莲之母常诵经,戒杀放生。久之,目莲之兄为佛度去,其父出门追寻,亦为佛度去。后目莲由学塾回家,至途中又为地藏佛度去。其母参单未透,不知彼等已成正果,反以为彼苍□□,我佛昏昏,善恶不分,竟令其家破人亡,遂大开杀戒,停止善举,经卷佛像毁之一空。死后冥王怒其修真不果,造孽过多,令鬼卒押往都城,遍观刀山剑□,油锅血池,刳腹抽肠,剥皮割舌,以及煎熬磨碓种种冥刑,并谓冤冤相报,冥中执法如山,毫无情面,不若阳世之可以徇私舞弊也。目莲之母属目之余,心寒胆裂,悔之无及。游至滑油山,而目莲弘施佛力,忏悔诸恶,普度一切,得以救出,脱离地狱。事虽近于迷信,而神道设教,未始不可挽救人心,惩劝末俗。沪上自舞台出现以来,多演全本,加以布景,一经点缀,更足骇人耳目,耸动人心。大舞台之吕月樵,唱工似胜于新舞台之七盏灯,而布景及判官之□劝语,则不如新舞台之新奇确当,至第一台则更下矣。

宣统三年十月二十二日/1911年12月12日

戏　考

吴下健儿

《三进士》一名《八珍汤》。张媪愤长子仁不知孝养,直同枭獍,故遣张义往祥符,代母训斥。而义往后,音信杳然,并不见板舆来迎(事实详后日《双钉记》中)。又令礼智两儿专心勤学,博取功名,后果郊祁媲美,同登金榜,亦以进士及第,且紫袍玉带,官至刺史州郡,位出仁上,即迎母入署,共享富贵。仁闻二弟显扬,亦来庆贺。张媪见仁,怒其□贵骄人,天良尽丧,怯狮吼之威,忘乌哺之报,罚跪庭阶,斥其不孝之罪而唾骂之。仁羞惭无地,惟叩首求恕而已。媪以仁心肠狠毒,怒令长跪,自携礼智夫妇入内室。幸礼智等尚念手足之情,向母说情,后释之起,仁乃狼狈而归。前见汪筱侬演此剧,中间急板一段,一气滚下,字字顿挫,不疾不徐,得势之至。

宣统三年十月二十三日/1911年12月13日

伶界助饷之热心

北伐联合会总会长程都督、副会长章参谋等,以会□虽经成立,以后一切进行,需款甚钜,殊难筹措,爰特公同集议,拟请各戏园名伶演剧筹款,拨充北伐之用。业于前日特邀艺员夏月润、三麻子及女伶王三宝同至湖南会馆,当面商议,夏等一力担任,愿尽义务,并援与各园著名女伶合班会串,俾观者尤众,集资更多。惟章参谋等以男女合演,难免捕房禁阻,拟俟外交长商允领事之后,再行定期开演。

宣统三年十月二十四日/1911年12月14日

戏考·武生戏

吴下健儿

《花蝴蝶》,姜永志混名花蝴蝶,与邓车结义,招集亡命,占据山寨。姜本绿林豪客,武艺精熟,身躯矫健,性喜酒色。闻东京宫内有桃花玉马,姜在邓前卖弄才技,以为盗取此马易如反掌,邓使之往。姜潜入京中,不动声色,盗入手中。出京后川资告罄,路遇某庄,见某员外家甲第云连,纵身入内,意图借贷。后见员外之女丰姿娟秀,顿动淫念,强欲奸占,女怒叱之,姜遂杀女,以花蝴蝶插于帐上,留作证据而去。员外见女被杀,帐上插有花蝴蝶,□□强徒因奸杀害,即持花蝴蝶往开封府包相处控告。而内监以宫禁玉马被盗,亦奉旨至包处,着其查缉。包乃令白玉堂等扮作僧道囚犯解差,沿途探访,适遇北侠欧阳春,得悉花蝴蝶即姜永志,遂同往邓处,借庆寿为名,白玉堂等随之俱入。杯酒未终,即群起捉姜,姜且战且走,至鸳鸯桥投水而遁。不料蒋平先伏于桥下,蒋凫水之技高出姜上,遂擒姜以献焉。此系短靠剧,盖叫天善演此剧,前在嘉兴盘杠时曾失手而伤其臂,然至今演《鸳鸯楼》时,旋子尚能甩至二十八个,身材短小精悍,演短靠戏沪上无出其右。

宣统三年十月二十四日/1911 年 12 月 14 日

戏　考

吴下健儿

《界牌关》,唐秦怀玉征西,令罗通作先锋兵,抵界牌关。守将王伯超年逾古稀,精神矍铄,武艺精熟,出关迎敌。罗欺王年迈,毫不介意,王奋勇力战,觑罗不经意时,举枪猛刺,直破罗腹,血流如注,肠亦盘旋而出。罗大惊,忍痛回营,撕袍裹腹,重出接战。王不料其身负重创,尚能出战,惊骇失色,手足无措,遂为罗刺喉而死。罗乘胜直进,一鼓得关,罗亦卒以伤重而死。京戏则谓罗盘肠回营即死,而王为其子罗章所杀,与小说所载略异。此剧跌扑甚多,煞费力量,武生不肯多演。大舞台之沈月来,到申后止演过一次。惟张德俊以此剧为拿手戏而屡演之,回营时接连甩旋子二十二个后,即纵身直跃台上,仰后一跌,轻捷之至,复从台上跃下,接甩斤斗十余个,身段活泼,工力悉敌。李德山之配角,举枪猛刺时,左抽右刺,娴熟敏捷,亦无懈可击。

宣统三年十月二十五日/1911 年 12 月 15 日

戏　考

吴下健儿

《白水滩》，江洋大盗青面虎，力敌万人，威震远近，官吏不敢捕。后于酒肆酣醉被获，解至高臬司处。高以其犯案重重，即令其子亲拥重兵，押往法场斩决。行经白水滩，青面虎之妹已率众来劫，官兵不敌，竟被劫青面虎去，高吉公子几被擒。时适有勇士十一郎白遇奇，适送礼经过，路见不平，拔刀相助，杀退青面虎，官兵始脱于险。高吉公子感其义，邀回衙中，荐之于父。不料高臬司以大盗被劫，已干未便，即嫁祸于白，谓青面虎为白放走，严刑拷讯，屈打成招。又知白本佣工，乃拘禁其主，误（诬）以窝藏，重笞之，罪定流徙。行经青面虎占据之山寨，为喽啰掠至山上。青面虎盘诘之下，知白含冤受屈，顿起兔死狐悲之感，遂亲自下山探访消息，而白已罪定斩决，解赴法场。青面虎即杀散官兵，劫白上山，以妹嫁之。李春来以善演此剧著名，出场时穿黑色褶子，不脱佣工本色，戏情极合，沈韵秋亦然。他伶多穿锦绣行头，以炫人目，失却本旨矣。

宣统三年十月二十六日/1911 年 12 月 16 日

戏　考

吴下健儿

《恶虎村》，绿林豪侠黄天霸，与贺天保、濮天鹏、武天虬结义，称四霸天。时施士纶为江都令，以九黄七珠勾结大盗，斩之。黄闻之愤，迳往江都行刺，被施正言劝导，即愿投诚。又与同衙王栋、王梁等结义，专司缉捕。后施任满奉旨进京，黄等不便追随，辞归乡里。施行经恶虎村，被濮、武截留，欲杀之以报九黄七珠之仇。而黄与王氏弟兄辞施后，恐施经恶虎村遇险，暗随其后。将抵恶虎村，见濮、武与李昆方为劫饷厮杀，黄挺身解之，乘机入探，见施坐轿，大惊，问及施事，濮、武假作不知。黄向与李、王等商救施策，王梁请其单身入村，劝濮、武放施，否则用武劫之，惟不可杀害兄嫂，以伤义侠之情。黄即于夜半入村，濮、武等已缚施于柱，将加害。

黄遂撞门入,濮、武等执施不放,黄遂不顾交谊,以金镖伤武。李、王等亦来相助,并杀濮及其二嫂,放火烧庄,救出施公。此剧以白口见长,李顺来口齿清脆,演此剧最为得神,而身段之活泼,手足之敏捷,似不如盖叫天。

宣统三年十月二十七日/1911年12月17日

戏　考

吴下健儿

《八蜡庙》一名《招贤镇》。有盗魁费德公,勾结八蜡庙住持,遇有烧香妇女略具姿色者,暗递消息,即强抢以去。黄天霸微有所闻,入庙私访,亲见费抢一香妇。黄以众寡不敌,不敢援救,回衙禀知施公。适失妇之家已来递呈控费,施即与褚彪、关泰、朱光祖、金大力、黄天霸等商拿费之策。褚请以黄妻张桂兰作女,贺人杰作儿,乔扮乡人,进庙烧香,□费将儿女抢去,内应外合以擒之。众依计而行,费果中计,□在安排酒席,欲与张桂兰成婚,而黄、朱等已自外杀入,张、贺即自内杀出,苦于路径不熟,被费擒获。朱幸逃出,急报褚,褚已率关、金等来援,奋力杀入,救出三人,并擒费德公,解至施公处斩之。又以庙中住持不守清规,勾通大盗,亦斩之而封其庙。此剧白胡子较武生为重,甩须一场,煞费力量。大舞台初开锣时,沈韵秋、王永利、应宝莲合演此剧,最为着劲。沈架子老当,做工周到,的是斫轮老手;王于三只台上倒跌而下,直立不动,更非易易;应亦黾勉从事,无懈可击。

宣统三年十月二十九日/1911年12月19日

戏　考

吴下健儿

《四杰村》一名《余千救主》。朱氏弟兄龙虎彪豹,精拳术,号为四杰,独霸衢州,在平山堂摆设擂台,卖弄武艺。适逢骆宏勋等恶其狂,即上台角技,朱龙被鲍金花打落楼下,朱氏衔恨,力图报复。后骆宏勋单身游玩,被朱氏庄丁擒去,押入水牢。骆有家僮余千,伶俐精悍，急请鲍自安、花振芳等往救，花、鲍即准。众至四杰村，楼已拆去，不得入。幸有野寺老道与鲍等相识，乃于晚间以寺中匾额搭成浮台，袭入村中，朱氏弟兄措手不及，俱被戮。即于水牢中救出宏勋，幸未淹死。此剧武生去余千，中有打三截连环棍一段，须身段活泼，技艺纯熟，五花八门，各极其妙，观者方有兴会。沪上除张□来外，俱无出色惊人之技，以餍观者之目。张德俊、盖叫天辈，手脚之敏捷，身段之活泼，已臻上乘，惜打棍一段，火候犹未至纯青也。

宣统三年十一月初二日/1911 年 12 月 21 日

戏　考

吴下健儿

《一枝桃》一名《茂州庙》，又名《阜庄驿》。红旗李煜之徒谢虎，混名一枝桃，风流俊秀，武艺超群，练成毒镖九只，百发百中。性喜酒色，遇丰姿娟秀之妇女，即于夜间强行奸污，又杀之以绝其口，临行时以指染血，画桃花一枝于墙上，以示哑谜。犯案重重，未经一破。阜庄驿酒肆中，有一座为谢所包，他人俱不得坐。适施公同黄天霸私行暗访，路遇阜庄驿，误坐谢位。店小二大惊，劝施迁座，黄不服，责其欺人，小二谓不听好言，必遭不测。语甫毕，而谢已至，见已座被占，大骂小二，黄亦怒责其无礼取闹。谢夜郎自大，自称一枝桃，意图恫吓。黄始知谢即重犯，拔刀下座，欲擒谢虎，谢乘间逃去，诱黄追赶，放出毒镖，中黄腿，幸关泰、贺人杰来援，扶黄回去。后谢于酒肆中被朱光祖骗去毒镖，终为黄天霸等拿解正法。

宣统三年十一月初三日/1911 年 12 月 22 日

戏　考

吴下健儿

《莲花湖》，绿林豪侠韩秀，自号桃花郎，招集江湖亡命，占据莲花湖，独霸一方。其部下头目在酒肆中，与胜家寨老英雄胜英部下一言不合，拔刀猛斗，胜部下受伤回，见胜英诉明情由，恳求报复。

胜素重韩名,久欲罗致门下,以资臂助,适韩下帖来招,请胜一较优劣,胜允其请,率部下渡湖,直抵韩处。韩置酒款待,胜力赞韩秀英雄盖世,劝其归附,以免自相残杀。韩请较技以定从违,胜许之。乃胜之部下俱为韩所败,胜年虽老,精力尚健,投袂下座,亲与韩角,卒仆韩于地。胜之大弟子黄三太欲杀韩秀,胜力阻之,韩遂拜胜为师。前大舞台沈韵秋、应宝莲合演此剧,沈须眉飞舞,将老英雄矍铄神气极力摹出,应则神采奕奕,跌宕风流,去桃花郎亦称。

宣统三年十一月初四日/1911 年 12 月 23 日

戏　考

吴下健儿

《溪皇庄》,庄主花德雷招集亡命,勾结采花蜂尹亮,霸据一方,官吏惮之。有知县彭公者(名朋),嫉恶如仇,专务访拿土豪恶霸,以除民害,花、尹等恨之切齿。尹固矫健勇悍,善夜行术,用鸡鸣返魂香迷彭公,盗之出,囚于溪皇庄密室。幸有褚彪在花处,乘间送饭得不饿死。褚又知老英雄贾亮与花相识,借端出庄,独访贾亮,请其通信彭部下徐胜等,援救彭公,褚愿作内应。贾许之,即会合徐胜、蔡庆、张七及诸女侠,命诸女侠扮作凤阳婆打花鼓模样。时适花庆生辰,贾率之入庄,作为女乐贺寿。杯酒正酣,歌声未绝,诸女侠已挺刃而进。尹亮见事不妙,急入密室杀彭,而褚已拽彭出,击尹仆地,逃出庄外。蔡、张、徐胜等亦率兵来助,遂擒花德雷,而尹亮竟逸去。此剧褚彪送饭时一段做工,白胡子煞费力量,沪上各园多偷懒而割去此段,全剧因之减色,观者恒不满意焉。

宣统三年十一月初五日/1911 年 12 月 24 日

戏　考

吴下健儿

《落马湖》,盗魁铁臂猿李佩占据落马湖山寨,愤施公剿除绿林,伤其同类,不动声色,劫施入湖,囚之水牢中。施部下黄天霸各处探访无踪,后在酒肆中遇落马湖后山某头目,此头目前为江都布商时曾受黄恩，见黄独坐愁叹，知必为失施故，遂邀黄至僻静处直告之。黄乃访褚彪，商救施策，褚谓李有婿万君召，性豪侠，可以大义动之，恳其援手。黄即往访万，彼此一见倾心，黄遂恳万援救施公。适值李佩生辰，万嘱黄率众英雄扮作家丁，随万混入湖中，乘其不备，席间起事，以拿李佩，黄从之。届时万率众渡湖，上山祝寿，李之部下见万仆从多魁梧奇伟，群致惊疑，李以万为东床佳婿，毫不介意。岂知宴会未终，婚媾变为仇敌，李措手不及，被黄、万擒获，遂救出施公。李玉奎演酒馆访施公一段，白口老当，精神饱满，声色俱厉，做工绝妙，他伶皆不及也。

宣统三年十一月初六日/1911年12月25日

戏　考

吴下健儿

《伐子都》，子都，春秋时郑国之公族大夫也。郑庄公欲伐许国，令颖考叔挂帅，子都不服，庄公乃令同往校场，拔旗拉车，先得者为帅。考叔夺标而去，子都益愤，拔剑追逐，庄公阻之，命子都为副帅，以平其气。兵抵许郊，惠南王出城迎敌，子都败奔，坠于马下，幸考叔击退惠南王，得免于难。后考叔战败，子都亦率兵来援，惠南王不敢追击，收兵而回。子都即举枪刺考叔，以泄宿愤，幸有考叔之家将力救之，未受害。既而郑师大败惠南王，子都长驱直进，欲占许城，而考叔已高据城楼，见子都来，开城迎之。子都以大功又为考叔所得，妒愤交并，遽以袖箭射死考叔，并伤其家将，而讳为阵亡。及班师，庄公犒劳诸将，考叔冤魂不散，直上金殿索命，子都遂呕血而死。此二人之不得善终，皆庄公优柔寡断有以养成之也。然据《左氏》所载，被子都射死者为瑕叔盈，非考叔也，亦无金殿索命之事。此剧重在金殿一段，跌扑甚多，煞费力量，沪上武生多不肯连演。夏月润、应宝莲演金殿，做工着劲，颇惬人意，呕血时从台上跌出，尤为得势。

宣统三年十一月初七日/1911年12月26日

京剧历史文献汇编

主编 傅谨
副主编 谷曙光

［清代卷］叁

清宫文献

本卷主编 丁汝芹

凤凰出版传媒集团 凤凰出版社

清宫文献

本卷主编　丁汝芹

提要

本卷收入清代官书(含《清实录》、《清会典事例》、《国朝宫史》等)中涉及管理演剧事宜的政令、上谕等和内廷演剧档案、穿戴题纲等。

内廷演剧史料主要摘自中国第一历史档案馆、国家图书馆藏清昇平署档案,国家图书馆藏昇平署档案已经王芷章先生(撰《清昇平署志略》)、周明泰先生(撰《清昇平署存档事例漫抄》)部分摘抄,曾参看两书予以核对、补充。

清宫南府、景山、昇平署记载演剧事宜档案前后有恩赏日记档、旨意档、承应档、日记档、钱粮档、花名档、恩赏档、知会档、钱粮档、白米档等多种名目。清前、中期内廷演剧档案在英法联军和八国联军入侵时遭致毁坏(编者按:宣统二年档案载:“咸丰庚申、光绪庚子两次变乱,档案全行遗失,无凭查悉”),乾隆以前演剧档案荡然无存,嘉庆朝档案仅存数册。道光之后百余年间档案保存相对完整,不同时期记载形式、内容有所不同,文字详略亦有差异。因此,这部分只能依据档案现存状态选定史料。各种档案内容常有重复,如果该年存有全年剧目档案,其他档案则少摘选或不摘选。

清代档案正文中常加入小字说明,戏单中也常有小字说明剧目的表演者、几出戏以及演出的时刻,现均以括号表明其内为原档案中的小字。清宫演剧时刻以子丑寅卯计算,对应自夜间 11:00 子初起,至次日 11:00 亥正止,每个时辰相当于两个小时,以“初”、“正”区分,一刻相当于 15 分钟,一分相当于现在一分钟。

档案书写中明显的错字、别字用括号加以纠正,而有些属于当时可以通用的字词则不再另加说明。作为摘录,一些无关问题未必一概抄入,档案文字有损坏不清处,不再选进。

光绪五年开禁唱戏后,剧目之前常出现一个“本”字,系由内廷小太监组成的演戏科班演戏。太监科班名普天同庆,不属昇平署管理,以当时慈禧寝宫长春宫太监为主体,被当时以太后为中心的内廷称作“本宫”或“本家”。戏单中演出剧目前常写一“本”字或“本家”二字。昇平署演出剧目前常写一“府”字,系沿南府旧称,其间也包括入选昇平署的民间艺人。十九年起京城戏班轮流进宫唱戏,其演出剧目常注明“外”字,系指外间戏班,至庚子之乱而止。

历史人物姓名、专用名词用字,根据1992年新闻出版署“出版物汉字使用管理规定”,部分沿用繁体字和异体字,例如昇平署、洪昇、翁同龢等。

各朝纪年与公历纪年的对照,统一在各朝之首标明,不再一一另加附注。其间月、日为原文,均系农历。

本卷由丁汝芹辑录、整理。

目　录

一　官　书

（一）《清会典事例》

宗人府·职制三·禁令

顺治十五年题定，诸王以下，毋得溺于逸乐，耽丝竹及演戏、观鱼，在城外关厢放鹞，致扰居民。仍严饬各该长史等官，令其规谏，府官不时稽查。有犯者，该长史等官一并议处。

《清会典事例》卷九

宗人府·职制禁令·饬行事件

谕：近因贝勒弘瞻妄托织造及税务监督，购买蟒袍朝衣优伶等项。朕曾降旨，令诸王等，将有无此等事件，明白陈奏。今据诸王奏称，并无此事。贝勒弘瞻如此种种妄为，则诸王所称俱无此事之语，亦不可尽信。其中实无此事者有之，因无证据，不肯从实陈奏者亦有之，总之或有或无，断不能逃朕洞鉴。但伊等既称无有，朕亦不肯深究，即有此事，朕亦从宽，不将伊等治罪。嗣后诸王惟宜安静守分，善自检束。倘因朕此次施恩不究，仍不悛改，有向外任盐关织造等官，妄行干求之事，经朕知觉，必从重治罪，断不宽贷。

《清会典事例》卷九

吏部二·处分例一八·严禁燕游

康熙二十一年议准，在外官员居住各城，有偷安不早出堂理事，任意燕会嬉游，事务丛积者，提参革职。

嘉庆八年谕：本日据御史保明呈递封奏一折，因京城地方，有开设酒馆戏园，名曰某堂某庄。闻各衙门官员，自公退食，常集于此。更有外省大吏进京，亦借此地为燕会之所。实为杜渐防微起见，京师为四方辐辏之地，绅士商民等，偶尔燕会，鼓吹休明，原所

不禁。即各衙门官员,遇有喜庆公会等事,或于某堂某庄戏剧燕会,亦属事之所有。至于无故游燕酒馆戏园,本干例禁。嗣后着步军统领衙门五城巡城御史,于外城开设酒馆戏园处所,随时查察。如果有官员等,或改装潜往,或无故于某庄游燕者,据实查参,即王公大臣,亦不得意存徇隐。

又议准:官员畜养优伶者革职。上司徇隐不参,降三级調用。失於觉察者,照不揭参劣员例,分别办理。自行查出揭参者免议。

《清会典事例》卷九十五

吏部二·处分例二〇·供应迎送

嘉庆四年谕:各省督抚藩臬道府,俸廉优厚,理应洁己奉公,正色率属。即遇事公出,自当轻骑减从,过境差员,何必遣人迎送。至衙署铺设器具,一切费用,尤宜淳朴,自出余廉,何得令首县承直,以至摊及通省。若燕会之事,本干功令,乃竟蓄养戏班,开筵聚饮。以属员之犒赉,肥优伶之囊橐。况州县为牧养百姓之官,上司有稽查仓库之责。大吏不能体恤属员,以致亏缺公帑,是无异自取家资,以供浪费也。州县无以供应大吏,以致剥削民膏,是无异自朘子孙,以肥祖父也。试问小民不安室家,属员致有亏缺,甚或酿成事端,地方长吏,独能逃罪乎?嗣后督抚藩臬道府各员,务当改涤前非。经此次训诫之后,倘仍蹈故辙,一经觉察,或被人指参,必当重治其罪。

《清会典事例》卷九十七

吏部二·处分例三六·服饰违例

十一年谕:近来八旗子弟,往往沾染汉人习气。于清语骑射,不肯专心练习,抛荒正业,甚至私去帽顶,在外游荡,潜赴茶园戏馆,饮酒滋事,实为恶习。嗣后八旗官员等,如有不戴顶帽,在外游荡者,是既不以职官自待,又与平人何异。该管地方官员,即当查

拏究治，以示惩诫。

又谕：前因佟关保兄弟，以现任职官，私去帽顶，在城外饮酒滋事，当经从严惩办，并明降谕旨，令旗员子弟等，务各谨慎自爱，以饬官方。乃甫阅数月，复有伦布在外揪扭，并不戴用顶帽之事。积习相沿，殊为可恶。若不明示例禁，仍恐不肖之徒，不自检束，必有复蹈故辙者。嗣后现任文武大员，以及职官，如有私去顶戴，出外行走之事，是已不以职官自居，一经查明参奏，即着降调示惩。倘复另有游荡滋事情节，着先行革职，再候究办。即宗室王公，不自检束，竟有私行游荡之事，亦照此例办理。自此次训谕之后，各宜顾惜名器，慎毋自取侮辱。

《清会典事例》卷一百十三

吏部二·处分例五六·居官燕游

康熙二十一年议准：在外官员居住各城。如偷安燕游，以致事务丛积，至夜办理者，革职。

雍正二年谕：外官畜养优伶，殊非好事，朕深知其弊，非倚仗势力，扰害平民，则送与属员乡绅，多方讨赏，甚至借此交往，夤缘生事。二三十人，一年所费，不止数千金。府道以上有司官员，事务繁多，日日皆当办理，何暇及此。家有优伶，即非好官。各省府道以上至督抚提镇，若各官家有优伶者，着该督抚访查指名密折奏闻。虽养一二人，亦断不可徇隐，亦必即行奏闻。其有先曾畜养，闻此谕旨，不敢存留，即行驱逐者，免其具奏。既奉旨之后，督抚不细访察，所属府道以上官员，以及提镇家中，倘有私自畜养者，或因事发觉，或被揭参，定将本省督抚，照徇隐不察之例，从重议处。

《清会典事例》卷一百三十三

吏部二·处分例五六·禁止夜戏

雍正十三年覆准：城市乡村，有深夜悬灯当街演剧者，应责成该地方文武各官，力为严禁。倘该地方文武各官不实力奉行，照失

于觉察例,罚俸一年。

《清会典事例》卷一百三十三

吏部二·处分例五六·驱逐流娼

乾隆三十七年奏准:民间妇女中,有一种秧歌脚堕民婆及土妓流倡女戏游唱之人,无论在京在外,该地方官务尽行驱逐回籍。若有不肖之徒,将此等妇女容留在家者,有职人员革职,照律拟罪。其平时失察窝留此等妇女之地方官,照买良为娼不行查拏例,罚俸一年。

《清会典事例》卷一百三十三

礼部一·朝会四·万寿圣节一

(雍正五年)又谕:朕今年五十,前已屡有谕旨,不行庆贺之礼。昨杨名时、南天祥奏折俱称今年进京庆祝万寿。朕思圣祖仁皇帝久道化成,圣德神功,蟠天际地,当年五十圣寿之时,尚未允行庆贺之礼。朕临御以来,虽时时有励精图治之念,乂安海宇之心,而实在善政善教,可以造福于社稷苍生者,何事堪以自信。正当君臣交相儆勉,期于有成,又安可为此粉饰之事,以滋烦扰乎。朕之待下,惟有一诚。诸臣之事君,果矢诚恳之念,于隐微寤寐之中,尊君亲上。如诗书所载元后父母之谊,岂不胜于拜舞彤墀,效称觞祝嘏之仪节乎?况一人具本奏请来京庆祝,则众人亦必效法具奏,焉有天下之将军督抚提镇,俱离其职守而来京庆祝之理。诸臣既无全来之理,而又各具本章,多此陈奏,即朕所切戒之具文假相也,于吏治民生,有何裨益而为此乎?外任诸臣,俱不必具本奏请来京,止照常年之例行。若有因地方事务,应来陛见者,朕自另降谕旨。其各省耆民等,若有欲来京庆祝者,著地方官切止之。高年之人,长途跋涉,未免劳顿,非朕体恤之意。倘违朕旨而来京,俱不许奏闻,朕亦不加以恩赐。伊等若果有感恩戴德之忱,何不训诲子弟,劝导乡人,使各为良善,各务本业,而乃仆仆道路,以为报效朝廷即在于此乎?再各省地方,若有指称万寿,建立经坛,或聚集梨园,喧

哗靡费者，此皆生事不安本分之徒，诱惑愚人，希图财利，尤宜严禁，以杜浮嚣诈伪之风。倘地方有司，不行禁止，经朕访闻，定照欺罔之律治罪。

《清会典事例》卷二百九十七

礼部二·朝会八·皇太后圣寿庆贺二

（光绪）十九年谕：据总办万寿庆典王大臣世铎等会同礼部奏称，明岁皇太后六旬万寿，自颐和园还宫。金辇由何处乘御，及跸路经由之处，请旨遵行一折。朕钦奉慈禧端佑康颐昭豫庄诚寿恭钦献皇太后懿旨，还宫日由颐和园东宫门外彩殿乘辇，经由石路至倚虹堂少坐，进西直门地安门至西华门内咸安门外彩殿降辇，乘轿还宫。皇帝于是日由东宫门外率王公百官跪送，扶掖金辇至牌楼，乘骑导引，至石路乘轿先行，在西华门内跪迎。王公百官在西华门外跪迎。钦此。所有一切应办事宜，着各该衙门先期敬谨豫备，以昭慎重。

又谕：据总办万寿庆典王大臣世铎等会同内务府奏称，恭查乾隆年间历次庆典，自西华门至西直门，将两旁街道铺面，量加修葺，并搭盖经坛戏台，分段点设景物各在案。明岁恭逢皇太后六旬万寿，可否照案办理，请旨遵行一折，朕谨援成案，竭诚吁恳。

钦奉慈禧端佑康颐昭豫庄诚寿恭钦献皇太后懿旨，西直门外关厢一带，及城内跸路所经，着平治洁净。两旁铺面房间，稍加修葺。至点设景物等项，着相度地势，酌量办理。不得踵事增华，致滋靡费。钦此。朕仰承谕旨，钦悦实深。即着该王大臣等，将一切应办事宜，敬谨妥议具奏。

《清会典事例》卷三百一

设官。总理乐部事务，礼部满洲尚书一人（近亦由各部侍郎兼总管内务府大臣者管理）。又王大臣特旨放无定员。其所属曰神乐署，设署正一人、左右署丞各一人、协律郎五人、司乐二十五人、乐生百八十人、舞生三百人，皆汉员，曰和声署。设满洲署正一人、署丞一人，以内务府郎中员外郎兼充。汉署正一人、署丞一人（以

礼部郎中员外郎兼充)。供用官三十人(本署八人、礼部笔帖式兼充二人、内务府赞礼郎兼充六人、笔帖式及各项有品级人兼充十二人、鸿胪寺鸣赞官兼充二人)。署史掌十六人、署史百四十人,曰什榜处。掇尔契达一人、六品衔达二人、七品衔达二人、拜唐阿六十人。又掌仪司中和乐处,无品级副首领太监二人、太监八十人、旗手卫校尉百八十八人。

顺治元年定,设随銮细乐太监十有八人、凡巡幸与亲诣坛庙祭祀,内传承应。又定,凡宫悬大乐,皆教坊司奏之。设正九品奉銮一人、左右韶舞各一人、左右司乐各一人。协同官十有五人、俳长二十名、色长十有七名、歌工九十八名(旋裁协同官五人,俳长无定额)。凡宫内行礼燕会,用领乐官妻四人,领教坊女乐二十四名,于宫内序立奏乐。

又定,太常寺神乐观设汉提点一人、左右知观各一人、协律郎五人、司乐二十六人。

八年奉旨,停止教坊司妇女入宫承应。更用内监四十八名。

康熙三十八年,裁神乐观协律郎一人、司乐二人。

雍正元年,除乐户籍,更选精通音乐之人,充教坊司乐工。

二年,复设神乐观协律郎一人,司乐一人。

七年,改教坊司为和声署,裁奉銮韶舞等官。

乾隆二年,增设神乐观司乐三人。

《清会典事例》卷五百二十四

兵部一·八旗处分例一〇·杂犯

(乾隆)三十九年议准:嗣后无论内城外城戏园,概不许旗人潜往游戏。各旗该管大臣、步军统领衙门、五城御史一体稽查。如有旗人擅入戏园,一经拏获,除将本人照例惩治外,并将管束不严之该都统等,交部议处。

四十九年奏准:旗员禁止赴园听戏,违者,查系各营官弁,即将该营大臣,交部议处。该管都统、副都统免议。如系参领佐领等官及闲散世职人员,即将该管之都统、副都统交部议处。若系骁骑校

以下人等，将该管参领、佐领，一并送部议处。

嘉庆七年又奏准：旗人有入园馆看戏纵饮者，系各营官弁，将该营大臣罚俸六月。系参领佐领等官及闲散世职人员，将该管都统、副都统罚俸六月。系骁骑校以下人等，将该管佐领罚俸一年。参领、副参领罚俸九月。都统、副都统罚俸六月。

《清会典事例》卷六百十三

兵部一·八旗处分例一〇·杂犯

（道光）十年谕：朕闻盛京将军奕颢，有演戏会燕之事，特命富俊等前往详查。兹据奏称沿途采访舆论，知沈阳本城有弋腔戏班，近又到一徽班，将军府内时常演剧，比到省密访相同。并查得该将军服用一切，诸近奢华，务耽丰美。副都统常明，亦喜演戏燕会，性近奢靡等语。盛京为根本重地，风俗素称淳朴。将军副都统表率一方，遇有旗民及地方官吏，习尚浇漓，尚应力加整饬，乃竟时常燕乐，自蹈繁华，岂能胜将军副都统之任。奕颢、常明，着交宗人府兵部严加议处，即来京听候部议。富俊着暂留盛京，署理将军印务。陪都地方，断不容戏班聚集，日趋侈靡。着富俊即将盛京城内外所有戏班杂剧，概行驱逐。饬令地方官严行查察，嗣后再不准潜行入境。每届年终，着该将军会同五部侍郎奉天府府尹，将境内并无戏班之处，联名具奏。如再查有潜留之事，惟该将军等是问。

《清会典事例》卷六百十三

刑部·礼律仪制二·丧葬

一、民间遇有丧葬之事，不许聚集演戏，以及扮演杂剧等类，违者按律究处。谨案此条雍正十二年定。

一、民间丧葬之事，凡有用丝竹管弦演唱佛戏之处，该地方官严行禁止，违者照违制律治罪。谨案此条乾隆元年定。

一、民间丧葬之事，凡有聚集演戏，及扮演杂剧等类，或用丝竹管弦演唱佛戏者，该地方官严行禁止，违者照违制律治罪。谨案

此条嘉庆元年修并。

《清会典事例》卷七百六十八

刑部·刑律杂犯四·搬做杂剧

凡乐人搬做杂剧戏文,不许装扮历代帝王后妃,及先圣先贤忠臣烈士神像。违者杖一百。官民之家,容令装扮者与同罪。其神仙道扮及义夫节妇孝子顺孙,劝人为善者,不在禁限。

附律条例

一、城市乡村,如有当街搭台悬灯,唱演夜戏者,将为首之人,照违乡制律,杖一百枷号一月。不行查拏之地方保甲,照不应重律,杖八十。不实力奉行之文武各官,交部议处。若乡保人等有藉端勒索者,照索诈例治罪。谨案此条雍正十三年定。

一、凡旗员赴戏园看戏者,照违制律,杖一百。失察之该管上司交部议处。如系闲散世职,将该管都统等交部议处。谨案此条乾隆四十一年定。

一、凡旗人因贫餬口,登台卖艺,有玷旗籍者,连子孙一并销除旗档,毋庸治罪。该管参佐领,限三个月内据实报出免议。逾限不报,照例分别议处。谨案此条道光五年定。

《清会典事例》卷八百二十九

理藩院·禁令·内蒙古部落禁令

(嘉庆)二十年谕:近年蒙古渐染汉民恶习,竟有建造房屋演听戏曲等事。此已失其旧俗,兹又习邪教,尤属非是。著交理藩院通饬内外诸札萨克部落,各将所属蒙古等妥为管束。俾各遵循旧俗,仍留心严查。倘有游民习学邪教,即拏获报院治罪。可疑之人,报官究办。如有作奸犯科者,将该乡长等一并治罪。

旨:近日蒙古王公,豢养优伶,大改敦朴旧习,殊为忘本逐末。嗣后各蒙古部落挑取幼丁演戏之事,着永远禁止。

《清会典事例》卷九百九十三

都察院·五城九·戏馆

康熙十年议准：京城内城，永行禁止开设戏馆。其城外戏馆，如有恶棍藉端生事，该司坊官查拏治罪。

乾隆二十七年奏准：前门外戏园酒馆，倍多于前。八旗当差人等，前往游宴者，亦复不少。嗣后交八旗大臣步军统领衙门，不时稽察。遇有此等违禁之人，一经拏获，官员参处，兵丁责革。仍令都察院、五城、顺天府各衙门，出示晓谕。实贴各戏园酒馆，禁止旗人出入。

又奏准：在京如有需次人员出入戏园酒馆，不自爱惜名器者，交步军统领、顺天府及五城御史，严行稽察，指名纠参，以示惩儆。

二十九年奏准：五城戏园，概行禁止夜唱。

三十九年议准：嗣后无论城内城外戏园，概不许旗人潜往游戏，交各旗该管大臣严切诫谕，随时稽察，毋许违犯。并令步军统领衙门及都察院转饬五城御史，日派番役甲捕人等，巡缉访查。如有旗人擅入戏园，除将本人照例惩治外，并将管束不严之该都统等，交部议处。

乾隆四十一年议准：嗣后如有旗员赴园看戏，一经发觉，除将本人治罪外，并即查明，如系各部院衙门司员笔帖式等官，及各营官弁，即将该管之各堂官附参，交部议处。其本旗都统等，毋庸交议。如系参佐领等官及闲散世职，即将该管之都统、副都统附参，交部议处。若系骁骑校以下人员，并将该管参佐领一并议处。

五十年议准，嗣后城外戏班，除昆弋两腔，仍听其演唱外，其秦腔戏班，交步军统领五城出示禁止。现在本班戏子，概令改归昆弋两腔。如不愿者，听其另谋生理。倘有怙恶不遵者，交该衙门查拏惩治，递解回籍。

嘉庆八年谕：嗣后着步军统领衙门五城巡城御史，于外城开设酒馆戏园处所，随时查察。如有官员等改装潜往，及无故于某堂某庄游燕者，据实查参。即王公大臣，亦不得意存徇隐。

(嘉庆十二年)谕:给事中严烺奏现在霡雨未沾,请于斋戒期内,饬令大小臣工,凡遇喜庆等事,暂停演戏。并请敕下五城御史晓示各戏园,毋许演唱戏剧一折。向例,斋戒期内,原俱禁止演剧。况值望泽维殷,朕斋心吁祷,属在臣工,仰体宵旰勤求,谅亦断不出此。至外城戏园,于祈雨斋戒日期,未必尽能知悉。但当雨泽愆期之际,节次设坛祈祷,并降旨平粜仓粮,清理庶狱,凡所以关系民瘼者,无不刻深萦廑,小民等自不当恣意燕乐。然未经明白晓示,伊等亦无由谨避。著五城御史豫行晓谕居民人等,凡遇斋戒日期,并祈雨斋戒及祭日,所有戏园概不准演唱戏剧,以昭肃敬。惟所称俟甘雨沾足之后,再听其便,此则不必。朕斋居默祷,昕夕虔祈,恪恭寅畏之诚,无时不仰希昊鉴,岂闾阎所能深悉。若因朕心夙夜乾惕,谓民间皆宜诚敬,此意未免绳之太过。且恐民间以演戏营生者,转致失业向隅。核之定例,亦未符合。嗣后若非斋戒之期,无庸饬禁。

十八年谕:外城地面开设戏园,本无例禁。但演唱淫词艳曲,及好勇斗很(狠)戏剧,于人心风俗,大有关系。着该御史等严行查禁,以端习尚。

道光四年奏准:凡太监等毋许在戏园酒肆饮酒听戏。如有犯者,即责成该管营汛员弁及司坊官员查拏,送交内务府办理。

又定:嗣后如有呈请建设戏楼者。俱不准行。

咸丰二年谕:京师五城,向有戏园戏庄,歌舞升平,岁时燕集,原为例所不禁。惟相沿日久,竞尚奢华。或添夜唱,或列女座,燕会饮馔,日侈一日,殊非崇俭黜奢之道。至所演各剧,原为劝善惩恶,俾知观感。若靡曼之音,斗很(狠)之技,长奸诲盗,流弊滋多,于风俗人心,更有关系。着步军统领衙门、五城御史,先期刊示晓谕,届时认真查办。如仍蹈前项弊端,即将开设园庄之人,严拏惩办。

《清会典事例》卷一千三十九

（二）《清实录》

天聪九年十二月

梅勒章京张存仁条奏曰：……元旦朝贺，大体所关杂剧戏谑，不宜陈于殿陛。臣亦知皇上未尝好此。不过因蒙古所无者，聊与观之。何不于岁前二三日，设宴迎春。而佐以各项杂剧，以示燕享慈惠之意。至元旦之辰，百官庆贺既毕，仍应照旧例，八旗设宴止用雅奏，使君臣共乐太平……民间鼓乐，不必禁止，以昭国家太平之盛。

《清太宗实录》卷二十六

顺治十二年二月

和硕郑亲王济尔哈朗奏言：太祖武皇帝开创之初，日与四大贝勒、五大臣及众台吉等，讨论政务之得失，谘访兵民之疾苦。使上下交孚，鲜有壅蔽。故能上合天心，下洽民志。扫靖群雄，肇兴大业。太宗文皇帝缵承大统，绍述前猷。亦时与诸王、贝勒、大臣讲论不辍。且崇奖忠直，鼓励英才，录微功，弃小过。凡下诏布令，必求其可以顺民心、垂久远者，然后施行。又虑武备废弛，不忘骑射，时时亲行较猎。曾有诸王贝勒等，置酒宴会、优人演剧为乐。适值驾还猎次，克勤郡王以闻。太宗皇帝勃然怒曰，我国肇兴，治弓矢，缮甲兵，视将士若赤子。故人争効死，每战必克，以成大业。朕常恐后世子孙，弃我国淳厚之风，沿习汉俗，即于慆淫。今汝等为此荒乐，欲求国家兴隆，其可得乎……

《清世祖实录》卷八十九

康熙二十六年十月

谕大学士等：凡人之行，莫先于孝。近者汉军居父母之丧，亲朋

聚会，演剧饮酒，呼卢斗牌，俨如筵宴，毫无居丧之体。至孝服鞍辔等类，所用素帛，皆异常华美。丧礼止当服用粗恶，岂宜华美耶？居丧演剧，满洲所无，汉人亦未有，特汉军为然耳。百行以孝为大，如此所行，以为孝道，其它又何足观也……今着汉军都统、副都统等，凡有居丧演剧饮酒、呼卢斗牌者，照赌博例，严行禁止……朕此谕旨，总为敦厚风俗、陶淑人心而起。使汉军居官者，皆似总督范承勋、巡抚于成龙之善，朕又何谕之有。

《清圣祖实录》卷三十一

雍正二年四月

谕八旗官员等：朕以八旗满洲等生计，时廑于怀，其纵肆奢靡，歌场戏馆，饮酒赌博等事，屡经降旨训诫，即诸臣条奏，所请应行禁止之处，亦已施行。凡朕所降谕旨，及各项禁约，务将历年利弊，详加剖析，明白书写，每旗每佐领，各颁一张，严示众人。各都统亦宜时加训诫，谓主上廑念八旗满洲等生计，种种恩施，不一而足，各宜安分遵守俭朴之道，力改奢靡。凡赌博纵饮，遨游园馆等事，洗涤恶习，以副主上训谕仁爱至意。倘不实心感戴，不学为善，不遵法度，则一生徒自暴弃，不但终身卑贱，且无益于生计。虽主上叠布恩施，何益之有。主上频劳心虑，谆谆训饬，尔等诚宜省悟，日夜仰戴，遵行俭朴之道。凡清语、骑射、当差行走、操演技艺、娴习礼仪等事，皆当尽心努力学之。或有不改前愆，不遵法度之人，一经查出，务必从重治罪，以警众人。并将此语书写，不时传示，始为有益。不然，但于朕降旨时，暂申禁令，久而遂辍，亦何益哉。将此传谕八旗都统知之。

《清世宗实录》卷十八

雍正二年十一月

宗人府议奏：裕亲王保泰自幼蒙圣祖抚养内廷，又蒙皇上迭沛隆恩，付以重任，伊子俱封尊爵，乃不知感戴。值圣祖服制未满，皇上素服斋居，伊在家唱戏为乐。及承讯问，毅然承认，反称于伊母

丧事时，六年并未唱戏等语。又迎合廉亲王允禩，昧于君臣大义，奏言不逊，不忠不孝，罪状昭然。应将保泰革去王爵，另与应袭之人承袭。得旨，保泰着革去亲王。

《清世宗实录》卷二十六

雍正二年十一月

严禁兵民等出殡时前列诸戏，及前一日聚集亲友设筵演戏。

《清世宗实录》卷二十六

雍正三年四月

庚辰谕盛京将军、满汉大臣、大凌河副都统、众城守尉等：迩来盛京诸事隳废，风俗日流日下。朕前祭陵时，见盛京城内，酒肆几及千家，平素但以演戏饮酒为事。稍有能干者，俱于人参内谋利。官员等亦不以公务为事，衙门内行走者甚少，其聚会往来，不过彼此相请，食祭肉嬉戏而已。司官竟有终年不一至衙门者，堂官亦置若罔闻。坐台之人，看守边口，俱系关东人。伊等虽有押送罪人之差，而当兵者全无当兵之实，为官者亦无为官之道。朕深知此等陋习，虽降谕旨数次，竟不悛改。因将将军大臣内，不及者革退，另简尔等补授。尔等虽系新任，但能留心细访，即便知之。应将盛京陋习，极力整饬，令其悛改，复还满州旧日俭朴风俗，勤学骑射武艺。若有恶乱之人，即加重处，以儆其余。将军大臣，其钦遵朕旨，与下属官员，同心协力，各自黾勉，力改从前陋习。再，盛京地方，乃本朝创业之地，关系甚重。尔等将聚集恶乱之人，不时稽查，应逐去者，作速逐出境外。大臣等若仍相推诿，不实心效力，朕访闻治罪之时，勿复怨悔。

《清世宗实录》卷三十一

雍正三年五月

谕内阁：朕轸念民生，蠲租赐复，不过行吾心之所安，使斯民共沾实惠，并无一毫市恩之念，欲以崇尚虚名也。前蠲免江南苏、松

两府浮粮,彼处士民,感激朕恩,为朕祈福,闻有诵经立碑,盖造龙亭,聚会演戏者,虽或出于爱戴之诚,然实非矢报君亲之理。朕所望于天下者,只欲各安职业,端本务实,以生以养,庶几家给人足,共享升平,仰报我皇考之付托耳。以云祈报,莫大于此。至于诵经礼忏诸事,皆为粉饰虚文,即谓颂祷致虔,亦于朕躬毫无所益。且聚众演戏,盖造碑亭,非徒糜费金钱,兼恐有不肖官吏及里胥人等,借名私派,乾没肥已,贻累小民,俱未可定。此等陋俗,圣祖仁皇帝久已洞悉,曾屡降谕旨禁止。及朕临御以来,晓谕天下人民,务本重农,力行节俭,而聚众演戏诸事,更属奢靡浪费。苏松士民,习于华侈,今又为此虚文以祈朕福,甚非朕意。着该督抚,严行禁饬,其碑亭建造之处,概行停止。仍遍谕士民,各归本业,以副朕怀。

《清世宗实录》卷三十二

雍正五年四月

谕内阁:朕今年五十,已有谕旨,不行庆贺礼。昨杨名时、南天祥奏折,俱称今年进京,庆祝万寿。朕思圣祖仁皇帝久道化成,圣德神功,际天蟠地,当年五十圣寿之时,尚未允行庆贺之礼。朕临御以来,虽时时有励精图治、乂安海宇之心,而实在善政善教,可以造福于社稷苍生者,何事堪以自信。正当君臣交相儆勉,期于有成,又安可为此粉饰之事,以滋烦扰乎。朕之待下,惟有一诚。诸臣果矢诚悬之念于隐微寤寐之中,尊君亲上,如诗书所载元后父母之谊,岂不胜于拜舞彤墀,效称觞祝嘏之仪节乎。外任诸臣,俱不必具本奏请来京,只照常年之例行,若有因地方事务,应来京陛见者,朕自另降谕旨。其各省耆民等,若有欲来京庆祝者,着地方官切止之。再各省地方,若有指称万寿,建立经坛,或聚集梨园喧哗糜费者,此皆生事不安本分之徒,诱惑愚人,希图财利,尤宜严禁。倘有司不行禁止,经朕访闻,定照欺罔之律治罪。

《清世宗实录》卷五十六

雍正六年三月

癸酉。安徽巡抚魏延珍疏言：歙县乡民，违例演戏，应加严禁。得旨。查雍正元年间，鸿胪寺卿李凤翥曾奏称：乡邑中共为神会，敛钱演戏，男女混杂，耗费多端，应行禁止。朕因其所奏合理，比即降旨允行。盖州县村堡之间，借演戏为名，招呼匪类，开设赌场，男女混淆，斗殴生事，种种不法，扰害乡愚，此则地方有司所当严禁者。至于有力之家祀神酬愿，欢庆之会，歌咏太平，在民间有必不容已之情，在国法无一概禁止之理。今但称违例演戏，而未分晰其缘由，则是凡属演戏者，皆为犯法，国家无此科条也。朕之立法，皆准诸情理之至当。从无不可施行之事，亦从无不便于民之事。其有不便而难行者，则有司奉行之不善也。况朕屡谕各省督抚，若有禁约难行之处，即当据实奏闻，以弛其禁。若阳奉阴违，无其实而有其名，何以示信？失体甚矣。

《清世宗实录》卷六十七

雍正十三年闰四月

谕内阁：各省秋审，定例该督抚、会同司道等官审录，分晰情实缓决，矜疑具题，关系最为重大。向闻外省会审之时，不论案件多寡，务于一日之内，悉行定议。一切俱听督抚主张，不特守令不敢置喙，即司道亦无一辞。轻重定于俄顷之间，是非决于一人之口。究其实际，督抚亦未必了然，不过令幕客创一略节，贴于册上，徒饰观瞻而已。况有席毡悬彩，鼓吹喧阗。日甫踰中，即退而肆筵行酒，竟有似于宴会之礼者。甚至召令优人，演剧为乐。近来晓明义理者，多各检点，而此风犹未尽革。夫刑罚者，国家不得已而用之者也。天以父母斯民之责，畀之吾君臣，凡兹犯法获罪之民，皆吾赤子也。平时不能抚绥化导，使之遵守法度，免于罪愆，已有忝于教养之职矣。及陷于刑辟之后，又复视为泛常，不察情罪之轻重，率定爰书之出入，宽所不当宽，而严所不当严，以致谳狱不得其平，冤情抑而莫诉，劝惩两失，凶暴肆行。所谓明刑弼教者安在，清夜扪心，能无愧赧乎。朕自临御以来，于一切刑名案件，莫不虚衷斂

息,详慎推研。每于法司所进立决本章,悉令内廷管本官员,三次覆奏,然后批发。每年秋审朝审时,朕先将招册,细细披览。及至勾到之日,复面与大学士、刑部堂官等,往复讲论,至再至三,然后降旨。盖哀矜恻怛之意,动于不能已,而发于不自知,并非欲博钦恤好生之名于天下臣民也。圣祖当年于勾到日,皆著素服,朕亦效法行之。凡为督抚大臣者,受朕封疆之寄,应与朕同此哀矜恻怛之心。乃各省秋审,大约皆于一日之间,草率定局,并未博采群议,详察实情,不过视秋审为具文。于会审之日,虽不便穿著素服,岂有结彩设席,征歌演剧之理。此则残忍性成,不学无术者之所为。嗣后各省秋审时,该督抚务率司道等官,敬慎周详,殚心办理。必使权衡不爽,情罪相符。向来并无限期,何妨多宽时日。安得视为虚文故套,轻忽民命,以供其自便之私。至于会集既久,除日食常餐外,倘有肆筵设席,仍蹈从前陋习者,经朕访闻,必严加议处。

《清世宗实录》卷一百五十五

雍正十三年十一月

命丧葬循礼谕曰:朕闻外省百姓,有生计稍裕之家,每遇丧葬之事,多务虚文,侈靡过费。其甚者至于招集亲朋邻族,开筵剧饮,谓之闹丧。且有于停丧处所连日演戏,而举殡之时,又复在途扮演杂剧戏具者。从来事亲之道,生事死祭,皆必以礼得为而不为,与不得为而为之者,均为非孝。是知各循其分,乃能各尽其孝,初不在以奢靡相尚也。况当哀痛迫切之时,而顾聚集亲朋,饮酒演剧,相习成风,恬不知怪,非惟于礼不合,抑亦于情何忍,此甚有关于风俗人心,不可不严行禁止。着各省督抚等,通行明切晓谕。嗣后民间遇有丧葬之事,不许仍习陋风,聚饮演戏以及扮演杂剧等类,违者按律究处。务在实力奉行,毋得姑为宽纵。

《清高宗实录》卷六

乾隆元年二月

礼部议准，浙江布政使张若震请禁民间演唱佛戏。从之。

《清高宗实录》卷十三

乾隆元年五月

江西巡抚俞兆岳奏：民间斗斛之制宜画一，禁扮演淫戏以厚风俗等语。上谕曰：……忠孝节义，固足以兴发人之善心，而媟亵之词，亦足以动人心之公愤，此郑卫之风，夫子所以存而不删也。若能不行抑勒，而令人皆喜忠孝节义之戏，而不观淫秽之出，此亦移风易俗之一端也。汝试姑行之。

《清高宗实录》卷十九

乾隆三年五月

上御勤政殿听政。谕大学士鄂尔泰等：朕自幼读书，深知清心寡欲之义。即位以来，三年之内，素服斋居，此左右近侍，及在廷诸臣所共知者。上年释服以后，虽身居圆明园，偶事游观，以节劳勚，而兢兢业业，总揽万几，朝乾夕惕，惟恐庶政之或旷，此心未曾一刻放逸。每见廷臣动色相儆。至不迩声色之戒，尤未尝一日去诸怀也。近闻南方织造、盐政等官内，有指称内廷须用优童秀女，广行购觅者，并闻有勒取强买等事，深可骇异。诸臣受朕深恩，不能承宣德意，使令名传播于外，而乃以朕所必不肯为之事，使外间以为出自朕意，讹言繁兴。诸臣之所以报朕者，顾当如是乎？况内廷承值之人，尽足以供使令，且服满之后，诸处并未送一人，惟海保处曾进二女子，其一已拨回。曾进一班弋腔，因甚平常，拨出外者二十余名，此人所共知者，何至广求于外，致滋物议。是必有假托内廷之名，以惑众人之听闻者，尔等可密传朕旨晓谕之。倘果有其事，可速行悛改。如将来再有浮言，朕必究问其致此之由也。

《高宗实录》卷六八

乾隆三年九月

谕八旗大臣等:闻得护军披甲旗人内,有不肖之徒,入班唱戏者;亦有不入戏班,自行演唱者。既系旗人,自当勤习骑射清话武艺,安得入此等卑污之习,罔顾身名。朕昨校猎南苑,见兵丁于行围之道,马上甚属生疏。此皆由平日不勤习武艺,沈于戏玩之所致也。八旗大臣、前锋统领、护军统领等,均有教育旗人之责。乃平日并不将该管人等,留心稽察约束,以致如此放荡。着交各该管大臣等,嗣后将此等之人,务必严加管束。倘仍不留心,致使旗人流入此等卑习,或经朕访闻,或被参劾,朕惟该管大臣等是问。着步军统领亦严加查拿。

《清高宗实录》卷七十七

乾隆四年十月

谕军机大臣等:朕闻苏州织造海保,购买优人,皆以供奉内廷为名。于苏扬各处,任意搜剔,竟用牌票赴县勾提。每有勒买,发给官价四十两。优人父母,因官拏官买,莫可如何。其实海保自行蓄养在署者居多,歌弹吹唱,达旦连朝。又妓妾数十,多系苏郡之人。奢纵过分,种种劣迹,皆系实有之事。观其如此行为,则其平日所办事件,自多难信,朕正在访察。据海保折奏,恳请回京在内当差,伊前于陛见时,并未奏请回京,今乃巧为立词。奏称从前因办理奏销未竣,是以未行奏请等语,明系海保自知行为不妥,经朕访察,已有所觉,故为此奏。伊现在所管关务,其中冒蚀勒索等弊,自所不免。可寄信那苏图,将各项情节,俱密行查访确实。一面奏闻,一面题参。再海保因织造任内奏销,俱系交庄亲王查核,遂一意趋奉,馈送优厚,希图照应。其历年报销,必多浮冒不实之处,着那苏图一并查奏。

《清高宗实录》卷一百二

乾隆六年十二月

又谕:朕闻绥远城归化城两处将军大臣等,凡办理旗民交涉事

件，每与文官拘执地界，互相猜拟，以致掣肘，案悬经年未结。即如土默特一处，自乾隆二年至今，未结之案，有六十余件。其余扎萨克、察哈尔、各蒙古等，人命盗案，未结者尚多。伊等俱系简用封疆大臣，责任甚重，自应和衷共济。现在案件稽延废弛，皆由伊等平素不和所致，着传谕申饬。嗣后务须虚心商办，勿得仍前迟延。至伊等身为大臣，乃与巡查官员宴会演剧，均干例禁。又闻都统玛尼，曾取属下蒙古女子为妾，且有配与家人者，尤属非是，着一并传谕申饬。

《清高宗实录》卷一百五十七

乾隆七年六月

大学士等议覆，庄亲王允禄等议奏：乐部事宜各条。

一、和声署衙门，应归内务府、兼属礼部管辖。其总领大臣，统候钦点。至奉銮等官，另易嘉名，于掌仪司人员内挑补。仍请裁汰之官，暂留一年。俟新员熟习，再令归农。

一、和声署乐工，现不足额，必出身清白，通晓音律者充选。今銮仪卫既有鼓手头目，并借充之校尉六十余名，均系内务府人员，自应移隶内务府，挑选学习。其鼓手、乐工、诸名色改正，以归雅驯。

一、和声署既以署名，宜照大官署例，裁去奉銮等官，更名为满汉署丞。向有侍从等官，仍照前不定员额，不拘满汉，其鼓手乐工，以所司乐器，分别其名，总名为署史，凡供用官由此挑补，升至丞正。而以侍从、待诏、为加衔。其内府人员，凡已挑选中式及署正等官，升员外者，俱准出缺另补。汉员例应止于本署升转，加衔食俸，不得升出别衙门。至所称生员、举人、进士、出身之外省汉员，由通晓音律，为本署官者，升至署正，与光禄寺署正，一体升转，其各员缺奏请补授。及挑补注册者，皆如所议行，又称汉署正、署丞。现有可用之人，满缺则通晓音律者尚少，应俟学习得人，将额设再行补实。

一、和声署乐章，沿袭明制，仍用戏曲，殊属非体，应令该馆撰拟。凡大祀中祀各典礼，有导引之乐。及春秋二季各小祀、诸色筵

宴、进吻、祭门等项,例应作乐者,即令撰定乐章。惟城隍庙、贤良祠等祀,不便设悬登歌。并救护日月,只伐鼓鸣金,不宜作乐,应如所奏。至銮仪卫、礼部、堂官上任、封开印信,作乐之处,与各衙门既不画一,应停。

一、春秋三九月,赴掌仪司演乐一次,着为例。其演乐时,派出总领乐部大臣考验。以上各款,统候交与该馆次第办理。从之。

《清高宗实录》卷一百六十八

乾隆二十年六月

上诣畅春园,问皇太后安。谕曰:大学士陈世倌、协办大学士蒋溥等奏称,江浙士庶望幸情殷,请于明岁再举南巡一折。朕自乾隆十六年巡幸吴越,迄今已阅五载,该督尹继善、喀尔吉善等,均曾具折奏请。朕因西师尚未凯旋,未经允准。现今肤功迅奏,荒服敉宁,南省民风吏治时廑于怀,而高堰堤工尤数郡生灵攸系,上年告竣以后,正当亲加察勘。前降旨于明岁春月展谒孔林,着允大学士等所请,于礼成之后,敬奉圣母皇太后銮舆,顺道前往江浙,以抒勤民之隐,而慰望幸之忱。朕省方观民,入疆考绩,惟期勤求实政,宣达群情,一切供顿,俱出内府,丝毫不以扰民。地方官毋得指名储备,令众商捐输及扣各属养廉,察出定行严加究处。前者巡幸南省时,屡饬各督抚,务从简朴,而所至尚觉过于华饬,喧溷耳目。此次行宫及名胜憩息之地,悉仍旧观,但取洒扫洁除,概无得增一椽一瓦,毋陈设玩器。城市经涂,毋张灯演剧,踵事增华。巡览所及,各督抚等,果能绥辑井疆,康乂蒸庶,俾人敦礼让,俗庆盈宁,朕自深为嘉悦。若其徒事华靡,致饰观美,耗有用之财,侈无益之费,适以自滋咎戾,甚无取焉。各督抚及所属官民人等,尚其善体朕心,以副朕观风问俗,行庆施惠之至意。

《清高宗实录》卷四九〇

乾隆三十三年正月

又谕：据按察使秦勇均奏称州县等官，不得在署演戏及接送上司不得滥服蟒袍二折，所见殊属琐细。此等事件，虽属近理应行，然惟在各该上司董率稽查，如所属中果有任意置酒演剧及服饰过于侈靡，漫然不知检约者，原不妨随时饬禁，使知恪守官方足矣。若必特颁谕旨，多方设立科条，不惟政体有乖，抑且日久奉行，又成具文。但封疆大吏，于所属各员，亦不可不留心裁抑，用以式浮靡而崇体制，可于各督抚奏事之便，将此传谕知之。

《清高宗实录》卷八百三

乾隆三十四年十月

谕：朕恭阅皇考谕旨，有饬禁外官畜养优伶之事，圣谕周详，恐其耗费多金，废弛公务，甚且夤缘生事，敕督抚不时访查纠参，虽一二人，亦不可徇隐。圣谕久经编刊颁行，督抚藩臬等并存署交代，自当敬谨遵循，罔敢违越。何以近日尚有揆义托黄肇隆代买歌童之事？岂伊等到官后，于衙门尊藏上谕，庋之高阁，全不寓目耶？一省如此，他省之未经发觉者，恐尚不少。一事如此，他事之不能由旧者，并可类推。皇考十三年整纲饬纪，所为吏道人心计者，无微不至。朕每披寻谟典，省凛实深；诸臣何竟冥然罔觉，于训型成宪，视若弁髦乎？可见外省恶习，锢蔽已深，凡禁令所布，始则具文塞责，久且并具文而忘之。即朕所降谕旨，尚有阅数岁而虚应故事者，似此玩不率教，何以副朕孜孜求治之意？思之实可痛恨。着通谕直省督抚藩臬等，各宜正己率属，于曾奉禁革之事，实力遵行，毋稍懈忽。若再不知警悟，甘蹈罪愆，非特国法难宽，亦天鉴所不容矣。并将此明白宣谕中外知之。

《清高宗实录》卷八百四十五

乾隆三十九年

上谕称：……明季末造，野史者甚多，其间毁誉任意，传闻异

词,必有诋触本朝之语,正当及此一番查办,尽行销毁,杜遏邪言,以正人心而厚风俗。断不宜置之不办。

《清高宗实录》卷九百六十四

乾隆四十年九月

谕军机大臣等:伊犁、乌噜木齐、古城、巴里坤等处,设立驻防满洲兵,特派将军大臣管理。原期不失满洲本业,训练讲习,以成劲旅。该将军大臣等,宜仰体朕心,实力整顿,方为无忝厥职。若戏园酒肆,最为败坏风俗之端,尤宜严禁。乃近日新疆,屡有因酒后斗殴毙命之案,皆由平日漫无约束所致,此事甚有关系。着传谕该将军大臣等,嗣后务宜留心化导,随时简练,于聚饮演剧之事,严行禁止,以副朕造就满洲至意。倘视为具文,经朕察出,必将该将军大臣等治罪。

《清高宗实录》卷九百九十一

乾隆四十三年十月

谕军机大臣等:据常永等供称,高朴于补放伯克时,有索取银两之事。且称本年正月内,在叶尔羌地方,演戏听曲。高朴系钦派大臣,今孝圣宪皇后大事,未满二十七月,乃敢肆行取乐,实出人伦之外。仅将伊正法,不足蔽辜。着传谕永贵,于高朴正法后,尸骸不准携回内地。其馈送高朴银两之五品伯克阿布都拉阿济斯莫扪,及和阗阿奇木伯克迈底雅尔,俱着永贵一并查办。

《清高宗实录》卷一千六十九

乾隆四十五年十一月

前令各省将违碍字句之书籍实力查缴,解京销毁,据各督抚等陆续解到者甚多。因思演戏曲本内,亦未必无违碍之处。如明季国初之事,有关涉本朝字句,自当一体查饬。至南宋与金朝关涉词曲,外间剧本往往有扮演过当,以至失实者,流传久远,无识之徒或致转以剧本为真,殊有关系,亦当一体查饬。此等剧本大约聚于

苏、扬等处，着传谕伊龄阿、全德留心查察，有应删改及抽掣者，务为斟酌妥办。并将查出原本暨删改抽掣之篇，一并粘签解京呈览。但须不动声色，不可稍涉张皇。至全德向不通晓汉文，恐交伊专办未能妥协，所有苏州一带应查禁者，并着伊龄阿帮同办理。将此谕知之。钦此。

《清高宗实录》卷一千一百十八

乾隆五十三年十二月

谕军机大臣等：从前驻藏大臣所居，闻系三层楼房，楼高墙固，即偶有意外之事，易于防守。而该大臣等同居一处，彼此商办事务，自有裨益。已令鄂辉等于办理善后事宜时，妥议具奏矣。至兵丁作为优人一节，尤大不可。驻藏兵丁特为防守地方，平日自当演习武艺，倘有不肖兵丁，私学唱戏者，大臣等尚宜严禁，岂可反令改作优伶，此不过该大臣等不理政事，徒借此消遣烦闷耳。试思驻藏不过三年，便当彻回，何闷之有？即或间居无事，令兵丁等学习骑射，演试铳砲，不惟可以消遣，并可操练兵丁，何念不到此，而徒以游戏为事耶？嗣后该处除商民唱戏，毋庸禁止外，倘该大臣等，仍有听兵丁演戏者，朕必从重办理。又六月内因庆麟服满演剧一款，尤为不堪陋习。况庆麟于六月服满，而令兵丁演习，系在伊服满之前，岂复尚有人心者乎？再噶布伦索诺木旺扎勒辱骂达赖喇嘛，并向巴勒布商头哈瑚苛索物件。以后巴勒布起事，索诺木旺扎勒畏惧服毒身死一款，倘索诺木旺扎勒果有向商头苛求情事，以致结仇起衅，现虽其人已死，而其子亦断不可录用，此事务当彻底清查。且索诺木旺扎勒如何辱骂达赖喇嘛，如何向巴勒布商头索取物件，必有闻见之人，即伊服毒而死，亦是否确有证据，一经查察，无难悉得实情。此案俱系巴忠参奏，巴忠不可以虚为实，欲践前言，亦不可有意消弭，复图见好。现在审讯此事，亦无甚紧要。鄂辉、成德竣事后，必回前藏，俟伊等到时，会同巴忠秉公逐一查办，不可稍有瞻顾。尔等若不据实具奏，经舒濂至彼查出，恐不能当其罪也。

《清高宗实录》卷一三一八

嘉庆四年五月

又谕:昨据姜晟奏,审拟郑源琦加扣平余,定拟斩监候一案,已交军机大臣会同该部核议具奏矣。朕阅郑源琦供词内称,署中有能唱戏之人,喜庆宴客,与外间戏班一同演唱等语。民间扮演戏剧,原以藉谋生计。地方官偶遇年节,雇觅外间戏班演唱,原所不禁。若署内自养戏班,则习俗攸关,奢靡妄费,并恐启旷废公事之渐。况朕闻近年各省督抚两司署内教演优人,及宴会酒食之费,并不自出己资,多系首县承办,首县复敛之于各州县,率皆朘小民之脂膏,供大吏之娱乐,辗转苛派,受害仍在吾民。湖南地方,虽尚未激变,而川楚教匪,藉词滋事,未必不由于此。现当遏密之时,天下停止宴会,即二十七月后,京城内开设戏馆,亦令永远禁止。嗣后各省督抚司道署内,俱不许自养戏班,以肃官箴而维风化。

《清仁宗实录》卷四五

嘉庆七年七月

谕内阁:本日户部奏,将兵丁扣饷之例,请自本年八月起,永行停止等因一折,已依议行矣。八旗兵丁,日用所需,惟赖饷银资给。朕轸念伊等,将应行扣饷之项,加恩停止,原为伊等生计起见,但伊等用度所以不足者,固由生齿日繁,物价昂贵,亦由平日不知撙节,若能将衣食二者,随时加意省啬,即可免于匮之。乃往往耽于口腹,饷银一经入手,不为度日之计,辄先市酒肉,以供醉饱,不旋踵而资用业已告竭。又支领官米,随即贱售与铺家,只顾目前得钱使用,不肯稍为储蓄,而家中食米,转零星用贵价向铺户籴买,此皆失算之甚者。我满洲淳朴旧风,衣服率多布素,近则狃于习俗,兵丁等竞尚鲜华,多用绸缎,以穿着不及他人为耻。试思旗人原以学习清语骑射为本,伊等技艺生疏,何以不知愧耻,惟于衣饰欲图体面耶?国家恩养八旗,体恤周至,即如内城不许开设戏馆,亦恐旗人花费银钱,是以特加禁止。又旗地一项,因伊等屡行典卖,官为赎回,将所得租银于年终普行颁赏,所以加惠伊等者,不一而足。现又将扣饷之例,永行停止,无非欲伊等家计有资,渐臻饶裕,伊等亦

应仰体朕惠爱懃拳之意,不可习于浮靡坐耗物力。着交八旗都统等,转饬参佐领以下各官,谆谕该管兵丁,敦崇节俭,力返淳庞,驯至家给人足,朕实有厚望焉。将此通谕知之。

《清仁宗实录》卷一百

又谕:庆桂等奏审讯旗人图桑阿等五犯登台演剧,并已革御史和顺潜赴茶园听戏属实,分别定拟一折。八旗风俗素淳,即间有一二不肖子弟,私赴戏馆中偷闲佚乐,任意花费,已属不安本分,乃图桑阿等均在本旗披甲,辄行登台装演,甘与优伶为伍,实属有玷旗人颜面。图桑阿、乌云珠、德泰、全魁、李惠等五犯,着即照所拟销去本身户籍,发往伊犁充当苦差。至和顺本系工部司员,从前在部时,即不应赴园听戏,迨今年擢任御史,该衙门职司风宪,乃复私去帽顶,潜赴戏园游荡,甚至因与市侩等争坐口角,假公济私,托为正论,请旨饬禁。经朕召见询问,犹复巧为支饰,并不将先后赴园情节据实直陈,其居心尤为诈妄,言行不符,卑鄙无耻,业经降旨革职。现据庆桂等奏请发往乌噜木齐当差。因思近来该处风气日渐繁华,恐伊到彼后,故态复萌,仍不肯安心务正,昨伊于召见时,曾据面奏,旗人分应习学骑射、清语,然伊于清语,即全未通晓,其骑射自亦必生疏。和顺转不必发往乌噜木齐,着即发吉林,交与将军秀林严加管教,务令将清语、骑射,留心学习,仍着该将军随时察看,如果能潜心正业,学习娴熟,俟三年后据实奏闻,或可酌量施恩,以武职录用。至都察院堂官,有纠察百寮之职,今本衙门有此败检台员,竟未能访闻参劾,除赓音甫经到任加恩宽免外,所有和顺简用御史后历任失察各堂官,着查明交吏部察议具奏。

《清仁宗实录》卷一百六十九

嘉庆十年九月

谕内阁:伯麟奏,据新任普洱镇总兵那林泰禀报,前任总兵书成,以优人顶补兵粮,并拔补外委徇私不加考验一折。总兵为专阃大员,于一切招募兵丁拔补营弁等事,理宜秉公核办。今总兵书

成,以演剧优伶杨兴隆等五人,滥食战粮,留署唱戏。目兵袁从孝等七名,因与伊义子胡志量认识,辄拔补外委,并不考验,实属任意妄为,不可不切实查办。现在该总兵因俸满离任进京,尚未到部,伊义子胡志量,亦随带在途。着沿途各督抚,饬属将胡志量一犯,截拿解回滇省,交与伯麟提集案内人证,严行审讯,有无听嘱受贿之处,秉公定拟具奏。总兵书成,着先行交部严加议处。接任总兵那林泰,于到任后,即能详细查验,据实禀报,尚属认真,着加恩交部议叙,寻议上。得旨,书成着革职,发往乌噜木齐效力赎罪。

《清仁宗实录》卷一百五十

嘉庆十一年十月

又谕:坤都勒身系宗室,不自检束,虽讯未登场演戏,但跟随戏班到馆,即属不守正业,甚至乳名亦被外间传知,其游荡失体,已可概见。若照所请监禁一年,永远停止钱粮,转恐其释放后无以养赡,更致流于旷废。坤都勒著革去宗室顶带,同伊本身眷属,一并发往盛京居住,仍赏钱粮,俾知我国家发祥之地,风气淳朴,令其涵濡效法,或渐能涤除积习。仍交该将军富俊严加管束,令其学习国语骑射,庶化其纨袴不堪恶习,毋任在外滋事。

《清仁宗实录》卷一百六十九

嘉庆十三年六月

又谕:此案椿龄身系四品旗员,擅敢不戴顶帽,出城听戏;并先于铺肆聚饮,复以细故,恃酒肆横,将现任职官揪扭出车,纵令家人陵辱詈骂,殊属不法。着刑部堂官提出该革员先行重责四十板,再照所拟,发往伊犁充当苦差。……

《清仁宗实录》卷一百九十七

嘉庆十六年六月

谕内阁:……再京城五方辐辏,如茶园酒肆以及街衢戏伎之类,穷民亦借以谋生,势难概行禁绝,苟不借端滋事,原可听其自

然。至内城开设戏园，引诱旗人日滋游惰，则定例在所饬禁。禄康受人怂恿，曾屡次奏请开设，朕俱驳饬不允。近来查禁未力，恐不能免，必当严行禁止。至官员等闻竟有不修边幅，狎比优伶者，甘近下流，更属不成品行。试思官员侍卫等，如不戴帽轻入市廛者，尚当加以惩处，又何况挟优驰逐，混入戏园，甚至日暮忘返，有赶城争道等情，殊属游荡无耻。向来该衙门不加禁约，致无顾忌。嗣后有似此放僻邪侈之徒，着步军统领衙门，严拿究办，立即奏闻，从重惩治，以肃禁令而端风俗。

《清仁宗实录》卷二百四十四

嘉庆十八年七月

谕内阁：太常寺寺丞德龄，于嘉庆十五年四月因执事失仪，降旨销去京察记名外用，即与销去一等无异。上年该寺办理京察，仍以该员为旧一等复行保荐，即系错误。德龄着销去一等管理太常寺堂官，除铁保等到任在后，扎郎阿病故无庸议外。其原保之各堂官，著交部查明议处。至色克精额因迁官称贺，已属多事，如在家演剧，原例所不禁，乃于城外戏园排日张筵，敛取分金。据步军统领等饬查色克精额演戏三日，邀客至七百余人，其中有本属官员，已乖体制，且多市井商贾之徒溷迹杂坐。伊系二品大员，罔知自爱，贪利忘耻，有玷朝班，实属卑鄙。色克精额，着先行开缺，仍交部严加议处，三日内具奏，不准逾限。

《清仁宗实录》卷二百七十一

嘉庆十八年十二月

又谕：陈预奏，整饬吏治一折。……至稗官野史，大率侈谈怪力乱神之事，最为人心风俗之害，屡经降旨饬禁。此等小说，未必家有其书，多由坊肆租赁，应行实力禁止，嗣后不准开设小说坊肆，违者将开设坊肆之人，以违制论。至民间演剧，原所不禁，然每喜扮演好勇斗狠各杂剧，无知小民，多误以盗劫为英雄，以悖逆为义气，目染耳濡，为害尤甚。前已有旨查禁，该管地方官，务认真禁

止,勿又视为具文。……

《清仁宗实录》卷二百八十一

嘉庆二十年十二月

谕内阁:……蒙古等习气素尚淳朴,惟敬喇嘛,并无沾染汉民习气,持斋作会等事。近年蒙古渐染汉民恶习,竟有建造房屋,演听戏曲等事,此已失其旧俗,兹又习邪教,尤属非是。愚民习教,乃前明流传恶习,岂可流传蒙古地方,以致坏其淳朴之风,着交理藩院通饬内外诸扎萨克部落,各将所属蒙古等妥为管束。俾各遵循旧俗,仍留心严查,倘有游民习学邪教,即拿获报理藩院治罪。倘该管扎萨克不行查办,另案捕获时,将扎萨克等从重治罪不贷。

《清仁宗实录》卷三百十三

嘉庆二十三年五月

又谕:奕绍等奏,查明奉属出示缘由,并锦县办差情形一折。前闻盛京办理差务,将军富俊等出示科派,有按亩摊钱之语,特派奕绍戴均元前往查办。兹据查明抄录原发告示进呈,内称朕临御以来,于嘉庆十年举行谒陵大典,至明岁已逾十二年,始又举行一次,尤非寻常临幸别省可比。凡在旗民渥被恩施,分应一体当差,其言甚属光明正大。锦县知县张国泰、锦州协领爱明阿,垫办差务,系循照上次章程办理,并无按亩摊钱之事,惟不应设席演剧,邀请商民,殊为失体。奕绍等请将张国泰、爱明阿交部议处,着俱改为察议。其该管副都统文孚、知府德荫,并无不合,均无庸察议。

《清仁宗实录》卷三百四十二

嘉庆二十五年十月

圣谕:朕闻外省百姓,有生计稍裕之家,每遇丧葬之事,多务虚文,侈靡过费。其甚者,至招集亲朋,开筵剧饮,谓之闹丧。且有于停丧处所,连日演戏,举殡之时,又复在途扮演杂剧者。从来事亲之道,生事死祭,皆必以礼,得为而不为,与不得为而为之者,均为

非孝。况当哀痛迫切之时,而顾聚集亲朋,饮酒演剧,相习成风,恬不知怪,非惟于礼不合,抑亦于情何忍,甚有关于风俗人心,不可不严行禁止等因。钦此。

《清宣宗实录》卷六

道光元年四月

又谕:御史马步蟾奏,请禁外城开设戏园戏庄一折。京城前三门外,居民辐辏,岁时伏腊,戏园演剧聚醵,原不在例禁之内。若如该御史所奏,士民挟优醵饮,耗竭资财,旷废职业,则因此导侈长恶,不可不严行饬禁。现当遏密之时,均已不禁自止,但恐嗣后仍蹈旧习,着步军统领、五城豫行示禁。将来仍有前项征逐歌场,招摇侈肆者,随时严拏惩办,以杜奢靡而端习尚。

《清宣宗实录》卷十六

道光二年闰三月

又谕:此案已革密云副都统阿隆阿,以二品大员,于家人串通营弁,指缺撞骗,毫无觉察,且于国服之内,在署演唱影戏,辜恩负职已极,部议发往乌噜木齐效力赎罪,实属咎所应得。但阿隆阿本人糊涂,即发往乌噜木齐,亦难效力,著改发热河,充当披甲。佐领富升以职官在市观看影戏,并与兵丁揪扭,有玷官箴,着即革职。

《清宣宗实录》卷二百四十九

道光八年三月

又谕:喀喇沁扎萨克克兴额,管辖蒙古旗务,自应检束身心,以资表率。乃辄于家中演剧,致予人以口实,咎有应得。克兴额着退出乾清门,照理藩院所议,罚扎萨克俸一年,不准抵销。至蒙古地方风气,素来淳朴,只知练习弓马,从不竞尚奢靡。近日习为逸乐,渐染浇漓。若不亟加整饬,恐致忘其本务,各旗扎萨克,有管辖旗务之责,自宜认真办事,克勤乃职。即闲散蒙古,亦应以骑射为重,不但扮演梨园之事,有干例禁,其一切浮华气习,均当力为湔除,庶

不失淳朴旧俗。各王公扎萨克等,其懔遵勿替,无负朕谆谆训诫至意。

《清宣宗实录》卷一百三十四

道光八年十一月

又谕:松筠奏,土默特扎萨克旗下之图萨拉克齐违例演剧,请旨查办等语。巴彦巴图尔,系土默特扎萨克贝勒属下之人,乃敢私雇边内戏班,在家演唱,并将蒙古子弟引诱习演。此等恶习,远近均沾,可恶之至。巴彦巴图尔,著摘去顶带(戴),交该署都统亲提审讯,按律定拟具奏。

《清宣宗实录》卷一百四十六

道光十年三月

谕内阁:朕闻盛京将军奕颢有演戏宴会之事,特命富俊等前往详查。兹据奏称,沿途采访舆论,知沈阳城本有弋腔戏两班,近又到一徽班。将军府内,时常演剧。比到省密访相同,并查得该将军服用一切,诸近奢华,务耽丰美。副都统常明亦喜演戏宴会,性近奢靡等语。盛京为根本重地,风俗素称淳朴。将军副都统,表率一方,遇有旗民及地方官吏,习尚浇漓,尚应力加整饬。乃竟时常宴乐,自蹈繁华,岂能胜将军副都统之任。奕颢、常明着交宗人府兵部严加议处,即来京听候部议。富俊着暂留盛京,署理将军印务。保昌即带同司员回京复命。陪都地方,断不容戏班聚集,日趋侈靡。着富俊即将盛京城内外所有戏班杂剧,概行驱逐,饬令地方官严行查察,嗣后再不准潜行入境。每届年终,着该将军会同五部侍郎奉天府府尹,将境内并无戏班之处,联名具奏。如再查有潜留之事,惟该将军等是问。

《清宣宗实录》卷一百六十六

道光十五年八月

又谕:据御史富尔洪阿奏,近来各城报窃之案,层见叠出,日

久不闻弋获。并有偷窃骡马、遗失幼孩之事。又有搬演高跷级(及)女金斗爬杆躧索等人,于街市聚集演唱。外来妇女,三五成群,以算卦为名,入人家室等语。京师为辇毂重地,不特内城理宜肃清,即外城地面,亦不容无业游民肆行溷迹,倘竟有诱拐兴贩,用药迷人等事,尤属大干法纪,不可不严行查禁。著步军统领顺天府五城各坊,随时查察,严行驱逐,遇有前项形迹可疑之人,立即拿获究办。倘不实力查禁,别经发觉,或有人参奏,定予重处,决不宽贷。

《清宣宗实录》卷二百七十

道光十八年八月

谕军机大臣等:西北两路,为边防要地。该处将军大臣等,固当廉明表率,即员弁兵丁,亦应操防练习,屏斥嬉游,方为有备无患。朕闻该处近多演剧游戏,以唱太平歌为名,彩服登场,欢呼取乐。竟有兵丁扮作戏剧,荡检踰闲,不成事体。兵弁习勤讲武,日久自成劲旅。似此违例骫法,尚安望其折冲御侮耶。着奕山、廉敬、恩特亨额等,细加访察,如有此种恶习,立即严行惩办。毋使相沿日久,渐染浇风,是为至要,将此各谕令知之。

《清宣宗实录》卷三百十三

道光十八年十月

上谕内阁:已革兵部差官恒庆……复因被参不甘,诉称善英率子带领兵丁,在署演唱,……已革副都统觉罗善英,律以恒庆牵控各款,已属违例;况以二品武职大员,整顿营伍,是其专责,乃于伊子扎拉芬带同兵丁,在署弹唱,失于禁约,与平日陈奏种种剌谬,其情甚属可恶,善英着发往军台效力赎罪,以示惩儆。已革兵丁罗阿常即巴哈苏唐、连闰即双忠、禄明即颂勒赫布以驻防兵丁,学习弹唱,听从扎拉芬在副都统署内弹演,殊属有乖营制,着乍浦副都统提案责惩,并另行存记,嗣后永远不准挑差,以为旗兵嬉戏者戒。

《清宣宗实录》卷三百十五

道光三十年正月

又谕:前据张芾奏遵查副将知府被参各款,当奉旨交刑部速议。兹据该部核议具奏,江西袁州协副将达崇阿身任武职二品大员,不知认真操练,又不能约束兵丁,性好演戏,并纵容子弟演唱,实属有玷戎行。达崇阿着即革职,发往新疆充当苦差。

《清文宗实录》卷二

咸丰二年正月

谕内阁:御史张炜奏,请严禁演戏奢靡积习等语。京师五城,向有戏园戏庄,歌舞升平,岁时宴集,原为例所不禁。惟相沿日久,竟尚奢华。如该御史所奏,或添夜唱,或列女座,宴会饭馔,日侈一日,殊非崇俭黜奢之道。至所演各剧,原为劝善惩恶,俾知观感。若靡曼之音,斗狠之技,长奸诲盗,流弊滋多,于风俗人心,更有关系。现在国服将除,必应及早严禁。着步军统领衙门、五城御史,先期刊晓谕,届时认真查办。如仍蹈前项弊端,即将开设园庄之人,严拿惩办,以振靡俗而除积习。

《清文宗实录》卷五十一

咸丰二年正月

又谕:御史伦惠奏京西妙峰山庙宇,每于夏秋二季烧香人众,有无赖之徒,装演杂剧,名曰走会,请饬严禁等语。乡民春秋报赛,诣庙烧香,原为例所不禁。若如所奏,匪徒以走会为名,装演杂剧,以致男女混淆,于风化殊有关系。着步军统领衙门、顺天府及西北城各御史先期出示晓谕,如有前项匪徒,即行拿究惩办,仍不准差役人等藉端扰累。

《清文宗实录》卷五十二

同治元年八月

谕内阁:前因给事中郭祥瑞、奏参山东莱州府知府王鸿烈贪酷各款,并其子王祥麟包揽公事各情,当交谭廷襄从严查办。兹据奏

称,王鸿烈并无嗜酒废公情事,其子王祥麟亦无包揽公事确据。惟王鸿烈当捻踪纷窜之时,辄因六十寿辰。听从亲友演戏为贺。高密县知县周用霖于南捻甫退之时,辄因母病愈,演戏酬神,均属不知大体。请将王鸿烈、周用霖交部分别议处。王祥麟免议各等语,办理甚属轻纵。谭廷襄身任封圻,于属员劣迹,平时既漫无觉察,迨经有人参奏,交该抚从严查办,犹复偏听委员一面之词,弥缝粉饰,化有为无为见好属员地步。且此案系咸丰十一年奉旨交查之件,逾年始行覆奏,亦属任意稽延,殊堪痛恨。此案山东莱州府知府王鸿烈,于防务吃紧之时,辄听从亲友演戏,且以劣迹多端,致登白简,平日居官不职,已可概见。该抚仅请议处,不足蔽辜。王鸿烈着改为即行革职,勒令带同伊子王祥麟即行回籍,不准在山东逗遛。高密县知县周用霖,于捻踪甫退,辄在寓演戏酬神,该抚所拟将该员交部议处,亦属过轻,周用霖着改为交部严加议处。……

《清穆宗实录》卷三十八

同治二年五月

又谕:沈葆桢奏特参玩视地方之知县,请革职永不叙用一折。江西龙泉县知县狄已礽,于该县所辖之大小五井山等处土匪约期滋事,该员并不亲往查拿,设法解散,已属玩视地方。并于国制期内,在署演剧,辄以胥役酬神,未便禁止为词。迨经该府知府揭参,委员前往摘印,该员竟敢带印晋省,置地方公事于不顾,尤属肆意妄为。狄已礽即着革职,永不叙用。

《清穆宗实录》卷六十七

同治八年十一月

谕内阁:御史锡光奏,请严禁五城寺院演剧招摇,妇女入庙,以端风化一折。寺院庵观,不准妇女进内烧香,例禁綦严,近来奉行不力,以致京城地面,竟有寺院开场演戏,藉端敛钱,职官眷属,亦多前往。城内隆福寺、护国寺开庙之期,妇女亦复结队游玩,实属有关风化。着步军统领衙门顺天府五城出示晓

谕,严切稽查。遇有前项弊端,即将该庙僧尼人等从重惩办,以挽颓风。

《清穆宗实录》卷二百七十一

同治九年七月

谕内阁:御史秀文奏请严禁内城卖戏一折。京师内城地面,向不准设立戏园。近日东四牌楼竟有泰华茶轩,隆福寺胡同竟有景泰茶园,登台演戏,并于斋戒忌辰日期,公然演唱,实属有干例禁。着步军统领衙门严行禁止。

《清穆宗实录》卷二百八十六

同治十一年五月

谕内阁:据御史袁承业奏,近闻太监在京城内外,开列多铺,并畜养胜春奎戏班,公然于园庄各处演戏等语。我朝纪纲严肃,从不准太监任意妄为,若如所奏各节,实属大干禁令。着总管内务大臣、步军统领衙门、顺天府五城,一体严行查禁。并着嗣后随时稽查,如有前项情事,立即据实奏明,从严惩办。经此次训谕后,倘有太监在外生事,别经发觉,除将该太监严行惩办外,并将该管大臣及地面各官惩处不贷。

《清穆宗实录》卷三百三十三

光绪七年四月

又江西南赣镇总兵王永胜,在任以来,惟以演剧饮酒,囤积贩运为事。且惯狎优伶,并贪买民间女子入署转为贩卖等语。武职大员,有整顿营伍之责,宜如何洁己自爱,奉公守法。兹据所参各节,贪鄙纵佚,行同无赖,如果属实,大干军律,亟应严加惩办。着彭玉麟确切查明,据实参奏,毋稍徇隐。原折着钞给阅看,将此谕令知之。

《清德宗实录》卷一百二十九

光绪七年闰七月

谕内阁:御史丁鹤年奏,内城茶园违禁演戏,请饬严禁一折。据称内城丁字街十刹海等处,竟敢开设茶园,违禁演戏,殊属不成事体。着步军统领、八旗都统,即行查明严禁,毋稍宽纵。

《清德宗实录》卷一百三十三

(三)其它律令

康熙十年

又定:凡唱秧歌妇女及惰民婆,令五城司坊等官,尽行驱逐回籍,毋令潜住京城。若有无籍之徒,容隐在家,因与饮酒者,职官照挟妓饮酒例治罪;其失察地方官,照例议处。

《钦定台规》卷二十三

乾隆二十七年

又奏准:五城寺僧尼开场演剧,男女概得出资随附,号曰善会,败俗酿弊,所关非细,应交步军统领五城顺天府各衙门严行饬禁,傥有设为善会,煽聚妇女者,立将该庙为首僧尼查拿治罪。至有职人员,罔顾官常,滥与庙会,及纵容妾入庙,一经查出,指名纠参。

《钦定台规》卷二十五

乾隆二十七年

又奏准:在京如有需次人员,出入戏园酒馆,不自爱惜名器者,交步军统领顺天府及五城御史严行稽察,指名纠参,以示惩儆。

《钦定台规·卷二十三·五城七》第十三页

嘉庆四年

奉上谕:向来京城九门以内,从无开设戏园之事,嗣因查禁不

力,夤缘开设,以致城内戏馆,日渐增多,八旗子弟,征逐歌场,消耗囊橐,习俗日流于浮荡,生计日见其拮据。现当遏密之时,除城外戏园将来仍准照旧开设外,其城内戏园,着一概永远禁止,不准复行开设。并令步军统领先行示谕,俾原开馆人等,趁时各营生业,听其自便,亦不必官为抑勒。自禁止之后,并着步军统领、八旗满洲都统,一体查察。如该旗地段,有违禁开设,经该旗都统查奏,即免置议。倘匿不奏闻,别经发觉者,除将步军统领及司员等严加议罪外,并将该旗都统,一并严加议处。

《钦定台规·卷二十三·五城七》第十七页

嘉庆八年

又奉上谕:嗣后着步军统领衙门、五城巡城御史,于外城开设酒馆戏园处所,随时查察,如有官员等改装潜往,及无故于某堂某庄游宴者,据实查参,即王公大臣,亦不得意存徇隐。

《钦定台规·卷二十三·五城七》第二十五页

嘉庆十一年

奉上谕:近来八旗子弟,往往沾染汉人习气,于清语、骑射,不肯专心练习,抛荒正业,甚至私去帽顶,在外游荡,潜赴茶园戏馆,饮酒滋事,实为恶习。嗣后八旗官员等,如有不戴顶帽,在外游荡者,是既不以职官自待,又与平人何异。该管地方官员,即当查拿究治,以示惩诫。

《钦定台规·卷二十三·五城七》第二十六页

嘉庆十二年

奉上谕:给事中严烺奏,现在霨雨未沾,请于斋戒期内,饬令大小臣工,凡遇喜庆等事,暂停演戏一摺。向例,斋戒期内,原俱禁止演戏,况值望泽维殷,朕心吁祷,凡在臣工,仰体宵旰勤求,谅亦断不出此。至外城戏园,于祈雨斋戒日期,未必尽能知悉。但当雨泽愆期之际,节次设坛祈祷,并降旨平粜仓粮,清理庶狱,凡所以关系

民瘼者,无不刻深萦廑,小民等自不当恣意宴乐。然未经明白晓示,伊等亦无由谨避。著五城御史豫行晓谕居民人等,凡遇斋戒日期,并祈雨斋戒及祭日,所有戏园,概不准演唱戏剧,以昭肃敬。惟所称俟甘雨沾足之后,再听其便,此则不必。朕斋居默祷,昕夕虔祈,恪恭寅畏之诚,无时不仰希昊鉴,岂闾阎所能深悉。若因朕心夙夜乾惕,谓民间皆宜诚敬,此意未免绳之太过。且恐民间以演戏营生者,转致失业向隅。核之定例,亦未符合。嗣后若非斋戒之期,无庸饬禁。

《钦定台规·卷二十三·五城七》第二十七页

道光四年

又内务府奏准:凡太监等,除出城置买什物不禁外,毋许在戏园酒肆饮酒听戏,以及飞帖邀请善会,如有犯者,即责成该管汛员弁及司坊官员查拿,送交内务府办理。是年御史郎葆辰奏……又外城戏园戏庄,不下十余处,嗣后无许再行开设。又请禁优伶出帖敛分及妇女戏庄宴会四款,请旨饬下五城御史严行禁止,以端风化等语。奉旨,御史郎葆辰奏请除京城时弊一折……至辇毂重地,理宜整肃,如所称添开戏庄等款,均于风俗人心,大有关系,着步军统领衙门一体行查禁,毋得视为具文。

《钦定台规·卷二十三·五城七》第三十六页

道光四年又定:嗣后如有呈请建设戏楼者,俱不准行。

《钦定台规·卷二十三·五城七》第三十六页

康熙四十五年九月驱逐秧歌妇女

刑部议,管顺天府尹事施条奏:应行令宛、大两县并五城司坊官员,将秧歌脚堕民婆,速行尽驱回籍,毋令潜住京城。嗣后若有无籍之徒,将此等妇女容隐在家,并同饮酒者,有职人员,照挟妓饮酒例议罪,系旗下人鞭一百,民责四十板,妇女亦责四十板,不准收赎,仍行追回原籍。其失察之地方官,交与该部

议处。

清·孙丹书《定例成案合钞》卷二十五“犯奸”

禁满洲学唱戏耍

一　近见满洲演戏,自唱弹琵琶弦子,常效汉人约会,攒出银钱戏耍,今应将此严禁。如不遵禁,仍亲自唱戏,攒出银钱约会,弹琵琶弦子者,系官革职,平人鞭一百。

清·孙丹书《定例成案合钞》卷二十六“杂犯”

禁止戏女进城

一　虽禁止女戏,今戏女有坐车进城游唱者,名虽戏女,乃于妓女相同。不肖官员人等迷恋,以致罄其产业,亦未可定,应禁止进城。如违禁进城被获者,照妓女进城例处分。

清·孙丹书《定例成案合钞》卷二十五“犯奸”

雍正二年十二月

内奉上谕:外官蓄养优伶,殊非好事,朕深知其弊。倚仗势力,扰害平民,送与属员乡绅,多方讨赏,甚至借此交往,夤缘生事。二三十人,一年所用不止数千金。如按察使白洵终日以笙歌为事,诸务俱已废弛。原任总兵官阎光炜将伊家中优伶,尽入伍食粮,遂致张桂生等有人命之事。夫府道以上官员,事务繁多,日日皆当办理,何暇及此。家有优伶,即非好官,若该督抚不时访查,至督抚提镇,若家有优伶者,亦得互相访查,指明密折奏闻。虽养一二人,亦断不可循隐,亦必即行奏闻。其有先曾蓄养,闻此谕旨,不敢存留,即行驱逐者,免其具奏。既奉旨之后,督抚不细心访察,所属府道以上官员,以及提镇家中尚有私自蓄养者,或因事发觉,或被揭参,定将本省督抚照循隐不报之例,从重议处。传谕。钦此。

清·明亮等纂修《钦定中枢政考》卷十三
禁令“禁止官员蓄养优伶”

雍正七年九月初一日

内阁奉上谕：周瑛受朕深恩，由微弁用至提督，因伊识见卑鄙，不胜提督之任，是以调回京师，仍复加恩，授以大员之职。前年发兵进藏时，因伊熟悉西藏情形，特令其领兵前往，待以厚恩，委以重任。伊若具有心胸，自当竭心尽力，奉公惟谨，以图报称。乃伊于领兵之际，擅买蛮妇，并令所辖兵丁等演戏，供其谦乐。又在藏与迈禄互相参差，不肯和衷办事，约束兵丁。种种不法，有玷官箴，想伊有心怀怨望之处，故肆意妄行，不知检束，溺职负恩，莫此为甚。俟伊回至四川，著解任交与提督黄廷桂、巡抚宪德，将伊各款，一一严审，定拟具奏。钦此。

中国第一历史档案馆编《雍正朝汉文谕旨汇编》

严行禁逐啰戏以靖地方事 （雍正六年二月）

照得欲杜盗源，先查保甲，欲严保甲，先逐流民，此一定不易之法也。故凡星相医卜、九流三教，与夫卖膏药、摆棋势、打流星、唱傀儡、弄猴、跑解、打拳、打弹、说书、唱曲之流，如系远方到此，来历未明，形踪诡秘者，俱应严行查禁，立为驱逐，以靖地方，本部院屡经严饬在案。至于民间搭台演戏，极易招集匪类，贻害民生。况男女混杂，废事失时，更且全家出看，往往失火延烧，抑有饮醉行凶，每每杀人偿命，为祸原烈。但秋冬报赛田功，小民酬神答愿，礼所不废，情亦宜通。故本部院但禁唱夜戏，不许连日，如有村庄必须演唱者，当豫为禀明地方官批准，官为稽查，至晚即止，使各散归，管守门户。倘夜深犹唱，或连日不休，即干究处，有本部院行过各案可查。地方官果能奉行不怠，何患宵小之不绝迹，士民之不安堵哉？今更访有啰戏一种，并非梨园技业，素习优童，不过各处游手好闲之徒，口中乱唱几句，似曲非曲，似腔非腔音调，携带妻子为囮，经州过县，入寨闯村。遂有一等地头光棍、衙门人役，贪奸其妻，并留其夫攒钱，搭台搬唱啰戏。其把持庇护，则多出于顽绅劣衿；其派饭供茶，则多出于地方乡保；其行头箱担，则多备于捕役壮丁。是以不惧官，不畏法，违禁公行，肆恣无忌。此等唱啰戏流民，

有戏则群聚而演唱,无戏则四散而行窃,甚而聚党成群,商谋劫杀,或入富室而行强,或伏道旁而害命,强盗瓜贼,即此辈也。其妻虽非乐户,实同土娼,卖笑呈妍,亦能钩魂而摄魄,争奸妒宿,每致奋戟而操戈。且有既卖其妇而得钱,仍诬占骗,欲弃其夫而谋杀,即犯凌迟,狱讼从此而繁兴,风化于焉而败坏,言之可恨,法所宜惩。至于被强被窃之家,每多出于绅衿富户,而容奸留戏之事,亦即在于劣监顽衿,盖倚护出头,便可抗官违禁,有钱高兴,更能一倡百随,及至引盗入门,不返悔其自贻伊戚,报官禀缉,恒致怨于纵贼殃民,何其愚也。除密访查拿外,合行严饬,为此牌仰该司府道州将官吏照牌事理,即便转饬所属,将本部院牌文刊刷告示,挨村逐镇,遍贴晓谕。务将带妻唱啰戏之人,尽逐出境,不许容留。如有绅衿兵役,把持抗违,地方官一面通详斥革,一面严拿审拟,招解本部院,立置大法,决不稍从宽典。倘乡保地方,不行查逐,村民将空房赁与居住,或歇店容留,一经事犯,并邻佑牌甲人等,分别按律连坐。如文武官弁,不实力奉行,严行驱逐,该管上司,不时查察揭参,上司徇庇,本部院自行查出,同参并劾,各宜慎之,毋得视为具文,后悔无及。其专管捕务之佐贰杂职,一并饬知遵照。文到先取,遵依示式,报查毋违。

田文镜《总督两河宣化录》卷之三

乾隆十九年禁水浒传

吏部为敬陈习弊等事,考功司案呈吏科抄出本部会议得掌福建道监察御史胡定奏称:……又奏称:一、盗言宜申饬也。阅坊刻水浒传,以凶猛为好汉,以悖逆为奇能,跳梁漏网,惩创蔑如。乃恶薄轻狂曾经正法之金圣叹,妄加赞美;梨园子弟,更演为戏剧;市井无赖见之,辄慕好汉之名,启效尤之志,爰以聚党逞凶为美事,则水浒实为教诱犯法之书也。查康熙五十三年,奉禁坊肆卖淫词小说。臣请申严禁止,将水浒传毁其书板,禁其扮演,庶乱言不接,而悍俗还淳等语。查定例,坊间书贾,止许刊行理学政治,有裨文业诸书,其余琐语淫词,通行严禁,违者重究。

是教诱犯法之书，例禁森严。今该御史奏请将水浒申严禁止等语，查琐语淫词，原系例禁，应如所奏请，敕下直省督抚学政，行令地方官，将水浒一书，一体严禁；亦毋得事外滋扰。等因，乾隆十九年三月二十三日题，本月二十六日，奉旨依议，钦此。乾隆十九年四月二十七日江省准咨。

《定例汇编》卷三

嘉庆七年

城市乡村于当街搭台酬神者，止许白昼演戏。如深夜悬灯唱戏，男女拥挤，混杂喧哗，恐致生斗殴、赌博、奸窃等事。武职该管官严行禁止，倘不实力奉行，罚俸一年。

清·明亮等纂辑《钦定中枢政考》卷三十二

嘉庆十三年六月

内奉上谕：松筠奏遵旨驱逐戏班人等一折，伊犁等处，为边疆重地，且现在官兵驻扎，又系军营，何得有演戏之事，致兵民被其引诱，大坏习尚。从前皇考高宗纯皇帝特颁谕旨，禁约綦严。该将军大臣等，日久因循，奉行不力，现在复有容留戏班之事，恐非伊犁一处为然。本应治以违禁之罪，此次姑免惩处，但此后不可不力加整顿。着松筠即通传南北各路，令该处驻扎大臣等，一体凛遵，认真查察。凡有戏班人等，俱着立时撵逐出境，令其各归内地谋生，毋许逗留，仍将实力查禁缘由，于每岁年底自行俱奏一次，毋庸交伊犁将军汇奏。设该大臣等阳奉阴违，饰词具奏，将来经朕查出，必当治其欺罔之罪，不能宽恕，凛之。将此谕令知之。钦此。

清·明亮等纂辑《钦定中枢政考》卷十三

戏场章程[①]

第一条　本章程所谓戏场,凡永久开设之戏园及为迎神赛会等事临时开演者,皆包括在内。

第二条　凡建设戏园者,应将左列事项呈报于该管巡警局,其已建设者,宜补行呈报:建设者之住所、姓名、年龄;

戏园之名称;

建设之处所;

房间之数目;

房屋之配置图;

戏园前面之广狭;

四邻之略图。

前列各项经巡警局查看有无妨害,受其许可方得建筑。

第三条　已受前条许可者,应于建筑时禀请巡警局查看,是否合于前条报告。

第四条　戏园落成时,应呈报巡警局受使用之许可。

第五条　凡戏园转卖及转赁时,应于三日前呈报巡警局。

第六条　凡建筑戏园所用材料必须坚实,以防危险。

第七条　凡戏园正门必广大,其左右或后面应另置便门,以备不虞。

第八条　凡建筑戏园,对于学堂、病院、官署、兵营及其它公要之处,均应取适中之距离。

第九条　戏院房屋损坏及腐朽,有危险之虞者,应速加修缮。

第十条　戏园内及厕所应时时扫除,以求清洁。若在夏日应撒布石灰或其它防臭药。

---

① 本章程是清宣统元年(1909)农历三月“直隶警务处谨拟《戏场章程》恭呈鉴核”,“呈请转咨民政部”立案全文。原件存中国第一历史档案馆。

第十一条　凡为迎神赛会等事临时演戏者，应遵左列规定，报告于巡警局：

首事人及经理人之姓名；

演戏之事由；

演戏之处所；

戏班之名称；

开演之月日及期限。

第十二条　凡因前条等事演戏，或用戏楼，或用架台，均须报明巡警局，查看有无危险。

第十三条　凡戏场所演戏曲，应行禁止者如左：

背劝善惩恶之旨者；

涉于淫亵及惨酷者；

涉于怪诞者；

助成犯罪之方法及手段者。

第十四条　演戏时间至晚不得过午后十二钟。

第十五条　演戏时认为有害公安或有紊乱风俗者，巡警官吏得命其停止。

第十六条　戏场中灯火及供演戏所用之火器，应特别注意，以防火灾。

第十七条　戏场内严禁争吵、斗殴及严查一切偷盗剪绺之事。

第十八条　凡观戏者，于开演时应遵守左列事项，若有违背者，得禁止之或使之退场：

肆意喧哗为他人之妨害者；

滥登戏台者；

故意拥挤者；

陈列品物妨碍他人者；

酗酒滋扰者。

第十九条　遇有火灾及非常事变时，得命其停演。

第二十条　有违犯本章程者，应照违警律第二十三条斟酌情形处断。

第二十一条　本章程自各州县奉到通饬后,为施行之期。其有应行增删改定之处,当由警务处禀定颁布。

(四)乾隆四十五至四十六年查饬剧本的奏折与朱批

奏　奴才伊龄阿跪奏:为钦奉上谕事。乾隆四十五年十一月十九日,准兵部火票递到军机大臣传谕内开出十一月十一日奉上谕:"前令各省将违碍字句之书籍实力查缴,解京销毁,据各督抚等陆续解到者甚多。因思演戏曲本内亦未必无违碍之处,如明季国初之事,有关涉本朝字句,自当一体饬查。至南宋与金朝关涉词曲,外间剧本往往有扮演过当,以至失实者,流传久远,无识之徒或致转以剧本为真,殊有关系,亦当一体查饬。此等剧本大约聚于苏、扬等处,著传谕伊龄阿、全德留心查察,有应删改及抽掣者,务为斟酌妥办。并将查出原本暨删改抽掣之篇,一并粘签解京呈览。但须不动声色,不可稍涉张皇。至全德向不通晓汉文,恐交伊专办未能妥协,所有苏州一带应查禁者,并著伊龄阿帮同办理。将此传谕知之。钦此。"

奴才伏查外间演扮戏文,洵为太平景象,而词曲中违碍字句及扮演过当流传失实者,不一而足,诚如圣谕,不可不釐剔删除,以彰教孝教忠之至意。自南宋元明至今六百余年,流传剧本甚多,书坊售卖,率皆刻本,其苏、扬教习人等,或另有藏本,未经刊刻通行者,均不可不逐细检查,以期文义明晰,而扮演毫无违碍,惟是办理最慎密,而搜访不厌精详。"

奴才钦遵谕旨,当即饬委运司仓圣裔、同知张辅,率领总商江广达等设立公局,将各书坊宋元明新旧剧本详细确查,并将教习人等平日收藏新旧戏文,无论刻本抄本,概令呈缴。奴才督率该员等细加检阅其中如有明季国初之事,关涉本朝字句及南宋与金朝关涉词曲,扮演过当以至失实者自当查明。应删改者删

改,应抽掣者抽掣,俾智者见而知所观感,愚者见而知所惩戒,始足以正人心而端风化。容奴才陆续查办,分别粘签,恭呈御览,伏候圣训。遵行现已札商苏州织造全德一体查办,俟其查有就绪,奴才留心帮同商酌妥办,以期详尽无遗,断不敢稍涉张皇,亦不敢苟且敷演颟顸,从事所有,奴才现在钦遵酌办缘由缮折由驿奏复,伏乞圣鉴。

抑奴才更有请者,查江南苏、扬地方昆班这仕宦之家所重,至于乡村镇市以及上江、安庆等处,每多乱弹,系出自上江之石牌地方,名曰石牌腔。又有山陕之秦腔,江西之弋阳腔,湖广之楚腔,江广、四川、云贵、两广、闽浙等省皆所盛行。所演戏出,率由小说鼓词,亦间有扮演南宋、元明事涉本朝,或竟用本朝服色者,其词甚觉不经,虽属演义虚文,若不严行禁除,则愚顽无知之辈信以为真,亦殊觉非是,可否仰恳皇上天恩,密敕各该省督抚,专派妥员,详加查察。如有违碍,立即严行一体查禁,庶小民知所警惕,而礼义廉耻之风更可期其淳朴矣。奴才管窥之见,是否有当,伏乞圣主训示,施行谨奏。

朱批:知道了。

乾隆四十五年十一月二十日

奏 奴才全德谨奏:为钦奉上谕事乾隆四十五年十一月二十日接奉军机大臣送传谕,内开乾隆四十五年十一月十一日奉上谕:“前令各省将违碍字句之书籍实力查缴,解京销毁,据各督抚等陆续解到者甚多。因思演戏曲本内亦未必无违碍之处,如明季国初之事,有关涉本朝字句,自当一体饬查。至南宋与金朝关涉词曲,外间剧本往往有扮演过当,以至失实者,流传久远,无识之徒或致转以剧本为真,殊有关系,亦当一体查饬。此等剧本大约聚于苏、扬等处,著传谕伊龄阿、全德留心查察,有应删改及抽掣者,务为斟酌妥办。并将查出原本暨删改抽掣之篇,一并粘签解京呈览。但须不动声色,不可稍涉张皇。至全德向不通晓汉文,恐交伊专办未能妥协,所有苏州一带应查禁者,并著伊龄阿帮同办理。将此传谕

知之。钦此。”

奴才伏思苏城地方唱戏者最多,而售卖曲本者亦复不少,若查办不密,一有声张,愚民无知疑畏,并生便尔藏匿,转致不能查收尽净。是以奴才现在不事张皇,密为各处访购,无论刻本抄本,概行收买逐细校勘,凡有明季国初之事,有关涉本朝字句,并南宋与金朝关涉词曲及扮演过当,应删应改及应行抽掣者,俱一一粘签,陆续恭呈御览,敬候钦定后,凡无关禁令,各戏仍令照常演唱,其应删应改者,逐一更正妥当,再谕令书坊照更定之本刊卖,并令各戏班照新本演唱。其有违碍语句之原板原书并抽掣之书板,尽行销毁,庶民不知扰而事归实济。但奴才粗识字义,诚如圣谕,汉文不能通晓,恐有遗漏,所有苏州查出各戏本,奴才校勘之后,将有无违碍之处鉴明密封,送交伊龄阿再行斟酌妥办,恭请训示。至苏城民俗颇好新奇,时时喜编新戏,此外或有初编戏本而未经演唱者,奴才亦现在一并密为搜求,多方购买,不使稍有遗漏。再奴才前在九江时闻有秦腔、楚腔、弋阳腔、石牌腔等名目词曲,更涉不经,恐其中不无亦有违碍语句,扮演过当者,自应一律查办,其如何设法收查删改抽掣之处,容奴才与伊龄阿商酌妥善,另行会折奏办,以仰副圣主正人心,厚风俗之至意,所有遵奉谕旨查办缘由理合敬谨缮折恭奏,伏乞睿鉴。谨奏。

朱批:览

乾隆四十五年十一月二十二日

奏 奴才全德谨奏:为奏闻事,窃奴才前次接奉谕旨,遵查演戏曲本缘由,业经恭折复奏,随密遣家人赴苏城内外各书坊及惯卖戏曲脚本各铺,将一应曲本,无论刻本抄本概行收买,已得二百三十七种。奴才细心勘校,今勘出应行禁止销毁者九种,删改抽掣者三种,无碍可存者二种,先行逐一粘签密封,送交伊龄阿复核汇呈,恭请圣训。其余购得曲本,仍逐细校勘,并于此外再加访购,不敢稍有疏漏,亦不敢稍涉张皇,所有现在办理情形,理合缮折具奏,并将已经收买及查勘各曲本分别开具清单,恭请御览,伏乞皇上睿鉴

训示。谨奏。

朱批:览

乾隆四十五年十二月初四日

奏 直隶总督臣袁守侗谨奏:为遵旨慎密查办恭折复奏事。乾隆四十五年十二月初七日承准大学士公阿桂、尚书额驸公福隆安字寄十一月二十八日奉上谕:“前因外间流传剧本,如明季国初之事有关涉本朝字句,亦未必无违碍之处,传谕伊龄阿,全德留心查察,斟酌妥办。兹据伊龄阿复奏,派员慎密搜访查明应删改者删改,应抽掣者抽掣,陆续粘签呈览。再查昆腔之外有石牌腔、秦腔、弋阳腔、楚腔等项,江广、闽浙、四川、云贵等省皆所盛行,请敕各督抚查办等语,自应如此办理,着将伊龄阿原折抄寄各督抚阅看,一体留心查察,但须不动声色,不可稍涉张皇,将此遇各督抚奏事之便,传谕知之。钦此。”

遵旨抄奏寄信到,臣当即钦遵转札,嘱令慎密采访,切勿有动声色,凡弋阳等腔演戏曲本留心查出,即申送省城书局详加斟酌,倘有流传失实、字语违碍者,即分别删改抽掣,随时粘签恭呈御览,务期文义明妥,扮演适当,以正人心而厚风俗,不至稍涉张皇。所有遵旨查办缘由,谨缮折复奏,伏祈皇上睿鉴。谨奏。

朱批:览

乾隆四十五年十二月十一日

奏 山西巡抚臣喀宁阿谨奏:为钦奉上谕事。臣于十二月十一日承准大学士阿桂、尚书额驸公福隆安字寄乾隆四十五年十一月二十八日奉上谕:“前因外间流传剧本,如明季国初之事有关涉本朝字句,亦未必无违碍之处,传谕伊龄阿,全德留心查察,斟酌妥办。兹据伊龄阿复奏,派员慎密搜访查明应删改者删改,应抽掣者抽掣,陆续粘签呈览。再查昆腔之外有石牌腔、秦腔、弋阳腔、楚腔等项,江广、闽浙、四川、云贵等省皆所盛行,请敕各督抚查办等语,自应如此办理,着将伊龄阿原折抄寄各督抚阅看,一体留心查察,但须不动

声色,不可稍涉张皇,将此遇各督抚奏事之便,传谕知之。钦此。”

并将伊龄阿原折抄寄到臣。臣伏查晋省演扮戏出多系秦腔,其词曲率由小说、古词敷衍成文。即有外来昆腔,亦甚无几,惟宋元以来流传剧本,在仕宦之家以及书坊市肆往往有之,其中违碍字句及扮演过当,流传失实者,不一而足,诚如圣谕,不可不留心查察,斟酌妥办。臣钦遵谕旨当即檄饬两司在于省城设立公局,通行各府州县一体饬查,将所有宋元明新旧戏文无论刻本抄本,概令呈缴,臣饬委专员细加检阅,其中如有明季国初之事,关涉本朝字句及南宋与金朝关涉词曲或竟用本朝服色者,详悉查明,应删改者删改,应抽掣者抽掣,以期永绝根株,并将扮演过当之处通行示谕,严密查禁。断不敢稍涉张皇,亦不敢草率将事,以仰副我皇上杜遏邪言,正人心厚风俗之至意,容臣陆续查办分别粘签进呈外,所有钦遵办理缘由,理合恭折奏复。又同日接准大学士公阿桂抄寄奏查王仲儒所著《西斋集》一折,令臣严查解京销毁等因,臣遵即移会学臣并檄行两司通饬所属严密访查,如有王仲儒《西斋集》刊刻流传之本,并此书板片,立即解缴销毁,务使片纸只字不致存留,贻惑后世。合将遵办缘由一并奏闻,伏乞皇上睿鉴。谨奏。

朱批:览

乾隆四十五年十二月十三日

奏 江苏巡抚臣闵鹗元谨奏:为遵旨查办事。窃臣于常州途次,承准大学士公阿桂、尚书额驸公福隆安字寄内开乾隆四十五年十一月二十八日奉上谕:“前因外间流传剧本,如明季国初之事有关涉本朝字句,亦未必无违碍之处,传谕伊龄阿,全德留心查察,斟酌妥办。兹据伊龄阿复奏,派员慎密搜访查明应删改者删改,应抽掣者抽掣,陆续粘签呈览。再查昆腔之外有石牌腔、秦腔、弋阳腔、楚腔等项,江广、闽浙、四川、云贵等省皆所盛行,请敕各督抚查办等语,自应如此办理,着将伊龄阿原折抄寄各督抚阅看,一体留心查察,但须不动声色,不可稍涉张皇,将此遇各督抚奏事之便,传谕知之。钦此。”

遵旨寄信到臣，臣查曲本流传昆腔之外，有石牌腔、秦腔、弋阳腔、楚腔，所演剧本大都本之弹词鼓儿词居多，较之昆腔演本，尤多荒诞不经，其中有将明季国初关涉本朝之事妄为填砌者，均应芟除，以杜诞谬而昭敬谨，臣恪遵谕旨，督同司道及各该府一体留心查察，慎密搜访，将剧本并弹词鼓儿词内谬妄违碍之处分别芟除饬禁，抑副圣主正人心而厚风俗之至意，有臣遵奉查办缘由，理合恭折奏明，伏祈皇上睿鉴。

朱批：览

乾隆四十五年十二月十六日

奏 奴才全德谨奏：为奏闻事。窃奴才遵旨查办违碍戏曲，业将初次收买曲本二百三十七种及勘出十四种于上年十二月初四日恭折具奏，嗣加意访觅，又收集刻本抄本一百三十九种，奴才将先后购得各本悉心查勘，又勘出应禁止销毁者十种，删改抽掣者十九种，无碍可存者七种，共三十六种，照前粘签，节次封交伊龄阿复核汇呈，恭请圣训。除再慎密购办外，所有续经收买曲本及查勘缘由，理合缮折奏明，并分别开具清单，恭呈御览，伏乞圣主睿鉴。谨奏。

朱批：览

乾隆四十六年正月初二日

奏 湖广总督臣舒常、湖北巡抚臣郑大进跪奏：为遵旨奏复事。乾隆四十五年十二月二十七日承准大学士阿桂、尚书额驸公福隆安字寄乾隆四十五年十一月二十八日奉上谕："前因外间流传剧本，如明季国初之事有关涉本朝字句，亦未必无违碍之处，传谕伊龄阿，全德留心查察，斟酌妥办。兹据伊龄阿复奏，派员慎密搜访查明应删改者删改，应抽掣者抽掣，陆续粘签呈览。再查昆腔之外有石牌腔、秦腔、弋阳腔、楚腔等项，江广、闽浙、四川、云贵等省皆所盛行，请敕各督抚查办等语，自应如此办理，着将伊龄阿原折抄寄各督抚阅看，一体留心查察，但须不动声色，不可稍涉张皇，将

此遇各督抚奏事之便,传谕知之。钦此”。

遵旨寄信前来,臣等跪读之,仰见皇上训俗型方,无微不察之至。窃念演戏传奇,事多失实,而愚民无识,往往惑于观听,信假为真,剧本内倘有违碍本朝字句,不可不详加正,至如昆腔盛自苏扬,其所流传词曲尚按宫商,亦通文理,坊间俱有刻本可查。臣等现在派员搜访违碍书籍,遇有应禁之剧本,自当一体收解,或可以删改抽掣之处,分别粘签恭呈御览。惟有石牌腔、秦腔、弋阳腔、楚腔等项,虽声调各别,皆极为鄙俚,使人易于晓解,传抄学习各有一定底本,其内如有淫词邪说,本不应听其任情捏造,鼓惑人心,若事属不经稍有违碍,尤宜留心禁止。臣等谕令该管道府转饬所属州县,毋许张皇,但将本境及外来优人所有杂剧无论刻本抄本,行呈验明白,方准领出演唱,仍一面具报备查,似此办理,即可一律更定,不至以讹传讹,实足为维持风教之一助,所有钦遵查办缘由,理合会折奏复,伏乞皇上圣鉴。谨奏。

朱批:只宜认真,不宜滋扰。

乾隆四十六年正月初六日

奏 奴才全德谨奏:为奏闻事。奴才遵旨查办违碍戏曲,所有陆续收买曲本三百七十六种及勘出五十种,节经奏明在案。今又购得刻本抄本二十一种,并将先后收存各本悉心查勘,又勘出应禁止销毁者五种,删改抽掣者十六种,无碍可存者十三种,共三十四种,已照前粘签,节次封交伊龄阿复核。除再慎密购办外,理合将续经收买曲本及查勘封交缘由缮折具奏,并分别开具清单,敬呈御览。再奴才查办曲本一事,原奉恩旨著伊龄阿帮同办理,今伊龄阿调任粤省,新任两淮盐政图明阿素昔通晓汉文,奴才嗣后凡有勘出各曲本俱封交,图明阿斟酌妥办,实于公事有益。伏乞圣慈垂鉴。谨奏。

朱批:览

乾隆四十六年二月初三日

奏 两广总督臣觉罗巴延三跪奏：为钦奏谕旨事，乾隆四十六年正月十八日承准大学士阿桂、尚书额驸公福隆安字寄乾隆四十五年十一月二十八日奉上谕："前因外间流传剧本，如明季国初之事有关涉本朝字句，亦未必无违碍之处，传谕伊龄阿，全德留心查察，斟酌妥办。兹据伊龄阿复奏，派员慎密搜访查明应删改者删改，应抽掣者抽掣，陆续粘签呈览。再查昆腔之外有石牌腔、秦腔、弋阳腔、楚腔等项，江广、闽浙、四川、云贵等省皆所盛行，请敕各督抚查办等语，自应如此办理，着将伊龄阿原折抄寄各督抚阅看，一体留心查察，但须不动声色，不可稍涉张皇，将此遇各督抚奏事之便，传谕知之。钦此。"

遵旨寄信前来，并抄录伊龄阿原折到臣，臣钦遵谕旨即饬两司派委详细妥员，令将新旧戏文无论刻本抄本，概行详加检阅，其中有应删改者删改，应抽掣者抽掣，亦照江苏办理之例，分别查办。并令各该员详细妥办，不得稍有张皇，致滋纷扰，所有臣现在接奉谕旨饬办缘由，合先缮折具奏，伏乞皇上睿鉴。谨奏。

朱批：览

乾隆四十六年二月十二日

奏 广东巡抚臣李湖跪奏：为遵旨抽改违碍剧本恭折奏复事，窃臣接准督臣巴延三知会，承准大学士阿桂、尚书额驸公福隆安字寄乾隆四十五年十一月二十八日奉上谕："前因外间流传剧本，如明季国初之事有关涉本朝字句，亦未必无违碍之处，传谕伊龄阿，全德留心查察，斟酌妥办。兹据伊龄阿复奏，派员慎密搜访查明应删改者删改，应抽掣者抽掣，陆续粘签呈览。再查昆腔之外有石牌腔、秦腔、弋阳腔、楚腔等项，江广、闽浙、四川、云贵等省皆所盛行，请敕各督抚查办等语，自应如此办理，着将伊龄阿原折抄寄各督抚阅看，一体留心查察，但须不动声色，不可稍涉张皇，将此遇各督抚奏事之便，传谕知之。钦此。"

遵旨等因转抄到，臣查民间演唱词曲大抵昆戏，俱有刻本，其乱弹、秦、楚、弋阳等腔多出市井谬妄之徒，随意凑集，彼此互相传

抄,名曰脚本,坊肆从无翻刻,至曲内有字句违碍及穿用服色僭妄不经者,无论昆腔、乱弹,俱当钦遵谕旨,删改饬禁、斟酌妥办。查梨园书贾聚集多在省垣,外府州县不过十之一二,亦俱汇处城市,非如僻壤穷乡,骤难家喻户晓,应请查照江南办理成规,传谕书肆及伶人,各将现有刻抄本子呈缴委员校阅核明,某项应禁,某项应除,随时扣改,复核发还。即将查禁曲目、服色,并令梨园各班于开载正杂戏出内,遵照删改,仍饬令外府州属,画一妥办具报,似可不动声色,渐次革除。唯是粤东为内外水陆商贾辐辏之区,俗杂风淫,嗜利好斗,市廛流传戏剧往往装点荒唐,扮狭邪为香艳,演戏匪为英雄,愚民耳濡目染,不唯乐道喜谭,甚或妄生欣羡,于海疆风俗人心殊有关系。查律载,搬做杂剧不许装扮神像,其神仙道扮及义夫节妇孝子顺孙,劝人为善者,不在禁限,则凡属奸淫邪道、悖伦乱常者均应一体饬禁。应请即于现在委员查核之内,一并分别禁止搬演,似亦嘿运潜移风化,不无小补。是否有当合并附陈所有遵旨查办缘由,臣谨恭折复奏,伏乞皇上睿鉴。谨奏。

朱批:览。但不要滋扰,亦不可不实力妥办。

乾隆四十六年二月二十一日

奏 湖南巡抚臣刘墉跪奏:为遵旨留心查察,恭折复奏事。乾隆四十六年正月初五日承准大学士公阿桂、尚书额驸公福隆安字寄乾隆四十五年十一月二十八日奉上谕:"前因外间流传剧本,如明季国初之事有关涉本朝字句,亦未必无违碍之处,传谕伊龄阿,全德留心查察,斟酌妥办。兹据伊龄阿复奏,派员慎密搜访查明应删改者删改,应抽掣者抽掣,陆续粘签呈览。再查昆腔之外有石牌腔、秦腔、弋阳腔、楚腔等项,江广、闽浙、四川、云贵等省皆所盛行,请敕各督抚查办等语,自应如此办理,着将伊龄阿原折抄寄各督抚阅看,一体留心查察,但须不动声色,不可稍涉张皇,将此遇各督抚奏事之便,传谕知之。钦此钦遵。"

臣伏查昆腔词曲俱有坊间刻本,惟江苏优人工于演习,湖南省戏班能唱昆腔者无多,其曲本中有应禁字句易于查办,其余石牌等

腔，民间因风俗口音相近，易于晓解遂乐于听观，所唱词曲大概鄙俚粗浅，亦有荒唐不经，多系抄本相传习焉，不察急应删改抽掣详加正，此等优人平时演熟之剧，均有剧目可考。伊等聚居城市日多，不难留心体察，臣与藩习陈用敷等向各地方官告知，令将戏班剧本陆续查验，应禁者分别删掣，无碍者听各演唱，凡有删掣名目，随时具报，并令各州县互相知会，自可不动声色由渐改革，以厚风俗。再旧时传奇曲本及小说野史等未经优人演唱者，恐复不少仍归搜访违碍书籍案内查缴，分别销毁，以净根株，所有湖南省查办缘由理合恭折复奏，伏乞皇上圣鉴。再大学士公阿桂抄发奏片，请将王仲儒《西斋集》严查销毁，臣查上年正月，准两江督臣萨载咨会，当即通饬收缴，未有获解，现复严饬实力搜寻呈缴，不致遗留，敬并陈明。谨奏。

朱批：览

乾隆四十六年二月二十八日

奏 奴才图明阿跪奏：为遵旨酌拟查办戏曲违碍之处，本年正月内，伊龄阿将删改抽掣之《精忠传》等五种具奏呈进。二月二十九日奉到朱批："此事不必行之过当，当交图明阿、全德等妥为之。钦此。"奴才跪读之下，仰荷圣主明白训示，俾办理得有遵循，实深感幸，并即敬谨抄录寄知全德钦遵。伏念奴才到任以来将局内所收宫商及戏班教习等缴到戏曲逐一查检，除已进呈之五种外，其余尚有彼此重复之本，又有与全德送来之曲重复者，俱经核实剔除，现在所存戏曲计二百八十四种，奴才正在督率委员上紧查办间。兹奉到朱批，奴才钦遵斟酌，并恭捧上年十一月内原奉上谕悉心体会，窃以凡系明季国初之事，有关涉本朝字句及南宋与金朝剧本扮演失实者，皆当遵旨，酌拟删改抽掣，另缮清本，仍将粘签之原本，一并进呈，恭候钦定。其余曲本或一部中有一二处情节乖谬，恐其诳惑愚民，亦应照此办理。若但系字句偶有违碍，应即就原本内粘签改正，恭呈御览。奴才不揣愚昧，谨拟如此分别办理，庶承办人员得以循照章程，上紧攒办，不致纷杂迟延，久稽岁月。至全德节

次送来共一百十二种,已据分别粘签,抽掣改正,似俱妥协。奴才仍留心复勘,亦一体陆续代为进呈。再,此外尚有原奉例禁之剧,并一切荒诞秽杂,毫无情理之曲,均当随见随毁,以杜滋蔓流传。奴才惟与全德慎密搜罗,加谨查勘,不敢稍涉张皇,亦不敢将就了事,以仰副圣主训饬妥办之至意,是否有当,谨具折奏,恭请恩赐训示遵守伏,乞慈鉴。谨奏。

朱批:好,知道了。此亦正人心之一端,但不可过于滋扰。

乾隆四十六年三月初二日

奏 奴才全德谨奏:为奏闻事。窃奴才遵旨查办违碍戏曲,所有陆续收买曲本三百九十七种,及勘出八十四种,节经具奏,并将所勘各种交图明阿复核缘由,于前折陈明在案。今又购得刻本抄本十种,奴才将先后收存各本悉心查勘,又勘出应行禁止销毁者八种,删改抽掣者二十八种,无碍可存者四十七种,分别粘签,节次交图明阿复核汇呈,恭请圣训,除再慎密购办外,理合将续经收买曲本及查勘缘由缮折奏明,并具各清单恭呈御览,伏乞圣主睿鉴。谨奏。

朱批:览

乾隆四十六年三月初四日

奏 江西巡抚郝硕谨奏:为遵旨复奏事。窃臣于乾隆四十五年十二月二十五日承准大学士公阿桂、尚书额驸公福隆安字寄内开乾隆四十五年十一月二十八日奉上谕:“前因外间流传剧本,如明季国初之事有关涉本朝字句,亦未必无违碍之处,传谕伊龄阿,全德留心查察,斟酌妥办。兹据伊龄阿复奏,派员慎密搜访查明应删改者删改,应抽掣者抽掣,陆续粘签呈览。再查昆腔之外有石牌腔、秦腔、弋阳腔、楚腔等项,江广、闽浙、四川、云贵等省皆所盛行,请敕各督抚查办等语,自应如此办理,着将伊龄阿原折抄寄各督抚阅看,一体留心查察,但须不动声色,不可稍涉张皇,将此遇各督抚奏事之便,传谕知之。钦此钦遵”。

寄信到臣,臣查江西昆腔甚少,民间演唱有高腔、梆子腔、乱弹

等项名目。其高腔又名弋阳腔，臣检查弋阳县旧志有弋阳腔之名，不知始于何时，无凭稽考。现今所唱即系高腔，并无别有弋阳词曲，并据附省之南昌府禀称，遵经传谕各戏班，将戏本内事涉明季及关系南宋、金朝故事扮演失实者，严行禁除外，所有缴到各戏本派员查核，内有《全家福》、《乾坤鞘》二种语有违碍，又《红门寺》一种扮演本朝服色，应呈请查办等情，臣与藩臬两司复核无异。查江右所有高腔等班，其词曲悉皆方言俗语，俚鄙无文，大半乡愚随口演唱，任意改更，非比昆腔传奇出自文人之手。剞劂成本，遐迩流传，是以曲本无几，其缴到者亦系破烂不全抄本，现在检出之三种内《红门寺》系用本朝服色，《乾坤鞘》系宋金故事，应行禁止。《全家福》所称封号语涉荒诞，且核其词曲不值删改，俱应竟行销毁，臣谨将原本粘签恭呈御览。至如瑞州、临江、南府等府山隅僻壤，本地既无优伶，外间戏班亦所罕至，惟九江、广信、饶州、赣州、南安等府连江广闽浙，如前项石牌腔、秦腔、楚腔时来时去，臣饬令该府时刻留心，遇有到境戏班，传集开谕，务使一体遵禁改正，以昭我皇上端本维风之至治，仍不许稍有张皇及苟且从事，致干严行参究，所有现在遵旨查办缘由，理合恭折复奏，伏乞皇上圣鉴。谨奏。

朱批：知道了。

乾隆四十六年四月初六日

奏 奴才图明阿跪奏：为恭录勘办剧本进呈御览事。窃照查办戏曲，昨奴才拟请凡有关涉本朝字句及宋金剧本扮演失实者，皆应删改抽掣，另缮清单同原本粘签进呈，其余曲本有情节乖谬，恐其诳惑愚民者，亦照此办理。但若系字句违碍，则只将原本粘签改正进呈等清具奏本奉到。朱批：“好，知道了，此亦正人心之一端，但不可过于滋扰耳。钦此。”仰见我圣主德化教思无微不至。奴才惟有钦遵恩训，督率委员加谨查勘，斟酌删改抽掣。今办得《金雀记》等九种，并全德移来《鸣凤记》一种，奴才俱复加酌核，缮写清本，同原本粘签，恭呈御览。奴才又复勘得《千金记》等十种，又全德移来《种玉记》等十种，均系曲白内间有冗杂之处，抽改无多，现

在即以粘签原本进呈。奴才谨开具清单,恭折具奏,其余在局曲本仍敬谨遵奉,细心勘办,随时呈缴,并会同全德再行慎密搜罗,不敢稍有滋扰懈忽,以仰副圣主训饬至意。伏乞恩鉴。谨奏。

朱批:览

乾隆四十六年四月初九日

奏　奴才全德谨奏:为奏闻事。奴才遵旨查办违碍戏曲,业将陆续收买曲本四百十四种及勘出二百三十三种,节次奏明在案,今又购得刻本抄本十种,奴才将先后收存各本,悉心查勘。又勘出应禁止销毁者十四种,删改抽掣者十四种,无碍可存者十二种,共四十种,照前分别粘签,节次封交图明阿复核汇呈,恭请圣训。除现在再行慎密购办外,理合将续经收买曲本及查勘缘由,敬谨缮折奏明,并开具各清单,恭呈御览,伏乞圣主睿鉴。谨奏。

朱批:览

乾隆四十六年五月初四日

奏　奴才全德谨奏:为奏闻事。乾隆四十六年闰五月二十一日,奴才赍折家奴回苏接奉军机大臣传谕,内开乾隆四十六年五月二十九日奉上谕:"前因世俗流传剧本内有南宋与金朝关涉,或本朝新事新编词曲扮演过当以至失实,无之识徒或转以剧本为真,殊有关系,曾传谕该盐政等,令其留心查察,其有应行删改抽掣者斟酌妥办。乃本日据图明阿奏查办剧本一折,办理又未免过当。剧本内如《草地》、《拜金》等出不过描写南宋之恢复及金朝退败情形,竟至扮演过当,称谓不伦,想当日必无此情理。是以谕令该盐政等留心查察,将似此者一体删改抽掣。至其余曲本内无关紧张字句,原不必一例查办。今图明阿竟于两淮设局,将各种流传曲本尽行删改进呈,未免稍涉张皇,且此等剧本,但须抄写呈览,何必又如此装潢,致滋糜费,原本着发还,并着传谕图明阿、全德,令其遵照前旨务须去其已甚,不动声色,妥协办理,不得过当,致滋烦扰,将此遇便传谕知之。钦此"。

仰见我皇上于正人心归实在之中，仍寓行所无事至意。奴才敬谨凛遵，伏查苏州陆续收买过曲本四百三十四种及勘出三百十五种，移交两淮盐政复核，节经奏明在案。兹又勘出应禁止销毁者四种，删改抽掣者三十二种，无碍可存者八十三种，共一百十九种，照前分别粘签，节次封交图阿明复核汇呈，恭请圣训，并开具各清单敬呈御览。奴才现在仍加意购买办理，至南宋与金朝关涉或新事新编扮演过当，称谓不伦，现在奏请销毁各种戏曲，奴才已禁止各班演唱，其余戏白字句有应删改抽掣以及应行禁毁之曲本板片，统俟图明阿复核进呈，奉旨准行知会到日，遵照办理。合将已买曲本四百三十四种通行勘竣，移交缘由及现在办理情形，敬谨缮折恭奏，伏乞睿鉴。谨奏。

朱批：览

乾隆四十六年六月初一日

奏　奴才图明阿跪奏：为钦奉上谕事。乾隆四十六年闰五月十二日，接奉军机大臣传谕，内开乾隆四十六年五月二十九日奉上谕："前因世俗流传剧本内有南宋与金朝关涉，或本朝新事新编词曲扮演过当以至失实，无之识徒或转以剧本为真，殊有关系，曾传谕该盐政等，令其留心查察，其有应行删改抽掣者斟酌妥办。乃本日据图明阿奏查办剧本一折，办理又未免过当。剧本内如《草地》、《拜金》等出不过描写南宋之恢复及金朝退败情形，竟至扮演过当，称谓不伦，想当日必无此情理。是以谕令该盐政等留心查察，将似此者一体删改抽掣。至其余曲本内无关紧张字句，原不必一例查办。今图明阿竟于两淮设局，将各种流传曲本尽行删改进呈，未免稍涉张皇，且此等剧本，但须抄写呈览，何必又如此装潢，致滋糜费，原本着发还，并着传谕图明阿、全德，令其遵照前旨务须去其已甚，不动声色，妥协办理，不得过当，致滋烦扰，将此遇便传谕知之。钦此"。

奴才敬捧跪读，仰荷圣主谆复教导，明切示遵，奴才窃自思省，诚为过当，惟有悚惶渐悔，感谢天恩。所有上年原设之局，因附近运司衙门有闲房数间，即委员带回缮写人等在内查办。今钦奉谕

旨,各种流传曲本不必一例查办,将来应行删改抽掣之剧已属无多,更不应仍存此局,迹涉张皇。现已即日撤去。奴才惟恪谨遵循不动声色,督司委员于现在所有及将来续到曲本内悉心查看,凡系南宋与金朝关涉及本朝新事新编有扮演过当以至失实,恐不免无识之徒转以为真者,自应斟酌删改抽掣,抄写清本同原本粘签,恭呈御览,不敢再有装潢靡费,以仰体圣主校正讹传,爱惜物力至意。其余无关紧要曲本,俱毋庸一例删改进呈,以省烦扰。奴才谨将钦遵办理下情其折奏明,恭候恩训,即知会全德一体遵行,伏祈圣览。谨奏。

朱批:览。

乾隆四十六年六月初一日

(编者按:以上朱批奏折均引自中国第一历史档案馆档案文教类音乐戏曲项胶片第9卷)

附:《清史稿》

太祖肇启东陲,戡乱用武,声物弇朴,率缘辽旧。天命元年,即尊位沈阳,诸贝勒群臣廷贺上寿,始制卤簿用乐。八年,定凯旋拜天行礼筵宴乐制。太宗天聪八年,又定出师谒堂子拜天行礼乐制、元旦朝贺乐制。九年,停止元旦杂剧。先是,梅勒章京张存仁上言:"元旦朝贺,大体所关,杂剧戏谑,不宜陈殿陛。故事,八旗设宴,惟用雅乐。"从之。十年,建国号曰清,改元崇德。其明年,遂有事太庙,追尊列祖,四孟时享、岁暮祫祭并奏乐。皇帝冬至、万寿二节与元旦同。

《清史稿》志六十九,乐一

（五）《国朝宫史》及《国朝宫史续编》

《国朝宫史》（编者按：乾隆七年大学士鄂尔泰、张廷玉奉旨编纂，乾隆三十四年告成）

卷二十一·官制二·额数职掌

景山

总管一员　七品执守侍。每月银五两，米五斛，公费银一两。

首领二名　俱八品侍监。每月银三两，米三斛，公费银七钱三分三厘。

委署首领　无品级，无定额。每月银三两，米三斛，公费银七钱三分三厘。

太监　无定额。每月银二两，米一斛半，公费银六钱六分六厘。其恩加月银者亦无定额。其恩赏品级者，即按品级给银、米、公费。

南府

总管一员　七品执守侍。每月银五两，米五斛，公费银一两。

首领四名　俱八品侍监。每月银四两，米四斛，公费银七钱三分三厘。

委署首领　无品级，无定额。每月银三两，米三斛，公费银七钱三分三厘。

太监　无定额。每月银二两，米一斛半，公费银六钱六分六厘。其恩加月银者亦无定额。其恩赏品级者，即按品级给银、米、公费。

内务府所属掌仪司

首领五名　俱八品侍监。每月银三两,米三斛。

副首领八名　无品级。每月银二两五钱,米二斛半。

太监一百名　每月银二两,每年米十六斛,恩赏每月公费银四十分,每分银六钱六分六厘。

司乐太监六十名　每月银二两,米一斛半,恩赏每月公费银四十分,每分银六钱六分六厘。

圆清太监六名　每月银二两,每年米十六斛。

斤斗太监十四名　每月银二两,公费钱六钱六分六厘。

《国朝宫史续编》(编者按:嘉庆五年(1800),大学士庆桂、王杰、董诰、朱珪、彭元瑞、纪昀等奉旨编纂)

卷之四·训谕四

乾隆五十六年:

九月初五日,奉谕旨:南府学艺人等,乃国家岁时宴会备用音乐所必需。内务府包衣人等,皆朕之旗下臣仆,其俸饷皆有定额。若将京师汉人、苏州优伶及太监之弟侄子孙入于内府三旗,势必分占包衣人等挑钱粮地步。但此项人内如果实心黾勉、效力有年者,或将其一二人酌入包衣尚可,第不得任意多人。是以朕临御以来,将此辈入于包衣者甚少,从未有因其恳恩即行率准者。此事在朕躬可以自保,惟恐后世子孙偶失检点,或因若辈乞请,率意准行,难为豫必。着交总管内务府大臣加意存记,将来朕之子孙不得任意多将此项人等入于包衣旗下,倘谏劝弗纳,必欲将此辈入旗,可执朕此旨,毅然谏阻。着将此旨于阿哥书房、军机处、总管内务府衙门各录一道尊藏。

《国朝宫史续编·卷之四·训谕四》

卷之四·训谕四

乾隆五十九年:

重华宫惟有回子、番子进内观剧,其朝鲜等国使臣向俱不预。此次荷兰国使臣应亦无庸令其入内观戏。

《国朝宫史续编·卷之四·训谕四》

卷之四·训谕四

乾隆六十年:

重华宫为朕藩邸时旧居,朕颇加修葺,增设观剧之所,以为新年宴赉廷臣,赋诗联句,蒙古、回部、番众锡宴之地。来年归政后,朕为太上皇帝,率同嗣皇帝于此胪欢展庆。太上皇帝于正殿设座,嗣皇帝于配殿设座。

《国朝宫史续编·卷之四·训谕四》

卷之六·训谕六

皇上谕旨

嘉庆四年正月十六日

奉谕旨:谕总管等,嗣后南府总管首领、凡有官职太监及各学教习、学生等,在宫内及圆明园里行走者,准其翻穿貂褂、海龙褂。若至外边,不许穿出。如有翻穿出门者,着总管等锁拿。若翻穿进门者,即兴逐回,违者立即锁拿。倘失于查察,即治总管等之罪。再,总管首领太监内,从前曾经赏过貂褂、海龙褂者,概不许穿用,任其典卖收存。

《国朝宫史续编·卷之六·训谕六》

卷之七十二·官制一:

嘉庆四年四月二十二日谕旨:西直门外白石桥地一顷零九亩,著赏给宫内、圆明园、清漪园、静明园等取租,以为永远料理众太监等恩济庄庙宇香火,并太监等茔地需用之费。"次日,谕旨又称"昨赏太监等地一顷零九亩,所取租银不敷一年香火等项之用,此外尚有地一顷八十亩,与此地毗连,着加赏众太监及南府、景山太监等取租。嗣后南府、景山总管、首领、太监亡故者,亦于恩济庄太监茔

地内埋葬,不必入于外学教习、学生茔地。

《国朝宫史续编·卷之七十二》

卷之七十二·官制一

嘉庆四年四月二十二日,养心殿总管梁进忠奉谕旨:总管内务府大臣缊布奏,查抄入官西直门外白石桥地一顷零九亩,着赏给宫内、圆明园、清漪园、静明园太监等取租,以为永远料理众太监等恩济庄庙宇香火,并众太监等茔地需用之费,其应得执照,着缊布办给。

二十三日奉谕旨:昨赏太监等地一顷零九亩,所取租银,不敷一年香火等项之用。此外尚有地一顷八十亩,与此地毗连,着加赏众太监及南府、景山太监等取租。嗣后南府、景山总管首领太监亡故者,亦于恩济庄太监茔地内埋葬,不必入于外学教习学生茔地。

《国朝宫史续编·卷之七十二》

续编·卷之七十四·官制三

额数职掌条例

景山

七品总管一,执守侍。八品首领二,侍监。

总管月银五两,米五斛,公费制钱一贯。

首领月银四两,米四斛,公费制钱七百。

委署首领太监无定额。

首领无品级者月银三两,米三斛,公费制钱七百。

太监月银二两,米一斛半,公费制钱六百。其恩加月银不为定额。

有恩赏品级者,即按品级给银、米、公费。

南府

七品总管一,执守侍。八品首领四,侍监。

总管月银五两,米五斛,公费制钱一贯。

首领月银四两,米四斛,公费制钱七百。

委署首领及太监无定额。

首领无品级者月银三两，米三斛，公费制钱七百。

太监月银二两，米一斛半，公费制钱六百。其恩加月银不为定额。

有恩赏品级者，即按品级给银、米、公费。

……　……

内务府所属掌仪司

八品首领二，侍监。副首领四，无品级。常行当差太监六十。

常行太监六十。

首领月银三两，米三斛。

（旧额五，嗣裁为二。）

副首领月银二两五钱，米二斛半。

（旧额八，嗣裁为四。）

太监月银二两，年米十六斛。

（旧额一百，嗣裁为六十。）

其公费均由恩赏，每月制钱四十分，每分六百。

司乐首领二，无品级。太监八十。专肄中和乐器。

首领月银二两五钱，米二斛半。

（旧未设额，嗣增。）

太监月银二两，米一斛半。

（旧额六十，嗣增为八十。）

其公费均由恩赏，每月制钱四十分，每分制钱六百。

臣等恭查：掌仪司旧额设有圆清太监六，筋斗太监十四，均裁。

《国朝宫史续编·卷之七十四》

二　各朝档案

清宫记有演剧档案多种，含恩赏日记档、旨意档、承应档、日记档、钱粮档、花名档、恩赏档、知会档、白米档等多种名目。清前、中期内廷演剧档案在英法联军和八国联军入侵时遭致毁坏，（据宣统二年档案载：“咸丰庚申、光绪庚子两次变乱，档案全行遗失，无凭查悉。”）乾隆以前演剧档案荡然无存，嘉庆朝档案仅存数册，道光之后百余年间档案保存相对完整，不同时期的档案名称、记载形式、内容及文字详略均有差异。

康熙朝年（编者按：《清代内阁大库散佚满文档案选编》中关于康熙年间南府、景山习艺处的记载）

康熙二十年十月

“总管内务府下各司关于宫廷用项开支银两的本”：

（十月初六日）当日，准掌仪司来文，教弹琴太监之人朱之清、徐有成、教舞碟子太监之人孙光祖等，每人每月租银以四两五钱计，自九月初七日至十月六日，带去应支给之银十三两五钱。

制做掌仪司之舞碟小太监衣服用桃红色春绸一，此项银一两六钱。

康熙二十一年九月二十八日

“总管内务府下各司关于宫廷用项开支银两的本”：

（八月十日）当日，准掌仪司来文，教习弹琴太监之朱志青、徐友成，教习舞碟太监之孙光祖，此三人自七月十一日至八月十日，每人一月租银以四两五钱计，带去银十三两五钱。

（十一日）当日，准营造司来文，奉旨：著制做。钦此。制做落垫尖桩子及琵琶，雇用民人落垫匠役，自七月二十九日至八月初八日这十天之匠役五十一……

康熙二十五年六月二十日

“郎中费扬古等为宫廷用项开支银两的题本”：

五月初一日……

当日，准郎中兼云麾使苏博来文，支给授艺教习（音译）周友德、乐永德，教学弹琴太监之教习朱志清、孙光祖等一月租银，每人以四两五钱计，共带去银十八两。

自五月初一日至二十九日令当月商人购买库缺物品款项：

……

准郎中兼云麾使苏博来文，教宫戏（音译）处用定粉二匣子，此项银四分；大红袍笔五十，此一支以二分计，银一两。

……

糊南府(音译)所用戏台架子(音译)及戏子架子(音译)六,又糊杨村府内正房三间之棚,共用白福地蓝纸(音译)一千零五十张,此一张以一厘五毫计,银一两五钱七分五厘……

准郎中兼冠军使苏博来文,学艺处用无花青缎靴子七双,此一双以一两五钱计;各种绸子鞋七双,此一双以三钱计;白绫袜子六双,此一双以四钱五分计;白翠蓝布袜子一双,此项银二钱。总计银十五两五钱。给卿客李玉油缸青靴子一双,此项银七钱;绒缨子凉帽一,此项银八钱。给教习王正祥绒缨子凉帽一,此项银八钱。给掌仪司学艺之二十二名太监油缸青靴子二十二双,此一双以六钱计;绒缨子凉帽二十二,此一顶以七钱五分计;银二十九两七钱。

康熙三十四年七月二十二日

"李孝生等为宫廷用项开支银两的题本":

(六月)十九日,本月给景山授艺教习王国川、王世元、金有成、张文灿、唐国俊五人钱粮银各四两,另给周嘉银二两,共带去银二十二两。

当日,景山授艺教习张英魁、罗吉祥二人,每人每日按一钱五分计,自五月十二日至六月十二日一个月共带去银九两。

当日,景山授艺教习鲍虎、初国珍、杨方茂、庞国瑞四人,每人每日按一钱五分计,自六月十四日至七月十三日一个月共带去银十八两。

当日,景山卿客古大伦、申次连、秦希范,昆腔(音译)之教习张华、金为万、张义风、罗继祖七人,本月之钱粮银各以四两计,共带去银二十八两。

当日,景山授艺教习金玉珍每日以一钱五分计,自五月十八日至六月十八日一个月共带去银四两五钱。

……

(同月二十六日)当日,准郎中兼冠军使苏博来文,教学艺诸太监之教习王明臣、李玉、叶国桢、周国宁、蔡珍德、乔国安、车二、王

生修等，自五月二十六日至六月二十六日，每人每日按一钱五分计，共给银三十六两。教学弹乐诸太监之教习朱之清、孙光祖、钟其道、吕文德、李万仓，教习杂耍（音译）之教习张国柱等，自五月二十六日至六月二十六日，每人每日按一钱五分计，共给银二十七两。给初国孝银二两五钱。共带去银六十五两五钱。

编者按：叶国桢即是康熙三十二年李煦奏折中的提到的大内的弋腔教习。弹乐教习朱之清大约就是“圣祖谕旨”中康熙帝向其询问琵琶调名的朱四美亦称朱之乡，原书上人名和一些专用名词已注明是音译，自满文档案翻译而来，有些字音不一定准确。

康熙三十七年六月初三日

“尚之杰为宫廷用项开支银两的本”：

四月

初二日，准郎中兼冠军使苏博来文，带去支给唱宫戏之苏兆银一两。

……

十三日，准郎中兼冠军使苏博来文，教学艺诸太监之教习王明臣、李玉、周国宁、蔡珍德、乔国定、车二、王生修等，三月十二日至四月十二日，每人每日以一钱五分计，带去银三十一两五钱。

当日，准郎中兼冠军使苏博来文，教太监学习弹琴之教习朱之清、孙光祖、钟其道、吕文德、李万仓等，三月十二日至四月十二日，每人每日以一钱五分计，银二十二两五钱。再，给初国孝银二两五钱，给韩宾银四两，以上共带去银二十九两。

……

二十六日，在景山教学艺诸太监之教习王国川、王世元、张文灿、唐国俊、张华、金为万、张义风、罗继祖，卿客古大伦、申次连、秦希范等十一人，给钱粮银各以四两计，带去银四十四两。

当日，在景山教学艺诸太监之教习胡世雄、王吉、孙成章、张英魁、罗吉祥、金玉珍六人，每日各以一钱五分计，自三月二十八日至四月二十八日，带去银二十七两。

当日,在景山教学艺诸太监之教习包虎、初国珍、庞国瑞三人,每日各以一钱五分计,自四月二十八日至五月二十八日,带去银十三两五钱。

……

掌仪司奏乐太监戴玉草凉帽二百二十二,此一项五钱七分计,银一百二十六两五钱四分。

给景山九间房学艺太监宋金朝等二十八人牛尾缨藤凉帽二十八,此一项以九钱八分计,银二十七两四钱四分。

给南府学艺太监张寿新、李国永牛尾缨藤凉帽二,此一项以九钱八分计,银一两八钱。

给学习常在手之鲁道绒缨玉草凉帽一,此项银一两二钱。

给南府学艺太监朱子明等三十一人绒缨玉草凉帽三十一,此一项以一两二钱计,银三十七两二钱;祖青翠蓝布靴三十一双,以一双九钱计,银二十七两九钱。

康熙四十七年十月初六日

"恰金泰(编者按:员外郎)等为宫廷用项开支银两的本":

(七月)

初二日,准南府学艺处治仪正苏博来文,学艺处食八两钱粮之教习二、食四两五钱之教习十三、食四两之教习一、食四两五钱之学艺人一、食四两之学艺人一、食三两五钱之学艺人二、食三两之学艺人二十八,此等人本月应给钱粮银一百七十八两内,除商人节省之银一百两外,再多带去七十八两。

……

当日,准管理景山学艺人之李深贵前来告称,学艺处食八两钱粮之人三、食四两五钱之人一、食四两之人十二、食三两之人五十、食二两之人二,此等人本月应给钱粮银二百三十两五钱内,除商人节省之银二十二两外,再多带去一百九十八两五钱。

……

康熙五十一年十二月二十八日

“全保等为宫廷用项开支银两的本”：

（十月）

初三日，准南府学艺处治仪正苏博来文，学艺处食八两钱粮之教习一、食四两五钱之教习十、食四两之教习一、食四两五钱之学艺人一、食四两之学艺人一、食三两五钱之学艺人二、食三两之学艺人二十八，本月应发给之钱粮一百五十六两五钱内，除商人节省之银一百两外，带去加给之银五十六两五钱。

……

（十四日）当日，准管理景山学艺人之李深贵等来文，学艺处食八两钱粮之人三、食六两之教习一、食五两之教习四、食四两之教习三十五、食三两之教习二十一，本月支给钱粮银二百五十三两内，除商人节省之银三十二两外，带去加给之银二百二十一两。

当日，准学艺处治仪正苏博等来文，六郎庄学艺处食四两钱粮之教习七、食三两之教习四十一，带去本月支给之钱粮银一百五十一两。

……

康熙四十二年十月初四日

“奉宸苑等为支给匠役人等宝泉银的本”：

（四月）

初八日，准制做盔头处郎中佛保等呈报内务府总管后来文，吉祥门内需用裱纸大画栏（音译）一份、小画栏一、火炉子一、吊子一、白锡做之罐子一对、竹木做之鱼鼓剪板一份、布做之五样蛇五，将此项翻新；再，唱模脸时需用月竹（音译）鬼脸子十四、彩人头八、云筐三，添修改做时雇用盔头匠肖荣等出工五十七、堆纱匠卜兆青等出工五十一、制做玉带之带匠娄二等出工九，总计出工一百一十七。此一工支给租钱以一百三十计，带去宝泉钱十五吊二百一十。

关嘉禄《清代内阁散佚满文档案选编》（天津古籍出版社，1992）

康熙万寿盛典:

《万寿盛典初集·卷第四十·庆祝一·图画一》

康熙五十二年三月十八日,皇上六旬正诞,天下臣民赴京庆祝者以亿万计。时上方幸霸州水围。臣民拟自畅春园至神武门,辇道所经数十里内,结彩张灯,杂陈百戏,迎驾登殿受朝贺。既上自霸州回銮,经营业有成规,止之不可,始允臣民之请。于十七日由畅春园奉皇太后还宫。上御凉步辇,设卤簿大驾,皇子皇孙二十五人扶辇,不施警跸,令臣民咸得仰瞻天颜。颁赐克食数千席于道左,耆老夹道欢呼万岁。越日,直省臣民咸以幸生盛世,恭逢天子万年,庆祝之隆,古所未有。愿得绘画垂之奕祀,兵部右侍郎臣宋骏业,具折代请,上可之。即付臣骏业,经始至五月初三日,续命户部左侍郎臣王原祁总理绘事,为图二卷。五十四年十月二十六日,复命詹事臣王奕清蒇其事焉。

四月初一日,兵部右侍郎加一级臣宋骏业谨奏:为普天同庆,万姓腾欢,恭请绘图以昭盛典事,窃臣世受国恩,欣逢圣代,伏睹我皇上六十大庆之辰,四海咏歌,万方趋赴,云屯巷祝,雷动嵩呼,皆本孺赤之诚,以报生成之德,此开辟之所未闻,唐虞之所莫纪者也。恭惟我皇上备天地清宁之气,膺祖宗亶厚之基,无逸作所宵旰忧勤者,数十年如一日,视民如伤扶持保抱者,遍天下如一人。幅员及于无外,悦服逮于要荒,仁育义正浃于肌肤,过化存神捷于桴鼓,此熙皞之民所由输诚爱戴,而不能自已也。时维三月,节届暄妍,万物皆春,和风微扇,外由驰道,内至宫城,于二十里之中,聚千百国之众。袂踵骈阗,歌谣杂沓,帷幙夹路,笙璈沸天,於时鸾旂徐动,禁跸无声,玉辇遥临,天颜有喜,更施旷典,特赐大酺。番番父老共含哺于勾陈,穰穰黎民咸近光于咫尺,声腾列肆,庆溢九逵,虽华祝之微忱,实天心之感动。臣粗知绘事,久被鸿恩,向承命画南巡图,幸赐观览。今忻际昌期,臣民同心,欲踵斯盛,谨将都城内外,经棚黄幕,万姓擎花献果之诚,遮辇迎鸾之盛,共五十余处,汇写全图,敬呈御览。伏祈皇上俯允臣请,许臣私寓次第加工,造成墨本,以付剞劂昭示,遐迩共识昇平。从兹十年,一举例写万寿长图,将见

玉轴初开千百国之葵衷，若揭球图并永亿万年之福祚无疆矣。其图稿即带冷枚等画成进览，先此具折。不胜踊跃懽忭待命之至。谨奏。

闰五月初三日，户部左侍郎臣王原祁谨奏：五月初三日，养心殿监造赵昌等传旨，发下兵部右侍郎臣宋骏业所画万寿图稿，命臣绘画。钦惟万寿圣节，中外臣民，诣阙恭祝者不可胜计，而巷舞涂歌，远迈衢谣华祝，皆我皇上功德同天，恩膏匝地，舆情欢悦、踊跃争先。荷蒙轸怀黎老，颁赐大酺，天驾徐行，特许亿万臣民瞻仰，殊恩旷典，真属开辟以来所未有，允宜绘图纪盛，昭示无穷。臣钦遵谕旨，随即率同臣冷枚，并更选工画、人物界画者，就私寓绘画。臣粗习山水，未谙界画人物，然画理实是相同。臣宋骏业所钩之稿，止有一半，其半尚未钩出。臣细阅已钩之稿中，其长短疏密，尚未有尽善处，就臣愚识斟酌，指示另为钩稿，其未钩者，亦为续钩稿本，初定未免粗率，不敢进呈御览。现在再钩细稿，约至九月后可成，俟稿成时，恭呈御览。奏请圣训裁定，理合先行奏闻。

奉旨，王原祁所奏甚是。

十二月二十六日，户部左侍郎臣王原祁谨奏：臣于康熙五十二年五月，奉旨绘画万寿长图。臣细阅前所钩图稿，止有城外一半，自西直门至景山一路，尚未钩出。粗定稿本，不无疏密参差之处，应加改补，具折启奏。

奉旨，王原祁所奏甚是，钦此。臣随率同冷枚等，在臣私寓，就宋骏业所钩未完之稿，细加斟酌，并城中各处钩画完全，恭呈御览。钦惟我皇上圣德神功，远超尧舜，深仁恺泽，覃被寰区。三月十八日，恭逢圣寿昌期，快睹舆情，庆祝欢声，雷动都会，云屯京城内外，凡祝圣龙棚恭讽万寿，经棚街衢巷陌，真如栉比，不可枚举。自驰道以至宫城，为辇路经由之处，龙棚经棚共计五十余所，咏歌击壤，夹道纷陈，灯幄彩幢，连宵匝布。十七日圣驾进宫，皇太后凤辇前行，我皇上銮舆徐驾，天潢列从，警跸停传，特许臣民仰瞻，天表轸怀，黎老遍赐大酺，斯皆曩古未闻，惟我圣朝独盛者也。维时卤簿之威仪，尚方之颁赉，以及亿万人民之众，欢欣拜舞之诚，计算难

穷,形容莫罄。臣粗谙笔墨,岂易描摹,今所绘图稿,仅仿佛其万一,以纪盛事。伏祈皇上俯赐全览,其中有应行增改之处,恭请圣裁训诲。至图中各处匾额对联,各体字样,拟派曹曰瑛照式恭写。为此合行奏明。谨奏。

奉旨,万寿图画得甚好,无有更改处。

清·马齐等辑《万寿盛典初集·卷第四十·庆祝一·图画一》

(北京古籍出版社,1996)

宫藏清圣祖谕旨

魏珠传旨,尔等向之所司者,昆弋丝竹,各有职掌,岂可一日少闲,况食厚赐,家给人足,非常天恩,无以可报。昆山腔,当勉声依咏,律和声察,板眼明出,调分南北,宫商不相混乱,丝竹与曲律相合为一家,手足与举止睛转而成自然,可称梨园之美何如也。又弋阳佳传,其来久矣,自唐霓裳失传之后,惟元人百种世所共喜。渐至有明,有院本北调不下数十种,今皆废弃不问,只剩弋阳腔而已。近来弋阳亦被外边俗曲乱道,所存十中无一二矣。独大内因旧教习,口传心授,故未失真。尔等益加温习,朝夕诵读,细察平上去入,因字而得腔,因腔而得理。

《西游记》原有两三本,甚是俗气。近日海清觅人收拾,已有八本,皆系各旧本内套的曲子,也不甚好。尔都改去,共成十本,赶九月内全进呈。

问南府教习朱四美,琵琶内共有几调?每调名色原是怎么起的?大石调、小石调、般涉调这样名知道不知道?还有沉随、黄鹂等调,都问明白。将朱之乡的回语,叫个明白些的,着一一写来。他是个八十余岁的老人,不要问紧了,细细的多问两日,倘你们问不上来,叫四阿哥问了写来,乐书有用处。再问屠居仁,琴中调亦叫他写来。

故宫博物院掌故部编《掌故丛编》"圣祖谕旨二"。中华书局,1990

年影印本。(《掌故丛编》编者按:此谕旨亦藏洪字八〇八号箱内,为实录、圣训、东华录所不载者,年月皆不可考,略以此类排比之)

雍正朝年

(编者按:现未见雍正朝年演剧档案存世,以下两则均引自中国第一历史档案馆藏清内务府杂项档案)

无朝年

总管内务府谨奏:为奏闻事。查得雍正六年四月初二日奉旨,四月初八日永宁寺佛前供品均照前例供献,令南府学生演戏一日,著每年以此为例。钦此。乾隆四年三月十三日奉旨,今年四月初八日著南府学生在弘仁寺演戏一日,嗣后每年演戏之处著内务府大臣等仍行奏闻。钦此钦遵。在案。本年四月初八日,永宁寺、弘仁寺照例各献戏一日可也。谨此奏闻。

(编者按:此黄纸奏摺与满文奏摺裱在一起)

查得永宁寺、弘仁寺每年四月初八日献戏一日,如遇皇上在圆明园,永宁寺系南府学生承应,弘仁寺系怡亲王之戏承应。皇上在宫内,弘仁寺系南府学生承应,永宁寺系怡亲王之戏承应。

中国第一历史档案馆新整内务府档案第3896号

无朝年

具呈人李招官,今奉旨着回原籍,念李招官自祖父李品由雍正六年进京当差,至今九十余年,苏州实无亲故可投,今情愿在京别寻营运糊口,不愿回籍,仰求大人恩准。具呈是实。

具呈人王长生,今奉旨着会原籍,念王长生自祖父王良官由雍正十一年进京当差,至今四辈,坟墓俱在京中。苏州并无亲故可投。今情愿在京别寻营运,不愿回籍。仰求大人恩准,具呈是实。

中国第一历史档案馆藏新整内务府档案第3896号

乾隆朝年

(编者按:南府、景山三旗学艺人等一年放过钱粮、借过库银数目算清折。乾隆四十一年二月起至四十二年正月二十九日,计十二个月。)

南府景山三旗学艺人等放过钱粮数目并借过库银扣过库本库利开列于后:

计开

二月分

南府景山学艺人等共二百三十名。内食四两钱粮二名,食一两三名,未借库银满支钱粮外,其余食八两二名、食七两三名、食六两一名、食五两一名、食四两八名、食三两三名、食二两五钱十名、食二两一百五十六名、食一两五钱二十七名、食一两十四名,共应领钱粮四百九十一两五钱。每食钱粮一两,应扣库本银五钱,共扣过库本银二百三十两五钱。

内府三旗学艺人共一百九十八名,内食六两钱粮一名、食五两一名、食四两五名、食三两十八名、食二两五钱四名、食二两四十五名、食一两五钱五十二名、食一两七十二名。

共应领钱粮三百三十五两。按七成放过银二百三十四两。按三成放过大制钱一百串五百文。每食钱粮一两应扣库本银五钱,共扣过库本银一百五十两。

三月分

南府景山学艺人等共二百二十九名。内食四两钱粮二名、食一两三名,未借库银满支钱粮外,其余食八两二名、食七两三名、食六两一名、食五两一名、食四两八名、食三两三名、食二两五钱十名、食二两一百五十五名、食一两五钱二十七名、食一两十四名,共应领钱粮四百八十九两五钱。每食钱粮一两应扣库本银五钱,共扣过库本银二百三十两。

内府三旗学艺人共一百九十七名,内食六两钱粮一名、食五两一名、食四两五名、食三两十七名、食二两五钱四名、食二两四十五

名、食一两五钱五十三名、食一两七十一名。

共应领钱粮三百三十二两五钱。按八成放过银二百六十六两。按二成放过大制钱六十六串五百文。每食钱粮一两应扣库本银五钱，共扣过库本银一百四十九两五钱。

四月分

南府景山学艺人等共二百二十九名。内食四两钱粮二名、食一两三名，未借库银满支钱粮外，其余食八两二名、食七两三名、食六两一名、食五两一名、食四两八名、食三两三名、食二两五钱十名、食二两一百五十五名、食一两五钱二十七名、食一两十四名，共应领钱粮四百八十九两五钱。每食钱粮一两应扣库本银五钱，共扣过库本银二百三十两。

内府三旗学艺人共一百九十七名，内食六两钱粮一名、食五两一名、食四两五名、食三两十七名、食二两五钱四名、食二两四十五名、食一两五钱五十三名、食一两七十一名。

共应领钱粮三百三十二两五钱。按八成放过银二百六十六两。按二成放过大制钱六十六串五百文。每食钱粮一两应扣库本银五钱，共扣过库本银一百四十九两五钱。

五月分

南府景山学艺人等共二百二十九名。内食四两钱粮二名、食一两三名，未借库银满支钱粮外，其余食八两二名、食七两三名、食六两一名、食五两一名、食四两八名、食三两三名、食二两五钱十名、食二两一百五十五名、食一两五钱二十七名、食一两十四名，共应领钱粮四百八十九两五钱。每食钱粮一两应扣库本银五钱，共扣过库本银二百三十两。

内府三旗学艺人共一百九十七名，内食六两钱粮一名、食五两一名、食四两五名、食三两十七名、食二两五钱四名、食二两四十五名、食一两五钱五十三名、食一两七十一名。

共应领钱粮三百三十二两五钱。按八成放过银二百六十六

两。按二成放过大制钱六十六串五百文。每食钱粮一两应扣库本银五钱,共扣过库本银一百四十九两五钱。

六月分

南府景山学艺人等共二百二十九名。内食四两钱粮二名、食一两三名,未借库银满支钱粮外,其余食八两二名、食七两三名、食六两一名、食五两一名、食四两八名、食三两三名、食二两五钱十名、食二两一百五十五名、食一两五钱二十七名、食一两十四名,共应领钱粮四百八十九两五钱。每食钱粮一两应扣库本银五钱,共扣过库本银二百三十两。

内府三旗学艺人共一百九十六名,内食六两钱粮一名、食五两一名、食四两五名、食三两十七名、食二两五钱四名、食二两四十四名、食一两五钱五十三名、食一两七十一名。

共应领钱粮三百三十两五钱。按八成放过银二百六十四两四钱。按二成放过大制钱六十六串一百文。每食钱粮一两应扣库本银五钱,共扣过库本银一百四十八两五钱。

七月分

南府景山学艺人等共二百二十九名。内食四两钱粮二名、食一两三名,未借库银满支钱粮外,其余食八两二名、食七两三名、食六两一名、食五两一名、食四两八名、食三两三名、食二两五钱十名、食二两一百五十五名、食一两五钱二十七名、食一两十四名,共应领钱粮四百八十九两五钱。每食钱粮一两应扣库本银五钱,共扣过库本银二百三十两。

内府三旗学艺人共一百九十六名,内食六两钱粮一名、食五两一名、食四两五名、食三两十七名、食二两五钱四名、食二两四十四名、食一两五钱五十三名、食一两七十一名。

共应领钱粮三百三十两五钱。按八成放过银二百六十四两四钱。按二成放过大制钱六十六串一百文。每食钱粮一两应扣库本银五钱,共扣过库本银一百四十八两五钱。

八月分

南府景山学艺人等共二百二十九名。内食四两钱粮二名、食一两三名,未借库银满支钱粮外,其余食八两二名、食七两三名、食六两一名、食五两一名、食四两八名、食三两三名、食二两五钱十名、食二两一百五十五名、食一两五钱二十七名、食一两十四名,共应领钱粮四百八十九两五钱。每食钱粮一两应扣库本银五钱,共扣过库本银二百三十两。

内府三旗学艺人共一百九十五名,内食六两钱粮一名、食五两一名、食四两五名、食三两十七名、食二两五钱三名、食二两四十四名、食一两五钱五十三名、食一两七十一名。

共应领钱粮三百二十八两。按七成放过银二百二十九两六钱。按三成放过大制钱九十八串四百文。每食钱粮一两应扣库本银五钱,共扣过库本银一百四十六两五钱。

九月分

南府景山学艺人等共二百二十九名。内食四两钱粮二名、食一两三名,未借库银满支钱粮外,其余食八两二名、食七两三名、食六两一名、食五两一名、食四两八名、食三两三名、食二两五钱十名、食二两一百五十五名、食一两五钱二十七名、食一两十四名,共应领钱粮四百八十九两五钱。每食钱粮一两应扣库本银五钱,共扣过库本银二百三十两。

内府三旗学艺人共一百八十六名,内食六两钱粮一名、食五两一名、食四两五名、食三两十七名、食二两五钱三名、食二两三十六名、食一两五钱五十二名、食一两七十一名。

共应领钱粮三百二十四两五钱。按八成放过银二百五十九两六钱。按二成放过大制钱六十四串九百文。每食钱粮一两应扣库本银五钱,共扣过库本银一百四十五两。

(编者按:其数目有误,不知是原稿如是或与十月份混淆,或是另有隐情。)

十月分

南府景山学艺人等共二百二十九名。内食四两钱粮二名、食一两三名，未借库银满支钱粮外，其余食八两二名、食七两三名、食六两一名、食五两一名、食四两八名、食三两三名、食二两五钱十名、食二两一百五十五名、食一两五钱二十七名、食一两十四名，共应领钱粮四百八十九两五钱。每食钱粮一两应扣库本银五钱，共扣过库本银二百三十两。

内府三旗学艺人共一百九十三名，内食六两钱粮一名、食五两一名、食四两五名、食三两十七名、食二两五钱三名、食二两四十三名、食一两五钱五十二名、食一两七十一名。

共应领钱粮三百二十四两五钱。按八成放过银二百五十九两六钱。按二成放过大制钱六十四串九百文。每食钱粮一两应扣库本银五钱，共扣过库本银一百四十八两。

十一月分

南府景山学艺人等共二百二十八名。内食四两钱粮二名、食一两三名，未借库银满支钱粮外，其余食八两二名、食七两三名、食六两一名、食五两一名、食四两八名、食三两三名、食二两五钱十名、食二两一百五十四名、食一两五钱二十七名、食一两十四名，共应领钱粮四百八十七两五钱。每食钱粮一两应扣库本银五钱，共扣过库本银二百二十九两。

内府三旗学艺人共一百九十三名，内食六两钱粮一名、食五两一名、食四两五名、食三两十七名、食二两五钱三名、食二两四十三名、食一两五钱五十二名、食一两七十一名。

共应领钱粮三百二十四两五钱。按八成放过银二百五十九两六钱。按二成放过大制钱六十四串九百文。每食钱粮一两应扣库本银五钱，共扣过库本银一百四十八两。

十二月分

南府景山学艺人等共二百二十九名。内食四两钱粮二名、食

一两三名，未借库银满支钱粮外，其余食八两二名、食七两三名、食六两一名、食五两一名、食四两八名、食三两三名、食二两五钱十名、食二两一百五十五名、食一两五钱二十七名、食一两十四名，共应领钱粮四百八十九两五钱。每食钱粮一两应扣库本银五钱，共扣过库本银二百三十两。

内府三旗学艺人共一百九十三名，内食六两钱粮一名、食五两一名、食四两五名、食三两十七名、食二两五钱三名、食二两四十三名、食一两五钱五十二名、食一两七十一名。

共应领钱粮三百二十四两五钱。按八成放过银二百五十九两六钱。按二成放过大制钱六十四串九百文。每食钱粮一两应扣库本银五钱，共扣过库本银一百四十八两。

四十二年正月分

南府景山学艺人等共二百二十九名。内食四两钱粮二名、食一两三名，未借库银满支钱粮外，其余食八两二名、食七两三名、食六两一名、食五两一名、食四两八名、食三两三名、食二两五钱十名、食二两一百五十五名、食一两五钱二十七名、食一两十四名，共应领钱粮四百八十九两五钱。每食钱粮一两应扣库本银五钱，共扣过库本银二百三十两。

内府三旗学艺人共一百八十四名，内食六两钱粮一名、食五两一名、食四两五名、食三两十七名、食二两五钱三名、食二两四十六名、食一两五钱四十七名、食一两六十四名。

共应领钱粮三百十六两。按七成放过银二百二十一两二钱。按三成放过大制钱九十四串八百文。每食钱粮一两应扣库本银五钱，共扣过库本银一百四十三两。

以上十二个月共放过钱粮八千八百九十两九钱五分，大制钱九百十七串四百五十文，扣过库本银四千五百三十二两五钱。

南府景山三旗一年续借过库银数目开列于后，计开：

二月分

景山镶黄旗续借库银学艺人十三名，内食二两钱粮十二名，食

一两一名,以上十三名共十钱粮银二十五两,每食一两准借库银十两,合计共借钱粮银二百五十两,每十两应扣二十个月利银四钱,共扣过库利银十两。

三月分

镶黄旗正黄旗续借库银食一两学艺人二名,共借过库银二十两,每十两应扣二十个月利银四钱,共扣过库利银八钱。

五月分

南府景山镶黄旗正黄旗续借库银学艺人六名,内食五两钱粮一名,食二两四名,食一两一名,以上六名共食钱粮银十四两,每食一两准借库银十两,合计共借库银一百四十两,每十两应扣二十个月利银四钱,共扣过库利银五两六钱。

六月分

南府景山镶黄旗续借库银学艺人十三名,内食四两钱粮一名,食二两十一名,食一两一名,以上十三名共食钱粮银二十七两,每食一两准借库银十两,合计共借库银二百七十两,每十两应扣二十个月利银四钱,共扣过库利银十两八钱。

七月分

景山续借库银学艺人三名,内食二两钱粮二名,食一两五钱一名,以上三名共食钱粮银五两五钱,每食一两准借库银十两,合计共借库银五十两,每十两应扣二十个月利银四钱,共扣过库利银二两。

八月分

正白旗续借库银食一两学艺人两名,共借过库银二十两,每食一两准借库银十两,共扣过库利银八钱。

九月分

镶黄旗正黄旗续借库银学艺人四名，内食四两钱粮一名，食一两三名，以上四名共食钱粮银七两，每食一两准借库银十两，合计共借库银七十两，每十两应扣二十个月利银四钱，共扣过库利银二两八钱。

十月分

南府景山三旗续借库银学艺人二百七十三名，内食八两钱粮一名，食七两钱粮二名，食六两一名，食四两六名，食三两十九名，食二两五钱八名，食二两一百四十七名，食一两五钱二十五名，食一两六十四名，以上二百七十三名共食钱粮银五百二十四两，每食一两准借库银十两，合计共借库银五千八十两，每十两应扣二十个月利银四钱，共扣过库利银二百三两二钱。

十一月分

正黄旗续借库银食一两学艺人一名，借过库银十两，扣过库利银四钱。

十二月分

南府正白旗续借库银学艺人九名，内食四两钱粮一名，食二两六名，食一两二名，以上九名共食钱粮银十八两，每食一两准借库银十两，合计共借过库银一百八十两，每十两应扣二十个月利银四钱，（共扣过库利银七两二钱。）（编者按：原稿缺最后一句，此为计算后补充。）

中国第一历史档案馆藏昇平署档案第 1934 号

宫中杂件 2476

乾隆五十四年三月二十八日由圆明园南府后台领出衣靠等物件数目：

盘山　衣箱

各色男蟒八件(大红七　紫色一)
各色女蟒二件(黄色八团一　黄色一)
各色锻男圆领十件
大红女圆领二件

各色道袍十二件	各色背心四件
院子衣二件	宫衣二件
宫妆四个	小云肩二个
护领二十条	各色裙十六条

靠箱

蟒箭袖四件	门神铠一身
青布钉子卒褂四件	黄片金短褂二件
大红锦回回衣二件	红布刽子手衣二件

盔箱

幞头二顶	官纱帽五顶
高纱帽一顶	矮纱帽二顶
圆帽一顶	傧相帽一顶
书吏帽一顶	皂隶帽一顶
僧伽帽一顶	正生巾二顶
各色毡帽十五顶	棕帽二顶
牡丹头一个	布鬼脸子四个
玉佛冠二个	道童巾二个
不论一个	扎红五条
八戒耳嘴一分	花角带四条
回回鼻子四个	雉鸡翎四根
大帐幔一架	桌围一个
手幡二首	飞虎旗八面
红绸素旗四面	青道旗二面
布车轮旗二面	报子旗一面
符节二挂	卖花五支

彩绳二条　　　　皮箱二个
锁头二把　　　　包袱二个
圆笼一个

以上衣靠杂共三百五十件。

南府头学交出

衣箱

各色缎男圆领六件　　　　青屯绢院子衣六件
各色缎道袍三件　　　　各色绸道袍二十件
大红扎花道袍一件　　　　各色绫道袍二件
席纹绵道袍一件　　　　各色女衫六件
白绸裙十条　　　　帕裙一条
弹墨裙一条　　　　小云尖四个
各色纱道袍十件　　　　各色纱单道袍十三件
青纱院子衣四件　　　　各色纱女衫六件
大红纱男蟒六件　　　　大红纱女蟒四件

靠箱

青布箭袖十二件　　　　五色妆缎三尖二十个
纱打仗甲八件

以上衣靠共一百四十四件

外头学交出

衣箱

各色绸道袍五件　　　　各色缎女衫十六件
各色绸女衫十四件　　　　青缎院子衣二件
青屯绢院子衣八件

靠箱

大红箭袖四十件　　　　青布僧衣六件
青布水衣一件　　　　青布儒绦四件

盔箱

判帽一顶　　　　　幞头二顶
荷叶巾一顶　　　　青罗帽二顶
佛磕脑一顶　　　　虎头磕脑二顶
柳树精磕脑一顶　　魁星发一顶
雷公脸子二个　　　九天脸子一个
山神脸子二个　　　土地脸子一个
判官脸子三个　　　城隍脸子二个
鬼脸子四个　　　　扎红八条
回回鼻子十一个　　各色髯四十口
布虎衣一分　　　　布狼衣一分
布羊衣一分　　　　布狐狸衣一分

杂箱

拂尘六把　　　　　马鞭子八把
琵琶一面　　　　　弦子二弹
各样篮子七个　　　菜盒三付
戏桌四张　　　　　椅子四张

以上衣、靠、杂共二百五十四件。

景山头学交出

靠箱

各色倭缎靠四身(红铜叶一、清铜叶一、黄铜叶一、绿铜叶一)
战靴一双

杂箱

鹿衣一分　　　　　龙凤扇一分

以上靠共八件。

景山二学交出

衣箱

纳纱出摆一件　　　各色缎织金男蟒六件(红四、青一紫一)

各色缎道袍二件（石青一　酱色一）　　各色绫道袍七件（红四、绿二、紫一）

石青蟒箭袖二件　　青纱蟒箭袖二件

杂箱

关刀一把　　方天戟二杆

旗枪八杆　　银瓜二把

钺斧二把　　御杖二根

月牙执事二根　　大钺斧一把

钯一把　　纛杆二根

靠箱

绿卒褂四件　　画绫云衣十六件

各色三尖子二十四个　　绸锦织金龙扎袖三付

鸾巾二十四条　　汉巾十条

盔箱

硬花神帽一顶　　员帽一顶

……

寿星套头一个　　猩猩套头二个

彩头一个　　皮虎衣一分

熊衣二分　　补驴衣一分（随鞍）

杂箱

红缎绣鹤桌围六个　　青绸画飞虎旗四面

红宫绸织金龙椅搭十二个　　云旗十六面

桌帐二架　　红宫绸织金龙桌围六个

雷公脸子五个　　绉纱悟空帽一顶

牛面套头一个　　鬼套头一个

马面套头一个

以上衣、靠、杂共五百二十五件

景山小内学交出

盔箱

钟离丫髻一个　　篡三个
魁星发一顶　　鬼发一顶
堆绫阎王套头一个　　莺莺、红娘磕脑二个

以上盔共九件

弦索学交出

西洋毯氅八件(红二　紫二　黄二　灰二)　　西洋毯袄八件(蓝二　红二　紫二　藕二)
纹绸裤八条　　护带八条
倭缎靴八双　　西洋帽八顶
西洋髯八口　　各色桌套六个(大红金龙四　紫锦二)

以上共六十二件

宫戏交出

衣箱

各色绫氅四件(日白二　松黄二)　舞衣四件
绫女衫二件(大红一　银红一)

靠箱

大红绫裤二件　　黄锦卒褂二十件

盔箱

王帽二顶　貂二顶　冕流一顶　八角冠二顶
荷叶盔二顶　帅盔三顶　周仓盔一顶　女盔一顶
卒盔四顶　打仗盔五顶　凤冠四顶　过梁紫金冠二顶
幞帽四顶　女额子十个　官纱帽七顶　高纱帽二顶
矮纱帽二顶　小太监帽八顶　宫纱帽七顶　中军帽二顶
皂隶帽二顶　罗帽二顶　仙巾二顶　皮帽十五顶
鹰翎帽二顶　鬼发一顶　军牢帽八顶　红毯帽二顶
烟毯帽二顶　夹纸金花七枝　宫扇十二把　扇子十二把
大太监帽一顶　夹纸带五条

杂箱

夹纸兽六个　　　　云四块

烘饼担子一付　　　　纺丝油单二块

以上衣、靠、杂共一百八十四件。

以上通共一千七百七十六件。

中国第一历史档案馆宫中杂件 2476

嘉庆朝

嘉庆元年

正月初一日　元旦

巳初二刻十分早，中和韶乐，上步行出后隔扇，还继德堂看戏。引常在、公主等行礼，还后殿。贵妃、诚妃、莹嫔、荣常在、春常在、三公主、四公主诣后殿皇后前行礼毕，巳正二刻戏毕。东暖阁少坐。

午正三刻　上从本殿檐前乘轿，由日精门至乾清宫东暖阁等候宴座，至未正二刻宴毕，由龙光门、如意门未正二刻十分还继德堂，上叫皇后主位等看戏。酉初　传酒宴。酉初二刻宴毕。酉正戏毕。至东暖阁安歇。

初二日　继德堂午初一刻开戏。未初传膳。未正戏毕。

初三日　继德堂午正一刻开戏。午正二刻传膳。申初二刻戏毕。

初四日　……东角门还继德堂，巳初开戏。巳正一刻更衣。出继德堂后隔扇，走如意门，御殿阅册毕，午初一刻七分从如意门进后隔扇，更衣毕，开戏。

午正三刻　皇后、主位等入家宴。未正三刻戏毕。

初五日　寅正一刻请驾。

卯初　传早膳。卯初三刻自惇本殿乘轿出祥旭门上紫光阁。

巳正三刻　乘轿进祥旭门，由毓庆宫还继德堂，皇后、贵妃、诚妃、荣嫔行礼毕，开戏。午正三刻，惇本殿家宴。申初戏毕。

初十日　寅正二刻请驾。午正三刻至藤影花丛开戏。未初一

刻传晚膳。申正三刻戏毕。还随安室。

十四日　未时　九洲清宴入宴。未正一刻自后角门入藤影花丛殿内看戏。申初三刻上山高水长。酉正自后角门还墨池云。

十五日　(墨池云)卯初出后角门,清净地拜佛,入同乐园看戏。

未初二刻　乘轿至宫门下轿,墨池云少坐。

未初一刻十分　林虚桂净入家宴。

未正一刻五分　开戏。

申正一刻　上山高水长,戏毕。

十六日　卯初二刻　宫门乘轿,上勤政殿后,同乐园看戏。

未正一刻　功臣宴毕……

十七日　卯初三刻　宫门外乘轿,上勤政殿后,同乐园看戏。

未正一刻十分　宫门外下轿,还墨池云。

十八日　卯正　宫门外乘轿,上勤政殿后,同乐园看戏。戏毕,出福园门进宫。

十九日　上交泰殿,卯正二刻开宝。巳初进福园,上同乐园看戏。未正宫门下轿,还墨池云。

二十日　卯正二刻　乘轿上勤政殿后,同乐园看戏。未正一刻由南山口宫门外下轿,还墨池云。

(编者按:二十一日、二十二日、二十四日、二十五日、二十六日与二十日基本相同,均为勤政殿办事后至同乐园看戏,后两日开戏时间为卯初三刻。)

二月十五日　寅正二刻请驾,净面冠服毕,诣古香斋拈香,古香斋外间床上功课毕,还墨池云少坐。卯正三刻,诣长春仙馆拜佛毕,宫门下乘轿上勤政殿办事。辰初一刻,宫门外下轿,还墨池云。

巳初二刻　出藤影花丛角门,长春宫拜佛。

午初一刻　进藤影花丛角门,开戏。

未初　传晚膳。酉初一刻戏毕。

二十二日　同乐园看戏。

嘉庆元年三月去东西陵,往返皆在各行宫护身佛前拈香。

五月初一日　寅正请驾。净面冠服毕，诣古香斋拈香拜佛毕，功课。墨池云少轿上勤政殿办事后，同乐园看戏。未正一刻宫门下轿还随安室。

五月十七日　……祭地坛、黄寺，早膳进圆明园宫门。辰正至长春仙馆拜佛，古香斋拜佛。林虚桂境少坐。

辰正二刻　出藤影花丛，上同乐园看戏。

午初一刻　进藤影花丛，午正开戏。未初二刻戏毕。

（编者按：五月十八日去口外。二十四日卯正三刻至热河行宫。）

七月十五日　巳初二刻　迎接太上皇帝。至松鹤斋磕头毕，仍还继德堂。

酉正一刻　如意湖看河灯。

戌初一刻　仍进垂花门，还继德堂。

七月二十四日　卯正　乘轿上卷阿胜境看戏。

未正　进垂花门，还继德堂。

（编者按：七月二十六日、二十七日、二十八日同。八月初五日至初八日皆为卯正乘轿上卷阿胜境看戏。未初三刻或未正二刻进垂花门，还继德堂。）

八月十二日　卯正　上卷阿胜境看戏。未正进垂花门，还继德堂。

八月十三日　寅正一刻　请驾。净面冠服毕，诣佛堂拈香毕，上……

太上皇帝前行礼，递如意。上卷阿胜境看戏。

未初　进垂花门。

中秋

八月十四日　卯正　上卷阿胜境看戏。未正一刻进垂花门，还继德堂。

八月十五日　寅正一刻　请驾，净面冠服毕，诣佛堂拈香。还继德堂少坐。

卯正二刻　出垂花门,上卷阿胜境看戏。传膳。

未正一刻　进垂花门,还继德堂。

酉正　月供前拈香,次诣佛堂磕头毕,畅远楼同皇后、贵妃入宴。

戌初　送焚化。

八月二十七日　回銮。

九月初三日　巳正二刻　至长春仙馆。进东楼门。长春仙馆拈香,次诣古香斋拈香毕,墨池云少坐。

午初一刻开戏,未正三刻戏毕。

九月初十日　传早膳。出藤影花丛、清净地佛楼、花神庙、舍卫城等处拜佛毕,同乐园看戏。

未正二刻十分　进藤影花丛,还墨池云。

九月十五日　……辰正三刻进宫门,还墨池云。

巳正一刻开戏,未初二刻戏毕。

十月初一日　……早膳后进圆明园宫门,上同乐园看戏,未正进藤影花丛,还随安室。

十月初五日　香斋拈香拜佛毕,墨池云少坐。

卯初三刻　乘轿,上同乐园传膳看戏。

未初一刻　进宫门,还随安室。

初六日　诣天地案拈香,次拈斗香毕,香斋拜佛,功课毕,还墨池云少坐。

卯初三刻　长春仙馆拜佛毕,宫门下乘轿,上正大光明受礼毕,上同乐园传膳开戏。

未时　正大光明入宴。

十月初九日　午初进藤影花丛开戏。未正二刻戏毕。

十一月二十三日　(自天坛)进祥旭门,惇本殿前下轿。佛堂诣香。由毓庆宫还继德堂开戏。未正戏毕。

十二月初八日　……巳初三刻进祥旭门,惇本殿前下轿,还继德堂开戏。未初戏毕。

十二月二十三日　……拜佛毕,仍还继德堂。辰初三刻出如

意门，辰正二刻至后殿开戏。午正进后隔扇，还继德堂开戏。未正二刻戏毕。

二十四日　……巳正进祥旭门，惇本殿前下轿。还继德堂开戏。未初三刻戏毕。

二十九日　是日　寅初三刻请驾。由毓庆宫诣惇本殿东暖阁拜佛毕，仍还继德堂。

寅正三刻　惇本殿前乘轿，出祥旭门，乾清宫……辰正二刻进后角门，还后殿开戏。申初戏毕。

酉初十分　由毓庆宫至惇本殿前，放花炮，看灯。院内中安影子围屏灯一座。两边挂各式灯五十个，……

三十日　除夕　寅正一刻　请驾。寝宫南间中间点挂灯四对，明殿点挂灯三对。净面冠服毕，戴内殿　朝珠，由毓庆宫诣惇本殿东暖阁拜佛，佛堂点戳灯一对毕，还继德堂少坐。卯初惇本殿前乘轿。出祥旭门。

辰正一刻　由后角门至后殿开戏。

辰正三刻　进珠宝盒。……

午初二刻　戏毕。

午正三刻　由毓庆宫至惇本殿升宝座。同贵妃、诚妃、莹嫔、三公主、四公主等位入宴。贵妃进酒毕，赏酒吃，首领十名。

未初一刻十分　宴毕，还继德堂，贵妃等位还后殿。

申初二刻　出继德堂后隔扇，申正进如意门，还继德堂。

申正二刻　传惇本殿、毓庆宫灯点齐。奏请，惇本殿点挂灯二对，戳灯一对、东暖阁点戳灯一对、毓庆宫点戳灯三对、挂灯二对、桌灯一对。

申正三刻　由西角门诣天地前上供拈香，次诣东暖阁佛前拈香，正案、东案、西案毕，诣毓庆宫同贵妃、妃、嫔、常在、公主等位佛前拈香毕，祖宗前拈香毕，诣皂君前磕头毕，至祥旭门放炮仗毕，还继德堂，传将明殿灯点齐。

酉初一刻　万岁爷同贵妃、妃、嫔、公主等位传酒膳，茶房首领朱进朝请酒，开戏。

酉初三刻五分　酒膳毕,将味余书室里外间灯俱点齐。

酉正二刻　戏毕。还东暖阁。

嘉庆元年敬事房礼仪档

嘉庆七年

(正月)初九日　荣德传旨,养心殿过私档,官档照旧摆。

(二月十一日前)禄喜传旨,《盗袈裟》了然着雨儿学,寿林教。

寿喜传旨,《封官上任》着刘得安学。

(二月)十一日　长寿传旨,张明德等好些学生跟长寿、张良贵在山高水长看跑马箭,其余不必站班。

十八日　荣德传旨,以后采桑之差用宫戏,学歌章人八名,弦索学执旗人十名,永为长例。不必用内头学、十番学之人,若再不够用内二学三、四名。

二十二日　旨意,莲庆辰初二刻四分下来上学。

二十三日　旨意,《定天山》(雨儿)薛显宗念"万岁"才是,念了"千岁千岁千千岁"了,错了错了真错了,首领于得麟、邵国泰将他重责二十大板。

二十四日　旨意,跟姜尚人改四童子。

二十五日　旨意,莲庆巳正下来上学。

长寿着张拴住传旨,二十八日着内二学长春仙馆头出吉祥戏,二出莲庆,接《沔池关》前八出,再接杂戏团场。

二十八日　莲庆传旨意,《沔池关》旨意,《沔池关》前后哪吒叫莲庆学出来。

二十九日　寿喜传旨,《五虎平西》再往下学,《双阳公主》着寿喜学,《通天犀》许飞珠着长寿学。

三月初二日　长寿传旨,初五、七日内二学该班,以后为例。

莲庆传旨,《黄金台》有把子。

初五日　长寿传旨,宽免首领于德麟、邵国泰每人一个月钱粮。

长寿传旨,着张明德跟外头学大庆学霸王。

初七日 长寿传旨，《武士三千》、《八佾舞虞庭》内学学出来。

初八日 长寿传旨，《仙子效灵》上派长寿、寿喜、彭禄寿、陈进朝、喜庆、曹进喜、尚得。《八佾舞虞庭》不用学了。长喜、寿喜辰正下来上学，申初散。

（初八日——十四日）旨意，长寿、寿喜辰正上学，申初散。

（三月）香山 十六日 荣德传旨，《仙子效灵》、《武士三千》、《山灵瑞应》、《瑶林香世界》、《宝鉴大光明》、《鹤舞呈祥》、《绛雪占年》、《圣寿绵长》内学急速学出来。

十九日 大差传旨，二十日、二十一日内二学该晚班，二十二日内头学该晚班。

四月初一日 着内头学唱《棋盘山》，内二学唱《黄金塔》哪吒叫莲庆去。

四月二十日 长寿传旨，《五虎平西》第三出“双阳法术”将狄青拿住不好看……（编者按：原文有数字损毁）井系下绒绳将他悬起来。钦此钦遵。

《黄金塔》桃柳山木四怪上改松柏桐椿四仙。钦此钦遵。

二十三日 大差传旨，已（以）后每逢清早上学不许传钹，如被查出，总管首领一同治罪。

旨意，长寿、寿喜、莲庆辰初三刻下来上学。（编者按：二十四、二十五、二十六、二十七日旨意同此）

（四月二十五日） 莲庆传旨，《仙子效灵》剑仙上场不用拿剑，用时自取。钦此。

二十七日 长寿传旨，《古迹岗》着莲庆学刘秀。旨意教道，《神虎报》靳德山白：“小人这个靳不是进退之进，是远近之近，小人这个德不是得贺之贺（得），是张明德之德。”钦此钦遵。

二十八日旨，《宝塔凌空》外头学有角，着内头学行台承应。

（二十八日）长寿传旨，因黄福之事，二月初三日百福责他二十板，初四日又责他二十板，责勤了，应将罚银一个月。首领于得麟奏无有初三日，竟奏了初四日了。百福头天责，二天又责，首领当拦不拦，应罚月银二个月，以警下次。

(二十九日)旨意,寿春、莲庆下来上学。

(三十日)旨意,莲庆下来上学。

四月初一日　莲庆传旨,张长、图善实授内二学教习,张长添月银五钱,外头学大庆教张明德《点马》。

(四月)初三日　长寿传旨,初三日阅武楼着,首领于得麟、教习永泰带领四两至三两见识面。

初七日　长寿传旨,“如环转”、“似锦披”着内学上仙女,童儿外学上。

初八日　旨意,莲庆上学。

(初八日)　长寿传旨,《拿夫修城》魏得禄、雨儿发科不按本来,自己混说是首领于得麟、邵国泰,教习百福、永泰、张长、图善叫他每混说,治首领、教习不是,首领、教习并无叫他每乱道拉时候,奴才、首领、教习已经责过二十板,晚膳后遵旨将雨儿、魏得禄再责二十板。钦此。

初十日　长寿传旨,十五日张明德嗓子好了唱《通天犀》,嗓子不好唱《燃灯照》。钦此。

十六日　听差温呈祥传旨赏肉吃:荣德、张良贵、董玉、黑子、郭秉忠、彭禄寿、陈进朝、李进禄、刘进喜、任玉、于得麟、张明德、魏得禄、喜庆、雨儿、范喜、禄儿、喜莲。

晚膳后,长寿传旨,不用吃肉了。《劝农》张喜曲子话白念唱不沉着,着王麟祥、刘进喜学出来。〔八声甘州〕“平原麦洒”四字外唱,“翠波摇剪剪绿畴”合众唱。钦此。

十八日　长寿传旨教道,《清平见喜》八仙杂色扮。钦此。

十九日　旨意,《丽容探病》“死了”今该(改)“嗝了”。

二十一日　上交下《混元盒》一本至三本,着内头学、内二学写串关,上览分派。每逢玩月放河灯,不必上学,不必站班。

寿喜传旨教道,《花魔寨》缓缓下场,白“如今世上的人”未念,是张文德忘了,重责二十大板。

二十二日　长寿传旨,《遇仁搭救》“斗黑麻”闻仁唱“感师傅慈悲”唱了接板了,改起板。

禄喜传旨，《请美猴王》〔得胜令〕“何劳你分解”改“分腮”。

二十六日　大差传旨，上派绿龙船于得麟，红龙船邵国泰。钦此。

旨意，五月初一日台阁当儿不用在河南，全在如意桥北边。按次序摆当，万岁爷驾到一当一当过，皇后、主位在澄虚榭坐，逢私当唱曲子，过照旧的在当后头，绕到如意桥北边才上岸。钦此。

二十八日　《黄金塔》添八个撩刀手乱上，挡住李靖下。钦此。

五月初四日　长寿传旨，挨窗之人吴双禄、张文德、董进保每人重责二十大板。

初五日　长寿传旨，内二学学生忒野，挨窗倚站唱戏，惟有张明德按本发科，其余雨儿、孙福喜不按本，口内混喷，重责二十大板。皆因首领不管之过，他才混喷，就是逃走也是不管首领之过，以后紧紧的管。

莲庆、来喜传旨，《混元盒》鼓板当起更才是，打了上场锣鼓，错了。莲庆、来喜亲看将高吉顺重责三十板，永远不许他迎请见面。再，百福教的好徒弟，革月银一个月，永远无赏。

长寿传旨，内二学既是侉戏，那有帮腔的，往后要改。如若不改，将侉戏全不要。钦此钦遵。

长寿传旨，往常唱排戏时，有扯下去重打四十，难道是竟打四十不成？原是假的，打四下就算四十，若是重打不是真戏了。再得住旬常排大戏，连台派的角儿都派多了，所以恨他，要不多叫谁上场？再，学生们不是为派角儿，都定是得住外边做些拉蓬扯牵不法之事，为何同乐园伺候差事之日，为何不喊御冤？如若情实，朕重重办得住，告他之人朕必重恩，既无此事，为何在当儿上打得住？以后就是戏上打人，若打重了，立打掌板人四十，替场上人报仇。再今日陆福寿等将吕文官、安宁拉来扯去，全无俱(惧)色，这是当着朕尚无规矩，若是背后不知怎样无理，还说总管等拉晃绳。朕想总管等旬(寻)常不管闲事，所以学生说他们拉晃绳。再南府景山总管为大，尚此无理。你们既是总管就当管闲事，不管闲事要你们总管怎么？你们要是管闲事，他们怎么说你们拉晃绳。钦此。

长寿传旨,以后不许摆私当儿,若不肯添官当儿,就是戏上的有暗科儿,在本子上的许念,不在本子上的不许念。钦此钦遵。

五月初九日　上派角色《混元盒》。

第一出　玉皇:董玉、大刘进喜;金星:王麟祥、任玉;金花:彭禄寿、曹进喜。

第二出　天师:张良贵、黑子。

第三出　吕洞宾:孙魁、魏得禄;陶谦:大刘得、黄元。

第四出、五出　陆炳:陆顺。

第六出　嘉靖:李增寿、小刘进喜。(后略)

十二日　长寿传旨,年例在五月十三日关帝庙承应《灵山祝颂》,不要堆罗汉,上八个随观音。

十四日　长寿传旨,将黄眉童一段学出来。上派黄眉童:张明德;弥勒:刘进喜;悟空:刘得升。钦此。

十七日　旨意,李进玉、甄世祥拨于景山新立小内学当差。

十九日　荣德传旨,内头学永远不许该班着内二学常班。

寿喜传旨,《永平安》第五出"奉旨赏军"潘仁美定场白说的都是奸话,如何当着众将言此奸话?上改潘仁美一人吊场,报子不用上,中军传梆,上一院子,问中军白,方才探子来报,圣旨临边,特来报知。院子回禀。潘仁美心疑想是拿我,我有道理,吩咐开门。众上。钦此。

二十五日　寿喜传旨,内二学下去罢。长寿下旨荣德,内头学仍旧该班,内二学一对一天该班。

二十六日　长寿传旨,《天献太平》刘之协上改荀文明。钦此。

三十日　吴进喜传旨,六月初一日同乐园承应团场戏,内头学《玉井标名》。

大差胡得住传旨,《三僧被啖》大小和尚着雨儿、张文得去。

(六月)初七日　旨意,同乐园赏肉吃。总管荣德、首领于得麟吃肉,其余不必上去。

十五日　园亭大人苏隆额传旨,恩赏内二学天棚一座,着该路工程监督明俊、明禄带领。

十八日　荣德传旨，因苟文明家属拿下，等苟文明不日缉获，必有喜报，总管、首领、学生递如意。不用学生递，就是头品，不过是学生，今传旨总管、首领递如意，其余不必递如意。

莲庆传旨，孙福喜嘴里忒快，以后教他漫漫（慢慢）的念唱。

二十日　上改《小雷音》“大战天瓜”改天兵被困。写出《狮驼岭》题纲来，上派角色。

二十二日　上派　豹精：刘得；狮精：贾庆喜（后略）

长寿传旨教道，《三妖演法》跟狮精小妖头场拿青素旗，上换双斧，狮精大斧。跟象精小妖头场拿白素旗，换双刀。跟鹏精小妖头场拿黄素旗，换双锤。

七月初一日　长寿传旨教道，《五虎平西》末出“封王听表”出他怎好见宋王？只是表他忠义归顺，着内侍送入南清宫见太后听封归第。

旨，内二学刘得安艺业嗓子不见甚么狠好，皆因角色甚多，到也巴结，赏他二两五钱食，有缺无缺只管多着。谨此。

初四日　莲庆传旨，《花魔寨》小白龙着莲庆去。旨意教道，“闻道泉”怎么念了“妖道泉”？是张林得错了，责过二十板。

初八日　长寿传旨，《盘丝洞》学出来。

禄喜传旨，《三怕闹庙》改名《入峰采枝》。

十一日　王朝凤传旨，着张明德随万岁爷放河灯。

富贵元传旨，今日内二学不必上去。

十三日　长寿传旨，《盘丝洞》上派

月霞仙子：喜庆；蜘蛛精：曹进喜、尚得、王双庆、刘保、杨清玉、张文得；百眼大仙：刘得升；悟空：张明德；唐僧：魏得禄；悟能：孙福喜；悟净：刘得安；土地：刘得；浴泉妖：雨儿；蜈蚣化身：王麟祥；黎山老母：郭清泰；毗蓝婆菩萨：曹进喜。蜘蛛精曹进喜早下赶毗蓝婆菩萨。

寿喜传旨，《探亲相骂》喜庆角刘保补，米进喜角喜庆补。

十五日　吕文官传旨，总管、首领、食大钱粮等送驾，食二两钱粮人等不必送驾。

上派十九日唱《承运图》八出。

十九日　长寿传旨,内二学承应《承运图》,不过烟瓶彩火之类,不过假的,今用鞭炮火烛事众,万一火烧了台毡,遗留下烛尚,首领教习吃得住么?今也不赏你们,也不加你们罪,首领教习感天恩教道,以警下次。钦此。

(十九日)　长寿传旨,明日送驾,着内二学鱼家乐桥边一个一个摆门送驾,首领道吉祥如意,其余不必言。

(七月十九日)　寿喜传旨,《三调芭蕉》学出来。上派

唐僧:魏得禄;悟空:张明德;悟能:孙福喜;悟净:刘得;罗刹女:喜庆、曹进喜;玉面姑姑:王双庆、刘保;灵吉菩萨:尚得;牛魔王:刘得升;观音:郭清泰;四金刚:贾德升、刘得安、贾庆喜、李雨儿;天王:于得麟;哪吒:侯进喜。

二十六日　长寿传旨与南府、景山总管首领等,二十六日已到热河,就来喜报了,拿住逆匪苟文明,传与总管首领等喜欢喜欢。再前次曾传旨若拿住苟文明,着总管首领等进如意,但在热河不便,着你们十月初二日驾还圆明园同乐园接驾进如意,不必着人道喜。钦此。

八月十六日　长寿传旨,《快活林》马双喜嘴里又说[山]西话,久已传过,不许说山东、山西等话,今日为何又说?本当治安宁、约勒巴拉厮、马双喜不是,孤念尔等差事承应的吉祥,故饶过尔等,吉吉祥祥回去,若再要故犯,必重重治罪。再陆福寿、金狗等把子腿脚本好,今都不赏,若报(抱)怨只报(抱)怨马双喜。钦此。

二十三日　总管安宁口传旨,内二学首领于得麟、邵国泰九月二十一、二十二日进宫,二十六日承应有扮角儿不用接驾,无角连首领接驾。首领递如意进宫奏明将本学钱粮带至宫内,连车马什物人等,单俱行文住毕,听旨教道。下圆明园俱不必回奏。钦此。

九月初一日　报到,旨意于九月二十三日驾还圆明园,着中和乐在贤良门伺候,圆明园伺候八分大戏。再内二学人不用进城伺候,众人在同乐园接驾,进如意,递过如意的不用递。

九月二十三日　长寿传旨,着内二学二十三日、二十四日、二

十五日此三日晚班奉三无私承应。三十日进宫，初一日重华宫承应戏。

二十五日　长寿传旨，《玉露秋香》着内头学、内二学学出来，外学人教。

上派　汉钟离：黑子；吕洞宾：魏得禄；张果老：大刘进喜；曹国舅：张进喜；李铁拐：张明得；蓝采和：喜庆；何仙姑：寿喜；韩湘子：李寿增；白猿：孙福喜；柳树精：小刘得；天师：于得麟；鲤太宰：刘得安；龙王：张良贵；龙子：陈进朝；先生：大刘得；龙女：彭禄寿；(丑)丫环：李雨儿；琴高：王林祥；洪崖先生：刘得升；宝华延寿天尊：郭秉忠、小刘进喜；钱塘君：贾庆喜；阿蚌：长寿；阿蚌：莲庆；吴刚：于得麟；宋无忌：董进玉；桂父：陆顺；花神：任玉；月主：彭禄海、曹进喜；丫环：长寿。

先学《混元盒》，后学《玉露秋香》。钦此。

二十六日　奏明，奴才荣德谨奏，五年十月初六日旨意教道，《长生乐》七出麻姑带四个童儿，用大云板下，在半中云使从两场门上，麻姑念白完，仍上天井，云使仍从两场门下。请旨，不用云板了。

二十七日　听差张拴住传旨，重华宫戏毕，百福、永泰等出去，不必上养心殿。初二日同乐园戏毕，排《仙子效灵》。钦此。

十月初一日　长寿传旨，《瑶林香世界》尾声重华宫承应唱“想重华胜似神仙境”，重华宫承应唱重华，圆明园承应唱圆明，热河承应唱山庄。《封官上任》永远帽儿戏，不许花唱。

初二日　莲庆传旨，外头学承应《美良川》，内逢有不当说的话白俱改证(正)了，九如改的狠是。其《芦花荡》不当说的话俱未改证(正)。不怪小人们的不是，皆是总管、首领、教习等疏忽之处。此次是好日子，不治你们的罪，你们也不必议罪，自今以后逢有年节、万寿日承应戏，话白不当说的，俱改念才是。钦此。

初三日　总管荣德谨奏，内二学进万年如意，晚用。

禄喜传旨，以后不许，如有再求，定将治罪。九洲清宴魏得禄唱“浪暖桃香”清曲忘了，重责二十板。

初五日　长寿传旨,晚宴后内外行礼,《黄竹赋诗》〔五马江儿水〕当唱"万里来游为省方"未唱,唱了"钧天广乐奏铿锵",唱了下句了,魏得禄重责二十板。

初六日　长寿传旨,宴戏特长了。《四海升平》内头曲文俱是外派,何不改里边宫调?《福寿双喜》是里边宫调,长了,去些曲子,先付篇奏。改好承应上览。明年仍做宴戏。钦此。

初九日　长寿传旨,按例一、四、七、十日进宫上学,先看内头学内二学《混元盒》。

十二日　长寿传旨,养心殿该班邵国泰不必上去,在家中照管,着于得麟代领大粮的,好些的上去。要文轴子,内上卒将八个,上四个以可,少上一个两个以可。

大差处传旨,十月十七日四公主初行定礼,内头学、内二学储秀宫承应《皇女许字》一分,《星君遥贺》、《月老良缘》。弦索学:掇拉多蜜。

十三日　寿喜传旨,《痴僧背老》和尚:张明德;老儿:雨儿。

长寿传旨,《小雷音》张明德、刘得升角色换过。

小太监刘进玉传旨,宫内外围、圆明园两山及南府、景山各学总管、首领、太监知悉,嗣后如万岁不居何处办事、召见大人之际,如有何此不法声高者,即着张士林之例治罪。如上在何处听见有太监不法声高者,亦照张士林之例减半治罪。钦此。

(十月)十八日　长寿传旨,内二学教习上学该班之日,未初出去。不该班申初出去。钦此。《玉女献盆》末句"万年长庆"上改"万年嘉庆"。

二十三日　长寿传旨,明年同乐园连台《狮驼岭》演操,外边人头二起可以赶的上,后二起赶不上,上派内二学上三四起。圣谕,久受皇恩重赏,不必给饭、莲台钱,奴才们感恩。钦此。

听(厅)儿上二十五日来文,二十三日长寿传旨,向例公主许字下嫁等喜事,比如储秀宫、翊坤宫以至内庭擦连,皆有内庭之戏,今后不必用戏。如保和、太和殿擦连例应承应大郭庄、西番乐、功德绝洛为奴,此样顽意并缅甸乐、高丽筋斗等原为系蒙古玩意,比如

去年今年储秀宫、翊坤宫内学承应戏，何不保和殿擦连也用戏，岂不大样？但不象蒙古气象。以后着按保和殿一样，承应大郭庄、西番乐、高丽筋斗等，着内头学、内二学出来，其高丽筋斗的老头儿话白着刘得学出来，今年已赶学不及，俟明年二月间着外学有大郭庄之人教给内头学、内二学，着总管等传掌仪司人教内头学、内二学高丽筋斗，以备已后遇有此差承应，以后为例。钦此。

二十六日　长寿传旨，十一月初三日承应的戏移在初二日，复旨奏明初三日储秀宫内头学承应《仙姬嫔从》一分，初四日着内二学公主府承应差事。旧年因三公主府近，不赏车马，今年四公主府甚远，圣恩赏总管荣德并内二学首领于得麟、邵国泰食大粮喜庆，张明德等行马匹，其余着总管传与丰绅济伦办理，三个人一辆车。钦此。

二十七日　长寿传旨，皇后到公主府开戏，进宫着荣德、于得麟问公主，爱唱只管承应，不用单。

二十八日　长寿传旨，十一月十五日外头教习进来念《混元盒》。《太仆陈仪》宋仁宗定场白“虽曰治平有时，仍以竞业为怀”，“竞”字上改“景业为怀”。

十一月初一日　重华宫承应。

初二日　长寿传旨，《天花集福》着内头、内二学出来，《定太平》刘金定白“你须小心”，冯茂随答，尾声完，刘金定扯高君宝虚白。养心殿承应叫郭秉忠唱小雷音佛，着刘进喜听着。《小雷音》末一出师徒四人悟空不用跪，合掌问询。

张明德传旨，真佛下跪，幻化不跪。

初六日　长寿传旨，十一日早膳《混元盒》养心殿承应，因魏德禄连场，侯进喜、李进贵不能唱整出戏，杂角也不能上。钦此。

初十日　长寿传旨，《混元盒》头本十六出“拘魂辩明”内跟玄坛黑虎变四个化身，与黑石精白石怪也变四个化身，八个人对把子。二十八宿以后若有妖怪，总着天师请四个二十八宿内神将，若是火妖怪遣四个水宿，若是木怪遣四个火宿擒缚。《定太平》第六出于洪与刘金定斗法变石头、石匠、铙鬼、金甲将此四样不用换，或

四头八臂、三头六臂,或变个别的神将妖怪都使的。钦此。

荣德谨奏,因《混元盒》切末:

点石为金切末二个	白狐黑狐衣二分
磕头二个白黑石精	白石黑石切末二块
各样顶形四十个	金针刺蟒切末一分
番天印切末一个	黑虎衣一件
阴阳桶二个	朱判画轴二卷
羊肉床切末一分	各样盔三顶(金花一、白狐一、蟒精一)
男女回回帽十六顶	五毒衣子收拾见新
彩头五个	彩头套一个

长寿传旨,交外边细细致致的做。

十一日旨,"万岁爷宣召"上改宣陆炳上念白,着陆炳叫陶谦上,陆炳下,嘉靖下坐下早了,等陶谦谢恩之后再下坐。以后《混元盒》内众的戏安看本题纲,本学送清底本题纲,交大差,得住腾(誊)写净,桩钉(装订)好了在(再)安。钦此。

十三日　长寿传旨,《金星奏事》金花二场不必上,尾声着神将唱《劝善金科》二本一出的尾声"星辰拱北灵云绕,内有金堂名太渺,一般的雉尾云移且退朝"。再添《混元盒》盒子一个。

十五日　长寿传旨,永泰添月银一两,食四两,张长添月银五钱,食三两,图善添月银五钱,食二两五钱。

十九日　禄喜传旨,《懒妇烧锅》小孩了、《请宴》魏得禄教。

二十二日　听差杨进忠传旨,赏邵国泰小内学首领,永泰内二学副首领。

小太监福喜传旨,宫内太监马进忠原系内二学人,今仍归内二学,奉旨将内二学王双庆、杨淳、郭清泰、杨清玉、李二福此五名拨给内头学。

二十三日　内殿总管梁进忠传旨,于得麟胆大,罚月银一个月,旨意下在先,不许侉戏,今《双麒麟》又是侉,不治罪你们,以后都要学昆弋,不许侉戏。

旨意问你们两家为何不和气,就是当差总在一处,就是内二少

人使内头的人，内头少角使内二的人。别学外头、外二、外三生分，自学大班小班和气才是。钦此钦遵。

二十四日　内头学交出钱粮着内二学挑毕，再叫外学挑。

二十五日　长寿传旨，冬至台上着十番迎请，十番首领在明殿看节次。万岁爷在漱芳斋更衣往后再住迎请。着内头学首领一人在元光门看迎请，一掀廉（帘）子，就着金昭玉粹迎请，前台接迎请。着内二学首领在元光门里边站着，别管戏完不完，万岁爷一下座，前台就迎请。非但冬至之后，以后若有节次，本学年轻首领看节次。钦此。

二十八日　长寿传旨，戏毕要轿起吹打送驾，万岁爷轿出了百子门再住吹打，又传旨，长至戏不必预备。

内二学奉旨，十二月初一日在重华宫大小班承应《膺受多福》，外三学插轴子。初八日着外头学插节戏一分《太宗较猎》，内学承应《混元盒》。十一日至二十日承应《劝善金科》，轮流插轴子，大小班一日。二十八日重华宫带回子，外边承应《饯腊迎新》。二十九日元旦日按例伺候。正月初二日着里边伺候，外边人不必进内。初三日至初五日外众陆续下圆明园，初六日驾幸元（圆）明园，正大光明迎请，元明园弦索迎请，奉三无私十番迎请，长春仙馆不必十番迎请，以后为例。九洲清晏弦索迎请，同乐园大小班承应《喜朝五位》。初八日山高水长筵宴戏一分，同乐园承应戏该那学之班，该那学插轴子。初九日舍淳堂该那学承应。初十日长春仙馆该那学之班，该那学承应。十一日同乐园该那学之班，该那学承应。十二日皇上进宫斋戒。十五日同乐园承应《升平宝筏》。

十二月初一日　长寿传旨，内头学《廉明公案》黄世英着魏得禄学。《打鹦歌》的林中寿着张明德学。殷家五虎内二学上二个。《双钉记》魂子着田玉去。钦此。

长寿传旨，明年正月十五日、十六日、十七日、十八日、十九日此五日山高水长伺候灯，着总处等临十五日至十九日定出各样灯来奏请。再，十五日、十六日、十九日伺候庆丰图，十七日、十八日不用伺候庆丰图。十六日带大人们帽行子看灯。今奴才等拟得十

五日万年如意灯、十六日万年甲子灯、十七日福禄寿喜灯,其余之灯江山万代灯、一统万年青灯。谨此请旨。

旨意,十六日不带大人看灯,十九日再带大人们看灯。又传旨,以后承应轴子不许打苏州锣鼓。钦此。

初二日　大差传旨,《大功告成》戏单内,《功安九有》一出、《报喜》(代三)、《清平见喜》、《和合呈祥》一分,此四出按单唱。其余《待诏金门》、《庆成》、《封相》、《演官》、《胖姑》、《送京》、《赏军》、《前诱》、《廉蔺争功》、《负荆请罪》、《游寺》、《赛愿》此十九出于本月初二日,旨意皆不许插单,狠俗,候上点再唱。

长寿传旨,内头学《双钉记》的张三闯着张明德去,李进禄的刀鬼,着内二学去,魂子田玉去,白氏着喜庆去,木匠着李雨去,《棋盘山》的田玉着魏得禄去,所有短少童儿、将官等着内二学的人去。内二学《夺秋魁》的杜明着陈进朝去。

初四日　魏得禄唱《针线算命》误场,重责二十大板。每逢养心殿该班之日,无差不许出东如意门,养心殿的东角门有要紧的差事或者首领所差自许出如意门,也不许出东角门。再着听差太监一名在东角门看守。万岁爷嗔怪说,点下戏来,来的根(很)迟,以后不许迟误。钦此。

十一日　长寿传旨,三十日内二学寿康宫承应戏一日,初一日戏一日。

十七日　长寿传旨,寿康宫三十日、初一日之戏唱到午正就戏毕。

二十日　长寿传旨,将《升平宝筏》内如有里边四人角色,着内头学、内二学人配着,长寿管束内头学,永泰管束内二学,无论有连台的,无连台的,只管派上,就是无连台的,一天上几场也不为多。况寻常唱轴子杂戏也常赏,他们将食大粮者多派几场,食小钱粮者少上几场。钦此。

二十二日　奏于本月二十二日,内殿总管梁进忠传旨,将长寿放为内头学首领,将内二学副首领邵国泰放为小内学副首领,将永泰放为内二学副首领。钦此。

长寿传旨，着内二学副首领永泰于明年下圆明园时按钱粮处首领七品之例，里边上夜五日，外边住五日。谨此。

二十二日　长寿传旨，《混元盒》剥皮鬼着穿三殿血湖的行头。

二十三日　长寿传旨，二十三日内二学不必上来该班，内头该班。二十四日内头该班。钦此。

禄喜传旨，二十五日排《狮驼岭》，不许放假。不用教习进来。……

旨意，承应围屏和气灯上夜之人，宫戏，东头所。南府、钱粮处、景山、钱粮处在西三所。中和乐在启祥宫。记此。

二十五日　长寿传旨，内学将骨牌灯学出来。

二十六日　长寿传旨，二十九日金昭玉粹年例内头学承应节戏一分，今遵旨不用了，今前台内头学承应《升平除岁》一分，内二学接唱《清宁一统》一出，再接唱《饯腊迎新》。钦此。

二十八日　长寿传旨，延春阁内二学一当不用了，将张明德、喜庆占山子。

嘉庆十一年

正月初二日　上赏刘进喜、张喜各一两重银锞一个、蒙古荷包一个；陈进朝一两重银锞一个、五钱重银锞一个；李寿增、彭禄寿二名缨子一匣均分；曹进喜五钱重银锞一个、蒙古荷包一个。

初五日　上赏彭禄寿、张喜二名缨子一匣；李寿增五丝缎袍料一件；贾得魁、彭禄寿二名各大荷包一对。

上赏班进朝一两锞一个、刮膘一块；郭清泰、靳保各五钱锞一个、刮膘一块；王双庆、杨淳各一两重银锞一个、刮膘一块；柴进忠、任玉、杨青玉一两重银锞一个、刮膘一块。

十七日　上赏黑子小荷包一个；刘德五丝袍缎料一件；李增寿屯绢袍料一件；贾得魁一两锞一个；郭秉忠一两重银锞一个。

上赏舞天地人和灯人尚德、张林德、黄元、刘安泰、郭顺、杨青玉、刘德升、米进喜、刘保、李雨儿、任玉、刘德安、福成、张得胜、魏得禄、小刘进喜、孙福喜、贾得魁、陈进朝、黑子、侯进喜、彭禄寿、陆

顺、彭禄海、柴进忠、大曹进喜、刘进喜、大张喜、杨淳、王双庆、孙魁、沈进喜以上三十二名,每名一两重银锞一个。

鼓　王腾云、吴双禄,搬灯点灯人李进朝,以上三名每名一两重银锞一个。

堂鼓、随手、打家伙锣、管题纲、走场人、搬灯点灯人陈进爵、李太平(后略),以上四十名,每名五钱锞一个。

二十二日　上赏安庆洋磁带头一块;玉喜铜胎嵌玉带头一块。

二月初十日　上赏安庆桃红绫一块。

上赏出外人等李寿增、禄喜、莲庆、福庆、玉福以上五名,每名一两重银锞二个。黑子、安庆、陈进朝(后略),以上三十九名,每名一两重银锞一个。

六月初五日　上赏约勒巴拉斯、瑞成二名,每名纱蟒袍一件、金铂朝珠一盘、纱褂料七件。连喜纱蟒袍一件、蓝纱袍料四件。长宁、张长、沈福官、钮彩四名,每名纱袍料一件。陆福寿、张二官、连生、刘明、六十五、潘五、百福七名,每名纱褂料一件。

二十六日　恩赏前拨出外人等李寿增五两;禄喜银十八两;莲庆银十五两;福庆银八两;玉福银六两。黑子、陈进朝、福成每名银四两五钱;刘进喜、刘德、郭秉忠、张喜、彭禄寿、安庆以上六名每名银四两;孙魁、彭禄海(后略),以上二十五名每名银三两。

内二学喜庆、张得胜二名,每名银四两五钱;魏得禄、王林祥、刘进喜、曹进喜四名,每名银四两;雨儿、刘德、吴双禄三名,每名银三两五钱;尚得、郭顺、孙福喜、刘得升、董进保以上五名,每名银三两。

上赏彭禄寿、彭禄海二名,每名手巾一条、扇子一柄;玉喜扇子一把;安庆手巾一把、扇子一把;福成花机纱一疋;陈进朝大荷包一对;李进禄扇子一把;张喜香串一串、扇子一把;刘德香袋二个扇子一把;杨青玉深色葛一个。

十二月初一日　上赏《膺受多福》银一百两。

嘉庆十六年内务府档案清单：

编者按：原件上只写“十六年”。其中新进小生陈双贵、小旦高双宁分往小内学当差。根据嘉庆七年旨意档载：“（五月）十七日旨意，李进玉、甄世祥拨于景山新立小内学当差。”可确定小内学建立于嘉庆七年。道光十六年没有内学存在，光绪年间也没有小内学、再没有从南方选进伶人，其外三学、小班等编制与嘉庆七年基本相同，基本可以认定为嘉庆十六年的史料。

十六年十月 进学生八名 花名 年岁 戏出清单

计开：

小生 陈双贵 年十二岁 分小内学当差

《赶车》、《拾画》、《踏伞》、《琴挑》、《井遇》、《偷诗》、《姑阻》、《失约》、《折梅》、《园会》。

老外 顾双福 年十三岁 分小班当差

《渡江》、《赶蛇》、《寄子》、《刺血》、《饭店》、《夜奔》、《疑谶》、《拜月》。

老旦 支双麟 年十三岁 分外三学当差

《花婆》、《劝妆》、《相约》、《讨钗》。

正旦 祝双寿 年十二岁 分小班当差

《荣归》、《撇子》、《认子》、《阳告》。

小旦 高双宁 年十三岁 分小内学当差

《游园》、《惊梦》、《寻梦》、《絮阁》、《姑阻》、《失约》、《思凡》、《拜月》。

小旦 陈双瑞 年十三岁 分小班当差

《请宴》、《题曲》、《偷诗》、《思凡》、《相约》、《讨钗》、《规奴》、《荣归》。

小旦 吴双喜 年十二岁 分外三学当差

《学堂》、《规奴》、《佳期》、《借茶》、《折梅》、《园会》。

小旦 顾双庆 年十二岁 分外三学当差

《琴挑》、《踏伞》、《寄柬》、《空泊》。

学生八名衣物单:
石青、宝蓝宁绸羊皮袍褂八套;
石青、酱色花灰鼠皮袍八套;
宝蓝宁绸羊皮一裹圆八件;
石青、宝蓝宁绸棉袍褂八套;
宝蓝宁绸缺襟棉袍八件;
石青宁绸棉马褂八件;
石青、宝蓝宁绸夹袍褂八件;
宝蓝宁绸缺襟夹袍八件;
石青宁绸夹马褂八件;
石青、宝蓝线绉单袍褂八套;
宝蓝线绉单戈什哈衫八件;
宝蓝羽缎缺襟单袍八件;
石青羽缎单马褂八件;
石青、宝蓝实地纱袍褂八套;
宝蓝实地纱戈什哈衫八件;
石青、宝蓝芝地纱袍褂八套;
宝蓝芝地纱戈什哈衫八件;
月白绸夹袄八件;
白春绸两节大衫八件;
白生纱大衫八件;
月白绸棉套裤八双;
月白绸夹套裤八双;
白绸单套裤八双;
白生纱套裤八双;
月白绸小棉袄八件;
月白绸棉裤八条;
布衫裤(每四套)共三十二套;
海龙皮领八条(随领衣);
水獭绒领八条;

绒领八条；
夹领八条；
骚鼠皮帽八顶；
骨种羊皮帽八顶；
绒帽八顶；
纬帽八顶；
两缨帽八顶；
小帽八顶；
帽盒八个；
方头缎靴八双；
尖头缎靴八双；
皂鞋八双；
棉双袜十六双；
丝线带、大小荷包、飘带、手巾、扇套八分，又布手巾八条；
绸褡包八条；
哦登绸褐衫八件；
哦登绸帽罩八个；
绸被褥八分；随枕头八个并笼布褥单八条；
布被褥八分；随枕头八个；
铺盖卷八个；
毛毯八条；
红皮箱八只；随蓝布包袱八个；
铜面盆八个；
锡刷牙盒八分；
随银八百两，每名各一百两制办零星添补零用；
男网巾二分；
包头匣六分，簪环鬏髻全；
彩鞋六双。

十六年十月进 （叠入夹内）

学生八名旧衣物

陈双贵

白皮箱一只;

宝蓝宫绸单戈什哈衫一件;

天青羽缎单马褂一件;

蓝布单衫一件;

月白两节长衫一件;

蓝布夹一裹圆一件;

蓝布棉一裹圆一件;

蓝布小棉袄一件;

青布棉马褂一件;

天青哔叽夹马褂一件;

宝蓝绸羊绒一裹圆一件;

天青宫绸羊皮马褂一件;

葛布戈什哈衫一件;

布衫裤三套;

蓝布棉套裤一双;

绒帽一顶;

皮领一条;

布腰带一条;

线腰带一条;

缎靴一双;

白布单被一条。……(编者按:其他人以上内容相同,应是统一制作)

嘉庆二十三年

旨意档

正月初六日　禄喜传旨:

二月初十日　漱芳斋　内大学　晚　班

十二日　漱芳斋　内大学　晚　班

十五日　敷春堂　大　班　外三学

十六日　同乐园　外头学　小　班

二十八日　漱芳斋　小内学　十番学

三月初二日　漱芳斋　小内学　十番学　钦此。

二十一日　禄喜传旨，有忌辰之日放庆寿夜假，放官假之日是几天放几天，出入门的时候辰初二刻。钦此。

二十二日　禄喜传旨，上派《鼎峙春秋》角色，二本《问探》，探子长清。钦此。

三月二十一日　禄喜传旨，上派大戏内《缑山控鹤》，鹤童庆寿；《劝善金科》善才刘得山；《升平宝筏》三公子刘得山，明月刘得山。钦此。

二十二日　禄喜传旨，于小内学二十二日不必该班。二十三日该班。钦此。

二十九日　莲庆传旨，因勒夫《打子》错了，重责二十板。钦此。

五月十五日　莲庆传旨于小内学，今日不必该班，十九日该班。钦此。

六月十三日　禄喜传旨，将庆寿拨给外头学当差。钦此。

将长清、五成、赵顺喜、李有此四名拨给内大学当差。钦此。

六月二十七日　禄喜传旨于小内学，七月二十日进城该晚班，二十一日重华宫配杂戏该晚班，二十二日送驾，九月初十日内大学、小内学恒春堂承应戏轴子，小内学的使长清四人。钦此。

七月初十日　禄喜传旨：

九月二十五日　重华宫外头学小班承应。

十月初一日　重华宫内大学小内学承应。

初二日　同乐园外众节戏。

初三日　鉴古斋外二学、外三学。

初四日　至初七日同乐园承应《九九大庆》。

初八日　敷春堂大班、小班。

初十日　同乐园承应《千秋和庆》外众、内大学。

十二日　同乐园外头学、外三学。

十三日　重华宫内大学承应。

十五日　重华宫外二学、小班承应。钦此。

十三日　禄喜传旨,七月二十五日　外头学同乐园承应,戏毕送驾,小班排戏毕送驾。二十六日　重华宫外二学、外三学承应,戏毕送驾。

二十七日　重华宫大班、小内学承应,戏毕送驾。

十月初四日　重华宫外头学、小班承应戏。

初五日至初八日　同乐园承应《九九大庆》。

初九日　鉴古斋外二学、外三学承应戏。

初十日　同乐园千秋和庆外众、内大学。

十一日　敷春堂大班、小班承应戏。

十二日　同乐园外头学、外三学承应戏。

十三日　重华宫内大学承应戏。

十五日　重华宫内大学、外二学承应戏。钦此。

七月二十三日　禄喜传旨,新进宫太监李三德年十四岁,系大兴县民给小内学当差。钦此。

九月十二日　禄喜传旨与约(编者按:指总管约勒巴拉斯)等,因泥泞难走,万岁爷在盛京驻跸未定起身日期,着南府、景山内外各学于十月初二日进城,初六日、初十日着内大学、小内学在重华宫伺候皇后戏。万岁爷进宫日仍着外头学、小班在百子门接驾。重华宫承应戏。内大学、十番学、小内学接驾。该晚班应行车辆马匹等,伊等按例办理,万岁爷不下圆明园了。十月十五日着外二学、大班、外三学在百子门接驾,重华宫承应戏。再传与吕进忠、莲庆等内家,若是进城于十月初二日进城,若不进城搬出在太平村居住。是日,仍着刘德、范喜在烟郊(编者按:当指在京东的"燕郊")接驾。钦此。又传旨,万岁爷九月十六日从盛京启銮,十月十一日进宫。钦此。

十月二十四日　禄喜传旨,二十三年当《升平宝筏》人李寿增、王腾云、甄世祥此三名当连台,其余正当连台人并帮差人,俱不用

再十本团场。罗汉刘玉、赵玉、张来喜、李升、赵荣、赵吉祥、勒夫，共七名仍上罗汉，无钱无饭。

十一月二十一日　禄喜传旨，《鼎峙春秋》钱折内李寿增原钱二十贯，减钱十六贯，入在四贯内。钦此。

同日传旨二十四年正月初一日，早间太和殿承应中和韶乐，午时有宴，无殿差之人在重华宫承应节戏。

初二日　重华宫承应节戏，未时乾清宫承应《膺受多福》。

初九日至十四日　同乐园承应《鼎峙春秋》头本至六本。

十五日　万岁爷驾幸城内，十八日万岁爷驾幸圆明园，承应寻常戏。

十九日至二十二日　同乐园承应《鼎峙春秋》七本至十本，十三日、十四日、十八日、十九日此四有灯。

十二月十五日　禄喜传旨，二十四年二月二十一日皇子定婚在四阿哥福晋父家自内大学、外头学、钱粮处伺候。皇子成婚着小内学在宫内所里伺候，外二学、钱粮处有在箭亭子伺候，其伺候之人不必多了，只(至)多四十名。是日预备按例行取车辆马匹，其钱粮切末前一日运至南府，于当日同承差之人寅时至该处，辰时承差，其成婚日期听传。钦此。

二十四日　新进太监一名王玉成，年十四岁，系安肃县民，奉旨赏给小内学当差，每月食银二两、年米十八斛、公费一贯。

嘉庆二十四年

恩赏档(编者按：该册封面题字为“四月二十四日储秀宫承应过皇子成婚，特此存记”。)

正月初二日　养心殿承应《南渡》(勒夫)、《报喜》(刘双喜)、《琴挑》(喜庆、刘五儿配)、《遣仙布福》。

恩赏勒夫、刘双喜、刘五儿此三名每名五钱重银锞一个、小荷包一个。

初四日　奉三无私承应《天官祝福》(祁进禄)。恩赏祁进禄五钱重银锞一个、小荷包一个。

初六日　恩赏小内学紫檀画绢方灯一对。

初八日　恩赏小内学半个月银共人三十九名,共一两重银锞四十一个。

初九日　同乐园承应头本《鼎峙春秋》。

初十日　同乐园承应二本《鼎峙春秋》。

十一日　同乐园承应三本《鼎峙春秋》。

奉三无私承应《梳妆》(赵山辉、李福)。

恩赏赵山辉、李福此二名每名五钱银锞一个、小荷包一个。

十二日　同乐园承应四本《鼎峙春秋》。

十三日　同乐园承应五本《鼎峙春秋》。

奉三无私承应《小逼》(李升、赵荣)。

山高水长承应福禄寿灯,恩赏首领王腾云酱色五丝袍料一件。

十四日　恒春堂早膳承应卯初一刻开戏,卯正一刻戏毕。

《群仙寺路》(李升　一分)、《学堂》(薛进喜)、《扫花》。

此三出毕,《三醉》、《亭会》、《拾金》、《三代》。

旨意:安轿就送驾。

恩赏李升、薛进喜此二名每名五钱重银锞一个、小荷包一个。

同乐园承应六本《鼎峙春秋》,奉三无私酒宴承应《万花向荣》。

十九日　同乐园承应七本《鼎峙春秋》。

奉三无私承应《亭会》(喜庆、刘五儿配)。

二十日　同乐园承应八本《鼎峙春秋》。

二十一日　同乐园承应九本《鼎峙春秋》。

奉三无私承应《绣房》(赵吉祥、何套住)。

二十二日　同乐园承应十本《鼎峙春秋》。恩赏连台戏首领李寿增、首领王腾云每名钱四贯;赵玉钱二贯;李升、勒夫每名钱一贯五百;赵吉祥、李福每名钱一贯。

二十四日　奉三无私承应《前拆》(勒夫)。(恩赏略)

二十六日　奉三无私承应《跪池》(喜庆、赵山辉配)。

二十七日　奉三无私承应《送京》(赵玉)、《佳期》(薛进喜)、

《撇子》(马士成)、《琴挑》(刘得山、马庆寿)、《亭会》(刘玉儿、李福)、《三代》。

二月初三日　恩赏小内学中普洱茶二个、蕊珠茶五十个。

初九日　奉三无私承应《卖花》(刘双喜)。

十二日　奉三无私承应《祭姬》(勒夫)。

十四日　奉三无私承应《送京》(李升)。

十五日　花神庙摆当。

庙西穿堂外第八当:《南渡》于喜,随手肖进孝、王喜,带当人李寿增。

庙内西边第十三当:《佳期》薛进喜,随手王腾云、王进喜,带当人王腾云;船台《扫花》、《三醉》赵山辉、李升、刘玉。

十六日　奉三无私承应《孙诈》(祁进禄)。

十八日　奉三无私承应《痴梦》(何套住)。

二十日　奉三无私承应《饭店》(赵荣、李福)。

恩赏赵荣、李福此二名每名五钱重银锞一个、小荷包一个。首领李寿增、首领王腾云石青素五丝缎褂料一件、酱色四则五丝缎袍料一件。

二十二日　奉三无私承应《北醉》(赵吉祥)、《拷红》、《访素》(刘得山)。

二十四日　奉三无私承应《山门》(赵玉)。

二十七日　奉三无私承应《阳告》(马城)。

二十九日　奉三无私承应《当巾》(赵山辉)。

三月初二日　奉三无私承应《踏勘》(勒夫)。

初四日　奉三无私承应《请宴》(彭鹤瑞)。

四月初三日　恒春堂接驾承应,辰正二刻五分开戏,未初一刻五分戏毕。

《添筹称庆》(内大学　一刻二分)、《梳妆》(李福、赵山辉　一刻七分)、《拷红》彭鹤瑞(一刻)、《英烈传》(四出　内大学　四刻十分)、《交账送礼》(刘五儿、马庆寿　一刻七分)、《露杯》(金得荣

一刻五分)、《醒妓》(赵荣　一刻七分)、《贾志诚》(刘翠仗　一刻十三分)、《佳期》(薛进喜　一刻五分)、《激逵》(长清　一刻)、《星云景庆》(小内学　一刻)。

初四日　奉三无私承应《云阳》、《法场》(祁进禄)。

初五日　恩赏首领李寿增、王腾云每名五等人参五厘,价银七两五钱。

初六日　奉三无私承应《五台》(赵玉)。

初八日　舍卫城庙内摆当。

东边:《佳期》(薛进喜),随手马得、王进禄,带当人王腾云;

西边:《侠试》(郭进禄、马庆寿),随手肖进孝、王进喜,带当人李寿增。

奉三无私承应《前拆》(勒夫)。

初十日　奉三无私承应《北醉》(赵吉祥)。恩赏赵吉祥洋钱一个、小荷包一个。

十五日　奉三无私承应《痴梦》。

十八日　广育宫承应《天官祝福》,辰初五分开戏,辰初一刻戏毕。

四月二十二日　奉三无私承应,皇子成婚一分《列宿延临》、《双星永庆》。

二十四日　储秀宫辰初开戏,不迎请不送,皇子成婚节次,主子升座进奶茶,赏主位奶茶毕,头出戏毕,等主子进酒,赏主位酒毕开二戏。

恩赏首领李寿增、王腾云每名小卷宁□褂料一件、大荷包一对、小荷包一对;太监等银五十两、大小荷包四十对、烟荷包二十个、总台禄谕给银粮处大荷包十对、小荷包十对、烟荷包六个。

重华宫承应《万福骈臻》、《请宴》(彭鹤瑞)、《孙诈》(祁进禄)。

养心殿承应《琴挑》(刘得山、马庆寿)、《送京》(李升)、《阳告》(马士成)、《报喜》(刘双喜)、《诧美》(刘五儿)、《点香》(李福、赵吉祥)、《三代》(众)。

二十六日　奉三无私承应《当巾》(赵山辉)。

二十八日　奉三无私承应《寻夫》(何套住)、《刺股》(赵荣)。

三十日　奉三无私承应《山门》(赵玉)、《佳期》(彭鹤瑞)。

闰四月初二日　奉三无私承应《祭姬》(勒夫)、《藏舟》(刘得山、李福)。

初四日　奉三无私承应《撇子》(马士成)。

初六日　奉三无私承应《小逼》(李升、赵荣)。

初八日　奉三无私承应《卖花》(刘双喜)。

初十日　奉三无私承应《云阳法场》(祁进禄)、《佳期》(薛进喜)。

十一日　恩赏李寿增、王腾云香床一对均分。

十二日　奉三无私承应《赶车》(赵山辉)、《拷红》(彭鹤瑞)。

十三日　恩赏李寿增、王腾云此二名每名宫扇一把。

十四日　奉三无私承应《梳妆》、《掷戟》(刘五儿、马庆寿)。

十六日　奉三无私承应《闹救》(赵玉)、《痴梦》(王鹤年)。

十九日　奉三无私承应《麻地》(赵吉祥)。

二十一日　奉三无私承应《荣归》(王鹤年、彭鹤瑞)。

二十三日　奉三无私承应《描容别坟》何套住;《批斩》勒夫。

二十五日　奉三无私承应《女舟》(刘双喜、李福)。

五月初一日　龙舟当儿:红龙船头,王腾云。

河北四船:莲花亭,抬阁李升;领船《南渡》于喜;随手吴泰、朱鹤鸣。

河南:《善才三参》,抬阁何套住;领船观音马士成;善才薛进喜;随手肖进孝、王喜。

初二日　同乐园承应头本《阐道除邪》,五出《金殿试术》(嘉靖:李寿增)。

奉三无私承应《规奴》(马庆寿、薛进喜)。

初四日　同乐园承应二本《阐道除邪》,十六出《彭泽斗法》。

初五日　龙舟当儿(同初一日)。

同乐园承应二本《阐道除邪》:十五出《雷击余氛》、十六出《三

清祝国》。

奉三无私承应《访素》(刘得山)。

初七日　奉三无私承应《泼水》(松年、祁进禄)。

初九日　奉三无私承应《相约》(鹤寿、刘双喜)。

十一日　奉三无私承应《送京》(李升)、《错梦》(赵山辉)。

十三日　奉三无私承应《井遇》(刘五儿、刘双喜)。

十五日　奉三无私承应《前逼》(赵荣、何套住)。

十七日　奉三无私承应《山门》(赵玉)、《祭姬》(勒夫)。

十九日　奉三无私承应《点香》(赵吉祥、李福)。

二十一日　奉三无私承应《撇子》(马士成)。

二十四日　奉三无私承应《藏舟》(刘得山、马庆寿)。

二十六日　奉三无私承应《侠试》(祁进禄)。

二十八日　奉三无私承应《佳期》(薛进喜)、《探监》、《法场》(小内学配)。

三十日　奉三无私承应《赶车》(赵山辉)、《惠明》(李升)。

六月初一日　同乐园承应《探监》、《法场》(刘双喜配)。

初三日　奉三无私承应《看状》(刘五儿)。

初五日　奉三无私承应《寻夫》、《刺股》(何套住、赵荣)。

初七日　奉三无私承应《五台》(赵玉)。

初九日　奉三无私承应《南渡》(勒夫)。

十一日　奉三无私承应《草桥敬梦》(赵山辉)。

十三日　奉三无私承应《刺虎》(李福)。

十五日　奉三无私承应《北醉》(赵吉祥)。

十七日　奉三无私承应《思凡》(介寿)、《拜月》(福寿、大学配)。

十九日　奉三无私承应《访素》(刘得山)。

二十一日　奉三无私承应《絮阁》(马庆寿)、《亭会》(刘五儿、介寿)。

二十三日　奉三无私承应《泼水》(马士成、郭进禄)、《拷红》(福寿)。

二十五日 奉三无私承应《送京》(李升)、《请宴》(福寿)、《藏舟》(介寿、刘得山)。

二十七日 奉三无私承应《报喜》(刘双喜)、《饭店》(赵荣、李福)。

七月初二日 奉三无私承应《养子》(何套住)。

初四日 奉三无私承应《闹救》(赵玉)、《荣归》(福寿)、《佳期》(介寿)。

初六日 奉三无私承应《祭姬》(勒夫)、《别弟》(赵吉祥)、《阳告》(马士成)。

初七日 西峰秀色承应《七襄报章》(一分)。

《佳期》薛进喜、《扫花三醉》、《琴挑》、《拾金》、《三醉》此五出未唱。

同乐园承应《乔醋》(刘五儿、介寿)、《拷红》(福寿、刘双喜)。

初八日 奉三无私承应《跪池》(赵山辉、李福)。

十一日 奉三无私承应《三溪》(赵荣)、《错梦》(刘得山)。

十三日 奉三无私承应《出罪府场》(郭进禄、马士成)。

十四日 奉三无私承应《寄柬》(福寿)、《思凡》(介寿)、《卖花》(刘双喜)、《学堂》(薛进喜)、《诧美》(刘五儿)。

十五日 奉三无私承应《刘唐》(赵玉)。

十七日 奉三无私承应《打子》(勒夫)。

十九日 奉三无私承应《胖姑》(福寿)、《请宴》(介寿)。

九月初三日 奉三无私承应《南极增辉》。

初五日 奉三无私承应《思凡》(福寿)、《狐思》(介寿)。

初七日 奉三无私承应《小逼》(李升、赵荣)。

十一日 倚戏台摆当儿。早间《升平集庆》。晚间《南极增辉》。

十一日 奉三无私承应《羞文》(马士成)。

十三日 奉三无私承应《侠试》(郭进禄)、《佳期》(喜寿)、《寄柬》(益寿)。

十五日 奉三无私承应《藏舟》(刘得山、马庆寿)。

十六日　同乐园外王子进戏。

十七日　同乐园承应头本《升平宝筏》。

奉三无私承应《绣房》(赵吉祥、何套住)。无赏。

十八日　同乐园承应二本《升平宝筏》,十三出《玉面怀春》。

十九日　同乐园承应三本《升平宝筏》,十三出《闻仁驱邪》。

奉三无私承应《报喜》(刘双喜)。

二十日　同乐园承应四本《升平宝筏》。

恩赏小内学半个月月银,首领李寿增、王腾云,此二名一两重银锞二个,恩赏学生益寿(人名略)共人三十七名,每名一两重银锞一个,教习吴泰、朱鹤鸣,此二名每名一两重银锞一个,金保全一两重银锞二个,普共银四十五两,有食大粮之人明日在后台向北谢恩,其首领官职学生明日散戏在河沿上谢恩。

二十一日　同乐园承应五本《升平宝筏》。

奉三无私承应《亭会》(刘五儿、李福)。

二十二日　同乐园承应六本《升平宝筏》。

二十三日　同乐园承应七本《升平宝筏》。

奉三无私承应《踏勘》(勒夫)、《刘唐》(赵玉)。

二十四日　同乐园承应八本《升平宝筏》。

二十五日　同乐园承应九本《升平宝筏》。

恩赏连台钱首领李寿增钱七贯,首领王腾云钱五贯。

奉三无私承应《当巾》(赵山辉)、《痴梦》(何套住)。

二十六日　当儿。

南大桥:《光被四表》。八福神:赵玉、赵荣(人名略)。

带当人李寿增,随手王进禄、肖进孝。

十月初一日　宁寿宫承应头本《九九大庆》、《八佾舞虞庭》。

养心殿承应《天官祝福》(郭进禄)。

初二日　宁寿宫承应二本《九九大庆》、《五方康阜》、《万宝光华》。

初三日　宁寿宫承应三本《九九大庆》。

养心殿承应《遣仙布福》。

初四日　宁寿宫承应四本《九九大庆》。

初五日　宁寿宫承应五本《九九大庆》。

养心殿承应《三元百福》。

初六日　宁寿宫承应六本《九九大庆》、《福禄寿》。

养心殿酒宴承应《三寿作朋》(内大学伺候)。

初七日　恩赏进膳银六十两。

同乐园承应七本《九九大庆》。

奉三无私承应《北渡》。

初八日　恒春堂早膳承应,卯初一刻十分开戏,卯正一刻十分戏毕。

《万载恒春》、《天官祝福》(郭进禄)、《规奴》(薛进喜、马庆寿)、《亭会》(刘五儿、李福,半出毕)、《扫花三醉》、《三代》、六本《五云龙北阙》。

恩赏帮鼓人肖进孝、吴泰此二名银五钱。

同乐园承应八本《九九大庆》。

初九日　同乐园承应九本《九九大庆》。

奉三无私承应《请宴》(马庆寿)。

初十日　奉三无私酒宴承应《瑞应祥徵》。恩赏银八两,小荷包八对。

十一日　奉三无私酒宴承应《逼婚》。

十三日　养心殿承应《南极增辉》、《南渡》(勒夫)、《梳妆·跪池》(赵山辉、李福)、《规奴》(薛进喜、马庆寿)、《报喜》(刘双喜)。

十六日　养心殿承应《北醉》(赵吉祥)、《诧美》(刘五儿)、《山门》(赵玉)、《寻夫》(何套住)、《刺股》(赵荣)。

十九日　养心殿承应《斩子》(勒夫)、《劝妆》(刘双喜)、《絮阁》(马庆寿)、《阳告》(马士成)。

二十二日　养心殿承应《单刀》(李升)、《痴诉》(赵吉祥)、《点香》(李福)、《描容·别坟》(何套住)。

二十五日　养心殿承应《看状》(刘五儿)、《云阳·法场》(郭进禄)、《错梦》(赵山辉)、《醒妓》(赵荣)。

二十八日　养心殿承应《十宰》(赵玉)、《访素》(刘得山)、《羞文》(马士成)、《麻地》(赵吉祥)、《佳期》(薛进喜)。

十一月初二日　养心殿承应《宴刺》(李升)、《报喜》(刘双喜)、《祭姬》(勒夫)、《痴梦》(何套住)、《饭店》(赵荣、李福)。

初八日　养心殿承应《出罪·府场》、《交账·送礼》、《扫花·三醉》。

十一日　养心殿承应《学堂》、《拾金》、《廊会》、《错梦》、《闹救》。

十五日　养心殿承应《打子》、《劝妆》、《草桥惊梦》、《逼婚》、《诧美》。

十八日　养心殿承应《孙诈》、《思凡》、《撇子》、《昭君》、《刘唐》。

二十一日　养心殿承应《南醉》、《罢宴》、《惊丑》、《批斩》。

二十四日　养心殿承应《牧羊》、《亭会》、《剪卖发》、《山门》、《访素》。

二十七日　养心殿承应《疑谶》、《阳告》、《闹救》、《拷红》、《祭姬》。

三十日　养心殿承应《报喜》、《北醉》、《梳妆》、《跪池》、《看状》。

十二月初一日　养心殿承应《膺受多福》。

初二日　恩赏永祥当钱首领李寿增、王腾云此二名每名钱四贯、食二两;学生共人三十八名,每名钱一贯九百七十六文。

初三日　赏春季房钱共人四十名,每名钱一吊二百八十文。

养心殿承应《寻夫刺股》(何套住、赵荣)、《错梦》(刘得山)、《五台》(赵玉)、《絮阁》(马庆寿)、《踏勘》(勒夫)。

初七日　养心殿承应《扫花·三醉》(刘五儿);《探监·法场》(马士成);

《十宰》(李升);《赶车》(赵山辉);《佳期》(薛进喜)。

初十日　养心殿承应《云阳·法场》、《劝妆》、《痴诉·点香》、《吃糠》。

十一日　重华宫承应头本《劝善金科》、《忠良议事》。

十二日　重华宫承应二本《劝善金科》、《遣子经商》。

十三日　重华宫承应三本《劝善金科》。

养心殿承应《醒妓》、《闹救》、《前拆》。

十四日　重华宫承应四本《劝善金科》、《刘氏忆子》。

十五日　重华宫承应五本《劝善金科》。

十六日　重华宫承应六本《劝善金科》。

养心殿承应《梳妆·掷戟》(刘五儿、马庆寿)。

十七日　重华宫承应七本《劝善金科》。

十八日　重华宫承应八本《劝善金科》。

恩赏小内学首领学生共四十一名每名押岁钱制钱五百零六文,共二十贯七百四十六文。

十九日　重华宫承应九本《劝善金科》。

养心殿承应《刘唐》(李升)、《阳告》(马士成)。

二十日　重华宫承应十本《劝善金科》。

二十一日　恩赏连台钱首领李寿增钱七贯,黄四贯四百、黑二贯六百,王腾云钱五贯。

二十二日　养心殿承应《痴梦》、《北醉》、《梳妆》、《跪池》、《藏舟》。

二十八日　养心殿承应《报喜》、《牧羊》、《祭姬》、《闹救》、《井遇》。

二十九日　恩赏小内学高头二品、点心高头一品、鲍螺一品。

内大学恩赏档:

正月初一日　上赏张明德线绉褂料一件,陈进朝线绉袍料一件。

初八日　上赏刘进喜线绸一个,杨清玉汤绸一个,梁明诚线绸褂料一件。

恩赏内大学月银一个月,禄喜银七两,莲庆银六两,玉福、兰香二名每名银五两;喜庆、刘德、陈进朝、刘进喜、张明德、李进禄、安

福每名银四两;吉祥、彭禄寿、杨清玉、曹进喜、梁明诚、黑子、王麟祥、吴双禄以上八名每名银三两;杨淳、魏得禄、李德辉、靳保、长清、小刘德、雨儿、翠仗、班进朝、李瑞芝、韩德禄、李太平、长宁、顺通以上十四名每名银二两五钱;田庆(人名略),以上五十二名每名银二两;张长、贾庆喜、李有、石福安因病赏月银半个月。

十三日上赏福禄寿舞灯人六十名:内大学长清、安福(人名略),共六十名,每名银一两。

鼓　王腾云五丝缎袍料一件,鼓　吴双禄、韩德禄、张庆禄、刘云祥共四名每名银一两;随手走场人,随手李太平(人名略),以上三十四名每名银五钱;福字灯马士成、马庆寿二名银五钱均分。

十四日　上赏禄喜一两重金锞一个、鼻烟一瓶;刘德线绉褂料一件。

十九日　上赏禄喜黄狐肷接蓝绛丝皮蟒袍一件、玉鼻烟壶一个、玉佩一块。(后略)

二十日　上赏莲庆染狐肷酱色绛丝皮蟒袍一件;禄喜大卷宁绸袍料一疋。(后略)

二十二日　上赏兰香石青色福寿长春花宫绸料一件、一两重金锭一锭。

上赏连台戏。禄喜钱二十贯,陈进朝钱二十贯,莲庆钱十贯,玉福钱六贯,兰香钱四贯,喜庆钱三贯,杨淳钱九贯,安福、魏得禄二名钱七贯,刘进喜、张明德、刘德三名每名钱六贯,(中略)靳保(人名略),以上十九名每名钱一贯五百,金德荣(人名略),以上十三名每名钱一贯。

二月二十七日　上赏出春围人禄喜银三两,莲庆、玉福、兰香、喜庆以上四名每名银二两五钱,陈进朝银二两,刘进喜、张明德、李进禄、安福以上四名每名银一两五钱,吉祥(人名略),以上三十八名每名银一两。普共四十八名。

六月二十一日　上赏前拨出外人等。禄喜银二十五两,玉福、兰香二名每名银十八两,喜庆银十三两;陈进朝银五两,刘进喜(人名略)四名,每名银四两五钱,吉祥、彭禄寿(人名略),以上七名每

名银四两，杨淳（人名略），以上十名每名银三两五钱，裴殿英（人名略），以上二十三名每名银三两，普共四十九名，共用银二百二十九两。（后略）

十二月初一日　上赏《膺受多福》银一百两。

道光朝年

道光元年

日记档

正月十九日　奴才禄喜谨奏于二月初一日，内大学首领陈进朝带领太监三名，按例在太阳供前念斋意。谨此奏闻。

十二月十七日奉旨，著禄喜带领内学首领、官职之人十数名送金棺至西陵。道光元年正月二十日，乾清宫总管常永贵传旨与禄喜，三月十一日送金棺，着禄喜一人送至陵上，不必内学首领官职之人送，道路遐（狭）窄，无住处。钦此。

四月初二日　奴才禄喜谨奏，为请旨教导事。奴才等查得嘉庆四年恭送高宗纯皇帝金棺后，南府、景山内外各学俱移往圆明园，以便悄密排演差使，准备临期承应。今先皇帝梓宫已经奉安宝城，奴才等应将该备之差使一一补学，以备承应。若在城内排演，但与禁城相近，甚属不便，谨此奏请，求恩教导。谨将圆明园内外各学住处开列呈览：

内大学原住全壁堂，

小内学原住村庄房，

十番学原住成韶寺，

钱粮处原住麴院风荷大院，

中和乐原住绮春院内西爽村，

奴才禄喜原住春雨轩值房，

南府、景山外学俱在圆明园外太平村居住。奴才不敢自专，谨此奏请。

奉旨，不必下圆明园。

六月初六日　遵旨拟得南府六品总管禄喜祁阳葛一件、芙蓉

手巾二条;

七品首领一名,小卷波罗麻一件、芙蓉首领二条;

八品首领六名,每名通城葛一件、芙蓉手巾二条;

无官职首领、有官职太监、食四两太监十四名,每名广葛一件、芙蓉手巾二条;

食三两太监十一名,每名小贡葛一件、芙蓉手巾二条;

太监一百七十五名,广葛二十件、西山小葛布三十五件、机生白四十件、小增城葛四十件、夏布四十件、芙蓉手巾一百七十五条。

共总管、首领、太监二百八名。

七月　奴才禄喜谨奏于二十日,万岁爷驾幸西陵,回銮时,奴才禄喜在黄新庄接驾,谨此奏请。

奉旨,不必黄新庄接驾,带领里边首领宫内接驾。

八月初一日　小太监传旨,谕总管常永贵等,自今年为始,以后不拘有何应奏之事件,尔总管等不必拘泥,系在万寿月之内,不敢奏闻亦仍该照常具奏。如在万寿之正日有病故之人应奏者,只管具奏,不但现今朕在服内,俟二十七月释服后,若遇万寿年节之期,亦仍照常,不准拘泥。着为例。钦此。

八月初二日　包衣昂邦英和奏准,南府、景山裁退人并归并内学、外学所承应差事等项总折一件。

十四日　禄喜传旨与内大学首领刘德、陈进朝、小内学首领李寿增、王腾云,此二学归并一学,名为内学。将人监王进忠、黄进喜此二名看祖师殿。

九月初一日　奴才禄喜等谨奏,前曾奉旨将景山学生并总管、首领等俱归入南府一体当差,将内大学、小内学归为内学,外头学、外二学、外三学统归为一学为外学。如南府房间不敷居住,再行添盖。将来到圆明园时,所有中和乐、十番学、内学等俱移于太平村居住,其外学亦仍令在太平村居住。如房间不敷居住,由管理圆明园大臣酌量添盖。

九月初二日　禄喜奏准,内学、中和乐移往太平村居住,所有学堂、房间不够居住,着总管等踏看地面,应添盖房屋多少,传与包

衣昂邦英和、常福。嗣后遇有南园承应差事之日，不必进太平门，进西爽村门。钦此。

十八日　禄喜面奉谕旨，以后内学首领四名、外学首领六名。现时外学首领七名，七名之内病故一名，不必挑，六名之内病故一名，挑补一名。

二十二日　郎中广亮到南府厅上。本日包衣昂邦面奉谕旨，南府有官职学生三名、太监一名，着照嘉庆四年之例，六品官职学生玉福、兰香著降为八品学生，即食八品钱粮，七品官职学生喜庆着降为无官职学生，八品太监吉祥着降为无官职太监，均食二两五钱钱粮。钦此。并非差事平常，按嘉庆四年之例。

二十三日　朱笔定例，内外缺分。

嗣后，南府内学定为七品总管一缺、

七品首领一缺、

八品首领三缺、

三两钱粮太监六人、

二两五钱钱粮太监十人。

十番学八品首领一缺、

三两钱粮太监一人、

二两五钱钱粮太监二人。

中和乐无官职首领二缺、

三两钱粮太监一人、

二两五钱太监六人。

档案房二两五钱钱粮二人。

钱粮处二两五钱钱粮二人。

外学七品总管一缺、

七品首领一缺、

八品首领三缺、

三两钱粮五人、

二两五钱钱粮八人。

现时内外食大粮之人俱不必动，俟到缺分之内有短少之处，再

行挑补。

十二月十七日　恩赏禄喜押岁钱五贯;首领太监等共人九十四名,每名押岁钱七百十文。

恩赏日记档

正月初一日　万岁爷于慈宁宫庆贺进表文。内中和乐承应中和韶乐,设乐不作。

总管禄喜带领有官职首领、有官职太监八名,同内中和乐首领、太监配乐站班礼成。

万岁爷驾幸太和殿。外学承应中和韶乐,设乐不作。

总管禄喜带领内中和乐首领、太监等于乾清宫承应中和韶乐。设乐不作。

总管禄喜递如意,行礼。有官职太监随班行礼。回赏禄喜如意一柄。

十九日　奴才禄喜谨奏,于二月初一日,内大学首领陈进朝带领太监三名,按例在太阳供前念斋意。谨此奏闻。

奴才禄喜谨奏:于正月十七日,包衣昂邦英和着骁骑校汪文焕传旨与总管禄喜等,将南府、景山外边旗籍、民籍学生有年老之人并学艺不成,不能当差者,着革退。其民籍学生着交苏州织造便船带回,旗籍学生着交本旗当差。钦此。今现在南府、景山外边学生等虽有三百余名,较比嘉庆四年之数不及其半。若承应大戏等差,实不敷用。今奉旨意,奴才等不敢违抗,拟得革退之人:

外头学民籍学生　耿双福、添生、继善、张松年、元喜、刘文贵。

外二学民籍学生　百寿、松茂、张双喜、李凤山。

旗籍学生　富春、六五儿。

外三学民籍学生　介寿。

旗籍学生　住儿、庭璧、二侉、二保、四福、保儿、舒亮、魁庆、成文、福文、广善、舒恒、增庆、安庆。

大班民籍学生　松顺、叶吉祥、吴双全、来福、春生、庆喜。

小班民籍学生　得福、添喜、寿恒、二顺、九龄、覃寿。

共革旗籍学生十六名，民籍学生二十三名，普共人三十九名。谨此奏请。

禄喜奏准，按此折人名革退，此折交出。

二十八日　道光元年正月十八日，总管内务府大臣英和面奉谕旨，退出民籍学生十九名，照例交苏州织造便船带回，格外加恩，每名赏银十两。至旗籍学生，前已裁退十六名，着再裁退六十名，统交内务府另挑差使。钦此。

二十九日　奴才禄喜谨奏于二十八日，包衣昂邦英和面奉谕旨，着骁骑校汪文焕传与奴才等，革退民籍学生十九名，照例交苏州织造便船带回，格外加恩，每名赏银十两。至旗籍学生，前已裁退十六名，着再裁退六十名，统交内务府另交差使。钦此。奴才禄喜等遵旨，各学旗籍学生三十七名、钱粮处旗籍箱相（管箱）人四十名，遵旨革退六十名，现留旗籍鼓板一名，管箱人十六名。谨此奉复奏闻。

外头学　喜儿、六十七、双贵、三得、九福、得龄、四达子、贵得、金得福、杨永福、存得、牛长清、广得，十三名。

外二学　六十五、三达子、得泰、永庆、保住、福至、天全、伊凌阿、七十六、永祥、普亮，十一名。

外三学　狗儿、三保、平安、文会、五倖、虎儿、得明、长山、二和、李双贵、连贵，十一名。

钱粮处　郭盛、金期先、福得、存住、张得贵、韩得青、青山、赵福庆、元喜、存辉、广生、方明、吉禄、得喜、得明、永庆、张来福、二庆、来顺、长存、常顺、善庆、三得、祥龄，共二十四名。

小班　安恒一名。普共六十名。

奴才禄喜等谨奏于二月十八日，外二学首领嘉祥、寿喜报到，奴才等处本学八品官学生来喜于同日寅时病故，按例在崇文门行恩赏银二十五两，其家口、灵柩著苏州织造便船带回。谨此奏闻。

四月　奴才禄喜等谨奏，为南府、景山内外各学移往圆明园，按例行用车辆马匹，数目谨列于后：

内大学　共人七十四名，马七十四匹。

小内学　共人二十八名,马二十八匹,行李车五辆。

十番学　共人二十一名,马十五匹,行李车四辆,坐车一辆。

中和乐　共人五十七名,马二十一匹,行李车九辆,坐车六辆。

外头学　共人五十四名,马三十六匹,行李车九辆,坐车三辆。

外二学　共人五十六名,马三十八匹,行李车九辆,坐车三辆。

外三学　共人三十一名,马七匹,行李车五辆,坐车四辆。

钱粮处　共人三十三名,马二十一匹,行李车五辆,坐车二辆。

档案房　共人七名,马七匹,行李车二辆,拉档案车三辆。

写法处　拉总本、题纲、看单车五辆,行李车三辆。

催长、领催等　行李车九辆。

大班　共人六十四名,马五十二匹,行李车十一辆,坐车二辆。

小班　共人三十九名,马九匹,行李车七辆,坐车五辆。

档案房　共人四名,马四匹,行李车一辆,拉档案车二辆。

写法处　拉戴本子车一辆,行李车二辆。

催长、领催等行李车六辆。　谨此奏闻。

二十四日　查得嘉庆四年四月二十二日,上赏地二顷八十五亩,内赏给长寿四十亩,赏给南府、景山外边学生等二顷四十五亩。外有地一段,计五十八亩,赏给才保、九如每名二十九亩,共五十八亩。

赏给南府、景山太监地六十亩,以上普共地四顷零三亩。

二十七日　敬事房交下,恩赏禄喜金线香袋四个。

五月十七日　内殿总管孙得禄交下《劝善金科》总本一套,计二十一本。《桃花扇》二本。俱无套。

六月初三日　包衣昂邦英和面奉谕旨,着郎中长庆、广亮到南府厅上传旨与总管禄喜等,上交下一年承应差事折三件,内有上改朱笔之处,俱按折承应。其景山大小班着归并在南府,永远不许提景山之名,再大戏有一百二十余人之戏,可矣减去一百名,上二十名皆可,其太平村所闲房七十余间,不许人居住,万岁爷还要用。再,着伊等拟革退人,拟准人名不必禄喜具奏,仍交英和具奏。钦此。

当日拟得革退之人四十七名，初四日郎中广亮奉包衣昂邦英和谕，革退四十七人不肯，着再拟添人革退，又拟得革退人三十八名，二共拟得革退人八十五名。

初九日　包衣昂邦英和、常福着堂郎中阿尔京尔，着查革退八十五名之内有乾隆皇上殿内当过差事、带过顶戴系何人？嘉庆皇上殿内当过差事，带过顶戴系何人？嘉庆皇上作藩邸带过顶戴系何人？查出来，此等人不必革退。

今查得九如、眉寿、玉元、汪成、沈祥、九禄、玉簪、安喜、沈寿、庆瑞、来寿、延喜、延寿、顺安、福寿此十五名不必革退，净革退七十名。

八月初二日　奴才禄喜谨奏于八月初二日，圆明园来文，于初三日瑞亲王承祭惠济祠河神庙，按例内中和乐伺候作乐。是日寅刻预备，应去首领太监等共二十一名，应行马二十一匹。谨此奏闻。

奴才禄喜谨奏于九月二十二日，包衣昂邦常福着司官传旨与奴才等，将六品官职学生玉福、兰香着降为八品官职学生，每月食银四两。七品官职学生喜庆、八品官职太监吉祥俱降为无官职学生太监，每月食银二两五钱。并非他们有不是，按嘉庆四年之例裁降。钦此。

九月二十三日　朱笔定例，内外缺分。

嗣后，南府内学定为七品总管一缺、

七品首领一缺、

八品首领三缺、

三两钱粮太监六人、

二两五钱钱粮太监十人。

十番学八品首领一缺、

三两钱粮太监一人、

二两五钱钱粮太监二人。

中和乐无官职首领二缺、

三两钱粮太监一人、

二两五钱太监六人。

档案房二两五钱钱粮二人。

钱粮处二两五钱钱粮二人。

外学七品总管一缺、

七品首领一缺、

八品首领三缺、

三两钱粮五人、

二两五钱钱粮八人。

现时内外食大粮之人俱不必动,俟到缺分之内有短少之处,再行挑补。奴才禄喜等闻谕之下,不胜感激之至,奴才禄喜较比定例额缺应降七品总管,外学七品总管现多一缺,首领现多三缺,十番学现多八品首领一缺,并所多内外官职太监、学生并食大粮太监、学生等蒙万岁爷格外天恩,伊等不裁降,今奴才禄喜、如喜、陆福寿率内外首领、官职太监等向上碰头揭首,叩感天恩。谨此奉复奏闻。

(九月)二十六日　奴才禄喜、如喜、陆福寿谨奏,于九月二十五日,由乐部交来南府收贮外番乐、廓尔喀乐、缅甸粗乐、缅甸细乐此三项衣物并经筵百花袍一分,一并交出,归乐部乐器库贮存。

禄喜奏准,将外番乐衣物乐器俱交乐部存收,如南府承差之时应用外番乐衣物乐器等,向乐部要进,俟差毕仍交乐部存收。

(十一月)南府总管禄喜、如喜、陆福寿谨启,食二两五钱学生迎福于十一月初七日病故,按例应行崇文门恩赏银十两,其家口、灵柩着织造处便船带回南去,将家口、灵柩列后:

迎福家口　侄一名、侄媳一名、侄女一名、孙一名,共五名。

灵柩　叔父柩一口、兄柩一口、嫂柩一口、妻柩一口、弟柩一口、弟媳柩一口、子柩二口、子媳柩一口、侄柩一口、本人柩一口,共十三口。

为此谨奏。

二十四日　外学首领明山病故,恩赏银二十五两,其家口五名,灵柩七口,着织造便船带回南去。

十二月　懋勤殿交下，恩赏禄喜福字一个。

奴才禄喜谨奏于十二月初七日，内殿总管孙得禄交下恩赏随包银一百两，奴才等按例拟得六品总管禄喜银九两；七品总管如喜、陆福喜二名，每名银七两，共十四两；七品首领（大）刘德银五两；八品首领陈进朝、李寿增、王腾云，以上每名银三两五钱……

十七日　总管孙德禄交下赏禄喜押岁钱五贯。

十七日　总管刘福庆又交下恩赏押岁钱三百贯，南府内外总管、首领、太监、学生共人三百八十名，每名钱七百十文。

新整内务府档案 3896

道光元年十一月二十三日，英大人传出，奉朱笔，减去六条，著无用承应。遵旨拟减南府承应寿戏人数列后，恭呈御览。

九如歌颂　原用人一百五十六名　拟减人一百二十四名　实用人三十二名

麟凤呈祥　原用人一百四十一名　拟减人九十六名　实用人四十五名

万福攸同　原用人七十九名　拟减人三十六名　实用人四十三名

天香介寿　原用人九十四名　拟减人三十六名　实用人五十八名

二本法轮悠久　原用人一百三十六名　拟减人五十六名　实用人八十名

头本八洞神仙　原用人四十四名　拟减人二十名　实用人二十四名

康衢击壤　原用人六十八名　拟减人二十九名　实用人三十九名

慈容衍庆　原用人九十八名　拟减人六十二名　实用人三十六名

宝鉴大光明　原用人九十七名　拟减人三十二名　实用人六十五名

道光二年

恩赏日记档

正月二十四日　奴才禄喜谨奏，于正月十二日圆明园来文，于二月初四日瑞亲王承祭惠济祠河神庙，按例内中和乐伺候作乐。是日寅刻预备，应去首领太监等共二十一名，应行马二十一匹。谨此奏闻。

二月二十五日　禄喜谨奏，前曾奉旨，因钱粮处所收行头过多，著奴才等查看若有无用之钱粮切末等项，应将开除。钦此。今于三月初二日，俟万岁爷起銮后，奴才同外边总管如喜、陆福寿，钱粮处内外首领并内外管箱人等进东楼门，先查同乐园存贮行头切末，次查寿安宫长房行头切末毕，奴才禄喜带领里边首领太监等查点重华宫行头，俟查点毕，应有开除者，奴才等另缮清单恭呈上览。谨此奏闻。

此折闰三月初十日外边具奏。

三月初二日　皇上驾幸东陵，初八日还宫，初九日皇上驾幸西陵，十七日回銮。

二十一日　奴才禄喜、如喜、陆福寿谨奏，于三月初三日起，奴才等同钱粮处内外首领、太监、管箱人等陆续查点宫内、圆明园库贮行头切末等，俱与印帐相符，今将库贮钱粮行头切末等另缮清单，恭呈上览。谨此奏请。

宫内大戏钱粮开除衣箱(男女蟒、道袍等，后略)、靠箱(男女靠、喜鹊衣等，后略)、盔箱(周仓盔、帅盔等，后略)、杂箱(各色桌帐、各样纛等，后略)，四式普共开除三千九百九十九件，四式普共库存二万四百六件。

圆明园大戏　衣箱、靠箱、盔箱、杂箱(内容及件数略)，四式普共开除一万八百九十件。

闰三月初三日　辰正　在大台唱对开禁大戏　《清平见喜》、《和合呈祥》、《山灵应瑞》、《五星聚奎》、《仙子效灵》、《嘉禾庆三登》、《七曜会》、《五云笼》。

四月二十一日　奴才禄喜谨奏，今由掌仪司来文，于四月二十

二日皇后先蚕坛采桑，中和乐伺候乐章。首领太监五十名，按例行马五十匹。谨此奏闻。

六月十六日　奉总台老爷谕，以后上学不必用大家伙。

七月二十七日　刘福庆传旨与禄喜，以后万岁爷在宫内、圆明园俱不必听差进内，俟有旨意，敬事房再传。钦此。

十月十六日　内务府大臣英和面奉谕旨，嗣后每年正月初一日、四月初八日、八月初十日、十月二十五日等日各寺庙均着停止献戏。钦此。

（十月）二十三日　奴才禄喜、如喜、陆福寿谨奏，为求恩教导事。释服毕例应伺候戏，奴才等愚昧，实不得主意，请旨教导，恩赏日期，以备承应。奴才等不敢专擅，谨此请旨。

当日，禄喜面奉谕旨，十二月初十日重华宫承应戏，祭台不必进塞勒包子。

（十月）二十七日　敬事房传旨，嗣后初一日、十五日俱承应戏。钦此。

二十九日　禄喜面奉谕旨，十一月初一日请皇太后重华宫听戏。

皇太后进启祥门，万岁爷、皇后在螽斯门接皇太后，中和乐在长泰门迎请。百子门中和乐迎请。崇敬殿院内十番学迎请。带乐首领俱系跪接。站台首领跪接皇太后。在西边殿内听戏，听传膳就换内学戏。皇太后从明殿过至东边殿用膳。皇太后用膳毕，过西边去，再换外学戏。戏毕未初三刻。伊等拿时候，团场下毕，吹打送驾。万岁爷请皇太后还宫。十七日养心殿晚间酒宴内学承应戏，两三出戏。钦此。

（二十九日）御前禄儿传旨，十一月初十日晚间酒宴内学承应戏。钦此。

十一月初一日　辰初进门　皇太后重华宫承应　辰正一刻五分　未正五分毕。

中和乐、十番学迎请。

《清平见喜》、《和合呈祥》、《四海升平》、《五星聚奎》、《仙子效

灵》、《武士三千》、《七曜会》、《五云笼》、《佛日光华》。

传膳承应《喜朝五位》、《升平集庆》,膳毕接唱《普天同庆》。

禄儿传旨,十一月二十六日,寿康宫承应戏。内学。

(十一月)初十日　冬至　卯正进门　不递贺喜片

中和乐百子门迎请。十番学台上迎请。

万岁爷祭圜丘坛。

驾幸重华宫漱芳斋更衣。(卯正二刻五分)

金昭玉粹承应《太仆陈仪》、《金吾勘箭》。卯正三刻开戏。

重华宫前台接唱　辰初三刻开戏　未初一刻戏毕。

《亚岁迎祥》、《履长纳庆》(一分　外学)、《单刀》(大庆)、《吃茶》(沈秀、祥庆)、《棋盘会》(六出　外学)、《美良川》(六出　外学)、《大战石猴》(李兴)、《洪福齐天》(外学)。

皇太后寿康宫内学承应戏。

晚间养心殿酒宴承应戏。

十二月初一日　重华宫内外学承应《膺受多福》、《万福攸同》(一分),其福判用一百名。《劝善金科》连台今年忙,不必承应。钦此。

十五日　祥庆传旨,十六日万岁爷到重华宫少座,不必迎请。皇太后到时,同万岁爷一并迎请。钦此。

重华宫承应　辰正一刻三分开戏　未初二刻戏毕　辰初进门。

《天官祝福》(禄喜)、《刘氏望乡》(如喜)、《蜈蚣岭》(陆福寿)、《懒妇烧锅》(外学　如意、增福)、《射红灯》(内学　八出)、《问探》(寿官)、《宣传文德世兴隆》(外学)。

十六日　请皇太后听戏

重华宫承应　巳初三刻五分开戏　未初三刻戏毕　辰初进门。

中和乐、十番学迎请。

《固金瓯宝祚灵长》(外学　庆成、张福)、《勘问吉平》(钮彩)、《温凉盏》(内学　六出)、《追舟》(魏得禄)、《古城相会》(李兴儿)、

《盗甲》(翠仗)、《万福骈臻崇盛世》(内学)。

十七日 重华宫承应《洋洋喜气溢寰区》(内学)、《佛会》(幡绰)、《孟良求救》(陈进朝、彭禄寿)、《云摩山》(八出 外学)、《顶灯》(增福)、《罗卜行路》(安福)、《颂承平飞香散彩》。

晚间 养心殿酒宴承应戏 内学《遣仙》、《大小骗》、《三代》(陈进朝、李进禄)。

二十七日 禄喜面奉谕旨,万岁爷受贺,皇后受贺,奉旨免礼。钦此。

同日具奏,二十六日 寿康宫内学承应戏。

二十七日 阅是楼内外学承应戏。

二十八日 重华宫内外学承应戏。

太祖爷殿排《佛天集庆》、《年年康泰》。

十一月二十九日 奴才禄喜谨奏,奴才遵旨查得乾隆十九年:

正月初一日,皇太后受贺,中和乐伺候中和韶乐。受贺毕还宫,内学承应戏。

初二日,万岁爷请皇太后金昭玉粹早膳。

内头学承应节戏一分毕,前台内外学接唱节戏。

正月十六日巳时,皇太后正大光明殿擦连,中和乐伺候中和韶乐。女官进茶、进酒毕,垂帘上什邦麻克新筋斗,放盒子毕,奏乐还宫。乐器不动,伺候万岁爷晚宴。

除夕日寿康宫内二学承应戏。谨此奏闻。

禄喜面奉谕旨,西厂灯不必预备,正月初二日皇太后擦连用里边绰罗哆蜜、瓦尔喀、跳狮子、高丽筋斗。再明年正月西厂仍用十番学、中和乐吹打。钦此。

十二月初一日 此日辰初进门 万岁爷未少座,十番学、中和乐未迎请。

重华宫承应 巳初十分开戏 未初二刻五分毕。

《膺受多福》(大戏 一分)、《六国封相》(外学 百福)、《快活林》(四出 外学)、《请医》(外学 增福)、《风云会》(四出 内学)、《福祝无疆》(外学)。

恩赏《膺受多福》禄喜貂皮二个;《封相》百福五钱重银锞一个(后略)。

十三日　总管魏进朝、刘福庆传旨与禄喜,正月初一日元旦,万岁爷御太和殿毕,驾还乾清宫,檐前下轿,主位们齐集,嚷起□,如若不齐集,不必起□,候着集再起□。钦此。

十四日　外学小旦如意改武生,永得送知会。

十五日　重华宫承应

《三多祝颂》(外学)、《奸遁》(内学　王成)、《孙诈》(内学　祁进禄)、《闹江洲》(八出　外学)、《寻夫刺骨》(内学　刘德、郭清泰)、《闹庄救青》(外学　大庆)、《星云景庆》(内学)。

十五日　禄喜面奉谕旨,二十九日戏单,养心殿伺候绰罗哆密。钦此。

十七日　重华宫承应

《福寿双喜》(内学)、《云阳法场》(祥庆)、《游寺》(增福)、《打番》(周寿)、《看状》(汪成)、《青连渡》(六出　内学)、《杀解》(兰香)、《南极凝辉》(外学)。

十八日　万岁爷重华宫少座　中和乐、十番学迎请皇太后、万岁爷。

重华宫承应戏

《蟠桃表敬》(外学)、《议剑献剑》(陈进朝)、《赏军》(长生)、《酒楼》(幡绰)、《倒铜旗》(四出　外学)、《别母乱箭》(杨淳、杨青玉)、《当酒》(田庆)、《击鼓鸣冤》(曹进喜)、《惠明》(长清)、《一门五福》(内学)。

二十三日　重华宫承应

《灶神既醉》、《月下追信》(钮彩)、《浔阳江》(四出　外学)、《混元阵》(八出　外学)、《夏驿》(寿官)、《瑞应祥徵》(内学)。

祥庆交下,恩赏钮彩貂皮二张。

(二十七日)奴才禄喜谨奏,正月初二日皇太后庆贺筵宴伺候中和韶乐,承应绰罗哆蜜,筋斗、瓦尔喀、跳狮子。谨此奏闻。随奏,除夕、元旦章折二个,奏毕当日交总管处。

禄喜口奏，绰罗哆密本处乐器内无有绰罗达子、胡琴、口琴，奴才办文行造办处行取。

（二十七日）禄喜面奉谕旨，除夕宴戏《金庭奏事》、《锡福通明》。元旦宴戏《膺受多福》、《万福攸同》。是日乾清宫宝座净安手卡，不要题纲。

二十九日　中和中、十番学迎请。

万岁爷辰初一刻到漱芳斋更衣。

金昭玉粹早膳承应《迎年献岁》（内学）。

辰初一刻五分开戏，未初二刻十分戏毕。

前台承应开场《德门欢宴》（外学）、《饯腊迎新》（外学）、团场《西池应瑞》（外学）。

三十日　卯正十分开戏　卯初进门　午正一刻毕。

万岁爷卯初三刻二分至金昭玉粹。

早膳承应《升平除岁》。

前台细乐吹打迎请。

卯正十分　前台接唱《福寿迎年》。

卯正二刻　万岁爷等处拜佛。

卯正二刻八分　皇后主子等位归养心殿。

《福寿迎年》毕站住戏。

如意台承应《藏钩家庆》。

辰正三刻三分　驾还重华宫。接唱：

《宣扬文德》（外学）、《招商》（翠仗）、《珍珠配》（外学　四出）、《扯本监放》（春福）、《白袍评功》（潘五）、《三代》（外学），乾清宫承应《金庭奏事》（一分　外学），养心殿承应《瞎子拜年》（内学）、《如愿迎新》。

道光三年

恩赏日记档　正月至五月立

正月初一日　此日寅正三刻进门。

金昭玉粹早膳承应《喜朝五位》（内学　一分）。

卯正二刻　前台吹打细乐迎请。

卯初三刻十三分　前台接唱《三元入觐》(外学　一分)、《扫花》(外学)　卯正二刻　驾幸乾清宫受贺,台上站住戏。

辰正一刻　驾还重华宫,接唱《三醉》(外学)。内外总管、首领、官职太监、官职学生等在台下行三跪九叩礼,承应《敬德钓鱼》(外学　前半出)。

辰正三刻　驾幸外庙拜佛。

巳正一刻十分　皇后主子到重华宫,接唱《钓鱼》(后半出)。

巳正二刻十分　万岁爷驾上重华宫。台上唱《十字坡》(外学)。

午初一刻五分　驾幸太和殿擦连,台上唱《宫花报喜》(外学)、《椒花献颂》(外学)。

午正三刻　驾还重华宫,接唱《瞎子逛灯》(外学)、《岩谷新春》(一分　外学)。

未正二刻　戏毕。

乾清宫承应元旦宴戏《膺受多福》,转宴《万福攸同》(一分)

未初三刻开戏,未正二刻戏毕。

初二日　重华宫承应戏。

(正月十九日)乾清宫总管魏进朝传旨,二月十三日大阿哥定礼,不必里边戏。

钦此。

二月初一日　奴才禄喜、如喜、陆福寿谨奏,今有外学首领等报到,奴才等处有外学苏州小学生五名、扬州小学生十名,尚未接取家眷,奴才等不敢专擅,谨此奏闻。

禄喜面奉谕旨,准其接取家眷。钦此。

初九日　重华宫承应《龙凤呈祥》(外学)、《河梁赴会》(小刘德)、《扫秦》(周寿)、《劝降》、《长坂坡》(外学　六出)、《遣青杀德》(翠仗、王林祥)、《嵩祝》(沈秀)、《五福五代》(内学)。

十三日　万岁爷国子监临雍毕,驾幸重华宫,承应《杜宝劝农》(班进朝)、《张公扫松》(钮彩)、《露杯》(沈秀)、《逼婚》(玉喜)、《双

钉记》(内学　八出)、《飞香散彩》(外学)。

三月十五日　禄喜传旨,含辉楼以后射马箭时,着中和乐、十番学安花腔鼓三面,射着时擂鼓。钦此。

二十一日　禄儿传旨,于四月初四日,展诗应律着内学承应戏。钦此。

二十二日　敬事房传旨,于四月初八日、十五日、二十五日此三日同乐园承应戏。钦此。

二十三日　皇上驾幸香山。

二十八日　驾还同乐园承应,辰初一刻十分开戏,未初二刻戏毕。

《祥凝太极》(外学)、《敬德耕田》(刘得升)、《盗令》(吉祥)、《红门寺》(八出　外学)、《痴梦》(松年)、《教歌》(陈进朝、李进禄)、《测字》(幡绰)、《升平集庆》(内学)。

(同日)南府总管禄喜、如喜、陆福寿谨启,有外学首领呈报食四两八品官学生马双喜于三月二十九日辰时病故,按例应行崇文门恩赏银二十五两,其家口灵柩着织造处便船带回南去。将家口灵柩列后:

马双喜家口　妻一名、子三名、子媳三名、女一名、孙三名、孙女六名,共家口十七名。

灵柩　本人柩一口、祖父柩一口、祖母柩一口、父柩一口、母柩一口、伯父柩一口、伯母柩一口、叔父柩一口、婶母柩一口、兄柩一口、嫂柩二口、弟柩二口、弟妇柩一口、前妻柩一口,共灵柩十七口。为此谨启。(编者按:原文计错。)

奴才禄喜、如喜、陆福寿谨奏,为参奏事。因外学承应《红门寺》第三出内,旗牌误场,奴才等查得催场首领寿喜应罚月银一个月,误场学生得魁应责四十板。谨此奏请。

(四月)初四日　万岁爷下圆明园,展诗应律内学承应,辰正二刻开戏,未初二刻戏毕。

《六祖讲经》(一分)、《点香》(翠仗、吕远亭)、《打面缸》(小刘得、王永寿)、《双凤衫》(八出)、《杀惜》(大刘得、刘保)、《磨斧》(陈

进朝、李进禄)、《瑞应祥徵》。

奴才禄喜、如喜、陆福寿谨奏,于四月初八日,按例内外总管、首领、官职太监、学生等俱在舍卫城恭进香。

奴才禄喜、如喜、陆福寿谨奏,由掌仪司来文,于四月初十日,大阿哥娶福晋,行成婚礼。是日奴才禄喜带领内学在储秀宫伺候戏,如喜、陆福寿带领外学在箭亭伺候戏。

内学　共人五十名,行马五十匹。

外学　共人四十四名,行马四十四匹。

钱粮处　共人三十名,行马三十匹。

档案房　共人十三名,行马十三匹。

初十日　皇子成婚　储秀宫内学承应戏。

箭亭子外学承应戏。

皇后赏禄喜袍料、荷包等,太监等银五十两,小荷包二十对。大阿哥赏外学银五十两。谨此奏闻。

禄喜面奉谕旨,小学生现有一二名,斗龙舟抬阁不必用。钦此。

奴才禄喜、如喜、陆福寿谨奏,于四月二十六日、二十七日,奴才等带领众人进东楼门,在同乐园排《阐道除邪》,演云兜、切末。二十八日在望瀛洲演龙船,贴认当船。谨此奏闻。

四月十八日　广育宫承应《天官祝福》(外学)、《星云景庆》(内学)。

五月初一日　卯正进门　望瀛洲斗龙舟。

同乐园承应《阐道除邪》　辰正一刻开戏　未初三刻戏毕。

金花聚妖　陈生自叹　月下摄韩　五夜吞舟　全节剖腹　起程失篆

二妖献印　谒师生衅　拘魂辩明　蟒怪思春　渔郎获偶　渔户忧儿

摄水阻舟　遭冤泣诉　金针刺蟒　大悲救难

望瀛洲过当。恩赏:

瑞雨禾丰　百福、周寿、双喜每名五钱重银锞一个;随手四名

钱一贯。

设法取水　汪成、庆瑞二名，每名茶叶一瓶；随手二名，五钱重银锞一个。

学八角鼓　增福、如意、得升、董明耀四名，每名五钱重银锞一个。

吉祥锣鼓　郭喜银一两；众人钱二贯。

莲花亭平台　王成五钱重银锞一个；随手二名茶叶二瓶。

彩台偶戏　拿人四名，每名葛纱一件；众人钱四贯。

应节呈祥　杨淳、吉祥、翠仗、安福、魏得禄、刘玉、张得成七名，每名茶叶一瓶。

把式卖艺　把式二狗纱袍一件；多寿、永寿、安泰、玉喜四名，每名茶叶一瓶。

善才三参　七代、小延寿每名五钱重银锞一个；随手二名钱一贯。

福禄天长　沈秀、春福、得魁、胡鹤年四名五钱银锞一个，随手二名钱二贯。

洞仙歌　王双喜银一两；众人钱二贯。

石片平台　祁进禄、随手二名钱一贯。

效学线偶　幡绰纱袍一件；祥庆、沈五福每名五钱重银锞一个；随手二名钱一贯。

躲端午儿　元福、福寿、胡金生三名每名五钱重银锞一个，随手二名钱一贯。

五谷丰登　班进朝、何套住、裴殿英、赵顺吉四名每名五钱银锞一个，随手三名五钱重银锞二个。

光华宝塔　中和乐银一两。

初四日　展诗应律承应　辰初开戏　午正二刻五分戏毕。

开场《祛邪应节》　团场《寿山呈瑞》

初五日　总管魏进朝交下，赏承应《阐道除邪》太监、学生等制钱六十贯。

同乐园承应二本《阐道除邪》　辰正十分开戏　未初二刻五分

戏毕。

渔色逢妖　狂狐作祟　灵判闲邪　拦街控诉　白氏施威　金花奋勇

彭泽斗法　蝎虎吞儿　投井幻形　献技投充　端阳闻信　妖犯锁拿

哭尸露目　议盗同心　诸神预召　四怪全除

望瀛洲　过当

恩赏:瑞雨禾丰　高丽筋斗　吉祥锣鼓　莲花亭平台　彩台偶戏

太平有象　六合同春　善才三参　杠子　群仙拱祝　洞仙歌

石片平台　搬演戏法　光华宝塔　天师捉毒

奉三无私酒宴承应　酉初八分开戏　酉初三刻十分戏毕。《奉敕除妖》、《祛邪应节》。

初十日　总管禄喜奏准,挑弟男子侄十六名。万岁爷面传管理南府大人。钦此。

十一日　十番学王进惠病故。

十四日　万岁爷祭地坛,下圆明园。同乐园承应《紫文细核进芳筵》(外学)、《访普》(祥庆)、《问探》(陆得升)、《乔打扮》(八出内学)、《同臻极乐庆春台》(外学)。

十五日　内学冯黑子病故。

十七日　皇后千秋。　同乐园承应《莲池应瑞》、《宝鉴大光明》、《寿益千春》、《百福骈臻》、《福缘善庆》。

祥庆传旨,今日小学生不必引见,俟再承应戏之日再引见。再挑亦是挑定了,不过就剩碰头,今日因有惇(惇)亲王、瑞亲王二位福晋听戏。

皇后主子赏内外总管饽饽一桌。内外众人饽饽、肉三桌。

十七日奏准,奴才禄喜、如喜、陆福寿谨奏,为请旨教导事。奴才等拟万寿承应《九九大庆》三本,于八月初八日承应《八洞神仙》、《九如歌颂》一本。初十日承应《福禄寿》、《八仙赞扬》一本。十二日承应《太平有象》、《万寿无疆》一本。奴才等不敢专擅,请旨教导

遵行。

奉旨依议。

六月初一日　同乐园承应　辰正开戏　未初十分戏毕。

《瑶池玉井献嘉莲》（内学）、《河梁赴会》（内学　小刘德）、《扯本》（内学　安福）、《绣房》（胡金生、周寿）、三段《铁旗阵》（外学六出）、《冥判》（梁明诚）、《认子》（松华）、《宝镜呈祥》（外学）。

总管禄喜带领新挑进小学生十六名，在同乐园引见。奉旨，将此十六名每月食月银一两，白米五口。

新挑进小学生十六名：

得明（年八岁，系陆福寿之子）、七猫（年九岁，系寿喜之侄）、闰儿（年九岁，系马喜之子）、全顺（年八岁，系大庆之孙）、顺喜（年十岁，系钮彩之子）。

六月　奉旨，赏总管禄喜《昭代箫韶》总本四套。

十四日　敬事房传旨，着总管禄喜带领《玉殿云开》之人于巳正至奉三无私伺候《玉殿云开》。二十八日承应二次，于午初二刻毕。钦此。

十五日　同乐园承应戏七出《缑山控鹤》（大戏）、《花鼓》（外学　小延寿）、《忠英赚》（八出　内学）、《鸳鸯楼》（外学　如意）、《下海投文》（内学　雨儿）、《螽斯衍庆》（外学）。

恩赏……小婴儿九名，每名香袋二个；婴儿二十四名，每名扇子一把。

二十六日　奴才禄喜、如喜、陆福寿谨奏，为奏闻七月初七日奴才率内学首领刘德、陈进朝，太监刘进喜、安福至西峰秀色念斋意，十番学随乐。内学伺候献戏，承应《仕女乞巧》、《七襄报章》、《闹庄救青》。皇后等位至同乐园，外学学生双福、祥福接念斋意。谨此奏闻。　旨意着按例伺候。

二十六日　禄喜面奉谕旨，今日晚膳后，在奉三无私伺候《玉殿云开》。钦此。

禄喜带领承应《玉殿云开》之人午正至韵玉轩，于未正一刻承应《玉殿云开》二次。

七月初一日　同乐园承应　辰正三刻七分开戏　未初十分戏毕。

《八佾舞虞庭》(大戏)、《侦报》(周寿、隆寿)、《敬德闯宴》(刘得升)、《蒙正逻斋》(魏得禄)、四段《铁旗阵》(外学　八出)、《喜溢寰区》(内学)。

祥庆交下,赏刘得升香袋二个、手巾一条;魏得禄、周寿、隆寿三名,每名香袋二个。

又交下,恩赏《八佾舞虞庭》八佾士禄喜、如喜、陆福寿三名,每名小刀一把、香串一串、手巾一条;陈进朝、寿喜、玉福、兰香四名,每名手巾一条、香串一串;其余八佾士五十七名,每名扇子一把。

初三日至初六日,外学排《九九大庆》。

(七月)初七日　寅正进门　卯初一刻开戏。

同乐园早膳承应

《七夕佳辰》、《双渡银河》(大戏)、《孙膑诈疯》(钮彩)、《观画》(生儿、福喜)、《访素》(三喜)、《前索》(华南、天禄)、《拷打红娘》(彭禄寿)、《琴挑》(百福、延寿)、《撇子》(尚德)、《阵产》(喜庆)、《金沙阵》(八出　外学)、《时迁偷鸡》(三狗、鸣凤)、《扫殿》(隆寿)、《刘二扣当》(增福)、《相挑》(吉祥、王成)、《巧云呈瑞庆升》(外学)。

卯正三刻五分　万岁爷前头办事,辰初一刻六分至同乐园看戏。

十　日　禄喜面奉谕旨,八月初十日以前,在万寿山赏画喜客,大人们饭吃着,外学们承应戏二出,于七月十五日再传地方。钦此。

十三日　外学排《佛旨度魔》、《迓福迎祥》。

十四日　奉中堂谕,八月初五日、初六日,不定哪一日在万寿山玉兰堂赏饭吃,承应戏。

二十四日　禄喜面奉谕旨,八月初七日万寿山玉兰堂承应戏。钦此。

八月

初三日　同乐园承应　巳正一刻十分开戏　未初三刻五分

戏毕。

《万寿祥开》(十二出　外学)。

奴才禄喜、如喜、陆福寿谨奏,八月初八日承应《九九大庆》,按例是日寅时祭祀台神,放爆竹。谨此奏闻。

禄喜奏准,承应《九九大庆》,戏毕念佛。

初七日　万寿山玉澜堂外学承应《五老呈祥》、《九华献寿》。

初八日　同乐园早膳承应《九九大庆》头本。

卯正一刻开戏　未初二刻十分戏毕。《八洞神仙》、《九如歌颂》、《福禄天长》、《缑山控鹤》、《虹桥现大海》、《霓羽舞诸天》、《七曜会》、《五云笼》、《佛日光华》、《山灵瑞应》、《五旬初衣帛》、《八佾舞虞庭》、《千秋彩索》、《蹴踘球场》、《晋万岁觞》、《地涌金莲》。

初十日　正大光明承应中和韶乐之人卯初到齐。

卯正一刻六分　万岁爷　座。

二刻二分　礼毕。

卯正二刻二分　西佛堂送焚化进西穿廊门,见面起柷。

奉三无私　座　皇后等位行礼。

卯正三刻至同乐园　承应《九九大庆》二本。

卯正三刻五分开戏　午正二刻十分毕。

《福禄寿》、《八仙赞扬》、《品仙介寿》、《箕畴敛福》、《罗汉渡海》、《士林歌乐社》、《四海安澜》、《仙子效灵》、《西池献瑞》、《万福骈臻》、《清平见喜》、《和合呈祥》。

未初午宴　奉三无私　座。

未初五分开戏。

《青牛独驾》、《环中九九》。

未初二刻五分戏毕。

酉初酒宴　内学承应《祥征仁寿》、《万寿同春》。

酉初三刻　九洲清晏　上点:《古城》(李兴)、《罗卜行路》(安福)。每名承应一出杂戏素排。

初十日　禄喜面奉谕旨,十五日着内学拨几名太监在展诗应

律伺候皇太后戏。钦此。

十二日　同乐园承应《九九大庆》三本。卯正开戏　未初二刻十分毕。

《宝塔凌空》、《六旬程觞》、《瑶林香世界》、《嘉禾庆三登》、《康衢击壤》、《鹤舞呈祥》、《螽斯衍庆》、《老人呈技》、《武士三千》、《天衢十二》、《朝帝京》、《图王会》、《欣上寿》、《待明年》、《太平有象》、《万寿无疆》。

祥庆传旨,十二日承应《宝塔凌空》,地藏菩萨春福错了,是什么不是?禄喜回奏,按例大戏所有错者责三十板。

上要《宝塔凌空》净本。

禄喜面奉谕旨,戏毕将春福责三十板。钦此。

八月二十一日　禄喜面奉谕旨,张明德、倪四官因病裁退官职钱粮,现今消病当差。仍赏给张明德八品官职,每月食三两银。倪四官仍赏给月银三两。钦此。

奴才禄喜、如喜、陆福寿谨奏,今有外学首领马喜于八月二十六日病故,外学首领原多一缺,今已符额。其马喜因有子闰儿现在外学当差,家口、灵柩不应回南,按例应将闰儿添赏月银一两,每月食二两,养赡家口。谨此奏闻。　旨意依议。

奴才禄喜谨奏,于九月三十日,乐部来文,十月初十日绮春园皇太后受贺,内中和乐伺候中和韶乐。谨此奏闻。

奉旨,皇太后受贺乐器不必进城内取,就使圆明园万岁爷乐器。钦此。

(十月)初九日　皇太后万寿。

同乐园承应《九九大庆》头本　卯正三刻十二分开戏　未初二刻十分戏毕。

《五方呈仁寿》、《司花呈瑞果》、《洞仙供祝》(八出)、《慈容衍庆》、《福献瓶开》、《十宰》(大庆)、《灞不服老》(钮彩)、《遐龄普祝》、《永寿无疆》。

祥庆传旨,《女博士》、《农丈人》此二出不唱,换外学两出小戏。钦此。

换外学《十宰》(大庆)、《灏不服老》(钮彩)。

又传旨,初十日《瑶池整辔》、《涵谷骑牛》、《万年太平》、《丰年天降》此四出不唱,换内学小戏《古城相会》(李兴)、《吟诗脱靴》(安福)。十一日《法轮悠久》、《女娲呈瑞》此二出不唱,换小戏二出:《问探》(鸣凤)、《赏雪》(张明德)。

初十日　敷春堂行礼。总管禄喜、内学首领、官职太监伺候中和韶乐。

同乐园承应《九九大庆》二本。辰初二刻开戏　未初七分戏毕。

《福禄寿》、《万喜千祥》、《中外颂升平》、《麟凤呈祥》、《宝鉴大光明》、《海屋添筹》、《古城相会》(李兴)、《吟诗脱靴》(安福)、《七曜会》、《五云笼》、《罗汉献瑞》、《四海升平》、《渔家欢饮》、《寿祝万年》。

十一日　同乐园承应《九九大庆》三本。卯正三刻开戏　未初二刻五分戏毕。

《太平王会》(十二出)、《问探》(鸣凤)、《赏雪》(张明德)、《佛日光华》、《普天同庆》。

祥庆传旨,十一月初一日,着嘉庆摆一个当儿承应。再,今日《山门》不必唱,著长寿唱一出杂戏,拟得《相梁刺梁》。

二十七日　赏禄喜《昭代箫韶》一部,计二十本。

十一月十九日　禄喜面奉谕旨,交泰殿设中和乐减去(皇后)。寿康宫、乾清宫仍旧奏乐。钦此。

又奉谕旨,二十二日阅是楼开戏后,内外各学官职首领、官职太监、学生随总管禄喜、如喜、陆福寿在大玻璃给万岁爷行礼。钦此。

祥庆传旨,二十二日晚间着禄喜排一出戏。钦此。(长至)

(十一月)二十一日　祥庆传旨,二十一日着大刘德、陈进朝、李兴、安福、雨儿、吉祥、刘五儿、马庆寿晚膳后在养心殿排戏。钦此。

二十二日　……晚间　养心殿上排《灏不服老》(刘进喜)、《激

良》(长清)、《破谋》(李进禄、刘进喜、安福)、《贬猴遇魔》(禄喜、雨儿、张明德、小刘得)、《装疯》(张明德)、《闹救》(梁明诚)。

十二月初一日　禄喜面奉谕旨,新赏南府太监三名,似能学戏,不能学戏者,仍交宫内当差。

(十二月)十八日　禄喜面奉谕旨,十二月二十三日寿康宫承应戏听传旨意,寿康宫若传戏系内学承应,重华宫净外学承应戏。钦此。

祥庆传旨,现今外学学生系何学生之弟男子侄,开写一名单。钦此。

成林系总管如喜之子;陆得升、陆得明系总管陆福寿之子;

得升系外学首领元宝之子;顺心系外学首领寿喜之子;

七猫系外学首领寿喜之侄;……沈寿系手锣沈祥之子;

得儿系打家伙恩福之弟(后人名略)。

禄喜面奉谕旨,外学全顺着内学配出《十宰》之角伺候。皇太后承应戏传唱全顺《十宰》。钦此。

二十一日　景棋阁赏王公大臣饭吃。内学承应《太和报最》。

二十九日　祥庆传旨,于三十日申初多些,着内学在养心殿伺候帽儿戏三出,不必用行头。钦此。

道光四年

恩赏日记档

正月初一日　卯初一刻七分　万岁爷驾幸重华宫。金昭玉粹早膳承应《喜朝五位》(一分)。卯初一刻七分开戏,卯初三刻四分戏毕。

前台吹打细乐迎请。

卯初三刻五分　前台接唱《三元入觐》(外学)、《访素》(外学)。

卯正二刻　万岁爷驾幸慈宁宫受贺,台上站住戏。

辰初三刻二分　驾还重华宫,接唱《汾阳家庆》。

内外总管、首领、官职太监、学生等台下行三跪九叩礼。

承应《乔醋》(外学)。

辰正一刻二分 驾幸外庙拜佛。

台上唱《罢宴》(赵顺喜)、《山门》(外学)、《佛会》(外学 后半出)。

巳初三刻十分 驾还。

台上接唱《月下追信》(外学)、《宫花报喜》(沈进喜)、《顶灯》(外学)。

午初一刻十分 驾幸太和殿擦连。

台上接唱《贺喜》(张福、幡绰 后半出)。

午初二刻十分 驾还重华宫。

接唱《逢人拐骗》(张明德、雨儿)、元旦《椒花献颂》(外学)。

午初三刻四分 戏毕。

乾清宫承应宴戏《膺受多福》,转宴《万福攸同》(一分 大戏)。

未初二刻开戏 未初三刻八分戏毕。

祥庆传旨,初九日着内学寿康宫承应戏,着全顺随内学唱《十宰》。钦此。

(同日)禄儿传旨,着陈进朝、大曹进喜、长清每名唱一出戏。《华容释曹》、《古城相会》、《灞桥饯别》此三出写本子上览。

(正月)初二日 晚间养心殿承应十番学,吹打《双鸳鸯》、《合欢令》。

二月初一日 祥庆传旨,二月初四日晚膳后,着内学在养心殿伺候上排帽儿戏三出。钦此。

(二月)初六日祥庆传旨,今日晚间着内学伺候上排戏三出,先十番学吹打侉腔〔锦上花〕,后接排《前拆》(班进朝)、《刺字》(杨淳、杨清玉)、《招商》(翠仗)。

(二月)十五日 花神庙船台承应《花台啸侣》(一分 外学)、《百花献舞》(一分 外学)。

辰初三刻 万岁爷驾幸花神庙拈香,山门前下船。东穿堂门外南泊岸,十番学迎请。船台外学献戏,庙内待佛人迎请拈香毕,仍回山门前上船,驾幸同乐园。

禄儿传旨,添排《灞桥》。

三月初一日　禄儿传旨,今日晚间着十番学在奉三无私伺候吹打,要二刻,再接内学排戏。钦此。

未正二刻奉三无私十番学吹打〔鹧鸪〕、〔合欢令〕。上排《奋勇王家》。

四月初一日　禄喜面奉谕旨,著查嘉庆年间进实录有乐无乐,查得具奏。钦此。

初二日　敬事房传旨,进实录不必里边伺候乐。钦此。

奴才禄喜查得嘉庆十二年三月十五日保和殿受书礼,设中和韶乐,系南府外学人等承应。谨此奏闻。

(四月)十五日　祥庆传旨,赏给七猫二两钱粮。

(四月)十八日　广育宫万岁爷拈香,外学承应《天官祝福》。

皇后拈香,内学承应《星云景庆》。

未正三刻奉三无私十番学承应《钧天奏》、《云天奏》、《三挡》。

(四月)二十一日　同乐园承应《万载恒春》、《谒师》、《疑谶》、《训子》、《探监法场》、六段《征西异传》、《做亲》、《劈棺》(倪四官、华南)、《怒打桃园》、《西池应瑞》。

五月初一日　同乐园承应《阐道除邪》头本　辰正一刻开戏未初十分戏毕。

一出《金花聚妖》　二出《陈生自叹》　三出《月下摄韩》　四出《五夜吞舟》　五出《全节剖腹》　六出《起程失篆》　七出《二妖献印》　八出《谒师生衅》　九出《拘魂辩明》　十出《蟒怪思春》

《封相》(得立)、《磨斧》(贯得禄、全顺)、

十一出《渔郎获偶》　十二出《渔户忧儿》　十三出《摄水阻舟》

十四出《遭冤泣诉》　十五出《金针刺蟒》　十六出《大悲救难》

禄儿传旨,将十四出《遭冤泣诉》不唱。钦此。

初四日　敬事房传旨,初五日不必斗龙舟,同乐园仍伺候皇太后看戏。钦此。

初五日　同乐园承应《阐道除邪》二本。

辰正二刻七分开戏　未初二刻十分戏毕。

一出《渔色逢妖》　《打番》(贯得禄)、《十宰》(全顺)、二出《狂

狐作祟》 三出《灵判闲邪》 四出《拦街控诉》 五出《白氏施威》 六出《金花奋勇》 七出《彭泽斗法》 八出《蝎虎吞儿》 九出《投井幻形》 十出《献技投充》 十一出《端阳闻信》 十二出《妖犯锁拿》 十三出《哭尸露目》 十四出《议盗同心》 十五出《诸神预召》 十六出《四怪全除》

酉初五分入宴 奉三无私晚宴承应《祛邪应节》、《奉敕除妖》(内学)。

五月初十日 奴才禄喜谨奏,为奏闻事。五月十七日皇后千秋,受妃嫔等位礼,按上年例中和乐伺候细乐。谨此奏请。

敬事房传旨,十七日在天地一家春给皇后行礼。钦此。

五月初十日 奴才禄喜、如喜、陆福寿谨奏,五月十三日北远山村关帝庙万岁爷拈香时,外学伺候献戏一出,谨此奏闻。

奉旨,不必伺候献戏,著为例。钦此。

五月十七日 皇后千秋。

同乐园承应 辰初二刻五分开戏 未初三刻十分戏毕。

《莲池献瑞》(大戏)、《宝鉴大光明》(大戏)、《百子呈祥》(八出外学)、《四海升平》(内学)、《螽斯衍庆》(外学)、《华封三祝》(大戏)。

奉三无私酒宴承应。酉初十分入宴 酉正戏毕。

《平安如意》、《探亲相骂》。

(编者按:档案封面无题,应为恩赏日记档。)

六月初一日 日蚀未承应戏。

七月初七日 祥庆传旨,著全顺、贾得禄十五日唱《磨斧》。钦此。

七月二十八日 外学鼓板周长林病故。

九月初五日 禄喜面奉谕旨,嗣后再有首领缺出,不必拘泥,无论官职大粮,著禄喜拣选能当好差,能管事者带领引见。钦此。

十月初一日 巳初万岁爷驾诣坤宁宫拜佛,巳正一刻五分,驾还重华宫,十番学、中和乐迎请。

(十月)初九日　……(祥庆)又传旨,以后承应戏不俱(拘)城内圆明园,随单安一手卡,不必写人名,以后为例。钦此。

十二月二十一日　景祺阁赏王公大臣饭吃,内学承应《太和报最》一分,卯正开戏,卯正一刻十分戏毕。

十二月三十日卯初一刻十分　万岁爷驾幸崇敬殿,东西佛堂拜佛。

中和乐、十番学迎请,后台细乐迎请。

卯初二刻　金昭玉粹早膳承应《升平除岁》(一分　内学)。

卯初三刻十分　前台接唱《福寿迎年》(外学)、《疑谶》(招林)。

卯正二刻　万岁爷驾幸保和殿筵宴,因撤去宵夜菓盒。

皇后等位仍在重华宫听戏,添唱《达摩渡江》(长生)、《昭君》(喜庆)、《下山相调》(周寿、小延庆)、《打枣》(增福、顺心)。

辰正三刻　万岁爷驾还漱芳斋,接唱《宣扬文德》(外学)、《当酒》(沈五福)、《梳妆掷戟》(玉福、汪成)、《惠明》(鸣凤)、《双缘凤》(四出　外学)、《山门》(隆寿)、《三代》(外学)。

午正二刻　戏毕。

乾清宫承应《金庭奏事》,未初三刻上,未正一刻五分毕。

转宴《锡福通明》(内学),未正二刻四分上,未正三刻十分毕。

酒宴承应《瞎子拜年》(小刘得、雨儿)、《如愿迎新》(吉祥)。

寿康宫内学承应开场《天官祝福》(祁进禄),团场《如愿迎新》(彭禄寿)。

申正三刻　上养心殿西夹道扮戏。

申正　　万岁爷东西佛堂天地供前拈香。

酉初二分　后殿传酒膳,承应《瞎子拜年》。

道光五年

恩赏日记档

正月初一日　寅正二刻进门。

卯初一刻　万岁爷驾到崇敬殿东西佛堂拜佛,中和乐、十番乐迎请,后台细乐迎请。

卯初一刻三分　金昭玉粹早膳承应《喜朝五位》、《和合呈祥》

（内学）。

卯初二刻十分　前台接唱《三元入觐》（一分　外学）、《报喜》（增寿、半出）。

卯正十三分　万岁爷驾还重华宫，中和乐、十番学迎请，后台粗乐迎请。

承应《天官祝福》（寿龄）。

内外总管、首领、官职太监、学生在台下行礼。

辰正五分　万岁爷驾幸外庙等处拜佛，台上唱《访普》（祥庆）、《瞎子逛灯》（增福、寿官）、《佛会》（幡绰）、《奸遁》（祥安）。

巳正二刻十分　驾幸重华宫。《薛礼诉功》（潘五）、《探亲相骂》（喜庆、张开）、《装疯》（姚二）、《烧窑》（小延寿）、《赶车》（海寿）、《椒花献颂》（外学）。午正二刻戏毕。

乾清宫筵宴承应《膺受多福》，午正二刻十分上，午正三刻十分毕。

转宴《万福攸同》，未初十三分上，未初二刻五分毕。手卡未安。

禄儿交下，赏喜庆、张开每名硗绸一件；姚二一两重银锞一个；海寿五钱重银锞一个；潘五、小延寿每名洋钱一个；鼓板、随手等一两重银锞二个。

内殿交下，赏《膺受多福》都福星钮彩小卷江绸袍料一件；钟馗一百名，每名一两重银锞一个。

寿康宫内学承应戏《万寿同春》、《南渡》（张玉）、《瞎子拜年》（雨儿、小刘得）、《痴诉点香》（吕远亭、翠仗）、《边城产子》（刘升、王成）、《宫花报喜》（沈进喜）、《罗卜行路》（安福）、《探亲相骂》（马庆麟、陈进朝、大刘得）、《拷打高童》（田庆）、《三代》。

酉初　养心殿酒宴承应《椒柏屠苏》、《放生古俗》（内学）。酉初二刻毕。

正月初九日　祥庆交下，赏《和合呈祥》和合六十名，每名回子花布一个。

又交下，赏增福、得魁、闰儿三名每名泽绸一件；李兴、梁明诚、

杨淳三名，每名毯子一件。

长清、刘五儿二名，每名一两重银锞一个。

刘进喜（后人名从略），以上二十二名每二名一两重银锞一个。

膳房交下，赏总管禄喜菜一碗。又交下，赏总管如喜、陆福寿二名肉一盘。

正月十三日奴才禄喜、如喜、陆福寿谨奏，于正月初五日，外学首领呈报，奴才等处今有外学八品官职学生沈秀，因患眼疾，医治不效，现今一目已盲，一目稍见明光。奴才等详验实不能赏场当差。又凭医生所云，七十以上之人精气既竭，岂能复明？据沈秀自陈，情愿缴还顶戴，裁减钱粮充当教习，聊为报效，以活残年。仰奴才等转乞天恩，奴才等不敢隐讳，谨此奏请。

禄喜面奉谕旨，外学八品官职学生沈秀裁去顶戴，赏食二两钱粮，当教习教小学生。总管如喜、陆福寿因有岁数，施恩准其留胡须。外学八品首领寿喜因嗓子掉中，不能承应杂戏，准其留胡须，当大戏教习，仍管外学首领事务。钦此。

禄喜求恩，面奉谕旨，准其挑小学生四名：

汪成之子二名；得庆之子一名；鸣凤之子一名，此四名于十四日王公大臣出去再带领。

十三日　同乐园承应《紫姑占福》（内学）、《达摩渡江》（得立）《请美猴王》（长清）、末段《征西异传》（八出　外学）、《鸨儿赶妓》（长寿）、《龙凤呈祥》（外学）。

十四日　同乐园代（带）领引见小学生汪成之子：迎喜，年十岁；迎福，年九岁；得庆之子顺意，年八岁；鸣凤之子□□年七岁，赏食一两钱粮。

奉旨，小学生内迎喜着外学首领长寿教。钦此。

（正月）十六日　同乐园承应《长坂坡》八出（外学）。

正月十八日　敬事房传旨，十九日皇太后辰初由绮春园至同乐园就迎请开戏。万岁爷于巳时开宝毕，如同乐园厅（听）戏。钦此。

十九日　卯正二刻进门。

同乐园承应戏。辰初二刻五分开戏，未初二刻五分戏毕。

《万卉呈祥》（内学）、《庆成》（张福）、《假癞》（套住）、《排风打棍》（鸣凤、玉簪）、《鱼篮记》（八出　内学）、《漆匠招婿》（增福、顺心、得升）、《问路》（周寿、隆寿）、《蜈蚣岭》（如意、陈双全、寿官）、《乐庆春台》（外学）。

皇太后驾幸同乐园，辰初二刻五分开戏。万岁爷开宝毕，巳初十分，驾幸同乐园厅（听）戏。

二月初一日　重华宫承应戏《五代五福》（内学）、《三档》（陆得明）、《敬德耕田》（刘得升）、《闹江州》（八出　外学）、《过滑油山》（大曹进喜）《游寺》（姚喜）、《踏勘》（乐夫）、《祥迎太极》（内学）。

祥庆交下，恩赏一两重银锞四个、洋钱十个，着禄喜、如喜、陆福寿拟赏承应《闹江州》众学生等。

（二月）十五日祥庆传旨，着禄喜插一戏单，预备皇太后回銮承应。插得单时，先奏皇太后，后奏万岁爷。

敬事房传旨，四月十三日全贵妃、祥妃、珍嫔俱在本宫迎接册宝，按例伺候乐。钦此。

奴才禄喜谨奏，于四月十三日，奴才率领中和乐首领、太监等伺候钟粹宫、翊坤宫、延禧宫接册宝。全贵妃赏禄喜大卷江细袍料一疋、大小荷包二对；太监等银五两。祥妃赏中和乐首领梁忠大小荷包二对；太监等银四两。珍嫔赏中和乐首领尤进喜大小荷包二对；太监等银四两。谨此奏闻。

禄喜面奉谕旨，五月初一日、初二日同乐园《阐道除邪》，望瀛洲不必伺候斗龙舟。钦此。

二十五日　禄儿传旨，五月初一日不必承应《阐道除邪》，照寻常承应杂戏轴子，开团场亦不要节令戏。钦此。

五月十七日　此日禄喜面奉谕旨，七月十五日是仪亲王八十生辰，同乐园赏早饭吃。着外学伺候寿戏一出，开场要三刻长。此出戏毕，万岁爷前头办事，站住戏，办事毕，驾幸同乐园，仍开场承应戏。钦此。

十六日　禄儿传旨，于十七日晚膳后，奉三无私上排《灞桥》

(李兴)、《十朋祭江》(安福)、《冥判》(长清)、《顶砖》(王成)、《南渡》(张玉)。钦此。

六月初一日　同乐园承应戏……《添筹称庆》(内学)、《胖姑》(迎喜)、《花鼓》(倪四官)……(九出)

祥庆传旨,迎喜每月赏食二两钱粮。钦此。

六月　奴才禄喜、如喜、陆福寿谨奏,有内学首领等报到,奴才等处因本学现食二两五钱八品官职太监张明德现已病至六个月,按例裁退官职,减食一两二钱五分。谨此奏闻。

禄喜奏准,张明德因病至半年,裁退八品顶戴,减食月银一两二钱五分。钦此。

二十日　禄喜面奉谕旨,今岁万岁爷万寿,初十日承应《九九大庆》一本,初八日、十二日此二日开团场大戏,其余内外学承应寻常轴子小戏。今岁皇太后整寿,于十月初七日至十一日共承应戏五本,其初十日承应《九九大庆》一本,其四日承应《升平宝筏》、内外学小戏,开团场仍承应大戏。钦此。

恩赏日记档

(编者按:日期破损)祥庆传旨,《添筹纪盛》话白内"实乃熙朝人瑞",上改"熙朝上瑞"。钦此。

(七月)十五日　寅正进门。同乐园早膳,卯初二刻十分开戏。赏仪亲王戏听,伺候《添筹纪盛》(一分　外学),戏毕仪亲王出去。卯正一刻万岁爷前头办事,辰初三刻十分,驾还同乐园,承应。未正十分戏毕。

禄喜面奉谕旨,所拟之赏将中和乐银十两加赏给内学十番学,银五两加赏给大差处、档案房。钦此。

又奉旨,俟后有王大臣听戏之日不准承应侉戏。

二十九日　辰正,在外学唱对《西游》(头本一出《花果山洞》至二十本四出《大士收熊》)。

祥庆传旨,八月十五日着内学在敷春堂院内伺候戏。钦此。

八月初十日　中堂英和传,初十日面奉谕旨,禄喜求恩往苏州

要随手一事，万岁爷先下给过织造旨意，永不往苏州要人，今若短鼓板、笛，着现在当差之弟男之侄学习。钦此。

八月初十日　未正十分。

奉三无私上排

《宫花报喜》　大曹进喜　缨子一匣。

《前金山》　大刘得　缨子一匣、银一两；姚喜　银一两。

《煤黑上档》　小刘得　缨子一匣；长清　缨子一匣。

王成　银五钱；雨儿　缨子一匣、银一两。

《亭会》安福、吉祥每名缨子一匣。

八月十二日　晚间　未正一刻五分。

奉三无私上排

《回回指路》　长清　驼色宫细一件。

《反诳》　刘进喜　栽绒一个；吕远亭一两重银锞一个。

《藏舟》　李福、刘五儿每名一两重银锞一个。

《过滑油山》　沈进喜一两重银锞一个、刘得升五钱重银锞一个。

《倒打杠子》小刘得一两重银锞一个、吉祥一两重银锞一个。雨儿、班进朝每名五钱重银锞一个。

鼓板、笛一两重银锞二个。

恩赏钱五十贯。

八月十五日　晚间　未正十分。　奉三无私上排。

二十一日、二十二日　外学站《西游》头本。

二十四日　在外学排《西游》头本。

二十五日　唱对《西游》二本。

二十六日　外学唱对《西游》二本。八十出《黄袍归正》。

三十日　外学唱对《西游》三本。八十出《误遭五毒》。九十出《收蜘蛛精》。

九月初二日　辰正　外学唱对《西游》四本。一出《逢春开操》、八十出《化脱凡胎》、九十出《皈依印度》。

九月初六日　未正　外学对《西游》把子。

十一日　禄喜面奉谕旨，今岁皇太后五旬正万寿，著禄喜进如

意一柄,著禄喜率领内里首领等同进膳一次。皇太后宫有擦连、跳狮子、高丽筋斗、啅哆啰密、瓦尔喀俱照例伺候。钦此。

十二日　敬事房传旨,十四日含辉楼射马箭,照例准备鼓。钦此。

十三日　敬事房传旨,十月十三日大众移往城内。钦此。

十五日　同乐园承应九出戏,禄儿传旨,今日《探监法场》减去不唱,将《打场》此出,再添杂戏四出,共五出,著在奉三无私晚间伺候上排。钦此。

十五日　禄喜面奉谕旨,十月初十日皇太后在敷春堂内学伺候戏,万岁爷在同乐园伺候戏。其开戏日期原传初七日起承应《升平宝筏》,今改于初八日、初九日、十一日、十二日承应《升平宝筏》,再初九日著内学、外学、小学生等凑几出戏至敷春堂,伺候皇太后戏。是日着档案房首领曹进保带领小学生等伺候。钦此。

(同日)未正二刻五分　奉三无私上排《十朋祭江》、《观画》、《打场》、《打灶分家》。

十月初三日　奴才禄喜谨奏,皇太后赏禄喜大卷宝蓝巴丝缎一疋,内里首领等银五十两。谨此奏闻。

初十日　万岁爷申正伺候皇太后,晚用着内学伺候一二出戏,共要二刻多些。初十日就传给营造司不必拆行台。钦此。

初十日　此日行礼人卯初绮春园到齐,敷春堂内学承应戏,同乐园外学承应戏。戏毕未念佛,万岁爷、皇后等位驾幸绮春园给皇太后行礼毕,敷春堂传膳,于卯正三刻十分驾幸同乐园听戏。

皇太后赏禄喜蓝江　袍料一件,皇太后赏吃面银五十两。

十一日　奴才禄喜谨奏,于十月十一日,上交恩赏承应《升平宝筏》等银二百两,着奴才拟派,奴才遵旨拟得:

大戏教习嘉祥、寿喜、长贵、张良四名,管理编改本子、教演唱曲、排场、量定时刻长短等事拟银十二两。

档案房、大差处,管理所有奏项,派角色,催趱场口,查点人数,照应切末,传行各项差事,抄写本子、题纲、目录,拦阻闲人,报门等事首领、太监、管题纲学生写汉字人等,共人四十七名,拟银二十八两。

内学上场人、鼓板、笛、随手、打家伙、走场、首领、太监等共人九十四名，内除单得过恩赏人，其余拟银三十五两。

外学上场人、鼓板、笛、随手、打家伙、走场、首领、太监等共人一百五十二名，内除单得过恩赏人，其余拟银四十五两。

钱粮处、管理行头、切末、装扮角色、首领、太监、管箱人等，共人四十六名，拟银二十两。

十番学管理拉山子、帘子、吹喇叭、上音乐法器僧、首领、太监等，共人二十名，拟银十两。

中和乐管理拉云帐、帘子、软山子、帮走场、首领、太监等，共人四十九名，拟银十五两。

圆明园出差首领、太监、管理下云兜、云板、升地等，拟银二十两。

后台管理安装云兜、云板、地盘，修饰各项切末、山片等事，匠役拟银十五两。谨此奏请。

奴才禄喜、如喜、陆福寿谨奏，于十月十二日总管刘福庆交下，恩赏承应《升平宝筏》太监、学生制钱五十贯，奴才禄喜、如喜、陆福寿率首领、太监学生等向上叩谢天恩。

十月十五日　祥庆传旨，将内外学节令、开团场、轴子、杂戏著更改添减写得时，再交进上安。钦此。

十二月十八日　敬事房交下恩赏压岁钱三百贯。

道光六年

恩赏日记档

正月十六日　驾幸北远山拜佛。巳时二刻驾还同乐园看戏，台上承应《温泉会》。正大光明承应《海不扬波》，转宴《太平王会》。

二月初六日　平安传旨，著旨传与南府总管禄喜，自今年为始，嗣后每逢二月十五日花神庙所有南府应伺候之各项差事，均著裁减，不必伺候。著为例。钦此。

五月十七日　未正二刻　奉三无私晚间　上排《刘氏望乡》、《踏勘》、《古城相会》、《拾金》、《打刀》。

孟来喜传旨,添排《古城相会》(李兴)。钦此。

七月初二日　外学唱对《鼎峙春秋》七本一出《飞檄要权》,八十出《算山祭风》。

掌仪司为知会事,准慎刑司咨称本府酌拟逃走太监治罪条例一折,于道光六年六月初十日具奏。

七月初六日　祥庆传旨,今日之戏《孙诈》减去,添唱长寿《刺梁》。钦此。

十五日　同乐园承应《佛旨度魔》(一分　大戏)、《花鼓》(吉祥)、《倒铜旗》(六出　外学)、《蜈蚣岭》(陆得明、小双喜、招喜)、《迓福迎祥》(大戏)。

八月初十日　祥庆传旨,十五日敷春堂承应戏,着陆得明承应《蜈蚣岭》。钦此。

十二日　祥庆传旨,今日之戏要未初三刻戏毕。钦此。

十四日　禄喜面奉谕旨,南府奏项若多,着档案房首领曹进保跟禄喜进殿递奏。再,内学太监吴玉因久病,着退出。钦此。

八月十五日　同乐园承应戏。

《祥云捧月》、《计擒秦明》、《教刀》、《算命》、《强亲打枷》、《跌包》、《收青》、《锁云囊》、《别姬》、《十面》、《花子叩喜》、《西池应瑞》。

二十一日　奴才禄喜、如喜、陆福寿谨奏,于八月二十一日有外学首领等报到,奴才等处今有外学食二两学生松年于十六日放假,至十九日满假未来。二十日本学首领着人至城内南府伊家找寻,据伊祖父所言,松年并未曾归家,亦不知去向,实系初次逃走,应交包衣昂邦派番役拿获。谨此奏闻。

奴才禄喜谨奏,为请旨事。前于道光五年八月初十日,英和传给奴才云面奉谕旨,因禄喜求恩往苏州要随手一事,万岁爷先给过织造旨意,永不往苏州要人,今若短鼓板、笛,着现在当差之弟男子侄内挑选学习钦此。

奴才即于当差之弟男子侄内挑选二十余名,令其学鼓学笛,向因学习未成,不敢求恩赏给钱粮。今已学成,堪以挑补当差,奴才叩求天恩,在二十余名之内,挑选鼓一名、笛一名给内学当差,挑选

鼓二名、笛四名，给外学当差。其余不中选者，任其自去生理。若蒙恩准，奴才会同内外总管、首领并打鼓吹笛之教习，亲试其艺，从公挑补。

再，内学当差有外边人到不去之处，奴才拟得将十番学吹笛之小太监任得成拨给内学学习当差，将内学学戏不成之小太监陆顺喜拨给十番学学习笛、鼓。待有新进之小太监给南府当差者，先拨给内学学戏，若学戏不成，派与十番学，令首领王双喜、郭喜、鼓板官职学生徐海、吹笛学生双寿教伊学习鼓笛，以为内学接续。奴才不敢擅专，谨此奏请，伏乞天恩垂示。

奉旨，依议令其挑选，俟回銮时带领引见。钦此。

（九月）初三日　万岁爷驾幸海子。

初九日　万岁爷由海子驾幸圆明园，未承应戏。

十五日　同乐园承应戏。

万岁爷前头见大人，台上承应《连升三级》（外学增福、得魁）。

十五日　禄喜面奉谕旨，新挑鼓板、笛八名，每名各赏食月银二两。将鼓：福儿；笛、弦子：金贵，着给内学当差，其余六名，鼓：茂章；弋腔鼓：三顺；笛、弦、月琴：庆成；笛：永福；笛：兆恒，此六名着给外学当差。钦此。

祥庆传旨，十五日晚间奉三无私上排五出戏：《过滑油山》（大曹进喜）、《问探》（梁明诚）、《雪夜访贤》（李兴）、《送京》（张玉）、《探亲相骂》（陈朝贵、马庆寿）。钦此。

又传旨，晚间上排戏单内《问探》（梁明诚）不必排。钦此。

又传旨，将今日之戏《婆媳全节》、《灞不服老》、《罗卜行路》、《问探》此四出不必唱，添唱《连升三级》、《排风打棍》。钦此。

二十五日　敬事房传旨，十月初九日、初十日、十一日此三日同乐园承应戏。请皇太后。

十月初二日　禄喜面奉谕旨，内学首领李寿增本人又不能唱戏，还爱病，革去首领，赏食新二两五钱。内学首领之缺着雨儿补，授赏八品官职，每月食银四两。钦此。

又面奉谕旨，吉祥加添月银五钱，每月食银三两。钦此。

初十日　奉旨,食三两太监雨儿放为本学八品首领,按例向内殿讨领蟒缎一疋。

十一月初一日　平安传旨,内学安福赏给八品官职。钦此。

二十八日　金昭玉粹聚座。

漱芳斋看戏,此日王大臣退出后,万岁爷还养心殿。钦此。

十二月十五日　祥庆传旨,正月十五日,万岁爷从天坛内下圆明园时候晚,唱小戏、寻常轴子,将《劝善金科》移在八月万寿时承应。钦此。

二十三日　卯正进门　建福宫擦连毕,重华宫承应戏。

《灶神既醉》(大戏)、《敬德闯宴》(刘得升)、《请美猴王》(李三德)、《叩堰》(韩福禄、张玉)、《衣锦还乡》(大曹进喜、杨淳)、《淤泥河》(乱、外学、四出)、《定天山》(昆弋腔)、《双卖艺》(吉祥、梁明诚、高进忠)、《诱叔别兄》(得魁、玉簪、张开)、《打虎》(陆得明)、《神芝介寿》(外学)。

祥庆传旨,因张明德教内学李三德《请美猴王》,每月赏食新二两五钱钱粮。钦此。

二十八日　辰初三刻十分,万岁爷至延禧宫瞧见阿哥,钟粹宫瞧公主,不站住戏。皇后等位在漱芳斋台上承应《吟诗脱靴》,辰正二刻驾还。

二十九日　辰初,万岁爷至保合(和)殿擦连,台上不站住戏。承应《刘二扣当》(庆成)、《疑谶》(惠明)。万岁爷擦连毕,至养心殿写神牌。辰正三刻至漱芳斋看戏。

祥庆传旨,顺心加添月银五钱,每月食银三两。钦此。

赏雨儿、刘得(《瞎子拜年》)每名一两重银锞一个。

吉祥(《如愿迎新》)一两重银锞一个。

道光七年

恩赏旨意承应档

二月十一日　总管禄喜遵旨,将原十番学拨昇平署当差。

十七日　祥庆传旨,自今日起,如有得赏之人,着禄喜带在台

上谢恩，俟有王大臣听戏不必谢恩。

祥庆传旨，三月初十日，禄喜进城伺候万岁爷赏小太监。钦此。

（三月）十五日　祥庆传旨，皇太后正圣寿原系承应五天戏，今改承应三天戏，常年圣寿原承应三天戏，今改承应两天戏。嗣后初一日、十五日听记载再承应戏。所有承应宴戏，若能按旧宴戏承应更好，若不能按旧宴戏时刻，就换新宴戏。有宴戏之日俟同乐园、重华宫承应戏，至午初站住戏。万岁爷别处少座，容伊等扮宴戏。皇太后圣寿、万岁爷圣寿俱不必唱大戏，人亦不够开团场，要寿戏，其中间唱小戏轴子。

三月十五日　祥庆传旨，嗣后初一日、十五日听记载再承应戏。钦此。

四月十八日　广育宫万岁爷拈香，中和乐伺候中和韶乐。

五月十七日　皇后千秋，受妃嫔等位礼。中和乐伺候细乐。

同乐园承应　辰初二刻开戏　未初二刻戏毕。

开场《芝眉介寿》（一刻十分）、团场《添筹称庆》（一刻二分）。

晚间奉三无私酒宴承应　申正三刻十分开戏　酉初三刻九分戏毕。

《平安如意》（十分）、《探亲相骂》（陈进朝、马庆寿　三刻五分）。

闰五月初一日　祥庆传旨，俟再有同乐园承应戏之日，仍插《蝴蝶梦》轴子。钦此。

又传旨，因前头见大人，《蝴蝶梦》轴子作团场，《扬兵》、《喜溢寰区》减去。钦此。

八月初一日　祥庆传旨，万岁爷万寿总管、首领按例行礼，承应排戏《寿祝无疆》减去，不必承应伺候。宴毕，自总管禄率首领、官职太监等净行礼。钦此。

八月二十一日　祥庆传旨，九月十四日跪送孝穆皇后灵，着禄喜带首领二名，其余不准多带。钦此。

总台禄谕，着内学首领陈进朝、档案房首领曹进保是日随去。

十二月十八日　上赏押岁钱。

二十七日　敬事房传旨,正月十四日奉三无私宗室宴,是日同乐园伺候戏。十五日奉三无私内庭宴,是日同乐园伺候戏。十六日正大光明廷臣宴,是日同乐园伺候戏。

二十八日　祥庆传旨,正月初一日未正在养心殿院内明窗排几出帽儿戏。排至申正。

恩赏日记档

二月初六日　奉旨,将南府民籍学生全数退出,仍回原籍。钦此。

二月初六日　包衣昂邦禧恩、穆彰阿传旨,南府著改为昇平署,不准有大差处名目。昇平署着加恩,添四两缺五分;原三两缺六分,加添三两缺四分,共十分;原二两五钱缺十分,加添二两五钱缺十分,共二十分,不得过二十分;档案房加添三两缺一分;钱粮处加添三两缺一分;中和乐加添三两缺一分;赏八品官职之太监无定例。钦此。

又传旨,原设十番学首领二名,着裁去顶戴,仍赏食四两钱粮,酌拨在昇平署作为太监当差,不在所定四两,不得过五分之额内。嗣后定例:

七品总管一名,
七品首领一名,
八品首领三名,
四两缺不得过五分,
三两缺不得过十分,
二两五钱缺不得过二十分。

钱粮处　八品首领一名,
副首领一名,
三两缺一分,
二两五钱缺二分。

档案房　八品首领一名,

三两缺一分，
二两五钱缺二分。
中和乐　副首领二名，
三两缺二分，
二两五钱缺六分。

奴才禄喜谨奏于二月初十日，昇平署内学首领陈进朝消病当差，按例当差十数日，奏请添食因病裁退月银一两。谨此奏闻。

禄喜面奉谕旨，陈进朝因消病当差，按例添食四两钱粮。再十番学归并内学，中和乐有原食大粮者，不必写在缺内。原南府自开禁以来，差事狠齐整，外边人艺业比太监本强，究属太监，当差事毕，无别事故。外边人别项事故，朕已难传究竟，往后无益事出难办，莫若全数退出。并不是为省这点钱粮，况学生等又不是白吃钱粮，当差又好，总言往后无益。其昇平署仍在太平村归拢居住，开一随墙门，出入西爽村门，究竟是园内，为的是管事严紧。不走太平村门何故，以先昼夜任其闲杂人出入，深究难传。其昇平署太监，每逢皇太后、万岁爷万寿与年节不能无戏，若连台大戏，一场上七八十人者亦难，无非归拢开团场、小轴子、小戏就是了。其钱粮处、档案房现退出民籍人去，着加恩每处加添三两缺一分。俟后如有首领缺出，就着食三两太监好挑补首领之缺。再内学所定大粮之缺不得过几分者，亦毋庸拟人引见。万岁爷瞧谁好就放谁，裁添出自上恩。其太监若有不法之人，着禄喜只管奏请裁去大粮办理。再城内伊等仍住南池子，仍开通西苑随墙门，出入西苑门，所为严紧。着总管首领用心严加约束。其中和乐礼节差事亦少不得，着加恩再添三两缺一分。今改总名昇平署者，如同膳房之类，不过是个小衙署就是了。原先总名南府，唱戏之处不必称府。其昇平署总管定例七品官职，其禄喜伺候先皇多年，自道光三四五六等年差事狠好，又无别故，所以不裁钱粮官职，往后有总管缺出，按七品官为例。钦此。

祥庆传旨，二月二十八日承应戏，未正戏毕。因十五日是破日，所以改十九日承应戏。其昇平署头一次承应戏，万岁爷赏个吉

祥日期。钦此。

十六日　禄喜面奉谕旨,钱粮处、中和乐、档案房所定恩加三两之缺,不必立时挑补,著禄喜慢慢的选择人,不必忙了,至到年齐挑补都使得。钦此。

十七日　圆明园司房交下,赏禄喜文竹盆景一对、铜盆景一对、铜珐琅花瓶一个、纸大吉葫芦三个。

十八日　圆明园司房交下,赏禄喜雕漆盆景一对、泥兴盆景一件。

(二月)二十六日　内务府总管大臣禧恩、穆彰阿上奏称为奏闻请旨事。窃奴才等前经据奏,遵旨酌拟将外学民籍学生全数驳退,送回原籍,各安生业一折,仰邀俯允,即于是日传集外学总管首领后,并勒限于本月二十一日,由太平村移住城内南池官房。兹据呈报食钱粮之学生一百七十六名,暨各家眷,均经移出,有随本家居住者,有就亲戚人家居住者。奴才等当即按名点查,明白晓谕,均各叩感皇仁,得归故土,仰见圣意深远,垂法永久,中外咸深钦颂。至昇平署太监,供奉差使,责有攸归,现蒙恩加赏大粮数目,该太监等欣感皇恩,咸知奋勉。奴才等复面谕总管太监禄喜等,用心加演,约束务期整齐,毋许推诿;且人数无多,嗣后一切章程,均归简易,以昭核实。所有酌拟各项条款,奴才等悉心核议,另缮清单,并先将太平村房间绘图贴说,一并恭呈御览,是否有当,伏乞皇上训示遵行,谨奏请旨。

一、昇平署署名已蒙钦定,该署总管首领太监钱粮缺分,钱粮处、档案房、中和乐等处钱粮数目,均请载入现行宫中则例,永远遵行。

一、原设十番学现已裁撤,该学首领二名,遵旨裁去顶戴,作为四两钱粮太监,同该学太监十八名,交昇平署总管太监,酌拨当差,其所食四两太监出缺,即行裁撤,现亦不占该署四两之额。其十番学写字人苏拉等,亦俱裁出;不准有大差处名目。至该署太平村门及城内署门之副首领二名,太监二名,现已无用,拟将太平门之副首领太监,先行裁撤,交该署酌拨当差,城内之副首领太监,俟

民籍各学生起身后，再行裁撤。

一、太平门内，先行誊出房八百五十间，除现拟添砌墙垣之内房间，留为昇平署占用处所，令该总管勘查外，其余房间，先行拆出，其墙外之空房，及拆出之废物，均请交管理圆明园大臣派员收管。至通西爽村门开门之处，亦由该署勘定办理，先行绘图粘签呈览。城内房间，俟民籍学生起身后，再行拟定。

一、嗣后昇平署太监出入，在园均由西爽村门进福园门，城内由西苑门进西华门后铁门。所有该署外边披甲苏拉写字人，均应给腰牌，以便出入；进内承差时，由内太监代领，呈递报单。该处他坦，现俱拟在墙内，只准官人充役，不准民人影射，以便稽核，如有冒充顶替进署值役者，查出严办。

一、向来昇平署承应之日，分别寻常年节，每次俱传造办处盔头作营造司关防衙门武备院人役，自二三十名至一百六七十名不等；今拟武备院备差之人，悉行减去，所有应收什铁作活计等项，交造办处修理，其余各项人役，拟交该署，临时酌减人数传差。

一、向来该署有应用乐器弦线等项，有京中购办者，有由苏州传用者；嗣后遇有应传物件，拟由内务府造办处制办交进，不得再有经传苏州织造之件。

一、昇平署向设有南府图记一颗，在内学总管太监处执掌，以便传片钤用，今拟将旧有图记交造办处销毁，另造昇平署图记一颗，交该总管太监祗领，以备行取年例公费车辆米石，及应传差务钤用，以凭查对。又外有南府景山关防一颗，向在管理大臣宅内存贮，应请一并销毁。

一、昇平署向有库存罚项银两，以备各等处所存钱粮切末等项抖晾事件动用，拟请照旧办理。至该署每年按月均有例行事件，并有占用内务府领催披甲苏拉等，听差写档，及存贮各项物件，城内城外各项收管者，均系该署自行经理，今拟查照旧例，一切事件，仍由该署行知昇平署外档房，呈明总管内务府办理转传，以归画一，而便查核。

一、向来民籍学生，每月除钱粮米石外，均有口分食米，核计

每年所食白米,应需用四千数百余石;内学太监一体承应,向无口分食米。今此项既有节存,昇平署总管首领太监可否量加添给之处,出自皇上天恩。

一、逃走太监定罪,例有专条,惟查定有治罪条款,遵行在案,昇平署应差太监,人数无多,若仍照各处逃走者治罪,似多未协,应请从重定拟,遇有初次太监逃走投回者,责四十板,送交原处当差,三月不准告假外出。初次逃走被获者,及二次逃走俱系自行投回者,均责六十板,仍交原处当差,半年不准告假外出。二次逃走太监,内有一次投回者,责八十板,仍交原处当差,一年不准告假外出。二次逃走俱系被获者,俱责一百板,仍交原处当差,二年不准告假外出。三次四次五次逃走,无论投回被获,俱责一百板,三次逃走者枷号一个月,四次逃走者枷号两个月,五次逃走者枷号三个月,均仍交原处当差,二年不准告假外出,六次逃走者,无论投回被获,俱永远枷号示惩。

一、永祥当向年应交利息小制钱二千五百六十八吊,由该处分赏内外学之用;今蒙天恩,由该当项下,赏给退出之学生一百七十六名,每名银十五两,共用银二千六百四十两,请先由民籍学生放剩钱粮内动用发给,于每年永祥当应得利息内,分作十年扣还归款,核计每年应扣钱六百吊,其余钱一千九百余吊,全数交昇平署,以备分赏该署太监之用。

一、退出回籍学生等,每月所食钱粮,请自三月停止,其未完库银,应请宽免;未经起身以前,奴才等筹酌给与帮贴之费。查伊等所食钱粮,向系由崇文门税务处每年交广储司库银九千两,由该库按月支放该学生及旗籍管箱人并乐署史等钱粮之用,如有余存,另款收贮,嗣后旗籍人役及乐署史所食钱粮无多,应请每年崇文门交广储司银库二千两,足敷支放,存有盈余,仍归另款收贮,所有该税务处每年节省七千两,即归于正项奏报。

一、昇平署内外,向设内务府人役一百二十六名,今民籍学生既经裁撤,所有外学及十番学现有写字人披甲苏拉俱行裁出,并将内档房等处领催,亦行酌减数人,除将写字人酌减数名添给外,现

应退出领催披甲苏拉三十二名，请照前次办过陈案，分拨内务府等处当差。

一、昇平署向设外档房二处，笔帖式六员，效力笔帖式四员，副催长二名，苏拉十五名，现该处差务无多，拟请归并档房一处，酌留笔帖式二员，副催长二名，披甲人二名，苏拉八名，承办档案钱粮事件；其余员役，全行拨交内务府分给各司处当差，笔帖式效力笔帖式缺出，即行裁撤。

再查退出回籍民籍学生户口内，计食钱粮者一百七十六名，曾向奴才前具呈声称，因住京年久原籍实无亲属可依，并因畿立有坟墓，无人祭扫，情愿在京自谋生理者八十六名，又有籍直隶山东者四人，并非苏州籍贯。奴才等随即传到，详加询问，当面晓谕，将不应存京五十岁以内之人，逐一批驳，如再渎诉，定行究办。内择其人本寒苦无依，或老病不堪者，以年逾五十为断，不愿回南者二十六名，内随子弟者十人，并本非苏州之人四名，又母老子孤者三名，均注明年岁，开列名单，恭呈御鉴，可否准其留京之处，出自天恩，奴才等再行遵办外，所有应行回南之人，即按原奏，妥协料理，俟定限分起时，另行开具人名，注明家属数目，具奏，理合附片奏闻。

奉旨依议施行。

七月初九日　敬事房交下，上赏小太监一名，任喜禄年十岁，宛平县民，拨给昇平署内学当差。钦此。

十一日　奏十五日戏单，上留《佛旨度魔》、《魔王答佛》、《迓福迎祥》总本。

八月初六日　上留《福禄寿》、《万年甲子》、《七曜会东垣》、《五云笼北阙》、《太平有象》、《万寿无疆》总本四分。

九月十七日　总管禄喜面奉谕旨，皇太后万寿所承应之戏两排着。今年天气凉，河若冻了，船又坐不得，托(拖)船又坐不得，在展诗应律承应。若不冻河，仍在同乐园承应，临时再听传。钦此。

十月十一日　圆明园总管吕进忠交下乐器一分，计开堂鼓一面、怀鼓一面、扑钹一面、顺锣一面、星儿一副、荡儿一个、韵锣一

架、管子二支、笙二攒、箫一支、笛三支、月琴一弹、弦子一弹、琵琶一面、提琴一弹、小木鱼一件、板二副,共二十四件,交钱粮处存收。谨此奏闻。

十四日　奴才禄喜谨奏,前于十月初三日午时,包衣昂邦禧恩着郎中庆琛面传给奴才,言今有逃走太监长清之母、之弟在外供出长清逃走,现在惇亲王府,系太监张明德引情。今奉包衣昂邦谕,着奴才传张明德,如果知道,着张明德将长清找出,交给番役,算在别处拿获。奴才急着档案房首领曹进保将张明德传至奴才处,同郎中庆琛面问张明德此事。

据张明德言,长清在惇亲王府我可知道,并不是我引情。奴才问张明德,既不是你引情,你怎么又知道?其张明德言,惇亲王告诉过我,你们那里逃走有个小太监你认的不认的?我说是长清我怎么不认得。

奴才同庆琛言,你既知道,你就找着长清交给番役,就无你之事,若无长清,要将你交出去,与长清之母之弟对词。

张明德言,此时又不在惇亲王处了,听着风声紧,于九月初六、七日他由通州往南去了。要放我两天假,我去寻找。

奴才彼时,就要将张明德交给郎中庆琛带去。据庆琛言,今日不能带去,明日回了包衣昂邦再为办理。

奴才将张明德交给档案房首领太监看守一夜,至初四日午时,郎中庆琛又至奴才处言,奉包衣昂邦禧恩谕,将太监张明德放两天假,不必奏。初六日又传给奴才再放张明德几天假,至十一日巳时,将太监张明德交进,说没有他的事了。奴才传知昇平署首领将张明德领去。十四日辰时,包衣昂邦禧恩、穆彰阿着番役明纯将张明德要去。谨此奏闻。

十六日　敬事房交下,上赏小太监一名,孙进安,年十岁,南皮县民,给昇平署内学当差。

十月二十一日　奉旨,昇平署太监张明德将太监苑长清引诱逃出,私匿惇亲王府一案,经内务府审明,拟将太监张明德发往黑龙江,赏给官员为奴,到戍加枷号两个月。苑长清发往打牲乌拉,

赏给官员为奴，到戍加枷号一个月。昇平署总管禄喜罚月银三个月，本管首领各罚月银六个月等语。

奉朱批，太监张明德、苑长清着改为先在昇平署左近枷号示众，满日即行发遣。昇平署总管太监禄喜施恩，改罚月银两个月，本管太监陈进朝、李兴、曹进保施恩，各改罚月银四个月，余依议。钦此。

禄喜面奉谕旨，前者召见惇亲王，朕言，昇平署无非与茶膳房一体之差，并不很为奇特，惇亲王倚以等之人为奇。况罕阿玛传的透彻，嘴都说干了，竟不中用。再者，并不是里边短此二人唱戏，俟大内之人都照此样，成何事体？其张明德罪过应发，其苑长清亦必须发。若不发苑长清好象朕与惇亲王争此太监似的。往后着总管禄喜该奏的奏，该见包衣昂邦的见包衣昂邦，该管的管，总别空口说白话，那是不中用的。朕亦不能给你分晰(析)何事该奏，何事该管，何事该见包衣昂邦，伊看事体办理。总言往后要认真管事。钦此。

十一月初九日　奴才禄喜谨奏，为稽查火枪、弓箭、器械事。今于十一月初八日，奴才亲身复行稽查城内各学，并无火枪、弓箭、器械等物。奴才谨具甘结二张，一张交总管内务府衙门，一张交敬事房存案，奴才仍严饬各该首领等，不时稽查，奴才等再不敢日久废弛。谨此奏闻。

禄喜面奉谕旨，稽查火枪、弓箭、腰刀、弩弹等物并不是一年查一次、两次，伊等要时常逐细严查，况伊等出入是一个门，亦好禁止。再他他等如查出器械等物，亦是一例治罪。钦此。

十一月二十一日　敬事房传旨，十二月初一日重华宫伺候戏。十五日重华宫伺候戏。二十一日景祺阁赏饭吃，伺候戏。王大臣退出戏毕。二十三日瀛台勤政殿筵宴毕进内，重华宫赏福字，预备戏，王大臣退出时戏毕。皇上还养心殿。二十八日重华宫带外国人伺候戏，王大臣退出时戏毕，皇上还养心殿。今年撤金昭玉粹戏，不聚座。钦此。

十一月二十七日　奴才禄喜谨奏，为遵旨拟挑大粮缺分事。

奴才于二月初十日奉旨，所有昇平署内学大粮缺分，毋庸拟人引见，万岁爷瞧谁好就赏放谁，其钱粮处、中和乐、档案房着奴才拟人引见挑补。钦此。今奴才遵旨，拟得此三处太监，于十二月初一日奴才带领引见，其昇平署内学学戏之太监如果勤能当差者，亦仰邀万岁爷天恩，赏放大粮。其鼓板、随手太监虽系后台，艺业持重，所有学习轴子等戏，均系此二项太监打谱点板，给众太监教唱。奴才愚昧之见，奏请在三两缺分内，着此二项太监各挑一分，二两五钱缺分内，亦各挑一分。以后鼓板、随手太监大粮缺出，仍拟鼓板、随手太监挑补。现时鼓板太监吴双禄现食三两钱粮，鼓板太监韩德禄现食二两五钱钱粮，鼓板太监缺分相符。随手太监李太平现食实二两五钱钱粮，如蒙万岁爷恩准，奴才拟得将随手太监李太平挑三两之缺，再将随手太监内艺业实在勤能者，拣一名拟挑二两五钱之缺，亦于十二月初一日奴才带领引见，是否由自万岁爷天恩。谨此奏闻。　奉旨依议。

(十二月)初四日　奴才禧恩、穆彰阿、敬徵谨奏，为遵旨审明定拟具奏事。奴才等连日研讯昇平署总管禄喜参奏首领太监陈进朝、曹进保一案，并究出该署私延民人进内教读等事，已将案内人证、供词前后奏明圣鉴在案。

查禄喜身任总管，平时不能约束，此次办理米石之事，并未俟首领呈报，欲为见好众人，定议后始向众首领告知。以至陈进朝怀疑分剖，遂与曹进保互相口角，参奏时又未能详晰声叙，意存偏倚，已有应得之咎。且复胆敢延请外人进署教读，实属藐法，应请旨革去总管，作为本署太监，以昭炯戒。

陈进朝始于总管面商时一意唯诺，继于传知众人后负气不平，及至见曹进保在傍先行驳斥，触起素嫌，虽在总管前未出不逊之言，借端寻衅已可概见。且前当首领时，使气凌人，告假外出，至晚不归，已属目无法纪，及至革去首领，复敢逞忿肆辩，殊属任性乖张。陈进朝应请枷号一个月，重责三十板，仍交本处当差。

曹进保依附总管，以毫不干己之事，挺身袒获，至启争端，私商折奏，意存高下，殊为多事，擅专并胆敢代总管禄喜延请西席，复带

同伊侄二人入署居住，实属胆大妄为。曹进保业经革去首领，应请枷号四十日，重责四十板，仍交本处当差。　马庆寿纠约众人首先出辩，亦属不安本分，应请重责四十板。

康吉祥等虽经约会，未敢同出，尚知畏法。康吉祥、陈向荣、梁明诚等应免置议。至昇平署催长连祥任听太监指使，延至外人，殊属不应，应将徐连祥革去催长，拨回内务府。

再看门首领太监失于觉察，交圆明园总管太监吕进忠查明办理，本署看门太监查出交司重责。至该处人役出入门禁，执有腰牌，甫经设立，已滋弊端，自应分别惩办。所有奉宸园、西苑门、南园、西宫门值班官兵，奴才等查明日期，咨行各该处官员，查取职名，交部议处兵丁重责，以示惩儆。所有奴才等审明定拟缘由，是否有当，伏候皇上训示遵行。为此谨奏。

慎刑司为移付事，本府大臣禧恩等遵旨审讯昇平署太监马庆寿代已革首领陈进朝申诉屈抑等情一案，于道光七年十二月初一日奉旨，已革顶戴，首领曹进保着去首领。钦此。于十二月初三日讯明治罪具奏。

奉旨，据禧恩等将昇平署总管太监禄喜参奏陈进朝、曹进保一案，现已讯明，定拟具奏。禄喜既系昇平署总管，自当秉公约束，乃一味信用曹进保，以至众怀向隅。拨米之事参奏府不明晰，且延至民人进署教读，实属胆大妄为。经禧恩等议奏，将禄喜革去总管，作为本署太监，实属咎所应得。禄喜着加恩降为八品官职，仍留本署总管，将其归入旗籍之处，即行逐出。着内务府查明伊弟侄有在旗籍者，一并销除。禄喜自应倍加谨慎小心教演众太监，用心当差，以赎前衍。倘该署稍有滋生事端，不能管束，必将禄喜从重治罪。

陈进朝于被参后，不知安分巴结，胆敢逞刁分辩，此风断不可长。陈进朝著照议枷号一个月，重责三十板，仍交本处当差。

曹进保以首领太监平日借总管声势欺压同伴，皆朕素所深悉。此次与陈进朝口角，激成事端，皆由曹进保架辞耸听，复带伊侄进署，并代禄喜之侄延致民人教读，种种不法经营，甚属可恶。曹进

保著照议枷号四十日,重责四十板,满日交进,拨下贱当差,以示惩儆。余依议。钦此。

相应抄录原奏,移付昇平署办事官员查照可也。

初六日　包衣昂邦禧恩、穆彰阿传旨,赏放档案房八品官职首领每月食银四两,后不为例。俟首领魏进喜如有不服总管约束之处,着总管禄喜参奏。钦此。

二十八日　内殿交下,赏禄喜大荷包一对、一两重银锞二个、小荷包一对、五钱重银锞二个。茶房交下,赏昇平署总管、首领、太监等甜橙一桶、岗榴一桶。

道光八年

恩赏日记档

正月初一日　内殿交下,赏安福酱色江细袍料一件,钟馗六十名,每名一两重银锞一个。

十六日　禄喜口奏,正月十六日正大光明伺候晚宴,因戏开早,奴才议将内学首领曹进喜、雨儿各罚月银二个月。

奉旨,宽免一个月,各罚月银一个月。钦此。

二月初八日　万岁爷由城内驾幸圆明园。

初九日　昇平署总管禄喜率档案房首领魏进喜卯正进福园门至同乐园,逐细查点行头切末。

十七日　包衣昂邦奉旨,传与各处首领知悉:以后各处太监等有病疾者,看视轻重,若病势重者,不准在内调养,亦不准首领私放病假,该首领带至总管处告病假,在外调养,若私放病假者,被总管查出,从重治罪。钦此。

四月初八日　祥庆传旨,十三日请皇太后蓬岛瑶台逛,着内学小人们在暖台伺候帽儿排,小家伙,要十二三刻,不用开团场。钦此。

五月十三日　奴才禄喜谨奏,为请旨事。今于五月初九日乐部来文,内载扬威将军大学士公长龄凯旋到京,至赐宴典礼著于正大光明殿举行。是日筵宴,万岁爷升座,中和韶乐作奏翰林院新撰

显平之章，其余群臣行礼，进茶进酒进馔。奴才拟得群臣行礼丹陛大乐作《凤凰在藪》之乐，进茶作《海宇升平日》之乐，进酒作《玉殿云开》之乐，进馔作《万象清平》之乐。谨此奏请。

十七日 皇后千秋，受贵妃妃嫔等位礼，中和乐伺候细乐。

同乐园承应 辰初三刻五分开戏 未初三刻六分戏毕。

开场《芝眉介寿》（一刻十分）、团场《八仙庆祝》（一刻八分）。

涵月楼酒宴承应 酉初一刻开戏 酉正十分戏毕。

《平安如意》（十分）、《探亲相骂》（陈进朝 马庆寿 三刻五分）。

（七月）二十五日 敬事房传旨，八月初七日卯正一刻，正大光明筵宴凯旋大臣毕，生秋庭坐船入园看戏，见大人，接皇太后，未初三刻戏毕。

十月二十四日 祥庆传旨，上交铁笛一支，着内学吹笛人试演，试演吹的按工调音律不按？若按工调音律响，即着内学首领一名，将吹笛人带至养心殿吹笛试演。钦此。

内学首领雨儿带吹笛太监李太平至养心殿吹笛，试演毕将，将铁笛仍交上留。

二十七日 祥庆传旨，着内学首领一名，将吹笛太监李太平带好笛一支，至养心殿吹笛试演。钦此。

二十八日 祥庆传旨，着中和乐首领一名，带本处吹箫太监一名，于午初至养心殿伺候吹箫。钦此。

中和乐首领梁忠带吹箫太监朱太平伺候。

三十日 祥庆传旨，着中和乐首领梁忠带吹箫太监朱太平至养心殿。

八月初七日 卯正一刻 正大光明筵宴凯旋将军等，中和乐伺候中和韶乐。

同乐园承应 辰初一刻开戏 未初二刻戏毕。

开场《八佾舞虞庭》（一刻十分） 团场《太平王会》（十二出十八刻）

十一月初一日 平安传旨，中和乐吹箫太监一名至漱芳斋殿

内吹箫。钦此。

吹箫太监刘福进殿伺候。又传旨问中和乐吹管子人带管子没有？禄喜答应未带着管子,着即刻去取。钦此。

祥庆传旨,将中和乐首领梁忠带吹管子人即至养心殿伺候。上交管子三支,将哨子安好妥协,于初三日办事后,伺候上览。

初二日　中和乐首领梁忠带太监萧进忠至养心殿呈递管子三支。

十一月初五日　奴才禄喜谨奏,由乐部来文,于十一月初七日万岁爷御寿康宫恭进奏书,皇太后前行礼。初八日恭进册宝,皇太后前行礼。是日奴才带领中和乐敬谨伺候皇太后升座,中和乐作奏翰林院新撰豫平之章。

初七日　恭慈康豫皇太后加徽号曰恭慈康豫安成皇太后。万岁爷卯正一刻至太和殿阅奏书,辰初至寿康宫恭送奏书,中和乐伺候中和韶乐。

寿康宫承应　辰正三刻开戏　未初三刻毕。

开场《福寿双喜》(一刻十分)、十出《宫花报喜》(沈进喜　一刻十二分)、团场《万载恒春》(一刻五分)。

初八日　万岁爷御太和殿阅册宝毕,辰初二刻至寿康宫恭进册宝。皇太后前行礼,中和乐伺候中和韶乐。

寿康宫承应　辰正二刻开戏　未初三刻毕。

开场《五代五福》(一刻十分)、团场《一门五福》(杨清玉　十三分)。

十二月二十三日　瀛台擦连。

三十日　祥庆传旨,《如愿迎新》唱全的,不用忙。钦此。

道光九年

承应档

正月初一日　重华宫承应《喜朝五位》。

午宴承应《膺受多福》,转宴《万福攸同》。

酒宴承应《开筵称庆》。

初二日　重华宫承应《早春朝贺》、《扫花三醉》、《吃糠》、《打虎》、《鸡宝山》、《三代》。

十三日　展诗应律承应《天官祝福》、《痴诉点香》、《击鼓骂曹》、《苦过滑油》、《借茶》、《胭脂雪》、《蜈蚣岭》、《功宴争花》、《一门五福》。

十四日　奉三无私午宴承应《景星协庆》，转宴《灯月交辉》。

十五日　奉三无私午宴承应《万花向荣》，转宴《御苑献瑞》。

酒宴承应《柳营会饮》（一分）。

十六日　正大光明午宴承应《海不扬波》，转宴《太平王会》。

奉三无私承应晚班《天官祝福》、《衣锦还乡》、《懒妇烧锅》、《花鼓》、《十朋祭江》、《演官》。

二十日　同乐园承应《喜朝五位》、《打番》、《庆成》、《通天犀》、《夺秋魁》、《扫秦》、《敬德钓鱼》、《送京》、《盗瓶》、《吃茶》、《喜恰祥和》。

二月初一日　奉三无私念斋意。

十五日　同乐园承应《千秋燕喜》、《赠马》、《逢人拐骗》、《讲书》、《水斗》、《磨斧》、二段《鸡宝山》、《扬兵》、《平章拷姬》、《万载恒春》。

三月初一日　同乐园承应《杜宝劝农》、《醒妓》、《扫秦》、《敬德闯宴》、《羞父》、三段《鸡宝山》、《琴挑》、《罗成托梦》、《罢宴》、《勾芒展敬》。

四月初一日　同乐园承应《天官祝福》、《前金山》、《卖子养亲》、《单刀》、四段《鸡宝山》。

四月十五日　同乐园承应《祝福呈祥》、《苦过滑油》、《煤黑上档》、《照镜》、《下河南》、《三代》。

五月初五日　同乐园承应《金桃献瑞》、《过平顶山》、《六殿逢母》、《祭姬》、《打棍出箱》、《三档》、《混元盒》。

涵月楼晚班承应《夜看春秋》、《拷红》、《倒打杠子》、《罗卜行路》。

涵月楼酒宴承应《祛邪应节》。

五月十七日　同乐园承应《芝眉介寿》、《庆成》、《击鼓鸣冤》、

《蜈蚣岭》、《冥判》、《罗卜济贫》、《夜奔》、《青石山》、《相调》、《八仙庆祝》。

七月初七日　西峰秀色承应《七襄报章》。

七月十五日　同乐园承应《佛旨度魔》、《见都》、《万里封侯》、《刘氏辱尼》、《夜奔》、《迓福迎祥》。

八月初一日　同乐园承应《福寿双喜》、《绣房》、《敬德钓鱼》、《学堂》、《议剑》、《沂水岭》、《罗卜行路》、《贺喜》、《三元百福》。

初八日　《七曜会东垣》、《五云笼北阙》、《盗甲》、《吃茶》、《敬德耕田》、《十字坡》、《云摩岭》、《井遇》、《问探》、《万年甲子》。

初十日　《福禄寿》、《惠明》、《兴唐传》、《琴挑》、《太平有象》、《万寿无疆》。

奉三无私午宴承应《青牛独驾》，转宴《环中九九》。

涵月楼酒宴承应《行围得瑞》、《献舞称觞》。

十五日　同乐园承应《八佾舞虞庭》、《庆成》、《姜女哭城》、《温泉会》、《报喜》、《会蝉（蟾）宫》。

涵月楼晚班承应《衣锦还乡》、《过平顶山》、《河梁赴会》、《打场》。

涵月楼酒宴承应《霓裳献舞》、《查关》。

（编者按：原文无九、十两月记录，无缺页。）

十一月初一日　养心殿晚班承应《山门》、《玉面怀春》、《骂阎醒梦》、《扫松》、《风云会》、《报喜》、《万民感仰》。

十二月初一日　养心殿晚班承应《雪夜访贤》、《花鼓》、《批斩》、《遣子经商》、《大小骗》、《养子》、《徐庶见母》。

十五日　养心殿承应晚班《宫花报喜》、《北醉》、《十宰》、《逢人拐骗》、《罗梦》、《付孤盗孤》、《六国封相》。

二十三日　养心殿晚班承应《刘唐》、《十朋祭江》、《回回指路》、《云阳法场》、《扫秦》、《张三打父》、《显魂杀嫂》。

二十四日　寿康宫承应《万里封侯》、《开筵称庆》、《显魂杀嫂》、《兴唐传》（六出）、《绣房》、《奸遁》、《读书告贷》、《夺被》、《上路》、《罗卜行路》、《万民感仰》。

二十九日　重华宫承应《迎年献岁》、《逼休》。

养心殿晚班承应《贾岛祭诗》、《井遇》、《魏虎发配》、《问路闯界》《功宴争花》、《见都》、《刘氏望乡》。

三十日　乾清宫午宴承应《金庭奏事》、《锡福通明》。

昇平署人等花名档

七品官（总管）禄喜（李进喜）　年四十八岁　食银五两　米五石九斗　公费一贯二百　厢黄十家

八品官（首领）李兴　年四十七岁　食银四两　米五石九斗　公费一贯　正白八家

八品官（首领）曹进喜　年四十九岁　食银四两　米五石九斗　公费一贯　正黄四家

八品官（首领）雨儿　年四十八岁　食银四两　米五石九斗　公费一贯　厢黄九家

八品官　王麟祥　年四十八岁　食银四两　米五石九斗　公费一贯　正白七家

官职太监

八品官　生　刘进喜　年五十七岁　食银四两　米五石九斗　公费一贯　正黄九家

八品官　小生　安福　年三十九岁　食银四两　米五石九斗　公费一贯　正白六家

太监

净　梁明诚　年四十五岁　食银四两　米五石九斗　公费一贯　正白八家

弦子　王双喜（进）　年五十七岁　食银四两　米五石九斗　公费一贯　正白五家

鼓　郭喜　年四十八岁　食银四两　米五石九斗　公费一贯　正黄七家

净　刘德　年四十六岁　食银四两　米五石九斗　公费一贯　正黄四家

老旦　杨清玉　年四十六岁　食银三两　米四石四斗　公费一贯　厢黄八家

小旦　吉祥　年三十五岁　食银三两　米四石四斗　公费一贯　正黄七家

丑　李进禄(忠)　年五十九岁　食银三两　米四石四斗　公费一贯　厢黄六家

鼓　吴双禄　年六十二岁　食银三两　米四石四斗　公费一贯　正黄五家

生　杨淳　年四十七岁　食银三两　米四石四斗　公费一贯　厢黄八家

笛　李太平　年五十五岁　食银三两　米四石四斗　公费一贯　厢黄六家

小旦　彭禄寿　年五十一岁　食银二两五钱　米三石六斗　公费一贯　厢黄十家

小生　刘五儿　年三十四岁　食银二两五钱　米三石六斗　公费一贯　厢黄三家

小旦　吕远亭　年四十六岁　食银二两五钱　米三石六斗　公费一贯　正白八家

正旦　沈进喜　年六十一岁　食银二两五钱　米三石六斗　公费一贯　正白头家

净　陈进朝　年四十七岁　食银二两五钱　米三石六斗　公费一贯　厢黄九家

净　刘得昇　年五十一岁　食银二两五钱　米三石三斗　公费一贯　厢黄八家

丑　翠仗　年四十四岁　食银二两五钱　米三石六斗　公费一贯　正白九家

外　班进朝　年五十一岁　食银二两五钱　米三石六斗　公费一贯　正白五家

外　勒夫(张孝文)　年三十八岁　食银二两五钱　米三石六斗　公费一贯　厢黄四家

付　王成　年三十四岁　食银二两五钱　米三石六斗　公费一贯　正黄五家

付　姚喜　年三十七岁　食银二两五钱　米三石六斗　公费一贯　正黄头家

杂(代打家伙)　勒保　年五十岁　食银二两五钱　米三石六斗　公费一贯　厢黄九家

鼓　韩得禄　年四十八岁　食银二两五钱　米三石六斗　公费一贯　正白四家

笛　张得成　年五十一岁　食银二两五钱　米三石六斗　公费一贯　厢黄十家

笛　梁贵　年五十一岁　食银二两五钱　米三石六斗　公费一贯　正黄九家

打家伙　杨得兴　年四十八岁　食银二两五钱　米三石六斗　公费一贯　正白九家

彩匣　李国胜　年四十七岁　食银二两五钱　米三石六斗　公费一贯　正黄七家

走场　刘国田　年四十七岁　食银二两五钱　米三石六斗　公费一贯　正黄七家

看单　陈向荣　年四十八岁　食银二两五钱　米三石六斗　公费一贯　正黄六家

生　赵荣　年三十六岁　米二石二斗　公费一贯　正黄头家

生　郭进禄　年二十三岁　米二石二斗　公费一贯　正黄八家

生　金得荣　年四十四岁　米二石二斗　公费一贯　正白六家

生　李长喜　年十六岁　米二石二斗　公费一贯　正白五家

生　陆得喜　年十六岁　米二石二斗　公费一贯　正黄头家

小生　刘德山　年二十九岁　米二石二斗　公费一贯　厢黄五家

老旦　赵顺喜　年三十五岁　米二石二斗　公费一贯　正黄

十家

老旦　刘双喜　年三十八岁　米二石二斗　公费一贯　厢黄九家

正旦　何套住　年四十岁　米二石二斗　公费一贯　正白二家

正旦　尚德　年四十九岁　米二石二斗　公费一贯　正黄四家

正旦　马士成　年二十九岁　食银二两五钱　米三石六斗　公费一贯　厢黄八家

正旦　张住　年十六岁　米二石二斗　公费一贯　正白五家

小旦　李福　年三十五岁　米二石二斗　公费一贯　厢黄四家

小旦　刘保　年四十五岁　米二石二斗　公费一贯　正白八家

小旦　马庆寿　年二十七岁　米二石二斗　公费一贯　正白七家

小旦　张长保　年十三岁　米二石二斗　公费一贯　厢黄七家

小旦　陆顺喜　年十五岁　米二石二斗　公费一贯　正黄四家

净　李昇　年四十　岁　米二石二斗　公费一贯　正黄五家

净　李三德　年二十五岁　米二石二斗　公费一贯　正黄四家

老旦　尹昇　年十九岁　米二石二斗　公费一贯　正白六家

净　杨进昇　年十五岁　米二石二斗　公费一贯　厢黄九家

丑　孙福喜　年四十八岁　米二石二斗　公费一贯　正白七家

丑　柴进忠　年四十九岁　米二石二斗　公费一贯　厢黄九家

丑　赵吉祥　年三十八岁　米二石二斗　公费一贯　正白

二家

丑　贾得禄　年十六岁　米二石二斗　公费一贯　厢黄九家

外　裴殿英　年四十六岁　米二石二斗　公费一贯　正白七家

外　韩福禄　年十六岁　米二石二斗　公费一贯　厢黄九家

付　王永寿　年十八岁　米二石二斗　公费一贯　正白六家

末　王成业　年十三岁　米二石二斗　公费一贯　厢黄六家

杂　郭清太　年五十岁　米二石二斗　公费一贯　厢黄九家

杂　张来喜(张喜)　年三十五岁　米二石二斗　公费一贯　正黄八家

杂　董进喜　年四十九岁　米二石二斗　公费一贯　厢黄十家

杂　高进忠　年四十五岁　米二石二斗　公费一贯　正黄五家

杂　张喜寿　年二十一岁　米二石二斗　公费一贯　厢黄二家

杂　王昇　年三十一岁　米二石二斗　公费一贯　正白六家

杂　孙喜　年十四岁　米二石二斗　公费一贯　正白六家

杂　刘招　年十八岁　米二石二斗　公费一贯　正白头家

末　萧龄　年十四岁　米二石二斗　公费一贯　厢黄头家

老旦　卢恒贵　年十六岁　米二石二斗　公费一贯　厢黄头家

老生　孙进安　年十二岁　米二石二斗　公费一贯　厢黄七家

小生　杨玉昇　年十一岁　米二石二斗　公费一贯　正白七家

小生　白兴泰　年十六岁　米二石二斗　公费一贯　正白头家

正旦　任喜禄　年十二岁　米二石二斗　公费一贯　正白五家

弦子　孟得喜　年三十岁　米二石二斗　公费一贯　正白九家

鼓　萧进孝　年三十八岁　米二石二斗　公费一贯　正黄七家

杂带管彩　郝吉祥　年四十一岁　米二石二斗　公费一贯　厢黄十家

笛　崔焕忠　年四十六岁　米二石二斗　公费一贯　正黄五家

笛　王喜　年四十二岁　米二石二斗　公费一贯　正白头家

笛　马德　年三十一岁　米二石二斗　公费一贯　厢黄六家

笛　梁永财　年十七岁　米二石二斗　公费一贯　正黄四家

笛　任得成　年二十五岁　米二石二斗　公费一贯　正黄六家

看单　李玉　年三十二岁　米二石二斗　公费一贯　厢黄二家

走场　(大)赵进忠　年六十岁　米二石二斗　公费一贯　正黄四家

走场　(小)赵进忠　年四十九岁　米二石二斗　公费一贯　正白旗八

走场　甄世祥(发)　年五十岁　米二石二斗　公费一贯　厢黄十家

走场　刘玉福　年二十四岁　米二石二斗　公费一贯　厢黄三家

走场　边进喜　年五十二岁　米二石二斗　公费一贯　正黄五家

管他他　陈平安　年五十六岁　米二石二斗　公费一贯　正黄四家

打家伙　王进朝　年四十七岁　米二石二斗　公费一贯　正黄七家

打家伙　孙德　年四十二岁　米二石二斗　公费一贯　厢黄

六家

打家伙　李保林　年四十八岁　为二石二斗　公费一贯　正黄头家

锣　杨忠进　年四十九岁　米二石三斗　公费一贯　正黄六家

头脑包　陈瑞来　年五十岁　米二石二斗　公费一贯　正黄九家

城内佛堂　王进昇　年五十九岁　米二石二斗　公费一贯　厢黄九家

园内佛堂　张国勋　年六十四岁　米二石二斗　公费一贯　正白十家

园内佛堂　张成　年六十六岁　米二石二斗　公费一贯　正黄十家

上场人六十九名　后台人三十四名　共一百三名

道光十年

恩赏日记档

闰四月初一日　同乐园承应戏《天官祝福》、《花鼓》、《罗梦》、《懒妇烧锅》、《显魂杀嫂》、《滕龙寺》、《山门》、《文道害命》、《三代》。

五月二十七日　敬事房传旨，六月初一日、十五日此二日同乐园不必伺候戏。钦此。

八月十五日　涵月楼月供改奉三无私檐下，万岁爷酉初一刻至月供前拈香，酉初三刻送焚化毕。

九月初一日　卯正进门。

同乐园承应　巳初一刻七分开戏，未正十分戏毕。

《九华品菊》（一分）、《花鼓》（吉祥、赵吉祥、姚喜）、《絮阁》（马庆寿）、《报喜》（卢恒贵）、《兴隆会》（四出）、《徐庶见母》（尹升）、《刘氏辱尼》（沈进喜、杨清玉）、《昭君》（李福）、《万民感仰》。

来寿交下，赏祁进禄潞锦一件；芝童、仙女三十六名，每名土一个、荷包一个；吉祥宫袍料一件……

道光十一年

恩赏日记档

正月初一日　未正　养心殿　上排《善门集庆》(禄喜)、《当酒》(李长喜)、《宫花报喜》(沈进喜)、《写本》(何套住、赵荣)、《开筵称庆》(一分)。

十五日　正大光明擦连,伺候中和韶乐。

展诗应律承应戏　辰初开戏,未初二刻五分毕。

四五六叫早　小祭台　卯初进门。

《紫姑占福》、《孙诈》(刘进喜)、《查关》(雨儿、马庆寿、刘五儿)《蜈蚣岭》(四出)、《蒙正逻斋》(安福)、《夺被》(彭禄寿、李进禄)、《倒铜旗》(四出)、《刘氏辱尼》(沈进喜、杨清玉)、《小妹子》(吉祥)、《一门忠烈》(萧龄、尹升)、《五福五代》。

正月十四日　来喜交出朱笔一件,内开里边总管、首领、太监等每年四次穿蟒袍,日期不必按外边日期穿。正月十四日、十五日、十六日此三日茶膳房总管、首领、太监等伺候宴差之时穿蟒袍,其余等处总管、首领、太监俱不必穿。八月初八日、初十日、十二日此三日穿蟒袍。十月照旧穿。十二月小建自二十八日穿至次年正月初二日,大建自二十九日穿至次年正月初二日。着为例。钦此。

总管张福善奉旨,以后每奉正月十四日、十六日王大臣等入宴,有执事总管、首领穿蟒袍补服,宴毕仍不必穿。钦此。

三月十五日　禄喜奉旨,今年八月五旬万寿,仍伺候两天戏。初八日、初十日承应。钦此。

四月二十七日　敬事房传旨,五月十七日同乐园承应戏。钦此。(皇后千秋)

二十八日　禄喜奉旨,皇后千秋四旬,仍伺候一天戏。钦此。

(五月)十七日　卯正进门　行礼伺候乐,卯正到齐。

皇后千秋,受贵妃、妃嫔等位礼,中和乐伺候细韶乐。

同乐园承应戏　辰正二刻开戏,未初六分戏毕。

《芝眉介寿》、《窦君释义》、《演官》、《太公钓鱼》、《武吉卖柴》、《黄土岗》、《罗卜行路》、《吟诗脱靴》、《问探》、《八仙庆祝》。

未正二刻　涵月楼　上排《懒妇烧锅》、《写本》、《佳期》、《计说》、《相约相骂》、《前逼》、《顶砖》、《浪暖桃香》。

二十日　慎德堂中和乐伺候迎请《平安乐》(原《普安咒》)。

寅时二刻请驾,万岁爷至天地前拈香,见面迎请。

至殿神前拈香、次诣关圣帝君前拈香、护身佛前拈香、雅穆达喀佛前拈香毕,乐止。

(十二月)十二日　禄喜奉旨,昇平署署字按去声念,不准混念。钦此。

二十四日　卯正进门　四五六叫早。

寿康宫承应　辰初五分开戏,未初五分戏毕。

《天官祝福》、《小妹子》(吉祥)、《请美猴王》、《劝妆》、《打子》、《懒妇烧锅》、《长叶林》、《刘氏辱尼》、《仁贵诉功》、《羞父》、《拷打高量》、《献剑》、《斗纲》、《三代》。

(二十四日)禄喜奉旨,三十日晚膳后帽儿排要时刻短些。十二年正月初一日晚膳后养心殿帽儿排要时刻长些。钦此。

道光十二年

恩赏日记档

正月初一日　乾清宫午宴,伺候中和韶乐。承应宴戏《膺受多福》、《万福攸同》(一分)。

午初一刻开戏,未正十分戏毕。

内殿交下,赏都福星安福小卷江细袍料一件;钟馗六十名,每名一两重银锞一个。

未正　养心殿　上排《喜朝五位》(一分)、《认子》、《华容释曹》、《收平》、《河梁赴会》、《开筵称庆》。

十三日　万岁爷由城内驾幸圆明园安乐渡,中和乐伺候迎请。禄喜奉旨,十四日午宴后在慎德堂帽儿排,要八刻多,只(至)多九刻。钦此。

(二月)二十一日　四阿哥出喜差,送娘娘,钟粹宫中和乐伺候乐。

辰初一刻　全贵妃拈香,随细乐。

辰初二刻　万岁爷拈香,随细乐。

皇太后遣总管拈香,随细乐。

万岁爷后殿少坐,仍至圣驾前拈香,随细乐。

全贵妃仍至圣驾前拈香,随细乐。

香尽时,遣总管郝进喜送焚化,随细乐毕,送圣。随细乐、响乐送至苍震门内毕。

(四月)二十七日　敬事房传旨,五月初一日、十五日同乐园不必伺候戏,十七日同乐园伺候戏。钦此。

(五月)初六日　敬事房传旨,十七日总管、首领至天地一家春给皇后行礼。钦此。

十一日　总管内务府大臣阿尔邦奉旨,盘山行宫撤回衣靠杂等项,著交昇平署。钦此。

十四日　禄喜奉旨,撤回盘山行头切末等,不必承览,着收库。钦此。

十七日　皇后千秋,受贵妃、妃、嫔等位礼,中和乐伺候细乐。同乐园承应戏。辰正二刻五分开戏,未初十分毕。

《芝眉介寿》、《磨斧》、《十面》(陈进朝、杨淳)、《窦君释义》、《淤泥河》、《夜奔》、《敬德耕田》、《灵山称庆》。

十七日　未正三刻五分　涵月楼　上排《宫花报喜》、《议剑》、《夺被》、《佳期》、《北醉》、《古城相会》。

二十七日　敬事房传旨,六月初一日、十五日同乐园不必伺候戏。钦此。

六月初二日　驾返城内。

七月初六日　禄喜奉旨,初七日因三坛遣官谢雨戒三日,西峰秀色奉旨撤去作乐,不必伺候戏,照旧念斋意。钦此。

二十四日　禄喜奉旨,二十七日晚膳后帽儿排,要一个半时辰。钦此。

(八月)初七日　禄喜奉旨,仪亲王病故,今日帽儿排不必伺候。

(闰九月)二十八日　奉旨，由遇喜处拨来赏昇平署小太监二名：

秀贝子下　王三多　年十三岁　冀州民。

惠郡王下　边得奎　年十二岁　青县民。

本日，禄喜奉旨，昇平署太监孟进喜、小王进喜拨给乾清宫当差。钦此。

又奉旨，吕远亭教徒弟张长保、陆顺喜狠好，惟嗓子过尖，听不出字音来，以后教徒弟字唱念真着些。钦此。

十月初十日　绮春园皇太后受贺，中和乐伺候中和韶乐。

未正一刻五分　慎德堂　上排《刘氏望乡》、《把总上任》、《罢宴》、《平章拷姬》，申正二刻戏毕。

十一月　奴才禄喜谨奏，于十一月初八日，咸福宫彤嫔接册，奴才率领中和乐首领太监伺候作乐。谨此奏闻。

奴才禄喜谨奏于十一月初八日，彤嫔赏禄喜小卷五丝缎一件、小荷包一对；中和乐首领梁忠、尤进喜每名小荷包一对、槟榔口袋一个。太监等银二两。谨此奏闻。

道光十三年

恩赏日记档

正月初十日　万岁爷驾幸圆明园，正大光明中和乐伺候卤簿大驾。

四月十五日　卯正进门。

同乐园承应戏　辰正三刻开戏，未初二刻三分毕。

《幻寤仙圆》、《肃苑》(边得奎、萧龄)、《教歌》(陈进朝、翠仗)、《批斩见都》(祁进禄、勒夫)、《风云会》(四出)、《桃花山》(四出)、《讨油扫地》(张住、王成业)、《南浦》(小王喜、任喜禄)、《一门五福》。

来寿交下，赏边得奎屯绢袍料一件。

五月十三日　寅时　大行皇后金棺奉移观德殿，总管禄喜率首领太监分拨送至观德殿，祭毕仍回圆明园。

禄喜面奉谕旨,今年八月万寿圣节不必伺候乐,行家礼。明年正月底可以伺候戏。如戏不排练,自然生疏,酌量教演,不必动响器,俱要低声。钦此。

七月初四日　禄喜奉旨,西峰秀色念斋意迎请随乐照旧伺候,敬神之戏今年不必伺候,明年再伺候。钦此。

敬事房交下,赏禄喜皇后主子遗念,蓝大卷宫绸袍料一疋、大卷月白春绸一疋、不必进内谢恩,向上谢恩。钦此。

八月初六日　敬事房传旨,初一日、十五日,逢五逢十穿补褂。钦此。

初八日　赏总管、首领、太监等吃食十二盒。

初十日　万岁爷万寿,奉三无私贵妃、妃嫔、公主、阿哥等行礼。

辰初,昇平署总管、首领、官职太监在慎德堂恭行万寿礼。

十二日　禄喜奉旨,于十月皇太后万寿,在展诗应律仍伺候戏两天。

十五日　全皇太妃封为皇贵妃,总管、官职首领行礼,总管进如意,皇贵妃回赏禄喜如意一柄。

道光十四年

恩赏日记档

正月初一日　伺候乐,三四五叫早。

皇太后寿康宫受贺,伺候中和韶乐。

万岁爷乾清宫受贺,伺候中和韶乐。

总管、官职首领养心殿行礼。

皇贵妃封为皇后。总管、官职首领行礼。总管进如意,皇后回赏禄喜如意一柄。

初五日　禄喜奉旨,若慎德堂帽儿排之日,仍要张长保《花鼓》、姚长泰《八戒成亲》。钦此。

十五日　慎德堂　上排《十宰》、《相约相骂》、《勘问吉平》、《花鼓》、《浪暖桃香》、《疑谶》、《八戒成亲》、《刘氏辱尼》、《夏驿赠书》。

正月二十六日　奴才禄喜谨奏,于二月初一日,奴才带领内学

首领太监在太阳供前念斋意，随乐总管、首领、太监共十三名，行马十三匹。谨此奏闻。

此日斋戒。奉旨，照旧随乐。

二月十五日　大祭台　卯正进门。

同乐园承应戏　辰正二刻开戏，未正七分毕。

《清平见喜》、《和合呈祥》、《胖姑》、《花鼓》、《红罗山》、《八戒成亲》、《醒妓》、《佛会》、《侠试》、《井遇》、《千秋燕喜》。

五月初一日　来寿传旨，初五日涵月楼帽儿排，要《山伯访友》，着花排。钦此。

七月十五日　卯正进门。

同乐园承应戏　辰正二刻十分开戏，未正一刻戏毕。

《佛旨度魔》（一分）、《灞桥饯别》（李三德）、《小妹子》（吉祥）、《射红灯》（八出）、《恩债》（卢恒贵、王成业）、《下海投文》（雨儿）、《迓福迎祥》。

八月十七日　奴才禄喜谨奏，内学八品首领李兴于八月十六日病故，所遗八品首领一缺，奴才拟得八品官职太监四名：

刘进喜　年六十二岁　当差五十四年。

小刘德　年五十二岁　当差四十五年。

陈进朝　年五十二岁　当差四十三年。

安　福　年四十二岁　当差三十三年。

此四名之内，求恩赏放一名。

禄喜奉旨，内学食四两八品官职太监小刘德放为本学八品官职首领。钦此。

（十月）十三日　沈魁传旨，十月十八日皇后接册，昇平署中和乐由景运门接起，作导引乐，用响器引至乾清宫檐下，中和乐在交泰殿接奏细乐《海上蟠桃》。十月二十二日重华宫伺候戏。钦此。

十月十八日　禄喜奉旨，内学食四两太监杨淳、食三两太监刘五儿各赏给八品顶戴，按例向敬事房讨领蟒缎一疋。

吴三喜交下，皇后赏禄喜大卷八丝袍料一疋、大荷包一对、小荷包一对；内学首领曹进喜、雨儿、王麟祥、小刘德四名每名小卷五

丝袍料二件、大荷包一对、小荷包一对。

敬事房交下,皇后赏禄喜大卷八丝缎一疋;中和乐首领梁忠、萧进忠二名,每名小卷五丝袍料一件,中和乐太监等银五十两。

永和宫静贵妃接册。咸福宫彤妃接册。

十一月十七日　禄喜面奉谕旨,因禄喜之母病故,赏假二十一天,其总管不必着人署理,内学事务着本学首领四人照旧管理,若有事故,治首领四人不是。钦此。

道光十五年

恩赏日记档

(正月)初七日　各学移往圆明园。

十一日　万岁爷驾幸圆明园。

鞥可传旨,十四日、十五日、十六日此三日晚膳后慎德堂伺候帽儿排。

十四日　承应宴戏《景星协庆》、《灯月交辉》。

未正一刻四分　慎德堂　上排《东皇布令》、《敛福锡民》、《讨油扫地》(沈进喜、王麟祥)、《查关》(雨儿、李福、刘五儿)、《十字坡》(陆得喜、张住)、《议剑献剑》(刘进喜、陈进朝)、《花鼓》(吉祥)。

十五日　万岁爷安佑宫拜佛。

辰初五分,至正大光明擦连,伺候中和韶乐,辰正毕。

未正五分　慎德堂　上排《紫姑占福》、《游寺》(姚喜、安福)、《踢球》(王永寿、张长保)、《锦绣图》(四出),申正二刻十分毕。

赏安福、姚喜每名一两重银痏一个。

十六日　正大光明《海不扬波》、《太平王会》。

未正一刻　慎德堂　上排《圣母巡行》、《群仙赴会》、《看状》(刘五儿)、《夺被》、《拷打红娘》(马士成)、《罗卜行路》(刘得山、郭进禄)、《昭君》(吕远亭)。

道光十五年二月十五日,总管郝进喜、王常清、张福喜接奉朱笔一件,著郝进喜、王常清传谕贵妃以至常在,并传谕乾清宫、内殿、圆明园、寿康宫、昇平署总管等知之。

朕因刘宫女子一事，甚怪皇后奏迟，昨晚当面将皇后申饬，宫中事物岂容片刻耽延。再，如今内外不免仍有朦弊之恶习，可恨可恶之至。无论何人一有事端，众人必向应管之人恳求不奏，只知朦弊在上一人，此即奸邪小人，张口则云恐烦劳上心，怕招上怒，其中弊病岂可胜言，是其欲以三岁婴儿待朕，安心作弊，论其人直同叛逆也。嗣后无论何人，若有应奏之事件，众人仍向应管之人恳求阻拦，不欲奏闻者，经朕查出，若是内庭等，定将位分全行革去，仍加重责，若是总管、首领、太监等，从重枷责，立即发遣，永远不赦，朕言出法随，决不宽恕，毋庸诰诫不早也。特谕。

十五日　午正叫走，未初，慎德堂　上排《千春燕喜》（一分）、《公子打围》（平喜）、《昭君》（边得奎、张得安）、《痴僧背老》（刘招、贾得禄）、《神诉》（刘进喜、沈进喜）、《扫花三醉》（白兴泰、陆顺喜）、《阴告》（任喜禄）《一疋布》（四出）、《藏舟》（王三多、小王喜）、《踏勘》（张庆贵）。

二月　敬事房传旨，于二十八日，总管、首领湛静斋给皇后行礼。钦此。

二十八日　皇后千秋。受贵妃、妃、嫔等位礼。中和乐伺候细乐。

同乐园承应戏《螽斯衍庆》、《胖姑》（王三多）、《三元店》（六出）、《温凉盏》（四出）、《付孤盗孤》（王麟祥、何套住）、《送杯》（班进喜）、《添筹称庆》。

三月初一日　加赏二十八日《温凉盏》摆当人安福等十名，每名五钱重银锞一个。

鞥可传旨，初四日慎德堂帽儿排，巳正至未初，请皇太后。钦此。

初四日　巳正叫走，请皇太后，巳初三刻五分，慎德堂上排《坠马》（贾德禄）、《山伯访友》、《水斗》、《梳妆掷戟》（吉祥、安福、陈进朝）、《井遇》、《打番》（杨玉升）。未初戏毕。

十四日　禄喜奉旨，长清释回仍给昇平署当差，着总管并该管首领等严严管束，不可日久仍然在外拉拢，如若再犯，定将尔等从

重治罪。钦此。

万岁爷驾幸城内。

十五日　乾清宫总管郝进喜交下赦回太监长清,着昇平署当差。

四月初一日　同乐园承应　辰正二刻八分开戏,未正八分戏毕。

《六祖讲经》(一分)、《侦报》(张春和)、《五台》(长清)、《飞云浦》《鸳鸯楼》(陆得喜)、《红门寺》(八出)、《罗卜回家》(安福、刘进喜、沈进喜)、《花鼓》(吉祥)、《万民感仰》。

伶儿传旨,祁进禄赏给八品顶戴。钦此。

四月二十一日　同乐园承应　皇太后至同乐园迎请开戏。

《三元百福》、《刘唐》(长清)、《红门寺》(八出)、《昭君》(边得奎)《拐磨子》(陆顺喜、任喜禄、姚长泰、王永寿)、《花鼓》(张长保)、《三代》。

(四月)二十二日来寿传旨,着陆顺喜学《花鼓》,着吉祥教。禄喜答应已然习学着呢。

五月初五日　涵月楼　上排《奉敕除妖》(一分)、《针线算命》、《姜女哭城》、《孟良求救》、《招商》(翠仗)、《请美猴王》(长清)、《三气》(张常禄)。

奉旨,长清赏食新二两五钱。钦此。

五月初十日　禄喜奉旨,张明德释回,仍给昇平署当差,着总管并该管首领等严严管束。钦此。

二十日　沈魁传旨,二十二日涵月楼帽儿排,未正二刻至酉初二刻。钦此。

二十二日　涵月楼　上排《六国封相》(袁庆喜)、《骂阎醒梦》(萧龄)、《装疯》(张明德)、《油漆罐》(雨儿)、《冥判》(陈进朝)、《一门忠烈》(杨淳、杨清玉)、《盗令》(吕远亭)、《寄柬》(陆顺喜)。

五月二十三日　包衣昂邦耆英等面奉谕旨,由敬事房传来,昇平署七品总管禄喜,着施恩赏给六品顶戴,钱粮无庸增添。此系格外施恩,后不为例。钦此。

二十七日　敬事房传旨，六月初一日、十五日同乐园不必伺候戏。钦此。

二十八日　禄喜奉旨，姚喜因嗓子不好，着裁去月银五钱，每月食实二两五钱。马士成每月赏食三两钱粮。钦此。

二十九日　沈魁传旨，六月初一日涵月楼帽儿排，未正至酉初二刻。钦此。

六月初一日　未初叫走，未正六分　涵月楼　上排《鸨儿赶妓》（陆顺喜、吉祥、王成）、《卖子养亲》（刘进喜、张玉）、《拿夫修城》（陈进朝、孙福喜）、《结冰擒僧》（刘五儿）、《出罪府场》（祁进禄、何套住）、《丽容探病》（张明德、吉祥）、《疑谶》（李长喜）、《北醉》（贾得禄）。

闰六月初一日　来寿传旨，张明德赏食新二两五钱。钦此。

七月初七日　禄喜奉旨，内学太监张明德赏给八品顶戴，按例向圆明园讨领蟒缎一疋。

禄喜奉旨，十五日承应《佛旨度魔》，调达着勾脸，不许戴套头。张长保承应《花鼓》。钦此。

七月十八日　禄喜请旨，接送孝穆皇后、孝慎皇后梓宫。

奉旨，总管、首领不必接送。钦此。

十一月初八日　三公主薨逝，乾清宫、圆明园、昇平署总管等求恩，是日供膳果桌辞灵送灵。奉旨，准其供膳果桌辞灵。钦此。

道光十六年

恩赏日记档

（正月）初七日　禄喜奉旨，初十日万岁爷驾幸圆明园仍然伺候卤簿大驾。

正月十八日　六阿哥出喜差，送娘娘，永和宫中和乐伺候乐。辰时，静贵妃等位拈香随细乐，香进时送焚化。随细乐毕，送圣，随细乐、响乐由永和宫长街至景仁宫前，送至苍震门内。

敬事房交下，赏禄喜绣江细蟒袍料一件；中和乐首领梁忠、萧进忠每名江细袍料一件；太监三十二名，每名一两重银锞一个。

奴才禄喜谨奏，于正月十八日，静贵妃赏禄喜小卷八丝褂料一

件、大小荷包一分;中和乐首领、太监等一两重银二十个。

(六月)初七日　禄喜奉旨,将《莲台诉冤》排出来伺候承应。钦此。

十三日　禄喜奉旨,以后承应《如愿迎新》着陆顺喜唱。钦此。

七月初七日　寅正请驾。卯正十分,万岁爷至西峰秀色拈香,念斋意,迎请随乐。承应戏《七章报襄》、《仕女乞巧》。

伶儿传旨,八月初八日、初十日,着张玉承应《回回指路》,杨进升承应《请美猴王》。钦此。

八月初十日　万岁爷正大光明受贺。中和乐伺候中和韶乐。

奉三无私皇后等位行礼,伺候中和韶乐。

同乐园承应戏《福禄寿》、《回回指路》(张玉)、《行围得瑞》、《胖姑演说》(王三多)、《四海升平》、《罗卜行路》(平喜、班进喜)、《太平有象》、《万寿无疆》。

午宴　奉三无私伺候中和韶乐。承应宴戏《青牛独驾》、《环中九九》。

午正三刻宴毕,总管、首领、太监恭行万寿礼。

未初三刻　涵月楼　上排《喜洽祥和》、《花子判断》(陈进朝)、《一疋布》(四出)、《夏驿赠书》(张明德、祁进禄、杨清玉)、《招商》(翠仗)、《鸿门撇斗》(张明德、裴殿英)。申正三刻十分毕。

十一月初一日　午正叫走,未初五分　养心殿　帽儿排《天官祝福》、《悟能编谎》(雨儿)、《骂曹》(安福)、《打灶分家》(王麟祥、雨儿、吉祥)、《懒妇烧锅》(贾得禄、张长保)、《观画》(王成业、陆顺喜)、《拿夫修城》(陈进朝、孙福喜)、《嫁妹》(长清)。

(十二月)二十九日　未初二刻四分　养心殿上排　《升平除岁》、《衣锦还乡》、《瞎子拜年》(雨儿、张明德)、《乔醋》、《罗卜回家》、《刘二扣当》(王成)。

道光十七年

恩赏日记档

正月初一日　皇太后寿康宫受贺。

乾清宫承应宴戏《膺受多福》、《万福攸同》。

赏都福星安福小卷江细袍料一件；钟馗六十名，每名一两重银锞一个。

未正三刻十分，养心殿上排《喜朝五位》、《奸遁》、《下海投文》、《时迁偷鸡》、《开筵称庆》。

二月初一日　二三四叫早。

二月十五日　同乐园承应。

《千春燕喜》一分、《入吴吊丧》、《泼水》、二段《昭代箫韶》（八出）、《花鼓》（边得奎）、《打子》（张庆贵）、《万花献瑞》。

二十二日　敬事房传旨，皇后千秋正庆之年，着总管、首领于，二十七日、二十八日此二日穿蟒袍。

二十七日　同乐园承应。

《芝眉介寿》、《昭君》（吉祥）、《草地》（孔得福、冯文玉）、三段《昭代箫韶》（八出）。

《宫花报喜》、《送盒子》（王成、陆顺喜）、《诱叔》（张春和、陆得喜、陆顺喜）、《添筹称庆》。

二十八日　皇后千秋　受贵妃、妃、嫔等位礼。

中和乐伺候细乐。

同乐园承应《螽斯衍庆》、《照镜》、《罗卜行路》、四段《昭代箫韶》（八出）、《胖姑》（王三多）、《灞桥饯别》（李三德）、《把总上任》（雨儿、张明德、陈进朝）、《灵山称庆》。

（四月）十四日　沈魁传旨，十八日同乐园伺候戏，请皇太后，别唱《昭代箫韶》。钦此。

（七月）初七日　念斋意。一二三二刻早叫走。寅正请驾。寅正三刻从慎德堂后马头坐船至西峰秀色拈香，念斋意，迎请随乐。

承应戏卯初四分开，卯初十分毕。《七襄报章》、《仕女乞巧》。

十二日　禄喜奉旨，十七日奉三无私巳时祭殿神，中和乐伺候卤簿，按上次人数穿蟒袍。万岁爷从南大桥西河沿来，见面时起乐，先佛堂拈香，次奉三无私，九洲清宴拈香毕，止乐。钦此。

八月初八日鞥可传旨,初八日奉三无私帽儿排,未正三刻至卯初。初十日涵月楼帽儿排,未正至酉初一刻。钦此。

申初五分　奉三无私上排　《天官祝福》(刘进喜)、《花鼓》(吉祥)、《打门吃醋》(陈进朝、祁进禄、张住)、《妆疯》(张明德)、《思凡》(陆顺喜)、《玉面怀春》(尹升、张住)。

初十日　万岁爷正大光明受贺,中和乐伺候中和韶乐。

奉三无私皇后等位行礼,伺候中和韶乐。

同乐园承应戏《福禄寿》、《回回指路》、《下海投文》、《行围得瑞》、《胖姑》(王三多)、《四海升平》、《罗卜行路》、《太平有象》、《万寿无疆》。

午宴　奉三无私伺候中和韶乐。承应宴戏。《青牛独驾》、《环中九九》。

鞥可传旨,今日帽儿排改在奉三无私伺候。钦此。

未正十分　奉三无私上排

《喜洽祥和》、《亭会》(安福、张长保)、《查关》(鬲儿、李福、刘五儿)、《古城相会》(李三德)、《骂阎醒梦》(萧龄)、《冥判》(长清)、《讨油扫地》。

(八月)十五日　同乐园承应戏《会蟾宫》、《敬德钓鱼》(李三德)、《扫花三醉》、十三段《昭代箫韶》(八出)、《夺被》、《八戒成亲》、《万寿同春》。

(十一月)二十五日　冬至　万岁爷祭圜丘坛。午正叫走,养心殿帽儿排。

《玉女献盆》(一分)、《姜女哭城》(曹进喜)、《查关》(鬲儿、刘五儿、李福)、《读书告贷》(王麟祥、安福、马士成)、《懒妇烧锅》(吕远亭、曹得禄)、《显魂杀嫂》。

十二月初一日　养心殿帽儿排

《天官祝福》、《过滑油山》、《观山》、《平章拷姬》(张住)、《花鼓》(吉祥)、《城边产子》、《三气》、《时迁偷鸡》。

初八日　养心殿帽儿排

《批斩见都》(勒夫、祁进禄)、《赏雪》(张明德、吕远亭)、《三错》

(平喜、尹升、李长喜)、《请美猴王》(杨进升)、《拿夫修城》、(陈进朝、孙福喜)、《北醉》(贯得禄)、《玉面怀春》(马士成、尹升)。

十五日　养心殿帽儿排

《柳营会饮》(一分)、《草地》(孔得福、冯文玉)、《蒙正逻斋》(安福)、《丽容探病》(吉祥、张明德)、《入吴吊丧》(刘得山)、《尼姑思凡》(陆顺喜)、《问路闯界》(王成业)、《侦报》(张春和)。

二十三日　养心殿帽儿排

《太和报最》、《蒙正祭灶》、《温凉盏》(四出)。

二十六日　禄喜奉旨,三十日养心殿伺候帽儿排。又奉旨,小大净李平安狠有出息,着好好教。钦此。

二十九日　寿康宫承应戏。

《藏钩家庆》、《姐妹拜扫》、《打子》、《三气》、三段《铁旗阵》、《拐磨子》、《打门吃醋》、《乌盆记》(四出)、《佛会》、《请美猴王》、《如愿迎新》(吉祥)。

三十日　未初二刻十一分,养心殿　上排

《升平除岁》(一分)、《瞎子拜年》(雨儿、张明德)、《南山归妹》(张住)、《探亲相骂》(陈进朝、马士成)、《灞桥饯别》(李三德)、《贾岛祭诗》(白兴泰)。

道光七年二月新定逃走太监治罪条例(编者按:中国第一历史档案馆昇平署档案 433 号)

道光七年二月定例,昇平署逃走太监治罪条款遵行在案。

昇平署应差太监人数无多,着仍照各处逃走例治罪,似多未协,应请从重定拟。

遇有初次逃走太监投回者,责四十板,送交原处当差,三月不准告假外出;

初次逃走被获者及二次逃走俱系自行投回者,均责六十板,仍交原处当差,半年不准告假外出;

二次逃走太监内有一次投回者,责八十板,仍交原处当差,一年不准告假外出。

二次逃走俱系被获者,责一百板,仍交原处当差,二年不准告假外出。

三次、四次、五次逃走,无论投回被获,俱责一百板。三次逃走者加枷号一个月,四次逃走者枷号两个月,五次逃走者枷号三个月,均仍交原处当差,二年不准告假外出。

六次逃走,无论投回被获,永远枷号示惩。因于道光七年二月具奏。

奉旨:依议。钦此。

咸丰朝年

咸丰元年

恩赏日记档

三月十一日　上要方天戟四把、摆锡剑二把。

四月初十日　禄喜奉旨,五月十一日寿康宫伺候变戏法。钦此。

六月初九日　万寿伺候变戏法。钦此。

六月初九日　养心殿伺候变戏法、说书,赏禄喜御笔扇子一把、大卷天青实地纱一疋、小卷米色葛纱一件、大卷灰色葛纱一疋、大卷蓝芝麻地纱一疋、活计一包。

咸丰二年

恩赏日记档

正月初八日　杨如意交出朱笔一件:章服等级分别,所以辨上下分贵贱也。嗣后总管、首领等,非曾经赏过貂皮褂者,仍不准穿用。即正穿亦不可至本色貂帽,除总管、奏事首领太监、小太监仍准戴用,其余概不准戴用。江山万代花样袍面非赏过不穿用。此旨着传谕各该处总管、首领太监等知之,俟修宫史时,续行纂入,永远遵行。钦此。

二月　奴才禄喜谨奏,掌仪司来文,二月十二日祭惠济祠,河神庙。中和乐伺候乐,乐名《庆神欢》。首领二十一名,行马二十一

匹。谨此奏闻。

三十日　金督老爷传知钱粮处，将重华宫所存的切末等挪移入库，以备二月初二日动工修饰台。

三月　奴才禄喜谨奏，为求恩教导事。释服毕，例应伺候戏，奴才愚昧，实不得主意，请旨教导，恩赏日期，以备承应。奴才不敢专擅，谨此请旨。

禄喜奉旨，盔杂二式修饰之项准其修理。旨，释服后下圆明园之时，此日承应。钦此。

二十一日　禄喜奉旨，四月十九日重华宫承应戏。钦此。赏恭亲王吃饭。

四月二十三日　同乐园伺候戏。钦此。

四月十六日　万岁爷请皇贵太妃逛百子门，中和乐伺候迎请《喜春光》。皇贵太妃至延春阁，午初进果桌，吹打《海青》，午初二刻五分毕。午正三刻十分进膳，吹打《普安咒》，未初一刻毕。还宫，延福门外伺候《海上蟠桃》。

十八日　上要《乔打扮》总本。

十九日　百子门里中和乐迎请，卯初进门，三四五早，大祭台，赏恭亲王饭吃。

重华宫承应　辰初三刻十一分开戏　未正一刻戏毕。

《天官祝福》(祁进禄)、《吃茶》(李长喜、王永寿)、《张旦借靴》(张明德、刘春和)、《思凡》(孔得福)、《乔打扮》(八出)、《浪暖桃香》(刘五儿)、《三错》(尹升、李长喜、平喜)。

上点：《罗卜行路》(班进喜、乔荣寿)、《喜溢寰区》。

二十三日　同乐园承应

《清平见喜》(一分)、《琴挑》(王禄、马喜顺)、《佛会》(齐双喜、张文顺)、《射红灯》(八出)、《送京》(王双喜、夏庆春)、《井遇》(张比禄、刘国祥)、《五代五福》。

四月二十四日　敬事房传旨，二十八日慎德堂后月台未初二刻伺候帽儿排。钦此。

万岁爷驾幸城内。

二十五日　万岁爷驾幸圆明园。

二十八日　敬事房传旨，今日帽儿排改半亩园伺候。时刻照旧。钦此。

《喜洽祥和》、《打番》（王山明、何庆喜）、《封相》（王南清）、《羞父》（于进福、杨进宝）、《温凉盏》（四出）、《斗纲》（陈进喜）、《探亲相骂》（王成、马士成、王三多、贾得禄、张明德、平喜）。

五月初四日　万岁爷祭方泽坛，驾幸圆明园，禄喜接驾。

敬事房传旨，五月初五日、十一日、十五日同春园伺候戏。钦此。

五月初七日　敬事房传旨，皇贵太妃千秋、万岁爷万寿，前三、后四穿蟒袍。

禄喜请旨万寿戏。旨意着伺候两天戏，除正日一天戏，次日戏候旨，或初八日、初十日，其宴戏奉三无私搭行台伺候。钦此。

初八日　禄喜奏请，万岁爷给皇贵太妃行礼，颐寿轩中和乐伺候丹陛乐。寿戏之话白念皇贵太妃慈寿。同乐园承应戏。万岁爷在后月台接皇贵太妃，迎请开戏。

十二日　常禄传旨，今日着内学首领安福、鼓板刘进喜至观澜堂教御前唱《罗卜行路》。又传旨，着益利、牧童、渔翁上去。又传旨，每日上去教《罗卜行路》。

十四日　敬事房传旨，着中和乐首领、太监至蓬岛瑶台伺候吹打。蓬岛瑶台殿内伺候〔梧桐树〕、〔喜春光〕、〔齐天乐〕、〔凤凰在叟〕、〔关雎四教〕、〔玉殿云开〕、〔青州歌〕。

二十五日　敬事房传旨，着中和乐太监至观澜堂伺候吹打。申正三刻，观澜堂殿内伺候〔寿比南山〕、〔梅杏争春〕、〔月儿高〕。酉初二刻十分毕。

二十九日　敬事房传旨，六月初一日同乐园伺候戏。如园、延清堂演万寿殿差二次。此日交《青牛独驾》手卡一分。

六月初七日　禄喜请旨，初八日寅正三刻万岁爷、皇贵太妃前请安毕，由永日堂进东穿门，同乐园受皇后礼毕，叫迎请再迎请。常禄传旨，所有杂戏本子都要。初八日，贞贵妃封为皇后，总管禄

喜行礼。

六月初九日 寅正二刻请驾，净面冠服毕，诣九洲清宴（晏）等处拈香毕，至马头坐船至慈云普护拈香。至安佑宫行礼毕，坐船至湛静斋行礼毕，至马头坐船，由安乐渡至秀清村马头步行过南楼门，至马头坐船至永春堂，诣康慈皇贵太妃行礼。

至马头坐船过南楼门，由春和镇至生秋庭马头，乘轿至正大光明殿升座。受王大臣等礼毕，从后槅扇乘轿至寿山口马头，坐船至圆明园殿送焚化毕，至奉三无私升座受贵妃、嫔、贵人、常在等位礼毕，还九洲清晏少座，至马头坐船至落伽胜境马头，乘轿由西穿堂同乐园看戏，进早膳，办事见大人。午初进果桌，午正戏毕还家。未初一刻至奉三无私，升座，赐贵妃等位宴座，宴毕，还九洲清晏。酉初二刻至奉三无私同贵妃、嫔、贵人、常在等看戏，进酒膳毕，还九洲清晏。

初八日 贞贵妃封为皇后。总管禄喜行礼。

同乐园 卯正十分等皇后受礼毕，迎请开戏。

《万寿祥开》（十二出）、《回回指路》（张玉）、《吟诗脱靴》（安福、祁进禄、张春和）、《老僧点化》（平喜、张庆贵）、《虎撞窑门》（姚长泰）、《侦报》（张春和）、《思凡》（边得奎）、《寿祝万年》（放牲）。

初九日 同乐园早膳承应戏。

《福禄寿》、《奸遁》、《万年甲子》、《佛会》、《假颠》、《瑶林香世界》、《敬德钓鱼》、《胖姑》、《太平有象》。

奉三无私午宴 中和乐伺候中和韶乐。承应宴戏《青牛独驾》（一分）。

奉三无私酒宴 承应戏《三元百福》、《起布》、《闯山》、《嫁妹》。

初十日 早膳承应戏。

《万福云集》、《亭会》、《送京》、《傅廷观山》、《北醉》、《飞虎山》（八出）、《打虎》（陆得喜）、《别古寄信》（王成）、醒妓（李长喜、张住）、《讨油扫地》（张住、王成业）、《夜看春秋》、《问答》、《百福骈臻》。

六月十三日 禄喜奉旨，食三两八品官职太监长清赏放给本

学八品首领。钦此。

奴才禄喜谨奏,今有内学首领王麟祥自行检举,因腿疾不便,情愿辞退首领当太监差使,以效犬马之报。奴才时常查看,王麟祥情实素日行走不便,有时跌交,恳祈万岁爷施恩,赏王麟祥当太监差使。谨此奏请。

禄喜奉旨,王麟祥准其辞退首领,每月食新二两五钱钱粮。钦此。

禄喜奉旨,食三两八品官职太监长清赏放给本学八品首领。钦此。　观澜堂引见。

十七日　敬事房交下,赏昇平署小太监二名:

李寿通　年十岁　宛平县民

张进喜　年十岁　宛平县民

二十三日　敬事房传旨,着中和乐至思永斋伺候吹打《齐天乐》。

赏太监十二名,每名银一两。

内学伺候吹打。赏郭喜、刘进喜、方福顺、姜有才、马德、任得成、王进贵、孙进安、张进喜每名银二两。

二十五日　敬事房传旨,传昇平署首领带太监几名唱三、四出小戏。有小人会唱教小人唱,小人不会唱教大人唱,随小家伙随手两三人一出。

思永斋伺候帽儿排。申初开戏,申正一刻十分戏毕。

《花鼓》(边得奎、张春和、张得安)、《破谋》(杨玉升、陆得喜)《佳期》(王三多)、《佛会》(彭遇安)。

七月初二日　杨如意传旨,乔荣寿赏食实二两五钱钱粮。钦此。

初四日　平顺传旨,七月或十六日,或十七日不定那一天,生冬室帽儿排,小人们三两出戏,大人们一两出戏,要文轴子。钦此。

初六日　杨如意传旨,思永斋帽儿排,着首领带太监十数名,二三人小戏四五出。钦此。

初七日　同乐园承应戏。

《银河鹊渡》、《达摩渡江》、《肃苑》、《青石山》（六出）、《草地》（孙得喜、欧来喜）、《闹庄救青》（吴进忠）、《羞父》、《劝降》、《张三打父》、《探监法场》、《三代》。

八月十九日　慎修思永　帽儿排《奇双会》、《泼水》、《山伯访友》、《打子》。

十月初一日　寿康宫、漱芳斋盔头作交聚宝盆一个、三星切末三件。……

十五日　敬事房传旨，十六日皇后在交泰殿午时演接册宝礼。

十七日　四五六早　卯正二刻进门，重华宫承应戏。

辰初三刻开戏，未正三刻戏毕。

《五代五福》、《打子》（乔荣寿）、《赏雪》（张明得、张住）、《北醉》、《倒铜旗》、《时迁偷鸡》、《显魂杀嫂》、《古城相会》、《敬德赏军》、《井遇》、《花鼓》（边得奎、张得安、张春和）、《喜洽祥和》。

巳正三刻三分，万岁爷至太和殿阅册宝，系《倒铜旗》第四出站住戏。午初一刻八分，万岁爷驾还重华宫，台上迎请，接唱第四出《倒铜旗》。

禄喜带领中和乐在景运门伺候，响乐引至交泰殿，中和乐伺候细乐。

皇后赏禄喜蓝绣蟒袍料一件、大卷蓝袍料一疋、大小荷包一分；内学首领四名，每名小卷袍料一件，小荷包一对；太监等银五十两。中和乐首领二名，每名小卷褂料一件，小荷包一对；太监等银五十两。钱粮处首领二名，每名小卷褂料一件，太监等银四两。档案房首领金保全小卷褂料一件，太监等银四两。

十一月初二日　奴才禄喜谨奏，于十一月初七日巳时，英嫔接册，是时，奴才率领中和乐首领、太监等伺候乐。云嫔接册，是时，奴才率领中和乐首领、太监等伺候乐。谨此奏闻。

初七日　奴才禄喜谨奏于十一月初七日，英嫔赏禄喜小卷袍料一件；中和乐首领李会元、宋大成每名小荷包一对、槟榔口袋一个；中和乐太监银七两。云嫔赏禄喜小卷袍料一件；中和乐首领李会元、宋大成每名小荷包一对、槟榔口袋一个；中和乐太监银七两。

初十日　万岁爷驾幸圜丘坛。

十一日　卯正三刻　万岁爷驾还宫内。宏德殿更衣,进早膳。乾清宫见大人两起毕。寿康宫请安毕至重华宫看戏。重华宫承应戏。四五六早,卯初二刻进门。辰初二刻八分开戏,申初戏毕。

《太仆陈仪》一分、《藏舟》(乔荣寿)、《请美猴王》(杨进升、杨玉升)、《胖姑》(苏长喜、何庆喜)、《龙舟会》六出、《打皂分家》(王成、王多、班进喜)、《吟诗脱靴》(安福、祁进禄、张春和)、《杀惜》(尹升、李长喜、张长保)、《蒙正祭皂(灶)》(白兴泰、张住)、《万民感仰》。

巳正二刻六分《藏舟》毕,万岁爷前头见大人。巳正三刻驾还重华宫,接唱《美猴王》。

平顺交下赏小卷袍料十件,银四十两,着禄喜拟赏。

十二日　常禄传旨,十五日重华宫承应戏改于十九日承应。钦此。

赏禄喜大卷袍料一套,缨子一匣。

奴才禄喜谨奏于十一月十一日,平顺交下赏小卷袍料十件、一两重银锞四十个。奴才拟得安福、祁进禄、张住、李三德、平喜、杨进升每名袍料一件;王成、乔荣寿、孔得福、杨玉升、苏长庆、何庆喜、王三多、班进喜、张春和、李长喜、张长保、尹升、张住、白兴泰每名一两重银锞一个;其余轴子、打把子之人袍料四件、一两重银锞十一个;鼓一两重银锞三个;笛一两重银锞三个;随手一两重银锞二个;走场一两重银锞二个;档案房一两重银锞二个;钱粮处一两重银锞二个;写本子一两重银锞一个。谨此奏请。

十九日　(重华宫承应戏)常禄传旨,禄喜赏五品顶戴,每月食银七两。钦此。

十一月二十九日　由官房租库领来本年地租制钱二百四十八贯六十二文。总管、首领、太监每名制钱五百文;鼓板一名、管箱人十七名、写汉字人、催长、领催等三十五名,共五十三名,每名制钱五百文;共制钱一百十四贯五百文。大祖师殿等六处置办年供制钱四十二贯五百文,除用下余制钱九十一贯六十二文。交钱粮处存收。逃走赵德、张福喜、骆国柱、屈进喜、李得禄、张平安、高得禄

不在内。

十二月初八日 朱笔改准，内学太监张住改张福，中和乐太监傅保柱改傅保泰，骆国柱改骆国志。

咸丰三年

恩赏日记档

正月初一日 金昭玉粹早膳承应戏《喜朝五位》。

巳初三分开戏 前台接唱《福禄寿》。

巳初十三分 驾幸外庙拜佛，台上承应《钓鱼卖柴》、《窦君释义》。

巳二刻十二分 驾还重华宫，台上承应《探亲相骂》、《时迁偷鸡》、《羞父》、《问探》、《万民感仰》。

乾清宫午宴承应宴戏《膺受多福》。

养心殿酒宴承应《紫姑占福》、《胖姑》、《扫花三醉》。

初六日 旨，《十面》着袁庆喜上韩信。

正月十三日 奴才禄喜谨奏，为求恩事。本月初六日，奴才在重华宫感受风寒，虽然扎挣数日，不敢告假，恐辜负天恩，奈因夜嗽不能寝，四肢无力，两腿酸痛，恐其殿上不能侍立，求恩赏假几日，养息养息，再当差使。奴才再不敢偷安，所有乾清宫并酒宴、重华宫戏俱已排有，责成本学首领敬谨伺候。谨此奏请。（此片听差太监举片，御前常禄代奏。）

常禄传旨，着禄喜多养息些日子，调理身子足壮，再当差使，其宴差着安福站宴，如安福有角着别人替。

常禄传旨，十九日养心殿酒宴要变戏法、十不闲。

十八日 常禄传旨，着内学鼓、笛、随手，中和乐首领带伴至西厂，申正一刻蒙古包前内学伺候吹打《水斗》等。酉正一刻，中和乐伺候《四海清晏》。赏肉吃。

十九日 （重华宫承应戏后）养心殿酒宴承应。酉初三刻伺候，戌初二刻五分毕。

第一当 戏法带耍熊猴（贯得禄、平喜、王永寿、狄得寿、张玉、

何庆喜)。

第二当　十不闲(王三多、张长得、边得奎、马士成、王成、张春和)。

二十一日　杨如意传旨,二十五日西厂伺候戏法,带要熊猴、十不闲。午初至申正。钦此。

二十二日　禄喜奏内学食四两八品官职首领张明德病故。奉旨,食四两八品官职太监马士成赏放给本学八品首领。钦此。

二十五日　西厂伺候戏法带要熊、十不闲。

二十九日　奴才禄喜谨奏,掌仪司来文,二月初五日祭惠济祠,河神庙。中和乐伺候乐,乐名《庆神欢》。首领、太监二十一名,行马二十一匹。谨此奏闻。

三月二十五日　敬事房传旨,今日建福宫中和乐伺候吹打。申正二刻十分,养心殿伺候《大十番》、《鸟鸣春》。

二十六日　平顺传旨,上要韵锣二架、箫二支。旨着吹打韵锣、箫。

金环传旨,着内学唱好戏之人、鼓、笛、随手上去伺候,走场钱粮处不必上去。

申正一刻五分　绥履殿伺候清唱。

《琴挑》(安福、孔得福)、《傅廷观山》(祁进禄、王成)、《孙诈》(陆得喜、王成业)、《月下追信》(袁庆喜)、《投渊》(白兴泰、马士成)、《玉面怀春》(张福、杨清玉)、《水斗》(边得奎、张庆贵、张长保)。

酉正毕。赏孔得福、祁进禄、袁进喜每名银二两。陆得喜、张福、杨清玉、边得奎、张长保每名银一两。随手银四两。

二十七日　敬事房传旨,着中和乐首领带六式,每式一名,板一名上去。

敬事房传旨,四月初一日、初八日、十五日重华宫承应戏。又传旨,着唱满洲曲之人上去,着魏吉升每日上去教御前曲。

五月初三日　杨如意传旨,五月初五日重华宫伺候二本《阐道除邪》,当儿撤下,变戏法、十不闲改为钟粹宫伺候,未正二刻至酉初毕。戏上不必伺候这两当儿。钦此。

二十九日　奴才禄喜谨奏，现今钱粮处所存历年已（以）来罚过月银二两、平碎银一千三百五十两，奴才请旨交项一千两，存银三百五十两零，以备使用。谨此奏请。

六月初五日　敬事房传旨，初八日、初九日承应戏赏给制钱五十贯。钦此。

初八日　三四五早　卯正二刻进门。

辰正一分　万岁爷至重华宫等候皇贵太妃。

辰正一刻十三分　皇贵太妃至重华宫迎请开戏。

重华宫承应戏　辰正一刻十三分开戏，未初二刻六分戏毕戏毕念佛。

《万寿祥开》十二出、《回回指路》（张玉）、《胖姑》（何庆喜、夏庆春）、《万年甲子》。

初九日　二三四早。

寅正二刻进门　戏毕念佛。

卯正二刻　万岁爷受贺　中和乐伺候中和韶乐。

养心殿　皇后等位行礼　中和乐伺候中和韶乐。

重华宫承应戏　辰正二刻十一分开戏，未初四分戏毕。

《福禄寿》、《十宰》（王双喜）、《绒花记》（八出）、《佛会》（齐双喜、刘国辉）、《单刀》（张玉、赵荣）、《琴挑》（马喜顺、王禄）、《太平有象》、《万寿无疆》。

未正午宴　养心殿伺候中和韶乐，承应宴戏《青牛独驾》、《环中九九》（一分）。

未正三分入宴　未正二刻十三分宴毕。

总管、首领、官职太监恭行万寿礼。

赏昇平署总管、首领、太监等大寿桃一个。

养心殿酒宴承应　酉初八分开戏，酉正二刻戏毕。

《喜治祥和》、《山伯访友》（边得奎、姚长泰、白兴泰、张春和）、《老僧点化》（平喜、张庆贵）、《平安如意》。

初十日　巳正叫走。

金昭玉粹帽儿排　午初三刻开戏，酉正二刻戏毕。

《温凉盏》(四出)、《撇子》(马士成)、《惠明》(杨得福)、《说亲回话》、《过滑油山》(张福、杨进升)、《佛会》(王永寿)、《亭会》(平喜、孔得福)、《看状》(白兴泰)、《拐磨子》(张春和、王三多、姚长泰、王永寿)、《庆成》(杨进升)、《徐庶见母》(杨清玉)、《魏虎发配》(张春和、王成、王三多)、《踏勘》(勒夫)。

七月十二日　三四五二刻早　卯正进门。

皇后千秋。受礼,中和乐伺候吹打《合欢令》。

总管、首领钟粹宫给皇后行礼。皇后赏中和乐首领等银六两。上赏总管、首领、太监等烧猪一口、寿桃一盘。皇后赏首领等吃食八盒。

重华宫承应戏　辰初三刻开戏,未正四分戏毕。

二段《升平宝筏》(八出)、《梳妆跪池》(边得奎、安福、勒夫)、《疑谶》(姚得禄)、《夜看春秋》(杨进升)、《琴挑》(乔荣寿、孔得福)、《负剑东游》(王成、马士成)、《逢人拐骗》(张玉、刘招)、《借茶》(齐双喜、马喜顺)、《添筹称庆》。

八月十三日　旨意问《天香庆节》。禄喜回奏,因有云兜、船只、日月光,重华宫唱不开。

十四日　敬事房传旨,八月十五日酒宴不要十不闲,净伺候变戏法。钦此。

二十七日　刘长喜传,二十九日办事后,养心殿伺候变戏法、十不闲。钦此。

九月初九日　禄喜回奏,请旨,封将军印,中和乐伺候乐,乐名《德胜令》。

旨,午正一刻,上在养心殿从吉祥门乘轿进凤彩门,步行至乾清宫升座,中和乐伺候《德胜令》。赐惠亲王将军印,僧王参赞大臣印,谢恩毕,退出乾清门,乐止。

十月　慎刑司交进初次逃走太监田进寿、宋福顺责四十板,三个月不准告假外出。

中和乐二次逃走太监李得禄责六十板,半年不准告假外出。

十一月十六日　敬事房传旨,问禄喜有拐棍无有,若有拿上去

上览。拿二根上去，上留一根。

旨意档

正月初一日　朱笔：《万民感仰》广东肇庆府上改广东广州府，浙江绍兴府上改浙江杭州府。

正月十三日　总管因受风寒，虽然挣扎数日，不敢告假，恐辜负天恩。因夜嗽不能寝，四肢无力，两腿酸痛，求恩赏假几日，养息养息。

奉旨，着禄好好在里边调理，将养身体健壮，再当差使。赏假数日，其宴差着本学首领代管承差。

八月二十七日　刘长喜传旨，八月二十九日办事后养心殿伺候变戏法，那（哪）时要那（哪）时伺候。

咸丰四年

恩赏日记档

正月初一日　四五六早　卯正二刻进门。

皇太贵妃寿康宫受贺，中和乐伺候丹陛乐。

万岁爷乾清宫受贺，中和乐伺候中和韶乐。

六月十三日　杨如意传旨，今日着内学首领长清一人上去带流星。

七月初七日　平顺传御制诗一首，入在《七襄报章》伺候。又交下御制诗一首，亦入在《七襄报章》伺候，常年用。前一首有闰七月之年用。奉总管话，将原本上旧诗撤下来，入在御制诗。

《七襄报章》、《仕女乞巧》入御制诗，承应二次。

九月二十八日　杨如意交下，上交下木关刀，红杆刀尖损坏。

十月初一日　御前传旨，上要未承应过连本轴子等净本，无净本呈上草本御览。钦此。

旨谕不得看，着按承应戏交的净本写出，呈上御览。钦此。

二十八日　交圆明园取来净本，《香莲帕》十本、《玉狮记》十本、《珍珠旗》十本、《斗金瓶》十本、《五英会》四本、《中兴图》四本，

共四十八本。

十一月十九日　敬事房孙禄传旨,二十五日辰时懿嫔接册。

二十日　奴才禄喜谨奏,于十一月二十五日辰时,懿嫔接册,是时,奴才率领中和乐首领、太监伺候乐。谨此奏闻。

敬事房孙禄传旨,储秀宫中和乐伺候演礼。

二十五日　储秀宫懿嫔接册,中和乐伺候乐。

奴才禄喜谨奏,于十一月二十五日,懿嫔赏禄喜小卷袍料一件,中和乐首领、太监等银七两。谨此奏闻。

十二月二十九日　敬事房传旨,今日帽儿排改金昭玉粹,小家伙伺候。又传旨,今日之帽儿排改花唱。

旨意档

正月十二日　敬事房传旨,十五日重华宫承应戏不必伺候了,酒宴亦不必伺候了,再听传。钦此。

二月十八日　奉旨,传给敬事房李首领,着传与昇平署总管,预备德胜跑红旗之戏,如遇请皇贵太妃承应跑红旗德胜之戏,二十日着总管上去。

六月初九日　杨如意传旨,六月初九日咸福宫伺候变戏法。十不闲。如外在添些玩意,共要四个时辰,伺候时刻听传。咸福宫伺候玩意办事后伺候。

七月初七日　朱批交下御制诗:

玉梹灵驾御微风,云幄香筵肆右宫(肆音义)。

漫道今年秋是闰,仙期岂得两回逢。

常年用　乞巧裁诗胥是幻,骊山私语更荒唐。

垂裳别有关心处,粒我烝民受福庆(庆音羌)。

咸丰五年

恩赏日记档

正月十五日　上要《井遇》、《梳妆跪子(池)》本子,着写出净本。

二十一日　申刻僧三来连镇喜报，拿着林凤祥等。总管进内请安。二十二日进内道喜。

二十四日　金环传旨，今日着中和乐上去伺候吹打，咸福宫伺候《四海清晏》、《海上蟠桃》毕，西厂子伺候〔德胜令〕。赏中和乐首领、太监等一两重银锞十六个。

金环传旨，着内学吹笛之人上去，上交大梦词一本，打工尺。

二十五日　金环传旨，王成接旨，二月二十五日后学单刀。

杨如意传旨，问大梦词打谱是谁？打呢没有？金全保回答：打着呢，是马德、任得成。

金环传旨，学单刀之人多几名。

敬胜斋伺候　巳正三刻开戏，申正戏毕。

鼓彩（四刻）、十不闲（四刻）、把式流星叉（四刻）、鼓彩（三刻）、十不闲（三刻）、把式流星叉（三刻）。

二十六日　金环传旨，着内学马德、任得成、王进贵即刻上去吹大梦词。

金环传旨，马德接旨，着老生门祁进禄等学出大梦词来。

二十七日　金环传旨，着唱大梦词老生上去，如不得，吹笛鼓板上去，刘进喜、马德、任得成、王进贵、张进喜、姜有才上去。

二月十三日　敬事房传旨，着内学随手鼓板上至静怡轩。

三月初十日　平顺传旨，帽儿排毕，唱大梦词。

二十四日　杨如意传旨，今日着中和乐众人都上去伺候吹打：

延春阁伺候　〔庆升平〕、〔鸳鸯序〕、〔普庵咒〕。

永和宫伺候　〔新鹧鸪〕、〔喜春光〕、〔鸟鸣春〕。

金环传旨，二十五日着中和乐首领上去领诗经谱，二十六日交回诗经谱。

二十七日　金环传旨，着中和乐在咸福宫前殿安一分小乐器，原系重华宫乐器。

南绣幡一面　随金漆木座　南绣机套

柷斗一个　随金漆木座

铜编钟十六口　随金漆木架一分　南绣床套（随槌）

玉编磬十六件　随金漆木架一分　南绣床套(随槌)

陈设乐器桌八张　随南绣套八件

川心大鼓一面　随金漆木架一分　随南绣鼓裙鼓衣一分(随槌)

琴四张　随金漆木桌四张　随黄云缎琴衣四件

瑟二张　随金漆木架四个

百福鼓二个　随金漆木座

敔虎一个　随金漆木座一个

鞞鼓一个(随槌)

喜竹二根(随流穗)

六合鼓二面　随木架二分　随鼓衣二件(随槌)

大杖鼓二面　随木架二分　随大杖鼓衣二件(随槌)

五彩方响二架　随南绣机套二件　随钢槌四根

大板一付

小杖鼓一个(随槌)

笙十攒　随云缎流穗

笛六支　随云缎流穗

箫六支　随云缎流穗

韵锣四架　随流穗

乐部　博钟　特磬　随木架

四月初六日　交《关雎》章乐谱。平顺传旨,引见后毓庆宫伺候吹打,并诗经乐谱,出入春华门,即刻上去。

二十二日　平顺传旨,今日学刀之人即刻上去伺候,在御花园伺候。

四月二十七日　禄喜请旨,僧格林沁进京,先陛见后行礼,伺候乐按扬威将军长龄典礼。

二十九日　敬事房传旨,五月初一日重华宫不必伺候戏。

五月初二日　禄喜请旨,重华宫戏、酒宴戏俱不必伺候。因求雨。

五月初十日　卯初二刻　万岁爷乾清宫受贺,中和乐奏隆平

之章。

大将军参赞大臣恭交印信关防。奏《海宇升平》，行礼丹陛乐奏《凤凰在叟》，礼毕还宫。中和乐奏显平之章。

六月初八日　重华宫承应　巳初开戏，未初三刻七分戏毕。

开场　小《福禄寿》（十二分）、团场《福寿双喜》（一刻十分）。

六月　奴才禄喜谨奏，于六月初九日，奴才带领昇平署首领、官职太监等恭行万寿礼。谨此奏闻。

上教初八日唱《絮阁》。回奏无人会唱。旨着学出来。

金环传旨，初九日酒宴《山伯访友》撤下来，《摇会》、《打面缸》、《玉面怀春》、《请美猴王》四出内，着总管一文一武派两出伺候。

初九日　二三四早　寅正二刻进门　戏毕念佛。

万岁爷乾清宫受贺，中和乐伺候中和韶乐。

养心殿皇后等位行礼，中和乐伺候中和韶乐。

重华宫承应戏　辰正三刻五分开戏，午初三刻戏毕。

《万年甲子》、《借茶》（齐双喜、马喜顺）、《扫花三醉》（乔荣寿、边得奎）、《绒花记》（八出）、《佛会》（杨进宝、刘国祥）、《南渡》（张玉）、《太平有象》（一分）。

未初午宴，伺候中和韶乐。承应《青牛独驾》、《环中九九》。

未正三刻二分戏毕。

重华宫《万年甲子》下来，总管、首领、官职之人在台上恭行万寿礼。

旨着禄喜下去，不必伺候酒宴。平顺交下，赏禄喜蓝直经地蟒袍料一件、活计四件、大卷直经纱袍料一疋、大卷直经地纱褂料一疋。

七月初一日　军机大臣面奉谕旨，皇贵太妃尊为皇太后。禄喜进内叩喜。

初四日　敬事房传旨，以后禄喜寿康宫有奏项之事，称呼太后主子。钦此。

初九日　皇太后仙驭升遐。昇平署应领孝布，总管、首领、太监一百六十八名，领孝布一百六十八疋。总台一疋、内学九十五

疋、钱粮处十六疋、中和乐四十四疋、档案房十二疋。

禄喜请旨奏明,昇平署着派举哀人四班,每班四十余名,不上夜。

奉旨,着禄喜大祭之日上去举哀,寻常不必上去。

敬事房传旨,二十一日移往圆明园,十六日总管等供膳。

十八日　婉嫔等五位下圆明园。

二十三日　如皇贵太妃下圆明园。八月初九日丽妃下圆明园。

八月初五日　敬事房传旨,八月初六日大祭,卯正三刻亲行。大祭后脱孝,将孝袍交敬事房。

十三日　因纯皇帝诞辰,陪祭不举哀。

十一月初二日　奉旨,昇平署内学食三两太监边得奎赏放八品官职,按例向敬事房讨领蟒缎一疋。

初二日　四五六早　卯正二刻进门。

重华宫承应戏　巳初三刻七分开戏,申初二刻七分戏毕。

《天官赐福》、《蒙正逻斋》、《批斩见都》、《絮阁》、《夺秋魁》、《昭君》、《花鼓》、《北醉》、《写本》、《万民感仰》。

十一月三十日　朱批一件:《红门寺》轴子除妇女仍旧装束外,一切男之正杂爵色俱改本朝衣冠,于成龙带红顶,方补,朝珠,便衣,穿马褂,代小帽。知州代亮白顶,方补,朝珠,如有不全者,着酌量穿带。庙内妇女有几个梳两把头的,一把头的。

十二月初一日　重华宫承应戏。

《膺受多福》、《草地》、《借茶》、《拷打红娘》、《卖花》、《红门寺》(八出)、《羞父》、《伯道观容》、《夜奔》、《扯本》、《查关》、《三代》。

十二月二十三日　奴才禄喜谨奏,为求恩事。现今内学后台随手实在不敷用,太监之中也无人教,也无人学,奴才昼夜焦思,别无他法,惟有仰恳天恩,传给包衣昂邦,在外班选鼓板人四名,吹笛人四名,打家伙人四名,共十二名,挑进本署在内学当差,奴才因实系差务需人,仰恳圣鉴施行,谨此奏请。

十二月二十三日　奴才禄喜谨奏,敬事房传,十二月二十八日

辰时，丽妃接册，是时中和乐首领宋大成带领太监伺候乐。婉嫔接册，是时中和乐首领魏吉升带领太监伺候乐。

二十五日　总管进内见包衣昂邦裕诚，交奏要鼓板、笛、随手片。裕诚着交堂郎中办理。

二十八日　平顺传旨，正月初二日金昭玉粹花唱改在重华宫承应，轴子改妥拿上去。首领金保全上去递戏单，看了代(带)回。

奴才禄喜谨奏，于十二月二十八日，丽妃赏禄喜小卷一件；中和乐首领、太监等银七两。婉嫔赏禄喜小卷一件；中和乐首领、太监等银七两。谨此奏闻。

二十九日　平顺传旨，重华宫承应《昭君》撤下来，入在今日酒宴承应。

旨意档

正月二十五日　金环传旨，于二十五日后学出单刀。

正月二十六日　金环传旨，着老生们学出大梦词来。

同日，金环传旨，大梦词着老生们忙忙唱出来。

三月二十日　金环传旨，二十一日办事后，万岁爷看所学十二刀进内承应。再，所学三套刀法，以后所学轴子内如有操练、摆阵之戏，将所学三套刀法入在戏内。再，本学照旧排差使，如若教学刀法，着听传。钦此。

二十一日　金环传旨，着陆得喜、张得安、李平安、吴进宫教本学之人三套刀法，学出来以备上览。钦此。

四月十九日　平顺传旨，俟请皇贵太妃听戏时，头出伺候《金主行围》。

二十七日　传旨，今日延春阁花唱，小家伙安在后台伺候小戏。巳正至申正。

六月初三日　金环传旨，初八日小《福禄寿》、《金主行围》、小《昭君》、小《回猎》、《青石山》。若时刻不敷，再添几出小戏。寿意团场仍照旧。

日记档

正月十三日　来知会,首领、有官职之人今日伺候帽儿排,上去穿蟒袍。

十三日　金昭玉粹帽儿排,头班帮腔。

二十五日　咸福宫伺候顽意。

同日奉总台谕,大梦词着王成、贾得禄、李平安唱出,仍随鼓板、笛。

二十六日　奉总台谕,学单刀添王禄、何庆喜、夏庆春、张比禄、马喜顺、杨进宝。学单刀之人于二月十七日起进内学单刀,进内学单刀之人俱穿袍褂。

二月十八日　万岁爷驾幸南海自在观拈香,不准放风筝、炮章、高声等。

过《定平安》八次。

二十一日同日　金环传旨,着陆得喜、张得安、李平安、吴进忠教本学之人三套刀法,学出来以备上览,着派袁庆喜、边得奎(十二人人名略),不论上学、歇学,早晚着陆得喜等四名教得,以备上览。名单业经交上,不准推辞。

二十三日同日　平顺传旨,有差之日进春华门,由中正殿进永庆门,出咸熙门,由百子门至漱芳斋。以后为例。

总台谕,有差之日进西华门,走西河沿,寿康宫后铁门进春华门,由中正殿走西厂,进永庆门出咸熙门,由百子门至漱芳斋,不准走隆宗门。以后为例。着首领传与众人,不准混走。

十二月初一日　重华宫承应戏,头班帮腔。

此日奉总台谕,《膺受多福》都福星着乔荣寿学出来,正月初一日起承应。

咸丰六年

恩赏日记档

正月初三日　敬事房传旨,中和乐代乐器,万岁爷走到那里,你们跟到那里。

平顺传旨，今日天气凉，着禄喜下去歇着罢，酒宴不必上来了。

平顺传旨，问有会唱《小妹子》的么？回奏未有。问原先谁唱过？回奏，吉祥、李福唱过，已故了。旨着学出《小妹子》来。钦此。

二月初四日　边得奎学《小妹子》。至三月初十日学得响排，原外学学生顺心教。

二月十七日　杨如意传旨，问乐人吹打是那戏内的。金全保回奏，不是那戏内的，是安福编的锣鼓吹打。

三月　奴才禄喜谨奏，为感恩事。今奴才挑得鼓板四名、吹笛四名、随手四名，查得民籍学生每月食银二两，公费一串，向广储司讨领，每月白米十口，向白米仓讨领。每名房屋三间，可以栖身城内，现有房间原系民籍所居之处，奴才求恩，照例赏给鼓板、吹笛、随手人等钱粮、米口、房间，以为眷属人等口分安家。如蒙恩准，奴才行知内务府堂上办理。谨此奏请。

（随奏十五日单，交《小妹子》净本。）

十五日　先蚕坛皇后亲行祭。

旨问《小妹子》上弦子人什么名字？回奏弦子名叫赵坤祥。

二十三日　未时　懿嫔诞生太子。总管禄喜上去叩喜。

禄喜奉旨，六月初八日、初九日万岁爷万寿，此二日同乐园承应戏。钦此。再，外班唱戏俟伺候四天戏再说。

金环传旨，着吹笛之人上去打工尺，如唱戏之人要会打工尺，亦上去。

平顺传旨，问长清会打工尺？长清回奏，唱戏之人俱不会打工尺，拿下去按九宫打。

上交御制清曲四页，朱笔誊写得随交上。旨着禄喜派人学唱。

二十五日　金环传旨，着即速打工尺学唱出来。

二十七日　首领金保全交御制清曲打工尺本。

七月初一日　旨问，杨继业、杨希、德昭谁教的？回奏，杨继业王麟祥教韩德禄；杨希长清教教李平安；德昭禄喜教安福，安福教乔荣寿。

旨，交《悦心集》内《安命歌》六首，着打工尺。

旨问,《追舟》那上头的故事?回奏,《霞笺记》上,古人叫李玉郎。

初二日　金环传旨,着鼓板、笛于初四日上预备吹打御制清曲,唱曲子之人不必上去。

奴才禄喜谨奏,为求恩事。于七月初四日奴才受暑架疫,两腿无力,步履艰难,求万岁爷天恩,赏假几日,养息养息,再当差使。奴才再不敢因病偷安。谨此奏请。

奉旨,赏假半个月。

初六日　首领金保全上去交《悦心集·安命歌》打工尺本。

平顺传旨,着派内学小人八名唱《安命歌》,四名唱前三首,四名唱后三首。

七月十一日　金环传旨,问孙德喜现时学甚么戏?答应学《藏舟》。

十二日　万岁爷慎德堂受礼,中和乐伺候丹陛乐。

皇后基福堂受礼,中和乐伺候中和韶乐。

朱批:《洞仙庆贺》白内"节届天中"改"节届中元"。

八月初八日　朱笔添《佳期》、《亭会》、《批斩见都》,撤《劝降》、《思凡》、《拐磨子》。

安福回奏,平喜现病,不能唱《亭会》。旨,仍唱《思凡》。

金环传旨,《安命歌》照《贾岛祭诗》样子安排场、安排名。午初三刻先唱《安命歌》。

九月二十三日　金环传旨,二十四日慎德堂花唱、帽儿排,午初至申正二刻,有正角照旧勾脸穿代(戴),配角如有勾脸不必勾脸,使酒宴家伙。

十一月初六日　旨,赏放祁进禄八品首领。禄喜回奏,祁进禄耳聋,不能当首领差使。

旨,放李三德八品首领。禄喜请讨外边教习一事,意消停消停再说。

十一月初六日　朱笔,昇平署太监总管禄喜小心勤慎,当差有年,今年逾七十,步履艰难,着开总管缺,仍戴五品顶戴,食七两钱

粮，本处六品首领安福着放为六品总管。

平顺交下，赏禄喜大卷官用缎二疋，缂丝荷包一对、银一百两。

日记档

正月十九日　同乐园承应戏，头班帮腔。

奉三无私酒宴承应戏。

同日，奉总台谕，《小妹子》着边得奎学出来，以备承应。

廿二日　歇。知会内学，如鼓板、笛、随手来时，将本学铙钹、鼓、笛、家伙等拿至档案房堂上，以备总台考试新来鼓、笛、随手功课。

二月初十日　慎德堂花唱。迎请按同乐园承应〔上尺工〕。

二月初十日　总台谕，二月初十日慎德堂花唱，总台与圆明园内殿总管、乾清宫总管言明，所有外边人由生秋庭至正大光明殿后走南大桥，俱着本处太监带领，无差之人不准过南大桥。

十二日　早学过《千春燕喜》。内学首领林师付(傅)、打鼓、吹笛、随手于二月十七日午刻至档案房堂上，公同总台挑选外边打鼓、吹笛人等。

四月初十日　承应戏《福禄寿》、《芝眉介寿》话白改念“今日乃如皇贵太妃七旬寿诞之期”。

十六日　歇。　平顺传旨，朱批：将《夏驿增书》、《十朋祭江》、《出罪府场》学出来。钦此。

七月初二日　早学老爷来，站二段《铁旗阵》一至六出。

晚学唱御制清曲。

廿八日　早学过《勘问吉平》、《请美猴王》毕，唱对《夏驿赠书》，唱御制清曲。晚学唱《安命歌》。

九月二十一日　总台谕，内学管看单韩进禄因差使勤劳颇好，入于年期，挑补二两五钱钱粮之缺。为此特传。

总台谕，内学管看单韩进禄、李玉因差使勤劳颇好，将停仓白米四石缺一分，添给二人，每名食米二石。为此特谕。

十一月初四日　巳正万岁爷由东楼门来学堂，站九段《铁旗

阵》毕,还园。

咸丰七年

恩赏日记档

正月十三日　金环传旨,酒宴添《打香》,杨玉升卢生着姚得禄上。

二月二十六日　金环传旨,问十三段《铁旗阵》有鞭炮无有?回奏有鞭炮。

二十九日　杨如意传旨,着中和乐上去伺候吹打。展诗应律伺候《庆升平》;澄心堂河泡子伺候《齐天乐》;凤麟洲河泡子伺候《落梅花》;蓬岛瑶台伺候《梅杏争春》。

三月初一日　(该日承应十三段《铁旗阵》。)

平顺传旨,问预备鞭炮多少?回奏,鞭炮一百个头、炮章五个。

旨,交下鞭一千头一挂,着破库用。

三月十四日　(十四段《铁旗阵》)旨,着司房台下两边放鞭一千头、大炮竹十个,随昇平署《铁旗阵》上放。昇平署在后台地井上放鞭一百头、炮竹五个。

四月二十三日　恭送御笔赐内学匾额安挂,上书:

声声箫管奏云璈,优孟衣冠兴致豪。

淑性怡情归大雅,升平乐事最为高。

丙辰冬偶题,丁巳清和月御笔。

五月初三日　金环传旨,初五日戏内过当,着一二折,其戏撙唱,少打把子。酒宴着变戏法,十不闲。申正至戌初二刻,或敷春堂、或凤麟洲,到处酌量。

五月十三日　奴才安福谨奏,为求恩事。现今排《昭代箫韶》,正角、配角之人尚不敷数,况无打跟斗人。今奴才再四愚维,别无他法,惟有仰恳天恩。奴才愚见,现有内务府掌仪司食一两钱粮筋斗人,挑选十四五岁至二十一二岁二十名,筋斗教习二名,无论岁数,拨进本署,以备排演伺候差使。奴才实因差务需人,冒昧恐惧,叩恳天恩,传与内务府包衣昂邦,将筋斗人拨进昇平署当差,可否

之处,叩恳请旨教导。谨此奏请。

旨,着安福交包衣昂邦照此办理。

闰五月十一日　杨如意传旨,问十五日差使响排未响排呢?今日排不排?王鸣山答应下去问。随总台传王成问今日排《下河南》。王鸣山上去回奏:今日响排《下河南》。

闰五月十五日　杨如意传旨,问《打虎》李寿通错了,打不打?总管安福回奏,总管打了,首领打,本师傅打。旨意将李寿通代至同乐殿前,万岁爷面责二十板。

总管安福奉旨下去不必责打了。

十九日　慎刑司交进中和乐二次逃走太监王福祥,交原处当差,一年不准告假外出,责八十板。

钱粮处初次逃走太监李来有交原处当差,三个月不准告假外出,责四十板。

二十六日　安福谨奏,为复奏事。前曾求恩,准行挑选掌仪司筋斗人二十名、教习二名,于五月二十八日掌仪司拨进筋斗人七名、教习二名,奴才因数目不符,并未收下。奴才回见包衣昂邦,为人数不符。包衣昂邦饬掌仪司查问。今据掌仪司来文,内载原设各艺筋斗人九十九名,平地筋斗人仅止十二名,挑选筋斗人、教习九名,拨进本署,下有三名因年岁大碍难挑送。奴才筹思,挑进人数无多,实因本署乏人。今奴才挑选八名,下有教习赶生一名,年岁大碍难承差,仍然驳回。奴才所挑筋斗、教习八名。请旨着掌仪司将挑选筋斗人七名、教习一名,于闰五月二十七日送昇平署,以备承差。谨此奏闻。

安福奉旨,着交包衣昂邦人交进。

又请旨,现排八名不敷用,如再有人之时,奴才再求恩,讨要掌仪司各艺之人。

旨,依议。

十五日　同乐园承应戏。

掌仪司将挑选筋斗人送至昇平署。

教习　刘九庆,年三十九岁。

筋斗学生　赵永全,年十七岁;汪三永,年十七岁;张永祥,年二十二岁;

佟二格,年二十四岁;关永寿,年二十七岁;张永兴,年三十一岁;

杨二格,年四十岁。

金环传旨,问万寿伺候什么戏?排了未排了?回奏,初八日《万寿祥开》,初九日大戏过了初二排。

二十九日　旨,六月初一日万岁爷办事后到家,同道堂巳时大祭台神猪羊大祭,放鞭炮,后湖放鞭炮。

安福口奏,外边筋斗学生《定天山》第四出上场伺候戏,衣帽不齐不必引见。

旨,依议。问排什么呢?回奏,排《定天山》,给筋斗学生认地方。

六月初三日　奴才安福谨奏,为感恩事。今奴才蒙恩,挑选筋斗学生八名,原食一两钱粮银米,素日家道清苦。今进内当差,衣帽彩鞋维艰,奴才求恩,按本署钱粮处旗籍管箱人十七名内有食三两钱粮、有食二两钱粮、有食一两五钱钱粮不等。奴才叩请天恩,将食一两筋斗学生八名,每名赏放二两钱粮银米,公费制钱一串,该筋斗学生得以养赡眷属,置办衣帽网巾彩鞋等项,得使该筋斗学[生]黾勉巴结当差,其钱粮银米每月行取由各该管领佐领下,向广储司领取其米石,每季由恩丰仓领取。再,里边早晚排演差使,圆明园筋斗学生暂居钱粮处他他城内,现有原民籍学生所居之处,尚有官房,奴才求恩,着照外边鼓、笛、随手,每名各赏给官房三间,以为筋斗学生上学排演差使方近,并着眷属人等栖身。如蒙恩准,奴才行知内务府堂上办理。再,筋斗学生八名所遗一两钱粮之缺,驳(拨)回掌仪司,由该司自行办理。奴才叩恳出自万岁爷天恩,谨此奏请。

初六日　敬事房传旨,着中和乐即刻上去伺候吹打。招凉榭伺候《梧桐树》。上交下御制清曲一本,交中和乐誊写。

十八日　平顺传旨,昇平署有观音庙如有无,着档案房首领上

去回奏。

奏，有关帝庙、土地庙、文昌殿，档案房上有文昌、关帝、火神一龛。

七月初二日　平顺传旨，十二日不要《洞仙庆贺》，上点十二日伺候《夺秋魁》。

九月二十二日　奴才安福谨奏，于九月二十二日辰刻点鼓上学，排《昭代箫韶》太监孙进安连误二次，总管约束，孙进安不服约束，首领等责孙进安，将总管首领詈口大骂，刁恶之及（极）。奴才无能管束，请旨治奴才不是，将孙进安交下贱当差。谨此奏请。

奉旨，前殿着敬事房将孙进安责四十板，交掌仪司当差。

十月初六日　安奉旨，所有贾得禄之角着张春和替补，其《昭代箫韶》于明年二月唱。钦此。

十一日　慎德堂伺候《庆赏四来》、《新水令》、《梧桐树》。

十二月初二日　敬事房传旨，十三日辰时，懿贵妃接册宝，中和乐伺候乐。

十三日　奴才安福谨奏，于十二月十三日，懿贵妃赏安福小卷袍料一件，中和乐首领、太监等银七两。

旨意档

正月初八日　杨如意传旨，初九日慎德堂花唱，小家伙酉初二刻至戌正三刻戏毕，出东楼门。

初九日　杨如意传旨，今日花唱小家伙改于初十日，伺候时刻照旧，戏毕出东楼门。

初十日　奉旨，今日慎德堂帽儿排，戏单撤《一疋布》、《狱神宽限》，添《蝴蝶梦》。

二十二日　敬事房传旨，今日午宴改午初二刻入宴，慎德堂花唱用小家伙。未初至申正。

三月初七日　敬事房传旨，三月十五如同乐园承应戏改于十四日同乐园伺候戏。二十三日同乐园伺候戏开团场要《天官赐福》、《螽斯衍庆》，小戏轴子俱要吉祥戏。钦此。

十三日生冬室小家伙花唱。午初二刻至酉初。钦此。

四月二十三日　金环传旨,问现时排什么戏呢?回奏,排《阐道除邪》。旨,完了《阐道除邪》排《昭代箫韶》。

旨意档

七月初八日　杨如意传旨,着内学所有会唱御制清曲之人并随手会同中和乐一齐,今日着首领代(带)领上去。万岁爷在某处,往某处去,未初到齐。

十月初十日　敬事房传旨,今日慎德堂明殿伺候帽儿排。未初至申正,酉正至戌正。

咸丰八年

恩赏日记档

正月十三日　慎刑司交进钱粮处三次逃走太监赵库儿枷号一个月,责一百板,二年不准告假外出,交原处当差。

二月十六日　奴才安福谨奏,为昇平署筋斗学生杨二格、刘九庆二名时常患病,差事有误,今驳回本旗,裁退二两钱粮银米。奴才回见向掌仪司要熟习筋斗人二名,送进本署预备差使。俟掌仪司送进筋斗人能熟习者,奴才再叩请万岁爷天恩,照例赏给二两钱粮银米。谨此奏请。

六月初六日　安福奉旨,不必伺候《万寿祥开》,换别项轴子,时刻亦长。安福又奏单。

旨,问包文拯谁的?安福回奏张玉。旨,添《灞桥饯别》(李三德)。

安福回奏,大爷、大公主行礼伺候丹陛乐。旨意,不必伺候。

七月初一日　五六七早　辰初进门。

同乐园承应　　巳正九分开戏,申初三刻四分毕。

《遣仙布福》、《玉面怀春》(张长保、尹升)、《问答》(李长喜、韩福禄)、《琴挑》(安福、孔得福)、《月下追信》(袁庆喜)、《疑谶》(姚得禄)、《徐庶见母》(欧来喜)、十二段《昭代箫韶》(八出)。

七月十二日　卯初　万岁爷慎德堂受礼，中和乐伺候丹陛乐。

卯初二刻　皇后基福堂受礼，中和乐伺候丹陛乐。

七月十九日　蓬岛瑶台中和乐伺候吹打三套。

二十七日　奴才安福谨奏，为昇平署房间求恩事。今各学首领等回见奴才，为圆明园各学房间渗漏，山墙闪裂，瓦片脱落，墙垣坍塌，门窗户壁损坏，间有大木歪斜。奴才逐细查看各学房间，与该首领等所回实在情形无异。奴才伏思，自道光十五六年，经奴才禄喜具奏求恩，蒙上皇天恩，着派欠员修理，迄今二十余年。因此房间渗漏，墙垣坍塌，闪裂过多，每遇下雨，奴才等难以栖止，所有昇平署房间无处呈报修理。今奴才叩求万岁爷天恩，饬交圆明园大臣派路按年岁修之处，出自万岁爷鸿慈，奴才冒昧惶恐之至，叩恳万岁爷天恩训示。

此片上留底单在档案房。

奴才安福谨奏，为昇平署钱粮处库存银钱不敷使费之用，叩恳万岁爷圣鉴事。钱粮处所存银钱预备祭台各庙神佛圣诞祭祀供献，买办颜料、潮脑、笔墨、红黄纸张、松香面子等项使用，历年遵办。近来物价增长，使费钱文用多。钱粮处原存银一千三百余两，于三年五月间，奴才禄喜奏请，交造办处银一千两，存银三百余两，按年买办使用。迄今钱粮处库存银仅止一百两，制钱一百五十余串，奴才筹思，每年祭台、各庙神佛祭祀，应用颜料、潮脑、笔墨、红黄纸张、松香面子等项，一年需用制钱三百八十余串，奴才筹思，无款可收，惟有本署应领地租制钱二百四十八串零六十二文，按例散给各庙年供制钱五十七串五百文，奴才等每名各分地租制钱五百文，共分制钱一百三十一串，下余制钱五十余串，交钱粮处库存，预备按年例各项使费之用。今奴才再四思维，实无别款可收，所用时物又难裁减，现存银钱不抵按年使费之用。奴才叩恳万岁爷施格外天恩，赏给昇平署使费银一百两，按年向内殿讨领之处，出自万岁爷鸿慈，奴才冒昧恐惧之至，叩请万岁爷训示。

片子上留底单在档案房。

未刻　堂派书算人等至昇平署查写房间。

二十八日　辰刻,堂派书算人等至昇平署查写房间。

二十九日　辰刻,堂派书算人等至昇平署查写房间。

八月初十日　堂抄总管内务府谨奏,为遵旨查明崇文门每年应交昇平署专款用项银两,恭折具奏奉圣鉴事。本年七月二十七日,昇平署具奏,该署钱粮处所存钱粮不敷每年办公之用,请按年由内讨领使费银一百两等。本日奉朱批,着内务府查核,每年崇文门有昇平署银两,自道光二十年以后,作何用项,着一并查明。钦此。臣等详查,道光七年以前,崇文门每年交广储司银库昇平署专款九千两,即作为发放该署钱粮及办公之用,因道光七年将南府应差人数裁减,用项较少,每年崇文门仅交备发昇平署钱粮二千两。复于道光二十五年,本府奏准,将此款银两归入正项开销,每年该署钱粮即由正款内支发,历经办理在案。今据该署奏称,因办公银两不敷应用,每年请由内讨领银一百两等语,臣等伏思,崇文门每年解交此项银二千两,虽经奏准,归入正项,除该署每年支领钱粮外,尚有盈余,且所请由内讨领一百两为数无多,拟请嗣后即由臣衙门广储司银库正项内,按年发银一百两,勿庸由内讨领,以归简易。所有臣等遵旨查明,酌拟缘由是否有当,伏候训示遵行。为此奏请旨等,因于咸丰八年八月初九日具奏。　奉旨依议。钦此。

昇平署总管属下安福谨启大人阁下,敬启者,为本署钱粮处所存银钱预备祭台、各庙神佛圣诞、祭祀供献、买办颜料、潮脑笔墨、红黄纸张、松香面子等项一年需用制钱三百八十余串,无款可收。近来物价增长,买办拮据,现在钱粮处所存钱粮不敷使用,于七月二十七日本署具奏,请讨内殿银一百两,按现时市价,可兑换京钱一千数十余吊,方济一年使用。当日奉朱批,着内务府核查,于八月初九日本署由堂抄出,为本署奏称因办公银两不敷应用,由内务府衙门具奏,请按年向广储司银库支发实银一百两,按现实市价兑换京钱一千数十余吊,可抵本署一年需用使费京钱八百余吊。俟年终本署汇奏,如每两银按四吊折钱,仍不敷一年使费之用,恳乞大人阁下恩准,于九月初七日,向来广储司派人交本署总管、首领、太监等公费制钱时,将银两一并送交本署。为此恳乞。

八月十三日　旨，要《三国》本子十本，全于十四日拿上去，二十八段草本摘出，本子一分，十本目录一个，二十八段目录一个。

旨，着写二十八段净本，那时得那时拿上去，有七个字戏名、四个字戏名俱写上。

同日　敬事房传旨，今日在双鹤斋伺候《海青》、《秋江上月》，申初二刻伺候《海青》、《月儿高》。

旨，明日照旧伺候《秋江上月》、《庆贺蟠桃》。

十八日　凤麟洲伺候《秋江上月》、《庆贺蟠桃》、《新水令》。

九月十三日　安福复旨，前曾敬事房传旨，着奴才同内学首领、钱粮处首领带领掌仪司玩艺。今奉旨，安福同首领带领掌仪司玩艺，由走后台东楼底下伺候。

九月十五日　同乐园台底下掌仪司伺候玩艺。

十月初二日　内殿交下，赏安福　大本时宪书一本；

禄喜　小本时宪书一本，祭神肉一盘；

内学　大本时宪书一本；

初四日　敬事房交下，赏禄喜温达奶饼六十四个。

初七日　敬事房传旨，着中和乐上去慎德堂伺候吹打四套。

初十日　同道堂花唱

《喜洽祥和》、《罗成托梦》、《侦报》、《祭姬》、《显魂杀嫂》、《昭君》、《神虎报》、《请美猴王》、《亭会》。

十一月初一日　重华宫承应

《天官赐福》、《雪夜访贤》、《扫花三醉》、《疑谶》、《小妹子》、《吃茶》、《云霞洞》、《说亲回话》、《过滑油山》、《平安如意》。

初七日　奴才安福谨奏，为钱粮处银钱不敷使用。奴才于八月间求恩，请讨银一百两，以备祭台、买办颜料、供献等项使用，蒙恩允准，今十一月初七日广储司银库交到昇平署实银一百两，谨此奏闻。奴才叩谢天恩。

十二月二十三日　赏禄喜福寿字，安福福字。

二十四日　琪嫔、玟嫔接册。各赏安福小卷料一件。

二十九日　长春宫伺候帽儿排　巳正叫走　午正

《狱神宽限》、《肃苑》、《回猎》、《大盗施恩》、《勘问吉平》、《打番》、《显魂杀嫂》、《倒打杠子》、《扯本》、《借茶》、《乌盆记》。

旨意档

正月十七日　安奉旨,十八日酉初奉三无私伺候万年长春富贵灯,出入东楼门。同日,敬事房传旨,二十日正大光明廷臣宴不必伺候。

九月十三日　敬事房传旨,十五日掌仪司伺候玩艺,在台下东楼底下,桌椅板凳着内学走场伺候。钦此。

十月初九日　敬事房传旨,初十日同道堂花唱。午正至酉初。钦此。

二十二日　奏准,大众于十月二十六日移往进城。

十一月初九日　敬事房传旨,今日有差之人进中正殿门,差毕出内右门。

二十五日　刘代班传旨,今日赏总管、首领肉吃,办事后到齐。

十二月廿八日　敬事房传旨,二十九日长春宫伺候帽儿排,伺候万年如意灯。

差事档

正月初一日　养心殿早膳承应　辰初二刻开戏,辰正十分戏毕。

《喜朝五位》(一分)　二刻八分

乾清宫午膳承应　午正一刻开戏　午正三刻戏毕。

《膺受多福》(一分)

养心殿酒宴承应　申初一刻十分开戏,酉正二刻二分毕。

《上寿巧说》(尹升、边得奎)、《胖姑》(何庆喜、夏庆春)、《毛扎上任》(张玉、王永寿、平喜、张春和)二刻、《草地》(孙得喜、欧来喜)一刻、《扫花三醉》(乔荣寿、边得奎)二刻,共长八刻七分。

五月初一日　头本《阐道除邪》十六出,共长二十二刻五分。

散角档

正月二十四日散　《蝴蝶梦》一出　观音菩萨：姚长泰　马士成。

《螽斯衍庆》　九天圣母：姚长太

初十日　散　《千春燕喜》　仙童：狄得寿　于进福

女催花使者：于进福　马士成

十三日　散　《盗令》　舒大娘：田进寿

内务府档案

咸丰八年七月准

十五段《昭代箫韶》八出题纲

鼓　一二出：方福顺，三四出：潘来喜，五六出：姜有才，七八出：殷钟林。

二本《昭代箫韶》　“分兵追袭”

八勇士：何庆喜、边得奎、狄得寿、陈进喜。

四将官：何庆喜、孔得福、田进喜、李平安。

六段《昭代箫韶》串头

六段《昭代箫韶》一出　廷让败逃，八辽兵（袁庆喜等）、萧天佐、萧天佑引萧氏纛（马喜顺）上唱〔醉花荫〕。完，上将台，白至开战者，八辽兵（王三多等）、八辽将（袁庆喜等）女辽将（孔得福）希达、色珍上场门上。八军士（冯文玉等）、八将官（李长喜等）引刘廷让、李敬源下场门上，白至（誓不收兵）对大攒（辽兵军士、辽将将官），先下。女辽将、四大将后对下。

咸丰九年

恩赏日记档

正月初一日　养心殿早膳承应《喜朝五位》。

乾清宫午宴承应宴戏《膺受多福》。赏乔荣寿小卷酱色江绸袍料一件，钟馗四十名，每名一两重银锞一个。

初二日　四五六早　卯正二刻进门。

重华宫承应　巳初三刻十分开戏,申正五分毕。

《早春朝贺》(一分)、《尼姑思凡》(夏庆春)、《月下追信》(袁庆喜)、《风云会》(四出)、《刘二扣当》(王成)、《扫秦》(齐双喜、吴进忠)、《收平》(何庆喜)、《通天犀》(四出)、《井遇》(张比禄、欧来喜)、《佳期》(王三多)、《老僧点化》(平喜、张庆贵)、《盗令》(张长保)、《平安如意》。

初十日　重华宫承应。

巳初十一分开戏,申正九分毕。

《遣仙布福》、《钓鱼卖柴》、《刘氏辱尼》、《问探》、《昭君》、《夺秋魁》、《顶砖》、《过滑油山》、《山门》、《疑谶》、《鸿门撇斗》、《福禄寿》。

十六日　万岁爷移往圆明园,中和乐伺候卤簿大驾。

同道堂承应戏。

《东皇布令》(一分)、《小妹子》(边得奎)、《吃茶》(姚得禄、王永寿)、《逢人拐骗》(刘招、张玉)、《胭脂雪》(八出)、《悬灯预庆》(一出)。

十七日　同道堂承应

《喜溢寰区》、《琴挑》、《侦报》、《青石山》、《磨斧》、《请美猴王》《击鼓鸣冤》、《问路闯界》、《封相》。

十八日　正大光明承应宴戏《海不扬波》。

未初三刻　同道堂掌仪司伺候玩艺。

十九日　同道堂承应

《天官赐福》、《窦君释义》、《羞父》、《定太平》、《徐庶见母》、《罢宴》、《圣母巡行》。

二十日　奉三无私午宴《万花向荣》

酉初　慎德堂酒宴承应《敬德耕田》、《玉面怀春》、《祭姬》、《开筵称庆》。戌初戏毕。

二月十四日　同乐园承应戏。

《千秋燕喜》(一分)、《下山相调》(何庆喜、夏庆春)、《大战石猴》(长清)、《茶坊》(贾得禄、勒夫)、《借茶》(齐双喜、马喜顺)、《三

元店》(六出)、《藏舟》(孙得喜、张比禄)、《飞云浦》、《鸳鸯楼》(杨得福、陆得喜)、《花鼓》(边得奎、张得安、张春和)、《罗成托梦》、(乔荣寿、尹升、姚长泰)、《平安如意》。

上问谁学《花鼓》呢？李三德回奏，夏庆春、马喜顺学着呢。

旨，谁先得谁唱。

十九日　杨如意传旨，十九段《昭代箫韶》多昝唱？回奏，三月初一日伺候。

二十八日　敬事房传旨，三月初一日、初二日、十五日同乐园承应戏，开团场要吉祥戏，轴子着总管颠派。

三月初十日　金环传旨，《梳妆掷戟》着杨德福、张比禄、夏庆春学出来，张比禄着安福教。

五月初四日　中和乐伺候《秋江上月》、御制清曲。

六月初一日　午初叫走　同乐园承应　未初二刻八分开戏，戌初一刻十分毕。

《添筹称庆》、《借茶》(齐双喜、马喜顺)、《单刀》(张玉、班进喜)、《吃茶》(李长喜、王永寿)、《山伯访友》(何庆喜、夏庆春、张比禄、孙得喜)、《夜奔》(姚得禄)、《卖花》(尹升)、二十二段《昭代箫韶》(八出)。

初三日　掌仪司送进筋斗学生四名：

常寿：年二十岁；永寿：年二十四岁；舒祥：年十六岁；常海：年十四岁。

初四日　孙代班传旨，初六日未初，敷春堂响排《万国嵩呼》，按本学响排一样，净排轴子。

奴才安谨奏于六月初八日，奉三无私宴座，奴才带领中和乐伺候中和韶乐。承应宴戏《青牛独驾》、《环中九九》。初九日正大光明受贺，中和乐伺候中和韶乐。奉三无私贵妃等位行礼，中和乐伺候中和韶乐。谨此奏闻。

奴才安谨奏于六月初九日奴才带领昇平署首领官职太监等恭行万寿礼，谨此奏闻。

昇平署内学等处共计大小房五百八间，方亭一座，门罩一间，

灰棚九十七间,分为三年,按年修理,今年所修内学房五十间方亭一座,门罩一间,灰棚十七间,档案房今年所修房二十五间,灰棚四间,修理完竣。

六月初八日　奉三无私宴座中和乐伺候中和韶乐。

初九日　同乐园承应,辰初五分开戏,午正一刻毕。

《福禄寿》、《奸遁》、《鸿门撇斗》、《夜看春秋》、《草地》、《万年甲子》、《胖姑》、《井遇》、《佛会》、《罗卜济贫》、《琴挑》、《太平有象》。

慎德堂花唱　未正十二分开　戌初二刻十分毕。

《喜洽祥和》、《逢人拐骗》、《起布》、《打虎》、《劝降》、《遣子经商》、《尼姑思凡》、《下河南》。

六月十二日　旨,问多咱排戏?回奏今日晚学过戏。

旨,于午正二刻万岁爷至内学过戏。

十三日　奏,本处太监赵库儿无故逃走,系无故四次外逃。

十五日　奉朱笔,赏张玉、边得奎均食四两,姚长泰八品顶戴,张比禄、齐双喜、姜有才均食实二两五钱钱粮。

十七日　旨,要二十四段《昭代箫韶》提纲。又旨问《昭代箫韶》伺候完了接伺候什么戏?安着内听差人举片。奴才安回奏,同首领等酌议伺候《兴唐传》、《贾家楼》、按段伺候,不能接连。旨,问不能接连是什么?安又着内差人举片,《兴唐传》、《临阳关》、《鸡宝山》、《淤泥河》、《贾家楼》、《闹花灯》(四段)、《黄土岗》、《长叶林》、《瓦岗寨》、《美良川》、《虹霓关》、《红泥涧》、《赚潼关》、《四盟山》、《倒铜旗》、《临潼山》、《三战洛阳》。

上要过净本二十四段,不是连本,按段伺候。

奴才安请旨教导。旨意《昭代箫韶》唱完,着接唱《兴唐传》等二十四段。

十九日　安奏准,《兴唐传》之戏按段伺候:《临潼关》、《长叶林》、《贾家楼》、《黄土岗》、《赚潼关》、《瓦冈寨》、《倒铜旗》(二段)、《美良川》、《虹霓关》、《红泥涧》、《淤泥河》、《四盟山》、《兴唐传》、《临阳关》、《鸡宝山》(四段)、《闹花灯》(四段)。共二十三段,不是连本,按段伺候。

二十二日　敬事房传旨，二十四日伺候帽儿排，是日天凉快在慎德堂，天热在敷春堂伺候。

二十五日　上交下朱笔总本。头段《临潼山》、二段《长叶林》、三段《贾家楼》、四段《黄土岗》、五段《赚潼关》、六段《瓦冈寨》、七段《四盟山》、八段《临阳关》、九段《虹霓关》、十段《倒铜旗》、十一段《兴唐传》、十二段《美良川》、十三段《红泥涧》、十四段《三战洛阳》，共十四段，事体尚顺，不甚贯串，按照朱笔改定次序，名曰《兴唐外史》。每本面签式样开写如左：

头段《兴唐外史》《临潼关》总本

余仿此。

七月初五日　安奉旨，十二日戏要寻常轴子杂戏，开团场要寿意戏。钦此。

八月二十四日　朱笔，同乐园下次伺候戏着祁进禄唱《傅廷观山》。

九月初一日　《九华品菊》、《夜奔》、《三气》、《盗韩》、《傅廷观山》、《小妹子》、末段《昭代箫韶》。

九月初三日　奏，大戏明年伺候共十二出。上要《宝塔凌空》、《福禄天长》、《地涌金莲》、《罗汉渡海》、《四海升平》、《老人呈技》、《士林歌舞社》草总本七出。

于初九日上交包衣昂帮草总本，共五出：《宝塔凌空》、《福禄天长》、《地涌金莲》、《罗汉渡海》、《四海升平》。总台面见文大人商议。

咸丰十年

恩赏日记档

正月初一日　乾清宫受贺　伺候中和韶乐。

长春宫早膳承应《喜朝五位》(一分)。

孙代班传旨，今日酒宴之戏申初多些。伺候戏毕，后台随手听着，酒宴伺候吹打，即刻叫走。

长春宫酒宴承应

《上寿巧说》(尹升、边得奎)、《胖姑》(何庆春、何长喜)、《草地》(孙得喜、欧来喜)、《夺被》(王成、边得奎)、《开筵称庆》(一分)。

初二日　巳出叫走　巳初二刻进门。

乾清宫午宴伺候中和韶乐。《膺受多福》(一分)。

内殿交下,赏乔荣寿小卷酱色江绸一件,钟馗四十名,每名一两重银锞一个。

十七日　四五六早　卯正进门　小祭台。

万岁爷移往圆明园,中和乐伺候卤簿大驾。

同道堂承应　午初二刻开戏,申初二刻戏毕。

《悬灯预庆》(一分)、《小妹子》(边得奎)、《三气》(王进喜)、《胭脂雪》(八出)、《送杯》(刘得印)、《东皇布令》(一分)。

十八日同乐园承应

《圣母巡行》、《起布》、《扯布》、《疑谶》、《说亲回话》、《庆成功宴》、《扫秦》、《窦君释意》、《七盘山》。

二月十二日　安福奏准,万寿承应大戏:《罗汉渡海》、《福禄天长》、《宝塔凌空》、《地涌金莲》、《四海升平》。

奉旨,万寿承应四天差事。

十三日　杨如意传旨,去年九月间奏过要外边学生、教习人名,上留。今再写一份拿上去。

二月二十八日　万岁爷驾幸圆明园。档案房首领回见总管,《升平宝筏》总本共二十一段,俱已办写妥当,于二月二十八日交上去。总管谕,目下差事多,消停消停再交上去。

三月二十一日　万岁爷驾幸城内,内务府交进外边各班人二十九名,挑得二十名,下剩九名驳回。

小生　陈金雀、产金传、陈连儿、钱得庆。

老生　费瑞生。

武生　陆双玉。

老旦　范得保。

小旦　张云亭、严福喜、曹玉秀、孙小云。

净　周双喜、方瑞祥、吴观喜、方镇泉。

丑　张开、陈永年、沈长儿、陈四保。

副　王瑞芳。　共二十名。

三月二十七日　奴才安福谨奏，前曾奴才叩请讨民籍学生四十一名，蒙恩允准。今于三月二十一日内务府交进外边各班承技人三十一名，奴才同首领等挑选得二十名，下剩十一名驳回。奴才叩请天恩，再挑补承技人十二名。

四喜班：　老生　黄春全，　老旦　杨瑞祥，　老生　黄得喜，净　侯福堂。

三庆班：　武旦　乌松寿，　小旦　陈连生，　小旦　陶贵喜，小旦　郝玉福，小旦　杜步云。

怡德堂：　小生　朱阿三，　正旦　许殷山。

景福堂：　小旦　严宝麟。　谨此奏请。

安外边学生功课折。

安福面奉谕旨，遇有帽儿排外边学生不必伺候。

闰三月初一日起，外边学生加减伺候戏，同乐园引见，碰头谢恩。

敬事房传旨，二十五日生冬室帽儿排，午正至酉初。

二十六日　演蚕坛礼。

二十四日　昇平署总管安福谨启，中堂大人阁下，敬乞者为本署房间事，于咸丰八年七月，属下安福求恩奏准将本署房间按三年分修，咸丰九年春间开工，修砌本署房七十五间，灰棚等二十三间，墙垣等，今年所修房间本署并未见开工日期。今添应差人三十余名，奉旨着在本署暂住，现在本署房间多有渗漏闪裂，门窗隔断糟朽，恳乞中堂大人阁下派员踏勘修理，本署当差人得以栖止之所，属下等均感中堂大人鸿恩之至矣。　此片大人留。

文大人交下上览大戏五本。

三月三十日　金环传旨，要外边学生承应杂戏七出，戏本如有全拿上去。如不全，将《借靴》、《瑶台》本子拿上来。要外边学生籍贯、岁数。

初一日　将《乔醋》、《瑶台》本子交了。

闰三月初一日　五六七早　辰初进门。

同乐园承应　巳正十分开戏,申初二刻二分毕。

《万民感仰》、《花鼓》(夏庆春、何庆喜、齐双喜)、《定情赐盒》(陈金雀、严福喜)、《冥判》(周双喜)、《劝妆》(范得保)、《借靴》(王瑞芳、陈永年)、《杀狗》(陆双玉、沈长儿、曹玉秀)、《乔醋》(陈连儿、张云亭)、《瑶台》(严福喜)、十一段《兴唐外史》(《兴唐传》六出)。

十二日　内务府交进外边各班人十三名:

老生　黄春全,　老生　黄得喜,　老旦　杨瑞祥,

正旦　许殷山,　小旦　陈连生,　小旦　陶贵喜,

小旦　郝玉福,　小旦　杜步云,　小旦　严宝麟,

武旦　乌松寿,　小生　朱阿三,　净　侯福堂,

丑　韩双盛。

奴才安福谨奏于三月二十三日,奴才叩请天恩,再挑补应差人十二名,蒙恩允准,今于闰三月十二日内务府交进应差人十三名,内有一名韩双盛,因前有病,今病好传到,一并交进。谨此奏闻。

十五日　同乐园承应戏。

《平安如意》、《打虎》(邵三喜)、《封王》(费瑞生)、《拾镯》(贾玉秀、陆双玉、陈四保)、《青门》(方振泉、张云亭)、《大小骗》(方瑞祥、陈永年)、《百寿图》(沈长儿、吴关喜、陆双玉)、《坠马》(张开)、《见娘》(产金传、范得保)、《铁弓缘》(陈四保、孙小云)、十二段《兴唐外史·美良川》(六出)。

申正一刻《见娘》毕,万岁爷至生秋庭夏供前拈香毕,二刻七分至同乐园接唱《铁弓缘》,看轴子。

闰三月二十二日　《四郎探母》现在学生无人会。旨,知道了。

初七日　进喜传旨,《单刀》开场,《六祖讲经》团场。撤《虹霓关》,十一日伺候《虹霓涧》。里边伺候小戏。

四月十一日　安福奏要外班人。此片上交大人。

双奎班　正旦　翠香,　武丑　赵广发,　武丑　陈九儿。

三庆班　武生　张三福,　文武生　殷得瑞。

四喜班　武副　冯双得,　净　孙保和,　鼓　唐阿招。

春台班　武净　郭三元，　大锣　李福寿。

此片上留。　轴子:《赵家楼》、《武文华》、《恶虎庄》、《八蜡庙》《艳阳楼》、《窦儿敦》、《蔡天化》、《连环套》、《落马湖》、《罗四虎》。轴子名又写一张总管交大人。

奴才安福谨奏，为奏闻事。于五月承应《阐道除邪》，过当儿，万寿承应大戏，《老人呈技》演技人加添掌仪司玩意。谨此奏闻。　此片交堂上。

十四日　撤下大戏，净本换皮面，共八分。

刘金环传旨，五月节《阐道除邪》不必此伺候，着伺候别的轴子。五月节掌仪司技艺不必伺候，着本月二十二日、二十三日在同乐园伺候《老人呈技》戏本，即刻拿来。

又传旨，将万寿大戏十五分拿上来。　当日交下。

四月二十二日　杨代班传旨，五月初四日、初五日同乐园承应戏，初四日里边轴子、初五日外边轴子。初四日、初五日里外小戏插当。

二十三日　同乐园院内，掌仪司承应玩艺十二当，午初一刻上，酉正三刻毕。

撤桌上筋斗，添八角鼓词。

二十七日　内务府交进承差人八名：

武丑　赵广发，　武丑　陈九儿，　武生　张三福，

武副　冯双德，　净　孙保和，　鼓　唐阿招，

武净　郭三元，　大锣　李福寿。

其余，正旦　翠香、文武生　殷得瑞系外边传到时交进。

五月初二日　奴才安福谨奏，为奏闻事。奴才由去年奉旨，《万寿无疆》戏内寿山切末糟朽，暂行修理，将就承应，俟十年正庆再将寿山切末修理成作。今奴才请旨，将寿山切末交工程处成作，以备承应。谨此奏请。

交万寿承应大戏次序、目录。

五月初二日　内务府交进翠香，其殷得瑞俟传到时交进。安福奏请，将悦心园他坦借与昇平署外边学生居宿。奉旨允准。

刘代班传旨,初四日着翠香伺候一出杂戏,单不必动。

初四日　五六七早　辰初进门。

同乐园承应　巳正三刻三分开戏,酉正一刻毕。

《福禄寿》、《写本》(黄春全、许般山)、《后诱》(王瑞芳、严福喜、范得保)、《山伯访友》(何庆喜、张比禄、夏庆春、孙得喜)、《谒师》(陈连儿、费瑞生、黄春全)、《相约相骂》(杜步云、杨瑞祥)、《祭塔》(翠香、陈连生)、《下海》(陈永年)、《独占》(陈连儿、严宝麟)、《打面缸》(陈四保、曹玉秀、产金传、沈长儿、韩双盛)、《射红灯》(八出)。

初七日　敬事房传朱笔,十一日同乐园伺候戏,里面小轴一个,外边轴一个,杂戏里外伺候,前后次序插当排定。

五月十一日　同乐园承应

《封相》(王南清)、《北醉》(陈永年)、《嫁妹》(李平安)、《活捉》(王瑞芳、杜步云)、《盗韩》(王成、韩双盛)、《蜈蚣岭》(四出)、《探窑》(翠香、杨瑞祥)、《大盗施恩》(张长庆、乔荣寿、班进喜)、《浣纱记》(六出)、《探亲相骂》(严福喜、陈四保、陈九儿、翠香、曹玉秀、韩双盛)、《后约》(严宝林、陈连儿、范得保)、《红桃山》。

奴才安福谨奏于五月初十日,由内务府来文,奉朱笔,现传外边唱戏之人,俟六月十五日以后,除酌留数名教习外,余俱退出。嗣后每月初一日、十五日两次伺候戏或特传何日伺候,于前三四日传进,唱完退出,并着内务府大臣将外边戏班名目开单呈递,以便每次指传一班,亦不必各班凑集。谨此奏闻。

于五月十五日,由堂来抄,查得在京戏班三庆班、四喜班、双奎班、双和班(秦腔)、春台班、广和成班、万顺和班(秦腔)。由内奏事除递原片,奉旨留中。

奴才安福谨奏于五月十七日奉朱笔,现在里边当差之外边学生,除留当教习外,尚有愿在里边当差者,令其自行报明,总管安福开单具奏,不必勉强,亦不准勒派。奴才遵旨,随同内学首领王成等问明外边学生,愿在里边当差学生:

小生　产金传,　小生　陈连儿,　小生　钱得庆,　小生　朱阿三,　小旦　孙小云,　小旦　陈连生,　小旦　严福喜,　小

旦 严宝麟， 小旦 陶贵喜， 小旦 杜步云， 小旦 郝玉福， 净 吴关喜， 丑 沈长儿， 丑 陈四保， 武丑 赵广发， 武丑 陈九儿， 武净 冯双德， 武生 张三福， 净 孙宝和， 鼓 唐阿招， 大锣 李福寿， 老旦 杨瑞祥， 净 方镇泉。

愿在里边当差，挑选教习：

小生 陈金雀， 末生 费瑞生， 生外 黄春全， 老旦 范得保， 小旦 张云亭， 净 周双喜， 正旦 许殷山， 净 侯福堂， 丑 陈永年， 丑 张开， 副 王瑞芳， 净 方瑞祥。

不愿在里边当差学生：

小旦 乌松寿， 正旦 翠香， 老生 黄得喜， 京丑 韩双盛， 老生 郭三元， 武生 陆双玉， 小旦 曹玉秀。

谨此奏闻。

十九日 金环传旨，问前曾奏过十块轴子内二十二日能唱一块不能？回奏，二十二日伺候《窦儿敦》。

二十一日 奴才安福谨奏，前曾奴才奉朱笔，外边学生有愿在里边当差者，令其报明，不准勒派。奴才同内学首领等问明，已经奏闻。今于二十一日申刻，内务府堂传外边学生俱已至堂，酉刻外边学生回署，至奴才处禀言，堂传亦遵前旨问明，俱已按奴才奏单，愿当差、愿出去人数相符。谨此奏闻。

安福面奉谕旨，在内当差外边学生三十五名，每名各赏给月银二两，白米十口。

二十六日 由堂来抄，二十五日由内奏事口传奉旨，六月初一日传春台班应差。

敬事房陈首领传旨，六月初一日不必昇平署总管、首领上同乐园伺候。

二十七日 辰初进东楼门，在同乐园排《宝塔凌空》、过《士林歌乐社》、过《老人呈技》、排《福禄天长》、《老人呈技》带当儿，《士林歌乐社》带吹打。皇上御览。

二十八日　敬事房传旨,六月初五日外边伺候戏。初六日三庆班伺候戏。初七日、初八日、初九日、初十日里边伺候戏。十一日四喜班伺候戏。十二日双奎班伺候戏。十三日、十四日外班伺候戏。

六月初一日　敬事房传旨,原赏承应戏之人制钱五十串,今加添五十串,共制钱一百串。

初二日　辰初进东楼门,在同乐园排《清平见喜》、《四海升平》《万年甲子》《万寿无疆》、《青牛独驾》。总管禄喜、总管安福进寿意。赏禄喜大卷实地纱袍褂料一套、银五十两。

初四日　奴才安福谨奏于六月初九日,奴才带领昇平署首领、官职太监恭行万寿礼。谨此奏闻。书写奏项、本子、题纲、戏单、花名等项档案房写汉字人(人名、年龄、当差时间、食钱粮数略)原十九名,道光七年因无差撤去十一名,现剩八名,现在差事繁多,奴才安福请讨赏添二两钱粮缺四分,书写轴子、杂戏、开团场、节令大戏、宴戏、角本、摆题纲、串头、排场、鼓板、曲谱等项,内学写汉字人(九名,略)现在差事繁多,奴才安福请讨赏添二两钱粮缺三分。

旨依议。原片交内务府。

初七日　《八佾舞虞庭》、《势僧》、《夜奔》、《弹词》、《训子》、《逼休》、《福禄天长》、《思凡》(孔得福)、《教歌》、《双拜》、《四海升平》、《拷打》、《拾柴》、《跪池》、《庆寿万年》(放牲)。

大祭台　卯正一刻三分开戏,申初三分戏毕。

初八日　卯正二刻五分开戏,未正二刻五分戏毕。

《地涌金莲》、《芦林》、《拷红》、《廊会》、《茶坊》、《跑坡》(翠香)、《万国嵩呼》。

初九日　辰初一刻十分开戏,未正二刻戏毕。

《福禄寿》、《别弟》、《扯本》、《荣归》、《茶叙问病》、《万年甲子》、《送盒子》、《舟配》、《认子》、《罗汉渡海》、《绣房别祠》、《击掌》、《宝塔凌空》。

改在同乐园酒宴承应,申正一刻开戏,戌初二刻戏毕。

《喜洽祥和》、《蒙正逻斋》、《昭君》、《踢球》、《盘秋》、《摇会》。

初十日　卯正二刻五分开戏　未正十分戏毕。

《清平见喜》、《楼会》、《牧羊》、《战降》、《小妹子》、《士林歌舞社》、《藏舟》、《写状》、《虎囊弹》、《老人呈技》、《打虎》、《扫松》、《太平有象》。

二十一日　总管内务府谨奏，为遵旨传问应差人乌松寿等七名，是否情愿退出，现经传问，该应差人乌松寿、陆双玉、曹玉秀、黄得喜、翠香、韩双盛、郭三元七名均愿退出，俟再传时，即行进内当差，嗣后每遇伺候差毕，即行退出。为此谨奏。

二十九日　敬事房传旨，七月初一日不必伺候戏。

三十日　敬事房传旨，七月初七日献戏在奉三无私伺候。

“十一、十二月立”恩赏日记档

十一月初一日　总管安福上热河请安，奉旨着昇平署三拨至热河。

十一月初四日　前往热河

头拨　总管安福、首领李三德、长清、太监陆得喜（人名略），共人四十八名。

学生范得保（人名略），共人三十二名。

学写汉字人、档案房首领、太监、写汉字人、钱粮处、管箱人、工程处，普共人一百名。

初五日　敬事房传旨，十一日内外伺候帽儿排。

初六日　领口分银米，每名三两，米一斗，共一百分。

初七日　赏皮袄一百件。

初八日　朱笔《升平除岁》、《彩炬祈年》、《藏钩家庆》、《瑞应三星》、《金星奏事》、《锡福通明》、《喜朝五位》、《岁发四时》、《膺受多福》、《万福攸同》。

金环传旨，十一日帽儿排在烟波致爽东院伺候。午正至申正二刻。衣裳齐不齐不要紧，只有官帽就好。

前往热河二拨

首领王成、祁进禄、太监班进喜(人名略);学生方国祥(人名略),普共七十九名。

初九日　赏皮袄口分银米。

安福口奏,李来有因车翻摔伤,在青石梁未到,张得禄告病未到,写字人文涛在密云县未赶到。

初九日　安福谨奏,为求恩讨房事,现在房屋不敷居宿。为此请讨花神庙东戒德堂围房十七间,过河亭北临河房五间,共房二十二间,除穿堂下有房十九间。奴才请讨给内学首领、太监四十名居宿。奴才不敢自专,请旨施恩赏宿。

十一日　烟波致爽东院帽儿排

《平安如意》、《议剑》、《虎撞窑门》、《尼姑思凡》、《回回指路》、《双冠诰》、《刘唐》、《山伯访友》、《偷诗》。

奴才安福谨奏,为求恩事。因民籍学生吴关喜病故,现在伊子吴全禄亦是唱净角色,随伊父学习戏十一出,颇好,已竟插单。今奴才叩求万岁爷天恩,将吴全禄现年十四岁,挑进本署承差,如蒙允准,照例赏给月银二两,白米十石,公费一串。谨此奏闻。

朱笔:二十一日如意洲伺候花唱,午正至酉初。

十七日　三拨到热河。中和乐首领刘三福、吴吉福、太监赵喜(人名略),共人三十五名。

二十一日　烟波致爽西院花唱

《富贵长春》、《认子》、《饭店》、《玉面怀春》、《查关》、《二进宫》(吴全禄、沈长儿、严福喜)、《盗韩》、《游寺》、《徐庶见母》、《战潼关》。

二十八日　奉朱笔,十二月初一日烟波致爽院内花唱。

旨问,初一日能唱《膺受多福》不能?总管着档房首上去见。

金环回奏,三十日如若买办髯发靴网回来伺候《膺受多福》,若不回来,伺候吉祥戏。

旨意档

七月十六日　金环传旨,八月十四日同乐园承应杂戏轴子,里

外插着唱。十五日伺候《天香庆节》。

二十一日　敬事房传旨，二十四日同乐园承应戏。

二十七日　敬事房传旨，八月初一日、十四日、十五日同乐园承应戏。

二十八日　敬事房传旨，八月初一日同乐园承应戏。

二十九日　敬事房传旨，八月初一日同乐园不必承应戏。

差事档

四月二十二日　同乐园伺候掌仪司玩艺。

午正一刻五分开，酉初三刻六分毕。

圣手折兰（一刻五分）、冰盘球棒（一刻三分）、八角鼓词（四刻十分）、婴儿筋斗（一刻五分）、吕公接绦（三刻）、巧夺云圈（一刻四分）、金杯土遁（一刻十分）、流星赶月（一刻八分）、碟中生云（一刻一分）、艺人穿梭（一刻三分）、白猿献寿（一刻二分）、桌上播米（一刻三分）。

二十三日　同乐园承应　伺候掌仪司玩艺。

午初一刻开，酉正二刻毕。

寿山福海（三刻五分）、平地筋斗（一刻七分）、三多九如（十三分）、巧耍合碗（一刻五分）、大鼓词书（四刻十二分）、巧播香蜡（一刻十四分）、平生百子（二刻十二分）、三星献瑞（十分）、戏耍磁碟（一刻五分）、狮子献寿（十分）、戏跳摆索（十分）、八角鼓词（六刻）。

七月十五日　同乐园承应戏　午初开戏，申正二刻毕。

《佛旨度魔》、《三救》、《痴梦》、《宁武关》、《圆会》、《青峰岭》、《望乡》、《迓福迎祥》。共长二十二刻五分。

八月初八日　万岁爷驾幸热河。

日记档

五月初十日　由堂来文，于咸丰十年五月初十日奉朱笔，现传外边唱戏之人俟六月十五日以后，除酌留数名教习外，余俱退出。嗣后每月初一、十五日两次伺候戏，或特传何日伺候，于前三四日

传进,唱完退出,并着内务府大臣将外边戏班名目开单呈递,以便每次指传一班,亦不必各班凑集。钦此。

于五月十五日由堂来抄,查得在京戏班:

三庆班、四喜班、双奎班、广和成班、春台班、双和班(秦腔)、万顺和班(秦腔)。于五月十五日由内奏事处递奏原片,奉旨留中。

五月初十日　奉朱笔,现在外边承差学生等有愿在内当差者,有愿出去者,着查明,不必勒派,不必勉强。

五月　又由堂来抄,廿二日奉朱笔,六月初六日三庆、十一日四喜、十二日双奎。钦此。

二十六日　由堂来抄一件,五月二十五日由内奏事口传奉旨,六月二十一日传春台应差。钦此。

六月初七日　收乐部礼节一件:本年六月初九日皇上三旬万寿圣节,是日于寅正初刻升殿受贺。中和乐看了。

六月初八日　昇平署内总管处为报堂事,本署承应万寿大节内应用掌仪司技艺,于六月初九日到齐,初十日预备进同乐园承应。为此报堂。

十二日由堂来抄,咸丰十年六月十一日,总管内务府大臣奴才宗室肃顺面奉谕旨,十四日着双奎班伺候,春台班勿庸伺候。钦此。

朱笔,六月十八日广和成、二十日双和班、二十二日万顺和班伺候。钦此。

二十二日　总管安谨奏,将退出应差人乌松寿等七名每月所食月银一两五钱、白米六口、公费制钱一串俱行裁退。

十一月二十一日　五品顶代(戴)李进喜于十一月二十一日病故,裁钱粮,停止白米。

咸丰十一年

正月初一日　辰初二刻

万岁爷澹泊敬诚受贺,中和乐伺候中和韶乐。

皇后在烟波致爽受贵妃等位礼。

巳正一刻　万岁爷与皇后同桌进早膳，承应《喜朝五位》、《岁发四时》。

勤政殿午宴，中和乐伺候中和韶乐。

承应宴戏：《膺受多福》、《万福攸同》。

内殿交下，赏都福星乔荣寿一两重银锞三个，钟馗四十名，每名一两重银锞一个。

二月初一日　朱笔，《荆钗记》、《钗钏记》、《寻亲记》、《白罗衫》、《八义记》、《占花魁》、《铁冠图》、《长生殿》、《霄光剑》、《红梨记》，夏天俱要排出来，不论帽儿排，小地方俱可唱。

二月初三日　安福口奏，赏内外人等告假回家省亲，旨赏大车坐，要人数，二十日假。安福复奏，昇平署首领李三德、太监、学生等共一百二十二名。

奉旨，三月十五日，福寿园伺候戏，福寿园花唱。

二月初十日　烟波致爽　申正十一分　上坐腔唱

上点：《渭水河》（张三福、吴全禄）、《太师回朝》（孙保和）、《盘夫》（陈连儿、严福喜）、《南阳关》（张三顺、沈长儿）、《训子》（侯福堂、产金传）。酉正三刻毕。

二月十三日　烟波致爽清唱（坐腔改）　午正开戏，戌初毕。里外插着唱。

《荐诸葛》（张三福、沈长儿）、《孙诈》（陆得喜）、《牧羊》（黄春生、费瑞生）、《洒金桥》（沈长儿、吴全禄）、《打番》（何庆喜、姚德禄）、《走雨》（杨瑞祥、杜步云）、《八扯》（陈四保、沈长儿）、《请美猴王》（吴进忠、杨玉升）、《赏荷》（陈连儿、严福喜）、《判后》（孙保和、杨瑞祥）、《庆成》（杨进升）、《药茶计》（陈四保、沈长儿）、《北醉》（陈永年）、《白绫计》（孙保和、产金传、张三福）、《太君辞朝》（杨瑞祥、沈长儿）。

十八日　二十日　烟波致爽清唱。

二十二日　金环传旨，着安福问学生，有知外班各门角色，保举进内当差。若知年龄、籍贯，开明题奏。又传旨，著安福传知学生，保举之人俱要能唱的。

三月初四日　烟波致爽清唱。上问《泗州城》能唱不能唱?奏,现时排着呢,十五日可以能唱。

初五日　奴才安福谨奏,为求恩赏假分三拨。

十七日,杨代班交下朱笔,今日烟波致爽花唱,如不迸去,是未正至酉正二刻,如传迸去,是申初至酉正三刻。

烟波致爽花唱,未正一刻十分开戏,戌初戏毕。

《下河东》(沈长儿、张三福)、《小妹子》(边得奎)、《鱼钱》、《夏驿赠书》、《昭君》、《连升三级》、《扫花三醉》、《界牌关》。

二十一日　奉朱笔,今日申正,中和乐吹打,在烟波致爽伺候。

烟波致爽中和乐吹打:御制清曲、〔秋江上月〕、〔海宇升平〕、〔新水令〕。

四月初五日　内务府交进承应人二十一名:

小生　汪竹仙,　正旦　陈双喜,　副　潘五,　武丑　妥一;

老生　董文,　生　陈嵩年,　生　陈长寿,　正武旦　陈金桂;

顽旦　玉香,　大锣　孟大元,　老生　钱喜禄,　小生　阿金;

正旦　吴寿生,　武旦　孙四多,　小锣　刘双全,　正旦　钱阿四;

小旦　杨小兰,　梳头　郭顺儿,　老生　张三元,　小旦　张多福;

正旦　叶中兴。

十一日　内务府交进　正旦　郭禄寿,　武丑　李兴。

十一日　未正万岁爷至福寿园排《教子》(朱阿三、郭禄寿、钱喜禄)、《八扯》(李兴、潘五)。

十五日　上要学生父子兄弟名单:

陈连儿系陈金雀之子、方镇泉系方瑞祥之子、陈长寿系陈嵩年之子、陈四保系陈永年之弟、钱恩寿、钱得庆系钱恩福之弟。

五月初四日　敬事房交下,赏昇平署人等二百四十名,每名银三两,共银七百二十两。

五月初五日　烟波致爽花唱。

《青门》、《追信》、《探监法场》、《拾镯》、《南天门》、《扯本》、《嵩寿》、《刘氏望乡》、《上天台》、《跳墙着棋》、《尼姑思凡》、《尼姑庵》（四出）。

奴才安福谨奏，五月十五日，堂交与奴才双奎班胡琴、笛、弦子学生沈湘泉一名，奴才求恩，赏给月银二两，白米十口，请旨交御前大臣行文办理。谨此奏请。

十九日　朱笔，以后《扫秦》灵隐寺住持另派别人，陈进喜撤下。

二十三日　进喜传旨，于二十四日早晨着总管、内学首领带领筋斗、武小旦、武丑、武行之人至如意洲一片云试演戏台。

二十六日　进喜传旨……上要万寿戏单，看完交下。

二十六日　金环传旨，今日如意洲花唱不要开团场，伺候几出小戏，时刻不要长了。即刻上去。

如意洲花唱《回龙阁》、《玉面怀春》、《审刺》、《醉写》、《乾坤带》、《折柳》、《孟良求救》。

二十七日　上问八月有什么节戏？回奏，有《天香庆节》、《会蟾宫》、《丹桂飘香》。

六月初三日　金环传旨，这几天不必此伺候着了，竟等初八日、初九日福寿园伺候万寿戏。初九日申初烟波致爽传膳伺候戏，里外查着唱，要寻常轴子、杂戏，共十八刻。

初六日　敬事房传旨，万寿不准穿灰色袍、葛布袍。蓝色、酱色袍许穿。

初八日　福寿园进早膳见大人，承应《八佾舞虞庭》、《游寺》、《连升三级》，《万国嵩呼》。

赏后台众人肉四盘，给内学。

朱笔撤《写本》，《四海升平》、《训子》、《教子》、《夜奔》。《四海升平》下次再传。

初九日　卯正　澹泊敬诚受贺，中和乐伺候中和韶乐。

皇后等位在澹泊敬诚行礼，中和乐伺候中和韶乐。

福寿园进早膳,见大人。

金环传旨,撤《状元谱》、《太平有象》。

(编者按:此后部分档案缺损。)

二十六日　金环传旨,今日如意洲花唱,不要开团场,伺候几出小戏,不要时刻长了,即刻上去。

七月初一日　如意洲花唱。

旨,不必迎请,不必送,不用开道,叫唱就唱,先唱头三出打住。《清官册》(连出)。未初三刻十分开戏,申初四分戏毕。

旨,《清官册》唱完打住,申正一刻唱第二出《前诱》,第三出《打棋盘》打住。酉正十分唱《佳期》(杨小兰)、《战城都》(连出)。戌初十分戏毕。

旨,下剩几出明日伺候。

杨如意交下,赏张三元银一两五钱;汪竹仙、王瑞芳、严保林、陈松年、陈金桂、杨小兰、陈长寿、钱阿四、董文九名,每名银一两;产金传银五钱。

茶房交下,赏昇平署总管、首领、官职太监等平果一百个、沙果一百个、甜桃一百个、香果一百个、西瓜十个。散内学果子一样五十个、西瓜五个,其余总管、钱粮处、中和乐、档案房均分。

初二日　如意洲花唱。

旨,先唱《访鼠测字》(黄春全、陈永年、费瑞生)、《二进宫》(叶中兴、吴全禄、沈长儿)。申正七分开戏,酉初十二分打住。

酉正二刻五分,唱《六殿》(汪竹仙、杨瑞祥)、《探营》(董文)。戌初三刻戏毕。

金环交下,赏黄春全、陈永年、费瑞生、叶中兴、吴全禄、沈长儿、汪竹仙、杨瑞祥、董文九名每名银一两。

旨,再添几出戏明日唱。

初三日　领现月口分。总管、首领、太监、学生、随手、筋斗、管箱写字人、匠役二百三十六分。

敬事房传旨,十二日福寿园花唱。

如意洲花唱。

申初开戏唱《花亭饮宴》(张三元、陈松年)、《拾画叫画》(陈连儿),申初三刻十分打住。

申正唱《谏父》(黄春全、严福喜)。

旨,先唱这一出,一刻十三分打住。

旨,唱《六郎御状》(陈长寿、钱阿四)、《亭会》(阿金、杜步云)。酉正开戏,三刻十分毕唱完打住。

金环交下,赏陈嵩年、陈连儿、黄春全、严福喜、陈长寿、阿金、杜步云八名每名银一两,钱阿四银五钱。

朱笔:《黑风帕》、《破洪州》、《黄金台》、《南阳关》、《洪阳洞》、《群英会》。明日唱《戏妻》,《岳家庄》接唱六出。

初四日　如意洲花唱　未初三刻三分开戏。

旨,先唱头两出,《戏妻》(陈金桂、董文、沈长儿)、《岳家庄》连出,绪(续)唱《盘夫》(陈连儿、严福喜)。

申正五分打住,申正一刻十一分唱《黑风帕》(孙保和)。酉初五分打住,酉初三刻五分唱《祥梅寺》(冯双德、妥一)、《洪阳洞》(张三元、刘保和、陈长寿、董文)。戌初一刻五分毕。

金环交下,赏陈金桂、董文、陈双喜、杨瑞祥、孙保和、陈连儿、严福喜、孙小云、冯双德、妥一、张三元、陈长寿十二名各一两,沈长儿、张三福、汪竹香、玉香四名各五钱。

初五日　奴才安福谨奏,于七月初七日,奴才带领内学首领张玉、太监白兴泰至七夕供前念斋意,内学随乐伺候戏《七襄报章》、《仕女乞巧》。谨此奏闻。

旨,照旧念斋意随乐,不必伺候献戏。

初六日　如意洲花唱未伺候。

进喜传旨,如意洲花唱再听传。

初七日　卯正二刻叫走。

遣钟郡王,辰正至,四知书屋拈香念斋意,内学随乐。

进喜传旨,今日如意洲花唱照旧伺候。

如意洲花唱。

杨如意传旨,先唱《南阳关》(张三元、董文)、《议剑》(陈松年、

王瑞芳),再叫唱《群英会》。午正三刻开戏,未初三刻五分打住。申正三刻五分上《群英会》连出,酉正十分打住,戌初十二分上《梳妆掷戟》(侯福堂、阿金、严福喜),三刻十二分毕。

杨如意交下,赏张三元、董文、潘五、冯双德、陈松年、张三福、侯福堂、严福喜、阿金九名每名银一两;汪竹仙银一两五钱,陈九儿银五两。

初八日　如意洲花唱,午正五分开戏,上派吴寿生《玉堂春》。

旨,先唱《破洪州》,申初十分打住,三刻五分上唱《天嗔》(黄春全、方镇泉)、《玉堂春》(汪竹仙、董文、吴寿生、陈松年)、《卖书纳姻》(黄春全、杜步云、方瑞祥、许般山)。酉初二刻十三分戏毕。

进喜交下,陈金桂(人名略)八名,每名银一两;赵广发(人名略),五名各五钱。

杨如意传旨,十一日如意洲花唱照旧。

十一日　旨,十二日按寻常,不必迎请,不必开道。

如意洲花唱　旨,先唱头三出:《徐达封王》(张三元、陈长寿)、《戏洞》(陈金桂、汪竹仙)、《冥勘》(朱阿三)。申初一刻五分上唱《痴诉点香》(陈永年、张云亭)、《甘露寺》连出。申初三刻十分毕。

酉正二刻十分上唱《湖楼》(陈连儿、张永年),戌初十分毕。

赏张三元(人名略),十二名每名银一两,汪竹仙、陈永年每名银五钱,敬事房传旨,十二日福寿园承应戏改如意洲伺候,皇后赏安福吃食二盒。旨,十二日戏亦不必迎请开道,叫唱再唱。

十二日　卯正　总管首领在烟波致爽东所给皇后行礼。

辰正　万岁爷烟波致爽受礼中和乐伺候丹陛乐。

皇后四知书屋受礼,中和乐伺候《合欢令》。

赏安福蟒缎一疋,内学首领四名每名绫子一件,中和乐银六两。

敬事房传旨,今日之戏改福寿园伺候。今日照旧迎请开道,叫站住再站住。

十二日　福寿园承应

金环传旨,撤《教子》添《芦花河》,《芦花河》打住,午初一刻开

戏，未初一刻八分打住。《芝眉介寿》、《女词》（黄金全、杨小兰、陈连儿）、《探五阳》（张三元、陈金桂）、《芦花河》（钱喜禄、吴寿生）。未正三刻唱《穆柯寨》连出，申初二刻十分戏毕。

图律交下，赏承应《芝眉介寿》之人银四十二两。

金环交下，赏杨小兰（人名略）九名银各一两。

十三日　金环传旨，今日如意洲花唱。

旨，先唱头三出，申正二刻开戏。《钓鱼卖柴》（杨瑞祥、妥一、董文）、《拷红》（范得保、杜步云）、《辕门斩子》（张三元、陈长寿、陈金桂、杨瑞祥），酉正十三分打住。酉正三刻二分上唱《华山着棋》（董文、陈嵩年）、戌初一刻二分戏毕。

金环传旨，赏董文、妥一（人名略）七名，银各一两；董文银五钱。

安福请旨，明日如意洲照旧花唱。

十四日　如意洲花唱。　旨，先唱头三出，未初二刻十分开戏。《廊会》（钱阿四、张多福）、《收罗成》连出。《杀狗劝妻》（孙四多、张三福、沈长儿），申正二刻打住，酉正五分上唱《取荥阳》连出，酉正三刻五分毕。

杨如意交下，赏钱阿四（人名略）十名，每名银一两。

十五日　如意洲花唱，未初三刻开戏。

旨，先唱头四出，《蓬山增寿》、《琴挑》（阿金、张多福）、《借饷》（杨瑞祥、方瑞祥）、《查关》（汪竹仙、玉香、潘玉），连唱《白水滩》连出，申正三分打住。申正二刻上唱《凤凰山》（潘五、冯双德、陈四保），酉正三刻十分戏毕。

金环交下，赏阿金（人名略）十四名各一两，进喜交下，赏连环阵之人银二十两。

十七日　寅时　大爷封为皇太子。

万岁爷升遐。

敬事房传摘缨子。

八月十七日　寅正叫走大祭。

奴才安福谨奏，为奏闻事，定得昇平署内外分五拨进城。

头拨人　三十八名。　二拨人　八十四名。　三拨人　三十四名。　四拨人　三十三名。　五拨人　三十六名。

共人二百二十五名。谨此奏闻。　此片交肃中堂。

安福奉旨,太后旨,赏每名路费一两,共二百二十五两,十八日至二十二日五拨由热河至城内。

十月初十日　总管首领在储秀宫给懿太后行万寿礼。

同治朝年

同治元年

恩赏日记档

正月初一日　伺候乐,站喜竹,站乐。寅正叫走。

两宫皇太后慈宁宫受贺,中和乐伺候,设乐不作。

辰初,万岁爷乾清宫受贺,中和乐伺候,设乐不作。

辰正,恭亲王率王大臣等行礼,中和乐伺候,设乐不作。

万岁爷给两宫皇太后行家礼,未设乐不作。

四月初六日　旨,放李三德本学七品首领,韩福禄本学八品首领。

四月二十五日　母后皇太后加徽号曰慈安皇太后。圣母皇太后加徽号曰慈禧皇太后。

九月初九日　寅正二刻万岁爷景山永思殿换缟素。

两宫太后、万岁爷观德殿上祭送金棺至景山东门毕,出朝阳门。

至东直门外中伙庙跪送毕,用膳、更衣、换服,进朝阳门、

地安门,由景山东西门进神武门还宫。

棺出地安门、东直门,昇平署总管、首领、太监送至东直外中伙庙儿筵前,当差首领一名、太监十名送至东陵,俱穿素服,代无缨帽,十五日由东陵差毕,回至本署。

同治二年

恩赏日记档

七月二十三日　总管内务府衙门来文,同治二年七月二十二

日由内阁抄出，奉上谕，朕奉慈安皇太后、慈禧皇太后懿旨，文宗显皇帝龙驭上宾，倏经三载，本年十月，即届释服之期，春露秋霜，曷胜凄怆。我朝定制皇帝于释服后，一切庆典均应次第举行，惟念梓宫尚未永远奉安，遥望殡宫，弥深哀慕，若将应行庆典一切照常举行，于心实有不忍。除朝贺大典均仍照常举行外，其各项庆典及内外王公大臣筵宴应如何分别举行、停止之处，着议政王、军机大臣、御前大臣会同礼部等衙门妥议奏闻。至万寿礼节，向有赏王大臣听戏筵宴，着一并停止，永远奉安后，与一切庆典再行照例举行，以符旧制。所有昇平署岁时照例供奉，并着俟山陵奉安后，候旨遵行。其咸丰十年所传民籍人等着永远裁革。钦此。

安福求恩，将民籍人等五十二名裁退，其鼓、笛、随手十二名，筋斗七名，留下当差。

八月十二日　奴才安福谨奏，圆明园来文，八月十九日祭司土神祠，中和乐伺候乐，乐名《庆神欢》，首领太监二十二名，应用行马二十二匹。谨此奏请。

同治三年

恩赏日记档

三月二十三日　辰时，万岁爷乾清宫宝座受王大臣贺，伺候中和韶乐。

五月二十一日　总管安面奉恭亲王谕，交派总管首领等，伊等排差，应在里边。以后不许在外边排演唱戏，亦不许在外园听戏作乐，着严传旨昇平署总管首领太监并随手、筋斗人等知悉。嗣后如有在外排演作乐之人被官人拿获或别经发觉，定将该犯之人从重惩办，并将总管首领一体参处。凛之慎之可也。为此特谕。

同治四年

恩赏日记档

三月初三日　两宫皇太后、万岁爷紫光阁看射马箭，预备德胜鼓。

二十三日　孙代班传佛爷懿旨，万岁爷万寿养心殿伺候丹陛

乐毕,赶乾清宫伺候中和韶乐,以后为例。

九月初二日　下司房传行围之人。

万岁爷于九月二十五日(去东陵)回銮。

二十二日　文宗显皇帝奉安山陵。

二十五日　两宫皇太后、万岁爷驾还宫内。

九月二十八日　李三德、祁进禄面奉谕旨,今后当差不必拘束我是总管,他是首领,着李三德、祁进禄一体同手商量办理。

十月初一日　开戏。

十二月十九日　乾清宫演宴中和乐,伺候小乐器。

十二月二十四日　百子门中和乐迎请万岁爷,至漱芳斋,迎请开戏。

承应《吉曜承欢》一出。

同治五年

恩赏日记档

正月初一日　两宫皇太后慈宁宫受贺,伺候中和韶乐。

万岁爷行礼。王大臣行礼毕,乘轿还家。

绥履殿院内伺候丹陛乐,万岁爷递如意。

平安室院内伺候丹陛乐,万岁爷递如意。

养心殿明殿大公主、荣寿公主行礼,递如意。伺候丹陛乐。

午正　万岁爷乾清宫午宴,承应《膺受多福》(一分)。

未初一刻十分　西佛爷万岁爷同至漱芳斋。

百子门迎请。台上迎请。

不开戏,等东佛爷来再开戏。

未初三刻　东佛爷至漱芳斋。

百子门迎请,台上迎请。开戏。

漱芳斋承应　未初开戏　戌正毕。

《喜朝五位》(一分、二刻)、《题曲》(边得奎　二刻三分)、《探亲》(二刻三分)、《挡谅》(一刻)、《狱神宽限》(堆鬼:杨进升　二刻

四分)、《青石山》(四刻五分)、《乾坤带》(五刻十分)、《赵家楼》(六刻)。

正月十五日　漱芳斋承应

《东皇布令》、《蒙正逻斋》、《苦过滑油》、《倒打杠子》、《罗梦》、《藏舟》、《三气》(李平安)、《懒妇烧锅》、《请美猴王》、《胖姑》、《胭脂雪》。

巳正二刻八分开戏,酉初戏毕。

上留《胭脂雪》总本。

十六日　上留《雅观楼》、《飞虎山》总本。

二月二十七日　奴才李谨奏,为奏闻事。前曾奴才讨要在额数随手一名,续行挑补承应,今于二月二十六日奴才挑得大锣唐宝海(年二十六岁,苏州人),补替当差。奴才求恩,照例赏给唐宝海每月钱粮银二两、白米十口、公费钱一贯。谨此奏闻。

三月初一日　漱芳斋　《杜宝劝农》、《回山见兄》、《法场劫救》。

上留《劝农》本。

三月十九日　上派万寿戏单:二十二日开场《万年甲子》,团场《四海升平》,当中小戏。二十三日开场《福禄寿》,下来小戏《小妹子》、《万国嵩呼》,下来小戏《夜奔》,团场《太平有象》、《万寿无疆》。明年照旧。

七月十二日　宁寿宫承应开场大《福禄寿》(放牲)。

团场《太平有象》、《万寿无疆》。

长春宫承应开场《锡福延龄》(二出)、小《福禄寿》(放牲)、团场《平安如意》。

十月初九日　范常禄传,以后承应什么戏,将上有的本子查出来,随题纲单安上。

旨,《洞仙庆贺》完出去。

十一月初三日　奴才李三德谨奏,于十一月初三日,奴才母亲病故,为此奴才叩恳佛爷赏假。谨此叩请。

旨,赏假二十一日。东、西佛爷各赏李三德银二十两。

旨意档

四月十二日　同日，总管奏准，七月十二日，佛爷万寿圣节，承应《福禄寿》、《四海升平》、《太平有象》、《万寿五疆》、《洞仙庆贺》。

差事档

正月初一日　乾清宫午宴承应《膺受多福》(一分)。

漱芳斋承应　共长二十五刻七分。

初二日　漱芳斋承应　共长二十四刻十分。

十三日　乾清宫午宴《景星协庆》(一分)　同日漱芳斋承应。

十五日　漱芳斋承应长春宫伺候万年如意灯。

十六日　乾清宫午宴承应《海不扬波》(一分)。

漱芳斋承应。

十九日　漱芳斋承应。

长春宫承应《天官赐福》、《探母》、《叹陵》。

十五日　漱芳斋承应　共长二十五刻。

二十二日　漱芳斋承应《万年甲子》、《蟠桃会》、《御林郡》。

二十三日　漱芳斋承应《福禄寿》、《小妹子》(边得奎)等。

四月初三日　漱芳斋承应　共长三十六刻　巳正二刻五开戌初十分毕。

初八日　漱芳斋承应《六祖》、《讲经》、《铡美》、《南阳关》。

十五日　漱芳斋承应《添筹称庆》。

七月初一日　漱芳斋承应《万福云集》、《铡美》、头本《阴果报》、《骂曹》、《泗洲城》等。共四十刻四分。

初七日　漱芳斋承应《祝福呈祥》、《小妹子》等。

十一日　漱芳斋承应《喜洽祥和》。

十二日　漱芳斋承应大《福禄寿》　共长十二刻十分　巳正五分开，未初戏毕。

长春宫接戏《锡福延龄》、小《福禄寿》共长十九刻一分。

未初三刻开戏，酉正一刻十分毕。

十三日　漱芳斋承应《芝眉介寿》、《镇檀州》。共长三十二刻

十三分。

十五日　漱芳斋承应《佛旨度魔》、《斩郑恩》、二本《阴果报》。

八月初一日　漱芳斋承应《万民感仰》。

十五日　养心殿月供前念斋意。

十七日　漱芳斋承应《丹桂飘香》等。二十三刻十二分。

九月初一日　漱芳斋承应《九华品菊》。

十五日　漱芳斋承应《萧后打围》、《铁弓缘》。二十二刻十分。

十月初一日　漱芳斋承应《花甲天开》、《赶妻》、《大保国》、《打杠子》等。

初九日　漱芳斋承应《芝眉介寿》、《蟠桃会》等。三十一刻。

初十日　漱芳斋承应《福禄寿》(放牲)、《尼姑思凡》等。二十八刻。

十五日　漱芳斋承应《灵山称庆》、《戏妻》、《骂寨》、《摩天岭》、《单观星》、《斑鸠镇》。

十一月初一日　漱芳斋承应《喜溢寰区》、《滚鼓山》、《赵家楼》、《吴天关》、《长叶林》。

十二月三十日　漱芳斋承应《如意迎新》、《夜奔》、《庆成》、《花鼓》、《请美猴王》、《倒打杠子》、《琴挑》、《水斗》。

同治六年

恩赏日记档

正月十八日　漱芳斋掌仪司伺候玩艺十二当，午初二刻上，申初三刻十分毕。

圣手折兰(八分)、幼童筋斗(十二分)、海底捞沙(十分)、拾锦杂耍(一刻)、五音大鼓(一刻三)、滴水成冰(七分)、桌上筋斗(十分)、众星献瑞(八分)、吕公接缘(一刻十四分)、八角鼓词(四刻十)、五音大鼓(一刻十三)、一统万年(十分)、艺人播米(五分)。

内学里外随手接吹打《德胜喜遇》(二刻五)。

二月初四日　漱芳斋承应　上留《威赫辽邦》本子。

十六日　漱芳斋承应　上留本:《千春燕喜》、《议取东易》、

《打虎》。

三月十二日　孙代班传旨,二十二日、三十三日宁寿宫伺候戏,每日两半时辰。

十五日　上留《行围得瑞》净本。范代班传旨,将《行围得瑞》本上,上御宴前,前去撤去。

十六日　范代班传旨,《行围得瑞》戏内添舞刀、舞鞭、回子乐。

三月二十一日　漱芳斋伺候掌仪司玩艺

未初一刻十二分上,酉正二刻十二分毕。

《四海升平》(十分)、《太平有象》(十四分)、平地筋斗(十二分)、五音大鼓(二刻二分)、荷莲见喜(十三分)、巧播香蜡(十三分)、单杯取酒(一刻)、《万寿无疆》(一刻一分)、瓶生三戟(一刻一分)、巧夺云圈(一刻)、水战凉亭(七分)、八角鼓词(七刻十二分)、艺人播米(六分)、福如东海(四分)、巧变金钱(一刻)。

七月十二日　漱芳斋　《福禄寿》(放牲)、《小妹子》。

九月二十八日　佛爷派得初十日之戏:《福禄寿》唱完,《题曲》(马喜顺)、《胖姑》、《蜈蚣岭》、《藏舟》、《问路闯界》、《三元店》、《三气》。

佛爷又派得《舟配》、《诧美》、《拾画叫画》、《梳妆掷戟》、《亭会》、《学堂》、《刺虎》、《三气》、《乔醋》。

十月十三日　奴才李三德谨奏,为挑补大粮缺分事。民籍鼓板殷钟林病故,所遗二两五钱之缺,奴才拟得民籍鼓板唐阿招差使颇好,今奴才叩恳佛爷鸿恩,赏给唐阿招补替二两五钱之缺。谨此叩请。

十一月初三日　奴才李三德谨奏,为奏闻事。蒙佛爷施恩,续挑鼓板一名,今奴才挑得四喜班鼓板张松林(年四十九岁,苏州人)补替当差,奴才叩祈恩施,照例赏给张松林每月钱粮银银二两,公费钱一串。谨此奏请。

十二月十五日　西佛爷赏总管银四两,首领四名,各银三两,太监银二两。

东佛爷赏太监银四两,钱二串。

知会档

三月十四日　知会　盔头作、钱粮处、内学、走场、随手、中和乐、工程处，三月二十二日辰时在宁寿宫祭祀台神，内学首领照旧拈香。

昇平署后台帖传后台工程处，三月二十二、二十三日万寿圣节，在宁寿宫承应戏，福台、禄台、仙楼、天井、后台大云板、四云兜铺设毡片齐备，以备承差。为此帖传。

十九日　知会　钱粮处首领吕，三月二十三日乾清宫伺候站喜竹，西边随总台养心殿恭行万寿礼。大人戏单四十五个，夏爷顺红皮二个，打散四十个，御前十二个，韩顺红十个，打散二十七个，备代顺红十二个，打散七十六个。

同治七年

恩赏日记档

五月初五日　范代班传旨，今日之戏唱至《蝎虎吞儿》毕。

八月初六日　漱芳斋承应《天香庆节》（前八出）。

十五日　漱芳斋承应《天香庆节》（后八出）。

酉时　万岁爷养心殿月供前拈香，伺候念斋意，内学随乐。

旨意档

七月十三日　昇平署总管奉佛爷旨意，今后后台当差之人不准在后台吃烟，一切闲杂人等不准在后台听戏。

同治八年

恩赏日记档

正月初一日　行礼伺候乐之人三四五早，大众八大钟叫走。辰正二刻进门。

辰时两宫皇太后慈宁宫受贺，中和乐伺候中和韶乐。

万岁爷率王大臣行礼毕，给两宫佛爷递如意。

养心殿公主、妃嫔等位递如意。

总管、首领官职之人在慈宁宫给两宫佛爷行礼毕,

在乾清宫给万岁爷行礼。

两宫佛爷赏中和乐伺候乐首领太监银十两。

午正　乾清宫午宴承应宴戏《膺受多福》、《万福攸同》。

午正二刻　宴毕。

内殿交下,赏都福星乔荣寿小卷蓝吉绸一件。钟馗四十名,每名一两重银锞一个。

赏总管、首领、官职太监等高头冷宴照旧。

午正三刻十分　漱芳斋承应戏《喜朝五位》(一分)。

酉初三刻戏毕。

正月初八日　奏初十日戏单。赏总管、首领、官职太监红黄柚一桶(总台五个、首领九名、官职太监五名,每名一个)。

初九日　赏总管、首领、官职太监等得辛供蜜食一品、素菜一品、米面炉食一品、米面点心一品、蒸食。

二月二十二日　由造办处来文,大婚礼仪先期预备应办事宜,一文奏片,百花衣、补服衣、乐器。

七月二十六日　敬事房传旨,八月初一日、十五日漱芳斋伺候戏。

二十八日　奏初一日单,递上派戏单。戏单上留。

《神谕》(郭福喜)、《绒花记》(何庆喜一行儿以下小人们查着使)、《鱼篮记》、小《十字坡》、《蒋干盗书》(何庆喜)、《温凉盏》(何庆喜、夏庆春,小人们学)、《棋盘会》(孔得福、姚得禄、姚长泰教)、小《奇双会》(不论门,不论嗓子,有嗓子就唱)、《吟诗脱靴》(乔荣寿李太白、边得奎)、《君臣奕(弈)棋》、《徐母击曹》(欧来喜)、《闻铃》(乔荣寿　昆腔)。

九月二十六日　印刘传西佛爷旨,着刘进喜、方福顺、姜有才学二簧鼓、武场,张进喜学武场。王进贵、安来顺学二簧笛、胡琴、文场,不准不学。

十月十六日　奴才李谨奏,为昇平署筋斗永林于十月初八日病故,按例补挑筋斗额缺一名,奴才请佛爷旨意,交内务府,由掌仪司挑选熟习筋斗一名,送至昇平署挑选,以备承差。谨此奏请。

同日　增禄传旨，佛爷朱笔，教昇平署学唱《偷诗》、《叫画》、《跳墙着棋》、《醉归》、《独占》、《断桥》、《瑶台》、《游园》、《惊梦》、《双官诰》、全本《风筝误》。

西佛爷赏昇平署太监一名：老生　冯双才　年十岁　系武清县民，陆得喜教。

十七日　传随手、筋斗、写字人即刻上去，进中正殿门，至长春宫。

旨，明日里外随手、筋斗、写字人上，辰正动身。

十八日　张回事传旨，每日出门时刻不准过五大钟。旨，不再传，见天如是。

十一月十五日　五六七早　辰初二刻进门，午正二刻开戏。长春宫承应。

交净本《君臣奕棋》。

恒英传旨，《君臣奕棋》时刻短，著唱时刻长的。

十二月十七日　今日奉旨，内学拟正食三两八品官职太监白兴泰赏放本学八品首领。张回事传旨，总管李三德赏食三两钱粮，原品休致，准其为民。

十二月十八日　赏祁进禄本处六品总管。

差事档

十月初一日　长春宫伺候《朱砂痣》、《闻铃》。

初二日　长春宫伺候《花甲天开》、《神谕》。

初三日　长春宫伺候《华山》、《樊江关》。

初四日　长春宫伺候戏。

初五日　长春宫伺候《甘露寺》。五刻。

初六日　长春宫伺候《还乡》。一刻一。

初七日　长春宫伺候《刺虎》。二刻。

初八日　长春宫伺候《听琴结拜》。二刻五。

初十日　长春宫伺候《福禄寿》（放牲　十分）、《神谕》（郭福喜、安进禄　二刻）、《摔琴》（二刻六）、《十字坡》（三刻）、《夜奔》（安

进禄,姚得禄教　一刻)、《樊江关》(二刻七)、《鱼篮记》(八出　十刻)、《万寿无疆》(二刻)。

十一日　长春宫伺候《荣归》(即是《还乡》,一刻一分)、《乔醋》(马得安、李福贵　二刻)。

十二日　长春宫伺候戏。

十三日　长春宫伺候戏。

十四日　长春宫伺候戏。

十五日　长春宫伺候戏《火云洞》(全的)。四刻十。

十六日　长春宫伺候戏《三进士》。六刻。

十七日至二十九日,每日里外随手、筋斗人、写字人、听差人至长春宫伺候差事。

十一月初一日　长春宫伺候戏《绒花记》(八出)。八刻。

十四日　长春宫伺候戏。

十五日　长春宫伺候戏《君臣弈棋》。二刻。

十一月二十日　长春宫伺候差事。

十二月初一日　漱芳斋承应　未正四分开戏。

《膺受多福》(一分)二刻、《穆柯寨》三刻五、《亭会》(马得安、李福贵)二刻。

十二月二十九日　长春宫承应

《如愿迎新》(跳灵官　二刻十)、《甘露寺》(五刻)、《乔醋》(马得安、李福贵　二刻)、《打龙棚》(安进禄、李得安、丁进寿　二刻十)、《神谕》(郭福喜、安进禄　二刻)。

散角档

正月初四日　散　乱《烈火旗》,总本全角交与祁处。

初五日　散　乱《五台会兄》,总本全角交与祁处。

同治九年

恩赏日记档

三月十二日　奴才祁进禄谨奏,为题奏礼节差务事。现今(奴

才的)万岁爷大婚典礼在迩,礼成之后,(奴才的)万岁爷万寿圣节应入午宴,伺候章乐宴戏《青牛独驾》,转宴《环中九九》。奴才今又思维,佛爷正庆典礼之年将临,奴才筹画,查例理应伺候,佛爷升殿入午宴,(奴才的)万岁爷亲行进酒伺候,章乐宴戏《慈容衍庆》,转宴《蝠献瓶开》,奴才谨按旧例,查明俱用多人,现时本学连小人数不敷用,《环中九九》同场人八十七名。况礼节差事且近,虽有小人学演,奈无教习,学差非一时可成。奴才蒙佛爷鸿恩,赏放总管,奴才劬劳尽瘁,报效当然,奴才再四思维,惟有叩祈佛爷鸿恩,准其奴才与内务府大臣讨要昆腔教习十数名,教演小人接续当差。如蒙恩准,奴才另写启帖,禀见内务府大臣,向外班挑选昆腔教习。谨此叩请。

奉佛爷旨意不允,以后不准开此端。

三月二十九日　奴才祁进禄谨奏,为昇平署筋斗人文义因病不能当差,驳回本旗,裁退二两钱粮银米,所遗筋斗额数一缺,奴才请佛爷旨意,交内务府由掌仪司挑选熟习筋斗人一名,送至本署挑选,以备承差。谨此奏请。

此片交堂。总管见大人。四月十三日掌仪司交进筋斗常连,年十八岁。

四月初七日　奏初九日单。总管递《取帅印》、《取荥阳》正角单一个,上留。俟后备用什么戏,写什么戏,随单奏。

四月十五日　恒英传旨,以后乱弹戏不准中和乐、钱粮处之人上场,如人不敷用,总管、首领人等俱可上场。

十月十五日　于十四日慎刑司交进内学初次逃走太监于进福,重责四十板,打去帽子,三个月不准出门。俟有差之日方许出门。

二十九日　奴才祁谨奏,为求恩事。今因中和乐食三两副首领赵喜旧有腿疾之症,近因血脉不周,起跪不利,实系不能充当首领之差,情愿辞退首领,当太监差使。奴才叩恳佛爷鸿恩,将赵喜首领革去,赏食新二两五钱钱粮,当太监差使。谨此奏请。

奉佛爷旨意,以后不准写赏新二两五钱,旧(就)写赏食二两钱粮。

十一月十六日　奉旨,祁进禄革去六品官职,赏食三两钱粮,准其为民。

恒英传旨,内学七品首领韩福禄赏放六品总管,每月食五两钱粮米石;内学八品首领姚长泰赏放七品首领;内学八品官职太监边得奎赏放本学八品首领。

恒英传旨,内学八品首领姚长泰赏放本学七品首领,不准推辞。如若推辞,带上去重责。

十二月二十九日　奏二十九日、正月初一日、初二日单。

旨,着总管韩下去,此三日单添上二簧戏,下来插得单,复奏总管,带写字人上去伺候着。

旨,着净插二簧戏,不要《如愿迎新》。

在上查得二十九日单　《仙圆》、《戏妻》、《打龙袍》、《演礼》、《战长沙》、《探窑》、《神谕》、《樊江关》、《洒金桥》、《独占》、《刺汤》、《穆柯寨》。

正月初一日单　《喜朝五位》(一分)、《拾画》、《五台会兄》、《闻铃》、《金锁阵》、《絮阁》、《绑子上殿》、《乔醋》、《朱砂痣》、《温凉盏》。

初二日单　《喜洽祥和》、《夜奔》、《甘露寺》、《游园惊梦》、《嫁妹》、《偷诗》、四本《取荥阳》、《珍珠配》。

旨意档

三月十一日　奉朱笔　《奇双会》、《温凉盏》、《乔醋》、《火云洞妖》(观音:姚)、《神谕》、《鹊桥密誓》、《絮阁》、《昭君》、《鱼篮记》、《蒋干盗书》、《藏舟》、《梳妆掷戟》、《徐母击曹》。二十二日单内《温凉盏》、《奇双会》;二十三日单内《鱼篮记》。其余朱笔戏出两天内抟。

三月二十三日　范代班传旨,赏郭福喜食三两钱粮。

七月初九日　增禄传旨,着内学将音乐焰口学出来,明年七月十五日伺候。上派学焰口之人:齐双喜、何庆喜、姚得禄、郭福喜、欧来喜。

备用:陈双喜、王禄、马得安、李得安、安进禄。

上派学音乐之人着内学随手学,不必用中和乐之人。如学音

乐人不敷用，着白兴泰、姚长泰、边得奎、孔得福、张得安、张春和学习。再不敷用，着总管、首领再派人。

日记档

六月　早学唱对《五强谮景》、《冒名进鱼》。

八月十四日　同日，前边具来学音乐人：

笙　孔得福、马喜顺；

管子　安来顺、张进寿、侯玉禄、白进贵；

笛　任得成、王进贵；韵锣　赵永清、李得安；

鼓　方福顺、姜有才；铙　孙进安、张进喜；

钹　刘进喜、张得安；铛子　张春和、边得奎；

铛子　袁庆喜、乔荣寿。

同治十年

恩赏日记档

正月十五日　恒英传旨，万年长春富贵灯撤去，上点《九鬼对叉》，戏内着伺候音乐焰口。

三月十七日　由孚郡王府交进，赏昇平署太监三名：箫　沈永和，年十七岁，系大兴县民；笙　赵永顺，年十八岁，系大兴县民；鼓　胡永祥，年十九岁，系大兴县民。

二十二日　总管韩福禄奉旨，传与中和乐首领，新进小人们着学昆乱戏。

二十二日　李回事传旨，传与总管，着内学新进太监学外边昆腔乱弹。当面又传，着中和乐太监学昆腔乱弹，准其外学调用。钦此。

二十四日　四五六二刻早，辰初进门。

漱芳斋承应　巳初二刻十分开戏，戌正一刻毕。戏毕念佛。

《祝福呈祥》、《独占》(魏成禄、马得安、陈德瑞)。郭福喜银十两，魏成禄银六两。

张回事传旨，传与总管，每遇昆弋乱弹安功课折，要四十扣二块，要黄黑红签，要活签，按单式样，每扣要十六出。每遇承差，安

单二块,按此样要二十扣。

四月初一日　张回事传旨,以后改戏,不准贴白签,贴黄签。

初八日　杨回事传旨,《战长沙》关公角着郭福喜学。

五月十三日　奴才韩谨奏,恭为大婚礼伺候中和韶乐,应用百花衣,补服衣不敷用,添办百花衣八十八件,随褡包;补服八十八件,随褡包。奴才请旨教导,如蒙俞允,交内务府大臣办理,着交衣库成做。谨此奏请。

十六日　当日上留漱芳斋安二十扣戏单一块,昆弋十八出,乱弹五十出。

六月十四日　奴才韩福禄谨奏,为奏闻事。自去岁七月间,奴才遵旨着内学太监等习学音乐瑜伽,施食焰口,奴才奏请万善殿僧人教念焰口,习学音乐,至今排演学得,恭候承差,奴才请旨教导日期伺候。谨此奏闻。

奴才韩福禄谨奏,为伺候焰口,太监等应用僧帽二十四顶,僧衣二十四件。谨此奏请。

十六日　佛爷赏成作僧衣二十四件银一百三十四两。

十六日　奉佛爷旨,伺候《慈容衍庆》、《蝠献瓶开》。

七月十三日　西佛爷赏郭福喜僧名宽海。

九月初一日　御前传旨,以后万岁爷戏单上不用画圈点点。

十三日　奴才韩谨奏,为求恩事。恭为大婚典礼,差务甚重,奴才与首领姚长泰筹核承差之人实不敷用,临时承应《八佾舞虞庭》等典礼差事,恐其贻误,奴才等耽待不起,叩请佛爷天恩,赏给民籍学生三、四十名,学习官差,以备大婚典礼承差所用,如蒙俞元着交内务府大臣办理。谨此奏请。

佛爷旨意不准。

十五日　邵三喜传旨,下段《普天乐》有张洪角、郭福喜上,有包公角安进禄上,无张洪角包公角郭福喜上。

十月初七日　敬事房传旨,赏给承应戏之人等制钱五十串,上去会合谢恩。

初九日　伶平传旨,以后西皮二簧随笛。

日记档

十二月二十日　昇平署内学传盔头作范头目于十二月廿一日急到本署,将《升平雅颂》切末式样急速送至本学,好合对排演。莫误。

同治十年七月　立“乱弹之戏人名次序”

《金锁阵》　头:马得安、何庆喜；　二:郭福喜、齐双喜。

《孝廉报》　头:李得安、常得禄、王进福;二:冯文才、王安。

头本《雌雄镖》　头:郭福喜、马得安、魏成禄;二:欧来喜、李福贵、王进福。

《刺汤》　头:常得禄、魏成禄;二:丁进寿、李得安。

同治十一年

恩赏日记档

正月初一日　范代班传旨,《喜朝五位》小人学习乱弹杂戏,昆弋戏等俱要吉祥曲子话白。

范代班又传旨,着唐阿招编吹打,俱要吉祥名色,多编几套。

二月初三日　封皇后、慧妃、瑜嫔、珣嫔、瑨贵人。总管、首领等道天喜,进如意。

三月十三日　恒英传旨,于三月十四日起,着会唱乱弹二簧之人、筋斗随手上去,每日进中正殿门至长春宫,未正到齐。

增禄传旨,今日筋斗、随手伺候戏之人即刻上来,长春宫伺候戏。

五月十六日　恒英传旨,问大婚伺候甚么戏?写黄纸片回奏,《升平雅颂》。

恒英又交下,《瑶林香世界》、《慈容衍庆》、《螽斯衍庆》、《喜溢寰区》四本。教将曲子、话白、排儿名当改则改吉祥句子,不必拘束。赶写净本。

十九日　交(佛爷、皇后通用,改准了的)《慈容衍庆》、《螽斯衍庆》、《瑶林香世界》、《喜溢寰区》净本,六月初九日交下四个本。

六月初一日　五六七旱　辰初二刻进门。

漱芳斋承应　酉正一刻开戏,戌初十四分戏毕。

上撤《南浦》(马得安、王进福)。

初九日　增禄传,加徽号伺候《慈容衍庆》,将传过切末加减上。

初十日　连英传旨,大婚礼用,旨叫学,全本《金鹊记》、全本《罗衫记》、《双官诰》、《打棋盘》。《昭代箫韶》挑热闹排数段,不要死,不要彩。外挑旧有切末使用。

六月十二日　奴才韩谨奏,为求恩事。恭为大婚典礼差务甚重,奴才与姚长泰敬谨排演宴差、开场等戏,按现时人数不够承应使用。又在临期如赏王大臣看戏,犹恐承差贻误。奴才与姚长泰再四思维,无法筹核,叩恳佛爷天恩,赏给奴才民籍学生按十门角台、随手、管箱等各三四名,以备学习承应。奴才等叩恳佛爷施格外鸿恩,如蒙俞允,交内务府大臣办理。谨此奏请。

佛爷旨意不准。

连英传旨,大婚礼用全本《金鹊记》、全本《罗衫记》、《双官诰》、《打棋盘》、《金殿复旨》、《暗护銮舆》、《兵围魏府》,着大小人学。

旨,中和乐《平沙落雁》、《良霄(宵)引》找人学习。着首领姚排演伺候。

九月初四日　总管苏传:十三日瑜嫔、珣嫔、瑨贵人于卯刻进宫。永和宫进彩亭伺候丹陛乐。景仁宫进彩亭伺候丹陛乐。瑜嫔、珣嫔、瑨贵人至钟粹宫给东佛爷行礼,伺候丹陛乐。长春宫给西佛爷行礼,伺候丹陛乐。

十四日卯刻　慧妃进宫,永和宫进彩亭伺候丹陛乐。慧妃还永和宫,伺候迎请。慧妃拈香,伺候丹陛乐。钟粹宫给东佛爷行礼,伺候丹陛乐。长春宫福华门外中和乐伺候迎请。慧妃给西佛爷行礼,昇平署随手伺候细乐。

十七日辰初　皇后主子演礼。

十八日卯正　慈宁宫行礼。

初五日　钟粹宫、长春宫、储秀宫安乐,西佛爷赏安乐总管、首领、太监、苏拉等银一百两。

同治十一年九月初五日　未正　广储司银库呈交昇平署金钟

十六口，据工部验匠磨验，约系三成色金，计开：

黄钟 钉眼二块；太簇 钉眼二块；姑洗 钉眼二块 大小砂眼四个；蕤宾 钉眼二块 补二块；夷则 钉眼二个 补三块；倍夷则 钉眼三块 砂眼三块 补三块；无射 钉眼二块 砂眼二个；倍无射 钉眼二块 砂眼无数 补九块；大吕 钉眼二块 边场一块；夹钟 钉眼二块 砂眼一个 补二块；仲吕 钉眼二块 补六块；林钟 钉眼二块 砂眼三个；南吕 钉眼二块 补二块 砂眼一个；倍南吕 钉眼二块 补二块 砂眼无数；应钟 钉眼二块 补五块；倍应钟 钉眼二块 补二块 砂眼无数。

银库无品级司库松龄、库使德善、常年、景隆、瑞龄、文炳、成祥、长治、德庆、思联、柏唐阿五名、匠役四名、苏拉八名敬谨压(押)送至中正殿，交与昇平署查收。

初七日 长春宫首领汪成庆传旨，初九日灵官扫台使黄烟，不使炮章。

十五日 三四五二刻早 卯正进门。

长春宫承应 巳正八分开，亥正毕。

《吉曜承欢》

范代班传旨，慧妃来去接送，中和乐迎请。以后为例。

十六日 三四五二刻早 卯正进门。

长春宫承应 辰初三刻八分开，戌初一刻五分毕

《螽斯衍庆》

九月十三日 长春宫承应(开场)《五代五福》。

十四日 长春宫承应(开场)《喜溢寰区》。

十五日 长春宫承应(开场)《吉曜承欢》。

十七日 慈宁宫午宴《列宿遥临》。

转宴《双星永庆》。

长春宫承应(开场)《万福云集》。

十八日 长春宫承应(开场)《祝福呈祥》。

十九日 慈宁宫午宴《万花向荣》。

转宴《御苑献瑞》。

长春宫承应(开场)《三元同庆》。

九月二十一日　长春宫承应　巳正一刻开戏,戌正二刻毕。

奉旨,昇平署六品总管韩得禄赏放五品顶戴,食七两钱粮。

十月初七日　四五六早　伺候乐之人三四五早大卯,卯正二刻进门。

两宫佛爷至慈宁宫,进奏书,中和乐伺候中和韶乐。

十月初七日因错礼节差务。

十月初七日　总管苏得奉旨,将昇平署五品官职总管韩福禄摘去顶戴,罚月银一年,仍当总管差使。中和乐八品首领吴吉福着摘去顶戴,罚月银一年。没官职首领王禄罚月银一年六个月。此二名仍当首领差使。钦此。

十月十二日　敬事房传,十九日卯时,景仁宫瑜嫔、珣嫔接册。

钟粹宫给东佛爷行礼。长春宫给西佛爷行礼。养心殿给万岁爷行礼。储秀宫给皇后行礼。永和宫给慧妃行礼。

十月十四日　总管苏得奉旨,昇平署五官职总管韩得禄仍赏还五品官职总管。

十月十九日　瑜嫔、珣嫔在景仁宫接册。中和乐伺候乐。

瑜嫔赏总管韩福禄银三两;首领姚长泰、吴吉福二名各二两;太监十六名各一两。

珣嫔赏总管韩福禄银三两;首领姚长泰、吴吉福二名各二两;太监十六名各一两。

十一月初一日　五六七早,辰初二刻进门。

长春宫承应　申初一刻五分开戏,戌正一刻四分毕。

《贤王叹景》。

广储司交到买办银一百两。

初二日　奴才韩谨奏,为请旨撤乐事。毓庆宫安设小乐器一分。今现在永和宫安设,撤乐仍归毓庆宫安设。广储司交进金编钟十六口,现在长春宫安设。撤金编钟奴才入帐,广储司存收。奴才请旨教导。

奉旨,金编钟着西库存收。

二十二日　敬事房传旨，十二月初一日，慧妃生辰伺候乐。

二十四日　奴才韩谨奏，于十一月二十二日，敬事房传旨，十二月初一日慧妃娘娘千秋，长春宫、钟粹宫、养心殿伺候丹陛乐。永和宫安中和乐，伺候丹陛乐。谨此奏请。

十二月初一日　伺候乐之人一二三二刻早　大卯四五六早卯正二刻进门。

漱芳斋承应　巳正二刻五分开，亥初三刻五分毕。

《福禄寿》、《瑶台》(马得安、李福贵)、《螽斯衍庆》。

西佛爷赏总管、首领、太监、外边人等饭吃。在西厂子、养心殿、钟粹宫、长春宫、永和宫，中和乐伺候丹陛乐。

广储司交到随包银一百两。

旨意档

八月初二日　韩、姚奉谕旨，九月十七日、十九日、十月间俱按午宴伺候宴戏，今着内学小人们赶紧学习昆弋杂腔，不必一个人习学一个角，总要有备用，亦不必分门，俱都可学，亦防插单碍场。总要忠孝节义的，不要玩笑戏。

差事档

正月初一日　乾清宫午宴承应《膺受多福》，转宴《万福攸同》。

长春宫承应《喜朝五位》。

初二日　长春宫承应《五虎平西》、《偷诗》、《佳期》。

初十日　长春宫承应《万福云集》、《搜孤救孤》。

十三日　乾清宫午宴《景星协庆》。

长春宫承应《喜溢寰区》、《战长沙》(四刻)、《醉写》。

十五日　长春宫伺候《东皇布令》、《连环套》、《富贵灯》。

十六日　乾清宫午宴《海不扬波》。

长春宫伺候《喜洽祥和》、《雪杯圆》。

正月十九日　漱芳斋伺候《圣母巡行》、《孝廉报》。西厂万年如意灯。

二月初一日　养心殿太阳供前念斋意人:白兴泰、张长庆、陆得喜、郭福喜。

配乐人:方福顺、王进贵、姜有才、安来顺、张进喜。

初四日　长春宫伺候《吉曜承欢》、《彩楼配》。

《十字坡》、《朱砂痣》、《双盗钩》。

二月十七日　漱芳斋伺候《华容道》。

三月初三日　漱芳斋伺候《红桃山》。

十三日　长春宫伺候《拾镯》、《斩子》。

十五日　长春宫伺候《吉祥道场》未正开。《空城计》、《独占》、《醉写》。

十六日　长春宫伺候《寄柬》、《游园》、《惊梦》、十二本《赐祭还阳》。

十七日　长春宫伺候《神谕》、《烈火旗》。

十八日　长春宫伺候《复旨斩判》。

二十二日　宁寿宫承应《万年甲子》、《夜奔》、《肃苑》、《大士收婴》、《题曲》、《打虎》、《夺秋魁》、《神谕》、《奸遁》、《寿祝万年》。

二十三日　宁寿宫承应《福禄寿》、《玩笺》、《吃茶》、《罗卜行路》、《十字坡》、《洞仙庆贺》、《昭君》、《拾画》、《万寿无疆》。二十四刻三分。

四月初一日　漱芳斋承应差事。

初八日　未初在长春宫院内跳灵官,四十名。

酉初在漱芳斋伺候戏《六祖讲经》、《独占》。

十五日　漱芳斋承应《仙圆》、《观星》。

五月初二日　漱芳斋承应头本《阐道除邪》一至九出。

初五日　漱芳斋承应十至十六出,二本。

内加当儿　《吵子中幡》、《戏凤》、《扑蝴蝶》、《芦花河》、《大头和尚》、《牧虎关》、《狮子》、《藏舟》、《文昭关》,接二本。

十六日　漱芳斋伺候《大战高丽》,三刻十分。

六月初一日　漱芳斋伺候《御碑亭》,四刻十二分。

十三日　长春宫伺候《雪杯圆》。

十四日　长春宫伺候《华容道》。

十五日　漱芳斋伺候二本《御碑亭》,三刻十。

长春宫伺候《牧虎关》,三刻十。

十六日　长春宫伺候《还乡》,一刻一。

十七日　长春宫伺候《刺汤》,二刻十。

十八日　长春宫伺候《神谕》、二本《应天球》。

十九日　长春宫伺候三本《取荥阳》。

二十日　长春宫伺候头本《应天球》。

二十一日　长春宫伺候八本《普天乐》。

七月初一日　漱芳斋承应《游园惊梦》、《计建降台》。

初七日　崇敬殿念斋。

同日,漱芳斋伺候。

七月十一日、十二日、十五日漱芳斋承应。

八月初一日、十五日漱芳斋承应。

九月初一日　漱芳斋承应。

(编者按:九月初九日至二十六日,每日长春宫伺候,时间约为二刻至六刻。十月初一、二、三、五、六、七、八、九、十、十一、十二、十三、十四、十五、十六日,长春宫伺候。因均未列剧名,不另摘抄。)

十一月初一日　长春宫伺候。

二十一日　长春宫伺候。

十二月初一日　漱芳斋伺候。

初二日　漱芳斋伺候。

初三日　漱芳斋伺候。

三十日　长春宫伺候《升平除岁》、《连环套》、《御碑亭》。

乾清宫午宴《金庭奏事》。

转宴《锡福通明》。

日记档

九月初二日　特传朱笔,《吉曜承欢》星君白:恭逢皇上大婚,贵妃朝见,时逢燕喜,万国咸亨,奉玉帝敕旨,命我等前往神州呈祥

献瑞众吉曜。

十二月初二日　奉总台谕,从今以后,随手、筋斗、写字人、听事等不许远离,以备上传差事,莫误。

同治十二年

恩赏日记档

正月十五日　乾清宫午宴　中和乐伺候中和韶乐。承应《万花向荣》、《御苑献瑞》。

二月初九日　慈宁宫进玉册、玉宝,中和乐伺候中和韶乐。

进徽号　慈安端裕康庆皇太后
　　　　慈禧端佑康颐皇太后

漱芳斋承应　巳正三刻二分开戏,戌初二刻二分戏毕。

《五福五代》、《神谕》(郭福喜、安进禄)、《瑶台》(李福贵、马得安、郭福喜)。

二月十一日　敬事房传旨,总管韩福禄月银赏还,首领吴吉福顶戴月银赏还,首领王禄月银赏还。

十六日　漱芳斋承应　午正一刻十二分开戏,戌初戏毕。

李连才交下,赏里外打鼓银三十三两,里外随手银五十两。

三月初一日　漱芳斋承应《平安如意》,永和宫巳时慧妃演先蚕坛礼。

三月二十二日　乾清宫承应宴戏《青牛独驾》一分。

宁寿宫承应,有大人看戏。《百福骈臻》、《送京》、《泗水关》、《打番》、《蒋干盗书》、《升平雅颂》、《追信》、《出猎》、《瑶林香世界》。

二十三日　万岁爷辰正乾清宫受贺,中和乐伺候中和韶乐。

宁寿宫承应　《福禄寿》、《独占》、《探庄》、《四海升平》、《絮阁》、《百子呈祥》、《庆成》、《万寿无疆》。

二十四日　漱芳斋伺候戏《行围得瑞》、《温凉盏》。

七月十一日　漱芳斋承应戏《五代五福》、《神谕》、《佛会》、《福寿双喜》。

十二日　行礼伺候乐之人二三四早,大卯四五六早,卯正二刻

进门。

卯正一刻佛爷升座受贺，中和乐伺候中和韶乐。

漱芳斋承应《福禄寿》、《闻铃》、《万寿无疆》。

十三日　漱芳斋承应《芝眉介寿》、《玩笺》、《议剑》、《八仙庆寿》。

九月二十八日　奴才韩谨奏，为奏闻事。因内学民籍学生随手笛方国祥于九月二十七日病故，现有伊子方秉忠随伊父学习随手颇好，今奴才叩佛爷万岁爷鸿恩，将方秉忠现年十八岁，补替承差。为此奏请。

十月初九日　四五六早　卯正二刻进门。

长春宫承应　午初三刻五分开，戌正二刻毕。戏毕念佛。

《八仙庆寿》、上撤《打虎》、上撤《南浦》、上撤《乔醋》，记载下来。

初十日　大礼伺候乐之人二三四早，大卯四五六早，卯正二刻进门。

长春宫承应《福禄寿》、《四海升平》、《万寿无疆》。

十一日　长春宫承应《福寿双喜》、《乔醋》、《投渊》。

同治十三年

旨意档

五月初一日　印刘老爷传旨，《罗汉渡海》达摩：印刘老爷上，菩萨：李六爷上，要备用角。

八月十五日，奉旨，将姚得禄革去八品官职，责八十板。

九月十四日　总管奉旨，《问路闯界》界牌官着郭福喜学，预备插单。

九月十六日　传旨，总管韩福禄每月添加三两钱粮米石；

首领白兴泰、边得奎二名每月添加二两钱粮米石；

太监欧来喜、齐双喜二名赏八品顶戴，每月食银三两；

鼓　方福顺，笛　王进贵二名每月添加一两钱粮米石；

鼓　唐阿招，笛　潘荣，笛　钱三寿三名每月添加一两钱粮

米石。

十月二十一日　许传旨，二十日《平安如意》团场上场人露白腿蓝腿，下场解带摘发懈怠。以后有差无差都得剃头。上角不准胖胖猪是的，不论什么角都穿彩裤，不准穿尖靴，穿彩鞋。钩(勾)脸不要粗拉拉。

十一月二十八日　掌案传旨，内学首领白兴泰、边得奎宁寿宫伺候切末戏不准首领往前台喧嚷，后台不准喧嚷，不准多言强话，首领站台不准斜倚歪靠。

十二月初一日　皇贵妃千秋。十一月二十七日敬事房传旨，十二月初一日、十五日不必伺候戏。

二十八日　传佛爷旨，以后举哀之人班次要齐集，举哀声要合韵，不准懈怠。

光绪朝年

光绪元年

恩赏日记档

二月二十日　寅时，嘉顺皇后崩逝。

十二月初八日　恭亲王传与范常禄，转传昇平署，将寿皇殿中和韶乐挪在廊檐下，正月初二日收，以后为例。

日记档

正月初一日　观德殿三班举哀之人各有首领代班。

正月初八日　李老爷传旨，举哀之人不要小爷们，净要上岁数，穿孝，不许浑跑，赶午哀、晚哀。

旨意档

十二月初七日　奉旨，总管韩福禄准其为民。七品总管白兴泰赏放七品总管，钱粮米石不动。八品首领边得奎赏放本学七品首领。八品官职太监齐双喜赏放本学八品首领，钱粮米石不动，三十年后再添钱粮米。

光绪二年

日记档

二月十五日　当日内学报到，外边民籍学生沈湘泉于二月十四日巳时病故，裁退月银公费，并行恩赏银十两。

三月十五日　内阁奉上谕，本年七月十二日，恭遇慈安端裕康庆皇太后四旬万寿，着查照成案，将本署太监等六十以上者均加恩赏，于十日内开写清单，移付会计司。

光绪三年

恩赏日记档

正月二十七日　敬事房传旨，二月初一日养心殿太阳供前念斋意，不作乐。念斋意之人穿补褂，挂朝珠。

二月初八日　奴才白兴泰谨奏，为求恩事。昇平署内学、中和乐首领等声明，为开禁候旨，承应年节、万寿宴差及一切典礼，自应预先教演，届期无误，现今本署承差，实系需人，若承应年节、万寿各项差务，实不能合式教演，又恐无人接学，若日久迁延，关系尤重。奴才受恩深重，捐埃未报，昼夜焦思，恐期误差。奴才与各学首领等悉心计议，不敢不据实沥陈伏奏。奴才等在四思维，惟有叩恳佛爷俞格鸿慈，开天地之恩，教导奴才等候旨遵行。

六月二十六日　皇上寿皇殿拈香毕，还宫。

东太后前行礼。中和乐伺候丹陛乐。

西太后前行礼。中和乐伺候丹陛乐。

妃嫔等位行礼。中和乐伺候丹陛乐。

卯正二刻　乾清宫受贺。中和乐伺候中和韶乐。

养心殿荣寿公主行礼，中和乐伺候丹陛乐。

八月初七日　奴才白兴泰、内学首领张得安、边得奎、陆得喜、何庆喜恭进佛爷苏酱、酱油。

西佛爷旨不收。

十一月十四日　奴才边得奎恭进老佛爷苏鱼一盘，东佛爷赏银四两。

十二月初十日　奴才边得奎、内学首领王进贵、陆得喜、张得安、何庆喜、孔得福进老佛爷苏酱、酱油、苏鱼、糖蒜。西佛爷赏总管银四两,首领五名每名银三两,太监银二两。东佛爷赏总管银四两,首领五名每名银三两,太监银四两。

日记档(钱粮处)

二月　又收内学、中和乐来帖,按例应行老弦十两、二弦三两五钱、缠弦二两五钱、京弦六两。

六月二十六日　皇上万寿圣节,前三后四咸衣蟒袍补服。

七月　于七月十二日卯时受贺,万寿圣节礼仪。

十月二十九日　奉旨,七品总管白兴太因病准其为民,裁退钱粮银米。将七品首领边得奎放为六品总管,每月加添一两钱粮,八品首领张得安放为七品首领,食四两太监孔得福放为八品首领。钦此。

光绪四年

恩赏日记档

正月初一日　行礼　伺候乐之人二三四早　二刻早。

辰时　佛爷慈宁宫受贺,中和乐伺候中和韶乐。总管、首领、有官职太监等行礼。

二位佛爷诣寿康宫,受醇亲王礼,伺候丹陛乐毕,二位佛爷各还本宫。

万岁爷至钟粹宫递如意,伺候丹陛乐。

皇贵妃等位递如意,伺候丹陛乐。

万岁爷至长春宫递如意,伺候丹陛乐。

皇贵妃等位递如意,伺候丹陛乐。

万岁爷还养心殿,荣寿公主行礼,递如意,伺候丹陛乐。

总管、首领、有官职太监等行礼。

东佛爷赏中和乐首领、太监等银六两。

西佛爷赏中和乐首领、太监等银五两。

六月　奴才边得奎谨奏，于六月二十六日皇上万寿节，乾清宫受贺，奴才带领中和乐首领、太监伺候中和韶乐。谨此奏闻。

奴才边得奎谨奏，于六月二十六日，皇上诣母后皇太后、圣母皇太后前行礼，奴才带领中和乐首领、太监伺候丹陛乐。谨此奏闻。

六月二十六日　二三四早。

皇上诣母后皇太后、圣母皇太后前行礼，中和乐伺候丹陛乐。

辰初　乾清宫受贺　中和乐伺候中和韶乐。

七月十二日　辰初　万岁爷慈宁宫行礼，中和乐伺候中和韶乐。

总管、首领行礼。

醇亲王寿康宫给东佛爷行礼。中和乐伺候丹陛乐。

十月初十日　辰初　万岁爷慈宁宫行礼，伺候中和韶乐。

总管、首领恭行万寿礼。

醇亲王在寿康宫给西佛爷行礼　中和乐伺候丹陛乐。

旨意档

六月十九日　首领王进贵传旨，是戏等净本半篇照四行写，曲文字微大，道白字见小，是戏留打谱，当抄净本代曲谱。

日记档

正月十九日　开印大吉　刘二送印稿三件。

乐部知会，于三月初七日祭先蚕坛，著遣内务府大臣茂林行礼。钦此。

内学报到，民籍学生唐阿招于十一月初二日未时病故，按例讨领恩赏银拾两。

乐部知会一件，十一月二十九日冬至令节停止行礼礼仪一疏。

光绪五年

恩赏日记档（编者按：前数页缺损）

二月十二日　奴才边得奎谨奏，为请旨事。三月二十一日，佛

爷驾到东陵,奴才带领中和乐首领、太监送驾,御花园伺候乐。三月二十九日接驾,御花园伺候戏。谨此奏请。

不必伺候乐。

奴才边得奎谨奏,为求恩事。山陵奉安后,例应伺候戏,奴才愚昧,实不得主意,请旨教导,恩赏日期,以备承应。奴才不敢专擅,为此请旨。

再听传。

三月　奴才边得奎谨奏,为奏闻事。于三月初二日起,奴才同钱粮处首领夏马儿、宋得喜至重华宫库内查点行头切末,宁寿宫库内查点行头切末,俱与帐相符。桌张木架等项损坏,不敷承应用项,临期承差盔头等项实实槽朽不全。谨此奏闻。

六月十四日　西佛爷要去内外花名二分,内学首领何庆喜递。

十六日　刘得印传旨,佛爷要去《万寿祥开》总本,上下本二本。

十七日　刘得印传旨,佛爷要去《福寿延年》、《罗汉渡海》、《宝塔凌空》、《地涌金莲》、《福禄天长》总本五本。

二十日　内学首领何庆喜传旨,今日不必祭祀漱芳斋台神,改于二十五日午时祭祀台神。

边得奎奏,续挑民籍随手九名:鼓板　沈大、沈二;笛　樊三、普阿四;打家伙　沈五、张三远、张福有、杨长庆。

此九名补替当差。

七月初一日　四五六早　卯正二刻进门。

漱芳斋承应　巳初一刻开戏,戌初一刻十分戏毕。

《十字坡》、《吵子》。高跷秧歌、斗柳翠、太平锣鼓、什不闲、旱船、狮子、五虎棍。

上撤小《铁弓缘》。

初七日　《马上缘》、《鹊桥》、《醉归》。

范常禄交下,赏总管边得奎蓝蟒缎一件、小卷一件;内学首领张得安、陆得喜、何庆喜、孔得福四名,每名袍褂料各一套。

刘得印交下,拟赏承差之人银二百两。总管、首领等拟派等

次分。

初八日　敬事房传旨，照例赏给承应之人大制钱三十串。

十二月十二日　奴才边得奎奉旨，钱粮处首领夏马儿、宋得喜二名，俱因错差务革去首领。钦此。赏放首领赵永清、副首领狄得寿。

旨意档

七月十七日　内学首领何庆喜传旨，当差差务实实松懈，着总管首领着意排差管束。为此特传。

七月十六日　奉旨，着何庆喜口传，着总管排差管束。《迓福迎祥》判脸实是粗糙。《万花献瑞》马得安不等尾声完下场，懈怠。狄盛宝上场应穿造靴，不应穿薄底靴。安进禄上场不准卖野眼。王进福不准瞪场面人。传与众人等，穿造靴开后口，钉钮口。如有靴坏买方头靴。李福贵此西跷，不准此打跷。着总管、首领、教习着实排差，如若不成式样，佛爷亲责不恕。为此特传。

差事档（编者按：封面写"正月立六月二十五日开禁"。）

六月二十五日　开禁

宁寿宫承应　辰初五分开戏，未初二刻七分戏毕。

《福禄天长》、《跳灵官》（二刻）、《拾金》（白进贵　一刻五）、《南浦》、《徐庶见母》、《罗汉渡海》、《追信》、《奸遁》、《游园惊梦》、《万寿祥开》。共长二十七刻十分。

漱芳斋接唱　未正二分开戏，亥初二刻戏毕。

《喜溢寰区》（跳灵官）、《讨荆州》、《问路闯界》、《泗洲城》、《出猎》、本《扫雪》、《三岔口》（四刻）、《五花洞》、《庆安澜》。

共长二十八刻三分。

二十六日　宁寿宫承应戏　辰初二刻五开，未初二刻十毕。

《福禄寿》（放牲）、《拾画》、《扫秦》、《宝塔凌空》、《扫花》、《吃茶》、《福寿延年》、《尼姑思凡》、《地涌金莲》、《打虎》、《独占》、《万寿无疆》。共长二十三刻十二分。

漱芳斋接唱　未正开，亥初三刻八分毕。

《天官赐福》(一刻)、《乔醋》(二刻)、《狐狸缘》(四刻十)、《探庄》(二刻)、本《贾家楼》(五刻五)、《蔡家庄》(二刻五)、《新安驿》(六刻)、本《醉写》(二刻五)、《金山寺》(四刻)。

二十七日　漱芳斋伺候　巳初开,亥初二刻五分毕。

《仙圆》、《火焰驹》、本《娘子军》(四刻)、《亭会》(二刻)、《三帕》、《朱仙镇》、《小磨坊》、《十面》(二刻五)、本《投渊》、《紫霞宫》(四刻)、《黄鹤楼》、本《万花楼》、《殷家堡》(六刻)、《蟠桃会》(五刻)。共长四十六刻。

日记档(钱粮处)

六月　钱粮处来帖,于六月二十至二十四日,每日在宁寿宫演切末,用该作盔头匠、铁匠、裁缝人等并于六月二十五、二十六此二日在宁寿宫承应戏,每日用该作匠役人等,漱芳斋接唱莫误。

六月二十日　当日西档房吴达交进民籍学生沈永福、普增寿、张福有、张三远、沈立成、樊景泰、沈景承、杜山、杨长庆此九人。当日总管复奏奉旨,每月各赏给月银二两、白米十口、公费制钱一串。

十二月初五日　来帖,于十二月初八日传用盔头作,早将排演万年如意灯、《膺受多福》等项切末送至本署,以备初八日早学排演。莫误。

光绪六年

恩赏日记档

正月初一日　行礼伺候乐之人三四五早,大卯四五六早。

辰正二刻　佛爷慈宁宫受贺。中和乐伺候中和韶乐。

总管、首领、有官职太监等行礼,二位佛爷各还本宫。

万岁爷至钟粹宫递如意,伺候丹陛乐。

皇贵妃等位递如意,伺候丹陛乐。

万岁爷至长春宫递如意,伺候丹陛乐。

皇贵妃等位递如意,伺候丹陛乐。

万岁爷还养心殿。

荣寿公主行礼，递如意，伺候丹陛乐。

总管、首领、有官职太监等行礼。

东佛爷赏中和乐首领太监等银六两。

西佛爷赏中和乐首领太监等银五两。

午正　乾清宫午宴，中和乐伺候中和韶乐。承应宴戏《膺受多福》一分。

内殿交下，赏都福星马得安小卷羽绸一件；钟馗四十名，每名银锞一个。

长春宫承应　未初一刻十分开戏，戌初三刻十分戏毕。

《喜朝五位》一分。

五月初五日　上传挑拣着补弋腔《罗卜行路》、《玉面怀春》等。

六月二十五日　宁寿宫承应　辰初一刻开戏，未初二刻十分戏毕。

有大人看戏。戏毕念佛。

《福禄天长》、《拾金》（白进贵）、《玩笺》（马得安）、《火云洞》（四出）、《吃茶》（姚得禄、杨进宝）、《娘子军》、《装疯》（李金福）、《游园》（王进福、马得安、王安、李福贵）、《虞庭集福》（九出）。

二十六日　行礼伺候乐之人二三四早，大卯三四五早。

卯正二刻，万岁爷诣钟粹宫，母后皇太后前行礼，中和乐伺候丹陛乐。

长春宫，圣母皇太后前行礼，中和乐伺候丹陛乐。

养心殿受礼，中和乐伺候丹陛乐。

辰初二刻，万岁爷乾清宫受贺，中和乐伺候中和韶乐。

辰正五分，宁寿宫承应，辰正五分开戏，未正戏毕。

有大人看戏。戏毕念佛。

《福禄寿》（放牲）、《打虎》（安进禄）、《探亲》、《刺字》（狄盛宝、欧来喜）、《罗汉渡海》、《扫秦》（李保安、梁进禄）、《山伯访友》（魏成禄、马得安等）、《金山寺》、《借茶》（边瑞保、张盛立）、《地涌金莲》《题曲》（魏成禄）、《万寿无疆》（放牲）。

十月初六日　敬事房传旨，初十日总管、首领慈宁宫恭行万寿

礼,改长春宫行礼。

敬事房传旨,初九日巳时演礼。

刘得印传旨,十月万寿之戏不必伺候。

十一月十六日　上传,长春宫伺候戏《游园惊梦》(马得安、李福贵、魏成禄、安进禄)。

二十日　上传,长春宫伺候戏《乔醋》、《梳妆掷戟》。

二十一日　上传,长春宫伺候戏《狱神宽限》、《梳妆跪池》。

赏总管边得奎银五两,首领何庆喜银四两。太监王安、张进寿(后人名略)二十五名,银五十两。

二十二日　长春宫伺候戏《醉归》、《偷诗》。

二十三日　长春宫伺候戏什不闲、《踏月窥醉》、《神谕》。

二十四日　长春宫伺候戏《拾画叫画》、《借茶》。

二十五日　长春宫伺候戏《投渊》、《借茶》。

二十六日　长春宫伺候戏《亭会》、《游园》、《看状》。

二十七日　长春宫伺候戏《絮阁》。

二十八日　长春宫伺候戏《瑶台》。

二十九日　长春宫伺候戏《刺虎》。

十二月初一日　长春宫伺候戏《佛会》。

初六日　奴才边得奎、内学首领何庆喜、张得安、陆得喜、孔得福恭进老佛爷苏酱、酱油、苏鱼、糖蒜。

西佛爷赏边得奎银四两,挑钱四吊。

东佛爷赏边得奎银四两,首领五名银十五两,挑酱银四两。

奴才边得奎恭进二位佛爷长寿菜、熏素菜。

东佛爷赏太监银二两。

光绪七年

恩赏日记档

正月十三日　《景星协庆》、《灯月交辉》。

十六日　《海不扬波》、《太平王会》。

旨意档

十月十四日　奉旨，内学首领王进贵赏放六品顶戴，恩加二两钱粮米，每月食七两钱粮米。

同日，赏放边得奎五品顶戴，每月食拾两钱粮。

日记档

正月初一日　乾清宫午宴《膺受多福》，转宴《万福攸同》。

漱芳斋伺候戏。

初二日歇学　初三日忌辰　初四日歇学　初五日斋戒　初六日斋戒。

初七日斋戒　初八日斋戒　初九日来知会。

正月十三日　乾清宫午宴　伺候站乐。承应宴戏《景星协庆》一分。

三月十一日　忌辰　同日来知会，慈安皇太后仙驭升遐。

光绪九年

恩赏日记档

三月十二日　慎刑司交进初次逃走太监刘荣平，重责四十板，交原处当差。

三月二十五日　奴才边得奎谨奏，为求恩事。奴才再四思维，所当差使，实实欠缺教习。奴才恐后差使迟误，叩求恩赏民籍十门角教习、场面人等二十九名，奴才不敢自专，请旨教导，如蒙允准，请交内务府大臣办理。谨此奏请。

奴才边得奎现记教习人名十九名：

净　袁大奎，旦　张云亭，丑　姚阿奔，旦　严福喜，外　殷荣海，小生　王阿巧，生　张长保，生　陈寿峰，净　方镇泉，小生　鲍福山，弋腔正旦　纪长寿，正生　刘长喜，武行　杨隆寿、许福英、李顺亭、许福雄、彩福禄、李永泉、朱廷贵。

场面十名：庆玉、张大、刘祥、杜四、刘禄、张兴、张七、长顺、永福、老儿。谨此奏闻。

奴才边得奎谨奏,为请老佛爷教导事。为筋斗人杨全、联凯等帮同奴才当宁寿宫时常差使,三两句小角、武场大戏等差,奴才不敢自专,请旨教导。

六月二十日　内学首领何庆喜面奉旨,《亭会》、《牧羊》、《小逼》、《望乡》,着陈寿峰、严福喜、张云亭着实教。着总管请五音大鼓、八角鼓、戏法,着小人们学。

七月初三日　奴才边得奎谨奏,为昇平署房间求恩事。今各学首领等呈禀,奴才为各学房间墙垣渗漏,坍塌损坏过多,难以栖止。奴才逐细查看,实实渗漏不堪。奴才再四思维,查续前者修理圆明园官所,自道光十五六年,经奴才禄喜具奏求恩,蒙上皇天恩,着派欠员修理。今因奴才等所居官所房间无处项呈报,迄今城内房间年深永无修理,近因雨水淋漓,房间渗漏坍塌过多,该奴才等难以栖止。今奴才叩求老佛爷鸿慈天恩,如蒙允准,交内务府大臣着人修理。奴才不敢自专,请旨教导。

奉旨依议。此片交堂。

赏总管边得奎五十两。

八月初一日　恒英传旨,着小人们学乱弹戏。

总管面奉旨意,老佛爷五旬大寿添行衣靠盔杂四式行头单一件,着明年交堂。

差事档(编者按:封面注明"开禁")

二月初一日　太阳供前念斋意,不作乐。

六月十二日　漱芳斋承应　巳初一刻开,酉正三刻七毕。

《喜溢寰区》(跳灵官,二刻)、《教歌》(袁大奎、姚阿奔、王阿巧,二刻)、《谒师》、头本《阐道除邪》、《劝妆》、《回猎》、《英雄义》、《万福云集》。

六月十五日　漱芳斋承应　辰正三刻开,戌正一分毕。

《喜溢寰区》(二刻)、《玉面怀春》(二刻)、《捉放》(四刻五)、《泗洲城》(三刻)、《探庄》(一刻十)、《功宴》(一刻五)、《十面》(三刻)、《游寺》(二刻)、《赐带》(二刻五)、《金山寺》(四刻)、《卖花》(一刻

十)、《蜈蚣岭》(二刻)、《假癫》(陈寿峰　一刻五)、《心田福》(四出　四刻)、《牧羊》(一刻八)、《九龙杯》(三刻八)、《阳告》(一刻十)、《庆安澜》(四刻)。

二十五日　宁寿宫承应　辰初一刻十二分开,申初十三分毕。

《宝塔凌空》、《奸遁》、《金山寺》、《追舟》、《罗汉渡海》(二刻五)、《罗卜行路》、《乌盆记》(四刻)、《万寿祥开》(放牲)。共长三十刻九分。

漱芳斋接唱　申初二刻开,戌正十分毕。

《罗汉渡海》(二刻)、府《赏荷》(王阿巧、严福喜)、《回龙阁》(二刻五)、府《闹昆阳》、《盘丝洞》、府《罗卜济贫》(白进贵、李福贵、冯进才)。

共长十七刻十三分。

七月十五日　漱芳斋伺候戏　巳初一刻十分开,酉初二刻七分毕。

府《佛旨度魔》(一分　二刻十)、《青门》(二刻)、府《山伯访友》(三刻)、《飞叉阵》(四出)、府《小逼》、《草地》(一刻)、《淮安府》(三刻五)、府《战地福寿》(三刻)、《学堂》(一刻五)、府《盘夫》(一刻五)、府《闻铃》(一刻六)、《骂曹》(三刻)、府《独占》(一刻五)、《审刺》(三刻)、府《迓福迎祥》。

八月十三日　漱芳斋承应　巳初三刻五分开,戌初九分毕。

《喜洽祥和》。掌仪司玩意。《八仙庆寿》、《四海升平》。

幼童舞棍、平地斛斗、大鼓书词、白猿献寿、宝塔碗、艺人穿梭、艺人盘杠、狮子技艺、琴腔曲词、《衣锦荣归》、戏耍球棒、水献凉亭、桌上斛斗、阖国清泰、《谤阎醒梦》、艺人播米、《平安吉庆》、《九星献瑞》、开山过会、艺人盘杠、圣手遮兰、层层见喜、《庆安澜》。

旨意档

六月十六日　李三回事传旨,内学太监金福保不许学高腔。

光绪十年

恩赏日记档

正月初一日　行礼伺候乐,大卯四五六早。

辰初三刻,佛爷慈宁宫受贺,中和乐伺候中和韶乐。

万岁爷率王大臣行礼毕,给佛爷递如意。

养心殿公主、妃嫔等位递如意。

总管、首领在慈宁宫给佛爷行礼毕,在养心殿给万岁爷行礼。

佛爷赏中和乐伺候乐首领、太监银五两。

午正　乾请宫午宴承应宴戏《膺受多福》、《万福攸同》。

内殿交下,赏都福星马得安小卷蓝线　一件。钟馗四十名,每名银一两。

长春宫承应　辰初三刻十分开戏,戌初一刻十分戏毕。

《喜朝五位》、《万福云集》、《万国嵩呼》(十二出)、《福寿双喜》、《祝福呈祥》。

初二日　四五六早,卯正进门。

长春宫承应　巳正开戏,戌初戏毕。

《开筵称庆》(一分)、《盗令》(魏成禄)、《巧连环》(刘进寿、武长寿)、《七盘山》(四出)、《泗水关》。

赏总管边得奎银十两;首领何庆喜银六两;郭福喜银八两;孔得福、陆得喜二名,每名银四两;狄盛宝(人名略)十一名,每名银三两;李金福(人名略)六名,每名银二两;刘振喜(人名略)二十二名银二十两;袁庆喜(人名略)十七名银十二两;刘进喜、方福顺、金福保三名,每名银三两;安来顺、李如寿二名,每名银二两;姜有才银一两;吴进喜(人名略)五名银二两。

档案房内听差首领太监四名银二两。

钱粮处首领太监九名,银四两。

管箱人等二十二名,银十二两。

中和乐首领太监二十七名,银十两。

陈寿峰、张云亭、王阿巧、杨隆寿、李顺亭、李永泉、许福英、许福雄八名,每名银八两。

袁大奎(人名略)每名银六两。

三月初六日　刘得印传旨,着总管插五六分小团场戏,通名道白起,曲子领下。

三月初七日　刘得印传旨,十月万寿,初九日、初十日、十一日此三日不要杀砍戏,多开寿轴子。

七月初八日　昇平署总管边得奎因错差务,罚月银三个月。

十五日　刘得印传旨,明年唱《迓福迎祥》地藏菩萨添四天王,四童儿要花稍。

十九日　奴才边得奎谨奏,恭为老佛爷五旬万寿大庆……慈宁宫、乾清宫二分乐器修理见新,宁寿宫戏台修理,承应开团场宴戏、灯戏应用切末……奴才不敢自专,请旨教导。

九月二十五日　奴才边得奎谨奏,为请旨教导事。福禄寿灯奴才现已排得,请旨恩赏日期承应。谨此奏请。

十月初一日　刘得印传旨,潘荣、唐保山、普阿四三名,各添一两钱粮米。

十月初一日、初二日、初三日,长春宫承应。

初三日　王得祥传旨,见天伺候戏。

初四日　长春宫承应　长春宫司房交下赏总管边得奎银十两。

初八日　刘得印传旨,总管边得奎罚月银一个月,太监吴进喜责二十板。

十二月三十日　敬事房传旨,内学首领何庆喜、陆得喜、孔得福、郭福喜因错差务各罚月银三个月。

日记档(钱粮处)

二月二十七日　总管边又奏,为民籍教习缺现短一分,今挑得乔蕙兰一名替补,照例每月行给月银贰两,白米十口,公费制钱一串。

十月初三日　当日奉旨,将食十二两五品总管边得奎每月加添二两钱粮银米。

初八日　当日奉旨,将本署食十四两五品官职总管边得奎因错差务,著罚月银一个月。

差事档

五月初六日　漱芳斋承应　巳初三刻八分开,酉正二刻毕。

掌仪司玩意:天官献瑞、开山过会、平地筋斗、福如东海、艺人舞棍、大鼓书词、艺人高脚、艺人盘杠、幼童舞棍、双学艺人、太平花鼓、渔樵歌唱、空杯取酒、艺人盘杠、桌上筋斗、坐献清泉、艺人高脚、艺人穿梭、玉狮同堂、《金山寺》(四刻)。

六月二十五日　宁寿宫承应　辰初一刻三分开,未初二刻十分毕。

《福禄天长》(放牲)、《题曲》、《思乡》、《虞庭集福》(放牲　八出十一刻)、《三气》、《训子》、《拾金》(白进贵)、《地涌金莲》(一刻五)、《肃苑》、《乔醋》、《吃茶》、《瑶林香世界》(二刻)。共长二十八刻七分。

漱芳斋接唱　未初三刻二分开,酉正一刻一分毕。

《罗汉渡海》(二刻)、府《洞仙庆贺》、《蟠桃会》、府《万福云集》(二刻)。

二十六日　宁寿宫承应　辰初二刻开,未正十分毕。

《福禄寿》(放牲　一刻)、《寄柬》、《罗汉渡海》、《亭会》、《独占》、《神谕》、《追信》、《福寿延年》、《思凡》、《宝塔凌空》、《拾画》、《琴挑》、《南浦》、《万寿无疆》(放牲)。

漱芳斋接唱　巳正二刻七分开,戌初二刻七分毕。

《喜溢寰区》、府《赏荷》(阿巧、阿寿　一刻)、《追信拜将》、《藏舟》、《火云洞》、府《亭会》、《瑶台》、《万寿无疆》。

二十七日　漱芳斋承应　巳初一刻三分开,戌初二刻四分毕。

府《万年甲子》、《河梁会》府《定情赐盒》(王阿巧、阿寿)、《朱仙镇》、《单刀》、府《祥芝迎寿》(四出　五刻)、《金山寺》(四刻)、府《游园惊梦》(马得安、李福贵)、《铁嵯峰》(二刻十)、府《山伯访友》(马得安、魏成禄、刘得胜、王友福)府《偷诗》(王阿巧、阿寿)、《水帘洞》

（六刻）。

旨意档

正月二十日　高福喜传旨，着十月预备灯戏舞灯人要多，两边八字站灯人要多。站灯四方灯上写寿字，舞灯用八吉祥，中间要大牌楼，要万寿无疆字样，要亮要花稍。舞灯、站灯俱要亮，俱要宝盖灯穗。龙灯四条，绣球要大、要凌分，要点三支蜡，找灯戏本子，人数不够，用盔头作苏拉等用。

四月初六日　奉旨，惠成改阿福、乔蕙兰改阿寿、边瑞保改边进保、陈得瑞改陈进喜、赵得瑞改赵得祥、吴瑞香改吴永香、王惠瑞改王惠祥、刘荣瑞改刘荣福、钱祥瑞改钱祥寿、于瑞全改于永全。

十月初三日　敬事房传旨，总管边得奎加添二两钱粮米，每月食十四两。

光绪十一年

恩赏日记档

四月初一日　由外厅交进民籍随手贾成祥、民籍教习（净）穆长寿、民籍场面阎定。

五月初二日　漱芳斋伺候　头本《阐道除邪》（九刻五）、二本《阐道除邪》（八刻）、三本《阐道除邪》（九刻五）。

过档：秧歌（一刻十）、狮子（六分）、十番（七分）、什不闲（一刻七）、四本《阐道除邪》（八刻）。

五月初四日　漱芳斋承应　掌仪司玩艺十四当。

初五日　漱芳斋承应　掌仪司玩艺十四当。

五月初七日　奴才边得奎谨奏，为恳恩老佛爷教导事。在上听差首领太监，奴才恳恩拨下排新轴子《太平福》、《界牌关》、《凤凰山》、《巧奇缘》共有十余本，《忠义传》目下唱完，为早晚用功学差。奴才不敢自专，请旨教导。

十二月二十四日　奴才边得奎谨奏，为求恩事。奴才因得伤寒之症，蒙老佛爷施恩，赏假二十日，奴才病体微痊，两腿酸软，四

肢无力,奴才再四思维,恐其差使有误,奴才恳恩请旨教导。

连英传旨,赏假无日期,病好消假当差。

旨意档

三月十三日　总管奏准,挑得民籍教习　穆长寿　年四十四岁。

民籍随手　贾成祥　年三十二岁。

民籍场面　阎　定　年三十岁。

日记档

正月十二日　歇学　杨老爷传,着金福保学昆腔,沈大教;乱弹,沈二教。

昆腔《教歌》、《谒师》、《劝妆》、《回猎》、《封五》、《逼婚》、《劝农》、《卖花》、《假癫》、《赏荷》。

乱弹　《白良关》、《战长沙》、《牧虎关》、《战蒲关》、《虎斗》、《宇宙锋》、头二本《阳平关》、《樊江关》、《贾家楼》、《界牌关》。

九月初二日　敬事房传旨,里边人等每遇进内庭当差,前朝行走,俱穿袍褂,如脱褂子之时,一概领衣紧身不准外露,如若进后铁门,衣裳要规矩。

光绪十二年

恩赏日记档

正月初十日　连英传旨,福禄寿灯内添什锦灯二十对,代(带)穗子。赶紧成做。

十一月初一日　奴才边得奎谨奏,为请旨教导事。前者传旨奴才排演红蝠灯,奴才不知所承差灯名,请旨教导奴才,准备拆本排演。谨此奏请。

上赏灯名"三阳开泰"灯。

初二日　上呈览红蝠灯免去出彩,添八卦灯一件,见圆八尺。八卦内出彩各样红绿鱼,八卦外各样灯。

十二月二十九日　挑得民籍教习武旦杨永元、小旦张桂香二名，每月钱粮二两、白米十口、公费制钱一串。

旨意档

正月初五日　刘总管传旨，初八日宁寿宫之戏改在漱芳斋伺候。

十月初一日　刘总管传旨，以后跳灵官不放炮章(仗)。

十三日　奉旨，再排一分灯戏，时样要赶紧，年底承应。

十五日　奉旨，云霞洞小姐不准唐进喜上。

日记档

二月十五日　总管奏准，挑得民籍教习李燕云，年二十四岁；

李连重，年二十五岁；

孙菊仙，年四十岁；

时小福，年三十八岁。

日记档

正月十二日、十三日　长春宫承应戏。晚间　西厂子承应。十二日　万年长春富贵灯。十三日　万年如意灯。

十五日　长春宫承应戏。晚间　西厂子承应福禄寿灯。

十六日　长春宫承应戏。当日赏元宵。

乾清宫午宴承应戏《海不扬波》。

晚间　西厂子承应富贵灯。

七月初一日　宁寿宫承应戏拟得赏银一百两。

十月初五日　领老佛爷万寿赏本处首领二名各三两，里外民籍管箱、写字人等三十四名各分钱二吊五佰文。

光绪十三年

恩赏日记档

三月初七日　卯初一刻五分　外请万岁爷，叩谒西陵。

卯初二刻　外请老佛爷,叩谒西陵。

十六日　午正一刻五分　万岁爷还宫。

申初二刻　老佛爷还宫。

四月十三日　奉旨,总管边得奎、档案房首领侯玉禄因错差务各罚月银三个月。

旨意档

六月初六日　高传,上传李来海、李惠山、王久华学乱弹戏。

十三日　总管奉旨,催着李来海、王久华、李惠山学几出乱弹杂戏。

六月二十五日　刘传旨,以后承差自(只)许长时刻,不准欠时刻。

十月十五日　传旨,传边得奎着金福保学《瑶台》、《亭会》、《琴挑》、《独占》、《折柳》、《刺虎》、《絮阁》、《乔醋》、《梳妆掷戟》、《游园惊梦》。着杨隆寿将外边所有吉祥戏多排。

十一月初六日　敬事房传旨,十一月十一日万岁爷紫光阁看马箭,预备德胜鼓。

光绪十四年

旨意档

六月初七日　在紫光阁七夕伺候念斋意,随乐献戏。

七月二十四日　崔代班传旨,未正二刻大台响排,见天如是。

十月十一日　李三回事传旨,再当万寿承应福禄寿灯,使《寿祝万年》曲子。当年差承应福禄寿灯照旧用曲子。

日记档(钱粮处)

十一月初七日　总管奏准,挑补民籍随手二名、民籍教习二名。

初十日　由堂上交进随手　钱锦源,年三十九岁;李玉亭,年三十七岁。教习　杨月楼,年四十岁;王桂花,年三十岁。

此四名每月食银二两、白米十口、公费制钱一串。

日记档

十一月初七日　总管边谨奏，为请旨教导事。因场面民籍随手实实欠缺，内有残病故二名，奴才再四思维，恐误差使，奴才恳恩赏挑补民籍四名，谨备当差。奴才不敢自专，请旨教导，如蒙允准，交内务府大臣办理。谨此奏请。

当日递堂片壹件，为挑补民籍四名：杨月楼、王桂花、李玉亭、钱锦源交进当差。

十二月十六日　收掌仪司知会一件：于明年皇上大婚，于正月二十六日未时。皇上诣慈宁宫行礼，应用乐悬。除由本处行文，乐部预备外，相应知照，内务府转传内监，按照本处奏定礼节，先期演习可也。

十九日　当日李二送乐部知会壹件：为明年大婚礼应设中和、丹陛大乐处所，次序乐器名色、件数缮单，移送本部，以便转行礼仪处可也。现具本署中和乐首领等谨将前次大婚礼应行预备乐器缮单，咨付本部可也。并送中和乐前次礼成单一件。

光绪十五年

恩赏日记档

正月初一日　内殿交下，赏都福星马得安小卷蓝线绸一件；钟馗四十名，每名银一两。

长春宫承应《福寿延年》（六出）。

赏总管边得奎银四两；内学首领四名，每名银三两；魏成禄、李金福二名，每名银二两；李福贵、刘进胜二名，每名银一两八钱；

白进贵（人名略）四名，每名一两五钱；马得安、安进禄、狄盛宝（人名略）每名一两四钱；李来海、高如桂二名，每名一两二钱；王进福（人名略）十四名，每名一两；丁进寿（人名略）七名，每名银六钱。档案房首领、太监七名，银四两。钱粮处首领、太监、管箱人等三十一名，银八两。中和乐首领、太监二十四名，银四两。穆长寿、李燕云、李连重、时小福、孙菊仙、杨永元、张桂香、王桂花、杨月楼九名，每名银十两；杨隆寿、李顺亭、张长保、许福雄、联凯五名，每名银八

两;鲍福山、傅双成二名,每名银六两;阿福(人名略)四名,每名银五两;王阿巧、陈寿峰、阿寿、姚阿奔、方镇泉、彩福禄、普阿四、郝春年八名,每名银四两(后略)。

二十五日　四五六早　卯正二刻进门。

长春宫承应　巳初一刻五分开戏,酉正戏毕。

有大人看戏。《福禄天长》、《风云会》。

寅时　瑾嫔、珍嫔进宫。

二十六日　长春宫承应　有大人看戏。《寿祝万年》。

午初三刻十分　万岁爷慈宁宫给佛爷行礼。中和乐伺候中和韶乐。

二十七日　寅时　皇后进宫。

长春宫承应　有大人看戏。开场《螽斯衍庆》。

二十八日　长春宫承应开场《喜溢寰区》。

辰时　万岁爷率皇后在储秀宫给佛爷行礼,中和乐伺候丹陛乐。

皇后率瑾嫔、珍嫔在养心殿给万岁爷行礼,中和乐伺候丹陛乐。

瑾嫔、珍嫔在钟粹宫给皇后行礼,中和乐伺候丹陛乐。

二月初二日　慈宁宫宴,中和乐伺候中和韶乐。

承应宴戏《列宿遥临》、《双星永庆》。

初三日　卯初三刻亲政。

佛爷升慈宁宫宝座,万岁爷行礼。中和乐伺候中和韶乐。

乾清宫受贺。中和乐伺候中和韶乐。

储秀宫皇上、皇后、妃嫔等位行礼,递如意。中和乐伺候中和韶乐。

钟粹宫瑾嫔、珍嫔给皇后行礼。中和乐伺候丹陛乐。

养心殿皇后、瑾嫔、珍嫔给万岁爷行礼,递如意。中和乐伺候丹陛乐。

长春宫承应开场《万寿长春》。

初四日　辰初二刻颁诏。

佛爷升慈宁宫宝座，万岁爷行礼。中和乐伺候中和韶乐。

乾清宫受贺。中和乐伺候中和韶乐。

储秀宫皇上、皇后、妃嫔等位行礼，递如意。中和乐伺候中和韶乐。

钟粹宫瑾嫔、珍嫔给皇后行礼。中和乐伺候丹陛乐。

养心殿皇后、瑾嫔、珍嫔给万岁爷行礼，递如意。中和乐伺候丹陛乐。

长春宫承应开场《皇宫锡庆》。

二月初五日　奉旨，总管边得奎因错差务罚月银六个月。

七月初三日　奉旨，赏总管边得奎病假无日期，银十两，病好了消假，爱在那养疾那养疾。

七月十三日　总管李连英传旨，内学首领何庆喜署理总管。

八月初一日　此日递内殿内众人名单。

八月十六日　刘得印传旨，明年六月万寿伺候《天香庆节》，赤兔何庆喜上，玉兔李福贵上，金乌安进禄上。奏单以前请示。

十八日　奴才何庆喜谨奏，五品总管边得奎于八月初四日未时病故。谨此奏闻。

奉旨，内学七品首领何庆喜赏放六品总管，每月食八两钱粮米。

八品首领孔得福赏放七品首领。

太监马得安赏放八品首领，每名食四两钱粮米。

九月十三日　总管何庆喜奉旨，总管、首领着实排差，不准疏懈，如若疏懈责罚总管、首领，罚钱粮，严严管束。

日记档

六月十一日　掌仪司来文，于六月十六日京师望日食。寅初二刻五分初亏，卯初三刻十二分复圆，应在京文武官员俱素服，咸集太常寺救护。

知会记载档

正月二十日　知会　内学首领今日奉旨,开团场轴子节令恭逢皇上大婚礼成。

二月二十九日　内学、钱粮处、中和乐首领,总管阮进寿传旨,里外承差人走流水音不准高声,行走要规矩,抬运行动,切末人等走南泊岸。

六月十三日　昇平署知会,武备院六月十八日至二十一日,宁寿宫演云兜切末,辰初到齐。

昇平署知会　宁寿宫于六月十八日至二十一日演云兜、切末,为此知会。

知会　工程处转传武备院,六月二十六日万寿圣节,宁寿宫福台、禄台、寿台、后台大云板,四云兜,照例铺设毡片,以备承差。为此知会。

光绪十六年

恩赏日记档

正月初十日　午初一刻皇后储秀宫给佛爷行礼,中和乐伺候丹陛乐。

养心殿给万岁爷行礼,中和乐伺候丹陛乐。

珍嫔瑾嫔钟粹宫给皇后行礼,中和乐伺候丹陛乐。

长春宫承应开场《螽斯衍庆》。

二月二十八日　佛爷、万岁爷驻跸南海,西苑门接驾,中和乐伺候卤簿大驾。

五月初十日　续挑民籍教习谭金培、孙秀华、陈得林、罗寿山、李奎林、李双寿。

十六日　奴才何庆喜谨奏,内学随手沈二于五月十四日病故,谨此奏闻。

奴才何庆喜谨奏,为求恩事。内学现短民籍学生,不符承差,奴才不敢自专,叩恳老佛爷天恩教导。

二十五日　堂上交进民籍教习谭金培、孙秀华、陈得林、罗寿

山、随手李奎林。

十月初十日　赏杨月楼银二十两、药四匣。

旨意档

内学首领，正月二十二日旨意传里外学生等六月万寿厚底靴、彩鞋俱要新的。

日记档

三月十三日　收中和乐来帖，于三月二十五日，皇后举行躬桑礼节应用锣鼓、串板、衣裳、旗号等件，是日采桑。先蚕坛掌仪司查照预备可也。

二十六日　当日递堂片壹件，为传春台班管人李双寿一名，急速交进当差。

五月二十四日　西厅周达交进新挑进民籍学生五名：谭金培、孙秀华、陈得林、罗寿山、李奎林交进当差。

二十六日　当日递堂片壹件，为传春台班管箱人李双寿一名，急速交进当差可也。

二十八日　总管何谨奏，为新挑进民籍学生谭金培、孙秀华、陈得林、罗寿山、李奎林、李双寿此六名每月各赏给月银二两、白米十口、公费制钱一串。

知会记载档

五月二十五日知会　内学首领，由堂上交进民籍教习谭金培，年四十二岁；孙秀华，年四十岁；陈得林，年二十九岁；罗寿山，年三十岁；民籍随手李奎林，年三十四岁。

十二月十一日　昇平署总管何庆喜谨乞大人阁下，敬启者，本署民籍学生、旗籍筋斗月银事。由五月至十二月并未关领，抬箱苏拉雇工钱由正月至十二月并未关领。恳乞大人赶紧催办。为此谨乞。

十二月二十二日　昇平署总管何庆喜谨乞大人阁下，敬启者，

本署年例磁库应交响器,至今未曾交到。安设乐器苏拉钱文并未关领,现今又安设乐器,抬运戏箱,苏拉由正月至十二月并未关领,现今年差在迩,恐其有误,恳求大人阁下赶紧催办。为此谨乞。

光绪十七年

恩赏日记档

正月十二日　总管何庆喜、首领马得安因错差务,各罚月银三个月,各责二十板。首领郭福喜罚月银三个月,首领孔得福、陆得喜各罚月银六个月。

二月初七日　内学太监陈进喜偷窃行头多件,交慎刑司办理后,将陈发往黑龙江。恳老佛爷天恩,总管何进喜罚月银二个月,钱粮处首领赵永清、狄得寿各罚月银一个月。

六月初一日　杨月楼病故。

差事档

六月二十三日　纯一斋伺候戏　午初十分开,戌正二刻十分毕。

府《福禄天长》(放牲)、《马上缘》、《快活林》、《牛头山》、《寄子》、《朝金顶》、《天齐庙》、《拾玉镯》、《独虎营》、《浣花溪》、《取洛阳》、《金山寺》。

二十四日　纯一斋伺候戏

府《寿祝万年》、《伐东吴》、《打樱桃》、《双包案》、《访薛礼》、《四杰村》、《打嵩》、《虹霓关》、《艳阳楼》、《小宴》(桂花、何寿)、《绒花记》、《泗洲城》。

七月初一日　纯一斋

府《艺眉介寿》、《海潮珠》、《盘河战》、《寿州城》、《草桥关》、《黄鹤楼》、《画春图》、《断密涧》、《梅龙镇》、《一棒雪》、《百花山》。

十月初七日　颐年殿伺候戏

府《恭祝无疆》、《打樱桃》、《南天门》、《天水关》、《回荆州》、《善宝庄》、《探塔》、《玉玲珑》、《莲花洞》。

初八日　颐年殿伺候戏

府《福禄天长》、《双包案》、《骂曹》、《延安府》、《绝缨会》、《昭君》(陈得林)、《飞波岛》、《一疋布》。

初九日　颐年殿伺候戏

《福禄寿》、《朝金顶》、《红鸾喜》、《庆寿图》、《打金枝》、《游寺》、《五花洞》、府《春台叶庆》、《铁弓缘》、《琴挑》(桂花、得林)、《平顶山》。

初十日　颐年殿伺候戏　巳正开,戌正毕。

府《万寿无疆》、府《福禄寿》、《连升三级》、《独占》、《泗洲城》、《喜溢寰区》、《遇龙封官》、《全家福》、《探亲》、《甲子图》、府《兰殿呈祥》、《打面缸》、《青石山》、《挂画》、《马上缘》、《万寿无疆》。

仪鸾殿承应　府　福禄寿灯。

知会记载档

六月二十一日　知会　内学首领,六月二十一日总管奏准挑得王福寿,年四十岁;刘永春,年三十岁;于庄儿,年二十三岁;陆长立,年三十八岁;徐生儿,年三十二岁,此五名每月食银二两、白米十口、公费制钱一串。

十一月十九日　昇平署总管何庆喜谨禀中堂大人,民籍学生欠钱粮十一个月,按例广储司应交买办银二百五十两。现年纸张欠领半年,响器、乐器等现时急用,恳求中堂大人赶紧办理,以备承差。为此谨乞。

光绪十八年

旨意档

正月初五日　内学首领陆得喜着准其在府内看家。

二月十七日　老佛爷旨意,总管、首领排新轴子、新戏。

四月初八日　万岁爷旨意,《温泉会》、《盘龙岭》着王进福上,上也得上,不上也得上。

闰六月初二日　传旨,着总管、首领排《棋盘会》,十五日唱《蝴

蝶梦》。

七月初一日　唱寻常着人排新戏。

七月初九日　老佛爷旨意,着外边学生七月十五日唱《青石山》,按府内总本翻乱弹。

日记档

十一月二十六日　西厅周达交进新挑民籍学生三名,相九箫、刘七儿、龙长胜此三名交进当差,各行给月银、白米、公费制钱事。

二十七日　总管挑得民籍教习:

旦　相九箫　年二十九岁;丑　刘七儿　年三十七岁;

生　龙长胜　年四十二岁。此三名每名食银二两、白米十口、公费制钱一串。

十二月初一日　西厅周交进新挑民籍学生柏如意一名交进当差,每月行给月银二两,白米十口,公费制钱一串。

初三日　西厅周交进新挑民籍学生侯俊山、吴永明此二名交进当差,每月各行给月银、白米、公费制钱事。

初四日　总管奏准,挑得民籍教习(旦)侯俊山,年三十五岁。每月食银二两、白米十口、公费制钱一串。

光绪十九年

恩赏日记档

正月十九日　赏总管银五两;首领每名银四两,狄盛宝(人名略)六名,每名银二两七钱;安进禄(人名略)十二名,每名银二两二钱;丁进寿(人名略)十一名,每名银一两七钱。

中和乐首领、太监二十六名,银六两。

孙菊仙、杨永元、谭金培、相九箫、侯俊山五名,每名银十两;梁长保、李燕云、王桂花、于庄儿(人名略)十名,每名银八两;李顺亭、龙长胜二名各银七两;鲍福山、联凯二名,各银六两;阿寿、许福雄二名每名银五两;陈寿峰、徐生儿九名,每名银四两。

四月二十七日　总管何庆喜奉旨,五月初八日、初九日、初十

日著掌仪司伺候玩艺。

五月初二日　奉旨，着排什不闲、秧歌、大鼓、五虎棍。

六月初七日　昇平署总管何庆喜跪奏，本署内外学生实不符应差，奴才叩恳天恩，传外边各班角色于光绪十九年七月初一日轮班进内排演差使，以备庆典承应。为此请旨。

七月初一日　纯一斋承应　三庆班伺候戏(十四出)。

初五日　纯一斋承应　四喜班伺候戏(十二出)。

初六日　纯一斋承应　玉成班伺候戏(十一出)。

初八日　纯一斋承应　宝胜和班伺候戏(十三出)。

十三日　纯一斋承应　义顺和班伺候戏(十二出)。

十四日　纯一斋承应　小丹桂班伺候戏(十出)。

十五日　纯一斋承应　同春班伺候戏(十一出)。

十月初一日　颐年殿承应　巳正二刻五分开戏，戌正三刻戏毕。

同春班伺候戏十出。

十月初二日　颐年殿承应　未正三刻开戏，戌正二刻戏毕。

四喜班伺候戏十一出。

内务府档案

光绪十九年八月十五日　四喜班　纯一斋承应　共赏银四百三十两。

八月十六日　同春班　纯一斋承应　共赏银三百六十两。

八月十七日　玉成班　纯一斋承应　共赏银四百三十二两。

九月初一日　小丹桂班　纯一斋承应　共赏银三百四十两。

九月初九日　四喜班　纯一斋承应　共赏银四百三十两。

十二月三十日　同春班　纯一斋承应　共赏银四百十两。

旨意档

六月初九日　着总管首领多排轴子，开团场，庆典伺候。

八月二十四日　敬事房传旨，九月初一日宝胜和班颐和园听

鹂馆伺候戏。

二十六日　王代班传旨,九月初一日小丹桂班纯一斋伺候戏。

九月初二日　奉旨,十二日颐年殿伺候戏,义顺和班。

初七日　奉旨,十三日颐年殿伺候戏,同春班。

十一日　三海司房传旨,十五日颐年殿伺候戏,丹桂班。

十九日　敬事房传旨,十月初一日颐年殿伺候戏。

九月十九日　奉旨,八品首领李福贵革去首领当太监差事,每月食二两钱粮米,太监安进禄赏放本学八品首领,食四两钱粮米。

二十日　敬事房传旨

十月初一日　同春班　初二日　四喜班

初七日　玉成班　初八日　宝胜和班

初九日　丹桂班　初十日　四喜班

十一日　义顺和班　十二日　同春班

十三日　玉成班　此九日颐年殿伺候戏。

二十五日　旨传,十月万寿承应大戏《宝塔凌空》、《地涌金莲》、《罗汉渡海》、《福禄天长》、《福禄寿》、《万寿无疆》。

十月十一日　传旨,十四日宝胜和班,十五日义顺和班,颐年殿伺候。

同日,奉旨,总管何庆喜因错差务,罚月银六个月,首领四名因错差务各罚月银三个月。民籍学生许福雄、阿寿、李永泉此三名革去钱粮米,著在本署效力当差。

十六日　奉旨,总管何庆喜因错差务,罚月银六个月,首领四名因错差务,各罚月银三个月。

十月二十八日　奉旨,不准传陈得林、龙长胜、于庄、杨金、福海、傅双成、许福英、许福雄、王福寿、王阿巧。

十一月初七日　敬事房传旨,十四日玉成班;十五日四喜班;十六日本署;颐年殿伺候戏。

二十五日　来知会十二月十五日同春班颐年殿伺候戏。十六日颐年殿伺候戏。

十二月二十三日　奉旨,二十九日义顺和班、三十日同春班、

正月初一日四喜班、初二日丹桂班伺候戏。

差事档（编者按：原封面注明“此档有外班承差”。）

十月初十日 四喜班颐年殿伺候戏 辰正三刻开，戌正三刻毕。

《福禄寿》、外《喜封侯》、《罗汉渡海》、外五六本《永庆升平》、府《春台叶庆》、《甲子图》、外《洪海郡》、外《大渭水河》、外《闺房乐》、《偷诗》、外《娘子军》、《万寿无疆》。

十四日 玉成班 颐年殿伺候戏

府《太仆陈仪》、《长板（坂）坡》、《荡湖船》、《杀嫂》、《白水滩》、《马上缘》、《血手印》、《战宛城》、《战太平》、《新安驿》、《双摇会》、《洗浮山》。

日记档

六月初四日 总管何谨奏，六月初一日承应戏，民籍学生穆长寿未到，奴才失察。初二日奴才着人传唤穆长寿并无踪迹，奴才不敢耽延，恐误差使。穆长寿实系无故逃走，应交内务府派番役拿获。谨此奏闻。

初五日 陆八送印稿壹件，为民籍学生穆长寿逃走裁月银。

六月二十八日 由敬事房领赏总管、首领、太监等大制钱五十串。

八月二十三日 收西厅知会壹件，为本署逃走民籍学生穆长寿。奉懿旨，现在已由上海解京，著革去外学钱粮，交慎刑司枷号三个月。嗣后只在京准其自谋生业，不准在外省演唱。

九月二十日 当日总管何递堂郎中印稿一件，为于九月十七日起，奉旨传教习十二名，本署教演歌词，每日每名分银二钱，每月共领银七十二两可也。

十月十一日 奉旨，将总管何庆喜因错差务，着罚月银六个月。首领孔得福、郭福喜、马得安、安进禄此四名因错差务，着各罚月银三个月。钦此。

奉旨,将食十两六品总管何庆喜、食五两七品首领孔得福(人名略)此五名因错差务,各罚月银六个月。

无名称档案(编者按:或为钱粮处的日记档或知会档)

八月初四日　来知会　总管奏准,挑得民籍随手孙光通,每月食钱粮银二两,白米十口、公费制钱一串。

光绪二十年

恩赏日记档

八月十四日　卯正一刻　慈宁宫进奏书,中和乐伺候中和韶乐。

十五日　万岁爷卯正十分慈宁宫恭进徽号曰:慈禧端佑康颐昭豫庄诚寿恭钦献崇熙皇太后。

十六日　辰初　万岁爷乐寿堂递如意,中和乐伺候丹陛乐。

乾清宫颁诏受贺,中和乐伺候中和韶乐。

九月初二日　奴才何庆喜谨奏,内学首领孔得福因脑后生疮,今疮未痊,假期将满,叩恳老佛爷天恩,再赏假调理,谨此奏请。赏假十日。

旨意档

二月二十一日　万岁爷旨意,二月初五日漱芳斋伺候戏,着里外学生伺候。着堂郎中传外边唱昆腔戏,查对伺候。

五月十二日　老佛爷旨意,不准安进禄辞退首领。

九月二十一日　奉旨,本学首领孔得福、郭福喜、马得安、安进禄由十月起,所罚月银俱已宽免,首领四名每月加添一两钱粮米。

九月二十一日　奉旨,

四喜班十月初五日、初十日、十七日伺候戏。

玉成班　初四日、初八日、二十日伺候戏。

同春班　初二日、初九日、二十三日伺候戏。

丹桂班　初一日、初七日、十三日、二十二日伺候戏。

宝胜和班　初三日、十一日、十六日、二十四日伺候戏。

义顺和班　初六日、十四日、十九日、二十五日伺候戏。

小天仙班　十二日、十五日、二十一日伺候戏。

日记档

正月初一日　四喜班　长春宫伺候戏毕，颐年殿伺候接唱。

初二日　乾清宫承应午宴《膺受多福》，转宴《万福攸同》。同日　丹桂班颐年殿伺候戏。

初三日　忌辰。

初四日　本署　颐年殿伺候戏。

正月十九日　同日来知会，正月二十四日　玉成班。

二十五日　四喜班。

二十六日　宝胜和班。

二十七日　同春班。

二月初一日　义顺和。

二月十二日　掌仪司来文，于二月十五日京师月食，亥初初刻十三分初亏，夜子初初刻六分复圆，应照定例，在京文武官员俱素服，咸集太常寺救护。

二月二十日　同日来知会，总管奉旨，着内学首领万寿所用之差着实排，寿轴子大戏着外边角色上场。

三月初五日　漱芳斋承应开场《万寿长春》

外边伺候昆腔戏六出。

六月二十二日　义顺和班宁寿宫伺候戏。

同日来知会　内学首领二十三日随总台进内谢赏尺头、银两恩，卯初到齐。当日敬事房传旨，照例赏给承应戏之人贯钱五十串。

三十日　来知会，十月初二日宁寿宫祭祀台神。

十月初一日　丹桂班颐年殿伺候戏。

初二日　同春班宁寿宫伺候戏。

初九日　四喜班宁寿宫伺候戏。

初十日　承庆班宁寿宫伺候戏。

十一日　义顺和班宁寿宫伺候戏。

十二日　皇极殿承应宴戏《慈容衍庆》(一分)。

十一月初四日　来知会,当日请驾后,随总台进海给佛爷谢赏饽饽桌子恩。

知会档

新正月初一日　大吉祥　知会　钱粮处首领,正月初一日四喜班伺候戏。

知会　钱粮处首领,初四日本署,初八日玉成班,初九日宝胜和班,十三日义顺和班,十五日同春班,十六日四喜班,十九日丹桂班。

二月初六日　敬事房传旨,三月初一日小丹桂班颐和园伺候戏。

知会　钱粮处首领二十七日奉旨,五月初四日小天仙班,初五日、初六日本府纯一斋伺候戏。

知会　钱粮处首领,六月十九日至二十二日,宁寿宫演云兜、切末,辰正到齐。

知会　钱粮处首领,十月初四日奉旨,十月初九日四喜班,初十日承庆班,十一日义顺和班,十五日宝胜和班宁寿宫伺候戏。十七日同春班颐年殿伺候戏。初十日乐寿堂伺候福禄寿灯。

差事档

八月初四日　纯一斋伺候戏　巳初三刻开,亥初一刻毕。

府《丹桂飘香》、《假颠》(本家)、《歌舞升平》(本家)、少林技艺(本家)、《燕喜赓歌》、《青门》、三本《义勇传》、《定军山》、《打金枝》(二刻十)、头本《大审》(三刻)、《金山寺》(四刻)。

花名档(编者按:因这一时段民间伶人较多,特录其主要部分。昇平署太监总管、首领及伶人部分略。)

生	陈寿峰	年四十一岁	食银二两	公费一贯
生	杨隆寿	年四十一岁	食银二两	公费一贯
生	李顺亭	年四十一岁	食银二两	公费一贯
生	张长保	年三十二岁	食银二两	公费一贯
小生	王阿巧	年四十岁	食银二两	公费一贯
生	孙菊仙	年四十八岁	食银二两	公费一贯
生	谭金培	年四十六岁	食银二两	公费一贯
生	王福寿	年四十三岁	食银二两	公费一贯
生	龙长胜	年四十四岁	食银二两	公费一贯
小生	鲍福山	年四十一岁	食银二两	公费一贯
小生	王桂花	年三十六岁	食银二两	公费一贯
旦	阿　寿	年三十七岁	食银二两	公费一贯
旦	时小福	年四十六岁	食银二两	公费一贯
旦	陈得林	年三十三岁	食银二两	公费一贯
旦	侯俊山	年三十七岁	食银二两	公费一贯
旦	相九箫	年三十一岁	食银二两	公费一贯
武旦	许福英	年四十六岁	食银二两	公费一贯
武旦	李燕云	年三十二岁	食银二两	公费一贯
武旦	杨永元	年三十二岁	食银二两	公费一贯
武旦	于庄儿	年二十五岁	食银二两	公费一贯
净	联　凯	年四十六岁	食银二两	公费一贯
净	傅双成	年三十九岁	食银二两	公费一贯
净	方镇泉	年五十三岁	食银二两	公费一贯
净	刘永春	年三十三岁	食银二两	公费一贯
净	李连重	年三十三岁	食银二两	公费一贯
净	李永泉	年四十二岁	食银二两	公费一贯
丑	姚阿奔	年五十三岁	食银二两	公费一贯
丑	罗寿山	年三十四岁	食银二两	公费一贯
丑	刘七儿	年三十九岁	食银二两	公费一贯
鼓	刘兆奎	年七十岁	食银二两	公费一贯

鼓　沈立成　年四十一岁　食银二两　公费一贯
鼓　李奎林　年三十八岁　食银二两　公费一贯
鼓　郝春年　年五十五岁　食银二两　公费一贯
笛　钱子寿　年五十三岁　食银二两　公费一贯
笛　浦增寿　年五十五岁　食银二两　公费一贯
笛　方秉忠　年三十九岁　食银二两　公费一贯
笛　路长立　年四十一岁　食银二两　公费一贯
随手　柏如意　年五十岁　食银二两　公费一贯
随手　武奎斌　年四十七岁　食银二两　公费一贯
大锣　唐保海　年五十四岁　食银二两　公费一贯
大锣　吴永明　年三十五岁　食银二两　公费一贯
手锣　朱喜保　年五十四岁　食银二两　公费一贯
打家伙　沈景承　年六十九岁　食银二两　公费一贯
打家伙　纪长寿　年五十九岁　食银二两　公费一贯
走场　阎　定　年三十九岁　食银二两　公费一贯

(编者按:其余杂务人员略,共人六十二名,效力不在数内。)

效力　鼓　春明
效力　大锣　寿山
效力　手锣　树琪
效力　随手　郝玉庆
效力　随手　武奎保

内务府档案节录:

绮英馆总司事务兼正白旗骁骑参领坐办堂郎中文珮呈,为请领银两事。窃职奉派照料义和顺等班在颐年殿等处承差。自本年正月十三日起,至十月初二日止,节次承差计共三十八次,所有津贴各班承应人等饭钱以及精忠庙庙役、传差官役人等应需饭食、车费、津贴等项钱壹万壹千壹百肆吊柒百文,以银易钱,合用银玖百伍拾壹两。又排演昆戏,设立下处,置办家具,教习月例、工食等项银伍百柒拾贰两伍钱陆分。以上二款共需实银壹千伍百贰拾叁两

伍钱陆分。请由广储司银库支领，其文领知会借用广储司印信咨行，谨将需用银两清单附稿呈明可也。为此具呈。光绪二十年十月。

光绪二十一年

旨意档

六月十七日　敬事房传旨，二十四日、二十五日、二十六日宁寿宫伺候戏。

十八日　奉旨　二十四日　宝胜和班；

二十五日　四喜班；

二十六日　同春班；

七月初一日　奉旨，初二日小鸿奎班纯一斋伺候戏。

八月二十九日　奉旨，内学八品首领马得安赏放六品总管，每月食八两钱粮米。

太监白进贵赏放内学八品首领。

九月初十日　奉旨，十五日玉成班听鹂馆伺候戏。

九月二十七日　奉旨，十月初一日小天仙班颐年殿伺候戏。

十月初三日　奉旨，初七日　宝胜和班；初八日　义顺和班；

初九日　同春班；　初十日　四喜班；

十一日　承庆班；　十二日　玉成班；

十三日　宝胜和班；十四日　义顺和班；

十五日　四喜班。此九日颐年殿伺候戏。

初六日　奉旨，十三日宝胜和班、十四日义顺和班改为万年同春班。

十一月十五日　奉旨，七品首领孔得福退去首领，每月食二两钱粮米。八品首领安进禄赏放七品首领。太监王进福赏放内学八品首领。

十五日　奉旨，十六日本府颐年殿伺候戏。

十二月二十三日　上传，是有里边外班承应戏，俱用大堂的单皮鼓，不准用小堂的单皮鼓。

二十四日　奉旨,二十八日义顺和班颐年殿伺候戏;二十九日宝顺和班伺候戏;正月初一日四喜班长春宫伺候戏;初二日玉成班颐年殿伺候戏。

二十九日　上传,以后承应宴戏弋腔加苏锣。

恩赏档

六月初一日　赏总管、首领、里外各处承差人等银四百四十五两。

八月十六日　赏总管、首领里外各处承差人等银九百八十六两。

十月十三日　赏总管马得安银三十两。赏总管、首领、里外各处承差人等银一千零六两。

差事档

六月二十四日　宝胜和班。

宁寿宫伺候戏。巳初二刻十开,酉初三刻毕。

外学《跳灵官》、府《寿祝万年》、《珍珠衫》、昆《折梅》、《通天犀》、昆《纳妾》、《双画眉》、《黑沙洞》、《二进宫》、《花蝴蝶》、昆《搜围》、《打金枝》、昆《跌包》、《芭蕉扇》。

二十五日　四喜班。

乾清宫承应宴戏　卯正开,卯正二刻毕。

府《青牛独驾》。

宁寿宫伺候戏　辰初一刻五开,申正一刻十毕。

府《福禄天长》、《蟠桃会》、昆《醋义》、《娘子军》、《落园》、昆《跪门》、《飞波岛》、昆《辩白》、府《瓜瓞绵长》(八出　七刻十)、昆《金山显护》、《双包案》、《黄鹤楼》、府《宝塔庄严》。

二十六日　同春班。

宁寿宫伺候戏。

府《福禄寿》、《回龙阁》、昆《太平封相》、《战雒城》、府《罗汉渡海》、昆《结义》、《孝感天》、《镇檀州》、府《韶頀九成》(八出　七刻)、

昆《盘夫》、府《地涌金莲》、昆《题曲》、《金山寺》（三刻）、府《万寿无疆》。

十二月初四日　四喜班　颐年殿伺候戏。

府《恭祝无疆》、《取荥阳》、本家《十字坡》、《瑶台》、本家《查关》、《取金陵》、本家《御园小宴》、《玉堂春》、《胭脂虎》、本家《青石山》（三刻十）。

日记档

十一月二十九日　总管奏准，挑得民籍教习：

生　曹永吉，净　穆长久，小生　马全禄，丑　王长林，旦　孙怡云，老旦　熊连喜。

此六名每月钱粮二两、白米十口、公费制钱一串。旗籍筋斗人二名。

光绪二十二年

旨意档

正月初四日　奉旨，初九日承庆班、初十日同庆班颐年殿伺候戏。十三日同春班听鹂馆伺候戏。十二日宴差毕，福华门内伺候送驾。颐和园伺候接驾。

十三日　上传宴戏《景星协庆》、《灯月交辉》头二分连着承应。上角之人话白曲子俱要慢白慢唱。

二月初七日　奉万岁爷旨，传内学能唱曲子里边学生来三四名，随万岁爷进城伺候差事。莫误。

二月十六日　奉旨，总管马得安，首领安进禄、郭福喜、白进贵、王进福因疏忽各罚六个月钱粮。

三月十五日　内殿司房传旨，着内学首领安进禄、郭福喜，太监安来顺、王春通、李如寿、金福保、李久合于十七日进城，十八日进内当差。

四月初一日　奉旨，内学太监王金和赏放八品顶戴，恩加五钱钱粮米，每月食三两。

同日奉旨,初五日本府伺候戏。初八日之戏改初九日,承庆班颐乐殿伺候戏。

同日奉旨,初五日、初六日、初七日带领掌仪司伺候戏。

同日奉旨,着总管、首领排新戏,所有欠角即速派补。

同日奉旨,着排《双合记》、《双钉记》、《锁阳关》。

同日徐带班传旨,四月初二日着李久合、李如寿、金福保进城当差。

内学四月二十四日奉旨,五月初一日里外学伺候戏。

初四日　四喜班伺候戏。

初五日　里外学伺候戏。

初六日　义顺和伺候戏。此四日纯一斋伺候戏。

五月初五日　李福年传旨,再承应《阐道除邪》红蟒精着派别人上,再添大妖四个。

七月初二日　崔回事传旨,《双合印》王有福上,张秀英曲子着实唱。

九月十八日　奉旨,廿四日四喜班颐年殿伺候戏。

二十三日　绣漪桥送驾福华门接驾俱穿蟒袍补服,卯初到齐。

十九日　内殿司房张荣传旨,着内学首领郭福喜于二十日进内伺候差事。

九月二十日　内殿司房袁兴成传旨与内学,要承过差京家伙一分,赶紧送至养心殿。千万莫误。

十月初三日　敬事房传旨,十月初七日　宝胜和;初八日　玉成班;

初九日　同春班;初十日、十一日　四喜班;

十二日　义顺和;十三日　宝胜和;

十四日　玉成班;十五日　同春班。

十三日　来知会　同日,高四老爷传旨,着总管、首领着实认真排差,外边学生等攒凑昆腔。

十七日　奉旨,十一月初一日福寿班颐年殿伺候戏。

十二月初十日　旨著总管马得安、内学首领,凡所传戏本俱着

外学该角攒本，不要外班来的，以前所递戏本一概废弃，着外学从新另串，以后外学该角、筋斗、随手等永住昇平署，以备传要戏本，即刻传递。如与外班传要戏本，当日传次日要呈递。凡承戏之日，著该班安本。孙菊仙承戏词调不允稍减。莫违。钦此。

十二月十三日　李文泰传旨，著总管、首领赶紧排新戏，总管马得安如若有告病假之日，有上回差务著内学首领安进禄上来回差。

二十二日　王代班传旨，外学人等有差之日不准告病假，为此特传。

二十二日　敬事房传旨，二十九日、正月初二日、初四日、初五日颐年殿伺候戏。

三十日　宁寿宫伺候戏，海内接唱。

初一日　长春宫伺候戏，海内接唱。

十二月二十六日　奉旨

二十九日　宝胜和班　颐年殿伺候戏。

三十日　三庆班　宁寿宫伺候戏。

正月初一日　四喜班　长春宫伺候戏。

初二日　义顺和班　颐年殿伺候戏。

差事档

正月初一日　乾清宫　午宴《膺受多福》。

同日　四喜班　长春宫伺候戏　辰正二刻五分开，午初二刻毕。

学《跳灵官》，本家《喜朝五位》、《朝金顶》、《姑苏台》、《泗州城》，外学《双锁山》。

颐年殿接唱　午正开，酉正一刻十分毕。

本家《赐福》，外学《连升三级》，本家《御碑亭》、《满床笏》，外学《独占》、《蟠桃会》、《双摇会》、《双包案》，本家《万寿无疆》。

初二日　玉成班　颐年殿伺候戏　巳正一刻五分开，戌初二刻五分毕。

府《吉曜承欢》、《黄鹤楼》,本家《探窑》、《四平山》、《马上缘》、《折柳》,外学《借赵云》、《演火棍》、《回荆州》、《过新年》、《斗牛宫》,本家《水帘洞》。

初九日　承庆班　颐年殿伺候戏　巳正一刻五开,戌初三刻毕。

府《祝福呈祥》、本家《仙圆》、《摇钱树》、《花判》、《得意缘》、《长坂坡》、本家《查关》、《庆顶珠》、《飞杈阵》、外学《新安驲(驿)》、《除三害》、本家《庆安澜》。

初十日　同春班　颐年殿伺候戏　午正一刻五开,戌初一刻十毕。

府《添筹称庆》《打樱桃》、本家《华英山》、《拾玉镯》、外学《访贤》、《娘子军》、外学《珍珠衫》、《玉堂春》、外学《牧羊》、《探母》、本家《金山寺》。

十二日　乾清宫承应宴戏《万花向荣》(一分)。卯正开,卯正二刻毕。

十三日　乾清宫承应午宴戏《景星协庆》一分。午正开,午正三刻毕。

同日　同春班　漱芳斋伺候戏　辰正开,酉正二刻毕。

《富贵长春》、《二进宫》、《嫁妹》、《定军山》、《小宴》、《取荥阳》、《连升三级》、《花报》、《关王庙》、《胭脂虎》、《跑坡》、《盘河战》、《战宛城》、《嫖院》、《铁笼山》、《也是斋》、《金山寺》。

同日　四喜班　颐乐殿伺候戏

外学《跳灵官》、《富贵长春》、本家《仙圆》、《淤泥河》、《天水关》、《破洪州》、《彩楼配》、《普求山》、《昭君》、《风云会》、《三教寺》、《阳平关》、《胭脂虎》、《群英会》、本家《莲花塘》(五刻五)。

十五日　承庆班　颐乐殿伺候戏　巳正十分开,酉正五分毕。

府《东皇布会》、《功臣宴》、《双摇会》、本《金山寺》、外《双合印》、本《董家山》、《马上缘》、《取荥阳》、本《平方腊》、《双泗州》、《絮阁》、本《九莲灯》。

排云殿伺候　万年长春富贵灯。

十六日　仁寿殿　午宴承应《海不扬波》。

同日　同春班　颐乐殿伺候戏　巳初三刻开，酉正一刻五毕。

《恭祝无疆》、《雄州关》、《孝感天》、外《谢冠》、《双沙河》、本《铁笼山》、本《茶叙问病》、外《琴挑》、本《十面》、《一门忠烈》、《洛阳桥》。

同日　排云殿伺候　福禄寿灯。

十九日　四喜班　颐乐殿伺候戏　巳正一刻五分开，戌初二刻五分毕。

府《圣母巡行》、《花蝴蝶》、本《刺虎》、《朱砂痣》、本《战宛城》、《天雷报》、本《金沙滩》、外《迎亲》、《乾坤带》、《双铃记》、本《百花山》。

同日　排云殿伺候　万年如意灯。

同日　漱芳斋伺候戏　辰正开，戌初二刻毕。

《赐福》、《教子》、《打樱桃》、《白门楼》、《法门寺》、《朝金顶》、《胭脂虎》、《樊城长亭》、《牛头山》、《富贵楼》、《一捧雪》、《探母回令》、《水帘洞》。

二月初三日　义顺和班　颐乐殿伺候戏　巳正一刻十分开，亥初五分毕。

府《万福云集》、《龙玉笛》、本家《探窑》、本家《平方腊》、三本《十三案》、外《偷诗》、《遗翠花》、《长坂坡》、四本《十三案》、本家《莲花洞》。

二月初四日　宝胜和班　颐乐殿伺候戏

府《三元百福》、《东岭关》、本《十字坡》、《紫霞宫》、外《天水关》、《黄鹤楼》、《合凤裙》、《蝴蝶梦》、《义侠计》、本《进美采莲》。

同日　玉成班　长春宫伺候戏　辰初三刻五分开，戌初一刻毕。

万寿堂　昆《乔醋》、《喜崇台》、《虹霓关》、《孝感天》、《上寿》、昆《思凡》、《锁五龙》、《难中福》、《清官册》、《状元谱》、《捉放》、《摇会》、《飞杈阵》、《天水关》、《二进宫》、昆《小宴》、昆《乾元山》。

二月十六日　玉成班　颐乐殿伺候戏　午初开，戌正二刻毕。

府《千春燕喜》、《岳家庄》、本《双沙河》、《小宴》、本《审刺》、《朝金顶》、外《迎亲》、外《折柳》、《大名府》、《紫霞宫》、《龙马姻缘》。

二月十九日　承庆班　颐乐殿伺候戏　巳正五分开,亥初一刻十毕。

府《祝福呈祥》、《金钱豹》、本家《双摇会》、头二本《得意缘》、《小洪洋洞》、《夺太仓》、《取荥阳》、《佘塘关》、三四本《得意缘》、本家《青石山》。

同日　同春班　长春宫伺候戏　辰正二刻五开,酉正三刻五毕。

《赐福》、《巧连环》、《战太平》、《绒花计》、《五花洞》、《牧虎关》、《八大锤》、《打沙锅》、《落园》、《草桥关》、《祥麟见》、《拾玉镯》、《回猎》、《青石山》。

三月初一日　义顺和班　颐乐殿伺候戏　巳正五分开,亥初二刻十毕。

府《喜洽祥和》、本家《财源辐辏》、五本《十三案》、本家《夜战》、外《孝感天》、《反西凉》、本家《小宴》、外《偷诗》、外《失街亭》、《溪黄庄》、六本《十三案》、外《访普》、《战猇亭》、本家《水帘洞》。

十五日　玉成班　颐乐殿伺候戏

府《遣仙布福》、本《千秋岭》、府《一门忠烈》、《独占》、《定燕平》、本《落园》、外《新安驿》、《折柳》、《春秋配》、《取金陵》、本《百花山》。

四月初一日　四喜班　颐乐殿伺候戏　巳初二刻五开,戌初三刻十毕。

府《喜溢寰区》、《梳妆掷戟》、本《玉玲珑》、《花蝴蝶》、本《滚钉板》、外《絮阁》、《群英会》、府《争功请罪》、《霸王庄》、外《双合印》、《双铃计》、本《莲花洞》。

初五日　颐乐殿伺候戏　午初五分开,戌正三刻五分毕。

府《福寿双喜》。

掌仪司玩艺:万寿无疆、艺人盘杠、万善双石、幼童舞棍、乐善开路、幼童歌唱、太平歌词、学善太平棍、万善开路、太平花鼓。外

《打金枝》、外《海潮珠》、外《琴挑》、本《御果园》、本《金山寺》。

初六日　颐乐殿伺候戏　巳初二刻十开，戌初十分毕。

府《万寿长春》。

掌仪司：万年永庆太狮、太平舞棍、太平歌词、同议助善秧歌、太平开路、乐善歌词、幼童盘杠、艺人高脚。

本《滚钉板》、府《一门忠烈》。童子棍、恩荣舞狮、击壤高歌、万寿无疆秧歌、万年普庆棍、渔樵歌唱、太平舞狮、幼童舞棍、公议助善秧歌、同善舞狮、太平同乐秧歌。本《青石山》。

初七日　颐乐殿伺候戏　府《寿山呈瑞》。

掌仪司：引善杠箱、同乐舞狮、太平歌词。

本《双观星》。幼童棍。本《小宴》。乐善歌词。本《水帘洞》。永乐同春棍、随意乐善秧歌、亿寿双石、长春高脚、乐善昇平棍、太平秧歌、幼童吉祥棍、吉祥歌唱、万年歌唱、乐善昇平秧歌、引善杠箱。府《恭祝无疆》。

初九日　承庆班　颐乐殿承应戏　巳初开，戌初三刻五毕。

府《六祖讲经》、本《刺虎》、《嫁妹》、《摇钱树》、本《落园》、《探母》、府《上路魔障》、《琼林宴》、《四进士》、本《进美采莲》。

十五日　同春班　纯一斋伺候戏　巳正二刻五开，戌正一刻十毕。

跳灵官。府《平安如意》、《无底洞》、《戏凤》、本《打焦》、《玉堂春》、外《跪池》、府《泗水关》、《恶虎村》、外《奇双会》、《探亲》、《雅观楼》、《娘子军》、《伐子都》、《进美采莲》。

五月初一日　纯一斋伺候戏　巳初二刻开，酉正三刻毕。

本家　头至四本《阐道除邪》。

初五日　纯一斋伺候戏　巳正开，戌初三刻十毕。

府　头本、二本《阐道除邪》（头本前八出后八出，二本一至七出）。

过当：府　五音大鼓、府　吵子扑蝶、中幡、本家　五虎棍、府　秧歌、府　太平锣鼓、本家　什不闲、府　旱船、府　狮子、府　什不闲、本家　秧歌、府　五虎棍。

六月十五日　四喜班　纯一斋伺候戏　巳正开，戌正一刻五毕。

府《祝福呈祥》、本《二进宫》、《状元印》、本《佳梦关》、外《佘塘关》、本《独占》、头二本《七巧循环》、本《红鸾喜》、外《镇檀州》、《马上缘》、本《青石山》。

七月初二日　义顺和班　纯一斋伺候戏

府《福寿双喜》、本《戏凤》、本《乾元山》、《设谋藏柜》、本《青门》、《浔阳楼》、府《双合印》、外《断密涧》、《花蝴蝶》、《四劝》、本《水帘洞》。

初七日　同春班　纯一斋伺候戏　辰正三刻开，戌初一刻毕。

府《五福五代》、本《回营打围》、《四杰村》、府《娘子军》、本《青峰岭》、《失街亭》、本《辕门射戟》、《拾玉镯》、外《珍珠衫》、《盂兰记》、外《连环阵》、《盘河战》、本《鹊桥密誓》。

同日　七夕紫光阁献戏《七襄报章》一分。

十五日　玉成班　纯一斋伺候戏　巳正二刻五，戌初五分毕。

府《佛旨度魔》（一分）、本《青门》、《巴骆和》、本《戏凤》、《战宛城》、府《锁阳关》（六出）、外《戏妻》、《双泗州》、府《迓福迎祥》。

二十八日　四喜班　颐乐殿伺候戏　巳正二刻开，戌初毕。

外《跳灵官》、府《天官祝福》、《金水桥》、本《独占》、外《双锁山》、本《乾元山》、三四本《奇巧循环》、外《打嵩》、《五花洞》、外《取洛阳》、《青石山》（五刻五）。

八月初六日　宝胜和班　颐乐殿伺候戏　巳初一刻开，戌初十分毕。

府《丹桂飘香》、《铁龙山》、《探母》、本《红鸾喜》、外《琴挑》、《狐狸缘》、《金锁阵》、《落园》、《虹霓关》、本《莲花洞》。

十四日　小长庆班　颐乐殿伺候戏

府《万福云集》、《胭脂虎》、本《祭江》、外《迎亲》、《五花洞》、《天雷报》、《小礤房》、《四杰村》、外《骂曹》（龙长胜）、《翠屏山》、《莲花塘》。

十八日　颐乐殿伺候戏

本家头本、二本《天香庆节》、外《谢冠》、本家三本四本《天香庆节》、外《樊城昭关》、外《琴挑》(桂花、得林)、外《青石山》。

十九日　颐乐殿伺候戏

府《天香庆节》、本《游寺》、外《霸王庄》、外《新安驿》、外《芦花河》、府《天香庆节》(后八出)、《百花山》。

九月初一日　同春班　颐乐殿伺候戏　巳正开,戌正五分毕。

府《九华品菊》(一分)、《射戟》、《取荥阳》、本《探窑》、本《十面》、府《双钉记》(八出)、外《珍珠衫》、本《投渊》、《赵家楼》、《玉堂春》、本《水帘洞》。

十一日　四喜班　颐乐殿伺候戏　巳正五分开,戌初一刻毕。

府《万寿长春》、《藏舟》、本《一门忠烈》、《泗州城》、本《训子》、五六本《七巧循环》、本《探塔》、府《神虎报》六出、《摇钱树》、《琼林宴》、本《金山寺》。

十五日　义顺和班　颐乐殿伺候戏　巳初三刻开,戌初二刻十毕。

府《乐寿长生》、外《亭会》、头本《昙花寺》、本《双钉记》、二本《昙花寺》、外《状元谱》、《闹江舟》、本《无底洞》。

九月二十四日　四喜班　颐年殿伺候戏　巳正一刻五分开,戌初二刻十分毕。

《跳灵官》、府《平安如意》、本《戏妻》、外《宝莲灯》、七八本《七巧循环》(罗四虎)、府《双合印》(八出)、外《平顶山》、本《青石山》。

十月初一日　义顺和班　颐年殿伺候戏　巳正十分开,戌初三刻十毕。

府《花甲天开》(一分)、《得三关》、外《洪洋洞》、本《小宴》、《双锁山》、《滚钉板》、《游宫射雕》、外《二进宫》、《紫霞宫》、本《百花山》。

初七日　宝胜和　颐年殿伺候戏　巳正开,戌初一刻毕。

府《福寿双喜》、《蟠桃会》、本《落园》、府《兰殿呈祥》、《芭蕉扇》、本《独占》、头二本《花田错》、外《英雄会》、《狐狸缘》、本《九莲灯》。

初八日　玉成班　颐年殿伺候戏　午初一刻五开,戌初三刻

五毕。

府《福禄寿》、《回荆州》、外《朱砂痣》、本《仙圆》、《溪黄庄》、府《双福寿》(六出)、《斗牛宫》、外《打樱桃》、本《水帘洞》。

初九日　同春班　颐年殿伺候戏　辰正五分开,酉初二刻十分毕。

府《福禄天长》、《蟠桃会》、本《戏凤》、外《彩楼配》、本《庆寿图》、府《春台叶庆》(四出)、《入府》、外《新安驿》、《泗州城》、外《游园惊梦》、本《洛阳桥》。

初十日　四喜班　颐年殿伺候戏　巳初开,酉初一刻十毕。

本《福禄寿》、《群仙祝寿》、《娘子军》、本《甲子图》、外《谢冠》、《朝金顶》、府《福寿延年》(六出)、本《金山寺》、《赏荷》、本《回营打围》、《摇钱树》、本《万寿无疆》。

仪鸾殿承应　福禄寿灯。

十一日　四喜班　颐年殿伺候戏　辰正一刻五分开,酉初二刻十分毕。

府《寿祝万年》、《醉归》、本《财源辐辏》、《青石山》、《絮阁》、《大神州》、本《训子》、府《昇平雅颂》(八出)、《御碑亭》、本《绒花计》、《马上缘》、本《无底洞》。

十二日　义顺和班　颐年殿伺候戏　巳初一刻开,戌初五分毕。

府《万寿无疆》、外《铁弓缘》、头本《忠顺图》、本《二进宫》、二本《忠顺图》、府《祥芝应瑞》、外《阳关折柳》、本《乾元山》、《英雄义》、《度林英》、本《莲花洞》。

十三日　宝胜和班　颐年殿伺候戏　巳正开,戌初二刻十毕。

府《恭祝无疆》、《双盗标》、本《玉玲珑》、三四本《花田错》、外《浣花溪》、府《瓜瓞绵长》、外《昭君》、头二本《得意缘》、本《琵琶洞》。

十四日　玉成班　颐年殿伺候戏巳正一刻五分开,戌初三刻十分毕。

府《芝眉介寿》、《琴挑》、本《打樱桃》、《卖艺》、本《奇双会》、《佛

门点元》、本《探塔》、外《连升三级》、府《四海昇平》、《飞杈阵》、外《断桥》、《双摇会》、本《狮驼岭》。

十五日　同春班　颐年殿伺候戏　巳正二刻十分开，戌正一刻十分毕。

府《乐寿长生》、《黄鹤楼》、本《九龙峪》、《贪欢报》、《祥麟现》、府《万象春辉》、《马上缘》、外《访普》、《普求山》、外《珍珠衫》、《拾玉镯》、《穆柯寨》、本《四面观音》。

十一月初一日　福寿班　颐年殿伺候戏　巳正三刻十开，戌正二刻毕。

府《喜洽祥和》、《选元戎》、本《雅观楼》、《小蟠桃会》、《折柳》、府《入府》、外《牧羊圈》、《小八扯》、外《翠屏山》、《小八蜡庙》、《摘缨会》、《风云风》、《富贵长春》。

十七日　四喜班　颐年殿伺候戏　巳正一刻开，戌初二刻毕。

府《太仆陈仪》、《探庄射灯》、本《跪池》、《取金陵》、本《玉堂春》、府《泗水关》、《奇巧循环》、外《少华山》、《恶虎村》、《回龙阁》、本《五花洞》。

十八日　宝胜和班　颐年殿伺候戏　午初开，戌初三刻十毕。

府《五福五代》、《文昭关》、本《太行山》、《殷家堡》、本《折柳》、《赐环》、《摇钱树》、府《夺秋魁》、《蝴蝶梦》、外《戏妻》、本《青石山》。

十二月初一日　义顺和班　颐年殿伺候戏　巳初五分开，戌正一刻五毕。

府《膺受多福》、外《断桥》、《绿林坡》、本《乾坤带》、三本《忠顺图》、本《游寺》、《画春图》、四本《忠顺图》、外《宇宙锋》、《双合印》、《战猇亭》、本《百花山》。

初十日　福寿班　颐年殿伺候戏　巳正一刻开，戌正毕。

府《喜溢寰区》、《美人计》、本《高平关》、《火判》、《恶虎村》、外《镇檀州》、府《神虎报》、外《海潮珠》、《龙马姻缘》、本《水帘洞》。

十五日　四喜班　颐年殿伺候戏　午初一刻开，戌正二刻十毕。

府《寿山呈瑞》、《八大锤》、本家《举鼎观画》、《庆顶珠》、本家

《观阵》、府《锁阳关》、《泗州城》、《翠屏山》、《祭江》、《祭塔》、本家《金山寺》。

二十三日　宝胜和班　颐年殿伺候戏　巳正二刻五开,戌正二刻五毕。府《太和报最》、《黄鹤楼》,本《九龙峪》,外《彩楼配》、《棋盘会》,本《举鼎观画》、《双锁山》,府《入府》、《虹霓关》,本《琵琶洞》。

二十九日　宝胜和班　颐年殿伺候戏　午初一刻五开,戌初一刻五毕。

府《福寿双喜》、《天水关》、《恶虎村》、本《破洪州》、《盂兰会》、外《昭君》、《满床笏》、府《兰殿呈祥》、《马上缘》、《连营》。

三十日　三庆班　宁寿宫伺候戏　巳初一刻十开,午初二刻五毕。

灵官扫台。府《昇平除岁》、《摇钱树》、外《谢冠》、《彩楼配》、《蟠桃会》(马前)。

颐年殿伺候接唱　未初三刻五开,酉正毕。

府《如愿迎新》、《长生乐》、《四美图》、本《华英山》、《胭脂褶》、本《九节山》。

新整内务府档案

光绪二十二年

正月三十日　工带班传旨,传《莲香帕》、《儿女英雄传》、《五彩舆》、《粉妆楼》,着缮写角本交进。钦此。

七月初十日　万岁爷旨意,以后勿论那一班,有净本才许上单。

光绪二十三年

旨意档

正月初二日　高福喜传旨,有昆腔轴子不准唱混涂了,如若再唱混涂了,主人降不是。

初四日　崔玉贵传旨,以后有戏之日,总管内学首领四名,轮

流二名站台。

正月初七日　奉旨，十二日三庆班，十三日宝胜和班颐年殿伺候戏。

十六日　徐传旨，以后接送驾吹〔傍妆台〕、〔柳摇金〕，不传不准吹〔一枝花〕。晚上伺候福禄寿灯，吹凡字调〔傍妆台〕。

二月二十五日　上传马得安，本月二十三日传过，着安进禄等十人于本月二十九日同上养心殿，二十五日又传二十九日勿庸来，于三月初三日清早急速进城合对，八人即上养心殿。钦此。莫误。

二月二十九日　奉旨，三月初三日安进禄等八名进城改初五日进城。

初五日　内殿司房传旨，着刘荣福初六日即刻回至本府定打琴弦，莫误。

三月十六日　祥王老爷传旨，由三月十六日起，着外边民籍学生帮外班查对唱。

四月初八日　敬事房来知会，奉旨，着什不闲之人多学词句，往好排演。

五月三十日　内殿司房张德鸣传旨，六月初三日寅正，着普阿四、方秉忠、刘兆奎、傅荣斌、陆长立、沈大、李奎林、郝春年、唐保海、朱喜保、杨长庆、纪长寿、吴永明、柏如意、孙光通、双印、树琪、春明、寿山、得顺、武奎保、郝玉庆二十二名，至府听叫。

六月初四日　内殿司房张荣传旨，以后遇有差之日，外随手等前一日住宿本府听差。

十四日　奉旨，有节令戏、开团场戏遇有当阳字样，改慈训训政。

十七日　奉旨，二十四日　四喜班；二十五日　三庆班；二十六日　福寿班宁寿宫伺候戏。

九月二十八日　奉旨，十月初四日福寿班颐乐殿伺候戏。

同日　奉旨，十月初七日　宝胜和班，初八日　义顺和班，
初九日　三庆班，初十日　四喜班，
十一日　福寿班，十二日　玉成班，

十三日　三庆班,十四日　宝胜和班,

十五日　四喜班。此九日颐乐殿伺候戏。

十月二十五日　太监狄盛宝、魏成禄二名赏放八品顶戴。

十一月初一日　崔玉贵传旨,着总管、首领上角。

光绪二十四年

恩赏日记档

四月三十日　敬事房传旨,总管马得安因错差务,罚月银六个月,内学首领安进禄等四名因错差务各罚月银三个月。

同日　敬事房传旨,以后斋戒忌辰之日不准响家伙排差。

五月初六日　王得祥传旨,著本署排《昭代箫韶》,俱改乱弹曲白,本署人不敷用,著外学上角。再不敷用,著本宫上角。

六月十一日　总管马得安面奉懿旨,成做灰色布城二份,一画墨道,一画白道。高宽合样放尺寸。背后山片一份、平台一份、前面带山片一份、太和山式一份。萧后用黄龙床一份、活扇黄围屏一份。松树四株。李陵碑一座。鼓台一份,随乐器。钉板一块、活山片洞门一份。桃树四株、随山势平台一份。黄小帐一份、黄桌围一份。黄椅帔、椅垫各四件。大云帐二块。奉旨,交内务府大臣赶紧办理。为此特传。

八月十一日　奴才马得安谨奏,八月十二日由颐和园进城,内学钱粮处、档案房、中和乐里外人等共人二百十八名,应行马二百十八匹,钱粮处拉行头用大车十二辆。十四日差毕下颐和园承差,共人二百十八名,仍行马二百十八匹,钱粮处拉行头用大车十二辆。谨此奏请。

旨意档

二月初四日　敬事房传旨,十五日颐年殿伺候戏。同日庆贵传旨,以后外班、外学之戏要准时刻。

初五日　总管面奉懿旨,着总管、首领赶紧补角排差,先排《胭脂雪》、《孟蓝记》、《通天犀》、《绒花记》、《定军山》。本月十五日承

差《双合印》。十八日在德和园承差《蝴蝶梦》。

十六日　奉懿旨，传知内学首领，知会外学人等，十八日颐和园承差福寿班，着外学人等，在班之内随班当差，不在福寿班之内不必下颐和园听差。随手、筋斗等随本府当差，外学人等以后传那班随那班当差。为此特传。

四月初四日　李三顺传旨，着本署总管首领倒换站台，为此特传。

二十三日　敬事房传旨，五月初四日、初五日、初六日、初七日、初八日颐年殿伺候戏。同日，敬事房传旨，齐集各当人等二十四日在德和园后台扮齐，以备排演。

二十四日　王得祥传旨，太平歌词不论总管、首领都得上。

五月初四日　祥王老爷传旨，不准洒彩火。

六月初五日　总管面奉懿旨，将外学教习李连重、张长保此二名钱粮米止退。

七月初一日　李总管传旨，李连重、张长保钱粮米仍旧赏还。

十二月十一日　总管面奉懿旨，以后皇上如若要响器家伙，等先请旨，后传。

光绪二十五年

恩赏日记档

正月初一日，四五六早　卯正二刻进门　午初

老佛爷皇极殿受贺　中和乐伺候中和韶乐。

万岁爷在乐寿堂递如意　中和乐伺候中和韶乐。

万岁爷乾清宫受贺　中和乐伺候中和韶乐。

养心殿公主妃嫔等位递如意，

总管首领在皇极殿给老佛爷行礼毕，在乾清宫给万岁爷行礼。

老佛爷赏中和乐伺候乐首领太监银五两。奉旨将德胜乐新传一分，明年正月初一日，养性门照旧伺候德胜乐。

宁寿宫承应，巳初开戏，午正一刻五分戏毕，戏毕念佛。

府《喜朝五位》一分、外《双锁山》、外《琴挑》、《福寿双喜》。

颐年殿接唱，未初一刻开戏，酉初戏毕。一本《喜朝五位》、外

《御碑亭》、外《迎亲》、《万寿祥开》四出。

正月初二日　奉旨,正月初四日福寿班,初五日宝胜和班,初六日义顺和班。

赏总管马得安银九两五钱,内学首领四名每名银七两五钱,狄盛宝银七两五钱,魏成禄银七两,李来海、刘荣福、刘进胜、王有福四名每名银六两五钱,武长寿银六两(后略),葛长才(人名略)十九名每名银一两,张长庆银五钱,上零碎杂角人等银一两。

李连仲、杨永元、王桂花、孙怡云、侯俊山、罗寿山、陈得林、谭金培、于庄儿、相九箫、孙菊仙、时小福十二名每名银三十两。

龙长胜、刘七儿二名每名银二十两。

陈寿峰、张长保二名每名银十两。

杨隆寿、王阿巧、李永泉、阿寿、李顺亭、普阿四、郝春年、沈大、付双成、孙光通十名每名银八两。双印银七两,长顺、徐生儿、刘兆奎、唐保海、朱喜保、曹永吉每名银六两,鲍福山、穆长久、马全禄、熊连喜、方秉忠、李奎林、陆长立七名每名银五钱,许福英、(人名略)十名每名银三两,纪长寿……杨二、吕云升,阎福、丁和、丁进才二十名每名银二两。

初十日　奉旨,十三日四喜班,十五日太平班,十六日福寿班颐年殿伺候戏。

十三日,四五六早　卯正二刻进门。

巳正三刻　皇后诣仪鸾殿给老佛爷行礼。

颐年殿承应　巳正三刻五分开戏,酉正二刻戏毕。

《芝眉介寿》、本《十五贯》、本《打嵩》、本《水帘洞》。

四喜班伺候六出戏。

九月二十五日　奉旨,十月初一日,本家颐年殿伺候戏。

十月初六日　奴才马得才率内学首领白进喜、安进禄、郭福喜、王进福恭[进]老佛爷苹果四筐。赏银二十两、挑钱四吊。

初九日　颐年殿承应

府《寿祝万年》、外《淮安府》、外《御碑亭》、本《十面》、府《祥芝迎寿》、本《陈塘关》。

初十日　万岁爷辰正三刻皇极殿给佛爷行礼，中和乐伺候中和韶乐。

养性殿递如意，中和乐伺候丹陛乐。

妃嫔等位递如意中和乐伺候丹陛乐。

佛爷赏中和乐银五两。

总管马得安、中和乐首领王殿奎、赵盛吉因错差务各罚月银三个月。

奉佛爷旨意，遇有年节万寿，有外班之戏穿本府新行头，寻常不准穿。

颐年殿承应，巳正一刻开戏，申正三刻五分戏毕，有大人看戏，戏毕念佛。

府《福禄寿》、本《松雪缘》、府《福寿延年》(六出，唱前三出)、本《万寿无疆》。

太平和班伺候戏三出。

十一日　四五六早　卯正二刻进门。

颐年殿承应，辰正二刻开戏，申正一刻戏毕，有大人看戏，戏毕念佛。

府《福禄天长》、外《朝金顶》、外《昭君》、本《安天会》、外《珠砂痣》、本《难中福》、外《平顶山》、外《打樱桃》、本《火云洞》、一本《百花山》。

赏总管马得安银五钱，内学首领四名每名银四两，狄盛宝、刘荣福每名五两，李连重、谭金培、孙菊仙、时小福等十二名每名银三十两。

十二月初一日　赏总管马得安银四两，首领四名每名银二两四钱，孔得福五名五钱，李连重、刘七儿、王桂花、孙怡云、侯俊山、罗寿山、陈得林、谭金培、龙长胜、于庄儿、相九箫、孙菊仙、时小福十三名每名银十二两，张长保、杨隆寿、王福寿三名每名银三两。李永泉……沈大、孙光通、双印十二名，每名银三两。

旨意档

三月初一日　总管面奉懿旨,下段《昭代箫韶》着王桂花、李惠山一对一上,萧氏着陈得林、孙怡云、魏成禄一对一段上。俟别重头角派外学上。为此特传。

三月初六日　总管面奉懿旨,俟再有差之日,开团场轴子等俱穿旧行头,不许穿新行头,年节、万寿许穿新行头。为此特传。

五月三十日　敬事房传旨,六月初一日起,无差之日不准在上下场门听戏,如被查出,重责不恕。

七月二十三日　同日来知会　内学首领,七月二十三日敬事房传旨,著本处有逃走太监呈报总台处,明日上要花名单子。

腊月二十三日　总管面奉懿旨,二十九日、正月初一日,宁寿宫里外学伺候戏。

差事档

六月二十五日　本家　纯一斋伺候戏。

辰初二刻开,酉初二刻毕。

府《福禄天长》、外《淮安府》、本八本《十五贯》、外《打樱桃》、本三本《一枝兰》(五刻)、府《祥芝应瑞》(四出　五刻)、本　外《骂曹》、本　外《刺虎》、外《玉堂春》(四刻)、外《火云洞》(七刻)。

二十六日　本家　纯一斋伺候戏。

府　福禄寿》、外《镇澶州》(谭金培、王桂花)四刻、本《难中福》六刻、外《荷珠配》、本《舟配》、外《取荥阳》(孙菊仙、李顺亭)三刻、本《陈塘关》、府《万寿无疆》(一分)。

七月初一日　纯一斋　外《南天门》(李顺亭、孙怡云)。

初七日　《宝莲灯》(谭金培、陈得林)、外《拾镯》(罗寿山、于庄儿)、外《延安府》(侯俊山)、外《乌龙院》(孙菊仙、于庄儿)。

十月初九日　颐年殿伺候戏　外《淮安府》(李永泉、张长保)、外《御碑亭》(谭金培、陈得林)。

十一日　外《朝金顶》(杨永元、李连仲)、外《昭君》(陈得林)、外《朱砂痣》(孙菊仙)、外《平顶山》(谭金培)、外《打樱桃》(罗寿山)。

十五日　颐年殿　本家　外《铁弓缘》（侯俊山）、外《打嵩》（谭金培、李永泉）、外《琴挑》（陈得林、王桂花）、外《荷珠配》（于庄儿、罗寿山）、外《宇宙锋》（孙怡云、李永泉）。

十二月初一日　颐年殿伺候戏　外《双合印》。

十五日　本家、外《取荥阳》（孙菊仙、刘永春）、外《珍珠衫》（侯俊山）、外《琼林宴》（谭金培）、外《胭脂虎》（龙长胜、于庄儿）。

二十一日　本家、外《霸王庄》（李永泉）、外《一捧雪》（龙长胜）、外《天水关》（孙菊仙、刘永春）、外《玉玲珑》（王桂花、于庄儿）。

二十四日　四喜班　外《双锁山》（侯俊山）。

三十日　本府　宁寿宫伺候戏　府《如愿迎新》（王有福）、外《连升三级》（罗寿山）。

光绪二十六年（编者按：庚子年，七月慈禧挟光绪帝西行避难。）

旨意档

二月初一日　崔玉贵传旨，初八日本家颐年殿伺候戏。

二月初五日　同日　奉旨，内学首领郭福喜革去首领，交地方当差。

三月十五日　老佛爷传，《天雷报》添五雷公、五闪电。张继保魂见雷祖打八十后，改小花脸。添开道锣、旗牌各四个；中军一名。众人求赏，白："求状元老爷开恩，赏给二老几两银子，叫他二老回去罢。"碰死后，状元白："撇在荒郊"。

四月初五日　敬事房传旨，十五日颐年殿伺候戏。

同日　王得祥传旨，《天雷报》添风伯雨师。

五月初六日　姚春恒传旨，以后遇有旗牌、将官、中军之角应穿厚底靴穿厚底靴，应穿薄底穿薄底。为此特传。

同日　王得祥传旨，赶紧传《蝴蝶梦》、《锁阳关》。没有王有福赏。为此特传。

日记档

正月初六日　总管马谨奏,为新挑民籍学生四名,武旦朱四十、花旦李子山、老生李七儿、吹笛陈嘉梁此四名各赏给月银贰两、白米十口、公费制钱壹串事。又谨奏,为挑补筋斗事由,掌仪司挑选熟习筋斗二名,送至本署当差。为此谨奏。

正月初六日　总管奏准,挑得民籍学生:

武旦　朱四十,刀马旦　李子山,老生花脸　李七,吹笛　陈嘉梁,此四名每月食银二两、白米十口、公费制钱一串。

十一日　同日收内学来帖,为行领民籍学生、筋斗学生腰牌事。

七月二十一日　老佛爷、皇上启銮,西幸长安避兵。

光绪二十七年

又奉总管谕,光绪二十七年奉总台谕,著传民籍外学教习、随手管箱人等于初七至初九日赶紧补赴本署总台处点名,以备行取钱粮,三日内如若不到,过限不能行取,莫误。为此特传。

初九日　由东档案房来抄,堂交,奉堂谕,查本府司库自遭兵燹,衙署或被折毁,案卷或有遗失,均应次第整理至恭备回銮,各项急第尤应先期筹备,以免届时遗漏。着各司库司员督饬承办人等,将应备各项要务妥为经理,应办者办,可缓者缓,不得任意开销,亦不籍词报诱,至所备何项差务及何项需款若干,届时开单报堂,听候核办。凡本府在官人役受恩深重,具有天良,均应仰体国事多难,又值库款支绌,实事求是,力任其难,毋负谆谆告戒之意也。特谕。此谕交过内档案房转后台工程处。

七月初五日　由堂领总管等津贴半个月。

补六月廿六由堂领总台等赏银一个月。

七月十六日　由堂来抄,堂交奉堂谕,昇平署民籍教习陈得林等禀称,自上年猝遭兵燹,情形困苦,恳请发给津贴以资养赡。因禀请前来查该教习所禀系属实情,自应量加体恤,着由堂上存款项下照该教习等每月所食钱粮数目,按五成新章发放四个月津贴银两,着该处于本月十七日赴堂公所承领。特谕。此交。

十七日　本档房由堂上领取民籍学生津贴银四个月，计四十五分，每月银四十六两，又奉本署毓夸兰达谕，所领津贴紧光绪廿七年五、六、七、八四个月。特记。

当日，本署总台递世大人，为本署颐和园、城内本署自遭兵燹失去衣靠盔杂、行头切末事，计此报堂单底。

昇平署总管马为报堂事，本署钱粮处首领狄得寿等报到，于上年七月二十一日后，被土匪抢去颐和园后昇平署存收衣靠盔杂、行头切末等项，连箱六十三只，圆笼二十二挑，俱各失去无存。八月二十日，首领带人前往查验是实。再城内本署由本年三月十七日起至六月十四日，被德国洋兵陆续拿去行头、巾帽、旗织（帜）等项共三十九箱，三月十七日至二十日，本街巡捕假充洋人那去行头、旗织（帜）多件，不计其数。又据中和乐首领报到，于本年六月十三日被德国洋兵抢去百花衣、补服衣一百余件。为此报堂。

上年七月二十二日，本学失去响器清单：大钹二付、大铙二付、齐钹二付、兴荡二付、瓮钹二付、手锣四面、东字大锣二面、号锣一面、苏锣四面、水钹四付、鼓四面、怀鼓四面、紫檀板二付、大火壶一个、小火壶二个、靴网头面、铜盆二十个、扑钹二付。为此谨禀。

光绪二十七年十月初六日，总管内务府大臣继面奉懿旨，回銮应行预备差务，著传昇平署在乾清门内预备德胜乐。钦此。

日记档

十一月二十八日　老佛爷、皇上未刻还宫。

十二月二十日　乐部知会贰件。元旦节令礼仪一疏、又于次年正月初十日皇后千秋礼仪一疏。

差事档

十二月二十九日　乾清宫承应午宴《金庭奏事》，转宴《锡福通明》。

宁寿宫伺候戏

外《跳灵官》、府中《福禄寿》、外《回猎》（陈寿峰、王桂花）、外

《铁弓缘》(侯俊山)、外《教子》(孙怡云、李顺亭)、外《牧虎关》(穆长久)、外《泗洲城》、外《拾玉镯》(于庄儿、罗寿山)、府《祥芝应瑞》、外《表功》、外《青石山》、府《万寿无疆》。

光绪二十八年

恩赏日记档

正月十六日　王多环传旨,着里外学赶紧排《四进士》、《芭蕉扇》。为此特传。

三月初六日　老佛爷、万岁爷驾幸东陵。

总管马得安奉旨,东华门送驾,中和乐伺候德胜乐。

二十二日　老佛爷万岁爷申初三刻还宫,总管、首领乾清宫门内接驾,中和乐伺候德胜乐。

五月十七日　李文泰传旨,新进内学小人们学跷。所有本府陈轴子赶紧补角排。

六月十一日　总管奏准,挑得民籍教习:

福寿班　老生　汪桂芬,福寿班　老旦　周长顺,四喜班　净　高得禄,福寿班　丑　钱长永,玉成班　花旦　杨得福,四喜班　净　郎得山。

七月二十四日　老佛爷驻跸南海。奉旨,皇极门外送驾,伺候德胜乐。西苑门接驾,伺候德胜乐。

八月十七日　奉旨,什不闲教习二名由九月起传四两钱粮米二分,奎顺、奎福。五虎棍教习玉德、广福,每名传二两钱粮米二分。

十月初七日　辰初二刻,老佛爷外请,东宫门送驾,神武门接驾。神武门送驾,东宫门接驾。中和乐伺候德胜乐。

十月初十日　辰初一刻十分　老佛爷排云殿受贺,中和乐伺候中和韶乐。

万岁爷在乐寿堂递如意,中和乐伺候中和韶乐。

排云殿承应福禄寿灯。

旨意档

二月初一日　同日　下司房传旨，今年不准借库银，陈欠库银照旧扣。

同日奉旨，本署所有轴子着总管首领赶紧补排。

二月二十二日　旨意传着外学赶紧排全本《珍珠衫》、《五彩舆》。

三月三十日　总管奉旨，着外学排后本《得意缘》，老佛爷教总管、首领陆续上角。

四月初四日　多环传旨，内学上场太监开团场、轴子有角上赏单，没角不准上赏单。

十五日　崔玉贵传旨，总管、首领各罚六个月。

五月初六日　奉旨，初七日首领、太监里外随手宁寿宫照旧承差。为此特传。

十七日　李永泰传旨，新进小人们学跷，所有本府陈轴子赶紧补角排。

八月初六日　崔玉贵传旨，上场人等以后上角不准大岔当站住，小八字，如若不遵者，拉下台就打。为此特传。

十月初八日　同日奉旨，以后遇有神将不准传薄底靴。

十月十五日　崔玉贵传旨，着排《万寿祥开》、《万寿长生》、《圣寿升平》。

十一月十四日　李文泰传旨，着总管、首领赶紧排寿轴子、大戏、杂戏等，应补角赶紧补。为此特传。

差事档

正月初一日　宁寿宫　《访贤》（陈寿峰）、《双锁山》（侯俊山、马全禄）、《荷珠配》（于庄儿、罗寿山）、《落围》（孙怡云）、《迎亲》（侯俊山）、《望乡》（陈寿峰）、《昭君》（陈得林）。

初十日　《新安驿》（侯俊山）、《偷诗》（阿寿、王阿巧）、《谢冠》（相九箫、侯俊山）。《马上缘》（于庄儿）。

十五日　《延安府》（侯俊山）、《奇双会》（陈得林）、《探窑》（孙怡云、熊连喜）。

四月初八日　《探母》(谭金培)。

十五日《戏妻》(谭金培、孙怡云)。

五月初一日　《捉放》(谭金培、穆长久)。

初四日　《乌龙院》(谭金培、于庄儿)。

初五日　《定军山》(谭金培)。

十七日　《琼林宴》(谭金培)。

六月初一日　《樊城昭关》。

十五日《天水关》(汪桂芬、郎得山)。《战城都》(汪桂芬)。

二十日　《二进宫》(谭金培、陈得林、郎得山)。

二十四日　《状元媒》(汪桂芬)。

二十五日《取帅印》(汪桂芬)。

二十六日　《风云会》(汪桂芬、郎得山)。

二十七日《御碑亭》(汪桂芬)、《骂曹》(汪桂芬)、《探母》(谭金培)。

七月十五日　《群英会》(汪桂芬)。

光绪二十九年

恩赏日记档

正月初十日　未初　乾清宫承应宴戏《海不扬波》、《太平王会》。

辰初三刻　皇后在乐寿堂给老佛爷行礼,中和乐伺候丹陛乐。

九月十九日　首领孙义福传旨,以后万岁爷那不准言语差事。

十月初十日　辰初二刻　老佛爷排云殿受贺,中和乐伺候中和韶乐。

辰正　万岁爷在乐寿堂递如意,中和乐伺候丹陛乐。

排云殿承应福禄寿灯。

十二月初八日　宋永喜传旨,仍着大鼓书之人习学。

旨意档

闰五月二十三日　敬事房传旨,里边人等不准闲游书场、宝

局、烟馆，如被查出，重责不恕。为此特传。

十月初五日　敬事房传旨，照例赏给承应戏之人贯钱三十串，折银二十两。

十二月二十二日　敬事房传旨，三十日巳正乾清宫家宴，正月初一日午正乾清宫宗亲宴。

光绪三十年

恩赏日记档

二月十六日　奴才马得安谨奏，内学民籍教习侯俊山因两腿麻目（木）瞎肿，步履不能行走，实不能当差，奴才再四思维实缺人，请旨挑补，如蒙允准，交内务府大臣办理。谨此奏请。

奉旨不允。

二月二十九日　奴才马得安谨奏，为求恩事。奴才与内学首领公同商酌，挑得民籍教习：

福寿班：小生　陆华云，宝胜和班：净　金秀山，玉成班：文武老生　瑞得保，老生　孙培实，丑　王子实。

如蒙允准，着内务府大臣赶紧传人，以备三月初二日承差。谨此奏请。

三月初二日　颐年殿承应　午初一刻开戏，戌初二刻戏毕。

《杜宝劝农》、《牛头山》、本《投渊》、《五雷阵》、《虹霓关》、《双天师》、本《湘江会》、《失街亭》、《翠屏山》、《花蝴蝶》、本《水廉（帘）洞》。

春恒交下拟赏银一百两，外学等九十二名，银五百六十三两，加赏汪桂芬银十两。

三月十一日　奴才马得安谨奏，为求恩事。奴才与内学首领公同挑得民籍教习：

福寿班：旦　王瑶卿，净　沈小金，义顺和班：武生　周如奎，玉成班：净　钱金福，丑　訾得全。

如蒙允准，著交内务府大臣赶紧传人，以备三月十五日承差。谨此奏闻。

六月初九日　卯正　老佛爷外请,中和乐伺候德胜乐。未正十分老佛爷还颐和园。

九月二十二日　庆平传旨,万寿承差,里外人等彩鞋、彩靴俱要穿齐整。

十月初一日　总管马得安面奉懿旨,太平歌词教习来喜、成喜、常禄、玉芳、穆顺、连福、张喜、春庆、保福、刘喜、纪顺、吉成、郭庆、崇喜、双喜十五名,每名赏二两钱粮米。童子棍教习文元、吉兴、彭寿、来福、常禄五名,每名赏食二两钱粮米。凌通、李元恺、吉升三名每名赏食二两钱粮米。

日记档

二月二十一日　知会　效力:笛　浦长海、胡琴　裘荔荣。

三月二十九日　总台马奏准,为新挑进民籍学生四名:

玉成班　小生　旦　李玉福,福寿班　武净　李顺德,老旦龚云甫,义顺和班　武丑　傅恒泰,此四名每月赏给月银二两,白米十口、公费制钱壹串。

五月十六日　总台谕,本署民籍学生谢双寿病故,所遗之缺于五月十五日新挑民籍学生武奎保壹名,照例行赏给月银、白米、公费事。

六月十七日　本署民籍学生乔蕙兰报本人之嫡妻于五月二十五日病故,行取恩赏银两事。

九月二十九日　收乐部知会一件,于十月初十日皇太后七旬万寿,于初八日在仁寿殿举行宗亲宴。钦此。

九月二十七日　掌仪司知会一件。

十月初一日　奉旨,什不闲教习赏给拾五分贰两钱粮银米。

五虎棍教习赏给　叁分贰两钱粮银米。

秧　歌教习赏给　伍分贰两钱粮银米。

十月初三日　奉旨,将本署效力随手唐春明、郭得顺、鲍桂山、汪福海、普长海、钱树琪、裘荔荣及梳水头、管箱人等贰拾捌名各赏给贰两钱粮银米。

初五日　又奉旨，将大鼓书教习松寿、德林贰名各赏给贰两钱粮银米。钦此。

旨意档

三月初四日　李总管传旨，着外学排《取南郡》、《儿女英雄传》。

传得保排《一门忠烈》。

九月二十四日　总管奉旨，老佛爷说，内学上场人等上角没有神气，上下场好松走，不许跑，以后俱个提起神唱曲子，不准啯。如若不遵者，重责不饶。为此特传。

十月十四日　奉旨，以后唱《花蝴蝶》不要采花那一场，上包老爷。

同日奉旨，周如奎、张长保是有武行之戏着二人专管，每人加添二两钱粮米。是有武旦之戏着于庄儿专管，加添二两钱粮米。梆子文武着侯俊山专管，加添二两钱粮米。文旦角之戏着陈得林专管，加添二两钱粮米。

十月十四日　奉旨，总管马得安、首领魏成禄因错差务各罚月银六个月。

十五日　奉旨，谭金培、汪桂芬、罗寿山、王桂花、普增寿、朱四十、相九箫、孙怡云、郝春年九名，每名加添二两钱粮米。

二十六日　奉旨，李永泉、李顺亭二名，每名加添二两钱粮米。

金秀山、高得禄、郎得山、沈小奎、钱金福、傅恒泰、陆华云、王瑶卿、得保、杨得福、孙培亭、龚云甫、曹永吉、张凤歧、方秉忠、唐保海、朱喜保、刘兆奎、沈大、李奎林、柏如意、吴永明、孙光通、侯双印、阎福、杨二、吕云升二十七名，每名加添一两五钱钱粮米。

杨永元、鲍福山、阿寿、王福寿、李七、訾得全、王子实、周长顺、李玉福、王长林、马全禄、穆长久、李顺德、长顺、徐生儿、潘寿山、武奎保、陈嘉梁十八名，每名加添一两钱粮米。

纪长寿一名，加添五钱钱粮米。（后略）

十二月廿五日　王翰章传旨，以后有差外学人得赏银俱照二

两平发给。

光绪三十一年

旨意档

正月初二日　敬事房传旨,初十日、十二日、十三日、十六日颐年殿伺候戏,十二日家宴,十三日宗亲宴,十六日廷臣宴紫光阁伺候。

三月初十日　奉旨,八品首领魏成禄赏放六品总管,八品官职太监武长寿赏放八品首领。

四月十五日　李总管传旨,以后《马上缘》〔长锤〕上,《铁笼山》出姜维起。

五月初一日　春恒传旨,初二日颐乐殿伺候戏。

初二日　着外学赶紧排《双铃记》。

刑部问官:谭金培,汉都:王桂花,旗都:陆华云,马四远:郎得山,德喜:鲍福山,瞎子:周长顺,跑堂:訾得全,干子千:王长林,切货:王子实,货郎:罗寿山(代毛先生)。

同日　长霖传旨,以后有尾声俱得唱。

初三日　奉老佛爷懿旨,所有本府昆腔小轴子、杂戏要赶紧着实排演。为此特传。

初六日　长霖传旨,着排《铁矛寺》,应唱各种玩艺俱各排唱。

六月二十六日　民籍教习李连仲投问本署当差,奉旨赏二两钱粮米。

八月初三日　李三老爷传旨,以后有戏之日,老佛爷见大人时刻,后台门不关,里外人等回避,老爷们站班。

九月二十日　王得祥传旨,以后有差之日,外边学生有跟包之人不准进门,如有靴包着外差之人代进。

十月初一日　长霖传旨,以后有差之日,里外人等卯正二刻进随墙门,辰初扮齐。

十二月二十五日　总管面奉懿旨,里外人等在内不准要钱,在外不准吸烟,如被查出,重责不恕。

日记档

二月十三日　首领杨代奏，总管因病续假。奉旨，着赏假无日期。钦此。

三月初二日　面奉懿旨，着再赏假十五日，安心调理，病痊急速销假。

三月初十日　首领魏谨奏，本署食八两蓝翎六品总管马得安于初十日辰时病故。

同日　奉旨，将本署内学食六两八品首领魏成禄放为六品总管，遗八品之缺放为食四两八品官职太监武长寿，此贰名各所食钱粮银米均照常食用。

六月十五日　敬事房传旨，于六月二十七日，老佛爷由颐和园还海，七月初二日仍驻跸颐和园。特记。

十二日　总台魏谨奏，为六月十八日、十九日、二十日、二十一日此四日在颐乐殿演万寿大戏。钦此。

十一月十九日　由堂抄出刑部谨奏，为审明偷窃官物大犯，按律定拟具奏事。准景运门值班大臣奏送拿获偷窃昇平署戏衣人犯姜得等交部审办。

光绪三十二年

恩赏日记档

正月十五日　春喜传旨，总管魏成禄因错差务，罚月银三个月。

三月实五日　长霖传旨，十六日颐年殿伺候戏，著卢田长、侯庆福学小昆腔戏，着外学先生教。

六月初七日　敬事房传旨，今日老佛爷报大安，赏大众面食。

十月初一日　奴才魏成禄率武长寿、安进禄、王进福、狄盛宝进老佛爷苹果四大筐。赏银二十两。

十月十二日　总管挑得民籍随手　胡琴　梅雨田，手锣　沈福顺。

十五日　总管挑得民籍教习　武生　杨小楼，梆子笛　傅

振庭。

十一月十二日　奴才魏成禄谨奏,内学随手柏如意于十月二十二日病故,谨此奏闻。奴才魏成禄谨奏,内学现短民籍随手二名,奴才挑得胡琴梅雨田、手锣沈福顺此二名替补当差,如蒙允准,交内务府大臣传进当差。谨此奏请。

十一月十五日　奴才魏成禄谨奏,内学现短民籍教习一名,梆子随手一名,奴才挑得武生杨小楼、梆子笛傅振廷此二名补替当差,如蒙允准,交内务府大臣传进当差。谨此奏请。

旨意档

正月十五日　春喜传旨,总管魏成禄因错差务,罚月银三个月。

二月初三日　敬事房传旨,里外人等赶紧催齐布施银两,以备上交。

初八日　崔玉贵传旨,十五日之戏改十四日伺候。

十一日　奉旨,白进贵准其为民,八品官职太监狄盛宝赏放八品首领。

十五日　长霖传旨,十六日颐年殿伺候戏。

同日,长霖传旨,着卢田长、侯庆福学小昆腔戏,着外学先生教。

四月二十三日　下颐和园,二十四日颐乐殿伺候。

五月十一日　敬事房传旨,十三日老佛爷驻跸颐和园,十四日、十五日颐乐殿伺候戏。

六月初七日　敬事房传旨,今日老佛爷报大安,赏大众面食,即刻上去谢恩,首领穿蟒袍补褂。辰初到齐。储秀宫他坦吃。

十六日　敬事房传旨,七月初一日纯一斋伺候戏,初二日驻跸颐和园,初三日颐乐殿伺候戏。

同日,储秀宫司房传旨,以后再唱《滚钉板》代《九更天》。

日记档

正月十五日 奉旨，将本署食六两六品总管魏成禄因错差务，着罚月银三个月。钦此。

三月十一日 当日奉旨，将内学食四两八品官职太监狄胜宝放为八品首领，每月所食四两钱粮银米照常食用。钦此。

六月十三日 总台魏谨奏，为于六月十八日至二十一日此四日在颐乐殿演万寿大戏。钦此。

十一月十二日 总台魏奏准，为新挑民籍学生梅雨田（胡琴）、沈福顺（手锣）此二名各赏给月银二两、白米十口、公费制钱一串。

民籍学生柏如意去世。

十一月十五日 同日，总台魏奏准，为新挑民籍学生傅振廷（吹笛）、杨小楼（武生），此二名各赏给月银二两、白米十口、公费制钱一串。钦此。

光绪三十三年

恩赏日记档

正月初六日 奴才魏成禄奏，正月初十日皇后四旬千秋，乐寿堂给老佛爷行礼，伺候丹陛乐。

二月十六日 陆华云、陈得林、王瑶卿进切末，赏银二百两。

二月十七日 宋永喜传旨，陈嘉梁加添二两钱粮米。

二十八日 总管挑得民籍教习 同庆班：老旦 谢宝云。

三月初三日 春喜传旨，再唱升帐高台之戏添开门刀，多派龙套。筋斗长喜、永山、德昌着学跷工，随手裘荔荣着上场唱戏。《上路魔障》着改二簧，多跳鬼，着龚云甫、谢宝云学。

十六日 长霖交下，拟赏银一百两，外学等一百一名，银一千一百三十四两。

五月十七日 颐乐殿承应 巳初二刻五分开戏，酉正五分戏毕。

《万福云集》、本《芦花荡》、《双包案》、《举鼎观画》、《朱仙镇》、二本《凤仪亭》、《孝感天》、《独本关》、《翠屏山》、《天雷报》、《金

山寺》。

赏银二百两,外学等一百名银一千一百三十二两。庆禄传旨,王长林加赏四两。

六月二十二日　颐乐殿承应　巳初一刻开戏,酉正五分戏毕。

本《九莲灯》、《翠屏山》、本　头本《凤台关》、三四本《四进士》、《伐子都》、《美人计》、《辞朝》。

长霖交下,赏外学等一百一名银一千五百二十两。龚云甫加赏银十两。

六月初五日　奴才魏成禄谨奏,内学现短民籍随手呼呼一名,奴才恳求老佛爷施恩,挑补呼呼王玉海补替当差,如蒙允准,交内务府大臣传进当差。谨此奏请。

十月初七日　总管挑得民籍教习:小生　朱素云,小旦　李宝琴。

十三日　总管挑得民籍效力教习:老生　张文斌,丑　陆金贵。

旨意档

二月二十一日　敬事房传旨,三月初二日颐年殿伺候戏,到(道)大喜,穿蟒袍补褂。

三月初七日　崔玉贵传旨,总管魏成禄、首领安进禄、王进福、武长寿、狄盛宝五名因错差务,各罚月银三个月。

初九日　宋永喜传旨,着总管、首领赶紧排轴子杂戏,六月要承差。

十一日　同日来知会。

十一日　奉旨,着排《行围得瑞》,曲子、话白照准词唱。

十六日　敬事房传旨,四月初七日老佛爷还宫,初十日还海。初十日、十一日纯一斋伺候戏。十二日老佛爷驻跸颐和园。十三日、十四日、十五日此三日颐乐殿伺候戏。

十八日　常总管传旨,着总管、首领赶紧望(往)好着实排《双合印》,小生着卢田长学,丫环着侯庆福学,李虎照旧人。

五月初五日　春喜传旨，着本学派十名人学开路。

同日，来知会，奉旨，六月万寿

头天　开场《福禄天长》，团场《罗汉渡海》。

二天　开场《宝塔庄严》，团场《地涌金莲》。

六月十三日　敬事房传旨，二十四日、二十五日、二十六日颐乐殿承应戏。

二十六日　奉旨，内学太监刘振喜革去赏，重责四十板。

八月初十日　宋永喜传旨，着打手锣人学挑子。

九月二十一日　长霖传旨，首领安进禄、王进福、武长寿、狄盛宝四名各罚月银六个月。太监吴全荣、屠来顺、卢田长、吴连明、刘田喜此五名交敬事房重责一百竹竿子，交慎刑司枷号六个月满再听旨。

十月初二日　敬事房传旨，初七日至十三日穿蟒袍补褂。

初七日　奉旨，挑得民籍学生小生朱素云、小旦李宝琴，赏食二两钱粮米。常四老爷传朱裕康着在外学效力。

初八日　春荣传旨，再唱《回龙阁》添大纛旗，八根旗。

十月十四日　常霖传旨，遇有皇太后字样，俱改母圣，千万想着。

十一月初一日　春喜传旨，再唱《昭君》之时，添跑竹马。

光绪三十四年

恩赏日记档

六月十九日　永喜交下赏《连营寨》银二百六十四两。长霖交下赏银二百两给太监买靴鞋，不准分银。外学等一百一名，一千四百十两，告假未有赏。

永喜传旨，六月万寿外学人等俱要穿新彩靴鞋，如要不买，扣本人赏给买。

二十日（演出后）永喜交下赏《连营寨》三百四两。

二十六日　长霖交下赏外学等九十八名，银八百六十三两。

十月初一日　卯正进门

颐年殿承应　巳初三刻十分开戏，酉初二刻十分戏毕。

(灵官)《花甲天开》、本《琴挑》、《六殿》、《牛头山》、《太平桥》、《得意缘》、《梅绛雪》、《穆柯寨》、《连营寨》、《百花山》。

初二日　辰初进门

颐年殿承应　巳初一刻十分开戏,酉初二刻戏毕。

《平安如意》、《海潮珠》、《飞虎山》、《飞叉阵》、《天齐庙》、《虹霓关》、《探窑》、《金沙滩》、《琼林宴》、《打金枝》、《青石山》。

初三日　辰初进门

颐年殿承应　巳正二刻五分开戏,酉初二刻十分戏毕。

《福寿双喜》、《药茶计》、本《思凡》、《长坂坡》、《群英会》、《紫霞宫》、《贾家楼》、《法门寺》、《贪欢报》、本《连花洞》。

初七日　辰初进门

颐年殿承应　巳初十分开戏,申正二刻戏毕。戏毕念佛。

《芝眉介寿》、《行路寻子》、本《摇钱树》、《战宛城》、《硃砂痣》、《迎亲》、《搜孤救孤》、《武文华》、《拾玉镯》、本《雄黄阵》。

永喜传旨,《福禄寿》上场唱中间,添"福禄寿"灯曲子,唱一刻完,行三跪九叩礼。

初八日　辰初进门

颐年殿承应　巳初三刻十分开戏,申正二刻戏毕。

《景星庆祝》、《望儿楼》、本《断桥》、《飞波岛》、本《芦花荡》、《樊江关》、本《五花洞》、《天水关》、《溪黄庄》、《打嵩》、《马上缘》。

初九日　卯正进门

颐年殿承应　巳初开戏,申初一刻戏毕。有大人看戏。戏毕念佛。

《福禄天长》、本《无底洞》、《艳阳楼》、本《白水滩》、《黄鹤楼》、《花蝴蝶》、《美人计》、本《水帘洞》。

初十日　伺候乐之人寅初二刻、大卯四五六早,卯正进门。

卯正二刻十分　万岁爷仪鸾殿递如意。中和乐伺候丹陛乐。

辰正　老佛爷仪鸾殿受贺。中和乐伺候中和韶乐。

十月初十日承应福禄寿灯,应用红白烛六百四十支。按例向敬事房讨领。

颐年殿承应　辰正三刻五开戏，未正戏毕。

《福禄寿》、本《摇钱树》、《长坂坡》、本《双泗洲》、《跑坡》、《夺小沛》、《八蜡庙》、本《万寿无疆》。

未初三刻　仪鸾殿承应　福禄寿灯。

十一日　卯正进门

颐年殿承应　辰正三刻十分开戏，未正二刻戏毕。有大人看戏。戏毕念佛。

《芝眉介寿》、本《雄黄阵》、《打金枝》、《金钱豹》、本《绑子上殿》、《芦花河》、《金锁阵》、《入府》、本《安天会》。

十二日　辰初进门

颐年殿承应　巳正三刻十分开戏，酉初十分戏毕。

《寿山福海》、《烈火旗》、本《十美图》、《铁龙山》、《临江会》、《二进宫》、《御碑亭》、《落马湖》、《荷珠配》。

十三日　辰初进门

颐年殿承应　辰正三刻五分开戏，申正二刻十分戏毕。戏毕念佛。

《添筹称庆》、《钓金龟》、《游园惊梦》、《殷家堡》、《镇檀州》、《回荆州》、《阴阳合》、《盘河战》、《落园》、《得意缘》、本《青石山》。

十四日　辰初进门

颐年殿承应　巳正十分开戏，申正一刻戏毕。戏毕念佛。

《南极增辉》、《天齐庙》、本《偷诗》、《金沙滩》、《战城都》、《玉玲珑》、《迎亲》、《恶虎村》、《南天门》、《破洪州》。

十五日　辰初进门

颐年殿承应　巳正一刻十开戏，申正三刻戏毕。戏毕念佛。

《恭祝无疆》、《辞朝》、《射戟》、《牛头山》、《鱼肠剑》、《审七长亭》、《珍珠衫》、《界牌关》、《汾河湾》、《摇会》。

长霖交下，拟赏银一百两，外学一百四名，银一千四百一两。

十月二十一日　酉正二刻三分，万岁爷龙驭上宾。摘缨子。

二十二日　巳初二刻五分殓入。

二十二日　圣母皇太后未正三刻慈驭上宾。申正奉移。

二十三日　辰正殓入。

旨意档

二月二十六日　首领安进禄革退钱粮米,准其为民。食四两太监李惠山赏放本学八品首领。

三月初二日　奉旨,以后再唱《长板(坂)坡》随彩人样添四将官。

四月二十一日　敬事房传旨,五月初一日、初四日、初五日、初六日颐年殿伺候戏。

六月初七日　敬事房传旨,二十四日、二十五日、二十六日颐乐殿伺候戏。

八月初五日　宋永喜传旨,以后派将按一边一个,不准一顺边排。

九月十七日　上传,再有《安天会》准昇平署外学满扮二十八宿。

十月初七日　宋永喜传,《福禄寿》上场唱,中间添福禄寿灯曲子。唱一刻完,行三跪九叩礼。

差事档

六月十八日　颐乐殿伺候戏　巳初二刻开,酉初一刻毕。

府《状元印》、本《取金陵》、《钓金龟》(龚云甫)、《金锁阵》(杨小楼)、《打金枝》(王凤卿)、本《琴挑》、本《朱仙镇》、本《射戟》、《珍珠衫》(侯俊山)、《连营寨》。

二十日　颐乐殿伺候戏

府《双福寿》(六出,唱前三出)、本《泗洲城》、本《惠明》、头本《雁门关》、《滑油山》、《戏叔》(侯俊山)、本《探庄》、《樊城昭关》(王凤卿)、《三岔口》、《连营寨》(谭金培、杨小楼)。

二十五日　颐乐殿伺候戏　巳初开,申正一刻五毕。

府《福禄天长》、本《泗洲城》、本《刺虎》、《玉堂春》(朱素云)、《连营寨》(谭金培、杨小楼)、本《射戟》、《阴阳合》(杨得福)、本《钱

塘县》、《朱砂痣》(王凤卿)、本《金山寺》。

日记档

正月初一日　乾清宫承应午宴《膺受多福》(一分)。

宁寿宫伺候戏。

正月初六日　开学　辰时响排《平安如意》,过《东皇布令》、《圣母巡行》。

三月初八日　奏准挑得民籍教习王凤卿,年二十六岁,每月食银二两。

初九日　歇学　同日来知会,内学首领四月十一日随总台给老佛爷谢赏银两恩。

二十一日　歇学　同日来知会,内学首领四月二十五日随总台给万岁爷谢赏银两恩。

二十四日　丑时祭神。同日来知会,内学首领四月二十五日随总台给万岁爷谢赏尺头恩。辰初到齐。

五月十五日　颐年殿伺候戏。同日来知会,随手侯双印五月初三病故,民籍学生汪桂芬五月十二日病故。

正月十二日　总台谕,再唱《金山寺》添二郎神、黄毛童、神将、大妖。

七月初五日　早学过《鹊桥密誓》,晚学歇。

七月十八日　早学唱对《天香庆节》。

八月廿八日　早学过《九华品菊》。

九月初二日　颐年殿伺候戏。同日旗籍教习奎福病故。

九月二十八日　海内排《连营寨》,外学所有角之人至海内排。钱金福上沙木柯。李顺德、连仲、得保归吴八将。

十月初一日　颐年殿伺候戏。四五六早。同日来知会,初二日首领随总台给老佛爷谢赏银两恩。同日来知会,十月初十日仪鸾殿伺候站乐毕,恭行万寿礼。初七日至十三日穿蟒袍补服。

十六日至二十日歇学。

二十一日　戌时,摘缨,未时来知会帖子,皇帝龙驭上宾。

二十二日　布置几筵前之人。

同日,未刻,老佛爷仙驭升遐。

宣统朝年

宣统元年

恩赏日记档

正月初二日　递长春宫司房内众人名。总管魏成禄银十两;首领狄盛宝、王进福、武长寿、李惠山、杨玉才、高得贵、陈来保、阎来有、沈永和九名,每名银四两。

太监九十四名,每名银一两。

阿寿、鲍福山、李永泉、杨永元、陈得林、孙怡云、侯俊山、相九箫、罗寿山、于庄儿、王福寿、李七、朱四十、曹永吉、穆长久、张长保、李顺亭、王长林、谭金培、杨得福、郎得山、高得禄、金秀山、得保、孙培亭、訾得全、李玉福、李顺德、龚云甫、傅恒泰、张凤岐、长喜、连仲、杨小楼、谢宝云、李宝琴、朱素云、朱裕康、张文斌、陆金贵、王凤卿、范福泰、戴韵芳、姜春山、李进和五十名,每名银二两。

管箱人、水头、筋斗(人名略)十六名,银十二两。

随手普阿四、郝春年二名,每名银二两。

方秉忠、沈大、李奎林、纪长寿、吴永明、孙光通、唐春明、潘寿山、陈加梁、鲍桂山、汪福海、普长海、沈福顺、傅振廷、王玉海、裘荔荣、郭德顺、何斌清、耿永清、梅雨田、奎顺(人名略)五十名,每名银一两。

三月十九日　奉旨,总管魏成禄赏戴五品顶,每月加添二两钱粮米。

宣统二年

恩赏日记档

正月初一日　辰时　总管、首领在长春宫给老佛爷行礼。总管递如意。

昇平署内总管处为报堂事,本署于宣统二年五月由广储司银

库领出光绪三十四年九月分民籍学生月银一百九十二两一钱五分。又本署于宣统二年五月由广储司银库领出光绪三十四年五月分总管等津贴制钱六十串。此二项为此报堂。宣统二年五月。

六月初二日　来知会,内学初一日,总管恒泰传,外学曹永吉滑懒不当差,革退钱粮。

内务府档案

昇平署为报堂事。本署建置地方在西华门南池子织女桥南南向,前后凡二十三重,其廨舍之数共现有三百十间,坍塌十二间。外有戏台壹座、小庙壹座、设立沿革昇平署衙门,先年奉旨赏住。至何年月日设立,经两次变乱,档案遗失,无从查悉。职制大略总管一员掌治阖署事务。为此报堂。宣统二年八月。

昇平署为报堂事。本署建堂地位在京西颐和园东宫门外迤东偏北,东向前后凡二十三重,其廨舍之数共房间二百十二间,设立沿革昇平署衙门于光绪十七年奉旨赏住。

职制大略总管一员,掌治阖署事务。为此报堂。

昇平署内总管处为报堂事。本署于先年赏住。再,何年月日设立,于咸丰庚申、光绪庚子两次变乱,档案全行失去,无凭查悉。本署坐落在内西华门南池子织女桥南迤西,围墙南北六十六丈五尺,东西三十六丈,院内共房三百二十二间,水井八眼。为此报堂。

昇平署事宜档(宣统二年三月。编者按:除在宫内、颐和园、三海等各处安设乐器;行用苏拉(杂役)、马匹;领取月银、纸张、琴弦、增减钱粮、买办颜料等日常琐事外,现择其主要承应差务列举如下。)

一　本署挑补民籍学生以及病故裁添钱粮银米补缺事。

一　本署民籍学生以及父母妻室病故行取恩赏银两事。

一　本署在宫内以及各处安设乐器传用银库金编钟事。

一　本署具奏年节万寿伺候礼节事。

一　本署具奏伺候宴戏事。

一　本署具奏太阳供前念斋意事。

一　本署具奏先蚕坛采桑伺候乐事。

一　本署具奏祭先蚕坛伺候乐事。

一　本署具奏七夕伺候献戏事。

一　本署具奏月供前伺候念斋意事。

一　本署具奏皇太后、皇上驻跸宁寿宫伺候乐事。

一　本署具奏皇太后、皇上驻跸三海伺候乐事。

一　本署具奏皇太后、皇上驻跸颐和园伺候乐事。

一　本署办理宫内伺候戏,皇太后、皇上上安戏折、总本、题纲事。

一　本署办理三海伺候戏,皇太后、皇上上安戏折、总本、题纲事。

一　本署办理颐和园伺候戏,皇太后、皇上上安戏折、总本、题纲事。

一　本署办理上安大戏总本事。

一　本署办理上安轴子戏总本事。

一　本署办理上安开场团场事总本事。

一　本署办理上安昆腔戏总本事。

一　本署办理上安弋腔戏总本事。

一　本署办理上安大轴开场团场戏题纲事。

一　本署办理上安外学乱弹戏总本事。

一　本署办理上安总管、首领、太监长年岁花名事。

一　本署办理黄戏折、红戏折事。

一　本署办理四书图说事。

一　本署办理元旦佳节宗亲宴、廷臣宴、排演承应宴戏书写戏本事。

一　本署办理年节、月令、礼节大戏排演书写戏本、鼓板角本等项事。

一　本署办理每月承应月戏、文武大戏、抄写曲词、题纲、总

讲、鼓板各角本事。

一 本署办理皇太后、皇上万寿承应、文武寿戏排演、书写本词等件事。

一 本署办理皇上大婚典礼后举行家宴宴戏，学演、承应、书写总讲、鼓板等件事。

一 本署办理太阳供、七夕供、月供前伺候念道经、斋意，书写经本疏词事。

一 本署办理年节万寿承应各样灯戏、跳舞、龙灯、珠灯，悬挂灯支，书写宫词、曲词事。

一 本署办理听候旨传排演各项玩艺、随时新戏、各项词句，抄写角本事。

一 本署办理承应年节月戏城匾光子事。

一 本署中和乐每年十二月三十日在乾清宫安设乐器，奏隆平之章事。

一 本署中和乐每年十二月三十日在寿皇殿安设乐器，奏怡平之章事。

一 本署中和乐每年正月初一日皇上受贺，在乾清宫安设乐器，奏元平之章事。

一 本署中和乐每年正月十一、十三等日宴差，在乾清宫安设乐器，奏元平之章事。

一 本署中和乐每年正月十五日上元在在乾清宫安设乐器，奏怡平之章事。

一 本署中和乐每年正月初十日、十三日皇太后、皇上万寿在宫内等处安设乐器事。

一 本署中和乐遇有皇上大婚典礼，在宫内等处安设乐器事。

一 本署中和乐遇有皇后采桑，伺候采桑歌词事。

一 本署中和乐遇有皇太后、皇上驻跸颐和园以及三海等处接送驾，伺候德胜乐事。

一 本署中和乐遇有宫内以及颐和园、三海等处承应戏差，接送驾，伺候德胜乐事。

一　本署中和乐遇有皇太后崇上徽号,在宫内等处安设乐器事。

宣统三年

恩赏日记档

正月初六日　奴才魏成禄谨奏,正月十三日皇上万寿圣节,储秀宫给老佛爷行礼。

奴才带领中和乐伺候中和韶乐,设乐不作。谨此奏请。

二月初一日　念斋意之人卯初到齐。大卯四五六早。

卯初二刻　万岁爷太阳供前拈香。

漱芳斋承应　辰初二刻五分开戏,酉初三刻十分戏毕。

跳灵官、《平安如意》、本《二进宫》、《观阵》、《回龙阁》、本《长坂坡》、《双合印》、《朱仙镇》、本《孝感天》、《双天师》、《剑峰山》《双沙河》、《四杰村》、本《雄黄阵》。

二月初二日　春恒交下,拟赏银二百两。外学等一百七名,一千三百八两。

三月初三日　平顺交下,拟赏银一百两。外学等一百六名,银六百十九两。

三月十三日　老佛爷外请,启祥门送驾,西苑门接驾。中和乐伺候卤簿大驾。

三月十五日　平顺交下,拟赏银一百五十两。外学人等一百七名,银一千一百五十一两。

旨意档

正月十七日　总管谦和传旨,二月初一日、初二日漱芳斋伺候戏。

四月十六日　来知会,内学四月十五日,上传以后遇有武戏,武行满上。

五月初一日　庆寿传旨,二本《混元盒》当儿中幡撤去。

十二月二十一日　敬事房传旨,二十二日首领给老佛爷谢恩。

太监二十一日以(已)点过名,二十二日不必再点。

日记档

正月初一日　首领随总台至储秀宫给老佛爷行礼。辰初到齐。穿蟒袍补褂。

初七日　来知会,内学首领初八日随总台给老佛爷谢赏银两恩。

同日,来知会,内学正月初八日,张总管传本署里外人等,进内如遇见总管、首领老爷们等一傍侍立,不准到(道)吉祥、辛苦等语。为此特传。

正月十九日　早学过《七盘山》。

同日来知会,内学正月十九日总管谕,二月初二日里外学等进花园门时,俱穿靴戴帽,如不遵者,重责不恕。

正月二十二日　总台谕,长喜改长禄。太平歌词来喜改来福、双喜改双禄、张喜改张福、刘喜改刘禄。

正月二十八日　来知会,总管奏准,挑得民籍教习。

老生　李六,净　范福泰,小生　陆库,武生　董生,武生　杨长福,丑　张二锁,武旦　朱裕康,小生　马全禄,筋斗上手　李四、李寿安、张玉山、文光,随手　陈瑞祥、罗文翰、耿永清、喇叭效力　胡占先。

同日　总台谕,筋斗人长喜告退。

三十日　同日　来知会,内学王子实照旧当差。

六月二十九日　来知会,奉总台老爷堂谕,传南府总管老爷著外学于七月十五日唱《竹林寨》。

十一月十五日　由档案房来知会,内学现在堂交奉堂谕,所有各处腰牌自应加意护持,以免遗失,冒充情弊。每间五日查验一次,如有遗失,立即追究,交司惩办。相应知会内学于十二月十七日午初将腰牌汇总送至档案房,以备呈堂查验。为此知会。

宣统四年(编者按:1912年1月1日中华民国成立,按例即为民

国元年,只有内廷还在企望复辟,沿用宣统年号。此后紫禁城内演戏减少,但清室并未正式裁退民籍伶人,年节时仍有赏银。据其它记载,太监演戏的科班仍然存在,并有民籍教习教戏。)

恩赏日记档

正月初一日　巳初二刻　老佛爷皇极殿受贺,中和乐伺候中和韶乐。

万岁爷在养性殿递如意,中和乐伺候丹陛乐。

巳正　万岁爷乾清宫受贺,中和乐伺候中和韶乐。

养心殿　公主、妃嫔等位递如意。

首领在皇极殿给老佛爷行礼毕,在乾清宫给万岁爷行礼。

十二月初一日　中和乐库内受存金编钟十六口,名目开列:

黄钟、太簇、姑洗、蕤宾、夷则、无射、大吕、夹钟、仲吕、林钟、南钟、应钟、倍无射、倍应钟、倍无夷(另附纸条:倍夷则)、倍南吕。

长春宫总管面奉懿旨,将金编钟十六口收本宫库内存收。

宣统五年

恩赏日记档

正月十七日　子初　隆裕皇太后慈驭上宾,摘缨子。

宣统六年

恩赏日记档

正月初一日　巳初　总管、首领等在太极殿给四位主行礼,递如意。总管在乾清宫给万岁爷行礼。

宣统七年

恩赏日记档

八月十二日　内殿总管要去《升平宝筏》二十一本,交回《劝善金科》,此本内学上留。

宣统十一年

恩赏日记档

正月二十六日　内殿上马进兴传，上要靠六身、白箭袖二件、绦子六条、銮带六条、大三尖六个、出摆一件、花道袍一件、背虎五身、硬盔五顶、软扎巾一顶。

二月初二日　赏回收库。

二月初七日　奴才武长寿谨奏，为求恩事，六品总管狄盛宝病故遗缺，首领武长寿、李惠山、李金福、张盛立此四名，系八品首领，此四名拣放总管一名，奴才不敢自专，谨此奏请。

奉旨，内学八品首领武长寿赏放六品总管，加二两钱粮。

初九日　领正月分月例。总管、首领、太监共三十四名，共领银九十两。上扣高得贵、柏存明、王全吉。

宣统十一、二年

日记档

新正月初四日　来知会，内学首领卢安山传旨，初十日、二十日王妃、命妇在太极殿给四主位行礼，伺候站乐。

初十日　内殿交下，万岁爷赏总管狄盛宝小卷尺头二件、缨子一匣、银四两。首领四名，每名银三两。太监十名，每名银二两。筋斗教习、随手、场面人等八十二名，每名银二两。玩艺教习二十五名，每名银二两。写字人十七名，每名银二两。听差人八名，每名银二两。

二月初七日　来知会，内学于二月初七日奉旨，八品首领武长寿赏放六品总管，加添二两银钱粮。

五月初六日　四位主赏总管武长寿银十两、首领四名，各银四两、太监九名，银各一两。

同日　内殿交下，万岁爷赏武长寿大卷纱一匹、缨子一匣、银四两。首领四名，每名各小卷纱一卷、银三两。

六月二十七日　瑜主千秋，赏总管武长寿银十两、首领四名银各四两、太监九名，银各二两。

宣统十二年

恩赏日记档

正月初一日　巳时　总管、首领等在太极殿给四位主行礼,递如意。

总管在乾清宫给万岁爷行礼。

初二日　递月例单。总管、首领、太监共三十四名。

十一月二十三日　递内殿里外年节全花名。昇平署总管武长寿、首领李惠山、张盛立、王盛得、杨玉才、陈来保、杨来保、阎来有、沈永和、李升如八名,补添王久华一名。(以下人名略)

太监丁进寿(人名略)二十四名,撤太监一名。

昇平署外边人名。教习场面四十七名。玩艺教习二十七名。

筋斗十二名。随手二十名。两处写字人三十四名。

两处听差人十六名。钱粮处管箱、门甲人四十名。写字人五名。中和乐写字人三名。档案房写字人六名。火壶人一名。工程处二名。盔头作二名。该哈二名。共人二百十七名。

十二月初七日　奴才武长寿率内学首领李惠山、张盛立、王盛得、王久华跪进苏酱、酱油、苏鱼、酱肘子。赏。

瑜主　三十圆　挑钱四吊,珣主　三十圆　挑钱四吊,瑨主　四十圆　挑钱八吊,瑾主　二十圆　挑钱无有,又找领四吊。

万岁爷二十圆　挑钱八吊。

十二月初八日　内殿交下(不谢恩,听传,二十日谢恩。)

赏总管武长寿银四两、首领九名,每名银三两、太监二十三名,每名银二两。教习、场面、玩意、筋斗、随手、写字人、听差、管箱、门甲、火壶、工程处、盔头作、该哈共二百十七名,每名银二两。里外以上共领银五百十一两。

十二月二十一日　同日　由官房租库领来本年地租制钱三百四十吊零三百文,总管、首领、太监共三十三名,每名钱七百文。

宣统十三年

恩赏日记档

三月初七日　庄和皇贵妃于初七日□时升遐,摘缨,蓝袍青褂

三日。

八月初六日　奴才武长寿率内学首领李惠山、王盛得、张盛立、王久华跪进苏酱、酱油。

赏：

万岁爷　二十元　挑钱八吊，瑨主　四十元　挑钱八吊，瑜主　三十元　挑钱四吊，瑾主　二十两　挑钱四吊。

八月初八日　巳时　总管、首领等在崇敬殿□主行礼，赏面食银十两，合洋拾贰圆。

宣统十四年

恩赏日记档

九月二十四日　奴才武长寿谨奏，于九月二十三日面奉敬懿皇贵太妃、荣惠皇贵太妃懿旨，改于十月十四、十五、十六日，此三日漱芳斋伺候戏，俱传外班。为此奏请。

奴才武长寿于九月二十三日面奉敬懿皇贵太妃、荣惠皇贵太妃、端康皇贵太妃宫谕，于十月十四日、十五日、十六日此三日漱芳斋伺候戏，俱传外班。

九月二十八日　奴才武长寿谨奏，为求恩事。于十月十四日、十五日、十六日此三日在漱芳斋承应戏差，奴才他坦预备应差，首领、太监、写字人、筋斗学生、民籍学生、教习人等早晚饭食向例由奴才预备，该他坦先年以奴才署内白米积款已内办理，前于宣统七年两次戏差俱已用竣，现在承差在迩，所有饭食之款无法可筹，奴才再四思维，惟有叩恳主子格外施恩，赏给饭食银两。谨此叩恳。

十月初三日　阮总管传旨，新传富连成班外串贯大元、盖叫天、小翠花、郝寿臣、九阵风、尚小云、喻振亭、周瑞安、五铃童、谭小培。添传余叔岩。

初四日　万岁爷赏给总管武长寿五品总管；

内学首领李惠山赏给六品首领；

内学首领张盛立、王盛得、王久华三名赏给七品首领。

十月十四日　漱芳斋承应　巳正二刻五分开戏,戌正一刻五分戏毕。

跳灵官、《取金陵》(九阵风)、《嫦娥奔月》(林颦卿)、《牛头山》(周瑞安)、《戏凤》(小翠花)、《状元印》(杨小楼)、《天水关》(王幼臣)、《长坂坡》(俞振亭)、《八大锤》(侯俊山)、《春香闹学》(尚小云)、《恶虎村》(外班)、《青石山》(俞振亭)。

十五日　漱芳斋承应　午正一刻五分开戏,戌初二刻五分戏毕。

《摇钱树》(外班)、《汾河湾》(贯大元)、《马上缘》(小翠花)、《连环套》(杨小楼)、《金钱豹》(俞振亭)、《连升三级》(朱素云)、《英雄义》(于振雄)、《竹林计》(外班)、《八蜡庙》(俞振亭)、《水帘洞》(杨小楼)。

十六日　漱芳斋承应　巳正一刻五分开戏,戌正戏毕。

《财源辐辏》(外班)、《蟠桃会》(外班)、《冀州城》(周瑞安)、《浣花溪》(林颦卿)、《花蝴蝶》(周瑞安)、《飞叉阵》(俞振亭)、《南阳关》(王又宸)、《空城计》(余叔岩)、《泗洲城》(九阵风)、《搜孤救孤》(贯大元、谭小培)、《珠帘寨》(余叔岩)。

敬懿、荣惠主位赏外学等八十名洋一千元。

昇平署总管、首领、太监、写字管箱人等一百一十五名洋四百元、富连成班洋六百圆。

知会日记档

正月初二日　知会　三处首领正月初二日总台奏准,初十日、二十日王妃、命妇在太极殿给三位主行礼,伺候站,喜乐不作。

十月十二日　丑时　淑妃进宫,辰时,承、毓、乾、建、翊各宫拈香行礼。

十月十二日　巳时　淑妃诣养心殿皇上前行礼。

宣统十五年

恩赏日记档

八月二十二日　漱芳斋承应　辰初三刻五分开戏,亥正一刻

五分戏毕。

跳灵官、《借赵云》（马连良、茹富兰）、《卢州城》（刘连荣、沈富贵）、《游园惊梦》（梅兰芳）、《双金钱豹》（俞振亭、杨小楼、范宝亭）、《打棍出箱》（王又宸）、《恶虎村》（赵盛璧、陈富瑞）、《汾河湾》（王凤卿、尚小云）、《霸王别姬》（杨小楼、梅兰芳）、《定军山》（余叔岩、余幼琴）、《殷家堡》（周瑞安、九阵风）、《借靴》（高富楼）、《火烧战船》（雷喜福、殷连瑞）、《黄金台》（时惠宝）、《演礼》（訾得全）、反串《八蜡庙》（杨小楼）。

二十三日　赏昇平署教习银二千四百二十五元。

计开：陈得林　一百元，于庄儿　一百元，另赏一百五十元。

李玉福　二十四元，阿寿　十元，杨永元　三十元。孙怡云　八十元，王福寿　二十四元，李七　七十元，朱四十　八十元，穆长久　二十元，王长林　六十元，王瑶卿　一百元，钱金福　一百元，訾得全　三十元，龚云甫　六十元，傅恒春　六十元，杨小楼　三百元，李宝琴　六十元，朱素云　八十元，王凤卿　八十元，杨长福　二十元，朱玉康　六十元，范福泰　三十元，冯惠林　六十元，马全禄　二十元，裘桂仙　六十元。

侯俊山　告假，瑞得宝　告假，周如奎　告假。

效力：于幼琴　二十元，于振雄　二十元。

赏昇平署总管、首领、太监等三百元。

新传：梅兰芳　三百元，姚玉芙　一百元，俞振廷　一百六十元，姜妙香　一百元，王又宸　一百元，徐碧云　八十元，九阵风　一百二十元，范宝亭　六十元，方连元　六十元，尚小云　一百六十元，贯大元　一百六十元，马连良　一百二十元，尚富霞　五十元，茹富兰　八十元，沈富贵　八十元，赵盛璧　三十元，时慧宝　一百六十元，陈富瑞　三十元，邱富棠　三十元，李盛斌　三十元，雷喜福　三十元，杜富兴　三十元，杜富隆　三十元，刘富溪　三十元，小振廷　八十元，小桂花　五十元，冯连恩　三十元，殷连瑞　三十元，何连涛　三十元，孙盛辅　三十元，李盛藻　三十元，吴彩霞　八十元，周瑞安　一百二十元，李连贞　五十元，俞赞廷

六十元,余叔岩　二百元,小翠花　一百六十元,俞步兰　八十元。

共三十八名,三千一百元。

《霸王别姬》一千六百元。富连成班银五百五十元。

二十三日　赏杨小楼、梅兰芳、余叔岩每人衣料四件。

二十五日　总管武长寿率领谢恩。赏杨小楼、梅兰芳、余叔岩每人文玩四件。

宣统十六年

恩赏日记档

正月十一日　总管武长寿奉旨,传回逃走太监林昌春仍归原处当差。

端阳节　赏总管武长寿大卷一疋、缨子一匣、递内殿赏总管武长寿大卷一疋,首领二名小卷各一件。

六月初一日　总台奏,面奉旨,内务府郑孝胥借去《迓福迎祥》一本、《灵山祝寿》一本。九月二十一日送还收讫。

七月二十五日　传旨,赏北府老太太千秋承应。二十六日承应。午初开,亥初二刻毕。

太平歌词、什锦杂耍、文明相声、幻术、音乐队、幻术、全音大鼓、小化缘、五音连弹、摔镜架、文明单弦、王小赶脚、巧耍花坛、三渡林英、津调大鼓、相声、变西厢、乐队、三弦拉戏、文明戏法、大官(观)园、戏迷传。

万岁爷赏银二百元。

九月十七日　皇后主子在太极殿给三位主子行礼,又在养心殿给皇上行礼毕,还储秀宫。

巳时受贺。

赏面食银十二两。

三　穿戴题纲

《穿戴题纲》记录了清内廷演剧角色的穿着、扮相、使用道具等。共分两册，均写“廿五年吉日新立”。一册注明为“昆腔杂戏”，收入313出戏；另一册为节令、开场、弋腔、目连、大戏，共计收入171出戏。曾先后有专家指其为乾隆、嘉庆或道光二十五年之演戏服饰记录，经近年研究，根据其间《罢宴》等剧目刊印时间和两本《题纲》均不避讳道光名讳“宁”（旻宁）而推论，当为嘉庆二十五年所立。四百余出戏俱为当时内廷常演剧目（可参看嘉庆二十四年档案记载）。

《穿戴题纲》为后台从事砌末管理之人所记，前后字体不一，大约识字有限，错字、别字甚多，各种名色的服饰经常音同，写法却不相同，例如“大叶巾”多处作大页巾；“晋巾”又作紧巾；“鹰翎帽”又作英翎帽、莺翎帽、膺翎帽；“作衣”又作做衣等等，不胜枚举。现依据近年出版物通用写法大致将其校正，以达到基本的统一。

廿五年吉日新立

昆腔杂戏

《游　园》

杜丽娘　　月白衫子　小云肩　裙

春　香　　衫子　背心　裙

《胖　姑》

老　头　　白毡帽　花布包头　紫花布道袍　褡腰　裙　白短髯

胖　姑　　花衫裤　花袄　背心　汗巾

王六儿　　彩裤　喜鹊衣　水田衣

《冥　判》

鬼　卒　　青布箭袖　布鬼脸　虎皮褂

大　鬼　　蓝蟒　箭袖　三尖　绦子　鬼发　额子

吏　典　　青素　鸾带　吏典帽

花　判　　判帽　金花　蓝蟒　红圆领　带

四男犯　　布通袖　毡帽　兜帕

杜丽娘　　青绌衫　裙　兜帕

花　神　　花神帽　花神衣　三髯

《十　宰》

徐　勣　　相貂　香色蟒　角带　白三髯

杜如晦　　石青蟒　角带　纱帽　苍三髯

殷开山　　纱帽　银红蟒　角带　黑三髯

程咬金　　月白蟒　圆翅纱帽　角带　白飞鬓

尉迟恭　　黑貂　白满髯　黑蟒　玉带

沙　弥　　僧衣　绦子　和尚帽　执幡

唐　僧　　红僧衣　袈裟　五佛冠　皮罗帽

《闹　庄》

铁勒奴　　蓝厢领　箭袖　鸾带　小叶巾　黑满髯

《救　青》

铁勒奴　蓝厢领　箭袖　鸾带　小叶巾　黑满髯
魏　青　喜鹊衣裙
家　丁　布箭袖　膺领帽
陈　午　团花出摆　紫金冠　大吊达(褡)

《山　门》

智　深　侉衣裤　布僧衣　头陀发　大木头素珠一字
酒　保　彩裤　喜鹊衣　草帽　水田衣
二和尚　布通袖　和尚帽
长　老　白一字　香色袖道袍　和尚帽　绦子
众和尚　布通袖　和尚帽

《假　癫》

道　济　夏布僧衣　和尚帽　手拿小芭蕉扇
小　孩　作衣　打腰裙　孩儿兜
虞　候　院子衣　罗帽　短须
干　办　布通袖　鹰翎帽　四喜须
长　老　香色缎道袍　白一字
虎

《错　梦》

于叔夜　月白绸道袍　小生巾　扇子
乜　氏　香色裙　老旦衣　汗巾一条
丫　环　细裙袄　花背褡　汗巾
院　子　院子衣　素鸾带　罗帽
池　童　大红花道袍　蛛料巾
素　徽　大红袄　云肩　裙
文　豹　院子衣　鸾带

《寄　柬》

红　娘　细袄　花背褡　汗巾　裙

张　生　　月白䌷道袍　小生巾
琴　童　　院子衣　鸾带　头边

《佳　期》

张　生　　红道袍　小生巾
红　娘　　䌷袄　花背褡　汗巾
莺　莺　　大红袄　云肩

《四　喜》

丑　　花衫　背心　汗巾　梅香箍
旦　　花衫　背心　汗巾　过梁额子
夫　人　　舞衣　翠冠

《学　堂》

陈最良　　蓝道袍　长方巾
杜丽娘　　月白䌷袄　云肩　裙
春　香　　裙　䌷袄　花背褡　汗巾

《相　约》

云　香　　䌷袄　素背褡　汗巾　裙
老安人　　香色布老旦衣　花帕　汗巾　裙

《相　骂》

云　香　　䌷袄　素背褡　汗巾　裙
老安人　　香色布老旦衣　花帕　汗巾　裙

《促　试》

观　主　　香色䌷老旦衣　素珠　丝绦　裙
进　安　　院子衣　素鸾带　勒边
必　正　　月白䌷道袍　小生巾
妙　常　　花裙　道姑衣　仙姑巾　丝绦　素珠
尼　姑　　杂色䌷老旦衣　素珠　丝绦　裙

《秋　江》

必　正　　照前

进　安　　照前
观　主　　照前
船　家　　通袖　鸾带　毡帽
妙　常　　照前
船　婆　　布衫子　裙

《赐　环》

王　允　　宝蓝披风　纱帽　黑三须
夫　人　　宝蓝披风　裙
貂　蝉　　红袄　月白紬花披风　云肩　裙
二歌妓　　紬袄　花背褡　汗巾　裙

《拜　月》

王　允　　照前
貂　蝉　　照前

《梳　妆》

专　房　　紬袄　花肩褡　汗巾　裙
吕　布　　紫金冠　雉鸡翎　蟒　箭袖　绣排穗
　　　　　小玉带
董　卓　　金貂　锦氅　苍满髯
貂　蝉　　大红袄　打腰　场上换月白花披风

《掷　戟》

貂　蝉　　照前
吕　布　　照前
董　卓　　照前
李　儒　　青缎箭袖　小叶巾　鸾带　短须
李　肃　　照李儒扮　黑三髯
四甲士　　红箭袖　卒褂　马夫巾　月华旗
车　夫　　寿字箭袖　马夫巾

《藏　舟》

乌飞霞　　蓝布衫　打腰　裙　蓝布打头　鱼篮

刘　秀　　老生巾　元色裙　绦子　背包

《盗　令》

差　官　　宝蓝箭衣　将巾　鸾带　小胡子　不拘令牌
院　子　　罗帽　元缎海青　令牌
翠　娘　　媒婆衣　元色裙　手帕
翡　娘　　袄　披风　云肩　捕风
院　子　　罗帽　元缎海青　灯
长　史　　矮纬　出摆　黑满
王馒首　　皂隶帽　蓝布箭衣　皂隶带　狗嘴
差　人　　照差官　挂刀
舒得溥　　囚褡　作衣　打腰　黑三　手杻
赵大娘　　元色袄　打头　打腰
舒大娘　　硬丫吉　花帕　打头　老旦衣　打腰　橹
禁　子　　罗帽　布箭衣　四喜　匙牌

《冥　追》

杨贵妃　　魂帕　舞衣
四　卒　　马夫巾　箭袖　卒褂
陈元礼　　帅盔　苍三　靠　枪
高力士　　大太监帽　蟒袍　黄马褂
马　童　　马夫巾　箭袖　卒褂
唐明皇　　王帽　黄蟒　玉带
虢夫人　　魂帕　衫子　髻
二小鬼　　脸子　青布箭袖　虎皮卒褂
杨国忠　　发　绸　紫蟒
土　地　　巾　髻

《瑶　台》

二宫娥　　过梁　衫子　宫妆
郡　主　　兜　帕　过翅　红衫　背心　绦子
　　　　　场上穿靠　七星额子　雉尾

四　卒　　马夫巾　箭袖　箭褂　标枪旗
太　子　　狮盔　雉尾　打仗甲　弓　箭　枪
四小番　　倭㑩帽　布刘唐衣　勇字卒褂
四雀兵　　马夫巾　蟒　箭袖　枪
郡　马　　紫金冠　雉尾　箭袖　排穗

《题　曲》

乔小青　　元色打头　元色袄　月白背心　宫绦　书

《倖　恩》

虢夫人　　半官衫子　鬏　扇子
梅　香　　衫子　背心　汗巾
韩夫人　　半官衫子　鬏　扇子
院　子　　罗帽　院子衣　白短满

《昭　君》

四小校　　青布箭袖　褡膊　红毡帽　红旗
王　龙　　矮纱帽　狐尾　八角冠　国老巾　蓝蟒带
　　　　　蟒　箭袖　帝带　红花道袍　绦子　背剑
昭　君　　半官舞衣　银红蟒　玉带　扎袖　雁哥尾
　　　　　雉尾　扇子
马　童　　扎巾　采莲袄　扎卒褂　肚囊　大同铃套马
　　　　　杆　鞭子
二达子　　时扮　黄马褂

《规　奴》

牛　氏　　红袄`　软披　云肩　揷凤
惜　春　　色袄　背心　兜　扇

《观　画》

程　婴　　圆帽　蓝出摆　鸾带　苍三　图
孤　儿　　紫金冠　雉鸡翎　银红蟒　玉带　挂剑
驸　马　　老生巾　元色褶子　黑三

宫　主　　元色袄

《阵　产》

四番兵　　阿楞忒帽　小番衣　标枪
四侍女　　额子　雉尾　狐尾　采莲袄　刀　枪
郡　主　　七星额子　雉尾　鹦哥尾　靠　半披　背壶
　　　　　喜神
　纛　　　阿楞忒　箭袖
女报子　　鹰翎帽　扎头　报子衣　卒褂　铜铃　皮靴
四　卒　　马夫巾　箭袖　卒褂
杨六郎　　帅盔　靠　背壶　枪
孟　良　　扎巾　额子　靠　背壶　葫芦　双斧
岳　胜　　荷叶盔　靠　背壶
陈　琳　　木角冠　靠　背壶
柴　干　　扎巾　额　靠　背壶
阵　主　　七星额子　靠　鹰哥尾　背壶
　纛　　　马夫巾　箭袖
八骷髅　　套头　屯绢道袍　披　素旗
八执旗鬼　套头　屯绢道袍　披　素旗
丧　门　　竖翅相帽　扎红　茧细道袍　穗子　褡膊
吊　客　　竖翅相帽　扎红　青细道袍　穗子　褡膊
柳树精　　磕脑　小扎扮
榆树精　　磕脑　小扎扮
七星纛　　鬼脸　箭袖

《水　斗》

水　卒　　鬼发　额子　绿蟒　箭袖　水旗
蟹　精　　绿发　额子　靠
虾　精　　蓝发　额子　靠
蛤蜊精　　蛤蜊发　采莲袄　褡腰
龟　精　　龟磕脑　小扎扮　盖子

许　宣　　有玉毡帽　绫道袍　篮　青草一分
船　家　　草帽圈　作衣　褡腰　槁
小和尚　　和尚帽　僧衣
白　蛇　　纱罩衣裙一分
青　蛇　　纱罩衣裙壹分
法　海　　和尚帽　五佛冠　缎道袍　袈裟
哪　吒　　线发　小扎扮
木　吒　　头陀发　金箍　球髻　刘唐衣裤　扎僧衣
韦　护　　帅盔　靠　杵
龙　形　　衣子
蛇　形　　衣子
风　神　　黑发　额子　靠
火　神　　红发　额子　靠　车轮旗
魁　星　　衣帽一分

《牌　谱》

琴　童　　网边琴童衣　红裤
红　娘　　衫子　背心　汗巾　扇子
长　老　　布道巾　土布道袍　绦子　小木鱼　白短胡

《花　鼓》

小　旦　　蓝布兜头　花鼓衣裤　红汗巾
净　　高鬃帽　扎头　满脸毛　作衣　褡腰　水田衣
公　子　　公子巾　红花道袍　扇子　扇坠　银一锭

《小妹子》

小妹子　　衫子　坎肩

《剔　目》

郑元和　　老生巾　元色褶
李亚仙　　元色袄　月白背心　系绦子　打头

《亭　会》

素　秋　　祆　软披云肩　插凤　扇

赵汝州　　晋巾　月白褶　扇

《惊　梦》

睡魔神　　公子巾　土地脸　花褶子　鸾带　阴阳镜　白飞鬓

杜丽娘　　红袄　软披云肩　插凤

柳梦梅　　晋巾　红褶子　柳枝

花　神　　花神帽　花神衣　黑三　拂尘

甄　氏　　袄　硬披

《寻　梦》

杜丽娘　　红袄　软披云肩　插凤　扇

春　香　　袄　背心　汗巾

《扯　伞》

蒋世隆　　老生巾　元色褶　宫绦　伞

瑞　莲　　元色打头　元色袄　打腰

《梳　妆》

柳　氏　　老生巾　月白绫褶　扇

陈　慥　　打头　月白袄　元色背心　宫绦　手帕

苍　头　　罗帽　缎海青　苍落腮　帖子

《跪　池》

柳　氏　　月白袄　宫绦　手帕

陈　慥　　照前

苏东坡　　东坡巾　褶子　扇子　黑满　披风

苍　头　　毡帽　紫花布海青　草鸾带　白落腮　茶盘

《拜　月》

瑞　莲　　颜色袄　软披风　云肩　插凤

瑞　兰　　红袄　云肩　月白绣　软披风　插凤

《独　占》

秦　种　　鸭尾巾　元色褶　伞　鞋
花　魁　　色袄　背心　宫绦　手帕　外罩元色袄
王九妈　　硬丫髻　花帕　打头　老旦衣

《琴　挑》

陈妙常　　妙常巾　袄　斗披风　宫绦　念珠　拂尘　琴
潘必正　　晋巾　颜色褶子　扇

《乔　醋》

潘　安　　纱帽　月白缎褶　颜色青花　金花带
夫　人　　红袄　硬披　金雀
瑶　琴　　罗帽　缎子海青　金花一朵　书
彩　鹤　　罗帽　缎海青

《茶　叙》

潘必正　　香巾　花褶子　扇子
香　公　　堂巾　扎花布海青　宫绦　白落腮
尼　姑　　和尚帽　䌷老旦衣　围身　茶盘
陈妙常　　妙常巾　袄　斗披风　拂尘　念珠
进　安　　勒边缎子海青　素鸾带

《问　病》

进　安　　照前
潘必正　　照前
老　尼　　照前
陈妙常　　照前

《鹊　桥》

二仙女　　魔女发　小宫衣　手幡
牛　郎　　采莲袄　牛郎衣　红花裤
织　女　　过翘　仙姑巾　舞衣

二仙童　　　线发　红绸道袍　绦子

《密　誓》

二内侍　　　太监帽　贴里衣　宫灯
唐明皇　　　玉蝉冠　成对髦
二宫女　　　过翘　宫妆　衫子
杨贵妃　　　半甩　成对髦

《偷　词》

陈妙常　　　妙常巾　袄　斗披风　宫绦　念珠　拂尘
　　　　　　内斗背心
潘必正　　　香巾　月白褶　扇子
进　安　　　勒边缎子海青　素鸾带

《荣　归》

郭　氏　　　蓝布衫　整包头
张　禁　　　罗帽　布海青　念珠　宫绦　苍夹嘴
四下手　　　红毡帽　布海青　战裙　金瓜
周瑞龙　　　纱帽插金花　圆领　银花带　内元色褶
　　　　　　宫绦　老生巾

《扫花三醉》

洞　宾　　　纯阳巾衣　月白蟒　宫绦　背剑　黑三
　　　　　　拂尘
柳树精　　　套头　龙箭衣　卒褂　磁桃　葫芦
何仙姑　　　过桥　仙姑巾　舞衣　扫帚　笊篱
酒　保　　　毡帽　布海青　草鸾带　小髯
客　人　　　蝉蟟巾　花褶子　小髯　扇 叉　凿子巾
　　　　　　花褶
洞庭君　　　金踏蹬　红蟒　玉带　黑三　扎红　橐
　　　　　　柳树精换头上头袋
水　卒

《出　罪》

地　方　　小鬏帽　布海青　草鸾带　持竹狗嘴
小　军　　红毡帽　布海青　战裙　锁链
书　吏　　吏典帽　青素大蒜头　短胡　捧印
皂　吏　　皂隶帽　布箭衣　皂隶带　板子
　外　　纱帽　圆领　金花带　苍三　鞭子
郭　氏　　打头　蓝布衫　打腰　状词
一院子　　罗帽　缎子海青　托盘　文书　手本
主　簿　　长纱帽圆翅　青素角带　黑飞鬓
周　羽　　散发　囚褡　作衣　打腰　草鞋　黑三
　　　　手杻
张　禁　　罗帽　布箭衣　素鸾带　黑夹嘴

《府　场》

张　敏　　公子巾　月白缎褶　黑满　扇　银包
郭　氏　　照前
周　羽　　照前
张　禁　　照前　背包　文书　狐狸
　丑　　老人头巾　布海青　草鸾带　手本　席

《逼　婚》

戚补臣　　纱帽　出摆　苍三
手　下　　红毡帽　布海青　战裙　金瓜
韩琪仲　　纱帽　圆领　金花带　挽手
院　子　　罗帽　缎子海青　短胡

《诧　美》

柳　氏　　凤冠　蓝袄　老色硬披风　蟒　坐　山带
二梅香　　一丑梅香络　梅香衣　月华裙　汗巾　蜡灯
　　　　色袄　背心　汗巾
二院子　　罗帽　海青　宫灯
傧　相　　老人头巾　金花一朵　布海青　草鸾带

披红　小髯
韩琪仲　纱帽　插金花　红褶子　颜色披片　圆领　金带　持挽手
小　姐　凤冠　红袄　软披　圆领　扇

《小　逼》

四小番　哨子帽　布海青　毛钉　卒褂　挽手一
卫　律　黑踏蹬　狐狸　泥金蟒　玉带　黑满
苏　武　纱帽　圆领　金带　黑三　挂剑　符节

《写　本》

杨继盛　纱帽　圆领　黑三　金花带
夫　人　宝蓝缎袄　蜡竿
鬼　纱帽　兜魂帕　圆领　金花带　白三

《杀　惜》

宋　江　长方巾　蓝缎褶　黑三　招文袋
阎婆惜　红袄　元色背心　系汗巾　元色打头
阎　婆　细老旦衣　绿裙

《吃　茶》

杨继盛　宝青花　金花带　纱帽　黑三
长　班　布海青　哨子帽　牢子带　一字
牛　信　罗帽　青素鸾带　黑满胡
赵文华　杂色青花　矮纬　黑夹嘴　坐山带
院　子　罗帽　缎海青

《春　店》

太宜人　香色衫裙
黄娘子　蓝布衫
黄觅经　喜鹊衣　打腰　打头　黄布字一分

《饭　店》

周　羽　茧细褶　绦子　苍三　长方巾　背包

店　家　　　　毡帽　布海青
周瑞龙　　　　老生巾　元色褶　系绦子　背包

《扫　松》

张广才　　　　长方巾　花帕　打头　茧绌褶　打腰　拐杖
　　　　　　　白三　红鞋　扫帚
李　旺　　　　罗帽　打头　布箭衣　素鸾带　黑夹嘴　背
　　　　　　　包　棍

《逼　钗》

苏　秦　　　　老生巾　元色褶
周　氏　　　　元色袄

《渔　樵》

朱买臣　　　　长方巾　打头衣　打腰　苍三　扁担　斧
王安道　　　　毡帽　草帽圈　布海青　打腰　苍夹嘴　橹
杨孝先　　　　毡帽　打头　衣打腰　小胡子

《三　溪》

黄向坚　　　　堂巾　紫花布海青　宫绦　赤脚　草鞋　伞
　末　　　　　罗帽　布箭衣　素鸾带　苍短胡　棍
　丑　　　　　毡帽　草帽圈　作衣　打腰　小胡子　橹

《打　棍》

煞　神　　　　靠　发　额子　鞭　黑飞鬓
范仲虞　　　　高方巾　青红道袍二件　红鞋　三髯
葛　安　　　　罗帽　打头　彩裤　侉衣
四家人　　　　布箭袖　罗帽
葛登云　　　　鳖　九梁巾　苍满

《出　箱》

陆　荣　　　　英雄衣　侉裤　扁担　毡帽　打头　草帽
四报录人　　　鹰翎帽　箭袖　卒褂
四家人　　　　前

范仲虞　　照前
老　旦　　布老旦衣裙
小　生　　豆腐巾　青道袍

《寻　夫》

周　氏　　元色袄　打腰　打头　灯笼

《刺　股》

苏　秦　　老生巾　书
周　氏　　照前
苏三老　　蓝褶子　打腰　裙　毡帽　打头　苍三
丫　环　　蓝布袄　背心　梅香络　汗巾

《前　逼》

朱买臣　　长方巾　穷衣　大蒜头　苍三
崔　氏　　蓝布衫　绉纱包头　系腰
王妈妈　　布老旦衣

《后　逼》

崔　氏　　照前
道　姑　　和尚帽　老旦衣
朱买臣　　照前
邻　舍　　毡帽　布海青　小髯

《前　索》

周　羽　　长方巾　元色褶　黑三　蓝缎褶子　苍三
　　书
郭　氏　　蓝布衫　蓝缎袄　封书
张　千　　罗帽　蓝绌褶　黑短胡　扇子
丑

《后　索》

周　羽　　照前
郭　氏　　照前

净　　罗帽　缎海青　小髯
末　　翻转罗帽　破麻系海青　苍短胡　草鸾带　草鞋
老　旦　　布老旦衣　念珠

《倒　旗》

东方旺　　靠　扎额子　黑飞鬓　双刀
四小军　　箭袖　卒褂　马夫巾　标枪
四将官　　打仗甲　马夫巾　额子　标枪
罗　成　　靠　披蟒　紫金冠　枪　马鞭子
四小军　　马夫巾　箭袖　卒褂　刀
差　官
秦　琼　　靠　荷叶盔　三髯　双锏
四小军　　前
程咬金　　靠　盔　斧　蓝髯
尤俊达　　靠　盔
齐国元　　靠　盔
侯君集　　靠　盔

《斩　子》

一中军　　圆领　中军帽
一中军　　前
四小军　　箭袖　马夫巾　卒褂
罗　成　　紫金冠　箭袖　牌岁
刽子手　　照角扮
开门刀　　大叶巾　箭袖　铠
罗　艺　　扑头　蟒
四将官　　盔　蟒
罗夫人　　凤冠　蟒

《前金山》

张　禁　　长鬃帽　花帕　打头　布箭衣　绑索　背包

　　狐狸 文书 黑夹嘴 鸾带
周 羽　　囚褡 作衣 打腰 带 黑三 手杻 草鞋
金山大王　　金踏镫 扎红 老色蟒 玉带 白三
二小鬼　　判官判帽 铠 卒褂 脸子 出发 笔簿
　　头袋(带)脸子 红狗嘴 布海青 卒褂
　　方天戟 狐狸

《蔴 地》

刘智远　　老生巾 布海青 小印 素鸾带 黑三
李三娘　　蓝布衫 打头 打腰 水桶 扁担
牧 童　　帽兜 作衣 打腰 敞衣背 草帽圈 笛
　　藤鞭子

《痴 梦》

崔 氏　　蓝布衫 绉细包头 束腰
报录人　　哨子帽 布海青 牢子带 小髯 手本
皂 吏　　皂隶帽 布箭衣 皂隶带 小髯 板子
从 人　　红毡帽 布海青 战裙 清道旗
衙 婆　　布老旦衣 花帕 束腰 凤冠霞佩(帔)
院 子　　罗帽 缎子海青 白三
张木匠　　毡帽 作衣 打腰 苍落腮 木尺 斧

《泼 水》

地 方　　小鬃帽 布海青 草鸾带 狗嘴 竹竿
四手下　　红毡帽 布海青 战裙 清道旗
朱买臣　　纱帽 圆领金带 苍三 鞭子
崔 氏　　蓝布衫 打腰 打头 戴花

《相 梁》

万家春　　升罗巾 穷衣 草鸾带 苍落腮 招牌
　　扇子
四校尉　　黄罗帽 扎额箭衣 黄马褂 挂刀

梁　冀　　国公帽　老色蟒　玉带　苍满　内褶子
　　　　　老色披风　金棒槌
院　子　　罗帽　缎海青　白三

《刺　梁》

乌飞霞　　元色袄钭
歌　妓　　凤　扎额袄　宫妆　老旦合手一分上
院　子　　照前
梁　冀　　照前
二　鬼　　罗帽　魂帕　缎海青　短胡　黑三
万家春　　照前

《点　将》

头　目　　马夫巾　额子　雉尾甲　打仗甲　标枪旗
四大将　　扎巾　额子　狐尾　靠　背壶
四偻儸　　盔衬　箭袖　卒褂　飞虎旗
四侍女　　额子　雉尾狐　采莲袄　坎肩　汗巾
十八姨　　七星额子　雁哥尾　女靠　半援玉带　枪
　纛　　　马夫巾　箭袖
四　纛　　马夫巾　箭袖

《肃　苑》

陈最良　　高生巾　宁绌道袍　苍二
春　香　　扇子　背心　汗巾

《上　朝》

程　婴　　罗帽　缎海青　苍三　素鸾带
赵　盾　　相貂　紫蟒　玉带　苍满
张　千　　矮纬　青素　角带　红裤　黑一撮　宫灯
　　　　　笏板
屠岸贾　　紫金冠　鸡毛　红蟒　玉带　黑满
狗

提弥明　　帅盔　大披褂　黑一字　金瓜

《扑　犬》

灵　彻　　毡帽　缎海青　草鸾带　苍短胡
赵　盾　　照前
程　婴　　照前

《议　剑》

四军牢　　黑牢子帽　布海青　牢子带
曹　操　　矮纬　浅色青花　黑短胡
王　允　　纱帽　香色青花　雀项带
院　子　　照

《献　剑》

董　卓　　金踏镫　出摆　苍满
曹　操　　照前
吕　布　　紫金冠　雉翎　龙箭衣　排穗

《写　状》

贾主文　　堂巾　沉香茧褶子　绦子　白夹嘴　念珠
刘文玉　　长方巾　蓝缎褶子　黑满　扇子　银一锭

《问　探》

四小军　　小军盔铠　开门刀
吕　布　　头上照前　蟒带
探　子　　软扎巾　红裤　采莲衣　小披褂　响铃　令字旗

《斗　纲》

赵　盾　　相貂　紫蟒　玉带　苍满　笏
屠岸贾　　紫金冠　雉翎　红蟒　玉带　黑满　笏

《送　京》

赵匡胤　　哈拉毡镶领　箭衣　鸾带　黑满　棍　挂剑

京　娘　　纱罩　元色袄　打腰　马鞭子
店　家　　毡帽　布海青　小髯
地　方　　毡帽　布海青　黑一字
四倭㑩
周　进　　红毡帽　布海青披　战裙　一撮　背壶　刺刀
张　光　　小军盔插一根雉翎　布海青　黑小披褂　杠子一根　四喜
赵　信　　长方巾　茧绸褶　白满
赵信妻　　茧绸老旦衣

《扬　兵》

四小军　　头袋　铠　卒褂　黑标枪旗
敬　德　　黑貂　黑满　黑靠

《磨　斧》

林　冲　　罗帽　蓝布箭袖　伞
李　逵　　小叶巾　刘唐衣裤　卒褂

《借　债》

张　敏　　圆领　月白青花　大蒜头　黑满　扇子
老　旦　　缎子老旦衣　念珠
郭　氏　　元色袄
张　千　　罗帽　缎子海青　黑短

《教　歌》

阿　大　　小凉帽　蓝布箭衣　草鸾带　白一撮　草鞋　竹头
阿　二　　草堂帽　富贵衣　打腰　黑一字　草鞋　竹袋
郑元和　　长方巾　穷衣　打腰　书

《落　驿》

乐道德　　儒巾　蓝衫　大蒜头　黑夹嘴

驿　子　　长鬃帽　蓝布箭衣　草鸾带　四喜　红纸包

二手下　　红毡帽　布海青　战裙

来　兴　　勒边缎子海青　素鸾带

郑元和　　晋巾　青素　大蒜头

《贺　喜》

马腾桥　　长方巾　四喜　胡　穷衣　大蒜头　扎肩

李　二　　凿子巾　大红袄　大蒜头　一撮

院　子　　罗帽　缎子海青　白三

徐　能　　公子巾　蓝缎褶　苍夹嘴

徐继祖　　晋巾　大红褶子

《大小骗》

大　骗　　圆帽　青素大蒜头　黑满胡　内穿富贵衣
　　　　　打腰　扇

小　骗　　小鬃帽　作衣　打腰　狗嘴

小　生　　纱帽　出摆

院　子　　罗帽　缎子海青　短胡

《惠　明》

莺　莺　　月白袄　云肩　捧凤

红　娘　　元色袄　月白背心　汗巾

老夫人　　茧䌷老旦衣

和　尚　　和尚帽　裙子　宫绦　念珠　白竹节

张　生　　晋巾　颜色褶子

惠　明　　头陀僧　伽帽　侉衣侉裤　跳包　和尚衣

《三　气》

四铁骑　　钹帽　布海青　毛钉甲　标枪旗带黑枪

张　飞　　软扎巾　草帽圈　响铃　草鞋　黑飞鬓
　　　　　侉衣侉裤　打腰　跳包　令旗

周　瑜　　白紫金冠　白龙箭衣　排穗　白枪

《扫 殿》

内 侍　　大太监帽　出摆　拂尘
铁勒奴　　毡帽　打头　紫花布海青　打腰　扫帚
倾 城　　宫衣　过桥　茶盘内花

《相 面》

铁勒奴　　钹帽　布箭衣　鸾带　黑满胡
钳 徒　　头陀　和尚衣　宫绦　念珠　黑夹嘴　扇子
卫 青　　将巾　蓝缎箭衣　鸾带
公孙融　　晋巾　月白缎褶　宫绦　鞭子
老 头　　毡帽　布海青　草鸾带　狗嘴胡

《报 信》

铁勒奴　　鹰翎帽　扎头　黑满　布箭袖
公孙融　　晋巾　月白绫道袍

《赏 雪》

党 晋　　相帽　飞鬓　黑满　黑蟒　玉带　换蟒　氅
党 姬　　衫子　氅
四院子　　罗帽　院子衣　星荡　木鱼　花一支
四梅香　　衫子　背心　汗巾

《装 疯》

四手下　　鹰领帽　布箭袖　勇字卒褂
徐 勣　　相帽　香色圆领带　旨意　白三
敬 德　　长方巾　扎头　白满　茧细道袍
安 人　　茧细老旦衣

《仲 子》

陈仲子　　儒巾　蓝衫　儒绦　内作衣　打腰
齐 人　　鬃帽　细衣　打腰
老 文　　外巾　茧细道袍

《打 妓》

池 仝　　公子巾　花道袍
穆素徽　　兜头　青衫　月白背褡　绦子

《鸿 门》

陈 平　　纱帽　黑三　红圆领金带
项 羽　　金王帽　黑满　黑蟒　玉带　靠　拍子
　　换红蟒
范 增　　纱帽　白满　香色圆领带　印　绶
　　换红圆领
二小太监　　帽　贴里衣　金瓜
沛 公　　素王帽　红蟒　玉带
樊 哙　　矮纱帽　有补青圆领　角带　黑吊褡　黑貂
　　靠　剑
张 良　　纶巾　行衣　绦子
丁 公　　帅盔　靠　大刀
雍 齿　　帅盔　靠　大刀
项 庄　　马夫巾　额子　打仗甲　双剑
项 伯　　马夫巾　额子　打仗甲　剑

《撇 斗》

张 良　　纶巾　行衣　绦子　符节
樊 哙　　黑貂　靠　盘　玉斗
四小军　　马夫巾　箭袖　白卒褂
范 增　　果老巾　白满　出摆
项 羽　　王帽　白蟒　玉带

《盗 韩》

刘 虎　　杂扮
老 道　　布老巾　土布道袍　绦子
更 夫　　毡帽　作衣　搭腰

《男　舟》

邓　谦　高纱帽　白飞鬓　香色圆领　带
邓　兴　罗帽　院子衣
驿　丞　矮纱帽　青素　角带
钱天锡　纱帽　苍三　蓝圆领　带
王十朋　纱帽　青素　金带
院　子　衣帽
打夫手　红毡帽　布通袖　褡膊

《放粮抢粮》

理　正　老人巾　苍吊搭　布道袍
孔八三郎　破毡帽　作衣　搭腰
二手下　红毡帽　布箭袖　褡膊　板子
末　纱帽　黑短满　青素带
生　高方巾　苍三　茧䌷道袍
赵五娘　兜头　蓝布衫　红裤　大脚鞋
丑家童　毡帽　布通袖
理正家婆　牡丹头　蓝布衫　红裤　大脚鞋

《上　路》

窦　老　白毡帽　扎头　土布道袍　布带枝　喜神

《送　子》

窦　老　前
刘智远
岳小姐
门　军

《点　马》

二手下　红毡帽　布箭袖　褡膊
官　纱帽　短满　青素角带
马　夫　扎巾　刘唐衣裤

《五　台》

杨延昭　白小叶巾　白镶领箭袖　黑三　鸾带　挂剑　背黄包袱

老和尚　帽　缎道袍　绦子　素珠　白一字　八字髯

杨五郎　陀头发　刘唐衣裤　绦子　春布僧衣　木素珠　乱髯

韩延寿　狮盔　打仗甲　枪

《大渔翁》

渔　翁　草帽圈　苍吊搭　衲头　搭腰裙　鱼杆　鱼

吕洞宾　纯阳巾　黑三　出摆　背剑

《刘　唐》

朱　同　鹰翎帽　布箭袖　鸾带　腰刀

雷　横　鹰翎帽　布箭袖　鸾带

刘　唐　长鬃帽　扎头　刘唐衣裤　银色挂刀

酒　保　鬃帽　作衣　搭腰

《合　围》

高严秀　马夫巾　额子　雉尾狐尾　打仗甲　弓箭

何千年　马夫巾　额子　雉尾狐尾　打仗甲　弓箭

史思明　马夫巾　额子　雉尾狐尾　打仗甲　弓箭

催乾佑　马夫巾　额子　雉尾狐尾　打仗甲　弓箭

四番兵　软打仗盔　箭袖　卒褂

四毛女　额子　雉尾　月白箭袖　汗巾

安禄山　黑貂　雉尾狐尾　蟒带　黑满

四番将　软打仗盔　打仗甲

众　兽　衣子

架　鹰　鹰翎帽　箭袖

牵犬人　鹰翎帽　箭袖

犬

《望　乡》

苏　武　　老生巾　蓝宁细道袍　黄坎肩　符节　剩一挂黑三　剑
李　陵　　纱帽套翅　月白蟒带
四小番　　钹帽　布箭袖　勇字卒褂　标枪旗
番　官　　晋巾　红花道袍　鼻子　扎报子
二侍女　　过梁额子　雉尾　月白镶领　箭袖　汗巾

《打　差》

末　　高方巾　蓝宁细道袍　扇子
小　旦　　豆腐巾　青细道袍
净　　时扮
付　　时扮　雨伞　护封
丑　　有英(缨)帽　蓝箭袖

《反　诳》

杨　雄　　罗巾　黑短满　青布箭袖
潘巧云　　红衫　背心　绦子
迎　儿　　青衫　褡腰　裙

《追　信》

四　卒　　红毡帽　布海青　战裙　灯　开棍
萧　何　　相貂　红圆领　鹤顶带　苍满　马鞭子
船　家　　毡帽　草帽圈　作衣　打腰　橹　小髯
韩　信　　武生巾　出摆　鸾带　背剑　挽手

《夜　奔》

林　冲　　罗帽　打头　布箭袖　素鸾带　剑
内　白

《后金山》

金山大王　　金貂扎红　香色蟒　玉带　白三　笏
小　鬼　　鬼脸　红狗嘴　狸尾　方天戟　布箭袖

　　　　虎皮卒褂
判　官　判帽　脸子　铠　卒褂　赤发　笔簿
张　敏　囚褡　坐衣　打腰　苍满　手杻
解　子　长鬃帽　花帽　搭头　布箭袖　素鸾带
　　　　背包　绑索　鸭嘴棍
张　千　翻转罗帽　破麻丝海青　草鸾带　短苍满

《孙　诈》

孙　膑　散发鬏　绉纱打头　作衣　打腰　氅衣
　　　　塞子
朱　亥　将巾　蓝镶领箭衣　鸾带　黑三槌
庞　涓　相貂　紫青花玉带　挂剑　黑满胡
副　　　罗帽布箭衣　鸾带　黑落腮　羔煤　馒头
丑　　　帽兜　作衣　打腰　馒头
四小军　哨子帽　布海青　小披　挂单刀

《打　番》

小　军　小军盔　铠　开门刀
卢　生　帅盔　红蟒　玉带
番　儿　清朝扮

《盗　甲》

时　迁　小鬃帽　侉衣侉裤　跳包　斧　火纸　狗嘴
院　子　罗帽　缎海青
内　白
秀　英　梅香络袄　背心　汗巾　纸捻
汤　隆　罗帽　布箭衣　素鸾带　短胡　挂刀
白　胜　罗帽　布箭衣　鸾带　落腮　挂刀
老头子　毡帽　紫花布海青　草鸾带　白落腮

占《酒　楼》

卖油郎　鸭尾巾　元色褶　扇子

花　魁　　颜色袄　软披　扇子
何　大　　小鬃帽　麻系海青　草鸾带　一撮　手巾
六　儿　　长鬃帽　蓝布箭衣　草鸾带　四喜　琵琶

《茶　坊》

茶博士　　小鬃帽　作衣　打腰　氅衣　一撮
张　千　　罗帽　缎子海青　黑短胡
张　敏　　月白缎褶　黑满胡
范仲淹　　宝蓝褶　扇子　长方巾　黑满

《北　醉》

皂　隶　　皂隶帽　布箭衣　黑夹嘴
赵汝州　　晋巾　月白绫褶　书

《卖　饼》

潘金莲　　青衫　汗巾
武大郎　　小鬃帽　作衣　搭腰　水田衣
王　婆　　布老旦衣

《破　谋》

善　庆　　罗帽　打头　布箭衣　素鸾带　一字棍
　　　　　狐狸　背包
魏必简　　散发　囚褶　作[衣]　打腰　手杻　草鞋
相　士　　倒巾　元色褶　一撮　肩子

《做　亲》

老管营　　罗帽　缎海青　白三
灯　夫　　红毡帽　布海青　战　灯
吹　手　　照前
掌礼人　　老人头巾　金花一朵　布海青　披红　草鸾带
轿　夫　　红毡帽　号衣
孔景行　　短纬　金花圆领　角带　黑夹嘴

朱　母　　硬丫髻　包头　布老旦衣
臧　氏　　元色袄
旗牌官　　将巾　龙箭衣　鸾带　令箭　马鞭子

《绣　房》

钱玉莲　　月白袄　云肩　插凤
丑　　硬丫髻　蓝绌袄　汗巾　扇子　银包钗　荆钗

《拾　金》

滑　子　　毡帽　富贵衣　打腰　口袋　竹竿　狗嘴

《收　平》

平　头　　小鬃帽　富贵　打腰　一撮
赵汝州　　纱帽　圆领　金花带
院　子　　罗帽　缎海青

《仆　侦》

口　疬（癞痢）　帽兜　元色褶
它（驼）公　　毡帽　花帕　打头　紫花布海青　扎鸵子　白夹嘴　拄拐

《井　遇》

徐继祖　　晋巾　扎带　月白缎褶　宫绦　鞭子
奶　公　　罗巾　缎子海青　鸾　白三　背包
苏　母

《拾　画》

柳梦梅　　老生巾　元色褶　扇子
花　神　　花神衣帽

《三　错》

小　生　　纱帽　红圆领　金花带　内红褶　鞭子
丑　　圆领青素　大蒜头　一撮　鞭子　内富贵衣

打腰

生　　　纱帽　青素角带　黑三　内蓝缎褶

小　厮　　罗帽　元缎海青　小胡

老　旦　　细老旦衣　束花帕

小　旦　　红袄　书

二皂吏　　皂隶帽　布箭衣　皂隶带　小髯

二小军　　红毡帽　布海青　战裙　清道旗

小　旦

旦

付

《骂　曹》

鬼　卒　　布脸子　青布箭袖　虎皮卒褂

判　官　　判帽　飞鬓　蓝蟒　玉带

家　将　　大叶巾　厢领箭袖　鸾带　头陀发　作衣
搭腰　花帕

曹　操　　头陀发　髯　作衣　搭腰　相帽　紫蟒
玉带

歌　姬　　魂魄帕　衫子　背心　绦子

报事鬼　　布套头　布箭袖　卒褂

弥　衡　　武生巾　采莲袄　花红裤　出摆

《书　馆》

蔡伯喈　　纱帽　散发　宝蓝青花　内月白缎褶

院　子　　罗帽　缎海青　白三　茶盘

牛　氏　　月白缎袄

赵五娘　　元色袄

《读　书》

冯　仁　　毡帽　紫花布海青　打腰　白短胡

碧　莲　　蓝布衫　束腰冯　雄　包巾　安安衣　书包

付　　布老旦衣　花帕　打头　打腰　纸撚

《告　贷》

罗　氏　　月白袄　扇子
冯　雄　　照
冯　仁　　照　不打腰
莫　氏　　红袄　元色背心　汗巾　钱一百
碧　莲　　照

《扯　本》

柳芳春　　中方巾　元色褶
　净　　　毡帽　紫花布海青　草鸾带　白夹嘴　酒壶
　　　　　茶盘
赵文华　　公子巾　缎褶子　黑夹嘴
二家丁　　哨子帽　布海青　束腰

《监　放》

陆有奇　　长方巾　蓝缎裙　苍三
庆　娘　　月白云肩　捙风
柳芳春　　照
二家丁　　照
禁　子　　罗帽　布海青　灯　匙　牌
更　夫　　横带　红毡帽　号衣　狐狸领　号筒　响炮
　　　　　梆子　更锣　灯　苍飞鬓

《吟诗脱靴》

李　白　　纱帽　包青花　金花带　黑三
高力士　　照
唐明皇　　玉蟾冠　红褶　龙披风　黑三
永　新　　袄　宫妆　过桥
念　奴　　袄　宫妆　过桥
四太监　　照
杨贵妃　　半冠　成对披风

《讲　书》

皇甫吟　老生巾　元色褶子
付　公子巾　花褶

《落　园》

碧　桃　月白袄　云肩　挿风　扇
云　香　元色袄　月白背心　汗巾
二场上银色钗钏
韩时忠　老生巾　元色褶　大蒜头

《看　状》

徐继祖　纱帽　月白缎褶　场上罩月白青花　玉带
奶　公　罗帽　缎海青　鸾带　白三
门　子　照
二皂吏　照
四军牢　照
四剑子手　照
巡补官　矮纬　缎海青　小髯
知　府　纱帽　青素　角带　黑短胡　手本
苏　云　罗帽　褶子　打腰　苍三　状子

《当　巾》

郑元和　长方巾　穷衣　红鞋　网巾
店　家　小鬃帽　布海青　草鸾带　四喜
二院子　照　黑三　短胡
来　兴　罗帽　元色褶　内蓝白褶　钱一百
皂　吏　红毡帽　横带　号衣　苍飞鬓
妈　妈　丫髻　包头　茧绌老旦衣　茶盘
熊店主　罗帽　茧绌褶　苍短胡

《楼　会》

于叔夜　晋巾　月白褶子　扇

穆素徽　　元色袄　月白背心　绦子　打头
乜　氏　　细老旦衣　束腰　扇子
文　豹　　勒边　缎海青　鸾带　鞭子

《痴　诉》

诸葛暗　　升罗巾　富贵衣　束腰　苍落腮　课筒
　　　　　明杖
小　旦　　萧惜芬　翻转罗帽　女穷衣　打腰　带花
二小孩　　帽兜　作衣　打腰

《点　香》

诸葛暗　　照前
小　旦　　照前

《空　泊》

舟　子　　毡帽　草帽圈　作衣　打腰
老　旦　　老旦衣　束腰
穆素徽　　元色袄　月白背心　绦子　打头

《拾　巾》

张三郎　　凿子巾　颜色褶
阎婆惜　　色袄　背心　汗巾
阎　婆　　细老旦衣　汗巾

《前　诱》

阎婆惜　　月白袄　扇子
张文远　　照
宋　江　　长方巾　蓝褶子　黑三

《后　诱》

张文远　　照
王妈妈　　硬丫髻　包头　细袄　汗巾
阎婆惜　　袄　背心　汗巾
阎　婆　　照前

《跌　包》

郭　氏　　蓝布袄　束腰

周瑞龙　　包巾　安安衣　书包

《借　茶》

张文远　　照

阎婆惜　　元色袄　汗巾

《挑　帘》

潘金莲　　元色袄　汗巾　竹竿

西门庆　　乌尾子巾　色褶子　扇子

王　婆　　老旦衣　汗巾　扇子

《庵　会》

车　夫　　照

彩　雀　　罗帽　缎海青

翠　竹　　紬老旦衣　汗巾

夫　人　　红袄　披风　金雀

尼　姑　　妙常巾　仙姑衣　绦子　念珠　拂尘　金雀

《刺　汤》

雪　姬　　元色袄　打头　打腰　刀

汤　勤　　矮纬　红褶子　一撮

傧　相　　照　白小髯

安　童　　罗帽　缎海青　狗嘴　拿红圆领上

乐　人　　照

花　氏　　牡丹头　红袄　超板

《草　地》

花　婆　　布老旦衣　打头　打腰　背包

素　秋　　绉纱打头　元色袄　打腰　书

《逼　休》

玉天仙　　蓝布袄　绉纱束腰

朱买臣　　长方巾　打头　穷衣　打腰　书一本　苍三
　　　　　扁担　斧　绳

《阳　告》

鬼　卒　　照
判　官　　照
海　神　　堂帽　香色蟒　玉带　白三笏
敫桂英　　元色袄　花帕
皂吏鬼　　照　火牌　椤子　带　脸子　板子

《养　子》

李三娘　　打头　蓝布衫　打腰
李洪妻　　兜头袄　打腰　超板纸撚

《羞　父》

简人同　　纱帽　颜色　青花带
马瑶草　　凤冠　青花带
丑丫环　　梅香络　梅香衣　月华裙　汗巾
马　融　　长方巾　打头　蓝褶　打腰　手杻　苍夹嘴
　　　　　场上换老色披风
车　夫　　哨子帽　布海青　草鸾带

《付　孤》

宫　主　　元色袄　打头　打腰　抱喜神
宫　女　　元色袄　汗巾
一太监　　太监帽　出摆
程　婴　　矮方巾　细褶　黑三　背箱

《盗　孤》

四手下　　马夫巾　红箭袖　卒褂　月华旗
韩　厥　　红靠　二郎盔　黑夹嘴　挂剪
二手下　　红毡帽　布通袖　褡膊
张户候　　圆翅纱帽　青素　金花带　一撮

程　婴　　长方巾　青绸道袍　丝绦　小箱子　黑三

《女　祭》

李　旧　　院子衣　素鸾带　罗帽　黑三

老安人　　香色绸老旦衣

《送　杯》

莫　成　　院子衣　罗帽　鸾带　黑三须　玉杯
连匣

牛　信　　青素　罗帽　鸾带　飞鬓　扇子

汤　勤　　绉绸道袍　矮方巾　扇子　一撮须

《庆　成》

韩安国　　纱帽　红圆领　金花带　黑短胡

公孙融　　红蟒　玉带　相貂　白三须

窦　英　　红蟒　玉带　须　苍三　国公帽

铁勒奴　　红蟒　玉带　黑满胡　金貂

二中军　　中军帽褂　小胡须

四小军　　红箭袖　卒褂　马夫巾　开门刀

卫　青　　帅盔　红蟒　玉带

陈　午　　紫金冠　红蟒　玉带　夹嘴须

《指　路》

番　王　　国王衣　红兜篷　虾米盔　雉鸡翎　白满胡
鼻子

小　番　　回回衣　回回帽　鼻子　小红须

唐　僧　　红绸道袍　袈裟　素珠　丝绦　和尚帽

二沙弥　　香色绸道袍　丝绦　和尚帽

《别　姬》

虞　姬　　舞衣　翠翘

霸　王　　黑靠　黑帅盔　挂剑　黑满胡　肩旗

钟离昧　　小叶子巾　绿打仗甲　拿令旗　场上拿马鞭

子　短须　带　枪
韩　信　　红蟒　玉带　帅盔　令旗
卒　子　　马夫巾　红箭袖　卒褂　月华旗

《演　官》

桂员之　　宝蓝缎道袍　长方巾　黑胡
尤滑稽　　蓝绸道袍　凿子巾　场上放红圆领　金花带
　　　　　圆翅纱帽　狗嘴胡

《河　套》

夏　言　　香色青花　玉带　印绶　相貂　白满胡
　丑　　　圆翅纱帽　青素　金花带　小胡须
小　生　　月白青花　纱帽　上带　白三
　末　　　宝蓝青花　纱帽　上带　苍短胡
　副　　　圆翅纱帽　青素　金花带　拿手帖　小胡须
四手下　　布通袖　褡膀　红毡帽　拿开棍
严　嵩　　紫青花　玉带　印绶　相貂　苍满胡

《参　相》

四堂候　　青素　上带　头上花翅纱帽二顶　纱帽二顶
　　　　　须杂样
万俟卨　　紫青花　玉带　印绶　相貂　苍满胡
长　班　　红毡帽　布通袖　褡膀　拿帖子三分
王十朋　　红圆领　纱帽　上带
王士宏　　红圆领　纱帽　上带
周　璧　　红圆领　纱帽　上带

《赛　愿》

道　士　　花子衣　打腰裙　道袍　丝绦　小道冠
判　官　　蓝箭袖　卒褂　判帽　带髯　拿笔簿书
　　　　　带脸子
小　鬼　　布箭袖　卒褂　马夫巾　带脸子　红狗嘴鬍

马鸣王　　红圆领　上带　金貂　带白脸子　黑三髯
刘智远　　布通袖　鸾带　老生巾
李太公　　香色道袍　外巾　白满胡
院　子　　罗帽　院子衣　鸾带　黑短胡
李大婆　　香色老旦衣
三　娘　　月白素绸衫　云肩
梅　香　　蓝布衫　汗巾　梅香勒扣

《算　命》

小　旦　　元色绌衫　月白背心　丝绦
净　　蓝布剪衣　小凉帽　拿弦子　苍六腮
丑　　大红袖女衫　丑鞋　牡丹豆

《报　喜》

老　旦　　香色布老旦衣　花帕　汗巾
头　报　　鹰翎帽　布通袖　牢子带　小胡鬚
二　报　　拿报单
三　报　　拿报单
四　报　　拿报单
官　　圆翅纱帽　青素　上带
国　舅　　蓝布镶领道袍　通行叫　安安衣　豆腐干巾
带小筐

《刺　字》

张　氏　　月白缎衫
四　将　　打仗甲　打仗盔
岳　飞　　月白赤摆　纱帽
老夫人　　补子老色缎老旦衣　素珠　丝绦
中　军　　令箭　印　照角扮
院　子　　照院子扮

《劝　降》

花　云　　黑三　宝蓝道袍　长方巾

四军牢　　马夫巾　红箭袖　卒褂　带银包一个
捧袍人　　小叶子巾　蓝色镶领　箭袖　鸾带　拿蟒带
外　　金貂　红蟒　玉带　大吊搭
禁　子　　布通袖　鸾带　小鬃帽　小髯

《别　母》

周遇吉妻　　宝蓝缎衫
周遇吉母　　补子老旦衣　打头　白发　拄杖　丝绦
周遇吉子　　月白缎道袍　小生巾
家　将　　镶领宝蓝箭袖鸾带　小叶子巾　短胡　挂刀
周遇吉　　大红靠　红硬紧巾　挂剑　黑三
马　夫　　照角扮
纛　　寿字箭袖　卒褂　马夫巾　小胡须
土　地　　茧绸道袍　丝绦土地巾　拄杖　白六髭
脸子
金　童　　照角扮
玉　女　　照角扮

《乱　箭》

周遇吉　　照前
马　夫　　照前
纛　　照前
左金王　　打仗甲　荷叶盔　黑六髭　盔上白翎毛
射塔天　　打仗甲　八角冠　黑一字
四　卒　　水银盔　布通袖　布卒褂　手拿竹刀
盔上白翎毛
四将官　　照角扮
李自成　　黑靠　黑帅盔　土罩　周仓盔　黑满胡
拿枪
一支(只)虎　　黄靠　虎盔　赤发胡　手拿槊
弓箭手　　四卒赶

《云阳法场》

正　旦　宝蓝缎衫　打腰裙　外罩宝蓝蟒　玉带　凤冠
二院子　布通袖　紬卒褂　牢子帽　二开棍　荆杖　二皮鞭　小胡
四军牢　照角扮
卢　生　宝蓝缎道袍　打腰　外罩宝蓝蟒　玉带　相貂　黑三　换罗帽
一院子　院子衣　罗帽　短胡　一字
小　生　杂色紬道袍　一晋巾　一老生巾
贴　旦　照角扮
大尉校　龙箭袖　黄马褂　黄罗帽　大扎额　圣旨牌　苍短胡
四校尉　青缎箭袖　黄马褂　黄罗帽　小扎额　带链子　手杻　小胡子
大太监　红蟒　上带　大太监帽　素珠
二刽子手　小斩字额　大黑满胡　四喜须一分
裴光庭　大红圆领　纱帽　金花带　黑豆胡　骑马　圣旨牌
梅　香

《详　梦》

丑　舡家　作衣　打腰　毡帽　狗嘴须
末　客长茧紬道袍　丝绦　罗帽　黑三
生　黄孝子　作衣　打腰　背上有字黄布　布道巾　念珠　草鞋
外　姜半仙　香色缎道袍　福巾　白满胡　丝绦
净舡家　花子袄　打腰　帽兜　毡帽　苍短夹嘴

《劝　妆》

刘四妈　月白缎衫　扇子　汗巾

老鸨子　　绸老旦衣　青背褡　丝绦
花　魁　　青绸衫　丝绦　打头
妓　女　　蓝布衫　汗巾　牡丹头

《卖　花》

花　婆　　布老旦衣　花帕　系腰　竹篮一只
赵伯畴　　月白绸道袍　小生巾

《思　债》

院　君　　布老旦衣　念珠
张　千　　布通袖　旧罗帽　黑短胡

《罢　宴》

刘　婆　　绸老旦衣　花帕　系腰　拄杖
家　人　　院子衣　鸾带
四　卒　　红箭袖　卒褂　马夫巾　标枪旗
四　将　　硬紧巾　打仗甲　杂样须
二中军　　中军帽　中军褂
寇　准　　红蟒　玉带　纱帽　黑三
夫　人　　红紬衫　宝蓝披风
梅　香　　照梅香扮
院　子　　院子衣　罗帽　鸾带　短胡

《走　雪》

旦　　蓝布衫　打腰裙　打头　拿伞
老　旦　　布老旦衣　打腰裙　花帕　打头　拿伞
末　　布通袖　罗帽　鸾带　拿伞

《奸　遁》

鲜于佶　　圆翅纱帽　月白青花　金花带
长　班　　鹰翎帽　布通袖　牢子带　拿帖子
门　官　　圆翅纱帽　青素　金花带

《醉　二》

甲　长　　布通袖　布条带　破毡帽　苍六腮
阿　二　　蓝布箭衣　布条带　破毡帽　狗嘴须
严　嵩　　茧紬道袍　白满　长方巾

《南　醉》(醉皂)

皂　吏　　照皂隶扮　带帖子
赵汝州　　月白绸道袍　小生巾

《照　镜》

小乙官　　照院子扮
小　真　　照梅香扮　拿红花道袍　花小生巾
颜大官人　　花杂色道袍　蝉壳巾

《大　话》

末　　青缎箭袖　鸾带　小叶子巾
净　　布通袖　布卒褂　偻椤帽　小胡须
付　　布通袖　布卒褂　偻椤帽　小胡须
丑　　布箭袖　布卒褂　偻椤帽　狗嘴须
外　　布通袖　布卒褂　偻椤帽　小胡须

《上　山》

生　　布通袖　鸾带　罗帽　伞　包裹
丑　　前
末　　前
外　　前
净　　前
副　　前

《势利僧》

徐小娄　　茧紬道袍　丝绦　蓝布道士巾　白三须
和　尚　　宝蓝素道袍　和尚帽　丝绦
老和尚　　香色缎道袍　丝绦　和尚帽　白一字须

书包□场上拿

《遊　寺》

法　聪　　　细道袍　丝绦　念珠　和尚帽　扇子
张　生　　　月白细道袍　小生巾　扇子
莺　莺　　　素月白绸衫　云肩
红　娘　　　素绸衫　青绸背褡　汗巾

《北芦林》

姜　诗　　　青细道袍　大蒜头　老生巾　小黑三髯
庞　氏　　　打头　青细衫　打腰裙

《别　巾》

三院子　　　照院子扮　拿灯笼上
二　生　　　儒巾　蓝衫　大蒜头　各带扇子　黑三髯
　付　　　儒巾　蓝衫　大蒜头　扇子　施鞶夹嘴
头　报
三　报
二小军　　　带报人红毡帽　布通袖　褡膊　金瓜
红力旗　　　红圆领　金花纱帽　带
二　报　　　鹰翎帽　寿字箭袖　肚囊子　独龙轿

《回　营》

四　卒　　　红箭袖　黑卒褂　马夫巾　门枪旗
中　军　　　小叶巾　蟒箭袖　鸾带　挂剪　小胡须
　　　　　　大令旗
文　种　　　青圆领　上带　纱帽　银包一个　全帖一分
　　　　　　黑短胡
将　官　　　硬扎巾　打仗甲　各样胡须
伯　嚭　　　黑貂盔　黑蟒　玉带　黑夹嘴
秋　鸿　　　各样花衫子
春　燕　　　各样花衫子

《打　围》

四将官　　硬扎巾　靠　拿枪　各样胡须
四宫女　　宫衣　过桥
吴　王　　粉红蟒　玉带　金堂帽　苍满胡
伯　嚭　　照前扮
船　婆　　纱罩　采莲袄　打腰裙
四　卒　　箭袖　卒褂　马夫巾　门枪旗
伞　　寿字箭袖　马夫巾
四太监　　各色龙箭衣　鸾带　黄缎马褂　大太监帽
　　素珠

《冥　感》

张文远　　绿绸道袍　凿子巾　拿灯上
阎婆惜　　红衫子　黑背褡　汗巾
二院子　　净　白毡帽　白六腮胡须　布道袍
　　丑　扮家童院子衣　鸾带　罗帽

《嵩　寿》

赵文华　　红圆领　上带　小圆翅纱帽　黑夹嘴
牛　信　　罗帽　青素　鸾带　黑飞鬓
严　嵩　　紫青花　玉带　相貂　苍满胡
罗文龙　　罗帽　青素　鸾带
严世蕃　　红圆领　上带　小圆翅纱帽　黑短胡
差　官　　打仗甲　小叶子巾　苍飞鬓　挂刀　银包
二手下　　布通袖　布卒褂　鹰翎帽　拿小军盔　手本
　　礼单

《前　亲》

梅　氏　　红女圆领　上带　凤冠
戚有先　　红圆领　大蒜头　纱帽短翅
院　子　　照院子扮
梅　香　　照梅香扮

丑小姐　　红袄　花背褡　汗巾
傧　相　　照傧相扮

《评　话》

老　旦　　缎子老旦衣
张　维　　布通袖　布条带　小鬏帽　扇子　狗嘴
手　下　　红毡帽　布通袖　搭胯　红门旗
屠岸贾　　红蟒　玉带　紫金冠　雉鸡翎
院　子　　照院子扮

《劝　嫖》

付　　青绸道袍　小方巾　夹嘴　扇子
熊店主　　茧绸道袍　罗帽　鸾带　苍短胡
郑元和　　月白绸道袍　小生巾

《借　靴》

张　旦　　青绸道袍　凿子巾　狗嘴
刘二公　　杂色花道袍　小生巾　小黑三　眼镜
小　孩　　作衣　打腰裙　帽兜

《写　真》

杜丽娘　　红衫子　月白背褡　丝绦　打头
春　香　　绸衫子　花背褡　汗巾

《狐　思》

玉面狐　　红衫子　花披风　翠过桥
獾　婆　　绸老旦衣　扇子　汗巾

《叹　珠》

王九令　　纱帽　红圆领　上带
朱　快　　罗帽　布箭袖　鸾带　便六

《絮　阁》

杨贵妃　　舞衣　翠半冠　红兜篷

高力士　　大太监帽　大太监衣　素珠　上带　银帚
念　奴　　宫衣　翠桥　宫灯　兜扇
唐明皇　　红道袍　黄龙带　黑三
梅　妃　　红衫子　丝绦　打头
永　新　　宫衣　翠桥　宫灯一　兜扇一
太　监　　照小太监扮

《代　换》

马瑶草　　青细衫子
老　旦　　布老旦衣　花帕　系腰
乌飞霞　　蓝布衫　打腰裙　蓝布打头
二校尉　　黄罗帽　箭袖　黄马褂　挂刀　小胡须

《请　宴》

红　娘　　杂色衫子　背褡　汗巾　扇子
张　生　　细道袍　小生巾

《雪　塘》

丑　　青细道袍　小方巾　狗嘴
净　　红道袍　蛛蟟巾　黑飞鬓
院　子　　院子扮　小胡须
院　子　　照院子扮　小胡须
小　旦　　青细衫　月白花细衫
小　生　　青细道袍　汗巾　伞　鸭尾子巾

《单　刀》

鲁　肃　　蓝蟒　玉带　纱帽
关　公　　绿靠　绿蟒　玉带　苍三　关公帽　带
周　仓　　黑靠　周仓盔
手　下　　布通袖　褡膀　红毡帽
旗　牌　　龙箭袖　花鸾带　小叶子巾　小胡须

《改　书》

孙汝权　　月白细道袍　蛛蟟巾

承　局　　圆帽　黑短胡　院子衣　鸾带　背包

《门　楼》

倭　啰　　布通袖　倭啰帽

陀满兴福　　蓝缎赤摆　硬盔　雉鸡翎

大倭啰　　布通袖　卒褂　小胡须

小倭啰　　布通袖　卒褂　小胡须

《嫁　妹》

大　鬼　　红细裤　绿袄　卒褂　鸾带　鬼发　扎咯瓶
灯　梅花　琴　书担　伞

四小鬼　　照鬼扮

钟　馗　　红圆领　红裤　判帽　出发　飞鬓

四卒子　　红箭袖　卒褂　马夫巾　月华旗

杜　平　　帅盔　红蟒　玉带　各样胡须

万　安　　帅盔　红蟒　玉带　各样胡须

顾　永　　帅盔　红蟒　玉带　各样胡须

常　吉　　帅盔　红蟒　玉带　各样胡须

春　庆　　帅盔　红蟒　玉带　各样胡须

旦　　青细衫　换红圆领　上带　凤冠

梅　香　　照梅香扮

四鬼卒　　照前

推车鬼　　寿字箭袖　布脸子

《激　逵》

李　逵　　高鬏帽　刘唐衣　侉裤　拧头　黑飞鬓
青细道袍

一倭啰　　倭啰帽　青布箭袖　布卒褂

生　　黑貂　雉鸡翎　狐狸尾　蟒　带　三髯

小　生　　月白镶领　箭袖　武生巾　鸾带

《激　良》

岳　胜　　蓝出摆　硬盔　黑三

杨彦(延)昭　　月白蟒　上带　黑三　纱帽
四小军　　马夫巾　红箭袖　卒褂
孟　良　　红靠　硬扎巾　红飞鬓

《贾志诚》

贾志诚　　作衣　打腰　青细道袍　瞎子巾　狗嘴
　　扇子
丑　　布通袖　鬃帽　布条带
旦
小　旦　　杂色花衫子　扇子　丝绦
末　　青布通袖　毡帽　小胡须
付　　青布通袖　毡帽　小胡须

《遣　义》

安　人　　布老旦衣　银包一个
朱　义　　花子衣　打腰　毡帽　狗嘴

《杀　刘》

朱　义　　照前
刘廷珍　　罗帽　作衣　腰

《遣青杀德》

张　敏　　月白缎道袍　蛛蟟巾　黑满胡　扇子
宋　青　　花子衣　打腰　毡帽　狗嘴
张　千　　罗帽　院子衣　鸾带　短胡
黄　德　　保正布通袖　布绦带　硬老人巾　苍夹嘴

《招　商》

丑　　打腰　蓝衣田　小鬃帽　狗嘴　花布手巾
蒋世龙　　青细道袍　丝绦　老生巾　背包
瑞　兰　　打头　青细衫子
末　　茧细道袍　鸾带　毡帽
付　　布老旦衣　花帕　系腰

《探监拔眉》

禁　子　　罗帽　布箭袖　鸾带　黑四喜
严　氏　　布老旦衣　打腰　锁链
玉　容　　蓝布衫　打腰　锁链
朱　义　　照前扮
廷　珍　　照前扮

《测　字》

末　　茧绸道袍　鸾带　罗帽　苍三　念珠
门　子　　院子衣　豆腐巾　拿背包
外　　蓝缎道袍　长方巾　丝绦　黑满胡　扇子
丑　　蓝布箭衣　布绦带　破罗帽　草鞋　狗嘴

《跪　门》

四　卒　　红箭袖　卒马褂　马夫巾　红标枪旗
中　军　　小叶子巾　红龙箭袖　黑夹嘴
外　　红蟒　玉带　纱帽　黑满胡
正　旦　　红袄　蓝披风
丫　环　　梅香衣　梅香搭

《劝　农》

四下手　　红毡帽　布通袖　搭胯
四军牢
杜　保(宝)　纱帽　红圆领　上带
门　子　　青细道袍　豆腐干巾
书　吏　　青圆领　鸾带　吏典帽
四父老　　毡帽　道袍　鸾带
二快手　　红毡帽　青布箭袖　搭胯　清道旗
四农夫　　布道袍　搭腰　毡帽　草帽圈
四牧童　　脑包　草帽圈　喜鹊衣　小田衣　搭腰
八采桑　　花布衫裙
采茶父女　　衫

伞　　布通袖　红毡帽

《前　折》

老安人　　布老衣

钱玉莲　　青紬衫子

承　局　　青素　鸾带　圆帽　短胡　带书

外　　外巾　古铜缎道袍　丝绦　苍满胡

丑婆子　　紬老旦衣　青紬背褡　丝绦

《狱别监绑》

狱　官　　圆翅纱帽　青素　金花带　黑夹嘴

禁　子　　布通袖　罗帽　鸾带　黑便六

魏从道　　作衣　打腰　苍满胡

解　子　　布箭袖　罗帽　鸾带　背包　黑一字

魏必简　　作衣　打腰　头发

二刽子手　　照刽子手扮　小胡须

《打　子》

宗　禄　　罗帽　院子衣　鸾带　黑三

郑　儋　　宝蓝圆领　金花带　纱帽　苍满胡

阿　大　　布通袖　布条带　毡帽　小胡须

郑元和　　穷衣　打腰　长方巾　打头

《收　留》

郑元和　　照前扮

阿　二　　花子衣　打腰　草绳圈　黑一字　挂袋　草鞋　竹竿

《寄　信》

张别古　　紫花布道袍　布条带　白毡帽　白飞鬓　小箱子

四手下　　红毡帽　布通袖　搭膊　清道旗

朱买臣　　纱帽　红圆领　金花带　苍三

刘二公　　青䌷道袍　矮方巾　白短胡
玉天仙　　蓝布衫　汗巾　带花
张　千　　罗帽　院子衣　鸾带　带银包

《北　渡》

肖　生　　老生巾　青䌷道袍　绦
达　摩　　达摩衣　斗蓬　鼻子　和尚帽　金箍
四金刚　　金绵铠　蟒　箭袖　马夫巾　大额子　脸子
　　　　　伞　蛇　剑　琵琶　珠
二斗杀鬼　　寿字箭袖　布鬼脸　枪
二风鬼　　黑蟒　箭袖　布鬼脸　旗
观　音　　观音兜　月白蟒　袈裟
善　才　　花袄　红彩裤　树叶云肩　线发
龙　女　　红衫　云肩　过梁　额子

《追　舟》

李玉郎　　月白道袍　丝绦　晋巾
四妓女　　杂色花衫　汗巾
船　家　　布通袖　毡帽
驴　夫　　喜鹊衣　打腰　草帽
店　家　　买糖哥

《见　娘》

王十朋　　月白青花　金花带　纱帽
老安人　　布老旦衣　打腰
李　舅　　罗帽　院子衣　鸾带　背包　黑三
家　人　　罗帽　院子衣　鸾带　小胡须

《起　布》

四军卒　　红箭袖　白卒褂　马夫巾　白门枪旗
吕　布　　白靠　紫金冠　雉鸡翎
丁建阳　　红蟒　玉带　褂　箭　金貂　苍满胡

四军卒　　硬扎巾　打仗甲　红门枪旗

《折　梅》

赵　旭　　青绸道袍　老生巾

丑　　罗帽　院子衣　鸾带

荷　珠　　照梅香扮

小　姐　　绸衫子披风

赵　旺　　罗帽　院子衣　鸾带　苍短胡

《园　会》

荷　珠　　照前　拿披风上

丑　　照前

赵　旭　　照前

《扇　坟》

庄　周　　月白缎道袍　花老生巾　黑三　丝绦　银帚

化　身　　青绸衫　打头　团扇一把

鬼　　套头　布通袖　卒褂

《毁　扇》

田　氏　　月白绸衫

庄　周　　照前

龙　女　　照角扮

《脱　壳》

庄　周　　内照前　外罩青圆领　打腰　带秀才巾

打头　花老生巾放桌下

田　氏　　照前

《奠　师》

蝴　蝶　　二只

净　　紫花布道袍　鸾带　白毡帽　挿蝴蝶

白夹嘴

丑　　院子衣　鸾带　罗帽　挿蝴蝶

庄　周	照前《扇坟》扮
王孙公子	月白圆领　紫金冠　金花带
田　氏	青细衫　打头　手拿白帕

《说　亲》

小　旦	照前　手拿红帕
净	照前

《回　话》

小　生	银红花道袍　紫金冠　手拿书
净	照前
小　旦	照前　内衬红袄
丑	照前

《重　婚》

四吹手	照吹手扮
喜　娘	照扮
净	照前
丑	照前
王孙公子	红圆领　紫金冠　金花带
田　氏	红圆领　金花带　小凤冠

《劈　棺》

庄　周	照前
田　氏	打头　红袄　打腰　手拿斧
末	茧细道袍　丝绦　布道巾　黑三
王孙公子	照前
二蝴蝶	照《奠师》跳蝴蝶扮

《拷婢养子》

灶　君	红蟒　红发　紫金冠
土　地	土地衣　老儿巾　脸　拐
石敢当	小军盔　打仗甲

曹氏祖先
二丑梅香　照角扮
正　旦　蓝布衫　大肚皮
梅　香　照角扮　拿团扇
　旦
老　旦　香色缎老旦衣　手拿念珠
二　童　照角扮　道袍　线发
张　仙　出摆　张仙巾　黑三　鸾带　抱孩子

《别　任》

王十朋　纱帽　红圆领　上带
王士宏　纱帽　红圆领　上带
院　子　罗帽　院子衣　小胡须　鸾带
院　子　罗帽　院子衣　小胡须　鸾带
丞　差　罗帽　院子衣　小胡须　鸾带
小　军　红毡帽　布通袖　褡膊
　伞　布通袖　红毡帽
皂　吏　照皂隶扮

《玩　笺》

于叔夜　月白䌷道袍　小生巾

《出　猎》

四小军　布通袖　鹰翎帽　布卒褂　拿弓箭枪
咬脐郎　粉红龙箭袖　月白花绣排须　紫金冠
　雉鸡翎　挂剑
李三娘　蓝布衫　打腰　打头　挑水桶上
李洪一　花道袍　带不论

《回　猎》

刘智远　宝蓝赤摆　纱帽　黑三
二手下　照前

咬脐郎　　照前
岳小姐　　红细衫子披风

《露　杯》

二报人　　布通袖　鹰翎帽　牢子带　拿报单　小胡须
莫　成　　罗帽　院子衣　鸾带　黑三
莫怀古　　宝蓝缎道袍　长方巾　黑三
汤　勤　　绿细道袍　红圆领　上带　一撮　文书包
丑　　布箭袖　布条带　罗帽　伞　小胡须
雪　娘　　月白袖子　拿玉杯上

《醒　妓》

道　济　　和尚帽　僧衣　丝绦
月　英　　细衫子　花背褡　汗巾
兰　英　　细衫子　花背褡　汗巾
净　　毡帽　布通袖　布条带
末　　月白缎道袍　丝绦　长方巾　黑三
院　子　　照院子扮

《疑　谶》

酒　保　　蓝布箭袖　油裙　毡帽　狗嘴
郭子仪　　镶领箭袖　鸾带　武生巾　黑三　挂剑
中　军　　红毡帽　布通袖　搭膊　拿金银彩缎
官　员　　红圆领　上带
安禄山　　红蟒　玉带　金貂　插金花　黑满胡
执　事　　布箭袖　牢子带　牢子帽
家　人
院　子　　照院子扮　拿报书上

《当　酒》

道　济　　僧衣　和尚帽
酒　保　　照酒保扮

老　旦　　布老旦衣

《打　虎》

武　松　　罗帽　青缎箭袖　鸾带　棍
酒　保　　照酒保扮
虎　　　　衣
猎　户　　布通袖　布卒褂　鹰翎帽　小枪　小胡须

《侠　试》

胥　表　　宝蓝缎箭袖　鸾带　小叶子巾　黑三　挂剑
穆素徽　　青䌷衫子　丝绦　打头
末　　　　马夫　罗帽　院子衣　鸾带　小胡须
丑　　　　毡帽　紫花布道袍　布条带　白小须

《遇　虎》

假老虎　　布通袖　黑喜须　毡帽　打头　鸾带
背老虎
黄向坚　　内作衣　打腰　外青䌷道袍　背包　老生巾　打头
老和尚　　香色缎道袍　丝绦　和尚帽　白一字　念珠
道　人　　布道巾　紫花布道袍　丝绦　白六腮

《问　路》

富　奴　　罗帽　院子衣　鸾带　黑短须
天　聋　　䌷道袍　线发　丝绦
地　亚(哑)　䌷道袍　线发　丝绦

《访　圣》

伍子胥　　蓝缎道袍　鸾带　白三　长方巾
公孙圣　　青道袍　蓑衣　毡帽　草帽圈　黑三　钩竿

《走　雪》

任西华　　老生巾　夏布道袍

二家人　　院子衣　罗帽　小胡须
皂　吏　　照扮　苍六腮　带醉意
四小军　　照扮
院　子　　照扮　手拿蓝花披风一件
刘孝标　　道袍　外罩老色披风　苍满　纱帽
车　夫　　照扮

《监　会》

女禁子　　蓝布衫
苏戍娟　　蓝布衫　打腰　打头
候三姑　　青细衫　打腰　打头
刽子手　　照刽子手扮

《认　子》

殷　氏　　青细衫　丝绦　打头
玄　奘　　青道袍　丝绦　和尚帽　钵盂　缨帚

《探　监》

禁　子　　罗帽　布箭衣　鸾带
蔡　母　　布老旦衣　打腰　打头　竹篮
窦　娥　　蓝布衫　打腰　打头　贾(假)发外穿穷衫子
　　　　　打腰　枷锁

《法　场》

二刽子手　照刽子手扮
二手下
监斩官　　小圆翅纱帽　红圆领　上带　一撮
窦　娥　　照前
蔡　母　　照前
二雪神　　布通袖　布脸子
差　官　　宝蓝箭袖鸾带　小叶子巾　令箭　小胡须

《阴　告》

二皂吏鬼　布通袖　布卒褂　布脸子

大　鬼　　布通袖　红卒褂　马夫巾　鬼脸子　红小须
判　官　　茧绌卒褂　判帽　脸子　胡须
海　神　　金貂　红蟒　上带　黑
徼(敫)桂英　　青绌衫子　魂帕

《吵　闹》

赵五娘　　蓝布衫　打腰　打头
蔡从简　　细穷道袍　打腰　白毡帽　白短胡
秦　氏　　细穷衫子　打腰　打头

(鸣)《法　场》

四小军　　红箭袖　卒褂　马夫巾　红门枪旗
二刽子手　　照刽子扮
二中军　　照中军扮
陆　炳　　帅盔　红蟒　上带　黑满胡
杨继盛　　宝蓝缎道袍　打腰　罗帽　黑三
王　遴　　纱帽　青圆领　上带　胡须
吴国伦　　纱帽　青圆领　上带　胡须
张　氏　　宝蓝缎衫　打头　打腰　本章　刺刀　竹篮　酒杯
内　监　　蓝色龙箭袖　大太监帽　鸾带　素珠

《投　渊》

四　帅　　各色靠　各样硬盔　各样胡须
灵　官　　照灵官扮
雷　公　　照雷公扮
雷　母　　照雷母扮
张大帝　　黑色龙箭袖　脸子　竖发　扎额　七星旗
邓天君　　紫金冠　红箭袖　花鸾带　捧剑
真　武　　平天冠　黑蟒　玉带　黑满胡
郭　氏　　蓝布衫　打腰　打头
仪从

《廊　会》

牛　氏　　红衫子　月白花披风
赵五娘　　青细衫子　夏布道衣　丝絛　银帚　背包
　　　　　道姑巾
院　子　　罗帽　院子衣　鸾带　苍短胡
梅　香　　梅香衣　梅香搭　汗巾

《卖　子》

王　章　　茧细道袍　鸾带　长方巾　打头　白满胡
王　安　　罗帽　布箭衣　鸾带　夹嘴
郭　氏　　蓝布衫　打腰　打头

《击　犬》

昆　仑　　青缎箭衣　罗帽　鸾带　黑满胡
四更夫　　布通袖　鹰翎帽
　犬　　　衣子

《秦　本》

秦　桧　　相貂　红圆领　上带　苍满胡
岳　飞　　金貂　红蟒　上带　拿银锤
王　氏　　月白细衫

《遣　鉏》

四手下　　布通袖　红毡帽　搭膊　红门旗
屠岸贾　　大红蟒　紫金冠　玉带　黑满胡　雉尾翎
鉏　霓　　布通袖　鸾带　哈拉帐　黑短胡

《跌　霸》

吕马通　　布通袖　毡帽　草帽圈　打腰　苍短胡
项　羽　　黑靠　黑帅盔　黑满胡　挂剑
钟离昧　　打仗甲　小叶子巾　黑短胡
闵子奇　　照樵夫扮　苍夹嘴
小　军　　红箭袖　卒褂　马夫巾　拿刀

韩　信　　帅盔　上带　红蟒

《看　坊》

大　娘　　青绌衫

二　娘　　青绌衫

差　人　　布通袖　罗帽　鸾带　黑六腮

张近桥　　紫花布道袍　鹰猎帽

冯　仁　　青素　罗帽　白短胡　鸾带

《监　换》

莫　成　　罗帽　院子衣　鸾带　黑三

小　生　　红箭袖　小叶子巾　鸾带

戚继光　　宝蓝赤摆　纱帽　黑满胡

莫怀古　　青绌道袍　长方巾　黑三　锁链　手靠(拷)

雪　姬　　青绌衫　打腰　打头

《代　戮》

刽子手　　照角扮

四小军　　红箭袖　卒褂　马夫巾　红门枪旗

二中军　　照角扮

戚继光　　红蟒　帅盔　黑满胡

四校尉　　照角扮

差　官　　黑打仗甲　黑帅盔　黑夹嘴　挂剑

莫　成　　内黄布背心　打腰　外青绌道袍　打腰　长方巾

黑三

雪　姬　　青绌衫　打腰

《侦　报》

四手下　　马夫巾　红箭袖　卒褂

中　军　　照角扮

郭子仪　　帅盔　红蟒上带　黑三

报　子　　照报子扮

《渔　钱》

赵　图　　布通袖　布绦带　小鬃帽
万家春　　青䌷道袍　丝绦　荷叶巾
乌飞霞　　蓝布衫　打腰　蓝布打头

《误　伤》

蔡　母　　布老旦衣　打腰
窦　娥　　青䌷衫
张　妪　　䌷穷衫子　打腰
张驴儿　　布通袖　布绦带　旧罗帽　狗嘴

《扣　当》

刘　二　　矮方巾　道袍
裴　旺　　罗帽　道袍

《探　山》

更　夫　　布通袖　鹰翎帽　勇字布卒褂
丑　　青缎箭袖　鸾带　鹰翎帽　小胡须
家　将　　靠　硬盔　拿枪
孙传庭　　龙箭袖　金貂　兜篷一分　苍满胡
二院子　　小叶子巾　箭袖　鸾带　小胡须

《训　女》

牛丞相　　香色蟒　上带　相貂　苍满胡
净　　䌷老旦衣
丑　　梅香衣
牛小姐　　红衫子　披风　云扇
二院子　　罗帽　院子衣
四　卒　　布通袖　红毡帽　搭膊

《上　路》

外　　行衣　拂巾　白髯　拐杖

付　　女行衣裙
末　　院子衣　鸾带　背包　黑三

《祭　姬》

四　卒　　牢子帽　布箭袖　红布带　羊木棍　背桶
马鞭子
二旗牌　　缎箭袖　鸾带　荷叶巾
礼　生　　老人巾　镶袖　圆领　蒜头
戚继光　　纱帽　宝蓝蟒　苍髯

《拜　别》

周　羽　　茧䌷道袍　丝绦　高方巾　九头苍髯　背包
台乡集
外　　香色䌷道袍　丝绦　飘飘巾　拐杖　银包
白髯

《刺　血》

周瑞龙　　青䌷道袍　丝绦　老生巾　扎带　背包
捧盘
外　　照前　内笔砚　香炉　木鱼　书一本

《批　斩》

手　下　　鹰翎帽　布箭袖　卒褂　灯笼
家　丁　　箭袖　小叶巾　鸾带
刽子手　　灯笼　绑绳
况　钟　　红圆领　纱帽　黑髯
熊友兰　　囚衣　打腰　扎头　手杻
熊友蕙　　照前
侯三姑　　青䌷衫子　打腰　手杻　扎包头
苏戎娟　　青布衫子　打腰　手杻　扎头

《见　都》

一家丁　　布箭袖　布卒褂　鹰翎帽　灯笼

夜巡官　　　纱帽　青素带　一字髯
况　钟　　　青素带　纱帽　黑满髯　马鞭子
二更夫　　　鹰翎帽　布箭袖　卒褂　梆子　金锣
四军牢　　　布箭袖　牢子帽
二旗牌　　　大叶巾　箭袖　牌岁
周　忱　　　纱帽　青花圆领　白三带

《踏　勘》

地　方　　　小鬃帽　布通袖
冯玉吾　　　毡帽　布道袍　白大吊搭
皂　吏　　　按角扮
二小军　　　红毡帽　搭膀　布箭袖　青道旗
况　钟　　　纱帽　红圆领　黑满胡　带
门　子　　　照角扮

《释　放》

付　　　　　青布箭袖　鸾带　小鬃帽　一撮
皂　吏　　　按皂隶扮
小　军　　　布箭袖　搭膀　红毡帽
书　吏　　　按角扮
况　钟　　　红圆领　纱帽　黑满胡　带
熊友蕙　　　喜鹊衣　打腰　手杻　扎头
侯三姑　　　青细衫　打腰　手杻　扎头
熊友兰　　　喜鹊衣　打腰　扎头　手杻
苏戎娟　　　青布衫　打腰　手杻　扎头
冯玉吾　　　白毡帽　紫花布道袍　白大吊搭
娄阿鼠　　　喜鹊衣　打腰　小鬃帽　枷一面

《前　审》

四小军　　　红毡帽　布箭袖　搭膀　板子一分
胡世宁　　　纱帽　青花带　满髯
王馒首　　　按皂隶扮

舒德溥　　青衫　高方巾　三髯
末　　按院子扮　短胡

《堂　配》

卒　子　　红毡帽　布箭袖　搭胯　马鞭子
书　吏　　按角扮　印　金花二支
高云天　　红圆领　纱帽　黑满　金花带
蔡文英　　硬壳巾　秀才穿的蓝衫　苏头绦
姜　纳　　院子衣
小　姐　　青细衫
梅　香　　按角扮
傧　相　　按角扮
轿　夫　　红毡帽　布箭袖　手拿花轿

《花　报》

四小番　　盔衬　布箭袖　卒褂
寨　主　　狮子盔　狐狸尾　雉尾　打仗甲
花郎报子　　扎巾　采莲袄　扎卒褂

《吊　打》

二手下　　红毡帽　战裙
杜　保(宝)　红蟒　相帽　苍满胡
柳梦梅　　青细道袍　老生巾　枷杻
一解子　　鹰翎帽　青布箭袖
二报子　　鹰翎帽　持红圆领　纱帽　金花带　马鞭子
苗舜宾　　纱帽　红圆领　带　黑短胡　持马鞭子

《佛　会》

观　主　　老旦衣　丝绦　拂尘　裙　头上夹秋
院　子　　衣或布道姑衣　白髯　手持盘　内花幡一对
　　银包一
小　姐　　花衫子或软披风　裙　软凤

梅　香　　衫子　背心
四院子　　院子衣
王公子　　硬矮纱帽　飘带　换蛀蟟巾　内衬花道袍三件
　　　　　外罩浅色圆领　蒜头　扇子　马鞭子

《请　医》

蒋世隆　　青䌷道袍　白䌷裙　打腰　老生巾　扎头
瑞　兰　　青䌷衫子
翁医生　　颜色䌷道袍　丝绦　矮方巾　苍落腮　箱子
店　家　　朱色布道袍　鸾带　毡帽　白满胡

《扶　头》

乐道得　　青䌷道袍　升罗巾　扇子　黑吊搭
老　旦　　䌷老旦衣　汗巾　系腰裙
小　旦　　绫子衫　花背心　汗巾　系腰裙
郑元和　　红䌷道袍　晋巾
李亚仙　　红䌷衫子　裙

《边　信》

莫怀石　　宝蓝箭衣　补褂　鸾带　叶子巾　挂剑苍髯
货　郎　　布箭袖　外罩刘唐衣　内系腰　罗帽　扎头
　　　　　狗嘴胡　摇鼓一面　背箱一只　内放扇子一三尖一　卒褂一

《扫　秦》

住　持　　和尚衣
四小军　　布道袍　红战裙　红毡帽
秦　桧　　相帽　红圆领　苍满胡
疯　僧　　披发　作衣　打腰　氅衣　条帚　火筒

《罗　梦》

院　子　　衣

外　　缎道袍　丝绦　福巾　白髯

付　　作衣　短裙　毡帽　四喜髯　撑眼捧　蓝布外套　修脚串

刘　伶　　青䌷道袍　升罗巾　落腮　扇子　白脸子

西　施　　花衫子　裙　扇子　西施脸子

赛时迁　　作衣　打腰　小鬏帽　贼脸子　狗嘴　斧子

小霸王　　布道袍　肚囊子　扑刀　毡帽　扎头　牢子带　扎鼻　黑吊搭

《节　怨》

老　旦　　布老旦衣　打腰　打头

末　　院子衣　罗帽

外　　院子衣　罗帽

小　生　　院子衣　罗帽　女妆彩人一个

付　　院子衣　罗帽

净　　皂隶常形

《走　雨》

老　旦　　缎老旦衣　打腰　花帕　扎头　伞

旦　　青䌷衫子　打腰　青绉纱　扎头　背包

《女　舟》

丑梅香　　梅香衣　背心　汗巾

夫　人　　蓝女圆领　凤冠　带

付梅香　　照前

老　旦　　香色女圆领　凤冠　带

小　旦　　月白缎女衫

老　生　　蓝缎道袍　纱帽　苍三

小　生　　月白缎道袍　纱帽

廿五年吉日新立

节令

开场

弋腔

目连

大戏

《穿戴题纲》

元旦《喜朝五位》

五男喜神　　金貂　扎红　五色蟒带　喜字旗

五女喜神　　凤冠　五色蟒带　喜字旗

八方神　　马夫巾　额子　蟒　箭袖　门神铠旗

执旗使者　　马夫巾　额子　蟒　箭袖　门神铠旗

十和合　　线发金箍

《岁发四时》

太　岁　　线发　红出摆换八角冠

扎红　红蟒带

二　童　　线发　红道袍　绦子

开锣人　　红毡帽　布箭袖　褡膊

捎牌人　　红毡帽　布箭袖　褡膊

四执事　　大叶巾　蟒　箭袖　排穗

执日将　　功曹帽　蟒　箭袖　门神铠

勅印官　　小叶巾　箭袖　排穗

文武执事　　大叶巾　蟒　箭袖　排穗

春　官　　纱帽　扎红　线圆领　金带

夏　官　　纱帽　扎红　红圆领　金带

秋　官　　纱帽　扎红　月白圆领　金带

冬　官　　纱帽　扎红　青圆领　金带

《椒柏屠苏》

二青童

四真人
四玉女
上元夫人
四寿仙

《放生古俗》

神　荼
郁　垒
四寿仙
牧　童
二青童
四真人
四玉女
上元夫人

《五位迎年》

云韶部正使
云韶部副使
二从人
八　男
八　女

《上龛献岁》

二大太监
二小太监
云韶部正使
云韶部副使
中央老人
东方老人
西方老人
南方老人
北方老人

众舞童
众舞女

《文氏家庆》

文　彭
文　嘉
院　子
四　孙
四增(曾)孙
文徵明
文震孟
七门生

《喜溢寰中》

金藏神
银藏神
二货泉神
四招财童
四利市仙
八欢喜儿
八和合
八仪从
财　神
喜　神

立春《早春朝贺》

张九龄
四院子
小花郎
梅　香

《对雪题诗》

夫　人

梅　香
张九龄
院　子
小花郎
四梅香

上元《悬灯预庆》

四书童
四祗从
欧阳修
一太监

《捧爵娱亲》

老夫人
四侍女
欧阳修
院　子
夫　人
童　儿

《东皇布令》

四仙童　线发　红道袍　绦子
东皇帝君　冕旒　黄八团带

《敛福锡民》

王子登　过翘　仙姑巾　红蟒　绦子
吕　岩　纯阳巾　红蟒　绦子
四仙童　线发　红道　绦子
西池王母　凤冠　黄八团带　仙姑巾
四仙童　前
东皇帝君　前
雷　公　发额子　红蟒带

电　母	凤冠　红蟒带　黑色头
风　伯	马夫巾　额子　红蟒带
雨　师	马夫巾　额子　红蟒带
雪　女	魔女发　宫衣
霜　女	魔女发　宫衣
云　女	魔女发　宫衣
露　女	魔女发　宫衣
高禖夫人	凤冠　红蟒带
卫生夫人	凤冠　红蟒带
保婴夫人	凤冠　红蟒带
广嗣夫人	凤冠　红蟒带
语忘神	貂　扎红　红蟒带
敬遗神	貂　扎红　红蟒带
司　弓	线发　红寿字氅　绦子
司　矢	线发　红寿字氅　绦子

《紫姑占福》

仪　从
二真人
紫　姑
苇　姑
七　姑
箕　姑
帚　姑
针　姑
竹　姑
赵二嫂
钱大娘
孙姑娘
李大妈

众小儿
紫姑神
小　儿
马　灯

燕九《圣母巡行》

四女仙　　魔女发　宫衣
北阴圣母　　凤冠　仙姑巾　黄蟒带
四仪从　　大叶巾　蟒　箭袖　排穗
四星官　　小朝冠　红蟒带
二仙童　　线发　红道袍　绦子
吕纯阳　　巾　八仙衣　背剑

《群仙赴会》

韩湘子　　巾　八仙衣
蓝采和　　照前
李孔目　　陀头发　金箍　八仙衣
张果老　　照前
何仙姑　　过翘　仙姑巾　舞衣
曹国舅　　照前
钟离权　　磕脑、八仙衣
四仪从　　前
四仙官　　前
二仙童　　前
吕纯阳　　前
四女仙　　前
北阴圣母　　前

花朝《千春燕喜》

四仪从　　大叶巾　蟒　箭袖　排穗　神旗
八仙童　　发线　红细道袍　绦子
牡丹花王

海棠花妃

《百花献寿》

十二女催花使者

十二男催花使者

四仪从

牡丹花王

海棠花妃

寒食《追叙绵山》

老　儒

老　妇

邻　女

邻　妇

《高怀沂水》

二　童

老　儒

卖糖人

卖青螺人

二仆人

众男女扫墓人

二仆人

八少年子弟

浴佛《六祖讲经》

四仪从　　大叶巾　蟒　箭袖　排穗

四仙女　　魔女发　宫衣

张　仙　　武生巾　出摆　鸾带

送圣郎君　　金头　蟒　箭袖　车褂

九子圣母　　凤冠　黄蟒带　仙姑巾

六　祖　　和尚帽　五佛冠　红蟒　袈裟

《长沙求子》

八僧人　　和尚帽　僧衣　绦子
官　员　　纱帽　红圆领　金冠带
士　人　　各色巾　缎道袍
商　人　　毡帽　细道袍
农　人　　毡帽　布道袍
旦妇人　　细衫
丑妇人　　牡丹头　蓝布衫　汗巾
小旦妇人　　衫子　背心　绔子
四仪从　　前
四仙女　　前
张　仙　　前
九子圣母　　前
送圣郎君　　前

《佛化金身》

老　僧　　和尚帽　僧衣　绦子
一沙弥　　和尚帽　僧衣　绦子
头　陀　　陀头帽　衲衣　褡腰
冶　人　　毡帽　布道袍

《光开宝座》

八侍者　　和尚帽　僧衣　绦子　手幡
沙　弥　　前
老　僧　　和尚帽　僧衣
四抬佛人　　毡帽　布通袖
一小佛
进香人　　杂扮
一差官　　小叶巾　箭袖
四将校　　马夫巾　蟒　箭袖　龙虎旗
中　军　　帽褂

郄恢之　　纱帽　红蟒带

端阳《灵符济世》

道　士　　缎道巾　蓝宁绌道袍
　　　　　绦子　背剑　口袋　符笔
男女乡民　　巾　毡帽　绌布道袍　女衫
丑道士　　布道巾　土布道袍
　　　　　盘 符笔

《采药降魔》

二鬼卒　　布脸　布箭袖　虎皮卒褂
道　士　　前
五　毒　　发　额子　雉尾　狐尾
金甲神　　扎巾　额子　靠

《祛邪应节》

四道童
张道陵
八云使
五妖女
医　生
徒　弟
老道士
一道童
菖蒲使者　　扎巾　额子　靠
艾叶仙翁　　扎巾　额子　靠
雄黄山神　　扎巾　额子　靠
朱沙大将　　扎巾　额子　靠
灵符星官　　扎巾　额子　靠
五妖形
五雷公
五电母

赏荷《玉井标名》

八仙女
玉井莲仙
八仙子
瑶池仙使
四仙女

《御筵献瑞》

八仙女
玉井莲仙
八仙子
瑶池仙使
十二月□神

中元《佛旨渡魔》

八沙弥　　和尚帽　金箍　僧衣　绦子　手幡
大目犍连　　和尚帽　五佛冠　香色蟒　袈裟
八小鬼　　布脸　箭袖　虎皮卒褂
判　官　　帽　蟒箭　褂　卒褂
金　童　　紫金冠　红道袍氅　手幡
十阎君　　冕旒　红蟒带

《魔王答佛》

调　达　　陀头发　鬼衣　小扎扮
八沙弥　　前
大目犍连　　前

中秋《丹桂飘香》

八花神　　帽　出摆
四仙女　　魔女发　宫[衣]
嫦　娥　　凤冠　银红蟒带　仙姑巾

《霓裳献舞》

八男仙　　玉蝉巾　红蟒　绦子

四仙女　　　前
嫦　娥　　　前
八花神　　　前
八舞云童　　云衣　云帽
八舞镜仙女　魔女发　宫衣
六桂花童子

颁朔《花甲开天》

八仪从　　　大叶巾　蟒　箭袖　排穗
三灵台星　　闹龙扑头　扎红　红蟒带
天寿星　　　套头　红蟒带　黄色
天福星　　　帽　红蟒带
天禄星　　　帽　红蟒带
天喜星　　　貂红蟒带　扎红
天贵星　　　貂红蟒带　扎红
五　星　　　耳不闻　红蟒带

《鸿禧日永》

四星官　　　小朝冠　红蟒带　黄色
四宫官　　　宫官帽　红蟒　绦子
执扇仙童
执扇仙女
太阳星　　　冕旒　黄蟒带
太阴星　　　冕旒　黄蟒带
五　星　　　前
天寿星　　　前
天福星　　　前
天禄星　　　前
天喜星　　　前
天贵星　　　前
福字童　　　线发　红道袍衫　连福字衣

禄字童　　线发　红道袍　禄字衣
寿字童　　线发　红道袍　寿字衣
三持字人　　云衣　云帽

赏雪《寻诗拾画》

四诗人
四画人
老　僧
舟　子
渔　翁

《僧寮寒社》

小沙弥
四诗人
四画人
老　僧

《梁苑延宾》

四宫监
邹　阳
枚　乘

《兔园作赋》

四宫监
梁　王
一宫监
邹　阳
枚　乘
一太监
司马相如
一太监
众女乐

《柳营会饮》

八军士

二军士

《玉马归朝》

四姬人　　过梁宫衣

司马腾　　闹龙扑头　扎蟒带

二中军　　帽褂

十军士　　前

八开门刀　　大叶巾　蟒　箭袖　排穗

马　夫　　马夫巾　箭袖　卒褂

《谢庭咏絮》

谢　奕

谢　安

谢道韫

梅　香

祇　从

谢　韵

谢　朗

谢　元

谢　川

冬至《玉女献盆》

四仙女　　魔女发　宫衣

明星玉女　　凤冠　红蟒带

四仙童　　线发　红紬道袍　绦子

《金仙奏乐》

四仙童　　线发　红紬道袍　绦子

贾屈庭　　过梁红蟒　绦子

烟景珠　　过梁红蟒　绦

宋联涓(消)　过梁红蟒　绦
鲜于虚　过梁红蟒　绦
玉虚道人　玉蝉巾　红蟒　绦
旸谷神王　玉蝉巾　红蟒　绦
南极老人　玉蝉巾　红蟒　绦
青　童　玉蝉巾　红蟒　绦
四仪从　大叶巾　蟒　箭袖　排穗
四星官　小朝冠　红蟒带
太阳星　冕旒　黄八团　红鞋
八云童　线发　云衣
四仙童　前
四仙女　前
明星玉女　前

《瀛洲佳话》

十八学士　纱帽　红蟒带
房元龄
杜如晦
虞世南
褚　亮
姚思廉
蔡允恭
李元道
薛元敬
颜相时
苏　勖
于志宁
苏世长
薛　收
李守素

陆德明
孔颖达
盖文达
许敬宗　　矮纱帽
四小太监　　小太监帽　贴里衣
老太监　　大太监帽　红蟒带

《彩线添长》

八宫女　　过梁宫衣
四小太监　　帽　各色绌道袍带
四小太监　　帽　绫道袍　汗巾
老太监　　帽　红蟒带

《太仆陈仪》

四鸡人　　大叶巾　蟒　箭袖　排穗
二从人　　鹰翎帽　青缎箭袖
宋　绶　　高纱帽　红蟒带
四文官　　纱帽　红蟒带
四武官　　貂　红蟒带
一内监　　帽　红蟒带
四卫士　　大叶巾　蟒　箭袖　排穗
四太监　　帽　贴里衣
四宫官　　帽　红圆领　绦子
宋仁宗　　王帽　黄蟒　红鞋
女学士　　纱帽　红圆领　金带
伞　　马夫巾　箭袖
马　夫　　马夫巾　箭袖　卒褂

《金吾勘箭》

金吾将军　　帅盔　靠
二副将　　硬打仗盔　打仗甲
二从人　　前

宋　绶　　前
二　女　　太监帽　贴里衣
女学士　　前
四卫士　　前
四太监　　前
宋仁宗　　前
马　夫　　前
　伞　　前
四宫官　　前

腊日《仙翁放鹤》

尹　帆
杜　冲
二道童

《洛阳赠丹》

尹　帆
老　翁
神　荼
郁　垒
众儿孙

祀灶《太和报最》

太和君　　貂　扎红　红蟒带
玉池夫人　　凤冠　红蟒带
硎上童子　　线发　红䌷道袍　红寿字氅
紫宫君　　线发　红道袍　红寿字氅
四属神　　貂　扎红　红蟒带

《司命锡禧》

灶　君　　发额子　红蟒带
夫　人　　凤冠　红蟒带

六　女　　　四个凤冠　红蟒带　两个红衫　红寿字鳖
四属神　　　前
太和君　　　前
玉池夫人　　前
硎上童子　　前
紫宫君　　　前
四天将　　　大叶巾　蟒　箭袖　排穗
金　星　　　莲花冠　红蟒带

除夕《藏钩家庆》

老员外
老安人
四儿男
众儿妇
小孙男
小孙女

《瑞应三星》

福　星
禄　星
寿　星
小孙男
小孙女
二儿男

《升平除岁》

老　人
二　童
馈岁人
(卖痴呆)头　起
二　起
三　起

女郎头起
二　起
三　起

《彩炬祈年》

四农人
四士人
老　人
二　童
卖痴呆童
女　郎

《南山归妹》

钟　馗
小　鬼
判　官
小　妹
二丫头鬼
八小鬼
鬼梅香
土　公
土　母
推车小鬼
醉司命夫妇

北《贾岛祭诗》

贾　岛
二书童
手　下
张　籍
王　建
四小儿

丑丫环仆妇

《德门欢宴》

四院子　　罗帽　道袍
郑顾道
夫　人
四梅香　　红衫
二儿子
二媳妇
小孩子

《迎年献岁》

四老宫监
丁甲神
孟景初
河南炭
振　子
二傩人
四宫监
四小太监
大太监
四宫女
昭　容
五小鬼
判　官
二宫监
出差太监

《如愿迎新》

四福神　　竖翅相帽　扎红　红圆领
　　　　　稳子　拍子带
四神将　　大叶巾　蟒箭袖　排穗　神旗

如愿姐　　翠翘舞衣　斗蓬
梅　香　　衫子　背心　汗巾
马　夫　　扎巾　报子衣　卒褂
二门神　　金貂　扎红　门神铠　鞭锏
醉司命　　红氅　红蟒带
醉土地　　巾　氅
灶君太太　　凤冠　红蟒带
土地婆婆

《佛国赞扬》

四金刚　　小叶巾　额子　金线铠
　　　　　剑　伞　琵琶
十八罗汉　　和尚帽　金箍　采莲袄　袈裟
四揭谛　　马夫巾　额子　箭袖　门神铠
四侍者　　和尚帽　红绌道袍　绦子
四沙弥　　和尚巾　红绌道袍　绦子
观　音　　磕脑　月白蟒　袈裟
地　藏　　磕脑　香色蟒　袈裟
文　殊　　磕脑　红蟒　袈裟
普　贤　　磕脑　紫蟒　袈裟
阿　难　　毘庐帽　红缎道袍　袈裟
迦　叶　　毘庐帽　红绌道袍　袈裟
无量佛　　磕脑　黄蟒　佛衣
韦　驮　　帅盔　黄靠　杵

《红蝠云臻》

十六云　　云衣　线发
四金童　　线发　紫金冠　采莲袄　汗巾　红绌道袍
四仪从　　大叶巾　蟒　箭袖　排穗　神旗
天　官　　黄蟒　红鞋　黑三　平顶冠
一金童　　线发　紫金冠　采莲袄　红绌道袍

五红蝠　　　衣子

《金莲呈瑞》

八揭谛

八侍者

阿　难

迦　叶

无量佛

《长生祝寿》

八仙童　　　花黄纱采莲袄　线发　红紬道袍　红裤
　　　　　　绦子

八仙女　　　魔女发　小宫衣　花

八云使　　　云帽　云衣　绦子　花

木　公　　　大朝冠　黄蟒　带

金　母　　　凤冠　仙姑带　素珠　黄蟒　带

《万寿呈欢》

十六云使

木　公

金　母

《福寿征祥》

八福童

八禄童

八寿童

福　星

禄　星

寿　星

三持字人

《平安如意》

八玉女

八金童

万花仙

花　神

《喜溢寰区》

二十喜童

天喜星

二持字人

《三寿作朋》场上用云布条一　九寿太极图卅二

十二仙童	红福字采莲袄　红䌷道袍　线发　绦子 太极图
延寿仙	出摆　白发　玉蟒巾　绦子　出彩圆瓶一个
长寿仙	出摆　白发　方朔巾　绦子　出彩桃一支
八仙童	红福字采莲袄　红䌷道袍　线发　绦子 四如意　四黄幡
天寿仙	黄蟒　寿星套领　出彩太极图

《祥征仁寿》

四寿仙

东方寿星

南方寿星

西方寿星

北方寿星

八寿仙

中央寿星

《群芳献舞》

八仙女	魔女发　宫衣　松竹梅兰
花　神	花神帽　红出摆
八仙童	线发　红道袍　採莲衣　绦子　灵芝
芝　仙	□玉蝉巾　出摆

《天官祝福》

四仙童　　线发　红䌷道袍　绦子
天　官　　大朝冠　黄蟒　玉带
地　官　　小朝冠　紫蟒　带
水　官　　小朝冠　绿蟒　带
奏　书　　竖翅相帽　扎红　红蟒　带
博　士　　竖翅相帽　扎红　红蟒　带
蚕　室　　凤冠　红蟒　带
力　士　　马夫巾　额子　红蟒　带
大将军　　金貂　扎红　红蟒　带
勾芒神　　金貂　扎红　红蟒　带
雷　公　　脸子　红蟒　带
电　母　　凤冠　红蟒　带
风　伯　　马夫巾　额子　红蟒带
雨　师　　马夫巾　额子　红蟒带

《吉曜承欢》

四福神　　竖翅相帽　扎红　红圆领　穗子　褡膊
福　星　　有翅王帽　红蟒带
四寿仙　　玉蝉巾　红寿字氅　绦子
寿　星　　套头　黄蟒　绦子
四小回回　　帽衣
玄　坛　　黑貂　扎红　黑蟒　带
八喜童　　线发　红喜字袄
天喜星　　金貂　扎红　红蟒　带

《祝福呈祥》

四功曹　　帽　门神铠
四福神　　竖翅相帽　扎红　红圆领　穗子　褡膊
招财童　　扎金冠出摆　带
利市仙　　纱帽　扎红　出摆　带

寒　山　　线发　金箍　鲨

石　德　　线发　金箍　鲨

四仙童　　线发　红道袍　绦子

四仪从　　大叶巾　箭袖　排穗

八云使　　云帽　云衣

天　官　　大朝帽　黑三　黄蟒　带

五小鬼　　发额子　刘唐衣裤　虎皮裙

钟　馗　　扮

《万福云集》

八福神　　帽　铠

四仪从

四仙童

八云使

天　官

和　合

《添筹称庆》

八洞金仙

八鹤童

福　星

禄　星

寿　星

四水卒

龙　王

《寿征无量》

八玉女

八侍者

四沙弥

无量佛

《勾芒展敬》

四仪从

勾芒神

十六仙童

花　神

《福寿双喜》

四仙童

四喜神

四散仙

十二仙童

福　星

禄　星

寿　星

三仙童

《芝眉介寿》

十六寿童

四仙童

寿　星

《一门五福》

陈　氏	凤冠　补服　老旦衣
报事院子	罗巾　院子衣
梁　灏	纱帽　红蟒　带
梁　固	纱帽　红蟒　带
梁　材	矮纱帽　红蟒　带
梁　栋	纱帽　红蟒　带
四院子	罗帽　红紬道袍
四梅香	红衫
四媳妇	凤冠　红蟒　带

《遣　仙》

百花仙　过翘　仙姑巾　舞衣
张　仙　武生巾　出摆　鸾带
刘　海　陀头发　金箍　氅
方　朔　道童巾　出摆
四仙童　线发　红道袍　绦
福　星　帽　红蟒　带
禄　星　帽　绿蟒　带
寿　星　头　黄蟒　绦子

《三　代》

王曾元　纱帽　红蟒　带
老　旦　凤冠　红蟒　带
王　曾　相帽　红蟒　带
正　旦　凤冠　红蟒　带
王　绎　纱帽　红蟒　带
小　旦　凤冠　红蟒　带
报事人　罗帽　宁细道袍
四院子　红细道袍
四梅香　红衫

《仙　园》

汉钟离　磕脑　仙衣
卢　生　老生巾
曹国舅　仙巾　仙衣
李铁拐　陀头发　金箍　仙衣
韩相子　仙巾　仙衣
蓝采和　仙巾　仙衣
何仙姑　过翘　仙姑巾　舞衣
吕洞宾　仙巾　仙衣
张果老　仙巾　仙衣

《群仙导路》

八男仙　　玉蝉巾　出摆　绦子
东方朔　　道童巾　白发　出摆　绦子

《学士登瀛》

十八学士　　纱帽　红蟒　带
八男仙　　前
东方朔　　前

《边臣进石》

四宫监
一宫监
八军卒
二军官

《翰苑献诗》

十学士
二宫监
开场人
优　人

《神霄清跸》

四仪从
二仙官
孙其人
功　曹
巽　二
封　姨
箕　星
雷　公
雷　母
云　将

雨　师
毕　星
羽林星
五潢星

《群星拱护》

二仪从
土　地
周　仓
四仪从
关　平
关　公
巽　二
封　姨
雷　公
雷　母
云　将
雨　师
羽林星
五潢星
箕　星
毕　星

《万里封侯》

二中军　　中军帽　中军褂　红蟒　箭袖
班　超　　金貂　红蟒　玉带　白三髯
旨意官　　红圆领　金花带　纱帽　黑三髯　旨意
四执事　　寿字箭袖　卒褂　马夫巾　执金瓜月斧
二父老　　毡帽　布道袍　白髯
徐老爷　　纱帽　杂色蟒　角带　三髯
八卒子　　红蟒　箭袖　卒褂　马夫巾　标枪旗

四将官　　箭袖　打仗甲　马夫巾　额子　标枪旗
伞　　寿字箭袖　卒褂　马夫巾

《怒斩丁香》

四倭啰　　倭啰帽　箭袖　肚脓子　布卒褂
爱　娟　　衫子　花氅裙
瓶　儿　　衫子　花背汗巾　裙书
黄　巢　　马夫巾　额子　黑满髯　马　打仗甲　挂剑
箭袖神
车　夫　　倭啰帽　布箭袖　肚脓子
丁　婆　　布老旦衣裙
丁　香　　青衫子裙

《孟良求救》

佘太君　　花包头　蓝花氅裙
孟　良　　扎巾　额子　靠　葫芦红飞鬓
杨　洪　　罗帽　院子衣
二拍风　　花袄　花背心　汗巾　衫裤
一梅香　　衫子　背心　汗巾

《灞不服老》

董多闻　　圆翅纱帽　香色青花带　白龙鬓
董院子　　罗帽　院子衣
一院子　　照前扮
梁　固　　纱帽　红蟒　带　三髯
梁　灏　　金线老儿巾　行衣　白三髯
报事人　　鹰翎帽　布箭袖
梁　栋　　纱帽带花　红圆领　金带
二手下　　红毡帽　布箭袖　红褡膊　执状元及弟(第)

《金主行围》

八番卒

八扎虎枪
四汉臣
四满从
二番将
金　主
八后护
熊
兔
虎
鹿
白　狼
捧茶官
乌　春
麻克新
九尔喀
贯跤人
报　子
捧本官

《请美猴王》

通臂猴	打仗甲　大叶巾　额　令字旗
八　戒	青缎通袖　束腰　和尚帽　钯八戒脸　金箍
众　猴	衣子
悟　空	黄蟒　黄鞓带　王帽雉翎　钻天帽　黄通袖　虎皮裙

《游人拐骗》

拐　子	团帽　青素　大黑满髯
丑	喜鹊衣　打腰　鬃帽　小髯

《张旦借靴》

张　旦　　矮方巾　绫道袍
刘二公　　方巾　缎道袍
小　子　　脑包　布通袖

《廉蔺争功》

四卒子　　马夫巾　箭袖　卒褂
廉　颇　　黑貂　黑满髯　紫蟒　带
丑郎官　　圆翅纱帽　青素
四卒子　　马夫巾　箭袖　卒褂
蔺相如　　相貂　月白蟒　三髯
生郎官　　纱帽　青素

《负荆请罪》

四卒子　　马夫巾　箭袖　卒褂
廉　颇　　黑貂　黑满髯　紫蟒　带　后换蓝厢领箭袖
　　　　　背荆杖
蔺相如　　相貂　月白蟒　三髯
二中军　　中军衣帽

《瞎子拜年》

邹小胡　　蓝布箭袖
胡小邹　　水白衣　打腰裙　毡帽
樵　夫

《十朋祭江》

王十朋　　月白青花　金花带　纱帽
老安人　　香色道袍裙
李　成　　罗帽　院子衣

《拷打红娘》

老夫人　　道袍裙髽
红　娘　　衫子裙　背心　汗巾

莺　莺　　红衫子裙　小云肩
张　生　　小生巾　红道袍

《剪卖发》

赵五娘　　青细衫裙
货　郎　　水田衣　打腰　打头　毡帽
张　公　　蓝道袍　苍三髯　高方巾

《江流撇子》

殷　氏　　青衫裙　包头
丑　　布通袖　毡帽
四水卒　　箭袖　布鬼脸
龙　王　　龙王冠　蟒带

《宫花报喜》

刘小姐　　青衫子　裙　包头　汗巾
梅　香　　衫子　背心　汗巾
院　子　　罗帽　院子衣　白三髯
丑梅香　　袄　花背心　彩裤　汗巾　梅香箍
四轿夫　　青布箭袖　红毡帽

《姜女哭城》

孟姜女　　青衫子　打腰　包头
二夫头　　布通神　毡帽
四军士　　箭袖　卒褂　太监帽
管工头　　毡帽　通神袖
始　皇　　唐帽　蟒玉带　三髯
土　地　　土地巾　茧细道袍　绦子

《击鼓鸣冤》

二指挥　　大叶巾　厢领箭袖　鸾带
四校尉　　箭袖　黄马褂　黄罗帽　小额子
张问政　　官纱帽　红圆领　带

张　氏　　　衫子　搭腰裙

《长亭嘱别》

赵五娘　　　青细衫裙

蔡伯喈　　　老生巾　青素　蒜绦

《蒙正逻斋》

二和尚　　　和尚衣帽　僧衣　绦子

蒙　正　　　贫衣　长方巾　扎头　红鞋

《龙生解帕》

龙　生　　　月白衫　小生巾

龙　兴　　　院子衣　鸾带　网边

《浪暖桃香》

张　生　　　小生巾　月白衫

琴　童　　　院子衣　鸾带

船　家　　　布通袖　毡帽　草帽圈　打腰裙

《草桥惊梦》

张　生　　　小生巾　月白衫

琴　童　　　院子衣　鸾带

白马将军　　靠　背壶　帅盔　三髯　枪

店　家　　　水田　小鬃帽　喜鹊衣裙

莺　莺　　　绿裙　小云肩　汗巾

孙飞虎　　　黑靠　背壶　黑貂鸡令　狐尾刀

《蒙正祭灶》

蒙　正　　　富贵衣　长方巾　扎头　红鞋

刘小姐　　　青衫裙

《达摩渡江》

萧　生　　　老生巾　青细道袍绦

达　摩　　　和尚帽　红缎道袍　金披科袯一分

四金刚　　金铠禅光　马夫巾　大额子　蛇伞剑
参　辰　　箭袖　布鬼脸
二风鬼　　寿字箭袖　鬼布脸
善　才　　线发　绦子　红道袍　柳叶云肩
龙　女　　红衫子裙
观　音　　月白蟒　袈裟　拂尘　观音兜　素珠

《敬德钓鱼》(新)

二院子　　院子衣　罗帽　鸾带
敬　德　　茧绸道袍　打腰裙　毡帽　草帽圈　白满
　　　　　鱼杆　筐　鱼
四卒子　　箭袖　卒褂　马夫巾　镖枪　旗
二小军　　箭袖　卒褂　马夫巾　镖枪　旗
仁　贵　　帅盔　白蟒　玉带　剑　三髯

《敬德钓鱼》(旧)

敬　德　　茧绸道裙　打腰裙　毡帽　草帽圈　白满
　　　　　竹竿　鱼　筐
四军士　　箭袖　卒褂　马夫巾　镖枪旗
仁　贵　　帅盔　白蟒　带　剑　黑三

《敬德赏军》

张士贵　　矮纱帽　香色圆领　带
二小军　　鹰翎帽　布箭袖
四将官　　大叶巾　蟒箭袖　排穗
四卒子　　马夫巾　箭袖　卒褂
敬　德　　幞头　黑蟒　带　白满
　纛　　　马夫巾　箭袖
礼　生　　儒巾
二中军　　帽　褂

《回回指路》

二小回回　回回衣帽

二沙弥　　僧衣　和尚帽　绦子　幡
唐　僧　　红缎道袍　袈裟　皮罗帽　五佛冠　素珠
　　　　　拂尘
老回回　　狮子盔　鸡翎　狐尾　鼻子　黄蟒　斗蓬
　　　　　白满　拐杖

《河梁赴会》

二中军　　中军褂　中军帽　箭袖
周　喻(瑜)　白蟒　纱帽
一小军　　箭袖　马夫巾　卒褂
四水手　　马夫巾　绿採莲衣　彩裤
关　公　　扎巾　厢领前神　嗗喇帐　鸾带　剑
刘　备　　香色蟒　套翅纱帽　玉带

《缝靴拐骗》

马三骗　　布通袖　布带　鬃帽　大髯
可知道　　短布巾　青紬道袍　小髯　丝绦
院　子　　院子衣　罗帽
蔡伯喈　　圆领　金花带　纱帽
皮　匠　　布通袖　毡帽

《下海投文》

二手下　　青布箭袖　鹰帽
下得海　　皂吏帽　布箭袖
一皂吏　　照前
蔡状元　　圆领　纱帽　花带
老　王　　龟
夜　叉　　蟒　箭袖　鬼布脸
龙　王　　龙王冠　蟒　玉带

《懒妇烧锅》

懒　妇　　蓝布衫裙　彩裤

丑　　彩裤　蓝布箭袖　毡帽
老　王　　布通袖　毡帽
小孩子　　喜鹊衣裙　脑包

《勘问吉平》

四手下　　青布箭袖　红毡帽
四小军　　军牢帽　青布箭袖　红布带
曹　操　　闹龙扑头　紫蟒　玉带　黑满
张　辽　　青花硬盔　带　一撮
许　褚　　杂色青花盔　带　飞鬓
小　生　　月白蟒　纱帽　带
丑　　银红蟒　圆翅纱帽　带　白髯
董　丞　　相貂　香色蟒带　白三
马　腾　　布青蟒　金貂带　苍满
吉　平　　道袍　打腰裙　包头

《六国封相》

黄门官　　红圆领　带　纱帽　执笏　三髯
苏　秦　　红蟒　闹龙扑头　玉带　执笏
齐使臣　　杂色蟒　盔　带
楚使臣　　照前
燕使臣　　照前
韩使臣　　照前
赵使臣　　照前
本国使臣　　照前

《五娘描容》

赵五娘　　青细衫　打腰裙　包头
张广才　　蓝细道袍　高二吊褡　髯　丝绦

《牛氏规奴》

牛　氏　　裙　衫子　鬏

惜　春　　　　裙　衫子　花背心　汗巾　兜扇

《虎撞窑门》

刘小姐　　　　青衫子　打腰　包头

虎　　　　　　衣子

《勤劳机杼》

裴淑英　　　　青衫子　裙　汗巾

小　旦　　　　月白衫子　裙　汗巾

《糟糠自咽》

赵五娘　　　　青衫子　打腰　包头

蔡从简　　　　茧䌷道袍　竹杖　毡帽　打头　白发

秦　氏　　　　茧䌷女衫子　打腰　包头　竹杖

《骂阎醒梦》

胡　迪　　　　高方巾　青䌷道袍　黑三髯

胡　兴　　　　院子帽　院子衣　鸾带

老　道　　　　道士巾　茧䌷道袍　小白吊褡　丝绦　素珠

四小鬼　　　　常形

二判官　　　　常形

金　童　　　　常形

玉　女　　　　常形

阎　王　　　　常形

秦桧魂　　　　喜鹊衣　打腰披　包头　黑苍髯

岳　飞　　　　红蟒　荷叶盔　扎红　三髯　带

《功宴争花》

韩安国　　　　纱帽　红蟒　带　黑髯

公孙融　　　　相貂　香色蟒　带　白三

窦　英　　　　蟒　纱帽

铁勒奴　　　　金貂　蟒

中　军　　　　常行

开门刀　常行

卫　青　帅盔　蟒

陈　午出摆　紫金冠

《单刀赴会》

鲁　肃　蟒　纱帽　三髯

周　仓　常行

关　公　靠蟒　扎巾　额子

二小军　箭袖　卒褂　马夫巾

二旗牌　小叶巾　箭袖　牌岁

《敬德闯宴》

二手下　箭袖　马夫巾　卒褂

敬　德　蟒　黑貂　白髯　玉带

四小军　箭袖　马夫巾　卒褂

二中军　常行

薛宗显　圆翅纱帽　蟒　小髯

张士贵　尖翅纱帽　蟒

徐　勣　蟒　相貂　白髯

《敬德耕田》

敬　德　毡帽　打头　茧细道袍　打腰

童　儿　水田衣　喜鹊衣　打腰　线发　草帽圈

邹　大　布通袖　打腰　毡帽　草帽圈

安　氏　蓝布衫　打头

《敬德探山》

敬　德　貂　靠

四内侍　常行

唐　王　常

徐　勣　相貂　蟒

一小校　箭袖　卒褂　马夫巾

《醉打山门》

智　深　　僧衣　侉衣裤　大素珠　拂尘

酒　保　　喜鹊衣　打腰　草帽圈　桶二个

二和尚　　绸僧衣　和尚帽

长　老　　香色道袍　和尚帽　白一　素珠　拂尘　银色书

《夜看春秋》

关　公　　厢领箭袖　罗帽　打头

韩守义　　喜鹊衣　打腰　三髯　扭锁

四家丁　　罗帽　黑缎箭袖

丑　　红花衫　公子巾

正　旦　　黑绸衫　打腰

《计说云长》

梅　香

二夫人

四军校

关　公

院　子

报　子

张　辽

《秉烛待旦》

驿　丞

四军校

二车夫

二夫人

二侍女

关　公

曹　洪

夏候惇

徐　晃
许　褚
张　辽
二更夫
二手下

《小宴却物》

(张)四军校
张　辽
(关)四军士
关　公
四美女

《灞桥饯别》

四军校　　马夫巾　彩裤　万字袄
关　公　　绿靠　背壶　扎巾　套翅
二夫人　　衫子　裙　锦鳖
二梅香　　衫子　背心　汗巾
二车夫　　寿字箭袖
四小军　　箭袖　马夫巾　卒褂
张　辽　　靠　绦子　荷叶盔　一撮须
许　褚　　靠　硬盔　绦子　黑满髯
曹　操　　闹龙扑头　带翅　紫蟒　玉带　褶　满髯

《古城相会》

四旗牌　　大叶巾　箭袖　排穗
张　飞　　扎巾　额子　飞鬓　黑蟒　玉带
刘　备　　金翅纱帽　三髯　香色蟒　玉带
四军校　　箭袖　卒褂　马夫巾
周　仓　　靠　盔　飞鬓
关　公　　蟒　扎巾　套翅　五髯

《华容释曹》

四将官　　箭袖　卒褂　马夫巾
周　仓　　靠　蟒
关　公　　靠　背壶　扎巾　套翅　五髯
四小军　　寿字箭袖　卒褂　马夫巾
张　辽　　靠　盔
许　褚　　靠　盔
曹　操　　闹龙扑头　紫蟒　玉带　满髯

《雪夜访贤》

赵太祖　　黄蟒　王带　斗篷　堂帽　满髯
张　全　　青素角带　圆翅纱帽
赵　普　　紫蟒　玉带　相貂　苍三髯
夫　人　　凤冠　蟒　带　裙
曹　彬　　硬盔　带　青花圆领　三髯
王全斌　　前　三髯
石守信　　前　三髯
潘仁美　　前　满髯

《大战石猴》

四丁甲神　　箭袖　排穗　马夫巾　额子
二十八宿　　盔　靠
九曜元辰　　箭袖　铠　盔
马　帅　　荷叶盔　靠
赵　帅　　黑靠　黑貂　飞鬓　彩裤
温　帅　　蓝靠　温帅帽　蓝飞鬓
关　帅　　绿靠　扎巾　金翅　五髯
二　郎　　靠　八九冠　三髯、
哪　吒　　彩裤　花袄　树叶云肩　线发
牵犬神将　　马夫巾　彩裤　采莲袄　卒褂
李　靖　　靠　披　蟒　帅盔　五佛冠　黑满　玉带

四天将　　马夫巾　额子　箭袖　铠
四小猴
悟　空　　白猴帽　彩黄袄　彩裤　鸾带

《遣戍拜月》

外　　老儿巾　行衣　苍髯
李　成　　脑包　喜鹊衣　打腰　伞
贴　旦　　青紬袄
生　　青紬道袍　老生巾
旦　　老旦衣

《平章拷姬》

贾平章　　相貂　紫蟒　玉带　苍满髯
四院子　　院子衣　罗帽　鸾带
慧　娘　　衫　背心　兜帕　汗巾

《玉面怀春》

玉面狐　　红衫子　小云肩　狐尾裙　打腰裙
獾　婆　　獾尾　香色衫子　裙　汗巾

《善门集庆》

四院子　　罗帽　红紬道袍
四梅香　　红衫子　背心　汗巾
益　利　　罗帽　宁紬道袍
傅　相　　纱帽　红圆领　带　数珠
金　奴　　衫子　背心　汗巾
罗　卜　　老生巾出摆　数珠
刘　氏　　凤冠　红圆领带　数珠

《奋勇王家》

韩游环　　帅盔　靠
范克孝　　帅盔　靠
戴休颜　　帅盔　靠

骆元光　　　帅盔　靠
四军士　　　马夫巾　蟒　箭袖
四大刀手　　大叶巾　蟒　箭袖
二中军　　　中军衣帽
李　晟　　　帅盔　靠　半披
报　子　　　扎巾　报子衣　卒褂

《遣子经商》

罗　卜　　　老生巾　青缎道袍
刘　氏　　　青衫子　青鬐　数珠
金　奴　　　青衫子　青背心　汗巾
土　地　　　巾　鬐　绦子
益　利　　　罗帽　院子衣　数珠　伞包

《罗卜行路》

罗　卜　　　老生巾　青缎道袍　数珠
益　利　　　罗帽　院子衣　数珠　伞包
和　尚　　　和尚帽　僧衣　木鱼
渔　翁　　　草帽圈　小衲衣　打腰
牧　童　　　脑包　作衣　打腰　水田衣

《二厨争顾》

安　童　　　罗帽　绫道袍
减　厨　　　杂扮
毛　厨　　　杂扮

《刘氏辱尼》

刘　氏　　　青衫　锦鬐
尼　姑　　　和尚帽　细老旦衣　数珠
金　奴　　　衫子　背心　汗巾
安　童　　　罗帽　院子衣

《刘氏忆子》

刘　氏　　　青衫子　青鬐　数珠

金　奴　　　青衫　背心　汗巾
安　童　　　罗帽　道袍
益　利　　　罗帽　院子衣　数珠　伞包

《鸨儿赶妓》

赛芙蓉
龟　子
鸨　儿
罗　卜
益　利
尼　僧

《尼姑思凡》

尼　姑　　　妙嫦巾　衫子　开背心　氅　绦子　数珠

《本无思春》

本　无　　　和尚帽　绫道袍　背心绦子　绫道袍

《僧尼相调》

本　无　　　和尚帽　绫道袍　背心　绦子　素珠
尼　姑　　　妙嫦巾　衫子　开背心　数珠　绦子

《益利讨油》

刘　氏　　　青衫　青氅
益　利　　　罗帽　院子衣　数珠
土　地　　　巾　氅

《益利扫地》

刘　氏　　　青衫　青氅
益　利　　　罗帽　院子衣　数珠
罗　卜　　　老生巾　蓝宁细道袍
金　奴　　　衫子　背心　汗巾
土　地

《花园盟誓》

刘　氏　　青衫
罗　卜　　老生巾　宁绌道袍
益　利　　罗帽　院子衣
金　奴　　衫子　背心　汗巾
五　鬼　　发　鬼衣
金　童　　紫金冠　红道袍　鲨　手幡
玉　女　　过梁仙姑巾　红衫　鲨　绦子　手幡
魂　子　　青衫
土　地　　巾　鲨
傅　相　　外巾鲨

《五瘟魔障》

五瘟神　　大瘟神帽　靠　众瘟神帽　青素
刘　氏　　青衫　褡腰
金　奴　　衫子　背心　汗巾
益　利　　罗帽　院子衣
罗　卜　　老生巾　宁绌道袍

《过滑油山》

五　鬼　　竖发　蟒　箭袖　虎皮卒褂　褡胯
刘　氏　　青衫　褡腰

《刘氏望乡》

看台鬼　　发　小额子　采莲袄　小扎扮
五　鬼　　竖发　蟒　箭袖　虎皮卒褂　褡胯
一风鬼
刘　氏　　青衫　褡腰

《罗卜济贫》

瘫　妇
瘸　子

罗　卜
益　利
男女乞儿
狗
和　尚
道　士
尼　姑

《纯阳祝国》

雀　鸟
吕纯阳
柳　仙
一仙童
酒　保
白牡丹
化　身

《四海升平》

十六云
天　恩
玉　堂
天　英
天　威
月　德
天　乙
金　匮
太　乙
红　鸾
司　禄
天　喜
天　猛

普　护
宝　光
天　雄
武　曲
文　曲
长　庚
朱　衣
天　寿
金　童
玉　女
文　昌
十六水云
虾　精
蟹　精
鱼　精
鼋　精
龟　精
蛇　精
鳖　精
海　龟
四海龙王
雷　公
电　母
二风伯
二雨师
潮　神
河泊使者
七星旗
龟　形
九刘海

四　排戏串头

现存清内廷排戏所用的“串头”，记录了舞台表演的角色上下场、唱念和动作衔接及武打的套路等等。

串头原只用于排演之提示，只须掌管排戏者个人看懂即可。记录者文化水平十分有限，文字粗疏，其间充斥错字、别字及为图省事所写的自编“简化字”，例如太监魏成禄多处被写成未成禄，有时人名也被缩写为两个字或一个字等等，还有一些戏班专业术语被“简化”，并未写明全称。作为百余年前的排戏记录，串头有着很高的参考价值。但对于表演武打的多种专用名词，却无法根据现代出版的要求进行统一。现存的串头客观实际地记录了一二百年前演剧的形态，能为研究百余年前演剧形态提供参考，也算弥足珍贵。

“串头”中罗列有众多剧中角色名字，一般剧中没有名字的人物（主要是对打场面里没有姓名的龙套），便直书太监姓名（仅光绪末年有个别外学艺人）。现将太监名字统一加用括号。其中也有角色和太监名字同时出现，如《灌女传》中，与灌女对打者为太监王进福，剧中人名与太监名并列，形成交叉，容易造成误解，却只能维持这种状态。《青石山》、《灌女传》、《千金闸》等剧目的单出均有重复，实

则也有不同之处，皆依照其原状保留。凡所唱曲牌，按惯例加〔〕，以示区别。

选入的串头记录较为详尽，时间大约始于嘉庆以前（《四海升平》一剧参演的艺人姓名自嘉庆初年以后的档案中检索，未能查到，抑或为乾隆年间的记载），最迟至清覆亡之前。其中《昭代箫韶》既有乾隆以后留传的十本每本二十四出的版本，又有光绪二十四年经慈禧太后主持翻改，演唱[倒板]、[摇板]、[慢板]等的皮黄本。

1.《四海升平》
2.《鸡宝山》
3.《百鸟阵》
4.《定天山》
5.《贾家楼》
6.《温泉会》
7.《临潼山》
8.《兴隆会》
9.《沂水岭》
10.《升平宝筏》
11.《鼎峙春秋》
12.《棋盘会》
13.《射红灯》
14.《德胜图》
15.《大战高丽》
16.《青石山》
17.《桃花山》
18.《战池福寿》
19.《朝贡》即《夷狄来朝》
20.《夺秋魁》
21.《麒麟阁》
22.《滕龙寺》
23.《天门关》
24.《万寿祥开》
25.《桃花岭》
26.《战西凉》(即《桃花岭》)
27.《鱼篮记》
28.《灌女传》
29.《千金闸》
30.《忠义传》

31. 头二本《阳平关》(五界山)

32.《岳家庄》

33.《七盘山》

34.《心田福》

35. 乱弹《计取濮阳》

36.《天香庆节》

37.《昭代箫韶》(编者按:《玉娥斗法》亦《昭代箫韶》中之一本,置于一处)

38.《金山寺》

1.《四海升平》

《四海升平》串头

云使神将上,跳舞毕,引文曲、长庚、天寿、朱衣、金童、玉女、文昌,从仙楼上。文昌等唱,至"稳驾金鳌",上八怪、海龟,上望科,下。文昌白至"请四海龙王进见",云下。龙王上,帝君白至"擒此丑类者",龙王下。接攒,众星、众怪上,见面,对,攒。天恩、玉堂、天猛、天雄对龟精。天英、天威、宝光、武曲对八怪,四星辰、八怪先下,龟精五人后对,下。赶活羊,宝光、(得昌)对,下。玉堂(李寿安)对,下。天恩(李四)对,下。天雄(王嵩岩)对,下。二对二,天英(江十尔)、天威(恩绪)对,下。天猛(得泰)、武曲(德成)对,下。雷公、电母、风伯、雨师、河伯、潮神等,跳舞科,下。神将、大龟上,对,龟精败下。神将回,白,唱,帝君又唱,神将唱,白,帝君白。长庚、文曲、天猛、武曲白"领法旨",下。

雷公等上,站立,龟精、武曲、文曲、长庚、天猛上,对,龟精败下。文曲、武曲、长庚、天猛、雷、电、风、雨、龙王等追下。龟精换形,文曲牵龟形上,武曲、长庚、天猛随上。神将唱完,刘海上,跳舞完,搭瓶上。众唱完,下。

2.《鸡宝山》

二段《鸡宝山》串头

二出

八唐兵(赵顺喜、吉祥、刘双喜、马士成、高进忠、尚德、何套住、李福)引赵霸上,内呐喊,白,唱〔风入松〕,下。四梁卒(靳保、韩福禄、翠仗、张喜寿)引王彦龙上,唱〔前腔〕半只,白,又唱后半只。八唐兵引赵霸冲上,赵白"看刀",对攒,众先下。单对,(翠仗、马士成)对,下。(张喜寿、李福)对,下。(韩福禄、何套住)对,下。(靳保、高进忠)对,下。王彦龙,对四唐兵(刘双喜、吉祥、尚德、赵顺喜),唐兵下。赵霸接对,同下。脱皮(刘双喜、尚德、翠仗、何套住、马士成、张喜寿、赵顺喜、李福、韩福禄、吉祥、高进忠、靳保),对,下。赵霸上,白"赏他一鞭便了",王彦龙上,白"那里走",对。赵霸出,鞭打王彦龙,彦龙作吐血,跑下。赵霸白"大小三军",八唐兵上,赵白"讨战者",唱〔风入松〕下。四梁卒(彭禄寿、刘保、吕远亭、董进喜)引尚让、谢炳文、厉顺贤、庞师古、潘大勇、柳文杰、王彦章、纛上,唱〔四边静〕完,白"迎上前去",唱〔合头〕,下。唐兵引赵霸上,唱〔前腔〕毕。八梁卒(靳保、翠仗、韩福禄、彭禄寿、吕远亭、张喜寿、刘保、董进喜)引王彦章等冲上,赵白,彦章白"谁与擒来?"谢炳文白"小将擒来",对攒,唐兵、梁卒先下,赵霸、谢炳文,对。彦章、五大将上高处,赵、谢对,下。二对二(尚德、彭禄寿、何套住、董进喜)对,下。(刘双喜、吕远亭、马士成、刘保)对,下。(李福、韩福禄、赵顺喜、张喜寿)对,下。(高进忠、靳保、吉祥、翠仗)对,下。赵霸、谢炳文上,对,下。双连环,(尚德、彭禄寿、刘双喜、吕远亭、何套住、董进喜、马士成、刘保、李福、韩福禄、高进忠、靳保、赵顺喜、张喜寿、吉祥、翠仗)对,下。赵霸、谢炳文上,对,下。彦章白"擒来见我",庞师古、厉顺贤、柳文杰、尚让、潘大勇下。赵霸、谢炳文上,对。续唐兵、梁卒,抄手,架住,唱〔四边静〕一支,又对,谢败式。续五大将、唐兵、梁卒,对,大攒,赵等败下。梁卒等回,白,彦章白"与我紧紧追上"。唱〔合头〕,下。

三出

八唐兵引符彦卿、史宏肇、刘智远、张仲仁、岳元福、郭彦威、刘从吉、赫连铎、岳彦真、四太保、晋王、纛上,唱〔粉蝶儿〕毕,上高台,白“还不见到来”,报子上,白“逃去了”。众白“再去打听”,报子下。晋白,众白“便是”,报子上,“请令定夺”,“知道了”,报子下。岳彦真白“蚩尤之故事耳”,晋白“与元帅略阵便了”。岳彦真白“大小三军,速迎敌者”,四唐兵(赵顺喜、吉祥、高进忠、何套住)、郭彦威、岳元福、刘智远、史宏肇、符彦卿、岳彦真下。设鸡宝关。晋白,赫连铎、张仲仁、刘从吉白“领命”,下。晋王下台,白“出城去者”,四唐兵(刘双喜、马士成、何套住、李福)、四太保引晋王,唱〔好事近〕。八梁卒引尚让、潘大勇、厉顺贤、庞师古、柳文杰、谢炳文、王彦章上,唱〔好事近〕四句,下。八唐兵、七大将上,唱〔合头〕毕,八梁卒引彦章等下场门上,架住。彦真“来者何人?”彦章白“报名上来。”彦真白“悔之晚矣。”彦章白“取汝狗命,放马过来!”唐兵、梁卒,抄手,下。彦章、大将等,对攒,下。四太保引晋王上,〔合头〕二句,上高台,单对。符彦卿、尚让对,下。岳元福、庞师古对,下。史宏肇、谢炳文上,对,下。郭彦威、柳文杰上,对,下。刘智远、潘大勇上,对,下。赵霸、厉顺贤、王彦章、岳彦真上,对,下。双连环(何套住、彭禄寿、刘双喜、吕远亭、尚德、董进喜、马士成、刘保、李福、韩福禄、高进忠、靳保、赵顺喜、张喜寿、吉祥、翠仗)上,对,下。二对四,符彦卿、岳元福、谢炳文、尚让、潘大勇、庞师古上,对,下。赵霸、厉顺贤、柳文杰上,对,二将下。彦章上,接对,赵霸下。史宏肇上,接对,史宏肇下。郭彦威上,接对,郭下。刘智远上,对,智远下。岳彦真上,接对,续赵、郭、史、刘四人上,对,彦章、五大将,彦真等败下,彦章唤追下。晋王唱〔石榴花〕完,两边大将等上,对,大攒,唐兵、梁卒,抄手,下。彦章、彦真先下,大将等后对,下。彦真上,白“何足惧哉”,唱〔上小楼〕半支。彦章上,白“那里走”,彦真白“贼子!”又唱二句。彦章白“放马”,对。梁卒、梁将两场门上,抄手,下。彦章下场,挑死彦真,八唐兵抢尸下。赵霸、刘智远上,接对,赵霸、智远下。郭彦威、符彦卿、史宏肇、岳文福上,接对,四将败

下，彦章追下。晋王唱二句。唐兵、刘智远、赵、岳、符、史、郭抬尸上，放中场。晋白“老元戎”，又唱〔千秋岁〕半支，内呐喊。四太保白，唐兵抬尸下，智远等随下。晋王白，太保白“临阵当先”，唱二句，晋王“雪恨寸磔心伏”，刘智远、赵霸、岳元福、史宏肇、符彦卿、郭彦威败上，彦章追上，对，引至中场。晋王白“看箭”，射彦章。唐兵两场门抄手，四太保追彦章，败下，众回，白，晋白，唱〔红绣鞋〕，下。

五出

众客商上，下。护军抬灵柩，刘智远上，唱〔山坡羊〕，下。高兴周上，酒保白“待我煮来”，杨滚上，二人见面，打拳，唱〔耍孩儿〕，打下。刘智远上，见面。

六出

众客商上，唱〔缕缕金〕毕，下。高兴周、杨滚、李能上，唱〔好事近〕。兴周白“店家那里”，店家上，白，杨滚唱，下，李能随下，兴周唱，下。杨滚上，唱〔剔银灯〕二句，白，又唱〔朱奴儿〕完，白“立等回”。四衙役上，白完，杨滚接唱，完，杨滚、四衙役打拳，石敬唐上，唱“喊声震”，白，杨滚白“吃我个下马威”。六人对，石等败下，杨滚追下。李能上，白完，下。石敬唐、衙役上，白，下一衙役。杨滚白“那里走”，对，石等败下，杨追下。杨滚追一衙役上，对，夺棍。续石敬唐、二衙役，对，衙败下，石、杨二人对，下。八小军（靳保、韩福禄、彭禄寿、翠仗、张喜寿、刘保、吕远亭、董进喜）、四将官（梁明诚、李三得、刘福升、李兴）引史建唐上，唱〔剔银灯〕二句，白“违令者斩”，小军白，下。后四小军（彭禄寿、吕远亭、刘保、董进喜），史建唐白，又唱二句，下。杨滚赶石敬唐上，对，敬唐下。续史建唐上，白“那里走”，对，续小军、将官围杨滚，败下，众追下。高兴周上，唱二句，内呐喊，兴周白“劝他回来便了”，下。史建唐追杨滚上，对，小军、将官上，抄手下，杨滚随下。

史建唐白“众将官”，四小军上，史建唐白“用绳索擒他便了”，

下。四小军(彭禄寿、吕远亭、刘保、董进喜)同下。四将官追杨滚上,对,将官败下。石敬唐上,接对,石败下。史建唐上,接对。史诈败,引至埋伏处,绊马索擒住杨滚,众上,同下。兴周上,白“权为兵器便了”,下。石敬唐、史建唐、小军、将官押杨滚上,史白,兴周上,白,史白,兴周白“试试小刀手段”,作对,小军押杨滚下。四将官、史建唐、石敬唐、兴周对,下。将官、史建唐、石敬唐上,白,石白“得令”,下。兴周上,与四将官、史建唐对,引至坑边,小军两场门抄手,作擒科,唱〔尾声〕,下。

3.《百鸟阵》

《百鸟阵》串头

二出

见面,众白。于肃、银头对科,众下。银头、于肃对,下。四大将、四倭兵单对。(雨儿、福成)对,下。二对,(田玉、张喜)对,下。三对,(杨淳、靳保)对,下。四对,(小刘得、高进忠)对,下。四倭将、八健军一对二。头对,倭将(大刘进喜)、健军(贾庆喜、刘得安)对,下。二对,倭将(刘得生)、健军(大曹进喜、小曹进喜)对,下。三对,倭将(王林祥)、健军(李兴、米进喜)对,下。四对,倭将(大刘得)、健军(喜庆、王双庆)对,下。于肃、众、银头等两场上,对攒十下,银等败下,于、众追下。银头等上,白完,于、众上,作追。冯百喜、四倭兵上,接战,下。四大将、四倭将单对。头对,(大刘进喜、大张喜)对,下。二对,(小刘得、刘得生)对,下。三对,(雨儿、王林祥)对,下。四对,(杨淳、大刘得)对,下。于肃、银头对,下。前四健军、前四倭兵单对。头对,(李兴、福成)。二对,(王双庆、靳保)。三对,(米进喜、田玉)。四对,(喜庆、高进忠)。四大将、冯百喜、于肃、银头续上,对,下。后四健军、后四倭兵单对。头对(贾庆喜、刘保),二对(刘得安、刘安太),三对(大曹进喜、孙福喜),四对(小曹进喜、柴进忠)。于、众败上,银头等上,追,于、众败下。银头回,白。

三出

冯百喜、四倭兵、于肃、四大将、四健军见面，攒。于、冯、四大将先下，众对十下。冯百喜、四大将上，对，下。胡玉、尹成功上，唱，下。于、众追冯、众上，追下。银头白“埋伏者”，于、众进，冯、众上，银头等接战，于等败下。银头、二大将（杨淳、小刘得）上，对，下。冯、二大将（大张喜、雨儿）上，对，下。四健军、四倭将上，对攒，下。于上，白，唱。银、众上，围，下。于又唱“他行逼投降言强劲”，银头、冯、八倭兵、四倭将上，作围科。四大将、四大健军、胡玉、尹成功上，对科。胡玉桢、于肃下，众等对，下。尹成功、银头上，对，下。四大将、四倭兵单对。一对，（雨儿、福成）。二对，（田玉、大张喜）。三对，（杨淳、靳保）。四对，（小刘得、高进忠）。胡玉桢、于肃上，于唱完，胡玉白“杀退追兵便了”，于下。冯上，与胡玉对，冯败下。银头上，与胡玉对，下。尹成功、四倭将对，下。连环，四倭兵（福成、田玉、靳保、高进忠）、四健军、四倭兵（孙福喜、柴进忠、刘保、刘安太）、四大将、四倭将对，下。于肃、胡玉、尹成功、众败下，银、众追于，众下，回白。银白“紧紧追上”，下。银上，白完，胡玉等推车上完，放火。于、众等上，浑战，下。银、胡玉上，对，下。尹成功追冯百喜上，对，下。四健军、四倭兵单对。一对（王双庆、刘安太）。二对，（李兴、刘保）。三对，（米进喜、孙福喜）。四对，（喜庆、柴进忠）。尹成功、四倭将对，下。胡玉追冯百喜上，战，作擒冯百喜，四卒上，绑下。银上，接战，胡玉败，银头追下。胡玉上，白“用暗箭射他便了”，倭兵、倭将、于等两边上。银上，鞋二句唱完，尹成功上，战，胡玉拿弓箭上，射死银头，拿人头下。于、众上，同唱“施一计战成功”，胡玉上，白，完。

四出

铁臂、众、胡玉、四大将、四健军见面。铁白：“看刀”，对攒，众先下。胡玉、铁臂对，下。四大将、四番女单对。头对，（大张喜、寿安）。二对，（小刘得、玉福）。三对，（雨儿、三秀）。四对，（杨淳、彭禄寿）。四健军、四倭兵单对。一对，（李兴、福成）。二对，（王双

庆、靳保)。三对,(田玉、米进喜)。四对,(喜庆、高进忠)。胡玉、铁臂上,对,架住,白完,铁唱“狭路难回避”,作战。胡玉唱“请试枪尖利”,作战。又唱“免得魂亡身费”,战下。四番女、四健军二对二。头对,(李兴、米进喜、寿安、玉福)。二对,(王双庆、喜庆、三秀)。三对,(田玉、米进喜)。四对,(喜庆、高进忠)。四大将、四倭兵、四番女、四健军接不断,(福成、雨儿、田玉、大张喜、靳保、玉福、寿安、米进喜、喜庆)。铁臂上,胡玉上,单对。众续上,对攒,合前,铁等败下。胡等回,白,唱“双出册登记”完,于肃上,唱二支〔川拨棹〕,铁、番女、倭兵、兽怪上,绕场。于肃、四大将、健军、尹成功浑战。于、众下,铁等追下。胡玉上,唱“生死料难知”,四番女上,对,番女下。铁上,战,兽怪上,胡玉下,铁、兽追下。四番女、四大将,对攒下。尹成功、铁,对,下。四倭兵、四健军单对,一对,(李兴、福成),下。铁、众、兽怪追于、尹,众绕场,下。胡玉上,白完,唱“遇邪魔可便施”,下。铁、众追于、众上,胡、神将上,反追铁、众,败下,胡、众追下。铁上,白“擒便了”,于、众上,追,铁败下,完。

八出

真人,唱“不得已助征讨”,铁追假胡玉上,对阵科。铁白“看刀”,假胡玉下。金系童上,接战。金系童上山,铁白:“吃俺一刀”,二郎接战,铁败,二郎追下。四大将、四番女单对,一对(大张喜、寿安)。二对,(小刘得、玉福)。三对,(雨儿、三秀)。四对,(杨淳、彭禄寿)。对,下。真人唱“女子权操”完,二郎神追铁上,对。铁唱,又对,铁又唱完,战,下。四大将、四番女上,对攒,下。白犬将军背胡玉上,四大鸟追上,作战介。四神将下山,接战,下。四大将、四番女上,四单对。一对,(大张喜、寿安)。二对,(小刘得、玉福)。三对,(雨儿、三秀)。四对,(杨淳、彭禄寿)。对,下。元鸟追白犬将军上,对,下。青鸟追胡玉上,对,下。二神将(喜庆、王双庆)追赤鸟上,对,下。二神将(柴进喜、李姓)追鹏鸟上,对,下。二郎追铁臂上,对,下。真人唱“耐战的凶逆獠”完,四神将、四大鸟上,四单对。一对,(福成、王双庆)。二对,(李兴、刘得安)。三对,(米进

喜、刘安太）。四对，（喜庆、王林祥）。对，下。胡玉、尹成功、四番女，一打二。胡玉，（玉福、寿安）、尹成功，（三秀、彭禄寿）对，下。二郎追铁下。鹏鸟上，接战，鹏鸟换形上，二郎取弹弓，打，下。白犬追元鸟上，战，元鸟换形上，白犬下。哮天犬上，咬元鸟形下。胡、尹追铁上，战，下。四番女上，接战，对，下。四神将追青鸟、赤鸟上，战，神将败下，众鸟形追下。金系白，下。火轮、众火卒上，站。二郎、白犬、四神将上，战。众鸟形上，青鸟、赤鸟上，追，战科。青鸟、赤鸟作烧死，下。

《百鸟阵》串头

二出

见面，众白。于肃、银头，对科，众下。银头、于肃，对，下。四大将、四倭兵单对。（雨儿、福成）对，下。二对，（田玉、张喜）对，下。三对，（杨淳、靳保）对，下。四对，（小刘得、高进忠）对，下。四倭将、八健军，一对二。头对，倭将（大刘进喜）、健军（贾庆喜、刘得安）对，下。二对，倭将（刘得升）、健军（大曹进喜、小曹进喜）对，下。三对，倭将（王林祥）、健军（李兴、米进喜）对，下。四对，倭将（大刘得）、健军（喜庆、王双庆）对，下。于肃、众、银头等两场上，对攒十下，银头等败下，于肃、众追下。银头等上，白完，于肃、众上，作追冯百喜，四倭兵上，接战，下。四大将、四倭将单对。头对，（大刘进喜、张喜）对，下。二对，（小刘得、刘得升）对，下。三对，（雨儿、王林祥）对，下。四对，（杨淳、大刘得）对，下。于肃、银头，对，下。前四健军、前四倭兵，单对。头对，（李兴、福成）。二对，（王双庆、靳保）。三对，（米进喜、田玉）。四对，（喜庆、高进忠）。四大将、冯百喜、于肃、银头，续上，对，下。后四健军、后四倭兵，单对。头对，（贾庆喜、刘保）。二对，（刘得安、刘安泰）。三对，（大曹进喜、孙福喜）。四对，（小曹进喜、柴进忠）。于、众败上，银头等上，追，于、众败下。银头回，白。

三出

冯百喜、四倭兵、于肃、四大将、四健军,见面,攒。于、冯、四大将先下。众对十下,下。冯百喜、四大将上,对,下。胡玉、尹成功上,唱,下。于、众追冯、众上,追,下。银头白“埋伏者”,于、众追冯、众上,银头等接战,于等败下。银头、二大将(杨淳、小刘得)上,对,下。冯、二大将(大张喜、雨儿)上,对,下。四健军、四倭将上,对,攒,下。于肃上,白,唱。银头、众上,围下。于又唱“他行逼投降言强劲”,银头、冯、八倭兵、四倭将上,作围科。四大将、四大健军、胡玉、尹成功上,对科。胡玉扶于肃下,众等对,下。尹成功、银头上,对,下。四大将、四倭兵,单对。一对,(雨儿、福成)二对,(田玉、大张喜)。三对,(杨淳、靳保)。四对,(小刘得、高进忠)。胡玉扶于肃上,于唱完,胡玉白“杀退追兵便了”,于下。冯上,与胡玉对,冯败下。银头上,与胡玉对,下。尹成功、四倭将对,下。连环,四倭兵(福成、田玉、靳保、高进忠)、四健军、四倭兵(孙福喜、柴进忠、刘保、刘安太)、四大将、四倭将对,下。

于肃、胡玉、尹成功、众败上,银、众追于,众下。银头回,白“紧紧追上”,下。银上,白完,胡玉等推车上完,放火。于、众等上,浑战下。银、胡上,对,下。尹成功追冯百喜上,对,下。四健军、四倭兵,单对。一对,(王双庆、刘安太)。二对,(李兴、刘保)三对,(米进喜、孙福喜)。四对,(喜庆、柴进忠)。尹成功、四倭将对,下。胡玉追冯百喜上,战,作擒。冯百喜、四卒上,绑下。银头上,接战,胡玉败,银头追下。胡玉上,白“用暗箭射他便了”,倭兵、倭将、于、众等上,绕场下。银上,唱〔红绣鞋〕完,尹成功上,战,胡玉拿弓箭上,射死银头,拿人头下。于、众上,同唱“施一计战成功”,胡玉上,白,完。

四出

铁臂、众、胡玉、四大将、四健军,见面。铁白“看刀”,对攒,众先下,胡玉、铁臂对,下。四大将、四番女,单对。头对,(大张喜、寿安)。二对,(小刘得、玉福)。三对,(雨儿、三秀)。四对,(杨淳、彭禄寿)。

四健军、四倭兵，单对。头对，（李兴、福成）。二对，（王双庆、靳保）。三对，（田玉、米进喜）。四对，（喜庆、高进忠）。胡玉、铁臂上，对，架住，白完，铁唱“狭路难回避”，作战。胡玉唱“请试枪尖利”，作战。又唱“免得魂亡身费”，战，下。四番女、四健军，二对二。头对，（李兴、寿安、米进喜、玉福）。二对，（王双庆、三秀、喜庆、彭禄寿）。四大将、四倭兵、四番女、四健军接，不断。（福成、雨儿、田玉、大张喜、靳保、杨淳、高进忠、小刘得、彭禄寿、王双庆、三秀、米进喜、玉福、李兴、寿安、喜庆）对，下。铁臂上，胡玉上，单对。众续上，对攒，合前，铁臂等败下。胡玉等回，白，唱“双出册登记”，完。

于肃上，唱二支〔川拨棹〕。铁臂、番女、倭兵、兽怪上，绕场。于肃、四大将、健军、尹成功，浑战。于肃、众下，铁臂等追下。胡玉上，唱“生死料难知”，四番女上，对，番女下。铁臂上，战。兽怪上，胡玉下，铁臂、兽追下。四番女、四大将，对攒，下。尹成功、铁臂对，下。四倭兵、四健军，单对。一对，（李兴、福成）。二对，（王双庆、靳保）。三对，（田玉、米进喜）。四对，（喜庆、高进忠）。对，下。铁臂、众兽怪，追于肃、尹成功，众绕场，下。胡玉上，白完，唱“遇邪魔可便施”，下。铁臂、众追于肃、众上，胡玉、四神将上，反追铁臂、众败下，胡玉、众追下。铁臂上，白“擒他便了”，于肃、众上，追铁臂败下，完。

八出

真人，唱“不得已助征讨”。铁臂追假胡玉上，对阵科。铁臂白“看刀”，假胡玉下。金系童上，接战，金系童上山。铁臂白“吃俺一刀”，二郎接战，铁臂败，二郎追下。

四大将、四番女，单对。一对，（大张喜、寿安）。二对，（小刘得、玉福）。三对，（雨儿、三秀）。四对，（杨淳、彭禄寿）。对，下。真人唱“女子权操”完，二郎神追铁臂上，对。铁唱，又对，铁又唱完，战，下。四大将、四番女上，对攒，下。白犬将军背胡玉下场上，上四大鸟，下场门追上，作战介。四神将下山，接战，下。四大将、四番女上，四单对。头对，（大张喜、寿安）。二对，（小刘得、玉福）。

三对,(雨儿、三秀)四对,(杨淳、彭禄寿)。对,下。元鸟追白犬将军上,对,下。青鸟追胡玉上,对,下。二神将(喜庆、王双庆)追赤鸟上,对,下。二神将(米进喜、李兴)追鹏鸟上,对,下。二郎追铁臂上,对,下。真人唱"耐战的凶逆獠"完,四神将、四大鸟上,四单对。(福成、王双庆)。二对,(李兴、刘得安)。三对,(米进喜、刘安太)。四对,(喜庆、王林祥)。对,下。胡玉、尹成功、四番女,一打二。胡玉(玉福、寿安),尹成功(三秀、彭禄寿),对,下。二郎追铁下,鹏鸟上,接战。鹏鸟换形上,二郎取弹弓,打,下。白犬追元鸟上,战。元鸟换形上,白犬下,哮天犬上,咬元鸟形,下。胡玉、尹成功追铁臂上,战,下。四番女上,接战,对,下。四神将追青鸟、赤鸟上,战,神将败下,众鸟形追下。金系童,白,下。火轮、众火卒上,站。二郎、白犬、四神将上,众鸟形上,青鸟、赤鸟上,追,战科,青鸟、赤鸟下。作烧死,下。

4.《定天山》

《定天山》串头

《定天山》四出

八番卒、四番将引葛苏文上,唱〔点绛唇〕完,白,又唱〔番竹马〕完,下。四太监引唐王上,唱〔破阵子〕二句。徐勣上唱,白"左营大将张亮冲杀便了",报子上,白,下。

下场门设城。葛苏文内白,唐王上城。众番兵、将上,抄手,作围下。唐王白"张亮出城迎敌者",八小军引张亮出城,唱至"人魂丧",葛苏文等两场门上,见面,杀过河,对,大将先下。小军、番兵后抄手,对攒,末一下归斜四排,留末一排,小军不下。番将(杨清玉、郭清太)上,对,四小军下。张亮上,接对。又续二番将(吕远亭、马广寿),四番将下。葛苏文上,接对,同下。双连环(董进喜、何套住、刘双喜、马士成、王成、赵顺喜、刘保、高进忠、靳保),续(柴进忠、张来喜、彭禄寿、翠仗、赵荣、张喜寿、吉祥)照前攒,大将、番将全上,对,大攒。小番追,小军抄手,小军下。小番回,贯对,张亮败,葛苏文等追下。唐王白,徐勣传科。小军引程名振出城,同唱

〔六么令〕,下。唐王白,唱〔朱奴儿〕完,苏文等下场门上,程名振等上场门上,贯四分头,见面,葛苏文、四番将、程名振对。小军、小番杀过河下。六大将后对,下。二对二(董进喜、刘双喜、何套住、柴进忠)上,对,下。(马士成、王成、张来喜、彭禄寿)上,对,下。(赵顺喜、刘保、翠仗、赵荣)上,对,下。(高进忠、靳保、张喜寿、吉祥)上,对,下。程名振上,对四番将,番将下。葛苏文接对,同下。八人攒(赵顺喜、高进忠、刘保、靳保、翠仗、张喜寿、赵荣、吉祥),小军下。程名振上,接对,小番下。葛苏文上,接对,四番将追,八小军两场门上,对,照前大攒,程名振等败下,葛苏文等追下。

唐王唱。照前大攒,葛苏文等追下,白完,葛苏文内白完,八小番、四番将两场门上贯,仁贵中场上,小番、番将抄手。仁贵上,对,作射葛苏文左臂,追下。唐王白。徐勣白。薛宗显上,唱〔六么令〕完,白。唐王等下城,薛宗显白完,下。

七出

仁贵上。设山式云帐,仙楼上设软山三块,正中桌上踏蹉搭山片、八字软山,正设一字山峰,靠仙楼槅扇设关。

八出

番兵、番将引金、银、铁勒上,唱〔点绛唇〕完,白"也飞不过去叫他纳命"。仁贵内白。金勒白。前四番兵(赵顺喜、高进忠、翠仗、何套住),四番将(勒夫、刘得山、吕远亭、马庆寿)引金勒下山,下。银勒、铁勒等从山后下。仁贵、马童、纛上,白、唱〔醉花阴〕至"插翅难飞",内呐喊,仁贵白完,下。前番兵、将随金勒上,唱〔画眉序〕至"显得豪强",仁贵三人上,白。金勒白"放马过来",对攒。马童、纛返,番兵、番将先下,金勒、仁贵对,下。马童返,番兵一对(赵顺喜)、二对(何套住)、三对(翠仗)、四对(高进忠)。又续前三人,五人对,下。纛返,番将(马庆寿、吕远亭)上,对,番将下。续(勒夫、刘得山)对,又续前二番将,五人对,下。马童、四番兵上,对,番兵下。番将接对,马童下。纛接对,番将下。金勒接对,续马童、四番

兵、四番将两场门续。仁贵射死金勒,番众抬下。仁贵回,白,唱〔喜迁莺〕完,白,唱完下。后四番兵、番将引银勒上,唱〔滴溜子〕至“难迟片晌”,仁贵三人白“放马过来”。仁贵对银勒四番将,先下,马童对四番兵后下。仁贵追银勒上,对,下。纛对四番兵,一对(董进喜)、二对(马士成)、三对(张来喜)、四对(张喜寿),同下。马童上,对,四番将一对(金得荣)、又续(李福),(金、李)二人下。(韩福禄、孙福喜)上,接对,同下。仁贵返,银勒上,对,续四番兵,又续马童、纛,仁贵作射死银勒,番兵抬下。番将上,接对,作杀死番将,仁贵等回,白“赶上前去”。内呐喊,仁贵唱〔四门子〕至“一天雪浪下。”仁贵上高处,前四番兵、四番将引铁勒上,贯门,仁贵三人暗上,作射死铁勒,番众抬下。八军卒、八将官两场门上,抄手,番回,士贵、宗显暗上。

《定天山》串头

《定天山》四出

八番卒(边得奎等)、四番将(李三德等)引葛苏文上,唱〔点绛唇〕完,白,又唱〔番竹马〕完,下。四太监(冯喜顺等)引唐王上,唱〔破队子〕二句,徐勣上,白“左营大将张亮冲杀便了”,报子上,白完下。下场门设凤凰城。葛苏文内白,唐王等上城,小番、番将上,作围城下。唐王白,八小军(张春和等)引张亮出城,唱〔六么令〕完,至“人魂丧”,番兵、番将引葛苏文两场门上。见面,杀过河,番将、大将先下。小军、番兵后抄,对,大攒,末一下归四排,留末一排,小军不下。二番将(李三德、刘重喜)上,对,四小军下。张亮上,接对,又续二番将(马士成、尹昇)上,对,四番将下。葛苏文上,接对,同下。双连环(边得奎、张春和、宋福顺、杨得福、苏长庆、张得禄、狄得寿、彭玉安、张得安、冯文玉、张长保、李长喜、乔荣寿、卢恒贵、刘国祥、张福)对。续照前大攒。番将、大将全上,小番追小军,抄手,一小番回,对张亮,败下,葛苏文等追下。唐王、徐勣白,八小军(勒夫等)引程明振出城,同唱〔六么令〕完,下。

唐王唱〔朱奴儿〕至“方解惆怅”,葛苏文等下场门上,程明振等

上场门上，头四分头，见面。葛苏文、四番将、程明振六人对，小军、小番先对下，六人后对，下。二对二（边得奎、王山明、杨得福、陈进喜）上，对，下。（宋福顺、刘招、张得禄、王三多）上，对，下。（刘国祥、田进寿、冯文玉、姚长太）上，对，下。（彭玉安、袁庆喜、乔荣寿、勒夫）上，对，下。（李三德、刘重喜）程明振上，对，二人下。（马士成、尹昇）接对，二人下。葛苏文接对，同下。八小番、八小军上，对，大攒，四番将、葛苏文追程明振上，对，大攒，程明振等败下，葛苏文等追下。唐王唱至“气冲千丈”，番众等追程明振等上，照前大攒，程明振等败下，番众等追下。唐王白。徐勣白。葛苏文内白。小番、番将追小军，两场门上头，仁贵中场上，小番、番将抄手，仁贵作射葛苏文左臂，败下，众追下。唐王白。徐勣白。薛宗显上，唱〔六么令〕完，白。唐王等下城，薛宗显白完，同下。薛宗显白完，下。

七出

仁贵上。设山式、云帐。仙楼上设软山三块，正中桌上踏蹉搭山片，八字软山，正设一字山峰，靠仙楼槅扇，设天山关匾。

八出

八小番（边得奎等）、八番将（刘重喜等）引金、银、铁勒上，唱〔点绛唇〕完，白至“也飞不过去叫他纳命”，仁贵内白，内应。金勒白，前四番兵（边得奎、宋福顺、杨得福、张得禄）、四番将（刘重喜、蓝廷喜、杨进宝、姚得禄）引金勒下山，下。银、铁勒等从山后下。

仁贵、马童、纛上白，唱〔醉花阴〕至“插翅难飞上”，内呐喊。仁贵白、唱完，下。前四番兵（边得奎等）、四番将（刘重喜等）引金勒上，唱〔画眉序〕至“显得豪强”，仁贵三人上，白。金勒白“放马过来”，对攒。马童、纛追番兵、将，先下。仁贵、金勒后对，下。马童追番兵（一边得奎、二杨得福、三宋福顺、四张得禄）。又续，前三人，五人对，同下。纛追番将一（刘重喜、杨进宝）上，对，二人下。（蓝廷喜、姚得禄）上，接对，又续前二人，五人对，下。马童、前四番

兵上,对,四番兵下。四番将接对,马童下。纛接对,四番将下。金勒接对,续马童、前四番兵、番将两场门抄,仁贵作射死金勒,番众抬下。仁贵唱〔喜迁莺〕完,下。后四番兵(彭玉安、冯文玉、乔荣寿、刘国祥)、四番将(孔得福、尹昇、马士成、班进喜)引银勒上,唱〔滴溜子〕至"难迟片晌",仁贵三人上,白"放马过来",对。纛、马童、番兵、将,先下二人,后对,下。马童上,对四番兵(一刘国祥、二冯文玉、三乔荣寿、四彭玉安)对,同下。仁贵、银勒上,对,下。纛上对,四番将(一孔得福、二马士成、三班进喜、四尹昇)上,对,同下。仁贵追银勒上,对。续四番兵,又续马童、纛。仁贵射死银勒,番兵抬下。四番将接对,作杀死番将。仁贵三人回,白"赶上前去",内呐喊,仁贵唱〔四门子〕至"一天雪浪",仁贵上高处,前四番兵(边得奎等)、四番将(刘重喜等)引铁勒上,唱〔双声子〕完,白。仁贵三人暗上,作射死铁勒,番众抬下。八小军(张春和等)、八将官(陆得喜等)两场门上,番回,张士贵、薛宗显上,白完,唱〔尾声〕,下。

《定天山》串头

《定天山》四出

八番卒、四番将引葛苏文上,唱〔点绛唇〕完,白,又唱〔番竹马〕完,下。

四太监引唐王上,唱〔破阵子〕二句。徐勣上唱,白"左营大将张亮冲杀使了"。报子上,白,下。下场门设城。葛苏文内白。唐王上城,众番兵将上,抄手,作围下。唐王白"张亮出城迎敌者",八小军引张亮出城,唱至"人魂丧",葛苏文两场门上,见面,杀过河,对,大将先下。小军、番兵后抄手,对攒末一下,归斜四排,留末一排,小军不下。番将杨清玉、郭清太上,对,四小军,下。张亮上,接对。又续二番将(吕远亭、马庆寿),四番将下。葛苏文上,接对,同下。

双连环(董进喜、刘双喜、马士成、王成、何奎住、柴进忠、张来喜、彭禄寿、赵顺喜、刘保、高进忠、靳保、翠仗、赵荣、张喜寿、吉祥)续,照前攒,大将、番将全上,对,大攒,小番追小军,抄手,小军下。

小番回，贯对，张亮败，葛苏文等追下。唐王白，徐勣传科。小军引程名振出城，同唱〔六么令〕，下。唐王白，唱〔朱奴儿〕完，葛苏文等下场门上，程名振等上场门上，贯四分头，见面，葛苏文、四番将、程名振对，小军、小番杀过河下。六大将后对，下。二对二（董进喜、刘双喜、何套住、柴进忠）上，对，下。（马士成、王成、张来喜、彭禄寿）上，对，下。（赵顺喜、翠仗、刘保、赵荣）上，对，下。（高进忠、靳保、张喜寿、吉祥）上，对，下。程名振上，对四番将，番将下。葛苏文接对，同下。八人攒（赵顺喜、高进忠、翠仗、张喜寿、刘保、靳保、赵荣、吉祥），小军下。程名振上，接对，小番下。苏文上，接对，四番将追八小军两场门上，对，照前大攒。程名振等败下，葛苏文等追下。

唐王唱。照前大攒，葛苏文等追下。唐王白完，葛苏文内白完，八小番、四番将两场门上，贯。仁贵中场上，小番、番将抄手，仁贵上，对，作射葛苏文左臂，追下。唐王白。徐勣白。薛宗显上，唱〔六么令〕完，白。唐王等下城，薛宗显白完，下。

七出

仁贵上。设山式、云帐，仙楼上设软山三块，正中桌上踏蹉搭山片、八字软山，正设一字山峰，靠仙楼槅扇设关。

八出

番兵、番将引金、银、铁勒上，唱〔点绛唇〕完，白“也飞不过去叫他纳命”。仁贵内白，金勒白，前四番兵（赵顺喜、翠仗、高进忠、何套住）、四番将（勒夫、吕远亭、刘得山、马庆寿）引金勒下山，下。银、铁勒等从山后下。仁贵、马童、纛上，白，唱〔醉花阴〕至“插翅难飞”，内呐喊，仁贵白完，下。前番兵、将随金勒上，唱〔画眉序〕至“显得豪强”，仁贵三人上，白，金勒白“放马过来”，对攒，马童、纛追番兵、番将先下。金勒、仁贵对，下。马童追番兵，一对（赵顺喜），二对（何套住），三对（翠仗），四对（高进忠）。又续前三人，五人对下。纛追番将（马庆寿、吕远亭）上，对，番将下。续（勒夫、刘得山）

对,又续前二番将,五人对,下。马童、四番兵上,对,番兵下。四番将接对,马童下。纛接对,番将下,金勒接对。续马童、四番兵、四番将两场门抄,仁贵射死金勒,番众抬下。仁贵回,白,唱〔喜迁莺〕完,白,唱完,下。后四番兵、番将引银勒上,唱〔滴溜子〕至"难迟片晌",仁贵三人上,白"放马过来"。仁贵对,银勒、四番将先下。马童、纛对四番兵,后下。仁贵追银勒上,对,下。纛对四番兵,一对(董进喜),二对(马士成),三对(张来喜),四对(张喜寿),同下。马童上,对四番将,一对(金得荣),又续(李福),(金、李)二人下。(韩福禄、孙福喜)上,接对,同下。仁贵追银勒上,对。续四番兵,又续马童、纛。仁贵作射死银勒,番兵抬下。番将上,接对,作杀死番将。仁贵等回,白"赶上前去"。内呐喊,仁贵唱〔四门子〕至"一天雪浪下。"仁贵上高处。前四番兵、四番将引铁勒上,贯门。仁贵三人暗上,作射死铁勒,番众抬下。八军卒、八将官两场门上,抄手番回,士贵、宗显暗上。

5.《贾家楼》

《贾家楼》串头

《贾家楼》

四白文堂、一中军上,站门,杨龄上,唱,白完,同下。尤俊达上,唱〔引〕,白完,通名。一院子暗上,各白完干排子下。程咬金内白"好酒吓",上,唱完,白"院子",一院子上,各白完干排子下。四车夫、一丑院子引单雄信上,唱,白完,下。程咬金上,白至"在这里等他",车夫、院子、雄信上,唱〔水底鱼〕完,各白至"吃俺一剑",战科,咬金败下。院子白,雄信白完〔水底鱼〕,下。

四车夫、史大奈、罗成上,唱,白完,下。程咬金上,白至"这便怎么",内喧哗科。程又白至"就是这个主意",罗成内白"趱行",上,各白至"看剑",战科。咬金白完,败下。罗成白完〔水底鱼〕,下、金甲、鲁明星、齐国远,同环、鲁明月、王君可,柴绍等同上,〔粉孩儿〕完,各通名,各白完,后半支排子,下。

魏征、徐勣上,〔水底鱼〕,各通名,白至"就此前往",候君吉内

白“二位慢走，俺来也”，上，见面，各白完，同下。秦琼上，白二句，樊虎、廉明上，各白至“有劳二位，请”，樊虎、廉明下。秦琼白至“愁死俺秦琼也”，樊虎、廉明上，白，秦琼白“有请众位”，尤俊达等十四人上，各白完，同下。

店家上，白至“不见一个人来”，秦琼等十七人上，作上楼让坐科。白至“我等有礼了”，樊虎、廉明白完，樊廉下。众排子完，程咬金上，各白，结拜科。至咬金白“磕个响头”，樊虎、廉明上，白完，秦琼白完，秦、廉、樊下。众白完，暗下。程咬金白至“酒保”，酒保上，各白完，同下。

四白文堂、四手下（下手等）、一中军引杨龄上。白至“传秦琼”，秦琼上，唱，白至“那里去寻我”，报子上，白完，下。杨龄白至“须要小心”，四下手引秦琼下。杨龄、文堂作上城科，望科。四下手引秦琼上，程咬金下场门上，各白，绑咬金下。杨龄等下城，文堂挖门。秦琼上，白完，四下手绑咬金上，各白完，四下手、中军押咬金下。杨龄、秦琼白完，文堂领下。四青袍引县官先，四下手、中军押咬金上，白，作上枷科，白，下。场上设监门。禁子上，县官等押咬金上，收监科，同下。

樊虎、廉明上，白。徐勣等十三人下场门上，白至“日后必有大用”，罗成白完，罗成、柴绍下楼，同下。徐勣、酒保白至“大家一同相会”，酒保下。徐勣白至“犯牢劫狱”，金甲、同环、鲁明星、鲁明月四人下。徐勣又白完，同作下楼，下。四上手引来护上，唱完，四大刀手、四下手、四红文堂上，站门，唐陛上，唱，白完，四上手领来护下。唐陛白“掩门”，下。

金甲、鲁明星、同环、鲁明月上，白完，四上手、来护上，白完，战科，作擒四贼下。后四青袍引县官先，四上手、来护押四贼上，县官白，作上枷科。场上设监门。禁子随上，众押四贼作收，四贼进监科，完，同下。

起打

齐国远、候君吉上，白完，上桌子，放火科。来护上，望科，候君吉下桌子，先对，续齐国远，三人对，齐国远、候君吉下。四上手上，

追下,来护后追下。唐陛、手下等,追过场,下。金甲、同环、咬金、明星、明月内唱倒板,上,白完。禁子上,作打死禁子科,同下。来护、四上手上,追过场,下。同环、明星上,拉式,续金甲、明月上,拉式毕,续四上手上,八人对。续四下手上,十二人对。上、下手下,来护上,接对,来护下。唐陛上,接对,至五梅花,程咬金上,唐、环、星、甲、月五人下。四上手上,接对,上手下。副将上,接对,咬金下。王君可上,接对,副将下。四大刀手上,接对,大刀手下。来护上,接对,君可下。齐国远上,接对,来护下。四上手上,接对,上手下。唐陛上,接对,国远下。尤俊达上,接对,唐陛下。四下手上,接对,下手下。副将上,接对,俊达下。候君吉上,接对,副将下。四大刀手上,接对,大刀手下。来护上,接对,君吉下。史大奈上,接对,来护下。四上手上,接对,上手下。唐陛上,接对,大奈下。鲁明月上,接对,唐陛下。四下手上,接对,下手下。副将上,接对,明月下。金甲上,接对,副将下。四大刀手上,接对,大刀手下。来护上,接对,金甲下。鲁明星上,接对,来护下。四上手上,接对,上手下。三古荡,唐陛上,接对,续同环上,三人对,明星下。剩二人又对,唐陛下。四下手上,接对,下手下。副将上,接对,同环下。候君吉上,接对,副将下。五人刀攒。唐陛上,接对,君吉下。金甲上,接对,续鲁明星上,鲁明月上,同环上,五人对,唐陛下。来护上,接对,至押枪下。

程咬金上,挑开枪,对,来护、金甲等五人下。四上手上,接对,上手下。副将上,接对,咬金下。五人枪攒。候君吉上,接对,续史大奈上,尤俊达上,齐国远上,五人对,君吉等四人下。鲁明星上,接对,副将下。五人枷攒。唐陛上,接对,续金甲上,明月上,同环上,五人对,鲁明星等四人下。候君吉上,接对,唐陛下。吊家伙,起短打来护上,接对,君吉下。六古荡,鲁明星上,接对,续金甲上,同环上,明月上,副将上,六人对,鲁明星等四人下。两场门,陆续十人攒。尤俊达、史大奈上,四人对。续候君吉、齐国远上,六人对。续鲁明星、鲁明月、金甲、同环,上场门一拉边上,十人对。副将从上场门先下,来护后下。唐陛上,接对,八贼下。程咬金上,接

对,程咬金下。史大奈上,接对,续尤俊达上,三人对,唐陛下。四下手上,六人对,下手下。来护上,三人对,俊达、大奈下。陆续大攒。鲁明星上,接对。续明月上,副将上,下场门金甲上,上场门同环上,上场门续俊达、君吉、大奈、国远上,十人对。续唐陛、咬金上,对,架住,众钻烟筒,三将归斜排,一个一个拨,众下,众手下追,下。三将耍花,下。樊虎、廉明引单雄信上,至下场门台口,上战。王君可等上,过场,单番筋斗下。唐陛众等上,雄信白完,掷书子科,退下。唐陛拾书子科,白完,下。手下等倒托靴下,完。

6.《温泉会》

《温泉会》串头

七出

卒子、白起上,唱完,会阵,齐真等上,各白完,对,下。齐王等上,唱完,各白完,又唱。章邯上,各白完,作对,赛花、齐王下。无艳、章邯二人对,章邯下。白起上,接对,同下。外八人、白起追无艳上,对,无艳下。齐真、齐风上,接对。又续冯宸、田昆、章邯上,对六股当,冯宸等败下。田昆等回,白完,冯宸等上,对,齐王绕场下,众对,下。无艳上,唱完,白完,唱,下。卒子引陈乾上,唱完,白,又唱,作埋伏下。无艳上,白完。卒子、陈乾上,对。白完,又对,卒子抄下,二人后对,下。

陈乾上,白,作画符。四幡使上,归排。无艳上,对。幡使作围科,无艳咀,四力士上,陈乾、无艳下。力士、幡使发诨科,下。无艳追陈乾上,对,作斩陈乾。无艳白完,下。卒子引姜坎上,唱,白完,又唱,作埋伏,上门下。无艳下门上,白完,姜坎等上,对。卒子抄下,二人后对,下。外八人、姜坎上,作画符,幡使上,归排。无艳上,幡围科,无、姜下。力士下门上,发诨,众分下。姜坎上,白,无艳追上,作斩姜坎下。

卒子引刘巽上,唱完,白完,又唱,作埋伏下。无艳上,白,刘巽等上,对,各白完,又对。卒子抄下,二人后对,下。刘巽上,白。四黄沙鬼上,归排,无艳追上,对。四力士上,二人又对,众钻下,作斩

刘巽,下,无艳白完下。卒子引董离上,唱,白完,又唱,正场下。无艳上,白。董等上,对,白,众抄下,二人后对,下。章邯引齐王等上,唱完,白,齐王等下,章邯白完,唱,下。董上,白,作画符,四火卒上,归四角。无艳上,众作围,无艳白。水德星君上,火卒又围,转场,星君、火卒下,作斩董。秦大将上,对,追无艳至下门。田昆等上,接对,杀过河,众钻烟筒下,大将后对,下。外八人、秦齐大将赶活羊,归大攒,众钻烟筒下,大将蒙头、刺肚,秦等败下上门。卒子、将官两门上,各白完,〔尾声〕,倒推靴下。

7.《临潼山》

《临潼山》串头

《临潼山》四出

八将官、八军士、李渊等上,唱〔锦缠道〕完,白,又唱至“八面显英豪”,八勇士、张衡下场门上,见面,白完,对攒。勇士、张衡败下,李渊白“好生保护车辆”,窦夫人等下,李渊白,下。李渊等追张衡等上,对攒,众先下,李渊、张衡后对,下。

外四勇士(舒祥等)、军士(长寿等)八人上,对攒,下。又四(里)勇士(冯文玉等)、军士(卢恒贵等)上,对攒,下。李渊、张衡上,对,下。外八人上,对攒,下。李渊、张衡上,对。续军士、将官、勇士大攒,张衡等败下,李渊白,唱〔尾声〕,下。

五出

林刁上,唱,下。秦琼、樊虎、廉明上,同唱〔石榴花〕完,白完,唱,作上山科。白,唱,白“好不荣耀也”,内呐喊,“再看个明白”。将官、军士、李渊、勇士、张衡上,对,归两边,白,唱〔斗鹌鹑〕完,又对攒,下。樊虎白“再看个明白”,勇士、张衡引李渊等上,对,引至下场门。小军、将官引赵刚、钱秉、周龙、吴凯、魏文通上,进山口,又上,对攒。勇士、军士、将官,小军、将官众抄下,七人后对,下。军士、小军八人对,下。将官、将官八人上,对,下。外八人攒下,又李渊、六大将上,对。续大攒,众抄下,秦琼唱“无从招架。”

八人攒（边得奎、乔荣寿、孔得福、狄得寿、刘国祥、杨玉升、田进寿、姚得禄）上，对，下。（冯文玉、卢恒贵、何庆喜、赵永清、欧来喜、宋福顺、杨进宝、刘招）上，对，下。外八人上，对，下。魏文通、吴凯、张衡、周龙、赵刚、钱秉追李渊上，对，续众大攒，归排，杀过河，李渊等败下，众围下。廉明白，秦琼白，同唱下。

六出

林刁暗上，三呐喊，将官、军士、李渊上，唱〔新水令〕至“重围”，魏文通、张衡上对，将官、勇士、小军两场门抄手，围李渊等。秦琼三人上场门上，唱〔步步娇〕，作进山口。魏文通、张衡、钱秉、勇士下场门上，对，勇士放箭，秦琼三人下，众下。秦琼三人上，白完，同下。李渊、军士、将官上，唱〔折桂令〕至“也难洗湘江”，魏文通、张衡、周龙、小军（孔得福）、将官（王南清等）上，对攒。李渊等上场门下，众追下。秦琼三人下场门上，作进山口。勇士引赵纲上场门上，勇士放箭，秦琼三人下。赵纲等回，白完，下。建成上，唱〔江儿水〕，白完，下。魏文通追八军士上，对军士、八将官接对，下。秦琼三人上场门上，张衡、周龙、勇士从正场门上，对。勇士放箭，三人下，众随下。军士、将官、李渊上，唱〔雁儿落〕完，白，又唱至“一个个无疎放”，内呐喊“把奸雄一扫光”，魏文通、钱秉、张衡上，对。小军（孔得福）、将官（王南清等）上，抄，同下。林刁白“摩动者”，内呐喊，吴凯、钱秉、周龙、赵纲、将官、勇士、小军上，走阵完，唱。秦琼三人上，作打阵科，秦琼三人败下，众回，下。下场门秦琼三人上，白，唱〔收江南〕完，白，作射死林刁，下。两场门小军、将官、勇士、六大将围李渊，军士、将官上，对。秦琼三人上，救出李渊、军士、将官，李渊、军士、将官下，勇士抄手，下。三人回，对，众同下。建成上，唱〔园林好〕完，下。军士、将官、李渊上，作跌倒科。建成上，白完，白，唱，上高处站。廉明、钱秉、吴凯三人对，下。樊虎、张衡、周龙三人对，下。秦琼、魏文道、赵纲三人对，下。李渊白完，同下。樊虎、廉明、周龙、吴凯、赵纲、钱秉六人上，对，下。秦琼、张衡上，对，作打死张衡。又续魏文通上，对。又续樊虎、廉明上，对，下。

小军、将官、四大将引魏文通上,白完,下。秦琼追八勇士(冯文玉、欧来喜、舒祥、松林、何庆喜、杨进宝、赵永全、文义),上,对,秦琼作擒一勇士(何庆喜),白,下。樊虎、廉明二人上,秦琼等白,唱〔沽美酒〕完,李渊内白,樊虎白,同唱“英名留芳世上”,同下。军士、将官引李渊、建成上,白,同唱〔尾声〕,完。

《临潼山》串头

《临潼山》四出

八将官、八军士、李渊等上,唱〔锦缠道〕完,白,又唱至“八面显英豪。”八勇士、张衡下场门上,见面,白完,对攒,勇士、张衡败下。李渊白:“好生保护车辆。”窦夫人等下,李渊白,下。李渊等追张衡等上,对攒,众先下。李渊、张衡后对,下。外四勇士(舒祥)、军士(长寿等),八人上,对攒下。又四里勇士(冯文玉)、军士(卢恒贵等)上,对攒下。李渊张衡上,对,下。外八人上,对攒下。李渊、张衡上,对,续军士、将官、勇士、大攒,张衡等败下,李渊白,唱〔尾声〕下。

五出

林刁上,唱,下。秦琼、樊虎、廉明上,同唱〔石榴花〕完,白完,唱,作上山科。白,唱,白“好不荣耀也”,内呐喊,将官、军士、勇士、李渊、张衡上,对,归两边,白,唱〔斗鹌鹑〕完,又对,攒,下。樊虎白“再看个明白”,勇士、张衡引李渊等上,对,引至下场门。小军、勇士、将官引赵刚、钱秉、周龙、吴凯、魏文通上,进山口。又上,对攒。勇士、军士、将官、小军、将官、众抄下,七人对,下。里军士、小军八人对,下。将官、将官八人对,下。外八人攒,下。又李渊、六大将上,对,续大攒,众抄下。秦琼唱“无从招架。”

八人攒(边得奎、乔荣寿、孔得福、狄得寿、刘国祥、杨玉升、田进寿、姚得禄)上,对,下。(冯文玉、卢恒贵、何庆喜、赵永清、欧来喜、宋福顺、杨进宝、刘招)上,对,下。(舒祥、长寿、赵永全、汪三永、松林、关永寿、文义、永寿)上,对,下。

对下魏文通、吴凯、张衡、周龙、赵刚、钱秉追李渊上，对，续众大攒，归排，杀过河。将官、李渊等败下，众围下。廉明白，秦琼白，同唱，下。

六出

林刁暗上，三呐喊，将官、军士、李渊上，唱〔新水令〕至"重围直闯"，魏文通、张衡上，对。将官、勇士、小军两场门抄手，围李渊等下。秦琼三人上场门上，唱〔步步娇〕，作进山口。魏文通、张衡、钱秉、勇士下场门上，对。勇士放箭，秦琼三人下，众回，下。秦琼三人上，白完，同下。李渊、军士、将官上，唱〔折桂令〕至"也难洗湘江"，魏文通、张衡、周龙、小军（孔得福等）、将官（王南清等）上，对攒。李渊等上场门下，众追下。秦琼三人下场门上，作进山口。勇士引赵纲上场门上，对。勇士放箭，秦琼三人下。赵纲等回，白完，下。建成上，唱〔江儿水〕，白完，下。魏文通追四军士上，对，军士下。四将官接对，同下。秦琼三人上场门上，张衡、周龙、勇士从正场门上，对。勇士放箭，三人下，众随下。军士、将官、李渊上，唱〔雁儿落〕完，白，又唱"一个个无疎放"，内呐喊，至"把奸雄一扫光"，魏文通、钱秉、张衡上，对。小军（孔得福等）、将官（王南清等）上，抄，同下。林刁白"摩动者"，内呐喊，吴凯、钱秉、周龙、赵纲、将官、勇士、小军上，走阵完，唱。秦琼三人上，作打阵科。秦琼三人败下，众回，下。

下场门上秦琼三人，上白，唱〔收江南〕完，白，作射死林刁，下。两场门小军、将官、勇士、六大将围李渊，军士、将官上，对。秦琼三人救出李渊、军士、将官。李渊、军士、将官下。勇士抄手，下。三人回，对，众同下。军士、将官、李渊上，作跌倒科。建成上，唱〔园林好〕完，白，唱，上高处站。廉明、钱秉、吴凯三人对，下。樊虎、张衡、周龙三人对，下。秦琼、魏文通、赵纲三人对，下。李渊白完，同下。樊虎、廉明、周龙、吴凯、赵纲、钱秉六人上，对，下。秦琼、张衡上，对，作打死张衡。又续魏文通上，对。又续樊虎、廉明上，对，下。小军、将官、四大将引魏文通上，白完，下。秦琼追八勇士（冯文玉、欧来喜、舒祥、文义、何庆喜、杨进宝、赵永全、松林）上，对。

秦琼作擒一勇士(何庆喜),白,下。樊虎、廉明二人上,秦琼等白,唱〔沽美酒〕完,李渊内白,樊虎白,同唱“英名留芳世上”。同下。军士、将官引李渊、建成上,白,同唱〔尾声〕,下,完。

8.《兴隆会》

《兴隆会》串头

《兴隆会》三出,设亳州城。

吕天寿、吴桢,对剑科。同唱完,对。吴桢作刺死吕天寿科。孙德崖掷杯,同张豹从后下。蒋忠扶朱元璋突围下。军士(张春和等)、将官(刘招等)引陈清、王珍、吴通、潘玉两场门上,作围。军士、将官先下。吴桢对四大将,下。蒋忠扶朱元璋上,四望科,内呐喊,朱元璋急下。四军士(张春和等)上,对,蒋忠对,下。四大将、四将官(刘招等)引孙德崖上,白至“与我赶上”,众应下。蒋忠、朱元璋上,白“好了,好了”完,吴桢上,白完,内呐喊。蒋忠白“待我挡住追兵便了”,朱元璋、吴桢下。四大将上,对,蒋忠、四大将下。孙德崖上,接对,续四大将上,对。续军士(张春和等)、将官(刘招等)上,作围科。蒋忠败下,孙德崖等追下。完。

四出,设亳州城东门。

朱元璋、吴桢上,唱完,门军、守门将暗上,至“就此开门”,朱元璋、吴桢唱,出关下,门军、守门将随下。陈清、王珍、吴通、潘玉追蒋忠上,对。张豹上,接对,蒋忠败下,众追下。弓箭手(卢恒贵等)引孙和上,唱,唱完,白“埋伏者”,埋伏,下。张豹引蒋忠上,对,引至埋伏处,张豹下。孙和上,接对完,白“放箭”,弓箭手上,作射科,蒋忠败下。弓箭手白完,唱,下。蒋忠上,白完,潘玉、吴通上,对。蒋忠作打死二大将科。孙和上,白,接对。弓箭手上,作射死蒋忠科。军卒(张春和等)、将官(刘招等)引陈清、张豹、王珍、孙德崖上,白完,至张豹白“待小将推倒便了”,张豹作推蒋忠落锤打死张豹科,弓箭手众作抬下。军卒(张春和等)引孙和下。孙德崖白“接应去者”,将官(刘招等)、王珍、陈清引孙德崖下。籐牌手(张得安

等）引常遇春、华云龙白完，同下。

朱元璋、吴桢上，白“上前看来”，望科。内籐牌引常遇春上，白。吴桢、朱元璋下。军卒（张春和等）引孙和上，对攒。军卒、籐牌先下，孙和、常遇春对，下。单对（张春和、张得安）上，对，下。（杨玉升、孙喜）上，对，下。（李平安、辉四喜）上，对，下。（边得奎、张喜寿）上，对，下。遇春、孙和上，对。续华云龙上，接对。续籐牌、军卒等，对攒。常遇春作刺死孙和，众追下。将官（刘招等）引陈清、王珍、孙德崖上，白完。报子（王成业）上，白完，下。

将官、二大将引孙德崖下。双刀手（彭遇安等）引胡大海上，唱，唱完下。军卒（张春和等）、将官（刘招等）、五大将、籐牌（张得安等）两场门上，对。五大将、孙德崖、王珍、陈清、常遇春、华云龙先下，众后对，下。孙德崖、常遇春上，对，下。华云龙、陈清、王珍上，对，下。一对二（张得安、张春和、刘招）对，下。（孙喜、杨玉升、袁庆喜）对，下。（辉四喜、李平安、张得禄）对，下。（张喜寿、边得奎、王喜）对，下。孙德崖、常遇春、华云龙、陈清、王珍上，对。续胡大海上，接对。续双刀手（彭遇安等）对。续军卒（张春和等）、将官（刘招等）上，抄手。常遇春、华云龙、胡大海、双刀手败下。孙德崖等追下。车夫（宋福顺、张长庆、乔荣寿、蓝廷喜）引汤和、裴秀英上，唱，唱完，内呐喊，汤和等上高处。

孙德崖追常遇春上，对攒。续陈清、王珍、华云龙、双刀手、胡大海、军卒（张春和）、将官（刘招等）上，作围下。汤和白完，孙德崖追常遇春、华云龙上，对。常遇春、华云龙败下。汤和、裴秀英上，接对。汤和、秀英败下。德崖追双刀手（彭遇安等）、陈清、王珍上，对，下。秀英上，白。二大将、陈清、王珍上，对。秀英作射死陈清科，孙德崖上，接对。秀英又射死王珍科。孙德崖败下，秀英追下。

单连环（张春和、张得安、杨玉升、孙喜、李平安、辉四喜、边得奎、张喜寿、刘招、彭遇安、袁庆喜、张庆贵、张得禄、苏长庆、王喜、冯文玉）对，下。孙德崖败上，白。一常遇春，二华云龙，三胡大海，四汤和，五秀英对下。十六人两场门抄手，对大攒，作斩军卒、将官，同下。孙德崖、三大将追上，对，作擒住孙德崖。籐牌、双刀两

场门抄手,粮车随上,白完,唱〔尾声〕,下。

9.《沂水岭》

《沂水岭》串头

六出

朱贵上,白至“还不见回来”,朱富上,白至“快快整备起来”,同下。十二土兵(田进寿等)引李云押李逵上,李鬼随上,唱〔甘州歌〕至“社鼠城狐”,朱富上,白。李云白,李鬼白,朱富白,内应。众伙计捧肉上,朱贵随上,李云白:“不可多饮”,土兵应。朱富白,唱〔又一体〕完,至“醉人扶”,李逵白,朱富白“麻倒了”,朱贵白“快些动手”。伙计们解李逵绑,白,随下。提人头上,朱贵白,同唱〔撼动山〕至“停一步”,同下。李云醒科,白土兵双场门上,“追上前去。”唱〔急急令〕完,白“那里去”,下。众伙计(杨得福等)引朱贵、李逵上,唱二句。李云等追上,白完,众对,大攒,土兵、伙计先下,三人后对,下。单对(田进寿、杨得福)上,对,下。(张得安、李平安)上,对,下。(平喜、边得奎)上,对,下。(白兴太、杨进升)上,对,下。(姚长太、杨玉升)上,对,下。(冯文玉、张长庆)上,对,下。李云、朱贵、李逵三人上,对,下。(卢恒贵、张庆贵)上,对,下。(彭玉安、张住)上,对,下。(孙喜、张得禄)上,对,下。(张春和、苏长庆)上,对,下。(刘招、宋福顺)上,对,下。(张喜寿、赵荣)上,对,下。朱贵、李逵、李云三人上,对,下。

单连环(田进寿、杨得福、张得安、李平安、平喜、边得奎、白兴太、杨进升、姚长太、杨玉升、冯文玉、张长庆、卢恒贵、张庆贵、彭玉安、张住、孙喜、张得禄、张春和、苏长庆、刘招、宋福顺、张喜寿、赵荣)上,对,下。李云、朱贵、李逵三人上,对。续众大攒,朱富上,作拦科。白完,唱〔尾声〕,下。

10.《升平宝筏》

九段《升平宝筏》串头

九段《西游》　六出　老君收童

老君从禄台上，唱〔新水令〕完，白，又唱完，下场门下。八小妖（张庆贵等）执旗引金、银角，从左洞门上，同唱〔步步姣〕完，从下场门下。悟空上场门上，唱〔折桂令〕，至“履险平安”，金、银角上场门上，对科。悟空唱，对科。金、银角白，悟空唱“地覆天翻”，八小妖两场门上，围科。悟空白，诅，金、银角、悟空下。四悟空化身追八小妖上，对攒科，下。剩（孙喜、张得禄）对科。单对，（吴进忠、张庆贵）上，对，下。（杨淳、张得安）上，对，下。（乔荣寿、边得奎）上，对，下。（张得禄、彭遇安）上，对，下。（祁进禄、杨玉升）上，对，下。（杨淳、冯文玉）上，对，下。（乔荣寿、刘招）上，对，下。悟空、金、银角上，对，下。连环，（张得禄、小王喜、吴进忠、张春和、李平安、张得安、赵德、边得奎、祁进禄、杨玉升、李平安、冯文玉、赵德、王三多、张得禄、孙喜）上，对，下。悟空、金、银角上，对。八小妖两场门上，作围科，同唱〔江儿水〕，至“怎生排散”，八小妖两场门分下。

悟空唱〔雁儿落〕，仙楼上至“齐打翻”，又对。老君从上场门上，站高，唱侥侥令，白，金、银角跪科。老君唱，悟空白，老君唱〔收江南〕。悟空白，唱。老君白，唱〔园林好〕。悟空白，唱，老君白，悟空白，老君白“众神何在”，甲、卯二神持锏，天将执月华旗，金甲神持金鞭，上，白，老君白，甲、卯二神应，押金、银角两场门下。悟空、唐僧、悟能、悟净上，唱〔沽美酒〕完，白，唱完，老君白，同唱〔尾声〕完，同下。

八段《升平宝筏》串头

八段《西游》　七出

黄袍郎从上场门上，悟空追上，对，唱〔风入松〕完，又对，唱，又对，唱〔又一体〕。黄袍郎从下场门隐下，换化身上。悟空从上场门隐下，换化身上，对，攒，留一对（刘五儿、平喜）后对，下。（长清、彭玉安）上，对，下。（李三德、袁庆喜）上，对，下。（韩福禄、张得禄）上，对，下。黄袍郎、悟空上，对，下。连环，（王成业、刘五儿、袁庆喜）接对，（刘五儿）下。（李三德）接对，（祁进禄）下。（彭玉安）接对，（李三德）下。（长清）接对，（彭玉安）下。

(张得禄)接对,(长清)下。(韩福禄)接对,续照前大攒,两场门分下。悟空、黄袍郎从两场门上,对,黄袍郎败下,悟空追下。黄袍郎急上,唱〔急三枪〕至"现原神",悟空追上,白"那里走",对,白,唱,对。天将(勒夫等)引金母从仙楼上,唱〔风入松〕完,白,同下,悟空上场门下。

九段《西游》串头

九段六出

老君从禄台上,唱〔新水令〕完,白,又唱完,下场门下。八小妖等执旗引金角、银角从左洞门上,同唱〔步步娇〕完,从下场门下。悟空上场门上,唱〔折桂令〕至"履险平安",金角、银角上场门上,对科。悟空唱,对科。金、银角白,悟空唱至"地覆天翻",八小妖两场门上,围科。悟空白,诅,金、银角,悟空下。四悟空化身追八小妖上,对攒,众下。剩(孙喜、韩福禄)对科,下。单对,(祁进禄、张春和)上,对,下。(杨淳、张得安)上,对,下。(赵德、边得奎)上,对,下。(韩福禄、小王喜)上,对,下。(祁进禄、杨玉升)上,对,下。(杨淳、田进寿)上,对,下。(赵德、王三多)上,对,下。悟空,金、银角上,对,下。连环,(韩福禄、小王喜、祁进禄、张春和、杨淳、张得安、赵德、边得奎、祁进禄、杨玉升、杨淳、田进寿、赵德、王三多、韩福禄、孙喜)上,对,下。悟空,金、银角上,对。八小妖两场门上,作围科,同唱〔江儿水〕至"怎生排散",八小妖两场门分下。悟空唱〔雁儿落〕至"齐打翻,"又对。老君从上场门上,唱〔侥侥令〕,白。金、银角跪科。老君唱,悟空白,老君唱〔收江南〕。悟空白,唱。老君唱〔园林好〕。悟空白,唱。老君白,悟空白,老君白"众神何在",甲、卯二神持锏,天将执月华旗,金甲神持金鞭上,白。老君白,甲、卯二神应,押金、银角两场门下。悟空、唐僧、悟能净上,唱〔沽美酒〕完,白完,唱,老君白,同唱〔尾声〕完,同下。

十段《升平宝筏》串头

十段《西游》　五出

八护法神、惠岸、观音、龙女、悟空、十二云使上，同唱〔粉孩儿〕完，悟空白，观音白，护法神从两场门下。观音白，悟空应，从上场门下。观音白，惠岸应，观音唱〔红芍药〕二句，场上作现莲花座。又唱至“大力罗刹”，观音升座科。悟空引圣婴上，对科，悟空白，唱〔耍孩儿〕完，悟空从下场门隐下。观音白，圣婴白，唱〔会河阳〕完，白“看枪”，观音、惠岸、龙女隐下。云两场门分下。圣婴白，唱至“真无价”，八护法神追六健将上，对攒，下。单对，（张玉、卢恒贵）上，对，下。（长清、勒夫）上，对，下。（刘五儿、彭玉安）上，对，下。（韩福禄、张得禄）上，对，下。单连环，（祁进禄、卢恒贵、刘重喜、勒夫、长清、彭玉安、刘五儿、张得禄、张玉、卢恒贵、韩福禄）不下。续众大攒，护法神赶健将两场门下。莲花座内现天罡刀，圣婴白，唱至“空门”，大护法神押六健将，从两场门上，白，健将白，惠岸下场门上，白，护法神应科，押六健将从两场门下。圣婴白“我命休矣”，龙女随观音下场门上，云两场门（彭玉安）隐上。观音白，圣婴唱〔缕缕金〕完，观音白，莲花座内收天罡刀。悟空上，观音白，悟空上场门下。观音白，唱〔越恁好〕完，众从仙楼下，悟空上场门上，白。悟能、悟净、唐僧上场门上，叩拜科，同唱〔红绣鞋〕、〔尾声〕完，同下。

六出

四帅一个个上，跳，下。揭谛上，跳完，引哪吒、巨灵神、四师、惠岸、龙女、善才、观音上场门上，唱〔点绛唇〕完，升座，白，惠岸应科。四魔女兵（尹升等）持刀捧弓箭，引铁扇公主上场门上，纛随上。公主白完，唱〔斗鹌鹑〕完，白“杀上前去”，巨灵神作引阵，对科，仍侍立。公主唱〔小桃红〕完，白，侍女作递弓箭科，作射莲花座，现金莲花。公主唱，观音白，惠岸作对科，仍侍立。公主唱〔麻郎儿〕完，观音白，哪吒对科，白，公主白，唱〔络丝娘〕完，又对，唱〔拙鲁速〕完，又对毕，仍侍立。公主唱，白至“揭起钵来者”，八小妖兵（边得奎等）、二魔女执茶壶、茶盅，摩旗妖兵、擂鼓打锣妖兵、打天秤妖兵、抬山子妖兵上场门上，公主座科，魔女（田进寿等）作递茶。放火妖兵（边得奎等）持火把，胖大鬼持号筒，作发诨，同白“揭

不起”,从下场门下。公主白,唱至“救还你”,哪吒、巨灵神、四帅、公主对科。罗刹等上场门败下,观音白完,唱〔尾声〕完,下场门下。

八段《升平宝筏》串头

八段《西游》　七出

黄袍郎从上场门上,悟空追上,对,唱〔风入松〕完,又对,唱,又对,唱〔又一体〕,黄袍郎从下场门隐下,换化身上。悟空从上场门隐下,换化身上,对攒,留一对(刘五儿、王成业)后对,下。(长清、彭玉安)上,对,下。(李三德、祁进禄)上,对,下。(韩福禄、张得禄)上,对,下。黄袍郎、悟空上,对,下。连环,(杨淳、刘五儿、祁进禄)接对,(刘五儿)下。(李三德)接对,(袁庆喜)下。(彭玉安)接对,(李三德)下。(长清)接对,(彭玉安)下。(张得禄)接对,(长清)下。(韩福禄)接对,续照前大攒,两场门分下。悟空、黄袍郎从两场门上,对,黄袍郎败下,悟空追下。黄袍郎急上,唱〔急三枪〕至“现原神”,悟空追上,白“那里走”,对,白,唱,对。天将(勒夫等)引金母从仙楼上,唱〔风入松〕完,白,同下,悟空上场门下。

11.《鼎峙春秋》

头段《鼎峙春秋》串头

头段《三国》　六出　大破黄巾

八黄巾贼,引八头目张梁、张角、张宝、三纛上,白完,唱〔柳梢青〕至“可充餐膳”,内呐喊,贼众同下。

八小军(孔得福等)、四将官(尹升等),引刘、关、张上,唱〔新水令〕完,白至“一同前去”,四将官(张长保),引邹靖、纛上,唱〔步步娇〕完,刘、关、张作见科,白,三人唱〔折桂令〕完,邹靖白。场上设涿州城。八小军、八将官,引邹靖等出城,唱,同下。随撤城。黄巾贼、张角等、三纛上,白,唱〔江儿水〕完,下。小军、将官,引刘、关、张、邹靖、纛上,唱〔得胜令〕,至“频催战”,邹靖上高台,白,刘备白,关公白,傍侍科。刘备白,贼众上场门冲上,白完,对攒,八将官、八头目不下,众先下。十六人后对,下。八人攒(孔得福、袁庆喜、边

得奎、冯文玉、孙得喜、孙喜、刘国祥、刘重喜)对,下。(宋福顺、卢恒贵、杨玉升、杨进宝、田进寿、齐双喜、张比禄、张得禄)对,下。(姚长太、杨得福、苏长庆、勒夫、张长保、乔荣寿、张福、张春和)对,下。(王南清、吴进忠、张庆贵、张长庆、李长喜、姚得禄、尹升、杨进升)对,下。外八人,攒。关公唱至"盖世贤",八将官暗上,刘备、张宝上,对,下。张飞、张角、张梁上,对,下。邹靖白,唱〔侥侥令〕,至"不保全",关公白,八将官引关公下,外八人,攒,下。

大连环,(孔得福、袁庆喜、宋福顺、卢恒贵、边得奎、冯文玉、杨玉升、杨进宝、孙得喜、孙喜、田进寿、齐双喜、刘国祥、刘重喜、张比禄、张得禄)上,对,下。外八人,攒。刘备追张宝上,对,作射死张宝,下。张飞追张角上,对,张角败下。外八人攒。八小军引刘备、张飞上,小军白,唱〔收江南〕至"焰摩天",完,下。八将官、八头目,十六人上,对,头目下,将官不下。关公追张梁上,对,作斩科,下。邹靖白,众应,引下。张角等跑上,白,唱〔园林好〕完,跑下。八小军、八将官,引刘、关、张、邹靖、纛上,唱〔太平令〕完。小军白,邹靖白"收兵",唱〔庆余〕完,下。

12.《棋盘会》

《棋盘会》串头

一出

田昆上,起霸,唱,白,下。八齐卒上,站门,无艳上,唱完,白完,田昆暗上,内雷鼓,齐卒分下。无艳唱完,吹打,卒子、将官、赛花等两场门上,众将白,田昆白,无艳白完,唱完,田昆、赛花白,无艳派众将完,"尔等听者",唱完,吹打,四将引齐王上,挖门,艳白,众白"得令"。〔尾声〕,齐王、无艳、卒子、将官领绕场下。

二出

柳盖上,白完,下。四内侍引楚王下场门上,齐王上场门上,见面,下马,接四内侍领下,又上场门上,挖门。二王白,无艳同白完"请",吹打,领坐,上楼,挖门,同唱,白完,下棋科。无艳唱,下棋,

又唱至“手中衬楚代弓箭”,领绕场下。柳盖白完,作对科,下楼,白,撤楼梯,柳盖下。柳盖又上,白“一齐放箭”,下。艳白,作跳楼科。楚卒、将上,杀河,艳败下,众追下。田昆持刀上场门上,唱,白完,楚将追无艳上,无艳作代马战科,田昆领无艳众同下。

三出

齐王上,唱,白,又唱,下。焦魁内白,追赛花上,对打,下。齐王又上,唱。内呐喊,又唱,伍英内白,齐王下。追赛花上,对。续焦魁三古当,同下。齐王又上,唱,下。安世龙、伍英、焦魁追赛花上,对,同下。八齐卒引田玉、田常上,唱,冲开,白,又唱。下场门番归一排套下。齐王又上,唱完,内呐喊,又唱。柏忠内白,又唱,下。安世龙、伍英、焦魁、柏忠追赛花,对。田玉、田常下场门番出,接对。田玉、田常败下,众追下。四弓箭手引田能、管和上,唱,领冲开,白,又唱、白,下场门冲番埋伏下。齐王上,唱完,内白“齐王那里走”,齐王又唱,赛花下场门上,接齐王同下。焦魁等追田常、田玉上,战。田能、管和下场门上,作放弓箭,安世龙等作败,回,上场门下。齐王下场门上,等同由齐王白,又白,唱〔尾声〕,同下。

五出

齐卒引无艳、田昆众上,同唱,领冲开,白,番下。无艳白,众:“得令”,唱,领下。

六出

楚小军领柳盖上,唱,领冲开,白,又唱,领下。齐小军引无艳等上,唱,白,又唱,无下。柳盖引楚军上,与田昆等对战,下。齐四将官引田家四将上,站门,赛花起霸,白:“前去者!”代马领下。无艳上,唱,赛花下场门上,接无艳同下。柳盖、田昆上,对,下。田玉、安世龙上,对,下。田常、柏忠上,对,下。管和、焦魁上,对,下。武英、田能下,上下手上,对。接头打柳盖,打下。齐口完,唱完,四齐将、四楚将二对二对下。赛花、无艳暗上,唱〔尾声〕,同下。

《棋盘会》串头

《棋盘会》二出

下棋，无艳唱“忙将士相手中衬”，楚将绕场下。楚四将、四卒撤楼梯。柳盖代唤弓箭手上，挖门，无艳跳楼。楚四将、四大将挖门，排杀过河，上战，无艳败下，众将追下。田昆上，唱〔驻云飞〕，白，又唱至“军兵拥众齐”，楚八将追无艳上，无艳接刀马，对，田昆、无艳败下。众追下。

三出

三呐喊，齐王上，唱〔新水令〕至“齐疆杳”下。赛花、焦魁上，战下。齐王上，唱〔驻马听〕至“搀”，赛花、伍英上战，焦魁接对，赛花败下。二将卒、齐王上，唱〔沉醉东风〕至“那飞鸟”，下。赛花、安世隆上，战。续伍英、焦魁上，对，赛花败下，三将追下。齐卒、敌等四上手、田玉、田常上，唱〔水底鱼〕，下。齐王上，唱〔搅筝琶〕完，白，唱〔雁儿落〕、〔得胜令〕至“救这遭”，下。赛花、柏忠上，战。伍英、焦魁、安世隆接战，赛花败下。田玉、田常下场门接对，败下，四将追下。弓箭手、四下手等、田能、管和上，唱，下。齐王上，唱〔挂玉钩〕、〔殿前欢〕至“也餐刃”。赛花上，接齐王下。田玉、田常、楚四大将上，对，田能、管和、下场门上，战，弓箭手放箭，楚四大将败下。弓箭手、齐四将贯门，齐王、赛花上，作见面，白，唱完，下。

六出

八勇士（杨玉升、李东海、杨进宝、王安）、四下手引柳盖上，同唱，下。齐卒（欧来喜、夏庆春、陈进喜、陶来有）、四上手、田昆、无艳上，唱。勇士、柳盖上，对。勇士、齐卒分下。无艳、柳盖、田昆三人后对，下。

（白进贵、陈得瑞、魏成禄、王进喜等）引田能、管和、田玉、田常、赛花上，白，同下。无艳上，唱，赛花接，无艳下。

外八人攒下，田昆、柳盖上，对。续众大攒，归排，杀过河，引至下场门。赛花、四大将、田玉等，四将官（白进贵等）从下场门冲上，

对攒,众先下,大将后对,下。起打,柳盖、田昆上,对,田昆下。上手接对,上手下。田昆接对,柳盖下。下手接对,同下。

四齐将(侯玉禄等)引齐王、无艳站高处,唱完,外八人攒下,柳盖、赛花上,对,续众大攒,归排,柳盖等败下。齐王等追至下场门,退回,白,唱〔尾声〕下。

13.《射红灯》

《射红灯》串头

《射红灯》八出

宋江、偻儸先上,唱。石秀上,唱“认原显随步为潮”,庄兵、侍女、杜氏三雄、扈三娘从两场门上,对攒。宋江、扈三娘、石秀、花荣先下,单对,三娘、石秀对,下。杜龙、林冲对,下。杜虎、花荣对,下。王英、杜彪对,下。扈三娘、四偻儸(狄得寿、姚得禄、长寿、王南清)上,对。续众,大攒下。宋江等上,白“兄弟黑暗之中”,花荣射灯介,扈三娘等对,攒,下。外八人,攒,下。花荣、宋江上,唱“小李广一矢夸高”,下。石秀、栾廷玉上,对,下。外八人攒,单对(欧来喜、狄得寿)对,下。(关永寿、长寿)对,下。(齐双喜、姚得禄)上,对,下。(杨进宝、王南清)对,下。栾廷玉、花荣上,对,架住,唱,又对,花荣唱,对,下。

八偻儸、庄丁,十六人攒。花荣、扈三娘上,对,唱,花荣下。石秀上,接对,唱,又对,丑三儿诨战科,外八人攒,下。栾廷玉、王英、花荣、丑三儿、杜龙、林冲、杜虎、杜彪对,下。栾廷玉、孙二娘、扈三娘、石秀上,对。续大攒,栾廷玉等败下。宋江、花荣上,白“鸣金收军”,唱〔尾声〕,下,完。

《射红灯》串头

《射红灯》八出

宋江、偻儸先上,唱。石秀上,唱“认原显随步为潮”,庄兵、侍女、杜氏三雄、扈三娘从两场门上,对,攒。宋江、扈三娘、石秀、花荣先下,单对,三娘、石秀对,下。外八人攒,下。宋江等上,白“兄

弟黑暗之中”，花荣射灯介，扈三娘等对攒，下。外八人攒，下。花荣、宋江上，唱“小李广一矢夸高”，下。石秀、栾廷玉上，对，下。外八人攒，下。栾廷玉、花荣上，对，架住，唱，又对，花荣唱，对，下。八偻啰、八庄丁，十六人攒，下。花荣、扈三娘上，对，唱，花荣下。石秀上，接对，唱，又对，丑三儿诨战科，下，外八人攒下。栾廷玉、花荣上，对。续大攒，栾廷玉等败下。宋江、花荣上，白“鸣金收军”，唱〔尾声〕，下，完。

14.《德胜图》

《德胜图》串头

文堂（夏庆春、杨世贵、陈进喜、王景荣）上，站门。中军（王安）引富忠、花贤纳上，唱。王富成上，白完，“掩门”，文堂等翻下。王富成上，起坝。白完，四火枪手（杨进宝等）、四上手上，引（张世福、黄桂）上，白完，文堂（王得庆、刘进喜、边瑞保、屠来顺）引刘荣上，白。上手引陈太上，白完，下。四路总兵（张世福等）上，白完，四队长下。（未成禄、王金和）上，起坝，（王进喜、刘振喜）上，起坝。白完，文堂（夏庆春等）上，站门。花贤纳、富忠上，唱。中军白，传科，四路总兵上，白，中军白，花贤纳白，开兵，上手领下。文堂（夏庆春等）领富忠下。文堂（王得庆等）引二公主、李旺、陈氏女、蔡元，排子，抄番回，番下。主母与郭源、蔡元白，籐牌操演，下。头目两场门上，操演，下。公主等操演毕，报子上，白，下。上、下手上抄，下。又上手引花贤纳等上，抄过，归排，抢地方，摆山式，众钻烟筒，众先下。二将后对，下。外八人攒，富忠倒板，文堂（夏等）上，站门，走四门，引富忠上，唱。纛随上，起打。两场门上（王金和、未成禄）上，对，续二下手上，对，又续二下手对，下手下。（李福贵、王进福）上，接对，又续（马得安、梁进禄）上，对，（王金和、未成禄）上场门下，续（白进贵、丁进寿）上，对，（李福贵、王进福）下。又续（张盛立、冯进才）上，对，（马得安、李金福）下。又续（吴全荣、张进寿）上，对，（白进贵、丁进寿）下。续（马得安、安进禄）上，对，（冯进才、张盛立）下。续（李福贵、王进福）上，对，（吴全荣、张进寿）下。续

(王金和、未成禄)上,对,(马得安、安进禄)下。(未成禄、王进福、王金和、李福贵)对,下。富忠唱完,(张盛立)上场门上,(吴金荣)上,(白进贵)上,(丁进寿)上,续(陈得瑞)蔡四将下。蔡元上(张盛立、冯进才)蔡元下。(李福贵)上,(王进福)上,(丁进寿)上,下场门(白进贵),(白进贵)等下。续蔡元上,(冯进才)下。(王金和)上,(未成禄)上,(梁进禄)上,(刘振喜)上,(安进禄)四队长下,众倒钻烟筒,花贤、众蔡家回,白,抄,下。王富成上完,富忠等上,报子上,白,下。上手代马,下,众领下。

又上会阵,二龙出水,蔡元、王富成上,对,白,又对。上、下手钻烟筒,下。大将后对,下。起打,二上手、二下手上,对,下。两场门续(吴金荣、陈得瑞),续(马得安、梁进禄)上,对,二上手下。(陈得瑞、李金福)下,续二下手上,对,二上手上,对,(马得安、梁进禄)下,下手下。(白进贵、丁进寿)上,对,续(王富成、安进禄)上,对,二上手下。(王进福、李福贵)上,对,(白进贵、丁进寿)下。(王金和、未成禄)上,对,(王富成、安进禄)下。续上(王富成、安进禄)上,对,又续一上手、一下手上,对。花贤纳等六人,同赶活羊,下。(陈得瑞)上、下手下。(刘振喜)上,上手下。(丁进寿)上,(陈得瑞)下。(李金福)上,(刘振喜)下。(张盛立)上,(丁进寿)下。(马得安)上,(李金福)下。(吴全荣)上,(张盛立)下。(冯进才)上,(马得安)下。(李福贵)上,(吴全荣)下。(未成禄)上,(冯进才)下。(王进福)上,(李福贵)下。(王金和)上,(未成禄)下。(张进寿)上,(王进福)下。(狄盛保)上,(王金和、白进贵)上,(张进寿)下。(安进禄)上,(狄盛保)下,(安进禄)下。二上手上,对,续二下手上,对,白,下。又续四股当,留上手,空手打拳,赶活羊,(陈得瑞)上,下手下。续(刘振喜)上,上手下。续(丁进寿)上,(陈得瑞)下。对,(李金福)上,对,(刘振喜)下。(张盛立)上,对,(丁进寿)下。(马得安)上,对,(李金福)下。(吴全荣)上,对,(张盛立)下。(冯进才)上,对,(马得安)下。(李福贵)上,对,(李金福)下。(魏成禄)上,对,(冯进才)下。(王进福)上,对,(李福贵)下。(王金和)上,对,(魏成禄)下。(张进寿)上,对,(王进福)下。(狄盛保)

上，对，（王金和）下。（白进贵）上，对，（张进寿）下。（安进禄）上，对，（狄盛保）下。下手打八股当，（安进禄、白进贵）上，对，（李金福、吴全荣）上，对，续（王进福、王金和）上，对，（白进贵、安进禄）下。续（未成禄、李福贵）上，对，又续（白进贵、冯进才）上，对，（吴全荣、未成禄、王金和、白进贵）两场门下，（王进福、李福贵）下。续（丁进寿、张盛立）上，持叉，（李金福、冯进才）下。（李进禄、马得安）又上，对，（王金和、未成禄）上，对，（丁进寿、张盛立）下。四下手上，对，四下手下。（丁进寿、白进贵、吴全荣、张盛立）上，对，四上手两边上，对，上手下。富忠家、蔡家两家人，同上，白“追”，单领，众下。蔡众等上，领进山口，众下。花贤纳等追上，进山口，上山，蔡众等上，挖门，花贤纳等抄，下。

15.《大战高丽》

《大战高丽》串头

（安进禄）摆阵四上手、四下手、四高力人，两边走十字各花，归三排。（马得安、梁进禄、狄盛保、王安、李福贵）上，串阵，一排杀进，三排杀下。（马得安、梁进禄、狄盛保、王安、李福贵）五人挖门，（安进禄）、四下手、四高力人，两边上，杀进，架住。众鬼抄，上桌。（马得安）唱，杀众鬼，下桌抄，又上桌。（常得禄）上，唱，引出（马得安、梁进禄、狄盛保、王安、李福贵）下。（常得禄、丁进寿）二人拉下，众鬼跟下。（安进禄）上高台，白完，下高台，白追下。（常得禄）上，杀众鬼。（丁进寿）拉（常得禄）下马。（马得安、梁进禄、狄盛保、王安、李福贵）上，四上手、四高力人、四下手，杀进，对（长寿、马得安），从后成对，绕场下。（丁进寿、常得禄）二人上，对，下。（马得安、安进禄）上，对。续上下手（马得安、安进禄）攒，下。上、下手，对。续（侯玉禄）、下手下，又对。续（狄盛保）上手下，又对。续（白进贵、侯玉禄）下，又对。续（梁进禄、狄盛保）下，又对。续（张进寿、白进贵）下，又对。续（王安、梁进禄）下，又对。续（王进福、张进寿）下，又对。续（李福贵、王安）下，又对。接（安进禄、马得安）对，（王进福、李福贵）下，（梁进禄、张进寿）接对。（马得安、安

进禄)下,(白进贵、狄盛保)接对。(梁进禄、张进寿)下,(侯玉禄、王安)接对。(白进贵、狄盛保)接上,下手下,留一上手接(安进禄)从下场门上。(常得禄)上,下手下。(丁进寿、马得安)上,(安进禄、丁进寿)下。(常得禄、马得安)二人同下,外八人攒,下。(常得禄)杀(白进贵、张进寿、侯玉禄、王进福、丁进寿),同下。四下手(安进禄)上,下(马得安),众追下。(常得禄)扔柬帖下,(马得安、安进禄)收,下。

16.《青石山》

《青石山》串头

《青石山》六出

起打归攒同下,唱。

关平、大狐上,对么二三四、兜、蒙头,四刺回身,大刀花、腰封,丢刀。

续(李金福)双枪上。大狐蒙关平头,丢,关平接刀,上场门续(王进福)大刀,双么二三、兜叉、过河,翻头下。剩(王进福、李金福)对磕、走犄角、三百蒙头,豁、挑、兜,过蒙头,四刺丢枪,学手两换,一肘、二肘、过河、丢刀。续(成禄)空手上,三人斜犄角、丢刀,(李金福)搭腿、接枪,三人兜、移位、打挑,(王进福)蒙头、一绕,跟(李金福、魏成禄)蒙头,(魏成禄)丢枪,三挑、三刺肚,换位编辫子,本位三人一兜、打腰、丢刀,三人同大刀花、砍头,三人绕崩、归斜一溜。(王进福)跨腿,两换碰枪,双刺肚。

续(王金和)两样么二三、出手,换蒙头,换位反对脸,双打、双扫、双换。(魏成禄、王进福)斜过河。(王、李)换枪,(王、魏成禄)扔刀、接刀。(李金福、王金和)斜过河。(魏成禄、王)蒙头,(王)丢双刀,(王、魏成禄)崩崩过打、双对脸、一二三四换家伙。(王进福、李金福)过河、踢(王)下,代枪。剩(李金福、王金和、魏成禄)对一兜、直一溜,(魏成禄)中间跨枪、三换,又一兜,归斜角。(魏成禄)中间,(王金和、魏成禄)二人兜换,(魏成禄)蒙(李金福)头,(王金和)换枪。下场门续(张盛立)上,双跨剑,蒙头、斜过河。(李金福、

魏成禄)两绕、两腰封、蒙头,(李金福)丢刀,(张盛立)接刀,(李金福)下。

剩三人(张盛立、王金和、魏成禄)三人边三角,(王金和)中间,三换(魏成禄、张盛立)刺(王金和)肚,(王金和、张盛立)双换,(魏成禄、王金和)三换,三人抄,(狄盛宝)上,双大救架,(魏成禄)代刀下。三人过河。(张盛立、王金和)崩过归一溜,打、挑、碰、兜、扔双边兜,打腰、串一边、一挎、三换刺肚,打、挑换又刺刺肚,各要刺肚。续(白进贵)磕扯回,出枪、大扫玻璃灯,前蒙头、后蒙头,还枪、兜、跨腿。(白进贵)学手(王金和),下。剩三人(张盛立、狄盛宝、白进贵)兜、三人斜,六要口,刁枪,换家伙、蒙头、扔枪,中间要刺肚。续(张进寿)空手上,(狄盛宝)丢枪,(张盛立)下,代枪下。双拨,(狄盛宝)中间一搅、一搅、三换刺正肚。续(王进福)上,前蒙头、后曼头,(狄盛宝、王进福)曼头,(狄盛宝)下,三人刺肚,崩。(白进贵)下。剩(王进福、张进寿)对续(狄盛宝),三人蚌子、刺肚。

续大狐盖(狄盛宝、张)滚牌、双蒙头,前蒙头、后蒙头。续(王金和、李金福)串肚,崩出、斜过河、上下铁门砍,盖之走四人一套,两过河、刺肚、砍腰风,回抓滚牌、二削头、亮四朵梅花空拳,留一上手,对(张盛立)上场门上,对又续(李金福)。上手下,续(白进贵)上,对(张盛立)下,又续(王金和)上,对(李金福)下,续(魏成禄)上,对(白进贵)下,续(狄盛宝)上,对(王金和)下,续(王进福)上,对(魏成禄)下。续(张进寿)、续(白进贵)四人对。(白进贵、王进福)下,续大狐掷枪上,对(张进寿、狄盛宝)下,续关平上,对关平下,周仓上,对剑,大狐下,换形斗战形下,四下手上,对又换形战同下。众童等上,摆阵。关平引四下手入阵、打死,又引大狐等进阵、绕四角一排、打死大狐换形。众白,云使上,唱〔尾声〕完。

《青石山》串头

《青石山》六出

帝君白:“速去降妖者!”周仓、关平先下。神将白:“领法旨”下。关平、神将追四小妖、四小狐、大狐上对,大攒中钻下。关平、

大狐后对,下。前四神将对,四下手对,下。(张春和、宋福顺)上对,同下。关平、大狐精上对,下。

帝君唱〔刮地风〕至"即溜腾"后,四神将、四小狐化身上,对下。

关平对大狐精,作掩刀法,同下。洞宾白周仓上,跳舞下。关平追四下手。

后上,(苏长庆、张长保)对下。周仓追狐精上对,狐精下,换形上,发诨,同下。

帝君唱〔四门子〕至"威严法令"。周仓追,大狐精上对,大狐精下,四下手接对周仓,作杀四小狐下。八神将、四小妖(张得禄、陈进喜、张春和、宋福顺)上对,作斩四小妖下,神将上板凳。帝君唱〔水仙子〕至"影无形"。关平、周仓追大狐上,对。神将抄手,大狐下,换形上,神将作擒科。众神白:"妖狐已擒"。帝君接唱后半支"贫道告退"。帝君白:"回天宫去者!"云冲两场门上下。

《青石山》串

准串　一出

小妖、小狐上,跳舞毕,白至"洞主来也"。大狐上,起罢,唱〔点绛唇〕完,白又各白,至"不得有违"。小妖、小狐白完下,大狐白,绕场唱〔朱奴儿〕完,白至"变",下。假秀英下场门上,白:"小姐模样了"。周信内白:"走吓!"假秀英白完下。周信、苍头、延寿上,唱〔锦缠道〕至"拜扫坟墓"。周信白唱至"孤单支影"。苍头白,周信又白,唱完。假秀英上场门上,唱〔普天乐〕。曲内周信白,苍头、延寿应下。假秀英、周信各白,唱两大篇至〔尾声〕完,假秀英下。叫二出。

二出

假秀英上,唱〔园林好〕,白又唱完白:"开门"。周信上,白:"来了。"唱〔江儿水〕完,白又各唱白一大篇,至〔五供养〕"同入鲛绡",同下。延寿上,唱〔玉娇枝〕,白,又唱至"去窃蟠桃"。周信、假秀英上,唱完,延寿见科,白,至假秀英白"有人来了",秀英下。狐形下

场门上，作摄延寿下。苍头上，唱〔川拨棹〕完，白："官人快来"。周信上，白，苍头白，至唱〔尾声〕完下。周信白完，唱尾下。

苍头下。叫三出。

三出

吕嵒上，唱〔山坡羊〕完，白，又唱至"东南转"，内作风声。假秀英上，绕场下。吕嵒白完、唱完下。苍头上，白至"少坐片时"，周信上，唱〔山坡羊〕完，各白至"待我去取来"，苍头下。内打二更，作风声。假秀英上唱〔孝顺歌〕。白，又唱完白。周信唱〔又一体〕。各白又唱完，内打四更，各白，至"吞他便了"下。狐形上，周信白："阿呀！苍头快来。"苍头上，唱〔又一体〕。狐形暗下。唱完，各白。周信唱〔又一体〕完，各白完，同唱尾下。

一起尾。叫四出。

四出

众百姓(上场门)上，唱〔粉孩儿〕完，各白又同唱完下。王道通上，唱〔福马郎〕，白又唱至"凭口唇"，众百姓上，唱完，各白、唱，发诨至百姓唱完下。苍头上，唱完，各白，唱至王道通步斗化符科，唱至"这妖精"，假秀英上，唱完各白完，又唱〔缕缕金〕完。秀英白完，秀英作出门下。苍头、道通各白完，道通下，苍头白下。假秀英上，幻狐精上，白至"妖兵何在"，小狐、小妖两场门上，白："洞主有何吩咐？"狐精白完，众应，同唱〔红绣鞋〕，众随拉排场唱完，归斜场。精先下，众番贯下，起曲子。叫五出。

五出

上云帐。吕嵒上，白至"王道通来也"，道通上白，作见面，各白至进门介。苍头暗上白。吕嵒白："你自回避。"道通、苍头应下。吕嵒唱〔斗鹌鹑〕完，功曹上，绕场下。吕嵒唱〔紫花儿序〕完，功曹上绕场下。吕嵒白完，唱〔天净沙〕完，功曹上，作见科白。吕嵒白完，唱〔鬼三台〕完，功曹应科，作击云牌科。周仓下场门转判上，作

看接牒文下,功曹随下。撤转屏。吕嵒下台,唱〔络丝娘〕完,上场门下。

周仓下。叫六出。关帝上坐,神将上站。

六出

撤云帐。帝君唱〔醉花阴〕完,白至“驾云前往”。云使两场门上,帝君等下坐,众同唱〔喜迁莺〕。云使末去末回,退贯对头,归两排。前挡曲完,众白“已到青石山”。吕嵒上,接科白,至“多多有罪”。云使分下,帝君、吕嵒白至各升坐,帝君白至“速去降妖者”,关平白:“周仓看刀!”周仓应科,作递刀,关平舞刀唱〔出队子〕完。帝君白,神将白“领法旨”,下。起打。关平、大狐上,对大攒众贯门钻。关平对四小狐、四小妖;大狐对四童、四神兵,归攒扯正归排,杀过河,关平、大狐架住,众钻烟筒先下。关平、大狐后对,两场门分下。

帝君唱〔刮地风〕完,上大狐,下关平,上对。续(李金福)持双枪上场门上对。续(王进福)持大刀上,对四古当。大狐、关平下,剩二人对续(魏成录)空手上场门上对三古当。续(王金和)双刀上,对四古当。(王进福)空手下,剩三人对。续(张盛立)双鞭下场门上对四古当。(李金福)代刀下,剩三人对。续(狄盛宝)下场门空手上,对四古当。(魏成录)代双刀下,剩三人对。续(白进贵)双枪上对四古当。(王金和)代枪下,剩三人对。续(张进寿)空手上场门上对四古当。(张盛立)代枪下,剩三人对。续(王进福)大刀上,对四古当。(狄盛宝)代双枪下,剩三人对,刺肚,崩。(白进贵)代鞭下,剩二人对.续(狄盛宝)上场门上,三人进子、刺肚。

续大狐上场门上,盖(狄、张)滚牌、双蒙头、前蒙头、后蒙头。续上(李金福),下(王金和),两场门上,对六古当。二狐精先下,四童摆四朵梅花下。吕嵒白,周仓接剑舞科,下。帝君唱〔四门子〕完,周仓、四下手上,对下。帝君唱〔水仙子〕至“影会形”,八上下手上,对一场,下,空拳接对赶活羊。(张盛立)上,二人对,续(李金福)上对,上手下。(白进贵)上对,(张盛立)下,(王金和)上对,(李

金福）下，（魏成禄）上对，（白进贵）下，（狄盛宝）上对，（王金和）下，（王进福）上，对（魏成禄），下。续（张进寿、白进贵）上，四人对。（白进贵、王进福、张进寿、狄盛宝）下，关平上接对，关平下。

内六古当，大狐持枪上，接对，周仑上，接对，剑，大狐下。幻形（毛嘴）上，斗战科，狐形下。四下手上，对，下。又幻形上，战科，同下。众童等上，摆阵。关平、四下手上，入阵，作打死科，四下手下。又引大狐等阵绕，四角一排，作打死大狐，下。幻形上，众白，妖□。帝君唱完，吕喦白。帝君白："天宫去者！"内应。云使上，唱〔尾声〕，下，完。

《青石山》

《青石山》旧串底末废

六出

起打归攒，同下。唱。

关平、大狐上，对么二三四、兜、蒙头四次，回身大刀花、腰封、丢刀，续（李金福）双枪上，大狐蒙关头，丢，关接刀。（上场门）续（王进初）大刀，双么二三、兜、叉、过河、翻头下。剩（王进初、李金福）对磕、走犄角三百蒙头，豁、挑、兜、过，蒙头四次，丢枪，学手两换一肘、二肘、过河、丢刀。续（魏成禄）空手上，三人斜犄角、丢刀，（李金福）搭腿、接枪，三人兜，移位，打、挑，（王祥）蒙头、一绕，跟（李金福、魏成禄）蒙头，（魏）丢枪。三打三次杜，换位、一绕，跟（李金福、魏成禄）蒙头，（未）丢枪，三打三次杜，换位、边办子本位，三人一兜、打腰、丢刀，三人同大刀花砍头，三人绕、崩，归斜一溜。（王进福）跨腿、两换、碰枪、双刺肚。续（王金和）两样么二三、出手，换蒙头换位。反对脸，双打、双扫、双换，（魏、祥）斜过河，（王、李）换枪，（王、魏）扔刀、接刀，（李金、王金）斜过河，（魏、王）蒙头，（王）丢双刀，（王、魏）崩崩过，打对脸，双一二三四，换家伙。（王祥、李金）过河，踢王下，代枪。

剩（李金、王金、魏）对，一兜，直一溜，（魏）中间，跨枪、三换，又一兜，归斜角，（魏）中间，（王金、魏）二人兜换，（魏）蒙（李金福）头，

(王金和)换枪下场。续(立、张)上,双跨剑,蒙头、斜过河。(李金福、魏)两绕、两腰封、蒙头。(李金)丢刀,(张、立)接刀,(李金)下,剩三人(魏、王金、张立)三人边三角,(王金和)中间三换(魏、张立)刺肚(王金和)。(王金、张立)双换,(魏、王)三换三人抄。续(狄)上,双大家架,(魏)代刀下,三人过河。(张立、王金)崩过、归一溜,打、挑、碰、兜,扔双边,兜打腰,串一边、一挎、三换、刺肚,打、挑、换,又刺肚,各要刺肚。续白可扯回出枪,大扫玻璃灯,前蒙头、后蒙头、还枪。

兜、跨腿,白,学手(王金)下,剩三人(张、狄)三人斜六要口,刁枪,换家伙,蒙头、扔枪,中间刺肚。续(张、寿)空手上,(狄)丢枪,(张立)下,代枪。双拨(狄)中间一搅、一搅,三换刺正肚。续(王福)前蒙头、后曼头,(狄、祥、王)曼头,狄下,三人刺肚、崩。剩(王祥、张寿)对。续(狄)上,三人蚌子、刺肚。续大狐(狄、张)滚牌,双蒙头,前蒙头、后蒙头。续(王金、李金)崩出,斜过河,上下铁门砍,盖之走,四人一过河,刺肚,砍腰后回抓滚牌,二削头,亮四朵梅花空拳,留一上手对。续上手下。续(李金、张立)下,续白上对。

《青石山》串头

关平、大狐上对。众贯门钻,大狐对棒刀等。四童(张进寿)关平对,小狐精(王进福等)扯归元位。关平、大狐杀过河,众钻烟筒下。大狐、关平又对,两场门下。外八人攒,下。帝君唱,上场门大狐、下场门关平上,对演刀法。续(李金福)上场门上,续(王进福)四古当,大狐、关平下。上场门续(魏成禄)空手上,对三古当。续(王金和)上对四古荡,(王进福)下。下场门上续(张盛立)上对,下场门上(李金福)代大刀下,剩三古当。续(狄盛保)上对(魏成禄),下,剩三人。续(白进贵)上,四人对(王金和)下,又续(张进寿)(上场门)上对,(张盛立)下。续(王进福)上对,四人大救驾,(狄盛保)下,狐(上场门)上对,续(李金福),续(王金和)(下场门)上对六古荡。大狐(王进福)下,四人要花下。吕仙白,周仓接剑下。帝君唱〔四门子〕,周仓上,对四下手。帝君又唱〔水仙子〕,上下手对,留一

人。续（张盛立）（上场门）上对。又续（李金福）上手下，续（白进贵）上对，（张盛立）下，又续（王金和）上对，（李金福）下。续（魏成禄）上对，（白进贵）下，续（狄盛保）上对，（王金和）下。续（王进福）上对，（魏成禄）下，续（张进寿），续（白进贵）四人对，（白进贵、王进福）下。续大狐上对，掷枪上（张进寿、狄盛保）下。续关平上对，关平下。周苍上对剑，大狐下。换形斗战形下。四下手上对，又换形战，同下。众童等上，摆阵。关平引四下手入阵，打死。又引大狐等进阵，绕四角一排，打死大狐、换形。众白云使上，唱声。完。

17.《桃花山》

《桃花山》串头

《桃花山》四出

八偻啰（冯进才等）引李忠上，唱〔耍孩儿〕完，白，又唱至“同欢乐”，周通上，白“已到桃花庄”，八庄客（张进寿等）引张三、鲁智深冲上，对，大攒。张三、周通、李忠、智深先下，众后外八人攒，下。单对，张三、周通上，对，下。李忠、智深上，对，下。外八人攒，对，下。里八人攒，对，下。外八人攒，对，下。李忠、智深上，对。续张三、周通，又续众大攒，架住，白完，唱〔尾声〕，下。

18.《战池福寿》

《战池福寿》串头

四红文堂、四大凯引大将上，站门，四纛随上，大将唱，白“带马”，排子，领圆场，下。

一场

朱元龙上，引华云、汤和等上，白“带马”，干排子，下。

三场

四蓝文堂（冯恒安等）引方国珍上，干排子，白，下。

四场

常遇春上，随喇叭起坝，唱完，白，又唱，下。

五场

四上手、红大凯(董林元等)池福寿上,〔画眉序〕,排子,白,又唱。当场分开,归坐,众举子同上,过场,吹打,下,池福寿等同下。后上二军牢下场门上,先上,常遇春上,唱,白,内呐喊,又唱,下。

六场

四蓝文堂(董和玉等)、四校尉(郑廷祥等)、二太监(王有福),吹打引洒登、伯彦图上,挖门,归坐。太监白,四籐牌、众举子上,归排,参见。洒白完,众将分下。太监白,伯彦图作式科。朱马立上,白,刘福通上,郭英等连接,后张士成上,白,先陈友亮上,白,对科,作缠手,同下。

常遇春上,小鬼王广和随上,唱。右边设桌子,跳过。朱元龙等上白,常遇春白,又白,又唱。张士成、陈友亮上,对,遇春射箭,友亮、士成下。洒登白,胡大海白,太监白,遇春白。张求上,对,张求下。友亮上,对,友亮下。遇春白,唱,四籐牌、下手上,对,遇春白,籐牌投降,下。遇春白,大海白,内白,遇春白,方国珍内白,上,干排子,对。遇春白,国珍白,遇春白,国珍白,二人对,排子,遇春下,国珍追下。朱元龙等上,白,大海白,吴福白,遇春、国珍上,对,吴福放箭,国珍败下。大海白,后台内白,洒登白,遇春白,唱〔水仙子〕。又遇春白,唱完,众白,吴福白,遇春白。四校尉、伯彦图对,战科,下。蒋忠上,排子,白,作扯白。阳楼朱元龙、众过场,全下。四大凯(董林元等)、四上手上,站门,池福寿上,排子,白,报子上,带马,下。

起打,伯彦图、张求上,对,张求下。陈友亮上,对,张士成上,友亮下。方国珍上,对,张士成下,方国珍败下。蒋忠上,对,蒋忠下。胡大海上,对,大海下。六英雄上,对,吴福暗上,放箭科,伯彦图接箭,下。池福寿冲上,六雄下。对遇春,遇春败下。蒋忠上,对,蒋忠败下。大海上,对,大海败下。接连环,张求上,对,士成上,对,张求下。友亮上,士成下。国珍上,友亮下。接攒,郭英、汤和、华云、大海上,对,郭英等败下。朱元龙上,对,作出龙形。大凯

(董林元等)两场门上,领下。吴福、龙形(李有祥)上,白,归后站。遇春、池福寿上,对,吴福放箭,池福寿接箭,白,回上场门下。点炮人(王元福)上,作式。大海上,蒋忠上,作式,托闸,众作出闸科。吴福留下,四校尉、四上手引李金荣上,挖门,白,领会阵。朱元龙等上,对,同下。上、下手起打,头套,李金荣等引上,作上桥站科。朱元龙等追上,各分,白,作式科。四籐牌、四下手引常遇春上,白完,排子,作刺死李金荣,下。众过桥下,朱元龙等上,挖门,白完,领下。

19.《朝贡》即《夷狄来朝》(题纲串头)

闲人任荣顺

《朝贡》

包拯(郭福喜)

寇准(王安)

庞集(王进喜)

呼毕显(张进寿)

汪元(张盛立)

黄文炳(吴全荣)

王苞(王金和)

崔亭寿(吴瑞香)

谢宁(刘振喜)

岳恒(马得安)

四执殿(四上手)

四内侍(刘进喜、武长寿、刘进胜、孟小春)

二大太监(郭源、张禄安)

仁宗(冯进才)

堪太(高如桂)

木尔达(白进贵)

马昆(安进禄)

飞连秀(陈得瑞)

二侍女(王久华、屠来顺)

金头马氏(王盛得)

苗氏(李福贵)

胡守用(狄盛宝)

胡守信(李金福)

堂侯(李来海)

(马昆二场上跟呼延毕显)四文堂(唐进喜、张惠连、薛顺祥、李惠山)

差官(高如桂)

(一丑)家将(陈得瑞)

庞虎(丁进寿)

庞贵(白进贵)

八家将(冯进才、安进禄、魏成禄、刘荣福, 四上手)

院子(高如桂)

张氏(王进福)

瑞莲(边瑞保)

姜旺(李来海)

八丑家将(陈得瑞、刘振喜、张进寿、王金和,四下手)

头场

┃朝臣上,点降完,各白完,内侍、大太监、执殿引仁宗上,〔引子〕完,白完,十朝臣朝参科,各白完,仁宗唱完,白“宣使臣上殿”,四使臣上,白完,各白,同下。二侍女引马氏上,白完。苗氏、胡守用、胡守信上,白,各白完,堂侯上,白完,下。文堂引马昆、呼毕显白完,文堂下。堂侯上,白完,下。王苞、寇准、包公、岳恒上,白,各白完,堂侯接上,白,同下。庞集上,白,下。汪元、崔亭寿、谢宁、黄文炳上,白完,堂侯上,白,庞上,差官上,白,各白完,下。一家将、庞虎上,唱完,白,庞贵上,白,各白完,同下。院子、家将等,胡守用、胡守信上,唱,白完,下。张氏上,唱,白完。瑞莲上,白,各白完,姜旺上,白,各白完,丑家将、庞贵上,白。院子、家将、胡守用、

胡守信上，白，同下。庞虎、庞贵等上，白，张氏上，白完，胡守用等上，白完，起打，拿、对、绕花、钻下。胡守用、胡守信、庞虎、庞贵，四人对，下。外八人攒，对，下。赶活羊（陈得瑞、安进禄）上，对。（刘振喜）上，（陈得瑞）下，对。（李福贵）上，（安进禄）下，对。（王金和）上，（刘振喜）下，对。（冯进才）上，（李福贵）下，对。（张进寿）上，（王金和）下，对。（魏成禄）上，（冯进才）下，对。（白进贵）上，（张进寿）下，对。（李金福）上，（魏成禄）下，对。（丁进寿）上，（白进贵）下，对。（狄盛宝）上，（李金福）下，对。（王金和、魏成禄）上，对。四股当，续（陈得瑞、安进禄）上，对。六股当，续（冯进才、张进寿）上，对。八股当，续下（刘振喜），上（李福贵），上，对。十股当，续（白进贵、李金福）上，对。十二股当，扯，杀过河，丑家将败下，家将回，白完，倒脱靴，牌子，完。

20.《夺秋魁》

《夺秋魁》三、四出串头

《夺秋魁》三出

花卜芳上，白完，下。牛皋上，白完，上高处站。岳飞、纛（王盛得）、桨（高如桂）上，走式完，下。杨幺、纛（侯玉禄）、桨（王安）上，走式。岳飞、纛、桨上，作迎战。杨幺败下，岳追下。牛皋白，唱〔粉蝶儿〕完，王贵、纛（边瑞保）、桨（魏成禄）上，走式，下。花卜芳、纛（关永寿）、桨（赵永全）上，走式，作迎战。花卜芳败下，王贵追下。牛皋白，唱〔出队子〕完，八将、八纛、八桨两场门上，合战，分下。

岳飞、纛（王盛得）、桨（高如桂）引杨幺上，战。跟杨幺、纛（侯玉禄）、桨（王安）岳败下，杨幺追下。花卜芳、纛（关永寿）、桨（赵永全）、王贵、纛（边瑞保）、桨（魏成禄）上，作斩花卜芳下。岳飞内白，四将（马得安等）、四桨（王进福、魏成禄、李福贵、安进禄）上，作撒水草下。杨幺、纛（侯玉禄）、桨（王安）上，白"小船伺候"，（赵永全）下场门上。岳飞、纛、桨上，战。杨幺败下。岳飞回，白，下。牛皋白"得令"完，下。四卒、四将、牛皋、王贵引岳飞上，四卒、引王贵下。四将、引岳飞下。牛皋唤籐牌上，跳舞完，下。

四出

杨幺、桨(王得庆)上,唱。四将官从下场门上,见面,桨下。报子上,白,下。四将官唤八铁骑上,将官下。杨幺唱完,下。四卒、四将引王贵上,作埋伏,下。牛皋引八籐牌上,作埋伏,下。铁骑引杨幺上,唱〔金钱花〕,四卒、四将两场门抄上介,下。籐牌、牛皋、王贵对攒,众先下。大将后对,下。外八人攒,对,下。牛皋、杨幺、王贵、外八人攒,对,下。牛皋、杨幺、王贵对,下。籐牌上,跳舞,作埋伏科。杨幺上,四卒、四将两场门上,作擒杨幺介。岳飞、牛皋、王贵、纛(王得庆)上,唱〔尾声〕,下。

21.《麒麟阁》

《麒麟阁》串头

四出

程咬金等五人上,跳舞,唱〔双声子〕完,白,唱完,下。魏文通追秦琼上,对,秦琼败下。程咬金上,接对,白完,又对,续三贼,五人对。王伯党上高,作放箭射魏文通,下。众扶秦琼上,白,众白完,唱〔水仙子〕至"俺泪频唾",八棒手(冯进才等)引杨龄上,白至"看枪",秦琼架住,白,杨龄又白至"看枪",秦琼架住,又白。杨龄白"看枪",秦琼架住,白:"大王再四逼迫,恕秦琼无礼了",众对,大攒。杨龄、秦琼架住,众钻烟筒先下,杨龄、秦琼后对,下。

单连环,(白进贵、冯进才)上,对,续(王金和)上,接对,(白进贵)下。续(刘振喜)上,接对,(冯进才)下。续(狄盛宝)上,接对,(王金和)下。续(长保)上,接对,(李福贵)下。续(张进寿)上,接对,(狄盛宝)下。续(王进福)上,接对,(长保)下。对完,同下。杨龄、伯党上,对,下。四贼、四下手,打四单对,下。又四贼、四里棒手上,对,八古当,攒,棒棒手下。续杨龄、秦琼、伯党上,对,攒,杨龄败下。秦琼等回,白完,唱〔尾声〕下,完。

22.《滕龙寺》

《滕龙寺》串头

《滕龙寺》一出

八偻啰、头目站门，宋金辉、金洪上，唱二句。宋金章、金花上，唱完，归坐，各通名。金辉白完，宋金章代马，偻啰、头目领下。

二出

匡印上，起坝，上，唱，白，又唱。王员外、安童上，作见面，挖门，坐科。各白，安童下，领王曾上，各白，匡印归内坐。王员外唱，百姓接上，唱，作见科。匡印作取棍包，百姓拦阻科，王员外先下。匡印唱，急下，百姓随下。

三出

匡印上，唱，白，酒保上，作饮酒。毛包上，唱，饮酒完，毛包下。匡印唱完，下。偻啰、头目引金章、小元上，一拉边，作上擂台科。金章白，坐科，偻啰、头目舞科完。金章白，百姓（高如桂等）两场门暗上，毛包上擂台，作擒毛包下。匡印上场门上，作上擂台，白。匡印唱完，起打。百姓下，金章败下。头目、匡印对科，头目败下，匡印追下。四下手站门，引金辉、金花、金洪上，唱完，作科。一偻啰（刘进胜）上，白完，白，作见科，金辉白，金花下。金辉传科，偻啰领下。起打，匡印打四头目，八偻啰引金辉等战匡印，匡印败下，众追下。

四出

匡印上，唱〔新水令〕完，白，又唱至“心神动”，虎上。匡印又唱“一孤穹”，虎作咬树，匡印又唱“三魂惊送”，小和尚上，白。马三铁上，白，龙暗上，作射箭科，龙、虎暗下。三铁作换科，匡印唱完，作见、坐科。献茶，小和尚下。同唱〔尾声〕下。

五出

偻啰、头目引金辉、金洪，唱〔四边静〕，领走圆场，冲开。金洪、

金辉白完,又唱〔合头〕,领下。八小和尚、匡印等上,唱,圆场,冲开。内呐喊,各白,马三铁等大下场。匡印作藏科。偻啰、头目等上,唱,圆场,一拉边。宋金洪、金辉白。金辉白“十倍布施”,二小和尚作见科,三铁作传科,关门下。金辉白,传科,偻啰抄下,金辉随下。三铁、小和尚作开门,见科,下。头目、金洪等作搜科,唱合头。三铁上,白,金洪又白,作跪科。匡印暗作射死金洪,头目起打,金洪先下,和尚等追下。偻啰引金辉上,一拉边,白,挖门。头目挖门上,白,众两场门勾上,起打,金辉死,偻啰、头目逃下。小和尚应,下。三铁等回,白“有理”,唱〔尾声〕,下。

六出

偻啰上,站门,金花上,起坝,唱〔醉花阴〕完,白,坐科。白至“放心不下”,四头目上,唱〔画眉序〕,挖门,白,又唱,金花白,唱〔喜迁莺〕完,代马,领下。和尚等领圆场,冲开。三铁白至“等候迎敌”,内呐喊,三铁白,又唱,领走勾上,作见科。各白,杀过河,架住,众钻烟筒,下。正角后对,下。外八人攒,对,下。起打连环,(王金和、未成禄)上,对,续(吴永香)上,(王金和)下。对(冯进才)上,(未成禄)下。对(白进贵)上,(吴永香)下。对(张盛立)上,(冯进才)下。对(张进寿)上,(白进贵)下。对(王进福)上,(张盛立)下。对(王金和)上,三股当,又续(未成禄)上,四股当,又续(白进贵、吴永香)上,六股当,又续(冯进才)下,(张盛立)上,八股当,打头目败下,众追下。金花、匡印上对,续三铁上三股当。匡印、三铁先败下,二人对,败下,金花追下。外八人攒,对,下。金花上,唱〔刮地风〕。唱至“弃土眉轩”,三铁追上,作对科,唱“难得生回转”,匡印上,作对,三人下。

两场门众搭上,大攒,两边后打,下。金花、匡印上,对,三铁暗上,金花败下,匡印追下。三铁白,唱〔滴滴金〕,下。金花上,白至“便了”,匡印追上,三铁暗上,金花作献宝,三铁作射箭科,匡印作下场门藏科,举棍战科,金花下。两场门勾上,作擒头目科。三铁白完,头目分下。匡印、三铁同白,唱〔尾声〕,大下场,完。

23.《天门关》

《天门关》串头

四出

李自成等上，唱完，攻城。城上射箭，蔡茂德、李自成各白，各唱完，攻城。城上射箭，李自成中箭，扶小军先下。卒子、将官、应时盛等作出城，会阵，杀过河，众钻烟筒下。李双喜、应时盛二人对，两场门上，续一上手、一下手上，对。李双喜、应时盛下。外八人、下手下，留一上手，续（刘如荣）上，对。上上手，下，（陈进喜）二人对。（孟小春）上，（刘如荣）下，二人对。（李福贵）上，（陈进喜）下，对。（吴永香）上，（孟小春）下，对。（王进福）上，（李福贵）下，对。（魏成禄）上，（吴永香）下，二人对。（长保）上，二人对。（魏成禄）下，一支虎上，对。（长保）下，应时盛上，对。续左金王、张天龙、射答天上，五人对。四大将下，李双喜上，对，应时盛下。四武士上，对。应时盛下场门上，接对，杀过河，架住，众倒钻烟筒上，磕扯，杀过河，李双喜等败下。应时盛等作进城，同下。小军（屠来顺等）引张雄上，唱完，白完，唱下。小军、将官、蔡茂德等上，白完。李自成内白，众两门上，归排，杀过河，蔡茂德等败下，李自成等追下。

应时盛扶蔡茂德上，张天龙上，对，作斩张天龙，下。夺马，扶蔡茂德上马，骑下。射答天上，对。续左金王上，三人对，下。外八人攒，打下。两边将官打八股当。应时盛追李双喜上，对，李双喜下。续下手攒，下手下。李双喜上，接对，应时盛下。续上手攒，李双喜追下。一支虎追茂德上，作杀死茂德，下。应时盛下场上，接对一支虎，下。张雄上，对，作杀死张雄，下。李双喜上，二人对，应时盛败下。双喜追，流贼等追，众两场门上，跪下。流贼回，白完，李自成上，白完，唱〔尾声〕，倒脱靴，下。

24.《万寿祥开》

《万寿祥开》串头

《万寿祥开》五出

下场门紧那罗(武长寿、张田寿),阿修罗(侯庆福、董林元),迦楼罗(任荣顺、田喜),摩睺罗伽(王久华、孙进禄)。

上场门紧那罗(李存惠、王广和),阿修罗(王盛得、马昌禄),迦楼罗(张宝义、刘田喜),摩睺罗伽(张禄安、王长林)。

两场门上分,插十字各花,大三下,狞八角,拉、扎、过,回前分,归大八字。众分,白完,前分后抄,贯下。

许真君,白至“众官将擒下这厮”,吏兵、官将追假黄仙姑、假道童,对,下。狐怪、蟾怪上,唱〔侥侥令〕完,吏兵、官将上,围,下。许真君唱〔收江南〕完,吏兵、官将追狐、蟾二怪,狐、蟾二怪下。吏兵、官将回,白完,下。

八出

四妖童(张禄安等)上,唱〔看花回〕完,白完,唱完,黄仙姑上,唱完,妖童上,作摘果,虚白科。黄仙姑白“哥哥、嫂嫂快来”,许仙姑、黄仁览上,唱完,白至“胡说,着打”,作对科,妖童败下。黄仙姑白完,唱〔尾声〕完,下。

九出

四妖童、下手等,引八怪上,唱〔天下乐〕完,白。四妖童(任荣顺等)上,唱,白完,猴、龟暗下。八妖童引六怪唱〔彩衣舞〕半支。黄仁览、黄仙姑、许仙姑上,唱后半支。唱完,作进洞,白,又唱,作打出洞,下。猴、龟怪,白完,龟怪下。假吴彩鸾上,唱完,下。(芦田长、李惠山)上,对。续(张盛立)上,又续(唐进喜)上,两场门续,上门(刘进盛),下门(董林元)上,对。八妖童两场门抄手,(唐进喜)八妖童、六怪作擒黄仁览。六怪白“绑进洞去”,唱,作进洞科,下。

十出

四吏兵、四官将、许仙姑、黄仙姑引许真君上,唱完,白“打进洞去”,四妖童、下手等引桃鸡、柳石、四怪上,白完,众对科,妖童、四

怪逃下。众白“妖怪逃去了”，众唱，作进洞。黄仁览上，作见科，同唱，出洞，众下。

文箫、吴彩鸾上，唱完，猴怪、假吴彩鸾上，唱，见面，各分白，对科。文箫、吴彩鸾下。猴怪、假吴彩鸾唱〔小团圆〕半支。狐、蟾二怪内白完，上，唱〔又一体〕半支完，作发诨。四妖童引桃鸡、柳石、四怪上，唱后半支完，各白完，假吴彩鸾下。换龟怪上，白，唱〔尾声〕，下。

十一出

十大明王、四大天王从禄台上，唱完，下。文箫、吴彩鸾上，唱完，挖门。四吏兵、四官将、许仙姑、黄仙姑、黄仁览、许真君上，唱，白完，唱，下。八怪上，唱，白完，又唱。吏兵、官将、文箫、吴彩鸾、黄仁览、许仙姑、黄仙姑、许真君上，作赶八怪等，下。吏兵、官将等回，白“走了”，同唱，下。八怪上，唱，白，又唱。

十大明王、四大天王上，对。续官将、许真君等上，对，八怪败下。真君作见天王科，白“请了”，同唱，下。单对，（郑廷祥、董林元）上，对，下。（李玉福、狄盛宝）上，对，下。（阿寿、丁进寿）上，对，下。（孙进禄、张盛立）上，对，下。四上手不上，明王等上，作摆阵。八怪上，众作擒住八怪科。明王等白，天王白至“有理，请”，同唱〔余庆〕完，下。

十二出

如来上座，前挡排，号响，前分，后番，前末，后末，前分，归两排。唱〔升平乐〕起，走十字各花，走两个，后番，朝里贯。仙上，号响摆寿字，仙桌上两傍出彩。

十六　优昙摆

25.《桃花岭》

贰段《桃花岭》串头、排场

贰段《桃花岭》四出

银瓶、金定白至“代马”,众呐喊科,前分归三排,侍女、下手、头目各归一排,四纛一排,唱〔石榴花〕。下手插进,众跟番上纛,归四角,众串走完,下手等领圆场,贯门,番上,正角上高科。各白完,四头目射箭,各归队。下手持籐牌,跳科。换侍女背刀出,跳拨一跳完,头目持棍上,跳。续四下手,又续侍女合舞科。正角白“闪开”,下高,比武。唱完,白,又唱,领下。

杨定边等上,唱完,头目等两门上,抄过,上高,暗下。杨定边白完,又唱完,搭上,会阵。各白完,对科,架住,众钻下。正角后对,下。外八人上,对下。头目(李福庆、张惠连、李金福、狄盛宝)、将官(张田寿、张进寿、刘田喜、张盛立)上,对科。对,头目下。续银瓶、金定上,对。又续四头目、下手追军士、将官两门上,抄,各归各家。定边等败下,众回,白,各白完,唱〔尾声〕,倒脱靴,下。

贰段《桃花岭》串头排场

四出

金定、银瓶白至“代马”,众呐喊科,前分后抄,归三排,各归一排,四纛一排,唱〔石榴花〕。下手贯进,众跟,番上,走十字各花半个,领起贯进,归两边,站住,正角上高台。白完,四头目归一排,四纛跟代马,射箭完,四头目下。下手持籐牌,跳舞科,归两傍。四侍女对枪科,完,归两傍。四头目上,舞棍科,完,正角白“闪开”,下高台,比武。唱完,白完,又唱,众领下。

杨定边等上,斜一排,唱,众领圆场冲开,偻啰、头目、侍女等两场门抄下。杨定边白完,唱完,会阵。各白完,对科,架住,众钻下。正角后对,下。外八人上,对,下。将官、头目打连环。头目(李福庆、张惠连、李金福、李存惠)、将官(熊存贵、张田寿、刘田福、王得庆)。留一将官。续银瓶上,对,将官下。杨定边上,接对,银瓶下。二头目上,对,二头目下。续金定、银瓶上,三人对,架住。众倒钻烟筒,大杀过河,杨定边等败下。偻啰等众回,白,各白完,〔尾声〕,倒脱靴下。

26.《战西凉》(即《桃花岭》)

《战西凉》(即桃花岭)串头

二出

富麟、银瓶、家丁上，唱完，江春内白，富麟、银瓶各白，唱完。江春等搭上，各白，各唱完，架住，众钻烟筒，下。富麟、银瓶、江春、金定四人后对，下。四侍女、四家将八股当，打下。江春、富麟上，对。续银瓶上，三股当。又续金定上，对四古当。磕、扯，各唱完，对。江春、金定败下，富麟、银瓶追下。外八人、江春等败上，白完，富麟等追上，杀过河，架住，各白，各唱完，侍女等领圆场，冲开，倒脱靴，下。

四出

将官、富凤等上城，富凤唱完，提骑等上，跳，引唐胜上，同唱完，作见科。唐胜、富凤各白，各唱完，富凤等出城，会阵，搭上，众下。唐胜、富凤二人后对，下。外八人攒，打下。四提骑、四将官上，对，四股当，对，下。

富凤、唐胜二人上，打四下手，下手下。唐胜上，对，杨成上，对，架住，众倒钻上，大杀过河，唐胜等败，逃下。富等回，白完，各白，各唱〔尾声〕，领圆场，倒脱靴，下。

27.《鱼篮记》

《鱼篮记》串头

《鱼篮记》七出

刘升、鱼精上，唱至“滔滔珠泪”，四帅、八神将追上，刘升倒科。神将等对攒，追鱼精下，刘升白完，下。鱼精上，唱〔风入松〕完，白“众兄弟何在”，水卒、四精上，白，众应。同唱〔又一体〕完，四怪、鱼精归一排。神将上，挖门，归前一排，杀过河，扯正场，过河，众钻烟筒下。四帅、鱼精、众对，绕招儿，下。

八出

菩萨上，唱完，白完，唱，下。起打，留一上手，上场门(李金福)，一下手，下场门(武长寿)，上，对，蒙头，一翻，上、下手下。又续(鲍福山)上，对(武长寿)，下，二人对。(刘振喜)上，三人对。(鲍福山)下，二人对。续(刘如荣)上，三人对。(李金福)下，二人对。(高得禄)上，三人对。(刘振喜)下，二人对。续(狄盛宝)上，三人对。(高得禄)下，二人对。续(刘进胜)上，三人对。(刘如荣)下，二人对。续(王长林)上，(狄盛宝)下。续(吴连明)上，(王长林)下。续(张盛立)上，(刘进胜)下。续(訾得全)上，(吴连明)下。续(狄盛宝)上，(訾得全)下。续(武长寿)三人对，下。鱼精上，唱〔折桂令〕，至“意乱神昏”，四精急上，白完，唱至“不漏毫分”，四帅等追上，战科，下。外八人，攒，下。四精上，唱〔雁儿落〕完，四帅上，对。四帅接唱〔得胜令〕完，下场门归两排，打，下。外八人，攒下。

两场门上，上场门(刘振喜)、下场门(吴连明)，续(李金福、刘进胜)上，对四股当。又续(狄盛宝、武长寿)上，六股当。又续(刘如荣、张盛立)上，对八股当，众下。众上，唱，对，同下。神将追鱼精上，鱼精逃下。神将、四帅擒住四怪下。观音上，唱〔收江南〕至“念儿纯”，鱼精上，唱〔沽美酒〕完，白，唱〔太平令〕完，隐下。四帅、八神将擒四怪上，神将等众白完，唱〔尾声〕，下。

28.《灌女传》

《灌女传》串头

一出

杜曾内唱一句。倭兵等上，分归斜一溜，跳舞科。杜曾上，同唱完，白，又唱××头门，攻城。荀嵩、昆仑等搭上，白：“放马过来”，作战科，里八人对，下。(狄盛宝、白进贵)对，下。(张进寿、王进福)对，下。外八人攒上，对，上(王)下。续昆仑接对，同下。(安进禄、郭福喜)对。续攒荀嵩等败，进城。杜曾白：“攻城”。〔水底鱼〕作抄，番回，下。

二出

灌娘等上城，同唱〔尾声〕。荀嵩等暗下。灌娘等出城，作战科，对攒。众先下，灌娘（王进福）后下。昆仑对二下手，马童对二下手，下。灌娘追（王进福、白进贵）对，续攒对，下，倭兵等败下，灌娘等回，白完，唱完，下。

四出

杜曾上白："就此攻城"，作攻城科。荀嵩等暗上城，作放灰瓶木石科。将官、孩兵、灌娘、周抚等上，众作战科，里八人攒，对，下。（马得安、郭福喜）上，对，下。灌娘（王进福）对，下。马童、昆仑、（白进贵）三人上，对，下。外八人攒，对，下。杜曾、周抚上，对，续攒，杜曾等败下。荀嵩等下城，作开关科。周抚等进关，见面白。荀嵩白："待我上城略阵便了。"周抚白："随我出城擒贼者！"众应，同下。

杜曾等上，白，完，众同唱〔菩萨蛮〕，完。周抚等作出城，战科，对攒，下。周抚对四下手，对，下。杜曾对四上手，对，下。（王进福、张进寿）对，下。（白进贵、狄盛宝）对，下。里八人攒，对，下。外八人攒，对，下。杜曾、周抚上，对，续大攒，孩兵领起，荀嵩等暗上城，观阵科。周抚、杜曾作对，作杀死杜曾科。荀嵩出城，作接科，众进城科，同唱排子完，众下。

《**灌女传**》

一出

杜曾内唱一句，呐喊，众上，斜分一溜腰，中间翻，站门。倭兵贯进，后番，前领冲开，白，又唱。头目站四犄角，倭兵串走两头蛇，前领贯门，白："攻城"。荀嵩等开城，杜曾等领归下手一拉边，白完，对，杀过河，架住，众窜烟筒下，荀嵩、杜曾后对下。起打上、下手对，下。小脱皮（王进福、狄盛宝）架住，续（张进寿、刘振喜）上，对。（王进福、狄盛宝）下，（白进贵、王金和）上，接对，（张进寿、刘振喜）下。（丁进寿、何）上，接对，（白进贵、王金和）下。（张盛立、

陈得瑞)上,接对,(丁进寿、何)下。(王进福、魏成禄)上,接对,同下。昆仑上,对,四下手下,杜曾上,接对,昆仑下。

荀嵩上,接对,架住,倒窜烟筒,归两边,杀过河。荀嵩等败进城,杜曾白,唱〔水底鱼〕,焕二幺、灌娘上,引二句,乳娘一句。

众抄两场门,番回,抄下,同一句。灌娘白,乳娘咳,灌娘乳白亚昆仑,荀嵩上,白。昆伦作或乳白:“老爷回来了。”灌白:“爹爹。”嵩白。灌白:“爹爹万福。”嵩白:“起来。”灌白“今日”。嵩白,灌白:“爹爹且休。”乳白。嵩白。哑作吃或科上。又或乳白,嵩白。哭。灌白:“爹爹且休。”嵩白、唱。乳白,灌白,哑作急式。灌白,嵩白,灌白,嵩白、唱,灌白,嵩白,灌白下。嵩白,哑作式宽心。嵩白,乳白,嵩叫乳哑白跪下。乳白,各哭,唱。灌扮男上,白。嵩白,灌白,嵩白。灌白唱。嵩白,灌白。

二出

荀嵩、灌娘等暗上城,唱〔尾声〕,完,白。灌娘暗下,灌娘、昆仑、马夫出城杀败。更夫、头目(刘振喜、王进福、白进贵)偻啰等上,对。灌娘(王进福)对,架住,众窜烟筒下。灌娘(王进福)后对,下。昆仑、马夫(白进贵、刘振喜)上,对。续灌娘(王进福)上,对,头目败回,(上场门)下,灌娘白,唱下。

四出

四红孩儿兵、四上手、四将官,作开门科,周访、周抚、昆仑、马夫上,将官等白,周访下,众同唱,领起圆场。××

××冲下场,斜场,周抚等先下,众后番贯下。杜曾等上,贯门,白:“攻城。”荀嵩等上城,作放石木科。周抚、灌娘等上,贯门,对科。偻兵等先下,灌娘等后下,守将上,白,下。红孩兵等上,上下手起打,攒场,对,下。杜曾、周抚上,对,杜曾下。(白进贵)上,对,周抚下。昆仑(刘振喜)上,对,(白进贵)下。马夫上,对,昆仑下。(王进福)上,对,(刘振喜)下。灌娘上,对,马夫下。续杜曾上,(王进福)下,续周抚上,对,众续大攒,归排,杀过河,杜曾等败

下。周抚等回，荀嵩等作出城，白“摆队进城”，下。上场门上，贯门，荀嵩白。红孩儿兵白。谢科下。周抚白：“众将官，随我出战者！”众领下。杜曾等上，白完，众同唱〔菩萨蛮〕，反领，周抚等出城战科。荀嵩暗上城，周抚、杜曾上，对，杀过河，众窜烟筒下。杜曾、周抚又对，杜曾下。头目（白进贵）上，接对，周抚下。续二上手对，上手下。将官（王金和）接对，（白进贵）下。续二下手对，下手下。续（刘振喜）对，（王金和）下，续二上手对，上手下。续（何）上，对，（刘振喜）下。续二下手对，下手下。续（丁进寿）上，对，（何）下。续二上手对，上手下。

续（魏成禄）上，对，（丁进寿）下，续二下手上对，二下手下。续（张盛立、王进喜）上对，（魏成录）下，续二上手对，上手下。续（张进寿）上，对。又续（王进喜、丁进寿、刘振喜）三人上，对，（王进喜等）四人下。续（福有、长保）上，对，（长保）下，（张进寿）下。单续（狄）上，对完，狄下。续昆仑上，对，作打死，（王进福）下。续（刘振喜）上，对，打死，（刘振喜）下。（丁进寿）上，对，续昆仑下。周抚上，对。又续（张盛立、白进贵、王进喜）上，同对，头目作死科。杜曾上，接对，两场门孩兵正将官返，偻兵等众上，抄对，两场门斜排，杀死偻啰，杜曾死科。荀嵩出城，中场接科，白，唱〔尾声〕，进城，下。完。

《灌女传》

一出

八偻啰（李来海等）、六头目（张盛立等），引杜曾内唱一，众呐喊，领上唱。众斜分一溜腰，中间翻归，站贯进，后番前领冲开。白至“围住者”，众应同，头目站归四角，偻啰串走两头蛇，前领贯门，正场设城，众白：“已到襄阳。”杜曾：“攻城。”众应，攻城。八小军（裕春等）、将官（王金和等）、二守将、昆仑引荀嵩出城，会阵。右场一拉边，见面，各白至“放马过来”，大攒，杀过河，架住，众钻烟筒先下，荀嵩、杜曾后对，下。外八人对，下。双连环，（王进福、狄盛宝）上，对。续（张进寿、刘振喜）上，对，（王进福、狄盛宝）下。（白进

贵、王金和)上,接对,(张进寿、刘振喜)下。(丁进寿、冯进才)上,接对,(白进贵、王金和)下。(张盛立、孙盛茂)上,接对,(丁进寿、冯进才)下。(王进喜、魏成禄)上,接对,同下。昆仑、四下手上,对,下手下。杜曾上,接对,昆仑下。荀嵩上,接对,架住。众上倒钻烟筒,两边归排,杀过河。荀嵩等败进城,下。杜曾等回,白至"不可懈怠",众应,同唱〔水底鱼〕,众前抄,后翻,两场门抄下。

二出

灌娘上,唱〔风马儿〕二句。乳娘上,接唱一句。灌娘唱末句完,各白"不知胜败如何",昆仑、小军引荀嵩上,白,小军下。各白又唱,又白,白至"吓,待孩儿去唤来",灌娘上场门下,荀嵩等又各白,唱至"莫请缨",灌娘男妆上场门上,各白,各唱,至乳娘白:"依了小姐罢",一家将上,白完,下。又各白,至"传宣令官",家将上,白完,下。又各白,唱,又白"书已写完",宣令官上,白完,下。又各白至同唱完,下。宣令官内白,内应完,偻啰、头目引杜曾上,站门,白至"奈何吓,奈何",报子上,白完,下。杜曾白完,众应,领下。

正场设城。巡军上,虚白完,睡科。四小军、四将官引荀嵩暗上城,唱〔尾声〕完,白:"吩咐开关",众应。马夫、灌娘、昆仑出城,作杀巡军,巡军乱跑下。头目(王进福、刘振喜、白进福)上,六人对,(王进福)灌娘架住,昆仑(刘振喜)、马夫、(白进贵)钻烟筒先下。(王进福)灌娘后对,下。昆仑、(白进贵)、马夫(刘振喜)上,四人对。续灌娘(王进福)上,六人对,头目上场门败下,灌娘等回,白,唱,同下。

三出

周访上,唱〔引子〕完,一旗牌暗上,周访白完,同下。马夫、灌娘、昆仑上,唱〔端正好〕完,白"通报"。旗牌上,白"有请."周访上,马夫暗下,见面各白,旗牌暗下。又至灌娘唱〔伴莺〕,旗牌暗上,接白完,下。灌娘又唱,昆仑暗上,劝科,又白"多谢叔父"。孩儿兵、四将官(王金和)等引周抚上,白四句。众白"公子回府",周抚白

“回避”，众上场门下，周等各白至唱〔笑和尚〕。中军暗上，周访白“即刻起兵”，中军应，下，又白至周抚下。灌娘唱〔叨叨令〕，中军暗上，曲完，周访白“吩咐开门”，中军应科，周访、灌娘同下，中军白“吩咐开门”，内应，中军下。

四出

孩儿兵成对上，开门，四将官（王金和等）、昆仑、马夫引周访、灌娘、周抚冲场上。四将官归排，参见科，白完，列开。周抚白完，众应“得令”。周访白完，下。众同唱〔川拨棹〕，领起圆场，冲下场门斜场，周抚等先下，众后番贯下。

正场设城。四将官等、二守将，引荀嵩暗上城科。偻啰、头目贯门，引杜曾上，白至“就此攻城”，荀嵩等作放石木科。周抚众等上场门搭上，会阵。大攒，杀过河，灌娘、周抚、杜曾架住，众钻烟筒先下。周抚、灌娘、杜曾后对，下。外八人上，打下。杜曾、周抚上，对，续（白进贵）上，杜曾下。昆仑上，周抚下。（刘振喜）上，（白进贵）下，马夫上，昆仑下。（王进福）上，（刘振喜）下。灌娘上，马夫下。杜曾上，（王进福）下，续周抚三人对。又续众上，大攒，归排，杀过河，杜曾等败下。周抚等番回，荀嵩等出城迎接，众摆队进城科。绕上，贯门作相见科。各白至“悬挂城门”，昆仑下。又白“大犒众军”，守将应，下。又白至“多谢荀老爷”，众下。周抚等各白，至“梳洗了罢”，灌娘下。荀嵩、周抚各白，唱至“那女申色”，乳娘随灌娘上，各白完，唱〔收江南〕完，又白，至“后堂叙话”。守将上，白完，下。又各白，至“众将官”，孩兵、将官、守将、昆仑、马夫上。周抚白至“随我出城擒贼者”，众应，领下。

偻啰、头目贯门引杜曾上，白完，同唱〔菩萨蛮〕，众反领。正场设城。荀嵩、四将官暗上城，周抚、灌娘等出城会阵。杜曾、周抚杀过河，架住，众钻烟筒先下。杜曾、周抚对，杜曾下。（白进贵）上，接对，周抚下。二上手上，对，二上手下。（王金和）上，接对，（白进贵）下。二下手上，接对，二下手下。（刘振喜）上，接对，（王金和）下。二上手上，接对，二上手下。（冯进才）上，接对，（刘振喜）下。

二下手上,接对,二下手下。(丁进寿)上,对,(冯进才)下。二上手上,接对,二上手下。(魏成禄)上,接对,(丁进寿)下。二下手上,接对,二下手下。(张盛立)上,接对,(魏成禄)下,二上手上,接对,二上手下。(张进寿)上,接对,又续(王进喜、丁进寿、刘振喜)上,五人对。头目下,(王进福)上,接对,续马夫上,对,(张进寿)下。(狄盛宝)上,对,马夫下。昆仑上,对,(狄盛宝)下。(王进福)昆仑对,打死(王进福)下。刘振喜上,接对,打死(刘振喜)下。(丁进寿)上,对,昆仑下。周抚上,对,又续(王进喜、白进贵、张盛立)上,作打死,四头目下。

杜曾上,接对,孩兵、将官、偻啰等两场门上,抄,归斜排,作杀死偻啰,杜曾下。荀嵩等作出城科,白完,唱〔尾声〕,众进城,下。

29.《千金闸》

《千金闸》串头

三出

四小军、副、参、游、守上,唱〔水底鱼〕。白、唱〔合头〕归下场门。王伯党、齐国远、程咬金、尤俊达四人从上场门搭上,对攒。小军暗下。副、参、游、守、王、齐、程、尤对八古荡,四将败下。四贼要归梅花,追下。单对(马得安、齐国远)上对,下。赶活羊上,(高如桂、张进寿)续(马得安)上,(高如桂)下。续(王金和)上,(张进寿)下。(刘振喜)上,(马得安)下。(丁进寿)上,(王金和)下。(张盛立)上,(刘振喜)下。(狄盛宝)上,(丁进寿)下。(狄盛保、张盛立)对,(张盛立)留(狄盛保)。众贼上,八股当。众白,四贼不下。秦琼、罗成上,白、唱〔寄生草〕至"揭木从今破",元霸上,白,唱〔煞尾〕完。

四出

旋妃、罗成唱,白至"吊起千金闸者",内应科。罗成白"好了,列位好汉快走",元霸等上。元霸作托闸科。众作出关。元霸笑科,下。旋妃白至"就此追上前去",下高台。

起打。作出关，绕场下。拘众大攒。众钻烟筒下。旋妃、秦琼、罗成后对，下。单对齐国远、得成上，对，下。尤俊达、明恒上，对，下。王伯党、常福一上，对，下。程咬金、汪十泽上，对，下。旋妃、秦琼上，对，秦琼下。四贼上，接对。静旋妃下。四下手上，接对，同下。旋妃上，白完，四贼追上，对。旋妃上高台。白(咀)“天井下铙”，四贼作穴绕科。元霸上，作打坏铙科，下。旋妃下台。罗成上，对。同作调谐情态科，下。三古荡(刘进胜、张进寿)上，对。续(丁进寿)上，对。(张进寿)下。(边瑞保)一上，接对。(刘进胜)下。(王金和)上，接对。(丁进寿)下。(魏成禄)上，接对。(边瑞保)下。(狄盛宝)上，接对。(王金和)下。(白进贵)上，接对，(魏成禄)下。陆续八古荡。续(张进寿、边瑞保)上，四人对。续(魏成禄、刘进胜)上，六人对。急续(丁进寿、王金和)上，八人对。同下。元霸、四番卒、下手上，对。作打死番卒，番卒下。元霸不下，罗成等上，白完。元霸白至“我等迎上前去”，八小军(张盛立等)、四将官(任荣顺等)上，唱，白完，同唱〔尾声〕完，白，众笑科，下。完。

《千金闸》串头

三出

单对(马得安)齐国远上，对，下。(王金和)尤俊达上，对，下。(高如桂)咬金上，对，下。(刘振喜)王伯党上，对，下。一对二(李金福)齐国远、二上手(王金禄、狄盛宝)上，对，下。尤俊达、二上手(冯进才、王进福)上，对。又续(王金和、袁庆喜)上，众对，大攒，付、参、游、守等败。秦琼、罗成上，元霸上，白完，下。

四出

众对，大攒，大将先下，众后对，下。单对静旋妃、罗成上，对，下。(得成)齐国远对，下。舒祥、尤俊达对，下。(赵永全)王伯党对，下。(松林)程咬金对，下。静旋妃、秦琼上，对，秦琼下。四贼接对，静旋妃下。下手接对，同下。静旋妃白“下铙”。四贼追上，对，静妃上高台，元霸作打铙，下。

静旋妃下台对,罗成同下。伯党等作打死番女卒,同下。元霸上,打死番女卒,下。众上,白,唱〔尾声〕,下。

《千金闸》串头

二出

军卒、左杰、宣令官引杨龄上,唱,白“前来听令。”苏定芳、姚大勇、马大头、罗成、王伯党、沈千金、祁大炮、秦琼、程咬金、尤俊达、齐国远上,白。杨白,众下。杨白,沈千金、齐国远、苏定芳、罗成上,过场,下。杨唱〔混江龙〕至“鸣孤”,沈千金上白,射科,下。齐国远上,白,杨白,齐国远作射不中,下。杨唱至“口舌随何”,苏定芳内白上,射中科。杨唱,宣令官白,苏定芳应科。罗成上,白,射中科。杨白,苏定芳下。杨唱〔油葫芦〕完,罗下。宣令官传科,姚大勇上,杨白,姚下。

咬金上,白,杨白,唱〔天下乐〕完,咬金下。宣令官传科,祁大炮上,白,秦琼上,白,作打死,祁大炮,下。马大头上,白“俺马大头来也”,撞死马大头下。姚大勇上,白,秦琼作打死姚大勇下。秦白,杨白,左杰与秦琼对,作打死左杰下。杨白,唱〔那吒令〕完,秦白,杨白、唱,秦白作战科,秦败下,杨追下。罗成上,白,下。王伯党、齐国远、咬金、尤俊达同上,白,作绕场下。秦、杨上,对,罗成上,作刺杨龄。

三出

小军(张得禄、张得安、边得奎、张春和)付、参、游、守同上,唱〔水底鱼〕、〔合头〕。王伯党、齐国远、咬金、尤俊达冲上,对攒,下。单对(姚得禄)齐国远对下。(吴进忠)尤俊达上,对,下。(尹昇)咬金上,对,下。(杨得福)王伯党上,对,下。(袁庆喜、张春和)上,对,下。(韩福禄、张得禄)上,对,下。(张得安)咬金上,对,下。(边得奎)王伯党上,对,下。一对二,齐国远(姚得禄、张春和)上,对,下。尤俊达(吴进忠、张得禄)上,对,下。咬金(尹昇、张得安)上,对,下。王伯党(杨得福、边得奎)上,对,续大攒,付、参、游、守

等败。秦琼、罗成、元霸上，白完，下。

四出

静旋妃出关，齐国远（刘国祥）对，下。尤俊达（彭遇安）对下。咬金（张住）对下。王伯党（孙喜）对下。静旋妃、秦琼上，对，秦琼下。四贼上，接对（一、韩福禄，二、袁庆喜，三、贾得禄，四、陆得喜）。又续，前三贼，对静旋妃下。四卒上，接对，四贼同下。旋妃上，白，四贼返上，对。静旋妃上高台，下铙。元霸上，作打铙下。静旋妃下台，对罗成，同下。秦琼、王伯党上，对，四番卒同下。元霸上，打死四番卒科，回。众上，白完，〔尾声〕，下。

30.《忠义传》

二本《忠义传》串头

八出

头场，吕建功等上，圆场冲开，白，又领下。戈期等上，唱，白。张成虎等拘上，杀过河，白完，过河，众蹿烟筒下。大将后对，下。外八人攒，留二人。下（刘田喜），上（张进寿），上，对。上、下手下，对。续（长保、张进寿）下。（张盛立）上，对，（刘田喜）下。（李金福）上，对，（长保）下。（张田寿、张盛立）下。（刘振喜）上，对，（李金福）下。（刘如荣）上，对，（张田寿）又续。下（狄盛宝），上（李惠山）二人上，对，（刘如荣、刘振喜）下。续（张进寿）上，续戈期四股当，（李惠山、狄盛宝）下，（张进寿）下。续上手上，对，上手下。（狄盛宝）上，戈期下。续下手上，对，八股当，（张长保等）对，下。戈期等败上，白，归排，戈期等败下，众追下。张成虎追上，白，戈期等败下，张成虎回，白，领下。

九出

头场，四下手、四头目（寿、张等）上，冲场，唱。领冲，开，白，又白，领下，作埋伏下。戈期等上，唱，领冲，开，白完，吕建功等拘上，白，归排，杀过河，追领进山口，戈期等作进山口。吕建功等回，白，

戈期、众等两场门抄,戈期上山抛石,

进山口。起打单对,(长保、汪十儿)上,对,下。(李金福、文清)上,对,下。(吴连明、王松岩)上,对,下。(刘振喜、德成)上,对,(德成)下。留(刘振喜)续(张进寿)上,对。(长保)上,对,(刘振喜)下。(李金福)上,(长保)下。(吴连明)上,(李金福)下。(刘振喜)上,五人攒。头目留(张进寿),戈期上,对,(张进寿)下。上手上,对,上手下。(狄盛宝)上,对。(李惠山)上,续四股当。众倒钻,斜过河,下。吕建功等白"不好了",败上,唱〔扑灯蛾〕,戈期等围,抄,下,大众同下。内呐喊,戈期等上,围,当场戈期杀死吕建功等,戈期白完,下。

十三本《忠义传》串头

十三本《忠义传》三出

小军、将官引杨俊青、李泰上,一拉边,唱一句,领圆场,冲开。杨俊青、李泰白完,唱,领下。蛮兵、国王等上,同唱,领圆场,冲开。国王白完,唱完,杨俊青等冲上,钥匙头,会阵。杨俊青、国王、李泰各白,杨俊青、国王架住,众钻烟筒下。杨俊青、国王后对,下。外八人,攒,下。陆续八古当,(刘进胜、孟小春)上,对。续(丁进寿、刘如荣),又续(刘荣福、李存仁),又续(吴永香、边进保),杀过河,正将败下,番将追下。四大将上,对,下。国王、杨俊青上,对,国王下。杨俊青接四下手上,对,下手下。续乌了帅上,对,杨下。乌了帅接四上手,上手下。杨俊青上,对,续国上,对三股当,杨俊青下,国王、乌了帅追下。外八人赶活羊(刘进胜、孟小春)上,对。续(丁进寿)上,(刘进胜)下。又对,(吴永香)上,对,(孟小春)下。又对,(李存仁)上,(丁进寿)下。又对,(刘荣福)上,(吴永香)下。又对,马上,李存仁下。又对,(长保)上,(刘荣福)下。又对,(陈进喜)上,马下。又对,(福有)上,二人后对,下。国王追杨俊青上,对。续乌了帅三古当,杨俊青唱完,架住,倒钻烟筒上,杀过河,杨俊青败下。蛮兵白"走了",国王回,白完,同唱下。杨俊青等上,唱,圆场冲开,白完,唱〔尾声〕,倒脱靴下。

十四本《忠义传》串头

四出

外八人，攒，对，下。里边八古当，（丁进寿、武长寿）上，对。续（王进喜）上，对。续（刘荣福）四古当，对。上场门（张盛立）、下场门（陈进喜）六古当。上场门（刘如荣），下场门（孟小春），八古当。杨俊青、国王上，对。又续乌了帅、杨俊青、国王下。乌了帅打四将下。杨俊青上，对，乌了帅下。杨俊青打四番将，下。国王上，杨俊青下。四上手上，打，下。又续杨俊青，又续乌了帅上，众打攒，倒蹿，推末，杨俊青众下。戈红霞上，众蹿烟筒下。二人对，白完，戈下。常挑环对国王下，常打下手，攒，下手下。续二番将对，下。续乌了帅上，对，常士雄下，乌了帅下。胡小香上，打二番将（张、陈），下。续国王上，马芳上，胡小香下。国王下，马芳打二番将（丁、王），番将下。乌了帅上，康福宜上，马芳下，乌了帅下。康福宜打一番将（立张），赵飞上，康福宜下。续番将（陈）上，对。皮雄上，打番将，长保上，皮下。常士雄上，皮雄下。富有上，对。常士雄、戈红霞上，标打。国王上，对，有下。乌了帅上，众倒蹿，国王下，众追下。国王等败上，白完，归排。戈红霞等众杀过河。杨俊青等下场门上，追，国王等败下，戈红霞回，白，领下。

五出

国王等上，唱完，白，又唱，领下。戈红霞等上，唱。走黄龙摆尾，圆场冲开。戈红霞白，唱，会阵，架住，白，窜烟筒下。二人后对，下。外八人攒，对，下。（丁进寿、刘振喜）上，二人对。（陈进喜）上，（丁进寿）下，对。（狄盛宝）上，（刘振喜）下，对。（王进喜）上，（陈进喜）下，对。（王金和）上，（狄盛宝）下，对。（张盛立）上，（王进喜）下，对。（魏成禄）上，（王金和）下。（长保）上，（张盛立）下。（安进禄）上，（魏成禄）下，对。（张福有）上，（长保）下。皮雄上，（安进禄）下，（张福有）下。国王上，续乌了帅，作打皮雄，下。戈红霞上，倒蹿，斜漫头，国王败下，众追下。国王败上，唱，白，又唱，领圆场，挖门，白。杨俊青白，国王唱，归斜排。戈红霞等追上，

国王败下,众追下。杨俊青等出城,下。国王等败上,归排。戈红霞、众追上,杀过河,国、众败下。杨俊青等下场门回,白完,下。唱上,白,国王等上,白,戈红霞追上,白,众作攻山,挖门,回,白,倒脱靴,下。国王等败上,白,国王等败下。戈红霞上,挖门,白,唱完,下。

二月初八日准

十本《忠义传》串头

七出

举子(刘荣福、刘如荣)上,作打科,白。(魏成禄)上,白,同下。赵飞上,追店东打倒科,店小上,扶店东下。举子(刘如荣)上,接打,又续(刘荣福)上,打科。马芳、康福宜、常士雄上,作打科。马芳白完,上场门一举子(吴全荣)、下场门一举子(刘荣福)上,白完,下。下场门店小上,白完,下。康福宜作进门,白完,同下。

八出

戈红霞上,白,唱完,下。小军、将官引李良等上,站门,唱,圆场,一拉边,宣令官等围,将官下场门上,作见科,挖门。宣令官、众举子、康福宜等上,走黄龙摆尾,下。士雄、红霞上,过场,下。(刘荣福)上,比箭下,又上。(刘如荣)上,比箭下。(魏成禄)上,比箭下。(冯进才)上,比箭下。赵飞上,比箭下。康福宜上,比箭下。马芳上,比箭下。常士雄上,比箭下。戈红霞上,比箭下。李良白,宣令官白,古三咚,众,下场门康福宜(魏成禄)、赵飞(冯进才)、上场门皮雄(刘荣福)、马芳(刘如荣)八人对,下。李良白完,唱。众举子(张进寿、刘如荣)上,对。续(刘荣福)上,对,三股当。又续皮雄上,对,四股当,对,下。康福宜(魏成禄)上,对。续(冯进才)三股当。又续赵飞上,对,四股当。又续马芳、(鲍福山)、(刘荣福)、皮雄、(刘如荣)上,对,八股当。众举子两场门搭上,四举子败下,又对,下。又五举子上,白完,下。李白,宣令官白,皮雄上,白完,李良等白,皮雄白完,唱完,(刘如荣)上,白,皮雄白,唱完,作对科,

举子败下。皮雄回,白。(刘荣福)上,白,对科,下。皮雄白,唱完,常士雄上,白,唱,作对科,同下。李良等白,唱完,常士雄、皮雄上,作对,皮雄下。常士雄白,一举子(魏成禄)上,对科,(魏成禄)下。(鲍福山)上,对,下。常士雄白,唱。戈红霞上,白,常士雄白,戈红霞白,唱完,作对科,下。李良白完,唱。戈红霞、常士雄上,战,戈红霞败式。戈红霞、常士雄对,又续康福宜上,对,下。李良白,宣令官白,一举子(冯进才)上,对,(冯进才)下。马芳上,对,下。赵飞上,白,对,下。李良等白完,唱。戈红霞、赵飞上,对,赵飞白,下。李良白,宣令官白,戈红霞下。宣令官白,皮雄上,白。常士雄上,白,皮雄下。(冯进才)上,对,败下。魏成禄上,对,败下。李白,常士雄白,下。李良白,宣令官白,康福宜等下场门上,(刘荣福等)上场门上,对科,唱,对科,架住,李白,唱完,同下。

十五本《忠义传》串头

五出

铁骑、骁将引戈红霞等上,唱。一拉边,圆场,冲开。各白完,唱,领下。

李良等上,唱。一拉边,圆场,冲开。各白,又唱。报子上,白完,下。各白"迎敌者",偻儸、头目等唱,下。

四上手、骁将等引康福宜等上,圆场,冲开。各白,又唱。勾上,会阵,钻烟筒下。二人对,白完,唱,对,杀过河,唱完,戈期白,唱,对,下。外八人攒,对,下。里赶活羊(白进贵、郑廷祥)上,对。(刘如荣)上,对,(郑廷祥)下。(丁进寿)上,对,(鲍福山)下。(李惠山)上,对,(刘如荣)下。(张进寿)上,对,(丁进寿)下。(王久华)上,对,(李惠山)下。(陈进喜)上,对,(张进寿)下。(刘振喜)上,对,(王久华)下。(刘荣福)上,对,(陈进喜)下。(狄盛保)上,(刘振喜)下。(长保)上,(刘荣福)下。(陈进喜)上,(长保)下。又续(刘振喜)三古当。又续(刘荣福)上,四古当。各白,又对,(李海、李山)败下。二将追下,外八人,攒。

戈期追康福宜上,对,白,唱,白,又对,康福宜败下,戈期追下。

(狄盛宝)上,打四下手,下。(陈进喜)上,对,作打死(陈进喜),下。(刘荣福)上,对。续(刘振喜)上,对,唱,作打死李海下。赵飞白,唱,戈期上。又续康福宜、众倒钻,白,康福宜等下。勇士等回,白,倒脱靴下。

十六本《忠义传》串头

三出

此是三场

骁将引士雄上,唱〔画眉序〕。白完,又唱,作埋伏下。偻㑩等上,跳完,戈期上,唱〔喜迁莺〕完,常士雄等下场门冲上,白,各白完,杀过河,架住,众钻下。二人后对,下。军士(王有福等)、铁骑、胡小香圆场,冲开上,唱,白完,埋伏下。戈期、士雄上,对。军士抄,正场过河,下场门小香挑出,对,各白,又对,下。外八人上,(刘进胜、武长寿、刘荣福)上,对,三古当。(张进寿)上,四古当。(丁进寿、刘如荣)上,六古当。(长保、冯进才)上,八古当,对,下。士雄、戈期上,对。续胡小香上,三古当,过河,士雄、小香败至下场门,下。马芳上,白,二人对,下。赶活羊,(刘进胜、刘荣福)上,对。(刘如荣)上,对。(刘进胜、张进寿)上,对,(刘荣福)下。(武长寿)上,对,(刘如荣)下。(冯进才)上,对,(张进寿)下。(丁进寿)上,对,(武长寿)下。(长保)上,对,(冯进才)上,二人对,下。外八人上,对,下。士雄、戈期上,对。马芳上,三古当。胡小香上,对。偻㑩、骁将两场门上,抄,众同下。

军士(李存仁)等,引赵飞上,唱,白完,唱,埋伏下。戈期等败上,唱完,赵飞冲上,对,白,又对,众抄,下。二人对,常士雄等上,对,众两场门上,抄,戈期败下。士雄等回,白,下。戈期等败上,白,康福宜等上场门上,白完,小军、军士放箭,士雄、众等上,抄,戈期等败下,众追下。士雄上,打下四下手,下手下。二头目(张进寿、冯进才)上,士雄下。马芳上,接对,二头目(刘荣福、李金福)对,下。续赵飞上,对,头目败下,二将追下。

胡小香上,二头目(长保、鲍福山)上,对,下。戈期等上,唱〔水

仙子〕。马芳上，偻儸等下，戈期败下，马芳追下。士雄、二头目（冯进才、张进寿）上，对，下。小香、一头目（李金福）上，对，下。康福宜、四下手上，对，下。赵飞、一头目（刘荣福）上，对，下。戈期等上，唱，二头目（张、刘）、胡小香、康福宜冲上，众两场门抄，下。戈期上，唱，康福宜上，对。马芳暗上高台，放箭射戈期，马、众上，围，白“戈期已擒”，白完，唱〔尾声〕，下。

隔四出　五出

（刘荣福、孟小春）上，对。又续（丁进寿）上，三股当。（张进寿）上，四股当。（唐进喜、屠来顺）上，六股当。（李金福、冯进才）上，八股当。杀死军卒，下。头目追将官过场，下。戈期、苏太上，对，杀，苏太下。偻儸、头目两门上，抄，戈期白，唱，白，下。军士、众将引戈红霞上，白完，唱完。一将官上，白，红霞白，戈期、将官上，戈期白，红霞白完，各白，完。

31. 头二本《阳平关》（五界山）

头二本《阳平关》（五界山）头本

头本《阳平关》

六将起坝，头、徐晃，二、曹洪，三、徐褚，四、王平，五、焦炳，六、慕容烈上，唱。白至“有理”，四军卒（武长寿等）上，站门。曹操上，唱〔引〕，白至“容孤细思”，报子上，白，唱完，下。曹操唱倒板完，各白完，排子，领下。圆场转，四下手引张郃、杜袭上，站门，白至“迎上前去”，单领左边。四军卒、六大将，引曹操排子上，挖门，各白完，曹操唱两句，扯斜场，下。

四小军（任顺等）上，站门，刘备、孔明、四大将上，唱引完，归座，白至“想必来也”，报子上，白完，下。刘备白“摆队相迎”，众成对，上场门下。

四上手引黄忠急上，笑科，下。刘备等从下场门上，一排，黄忠等上，作见科，扯下，又上，众挖门。刘备白“号令营门”，四上手下。又白完，刘封作定席科毕，刘备等归座，饮酒科。唱排子完，报子

上,白完,下。孔明、赵云、黄忠各白,唱,至黄忠唱“他越欺越侮越要行”,四上手,领黄忠下。赵云唱,又派令张著下,又派令赵云下,又派令刘封下。刘备、孔明唱完,众大下场,同下。

黄忠内倒板,四上手引黄忠上,挖门,唱至“张著赶来必有音”,张著追上,各白完,扫,同下。四更夫上,白完,作困睡科。四上手引黄忠、张著上,作杀死更夫,放火科。杜袭、张郃追上,战科,同下。徐晃、曹洪、徐褚、王平、焦炳、容烈上,追过场,下。黄忠、张郃上,对,续杜袭、张著上,对,张著、杜袭、张郃下。徐晃六人上,接对,黄忠败下。四上手、赵云上,追过场,下。

曹操内,唱倒板,四军卒引曹操上,唱三句,上高台,观望科。张郃、黄忠上,对,续徐晃等六人上,对,黄忠败下,五将追下。剩焦炳、赵云上,接对,作刺死焦炳。四上手上,随赵云跳过,下。黄忠败上,七曹将陆续追上,对,黄忠从上场门败下,六将追下。剩慕容烈、赵云上,接对,作刺死慕容烈。四上手上,随赵云跳过,从上场门下。

曹操唱摇板完,黄忠内唱倒板,上,张郃、徐褚、曹洪、徐晃四人追上,对。黄忠唱,续王平、杜袭上,对。黄忠又唱,六将作押住黄忠刀科。赵云急上,唱,作挑开,张著随上,护黄忠下。赵云拨徐褚、王平、曹洪、杜袭四人,下,剩张郃、徐晃后对,下。续四下手上,接对,下手下。王平上,接对,续曹洪上,王平下。接对,曹洪、徐褚上,接对,徐褚下。张郃上,接对,续徐晃上,对。杜袭上,曹洪上,王平上,徐褚上,七人对,六将败下,赵云追下。曹操唱完,手下等六将上,挖门,白,曹操传令,王平、徐晃先下。曹操白完,众〔尾声〕下,完。

四军卒(张禄安等)、四下手上,站门。徐晃、王平上,唱,白至“守杀蜀兵者”,徐晃唱一句,四下手领徐晃下。王平唱一句,军卒(张禄安、王安等)领王平下。小军(任顺、姚成禄等)、四上手上,挖门,黄忠、赵云、张著上,唱,白,归座。各白至“多谢多谢”,报子上,白完,下。赵云等又白,至“退他曹兵也”,四上手、四小军(任顺、魏成禄等)领赵云二将下。赵云等唱,归下场门台口,赵云上站,手下直一排。四军卒(任顺、张禄安、王安等)、四下手、六将,引曹操上,

直一溜，白至“人马且退”，赵云等作放箭，曹操等从上场门退下。赵云等，黄忠、张著下场门随上，从上场门追下。

四小军（屠来顺等）引刘封挖门上，白完，上高台。曹众从下场门上，跑过场，上场门下。四上手引赵云等挖门上，刘封等下高台，见面，各白，唱完，领下。四下手引徐晃，从下场门上，直一溜，四上手引赵云、黄忠、张著从上场门上，直一溜，会战。白完，对，徐晃等败下，赵云等追下。四军卒（张录安等）引王平从下场门上，直一排，徐晃等败上，赵云等追上，徐晃等作上船，王平白“放箭”，众放箭科。赵云等退回，上场门下。

四下手、四军卒，挖门，徐晃、王平归座，白，唱至四下手打王平，又白至扯摔王平科，徐晃下，四下手随下。王平唱，白至“放火烧营”科，徐晃、四下手上，白，战科，王平等败下。徐晃等回，白完，领下。四军卒（张录安、吴瑞香、王安等）、四大将，引曹操挖门，上，白至“追兵怎么样了”，报子上，白完，下。曹操白二句，四下手引徐晃上，白，唱完，众领下。

四红文堂（侯玉禄等）引刘备、孔明站门，上，白二句。四上手引赵云等，挖门上，白至“一身都是胆”，报子上，白完，下。王平上，白至“谢主公”，报子上，白完，下，众扫下。

上张郃，下刘封，上对，架住，上曹，下刘，众从两场门上，倒钻烟筒，列开，曹操、刘备各上站，白至张郃、刘封对，又白完，张封又对，架住，众钻烟筒，下。张、徐、封后对，下。上、下手对，下。四古荡，王平、张郃、刘封、曹洪上，对，下。上、下手对，下。陆续十古荡。赵云、张郃上，对，续曹洪上，三人对。张著上，四人对。续徐晃、王平，六人对。续王平、杜袭、黄忠、徐褚十人对，架住，四上手、四下手钻烟筒，下。又对，曹将败下。刘众挖门，白，站斜门，黄忠等先下，赵云笑科，下。众倒托靴，下。

32.《岳家庄》

《岳家庄》串头

《岳家庄》

一场

汤和、王贵、施全、牛皋起坝,汤白,王白,施白,牛皋通名,“请”,排子下。

二场

四文堂上,站门,岳上,〔引〕,白。张保两边上,王恒传鼓开门。四将、牛等暗上,两边进门,参见科。岳白完,众白“请元帅发令”。岳唱完,发令,牛白“得令”,下,众下。

三场

老达子上,白。排子,下场门站,牛上,白,唱“开扎子”,下。牛唱,下。岳云上,〔引〕,白。岳安上,云唱至“精神侥幸”,正旦暗上,接唱,小旦跟上,老旦上,接唱。老旦、正旦、小旦白完,下。牛唱,下。云唱,下。

四场

(高如桂等)兀术上,〔引〕,内座,白,丑暗下。“宣进帐”,军师上,白,同下。

五场

(梁进禄、下手等)薛礼、花豹上,张兆奴上,白完,排子,同下。老旦上,唱。正旦上,接唱。小旦白,唱。岳安上,白。岳云走上,唱。小旦、岳云同白,唱。岳安白,众手下两边上,下。众达子兵、薛、张上,排子。报上,白,下。岳云、小旦上,会阵,白,钻烟筒,下。起打,花豹、岳云后下。兆奴(李福贵)上,对,下。上、下手打,又里边家将、番将对,赶活羊。(马得安、梁进禄、张盛立)上马,下,对,(刘振喜)上,(梁)下。(王金和)上,对,(张盛立)下。(李金福)上,对,(刘振喜)下。(未)上,对,(金和)下。(白进贵)上,对,(李金福)下,岳云上,对,(未)下。花豹上,对,(白进)下。张兆奴上,续四股当,兆奴、花豹同打,下。上、下手上,对。岳云上,对,(许振

喜)打死,下。(李金福)上,对,打死,下。(梁进禄)上,对,打死。(白进贵)上,作死。张兆奴上,对,续银平,又续花豹上,对,壮、勇两边上,作擒花豹,下场,完。

33.《七盘山》

《七盘山》串头

三出

八小军(屠来顺)、一将官(鲍福山)引孙傅廷纛上,引白,唱,走十字各花。李自成、八贼兵、纛冲上,见面。孙傅廷白"放马过来",对攒,孙傅廷下。众杀过河下。李自成回,白完下。八长枪(王安等)引卜从善上,跳舞,唱毕下。一将官(鲍福山)、八小军(屠来顺等)引李自成、八贼兵归排,杀过河,引至下场门,卜从善、八长枪下。上卜从善,白完下。

卜从善回白,唱。李自成、众贼兵上,唱、白、唱,下。八双刀(王源福)引白广恩上,跳舞、唱、白,又唱,下。李自成、众贼上,李自成白。白广恩从下场门上,众对攒,白广恩、李自成不下,众下,二人后对,下。里八人攒。上对,下,外八人攒对,下。白广恩、李自成上,对,众倒攒筒同下。李自成败下。白广恩回,白,唱,下。李自成引众贼上,唱、白、唱下。八弓箭手(王安等)引秦翌明上,跳舞、唱、白,又唱。秦翌明白"埋伏者",下。李自成、众贼上,唱,作上筏。八弓箭手、秦翌明从下场门上,作围放箭,李自成下。秦翌明等回,白、唱下。李自成、众贼上,纛发诨,李自成白,作换衣甲,李自成唱,白。众唱,下。八籐牌(王源福等)上,跳舞。引牛成虎上,唱。牛成虎白,又唱。正场埋伏。李自成引众贼上,纛发诨,籐牌、抄手攒,牛成虎追,里八古当,外八人,自成下,牛成虎作擒纛,唱,下。

《七盘山》三出串

《七盘山》三出

八小军(张宝义等)、四上手、一将官(张惠连)上引孙付廷上,

引一纛随上。孙付廷白完,唱。小军前分领走十字各花完,归两边,唱完。小军领起,会阵。八贼兵(刘振福等)上,引李自成、一纛随上,上见白,各白完,至“放马过来”,孙付廷先下,一将官、李自成众等对攒,杀过河,一将官等下。李自成等回,白完,下。六长枪手(董和玉等)上,跳舞,引卜从善上,唱,白完,又唱完,白,作埋伏下。一将官(张惠连)、八小军(张宝义等)上斜一排,八贼兵、李自成等上,杀过河,败走,引至下场门。八长枪、卜从善上,接战,李自成等败下。长枪手回,白,卜从善白完,唱,下。李自成等上,唱,白完,唱,下。八双刀(王元福等)上,跳科,贯上场门,引白广恩上唱,白完,又唱,白作埋伏下。八贼兵、李自成等上,白完,八双刀、白广恩下场门上,白。杀过河,架住,众钻烟筒下。白广恩、李自成二人后对下。八双刀、八贼兵上,对连环,下。外八人对,下。李自成、白广恩上对,架住,两边众上,倒钻烟筒,李自成等败下。八双刀回,白,白广恩白完,唱,下。李自成引众贼兵上,唱,白完,唱,领下。八弓箭手(董和玉等)上,跳科,贯上场门,引秦翌明上,唱,白,又唱完,白,作埋伏下。众贼兵、李自成上,唱完,白,作上筏。八弓箭手、秦翌明从下场门上,作围射箭,李自成等败下。秦翌明等回,白完,唱。众贼兵、李自成上,白完,发诨科白,作换衣甲。李自成唱完,一小军白完、唱,下。八籐牌(王元福等)上,舞牌科。引牛成虎上,唱,籐牌同唱完,白完,唱、白,作埋伏。李自成上,窥探,引众贼兵上,八籐牌两边抄,牛成虎杀出,李自成等败下,牛成虎等追下。八籐牌、八贼兵上对连环,下,外八人对下。李自成、一纛上,牛成虎上,对,八籐牌上,围抄,李自成先下,作擒住假李自成。八籐牌回,白,牛成虎白完,唱,同下。

34.《心田福》

《心田福》串头

《心田福》第一出

日、夜游神上,白完,下。前八云上,分归一排,拉扎跳盘头云前分。续后八云归四溜,转身,亮恒里下。二人上,前一套,里扎禀

分前分后，抄，贯。续奎星上，归三溜。拉扎跳，拉八角叉过，回云前分后抄，上场门贯，站门。帝君等上，唱，云前分后末，前末后番回，唱完，归八字。日、夜游神上参，各白，帝君唱声完，云贯下。

第二出

方耘上，唱，白完，睡科。罗隐、杜意上，白，见，各白完，唱。

第三出

跕门手下引二办事官上，白完，文堂、堂侯跕门等文行、卓罗归坐八字上，唱，白完。办事官白，各白完，唱，白。大太监内白，文行、卓各白完，太监引大太监上，一拉边挖门，白，各白完，太监下。文行、卓各白完，唱，领下。方耘、罗隐、杜意三举子上，唱，白。

第四出

朱温、孟绝海、葛从周、邓天王上，起霸，白完，小军、将官引黄巢上，唱，各白完，朱温、孟绝海二人领卒、将众下。又小军、将官引宋真、李茂上，挖门，白完，宋真下，李茂后下。小军等引朱、孟上，唱，白完。又小军等引宋真勾上，对攒，架住，众钻烟筒先下。大将后对，下。

小起打上、下手打一场，下。三把刀，三股当，宋真败下，众追下。上、下手打一场，下。大将上，对六股当。（刘田喜、张盛立）上，续（侯喜福、王元福），又续（丁进寿、芦田长），下。朱、宋、孟上，对，三股当，宋真败下，众追下。小军上，挖门，李茂上，唱完，上高台。朱、宋、孟上，对三股当，下。李茂下高台，下场门下。朱、宋、孟又上，对，又三股当，架住，众跟朱、温等上场门倒钻烟筒上，两过河。续李茂下场门上，对攒，众钻下。李茂、孟绝海、朱温等后对，下。上、下手打一场，下。

连环（刘田喜、王元福）上，对。续（芦田长）上，（刘田喜）下，对。续（董林元）入上，（王元福）下，对。续（侯庆福）上，（芦田长）下，对。续（张盛立）上，（董林元）下，对。（丁进寿）上，（侯庆福）

下,对。(王有福)上,(张盛立)下。朱温上,(丁进寿)下,对。李茂上,(王有福)下,对。孟绝海上,朱温下,对。宋真上,李茂下,对。朱温上,对,续李茂又上,对,四股当,众倒钻烟筒上。李茂等败下,众追下。宋真、李茂败上,白完,朱温等众追上,对,大攒,李茂众等败下。众回,白完,下。众上,挖门,引黄巢上,朱、温众等上,见,白完,倒脱靴,下。

35. 乱弹《计取濮阳》

乱弹《计取濮阳》题纲串头

文堂(曾禄吉、郑廷祥、屠来顺、王田广)
四下手
李典(王进喜)
乐进(李金福)
典韦(张进寿)
曹洪(刘振喜)
于进(张福有)
毛玠(张盛立)
夏侯惇
夏侯渊(王进福)
夏侯尚(李来海)
曹操(郭)
纛(王盛得)
陈公(安进禄)
侯成(白进贵)
文堂(吴瑞香、侯玉禄、吴全荣、王景荣)
四上手
旗牌(王安、陈得瑞)赶(臧霸、雪兰)
吕布(马得安)
院子(高如桂)
臧坝(王安)

雪兰（陈得瑞）

丫环（武长寿、张禄安、刘进胜）

旦（边瑞保）

宋宪（冯进才）

未续（李福贵）

郝明（未成禄）

高顺（王金和）

张辽（狄盛宝）

严氏（唐进喜）

归正排，正杀河，里外罗二次，正架住，众钻下。吕、典后对，下。外八人对，下。吕家（白）追上，曹将（梁）上，续吕（李福）上，（白）下。对，曹续（张立）上，（梁）下。对，吕（未）上，（李福）下。对，续曹（李金）上，（张立）下。对，续吕（王金）上，（未）下。对，续曹（刘振）上，（李金）下。对，续吕（冯进）上，（王金）下。对，续曹（王喜）上，对，（振）下。对，续吕（狄）上，（冯）下。对，续曹（王祥）上，（王喜）下。对，（狄）下。留（王祥），续（未、白、冯、李福）对，攒，四人下，留（王祥）赶活羊，续照前三人，留（王祥、狄），又续吕布上，三股当，（狄）下。吕战曹八将，合众，大攒，吕众败下。又续（未）上，四股当。吕（冯、白）上，六当。对，续曹（刘振、张立），八当，又续吕（王金、李福）十当，又续（梁、王喜）吕布、典韦上，对，分领，岔半分两家，分领走式，吕众败下。曲韦、众后下。

36.《天香庆节》

《天香庆节》串头排场

一出

二十八宿，两场门，上（张盛立），下（李金福）等，上分，归两排。拉、扎、跳、并、分，走十字各花。拉、扎、跳、套八角。拉、扎、跳、过去，过回，前分，后抄，往上场门贯下。抱枪，冲场上。仪从、星官、羲和童、金乌形、日光童子引太阳帝君上，唱〔一枝花〕完，帝君上高台。仪从、星官后八字，童子、形儿前八字，二十八宿上板凳。帝君

白至“何能及此也”,五星上,唱〔贺新郎〕完,见面,参科。各白至“就请偕行”,吹打,下座,二十八宿归前四排,仪从、星官、童子归后三排,同唱,完,圆场领下。

挡云帐,设日月光等。宫官、结璘、玉兔形引太阴元君冲场上,同唱〔元鹤鸣〕完,升座,众归八字。元君白至“来也”,云末、星官、五星、羲和童、金乌形、日光童子引太阳帝君上,同唱〔谢皇天〕,领圆场,贯门,曲完,撤云帐,见面,五星参科。各白至“结璘传科”,宋无忌上,白,元君白至“呈献去者”,玉兔形应科,跳舞,上场门下。玉兔上,唱〔乌夜啼〕四句,无忌接唱两句,又同唱完,下。金乌形飞舞,鸣科,追下。元、帝君各白至“以昭圣瑞者”,星官白:“领法旨。”黄云两场门双上,归斜排,跳盘头,分末去末回,前分归两排,唱〔感皇恩〕。前分走十字各花,归两排,末去末回,前分挪走日月光,归四溜,转身,唱〔采茶歌〕。前分,后边一个,见一个转塔,破开,前分,归中间列开,吹打,帝君等下座。挡云帐,撤日月光等,摆天池山洞等,唱〔尾声〕。帝、元君等两场门大下场,黄云前抄,贯下。

二出

宋无忌上,唱〔渔灯儿〕四句。玉兔掮桂花上,接唱三句,同唱末句完,各白完,宋无忌先唱,下。玉兔白,唱〔锦上花〕,又白,唱二句下。撤云帐,二飞兔形上,跳舞完。上场先下一形,尔上一飞兔,又形下,又上一飞兔,门下,飞兔上,唱〔锦中拍〕完,白,又唱至‘抱步从容’,玉兔上,唱〔锦后拍〕完,见面,各白至“看俺二人擒你”,三人对打,过河,打开。飞兔唱完,又对,飞兔败下,玉兔追下。玉兔追飞兔,持枪上,对,作擒住飞兔科。各白至“有理”,唱〔庆余〕完,进洞,下。挡云帐全撤。

三出

踆乌冲场,引金乌上,起霸。唱〔新水令〕完,白至“急忙通报”,众应,同下。侍女冲场,引玉兔上,唱〔滴滴金〕完,白至“前去者”,众应,玉兔唱,踆乌暗上,曲完。侍女白,踆乌白“祖公公快来”,金

乌下场门上，白完，作出迎科。见面，各白，进门，侍女贯门，归坐，各白，献茶科。白至“待我把盏”，吹打，定席入坐，同唱〔折桂令〕完，金乌白，前四踆乌应科，引侍女等下。又白至“看茶来”，后四踆乌分下。又白，至金乌唱〔豆叶黄〕完，侍女暗上，玉兔、金乌各白完，玉兔唱〔川拨棹〕。踆乌等捧茶暗上，金乌白，唱〔雁儿落〕，作搂玉兔科，玉兔掌金乌嘴科，金乌白“与我擒下者”，大攒。金乌、玉兔对科，踆乌、侍女对，分下。玉兔、金乌又对，金乌唱〔得胜令〕完，对，下。六股当起，四踆乌、二飞兔对，同下。侍女等、玉兔败上，唱，白，又唱。金乌等追上，玉兔等败下，金乌白，唱，下。

四出

赤兔上，唱〔海榴花〕完，白完，又唱完。金乌上，唱〔芙蓉花〕完，见面，各白完，同唱〔并头莲〕完，同下。

五出

玉兔上，唱〔二郎神〕完。白，又唱完，下。金乌、赤兔上，唱〔集贤宾〕完。各白至“有人没有”。一飞兔下场门上，白至“仙子有请”！玉兔下场门上，白完，金乌、赤兔进洞，各白至“看茶来”。一飞兔下，三人白，至金乌下，二人白，至玉兔唱〔莺啼序〕完。赤兔白，金乌暗上，白，作窥听科。赤兔唱〔黄莺儿〕完，金乌白，赤兔白完，金乌下。赤兔进洞，白完，玉兔唱〔簇御林〕完。赤兔白，唱，又白，又唱，金乌上，白，作窥听科。赤兔白，唱，磕头科。白至“应了罢”。金乌白，赤兔出门，见面，各白完。金乌唱〔琥珀猫儿坠〕完，下。赤兔进门，各白完，玉兔唱，下。赤兔白，唱〔尾声〕，下。

六出

水卒两场门上，前抄后抄，前分归两溜，套四角，拉、扎、过、回，前分后抄，贯上场门，前一排、后一排，引巨蚌上。一犄角、两犄角，前分后番，归一排，起曲子。分走十字个花，后番上，前一排跪。白完，接曲子。末去末回，前分后番，归前一排、后一排，领走圆场，归

斜场,拥下。水卒又上,前抄后抄,前分归一排,跪。国王白,一末两末,国王白完,唱。

七出

金乌上,唱〔北端正好〕完,白,又唱完,下。拉水幔。籐牌归排,水手驾船引国王等上,唱〔南普天乐〕完,白,又唱完,下。金乌上,唱〔北脱布衫〕完,白,又唱完,下。国王等驾船上,唱〔倾杯序〕,领斜场,归正场,唱完,各白,金乌下场门暗上,窥看科。至番女取珠科,金乌隐下。假番女隐上,国王等作开盒看珠科,唱,白至假番女唱完,盗珠科,隐下。金乌下场门急上,亮珠科,下。国王等白,唱至〔南小桃〕完,圆场领下。金乌上,白,唱〔北尾声〕完,下。

八出

玉兔上,唱〔步步娇〕完,白,侍女暗上,玉兔白完,又唱完,同下。灯夫、乐人、傧相引赤兔上,白,吹打,绕场下。金乌上,唱〔园林好〕完,白,又唱完,下。乐人等引赤兔上,傧相白"那位在",一侍女下场门上,白完,众作进门科。赤兔白,侍女扶玉兔上,拜天地,傧相赞礼科。金乌暗上,白,侍女白,又众各白至金乌作隐进洞,偷看科。赤兔等拜堂完,众领下。金乌白完,隐下。侍女引赤兔、玉兔上,作进房更衣科。一假赤兔暗上,作对看科,赤兔白"什么东西",各相持科完,假赤兔下。赤兔、玉兔各白至"入席",同唱〔又一体〕完,白,侍女分下,又各白,唱〔江儿水〕。一熊暗上,曲完,熊扑二人,相持科,熊隐下。二人各白,同唱〔五供养〕,假赤兔暗上,曲至"莫教龃龉",同作欲入帐科。曲完,假赤兔暗下,二人各白至"咱们睡罢",欲入帐科,金乌从帐中上,白完,对科,赤兔先下。金乌、玉兔对,金乌下。玉兔白,侍女上,各白完,各取兵器下。金乌追赤兔上,对科,各白至"我愿意么",对。玉兔、侍女等上,助战科,金乌败下。玉兔等回,白完,同唱〔尾声〕,推末,斜场,唱完,下。

九出

跛乌上，跳，引金乌上，唱〔风入松〕完，白，众应，唱，同下。飞兔、侍女引赤兔、玉兔上，唱〔又一体〕完，白至“迎上前去”，唱至“乱纷纷”，众跛乌、金乌等上，会阵，众钻烟筒先下。金乌、赤兔、玉兔对科，玉兔先下。金乌、赤兔白后，对，下。起六股当，四跛乌、二飞兔（吴连明、王有福、刘振福、刘田福、董林元、张田寿）对，下。金乌追玉兔上，对，白完，唱，对，下。赶活羊跛乌（吴连明、张田寿、刘田福、刘振福）、侍女（张宝义、董林元、王元福）对，下。金乌、赤兔上，对。续玉兔上，对，金乌作擒玉兔，跛乌两边上，抄，赤兔逃下。金乌白，跛乌应，同下。赤兔跑上，唱〔风入松〕完，白至“忘八了”，玉兔上，唱，作见科，玉兔白，同唱，同下。跛乌引金乌上，白，同唱〔急三枪〕完，白，跛乌应，同唱〔风入松〕，同下。

十出无串

十一出

二番女，引暹罗国母、女上，唱〔普天乐〕完，白，国女白完，小番等引国王上，唱，各白完，番兵、将等上，唱〔朝天子〕完，白，国王白，同唱完，下。

缅甸国番兵、将，引赤兔、玉兔、国王上，唱〔普天乐〕完，国王白，众应，同唱至“鼓勇争前”，暹罗国等冲上，白，唱〔朝天子〕完，过河，架住，众钻烟筒下。两国王，后对，下，续上，对，下。赤兔，追暹罗国女上，对，白完，对，下。玉兔，追暹罗国母上，对，国母唱至“图完善”，对科。续国王上，三股当，又续一国王，对，四股当，过河，架住，众倒钻烟筒上，归排，过河，暹罗国等败下。缅甸小番回，白，同唱〔普天乐〕完，同下。

十二出无串

十三出

缅甸国等引国王上，唱〔粉孩儿〕，至“神珠独尚”，赤兔、玉兔

上,唱,见科。各白至“看酒来”,报事小番上,白完,下。各白完,同唱〔好事近〕。八番兵,随赤兔、玉兔先下,国王白,众应,同唱完,下。暹罗国小番、踆乌,引宋无忌、金乌上,唱〔石榴花〕完,白,唱至“决胜在疆场”,缅甸番兵,引玉兔、赤兔冲上,宋无忌白完,金乌白,赤兔白,玉兔、宋无忌各白至“一派胡言”,架住,众钻下,四人后对,下。

八人续上,打一场,下。金乌、赤兔上,对,下。宋无忌、玉兔上,对,下。暹罗国番兵、将,引国王、母、女上,唱〔扑灯蛾〕完,白,内呐喊,又唱至“窜奔忙”,缅甸国王等,追暹国番兵、暹国王等,勾上,归排,杀过河,缅国败下,暹国追下。金乌,追赤兔上,对。踆乌,抄,赤兔逃下。踆乌白,金乌白完,同下。宋无忌,追玉兔上,对。续金乌上,玉兔败下,宋无忌追下。玉兔上,唱至“何处潜藏”,金乌等内白,玉兔白完,抄,宋无忌、金乌追上,对,踆乌上,抄,作擒住玉兔。宋无忌白,金乌白至“照打”,作对科,宋无忌败下,金乌白,同唱完,同下。暹国追缅国上,归排,过河,缅国败下,回。暹国回,白至“暂且收兵”,踆乌、金乌、玉兔上,作见科,各白完,众唱〔尾声〕,同下。宋无忌上,白,唱完,下。

十四出无串头

十五出

仪从、星官、童子,引太阳帝君上,唱〔金殿喜重重〕完,白,唱至“辉煌宇宙”,宋无忌上,唱完,白,唱〔怕春归〕完,帝君白,同唱,同下。

缅甸国番兵、将、国王、赤兔上,同唱〔四边静〕完,各白完,众应,同唱至“暹罗寇”,暹罗国众等,引踆乌、金乌、玉兔、国王、母、女冲上。国王各白至“擒了你再讲”,过河,架住,众钻烟筒下。二人后对,下。对,大攒,下。玉兔、赤兔上,对,白至“跟着我走”,金乌上,白,作对科,下。仪从、星官、宋无忌、童子,引太阳帝君上,唱〔锦缠道〕,至“万宝丰收”,对,下。金乌追赤兔上,对。踆乌上,抄,赤兔现形,踆乌等擒下。两国众等上,对。续金乌、玉兔上,帝君

白，金乌下。国王白，又对，缅甸国等败下，暹罗国等追下。金乌形下门上，见帝君，白，宋无忌应科，下。帝君唱至“秋节后”，同下。暹罗国王、玉兔等、缅甸国王等，两场门上，对，大攒。踆乌等牵赤兔形暗上，宋无忌上，白“不要动手”，玉兔白，下。换形上，宋无忌白，两国王白“敢不遵依”，宋无忌白，踆乌等白，宋无忌白完，唱完，下。两国王等白，同唱〔庆余〕，下。

十六出

挡云帐，设月宫。仙童、女、玉兔形引月主上，唱〔喜秋风〕完，白至“敢待来也”，四仙真上，白，月主各白，入席科。仙女白，月主白，仙女应科。彩云上，分归八字盘头，前分归一排，加辫子半个。朝里贯，宝镜冲上，分归四溜，转身亮。二人一套，荷花出水，过、分，往里贯。桂花上，云镜斜八字，花串斜八字，三排，分归三排，起曲子。二人套，现镜，又套，现云，又套，分归六溜，荷花出水，分归三排，归八字，曲完，吹打，仍归三排，唱〔尾声〕，分云镜花转，二圆圈，三人一起，转，下。

37.《昭代箫韶》（编者按：《玉娥斗法》亦《昭代箫韶》戏，置于一处）

头段《昭代箫韶》

二出串

萧后白“撒开围场者”，众应，作合围，抄，下。萧氏唱完，辽兵、将上，追兽，两场门抄下。耶律休格追狼上，擒狼下。萧达兰上，追熊，作擒熊，辽兵抬下。萧天左追猩猩上，作擒猩猩，辽兵抬下。萧绰星特追弗上，作擒，下，辽兵抬下。萧后白，唱完，兔形上，作跳科。二辽兵上，作打兔形下。豹形上，作跳科，萧达兰等上，作擒豹，辽兵抬下。鹿形上，跳科。萧氏白“看弓箭伺候”，萧氏射箭科，众白“好箭”，辽兵作抬鹿下。辽兵、将，辽大将两场门抬兽形上，各白完，萧氏白，唱完，代马，领下。

三出

辽兵、将,引萧达兰上,唱,白完“代马”,唱,领下。军士、将官、杨贵等上,站门。杨继业上,唱〔点绛〕,白完,唱完,白完,杨贵、杨景应科,军士代马,领下。继业白完,唱,领下。

辽兵、将,引萧达兰上,唱完,挖门。辽兵白已,作攻城。军士、将官引杨继业会阵。各白,唱完,杀过河,架住,众钻下,二将后对,下。军士引杨贵、杨景上,过场,下。宋将、辽将上,打连环,对,下。继业、达兰上,对,继业下。续杨贵、杨景上,接对,达兰下。续二辽将上,对,又续二辽将下。又续达上,对,杨贵等下。继业上,对,达兰上,大攒,辽众败下。军士回,白,继业唱,领下。辽兵、萧达兰上,唱,白至“复仇”,内呐喊。达兰白,唱完,下。军士、将官、杨继业等上,挖门。继业各白完,〔浑尾声〕,斜门,下。

头段《昭代箫韶》后四出串头

第六出

下场门摆阵,白至“试俺宝刀”,杀过河,架住,众钻烟筒,下。继业、里特后对,下。外八人上,对,下。单对杨贵、杨永元上,对,下。杨顺、马全禄上,对,下。杨景、刘七上,对,下。继业、里特上,对,各白,对,下。杨希上,唱,白,唱,下。继业、里特上,对科,架住,众两场门正钻烟筒上,大推末,继业等败,众下。继业上高台科,杨希下场门上,接战,杨希哄辽,众下。达兰、里特、杨希,三股当,辽将败下。四下手上,接对,四下手下。四辽将上,对,辽将下。杨希追下,继业白完,下。里特上,继业追上,对科,作斩里特,下。杨希上,夺旗科,达兰、宋军等两门上,作乱战科,辽众败下。宋军等回,白完,领下。辽兵、达兰上,唱,白完,唱,下。继业等上,各白完,众倒脱靴,同下。

八出

贺怀浦白,唱两句,会阵。刘宇等上,各白至“看刀”,德昭等

暗上高台科。怀浦、刘宇对科，架住，众钻烟筒，下。怀浦、刘宇后对，下。德昭白，唱完，起打外八人上，对，下。杨泰等、四辽将上，对，八股当，对，下。怀浦、刘宇上，对，怀浦下。杨春上，对科，各白完，对，下。德昭白，唱完，刘宇追杨春上，对，杨春败下。杨泰上，对，各白完，对，下。德昭唱完，杨泰退刘宇上，对，杨泰下。杨征上，对，各白完，对，杨征下。杨高上，对，同下。外八人上，对，下。德昭唱完，怀浦、刘宇上，对，架住，众两场门倒钻烟筒上，杀过河，刘宇等败下，怀浦等追下。德昭白，唱完，众领下。

场上右边设易州城。仁美等暗上城，刘宇等败上，唱，领起，挖门。刘宇白，仁美白，放箭科，刘宇等退科，辽众两场门逃下。怀浦等追上，白，对科，作斩刘宇科。众引德昭上，仁美等出城，接科，各白完，下。

头段《昭代箫韶》二三出串头

头段《昭代箫韶》

二出串头

萧后，白至“撤开围场者”，众应，作合围，两场门抄，下。萧后白，唱完，辽兵、将等两场追兽上，抄，下。耶律休格追狼形上，对，作擒狼，下手搭下。萧达兰、熊形上，对，作擒熊，下手搭下。萧天佐追猩猩上，对，作擒猩猩，下手搭下。萧绰、里特追虎上，对，作擒虎，下手搭下。萧后白，唱完，兔形上，跳科。二辽兵上，作打兔形，下。豹形上，跳，萧达兰等上，作擒豹，下手抬下。鹿形上，跳科，萧后白“看弓箭伺候”，萧后作射箭，萧后白“看箭”，众白“好箭”，辽兵作搭鹿下。辽兵将、辽大将，两场门抬兽形上，各白完，萧后白完，唱，代马，领下。

三出

辽兵、将，引萧达兰上，唱完，白完，代马，唱，领下。军士、将官、杨贵等上，站门，杨继业上，唱〔点绛〕完，白，唱完，白完，杨贵、杨景应科，军士代马，领下。杨继业白完，唱，领下。

辽兵、将引萧达兰上,唱,领起,挖门,唱完,辽兵白"已到关前",萧达兰白"攻城",辽众作攻城。军士、将官引杨继业出关上,会阵。杨继业、萧达兰各白完,杀过河,杨继业唱完,杀过河,架住,众钻烟筒下。杨继业、萧达兰后对,下。军士引杨贵、杨景上,过场,下。宋、辽将上,打连环,对,下。杨继业、萧达兰上,对,杨继业下。杨贵、杨景下场门上,接对,三股当,萧达兰下。续二辽将上,对,四古当,下。又续将官、辽将上对,四股当,辽将下。萧达兰上,接对,攒。续杨继业上,对,大攒,架住,众倒钻,辽众等败下。军士回,白"辽兵大败",杨继业白完,唱,领下。辽兵将、萧达兰上,唱完,白至"再图复仇之计",内呐喊,萧达兰白完,唱,下。杨继业等上,挖门,各白完,〔浑尾声〕,斜门,领下。

四本《昭代箫韶》串头

四本《昭代箫韶》

一出

杨继业内白,唱倒板。勇士、将官、杨顺等〔急急风〕上,挖门,继业唱,领起,冲开,唱完。白,又唱,领下。

韩德让内白,众白"得令",辽兵、将等两场门上,抄,下。杨春急上,唱完。军士(王久华等)、田重进、刘君其、仁美下场门上,归八字,各白至"多讲",仁美、众等下。杨春白,唱完,下。辽众等,两场门上,挖门,杨春上,作出城。韩德让等白完,杀过河,杨春败下。辽大将各白完,众等两场门抄,下。勇士、将官、杨继业等上,站门。继业唱完,杨春急上,白,各白完,唱,领下。

辽众等上,站门。耶律尚唱,各白,唱完,潘仁美等暗上城科,杨继业、众等上,辽众等钥匙头,会阵。各白至"看刀",正将杀过河,架住,众钻烟筒下。杨继业、韩德让对科,一上手、一下手上,打接头。继业、德让两场门下。外八人"攒",对,下。起连环。萧天佐、萧天佑、耶律尚、杨顺、杨景、杨希等上,对,下。杨希打四辽将,攒上,对,下。潘仁美白完,韩德让上,打四宋将官,攒,将官对,下。杨继业上,接对,韩德让下。四下手上,接对,下手下。耶律尚上,

接对，架住，辽、宋众上，倒钻，大杀过河，辽众败下，杨继业等众追下。辽众等败上，大将各白至“有理”，杨继业等追上，杀过河，辽众等败下。潘仁美白完，杨继业白“就此进城”，勇士、将官翻回，归两边，杨继业唱完，众倒脱靴，进城，同下。

二出

杨继业率杨泰、杨征暗上城科，起。辽众两场门上，抄，下。继业白完，唱倒板。辽众两场门上，抄，下。继业唱完，下场门萧天佐、上场门萧天佑，率辽兵、将各执旗，随纛，两场门上。前分后抄，走十字各花，二人一套，后番上，前分后抄，归五排，面朝里。下场门韩德让、上场门耶律尚，随纛，两场门上。又出，归排，众番出，亮，四分头归斜十字，转身梅花瓣，仍回归四圆圈，转，斜过河，南北里下过河，东西里下过河，转，前分面朝里，归五排，辽大将笑科，众番出，前分后抄，两场门下。

三出

志聪单场

辽兵、将上，站门。韩德让等上，唱，各白完，韩德让唱，辽兵领起，钥匙头。辽兵白“已到东门”，内作乐。杨征等内白“吩咐开城”，韩德让白至“列开阵势者”，勇士、将官，杨征、高、贵、春，大凯、杨泰、车夫、伞夫、后护将官上，站门。各白至“看箭”，车、伞、军士先下，辽众等作围科，杨众等败下，辽众等追下。起打，四番将、四将官上，对，下，留二将官。耶律希达、萧特里上，对科，将官下。续杨泰上，对，希达、萧特里下。又续萧天佐、萧天佑上，对，天佐、天佑下。杨泰白，唱完，四辽大将上，对，各白，唱完，对科。又白完，对，作刺死杨泰，辽众两场门抄，番回。韩德让白至“与皇叔报仇”，韩德让唱完，前分后抄。起打，耶律希达、杨征上，对，希达下。四辽将上，接对，下。萧天佐上，对，杨征下。四军士上，接对，天佐作杀死四军，下。杨贵上，对，萧天佐下。四下手上，对，下。萧特里上，对，作擒杨贵，四辽兵上，押下。四将上，对，萧特里作杀死四将

官,下。杨征上,对,又续萧天佑上,对三股当。又续杨高上,对四股当。又续韩德让、杨春上,对六股当。辽兵两场门追。上手上,上手下。辽兵番回,白,正将杀过河,杨等败下,萧天佑、萧特里等追下。下手、辽兵押杨贵上,辽兵白完,二辽兵押杨贵,上场门下。韩德让白“擒拿宋将去者”,众领下。萧天佐、佑追杨高上,对,作杀死杨高下。杨征上,接对,天佐、佑下。耶律希达、耶律奇上,对,作杀死杨征下。杨春上,对,辽众上场门上,归排,杀过河,杨春逃下,辽众追下。杨春急上,白,唱完,至“怎顾父天伦”,辽兵等上场门上,归斜一排,杀过河,杨春逃下。辽兵回,白“走了”,各白至“领命”,萧天佐、佑,下手领下。韩德让白,唱完,领下。内呐喊,杨春急上,唱,白。智聪禅师上,白,各白,唱完,下。辽兵引韩德让上场门上,归下场门斜一溜,辽兵白,番回,各白,作搜,韩德让白完,唱,领下。

四出

勇士、将官,杨景、顺、希,杨继业、德昭、内侍上,站门,引宋太宗上,唱,各白,唱完,下。

军士引田重进、刘君其、石守信、刘遇上,站门,引潘仁美上,唱,各白,唱完,领起。辽兵、将,萧天佐、佑,萧特里、耶律希达、耶律奇上,会阵。各白完,至“得令”,众等杀过河,潘仁美等败下,辽众追下。石守信、耶律希达上,对,各白,对,下。萧天佑、刘遇上,对,各白完,对,下。萧天佐、耶律希达、石守信、刘遇上,对四股当,架住,众倒钻烟筒上,杀过河,架住,潘仁美、刘君其、田重进逃下,石守信等随败下,辽众等追下。

勇士、将官、杨继业、德昭等上,站门,宋太宗上,唱完。杨白,唱完,领下。耶律希达、萧天佐、田重进、刘君其上,对,下。萧特里、耶律奇追潘仁美上,对,仁美下。又续石守信、刘遇上,对四股当。又续萧天佐、佑上,对六股当。刘遇、石守信败下,四辽大将追下。

军士、田重进、刘君其引潘仁美上,唱完,内白完,潘仁美各白

完，作给仁美脱靠科。辽众等两场上，归排，杀过河，潘仁美等败下，辽众等追下。潘仁美等上，潘仁美唱完，内白完，各白完，作换马科。辽众等追上，潘仁美等逃下，辽众等追下。潘仁美等上，仁美唱完，又内白完，各白完，辽众等追上，潘仁美等逃下，辽众等追下。杨继业等，护宋太宗上，唱，各白完，至“须要小心”，内侍、将官、德昭、宋太宗先下，杨继业白，唱完，下。

内白“穿蓝袍的是潘仁美，快赶”，潘仁美等跑上，作跌科，作扶科。众白“快脱下来罢”，各虚白，作脱袍科。辽众等追上，潘仁美等先下。石守信、刘遇等杀过河，石守信等败下。杨继业等下场门上，二龙出水，归两边，正将杀过河，推末，归本位，架住，众钻烟筒下。杨继业、耶律奇二人后对，下。萧特里追潘仁美上，对，作擒仁美。下手上，绑仁美，下手下。杨继业上，对，各白完，对。续杨希上，对三股当，作斩萧特里，下。杨继业等各白完，潘仁美骑马先下。杨继业白至“多讲”，萧天佐、耶律希达上，对。继业下。续杨景、杨顺上，对四股当，萧天佐、耶律希达败下，杨景、顺，追下。宋太宗等上，站门，太宗唱完，下。杨景上，对四辽将，作杀死，四辽将下。杨景白完，萧天佑上，对，杨景下。杨希上，对，萧天佑下。四下手上，对，作杀死，四下手下。耶律奇上，对，作杀死，耶律奇下。杨希白完，萧天佐上，对，又续耶律希达上，对三股当。又续杨景上，对四股当。又续萧天佑、杨顺上，对六股当。勇士、将官，追辽兵、将两场门上，合战科，辽众等败下。勇士回，白“辽兵大败”，杨继业白完，众同下。内侍、将官、德昭，引宋太宗上，唱完，杨继业、潘仁美等上，继业白完，各白至“不必回京。”潘仁美白完，下。宋太宗白完，众白“领旨”，〔浑尾声〕，众同下。

八本《昭代箫韶》串头

八本《昭代箫韶》一出

四辽兵、下手、四辽将，引天佐、天佑、休格上，站门。休格唱完，白完，各白完，休格唱完，领下。继业上，唱完，白至“死期至矣”，四上手、勇士急上，贯门，白完，四辽兵、下手，引休格、刘子喻、

萧达兰上,会阵。正将杀过河,众等钻下,正将四人对,架住,四辽兵、四下手持弓箭两场门上,抄,归排,作拾继业科。下场门四上手、四勇士急上,护继业。辽兵番回,德让急上,白,各白完,至"见机而行便了",众领追下。起打,外八人,打,下。刘子喻、萧达兰上,对四勇士,勇士败下。四上手接对,四上手败下,二人追下。四上手、四勇士、继业带箭败上,贯门。勇士白,各白,勇士作拔箭科。继业唱完,辽兵、将引休格上,二龙出水,众等分下。正将架住,白完,对,休格败下。又续天佐上,白完,二人对,天佐败下。又续二辽将上,作斩死,二辽将下。刘子喻、萧达兰暗上,高望科。又续天右上,对,白完,对科,天佑败下,继业追下。子喻、达兰白完,下。起打,外八人上,对,下。德让、继业上,对,架住,众等钻上,大过河,继业等败下,辽众追下。

继业等败上,站门,继业白,唱完,作下马科。白至"令公请起",内呐喊,勇士白"令公快上马",归排。休格、达兰上,对,大过河,推,勇士下。三人对,又续德让上,四人对。休格、达兰、德让败下。子喻持弓箭上,冲杀二次,子喻作射继业科,子喻下。继业作跌下马科,上场门急上德让等,白,继业作晕又起科。白完,作对科,又续天佐五人对,继业败下,辽众追下。起打,外八人上,对,下。天佐、天佑、四勇士上,对,勇士下。天佐、天佑追下。四上手、达兰上,对,四上手败下,达兰追下。

场上设山石,李陵碑科。内三呐喊完,继业败上,唱完,二辽将内白,上,对,作斩二辽将下。天佐白完,对科,天佐败下。继业白至"有何面目求活也",内呐喊,下场门土地、山神暗上,继业作望科。白完,唱完,内呐喊,白至"也罢",作撞碑死科。云使两门上,一末两末,前跪。吹打,上场设升天门,金童、玉女引杨希、贺怀浦上,出升天门,贯门,随撤升天门。三人各白,起吹打,作更衣。山神、土地作扛金刀,下。吹打毕,众白"回覆玉旨去者",起牌子,云使前分、番回,一个见一个,大圆圈转,斜分簸箕掌,后翻贯下。四上手、四军士急上,贯门,白完,各作死科。辽众等两场上,抄,归正、翻回,白完,领下。云使一个见一个,引继业上,贯门,云使分归

前排，继业唱完，云使前分后抄，继业、勇士下，云使贯下。撤山石李陵碑科。

二出

四军士、四上手、四将官引廷让、敬源，牌子上，站门。各白完，〔合头〕，领下。杨景、陈林、柴干上，站门。杨景唱，各白至“有理”，杨景唱，领一拉边，唱完，贯门。各白至“带我寻来”，场上设山石李陵碑。山神、土地上场门暗上，杨景白完，作痛哭叫科，作晕倒地科，唱〔倒板〕一句，作起哭叫科，唱完，场上设山峰高站。一辽兵暗上，看科，下。杨景等各白至“出于无奈了”，各持兵器，作起土掩埋科。杨景唱，山神、土地暗下，作上马科。四下手、四辽兵、四辽将引六辽大将上，会阵，各白完，正河推，辽兵、将下。九人对杨等败下，辽众追下。陈林、子喻、天佑上，对，子喻、天佑败下。续达兰对，陈林下。上，对，兰达下。续天佐上，对，天佐下。续休格上，对，柴干下。续杨景上，对，休格败下。德让上，续子喻上，三股当。续达兰上，对四股当。又续休格上，对五股当，杨景败下，辽将追下。内呐喊，陈林、柴干急上，白完，天佐、佑上，对，陈林、柴干败下，天佐、佑返追下。杨景、休格上，对，休格败下。二辽将上，对，各白完，对，作刺死二辽将下，杨景追下。休格持弓箭上，白完，作上山科。杨景、达兰上，对，休格放箭科，杨景带箭败下，休格下山科。辽兵、将引德让上，贯门，各白完，众领追下。杨景持箭上，白完。辽众等上，倒脱靴，杀两过河，杨景败下，辽众追下。杨贵上，唱完，归坐，白、唱完。丑辽女持书上，白完，作进科。各白至“等一等”，丑辽女仍从上场门下。杨贵白、唱完，二辽女引琼娥上，一拉边，琼娥持书唱完，贯门，各唱，白至“放手”，一辽兵急上，作进科，白完，退出。丑辽女白完，辽兵随进科，白至“再去打听”，辽兵下。各白“领兵回来接援”，丑辽女应下。二人各白完，同下。

四女辽将上，起霸，白至“手挽六钧弓”，辽兵、将两场上，女辽将白完，丑辽女上，白，各白完，作请科。琼娥、杨贵上，各白至“众将进见”，众等归排，参科。琼娥白，众分侍科，白至“起兵前去”，女

纛随上,众归排,起牌子,众领圆场,下场门列开,琼娥、杨景下,众回,贯下。

三出

辽兵引达兰、天佐、德让、休格、天佑、王强站门,萧氏上,唱慢板完,坐科,众参见完,分侍科。各白,唱完,至“领旨”,达兰引王强下。探子上,白完,作进科。各白至“因此他呵”,起牌子半支完,各白至“两处人马未到”,〔合头〕完,探子下。

达兰引王强上,各白至“待孤看来”,王强袒衣,各白,王强唱完,下。各白,众领旨,萧氏下坐,唱完,众领下。

四出

琼娥内唱倒板。急急风,四下手、四辽兵、四辽将、四女辽将,引琼娥上,站门。琼娥唱完,领起,冲开,白完,又唱完,领起。四上手、四军士、四将官,引廷让、敬源上,纛随上,会阵。各白完,正将过河,众等钻下,三人对,外八人打接头,正将下。外八人对,下。先四辽兵、四将官上,对,连环。留一将官,廷让上,对,将官下。续琼娥上,对。续李敬源上,对,三股当,琼娥败下,廷让、敬源追下。琼娥败上,白完,续廷让、敬源上,对,各白,唱完,三人对,琼娥败下,廷让、敬源追下。

四辽兵引杨贵上,站门,内呐喊,白至“好不惟难也”,辽兵、将等引琼娥败上,贯门。各白至“得令”,军士、将官等引刘廷让、李敬源上,会阵。各白完,正将过河,众钻下。四人对,廷让、敬源败下,二人回,白完,追下。起打,外八人上,对,下。廷让、杨贵上,对,廷让败下。四将官上,接对,将官下。敬源上,接对。续廷让上,三股当。续琼娥上,四股当,架住,众等钻上,大过河,廷让等败下。辽众回,白完,〔浑尾声〕,倒脱靴下。

十八段《昭代箫韶》串头

一出

四健军（冯文玉等）、四健勇（刘招等）、四健将（田进寿）、孟良、木桂英、焦赞、杜玉娥、岳胜、呼延赞、马氏、宗保、杨景、德昭上，唱〔天下乐〕至“屯似云”，场上设高台。众将白，德昭白，赤金上，白，作见科，交令。德昭白“听令”，内鸣金，宗保、呼延赞、马氏、岳胜接令箭。德昭白，内鸣金，桂英、玉娥、赤金三人接令箭。德昭白，唱〔黑麻序〕，至“律严遵”，七人应。德昭白，内鸣金，孟良、焦赞应，德昭白，唱〔侥侥令〕，至“听我军”，孟良、焦赞接令箭，应科。杨景、德昭下座，德昭白，随德昭下场门下。杨景白“去者”，唱〔又一体〕，至“建大勋”，同下。

场上设烟云帐、将台、插旗帜、黄帆、金锣、挂白虎阵匾。二辽将（班进喜、祁进禄）持枪，作护金锣左右。设旗杆，拉黄旗。四辽将（刘国祥等）持大刀，作分护旗。天左、学古持兵器上场门上，唱〔六么令〕，一辽兵（刘重喜）上，白“知道了”，辽兵上场门下。天左白，至“似云翻”，撤帐，二人作进阵门科。白，苏和庆持兵器上场门上，白，作见科。和庆白至“整肃阵拼者”，众内应，虎牙军（王成等）持狼牙棒，辽兵（彭等）持白飞虎旗，两场门上，作列阵科。健军（冯文玉等）、健勇（刘招等）引赤金、玉娥、桂英、焦赞、孟良上场门上，同唱至“来冲阵”，桂英白“就此进阵”，众应科，作进阵。对攒，八大将先下，健军、健勇，虎牙军、辽兵后对，下。赤金、学古上，对，赤金下。玉娥上，接对，同下。孟良、和庆上，对，孟良下。焦赞上，接对，同下。木桂英、天佐上，对，下。单对，（刘招、张春和）上，对，下。（杨进宝、蓝廷喜）上，对，下。（卢恒贵、张比禄）上，对，下。杜玉娥、苏和庆上，对，玉娥下。木桂英上，接对，同下。（陈进喜、马喜顺）上，对，下。（狄得寿、彭遇安）上，对，下。（齐双喜、杨玉升）上，对，下。（欧来喜、王禄）上，对，下。玉娥、和庆上，对，续众大攒，同下。

杨景内白，四健将（田进寿等）、岳胜、呼延赞、马氏、宗保引杨景成对上场门上，纛随上，作进阵科，两场门下。守锣、二辽将白“便了”，孟良、焦赞上，唱又一体，至“现我军”，辽将作鸣锣，焦赞、孟良二人上将台，作斩二辽将科。白，作击碎锣科。唱〔收功准〕，

下将台。天佐、学古上场门上,白,作对科,同下。健将、杨景、宗保、岳胜、延赞、马氏,追虎牙军、苏和庆上,合战。虎牙军、健将先下,六人后对,下。(于进福、张春和)上,对,下。(王山明、蓝廷喜)上,对,下。(王南清、张比禄)上,对,下。岳胜、呼延赞、苏和庆上,对,二人下。马氏、杨景上,接对,续攒,同下。守黄旗辽将(刘国祥等)白,“便了”,焦赞、孟良二人上,唱〔风入松〕,至“多伏隐”,守旗辽将摩旗科,焦赞、孟良,二人上将台,杀死辽将,砍倒旗杆,唱至“乱纷纷”,下将台。随撤二将台,二人白“去者”,下。

虎牙将(王成等)持兵器,辽兵(彭遇安等)持白飞虎旗,虎爪军(王永寿等)持双刀,两场门上,按四方布阵科。内擂鼓,和庆、天佑、学古,引杨景、宗保、呼延赞、马氏、岳胜、健将(田进寿等)上场门上,绕阵毕,对。健、勇(刘招等)、焦赞、孟良两场门上,续对,大攒,众先下。十大将后对,下。(田进寿、王永寿)上,对,下。(于进福、张庆贵)上,对,下。呼延赞(勒夫)上,对,下。(王山明、尹升)上,对,下。(王南清、苏长庆)上,对,下。马氏(王成)上,对,下。孟良(张得禄)上,对,下。焦赞(李三德)上,对,下。(刘招、杨玉升)上,对,下。(齐双喜、马喜顺)上,对,下。岳胜、学古上,对,下。(卢恒贵、彭遇安)上,对,下。宗保、天佐上,对,下。(杨进宝、王禄)上,对,下。杨景、和庆上,对,续众大攒,苏和庆等败下,杨景白完,同下。

和庆上,白,作上将台。杨景等追虎牙军、虎牙将、虎爪军、天佑、学古上,辽众逃下。和庆摇旗,白,众兽下场门上,杨景等下场门逃下。和庆下台,随众兽追下。健军(冯文玉等)、木桂英、玉娥、赤金上场门上,望科。赤金白“如何解救”,桂英白“破之”,同下场门下。众兽追杨景等,从上场门上,绕场,唱〔又一体〕“此迫窘”,木桂英、赤金、玉娥、健军等上场门上,桂英白“俺来救你”,白,诅。狮子上场门上,众兽逃下,狮子追下。和庆、天左、学古、虎牙将、虎爪军、辽兵、虎牙军、健、勇众上,对,大攒,众先下,大将后对,下。(田进寿、勒夫、王成)上,对,下。(于进福、王永寿、张庆贵)上,对,下。(王山明、尹升、苏长庆)上,对,下。(王南清、张得禄、李三德)上,

对，下。单连环，(刘招、张春和、卢恒贵、张比禄、陈进喜、马喜顺、狄得寿、彭遇安、齐双喜、杨玉升、冯文玉、蓝廷喜、杨进宝、王禄、欧来喜)上，对，下。赤金、桂英、岳胜、马氏、孟良、杨景、焦赞、玉娥、呼延赞、宗保，追学古、天左、和庆上，对，众续大攒，杨景刺死和庆，天左、学古、辽众败下。纛上，设云帐，杨景白，唱〔尾声〕，下。

五出

四仙童(张得喜等)引任道安上，白完，下。场上设烟云帐，元武阵将台，插旗帜。辽兵(冯文玉等)执青旗，辽将执双锤，引耶律呐上，布阵科。水军(宋福顺等)引佘子光、吕彪、关冲、刘超、李剪梅、桂英、宗显、宗保、纛上，同唱〔新水令〕，至"灵符镇"，白，水军应，宗保白："去者"，唱〔步步娇〕，至"邪氛遯"，场上撤云帐，纛下。水军引宗保等作冲阵，辽兵、将对，大攒，同下。严洞宾、白云仙子上，作书符咒，内作水声。水卒执水旗，八精引元武上，同唱〔折桂令〕完，同下。

宗保、宗显追辽将、耶律呐上，对。耶律呐白，宗保二人白，唱〔江儿水〕，至"如破竹之迅"，水军、佘子光等冲上，作对，耶律呐等败下。宗保等白，严洞宾白，诅，内水声。水卒、八精引元武两场门冲上，宗保等作惊科，白"入水迎敌"，众应，对，大攒，众先下，九人后对，下。(汪三永、刘招)上，对，下。(宋福顺、张比禄)上，对，下。(佟二格、彭玉安)对，下。(孙喜、李三德)上，对，下。(关永寿、杨玉升)上，对，下。(孙得喜、卢恒贵)上，对，下。(何庆喜、苏长庆)上，对，下。(李寿通、蓝廷喜)上，对，下。李剪梅、木桂英、元武上，对，续众大攒。白云仙子、严洞宾二人下将台，助战，同下。水卒两场门分下，宗显上，白，唱〔雁儿落〕，至"津头问"，(蓝廷喜、刘招、李三德、苏长庆)四人上，对，四人下。宗显唱〔德胜令〕，后半支至"龟顽饨"，(杨玉升、彭玉安、张比禄、卢恒贵)上，对，四精下。宗显唱至"揭猛氛"，元武上，白，宗显下。剪梅上，接战，元武下。剪梅唱〔侥侥令〕至"争斗狠"，白云仙子上，对，同下。宗保(张比禄)上，对，(张比禄)下。(彭玉禄、卢恒贵)上，接对，同下。宗显(刘招)

上，对，（刘招）下。（杨玉升、李三德）上，接对，同下。桂英（蓝廷喜、苏长庆）上，对，二人下。

水卒两场门上，绕场立科。桂英唱〔收江南〕，至“莽无根”，元武上，对，同下。白云仙子、宗保、宗显三人上，对，下。连环（汪三永、刘招、宋福顺、张比禄、佟二格、彭玉安、孙喜、李三德、关永寿、杨玉升、孙得喜、卢恒贵、何庆喜、苏长庆、李寿迎、蓝廷喜）上，对，下。白云仙子（勒夫、李长喜）上，对，下。洞宾（张得禄、王永寿）上，对，续众大攒，两场门分下，水卒两场门围下。八云使（王三多等）引水德星君上，唱〔园林好〕，白，唱至“免沉沦”，同下。水卒两场门上，绕场科。水军引佘子光、宗保、剪梅等上，唱〔太平令〕，至“势若鲸吞”，八精引元武上，对攒。云使引水德星君从仙楼上，元武等归外边，宗保等归里边，杀过河，追宗保等下。星君白，元武等回，望科。元武白“收水势者”，水卒等应，元武上仙楼，同下，水卒、八精从两场门下。

随撤将台、旗帜。宗保、剪梅、宗显、桂英追白云仙子、严洞宾上，对，二人败下。宗保等白，唱至“心激奋”，同下。辽兵、辽将、耶律呐、水军、佘子光、四将上，对，大攒，众先下，五人后对，下。（孙得喜、杨进升）上，对，下。（何庆喜、姚长太）上，对，下。（佟二格、刘国祥）上，对，下。（宋福顺、张福）上，对，下。耶律呐（张得禄、王永寿）上，对，下。（孙喜、冯文玉）上，对，下。（汪三永、狄得寿）上，对，下。（李寿通、陈进喜）上，对，下。（关永寿、欧来喜）上，对，下。耶律呐（勒夫、李长喜）上，对，下。严洞宾、宗保、白云仙子、宗显上，对，续众大攒，辽众等败下。宗保等白“引战者”，纛上，同唱〔清江引〕下。

六出

辽将（杨进升等）引耶律呐、白云仙子、严洞宾上，唱〔好事近〕“无法可使”完，内呐喊，各白至“便了”，水军引佘子光、李剪梅等上，对，大攒，归正两排，杀过河，宗保等败下，严洞宾等回，白，唱“战策为上”，同下。

仙童（张得喜等）引任道安仙楼上，唱〔越恁好〕，至“云速隆”，（佟二格、孙得喜、姚长太）上，对，下。（宋福顺、何庆喜、张福）上，对，下。（关永寿、孙喜、杨进升）上，对，下。（汪三永、李寿通、刘国祥）上，对，下。李剪梅、耶律呐上，对，下。（孙得喜、佟二格、姚长太）上，对，（孙得喜、佟二格）下。（何庆喜、宋福顺）上，接对，（姚长太）下。（张福）上，接对，（何庆喜、宋福顺）下。（关永寿、孙喜）上，接对，（张福）下。（杨进升）上，接对，（关永寿、孙喜）下。（李寿通、汪三永）上，接对，（杨进升）下。（刘国祥）上，接对，不下。十二人对，攒，下。李剪梅、耶律呐上，对，作斩耶律呐下。白云仙子、宗保、桂英三人上，对，二人下。任道安白，白云仙子白，任道安白“雷神速降”，内应，雷声。白云仙子逃下。八黑云（王三多等）、五电母、五雷公、二雨师、二风伯、火龙上，白，众应下。剪梅、桂英、宗显、宗保，追白云仙子、严洞宾上，对。黑云、电母等上，作围科，二人逃下。雷公、电母、云使追下。任道安白，宗保等回，白完，下。

白云仙子、严洞宾上，唱〔又一体〕，至“意惊慌”，白至“你试试”，雷公、电母、云使上，作绕场，二人逃下。任道安白，唱至“拿不放”，雷公、电母、云使追下。严洞宾、白云仙子上，白至“有些意思”，火龙上，抓金牌，严洞宾跑下，火龙追白云仙子，绕场，同下。云使、雷公、风婆、电母、雨师上，接方位，火龙追仙子上，唱〔千秋岁〕，至“魂飞魄飏”，火龙抓住白云仙子，雷公、电母作击死白云仙子科。雷公、电母白，任道安白，众应，同唱，下。

十九段《昭代箫韶》串头

十九段 一出

八番兵（彭玉安等）、四番将（卢恒贵等）引孟吉上，同唱驮环着完，白，唱，下。八偻㑩（冯文玉等）、四头目（姚得禄等）引焦松上，唱又一体完，白，唱至“开弓弋”，内呐喊，焦松白至“山寨使用”，番兵、番将引孟吉上，同唱完，见面，各白至“与你马战”，众对攒，番兵、番将、偻㑩、头目先钻，两场门下。孟吉、焦松后对，分下。（尹升、姚得禄）上，对，下。（杨进宝、陈进喜）上，对，下。（芦恒太、杨

玉升)上,对,下。(刘招、刘国祥)上,对,下。(王山明、王三多)上,对,下。(彭遇安、宋福顺)上,对,下。(王南清、于进福)上,对,下。孟吉、焦松持枪上,对,下。(彭遇安、李寿通)上,对,下。(狄得寿、孙得喜)上,对,下。(赵永全、苏长庆)上,对,下。(孙喜、佟二格)上,对,下。(汪三永、田进寿)上,对,下。孟吉、焦松上,对,续番兵、番将、偻㑩、头目等上,对,同唱〔乔合笙〕,孟吉白,焦松白"与你步战",二人分下。番兵、番将、偻㑩、头目合战,番兵、偻㑩先下,番将、头目后对,下。单连环,(杨进宝、陈进喜、刘招、刘国祥、彭遇安、宋福顺、冯文玉、李寿通、孙得喜、赵永全、苏长庆、孙喜、佟二格、王德、田进寿)上,对。又续十六人,攒,又续四番将、四头目上,对,大攒。孟吉、焦松两场门上,白"众儿郎列开阵势",众应,分列,二人步战科,两场门分下。偻㑩、头目、番兵、番将合战,头目、番将先下,偻㑩、番兵后对,下。番将、头目八人上,对攒,下。孟吉、焦松持双剑两场门上,战。孟吉白,焦松白"这到爽快来吓",二人两场门分下。二对二,(杨进宝、陈进喜、刘招、刘国祥)上,对,下。(彭遇安、宋福顺、冯文玉、李寿通)上,对,下。(狄得寿、孙得喜、赵永全、苏长庆)上,对,下。(孙喜、佟二格、汪三永、田进寿)上,对,下。(尹升、姚得禄、卢恒贵、杨玉升)上,对,下。(王山明、王三多、王南清、于进福)上,对,续大攒。孟吉、焦松摘额卸靠,赤手,两场门上,白"众儿郎闪开",众应,各分列,二人比拳,同唱,又比拳,同笑,各白完"带马",众应,代马,同唱,领走,下。

第四出

四将官(姚得禄等)、焦赞、孟良、四内侍(刘永年)、陈琳引德昭上,唱〔村里迓鼓〕完,白,唱〔赏花时〕完,同下。军士(陈进喜等)、将官(姚长太等)、陈林、柴干引杨景"鞓红"唱至"抒忠奋",将官(姚得禄)焦赞、陈琳、孟良、四内侍、德昭上,各白至"君恩宠任",钟离道人上,见科,各白"就此回营",众应,同下。

钟离道人白,巨灵神引哪吒、二郎神上,白,道人白"不得有误",众应,钟离道人下。三人唱〔天下乐〕,至"护军门",同下。内

打二更。溪化道人上，唱〔忆王孙〕，唱至“百万人”，巨灵神拥人扮山石从两场门上，作攒，成大山，哪吒上场门暗上，隐山后。溪化道人白“不免闯进去”，作撞山石，白“奇怪”，哪吒从山后出，“看枪”，二人战科。哪吒仍进山中，下场门暂下。溪化道人白“便了”，巨灵神拥山石向左挡，二郎神从下场门暗上，隐山后。溪化道人唱一半儿完，白“不免进去”，巨灵神从山缝探头，溪化道人白：“劈开便了”，二郎神从山中出，白“看刀”，溪化道人白，对，哪吒下场门上，助战，溪化道人败下。巨灵神、拥山石仍归正场，二郎神白，哪吒白，同唱〔胜葫芦〕完，二郎神白完，哪吒、二郎神两场门下。溪化道人从仙楼上白，诅，放彩火，天井下镜，地井出金莲、花灯切末。溪化道人白，诅，天井收镜，地井收莲花。二郎神从仙楼追上，“看刀”，对，巨灵神、拥山石两场门分下。二郎神、溪化道人下仙楼，又对，溪化道人举镜，二郎神下。四二郎化身，下场门上，对。溪化道人白，诅，溪化道人上场门下。八溪化道人化身，上场门上，对，同从下场门下。哪吒追溪化上，对，溪化道人白，举镜，哪吒下场门下。四哪吒化身，下场门上，对，同下。（齐双喜、张长保）上，对，下。（狄得寿、彭遇安）上，对，下。（何庆喜、刘招）上，对，下。（杨进宝、冯文玉）上，对，下。哪吒、溪化上，对，下。（马喜顺、赵永全）上，对，下。（张比禄、孙喜）上，对，下。（李寿通、关永寿）上，对，下。二郎神、溪化上，对，同下。（孙得喜、汪三永）上，对，下。单连环，（齐双喜、张长保、狄得寿、彭遇安、何庆喜、刘招、杨进宝、冯文玉、马喜顺、赵永全、张比禄、孙喜、李寿通、关永寿、孙得喜、汪三永）上，对，下。溪化道人上，白“剪除便了”。哪吒、二郎神追上，对，溪化道人败下。钟离道人上，白，二郎神下。钟离道人白，唱〔尾声〕，下。

第七出

王怀、素真上，唱〔画眉序〕完，各白，又唱至“为功效”，同下。八军士（陈进喜等）、八健军（齐双喜等）、将官（姚长太等）、焦赞、八娘、玉娥、宗保、孟良、剪梅、桂英、宗显引王钦、杨景、德昭上，同唱

〔又一体〕,至“养锐北辽”,一番兵下场门上,白,焦赞、孟良接书,番兵下。王钦白,德昭唱、白,杨景白,焦赞、孟良应科,同唱至“难为功效”,同下。王钦白完,下。

王怀引严洞宾、溪化上,各白“请”,严洞宾上场门下,溪化、王怀白“迎敌者”,内应,二人同下。健军、将官、焦赞、玉娥、宗显、王钦、孟良、桂英、宗保、杨景一同唱〔滴溜子〕,至“神天垂照”,辽兵(张长保等)、辽将(姚得禄等)引王怀、溪化下场门冲上,白“看鞭”,众对,大攒。王怀、辽兵、健军、王钦、辽将、将官、孟良等先下,溪化白,杨景白,唱完,对,同下。二对二(姚长太、姚得禄、王山明、杨玉升)上,对,下。(李寿通、刘招、齐双喜、张长保)上,对,下。(何庆喜、彭遇安、孙得喜、孙喜)上,对,下。(尹升、李三德、王南清、于进福)上,对,下。(杨进宝、冯文玉、马喜顺、赵永全)上,对,下。(王禄、关永寿、狄得寿、汪三永)上,对,下。溪化道人追王钦上,王钦白,木桂英上,白“俺来也”,二人对,溪化败下,桂英追下。王钦白完,下。孟良、焦赞追王怀上,虚对,王怀白,焦赞、孟良白“得罪了”,虚对,续健军、杨景、将官、王钦等,追辽众、王怀、溪化上,对,大攒,辽众败下,众追下。溪化、王怀上,白“有理”,杨景、王钦等追上,对科。辽兵、辽将两场门上,对。溪化白:“随俺进阵”,溪化、王怀引杨景等下场门下。严洞宾内白,内应。

场上设太阳阵,插红旗、红帆。四辽兵(杨进升等)持红旗,四辽将(勒夫等)持长枪,八元辰(刘五儿等)两场门先上,布阵科。九曜、罗猴星,引严洞宾暗上将台,八辽兵(张长保等)、辽将(姚得禄等)、王怀、溪化,引健军、王钦、将官、杨景等,作入阵,合战科。辽兵、辽将、健军、将官、王钦先下,九大将后对,下。(姚长太、姚得禄、王山明、杨玉升)上,对,下。(尹升、李三德、王南清、于进福)上,对,下。宗保、宗显、溪化道人上,对,二人下。玉娥、桂英上,接对,同下。双连环(李寿通、刘招、何庆喜、彭遇安、杨进宝、齐双喜、张长保、孙得喜、孙喜、马喜顺、冯文玉、王禄、关永寿、赵永全、狄得寿、汪三永)上,对,下。王怀、孟良、焦赞上,对,作擒住王怀,健军、将官上绑科。王怀白,严洞宾白,下将台。健军等押王怀下。孟

良、四将官、焦赞、严洞宾对，严洞宾败下。将官、孟良、焦赞上将台，砍倒旗帜，战退九曜、罗猴等下。溪化道人追王钦上，白“看鞭”，二辽将上，绑王钦下。桂英上，接对，同下。杨景等追严洞宾等上，对攒，严洞宾等乱跑下，随撤将台。焦赞、孟良绑王怀上，杨景白，王怀白完，同唱〔尾声〕，下。

八出

王素真上，唱〔端正好〕完，白，唱〔滚绣球〕完，白，唱至“剑戟戈矛”，严洞宾上，白，作见科。各白完，唱〔倘秀才〕完，下。严洞宾白“英雄也”，四辽将绑王钦。溪化道人上，作见科。白“斩之”，辽将应。王钦白，严洞宾白“放了绑”，王钦白“告辞了”，下。严洞宾白完，同下。

王素真上，唱〔快活三〕至“无人泄”，四辽将随溪化道人暗上，白“看鞭”，作擒住王素真，辽将绑王素真，下。内呐喊，溪化道人白“擒住这厮”，王怀引健军、焦赞、将官、孟良、玉娥、宗显、桂英、宗保、杨景、王钦上，溪化道人白“看刀”，众围科，溪化道人突围败下。王怀白，杨景白“违避者斩”，同唱〔鲍老儿〕完，同下。

二十段《昭代箫韶》串头

二十段《昭代箫韶》

一出

偻啰（彭玉安等）、头目（王山明等）、番兵（赵顺喜等）、番将（何套住等）引焦松、孟吉上，唱〔江儿水〕完，各白，偻啰、头目、焦松，仍从上场门下，孟吉、番兵等，同下。家丁（孙喜等）引胡守信上，同唱〔又一体〕完，白，唱，同下。偻啰、头目引焦松上，唱〔销金帐〕完，白，偻啰白。二伙计上，白，焦松白，唱至“雄豪重”，四家丁引胡守信上，唱，白，伙计白，焦松白“照打”。众对，攒，家丁、伙计、偻啰、头目先下。二人对，唱〔又一体〕完，对，下。（张得禄、王山明、佟二格）上，对，下。（孙喜、彭遇安、卢恒贵）上，对，下。（杨进宝、王南清、汪三永）上，对，下。（宋福顺、赵永全、关永寿）上，对，下。胡守

信、焦松上,对,焦松下。伙计上,接对,同下。(张得禄、王山明、佟二格)上,对,作擒住家丁,下。(孙喜、彭遇安、卢恒贵)上,对,擒住家丁,下。(杨进宝、王南清、汪三永)上,对,作擒住家丁,下。(宋福顺、赵永全、关永寿)上,对,作擒家丁,下。胡守信、焦松上,对。头目、二小伙计上,助战,作擒住胡守信。偻偠押家丁上,焦松白,众应,二小伙计下场门下。偻偠押家丁、守信绕场科,同唱,下场门下。

三出

场上设云帐、太阴阵将台。月孛星上将台,四女辽将执旗,四毛女执剑,两场门暗上。四辽将(冯文玉等)绑王素真,溪化道人随上,唱〔耍孩儿〕至"粉油头",严洞宾、休格、色珍上,白,王素真白,唱至"休穷究",内呐喊,严洞宾白,辽将应科,唱"三命俱休",同下。

撤云帐。八健军(彭玉安等)、四将官(王山明等)引王怀、焦赞、玉娥、宗保、王钦、孟良、桂英、宗显、杨景上,唱〔四煞〕完,白"破阵者",众入阵。辽将(冯文玉等)、休格、色珍上,对,月孛星率毛女、女辽将下将台,助战,同下。王钦不下。严洞宾、溪化道人,暗上将台。王钦白,溪化道人白,王钦应,出阵门,下。

单对(陈进喜、尹升)上,对,下。(李寿通、于进福)上,对,下。(卢恒贵、孙得喜)上,对,下。(刘招、欧来喜)上,对,下。(王山明、冯文玉)上,对,下。(王南寿、王成业)上,对,下。(赵永全、张春和)上,对,下。(彭遇安、刘国祥)上,对,下。(狄得寿、王成)上,对,下。(关永寿、田进寿)上,对,下。(佟二格、杨玉升)上,对,下。(汪三永、班进喜)上,对,下。王怀追色珍上,对,色珍败下。严洞宾、溪化道人白,王怀白,溪化白,下将台,二人对。四辽将(冯文玉等)上,助战,作擒住王怀,四辽将押王怀下。杨景追上,二人对,溪化道人败下,杨景追下。严洞宾白,唱〔三煞〕,至"莫逗遛",溪化道人上,白"有理",上将台,唱。健军、将官、杨景等追毛女、女辽将、休格、色珍上,对,攒。严洞宾白,诅,八小妖从两场门上,围裹,杨景等下。洞宾、溪化下将台,追下。德昭内白,众应科。八军士(张

得禄等）、王钦、八娘、剪梅、德昭、纛上，唱〔二煞〕，至“建绩猷”，王钦白，德昭白“就此进阵”，众进阵，下场门下。王钦白完，上场门下。

严洞宾、四辽将（冯文玉等）押王怀、素真上，同唱。洞宾白“斩这妮子”，作举剑，德昭持弓箭，引八娘、剪梅、军士等急上，“看箭”，作射中严洞宾右手，严洞宾逃下。军士、剪梅、八娘、四辽将对，辽将败下。德昭白“快些放绑”，各白“一同破阵便了”，剪梅下。色珍、洞宾、休格、溪化、四辽将冲上，对，同下。剪梅赶小妖上，小妖逃下。四女辽将追上，接对。健军、将官、杨景等，追毛女上，合对，大攒，同下。王怀、溪化上，对，王怀下。素真上，接对，素真下。桂英上，接对，同下。宗保、休格上，对，宗保下。宗显上，接对，宗显下。剪梅上，接对，同下。孟良、洞宾上，对，孟良下。焦赞上，接对，同下。玉娥、色珍上，对，玉娥下。杨景上，接对，同下。

八娘、四女辽将上，对。续溪化道人上，对，作擒住八娘，女辽将押八娘下。杨景追上，各白，杨景败下。德昭上，接对。续健军、军士、将官、杨景等，毛女、女辽将、四辽将、洞宾、休格、色珍上，对，大攒，众先下。大将后对，下。（卢恒贵、孙得喜）上，对，（卢恒贵）下。（姚得禄）上，接对，同下。（陈进喜、尹升）上，对，（陈进喜）下。（李寿通、张长庆、于进福）上，对，下。（刘招、唐利成、欧来喜）上，对，下。（王山明、冯文玉）上，对，下。（王南清、王禄）上，对，下。（赵永全、刘重喜、张春和）上，对，下。（彭遇安、勒夫、大刘国祥）上，对，下。（狄得寿、孙喜、王成）上，对，下。（关永寿、张得禄、田进寿）上，对，下。（佟二格、杨玉升）上，对，下。（汪三永、班进喜）上，对，下。德昭、杨景、溪化上，对，严洞宾续众大攒，辽众败下。宋众回，撤将台，旗帜、纛随上。杨景白，德昭白，同唱〔一煞〕完，同下。

五出

八鬼兵（狄得寿等）上，跳舞毕，引杨希上，白完，唱〔粉蝶儿〕至“南山归妹”，同下。溪化追八娘上，对，八娘败下，溪化追下。杨希

等上,唱〔醉春风〕完,同下。八娘上,唱〔快活三〕至“营合寨”,溪化上,对,八娘下场门败下。溪化白完,下。杨希等上,唱〔朝天子〕至“疆场债”,同下。溪化追八娘上,对,白,诅,八小妖(卢恒贵等)上,围科。杨希等上,对,大攒,众先下,三人后对,下。单对,(姚得禄、孙喜)上,对,下。(杨进宝、彭遇安)上,对,下。(刘重喜、狄得寿)上,对,下。(卢恒贵、宋福顺)上,对,下。(刘招、赵永全)上,对,下。(张长庆、关永寿)上,对,下。(祁进禄、张得禄)上,对,下。(陈进喜、汪三永)上,对,下。溪化上,小妖随上,白,同下。

杨希等,拥八娘上,白,唱〔斗鹌鹑〕至“排难解”,溪化小妖上,对,攒,众先下,三人后对,下。三人见面,单连环(姚得禄、孙喜、杨进宝、狄得寿、刘重喜、彭遇安、卢恒贵、宋福顺、刘招、赵永全、张长庆、关永寿、祁进禄、张得禄、陈进喜、汪三永)上,对,下。杨希魂引八娘上,同唱,至“鬼门关外”,小妖、溪化上,对,攒,小妖、溪化败下。八娘白,唱〔上小楼〕至“连环山寨”,白“何在”,偻㑩上,白,焦松、守信上,白至“请新人进去”,鬼兵护八娘下,随上“请”,各白,唱〔尾声〕,下。

七出

孟吉上,白,至“能脱逃也”,内呐喊。八军士(张春和等)、四将官(王山明等)引金头、马氏、延赞上,唱〔好事近〕至“名垂青史”,番兵(狄得寿等)、番将(田进寿等)引孟吉、溪化下场门上,白,各白“看鞭”,众对,攒,大将先下,番兵、番将、军士、将官后对,下。溪化、马氏上,对,下。呼延赞、孟吉上,对,下。(刘国祥、赵永全)上,对,下。(孙喜、杨进宝)上,对,下。(张得禄、陈进喜)上,对,下。(卢恒贵、彭遇安)上,对,下。(佟二格、田进寿)上,对,下。(王南清、于进福)上,对,下。(杨玉升、汪三永)上,对,下。(刘招、狄得寿)上,对,下。(宋福顺、欧来喜)上,对,下。(张春和、尹升)上,对,下。(王山明、王永寿)上,对,下。(冯文玉、关永寿)上,对,下。延赞、溪化、马氏、孟吉上,对,续攒,架住,白,对,溪化道人等下。延赞白,马氏白“便了”,同唱〔又一体〕至“缴钧旨”,溪化、孟吉、番

兵将等下场门上，白“还不回去”，延赞白，溪化白“试一试”，众对，攒。溪化白“火雀兵何在”，八火雀兵执红素，两场门上，作围科，放火彩。延赞等白，同唱，呼延赞等突围，逃下。溪化白完，同下。

廿一段《昭代箫韶》串头

廿一段一出

番兵（杨玉升等）、番将（王永寿等）引孟吉上，唱〔风入松〕完，白，众应，同唱，下。

场上挡云帐，设朱雀阵，将台插旗帜。勇士（王三多等）、将官（田进寿等）引宗显、孟良、纛上，唱〔江水令〕完，各白。孟良白“分队进兵”，唱至“竭力劻勷”，勇士、孟良先下，宗显白“不可间断”，番兵（杨玉升等）、番将（王永寿等）引孟吉下场门冲上，白，宗显白“看枪”，众对，大攒，众先下。二大将后对，下。单对（杨玉升、田进寿）上，对，下。（李寿通、姚长太）上，对，下。（孙得喜、张春和）上，对，下。（于进福、张庆贵）上，对，下。（卢恒贵、宋福顺）上，对，下。（欧来喜、王禄）上，对，下。（王成、苏长庆）上，对，下。（冯文玉、刘招）上，对，下。（王永寿、王三多）上，对，下。（班进喜、夏庆春）上，对，下。（陈进喜、王南清）上，对，下。（王山明、佟二格）上，对，下。孟吉、宗显上，对，下。

场上撤云帐。奚迪引钢叉将（张得禄等）、辽兵（刘国祥等）两场门上，走阵科。严洞宾暗上将台。溪化引勇士（宋福顺等）、孟良上场门作进阵，溪化上将台，奚迪等众大攒。勇士、钢叉将先下，（刘国祥等）抄下，二人后对，下。（宋福顺、张得禄）上，对，下。（王禄、孙喜）上，对，下。（苏长庆、杨进宝）上，对，下。（刘招、张长庆）上，对，下。孟良、奚迪上，对，下。（王三多、关永寿）上，对，下。（夏庆春、李长喜）上，对，下。（王南清、狄得寿）上，对，下。（佟二格、吴进忠）上，对，下。奚迪、孟良上，对，奚迪败下。孟良白，严洞宾白，诅，火雀兵（刘得印等）、火鸦将（孔得福等）两场门上，作围科。孟良败下，众追下。孟良上，白至“他们便了”，作解葫芦，唱至“冲霄上”，火雀兵、火鸦将从两场门上，作围。孟良白，诅，举葫芦，

放彩火。火鸦将同白，又作围，孟良下场门败下。严洞宾、溪化道人下将台，白“紧紧围困者”，众应，同下。

场上设云帐。宗显上场门上，唱〔江水令〕，白，又唱至“计意傍徨”，孟吉追上，对，下。一对二(张春和、杨玉升、卢恒贵)上，对，下。(田进寿、李寿通、欧来喜)上，对，下。(姚长太、孙得喜、王成)上，对，下。(张庆贵、于进福、冯文玉)上，对，下。四番将(王永寿等)、宗显上，对，众续大攒。宗显白“通个名来”，孟吉白“随俺进阵”，一辽兵上，白完，下。孟吉白，宗显白，同唱〔尾声〕，下。

二出

场上挡烟云帐，设朱雀阵、将台、照旧。孟良上，白，唱〔滴溜子〕至“首尾难连”，火雀兵、火鸦将、奚迪从两场门上，作围，下。溪化、洞宾二人追上，对，白，唱〔又一体〕，至“回大渊战”，同下。单连环，三人见面(宋福顺、张得禄、王禄、孙喜、苏长庆、杨进宝、刘招、张长庆、王三多、关永寿、夏庆春、李长喜、王南清、狄得寿、佟二格、吴进忠)上，对，下。孟良、奚迪上，对。火雀兵、火鸦将从两场门上，作围。番兵(杨玉升等)、番将(王永寿等)、将官(田进寿等)、孟吉、宗显上场门上，作闯阵。勇士、钢叉将从两场门上，对。番兵、番将、将官(田进寿等)合对，大攒。孟良突围下，勇士、将官、番兵、番将、奚迪、火雀兵等对，下。宗显白，孟吉白，宗显白“有理”，洞宾、溪化上，白。孟吉“看鞭”，四人对，下。孟良上，唱〔归朝欢〕完，白至“何等样人”，孟吉跑上，白完，唱至“话靶传”，各白至“是我儿子了”，奚迪上，白，对，作杀死奚迪科。孟良白：“是我儿子了。”宗显跑上，白“正当如此”，洞宾、溪化上，对，同下。

(佟二格、王三多、张长庆)上，对，下。(王南清、夏庆春、孙喜)上，对，下。(刘招、苏长庆、杨进宝)上，对，下。(宋福顺、王禄、张得禄)上，对，下。孟良、溪化上，对，孟良下。孟吉上，接对，孟吉下。宗显上，接对，同下。(杨玉升、卢恒贵、狄得寿)上，对，下。(李寿通、欧来喜、吴进忠)上，对，下。(孙得喜、王成、李长喜)上，对，下。(于进福、冯文玉、关永寿)上，对，下。溪化、洞宾急上，白，

上将台。钢叉将、勇士、番兵、将官、番将、宗显、孟良、孟吉上，对，大攒，钢叉将逃下。严洞宾摇旗科，诅，火雀兵、火鸦将两场门上，作围，放彩火。孟良等白，唱〔双声子〕至“妖氛煽”，任道安上场门急上，进阵，诅，白，孟良等随任道安下。严洞宾白，溪化白“赶上”，下将台，同下。任道安引孟良等上，同唱，任道安白，孟良等应，同下。

火雀兵、火鸦将引溪化、洞宾上，白，任道安白，溪化白“烧死这野道”，火雀兵等作围，任道安笑白“飞剑斩之”，诅，天井下剑，火雀兵、火鸦将白，两场门逃下。任道安白“天井收剑”，挡云帐，撤将台。溪化白，二人对，任道安下，溪化白，严洞宾白完，同下。

四出

溪化道人上，唱〔醉花阴〕至“言无逊”，严洞宾上，白，溪化白，唱至“方消愤”，下。严洞宾白完，下。任道安上，唱〔喜迁莺〕完，白至“迎上前去”，溪化、严洞宾上，白“看鞭”，对科，任道安下，洞宾白，溪化道人白，下。任道安上，唱，白至“速降”，云引哪吒上，唱〔出队子〕，作见科。各白“降他便了”，云引任道安上仙楼。溪化上，白，哪吒白，溪化白“看鞭”，对，溪化下，严洞宾上，接战。哪吒白“去罢”，哪吒下。洞宾白，下。

哪吒追溪化上，对，下。任道安白，唱〔四门子〕至“慕功勋”，哪吒、溪化上，对。哪吒白至“为齑粉”，对，同下。任道安白，唱至“龙火喷”，哪吒上场门上，唱〔古寨儿令〕完，任道安白，哪吒白，唱至“慈悲问”，诅，上场门下。哪吒化身上场门上，白，诅，火龙兵、火龙将上，作见科。白至“谨尊法谕”，作布阵科。溪化道人上，白“看鞭”，火龙兵、将作围，放火彩。溪化白，唱〔九条龙〕至“地无门”，作突火，逃下。化身白，众追下。溪化上，唱〔古水仙子〕，白至“报复仇人”，火龙兵、将化身追上，火兵等围科，化身作祭起火龙罩，诅，天井下，火龙罩切末，放火彩。溪化白，唱至“炼化灰尘”，火兵等作围，放火彩，溪化隐下。化身白，诅，天井收切末，化身隐下。哪吒取石上，白，云引任道安下仙楼，同唱〔庆余〕，下。

五出

番兵(杨玉升等)、番将(田进寿等)引洪世杰、海赛花、纛上,唱〔普天乐〕完,各白“整队而行”,同唱,下。健军(宋福顺等)、家丁(陆得喜等)引焦松、八娘、守信上,同唱〔划锹儿〕完,各白至“赴军前效用”,内呐喊,白,唱至“咽喉牢把”,番兵、番将、洪世杰、海赛花、纛上场门上,各白“看枪”。洪世杰白,焦松白,至“以利我威”,众对,大攒,众先下。五人后对,下。二对二(杨玉升、宋福顺、卢恒贵、王三多)上,对,下。(田进寿、陆得喜、张春和、何庆喜)上,对,下。(李寿通、王禄、欧来喜、汪三永)上,对,下。(姚长太、杨进升、张庆贵、关永寿)上,对,下。胡守信、洪世杰上,对,守信下。八娘上,接对,八娘下。焦松上,接对,同下。(勒夫、孙喜、王南清、冯文玉、苏长庆)上,对,下。守信、赛花上,对,守信下。八娘上,接对,同下。(于进福、刘招、冯文玉、佟二格)上,对,下。守信、焦松追世杰上,对,白,唱〔四边静〕完,又对,洪世杰下,守信、焦松追下。八娘追海赛花上,对,各白,唱完,又对,同下。

〔双连环〕(杨玉升、宋福顺、田进寿、陆得喜、李寿通、王禄、姚长太、卢恒贵、王三多、张春和、何庆喜、欧来喜、汪三永、张庆贵、杨进升、孙得喜、王南清、于进福、刘招、关永寿、勒夫、苏长庆、冯文玉、佟二格)上,对,下。守信、八娘、世杰、焦松、赛花五人上,对,续众大攒,世杰等败下。家丁等白,守信白,众同追下。番兵、番将、世杰、赛花跑上,唱〔又一体〕完,各白,至“此计甚善”,健勇、守信、家丁、八娘、焦松追上,对,大攒,世杰等败下。守信等白,同唱〔尾声〕,下。

六出

场上挡云帐,将台插黑旗。杨宗孝上,唱〔端正好〕完,白,唱〔滚绣球〕完,下。番兵(杨玉升等)、番将(田进寿等)、洪世杰、海赛花上,唱〔倘秀才〕至“急趱紧”,健勇、家丁、焦松、守信、八娘追上,对,攒,同下。洞宾上,白至“打听明白”,赛花、番兵、世杰、番将上,白至“快去”,世杰等仍从上场门下。洞宾白,下场门下。杨宗孝

上，唱〔小梁州〕完，白，唱，下。焦松、八娘、世杰、守信、赛花上，对，世杰、赛花引焦松等下场门下。

健勇、番兵、家丁、番将上，对，大攒。宗孝上，助战，健勇、家丁、番兵、三番将对，下。宗孝打倒一番将（张春和），白“黑面大汉”，杨宗孝白“去罢”，番将下。宗孝白“助他便了”，下。场上撤云帐。严洞宾暗上将台，白“严肃阵势者”，勾魂使者、四大恶魔、迷魂长老、一大鬼、鬼王上，走势科。洞宾作摇旗，白，诅。一无常鬼、二大头鬼、一摸壁鬼、二小头鬼两场门上，作招地井。出阵亡鬼上，唱〔叨叨令〕一句，自戕鬼地井上，唱二句。男女病死鬼地井上，唱第三句，唱完，阵科。世杰、赛花、引守信、八娘、焦松、健勇、家丁上，世杰、赛花先进阵上将台。焦松白“随俺进阵”，作进阵科。众鬼等作围，严洞宾作摇旗，诅，勾魂使者、迷魂长老等又作围科。守信等作躺科，隐下。杨宗孝上场门上，白，作进阵科。严洞宾摇旗，众鬼等作围。宗孝唱〔倘秀才〕完，白，又唱至“冤魂恶狠”，作昏迷倒地，杨泰下。云兜挽宗孝出阵，下场门下。严洞宾白“赶上擒来”，世杰、赛花下将台，出阵门下。严洞宾白，下将台，出阵下。挡云帐，撤将台。杨太挽宗孝上场门上，世杰、赛花追上，对，世杰、赛花败下。宗孝倒地，杨太白“为父的去也”，下场门下。宗孝起科，白完，唱〔尾声〕，下。

八出

场上挡云帐，设迷魂阵将台，插黑旗帜。勾魂使者、四大恶魔、迷魂长老、一大鬼、鬼王两场门上，布阵科。张鹤举上，唱〔看花回〕，白完，唱〔棉搭絮〕，唱完，下。

军士（边得奎等）引张盖、剪梅上，唱〔青山口〕完，下。焦赞上，唱，至“横冲”，下。严洞宾暗上将台，白，撤云帐。张盖、剪梅内白，引军士上，进阵科。严洞宾下台，对白，诅，一大鬼向前迎战，剪梅出剪，天井下大剪切末，作剪大鬼两半。严洞宾急上将台，摇旗白，诅，无常、大头鬼、阵亡鬼、摸壁、小头鬼、自戕鬼、病死鬼两场门上，作围，绕科。军士、剪梅、张盖作昏迷倒地，隐下。焦赞上场门上，

白“待俺进阵”,白,众鬼魂作惊惧退科。严洞宾摇旗,众鬼作围焦赞科。白“看枪”,众鬼夺枪,焦赞白,唱〔圣药王〕至“有勇难攻”,作躺地。张鹤举上场门上,白“进阵”,严洞宾持剑、执旗下将台,白。鹤举白,唱〔庆元贞〕至“反掌中”,严洞宾白“看剑”,二人对。严洞宾白,诅,摇旗,众鬼作围,鹤举白,作挥扇,众鬼惊慌退避。严洞宾白“天清日朗了”,鹤举又举扇,众鬼乱蹿。健勇、守信、八娘、家丁、焦松、张盖、剪梅、军士,下场门隐上,作伏地,勾魂使者等两场门跑下。严洞宾白,二人又对,严洞宾下场门败下。鹤举作惊视科,白“先救醒他”,挥扇,诅,焦赞起科,白,鹤举白,焦赞白“看枪”,鹤举架住,白“有理”,同唱〔古竹马〕,至“合意相同”,焦赞白,鹤举白,挥扇,诅,众作醒科。守信、剪梅等同白,鹤举白,焦松白“也盼着了”。番兵(杨玉升等)、番将(田进寿等)、世杰、学古、色珍、赛花、休格、天左引严洞宾,上场门冲上,对,大攒,众先下,十四大将后对,下。(何庆喜、陆得喜、杨玉升)上,对,二人下。(边得奎)接对,同下。(关永寿、杨进升、卢恒贵)上,对,二人下。(苏长庆)上,接对,同下。(佟二格、欧来喜)上,对,下。(刘招、李寿通)上,对,下。张盖、学古上,对,下。鹤举、色珍上,对,下。剪梅、休格上,对,下。焦赞、世杰上,对,下。八娘、赛花上,对,下。守信、天左上,对,下。(张春和、宋福顺)上,对,下。(田进寿、王三多)上,对,下。(姚长太、王禄)上,对,下。(张庆贵、王三永)上,对,下。张盖、学古、鹤举、色珍上,对,下。剪梅、休格、焦松、世杰上,对,下。八娘、天左、守信、赛花上,对,下。(宋福顺、杨玉升)上,对,下。(王三多、卢恒贵)上,对,下。(王禄、李寿通)上,对,下。(汪三永、欧来喜)上,对,下。焦赞、世杰上,对,作刺死世杰,下。八娘、赛花上,对,作刺死赛花,下。焦松、洞宾上,对,续众大攒,严洞宾等败下。随撤将台、旗帜。焦赞白,同唱完,下。

廿二段《昭代箫韶》串头

廿二段一出

场上挡云帐,设仙童阵、将台,插旗帜。学古、色珍、天佐、休格

上场门上，唱〔点绛唇〕完，白，三人同白，天佐白“阵外伺候”，严洞宾、九头禅师上，唱〔混江龙〕完，各白。撤云帐。学古四人见科，同进阵，各白，洞宾白，学古应，传科。严洞宾白，唱至“妙如何”，作上将台。萧坝真引十二仙童上，跳舞，作分侍科。禅师白，洞宾白，禅师白，唱至“遣使求和”，严洞宾白，禅师白至“随俺来”，众童子随禅师下场门下。严洞宾白“去者”，众应，同唱，下。

场上挡云帐。四勇士（张福等）、陀头兵（何庆喜等）、玉娥、剪梅、杨春上场门上，同唱〔油葫芦〕完，杨春白“快快前去”。同唱至“逞干戈”，辽兵（冯文玉等）、辽将（勒夫等）引学古、休格、萧坝真、天佐、色珍、严洞宾上场门上，白“擒这秃驴”，众对，大攒。勇士、头陀兵、辽兵、辽将先下，九大将后对，下。单对（张福、勒夫）对，下，（汪三永、王成）下。（刘招、张庆贵）上，对，下。（赵永全、袁庆喜）上，对，下。玉娥、休格、坝真上，对，下。杨春、学古、色珍上，对，下。（张福、刘招、于进福）上，对，下。（田进寿、卢恒贵、王永寿）上，对，下。剪梅、天左、洞宾三人上，对，下。（何庆喜、齐双喜、王南清）上，对，下。（汪三永、赵永全、佟二格）上，对，下。杨春、学古、色珍上，对，下。（孙喜、马喜顺）上，对，下。（张春和、李寿通）上，对，下。（姚得禄、冯文玉）上，对，下。（张得禄、关永寿）上，对，下。杨春、严洞宾上，对，续众大攒，辽众败下，杨春等追下。

严洞宾急上，白至“才好”，剪梅内白，严洞宾白“躲避去罢”，李剪梅上，对，白，唱〔天下乐〕完，又对，严洞宾败下。剪梅白，唱至“胆儿裹”，追下。

（张福、勒夫、刘招、王成）上，对，下。（汪三永、袁庆喜、赵永全、张庆贵）上，对，下。杨春、学古上，对，学古下，色珍接对，同下。玉娥、休格上，对，休格下，坝真接对，同下。（大冯文玉、刘招、于进福）上，对，下。（齐双喜、卢恒贵、王永寿）上，对，下。（田进寿、何庆喜、王南清）上，对，下。（赵永全、汪三永、佟二格）上，对，下。杨春、天佐上，对，天佐白，杨春白，唱〔哪吒令〕完，又对，作打死天佐科。坝真、学古、色珍上，接对，同下。（孙喜、马喜顺）上，对，下。（张春和、李寿通）上，对，下。（姚得禄、冯文玉）上，对，下。（张得

禄、关永寿)上,对,下。玉娥、休格、坝真上,对(洞宾、剪梅不上),续众大攒,辽众败下。杨春白,玉娥白至"便了",玉娥下场门下。杨春白,同唱完,下场门下。

二出

场上挡云帐,设仙童阵、将台,插旗帜。严洞宾上,白"禅师快来"。九头禅师上,白"先除李剪梅便了"。萧坝真上,白,禅师白"引李剪梅进阵",严洞宾上场门下。禅师白"不难图矣",萧坝真下场门下。严洞宾引剪梅上,白,作进阵,禅师截战科,白,剪梅白,唱〔寄生草〕完,又对。禅师二人唱〔玉花秋〕完,对,同下。玉娥追萧坝真上,对。坝真白,玉娥白"看刀",作斩萧坝真科,白,唱〔后庭花〕完,下。

禅师上,白"列开阵势者",十二童子上,走阵科毕,严洞宾引剪梅上,作进阵,童子围绕科,禅师摇铃,诅,放彩火。剪梅白,唱〔青歌儿〕至"这场折挫",白,诅,天井下云勺,剪梅作乘云勺,拉至半空。禅师白,诅,天井下大钟,罩住剪梅。禅师白"那里去",杜玉娥上,白,作出剑,地井内出,扮三皇宝剑,作劈开大钟切末,三皇剑仍下地井。禅师二人惊科。勇士(张福)、陀头兵(何庆喜等)、杨春上,作进阵,对大攒,仙童、禅师、严洞宾、杨春等同下。玉娥白,剪梅唱,云勺下至寿台,云勺仍从天井上。玉娥白,同唱,下。(张福、杨玉升)上,对,下。(刘招、刘国祥)上,对,下。(汪三永、苏长庆)上,对,下。(赵永全、宋福顺)上,对,下。(何庆喜、王山明、齐双喜、王禄)上,对,下。(孙喜、狄得寿、卢恒贵、欧来喜)上,对,下。(姚得禄、张比禄、张春和、陈进喜)上,对,下。(田进寿、孙得喜、张得禄、杨进宝)上,对,下。玉娥、剪梅、杨春、洞宾、禅师上,对。续众童子等,勇士、陀头兵上,对。辽兵、辽将、学古、色珍、休格两场门上,作围。杨春等突围,败下。辽兵等白"逃出阵去了",色珍等引童子下。禅师白,众应。挡云帐,不撤将台。唱〔尾声〕,同下。

严洞宾败下,杨景追下。单对(刘招、于进福)上,对,下。(张福、马喜顺)上,对,下。(汪三永、王南清)上,对,下。(赵永全、佟

二格)上,对,下。毕显、金塔上,对,下。焦赞、银塔上,对,下。(刘招、李寿通)上,对,下。孟良、克莽上,对,下。(赵永全、关永寿)上,对,下。(张福、冯文玉)上,对,下。(汪三永、王永寿)上,对,下。严洞宾上,唱完,白"引他入阵",杨景追上,白,对,唱完,又对,洞宾败下,杨景追下。焦赞追银塔上,对,白"看枪",又对,银塔败下。焦赞白完,唱〔耍孩儿〕至"盖世英豪",金塔追上,对,作刺死金塔,焦赞白。

三出

场上挡云帐。四健军(张福等)呼延毕显、孟良、焦赞、杨景、纛上,唱〔粉孩儿〕完,白:"随俺冲阵者。"辽兵(冯文玉等)引萧金塔、克呢、萧银塔、克莽、严洞宾下场门上,对,大攒,辽众先下,众追下。辽众上,严洞宾白"不得有违",杨景等追上,对科。健军、孟良等追辽兵、金塔、克呢、银塔、克莽从两场门先下,洞宾、杨景对,杨景唱〔红芍药〕完,又对,唱完,下。十六童子、禅师两场门暗上,撤云帐。杨景追严洞宾上,引进阵。禅师白:"休想活命。"洞宾、杨景对,焦赞上,进阵助战。禅师摇铃科,诅,放彩火。小妖(勒夫等)从两场门上,作围科。杨景二人唱〔福马郎〕,至"叶蓬蒿",严洞宾、童子、禅师、小妖作围,杨景、焦赞同下。

场上挡云帐,不撤将台。毕显上,白至"救援便了",从下场门下。内侍(刘永年等)、陈琳、德昭上,唱〔会河阳〕完,白,唱至"全忠孝",毕显上,白,唱〔缕缕金〕。德昭白,唱〔越恁好〕至"存亡难料"完,白至"上帐听令",毕显下。德昭唱至"阴谋巧",孟良上,白,唱〔红绣鞋〕至"只怕难逃",德昭白,至"催一催",孟良下。德昭白,唱〔千秋岁〕至"情谁靠",孟良、毕显引陀头兵、杨春上,白,德昭白,唱"超等功劳",杨春等下,德昭等唱〔庆余〕完,下。

四出

伏伟尊者上,唱〔竹马儿〕完,白,唱完,下。

场上挡云帐,设仙童阵,将台。陀头兵、毕显、孟良引杨春上,

唱〔番竹马〕至“辽人害”，伏伟尊者下场门上，白，唱至“妖孽拘拿”，八辽兵（冯文玉等）、银塔、克呢、克莽上场门冲上，各白“看棒”，对，大攒。辽兵、陀头先攒，下，尊者暗下。六人后对，下。（何庆喜、李寿通）上，对，下。（田进寿、佟二格）上，对，下。（齐双喜、冯文玉）上，对，下。孟良、银塔上，对，作斩银塔，下。（孙喜、马喜顺）上，对，下。（卢恒贵、王南清）上，对，下。（姚得禄、关永寿）上，对，下。杨春、克莽上，对，作打死克莽，下。（张春和、于进福）上，对，下。（张得禄、王永寿）上，对，下。毕显、克呢上，对，众续大攒，毕显作斩克呢科，辽众败下。尊者暗上，白，众应，同下。

撤云帐。焦赞、杨景败上，二人白“今番死也”。洞宾、童子持兵器，禅师、小妖执烟云旗，从两场门上，作围困，放彩火。尊者、杨春等上场门上，作冲阵科。尊者白“速退”，小妖两场门逃下。众对攒。尊者白，禅师白“照打”，尊者举钵，禅师惧科，尊者合钵，禅师隐下。众对，大攒，严洞宾、童子等败下。

挡云帐，撤将台。尊者白“西方去也”，下场门下。杨景等白，唱〔庆余〕，同下。

六出

八健军（杨玉升等）、桂英、玉娥、宗保、纛上，同唱〔念奴娇〕完，下。

杨顺、青莲上，唱〔灯月交辉〕至“怎支架”，严洞宾上，白，二人白“一个也不放”，洞宾下。杨顺白，内应，辽兵（冯文玉等）两场门上，白，唱〔喜梧桐〕至“足感美意了”，健军（杨玉升等）、桂英、玉娥、宗保、纛冲上。杨顺白，青莲白，宗保白“看刀”，纛下，众对，大攒，同下。玉娥不下，白“赶上问来”，下。三人见面，单连环（陈进喜、于进福、刘国祥、王南清、宋福顺、佟二格、苏长庆、马喜顺、王禄、李寿通、王山明、王永寿、狄得寿、冯文玉、杨玉升、关永寿）上，对，下。杨顺、青莲引宗保、桂英上，对。玉娥上，作拦科，白，杨顺二人白，唱〔卜金钱〕完，各白至“看刀”，作假对科。续辽兵、健军上，对，宗保白“收兵”，宋众从上场门下。辽众唱〔雁过南楼〕至“王郡马”，严

洞宾下场门上，白，各白，唱，杨顺白，辽众引严洞宾下。二人唱〔尾声〕，下。

八出

挡云帐，设万弩阵、将台。杨顺、青莲上，唱〔好子乐〕完，各白，唱至“立功勋”，内呐喊。杨顺白“多谢贤德郡主”，严洞宾上，白，杨顺白“好大胆”，一辽兵上，白完，下。杨顺白，洞宾白，下。二人唱〔银灯红〕完，下。严洞宾上，白，唱完，下。

桂英、宗保引杨顺、青莲上，假对，唱〔灯影摇红〕完，白至“垂念之恩”，严洞宾内白，杨顺各白，假对。严洞宾上，桂英白，杨顺假妆坠马，青莲扶杨顺下。三人对，严洞宾败下，宗保白，同下。青莲扶杨顺上，同唱，严洞宾上，白，杨顺白，青莲扶杨顺下。严洞宾白“剩我一人了”，桂英、宗保上，白，对。各白“破阵便了”，严洞宾下。宗保白，唱，同下。

撤云帐。十六辽兵（冯文玉等）、四辽将（勒夫等）各持弓箭，两场门上，按方位列阵科。严洞宾执红旗，暗上将台。白至“违令者斩”，德昭等内白，众内应，飞虎军（杨玉升等）、火炮军（田进寿等）、四将官（刘重喜等）、玉娥、桂英两场门上，宗保、杨景、德昭、纛上。德昭白“攻打”，众放火炮、鸟枪科。严洞宾白，下将台，隐下。辽兵、辽将作乱跑，同唱〔扑灯蛾〕完，两场门逃下。挡云帐，撤将台。德昭白“收兵回营”，唱〔庆余〕，同下。

廿三段《昭代箫韶》串头

廿三段《昭代箫韶》

四出

场上挡云帐，设地煞阵、将台、旗帜。八辽兵（杨玉升等）引耶律夫人上，唱〔猫儿坠〕完，白完，唱，下。八健军（孙喜等）引杨景上，唱〔山坡羊〕完，至“革裹尸”，辽兵引耶律夫人下场门冲上，各白“看枪”，众对，大攒。大将先下，十六人后对，下。杨景、耶律夫人上，对，下。（于进福、苏长庆）上，对，下。（得寿、关永寿）上，对，

下。(宋福顺、张得禄)上,对,下。(孙得喜、卢恒贵)上,对,下。(赵永全、冯文玉)上,对,下。(张春和、杨玉升)上,对,下。(孙喜、佟二格)上,对,下。(汪三永、刘国祥)上,对,下。杨景、耶律夫人上,对,各白"看枪",耶律夫人败下,杨景追下。

单连环(于进福、苏长庆、狄得寿、关永寿、宋福顺、张得禄、孙得喜、卢恒贵、赵永全、小冯文玉、张春和、杨玉升、孙喜、佟二格、汪三永、刘国祥)上,对,下。杨景、耶律夫人上,对,众上,续大攒,辽众败下。健军等回,杨景唱〔又一体〕完,白,同下。

韩君弼持令旗,十六辽兵(何庆喜等)持青素暗上,作护将台。一辽兵(祁)上,白。严洞宾持剑,上场门上,白"再去打听",一辽兵下。严洞宾白"布阵者",八地煞神(王山明等)持刀,从两场门上,作跳舞科。八辽兵(杨玉升等)引耶律夫人、八健军(孙喜等)引杨景上场门上,作入阵。地煞神围困,对,辽兵追健军下。杨景白,唱至"殊凶肆",地煞神作围绕科。耶律夫人、韩君弼同白"看枪",三人对,地煞神围科。杨景唱,至"革裹尸",地煞神、十六辽兵、韩君弼围,杨景下。洞宾白,耶律夫人白,严洞宾白完,上场门下。随挡云帐,撤将台。耶律夫人唱〔尾声〕,下。

五出

假杨景内白,八辽兵(杨玉升等)、四辽将(刘招等)内应,上,同唱〔回回舞〕完,白至"你们看",白,唱至"衬非轻",同下。王素真、王怀上,唱〔锁南枝〕完,各白"便了"。焦赞内白,八军士(何庆喜等)、焦赞、宗保、宗孝、岳胜、宗显、王钦、陈琳引德昭上,唱〔又一体〕至"逆叛朝廷",王怀二人作进跪科,白。德昭唱完,白,陈琳递书。王怀二人白,唱〔又一体〕,各白"多谢千岁",孟良跑上,白,德昭白,焦赞白,德昭白,唱〔孝顺歌〕至"心肠硬",报子(王进喜)上,白,德昭白,报子下。德昭白,岳胜、孟良、焦赞应科,同白,下。王钦作悄出,白,下。王怀、素真、宗孝等跪科,德昭白,唱完,同下。

八健军(孙喜等)引焦赞、孟良、岳胜上,唱〔普贤歌〕,至"把罪

请”，前辽兵、将引假杨景下场门冲上，白，焦赞白“看枪”，对，大攒。辽兵、健军先下，八人后对，下。（于进福、苏长庆）上，对，下。（狄得寿、关永寿）上，对，下。（宋进忠、张得禄）上，对，下。（孙得喜、卢恒贵）上，对，下。（赵永全、冯文玉）上，对，下。（张春和、杨玉升）上，对，下。（孙喜、佟二格）上，对，下。（汪三永、刘国祥）上，对，下。孟良（张玉、袁庆喜）上，对，下。岳胜（杨得福、杨进升）上，对，下。焦赞、假杨景上，对，孟良、岳胜追上，拦科，白，三人下马，跪科，白，唱〔孝顺歌〕，至“无余剩。”假杨景白，岳胜等上马，对，白，同唱。假杨景白“看枪”，辽兵、健军、辽将续对，大攒，同下。

七出

钟离道人上，白完，下。八军士（何庆喜等）、宗显、宗孝、宗保、佘氏、寇准、德昭上，唱〔风入松〕，至“细观察”，辽兵（杨玉升等）、辽将（张玉等）引假杨景、健军（孙喜等）、焦赞、孟良、岳胜上，对，大攒。辽兵、健军、辽将下，剩四人。佘氏白，唱〔急三枪〕。假杨景白，唱至“杠磕牙”，宗保、宗显白，假杨景白“吃俺一枪”，作刺宗保，宗显急退。德昭白，四人对。健军（孙喜等）引杨景，下场门上，白，假杨景白“看枪”。杨景白，唱〔风入松〕完，二人对。德昭等同白，岳胜应科。杨景白“气死我也”，二人同唱至“怒相加”，二人对。钟离道人下场门上，白，举扇科，白，诅。假杨景白，隐下场门下。严洞宾下场门上，八辽兵、四辽将两场门上，众对，大攒。辽众外边归排，跑下。众回，德昭等同白“覆奏便了”。同唱，领走，下场门下。

八出

场上挡云帐，地煞阵将台，插旗帜。八辽兵（杨玉升等）、四辽将（张玉等）引耶律夫人上，唱〔粉蝶儿〕完，白完，唱完，下。八健军（孙喜等）、四将官（王山明等）引宗保、桂英、杨景、虆上，唱〔石榴花〕完，白，桂英白，宗保白，至“临期便知”，内呐喊。杨景白，同唱至“阵全消”，辽兵、辽将引耶律夫人上，对，大攒，虆下。辽兵、健军、辽将、将官先下，四人后对，下。

单对(于进福、苏长庆)上,对,下。(狄得寿、关永寿)上,对,下。(宋福顺、张得禄)上,对,下。(王南清、袁庆喜)上,对,下。(孙得喜、卢恒贵)上,对,下。(王山明、张玉)上,对,下。(赵永全、冯文玉)上,对,下。(刘重喜、杨得福)上,对,下。(张春和、杨玉升)上,对,下。(孙喜、佟二格)上,对,下。(班进喜、杨进升)上,对,下。(汪三永、刘国祥)上,对,下。韩君弼、十六辽兵,上场门上,作护将台。

场上撤云帐。严洞宾暗上将台,白"严整阵势者",内应科,地煞神两场门上,布阵科。辽兵、辽将、耶律夫人引杨景、桂英、宗保、健军(孙喜等)、将官(王山明等)上场门上,作进阵,对,大攒。健军、将官、辽兵、辽将先下,韩君弼五人后对,下。三人见面,连环(于进福、苏长庆、狄得寿、关永寿、宋福顺、张得禄、王南清、袁庆喜、孙得喜、卢恒贵、王山明、张玉、赵永全、冯文玉、刘重喜、杨得福、张春和、杨玉升、孙喜、佟二格、班进喜、杨进升、汪三永、刘国祥)上,对,下。杨景追韩君弼上,对,君弼下场门败下。严洞宾下将台,白,对,白,唱〔斗鹌鹑〕完,又对,洞宾败下,杨景追下。桂英、耶律夫人上,对,下。杨景追洞宾上,对,洞宾白,诅,地煞神等作围困,杨景下场门同下。桂英上,白至诅,八金甲神(张得安等)上,白完,下场门下。桂英唱完,下。

洞宾、耶律夫人、韩君弼追杨景上,对。地煞神上场门上,作围,金甲神、桂英上场门上,作冲围,护杨景突围下。金甲神同白,地煞神应,同下。洞宾白,耶律夫人白"便了",下场门下。桂英、宗保、杨景上,白,对,洞宾、韩君弼败下,杨景等追下。(于进福、苏长庆、狄得寿、关永寿)上,对,下。(王南清、王山明、袁庆喜、张玉)上,对,下。(宋福顺、张得禄、孙得喜、卢恒贵)上,对,下。(赵永全、冯文玉、张春和、杨玉升)上,对,下。(刘重喜、杨、班进喜、杨进升)上,对,下。(孙喜、佟二格、汪三永、刘国祥)上,对,下。洞宾跑上,白完,下。桂英、宗保、杨景追君弼上,对。续辽兵、辽将、健军、将官上,对,大攒,归排,辽众败下。

挡云帐,撤将台。靐上,杨景白,同唱〔上小楼〕,至"靐高摇",

八辽兵(杨玉升等)、辽将(刘招等)引耶律夫人,从下场门冲上,白,纛下。众对,大攒。杨景三人,耶律夫人先下,二十四人后对,下。杨景、耶律夫人上,对,杨景下。宗保接对,宗保下。桂英接对,同下。(于进福、苏长庆)上,对,下。(狄得寿、关永寿)上,对,下。(宋福顺、张得禄)上,对,下。(王南清、袁庆喜)上,对,下。(孙得喜、卢恒贵)上,对,下。(王山明、张玉)上,对,下。桂英、耶律夫人上,对,桂英下。宗保接对,宗保下。杨景接对,同下。(赵永全、冯文玉)上,对,下。(刘重喜、杨得福)上,对,下。(张春和、杨玉升)上,对,下。(孙喜、佟二格)上,对,下。(班进喜、杨进升)上,对,下。(汪三永、刘国祥)上,对,下。杨景、耶律夫人上,对,续众大攒,杨景等败下。辽众回,耶律夫人白,众应,同下。健军、将官引杨景等上,唱,白"便了",辽兵、辽将、耶律夫人上场门冲上,对,大攒,杨景等败,辽众等追至下场门。八军士(姚得禄等)持弓箭,引岳胜下场门冲上。杨景等回,对,大攒。健军、将官追辽兵、辽将先下。军士围,杨景等白,耶律夫人白,岳胜白"放箭",军士作围,放箭,耶律夫人中箭,逃下,杨景等追下。双连环(于进福、苏长庆、王南清、狄得寿、关永寿、王山明、袁庆喜、宋福顺、张得禄、赵永全、冯文玉、刘重喜、张玉、孙得喜、卢恒贵、张春和、杨玉升、班进喜、杨得福、孙喜、佟二格、杨进升、汪三永、刘国祥)上,对,下。耶律夫人代箭败上,白,唱〔喜春来〕至"力气娇",八军士(姚得禄等)引杨景、岳胜等上,同白,夫人唱,对科。杨景白"放箭",作射死耶律夫人。健军、将官追辽兵、辽将上,对,辽众逃下。纛上,唱〔尾声〕,同下。

三十三本《昭代箫韶》串

一出

八云使引任道安上,站门,唱〔点绛〕完,白完,就"往九龙谷去者"起排子。云前分、后番,一个见一个,归圆圈,斜分归后簸箕掌,云后番,贯下。八辽兵、将引洞宾上,起排子,圆场一拉边。辽兵白"军师回阵"。下场上王怀、素真,上迎接辽兵,贯进,各白,坐下。各白完,洞宾下,素真下场门下,作改扮下。王怀白完,唱完,白完,

下。一辽将持令旗上,白,素真上,作碰过场,下。番将白完,下。素真上,白“呀”,唱,白完,萧天佐内白“那边行走者是谁”,素真“呀”,唱二句完,白完,天佐上,白,作见科。素真白至“这是什么人”,作伏地,咀咒科。天佐作看科,后台作“马嘶”科。白至“不可偷安”,下。素真白完,唱二句完,白完,唱二句完,下。

孟良、岳胜、陈林、焦赞、宗保、杨景、德昭上,站门,唱六句,归坐。杨景白完,德昭白完,唱四句完,将官引素真上,将官白,杨景白完,孟良等作出门听科。素真白完,杨景作回顾科。孟良等作进门科。杨景白完,素真白“元帅不好了”,孟良、焦赞,作出门问科。杨景白“进去”,孟白完,焦白,杨景白“气死我也”。德昭等,作进门科,白“元帅不可着急”,素真白“呵,六”。孟白“什么六?”素真白“呵,六耳不闻”,素真下。孟白完,德昭白完,杨景白完,唱四句完,德昭白完,众将白完,孟同白完,德昭唱完,大下场,下。

二出

番兵引学古、休格、天佐、色珍等上,同白完,领下。军士、孟良、将官、焦赞、岳胜、杜玉娥、德昭、宗保、陈林,杨景唱倒板,众上站门,唱一句〔扯四门〕,杨景接唱“忙忙策马上山冈”,领起,冲开。德昭白“速速前去者”,众应科。德昭唱,至“一遍戈茅雪样皎”,众前分,后番,作上山科。宗保白,杨景白完,唱完,作跌下马科。德昭“呀”,唱一句,众唤科。又唱,内呐喊,众等白“辽兵至矣”,德昭唱完,下。孟良等,作下山科,会阵。孟良等白,洞宾等五人上,洞宾白,玉娥等五人白,各白完,正将杀过河,众钻烟筒,下。场上留色珍、洞宾、玉娥、宗保,四人后对,下。外八人上,对,对下。四将官、四辽将打连环,对下。留一辽将,焦赞上,二人对。续天佐上,辽将下,二人对。孟良上,焦赞下,二人对。学古上,天佐下,二人对。岳胜上,孟良下,二人对。休格上,学古下,二人对。宗保上,岳胜下,二人对。色珍上,休格下,二人对,又续天佐三股当,又续焦赞四股当,又续孟良、学古六股当,又续岳胜、休格,宗保等下,色珍追下。洞宾上,白完,玉娥白,二人对,众等钻烟筒。洞宾白“收

兵”，众钻烟筒。玉娥白“便宜你收兵回营”，辽兵引色珍等上，挖门，色珍等同白，洞宾白至“各自守阵去罢”，色珍等下。洞宾白完，作变，任道安上场门下，假任道安上，笑科，白，唱，下。

三出

将官、陈琳、寇准引德昭上，白，各坐科。德昭嘆科，唱。扮军士引宗保、孟良、焦赞、杜玉娥上，唱，作进门参见科。杜玉娥等同白，军士白“代言便了”，军士等下。杜玉娥等同白“进帐看来”，下。德昭唱完，玉娥等上，同白完，唱二句，德昭、寇准接二句完，军士引假任道安上，白。孟良、焦赞引假任道安进门科。任道安相见，德昭、寇准作起科。任道安唱一句，孟良、焦赞白，假任道安又唱一句，寇准白，假任道安念至“予备香案去”，孟良、焦赞下。寇准白，念至“无人破的了”，宗孝、宗显、柴媚春、余氏上，同白，作参见科。各白，德昭念至“设宴相候”，下。余氏等同白“先师这里来”，任道安唱一句，领起，一拉边。场上设卧帐一分。杨景、孟良、焦赞暗入帐内，余氏等同白“先师请少待”，作进门，揭帐，余氏唤科。白，念至“请先师进去”，任道安白，念至“作法咀魂”，余氏等应科，下。假任道安，作进门望科，白，念至“代我来”，作取剑科，唱。场上设剑一把。唱完，杨景“看剑”，作斩。杨景、孟良、焦赞从帐内跃出科，“妖贼好大胆”，作战科。焦赞念至“支吾”，作战科，引宗保、宗孝、宗显、岳胜、杜玉娥、柴媚春、余氏、寇准、德昭，引任道安，德昭等同白，同进门科。真任道安叱科，白，假任道安作唾科，真任道安笑科，白，作掷缚妖索，假任道安作遁下。孟良、焦赞扑科，白，作细看科，白。任道安作袖内取金丹科，白。孟良、焦赞作先帐，宗保作接丹，填入口内科。任道安作唤科，唱完，作符咒科，咀。杨景唱倒板二句完，各白，杨景作跪科，任道安作扶起科。各白，任道安念至“临期自至”，下。杨景白完，宗保得令应科，下。杨景、德昭各白等，同下。浑尾声。

四十一本《昭代箫韶》串

第一出

军士、将官、中军引寇准、杨景、钟离道人、德昭上,唱完,坐科。各白,至“便知端详”,焦赞、孟良、杜玉娥、木桂英、杨宗保、杨春上,同白,见科。各白,至“瞒不过的”,杨宗保下。杨景白,至“后营歇息”,杨春、玉娥、桂英同下。各白,唱,各白,至“小心行事去罢”,德昭等下。孟良、焦赞各白,唱,白,焦赞下。孟良白,下。

第二出

摆将台,挡云帐。辽兵引严洞宾上,笑科。白,唱完,唱,下。素真、王怀上,唱,各白,唱至“机缘未随不成功”,一辽兵上,白,各白,至“未可向人言”,同下。辽兵引严洞宾上,唱两句。王怀、孟金龙、素真、单阳郡主下场门上,作迎接科。同白,各白,严洞宾唱完,撤云帐。各白,洞宾白,唱完,下,辽兵随下。孟金龙、郡主各白完,素真、王怀各白,唱,下。

第三出

挡云帐。打初更,焦赞悄上,白,唱完,又白,唱完,打二更。白,唱两句,下。众辽兵上,白至“大家坐下”,打三更。虚白科,焦赞暗上,白,各白至“交过三更了”,焦赞暗笑科,跪下,辽兵各白完,下。

撤云帐。打三更,王素真上,白,唱,作上台,唱完,作取刀下台科。王怀暗上,白,各白,素真唱,下。王怀白完,下。焦赞上,白,唱两句。素真急上,王怀赶上科,白,素真作撞焦赞科,各白,焦赞跑下。王怀、素真各白,上将台,作绑科。同白,唱,白“快来救人吓”,众辽兵上,白,各白至“军师快来”,孟金龙、郡主、严洞宾上,各白至“快去放下来”,辽兵作上将台,放绑科,作下将台。挡云帐,撤将台。各白至“小心把守”,众随严洞宾下,素真、玉怀白,唱完,下。

第四出

焦赞持金刀上，笑科，白，唱完，下。军士、孟良、宗显、宗保、宗孝、寇准、杨景、钟离道人、德昭上，白，坐科。各白，道人唱两句。焦赞上，白，见科。各白，焦赞唱两句，各白完，道人白，诅，金刀变树木科。各白，孟良白，唱两句，众介白，孟良唱两句，焦赞白一句，孟良唱，下。众各白，道人唱，各白至“仙师请”，道人白“请”。〔浑尾声〕，同下。

改卅二本《玉娥斗法》

四上手、四军士、四将军、八娘、杜玉娥、陈林、寇准、九妹、呼延赤金、柴干、陈琳、杨景、德昭。

岳胜、孟良、宗保、焦赞、宗孝、王钦白，三军司命、纛。

四下手、四辽兵、四辽将、马荣、苏和庆、王素真、耶律夫人、孟金龙、黑太保、单阳郡主、肖坝真、严洞宾。

四三头六臂、魔王，五人。

四四头八臂、天将，五人。

改三十二本一出《玉娥斗法》串

四上手、四军士、四将官，引九妹、八娘、杜玉娥、呼延赤金、陈林、柴干、寇准、陈琳、德昭、杨景上，站门。唱完，各归坐，各白，至“宗保等进帐”，宗保等内白，孟良、焦赞、宗孝、岳胜、宗保等上，一拉边，白，进门，归排，白，分侍，各白，至“众将听令”，众等各归各排。杨景白，至“斩首示众”，应科，分侍。杨景唱完，众应科。王钦捧册上，白，众等接白，德昭等三人出门迎接，随王钦进门，白，德昭等三人伏府科。王钦白完，德昭等谢恩起，寇准接图册。各白至“起兵”，众等归排，各上马，持兵器。三军司命纛随上，起排子，中场设山，领下。王钦白完，下。四军士引陈琳、杨景、寇准、德昭，两场门暗上山。上场门四上手、四将官、男女大将十一人上；下场门四下手、四辽兵、四辽将、男女辽大将九人上，会阵，白至开兵。众等分走，归后波箕拿，正将杀过河，众等钻下，留杜、严二人后对，下。德昭白，唱完。起打，外八人打，下。

连环先四辽将,后四将官,留辽将,焦赞上,对,辽将下。孟金龙上,对,焦赞下。孟良上,对,孟金龙下。黑太保上,对,孟良下。岳胜上,对,黑太保下。马荣上,对,岳胜下。柴干上,对,马荣下。苏和庆上,对,柴幹下。陈林上,对,苏和庆下。肖坝真上,对,陈林下。宗孝上,对,肖坝真下。耶律夫人上,对,宗孝下。呼延赤金上,对,耶律夫人下。王素真上,对,呼延赤金下。宗保上,对,白完,王素真羞科,下。单阳郡主上,白,对,宗保下。八娘上,对,单阳郡主下。严洞宾上,对,八娘下。九妹上,对,续呼延赤金上,三古当,九妹、赤金二人败下。杜玉娥上,对,续宗保上,三古当,严洞宾败下。四辽将续上,对,作斩死四辽将下。续马荣、孟金龙上,对,四古当,架住,众等倒钻,大过河,辽众败下,宋众追下。

四下手、四辽兵,引男女九人、辽大将败上,挖门。白至“便了”,辽众领。杜玉娥内白,宋众等上,会阵,各白。严洞宾、杜玉娥二人,作书符科。下场门上三头六臂四魔王;上场门上四头八臂四天将。油胡倜出,分列排,两过河,三头六臂四魔王败下。严洞宾白完,辽众败下,四头八臂四天将追下,杨景白完,宋众等追下。

四军士引德昭等,两边下山,代马,随纛领追下。随撤山。辽众败上,挖门,唱完,四头八臂四天将前排,宋众等后排追上,辽众败下。宋众等回,白,四头八臂四天将应科,白,上场门下。各白至“收兵”,众应科,领圆场,冲下场门列开,德昭等先下,众等番贯下,完。

三十七本《昭代箫韶》

一出

扮云使、金甲神引黎山老母上,唱慢板四句完,归坐。白至“架云归山”,唱一句,领起,唱二句,下。李剪梅上,唱摇板四句,唱完,坐正场。白完,唱二句,又白,上手随放山石,坐科。侍香童上,白至“那里去了”,见科,白“妙嗄”,唱二句,唱完,白完,各白完,各唱完。剪梅白至“打你了”,作打科。剪梅白“还要胡说”,唱,唱完,剪梅唱二句完,白至“招打”,作打科,同白“请打”,发浑科,剪梅打科。

金甲神引黎山老母上，一拉边，唱一句，领起，小圆场，一拉边，唱二句完。金甲神白“圣母驾到”，贯门进，坐科。圣母白，神将回毕，两场门分下。圣母白完，各白完，剪梅白至“他说事”，白完，唱四句完，各白完，剪梅白“就此拜别”。唱二句完，白至“取宝剑去”，下。圣母唱两句，剪梅上，白完，老母白“去罢”，剪梅下。童儿白，又各白完，老母白至“自投苦海”，唱三句，领起，又唱一句，下。

二出

急急风上，九还童上，同唱〔点绛唇〕，唱完，白至“大王出来也”，神锋大王上，唱完，归坐。白，各白完，大王白至“随俺前去”，众应科，唱三句，领起，唱一句，下。

小鬼、判官引山神上，白，念两句，归坐。白，各白完，判官、小鬼白至“美酒肥肉了”，男、女百姓内白“走嗄”，小鬼白完，山神又白“整肃威仪者”，小鬼应科。男、女百姓上，手持祭物，一拉边，唱两句完，白“大家进去”，贯门，同白，摆祭礼科。白至“大家拈香”，唱一句，跪叩首，又唱二句完，虚白科，下。山神笑科，白，判官、小鬼作抢，发浑科。九环童引神锋大王上，一拉边，白完，贯门。山神白“请上坐”，各白完，大王白“山神吭了”，唱四句完，白至“随俺回去”，众应，领下。山神笑科，白至“我来受用”，小鬼、判官发浑科。李剪梅上，唱二句，白“不免进去”，作进门科。白完，又各白完，又剪梅白“如此说是约”，唱四句，同下。

三出

上手、将官站门，引宗显上，白至“快快前去”，将官应科，排子领起圆场，贯门。各白完，宗显又白，至“那里去寻取”，唱四句完，各白完，宗显又白，至“访问便了”，唱三句，领起，上场门一拉边，唱末句。下场门山神、花神上，白完，各白完，宗显又白“这井在那里”，花神向下指科，宗显作走科，山神作拦科。花神白，至“自有道里”，宗显应科，花神下。将官随两边，站门，宗显白“快走”，唱三句，领起圆场，贯门，唱末句。将官白至“有井在此”，宗显笑科，白

“大家看来”,作看科,白完,将官白,至“必有响声”,那抢作搅科,井内作风声科,众等作惊慌科。宗显白“嗄”,唱两句完。大王地井内白,至“何人搅扰俺大王”,将官白完,宗显白“好奇怪也”,唱一句。下场门人拉过上场门来,唱二句。大王井内白“孩儿们,随俺来”。九环童、神锋大王,从地井内上,下场门一拉边,神锋大王白完,将官作惊科,同白“走罢”,大王白“那里走”,作战科。两过河,押住。宗显白完,各白完,宗显又白至“山魈伎量”,唱两句完,宗显白“看枪”,作刺科。大王怒科,白“看鞭”,作占科,众钻烟筒,下。宗显、神锋对,宗显下。神锋白至“唬退他便了”,下外八人,一场打下。将官、九环童上,对,连环,下。神锋追宗显上,占架住,两场门〔倒钻〕,神锋白“俺要吃你们了”,作咒科,诅,作放火彩科。宗显等作惊慌科,下。九环童,归两边,白“走了”,神锋白“随俺回府”,众领下。

将官急上,站门,同白完,宗显白“回去寻他算帐”,众应科,宗显唱三句,领起,唱末句,下。剪梅上,唱慢板四句完,白“等他便了”。将官引宗显上,唱两句,贯门,见科。各白完,宗显白至“那边少待”,将官应科,两场拉下。宗显白“请讲”,剪梅白“听禀”,唱四句完,宗显白完,剪梅又唱四句完,宗显白“多谢美意”,向下唤科,白“众位将军快来”,将官两场上,白“来也”,剪梅白“将军”,唱一句,挪斜场,宗显唱二句,同下。

四出

九环童引神锋大王上,站门,白两句,归坐,白至“不见回来”,一九环童上,白,作见科。各白完,神锋白,念两句,大下场。将官引宗显、剪梅上,一拉边,排子,圆场,贯门,各白完。剪梅作扶井唤科,白“神锋快快出来受擒”,井中出火彩科。宗显作即扯剪梅科,白“站远些”。九环童引大王出井科,白,剪梅白“看剑”,占科。九环童、将官钻下。剪梅、宗显、神锋后对,下。将官、环童八古当,下。剪梅追神锋上,占科。白,剪梅白“怕你不成”,占科。续宗显上,占科,宗显唱四句,神锋作怒科,白至“镕化了罢”,占科,神锋败

下，宗显追下。

将官、九环童两场门上，八古当，各归各边。神锋、剪梅等冲上科，扯正，过河，剪梅怀中出镜照科，神锋等惊慌科，跑入井下。将官，两挖门，“逃入井中去了”，剪梅白“代我来作持镜”，向井中照科，白：“神锋速现。”井中作出九环金刀科，剪梅作取刀科，白，各白完，宗显白“仙姑所言甚善”，起〔浑尾声〕，将官领下。

卅九本《昭代箫韶》串

一出

场上先挡云帐，内设金锁阵门，由天井下匾，后场设高台、纛旗帜，椅子四把，绑标旗，纛作阵门科。八护台神将，持大刀上高台，分侍。四利剑军持魔王双剑，高台下归一排。马荣持兵器，守阵门科。云帐不撤。一家将跨刀、骑马上，白完，下。

八勇士持籐牌，八健军持弓箭，八将官持大刀，杜玉娥、木桂英各持兵器，杨宗保持九环刀，一将官执黄纛。宗保内唱倒板一句，众急急风上，站门，宗保上，唱三句，众领起，冲开，各白，各唱完，众领，同下。萧天佐、耶律色珍、耶律学古、耶律休格，各持兵器上，站门。唱完，同白至“有请”，严洞宾上，唱完，各白至“协助黑太保去”，耶律色珍、休格应科，下。严洞宾白，唱完，应科，随同下。

八将官持大刀，引宗保上，贯门，一黄纛随上。宗保唱，白完，领下场门，一拉边。马荣撤云帐，出阵门科，各白至“看刀”，二人对科，押住，严洞宾暗上高台。各白至“随俺进阵”，众等大杀过河，扯正，杀过河。马荣进阵，归中间，宗白，众应科，作杀进阵门，归一排，随撤阵门。众等大杀过河，黄纛暗下。众扯，大杀过河，二人架住，众等钻下。宗保白完，对科，作斩死马荣，宗保下。严洞宾白，唱完，起打。四利剑军、八将官，一对二接不断，打下。场上设阵门。四辽兵、四下手，持枪、双刀，八弩箭军持弓箭，引萧天佐急急风上，分归正一排，站住。穆桂英内白完，八勇士持籐牌刀，木桂英持兵器，成对上，斜分，归上场门一溜。天佐出阵，各白，唱完，又白至“随俺进阵”，二人对科。天佐进阵，归中间。木桂英白，众应科，

扯正排成对,进阵,列正排,随撤阵门。天佐白“放箭”,勇士等避护科,大杀过河,作放箭,众等两场门拘下。正将对科,天佐败下,桂英追下。严洞宾白完,起打,外八人打下天佐,桂英上,对,下。

场上设阵门。四健将执金枪,引耶律学古急急风上,分列一排。八健军持弓箭,引杜玉娥持兵器,成对急上,贯门。各白至“随俺进阵”,众应科,成对进阵。随撤阵门。四健将后番,领下场一溜,健军贯,归上场门一溜。各白至“放箭”,健将等遮护。耶律学古杀过,健军追,健将下场门下。正将二人对,学古败下,杜玉娥追下。起打,外八人打下。四利剑军、八将官续一对二,将官作斩死四利剑军,留二将官,天佐上,对,二将官败下。桂英上,二人对,续宗保上,对三古当。又续学古上,对四古当。又续杜玉娥上,五人对,架住。宋众上场门、辽众下场门,众等上,倒钻,扯圆圈,辽众下场门败下。宋众番回,站住,严洞宾白完,护台神将下。高台归一排,宗保举九环金刀,白完,神将两场门分下。宗保各白至“擒斩尔等”,执剑下高台,正将杀过河,众等抄,番回,严洞宾败下。宗保白,勇士应科,上将台砍倒旗纛,仍下将台。众领辽众上场门上,会阵,二龙出水。正将对六古当,辽将败下,宋将追下。起打,外八人打下,杜玉娥上,对,四健将作斩死下。木桂英上,对,八弩箭军作杀死,下。宗保上,对,四下手作斩死,下手下。耶律学古上,二人对。续杜玉娥上,对三古当。又续天佐上,对四古当。又续桂英、洞宾上,对六古当。宋众等两场门上,抄,番回,辽将突围败下。执黄纛将官暗上,宗保白完,众领下。

挡云帐。萧天佐、学古、严洞宾三人败上,唱完,各白至“擒拿便了”,应科。起〔浑尾声〕,挪斜场,下,完。

38.《金山寺》

《金山寺》串头

《金山寺》

上场门、下场门水卒持水旗二人上,前分跳科,扯四角。前分续后二人上,四人跳科。前分归排,续后四人上,八人跳科。前分

归一排，续后八人上，十六人跳科。前分后抄，朝上场门贯番回。前八人归前一排，四精上，归中间一排，水卒后八人归后一排，同唱〔江儿水〕一句。水卒四分头番回，两边站住，连唱。水卒串走，四角两头蛇，归本位，唱完站住。四精各白至“有理”，同唱。水卒前分后抄，前分后番，领起成对。圆场朝下场门列开，唱完，四精先下，水卒后番贯下。许仙上，唱〔三仙序〕，唱完，白至“船家摇上来”，船家撑船下场门上，各白至“请上船来”，许仙上船，唱完，白至“到哉”，船家接钱下场门下。小和尚上，各白至“这里来”，同下。青、白蛇摇桨上，走势科，同唱〔醉花阴〕，唱完，各白至“许郎吓”，二人同唱完，各白，作上岸科。青蛇白至“快些出来”，小和尚上，白，各白，至“禅师有请”，法海上，许仙随上。法海唱〔画眉序〕，唱至“前来到”，各白，至“取我随身法宝出来”，小和尚应科，回身下，擎钵持杖上。法海唱〔前腔〕，许仙下，作出门科，小和尚随介。唱完，各白，至“孽畜”，法海唱，作进门，归坐，小和尚付钵杖科，唱完，小和尚下。

青、白蛇作进门，同唱〔喜迁莺〕，各白，各唱〔画眉序〕，唱完，各白，至“哇”，青、白蛇作出门、上船、急下。法海白“护法神何在”，众神内白“来也”。神将上，跳。上场门木吒、下场门金吒各持枪上，跳科。续哪吒、伽蓝持枪、棍上，跳科。又续鹿、鹤童各持双鞭上，六人跳科，归一排。续韦护持杵上，跳科。归一大排，各白完“领法旨”，韦护上高台。会阵，起打。神将六人背靠背，四精两场门上，各杀过河，搚扯，归正排，杀过河，四精两场门下。神将回，白，白至“两厢退下”，神将分下。龟形持令旗上，跳科，归中间，叩头。蟹精上，持枪，随龟形同下。青、白蛇两场门上，贯门，各白完，同唱〔出队子〕，唱完，各白，各唱，白至“看俺青龙禅杖者”，青蛇逃下，法海作丢杖科，白蛇作接杖科，白蛇抛杖科。换龙形上场门上，二人斗科，白蛇下。换白蛇形上，斗科，归中间，起干〔滴溜子〕。四精两场门上，抄贯门，搭龙形下，白蛇形随下。排子完，青、白蛇上场门上，贯门，各白完，同唱〔刮地风〕完，各白，各唱完，法海接唱〔滴滴金〕完，各白，各唱，白至“打这妖孽者”，内应科。风火掖双刀持红旗，

两场门上,归中间,撇旗科。四股当,风火败下。青、白蛇回,白完,唱〔四门子〕。法海接唱〔鲍老催〕,唱完,各白至"水卒每",内应科。白蛇白至"救俺丈夫便了",青、白蛇同下。水卒持旗两场门上,前抄,后抄,前分归前一排,四精引龟形上,归梅花瓣。白蛇上,站儿,青蛇持纛随上,同唱〔水仙子〕。水卒前分双十字各花,前分归一大圆圈,转分斜场。白蛇唱末一句完,四精、青、白蛇同下。

水卒分归插四排,龟形归中间,朝里三拥,站住。小和尚上,白,各白至"不能漫矣",小和尚接袈裟,作撇科。水卒、龟形两场门下,小和尚持袈裟下。法海白"护法神",内应科,神将两场门上,归排,各白至"领法旨",会阵,起打。神将归上场门一字,众妖归下场门一字,龟精在前,扯神将至下场门,杀过河,往里串对儿,分下。场上留青、白蛇、鹤、鹿童四股当。青蛇、鹿童下,白蛇、鹤童对科。青蛇、鹿童上,白蛇、鹤童下。续木吒、蟹精上,对科,青蛇、鹿童下。续金吒、虾精上,对,木吒、蟹精下。哪吒、蚌精上,对,金吒、蟹精下。伽蓝、龟精上,对,哪吒、蚌精下。又续蟹精上,对,三股当,接出手,龟精下,二人对。续木吒上,持鞭、枪上,三股当,伽蓝代鞭下,二人对。续虾精持双鞭上,三股当。蟹精代大刀下,二人对。续金吒空手上,三股当。木吒代双鞭下,二人对。续蚌精持双枪上,三股当。虾精代枪下,二人对。哪吒持双头枪上,三股当,金吒空手下,二人对科。上鹿童,下青蛇,各持单鞭上,对,四股当。哪吒、蚌精各代单枪下。二人对。鹤童、白蛇上,对,四股当,上,下。续金、木吒各持双鞭上,对,六股当。续上、下手打接头。神将、二妖两场门下,起手连环,留一下手。

木吒上,对,下手下。续蟹精上,二人对。续金吒上,对,木吒下,二人对。续虾精上,蟹精下,二人对。续哪吒上,金吒下,二人对。续蚌精上,虾精下,二人对。续鹿童上,哪吒下,二人对。续龟精上,蚌精下,二人对。续鹤童上,鹿童下,二人对。高、矮毛儿,鹤童下。上场门伽蓝持叉上,对科,龟精代叉下。换龟形代叉上,对科,龟形下。下场门白蛇持双剑上,对,伽蓝下。金吒上,接对,续木吒上,对,三股当。续哪吒上,对,四股当。续鹿童上,对,五股

当。续伽蓝上，对，六股当。归两边，架住。上、下场门鹤童、青蛇二人上，钻烟筒下，仍归六股当。白蛇败下，神将五朵梅花要下。鹤童、青蛇二人上，对，青蛇下场门下，换形儿上，斗科。鹤童上场门下，换形儿上，斗科。上、下场门鹤童、白蛇上，对。续金吒上，对，三股当。又续木吒、哪吒、鹿童、伽蓝上，对科。众神将败下，白蛇要下场下。法海白，韦护应科，白“领法旨”，持钵下。白蛇上，分门，众神将追上，斜场分开。青蛇急随上，韦护持钵上，下场门魁星急上，法海白完，〔苏水仙子〕唱完，青蛇遁下。白蛇逃下，魁星随下。众神将回，白，法海白，神将白“领法旨”，分下。小和尚暗上，法海白“许官人出来”，许仙上，小和尚下。各白至“我自有处”，唱〔双声子〕，接〔煞尾〕，唱完，同下。

五　内廷连台本戏《昭代箫韶》、《劝善金科》

《昭代箫韶》序

粤以鼗鼓轩舞，扬太平歌咏之风，旌善锄奸，寓千古褒惩之意。虽一觞一咏，无关正史之隐扬，而可兴可观，弥著人心之好恶。兹《昭代箫韶》者，因宋代之遗闻，表杨氏之忠荩，诛佞人于既死，发潜德之幽光。切著一门，则辉争日月；节昭四世，则义薄风雷。润色固近于子虚，因缘实惬乎众欲。笔花璀灿，积幻成真，意匠经营，以神设教。魍魉魑魅，纵侈目以饰观；忠孝节廉，能移风而易俗。哀乐具备，文武兼陈，诚臣子之楷模，而导扬之善术也。夫诵诗怀古，式韵尽斯迁，读史慕芳，型事穷亦隐。维兹排比声律，调协宫商，始则悦耳娱目，终能格化徵心。音谐箫管，若陶性而怡情，彩飏旌幡，乃激忠而劝节，其效固有补诗书之所未逮者也。当兹旷古独隆之世，右文图治之时，洪敷圣化而户尽弦歌，广被仁风而民皆击壤。明良际会，海宇昇平，谱异代之奇闻，共斯民以同乐。描摹义烈，则颛蒙亦为怆怀；刻画佥邪，则儿童亦为指发。以陈家谷之实迹，为生枝发派之根源；森罗殿之虚文，为启聩振聋之药石，欲使忠贞者益励其心志，奸慝者痛改其邪其非，又岂寻常之丽词艳曲，无关风化者，所能拟其万一也哉！是知填词虽小道，彰瘅攸关；游戏见性情，激扬斯在。故撮其大要，谱入管弦，即优孟之衣冠，昭劝惩之妙用。尔时三终迭奏，如闻天山明月之歌；异日万口争传，用代秀实朱笏之击。谨序。

嘉庆十八年岁次癸酉

校阅燕山张生寅文虞、宛平李禄喜中和、昆山邹焕章锦文。

参定古吴陈楚畹纫佩、长洲张凤林绍廷。

编辑虞山王廷章朝炳。

分纂茂苑范闻贤知愚。

《昭代箫韶》凡例

一、《昭代箫韶》,其源出自北宋传之演义书。考《通鉴》正史,其中惟杨业陈家谷尽忠一节为实事耳,其余皆后人慕杨业之忠勇,故誉其后昆而敷演成传。即潘美之恶,亦不如是之甚。祇因既与杨业约,驻兵谷口声援,王侁争功,离次不能禁制,及引全军径退,乃坐致杨业于死地,是以众恶皆归焉。又如牵引德昭,匡襄军国,竭尽忠诚;庇护贤良,不辞劳瘁。概为表彰其贤能,用以诛佞屏奸,褒忠奖孝耳,不可议其存殁而拘泥。今依北宋传为柱脚,略增正史为纲领,创成新剧,借此感发人心。善者,使之入圣超凡,彰忠良之善果。恶者,使之冥诛显戮,惩奸佞之恶报。令观者知有警戒。

一、旧有《祥麟现》《女中杰》《昊天塔》等剧,亦系杨令公父子之事。既非《通鉴》正史,又非北宋演义,乃演义中节外之枝,概不取录。今新创之剧,辑成二百四十出,分为十本,每本拟定二十四出为准。

一、名目悉遵《劝善金科》之则,用七字标题,当句有对。

一、宫调用双行小红字,曲牌用单行大红字。科文与服色,以至韵句读叠格叶押,合俱用小红字傍写。曲文用单行大黑字,衬字则以小黑字傍写别之。

一、凡词曲必按宫调。往往杂剧中有臆加增损者,皆文人游戏,惟兴所适耳。是剧文理辞句虽实俚鄙,然不敢妄为出入。悉遵《大成九宫》之句数规格,斟酌参定。

一、词中用韵处,皆照《中原音韵》为准。如北调之入声,应分隶平上去三声者,用小红圈按发声之例,一一圈出。词中有一字两声者,如"将将"、"为为"等常用之字,以小红圈各圈以别之。如同字异音者,惟发异音之字,本字则不复加圈。

一、凡古人填词,每出始终率用一韵。然亦间有出入者,则古

风体。今剧中某出某韵，用小红字标于每出名目之下。

一、南北合套之词，如[仙吕入双角]，系两宫合套，必用南北二字标于牌名之首。如中吕宫[中吕调]，黄钟宫[黄钟调]等合套之曲，系本宫本调，则以宫调为别，不载南北二字。

一、剧中有上帝、神祇、仙佛，及人民鬼魅，其出入上下，应分福台、禄台、寿台，及仙楼、天井、地井，或当从某台门出入者，今悉斟酌分别注明。

一、古称优孟衣冠，言虽假而似真也。今将每出中各色人之穿戴，于登场时细为标出。

《昭代箫韶》卷首

总目

《昭代箫韶》第一本卷上

第一出　万国春台同兆庶　　第二出　三霄帝座拱星辰
第三出　集鹓班议防边衅　　第四出　联雁序训守家箴
第五出　围合龙沙驰万骑　　第六出　檄传雁塞寇三边
第七出　潘杨仇隙於斯始　　第八出　辽宋干戈自此兴
第九出　报私仇权臣窃柄　　第十出　申天讨御驾亲征
第十一出　无敌威名惊北塞　　第十二出　如神妙算赞中枢

《昭代箫韶》第一本卷下

第十三出　振先声龙骧虎贲　　第十四出　合劲旅鲸奋豨张
第十五出　宋帅嫉功纵强敌　　第十六出　辽师奋勇困坚城
第十七出　臣解君忧退虎旅　　第十八出　子承父志假龙袍
第十九出　好兄弟全忠死义　　第二十出　贤父子扈驾回銮
第廿一出　明荐暗谋图雪怨　　第廿二出　褒封进秩为酬劳
第廿三出　举监军护持良将　　第廿四出　驱健卒袭取雄关

《昭代箫韶》第二本卷上

第一出　慕少年丝萝误结　　第二出　救老将兄弟连擒

第三出　面真同谋倾勇将　　第四出　粮假绝计撤监军

第五出　劫宋寨欣得王强　　第六出　投辽邦先图继业

第七出　难挽回黑心元帅　　第八出　苦逼迫赤胆先锋

第九出　单枪闯寨思全孝　　第十出　万箭攒身先尽忠

第十一出　慕义孤军甘捨命　　第十二出　抒忠烈将愿捐躯

《昭代箫韶》第二本卷下

第十三出　突绝谷将死兵伤　　第十四出　求救军父围弟殁

第十五出　头触碑歆心未泯　　第十六出　屍埋地冷泪难干

第十七出　避世兄勇气犹存　　第十八出　埋名婿苦情漫述

第十九出　献谋刺臂期倾宋　　第二十出　闻檄回军急援幽

第廿一出　详梦境忧疑莫释　　第廿二出　宿邮亭性命几戕

第廿三出　杨景渡头遭暗算　　第廿四出　琼娥阵上展雄威

《昭代箫韶》第三本卷上

第一出　暗偷营琼娥计拙　　第二出　明对阵廷让军残

第三出　巧写状借剑杀人　　第四出　莽劫粮因风放火

第五出　见慈母言随泪下　　第六出　击冤鼓声竭心摧

第七出　滚钉难洗孤儿血　　第八出　持节先劳圣主心

第九出　不量力失机迁怒　　第十出　怀私忿斩将示威

第十一出　赚兵符奸邪拘执　　第十二出　卖国法狼狈夤缘

《昭代箫韶》第三本下

第十三出　假虎威不分鲢鲤　　第十四出　惧狮吼强纳金珠

第十五出　举金鞭义除贪酷　　第十六出　定铁案罪著奸雄

第十七出　冥主拘魂聚差鬼　　第十八出　贤王执法谏明君

第十九出　四恶虽除继二佞　　第二十出　一官暂授守三关

第廿一出　残兵聚虎豹潜藏　　第廿二出　义旅伸鸥鹗并获

第廿三出　山寨复仇开劲弩　　第廿四出　泉台捉鬼掷钢叉

《昭代箫韶》第四本卷上

第一出　射马初擒虽被缚　　第二出　坠坑再获未输心
第三出　擒虎将义结金兰　　第四出　失龙驹奸施谗谮
第五出　连雁心同归虎帐　　第六出　献鱼胆壮探龙潭
第七出　识名将顺夫成绩　　第八出　药良骥背母行权
第九出　赚来骐骥排兄难　　第十出　逐退熊罴解弟危
第十一出　能料敌终堕诡谋　第十二出　敢突围始称忠勇

《昭代箫韶》第四本卷下

第十三出　劲旅围一筹莫展　第十四出　禅心定五戒难开
第十五出　勘恶鬼北岳施刑　第十六出　盗追风南宫纵火
第十七出　巧易名驹驰万里　第十八出　迅飞禅杖解重围
第十九出　舌下风雷褫贼魄　第二十出　眼前褒贬快人心
第廿一出　试骕骦冲途计险　第廿二出　倾梁栋扫穴谋深
第廿三出　天波楼无端被拆　第廿四出　森罗殿有案奚逃

《昭代箫韶》第五本卷上

第一出　离寨难违慈母命　　第二出　还京恰堕佞臣谋
第三出　金吾府鱼肠泄愤　　第四出　云阳市虎口余生
第五出　圣主怜才肆赦宥　　第六出　顽民渔色逞强梁
第七出　奋雄心挥刀诛贼　　第八出　施毒计易字倾贤
第九出　献私刳丧耻忘廉　　第十出　解反诗奇冤极枉
第十一出　重义轻身甘入地　第十二出　归朝函首巧瞒天

《昭代箫韶》第五本卷下

第十三出　计退三城倾宋社　第十四出　书搜一纸证奸谋
第十五出　恨粗心书归贼手　第十六出　遭恶计刑及亲身
第十七出　陈谏不从遥扈跸　第十八出　受降有变急回銮

第十九出　强食言辽人肆志　　第二十出　图报国侠士同心
第廿一出　救国患重效驰驱　　第廿二出　捉奸魂明彰报应
第廿三出　旌旗壁垒群雄会　　第廿四出　龙虎风云大武昭

《昭代箫韶》第六本卷上
第一出　奋雄威三城连克　　第二出　摧劲敌万骑齐奔
第三出　逢勇将难图后举　　第四出　借强兵思复前仇
第五出　一函宝册由天赐　　第六出　五国雄兵匝地陈
第七出　榜始悬妖仙应召　　第八出　阵初布番帅排兵
第九出　示图有意骄仇国　　第十出　探阵无心遇至亲
第十一出　併胜负阵前决战　　第十二出　通消息月下乔装

《昭代箫韶》第六本卷下
第十三出　阵图全惊心骇目　　第十四出　仙驭降起死回生
第十五出　仗神术英雄被缚　　第十六出　结良缘老妪主婚
第十七出　绝归途孟良纵火　　第十八出　违严令宗保忤亲
第十九出　奋军威救夫闯帐　　第二十出　乘云馭招壻下山
第廿一出　地现九环耀神武　　第廿二出　仙圆双璧订良缘
第廿三出　宝器顺时归幼主　　第廿四出　天心消劫降真仙

《昭代箫韶》第七本卷上
第一出　建大纛奋起雄师　　第二出　举神刀劈开金锁
第三出　九环被摄因贪绩　　第四出　二将争功互逞雄
第五出　椿树精假幻木刀　　第六出　红颜女巧逢黑煞
第七出　重入北营心益壮　　第八出　先寻南将智犹深
第九出　恩爱重夫唱妇随　　第十出　梦寐酣帐空刀失
第十一出　假岂混真终受戮　　第十二出　邪难胜正总成虚

《昭代箫韶》第七本卷下
第十三出　邀狐意合扬氛猛　　第十四出　舐犊情深出令难

第十五出　小将抒忠甘尽命　　第十六出　香童慕色自烧身
第十七出　欲解夫危空闯阵　　第十八出　惊闻子厄急冲围
第十九出　发援兵令如火急　　第二十出　破恶阵魔似冰消
第廿一出　幻世相仙姥圆姻　　第廿二出　驾妖云邪魔摄镜
第廿三出　梦境迷离偶会合　　第廿四出　镜辉明朗大团圆

《昭代箫韶》第八本卷上

第一出　小豪杰斗武联盟　　第二出　妖道人书符作法
第三出　将帅分符选劲卒　　第四出　神祇奉敕息洪涛
第五出　电雷奋迅击妖狐　　第六出　父女忠诚助大宋
第七出　石怪猖狂空作孽　　第八出　山灵拥护漫冲营
第九出　扬鞭击镜阴阳散　　第十出　激帅投渊罪孽深
第十一出　一计潜通倾两阵　　第十二出　群妖奋起困全军

《昭代箫韶》第八本卷下

第十三出　王素真故国欣投　　第十四出　胡守信荒山冤陷
第十五出　真仙施法迷方醒　　第十六出　郡主怜姑心向夫
第十七出　感神灵阴阳兄妹　　第十八出　夸武艺鲁莽夫妻
第十九出　曳兵弃甲贻群诮　　第二十出　沥胆披肝服众心
第廿一出　神火猛空放葫芦　　第廿二出　孝心坚欣连乔梓
第廿三出　恩波浃洽酬群虎　　第廿四出　神火飞腾炼九龙

《昭代箫韶》第九本卷上

第一出　诚归宋寨遇群番　　第二出　猛探辽营逢众鬼
第三出　兵连败子陷父倾　　第四出　扇一挥魂消魄散
第五出　铁杖抡开诛猛将　　第六出　金钟劈破援娇姝
第七出　九头狮神通大展　　第八出　三关帅忠忿难舒
第九出　陷主将截回部将　　第十出　降神僧摄伏妖僧
第十一出　护阵真求破阵计　　第十二出　泄机假捏失机形

《昭代箫韶》第九本卷下

第十三出　调貔貅千军齐奋　　第十四出　用枪砲万弩空埋
第十五出　椿岩败北谗言进　　第十六出　耶律图南天象违
第十七出　书抛一计害三贤　　第十八出　阵列三军围一帅
第十九出　逆贼险心传伪檄　　第二十出　仁君明鉴得真情
第廿一出　仙玉成妖人遁迹　　第廿二出　阵瓦解女帅全忠
第廿三出　天门开辽军游戏　　第廿四出　仙侣会众阵消除

《昭代箫韶》第十本卷上

第一出　宋将齐心出营垒　　第二出　天神奉勅返星垣
第三出　箭驱邪灯消军乱　　第四出　仙佑正阵破妖除
第五出　郡主同殷孝母心　　第六出　元戎误中缓兵计
第七出　设陷阱奸心愈毒　　第八出　留将相法驾先还
第九出　演连环明排组练　　第十出　怀狡诈突起戈矛
第十一出　闻信移兵添虎翼　　第十二出　传书助米缚雕翎

《昭代箫韶》第十本卷下

第十三出　忠诚奋肝胆包身　　第十四出　罪孽盈锒铛锢体
第十五出　士气委靡马脱辔　　第十六出　人心涣散鸟投林
第十七出　志扶辽双忠尽节　　第十八出　心向宋二女劝降
第十九出　怀德畏威欣振旅　　第二十出　酬勋锡爵沐推恩
第廿一出　用严刑招详伏法　　第廿二出　开绮宴奉勅完姻
第廿三出　帝鉴无私著册籍　　第廿四出　天心有感佑昇平

《昭代箫韶》古本戏曲丛刊九集之八

《劝善金科》序

无名氏撰

释迦牟尼佛，为大弟子摩诃目犍连母刘氏，破戒杀生，应堕地狱，竭调御丈夫天人师力救之，往往不及一步，仍历尽十八地狱乃已，于是有盂兰盆会，普济众生。释迦作此一场漏逗，普天下，亘万古，冬烘先生，笑之齿冷，若杀生者，即如是堕地狱，普天下，亘万古人，皆杀生者也，虽广十阎君之额为万阎君，犹不能了公案。如云，不戒则罪轻，破戒则罪重，是则戒也者，释迦为之厉阶也。其何以云？无名氏曰：否否。若固夏虫不可与语冰也。夫六尘、六识、六入、为十八变，生既有之，灭何不然？夫此六尘、六识、六入，虽孝子不能同于其父母，虽慈父母不能同于其子，犹人共枕同寝，而其为梦，必不能以同。夫甚饱梦与，甚饥梦取，子饱而父母饥，则不能强父母之梦取而为与也。父母饥而子饱，则不能强子之梦与而为取也。生灭非他，梦之大者耳。摩诃目犍连之于刘氏，乃如来真语、如语、实语、不妄语、不诳语，而岂设为造作，以骇世之妇人女子乎？冬烘先生闻之，舌桥而不敢下，然犹项强而不肯俯也。有具大悲心，作将来眼者，演而为剧，名曰《劝善金科》，使天下担夫贩竖，奚奴凡婢，亦莫不耳而目之、而心志之，恍如有刀山剑树之在其前，不特平旦之气清明，即夜梦亦有所惧而不敢肆，调御丈夫天人师所愿闻者欤！或曰：释迦者，周昭王时人，今谱其弟子大目犍连之事，而杂举唐代人物，奸良忠佞，混千年为一时。所谓王舍城者，为印度也，而杂举西天震旦城郭人民，越万里为一土。甚至倏为唐朝事，倏又若今日事，奇怪惝恍，诚不可悉也。曰：此没量大人乃能解之，而非冬烘先生之可语也。肇法师论之详，无庸蛇足，子取肇论读之，当有悟笔云墨雨所洒，诚不妨直至今日太平天下也。子若不悟，姑请观剧。无名氏序。

《劝善金科》题词(〔集贤宾〕二阕)

大千世界恒沙土,各不相知。细入焦螟两睫,内烈城池。一样悲欢离合,无端贵贱雄雌。其中亦有华严座,法王广记毗尼。不是庄周齐物,请问释迦师。悲含同体发深慈,要救援群痴。八万暗梨细行,一垂猋驰。直达菩提宝所,那知绝倒狮儿。道刘氏可为榜样,破僧戒地狱如斯。调达掀髯大笑,此处久安之。

好春白日东风软,分付尊罍。齐发鹅笙凤管,细按妍词。月有盈虚弦魄,时分中盛兴衰。其间只有忠和孝,到头剩得便宜。驾起尻舆神马,郁烈国相随。舞衫歌扇演当时,请复一中之。触恨蛮争不已,多少狂痴。收拾红牙拍下,而今唤做传奇。莫区分梵天此土,破斯梦开眼为期。不尔珊瑚枕上,且共化人嬉。

《劝善金科》卷首

一、《劝善金科》,其源出于《目连记》。《目连记》,则本之《大藏盂兰盆经》。盖西域大目犍连事迹,而假借为唐季事,牵连及于颜鲁公、段司农辈,义在谈忠说孝。西天此土,前古后今,本同一揆,不必泥也。顾旧本相沿,鱼鲁豕亥,其间宫调舛讹,曲白鄙猥,今为斟酌宫商,去非归是,数易稿而始成。旧本所存者,不过十之二三耳,仍名《劝善金科》云者,其义具载开场白中,兹不复缀。

一、元人杂剧,一事大抵四折,其后《琵琶》、《幽闺》等剧,浸至三十余出、四五十出不等。如汤若士之《牡丹亭》,洪昉思之《长生殿》,至五十余出,分上、下二本,又其最多者也。《劝善金科》,旧有十本,则多之至矣。但每本中或二十一二出,或三十余出,多寡不

匀，今重加校订，定以二十四出为准，仍分十本，共二百四十出。

一、旧本名目，或七字、或八字，参差不齐，且不雅驯。今概以七言标目，当句有对。

一、宫调，用双行小绿字；曲牌用单行大黄字；科文与服色，俱以小红字旁写；曲文，用单行大黑字；衬字，则以小黑字旁写别之。

一、曲文，每句每读每韵，每叠每格每合之下，皆用兰字注之，以免歌者误断而失其义。

一、《中原音韵》，填北曲所用也。故入声皆分隶平上去三音，是刻凡遇北调，其入声应作平上去声者，皆照发声之例，用小红圈一一圈出；其南词中一字有两音者，如少少好好之类，亦皆以小红圈发声。

一、从来演剧，惟有上下二场门，大概从上场门上，下场门下。然有应从上场门上者，亦有应从下场门上者；且有应从上场门上、而仍应从上场门下者；有从下场门上、仍应从下场门下者，今悉为分别注明。若夫上帝神祇，释迦仙子，不便与尘凡同门出入，且有天堂必有地狱，有正路必有旁门，人鬼之辨亦应分晰，并注明每出中。

一、古称优孟衣冠，言虽假而似真也。今将每出中各色人之穿戴，于登场时细为标出。

一、凡古人填词，每出始末率用一韵，然亦间有出入者，则古风体也。旧本多讹，今并改正。

一、词曲必按宫调，而文人游戏，惟兴所适，往往不依规矩。如汤若士之《牡丹亭》，其尤甚也。是集悉遵宫调，无所出入。

《劝善金科》卷首

《劝善金科》第一本卷上

第一出　乐春台开宗明义　　第二出　勅天使问俗观风

第三出　宴佳辰善门集庆　第四出　会良友别室谈心
第五出　李希烈背恩叛国　第六出　傅长者垂训传家
第七出　赴斋筵众尼说法　第八出　抬米价大户欺贫
第九出　怜贫困鬻子养母　第十出　恃富豪陷夫谋妻
第十一出　贿狱卒孱儒殒命　第十二出　遣媒婆病母亡身

《劝善金科》第一本卷下
第十三出　付相施恩济贫窘　第十四出　卢杞用计害忠良
第十五出　问吉凶飞签儆贼　第十六出　考善恶驻节昭灵
第十七出　虑绸缪贤臣为国　第十八出　叹沦落义士言怀
第十九出　先避贼老尼报信　第二十出　暗拯危大帝遣神
第廿一出　彰报应白马能言　第廿二出　感神明绿林向善
第廿三出　义韩旻还金付室　第廿四出　忠李晟奋勇王家

《劝善金科》第二本卷上
第一出　灵霄殿群星奏事　第二出　香茗筵大舅贷金
第三出　姚令言乘机劫库　第四出　段秀实奋志诛奸
第五出　查寿算岳神迎使　第六出　遇灾荒付相蠲租
第七出　金童玉女接昇天　第八出　月榭花亭逢祝圣
第九出　苦叮咛付相嘱妻　第十出　悲哽噎罗卜哭父
第十一出　孝子修斋建道场　第十二出　高僧施法度焰口

《劝善金科》第二本卷下
第十三出　证善果仙辞浊世　第十四出　进巧言姊厌清斋
第十五出　饕餮母遣子经商　第十六出　采访使勑龙拏贼
第十七出　朱泚落齿跌御座　第十八出　浑瑊奋身战渭桥
第十九出　济穷途壮士知恩　第二十出　逞长技奸人设骗
第廿一出　一奴随主喜同心　第廿二出　二拐赚金夸得计
第廿三出　灭天理逆子咆哮　第廿四出　快人心雷公霹雳

《劝善金科》第三本卷上

第一出 游戏神何曾游戏　第二出 经营客不为经营
第三出 奋军威令言受缚　第四出 逢剑侠朱泚遭诛
第五出 付罗卜月夜思亲　第六出 郑赓夫春朝侍宴
第七出 施毒计掇蜂杀子　第八出 遇良辰对燕思儿
第九出 李□闲害命谋财　第十出 臧通判因事纳贿
第十一出 馋妪垂涎动杀机　第十二出 雠人结果消冤忿

《劝善金科》第三本卷下

第十三出 退善心先抛佛像　第十四出 调美味大闹□人
第十五出 青松坟上列珍馐　第十六出 白日堂中呈怪异
第十七出 姑强媳淫图塞口　第十八出 鬼争人替待超生
第十九出 陈氏女守节投缳　第二十出 付相妻开荤背誓
第廿一出 为劝修持尼受辱　第廿二出 欲欺僧道犬遭烹
第廿三出 念金兰李公进谏　第廿四出 证慈祥大士谈因

《劝善金科》第四本卷上

第一出 慧眼一双分善恶　第二出 孝心再四却婚姻
第三出 真金银早资佛力　第四出 伪将相同耀军威
第五出 姊弟同谋甘作孽　第六出 庄佃奉命肆行凶
第七出 老忠臣捐躯贼境　第八出 众仙侣把臂天庭
第九出 幸乘机朝绅出走　第十出 遭惨劫爱女分离
第十一出 全节操烈女含悲　第十二出 假姻缘痴僧被诳

《劝善金科》第四本卷下

第十三出 萍水交殷勤话别　第十四出 烟花队慷慨偿金
第十五出 济难妇心切慈悲　第十六出 遇义士身离危险
第十七出 倚门闾心诚问卜　第十八出 深忏悔步祷还家
第十九出 现普门列仙引道　第二十出 争坐位众匠回心
第廿一出 付罗卜行善周贫　第廿二出 朱紫贵鬻身遇旧

第廿三出　二怨鬼痛抱沉冤　第廿四出　四正神明开觉路

《劝善金科》第五本卷上

第一出　显威灵十殿亲巡　第二出　奉慈帏一堂称祝
第三出　留故友望门投止　第四出　拜老师借迳夤缘
第五出　忘大德密缔鸾交　第六出　献名姝陡惊狮吼
第七出　误杀伤欢喜冤家　第八出　错判断糊涂官府
第九出　动凡心空门水月　第十出　堕戒行禅榻风流
第十一出　僧尼山下戏调情　第十二出　婢仆园中谋瘠骨

《劝善金科》第五本卷下

第十三出　注死生难逃岱岳　第十四出　奏善恶不远庖□
第十五出　冥司已发勾人票　第十六出　愚妇犹悭供佛灯
第十七出　好善奴扫地焚香　第十八出　作孽母指天誓日
第十九出　五瘟使咄咄齐来　第二十出　一魂儿悠悠欲去
第廿一出　孝心切哀恳神明　第廿二出　恶贯盈悲含祖考
第廿三出　黑黑冥途从此始　第廿四出　昭昭天报自今明

《劝善金科》第六本卷上

第一出　呈法宝海藏腾光　第二出　觑亡灵丰都受谴
第三出　显慈悲旨传救母　第四出　折奸佞身请勤王
第五出　游地府法罹惨毒　第六出　盼慈帏路隔阴阳
第七出　道场中虔修法事　第八出　赌局外劈遇冤魂
第九出　贪欢密计寻安乐　第十出　罚恶同时证果因
第十一出　昇天界早逢接引　第十二出　造业缘自画供招

《劝善金科》第六本卷下

第十三出　返家庭一灵托梦　第十四出　遵法谕二圣临凡
第十五出　笔底慈容和泪写　第十六出　花间诗句警心看
第十七出　催租吏心钦感应　第十八出　破钱山路判险夷

第十九出　长旛喜引三山近　第二十出　滑岭愁移寸步难
第廿一出　李令公奇谋独运　第廿二出　莫可交冤债相缠
第廿三出　堆战骨众鬼哀号　第廿四出　鼓天兵崇朝决胜

《劝善金科》第七本卷上

第一出　极乐国心坚可到　第二出　望乡台业重难登
第三出　擎幡导仙与仙群　第四出　倒戈迎贼应贼杀
第五出　踏青郊奸谋发觉　第六出　拘黑狱怨鬼追寻
第七出　消众忿尽诛群盗　第八出　抱孤怀坚却一官
第九出　游子赤绳空系足　第十出　家人绿酒正开怀
第十一出　奉旌功匆匆就道　第十二出　临绝命草草托孤

《劝善金科》第七本卷下

第十三出　搜空箧弱息飘零　第十四出　饱老拳贤甥窘辱
第十五出　度危桥恶鬼驱行　第十六出　临远道义奴洒泣
第十七出　三炁神慧炬扬飚　第十八出　万里程孝心问路
第十九出　响银铛鬼门点解　第二十出　明指引颠语说因
第廿一出　阴司索债急投词　第廿二出　恶孽缠身催对簿
第廿三出　消火焰地近清凉　第廿四出　结香云峰开菡萏

《劝善金科》第八本卷上

第一出　扶佛法巨灵奉勅　第二出　显神通猛兽潜踪
第三出　谈经佛鸟悟因缘　第四出　截路妖魔现本相
第五出　梅蕊摘来将远念　第六出　净衣穿罢认前身
第七出　舍卫城拜受新名　第八出　孤恓埂相逢旧主
第九出　思遗爱贫儿知报　第十出　涉重泉力士护行
第十一出　界阴阳地官申送　第十二出　严旌别案主分明

《劝善金科》第八本卷下

第十三出　重勘问业镜高悬　第十四出　乍遭逢春心顿起

第十五出　森罗殿积案推情　第十六出　铁石肠空帏矢节
第十七出　守坚贞剪发投庵　第十八出　巡边徼鸣铙振旅
第十九出　枉安排假壻心颠　第二十出　乔妆扮张媒拳哄
第廿一出　归地府眼前报应　第廿二出　聚禅林意外悽凉
第廿三出　爱河沉溺浩无边　第廿四出　剑树崚嶒森有象

《劝善金科》第九本卷上
第一出　赏奇勋金阶卸甲　第二出　成善果玉阙开筵
第三出　定律法诸犯悔心　第四出　对神明巨奸俯首
第五出　採访使号簿详查　第六出　幽冥主善缘普济
第七出　守清规哑判行文　第八出　历苦劫圣僧见母
第九出　不恕饶縋城法重　第十出　多方便赠尺情深
第十一出　被严刑周曾断体　第十二出　忘旧恶刘保霑恩

《劝善金科》第九本卷下
第十三出　释迦佛动念垂慈　第十四出　夜魔城诉情免罪
第十五出　照彻神灯分般若　第十六出　收回鬼魅仗钟馗
第十七出　黑狱十重将遍历　第十八出　赤心一片乍知非
第十九出　翻公案铁面无情　第二十出　赴轮回驴头有字
第廿一出　紫竹林妙阐宗风　第廿二出　清溪口哀寻变相
第廿三出　度众生形声幻化　第廿四出　祝无量仙佛同参

《劝善金科》第十本卷上
第一出　沐天恩六道腾欢　第二出　聆帝旨一门宠赐
第三出　弹血泪重经故垅　第四出　拔泥犁好觅新魂
第五出　浮大海法侣追随　第六出　会中元炼师订约
第七出　法筵笑解无穷结　第八出　幽圹惊看不坏身
第九出　迎天诏善气盈门　第十出　游月宫祥光溢宇
第十一出　入棘闱才量玉尺　第十二出　定蕊榜案立朱衣

《劝善金科》第十本卷下

第十三出　旧游十地化天宫　第十四出　新中孤儿成父志
第十五出　刀山剑树现金莲　第十六出　苦海迷津登宝筏
第十七出　游杏苑初会同年　第十八出　拜萱堂重题昔日
第十九出　帽簪花筵开东阁　第二十出　过田家尚思焚券
第廿一出　观法会齐登宝地　第廿二出　劝善类永奉金科

《劝善金科》跋

此曲为华亭张文敏照等奉敕编制。乾隆初，纯皇帝以海内昇平，命文敏等撰诸院本进呈，以备乐部演习，凡各节令皆奏演之。其时典故，如屈子竞渡、子安题阁诸事，无不谱入，谓之《月令承应》；其于内庭诸庆事，奏演祥瑞应者，谓之《法宫雅奏》；其于万寿令节前后奏演群仙祝寿者，谓之《九九大庆》。此《劝善金科》十本，演目莲救母事，于岁暮奏之。以其鬼魅杂出，用代古人傩祓之意。又演唐玄奘西域取经事，谓之《昇平宝筏》，于上元前后日奏之。凡此五种，皆文敏亲制。词藻奇丽，引用内典，大为超妙。其后，命庄恪亲王编《鼎峙春秋》及《忠义璇图》，则皆出王门游客之手，不及文敏多矣。此殿本七种曲之始末也。

《劝善金科》古本戏曲丛刊九集之五

六　精忠庙史料汇集

堂交　堂郎中谕：着传昇平署狄达，传精忠庙会首，并三庆班、四喜班、双奎班掌班程椿、袁双喜、张发祥，务于本月二十五日准卯刻到园，各堂有紧要交派事件。万勿迟误。此交。

五月二十四日

引自王芷章《清朝管理戏曲的衙门和梨园公会、戏班、戏园的关系》，咸丰十年五月传外班进宫唱戏时所传谕令。

具加结奴才程椿等，为恳恩事。今据大兴县民崔承业呈报双和秦腔戏班，所有在班角色俱系大兴县民，并无由别班邀来角色，亦无旗人在班演唱以及来历不明不法之人。自挂牌以后，如犯前项情弊，有奴才崔承业情干领罪。奴才会首等曾向伊下处详查，与所报相符，为此出具加结。呈递大人台前，恩准伊等挂牌演唱，所出具加结是实。

同治二年十一月　具加结会首程椿　刘宝山　周启元

中国第一历史档案馆藏"新整内务府档案"第 3896 号

赏带花翎二品顶戴管理精忠庙事务内务府坐办堂郎中锡为出示晓谕事：现据精忠庙庙首程椿等禀称，该庙首程椿年近七旬，遇有传办事件，恐难兼顾承应，今选保三庆班徐炘、杨久昌，老成谙练，堪以帮办庙首差务等因，禀请前来。除经本司批准外，合行示谕该庙首徐炘等知悉。嗣后遇有传办及讲庙事件，即着会同程椿、刘宝山妥协办理。毋得视为具文，致干未便。为此晓谕北京梨园人等一体遵照。倘有不法情事，即惟该庙首是问，毋谓言之不预也。谨之慎之，毋违。特示。

光绪四年十二月

引自王芷章《清朝管理戏曲的衙门和梨园公会、戏班、戏园的关系》

花翎二名衔题奏三院卿管理精忠庙事务堂郎中文，为晓谕事。查京都梨园大小各班每遇承起班名，呈禀核查其中有无互相邀角，

匿藏匪人,如查相符后,方准挂牌演唱,以昭慎重而免轇轕。若有班名歇散百日,向为注销其班。倘逾限再演,仍报复出,不得擅行开演,历经遵办在案。乃近闻各班往往不见其名,相率复出,随便开演,漫无限制,其中难保轇轕不清,易藏匪人。若经传应要差,防不胜防,何能慎重,实属不成事体。嗣后责成庙首等认真稽查,倘有不遵相率效尤之班,呈禀本堂,必从重惩办,决不宽贷。

光绪十二年告示

中国第一历史档案馆藏"宫中杂件"第 2476 号

具甘结人奴才程继先、孙秀华、张紫仙。今自攒复出三庆班,承领本班角色系大宛两县民人,并无别班角色以及不明不法之人在班演唱。以后倘有犯前情等事,有奴才程继先、孙秀华等情干领罪。所具甘结是实,叩恳大人台前恩准演唱,则感鸿慈无极矣。

光绪拾柒年十二月初二日 具甘结奴才程继先

孙秀华

张紫仙

中国第一历史档案馆藏"新整内务府档案"第 3897 号

绮英馆总司事务兼正白旗骁骑参领坐办堂郎中文珮呈,为请领银两事。窃职奉派照料义和顺等班在颐年殿等处承差。自本年正月十三日起,至十月初二日止,节次承差计共三十八次,所有津贴各班承应人等饭钱以及精忠庙庙役、传差官役人等应需饭食、车费、津贴等项钱壹万壹千壹百肆吊柒百文,以银易钱,合用银玖百伍拾壹两。又排演昆戏,设立下处,置办家具,教习月例、工食等项银伍百柒拾贰两伍钱陆分。以上二款共需实银壹千伍百贰拾叁两伍钱陆分。请由广储司银库支领,其文领知会借用广储司印信咨行,谨将需用银两清单附稿呈明可也。为此具呈。

光绪二十年十月

中国第一历史档案馆藏"宫中杂件"第 2476 号

具禀结庙首田际云等，禀为杨娃子等拐代(带)角色逃跑，诚恐误差事。窃因奴才与杨宝珍即杨娃子、马林山即六六旦、孙培亭即十三红等夥起玉成班买卖，并伺候承应，按帐算清，陪(赔)累甚钜。伊等并不滩(摊)陪(赔)银两，忽于拾月间有天津四门千总任老爷，即寿平，来京勾引段友明，串通花脸李金茂，将本班杨娃子、六六旦、喜华、二头、小蟒、小辫、二毛旦十数名角色硬行代(带)至天津演戏。奴才饬头赶紧拦档，任老爷等十分强横，不容见面。奴才再再思想，所走角色本班许多本戏用伊等紧要，倘与传差，诚恐贻误，奴才实系承当不起。是以先行禀明，大人施恩，是否饬差拘传，奴才将角色备齐，伺候承差，以免贻误，实为德便。

光绪二十二年十二月初六日

玉成班头目　奴才　武德泉叩禀

中国第一历史档案馆藏“宫中杂件”第2476号

管理精忠庙事务坐办堂郎中增，为申明定例严行晓谕事。京师各戏班□□新出戏班，先将起立班名，何人承领，或簧腔或秦腔，以及角色花名年貌出具册结，报明庙首，由庙首加结报堂。经本司批准后，方准贴出戏报，在园演唱。乃近有无知之人私立班名，竟不报堂，擅敢私贴戏报，定期演唱，其领班何人，各项角色漫无可察。且近有新出戏班，批准后于花名册外，陆续招募角色，隐匿不报；或旧有班名已经歇业，复出演唱，花名与前不符，难保无容隐匪人，滋生事端，实干例禁。着该庙首等，将前项私立之班勒限即令报庙，倘有不遵，准庙首等指名呈报本司，立派番役察拿惩办，决不宽贷。至已报明之班，亦饬各班领班人将全班花名及复募角色，统限三个月造册一次报庙，由庙首报堂，以备查核。经此示谕之后，如有至期不报或报不实者，为该庙首是问，并将领班之人严责，勿谓言之不预也。各宜凛遵特示。

光绪二十八年正月初三日

中国第一历史档案馆藏“宫中杂件”第2476号

管理精忠庙事务坐办堂郎中增,为申明定例严行晓谕事。京师各(编者按:此处有破损。)唱新出戏班,先将起立班名、何人承领、或簧腔、或秦腔、以及角色、花名、年貌出具册结,报明庙首,由庙首加结报堂。经本司批准后,方准贴出戏报,在园演唱。乃近有无知之人私立班名,竟不报堂,擅敢私贴戏报,定期演唱,其领班何人,各项角色漫无可察。且近有新出戏班,批准后于花名册外陆续招募角色,隐匿不报,或旧有戏班名,已经歇业,复出演唱,花名与前不符,难保无容隐匪人,滋生事端,实干例禁。着该庙首等将前项私立之班勒限即令报庙,倘有不遵,准庙首等指名呈报本司,立派番役察拿惩办,决不宽贷。至已报明之班,亦饬各班领班人将全班花名及复募角色统限三个月造册一次报庙,由庙首报堂,以备查核。经此示谕之后,如有至期不报或报不实者,为该庙首是问,并将领班之人严责,勿谓言之不预也。各宜凛遵特示。

光绪二十八年正月初三日

中国第一历史档案馆藏"宫中杂件"第 2476 号

无题名件

一　京城内外以八角鼓为名,演唱大戏,即是无名班,例应禁止。

一　角色场面不准见班思班,并搭两班赶唱。

一　承领班人只许承领一班,不准报两个班名。

一　各戏园子柜上掌柜、夥友均不准在戏班当头目,各班头目亦不准在戏园柜上巡堂治事。

一　在班中之角不准在各市场演唱。

一　传知庙首,仍按旧章须各班各馆轮流转唱,不可霸占一馆演。

一　各班头目此时通通作弊,最为班中大害。以上各条如有违不遵者即行重罚并不贷。

一　旧例应有庙役一名,由庚子年前阎姓故去,至今无人承当此差,因来项不能糊口。旧章应每月赏饭银几两,趁此时着庙首会合各班头目责成一人承当此差,为要以便察访各款。以为堂上庙

首耳目脚力。该役每逢朔望应在堂上听差，平日在精忠庙住宿，应在庙内吃饭，如款项不足，应着庙首筹合办理。如该役查各项情行循（徇）私受贿，庙首察出，例应回堂，即行责革。大小角色有犯班规者，重罚不贷。此为梨园旧章之体统也。

承平班承班人　奴才　陈春元　叩请

老大人台前万福金安

以上各节恳恩严交办，实则感鸿恩无极矣。

中国第一历史档案馆藏“宫中杂件”第 2476 号

具甘结庙首奴才等，为恳恩事。今据呈报，新出小吉祥班科班，奴才田永贵、段杰臣、武长桂承领自攒，学徒并在班角色俱系大、宛二县民人，并无别班邀来角色以及来历不明不法之人在班演唱。奴才等查得所报相符。自挂牌以后倘有前情等事，奴才等率领承班奴才田永贵、段杰臣、武长桂等情干领罪。为此出具加结是实。呈恳大人台前恩准伊等挂牌演唱，众奴才得食糊口，则感洪慈无极矣。

光绪叁拾年　月　日

具加结庙首　田际云

俞光耀

谭鑫培

余玉琴

中国第一历史档案馆藏“新整内务府档案”第 3897 号

具甘结。新出小吉祥班，承班奴才田永贵，领班奴才段杰臣、武长桂呈报，自攒小吉祥班承领，本班学徒并角色俱大、宛二县民人，并无别班邀来角色以及来历不明不法之人，在班演唱。自挂[牌]以后，倘有前情等事，由奴才田永贵等情干领罪，所具甘结是实。叩恳大人台前恩准挂牌演唱，则感洪慈无极矣。

光绪叁拾壹年　月　日

具甘结人　奴才　田永桂、段杰臣、武长桂

中国第一历史档案馆藏“新整内务府档案”第 3899 号

具甘结承班奴才叶鉴贞、领班奴才程文涛呈报新出喜连成班，承领本班学生俱系大、宛两县民人，并无别班邀来角色以及来历不明不法之人在班演唱。自挂牌以后，倘有前情等事，有奴才叶鉴贞等情干领罪，所具结是实，叩恳大人台前恩准挂牌演唱，则鸿慈无极矣。

光绪叁拾贰年玖月　日

具甘结人奴才　叶鉴贞

领班人奴才　程文涛

中国第一历史档案馆藏"宫中杂件"第2476号

具加结庙首奴才等为恳恩事。今据呈报新出喜连成班奴才叶鉴贞、程文涛等承领自攒科班，学徒俱系大、宛二县民人，并无别班邀来角色以及不明不法为匪之人在班演唱，奴才等查得所报相符。自挂牌演唱后，倘有前情等事，奴才等率领班人奴才叶鉴贞等情干领罪。为此出具加结，呈递大人台前，恩准伊等挂牌演唱，众奴才等得食糊口，则感鸿慈无极矣。

光绪叁拾贰年玖月　日

具加结庙首　田际云

俞光耀

谭鑫培

余玉琴

中国第一历史档案馆藏"宫中杂件"第2476号

主编 傅谨
副主编 谷曙光

京剧历史文献汇编

[清代卷] 贰 专书（下）

本卷主编 谷曙光

凤凰出版传媒集团 凤凰出版社

专书（下）

本卷主编　谷曙光

目　录

侧帽余谭

吴兴艺兰生撰，作于光绪四年(1878)。其书乃札记性质，“仿《酉阳杂俎》之编，续《日下旧闻》之录”，录札记一百余则，以梨园优童之歌场生涯为叙述中心，犹如一部京师狎伶指南，对于了解清同光年间之梨园实况，颇具参考价值。谷曙光据清光绪年间申报馆丛书本《鸿雪轩纪艳四种》点校。

侧帽余谭叙

夫炼京都之赋者，咸骋志乎繁华；删郑卫之诗者，尚采风于狂狡，是以乐府唱樱桃之曲，叛儿传杨絮之歌。燕入秦宫，锦袍铭夫旧宠；翰乘鄂渚，绣被挹其余音，莫不播诸篇章，抑且衍为稗说。吾友以四杰才名，就三征币聘，司马题桥之际，意气自豪；士龙入洛之年，声名藉甚。偶以退食余闲，忽发游春雅兴。踏软红之土，犹是少年；披惨绿之衣，惯居末座。襟期自远，独携璧月登楼；垒块何消，时取金裘换酒。则有宜人婉娈，粉辫莲花；绝世聪明，香吟豆蔻。红笺一寸，迟来玳瑁筵边；翠袖双垂，时值柘枝舞罢。闲倚东风之曲，燕语雕梁；偶游北部以归，马嘶金埒，固已手编芳谱，价长丰台矣。而乃季子上书，叹黑貂之徒敝；司勋乞郡，怅绿叶兮成阴，爰辞市骏之台，来作飞凫之客。碧筒自劝，旧雨无多；红豆相思，春云如梦。谈挥麈尾，好趁月白风清；帽侧乌纱，真个金迷纸醉。推之乐坊善材，尽罗珊网；旗亭名胜，亦付瑶籤。仿《酉阳杂俎》之编，踵《日下旧闻》之录，伸其雅愫，权当系树金铃；托诸寓言，即是迷津宝筏。翳昔稽山修禊，壶觞成今昔之悲；邗水题襟，宾主兴去来之感，当良辰而共赏，慨胜事之不常。况乎花好月圆，芳痕易堕；珠温玉软，绮恨长盈。惟名士之风流，斯达观而放浪。笑看杭州，襟上酒有余香；顿教韦杜，城南春堪不老。仆自应甲科，预闻丁曲，未能遣此不忘；豪竹哀丝，何以为情，已是晓风残月。春深驿路，催归望帝之魂；夜半鲸声，敲醒春婆之梦。适观巨制，僭识弁言。深惭花管无灵，入梦久衰乎江令；所冀木天联武，观光重到夫皇州。

戊寅春仲铁笛生识于申江舟次

侧帽余谭

杜门却扫，悄焉寡欢。回忆匹马长安，六经寒暑，承平景象，窃幸躬逢。时与乡士大夫联襼游春，娱极视听，琴觚杂陈，履舄交错，致足乐也。倦飞知还，倏成陈迹。茶余酒后，意之所及，信手札记，凡得若[①]干条，颜曰《侧帽余谭》，不类厕者杂纪例也。岁月骎逝，今昔殊轨，悲夫！

强圉赤奋若橘冬茗溪艺兰生

都门酒肆，向推四大居。近年煤市桥头，新起泰丰楼，地甫三弓，室近十座，皆精雅有致。正厅尤胜，厅旁植竹数枝，颜其堂曰："解虚心"。室中悬古画一、联一，置天然几上，供秘色瓷瓶一、镜一、垆一，他物称是。旁室置博古厨，杯箸酒具及招友之简，悉贮其中。游春余兴，且住为佳。顾客常满，座非预订不得焉。中有小楼甚湫隘，说者谓鄂君覆被处也，余情未之信。

戏园盛于大栅栏，栉比鳞次，博有十数。广厦甚旧，而无鲜朽倾欹之形。各班数日一轮，不拘某园必演某班。三庆、四喜、春台三大班，为司坊所承值，亦于此轮演也。他若肉市之广和楼，间亦值之。至东西城内之景泰、泰华诸园，则单演杂耍。间有自宣南来者，皆山陕小班，脚色既蠢，砌末尤劣，不足登大雅之堂。

时下盛尚黄腔。黄腔起于湖北黄冈县，词意俚鄙，皆若辈随口诌成，不经文人笔墨，宜无当于大雅。其中亦具音节，使改窜稍顺，则歌者转觉聱牙。然亦有以调旧厌闻，新易一二句，便觉铿锵动听，但此非老协律不办。

昆腔曲谱，出自玉峰魏良辅，后遂盛行于苏。种种传奇，音律精细。豪贵妙选名伶，扮演惟肖，遂尔轶类超群。京师自尚乱弹，昆部顿衰。惟三庆、四喜、春台三部带演，日只一二出，多至三出，

---

① "若"原作"如"，今据《清代燕都梨园史料》本改。

更蔑以加。曲高和寡，大抵然也。

子弟教成歌舞，将出应客，先输钱于菊部，按节出费，谓之搭班。搭班之首日，例演剧敬神，且以动坐客。子弟无论学昆与黄，必隶三庆等三部，故昆曲之于三部，藉延一线耳。

搭班之前，歌扇舞衫，预为自制。其间唱昆者十之五，而五之中，唱旦者居其三，唱生者居其二。大约生旦之曲，宜于浅斟低唱。雏伶喉气未充，仅能随箫管声依约附和；而观此等剧者，亦以色不以声也。

雏伶昆剧，惟四喜最多，三庆次之，春台几如广陵散矣。

自挂籍乐部后，日日进园，立于戏台之东西房，谓之“站台”。蝶使分巡坐间，似曾相识者通眉语，使侍坐。坐时久暂不等，大抵铮铮有声者，略一周旋即便别去。护花尉故广交，每顾曲，前后左右纷然杂陈，艳之者拟于肉屏风云。

善材授徒，亦视其性之所近。如纯正明艳者宜旦，淡雅雄健者宜生，狡黠者宜贴、宜丑，顽蠢者宜净、宜末。习与性成，不可勉强。诸堂自配脚色，得成一戏者，向推岫云、春华、闻德，今则景和、瑞春、杏春也。

雏伶本曰“像姑”，言其貌似好女子也，今讹为“相公”。按，此名古惟宰相得而称之，至大家子弟及茂才亦膺是称，然已嫌其滥。今竟加之至贱之伶，致京官子弟，其仆转不敢以此相称。以同音之故，而使冠履倒置，正不独“伍髭须”、“杜十姨”之足资人笑柄也。若辈向系苏、扬小民，从粮艘载至者。嗣后近畿一带尝苦饥旱，贫乏之家，有自愿鬻其子弟入乐籍者；有为老优买绝，任其携去教导者。妙珊言：“每一曲成，不知费多少心力，挨几许夏楚。人第见我辈赚人之易，而不知学歌之难也。”其言悬确，推之秦楼楚馆，何独不然。

乱弹中以青衫、须生为最难。盖上等脚色，唱处极多，非喉气充实，则坐客不能动听。若辈之充是色者，往往于五更黎明时，面壁引吭，啾啾长啸。常止宿五云深处，东方未白，闻此声四起，远近响应，不知者几疑鬼啸。

以所部不竞,而迁地为良者,则改籍是也。试言其故:一因本人中材,而所部上材居多,未免为所凌轹而不能自振。一经改籍,既足新寻芳者之耳目,且他部或纯系中材,或参以下材,则斯人一出,大可啸傲其俦矣。一因所部以津贴细故不洽,故改弦易辙,以省费也。

明僮称其居曰"下处",一如南人之称"考寓",向群集韩家潭,今渐扩广,宣南一带皆是。门外挂小牌,镂金为字,曰某某堂;或署姓其下门内,悬大门灯笼一。金乌西坠,绛蜡高燃,灯用明角,以别妓馆。过其门者无须问讯,望而知为姝子之庐矣。

觅醉花间,主人招邀胜侣五六人,造之。仆辈入报,嚶然一声笑颜迎,侧足侍者不知几辈。寒暄数语,主人索纸笔,侍者磨墨隆隆然,坐者挥毫索索然,盖飞笺召各友所欢也。授急足去讫,须臾还报曰:"条子就来,请主人更室坐。"团圞位置,排比已齐;山肴海物,纷纷罗列。方就坐,则搴帘一笑,似曾相识来也。由是或行令,或猜拳,或挥麈清谈,或竹肉并奏,一视其主人之所好。所识中有膺重名者,酒数巡,登车径去。余稍留片刻,亦去。伶既去,酒亦阑矣。呼双弓米啜少许,而席撤。主人出,赏京蚨十千以授,若辈转递仆辈,内传呼曰:"某老爷赏钱若干。"随有仆出磕头谢。于斯时也,主人微疲,客颜亦酡。一声呼灯,则已排班鹄立,各持其一以出。一席之费,除赏资外,计需京帖三十千,旧例也。无名氏有句云:"得意一声拿纸片,伤心三字点灯笼。"颇雄劲。后有人更其意曰:"英雄末路拿稀饭,混沌初开灌米汤。"更觉声情激越。谚以若辈媚人,赚取缠头为灌米汤,而于少年襛襶,初入京华者尤甚。

名誉稍起,即声价自高。当其全盛时,红笺飞去,非亲昵不至,非权贵不至。即至矣,而略叙寒暄,匆匆告去。故寒士之游京师者,非深自谦抑,先意趋承,招之每托故不赴。某孝廉适值此,寻至其堂,大肆咆哮,堂主人为之泥首乞怜而后已。若辈虽近于狡,孝廉亦不免于戆也。呵呵!

怡道人提倡风雅久矣。逢会试年,新进士胪唱后,品题群英,定为及第花三枝。填写花榜,鼓吹送至其堂,一时传为佳话。岁丙子，道人宦游洱海，某公踵而行之。取景和霞芬为状元，次韵秀莱卿，三德春朵仙，且以景和啸云胪唱，时论翕然。间有不满于朵仙之为探花郎者，以品逊也。

蕊榜发后，不知者以某公与梅慧仙有旧，故独厚于景和焉。不知霞芬之冠冕群芳，久已藉藉人口，虽欲置诸下乘，不可得也。至传胪一坐，本无足重轻。某公之意，殆以绿叶烘托牡丹耳。

菊部状头，例取旦脚，诚不欲负花榜之名也。如昆部不合式，则于乱弹中选之，榜探以次不论。霞芬榜出，闻有伧父谬加更易，以莱卿为首，非惟不洽众望，且不合例矣。

霞芬姓朱，名霭云，小字恩子，景和诸云之翘楚也。多愁多病，弱不胜衣，咸以林黛玉称之。所居精舍二楹，为姑射仙人旧居，古雅绝尘，楸枰湘箔，亦复安排得当。院落树夹竹桃数枝，金笼立葵花鸟一。竹影横窗，灵禽唤客，殆不减潇湘逸致云。

娟好如早秋花者，则近信之如秋是也。如秋名金喜，靥衬朝霞，眼澄嫩水，嫣然一笑，使人之意也消。寿眉生最先识之，视为腻友而不近。于戏！因赠以联云："如水雅宜君子淡，秋花怎比状元红。"秋以甲戌第二人登选，一时名下士争以玉轴投赠。

情犹水也，水无刻不流，情何时可阂。我辈志希风雅，安能如太上之忘情；然亦不宜涉于邪，如子朱子所谓得其情性之正者，斯可矣。吾友如平阳生、赋艳词人、香溪渔隐、披沙子、护花尉辈，皆能见得到此，故于秋菱、艳仙、妙珊、如秋，皆爱之重之，而不忍亵之。夫亦谓彼既薄命如花，我虽不能供之几席，以恣赏玩；又不能遍护金铃，使不摧折。惟是兰之芳，菊之秀，莲花之清矫，芙蓉之淡艳，或生空谷，或寄东篱，或出淤泥而不染，或涉秋江而可采，要皆自成逸趣，对可忘饥。若有情若无情，而情乃弥永，何必褰裳涉洧、效狂且为？嗟乎！使秋菱辈情根牢固，亦如吾友之所以待之者，则热火坑中，讵必无青莲一朵哉！

夏鸿福鸣于辛未、壬申间，歌声宏亮，直欲飞上九天。香溪始招之，以其性近和峤，稍稍厌去。洎重入都，知侍某达官出镇塞外。鸿飞冥冥，不少弋人之篡云。

余久耳景和梅主人名,意必皤然一叟。及觌面,知年逾不惑,犹少艾如二十许人。登场尤明艳,慕名者争招致之。顾主人颇自高,悉待以闭门羹。或贵介招饮,则以其徒塞责,善言谢却,使望之如天际真人,可望而不可即,是可敬亦可恨也。惟旧相识招之即来,晋接蔼然。

如松馆设自前明,相传其额为严分宜书,端正遒劲,不类其人。(严分宜书额,又有六必居。相传可以避火,店主秘之内室,以赝者悬门外。权奸死后,手迹祝融犹避其焰,可畏哉!)后以旧规湫隘,更辟雅座于对门。广厦数十间,每当春秋佳日,香车宝马,阗溢巷内。赋艳词人《竹枝词》云:"最是莺花撩乱后,如松馆里上灯初。"纪盛也。自泰丰楼出,而向之适馆者易而为登楼。以是问津者稀,日不满坐。盛衰之故,风气所趋欤?

京师于岁首例行团拜,以联年谊,以敦乡情,诚善举也。每岁由值年书红订客,饮食宴会,作竟日欢。是日盛聚,梨园若辈应召,谓之堂会。色伎俱优者,每点至多出,获缠头无算。遇所识,或于例赏外别有所赠。

以歌侑酒,欢场旧例也。而近时日下微有不同,必其可以奏技,方能强之。若仅熟口头语,不足入高人之听者,虽情有难却,亦终面赪音涩。其为乱弹名色,虽不吝其技,然亦视交之浅深,非贸然自献也。

同治辛未秋,初游京师,友人邀饮宝兴楼。为丽云所嬲,而招梅卿。卿喜读谶及《三国演义》,与之谈,辄竟夜不倦。余秉觞政,有不胜酒者,许说掌故一则,以故梅卿恒不窘于欢伯。

香车一至,即须出京帖二千。掷酒保转付,名曰"车饭钱"。其侑酒费,例取八千,则按节照算,不即掷付,存体统也。博盛名者,即车饭之资,日进百贯云。

若辈虽隶乐籍,亦喜观本人不隶之部,非特山陕诸班,有携玉人而至者,即如隶三庆者往四喜,隶四喜者往春台皆是。其侍坐也较久,必视所喜之剧演毕乃去,所费一如侍饮。

车饭钱一项,惟于酒肆招饮时取之,而下处则否。亦惟午晚时一取，而连局则否。如午时相招，已出此资，随携之观戏或赴下处，则无须重出。惟再赴酒楼，则仍须照付。初疑窒碍不通，询之老白相，谓各酒馆于车饭资皆有抽费，故应尔也。午时不招，仅约观剧，则此资仍付，以是日始相见也。至夜间跻堂欢饮，即是日并未一面，连应数条，亦不索此费。间有索者，乃充其仆私橐，非定例也。余之为是琐琐者，乃为问津人作武陵之棹。若挥霍自豪者，谅不屑例此。

三五同人雅座清饮，所欢即为他座所招，不能不入室周旋，谓之“飞座”。坐次窥主人意旨，如主人别有所属，故尔屏叶者，则冷语侵肌，酸风扑鼻。主人情难割舍，出车饭资慰藉之，名曰“留条”。果无他好，如主人之色不馁，若辈有以觇察，而亦径去。然仍须留条以安其心，否则谓之“挑眼”。挑眼，京谚，犹言吹毛求疵也。倘请尊客，而以若辈为嫌者，一闻履声橐橐，亟招其仆而告之故，则亦绝迹不来。

“飞坐”非主人所招之人，即友人所欢，亦略来酬应。其时留条与否，若人不计较也。惟留之，益见屋乌之爱耳。

花间小醉，雅趣极矣。顾繁华之地，难免尘嚣，且数见不鲜，味同嚼蜡。赋艳词人于风清月白之宵，偕胜友访艳仙于梧桐庭院，或品茗、或赌棋，或闻香，或读画，各寻乐事。词人自拍昆曲，艳仙按笛和之。于时璧月璧人，争相辉映。庭中木樨，拂拂吐香气，与雅韵相间发。似此清游，窃谓如水如龙。辘辘长安市上者，皆念不及此。

山阴道人矜慎物色，游都年余，赏识者寡。观剧三庆，见林春喜《打樱桃》一出，道人似心许。其友某约往垆头小饮，即代传笺，不可强之。次日以书寄某曰：“昨由白云乡见端正宝相于无忧林中，作平等观，未能说无上法，尚不足以帖道人之心也。贫道枯坐，守庚申有年矣！坚定历炼，只此入道第一大关键。今请放开眼界，穿上芒鞋，历观大千世界。如未遇大自在菩萨，结欢喜缘，即与把臂入林，共证絜果何如。”后遇郑芗乔郎，遂结兰契。佛家因缘之说，殆亦不可勉强欤！

景和子弟以“云”名,犹春华以“芷”名,瑞春以“宝”名也;而人材之盛,未有若景和者,计自湘云以至啸云,已逾十数。湘云辈次第脱籍,翛然尘外,余未之见。得与周旋者,惟紫云、瑞云、霭云、福云、啸云五人而已。而紫云、瑞云又各能自立,福云班虽次,亦能自强。盖巧玲久享重名,爱之者波及其余,故子弟辈以门第重,优游自在,不若他家之落寞。霭云特出,异日立名成业,当更可观。闻主人培植后秀,不遗余力,识其微者,以为方兴未艾也。

余之交霞芬,平阳生之蹇修也。甲戌入都,兴致已阑,朋辈招集,勉修旧好,循例而已。时霞方新进,身材似燕,雅艳可人,亟叹为非凡品。会酒酣,平阳生从容请曰:“我辈及时行乐,称意实难,但得俊才,何妨罗致?樊川薄幸,不系此也。”余笑颔之。生遂为余置酒,且代折简,寻赠联订交。集句云:“明月分林霭,晴天养片云。”

《品花宝鉴》一书,为记明僮滥觞。所载皆乾嘉时人,承平歌舞,称为极盛。主持风雅者,又多名公巨卿、王孙公子。其所叙者,虽不能无溢词,然尚不失雅人风范。今惟所推及第花,差堪媲美,余则自桧以下。夫若辈出处,既非清流,使无骚人雅士为之先后,尘寰龌龊,何处得佳趣来。

岫云歌僮亦以“云”名,一如景和。自蓉秋以次,凡五辈,故其斋额曰“五云深处”。尝戏题其壁曰:“五铢摇曳侣仙群,一气双烟自不分。借问神山来往客,岫中日出几多云。”

露香貌仅中人,而性绝灵慧。登场时粉艴香酣,亦极妖冶,与朵仙比肩,或谓过之。尝观其合演《双沙河》,风情骀宕,同曲同工。“宝帐香重重,一双红芙蓉”,仿佛似之。

杏林春燕,久传艺林韵事。小福寿居于韩家潭,颜其堂“杏春”,蓄双雏,曰:燕秋、燕香,秀外慧中,并皆佳妙。余招燕秋,而以香属山阴道人。一时王谢子弟,亦争致之。燕秋字喜林,小名五儿。

曾绘“杏林春燕”扇赠燕秋,并题其上云:“杏雨吹残,春云梦晓。眷枝头之小鸟,犹自依人;散帘外之轻红,几经过眼。偶因薄醉，辄惹闲愁，聊倚金缕新声，以赠玉楼旧识。”词曰：“一夜廉纤雨。怕匆匆、几声啼鴂，唤春归去。别院虾须刚半卷，帘外闹红无数。正燕子双双飞处。比似桐花雏凤小，试清声隐约雕梁度。还爱作，掌中舞。　聪明未必输鹦鹉。最怜渠、半襟红浅，背花偷觑。软语商量浑不定，意欲留将春住。又只恐、流莺相妒。别有翩翩轻絮影，趁东风飞傍差池羽。任缱绻，等萍聚。”

余非不爱燕香，顾迫以势耳。蒙山樵子不识此意，思作双雕之射。余戏谓曰：“此赵家姊妹也。后果妒宠，不免左右做人难。”然樵子自招双燕，连掇巍科，讵杏林之预兆欤？

都门鲜作泛舟游，盖御河湮塞，未能鼓枻自如。惟暮春之际，竞传逛二闸。二闸在安定门外二里许，运河之通道也。小舟三两，舣岸相待。游人投之钱，即欸乃行至三闸而止。好事者携花载酒，驾言出游。维彼舟子，视掷果之车一至，争招招焉。

岫云主人徐小香，精音律，向以昆生著名。评曲者必首屈一指，顾自矜异，园主几聘请而未肯轻出。兼善黄腔，尝于堂会观《群英会》一剧，时主人演周郎，王九龄演诸葛，张喜演鲁肃，赶三演蒋干，须眉毕现，凛凛如生。就中主人与九龄尤出色当行，真所谓一时瑜亮。

歌僮学曲，必择乐坊名优，如程长庚、王九龄、张喜、马六、长寿、常四、刘五、赶三等，皆若辈师资也。若昆剧，则另有一种曲师，不甚著名。惟有杨三者，吴人，善昆丑，游京师久，往往与雏伶合演。惜年已迈，近来小演，喉音微塞，直亦憾事。

赋艳词人尝拟联贻艳仙，迁延未果。余为振笔直书曰：“其人若斯之艳，到此飘然欲仙。”词人颇首肯。后会于绮春，见壁上新补是联，方疑词人书赠，细阅款识，则非也。会心巧合，大奇大奇。

雪舫既去，继起者乃有蕙芳。其人所演都须眉丈夫，貌亦相称，多材多艺，足与雪舫埒。某豪贵亟赏之，时召充家乐，旋为脱籍。惜本领既大，心计转粗，黄钟之音，移而瓦缶，选声者正无讶辍歌之速也。

霞芬既占首选，游黄金台者争以一见颜色为幸，不啻夷光之在姑苏也。平阳生谓余曰:“此好消息也。”未几,闻有某公子携多金为出籍,主人溪壑难填,事亦寝寝。惜哉!

朱郎疾,问讯者、馈药者日登其堂,主人恶其喧扰,属诸其家。余与桃花潭主往访之,见其杏靥含红,柳眉锁翠,强起酬答,状极疲惫。余不忍束之,温慰而去。潭主有问讯辞一章。

有精岐黄之术者,与霞芬略一识面,争先毛遂,亦护惜名花意也。乃翁虑人多绪乱,独延某医诊视,数月而愈。其时有为霞置酒者,以啸云代,日犹数十席云。

“清尊旅馆沉残梦,歌板天涯怨少年。”长洲李丽农下第诗也。客岁毷氉而归,解鞍杨村,薄醉假寐,恍惚与同人聚于姑射旧居,斗酒征歌,欢若往日。正豪饮间,剥啄一声,仆夫促起,而荒鸡报晓矣。兀坐车上,冥思残梦,意有所咏。偶忆及此,语意已尽,直为辍吟。

燕秋工小剧,明姿憨态,光艳射人,性灵慧解人意。秋波流媚,词旨便巧,四坐欢然。尝拟联云:“歌艳殢人娇,正燕子来时,杏花开候;夜阑留客醉,况秋波一翦,春色三分。”后以秋改名,未果赠。

陆太史赠福云联云:“神仙家世传梅福,京洛才名愧陆云。”福云貌不扬,名亦亚于诸云,徒以门第故,不致冷落。顾性英爽,善技击,所演《卖艺》、《三岔口》诸剧,兔起鹘落,矫捷绝伦,公孙大娘舞剑器不得专美于前。

出西便门里许,有天宁寺,浮图高矗,梵宇深沉。禅房花木,亦饶明瑟,而塔射山房尤胜。入寺者鲜事随喜,惟野眺以涤烦襟。春秋佳日,姝子集焉。老僧烹调肴蔌,亦多适口。若饮酒茹荤,须挈行厨。寺出熏烟,游客必市一二瓶,归以馈亲友。但为花气所掩,真味全失。而若辈廋词,辄以天宁寺闻鼻烟为恶谑,亦奇。

若辈自相为语,率多廋辞,非久在罗绮丛中,不能得其隐。大约用本字转音,而字句之间,又间以闲字。口角伶利者,舌战相尚,至有发语至数十字,陆续一串,如莺歌、如燕语,听者瞢然。用此语者,非互相嘲笑,即讥讪本主之意。

香溪之南也,同人饯于瑞春。酒阑灯灺,凄然有怀,作诗以赠妙珊，末云：“涩囊愧乏千金赠，握手临歧只有诗。”嗣为岭南太史激赏，采入所著丛话中。妙珊有知，当胜于千金之赠矣。

赶三以乱弹小丑擅名，谐诙成趣，不顾时忌。某公以大吏入觐，同乡觞之。三登场，以隐语中某公阴事，某公怒杖之。既脱，犹时以撄逆鳞自诩。有堂曰保身，蓄徒二，不甚佳，旋废。正月琉璃厂有出灯谜者，以“保身闭歇”射戏名，识者谓《赶三关》云。

我辈及时行乐，本无成见，值可意者，招之何妨，然亦不宜太滥。如泛月客，客游京师久，花天酒地，履迹殆遍。但与之善，辄不计妍媸，皆罗致之。每饮必拥群花，燕妒莺嗔，讫无专主。余恒戒之，弗听也。性好客，和易近人，惟灌夫醉后，在坐者殊觉难堪耳。

度云素丰艳，为怡道人所赏，至推为探花郎，时论颇非之。自岫云谢客后，诸伶星散，度云亦沦落他所。乙亥冬，遇于文昌馆，玉容憔悴，愁病交侵，不禁有风流顿尽之叹。

绮春主人以唱青衫名震一时，而酬应温文，吐属风雅，尤非后起所及。故年逾而立，门前车马未尝偶稀焉。

飘茵堕溷，今古同悲。公暇顾曲梨园，见有衣衫褴褛，充场上下脚者；有为人送淡巴菰者；有胁肩谄笑，呈献戏单者，虽春蚕半老，而眉目之间，犹露一种柔媚之气。酒家佣保，皆得指而名之，且缕缕述其轶事甚详。又前门桥头一丐，有识者曰：“此《明僮小录》之某也，与小福齐名，闻小福时周恤之。”

秀芳与尧封善，临别辄潸然垂泪，谆谆订再集时。咸以为情之所钟，伉俪弗若也。迨尧封东归，泛月客继之，亦殷殷惜别，一如待尧封。始知其虑所欢有他好，故作此伎俩以固宠者也。尝戏拈《红楼梦》语嘲之曰：“想眼中能有多少泪珠儿，怎经得秋流到冬、春流到夏？”秀芳輾然笑。

艳仙初入梨园，名不甚噪。鬓发颇寡，佥以“小辫”呼之，又呼为“小和尚”，面庞常带笑涡。吴门戴君题其小像有云：“翩然一笑，何来沙弥。”可谓善于形容。

某太守谒选都门，昵于艳仙，以画兰自炫。有贻香溪以槟榔叶扇，香溪珍之，移赠艳仙。翌日，见其雨叶风葩，挥洒殆遍，并录钱裴山句。艳仙问诗书画何者为长?余曰:“诗固佳。”艳仙点首曰:“唉。”

雏伶尤好蝈蝈,形如络纬,以羽作声;饲以丹砂,腹赤有光。能耐寒,恒以葫芦贮之。葫芦以色似蜜蜡者佳,雕刻花鸟,精致绝伦,有贵值数十金者。每当酒热香温,诸伶出自绣襦,比较优劣。或口作琤琤细响,蝈蝈即应声欢鸣。吁!是殆可怜虫乎?

宝剑赠人,金貂换醉,此燕赵间游侠所为,乃不意于弱伶见之。忆甲戌冬,夜宴于近信堂,于时朔风舞雪,重裘不温。会茗生招饮急,既命驾矣,而情殊瑟缩。如秋知之,即解狐腋裘以衣,曰:“且服此,不必遽效蔺生故事也。”嗟乎!炎凉世界,谁复念范叔一寒至此耶?

如秋美丽自喜,而媚人处尤在秋波。披沙子曾调《眼儿媚》一阕赠之,且副以联云:“如花解语,秋水为神。”用紫笺屑金作飞白书,如秋常悬之花幡下。

渔隐向疑招邀小史者,皆具断袖癖。入都后,始知为村学究见解,不尽其然。非特我辈,即有沉沦不返,亦惟性情融洽,极友朋之乐,真不自知其所以然者。时人戏脱胎李延年句云:“一顾竭其绵,再顾竭其薄。非不知竭绵与竭薄,相公丢弗落。”

春华朱主人,吴产也。年逾花甲,若辈望之如鲁灵光。喜用羊毫作擘窠字,故人称之曰“羊毛笔”。其徒张芷馨辈,咸丰间负重名,已离绮障;得及见者,为芷荪、芷湘、芷荃,亦驰名菊部,厚获缠头。主人久厌嚣尘,徒以三芷年幼,未能恝忘;后三芷寖衰,乃不责身价,各为削籍。已遂翩然一舸泛五湖,去时有“腰缠十万贯,骑鹤上扬州”之羡。

郑芗癖嗜文字,涂鸦泼墨,恂恂如书生。所居镜室,鸦乂蟾滴,丛杂其间。时复呶呶,读高头讲章,作酸秀才态,闻者笑之。与毗陵太史过从甚密,珍珠百琲,不惜贻赠,已订三生约。无何,太史殁于南,郑芗得耗,终日饮泣,自悲运蹇。曾向余切切道故,犹泪数行下。忽一旦脱籍,从某公去,不禁愕然。

素芳以昆生占甲戌首选,乃怡道人破格之举。芳沉挚寡言,雅淡绝俗，酬对间，自有一种清气扑人眉宇，论者以花中水仙推之。与江左孙郎洽，郎自捷南宫后，兴采遄发，坐间无芳不欢，芳非郎亦不即赴也。莫厘山人娴昆曲，于教坊少所许可，惟芳则誉不绝口，艺可知矣。

素芳眉目如画，好事修饰，而不屑作浓艳妆。曾见其月夜披白袷衣，坐桃簟，调《梅花三弄》，翩翩风致，仿佛张绪当年。

余因周三而识芷馨，盖亦梨园之翘楚者。性格温柔，绝无忤色对坐客。周三素放诞，馨事之维谨。与艳仙齐名，而皆早折，护花香尉能不惘然？

有无业游民，略熟几句盲词，于傍晚时，挟鼓鼙弦索，度曲巷而作声焉。小家眷属，性尤笃好，每一延至，期必达旦。尝于绮春、近信夜饮，一聆其声，悲壮肃杀，酷近《伊凉》。妇人帷而听之，无懈骨，无倦容，而坐上客殊觉聒耳也。

朵仙以演荡妇擅名，观者识与不识，佥谓无出其右也。惜花老人曰："壬申之秋，朵仙始自津门来。齿尚稚，而登场度曲，颦笑皆工，略无羞涩态。余目为后来之秀，今果然矣。"

醴泉有故源，嘉禾有旧根。曩者，余不钓徒以范镜仙为殿春花，甚叹惜之。自香溪缔交芷湘，风晨月夕，辄复造饮其庐。间尝询其家世，知即镜仙之子，故字曰亦仙云。

香国楹联，率多好句，惜过目辄忘，惟记艳侬云："艳如西子湖边水，侬是扬州梦里人。"琴香云："琴心留太古，香草赋《离骚》。"素香云："素心何如天上月，香意不减春前花。"莲卿云："管甚莲似郎，好郎似莲好；为问卿怜我，多我怜卿多。"

妙珊初隶春台，学旦脚，无誉之者，盖丰韵欠也。后改青衫，珠喉浏亮，音节谐和，每一登场，观者同声赞叹。由是芳名大噪，门盈车马，几无厕足处。近年嗜阿芙蓉，声色顿减，钟爱如香溪，且因之割爱矣。色固足恃哉！

刘宝玉有玉环之肥，当其阔步氍毹，演李青莲《醉写》，风流跌宕，真神仙中人也。性素戆，言貌质朴，颇近率真。同堂如妙珊辈，芳誉寝衰，而玉仍颠扑不破。顾空负虚名，谁以怡红贮之。

或曰:“宝玉之言貌质朴,正其巧以逢迎,非率真也。”余曰:“若然,玉不足贵矣。然玉贵乎灵,玉而朴等于顽;顽则近于石,亦非足贵。石耶玉耶?顽耶灵耶?还以质诸爱玉者。”

蕙香本无字,曰“妙仙”者,披沙子所命也。与纫仙同师,皆工昆剧。顾沉默鲜灵趣,或以“泥美人”诮之,正非苛论。其师种桃道士爱之,时加蜾蠃之咒,致纫仙颇有怼言。二女同居,其志不同,行厥占在家人之睽矣。

壬申子月,既望之夜,同人大会于宝兴楼上,人月争辉,履舄交错。坐中芷荃善笛,小芬善箫并胡琴,楞仙、蓉秋皆工昆曲。使各奏所能,一时歌声、笛声、管弦声次第间作。天风缥缈,仙乐悠扬,想当年李三郎作月宫游,亦不过尔尔。

芙秋纤小柔媚,余以“女儿花”称之。善学百禽鸣,隔坐听之,如百灵雀,断不料出自彼口者。又尝以葡萄空其中,距口寸许吹之,宫商毕具,同坐者百计效之不能也。同时如秋善鸟鸣,艳仙善吹樱桃,而皆不及芙秋之工。惜为师兄玉祥所浼,不得盛名鼎鼎。抗手时流,趋向所关,古人所以重息阴之戒也。

艳仙瘗玉后,都人士悼之者众,藕香谱《蝶恋花》吊之,余亦效颦以《金缕曲》,词曰:“花事秦宫了。问东君、香桃艳骨,摧残何早?潭水清清深千尺,惟有愁丝乱绕。看满地红英谁扫。唤作瞿昙原自误,到如今果脱诸烦恼。云易散,天难老。　燕台旧事休重道。遍天涯、寻消问息,影儿都杳。剩有多情斜汉月,依旧寒光清皎。又照澈、愁人怀抱。鹦鹉前头伤心语,愿生生但祝花长好。墨和泪,挥残稿。”外如赋艳词人、平阳生、香溪渔隐皆有作,曩欲都为哀艳词而未果。

橓花谢艳,相赏者稀。强者自立家室,弱者逡巡而下天津。故天津之优,较京都为逊。大抵若辈享盛名不过十二三年,过此以往,憔悴日增,飘茵堕溷,有立见其成败者。

所恶于“跟兔”者,为其拘束之,使不得尽欢也。“跟兔”,即若辈随人之号。名为随人,实其师之羽翼,若辈畏之如虎。侍坐稍久,其人壁衣微嗽,即闻声而出。或互相口角,以致用武。一经知觉,面斥不少假借。甚且告于其师而夏楚之。

东、西四牌楼之隆福、护国两寺,月各得六日为赶会期。届时商贾麕集,珠玉锦绣,充牣其中,游人如入五都之市,目不暇接。豪富常携小史往,谓之逛庙。值当意之物,一诺千金,不吝其偿。

出师后,厚积余资,则娶妇不容缓也。同类自为婚姻,可谓门当户对;间有脱然畦封,竟以厚币聘小家碧玉者。亲迎之日,鼓吹喧阗,香车宝马,烂其盈门,所费或过中人产。风流喜事者,醵金集饮其家。方谈笑间,玉人双双出拜,金玉罽锦,各有所赠。

北地风沙极多,旋拂旋生,窗牖几案,日积寸许,致足厌也。惟登彼姝之堂,则窗明几净,一如琉璃世界,几忘其在软红尘土,诧叹不置。坐定,移时即有仆辈持麈尾处处拂拭。夫其力众我寡,无惑其然。

程长庚掌三庆班,规例严整,明僮之隶其下者,必使尊之曰爷。且不许站台,免蔽座客。故隶三庆部者,到园后只在帘内隐约偷觑,顾曲周郎未免欲眼滋馋耳。

距永定门不远,有亭曰"陶然",为汉阳江水部所建。亭基颇广,护以木栏。春秋佳日,微雨初过,槐柳滴翠,葱蒨可爱,亦红尘中清凉世界也。好游者预飞笺订客,招邀小史,携具前往,征歌斗酒,作半日欢。迨日影西逝,牛羊下来,陌上游春者亦歌缓缓归矣。

《扬州竹枝词》云:"看他呼吸关情甚,步步相随云雾中。"咏俊仆装烟句也。此风天津盛行,若京师高品,则不屑也,不谓近日竟亦有之。余始见者为夏鸿福,继者纷纷,吹气如兰,侥幸不少,君子病其过于和易焉。然以视余桃,为之犹贤。

割友人所爱曰"割靴页",其义未详。意以京师偷儿,常割人靴页,以靴页喻歌僮,以偷儿戏窃玉者。因是,二人同招一僮曰"同靴"。竟有形之草扎,类于同年同寅,一何可哂!

以若辈喻靴页,亦自有故。兄弟曰手足,时下常呼若辈为弟,曰侬弟、曰爱弟、曰小弟、曰我弟。弟者,足也。足不足云,若足旁至要之物如靴页者,其庶矣!且例诸"妻子衣服"之说亦通。

艳仙之殁也,上舍生某哭之哀,诣绮春焚纸帛无算;且为之请于主人,取其生平所临得意帖及玩好尽焚之,涕洟而去。噫!生真多情种子哉!

余初不识艳秋为何等人,会上巳日,与护花尉、香溪渔隐、泛月客修禊,饮于如松馆。客绳艳秋以语尉,强招改之,始知隶三庆部与世浮沉者。后余凡观剧,秋必殷殷垂睐,侍良久去,得非前因欤?

茹福儿步如秋后尘,而无脂粉气,风流端正,酷类大家子弟。闻系出古香殿撰,都人士之有年谊者,曾欲为脱籍而未果。尝细叩之,则默不置是否。或好事者以姓僻傅会,亦未可知。其及第也,余赠以诗曰:“珠冠翠珥绣裈裆,绮阁争看白玉郎。一骑红尘来报捷,榜花犹带旧时香。”

如秋既享艳名,兼修慧业。性柔善,好佞佛,头陀、沙弥恒多相识;庄严宝相有所募化,常装潢缘册,先求秋转恳诸檀越。诸君既愿结欢喜缘,且嘉秋之能证净业也,争先布金,不日盈册以去。与艳仙尤善,仙怛化后,秋尝向人言:“渠为天上护花童子。”优昙一现,殆有自来欤?

若辈亦尚结盟,以小红笺写名字,诹吉拜盟,呶呶私誓,亦颇不苟。然往往以所事一主,互相嫉忌而绝交者。呜呼!士君子风雨一室,以信义自期;及出而处世,所谓如兄如弟者,四海皆是;一旦以微故相凌轹,非特不能自返,且下井中石焉。交道之衰久矣,亦何有于弱伶。

旗亭赌酒,每以点将为令。举宏量者二人为大将,赌酒几觥,任指坐客各一人为小将,相将猜拳,以先胜决雌雄。由是彼此对敌,胜者以箸加琖作记,负即撤去。至两下俱尽,则将与将敌,败者自灌巨爵,略分饮麾下诸败军。山阴道人曰:“酒令夥矣,而若辈必取此者,以其雅俗共赏。且阅时多而费酒少,喧闹特甚,兴致易阑。”人以为知言。

绮春、佩春则有劝酒之法:宾主方入座,艳仙辈即以玲珑骰子进,以一枚自掷定令。如得幺点将,二打通关,三贴翠,四飞花,五藏花,六催花,一人一摇,一人一令,行爵无算,令未毕而酒阑矣。盖堂主人皆善饮,不琐琐为杯中物计。登其堂者,不醉无归。

"贴翠"者何？以粉定碟儿，写暗数其内，如八数则写饮中仙，十二数则写阑干，廿四数则写花信之类。写毕覆于案前，先自一呼起，飞至某座，某座又飞至他客。辗转相递，如数而止。恰中则饮某客，越过则呼者饮。

试再揭"藏花"、"催花"之义。"藏花"以大盘覆大小杯数四，暗于其一置花一朵，使坐客轮揭。不中，则坐客即以其杯引满自饮；中则视盘中尚留几杯，咸饮主人。此必豪量而有机警者，方能为之不窘。"催花"仿羯鼓催花意，一人出座挝鼓，或代以击案，词史辈又戏以帕蒙其目。坐上客传递花枝，俟传至某手，鼓声截然而止，则觞某而大相谐笑。

伶伦氏耽文字者，首推景和、熙春两主人。景和主人梅慧仙，自号"梅道人"，善八分隶，轶事具载《明僮续录》。钱秋蓤新赁居于珠帽胡同，堂曰熙春，善行楷，与道人后先辉映。曾为余书扇一角，笔力遒劲，酷似董香光，署曰钱青学书。

郑芗、艳仙，书法不逮二主人。然初写黄庭，亦饶秀韵。席间恒以飞花为令，传至十数，娓娓不穷。意有所属，故故飞来，淹博者弗如也。余酒囊颇宽，亦为所困。

郑芗有飞花之癖。罗列唐宋诗句有花字者，自一至七，排比匀称，用蝇头小楷书之扇头。尝见有琅玡太史书赠者，尤精工无匹，可拟于王铎《燕子笺》抄本。

文安主人老矣，癖耽烟霞，且有"半闲"之好。每秋获一二头，与游荡者博，博辄负，子弟所得缠头尽掷虚牝，支持惟梅卿一人。自辛未以来，堂中食指七八，皆仰给于梅。二年已及时，且蓄徒双庆，犹不使之自立门户，以致梅向人啧啧索赎金。主人之负梅多矣！去亥夏，双庆出应客，梅卿始自立锦雯堂，寄居佩春。双庆轻灵儇巧，常现宰官身而说法，口角清利，其将为异日之钱树子乎？

范铜为干约二尺许，空其中，缀以环，杂剧有《打连厢》者即此。盖一二雏伶乔扮好女郎，执檀板且歌且拍，先置干于指尖，旋转自如，铮铮作响；继移置眉宇间，仰面注目，不稍欹侧；复作势一耸，跳至鼻端。技至此为入神，于时翘足望、凝神睨者不知凡几。稍不谨细,即铿然掷地,而恶声随之矣。方在眉宇间旋转时,左手敲板,右手旋扇,口唱《红绣鞋》曲,五官并用,汗出如浆。熟此技者,向推昆宝、艳侬,今则多云、亦云也。

宝云,"瑞春三宝"之一也。形貌纤小,可十三余人,其实已近弱冠。乔作老媪,颇得神似,惟声价远逊其侪。每预文宴,同辈咸揶揄之。乙亥间,声誉忽起,上计车者尤多招之,若辈戏谓之老运亨通云。

"最难调护花情性,只合楼台远处看。"麋月楼主赠楞仙句也。楞仙性孤洁,见俗子辄冷面相向,恒不得人欢,色衰后竟无过问者。夫如脂如韦,滔滔皆是,楞而由此,谁其责者。乃以孤僻见绝,于人未尝不笑其愚而悲其志也。

楞仙知色之不足博也,又知昆曲之非时尚。当隆盛时,潜受学于某教师。忆癸酉秋夜饮于闻德,酒酣,楞拔剑起舞,英姿飒爽,振采欲飞,故朱颜雕谢,犹能以技自存。

同治末,小游仙馆主人辑《菊部群英》一书,于若辈里居姓氏,详哉言之,看花长安者按谱征。麋月楼主择其尤者,订为续增一册,加以品题,赞以诗句。惜有以文害辞,以辞害意之病。

都下例,于中秋家家祀月中之兔,尊之为"兔儿爷"。逐利者肖其像如人状,有泥塑者、布扎者、纸绘者,堆积市上,几于小山。家人携小儿女购归,陈瓜果拜之。尝问蓉秋:"汝家亦祀此否?"默不答。讵以语近于谑耶?

司坊称所爱者曰"老斗",未详所释。或强作解人曰:"老者尊称。如元老、大老之类;斗者,望如泰山、北斗之意也。"细绎其义,似非寒郊瘦岛所能堪此,即若辈亦不易出之口,故《都门竹枝词》有曰:"身无百万黄金锭,老斗名难买到家。"尝质之琴香,琴香曰:"不然。俗传我辈赚人缠头,必以斗受之,名曰金斗。富者输予多金,其斗当如绰楔上之大;贫者竭其绵薄,其斗如薙发担上之小。至若清贵名流,则如魁星所踢之斗;硕腹贾人,又如粟米所量之斗。此乃通称,非专指也。"琴香从事乐坊久,谅非妄言,姑记之。

乐坊至今日,滥竽极矣。梨园子弟赚得缠头数百金,即倩人为赎身，谓之“出师”。出师后，同辈尊之曰“老板”，优游岁月，甚自适也。欲世其业者，蓄雏伶二三，已则推尊为师父。教之度曲三五出，为置衣饰，使出应客。面首稍佳，不匝月已有群空冀北之势；其困盐车者，师父扑责綦切。若辈计无所出，不能自秘葳蕤，然颇自文饰。坐间或述及某某效襄成故事，辄群相诽笑，则耻心犹存焉。

每值令节，必具衣冠，袖芳版，乘车往老斗家敬贺。然接见者寡，一缘是日适值主人亲出贺节，一缘有所费也。其接见者，叩贺起，命坐谭。须臾随赏以红封，多寡一视主人云。

芳诞将逢，先约所亲爱者赐临，或饮一酒，或嬲一饭。名盛者，三四日前即有客往，亦祝花长好意也。若人衣冠出，遍叩主客，受赏讫，随更衣入坐，各各举觞为寿，尽欢而散。至邀其摆饭者，亦预期订明，以备罗列珍错，肴核维旅，烹饪亦调。所需约倍，何曾一食之费。故除其诞日外，即甚膺重名者，胡麻亦不易设。慷慨为之，咸称豪举。于靡费之中寓撙节之道，犹古风也。

国丧例禁演戏，在词史辈各有其主，而倚此营生者不无仰屋之嗟，且有流为匪类。故创为“说白清唱”名目，登场服式时，衣冠、脚色不缺。武剧无刀枪箭戟，空拳徒搏，殊堪一哂。期月后，渐而借箸击案，以节繁音；渐而旦脚戴花，渐而老生带须，渐而丑、净涂面。期年以后，顿还旧观，惟不敢大鼓大吹而已。嗣为某侍御奏禁，稍稍杀其场面。演剧不在大栅栏著名各园，而于西城外之文昌馆、浙绍乡祠、财神馆。风景不殊，亦掩耳盗铃之举。尤可异者，内城向不准开场演剧。逢国孝，各大班转入城演之，得毋谓“说白清唱”在不禁之例乎？

词史辈虽有主者，然期月间生计较窘，发且种种亦不雅观。当此之时，惟有闭门学曲，无所于及。即艳播宣南者，亦不免“门前冷落车马稀”矣。

相君之面，虽不能尽似六郎，然白皙翩翩，鲜见黝黑。孟如秋言：“凡新进一伶，静闭密室，令恒饥，旋以粗粝和草头相饷，不设油盐，格难下咽；如是半月，黝黑渐退，转而黄，旋用鹅油香胰勤加洗擦；又如是月余，面首转白，且加润焉。”此法梨园子弟都以之。余笑曰:“卿之得有今日,亦正洗伐功深耳。”

粉郎一至,正如荀奉倩熏衣入坐,满室皆香。盖丽质出于天生者少,不得不从事容饰。芳泽勤施,久而久之,则肌肤自香;更佩以麝兰,熏以沉速,宜无之而不香矣。买香之肆,其施之膏沐者,别推桂林;余赁以佩带者,则数花汉;冲用以熏焚者,则有合香楼,皆著名老店也。

窄窄蛮靴,小步花砖而上,亦殊可观。小史例着乌靴,正所以昭其敬。盖羔裘退食,吉莫常拖。彼童也纳履而登,转邻于亵。此例不革,良有由也。惟出师后,则挖云鞋子任其曳蹑。

一笑搴帘,即宜遍敬坐客酒,次及主人及所识,去亦如之。今皆不拘形迹,入座时只以手提壶曰:“斟酒、斟酒。”座客即群止之。及其去也,惟举碟示意而已。觚不觚,圣人所以叹也。

鸟啼花落,辄唤奈何。杏春主人遇其下素虐,嗜阿芙蓉,短榻横陈,一灯相对,晏如也。燕、秋辈侍宴归,恒令侍夜,非达旦弗得寝。一夕过醉,主人斥之,各褫其衣,令长跽通宵。秋等私相谓曰:“为人若此,不如死。”燕香曰:“请先之。”乘主人鼾睡,取芙蓉膏吞之,苦甚,复吐。秋曰:“尔等碌碌无能为,余视死如归耳。”以膏和水,仰不复吐,喁喁泣诀,向晨疾作而逝。主人觉,亟解之,已晚矣。延阴阳生批殃榜,诡言暴疾。生廉得其情,上其事于有司,详鞫香等得状,系主人狱。耗闻,凡与秋有旧者,咸致书有司,属穷治。主人惧,厚赂秋父金。所司以尸亲既罢,遂寝其事。嗟乎!身轻似燕,飞去乌衣。命薄如花,飘沉黄土。从来彼美,祸肇龙蛇(谓主人)。偏是佳人,宫临磨蝎。情缘遽断,长依兜率之天;哀艳未忘,惯唱懊侬之曲。诗曰:“鼍鼓沉沉虬箭急,玉人斜背银釭泣。烟绡雾縠不胜寒,一瓯香露兰膏湿。金铺密锁真珠房,雕檀夜艺铜凫香。重重宝帐双栖燕,于菟闲卧绣墩旁。春泥香雨杏花醉,锦蜂翠蝶恣游戏。罡风蓦地送春归,落红凝就灵英泪。夜半无人各自悲,先教花影暗中移。飞飞遁入梨云里,正是梁园雪满时。兰房画烛飘金烬,碧纱私语脸波润。可怜红艳比芙蓉,谁知身以芙蓉殉。飞香入云春诉哀,文襦青绮沈郎来。化蝉冤魄空呜咽,门外碧桃无主开。蒙山寄我尺素鲤，背人剖读泪如水。天风缥缈迓羊车，远道凭谁荐芳芷。抱月飘烟一捻腰，当年欢向掌中销。而今绮障消磨尽，忉悧仙宫度玉箫。绵绵此恨何能已，痴云闲逐芳魂起。红楼一角带斜曛，愁煞梁间双燕子。”

群芳谱

题“拈笑馆定本”，作者不详。是书三卷，分别载四喜、三庆、春台三戏班优伶，按所立堂号排序，记录堂主人、弟子、简介及擅长剧目等。此书未言刊刻年代，然据书中记录诸优伶之年龄推断，则书成于同治十一年(1872)前后。封面墨笔题字云：“不会栽花谱借钞。此国朝许光庭孝廉向我□□，意亦相仿，因即以之题签。云龙山人□。”谷曙光据吴晓铃藏本整理。

群芳谱总目

拈笑馆定本

凡　　例

一、此谱仅记现在当场出色脚色，所串戏目亦仅择其优者。

一、此谱原列四卷，嵩祝成散后，除去一卷，有分归三部者，陆续编入。

一、此谱各部以堂主为准，未经立堂之徒附入，下书所隶某部，以示简易。

一、此谱只载群芳，以外各项脚色另立一编。而□□□[①]双奎、久和春、小春和、祥和泰、双顺和、小和胜、金台、安庆各部，亦得分载。

① 原书即为空白。

群芳谱　卷一

四　喜　部

春华堂　(韩家潭)

主人朱双喜

号韵秋,苏州人,年四十岁,掌四喜部。前昆旦。

芷荪

姓顾,名长明,号小侬,行十,北京人。年十四岁,部同。昆兼生旦,善鼓板,旧师棣华万芷侬。

《胖姑》小孩;《问探》吕布;《游湖》许仙;《荣归》赵廷玉;《卖甲鱼》厨子;《女儿国》丞相;《湖船》;《花报》探子;《琵琶行》艄婆;《巧姻缘》;《掷戟》吕布。

芷荃

姓张,名富臣。号湘航,苏州人。年十五岁,正月十四日生,部同。昆旦,善吹笛,曲师云亭之子。

《女儿国》王;《琵琶行》花秀红;《寄柬》;《拷红》红娘;《花报》探子;《卖甲鱼》鱼婆;《挑做》潘金莲;《双官诰》何碧莲;《游湖》白蛇;《说亲回话》田氏;《巧姻缘》姑娘;《狐思》玉面姑姑;《彩约》云香;《落园》;《讨钗》;《胖姑》。

芷英

姓吴,名杏官,号也秋,行十二。北京人,年十三岁,部同。昆旦,善吹笙。

《湖船》;《荣归》。

芷湘

姓范,名瑞官,号秋舲,行十三,北京人,原籍苏州,年十二岁,部同。昆旦,善弹弦,前余庆范小金之子。

《寄柬》红娘;《游湖》青蛇。

全《思春》。

闻喜堂 （韩家潭）

主人曹福寿

号韵仙，北京人，年二十一岁，六月二十九日生，前隶四喜。昆旦，善画兰，出闻德。

《连相》；《花鼓》婆子；《出塞》昭君；《独占》花魁；《折柳》霍小玉；《游借》白蛇；《游惊》杜丽娘；《鹊桥》杨贵妃；《小宴》；《藏舟》邬飞霞；《草桥》；《惊梦》；《挑做》潘金莲；《后诱》；《巧姻缘》姑娘；《偷诗》陈妙常；《双官诰》大娘；《莲花塘》。

青莲

号小李，北京人，年十二岁，部同。

遇顺堂 （韩家潭）

主人张桂兰

号蕙香，北京人，年二十九岁，隶四喜部。旦，出国顺。

春芳

号菊如，北京人，年十五岁，隶三庆部，花旦。

《打樱桃》小姐。

春喜

号馥卿，北京人，年十五岁，部同。

《打樱桃》小姐。

宝善堂 （韩家潭）

主人陈芷衫

名润官，小字声儿，安徽人，年二十岁，四月初二日生，隶四喜部。小生兼武生，昆乱，工八分，出春华。

《看状》苏公子；《问探》吕布；《蔡家庄》；《青龙棍》；《青峰岭》。

春莲堂 （韩家潭）

主人朱连桂

号蕙仙，北京人，年二十二岁，隶四喜部。青衫，三喜之子。

《探窑》王宝川;《打金枝》公主;《戏妻》。

德奎

部同,花面。

玉奎

部同,小生兼花旦。

聚奎

部同,青衫。

小凤

部同,秋季自天津来,名福善堂。

中山堂 (韩家潭)

主人汤金兰

正名延庆,号幼珊,苏州人,年三十四岁。前隶四喜部。昆旦,善画兰,堂名旧署春如。

桐华堂 (韩家潭)

主人任小凤

号仪仙,小名宝儿,北京人。前隶四喜部,旦。出①。

《琴挑》妙常;《楼会》;《湖船》。

蕉雪堂 (韩家潭)

主人王顺福

号佩仙,小名二哥,苏州人,年十八岁,隶四喜部,青衫,识名人字画,出保身,正名延祺。

《探窑》王宝川;《回龙阁》公主;《金水桥》公主;《绒花记》;《彩楼配》;《戏妻》罗敷;《跑坡》;《探亲》;《拾镯》孙玉姣;《芦花河》樊梨花。

---

① 其下缺。

倚树堂 （韩家潭）

主人袁双喜

号听泉，苏州人。掌四喜部，前旦。

玉芳

号棣云，部同，旦。

《雁门关》。

玉奎

名春儿，部同，花旦、须生。

《烧窑》；《闯山》。

嘉树堂 （韩家潭）

主人杜玉庆

正名堃荣，号蝶云，行七，苏州人，年三十二岁，掌四喜部。生兼昆乱。出倚树。

《小宴》唐王；《玉玲珑》韩世忠；《真富贵》；《御碑亭》；《贪欢报》安道全；《破洪州》；《打金枝》郭暧；《闺房乐》；《虹霓关》王伯挡；《羊变》；《黄鹤楼》周瑜；《双铃记》御史；《得意缘》。

狗儿

杜阿五之子，蝶云之侄，隶小和春部，武生。

彩儿

部同，武旦。

（附）

阿五

号步云，名世荣，年二十九岁。部同，昆旦。小安南营嘉礼堂。

阿九

号亦云，名锦荣，年二十八岁，部同，生。出安义嘉余堂。

《对刀步阵》；《琵琶行》香山；《醉隶》伯畴。

阿十

号同云，名保荣，年二十二岁，部同，武兼生旦。皆蝶云胞弟。

《丁甲山》；《竹林计》；《十面》。

保安堂 (韩家潭)

主人鲍秋文

苏州人,前隶四喜部,昆旦。

少主人兰荪

小名黑子,部同,小生。

《群英会》周瑜;《黄鹤楼》;《八大锤》陆文龙;《延安关》狄青;《反五侯》;《打金枝》郭暧;《玉玲珑》韩世忠;《翠屏山》石秀;《孝感天》。

法龄

姓万,北京人,年十三岁,部同,兼春台。

宝龄

姓郝,安徽人,年十四岁,部同,昆生旦。

喜儿

姓刘,号稚芗,北京人,年十二岁,部同,生兼昆乱,前松保刘小凤之子。

《伏虎》济颠;《冥判》;《寄子》伍兴;《回猎》咬脐郎;《挡谅》康茂才;《飞虎山》李存孝;《白门机[①]》吕布。

宝树堂 (韩家潭)

主人李玉生

小字寿儿,号棣仙,一作云,隶四喜部,武旦兼青衫,出倚树。

《金水桥》;《孝感天》;《御碑亭》;《审刺》;《刺汤》;《无底洞》。

保身堂 (韩家潭)

主人刘赶三

号宝山,北京人,年三十八岁,隶四喜部,丑兼须生。

《群英会》蒋干;《绒花记》崔八;《虹霓关》孝子;《赶考》店家;《审刺》;《刺汤》;《入府》李瓶儿;《玉玲珑》鸨儿;《探亲》乡下妈妈;《金玉坠》店妈妈;《思志诚》老妈;《贪欢报》;《拾玉镯》刘媒妈;《八扯》;《观

---

① 应是“白门楼”。

灯》;《双铃记》;《浣花溪》;《龙凤配》;《断机教子》老家人。

六儿

姓蔡,北京人,部同,丑兼花旦。

《八扯》;《拾玉镯》;《思志诚》;《上坟》。

顺官

姓汪,北京人,部同。

《八扯》;《打灶》。

崇德堂 (韩家潭)

主人徐阿二

名馥,号棣香,又号亦仙,苏州人,年二十七岁,岫云、小芗之弟,隶四喜部,昆生。

《看状》苏公子;《藏舟》刘荪;《惨睹》建文君;《乔醋》潘岳;《后亲》韩绮仲;《醉归》卖油郎。

蕴华堂 (韩家潭)

主人张芷芳

名荣官,小名补子,庐州人,年二十一岁,隶四喜部,武旦,出春华。

《卖艺》;《泗州城》;《无底洞》;《青峰岭》;《白水滩》;《红桃山》。

撷荪

姓曾,又名菊生,北京人,年十三岁,部同,武旦。

《卖艺》;《青峰岭》。

菊秋

姓张,号艺仙,北京人,年十二岁,部同,昆旦。

《琵琶行》花秀红;《舟配》;《学堂》春香;《女词》。

咏秀堂 (韩家潭)

主人朱小元

号吉仙,苏州人,年二十岁,八月十五日生。隶四喜部,武旦。

《泗州城》;《无底洞》;《殷家堡》;《丁甲山》。

主人池喜儿

一作姓尉迟,号韵卿,北京人,年十六岁,部同,须生。

《醉写》李白;《取荥阳》汉高祖;《青石山》;《洪羊洞》;《断石机》。

玉儿

北京人,年十五岁,部同,花旦。

《打樱桃》小姐。

四喜

又名四十儿,北京人,年十五岁,部同。

《打樱桃》丫鬟。

聚得堂 (樱桃斜街)

前主人薛三桂

号月亭,苏州人,国史馆供事。

采兰

隶四喜部,生旦兼花旦,善画。

《画兰》生;《赠剑》旦;《摇会》二娘。

采芳

姓朱,北京人。

采荭

姓计,北京人。

采芹

姓刘,北京人。

《嫖院》。

采芬

姓韩,北京人,以上部皆同。

文安堂 (樱桃斜街)

主人范春桂

号葵仙,苏人,隶四喜部,旦,夏福保之婿。

《梅玉配》；《绒花记》；《莲花塘》。

双寿

姓刘，号眉卿，北京人，年十三岁，部同，兼春台花旦，善弹琵琶。

《面缸》周腊梅；《杠子》。

景春堂 （樱桃斜街）

主人朱莲清

前隶四喜部，昆生，紫阳莲芬之兄。

小芬

姓陆，号薇仙，苏州人，年十六岁，隶春台、四喜部，旦兼昆乱青衫。

《湖船》；《醉园》王姬；《偷诗》陈妙常；《独占》花魁；《游惊》杜丽娘；《探窑》王宝川。

小芳

姓刘，号菱仙，北京人，年十六岁。部同，昆旦兼青衫，刘玉凤之子。

《女词》；《湖船》；《醉园》；《偷诗》陈妙常；《游惊》春香；《寄柬》红娘；《梳妆跪池》柳氏。

紫阳 （樱桃斜街）

主人朱莲芬

名福寿，正名延禧，苏州人，年三十七岁，前隶四喜部。旦兼昆乱，工书，善吹笛、弹弦，旧居景春。

《寄扇》李湘君；《断桥》白蛇；《醉园》夫人；《思凡》赵尼；《梳妆掷戟》貂蝉；《梳妆跪池》柳氏；《楼会拆书》穆素徽；《双拜月》；《拜施》；《分纱》；《乔醋》；《芦花河》樊梨花；《贪欢报》。

景龢堂 （李铁拐斜街）

主人梅巧玲

号慧仙，泰州人，年三十岁，掌四喜部。旦兼昆乱，出醇和。

《刺虎》费宫人;《絮阁》杨贵妃;《小宴》;《剔目》李亚仙;《寻梦》杜丽娘;《胭脂虎》史良玉;《玉玲珑》梁鸿玉;《闺房乐》夫人;《虹霓关》夫人;《梅玉配》少夫人;《真富贵》小姐;《浣花溪》任容仙;《汾河湾》柳金定①;《探母》萧太后;《雁门关》;《思志诚》女老板;《贪欢报》;《双铃记》;《盘丝洞》;《延安府》;《赶三关》;《回龙阁》;《得意缘》云鸾;《破洪州》桂英;《红鸾喜》。

湘云

姓王,号黛卿,王顺福之弟,部同,昆旦。

《盘丝洞》;《小宴》;《游惊》;《湖船》。

紫云

姓余,号筠卿,湖北人,年十七岁,七月十六日生。部同,花旦。善琵琶,前胜春余三盛②之子,正名金樑,又号研芬,小字昭儿。

《面缸》周蜡梅;《别妻》王氏;《贪欢报》李湘兰;《彩楼配》王宝川;《巧姻缘》姑娘;《雁门关》;《盘丝洞》;《虹霓关》;《真富贵》丫鬟。

瑞云

姓张,号霭卿,北京人,年十四岁,八月念二日生,部同,佩云之弟。

《八蜡庙》;《雅观楼》李存孝;《探庄》石秀;《打虎》武松;《蜈蚣岭》;《打焦》;《二龙山》;《汾河湾》;《青峰岭》。

蔼云

姓朱,号芳卿,北京人,年十二岁,部同,昆乱。

玉树堂 (李铁拐斜街)

主人王小玉

号荆仙,扬州人,隶四喜部,武生,出嘉树。

《青龙棍》;《白水滩》;《金山寺》;《莲花塘》;《青峰岭》。

财喜

姓孙,号靓如,北京人,部同,武旦。

---

① 原书误作“柳定定”。

② 即余三胜。

《青龙棍》;《青峰岭》;《罗家口》。

瑞春堂 （李铁拐斜街）

主人钱阿四

名玉寿,苏州人,前隶四喜部,正旦,出春茂。

少主人宝莲

号秀珊,北京人,年十八岁,部同,兼春台昆旦。

《独占》花魁;《小宴》贵妃;《茶叙》陈妙常;《纺花》。

宝芬

姓曹,号蕊珊,北京人,年二十三岁,部同,青衫。

《彩楼配》王宝川;《打金枝》公主;《金水桥》。

宝琳

姓田,号玉珊,北京人,年十九岁,部同,老旦。

《断后》李宸妃;《辞朝》佘太君;《回龙阁》;《牧羊圈》。

宝香

姓饶,号妙珊,北京人,年十四岁,部同,花旦,善琵琶。

《面缸》周蜡梅;《卖饽饽》。

宝云

姓章,号珮珊,北京人,部同,花旦兼昆旦。

《女词》;《纺花》。

丹林堂 （李铁拐斜街）

主人李

系安义胡喜禄之妹丈。

玉祥

姓李,号佩秋,北京人,年十七岁,隶四喜部,花旦兼青衫。

《祭塔》白蛇;《荷珠配》;《芦花河》樊梨花;《宇宙峰》赵小姐;《牧羊圈》赵景堂;《戏妻》罗敷;《彩楼配》王宝川;《探窑》。

玉珠

姓程,号润秋,顺天人,年十七岁,部同,花旦。

《赶会》;《上坟》;《卖胭脂》王月英;《荷珠配》。

北春馥堂 (朱髦胡同)

主人郑秀兰

号素香,苏州人,年二十五岁,十月十一日生,隶四喜部,青衫,善饮兼工弦索,系桐云陆金凤之婿。

《教子》王春娥;《彩楼配》王宝川;《赶三关》公主;《回龙阁》;《探母回令》;《金水桥》西宫;《打金枝》;《南天门》曹小姐;《会审》玉堂春;《雁门关》柳金定。

双喜

姓江,号俪云,河间人,年十二岁,部同,青衫。

《教子》王春娥;《戏妻》罗敷;《宇宙峰》赵小姐;《赶三关》公主;《回龙阁》王宝川;《探窑》。

绮春堂 (朱髦胡同)

主人时小福

名庆,小字阿大,号琴香,又赞卿,苏州人,年二十六岁,九月初九日生,隶四喜部,旦兼昆乱,善饮弈,出春馥。

《挑做》潘金莲;《折柳》霍小玉;《小宴》杨贵妃;《教子》王春娥;《戏妻》罗敷;《彩楼配》王宝川;《击掌》;《探窑》;《跑坡》;《回龙阁》;《牧羊圈》赵景堂;《宇宙峰》赵小姐;《斩子》穆桂英;《探母》四夫人;《祭江》孙夫人;《打金枝》公主;《金水桥》;《会审》玉堂春;《雁门关》柳金定。

云仙

姓陈,名连升,北京人,年十五岁,隶三庆部,青衫。

《赶三关》公主;《宇宙峰》赵小姐;《教子》王春娥;《戏妻》罗敷;《祭江》孙夫人;《斩窦娥》;《祭塔》白蛇;《会审》玉堂春;《芦花河》樊梨花;《三休》;《探母》四夫人;《探窑》王宝川;《打金枝》西宫;《汾河湾》。

五儿

姓张,号霓仙,北京人,年十六岁,部同,须生。

《捉放》陈宫;《戏妻》秋胡;《乌盆记》绸缎客;《赶三关》薛平贵;《汾河湾》薛仁贵。

凤宝

姓秦,号艳仙,北京人,年十二岁,部同。

《扫雪》定生;《教子》薛保;《醉写》李白;《打金枝》唐王;《上天台》;《朱砂痣》。

嘉颖堂 (朱髦胡同)

主人李艳侬

正名德华,小字套儿,顺天人,年二十一岁,九月初九日生,隶四喜部,青衫兼昆生,善弹琴弈画,出嘉荫,瑞春钱阿四之婿。

《连相》;《独占》卖油郎;《游惊》柳梦梅;《琴挑》潘必正;《折柳》李益;

《芦花河》樊梨花;《探窑》王宝川;《跑坡》王宝川;《宇宙峰》赵小姐;《祭塔》白蛇;《戏凤》凤姐。

盛安堂 (朱髦胡同,辛未四月新立)

主人王

玉官

隶四喜部,青衫。

《祭塔》白蛇。

玉福

部同。

玉兰

部同。

丽华堂 (百顺胡同)

主人沈全庆

号芷秋,苏州人,年二十五岁,十二月十一日生,岫云、多云之姊丈,隶四喜部,昆旦,出春和。

《思凡》赵尼;《下山》;《游惊》杜丽娘;《鹊桥》杨贵妃;《小宴》;《絮阁》贵妃;《搜鞋》;《说美》;《乔醋》夫人;《断桥》白蛇;《琴挑》陈妙常;《偷诗》妙常;《梳跪》柳氏;《醉归》花魁;《剔目》李亚仙;《折柳》霍小玉;《楼会》;《寻梦》。

联星堂 (石头胡同)

主人沈阿寿

号眉仙,苏州人,年二十二岁,掌四喜部,旦兼昆乱。

《水斗》;《断桥》青蛇;《刺梁》邬飞霞;《说亲回话》田氏;《游惊》;《奇双会》;《芦林》;《娘子军》;《千里驹》;《马上缘》;《破洪州》。

少主人小宝

正名振基,号燕香,宝珠之子,阿寿之侄,年十四岁,部同,武生,出西福云。

《独占》卖油郎;《大小宴》吕布;《探庄》石秀;《莲花塘》小龙;《岳家庄》;《八大锤》陆文龙;《淮安府》;《见娘》。

桂喜

姓贾,号露香,北京人,年十二岁,部同,花旦。

《打灶》三娘;《莲花塘》;《扛子》;《巧姻缘》姑娘;《杀狗》妻。

元儿

姓宋,号镜芳,北京人,年十三岁,部同,花旦。

《过年》;《卖饽饽》;《巧姻缘》;《卖胭脂》王月英。

蔚华堂 (石头胡同)

主人陈全元

号芷香,北京人,年二十岁,前隶四喜部,昆旦,出春华。

《彩楼配》王宝川;《探窑》;《回头岸》;《游惊》春香。

醇和堂 (石头胡同)

主人罗巧福

号笑仙,扬州人,年三十七岁,前隶四喜部,旦。

少主人百顺

号小仙，北京人，年十三岁，部同，旦。

《杠子》；《面缸》知县；《打灶》二哥；《偷诗》书童；《烧窑》；《摇会》；《赶三关》穆将军。

宝龄

姓李，号听秋，北京人，年二十四岁，前隶部同，旦。

凤龄

姓芮，号琴秋，淮安人，年十八岁，部同，昆旦。

《花鼓》；《思凡》赵尼；《琴挑》陈妙常；《偷诗》；《茶叙》；《问病》；《醉归》花魁；《独占》花魁；《折柳》霍小玉。

爱龄

姓沈，名长顺，号韵秋，京人，年十三岁，部同，花旦，四喜武旦定儿之子。

《花鼓》婆子；《饽饽》；《杠子》；《下河南》媒婆；《入府》；《女店》陈氏。

小凤龄

姓戴，号仪云，北京人，年十一岁，部同，昆旦。

《湖船》；《花鼓》婆子；《学堂》春香；《烧窑》；《叮嘴》女儿。

春和堂 （石头胡同）

主人刘增福

正名庆禄，小字龙儿，号倩云，原籍安徽，年二十六岁，六月十三日生，前隶四喜部，旦，工篆书，出景龢。

嘉荫堂 （陕西巷）

主人陈馨保

号兰仙，苏州人，年二十八岁，八月十二日生，隶四喜部，昆旦，出维新。

群芳谱　卷二

三　庆　部

岫云堂　(小安南营)

主人徐小芗①

名馨,号蝶仙,苏州人,年四十一岁,隶三庆部,生,昆乱。

《乔醋》潘岳;《醉圆》;《断桥》许仙;《剔目》元和;《楼会拆书》于叔夜;《掷戟》吕布;《跪池》陈超;《玩笺错梦》;《群英会》周瑜;《黄鹤楼》;《八大锤》陆文龙;《借云》;《凤皇台》;《辕门射戟》;《监酒令》刘璋;《雅观楼》李存孝;《破洪州》杨忠保;《孝感天》;《佘塘关》。

如云

名莲馨,号蓉秋,小名琐儿,北京人,年十五岁,隶四喜部,旦,昆乱。

《湖船》;《戏目莲》观音;《寄柬》红娘;《跳场》;《教子》王春娥;《祭塔》白蛇;《搜庵》申娘娘;《戏妻》。

若云

姓李,名莲顺,号鞠秋,北京人,年十六岁,部同,昆生。

《游惊》柳梦梅;《花鼓》公子;《独占》卖油郎;《戏目莲》;《后约》唐伯虎;《挂画》;《寄柬》张生;《跳墙》。

度云

姓董,名莲庆,号桂秋,小名钿儿,年十五岁,十月二十日生,部同,昆生。

《连相》;《花鼓》婆子;《湖船》;《挂画》;《跳墙》;《下棋》;《烛煎》。

多云

姓郑,名莲福,号桐秋,苏州人,年十三岁,部同,丑,须生。

① 即徐小香。

《连相》;《花鼓》;《湖船》;《挂画》;《寄柬》琴童;《跳墙》;《戏妻》。

五云

姓陈,名莲保,号芙秋,北京人,年十三岁,部同。

全:《长亭》;《搜庵》;《戏目莲》。

春茂堂 (樱桃斜街)

主人陈天全

号庆昌,徽州人,年四十五岁,前隶三庆部,昆旦,出忠恕。

陈桂保

号丹仙,北京人,年十七岁,十月二十八日生,兼四喜武生。

《打庄》石秀;《打虎》武松;《蜈蚣岭》;《夜巡》。

桂庆

姓刘,号吉云,年二十三岁,北京人,兼春台须生。

《回龙阁》薛平贵;《昭关》伍员;《摔琴》伯牙;《戏妻》秋胡;《黄金台》田单;《出祁山》孔明;《乌盆记》绸缎客;《打金枝》唐王;《二进宫》杨播;《太平桥》。

桂福

姓侯,号瑞仙,北京人,年十六岁,部同,须生、武生。

《探庄》;《取荣阳》;《巡夜》;《蜈蚣岭》。

桂寿

姓陈,号蟾仙,北京人,年十二岁,部同,昆旦,花。①

《打灶》三娘;《扛子》;《卖饽饽》;《打刀》;《入府》;《女店》陈氏;《下河南》媒婆;《龙凤配》;《烧灵》刘氏;《戏凤》李凤姐;《佳期》红娘;《寄柬》;《藏舟》邬飞霞;《琵琶行》花秀红。

桂芬

姓汪,号美仙,又艳秋,北京人,年十二岁,兼四喜须生。四喜武生汪年保之子。

① 或有漏字。

《醉写》李太白;《昭关》伍子胥;《挡谅》康茂才;《五台山》;《戏凤》明正德。

闻德堂 (韩家潭)

主人徐阿三

名全儿,正名翂,号芝仙,又号叔环,苏州人,年二十九岁,四月十五日生,隶三庆部,昆旦。岫云、小芗、崇德、棣香之弟。

桂林

姓王,号燕仙,苏州人,年十四岁,四月初四日生,隶四喜部,昆旦。苏丑王永泰之子。

《游惊》杜丽娘;《游借》白蛇;《捞月》杨贵妃;《挑做》;《独占》花魁;《回头岸》;《说亲回话》;《吞丹》;《后约》;《赠剑》;《打番》;《荣归》。

桂官

姓王,号楞仙,北京人,年十三岁,四月初四日生,部同,昆生。

《寄子》任兴;《回猎》咬脐郎;《看状》苏公子;《双官诰》冯雄;《冥判》;《单打番》;

全:《姑阻失约》桂官潘必正、桂林陈妙常;《琴挑》桂官(又)、桂林(又);《鹊桥》桂官牛郎、桂林织女;《说亲回话》桂官王孙、桂林田氏;《亭会》桂官赵伯畴、桂林谢素秋;《吞丹》桂官李绛林、桂林狐精;《奇双会》桂官知县、桂林夫人;《乔醋》桂官潘岳、桂林夫人;《后约》桂官唐伯虎、桂林秋香;《大小宴》桂官吕布、桂林貂蝉;《藏舟》桂官刘苏、桂林邬飞霞;《赠剑》桂官、桂林。

佩春堂 (韩家潭)

主人章桂芬

号丽秋,又名小道士,苏州人,年二十八岁,隶三庆部,青衫,善耍钵,出春复。

《教子》王春娥;《彩楼配》王宝川;《击掌》;《宇宙峰》赵小姐;《二进宫》李皇娘;《探母》四夫人;《金水桥》西宫;《会审》玉堂春。

蕙芳

姓胡，名六儿，又名二十，号蘅仙，北京人，年十七岁，兼四喜昆旦。春秀胡小金之子。

《琴挑》陈妙常；《偷诗》；《楼会》穆素徽；《小宴》杨贵妃；《思凡》赵尼；《折柳》霍小玉。

蕙兰

姓乔，号纫仙，小名来喜，苏州人，年十三岁，十月初一日生，部同，昆旦，善书。

《花鼓》婆子；《折柳》霍小玉；《琵琶行》花秀红；《盗绡》；《挑做》潘金莲；《说亲回话》。

怡安堂　（韩家潭）

主人段小兰

名七儿，小字凤儿，号佩秋，苏州人，年二十岁，隶三庆部，青衫，出东安义。

《祭江》孙夫人；《香山》观音；《芦花河》樊梨花；《探窑》王宝川。

声振堂　（韩家潭）

主人陈

鸿福

姓夏，号雪帆，扬州人，年十五岁，十月十一日生，兼久和春部须生，载初夏秋芙之子。

《昭关》伍员；《捉放》陈宫；《探母》杨四郎；《戏妻》秋胡；《天水关》孔明；《打金枝》唐王；《金水桥》；《黄鹤楼》；《回龙阁》；《牧羊卷》；《定军山》；《五雷阵》；《赶三关》。

双福

姓马，北京人，年十六岁，部同，花旦。

《打刀》；《上坟》；《回龙阁》；《金水桥》。

全福

姓郭，号雪香，北京人，年十七岁，部同，青衫。

小主人福喜

名保儿,年九岁,部同,花面。

《断密涧》李密;《斩黄袍》郑子明;《二进宫》徐延昭;《上天台》姚刚;《御果园》。

鸿喜

姓张,名全儿,北京人,年十二岁,部同,老生。

《断密涧》王伯党;《斩黄袍》赵太祖;《二进宫》杨播;《上天台》汉光武;《斩子》杨六郎。

国顺堂 (韩家潭)

主人李

金兰

姓王,号俪笙,北京人,年二十岁,十二月初五日生,隶三庆部,青衫,善耍戏法。

《彩楼记》王宝川;《击掌》;《探窑》;《跑坡》;《回龙阁》;《探母》;《戏妻》罗敷;《芦花河》樊梨花;《赶三关》代战公主;《打金枝》公主;《牧羊圈》赵景堂;《会审》玉堂春。

双兰

姓唐,号香君,北京人,年十三岁,部同。

韫山堂 (韩家潭)

主人张玉美

号荔卿,苏州人,年三十岁,隶三庆部,昆旦,善书。

蕙芳

姓郑,名元珍,号月芬,北京人,年十六岁,兼四喜须生。

《弹词》李龟年;《戏妻》秋胡;《取荣阳》纪信;《战城都》刘璋;《打金枝》唐王;《金水桥》;《洪羊洞》杨四郎;《五雷阵》孙膑;《扇坟》庄子;《善宝庄》白简;《法门寺》知县;《樊城》伍员;《芦花河》;《回龙阁》;《黄鹤楼》;《昭关》;《捉放》;《牧羊圈》。

乐安堂 （韩家潭）

主人孙心兰

号性香，北京人，年二十岁，隶三庆部，青衫，出安义。

《打金枝》公主；《祭塔》白蛇；《探窑》王宝川；《战太平》二夫人。

玉林

山西人，年十四岁，部同，昆旦。

《独占》花魁；《小宴》杨贵妃；《茶叙》陈妙常；《舟配》。

馥森堂 （韩家潭）

主人陆鸿福

号竹卿，苏州人，年二十七岁，十月二十日生，隶三庆部，昆旦，出贻德。

琴芳

姓周，名定儿，号韵笙，北京人，年十五岁，九月初九日生，昆旦。

《湖船》；《琵琶行》花秀红；《舟配》；《后约》秋香；《夺食》；《挑做》潘金莲；《独占》花魁；《乔醋》夫人；《拷红》；《女词》。

瑞生

姓仲，名生儿，北京人，年十二岁，十一月二十七日生，部同，昆旦。

《递柬》；《佳期》。

珠润堂 （百顺胡同）

主人朱小珍

号畹仙，苏州人，隶三庆部，武生。

《淮安府》；《射红灯》；《罗四虎》；《二龙山》；《安五路》；《探庄》石秀；《临江会》周瑜；《岳家庄》岳云。

瑞香堂 （百顺胡同）

主人张天元

天津人，年十九岁，隶三庆部，花旦、青衫。

《翠屏山》潘巧云；《摇会》大娘；《胭脂虎》史良玉；《宇宙峰》赵小

姐;《湘江会》;《三林》;《杀狗》;《破洪州》;《芦花河》;《赶三关》。

凤兰

天津人,年十五岁,部同,花旦、青衫。

《摇会》二娘;《赶会》;《探窑》王宝川。

小香

号兰生,天津人,年十二岁,隶四喜部,须生。

小奎

天津人,年十二岁,部同,须生。

诒德堂 (百顺胡同)

主人蒋

长福

姓卢,号悦卿,北京人,年十七岁,兼四喜昆旦。

《断桥》白蛇;《扈家庄》三娘;《攻潼关》邓玉蝉。

元福

姓孔,号莲卿,北京人,年十六岁,部同,昆旦、青衫。

《断桥》青蛇;《彩楼配》王宝川;《探窑》。

双福

姓杨,号梅卿,北京人,年十二岁,部同,武生。

《雅观楼》李存孝;《飞虎山》;《探庄》石秀;《乾坤门》;《蜈蚣岭》。

全:《水斗》长福白蛇、元福青蛇、双福哪吒。

景庆堂 (韩家潭)

主人孙二官

北京人,隶三庆部,老旦,前武旦孙五香之子,现师四箴。

《回龙阁》;《换子》;《杀监》;《游惊》。

莲喜

姓刘,号雅仙,北京人,年十二岁,部同,花旦,二官师弟。

《闯山》金莲;《打樱桃》小姐;《玉玲珑》梁红玉;《荷珠配》;《挑做》潘金莲。

南春复堂 （朱髦胡同）

主人陈兰初

名全林，苏州人，年三十八岁，隶三庆，昆生，二月廿一日生。

《琴挑》潘必正。

陈桂云

号秋雯，北京人，年十五岁，部同，昆生，十月初一日①。

《狐思》玉面姑姑；《游借》白蛇。

桂亭

姓陈，号秋原，苏州人，年十六岁，部同，陈金爵孙，陈永年子。

《游惊》柳梦梅；《琵琶行》白香山；《亭会》赵伯畴；《藏舟》刘苏；《独占》卖油郎；《寄柬》张生；《佳期》；《游借》许仙；《水斗》；《断桥》；《折柳》李益；《后约》唐伯虎；《夺食》；《琴挑》潘必正。

桂枝

姓诸，号秋芬，北京人，年十六岁，四月初一日生，部同，昆旦，善弈。

《思凡》赵尼；《游惊》杜丽娘；《琵琶行》花秀红；《亭会》谢素秋；《藏舟》邬飞霞；《独占》花魁；《寄柬》红娘；《佳期》；《拷红》。

桂蟾

姓钱，号秋屏，苏州人，年十四岁，部同，昆旦，八月初四日生。

《游惊》春香；《独占》花魁；《游借》青蛇；《狐思》欢姑；《折柳》霍小玉；《琴挑》陈妙常。

全：《鹊桥密誓》桂亭唐明皇、桂枝杨贵妃、桂云牛郎、桂蟾织女。

莲茂堂 （石头胡同）

主人周长顺

正名玉辉，号韫山，山东聊城人，年二十二岁，隶三庆部，武旦，出春茂。

---

① 下阙“生”字。

群芳谱　卷三

春　台　部

维新堂　(韩家潭)

主人钱金福

瑞春阿四胞兄。

双喜

姓范,号鞠仙,小名七十,北京人,兼久和春部须生。

《教子》薛保;《戏妻》秋胡;《牧羊圈》朱春登;《跪坡》薛平贵;《二进宫》杨播;《醉写》李白;《芦花河》;《黄金台》田单;《骂曹》。

双莲

姓唐,号妙芗,北京人,部同,花面。

《二进宫》徐延昭;《黄金台》伊哩。

双玉

姓孙,号韫辉,小名石头,北京人,部同,老旦,青衫孙六之子。

《教子》薛保。

景秀堂　(韩家潭)

主人张秀兰

号佩秋,苏州人,年二十一岁,掌春台部,旦,青衫。

《教子》;《回令》。

佩馨

部同,花旦。

《铁弓缘》;《打樱桃》。

韫玉堂　(韩家潭)

主人石双贵

号桂仙,北京人,年十九岁,兼四喜久,和春青衫,出维新。

《探窑》;《教子》;《牧羊圈》;《戏妻》;《进宫》;《芦花河》。

安义堂（韩家潭）

主人胡喜禄

号爱卿，行二，扬州人，年三十一岁，掌春台部，青衫。

《胭脂虎》史良玉；《五花洞》潘金莲；《混元盒》；《玉玲珑》梁红玉；《会审》玉堂春；《探母》公主；《血手印》殷小姐。

财保

姓刘，号笛仙，行七，北京人，年十七岁，兼四喜武生，出桐义。

《探庄》石秀；《八蜡庙》；《淮安府》；《蜈蚣岭》；《青峰岭》李虎；《青龙棍》；《白水滩》。

六儿

姓冯，名连桂，又名春儿，号爱秋，行八，北京人，年十六岁，部同，武旦，出东安义。

《金山寺》；《无底洞》；《泗洲城》；《青龙棍》；《青峰岭》；《卖艺》；《打焦》；《纺花》；《茶叙》；《上坟》；《卖饽饽》。

来福

姓何，号玉珊，行九，淮安人，年十六岁，部同，昆旦。

《琴挑》陈妙常；《偷诗》；《独占》花魁；《楼会》穆素徽；《折柳》霍小玉；《思凡》。

寿儿

姓翟，号佩秋，行十，北京人，年十五岁，部同，昆旦、花旦。

《湖船》；《铁弓缘》；《巧姻缘》；《入府》；《荣归》。

乐安堂（大安南营）

主人孙彩珠

号绚华，又芷沅，年二十八岁，隶春台部，旦，昆乱，出福云，旧署梯云。

《相约相骂》云香；《定情》杨贵妃；《姑阻失约》陈妙常；《双拜月》；《虹霓关》丫鬟；《彩楼配》王宝川；《五花洞》妖精；《孝感天》；《会审》；《琴挑》；《断桥》青蛇；《搜鞋》。

桐云堂 (大外廊营)

主人陆金凤

号翼堂,医名廷章,苏州人,年六十二岁,隶春台部,昆生,现专门外科,堂名同荫。

四儿

金凤子,年十三岁,部同,武旦,昆乱,青衫。

《打番》;《教子》春娥;《鸳鸯瓶》;《琵琶洞》。

桂喜

姓陆,号芹香,北京人,年十五岁,部同,武生。

《三岔口》;《顶灯》;《背橙》。

来喜

姓段,号紫香,北京人,年十五岁,部同,武旦。

三喜

姓王,号月香,北京人,年十五岁,部同,丑。

宝铃

姓赵,号鸾仙,北京人,年十六岁,部同,花旦。

《醉归》;《吞丹》;《教子》;《顶灯》。

全:《跑马卖艺》。

近信堂 (朱髦胡同)

主人陈连元

四儿,号玉卿,北京人,年二十岁,隶春台部,老生。

陈连珍

五儿,号佩珊,北京人,年十七岁,部同,武旦,连元胞弟,同出安义,正月二十一日生。

《金山寺》;《无底洞》老鼠;《泗洲城》水母。

玉奎

姓余,号瑶仙,北京人,年十四岁,部同,须生。

《醉写》李白;《金马门》;《昭关》伍员;《挡谅》茂才。

财宝

姓李，号宛秋，北京人，年十二岁，部同，须生。

《教子》薛保；《扫雪》定孙；《挡谅》茂才；《骂曹》。

金喜

姓孟，号如秋，古城人，年十二岁，部同，花旦、青衫。

《喂药》刘金锭；《荣归》小姐；《荷珠配》丫鬟；《关王庙》玉堂春；《斗洞房》新娘；《戏妻》罗敷。

保春堂 （杨髦胡同）

主人张梅五

名福官，北京人，年二十岁，隶春台部，花旦，出保身。

《拾玉镯》孙玉姣；《探亲》；《摇会》二娘；《雁门关》柳金定；《下河南》；《红鸾喜》。

闻一堂 （朱髦胡同）

主人杨吉祥

号桂贞，又号麟仙，小字巧前，北京人，七月初六日生，隶春台部，小生，出闻德。

《打金枝》郭暧；《打龙袍》小王；《战太平》；《铁弓缘》。

梨园声价录

署名“皖北游戏道人”，著于清光绪二年至三年(1876—1877)间，以稿本行世。据序跋题识等，知作者为孙默(字顽石)，书分上、中、次三品，记录品评了清同光年间上海梨园优伶一百五十余人，以行当分类排列。该书是研究清光绪初年上海梨园的珍贵史料。《中国戏曲志·上海卷》云上海艺术研究所藏有传抄本，遗憾的是，整理者仅找到《河北戏曲资料汇编》收录本，虽错讹甚多，且未抄全，亦属无可奈何。

序

夫哀丝豪竹，谢太傅之风流；铁板铜琶，苏长公之韵事。靡不聆音识曲，对酒当歌，借弦管之嗷嘈，写襟怀之磊落。而况古今之一瞬，只傀儡之登场；哀乐万端，极俳优之变态。嘻笑怒骂，皆成文章；儿女英雄，别开生面，可以想其遭遇侘傺，蕴寄幽遐关[①]。则有皖江名士，沪上寓公，属多橐笔之闲，雅有征歌之癖。每当选声鞠部，遴艺梨园，或慷慨激昂，似击荆卿之筑；或缠绵悱恻，如弹赵女之筝。新响杂陈，众妙取景，于是加之评骘，缀以品题，綦风月于一编，拾珠玉于寸管，斯固才人好事，壮士拊心已。或谓伶伦贱伎，下里新声，只供世俗之娱，何当通人之尝。不知抉风邃学，不废笙歌，公瑾将才，妙解音律，必欲收视反听，蔽聪塞明，抑亦一孔之儒，目论之士也。夫人志在高骞，才堪远利，感奋投笔，笳鼓助其壮怀；雍容珥彤，笙簧聆其雅奏。若斯盛遇，庶几素期。而乃春去秋来，旅怀凄恻，莺啼草长，客梦婆安，托阮籍之猖狂，类东方之游戏，大惭大好，惊梦幻于衣冠；可泣可歌，乞知音于妇孺。吁可悲夫，岂得已与？仆昔滞燕台，曾征乐部，每叹观止，未有言传。今则钧天广乐，好梦难寻；月府霓裳，旧游已渺。展阅是录，不啻异曲而同工，非可优彼而劣此也。

云间少玉溪生撰

小　引

仆淺游上海十有余年，间作北里之游，雅有征歌之癖。自谓逢场作戏，不过适意于一时；短喝长歌，遑识此中三昧？而乃烟云过眼，浪说繁华；珠玉当前，未闻评骘。仆也不敏，心窃憾焉。因以乙丙以还，暇与云间最不羁生留意梨园，旁咨博访，得百五十余人，别

---

① 此句疑原文有误。

上中次三品,分别各项角色,详其籍贯姓名,隶何园,兼何技,各排其当行诸剧,上品且缀以赞词。嘻!抹月批风,不免贻讥于君子;而丝品竹,或亦不失为雅人云尔。

光绪四年岁次戊寅八月朔日,皖北游戏道人识于沪滨

序

尝谓优孟之习入于词林,太师之门过于花柳,侏儒犹杂,臧武仲之登朝;坐俳歌谣,东方生之执戟。凡兹傀儡,本属牵来,如彼衣冠,宁堪嘻笑。此仆所以有不可一世之心,欲横洒九天之唾也。乃有山中君子,海上寓公,三年泪雨,剪烛相逢,一代新声,援书以示。网罗所致,宾主尽于东南;珠玉为评,言语妙于天下。不知者谓抹月批风,情钟我辈;知之者谓朝云暮雨,哀满人间。夫使子黑头作相,白面从戎,置后堂之丝竹,听绝塞之征笳,秉宫烛以纂唐书,未必元辱骂[①];夺燕支而还汉主,且教杜老狂歌。不然而幸幸一廛,间间十亩,妇为赵女,颇习秦声;友得周郎,雅能顾曲。于是时也,苏堤莺啭,小红度以银箫;赤壁乌飞,大汉持其铁板。君非客者,仆以解人,可以领无尽之清风,指长终于明月夫何?喧喧二鸟,天地为聋;唧唧孤虫,秋风助叹。吁嗟同甫,居然子贡之华;寂寞原思,不继丹求之粟。辞蒸豚于两庑,伤痴肉之半斤。呜呼!寄深心于诗酒,谁知阮籍猖狂;求知己于优伶,我为昌龄痛哭。至于许劭月旦,或见喜于奸雄;仲尼春秋,亦得罪于当世。则斯书得失,仆诚弇鄙,未足以知。

光绪三季丁丑秋重阳前一日,璀皋硕绝生撰,时同客海上

凡 例

一、海上京班自熊氏创始后,接踵而至者不一其人,兹就十余

① 此处似有讹夺。

年来见闻所及者，得脚色若干，后有来者，再行补入；

一、各班脚色人数极繁，概予搜罗不能遍载，兹仅择优者，遗珠之憾深知不免；

一、是编分为三品，不过偶而品题，并非意存轩轾，知我罪我，所不暇计；

一、各脚色外号小字暨联姻亲，亦就访得者说明，其有无从查考者，概从略焉；

一、分列当行诸剧，本自见闻。其有戏名偶而遗忘，与新排未及登入者，留俟续增；

一、各园弟子，来去不常，其已去与亡故者，注明前隶何园；其供奉各班者，注明现隶何园；

一、是编专就各班脚色广为搜录，其有雅兴登场不留姓氏者，不及备载；

一、梨园脚色，向分外、付、净、生、旦、贴、末，丑等名目，兹编所录，概从伶称；

一、海上文班暨以前之聚美等园，颇有擅长脚色，惟素鲜见闻，难以搜辑，姑从割爱；

一、是编匆促告成，其脚色之籍贯、技艺多系得自传闻，率尔操觚，难免挂漏，倘蒙大雅不弃，改正而续增焉，尤为至幸。

目　录

胡子生

上品：周春奎　孙春恒　孙鞠仙　景四宝　陈梦珩　吴凤鸣　熊金桂

中品：苑兴盛　徐岱云　袁韩堂　马　六　刘均喜　小秃三　陈万有　王兆奎　小庚弟　王德全

次品：李兴斋　刘久奎　刘桂卿　吴连奎　恒二奎　吉胜奎　林连桂　周长春　丁子久　左月春　夏奎章　元　洪　熊文通

青衫旦

上品:常子和　王桂芬　孙瑞棠　李棣香　陈双喜　田玉珊　王喜寿　自来红

中品:陈玉堂　小连生　朱翠凤　王宝凤　刘荟芳　任庆云　薛宝生　阎金福　赵宝云　郭秀华

次品:丁琴凤　京小六　董子铭　董喜林　段少兰

花面

上品:大奎宫

中品:张　七　少胜奎　小　穆　董三雄　左铜锤　刘福义　孟　七　九　柱

次品:宁天吉　赵殿奎　谢云奎　庆振庭　刘玉庭　刘福永　少赶弟

武生

上品:任　七　杨月楼　黄月山

中品:李春来　任子山　郝福芝　赵珍玉　谢梅卿　沈韵秋

次品:周长山　杨文玉　三麻子　八十儿　庆禄喜　阿　狗　王洪福　薛桂山　米湘祺

武丑

上品:田　黑　陈吉太　薛大庆　贵　小

中品:环　九　张永升　小　庆

次品:小和尚　杜增林　宋立官

花旦

上品:傅紫秋　谢宝林　安静芝　盖山西　盖三省　皂　儿　小十三旦　小水上漂　陈彩林　梨双玉　刘凤林　陆玉珍　一盏灯　太谷三　十三旦

中品:浪双喜　浪半台　冯三喜　赵宝龄　金香翠　一斗金　六月鲜

次品:何哈旦　小桂春　蔡四喜　侯长寿　叶桂仙　俞三元

武　旦

上品:韩桂喜　黑　儿

中品:对　儿　甄五喜

次品:大福喜　王玉山　小桂香

小　生

上品:杜蝶云

中品:徐德奎　杨吉祥　人参娃

次品:江春山　张玉涵　七　义

老　旦

上品:冯玉春

中品:张秉元

次品:周　五　段延辉

小　丑

上品:秃扁儿　崔景福

中品:毕不得　周松林　周来全　徐　九

次品:赵祥玉　朱二小　宋赶生　李毛儿[①]　宋二套　马八海

① 目录有此人,然而正文阙如,或许是漏抄之故。

梨园声价录

胡子生上品

周春奎

号星垣,直隶天津人,前隶金桂轩。

戏海飞鸿,行空天马,卓尔不群,夫惟大雅①。

《五雷阵》孙膑;《探母回令》杨延辉;《牧羊圈》朱春登

《赶三关》薛平贵;《回龙鸽》同上;《捉放曹》陈宫

《骂曹》弥衡;《取荥阳》汉高祖;《战成都》刘璋

《黄鹤楼》刘备;《美人计》;《白帝城》俱同上

《打金枝》唐王;《金水桥》同上;《战北原》诸葛亮

《失街亭》;《斩马谡》;《天水关》俱同上

《法门寺》赵廉;《樊城昭关》伍子胥;《审刺客》闵党

《戏妻》秋胡;《摘缨会》楚庄王;《黄金台》田单

《二进宫》杨博

孙春恒

行六,小名小六,顺天人。擅梆子,兼小丑,前隶丹桂茶园。

披一品衣,抱九仙骨,名士风流,想见诸葛。

《失街亭》诸葛亮;《空城计》;《斩马谡》

《天水关》;《柴桑口》;《战北原》

《取南郡》俱同上;《黄鹤楼》赵云;《群英会》鲁肃

《捉放曹》陈宫;《骂曹》弥衡;《醉写》李白

《金马门》同上;《教子》薛保;《探母回令》杨延辉

《寄子》邓伯道;《请宋灵》岳武穆;《断密涧》王伯党

《状元谱》陈伯敏;《朱砂痣》;《审头刺汤》

① 上品之赞词,清光绪年间上海《申报》曾经刊载,据之校订。

《牧羊圈》朱春登；《清官册》寇准；《一捧雪》穆成
《定军山》；《阳平关》黄忠；《二进宫》杨博
《御碑亭》王有道；《取荥阳》汉高祖、纪信；《盗御马》
《连环套》黄天霸；《浣花溪》；《九更天》
《南天门》；《节义廉明》；《乌龙院》
《翠屏山》杨雄；《除三害》周处；《蝴蝶杯》
《战蒲关》；《梨山宴》；《草桥关》
《三疑计》；《五福堂》吕洞宾；《三世修》
《伐子都》；《忠孝图》；《八扯》小二
《阎王乐》戏子；《梅玉配》医生；《绒花计》
《三字经》

孙鞠仙

直隶天津人，前升平外学班，现隶大观园。
行神如空，行气如虹，兴高彩烈，绝大神通。
《樊城昭关》伍子胥；《捉放曹》；《黄鹤楼》刘备
《取荥阳》刘邦；《战成都》刘璋；《失街亭》诸葛亮
《空城计》；《斩马谡》；《天水关》
《战北原》；《柴桑口》；《七星灯》同上
《骂曹》弥衡；《醉写》李白；《金马门》李白
《金水桥》唐王；《打金枝》同上；《探母回令》杨延辉
《洪洋洞》杨延昭；《白虎堂》同上；《李陵碑》杨业
《牧羊圈》朱春登；《二进宫》杨博；《断密涧》王伯当
《清官册》寇准；《教子》薛保；《一捧雪》穆成
《法门寺》赵廉；《桑园寄子》邓伯道；《请宋灵》岳武穆
《审刺客》闵觉；《乌盆计》绸缎客；《赶三关》薛平贵
《回龙鸽》同上；《五雷阵》孙膑；《戏妻》秋胡
《黄金台》田单

景四宝

号庆云,直隶天津人,兼武老生、花面,前隶金桂轩。

天骨开张,须眉欲活,生气凛然,蓬蓬勃勃。

《白马坡》关公;《斩颜良》同上;《葭萌关》黄忠

《定军山》;《阳平关》;《大报仇》俱同上

《黄鹤楼》赵云;《美人计》;《凤鸣关》同上

《教子》薛保;《海潮珠》崔杼;《寄子》邓伯道

《乌龙院》宋江;《翠屏山》杨雄;《佘塘关》杨业

《镇檀州》岳飞;《打棍出箱》举人;《铁莲花》

《焚绵山》介之推;《宝莲灯》;《状元谱》陈伯敏

《一捧雪》穆成;《打金枝》郭子仪;《乌盆计》绸缎客

《法门寺》赵廉;《审刺客》闵觉;《南天门》刘子明

《太平桥》;《庆顶珠》萧恩;《战盘河》

《御果园》尉迟恭;《捉放曹》曹操;《盗御马》窦尔墩

《连环套》同上;《天水关》姜维;《落马湖》李佩

陈梦珩[①]

顺天人,前隶丹桂茶园。

规矩从心,炉锤在手,看似寻常,无奇不有。

《打金枝》唐王;《金水桥》唐王;《牧羊圈》朱春登

《战樊城》伍子胥、伍尚;《长亭昭关》同上;《取荥阳》汉高祖、韩信

《天水关》诸葛亮;《黄金台》田单;《捉放曹》陈宫

《探母回令》杨延辉;《白马坡》关公;《斩颜良》同上

《五雷阵》孙膑;《断密涧》李密;《斩黄袍》赵太祖、郑子明

《请宋灵》赵太祖

吴凤鸣

江苏苏州府人,兼武老生,前隶丹桂茶园。

① 原文误作"陈孟珩"。

天半朱霞，云中白鹤，此响不传，广场寂寞。
《假金牌》知县；《海潮珠》崔杼；《请宋灵》宋王
《贩马记》；《庆顶珠》萧恩；《定军山》黄忠
《阳平关》同上；《大报仇》同上刘备；《黄鹤楼》赵云
《群英会》鲁肃；《审刺客》闽觉；《宝莲灯》
《三疑计》王先生；《佘塘关》杨业；《翠屏山》杨雄
《吴汉杀妻》；《黑沙洞》；《胭脂虎》李章滚
《审头刺汤》；《节义廉明》巡按；《忠孝图》曹壮
《瑞云庵》博也平；《取金陵》

熊金桂

安徽人，前丹桂茶园掌班。
海上梨园，惟君创始，雏凤清声，方兴未已。
《打棍出箱》；《宝莲灯》

胡子生中品

苑兴盛

直隶天津县人，现隶丹桂茶园。
《空城计》司马懿；《胭脂虎》李章滚；《瑞云庵》博也平
《打金枝》郭子仪；《捉放曹》吕伯奢；《二进宫》杨博
《取荥阳》纪信；《七星灯》赵云；《蝴蝶杯》渔翁

徐岱云

直隶天津县人，前隶丹桂茶园。
《假金牌》知县；《七星灯》孔明；《天水关》
《柴桑口》俱同上；《战樊城》伍尚；《探母》杨延昭
《洪洋洞》同上；《南阳关》伍云召；《上天台》刘秀

袁韩堂

旗人，前隶丹桂茶园。

《柴桑口》诸葛亮;《天水关》;《七星灯》俱同上
《捉放曹》陈宫;《探母》杨延昭;《取荥阳》汉高祖、纪信
《换子》徐策;《斩黄袍》赵太祖

马六

顺天人,前隶丹桂茶园。
《胭脂虎》李章滚;《捉放曹》陈宫;《法门寺》赵廉
《审刺客》闵觉;《摘缨会》楚庄王;《南阳关》伍云召
《清官册》寇准;《探母回令》杨延辉;《戏妻》秋胡

刘均喜

直隶天津省人,现隶丹桂茶园。
《乌盆计》绸缎客;《探母回令》杨延辉、杨延昭
《李陵碑》杨业;《洪洋洞》杨延昭;《牧羊圈》朱春登
《天水关》诸葛亮;《空城计》;《七星灯》
《战北原》俱同上;《打金枝》唐王、郭子仪

小秃三

姓熊名德雨,安徽人,兼小丑,现隶天仙茶园。
《醉写》李太白;《骂曹》弥衡;《捉放曹》陈宫
《戏妻》秋胡;《探母回令》杨延辉、杨宗保;《赶三关》薛平贵
《回龙阁》同上;《打金枝》唐王;《金水桥》同上
《天水关》诸葛亮;《战北原》同上;《五雷阵》孙膑
《教子》薛倚哥;《寄子》邓儿;《白马坡》马夫
《金山寺》小和尚

陈万有

直隶天津县人,现天仙茶园。
《教子》薛保;《探母回令》杨延辉、杨延昭;《打金枝》唐王、郭子仪
《回龙阁》薛平贵;《牧羊圈》朱春登;《捉放曹》陈宫、吕伯奢

《天水关》诸葛亮；《空城计》同上

王兆奎

直隶天津县人，现隶丹桂茶园。

《焚绵山》介之推；《定军山》黄忠；《阳平关》

《大报仇》俱同上；《黄鹤楼》赵云；《凤鸣关》同上

《太平桥》；《战太平》；《金光阵》

《战蒲关》张巡；《乌龙院》宋江；《浣花溪》

《翠屏山》杨雄；《审刺客》闵觉

小庚弟

姓夏，安徽人，现隶天仙茶园，胡子生夏奎章之长子。

《牧羊圈》朱春登；《探母回令》杨延辉；《打金枝》唐王

《金水桥》同上；《赶三关》薛平贵；《回龙鸽》同上

《取荥阳》汉高祖、纪信；《断密涧》王伯当；《捉放曹》陈宫

《天水关》诸葛亮；《醉写》李白；《骂曹》弥衡

《戏妻》秋胡；《教子》薛保、薛义；《二进宫》杨博

《翠屏山》石秀；《探庄》同上；《蜈蚣岭》武松

王德全

本姓熊，名武达，小名王达儿，安徽人，兼武老生，文武小生，花旦，丑，现隶丹桂茶园，胡子生熊金桂之次子。

《探母回令》杨延辉、杨宗保；《醉写》李白；《赶三关》薛平贵

《回龙鸽》同上；《打金枝》唐王；《金水桥》同上

《教子》薛义；《三疑计》；《朱砂痣》韩天赐

《四杰村》余千；《花蝴蝶》；《八扯》姑娘

《上坟》老爷

胡子生次品

李兴斋

直隶天津县人,兼大面,前隶天仙茶园。

《探母回令》杨延辉;《牧羊圈》朱春登;《戏妻》秋胡

《教子》薛保;《二进宫》杨博;《绝缨会》楚庄王

《节义廉明》巡按;《五雷阵》孙膑;《捉放曹》曹操

《天水关》姜维;《御果园》尉迟恭;《断密涧》李密

刘久奎

顺天人,现隶大观园。

《焚绵山》介之推;《探母回令》杨延辉、杨延昭;《洪洋洞》杨延昭

《取荥阳》纪信;《南天门》刘子明;《定军山》严颜

《牧羊圈》朱春登

刘桂卿

顺天人,前隶丹桂茶园。

《龙虎斗》赵太祖;《请宋灵》同上;《教子》薛保

《探母》杨延昭;《御林郡》马芳;《二进宫》杨博

《三疑计》先生

吴连奎

号连升,江苏苏州府人,前隶丹桂茶园,胡子生吴凤鸣之子。

《乌盆计》绸缎客;《翠屏山》杨雄;《打棍出箱》

《盗宗卷》;《定军山》黄忠;《战太平》

恒二奎

直隶保定府人,前隶丹桂茶园。

《战樊城》伍子胥;《五雷阵》孙膑;《审刺客》闵觉

《洪洋洞》杨延昭

吉胜奎

直隶河间人，前隶鹤鸣园。

《南天门》刘子明；《打金枝》唐王；《郭子仪》

《黄鹤楼》刘备；《芦花河》薛丁山

林连桂

顺天人，现隶大观园。

《琼林宴》；《翠屏山》杨雄；《镇檀州》岳武穆

《空城计》司马懿

周长春

号敬和，江苏吴县人，前隶丹桂茶园。

《教子》薛保；《二进宫》杨博；《请宋灵》徽宗、钦宗

《群英会》鲁肃；《捉放曹》吕伯奢

丁子久

江苏镇江人，前隶金桂轩。

《南天门》刘子明；《教子》薛保；《寄子》邓伯道

左月春

山东人，前隶同乐园。

《黄鹤楼》刘备；《取荥阳》汉高祖；《战成都》刘璋

《打金枝》唐王；《金水桥》同上；《赶三关》薛平贵

《回龙鸽》同上；《戏妻》秋胡；《探母回令》杨延辉

《牧羊圈》朱春登

夏奎章

安徽人，现隶天仙茶园。

《黄鹤楼》赵云；《拦江救主》；《凤鸣关》俱同上

《定军山》黄忠；《大报仇》同上；《翠屏山》杨雄

《假金牌》知县

元洪

直隶张家口人,专梆子,前隶丹桂茶园。

《教子》薛保;《血手印》老翁;《翠屏山》杨雄

熊文通

安徽人,兼大面,现隶天仙茶园,胡子生熊金桂之子。

《赶三关》薛平贵;《回龙鸽》同上;《御林郡》马方

《清和桥》楚庄王;《盗宗卷》;《攻潼关》姜子牙

《沙陀国》程敬恩;《金山寺》法海;《捉放曹》曹操

《战北原》郑文

青衫旦上品

常子和

号紫娥,行四,旗人,前隶金桂轩。

行云欲停,悲风四起,韩娥之讴,闻者出涕。

《别宫祭江》孙夫人;《落园》陈杏元;《祭塔》白蛇

《牧羊圈》赵锦棠;《教子》王春娥;《南天门》曹玉莲

《斩窦娥》窦娥;《宇宙锋》赵女;《戏妻》罗敷

《彩楼配》王宝钏;《击掌》;《探窑》

《回龙鸽》俱同上;《大保国》李彦妃;《二进宫》同上

《法门寺》宋巧娇

王桂芬[①]

号松轩,苏州府人,前隶满庭芳,现隶天仙茶园。

仙露明珠,松风水月,宜僚弄丸,有此圆活。

---

① 原文误作"王桂芳"。

《探母回令》四夫人、肖太后;《教子》王春娥
《打金枝》正宫、升平公主
《戏妻》罗敷;《金水桥》银屏公主;《二进宫》李艳妃
《彩楼配》王宝钏;《击掌》;《探窑》
《回龙鸽》;《跑坡》俱同上;《别宫祭江》孙夫人
《祭塔》白蛇;《法门寺》宋巧娇;《牧羊圈》赵景棠

孙瑞棠

直隶天津县人,前隶升平轩,现隶天仙茶园。
雅度翩跹,真力弥满,玉佩琼琚,大家举止。
《教子》王春娥;《牧羊圈》赵景棠;《探母》四夫人
《彩楼配》王宝钏;《回龙鸽》同上;《赶三关》代战公主
《打金枝》升平公主;《金水桥》银屏公主;《法门寺》宋巧娇
《芦花河》樊梨花;《三休》同上;《别宫祭江》孙夫人
《戏妻》罗敷

李棣香

号阳生,安徽人,兼小生、刀马,现隶丹桂茶园。
彤管可贻,以贻之子,雪槛风帘,闺人深致。
《虹霓关》丫头;《落园》陈杏元;《法门寺》宋巧娇
《打金枝》升平公主;《戏妻》罗敷;《南天门》曹玉莲
《宇宙锋》赵女;《一捧雪》雪艳;《审头刺汤》同上
《牧羊圈》赵景棠;《战太平》二夫人;《梅玉配》苏玉莲
《朱砂痣》江氏;《战蒲关》;《孤鸾阵》宗保妻
《雄黄阵》白蛇;《举鼎观画》薛蛟;《天水关》后主
《群英会》周瑜;《黄鹤楼》同上

陈双喜

号倚云,江苏苏州府人,现隶丹桂茶园。
弱态激昂,柔情慷慨,吾视魏征,弥觉妩媚。

《探母》四夫人;《戏妻》罗敷;《教子》王春娥
《三休》樊梨花;《芦花河》同上;《牧羊圈》赵景棠
《二进宫》李艳妃;《彩楼配》王宝钏;《击掌》
《探窑》;《跑坡》;《回龙鸽》俱公主、代战公主
《赶三关》同上;《虹霓关》丫环;《梅玉配》苏玉莲

田玉珊

小名德生,京人,原籍苏州,前隶金桂轩。
翠袖单寒,在彼空谷,楚楚可怜,羞为胥休。
《牧羊圈》赵景棠;《美人计》孙夫人;《别宫祭江》同上
《金水桥》正宫;《银屏公主》;《打金枝》正宫、升平公主
《二进宫》李艳妃;《彩楼配》王宝钏;《回龙鸽》同上
《芦花河》樊梨花

王喜寿

号雅琴,本名长利,东京人,原籍江阴,兼小生,前隶金桂轩。
声清雏凤,响欲绕梁,优昙一现,遽散广场。
《宇宙锋》赵高女;《斩窦娥》窦娥;《别宫祭江》孙夫人
《牧羊圈》赵景棠;《打金枝》升平公主;《金水桥》银屏公主
《教子》王春娥、薛义;《戏妻》罗敷;《彩楼配》王宝钏
《探窑》;《回龙鸽》俱同上;《南天门》曹玉莲
《玉兔传》公主;《芦花河》樊梨花;《祭塔》白蛇
《落园》陈杏元;《寄子》伯道儿;《铁莲花》
《状元谱》陈大官

自来红

直隶天津县人,前隶大观园。
响遏行云,声清于水,慷慨悲歌,美销傀儡。
《别宫祭江》孙夫人;《祭塔》白蛇;《别窑》王宝钏
《春秋配》;《金山寺》白蛇;《二进宫》李艳妃

青衫旦中品

陈玉堂

小名菜子，安徽人，前隶丹桂茶园。

《大保国》李艳妃；《二进宫》同上；《别宫祭江》孙夫人

《祭塔》白蛇；《教子》王春娥；《戏妻》罗敷

《探母回令》四夫人、肖太后；《牧羊圈》赵景棠

小连生

姓李号莲孙，直隶天津县人，现隶丹桂茶园。

《彩楼配》王宝钏；《别宫祭江》孙夫人；《牧羊圈》赵景棠

《戏妻》罗敷；《南天门》曹玉莲；《探母》四夫人

《教子》王春娥

朱翠凤

直隶河间县人，现隶大观园。

《教子》王春娥；《打金枝》升平公主；《彩楼配》王宝钏

《戏妻》罗敷；《祭塔》白蛇；《别宫祭江》孙夫人

《落园》陈杏元；《牧羊圈》赵景棠

王宝凤

江苏苏州府人，前隶丹桂。

《彩楼配》王宝钏；《击掌》；《探窑》

《跑坡》；《回龙鸽》俱同上、代战公主；《牧羊圈》赵景棠

《戏妻》罗敷

刘荟芳

顺天人，前隶中桂轩。

《打金枝》正宫、升平公主；《金水桥》银屏公主；《教子》王春娥

《二进宫》李艳妃；《探母回令》四夫人、肖太后；《泗州城》观音昌

任庆云

顺天人,兼小生,前隶鹤鸣园。

《探母》肖太后、四夫人;《南天门》曹玉莲;《芦花河》樊梨花

《戏妻》罗敷;《教子》王春娥;《牧羊圈》赵景棠

《群英会》周瑜;《天水关》后主

薛宝生

江苏苏州府人,兼花旦,前隶升平轩。

《教子》王春娥;《彩楼配》王宝钏;《探母》夫人、公主

《戏妻》罗敷;《法门寺》宋巧蛟;《赶三关》代战公主

《双摇会》二娘;《双沙河》公主;《虹霓关》东方夫人

阎金福

直隶天津人,现隶大观园。

《牧羊圈》赵锦棠;《法门寺》宋巧蛟;《戏妻》罗敷

《琼林宴》;《寄子》邓嫂

赵宝云

前隶金桂轩。

《南天门》曹玉莲;《牧羊圈》赵锦棠;《宇宙锋》赵高女

郭秀华

前隶中桂轩。

《芦花河》樊梨花;《赶三关》代战公主;《探母》肖太后

《打金枝》正宫

青衫旦次品

丁琴凤

顺天人,前隶盈桂轩。

《打金枝》升平公主;《金水桥》银屏公主;《戏妻》罗敷

《落园》陈杏元

京小六

顺天人，前隶丹桂茶园。

《牧羊圈》赵锦棠；《探母》四夫人；《南天门》曹玉莲

董子铭

号俊臣，直隶天津人，前隶同乐园。

《金水桥》西宫、银屏；《教子》王春娥；《三休》樊梨花

董喜林

江苏苏州府人，前天仙茶园。

《戏妻》罗敷；《泗州城》观音；《牧羊圈》赵锦棠

段少兰

名松廷，顺天人，前隶同乐园。

《打金枝》升平公主；《南天门》曹玉莲

花 面 上 品

大奎官

刘姓，名万丈，顺天人，现隶丹桂茶园。

龙跳天门，虎卧凤阙，喑哑叱咤，此其余烈。

《取洛阳》马武；《草桥关》姚期；《白马坡》颜良

《九龙杯》黄三太；《盗御马》窦尔墩；《连环套》同上

《落马湖》李佩；《请宋灵》兀术；《锁五龙》单通

《御果园》尉迟恭；《白良关》同上；《法门寺》刘谨

《黄金台》伊里；《天水关》姜维；《双包案》包拯

《铡美案》；《铡包勉》；《打龙袍》

《打銮驾》；《龙凤阁》俱同上；《捉放曹》曹操

《断密涧》李密；《二进宫》徐延昭；《斩黄袍》郑子明

《黄鹤楼》张飞;《取荥阳》楚霸王;《战北原》郑文

花面中品

张七

名永镒,顺天人,前隶满庭芳。

《黄金台》伊里;《捉放曹》曹操;《天水关》姜维

少胜奎

顺天人,前隶升平轩。

《锁五龙》单通;《御果园》尉迟恭;《父子会》尉迟、宝林

《断密涧》李密;《捉放曹》曹操;《骂曹》同上

《江东桥》陈玄亮;《天水关》姜维;《铡美案》包龙图

《双包案》;《铡包勉》;《打銮驾》

《打龙袍》俱同上

小穆

号凤山,旗隶,前隶金桂轩。

《天水关》姜维;《造白袍》张飞;《九龙杯》黄三太

《御果园》尉迟恭;《捉放曹》曹操;《双包案》包龙图

董三雄

号福林,顺天人,前隶金桂轩。

《捉放曹》曹操;《黄金台》伊里;《黄鹤楼》张飞

《锁五龙》单通;《御果园》尉迟恭;《天水关》姜维

《琼林宴》包公;《打龙袍》同上;《白马坡》颜良

《断密涧》李密;《八义图》;《落马湖》李佩

左铜锤

现隶大观园。

《天水关》姜维;《黄金台》伊里;《捉放曹》曹操

《取荥阳》霸王

刘福义

直隶深州人，前隶丹桂茶园。

《演火棍》焦赞；《泗州城》；《四杰村》肖月

孟七

顺天人，现隶丹桂茶园。

《收关胜》关胜；《落马湖》李佩；《盗御马》窦尔墩

《连环套》同上；《白马坡》颜良

九柱

姓张名涌胜，直隶天津县人，现隶丹桂茶园。

《伐子都》考叔；《九更天》巡按；《除三害》

花 面 次 品

宁天吉

行四，直隶天津人。前隶丹桂茶园。

《法门寺》刘瑾；《黄金台》伊里；《捉放曹》曹操

赵殿奎

号达双，顺天人，现隶大观园。

《造白袍》张飞；《黄鹤楼》同上；《牧羊圈》中军

《白虎堂》焦赞

谢云奎

号五凤，顺天人，现隶天仙茶园。

《捉放曹》曹操；《天水关》姜维；《黄金台》伊里

《打龙袍》包公

庆振庭

小名三套,顺天人,前隶升平轩。

《取洛阳》马武;《天水关》姜维;《捉放曹》曹操

《战北原》郑文;《黄金台》伊里;《白马坡》颜良

《八扯》小二;《双沙河》驸马;《九更天》

《拾玉镯》

刘玉庭

直隶天津县人。现隶丹桂茶园。

《回朝》闻太师;《大保国》徐延昭;《探皇陵》

《二进宫》俱同上;《骂曹》曹操;《群英会》同上

刘福永

顺天人,前隶金桂轩。

《断后》包公;《打龙袍》同上

少赶弟

姓夏,安徽人,现隶天仙茶园,胡子生夏奎章之次子。

《天水关》姜维;《蜈蚣岭》道士

武生上品

任七

号正元,顺天人,前隶金桂轩。

矫若饥鹰,阚如虓虎,精悍之色,见于眉宇。

《落马湖》黄天霸;《盗御马》;《连环套》

《淮安府》;《独虎营》俱同上;《翠屏山》石秀

《探庄》;《射红灯》俱同上;《蜈蚣岭》武松

《十字坡》;《快活林》俱同上;《三岔口》任堂惠

《二龙山》张青;《恶虎庄》杜明;《蔡家庄》郑天寿

《白水滩》十一郎;《赵家楼》华云龙;《红桃山》花荣

《白莲寺》;《乾元山》哪吒;《无底洞》
《青石山》俱同上

杨月楼

名九昌,安徽安庆府人。兼文武老生,隶鹤鸣园掌班。
彼狡童兮,好行小慧,名过其实,造物且忌。
《赵家楼》华云龙;《八大锤》陆文龙;《岳家庄》岳云
《翠屏山》石秀;《探庄》;《射红灯》俱同上
《虮蜡庙》黄天霸;《恶虎村》;《淮安府》俱同上
《四杰村》余千;《三岔口》任堂惠;《白水滩》十一郎
《泗州城》猴;《摇钱树》同上;《金山寺》
《双包案》猫;《乾元山》哪吒;《火云洞》
《青石山》;《无底洞》俱同上;《花蝴蝶》
《红桃山》花荣;《神州擂》同上;《二龙山》张青
《恶虎庄》杜明;《飞虎山》李存孝;《梵王宫》
《捉放曹》陈宫;《探母回令》杨延辉;《牧羊圈》朱春登
《审刺客》闵觉;《戏妻》秋胡;《黄金台》田单
《骂曹》弥衡;《天水关》诸葛亮;《战北原》同上
《黄鹤楼》刘备、赵云;《取荥阳》汉高祖、纪信;《战成都》刘璋
《法门寺》赵廉;《江东桥》康茂才;《五雷阵》孙膑
《定军山》黄忠;《阳平关》同上;《芦花河》薛丁山

黄月山

直隶深州人,擅梆子,现大观园掌班。
英姿飒爽,气盖一世,裼裘而来,太原公子。
《伐子都》子都;《翠屏山》石秀;《赵家楼》华云龙
《八大锤》陆文龙;《岳家庄》岳云;《请宋灵》同上
《虮蜡庙》黄天霸;《淮安府》;《恶虎村》
《独虎营》;《落马湖》俱同上;《孤鸾阵》杨宗保
《四杰村》余千;《白水滩》十一郎;《花蝴蝶》

《三岔口》任堂惠;《蜈蚣岭》武松;《十字坡》
《快活林》;《戏叔》俱同上;《佘塘关》杨业
《摇钱树》哪吒;《火云洞》;《乾元山》俱同上
《泗州城》猴;《蝴蝶杯》公子;《别窑平西》薛平贵
《忠孝图》曹壮;《捉放曹》陈宫;《二进宫》杨博

武 生 中 品

李春来

顺天人,现隶大观园。
《四杰村》余千;《虮蜡庙》黄天霸;《恶虎村》同上
《翠屏山》石秀;《三岔口》任堂惠;《泗州城》猴
《白水滩》十一郎;《佘塘关》杨业;《八大锤》陆文龙
《蜈蚣岭》武松;《赵家楼》华云龙;《双包案》猫
《金钱豹》;《花蝴蝶》;《蔡家庄》郑天寿
《飞波岛》;《飞叉阵》;《金沙滩》
《伐子都》子都

任子山

直隶河间人,擅梆子,前隶金桂轩。
《翠屏山》石秀;《探庄》;《射红灯》同上
《伐子都》子都;《忠孝图》曹壮;《三岔口》任堂惠
《白水滩》十一郎

郝福芝

小名七喜,顺天人,现隶丹桂茶园。
《四杰村》余千;《虮蜡庙》黄天霸;《恶虎村》同上
《三岔口》任堂惠;《请宋灵》岳云;《岳家庄》同上
《翠屏山》石秀;《泗州城》猴;《花蝴蝶》
《赵家楼》华云龙;《八大锤》陆文龙;《白水滩》十一郎
《飞波岛》

赵珍玉

号洪顺，直隶武清县人，前隶金桂轩。

《探庄》；《射红灯》；《翠屏山》石秀

《虮蜡庙》黄天霸、褚彪；《四杰村》余千；《三岔口》任堂惠

《二龙山》张青

谢梅卿

名德兴，江苏扬州府人，现隶丹桂茶园。

《恶虎村》黄天霸；《虮蜡庙》同上、褚彪；《四杰村》余千、朴天雕

《泗州城》猴；《二龙山》张青；《八大锤》岳云、陆文龙

《赵家楼》华云龙

沈韵秋

号二兰，顺天人，现隶天仙茶园。

《三岔口》任堂惠；《美人计》周瑜；《镇檀州》杨再兴

《四杰村》余千、朴天雕；《赵家楼》华云龙；《虮蜡庙》黄天霸、贺人杰

《红桃山》花荣；《神州擂》同上

武 生 次 品

周长山

号勤和，江苏吴县人，兼武老生、花面，前隶丹桂茶园，胡子生周长春之兄。

《连营寨》赵云；《黄鹤楼》同上；《淤泥河》薛仁贵

《神州擂》王勇；《界牌关》罗通；《时迁偷鸡》店家

《下河东》呼春廷；《定军山》黄忠；《阳平关》同上

《虮蜡庙》褚彪；《斩黄袍》高怀德；《九龙山》岳飞

《收关胜》关胜；《英雄义》史文恭

杨文玉

直隶通州人，兼文武老生，前隶升平轩。

《探庄》石秀;《射红灯》;《翠屏山》俱同上
《赵家楼》华云龙;《三岔口》任堂惠;《四杰村》余千
《八大锤》陆文龙;《打金枝》唐王;《金水桥》同上
《赶三关》薛平贵;《回龙鸽》同上;《取荥阳》汉高祖
《探母回令》杨延辉;《定军山》黄忠;《阳平关》
《大报仇》俱同上;《黄鹤楼》赵云

三麻子

姓王,江苏扬州府人,兼武老生,前隶天仙茶园。
《三岔口》任堂惠;《十字坡》武松;《翠屏山》石秀
《探庄》;《射红灯》俱同上;《赵家楼》华云龙
《乌龙院》宋江;《闹江州》同上;《节义廉明》宋刑书

八十儿

姓王,直隶武清县人,现隶大观园。
《虮蜡庙》贺人杰;《落马湖》;《四杰村》余千
《英雄义》燕青;《乾元山》哪吒;《摇钱树》
《无底洞》俱同上

庆禄喜

小名和尚,直隶天津县人,前隶升平轩。
《虮蜡庙》黄天霸;《贺人杰》;《三岔口》任堂惠
《白水滩》十一郎

阿狗

姓徐名世芳,山东人,前隶金桂轩。
《十字坡》武松;《乾元山》哪吒

王洪福

直隶天津县人,前隶金桂轩。

《翠屏山》石秀;《三岔口》任堂惠

薛桂山

名振堂,直隶天津县人,原籍湖北,前丹桂茶园掌班,现隶丹桂茶园。

《镇檀州》杨再兴;《界牌关》罗章;《天献铜桥》岳飞

米湘祺

安徽人,前隶同乐园。

《白水滩》十一郎;《泗州城》猴

武 丑 上 品

田黑

号福兴,顺天人,前隶丹桂茶园。

积健为雄,返虚入浑,髑髅手提,英风凛凛。

《十字坡》解差;《二龙山》店家;《三岔口》同上

《四杰村》;《虮蜡庙》朱光祖;《落马湖》

《连环套》;《九龙杯》俱同上;《三上吊》偷儿

《花蝴蝶》;《海瑞朝顶》周仓

陈吉太

小名取儿,直隶三河县人,现隶大观园。

水断蛟龙,陆截虎豹,壮心不已,太阿出鞘。

《卖艺》张三;《三上吊》偷儿;《三岔口》店家

《二龙山》同上;《十字坡》解差;《落马湖》朱光祖

《盗御马》;《连环套》;《恶虎村》

《虮蜡庙》俱同上;《海瑞朝顶》周仓;《白水滩》

《赵家楼》;《花蝴蝶》

薛大庆

号兰有,小名庆儿,直隶天津县人,原籍湖北,兼武生,前丹桂茶园掌班小主人。

黑衣白刃,如古侠客,妙手空空,飞行绝迹。

《时迁偷鸡》时迁;《连环套》朱光祖;《恶虎村》

《虮蜡庙》;《淮安府》;《落马湖》

《九龙杯》俱同上;《赵家楼》;《四杰村》

《花蝴蝶》;《三岔口》店家;《二龙山》同上

《三上吊》偷儿

贵小

姓汤,顺天人,前隶金桂轩。

巧盗骊珠,怒入虎穴,朔方健儿,见者辟易。

《三岔口》店家;《卖艺》张三;《三上吊》偷儿

《落马湖》朱光祖;《连环套》;《虮蜡庙》

《恶虎村》俱同上;《四杰村》花蝴蝶;《赵家楼》

《十字坡》解差;《二龙山》

武 丑 中 品

环九

直隶人,现隶天仙茶园。

《三岔口》店家

张永升

直隶沧州人,前隶丹桂茶园。

《三上吊》偷儿;《二龙山》店家;《三岔口》同上

《虮蜡庙》朱光祖

小庆

姓李,直隶河间府人,前隶丹桂茶园。

《落马湖》朱光祖；《连环套》；《虮蜡庙》
《恶虎村》；《淮安府》俱同上；《四杰村》
《花蝴蝶》

武丑次品

小和尚

姓李名春发，直隶保定府人，现隶丹桂茶园。

《三上吊》偷儿；《三岔口》店家；《十字坡》解差
《虮蜡庙》朱光祖；《淮安府》；《恶虎村》俱同上

杜增林

江苏苏州府人，前隶丹桂茶园。

《四杰村》；《虮蜡庙》朱光祖

宋立官

顺天人，前隶金桂轩。

《泗州城》；《三岔口》店家

花旦上品

傅紫秋

江苏苏州府人，兼刀马旦，擅昆曲，前隶丹桂茶园。

洗尽铅华，自然流丽，一转秋波，心绝欲死。

《翠屏山》潘巧云；《乌龙院》阎婆惜；《双沙河》公主
《破洪州》穆桂英；《胭脂虎》石中玉；《红鸾喜》金玉奴
《延安关》双阳公主；《玉玲珑》梁红玉；《虹霓关》东方夫人
《摇会》大娘、二娘；《湘江会》钟无盐；《惊变埋玉》杨贵妃
《思凡下山》小尼姑；《独占花魁》；《乔醋》夫人
《舟配》周玉姐；《挑帘裁衣》潘金莲；《游园惊梦》小姐

谢宝林

号瑞仙,直隶天津县人,兼刀马旦,擅梆子,前隶丹桂茶园。

揽镜自怜,顾影独赏,燕赵佳人,盖世无两。

《浣花溪》任荣卿;《虹霓关》东方夫人;《得意缘》云鸾

《闺房乐》官夫人;《乌龙院》阎婆惜;《探亲》旗婆

《瑞云庵》尼姑;《摇会》大娘;《八扯》妹子

《海潮珠》崔夫人;《赶三关》代战公主;《回龙鸽》同上

《探母》铁镜公主;《双沙河》公主;《延安关》双阳公主

《湘江会》钟无盐;《拾玉镯》孙玉娇;《九更天》

《翠屏山》潘巧云;《血手印》;《双合印》丫环

《三疑计》同上;《卖皮弦》;《游园赠珠》

《少华山》

安静芝

旗人,兼马刀旦,前隶丹桂茶园。

著王铢衣,迷三里雾,灼灼桃腮,娟娟莲步。

《破洪州》穆桂英;《赶三关》代战公主;《回龙鸽》同上

《金水桥》西宫;《摇会》大娘、二娘;《双沙河》公主

盖山西

姓白名凤元,直隶高阳县人,专梆子,前隶金桂轩。

巧笑宜人,倩盼留媚,观者蚩蚩,阳城下蔡。

《送银灯》;《翠屏山》潘巧云、迎儿;《戏叔》潘金莲

《戏洞》女尼;《拾玉镯》孙玉娇;《摇会》大娘、二娘

《乌龙院》阎婆惜;《阳关折柳》霍小玉;《铁弓缘》姑娘

《断桥》白蛇、青蛇;《长亭分别》莺莺;《日月图》

《合凤裙》;《扇坟劈棺》

盖三省

姓杨名才卿,直隶高阳县人,专梆子,前隶丹挂茶园。

古称倾国，奚止三省，抹倒座中，寻常脂粉。

《翠华宫》公主；《少华山》；《游园赠珠》

《富贵图》姑娘；《刺目》李亚仙

皂儿

姓牛号小童，名牛小童，直隶高阳县人，丁丑重到。兼小生、武小生、大面、丑，专梆子，前隶丹桂茶园，现隶大观园。

白雪红梅，幽人清赏，秀色可餐，对之神往。

《乌龙院》阎婆惜；《活捉》同上；《卖皮弦》

《翠屏山》潘巧云、迎儿；《翠华宫》公主；《刺目》李亚仙

《断桥》白蛇；《少华山》；《别园》郑元和

《送灯》秀才；《卖胭脂》郭生；《阎王乐》阎王

《八义图》；《八扯》小二；《镇檀州》杨再兴

《反五侯》李存孝

小十三旦

姓□号□，直隶张家口人，专梆子，前隶丹桂茶园。

枝上流莺，梁间语燕，色相可餐，优昙偶现。

《少华山》；《游园赠珠》；《刺目》李亚仙

《忠孝图》；《狐狸园》四哥哥；《阳关折柳》霍小玉

小水上飘

直隶张家口人，专梆子，前隶丹桂茶园，花旦皂儿之徒。

是耶非耶，彼姝者子，我亦怜卿，色授魂与。

《刺目》李亚仙；《少华山》；《游园赠珠》

《荷珠配》荷珠；《狐狸园》四哥哥；《长亭分别》莺莺

陈彩林

号新芝，顺天人，擅昆曲工琵琶，兼青衫，刀马旦，观隶天仙茶园。

飞鸟依人,新荷出水,红袖添香,称此娇婢。
《打花鼓》凤阳婆;《翠屏山》迎儿;《探母回令》铁镜公主
《摇会》二娘;《扛子》小娘子;《佘塘关》侍女
《阳关折柳》霍小玉;《下河东》;《攻潼关》佘小姐
《湘江会》钟无盐;《玉兔传》假公主;《青石山》狐狸
《双沙河》公主;《白虎堂》穆桂英;《牧羊圈》赵锦棠
《打金枝》升平公主;《赶三关》代战公主;《回龙鸽》同上、王宝钏
《戏妻》罗敷;《庆顶珠》;《落园》陈杏元
《金山寺》青蛇、白蛇;《思凡下山》尼姑

梨双玉
直隶盐山县人,兼刀马旦,专梆子,前隶鹤鸣园。
媚人双涡,憨生薄怒,一捻腰肢,自然婀娜。
《翠屏山》潘巧云、迎儿;《佘塘关》佘赛花;《狐狸园》四哥哥
《阳关折柳》霍小玉;《刺目》李亚仙;《破洪州》穆桂英
《穆柯寨》同上

刘凤林
号韵卿,顺天人,原籍安徽,现隶大观园。
秋燕始归,春莺巧啭,作内家妆,绝世姿态。
《上坟》萧素珍;《翠屏山》潘巧云;《玉玲珑》梁红玉
《红鸾喜》金玉奴;《探母回令》铁镜公主;《铁弓缘》姑娘
《得意缘》云鸾;《打灶》李三春;《背凳》
《九更天》陶氏;《卖饽饽》王三姐;《卖胭脂》王月英
《梅玉配》小夫人;《双沙河》公主;《探亲》旗婆
《拾玉镯》孙玉娇;《锯缸》;《烧灵》
《下河南》媒婆;《龙凤配》同上;《珍珠衫》
《打樱桃》

陆玉珍

江苏吴县人，前隶升平轩。

金屋妆成，娥眉淡扫，遗貌取神，徐娘未老。

《浣花溪》任蓉卿；《翠屏山》潘巧云；《九更天》陶氏

《乌龙院》阎婆惜；《双沙河》公主；《上坟》萧素贞

《八扯》姑娘

一盏灯

姓池号霜东，直隶深州人，专梆子，前隶丹桂茶园。

翩若惊鸿，矫若游龙，秋波斜盼，莫辨雌雄。

《送灯》；《卖胭脂》王月英；《关王庙》苏三

《少华山》；《游园赠珠》丫环；《刺目》李亚仙

《翠华宫》公主；《翠屏山》潘巧云；《断桥》白蛇

《小春山》观音；《血手印》；《忠孝图》

太谷三

直隶武清县人，专梆子，前隶丹桂茶园。

步欲生莲，深情若诉，风致娟娟，自然袅娜。

《血手印》；《翠屏山》潘巧云；《翠华宫》公主

《乌龙院》阎婆惜；《九更天》陶氏；《忠孝图》

《刺目》李亚仙

十三旦

专梆子，现隶大观园。

何物雏娃，生成媚绝，结束登场，早惊座客。

《富贵图》；《张生游寺》红娘；《花亭分别》莺莺

《阳关折柳》霍小玉；《卖绒花》；《罗章跪楼》二娘

《卖豆腐》；《姬光走国》；《探亲》养媳

《游园赠珠》小姐；《少华山》；《刺目》李亚仙

《青纱幛》；《荷珠配》荷珠；《思志诚》

《断桥》白蛇;《八扯》姑娘;《双官诰》薛义
《八义图》

花 旦 中 品

浪双喜

姓刘,号燕香,直隶盐山县人,前隶丹桂茶园。

《湘江会》钟无盐;《延安关》双阳;《摇会》二娘
《面缸》周腊梅;《胭脂虎》石中玉;《入府》李瓶儿妻
《卖饽饽》王三姐

浪半台

号蟾仙,直隶天津人,前隶金桂仙。

《翠屏山》潘巧云;《胭脂虎》石中玉;《玉玲珑》梁红玉
《上坟》肖素贞;《摇会》二娘;《铁弓缘》姑娘
《卖胭脂》王月英

冯三喜

江苏苏州府人,兼刀马旦,前隶丹桂茶园。

《浣花溪》二夫人;《闺房乐》;《拾镯》孙玉娇
《翠屏山》潘巧云、迎儿;《乌龙院》阎婆惜;《卖胭脂》王月英
《摇会》大娘、二娘;《金水桥》西宫;《胭脂虎》石中玉
《湘江会》钟无盐

赵宝林[①]

直隶天津县人,前隶金桂轩。

《玉玲珑》梁红玉;《下河南》媒婆;《龙凤配》同上

① 目录作"赵宝龄"。

金香翠

直隶高阳县人，前隶金桂轩。

《翠屏山》潘巧云

一斗金

专梆子，现隶大观园。

《罗章跪楼》大娘；《张生游寺》莺莺；《阳关折柳》霍小玉

六月鲜

姓陆号月仙，专梆子，现隶大观园，花旦皂儿之徒。

《送银灯》；《拾镯》孙玉娇；《卖胭脂》王月英

《荷珠配》荷珠

花 旦 次 品

何哈旦

直隶三河县人，专梆子，前隶金桂轩。

《关王庙》苏三；《卖胭脂》王月英；《遗翠花》丫环

《双合印》；《打樱桃》俱同上；《拾镯》孙玉娇

《翠屏山》迎儿

小桂春

姓沈，外号一阵风，江北人，现隶天仙茶园。

《过年》；《打刀》女掌柜；《打灶》李三春

《卖胭脂》王月英；《面缸》周腊梅；《翠屏山》潘巧云、迎儿

《九更天》陶氏；《卖饽饽》王三姐；《上坟》肖素贞

蔡四喜

苏州洞庭山人，前宣兴茶园掌班。

《巧姻缘》周惠娘；《端午门》武则天；《虹霓关》东方夫人

《双沙河》公主；《翠屏山》潘巧云；《破洪州》穆桂英

《八扯》姑娘

侯长寿

号绵卿,外号小妹妹,直隶三河人,现隶丹桂茶园。

《入府》李瓶儿妻;《杠子》小娘子;《面缸》周腊梅

《玉玲珑》梁红玉;《双沙河》公主;《摇会》大娘

《胭脂虎》石中玉

叶桂仙

前隶金桂轩。

《贪欢报》李湘兰;《摇会》大娘;《红鸾喜》金玉奴

俞三元

前隶金桂轩。

《双沙河》公主;《摇会》大娘;《胭脂虎》石中玉

武 旦 上 品

韩桂喜

小名小福,直隶武清县人,兼花旦擅梆子,现隶丹桂茶园。小生杜蝶云之婿。

鬓影生春,刀光如雪,作变徵音,弥见激烈。

《卖艺》姑娘;《青龙棍》杨排风;《光棍》

《打焦赞》同上;《泗州城》龙母;《白水滩》徐佩珠

《打店》孙二娘;《扈家庄》扈三娘;《四杰村》鲍金花

《虮蜡庙》黄夫人;《三岔口》女掌柜;《金山寺》水怪

《无底洞》老鼠;《清风岭》徐凤英;《殷家堡》褚三香

《飞叉阵》公主;《拾镯》孙玉娇;《断桥》白蛇

《少华山》;《游园赠珠》;《刺目》李亚仙

《五福堂》白牡丹;《三疑计》夫人;《铁弓缘》姑娘

《翠屏山》潘巧云;《蝴蝶杯》渔女;《阎王乐》阎王

《忠孝图》

黑儿

姓康，直隶深州人，兼花旦擅昆曲，现隶大观园。

弱燕穿帘，惊鸿逸网，仙骨珊珊，欲舞掌上。

《演火棍》杨排风；《四杰村》鲍金花；《虮蜡庙》张桂兰

《泗州城》龙母；《清风岭》徐凤英；《红桃山》张月娥

《无底洞》老鼠；《白水滩》徐佩珠；《扈家庄》扈三娘

《祝家庄》一丈青；《打店》孙二娘；《快活林》蒋妻

《飞叉阵》公主；《面缸》周腊梅；《锯缸》

《金山寺》白蛇

武旦中品

对儿

姓李，直隶深州人，现隶大观园。

《卖艺》姑娘；《三岔口》女掌柜；《四杰村》鲍金花

《虮蜡庙》张桂芝

甄五喜

现隶大观园。

《泗州城》龙母；《飞叉阵》公主；《无底洞》老鼠

武旦次品

大福喜

姓曹，小名狗头子，顺天人，现隶大观园。

《三岔口》女掌柜；《打店》孙二娘；《祝家庄》一丈青

《扈家庄》扈三娘；《四杰村》鲍金花；《虮蜡庙》张桂兰

《泗州城》龙母；《金山寺》青蛇

王玉山

直隶沧州人,现隶天仙茶园。

《泗州城》龙母;《三岔口》女掌柜;《四杰村》鲍金花

《红桃山》张月娥

小桂香

姓王,江苏扬州府人,前隶富春茶园。

《泗州城》龙母;《四杰村》鲍金花;《三岔口》女掌柜

小 生 上 品

杜蝶云

名玉庆,江苏常州县人,前丹桂茶园掌班。

李广才气,睥睨一切,相宜封侯,豹头燕颔。

《群英会》周瑜;《黄鹤楼》;《临江会》

《取南郡》俱同上;《取洛阳》岑彭;《闺房乐》赵子昂

《玉玲珑》韩世忠;《忠孝图》曹庄;《铁弓缘》

《卖胭脂》郭生;《佘塘关》杨业;《反五侯》李存孝

《虹霓关》王伯党;《辕门射戟》吕布;《得意缘》罗昆主

《红鸾喜》莫稽;《举鼎观画》薛蛟;《御碑亭》柳生春

《黄金台》燕太子;《雁门关》杨八郎;《镇檀州》杨再兴

《状元谱》陈大官;《贪欢报》安道全;《孝感天》郑叔段

《贩马记》知县;《金马门》安禄山;《胭脂虎》王景玉

《长生殿》唐明皇;《断桥》许宣;《芦花荡》周瑜

《乔醋》潘岳;《尝荷》蔡伯喈;《游园看状》苏公子

《刀会》关公;《冥判》判官

小 生 中 品

徐德奎

前隶丹桂茶园。

《举鼎观画》薛蛟;《辕门射戟》吕布;《黄鹤楼》周瑜

杨吉祥

现隶大观园，江苏苏州府人。

《阳关折柳》李十郎；《戏洞》道士；《断桥》许宣

《送银灯》秀才；《关王庙》王金龙；《破洪州》杨宗保

《卖胭脂》郭生；《铁弓缘》；《虹霓关》王伯党

《拾镯》傅朋；《长亭分别》张生；《打金枝》郭暖

人参娃

现隶大观园。

《张生游殿》张生；《长亭分别》同上；《姬光走国》

《罗章跪楼》罗章；《富贵图》；《卖绒花》

《探亲》旗婆；《刺目》郑元和；《阳关折柳》李十郎

《双官诰》薛生；《少华山》；《青纱幛》

小 生 次 品

江春山

江苏苏州府人，前隶金桂轩。

《打金枝》郭暖；《黄金台》燕太子；《黄鹤楼》周瑜

《群英会》同上

张玉涵

江苏常州县人，现隶丹桂茶园。

《虹霓关》王伯党；《拾镯》傅朋；《得意缘》罗昆主

《玉玲珑》韩世忠；《延安关》狄青；《端午门》张昌宗

《彩楼配》薛平贵

七义

专梆子，前隶丹桂茶园。

《血手印》；《少华山》

老 旦 上 品

冯玉春

直隶天津县人,前隶丹桂茶园。

古戍寒笳,深秋孤雁,恻然动心,起坐中夜。

《断后》李妃;《打龙袍》同上;《辞朝》佘太君

《探母》佘太君;《请宋灵》徽宗后;《牧羊圈》朱母

《戏妻》秋母;《焚绵山》介母;《探窑》夫人

《法门寺》刘母;《打金枝》郭夫人;《金水桥》正宫

《别宫》吴太后

老 旦 中 品

张秉元

旗人,前隶升平轩。

《焚绵山》介母;《牧羊圈》朱母;《朱仙镇》陆乳母

《探母》佘太君;《药茶记》;《探窑》老夫人

《游六殿》目莲母;《戏妻》秋母;《金水桥》正宫

老 旦 次 品

周五

名长顺,号景和,江苏吴县人,现隶丹桂茶园。

《戏妻》秋母;《焚绵山》介母;《牧羊圈》朱母

段延辉

安徽寿州人,前隶鹤鸣园。

《打金枝》郭夫人;《探母》佘太君

小 丑 上 品

秃扁儿

姓张,名国明,小名秃丑。直隶河间府人,专擅梆子,前隶丹桂茶园。

神龙变化，不可捉摸，纯任自然，绝无造作。

《翠屏山》海阇黎；《拾镯》刘媒婆；《摇会》邻居

《群英会》蒋干；《红鸾喜》金松；《玉玲珑》鸨儿

《铁弓缘》掌柜；《卖胭脂》王妈妈；《卖皮弦》客人

《海潮珠》庄公；《斗牌打架》；《捉奸》瞎子

《逛灯》瞎子；《下河南》公子；《双沙河》魏小生

《拾金》花子；《绒花计》崔八；《龙凤配》狗阴阳

《活捉》张三；《金玉坠店》妈妈；《檀香坠》

《堆弓串戏》；《背凳》；《虹霓关》孝子

《八扯》小二；《珍珠衫》媒婆

崔景福

顺天人，前隶满庭芳。

嬉笑怒骂，各擅其技，作如是观，文章游戏。

《群英会》蒋干；《下河南》公子；《思志诚》老妈

《请医》医生；《八扯》小二；《摇会》邻居

《虹霓关》孝子；《龙凤配》狗阴阳

小 丑 中 品

毕不得

直隶天津县人，丁丑重到，名毕永得，前隶丹桂茶园。

《拾镯》刘媒婆；《八扯》小二；《送灯》妈妈

《卖胭脂》；《铁弓缘》俱同上；《双沙河》魏小生

《思志诚》老妈

周松林

江南上元县人，现隶丹桂茶园。

《乌龙院》张三；《虹霓关》孝子；《拾镯》刘媒婆

《青石山》王道士;《滚灯》;《堆弓串戏》
《贪欢报》张旺;《群英会》蒋干

周来全

江苏上元县人,现隶天仙茶园。
《送灰面》偷儿;《滚灯》;《堆弓串戏》
《八扯》;《摇会》邻居

徐九

名学健,号包承,旗人,前隶丹桂茶园。
《牧羊圈》婶娘;《红鸾喜》金松;《摇会》邻居
《思志诚》老妈

小 丑 次 品

赵祥玉

直隶武清县人。兼武老生,擅昆曲,现隶大观园。
《翠屏山》潘老公;《海潮珠》庄公;《卖豆腐》
《探亲》旗人;《佘塘关》杨老;《虮蜡庙》褚彪
《打鱼舟配》

朱二小

名永太,顺天人,现隶丹桂茶园。
《上坟》老爷;《红鸾喜》金松;《玉玲珑》鸨儿
《虹霓关》孝子;《拾镯》刘媒婆;《龙凤配》狗阴阳
《双铃记》毛先生;《双沙河》魏小生

宋赶生

顺天人,擅昆曲,现隶大观园。
《探亲》乡下妈;《翠屏山》海阇黎;《卖绒花》小子
《双铃记》毛先生;《九更天》奸夫;《双沙河》魏小生

《别窑》马夫妻

宋二套

前隶盈桂轩。

《入府》李瓶儿;《拾镯》刘媒婆;《下河南》公子

《卖饽饽》解差

马八海

直隶天津县人,兼大面,擅梆子,前隶富春茶园。

《过年》店家;《打刀》同上;《逛灯》瞎子

《捉奸》同上;《红鸾喜》金松;《玉玲珑》鸨儿

《思志诚》老妈;《打灶》;《八扯》小二

《摇会》邻居;《清官册》潘洪;《开山府》严嵩

梨园声价录续序题词汇稿

光绪己卯春归自闽南重录一过
顽石自署并志岁月

序

(文略)

己卯春日平陵蔡锡龄宠九甫

跋

(文略)

光绪五年岁在屠维单阏上元前一日
古关吟梅李鼎拜跋

题　词

曼君

荒城风雨　旅怀萧然　适游戏道人属题　振笔书此　不知凄怨之横集也

(词略)

饭颗山樵题词

……烽火连天接帝京,仓皇无复管弦声。南来子弟晨星散,话到开元梦几更。一片申江干净土,中原恢复称门户。蚁穴初闻罢甲兵,厘楼已见教歌舞。高歌慢舞数熊家,丹桂名园最足夸。(熊金桂始开是园,为上海京班之始。)后此纷纷称继起,寻腔按拍作生涯……别有秦声悲壮多,隔墙底事误啼鹄,若教处仲生今日,对此何须击唾壶。(按梆子腔者有京梆、西梆之别,京梆即本京人,西梆多山陕人。)十年沪北传京调,儿童信口群相效。忙煞乌师过曲中,新腔急把雏莺教。(妓家争效京调。)……

淘金直辨泥沙里,商量半载始成书。(创议于丙子冬,辑成于丁丑夏。)有癖何妨共目娱,若从声价论崖略。已播邮笺遍海隅。(曩撰上品赞语及梨园竹枝词,俱已去后登报。)频年落拓无聊甚,旗亭几辈编名姓。(指词源姓氏录。)敢仗生花笔一枝,压他十万缠头锦。过眼烟云将几时,南辕北辙怅分离。(君游闽还即赴京兆试。)何须更撰伶官传,直走长安去献诗。

鞠台集秀录

作者不详，书成于清光绪十二年(1886)。记录清光绪年间北京梨园私寓四十余个、优伶八十余人，按地址排序，列擅长剧目、扮演角色等。谷曙光据《清代燕都梨园史料》本点校整理。

目　　次[①]

---

① 原书本无目次，为一目了然，特列出目次。

② 忠华主人杨月楼住址一栏阙如，然而据其故居，应在百顺胡同。

平阳
景善
景华
春福
安华

韩家潭

绚华
安义
春林
颖春
燕春
乐安
近华
韵秀
颖和
国兴
云龢
保身
乐安
德春
宝春
庆春
熙春
锡庆

绮春主人时小福(猪毛胡同)

名庆,字琴香,一字赞卿,小名阿庆。苏州人。掌四喜部,唱旦,兼昆弋,并唱小生。传载《明僮合录》。

《挑帘裁衣》潘金莲;《折柳》霍小玉;《小宴》杨贵妃;《教子》王春娥;《彩楼配》王宝川;《击掌》;《探窑》;《跑坡》;《回龙鸽》俱同上,并代禅公主;《汾河湾》柳迎春;《斩窦娥》窦娥;《二进宫》李燕妃;《玉堂春》苏三;《虹霓关》丫环;《宇宙峰》赵小姐;《牧羊圈》赵锦棠;《群英会》周瑜;《孝感天》共叔段;《雁门关》杨八郎;《打金枝》郭暧。

少主人德保

字奎芳。隶四喜部,唱生。

《烧烟墩》申侯;《困城》马芳;《挡谅》康茂才;《探母》杨四郎。

春馥主人郑秀兰(猪毛胡同)

字素香,小名寄生。苏州人。前掌四喜部,唱青衫。传载《明僮合录》。

《彩楼配》王宝川;《击掌》;《探窑》;《跑坡》;《回龙鸽》俱同上,并代禅公主;《打金枝》正宫、升平公主;《祭江》孙夫人;《雁门关》碧莲公主;《芦花河》樊梨花;《一捧雪》雪艳;《贵寿图》织女;《乘龙会》舜华公主。

少主人丫头

字吉云。隶四喜部,唱昆旦。

《湖船》张大姐。

三儿

字瀚云。隶四喜部,唱昆生。

《扫秦》疯僧。

禄儿

传载后。

喜儿

传载后。

金宝

字蕊云,苏州人。隶四喜部,唱昆旦。

《花鼓》婆子;《湖船》张大姐。

□□

字桐云,顺天人。隶四喜部,唱昆旦。

《花鼓》婆子;《湖船》张大姐。

丽华主人沈芷秋(猪毛胡同)

名全珍,苏州人。唱昆旦。传载《明僮合录》。

《思凡》赵尼;《下山》同上;《鹊桥密誓》杨贵妃;《琴挑》陈妙常;《偷诗》同上;《游园惊梦》杜丽娘;《寻梦》;《圆驾》俱同上;《折柳》霍小玉;《乔醋》夫人;《盗令》赵翠儿;《断桥》白蛇。

颖川主人陈石头(猪毛胡同)

字瘦云,顺天人。隶三庆部,唱旦,兼昆弋。

《思凡下山》赵尼;《断桥》白蛇;《活捉》阎雪姣;《游园惊梦》杜丽娘;《彩楼配》王宝川;《祭江》孙夫人;《芦花河》樊梨花;《五花洞》潘金莲;《雁门关》碧莲公主;《孝感天》共叔段夫人;《金水桥》西宫;《宝莲灯》王桂英;《御碑亭》王有道妻;《戏妻》罗敷。

芝秀主人陈根棣(猪毛胡同)

字芷卿,顺天人。隶四喜部,唱生。

《回龙鸽》薛平贵;《牧羊圈》朱春登;《取荣阳》汉高祖;《乌盆计》绸缎客;《金水桥》唐王;《打金枝》同上。

瑞香主人张天元(陕西卷)

字瑞香,天津人。隶春台部,唱青衫,兼花旦、刀马旦。

《赶三关》代禅公主;《宇宙峰》赵小姐;《得意缘》云鸾;《胭脂虎》石中玉;《翠屏山》潘巧云;《杀狗》萧氏;《延安关》双阳公主;《破洪洲》穆桂英;《玉玲珑》梁鸿玉;《下河南》媒婆;《庆顶珠》萧姑娘;《攻潼关》余小姐。

嘉颖主人李艳侬(陕西卷)

名得华,小名套儿,顺天人。前掌四喜部,唱小生,兼昆乱。传载《明僮合录》。

《游园惊梦》柳梦梅;《醉归》秦钟;《独占》同上;《梳妆跪池》陈季常;《折柳》李十郎;《监酒令》朱虚侯;《孝感天》共叔段;《射戟》吕布;《举鼎观画》薛蛟;《琴挑》潘必正;《谢亲》韩琦仲。

少主人官保

传载后。

平阳主人张敬福(陕西卷)

字紫仙,顺天人。隶三庆部,唱青衫。

《祭江》孙夫人;《二进宫》李燕妃;《雁门关》青莲公主;《探母》同上;《芦花河》樊梨花;《宇宙峰》赵小姐;《落花园》陈杏元;《教子》王春娥;《牧羊圈》赵锦堂;《金水桥》公主;《打金枝》升平公主;《彩楼配》王宝川。

绚香主人江双喜(陕西卷)

字俪云,河间人。隶四喜部,唱青衫。

《打金枝》升平公主;《教子》王春娥;《戏妻》罗敷;《探窑》王宝川;《赶三关》代禅公主;《宇宙峰》赵小姐。

藕香

名玉荷,顺天人。隶四喜部,唱昆旦。

《藏舟》邬飞霞;《寄柬》红娘;《湖船》张大姐;《花鼓》婆子;《琵琶行》商妇;《独占》花魁。

树德主人孔元福(陕西卷)

字莲卿,顺天人。隶春台部,唱青衫兼花旦。

《蒲关》二夫人;《宝莲灯》王桂英;《落园》陈杏元;《彩楼配》王宝川;《探窑》同上;《祭塔》白蛇;《戏凤》李凤姐;《铡判官》李保妻。

春 茂 堂 陈(李铁拐斜街)

顺林

字如云,顺天人。隶四喜部,唱青衫。

《祭江》孙夫人;《彩楼配》王宝川;《回龙鸽》同上;《戏妻》罗敷;《二进宫》李燕妃;《教子》王春娥;《探母》公主;《宇宙峰》小姐。

秋林

字意云,顺天人。隶四喜部,唱花旦。

《打面缸》周腊梅;《卖饽饽》女店家。

景 龢 堂 梅(李铁拐斜街)

少主人二锁

字竹芬,苏州人。隶四喜部,唱昆生。

《藏舟》刘蒜;《琵琶行》白居易。

升儿

字荣秋,顺天人。隶四喜部,唱花旦。

《打杠子》小娘子;《打樱桃》平儿。

胜春主人余紫云(李铁拐斜街)

字艳芬,湖北罗田人。前掌四喜部,唱青衫。

《彩楼配》王宝川;《击掌》;《探窑》;《跑坡》;《回龙鸽》俱同上,代禅公主;《芦花河》樊梨花;《探母》公主;《打金枝》升平公主;《祭江》孙夫人;《蒲关》二夫人;《孝感天》共叔段夫人;《金水桥》西宫、银瓶公主;《二进宫》李燕妃;《虹霓关》丫环;《宇宙峰》赵小姐;《赶三关》代禅公主。

如琴

□□□,顺天人。隶四喜部,唱青衫。

《彩楼配》王宝川;《探窑》同上。

景庆主人陈啸云(李铁拐斜街)

字绮芬,顺天人。隶四喜部,唱青衫。

《孝感天》共叔段夫人;《监酒令》吕后;《祭江》孙夫人;《宝莲灯》王夫人;《落园》陈杏元;《打金枝》升平公主;《贵寿图》织女;《探窑》王宝川。

敬华主人王福官(李铁拐斜街)

字□□,顺天人。隶春台部,唱花旦。

《入府》表大奶奶;《双沙河》公主;《双摇会》二奶奶;《送盒子》周腊梅;《闯山》董金莲;《下河南》媒婆;《打灶》李三春;《红鸾禧》金玉姐。

景春主人朱莲芬(樱桃斜街)

名延禧,苏州人。隶春台部,唱花旦。

《思凡》赵尼;《寄扇》李香君;《游园惊梦》杜丽娘;《寻梦》同上;《活捉》阎婆惜;《水斗》白蛇;《断桥》同上;《谢亲》戚小姐;《乔醋》夫人;《劈棺》庄子妻;《大小宴》貂蝉;《梳妆掷戟》同上;《琴挑》陈妙常;《偷诗》同上;《双拜月》王瑞兰。

寿春主人陈四保(石头胡同)

字三秋,顺天人。隶三庆部,唱昆旦。

《醉归》花魁;《独占》同上;《跪池》柳氏;《琴挑》陈妙常;《偷诗》同上;《思凡》赵尼。

亮儿

字蕙云,顺天人。隶三庆部,唱昆旦,兼花旦。

《湖船》张大姐;《打面缸》周腊梅。

桂子

字□□,顺天人。隶三庆部,唱丑。

《湖船》客人;《打面缸》张才。

忠华主人杨月楼

名久昌,苏州人。掌三庆部,唱生,兼武生。

《探母》四郎;《安五路》邓芝;《镇澶州》岳飞;《御碑亭》王有道;《群英会》鲁肃;《取南郡》同上;《回龙鸽》薛平贵;《打金枝》唐王;《金水桥》同上;《定军山》黄忠;《阳平关》同上;《五雷阵》孙膑;《戏妻》秋胡;《下河东》呼延寿廷;《长坂坡》赵云;《黄鹤楼》同上;《连环套》黄天霸;《恶虎村》同上;《翠屏山》石秀;《泗洲城》猴子。

凤林

字畹香,顺天人。隶三庆部,唱昆旦,兼青衫。

《琵琶行》花秀红;《湖船》张大姐;《弹词》李小姐;《二进宫》李燕妃。

凤宝

传载后。

平阳主人汪桂芬(百顺胡同)

字艳秋,顺天人。隶春台部,唱生。

《樊城》、《长亭》、《昭关》伍员;《鱼藏剑》同上;《状元谱》陈伯愚;《探母》杨四郎;《让成都》刘璋;《一捧雪》穆成;《取帅印》秦琼;《二进宫》杨波;《捉放》陈宫;《天水关》诸葛亮;《金水桥》唐王;《打金枝》同上;《骂曹》弥衡;《洪洋洞》杨六郎;《举鼎观画》徐策;《教子》薛保。

景善堂徐(百顺胡同)

少主人宝方

字清华,顺天人。隶四喜部,唱生。

《二进宫》杨波;《捉放》陈宫;《牧羊圈》朱春登;《天水关》孔明;《断密涧》王伯当;《黄金台》田丹;《回龙鸽》薛平贵;《醉写》李白;《挡谅》康茂才;《胭脂虎》金元帅。

宝荃

字□□,顺天人。隶四喜部,唱花旦。

《扫地挂画》马娘娘。

宝庆

字□□,顺天人。隶四喜部,唱净。

《天水关》姜维;《黄金台》伊立;《二进宫》徐彦昭;《捉放》曹操;《断密涧》李密;《白良关》尉迟公;《挡谅》陈友谅;《牧羊圈》中军。

景华主人韩宝芬(百顺胡同)

字润华,天津人。隶三庆部,唱花旦。

《打灶》李三春;《胭脂虎》石中玉;《玉玲珑》梁鸿玉;《斩子》穆桂英;《双摇会》二奶奶;《双沙河》公主;《杀皮》内掌柜;《闯山》董金莲。

春福堂(百顺胡同)

馥云

□□,顺天人。隶四喜部,唱花旦。

《卖饽饽》女店家;《打樱桃》平儿;《打面缸》周腊梅。

扶宝

□□,顺天人。隶四喜部,唱老旦,兼昆丑。

《探窑》王夫人;《回龙鸽》同上;《斩子》太君;《探母》同上;《戏妻》秋胡母;《湖船》客人。

安华主人王福儿(百顺胡同)

字仪仙,顺天人。隶四喜部,唱昆旦。

《醉归》花魁;《独占》同上;《琵琶行》花秀红;《游湖借伞》白蛇;《瑶台》公主。

绚华主人张芷荃(韩家潭)

字湘航,江苏吴县人。唱青衫。

《孝感天》共叔段夫人;《芦花河》樊梨花;《回龙鸽》代禅公主;《祭塔》白蛇;《二进宫》李燕妃;《牧羊圈》赵锦堂;《宇宙峰》赵小姐;《祭江》孙夫人。

安义主人胡喜禄(韩家潭)

名国梁,字艾卿,扬州人。前掌春台部,唱青衫。

春如

字棠仙,苏州人。隶四喜部,唱花旦。

《卖胭脂》姑娘。

春莲

字芙仙,顺天人。隶四喜部,唱昆旦。

《连相》;《湖船》张大姐。

春元

字梅仙,顺天人。隶四喜部,唱生。

《斩子》杨六郎;《捉放》陈宫;《二进宫》杨波;《南阳关》伍云召;《金水桥》唐王;《打金枝》同上;《回龙鸽》薛平贵;《黄金台》田丹。

春林主人陈杏云(韩家潭)

传载后。

颖春主人朱桂元(韩家潭)

传载后。

燕春主人吴在昌(韩家潭)

字燕芳,小名六儿,顺天人。隶四喜部,唱花旦兼青衫。

《孝感天》共叔段夫人;《五花洞》潘金莲;《雁门关》碧莲公主;《杀皮》内掌柜;《十二红》周屠妻;《玉玲珑》梁鸿玉;《胭脂虎》石中玉;《浣花溪》任蓉卿;《小上坟》小寡妇;《下河南》媒婆;《乌龙院》阎婆惜;《翠屏山》潘巧云;《红鸾禧》金玉姐;《双摇会》二奶奶;《闯山》董金莲。

乐安主人孙心兰(韩家潭)

字性香,顺天人。隶三庆部,唱青衫。

《彩楼配》王宝川;《探窑》同上;《打金枝》升平公主;《祭塔》白蛇;《祭江》孙夫人;《芦花河》樊梨花;《斩子》穆桂英;《战太平》二夫人。

近华主人孟金喜(韩家潭)

字如秋,直隶故城人。隶四喜部,唱花旦。

《拾玉镯》孙玉姣;《雁门关》碧莲公主;《胭脂虎》石中玉;《关王庙》苏三;《双沙河》公主;《双摇会》二奶奶;《闯山》董金莲;《铡判官》

李保妻。

佩　芬

顺天人。隶四喜部,唱花旦。

《卖饽饽》女店家;《打樱桃》平儿;《玉玲珑》梁鸿玉。

韵秀主人尉迟喜儿(韩家潭)

字韵卿,顺天人。隶四喜部,唱生。

《樊城》伍员;《昭关》同上;《骂曹》弥衡;《天水关》孔明;《上天台》汉光武;《二进宫》杨波;《芦花河》薛丁山;《探母回令》杨四郎。

少主人三儿

字笛云。隶四喜部,唱花旦。

《打樱桃》平儿;《卖饽饽》女店家。

梅云

传载后。

长儿

字绮云。隶四喜部,唱武生。

《雅观楼》李存孝;《淮安府》贺人杰。

瑞麟

字璧人,顺天人。前近信少主人。隶四喜部,唱生。

《挡亮》康茂才;《芦花河》薛丁山;《赶三关》薛平贵;《醉写》李白;《金马门》同上。

颖和主人李丽秋(韩家潭)

传载后。

国兴堂秦(韩家潭)

三主人□□

天津人。隶四喜部，唱生。

《醉写》李白。

宝琴

字小华，顺天人。隶三庆部，唱花旦。

《得意缘》云鸾；《杀皮》内掌柜；《玉玲珑》梁鸿玉；《胭脂虎》石中玉；《拾玉镯》孙玉姣；《下河南》媒婆；《贪欢报》李湘兰；《双沙河》公主；《双摇会》二奶奶；《闯山》董金莲；《浣花溪》任荣卿；《红鸾禧》金玉姐；《探亲》旗婆；《翠屏山》潘巧云；《打灶》李三春；《思志诚》女老板。

宝奎

字英华，天津人。隶四喜部，唱生。

《胭脂虎》金元帅；《黄金台》田丹；《芦花河》薛丁山；《回龙鸽》薛平贵；《五雷阵》孙膑。

宝顺

□□□，顺天人。隶四喜部，唱青衫。

《探窑》王宝川；《回龙鸽》同上；《金水桥》西宫。

云龢主人朱蔼云(韩家潭)

字霞芬，苏州人。隶四喜部，唱昆旦。

《乔醋》夫人；《思凡》赵尼；《下山》同上；《小宴》杨贵妃；《琵琶行》花秀红；《游园惊梦》杜丽娘。

保身主人刘赶三(韩家潭)

字宝山，天津人。隶三庆部，唱丑，兼生。

《群英会》蒋干；《绒花计》崔八；《虹霓关》孝子；《浣花溪》夫人；

《红鸾禧》金松;《探亲》乡下妈妈;《请医》医生;《审头刺汤》汤勤;《下河南》公子;《双铃记》毛先生;《红门寺》皇顺;《赶考》店家;《演礼》太太;《双沙河》魏小生;《入府》李瓶儿;《摇会》邻居;《八扯》小二;《捉放》吕不奢;《胭脂血》白皂隶;《赶三关》穆洪又薛平贵。

乐安主人孙采珠(韩家潭)

字绚华,又字芷沅,苏州人。隶三庆部,唱旦,兼昆乱,并唱花旦。

《相约相骂》云香;《盗令》赵翠儿;《水斗》青蛇;《断桥》同上;《琴挑》陈妙常;《姑阻失约》同上;《游园惊梦》杜丽娘、春香;《双拜月》蒋瑞莲;《红鸾禧》金玉姐;《乌龙院》阎婆惜;《虹霓关》夫人、丫头;《彩楼配》王宝川;《金水桥》宫主;《翠屏山》潘巧云;《破洪州》穆桂英;《得意缘》云鸾。

德春主人杨桂云(韩家潭)

字朵仙,顺天人。前掌四喜部,唱花旦。

《十二红》周屠妻;《杀皮》内掌柜;《双铃记》赵玉儿;《乌龙院》阎婆惜;《翠屏山》潘巧云;《探亲》旗婆;《红鸾禧》金玉姐;《入府》表大奶奶;《梅玉配》太太;《下河南》媒婆;《打刀》铁匠妻;《虹霓关》夫人;《双钉记》仵作妻;《闯山》董金莲;《樊江关》樊梨花;《烧灵》刘氏;《英杰烈》匡忠妻;《破洪州》穆桂英;《贪欢报》女老板;《盘丝洞》蜘蛛。

翠凤

□□□,顺天人。隶四喜部,唱花旦。

《女店》女店家;《打刀》内掌柜;《上坟》小寡妇。

翠如

□□□,顺天人。隶四喜部,唱丑。

《女店》管家;《打刀》掌柜。

宝春主人陈桐仙

名喜凤，顺天人。隶四喜部，唱刀马旦。

《杀四门》刘金定；《湘江会》钟无艳；《雁门关》碧莲公主。

顺喜

□□□，顺天人。隶四喜部，唱花旦。

《打面缸》周腊梅。

庆春主人李小亭(韩家潭)

长寿

□□□，顺天人。隶四喜部，唱昆旦。

《花鼓》婆子；《湖船》张大姐。

长奎

□□□，顺天人。隶四喜部，唱昆生。

《藏舟》刘蒜；《琵琶行》白居易。

熙春主人钱桂蟾(韩家潭)

名青，字秋菱。顺天人，原籍苏州。隶四喜部，唱昆旦。

《思凡》赵尼；《游园惊梦》杜丽娘；《亭会》谢素秋；《醉归》花魁；《独占》同上；《藏舟》邬飞霞；《折柳》霍小玉；《游湖借伞》青蛇；《狐思》雪姑；《琴挑》陈妙常；《偷诗》同上；《鹊桥密誓》织女；《梳妆掷戟》貂蝉；《谢亲》戚小姐。

素云

传载后。

怡云

传载后。

竹云

字篁仙,顺天人。隶四喜部,唱生。

《独占》秦钟;《琵琶行》白居易。

翠云

字苕仙,顺天人。隶四喜部,唱昆旦。

《湖船》张大姐;《花鼓》婆子。

黛云

字眉仙,顺天人。隶四喜部,唱丑。

《湖船》客人;《花鼓》忘八。

锡庆主人陆小芬(韩家潭)

名景垣,字薇仙,苏州人。隶春台部,唱小生兼青衫。

《岳家庄》岳云;《得意缘》罗昆杰;《举鼎观画》薛蛟;《八大锤》陆文龙;《孝感天》共叔段;《金锁关》赵云;《黄鹤楼》周瑜;《监酒令》刘章。

《宝莲灯》王桂英;《回龙鸽》王宝川;《祭江》孙夫人;《祭塔》白蛇;《战太平》二夫人;《赶三关》代禅公主;《打金枝》升平公主;《监酒令》吕后。

五主人长林

字兰仙。隶四喜部,唱生。

《醉写》李太白;《挡谅》康茂才。

粉墨丛谈

申左梦畹生戏编，小蓝田侍者参校。按，申左梦畹生即黄协埙(1851—1924)，字式权，号梦畹，江苏南汇人。其人学识渊博，曾任《申报》总编纂，主《申报》笔政达二十年之久。《粉墨丛谈》分上、下卷，上卷记述清同光年间上海梨园优伶数十人，内容包括伶人生平、品评技艺、逸闻轶事等；下卷汇集海上文人咏赞伶人之诗词。谷曙光据清光绪年间申报馆丛书本点校，题“宾红阁原本”。

粉墨丛谈序

莽莽乾坤，悠悠日月，阴阳无间，是色界天，情缘所充，满人间世。秀灵之气，固无往而不钟；造化之机，亦有蓄而必泄。九州一片净土，人其赘疣；六合一大戏场，畴非傀儡？迂拘者每多固执，融贯者为能洞观。要知眷怀西方，会心别具；寄情南国，相思本同。离离豆蔻之花，灼灼樱桃之树。芙蓉色丽，见者魂销；芍药香浓，闻之心醉。而况棠嫣杏韵，海上风华；竹脆桐清，吴中材美。在昔已盛，于今尤繁。冠玉郎君，莲花比面；铸金弟子，杨柳为腰。仿佛天仙化人，强半霓裳旧队。别有轻裾艳侣，能为秦声；长袖少年，雅善楚舞。一声羌笛，飞出关山；万片天花，散落尘埃。随风絮集，聚水萍逢。兰如美人，香兮堪挹；菊有佳色，秀也可餐。霞蔚云蒸，珠联璧合。色色入妙，簇簇生新。骐骥之群，所以常空冀北；琼瑶之选，居然毕萃江南。乃自桂窟元音，羽商空按；梨园故实，梗概不闻。甄综久虚，妍华终秘。后庭花隐，访艳莫从；仙源路迷，问津无处。几使笙笛队里，繁响消沉；裙屐场中，流风歇绝，此《粉墨丛谈》所由作也。夫歌翻白纻，群俊喧传；曲唱黄河，诸伶罗拜。事如许韵，悉属文人；情之所钟，正在我辈。烟花矧值夫三月，丝竹复感于中年。地处繁华，时逢饶乐，激扬清浊，搦管消闲，驰骋词章，藉题抒感，所事不嫌破格，伊人其有遐心乎？尔乃振铎情天，转轮香地，晨飞意蕊，夕炳心灯。风送妙花，结而成盖；月临玉树，湛然流辉。情逐境移，影由形起。为领婴薗之趣，遂参靡曼之禅。集舞衫歌袖以相形，约脂彩粉光而使聚。或写娉婷之玉貌，或传宛转之珠喉，或描温婉之性情，或状缠绵之意态。或诗或画，一技必登；或琴或书，片长亦录。举凡珠尘玉屑，靡不囊括网罗。鸾翔凤翥之神，心形手绘；燕兰莺花之谱，旧样新翻。录仿小名，人系一传。虽品红题翠，艳溢行间；而堕溷飞茵，意在言外。绮怀有托，雅什同镌。名傥藉诗词以传，集宜与金石并寿矣。虽然，习俗移人，贤哲不免，少见多怪，物情类然。须眉巾帼之间，品衡讵无一当；牝牡骊黄之外，赏识庸有几人。声涉同声，似尤易滋疑市虎；道非常道，或不免贻诮野狐。则将诬游戏文章，为荒唐笔墨；而岂知安怀志量，即胞与规模。东山伎女，亦是苍生；南部歌儿，罔非赤子？风流未艾，况不独旧日冠裳；月旦无私，又何异普天霖雨哉。真空无像非像，实际无言非言。神而明之，思过半矣。仆心灰弹铗，气沮吹箫，肮脏风尘，穷愁傲世，淋漓粉墨，痛哭登场。燕月歌声，十年梦呓，吴霜鬓影，几点飘零。然而万劫历残，三昧拾得，悟怀绝冥之肆，游心无量之天。合古今宇宙于一堂，正自形容不尽；分云月风霆为四部，敢云声色俱佳？见塔树而知海影之翻，对镜花而悟优昙之见。卷中人似曾相识，眼前事无可奈何。每当歌罢酒阑，同付一叹；转念芳名艳誉，自有千秋，则又藉慰于心，并且破涕为笑。以故无徐陵之文藻，亦序玉台；非必有韩偓之笔花，始题粉字也。嗟乎！空中楼阁，弹指皆非；纸上云烟，转瞬即变。身世俄惊电石，神仙亦感沧桑。发空谷之幽香，梦畹真生九畹；修歌台之艳史，忏情转觉多情。作之者难，成亦不易，略窥微旨，还质解人。大千世界，光明一切，人天欢喜。夭桃红杏，齐付东风；翠竹黄花，永为闲伴。掷笔化虹之日，相约骑蝴蝶登仙；按图索骏之人，莫错认蟾蜍为马。

光绪岁在强圉大渊献陬月望日，意琴室主

自题粉墨丛谈

梦畹生

漫调锦瑟思华年，且约闲愁赴管弦。红豆子繁新记曲，碧桃花瘦旧传笺。常教白纻临风舞，也胜黄垆倚醉眠。艳锦百端歌几叠，管他人骂柘枝颠。

占断春江花月场，天魔十六尽成行。四檐红桂银蟾锁(谓蟾仙)，一曲青桐紫凤翔(谓桐荪)。翠馆秋闲云掩碧(谓翠喜)，兰簃宵静月流黄(谓兰仙)。唐鸡味俊春莺稚，留与词人话夕阳。

谢尽空花指一弹，欢筵才上已汍澜。秋声谱按银筝冷，(桐秋已返都门。)寿字香烧石鼎残。(桂寿色艺极佳，久悲玉殒。)化作鸳鸯仍易散，梦为蝴蝶不成欢。茫茫恨海终无极，忍把情缘付达观。

曾住蓬莱最上层，谪居意气尚飞腾。闲情紫陌春调马，奇想苍冥晓驾鹏。书剑飘零尘梦醒，莺花泛滥鬓丝增。谁怜跛鼈词坛客，哭倒歌场泪欲冰。

道是无情越有情，惺惺相与惜惺惺。朱门挟瑟颜终赤，碧榭听歌眼独青。敢以余桃增罪孽，只因弱絮感飘零。鸾漂凤泊休惆怅，我亦春江断梗萍。

粉香为泽玉为田，小录然脂手自编。如我何能拘礼法，得卿端不羡神仙。刻来楮叶成何用，修到梅花各有缘。春水一池波四壁，与谁共证有情禅？

粉墨丛谈卷上

申左梦畹生戏编
小蓝田侍者参校

周　凤　林

凤林,吴人,小字桐荪,三雅部中妙选也。三雅既歇,子弟散若晨星,法曲飘零,几至音沉响绝。凤林遂隶大观京部,既复改隶天仙。年可二十余,圆姿替月,润脸羞花,顾盼生姿,流利馨逸。好事者著《梨园艳史》,俪以白芙蕖,品曰"娟秀"。我友小蓝田忏情侍者见之,曰:"此一朵能行白牡丹也。瑶台月晓,仙露凝香,花国称王,洵无愧色。"遂手绘《海天国色图》赠之。凤林虽工京戏,然其擅场者,究在昆曲。所演《惊梦》、《佳期》、《盗令》、《挑帘》、《独占》等剧,柔情绰态,宛转抑扬。每当月满花满酒满之时,掠鬓薰香,搴幪一笑,花枝招展,写上春屏。见者如游群玉山头,不复作尘世间想。性耽风雅,喜与文士游,谈吐风流,一洗脂粉之习,视阿堵物蔑如也。工写兰石,偶作花卉,亦颇楚楚可观。家有古琴一张,暇或清簟焚香,临风一奏,高山流水,能移我情。近更喜仿簪花妙格,濡毫运腕,疏秀绝伦。且能模写钟鼎古文,悬针折钗,盎然古趣,寸缣片纸,人争宝之。

想　九　霄

想九霄,姓田,小字虎儿。以秦声驰名沪上,每一发声,脆如炙雨莺簧,一清俗耳,当于柳阴深处,携双柑斗酒,危坐听之。貌清妍无俗韵,纤腰一搦,婀娜可怜,杨柳岸十七八女郎,当亦无此柔媚。予最爱其演《红鸾喜》一折,朱颜粉颈,婉丽无双,而一种低徊羞涩之情,时向眉梢微露。娟娟此豸,诚可儿也!及其衣轻绡,握团扇,月明林下,珊珊其来,则又如玉树一株,摇曳于瑶台仙阙。性好静,工围棋,每偕一二素心人,清簟疏帘,手谈竟日,花梢影过,略无倦容。其亦过去因中修得清净业者欤?

小 桂 林

姑胥台畔有妙伶焉，陈其姓，桂林其名。年如荔支娘之数，隶名大雅部。以丁亥新春来沪，沪之人慕芳名久矣，至此无论识与不识，咸以一亲玉貌为荣。每一登场，貂冠满座，后至者虽欲插足而不能。桂林温然其容，娟然其貌，羞羞涩涩，顾影生怜，宛如十二三女郎，微露腼腆之致。最爱其演《折柳阳关》一曲，柔情密意，宛转迟回，歌至“他鞭丝有分多奇女，你红粉无依一念奴”之句，泪痕融颊，差疑带雨梨花。伤心人诚别有怀抱也。迩来屡从周桐荪游，举止言谈，渐臻佳妙，不似从前之乍见生人，红霞满脸矣。小蓝田忏情侍者深相眷爱，字之曰“蟾仙”。

金 菊 花

金菊花，向在都下，挂籍同顺和班。葱茜玲珑，艳闻凤禁。去秋应咏霓主人之聘，航海来申。时年才十四五耳，而花底莺喉，已超凡响，一声初度，几于飞上九天。貌亦庄雅绝伦，静穆丰神，时于氍毹间一露。工唱《遗翠花》、《血手印》、《双断桥》、《明月珠》、《池水驿》诸剧，幽情苦绪，曲曲传神。洎乎歌罢下场，广筵伺客，则又天真烂漫，嬉笑无常，竹马绕床，婴伊可爱。岂玉府侍书仙谪下红尘世界耶？何潇洒出群乃尔也！

胡 喜 儿

喜儿，鄂人，其父业屠，固赳赳然一武夫也。喜儿则婳曼清扬，轻盈娇小，一洗老犁牛之所为。丙戌仲春，偕龚星儿至沪，著录天仙部。演剧不多，然颇能体会入细。最工《游龙戏凤》，娇羞掩抑，薄怒佯嗔，描绘乡里小女儿，颇觉声情逼肖。貌清丽如初日芙蓉，纤尘不染；而其腰支一搦，弱不胜衣，则又如灵和殿前迎风细柳也。工愁善病，歌唇微动，便觉娇喘如丝。予尝谓友人青莲诗裔曰：“此《石头记》中病潇湘也。当与怡红公子静参美人禅，慎勿以我辈三斗俗尘，点污绛珠仙草。”诗裔合十和南曰：“谨受教。”

一　汪　水

一汪水,秦人。数年前曾注籍大观园。时年才十有二龄,童真未漓,憨跳可喜。自大观既歇,曹部一空,怅望秦云,久不得美人消息矣。丙戌之秋,经咏霓园主人招之,复来,则月满花芳,已到破瓜年纪。丰容盛鬋,艳若天人,而一点樱唇,尤觉别饶妩媚,品花者以“富贵风流”四字目之,洵不诬也。工秦声,莺喉一啭,使人意消。每一登场,座无虚位,缠头之锦,高积如山。同部有人人爱者,歌喉可与之埒,而舜英已谢,无复楚楚丰神,声价之高,远不及水。嗟乎!以貌取人,士林且若此,况梨园乎?

粉　菊　花

秦伶粉菊花,小字奎儿。以丙戌仲冬至沪,行装甫卸,丹桂园主即以厚币聘之。年甫十五六,身材瘦削,宛如昭阳殿里第一人。工为绣户传娇语,闲情逸致,潇落出群,不染时下妖淫之态。及演《演火棍》、《泗州城》诸剧,秃襟窄袖,飞舞双刀,则又矫健轻灵,迅如鹰隼,诚菊部中未易材也。犹忆昔年花旦之文武兼长者,以十三旦为开山初祖,芳名之噪,几遍瀛寰。近时余玉琴亦颇得其一体,惜乎珠喉稍涩,未能惊落梁尘。自有粉菊花,而舞态歌声,并皆佳妙,寻常子弟,直欲退避不遑。我友意琴室主遍历歌场,少所许可,独于粉郎称赏不置。惜无柴桑三径,不能位置幽芳耳。

胎　里　红

自金菊花去后,雏伶之能作秦声者,几于风流歇绝,近始得胎里红其人。红与一汪水同来,即同隶咏霓乐部。韶颜稚齿,靡曼动人,其一种秀逸丰神,如观秋后水蒗花,别饶幽致。为之诵“堂上簸钱堂下走,凭时相见已关情”之句,觉小儿女情态,非周昉辈所得描摹。其真合雪儿之神、红儿之貌、犟儿之情,而萃于一身者乎?“不重生男重生女”,香山老人,岂解事哉!

日 日 红

日日红，籍隶同胜和班。初在义锦园演剧，义锦既歇，改籍留春。身材婀娜，浅笑嫣然。工唱青衫，发响探喉，高出云表，一声裂帛，四座皆喑，诚有如白香山诗云“曲罢常教善才服，妆成每被秋娘妒”者。与老生满京红足称劲敌，其合串《倒厅门》、《算粮》、《登殿》、《三娘教子》等戏，回肠荡气，伊郁酸辛，如聆《河满》一声，令人双泪如珠下。声音之感，竟如是乎？小蓝田忏情侍者尝语予曰：“红姓朱，本保定良家子，少年流落，误入梨园。”宜其哀楚苍凉，情不自已也。

万 盏 灯

燕市歌郎李小园，别字瘦仙，俗以万盏灯呼之。光绪初元挂名大观乐部，其时定子芳龄，恰合阑干之数，雏发初燥，圆涡渐生，见人则捻带含羞，两颊隐隐现红霞色。阅二年，春江游倦，返棹宣南，京洛软红，芳名鼎盛，至有名公巨卿执厚贽踵门，愿求一见颜色者。至前年，沪上鸿泥，重来印证。初在咏霓曲部，继又改而之留春。虽番风廿四，已将开到楝花，而柳亸花娇，红矜翠谑，轻盈柔婉，犹足压倒群芳。暨阳慎独生素以拘谨著名，友或诱入欢场，辄效温太真绝裾而去。一日在筵上遇瘦仙，予戏援明道先生“席上心中”语嘲之，生乘无人，附耳低语曰：“予心荡！”

吴 兰 仙

兰仙为南皮太守后人，自字号纫秋馆主。工画墨兰，风枝雨叶，婀娜横斜，大有马湘兰遗意。间作小诗，亦颇楚楚有致。平日湘帘棐几，煮茗焚香，手一编孜孜不倦。时或春秋佳日，款步芳郊，细数落花，缓寻芳草，见之者疑是乌衣子弟，不知其为菊部雏伶。及夫簪花傅粉，装束登场，则又艳丽轻盈，嫱娥靡曼，仿拂汉皋日暮，解佩仙人。岂西山白桃花，独得秀灵之气欤？瘦鹤词人与之昵，瑶情玉意，密若漆胶。尝辑《春江灯市录》一书，甄综群芳，遗未载入。予戏赋七绝调之云:“遍从沧海网珊瑚,紫姹红嫣细细摹。独有幽兰在空谷,秋风憔悴泣遗珠。”兰仙见之,呜咽者累日。

小桂凤

桂凤,山左人,姓田字桐秋。年二十许,明眸秀靥,爱好天然,《红楼梦》中薛宝琴也。癸未仲秋始来沪上,挂名天仙部。每当装束出帘,喝采声无异天惊石破。桂凤则无矜持态,无羞涩容,温柔旖旎之中,仍寓娴雅从容之度。吴兴艺兰生见陆小芬演《折柳》一剧,谓其粉腻脂柔,足令李郎情死。倘令桐秋演此,更不知颠倒若何也。洎浓妆既卸,徐步下台,曳白绡衫,握班姬团扇,柳阴徙倚,飘飘欲仙,雨后白芙蕖,恐亦无此鲜媚。安得置之控鹤监中,使池上六郎相顾失色哉!

蔡桂喜

光绪七年夏,桂喜自黄鹤楼头来沪,一时巨宦豪商,欲睹郑樱桃风韵者,座上多至数千人。晶箔初开,微呈半面,翘首立足跂望者,不可以数计,尤物移人,竟如是哉!善演《虹霓关》、《少华山》,有意无意,忽庄忽谐,端严静穆之中,微露风情月意。岂鄂渚弄珠仙子游戏人间欤?湘中卍红词客深相爱慕,谓足与桂凤并驾齐驱,《湘灵集》中《双桂行》,盖为此而作也。

红菊花

红菊花,都中名旦也。去冬咏霓茶园主人聘之来沪。年可二十一二,袅袅婷婷,丰神绝世,浓妆艳裹,独出冠时。同时有两菊花,同隶一籍,金以歌曲见长;红虽引商刻羽,稍逊一筹,而盛鬋丰容,红愁绿怨,尤足令人心动神怡。善秦声,所演《遗翠花》、《海潮珠》、《双锁山》、《卖胭脂》等剧,时而目成眉语,时而钏舞钗飞,要皆尽态极妍,各臻其胜。与人交,和易可亲,未尝有疾言忤色。酒量称小户,三蕉之后,双颊红飞,雨后夭桃,别饶丰韵。登场匝月,绩缠头至千金，其师爱之，无异明珠上掌云。

小 桂 寿

桂寿，淮甸人。肌理丰腴，身材窈窕，不必斤斤修饰，而临风一笑，足令色授魂销。善扮荡妇，啼妆龋齿，淫荡天然。其演《红鸾喜》、《双钉记》、《关王庙》、《卖饽饽》、《小上坟》，尤为妙绝一世。每演必与丑脚小金生俱，鸳鸯娇小，比翼情深，杏子阴假凤虚皇，恐亦无此缱绻。戊寅冬祀灶日，桂寿遇祟暴亡，金生哭之恸，立誓不复登场，未几抑郁以死。噫！天下之负心人多矣，夕幙比肩，晨窗反目，得新忘故，闻者寒心。金生一优伶耳，与桂寿既无琴瑟之名，安有衾裯之好，而能鹣鹣鲽鲽，生死不渝。千古痴情，岂独一藕官已哉！地下有知，应无遗憾。

十 三 旦

癸酉甲戌间，十三旦以艳名噪燕台。旦，秦人，能作秦声，貌亦姣好，蛾眉曼渌，宛若天人，品花者以碧桃拟之。初都门不尚山陕杂剧，至有嘲之为“弋阳梆子出山西，粉墨登场类木鸡”者。至是而靡然从风，争相倾倒，冠裳裙屐，座上常盈。既复航海来申，在丹桂茶园著籍，甫一登场，掷缠头如密雪。其演《新安驿》也，红虬怒磔，绿鬓低盘，儿女英雄，真令人又惊又爱。不数月，累累者已盈巨万，乃重返都门。近则一片飞花，又不知流向天涯何处矣。嗟乎！其可复见乎？

婴 宁 旦

婴宁旦，金桂部雏伶也。芳龄鸳小，密意犀含，微步珊珊，离尘独立。太痴生古意诗“生成锁子骨，越细越玲珑”二语，正为此君写照也。工颦，好事者以“病西施”呼之。予谓捧心献媚，未免作意经营；若婴之翠黛低含，天然丰韵，其为潇湘馆之林颦卿乎？金桂歇后，子弟散若晨星，婴则移寓姑胥，芳名益著。特不知酒绿灯红之畔,浅斟低唱之时,犹忆及沪上鸿泥,流连不置否?

王喜寿

喜寿,燕人,小字雅琴。以丙子岁来沪,在金桂轩演剧。年如筝柱之数,雏发覆额,秀韵天然,而庄雅不佻,颇不类梨园中人物。善唱青衫,所演《祭宝塔》、《三娘教子》,尤为独出冠时。工八法,耽吟咏,尝学诗于浙东某名士,一经指示,妙绪环生。记其《春思》二语云:"燕子不归春寂寂,杏花何处是江南。"清俊之思,殊可爱也。未几随其师返都门。阅几年,有他伶冒其名来沪,虽耳食者仍誉不绝口,然邹忌竟远逊徐公矣。何舞衫歌扇中,亦有河豚赝本耶?嘻!

葛筱香

筱香,姑胥人,为名优葛子香之妙裔。子香于咸同间负盛名,舞态歌声,一时无两。忆十年前,予曾遇诸惠南客次,风尘阅历,垂垂老矣。白头宫女,闲话开元,一曲未终,泪痕界面。盖其早经离乱,晚值迍邅,故触景伤情,不自觉其动多哀感也。筱香渊源家学,誉擅出蓝,总角年华,即已声驰菊部。今岁始随大雅班来沪,在三雅园登场。锦瑟身材,绿珠年纪,亭亭玉立,淡艳动人。与之言,流利如走盘珠,无一毫矫揉造作,其殆如天女散花,不著色相者欤?尝与蟾仙合演《胖姑》一折,抑扬顿挫,妙造自然,双璧联珠,有目共赏,迥非挟瑟唱《杨叛儿》者所能企及。醴泉有源,芝草有根,我盖观于筱香而益信。

金镶玉

金镶玉,产自秦中,来游沪上。咏霓茶园主素耳其名,至即罗而致之,令其登场献技,清歌未毕,喝彩声喧。貌虽不逮中人,而束素腰纤,裁云鬓薄,善作内家装束,幽娴和婉,宛然林下风期。歌喉浏亮出群,直欲穿云裂石,而缠绵往复,纯任自然,真如瑶天笙鹤,不染纤尘。性喜修饰，吐属亦风雅宜人，兰臭袭裾，淡而弥馥。闻其师刘姓，昔年颇著盛名，玉其高足也。春风桃李，宜乎誉满燕台哉！

佛　动　心

明镜无台，菩提无树，灵犀一点，湛然寂然，此佛之宗旨也。至被摩登伽女，摄入婬席，婬躬抚摩，则虽戒体依然，未免近于外道矣。咏霓诸郎中，有名佛动心者，光盈宝月，艳夺明霞，圆转如珠，清莹若水。时挽两髻作天魔舞，回旋顿挫，流利轻盈，无异公孙大娘之舞剑器。或作小家女子装，长袖轻裾，婀娜尽致，宜嗔宜喜，令人生怜。岂维摩居士，以色身示人，为大八千世界众生说法耶？噫！我闻如是，请静参四壁秋波，于意云何？合唤醒一场春梦，灵台不昧，试鉴于兹。

王　翠　喜

翠喜，亦北地燕支也，曾演剧大观园。月下梨花，冷淡中别饶妩媚。歌声可与金菊花埒，而其芳姿玉润，妙绪丝抽，则又足驾而上之。最工《十八扯》一折，红绳约辫，嬉戏无常，恍惚十三四女郎，斗草簸钱光景。余尝赋《翠儿曲》旌之，其时锦样韶光，犹未过阑干之数也。曾几何时，予复橐笔来游，翠喜方改籍咏霓乐部。虽舞衫歌扇，不异当年，而玉貌珠喉，已非畴日，盖一别已五六年矣。未几翩然而去，不知所之。噫嘻！今世之自命风流者，亦惟如登徒子之好色耳，一旦樱桃花落，憔悴堪怜，谁复向台上悬金，市归骏骨？则何若神龙见首不见尾，见机而作之佳哉！呜呼！翠真贤已。

小　金　翠

金翠，姓张，小字珠子，直隶保定人。本良家子，以水灾流徙，堕入梨园。年如瀛洲学士之数，貌仅中人，而嘹亮珠喉，直欲使天际孤云，顿为之遏。尝见其演《十八扯》、《合凤裙》、《新安驿》诸剧，乔作须麋,款步碧氍毹上,新莺乍啭,宛若笙簧,真有端如贯珠、清同叩玉之妙。初不甚知名于时,乙酉暮春,吴门太痴生来游沪渎,花间薢茩,逾格垂青,投赠之诗,多如束笋,而芳名遂大噪梨园矣。一经品题,声价十倍,金翠何修,竟得才人刮目哉!

水 上 飘

水上飘,金桂部中名旦也。初至申江,年才三五,神清如雪,貌艳于花,而一笑嫣然,樱唇微启,尤足迷下蔡而惑阳城。近在留春园售技,秋娘半老,风致全非,而按部随班,犹不失方家举止。缠头一曲,妙响入云,后起名花,断难望其项背。然歌场寥落,赏识者希,终不能与惨绿少年,争胜于枣花帘角矣。日月不淹,美人迟暮,镜中白发,能无慨欤?

余 玉 琴

甲申六月,玉琴初至申江,太痴生即走书绳其美。予以七九甫卸,未暇纵观。星会之夕,始邂逅于丹桂戏园,浓花绕鬓,酒晕生涡,语妙于花,身轻似叶,正如燕赵佳人,潇洒中别饶俊爽。善演《画春园》、《白水滩》、《泗州城》、《双锁山》,尤工《跑马卖艺》,莺捎燕舞,锦簇花团,灯下观之,几令人神摇目眩。及扮《海潮珠》中之崔杼妻,《铁弓缘》中之梁夫人,则又横波流媚,冶态欺花,薛宝钗醉卧芍药阴,未必有兹妍媚,真优孟中全材也。太痴爱之深,每入梨园,必呼令篮坐,玉琴亦倾心相与,无异飞鸟依人。其殆三生石上具有夙缘者欤?

王 畹 云

畹云,吴人,总角时,随其父桂芳至沪,挂籍天仙园。桂芳以唱青衫得名,裂石穿云,不足喻歌声之妙。畹云髫年明慧,一经指授,即能青出于蓝。顾素姓好高,不屑与梨园中人伍,虽或登场献技,时以飘茵堕溷为虞。每当知己谈心,往往泪如玉箸,盖亦彼中之有志节者也。甲申春航海入都，都人士久耳芳名，无不一见倾倒，丹山雏凤，誉满金台，黟山叆叇轩主著《瑶台小咏》，品为第一。状头花盈盈高折，益觉车马盈门。未几患虏疮，满面瘢痕，见者争先趋避，畹云亦咨嗟太息，伊郁寡欢。叆叇曰："此正天之所以玉成畹云也。今而后，当不致抱白圭之憾矣。"遂赋《王生行》慰之。去秋有王畹如者，隶籍老丹桂，年可二十余，丰貌远不及畹云，而逐臭者咸趋之若鹜云。

小金虎

金虎，姑胥人。珊珊仙骨，弱不胜衣，而袅袅婷婷，齐齐整整，灯下见之，颇疑姑射仙人，离尘世而翛然独立。及其曼声徐度，嚼徵含宫，则又清越轻圆，恍聆广寒宫霓裳仙曲，惟朱唇轻启，微露瓠犀，不免美中不足耳。所唱《跳著》、《佳期》、《拷红》、《惊梦》等剧，博至数十折，歌声舞态，娓娓动人，而一种苦绪幽情，尤觉描摹尽致，卫洗马所谓"卿言愁我始欲愁"者，其在斯乎？其在斯乎？

月月红

鄂伶月月红者，吴其姓，丽卿其名，初隶咏霓乐部。乙酉冬重来沪上，适六马路新开鸿桂茶园，遂改籍焉。年已二十六七，虽风尘转徙，马齿渐增，而江上兴奴，犹未致琵琶冷落。其演《贵妃醉酒》也，柔情憨态，婀娜无俦，颊晕娇红，眉凝惨绿，固应令李三郎魂销欲死，不复念宗祏安危矣。某巨公爱之甚，花晨月夕，座无红不欢，红亦肘后依依，缱绻备至，殆亦所谓真个魂消，愿作鸳鸯常比翼。便因情死，化为蝴蝶，也甘心者欤？尝其扮《打樱桃》之平儿、《梅龙镇》之凤姊儿，《饽饽店》之大嫂子，亦佳，盖以妖冶胜也。

盖山西

盖山西，亦六七年前名旦也。丰容盛鬋，靡曼无双，远而望之，如初日芙蓉，摇曳于红桥渌水，歌喉激楚，响落梁尘，黄竹白云，无此音节。尝见其偕想九霄演《双小上坟》,婉转抑扬,低徊俯仰,穿花双蛱蝶,无此轻盈。或有病其囿于秦声,不足登大雅之堂者,不知北曲南词,各随风尚,苟得惊才绝艳,压倒群芳,安见搏髀弹筝,不胜于调丝擫竹乎?世多井底蛙,毋宁占括囊之无咎。

遮　月　仙

偶见太痴生,必向予绳遮月仙之美。然梦想芳容,无由一见也。一日观剧于义锦茶园,见一伶窄袖短衣,掣双刀如白雪,年可十五六,面如满月,妍媚中别有英爽之气。归以语太痴,太痴曰:“嘻!是殆遮月仙也。何为而至于斯乎?”明日适有案目来,问之良信。按月仙燕人,精技击,善为角抵戏,所演《二龙山》、《四杰村》、《演火棍》等剧,均能独步一时。时或柔罗文縠,亸袖低环,唱《青纱帐》、《玉柄扇》诸小曲,亦觉婉丽可爱。殆所谓明明如月、飘飘欲仙者乎?太痴爱之,谓为艳冠梨园。是说也,亦有韪之者。按月仙近已改籍留春园。

邱　阿　四

阿增之弱弟行四者,初为某巨公小史。乙酉冬始来天仙园演剧。年未二十,丰肌丽质,韶秀可人。阿增素以昆曲擅场,同治初随大雅班来沪,艳名鼎鼎,藉甚一时,近已如浔阳商妇矣。四得其薰陶,颇能嗣响,尝见偕丑脚姜善珍演《借茶》一折,佯羞薄怒,媚眼流波,莲步轻移,檀云低亸,淫荡之态,微露于静穆之中。及为《落金扇》中之鸦鬟,则又流荡憨跳,慧媚温柔,雏发未干,风情浅逗。娟娟此豸,诚可儿也。藜床旧主谓其善琵琶,转轴拨弦,时有雨洒芭蕉之韵。会当于风清月朗时,煮茗焚香,倩彼姝一试之。

小 十 三 旦

小十三旦,初与小生人参娃同隶大观园。仙骨玲珑,瘦如飞燕，瓠犀一露，百媚俱生；而仪静体娴，不屑效时下妖冶之态。善秦腔，爱作变徵声。其演《双断桥》也，苦绪幽情，曲为传出，沉沉娇喘，细若蚕丝，恐宋广平铁石心肠，亦应为之百折。时年方十五六龄，予亦惨绿华年，甫逾弱冠。洎大观既闭，云散风流，迨甲申岁重至申江，在咏霓园售技，而予已霜侵鬓脚，旦亦蛾眉渐改，无复旧日丰姿矣。年光如女树，可胜慨哉！

小 金 喜

义锦诸郎，俱以金为小字，金喜其翘楚也。年可十二三，面团团如满月。癸未甲申间屡见于咏霓席上，丹山雏凤，早已一鸣惊人。嗣随其师至苏台，不见者阅二载。去冬重来沪渎，访艳者争以一见为荣。顾金喜性恬静，不乐与纨绔少年交，尝自谓“我辈既入梨园，登场献技，分也；若欲翠被薰香，余桃分液，伺人意旨，狐媚乞怜，虽死断不出此。”嘻！今之世，一趋炎时势之场也，大丈夫功名赫濯，显奕扇巍，迹其发轫之初，孰不从依附脂韦而得？不料十余龄小妮子，竟能有此丰裁。醴泉无源，不洵然欤？工演《十八扯》、《合凤裙》二折，不屑描头画角，自能游戏传神。太痴生嬖之，屡偕我辈赋诗提倡。

八 琴 旦

八琴旦，善唱秦腔，年可十六七。初至沪上时，见其演《珍珠衫》一折，不甚奇之。一日偶在丹桂园，见有一少年韶颜稚齿，趿蝶履，曳蝉衫，小立下场门外，清幽静穆，无殊月下芙蕖。异而询之，则琴也。继观其演《梅龙镇》，鸳鸯娇小，乍解风情，羞涩轻盈，令人心醉。花旦中具此风格，真不易材也。岭南三十六江外史历遍歌场，颇垂青睐，尝谓“倘与余玉琴合演《双断桥》，可谓珠联璧合”。其倾倒亦云至矣。无几何时，即舍之他往，或曰滞留鄂渚，或曰返棹燕台，尚未悉其究竟也。

十 四 旦

十四旦,精拳棒,善超跃,虽裙下双勾,瘦如春笋,而轻盈矫捷,无异鹰隼之击秋旻。歌喉亦燎亮不群。时或改而为小生,扮《卖胭脂》之郭华,《翠屏山》之石秀,轻衫窄袖,款步上场,微动香唇,白云顿遏,盖不以色选而以艺传者也。性豪迈,一言不合,辄肆睚眦。而扶人之危,济人之急,虽罄缠头,亦所弗惜。世称马湘兰为红妆季布,今得十四旦其人,意者慷慨任侠之风,仍不让蛾眉独步乎?然而我辈更恧然矣。

小 桂 香

桂香,吴人,向隶大雅班。苗条婉娈,秀色可餐。善扮《牡丹亭》之春香,《西厢记》之红娘,憨跳酣嬉,神情逼肖。每演必与邱阿增俱,阿增半老徐娘,不失大方举止,桂香则华年月满,玉貌花嫣,流走如珠,分外动人怜爱。一日天仙演《难中福》一折,老生扮胡润芝中丞,黄褂红顶,望之俨然。帐下貔貅,戈矛如戟。桂香团扇轻衫,垂手侍立,翩翩态度,不减内史风流。巾帼须眉,并皆佳妙,迷离扑索,谁其猝能辨之?

小 金 玉

金玉与金翠、金喜同隶一籍。刻骨香桃,瘦无一把,而探喉发响,颇足裂石穿云。盖京优只以妖冶动人为胜,若子弟之来自三秦者,则选色征声,无不并臻其极,意者蓝田紫阁间,别有风流泽薮耶?年才十二三,豆蔻梢头,春风未破,其演《游园赠珠》、《遗翠花》等剧,内家装束,举止幽娴,每一发声,宛如瑶岛鹤音,一洗人间凡响。我友太痴生听歌菊部,多所雌黄,独心折义锦三小,谓足压倒群英。惜登场未及一年,遽尔遄归吴苑。毋金玉尔音,而有遐心,彼姝者子,当歌白驹之什以须之。

陈 彩 林

彩林幼为某内侍家伶,内侍为言者所弹,几遭不测,梨园妙选,散若晨星，彩林转徙至沪，挂名天仙茶园。善舞双刀，脱手弹丸，熟能生巧。而其清眄一转，流盼多情，尤足令三河少年为之颠倒。间或按象板，炙鹅笙，妙响初传，梁尘直簌簌下，亦彼中之美材也。近虽年矢催人，芳姿渐改，而身材轻捷，犹能冠绝时流。泉唐仓山旧主，尝题赠二绝句，刻入《海上吟》中。

满 天 星

满天星，秦人。七八年前，曾邂逅于某巨公席上。雏发覆额，婴伊可怜，见之者咸以韩家雏凤目之。未及一年，即已引去。甲申春复至申江，时则丰肌瘦尽，非旧日丰姿。每当酒罢歌阑，往往掩抑悲凄，自伤老大。盖自遄归日下，作客京江，马足船唇，星霜饱阅，虽余发未经种种，而香蔫玉损，已如金缕秋娘矣。漱绿君赏之，品为秋海棠，谓当于绿天深处，相与参断肠禅。

吴 宝 玉

宝玉，姑苏人，原名宝琴。柔情艳骨，潇洒风流，喜作时世妆，眉月弯环，鬓云鬖髿，见之者疑为洛水仙姝，凌波微步。性灵慧，嗜文墨，稗官野史，杂置案头，甫卸浓妆，即耽静坐，与三河少年斗鸡走狗、日驰逐于大堤狭巷者，迥乎不同。惟不善趋承，与人落落难合，人亦以此少之。呜呼！傎已！

粉墨丛谈　卷下

怀 周 凤 林

一粟庵主

唱遍杨枝与竹枝，倡条冶叶不胜思。无端忆著年时事，啜茗江楼月上时。

赠周凤林

历阳海上钓客

名擅苏台正妙年,还来海上逗鹍弦。微云淡抹天风下,一树梨花湿晓烟。

赠桐荪四首之二

梦畹生

六曲屏间乍目成,眉能传语眼传情。只余一事堪惆怅,不见莲花步步生。

活色生香众口夸,绝幽闲处绝风华。分明一握圆灵镜,现出诸天称意花。

赠周桐荪词客

惜红生

天风吹下步虚声,为惹情缘谪玉京。记否珠宫当日宴,吟肩醉倚董双成。

妙绝生花笔一枝,篆摹秦汉晓临池。(桐荪善摹古篆。)闲来觅醉黄垆畔,爱听骚人细品诗。

怀桐荪

梦畹生

同是情天小谪身,东劳西燕亦何因?明明旧约愁牵茝,渺渺微波怨采蘋。黄叶离亭秋似锦,碧芜小院月如银。相思海样深无极,一寸眉峰尽日颦。

除却愁中只梦中,相逢草草别匆匆。新题霞帊贻欢子,细掏檀槽唱恼公。争不魂消堤柳绿,只应泪溅海棠红。凭君莫恨蓬山远,隔著屏山便不通。

闲宵翠阁记流连,锦瑟华灯两少年。秋梦淡寻蝴蝶影,殢愁浓春鹧鸪天。金迷纸醉欢无极,竹脆丝清月正圆。今日云萍重会合,不堪潘令已华颠。

行遍雕廊又画阑，路迢迢更夜漫漫。樱桃写影风怀薄，芍药题笺泪点残。修到上清遭劫易，叠成方胜寄情难。明知小别寻常事，只奈离愁满绣鞍。

甲申岁杪过沪，宴于桐荪词友之修篁别墅，率成二律

味馨室主人

天涯饯岁又今宵，伴我尊前慰寂寥。春色一枝梅早吐，离愁万斛酒难消。雪鸿重印游踪在，风鹤频惊客鬓凋。此夕相逢拼醉饮，乡云遥望路迢迢。

楼台箫管任喧阗，却爱清闲共此筵。我愧交游多落落，汝能晤对独翩翩。醉颜分照瓶花艳，别绪先教岸柳牵。愿盼狼氛清海峤，客中欢会自年年。

天仙园访桐荪词客

庐山旧隐

闲携玉笛访良俦，同拂金鞭作绮游。羡煞风流黄叔度，清才浓福几生修。（戏梦畹。）歌衫舞扇最翩翩，花月春江正少年。问字偶来花下立，片时侥幸倚香肩。

酬一粟庵主人

桐荪词客

记同绮陌作芳游，弹指光阴似水流。莫问开元旧年曲，江南风景已残秋。

酬意琴室主

桐荪词客

花间握手太匆匆，辱赠新词字字工。不敢当筵轻按拍，要裁纱向壁间笼。

歌园雏伶中有名想九霄者,每一登场,万人倾靡,予仅与一面,喜其略通弈理,诗以旌之

二爱仙人

梨园今有魏长生,珠媚花娇万目惊。鲁酒难期同日醉,胡弦急送遏云声。九天缥缈真人想,一往潆洄子野情。看近画楼闲对弈,搔头散髻最轻盈。

赠 想 九 霄

历阳海上钓客

柳想腰支花想容,九华灯下唱吴侬。高唐神女知何处,云雨迷离十二峰。

赠想九霄集唐人句

吉祥文字庐主

雪作精神玉作姿,天教分付与男儿。管弦楼上春如许,南国东邻各一时。

垂肩亸袖太憨生,湘瑟秦箫自有情。斜倚画栏看舞态,楚腰纤细掌中轻。

娉婷仙子曳霓裳,一曲新声绕翠梁。仔细寻思底模样,脸红眉黛入时妆。

明媚鲜妍总绝伦,采兰山上绮罗身。阳春唱后应无曲,端胜青娥镜里人。

赠 想 九 霄

掇芳室主

丁歌甲舞艳吴天,一曲霓裳压众仙。香国漫夸春富贵,芳姿合比月婵娟。早娴绛树双声曲,刚堕红尘二十年。学画蛾眉临玉镜,江南莲叶正田田。

香风飐袖乍登场,徐整梅花七宝妆。飘拂舞衣惊蛱蝶,留连绣

被妒鸳鸯。瓌姿讵入参军队，芳姓差同协律郎。扑朔迷离犹忆否？红儿相约在兰房。

赠想九霄用寿墨阁主人韵

经香阁主

丰姿原拟海棠香，花外新歌听绕梁。不信男儿容绝世，生前毕竟是红妆。

略转星眸百媚生，最含羞处最多情。笑侬三载听歌惯，小字何曾一问卿。

赠想九霄集句

石竹馆主

心有灵犀一点通，此生何处不相逢。管弦楼上春如许，云想衣裳花想容。

只是相思秋复春，回文机上暗生尘。画图省识春风面，任是无情也动人。

赠 小 桂 林

梦畹生

严妆初罢绣帘开，仿佛天仙谪降来。笑我持裙无气力，痴心要筑避风台。

赠 桂 林

小蓝田侍者

春风桃李喜新栽，雏凤声清独占魁。略记霓裳三叠罢，广寒仙子下瑶台。

赠桂林词友

惜红生

曾住蓬莱最上头，前身金粟证清修。如何也向红尘谪，仙乐霓裳尚忆不？

惨绿愁红绝世姿，倩谁谱入玉台词。一枝秀茁桐阶畔，寄语春风好护持。（桂林出桐荪门下。）

和忏情侍者赠雏伶小桂林原韵

日本浮槎海客

桂枝新向月中栽，管领群芳独占魁。一种天香须护惜，是谁为筑避风台？

病愈重晤金菊花，悲喜交集，倚此赠之

西河石桥生

梦阻文鸳，香残瘦蝶，半生幽恨谁知？记乍逢时节，意最依依。登场爱煞翩翩度，怎遭磨好事全非。相如渴甚，茂陵秋雨，隔断花枝。　　相思谁信重相见，啼痕乍破，喜极翻悲。只一声《河满》，珠泪齐挥。花丛身世频相慕，问柔条可受霜欺？怜香念切，怕伊声价，转误芳姿。

菩　萨　蛮

太痴生

咏霓部歌儿金菊花，娇喉迸玉，憨态嗔花，余剧爱之，拈此为赠。暇当再作金菊花歌贻之。

淡妆浓抹都相称，芙蓉照水凌清镜。恰似养闺中，见人羞脸红。　　袜尘侵赵瑟，泪雨啼妆湿。拼怨促哀弦，春歌零晓烟。

喜儿词调倚《浣溪纱》

梦畹生

盏曲屏开凤胫明，红氍扶上态盈盈。乍闻花底一声莺。眼角暗飞波一瞥，眉棱横锁恨千层。绝无情处也撩情。

可是江皋解佩仙，闲来花下弄秋千。问年刚好月初圆。未惯浓妆微腆腼，偶因薄病自淹煎。不成欢笑只堪怜。

袅袅婷婷下玉墀，上头斜插碧霞笄。偶拢蝉翼露柔荑。煮茗因缘嗔阿母，偷桃意绪骂书奚。闲中点缀小唐鸡。

惨绿丰裁妙绝伦，散花偶现女郎身。搴帘一笑亦前因。翠缕戏填新水令，青琴间谱望湘人。画楼昨夜感星辰。

银烛当筵乍目成，怕人嘲谑故含情。暗中低唤一声卿。为哭落花添懊恼，偶吟飞絮感飘零。相逢只合惜惺惺。

萧瑟兰成鬓已斑，空将词赋动江关。得卿乍可破愁颜。不分薰香留翠被，只应入梦认金环。早年绮思已全删。

义锦部青衫日日红，年才二八，哀艳动人。玉洲云本姓朱，以良家子误入梨园，故一曲登场，不自觉商声激楚也

梦畹生

曾从林下想风期，浅笑轻颦意总宜。终剩大家标格在，十香羞唱冶春词。

缠头低按小凉州，烛冷银屏月过楼，莫漫当筵伤往事，种瓜人亦旧封侯。

买陂塘　题纫秋馆主人吴兰仙小影

仓山旧主

乍相逢，惊人眉宇，座中谁弗延颈？当他空谷幽香佩，恰与彩鸾同姓。吾何幸，幸接席清谈，吹气曾亲领。闲情悉屏。却最喜偷闲，裁笺染翰，绘写象芳影。　　披图认，羡杀裳荷带荇，更

傍腮桃靥杏。阑干凭处人如玉,仿佛神仙清境。浑不省,认取是馆署纫秋,偏作嬉春景。冰绡雪净。准备著骚人、甜吟密咏,竞把妙才逞。

题纫秋馆主玉照

麋绿楼词客

丁东莲漏午晴天,树影亭亭翠盖圆。妒杀狸奴饶艳福,假红生受玉人怜。

花外阑干亚字横,画中爱宠我怜卿。红茵馆主疏慵甚,特破工夫与写成。

万人如海品歌喉,回首瑶京忆旧游。犹记春台题柱句,大千春色在眉头。

兰仙别三年矣,近得师许书,言其时向人诵予艳体诗,叹为才人之笔。风尘知己,诚足感焉。为赋二诗,以答芳意,兼遥呈师许岭南

梦畹生

漫将风月寄牢骚,赌酒评花未敢豪。不信廿年尘海里,怜才偏得郑樱桃。

儿女多情信有之,感卿抬举为卿痴。私心要爇心香奉,怕有烟痕损玉姿。

柳梢青　赠吴兰仙

梦畹生

蛎壳窗明,梦痕留蝶,睡味憎莺。搁下琴心,围将带眼,一味凄清。　红心枉自盈盈,更谁惜烟飘露零。空谷苔深,荒江月冷,等是伤情。

和梦畹生赠兰仙韵

严紫缦

风月平章托畔骚，长公一世独称豪。天涯芳草消魂久，犹有新诗付茜桃。

一点灵犀两会之，爇香颂艳总情痴。缕丝勾起怜才绪，转怕啼痕上粉姿。

赠吴兰仙

历阳海上钓客

旖旎丰神绰约姿，个中谁复辨雄雌？泥人更作含颦笑，娇过桃花著雨时。

题吴兰仙照

云林后人

冰雪聪明水月神，散花偶现女郎身。凭他添个婵娟侍，未必金钗赛璧人。

书生老眼未模糊，细展丹青看子都。回首少年歌舞地，替花曾写冶春图。（谓洪郎事。）

雏伶吴兰仙，介瘦鹤词人以“小阑花韵午晴初”小影乞题，率成二绝。词人与兰仙交极密，第二首盖戏之也

梦畹生

一角红阑午荫清，柳眠花弹足怡情。国香也要春阴护，何事东风又放晴？

戏捧乌雪映雪肤，盈盈浅笑下铜铺。似闻一笑花闲问，青翰舟中事有无？

客言,予贻兰仙诗录登日报后,一时菊部群英,传诵殆遍,狂喜欲绝,振笔成此

梦畹生

素衣化尽有谁知?檀口遍传七字诗。梨雪薄添词客鬓,兰烟清护美人姿。难消艳福樱桃小,生受狂欢蛱蝶痴。乳燕满帘莺满地,齐将白玉琢相思。

酬味沤

梦畹生

莫效杨朱泣路歧,且凭歌管遣愁思。鹍鹏力弱飞无术,莺燕情深醉不辞。岂有奇香薰翠被,偏劳妙格写乌丝。得君同调欢无极,愿倩名花晋一卮。

赠小桂凤

梦畹生

绮游如梦复如云,小阁呼灯夜乍分。桂府群仙乘月访,凤城旧曲隔花闻。秋边擫笛调琼尺,醉后题诗写练裙。我亦苏州狂刺史,愁肠恼乱半因君。

翠儿曲

梦畹生

银箭丁丁月如昼,枣花帘卷花呈秀。
不信西山开白桃,竟令南国吟红豆。
儿家家住古燕城,翡翠兰茗品望清。
花市偶然留艳影,梨园久已占歌名。
因愁北地燕支贱,南游携得桃枝扇。
现出惊鸿绝世姿,等闲便许花前见。
镜中双照玉天仙,云髻梳成分外妍。
八字扫烟眉妒柳,双趺贴地步生莲。

花枝招展氍毹布，千娇百媚频回顾。
惨绿丰裁怨绮春，雏红意绪迷芳雾。
飞上九天歌一声，白云凝遏梁尘惊。
忽地须眉忽巾帼，无端游戏亦关情。（工演《十八扯》。）
听歌屡过风流地，鞠部如云鲜当意。
仙桂空怜月府扃（谓小桂凤），杜兰早已风尘弃（谓吴兰仙）。
当筵一顾便心输，雏发初干艳已殊。
只恨蓬山花外隔，灵犀一点但萦纡。
看花翻惜花开早，骤雨狂风催易老。
欲将密意诉花知，多情转恐被花恼。
登场重唱定风波，袍笏将阑唤奈何？
千种相思千种恨，诗成空付雪儿歌。

九月三十日，冒雨扶病访小金翠，花曾识面香仍好，不禁喜跃欲狂，赋诗赠之

太痴生

怜余听雨文园病，知尔团云曲部开。倦眼孤舟新阅历，低鬟侧帽旧丰裁。何期白璧经年返，那惜黄金买笑来。遮莫舞台窥座客，书生情状最痴呆。

再赠小金翠

太痴生

玲珑骨节妙年华，碧玉而今定破瓜。似此腰支原是柳，果然颜色胜如花。新声拼与哀弦裂，娇态偏将小扇遮。笑我年来工绮语，男儿当作女儿夸。

拟至海上重访小金翠，戏成此绝，即用所演剧名为诗

太痴生

珍珠衫薄愁凉云，双桨断桥来访君。何时一祭虎邱塔，高山同

上真娘坟。

满江红　怀小金翠

太痴生

一曲霓裳,独超出梨园菊部。也曾见偏衫侧帽,下场丰度。蝴蝶生涯原是梦,鸳鸯颠倒徒相慕。问唐花占得可怜红,因何故?

乍妆束,犹延伫,春女恼,秋娘妒。把牡丹香泽,偷来赠与。清昼歌声莺舌巧,旧时芳思犀心护。但怕伊流落向天涯,风尘苦。

五彩结同心　赠小金翠并叙

太痴生

歌莺舞燕,竞占芳名,秋菊春兰,究虚真赏。试从吴会,数自沪滨,慨兹俗粉庸脂,争夸北部;卯箫魁笛,空话南朝。大雅沦亡,繁音错杂。惟雏伶小金翠,曲度秦声,姿饶越艳;豪丝哀竹,响遏行云;娇态憨情,润含晓露。变须眉而巾帼,自是可怜;协手足于埙篪,尤为罕得。仆风尘特识,月旦公评,擫笛宵深,会按霓裳之拍;分襟日见,倍牵霞帕之情。爰缀冶词,永怀芳遇。

红繁绿嫩,如许翩翩,占断少年丰韵。重见梨园内,人依旧,懊悔未通芳讯。只看一奏霓裳曲,娇无力双腮含晕。谁打点玉杯香茗,替把莺喉略润。　明知片时厮混,偏可怜模样,背人撩鬓。无奈云屏角,红牙板催得一声声紧。为伊爱惜心何忍,销魂处更残灯烬。迷离甚,萧斋睡了,梦里笙歌隐隐。

集东坡句柬太痴生即寄张珠子

病脚僧友翠

清歌缥渺入行云,耳冷心灰百不闻。新曲从翻玉连琐,狂言惊倒石榴裙。遥怜泽畔行吟者,寄语庵前抱节君。香火未收旗脚转,炉灰重拨烬余薰。

人去山空鹤不归，沈郎清瘦不胜衣。绿珠吹笛何时见，青鸟衔巾久欲飞。舞剑有神通草圣，抱琴无语立斜晖。谁怜寂寞高常侍？来看南山冷翠微。

浣溪纱　为小金翠寄倚翠侍者

太痴生

摇落江湖两鬓蓬，十年载酒悔匆匆。玉人兰佩系怀中。翠黛愁痕空对月，黄衫侠气欲成虹。向伊惭愧脸波红。

花想丰神玉想容，不嫌清淡不嫌浓。丁香小口语喁喁。红叶有媒须自觅，碧云无路可相从。强依天末寄疏慵。

费尽珍珠慰寂寥，闲门瘦损小蛮腰。晚来冰泪湿蛟绡。芳事阑珊三月雨，旧情凄楚一枝箫。不成怜惜是今朝。

绮梦灰残不再温，冷烟和月写帘痕。恓恓睡燕伴黄昏。丝竹声中聊寄慨，玉梅香里与招魂。红颜几见受君恩。

豆蔻将开月未圆，半羞半怯怕郎看。那时何况已相干。蚕有余丝终吐尽，鹃无剩血已啼干。呜呜咽咽泪花寒。

十度相逢九度留，见时恋恋去悠悠，这回肠断木兰舟。都为聪明才减福，却怜生小已工愁。玉箫缘分几曾修。

一幅云帆去不停，赋才衰谢为飘零。瘦腰拼作可怜生。依旧桃花含病态，簇新杨柳绾离情。雨丝风片做清明。

花易漂流草易长，阑干一曲一思量。落红留影吊斜阳。欲践臂盟酬热血，枉烧心篆拨残香。青衫潦倒哭词场。

毁后蛾眉画不青，脂零粉剩感倾城。此生无望待来生。岂是英雄常碌碌，只应儿女尚惺惺。有才翻悔早知名。

旖旎丰裁惨不华，少年词客已无家。那禁憔悴在天涯。到此只宜倾浊酒，当初悔不殉飞花。半生心事算全差。

余自津门返沪,适小金翠旋自苏台,悲喜交并,遂有是作

太痴生

契阔经年别,匆忙远道回。
相逢增感慨,失意几迟徊。
把袂惊逾瘦,凭阑思更哀。
春风吹弱絮,秋雨滴苍苔。
甘苦俱尝遍,炎凉直逼来。
聊为鹳鹆舞,那识凤凰才。
淹卧伤蓬荜,荒居委草莱。
缅怀惟旧好,抱节等寒灰。
鸣雉虚求匹,鳏鱼不用唉。
孝亲长负米,爱友惯通财。
忍詈离鸾操,奚烦野鹤猜。
日斜吴市散,霜落蓟门开。
雁影分天末,驼装寄水隈。
未能焚笔砚,毕竟困尘埃。
宝剑干时忌,瑶琴耻自媒。
疏狂名易损,逼仄志难恢。
洁谢淤泥染,温疑榾柮煨。
眼看青蔼蔼,头誓白皑皑。
顽劣同驱鳄,憨痴任荡骀。
繁华嗟世界,潦草惜尊罍。
缥渺霓裳奏,芳菲羯鼓催。
薰炉喷晓雾,油壁走轻雷。
良璧齐呈秀,明珠乍出胎。
绿飘词客鬓,红腻粉郎腮。
妙曲当场顾,嘉篇举座推。
纵多新款洽,终逊美丰裁。
激赏心空许,妆梳臂懒抬。

筝琶闲遣兴，罗绮枉盈堆。
犹记欢娱共，宁忘笑语陪。
钟情如眷属，立品异舆台。
拂拭将论价，缠绵尽卖呆。
雅充君子佩，勉受众人咍。
艳丽原殊俗，馨香特占魁。
避嫌辞翠被，解事覆金杯。
软觉腰欺柳，娇曾额点梅。
横钗眉月巧，侧帽髻云颓。
病体含愁抚，柔肌带醉偎。
娟娟怜此豸，渐渐愧于思。
密绪萦蛛网，奇芬閟麝煤。
百般遭挫辱，一例薄俳诙。
流断沟中叶，焚焦爨下材。
独行添寂寞，凡响厌喧豗。
蜀魄真凄绝，燕歌实壮哉。
有缘谁作合，无妄忽成灾。
烛灺光垂灭，棋枯势欲摧。
飞鸿沉浦溆，疲马陟崔嵬。
驿路魂消后，旗亭梦醒才。
商飚侵短笛，骇浪触高桅。
招隐攀丛桂，忧贫仰古槐。
孤灯眠旅馆，残角忆章台。
夕照生僝僽，微波起溯洄。
俊游夸两度，小令谱三台。
芍药殷勤采，樱桃烂漫栽。
筵宜张玳瑁，诗拟执琼瑰。
锦幕围仍密，绨袍赠亦该。
知音惆怅极，重倒玉壶醅。

自余玉琴去吴门,小金翠去海上,萍蓬身世,飘零可怜,索居寡欢,梨园裹足矣。旧游新恨,情见乎词,乞梦畹和我

太痴生

欢场似我太痴情,苦为怜卿又惜卿。只许相思牵别梦,空留密约待来生。丰姿莫为风尘减,声价端须笔墨争。何日苏台兼沪渎,羊车共坐占芳名。

满庭芳　赠雏伶余玉琴并忆小金翠

太痴生

滴粉为肌,搓酥作骨,柳枝纤不胜腰。爱绮年筝柱,锦曲云翘。收拾苏台旧梦,伊人去,消息迢遥。何因得繁华队里,似尔娇娆。

樱桃朵,红鲜小。前度说销魂,那更今朝。奈罗衿湿透,粉渍难消。流出珍珠千颗,分明见羞晕红潮。痴如我,殷勤愿乞拭汗香绡。

玉京仙子谣

梦畹生

老蟾喷雾韬青铜,烛龙万道嘘成虹。
仙之人兮下瑶阒,麟衫凤带飘长空。
芙蓉羞红奈惭碧,扶出花王上瑶席。
娇如碧柳眠朝烟,淡若白桃洗春色。
露珠声细虬更沉,莺喉欲啭犹逡巡。
一声裂帛九天起,银筝铁拨俱哑喑。
藕肠千缕抽秋绪,薄雾红窗晓莺语。
道是无情越有情,情丝细共蚕丝吐。
刀光一瞥楹间盘,绕身紫电飞成团。
兰堂烛暗碧砂走,风声霍霍毛俱寒。

掌中无力鞋难拓，敛怨低鬟入罗幕。
千呼万唤头不回，自闷兰愁掩疏箔。
狂花烂漫不算春，幽兰空谷宜含馨。
惨绿翩翩自珍惜，莫令螨镜丝凋青。

浣溪沙　集句赠玉琴并柬墨卿

太痴生

谁道卿卿不可人，破瓜年纪柳条身。薄施脂粉近天真。蝴蝶一生花里活，笙歌昨夜梦中闻。问君何日谢风尘？

一束腰支一段羞，那回相见在西楼。自从分袂又经秋。红锦地衣随步绉，轻罗小扇却花羞。伤心我似白江州。

洞仙歌　赠小金喜

太痴生

雏年十二，记垂髫模样，斜倚云屏作痴想。绣鞋尖，惯去侍立随行。能解语，遣做青衣来往。　最怜憨小甚，未擅歌名，玉貌尘中少称赏。比似海棠花，有色无香。东风里惹人惆怅。但嘱付天工酿春阴，与翠柳红桃一般娇养。

有赠偕太痴生作

梦畹生

水精屏角语么弦，惨绿丰裁正绮年。霞帔留香春有迹，琼枝照艳月初圆。得成蝴蝶应同梦，便唤樱桃亦可怜。何事凤莲山（所演戏名）下路，重来无复貌如莲。

粉墨丛谈　附录

长亭怨慢

余半生词赋,多悒郁言愁,闻孙瑞堂度曲,亦复凄怆欲绝。岂余于风尘中绝无赏音,而优孟中转有同调欤?谱此以赠瑞堂,亦自哀也。

太痴生

算千古悲凉无数,此夜听歌,倍添凄楚。怪底伊人,抱将幽怨向人诉。玉簪斜堕,浑不画双眉妩。清艳写瑶台,复娉娉写一剪芳兰心素。　　曲度似寒机夜织,响答暮秋砧杵。谁家嫠妇,更呜咽泪痕如注。可叹是落叶哀蝉,托商调悲嘶清露。怕瘦尽腰支,衰柳西风无绪。

山陕十二旦小咏

太痴生

小金翠(牡丹)

国色天香第一流,繁华队里孰为俦。纵无调鼎和羹事,也向春风占状头。

余玉琴(梅)

红酥为骨玉为肌,个是超群轶世姿。天地茫茫知己少,孤山暮雪最相思。

遮月仙(兰)

日抱幽香悄自怜,移根应在楚江边。休嗟荆棘常为伍,纫佩秋来有散仙。

小金喜（芍药）

娇憨一味近天真，宜喜还宜略带嗔。可惜丰台好标格，也随歌舞溷风尘。

金菊花（海棠）

小靥春酣腻粉光，阿娇金屋可能藏？痴心夜夜烧红烛，帘卷东风看晚妆。

日日红（杏）

一夜江南雨里开，繁红嫩绿擅丰裁。园墙著意藏春色，只放多情蛱蝶来。

想九霄（桃）

助娇偏侧帽檐头，嫁得仙郎阮与刘。不觉临风颜色媚，只嫌轻薄付东流。

小金玉（李）

一种幽情脉脉时，为容况未藉燕支。素云香雪消寒夜，怎忍东皇不护持。

水上飘（梨）

剧怜清绝月明中，瘦尽芳姿泪粉融。天遣淡妆无俗韵，压他姹紫与嫣红。

十四旦（蔷薇）

翠谑红羞不自禁，爱才终属少年心。牵衣月下成私语，却赚痴儿买笑金。

满天星（蝴蝶）

妙舞翩翩剧耐看，粉痕香气簇成团。只愁渐觉甜酣梦，小影伶僝怯暮寒。

八琴旦(荼蘼)

瑶台何处问前因,素艳谁怜谪后身?赢得冰肌饶得泪,那禁离别是残春。

赠丹桂刘培山

八砖学士

少小芳名紫陌驰,朅来海市亦居奇。前身月魄冰壶濯,今夕风流玉笛知。逸趣闲将兰写照(培山工画兰),细腰轻比柳垂丝。旧游莫问玄都观,且赋刘郎去后诗。

火齐光腾火树纷,锦氍毹上暖生云。海鸥却恋江南梦,天马曾空冀北群。高和周郎金缕曲(谓春奎),艳迷邱嫂石榴裙(谓阿增)。愿伊培得花常好,月满仙山处处闻。

三雅园观剧歌

梦畹生

层台巀嶪排晴空,千枝火树烧天红。
丝声浏亮竹声细,登场袍笏俱雍容。
王郎(鹤鸣)翩翩好丰致,清词戛玉何玲珑。
陆生(祥林)入洛擅芳誉,应声投袂惊飞鸿。
珊瑚玉树各辉映,清歌妙舞谁能同?
杂以诙谐与笑谑,其中神妙尤无穷。
斯时座客各神旺,赞叹声起如丰隆。
忽闻娇喉一轻试,莺声嵃出芳兰丛。(谓小桂林。)
初如徐妃半面露,继如洛女微波通。
石榴裙窄柳腰细,生愁仙去凌长风。
嗟予落拓廿年久,每借弦管将愁攻。
秦声凄厉燕声鄙,自郐以下俱庸庸。
承平雅奏幸重遇,如聆韶濩耳为聪。

所惜流光若飞箭，子弟发白头还童。
桐阶幸茁一枝秀，（桂林出桐荪门下。）灵根分向银蟾宫。
岁寒之姿宜自葆，莫令漂泊随萍蓬。
会当俗尘扑万斛，日日颠倒梨园中。

咏霓园听歌同石桥生作

梦畹生

夜凉沉醉海棠窝，胜侣邀从菊部过。银蒜四垂花灿锦，铜荷双照月舒波。难销绮思和云卧，尽有闲情倚瑟歌。萍絮十年丝两鬓，当筵争忍泪痕多。

拟辑《梨园后进身价录》，先以小诗奖之

太痴生

菊部争传伎最优，后来居上竟无俦。津门小友今何在？且放斯人出一头。（刘桂林）

梨花如面柳如腰，楚楚娟娟淡粉描。我为国香惆怅久，十年埋没在尘嚣。（金兰卿）

步步金莲贴地生，轻盈好向掌中擎。东风解事仙裙皱，飞燕何能独擅名？（吕筱卿）

走马相逢赠宝刀，十千沽酒兴偏豪。朱门夜半轻身入，血溅团花旧战袍。（小阿福）

裂石穿云度曲声，凄凉赵瑟和秦筝。寄言零落龟年老，前席今当让后生。（满京红）

铁板铜琶字字清，气苍格老意纵横。黄钟大律非凡响，衣钵相传负盛名。（麻海）

家学相传迥绝伦，峥嵘头角石麒麟。歌衫舞袂重经眼，犹带长安道上尘。（小三儿）

声艺居然得两全，受人珍惜惹人怜。不知老妪诚何物，生此宁馨品欲仙。（小寿儿）

纤细腰支袅娜身，翩然恍作坠楼人。娇花著雨多惆怅，珍重雕

阑护好春。（臻儿）

美玉犹须细琢磨，黄庭写到妙如何？频年倦耳谁提醒，凭仗王郎斫地歌。（小金龙）

菊部闲评

萍寄生

夫品竹调丝，必付伶伦之手；刌声按节，当归牙旷之俦。诚以炫艺者每逐靡音，顾曲者惟期真赏也。然而烟村擫笛，呕哑时类乎巴人；月棹鸣榔，嘲哳如闻乎越谚。贫儿拊瓦缶，难赴节于宫悬；商妇拨琵琶，莫同声于金石。工不聚则能不至，识不广则鉴不神。鸣蜩乱聪，野马眯目，量长较短，其将能乎？春申浦者，十四国之商埠，江南北之奥区也。流裨海之泉刀，萃中邦之士女，地争金穴，利尽铜山，楼阁翀霄，笙歌沸野，车则临衢而挂辖，人将举袂以成帷。匪惟水陆之冲，交通乎百邑；抑亦游观之美，殊异乎五方。于是灯昏月夕，眷彼梨园；酒半茶余，纵观菊部。则有西昆子弟，北派筝琵，韩娥合声，优孟抵掌。嬉笑怒骂，来渔阳挝鼓之英；呜咽悲凉，见吴市吹箫之客。采桑林之叶，礼防咸重乎贞姬；发薤露之歌，跌宕恍亲乎俊士。若夫丽颜辈出，艳曲旋闻，燕支涴北地之红，翡翠耀南天之绿。荆艳楚舞，见莲脸而生惭；吴歈越吟，入菱歌而协调。赵飞燕留仙裙皱，天上宁无？襄城君堕马妆残，人间罕匹。至于伐鼓撞金之际，横戈跃马之时，叱咤为雄，项籍则万夫辟易；指挥若定，韩信则一军皆惊。雷电交驰，恍睹昆阳战罢；旌旗乱卷，几同赤壁焚余。静者当之而气消，勇士临之而色骇。洵乎无奇不备，有艺皆工，壮都邑之观瞻，尽俳优之能事。乃曲谱云璈，时闻雅奏；而评虚月旦，未示褒题。何以资讽玩于才人？何以增声光于乐部？仆偶来作客，几度迎年，耳熟歌喉，目娴舞态。睹月扇云衣之色，自觉颜开；听铜琶铁板之音，更符心赏。遂乃揣声选色，统清奇浓淡以抡才；舍短取长，合生旦净丑而揭榜。区别乎三格十类，以协律者为宗；品定乎二十四人，以在沪者为断。见必衷乎一是，人各赠以两言，用质名流，冀匡谫陋。嗟嗟！古人往矣，今乐仅存，俗调未删，元音罕觏。历吴会而搜桐爨，窃神往于中郎；过冀野而空马群，宁比能于伯乐？铅椠多暇，聊奖尔以铿金戛玉之词；粉墨登场，盍饫我以白雪阳阿之唱。

老生一等三人

汪桂芬　如天风海涛，惊心动魄。

小叫天　如游龙夭矫，神化无方。

孙春恒　如朱弦疏越，一唱三叹。

二 等 三 人

周春奎　如干将莫邪，神锋豁露。

龙长胜　如时鸟鸣春，清和朗润。

穆瑞堂　如官样文章，三平两满。

小生一等二人

周钊泉　如郑生薤露，街东无敌。

小金红　如三河少年，风流自赏。

二 等 一 人

黄月山　如季常入山，时露英气。

净一等二人

大奎官　如故侯门第，气象自殊。

左月春　如风劲弓鸣，不参弱响。

丑一等二人

姜善珍　如东方曼倩，俳谐玩世。

小金豆　如海上大鸟，鸣即惊人。

老旦一等一人

羊长喜　如老梅压雪，愈显精神。

正旦一等一人

孙瑞堂　如太常法曲，自是正声。

二 等 二 人

金兰卿　如义山学杜，具体而微。

水上飘　如老女不嫁，自伤迟暮。

小旦一等一人

想九霄　如花中富贵,秀丽绝伦。

二 等 一 人

小金翠　如奇卉争芳,别有天趣。

贴旦一等一人

周凤林　如飞燕舞风,疑将仙去。

二 等 一 人

蔡桂喜　如茉莉花香,荡人神志。

三 等 一 人

田桂凤　如画中美人,自可悦目。

武旦一等一人

陈彩林　如书生备剑,不掩文章。

二 等 一 人

黑　儿　如东郊瘦马,有意腾骧。

瑶台小咏

书分上中下三编，记述清光绪年间二十余位梨园优童之性情色艺。据书序，作者为瑷叇轩主人，和王韬相友善，主人故后，王韬将此书收入其《淞滨琐话》。张次溪编《清代燕都梨园史料》时收入，惟题名《瑶台小录》，不知何据。谷曙光依清宣统年间《香艳丛书》本《淞滨琐话》点校。

瑶台小咏(上)

王韬

南朝金粉,徒搅愁怀;北地胭脂,空劳梦想。京洛绮纷之地,侲童婉娈之场。争妍取怜,别标风格。所谓赏识于牝牡骊黄之外,品题在须眉巾帼之间。仆也素衣,未染缁尘,车辙不逾折木,得之耳食,略识二三。侧闻冀阙风高,燕台月冷,才人不偶,游子离乡。旗亭画壁,唱"黄河远上"之篇;铁板铜琶,歌"乌鹊无依"之曲。清尊沓置,童冠偕来。鞠跽而前,偎肩而坐。觥筹交错,逸兴遄飞。招手成令,善心为窈。人来日边,警敏无匹。语妙天下,忍俊不禁。杂以俳谐,恣其欢谑,滑稽多辩,标弄百端。鲜仓庚之疗妒,怕鹦鹉之多言。齿喜梅酸,性忘桂辣。即看餔歠,亦自风流。大有牢愁,都堪陶写。华酌琼浆,何减蓬池之脍;网轩凉吹,几疑化人之居。时复刻烛题诗,烹茶说饼。一枰坐隐,五弦手挥。检滕王蛱蝶之图,仿逸少惊鸿之格。抑亦雅人之深致,达士之闲情。洎乎酒阑灯灺,月落参横。良会不常,离怀斯轸。回风送远,三叠《阳关》;珍重临歧,一声《河满》。因而吮毫濡墨,镂月裁云。咏周生之圆颐,忆定子之睡脸。山木相悦,澧兰有思。白眼穷途,犹胜老兵共饮;紫微仙吏,傥为杜秋写愁。以抑塞磊落之才,成哀感顽艳之什。柯亭之笛声欲裂,渔阳之鼓挝如闻。问心期以谁亲,抚骨体而不媚。此余友叆叇轩主人《瑶台小咏》之所由作也。公车南还,出以示余。余谓此中人才,殊复难得,岂秀气独钟于男子,而风怀偏托之美人哉?顾其品汇,厥有数端:公子裼裘,佳人修竹,手玉同色,智珠孕胸。琪花照世,众芳皆歇。桃李成蹊,不言自馨。此一流也。清词霏屑,吹气胜兰,鸣琴在床,晴波生指。桓伊三弄,柳公双锁,文楸响答,时出疏帘。更或写黄筌之折枝,静女分香;学茂漪之笔法,仙娥顾影。此一流也。靡颜腻理,敷粉凝脂。望若璧人,宛如处子。夷姤自喜,昳丽可鉴。濯濯春柳,深色荡魂;娟娟秋荷,微波通款。此一流也。奏阳阿、发激楚,唱曹子于兜铃。效少年为拍弹,薛仿之声,潜气内转;韩娥之讴,余音绕梁。不抗不幽,亦雅亦郑。此一流也。英姿飒爽,对酒当歌,星眸善窥,风气日上。作皮里之阳秋,笑目论之下士。羞同儿女,徒解人颦;别具肺肝,兼知援手。又一流也。借吹嘘以生翅,经盼睐而成饰,爱则加膝,口所偏肥。芙蓉镜下,居然及第;樱桃宴中,推为上宾。传观千佛之经,压倒群芳之谱。喜《霓裳》之同奏,异名纸之生毛。又一流也。至如柔曼倾意,寻梁契集,朅来城北,偷嫁汝南。灵狸之体,惆怅东平;共枕之树,托生上界,风斯下矣。亦一流也。今将就此编,依次录之。非曰好事,聊以怡情。

秀春主人顾曜曜,字玉仙,小名寿儿。吴人,庚辰文榜第一。纨质蕙心,温厚如玉。花城酒国,泛岂随波。处华缛而独厌风尘,工吐属而不离文字。我行天下,仅见斯人。赠以五律一首云:"花史出瑶台,奇花耀碧瑰。情多憎蝶媚,语巧任莺猜。兰茝三湘赋,蒲桃百合杯。春明门外骑,为尔久低徊。"

韵秀孙寿荃,寿荃,字梅云,小字顺儿,顺天人。师尉迟喜儿,色艺俱胜。性敏慧,善伺意旨,缠绵往复,常使人有去后思。以彼其才,阶之仕宦,谅亦飞黄之上选,荐白所揄扬矣。天南遯叟云:闻梅云近已别树一帜,称韵春主人,初次花榜,名列第四。赠以七律云:"天与温柔一段春,当筵疑现宰官身。相逢草草都成忆,小语喁喁解昵人。供以幽花知有韵,冻将明镜更无尘。真灵别籍谁刊定,只恐文章累洛神。"

德春少主人杨德云,字蕙仙,小名四儿,顺天人,杨桂庆之子也。桂庆有假子曰贵云,字朵仙,以冶名震都下。德云与之异趣,英爽豪迈,不事修饰,其生质然也。多与燕市酒徒交,而时人恒不喜之,殆涂泽者,易为工欤?庚辰武榜,名列第五。演《李存孝》一出最工。赠以四绝句:"璧月琼花岁岁新,杨家有儿名德云。生小娥娙谢脂粉,不曾学系石榴裙。""圆瞳如漆见神姿,飞虎山前挟槊时。何事纷纷竞蛮触，竟忘帐下有奇儿。”“将军大树久知名，军律森严斗酒兵。似此英姿来搏战，也应高筑受降城。”“九衢香雾隐重重，谁识元成妩媚容。我欲举头天际望，置君七十二高峰。”时在癸未之夏，毷氉中忽闻法越之警，心窃忧之。适蕙仙以纨扇索书，因成四绝，盖别有所感也。

忠华王蓉，蓉字畹云，昆山人。师杨月楼，歌喉冠一部。论者谓他日足继王九龄也。登癸未武榜，人争以武状元目之。而畹云殊不自异，天怀卓荦，等富贵如浮云；雅意缠绵，纳胏肺于皎日。身在尘外，天下英雄，微使君，孰当之者！畹云丰肌腻理，人或以赵合德比之，谓此乃汉成之温柔乡也。述之于叆叇轩主人，玉遐独曰："否否！合德一淫妪耳，柔乡一言，有识齿冷。若值此天人之姿，将合十顶礼之不暇，敢复堕邪师见哉！”赠以三绝句："畹云之生情所钟，有意无意如云浓。长风吹空浩无极，有时还掩青芙蓉。”“畹云情态如花娇，肌理媚极难可描。若使生逢汉成帝，柔乡魂魄更谁销。”“我爱畹云非以姿。独怜伉爽异群儿。读书美女簪花格，为赋幽并侠士诗。”

熙春陈杏云，杏云字文仙，小名七儿，顺天人。色艺为诸曹冠。性情孤洁，与俗多乖。故年已十七八，犹未能鸿飞冥冥云。庚辰文榜名列第七，时论为之不平。文仙今已脱籍，名其堂曰春林。赠以七律一章："欲咽还幽寄意深，碧云无际影沉沉。朱颜人惜临鸾镜，青眼谁输市骏金。媚月嫣花争炫采，高山流水自弹琴。风尘知己今谁是？我为孤吟感不禁。”

景和郑蕙，蕙字丽芬，一名艳云。先世亦吴人，师梅慧仙。抱质雅素，冲怀自芳。又写兰，尝以一枝贻人，拱璧不啻也。赠以五律云："秀骨如兰媚，天然写一枝。我将空谷隐，为尔赋新诗。逝水年当惜，孤芳世岂知。娟娟风露底，独系楚臣思。”

春馥陈禄,禄字秦云,吴人。年十二,风仪华美,无小家子气。以色艺骤列癸未初次文榜第一。同曹或心忌之,因有更易名第之举。然秦云天怀澹漠,视升降殊不介意。巾影衫痕,风流自赏,其风度正当在魏晋之间也。其师秀兰,夙有名誉。赠以四绝句:“藉甚金鳌顶上人,多生福慧列群真。蓝桥女伴闲相问,犹有云英未嫁身。”“问年刚是十三余,早向樱桃花下居。莫倚《郁轮袍》一曲,冰寒于水更何如?”“抡选终知有定评,古今人物半虚名。一从大雅沦徂后,不薄开元以下声。”“气自清华韵自娇,天生典重似琼瑶。涂脂百辈齐梁语,风味知谁近六朝。”

景春少主人朱荣贵,荣贵字稚芬,小名三儿,吴人,朱莲芬延禧之子也。庚辰文榜第二。其评语云:“纡徐为妍,笃雅有节”,可以知其人矣。稚芬与雨花散人交最密。尚未缔姻,而渴思得妇。赠以五绝四首:“莲渚满西风,莲花非昔红。莲房结莲子,怜子复怜侬。”“亭亭十六七,情如春草生。含情问春草,无雨更多晴。”“缠绵复缠绵,饮子碧筒酒。好为连理花,持荷得成藕。”“团圆匣中镜,中有古时春。照出如花意,依依独语人。”

近信少主人陈瑞麟,瑞麟字璧人,又字稚芬,小名狗儿,顺天人。于诸伶中齿最稚。征色考艺,虽倍以长者,莫能过焉。璧人生甲戌,年甫十龄,而歌声遏云,真英物也。近隶韵秀。赠以五律一章:“性巧珠同慧,神清玉作姿。天生好标格,当此妙龄时。我已嗟沦落,君休及暮迟。毋如薛车子,但系转喉思。”

景善少主人徐宝芳,宝芳字剑华,小名才儿,顺天人。年十一,身甚短小,而气格如二十许人。貌略逊稚芳,其能歌则相伯仲也。举止庄雅,尤不失先正典型。

宝芳同门之兄,曰**宝荃**者,亦雅材也。与芳皆善病。宝荃近脱籍,为粤游,主于黄氏,名噪一时。赠以七绝二首:“瑜亮同时有瑞麟,髫年头角露嶙峋。揭来翡翠筵边立,湘儿居然矮似人。”“闻说工愁兼善病,阿兄憔悴亦如斯。从来天意怜幽草,愿化轻阴与护持。”

同兴裘宝奎,宝奎字英华,又字笙华,顺天人,《鞠台集秀录》作天津人,非也。年十四,善歌。风标玉立,眉目间若有惨淡之色。与人言,疑远疑近,不可方物,而低徊往复,如不胜情。论其姿致,抑亦畹云之亚也。赠以二绝:“高格依稀私畹云,此声天上又重闻。绝无画角描头态,自有回肠荡气文。”“似颦非颦不言际,无情有情相见时。道是温存又疏略,吏尢消息与人知。”

嘉颖少主人李官保,官保字小妍,顺天人。父德华字妍农,有盛名。官保承其学,年甫十四,色艺俱绝。仪表端贵,望之如神仙中人。赠以二绝云:“绝艺还须让后生,词场小李又知名。渊源毕竟尊家学,遮莫匆匆唱渭城。”“风流如见旧乌衣,标格真宜玉带围。我向花中论气魄,等闲裙屐似君稀。”

嘉颖朱桂元,桂元字霭芬,顺天人。貌不越中人,结束登场,宛有钟郝风范。歌声清袅,足遏行云,为并时侪辈所莫及。其纤婉之态,不在十五女郎下也。霭芬今为颖春主人,年甫十八九,左手常着金约指。赠以二绝云:“楚楚腰支弱不禁,轻罗小扇出花阴。倦来学作银屏倚,微露纤纤约指金。”“抗坠悠扬出苦辛,全从幽靓见精神。余生善病琴香老,乐府分明有替人。”金砚芬、时小福皆以色艺擅名,霭芬之前辈也。

忠华王招,招字畹如,广陵人。与畹云同师杨月楼。慧心灵性,恒为举座所欢。畹如长畹云一岁。杨氏厮养辈称之为大相公。今闻已返南中,亦未甚得志也。赠以二绝:“畹云豪宕畹如清,定子当筵有盛名。我亦随声相附和,大郎风致更倾城。”“轻如飞燕堕瑶襟,婉若流莺语碧林。骰子玲珑见侬意,灯花开落替侬心。”

莲贵小主人王联桂,联桂字小琴,天津人。能歌杂剧,而不甚见知于时。盖以小琴来自析津,故未为时流所赏。叆叇轩主颇识小琴,而酒座恒不相接。丙戌入都,问小琴,已不知何往矣。乃知酒旗歌板间,具有前缘,遇不遇,亦有不可预期者也。赠以二绝:"亦是芳闺绰约姿,众中眉黛未逢时。伤心九品论资格,何处堪求国士知。""惭愧平生说护花,此花咫尺类天涯。请回俗士三年驾,重迓佳人七宝车。"

佩华刘燕芗,燕芗字幼芳。先世亦吴人。年十三,姿韵楚楚,能不失庄姝之度,最为高阳令君所眷。而目论者恒失之。赠以二绝:"温文体格幽闲性,腼觍情怀婀娜姿。莫以轻盈猜碧玉,可知王谢未同时。""谁探仙籍叩层城,幸有飞琼识姓名。争奈彩云偏易散,花前闲煞紫鸾笙。"

以上都十有六人,是为正编。

瑶台小咏(中)

景和二主人梅凌云,凌云字肖芬,小字二琐,广陵人,名优梅慧仙巧玲之子。年十四,明慧白皙。工写兰,有板桥道人风致。言词温婉,雅度恂恂,使晋人见之,当亦叹支公之神骏矣。肖芬在歌场中为小生,善昆曲。近岁昆山曲子,几如广陵散,不能无望于肖芬也。赠以五律一首:"不有诗书气,何缘意度温。清标殊俗卉,雅志拟芳荪。巾影销脂艳,湘烟淡墨痕。故家零落尽,法曲赖君存。"

国兴李宝顺,宝顺字咏华,顺天人。貌极清弱,以能歌著称。其宛转沉着处,论者谓不在吴霭仙之下。癸未秋,曾于裘英华座间见之,才胜衣耳。别后数年,而所诣已如此,殆昔人所谓进德之美者与?闻今为复华主人,赠以二绝句:"莫向东风感岁华,能通一艺即名家。南皮高会如重续,定有人惊薛仿车。""无言默默倚金波,倩影分明怯袖罗。一种闲情谁省识,露桃枝上晚凉多。"

熙春朱素云,素云字雅仙,小字四牛,后改名沄,吴人。前咏秀朱小元之子也。年九龄,即隶熙春为弟子。癸未夏见之,意度温朗,如裴叔则一流,中心叹赏,颇以未入是年花榜为恨。及丙戌入都,则素云已裒然举首,声气隆隆,始知若曹名誉为有凭也。蓏心小禅室主赠以诗词,极揄扬之,不遗余力。癸未,偕其南下,为余言之津津。赠以七律一首:"昔年曾共蓏禅主,马背船唇论素云。蕊榜不应遗姓氏,新诗聊与致殷勤。春花秋月仍无恙,艳色香名更有闻。今日状元声价定,世间余子漫纷纷。"

颖秀主人吴顺林,顺林字霭仙,一字如云,顺天人。初隶春茂,脱籍后,从学时小福,操青衫,艺甚工,几有青胜于蓝之势。貌弱而文,性和以介。情意缱绻,不斤斤以货财为重。人谓其师所不能及。余于宾朋雅集时,从未与霭仙相遇,而爱慕之心,出诸自然。此亦佛家所谓前因也。赠以二绝句:"未敢怜君转念君,亦庄亦雅亦温文。天风夜半吹瑶瑟,叶叶罗衣欲化云。""法曲飘零漫引商,词场老辈渐沦亡。新声征到青衫子,让与吴郎一国狂。"

熙春孙怡云,字雅仙,小名祥儿,顺天人。端丽如静女,时于言笑中见真性情。丙戌文榜第二,年甫十二三耳。赠以五律一首:"筝柱数华年,依依共绮筵。兴来非有忤,小极倍生怜。逸性宜书画,雏音泥管弦。相逢频掷果,芳思落谁边。"

春馥小主人郑瀚云,瀚云字杏衫,小字三儿,吴人,香兰次子也。绮龄弱质,柔婉可念。丙戌文榜第三。秀兰之徒,以秦云最为有声。年十七,尚未脱籍,与杏衫堪伯仲。赠以二绝:"阆苑曾看扫落花,春风取次到儿家。餐霞自有神仙种,莫误人间泛月槎。""秋菊春兰各自芬,因君弥复念秦云。相思怕有人消瘦,好爇金炉护夕熏。"

瑞胜和部田际云,定州人,世所称"想九霄"者也。幼隶某巨公门下,为小优。巨公出镇滦阳,际云乃随其师某之上海,改习秦腔,时年甫十四五耳。姿韵幽娴,音调清脆,与凡为秦声者不同。顾南士多守雌,蔽所习见,寻常征逐,率谄事妖姬姹女,尽态极妍,反谓明僮一流不足挂齿。际云愤甚,遂于弱冠后复之京师。至则结束登场,发吭引声,一座尽惊叹。于是贵人达官,下至贩夫驺卒,无不啧啧"想九霄"者。或偶觌一面、接一语,则视轩冕圭组之荣不啻过之。一时声誉所流,遂远胜沪渎十倍。呜呼盛矣!论者谓:际云设当盈盈十五时,即翩然以翔于日下,不知群公倾倒,当更作何等状?乃骊齿未暮,而伯乐终逢;梁云早飞,而韩娥始叹。然则孰谓软红尘土中,无真衡鉴哉!玩赏不足,为诗以张之,赠以五律三首:"天与娉婷质,嗔宜笑亦宜。衣香飘绛缭,钗影压琉璃。碎步提鞋际,浓歌却队时。移情刚一瞥,消息到今疑。""凤钥隔迢遥,思君暮复朝。瑶台一相见,藉以永今宵。对影难为语,闻声未可招。元经空独抱,谁解子云嘲。""奇质不可闷,声华辇下高。我携磨镜具,来听郁轮袍。毷氉原吾分,飘零又尔曹。春申江上月,相照莫辞劳。"际云屡往来于京都、歇浦之间,曾为丹桂班主,折阅数千金,然后决然舍而之京,声华藉甚。闻近已为内庭供奉矣。辛巳岁,叆叇轩主客上海,夜必出郭观田郎演剧,虽大风雪不阻。人或疑有他遇,几无以自明。

绮春少主人时德保,德保字奎芳,吴人,时琴香小福之子。琴香以青衫擅名,奎芳则为正生色。年十二三即登场,奏技倾其座人。性婉挚,目微短视。举止间,弥见春容之度。赠以六言两章:"半温半冷性格,十三十五年华。剧谈大似名士,读曲群推世家。""勒马英姿飒爽,转喉逸韵苍凉。借问乌纱银铠,何如翠羽明珰?"

韵秀少主人尉迟笛云,笛云小字三儿,顺天人,尉迟韵卿之子。年甫十三四,能演诸杂剧。尽态极妍,如置身于其际,由是有声歌场中。盖幼承其父之教,殚以诣力,名即随之。世固未有苦心而不获者也。韵秀诸徒以梅云、绮云为冠。

绮云，小名长儿，顺天人。曲艺甚精，性情亦真挚可近。今梅云已别树一帜，韵秀惟绮云、笛云称巨擘矣。赠以二绝："炼出当年姹女身，狂情冶思总疑真。写声绘影知何限，沉着文章让此人。""韵秀人材最郁困，梅云婉娩绮云真。绮云不共梅云去，与尔同撑斗室春。"

颖和主人李丽秋，丽秋小名官儿，顺天人，朱霞芬霭云之弟子也。霞芬本吴人，幼师景和梅巧玲。温丽庄雅，为近十数年之冠。师承授受，具有渊源。故丽秋年越髫龀，已声誉鹊起。及稍长，出籍别居，又从诸名优讨论杂剧。性本聪慧，诣复精进，遂几与杨朵仙、吴燕芳诸人相埒。亦庶乎能卓然自立者矣。瑷琏轩主撰癸未第三次花榜，评丽秋曰："龙跳虎卧，莺娇蝶芳。"此八字自谓能尽其妙。赠以七律一章："水样温柔记弱龄，亦能狡狯亦娉婷。金尊酒满常延月，碧汉槎通早渡星。顾影自怜垂柳舞，伤春愁损瘗花铭。蝶莺龙虎真奇论，谁向无形证有形。"

安义郭春元，春元字梅仙，顺天人。白皙善歌，当壬癸间，与王畹云、裘英华辈齐名。今畹云久以病废，梅花英华，亦罕登氍毹奏技。一刹那间，人事屡变，不能不动盛衰之感也。赠以二绝："巾扇风流又此时，华灯明月照相思。难忘十五盈盈候，高唱黄河远上词。""王生抑塞今何处？剩我凄吟感旧篇。俊骨由来易摧折，愿君珍重惜华年。"

春馥陆华云，华云小名喜儿，吴人，与锡庆陆小芬为昆弟。癸未武榜第三，蒓心小禅室主所定也。性情温厚，曲艺亦工，时誉颇以为重。美人迟暮，今尚居弟子之班，正与偃蹇名场者同其郁结矣。赠以四绝句："我曾龀岁识芳名，想见车前掷果迎。今日因君感憔悴，文章尤命竟难更。""樱桃花底坐缄愁，心事凭谁问蹇修。笑指寻常梁上燕，衔泥容易近朱楼。""两字依人是网罗，蛾眉谣诼古来多。相如也有挥金愿，奈此成都四壁何。""月子团圞自有时，莫因愁绪损芳姿。玲珑帘外看秋水,除却同心更孰知。”

以上九人,是为续编。

瑶台小咏(下)

朱素云,名沄。岁己丑,重见于京师时,刚脱籍。身世之感,有不能自遣者。神闲意瘁,言愁始欲愁矣。为赋《浣溪纱》词赠之:“生本华严十种仙,茫茫抱月又飘烟,最无聊赖是情天。应有雄心偿怨抑,已成瘦骨奈愁煎,愿君珍重过韶年。”

郑杏衫,名瀚云。杏衫今年十四,高情朗韵,有薛车子之声;慧舌灵心,擅黄幡绰之辩。京洛雅材,此其冠矣。赠以七律:“炼尽精华有此人,休言造物赋才贫。豪情欲暖三冬日,妙语能生四海春。似尔英名驰绮岁,惊人余技动梁尘。不知挟策纷纷者,可有衣冠得比伦。”

云和姚丽蕖,丽蕖字芙初,小名元儿,天津人。性情闲婉。每会饮,拇战甚豪,有力敌万夫之概。赠以二绝:“依约湘君旧姓姚,手扶灵气下丹霄。众中不敢多言说,才著秋波意也消。”“美人如剑气如虹,入座泱泱赋大风。拇战直赢三百盏,漫言优孟不英雄。”

梅肖芬凌云,三年不见,肖芬貌益丰硕。虽时赴歌场奏技,而儒气且益深。言动雅则,令人可观而不可狎。吾目中所见无第二人也。赠以二绝:“儒行何妨以墨名,彼苍原未限豪英。妍姿冶骨从夸艳,谁似梅郎水样清?”“黄金台圮已多时,侥幸人间国士知。我向风尘求骏骨,欲烦高唱䌽云词。”

德厚朱桂秋,桂秋小名八子,吴人,朱莲芬之子。艺工齿稚,歌声遏云。其安雅之度,异乎以姚冶[1]为入时者。赠以五律一首:

---

[1] 应为“妖冶”。

“裘冶非无子，东南固有人。伟哉天地力，钟毓到伶伦。筵月频相照，园花取次新。元音终不沫，记取绮年身。”

韵春主人孙梅云。癸未识梅云，因自号叆叇居士，盖取云为偏旁也。己丑入都，颇闻孙氏诸宾，有大相错迕者，而不详所以致此之由。已而相遇，且日疏，益莫可究诘。或谓有物焉间之，在梅云亦不能自主。其然与否？吾不敢知。然而婉娩之容，便慧之性，当世终无以过之也。复为二诗以续前咏：“东鲽西鹣眷此生，苦抛心力误多情。恩山怨海须臾事，毕竟谁赢薄幸名。”“词令风华四座倾，燕兰谱里魏长生。相逢未恨相知晚，我亦曾聆唱渭城。”

馥云主人陈秦云。秦云事母甚孝，与人酬酢无贫富之见，恒十余年不衰。昔睹其人，今知其行。赋以补前诗之未备：“陈郎煦煦得春气，天性尤征孺暮时。独以艰难谋菽水，不徒游冶恋花枝。”“眼前富贵浑闲事，心上温馨有故知。闻说玉台新下聘，好凭双笑慰乌慈。”

韵秀郑二奎，二奎字盼仙，丽芬之弟也。姿神妍逸，某太史以状元目之，声誉遂满日下。赠以二绝：“费尽胭脂画牡丹，何如本色任人看。花王自有真风格，只是人间品藻难。”“略似韶年郑丽芬，心香意蕊共氤氲。相逢为诵令原句，知有寒温系雁群。”

复春主人陆华云。丙戌赋华云诗，颇以未脱樊笼为恨。今兹重见，已立家室，声誉亦鼎鼎。乃知蠖屈之士，毋甘自菲薄为也。赠以二绝：“竟有英雄自立时，当年深慨美人知。因君转悟穷通理，不向人间赋感知。”“豪饮狂歌得几人？相逢落落健儿身。却怜绮席难回避，犹自香车碾细尘。”

云和张春生，春生字荔衫，顺天人。娴雅能歌，专习昆曲，独冠一时。己丑文榜第二。赠以二绝：“今日花丛谁俊物？吾独属目二三人。风流尽说张公子,罗绮天然娇好春。""宝兰韵秀琐儿歌,才上氍毹奏采多。雅曲自希空独抱,更无人赏待如何。"

王蓉,字畹云,苏州人。色艺冠其曹,为王桂芬之子。桂芬以艺名海上,垂三十年,尚未退老。而畹云近以杨月楼为师,其名益噪。顾其隶三庆部为优,非其本志,只以家贫亲老,不得已而出此。其性贞介绝俗,常怀以色事人之恨。后忽患痘毁容,殆天之有以全之也。继而喑不能歌,依某伶以活。名优下梢如是,可慨也夫!

顾玉仙,自号怀玉山人。自言与瑷逮轩主为文字交。酷嗜书画,每见必论及之。告以作书须先从事隶楷,因示以法,且戒以勿习院体书。又爱写兰,乃倩姜子宜轩为写兰谱一册。旅中馈遗,自楮墨管城子外,无他物也。赠以七律二章:"澄怀如水意如云,文字缘深我共君。柿叶写书芟伪体,蕙兰留影挹清芬。磨人未可兼金惜,透纸须同运甓勤。他日艺林驰骏誉,料应次第策殊勋。""维摩示疾强登筵,脉脉情怀尚未宣。螺岫列眉通极浦,凤城回首隔遥天。未酬一愿虚前日,从此相逢又一年。只有加餐珍重语,与君相劝更相怜。

以上都十有二人,多有复见于前者。瑷逮轩主更拟为广编、前编。广编则录南中诸名优,前编则专及都中庚辰以前诸老辈,庶存南北之宗,表后先之美。不意甫登金榜,遽赴玉楼。庚寅冬杪,没于杭垣旅舍。文字深交,失此良友,惜哉!海上诸伶,以二周为冠。周凤林字桐荪,周钊泉字补枝。他如徐介玉、丁兰荪,亦其佼佼者也。瑷逮轩主云:仆尝三至京师,遍观菊部,妍姿妙艺,洵不乏人。其间如杨蕙仙之英武,时奎芳之清隽,尤乐观之。然杨能武而不善歌,时善讴而未工武,盖全才又若斯之难也!上海富春部雏伶阿福,籍本苏台,来游辇下,乃能兼蕙仙之技击,似奎芳之善歌,造物生才,何限中外。顾流传小字,颇非雅驯,窃为更其名曰玮云,字曰俪奎,称厥徽美,复为四诗旌之。世多桓子野,或不病其僭逾乎!

“是真妩媚魏元成，谁向风尘重姓名。触我英雄迟暮感，欲从飞骑下长城。”“巾帼须眉本不同，男儿安用妇人风。刀光如雪身如燕，绝代风流顾盼中。”“广乐迷离记凤城，奇才今又草茅生。英姿似尔真殊绝，未合人前唤小名。”“绛灌解文随陆武，茫茫今古孰能全。新诗写入燕兰谱，吴山吴水别样妍。”按，阿福操武生艺，兼善《雅观楼》、《双官诰》诸剧，性极巧慧，然不自修饰，恒敝衣以行市中，未有属而目之者也。何叆叇轩主若甚惓惓于中，独附于是编之末，岂嗜好有余于酸咸之外者欤？世不乏顿、渐两家，请于此参一转语。

日下梨园百咏

题钱江醉薇居士著，沽上避尘庵主书，沽上庸佣、佩林逸史同校。据书序，钱塘醉薇居士在清光绪年间侨寓都门，参加科举考试，暇时辄约友人饱览梨园诸部。后遂以剧名为题，仿试帖诗格式作诗一百首，聊以遣兴。其人应是浙江人，生平事迹不详。谷曙光据清光绪辛卯年(1891)五月天津石印书屋本整理。

叙

钱塘醉薇居士，余从兄乙酉同年友也。与余交最深，为人倜傥有奇气，富于才而尤工于诗，所至辄名噪一时。岁庚寅春闱报罢，出游津门，暇拈京师梨园剧名为题，戏为《日下梨园百咏》，不两阅月而一帙告成。适余亦以事至津，翦烛西窗，欣然见示，展诵一过，无美不收。其题之典丽者，则慷慨激昂，例同咏史；其题之幽诞者，则陆离光怪，奇等搜神；至于鄙俚之题，则出以典雅之笔，豪添颊上，妙得环中。虽以游戏为文章，具见学问之根柢。或以为烘云托月，足为诸伶生色，犹其浅焉者也。余于诗学素乏研究，而于戏中之关目、情形时或略谙一二。长夜无事，爰为逐一点评，并缀数语于后，所以志鸿雪之意云尔。

庚寅初冬琴溪伴仙道人识于析津旅舍

自　序

夫傀儡登场，事涉游戏，然俗有贞淫，即风殊正变，观今鉴古，惩劝昭然。至于忠臣孝子、义夫节妇，以及闺房之细事、里巷之俗情，摹绘一真，亦足激发人意。昔先君子尝以西昆诸剧拈题作试帖一百首，举游戏之事，而以清新典雅之笔出之，故能将各题义曲曲传出，引人入胜。劫后板毁，旧本亦无存者。近年风尚递更，专工湖广调，俗所谓二黄也。京师梨园讲求最至，精斯艺者辄名噪一时。而西昆之音，不啻广陵散矣。即或偶尔登场，观者必厌倦思卧。余于昆曲曾略谙一二，乃十数年来南北奔走，尘累困人，此事遂废。光绪己丑、庚寅，侨寓都门，辄约友纵观诸部，所演皆湖广调也。虽其词粗鄙，不免伧父对人，而谱之管弦，按之音节，疾徐高下亦复沨沨移情。旅窗遣兴，戏拈剧名，成试帖一百首，名曰“日下梨园百咏”。皆择其情真理挚，余所目及者为之。顾余素不工吟咏事，其间或意有挂漏，或词涉繁芜，各题之义愧未能曲曲传出。今姑集印成册,亦聊以为游戏之助也云尔。

凡　例

一、剧名甚夥,是册限于首数,不能遍及。

一、武剧专尚巧力,往往有无理取闹者,故是册从略。

一、是册专载湖广调及乱弹,其《双湖船》一出,系属吴歈,例似不应杂入。惟此出京师梨园中能者甚少,近时有雏优数人工此,不能没其所长,故附及之。《画眉》一出,系属昆剧,亦恐限以书例,能者不彰,因为附咏,用特表明。此外并不援例焉。

一、各题下注明戏角姓字,其时下俊优则系以堂名、小字,以示区别。

一、剧名不宜混淆。如《审刺客》一出,或云《审刺》,易混昆戏内《审头》、《刺汤》两出,故必系以客字。《嫖院》一出,或云《大嫖院》,易混《思致诚》一出,故去“大”字。

一、是诗不过游戏之笔,一首中间有复字而不能改去者,均仍之,阅者谅焉。

日下梨园百咏

钱江醉薇居士著

沽上避尘龛主书

沽上庸佣、佩林逸史同校

目　录

《红鸾喜》 颖华田桂凤　乐安蓉仙
《断　后》 高六儿　韵秀蕊香
《黄金台》 穆子　高六儿　德厚桂秋　春茂龙儿
《闯　山》 国兴宝珊　乐安蓉仙　杏筠燕林　绮春玉仙
《教　子》 余紫云　顺林　春茂蕙舲　松筠狗儿　熙春怡云、檀云
《双包案》 高六儿　小五儿
《文昭关》 汪桂芬　孙菊仙　春茂蕙舲
《挡　将》 德厚桂秋
《彩楼配》 余紫云　顺林　熙春怡云　国兴彩霞
《打樱桃》 余玉琴　颖华桂凤　景善宝兰、宝仙　德厚桂福
《白门楼》 德厚桂秋、蓉秋
《桑园会》 松筠狗儿　熙春怡云　春茂龙儿　国兴彩霞　景善宝仙、宝菊
《捉　放》 汪桂芬　金秀山　穆子　小五儿　刘春　春茂蕙舲
《得意缘》 桂官　宝琴　景善宝兰
《牧羊卷》 杨月楼　周春奎　顺林　国兴彩霞　德厚桂秋
《空城计》 孙菊仙　周春奎
《洪洋洞》 汪桂芬　春茂蕙舲
《双湖船》 韵秀盼仙、谐仙　景善宝兰、宝菊　云和丽衫　熙春如云
《定军山》 杨月楼　谭金福　德厚桂秋
《抱娃进府》 杨桂云　景华韩宝芬　乐安蓉仙　绮春玉仙
《取帅印》 孙菊仙　汪桂芬
《娘子军》 侯十
《面　缸》 绚春荔香　景善宝兰
《变　羊》 刘宝山　春馥翰云
《白良关》 高六儿　小虎
《探　窑》 韵秀蕊香　松筠狗儿　熙春怡云　国兴彩霞
《拾　镯》 余玉琴　颖华桂凤　国兴宝珊
《凤鸣关》 德厚桂秋
《穷欢乐》 刘七

《飞虎山》 德厚桂秋
《玉玲珑》 宝琴 景华宝芬 国兴宝珊 乐安蓉仙
《桑园寄子》 谭金福 汪桂芬 顺林 春茂蕙舲 景和纫香、佩香
《四杰村》 刘春
《法门寺》 穆子 德厚桂秋
《双摇会》 景华宝芬 颖华桂凤 杏筠燕林 国兴宝珊、彩霞
《天水关》 汪桂芬 孙菊仙 谭金福 何九 高六儿 德厚桂秋
《玉堂春》 顺林 国兴彩霞
《卖饽饽》 景善瑞华 韵秀素仙
《翠屏山》 杨桂云 谭金福 马德子 颖华桂凤
《取荥阳》 德厚桂秋
《探　亲》 刘宝山 杨桂云 宝琴
《锁五龙》 高六儿
《落　园》 余紫云 国兴彩霞
《金水桥》 德厚桂秋、蓉秋 韵秀蕊香 国兴彩霞
《戏　凤》 余紫云 奎官 福官
《黄鹤楼》 桂官 咏秀素云 德厚桂秋 复春华云
《芦花河》 顺林 周春奎 春馥翰云 景善宝芸、宝菊
《御碑亭》 杨月楼 周春奎 桂官 景华宝芬
《审刺客》 谭金福 杨月楼 周春奎
《双钉记》 杨桂云 余玉琴
《回龙阁》 景善宝兰、宝仙、宝菊、宝芸
《胭脂虎》 国兴宝珊 韵秀蕊香、润仙、素仙、福儿 乐安蓉仙 景善宝菊
《二进宫》 小五儿 德厚桂秋 熙春怡云 国兴彩霞 景善宝芸
《镇潭州》 杨月楼 桂官 金四宝 德楚
《虹霓关》 余紫云 杨桂云
《五台山》 何九 高六儿
《祭　塔》 余紫云 顺林
《战宛城》 谭金福 颖华桂凤

《樊城长亭》 汪桂芬 小禄儿 春茂蕙舲
《打 嵩》 德厚桂秋
《群英会》 杨月楼 刘七 桂官 金四宝 德楚
《马上缘》 杨桂云 余玉琴
《一捧雪》 孙菊仙 春茂蕙舲
《嫖 院》 杨桂云
《八 扯》 刘七 德厚桂秋 韵秀润仙、谐仙
《蟠桃会》 朱九
《举鼎观画》 谭金福 景和竹芬 复春华云 云和丽衫 德春春官
《小上坟》 马德子 颖华桂凤
《辕门射戟》 德厚桂秋
《女儿国》 云和丽衫、丽藻、丽芙
《赶三关》 余紫云 宝琴 双楚 景善宝兰、宝仙
《打金枝》 春馥翰云 德厚桂秋 复春华云 国兴彩霞
《浣花溪》 刘宝山 乐安蓉仙
《打龙袍》 穆子 高六儿 韵秀蕊香
《铁弓缘》 锦林秋舲 国兴宝珊 景善宝兰 乐安蓉仙 韵秀素仙
《让成都》 汪桂芬 小禄儿
《杀 皮》 余玉琴 乐安蓉仙
《铡美案》 刘春
《探 母》 春茂蕙舲、金林 国兴宝珊、彩霞 熙春怡云
《海潮珠》 颖华桂凤
《演火棍》 余玉琴
《斩窦娥》 顺林 余紫云
《长板坡》 杨月楼
《思致诚》 锦林秋舲 绚春荔香 韵春素芬 乐安蓉仙 宝春顺保 熙春如云 春茂金林、玉林
《鱼肠剑》 孙菊仙 汪桂芬 春茂蕙舲
《庙 会》 颖华桂凤 锦林秋舲 乐安蓉仙
《打鼓骂曹》 小禄儿

《五花洞》 余紫云　子仙　石头　顺林　穆子　何九　松筠狗儿　熙春檀云

《乌龙院》 杨桂云　谭金福　百岁　颖华桂凤

《滚钉板》 韵秀盼仙、蕊香　春茂蕙舲　乐安蓉仙　国兴彩霞

《贪欢报》 杨桂云　颖华桂凤　锦林秋舲　乐安蓉仙

《画　眉》 春馥翰云

《宇宙疯》 余紫云　顺林　熙春怡云　国兴彩霞

《辕门斩子》 王仙舟　小禄儿

《卖胭脂》 颖华桂凤　乐安蓉仙

《下河南》 杨桂云　颖华桂凤　百岁

状元谱

膝下凋零甚，衰年屡蹙容。业嗟犹子失，生叹不辰逢。乞相悬鹑苦，闲情喝雉慵。巡檐哀告语，举杖怒填胸。彼岸回头急，先茔洒泪浓。感时供薄享，遗迹在崇封。重付资财掌，须将训教从。一朝迁善速，鹏路卜飞冲。

连升店

已毕春明试，匆匆旅店归。炎凉随尔变，寒素受人讥。茅屋灯频灺，绳床土欲挥。青衫非落拓，白眼屡乖违。鹊语俄传报，鹏程许奋飞。卑容频侍座，笑态为更衣。愿竭舆台力，荣增使节辉。穷儒今吐气，回首转歔欷。

祭江

白帝城边望，思君泪欲淋。百年成永诀，万里动悲音。姻娅欢联昔，权谋误到今。吴江秋已老，蜀道梦难寻。古峡销残迹，寒流鉴苦心。凄唫愁草木，肃拜毁钗簪。薄命怜红粉，微躯蹈碧浔。蜾矶隆庙貌，世事听升沉。

蒲关

久被重围困，存亡旦夕中。华元嗟爨尽，道济叹筹穷。众口呼庚切，群情解甲同。拚教妻命毕，激得士心雄。出袖惊飞电，焚香拜下风。将军徒洒泪，老仆亦含忠。提剑来何莽，求粮语未工。可怜贤主母，颈血骤流红。

红鸾喜

管领惟群丐，传家事业卑。阿翁诚矍铄，弱女本娇痴。市上人归未，门前客卧谁。青衫潦倒甚，红粉惜怜宜。盂豆深情属，筐梅雅意施。泮冰逢旭旦，合卺趁良时。鹏路思搏击，鸥程乐倡随。负恩心太忍，天道总昭垂。

断　后

狡矣群阉计,谁怜罔极恩。君王蒙蔽惑,母后负沉冤。迷雾瞳难豁,呼天泪欲吞。廿年长守困,一旦许陈言。鲠直闻名久,龙图溶秩尊。苦心凭沥诉,奇骨试重扪。帝室枝除莠,慈闱荫护萱。仰承苍昊春,报答乐春暄。

黄金台

作镇齐邦久,严关屡出巡。忽来宵遁客,竟类夜行人。面目分明认,言辞急切陈。营蝇张利口,追骑迫孤身。巾帼权宜变,闺房矩步循。四围踪愈杳,一本谊如真。潜走防罹祸,重来恐遇瞋。金枝深保护,霸国颂名臣。

闯　山

雄结山中寨,威名擅女豪。演军传鼓角,列阵拥旗旄。欲效豺当道,俄擒虎入牢。两行衫袖舞,一笑剑铓韬。玉貌亭亭立,花心隐隐挑。娇姑芳盼属,孱卒絮言叨。云雨绸缪至,风尘赏识高。蹇修何待托,宛尔赋夭桃。

教　子

苦节松筠励,机房夜课时。穆姜隆抚字,欧母剂仁慈。予手遑辞瘁,童心未化痴。十行慵记诵,数语涉差池。夏楚含酸甚,秋灯废织宜。佳儿知愧悔,老仆力维持。萱闼辛勤护,芸编子细窥。显扬终遂志,青史姓名垂。

双包案

出典开封郡,威名四境扬。彼妖诚狡狯,非类忽猖狂。舆卫同喧道,衣冠俨上场。敢淆真面目,洞见诡心肠。幻迹逃冰鉴,陈言叩玉阊。云旗看影耀,雷鼓听声镗。鼠辈仓皇遁,狸形顷刻张。宏功勋宋室,黎庶沐安康。

文昭关

出走樊城后，山川阅阻修。一门遭惨戮，四境被穷搜。气象重关壮，英雄末路愁。问津劳指点，假馆荷绸缪。老父纡筹策，男儿痛复仇。忽惊霜满鬓，又见月当头。萍聚偏蒙爱，桃僵已代谋。史编传橐载，轶事未全侔。

挡将

非我天良昧，惟缘将令持。冈前拦去路，树杪拂征旗。笑尔身孤窜，从今胆尽褫。雄情夸立马，敌意泯张鸱。恨被重峦阻，惊防列骑追。曳枪群脱走，揽辔只吁嘻。高义云天薄，奇功旦夕堕。华容循故辙，豪杰共襟期。

彩楼配

园圃扉双启，焚香祝昊穹。何来人困顿，偏具相丰隆。宛转郎情诉，殷勤婢语通。镜鸾犹掩月，屏雀好当风。高阁帘垂碧，长街彩拾红。天缘诚配合，父意肯痴聋。拼使容颜忤，甘教罪戾蒙。寒窑孤守苦，此志可凌虹。

打樱桃

下第归来后，书斋岁月悠。顽僮眠石畔，娇女觑墙头。掷果情痴甚，怜香意解不。相思非病渴，得东可驱愁。莫负兰闺约，翻增菊婢羞。求凰乖好事，坠马策良谋。夜色摇银汉，春光逗玉楼。义方严训在，何苦学风流。

白门楼

尽日恋温柔，瞢腾醉上眸。养鹰防饱食，擒虎设奇谋。缱绻恩难续，仓皇策代筹。英雄偏束手，祸患竟临头。雅意空陈戟，雄心计脱韝。座中君是客，阶下我为囚。良友同时殉，将军一旦休。公何情太忍，端坐白门楼。

桑 园 会

底是离家久,相逢转益疑。乡关劳问讯,宦辙苦羁縻。兰闼容粗拟,苔岑语诡施。黄金偏有价,白璧竟无疵。室内闻交谪,堂前费致词。承颜娱老母,屈膝愧男儿。枉自膺官政,羞将懔阃仪。书生饶本色,此事莫余嗤。

捉 放

行到中牟地,深宵被诘严。重关惊柝响,一剑露铓铦。入画须眉肖,登阶气势炎。堂前劳救护,境内怕稽淹。挂印深情感,扬鞭喜色添。转辜翁意厚,翻使客心嫌。举室狂飞血,中途笑捻髯。白门征后事,记否旧恩沾。

得 意 缘

婿乡身久处,未识妇翁为。贰室情文备,深闺技艺师。翻澜多妙论,立雪有余思。属耳惊聆语,扪心陡益疑。商量寻去路,痛哭约归期。中道严关阻,全家武略施。莺声惟苦告,虎穴幸长离。仓猝前途走,应无患难罹。

牧 羊 卷

万里封侯返,偏教骨肉离。痛哉瞻屺意,凄绝入宫时。夜月空璇闼,秋风惨繐帷。居庐情益戚,赋粥惠频施。枵腹慈亲在,伤心弱妇随。分明华表认,感谢豆羹贻。舆卫喧声屏,门庭旧事咨。天伦重聚首,相见尚含悲。

空 城 计

已失街亭地,雄师旦夕来。孤城空守备,妙计善量裁。幽韵方谐轸,闲情独举杯。孱军勤洒扫,强敌费疑猜。古堞旌旄掩,重门锁钥开。狂呼司马氏,雅擅卧龙才。汹涌陈兵至,仓皇卷甲回。奇谋神变幻,锐气两番催。

洪 洋 洞

幸返先人骨，中宵幻梦灵。两雄齐毕命，一病竟消形。帐里秋悲雨，天边夜坠星。参苓难补救，蒲柳欲凋零。伏枕惊魂怖，沾衣热血腥。呻吟延旦夕，痛哭望幽冥。老母今皤发，孤儿尚幼龄。仙班何遽证，鹤驾仰云停。

双 湖 船

春满山塘路，伊谁唤棹来。船头花绰约，渡口客徘徊。笑语青蚨掷，悠扬画鹢开。钏声随橹响，鬟影拟峰堆。鸥梦三更静，莺喉百啭才。烟波通笠泽，灯火话苏台。袅袅音徐歇，盈盈盼屡回。兰桡归去好，遥听晓鸡催。

定 军 山

魏蜀纷争久，雄师遇夏侯。两军齐耀武，双将并知谋。矍铄精神壮，从容计议周。山头喧鼓角，云际展旗斿。诱敌情宜诈，鏖兵意未休。金铙传凯唱，玉帐献俘囚。懋赏酬庸厚，宏韬制胜优。登坛荣拜帅，功业足安刘。

抱 娃 进 府

同向侯门去，葭莩重夙姻。小家夫妇蠢，中表弟昆亲。入座惊疑人，登堂笑语真。容仪多改旧，服御尽更新。官样描摹似，村言戏谑频。何来长跪客，宜作解围人。盛气偏撄怒，严词总带瞋。转圜诚妙计，前事莫追询。

取 帅 印

病体缠绵久，东征事在心。臣躬思尽瘁，帝驾辱亲临。戎政咨商切，军权付托深。丹诚原可鉴，铁面屡相侵。谁合麟符掌，堪教豹略钦。纷纭持口说，郑重畀肩任。争论难平气，筹谋贵竭忱。忠良忧国甚，伏枕尚呻吟。

娘子军

鏖战黄天荡,雄陈百万军。旌旄浓蔽日,舸舰远连云。半壁廑忧国,孤衷誓报君。烽烟迷岭色,腥雨起江氛。帷幄筹操胜,闺房勇冠群。援桴亲督阵,饮酒待酬勋。浊浪鲸鸣急,穷途鼠窜纷。兵威难撼岳,忠义出钗裙。

面缸

矢志欲从良,呈词竟上堂。新姻舆隶属,佳计吏胥商。客去青齐杳,人来黑夜忙。倦容敧翠黛,娇调弄莺吭。袅袅流余韵,匆匆返远装。爨烟笼帽暗,缸面惹衣香。丑态难窥镜,卑辞许解囊。官箴皆玷矣,此举太郎当。

变羊

屡作河东吼,坤柔欲制刚。只缘谋式谷,相约去寻芳。良友交偏挚,顽奴语竟详。打头藜杖毒,系足彩绳长。巧脱樊中鸟,俄牵境上羊。寝讹神变化,巫祝笑荒唐。孽已从心忏,情毋反目伤。重逢应乐甚,约法定三章。

白良关

征战思前事,仓皇眷属离。怀麟偏碍死,遇虎忍尝悲。萑泽嚣张久,萱堂抚育慈。阵前逢上将,灯下谕孤儿。姓字双鞭认,疆场并骑驰。抛缰忙下拜,揽辔费周咨。家室欣团聚,山林鲜孑遗。莫忘贤母德,一线赖维持。

探窑

贫富何须论,翻伤老父心。彩楼空作合,土室独悲吟。夫婿劳行役,边疆误噩音。北宫思计决,西域梦魂寻。贞木甘长守,慈舆辱远临。呼儿情切切,谒母泪涔涔。拼作分飞镜,休言在御琴。元旋他日卜,重见上钗簪。

拾 镯

门外翩翩至，停针系此怀。妾容偏窈窕，郎貌剧清佳。地静堪贻芍，扉轻急掩柴。情教缠一缕，意懒绣双鞋。钏影回环弄，箫声宛转谐。痴心期望切，冷眼揣摩偕。报李文宜重，牵萝计莫乖。叮咛详絮语，好事且安排。

凤 鸣 关

齐奉军师命，缘何弃子龙。先生权在手，老将气撄胸。六尺孤曾托，千钧力可容。昂昂伸意态，历历表勋庸。帷幄重颁令，疆场惯折冲。弓圆开月影，枪锐耀霜锋。金奏方传凯，银章竟受封。据鞍诚矍铄，遇合庆云从。

穷 欢 乐

久作吹箫客，终朝市上行。穷愁征极境，欢乐鲜真情。黑夜归无路，黄金掷有声。凝眸惊闪烁，入手耀精英。蓝缕嗤余垢，�鄙剩羹。身心忙计较，事业待经营。笑学登场舞，喧闻击节鸣。风霜檐下免，此志已骄盈。

飞 虎 山

身世孤寒甚，奇才此日韬。牧羊怜困苦，搏虎逞雄豪。际遇崇朝合，襟怀夙昔高。片言心特许，群艺手兼操。蜾负真吾子，龙骧愧尔曹。金钱穿劲镞，红锦夺新袍。挂印欣蒙赏，求刍耻习劳。是儿诚卓荦，青眼幸相遭。

玉 玲 珑

富贵他年卜，将成一代勋。姻缘逢吉日，呵护托祥云。卧虎门前伏，鸣鼍巷口闻。英雄身屈辱，儿女意殷勤。屏雀何劳射，巢莺转惧焚。怒霆严斧钺，奇气出钗裙。议论原超众，功名欲助君。前程看奋发，娘子并称军。

桑园系子

为抱鸰原痛,凄然谒墓来。佳儿同致礼,犹子更衔哀。马鬣封才展,狼烽势欲摧。全家齐转徙,中道屡徘徊。骨肉流离极,风云逆旅催。仁心权伯仲,义气属童孩。棣萼深情系,桑田密荫开。天伦重聚首,孝友一门推。

四杰村

公子偏遭祸,英雄设救宜。两家联眷属,百计费筹思。杰士精神奋,禅僧法力持。骆朱成隙久,花鲍合谋奇。入窖声凄咽,逾梁迹暗随。狼心空欲逞,虎穴幸长离。星月中宵黯,戈矛夹道驰。除凶方泄愤,千古义名垂。

法门寺

国柄权阉掌,禅关扈驾行。伊谁侪显秩,有女诉冤情。塔院纷传令,琴堂猛吃惊。阶前身跼蹐,堂上气峥嵘。险把朝冠掷,欣教法网撄。头颅容辨认,骸骨讶分明。揽辔欷歔切,持衡判决平。下僚承乏苦,民事力经营。

双摇会

夫子离家久,终朝盼远归。小星频待栉,长日共纫衣。诟谇莺争语,鞭笞虎示威。那堪居一室,忽听款双扉。闺阃前情诉,衾裯薄命依。喧传邹鲁哄,妙解薛滕围。妒病能疗儿,酸心已入微。邻翁排劝好,狮吼又惊帏。

天水关

奉表金銮上,将兴北伐师。主恩劳远饯,国政愿勤施。旌旆祁山耀,烟云蜀道驰。雄关威镇虎,名将猛如貔。姓字传闻久,权谋变化奇。重围看渐合,独力愧难支。臣节情甘屈,堂萱荫护慈。得人咸额庆,付托有深思。

玉堂春

宣抚勋华茂，名疆奉节巡。襜帷频问俗，案牍欲驱尘。弱女悲声切，同官礼貌恂。惊聆阶下语，疑见梦中人。妙剂能求艾，忧怀顿愈薪。登堂研讯急，伏地诉言真。三尺留情厚，诸司执法均。下僚心鲠直，辜负意谆谆。

卖饽饽

村店扉双启，风来饼饵香。呱啼方待育，哺食敢云遑。客竟拘缧绁，情殊乞酒浆。玉砖谁截壁，银屑正凝芳。顿起饔飧意，俄惊窈窕妆。蛱飞频出袖，莺啭惯调簧。宛转歌才歇，殷勤价许偿。匆匆前路去，一笑对空囊。

翠屏山

此婢灵而狡，深窥主母情。闺中奸计设，座后笑容迎。壮士穷途耻，痴翁诳语明。人心多变幻，妇舌惯纷争。又报花双蒂，相逢月一更。案无金鸭影，门有木鱼声。红袖甘同死，青山不鉴诚。怜他伶俐甚，血刃惨交撄。

取荥阳

刘项相争急，严城猛力攻。端资丞相策，冀助大王雄。刁斗喧中夜，旌旗蔽远空。华筵劳款将，奇计合推公。今古忠良并，君臣状貌同。须眉昭懔懔，冠服易匆匆。血溅重围碧，身投列焰红。满郊腾楚炬，救主秉孤忠。

探亲

策蹇城中去，朱门客乍延。殷殷情话洽，琐琐旧姻联。弱女才偏拙，慈亲意总怜。束妆容减损，诉语泪沦涟。尔纵逢姑怒，人谁说婿贤。寒暄方座上，诟谇又庭前。家务纷哓舌，村狂欲奋拳。枉通萝茑谊，夙昔误因缘。

锁 五 龙

纵具生龙势,疆场就缚来。君臣容肃肃,豪杰意恢恢。夙昔盟金石,殷勤捧玉罍。精魂驱地府,痴想上天台。结义高凌汉,寻仇怒奋雷。喧闻征鼓响,倏见宝刀开。设宴功应贺,赍粮友乍回。捧头惟一哭,非只惜雄才。

落 园

小圃看花好,携鬟曲径行。有神来下降,此女幸更生。瀰髻中邦异,容颜绝代惊。芳园风送暖,萱阁日舒晴。淡冶妆凝翠,娇羞语转莺。从头陈旧事,绕膝喻深情。闺阃光阴换,庭帏色笑迎。望空惟洒泪,别绪自纵横。

金 水 桥

毒打当朝相,英雄手段奇。宠妃情欲护,公主罪应知。顿触天颜怒,将凭国法施。娇啼惟恸父,涕哭又呼儿。骨肉纷争久,肝肠迸裂宜。椒房空结好,萱阃苦筹思。忍辱陈杯酒,蒙恩上殿墀。论功犹待赎,帝德信无私。

戏 凤

俨作军官样,停装旅店中。乍教烦渴解,好把谑言通。阶下巾遗素,窗前烛映红。浅斟夸酒美,微笑与花同。隐动龙颜喜,轻描翠黛工。衣冠昭帝范,箕帚备王宫。蓬室光辉耀,兰姿雨露蒙。盈盈方下拜,小语亦呼嵩。

黄 鹤 楼

苦逼荆州地,陈筵在此楼。情方联主客,怨总结孙刘。皇叔悲含涕,将军隐担忧。卑辞偏宛转,怒意肯干休。高阁君臣窘,重围气象遒。探囊施急计,藏箭讶奇谋。舸舰江边迓,杯盘座上留。周郎空设策,能服卧龙不?

芦 花 河

鼓角喧声动，登坛气象尊。军戎仪自肃，母子谊难论。情岂私乌哺，威堪服虎贲。阶前惊就戮，堂上碍推恩。老父辞哀乞，佳儿泪暗吞。覆车犹可恕，脱辐又何言。霆怒消余意，云开见霁痕。图功期一战，奇祸竟临门。

御 碑 亭

为赴春官试，深闺嘱付谆。小姑能解事，贤妇苦思亲。慈闼欣沾荫，归装待扑尘。暂为亭下客，偏值雨中人。瓜李嫌同懔，蓬茅气欲伸。宏才登上甲，捷报遇良辰。晋谒容宜肃，师承语费询。好占归妹吉，佳话一番新。

审 刺 客

禁闼森严地，藏奸孰主谋。片言争判断，诸部但沉浮。黄阁司宣化，乌台重鞫囚。官非虚位设，政贵实心求。冰案清宜鉴，霜毫怒欲投。狡词凭隐饰，婉语剂刚柔。座上威容懔，囊中热血呕。严刑何足惜，国事正廑忧。

双 钉 记

夫也偏撄惨，中宵一命亡。野鸳盟永续，别鹄意何伤。按俗凭持节，研词屡上堂。狡情工遁饰，疑义费参详。舆隶怀愁甚，家人告语忙。功将夸壶教，罪并定刑章。灭顶同遭虐，居心太昧良。昭昭天道在，法网自高张。

回 龙 阁

帝者容仪肃，崇闳画阁开。昔曾劳雁使，今已庆龙回。公主随銮至，君王御殿来。九重优眷注，两美释疑猜。拾彩情犹忆，探窑志可哀。阿翁羞意满，老母笑容堆。天许良缘合，人原卓识推。富贫何足论，应共服雄才。

胭　脂　虎

涸迹扬州地,才名冠一时。风尘持卓识,星月趁佳期。忽犯元戎令,偏夸圣主知。淹通陈古史,辨论逞雄词。妾命求怜肯,军情动噪宜。红颜劳救护,白发煦仁慈。貔虎全师却,螟蛉弱女随。奇谋能缚寇,智勇愧须眉。

二　进　宫

宫苑秋光冷,艰难国事询。幼君方在褓,贤后代居宸。一息留贻重,双忠翊赞纯。趋墀容肃肃,搢笏意谆谆。抔土曾干未,涓埃勉竭辛。功原资辅翼,志岂惮批鳞。痛哭陈先业,扶持仗老臣。芪怀千古仰,气象卜维新。

镇　潭　州

师次澶州地,疆场劲敌逢。元戎亲出马,名将俨如龙。军令严提耳,神韬夙裕胸。双枪雄斗力,两骑健交锋。助战情宜谅,违言罪不容。佳儿拼受辱,强寇耻归从。梦寐萦怀切,忠良致礼恭。传家循旧法,彼狡复何庸。

虹　霓　关

名将剧风流,英雄此日休。只缘投我意,不计报夫仇。缟袂方干泪,罗巾莫解愁。狂花飞满屋,佳茗进盈瓯。被尔窥帘熟,凭谁借箸谋。壮怀偏卓荦,瞋语亦娇羞。婴武传情好,宛央卜梦侔。鸾弦弹别调,旧怨记曾不?

五　台　山

求得遗骸至,深山觅路行。僧房花一院,客梦月三更。往事频悲父,中宵忽遇兄。云随禅杖近,风送衲衣轻。啸傲殊凡态,颠狂带宿酲。开缄情痛切,把袂泪纵横。絮语凭相告,蒲团了此生。匆匆还泣别,珍重保前程。

祭 塔

悔矣身长伏，谁教忤此禅。峰前雷未息，潭上月空圆。令子成名早，良辰展礼虔。柳堤排彩仗，杏里驻花鞯。铃塔凄闻语，炉香淡罥烟。非关题雁意，已老听莺天。绕膝悲欢集，从头苦楚宣。荣归难救母，惟有泪沦涟。

战 宛 城

感物情何限，春闺独自愁。望风谁纳款，玩月此登楼。客已雄心减，卿偏美盼留。鱼轩看簇拥，鸳枕恋温柔。玉帐机旋泄，琼筵计密筹。护身符败矣，交颈梦醒不。劲旅中宵逼，名姝顷刻休。阿瞒今丧胆，余烬岂能收。

樊 城 长 亭

秽德宫闱播，臣忠反被诬。命辞多假托，书意总模糊。远道深心忖，长亭别泪濡。父怀宜仰体，伯意竟先趋。骈戮空彰慝，穷搜计拔株。噩音悲入耳，惨境痛关肤。孤露余生窜，当风劲旅驱。幸劳贤将力，去路指三吴。

打 嵩

宰相门庭启，官僚肃步趋。未逢当道虎，先遇假威狐。进谒词加厉，咨商意转娱。计将危少海，权自握中枢。势焰熏天炽，忠良暗地图。纵横偏被挞，冒昧敢云诬。快事拳教饱，冤声口载呼。老夫甘负痛，应谢腹心敷。

群 英 会

赤壁鏖兵始，群英共赞筹。纵遭公瑾忌，全仗孔明谋。劲旅江干设，良朋帐里留。挑灯闻呓语，入彀献奇猷。苦肉情逾诈，同心计赖周。先生劳借箭，都督快登楼。烈焰腾空炽，狂飙作势遒。阿瞒今困矣，余烬未能收。

马 上 缘

兵法薛郎精,雄锋遽尔撄。仙姑灵药妙,小妹智韬明。锦绣辉戎服,旌旄望敌营。两军添勇气,一骑夺先声。转战皆如意,娇呼欲问名。孱丁工戏谑,令子显峥嵘。已喻停鞭意,偏留举剑情。相逢犹恨晚,缘好证三生。

一 捧 雪

真赝分明在,萋菲肇祸端。搜杯情愈恶,藏宝意何安。辗转全资仆,仓皇竟去官。长途虞跋涉,中道被拘拦。薄宦遭谗苦,良朋画策难。苍头忠耿耿,白发影鬖鬖。讵惜身如蚁,还教狱动豻。舍生能救主,应鉴此心丹。

嫖 院

西晋膏腴地,斯人本富饶。行囊凭取拾,歌馆任逍遥。待博尊前笑,偏藏屋内娇。驵徒伧状绘,嫫女丑容描。有客搴罗帐,谁家弄玉箫。看花情未已,对酒兴全消。红粉难经眼,黄金尽解腰。出门殊惘惘,相对意无聊。

八 扯

两小同嬉戏,天伦乐意般。登场成傀儡,作剧肖衣冠。忽晋高官爵,旋升大将坛。据鞍凌玉嶂,搢笏步金銮。文武经纶备,王侯事业观。须眉频变换,情绪极悲欢。境似山阴接,人疑画里看。桑园遗迹溯,一曲韵将阑。

蟠 桃 会

来祝西王母,群仙互唱酬。珠宫交设宴,银海不扬舟。水阔鸣鲸动,云深跨鹤游。狰狞逢怪物,澎湃鼓狂流。异类情相搅,同侪义肯休。神威天上降,宝器窟中搜。溟澥腥氛埽,烟霞乐事留。他年高会续,安稳渡沧洲。

举鼎观画

苦厌诗书味，闲行挈短童。壮怀须待展，鼎力有谁同。堂上亲观艺，阶前独逞雄。挟輈身共捷，穿札技应工。刮目储宗望，从头述祖功。簪缨叨显贵，图画肖精忠。后裔才能勉，先人德意崇。薛门无弱将，韬略要谙通。

小上坟

妙岁偏居寡，文君苦守难。鸳闺人遽杳，鹄操我凄弹。旧梦香初断，新抔土未干。麦盂秋荐食，缟袂暮生寒。霜节惭嫠妇，风流遇宰官。调情波屡展，取意月同看。莲步双钩贴，芳心一缕团。松楸遥望在，此志可能安。

辕门射戟

苦受当筵窘，纷纭口辩争。座中围莫解，局内意难平。皇叔殷求计，温侯善用情。雕弓施小技，画戟植中衡。雅助敦盘好，喧传鼓角声。两家宜息讼，一箭代司盟。神力天还佑，雄才世共惊。白门征后事，忍听客悲鸣。

女儿国

举国崇阴教，坤柔化自彰。君臣皆粉黛，巾帼亦冠裳。静地除禅舍，前津渡法航。月华明北阙，云影指西方。金殿晨排仗，琼筵夜惹香。传杯伸款洽，舞袖看回翔。绝域求经远，中途促驾忙。依依师弟去，裨史事偏详。

赶三关

屡作还乡计，蹉跎又几年。纵联新眷属，敢昧旧姻缘。璇闼殷勤语，银尊络绎传。酲容欹翠黛，归思写鸾笺。仓猝中宵遁，欢欣故国旋。雄关凭验节，追骑促扬鞭。暂望征鞍驻，重求破镜圆。南朝风景异，小别泪潸然。

打 金 枝

袍笏急登场,而翁怒气扬。义方严训饬,忠荩独昭彰。帝女含悲甚,臣儿负罪当。呼嵩仪肃穆,上殿语端详。幸获天颜霁,应推世泽长。痴聋皆致福,富贵合征祥。鸾绋恩优逮,龙韬绩茂襄。岩岩伸气概,轶事溯汾阳。

浣 花 溪

此女真奇杰,亭亭弱质纤。兰闺输美丽,梅味辨酸盐。相国权威恃,夫人扑责严。鱼轩同揽胜,狼燧忽腾炎。重赍貔貅士,闳施虎豹钤。衣裳难在笥,钗钿更搜奁。银铠身先著,雕弓手自拈。鸣铙期奏凯,鹊语数声占。

打 龙 袍

九陌花灯放,君臣一例看。斯人情可恕,惟帝责难宽。翼赞餐惩素,鳞批愿竭丹。堂萱谁保护,朝栋欲摧残。孝谊惭贤主,忠言仗宦官。免刑旋降诏,清道共迎銮。豁雾观瞻审,骞风志节端。皇躬丛罪戾,宫寝勉承欢。

铁 弓 缘

弱女能谙武,良缘视此弓。当垆人自丽,入店客何雄。茗话殷勤洽,芳心宛转通。豪名惟我擅,勇略与卿同。舞剑风生座,开弦月在空。非张屏雀翠,好对镜鸾红。比艺郎才美,言欢母意融。挽强能命中,应谢蹇修功。

让 成 都

暗弱原成性,孤城力不支。英雄工设策,仁义诩行师。引虎诚非计,牵羊讵有辞。郊迎躬欲导,廷谏口争持。并辔情怀诈,登堂辨论迟。先生观局妙,介弟出言欺。受玺能安否,修书辄遣之。占巢鸠太忍,洒泪竟临歧。

杀　皮

也是斋名好，双扉镇日开。倾觥知彼醉，纳履有人来。波晕频频展，风情脉脉猜。室中佳客在，门外莽夫回。险被机关识，权将笑语陪。杨花怀本性，棣萼羡多才。鸳梦魂惊夜，鸾刀血染埃。除奸昭义愤，莫再恋罇罍。

铡　美　案

驸马虽尊贵，糟糠本有妻。室家偏忍弃，儿女况悲啼。自把新弦谱，翻将旧梦迷。来辕伸苦楚，入座听诃诋。严法昭冰案，哗声动玉闺。几番情代乞，两造意终暌。怒已雷霆激，诛难斧钺稽。粉身诚惨矣，何事弃蒿藜。

探　母

已尚番邦主，孤身异国羁。怀乡频洒泪，望母屡凝思。兰闼情频揣，枌闾梦远驰。盟言同誓日，归计莫延时。中夜军符窃，雄关将令驰。入疆偏被诘，进帐急陈词。老去须眉换，重来骨肉悲。匆匆还告别，涕泣又临歧。

海　潮　珠

师旅元旋日，闺中秽德彰。致词烦好友，蔑理怒昏王。絮影狂飞室，薪忧伪息床。迎銮躬作代，抚枕语加详。帐里分明见，灯前宛转商。呻吟杯进药，诅咒几焚香。顿使心腾焰，交看血溅铓。罪名虽在史，此事愿身当。

演　火　棍

求得雏鬟在，何能服众军。元戎传令速，猛将斗词纷。箕帚应教执，韬钤未许闻。燕莺羞与伍，貔虎诩超群。勇略惊斯女，雄才愧此君。风云交吐气，神鬼暗施勤。高下双锋合，输赢一著分。膝前呈丑态，何事薄钗裙。

斩窦娥

久禁圜扉内,身偏不白遭。媪心仁可感,母意痛长号。伏地情逾恸,呼天首欲搔。事原成铁案,罪竟点丹毫。猛听声传狱,拼教命毕刀。暑云消犊背,寒雪卷鹅毛。绛诏矜怜至,苍穹救护劳。奇冤今始释,仰戴圣恩高。

长板坡

骨肉流离甚,追兵又苦侵。夫人先殉节,我主剧伤心。文褓孤儿托,危坡劲敌临。喧鸣山谷响,转战戟矛森。直捣军如火,狂催旅若林。斗声盈耳哄,睡梦入怀深。风卷旄头彩,云迷井上阴。一身能却众,伟绩尚传今。

思致诚

独步兰花院,风光亦大佳。黄金能买笑,红粉惯投怀。柔态娱人好,娇声问客偕。开筵围众美,折柬约同侪。凤管悠扬合,莺簧宛转谐。情天迷锦绣,香国集裙钗。不惜缠头掷,须将醉眼揩。笙歌闻几曲,此乐正无涯。

鱼肠剑

已到勾吴地,行吟旅况萧。江边曾解剑,市上此吹箫。痛父情难已,寻仇志未消。穷愁悲末路,奇遇庆崇朝。宛转心机合,殷勤力士招。英雄肝胆激,忠孝姓名标。紫气俄飞电,丹忱定贯霄。涓埃酬大德,何屑说王僚。

庙会

岂惜缠头物,温柔恋此乡。杜郎赢好梦,阮子叹空囊。白眼频遭辱,红颜不卸妆。出门情怅惘,宿庙意彷徨。鹑结衣长敝,鸳眠枕欲凉。重劳莲步访,又费絮言商。山海盟逾密,风云遇卜昌。赠金昭厚谊,上国劝观光。

打鼓骂曹

鼓吏虽云辱，狂言藉发挥。座中群贵满，帐下一官微。体本遗清白，心还薄紫绯。三挝鸣激越，数语涉嘲讥。声罪如传檄，怀惭竟拂衣。调梅君窃望，栖棘我思飞。余响悲同咽，雄谈意总违。风尘知己少，此去又何依。

五花洞

卖饼街头去，区区怎赡家。唱随恩自笃，友爱意逾嘉。洞窟群么肆，衣冠一例加。幻形偏狡狯，争论互喧哗。真赝情难判，侏儒貌不差。龙图严执法，虎座肃排衙。天将神威震，山妖智力夸。望风齐鼠窜，岩穴锁烟霞。

乌龙院

丑名门外达，愤愤且归家。反目恩情弃，填胸怒气加。厉声严致诘，诟语互增哗。待旦聊凭几，侵晨便放衙。无端书骤失，有狭计堪夸。愿谱新弹曲，分开并蒂花。身惟求去速，意以食言差。顷刻红颜死，行程指水涯。

滚钉板

蓦地撄奇祸，仓皇忽被拘。寡兄嗟不禄，恶嫂忍相诬。疑案人谁服，冤声仆屡呼。情难全骨肉，计可得头颅。女命偏怜薄，亲心转类愚。当官遭驳斥，救主乏良图。语向崇辕诉，身从列戟趋。平反伸大狱，奸党受天诛。

贪欢报

白眼偏加辱，贪欢亦可怜。奚来阿堵物，长续有情天。雀鼠声相触，鸳鸯梦不圆。求医迎远道，卜夜践良缘。红粉容逾腻，青囊术待宣。恩难交颈释，技枉折肱传。刀影灯前耀，书痕壁上鲜。梁山东望在，回首意凄然。

画 眉

夙擅风流誉,闺房韵事多。生憎冠带束,喜听瑟琴和。窥镜明窗倚,看花曲径过。心情偏旖旎,眉样总婀那。小婢殷勤侍,夫人笑语诃。威容忘五马,细意画双蛾。未碍封章奏,翻教末吏呵。赢他鸿案乐,佳趣复如何。

宇 宙 疯

苦志冰霜励,庭前荫护椿。深闺长守节,淑范信超群。燕寝承欢切,鸾笺写句新。嵩呼迎帝驾,嵫景念臣身。妙选宸衷惬,佳篇睿赏真。急谋应赖婢,颠态乍娱亲。纵使加冠服,非甘效笑颦。含悲登殿去,箕帚薄宫嫔。

辕 门 斩 子

立法宜公正,休将骨肉论。佳儿偏犯令,老父讵宽恩。双将情难乞,全家计莫援。冠袍端上座,戟钺敞崇辕。阶下形容楚,堂前辨论喧。权虽推主帅,艺自服英媛。剀剀严词进,融融霁色温。穆姑名望重,缘好卜长敦。

卖 胭 脂

小店临街左,经营亦有年。娇姑容婉若,佳客貌翩然。欲觅奁中物,非供笔底妍。浓香团赤玉,微利博青钱。情石三生定,名花一笑嫣。浪怀随扇叠,私语隔帘传。斜视云鬟亸,欣看月镜圆。母兮偏善谑,好事为成全。

下 河 南

公子容颜丑,痴心慕彼姝。伛偻身似俯,期吃口频呼。芳梦何年卜,冰言此日需。红鸾辉坐照,青鸟信传输。且作桃僵代,争看棣萼敷。时方歌荇菜,样岂肖葫芦。射雀人偏误,牵羊意总辜。窥奁惟一哭,羞说见金夫。

跋

新雨初歇，晓风试晴，兰陵王孙至，笑谓予曰："子临池有兴乎？吾将为子助之。"爰出醉薇居士《梨园百咏》一册，属予楷书一通，拟付诸石印。予授而读之，顿觉口角生香，眉色飞舞。正如十丈软红中，一聆天上羽衣霓裳曲也。因思诗人吟咏，动以赋物为工，而羌无故实之谭则鲜。见兹诗之作，正不嫌史传之所无。奇谲案衍，光怪陆离，直使当日情神跃跃纸上。醉薇其具三百篇之遗意乎？而必故变其体者，则又为操觚家一示法门也。遂不计工拙而乐为之书，书竟而赘此数语。

避尘盦主谨跋

越缦堂菊话

《越缦堂菊话》原系张次溪辑录，收入《清代燕都梨园史料》。《菊话》作者李慈铭(1830—1894)，初名模，字式侯，后改名慈铭，号莼客，晚署越缦老人，浙江会稽人。其人科场蹭蹬，后在户部为官，一度主讲天津问津书院，时人称之为“理学名儒”。李氏学富五车，为晚清少有的著名学者、文学家、名士。张次溪辑录之《菊话》分为两部分，第一部分从《越缦堂日记》中摘录李氏观剧、招伶侑酒等记录；第二部分则从其诗、文、词中摘出与优伶有关的作品。需要说明的是，李慈铭著述卷帙浩繁，本次整理系在张次溪辑录本基础上又略作增补，并订正其讹误。《菊话》前原有赵元礼、杨云史、孙雄诸人之题词，今予保留。

题　词

一老都门宦隐身，莳花蓺竹费精神。更分余暇谈今乐，笑骂衣冠琐屑人。

侈谈精舍辟朱霞，老眼模糊爱看花。不畏人讥与鬼妒，莼翁心境本无邪。

一官肮脏不随时，话到科名泪似丝。更似曝书亭上客，风怀留得早年诗。

我与公无一面亲，文章曾荷品题频。及门最羡樊山老，刻烛摊笺共买春。

公曾主讲天津学海堂，拙作诗赋颇得佳评。樊云门先生，公入室弟子也。

甲戌七月幼梅赵元礼初稿

零落人间越缦堂，春明旧事溯同光。而今谁为征文献，歌舞原来有典章。

——《越缦堂菊话》，云史题

题《越缦堂菊话》七律一首，应次溪仁兄、肇瑛女士雅属

绝代风流越缦堂，秦徐嘉耦爇心香。仙心鹣翼赓同梦，楷法蝇头认密行。

史料梨园钞脱腕，歌声檀板听回肠。丰楼往日陪清宴，曾挹骚坛杜若芳。

甲戌孟冬师郑孙雄初稿

越缦堂菊话

会稽李慈铭莼客撰

同治二年五月十四日己未

上午薄晴,下午阴。章秋泉来,德甫、芝友来,邀至四雅轩听四喜班。晚至时丰斋,德甫招添才,芝友招添宝,予招芝侬侑觞。予不近歌郎、不听乐部几两年矣。前月偶一听戏,旧识诸郎翩然入座,皆询予以何日至京。足见温岐狎游,久入散愁之侣;顺郎话旧,谁知熟魏之名。阳五已成古人,方朔真为大隐。今日为德甫所胁,遂亦暂续昔欢。添宝、添才皆出初觌。添宝为心宝之弟,香名嗏今。然两稔以前梨园花第,固无此人也。初更酒散,余兴盎然。近来客中之乐,可首屈者矣。

同治三年四月十三日癸未

晴,有风。上午诣德甫,遂偕刘慈民舍人、谭研孙工部同至三庆园,听四喜部。芷侬、芷秋演《独占》,情态极妍,尚有旧院承平风韵。晚从德甫饮毓兴居。予呼芷秋,德甫呼添财,慈民呼芷侬佐酒。夜从德甫、慈民、研孙饮添财家。予呼芷侬、慈民呼新宝,又有秀兰、兰生、三元诸郎及江西不识姓名者三人,同座行觞枚战。吴语依人,三年来无此痛饮局也。夜分后归。

同治三年七月初十日戊申

晡后出,赴饮。招芷秋,久不至,及罢酒始来。予颇怪之,略不顾接。芷秋掩抑通辞,玉容寂寞,告予以顷饮龙树寺,见君一纸,即驱车归。道泞,行又不得速。甫及家,闻君车已驾,亟踉跄来。因举屦视予曰:“街泥已污絇矣。”予转益怜之,与从容小坐而别。自惟此等嗔痴,有何真妄?顾眉间化佛,不离蕉树之身;指上竖禅,未绝藕丝之痛。桃花有影,明月无香。带水拖泥,只博合眼一笑而已。

同治三年七月十六日甲寅

下午，诣三庆园听戏。座客踏肩，甚不可耐。晚饮裕兴园，招芷秋。夜归，月明如昼，清绮有秋色矣。

同治三年七月二十三日辛酉

晴。出城诣广德楼，偕陈莲峰、殷宏畴听戏。摩肩踏臂，嘈杂不堪。予初独据一席，坐未几，芷秋来，予敛膝容之。历一时许，有旧识贱工名梅午者，亦至。左右夹我，扇不得摇，热汗交下。此亦王弇州所谓“与君说苦君不信”者也。晚邀陈、殷两君饮福兴居，更余归。

同治三年九月初三辛丑

晴。夜饭后，朱厚斋邀饮曲中，予招玉凤、梔卿，盖不见三年矣。玉容渐老，犹有余妍，不免稍回芳芷之情，再结红梔之爱耳。

同治四年正月十四庚戌

晴寒。夜，周文俊兵部邀同其群从文杰解元、麟图工部及允臣兄弟，宴于景和堂蕙仙家。予招芷秋。又有茜云、芷侬、梅五诸郎，擪笛征歌，三更而罢。芷侬见予若不相识，终席冰襟，不交一言。芷秋失欢，座客龃龉有辞。此辈周旋固亦甚难耳。

抄同治九年七月十一日之《京报》上谕

御史秀文奏请严禁卖戏一折，京师内城地面向不准设立戏园，近日东四牌楼竟有太华茶轩，隆福寺胡同竟有景太茶园，登台演戏，并于斋戒忌辰日期公然演唱。实属有干例禁，着步军统领衙门严行禁止。

同治十二年二月初一日

肯夫邀至安徽馆听灯戏，夜赴之。都中向有梆子腔，多市井鄙秽之剧，惟舆隶贾竖听之。一二年来，诸邸有好之者，士大夫遂相率盛行,其价顿贵数倍。衣冠宴会,非此不欢,优人亦变其音为促急繁乱,以娱众耳。其声噍杀以悲,非祥征也。闻道光以前,朝士燕集,无不演昆腔者,后渐尚摊黄腔,谓之二黄,其音嚣俗,爨演亦恶。元明院本已成雅乐,今则二黄为立部伎矣。风气愈下,即此一事而迁变如此。

同治十三年八月十五日乙酉

钱秋菱来叩节。秋菱,名青,小字桂蟾。貌不扬,而按曲妍静。能作小行书,有魏晋人风格,人亦闲雅。潘星丈、绂丈及秦宜亭皆极赏之。今年三月,诸同年宴集安徽馆,秋菱演《惊梦》一出,赵桐孙叹为仅见。予曰:“君未见沈芷秋耳。若令比执,不止拔茅弃旌矣。”然潘凤洲遂因此惑之。其人亦颇知亲文士,近日都伶之秀出者也。

光绪二年九月二十五日壬午

余性浮动,少喜观剧,三十以后深戒此事。比年在都,未尝过问。近日强作游戏,自十九日至昨日,竟至六出不厌。虽以同人固要,情好婆娑,非可得已,然桑榆之景,渐近西山。入夏以来,十旬九病,近方少愈。怠荒已多,犹复不惜寸阴,作此儿戏。过庭之训,老未知悛。通计今年废经失业,学之无成,亦可知矣。书此以志自讼,非敢分过友朋。

光绪三年三月初五日辛酉

作片招秋菱来。以闻霞芬昨日丧其父,赠以洋银六圆,属秋菱转致之。

光绪三年四月初三日戊子

傍晚,梅卿邀饮丰楼。同车往。座有潘伯循、仲彝、秋伊、弢夫、子宜、心云、紫泉诸君。余招秋菱、霞芬。霞芬以明日赴妙峰山烧香,属其代为姬人祷疾,自书香板付之。二更时归。夜露,晦风寒如深秋。(付秋霞车饭四千。)

光绪三年四月初七日壬辰

午前答拜殷蕚庭兄弟,即出城赴天宁寺之集。到者鲍益夫、史宝卿、汝翼、彦清、心云、少篔、子缜、云门、子宜、孙仲容兄弟,及仲彝、弢夫,宾主共十四人。余招秋菱、霞芬。酒边左史,小寄闲情;老辈风流,贤者不免。今者衣冠扫地,争事冶游。乐部人才,亦以日劣,风会颓靡,盖与翰林不殊。其酒肉贵游,风尘热吏,皆改趋北里,恣狎淫倡,挥霍之余,偶亦波及。而冷官朝隐,举子计偕,往往托兴春游,陶情夏课,酒垆时集,灯宴无虚,清浊不分,流品遂杂。其惑者,至于遍征断袖,不择艾豭,妍嗤互济,雌雄莫辨。其稍知自爱,谬坿钟情。如江夏彭侍郎视学江左,岁以千金寄黎艳侬。丹徒杨大理得视学安徽之命,即遍许诸郎厚分囊橐。而四川方臬使、江西李布政,去年述职至都,皆彻夜笙歌,挥金巨万。太和张京兆莅治神都,亦复轻赍时出。其下此者,益无论焉。余以冗官病废,劳心著述。同人过爱,时以食酒相邀,冀为排遣。虽甚勉强,偶亦追从。秋、霞两郎,实所心赏。杖头稍足,花叶时招。而魑魅喜人,蜉蝣撼树,遂疵瑕颜叔,瘢垢鲁男,增饰恶言,快弄利口。其相爱者,复劝泯其事迹,隐厥姓名。岂知野马满空,何伤白日?杂花乱倚,奚病孤松?既为之矣,讳之何益。若夫同集之友,所眷各殊,或隐讳于家庭,或嫌疑于风影,其下伎之名字,亦羞污于简编。故一概略之,非每集所召止此二人焉。特发其凡于此。傍晚归。

光绪三年五月十九日癸酉

梅卿邀晚饮丰楼,固辞不得。余近来踪迹屡在酒家,或以惜别娈娈,或以寓情陶写,然十之七八强作应酬。愒日疲神,多非得已。缩三旬之举火,求一刻之暂欢。志士以之悲怀,寒人因而贾涕者矣。今夕招霞芬,坐间戏语子宜、心云,此非灵均香草,实为庄生寓言,视之如涂车刍灵可也。二更后散,仲彝邀饮春馥,不往。

光绪三年八月二十日壬寅

晚,赴心泉及张霁亭府尹景和之招。是日,梅蕙仙生日也。坐客甚杂,无憀之甚。少筼、云门两遣人邀饮丰楼,遂驱车往招霞芬、秋薐。酒散后,诣景和以钱二十千为蕙仙寿。

光绪三年冬十月二十日辛丑

为秋薐书楹帖撰联句云:"秋树齐芬,独让幽桂;菱花并影,双照圆蟾。"

光绪五年三月初八日壬子

为霞芬书楹联两联。一云:"霞呈宝镜双花霭,芬染银炉百福云。"首尾藏其名字也。一云:"绿鹦款语宜春榭,玉燕新巢称意花。"切其新居也。

光绪五年十二月二十二日辛酉

下午,诣同乐园赴竹筼观剧之约。四喜部演《雁门关》,诸色皆佳。又演《甲子图》灯戏。盖今年剧场以此日毕,故爨演极盛,兼寓吉祥以娱人也。

光绪六年四月初十日丁未

上午诣文昌馆,以是日合浙江辛酉、壬戌、甲子、丁卯、庚午五科团拜,演三庆部,外传诸部名色,禔庵、梅卿与余主其事,请张叔平给事为提调,同人云集,选艺征歌,颇极一时之胜。至夜四鼓方散。

光绪七年春正月元日甲子

去腊都中四喜部新制《贵寿图》,演汾阳见织女事。灯彩绚烂,而色目不佳,科爨俱恶。惜无以昆曲曼声写之者,即演其大历初入朝,代宗诏宰相、仆射、度支、侍郎、京兆尹五人,各出钱三十万共宴私第,内侍鱼朝恩出罗锦二百匹为缠头费一事。鱼龙百戏,尽可登场;珠翠千行,皆当选色。亦足令人色舞也。

光绪七年三月二十六日戊子

午由地安门外绕什刹海过。见杨柳成行,湖光如镜,睠顾久之。出西直门,是日有云埃,不得见西山新翠。抵极乐寺,霞芬偕其妇已先至。海棠正好,梨花已苓。人影花光,侔鲜妃艳。遍游寰宇,涉历山池,亦是人生极乐矣。

光绪七年闰七月七日丁酉

邸钞上谕:御史丁鹤年奏:内城茶园违禁演戏,请饬严禁一折。据称:“内城丁字街什刹海等处,竟敢开设茶园,违禁演戏,殊属不成事体。着步军统领八旗都统,即行查明,严禁毋稍宽纵。”(什刹海演剧,恭邸子贝勒载澄为之,以媚其外妇者。大丧甫过百日,即设之。男女杂坐,内城效之者五六处,皆设女座。近闻彩饰爨演,一无顾忌。载澄与所眷,日微服往观,惇邸欲掩执之。故恭邸谕指鹤年疏上,即日毁之。外城甫开茶园,一日亦罢。)

光绪八年十一月初七日己丑

孺初来,敦夫来。是日,四喜乐部头梅蕙仙出殡广慧寺,闻送者甚盛。下午,偕两君出大街,至其门首观之,则已出矣,遂雇车归。蕙仙,名巧龄,扬州人。以艺名,喜亲士大夫。余己未初入都时,曾一二遇之友人座上,未尝招以花叶。及今二十余年,邂逅相见,必致殷勤。霞芬,其弟子也。余始招霞芬,蕙仙戒之曰:“此君理学名儒也,汝善事之。”今年夏,余在天宁寺招玉仙。玉仙适与蕙仙等群饮右安门外十里草桥。蕙仙谓之曰:“李公道学先生,汝亦识之,为幸多矣。”此曹公议远胜公卿,然余实有愧焉。自孝贞国恤,班中百余人失业,皆待蕙仙举火。前月十七日,骤病心痛死。其曹号恸奔走,士夫皆叹惜之。蕙仙喜购汉碑,工八分书,远在其乡人董尚书之上。卒年四十一。(蕙仙后更名芳,字雪芬。)

光绪十年十月初一日壬申

介唐来,以乡祠公项银二百两,托其转交桑叔雅,为修理戏台之费,并朱楼三面,环匝皆新。

光绪十一年六月十七日甲申

下午诣广和楼观剧,演诸葛武侯金雁桥擒张任事。余素恶《三国志演义》,以其事多近似而乱真也。然此事则茫然。检《陈志》,惟《先主传》建安十八年先主据涪城,刘璋遣刘璝、冷苞、张任、邓贤等拒先主于涪,皆破败,退保绵竹,仅一见姓名耳。裴注两引《益部耆旧杂记》曰:"张任,蜀郡人,家世寒门,少有胆,勇有志节,仕州为从事。"又曰:"刘璋遣张任、刘璝率精兵拒捍先主于涪,为先主所破,退与璋子循守雒城,任勒兵出于燕桥,战复败,擒任。先主闻任之忠勇,令军降之,任厉声曰:'老臣终不复事二主矣!'乃杀之。先主叹息焉。"《华阳国志》刘二牧志与《陈志》同。《通鉴》:"建安十八年刘璝、张任与璋子循退守雒城,备进军围之,任勒兵出战于雁桥,军败,任死。"胡注:"雁江在雒县南,曾有金雁,故名为雁桥。"是《金雁桥》实为有本,深愧史学之疏,乃知村书、市剧亦有益也。考雒为今四川成都府之汉州,去成都仅九十里,无山川之险,而当日先主亲自围攻至一年有余,庞统死焉。知循等之守,必有以过人者。《陈志》简略,故事多湮没,使无裴注,则任之志节,即不传矣。

光绪十二年十月二十九日戊子

晡后诣先贤祠,赴桑氏寿筵。偕章澉卿、书玉、介唐、敦夫同坐观剧,士女甚盛。楼上下三面钗光鬓影,无隙地矣。洎上灯初,则中庭四周皆粉黱也,袿薰接袂,屧相侵絇,俎豆之区,忽成香国。内子、两姬、冰姑及对门郑主事之室吴皆与焉。演出亦佳,酒肴皆美。夜四鼓归,五鼓风起。

光绪十二年十二月初三日辛酉

是日,复觉不快,杂阅诗曲以自遣。洪稗畦《长生殿》传奇,爨演科白俱元曲当家。词亦曲折尽情，首尾完密，点染不俗。国朝人乐府惟此与《桃花扇》足以并立。其风旨皆有关治乱，足与史事相裨，非小技也。《桃花扇》曲白中时寓特笔，包慎伯能知之而未尽，其序及评语皆东塘自为之。不过借侯朝宗为楔子，以传奇家法，必有一生一旦，非有取于朝宗也。其于史道邻、黄虎侯，虽写其忠，而皆不满。故于史之解哄、哭师，皆极形其才短；于黄口中时及田雄，明其养贼而不知。高杰、左良玉人并不足言。而杰之死最可惜；良玉之死实非叛。两人皆南都兴亡所系，写之极得分寸。马、阮之恶极矣。然非降我朝而致死。夏氏《幸存录》之言非妄，故《全榭山外集》亦辨之，非开脱巨奸也。东塘传其死亦复，且深得稗官家法。惟言袁临侯之从左起兵，以黄澍为末色，以郑妥娘为丑色，皆未满人意。然传奇亦不得不然耳。《长生殿》寄托尤深，未易一二言之。

光绪十三年四月初二日己未

阅《宋史·乐志》，古只有燕乐而已，唐始置教坊，有立、坐二部伎，已近今之演剧。至宋乃有队舞、杂剧之名。队舞之制，分小儿、女弟子两队，其名各十，每易一舞名，衣冠装束器具皆别。有曰婆罗门队、异域朝天队、佳人剪牡丹队、采莲队、菩萨战香花队、彩云仙队，已同今之戏剧排场，而尚未扮演古事。至元人乃取古人古事演之，而又即宋时教坊所奏曲调，演为词曲，其曲名源流，井然可考也。然《宋史·孔道辅传》言，契丹优人以文宣王为戏。又，《通考》“乐二十”载，唐昭宗光化中，孙德昭之徒刃刘季述，帝反正命乐工作《樊哙排闼戏》以乐焉。是皆爨演古人之权舆矣。

光绪十四年三月七日戊午

作书致书玉、介夫，以今日辛酉、辛未两科在财盛馆团拜，介夫邀观夜剧，故托两君于近台留一坐地，以便老眼。……晚偕介唐诣财盛馆，观同春班夜演，与书玉、资泉、勉夫、定甹诸君同坐，久不听乐矣。近有理藩院吏越人韩某之子韩六，及兵部书吏魏四、陈某等，习唱为优，名“清票子弟”。魏、陈皆旦角，以荡艳名。一时堂会公宴,非此不欢。南皮协揆酷喜杂出,尤奇赏之。韩六之父侵蚀蒙古王公以下俸赐银止算,又多方索贿,承袭一台吉费至数千金,各藩部衔之切骨,屡讼之刑部、理藩院及奉天、吉林两将军衙门,皆不得直。六有两兄皆入訾,为刑部郎中。六亦需次顺天府通判,而缠头献技,略不为耻。南皮长刑部,因欲以提牢厅处之。提牢本主事差使,百余年来皆用科甲,人闻诸曹颇哗然,而堂官皆右韩,尚相持未决也。余未曾寓目,今夕见之,亦中人常技耳。都中士夫流品溷淆,风俗卑污扫地至此!而当国巨公,巍科先达,以此为经济,亦歇后浪子之罪人矣。是夕演张绣反宛城一出,颇可观。三更后归,尚未晚食也。小饮至鸡三号始就寝。

花部三珠赞(并序)

丙子十一月

嗟呼!兰渐以瀡,虽风不芳;麻居于蓬,委地畴直。是以污窳之所,佳卉难名;枳棘之林,翔禽自远。其或猗靡下泽,宛转中泥。君子原其遭逢,达人悯其沉溺。乃有籍编坐部,名列伎人。而灵珠在握,能别淄渑;华玉中韬,不迷白黑。岂非莲性本絜,绝累于负涂;金质美完,何伤于在锻者欤?余滞迹京华,薄游燕市,偶因所见,盖得三人。

时琴香者,名小福,吴人。所居室曰“绮春”。色善事人,艺能倾俗。引喉一歌,广场百诺。吾乡有某姓者,家以鬻盐富。粤寇之乱,委质贼庭。寇退入都,竟得高第,入翰林。尝招琴香佐觞,贼目之妻,称真人。有戏以评琴香者,琴香询得其故,大愠,自是与某绝。余与琴香甚疏也,顾甚眷余。今年其三十生日,百镒之金,十日之馔,豪客接坐,华毂塞门。琴香独乞余书一横幛,以为光宠,至数十请不厌。夫李陵生降,乡里以为耻;褚公高寿,骨田之所羞。今则清议不申,中正失品,鹰鹯之疾,乃在斯人。至于思附题门,不嫌癣壁,较之会稽孤妪,乞临川之数行;洛下名姬,夸李端之一语,殆有甚焉。

钱秋菱者,名桂蟾,父故吴人,侨于京师,遂为燕人。所居室曰

“熙春”。秀色可餐，清神善照。胪鲜秋水，颊艳晨葩。每当裹首登场，转喉按曲，伯龙为之失步，玉茗因以添豪。滇人高某者，奴隶之材，驵侩之行。始以进士官吏部，狭邪无行，几伍转尸。后内其女于总戎之子，胁取其赀万数，遂市裘马，逐轻薄。慕秋蕿之色，岁耗其金数千。秋蕿鄙之，不一挂齿颊。余以同人媒介，偶一招从，三年之中，席无十接，囊金未解，花叶都虚，而秋蕿偏昵就余。往往衣香熨裛，荑玉温袪，脉脉相看，依依不舍。尝曰：“闻君招而不至者，盖非人也。”在昔牙郎卖绢，郑婢欲以賷主；太尉斟羔，党姬言而冷齿。彼为女子，犹曰钟情，若其爱异分桃，缘非结佩，而洞箫之谥，先上于歌筵；锦瑟之身，有怀于禅榻。求之近世，夐尔谁俦？

朱霞芬者，名爱云。父吴伶也，以善歌名。霞芬事景和梅蕙仙为弟子，今年十五矣。琼枝擢苑，玉山映人，骨俊亭妍，肤清内朗。乐部故事，每届三年，胪传榜发，则亦翘其尤异，目为状元。恩榜偶开，亦同斯例。丙子之岁，遂属霞芬。冠珠树之三英，是称极选；艳杏园之双宴，特附名花。黄绢同评，非冬烘之假手；皂纱一裹，何汗颜之让人？繇是百琲投珠，千环斵玉，金钱入市，争看西家。珥果盈车，共萦卫玠。彯缨多于星流，曳裾疑其云集。同郡汤某者，貌同獠犵，文昧偏旁。新由翰林改官知县，敢为债帅，日拥淫倡。偶见霞芬，亦以大悦，遂朝夕从之饮酒，百计奉之，冀得欢心。而霞芬益自远背，辄唾骂之。

呜乎！自钱神著论，君相因以无权；货殖名篇，史策从而失据。酱瓿浆儋，屠酤与封君絜訾；黼绣偏诸，孽妾以后衣缘履。食何节孟，谁问乎畦医；酒赵翦张，远跨于许史。降至今日，事益难言。朝无等章，士无禄糈。带重儓以金紫，假卒皂以钟县，客婢安舆，突王姬之仗内；苍头骏马，薄朝贵于沟中。其学士大夫，往往丐曲豉之余沾，骄鲰鲍之遗臭，效籧篨于败竖，峻门墙于寒人。家无孔方，即非生我；国有颜子，何足与人？况乎此曹本以利市，而能不淆清浊，内别熏莸？龙门之登，乃慕乎棘下；骥旄之埘，独耻于新秦。是则传彼伶官，当改题以一行，师乎颜子，宜易位于三公。春秋贵贱，不嫌同辞。为之赞曰：

韡彼时生,英英韶爽。芳风远闻,孤云直上。削迹贼中,万花孰抗?钱生婉娈,天街璧人。爱弄临池,松云夺真。出楼一曲,鱼鸟知春。晥尔朱生,绰约殊绝。翩来近人,荀香三接。冰霜在怀,胜于云热。惟此三子,风尘莫俦。报以银笔,为有位羞。

哀傅生文(并序)

光绪二年十一月

游桃之秋,瑟居不聊。一日与同岁生二三人过乡祠,闻有演曲者,入听之,始与傅生相见。后数日饮丰楼,遂招之来。年二十余矣,名芝秋,字曰四,京师人也。身长玉立,眉目如画,吐辞清亮,有士夫风。至改服登场,尽态极妍,光采裴回,惊动四座。雅俗顽艳,齐口感叹,以为都下数十年来所仅见也。自是屡招之,生亦日与余亲。性善饮,工谈笑,尝为余言:幼入乐部为弟子,其师程长庚拗而愎,不许弟子出侍酒。及长,安徽某中丞阅其伎,赏之,遂邀与偕。某,故满洲世家子,以军功积官。性挥霍,一噘笑得其意,立畀千金。生固未尝乞一钱也。某在皖,与故提督李世忠交最欢。李亦奇赏生,从某乞生去,欲留之。生以李故盗,渠意不可测,亟辞归。某擢两广制府,生从之粤。未几,某被劾落职,生遂还京师。盖其所至流落不偶,与余同也。生故善爨演,谐媚百出。然生言遇广场有妇女,辄改变其辞语,托之庄讽。见同辈有媟亵者,辄规之。或闻中冓帷薄之失,忿疾形于面。客沪上三年,未尝一入北里也。余嘉生之志行,卓出流俗,而悲其沉于乐伎,以色艺为养,招摇过市,盖非得已。尝两召生至越缦堂,倚烛共语,皆至夜分。生初见余居处容服,以为富人也。一日,新折券畜弟子需百金,告余,余嘿不应。生遽觉之,谢过不复言。数日,语余曰:"君之不得志,天下所知也。然私窥君澹定无戚容,君必非长贫者。以某测之,君不久当有所遇也。"又曰:"君倘岁有千金入,某必从君执鞭矣。"孟冬二十八日,余偕友人饮,两召生。生告余以近屡病,必戒烟药。当于明月朔日始,誓绝之。然须调息早睡,恐十日中不能侍君也。又屈指曰:“盖七八日亦可矣。”又顾座人曰:“诸君幸识之。”次日雪中,余饮丰楼,召生不至。又三日,而生死矣。悲夫!岛夷之烟药,流毒中国者,盖六十余年。自王公大人以至走隶庸丐,死于此者无万数。其始食之,而后绝之而死者,亦不知其数也。余深疾世之嗜此者,而不劝人以遽绝。其生禀脆弱者,尤苦止之。生之告余也,余谓之曰:“汝质羸,宜稍减之,毋遽戒。况日届冬至,病者所忌,宜慎之。”生不谓然。临去时,余再三属其重自爱,盖已心忧之,而不谓其遽至于此也。

生未有子。其妇方娠,将以是月娩。为文以哀之曰:

嗟余生之屯邅兮,畴相许以知心。何斯人之慧憭兮,乃乍见而窥深。怜美质之堕溷兮,效薄技于审音。羌易服以呈媚兮,惧冶容以诲淫。秉贞姿而拂怨兮,薄一笑而千金。欲援之以为士兮,奈余力之不任。彼众碁之丛妒兮,久淹滞于俦类。夸菉葹以都朝兮,弃兰荪于幼艾。胡嫱媄之颠倒兮,泣姬姜于蕉萃。悲实命之不犹兮,抱冰操而谁怼?迨色艺之倾群兮,已逝景其催人。赏软舞而点留兮,眩光采之缤纷。花沃沃以浓至兮,柳僛僛而骀春。一嚬笑之不自主兮,冀得奉君子之光尘。讶初债之倾心兮,抚琴轸而相诧。执都养而甘荠兮,比下女之贻若。结殷勤以弗替兮,将蜕垢而离浊。胡坐席之尚温兮,倏鬼伯之下索。痛丑夷之蛊毒兮,几驱世而为壑。哀斯人之勇悔兮,翻速祸而僵踣。魆优昙之一现兮,遽霜摧以凋落。岂余陀之不瘳兮,遂貤殃于尔身。既死丧之孔迫兮,慭相见之无因。滋穷涂之泪涕兮,怨造物之不仁。祝孺子之生男兮,庶毕尔之娱亲。冀尔灵之不沬兮,识操笔而伤神。

九月望日,偕贵筑徐介亭司马(皋)、武昌李天台(士垲)、宜昌王鼎丞孝廉(安、定)及户部赵、陈两同官,携歌郎六七人宴游天宁寺有作

联骑城西出,寻秋到上方。林烟飞茶火,塔影界花光。夷语红

绒酒,(是日有法兰、俄罗、米三国男女会饮山上。)吴歌紫鹘装。天涯惜良会,分策又斜阳。

夏日,偕汝翼、匡伯、彦清、弢夫、仲彝、子缜、云门饮满洲某氏且园,复从弢夫饮对门朱郎家,夜归,即事呈诸君

城南马厩新为园,杂花稚竹深映门。池台简略半未就,时有客至罗琴尊。面东开轩数弓地,佳日停云暂相憩。穷途犹喜交材贤,余力同期治文字。庭前烟雾横窗纱,石榴如火纷天斜。清风时来入帘隙,玉缸酒面飞红霞。长髯短屐互行炙,雄辩清言共骆驿。朱郎手持团扇来,玉树一枝照瑶席。芭蕉展叶桐阴交,此外尺地皆炎歊。醉中不觉人世窄,仰见赤日行天高。是时至尊正忧旱,神畿千里麦苗断。我曹冗食何所为,对此盘飧得无赧?柳边隐隐鸣轻雷,西邻重见华筵开。檐花一阵过疏雨,转向银屏看月来。

弢夫挈霞芬来,同彦清诸君夜话听歌

绿蕙香无歇,言愁奈尔何。晚风吹鬓暖,初月媚人多。诗意宜吴语,茶光上越罗。王珉白团扇,掩泪不闻歌。

九月十三夜,菊花盛开,雨后月出,偕弢夫、仲彝、梅卿于寓斋燃灯看花,小设杯勺,并招霞芬、芝秋诸郎,即事有作

锦屏小试菊花天,人影秋光一倍妍。曲坐衣香添酒暖,隔帘月影避灯圆。风尘客感搔青鬓,兰蕙骚歌托素弦。莫道夜深霜渐白,小车油壁在门前。

赠朱郎霞芬调弢夫

碧栏新茁一枝花,璧月团圞是旧家。劝客不辞金凿落,向人羞

舞玉鸦叉。偏移翠袖偎灯影，常得红颜映鬓华。为谢笼鹅王内史，肯教丹诀换胡麻。

丙子季冬十七日，孝仲、敦夫、敦叔、彦清、匡伯、弢夫、仲彝置酒越缦堂，为余豫作生日，且招秋菱、霞芬两郎奉觞，赋诗为谢

游桃嘉平月既望，风日和霁如春妍。南窗喜见晴旭满，不须榾炭红炉然。岁事渐促百不理，室中坐卧依寒毡。故人相约共治具，为我衰暮开愁颜。古人生日不称祝，况我孤露尤堪怜。行年五十无一就，所得霜雪滋华颠。二亲未享一日养，弟侄饥饿耕无田。生值灾星逼残腊，蓼荼百萃攻中坚。幸恃顽钝得不死，支撑病痼能增年。每逢此日辄惨戚，何敢口腹恣珍鱻。素心知我益缱绻，特先十日开华筵。芳醪佳果满几案，蔌肴脍炙纷盈前。冬笋寸寸斸寒玉，蒸凫肥滑堆吴绵。谈谐互作务酝藉，礼数虽设无周旋。舍人博雅守家学，穷经矻矻争前贤。（谓孝仲。）诸君各擅词赋妙，葩华络绎供丹铅。就中鲍叔（敦夫）同里巷，清漳夹岸连华椽。盐官羊仲（敦叔）居稍远，海航一日能来还。（海宁与越之三江口海岸对峙，相去仅数十里。）王翰（弢夫）迥绝隔回浦，会稽东部同山川。其余四君尽同县，斜桥光相衡相连。（孝仲居斜桥。）新河近汇郭西水，（匡伯居新河。）陶堰时泛城东船。（彦清居昌安门外，仲彝居陶堰。）同学同岁分少长，（孝仲、敦夫同学，匡伯、弢夫、仲彝同年，敦叔、彦清亦兄弟同年。）旧雨今雨无拘牵。长安冷落守素业，不附时局夸飞骞。天涯难得一朝聚，对此不饮真痴顽。名花照眼更殊绝，酒波艳映双枝悬。钱郎肤清秋水鲜，朱郎双颊争红莲。手持翠琖劝我醉，玉山未倒先翩跹。庭前翠竹千琅玕，斜阳晼晼催暝烟。卷帘俄见明月上，更分银烛擘华笺。

丁丑元夜,孝仲、禔盦、彦清、弢夫、匡伯、仲彝小集寓斋,并招钱、朱、蒋三郎

杯盘乡味试初筵,既调才华尽若仙。生世几逢元夜饮,帝都幸见中兴年。灯衔画烛争花艳,坐簇春人比月圆。转瞬杏园风信好,锦屏佳语喜先传。(是夕有灯花之瑞。)

上巳日,禔盦招集极乐寺看海棠,携霞芬同往。是日大风,花尚未开

簪盍春明慰寂寥,重三携酒款僧寮。风声挟树全趋水,山色浮青欲过桥。弱柳低垂留客醉,好花迟发避人娇。年年不负寻春约,又向高梁趁锦镳。

丁丑九日京邸,偕子宜庆乐楼听歌,即送其之官闽中二首

天涯犹得暂相过,莫负登楼一曲歌。老辈壶觞同调尽,广场丝竹感怀多。豫愁别后稀鸿雁,长使山中怨薜萝。为问人生几重九,黄花容得久嗟跎?

廿年师弟重依依,家破都悲面目非。孤露久披东里葛,郎潜空忆北山薇。风尘薄宦怜今始,经术传家似子稀。明岁闽南相望处,白云应傍塞鸿飞。

秋夜饮霞芬坐中作

明妆宛宛堕灯前,白发撩人一惘然。镜里玉容能送老,雾中花气不妨禅。蛾眉难得兼金赎,绮语从教众口传。惆怅东晴西雨意,骚情锦瑟有谁笺?

花朝夜饮霞芬新居

骄骢扶醉趁花朝,来扣铜铺月上梢。深院漏声通密坐,画帘灯影定新巢。倩颜上酒春红重,纤手藏钩软玉交。似此良宵暂行乐,

银屏咫尺忍轻抛。

观宣府伶人侯纫珊演《仕女图》剧

鬌髻登场百媚加，柘枝鼓趁舞腰斜。翠裙宛转笼初月，珠袚玲珑罩薄霞。差似秘图张素女，颇传宫体出唐家。六朝金粉飘零尽，独出胭脂塞上花。

春夜饮丰楼酒家，同禔龛、敦夫、弢夫，招霞芬

新帜酒人家，红楼四面霞。灯光添绮户，栏影出名花。密坐香能隔，虚棂月易斜。金尊好颜色，相与惜芳华。

九月初三夜，集饮韩家潭朱霞精舍，以“露似珍珠月似弓”为韵，余得“露”字

晚秋煦余旸，嘉辰惜遥暮。微行遵城南，朱楼临近路。清池不可见，屧舄自来去。孤悰暂为欢，即眷倏成故。华月呈纤钩，娟娟隔疏树。芳筵启轩帏，银烛映阶露。衣熏扇际分，鬟影尊前度。素心偶合并，红颜岂长驻。留连壶箭添，惆怅鸡声曙。

又代人作得“似”字

煜煜桂树华，粲粲菊丛蕊。桂生讵云洁，菊开亦易委。所托云露滋，承藉始为美。自惟遾质轻，蓬心本无似。日夕望碧云，开径迟玉趾。幸陪言笑欢，良霄继清晷。珍果自求甘，芳醑自惭旨。初月鉴薄帏，清风落横几。愿为筵上烛，明心奉君子。不作衣上香，因风辞玉体。

十月十六夜，偕敦夫对饮朱霞精舍看月

今夕亦复佳，心赏随目涉。清辉固不减，瑶襟互成惬。银烛启兰幌，红窗掩琼叶。潋滟金尊开，迤逦晶屏迭。瓶花映镜重，炉熏展袖裛。静数银壶箭，暗听绣廊屧。茶香递密语，酒霞泛红靥。绮怀岂取盈，欢悰暂为接。归逢人早朝，笼灯指遥堞。

霞芬馈木香花

细翦冰蘼屑麝胎,双含风露落琼瑰。分明洗砚匀笺侧,长见笼香翠袖来。

暮春偕镜予至极乐寺看海棠,是日霞芬携其妇治具于此,赋诗二首

钿车相约凤城西,千树猩棠映玉溪。塔影远从田水落,山光不碍寺墙低。似闻曲径通莺语,早有游蜂趁马蹄。花雨一钟斋杵动,午香吹到碧玻璃。

花外行厨花里人,低枝时见罥红巾。落英艳点弓鞋窄,纤朵娇侵钿额新。池上衣香经月醉,酒边鬟影一家春。多情不奈东风劣,长为罗裙碾麹尘。

九月十三夜,饮霞芬家赏菊,是日暖甚,月如春昼

为典朝衣漉葛巾,未霜天气撰萧辰。深秋明月温于酒,绮阁黄花艳似人。小隔晶屏尤入画,傥横蝉鬓倍宜春。江湖十载差无负,更放华灯照锦茵。

夏晓,雨后偕霞芬出城,入天宁寺

油壁同时出,花随载酒行。蝉多知近寺,塔迥不依城。远岫犹云势,低塍足水声。客来林鹊喜,与佛报新晴。

偕霞芬坐天宁寺看山院

经坛松外午烟霏,一院苍苔客到稀。近水花香通蒻篁,钩帘山色趁罗衣。高梁夹陇茅茨隐,远磬穿林野鹘飞。惆怅鬓丝禅榻侧,夕阳何事苦催归?

夏晚,偕霞芬自陶然亭携酒登南郭敌楼二首

把酒凭高俯玉京,晚来云物似秋清。林阴返照全归寺,山翠连

空近扑城。飞鸟恰从团扇落，好风偏向蒨衫生。康时多有登临暇，却敌支颐话老兵。

郁葱坛苑树周遮，清带壕流一道斜。极望风烟郊寺塔，万重楼阁帝城霞。斜阳次第遥呈岭，暝色苍深尽在花。几度更矜腰脚健，不须天际数归鸦。

前日庚辰同年公宴，孙驾部为团司，余属其招乐部紫云，不至。余亦以小疾不往，子培以为恨。七叠前韵调子培并戏驾部

轩后创传素女图，宣圣亦有房中书。近来坐部尚秦伎，汉皋空佩双卵珠。（都下近演出，以秦晋来名西部者为贵。黄州腔，出汉阳者，渐寥落矣。）君家兄弟知好姝，当筵紫云谁得如？玉莲却避孙进士，妙常亦拒张于湖。

三月十五夜均甫招饮朱霞精舍

几度逢三五，长安况寂寥。故人还绝塞，春月足今宵。酒为当歌美，花怜近烛娇。暂时烽火息，老病惜芳韶。

乙酉腊八日招同人集朱霞精舍，饯均甫之山左

浅约琴尊集岁寒，梅花清影护朱阑。曲中腊粥含脂馥，胜里春人映烛看。三九光阴消烂醉，一时裙屐萃长安。明朝风雪燕郊去，回首银屏顷刻欢。

乙酉东坡生日，同年徐花农编修琪邀同朱桂卿、缪筱珊、黄仲弢三翰林，王弢夫、沈子培两部曹及朱虎臣秀才、文炳携行厨过寓斋，为余寿，招五云郎捧觞。花农、桂卿皆有诗。因次东坡除夕寄段屯田诗韵为谢

坡老生峨嵋，朱霞照天半。我生无充闾，何尝遇元叹。文章殊

鷗鸾,鞶帨不足玩。徒有百衲琴,弹之未成散。齐年尽英妙,施嫫强相伴。鸣鹤在九皋,欲以警歇旦。嘉招撰兹辰,芳俎溢几案。雪避桦烛明,香交蜜梅乱。银钩隔座送,翠袖暗香盥。杯深滟脂易,户小点筹缓。良宵抵金续,清谈若珠贯。科名关道义,乡里起衰懦。慰藉在岁寒,冰谷炽温炭。奚必洛蜀争,弹章交三馆。新诗如美酒,读之不衣暖。回首水仙开,玉齿朝云粲。

后六日,敦夫、书玉昆季介唐光甫复置酒朱霞精舍为寿,再次粲字韵

天下熟苏文,秀才已得半。生命宜食羊,何发菜羹叹。士生贵志节,岂供毛羽玩。冬心峙后凋,春华萎早散。盍簪共州里,出处得佳伴。跃冶互莫干,捧心匹施旦。朝隐相过从,酝藉到杯案。为喜岁晚闲,渐觉腊鼓乱。清尊就绮户,玉梅共花盥。香浓酒巡促,烛灺漏催缓。我年如积薪,诸君雁序贯。(敦夫五十二,其从兄定夫五十六,介唐五十,书玉四十七,光甫四十三。)味道贫益腴,扶义老非懦。毋以君子肠,喜惧战冰炭。朔雪蜀犬吠,楚谷晋师馆。委心任运移,四时总春暖。不见捷足儿,今年输白粲。

丙子生日,定甹、弢夫、萼庭、仲彝、梅卿枉过,留之小饮,即席赋呈

知己相从慰岁寒,生辰聊复具杯盘。可怜孤子终天恨,犹博良朋一日欢。膝下伶仃同伯道,客中僵卧比袁安。奉觞难得双花侍,强解衰颜倚醉看。(谓朱、钱两郎。)

凉秋月夜,子缜邀听歌郎李雁侬弹琴

凉宵秋月妥花阴,来听虚堂一曲琴。寂寂帘栊通绮语,萧萧梧竹出清音。朱弦三叹孤将绝,翠袖双寒感易深。到处华灯歌管地,谁从松柏结同心。

冬初菊话盛开，偕家人小饮朱霞精舍，对灯看花作此示僧喜

立冬有菊亦重阳，老瓦盆堆一室香。玉鲙红炉寻莱味，银灯绿酒飏花光。几家能有团圞乐，垂老难逢汗漫觞。为向天涯儿女道，人生此饮莫相忘。

试灯前夜招同书玉、敦夫、介唐、桂卿四太史饮朱霞精舍，灯月甚佳（乙酉正月日记）

琼枝壁月一番新，棐几湘帘白绝尘。隔座梅花飞洒盏，上头灯影试春人。不须诗寄玲珑曲，且喜香围自在身。闻说流星驰急骑，交南烽火困张津。

湘春夜月

孙彦清孝廉见予旧制乐府《秋梦》、《舟觐》两阕，各题一阕以赠。京邸雨夜，怅触旧感，赋此自忏，并柬彦清。

又天涯，暮窗疏雨潇潇。忍把旧恨新愁，都付与檀槽。谁分泪痕罗帕，自玉容人去，湿到今朝。只梦中指点，荒坟吊鸩，暗户悬蛸。　何堪更忆，枇杷旧巷，凉月单宵。鬓影凄凉，应只对空床尘积，破屋灯摇。沈郎老矣，憾人天绮语都消。算赢得向长安倦旅，重翻恨谱，添诉无聊。

解语花

子缜小住春明，屡寻欢坠。初以琵琶佐饮，眷畹桐郎。近中微嗔，移情云侣。适持所绘《香草灵嬉》小册属题，其中托兴兰荃，寓言柘舞，骚情客感，殆不自胜。为赋此解，写之浪蕊迷离，微波绵邈。非寄怀于翠被，只触泪于青衫。杨柳曩愁，樱桃新宠，亦复谁能遣此也？

湘帘斗影，翠管留春，恨谱翻都遍。殢人星眼，无言处，不比往时相见。檀槽自暖，弄娇小，乍弹还倦。知几时，桐叶秋风，暗替团

圝扇。　　听取清歌宛转。觅微云山外,离绪难遣。蕙心清浅,无由托,一例乱红波卷。珠尘梦短,问何处,露华能恋?应共收,碎佩丛铃,写入骚兰怨。

贺　新　郎

冬夜,偕匡伯、弢夫、仲彝饮菱香室,赋赠钱郎,兼悼傅生。

烛下人如月。又当筵、倚衿吴语,暗香初接。一样秋人缠绵意,分手俄成愁绝。记隔夜,瑶笙吹彻。花叶团圝屏录曲,更金尊,互劝歌回雪。双袖底,酒痕热。　　同看莺燕开帘出。蓦回头,红菱照眼,玉枝先折。犹有蛾眉留人住,为我明珠承睫。只一霎温存须惜。典尽貂裘那作计,恐人间容易芳华歇。休更忆,北邻笛。

玉　漏　迟

少篔招饮杏春堂,余招秋菱、霞芬。

傍花莲漏滴。疏窗曲槛,勾留凉夕。下了香车,相见倍相怜惜。生恨明灯婉娈,似偏照,深红羞靥。还转向,银屏影底,倩伊偷隔。　　自从系定红丝,恁密见疏逢,暗添华发。似此多情,翻悔那回相识。拚得青衫化泪,总不换天涯轻别。团扇底、私语怕教人说。

三　姝　媚

夏夕,偕秋菱饮霞芬室。

炉烟歌扇袅。又花间招携,金尊频倒。翠管筵前,正袖霞低拂,镜菱偷照。背了银荷,衫暗并,端相娇小。水样湘帘,偏借银蟾,映人双笑。　　惆怅年时怀抱。看旧眷新娇,一般风调。密字珍珠,算酒边心事,抵伊多少?白发催人,偿几度,蛾眉低扫?但愿欢红愁翠,相依未老。

珍　珠　帘

霞芬以茉莉遍缀秋菱所书团扇。风香袭袖,露颗沾衣。密意重重,芳心脉脉。采兰赠若,非所云闻;解佩缄珰,方斯讵远?惆怅之结,情见乎辞。

是谁琢就珍珠蕊?露苞含多少温存深意。恰到半开时,又素馨如醉。见说琳宫新采得,便暗取荷囊深系。偷寄。恁背人低数,相思何事。　　偏称小扇轻纨,配绰约簪花,琼瑶匀缀。卅喜算团圞,看细排心字。比似丁香犹款密,好结取从头盟誓。休弃。便金奁缄香,见时长记。(“恁背人”九字,本作“问红豆相思,幽情知未”,又拟改“看点点相思,化将清泪”。兹用梦窗体。越缦自记。)

寿　楼　春

初秋,连夕偕诸子饮丰楼,作此以记一时人地。恨不得倩菱人霞侣,擫笛歌之也。

听新秋鸣蝉。渐催人暮霭,风露初娟。尚有寻春仙侣,共驰华笺。珠市口,灯街前,认酒旗,青楼高悬。又鬓影清尊,袿熏画烛,花惹一庭烟。　　人生几开芳筵,况文园卖赋,难换金钱。那得朱颜长驻,素蟾长圆?菱镜小,霞衣鲜。漫揣量,卿怜侬怜。要休忘连宵,双双玉人团扇边。

金菊对芙蓉

丁丑九月十二日,寓斋烧灯对菊,同人小集,作展重阳之饮,并招秋菱、霞芬两郎。即送少筼赴粤、子宜入闽,同弢夫作。

红叶初酣,黄花未老。银灯小驻秋光,约飘蓬俊侣,再展重阳。玉缸怕照年来影,问鬓边,添几新霞?征鸿过尽,且听漏滴,闲领茶香。　　还爱眼底吴妆,正相依翠袖,同倚丝囊。纵贪欢一晌,也胜寻常。帘前此去天涯路,早西风瘦隔垂杨。明年今夕,岭云万里,何限思量。

解连环

酒边感赋赠霞芬。

暮寒催劲。认青帘挂处,小车潜等。看素手、暗启风帘。正眉翠含颦,脸红低晕。万种温存,旖旎到、银荷灯影。更嫣然笑指,潋滟金尊,照人斯并。　悲欢旧情漫省。渐中年耗去,壮怀消尽。问底事、未了愁根。把零句幺弦,细搜幽恨。自指星星,更几度、相依青鬓。倩罗巾、为花替拭,泪痕拍损。

百字令

五十生日,鲍效夫、曾圣与、杨斯大、羊敦叔、朱蓉生、陶子缜、何达夫、殷萼庭诸君枉过,张灯夜饮,霞芬为之佐觞。酒酽花秾,陶然一醉,即席赋此。

瘦年前夜,喜冬暄,回暖春风催律。小试灯屏围绛蜡,遍照梅花如雪。白发庞眉,儿童指点,卌载填词客。斯人犹在,东方游戏还剧。　漫道铸错郎潜,三朝京辇,几醉闲花月。同辈少年偏见爱,来作灵均生日。更喜尊前,一枝琼树,绰约依人立。笑他坡老,紫裘夸煞吹笛。

三部乐

庚辰初夏,春明待榜,旧侣俊集,官事多闲。偕禔盦诸君,会浙中五科同年于文昌歌院,合乐选舞,锦簇云围,玉漏屡添,玳筵未罢,亦计偕之胜事,期集之美谈。傥入摭言,定传韵赏,赋此记事,并调禔盦。

京辇余韶,倩细仗锦装,更开花国。画阑深院,难得珍丛都集。约珂里,仙侣霓裳。趁绮尊共醉,钿板低拍。部头进点,柘鼓清歌争发。　羊车几催密字,有押衙皂帽,代传花叶。尽教语留紫燕,队排银鹘。恁伊州一时舞彻,红烛底都忘坠月。珠绕翠匝,防拥髻,灯背愁绝。

宴 清 都

辛巳腊月望夜，偕同乡翰院凤池诸公饮朱霞精舍，燃灯赌月，将旦立春。

绮幔笼雕槛，晶屏隔，蜜梅花下香浅。金炉麝火，煎茶细语，暗催壶箭。当头璧月还满，问今岁，尊前几见？况画廊，两两华灯，媚红刚映人面。　回眸又是春来，幡摇彩蝶，钗簇珠燕。遥知镜里，银蟾对影，黛眉先展。分明语近香远。更玉笋，藏钩送暖。莫管它锦帐兰薰，消停翠盏。

解 蹀 躞

壬午三月三十夜饮霞芬家饯春。

又是一年春尽，兰夜寻歌馆。绮窗围坐，分曹赌银盏。取次密语藏钩，愿连一握纤荑，搦来长暖。　玳筵畔，常怕鬓丝人见。轻纨约歌扇，断红双脸还留好花看。漫道禁住钟声，奈他红烛尊前，比春还短。

浪 淘 沙

甲申花朝病中饮霞芬室。

红缬上花梢，柳渐垂绦。暂辞药里理金蕉。又见白头扶杖出，沽酒旗招。　帘影卷红绡，月妒灯娇。人生能醉几良宵？记取甲申二月，第一花朝。

醉 蓬 莱

燕九节，偕碧秋老人，招钱郎秋菱、朱郎霞芬小集寓斋。薄暮，霞芬为朱邸追入城，故有曲终之句。

正落灯风里，花缬催红，柳荑回绿。韶昼初长，趁小窗幽独。扶杖相寻，白须红舄，款闲门修竹。乳拍糕团，蜜煎瓜豉，饤盘牙簇。　可识今朝？上京燕九，多少香车，凤城西逐。拣取双枝，占春风茅屋。袖翠衔香，脸霞上酒，映梅花如玉。可惜匆匆，不教留看,画帘红烛。

台 城 路

夜偕周子千水、允臣农部、幼翘解元,饮赠旧歌者。

十年扶醉金门路,秋风又吹萍梗。绛烛围尊,锦襟贮月,重话旧游轻俊,筵前漫省。看零落何戡,半凋青鬓,怕说更深。画帘斜堕桂花影。　江南燕归未准。天涯芳草远,谁寄愁信?瘦赋佣金,清歌换米,同是随人消损。商量旧隐。待种树招莺,借它清荫。久恐年年,露寒稚占稳。

檀青引

杨圻(1875—1941)作,圻字云史,苏州人。《檀青引》写于清光绪二十三年(1897),为长篇歌行,藉清代咸丰时伶工蒋檀青之遭际,寄寓朝代兴衰、家国之恨。此诗乃杨圻《江山万里楼诗钞》开篇第一首。易顺鼎颇为欣赏,以为可作“咸丰外传”读。张次溪编《清代燕都梨园史料》续编,将此诗单独作为一种史料收入,文字与杨氏《江山万里楼诗钞》略有差异。

檀青引（附《檀青传》）

江东杨圻云史

蒋檀青，京师人，其先越产也。善弹筝吹笛，工南北曲。文宗时，乐部推第一。长安名士宴宾客，非檀青在座则不欢。初，高宗建圆明园于京师西北，园景宏丽。时海宇晏安，库帑充牣，高台深池，极游观之乐。岁以首夏幸园，冬初还宫。历仁宗、宣宗以为例。文宗时，梨园尤盛，设升平署以贮乐工，内务府掌之。设南府，命乐工教内监之秀颖者习歌舞。当夫棠梨春晚，梧桐秋末，万几之暇，辄召两部奏新曲。至檀青发喉，则天颜怿霁，赏赉过诸伶。

文宗中叶，粤匪据金陵，捻匪扰皖豫；英法龃龉，与战不利；东南多事，海内骚然。上抑郁不乐，稍稍近声色。总管圆明园事务大臣文丰，方宠盛，承旨遣人采江浙美女以进，更广台沼以居之。诸姬皆汉人，殊色善歌舞。咸丰十年七月，英法联军犯天津，胜保与战，败绩。敌长驱入北京，时秋暑犹盛，上方与诸美人避暑福海，荡木兰之舟，歌凉风之曲。闻变，于八月八日，仓猝率后妃、皇长子巡幸木兰，诏恭亲王留守京师。奸民李某，导联军劫圆明园，珠玉珍宝，尽出三朝御府，希世之物不知纪，极掠殆尽，择其尤者。以英法军纵火奉焚宫殿，火三日不息，诸美人不知所终。文丰北向再拜，投福海死之，从者郎员数人。恭亲王既议和于礼部，事定，檀乃赴行在供奉。明年七月，文宗皇帝崩于木兰避暑山庄行殿，梓宫奉安返京师。尝于暮春入园，帝所居山高水长、朗吟阁、环碧、无边风月阁、听莺馆、无尽意轩、丽瞩轩、影湖楼及诸美人院，赭壁参差，不可指辨。惟福海溽溽，鸟啼花落而已。恸哭出，不忍再往。从人游江南、江淮间，乱久之，无所业。檀青抱筝琶沿门卖曲为活。

迄穆宗中叶，湘淮军克金陵，平捻匪，东南定，再见中兴。

而檀青贫,终不得返京师。京师方重靡靡之音,无重昆曲者。于是诸伶中,亦无有知檀青姓氏者矣。朝廷稍稍闻圆明园之毁,祸由李某,下狱穷治诛之,籍其产以赐文丰家属焉。后三十余年,而东吴杨云史,年二十一游广陵,宴客平山堂。江山春暮,花絮际天,乃命丝竹,以佐诗酒。座上遇檀青,知余之自京师来也。清歌一声,弹筝一曲,白发哀吭,泪随声下。问所哀,为余述宫中事甚悉。言咸丰九年三月某夕,牡丹堂牡丹盛开,月出,上敕诸美人侍夜宴,置酒赏花于镂月开云之台。春寒未解,以紫貂荐地,宝炬千百,珠翠瑟瑟,靓妆如云。召演明皇沉香亭故事数折,花月之下,春光如醉,歌声遏云,不能自已。上顾诸美人,嗟赏伽楠、牟尼、碧玉带钩各一事,西洋文锦两袭。内官引余跪花荫谢恩,春露滴云鬟,舞衣犹未脱也。由今思之,四十年矣。每念先皇恩,如隔世事。因叹曰:"从此以往,无复此乐矣。"言已唏嘘,余亦愀然。时光绪乙未四月也。今岁秋,复见之青溪花舫,哀音怆怆,益老矣。读少陵《逢李龟年》诗,于流离之况,寄家国之恨。余悲檀青之与龟年同一流落也,乃为传而长歌之。丁酉冬十月,识于京师。

江都三月看琼花,宝马香轮十万家。一代兴亡天宝曲,几分春色玉钩斜。玉钩斜畔春色去,满川烟草飞花絮。都是寻常百姓家,欲问迷楼知谁处。高台置酒雨溟溟,贺老弹词不忍听。二十五弦无限恨,白头犹见蒋檀青。雕栏风暖凝丝竹,筵上惊闻朝元曲。其时雨脚带春潮,江南江北千山绿。朱弦断续怨沧桑,望帝春心暗断肠。欲说先皇先坠泪,千言万语总心伤。坐客相看共呜咽,金徽弹罢愁难绝。同是伤春事不同,飘零身世何堪说。家在京师海岱门,少年往事不堪论。旗亭旧日多名士,北海当年侍至尊。太行北尽仙园起,灵台缥缈五云里。年年豹尾幸离宫,百官扈从六宫徙。万户千门鱼钥开,柳烟深浅见蓬莱。妆楼明镜云中落,别殿笙歌水面来。祖宗旰食勤朝政,百年文物乾坤定。万方钟鼓与民同,九重乐事怡天听。建康杀气下江东,百二关河战火红。岭表楼台烧夜月,江头刁斗落秋风[1]。军书旁午南征久，从此先皇近醇酒。谁解君王猛士忧，三千粉黛皆蒲柳[2]。三山清月照瑶台，夹道珠灯拥夜来。一曲吴歌调凤琯，后庭玉树报花开。临春结绮新承宠，玉骨轻盈珍珠重。避面宁教妒尹邢，当筵未许怜张孔。太液春寒召管弦，官家小宴杏花天。昭阳宫里春如海，五鼓初传《燕子笺》。鞓红照睡繁华重，绝代佳人花扶拥。南府新声妒野狐，升平独赐龟年俸。夜半青娥扫落花，深宫月色照羊车。庸知铜雀春深事，留与词人赋馆娃。当时海内勤王事，慷慨誓师有曾李。未见江头捷骑来，忽闻海畔夷歌起。避暑温泉夜气清，宫花露冷月华明。惊心一曲《长生殿》，直是渔阳鼙鼓声。延秋门外黄昏路，城阙生尘妃嫔去。穆王从此不重来，马上天颜频回顾。来朝胡骑绕宫墙，凝碧池头踞御床。昨夜采莲新制曲，明月多处舞衣凉。太白睒睒搀枪吐，云房水殿都凄楚。咸阳不见阿房宫，可怜一炬成焦土。和戎留守有贤王，八骏西行入大荒。金粟堆空啼杜宇，苍梧云冷泣英皇。居庸日落离宫暮，北望幽州空烟树。初闻哀诏在沙邱，已报新君归灵武。鼎湖龙静使人愁，福海悠悠春水流。山蝶乱飞芳树外，野莺啼满殿西头。梨园寂寞闭烟愁，无主汉家雨百草。千花仙掌下民间，秦宫宝镜知何处？玉泉山下少人行，琼岛春阴水木清。独有渔翁斜月里，隔墙吹笛到天明。繁华事散堪悲恸，玉辇清游忆侍从。明年重过德功坊，钧天无复华胥梦[3]。小臣掩面过宫门，犬马难忘故主恩。檀板红牙今落魄，寻常风月最销魂。十年血战动天地，金陵再见真王气。南部烟花北地人，天涯那免伤心泪。武帝旌旗满九州，湘淮诸将尽封侯。两宫日月扶双辇，万国车书拜五洲。独有开元伶人老，飘泊秦淮鬓霜早。夜梦帘间唱谢恩，玉阶叩首依宫草。糊口江淮四十年，清明寒食飞花天。春江酒店青山路，一曲霓裳卖一钱。君问飘零感君意，含情弹出宫中事。乱后相逢话太平，咸丰旧恨今

① 此二句《江山万里楼诗钞》作“猿鹤山中啼夜月，渔樵江上哭秋风”。
② 此二句《江山万里楼诗钞》作“花萼楼前春昼长，芙蓉帐里清宵久”。
③ 此句《江山万里楼诗钞》作“梨花落尽柳如梦”。

犹记。怜尔依稀事两朝,千秋万岁恨迢迢。至今烟月千门锁,天上人间两寂寥。

跋

煌煌巨制,包罗一代掌故,可作"咸丰外传"读。《长恨歌》、《永和宫词》,并此鼎足而三,称之诗史,洵无愧色。时作者年方弱冠,以此诗早享盛名。比事属词,音节哀怨,一代兴衰,安可无此名篇?张长沙谓"江东独步",良非虚誉。又曰:"清圆妩媚,绝代风华,梅村再世。"又曰:"情词哀乱,音节苍凉,令人低徊欲绝。"又曰:"白太傅作《长恨歌》,叙玄宗之倦勤,为帝王之炯戒,有变风变雅之遗意。"其自述诗云:"一篇《长恨》有风情,十首《秦吟》近正声。"盖隐然以可兴可观自命,非夸言也。清自文宗荒政,海内扰乱,颠沛播越,宗社几墟。同光之衰,实基于此。作者夙有澄清之志,而目击时艰,抚今惜昔,叹息痛恨,乃藉檀青一事,以见其意,婉而多讽,与香山有同志焉。缘情绮靡,其余事矣。

汉阳易顺鼎记

鞠部明僮选胜录

了然先生撰。其人姓李，名钟豫，字毓如，号江淮散人，因眇一目，遂自起别号“了然”以戏谑。书作于清光绪二十四年(1898)。李于同治九年(1870)入都，屡试不第，遂流连菊部，寄情歌场。是书选取光绪年间梨园优童若干人，加以品题鼓吹。谷曙光据《清代燕都梨园史料》续编本点校整理。

鞠部明僮选胜录序

予自庚午入都，角逐文坛者廿余年。同社诸君，以班马之才，润色鸿业。率皆掇巍科、跻清要，破壁飞去，为廊庙光。蹉跎如予，亦只于长安道上，佣书卖画，为乞米计耳。乐天诗云：“同时六学士，五相一渔翁。”可胜慨也。不谓渭城一咏，犹能见重旗亭；而鞠部诸伶，亦欲登龙门，以增声价。爰写风流之名字，为月旦之品评。虽非大雅名言，要亦文人韵事。昔吾家太白作清平三阕，而龟年益著盛名。以今方古，并称佳话。然则是编也，谓为游戏文章可也，谓为鼓吹休明，亦无不可也。

了然先生漫识

光绪二十有四年戊戌花朝　怡园主人书

鞠部明僮选胜录

文题名十人

韵春孟小如,年十三岁。

不丰而腴,不约而俊。

秾纤得中,大方家数。

怡云果香林,年十六岁。

风神婉丽,望之若仙。

景善张兰仙,年十四岁。

金铃玉磬,自然圆澈。

韵秀王丽奎,年十一岁。

兰蕙之质,无言自芳。

熙春钱芝云,年十二岁。

丹山雏凤,饶有清声。

绚春何薇香,年十三岁。

清歌一曲,音韵绕梁。

韵秀古联奎,年十三岁。

清丽自喜,神采飞扬。

景善郑兰麟,年十二岁。

梅脸含颦,柳眼藏媚。

熙春王妙云,年十二岁。

舞衫歌扇,娇小年华。

景善孙菊仙,年十四岁。

一团和气,肥不损媚。

武题名十人

云龢朱小芳,年十三岁。

雍容其度,慧丽其心。

夫惟大雅,卓尔不群。

复春吴佩芳，年十三岁。

神气清朗，音节谐和。

韵秀吴宝奎，年十二岁。

风生清籁，响遏行云。

安华侯彩云，年十三岁。

铜琶铁板，声压江潮。

怡春孙盼云，年十二岁。

珠喉宛转，花下流莺。

绮春王秀云，年十七岁。

嬉笑成趣，语妙解颐。

熙春张银仙，年十四岁。

声情柔曼，风致翩翩。

复春于奎芳，年十二岁。

金尊檀板，响入云霄。

熙春钱葵云，年十一岁。

乌衣子弟，楚致宜人。

韵华李秀琴，年十一岁。

眉宇清朗，秀外慧中。

鞠部明僮选胜录跋

余读了然先生鞠部题名，不禁掩卷而叹，奋袂而兴。嗟乎！天可补，海可填，南山可撼，北斗可移。日月一往，不可复追。戴圆履方之俦，由少而壮，而老而衰。终年奋志，皓首穷经。厄于帖括，阒寂无闻，不知凡几。彼操衡鉴者，又皆尚虚声为特识，动辄曰“天下无人，天下无人”以自文。此卞和所以遭刖足之遇，毛锥所以无脱颖之期也。今先生题名，或以色取，或以艺登，无滥无遗，一时名下胥归珊网，岂灵淑尽钟若辈耶？亦甄录贵得其人也。相天下士者，其亦三复于是编。

竺生小谢

莲湖花榜

龙湖诗隐撰，此书为清光绪年间滇中名伶潘巧云、陈双喜、刘彩云、杨双喜四人立传咏赞，是清代云南仅见的梨园花谱。作者称另著有《梨园纪艳》，然今不传。谷曙光据清光绪二十五年（1899）刻本整理，题“己亥夏季涤绮池馆开雕，尚友堂藏板”。

莲湖花榜序

夫郑风别解，芍药见于诗；赵记附书，樱桃传于史。国策志鄂君被，捧手以上庄辛；选楼录魏臣书，赏心而夸车子。考金元之南曲，古调不弹昆山；聆秦晋之西腔，悲歌犹忆燕市。论声容于菊部，定次序于梨园。妙舞合按夫梁州，艳名宜编诸花案。此昔人品藻，所为先树风声；今人采芳，所以续评月旦也。顾日下久沿陈迹，滇中则属创闻。议者谓钟仪惯操土风，巴曲高非郢雪。何必银笺削稿，翠管霏香，饰绛树以珠喉，矜紫云之玉貌。莺娇燕姹等泥金，凤笛鸾笙，奏同檗木而不知。顾曲江南，欢场若梦；空群冀北，真赏为谁？谢公中年，赖丝竹之陶写；白傅远谪，赋琵琶而自伤。彼龟年之遇少陵，何戡之逢禹锡，句拈七字，名附千秋。前贤不讳怜香，吾辈何妨染翰耶？嗟乎！刘蕡下第，李郃登科。溯取士于有唐，尚失人于文苑。区区游戏，又何足云？唤醒春梦之婆，江花久谢；寄语夏畦之客，柯竹休訾。

戊戌中秋后一日龙湖诗隐自题

莲湖花榜

第一名　潘巧云

巧云字倩侬,昆明人,隶福寿班。本旧家子,而式微矣。癸巳大饥,沦入歌场,雅非所愿。既树艳帜,乃迎养其出母,复赎女弟以归,信伶人中笃于内行者,不但色艺兼长也。每登场奏曲,明眸皓齿,秀外慧中。听莺声呖呖,不啻秦淮二八女郎,度杨柳岸晓风残月,令人魂销。尤工酬对,华筵侑酒,四座各得其欢。昔之解语花、如意君,一身擅之。定为大魁,足以领袖群芳,冠冕香国。持较曲台花选元英,其在伯仲之间乎?赠以诗曰:

当筵曲奏玉玲珑,舞态歌容巧笑中。寄语周郎休妄顾,百花终让牡丹红。

哀丝豪竹逗琼箫,初是霓裳后六幺。难得妆成兼二美,小青风韵小红娇。

讵无诗笔继渔洋,安得名园借辟疆。欲与迦陵分一席,花间捧砚倩云郎。

萧瑟江关两鬓丝,风怀非复少年时。愿卿身化罗浮蝶,飞上梅花第一枝。

第二名　陈双喜

双喜字媚卿,昆明人,隶荣华班。貌仅中资,而声则妙绝一时,各班中无其匹也。尤善演青衫诸剧,余音绕梁,哀感顽艳,洵古所谓如泣如诉、如怨如慕者欤?定为第二,王后卢前,鼎立菊部,可云珠联璧合矣。赠以诗曰:

金尊檀板侑红牙,半醉城南小史家。曾向燕台观乐部,娇音合媲杏林花。

云璈一曲曼声多,静按花阴红雪歌。何似海棠春睡足,昵人临去转秋波。

第三名　刘彩云

彩云，字佩秋，巧家人，隶荣华班。滇伶有时名者，多非绮岁，倩侬、佩秋，则今之雏伶也，入“明僮录”，堪称二妙，未愆碧玉期矣。上妆身娇而小，凌波微步，姗姗来迟，令人想像李香君歌玉茗时。定为第三，或可充探花使耶。赠以诗曰：

小步登场百媚生，惊鸿顾影舞衣轻。写真今日无周昉，绝代风姿画不成。

时世妆成水调新，宜嗔宜笑复宜颦。春风省识倾城态，一样簪花得意人。

第四名　杨双兰

双兰字珮香，陆凉人，隶福升班，弓马旦也。每戎装奏技，玉立亭亭，脂香粉腻中，时露英气，令人想见红线当年。能饮，拇战尤豪，在滇伶亦可谓铁中铮铮、庸中佼佼者。定为传胪，花榜有生色矣。赠以诗曰：

窄袖戎装战半酣，蛾眉花样月初三。筑城倘使逢天女，娘子军应定日南。

日下征歌愿久违，莲湖春色客中归。采香若化庄生蝶，合伴花阴小凤飞。

以上共取四名。滇中各班时艳，不尽于此。而兹则就耳目所及录之，不敢谓一顾空群，亦庶几拔其尤矣。倘有遗珠，安知将来不遇赏音，重罗珊网也。至于各班久负重名，如唐二喜、丁三凤、金兰芳、郑云芳、张四鸿、周洪官、周桂芳诸伶，人所共知，先进之英，不能与后起并列，别著有《梨园纪艳》一编，校刊期诸异日。

己亥五月附识

莲湖花榜后序

在昔东海扬尘之会,西山压雪之辰,达逻骑于甘泉,警堠烽于乐浪。仆以羁旅,滞于上京。哀哀斫地之歌,黯黯忧天之色。则有延陵退叟、洛下清才,燕市同游。韩潭偶值,相与批风抹月,摘艳熏香,评史笔于情天,泛酒船于恨海。敦槃既晋书剑,乃归息影衡茅。腐精豪楮,梓摹鸾阁,津问麟洲,顶千佛之名经,习众仙之雅咏。劳深腕脱,事与心违。夜雨愁城,边声忽入。彩云净土,花事未阑。每怀隐忧,复萌故态。时则龙湖居士、螺岫寓公暇召梨园,肇修芳谱。昔者昔者,广陵殿最之篇左之左之元献[①]。风怀之什,踵艳情于北地;鞠部罗英,补阙事于南邦。莲湖置榜,不淫其色,首推孝子之花,(巧云少孤,本良家子,值岁饥,其母将下堂,先鬻其妹。巧云茕茕无依,菊部沈伶,见而怜之,教以歌,慧甚。未几,名噪一时,积赀营室,迎出其母,奉养备至,复赎其妹以归。天性肫笃,可谓孝伶。以之首选,亦藉以风末俗云。)秉直司聪,妙选音声之木。书层霄之裔采,挹空谷之国香。雅意评量,豪垂秋露,苦心覈校,髭染肃霜。俨如有为而言,抑亦无聊之极。嗟嗟,以马喻马,大都寄托之词;非鱼知鱼,试拟牢骚之旨。向使金闺早入,玉尺亲操,网得珊瑚,量来杞梓。识汾阳于裨将,拔信国为状头,必能和晏三灵,清怡九服,弭谤山公之楦,息讥水母之睛。而乃李广难封,刘蕡下第,池干绿水,屋破秋风。计已拙于谋身,诗遑咏夫荐士。兼以苕华寄慨,时事关怀,因而梅史持衡,科名借例,续伶官之小传,广曲宴之新评。征及鄙文,赞斯艳什。

君以美人迟暮,籍探杏谱写愁;我惭好丽殷勤,为撷华录作序。

光绪己亥天贶节雪道人缀于周彝汉镜室

① 原文如此,恐有讹误。

题　　词

草占科名花占魁，苴兰一样也抡才。不殊日下传胪唱，檀板金尊动地来。

且看雾鬟与风鬟，漫说风流任往还。果是迷楼称绝艳，从今许列凤池班。

彩云深处舞云翘，喜气迎人酌酒邀。为问梨园谁乞巧，一分巧是一分娇。

舞衫歌扇不生尘，媚影姗姗亦可人。与我周旋原是我，拈花一笑急抽身。

集翠轩主人题

题　　词

湖山终古彩云乡，风月嘉时侑一觞。不是江南落花节，岐王宅里亦寻常。

翠湖风飐闹轻红，难遣中年以后情。料得东山谢安石，偏耽丝竹为苍生。

吴江冷客题

钧天俪响

谭芝林缉，清光绪二十七年(1901)湘乡谭氏刻本。谭芝林(清光绪间在世)，号韶山野史，湖南韶山人，孝廉。寄情超旷，橐笔幕游，足迹半天下。曾客天津某将军所，十年来数次往来京师。善作诗古文辞。该书以戏名为对，共辑戏名1804个(内有重复)，由此可看出清光绪末年京津地区京剧、昆曲等剧种的演出剧目。戴云、戴霞点校整理。

序

京师盛时，梨园之技甲天下。名脚如叫天谭姓名鑫培、孙处名菊仙、十三旦侯姓名①、想九宵田姓名际云，皆食五品俸，供奉内廷，颇蒙眷睐。士大夫效之，寖以成风。外省督抚两司入觐，其同乡及所部公宴于会馆必演戏，一日夜之费，几至千金。而内庭所费则十倍之，缠头之赏，何啻五姨三百万，可谓极太平之盛事矣。戊戌以后，国家多故，内宴渐稀。汔于庚子，红巾倡乱，正阳门外四千余家，一炬皆成焦土。所谓四喜、三庆、玉成、福寿、宝胜和诸部，一散如烟，光沉响绝。乐府旧人，向之乘坚策肥穷奢极侈者，或至吹箫市中。事殊兴极，乐尽悲来，宫院乌啼，秋槐自落，山河尚在，弦管无声，言之伤心，闻者陨涕。谭君芝林以俊爽之才，客天津某将军所，近十年来数往来京师，妙解音律。辄以戏名属对，至千数百出之多，何其工且博也。他日海宇安定，天子还銮，整顿宫悬，重征乐谱。则是编也，不惟发人盛衰之感，而为梨园之助亦大矣。辛丑春二月，余适出，赴行在，遇于县治之洗笔池，索弁简端，因为识之如此。

蠹翁李希圣撰

序

唐代丛书，类登《教坊记》暨《乐府杂录》两门，论者谓：游戏文章，多出才人之手；稗官野史，未始不可以名家也。自唐而后，以杂著传者，莫如我朝尤氏展成。尤氏著作如林，而集中《钧天乐》、《读离骚》乐府诸书，特蒙世祖章皇帝嘉赏，谕令梨园子弟播之管弦，用作宫中雅乐。较之唐采李供奉《清平调》三章登诸乐部，尤加宠异。嗣是群书叠出，并未闻有才子之文可入教坊选者。盖骚坛韵事，几

---

① 原文“名”字后空白，据上文，应为“俊山”，即“侯姓名俊山”。

乎息矣。吾友谭君芝林为湘中名孝廉,寄情超旷,橐笔幕游,足迹半天下。所作诗古文辞,早为海内所推重。闲于观剧场中,以戏名属对,积至八百余联,编分上下,颜之曰《钧天俪响》。乌虖,进乎技矣!信手拈来,都成妙谛,是亦才人游戏之所为矣;奇耦谐声,宫商应节,其殆尤氏诸书之嗣音乎!称为《教坊记》可,称为《乐府杂录》亦无不可。

岁在重光赤奋若首夏天岳樵叟江远举谨撰

自　序[①]

懿夫葛天浩唱,遐宣三古之龢;虞室上仪,近著七旬之化。中音以咏,物殖斯蕃,人籁既传,缀行维肃。未有篇登雅颂,还陋皇夸,治懋发扬,犹疑激楚。是以功德象乎天地,制作合乎阴阳。六引谐调,证宫二而角四;八风宣节,浑秋籥与春干。沉幽之窾窍胥通,瑟缩之筋骸尽畅。昔为其盛,今增厥华。则有优孟登场,教坊协律。琵琶贺老,流韵事于开元;剑器公孙,衒奇逢于大历。角抵何须革俗,祇贻彬雅之嗤;霓裳最善偷声,即是承平之谱。褒衣博带,不图复见官仪;豪竹哀丝,聊尔借销尘世。是则歌来小海,兴采弥增;唱去大江,冠裾欲舞者已。野史未工度曲,遑冀征歌,少侣渔樵,长驰书剑。风尘澒洞,偶从海外听琴;烟水苍茫,还过仙人弄笛。遂乃家园居少,汗漫游多。歇蒲潮回,极檀板金尊之乐;竹林烟紫,多调冰雪藕之缘。况乃天乐惯闻,何戡未老;江南弗去,崔九同听。作剧逢场,雅人何讳,当筵询出,得目遂多。裒其华腴,辑为联偶,大方见笑,游戏自如。乌虖!世少秦青,谁传绝技;座留公瑾,总是知音。侬唱吴趋,呖呖珠玑在口;客来秦塞,乌乌噍杀惊心。盖久矣,鸾凤之吭引清,靡曼之声必屏。兴亡倏忽,看古来之傀儡何多;箫鼓喧阗,赠俗耳之针砭惟是。

光绪辛丑春二月韶山野史自识于洗笔池之柏悦轩

① 题目“自序”原无,此为整理者后补。

钩天俪响　卷上

湘乡韶山野史辑

上平声

计四百四十八联

入府　　坐宫
送学　　表功
杀寺　　打宫
调翠　　拷红
挡将　　劝农
折柳　　扫松
举鼎　　锯缸
赌掌　　杀皮
打虎　　游龙
闹海　　过江
比箭　　碰碑
投井　　跪池
参相　　谒师
演礼　　偷诗
寄柬　　弹词
问病　　请医
挖目　　拔眉
擂鼓　　祭旗
密誓　　佳期
花判　　狐思
断臂　　鞭尸
赴宴　　赐旗
刺字　　讲书

诛婶	毒夫
解表	收威
活捉	醉归
戏玉	赠珠
刺虎	斩狐
断后	托孤
劝呈	规奴
戏叔	借妻
看袜	搜鞋
观榜	献图
劝婿	认妻
杀狗	盗鸡
烤火	捡[1]柴
寄扇	约钗
侍酒	化斋
盗甲	夺魁
絮阁	瑶台
打弹	闹钗
醒妓	打差
还愿	诉魁
圆驾	谢亲
谏父	探亲
杀媳	抢亲
伐晋	扫秦
卖字	当巾
探女	迎亲
守岁	思春
斗宝	赠银

① 此字原作“检”,据文意改。

祭塔　扇坟
大座　仙园
刺驾　和番
挂带　谢冠
观阵　查关
打洞　拜门
失约　退婚
戏窦　拿潘
滚烛　赐环
平逆　征蛮
三上殿　二进宫
凤凰岭　斗牛宫
红闹堡　黄逼宫
骂殿　闯山
珍[①]珠塔　水晶宫
黑云洞　紫霞宫
魁星阁　梵王宫
游地府　闹天宫
搜狗洞　闹天宫
黄天荡　碧游宫
斩雄信　打严嵩
游佛殿　别皇宫
长生殿　永安宫
三结义　双尽忠
拿谢虎　访飞熊
摘缨会　落帽风
男起解　丑表功
全家福　满堂红

① “珍”原作“真”，据文意改。

盗双戟	锁五龙
教儿子	请太公
千倍利	十三功
卅六友	十二红
鸦噪凤	雪藏龙
卖黄马	斩青龙
断神虎	斩蛟龙
天齐庙	海刚峰
演火棍	打面缸
赐赤兔	征黄龙
乾坤带	宇宙锋①
祭宝塔	闹珠江
药王卷	李陵碑
烈女传	党人碑
芦花荡	柳林池
盗御马	钓金龟
盗宗卷	进蛮诗
十八扯	二不知
背娘舅	见恩师
盗仙草	拗灵芝
寇成玉	宋锦诗
苦中苦	奇中奇
金光阵	烈火旗
擒张任	斩姚期
斩节妇	遇仙姬
虎狼弹	龙凤旗
十道本	四状词
反唐邑	定晋基

① “锋”原作“峰”,据文意改。

森罗殿　速报司
擒吕布　收姜维
取南郡　反西岐
华容道　采石矶
一匹布　八件衣
解珠宝　卖胭脂
告御状　借圣威
打斋饭　裹佛衣
一餐饭　九件衣
佛手桔　人头鱼
清官册　吓蛮书
英雄会　豪杰居
抽金凤　骑木驴
青面虎　比目鱼
双铃记　七箭书
满床笏　五彩舆
昊天塔　明月珠
演火棍　赠明珠
取鱼税　串龙珠
燕脂虎　火焰驹
青阳地　赤壁湖
得头彩　庆顶珠
血手印　海潮珠
一口剑　千里驹
回龙阁　落马湖
穆柯寨　莲花湖
郑州庙　鄱阳湖
征北海　游西湖
娶和尚　审师姑
金山寺　玉林湖

江都县	洞庭湖
拾玉镯	盗银壶
风云会	日月图
迷人馆	醒世图
义旗令	贵子图
八义记	百忍图
双包案	四红图
奇男传	贵子图
三才阵	八卦图
九龙柱	双狮图
双官诰	四美图
双钉记	八美图
群仙配	百子图
龙凤配	富贵图
文章会	富贵图
群英会	十美图
双摇会	七巧图
昇平乐	富贵图
因果报	忠孝图
氤氲阵	忠孝图
精忠传	贵寿图
空城计	得胜图
铜网阵	铁冠图
春秋笔	贵寿图
奇冤报	得胜图
安良传	得胜图
金钟罩	铁冠图
血带诏	铁冠图
西河会	列国图
贩马记	举狮图

汾阳府　汴梁图
群臣宴　百寿图
南楼传　西川图
邯郸梦　庆阳图
取南郡　伐东吴
送盒子　烧葫芦
刺巴杰　伐子都
五人义　四国齐
换星斗　证菩提
五方阵　三星炉
反唐邑　伐齐都
双卖艺　三怕妻
玉面虎　铁公鸡
盗御马　偷更鸡
翻江鼠　通天犀
碧尘帕　红绣鞋
阴阳报　忠孝牌
断神虎　打野鸡
祥梅寺　浣花溪
挂玉带　落绣鞋
打金镯　合银牌
监酒令　哭灵牌
碧玉钏　假金牌
雁翎甲　凤头钗
卅六友　百万斋
游佛殿　盗神牌
乌金记　紫玉钗
玉虎坠　金凤钗
取帅印　占花魁
男三战　石十回

新八出	武十回
鸳鸯谱	蝴蝶媒
玉环记	锦帕媒
陈三两	宋十回
一两漆	二度梅
狐鬼弄	蝴蝶媒
绣襦记	锦帕媒
拾玉镯	对银杯
芭蕉扇	蝴蝶杯
游地府	上天台
金鸡岭	铜雀台
黑风帕	紫霞杯
朱砂印	蝴蝶杯
擎天柱	祭风台
乌龙院	白蟒台
白玉带	黄金台
招贤镇	望乡台
卖武艺	打擂台
福禄寿	酒色财
女娲镜	姑苏台
寻亲记	受禅台
换星斗	合英才
一根棍	八大锤
比目镜	双头人
金榜乐	玉堂春
任顺服	常遇春
封神榜	劝世文
宾鸿雁	玉麒麟
琼林宴	玉堂春
快活岭	逍遥津

荐诸葛　　借赵云
大嫖院　　小上坟
吃人肉　　盗皇坟
美人计　　娘子军
四进士　　两将军
三打店　　双上坟
状元谱　　娘子军
蜘蛛阵　　乌鸦军
斩五将　　淹七军
访名妓　　夺状元
游上海　　定中原
素富贵　　大财源
九花洞　　五柳园
新进士　　女状元
千秋岭　　五丈原
抄伍府　　游张园
藏梅寺　　落花园
狮驼岭　　翡翠园
摩天岭　　画春园
罕见录　　奇景园
寒食节　　端午门
桃花岭　　御果园
普庆寺　　景春园
夜行路　　倒听门
北极观　　南天门
安五路　　杀四门
乌龙院　　金马门
十王府　　四杰村
素富贵　　锦乾坤
说六国　　游四门

熛火圈	烧烟撴
梅龙镇	恶虎村
收关胜	斩郑恩
英杰烈	孝义恩
双槐树	绿牡丹
火油阵	金沙滩
三进士	十保官
玉棋子	白牡丹
黄河渡	白水滩
三只手	一枝兰
断太后	铡判官
拾玉镯	盗金冠
对面笑	合家欢
取三郡	查头关
游五殿	赶三关
双玉燕	三凤鸾
双带箭	大劈棺
夺四郡	过五关
断密涧	过昭关
过梅岭	战蒲关
蜈蚣岭	虹霓关
狮吼记	凤鸣关
双塔寺	独木关
乘龙会	牧虎关
马嵬驿	雁门关
银坑洞	金锁关
波月洞	濠天关
新安驿	高平关
青峰岭	白壁关
桃山洞	草桥关

东昌府　南阳关
淮安府　阳平关
柴桑口　葭萌关
雄黄阵　涌翠关
西凉国　南阳关
雷峰塔　天水关
龙凤阁　山海关
范阳郡　延安关
双合印　巧连环
石头岭　界牌关
殷家堡　樊江关
洪洋洞　汾河湾
三上吊　九连环
落金扇　结宝环
鬼打贼　瞎捉奸
青峰岭　翠屏山
青石岭　黑峰山
访赵普　释严颜
赤桑镇　红桃山
黄河渡　青石山
白莲寺　黄花山
荷叶岭　莲花山
八蜡庙　二龙山
三官殿　万佛山
千觔闸　五界山
五花洞　百草山
千秋岭　万岁山
七圣庙　五行山
五毒阵　八宝山
九环洞　四盘山

八达岭	五截山
麒麟阁	凤凰山
牧羊圈	飞虎山
三岔口	四平山
乌龙院	白鹤山
蜈矶庙	马鞍山
飞龙传	牧羊山
鹞子岭	牛脾山
金锁阵	铁笼山
金集堡	银空山
摇钱树	滚鼓山
连环套	双锁山
金光阵	剑锋山
点金府	烂柯山
连营寨	定军山
流沙井	滑油山
游月府	定天山
生死板	造化山
灵隐寺	焰空山
乱石阵	浮云山
断密涧	探阴山
天飞闸	云蒙山
葫芦谷	花果山
子午谷	丁甲山
连升店	福瑞山
大名府	太行山
九锡上寿	三奏进宫
张王府	董家山
兴隆会	贺庆山
沙陀国	普球山

荆襄设宴　汴梁杀宫
五龙捧圣　双凤栖桐
渔樵问答　儿女英雄
孔明求寿　赵云立功
彩楼击掌　金殿装疯
龙争虎斗　君爱臣忠
三雄绝义　二美争风
水擒庞德　火烧余洪
春登祭祖　秋红卖疯
人才驸马　福德金龙
思亲罢宴　观画哭容
金丝蝴蝶　玉叶芙蓉
杀府逃国　别宫祭江
盗骨点血　剪发描容
仁义结拜　大度包容
碧桃锦帕　金线芙蓉
四郎回国　十朋祭江
移花接木　同气连枝
出关见母　登楼望儿
宫花报喜　红叶题诗
开山见母　探营别姬
割发代首　探监斩皮
渭河大战　泗水兴师
箭台赐宴　酒楼题诗
闹朝失笏　跳墙著棋
梳妆掷戟　挑帘裁衣
三司大审　五福荣归
长安登殿　樊城下书
紫娟焚稿　青云下书
平分疆土　错换袍衣

汾河打雁　金水钓鱼
雁门摘印　牛皋下书
百花点将　二乔观书
三元报捷　九世同居
兵吞六国　舌战群儒
五子闹学　九美夺夫
辕门罪子　法场祭夫
宝屏忆蝶　亚兰卖猪
石狮流泪　老蚌生珠
六国封相　万里寻夫
关伦卖妹　红玉配夫
太白写表　东坡游湖
卖身葬母　忍辱存孤
捧璧归赵　吹箫入吴
春娥教子　秋胡戏妻
迎像哭像　搜孤救孤
背鞭认子　乞食养姑
断机教子　换刀杀妻
东坡访友　买臣分妻
武松杀嫂　伯喈会妻
破蛮带箭　游殿闹斋
南斗北斗　进杯搜杯
相约相骂　假痴假呆
擂鼓助阵　盗令游街
金定吊孝　锦绣吃斋
马前泼水　梦里发财
奇花吐蕊　异梦惊人
目莲救母　寿昌寻亲
赠剑点将　抛球招亲
荣归祭祖　借宿成亲

金盘玉树　　宝镜祥麟
曹庄尽孝　　继业招亲
法场换子　　帅府招亲
义仆救主　　呆大做亲
精忠报国　　富贵长春
天门走雪　　岳府赏春
黄金万两　　鼎足三分
谋夫告父　　杀妻劝军
金台拜帅　　佛门点元
九头重案　　三矮奇闻
保儿入院　　打侄上坟
师姑还俗　　土地充军
坐楼杀院　　投岩落园
夜壶说话　　宝镜明冤
讲堂斗智　　佛殿诉冤
保儿入院　　纳妾跪门
烈女存节　　师姑报恩
挂头访案　　扮鬼明冤
铜人斗法　　瓦鬼还魂
斩王救主　　杀女报恩
黑驴告状　　苍蝇报恩
猿仙报德　　鸦鸟知恩
梦游上海　　幻醉广寒
全家福禄　　永保平安
斩蛟除害　　遇龙封官
桂枝写状　　桃花争婚
五福捧寿　　长生献丹
清廉访案　　文武升官
出师拜表　　提冠升官
良臣择主　　苏民救官

报龙登殿　送驾过关
训妾辞阁　认子叫关
五鬼闹判　三马连环
兴周灭纣　调寇审潘
绑子上殿　探母出关
海瑞朝顶　高旺叫关
三搜索府　六出祁山
火烧赤壁　水漫金山
中秋登位　寒食焚山
算粮登殿　买弓上山
恶虫满地　飞豹下山

钧天俪响　卷下

湘乡韶山野史辑

下平声

计四百零四联

进表　访贤
庙会　湖船
题画　玩笺
抢伞　打鞭
背凳　顶砖
扑蝶　戏貂
戏凤　射雕
闹柬　盗绡
茶叙　琴挑
射雁　盘貂
剐莽　刺僚
杀庙　辞朝

赶考　　治妖
磨斧　　打刀
挡谅　　骂曹
遗帕　　借靴
骂寨　　探窑
挂印　　弃袍
制谱　　教歌
别庙　　跑坡
拜月　　扫花
服药　　借茶
四劝　　三拿
伐楚　　降唐
宿店　　吵家
折桂　　卖瓜
别第　　思乡
拷艳　　从良
卖肉　　抢粮
打店　　出京
问路　　跑城
寻梦　　烧灵
赏菊　　采桑
戏洞　　困城
旅店　　山亭
放火　　观灯
问卜　　逛灯
北诈　　西游
窥浴　　拾愁
戏蚌　　收猴
削板　　滚灯
射戟　　藏舟

挂帅	封侯
叮嘴	捞头
审律	听琴
捉放	问探
忠保国	孝感天
无底洞	奈何天
埋玉	拾金
释义	骂阎
六月雪	九更天
全家福	七人贤
闺房乐	小姑贤
大赐福	小过年
拜冬至	过新年
珠光佛	玉天仙
金叶菊	并蒂莲
大献瑞	小过年
十万卷	八百年
骂王朗	斩魏延
斩妲己	献貂蝉
阴阳错	忠孝全
游上海	回琴川
贪欢报	得意缘
英雄义	忠孝全
平北海	取西川
怜香伴	得意缘
长生乐	得意缘
白绫记	翠花缘
丝带记	翠花缘
金刀阵	铁弓缘
素富贵	巧因缘

乌盆记	翠花缘
飞叉阵	铁弓缘
铜旗阵	铁弓缘
眼前报	意中缘
琴中趣	马上缘
蝴蝶梦	狐狸缘
荷珠配	梅玉缘
天河配	月华缘
杯中影	马上缘
穿珠记	破镜缘
金钗记	玉钏缘
天门阵	月华缘
三疑计	再生缘
风筝误	雪杯缘
祭宝塔	闹花船
子母炮	雌雄鞭
千忠会	双义缘
忠奸报	意瑞缘
打酒馆	荡湖船
温凉盏	雌雄鞭
红鸾喜	白虎鞭
母女会	父子圆
擒孟获	战马超
新安驿	太平桥
黄马褂	白虎鞭
玉面虎	金眼雕
三上轿	双断桥
关王庙	豫让桥
白雀寺	金雁桥
金云洞	玉石桥

济南府	江东桥
鸳鸯带	雌雄镖
银河渡	金水桥
登金殿	献铜桥
游十殿	斩三妖
鬼打贼	丑别窑
英雄会	侠义交
镔[①]铁剑	火焰刀
打鸾驾	斩黄袍
落金扇	赠绨袍
丁九虎	黄一刀
吊秋喜	拷春桃
捶金扇	打龙袍
挂玉带	造白袍
紫金带	大红袍
三只手	一撮毛
龙图案	凤阳歌
打花鼓	唱山歌
斩马谡	打牛皋
鹿台宴	凤阳歌
得胜鼓	太平歌
殉昭烈	骂阎罗
奇女侠	活阎罗
取南郡	巡北河
飞云浦	通天河
殷家堡	秦淮河
断密涧	战盘河
洪洋洞	滹沱河

① "镔"原作"宾",据文意改。

三江口　双沙河
大小骗　南北和
拿李配　斩杨波
打三友　惑双娥
遇皇后　怕家婆
回龙阁　落凤坡
议献剑　必登科
败王翦　斩窦娥
三家店　十字坡
红梅阁　绿林坡
黄花国　绿林坡
斜谷口　长坂坡
张王府　武家坡
滚钉板　扑油锅
乌龙院　白马坡
御林郡　博望坡
蔡相府　薛家窝
演火棍　打沙锅
紫荆树　铁莲花
梅降雪　柳移花
送盒子　遗翠花
接表妹　送亲家
挂玉带　失金花
送灰面　卖绒花
打杠子　纺棉花
打斋饭　借香茶
赤福寿　武文华
打花鼓　挑华车
反唐邑　取荥阳
铡包勉　打韩昌

土番国　穆里沙
一根棍　五面枷
取巴郡　闹昆阳
千秋岭　万寿堂
乌龙院　白虎堂
审刺客　打灶王
三星照　五桂芳
设小宴　闹武场
太原府　平山堂
落女店　闹洞房
一捧雪　六月霜
十德女　九花娘
双龙会　三虎庄
瓦岗寨　水镜庄
搜田府　探祝庄
茂州庙　岳家庄
金刚庙　霸王庄
池水驿　溪皇庄
嘉兴府　广泰庄
送盒子　打连相
演火棍　教花枪
盘丝洞　锁云囊
浣纱女　卖油郎
送亲女　难新郎
明公断　德政坊
燕脂血　桃花郎
斩五子　捉三郎
打焦赞　杀马强
错中错　强中强
断密涧　跳粉墙

除三害　叹五洋
千金记　八珍汤
黑水国　黄土岗
盗韩信　刺李刚
双珠凤　两角羊
双蝴蝶　巧鸳鸯
捉强盗　打城隍
取巴郡　定燕平
和为贵　路不平
五鼠闹　双凤鸣
斩李广　擒张横
夺小沛　战太平
取南郡　访东京
渔家乐　阎王荣
反唐邑　请清兵
龙凤会　琵琶行
女由命　贼偷情
蔡天化　马永贞
车马会　琵琶行
双星斗　六子争
双龙会　独虎营
责马岱　收罗成
取巴郡　战宛城
金鸡岭　铁牛城
解邱县　冀州城
潮义县　太平城
乌龙院　白帝城
汉阳院　泗州城
新野县　濮阳城
中牟县　会稽城

斩浪子	思至诚
马嵬坡	凤仪亭
法门寺	御碑亭
雷峰塔	风波亭
一著错	万年青
飞坡岛	断桥亭
碧霞岭	清风亭
兰花院	牡丹亭
朱砂井	沉香亭
盗宗卷	探皇灵
打金镯	进宝屏
财星照	光武兴
花蝴蝶	玉蜻蜓
取帅印	盗魂铃
阴阳审	文武升
五雷阵	七星灯①
打金镯	送银灯
盂兰会	宝莲灯
双跑马	小放牛
拜冬至	赏中秋
接路彩	办花灯
打金雀	贯飞鹏
万事足	三世修
御林郡	天堂州
反唐邑	过巴州
取巴郡	打登州
取鱼税	游虎邱

① “灯”原作“镫”,据文意改。下文“送银灯”、“宝莲灯”、“办花灯”、“探庄射灯”均如是。

一口剑　双珠毬
夺小沛　破洪州
过梅岭　回荆州
双卖艺　大报仇
升三级　反五侯
乌龙院　黄鹤楼
摩天岭　冲霄楼
七星庙　百凉楼
胭脂井　鸳鸯楼
九龙柱　五凤楼
天飞闸　月明楼
真武庙　大悲楼
白蛇传　翠凤楼
青石岭　白门楼
夺双会　雅观楼
杀子报　望儿楼
葡萄会　杏花楼
洪恩寺　富春楼
金光阵　艳阳楼
义侠记　醉仙楼
进饭店　夺酒楼
郑州庙　岳阳楼
喝血酒　卖人头
得胜鼓　如意钩
变羊记　卧虎沟
茂州庙　赵家楼
朝金顶　占鳌头
斩五毒　盗双钩
罗四虎　左三彪
开山府　应天球

蟠桃会　　酸枣林
鱼肠剑　　马蹄金
紫金锁　　碧玉簪
吃人肉　　叹骷髅
大醒目　　穷开心
千倍利　　十万金
黑沙洞　　碧油潭
甘露寺　　瑞云庵
云台观　　雪花庵
拿康八　　审苏三
青纱帐　　白罗衫
红门寺　　白衣庵
圆妙观　　兴隆庵
胭脂褶　　珍珠衫
马生角　　虎穿衫
计上加计　　天外有天
马前认子　　雪里访贤
七子八婿　　一统万年
王八犯夜　　小二过年
十美出局　　三义归天
扶琴访友　　走马荐贤
三侠五义　　一统万年
扫地挂画　　拜山求泉
风流佳话　　富贵神仙
进美谋反　　坐化成仙
龙争虎斗　　藕断丝连
女节女杰　　十美十全
开山见佛　　遇雪登仙
偷桃献寿　　度火掣钱
英雄大会　　忠义双全

全家福禄	三笑姻缘
冒书求合	定计化缘
渔官恶梦	狐仙宿缘
群仙聚会	五福团圆
群雄毕至	万福来朝
志图奸佞	天赐姻缘
花园跑马	秋江赶船
财源辐辏	福寿团圆
征东跨海	平北回朝
昭君出塞	令婆回朝
鸨儿闹院	黄门辞朝
湘江大会	洛阳长桥
李广催贡	王道捉妖
六郎归位	太师回朝
挂袍了愿	夺印征苗
洗马救驾	化龙斩妖
太乙斗法	观音释妖
五老聚会	三义绝交
青牛临阵	白猿献桃
定情赐盒	立帝斩袍
湖楼受吐	醋海兴波
二郎发配	八妹取刀
怜香惜玉	赐马挑袍
伍申相会	巴骆合和
浪子锄豆	状元赏荷
兄妹串戏	父子同窠
贵妃醉酒	黛玉葬花
挂头访案	破腹验花
风流佳话	欢喜冤家
游湖借伞	吟诗脱靴

双株槐树	四季莲花
采花戏玉	打鱼①杀家
金桥算命	银匠回家
女中英杰	海上繁华
十国进宝	八阳打车
哑巴开口	浪子还阳
空城割麦	法门上香
光普拦马	程济赶车
四国进宝	十鬼堆叉
东宫扫雪	武庙降香
举鼎观画	卸甲封王
渔樵问答	桃李芬芳
出猎回猎	相梁刺梁
庆寿飘海	游春闹庄
采花赶府	打棍出箱
三藏出世	六女投唐
四郎探母	十朋见娘
八美献计	十娘沉箱
胭脂神案	忠孝牌坊
辞楚归鲁	反周为唐
长生不老	万寿无疆
文章吐气	龙凤呈祥
借箭打盖	审头刺汤
仙山盗草	法海回航
十二太保	四大金刚
秦琼卖马	苏武牧羊
洞房献佛	外国通商
渔婆打网	叫夜分赃

① 现在一般写作“打渔杀家”。

孝弟忠信　　节义廉明
鸿门设宴　　赤壁鏖兵
八郎探父　　五台会兄
全家福禄　　永庆昇平
阴阳配合　　善恶分明
磨房产子　　书馆督兵
谋夫告父　　诱叔别兄
时来运转　　乐极悲生
下马哭别　　买鱼放生
红娘递柬　　月英偷情
桂枝写状　　梨花闹营
恩将仇报　　乐极悲生
游园惊梦　　送面偷情
单刀赴会　　百骑劫营
七世为善　　一举成名
普天同庆　　万古留名
八仙庆寿　　三藏取经
南门拔箭　　剑阁闻铃
桑园寄子　　桃岭杀僧
锦衣归里　　金榜题名
查潘斗胜　　椒兰竞馨
失印救火　　探庄射灯
独手擒腊　　十里杀僧
出关见母　　落店杀僧
边关报信　　陆地行舟
燕青打擂　　浪子踢毬
红鬃烈马　　铁臂猿猴
全家福禄　　鼎盛春秋
扫雪打碗　　祭风追舟
单鞭救主　　一箭报仇

一本万利	三错六头
说穷羊肚	大变人心
苏秦背剑	伯牙抚琴
雪中送炭	麦里藏金
截江夺斗	守门杀监
硬讲公事	大快人心
相如卖酒	武侯操琴
西湖佳话	海外奇谈
老道无法	尼姑思凡

杏林撷秀

浙江余姚谢素声撰，作于清光绪三十年(1904)。选录庚子后京师梨园优童姜妙香、朱幼芬、余小云等十二人，为之评传。文后有民国年间跋语，对照诸伶今昔景况，感慨系之。谷曙光据《清代燕都梨园史料》本点校整理。

杏林撷秀序

流水斜阳之地，岂必桃李始芳；晓风残月之场，原许棠梨并植。列羽霓之队，曲帐愈光；赋铁石之肠，令名何损？矧乃稚龙挺秀，雏凤振声。文杏宋墙，春意十分之闹；樱桃郑圃，秋容一抹之输。乍逢群玉山头，身疑月是；同咏大罗天上，仙欲众呼。首善蜚声，名流交口，可乏群芳之谱，志将侧艳之词。则有终童年少，陆子才多，丰城之气烛霄，秋水之文晕远。绛云舒卷，万象俱空，银汉光明，一尘不到。白太傅前身兜率，从应彩凤文鸾；苏子瞻风骨神仙，住合琼楼玉宇。屯田杨柳，征旖旎于临风；康乐芙蓉，擅光华于映日。尔乃皎如玉树，望若琼枝，鸣凤集于朝阳，振鹭翔于林表。七襄锦织，天孙欲失其妍；百宝装成，神女亦输其艳。赋闲情于陶令，应教堕落勿辞；起重色之汉皇，直使温柔欲筑。吴宫花满，子夜飞声；蜀道铃淋，行云度响。髫龄竞起，同调可赓，谱翻贺老之垂，误鲜周郎之顾。仙韶合冠，作菊部之上头；门业克承，信桂林之独秀。五月江城之谱，一声河满之歌，闻者倾心，观者击节。大江东去，铜琶铁板之音；一鹤南飞，金管玉箫之奏。鼓孺悲之瑟，应许升堂；受安道之琴，要推入室。翩翩惨绿，落落软红，门巷岂出乌衣，子弟如来素族。笑言胥寡人，菊影而淡如；馨逸自成月，梨花而静著。似此清泉石上，允称佳士座中。在昔船号总宜，窃淡浓之湖；比人称蕴藉，咏平远之山。如共此芳馨，不随尘俗。周党清谈之作，真率时形；齐髡豪饮之能，诙谐间作。芝兰入室，征欣赏之佥同；芍药当阶，亦风华之别具。空谷萧兰之韵，谱出南湘；春江花月之阴，移来北部。碧桃楚楚，绛树声声，淞滨云影，如逢海上风光。若接倘西施之装点，唐突何嫌；即北里之争驰，齐驱奚让？犀角之钟灵，见说凤毛之济美。曾闻此中有人，乃逢香士，未能免俗，不共凡葩。屏启金鹅，好画图之省识；座张银鹿，觉少小之争怜。娇痴之态犹存，偏多佳趣；声价之增可俟，行见他年。议者谓箫吹何处，二分明月催来；帘卷不如，十里香尘步去。襄成君翠衣之立，绰约终输；曲逆侯冠玉之如,芬芳总逊。不知枝开南北,宝相群推;涧列东西,清光并著。音有齐梁之别,色无燕赵之区。除却目无,一任烟云之过;倘非心死,谁能风月之忘?况琴如静对,令百虑之皆清;香等妙闻,愈六根之俱净。最宜挥麈,偕松下之谈;绝好当筵,共花间之酌。而且仙吏蓬莱,无俟翠羽之饰;空山姑射,不藉朱粉之施。披五岳之图,真形眼底;叠九天之锦,秀色斗旁。红牙按而描画入神,白纻歌而风流尽得。珠如索贯,气更兰吹。以视玉佩明珰,结石家之锦幛;云鬟花影,列唐帝之金钗。譬之箫勺铿锵,杂以桑间之奏;蕙兰郁烈,移偕春槛之中。清浊见矣,雅俗分焉。仆愧多才,偏希好事。卧棠下而颠任人唤,坐篁里而影每对邀。东堂之风景依然,揽欲百花之带;南内之月明如故,披将万斛之沙。序新咏于玉台,图陈穆骏;志芳踪于金谷,谱续燕兰。深情太令之书,闲坐开元之说。雪鸿聊志,琴鹤漫评。如谓冀北已空,汝南即是。则仆风花影里,块磊借浇;云水光中,麻茶待洗。回虽不敏,敢云正法眼藏;由也阙如,容有遗珠憾抱。宏珊网而收取,请俟红豆词人;持玉尺而准量,还待彩毫才客。

余姚谢素声自识于海王村畔

杏林撷秀

余姚谢素声

幼芬,姓朱氏,字桐琴,名伶霞芬之三子。生长京华,琪树练神,冰壶濯魄,秀逸轻盈。脱尽人间烟火,一洗时下铅华,如藐姑仙子,珊珊玉立,直欲使桃李盈庭,皆惭形秽。其吐属之工、应对之敏,尤足令闻者倾心,具有珠玉之随,不共筝琶之俗。羽衣托迹,抑莲花化身。若置花丛,定许春风之占;合呼清友,为吟秋水之篇。为之赞曰:

不秾而艳,不泽而芳。琼林之秀,明珠之光。月碧天中,峰青江上。翡翠帘栊,琉璃屏紫。弥淡弥馨,宜雅宜俗。妙语粲花,清言霏玉。是真色相,直佳公子。万紫千红,未许翘企。

佩仙,姓王氏,字剑耘,京师人氏,本良家子。玉映兰芬,蜚英早岁,殊姿碧玉,秀色绛仙。譬彼红莲绿水,妩媚愈增;方之旭日朝霞,光华粉射。见者有馆陶仙子之目焉。性灵慧,聪颖绝伦,尤留心翰墨,扬乌草预,元凯癖成。凡所寓目,无不领会。又强记过人,月令数篇,座中可试。倘针度鸳机,青箱定继;若经穷虎观,白笈应无,洵不凡品也。为之赞曰:

璧月宵朗,彩云朝升。秾华所发,金翠弗胜。芙蓉人镜,金玉尔音。芳兰之质,灵犀之心。饫以谟觞,签以云笈。程途所至,人孰能及?

小云,余紫云子。轻倩合度,气宇超群。工唱须生,白雪阳春,调高响逸。如刘越石吹笳,悲壮苍凉,令人兴起。又如祢正平裸衣对客,作渔阳三挝,渊渊有金石声。每当筵前一曲,四座群倾。而耳垣之属,观止同声,有推倒一时之概焉。遇湘灵于江上,岂是虚声;置仲子于国中,应推巨擘。为之赞曰:

铃圆磬彻,簧暖笙清。吐蘅吐蕙,绘水绘声。万籁沉响,百卉失音。晞今孰并,振古齐芬。

连芳,姓陆氏,唱须生。箫鼓夕阳,令人色飞眉舞。恍置身玉阙,聆钧天乐奏,洗去尘音;更把酒琼筵,见斫地悲歌,抚将剑佩。性安静,有豪情胜概之兼,无俗状尘容之被。若使筵开太守,愈应尊酒之倾;更或屏启令公,当置管弦之列。殆得天独优者欤?为之赞曰:

水色江静,月影海生。大风一曲,落叶群惊。娇娇供奉,剪尽芜繁。是何神慧,直抉其藩。

桂香,姓吴氏,神情冲淡,别具一种风格。息女无言,芳心独抱;杨妃解语,雅致备兼;小红工唱,大白能浮。眼花耳热之际,酒催将进,如对此君,令人心目一醒。万斛俗尘,胸中尽扑。淡宕中,饶具旖旎风流之态。盖荼蘼开到,韵溢庭除,固异于甚嚣尘上者。为之赞曰:

琴筑深山,笙磬空谷。跫然足音,渺尔幽馥。不逐暄呶,不为繁缛。蕴厥芳真,青萍结绿。

秋霞,姓张氏,字鬘庄。体态娴雅,清风明月,令人生元度之思。所演诸剧,皆楚楚有致。合德轻盈,夜来明秀,兼擅其胜。能饮,尤善周旋,有齐大夫风。敬能矢久,与祖士少语,疲令人忘。翕然时论无间。一言不当,更以俗艳视之。为之赞曰:

度不逾常,往还谐俗。何以形似,彼汾一曲。何以神传,飞泉潄玉。冬岭之芳,青天之鹄。

芝芬,字皖香,姓江氏,苏之上海人。丰神俊逸,谡谡如松下飙,飘飘有凌云概。嵇琴寒夜,节赴南胥;由瑟当门,音无北鄙。而一种清扬扑人眉宇,觉歇浦花枝纷驰,燕市得此,乃显金粉南朝,与山色胭脂,固自不相上下。石季伦海棠评云:汝若有香,当以金屋贮之。若令载酒旗亭,当更使名贤倾倒心醉于靡既也。为之赞曰:

云间毓秀，林下比肩。刘郎前度，张绪当年。维金有南，维箭有东。仿兮佛兮，翘然众中。

佩兰，姓姚氏，佩秋弟。奇花初日，娇鸟晴枝，尤灵心独擅，意善解人，语多涉趣。当场一顾，娇媚横生，几疑香孩儿来自天上，嬉笑皆可人意。视风月于谢庭，眼青争及；竞声华于马氏，眉白或推。异日登龙，十倍第五之名，当不减于骠骑也。为之赞曰：

晶帘一幅，异样珑玲。曰色曰艺，初写黄庭。修工对客，绿�善形。何物老妪，得此宁馨。

小宝，姓罗氏。丰神俊逸，不群日下荀鸣鹤、云间陆士龙。直有如古人所云"不可以一世"。工秦腔，一曲高歌，尘惊云遏。若偕绘裂骊山，定教褒女颜开；与妃子笑声，博取红尘之一骑。唐武宗时，孟才人于御前歌《河满子》一曲，声调凄切，闻者无不泣下。荆卿入秦，送者皆作变徵之音，但觉悲风惊起，易水萧萧，寒光四射。此景此情，仿佛似之。非特解语花，直可万古愁也。为之赞曰：

齐庭蝉曳，隋苑莺啼。江枫愁对，腐草凄迷。何来清角，四座欲秋。鹧鸪郑谷，蝴蝶庄周。荡我心旌，琵琶亭畔。对此苍茫，奈何辄唤。

妙香，姓姜氏。卫玠神清，不仅璧人之目，群相属于市上羊车。濯濯如春日柳，不染尘氛。君房语妙，令人如对晋人。与其挥麈而谈玄理，红尘缁尘，一例为之扑尽。明皇于花间顾曲，至欲将筝琶以洗耳。时辄命内侍，唤取花奴，为其解秽。座中佳士之推，庶几近之。度曲燕喜堂等处，幽谷莺鸣，四座之视听随以转移，寂然无敢哗者。性喜文墨，暇辄染翰，效作折枝，用以自遣。所谓"腹有诗书气自华"者，非欤？为之赞曰：

神女化身，观音锁骨。步出天风，拾来海月。宫商号召，余力学文。翩翩浊世，卓尔不群。

蕙芳,姓王氏,云和弟子。蔚然如霞建赤城,四散成绮。入于兴公之眼帘,不觉其金声之掷出。每登场,翩跹作仙子舞,令人荡气回肠。虽以宋广平之铁石,无不如经百炼,化为绕指柔。而安雅闲逸,神采飞扬,若春风之坐对。又似曹公,醇酒一杯相饮美,教微醉之回,无烟火气,无尘土味。若使尹邢觌面,当亦望尘勿及也。为之赞曰:

司勋月占,定子霞烘。红妆若照,缟袂如逢。鱼惊戏北,鹤共飞南。蒹葭玉树,相倚应惭。

宝云,姓刘氏。性聪颖,善解人意,貌亦不俗。工唱青衣,虽绛树声声,未克尽如。梅村所云"一丝萦曳朱盘走,半黍分明玉尺量"之况,而宫商咀嚼,赴节应弦,亦自含英咀华,不同凡响。现身红氍毹上,灵和柳色,不亚卅六宫,春光漏泄,留滞行人,尤妙羊欣作书,一洗婢学夫人之态。五凤添修,允堪为助,桂林之秀出者也。为之赞曰:

和风篁奏,清露珠零。飞鸿惊顾,游鱼出听。霓羽大罗,众仙伴侣。片石韩陵,可与人语。

右诗为鄙人在前清光绪甲辰岁所作。是时,诸伶振辔天衢,各奏尔能,蜚声于长安市上。携将双柑斗酒,藉以鼓吹诗肠。针砭俗耳者,争洗眼于云水光中。畅叙幽情,极丝竹管弦之盛。就中尤以幼芬、小云、妙香为一时冠,宗之玉树,皎立风前。有太原公子裼裘而来之,概见者咸欲为咏"玉溪生月,没教星替"之句,谓为烘托晴云,可以舆台桃李,瑜亮并驰。芳踪所至,车水马龙,万人空巷焉。检点前尘,惟小云继叫天之后,余叔岩三字,如一片光明,锦铺于大地。巨擘相推,比仲子之居齐国,尤烘过之。而余派、余调,群相摹仿,至成为海内宗工。凡义务堂会、各大名班,无不以其参加为幸。近虽闲闲十亩,不常粉墨登场,而天上人间,廿四桥畔,箫声悬于人之耳目,几积成万斛渴尘。妙香以锦瑟年华,信风催老,改习小生,踵素云而起，拔戟克自成为一队。又简炼以为揣摩，能阴符之勤习，角逐舞台之上，骎骎乎元白，座中为之压倒。业日以进，而名亦随以增声，称之洋溢，如日方中。幼芬则鹢退宋郊，日趋堕落。非特青云有路，无望梯升；而闵仲叔之猪肝，且为人累，已邻于原宪之鹑衣。佩仙则出师以后，捐弃故技，谋所以自立。游沪游津，迄不获展其骥足。前岁回平，篱下寄人，落落与草木为伍。连芳则自甲辰而后，如神龙见首而不见尾。桂香则改老旦，改名稚禅，数年前尚涉足于剧场，与少年涂抹，充数备员。近则反舌无声，吹律而风不竞，已作退院之僧。秋霞则沦落风尘，至于吴市吹箫，葛帔冬著，莫能自振，潦倒以终。芝芬则寂寂无闻，似昙花之一现，不旋踵而归消灭。佩兰则鹊起一时，始之耻与哙伍者，继乃程不识不值一钱，莫望挂人齿颊。小宝则改习二黄须生，遨游津埠，转辗至于春申，薄负时誉，为沪人士所欢迎，已于前数岁物化，未获有所成就。蕙芳则得名之后，克享其名者有年，近乃匿迹销声，且一变而为瓮牖绳枢之陈涉。宝云则李广数奇，虫作寄生，以教戏为生活，迄今举其姓名，无复更有长柄葫芦，邀一声之问及。曾几何时，水月镜花，都成泡影。而乌衣巷口，但有旧时燕子，与鸦背夕阳相共。昭阳之带到，为问岐王宅里、崔九堂前，鸿印之留，犹有存焉者否？风景不殊，举目有河山之异。对此茫茫，诵愿花长好、月长圆语，曷禁帘卷西风、唾壶击碎也。

同光梨园纪略

题哀梨老人撰，其人不详。据自序，其人清咸丰十年来沪，至光绪末年，在上海的观剧生涯长达四十余载，且熟稔梨园中人，堪称同光年间上海梨园历史的见证人。其书成于光绪三十年(1904)，仿纪事本末体裁，记录了清末上海梨园的变迁，内容丰富，其中既有京班与昆、徽二班竞争之历史，又有各路优伶在上海之种种经历，皆据事直书，为研究晚清上海戏曲之重要史料。此书在民国戏曲期刊上几度连载，惟全本难觅。谷曙光据 1923 年上海国华书局本整理。

自 序

鄙人自咸丰十年庚申春，避匪乱，由魏塘来沪，至甲辰四十有五年矣。京班初来，在同治五年。丙寅呞叻人罗逸卿创开满庭芳，自后续开者，实繁有徒。始与昆、徽二班争胜，大有喧宾夺主之势；继而愈来愈众，长江数千里，上至汉口，内及苏杭，远去闽粤，甚至湖南之常德郡，亦有京班足迹，佥以上海为根本，昆、弋几成广陵散。惟此数十年中，彼梨园中人怪怪奇奇，无所不有，以杨月楼、高彩云、霍春祥三案为主脑，鄙人皆所目击，纤悉无遗，久恐湮没，为仿纪事本末体裁，汇集成书，名《同光梨园纪略》，仅就上海之事，据事直书，无偏无倚，喜我怒我，则非我所知也。至光绪三十年为止，以后再著续集。

哀梨老人自序于申北曲江里之丽云楼

罗逸卿开满庭芳

咸丰十年庚申,江南大营全军哗溃,张忠武公国梁退守丹阳,在东门外小木桥殉节。长城顿失,莫挽狂澜,苏杭相继沦陷,人民避乱逃生,以上海为泰西各国通商口岸,匪不敢犯。李秀成自恃人众,遂用全力压境,势不可当。西人用开花炮悬诸浦江,兵轮桅巅,轰七堡贼营,李几被中,曳兵而遁,从此不敢侵犯。故江浙绅富至庶民,佥以上海为桃源,迁而居之。同治三年,金陵克复,仍为清平世界。沪北十里洋场,中外巨商荟萃于此,女闾三百,悉在租界。间有女班唱皆徽调,行头既欠鲜明,衣料半多呢布。姑苏承平时,向有武班,乱后早经星散,死亡逃逸,难以集成,文班亦然。好事者团一徽班,在宝善街开演,园名一桂,不过点缀升平而已。嗣有昆生陆吉祥纠股集昆班,在石路花墙头,以市屋平地为台,馆名三雅。然一家言,除苏、松、常、太、杭、嘉、湖七属人外,余少问津。一桂未久即闭,复有人在石路仍开徽班,更名金桂。有寄寓罗逸卿者,行四,沪人俱呼之为罗四虎,呩叻人,隶英藉。租界当离乱之秋,莠多良少,罗在工部局纳捐开赌,其窟在西棋盘街金隆里,明目张胆,昼夜呼卢,嗜赌人趋之若骛。倾家荡产者,不一而足。大抢小夺,无日无之。在兵戈攘扰之时,官绅无暇及此,迨肃清后,有司蒿目时艰,以赌之害人甚于蛋蛊,愿出重金,将赌永禁。洋官虽岁少进项,究以赌非正道,迫于公论,即行停止。罗数年朘削,囊橐充盈,赌业永禁,乃以资在宝善街南靖远街北横街,仿京式建造戏馆,派人到天津邀京班角色;又置全金行头,馆名满庭芳。同治五年丙寅落成,次年开张,楼上下看值一元,此京班到申之破天荒也。该班初到,沪人创见,举国若狂。其实来者皆三等头角色,全班包银,不及现在名角一人之多,卖价则比平时倍蓰。故开戏馆,无不获利。未三月,有甬人刘维忠纠资在满庭芳对街租地造馆,以分其利。此华人败习,比比皆然。见人得法,必效而行之。于是羡之者,又从而尤之,势必两败俱伤,同归于尽,折完而后已。外国限年专利,大有益于商务。究以丹桂地胜屋胜人胜,相形见绌,该馆未久即闭,归丹桂作大下处,再归李棣香、杜蝶云分班唱,卒亦亏闭。

刘维忠续开丹桂

刘维忠，浙之定海人。前在营，保都司，因济匪军火，情发，时刘松岩中丞郇膏，方监督苏松，拿缉甚紧。泉唐陈艾裳太史元鼎，佐李肃毅军，与李、刘均丁未同年，为维忠缓颊，不允。同治四年，曾相督师剿捻。李署江督，刘已升薇垣，例护抚篆。上海道为永康应敏斋廉访宝时，陈太史再申前请，应以刘方伯在巡抚任，未便详销，姑不深究，缓缉。未几，李丁艰去，其时刘维忠已潜回，见前同济军火于贼者，现皆不予苛究，遂求太史于当道，将此案注销，事遂寝。刘得逍遥事外，因见满庭芳获利，心颇羡动。先是刘维忠因案避往北京，得与三庆班中人熟稔，又见都中戏馆规模宏大，高敞堂皇，久蓄开戏馆之意，今又见罗开满庭芳生意甚好，角色类皆下驷。回申后，不吝工本，以巨资租宝善街适中之地，限其廿年，复由京绘成戏馆图样，示申地水木作，精益求精，加工建造，异常坚固。一面派人赴粤置办顶好行头，另购银鼠出风袍靠（甲北人呼靠），备严冬所著。已则亲自入都，邀到胡子生铜骡子（姓刘）、夏奎章（月恒父）、熊金桂（文通父）、周长春、长山、景四宝（后至）；架子花脸董三雄、宁天吉；武生胖羊儿；开口跳棚匠张三；青衫王桂芬（荣祥父）；花旦浪双喜、冯三喜（小子和父）、周老旦、何老旦、冯老旦；花脸疤瘩王（永利祖），又大奎官次年方到，余不多赘。场面亦由京邀来，打鼓程章圃（程长庚子）、李奎山，余无名。武旦王桂喜亦来（后到李世忠处掌班），于是冬开台。园名丹桂。楼上下卖八角，包厢两面六间，余皆不隔，一直拢统，价目取半，名为靠包。日间则将正厅两傍桌子撤去，更以长方茶几，亦半价，看戏人至夜半，有点心充饥，手巾不许索钱。其时深夜，租界尚禁行人，过警察盘诘踪迹，惟丹桂特向捕房捐取路照，看客可以早晚自由，他园则演至天晓，使客不致犯夜而遭盘问也。其所邀角色，无论大小，如与园主合式，除正项外，另有馈赠；否则宁舍已付包银，再给船票回北，一无吝啬。一年之中,获利颇厚。复在四马路大兴土木,建造广厦,即之今[①]聚丰园。适工部局开地井,正当其门,识者知其不祥,果未蒇功。索逋盈门,牵动丹桂,补疮挖肉,挹注无从。屋甫落成,已归他姓,补苴乏术,遂于癸酉秋亏闭,有西国马戏租演半月,乃归杜蝶云接开,仍名丹桂。

(附)丹桂所排《五彩舆》十本,均礼拜三夜演唱。角色以景四宝扮海瑞、大奎官扮徐海、浪双喜扮冯莲芳、冯三喜扮鄢夫人、潘五扮鄢懋卿、周长春扮戚继广、王桂芳扮戚夫人、周长山扮□□□、宁四扮汪太尉、赵文华以苑兴盛代扮、崔金福扮顾造。

仓山旧主有诗云:

自有京班百不如,昆徽杂剧概删除。

门前招帖人争看,十本新排五彩舆。

(附)光绪壬寅秋,春仙亦排《五彩舆》,所扮角色如右:

孙菊仙扮海瑞、李连仲扮徐海、朱素云扮冯莲芳、周双林扮鄢夫人、阎福海扮鄢懋卿、沈韵秋扮戚继广、王瑞云扮戚夫人、李福海扮□□□、丁长胜扮汪太尉、熊文通代扮赵文华、马飞珠扮顾造。第二本之顾造因马飞珠私去汉口,仓卒间以一汪姓代之。

按,孙好于景,而不及孙春恒。李连仲与大奎官相埒,朱素云远逊浪双喜,冯三喜、周双林伯仲,熊文通、苑兴盛俱好,潘五、阎福海称是。惟崔金福之顾造,即马飞珠不如,遑问其他。

刘维忠自开丹桂,生意日盛,将满庭芳挤闭。所有角色如周春奎、任七,全到丹桂。人才济济,遂分班小东门,名南丹桂。孙菊仙、杨月楼二客串,每夜两馆轮唱。后因武行在小东门与押铺潮人打降,俨同大敌(事详南丹桂与潮人肇事),未久即停,并归北丹桂一馆合演。浮人于事,故更亏累。

---

① “今之”之误。

杜蝶云接开丹桂

小生杜蝶云，吴人，为昔年玄妙观东开玉楼春茶社杜阿五胞弟。尚有弟二，一名亦云，唱小生；一名季云，唱刀马旦，然皆碌碌平庸。蝶云颇有名望，因堂会开罪白头发张都老爷观准，借事杖八十，不便在京，遂偕老生陈梦珩、青衫李棣香[1]（尚有一人忘其姓名）航海来申，投丹桂客串。当时海报子大书“特请京都子弟爷台陈、杜、李清客串演唱”。旬日，刘维忠劝其搭班，杜、李欣然允从，乞假回京接眷，陈返北。迨刘亏闭，杜遂接开丹桂。角色多且好，文如孙春恒、孙菊仙、吴凤鸣、大奎官、刘玉廷、董二雄、宁天吉，武则黄月山、李春来、曹吉安、郝福芝、谢梅卿、杜锦芳（阿五子），武旦韩桂喜、仇三喜、华四寿，开口跳田黑儿、陈吉太（小喜禄父）、夏月恒，（与锦芳为郎舅，皆年幼，合串武戏。）花旦谢宝林、刘凤林、冯三喜，小丑周松林、米全秃、扁儿、朱二小、徐九，青衣李棣香、陈双喜、冯老旦、何老旦，武二花脸刘福义、王大喜（即王庆云）、张九柱（浑名外国狗，张鑫培父）、张大本，余不载。夏月恒年十一龄，杜阿狗十二岁，合串武戏。小庚弟（月恒长兄）、熊文通唱花脸，当时童串甚少，并不出奇，月恒又从谢梅卿习武生。后米老生、刘桂庆扫边，苑兴盛、邵祥贵（即邵寄舟，浑名新靴子，因伊逢礼拜六穿新靴。）等皆卓卓可观。又周长顺本唱小丑，因喉音响亮，其父本老旦，家学渊源，亦改老旦。丙子冬，杨月楼出狱，在丹桂打野鸡，三夜卖洋三千五百余元之多，蝶云以此为款赘婿之需（韩桂喜杜婿）。后杜亦累亏，至戊寅春，实支持不住，扁舟私逸，就此闭歇，殊可惜也。该园新戏以《文武岳》、《请宋灵》最好。杜之后，孙春恒接开，孙菊仙出班。

孙菊仙开升平轩

孙菊仙，本天津贸易中人，素业米斛生涯。因喜唱戏，投京都

---

① 原文误作“隶杏”。

三庆程长庚班,无所见长。来申隶丹桂,不久返津。再来时,同治十三年冬,在小东门自开升平轩。李春来年十九岁,隶该班为副武老生,正则杨二奎。武二花脸张大四,武生王八十(永利父),开口跳宋立官,花旦刘凤林,小丑朱二小,老生夏奎章、小庚弟,小大花脸熊文通等。一月余,即遭穆宗国忌停演。光绪元年,始行续演。楼上下卖价六角,正月生意甚好,二月将就敷衍,三月渐形竭蹶。菊仙知四月一过,午节后便为荒月,决难支持。遂百计招徕,冀卸此重肩。后就本班各角,认般拆份[1],言明接开。后不料菊仙已暗搭杜蝶云丹桂,即至挂牌。升平之众见之大哗,以菊仙说明随众扶持升平,今菊仙反舍此就彼,不顾大局一至于此,太不近情,但各有怨言,然亦无如之何。惟张大四忿不可遏,拟候菊仙登台之夜,只身怀刃,而往丹桂穿台拼命(事详张大四穿台)。届期果往,经人解释,商令丹桂每夜派一二角色到升平帮忙,其事乃寝。未到中秋,角色星散,其园遂关。

徽班、京班同开金桂轩

宝善街本有徽班,自满庭芳、丹桂先后开演京班,咫尺之间相形见绌。遂改移石路,馆名金桂,角色老生吕昭卿(吕小卿父)、四麻子(何金寿父)、景元福,青衫旦王九芝,小生钱星观、张盈寿,武生朱湘其(即小鬣利,三麻子师),花脸吴喜贵、应凌云,老生诸阿寿,武旦李铭顺,小丑周松林、来全等,皆徽角。奈沪人喜新厌故,数见不鲜,遂纠资邀京角老生马六、林连桂(林宝奎父),花脸小穆、赵殿奎、赵祥玉(赵如泉父),小青衣王喜寿(陈凤云父)、陈彩林,武生陈春元、黄月山、沈韵秋、环九武,二花脸孟七,开口跳杨贵,小武旦黑儿、大福喜、铁儿、续来,武生徐世芳,武二花脸张大黑,青衫常子和等。黑儿、铁儿均由打上手改作武旦,黑儿竟成名角,铁儿即少人知,有幸有不幸耳。杨月楼由杭初来,搭该班唱文武老生,壁

① 原文如此,恐为“认股拆份”之误。

垒一新，骎骎乎并驾丹桂，武戏胜过之。满庭芳瞠乎其后矣。嗣天仙崛起，角色全由该班过去，金桂即散。

仓山旧主有诗云：

金桂何如丹桂优，佳人个个懒勾留。

一般京调非偏爱，只为贪看杨月楼。

戏以丹桂较优，而勾栏中人，独趋金桂，致招物议。杨月楼者，故显宦之家伶，玉立亭亭，艺兼文武焉。

杨月楼开鹤鸣茶园

客串杨月楼，浑名杨猴儿，兼唱文武老生。幼年曾受业于张二奎，为蒋襄勤公（攸恬）家伶。相国为从龙世胄，隶汉军籍，女孙嫁桂文端公（良）孙麟椒园方伯（趾）为室。月楼乃赠嫁仆从也。麟简放浙江杭嘉湖道署藩司。同治元年，杭省二次失守，巡抚王壮愍公（有龄）、将军瑞□□（昌）、学政张文贞公（锡庚），及在城文武同时殉难。时李文忠公署苏抚，奏报杭州失守，巡抚将军以下阖城殉国，鳞方伯已得恤典。据浙人则谓麟未死，当城陷时，见其微服乘乱逸出，走宁波，拟航海旋北斡旋。嗣闻已得恤予谥，不敢出头，乃削发不知所终。其妻弟蒋峻亭太守（斯崧）由其叔贵州巡抚蒋公（霨远）任所来江浙探姊甥耗，适左文襄公方以闽督兼浙抚，克复全浙。蒋太守到甬，访杨屺堂观察家（杨宝宝父），知姊携甥避居绍兴乡下，遄往接之。麟公子宗姓号小园，年甫十四岁，已得难荫，分部员外郎，杨月楼亦随伺焉。即同至沪，侨寄客邸。过杭时，亦得传闻麟未死，且骸骨无着，亦疑存世。派亲信人密访，在浦东觅得女公子。经地方官出力，始赎文姬归汉。方伯则仍无下落。桂相来信，生死务得确音，方准回京。眷属遂羁滞沪渎，食用无恃。杨月楼即应金桂，每年包银八百两，登台演唱以为奉养主母、幼主之需。后丹桂以千二百金挖去，同时满庭芳亦邀，两馆争控。问官为陈宝渠司马，判月楼愿搭谁家为定，即归丹桂。娼妓如李巧林、沈月春皆私姘，另赁屋幽会，不敢如近日之公然出入，肆无忌惮。后唱《梵皇宫》，得识粤人韦姓母女。（事详杨月楼、韦阿宝案。）韦叔控告，准词拘案讯实系狱。遇赦释递,复潜来沪。先在丹桂客串三夜,后自集股在宝善街丹桂西首一桂故址重造戏馆,名鹤鸣,于光绪三年丁丑元旦日开演。未一月,事为上海道冯竹儒观察(焌光)所知,以杨月楼乃犯事遇赦递解回籍之人,不应又来犯事地方,公然唱戏。爰札饬上海县暨会审同知饬差驱逐,或勒令自行回籍。倘违仍复逗留,定即从严惩办。月楼闻风,不待差来,业早逃往苏州,鹤鸣散班,即行闭歇。

孙春恒接开丹桂

老生孙春恒,小名六儿,天津私房为张胜奎徒。初次来申,年廿二岁,隶宝善街丹桂,人呼之为小老生。不久返北,再来搭杜之丹桂,兼唱小丑,如《十八扯》、《阎王乐》、《三字经》,皆非他伶可及,尤以饰《请宋灵》之岳武穆、《盟中义》之羊角哀为佳。盖以孙菊仙扮文岳帅及左伯桃,堪称双绝。又《节义廉明》宋世杰与汪桂芬同工异曲。粗知文墨,日阅《申报》,演丑戏,采报中新闻嵌入,故诙谐百出,倾倒一时。名因之大显,身价日重,各馆皆欲罗致之。自杜蝶云私遁,天仙时已开在满庭芳,特遣孟七说合邀唱。春恒以天仙局面太小,不足展其才,婉却之。乃约大奎官、谢梅卿等共匡残局,接开丹桂。孙菊仙则去大观,谢梅卿以所蓄进京邀十三旦,生意陡好,惜时未久,十三旦回京,一丹桂蹶不能复振,角色亦零落星散,甚至龙套亦人不全。春恒、奎官尚支持匝月,直到水尽山穷,始停演。然春恒才力未可以成败论之。大奎官无法回京,孟七知春恒进退维谷,仍申前约,并代料理未完,丹桂房租亦代清理。其未满期限,天仙由满庭芳迁进,以补其隙。从此宝善街无丹桂矣。天仙嫌租值太昂,住满后,再移六马路,又迁石路。

天津武状元佟四开金桂

当同治末光绪初,凡天津流星浑星无业者,皆以上海为利薮、逋逃薮。航海来申,结党成群,敲诈百出,尤以梨园为若辈利源。稍不遂意即抽刀恫喝,班中人畏之如虎,弱者任其鱼肉,惟命是从;

强者怀刃防身，中心惴惴。张大四不论晴阴，手持大雨伞一柄，内藏匕首，以防不测。浦东有名魏珍者，亦津人，手下羽党众多，动辄掠人勒赎。想九霄在刘维忠二次所开丹桂，到南市庙演戏，曾被魏党中途劫去（想九霄半路为人要劫另详）。又有佟四者，天津武世家，先中武探花，授侍卫。因事革职，更名再考，复点状元，授头等侍卫。知上海大有可为，亦航海来申，沪上诸无赖奉佟为首，无恶不作。知金桂散班，即赁满庭芳，仍名金桂，角色大半硬邀，包银亦无足数，以致人众俱藉词不就。知李春来将开众乐，力阻胁其去搭伊班，不从则露刃恐吓，春来不为少动。又逼孙菊仙过班，菊仙大惧，推病不出，挈眷私遁回津。究以乏本，戏难招客，生意日替。佟四料难支持，且知捕房有拿办津痞之令，恐将及己，遂将班底转赠李金鳌，己则返津。适石路全桂小班回北，李将全班仍迁回石路，原名金桂。不数日，果严办天津流氓，李金鳌递籍，金桂遂散。

李春来纠资开众乐茶园

武生李春来，自升平轩散出，搭杜之丹桂，继黄月山也。适月山回京，宝善街西馆空出，乃有自称记名提督湖北人周田润，纠合一曾作长毛投诚而保武职之韦志俊出资，以李春来出面而开众乐。所邀角色，小老生夏月珊，（时年十三岁，悬牌名小东弟。）花旦刘凤林，小丑朱二、小何家声，青衣薛宝生（后改瑶卿），武二花脸于五头，开口跳郝二明等。最可笑者，第一天请全班，并非酒馆，即在是首西侧之义顺荒饭店宴客。溯自上海开戏馆以来，从未有如此草率者。人言李春来向喜排场，今因省钱而在饭店，未免太难，识者早知不能长久。所谓周军门者，初意本想从中生色，讵春来顿食前言。周大失所望，遂令韦姓半途截止本银，生意又属不佳，致发包银屡屡爽约。群坐账房环索，余目睹厥状，交账相率诿宕。春来尚是初开戏馆，无三麻子之涵养工夫，日夜如坐针毡，束手无策，莫展一筹。一日清晨，忽其母舅王福连由京仓皇而至，言春来之母已死，身后虽有蓄积，必须春来回京料理丧务。春来骤闻，抢地呼天，捶胸顿足，恸哭不已。旋即披麻带孝，见人则稽颡再拜，当请众人商议,馆事暂托杜蝶云权为主政,并求诸人竭力帮忙,多则一月,少则廿天,人不来钱来。大众见春来遽遭大故,北人究属心直,不虞有诈,任其脱身。讵去如黄鹤,金蝉脱壳,事外逍遥,竟一去不来。杜蝶云苟延残局,力竭散班。久之有人从京来言,见春来并未戴孝,询其故,春来谓老母恐我为胡宝玉迷惑,特以假死骗我回京。其实众乐,万不得了,预定此计,写信到京,作此狡猾,特令王福连报死南来,促其奔丧。乃以母舅前来使人不疑,计诚诡矣。然而至今,人人以为口实,殊不值耳。

李金鳌开金桂

李金鳌,天津著名大流氓也。到申专以敲诈拆稍为业,于梨园中人尤甚。佟四见机离申,将金桂班底归李,各角畏之甚于佟四,佥纷纷求去。适捕房严办天津棍徒,李为巨魁,控案如山,特派中西通班巡捕,在松风阁茶馆拿获,如擒大盗,又缉党羽。凡短衣天津口音者,不论良莠,皆捉将官里去,须有的保方释。李则递解天津,永远不准来申。从此雷厉风行,严办津人,至今不敢强横,沪市为之清净,梨园得以安居。近年无硬索船票及强送年糕、白菜等事,金桂于是收场。

天津盛军小班开全桂

李文忠公督鄂,因天津教案移督直隶。其部下淮军宿将,皆驻军小站芦台一带,拱卫畿辅。周盛传、盛波所统盛军各营,坐食厚饷,拥资数千百万。他如铭军、嵩武军、毅军等,每一统领,营蓄戏班,甚至数班。行头之鲜明、角色之齐整,为从来所未有。以各省资财供若辈欢乐,民之脂膏而养优伶,良可叹也。若无甲午东洋一役海军倾覆、陆军溃逃,尚以为干城雄膂,而乃一败涂地。淮军威望顿挫,叶志超兵败平壤,致左宝贵阵亡,卫达三正法,丁禹亭降倭自裁。幸邓世昌大东沟一战,稍壮国威。在承平时,凡遇爵相有喜寿事,各统领献媚逢迎,互相送戏,彼赛此争,益求华美,目忘其为防卫之军,操练视若具文、克扣应为分内。一有海警,安能望其摧敌！稍具血气者，如聂士成，到急难时，无可如何，一死塞责，究于国何补？若无耻之徒，偷生畏死，希冀须臾活，觍颜人世，事发查办，百计营谋，得不死系狱，此旅顺海防偾事也。西人言中国海口，以旅顺最为坚固。法酋孤拔常语其众，谓“若凭兵力，虽各邦倾国来攻，亦难破入”。甲午未战，文官武将相率先遁。日本不发一炮、不折一矢，唾手而得。今俄据旅顺，日兵锐气，甚于甲午。大鸟之海军炮舰，强于俄人十倍，全力攻旅，至今多日，尚未攻破，足见守险贵在得人。岂同一旅顺，而有今昔不同之势耶！无如将无略、兵无胆，虽据以逸待劳之形胜，竟未见敌即遁，拱手让人，真华人不及洋人？实无胆气，怕死而已。榆关统领姜桂题，即昔年守旅顺之将领，见今日之日屡攻旅顺，折将丧师，终不可克，忆及前事，能毋愧死？！因盛军小班，略叙旅事，稍抒忿懑，亦以歌代哭之意。查掌管小班之人，翟姓，号善之，乃该军武弁。慕上海繁华，适周镇乞假回皖，翟妻虽在中年，自以为美，思欲一至江南，逞其所欲。怂其夫乘主人返籍之隙，带领小班来申，在石路开全桂。班中花旦想九霄，青衣水上飘，皆超等角色。武生张顺来，亦该班出身，奈全系梆子[1]。又去京邀小叫天、青衫孙彩珠，再邀梆子老生达子红，本有老生大子红（即刘廷顺）。生意甚好，翟妻搔头弄姿，放浪形骸，知夫懦弱，不敢约束，遂择班中姣好者为面首。水上飘捷足应选，致喉音大损，改唱花旦。后小班期满回津，班散各奔前程。翟死上海，妻则他适，不知所从。孙彩珠先回，达子红亦返，小叫天过大观。

吴蟾青开大观园

鹤鸣馆基兆丰产。自文班散后，其馆空闭。周大升、黑儿怂恿该行买办吴蟾青，不如自开，周愿辅佐。吴闻怦怦心动，遂开大观。邀孙菊仙、常子和等，适杜蝶云赋闲，约同管事派人到京，邀青衣陆

① 原作“帮子”，改为“梆子”，下同。

小芬。后小叫天由全桂过班,又邀刘凤林、朱二小、李棣香,青衣德珺如赴粤过申,邀作清客串,与羊长喜合串《探窑》,异常出色。沪人向以天津青衣为贵,故京中衫子如陆小芬皆不中选。今听德之青衣,方知京角好过天津。据云,德为穆鹤舫相国后裔,其然岂其然乎?旬日即去。同来有老生纪寿臣,亦旗人。至次年春三月,孙菊仙、小叫天俱去。周大升、黑儿亦思北去。张胜奎(非京中之老张胜奎)乃约黄月山、张大四、王八十,并大帮武角北上,大观遂闭。

王炳堃开天仙,赵锦继之

往往能成大事者,必由小而至大。古今来家国比比皆是。即如天仙,开自光绪元年,先由廨役王炳堃与大观斗气而开。(王本在大观充茶房,头脑为人倾轧,忿而辞出,遂自开大观。)揽收金桂人众,在满庭芳开天仙。初因斗气,迨周转不灵,乞援于同役赵锦。赵诺附分,仍无起色。适宝善街杜将丹桂闭歇,周松林、来全弟兄,颇有蓄积,偕孟七等一班京角,咸愿入天仙。惟须赵锦独开,周氏弟兄可借资本。王遂拆出,由赵一人主权。即请赵阿松(即嵩绶)、周来全管事,孟七为武行首领。除已有角色外,又邀徽班花旦小桂寿,小丑小金生,京角武生任七、沈韵秋,大面谢云奎,花旦周凤林,小生周钊泉。后邀湖北花旦蔡桂喜,再邀三麻子、熊文通、小秃三,局面日大,角色云屯,竟成沪上巨擘,具见时运之来,风云际会,他馆皆瞠乎其后。后由满庭芳移宝善街,规模更大。复邀孙春恒,再迁六马路,以地偏僻,生意不佳,三徙石路。人言天仙发财太骤,冥冥中若有神助。相传戏馆咸有涂山氏之迹,当满庭芳为起首,老馆即有仙人出入。赵锦接手后,恪恭将事,供奉甚虔。仙暗中庇佑,迁石路更觉蒸蒸日上。至赵锦病笃之日,自知不起,特请赵嵩绶等托孤。锦死照常生理,三年后,锦子殿臣渐长,以大权傍落,太阿倒持,恐将不利于己。于是谗言乘隙,日有所谮,谓是此害归于主,利归于人,将来设多亏累,将若之何?未几,竟削管事之权,自行主政。其时天仙已如鲁之政归三家矣。赵嵩绶父子为一党,周来全、诸阿寿为一党,三麻子为一党,尤以孟鸿芳最亲昵,互相争权,生机日促。谢云奎为天仙开国功臣，因子月亭倒嗓，拟畏父去子，云奎不愿，二人并辞。赵嵩绶以管事既无，亦偕子小廉及云奎父子由常国泰汲引全进春仙，所有大权尽归孟鸿芳掌握矣。在光绪廿六年，捕房以天仙馆屋年久，恐倾圮伤人，勒令停演重建。不得已，暂移胡家宅天华底子，唱日无多，亏折不少。石路旧馆，用偷梁换柱之法，涂垩粉饰，敷衍了事，三月而后，迁回原址。先是六马路天福馆址，久为天仙产业，力逼天福迁徙，恐留此馆多树一敌。旋即拆改市房，免有后患。不料捕房勒令修屋，无处可移，而至胡家宅，元气大伤。若六马路其馆尚存，何致受此亏折。岂非损人而不利己？庸人打算，往往如此。小连生由海参崴回来，唆怂园主团一科班，致有捉臭虫之诮（详捉臭虫）。后知孟鸿芳不妥，再将馆事畀之赵嵩绶。小班改归常国泰经理。三麻子亦受托孤之命，亦复他去。查天仙已卅年，赵锦死时，正花团锦簇，无缺金瓯；又托孩于大众，善言出于肺腑，顾命寄之腹心，何致未及十年，溃败见于一旦。此皆赵殿臣刚愎多疑，不遵遗嘱，老成反叛，辅佐忌疑。此时已成外强中干之势，妖孽迭见，不知内疚，犹复夜郎自大、刘阿斗一生梦梦，天仙之赵殿臣亦犹是也。今大权统归小连生，见人之谦恭，直唐时李林甫笑里藏刀。周来全遇事唯唯，不置可否，如明时李东阳中书伴食。赵嵩绶日夕一榻横陈，暇以樗蒱取乐，若南宋贾似道徜徉西湖，筑半野堂与妻妾秋兴解愁。诸阿寿似近时鹿传霖，惟利是趋，守旧排新，斤斤为一身计。赵殿臣饱暖思淫，近闻效晋重耳怀嬴故事，若陈后主昏淫无道，主宾嬉怠，燕雀处堂。锦片前程，铁统世业，竟为他人所得也。

天仙分开义锦

天仙下场门包厢后，即马棚弄。南墙拆通为宝善街西首戏馆。后台赵锦以多一戏馆，即多分一馆利益。自咏霓散后，预将此馆租定。遂打通与天仙联成一气，分班演唱，园名义锦。添武生牛松山、（原名长宝，在山东极红，兼小生。）花旦张桂云，并昆腔角色多人，时在乙未夏秋之间。因在荒月，开销又大，进不敷出，未几即闭。馆曰义锦,因伊名锦,而取其义,但如此坌断而为义,毋乃欺人?其实自欺耳。先哲云:多行不义……试问焉能得久?

周大升、康黑儿开满春

武二花脸周大升,与武旦康黑儿一直搭挡。自大观全班为大升邀京,适逢东太后国忌,不能演唱。知刘维忠在申租大新街元芳花园东首地基,建造戏馆,业已落成,现有宁波班在内演唱。大升、黑儿仍领多人遵陆南下,十一月中赶到,即在该馆演唱。仍用甬班,馆名满春,有老生冯柱儿(即冯胜奎)等,本在京都四喜,小有名望,以唱"三骂"出名。三骂者,《骂阎罗》、《骂王朗》、《骂曹操》是也。其人后患疯痫,时人惜之。唱至夏杪,因刘维忠自开丹桂,遂让迁宝善街,而开咏霓。

周大升开咏霓

周大升由满春迁宝善街,开咏霓,时在光绪九年。癸未夏,邀到汪桂芬、沈砚香,此汪第二次来申。(第一次在辛巳春,由何福安约来,乘丰顺到后,未上台即返。)第一夜演《天水关》,初见自来火光,气馁犯醋(即胆怯北人谓之醋),沈演《八大锤》。久之,汪闹脾气,周大升不受。相处至次年,彼此更积不相能,故将其戏排第二或送客,(大戏后人将散,彼中谓之送客戏。)特有意犯辱之。汪不能堪,即辞,周亦不留,任其去。拟俟汪上轮时,派人中途截住,扭送捕房,以泄积忿。汪已有所闻,但非登轮不可。乃密央求英领事署文案,是汪至好,晚间护汪上船,候天将晓,放汽撤跳,始行。周等不敢逞凶,知难而退,汪得坦然回北。该馆再移六马路,又邀来赛活猴、佛动心师徒,李春来亦由京来应咏霓之聘,生意日坏。春来尚不知愧,犹复庞然自大。周大升更不甘服,即以待汪手段而待春来,并将卖价贬为一角,较之桂芬尤恶。春来一时无处可去,明知其故,只好唾面自干,饮忍含恨而已。幸尚不将春来排唱开场、送客,因周大升、黑儿皆唱武戏角色之故。后宝善街开留春,来邀春来,该班强有黄月山,素不和睦。好在月山已改白胡子,所有短打全让春来。所以春来虽不适意，然比在咏霓，却有面子。春来常语人曰："我出世以来，搭咏霓是头一面栽斤斗。若忘记，众乐假死娘笑话了。"迨进留春，与月山各唱各戏。而于《伐子都》，月山自唱，不肯稍让。春来亦无如之何。若《长坂坡》，其时尚不会也。各馆无夜不唱《杀子报》，互相争赛，务期精美，淫凶过分，反使阅者掩目。传达会廨，以蹶形既亵，穷凶极恶，有关风化，特悬禁令，犯者必惩。乃咏霓阳奉阴违，照常排唱，又与纪寿臣口角，误击纪，脱一齿。纪具词控告，牵涉《杀子报》，遂签提周大升，捉将官里去，笞二百板，荷枷十日。经人求免未枷，周大升自以坍台，立脚不住，前与甬班合演，相识颇多，即率全班赴甬，藉以稍避遮羞。宁属无坐，班皆泛宅浮家，朝南暮北，唱高台戏，即江湖班者是也。甬俗戏皆长夜，天明歇锣。一夜在某乡夜戏，至四更，大升便急，遂涂面向野田解手，久之不返。群相诧异，黑儿率众而往，遍寻至天晓，见已死于田畔。同人云，为野鬼捉去。黑儿到申，颇讳其事，不肯直言。查黑儿与大升共事最久，或知其平日狼狈为虐，所行不端，周故受此显报。黑儿自大升死后，亦垂垂老矣，不能翻跌，改唱刀马。后搭天福，过鹤鸣，仍去甬江。光绪二十九年癸卯，客死四明。此卅年中京班武旦，以康黑儿居第一。

刘维忠重开新丹桂

刘维忠自宝善街丹桂亏折让人，心实不甘。且以牵累闭歇，并非戏馆真亏，故一心仍图恢复旧业，所谓"跛不忘履、盲不忘视"者是也。惟妙手空空，难于集事。丙子冬，有魏塘金眉生廉访，悯其老苦，特向唐景星观察说项，于招商局代谋一温州轮船买办，因而得识台州府刘兰洲太守璈。次年太守擢台湾道，遂由其公子假银若干于维忠。由是先租元芳地基，建造戏馆。落成后，又将馆屋押银，各处邀人，故造馆、唱戏分作两起，年余方齐。然而实力不逮，不能一气呵成。馆名新丹桂，在光绪十年甲申中秋后开演。先邀老生徐岱云（《假金牌》最好）、夏奎章、穆瑞堂、林连桂，武生夏月恒、郝福芝，小生杜蝶云，青衣李棣香、孙瑞堂，花旦想九霄，又将天仙之周凤林、小桂凤,俱加重资挖来,并邀周钊泉、姜姜珍,由京邀回大奎官、小叫天(此第二次),武旦余玉琴,(上手余大海子,小名庄儿。)武丑张永升,武二花脸赵德虎、张九柱等,十月又聘京都某邸掌史倭心泉之子文琴舫,其人平时喜唱刀马旦,随来打出手者七人。(小叫天长子锁儿、武生蔡和祥、蔡和福、一吴姓[忘其名,前唱铜锤,今改武二花脸],余皆不忆矣。)第一夜演《马上缘》,以杜蝶云扮薛丁山(详文琴舫各串)。小叫天脾气乖张,刘维忠大不惬意,情愿将已付包银不要,另送船票,请其于封河前回京。叫天去后,遣杜蝶云挟资赴京邀汪大头,直至十一月,杜始回。托词将银交文琴舫转付汪桂芬,急切不得脱身,只好乘隙偷行,不能预定日期,大约由旱道南下,刘维忠信之不疑。杜挈其婿韩桂喜同来,一身外无长物,星夜为其赶置行头,第一夜演《锁云囊》,此为韩从前未演之戏。杜有姘妇,本袁双喜媳,忽楼头晒羔皮统多件,汪既久不来,致刘大疑。向诘支吾,刘拟控官,经大奎官等十人公保,令杜河泮去京,汪若不来,原银追回。如杜及银两俱无着,惟保人分偿。正月杪,杜即动身,从此一去不回。数年后,发癫而死。刘候杜无信,二次又派熊文通往邀桂芬,北音未来,南事发作。先是所假之款,不料刘观察为闽抚刘省三中丞单衔列款奏参褫职,追赃发往军台。刘公子来申,坐索前款。刘维忠束手无策,不得已将戏馆押与瑞生行买办何丹书,以偿所欠。于是更形竭蹶。后邀三麻子进丹桂排《铁公鸡》,亦不卖钱。刘维忠愈不能支,改为合股。三麻子、薛大庆皆有分,又逢炎夏,周凤林等仍由天仙再加包银挖回,小桂凤、想九霄均散,生意不可收拾,后归想九霄接开。

陈方水开留春

兆丰买办陈方水,时正姘李巧林于珊家园。当黄月山去京,亦知陈方水暗与巧林来往,并不吃醋。临行,反谆托方水照顾。兆丰行买办吴蟾青退后,陈方水接办。巧林力怂方水自开戏馆,伊可亲身到京约月山转邀汪桂芬来申,陈颇韪其言。至时商之洋东密司霍,亦以为然。遂一面安排申江各事,即令巧林携资入都。先约月山邀聘汪桂芬一同南下，兆丰行东带汪到英领事署签字，然后择吉开张，馆名留春。其时刘维忠正以丹桂大不得了，熊文通归沪已久，云汪已收银，给有收条。现既已搭留春，不应讵约。据情具控，请提汪伶讯办。经手熊文通投案，并呈汪之收条。谳员罗少耕、司马家杰准词传汪到案。汪供，熊却来京邀我，因我不愿意在丹桂演唱，早经回绝，并未收银，亦未出收据，显系丹桂捏造朦控。此次乃是兆丰洋商所邀，且在英领事衙门签字。罗司马以华人控告华人，是非曲直应由华官讯断，汪桂芬何得以洋人为护符挟制官长，实属刁顽，若不惩办，何以警众。刘维忠控案姑候查明，再行核夺。应先严惩汪桂芬藐视之罪。其时汪若苦求，自认冒昧，尚可转圜。乃汪恃有洋人出面，忿言挺撞，兆丰洋东亦到堂置辨，坚欲保汪。罗更怒不可遏，以华人事无烦洋人越俎，当堂责汪三百板，枷示头门。洋人无可如何，禀请领事照会上海道札饬公堂释放，并须治罗擅专滥刑之咎。正任上海道邵小村友濂往香港查洋药税则，代理为汤小秋观察寿铭，略谓罗丞办理此案，并无不合，未便以贵领事凭该洋商一面之词科罪，应请申斥兆丰行东越俎云云。按罗福建人，正任川沙同知，因春间会审委员黄芝生承乙与英副领事翟理斯会审时，互相詈骂，几致挥拳，黄倅撤委，与罗对调。罗亦强项，宁去官，誓不释汪。经陈宝渠司马调停，始将汪疏枷开放，而刘维忠之控案并不复审矣。留春候汪放出，即行开台，名角如林，极一时之盛，花旦蔡桂喜、真万盏灯，老生王玉芳、刘培山、林连桂、林宝奎，武生黄月山、李春来、沈韵秋，小生沈砚香，大面李长胜，武二花脸吴桂喜、赵德虎，青衣金兰卿，小丑何家声、徐阿二，老旦羊长喜等，文武角色齐全，生意居首。久之，汪桂芬又发脾气，时时藉端不唱，又非预先告假，而临场诿病，致看人裹足。李春来亦效而尤之，蔡桂喜病潦而死，黄月山改就丹桂，汪桂芬又返京都，瓦解冰消，不能复振，留春闭，改十分头股开天和。

十分老板开天和

留春散后，李春来、沈砚香、许处（号筠堂）、刘培山、何家声、周双林、李奎山(打鼓好手)、林宝奎等,以十分股开天和,角色半是股东,无所委卸,故戏认真,功归实际,毫无糜费,反较前赚钱。至秋,江西巡抚德晓峰中丞馨衙门堂戏,年年老例皆三麻子经手,集梨园子弟往演,以此为利薮。各人卒岁之需,赖此御冬也。事后返申,人心不一,遂不料理。天和即未重开,殊为可惜。

想九霄开丹桂

想九霄,姓田,号际云,小名田虎。本盛军小班出身,当隶新丹桂时,与周凤林同班。周名小老虎,故人戏谓,二虎不能登一山,万难共事。未久,果然各散。想九霄自新丹桂散后,招集同门复来接丹桂,延夏月恒管事。月恒年甫廿二岁,有干才,人乐为之用。角色水上飘、大子红马全禄、活天霸(即李大九山)外,更邀猫猫旦(即杨秀云)、小金红、刘廷玉、盖天红、惊天雷、何金寿,另有小班排牛斗宫高跷灯戏,(同时各班皆唱此戏,然不及丹桂。)唱至三月,仍不少衰,(月恒第八弟,其名为何桂笙代取,时年□岁。)景德全(景四宝子),班名玉成后,全班回京。后李春来接开,庚寅年复由京到申,仍在原处,以《封神榜》见长,灯彩切末,千变万化,虽在六月,座无余隙。排至卅四本,孔宣阻兵金鸡岭而止。夏间,邀到十三红等,七月即去。冬间忽移宝善街,改名天成,至年终再回原处,仍名丹桂。次年春又回京,至今未来。康梁之变,想九霄于己亥秋只身来申,于是谣诼蜂起,谓九霄因将洋人衣服藏戏箱入宫,触太后之怒,故潜逃出京,其实子虚。

李春来开丹桂

李春来自众乐亏累,以母假死奔丧,金蝉脱壳而去后,由咏霓邀来。事隔多年,已无人追索前逋。在咏霓生意不好,夜戏减卖一角,春来惭恚,以周大升有心侮己。大升闻言,答曰:“我岂不愿卖一元八角,实在众位不肯出力,人家不肯到咱们这儿来看。谁不要脸?我也叫没法。大家如果过意不去,拿点良心出来,认认真真干活,只要有人来看,自然涨价。现在好角色只顾要面子,不愿减价,也不管开馆子的死活，我可没有娘。就是有娘，我也不耽这个名声。好就浑下去，不好就关门！”春来闻言，无可回答，常向人言：“我一辈子没有像这回栽筋斗！”后改搭留春，再为天和十分头老板。细想还是开戏馆、当老板的便宜，可以名利双收。适想九霄回京，春来将馆子租定，先派一韩姓到津邀人，是年未回，春来情急，自往天津，始将小一盏灯邀来（师傅即张国泰）。到申即日登台，打鼓李奎山向人云：“我打鼓几十年，从未见过这样好的孩子。这一点岁数，唱工、做工样样好，将来大了，要盖过十三旦。”次年庚寅正月，生意极好，二月尚可，三月渐清，已觉支绌。倘有人代为经理，尚不致亏。第一、春来目不识丁。凡事动辄需人，而又疑心太重，不肯假人事权。第二、自以为好角，看不起文场角色，自己武场总排中场大演。第三、胸无含蓄，喜怒形之于色。生意略好，则昂首自夸其能，谓此实武戏卖钱；清则满脸不豫，即大言于众：有这许多角儿，竟不上座儿，看他们诸位好意思拿我包银！功归于己，过诿于人。若忘计前在咏霓，受周大升讥诮。曾几何时，轮到自己当老板，更比周不如。此后众心涣散，交夏即闭。

曹小云开和春

曹小云，青衣角色也。在丹桂时来申，不久即去苏。同李棣香在阊门开戏馆，大受折害。小云即在苏娶妻，回申在宝善街开和春，角色悉中下人物。李春来娘舅王福连唱武生，彼云：“宁甘自苦搭班，不类靠傍外甥。”亦有志气之人也。和春开销本轻，居然敷衍年余之久，力竭始闭。

武永泰开天福

武永泰，津人，平时在家，颇不守绳墨。其人善钻营，酬应尤其所长。南皮张香涛尚书之洞督粤，武本直隶同乡，遂航海赴粤。转展请托，得委内河轮船统带，署新会参将。据津人云，武非其真姓，乃买一武姓奖札，张冠李戴，得握印绶。宦粤两年，囊橐颇充。凡津、沪向与武往来者，同乡居多。咸至粤谋事。武恐泄其底蕴，来者无不佽助。又恐诸人在外招摇肇事,有碍官声。且性喜看戏,筹思至再,乃令弟某带广东行头、红木桌椅,携资来申,赁六马路戏馆,改名天福,即以唱戏盈余,养赡一班旧时朋友。所有来粤者,全令到申,致戏馆年年有亏无赚,时时接济,巨万成本。此武在申开戏馆隐情也。否则武虽慷慨,焉有在数千里外而开戏馆,供若辈如取如携、任情挥霍,本人又远隔重洋。即使爱戏,何妨将来解组,然后再开。天下固无此冤桶也。张调两湖,武即为后任谭文卿制军钟麟参劾,仍以钻营二字考语革职。再赴湖北,为张之私人张虎臣彪所尼,不克留鄂。然仍谋得镇江差事,癸卯年客死润江。当天福初开,账房柜台皆属津人利薮。迨发包银,已无洋元。除由案目垫付,则向广东追索,如此者二年。后归夏月恒管事,前台易郭寿春。适六马路馆基为天仙买去,夏见津人来者日多,将有不可收拾之势,不忍坐视,遂越俎代谋,趁馆将迁,预作未雨绸缪。先商定天仪焚基,克日建馆,准于戊戌闰三月十一夜开台。时光绪廿四年,馆名鹤鸣,托言乃夏月恒所开。(月恒名鸣皋,取鹤鸣九皋之意,仍武馆业,非前杨月楼之鹤鸣。)杜津人侵润也,自起演后,津人一概不许进馆问事。后台凡有与津人表里为奸之角色,皆辞不用,一时弊绝。此后进款,涓滴归公,不似从前漫无稽考。用是津人衔夏刺骨,亦无如之何。即相率去粤,见武以危言进。武初不为动,迨夏将陈彩林辞歇,陈偕武弟到粤,朝夕鼓簧,以夏太专,郭为所用,武始心活。但事难启齿,知张国泰由津为夏邀申,即以辞张师徒为由,夏果恚忿。一面令张到苏,一面自亦告退。武仍派其弟来申管理,馆事大更。又邀李春来等进班,后台知夏欲退,各角纷纷辞去。夏出李进,所有一班津人又复鸱张,狼噎鲸吞更甚于前矣。武弟非不知李逊夏优,但有夏在,不便从中舞弊,李来则浑水里头好摸鱼。自李进班,生意骤落。所惜者,三月至五月,价仍五角,就此一乱,登时清淡,岂不大奇。武永泰在粤,始知误信人言,然已追悔莫及。李春来来日无多,将馆改名庆乐,又达炎夏,见买卖大挫,知难而退。约其一众私人到满庭芳与五月仙开咏香,庆乐就此让人。

何少山开长春

何少山，浙江嘉禾人。素业珠宝，少孤，眷宝树胡同谢兰香。生平爱看武戏，因而各案目皆熟，常与何通融，班中人亦稔识不少。有增二者，旗籍，唱丑角，时在烟间遇何，即对榻横陈，日亲日近。适宝善街馆闭，增即怂何开馆，何意为动，悉索敝赋。谢兰香本有嫁何之念，亦倾囊助之。即聘增管事，于壬寅九月开张，馆名长春。角色十四旦、牛松山、彭玉章、周双林、何金寿等。至年下，其母由苏济资汇申，到捕役柴樛处。柴正难度岁，施偷天换日手段，将现洋已用，另出正月期票，散给包银，大误其事，致新正不唱武戏，生意大糟。（凡戏馆正月全靠武戏卖钱，以备闲月贴补。）以致二月即打饥荒。知增不足恃，改换曹小云，已无及。何本外行，不禁人逼，至月杪即夤夜而遁，遂闭。

曹小云开天仪

曹小云自长春散后，候六月将过，复在其馆邀集角色重开，馆名天仪。老旦杨寿长等，由镇江来，亦进是班。何永宽偕徒金镶玉亦由天福过班，且为合股，案目夏长春山献地图于何宽永，遂大权独揽，与夏春山里外连络，几将曹小云挤出。终以天仪为曹小云所创，每月津贴若干，不管馆务。何永宽脚立定，案目换小福寿，总理反将夏春山挤出。天道循环，报应不爽。若曹小云仍在天仪，夏春山何致落空。天下本无事，庸人自扰之。好人乐得为好人。螳螂捕蝉，黄雀在其后。洵然！后来夏竟穷死，曹亦因倒票亏累，避津逃讼。

顾崇德创开天华

顾崇德，天津人，向为洋人养马起家。后在天津紫竹林一带，置产甚多，并有花园。结交营伍中人。嗣与洋人不直，家资罄其大半。忿极，离家，挈全班航海来申，赁新马路程麻皮之屋而居，此甲寅五月事也。班内有青衣、开口跳二伶，为人唆由后窗晒台逸出，奔上海县喊冤，云班主以刀恫吓，强欲鸡奸，控求惩办。其实皆为人教供,砌词诬告。查二伶年幼,上海又系初来,路径尚生,何以赴县而不到会审衙门?舍近求远,显系暗中有人引以进城。县令为王欣甫明府,知其虚妄,故质讯时,奸情一字不问,就案断结,将二伶递解回津。闻此二童路过清江浦,逗留未行。顾携带数十人,食指浩繁,又无馆唱戏,坐食经年,渐形竭蹶。不得已,姑在张园卖唱糊口。复与程麻皮商,以胡家宅市屋拆改戏馆,取名天华(即群仙底址),另邀外角张和福、小桂林等。顾一生多疑,自津、沪两地构讼,更以世皆欺诈之人,处处防人,因而更觉路窄。外班不久即去,天仪被火,又邀何金寿、孟鸿寿等,生意日替,日难支持。幸为苏州大观包去,每月四百五十洋,火食在外。小班最出色者,花旦赛貂蝉,武生赛天霸,大花脸金大头、赛何九,老生赛长庚,武二花脸赛山猫,开口时迁等。顾崇德开天华二年,吃尽辛苦,无一日安。继虽寄人篱下,不愁柴米,暂可息肩;不料身安未久,祸起萧墙。有赛美仙之父,吴姓,恶人也。初来顾悯其苦,留以宿食,可谓恩高义厚。不图恩将仇报,包藏祸心。在申不敢圭角稍露,到苏后暗怂青衣星明月,乘顾睡熟,用剃刀力割其势,血流标杵,痛极而醒。星明月对众扬言,顾欲强奸,故而行凶,于是大家不敢定其是非。惟吴姓大肆咆哮,定见不依,竟忘收留好处。设真有此事,亦应弥缝,故知此必吴姓授意。星明月下此毒手,后经人调处,先以人命为重,余事再议。顾虽遭大创,尚能步履,以痛不可忍,无暇申辨,姑留此命,徐图将来。即买一小舟进城,到天赐庄美国医士柏先生处医治。先用药线缝好厥根,据云,流血太多,非静摄不治。即寄宿医院,旬日疮已收口。一日狂食牛肉,一时气闭,疮口迸裂,登时气绝。身后赖顾松山料理,电致天津,其子廿日后匆匆扶柩回里,亦无人敢言。一条性命,白白送脱。其班即到镇江,所入包银皆为吴姓及其一徒名长利者安享,登时周身绸缎。吾恐天下无此便宜事,终久必有报应。惟顾崇德一世之雄,数千里外枉送此命,且蒙不洁之名,岂不冤哉!最苦花旦赛貂蝉,本该班顶好角色,亦无怪顾独爱,平时所有钥匙等要件,皆令收执。顾死后,吴姓本因其子赛美仙亦唱花旦,为貂蝉盖掩,常滋忿恨。今大权独揽,藉此报复耳。

何永宽独开天仪

何永宽，直隶霸州一捕役也。收徒皆令习戏，约有十人，以梆子青衣金镶玉、小生八千红，为此中好角。甲午来申，搭天福，因加包银不遂，改搭天仪。久之，鹊巢鸠占，大为整顿，聘夏月恒管事。武生夏月润、武二花脸夏月华，随兄同班。小丑陈小奎，排《左公平西》，别开生面，看客如云。何永宽一时得意，顿忘昔年困苦，将金镶玉行头及周身衣服焕然一新，已则遍体宁绸摹本，甚至亵服，亦以大红。摹本作面，内用狐狄为里，暴殄天物，一至于此。夏月恒雅不善其所为，逆料何永宽必不能常久，不屑与之共处，屡欲托故他去。后藉送月润进京入赘为名，遂偕弟月润、小奎官、何金寿、小桂林入都，故《左公平西》只排四本。又因戏中有白彦虎，申地清真教友，谓辱回教太甚。禀请当道禁唱此戏，遂排《正本三上吊》，由原唱之《三上吊》起，接上缢鬼追贼，途遇群贼，将鬼攒殴，鬼奔殿于野，至丛葬处，鬼吹叫子，引起同类。先是场上安放无数棺材，迨鬼吹叫求救，所有棺中之鬼奋起，各持棺盖与众贼互斗，俨如大敌，亦会阵打套子连环，真匪夷所思，太无情理。然颇卖钱，而识者预知其不祥。何获利既溥，每以富贵不还乡里，如穿锦衣夜行，遂挟资回家，拟置田产为将来退步。上海馆事暂令假子经理，已则荣归故里。讵黄金不发命穷人，霸州乃一小地方，眼眶太浅，从未见过绫罗绸缎。大约何永宽昔年离家，亦非好好出门。又逢该处荒年，何永宽刚一抵家，自州官以及绅衿，无不侧目。借事将其行囊倾筐倒箧，充作善举赈需。何不敢计较，只身而遁。至乡间，见人易子而食，遂广收幼童数十人，并不费钱。各童父母只愿有人携出，免成饿莩足矣。到津乘熟轮赊川到申，岂知假子乘何归去，即为人引诱嫖赌，致杨梅结毒。金镶玉从轻发落，失音而已。帐洋为二人亏空，时已冬令，何永宽所带诸童，居馆无衣无褐，瑟缩可怜。夜间又无被褥，冻死不死者各半。叹诸童不死于北方饥荒之地，其父母情愿分离，令其南来避死耳。今反速其死，此天下事固十有八九不如意者也。其时未死之童,皆因寒冻生病,又无卧处。平时须等戏散后,令睡包厢内,如豕羊然。且无人顾问,尿屎狼藉,臭秽不堪。李春来在廿一年八月,因节事与天福斗气,突于十六夜约齐全武行(沈韵秋、李春利等),均过天仪。幸天仪各武行知春来等过班,亦相率而过天福,彼此互调。否则天福几为春来挟制矣。何永宽至此局面更大,市面更灵,新开嘉纶绸庄,与之往来。何永宽忽思毒计,乘此多取绸料,家雇成衣多人,昼夜赶置行头,其已成者即以质洋。如值典十元者,只当一元。将券收藏,将来如亏折,逃走便当。然后着人取赎,简便而无痕迹。从嘉纶而欲及介福,乃介福不肯赊欠。光绪廿二年,李春来因春利支银不允,除夕代春利与何大闹,甚至挥拳。李亲至牌楼,将春利及自己名牌摘下,元旦即未上台。经人调处,直至二月复进,沈韵秋父子因债于正月廿六夜全家逃走,何永宽愈骄愈淫。不料二月廿二夜,戏散已久,约丑正遽遭回禄,焚至天明始灭,烧死茶房一人,名酒鬼王。所奇者,戏园之外,一无殃及。事后亦不知火从何起。何永宽住法界,该馆除屋房东保险,所有行头付于一炬,并未保险。查该馆建自同治五年,至光绪廿三年二月被焚,计卅二年。上海火警虽多,但戏馆遭火实破天荒。何永宽经此一火,依然如数年前行藏,无可补苴,带金镶玉各处搭班。各灾童尤苦,因此而死者,又多人。何不知改悔,乃怙恶不悛,致身葬鱼腹。

周凤林开丹桂桐记

周凤林两次搭天仙,一次搭丹桂,身价日高,但从未自做老板。久蓄要开戏馆之念,苦无馆子可唱。辛卯春,想九霄全班去京,凤林即租是馆,加桐记二字,约周钊泉等昆角十数人。后来钊泉与凤林不合,因有夙约,不肯随走,惟姜善珍、小桂香、邱阿增过班,小脚篮父子后添,竟亏折。后郝福芝代管前后台事,除各项开销后,方可归于老板,故凤林以大权旁落。又见郝福芝气焰熏天,不但同班仰承颐指,即周凤林尤不能堪,思有以去之,苦无善策,遂有人授以毒攻毒计。约何瑞福进班合股,彼此重立合同,郝果畏而退让。讵开门揖盗,引虎自卫,竟弄假成真,来一福去一福,居然独断独行,喧宾夺主，将凤林硬令退股，仍留其唱戏。馆内盈亏，与周无涉。周亦无如之何，丹桂改为瑞记矣。

何瑞福开丹桂瑞记

何瑞福由巡街捕升包探，乙未贴票事发，他如沈金隆、黄赐福、孔阿才，或挟资逃走，或管押捕房，惟何瑞福安然无事，且从中大得其利。适周凤林约其入股，瑞福竟据为己有，并邀李春来、天娥旦。甚至涉讼，二伶断归丹桂。何瑞福之势可知矣。又从李春来之请，到豫邀回沈韵秋。至沈前因避债而逃，由瑞福向债户理明折偿，又邀武旦张燕芳、开口跳云中燕、武生张顺来等，未及年余，春来又发脾气。其时何瑞福已萌退志，借此仍拟让还凤林。时周无资收回，乃由印戏单陆金官，招何永宽承盘。先在伊胡家宅天仪馆门悬牌声明盘顶丹桂营业，择日迁移。于是丹桂众角哗然不服，何瑞福亦以并未招盘具控。被告何永宽以合同为凭，两造各执一词，官不能断，遂将经手说合人陆金官掌责，合同当堂毁废了案，乃归何家声、夏月珊接开。

何家声、夏月珊接开丹桂

当何瑞福盘出丹桂之先，角色已寥寥无几。适夏月恒辞出，另有一班角色同进丹桂，如夏月润、夏月华、云中仙等，故何、夏得能有恃无恐，放胆接手。又从苏州将三、四盏灯邀回，李春利、云中燕亦来。因见天仙《铁公鸡》卖钱，而《左公平西》碍于回教，不便即唱，乃将粤匪纪略为蓝本，由曾文正公在湘团练起首，塔忠武公斋布刺臂从军至鲍武襄公超出世，演成十二本，大为卖座。其中事迹真实，非若他班长毛戏无所稽考。惜何、夏皆斤斤自守之人，虽生意无亏，日夜兢兢，惟恐折本。至次年秋，有邑人乔聘磻，由李厚斋介绍接盘，烦夏月恒管事，而开丹桂胜记。

邑人乔聘磻开丹桂胜记

乔聘磻，上海人。先在宝善街开阆园烟馆，东间壁即天宝戏园,时有梨园人来吸烟,故金兰卿、蒋宝珍辈相熟。久之,不免缓急相通。后即劝乔入股,乔心动,遂付洋。托其邀人,一面订期泰和馆立订合同,然屡约屡更。适丹桂何、夏有愿盘之信,即由甬人李厚斋做居间,向夏月恒为乔介绍,三日而事成。由乔付班底洋一千元,又因急迫,现洋不足,以半现半票定局。后遂请夏月恒管事,全班角色不增不减。八月接手,生意甚好,周转得灵,故一时可以无须加本。十一月新添武永泰押出行头若干件,一律簇新。次年庚子,值北京义和团作乱,各国联军来华,京、津糜烂,两宫西狩,银根奇紧,虽重利亦无借处。乔聘磻无从挹注,夏月恒大窘,不得已自行罗掘,始将节关敷过。交秋愈窘,幸两宫远跸,大局转危为安。凡由北来南者,以申江为乐土;由申避往苏乡者,均一一迁回,人烟稠密,更甚于前,以故市面反而兴旺。后又邀小桃红、青衣小喜禄,又张国泰新收七盏灯,生意格外起色。前所亏者,颇收桑榆之效。用是夏月恒痛定思痛,以所卖进之钱及手巾各项,皆存储公中,分文不得私动,以防一时缓急。然钱财本流通之物,故前之盈余,乔均偿宿逋,意谓急时仍可通融。不料大乱,市面窒碍,此意外之变,非乔好意留难。次年辛丑,更觉阔绰。壬寅夏,忽有汉口满春将全班包往演唱,每月四千五百元,半年合同,于四月廿七夜停演,分两起遄往。夏月珊之徒、青衣兼花旦小子和(冯三喜子),老生小保珊(朱惠元子),小保成唱小大花脸,去时尚无名望,归来皆成名角。小子和尤为出名,又有小桂芬(号松筹),声调高超,近时罕有。癸卯冬,搭丹桂,甲辰三月为春仙用重价挖去。

应桂馨、李春来合开桂仙

甬人应桂馨,乃木作头应文升子,为人机警。与李春来先在满庭芳开咏仙,以局面太小,不足展其才能。适三马路大新街新造戏馆,桂馨预定限日完功,准新正开演。于是,日夜兴作,克期落成。工料不免草率,加之戏台倒置,几如会馆神庙之台,即于己亥元旦开台。因工部局照会领而未给,不准开台。故初二日夜停演,初三日照会已来,当夜重开,人即知不祥之兆。应之为人,与李春来同病，加以性喜铺张扬厉。古云：两小无猜。今则二人各有疑忌，焉能处久。逐渐积不相能。李春来无他技，专以率大众一哄而散，以为挟制地步。王瑞云、马飞珠、李胜奎等，受李笼络。庚子夏，应、李不洽，李即率众而去苏，拆股涉讼，一年后始了，后归马夫阿六。所谓鹬蚌相争，渔夫得利。应挈小喜凤而走。

熊文通开天宝

熊文通为名角金桂长子，十二岁即出台，唱小大花脸，与小老生庚弟合演得名。后年长，改老生，展转金陵、清淮、长江一带，又去广东，均不得意。为人沉默有涵养，阅历颇深，知人甘苦，识字知书，故见解超群辈之上。光绪廿四年戊戌，携眷属来申，投鹤鸣，夏月恒留为之辅。未几辞去。欲之杭，不果，到对门咏仙。后在宝善街自开天宝，因见天仙、丹桂长毛戏卖钱，亦排《刘大帅破生番》。庚子二月为门首外国看画图店失慎，殃及天宝。场上正唱《凤鸣关》，时夜八下钟，正在上座，登时拥挤，全馆被焚。又烧毙一客，踏伤无数。按该地已第二次火灾，孟鸿寿收拾余烬，在正丰街市屋安插，馆名全桂。藉养群角，免得走散。方冀该馆重建，不久即闭。

郎四开福仙

郎四者，相传为浙军驻防，旗籍也。本在兆贵里口开质铺，由其妾父顾洛川怂恿，招熊文通邀集角色，在宝善街重建，限日完工，馆名福仙。不久大累，遂由文通劝郎四，将班底及行头让李春来，接开春仙。

李春来盘开春仙

李春来自桂仙拆伙后，到苏州短唱，九月回申。由熊文通来手盘郎四福仙，接开春仙。查春来已三次，此即右传之四章。春仙于庚子既冬十月望后开张，除福仙旧有角色，及带来王瑞云、马飞珠、李胜奎、韩春祥外，又邀郝二明、小班花旦小喜顺、武生小七金子等;又鱼鳞黑(即陈世忠),假子小九霄,武二花脸李福祥、刘廷玉、赵德虎,武生沈韵秋等。李春来素以武戏自命不凡,故武角独多。郝班近年即去海参崴,除夕邀赵嵩绶、小廉,谢云奎、月亭两家父子,并烦嵩缓管理后台事务。辛丑春,余玉琴由京来客串匝月;又邀梆子花旦丁剑云(即灵芝草)、老生白文奎;又由云南粮道普姓代邀老生贾洪林(小名狗儿)、周双林、金钢钻;冬间孙菊仙来,又代到京邀金秀山、德珺如,年内赶到。三年中,角色来去无一定踪迹。按上海有四馆,丹桂角色从不更换;天仙次之,后亦时易;玉仙苦于本不足。惟春仙所有角色,此三年中忽辞忽邀,三翻四覆,皆由春来情性不常,用得着此人,即异常亲热,虽呵脬舔痔,在所不辞;一经事过情迁,即登时掉头不顾。不俟终日,他角知其脾气,乐得要求,邀一次加一次包银。至甲辰五月,真正混不过去,下即荒月,更难望生意起色,包银尚欠甚大。文通见其为难,遂以八千元盘接。

阿六接开桂仙改名三庆

张国□行六,向为执鞭人,故咸以马夫阿六呼之。本在桂仙做手巾,自李春来拆股后,应独力难支,阿六即入股。久之,全归阿六。辛丑先邀刘永春、王玉芳,由京来。复自入都聘小叫天,七月登台,唱匝月,卖毛洋万二千元。壬寅邀孙菊仙、朱素云,至六月又以千元邀路三宝。留菊仙退三宝,唱七日,停至八月补唱。后将馆让陈桂芳,不利。无多日,仍归阿六,改名三庆,债如猬集。谢云奎不忍坐视,代其垫付担当,方将年事敷衍过去。原冀正月补苴,但所垫者桂仙,今改三庆,云奎不但包银无着,即垫洋亦复难归。云奎忿极,拟控之官。经人调处,归孙菊仙接开。云仙代拔归还,事乃寝。

杨三插开丹桂

丹桂胜记,全班赴汉,馆屋空闲。适杨三自杭来申邀人,薛大庆亦来宁,拟租此馆。津人刘长泰怂杨三接开丹桂,杨允之。即将杭州班底移来上海,银钱由刘向按目集押柜洋一千六百元,并邀瑞德宝、小万盏灯、何家声，于六月望夜开台。适逢荒月，他馆避之不遑，焉有反就之理？不识时务，万难得法。且梨园逢此只取半月包银，名为帮忙。杨三乃新开之馆，无帮忙者，即此一大折耗。在申之无业津人，趋之若骛，在馆擅出主见，乱取钱洋，颇似昔年天福漏卮无底，欲壑难填。一月之后，渐露窘迫之状。杨三见事不佳，借措资邀人为名，赴津一去不来。中秋后，一夜戏完即散。十七夜不能开台，房东何丹书不问情由，遽将大门封钉，一副簇新行头，又归何有。岂不冤哉！按目在两期之前已不肯交账，然朱松山就此折完。

孙菊仙开云仙

孙菊仙尝向人言："梨园中小辈英雄，要算朱素云能干，颇有才略，都中同行称他为'小诸葛'。故我此次到汉，拉他同去。今接开此馆，以为素云道同志合，即以云仙名其馆。"其推重之深，溢于言表。股内有兆丰买办王国恩及三麻子等。然以一国三公，各树私党。当众人全在汉口之时，申鄂纠股，悉是林宝恒一人约连得成。今派在后台管事，以酬其劳。乃菊仙开馆，削去管事，谓："我孙菊仙已六十外老辈，岂能听他指挥！"辛工照发，不能掌权。林衔恨刺骨，乘隙鼓簧，搅得此离彼散，各存一心，致使菊仙孤立无援。朱素云见利忘义，亦阳厚孙、阴实薄之。人之无良，一至于此！他人则可，朱素云则不可，深负菊仙相待多年。试问诸葛为人，固如是乎？开演两月，三麻子羽翼已成，脚跟立定，且天已秋凉，遂暗与众人连合房东出面，硬将菊仙屏出，由三麻子改开玉仙。孙菊仙大恚，以三麻子汉口回申，天仙不准向他班登台，由菊仙托出夏月恒向天仙说情，借菊仙洋五百元，给天仙了其首尾，方可唱戏。今反将我挤出，是可忍孰不可忍。即具呈控告，并及各股东。又以当道迁延不结，乃亲赴苏投效方伯处诉冤，请函令上海会审委员邓鸣谦速为秉公讯结。原告持有上司函信，而被告又恃洋势为护符，致邓左右为难。不得已谕令四家戏馆，各派公正人调处。于是各家管事公议，以六分股东匀摊，每股出洋五十元，共三百元，折还按目。余则各认亏本,各不找偿。菊仙允而他股不愿,仍未结案。

三麻子开玉仙

三麻子即王洪寿,本徽班角色,为朱湘其之徒,幼年在江湖班。光绪五年,搭全桂,与小叫天同班,即言其武戏为野狐禅,非正宗。十一年搭刘维忠丹桂,后复入股,亏折。又数年,始进天仙,屡进屡出。继在杭开馆大累。二十八年赴汉口满春,次年接孙菊仙云仙,而开玉仙。资本苦短,角色又少,三麻子前在天仙,排《三门街》,并不上座,演至四本即停。今姑将各新戏试演,讵竟卖钱,非初意所料及。三麻子喜出望外,至十六本,更觉举国若狂。惜原书事迹已完,乃将他书拉杂,作狗尾续貂,情节支离,在所不计。唱至二十八本,大为获利。宿逋一清,又邀孙菊仙合串《三门街》,即无初演人多卖座矣。卒加至四十本,以赵如泉、李春利为戏中之胆,又邀时慧宝、刘永春、小白旋风等,仍然居末。

刘维忠在宝善街开丹桂

甬人刘维忠,见满庭芳创开,生涯茂盛,亦开丹桂,精益求精,不遗余力,事事要压倒满庭芳。故角色之齐整,行头之鲜明,既美且都。杨月楼本麟宦家伶,先搭金桂,继搭丹桂、满庭芳,三园皆加包银,互相争夺,因之涉讼。官判杨愿为断,遂归丹桂。查罗颇有势力,将杨及刘拘押捕房一夜,故杨以刘因己受累,决意依刘,聊以为报。次年又由津友介绍,邀到孙菊仙,二人皆大书特书清客串。

南丹桂武伶在小东门肇事

刘维忠当极盛之时,因众角过多,遂于小东门分南丹桂。以杨月楼、孙菊仙间日分唱,他角亦然。有某武行向押铺买衣,争执口角。某武伶回园,大兴问罪之师。侪辈类皆少年选事之徒,顿将押铺击毁。十六铺一带,潮闽人多,见之不平,一唱百和,齐集南丹桂报复。其时三下钟,场上正演文戏。潮人一哄而进,杨月楼适在,闻人声嘈杂，知事不佳。见无赖辈随声附和，月楼知机，即由后台逾墙而遁，看客亦受波及，巡捕无从弹压。北丹桂得信，武戏已完，任七首先率众飞驰来南，在途闻人言，杨月楼被人围住，不得脱身。任七本有真武艺，遂奋不顾身，直奔人丛乱闯，将近馆门，知戏已停，先将文角救出。尔时文武地方官闻报，俱已到场，幸两造皆未伤人。事后以津、潮均非安分，姑不深究，由法公堂讯结。武场咸谓杨月楼祸首，其实大冤。当夜南丹桂停演，北丹桂两清客忽然同串，本晚看人之多，座无余隙。南丹桂从此即停，防潮人暗算报仇也。

杨月楼、韦阿宝案

杨月楼隶丹桂时，年二十六岁，相貌魁梧，长身玉立。妓中如兆荣里（即一颗印）李巧林、日新里张秀卿（后姘小叫天）、西公兴里（即今之东公和）、沈月春，皆私与月楼租小房子，佥由婢仆导引。因畏清议，又惧津人柝梢，故形迹甚秘。一日排《梵皇宫》正本，月楼易弁而钗，为某洋行已故买办广东人韦姓妻女看中，遂夜夜来丹桂看戏，日久目成。暗中先与其母来往，后恐月楼中道捐弃，即将其女阿宝许之为室。阿宝有一叔，适返里，畏其来有反复，私写女之庚帖给杨，以为万无一失，虽叔回亦无惧焉。讵好事多磨，良缘难遂。韦叔已由粤返，闻其事大恚，乃开广肇公所会议。韦固岭南巨族，亦贸易中有体面之家，岂可以女匹配梨园中人。始议杨月楼能将庚字退还，亦不深咎，顾全韦家脸面，免得张扬，愈显丑臭。奈杨月楼不知利害，坚以庚帖可凭，同于铁券；又见韦叔来索庚帖，意甚谦和，会错宗旨，以韦叔黔驴之技无所施为，一面斥退来人，一面择期迎娶。韦叔得复，知不可以理喻，再开公所。时宰上海为叶顾之大令（廷眷），上海道冯竹孺观察（焌光），二公皆广东同乡，是日均到。以此事万难再观面子，虽有庚帖，无胞叔主婚，显系捏造，即令韦叔具控，以优人杨月楼奸占寡嫂，谋及弱女，私写庚帖，希图朦混等词，呈请彻究惩办。道县即据情照会领事，转饬捕房，会同县差提人。而杨月楼已租屋悬灯结彩，备花舆，正当迎娶之日，差捕登门。红鸾未照,白虎已临。将新郎捉将官里去,三木严刑,杨坚不承招先奸谋女。顾令恨极,必欲置杨于死地。搜其寓得粉红色粉,谓为迷药(其实非是)。其年已有《申报》,力为代辨。后顾解任,原告亦不深究。光绪元年乙亥,恩赦,照和奸例杖八十徒(较丁灵芝事轻)。即于丙子年释罪,递解原籍安庆。到地即来沪,至己卯秋,万难逗留,始去北京。从此未来,病死京旅。

(附)又阅数年,上海某戏馆思邀月楼,不吝重资,转托奥国领事夏士。以杨前在上海,有奥商经手未了之事为由,禀驻京该国钦差,照会总署,饬令杨月楼速即来申料理。时杨在京,已娶妻生子,管三庆班事,家业成就,年逾四十,阅历较深,不愿向犯事地方再寻苦恼,坚辞不来,事遂寝。

张大四穿台

孙菊仙所开升平轩,未及三月,适逢清穆宗国丧停演。至次年光绪初元正月元旦日,始重起演。空闲日久,虽春正生意亦难弥缝。至三月拟将馆业招盘,苦无人接。后由班中各角公议,作为合股拆账,候到秋凉,再定章程。讵议甫定,孙菊仙已暗搭宝善街杜蝶云丹桂,悬牌起演。同人见之,大为不平,然皆无可奈何。独武二花脸张大四(张涌泉父)怒不可遏,拟候菊仙登台之夜,前去穿台,与之拼命。丹桂略有所闻,以张大四不过气忿之语,未必真敢穿台,菊仙则颇有戒心。开台夜场上唱第三个码子,乃邱阿增昆剧。社在后台,忽连打喷嚏,即言不好,将有事矣。赶即知会菊仙,暂缓来馆。遣人方去,张大四已只身忿忿而来。丹桂管事薛桂山及大众将张攘至后台,竭力劝解。况丹桂向有交情,断不可因此失和。张经众说,怒气稍平。当即议每夜由丹桂派好角到升平轩帮忙,如生意欠佳,不妨偕王八十(王永利父)来搭丹桂。张大四为众拘住,只好收篷,诺诺而去。一场大斗,瓦解冰消。升平轩至五月闭歇,张大四、王八十为他班所邀,后由大观周大升邀回北京。

韩桂喜一夜两唱

张大四穿台，经人劝和，不致两败俱伤。惟到南帮忙分唱，众角咸不愿意。韩桂喜为杜之未婚婿，谊不容辞，遂不惮辛苦，一夜南北两唱。半月后仍无起色，张大四宁搭他班，不进丹桂，亦梨园中强项也。升平随闭。

（附）有南徐郭十三，最喜看韩桂喜戏。南北两唱时，郭亦乐此不疲，尾于其后。仓山旧主有赠韩桂喜诗并序。韩桂喜者，丹桂部之伶人也。来自津沽，超群菊部。申江之闻秦腔，自桂喜始。虽玉貌花容，原属韩凭之幻影；而乱头粗服，不同韩寿之偷香。惟与润州某有握臂之好，要亦游目而非骋怀者也。有艺、有色而又有志，似此出淤泥而不染，吾见亦罕矣。聊赠二绝，请质诸愿切瞻韩者，并未足形容万一也。

登台一顾已群空，多少歌童拜下风。我欲裁笺三十六，大书喜字在当中。

桂魄团圞空照我，喜心翻到为逢卿。美人毕竟秦云幻，万种情生百媚生。

杨月楼春恒姘妓小史

杨月楼于同治八年来上海，如李巧株、张秀卿、沈月春皆姘，然不敢如近时伶人之肆无忌惮。李巧林初姘月楼，再姘黄月山。张秀卿居日新里，一日忽不见。侦骑四出，不知所向。数日后，自回，始知其姘月楼。惟沈月春立艳帜于东公兴，貌不扬，以歌著名。私识月楼，未几遭讼。所有上下使费，及监中数年用度，悉月春供应。已则茹斋念佛，为月楼忏悔。迨丙子年出罪，人皆以为双月重圆、玉楼春暖。不料月楼弃如敝屣，掉头不顾，忘恩负义，虽古之薄幸人，亦无此寡恩。月春一忿，削发为尼。今街头有小足比邱尼，身负木鱼三步一击者，即沈月春也。月楼回京后，娶妻生子。忽病周身瘴烂而死，人谓淫孽之报，余则谓负沈之报。

刀马旦安静芝

刀马旦安静芝,己巳年为丹桂邀来。唱未多日,京信令其回去。因安在京某部,买有缺分,现轮安应补,故见信即去也。按刀马旦是一口刀、一马鞭,不踹跷,处于花旦、武旦之间,名曰刀马旦。若《取金陵》、《夺太仓》、《蟠桃会》、《喜崇台》,均为刀马旦戏,今则全属武旦矣;如《马上缘》、《虹霓关》、《反延安》、《七星庙》,今则全属花旦矣。前数年,沪人尚有知刀马旦名目,近则不甚知之。谢宝林、陈彩林间亦为之。若黑儿,则以踹跷故,殊失刀马旦本旨,缘刀马旦如演打出手(南人谓之掼家生),而无筋斗之架子武戏是也。从前各园尚有打出手,近因限于时,无暇及此。

杜蝶云之小生戏

小生杜蝶云,专唱穷苦戏,可称一绝。京中所谓穷生,如《状元谱》扮陈大官,与周松林上坟一截,真空前绝后;《鸿鸾禧》亦同周松林合串,一扮木稽,一扮金松,报箓一场,更妙绝人寰;《贩马记》与李棣香合串,写状及被巡按将李桂枝拉进内堂击鼓进见,均为朱素云所不及;又《秦淮河》之安道全,皆不同凡俗;若《闺房乐》扮赵子昂,又觉风流跌宕,潇洒出尘。

杨月楼在丹桂客串

杨月楼丙子出罪,递回安庆本籍,到地即潜来申,杜蝶云邀其在丹桂客串三夜。十月十一夜演《探母》,十二夜《牧羊卷》,十三夜《捉放曹》,楼上下每座卖洋一元,共卖三千六百有奇,洵一时之盛。后闻道署将欲驱逐,即避往镇江。十二月复来,料理鹤鸣之事。

浪双喜之子

宝善街丹桂花旦浪双喜,色艺双绝,名重一时。双喜觊觎一良家女,遣人作伐,屡说屡梗,因而患疾,即俗传相思病也。后女父死，再由园主以重资饵其母，始成眷属。郎妍女美，真一对璧人。讵好梦不长，双喜竟瘵死，遗一子名刘文达。家寒不能守，姘大马路小菜场对面、旧会审衙门西辕门间壁某洋装顾绣铺东某，得以苦度。令文达肄习西文。蔡二源别驾为谳员，文达母为蔡太夫人继女，遂令文达充该署通事。文达即以何无忌之势，在外招摇。所得造孽钱，悉供狎邪之用。久之，杨梅透顶，鼻烂，无颜见人矣。

得　意　缘

《得意缘》闻乃一京中名士所撰，排成此戏。其卢昆杰夫妇一截，即谐铎恶饯。惟全本只刘维忠在老丹桂时，沪商为典董黄老焕做寿，以丹桂正厅铺设寿堂演剧，宴宾三日夜，楼上照常卖座，曾将《得意缘》正本分三次唱完。扮小生为徐德奎，时杜蝶云、沈砚香尚未来申。徐欠儒雅，此后皆演第一本而已。

妖怪不打堆灰脸

初有京班，凡演妖怪武戏如《飞坡岛》、《双天师》等剧，妖怪全打堆灰脸，台下视之，眼鼻皆有楞角，古怪稀奇，无一蔑有。今亦久废矣。恐近今之初出武行角色，未必知有此种之脸，即询之，亦茫然莫对也。

（附）杨月楼旧主人蒋峻亭太守，最喜为人打脸，千奇百怪，层出不穷。有时高兴，亦与客串，给三行头赏洋及涂面角色，岂不大奇？亦梨园中之掌故也。蒋为攸恬之孙，汉军旗籍。后以知府需次湖北，名斯崧。

近唱二簧、西皮不用笛

满庭芳初开，凡二簧、西皮用双笛，不用胡琴。若青衫以笛配之，其音更雅。老丹桂间亦用之。近三十年全是胡琴。

赵家楼、四杰村

京班初到,如《赵家楼》、《四杰村》等大武戏,场上皆先舍台阁。武生、武旦、开口跳须攀缘而上,做出无数花头,都中呼为切模子。十年后,旧者已窳,新者亦不复再制。既觉简捷,又免累赘,然久之失传矣。春来唱《虮蜡庙》,用一大包袱,四角用四上手提起,黄天霸、张桂兰皆翻入,因而擒获,名曰貔貅,尚存古意。

茂州庙

《茂州庙》一名《拿谢虎》,系施公派黄天霸、贺人杰、计全、朱光祖捉拿一枝桃谢虎。昔年孙春恒曾涂面额上,画出一枝桃,其串法与往常所串,情节悬殊。按,谢虎在《施公案》内,为红旗李煜之徒,绰号一枝桃。照此昆串谓其虽在绿林,却济困扶危。德州一带,称为善士。一日有洗浮山于七已削发为头陀,避罪来投谢虎。适茂州庙赛会,谢虎偕子及于七到庙饮酒聚乐,不料黄天霸、计全亦来庙中游玩。黄天霸固认不得谢虎,并于七因改装亦不识矣。计全眼光最好,浑名本叫神眼,早知座上乃是于七。迨已出庙,计问黄:“座上之头陀,乃于七矫装,何以不识?”黄一经计提明,却是于七。因劫皇粮,将贺天保丧于抓上,真切齿仇人。遂同计全重复入庙,于七见黄天霸出而又进,知不利于己,随离坐向后而逸。黄、计瞥见于七杂入人丛,黄恐不及,发镖打于,误中谢虎之子,于七乘势逃脱。谢虎仅生此子,今被黄镖死,从人报知,谢虎大恚。以素来广行善事,乃儿死非命。黄天霸有心镖死吾子,定报此仇。遂回家大排筵宴,令妻及群妾同饮,谢虎哭谓妻妾:“我将与黄天霸拼命,替子报仇,如将黄杀死,我难在此,只好遁迹天涯;倘为黄所杀,就此永诀。故今日之酒,乃我夫妻一家永别之筵。汝各人宜自裁,免我记挂。”于是哭而唱,唱而哭,全是昆腔。谢妻自刎,诸妾亦一一毕命。谢哭,复大笑,然后放火自焚其屋,怀镖持刃,往寻天霸。奈谢虎并不认识,因见与计全同行,必黄天霸无疑。即向前理论,若天霸言明误杀,以情告之,谢虎尚可不以死拼;乃天霸自命英雄,反责其不应容留钦犯,汝子即不误伤,要捉于七,汝是窝家一党,全家大小俱要正法，不过迟早之间耳。谢虎更忿，因之交手，而非黄敌，即踰墙垣，诱黄追上。谢发毒镖，黄中镖倒地，至此而止。惜后本亦未接演，情节较二簧好看。孙春恒通场全唱昆曲，扮黄天霸者，则为任七，谢妻是青衫李棣香，妾共八九人，亦唱昆曲，周长山扮计全。自后各戏馆凡演《拿谢虎》，俱至贺人杰中镖即止，惟昔宝善街丹桂演完，将谢虎获住。其情节是朱光祖到红旗李煜处，求取解药。李煜为苑老儿所扮，甚好。朱光祖见李煜，说黄天霸中谢虎毒镖，昏迷不醒，危在旦夕。施大人知系汝徒，要治汝纵徒不法之罪。是我求情，来取药救活天霸，将功赎罪。李煜初听黄天霸受谢虎毒镖，做出许多畏惧情状；听到索药，又做出吝惜模样；后乃言解药已完，不肯给药。朱光祖见李煜护庇其徒，惟恐救活天霸，要拿谢虎，遂不别而行。然后用鸡鸣断魂香，闷倒李煜，盗药救活黄、贺。路遇神弹子李昆，骗镖拿住谢虎，再拿李煜。天霸求情，赦免李煜，叫李煜监斩谢虎完结。

苑兴盛善唱扫边老生

宝善街丹桂有扫边老生苑兴盛，班中人咸呼苑老儿。与孙春恒唱《空城计》扮司马懿，与孙菊仙唱《捉放曹》扮吕伯奢。每唱，台下必喝彩。吴凤鸣、谢宝林唱《黑沙洞》，自盗棺还阳，苑老儿扮家丁。又《五彩舆》“嫖院”扮赵文华，纯似小丑身段，口吻更属难能。壬寅春仙亦排《五彩舆》，赵文华乃熊文通所扮，亦妙绝，并及。

陈双喜助纣为虐

青衣旦陈双喜，亦不知为何人之徒。初搭金桂，喉音既高且阔，胡调野腔，不守范围，专喜姘娘姨大姐。后随杨月楼同过丹桂，杨之淫乱，皆陈导之，以博杨欢，故陈有费仲、尤浑之名。杨遭讼三年，丙子夏赦出，上海不能立足，挈陈同去北京。杨搭三庆，都中好青衣太多，程长庚辞陈，即舍杨回申，无班可搭，贫无立锥。项生对口，先月楼而死，人谓淫恶之报。

《虮蜡庙》之怪事

满庭芳自丹桂踵开,生意陡坏。嫌大门不在大街,看客不便,特商之临街房东,将大门改由宝善街出进。时正六月,炎热异常。适演《虮蜡庙》,扮费德功之武二花脸名玉桂者,忽在台上发痧,不及终场,已扑倒台上。赶即抬至后台,业已气绝,所涂之面,亦不及洗。又以为门向不及原开之门吉利,仍改原处。如此移去移回,所费不资,生意仍无起色,不久闭歇。

《九更天》考

九更天,饰金面者,人皆谓乃《封神榜》商纣之闻仲。今听其通名,方知为南宋之文信国。更击其九,原属不经。告状人先下虎头闸,再滚利钉板,然后方准。天下焉有是理?善折狱者,决不出此。近乎神道设教,观者见其举动,疑为死于绝龙岭之闻太师,不料竟是状元宰相文公天祥。谨按,文公为理学大儒,配享圣庙,岂肯作此虐政酷刑。打此戏之人,自以为尊敬圣贤,孰知反成亵渎。尚不如仍为无稽之谈,所谓闻太师,反觉于不近情理中而有情理也。

杜蝶云作法自毙

杜蝶云接刘维忠仍开丹桂,乙亥冬刘难卒岁,各园名角半皆前为刘用,愿为相助,在丹桂会串一夜,卖资可以度年。杜情不可却,如周春奎《探母》、景四宝《定军山》等戏,当夜卖洋四百有奇。杜恐年年为例,时某西捕头与杜相稔,杜送一分厚礼,以津人滋扰为词,出于西捕之意,传谕各园,年终不许打野鸡,违者判罚。讵事未三载,杜以庚癸频呼,不能周转。戊寅三月,因亏逃闭,让人接开。届年,杜亦困苦,思打野鸡,迫于禁令,不便启口。岂非请君入瓮,如秦之商鞅作法自毙?古人云:与人方便,自己方便。何乐不为?其后上海戏馆四班,除三马路自顾不暇。他若天仙、春仙,永不肯野鸡帮人。惟丹桂夏月恒历年以交情厚薄,助以野鸡,惠而不费,受者得以卒岁,种福无穷。最奇者,癸卯冬,武伶赵德虎在春仙,野鸡势在必行。如春来不允，则借洋二百元过年。春来畏虎甚，即诺诺允从，而他人不得援例。足见虎须难捋，惟有自悔，虽以此惠人，受者并不见情。某年五月，将馆让人，年下看人野鸡，将来一个不好，自己也要求人。录此以为损人不利己者为殷鉴。

《群英会》考

《群英会》周公瑾有舞剑一场，足见公瑾当年风流跌宕。昔徐小香有之，沈砚香亦能。廿余年前，来一江春山，多舞剑，人以为奇，真少见多怪。近朱素云亦未舞剑，其他碌碌更可知矣。

小叫天来申颠末

小叫天姓谭，名金福，号鑫培，湖北人。其父在京隶三庆班，浑名叫天，故其子人呼小叫天，幼年出台唱武生。都中凡初出少年角色，必须向京外一带唱野台戏，能出名，然后回京，名声即响。小叫天因手法快捷，脚步玲珑，咸尊为单刀小叫天。第一次系石路全桂所邀，同青衣孙彩珠来，时在光绪五年己卯，年三十三岁。从幼在三庆，所演之戏，武好于文，在申不甚出名。半年后，为大观转邀。次年四月，挈姘妇张秀卿返京，趁招商局保大轮船，送行者甚夥。第二次来申，系刘维忠续开新丹桂，偕大奎官同来，妻及子均至。与刘意见不合，欲于封河前回京，不照合同唱满。已付之银，刘情愿奉送。遂于十月归去，送行人较初次更多，时年三十八岁，为光绪十年甲申。第三次来申，系马夫阿六所开桂仙，因上年庚子拳匪之乱，孙菊仙在次年辛丑三月到申，受天仙之聘，重大包银，达于北京，故小叫天非有二千元一月包银不唱，阿六遵办。仍挈其妇及小儿女同来。时正六月炎热，七月初登台，计在唱仙一月[①]，卖洋一万二千元，可谓盛矣。然小叫天不恤人言，不洽舆论，不顾大局，不近人情，皆床头长舌妇设施。小叫天惟妇言是听，每月有如此巨

---

① 原文如此，似应为"计在桂仙唱一月"。

资,犹以为不足。而又难于措词,只有藉赴杭进香为由。临行,阿六饯行,直抉其隐:是否回申另搭丹桂?叫天闻言色变,答以:“杭州回来,如搭丹桂,我不姓谭。”阿六以叫天罚誓,坦然不疑,任其动身。乃到杭之后,忽发电致婿夏月润云:“此次回申,定搭丹桂,请令兄挂牌。”月恒得电,游移不决。丹桂名角如林,无劳叫天。但彼既念亲情,又不便固执拂其来意,素知叫天夫妇惟利是图,因以礼貌待之。况其爱女嫁在夏家,人非草木,未必重利轻情,遂一面挂牌,一面在泥城桥福缘里租三层楼洋房。迨小叫天全家抵埠,即进新屋,较之六月桂仙预备之德人里大相径庭。日备马车三辆,两餐如魏武之接待关公,五日大宴,三日小宴,馆内日留包厢一间,备妻若女观剧。本人到馆则令众管事及大小角色在馆门前鹄立恭迎,戏散后,仍恭送如仪,候其登车。众人先由小路到其家门,照前站班。如是一月,风雨无间。先是桂仙见丹桂挂牌,始知叫天言而无信。即托强有力者,递呈控告,丹桂又恐叫天吃亏,亦预为布置。嗣经居间两面调处,令小叫天到桂仙补唱三夜,摘牌。桂仙定后,叫天再入丹桂。登台亦唱匝月,即一叶扁舟,又向吴中,回就天仙。查天仙与丹桂,向来和睦,如有为难,彼此联络。今天仙既邀小叫天,应先知照丹桂,有无首尾,如丹桂言无,方可挂牌。今贸然从事,大属非宜。叫天在苏,亦恐丹桂口舌,不敢径来。属天仙布置妥当,候信回申。天仙亦知冒昧,乃挽薛瑶卿先向夏月珊道歉,托其缓颊。月恒以天仙本属旧好,今既认错,不为已甚,应将叫天前次与桂仙讼费,由天仙偿还,决不再事苛求,两伤和气。天仙如命付还,丹桂摘牌。叫天回申,天仙挂牌,叫天唱戏。因与月恒有隙,故第一夜《定军山》,改写《刀劈夏侯渊》,一“夏”字,聊泄私忿。月恒亦于丹桂门首大书《土地捉老坛》,“谭”、“坛”同音。又令街口纸扎店做一无大不大纸模酒瓮,使往来行人,见之手指口言,此丹桂新戏《捉老坛》之坛也。再经天仙,又烦周来全前来为小叫天服礼,请将此戏不唱,留其脸面。上台时,在十一月中,天寒岁近,看戏人稀,但受天仙重大包银,心不自安,自请暂停,新正补唱。次年壬寅正月初三夜补演,其妇又怂叫天候天仙一月唱完,再搭春仙。叫天以为上海四班，已演其三，出馆俱不欢而散，曷不开河归去为妙。况闻刘永春排我八字，说我流年不好，宁信其言，故我颇有戒心，亟思归正首邱，免在异乡为人耻笑。决计河溶附轮回北，遂于光绪廿八年，壬寅二月归。（其年五十六岁。）送行者除夏月润外，仅沈韵秋父子，余如桂仙、丹桂、天仙三班，竟无一人饯送，较之前三次，人缘大不相同。

文琴舫丹桂客串

文琴舫为京中某邸掌史，倭心泉子也，与十三旦为异姓手足。性喜串旦角戏，而又面如诸葛子瑜之驴，上装大不适观。经人力劝，遂改花旦而为刀马旦。京都最尚刀马，以一口刀、一马鞭，不跷而打出手，介乎花旦、武旦之间。沪地自安静芝走后，刀马旦一门阙如。文琴舫既属旗人，父又有资，纨绔而具此技，亦可羡矣。来申随来七人，皆与之配打出手。内中有叫天长子锁儿，二武生为蔡和祥、和福弟兄；又一吴姓（忘其名），乃前在大观唱铜锤花脸，后改跌打；另又三人（亦忘）。到申登岸，天仙派孟七介绍，但小叫天现在丹桂，以锁儿之故，辞天仙而进丹桂客串，不取包银。第一夜演《马上缘》，以杜蝶云扮薛丁山，二人皆穿文琴舫由京带来私房玻璃靠子（北人呼甲为靠子）。当夜文赏犒洋四十元，为通班润色。次夜《取金陵》，文扮凤吉宫主，大奎官扮赤福寿，同来七人扮沐英等打出手，有点半钟之久。旬日因将封河即返，惟蔡和祥重来颇有名，后客死袁公路，浦人咸惜之。

大奎官之结局

大花脸大奎官，为京都春台名角。（《都门纪略》载有其名。）刘维忠开丹桂，次年邀到，每年包银四百两。杜蝶云、孙春恒先后接开丹桂，皆未出班。迨春恒进天仙，丹桂散班，大奎官随孙菊仙回京，大不得意，唱扫边花脸。光绪十年甲申，刘维忠在湖北路（即大新街清和坊口）重开新丹桂，复邀其来。至三麻子合开丹桂，亦在其内。嗣老病颓唐，丹桂又关，不得已搭咏霓，即病，时刘维忠先死,奎官自病至死,与刘维忠同,亦奇事也。

孙春恒报复前仇

孙春恒小名六儿,为老张胜奎徒,在京搭嵩祝成[①],年十六岁,唱零碎老生。因班中前辈居多,正戏轮派不着。一日演《捉放曹》,扮陈宫之老生未到,管事令春恒代唱,春恒欣然著扮。曹操为大奎官,春恒自知后辈,且从未同场,特趋至大奎官前,恭敬曲躬,称呼:"刘大爷,侄儿伺候陪你。"大奎官正在勾脸,一见春恒,即说:"你是谁? 也配同我唱戏?!"即将脸洗净,拂袖而去。春恒大窘,置身无地,然亦无可奈何,即辞回津。再来上海,与大奎官同班,时春恒年虽幼,而戏在杨月楼、孙菊仙、周春奎之上。春恒绝口不提往事,特于第一夜唱《捉放曹》,仍大奎官曹操。春恒分外加劲,大奎官喉音不及。戏完后,大奎官问春恒:"你今天头一天为什么这样挤我?"春恒笑答:"我若不好好的唱,怕你又不肯同我再唱《捉放曹》了。"大奎官方始明白,即说从前在京那一回,难道是你? 真亏你好记性,十年前的事,你还记在腹里。今天拿我翻本,真可以彼此一笑。大众说春恒要阴,叫老头子不下去。春恒说:"诸位,你还没见在京里那一回,我更下不去,几乎要寻死!"讵三年之后,春恒为丹桂班主,大奎官反为所邀,天下事焉能逆料。大奎官未读《论语》,不知后生可畏;然当时亦太自满,无怪春恒报复。

丹桂尊事老郎

梨园尊老郎为祖师,相传即唐明皇也。其神龛皆安设后台,凡角色进台,必须向老郎敬礼,然后结束登场。据彼中人云:苟登台而不揖,遇台下有希奇发噱之事,台上见之,忍俊不禁,必致失笑;揖后即可视若无睹,不致哄堂失仪云。其次则为供狐仙,惟丹桂有大仙堂,终年香火不绝。另有长命油灯,日夜燃火不熄。大仙龛居

① 原文作"嵩祝辰"。

中，恭设皇帝万岁万万岁牌，此各园所无也。

夏月恒援孤恤寡

老生林宝奎，辛丑冬，以喉疾病殁。遗一妻二子，长名运通，次名路通。家贫子幼，遂将运通邀留班内，包银以作菽水。路通尚幼，嘱月珊收之为徒，习唱花脸。业已出台，目下虽不及小保成，将来未可限量。缘其材料甚佳，演《龙华寺》扮咬奶头小孩，串得颇好。于此预知其后，而夏月恒拯恤孤寡，有古人风。

林宝奎知医

林连桂，浑名林好人，宝奎其长子也，亦唱老生。自幼喜弄文墨，所入包银，悉购书籍，如廿四史、东华录、纲鉴等，故列朝掌故，了然于胸。间有不解，则虚心问难。又从西人读书，并从西川侯端甫习岐黄，取号向卿，悬壶治病。先是梨园人有疾，皆延江宁汪履之茂才诊视。自林行道，咸乐就诊。其后忽将鸦片戒去，患喉症而殁，同业中无不惋惜。有子二，长名运通，次路通，皆隶丹桂。胞弟宝恒，小名巧儿，侄林小芬。

刘永春之正派

大面刘永春，同治年在上海搭丹桂、天仙，无所见长。回京后，声名鹊起，做戏亦认真。都中唱工花脸日少，老辈如何九，年已老，惟永春与金秀山齐名。庚子之乱，凡梨园大小角色，稍有名望者，悉皆南下。永春为桂仙所邀，偕白眉毛老生王玉芳先诸伶来申。永春阅历既深，不与人争搭班。后与桂仙赵嵩绶不合，去而至鄂。回搭丹桂，亦因不少迁就，五个月即散。人谓丹桂不能处，他处更难。后至苏杭，又去津沽，继搭春仙。此皆不合时宜，然不失为正派。

孙怡云工画

青衫旦孙怡云，为后起之秀。京都自胡喜禄出，腔调一变。后来者如时小福(琴香)、余紫云、张子仙,皆效之。余则车载斗量,不可胜数。京津相距甚迩,天津衫子皆油腔滑调,远逊都门,不足贵也。丙子年,出一陆春兰,相貌台形皆不恶,惜太贪色,致音大坏。又陆小芬自命不凡,来申亦砸,后改小生。继出一孙怡云,温文而雅,足与琴香、紫云抗衡。善丹青,尤以山水著名,摹戴文节公笔意,士大夫得一缣,珍如拱璧,与朱素云字为双绝。辛丑夏南下,在天仙客串一礼拜,匆匆归去。据云,家本素封,庚子之变,亦未扰及。

朱素云善书

小生朱素云,名沄,通翰墨,与人往还信札,皆属亲笔。吐属清雅,不同流俗。尤以行草为佳,有赵、董二文敏意。昔年朱莲芬善书,为潘文勤公代笔,今素云亦姓朱。孙菊仙常称其能,每搭班,必为素云留地步。后开云仙,亦以素云之号与己号合作戏馆招牌,足见其推许之深。后素云竟合三麻子、林宝恒为一气,使菊仙孤立无援,未免情轻利重,大负菊仙。后二人又同隶春仙,素云大惭。

汪笑侬能诗

老生汪笑侬,能作近体诗。胸罗典籍,下笔清新,自署斋额“天地寄庐”,各报词人尊之为“伶隐”。海上诗妓有天韵阁李蘋香,天然配偶。常见其咏冷芙云:“谁将铁血换中国,空望铜胎铸少年。”(《大陆报》批云:“近时诗界一巨手。”)定情句云:“三起三眠怜菀柳,半云半雨熟樱桃。”其警句颇多,不及细载。按,笑侬名舜人,取庚子菊部文榜状元诗钟第一。(夕阳)(秋雨)“斜日回光恋小草,西风助虐打残荷。”联课第一。“天地太昏昏,明月不平,特为彼苍撑只眼。山川何郁郁,乱云难扫,直教长白锁双眉。”庚子伤时句云:“红郎派衍白玫瑰,青帝乾成黑芰茎。”俱传诵一时。

金秀山可儿

大花脸金秀山,辛丑秋,由春仙托孙菊仙函致京中邀来,并青衣德珺如一齐登台。音调之抑扬，台步之端重，真无一不佳。看金之戏，不论内行外行，咸啧啧赞美，以其妙处兼大奎、小穆二伶之好。壬寅春，梨园公所四班合演，第一天在丹桂排演，正本《草桥关》，派金秀山、刘永春、李长胜、小保成合串（是日永春未到）。金唱“交印回朝”，李唱“闻警绑子”，保成唱“上殿法场”。惟金全神贯注，比平时格外认真；李更有音无字；保成如初生之犊，猛不畏虎，若施之他童，非矜持即惶惧矣。金人亦和霭，与谢云奎同班，相待甚厚，无丝毫傲慢自大。此人所难能，故人咸称金秀山蔼然可亲。

火　警

宝善街戏馆，在同治六年丁卯，为甬人刘维忠所建。材料坚固，工匠认真，与现在之丹桂，同主人监造。只看丹桂之屋，即知宝善街之屋根深蒂固，非若他馆之朽窳不堪、草草了事可比。光绪廿三年丁酉二月廿三夜一点半钟，遽遭焚毁，幸戏已散，并不知火从何起。烧毙一茶房，混名酒鬼王。查上海租界人烟太繁，时有火警，而戏馆实破天慌。

该馆自遭火后，至次年戊戌春重建，工料之单薄，远不如前。为天福租定，旋改鹤鸣，再改庆乐。熊文通再开天宝，庚子春被邻火殃及，通馆全毁，焚死看客一人。时正夜八下钟，人多入座之际，挤坏踏伤无数。

胡月娥风流案

上海妓女有四大金刚者，林黛玉、张书玉、金小宝、陆兰芬（即胡月娥）是也。昔年有邑人小朱，混名要紧完，眷胡月娥甚厚。一日，在某园见胡妓与天仙武生赵小廉并肩私语，情意甚浓，酸风大发，忿火中烧，欲思发泄。恐力不敌，遂嘱所乘马车之执鞭人，代纠同类，愈多愈好，资财不吝，如《绒花记》所云“只要给我掌脸（即不坍台）”。迨纠集人齐，皆磨拳擦掌，声势汹汹，其实不敢进内。小廉已知小朱所为，亦恐众寡不敌，即潜出。亟约各班武行数十人，烽拥而来，欲得小朱而甘心。有马德芳者，亦少年选事之徒，自命双刀无敌,亦预其事。为天仙主人赵锦所知,飞车驰往。特小朱所集马夫,早已星散,小朱知来者不善,自己又势孤,恐遭荼毒。正在为难,赵锦适至,将两造劝散。复为捕房所知,以此风断不可长,控诸新廨。翌辰会讯,以两造因争风而起,几酿大案,不便姑容。小朱罚以重锾;小廉薄谴;马德芳事不干己,重责荷枷,期满释放,驱逐出境,不准再来。英界结案,胡月娥乃改陆兰芬,未几产难而死,亦淫报也。马德芳涸迹汉口长江一带,投红青帮,颇有恶名。又在杭州拱宸桥开戏馆。光绪三十年,上海四境为盐枭骚扰,民不聊生。六月,人在租界观盛里刺毙外国人。后于某妓院获住,有马德芳在内,经人保出。集讯时,马已远飏,保人遂大受累。

□盏灯与张书玉

□盏灯自辛丑年出师后,其母姑息舐犊,且贪财,任子胡为,并不管束。张书玉为李春来所姘,赁屋于长裕里,时见□盏灯年轻貌美,比李高出百倍;且知陆兰芬已拔头筹,亦思分鼎。遂由女佣阿宝引线,得以合欢。凡李不来,□盏灯即承其乏。嗣为车夫泄露,李始知情,直诘书玉,书玉极口呼冤,谓:“我即要姘人,何致要此小鬼?”李信之无疑。后□盏灯去苏,书玉亦去。李意不怿,亦追踪往见。书玉声色俱厉,面斥其非,谓:“我此来如遇□盏灯,当以白刃从事!”书玉畏,潜使人告□盏灯,暂避其锋。□盏灯气亦馁。同班人知之,怂其放胆径去;若李无理,我等助汝,决不使汝吃亏。倘不往,反畏之也;倘胆小,我辈卫汝去。□盏灯有恃无恐,仍去住宿。李知众怒难犯,见机而返。癸卯夏,□盏灯到申,仍搭丹桂,姘某姓妇,为流氓范高头外室。泥城外适有马戏,□盏灯携妇往观,诿病乞假。不料其夜夏月恒亦偕友往彼看戏,不期而遇,谓其有犯班规,次日辞歇。

赵伶与洪珍

上海妓女洪文玉,向住仁寿里。左右前后,皆梨园子弟,故文玉半多相识。壬寅,立艳帜于迎春坊,改名洪珍,与名伶赵某姘识。

癸卯,西安坊飘渺楼处女佣阿金,又为赵荐与其主,常相来往。洪珍大恚,遂与赵拆。阿金又为祝道台之妾胡丽卿拉皮条,吕某与赵皆有染。去冬,祝妾卷逃,祝道台控告丁灵芝。阿金有大小二人,皆案中之证,赵幸未在内。吕远在津沽,亦得无事。赵当丁逮案时,恐被牵涉,栗栗危惧。今春又因四十八人公禀,控戏班七人,赵亦有名,更为着急。五月中大病几死,亦云幸矣。

李春来与刘爱珠

李春来在宝善街开春仙戏馆,有曾为妓女、业已嫁钱姓为妾之刘爱珠,时携钱女来春仙看戏。后竟风雨无间,每夜必至,来必踞坐西末包厢,凭轼而观,阖园之人呼刘为东家娘娘,爱珠亦居之不疑,了无羞惭之色。钱姓乃一老者,既不约束,任其诲淫;又不开笼放鸟,致亲女蒙不洁之名,真死乌龟也。后二年,爱珠起居饮食、车马服饰,皆春来供应,每月需洋数百元。春来已有应接不暇之势,钱老自甘退让,亦奇中之奇。

潘某捉奸

妓女陈小红,嫁某姓后,不安于室,与天仙潘某通。辛丑七月,陈小红约甬人方姓,会于德人里小房子。事为潘所知,大含醋意,而又不便显然捉奸。乃纠集诸无赖前往,并告以方姓为甬上巨家,必可得其巨资,其实快私意也。讵甫入门,方姓已知,乃由晒台逃过邻屋,因忙迫中误将邻家烟囱撞倒,众流氓见无方姓,恐祸及,一哄而散。邻家为春仙,丑伶马飞珠以城门失火,殃及池鱼,撞倒烟囱,大不吉利(俗谚即倒煤),后由方挽人为马烧路头解秽始了。查例载,凡本夫及本夫兄弟,可以捉奸,除此皆不应捉。潘与陈小红先有奸情,今见方姓有奸,乃为妒奸。本非应捉之人,胆敢纠合流氓,前往捉奸,尚思从中拆稍渔利,更属目无法纪。按,其人貌甚谦恭,心同蛇蝎,即此一端,可见为人矣。在前柔媚取悦于陈小红,迨陈别有所欢,又以妒嫉串人捉奸,其心尚可问乎?当捉奸之夜,德人里居人,或疑火警,小叫天适寓西郊,知潘所为,责其非是,欲痛加申斥,潘不敢见面。其时乃中元令节,广肇公所有盂兰会,小叫天偕其女及妻子往游,于人丛中瞥见潘,即唤至前,大为责备,并言:“半夜三更,拿贼似的,我老头子吓不起。跑下楼几乎栽倒,后来一打听,说是你给人家争风吃醋,我先还不相信。后来,这个胡同里没有一个不说是你!咱们同行中也是这么说法,倒底怎么一桩事?”潘无可对,一转眼间,在人丛里跑去矣。

拉胡琴二狗

壬寅冬,林黛玉在迎春坊卖娼,兼习髦儿戏。学梆子戏,与张国泰借拉胡琴郑二哥为之拉戏,干柴烈火,一拍而成。二狗貌虽不扬,却在壮年,足充面首。本一乡下土老,自幼随张国泰,如徒弟一般。为其娶亲,又如子侄。乃二狗贪林黛玉处有吃有穿、有用有顽,面辞张国泰,不愿同往汉口。其妻反大不忍,谓二狗曰:“我非妒妇,决不为黛玉拈酸。惟张老板待我们天高地厚,今天为一个婊子,就这样分手,未免于理上说不过去。听说林黛玉这个人没常性,将来拆开,看你还有脸再回来!”二狗置若罔闻,决计不去。后来黛玉亦到汉口唱戏,二狗不但忘却本来面目,且嫉妒异常。凡黛玉有人招饮,伊必偕行。一日,为武汉人痛打,摇尾乞怜;再经黛玉缓颊,方任曳尾而去。从此稍为敛迹。汉口回申,又到苏州。黛玉自开戏馆,算账二狗出头,又被股东毒打,折本回申。又去汉口,更弄得吃净当光。复回上海,借重利赴津。未几,已与林拆开矣。

□盏灯幼年历史

□盏灯为张国泰之徒,当甲午乙未年,名声颇好。凡为人徒者,在限内,当随师傅,朝夕不离,不能回家。四大金刚之陆兰芬,颇爱□盏灯,因张国泰防范甚严,无隙可乘;乃不吝重资,买通□盏灯母,托言母命,接灯回家侍疾。国泰以其母有病,理应归省,允之,不虞其有他也。陆兰芬为花丛战将,得此宁馨儿,其乐可知。但□盏灯柔枝嫩蕊,何堪经此新硎初试,喉音顿失,声价因之日减。张国泰疑团莫释,后廉得其情,恨如切齿。满师后,国泰亲送之家,谓灯母曰："若子嗓子不因这个烂婊子破身，搭班可多赚些包银，汝母子一家可温饱几年。现照这个样子，将来不知如何。因小失大，夫复何言！此后毋再贪微利，不可姑息，一误断难再误。倘不令胡行，尚冀收桑榆之效。勉之！勉之！"灯母闻言大惭。

□盏灯与翁梅倩

□盏灯，生旦兼唱，其名盖诸灯之上。自汉口至上海，长江数千里内以及苏杭，南达湘川，北闻京兆，东传日本，西播陇秦，四处闻名，八方洋溢，真雏伶中杰出之人也。初为盖七省徒，仅会梆子青衣戏数出。至庚子年，始为张国泰徒。冬间出台，声音洪亮，姑试以二簧老生，初演《文昭关》，甚好，于是反以老生为正。辛丑四班合演，张国泰急功好义，救济会共唱十一次，惟□盏灯、夏月润二人逢场必到，一无推诿，因而声名大噪，远布遐方。汉口天一、满春慕名，以重资争相延聘，张国泰暂辞丹桂，遄赴汉皋。该处专重花旦，老生次之，□盏灯以花旦而兼老生，名誉更高于上海。五月，丹桂全班亦到汉，应满春之召，小子和独占群英，名誉相埒。张国泰性喜樗蒲，每日乘舆到满春打牌，诸徒皆留在馆。天一距满春十里之遥，朝去须夜方归。吕月樵同在天一，姘妇翁梅倩亦住馆中，淫荡性成，不在四金刚之下，垂涎□盏灯已非一日。难得其师早出暮归，机不可失，乘间百般引逗。□盏灯情窦已开，如磁引石，梅倩出资散给各徒，令以竹牌消遣，作调虎离山之策，为陈仓暗度之计。久之，满春俱有所闻，直言达之于张，尚不深信。后聆其声音大变，始恍然，然已无及。幸□盏灯斫伤尚浅，国泰恐有纠缠，赶即辞而东下。冬间，仍在丹桂。次年，癸卯二月再回汉口。夏间由镇江内河到苏，在大观园演唱。停年后，□盏灯回申省亲，腊月廿七日回苏，人已长成，硕人颀颀矣。

四盏灯不随流俗

四盏灯周姓，乳名阿三，张国泰徒。当未满师时，鉴于□盏灯之事，恐坏喉音，守身如玉，不敢妄为。又恐及岁倒嗓，遂于每日清晨,到丹桂台上练工,习武旦技艺,以为将来退步。遇李祥麟忙时,则代其劳,藉资熟谙。满师后,到燕台一带搭班。癸卯返申,由李春虎介绍进春仙。不久,入天仙,音调如前,不随流俗,得以无恐。惟自学徒以及搭班,皆其姨丈傅连子料理,故现在撑钱亦傅霸住,四盏灯不能得自主之权,听其播弄。四盏母屡向人言,无可摆脱也。

高彩云案

花旦高彩云,貌颇不恶。初来上海,戏甚生硬,且无私房行头。秉性强横,动辄持刀拼命,已非一次。直至邀进天仙,戏亦纯熟,行头广制,可追步蔡桂喜。到申未及三年,声名日好。惟凶暴尤甚,自恃孔武有力,一言不合,攘臂动蛮,人咸畏之,不敢与之顽笑。小生周钊泉最为投契,常时规劝。高谓周曰:“唱花旦的,一懦弱即受人侮,非此不足防身、保全名节。”故梨园中人背后皆呼之为“强盗屁精”。有武行李茂林之妻,浑名白娘娘,自茂林死即嫁高彩云为室,非姘也。为《游戏报》馆误登白娘娘姘和尚。为高彩云所知,持刀到彼拼命,幸周钊泉调处。可见高彩云之强横。又有上海做报关行生理金芹生,娶妓顾彩林作妾,生子,与大妇同居。先是彩林为妓时,即与彩云交好。彩林生意不佳,急难时,彩云竭力周旋,以故彩林不忘其旧。虽已嫁金,暗中乃复往来。久之,恩情愈笃,色胆如天,一无顾忌。一日,金归,遇彩云于彩林房中,不但无畏惧乞怜意,反将芹生轧住,出刀逼令将彩林出让,如曹沫之劫齐。金芹生只身无援,恐遭毒手,唯唯应命。彩林母子不忍两难,高又逼金许彩林携子去。至是金忿无可忍,宁撄刀锋,遂狂呼救命。大妇在隔房,久闻二彩逼夫情事,以留珠去椟,一大美事。迨闻夫急叫,知事不妙。乃下楼令女佣将车夫唤至,同进彩林卧楼,彩云见人众,遂乘机遁去。金惊忿交集,即乘车到相熟西人处密商。西人以是可忍孰不可忍,愿为之助。即令据情向会廨及捕房控告,以车夫为见证。翌晨,中西官会讯情实,姑念供有隐情,不予深究,判禁西狱。半年期满,递解。查高罪重而惩办甚轻,真邀天之幸。讵有同班潘姓大抱不平，为之延律师，拟平反斯狱。致为苏省所知，以一介优人，胆敢如此，乃提至省，长禁十年。至顾彩林已生有子，金芹生不忍，求发栖流公所留养，俟果真改悔，再收回家，由本夫贴膳，按月给付。高彩云先禁省狱，后因有越狱事，改寄昆山县监数年。至癸卯，彩云忽浑身发瘇，医药无效，死于昆山县狱。报由邻封相验，委系因病身死，饬其家属收殓。事传到申，其妻白娘娘赴昆殓尸，领棺归葬。人谓若无天仙谋延律师，半年即可出狱。天仙爱之，适足害之。乃假天仙之手，应拖牢洞以儆众。高彩云初犯事时，好事者将其颠末，编成稗词，名《采采词》。金芹生逆料有人编书，恐彰其丑，特求捕房严禁。癸卯秋，有友在杭乡试，见估书人买此书，内载高彩云于顾彩林，不但为妓时费用，即已嫁金后，每月仍有津贴，金亦知之不管。故高彩云持刀，并非挟制恫吓，实忿金芹生知彩林有高化钱，而又相逐。其然？岂其然乎？询梨园人，皆谓实有其事。

霍春祥案

唱小花脸霍克明，有子霍春祥，年十三岁。在九香园出台，童串小老生，并不见佳。搭天仙，已倒嗓，貌不甚美，善于修饰，肌肤皙白，专以吊膀子为能。好色尚在其次，实为贪财。生平并未得受重大包银，家中富过他人。霍克明久不唱戏，自命为老封翁，席丰履厚，养尊处优，皆贤郎吊膀子骗来，老夫妻享用。所以听其瞎闹，致乃子获受此报。春祥之得巨资，以四知之妾为最。后迁苏，年将卅岁，犹复熏香傅粉，搔头弄姿，此更无耻，藉以取媚，日夜荒淫，将成痿症，仍不知悛改。在苏搭班时，奔走权门，如恽费沈诸宦。彼等喜霍春祥奴颜婢膝，若古之娈童，而春祥包藏祸心，出入无忌。馆中自备包厢，挨次轮请诸家女姬，为家长者，昏愦胡涂，丑声四播。如唱花旦戏，佥由春祥向各家眷属借来艳色女衣，为各花旦装饰。甚至由各女眷轿中带来，恬不为耻。春祥以此夸耀于众，同班羡极生妒，群相讥刺，有口皆碑。其淫亵之形，虽在上海，亦不敢公然若此。及诸家长知觉防范，势已燎原。始则不能杜渐防微，终必各家蒙羞遗臭,必芟除莠草,方可安良。又因投鼠忌器,玷辱家声,即相率暗诉当道。署臬司朱,江南能吏也。饬传春祥至署,有话面谕。春祥不虞有他,坦然径至。朱即传一府三县,诿言中丞访办严惩,以儆淫伶,而安闾阎。即判禁押流氓公所廿年,远近传闻,不但人心大快,即彼梨园中人,亦群以应得重办。其父不思纵子胡为,反以惩办为非是。于是不吝资财,设法营救,广通声气,以钱能通神。由京都大力者信致苏省,代为转圜。无如铁案已定,碍难脱罪矣。

鄂垣花旦之优劣

鄂湘一带,梨园专尚花旦。故蔡桂喜、月月红(姓吴,号丽卿)先后来申,搭京班合串,稍加更改,尚无楚材晋用之谬,尤以蔡桂喜知名。京班花旦,瞠乎其后。因月月红在鄂,名居蔡上,红戏不多,惟《醉酒》一出专门,貌有微麻,色艺逊于桂喜。当桂喜初进天仙,名不甚显。迨二次由皖楚来申,再入天仙,声调装束悉改京式,后排《割发代首》,大为出名。(此剧本苏之武班大戏,原名《战皖城》。天仙初排,自始至终唱完,要三点钟之久。以孟七扮张绣,蔡桂喜扮邹氏,景四宝扮典韦,景去以大应承乏,三麻子扮曹操,周来泉扮胡车儿。“盗戟”有一套昆曲,今皆不唱。各园相率演唱,以孟七、蔡桂喜最好。今所演皆无孟、蔡二伶出色。)从此蔡桂喜声誉大噪,所演《赶会》、《凉亭》、《鞑子别妻》,断非他伶能及。在留春与万盏灯合演后本《杨家将》。(万盏灯扮穆桂英,蔡桂喜扮辽宫主,沈研香扮杨宗保,洵为三绝。)未几,大病,兼之咯血,误服江湖郎中丸药,当夜即死,人咸惜之。与沈韵秋投契,身后沈代料理。月月红初隶咏霓,光绪十一年乙酉冬,重来海上,与蔡桂喜、孟七、沈韵秋等合开鸿桂于六马路,再移满庭芳开九香,大为亏折。托词返鄂措资,竟同黄鹤,一去不返。前年闻在河南省城搭班,有一妻一妾齐人风味。性爱赌,一日博负,将腰际之表质去,妻妾大为哓嘈。月红一言不发,拥衾蒙首而卧。翌晨,呼之不应,抚之,已冰,妻妾抚尸大恸。以红因忿而死,乃将红身后理楚。然后,彼此一悬梁、一仰药，以殉夫。《笑林报》曾载其事，以彰其美。踵红、喜后来沪者，为郭天禄。先隶咏霓，而留春，而天福，年将三旬，虽仆仆风尘，而徐娘半老，风韵犹存。演《翠屏山》、《割发代首》，至杀山、刺婶时，筋斗如车轮，他伶不及，其灵捷处，虽武旦亦叹弗如。奈身弱多病，拟往闽峤，后不知何往。癸卯冬，四马路迤西，见一老妪踯躅街头，周双林谓：此郭天禄丈母云，天禄久死矣。周双林、小双凤（姓汤）先后来申，双凤隶天仙，双林搭某部，论色艺不分轩轾。双凤初来，做戏太呆。后在丹桂，活泼异常，新戏不可少之角色。双林去京一次，回申亦隶丹桂，演《查潘斗胜》，扮王巧巧，活画一衕院中人。有子德福，娇小玲珑，亦唱花旦，取名小金钢钻。又收徒金娃娃，唱老生，兼工梆子青衣。两次搭春仙，因春来恩怨不分，不欢而散。历汉口满春，彼地为双林故里，大有“少小离家老大回”之慨。济族恤邻，扶危解困，所入之资，悉皆如此化费。此种行为，求之士大夫，且不可得，双林一伶人能之，真正难得。癸卯冬，搭天仙。双林、双凤皆知文墨，与文士周旋。双凤娴于史鉴古今人物，奸佞兴亡，有问必答；双林则熟于世故，练达人情，皆梨园特别人物。以上五伶，惟双林有子，能绍箕裘，双凤则不及。因双凤既悍且蛮，曾将生子击伤，惊死。然比蔡桂喜、月月红、郭天禄，境遇好百倍矣。壬寅年，又来一赛黄陂。色艺兼佳，惜到申不久即回。欲习京调，未果。又光绪十二年丙戌春，来一胡喜儿，在天仙演唱，后往他处，不知所终。黄梦畹载《粉墨丛谈》，极赞其好，而上海竟不知其人。双林子金刚钻，戏甚出色，足与小子和抗衡。甲辰夏，病后失调，出看赛马，被一阵怪风，即口噤不言，旬日萎化。双林中年丧子，大不幸也。

真假小桂芬

张松筹，即小桂芬，唱工说白，为同时三小桂芬之鼎。一为吴春明，先为张玉奎徒。幼年时，京津颇有名誉。倒嗓时，距满师尚有二年。玉奎藉端挥出。夏月恒与吴有葭莩，旁观不忍，即收为徒。吴亦发奋，乃将胡琴习精，而成名手，骎骎乎登堂入室矣。月恒知吴具此绝艺,将来可以赡家,乃为之授室,较张玉奎行为善恶,有霄壤之别。一则为谢翠兰徒,(翠兰,谢宝林子。)年仅十二龄,癸卯在汉口,知张小桂芬将次来鄂,时谢在天一,以其徒亦名小桂芬,上多加一真字,鱼目混珠,汉人莫知真假。迨小桂芬满春上台,反以为赝鼎。及聆其音,如七盏灯,而说白胜之,方知为真小桂芬,好事者举之为文榜状元。十月回申,进丹桂。明年二月,去杭,返进春仙。谢翠兰又携其徒小桂芬搭玉仙。四月,红十字四班合演,真假小桂芬见面,如《双包案》一真一假。真者愈显其好,假者更觉其丑。后乃知张松筹为名老生王德胜外孙,一脉相传,有此令子。古云:"外甥不出舅家门。"洵不虚也。

荣禄之宠伶

小桂凤昔年在天仙,颇有名誉。后为刘维忠挖进丹桂,名不稍下。再合月月红、蔡桂喜股,开鸿桂。不久去京,为荣仲华相国赏识。凡来京谋缺者,无不仰其颐指,以故家道丰厚。庚子匪乱,荣扈跸西行,桂凤积蓄,荡然无存。随航海来申,投丹桂。次年,路三宝亦由旅顺践约来申。桂凤辞退,而无班可搭。知荣相已回,江南一无所恋,仍返北京。适荣捐馆,桂凤无所依靠矣。

贪色伤音者三人

花旦小九霄,前在天福,年华正好,唱工装样,无一不佳,足可追步田际云,不愧名小九霄。迨各处云游,又无约束。假父陈士忠,靠伊养赡,不能管教,任其妄为。庚子冬,搭春仙,每日以吊膀子为能,致喉音日坏。小老生小九龄,小连生所教授。初次出台,约在辛卯、壬辰,尚是童音。唱《定军山》等剧,尚可。惟手忙脚乱,大非所宜。甲辰六月,熊文通接手春仙,小九龄唱无多日,即去。谢月亭为云奎之子,丁酉年仅十龄,与二盏灯在天华串《汾河湾》,装样台步,无一不好。己亥,在桂仙唱《目莲救母》,喉音尚可,所以天仙、桂仙争邀之。庚子除夕,云奎父子改搭春仙,大不如前。按,此三伶幼年皆有名,不到数载,已如寒蝉,噤不能声,咸为女色所伤。小九霄之父，假父也，现方仰给于其子，何敢阻抑；小九龄之母，姘一成衣匠，亦无管束；谢月亭终鲜兄弟，为父钟爱，事事姑息，以此佥伤于色也。然三伶将来还推月亭，倒嗓后，其岳牛松山传授武戏。故前到汉口，专唱武生，尚可收桑榆之效。

救济会之合演

庚子年，京津遭拳匪之乱，官商民庶、男女老稚，同罹斯难。浙湖陆纯伯部郎悯之，仿外国十字会，创设救济会，援出人数不少。又因经费不足，由《寓言报》主人吴县沈习之茂才、《游戏报》主人毗陵李伯元征君、《同文消闲报》主人徽州周品三布衣，邀余襄劝上海各梨园好角会串，以看资充善后费。先于张园安垲第，四班试演一次。除看戏出资外，商民妓女，乐输甚多。后在各园各轮一次。孙菊仙在天仙，余玉琴在春仙，各演一次。秋季照前又轮一周。女班亦仿照轮唱三次。计共得洋五千元之谱。最出力者丹桂，因管事夏月恒急公好义、见义勇为，且在本班呼应得灵，如夏月润、七盏灯及通班角色，逢场必到，始终无懈；不似他班，初尚踊跃，后皆临场诿卸，固由三园主不顾大局，亦各管事未能服众。广学会李提摩太《中西教会报》载救济会四班合演，赞美夏月恒为梨园杰出之才。救济会不分轩轾，各赠为善最乐匾额一方，鼓吹送悬，丹桂可受之无愧。其他三园，因人成事，得此荣施，能毋赧乎？

梨园公所之集资

上海向无梨园公所，故班规不齐，时有坐班邀人及跳班挖人等弊。昔年赵嵩绶、周来全久有此心，无如建资太巨，人各一心，未能举办。辛丑年，丹桂之夏月恒，会同天仙赵嵩绶、春仙熊文通等，在各园捐资，以城中旧有庙址，拆造梨园公所，并于大小角色包银百元扣取五角；然工程浩大，经费不敷。见救济会有效，遂亦仿照章程，以春秋二季八次轮流，于礼拜日四班合演，此园唱，则彼三园停演，较救济会尤为妥协。四次津贴，每园百元，作为班本。以马夫阿六之桂仙最劣，将卖洋悭不交出，致众不服，大哗，势将控追。幸癸卯冬,归三麻子改开,玉仙遵章照办。丹桂林宝奎在日,创办长生会,另劝各角量力捐资,购备棺木,惜甫有就绪,宝奎病死。夏月珊、熊文通承其乏。

谢、李、刘之月旦

谢云奎,年已六十,唱大面,有字无音。李长胜满嘴乱嚷,乌烟大瘾,昼夜横陈,唱大面有音无字。惟刘永春,身强气壮,咤叱风云,有字有音,不可多得。若各搭各班,尚难比较。及合演一处,大有区别。某年冬,金秀山由京来搭春仙,与永春同工异曲,金稍觉书卷气。又有刘鸿昇唱大面,己亥夏,丹桂特向北京邀来,口齿、台步均好,惜与冯志奎气味不投,三月即辞返北。在京,除金秀山外,推刘鸿昇最红,何九老矣。至丹桂小保成,尚在童年,不能定也。

上海包银之大自孙菊仙始

上海在同治年,京班初到,包银惟杨月楼、周春奎,岁不过千六百两。周凤林乙未年由丹桂回天仙,增至二千四百两一年。十三旦三千元,汪桂芬递加至四千元,已无可再加矣。光绪廿七年辛丑,孙菊仙南下,索每日百元,真骇人听闻,天仙竟以四六拆帐。小叫天踵至,搭桂仙,二千元一月。菊仙此后搭班包银,以二千元为的。小桂芬一千元,路三宝四百元,尚可言也。朱素云四百元,未免太贵,小生非比老生、花旦。其后刘永春月得二百六十元,汪笑侬已逾二百元。李春来搭天仙,居然七百元。此皆菊仙作俑也。

贾洪林来申竟不卖座

老生贾洪林,唱效小叫天,声名不及汪桂芬、小叫天、孙菊仙。有溥观察者,曾以三千金借给李春来。辛丑年,溥放云南盐道,由京过申,即举荐贾于春来。电招其来,不甚卖座。春来竟不假词色,且不念屋乌之情,遽尔下逐客令。溥以春来太不懂交情,即令其仆孔姓向索宿逋。孔即前次过手之人,因与春来换帖,辞不肯索，反曰："大人们借钱给唱戏的，就如赏的一样。那有过后索还之理?"溥即迁怒于孔，挥之使去，不携之任。贾去苏，某方伯亦旗人，留贾在苏，适上海天仙邀唱，贾坚辞。某方伯来申，又逢六月，仍不上座，无面目回苏，遂退还天仙包银，束装返北。

王瑞云之黠

武旦王瑞云，小名豆儿，幼年来申，无甚见长。曾从小黑儿习艺，故身段颇肖。回京后，戊戌春，随张国泰、三盏灯等到申，在鹤鸣不久，过对门咏仙，合李春来同班。春来久有开戏馆之念，故将马飞珠、王瑞云及后起李胜奎均立永远合同，无戏闲住，亦照付包银。次年己亥，随春来均过桂仙。辛丑出桂仙，随往苏州。冬间回申，自开春仙。其人除赌之外，一无他好。癸卯春正，大负，包银已透支两月，不足供其博，并日用时乏，又难再向春来启齿。正一筹莫展，适汉口满春来邀，遂私受其洋，拟乘隙潜遁。又故意在后台检点己物，欲人窥破，夜间上轮，果为春来派人追获监守。嗣经熊文通调处，以用去汉银，由春来借还。并问瑞云如何归款，瑞云答以："非我负义，实因衣服当尽，包银早已透支，再难挪取。现并日用衣食维艰，不得乃借楚行唱一两月再返，仍图补报。今既不果，无可如何。但期我无内顾忧，生死听凭老板吩咐。"复经文通变通办理，令春来每月加王十元包银，以五元月月拔还宕欠，包银则照常支给，俾资食用；否则，枵腹从公，必致他去，岂能日夜防范耶！春来无法，勉从之。查王瑞云逆料春来决不肯放，历数目下武旦，除李祥麟外，更无出已之右者，余无可邀之人。且知春来为人，非拿不行，故出此题目，料其必可，将来扣楚，则十元一月稳享，春来果然在其算中矣。

李春来无可奈何于武二花

李春来所串武生，短打无有出其右者；然无武二花脸与之放对，亦难显其长。故春来于武二花脸一门，必竭力提倡。小奎官手脚快捷,异乎寻常,春来适称对手。故凡小奎官与春来配戏,行头皆春来私房,虽污不吝惜也。继小奎官者为李春利,春来喜怒不常,虽待春利不亚于小奎官,而稍有不合,令人难堪,故春利不愿。春来思其次,得一李胜奎。最可笑者,癸卯年李胜奎去汉,春仙虽有一刘廷玉,奈短于视,把子打到紧处,不能合手。后胜奎回,仍用胜奎,故胜奎深知春来脾气,非挟制不为功。春来亦明知之,无可如何也。

李胜奎效法小奎官

武二花脸李胜奎,昔年在天仪打英雄时,本名李永振。后到杭州,已唱正戏。回申搭天宝,乃改此名,言其胜过小奎官也。但胜奎身段口吻,颇似小奎官;恨本力单薄,故打到紧处,无小奎官快捷,此力弱之明证也。桂仙自小奎官告病去京,李春利时在丹桂,春来虽多方招致,春利不愿与春来共事。春来无好二花脸配戏,正是英雄用武无地。历数武二花脸,赵德虎去京,刘祥泉他往,除如张鑫培、张运来,类皆碌碌,物色难得其人。见李胜奎绝好身材,虽逊小奎官,究以人才难得,遂与之订永远合同,先将《白水滩》、《虮蜡庙》、《薛家窝》等戏一一指点,所谓三日不见,非复吴下阿蒙矣。然胜奎知春来实系为己,又见春来待人无常性,不能以情义动之,非挟制不为利。前年郝福芝见其技勇可爱,遂以女妻之。天下人岂可无一技之长耶!

武二花与丹桂

上海戏馆以刘维忠所造最为坚固,大新街之丹桂,尤为认真,历二十余年,毫无走动。戏台之板,硬同坚石。小奎官在鹤鸣时,已就丹桂,尚未过班。春来正开桂仙,小奎官忽辞丹桂而就桂仙。以交情论,夏厚李薄;以包银论,丹桂多而桂仙少,同人不解其故。今李春利亦然。后闻夏月华言:武二花脸怕丹桂台硬。似此则小奎官不就丹桂,实畏此也。

李春来唱《花蝴蝶》

戊戌春闰三月，武永泰将六马路天福迁至宝善街，改开鹤鸣。因听津人谗言，致管事夏月恒辞去，遂邀李春来、沈韵秋、李春利、刘祥泉等进班。第三夜《花蝴蝶》演末场鸳鸯桥水战，蒋宝珍与李春来在桌上对穿，李纵上而蒋跃下，失之一毫，两身相撞，致春来扑倒桌侧，声息全无，不省人事。宝珍尚不知，犹在台口翻扑。迨见众人将春来舁进后台，即此收场停锣。宝珍赶入，见春来已醒，不及卸装，即长跽春来前陪罪。管事等缓颊，春来云："向有此病，与蒋无干。"实则春来托词。春来唱戏数十年，从未见其有此病。今当溽暑天热，甫由吴门回此。三夜在所欢处留恋，不免劳神。一触即晕，险矣哉！

哑 吧 教 戏

王庆云之子王益芳，天生喑哑，不能语言，偏能教戏，身手甚捷。初年在天仪与夏月华打英雄，真是劲敌。后来爱唱正戏，如《白水滩》扮青面虎，头一场另派一人扮，《收关胜》不上头场。在群仙教女班武戏，女伶陈长庚等出场架子颇似哑巴。惟脾气太坏，在杭姘妓小陆兰芬，为小丑胡富生在台上打趣，哑巴竟持刀寻富生，强横无理，非言可喻也。

刘廷玉之人品

刘廷玉，小名铁锤，为刘廷顺即大子红胞弟，自云亦崔善之科班出身。在想九霄班内，每月包银只十二元，所唱皆梆子，如《佘塘关》之杨滚等是也。后到天福，有时替沈韵秋串白胡子戏，兼唱武二花脸，包银递加四十五十。二黄、西皮均能，且无梆子口气，此其贵也。架子花脸，亦属可观。庚子，丹桂分往苏州，邀廷玉包银，已加六十。冬间，春来开春仙，由七十而至九十。过天仙一百。再回春仙，已秦关之数。故吕月樵寻隙，廷玉一再相让，不予计较，向人云："若在当年，他不寻我，我还要寻他，今非昔比。现在我这个身子,全家靠我养活。"故宁忍之,颇知千金之人,坐不垂堂之戒。乃甲辰春,忽杨梅疮大发,来势甚厉,不能登台,百计医治始痊。余谓刘廷玉自知一身关乎不小,不敢一朝之忿,而乃饱暖思淫,致染毒疮,孰轻孰重,同一伤身,此不识字之故。舍本求末,愚莫甚焉。

赵嵩绶父子

赵嵩绶在天仙,则开国功臣,与赵锦主宾契合,临终遗托馆事。又为赵殿臣顾命,应与天仙同休。方为厚道,乃因人排挤,怏怏非少祖之臣,中道而散。时在庚子除夕,常国泰在春仙推荐嵩绶父子,春来如获至宝,当立合同。内有"春仙有一日在,赵氏父子不得他往",并收小廉为徒,将排戏事宜全归嵩绶。余时在座,见要好太骤,早料其不终。三月,烦其赴津邀人,实则收回权柄,仍归王德全经理后台诸务。不料未到一年,至壬寅春,因白文奎事,相率而出。小廉先进天仙,嵩绶踵回,然大权已归孟鸿芳独掌矣。

谢云奎父子

谢云奎亦天仙功臣。因子月亭倒嗓,拟留父去子。月亭子不离父,亦由常国泰荐到春仙。父子不久仍到天仙,未多日,再进春仙。复出,云奎三进天仙,月亭则赴汉口天一,年终返申。云奎又出天仙,父子先苏后杭,仆仆道途,苦难立定。云奎老病颓唐,晚境大坏,此皆天仙不念前劳,忍心不顾之故。若赵锦而在,不致如此薄情也。

李春来、马飞珠涉讼

小丑马飞珠,向随李春来唱戏。壬寅秋,忽暗接天仙定洋,又受汉口满春聘金,其时正唱《五彩舆》,飞珠系扮顾慥。将演第二本,飞珠于上一夜乘轮不别而遁。春来怒极,然亦无可如何。闻其已搭天仙,汉口之行,不过借此一绕,返来必上天仙。自以为飞珠有永远合同在手,操必胜之券,惟顾慥一时无人可替,令一汪姓丑角勒马造桥，连夜习演，敷衍过去。十二月中，马飞珠回申，天仙挂牌，春仙亦同时挂牌。一面据情控告，南面准词，签差提讯。第一堂大申斥飞珠不应跳班，限日退还天仙定银；至第二堂忽语飞珠云："合同有'永远'字样，照此岂非是卖身纸耶?"饬令两造将合同呈堂销毁，此后合同不准用"永远"二字。并谕春来，自元旦起，饬飞珠帮忙半月，十六日到天仙唱戏。春来不敢违拗，诺诺而退。嗣知天仙托一南丰后裔请托问官，二堂之谕与初讯自相矛盾。俗谚："老爷说错话，可以重说；小的说错话，就要打嘴。"此之谓也。

白文奎去就之争

白文奎在津，由春仙派赵嵩绶自天津邀来。天仙掌园李春来，待人爱憎无常，稍有不合，登时形之于色，使人难堪；且一味喜人奉承，有骨气者，决不谄事之。以故白文奎在春仙半年，常向人云："这一百八十天，如坐针毡。"三个月后，即与天仙暗立合同。迨春仙唱满，即去苏州。春来俟六个月满后，方将以后包银交经手赵嵩绶，转付文奎。白坚不受，嵩绶再还春仙，春来亦不纳。时正年底，嵩绶云："此刻虽出重利，亦无处挪借，我乐得以为年用，开春再作计较。"迨交次年三月，文奎将至矣。春来以重利借银，备一分厚礼，送一大有力者，托向新署关说。一面春来递禀，南面者派差备文，赴苏关提，春来亦派其侄文玉同往。抵苏后，投文已可照办。不料文玉庞然自大，口出妄言，苏人大不服气，群起而攻之。文玉见机先遁，戏园中人亦求苏绅出面，不能关提，由青杨地会审委员一纸空文移复。赵嵩绶见已成讼，其洋三百元，无人肯收，遂亦具禀呈堂。两造势不相下，由天仙烦出夏月恒调处。令白文奎用爆竹挂红向春来陪礼，将原洋由月恒领出，仍归春来。文奎归天仙唱戏，两造遵之，讼乃息。

孙、李之三合三离

孙菊仙在同治十三年，在小东门开升平轩，李春来时年二十岁，即隶该班唱副武生，昔年即为宾主。后菊仙出京，为天仙邀唱，不取包银,以四六拆帐。后詧知天仙卖洋,以多报少,难与共事。秋间,春来以二千元一月包银邀请菊仙演唱。菊仙又函致京代邀金秀山、德珺如来申合串。至壬寅二月,即辞菊仙,金、德亦相率返北。是秋,因生意不佳,复由熊文通说合,菊仙偕朱素云进春仙。至癸卯二月,故意在礼拜日排素云戏。素云不唱,春来即辞素云。而菊仙揣知春来之意,遂亦求退,遄赴汉口。孟夏回申,即以桂仙底子自开云仙,计两个月,为三麻子挤出。春仙正焦头烂额,特遣李四怂恿菊仙,以包银作股本,合开春仙。菊仙雅不愿,但于玉仙之挤出,心不甘服;又以闲居面子下不去,勉允其说。又唱至年底,春来要菊仙添本,菊仙大恚,以春来太无天良,将生意提好,即过桥拔桥。与其将来不欢而散,曷若见机奉让。正月,将合同对春来扯碎,发誓宁饿死,再不与春来共事。查春来之邀菊仙,皆处溃败决裂之际,幸菊仙为之旋乾转坤,得以持久;乃事过情迁,掉头不顾。古云:事不过三。菊仙之与春来,三离三合,固见菊仙以忠厚待人。吾不知春来请菊仙时何其卑,辞菊仙时何其抗。先哲云:“能谄人者能骄人。”我畏见其人也。

刘、沈与春仙之关系

刘廷玉由十数元递加至百数十元,实多才多艺。沈韵秋则久已出名,后为其子飘香所累,与谢云奎同有“生子当如孙仲谋”之憾。圣人云:“莫知其子之恶。”廷玉、韵秋皆出春仙而复入,其实二人皆不可多得之才。春来于廷玉则可有可无,于韵秋则不可须臾离也。凡春来之戏,无韵秋不显其长;韵秋无春来,则仍无好坏。即如前年李胜奎患病,如《长板坡》之张郃等戏,皆韵秋替代,较胜奎更觉好看,足见刘、沈并非倚傍他人门户者。

何家声之就春仙

庚子冬,李春来开春仙。即托蜀人杨培生赴苏,特邀何家声及林步青、邱凤翔等,已允嘱先挂牌。春来备一精室,为家声办公憩息之所,拟将王德全一席畀之。未几,家声归。春来盛筵待之,家声欣然应召。丹桂同日挂牌，家声次日以此推诿。春来恚之。以既不搭我班，又何必扰我酒饭？后即仍往苏州。大遭回禄，幸为一犬所救，得不死。再归，乃搭桂仙。直至癸卯之冬，忽搭春仙，却无从前隆重，未免前恭而后倨也。至甲辰夏，春仙归熊文通接开，家声又于九月去苏，同伊婿吕月樵合班矣。

刘永春之就春仙

癸卯春，刘永春搭丹桂，李春来颇想其来，托丁灵芝介绍，永春以不便过班为词。五月已出丹桂，丁申前说，春来意颇游移。至永春苏回，丁再申前约，春来转无意，永春即往天津。甲辰春，返接眷。春来反加包银，坚约改搭春仙，且登报竭力推重。同一刘永春，一年之中，忽挖忽否。人言春来脾气，不问其人之好歹，见人用亦用；如人不用，彼亦不用，所以春来并无知己。宜王瑞云、李胜奎处处要挟之，彼亦肯忍受也。

《铁公鸡》之无稽

《铁公鸡》所扮张国梁，以小连生最好，然事太不经。红羊之事，去今不七十年，如七十岁人，皆身历其境，俱能述发捻起事，至诛斩净尽。铁公鸡并无其人，铁金翅更为荒诞。若小能干则痴人说梦，即一知半解者，亦不肯从附其说。向荣何尝有女妻张，甚至有二，一妍一媸，美者寻死，丑者续嫁，可谓无稽矣。

李巧林、胡宝玉之涉讼

光绪五年已卯，宝善街孙春恒之丹桂，邀到十三旦。尚未登台，一礼拜前包厢预定一空。第一夜演《新安驿》，胡宝玉定全包厢，主客未至，忽李巧林珊珊而来，见有空包即坐。按目告以为胡预定，不便另卖，巧林坚不肯行。正扰攘间，宝玉已到，亦以定有先后，况请客太多，不能分让，否则亦无不可。巧林理屈词穷，故作不闻，端坐不动。宝玉怒不可耐，遂破口大骂，巧林亦不少让。彼此互詈,继之用武。巧林时已嫁黄月山,间壁大观园为黄所开,各角知老板奶奶在丹桂为胡宝玉所窘,群往相助。宝玉见来人众多,见机而走。巧林洋洋得意,畅看其戏。不料次日宝玉以"预定包厢为前作妓女、近姘戏子之李巧林以看戏争坐为名,带领多伶殴打,乘乱抢去金珠,价值数千元之多,有丹桂按目为证,请提究追"等词赴控。巧林大窘,知原告有人暗助,于是踵昔时之客,求为援手。诸人一口同声,咸谓:"汝非从前可比,今已为伶人之妻,我辈从何为力?"后经兆丰行买办吴蟾青出面调停,由巧林赔洋三百元了结。

九皇会

湘、鄂、赣、皖各省长江一带,即非梨园中人,逢交九月做会,名曰"九皇"。今戏班中亦做九皇会,以九月朔日起,重阳止,设坛持斋,诵经至虔。在馆中择一静屋,摆设高坛香案,所有大小角色,皆于八月杪斋戒沐浴,不食荤酒,男妇不同宿。所供为北斗星君,念经拜忏。所奇者,事本道教,而所诵经文,皆禅门功课,声皆梵音。九日之费,以包银扣一成充用。赋闲角色,亦许入坛行礼。上海以天仙最久,然不如丹桂整齐,陈设古玩亦以丹桂为精雅。果供除坛内公备外,各家尚可额外敬呈,俱于初九撤坛后一日将果供分致,如孔庙祭丁分胙之义。董其事者,一次可得若干中饱,足以御冬,各角明知之无议。其非者,天仙历年皆赵嵩绶主政,惟丹桂管事,不愿贪此非义之财,责令马长清管理。春仙视如具文,不甚考究。最可笑者,壬寅三庆茶园举行九皇会,照例设坛,当夜即为房东封门,此千古奇谈。次年癸卯,该馆改为三麻子玉仙馆,并不举动;而门前亦贴黄联红灯,外人见之,不疑其内无坛,其实无有斯事。是又调枪花之特别奇闻也。

老郎会

老郎者,梨园后台供奉祖师菩萨,相传为唐明皇。一年夏冬二季,六月十一日、十一月十一日。昆班昔年做此会甚虔,京班从前如杜蝶云等,俱到城内用堂名一台做会。今有梨园公所,各班届期前往。妓院于是日亦打唱做老郎会，浼客摆酒。今则阙如，询之茫然，咸不知有此大典。虽积世老婆婆，于此中熟于庆典者，亦不明白。吴门花丛及船妓亦盛行斯会。

狱 猖 会

京班每交五月，武行做狱猖会。不定日期，期必逢三，不拘上中下三旬之中，拣一三日，在戏台之中，安设三牲，供品居中，佛焉[①]不知何神。台口插五面大旗，铁条挂五色纸，拖长将及于地。拜者皆武行中人，后唱三出，头加官出场；次乃副末扮黄门官，又一小生状元装束，红袍纱帽，执笏唱点绛唇，跪佛前，再唱如《琵琶记》辞朝之蔡伯喈模样。唱毕，黄门官口宣谢万岁，退班。二角进场，则金榜女，系老旦所扮，宜乎俗呼老旦做亲。然后池子里化锭放爆，有五个角色，用刀斩鸡头，沥血洒满台，以快为利。其余武角悉在下向上罗跪，泥首叩头，而会事毕。

徐世芳中风

武生徐世芳，幼隶金桂，后搭周大升大观园。夏六月之望，由西门进城，到茅山殿进香。（茅山殿在上海西门内，香火颇甚，不亚英大马路红庙。朔望梨园、妓院皆去烧香，有跳马批等，大都邪神也。后改为刘公祠。）行至四明公所迤南，忽遇天津流氓果姓，持刀寻隙，意在拆稍。世芳正在少年，孔武多力，且尚气，遂夺刀还击，将果斫毙，余众不敢向前。地保闻警，驰至，世芳以刀指地保言：“好汉做事好汉当！况伊带刀斫我，岂能束手待毙？我要性命拼死夺刀，将伊杀死，应当投首。汝可同我进城，照此上禀；汝如无理，亦以刀从事！”时宰上海者为长白松听涛，讯供以夺刀还刀定谳，系狱数载，遇赦，递回原籍。出仍搭班，及搭丹桂，已五十岁，垂垂老矣。无子，以兄子徐来子兼嗣，为其娶孟七女为室，亲生一女，适宋

① 原文作“马”。

立官子,言明养老。一日世芳演《挑华车》,在场上忽瞑目不语,口流白涎,乃系中风,次日即死。世芳武戏不守范围,与文老生王兆奎皆非正宗,沪人谓一文痴一武痴。世芳遇赦,先在镇江,大有名气,因演《伐子都》,忽扑台下,仍翻上台。润人赞其能,致李春来去,名反在世芳之下。

刘培山贫病交加

须生刘培山,言规行矩,和平端正,温文而雅,一无优伶习气。隶丹桂已有数年,包银月有百元,而仍债如猬集。由于面软心慈,不善度用,加以二竖时侵,异常困顿,两腰如茧,不良于行。天厄好人,殊代扼腕。同是天涯沦落,叹刘亦自叹耳。幸夏月恒颇能体贴,任其自由,培山亦能报称。虽病,尚力疾从公,勤慎将事也。

福仙遭回禄

光绪三十年甲辰,五月十八夜三点半钟,满庭芳街天津鞋铺起火,殃及福仙广东戏馆,悉付一炬。查该馆建于同治六年,为呫叻人罗逸卿创造,乃京班起根发源,至今卅七载,为上海最老之馆。按,自满庭芳起,除天仙在此发迹,余凡在此开馆,无不卸甲丢盔,惟童子卿女班发财。罗四初开未久,即为对门丹桂排挤,不到三年,闭让他人。先作大下处,杜蝶云分开此馆,未久忽屋圮,夏奎章父子几压在内。后来者疑门向不吉,拟从宝善街开门。费尽九牛二虎之力,与人商通,在王大吉左侧朝北开门。适交六月,唱《虮蜡庙》,扮费得功之武二花脸名玉桂者,在场发痧死,脸不及洗,舁至后台气绝。复又归咎后台门,复移回原处。已而孟七、沈韵秋合开九香,孟逃,沈吃官司。月月红藉词措资回鄂,王喜寿开金桂,亦藉措资逃走。此后潮州、广东各戏,以及昆腔髦儿戏,俱亏而去。房东屡易,房料早朽,竟不拆造,非此一火不足了之也。

四　美　具

丹桂本有花旦小子和，后七盏灯复从吴门至申，并有同门新出花旦十七盏灯、十五盏灯[①]，《繁华报》谓四美具，洵不虚也。其时时慧宝适在天仙，言其擅长小叫天、孙菊仙之能，誉之曰“二难并”，余则不敢随声附和。质之海上有公瑾之好而无偏见者定之。若阿私所好，徒誉之而非其才，反增其丑耳。

七盏灯重来丹桂

七盏灯自癸卯春二月，仍往汉口，应天一之召。至夏返棹，由镇江内河到苏，搭大观园。甲辰年夏，散班。适夏月恒去苏扫墓，遂约七盏灯于端节日抵申。初七夜登台，演《空城计》。喉音虽逊前，而唱则老到工稳，其调似小叫天。去年业已满师，乃父毛芝芬仍令其随师搭班，并为其取号曰“仲林”。人甚温文和蔼，一无矜才使气、桀骜不驯之色。凡学徒平时受师教导训诲，知恩者百无其一，记怨者比比皆然。迨将满师时，即不肯俯首听训。惟七盏灯师徒如父子，力向父言“师恩高厚，数年来，蒙其教授，不忍遽离。愿随师搭班，聊报师恩”。其师张国泰亦云，收徒不下数十人，从未见若七盏灯之不忘本者。毛芝芬家况素寒，故此后包银分成而用。师徒各得其益，七盏灯有弟，貌亦似兄，声音宏亮，惜不学戏。

小子和多才多艺

小子和为冯三喜子，原籍天津。当宝善街丹桂初开之次年，三喜由津来，隶丹桂唱花旦，尚未授室。共浪双喜同班，演《五彩舆》，三喜扮鄢夫人，双喜扮冯莲芳，洵为双绝。后双喜得消渴疾死，三喜在丹桂几十稔，有同业母女皆孀，经人作伐，以母嫁架子花脸范永锡，女则嫁冯，范、冯遂为翁婿。光绪四年，杜蝶云丹桂亏闭，三喜去苏，乃改老旦。子和虽北人，以生长南方，故京苏话皆能操。

---

① 原文作“十五花灯”。

壬寅秋,夏月珊收之为徒,唱花旦兼青衣,台形之好,无出其右。下台不过尔尔,与真万盏灯相反,上台则荣光毕照,秀色可餐,有闺阁气,无妖冶形。初出台唱青衫,如《二进宫》、《宇宙疯》、《教子》、《春秋配》。后乃兼花旦,复经路三宝陶镕,如《查头关》、《花田错》,皆三宝所授,尤以《双挂帅》、《七星庙》、《烈火旗》,三宝扮小生合串最佳。他如《马上缘》、《穆柯寨》、《拾玉镯》,以邱蕊卿配之,大为减色。因邱徒有其表,臃肿不灵,若夫戴巾小生,须温文儒雅;靠把小生(即鸡毛生),须英气扑人。邱蠢动难看,而无翩翩之相。其演《斗牛宫》,更觉狠狈,故文生终推陆吉祥,靠把则吕双全,京班以徐小香第一,沈砚香次之。

熊文通接开春仙

上海戏馆生意,专靠新年正月。所谓一年之计在于春。甲辰年,李春来主春仙,正月不多卖钱,至交夏四月,即觉难以挹注,岌岌可危。五月,小桂芬、刘永春见生意不佳,相率告假,夜间更为清淡。春来自己亦不上台,无聊之极。挟刘爱珠同看戏,借此销磨。馆中万难支持,遂于六月归熊文通接开。除春来已走外,新邀小白旋风、紫灵芝、林小芬、刘永春等,武生高福安亦由苏邀来。有城北公子昆玉,常在春仙看戏,人既慷慨,性尤豪爽,以二千元代文通邀孙菊仙。九月,赵如泉、邱凤翔亦进春仙,武戏比春来开时尤好,足冠春申矣。

李春来之去思碑

李春来将旧春仙盘与春仙,计庚子冬十月开至甲辰六月初三止,连闰共四十四月。自登告白声明"来清去白,一无拖欠"。查春来自同治十三年搭孙菊仙升平轩起,至其时卅一年,除搭不计外,光绪五年在宝善街开众乐,不到三月,溃败决裂,既无来源接济,又少应变之才,势处维谷,进退两难。不得已,托名母丧北去,杳如黄鹤。馆闭后,乙未年重来,其事已隔多年,前欠亦无人追问矣。光绪十六年,接开丹桂,半年闭歇,尚欠按目押信。经人调处,折扣陆续偿清。己亥正月元旦，与应桂馨合开桂仙，后与应不洽，为应逐出。十月，乃开春仙，到江西散班。计算开馆数次，以此次一无纠葛，遂算来清去白。忽有三山戏迷客，惜春来已去，特登《繁华报》告白，略谓“春来一去，有人面桃花之感、明窗净几之言”。人面桃花，乃崔护当年故事，今用于春来，殊属不伦；明窗净几，乃文人雅士藉以读书养静，春来目不识丁，胸无点墨，此四字亦不配。乃三山戏迷客破费若干报资，愚不至此。恐如地方官交卸，自出廉奉做万民伞、德政牌，自赞其好。今春来此举，亦犹是也，此梨园中创闻。古云：“三代后未有不好名。”李春来何足论。

红十字会四班合演

光绪二十九年癸卯冬日，日俄在我东三省交战，华民涂炭，苦不胜言。中西士庶举四明沈仲礼、英人李提摩太创办万国红十字会，拯救辽东亿万灾民。有甬人王弼臣，仿辛丑年救济会旧章，四班合演。甲辰春三月十六日，在丹桂卖洋六百四十六元；四月初一日，在玉仙卖洋八百十五元；初八日，在春仙，因大雨仅卖洋五百三十元；十五日，在天仙，卖洋八百元，四共二千八百元有奇，应付四家班底四百元，各项开销五百元，应缴入会中一千九百元。后见各报仅缴洋一千五百元，则此四百元显系中饱，以公济私，其计甚狡。侧闻王弼臣常在花丛出入，正当端节无以开销，忽作此出位之举，以了酒局花费，殊可耻也。

四班合演尾声

四班合演业已唱毕，王弼臣复思再演一次，苦于无词可藉。先拟藉名定海义冢善举，为明眼人斥其非。若为定海旅沪绅商所闻，群起而攻，岂非叫定海人坍台。然大节将到，势在必行，乃与天仙私相授受，于四月二十二日礼拜，再合演一天，混称之曰善举。天仙定要二百元班底，以此挟制。岂料天不做美，雨师下降。春仙不但无人来串，且登报声明不来合串，致已定包厢者多来回绝。丹桂管事夏月恒，甫从苏回，因与天仙素来交好，不来合串,天仙骗人,岂不大糟?特令小子和来唱《打花鼓》一出敷衍了事。月恒亲至天仙,将该馆管事小连生面斥其非。人家白来唱戏,天仙独得厚资,于理不合。倘丹桂亦照春仙,不来一人,天仙以合串骗钱,岂非一大笑话?当日卖洋二百八十余元,除班底开销,多洋四十余元,王弼臣大失所望。又以数目太少,尽数送仁济善堂充痧药之费,以息人言。于是不得不以十字会中之款硬用四百元,梨园中人啧有烦言。天仙为四班领袖,因贪此二百元班底,殊不值得。

盖叫天之命名

武旦赛旋风,有弟,年尚幼,文武老生兼唱。前为云中燕徒,半途逃走,继为玉仙所邀,三麻子代取名曰"盖叫天"。而所唱之戏,《白水滩》、《花蝴蝶》,此李春来戏,非小叫天戏。第四夜唱《卖马》,何不以之打炮?则名称其实。三麻子恐文戏不足动人,乃取名盖叫天,然而大不称也。

汪伶终身茹斋

老生汪某,一生佞佛,持素啐经。自经宫刑后,更觉四大皆空,亟应蠲除七情六欲,乃荒淫殊甚。先年姘孙朋林之妻某氏,孙、汪本有葭莩,故人咸呼之为小舅姆,双宿双栖,俨同夫妇。另为孙纳一妇,此妇期可偕老,讵孙妻本为贪利,凡汪所入之资,皆妇收贮,暗运回家。相稔多年,为汪看破,已无及矣。至拆散时,又费许多唇舌资财。又与唱武旦之郭五十相好,因郭又与其姘妓花翠琴缱绻,水陆并行,荒淫无度,此岂念佛人所为?又将发剪短,扮作头陀模样。若作和尚,必海奢黎一流人物。

《党人碑》考

杭人小宋者,为江西赣州太守连文仲幼弟,名文澄,号孟清,藏有《党人碑》秘本。前由某报馆商诸丹桂排唱,丹桂允尚未排。小宋不及待，乃赠汪笑侬，即在天仙改为二簧，先演四本。其情节适与时世吻合，又经各报推许，居沪有志之士，佥来寓目，有声有色，无座余位。小宋寒士也，见可卖钱，想此中稍润色，亦分所应得。奈天仙既吝且笨，不知才人之苦况，又不肯破格酬劳，乃伪作痴聋，不闻不问。小宋见不是路，后四本即悭不交汪，戛然中止。嗣汪进春仙，续排后本，非原人之作，为汪之杜撰，所串皆陈腐旧套，不脱文章窠臼，有头无尾，惜哉！惜哉！然笑侬竟因此出名。

小桂芬之剧目

小桂芬姓张，号松筹。癸卯春，由北来南，先搭丹桂，再搭春仙。六月赴苏，七月去鄂，十月返申，重隶丹桂。性孝弟，聪敏灵慧，声音宏亮，说白纯效汪桂芬。搭班不拿身分，每夜到馆不必人催。人最不能及者，登台终场，可点水不饮。事虽微末，足见其精神充满。甲辰二月，赴杭回，搭春仙，五月杪，辞退，六月去苏，八月进天仙。所演之戏录左：

《取帅印》《取成都》《硃砂志》《状元谱》《二进宫》《黄金台》(代盘关)《九更天》《讨鱼税》《战樊城》《长亭会》《文昭关》《浣纱女》《鱼肠剑》《定军山》《天水关》《捉放曹》《除三害》《失街亭》《空城计》《斩马谡》《洪羊洞》《天堂州》《战蒲关》《双包案》《群臣宴》《吊金龟》《十八扯》《连环套》《翠屏山》《太平城》《琼林宴》《李陵碑》《斗牛宫》《寄子》《教子》《探母回令》《举鼎》《八义图》

女骗男骗

当汪桂芬在天福时，人传桂芬历年所蓄，有金条若干、汇丰票若干、现洋若干，藏于家中铁箱，通国皆知。老妓胡宝玉是年尚做生意，正挹注不灵。知汪好色，特托人介绍，愿为交好。汪素耳香名，即为首肯，约定时日潜赴。佳期届期而往，芬、玉合欢，至夜半，汪忽梦中大呼腹疼，迫不及待，兴起欲归。宝玉坚留不可，约再联盟。时正大雨，乃以舆送回寓。桂芬临去，彼此依依。讵桂芬归后,开灯过瘾,所云腹疼者,托词耳。恐诘朝宝玉启口,不允则为不情;允而不给,则为失信,曷若托病一走,永不再来,宝玉亦无可如何。谚云:“偷鸡不着折把米。”昆剧中有《大骗小骗》,今为“女骗男骗”矣。宝玉受此一诳,讳莫如深。有人询之,力白并无其事。桂芬则每向人津津乐道,似非子虚乌有也。

张国泰徒皆名角

老伶工张国泰,号治平,为牛皂儿高足。中年即不上台,专以教徒为业。辛卯年,李春来将开丹桂,亲至天津某军营招梆子小花旦小一盏灯,时年十一岁,色艺之妙,无以复加。打鼓李奎山,向人谈及:“我打鼓几十年,从未见过这样好孩子。”赞不绝口,其妙可知。亦张国泰入门大弟子,惜不久即去。继之以三盏灯、四盏灯,尤以七盏灯为翘楚。他如九仙旦弟兄,均张门下士。张待徒极宽,从无敲扑等事,循循善诱,因材而施。衣饰之华,饮食之美,其于寒燠疾病,尤加注意,如慈母然。以故,为父兄者咸乐使子弟受业。后在苏又有十三盏灯、十五盏灯、十七盏灯等出台,皆唱花旦。以十七盏灯最好,乃赵嵩绶外室子,然总无七盏灯技艺声名。于甲辰五月来申,仍隶丹桂。七盏灯时已满师,因眷恋师门,不肯他去,仍随师搭班,足见张之待徒有恩也。按七盏灯为毛芝芬子,小名秋儿,号仲林,老生、花旦兼唱,大江南北,无人不知。人亦温和可爱,且具天良,不似他人出师后,视师傅若路人。张国泰谓:授徒多年,以七盏灯良心最好,本事亦七盏灯出众。所演之戏今录于右:

老生

《硃砂志》《定军山》《捉放曹》《文昭关》《空城计》《斩马谡》《天水关》《取帅印》《举鼎》《取成都》《二进宫》《李陵碑》《天堂州》《洪羊洞》《群臣宴》《鱼藏剑》《寄子》《探母》《教子》《十八扯》《救母》

花旦

《遗翠花》《双断桥》《血手印》《紫霞宫》《春秋配》《瑞云庵》《采花赶府》《玉堂春》《女起解》《拾玉镯》《海

潮珠》《明月珠》《富春楼》《大铁弓缘》《翠屏山》《战皖城》《汾河湾》《教子》《双冠诰》《佘塘关》《算粮登殿》

《花蝴蝶》、《白水滩》，初时皆非大武戏，后李春来以此二戏改过排场，竟为大武戏，武生无有好过李春来者。夏月润思有以胜春来，遂独出心裁，在鹤鸣时，初跳三张桌子，增四张，演《花蝴蝶》，能跳五张桌子，为武生特别技能。而天仙后台，亦有五张桌子。查戏馆后台，例设一桌，惟台柱子文武老生来时，坐于其侧，桌上置茶具备饮。偶有看客到后台玩嬉，即以此茶饷客。他角来，皆坐厢上。天仙则不然，例设之桌，本小连生自居不疑。辛丑冬，小叫天进班，小连生另安一桌，而于旧有之桌，尊叫天而让之。吕月樵、陈俊廷先后进天仙，各排一桌，又管事孟鸿芳一张，共五张矣。与丹桂五张桌子，同一出名，不过所分者，前台、后台耳。前台则为众目所睹，后台则为妄自尊大；一则显能，一则遗笑，此皆吕月樵所为，陈俊廷效之。吕由桂仙过天仙，骄傲自满。最可笑者，四班合演，轮到春仙之日，派吕月樵戏，竟不敢往。因春来为武生翘楚，其班武戏认真，如夏月润、张顺来、崔月楼等武生，咸往该园。李春来、沈韵秋、赵小廉，人才济济，吕月樵相形见绌，畏缩不前。而于区区一桌，争不肯让，丑不可言。①

何家声之身世

何家声，名德声，小名狗儿，安徽怀宁县人。其父从军远出，家声自幼在安徽抚台英翰处当小跟班，颇得太夫人欢心。英擢广督，家声随往。后英以为言官参劾，罢职回旗，家声同至上海，即未回皖。薄有积蓄，性喜博，年又轻，为人所赚，金尽床头，无颜旋里，不得已，为戏班中打饭，此相传家声当班中伙计之由来也。后唱丑

---

① 此则前似缺标题。

角,潘五见怜,遂收留之。教以戏,家声聪敏,无多日,即上台,加《送亲演礼》、《滚红灯》、《打城隍》等戏,颇可寓目。既肯虚心求教,又复勤俭耐劳,日久月多,沪苏小有名望,在苏授室生子。己亥年与夏月珊合开丹桂,颇有盈余。辛丑年,大交财运,苏杭戏馆争相延聘,包银多至三百元一月,此为小丑从来未有之事。家声亦不自满,尝谓同侪曰:“我今年大约做梦。”言皆出于意外也。今家道小康,堪自给矣。

何家声西语惹祸

何家声偕同人闲逛英大马路,经隆曾威洋行,入内购洋袜。门首适来一同业伶人,见家声等在内,亦进来,以洋袜合式,亦想买,囊中乏钞,乞邻于家声,允回馆即还。家声雅不愿,而又碍于情面,难以回复,遂戏作西语云:“囊中只有白拉斯(西语铜洋也)。”该行西人不谙华语,惟听明白拉斯三字,即向家声身上遍搜,得铜洋二枚,当鸣街捕,将家声押赴捕房。先是,该行连日误收铜洋多块,正在查察,疑家声同党,又来串用,家声百喙莫辨。当时不准取保,翌晨解送公堂,园主周凤林投案申诉,华官亦知何家声为丹桂伶人,非用铜洋一流之党,始交保开释。虽属无妄,足见戏言肇祸。此壬辰年事也。越八载,戊戌冬,又有林步青在戏台上大便受罚,较之何家声更冤,款归园主罚出。时丹桂园东即家声,仍是家声晦气也。

林步青大便受罚

光绪廿四年戊戌,丹桂归何家声、夏月珊合开。冬间排演《湘军平逆传》,内中有官军大营,无端起火,轰死全军,带兵官某提督及哨弁同罹斯灾,系照《平定粤匪纪略》排出,乃实事也。戏中难于安插,特令林步青扮一巡更小兵,深夜巡营,忽欲大解,手遗吸烟之火,为火神引动凡火,延及火药,登时轰烧,全军焚尽。乃翌日清晨,新暑差持传单传丹桂园主及林步青投质。原告为捕房,一蓝姓西人,略谓当夜在丹桂,看戏见林步青在台上大便,有违禁令,蹲伏为万目所睹，虽未脱裤，即淫戏也，请堂上判罚。谳员为郑瀚生，闻言既不容被告申诉，自亦不代辨，竟罚洋二百元，当堂即缴完案。人谓租界小便，仅罚洋三角，今不脱裤大便，罚洋二百元，可发一笑。

李春来之短处

武生戏短打，以《恶虎村》取神形为第一，昔年任七最好；《四杰村》技艺为第一，春来少年时擅场；若《骆马湖》，始要神形，继须技艺，合《恶虎村》、《四杰村》兼而有之；独《连套环》通场无把子，纯是架子神形、说白唱工，故文角亦能串，昔年张二奎、孙春恒、周春奎皆演过，近推沈韵秋及夏月润。癸卯冬，丹桂小桂芬演之亦好，独李春来竟不会唱。犹忆昔年德晓峰中丞巡抚江西，年年冬令，皆唱堂戏，俱由三麻子提调，来申邀角往唱，咸以此为利薮。前天和全班前往，李春来亦去，德点春来《长板坡》，竟不会串，未邀厚赏，败兴而回。后凡江西有戏，春来独不去，因德不以春来为好角。春来颇悔，后将《长板坡》学会。若《连环套》，终身不能矣。

玉林春赛马

北京自遭拳匪之乱，继之各国联军入宫骚扰，凡梨园有名望者，相率出京。武旦兼花旦余玉琴（小名庄儿，乃昔年丹桂打上手余大海子，张永升之妻弟也。）去粤寻人，返都，再经上海，春仙李春来招致帮忙，一夜演《翠屏山》，以余玉琴扮潘巧云、贾洪林扮杨雄、春来扮石秀、小花旦赛金花扮迎儿、马飞珠扮海屠黎。好事者编《笑林报》目录为"玉林春赛马"，该报以"金谷夜闻莺"为对，一时传为佳话。（其馆之南为金谷香番菜馆，夜间客来饮者，必邀花侍酒局，到度曲，有沈莺莺唱青衣，压倒群花。）

瑞德宝唱《花蝴蝶》

壬寅春，三庆园（即桂仙底址）邀来武生瑞德宝，为李连仲徒，第一夜打炮演《花蝴蝶》。查此戏上海以李春来、夏月润出色,闻瑞德宝在路,即向同人言及:“上海《花蝴蝶》李春来、夏月润出名,我此次到申,头一天就唱此戏,叫上海人看看,倒底是谁翻的好!”然瑞德宝不自量力。古云:“强龙不压地头蛇。”又云:“入国而问禁。”且德宝之技艺,本不及李、夏。六月搭杨三丹桂,又去汉口,以及苏杭。究以少不更事,自命不凡,回申,竟无班可搭,仍返京津。否则李连仲在春仙,岂不能安插之耶!

梅大锁胡琴一绝

辛丑秋,小叫天来申,带有拉胡琴人梅大锁,号玉田,为梅巧龄之子。其胡琴为人所不能,过门时,台下人喝采不迭。丹桂有吴春明,(昔年亦名小桂芬,初为张玉奎徒,后为夏月恒徒。)平时喜拉胡琴,苦于未得真诀。自梅在丹桂一月,吴立侧专意静听,心领神会,日夜揣摩,三月而技成。其过门之处,较大锁既多且好,江南独步矣。

周春奎老当益壮

周春奎以《探母》、《牧羊卷》、《五雷阵》、《骂曹》四戏出名。满庭芳初开,由京邀之来申,其年廿九岁,声若洪钟,貌如满月,后亦为刘维忠挖邀丹桂。嗣孙春恒、孙菊仙先后来沪,杨月楼踵至,其名誉皆在周上,周乃搭金桂。因有命案牵涉,幸人调停,不致波及。回津未久,再来海上,隶天仙,音哑非复昔年响亮。再入天福,与汪桂芬同班,年已望六矣。即回津沽,薄有田园,不再作江南之想。壬寅年,三庆往邀,说明只唱一月。后来封河,在申度岁。癸卯春,即过丹桂帮忙,包银不计。春奎年逾六十,精神充足,大有马伏波据鞍之雄。四月后赴普陀进香,归已六月,秋初返里。

文通有子

熊文通有子,美秀而文。知子莫若父,以其子身弱,万难习戏,文则无音，武则无力。已亥，年方舞勺，由白门携来上海，遂令入法文书馆肄业，三年而成。已在新关应考，虽因一字之讹未取，西人颇器重之，慰勖备至，谓其专心攻苦，下次必可中式。其后学与日进，且同门类皆宦商子弟，将来互相汲引，不患不出人头地。见人彬彬有礼，既无优伶习气，又无学生恶态。据文通言，熊氏本楚裔，原籍安庆，世代非农即读，至祖方入梨园。今子能克绍祖武，实为欣幸。

新刊鞠台集秀录

作者不详。成书晚于《鞠台集秀录》若干年，而书之性质、体例则同。此书编辑较粗陋，宗旨不外为狎游梨园私寓者提供指南。谷曙光据《清代燕都梨园史料》本点校整理。

新刊鞠台集秀录[①]

杏春主人宋福寿。

少主人莲卿,唱花旦,兼小生。

《朱砂痣》、《铁莲花》、《打扛子》、《荷花配》、《教子》、《打灶》。

韵晴主人夏景清,唱花旦兼小生。字秀芬,善饮酒,工丹青。

景秀主人李三宝,系嘉颖主人李砚侬之子。唱小生,善饮酒,同住韵晴堂。

《射戟》、《打金枝》。

大主人小砚,唱青衫,隶福寿部。

二主人檀云,唱青衫,隶福寿部。

《打金枝》、《滚钉板》、《教子》、《五花洞》。

韵秀主人迟章久,号韵卿,小名喜儿,唱老生兼昆生。善弈,工琴鼓,掌福寿部。

《探母回令》、《群英会》、《梅龙镇》、《满床笏》、《议剑》、《酒楼》、《弹词》、《十面》。

少主人笛云,小名三儿,唱花旦兼刀马。

《红鸾禧》、《荷珠配》、《烟脂虎》、《马上缘》。

连奎,姓古,号吟仙,唱花旦兼青衫。戊戌花榜第七人。隶福寿部,兼四喜部。

《打樱桃》、《进宫》、《芦花河》、《八扯》。

宝奎,姓吴,号玉仙,唱老生兼孩二生。戊戌武花榜第三人。隶福寿部,兼四喜部。

---

① 此书戏目错字颇多,有的系戏班通俗写法,有的是明显错讹。凡同一戏目,而前后写法不一者,按通行写法统一,不再说明。

《探母回令》、《断密涧》、《五雷阵》、《赶三关》。

丽奎,姓王,号绮仙,唱花旦兼青衫,系怡云主人王瑶卿之堂弟。戊戌花榜第四人。隶福寿兼四喜部。

《铁弓缘》、《祭塔》、《思凡》、《鹊桥》。

陈主人,名福奎,号润仙。(唱老生,善胡琴。住韵秀堂。)隶福寿部。

《美人计》、《进宫》、《定军山》、《戏妻》、《黄鹤楼》、《探母》。

余寓主人,名润卿,号玉琴。唱武旦兼花旦,掌福寿部。

《儿女英雄传》、《卖艺》、《十粒金丹》、《火棍》、《飞叉阵》、《醉酒》、《乌龙院》、《迷人馆》。

库儿,姓茹,名湘泉,系三庆武生茹来青之子。唱武生,隶福寿部。

《探庄》、《泗州城》、《无底洞》、《乾元山》。

狗儿,姓□,号湘舲,唱武旦,隶福寿部。

《泗州城》、《无底洞》、《蟠桃会》、《八蜡庙》。

敬华主人王福官,隶四喜部。

《双沙河》、《入府》、《双摇会》、《打灶》。

景芬主人张宝兰,号湘华。己丑花榜第三人,唱青衫。

《祭塔》、《祭江》、《教子》、《落园》、《宇宙峰》、《五花洞》。

大主人,号彩麟,名佩芝,唱花旦兼刀马,隶福寿部。

《娘子军》、《烈火旗》、《湘江会》、《打灶》、《荷珠配》、《竹林计》。

怡云主人王瑶卿,系绚云主人之子,唱青衫。甲午花榜第一人。

《五花洞》、《牧羊圈》、《金水桥》、《孝感天》、《虹霓关》、《玉堂春》、《祭塔》、《祭江》。

二主人凤卿，唱老生。

《上天台》、《捉放》、《回龙阁》、《蒲关》。

香林，姓果，小名保儿，唱青衫。戊戌花榜第二人。

《祭塔》、《彩楼》、《教子》、《落园》。

颖春主人朱桂元，系绚云主人之婿。唱刀马旦，同住怡云堂。

《娘子军》、《延安关》、《芦林坡》、《银凤山》。

少主人顺官，唱青衫。

绚春主人姜双喜，号丽云，唱青衫，善饮酒。

桂香，姓唐，号筱秋，唱花旦。

《闯山》、《打樱桃》、《烧灵》、《摇会》。

薇香，姓何，号小余，唱青衫。戊戌花榜第六人。

《教子》、《寄子》、《探窑》、《进宫》。

王主人兰香，唱青衫，住绚春堂。

《宇宙峰》、《祭江》、《彩楼配》、《寄子》。

瑞春主人钱佩香，号纫秋。唱老生，善饮酒，系昆旦钱阿四之孙。

咏秀主人朱湰，号素云，又号纫秋，唱小生，善书，隶四喜部。

《举鼎》、《烈火旗》、《射戟》、《八大锤》、《探庄》、《翠屏山》、《德意缘》、《黄鹤楼》。

以上均住韩家潭路南

景善主人徐承翰，号文波。

少主人宝芳，小生兼武生。昆剧。

《长生殿》、《金钗记》、《破洪州》、《黄鹤楼》。

宝堃，姓张，系景芬主人张宝兰之弟。壬辰花榜第三人，唱青衫兼花旦。

《采桑》、《落园》、《彩楼配》、《虹霓关》。

菊兰,姓章,系余庆主人小金虎之子。甲午花榜第四人,唱昆旦。

《探亲》、《查关》、《算命》、《花鼓》。

堃兰,姓郎,唱花旦。

满堂,姓吴,唱老生。

兰仙,姓张,唱丑。戊戌花榜第三人。自兰仙以下,皆系少主人之弟子。

《绒花计》、《探亲》、《湖船》、《花鼓》。

兰麟,姓郑,唱花旦。戊戌花榜第八人。

《铁弓缘》、《挂画》、《荣归》、《女店》。

兰芬,姓赵,唱昆生。

《变羊计》、《断桥》、《佳期》、《吃面》。

兰茹,姓陆,唱老生。

兰芝,姓刘,唱花旦。

复春主人陆景云,号华云。唱小生,善饮酒,掌福寿部。

《儿女英雄传》、《孝感天》、《大岳家庄》、《粉庄楼》、《十粒金丹》、《举鼎》。

大主人小芬,号薇仙。唱小生,善饮酒,隶福寿部。

《杀皮》、《虹霓关》、《马上缘》、《延安关》。

佩芳,姓吴,系玉成花旦红菊花之子。唱老生兼娃娃生,隶福寿部。戊戌武花榜第二人。

《扫雪》、《探母》、《挡幽》、《飞虎山》。

奎芳,姓于,唱花面,隶福寿部。戊戌武花榜第九人。

《八扯》、《飞虎山》、《双包案》、《锁五龙》。

绣春主人杨韵芳,系馥华主人杨亦琴之子。唱青衫,住复春堂。

《祭江》、《五花洞》、《祭塔》、《教子》。

余庆主人章铭坡，号瑞卿，小名金虎。唱昆旦兼花旦，善饮酒，隶玉成部。

《刺虎》、《摇会》、《湖船》、《奇双会》。

蓉华主人，号蓉仙，别名一汪水，唱花旦。

《送面》、《摇会》、《贪欢报》、《闯山》。

颖华主人田桂凤，号桐秋，善绘蝴蝶，唱花旦，隶三庆部。

《官王庙》、《双钉计》、《贪欢报》、《眼前报》、《乌龙院》、《双盗戟》。

怡春主人孙怡云，号芷青，隶四喜部。唱青衫兼花旦，善胡琴。

《探母》、《彩楼》、《击掌》、《回龙阁》、《落园》、《琵琶行》、《琴调》、《玉堂春》。

二主人喜云，号芷仙，唱青衫，善音乐，隶四喜部。

《芦花河》、《战蒲关》、《教子》、《五花洞》。

三主人盼云，号芷侬，唱老生兼娃娃生，隶四喜部。戊戌花榜第五人。

《御林君》、《黄金台》、《挡亮》、《教子》。

馥云主人陈秦云，小名禄儿，唱花旦。

国兴主人春厚波。

少主人馥苓，号雅芬，小名五九，唱花旦，隶福寿部。甲午花榜第二人。

《翠屏山》、《胭脂虎》、《双钉计》、《乌龙院》、《打樱桃》、《玉玲珑》、《穆柯寨》、《双摇会》。

彩芝，姓唐，号瑶华，唱花旦，善琵琶。

《打面缸》、《别妻》、《卖饽饽》、《双摇会》。

彩仙，姓张，号紫芬，唱青衫。

《打金枝》、《落园》、《战蒲关》、《进宫》。

彩虹，姓刘，唱老生。

《打金枝》、《文昭关》、《战蒲关》、《金马门》。

安华主人王福儿，号仪仙，唱昆旦，善饮酒。

《醉归》、《摇台》、《琵琶行》、《游湖借伞》。

少主人佩云，小名官儿，唱青衫。

《二进宫》、《蒲关》、《彩楼配》、《落园》。

彩云，姓侯，唱花面，隶福寿部。戊戌武花榜第四人。

《打龙袍》、《天水关》、《黑风帕》、《断密涧》。

以上均住韩家潭路北

云龢主人朱小霞，系霞芬主人之子，唱花旦，隶四喜部。甲午花榜第四人。

二主人小芬，唱老生，隶四喜部。戊戌武花榜第一人。

《黄金台》、《鱼肠剑》、《文昭关》、《战城都》。

蕖华主人孙藕香，名玉荷，唱花旦，善饮酒。

《藏舟》、《寄柬》、《湖船》、《花鼓》。

景华主人韩宝芬，字润华，唱花旦。

《双摇会》、《胭脂虎》、《双沙河》、《玉玲珑》。

少主人小宝，名国永，唱花旦。

韵春主人孙梅云，号瓗仙，唱青衫兼花旦。

《探母》、《教子》、《采桑》、《小宴》。

小如，姓孟，号薇芳，系近华主人孟如秋之子，唱昆旦兼娃二生。戊戌花榜第一人。

熙春主人钱长生，号芝云，隶四喜部，唱昆旦兼青衫。

《湖船》、《琴调》、《偷诗》、《进宫》。

二主人丽生，号葵云，唱小生，兼丑及净，隶四喜部兼三庆部。

《寄柬》、《挂画》、《拐磨》、《花鼓》。

铁仙，姓张，号云薇，唱昆旦兼青衫，隶四喜部。

《断桥》、《独占》、《祭塔》、《出塞》。

金仙，姓王，小名顺儿，号妙云，唱花旦，兼昆旦，隶四喜部。

《入府》、《借伞》、《鹊桥》、《卖饽饽》。

银仙，姓张，小名连儿，号宝云，唱老生兼小生。

《御林君》、《进宫》、《偷诗》、《三拉》。

绮春主人时小福（住猪毛胡同），名庆，号琴香，唱青衫兼昆旦，掌春和部。

《挑帘裁衣》、《汾河湾》、《斩窦娥》、《小宴》。

大少主人德保，号炳奎，唱老生，隶春和部。

《困城》、《挡谅》、《昭关》、《教子》。

二少主人实保，号炳章，唱花面，隶春和部。

《黄金台》、《御果园》、《黑风帕》、《锁五龙》。

四少主人慧保，号炳文，字佛珠，唱老生，隶春和部。

《定军山》、《除三害》、《教子》、《一捧雪》。

福云，姓刘，唱老生。

《牧羊圈》、《打金枝》、《洪洋洞》、《赶三关》。

桐云，姓陈，唱花旦。

《胭脂虎》、《探亲》、《坐楼》、《双钉记》。

秀云，姓王，唱丑。

《绒花计》、《浣花溪》、《打灶》、《探亲》。

春馥主人郑秀兰，号素香（唱青衫）。

《贵寿图》、《乘龙会》。

锦林主人孟秋林,唱花旦。
《贪欢报》、《思志诚》。

乐安主人孙彩珠,唱花旦。

景龢主人梅大锁(李铁拐斜街)。善胡琴,系巧玲主人之子。
吟香,姓赵,号绮梅,唱青衫,隶玉成部。
《寄子》、《回龙阁》、《探窑》、《教子》、《祭江》、《孝感天》。

杨翠喜

坤伶杨翠喜一案是清末轰动一时的要案，喧腾人口，物议汹汹。而本书则是对此事件相关材料的汇编，包括上谕、奏折、供词、小传、小说、杂文、诗词、评林、杂记等，为今人认识、审视这一事件提供了颇为翔实的资料。此书光绪三十三年(1907)端月初旬出版，编辑者为西冷山人，发行所、印刷所皆新小说社，定价大洋二角。谷曙光整理。

目　录

上 谕

前据御史赵启霖奏参新设疆臣夤缘亲贵一折，当经派令醇亲王载沣、大学士孙家鼐确实具奏。兹据奏称，派员前往天津详细访查。现据查明，杨翠喜实为王益孙即王锡英买作使女，现在家内服役。王端林即王贤宾，充商务局总办，与段芝贵并无往来，实无措款十万金之事。调查账簿，亦无此款。均各取具亲供甘结等语。该御史于亲贵重臣名节所关，并不详加访查，辄以无根据之词率行入奏，任意污蔑，实属咎有应得。赵启霖着即行革职，以示惩儆。朝廷赏罚一秉大公，现当时事多艰，方冀博采群言，以通壅蔽。凡有言责诸臣，于用人行政之得失、国计民生之利病，皆当剀切直陈，但不得摭拾浮词，淆乱观听，致开结党倾陷之渐。嗣后如有挟私参劾、肆意诬罔者，一经查出，定予从重惩办。钦此。

奏 折

醇邸、孙相查办案件复奏折

臣载沣、臣孙家鼐跪奏为遵旨查办事件。据实恭折复陈，仰祈圣鉴。事窃于三月二十五日军机处片交。本日内阁奉上谕，御史赵启霖奏《新设疆臣夤缘亲贵物议沸腾据实纠参》一折。据称段芝贵夤缘迎合，有以歌妓献于载振，并从天津商会王竹林措十万金为庆亲王寿礼等语。有无其事，均应彻查。着派醇亲王载沣、大学士孙家鼐确切查明，务期水落石出，据实复奏。钦此。钦遵臣等奉到谕旨，次日即商同办理，派委正红旗满洲印务参领恩志、内阁侍读润昌前往天津详细访查。现据该员等禀称，到津后即访歌妓杨翠喜一事。时天津人皆言杨翠喜为王益孙买去，当即面询王益孙，称名"王锡瑛"，系兵部候补郎中，于二月初十间在天津荣街买杨李氏养女(名翠喜)为使女，价三千五百元，并立有字证。再三究问，据王锡瑛称，杨翠喜现在家内服役。又据杨翠喜称，先在天仙茶园唱戏，于二月初间经过付人梁二，与身父母说允，将身卖与王益孙（名王锡瑛），充当使女。复讯杨翠喜之父母，并过付人梁二等称，伊养女杨翠喜，实在王益孙（名王锡瑛）家内现充使女等语。（中略）据该员禀复前来，臣等即将案内要证王益孙（名王锡瑛）、杨翠喜之父母、王竹林（名王贤宾），并保证商会协理宁世辐、钱商郑金鼎等提传来京面讯，各所供与该员等所查相符，均无异词。所有臣等查明，据实复陈缘由，理合恭折具奏，伏乞皇太后、皇上圣鉴训示。再臣等现将王益孙（名王锡瑛）等亲供各甘结及账目等项共十七件，咨送军机处备查。合并声明，谨奏奉旨。钦此。

供　词

（一）职商王锡瑛禀

禀为据实陈明事，窃职于光绪三十三年二月初十日，有杨李氏情愿将其养女杨翠喜卖给职为使女，言明给价洋三千五百元，当时人钱两交，立有字据为证。现在该使女杨翠喜收在职家服役，实无他项蒙混清弊。缘奉饬查，理合抄呈卖据呈候钦差大人查该施行。上禀。

（二）杨翠喜呈

为据实陈明事，窃身向在天仙茶园唱戏，于光绪三十三年二月初间，有王五爷向身母说，允以三千五百元价买充当使女之用，身遂于三月初三日在天仙茶园停演，初四日回东安县，初十日返津，在王五爷日本租界楼房暂住，于三月十八日归王五爷住宅服役，所具是实，并无蒙混情弊。为此叩乞饮差大人查核施行。光绪三十三年三月二十九日杨翠喜。

（三）杨茂亭供

在东安县南关外大街住，身在家种地卖曲为生，时常来津看顾妻女。小的生女翠喜，由十二岁学戏，十三岁出台。二月初四日，身妻同女翠喜回籍。身妻李氏言说,将女翠喜归义德王益孙收作使女,有拉车人梁二过付,已得身价洋三千五百元,立有字据。身同妻并女翠喜于本月初十日来津,妻女即搬在荣街王益孙所租二百四十四号楼房居住,身住天仙后利津公司十号房。于三月十八日王益孙将女翠喜接至其家胡同王之本宅西院房间居住,先于二月二十九日由天仙后搬至德义楼后二百六十六号,身现与妻李氏仍在此房居住。别无情节,所供是实。杨茂亭押。

(四) 杨李氏供

年五十八岁,系东安县南关外大街居住,娘家系香口村李姓。杨翠喜系氏亲生之女,由十二岁学戏,十三岁出台,现年十六岁。去年十二月间,有拉车人梁二过付,以天津王益孙欲买氏之小女,收作使女,于今年正月底说妥,已得身价三千五百元,立有字据。于二月初四日氏带女翠喜回原籍东安住数天,于本月初十日复返天津。当日氏同小女翠喜即搬至王益孙租赁之楼房住,此楼在日界荣街二百四十四号,氏夫杨茂亭仍住氏旧租之下天仙后十号房。由二月初十日在荣街楼房住至三月十八日,王益孙将小女翠喜接至其家胡同王之本宅西院房间居住。氏于三月二十五日到王宅瞧看小女翠喜一次,氏现同夫杨茂亭搬至德义楼二百六十号房居住。别无情节,所供是实。四月初一日,杨李氏押。

(附卖据)立卖字人杨李氏,今将养女名翠喜,年十六岁,情愿卖与王五爷名下作为使女,言明身价洋三千五百元正,其洋笔下收清,并无短少。以后倘有亲族人等藉端讹索,俱有杨李氏一面承当,不与王五老爷相干。恐口无凭,立字为据。

中人梁二

光绪三十三年二月初十日　立字人杨李氏

(五) 梁二供

系济南府禹城县人,于二十八年来津,现在义德王益孙看荣街之楼屋。杨翠喜卖与王益孙，因其两家愿意，小的从中通知，身价洋三千五百元。于二月初十日晚天翠喜同其母李氏由东安县来津，即搬至王益孙所租荣街二百四十四号楼房居住，其父杨茂亭住天仙后利津公司十号房，于三月十八日晚王益孙将女翠喜接至王之本宅。王益孙因荣街楼房无人，即命小的看守。所供是实。四月初一日梁二。

小　传

杨翠喜者，直隶北通州人也。生于光绪十五年，今已十九岁，然自称仅十六。家素贫，十二岁时，由其父母携来天津。时京畿之间，拳匪鸱张，乃逃往芦台。匪乱既炽，无可谋生，其父母为糊口计，售翠喜于土棍陈某，值只京钱十千。会西国联军攻破天津城，设立都统衙门，陈某遂挈翠喜至津，居城中白家胡同。与杨二（一名杨茂尊者）为邻，乃转售翠喜与杨，称为义女，是为翠喜堕落孽海之始。

是时联军分布津京，大驾西巡邑里。经兵乱者，罔不邱墟。顾津沽间之声伎，则又一时称盛。时有陈国璧者，购幼女二，一名翠凤，一名翠红，在上天仙演各种淫戏；又有女优尹鸿兰，亦在津登台奏技，均得善价，月赢戏资三四百元。杨二羡甚，乃谋于陈国璧，令翠喜随翠凤等学戏，专演青衫子、花旦诸角色。所演诸戏，亦均淫哇之音，若《拾玉镯》、《卖胭脂》、《青云下书》之类。廿八年翠喜年十四，在侯家后协盛茶园初登舞台，每出之价仅自一元至二元；后又在北马路大观茶园演剧，并无名；又改至小戏园演唱，演剧之园二，一为北大关福仙，一为北门内景春，早晚两出，每日戏价四元，是时翠喜已年十五矣。

天津女优小荣喜，往哈尔滨演剧，名噪一时，获利不资。论其色艺，与翠喜相伯仲，于是杨二又闻而垂涎。至三十年春，翠喜年十六，乃由杨携往哈尔滨。时俄之军队，多驻哈城，故戏价因之而昂；而尤能获利者，则以娼寮为首屈。杨二贪不知足，遂命翠喜于登台献艺之暇,兼以卖笑为生。于是翠喜遂以优而兼娼矣。

有俄之统兵官,见翠喜而悦之,愿为之梳栊。不知若何翠喜受创甚巨,卧匝月不能起。杨二乃复携翠喜回津,仍就各小戏园演剧。又□香巢于河北,其所业一如在哈城时,晚间茶园仅取资一元,夜合之资亦仅取三四元。

未几受大观园之聘,而声价为之一振;又未几而见赏于王益孙、段芝贵。以一道员、一富商之力,左提右挈而声价又为之一振,时光绪三十二年,翠喜年十八矣。

虽然,翠喜性素荡,专爱美少。三十二年冬月,曾以私昵一少年龟奴,与段芝贵相忤,嗣经人排解,遂相好如初。

后翠喜又改就天仙戏园之聘,声名益高,月获戏资可八百元。会振贝子以调查东三省事宜,道出天津,遍招名妓侑觞,独顾赏翠喜不置。段芝贵时于贝子,方有特别之运动。闻之,乃假翠喜为奇货,托名王益孙,购买为妾,而送翠喜至京,进于贝子。及参案事发,翠喜乃亟于三月二十五日由京乘火车奔还天津,投入王益孙家,充为使女云。

杨 白 花

杨白花,飞入深宫里,宛转房栊间,谁能复禁尔。胡为高飞渡江水?江水在天涯,杨花去不归。安得杨花作杨树,种向深宫飞不去。

这一首诗,三岁孩童都念得来的,在下何苦去抄出来?却有一种怪僻的想头。列位请看那诗,什么叫做“杨白花”?什么叫做“飞入深宫里”?什么叫做“胡为高飞渡江水”?什么叫做“安得杨花作杨树,种向深宫飞不去”?到底说花呢?说人呢?说人呢?说花呢?在下看去,倒有一段新闻在内,一向胡胡涂涂读了过去,却未明明白白解了出来。不嫌荒唐附会,听我慢慢分解。

话说离恨天里孽海渡头,却有一朵无根的杨花,一茎打断的芝草,浮沉飘荡,不知几何年岁,却被一阵罡风,吹一个不知去向。那时花街柳巷,忽然来了一个美人,生得十分袅娜,万种温柔。弯弯的柳眉,惺忪的柳眼,唱起来好像杨柳阴浓,流莺百啭,把人的耳朵也摄了去;舞起来好像临风杨柳,三眠三起,把人的灵魂也钩了去,真真杨玉环在世,柳如是复生,引诱得王孙公子三魂失四,六魄亡七。庄老头儿说得好:

迷杨迷杨(杨本作阳),无伤吾行。吾行却曲,无伤吾足。

那一个不迷了魂、失了足啊。就中有一位王孙,迷惑得更是利害,口口声声道:"色艺双佳!色艺双佳!"那时便有一个奴才,附耳低言道:"爷既看中了他,奴才却有法子,包管弄得他来。"王孙道:"好孩子!你若弄得到手,咱有一幅黑龙图赏你。"却说这幅黑龙图,原来王家的宝贝,虽不比赤精子的太极图,也有小小山川在上。不知什么时候被人偷去,王家也不觉着。倒是邻舍人家眼红,闹了起来,王家方始觉着簇簇新新。费了千万言语,用了千万银子,赎了转来,如何好轻送与人?也是色迷了心窍所至。这个奴才垂涎了许久,正在无计可以骗得,当下听了王孙这句话,狗头不在脖子的,立即叩头道:"谢爷赏!"当时便陪王孙到美人家来,无非碰和吃酒的老套,不必细述。那位美人,一眼看见了这奴才,私相戏道:"你不是孽海浪中一片断芝啊?有什么贵……也在世间混么?"奴才道:"卿也水性的杨花,在此迷人罢了。"女即拍他肩格一下道:"奴的姓张、姓李,关你甚事?也要这般拆趣啊?!"当下两人私相计议道:"咱们混在世间,不过骗人罢咧。现下王孙看中了你,咱想学范蠡献西施的法子,把你献进宫里去。你既做了侧妃,咱也得些好处。岂不两全其美么?"这朵杨花正在坠溷时候,却有一阵好风把他吹上茵去,岂有不情愿呢?只有一件不妥。王孙家教虽然没有,外面架子上却不好看,只得人不知鬼不觉、暗暗地娶了过去。这首诗上说"杨白花飞入深宫里",岂不咏这段情节么?却说王孙娶了美人以后,政事也不管了,声名也不惜了,成日介同起同眠、同坐同食,听戏时一同听戏,游园时一同游园。正是:

在天愿为比翼鸟,在地愿为连理枝。

说不尽的恩爱,那里晓得姻缘簿上注定两人只有数月缘分。

正在柔情旖旎、难解难分时候,不知那里跳出一个御史来。这位御史希奇得狠,既不识权势的势字,又不识得爱情的情字,造七搭八,奏了一本,说了许多坏话。王孙听了,也不在意,呵呵笑道:“咱们王孙家里,伯叔们兄弟们那一个不逛窑子?那一个不闹相公?那一个不讨八九个妾、十数个妾?那一个不是妓女啊、优伶啊什么,咱家讨个巴妾,就要这般小题大做起来呢?想这御史不要顶子了!不要脑袋了!”所以如此说罢,仍同美人调笑取乐。隔不多时,有人报道:“不好了!万岁爷着了恼,要查办了。”王孙方始慌张起来,私与美人商量道:“如何是好?”美人道:“妾自有法,不累你。”王孙道:“你有何法?”那里晓得这朵杨花道行很深,却会他的八十一世老祖宗杨戬的七十二般变化,不知如何,稀奇稀奇!方才明明是一位珠翠围绕、环佩丁当、如金如玉的王妃,一霎变做了一个蓬头赤脚、臃肿邋遢的婢女。王孙见了,得意万分,一面把他寄托人家,一面央人打点。及到派人来查,那里有新妃呢?因此上头王孙没事,御史反落了职。也亏这杨花变得快,把一天雷轰电击的大把戏化作水影无踪。这片断芝道行狠浅,却不会变,不免受须磨折。也亏这杨花变得快,没甚大罪,单把这黑龙图掉去了,也是无可奈何的事。列位都是看小说的名家,请看这种小说,《聊斋》啊,《谐铎》啊,《夜雨秋灯》啊,这须花妖木怪迷惑了人,都在人家不晓得的时候,及到漏泄春光,人家都已晓得了,便说缘分已满,奴要去了。这朵杨花也是做这老套,王孙也知容留不得,只好洒泪而别。一阵春风飘飘荡荡的渡津而去,这首诗上说“宛转房栊间,谁能复禁尔?胡为高飞渡江水”,岂不咏这段情节么?却说王孙自从美人去后,万念都灰,茶也不要吃了,饭也不要吃了,索性把这官也不要做了,上折一本,辞掉了官,闷坐在家,镇日相思。有时想御史一阵,骂他无情拆散我的鸳鸯;有时想断芝一阵,说他有义帮我笼马;有时想自己一阵,前在上海也做过来,真是命中注定,不能消受艳福的;有时想美人一阵,终须破镜重圆的。正合《西厢》那句话:

系春情短柳丝长,隔花人远天涯近。

却不悟杨花本来是妖精,迷惑的人不少了。这首诗上说“江水在天涯，杨花去不归。安得杨花作杨树，种向深宫飞不去”。岂非描写王孙相思的苦么？诗解完了，新闻也完了，小说也完了。有的说道：明明美人，你如何说他花精？假使不是花精，好好王妃什么会变婢女呢？有的说道：诗上说的杨花，那里是说人，诗人借物咏人，本来有此体裁。唐朝一个诗人，名叫韩翃，眷恋了姓柳的美女，别离以后，做首词道：

章台柳，章台柳，往日依依今在否。纵使长条似旧垂，也应攀折他人手。

难道是不说人么？难道是单说柳么？有的说道：杨白花，袁凯做的，也不是李淳风的《推背图》，也不是刘青田先生的《烧饼歌》，那里晓得后世有这段新闻，做这首诗来作谶语啊！大凡作小说的，原是空中楼阁，在下不过借此打趣打趣、敷衍敷衍，列位幸勿当做小说看啊。

杂 文

段案余谈

从来国家末造，必有一二青楼女子，放异彩于历史，供后人咏叹。虽流芳、遗臭，人各不同，然其有不朽之名则一也。试取杨翠喜与古今诸名妓一一评其优劣，倘亦大雅所不弃乎？

一、杨翠喜之与谢珊珊

谢之与杨，所事之人同，其因此而被参查办，亦无不同。然谢事卒未响于政界，而珊瑚亦不复出现其名，且依稀仿佛于人耳目，以杨较谢，固远过之。

一、杨翠喜之与赛金花

赛之与杨，同为近时有数人物，赛归一垂老之侍郎，杨归一妙龄之贝子；且赛之末路备尝艰苦，重堕风尘，似赛不如杨；然赛以弱女子，锦车持节，与强国霸主周旋坛坫，杨不能也；且赛以老大秋娘，能舍身以救同胞，斡旋和局，即彼皤皤黄发，为国柱石之上相，亦且隐受其赐，杨不能也。杨之视赛，固当逊之。

一、杨翠喜之与陈圆圆

杨之与陈,相隔几三百年,而同有关系。于远东之局,可谓奇矣。然圆圆一出,而灭一李闯,遂断送明室三百年之天下,身殁而关系未泯,直至三藩削平之后,其果始结;杨则所影响,仅区区一尚书、一巡抚、一御史,禄位之得失而已,视陈之身系天下兴亡者,固远逊矣。

一、杨翠喜之视柳如是、顾横波

杨之文彩风流,未经见发,其不如柳、顾,固有可决者。然柳、顾所事者,亡国之大夫;杨所事者,则当王之贵胄也。语其末路,柳瘁而顾腴,然柳能以节晚,盖顾亦能以大义劝芝麓引决,皆无惭彤史;杨则方兴未艾,后事不可知,目前则视柳有愧色矣。

然杨方盛年,兹特其开幕之第一剧耳。而其惊天下之耳目、耸殊方之观听也,亦既如此,后生可畏,吾又乌乎量之。勉旃!翠喜。他日为东亚史中最重要之人物,掩赛追陈,何论柳、顾!在汝之自为而已。记者不敏,将拭目以俟之。

今代之范蠡

昔者范蠡,佐越王勾践平吴,既而语人曰:“越王之为人,乌喙长颈,可与共患难,不可与共安乐,吾将去之。”遂以一舸载西子,遨游五湖间,后不知所终。范蠡之后四千余年,而有振贝子辞职一事。

振贝子之意,若曰:“自余为商部尚书以来,不无微劳足录,且又持躬谨慎。论余生平之功状,则有若出洋游历、有若设商部顾问官、有若订立商法、有若立高等实业学堂、有若建立纸厂、有若调查东三省,其有裨于朝廷者,盖非寡少,而人犹与余为难若此。且前黑龙江巡抚段芝贵者,才干明敏,为当今有数之人才。余心剧赏其人,方欲引之大用;而朝廷又以无据之言,立行斥逐,且语连及余。余以是益不自得。今之时,非可为之时也。余将去官,且余去官以后,则为一私人之资格,徜徉自适,何之而不可?即令余纳十百之杨翠喜,置诸左右,夫孰得而间执余哉!”

记者按，振贝子见机明决如是，诚不愧为今之范蠡矣。

为杨翠喜解嘲

咳！我看你的花容玉貌，真不愧是个名妓！

我前回听过你的戏，黄莺样的歌喉，杨柳般的舞腰，真不愧是个名伶！

我后来看见你身入侯门，明珠十斛，抵不上你的声价；粉黛三千，夺不了你的宠爱，真不愧是个名姬！

咳！谁知道到了今天，竟降做个青衣小婢，抛撇了翩翩的美少年，来伴那皤皤的大腹贾，可怜啊可怜！

但是我想起来，这不过是你暂时的晦气。常言说得好："瓦牌终有翻身日，枯树逢春再着花。"你权且等着时来运转，自然有覆水重收的日子。

就是现在的情形，上谕也说起你，中国各处的新闻纸也都要铺张你；就是各国的洋报，也都要把你的事情翻译出来，这岂不是四海扬名吗？

不但如此，将来几位王爷、贝子爷，几位中堂大人，在国史馆里立起传来，也都不能脱了你的名字，这岂不是千古流芳吗？

况且你这个使女的名号，又是钦差大臣奏派充当的，你在烟花队里也坐得着第一把交椅的了。

替　身

段既以杨翠喜献振贝子，会事发，急送杨归津。又别有王某者认杨为妾，并致函某报馆，属为更正。

按，王某此举，不知自居何等，又不知居振贝子于何等。

北方无赖，受妓家雇用，为之御侮者，曰叉杆。

今王某者，其叉杆之流欤？然叉杆仅有护卫之权，并无占有之权。今观王某之函稿，固明明表示其有占有权矣。则谓为叉杆，其诬实甚。按元时富家显宦，生子恐其不寿，辄购一同岁之贫儿，献诸佛寺，请方丈为之剃度，号曰替身。意以为有此替身，则其子应得之灾难,悉由替身受之,而其子可长命富贵也。

今试以此为例,则王某者,其振贝子之替身欤?

虽然,欲避灾难、觅替身,可也;欲保身命、觅替身,可也;若夫对于姬妾,则有肌肤之亲、床笫之私,安可有替身者?又安可觅人为替身者?

前者闻西国将送二麒麟至北京,古代四灵已得其一矣。若振贝子者,其为周文王时岐山之凤凰欤?抑为唐时跃龙池之龙欤?

誉杨翠喜

咄!汝杨翠喜以一女优,而为酿成政界恐慌之一怪物耶!汝有何力,而能使彼轻薄无赖之候补道,乍升乍沉耶?使彼招权纳贿之枢邸,乍喜乍惊耶?使彼亲近芳泽之天潢贵胄,乍陂乍平耶?使彼无数衔口结舌之言官,乍蠢乍灵耶?汝一出,而搬弄一黑龙江巡抚如转丸,陵轹一亲王如转丸,摇动一农商部尚书如转丸,驱逐一言官如转丸,驯致将来移易二三军机大臣如转丸。盖非赖汝具此魔力,则大小臣工皆鼾有声而无生气焉。枢府诸人有胸而无心,惟汝与之以互相争夺之微明;台谏诸人有口而无说,惟汝与之以谕列是非之笔舌。恨汝命薄,不为褒姒,以灭彼庭燎之光;祝汝美好,早从鸱夷,以相彼吴宫之沼。汝于国民为晦气,而亦为明星;汝于政界为魔女,而亦为化人。咄!汝杨翠喜,汝之位置卑劣,名誉污秽;然而以汝之关系言之,则已居然一历史上之人物矣。噫!

诗　词

杨翠喜镜影

翠喜一身,时而津门,时而燕京;时而台榭,时而官府;时而伶,时而姬;时而妾,时而婢,此极古今天下之第一可怜人也。偶从友人处,得窥其镜影,固有此题,亦我见犹怜云尔。

大好河山歌舞地,月新花发。长记取,高台笛馆,替人啼别。神女生涯真是梦。王孙恩怨,谁能说?有几多心事,欠分明,聊终阕。

玉如意，同心结。金不换，相思骨。怪无端铸得六州皆铁，十幅黄绫成底恨，几弦锦瑟余幽咽。更何时，一笑是横波，都痴绝。

打　鸭

洒然庐主人稿

打鸭打鸭惊鸳鸯，一夫奋臂举国狂。寄语肥环好珍重，长生私誓忍相忘。

青衣宛转走且呼，真见王孙泣路隅。宝玦不祥休汝赠，交柯袖底有珊瑚。

神州北望但嗟咨，我和君诗世岂知。击碎唾壶心未已，旁人解作惜花词。

杨枝词（赠赵茝生侍御）

苍然

二月杨花飞帝京，三月杨花吹作尘。堕茵堕溷本无定，感时迁客难为情。

十万奁金绝世装，罡风吹散玉鸳鸯。封姨十八未解事，不及东楼梦一场。

倜傥王孙绮腻才，翩翩浊世可怜佳。书生那晓柔情事，轻与人家家事来。

燕台前路接章台，盼断青骢款段来。来时怕折杨枝送，为见杨枝伤客怀。

评　林

一箭三雕

杨翠喜以妓女，而使段芝贵革职、赵启霖革职、振贝子辞职，其势力为一般清议所不及、为台谏所不及、为各大员所不及、为政府所不及。欲清中国官界之污浊,安得有彼千百杨翠喜来!

三 不 知

俗谚有所谓“三不知”者。观于此次杨翠喜一案,我谓亦然。段芝贵之革也,其时尚未查办也;尚未查办,则有罪无罪尚未定也;未定而革职,则段芝贵必不知革职之为有罪无罪也。赵启霖之革职,为参劾段芝贵也;段芝贵既革职矣,是明认段芝贵为有罪,而赵启霖之参劾为不诬也;然而亦且革职矣,且谓为诬罔矣,则赵启霖又不知革职之果为诬罔与否也。振贝子之辞职,而如所请也,其时在已查办之后也,查办而以为无罪者也;既查办而谓无罪矣,而又辞职,而又准其辞职,此又振贝子辞职时所不及知也。

杂 记

杨翠喜本为某抚所买,而嫁名于天津富商王益孙,在天津俗语名曰“倒口袋”。盖官场中人,购置妾媵,恐为上官所知,有干例禁;乃使别人冒名,以掩局外之耳目,盖亦官场中之习技。杨翠喜系王益孙出头购买,由王少舟、顾少岩中间说合,初议八千两。杨妓之义父杨茂亭得四千两,杨妓幼时买主陈国璧得二千两,余归王、顾二人中饱。事已垂成,王少舟知买杨妓系献当道,乃串通杨妓之干娘张氏,将杨藏匿金家窑地方,陡长身价,非三万金不可。再四磋商,加至一万三千金,始成交易。张妇得一千五百金,下余王、顾二人平分。

三月十八日,王益孙代派顾少岩送杨翠喜进京。因外间颇已喧传,仍交顾某带回。不敢搭坐火车,遂由通州乘船,于二十五日旋津。王益孙急将杨妓接至家中,以备钦使往查。而醇邸及孙相国,固未莅津。二十六日,醇邸派参领恩志、孙相派内阁待读润昌到津,住租界洋饭店内。当饬天津巡警局,将杨妓之义父母杨茂亭及其妇,均派人看管听审,并传王绅益孙到堂质讯。而王益孙已早写有假契一纸,言明价银二千两,买作使女。杨妓之义父母亦早串同供词，所供均相吻合。于是两委员，饬杨、王等各具买人卖人与段无涉之甘结，俟初三日一同带京，听候两钦使面讯。仍属前供，当晚开释。初四日早车，杨、王等乃均回津。

振贝子欲将杨翠喜一节极力弥缝，遣人贿购天津富商王益孙。投书天津某报馆及顺天时报，认为王益孙所买之妾，乞各报馆更正。近日京中乃传言翠喜，王益孙德以万二千金购得之，以为大妇所不容，乃为翠喜营外室于天津河北三太爷庙。且天津冶游者，多见益德与翠喜同坐马车，招摇过市，乃谓因王与段素识之故，乃牵及于段云。实则段之购翠喜，人言啧啧，非复一时，可以掩饰查办者之耳目，不足以掩街谈巷议者之口也。

段芝贵以歌妓运动诸贵人，乃其惯技。上年曾以五千金在扬州购一歌妓，献之某督，因而得宠，历派阔差。去岁用强硬手段，呼天津大观楼歌妓黛玉、宝玉二人至宅，给价四百元。该妓主畏其势焰，不敢与校。段寓某督院后门，故某督之内宅，段可任便出入。某督艳其得双美，召入上房平视，并厚赠之，一时传为佳话。此次复袭其故智，不惜万金买杨翠喜献之振贝子，亦为制数千金之首饰衣物，外备役金二万元，以为入邸犒赏各仆婢之用。结欢权贵，良工心苦。转瞬高官美爵，竟能如愿而偿，其术不可谓不巧矣。不意得意仅十余日，而言官饶舌，又复起此风波，富贵功名何异一场春梦？赔了夫人又折兵，伤心哉！

杨翠喜已于三月二十五日乘晚车还津沽。盖贝子被劾，恐惧特甚，故先遗之出京，冀灭其迹。拟俟风波稍定，再将桃叶迎归，独是彼美何辜？仓皇就道，往来跋涉于京津之间，未免难以为情也。

杨翠喜闻已于初四日由天津火车到保定，复由保定乘火车绕过彰仪门外，取道达西直门（京张路之车站）。下车入京，当有某邸护卫在彼迎接，香车宝马直入某府。王竹林之使女，竟有王府之护卫为其跟。咄咄怪事！

沪江色艺指南

此书按“色”、“艺”二项编列，分别为清末上海游逛风月场和梨园观剧者提供方便。限于编辑体例，只录“艺类”。艺类以生、旦、净、丑分类编列，每类将沪上之著名优伶标其姓名，并隶某某戏馆，方便观剧者有所选择。本书光绪三十四年(1908)二月初版，编辑者为上海公益书社。

叙　言

暮雨朝云，近思有录；哀丝豪竹，教坊传歌。过轻烟淡粉之楼，金钗欲堕；问结绮含香之阁，玉笛谁横？忆昔听莺楚馆，传艳品于秦淮；迄今走马章台，噪盛名于歇浦。西江媚妇，惯习铅华，东国妖姬，亦知歌舞。乌衣巷里，依然王谢流风；朱雀航边，不减齐梁胜迹。所惜人来白下，兴寄红楼，寻南部烟花，那得冯君之录；访东山丝竹，空怀谢傅之情。睠言佳丽，竟日徘徊，未免有情，谁能遣此？抑或人如鹤去，听雨楼空，室等莺迁，伴霞居杳。楼台依旧，非当年题扇之人；门巷更新，却曩日迷香之洞。问津碌碌，访美皇皇，只此一日，六时未免寸肠九转，此《色艺指南》之所以作也。刻茗华而炫采，岂徒名擅双珠；聚桃李以传芳，聊拟咏成百美。宜乎灯红酒绿，都联好好苹踪；鬓影衣香，尽入青青柳眼矣。

戊申花朝本社叙

例　言

一、本编以“色”、“艺”二项编列，色类分书寓、么二、粤妓及日本艺妓四种；艺类分生、旦、净、丑四种，依次编列，以便检查。

……

一、艺门以生、旦、净、丑分类编列，每类将沪上之著名各优伶标其姓名，并隶某某戏馆，使观剧者得所选择焉。

一、本编调查至花朝日止。自花朝后或有添出或有迁移者，本编不及备载。

男伶胡子生

孙菊仙　丹桂

潘月樵(即小连生)　丹桂

小孟七　天仙

刘鸿昇　春桂

筱荣祥　天仙
筱小桂芬　春桂
熊文通　春仙
赵春奎　天仙
毛仲琪　丹桂
小十三红　春桂
小保珊　丹桂

武老生

夏月润　丹桂
沈韵秋　春桂
赵如泉　天仙
王俊卿　春仙
赵小廉　天仙
张顺来　丹桂
谭月明　春桂

小生

小金红　春桂
邱凤翔　春仙
邱蕊卿　丹桂

花旦

七盏灯　丹桂
小子和　丹桂
天娥旦　春仙
万盏灯　天仙
周凤文　春仙
金娥旦　天仙

小桃红　春桂

青衣(即正旦)

小子和　丹桂
刘子仙　春仙
薛瑶卿　丹桂

刀马(即武旦)

王祥云　春仙
李祥麟　丹桂
七仙旦　春桂

老　旦

羊长喜　丹桂

净

刘鸿昇　春桂
李长胜　天仙
谢云奎　丹桂

二　面

冯志奎　丹桂
李春利　天仙
刘廷玉　春桂
夏月华　丹桂

丑

夏月珊　丹桂
马飞珠　天仙

何金寿　天仙
冯二狗　春桂
小保成　丹桂
周来全　天仙

女伶胡子生

小兰芬　群仙
郭少娥　群仙
小莲英　群仙
王雅琴　群仙
翁梅倩　群仙
筱桂芬　丹凤
凤处　　丹凤

花　　旦

红菊花　群仙
陆菊芬　丹凤
万翠娟　丹凤
筱菊仙　群仙
白兰花　群仙

刀　　马

郭凤仙　群仙

净

小奎官　丹凤
金处　　群仙

天津名伶小传

题剑影客撰，其人生平不详。是书为四十余名优伶立传，书名冠以“天津”，实则并非立传优伶皆天津籍，而是指在天津登台演出并享有较高声誉的优伶。值得注意的是，本书特别为一批坤伶立传，这是研究清末坤伶的珍贵史料。谷曙光据清宣统元年(1909)十二月天津石印本点校整理。

天津名伶小传

剑影客著

目　录

钟声先生传

钟声姓王,名熙普,浙江上虞人,世族也。其父宦滇省,先生兄四人,均列仕版。幼孤,守母教。十二岁母死,乃就外傅。十三岁即文名大噪江南北。然喜读《瀛寰志略》及掌故诸书,不以寻章摘句为事。十四岁至沪,就学于教会学堂,研究法、德语文。强学博记,四年而通两国文。戊戌自费至德意志留学,入得来伯的西大学,阅八年毕业,得学士文凭。丙午返国,南北奔驰,足迹遍天下。丁未就桂抚某公幕,历充法政学堂监督及洋务局总办诸要差。旋辞差至沪,与马湘伯诸名士立戏剧改良会,名曰“春阳社”。于是以名士着优孟衣冠矣。其所演之剧,如《黑奴吁天》、《迦茵小传》、《爱国血》、《孽海花》诸剧,无不神情毕肖。时或长剑戎衣而为勇夫健儿,时或柔声娇态而为秀媛名姝,或嬉笑怒骂,或慷慨悲歌,皆足动人观感。所演之戏,既受社会欢迎,乃又出资立一新剧学校。招生徒百二十人,昼夜教演训练,所授皆纯粹新戏,以美术布景合乎天然,能使观者如身历其境。后至杭州演剧,先生因积劳卧病两匝月,诸生徒散走四方。病愈已财穷力尽矣。先生乃就旧梨园子弟,使演各种新剧。吾国优伶类皆出身卑污,无新智识,无演新戏之资格,而先生顾肯为现身说法之教师者,盖亦不得已而思其次也。自先生入伶界,沪上之新舞台、大舞台新剧场,诸大剧园亦相继而立矣。虽其戏剧不能如泰西文明诸国之尽美尽善,然梨园中有此一番之革新,实先生提倡之力也。其来天津也,系应下天仙之聘,二月开演,油画之精、美术之巧,识者无不称羡弗置。后与商界资本家联合,就北马路大观戏园创建新舞台,布置颇为完美,为吾国从前所未有,故每日座客拥挤。惜甫及一月,即起内讧,数月经营尽付东流。顾曲者至今谈及,犹为惋惜。其年方廿有六,诚热心社会之志士也。

赞曰:钟声本宦裔,其父执类多显者,昆仲数人各宦于湘、桂、黔、蜀,彼以毕业法政之人,乃不赴试学部,博取进士举人之头衔,求致显荣,而乃不顾流俗非笑,下与污贱之优伶为伍,非热心社会之奇士而能若是乎?一挫即折,遽灰初志,非丈夫也。法国之福禄特尔、英国之塞客比儿及日本川上，至今犹为国人所崇敬，不意吾国亦有与之匹侣者矣。

老乡亲传

老乡亲，姓孙，字菊仙，天津人。幼习骑射，应武试屡蹶。有剧癖，暇即赴票友会习戏曲，大有一鸣惊人之势。教者赏其技，引之至京都，伊时孙年二十余也。当是时，北京唱须生者，有程长庚、余三胜为一时瑜亮，后起之秀如谭金培、汪桂芬、杨月楼，亦皆名动京师，为剧界中有数人物。菊仙以草茅新进骤登舞台，程、余辈为之失色却步，几于后来居上焉。旋程、余疾卒，孙遂与谭、汪诸伶迭为剧界盟长，亦得供奉内廷，于是京师九城无人不知孙处矣。至论其所长，谭以悠扬婉转胜，汪以蕴藉清激胜，孙则如黄钟大吕悲壮淋漓，如读贾长沙、苏眉山之文，大气流行，慷慨激昂，酣畅痛快，殆韩退之所谓“气盛则言之长短与声之高下皆宜”者也。庚子后遁迹上海，大启文明智识，故于演剧之时多有益时局人心之演说。数年以来，曾以提倡义务戏筹助账捐八次，创设学堂两座，其热心社会如此。元年七月，由沪来津，各园争先延请。津人士以久经阔别之故，名之曰“老乡亲”，一时莫不欢迎叹赏，以先睹为快，剧场拥挤几于麾之不去。孙伶举止庄重，老气横秋，无伶人恶习，且仗义疏财，好济人于危难。津埠贫民沾溉其恩者，遂亦引而亲之，呼以“老乡亲”。现已六十有九，精神矍烁，就未减于壮年也。

赞曰：贵莫贵于公卿大夫，贱莫贱于娼优隶卒。然梁敦彦粤人不认为同乡，陈璧闽人不许其回籍，汪大燮之名削除族谱；而孙菊仙以一优伶，津人士竟以“老乡亲”呼之，岂尚侍大臣之尊荣，反不如优伶之足为宗族乡党光宠乎？嗟呼！财之为物，最足移人品格，而论人亦每以此为定评。贪让之间，荣辱判离，贵贱奚择焉。

小孟七传

小孟七，北京著名武老生孟福保之子也。兄弟五人，皆业梨园，因其父名孟七，演剧又能克肖其父，故人以“小孟七”呼之，其实乃行三也。髫龄随其父南下,稍长即学演戏,身材合度,口齿便捷,其演剧以说白做工擅胜。上海开通最早,渐染既久,颇有文明思想,于是闭户寡交,奋志孤进,每日执卷,咿唔孳孳不倦,有名报纸无不披阅。居常欲将中国危迫之险象,排演成剧,藉以警醒国人。因伶界中人程度太浅,无与同志,徒叹孤掌难鸣而已。《铁公鸡》系其父与三麻子所排演,其长于此剧,盖得之遗传性。上海某报至推其在小连生之上,谓自七八本以后,张国梁归降即久,宜脱去长毛习气。小连生之演此剧,至七八本以后,仍与其初降时无异,故不如小孟七之身分恰合也。三十一年来津,演《九美夺夫》至服毒时,听者叫好之后继以失声痛哭。近与钟声偕,思想益进。其科白皆不拘故常,随便指点,冷讥热嘲,顾曲者为之捧腹轩渠,拍掌叫绝。如演《缘外缘》惊艳一场,说中国人性质,若办公益之事,则视财如命半文不舍;若嫖赌饮宴,替妓女赎身,则万金不吝。其余如演《海花爱国血》、《林文忠禁烟》,各出中类此讽劝之语甚多,诚梨园中杰出之人物也。

赞曰:京津之所称名优者,不过音喉清、技艺熟而已,然半多行止龌龊、思想腐旧,宜其故步自封,不能翻新出奇也。独孟伶思想优美,终日把卷吟唔,涉猎报章,遇有警耗,往往愤慨流涕。尝语人云"国势若此,人犹玩惕燕嬉,歌舞快乐,尚何望乎?吾誓竭一生精力排演新戏,藉以唤醒国人"云云。其志亦云伟矣。安得小孟七化身千万,一歌台有一小孟七乎?

白文奎传

白文奎,天津人,年三十四岁,优人白连喜之子也。十余龄时即登台奏技,面庞俊伟,歌喉清越,声名震动一时。十五岁至沪上,搭班天福茶园,洋场十里人皆称赞。因少年气盛,力争上游,欲冠冕豪俊。未几喉咙闷哑,由沪复返津门。静养年余,喉音仍复如初,遂在津埠各园演唱。其擅长之剧为《举鼎》、《洪洋洞》、《硃砂痣》各剧,白伶音长气豪,运用自如,有左右逢源之势。虽无悠扬蕴藉、婉转嘹亮之致,然学孙菊仙间亦能得其仿佛。故虽久在津门,各园仍争先罗致焉。且性豪爽，喜宾客，遇朋友有急难，即解囊相与，毫无吝色，大有座客尝满之风。闻白伶今年赴奉省，其仆某将其戏衣质当一空，濒行时为之，言距登车时仅两三小时耳。白伶毫无怒容，更用温言安慰，贷资他人自行赎回，并给其仆安家洋二十元，其仆至为之感激涕零。其待人和易如此，抑亦难矣。

赞曰：白文奎每月身价六百元，所得可比一半黑一半红之候补道。轻财好客，无足异者。独其仆为之质当衣服，几于误其行程，概无不性动气愤，立予驱逐叫骂者。白伶竟不动声色，行所无事，斯亦奇矣。余尝闻陕藩某公晋京，其仆为之失一翎管，不但逼令赔偿，且送官究治。以视白伶之渊涵大度，相去远矣。狭褊暴躁，毫无蕴蓄之士夫，闻白伶之风，其亦可稍戢骄焰乎？

三麻子传

三麻子，姓王名洪寿，扬州人，江淮间著名之优伶也。其壮年在南方之行迹不得其详。光绪三十年来津门，王伶以改良戏曲为志，酷嗜读书，终日执卷咿唔，凡中国小说无不披读，遇可激发人心之事，皆排演成剧。闻其一生排演者，有数百出之多，或因过于激烈，触犯忌讳；或因他伶程度低下，不过《三国志》、《铁公鸡》及《扫松下书》数十出而已。三十年通州潘子寅先生由东返国，道出朝鲜蹈海死。王伶为之演成戏曲，颜曰“潘烈士投海传”，凡顾曲者无不为之感动。于是京、津、上海及各大埠之剧园无不演唱矣。是时项城宫保及沔阳文宗温言奖慰，莫不以王伶为梨园之高冈鸣凤，三麻子之名望遂聒噪于京津。王伶年近六旬，唱《三顾出诸葛》则似名士，《扫松下书》则似高人，平上出入，字字清楚。其演关壮缪之剧，则刚勇严毅，奕奕有神，手眼须眉，无不惟妙惟肖，能令人望而生畏，肃然起敬。彭震九、左月春虽亦学之，然与王伶比较，直以小巫见大巫矣。其最擅长者为《斩车胄》、《刮骨疗毒》两剧，然必须小孟七出车胄、华陀，方能相得益彰。自孟去后，他人皆不能相配，故亦不演唱此两剧。闻王伶近在上海与富商杨某集资十余万，开同济公司，在法界建筑新剧场，其规模胥取法于法兰西。所邀请之角色,多通文字、有文明思想者。拟将其平生自排之戏尽行演唱,实行其改良戏曲之素愿,将来吾国剧界中必有一番新景象也。

赞曰:三麻子素怀改良戏曲之思想,因社会龃龉,抱曲高和寡之叹,不获一展其志者数十年。至年逾六旬,始遇杨某,得开同济公司,殆天怜其苦衷,故使于垂暮之年得遂初愿乎?然吾国奇特之士,竞竞以学术政术自诩,而得志之后,乃借口于社会之不良与时俯仰,和光同尘,碌碌无所表见,置初志于不顾。以视王伶之历终始而不变者,亦有愧色否乎?

小余三胜传

小余三胜,北京人,名优余三胜之孙。其父曰余子云,唱青衫。三胜年十余龄学剧曲,性慧敏,稍受乌师指点,即能中节合拍,音韵铿然。谭金培、汪桂芬见而异之曰"此余家千里驹也"。乃祖为剧界之巨擘,负盛誉多年,积赀巨万。三胜履厚席丰,又因有谭、汪诸伶对立分峙,不易出人头地,故迄未在各园搭班,间或应酬堂会而已。三十年绘芳茶园出重金聘之,其来津也,与其兄偕。因其兄娴音律,三胜登台奏技,皆其兄和弦素以应之。盖恐同业中之嫉妒者,阴使弦师故高其弦,引而益上,而三胜年幼争强好名,使嗓音疲敝也。三胜登台献技,一鸣惊人,津埠之唱须生者,咸自愧弗如,于是头角崭然,名噪沽上。后隶下天仙,每月包银千二百元,以其正在髫龄,面貌佼好,扮演登场,虽小兰英、恩晓峰诸女伶,亦不能比其俏丽,故在后台时,诸女伶皆乐与之昵。且以其年纪弱小,耦俱无猜,戏谑偎抱,无所不至。有其兄从旁监督,亦不及乱。小双处、王克琴对于三胜尤格外涎羡,钟情欲许以终身。其兄因其气血未定,贪恋衾枕过度,伤身戕生,阴劝止之,三胜皆婉谢焉。其最称得意之剧,为《托兆碰碑》、《文昭关》、《空城计》,声调圆滑,悠扬娇柔,婉转抑扬,缓急无不合宜,能使听者气静神逸,释躁矜平。后又肄习武生戏,如《落马湖》、《独木关》、《连环套》诸剧,亦均能演唱,声容动作学步李吉瑞,虽不中而不远焉。其为人性情和平,慷慨好施,与之同园演戏之小角色,每向之有所祈求,无不解囊相与,亦毫无得意自矜之色，故人多乐就之。去岁忽抱咯血疾，喉音稍逊，回京养疴。得勿日与群雌相处，动心佳丽，被兄牵制，又不能餍其大欲，寤寐反侧，不能遣此，蹈佛经所谓非法淫之辙有以致此乎？闻现在已占勿药，明年有来津之说，戏迷传中人物企皆踵以俟，津埠剧场中又添一出色人物，旧雨重来，届时定受欢迎，其年甫十九，从此加鞭，必能绳其祖武，箕裘勿坠也。三胜其勉旃。

赞曰：传有之“士之子恒为士，农之子恒为农”。吾观于余三胜，而益信矣。虽然，其所以完璞而去津门者，以有其兄与之偕耳。不然古来之英君谊辟、英雄豪杰，与夫现在之达官贵人、青衿学子，因女色而覆灭宗社，隳坏事功，丧失禄位，荒废学业者，何可胜道！而三胜独能免于此厄，故人乐有贤父兄也。然在津之一般时髦少年，安得尽人有兄如三胜乎？吾诚艳羡其遇而不能置矣。

元元红传

元元红，直隶之河间人。幼年演剧于乡隅，方面高额，仪容秀美，而歌喉又圆畅嘹亮，以是被誉乡曲，雅负一时盛名。彼亦志得意矜，傲睨自喜，跃跃欲试，遂来津登舞台焉。然以有著名梆子须生何景云久占津门，为剧界之泰斗。元元红以乡里新进之士，遂为何所压覆，不能得志。其初来时，每月工资不过十八元而已，伊时其年尚未二十也。于是杖策出关，竟赴辽东。遂在营口搭班，营埠剧界之程度，本不如天津，元元红在该处如鹤立鸡群，登台奏技，大受顾曲者之欢迎，名称藉甚焉。及何伶亡而回天津，遂为梆子须生之冠，每月包银六百元，与女伶小莲芬配戏，一雄一雌，竞胜争强，如棋逢对手，未知鹿死谁家。每演《汾河湾》、《南天门》、《拜寿》、《算粮》诸剧，各自抖精神，唱做兼绝，击节喝采之声，几于震撼屋宇，使顾曲者有“五岳归来不看山”之想。三十三年与武伶赵黑灯计偕到沪，春桂茶园以八百元之重价延致之。秦腔本属山陕产物，惟黄河以北各省之人嗜听此曲，而至长江流域则迁地弗良，以故在沪未久，而声价骤衰焉。申江名妓素以姘识戏子为荣，此端实倡之于林黛玉、陆畹芬、陆兰香、张书玉诸人，浸积既久，成为风气。元元红貌既佼好,又好搔首弄姿,动加修饰,以故下车伊始,青楼姊妹皆以一接謦欬为荣,争致巨金邀其一夕之欢。名妓雷荫轩雇健儿数十名,于其卸妆下台时掳至院中,甘心为其媵妾,积金数万悉双手以供献之。元元红黄金美妾,志得意满,遂携眷离沪赴营,开凤鸣茶园。其车夫着大红宁绸背心,元元红昂然踞坐其上,招摇过市。某司马闻之大怒,责其骄奢过度,罚锾五百以为散给贫民冬衣之费。今秋又由营来津,搭班元升茶园,每月包银七百元,惟因其戕于女色,嗓音似不如从前云。

赞曰:北京之老元红为秦腔须生之鼻祖,几于绝后空前,故元元红窃袭其名以引重。两伶互相比较,其程度之相去,不可以道里计。然老元红之来津稍久,则不能保其位置;而彼之受欢迎于社会,则始终不衰。盖一为粉面朱唇之佼男,一为老迈龙钟之瘠伶,顾曲者遂不问其技之美恶,艺之高下,而惟年少貌俊者之是好,亦何怪有涂粉抹朱之学生出现于中国之学堂乎?孔子云:"不有祝鮀之佞,而有宋朝之美,难乎免于今之世矣。"信哉斯言!古圣诚不我欺也。

李吉瑞传

李吉瑞,直隶新城人。幼年在小吉利科班学唱秦腔武生,喉音洪亮,躯干短小精悍,为其班中之佼佼。其科班主人以为珍奇瑰宝,曰:"宜陈之于阛阓都市,不可埋没乡曲也。"遂偕之赴京师。当是时,都中优伶以武生著名者,曰俞菊生,曰黄胖,并驾齐驱,为一时瑜亮。北京剧界分俞、黄两派如诗家之李、杜,文章家之柳、韩,书家之钟、王、颜、赵,互有擅长,各不相掩。俞派所长者为靠把戏,以身手敏捷、说白清脆胜,其擅长之剧如《挑滑车》、《长坂坡》、《铁龙山》是也;黄派所长者为短衣戏,以声调悲壮、淋漓激昂胜,其擅长之剧如《落马湖》、《铜网阵》、《独木关》是也,音节清越有燕赵悲歌之遗意。吉瑞晋京后,委贽于黄胖,刻苦砺学,奋志孤进,未久即得其神似,为黄之入室高足,渐有声誉于剧界焉。凡黄所长者,如《独木关》、《剑峰山》各剧,有时竟使吉瑞出场代其演唱,座客亦竟默认许可，其伎艺之优长概可知矣。后由京来天津，隶福仙茶园，每月工资不过五十元。不久至烟台，与张黑、尚和玉领俄国通译张某之资开丹桂茶园，数年之间，积赀巨万。二十九年又由烟台至津门，就下天仙之聘，每月工资五百元。自此声价益隆，继长增高，渐涨至一千二百元焉。余尝见其演《狮子楼》、《大名府》、《翠屏山》诸剧，皆能肖武二、燕青、石秀身分。《水浒》为小说中奇书，东人至谓为中国之武士道教育魂。而武、燕、石尤为《水浒》中有数人物，吉瑞能为之传神写照，使舞台上尚得仿佛见古侠烈之风，其有益于社会可胜言耶！比亦能稍演须生戏，如《黄金台》、《庆顶珠》、《卖马》等剧，学步小余三胜，亦不甚支离。该伶面虽娇嫩，年已四十有一，处事待人，均出以和平，故在下天仙数年，未尝改隶他园。事母至孝，每月所入之资，必尽奉献其母而已。身所用虽至细微之数，亦必向其母取求。但性情吝啬，视财太重，周急恤贫、慷慨好义之忱不如白文奎、余三胜诸伶。聂政以老母在，不敢以身许人。母死而重义杀身，吾甚属望于李吉瑞焉。

赞曰：余尝见士夫之寒素出身者，其幼年读书时，父耰锄以供束修，母纺绩以给膏火。及身致贵显，乃役其父如仆隶，视其母如婢媪，好货财、私妻子，不顾父母之养者，比比皆是。而吉瑞竟能以四旬之人，仍如髫龄稚子，向其母絮絮求饼果钱者，非至性过人，孝思纯笃者，乌能如是乎？古人求义士于卖浆屠狗，吾今欲求孝子于优伶中矣。

杨小楼传（即小杨猴）

武伶杨小楼，现年三十二岁，北京著名武生俞菊生之高足弟子也。其父曰杨月楼，以唱文武老生、武小生著名，与菊生配《水帘洞》、《金钱豹》，出孙行者推为一时绝伎，故人以“杨猴子”呼之。月楼死，菊生无所匹，不复演此两剧。小楼以失怙甚早，委贽于菊生，俞以父知故，于诸弟子中特厚遇之。小楼身材矫健，口齿伶俐，演《长坂坡》、《水帘洞》诸剧，均有父风。俞为京都武生中巨擘，凡业武生而欲出色者，无不向俞北面执弟子礼。一及其门，即能自炫于剧界,是以门弟子充塞各园,几有满城桃李尽其手栽之势。然其中之最为超轶特出者,惟其五子俞振亭与杨小楼两人而已。二伶均在盛年,玉面朱唇,丰仪秀美,不愧个中之好男儿。俞则短小精悍,杨则玉立伟长,所谓地丑德齐,莫能相尚也。振亭父荫之下,较小楼有所凭借,立名甚易,故迄未离京师一步。小楼谂知两雄不可并立,与振亭相处难以制胜,遂由京来天津搭班于福仙茶园。乃以资望浅薄,未足动人激赏,每月工资不过十八元。后赴上海、烟台,艺大进,声誉亦渐振起。二十八年回天津,在法界聚兴茶园演唱,每月三百元;旋隶大观,每月五百元。三十年回京师,其师俞菊生恳内宦某为之揄扬,遂得供奉内廷。先朝两宫见其演《长坂坡》、《飞叉阵》、《八大锤》诸剧,叹曰:“杨月楼可谓有子矣。”天语褒嘉,恩旨稠迭,其宠眷殊遇为剧界所未有。自此声名大震,居然为京津武伶之冠矣。下天仙茶园工资千五百元,未几东天仙以千八百元延致之,其声价亦可谓之隆矣。该伶性沉默、寡交游,除赴园演剧外,则闭门读书。但其所师者多迂旧庸俗之士,故无文明思想、新奇智识。所演之剧,陈陈相因。近来入道家之魔网,迷信颇深。在京每至某观中,与道士共处,将步汪大头之后尘,殊可惜也。

赞曰:中国社会素重门阀,世家子弟最占便宜。凡阔少出身仰先人之荫者,较诸田舍新进甚为容易,故俗语有谓“世间惟少爷最有福也”。宦界如是,剧界盖亦如是焉。如谭小培、金少山,其技艺原甚平常无足表异,而一登舞台,座客即争为之叫好,以其为谭金培、金秀山之子也。若小楼固亦系名伶之子,其得名也绝非纯赖其父,虽其喉音不佳,不能如月楼之兼做须生,然亦不得不谓继志述事之克家令子。较之小培、少山,有驹犊之别矣。小培、少山固不逮其父,然能敷衍上台,以视宦场少爷之不堪上台盘者,固犹彼善于此也。吾今欲效魏武之言曰:“生子当如杨小楼。”若小培、少山,其豚犊耳,何足道。虽然,有欲得豚犊称,而不得者矣。

高福安传

高福安,直隶盐山之新店人。髫龄即演剧乡隅,人亦未之奇也。年二十余从优人张万顺至沪上。万顺旧以武生著名者。福安自到沪即刻苦力学，以蕲出人头地。迨庚子后回津，遂名噪一时矣。津埠之唱武生者，向推杨小楼、李吉瑞。杨以靠把戏胜，李以短衣戏胜，分道扬镳，各有所长。高则杨、李之戏均能演唱，虽其技艺不如杨、李精到，然亦能动人激赏。壬寅秋曾应京优田际云之聘，入都后声名藉甚。会万寿期迩，宦者欲为之延誉，使供奉内廷。福安因都中伶界工资廉薄，又返沪。时沪上方开菊榜，福安因迟至被遗，主其事者引以为憾。见于沪上之新说部，其声誉可知矣。其初至津也，与妻林凤仙偕。凤仙久以花旦名沪上，与潇湘馆主相伯仲。凤仙疾卒，续娶小翠。小翠以须生与乃姊小桃齐名。自归福安，渐肄习武生，亦颇动一时激赏。初福安尝与小兰英为丹桂园主，以赔累负债巨万，然沧盐贫人之客津门者，每造门乞求，辄质物借货以应之。至遇有大缓急，则不分畛域，悉量力以拯困乏。近岁遇有水旱偏灾，剧界恒以义务戏售票助赈，福安无役不与，其急公赴义如此。近隶东天仙班，年甫三十有五云。

赞曰：高福安以一优伶，而能疏财好客、救灾恤贫，以视我国珊顶雀翎、高车驷马之大人先生六亲不认、视财如命者，其人格固驾而上之矣。惜未能脱桀骜不驯之气，盖以其业为武生，渐染于平日者然也。剧学馆之设岂容再缓乎？

吕月樵传

吕月樵，北京人，其父业某工，歆唱戏获资多，故使其子业梨园。月樵初在北京四喜班学艺，先使之折斤斗、打把子，后使之唱青衫。当是时京部名角如云，以青衫著名者如陈玉林、余子云、顺林、易云，皆雅负时誉。月樵系后起，色艺平常，故碌碌无所表见。乃由京至沪上，仍唱青衫。沪上之戏下于北京远甚，观剧者多不重视青衫，月樵乃改业武生以投时好，然犹未能制胜也。后汪笑侬排《戏迷传》，月樵奋志攻苦、昼夜演习，由是艺大进。于一出之中，时而昆簧；时而秦腔；时而老旦、花旦、青衫；时而文武老生、小生、净、副、丑、末，非喉音便捷，能瞬息变化者，不能与此役。月樵乃曲意摹仿,无不惟妙惟肖,故此剧无与之抗者。自是名满申江,洋场十里无人不知吕月樵矣。吕伶名既震起,志愈发舒,其艺亦突飞猛进、压抑侪辈。苏、杭、汉、宁各园,皆重金厚聘掌,争相罗致。沪上名妓亦争与之相识。有某宦之宠姬,在北里时曾与吕伶相姘。吕伶以嫌疑故,不敢复在申江。光绪三十年应大观茶园之聘,登台奏技,为观者所叹赏。其演《戏迷传》一出,固为一时绝伎;而《滑油山》、《钓金龟》模仿龚云甫,亦能不即不离,音韵毕肖;至《请宋灵》尤为各伶所难及;靠把戏如《长坂坡》、《铁龙山》、《挑滑车》,则不亚于杨小楼;短衣戏如《狮子楼》、《大名府》、《恶虎村》,亦能伯仲于李吉瑞。靠把、短衣两派之戏均能演唱,不以杨、李两伶专以一技一艺名家,故能名动津沽,为社会所激赏也。今已三十四岁矣。吕伶性狡狯,最难驾驭。前在大观为合园所群殴,递解回上海。缉捕营管带米占元与月樵为莫逆交,以功牌赠之。该伶乃翎顶辉煌,居然自充官长,下乡缉捕,持帖拜谒县官。某令曾以观剧识其面貌,烛破其奸,电禀江督苏抚。吕伶见势不佳,乘机兔脱。米占元奏参革职,其胆大如此,诚伶界中之本色也。

赞曰:中国自庚子以还,国势日危,声歌日盛。梨园中之稍为出名者,每月工资或数百金,或千数百金,所入之巨可比道府。其称特色名角者如谭金培、孙菊仙、刘洪昇辈,每月工资竟至数千金,较之督抚之禄俸,有过无不及焉。业贱者利厚,执下者得多,若辈来如涌泉,用如泥沙,穷奢极欲,富拟王侯,因而志骄气盈,妄自尊大,冠履倒置,凌践士夫,所以造成种种罪孽也。谚云:“放下屠刀,立地成佛。”寄语吕伶,其速行忏悔。霍春祥之覆辙在前,李春来之殷鉴不远。慎勿自贻伊戚也。

薛凤池、张德俊、小菊生、田雨农、明海亮、何月山、小客串合传

韩愈谓“燕赵古称多感慨悲歌之士”。自元都北平,以距辇毂稍近,流风大替,仅留余韵于剧界而已。天津亦最重武生,而称名角者亦以武生为最夥,如杨小楼、李吉瑞、吕月樵、高福安,均有专

传。稍次者曰薛凤池、张德俊、小菊生，三伶皆在盛年，而凤池尤武健绝伦。虽不逮杨小楼、尚和玉一登舞台即有大将风度，然拳技极优，短打之戏最擅长。与范宝亭配《铁公鸡》，白手夺刀，靠身扎枪，以赤身与白刃相薄，其间相去不能分寸，能使观者惊骇，拍案叫绝。他伶皆弗之及也。日本东京某日报至谓为中国之武士道，鸡林贾人觏《香山集》，其佩仰深也。德俊年稍逊于凤池，短小精悍，眉宇秀逸，短打之戏，均能独当一面。其扛子工夫尤驾凤池而上之。近噪名于沪上，几为申江武伶之冠。小菊生以长枪大戟胜，所演之剧如《金钱豹》之舞叉，满台飞舞，几于身后有眼；《八大锤》双枪不即不离，千变万化，其技可谓神矣。仅据此两剧论，虽杨小楼、尚和玉恐有愧色焉。后起之秀曰田雨农、明海亮、何月山、小客串。雨农、海亮、月山三雏伶，皆眉目俏丽姣好如处女，虽武伎稍亚薛、尚，然银戟素铠，丰姿玉立，能使观者悦慕。雨农为京优田际云之子，曾执贽于杨小楼、俞振亭，故尤负时誉。小客串姿容之韶秀固不逮田、何，然喉音尚清澈，演《大名府》出卢俊义、《飞叉阵》出马援，文武无不绝倒。近为高福安入室弟子，身体便捷纯熟，较之李长山、小毛包，单有上下床之别，固不能以年岁限之也。

赞曰：京师之业武生者，皆以一及俞菊生、黄胖之门为荣，故小菊生藉其名以市誉。薛、张两伶能自造荣名，不因依人而声誉聒津、沪，较之依草附木者，其成就或且倍蓰焉。好男儿不当如是耶？吾愿后起诸伶席父师之荫者，当益自奋勉；而崛起闾巷、无所凭藉者，慎勿隘其量以自画。阶级制度固不再容于二十世纪也。

刘永奎、苏廷奎、程永龙、曹宝峰、尚和玉合传

津门之唱花脸者，向以刘永奎、苏廷奎、程永龙、曹宝峰、尚和玉为最，顾曲者每一律视之。其实此数人派别攸分，不能概视。戏场花脸共分数种，一曰铜锤花脸；一曰架子花脸；一曰武二花脸。刘永奎乃铜锤花脸，以唱胜者，其擅长之剧如《草桥关》、《捉放曹》、《盗御马》等戏，虽喉音不高，却能合拍中节、娓娓动听，有时演新排之剧，串唱小花脸，亦颇为人所称赏。苏廷奎、程永龙、曹宝峰三伶

均为架子花脸,以身手婉转、说白清脆胜,如苏廷奎之擅长者为《闹江州》、《下河东》、《落马湖》等剧,有时串唱须生,如《清官册》、《审刺客》亦颇有可观,至《打严嵩》一出,句句赶板垛字,清晰入耳,即专门须生亦不能及。程永龙亦系架子花脸,台风最好,其擅长之剧《收关胜》、《夺小沛》、《九江口》、《战长沙》、《竹林计》等剧,出张桓侯豪迈爽直,快人快语,口吻毕肖,为他伶所难及;演《铁公鸡》七八本,出张国梁激劝士卒一场,恳恳动听,能启人敌忾同仇之心,亲上死长之气,足以激发国民尚武之精神。若曹宝峰,躯干伟长,装束严武,靠把戏最为擅长,如《古城会》出张飞、《挑滑车》出牛皋,身段、手眼、动作、步履胥勃勃有生气;与三麻子配《困土山》、《华容道》出曹操,声音笑貌之间,亦能传神焉。尚和玉乃系武二花脸,台风最好,纯以武技擅长,演《铁龙山》、《收关胜》有大将风度;《艳阳楼》、《英雄义》、《金钱豹》、《虮蜡庙》诸剧,脚步灵活与鼓板相应,刀法惯熟,从容不迫,不惟津埠诸武伶不逮远甚,虽杨小楼亦有逊色。又优伶之中,凡稍有声价者,类皆妄自尊大,动好挟制园主争长工资。其黠者甚至构谗架话,挑播是非,惟尚伶性情忠厚、老成持重,遇有同人纷争、宾主龃龉,无不善言劝慰、理喻情遣,以故同业之人皆引重之。往岁在烟台,为丹桂园主。庚子后始来津门,隶下天仙班,迄今数年未一改隶他班。园主孙某人最狡悍,凡隶其班者事多凶终隙末,独尚伶善与人处,始终无一违言,即此可以知其蕴养之深厚矣。此数人均系花脸,各有所长,要之皆梨园中之翘楚也。

赞曰:凡欲谋生存,自立于社会者,必有特异之技,能独擅之胜场,乃能占优胜之地位,免于天演淘汰之惨剧、劣败灭绝之厄劫。如刘、苏、程、曹、尚五伶,其能蜚声于剧界,为梨园中出色之人物者,即以此也。嗟呼!末技且如此,况大道乎?戏曲且如此,况学问智能乎?个人且如此,况社会国家乎?观此真令人不寒而栗矣。

小秃红传

小秃红,系秦腔之青衫,津属某县人。其师曰黑七子,以演须生著名。小秃红姓訾名魁凤,因幼年头颅生疮,蓄发最晚,故有小秃红之名称。光绪十五年随其师至沪上，搭班丹桂茶园唱须生，技艺平常，不足动人，如《斩子》则出八千岁、《探母》则出六郎，仅配副角，并无正戏。未几喉咙倒痞，随师北来，回家静养，因之不登舞台者年余。后遂改唱青衫，声韵响亮，五音俱备，与演须生时前后迥若两人。彼亦惊喜非常，不自知其所以然。于是声名噪沽上，凡称许青衫者，必以小秃红为巨擘。以其科白清脆、歌音圆转，他伶皆莫之几及也。其门弟子最夥，凡津埠之唱青衫者，无不执贽于其门，苟能稍得其具体，即足自炫于剧界。女伶小莲芬为其入室弟子，唱艺做工，皆模仿毕肖。其警策动人处有过之而无不及，如《烧骨计》、《南天门》、《火焰驹》诸悲剧尤为出色当行，能使观者掩面饮泣，莫能仰视，其艺之精绝有如此焉。顷年嗓音稍哑，大非昔比，然以善于运用，亦足动人激赏，故仍能不失其头等角色之地位云。

赞曰：自庚子后女优盛行，男伶之演青衫、花旦，尽为娘子军战败纷逃，其硕果仅存、能保其昔日之位置者，惟小秃红一人而已。呜呼！小秃红亦伶界也哉！

赵仙舫传

生、旦、丑、净，戏剧中缺一不可。然唱丑者，向以甘三为最。以其出语皆善用本地风光，不落俗鄙也。甘三已死，难乎为继。如津门之李三雄、李百岁、丁凤九、驴肉红，于报等虽略有微名，皆难望甘三之肩背，其能与甘三分席并座、后先辉映者，惟赵仙舫一人。初赵隶下天仙，碌碌无所长。近在北京声名颇倾动，几乎驾王长林、罗寿山而上之。赵伶知书能文，精医术，癖嗜报章，文明思想甚富。说白之时，往往以冷语醒世。某曾见其演《探亲》一出，告女曰："熬着罢！多年媳妇熬成婆，多年大道熬成河。"女云："儿熬到甚么时候呢？"赵曰："熬到宣统八年，开了国会就好了。"演《奇冤报》出张别古，刘世长之魂云未烧冥资，门神不许我进去，赵云："冥司之神也要钱吗？敢情官场要门包、贿赂公行是取法黑暗地狱来的。"座客无不为之击节。其余每出之中类此者甚多，不暇枚举，剧界中诚不易觏也。

赞曰:自变法以来,官绅士夫无不学一二新名词向人自炫。余尝见二品大员误认国会为各国君主会晤,法政毕业之学员不知社会与会社之区别,且自诩识时维新,比之赵伶之智识廓远,相去不可以道里计。以流品论,人往往失之信哉!

张 黑 传

张黑,南皮之半壁店人,以武丑著名于剧界。武丑为戏曲中无足重轻之角色,不如武生、须生之能得善价而沽,故稍为出色之伶人,每不屑业此。数十年来以武丑著名者,惟张黑一人。其幼年随棚搭班演剧于沧南一带,即以武技著名乡曲,及入京师,与著名武生黄胖相友善,称莫逆,情投意洽逾于手足,搭班唱戏必在一处,几有焦孟不离之势,如《剑峰山》、《铜网阵》、《庆顶珠》等剧,必张黑出邱明月、蒋平、拳师,黄胖乃能抖擞精神,有如火如荼之观。于是无论搭班、堂会,凡邀请黄胖者,无不兼邀张黑。演《酸枣林》、《卧虎沟》、《盗银壶》诸剧,有古任侠烈士之风度。其说白纯用京腔,声调激昂,抑扬顿挫,皆与鼓板相应。而伶人中之说白能与鼓板相应者,实张黑与黄胖首创此格调,他伶不过亦趋亦步而已。故武丑虽例为陪角,然张黑一登舞台则群焉属目,视同正角,以其说白、作工有独到异人之处,非可学而跻者也。黄胖殁后,至烟台与尚和玉、李吉瑞同开丹桂茶园,遂致巨富。而李吉瑞推其师黄胖之爱,为之推毂于下天仙之主人,近年久占津门,颇负声誉。余今岁见其演《烟鬼叹》一出,用本地风光,眼前指点,历数鸦片之毒害,禁令之森严,将来赔偿之危险,纯系自出心裁,独制新词。旧戏之老生常谈悉屏弗用,诡谲诙谐,能使听者入耳不烦、惊心动魄,大有桃花扇上所谓柳敬亭之风,有裨于社会诚非浅鲜。噫!亦奇矣。现在年将六旬,身体矫健灵敏不减昔年,即著名之盛年武伶亦莫能逮云。

赞曰:张黑在武丑中可推绝伎。然以社会向不推重武丑之故,其成名也必恃黄胖之扶掖提援,始得声溢京津、供奉内廷。亦何怪中国人之好有依赖性质乎!太史公《伯夷列传》赞云,七十子之徒得孔子而其名益彰,严穴之士非附骥尾乌能自致于青云之上哉!

吾观张黑之得名因于黄胖，益服史公之言，千古颠扑不灭矣。

《礼》云："外言不入于阃，内言不出于阃。"谚曰："女子无才便是德。"又有所谓三从者，曰未嫁从父、既嫁从夫、夫死从子。不幸生为女子，终身如男子附属物、寄生虫，毫无权利能力之可言。故虽所称贤淑者，亦不过拘守闺阃，无违夫子而已。中国人民虽名为四万万，其实不过二万万者，以此也。泰西诸国男女平权，报馆有女主笔、教会有女教士、警察有女侦探，其任事立功与男子同，故权利亦与男子等。海通以后，男女之防稍弛，女子渐有负笈求学者，较前似稍进矣。庚子变后，女优盛行，津沽之人几有不重生男重生女之风。某大令至谓："吾虽被参，尚有二女，使之演剧，亦可养吾余年。"嗟嗟！使吾国女优果能如日本之义大夫（即女伶也），岂不可为社会之前途贺！彼业此者，非落魄之妓即收养之女，烂污恶秽，言之齿冷，能与日本女伶相提并论乎？日本之所谓义大夫者，有华族之女、有代议士及教育家之女，且多由女子学校毕业，思想高尚，智识充足，是以一登舞台，一顾、一盼、一颦、一笑，均足动人观感。岂若吾国现在之女优，专以淫秽丑贱动人乎？余之传女优而为是言也，盖亦不过见似人而喜之，意若辈岂真有可传者乎？吾甚愿该女优等勉为日本之义大夫，则以后名门秀媛亦必有闻风兴起者矣。

金月梅传

金月梅，南人之子，其父曾为某科班账房。有童伶六金子者（即李长山），颇属意于月梅，月梅亦钟情焉。月梅卒以父命嫁定远兵船某武弁，甲午之役某武弁殁于王事，月梅遂堕落平康。其父亦因年老依女为生，任厕仆之役。其父殁，月梅赴烟台，适长山正在烟搭班，遂偿夙愿。自是月梅乃改业优，会清明节，月梅倩装艳服适郊野，与京卿郑某遇，郑惑焉，遂为之购地营宅，藏之金屋。长山愤之滤欲甘心于郑。郑觉，弃之。月梅乃售其宅，腰缠万余金，与长山遨游奉省,丁未来津门。其初至时,所演之剧仍不过《梵王宫》、《翠屏山》诸剧而已,后隶东天仙,与活吕布排演《独占花魁》、《义婚孤女》等剧,翻新出巧,观者欢呼,月梅之名始噪于天津。月梅工酬应,善运动,凡稍有文名之士,无不曲意笼络,以冀为之延誉。报馆亦为之揄扬,甘肃赈灾,某君为代作演说焉。月梅以富而好行其德,慨先捐资,于是声誉益隆。凡有显宦之眷属观剧者,月梅必趋前周旋,是以大官、富商、豪绅、文士与之往来者甚夥。某观察之女公子出聘,月梅馈以价值千元之钻石戒指,某观察以二千元报之。遇贵显婚寿丧祭,识与不识,月梅皆踵门吊贺,其周到有如此者。今秋钟声创新舞台于大观茶园,月梅亦与其役。未几解散,人谓内讧之起由月梅交构,究其真否,亦非局外人所能明也。

赞曰:金月梅之姿,不过中人。其艺亦仅列中等,乃竟以半老秋娘,未及三年而艳名高出小莲芬、王克琴之上,灵捷敏巧诚非流俗所能及。嗟呼!今之英隽名士,外假维新之名,阴行干谒之私者,盗虚声、博贵显,其不与月梅等者几人乎?吾于月梅又何责焉。

赵子云传

津人顾曲者,最嗜武生戏。京剧押场必推须生,罕有以武生尸其位者。津剧则武生押场屡见不一。如小翠、麒麟童,本以须生擅长;然在津则兼演武生,以投时好。而李、薛、尚诸伶,虽久在津门,仍不失优胜之地位,初不闻观者之生厌也。至女伶之以武生著名者,曰赵子云与何翠宝。子云亦系辽东产,幼年鬻于赵某,赵固以养妓为生活者。年稍长即使之应客,然以身伟貌蠢,竟入妓界之三等。维时赵已以赔钱货视之矣。拳变后津埠女优盛行,子云貌虽不佳,喉音尚好,乃改而业优。初登场为须生,碌碌无所短长。日奔走于各剧园,应前三场筒子戏。后改习武生,名稍震。所演之剧如《刺巴杰》、《铜网阵》、《独木关》,亦聊有李吉瑞之仿佛。大概坤角演男剧者,皆不免带女子气,惟子云与小兰英动作步履绝无女子态度。后在奉天倩小孟七教之演靠把戏,如《伐东吴》、《阳平关》、《凤凰山》等剧,辽东半岛之男武伶亦觉望尘弗及、须眉生愧。故奉天各日报推为绝伎，其受辽人之欢迎如此。虽云不无溢美，然子云亦非妄窃时誉者可比也。近又由奉来津，搭班协盛园，予见其演《艳阳楼》出高登、《虮蜡庙》出褚彪、《飞叉阵》出马援，抖擞精神，伎艺大进，几能步尚和玉、杨小楼、高福安之后尘，至演《连环套》、《翠屏山》短衣诸剧，亦能与何翠宝相伯仲云。

赞曰：自分功之说出，人皆谋其性之所最宜，以蕲占优胜于社会。使以子云之身段容貌而为妓，人必敝屣视之焉，能名震津沽及营口诸埠乎？乃彼自计甚审，变计甚速，出青楼登舞台，弃其不宜之妓，而为最宜之优，纠纠然、昂昂然如英雄古侠复生于今日，其雄而雌者耶，抑雌而雄者耶？造物真不可思议哉！彼世之拘守故常，不知善变以求生存者，亦可废然思返矣。

何翠宝传

何翠宝，奉天锦州人。幼为恶人所拐，鬻于张某。张为之延师，教以演剧。性慧敏，聆乌师奏技，一过即能记其文辞节奏，无少讹误。丙午、丁未之间来津门，其初至也，隶桂仙茶园，时年甫十六，即崭然露头角。女优类皆以须生、花旦擅长，独翠宝与赵子云以武生名沽上。子云身稍伟，见者不知为女子；翠宝则丰姿玉立，短小精悍。每演《长坂坡》、《独木关》，银袍素铠，胸前宝镜璀璨夺目，使人疑小说家之所谓罗士信尚在人间。至其演短衣诸剧，如《恶虎村》、《铜网阵》，身体灵巧敏捷，为女界所难。而《连环套》“探山”一出，与窦二敦问答，或正颜厉色，或轻敲冷击，皆能传神阿堵，尤为一时欢迎。音节模仿李吉瑞，亦颇得其神韵。因之甫经来津即声称藉甚，嗣历经大观、丹桂争先延致，至戊申夏，遂隶兴华压场。座客于其出台，即争先击节，几于一时无两。近兼学习须生，虽工力未熟，亦颇可节取。偶于《拾玉镯》串小生，《十八扯》串花旦，则一如翩翩浊世之佳公子，一如深闺无知之娇憨小女儿，惟妙惟肖，故其于女伶界占一席焉。初抵津以张为氏，己酉夏与其生母遇于津门之东马路，同赴警厅白其故。以某观察之力，许以二百金自行脱籍，遂复氏何。惟闻其母女屡反目，终日诟谇。翠宝谓：“今日虽为自由之身，犹不如在张家云。”

赞曰：何翠宝以一纤弱女子，所扮演者皆历史小说上有名之英雄义士，而能淋漓尽致，神态毕肖，及一旦化身而为美人、为少年，又使人倾而慕之，以受其一盼为荣，斯亦不得不谓之一奇也。顾有谓其与其夥寄小秃、小鹿有暧昧之事者，果尔，则真可谓以金杯玉盘而盛狗矢矣。想以翠宝之资格，当不至若此之淫贱无耻，不知自爱。是忌者之妄造蜚语乎？抑翠宝行止不检有自取谤议之实乎？翠宝其宜自反问，有则改之，无则加勉，慎勿蹈玉颜瓦质、花貌棘心之讥也。

小桃传

小桃，天津人，与小翠为胞姊妹，氏刘。庚子后，天津女优行，然多来自济、沪、苏、浙，迁地为良。其以土著享盛名者，实始于小桃姊妹。津埠著名花旦谈者必以小桃与王克琴并称，他伶莫之先也。克琴兼业娼，故为之延誉者多，且缠头丰富，衣装炫耀，其赴园也必以马车，易于震惊流俗；桃衣装朴素，其登台之衣取给用而止，然名与王埒。京师之唱二簧花旦者，必以像姑与其选，其说白皆故意做作，音韵诡异，非习其词者，虽距舞台咫尺，亦莫辨其谓何。桃则独开生面，以天津土音登场，说白字字清脆，如哀梨并剪，爽心快耳，观剧者虽居末座，亦无一字之弗晰。而唱工亦能十分稳惬，自此风畅行，天津之业花旦者，皆转相仿效，成为风气，而养优者亦不敢以男童为二簧花旦。京师之名像姑从不敢至津一试其技，而二簧花旦男角，遂绝迹于天津之舞台，以其音调非男人所可模仿，而旧时花样必为顾曲者唾弃也。而其开山之祖，必推小桃云。有宋某者，山右窭人子也，其父行有在津业质库者，悯其贫，使在津佐庖役，涤餐具资糊口焉。闻小桃择配，戏使冰人为撮合，且伪称为主质库者之犹子，其母弗察竟许之。及觉，浼人以数百金求离婚。有黠者告宋某曰：“此郭家金穴，一生吃着不尽，虽万金不可易也。”宋听其言，坚不许。于是小桃卒归宋。却帐之夕，家徒四壁，傧御皆为之失声，顾桃无戚容，下车三日即赴园演剧。计其翁、姑、叔及小姑，食指以十数皆取给于桃，其享用逾于中人焉。而其父母以两女皆嫁，不甘坐视他人之享厚利，又畏翠壻高福安之勇悍，惟日登桃门诟谇，桃因之不敢登舞台者数阅月。今夏以迫不得已，经宋讼于有司，判令以数百金归其母，不得复滋扰。于是桃复出现于剧界，顾以食指繁重，经年赋闲，债台高筑，且摒挡赎身之金，大费拮据，容色渐憔悴矣。其搭班时事畜皆身任之，其夫但作信天翁，初无德色。赋闲时荆钗布裙，食杂糠窍，竟无怨容，难矣。

赞曰：小桃以一女子造成风气，使天津剧界有特异之点，花旦一席为女界所独占是也。故丐其余沥者皆能锦衣玉食，钓窃时誉。其尤者且致身于王公大人之后房，而桃不免于穷饿，岂非所谓造物弄人，实命不犹者乎？中国男女结婚不自由之害人，真非浅哉！顾妇代子职，食贫甘我，可以针砭女界，激励士夫，又安知非天欲使其作传，及故先以穷困饿乏者玉成之也。若小桃者，诚可以风矣。小桃勉乎哉！

王克琴传

（附小灵芝　金月娥　吴翠娟）

王克琴，天津人。其出世与杨翠喜相前后。五年前予曾见之于鼓楼北桂仙茶园，下舞台时仅着红布衫一领，发才覆额，所献之伎亦无以异于常伶。乃姿首技艺与年俱进，不数载而名溢津沽矣。项城宫保之移督直隶，颇注意于物质文明，因津沽大乱之后，元气难复，师曾文正延揽游妓遗意，广纳花捐，以助警费。而沽上笙歌之盛，遂埒沪而轶汉。克琴乃利用此时机，兼应召侑酒，艳名既噪户外，屦恒满。时宫保留意于戏剧之改良，尝于内署延三麻子为教师，排演新剧，而克琴亦颇承上峰青睐。时方应东天仙之聘，然因督署传差，告假幌报之事，月必数见。或谓其与宫保公子称莫逆，故天津之候补道竞集其门，以为运动之终南捷径。或称其寓为司道官厅，而克琴遂利市三倍。丹桂、兴华各班皆有股份，马车赫奕，翠羽明珰，驾贵妇人而上之矣。杨翠喜之事出现，几于名遍五洲。

其实杨不过一无知女儿,因段芝贵之献媚,不惜重金藉充苞苴。故侥幸成名,较之克琴之实权,不止霄壤之别也。项城入都,杨文敬公莅直,公固有东山丝竹之好者,宠眷不少衰,车马之盛无异曩时。或谓有某观察拟以八千金脱其籍,奉之项城□室,以杨翠喜案发,事遂寝。顾闻克琴之志,颇不愿为贵家小星,初属意于小余三胜,后属意于九阵风,皆为事机所阻,未谐夙愿。今夏闻为本邑某绅量珠聘去,置之外室,不令家人闻知,恐河东狮吼也。顾以机事不密,娘子军兴问罪之师,如王熙凤之寻尤二姐,又嗾其太夫人,劝某绅勿留此祻水。某绅孝行素笃,不得不勉为割爱,以慰萱闱,遂开笼放鹤,而克琴遂重莅舞台矣。克琴兼习梆子、二簧青衣花旦,后因为某大老疏栊破瓜,喉音顿哑,遂不复作正旦剧。其说白作做,皆仿小桃,虽不无稍逊,然姿容之曼丽则过之,正未易详其轩轾也。其演《玉玲珑》、《浣花溪》诸剧,引经据典,口如悬河,几为女界仪秦。白文奎尝于剧场上戏之曰:“一部廿四史,尽被诸大人先生灌入卿腹耶!”阖座为之大笑。自昆腔绝响,剧界歌舞遂分为两事。其同时载歌载舞者,惟《小上坟》仿佛得其遗意。克琴以此剧擅长,每演此剧,座客必为之大溢。其舞如飞燕凌风,其歌如幽蝉泣露,他伶皆望尘弗及。虽做派说白间有荡轶飞扬、偭越规矩之处,顾为普及社会计,实不得不尔,不能为克琴咎也。予尤酷嗜其《盗令》、《查关》、《探亲》诸戏,作满洲装,起居动作周旋致敬,无一不刻肖京师所谓华族妇人者。其搭班丹桂也,与小灵芝偕,灵芝系天足,兼长武伎,不特能演《双锁山》、《七星庙》、《汴梁图》诸剧,即《杀山》、《红梅阁》、《紫霞宫》亦优为之。姿首秀曼如小桃初放,妩媚可人。某君谓其最宜装处女之初开情窦者,曾作《采芝谣》赠之,以志倾倒。予在丹桂屡见克琴、灵芝两人双演《小上坟》,其扮刘六经者,为李百岁、蒋双奎。克琴则刻意经营,恐居人后。灵芝见两丑脚备诸丑状,辄笑不可仰,步履俱乱,其憨态直不让袁宝儿;然遇有经意处,亦颇有惊鸿游龙态度也。

同时以娼而兼优者,又有金小宝,姑苏人,习花旦。其说白皆用天津土音,非知之者,莫辨其为南产也。工笑善媚,凡有登徒癖者,一于舞台上见之,辄不能自禁,造妆阁访之,其艳冶可想。顾闻其性极冷僻,与在剧场时之风流活泼迥若两人。予曾见其演《游龙戏凤》、《盗马关》,描摹女儿娇小无知,时而饮泣,时而憨跳,及乍入宫闱,言语嗫嚅、手足无措诸状皆能体贴入微,不能不谓为可儿也。

金月娥亦花旦中上驷,貌富丽,双目极媚,而神不外溢。演《拾玉镯》、《错中错》诸剧,颇能描摹妙龄室女情窦甫开闺中怀春之状。星眼朦胧,春山蹙锁,见之使人意夺。

吴翠娟亦沽上妓界中之负盛名而曾占花榜状头者,当盛名未噪时,亦曾往来于各小戏园,迨名冠北里,各园主亦争相延聘。貌白皙而面稍长,故或谓之为女闾中之桑维翰。工秦腔,兼为青衣、花旦,其唱工亦颇能自创一格。每当他人之衔结奔放处,该伶辄以咽住取胜,如文家王荆公之有半字诀也。自丹桂歇业后,应东永顺乐子馆之聘,然非有以金钱买笑顾曲者不肯轻于一奏其技。近以津埠生计界日见萧索,花界亦不免受其影响,生意清淡,翠娟遂在宾乐部每日登台,不似前此之高自位置矣。然犹独树艳帜,不屑寄人篱下云。

赞曰:吾国习俗,最贱倡优。至于倡而兼优,殆贱之更上一层者矣。然吾以为其人格犹高于官吏万分。盖歌舞之薪资,固属劳力者之正当报酬;即缠头之锦,亦皆出于情殷报效。较之苞苴求进、昏夜乞怜,得尺寸之柄辄朘削民脂,或且卖祖国之矿山土地以肥身家者,相去固不啻天渊也。人见各观察太守辇巨金、市奇珍,奴颜婢膝以丐王克琴之一笑,辄疑其为怪现状,谓之为冠履倒置,不知以人品论,受若辈之膜拜,克琴固毫无愧色也。盈虚天道,幸有此一途。卖国蠹民所得资财之尾闾,尚得经若辈或若辈子若孙之手,以还闾阎。否则,使得以之营田宅而长子孙,则小民之茹痛何时已耶?噫嘻!

小兰英传

小兰英,初隶济南某荡子班。丙申、丁酉之间,沽上某国租界有翔云坤戏园之设,是为沽上有女优之始。兰英即侪其中,称翘楚焉,时芳龄裁十四五也。后嫁男伶一斗金,亦以青衣、花旦有声津保间者。一斗金早卒,兰龄时甫三十余,即抚诸孤不他适,自立门户。后以与高福安同为丹桂主人,负债累巨万,不能自逸,乃复遨游汉、沪间。工须生,唱工老到,而尤长于作工,虽谭鑫培亦自叹弗如也。其最胜场者,为《桑园寄子》、《铁莲花》、《一捧雪》诸惨剧,尝自谓人曰:"吾每作此数剧,尝自设身处地,如真历其境,故能委曲详尽。每至悲惨处,辄自不觉泪之盈睫,而环顾四座,司马青衫湿透正复不少,多有为予泣下者。吾不解一戏剧之微,何以能移人情至于如是。"其自负如此。丙午夏以与下天仙园主涉讼,园主贿听讼者,当众辱之。兰英愤不欲生,遂饮阿芙蓉求自尽,以救卒不死,然喉音亦因之而瘖。凡名角皆因喉音瘖则不能保其位置,惟兰英其作工亦一时独步,仍不失为特等脚色。去夏至汉皋,顾曲者至谓其有一种苍凉悲郁之概,反较未瘖时驾而上之。其所演多忠义之剧,故士大夫尤乐为之延誉。予曾见其演《四进士》,至私拆贿函、公堂辨礼等出,皆能身入个中,酷肖老吏身分,不愧其所言。间串《草桥关》之姚期、《牧虎关》之高旺、《连环套》之窦二敦、《落马湖》之李佩,台风板眼皆能与专门黑净者相颉颃云。

赞曰:小兰英不过一优伶,以所演者多忠义之剧,于其被辱失音,群焉代为惋惜,而痛骂长官之无良,以迄于今日焉。则夫席专制之余威,恣睢海上、钼刈善类,若恐弗及者,其遗臭更当何若耶!

恩晓峰传

(附小双处　小蕙芬　张凤奎　奎云峰　梁月楼)

恩晓峰,京旗人,或云其系出天潢。其堂兄开府某省,为党人狙击,予上谥,然疑莫能明也。家故素封,其父行皆有周郎癖,每邀九城票友,作酒肉征逐之会,弄弦索以为乐。晓峰固聪慧,辄自屏后记其节奏,于闺中肄习之。得叫天之具体。惟嗓音稍小,然曲折哀怨，虽巫峡猿啼、衡阳鹤泪不能过也。壬寅始来津门，登台奏伎，称一时独步。天津男须生吉胜奎、白文奎皆退避三舍。兼唱武生，亦不落凡响。沪上汪笑侬排《戏迷传》，伶界皆转相仿效，津埠能此曲者曰吕月樵、麒麟童、小桂芬。顾三伶皆喉咙瘖哑，不能尽善，其能如初拓黄庭，恰到好处者，惟恩晓峰而已。自丹桂闭业后，晓峰遂附轮南下。近嫁姜春桂，姜初为下天仙小生，自得晓峰后，月俸千金，遂安坐而食，不复操故业。夫妇琴瑟綦笃，遨游大江流域，以艺自给，浏览山水以自娱。虽范少伯之载西子游五湖，不是过也。同时津埠女界须生又有小双处、小蕙芬、张凤奎、奎云峰、梁月楼。双处、云峰、月楼虽所造不深，其唱做亦均能动人激赏。小蕙芬则步趋小兰英，颇有具体，与何翠宝演《十八扯》一出，谑浪不羁，使翠宝呆如木鸡，尤为人所称赞。若凤奎曾执贽白文奎之门，顾所度之曲，有悠远之致，非白所能逮，殆所谓青出于蓝者与？

赞曰：恩晓峰以煌煌贵胄，深闺秀媛，独能脱中国旧伦理之羁绊，以艺自鸣，使盛名满天下，自由结婚，足迹半十八行省，不可谓非女界之雄也。姜以碌碌庸才，兼享无上之清福、艳福，造物不应颠倒至此，佛家因果之说又似未可尽付子虚矣。闻某报言，晓峰在汉上曾为人侑酒，每度番饼十二枚。以彼月薪之丰，好合之翕，不应自甘下流若此，殆妒之者之讆言与？

张凤仙传

（附萧巧翠　九思红　小荣福　金月仙）

张凤仙，天津之北仓人。家素贫，其父佃富人之田，兼业皮匠以为生活。其姊丈某，娴秦腔，因教之演青衣剧，出台稍后于小连芬。连芬以清脆胜，凤仙则以哀怨胜。每一度曲，悱恻缠绵，令人不忍卒听。及终一阕，则又余音绕梁三日不绝。观每演《对银杯》、《火焰驹》等剧，能使座客为之坠泪，姿容富丽，不苟颦笑。然演《汾河湾》、《算粮》等剧，则回头一盼，百媚俱生。老于剧场者，遇花旦戏狎抱调笑，皆恶其淫亵，视等嚼蜡；而于凤仙之一笑，罕有不目夺神移者。及演《烛影计》、《东宫扫雪》、《大登殿》、《双官诰》，则翟衣绣裙，为王后贵妇人装，则又有如天如帝，大家风范之概略，绝无婢子学夫人诸丑态，见者几忘其为小家碧玉也。其演《白蟒山》、《祭塔》、《断桥》诸剧，则缟衣素裳，又如藐姑仙子，跨鹤背，携玉笙，降于凉月皎洁、绿萼梅影之下，令人有遗世之感。其母性贪鄙，使应客，坚不承。后迫不得已，姑勉为之，以慰亲心。然僻居陋巷，无商标之揭橥，非有介绍者，亦不肯轻以色身示人。其色驾小莲芬而上之，而艺则稍逊。自莲芬入济良所，凤仙之名始大噪。津埠各大剧场如两天仙、兴华，皆以二簧为主科，工秦腔者虽超等脚色，亦必居中，权不以之为后劲。至协盛、元升等园，以梆子为主课，则异是。然戏资较廉，名亦稍逊焉。凤仙惟日往来其间，遇大剧场以重金相聘，亦峻却之，殆亦宁为鸡口不为牛后之□与？今夏某报曾痛诋之，谓其搭班协盛时，与武伶赵黑灯有染，又与其跟包某曾暗度陈仓，顾皆不衷于理。凤仙气宇颇极高尚，必不若是之自污也。凤仙儿丰腴，非上妆时，从不施脂粉，色稍欠白晰，故又有墨牡丹之称。自凤仙出，各坤角之演青衣者，仿其声调，顾其独到处如钟、王之书，终非可以学力勉跻，惟萧巧翠颇得其仿佛。巧翠兼业倡，初隶奥界萃芳书馆，近移宾乐部，恒应小戏园之聘，亦颇受下流社会欢迎。至其容貌较凤仙，殆不啻无盐之与西子矣。女优之青衫，盛名亚于凤仙者，曰九思红、小荣福、金月仙。

九思红初为须生，后改青衣，兼演花旦。容貌在中人以上，嗓音高而亮，故亦颇能动听，虑其串彩旦最婉妙动人。予曾见其演《拾玉镯》去刘婆，演《招贤镇》去张妈，蓬头作时世妆，不施脂粉，偏饶妩媚，谑浪不羁。科白弗循故常，时作新语，亦可儿也。最擅长者为《纺棉花》一出，此剧为天津产物，剧中以大鼓、时调，非女伶不能为。然他伶率皆敷衍数句塞责，九思红则连易数阕数调，皆能毕其词，不遗一字，置之落子馆，亦上驷之选也。予又见其演《小上坟》，其台步之稳练，几欲并驾王克琴。或曰九思红虽不悬商标，然马樱花下，游骢常满云。

小荣福，初噪盛名于辽东。自戊申夏，始来津。初莅津即隶元升，中间曾为一度之渡辽，至今未他适也。其音调亦颇能不倚傍他人门户，独开生面。凡唱梆子者，最重一气贯注。一句之中曲折抑扬，暗中换气，而音声总不使有间。张凤仙深得此诀，故能为秦腔中上乘。荣福则一句故离为数折，枝枝节节而为之，然能于节拍板眼不差累黍，有如大珠小珠纷落玉盘，又如北斗七宿迹离神合，固非深于功力者不能为，迥异率尔操觚者。间为花旦戏，亦颇柔媚动人，予于小桃之剧，酷嗜其《杀子报》，以其淫狠之情，皆达极点，而桃之做工，处处皆能传出，无一懈笔也。去冬荣福在奥界某园客串此剧，亦颇能步其后尘，亦未易才也。

金月仙于戊申秋始来津，维时鸣凤班方在大观，月仙即应其聘，登台之第一日，演《算粮》颇动座客赏赞。寻以喉音渐坏，遂以花旦戏自炫。其《紫霞宫》、《红梅阁》、《蝴蝶梦》诸剧，工夫纯熟。该伶又思以艺市名，故一演此等剧，喝采之声，震动屋瓦。女优花旦中之能以工夫擅长者，津门舞台上以小云芝为始。顾云芝系天足，履木翘，尚易于为力。月仙则著锐屣登台，尤为难能。自月仙出现后，而小来宝、红菊仙等小坤角以武伎花旦鸣者始众。闻菊仙呼某报馆主笔为义父，使之延誉于园主，殆亦雏伶中之师法金月梅者与？

赞曰：予尝谓剧界必脱尽前人窠臼，别开生面，而又能达极点，如书家之钟、王、褚、虞、欧、柳、颜、赵，方得谓之超等名角。汪、谭、孙之以二簧有声于时，其以此乎？张凤仙、小荣福，以一女子，自辟蹊径，亦可谓难能而可贵者矣。小莲芬师小秃红亦步亦趋，不能有所发表；而嗜痂者顾必加之二伶之上，真不可解也。九思红、金月仙，藉时调武以邀伎名，殆亦如八股时代应试者见堂堂之鼓、正正之旗之不能以取胜，遂为偏锋文字，以求必售，然亦何害于魁选哉！

梨云影

本书包括前编、续编、再续，计三编，前编题弢禅先生著，续编题冷佛先生著，而再续题剑云著，由北京爱国白话报馆于清末民初陆续出版。每编选择十二位旦角优伶加以品评，包括赞语、小传、诗词等。其中前编实即《昙波》，而多出数人，整理者推断，存在两种可能：其一、书商为牟利而将旧籍改头换面，拼凑成书；其二、《昙波》作者后将其书修订增补，改名出版。然而《梨云影》续编有石胜华之序言，云前编是其所作，“从未寿介于世”，显与事实不符，故《梨云影》前编是伪书的可能性较大。再续之著者或即编纂《鞠部丛刊》之周剑云。谷曙光据北京爱国白话报馆印本整理。

梨云影前编[1]

弢禅先生著

目　次

序

两大清淑之气，不妄钟于等伦，而优伎之流，间多俊秀。就中尤物，几有百里一见，千里一见，并举世而一见者。盖钟灵者，若斯之难也。彼苍者天，不为靳之，又不少为重之，黜于侏儒优杂之场，日以争妍取怜为长技，岂真造物者之好恶与人异心，故为之颠倒反复于其间耶？抑赋予之后，本自无心，听其为轮为弹，如风花之飘坠，不必证其因果耶？夫天下贤知多矣，即瑰意奇行，超懿独举之士，亦非绝无其谊矣。乃负盛名，而厄奇运，终日坎壈缠身，振古如兹，何胜浩叹！独优伎也欤哉！天道茫茫，谁其搔首而问之也。吾友弢禅

[1] 《梨云影》是北京爱国白话报馆出版，用新闻纸印制，字迹难辨，装帧粗陋，错讹较多。为保存文献原貌，整理时一般不作校改。

君,以跌宕之笔,写绮丽之辞,品藻论才,极妍尽态,固风流之韵事,抑亦有慨于中而不能已者,则巴人下里之词,或者其有当于寄托乎?

勉斋谨识

序

大千世界,无非傀儡之场;第一功名,亦云俳优之戏。叹世间颠倒,尽容巴客滥觞;笑我辈婆娑,未见矮人逐队。众人皆醉,举国若狂,是戏是真,即空即色。然而衣冠优孟,其中正大有人;弦管楼台,此间得少佳趣。几行玉立,体段风流;一串珠穿,歌喉云遏。现女郎身说法,为古人事传情,尽态极妍,燕瘦与环肥并妙;新声逸韵,秦筝与赵瑟同工。洵日下之繁华,萃人间之艳丽。固宜书之银管,用识雏莺乳燕之名;贮以锦囊,含有问柳评花之句者也。况复心枯秋土,梦醒春婆,感丝竹于中年,触琵琶于此日。胸中磊块,借杯酒以频浇;眼底珍奇,探鉴衡而自定。作梨园主宰,居然榜列珠宫;为菊部评章,何异才量玉尺。经品题而增价,留姓字以皆馨,色艺俱传,兼写性情之春煦;评量各当,讵嗤头脑之冬烘。君意良深,我心先得,盖以绝艳惊才之笔,绘香珠暖翠之神;以热肠冷眼之思,为惜玉怜香之作。人皆好色,谁是知音?此《梨云影》之所以成书,弢禅之所以寄兴也。仆长安羁滞,短剑飘零,一名未成,万里空涉。孙兴公戏头自著,态笑狂奴;狄武襄铜具常随,面惭故我。任揶揄于鬼物,学游戏于神仙,偶尔逢场,翩然入座,花惊郎目,漫夸秋菊春松;钗挂臣冠,无取鄂香萧袖。自分心如木石,未免有情;相看邈似莲花,不禁忍俊。顾春蚕力薄,恒抽独茧之丝;秋燕情多,空系销金之缕。殷殷留客,楚楚依人,爱同掌上之珍,因结意中之果,纵使未能免俗,何须真个销魂?事有同心,言皆惬意,续丁卯花间之集,真成香国春秋;题甲乙簿上之名,不负琼台月旦。吹绉一池春水,何事干卿?听残满树秋风,多愁似我。敢陈芜语,聊缀简端,搔首问天,好句谁如谢朓;哀歌斫地,何期乃有王郎。共此呻吟,相为慰藉。翻去伶伦旧谱,看青莲学士之章;编来乐府新篇,寓香草美人之意云尔。

题 辞 一

南国生

三年丝竹委尘埃，孤负宫花寂寞开。一自笙歌天半起，人间重见郑州来。

缥缈楼台望不真，娉婷忽见女儿身。灵心一点情千缕，飞上眉梢巧殢人。

廿四番花取次看，葳蕤春锁玉阑干。多情瀛岛风流客，拣尽繁枝下笔枝。

修成金屋贮娇深，一样平生呪笋心。婉转青丝相对吐，绿章夜夜奏春阴。

题 辞 二

凤凰客

宝马雏轮走玠车，梨园曲部盛京华。珠围翠绕春常醉，人影衣香日易斜。绝胜丰台观芍药，何须冯妇诉琵琶。凭他玉树临风态，写出江都笔底花。

绕梁余韵几勾留，二十年前纪旧游。选胜时经杨柳岸，征歌曾上酒家楼。云烟过眼浑如梦，弦管宜人又一秋。我是天涯憔悴客，晓风残月不胜愁。

题 辞 三

勉 斋

菊部新腔按小伶，舞衫歌扇总娉婷。只今犹是南巡曲，谁见周郎掩泪听。

拣得如花五六枝，征歌选舞定情痴。凭将落溷飘茵意，说与司风使者知。

一曲缠头百万奢，人间几见顿琵琶。坡公旧句君知否，优钵昙花岂有花。

题 辞 四

希蔵山人

绝调不逢魏良辅,誉场几见陆开三。传来白嫩银箫曲,留待金罍助美谈。

周妻何肉谁无累,白日黄鸡唱不停。近为章台翻旧案,欲将院本度诸伶。

题 辞 五

南海生

玉女何年为散花,几枝零落在天涯。多君一笑都拈出,会爇心香礼释迦。

世界浮沉皆苦海,流年何事不堪悲。欲凭现在除烦恼,且看昙云乍故时。

儿女苍生太可怜,慈航有愿总缠绵。爱河难免无边岸,看取灵犀一点圆。

思尔多情真似佛,行踪如我亦枯僧。年来色界蹉跎甚,也向莲花悟上乘。

跋 一

京师为人才荟萃之区,笙歌之美,甲于天下。乾嘉以来,此风尤盛。闲尝仿故老之传闻,览私家之纪载,风流佳话,播于南北。盖其时海内殷富,士大夫吟风弄月,亦不以是相诟病,而一二妙伶,尚知风雅,故艳而传之也。递至今日,余韵稍衰,然以物色所及,如所称莲芬、燕仙诸伶,清资妙质,倘受镕冶,又岂出徐紫云、李桂官下哉!吾友冷眼看花,婆心护法,寄怀高旷,移情绵緲。于是写曼衍之戏,作狻猊之珠,悟色相于菩提,征姻缘于现在。而各伶之性情色艺,与夫二三同志流连赠答之作,毕著于篇。假再阅数十年,名花已老,春梦重寻,则此一编也,又将感慨系之矣。

光绪十四年中秋后二日南国生谨跋

跋二

气短英雄，聊取青梅煮酒；歌传懊恼，日传红杏裁衫。盖与其桂窟含冤，空对友朋扼腕；何如梨园买笑，犹邀子弟倾心。此我弢禅兄《梨云影》之所由作也。大丈夫生不逢时，浮将绿蚁，醉酒消夏之园；继得青蚨，飞入争春之馆。有菊部之芳卿，上兰台而恼我，几回蝶板，三度霓裳，怪他裹足缠头，软胜青衣侍者。对此歌裙舞扇，逼真红粉佳人，花柳纷披，天姿各露，铅华尽洗，品质钞传，此余续《梨云影》之别衷也。无端生感，有为而言，阅历既多，品题难已。可人姓字，胥归夹带之中；骚客心灵，半贮锦囊之内。描出群芳一谱，不负宁馨；妆成众美全图，何嫌优孟。问儿声价，从此登龙，殚我才华，真如修凤。笑人间秽史，但存几命之官；看世上谗碑，徒遗万年之臭。闲情如此，快意奚如？敢步后尘，用兹附骥。

庚戌花朝，冷佛谨跋

梨云影前编

清品

福寿

金谷花枝，瑶台月明，饶有风露，不著尘氛。

就中佳丽，秋水神清，瞥惊鸿影，时闻鹤声。

珊珊其来，骨节自鸣，神光离合，雪映霞莹。

福寿，名延禧，姓朱氏，字莲芬，吴县人。垂髫时，其兄挈之来京。兄故业优，强之学，遂工南北曲。顾雅自爱，喜读唐贤小诗；尤善行楷，色艺与诸名优埒，而神气清朗，吐属隽永则过之。吾友虞吏，集同人饮于其水芝仙馆，时燕仙、稚云均在座。燕仙潇洒，目无下尘，独心折莲芬，莲芬亦殊与款曲；稚云跌宕，曾负盛名，辞气间，恒与之抗，莲芬怡然相对，竟席微笑，间与戏谑，究无一毫自矜气。虞吏雅重之，为书“琼台领袖”横幅，并纪以诗云：“百花头上倚寒开，一日凭栏看一回。指点斜街西畔路，彩云深护玉楼台。”“藐姑仙骨剪云丝，绰约宫腰弱莫支。好是翩跹红影里，天风吹唱步虚词。”“餐英袭露饮流霞,手把芙蓉驾凤车。下睨尘沙三万劫,碧霄游戏驻年华。”“浆珠醴玉夜调笙,华月当头喝倒行。沧海波明盘露回,苍凉无邪广寒城。”嗟夫!以莲芬之质,或生而贵介,生而寒酸,当不难唾手青紫。顾世间侥幸者,更仆难数,莲芬即然,亦未必为人所颠倒如此。其度《折柳》、《茶叙》、《偷诗》、《惊梦》诸曲,俱妙绝,予曾各系以词,附载于后。

贺新凉(折柳)

唱到阳关曲。看卿卿风情,争似霍家小玉。一肠千载恨,都向歌喉吐出。且休说开帘动行,只倾这杯中别酒已魂销。桥畔垂杨绿,长此听,杜鹃哭。　问卿何事纤眉蹙,岂怜他才郎弃旧,女郎无福。从古好花容易堕,防尔亦如秋菊,叹沦落供人娱目。便有黄衫来作合,早声声痛彻青灯屋。诚回想,弃膏沐。

倾杯乐(茶叙)

莲座生春,竹林滴翠,妙常如见,启帘幕潘郎到了。正旃檀爇,恰团茶献,芳情半上红妆面。佩环敲动,却又泪痕一线。断肠无算,羞把霞杯抚遍。　听絮语花娇叶颤,道随风逐浪都非愿。悔前番珠弄维摩,继向大雄宝殿。岂看过昙花一现,真掩得尘心一片。捧玉茗,聊当那兰房小宴。

木兰花慢(偷诗)

傍莲台绕遍,藕心动吐情丝。只黛隐春山,珠含秋水,消息难知。歌儿绘声绘影,仿佳人遣闷暗成诗,真个吟魂化蝶,焚香暂聚遐思。　偷期郎意较侬痴,才订雨云时。想陈姑旧憾,卿卿痛彻,故锁纤眉。凄其酸辛泪点,纵煎来难把情医。试看仙花落后,游蜂不上残枝。

浪淘沙(惊梦)

肠断牡丹亭,此曲难听。梅边淡白柳边青,争似丽娘欢会处,艳梦刚醒。知否会幽冥，小像通灵，倩卿眉宇见娉婷。几度钩人魂魄去，如醉湘酝。

逸　品

小　添　喜

白云出岫，鸣鹤在林，风送花气，月移柳阴。
于群屐间，如见晋人，如露簪菊，焚香鼓琴。
有飘逸态，无尘俗心，西山爽气，在我胸襟。

小添喜，姓沈氏，名廷桢，字怀寿，号燕仙，扬州人。妩媚飘逸，翛然尘表，其清俊微逊莲芬，而灵慧殊过之，未易轩轾。俯视诸伶，则轩鹤立鸡群矣。喜临池工手谈，间作小诗，其寄怀绝句云："雪压参差树，云横黯淡山。长江几万里，何处是乡关?"雅有风人吐嘱。赋性尤孝，总角时，其父挟之来京，落魄遂分散。后有自扬州来者，云其父病，燕仙痛甚，出所私蓄，为寄药饵。其师素不良，或以告，痛笞之，几至殒命。及闻其父噩耗，遂日饮泣。有某生者，素契燕仙，为醵金脱籍，吾友萧君佩之，为之立传，并记以诗云："为卿度曲便登楼，蝶板莺簧半带愁。唱到奈何天一阕，那知风木感扬州。""黑貂裘敝书难上，红杏衫裁曲漫工。安得乘风便归去，五湖烟水与卿同。"嗟夫！燕仙以幼年鬻身，且业歌舞，度有为习气锢蔽者，卒能不忘其本，赖某生力，得以自拔，虽其遇有幸，然亦铮铮皦皦也哉！综其始末，为作《燕子曲》一章，附载于后：

吟魂欲堕重奋飞，风帘云幕垂四围。中有仙禽隔窗语，云思主人今归来。主人飘零傍花柳，镇日芳丛觅莺友。铁鹞半投游子怀，金鹰时立健儿肘。逡巡回睠长楸间，骞想云髻鸦垂鬟。巷转乌衣窈而曲，桥通朱雀清且湾。一鸟翻然自来舞，翠翘修翎好毛羽。碧缕寒飘杨柳风，红襟湿带杏花雨。降生香国记扬州，乘兴时为爪步游。廿四桥边看壁月，十年梦里绕珠楼。一自芹泥落淮泗，便随霜露过幽蓟。连天大厦不容栖，簿暮危巢恐遭忌。四顾曾无相识人，吞声含泪三五春。引吭婉转随歌拍，侧翼翩跹蹴舞尘。况复呢喃历朝暮，回首江天隔烟雾。不夸雏凤发清声,但学孝乌思反哺。碧落一朝通悃忱,绿章连夜为沉吟。满山啼尽杜鹃血,遍海填将精卫心。缥缈排云出阴巘,卜居直上宜春苑。珊瑚架上何玲珑,玳瑁梁间自单婉。巢营翡翠敢偷安,台灿金银心尚寒。凭谁出尔樊笼困,长忆傍人门户难。嗟哉主人似鸥鹭,苦海茫茫问何渡。愿言随汝求神仙,春风握手三千年。

艳　品

翠　琴

壁月夜满,琼树朝新,歌台舞榭,眷此丽人。

容华照灼,春色二分,如鸟试羽,如花在林。

麝兰风袭,香生软尘,是真娇艳,一顾倾城。

翠琴,姓周氏,字稚云,长州人。早知名,遇国故,笙歌阒寂,各部名优,风流云散。稚云髫龄妙质,独冠一时,迨音乐重开,莲芳以清婉之品,驾而上之,稚云名稍减,然其风流自赏,固不肯甘落后尘也。一日饮玉波生斋中,顾曲生招之来,稚云神采飞扬,不平之气,溢于眉宇。其急思脱籍,顾影生愁,亦似微伤其迟暮者,摀尘子即席赋诗二章云:

丁香初结寇初胎,翠羽啁啾破细苔。蓦地春光遽如许,稍头渐列五分开。

碧篁新箨嫩抽簪,恰称凌云一寸心。莫更烟稍和露长,高寒容易绿成阴。

顷于稚云箑头,见吾友吴君超甫长句云:

奏技燕台旧擅名,秋风憔悴可怜生。长卿洒脱难求友,屈子牢骚合结盟。月果长圆宁抱憾,花因欲落倍关情。好将一曲长生殿,谱向人间诉不平。

二君未谋面,而为稚云写照,若出一手,虽云笔墨有灵,抑亦稚云牢骚,倾之即吐也。

静品

金兰

红雨初过，绿阴乍宽。万籁俱寂，古琴一弹。

山色隐隐，水声潺潺。若有人兮，仪静体闲。

心如止水，气如幽兰。蔚然深秀，令我忘餐。

金兰，姓汤氏，字幼珊，长州人。静婉有度，与稚云相伯仲。每当酒阑人倦时，憨态横生，娇羞微露。其度《舟配》一曲，淡妆素抹，尤有凌波微步之致。冬日彭君勉斋，偕吴君同甫暨余，就幼珊饮。勉斋性清介，独雅重幼珊，曾记其本事诗云："凭阑瞥见绮罗新，镇日无言独笑春。桃李自秾兰自秀，前身合是息夫人。""燕云蓟树怅飘零，春色撩人到酒瓶。一样天涯赋沦落，君衫红杏我衫青。"昔人谓宋广平心如铁石，作《梅花赋》，偏饶妩媚。余于勉斋亦云。"花如解语还多事，石不能言亦可人"二语，余于幼珊亦云。

淡品

玉庆

云度银汉，月洗琼楼，荷香午静，菊影晚幽。

中有一人，蛾眉自修，意煦如春，神莹若秋。

铅华弗御，蕴藉风流，太羹元酒，古味常留。

玉庆，姓杜氏，名堃荣，字蝶云，吴县人。骨秀神清，穆然意远，一颦一笑，不肯委曲媚人。往往绮筵离还，酒骤花驰，而蝶云酬对从容，群嚣顿息。《琵琶行》一出，声态双超，感均顽艳，四座无言，青衫有泪，弥望皆白司也。善画兰，尤爱诵心经。或叩之，曰："兰洁而香，性所耽也，因写以自怡。我辈托业猥下，以命寮故，日诵此经，虽未果忏悔，庶几渐离苦趣耳。"吾友李君香宰，雅重蝶云，蝶云独倾心事之。香宰秋闱踬蹶，下第，将归西蜀。蝶云置酒祖饯，即悲香宰之不遇，又知其不能西由也。持《心经》属香宰缮画一通，默求佛力呵护，寻人且祝再见云。吾尝缔观蝶云，在诸伶中，独往独来，洒然出尘，足征夙根之厚。惜香宰驰驱数千里，杖策款关，不得发挥襟抱，盛名之下，坎壈缠身，尘海茫茫，知心寥落。而蝶云独能慰藉,于寂寞之中,使香宰舒忧娱悲,不坠元龙豪气,然后知蝶云之用情专一,其为香宰虑处者深而远,岂非伶而任侠者哉!吁!可传已。香宰赠蝶云诗甚多,缠绵悱恻,如其为人,朋好争诵之慕之,集隘不能备载,为录其前后梦蝶词十二首,如左:

银烛光摇彩笔挥,个中心事话依稀。剧怜梦入南华里,荡作琼花一阵飞。

荷花生日前三日,瞥见娉婷出画楼。惹得柔肠浑欲断,浔阳江上四弦秋。

珠喉宛转佩丁当,绝世聪明绝世妆。多少红儿私羡汝,一生消受百花香。

春山眉黛醮秋波,坐久犹疑对素娥。最是个侬心折处,自然风味得天多。

生来艳福与花宜,体着春愁了不知。一种怜才意无限,愿他飞上最高枝。

惯醉花阴酒一尊,暂时分手亦销丑。此情耿耿卿知否,恐有前生未了恩。

竭来日下豪华地,亦是天涯沦落人。僮仆揶揄群小妒,不图得汝慰风尘。

爱汝便同亲骨肉,知予独抱古心肠。青衫黯淡罗衫冷,中有怜才泪万行。

三年误入画楼飞,惜汝临风试舞衣。家在江南身冀北,杏花春雨几时归。

羡君气味最清醇,今与幽兰结近邻。长日卷帘摊画帙,画成先赠素心人。

闭门无辜酒孤斟,风雨苍凉百感侵。相忆辄书君姓字,一波一磔见侬心。

亲知隔睽几经年,西望岷峨路七千。不到芳洲寻杜若,只应愁煞李青莲。

俊　品

小　兰

好风过竹，疏雨洒蕉，赤城霞起，华屋月邀。

招来之子，饶有千标，英姿飒爽，顾视清高。

骑金埒马，佩金错刀，百尺楼上，横笛吹箫。

小兰，姓萧氏，字者香，扬州人。双瞳秋水，两颊红晕，眉宇间饶俊爽气。其师长庆，色艺冠一时，虽六郎老去，而三庆部，犹以之为重。小兰以俊爽之品，出其门下，自是后来之秀。超甫曾赠以诗云："犹忆高歌宴佩珊，阳关一曲洒初兰。柔情缭绕千丝柳，小字芬芳九畦兰。出水新荷争比艳，过墙修竹喜成竿。参军别有留情处，记取生编画里看。"素善上江某生，某生甚眷恋之，其脱籍也，为之醵金，闻以数千计，亦可想见其声价矣。夫以若辈飘零，自拔良难，而卒有大力者，不惜援手，使之得以自立。余尝有句云："千间广厦庇寒士，万个金铃护落花。"茫茫苦海中，安得尽如痴愿哉！

丽　品

翠　玉

湛湛朝露，油油远风，好花初放，摇绿颤红。

憾删亭北，笑停窗东，卧秾花里，来艳月中。

侍儿扶起，娇态怜侬，身遐心迩，微波可通。

独倚阑干眼倍明，歌于舞扇总关情。况经秋水眉稍逗，恰似玲珠掌上擎。绝世笑颦空菊部，万花管领属芳卿。当场莫漫笙歌寂，顿老琵琶喜再生。

莫笑诗狂与酒颠，大家同约醉花前。听残玉漏欢犹涌，赏剑风流长欲仙。应有金兰通臭味，非关弦柱托缠绵。此生此夜如常好，记取肤云鬓影边。

此吾友同甫所作，以赠翠玉者也。翠玉字黛仙，姓陈氏，安庆人。六七岁时，读毛诗，甫成诵，以贫故，就商。已而偕母兄来京师，其兄美玉，旧有声春台部。黛仙遂习其艺，当八音宣播，二三妙伶集于春台，黛仙稍后出，故未见称于时。余尝于登楼之暇，留心物色,一日见其演《折柳》一出,冶艳绝伦,同甫尤剧赏之,屡招余饮,盖初次登场,即为识曲者所倾倒如此。黛仙灵心妙悟,善解人意,而蕴藉婉纯,露天机,相对怡情,略无梨园恶习。勉斋语余云:"座无莲芬、黛仙,使人不乐!"岂阿好哉!

洁　品

桂　玉

春水波回,秋山雨过,红软消尘,绿净难唾。
有美人兮,出泥不浣,绮罗莲步,松雪间卧。
莲濯清泉,供法华座,是真修洁,熏香独坐。

桂玉姓张氏,字蟾仙,一字稚兰,苏州人。闲适修洁,对之令人神爽,雅喜粉本著墨,饶有生趣。其度《藏舟》一曲,音节哀怨,真如闻小女儿泣诉声也。海南吴君古樵,为余述梗概,并索定品,余应之曰:"洁。"闻者疑为过尔。余曰:"旧院有歌妓,字贞美,人诮之云:'美则有之,贞则未也。'贞美谢曰:'儿之不贞,命也。'言已泫然。"今稚兰以髫龄稚齿,堕劫沙数,积威约之,不得不觍颜向人,为其主作肥生活计,其洁命也,其不洁亦命也。独念菊部诸伶,染结习,多嚣且尘者,稚兰之寡言笑,慎举止,秾纤修短,雅与服称,自不可多得。使爱稚兰者,发须菩提愿,而与之以洁,是则稚兰之幸也夫。

婉　品

巧　福

新柳初绽,好花半开,酒杯春贮,香国人来。
如山平远,似水潆洄,色相不著,天趣自佳。
回头一笑,顾影徘徊,是真婉约,款步歌台。

巧福姓金氏,字畹香,苏州人。善吹箫笛,兼工琵琶,婉娈闲默,无城阙佻达之习。吴君超甫赠以诗,所云未免有情,编缱绻,不妨无语得风流者也。貌与某伶相似,每当诸伶环集,戏谑时闻,独于某伶前,则词气和婉,雅相爱敬。询诸所素契者,某伶乃其胞兄弟也。总角时，先后入京师，初不相识，久与洽，始知以未脱籍，不敢认，故犹从人姓云。吾友舒君子秋，闻余道畹香事，因折柬招之，若恨见畹香晚者，酒阑赋截句四章。

其一云：

春灯无语正缠绵，颦笑依人绝可怜。谩说风怀删老衲，情根欲证四禅天。

其二云：

香温翠暖座生光，莲漏沉沉月转廊。欲向花前问消息，同根原有不言芳。

其三云：

倩界乌丝写洛神，娇憨一例见天真。郑兰谢草难重觅，争似珠儿最可人。

其四云：

紫箫吹彻又琵琶，飘玉霏烟醉碧霞。十二阑干无定所，层城何处是侬家。

嗟乎！天性之爱，不分流品，而特以未遑脱籍，莫遂联床。悲异地之埙篪，怅深宵之风雨，金赎无人，珠还何日，窃为畹香慨也。

秾　品

巧　玲

春归金谷，花满瑶台，绮楼梦醒，溷浮仙来。
香痕镂骨，艳色入怀，丰肌腴质，仙霞胚胎。
是牡丹品，是蓉国才，可怜堕溷，误入尘埃。

巧玲姓梅氏，名芳，字慧仙，又字雪芬，茂陵人也。为昆旦擘，掌四喜班。演《盘丝洞》剧，卸妆赤体，丰肤琢玉，令楼上人观之，疑杨太真出浴华清池。然色艳而性侠，以姓梅而嗜梅，暗香疏影，常植绮窗，是又其傲骨肖绘也。常为小诗，有超逸质，名士故爱与之游，而见义勇为，诚飞仙化身也。菊部中人，多有受其惠者。有某客昵玲，积二千金债负而卒，身后萧索，不能归榇。玲痛哭愈节，谨赆二百金，为执绋礼，并将前券焚之。如此行谊，求于衣冠队里,尚难其人,而何意竟出梨园耶!山阴王眉子曾赠以诗云:"故人天末之匆匆,留与当筵唱恼公。歌板酒旗无恙在,水晶帘外脱霞红。"

侠　品

芷　香

红云一朵,来自蓬山,步琼华岛,出兜率天。
是红线侣,结隐娘缘,芳心侠骨,不许人怜。
前身艳质,作作飞仙,昙花一现,香落尘寰。

芷香,姓杨氏,吴郡人。色丽心侠,从不作妩媚态,而一种娇憨,亦足醉人魂魄。隶四喜班,为刀马旦,演诸剧,恒倾倒侪辈,香却无傲昵状,诚落落者也。与余为剑契,余亦不忍以俳优待之。曾记甲午秋,对舞青霜锷于月下,电驰风骤,撩乱罗云,时余着素纱衫,香亦淡妆,雪团花簇,几不知谁为人谁为剑矣。飘飘欲仙,乐奚如耶!香有轶事一,与同人在天坛晓行,遇无赖子数人,欺某伶丽弱,出无礼言,香怒叱之,无赖子反唇诟,香挥拳击之,无赖子皆披靡焉。观此一则,何愧于侠哉!余曾以小诗赠之,诗曰:"秋空明丽艳飞霞,不照人间碧玉家。检点群芳旧时谱,才知原有拒霜花。"

仙　品

小　福

披九霞帔,着五铢衣,神采秾秀,光艳陆离。
风流跌宕,瑶圃珠辉,毫无俗韵,纯是灵姿。
临风玉树,第一琼枝,凌云欲去,系我遐思。

小福,时姓,字琴香,苏州人。明眉皓齿,艳丽绝伦,吐属典雅,无菊部习。善弈饮,所居精洁,如洞天福地,纱窗文绮,入其中者,疑在碧霄也。而性情落落,有不可一世之概。纨绔子弟,裘马王孙,莫不以拱璧珍之,福亦推诚相与,相亲相爱,而不涉狎昵焉。若遇龌龊富商,鄙吝大贾,取其千金,如探囊中物。唱旦角兼昆弋,并唱小生,不独色艺冠一时，而侠慧亦有足千古者。王眉子曾赠以诗云：“吴宫入抱玉成烟，留辞青春绛树前。珍重名花如茧栗，丰台风月又今年。”余亦曾以诗赠之，诗曰：“谁折琼花第一枝，上清沦谪得归迟。(用李玉溪句。)珊珊仙骨莫轻误，寄语碧翁知未知。”

梨云影续编

冷佛著

目　次

序

《梨云影》一书,我少年游戏笔也,从未寿介于世。冷佛见而爱之,而冷佛才气,实可与我伍,非空谈玄理,不道而道也;非空谈禅谛,不僧而僧也;非空谈道学,不儒而儒也。然三教亘古如此,所以《板桥杂志》、《菊部群英》宁可费笔于倡优,绝不为谀碑奴,故续《梨云影》,而笔之风雅、文之褒贬,实三百篇之遗旨,麟经之一脉也。

庚戌七月三日石君胜华叙

题　辞　一

弢　禅

梦醒槐安老作僧,卅年心事佛前灯。如今又被昙花引,绮语撩人忏未能。

转眼莺花事已空，新愁旧恨一般同。谁怜白发昆山老，泪洒春明燕子风。

懒向诸天话不平，舞衫歌扇寄闲情。神仙游戏原如此，强似鹃魂哭锦城。

两心相印若为情，朵朵梨云尾尾生。弦管未终春已去，有人肠断鹧鸪声。

题　辞　二

隐　龛

珠树风情寄舞台，却将玉尺苦量才。品题别定群芳谱，应有霓裳送曲来。

采香擢艳细评量，心醉临川玉茗堂。我欲重听金缕曲，不知谁是杜秋娘。

燕舞莺歌系所思，旗亭画壁忆当时。羡君一管生花笔，不写名流写可儿。

梨云影续编

清　品

王瑶卿

梅花　穿一套缟素衣裳

澄潭月印，远岫云晴，晓光五色，霞映赤城。

柳阴水曲，听啭流莺，非琼华岛，非上苑林。

何必瑶圃，何必蓬瀛，有人如此，我若为情。

瑶卿，姓王氏，太原人也。《采菱子》："端庄明丽，如大家闺范。"《洛神赋》云："纤浓得中，修短合度。"宋玉云："增之一分则太长，减之一分则太短，着粉则太白，施朱则太赤。"特此数语，赠我瑶卿，恐犹有余艳也。江西勒省旃，目为天下第一人，岂谀词哉！瑶卿性静而妩，对之如汉宫春晓，睹妆美人，坐百花香里，默祝春风,令人爱之不敢涉遐想,怜之反生奇思也。工青衫,幼注籍福寿班,演《落园》、《祭江》,偕许荫棠演《探母》等剧,始现昙云,已震撼诸天矣。内务府大臣某,眷昵之,发大悲心,欲拯诸孽海,而瑶卿师以瑶卿为钱树子,意颇靳。某以重金甜之,瑶卿师始允,于是为之脱籍焉。卜香巢于椿树胡同,复为月下老人,栽培并头花,瑶卿诚得其所哉。嗣后与谭鑫培演剧中和园,瑶卿色艺,原冠绝一时,而又与谭相丽,愈形为天上人也。谭之鼎名赫奕,瑶卿实有力焉。应内廷差,渥而宫眷,时承特赏。予在内府滥竽,带戏时常见之,温文尔雅,旖旎安祥,颇结内臣欢,故能独秀上林春也。

静　品

崔灵芝

水仙花　知音者芳心自同

朱帘不卷,楼阁沉沉,香焚宝鸭,弦寂瑶琴。

月住芳树,烟笼碧阴,只见花影,不闻鸟声。

托契玄素,销息繁音,幽兰空谷,愿结苔岑。

灵芝,姓崔氏,一名松林,任邱人也。初名灵芝草,工青衣花旦,徽剧、秦腔,兼擅其妙。秦腔青衣花旦,与须生埒,灵芝声誉,所以扬芬于三庆之庆寿班也。嗣后蜚名义顺和,晋商不娴二簧,皆乐就之。顾曲者,以崔之去就为标准,故而班主斗争聘焉。灵芝性聪颖,而色腴丽,评者曰:“灵芝说白昭晰,唱工亦自出窠臼,爽如并州剪,脆如初炙簧,时以跌宕见长,使人如携双相斗酒,听流莺百啭,所惜者,弗能为悲壮音,特不宜于青衫剧耳。”评则是矣,而灵芝演《忠义侠》、《九件衣》,肖节烈妇女,慷慨悲激,花其容而相其操者,实足令坐客生敬悼心,非天仙化人,孰能与于比哉！沽上大观茶园初开幕时,极受欢迎,沪上亦争聘之。灵芝如奇花异卉,到处生春,固非脂粉雏鬟,学步邯郸者,所列为春兰秋菊也。或云有某侍郎,艳灵芝名,涎灵芝色,欲无礼于灵芝,灵芝以慧掌酬之,某侍郎痛沐芳泽,灵芝遂从容去。此诚为菊部中一段佳话也。

慧　品

梅兰芳

兰花　怎当他临去秋波那一转

结菩提果，是散花仙，昙云一现，谪兜罗仙。

铅华不御，丰韵自然，前身若证，为大士莲。

倚玲珑石，饮甘醴泉，化为鹦鹉，嫩舌堪怜。

兰芳，姓梅氏，字畹华，幼名裙姊，巧玲孙也。性聪颖，貌明丽，对之如西山晴雪，光映晓霞。喜读书，工六法，而绘事亦擅场焉，山水尤其特技。幼失怙恃，依其伯父雨田，受艺于朱小芬之门，习青衫，初隶喜连成部，继迁文明，日与瑶卿昵，艺益精，遂独占上林春也。然兰芳天性颇厚，雨田为当代第一琴师，性慷慨，用度奢侈，兰芳供之不少靳，其伯母爱女薄兰芳，兰芳处之泰如。妻王氏，善持家，琴瑟甚谐，而亦能协兰芳志。雨田卒，兰芳悼亟，香姿为之悴，懿德如此，复何愧林和靖俪耶。兰芳艺如是，貌如是，性如是。顾而不自满假，又受业于陈德林，精进益力，如《女起解》、《六月雪》、《桑园会》、《武家坡》、《孝义节》、《回龙阁》、《梅玉配》、《宇宙峰》、《雁门关》等戏，悲惨贞烈，流丽端庄，莫不为妙为肖，其聪颖何如哉！郭逋仙君曾有题梅郎小影赞云："梅郎以天仙之化身，作尘寰之游戏，解语花亦忘忧草也。清雅绝俗，名重一时。"大有生不愿为南面王，但愿一识梅兰芳之概。顾逋仙何人，而能与之共晨夕哉！敢不雷兹妙相，以度天下之痴男怨女。然影之所在，群芳减色，是岂逋仙之过欤？樊樊山有《梅郎曲》云："梅郎盛名冠京师，才可十九二十时。绣丝底是佳公子，傅粉居然好女儿。海上歌台封故步，拂弦难得周郎顾。逐走金台选妙伶，左骥史蚋知何处。梅郎娇小建章莺，巧啭春风第一章。东阁仙花是侬姓，左徒香草是侬名。渠侬家在韩潭住，姓名传遍江南路。丹桂园中第一台，须第一人作钱树。吴天飞下凤凰雏，朝阳一鸣万目注。霓裳法曲世间无，锦掷缠头不知数。吴儿听郎歌，金雁斜飞唤奈何。吴姬见郎舞，含情欲语防鹦鹉。沉醉江南士女心,衣襟总带梅花谱。岂期郎意重老成,传语樊山问安否。易五寄我琼瑶音,道郎美慧知我深。采云两曲略上口,琴楼一梦屡沉吟。癸丑冬月初七日,郎来引入芝兰室。渡江洗马无此容,琼树一枝照瑶席。不言早识玉性情,微笑如闻花气息。执经即是张雕武,学诗愿从黄鲁直。翻笑世家无子弟,未入学堂知法律。我如汝年游上京,汝祖椒掖皆知名。后来复见汝诸父,砑光帽底花奴鼓。十年来去景和堂,一朵朱霞映门户。南台御史李会稽,亲将第一仙人许。倘教霞川今尚存,定夺锦袍来乞汝。是日尽醉酒家楼,凤卿素云皆汝俦。合为白玉连环样,同引珍珠一串喉。夜入梨园第一部,听郎清歌见郎舞。万人如海看红妆,万炬无烟照海棠。才揭绣帘犹掩抑,徐登锦毯故回翔。腰支一捻灵和柳,学得簸钱堂下走。看似轻盈极端重,才欲收光更迟久。燕去红襟双剪齐,莺来一点黄金溜。引吭敛黛歌一声,齿牙伶俐丝簧清。声声到底有旋折,字字入耳俱分明。促节紧打催花鼓,曼音细咽云和笙。竹云上遏玉初振,潜气内转丹九成。歌声九变俄复贯,锁骨观音法身现。锦鞠罗襦不动尘,微微头上宫花颤。吁嗟乎!九流百家俱本末,此郎佳处玉在璞。徒于歌舞去赏音,皮相固知非伯乐。琴书静对两忘言,淡似幽兰驯似鹤。专门才技何足言,以外有余方是学。我见梅郎如饮醇,吴中但说好伶伦。亦如七十樊山老,只把文章动世人。"时人如易实甫诸人,多有赞颂。予亡妻琴心氏,貌颇有兰芳,以小照比之,宛然姊妹花也。触感于中,遂续诸名士之后,而谱以艳歌。其歌曰:"珠帘不卷春风香,中有美人梅兰芳。可怜眉羽如吾侣,暗转秋波睨玉郎。当年记得纤纤手,凭并吾肩勒劝酒。误认脂痕是酒痕,霓裳谢汝丁香口。心心相印何太痴,悼亡欲作梅花诗。东君何事送消息,梦到罗浮知未知。新愁旧恨奚能已,锁魂最是鸳衾里。敢把新人忆旧人,深情只寄花潭水。君不见屈灵均,秋兰纫佩证前因。君不见林逋仙,与梅相契结良缘。我今缅怀此二子,特为梅郎谱艳体。"

侠　品

路三宝

拒霜花　出落的精神别样风流

有玉之温，得气之秋，芳心侠骨，慷慨风流。

晴云阆苑，绛雪瀛洲，斯人如此，与飞仙俦。

明珰翠羽，宜系吴钩，青霜紫电，想像星眸。

庚子之变，拳匪猖獗，戕夷良善，肇隙强邻，识者忧之。是年下户部尚书杨立山于狱，先是立山眷西城口袋底一妓，庄亲王载勋争之不能得。立山任总管内务府大臣，家豪于财，载勋贷巨资，亦不能得，积忿挟嫌，诬奏杨立山家有地道，暗通西什库，潜为外人接应，故教堂久不下。矫诏率拳匪，至酒醋局第中，大索无所获，乃囚之。七月十七日辰刻，逮兵部尚书徐用仪、内阁学士联元等，申刻并立山斩于市。亲戚故旧，无敢收殓者。突有以二百金，倩人纫其首，不畏强暴，不避嫌疑，此人为谁？乃路三宝也。三宝，山东籍，初营他业，后唱花衫戏，貌艳妩而心金石，非徒以色艺擅长者也。与某生交最昵，某生素挥霍，至某年除夕，旅馆肃条，后看四壁，驱愁有笔，避债无台，一盏寒灯，惟吊影自怜耳。布帘风动，有珊珊而来者，惊瞭之，乃三宝也。手携一囊，掷于几而言曰："知君惫甚，敢为拯涸，敬以此数百金为君寿。"某生感激涕零，三宝复劝慰之，且助其还乡。观此二事，岂菊部人哉！士大夫恐对之负愧矣。予钦之爱之，故以小词赠之，寄调《鹧鸪天》。词曰："气肃秋云脸丽霞，知卿不是女儿花。原为豪侠信陵客，误作仙人萼绿华。歌白雪，拍红牙，色身游戏吐兰牙。转怜大士白鹦鹉，飞入梨园子弟家。"

雅　品

姜妙香

菊花　贱却那人间玉帛

栏杆曲曲，罨□回廊，坐珠帘里，焚心字香。

雨晴芳树，风韵疏篁，娇鹦旖旎，舞鹤翱翔。

瑶琴一曲，静谱宫商，彼何人斯，令我难忘。

荀卿曰:“不登高山,不知天之高也;不临深溪,不知地之厚也;不闻先王之遗言,不知学问之大也。”此指士大夫言之也,而何人不然。即以妙香视之,益知其言之不谬矣。妙香,姜氏子,五九之高足弟子也。吾友胜石君,昔与五九最昵,悦其婉慧玲珑,善伺人意,对之如解语花忘忧草,曾以小词赠之,寄调《点绛唇》:“柳嫩花娇,韵华占得春如许。酒香秾处,辞听莺儿语。阆苑琼楼,愿伴神仙住,夜深去。寂寂潇潇,一枕孤灯雨。”由此观之,五九之旖旎流丽,岂不醉人心耶。妙香性娴雅,有大家闺秀风,善书画,工青衫,岂非青出于蓝而胜于蓝哉!而观剧者,多系登徒子,亦一顾曲周郎,真不啻剖蟹求骊龙珠,恐历万千劫,亦难遇焉,以世人重色不重艺也。妙香秀雅绝伦,而耻为冶荡态。人喜花旦,妙香工青衣;人善佻脱,妙香偏凝重;人喜肩挑目讦,妙香则气静神娴,此其所以不合时宜者。论者故抑之在兰芳、璧云诸伶下也,而色艺实有过于梅、贾。吾惜之,故以一五律慨之:“俗眼无真鉴,伤心可奈何。人酣云子酒,我听雪儿歌。天鹿谁裁锦,秋云可织罗。古今怀抑郁,名士美人多。”

俊　品

杨小朵

秋海棠　我虽想这里遇神仙

纵山月夜,万里天青,仙人来此,骑鹤吹笙。

松风谡谡,竹露泠泠,妙音独奏,繁籁不鸣。

云表凤舞,硐底龙惊,谁其似之,实萦我心。

小朵,杨朵仙子也,性慧而色丽,实驾朵仙而上之。然朵仙亦有过人处,如演《双钉计》也,则淫凶狼戾,活现出一悍妇人态度;而其演《虹霓关》也,《双杀合》也,又活现出一娇痴女子模样,他戏亦然。所以能使风流华胄、倜傥公卿为之倾倒者,实亦因此。小朵才虽不及,而姿首秀曼,如春云乍吐,奇花初胎;又如藐姑仙子,骑鹤吹笙,罗浮山上,梅花月下,顾影容与,娴妩动人,真花衫中上驷之选也。最宜唱闺门秀媛,而生情种戏,如《拾玉镯》、《红鸾喜》等戏是矣，朵仙有子哉！御史端简庭最昵之，简庭缘琉璃窑，被参劾，遂罢职。古人云："一贵一贱，交情乃见；一富一贫，乃见交情。"素昔之趋炎附势、逐臭慕膻，佯红灯、陪绿酒者，皆杳如黄鹤焉。小朵独不以炎凉易其心，不以盛衰易其志，日日往安慰之，恐御史之懊恼无聊、郁积感愤也。嘻！士大夫能如此者，有几人哉！不意于伶人中见之。及简庭撄沈疴，小朵日侍汤药，临危简庭曰："卿待我厚，我将登鬼箓。我死，我二姬必别抱琵琶去，与其被他人巢我家，何如以微情报卿。"竟以爱妾香儿赠之。世风浇薄，观此可以讽矣。

秀　品

朱幼芬

丁香　袅袅婷婷

远山嫩绿，春水晴波，有人如此，在山水阿。

我今遇之，顿起情魔，未亲香泽，只听艳歌。

如梅蕴藉，如柳婆娑，是可餐也，我如之何。

幼芬姓朱氏，名伶霞芬子也。霞芬工青衫戏，色艺冠一时，貌腴秀，唱工亦别出心裁，不屑为时世妆，爽如并州剪，脆如初炙簧，时以轻曼移人，令顾曲者如携双柑斗酒，到柳阴中听百啭黄鹂，神乎技也。生三子，长小霞，次小芬，幼芬其三子也，貌明丽而婉媚，体格尤修短合度。其出场也，珊珊娜娜，如烟袅柳丝，月移花影，非天仙化人，何能至此。霞芬卒后，小霞理家务，使两弟拼挡外事，小芬唱须生，颇能于老角色中独树一帜。庚子后，以失音，又复穿优孟衣冠焉。幼芬稚而慧，与诸诗棋名士、裘马王孙游，门前车马蚁旋羊羼，真个夜夜花灯节也。壬寅菊榜，幼芬以十三岁雏凤，竟做探花郎。其年状元，乃王琴秾也。次年菊榜，遂向百花头上开矣。幼芬早失怙，母氏怜之，不忍违其意，遂涉于溺焉。故所交游者，偶触之辄眼角涔涔，秋波欲滴，如带雨海棠，愈形娇媚，因此人多温款之。粤中某君，名流也，有王珣情癖，遇名伶艳妓，必为护花铃，虽逢强而有势者，不之惧也。有赠幼芬词一阕，颇足描绘幼芬稚时情态，故录之。

洞仙歌(赠幼芬)

露华痕泣,爱紫藤花下。依约华镇镇相见。似衔余凤子,娇到莺雏,浑不是阿母宫中灵眷。春风齐唤起,似笑疑嗔,幽绝吹笙旧庭院。梅子逗微酸,玉女窗前,不觉泪珠频咽。要商略筵畔,对花吟,莫红豆轻抛,那人愁遍。

丽　品

贾璧云

芍药　怎当你倾国倾城貌

是神仙种,为妃子花,香秾金谷,采自石家。

海棠醉雨,夭桃映霞,碧秾春渌,红艳丹沙。

汉宫春晓,窗明绛纱,有人遇此,乘七宝车。

近日古调绝弹,工青衫而兼花衫戏者,瑶卿、兰芳、蕙芳诸伶,各擅一时之选。兰以婉□胜,瑶以明丽胜,蕙以妩媚胜,其他诸伶,亦莫不竞妍斗丽,而独欲管领春风也。然后起之秀间,颇难博时誉,不意有秦班贾璧云,忽于大罗天上,众仙队里,迓月流云,霓裳羽衣,凤管鸾箫,花团锦簇中,独树一帜。璧云者,贾氏子也。习艺于外江,工青衣花衫戏,喉咙蕴藉,说白清脆,貌既艳绝,而复秉绝顶聪明,每演一戏,无不酷肖其身分。其演《大劈棺》也,淡妆浓抹,冶态动人,有情难自禁之态;其演《紫霞宫》也,色肃气闳,宛如死尸;其演《探亲家》也,宫妆靓丽,举止端详,有华贵风范。小家碧玉,岂敢学步邯郸耶!向与某邸昵,某邸亦风华瞻秀,雅擅才情,有时凭肩对镜,玉树琼枝,宝光互映,真个令羡煞妒煞也。璧云每登台,掀帘出场时,顾曲周郎,神驰目注,如入五云楼里,精炫心移,几不知红氍毹上,有个天仙化身人也,只有击节喝采而已。惟风俗鄙陋,顾曲家分树三党,即所谓贾党、梅党、朱党是也。三党鼎峙,互相攻击,笔鏖舌战,凌厉风云,纵有鲁仲连出,排难解纷,三党亦莫释其憾,抑知贾也,梅也,朱也,如花之有牡丹,有海棠,有菊也,爱秾艳者,则曰牡丹者,花中王也;爱娇媚者,则曰海棠者,花中美人也;爱淡逸者,则曰菊者,花中高尚士也。人之嗜好不同,花之品评亦异，岂真知花者哉！不过花情为移耳，三党之名，党其党，亦如是也。余友胜石君先生，有赠璧云四绝句。

其诗云：

老去英雄可奈何，芳华消歇岁蹉跎。一杯块垒消何处，醉听云郎一曲歌。

歌舞楼台丽夕曛，红氍毹上扬湘裙。阿郎标格浑何似，太华山头一朵云。

倜傥风流迥不群，三髯独说有参军。痴心愿学当年事，百首梅花换紫云。

头颅苦我雪盈颠，纵伴云郎亦可怜。剑气花光久沉落，一灯寒雨坐枯禅。

庄　品

王蕙芳

木芙蓉　休题眼角留情处

大家风范，体态幽娴，垂帘静坐，宛若神仙。

水晶盆里，种素心兰，清香自赏，不假语言。

玉真妃子，误坠尘间，风华足瞻，罔取人怜。

蕙芳，姓王氏，父名王八十儿，以武生蜚誉于京沪，今营菟丘娱老，不复出矣。蕙芳幼聪颖，貌秀丽，明眸善睐，每一演剧，令人有怎当他临去秋波那一转之慨。稍嫌隆准，然亦不害于美也。蕙芳演剧，以娴冶擅场，其演《美龙镇》、《乌龙院》诸戏，活绘出荡妇淫娃体态，醉魂摄魄，有教人难自禁处。之人也，之色也，之技也，君子曰荡而已矣。庄何在耶？嘻！余之所谓庄，非世俗所谓庄也。梅为何品乎？必将曰清，而□狎逋仙耶，且为之生子鹤耶。莲为何品耶？必将曰洁，而胡为貌似六郎，秽乱唐宫耶。余谓蕙芳庄，乃赏识牝牡骊黄之外，而别为嗜痂者也。知我罪我，尚何计哉！蕙芳之技，得老角色真髓处，骷髅君之赞已尽言之矣。其赞曰："余尝听蕙芳演《探亲》，喜其音调圆润，而作派又佳胜，谓可与瑶卿并驱中原。而伶官老宿，称蕙芳者，则但称其《祭塔》一出，谓花衫不演此剧，不数十年,蕙芳乃独恢复之。当蕙芳未出时,梨园无憀,往往倩青衣名角代之,亦可知其难矣。蕙芳今仅二十许,声音佳胜,又性不好纷华,惟喜养小鸟,如梧桐、茜颏儿之属。每卸妆,复提笼不去手,斯亦有逸致哉!蕙芳每与文人学士宴,落落如名家子,无伶官局促之习。"余曾以《蕙婵曲》赠之,其词云:

花是脸儿娇,柳是眉儿媚。腰支不禁风,海棠酣雨醉。如此韶华剧可怜,蕙娘颜色相与妍。不来金谷艳罗绮,不向青楼逐管弦。彩云一朵仙风飏,降在文明舞台上。花钿翠袖珠罗褥,现出飞琼真色相。歌喉清脆云过天,大珠小珠落玉盘。听残鹦鹉帘前雨,惊破莺儿柳外烟。笑我倚楼频顾曲,饱酣艳福兼清福。清福艳福消如何,请君听我歌:藐姑仙子来,罗浮万树梅花开。有人昨遣青鸟使,锦笺玉札飞瑶台。无端证得三生石,乡谱红牙我浮白。咫尺银河咫尺人,缘何恨煞浮槎客。吁嗟吁嗟复吁嗟,宜男草妒合欢花。酒阑灯尽独归去,五凤楼头月已斜。

英　品

九阵风

虞美人　休猜作路柳墙花

雪中白鹤,天半朱霞,俯视凡品,不啻泥沙。
是化龙柏,是凌霄花,媚娈桃艳,嫣嗤芍芽。
精神俊爽,气肃镆铘,木兰复出,是耶非耶。

九阵风,姓阎氏,字岚秋,世隶乐籍,其先辈碌碌无所闻。其父以打下手、翻筋斗著称,技虽精,人不以戏中角色目之,故赍志焉。至岚秋,始以武旦,拔赵帜,易汉帜。凡舞台上,为娘子军者,皆披靡之,遂为武旦冠。时伶惟朱桂芳可颉颃,而桂芳与岚秋,奔尘逐电,并驾齐驱,正不知谁为骥也。桂芳丰韵韶秀,装饰明靓,演技作科,轻妙灵巧,固胜岚秋一著,而力逊岚秋,无风卷云驰之采,邢尹燕环,岂易定其优拙哉!岚秋善演《泗洲城》、《取金陵》、《演火棍》等戏,其演剧也,如五色蝴蝶,翩跹飞舞,于百花丛里,光艳眩目,神采移人，他伶效之，终弗及也。其弟岚亭，与岚秋合演，为快手枪之技，各戏中时时附见，技亦趑捷灵变，惜不甚著名。盖亦如英雄才士，有遇不遇耳。千岁髑髅有赞赞岚秋云：文戏以唱名，每剧可得一二场、一二板佳调耳，如《空城计》、《四郎探母》，皆名角所难，以唱多也。武戏以武打为能，每剧亦得一二场、一二式绝技而止，若连翻之筋斗、搅雪翻花之枪刀，盖不足云矣。九阵风独有真力，再接再厉，如正战然。顷闻其以误伤幼女，论坐当抵有期之徒。惟若辈武技，虽无事时，恒日日操演，否且筋骨倔强。设九阵风竟以拘禁久，失其故技，则此技遂不复见人间，亦可惜哉！近闻阎伶，既深自悔，而京伶知名多人，复欲俟案判后，为缓刑监督之请。果尔，则阎伶倘复能于灯光之下，重献其技，以醒吾人欲睡之眼，激吾国人若二万万女同胞者，以尚武之精神也耶！是所望也，而□所敢必也。吾友石君，酷嗜剑术，爱观武剧，尤倾注于九阵风，曾撰《飞仙曲》赠之，其辞曰：

驾灵螭兮驭清风，执电旐兮扬云斿。朝辞珠浦兮夕陟丹邱，恶世界之汙秽兮，吾将为浩瀚之远游。远游固所愿，恨无飞仙伴。升昊阙，叩瑶阍，三十三天求已遍。不见餐霞人，泫然泪如霰。忽听云华一曲歌，碧城十二森峨峨。茅君桂父拍肩去，麻姑毛女联袂过。缤纭杂沓香风气，忽觌婉嫱一仙子。青鸟多情唤小名，字是岚秋姓阎氏。岚秋岚秋与汝言，我将手持长剑，携汝登昆仑，交梨火枣青城酒，仰天一啸倾百尊。不听黠犬吠，不哭啼鹃魂，不住金钱窟，不拜公卿门。坐招麒骥，右引凤凰，超西崦，逾扶桑，过天池，纡纮沧。一弹指顷兮，历八极而览穹苍。视下土之龌龊浑浊兮，又何异乎转丸之蜣螂。

蕴　品

孟小如

海棠　满面儿堆着俏

杏花雨过，翠阁沉沉，调白鹦鹉，弹绿绮琴。

倚栏独立，时听鸣禽，檀云静袅，木笔斜簪。

楸枰慢谱,香醪浅斟,画眉窗下,神契赏音。

绮窗夜月敞琼筵,回首当时亦怆然。绿酒红灯思往事,哀丝怨竹感中年。敢希姓字铭钟鼎,联赋闲情寄管弦。乳燕呢喃莺睍睆,一声声入奈何天。

此燕京酒徒赠孟小如诗也。小如,梅云弟子,幼学老生戏,后京师名伶如云,有以慷慨悲壮擅场者,有以缠绵悱恻擅长者,更有以凄婉幽怨、柔情绰态,媚于语言而擅场者,小如皆不逮也。其平淡静娩处,不矜奇,不饰智,天籁自鸣,实有高人一筹者。青衫兼工花衫者有之矣,花衫工小生者亦有之矣,花衫工须生,实寥寥若晨星焉,小如则花衫兼工须生者也。老宿衣钵,得其传欤?余曾以小诗赠之:"才现昙花身,复壮须眉色。儿女亦英雄,佳人难再得。"

婉　　品

杨韵芳

茶蘼花　春光在眼前

柳荫路转,风□花香,春山采蓤,曲水流觞。

流莺细啭,舞燕低翔,艳不欲曜,语不欲详。

凌波微步,罗袜生凉,含羞隐媚,雅衬宫妆。

韵芳,杨氏子,性温婉,貌韶秀,工青衫戏,幼时好养蟋蟀。余友胜石君颇眷爱之,每遇韵芳与他人斗蟋蟀时,必为壁上观。见韵芳获胜,不啻身为大将,奏凯龙沙,辄饮勋策酒三巨觥,乐可知矣。丁酉之秋,石君邀秀芬、三宝、宝昆诸词史,小宴于韵芳之小精舍。秀芬固豪于饮者也;三宝谈论有英气;宝昆丰姿绰约,顾影自怜,容与于衣香扇影中,亦画中人也。韵芳以扇障面,低唱一阕,四座神怡,诚佳会也。石君门祚,兰锜式微,每一念及,顿触沧桑之感。余续《梨云影》叙至韵芳小传,闻芳已染疯疾,石君系以怀旧诗云:"鹈鴂鸣秋风,芳华已摇落。烟悽芍药园,月冷芙蓉国。风逐彩云散,谁留雪鸿迹。酒涵别泪香,花弄断肠色。同是谪仙侣,萍水一相识。从此断情缘,炼心如铁石。"余读之,知石君必不再作沾泥絮矣,而韵芳仍在舞台上现色身焉。余因而有感,勉和前韵,以志悽惋，邯郸学少之讥，复何顾哉！其辞曰："龙华会上人，一朝遭贬落。干戈未靖氛，文章不华国。宝壁在旗亭，空留醉仙迹。廿四丽春风，粉黛无颜色。十二证因缘，何必□相识。我欲补情天，谁寻女娲石。"

梨云影再续

剑云著

目　　次

灵　　品

尚小云

仕女班头

瑶华元璞,不假雕镌。有美一人,容与比肩。
歌喉仿佛,尘世钧天。姿首娟丽,纯乎自然。
无脂粉习,争梅雪妍。霓裳一曲,春普大千。
是璇闺秀,是缟袂仙。舍斯人外,吾谁与焉?

小云,姓尚氏,蓟县人也。父某为前清那邸司厨役,家赖小康。某殁,遂中落。小云姊一、弟一,母氏老惫,仰屋嗟贫,云每以无力赡母为憾。适三乐科班成立,遂挽人介绍入班执业,学青衣。及登台,颇有青衣冠军之目。生性娟洁,丰致翩翩,温存体格,固风雅宜人,而歌喉清越,声调玲珑,雅有余紫云宛转悠扬之韵。因是得名,芳声雀噪京国。自三乐改组正乐社,小云更显露头角,不惟该社倚为柱石,近自瑶卿、兰芳外,能继德霖后,为青衣嫡派,大抵舍云郎,无属矣。且喜生有至性,自受科班羁绊,弗得一省亲,每以为恨。近者姊赴泉路,又莫悉母弟踪迹,悲来如何。唯清夜寒衾,暗弹红泪而已。每当置身舞台,虽受顾曲家喝采欢迎,而面庞眉睫间,恒若忧心如捣之状。故所演正旦剧,毕真庄靓,不事矫柔。而宛转娇羞,俨若大家闺秀,爱好天然,迥非西家效颦者,所能仿佛万一。他人于此,谓云郎能悟彻戏之神理,吾知其性格天真,益怜其身世之魄落矣。太仓才子徐吁公,尝观小云演《玉堂春》一剧,见其跌跪时,俯首低眉,隐然有无限幽怀,若郁郁不得志者。因作《眼儿媚》小词,写其情态。余以其颇能道出云郎心事,录之于下,词曰:

鸾鸾眉样锁星眸,翻动一春愁。舞袖郎当,歌喉宛转,半逞娇羞。寸肠回荡无人见,道是假温柔。算来旧恨,干卿底事,偏嵌心头。

玩此词旨,云郎之志趣,庶几乎可以见矣。

余赞曰:小云以飘零遭遇,肄业梨园,色相牺牲,原藉酬反哺之义,乃天竟厄人,致家庭骨肉,流亡颠沛,亦足哀矣。然云郎以童伶而蒙盛誉,使再增进,俾能出畹华头地,步德霖后尘,将来与梅、朱辈并驾齐驱,而有以大厥芳声,为克家之令子。异日母弟咸归,得以叙天伦之乐事,吾愿为云郎祝之,于是作《云郎曲》:

云鬟整肃春风幽,兰闺深锁环珮愁。雏莺乳燕各天籁,搅俗筝琶难与侔。云郎生小著霓裳,清越饮喉泣凤凰。凝眸俯视若有意,一阕未终人断肠。断肠苦绪弹红泪,眉痕微蹙春山翠。只教歌舞系芳踪,那许殷动伸孝义。情深返哺入哀吟,引吭低唱天为阴。登场袅娜逞神韵,度曲缠绵茹苦心。翠翘金雀芙蓉髻,鹃血鲛珠渍仙袂。回风莺溜荡成圆,过雨鸾琴转新脆。檀槽牙拍度年年,芳声直接梅(兰芳)朱(幼芬)肩。绕梁遏云果佳丽,开簾壁月疑神仙。梨花淡淡临妆面,前身曾侍披香殿。静冶应参玉版禅,娇羞不愧金闺彦。浅颦微笑发幽姿,庄严色相非矜持。不图霖(德霖)老瑶(瑶卿)残日,却见云腾宝贵时。琼娥月姊齐夸好,天宫灵阙飞升早。悠扬顿挫媲霜璈,敦厚温柔颂兰藻。花香玉润好韶华,抱恨含悲深怨嗟。幺凤清声自名世,慈鸟何处难为家。金萱憔悴情难已,待却笙歌厌罗绮。羁身同是可怜生,望眼依然空泣止。吁彼苍穷妒人仅相逐,我作此曲歌还哭。慈鸟慈鸟归去来,云郎云郎愁云开。

俊品

元元旦

画中爱宠

秀眉横黛,俊眼含波。临风细柳,出水鲜荷。
太真欲醉,飞燕能歌。珮环明艳,现广长舌。
唤春梦婆,玉人赠芍。神女投梭,雅投时尚。
浑与俗和,彼美之子,春其如何。

元元旦,姓王氏,名喜玉,小名来喜,北京人也。早岁失怙,家无担石储,无以活,寝假破落。母某氏,不得已,执贱业,易升斗以抚孤,始克成立。迨喜玉誉噪,母乃稍稍得息壤焉。当时有高某者,以渠小有名,乃竟欲争渠为子而起诉,事颇龌龊,某报详论其事。虽然落花,同是飘零,身世饥驱,急何能择?此固未可为玉儿玷也。喜玉髫年聪俊,雅擅温存,虽貌仅中姿,而面庞妩媚,体格玲珑。睹其眼波眉妩,巧笑轻颦,一见而知其为风流种子。喜连成科班初立,喜玉以花衫兼武旦,擅胜长。然其时班中之花衫、武旦,跄济一堂。以花衫论,则海棠花、金菊花,举皆雏莺幺凤,小鸟惊人,喜玉决不如其娇丽也;以武旦论,则云中凤之武工严紧,步伐整齐,喜玉亦决不如其娇捷也。然独能于千红万紫,特树一帜,岂非以灵心媚骨,洞察世情,借优孟身而为说法,因有以出人头地也。班中同业,群以粉墨西施目之,盖渠本质不甚佳丽,乃化妆有独长,而传情有独到耳。因是一般同业之痴于情者,争相崇拜石榴裙下,而欲求真个销魂。喜玉乃渐与康喜寿昵,行动与俱。喜寿本武生,固勇而有力者,以是人无敢侮焉。

肄业三年，如一日，及业满，纷纷星散，今已久不登台矣。偶为一现昙华，犹能鼓起顾曲家之欢兴云。

余赞曰：元元旦，唱花衫有如杨朵仙、路玉珊，而柔媚过之；演武剧又似乎余玉琴、阎岚秋，而俏丽过之。虽然之数子者，学艺数十年，经验数十年，而后始享盛名；惟元元旦以童伶崛起，遂能兼数子之长，取容于芳，并大有醉迷五陵年少之根。苟非聪明绝特，曷克臻此？其投时所好，善于揣摩，真可谓非识务之俊杰也。因作《玉儿词》以赠之。

玉儿词（调寄《摸鱼子》）

忆儿家、风流娇小，妆成袅娜丰致。朱弦银板莺喉咽，莫怪缠绵如此。相思意。君试胭脂金粉浑难记。可怜身世。见莲脸生春，星眸欲睡，芳绪真于醉。　销魂否？大好韶光能几。五儿今已憔悴。歌衫舞肩惊丝鬓，犹似那时娟媚。还料理。莫偃蹇、光阴流水芳年易。何堪倦寄。效似我闲鸥，傲他逸鹤，相与滴清泪。

丽　品

小翠花

灵犀一点

玲珑娇小，旖旎风流。念彼美人，俏丽谁俦？
花能解语，月正中秋。相思红豆，可意珠喉。
排歌燕市，载酒扬州。尊前檀板，天上琼楼。
好携桃叶，借觅瀛洲。徘徊客与，以写我忧。

小翠花，姓于氏，北京人也。父某为人佣役，每月所得有限，而翠花姊弟四人，与母某氏，仰屋待哺，常不得一饘粥饱，食指繁冗，长安居大不易也。翠花雁行在三，小名三立，有姊大立，已赋于归，二立早夭，四立亦系女儿，现隶蓉仙班学戏，惟最小者则名五老，年尚幼稚。初时翠花等均在家，母氏以贫故，既不能使之读书，又不忍令其荒废，更不得不为暮年计，此小翠花兄妹所以入梨园之始末也。翠花生有慧质,而赋性犹机警,见者无不喜其娇小玲珑,面庞俏丽。盖豆蔻年华,芙蓉丰韵,兼而有之也。设使不现身菊部,岂非一顾影自怜,翩翩浊世之佳公子哉!因是一登舞台,而芳声鹊起,或天实为之,用以成其美也。翠花初学秦剧于鸣盛和,名牡丹花,声誉虽不逮今日,然雏凤清声,固亦后起之佼佼者。及鸣盛和解散,有人欲携以赴张家口,因窘于资斧,是以不果。后闻友人盛称富连成班之多所造就,遂挽人说项,既定议往,该班主任,一见而知为尤物,并以善言婉慰,使之尽却秦剧,而学徽戏。初时不甚重视,久之于新授之业,均能体贴入微,渐臻极岭。至今日则居然在童伶中,几等于五月榴花照眼明矣。

赞曰:今日童伶中所盛传之花旦有二,一曰白牡丹,一即小翠花。两人色艺,固属齐鲁之政;而一徽一秦,原风马牛不相及也。而一般誉之者,立党结社,痛相诋诬,其至吹毛求疵,设辞责备,抑又何必?虽然,彼此间党同伐异,于二伶丝毫无所损益。而在余观之,小翠花之改弦更张,极形锐进,未始非倾轧之风,有以激刺而使之然也。吾于是有感于今世党会之各争私见者。近武威君有赠小翠二绝,余爱其情文斐美,乃从而和之。并将原玉,附志于后。

赠翠花和武威君元韵

别开生面一翻新,俏丽风流态度真。豆蔻年华好珍惜,漫将红豆悔尘因。

一曲雏簧韵欲流,万端幽绪逞娇羞。年来不作情天絮,但祝歌郎好蹇备。

附录武威君原作

歌衫舞扇酒痕新,粉墨登场听未真。却笑鳌生酣醉意,也从石上证前因。

雏伶弱质自风流,翠袖添香未可羞。博得京华好名誉,此花疑是几生修。

英　品

云中凤

杜韦娘不似旧时

银屏落目，玉树临风。斯是美人，婉若游龙。

飞燕美舞，冯后当熊。霓裳绝世，拔剑排空。

浑脱流丽，巾帼英雄。如娇猱捷，当鹰犬冲。

圆仪凝洁，健体神工。凤兮凤兮，高蹈云中。

云中凤，姓赵氏，名喜珍，小名二狗，北京人也。其兄大狗，即喜魁，隶喜连成科班，颇擅盛名。云中凤，初学武小生，又工武旦，为该班刀马旦之翘楚。一时顾曲家，极欢迎之，谓该伶能于桂芳、岚秋外别树一帜，洵后起之佼佼者。至其步伐精练，技艺纯熟，已早为顾曲者所称道。演武剧多与乃兄为对手，其精神互相贯注，真有难兄难弟之势。该班排演《三国志》本戏，该伶饰周瑜，风流裙屐，年少英雄，固一顾影自怜之风流俊杰也。更能研究神化，体贴入微，作工精致处，真能刻画出公瑾当年心事者。余最爱其所演武旦戏剧，如饰妖邪角色，则能于生龙活虎之动作中，传出一种妖媚态度。及演《取金陵》、《夺太仓》诸剧，又见马上蛾眉，英雄巾帼，大有扑杀此獠、灭此朝食之慨；而又不失立复仇，哀婉娴淑气象，神乎技矣。惟嗓音过涩，未免为美中不足之点。然吾尝观其演《金山寺》一剧，几阕昆曲，亦颇有顿挫抑扬之致。论其武技，则长枪大戟，一往无前；过手短兵，玲珑轻便，是武旦中之上选也。惜乎科班毕业后，喜连成子弟已风流云散，同师者率皆自就食之方。而同伴演剧者，每遇生手，辄有龃龉之弊，是以所谋不合。故今日之云中凤，亦大有鳌中龙象矣。然明镜不常埋，宝剑终能试，怀利器，负奇技，必不致久湮没也。寄语云中凤好自为之，勿自馁焉。

余赞曰：云中凤，在科班时，颇享盛名；及毕业后，与其兄隶他班，则名为之减。然该伶之技艺，固未尝见其退步，而乃竟如是，是果何故耶？或曰倾轧之风，梨园为最；或曰科班积习，一般童伶之出色者，皆擅长于正色，而绌于配角，盖既于此注重，即无能称全材者。此两说所主持，均似有理由，但未敢据为定评。吾欲以此质诸顾曲家,并以告之云中凤,然而君子于此,可以敦世风、励学业矣。余作有《云风叹》一章,借仿骚雅,述彼飘零,虽非出色文章,固为斯人本色,因并志之。

云凤叹

来灵凤兮驭青虬,蟠玉龙兮步瀛洲。青鸾白鹤自翔翥,相彼云中兮凤游。徘徊客与兮何方,昭览旷世兮鹰扬。彼美人兮绝俗,惊鸿影兮周张。听宛转兮清歌,舞霓裳兮大罗。望湘皋兮鲜珮,封鲁阳兮挥戈。翾飞兮翩翩,凌波兮欲仙,应尔兮音节,杂铙鼓兮喧阗,衣白纻兮服苓芝,升天宫兮骖神螭,攀斗牛兮搴云旗,弄回风兮降瑶池。今税驾兮将何之,劝君驾兮其休迟。

正　品

连红霞

自然幽雅

明珰翠羽,端肃孔仪。引吭高唱,惊彼靡靡。
黄钟大吕,斯与相宜。后妃之化,帝女之资。
庄严色相,风雅神姿。是真闺秀,迨贤母师。
自然沉静,不在矜持。有美孰匹,硕人之诗。

连红霞,系前清帝室之裔。先时库兵时代,所喧传之表表人物,有名乐荫村者,乃其祖父也。荫村殁时,其家尚可称巨室,至其子某以不克负荷,坐食山空,家计遂已不支。及红霞又以早孤故,对于所有财产权,皆不能自名,至依舅家以活。舅氏某固某旗之世管佐领也,以家世论,霞固不必以梨园为糊口计也。惟八旗子弟,读书则不求甚解,至于一般马鸟畜狗种种之游戏事故,则又相超若鹜,视若正当营业。而戏曲亦游戏之一种,况近日所称之二簧票,又半为近日梨园人材之储备机关,如德君、如孙菊仙,其尤著者也。红霞初时亦系票友,至万不得已,乃始欲以登台为糊口计。然梨园习惯,羊毛人物,欲入身舞台,必有内行人物为之师者,始克隶班献技,红霞乃拜德君如之高足弟子常荣福者为之师焉。初时惟在西城之西安、春仙等园演唱，及后以在春仙园同刘鸿声演唱《斩黄袍》城楼一段，伊饰陶三春，其唱工声调，颇能与鸿声气力相敌，更能于彩霞之音调高朗中，刻画出德霖、瑶卿之宛转声韵。而且句斟字酌，清爽明晰，雅有规模，迥非囫囵吞枣，以钝剑杀人者所可比。又能以幽雅之丰姿，演出庄严之色相。余当时曾一聆其雅奏，一见而许其声调纯正，化妆雅静，所谓后起秀、可造才，其红霞之谓欤！然红霞之声誉于是乎震京国，先是同鸿声伴演青衣者，惟吴彩霞一人。梨园有名色者，率皆有一种最恶习惯，其目的惟有金钱价值四字而已。彩霞以相伴鸿声有年，遂自以功臣自居，乃自高抬声价，期以希冀其欲望之目的。孰知此时此际，苍天不仁，乃又产出一连红霞，适与吴彩霞作一正式的敌手矣。红霞之声调，既与吴伶相颉颃，而沉静淡作之丰神，悠扬顿挫之韵致，直欲驾吴伶而上之。吴伶以马齿加长，于一切作工，又皆不甚讲求；红霞则摹仿瑶卿、兰芳外，而能另成一家，幽静处绝似德霖，温婉处绝似妙香，喜云、素仙诸伶，皆不能望其肩背。登台数稔，虽未克声誉洋溢，然亦未闻有一人非之者。于是知芝兰之芳，远而愈烈；君子之交，淡而弥蔫。红霞之演剧，正所谓献优孟身，而为妇女说法者也。顾念梨园子弟，无论男伶女伶，凡排演正旦，率皆以奢侈相尚。妖媚争工，谓为伤风败俗者，则多于旦角见之，谓为道德沦丧者，亦半于旦角使之。正旦二字，几几乎其无能解之矣。独红霞以弱冠之票友，改业梨园，乃能于戏情戏理，体贴入微，较之只知演剧，而不审察情理者，相去迨天壤焉。近日一般深于顾曲者，谓红霞在近今伶界中，虽非特出之才；然其循规蹈矩，含和履中，无丝毫苟且诲淫之恶习，为纯粹正旦之容仪，洵可谓高出侪辈者矣。惟梨园人物，往往轻视羊毛，苟非长伴角色，则名誉每易坠落，故梨园人自相诽薄，每数见之。然如红霞今日之在舞台上，迨所谓天实留此一脉正气，而为青衣作榜样耶。顾曲家之言，其亦有意于风俗者乎？

余赞曰：语云士得一知己，效死而勿憾。所谓知己者，殆未可以泛泛言也。连红霞之伴鸿声演剧,固未必可律以报知己,乃一般人言,遂谓红霞必不可弃鸿声。盖以红霞之初得名,即代彩霞而起也,彩霞之与红霞,一去一来,皆所谓个人之经济关系,与刘鸿声无与也。岂伴唱一剧,而遂有若何之荣施哉!吾意以红霞演剧,非所谓黄钟大吕之音,使与孙、谭辈,共聚一堂,我红郎当亦无甚愧色。区区刘鸿声,而遂指为知己,不亦浅视之乎?噫!余有红郎词小调二阕,因录于后。

红郎词(调寄《菩萨蛮》)

云鬟雾鬓临妆面,容仪玉立朝金殿。红粉静秋波,霞颜薄绮罗。年华流水游,好把春光惜。珍重著霓裳,回澜孰挽狂? 时髦逐逐争华丽,名葩竞与群芳异。一曲玉楼春,流风比女贞。庄严端色相,彤管徽音畅。容易促芳时,红郎知未知。

妙 品

金灵芝

软玉温香

仙葩灵卉,不近俗尘。香风习习,玉色真真。
含光浑世,大冶融春。霓裳羽衣,超群绝伦。
江河日下,旧迹已陈。特标一帜,谁谓效颦。
曼□妖冶,斯为美人。归欤归欤,吾怀可伸。

金灵芝,蓟北人,金其姓,灵芝其小字也。灵芝初学戏时,颇仿佛崔松林之声韵,一时人皆谓崔氏其有继人欤。先是北京戏剧最盛时代,都人士之深于顾曲者,癖嗜簧腔,厌听秦调。乃梆子中自有崔灵芝,而北京之秦剧,乃于此始重。故一般童伶之演秦剧青衣花衫者,群视若泰斗而摹仿之,金灵芝亦崔派中之一份子也。惟后以北京坤伶极盛,而该伶乃改弦更张,采取女伶动作,迎合社会眼光,于是金灵芝之声誉,又大噪矣。虽然,该伶因亦狡捷甚矣,似未免为灵芝减色。然而金伶若果以摹仿崔灵芝为唯一的目的,恐其成就者,尚不能如今日之盛耶。且其所袭取崔氏之皮毛,论声调则不如芙蓉草，论细腻则不如白牡丹；而彼亦能在今日得享盛名，又能在某报菊榜，又巍然高列第二，谓非能处于时势乎者。曩日余聆其《起解会审》诸作，起合动作以及声调，似能于香水、云红之唱做，有所领略，惟以此迎合社会，以促增高其声价。在于营业，固属该伶之特长，虽余为名伶羞，然居今之世，又何能以傲人而游艺也。近闻该伶以业师关系，将次赴津，北京之一般欢迎该伶者，每抱有蓟云燕树之感云。

余赞曰：金灵芝，本无特长，惟能揣摹风气，以迎合斯世，固斯日下之俊杰也。或以其取名灵芝，竟有以相提崔氏作比例者，不知灵芝之所以为灵芝，不过其名同耳，其实质无取于崔氏也。今日之名不符实，纯盗虚声者，实为世上蠹贼。灵芝确名为灵芝，而并无袭取窃盗之弊，乃能刻意经营，自为树立，在舞台上亦为不可多得之人物，若斤斤于名字上疵求，亦未免失之乎偾矣。余近有作《灵芝曲》一首，因并录之。

灵芝曲

丽人年少谁家雏，灵芝小字纷传呼。莲花面貌杨柳躯，乌云鬟映冰雪肤。十三即向舞台趋，最睩妖冶为妖姝。翩翩袍袴时与俱，度曲不屑谐笙竽。香喉宛啭上氍毹，鸾歌一曲一斛珠。饰以翡翠红罗襦，引人入胜鲜芙蕖。顾曲方家大轩渠，檀槽银版聊相娱。灵芝生不依山隅，一时盛名哄彼都。崔家莺莺名不虚，斯儿或为斯人徒。彼其之子非守株，效颦肯为世所诬。偷得新声韵自舒，伊州鹤唳满道衢。一时粉黛色相徂，生女勿忧男勿疏。尤物于世缘有余，若为谁容精揣摹。扑朔迷离曷所殊，翩翩袅娜谁相扶。临妆姿首丽且都，舞影歌声欢且愉。樱桃红豆交相誉，顾彼粲者将何如？

媚　品

芙蓉草

三楚精神

秀色可餐，笑容可掬。相彼美人，温润如玉。

一曲伊州，清歌谁续。韵致缠绵，丰姿超俗。
仙露明珠，芳兰□竹。藉拟灵芬，不关膏沐。
眼波欲流，腰瘦于束。湘水芙蓉，畅然心目。

芙蓉草，直隶人，相传其为李氏子。初学技于外江，颇仿佛有贾璧云之风味。入京之初，为正乐社之聘，献技民乐园。其时白牡丹外出，该伶遂以秦腔花旦为社中柱石。一时誉之者，虽有不处，然而平心论之，该伶之技艺，实能于崔灵芝之神髓间，有所领悟。在现今童伶秦腔花旦中，即当时盛传之白牡丹，与伊较短长，当亦无容轩轾，其他又无足论。嗣以一般顾曲戏园者，均似有牡丹癖，而该园不得已，从营业上着想，乃再邀致白牡丹，二次入正乐社登台献技焉。惟自白牡丹回京后，该园对于芙蓉草，颇形抑置。该伶于是乎郁郁不得志，遂致屡进屡退，罔所成就，不亦为斯伶惜耶。余曾聆其《捡柴》、《下书》诸剧，见其豆蔻年华，灵芝声韵，一举一动，均非率尔操觚者所能比拟。乃竟为势力所限制，俯念身世，其亦可哀也已。

余赞曰：芙蓉草，固一小有名之雏伶耳。然若使其在舞台上，树立一帜，俾克循序渐进，则该伶之成就，未必即限于此。而乃资格限人，坐观名花茵溷，天乎！亦不仁甚矣！然吾闻之："天将降大任于是人也，必先苦其心志，劳其筋骨，饿其体肤，空乏其身，行拂乱其所为，所以动心忍性，增益其所不能。"芙蓉草之困蹇，或亦天实为之，以增益其所不能，俾使其有所成就也欤？余有《采芙蓉词》四首，因为录之。

采芙蓉词

朝朝采芙蓉，芙蓉开也未？抵死傍秋江，春风曾灌溉。
朝朝采芙蓉，芙蓉花未红。芳心有真赏，莫慢怨东风。
朝朝采芙蓉，芙蓉艳且娴。纤手欲相折，灵芬恐不凡。
朝朝采芙蓉，芙蓉花太娇。娇容世相妒，有约避尘嚣。

娇　品

小荷花

宜嗔宜喜春风面

白黎溶雪，红杏闹春。碧荷映日，同斯可人。

得山水秀，取冰雪神。黄□巧啭，粉蝶化身。

可怜可惜，宜喜宜嗔。王嫱作伴，西施比邻。

腰肢柳瘦，口脂抹匀。嫣然一笑，是为娇颦。

小荷花，北京人，富连成科班二科弟子也。以舞象年华，流莺声韵，兼工花衫正旦，均似有所专长。且能于规矩绳律之中，形容出小儿女之娇痴气象，洵亦童伶中之可造才也。且其眉目秀媚，体段玲珑，唱作间悉无假借矫揉之习，一见而知为天生娇丽。不同伪饰之流，涂粉调脂，装腔弄调，以摹仿邯郸步者。记得富连成在广德楼时，余曾数往观，惟到时过迟，该伶早归退暇矣。考梨园演剧先后之次，每以其人之优胜与否为定，富连成之花衫有小翠花，青衣有李连贞，如斯已足。故对于小荷花，无再为扬之之理，然荷花能兼二子之长，不为尤难得耶。惟该伶年齿太稚，乃奄有众长，若再精进，其造诣诚非今日所可限量。以余所观该伶之戏剧，所最怡然于余心者，厥有二出：一为《紫荆树》，一为《五花洞》。伊饰《紫荆树》之田三妇，刁悍处虽不及小翠花，而一种娇娆丰致，在日下童伶中，固亦不多觏已。至其同李连贞伴演《五花洞》之假潘金莲，妖媚风流，妍媸毕具，且其句斟字酌，顿挫悠扬，亦俨然青衫正工，谓为超越连贞，媲美小云，固属欺人之谈，阿私之语。然如当初之刘宝云、刘妙珊辈，纯以声调逼人，对此亦岂宁无愧色耶。是吾对于荷花，虽不属于极端赞成，而亦实望其克自奋勉，勿自菲薄，俾将来在舞台上，得占一席之位置。彼园主人以营业计画，又乌能测该伶之前途也哉！荷花荷花，好自珍摄，勿徒伤此残秋之风雨也。

余赞曰：小荷花，一童伶之最无势力者，非如有社者之有人揄扬也，亦非如有党者之有人提掖之也。处此势力竞争之秋，独处无援，虽不能声誉洋溢，然亦为今日童伶中之小有名者。吁！亦人杰已。惟念冰玉不相能，名士轻相妒，寄语荷花，其宜于技艺上慎自勉旃,毋存见嫉之心,毋为习惯所限,芳誉所增进,又何能以程计也。呜呼!君子于此,可以劝矣。余因作七绝四首赠之。

赠小荷花

一曲灵和一段春,双柑斗酒醉骚人。个侬偷得黄鹂巧,韵绕朱梁坠燕尘。

玉容娟致自翩翩,袅娜风流正少年。绝类娇痴小儿女,平生不惯受人怜。

一枝秾艳露凝香(成句),云髻高盘时样妆。迎日似娇花欲语,爱他不大放莺狂。

别样名花别样春,嫣然一笑动轻颦。如卿丽质差相拟,过雨荷花出水新。

淡品

律喜云

全不见半点轻狂

蛾眉淡扫,不事铅华。本来色相,髻凤鬟鸦。

天然腼腆,容与烟霞。啸歌白雪,隐显昙花。

嫌脂粉腻,避罗绮奢。钗荆裙布,农妇山家。

愈增妩媚,的是娇娃。彩云何处,余心怨嗟。

律喜云,北京人,父早殁,母老家贫,无以自活。而母氏又严守旧家风范,不自节饬,以是而伶仃孤苦,生计益窘。乃因喜连成科班初成立,喜云乃挽人介绍入班肄业焉。惟考北京梨园,自庚子后,组织科班者,固亦实繁有徒。然觇其所造之才,其能在舞台上,占有优胜权者,绝未有一人出色也;有之,自喜连成科班始。该班翘楚,以康喜寿、王喜玉(元元旦)、赵喜贞(云中凤)诸伶为最。不独在当时,享有盛名,即至该科班解散后,尤能任专城、当一面,迥非倚师门为护符者。至如喜云,在该班时,亦其翘楚中之强健分子也。当梅兰芳在喜连成时,其风流绰约,妩媚可人,固童伶中之上上品也。然与喜云并隶该园,并未闻有所轩轾,由是亦可见当时该伶之技艺,更非同久居人下。惟知彼时喜连成科班在广德楼演戏时,座客常满,一时之盛名,几可为北京戏园冠。余每至园观剧,时抱有无隙可容之恨,然每日必以饱聆律喜云之青衣戏,为绝对的主张。盖伶人在肄业期内,其一切唱作,均著意矜持,丝毫不苟故耳。然而喜云之歌曲,非同于黄鹂百啭娇也,亦非雏凤清于老凤声也。其体段,亦非环珮珊珊,有如何之佳丽也。独其面庞眉妩间,发见出一种温柔敦厚气象,一望而知为温婉娴淑、幽痴抑郁之庄靓女子。殆亦今之伤心人,迥非一般时髦辈,惯逞其送眼流眉之技,以眩惑社会者。是余爱其化妆整洁,举止安详,在今日伶界中,亦不多觏。虽其成就有限,抑亦天实为之,非战之罪也。

余赞曰:喜云初有盛名,虽日与梅伶角,亦未闻其名有所减。然自该班解散,彼亦自形韬晦,绝不肯再涉尘世矣。虽然隐迹藏形,至于今日,尤有人想望之者。而其微名,尤能不绝如缕,而不随天演以淘汰,该伶固亦有心人耶。余有《金缕曲》一阕,因附志之。

观律喜云演《宇宙锋》口占(调寄《金缕曲》)

洗尽铅华矣,见当时,峨眉淡扫,天然可喜。白玉坚贞谁省识,眼淌鲛珠泪紫。更莫道明眸皓齿,一阕清歌妆整饬。闺秀风流相拟,只堪怜腼腆诚如是。抚牙拍,愁难已。　霓裳正调谁重理,遍梨园奢华相尚,缛炊堪鄙。自是个人妆样淡,至竟温柔若此。恰又似素馨兰蕊,娇小珠喉红豆记。正惊人小鸟春风里。且珍重,芳声起。

艳　　品

十三旦

春光在眼前

牡丹含露,玉树临风。云英化水,光彩与同。
霞脸呈润,柳腰欲慵。芳心旖旎,好梦惺松。
天然佳丽,大好声容。其艳在骨,其香荡胸。
谁家碧玉,可比芙蓉?海棠带雨,春意初浓。

十三旦，宛平人，为富连成二科弟子。芙蓉体态，豆蔻年华，杏脸黛眉，柳腰玉骨，即天赋以丽质，而又矫健身手，洵词场中之可意儿也。考梨园中所谓十三旦者，当以侯峻山为始，峻山盛时，以秦腔花衫及刀马旦享盛名，一时京师一般癖嗜秦剧者，即有“听过十三旦，三天不吃饭”之谣，亦足见其当时之能倾倒社会，应不减于今日之刘喜奎也。于是后之秦腔花旦之以十三旦名者，不一而足。乃复有冠之以小字者，或又加之以小小字样者，其实亦不过为名义计耳，于实际上则同一赝鼎，亦乌足较短长哉！惟富连成科班之十三旦，虽不能媲隆前辈，然其声调之抑扬，及其体段之俏丽，皆具有绳墨，不落恒蹊。且其眉目流利，身手玲珑，并能于俊冶之中，发为一种秾艳之丰韵。余曾调查其所能演之戏，如《善宝庄》、《七星庙》及《拾玉镯》等剧，传情入韵，体贴隐微，大有峻山年时情态。惟社会一般顾曲家，率皆酷好牡丹，伸彼绌此，势所恒有，其亦先入为主之故，然即此已与该伶多所影响。但闻该伶所业，日益增进，所能排演之剧，已有三四十出之多。苟能于此努力前修，或者峻山衣钵，其将赖以不坠乎？勉之小子。

余赞曰：梨园中迷信名义，较于别项营业为最，但取其名势震赫，而乃随便袭之，至于实际上果否有合，不问也。近如小月楼、小菊仙、小灵芝、小十三旦种种名义，闻之者固亦不惮烦已，欲求其一可悦耳、可寓目者，已不多觏，遑问其名义之所指归耶。虽然，吾今日所传之十三旦，乃今日之十三旦，其俏丽秾艳，足为舞台生色，则吾今日之笔墨，已自不为一般谀碑奴所窃笑，斯已可耳。若必斤斤于今日之十三旦与夫前日之十三旦，列叙家世，以较量短长，则未免有类于笨伯矣，抑又何必？余有五言短章一首，正为观彼《拾玉镯》一剧之口占也，因录于后。

观剧杂咏若干首之一

美人艳且秾，娇痴立庭中。相思无限事，抑郁萦芳胸。
不言复不怨，春色舒眉峰。所怀在咫尺，咫尺天涯同。

得意齐颜色，手泽尤能通。香艳一何腻，我欲聊芳踪。
顾念彼佳丽，荡漾融春风。仙乎此一曲，教人唱懊侬。

幽　　品

李连贞

举止端详

芳兰空谷，黄菊东篱。自有真赏，绝无俗姿。
梅妻和靖，林下相期。佳人绝代，名士避时。
不沾尘习，遥想丰仪。韵格自逸，室家咸宜。
大家举止，闺范可师。贞珉不愧，卿其若兹。

连贞，姓李氏，字珉香，连贞为其执业名，北京人也。父执厨业，为人傭役，以所入升斗有限，不足供子读，乃俾子肄业梨园，谋将来之生计焉。连贞生性娟洁，爱好天然，而又绝非弄粉调脂者。顾曲家但见其上妆时，绝似一温婉娴淑、雍容大雅之名门闺秀；而不知其下妆后，沉默安详，动作不苟，固亦一有出息之童子也。连贞入班肄业之初，教师即以其才堪造诣许之，乃复登台以后，其动作歌喉，咸可售世，而又绝无沾滞之弊。喜连成改组后，一班头科毕业之高足，率皆自就前程，纷纷星散，而其所谓柱子者，亦无一存焉。乃青衫一门，在今日实有才难之叹。前之律喜云、刘妙珊辈，即不能以支持，而该班即以该伶当其冲矣。然彼性质慧悟已臻绝顶，彼演青衫戏，能于悠扬顿挫中流露其贞婉丰格，而又不失其端庄流丽神采。且兼工刀马，观其所演，如《夺太仓》、《取金陵》诸剧，则又马上蛾眉，英雄儿女，噫！神乎技矣。所惜者该伶齿太弱稚，在演正旦，固可为童伶中之最上乘；而所演武剧，于神色间，每若有绝胫之虞，斯亦年少气单之微疵耳。然该伶若果欲于技业上，精益求精，双方并进，则他日直可遥继乎瑶卿当年而突过之，畹毕、岚秋，似未能与该伶论滕薛也。

余赞曰：连贞固为科班弟子，而又小有名者；然科班人物，于肄业时间，虽享有盛名，及其脱离科班后，则声誉每为之坠；间或又有在科班中，其名誉亦不能旷日持久者。此中固有微旨，然吾于连贞,敢断其绝不如是。盖连贞性极和蔼,而又颖悟,肄业三数年,决不见其有丝毫习气。是则该伶之芳声雀起,不难期之于异日也,余因作《贞儿行》以励之。

贞儿行

贞儿贞儿谁氏子,陇西巨族厥姓李。梨园肄业技超群,骨格天生质佳丽。贞儿性自贞,端庄流利荷天成。贞儿气不俗,饥年粮谷丰年玉。贞儿家世自清寒,老父劳力多惭颜。绵薄力微升斗吝,读书教子颇为难。此日京华重歌舞,梨园生计高难伍。送儿谋食可奈何,却教贞儿度歌曲。贞儿性质极聪明,不须重读已成声。红氍毹上登临日,便在词场得有名。朝朝著霓裳,芳誉已远飏。秉性自郑重,不作时髦妆。贞儿声誉今何如,二月春风蕴酿初。秾桃艳李固时尚,幽兰岂复香有殊。临妆乍见秋波瞬,顾视清高气深稳(借用成句)。悠扬一曲动人怀,本色金闺风雅韵。主妇庄容孰与俦,吴姬燕妓非同流。岂是矜持作高格,春风大雅原温柔。歌衫舞扇朝还暮,一时名噪连城誉。宣南菊事太繁华,湘妃云女知谁赋。贞儿贞儿好自为,显身献技宜斯时。莫教雌雉巢鸾殿,大张挞伐非卿谁。吁嗟乎!贞儿斯宁馨,燕云蓟树诚钟灵。贞儿今几龄,将来芳誉应蒸蒸。努力努力期前程,黾勉将事压群英。与卿潦倒同梗萍,相逢何必谈飘零。拉杂写此贞儿行,贞儿来前其倾听。

淑　品

白牡丹

芳心自同

倾城倾国,遗世绝尘。彼其之子,鲜妍媚春。
香脂腻粉,色相纷陈。歌喉清脆,姿首丰神。
胡太胡帝,索笑含颦。珍持词韵,风雅宜人。
登氍毹上,唤醉梦身。倬彼白社,知音赏真。

白牡丹,姓荀氏,名词,字慧声,小字词儿。工花旦,年十七岁,直隶东光县人也。其先世居洛阳,今洛之西门炮坊街,犹有荀氏族焉。父耕母织，家业清寒，词儿天质聪慧，俊美无匹，一时有玉人之目。六岁随兄入里塾，读辄成诵，乡中又群誉以为神童。光绪末季，河北荐饥，荀氏以食指繁冗，饔飧不继，无□，乃以词儿委贽于伶工庞启发之门而受业焉。盖其父以儒业迂远，无力培植故也。其时词儿年方十一岁，亦髫年有志者，雅不欲置身优孟，徒以家无担石储，乃委曲从亲意。其父旋以辍耕服贾，设香肆于津门之奥租界，岁一视儿以为常。启发故山陕老伶工也，工秦腔，得词儿为弟子，颇相能。且喜其颖秀敏慧，能尽其技，于是耳提面命，以罄其传。词儿心领神会，不数月已有所长，即登乡台，芳声大噪，启发亦颇以高足许之。顾词儿伤心身世，每当舞歇歌停，群儿嬉笑时，往往屏居弹泪焉。闻人谈晨昏定省之论，又往往向隅呜咽，是殆词儿纯孝性成，思亲在念，固亦一伤心人也。初隶保定某园，壬子十月入都应三乐之聘。时该班如张桂林、鲜灵芝诸坤伶，均负有时誉，词儿蜷优数月，志殊怏怏，岁暮仍赴津保。癸丑秋冬之际，三乐先后在庆升、广兴演唱，均恃词儿为柱石。至词儿去，该班遂不支矣。甲寅春三月，三乐改组正乐，树帜文明园，于营业上，亦不甚畅旺。继迁民乐，更罗致芙蓉草、小十三旦诸伶，仍复不振。乃邀致庞氏师弟来京，为背城接一之计，计词儿于此之入都门矣。及入正乐社，而生涯陡起，座客常满焉。彼都人士之欢迎词儿者，乃为立社扬誉，诗歌称颂，不绝于道路，一时“白牡丹”之芳声，遂遍传京国。今词儿又在庆乐献技，一时赞承之者，尤不减于坤伶。词儿演戏，不事矫揉，要惟丰姿绰约，其胜人处，尤在自辟门径，不落恒蹊，求之晚近，不多觏也。

余赞曰：今日道德凌夷，孝行不讲，天性凉薄，违拗伦常，士大夫中往往见之。乃词儿曲志从亲，弃儒就艺，而又身随师游，心关父母，其亦足愧士大夫之天性凉薄者多多矣。虽其沦落风尘，所遭不偶，又岂能以梨园人目之耶。余友近作有《牡丹曲》一章，哀感顽艳，旖旎风华，兼而有之，亟录出为吾作增辉该伶生色焉。

牡丹曲

五云楼阁神仙府,繁华何必说今古。国破家亡只等闲,黄金依旧销歌舞。曼衍鱼龙百戏陈,梨园花样日翻新。女儿颦笑开生面,御苑凄凉几旧人。莺莺燕燕浑无数,五陵裘马超如骛。傅粉今无何晏容,登台那得周郎顾。情天不断风流种,珠芽玉颗交枝耸。幻出人间白牡丹,春风桃李休争宠。荀郎生小住金梁,流转名花入帝乡。金缕歌成临乐部,水晶帘卷漏春光。月圆年纪刚三五,花好丰姿眉独妩。红氍毹上渐知名,玉貌珠容快先睹。压倒梅伶更贾伶,聪明那让林颦卿。掌中飞燕娇还妒,花底秦宫醉不醒。绰约花枝应共赏,箫管无声环珮响。帘前一笑始登场,灯下万人齐鼓掌。腰肢瘦衬罗衫薄,尤物天生难再得。翠羽明珰入画图,燕姬越女无颜色。一曲秦腔裂帛开,珍珠泪湿芙蓉腮。都将身世飘零感,谱入歌声宛转哀。歌罢归来驱绣谷,陌头阵阵香风逐。过市喧传看璧人,藏娇不羡营金屋。玉辔金鞍北里游,枇杷门巷竞鸣驺。朝朝醉月开琼宴,夜夜飞笺上翠楼。声华日下联翩起,万点春心醉罗绮。笑语能轻万户侯,缠绵不少多情子。鉴湖词客天边鹄,羁旅燕南悲击缶。江湖落拓感中年,聊把闲怀托丝竹。烂缦重游京国春,舞衣歌扇怅前尘。谁知凤老(桂凤)秋残(佩秋)日,别有花团锦簇身。君来初听荀郎唱,蝴蝶魂迷金锁帐。一双目电故交龙,十万心花齐怒放。千种温柔百种痴,苦抛红豆寄相思。天涯一样悲零落,肠断琵琶白傅词。佳卉从来费题品,薄醉酣吟支客枕。万缕魂消解语花,百篇诗抵缠头锦。牡丹辞好斗芳妍,写尽羲之百万笺。菊部千秋传韵事,金台同日咏游仙。艳福芳名俱第一,绿章日把春阴乞。多少长安陌上花,寻常不入诗人业。骊唱无端断客魂,秋风沽上访蓬门。携来湖海新诗卷,记取京华旧梦痕。绿暗红稀倦游览,年来肃瑟怀芳减。风月收将一夕谈,梨云谱入三春感。更把新编细细论,艰难不负惜花心。仙容未隔蓬山远,离恨偏同碧海深。恼人最是花无赖,凄绝鹃啼春色外。九转空回刺史肠,三生难了司勋债。吁嗟乎!天上霓裳曲易终,碧云深锁广寒宫。多情何必曾相识,自有灵犀一点通。

燕兰续谱

题菊佣笔述，其人不详。是书列出数十家清末梨园私寓，有主人、弟子、住址、是否侑酒等几项。谷曙光据清末印本整理。

燕 兰 续 谱

菊佣笔述

景善　　竹元　　　　　　住韩家潭
云和　　幼芬　今不应局　住韩家潭
前景和　兰芳　偶应局[1]　附住云和
春华　　葵香　　　　　　住韩家潭
馥云　　秦云　今不应局　住韩家潭
瑞春堂钱　　　无人应局　住韩家潭
张主人　采菱　久不应局(弟子小永春)[2]　住韩家潭
余寓　　玉琴　今不应局　住韩家潭
紫阳　　素云　今不应局　住韩家潭
怡春　　怡云　今不应局　住韩家潭

武垣孙寓(原蕖华)　藕香　久不应局　(弟子绚云、彩云)住韩家潭

琅琊王寓(原云瑞)　蕙芳　今不应局　住石头胡同
胜春堂余　紫云　久不应局　蕙芳之居停

元和姚寓(原国春)　佩秋　不应局　佩亭　佩兰　佩霞(佩秋弟子春林、春燕)　住大外郎营

河间姜寓(原绚春)　妙香　不应局　妙卿(弟子长顺)　住大外郎营

张寓　宝琨(原景善弟子)　不应局　住大外郎营
鸿德　小凤　小香　小秋　住大外郎营
景春　无人(弟子秋霞移五道庙)　原大外郎营
宝春　桐仙　今不应局　住樱桃斜街

---

① 原为“不应局”,墨笔改为“偶应局”。
② “弟子小永春”为墨笔后加。

张主人　彩仙　今不应局　住①

王主人　佩仙　出京

郑主人　兰麐　出京

刘主人　宝云　出京　原炭儿胡同

狄主人　畹舲　出京(回)(即小红)　原烂面胡同

陈主人　鸿喜　出京

朱主人　如云　今不应局　住

朱少主人　桂芳(华云弟子)　今不应局

安华主人　琴侬　今不应局　住韩家潭

路主人　三宝　今不应局　住

甘泉秦寓(原国兴)　主人稚芬　即五九　不应局

其侄蕙林　(弟子佩玉、佩芝)　住大外郎营

赵主人　宝珠　不应局　少主人芝香　附秦寓

韵华　素仙　素卿　不应局　住大外郎营

杨主人　韵芳　住麻线胡同

诸主人　茹香　桂枝之子　住麻线胡同

孟主人　小如　住麻线胡同

李主人　宝琴　久不应局　住

杏春宋主人　久不应局　住韩家潭

国顺　采芝　不应局　住韩家潭

刘主人　佩云　不应局　住

倩云　水仙花　不应局　弟子梧桐　住大外郎营

倩春　郭主人(水仙花之弟)　不应局　(弟子砚芬、凤琴)住大外郎营

迟寓(原韵秀)　玉林主人　(弟子玉芙)　住百顺胡同

皖北杨寓(原德春)　桂云(少主人小朵、幼朵)　皆不应局住百顺胡同

景云　凤凰　住韩家潭

---

① 原文即缺,后面还有几处亦然。

太原王寓(原怡云)　瑶卿　凤卿　俊卿　皆不应局　住韩家潭

吴主人　彩霞　堃芳　皆不应局　(弟子连升　连鸿)[1]　住豆腐巷

致全堂罗　葵舲(即小宝)　住李铁拐斜街

颖秀　　顺龄　久不应局(少主人桂香)　住西珠市口

孟主人　秋龄　出京　原樱桃斜街

锡庆　　小芬　不应局　少主人宝珊　宝珠　住韩家潭

赵寓　　吟香　砚香　不应局　仹韩家潭

陆主人　小锁(亦字凤琴)　住玉皇庙

大致只此数十家，若醇和、饮和、蕉雪，人且不知其名；至如颖春之田、馥春之郑、熙春之钱、绮春之时、复春之陆，近皆不振；田际云之自高位置、果湘舲之欲壑已盈，不烦备志。至于题咏，请俟他时。

① “弟子连升、连鸿”为墨笔后加。

海上梨园杂志

慕优生编，其人生平事迹不详。据书之序言，慕优生广摭博采，将晚清散见于上海报章上的谈戏论剧文字汇成一编，名曰“海上梨园杂志”。是书十二卷，内容包括优伶列传、轶事掌故、剧目介绍考订、改良戏曲言论、诗词等，史料丰富，颇可采撷，许多晚清报刊上的谈戏文字赖此书得以保存。书之缺点为不言出处，多数文章未能注明抄录自何种报刊。值得注意的是，此书辑录郑正秋剧评文字颇多。谷曙光据清宣统三年(1911)上海振聩社印本整理。

海上梨园杂志序

十数年来，中国凡举一事，莫不舍旧而谋新，于是戏剧亦有改良之名。京师而外，天津、汉口、广州各城市，皆为繁华歌舞之地，而上海尤中土之法兰西也。沪地巨商之业是者，既穷极土木之巧，糜数十万巨金而构为剧场。剧场之中，陈设之美、布置之巧，其值约略称是。而伶界无男女，凡以色艺胜人者，辄朝取暮取而拔其尤，其佣值恒视一品官之廉俸，或转过焉。举国若狂，争以戏剧为务。文士之善属文者，或为记传以述之，或为诗歌以张之，或为杂俎丛说以评骘之，其文属散见于各报章之中，不成片段。慕优君寓沪多暇，为之广摭博采，成《梨园杂志》一书，可谓好事者之所为矣。然俗尚之所趋，足以觇民生丰悴、物力盈缩之故，非细事也。且以时变之亟，有待于改良者何限。今一切不稍厝意，独于游戏观览之事，钩心斗角，而相竞以技巧，作无益以害有益。嗟我兄弟，邦人诸友，莫肯念乱。慕优君此书之辑，或有小雅诗人之忧欤。

宣统二年岁次庚戌十二月思鲁氏叙

海上梨园杂志目录

海上梨园杂志　卷一

论　说

剧场之教育

天僇生曰："国之兴亡，政之理乱，由风俗生也。风俗之良窳，由匹夫匹妇，一二人之心起也。此一二人之心，由外物之所濡、耳目之所触，习而成焉者也。是一二人者，习于贞则贞，习于淫则淫，习于非则非，习于是则是。其始也，起点于一二人；其终也，被于全国，造因至微，而取效甚巨。"此义也，孔子知之，司马迁知之。孔子曰："声音之道，与政通矣。"司马迁曰："雅颂之音，理而民正；嘄噭之音，兴而人奋；郑卫之音，动而心淫。"是以古之圣王，设官以世守之。本之性情，稽之度数，而制为五音，以化成天下。春秋之世，王失其纲，圣人不作，雅乐丧缺。谲谏之士，渐有扮古衣冠登场笑谑，以讽时政者。盖乐歌仅有声，而演剧则兼有色，其大旨要不外惩恶而劝善。历数十载，暨于隋氏，戏剧乃大兴于时，隋谓之"康衢戏"，唐谓之"梨园乐"，宋谓之"华林戏"，元谓之"升平乐"。元之撰剧演戏者，皆鸿儒硕士，穷其心力以为之。赵子昂谓良家子弟所扮者，谓之"行家生活"；倡家所扮者，谓之"戾家把戏"。关汉卿亦言扮演戏剧，须士夫自为之，盖古人之重视演剧也如此。明承元后，作者代起，如王汉陂、康对山、梁少白、陈所闻诸人，凡所撰新剧，皆自行登场，无有敢从而非议之，呼之"贱行薄伎"，如今世之所为者，诚以其所关大也。至本朝雍、乾中，以演戏为大戒，士夫不得自畜声伎。自此以降，而后移风易俗之权，乃操之于里妪村优之手，其所演者则淫亵也、劫杀也、神仙鬼怪也，求其词曲驯雅者，十无一二焉；求其与人心世道有关者，百无一二焉。吾闻元人杂剧，向有十二科，忠臣烈士、孝义廉耻、叱奸骂谗、逐臣孤子，居其四；而以神头鬼面、烟花粉黛为最下下乘，可知戏剧之所重，固在此而不在彼也。又元人分配脚色，咸有深意存其中，曰正末，当场男子能指事者也；曰副末,昔谓之苍鹘;(鹘者,能击贼者也。)曰狙狚,狐属,好淫,后讹为旦;曰狐,妆官者也,后讹为孤;曰靓,傅粉墨、供笑谄之义也,后讹为净;曰猱,妓之通称也,猱亦孤属,能食虎脑,以喻少年爱色者,如虎之爱猱,非杀其身不止也。由是以观,是古人之于戏剧,非仅借以怡耳而怿目也,将以资劝惩、动观感,迁流既久,愈变而愈失其真。昔之所谓杂剧,浸假而为京调矣,浸假而为西皮二黄矣,浸假而为弋阳梆子矣。于古人名作,其下者读而不之解;其上者则以是为娱悦之具,无敢公然张大之者。于是而戏剧一途,乃为雅士所不道也。而世之观剧者,不得不以妇人孺子及细民占其多数,是三种类者,其脑海中皆空洞无物,而忽焉以淫亵劫杀、神仙鬼怪之说中之,施者既不及知,而受者亦不自觉,先入为主,习与性成。观夫此,则吾国风俗之敝,其关系于戏剧者,为故非浅鲜矣。

昔者法之败于德也,法人设剧场于巴黎,演德兵入都时之惨状,观者感泣,而法以复兴;美之与英战也,摄英人暴状于影戏,随到传观,而美以独立,演剧之效如此。是以西人于演剧者,则敬之重之;于撰剧者,更敬之重之。自十五六世纪以来,若英之蒿来庵、法之莫礼蔼那锡来诸人,其所著曲本,上而王公、下而妇孺,无不人手一编。而诸人者,亦往往现身说法,自行登场,一出未终,声流全国。夫西人之重视戏剧也如此,而吾国则如彼。即此一端,可以睹强弱之由矣。吾以为今日欲救吾国,当以输入国家思想为第一义;欲输入国家思想,当以广兴教育第一义。然教育兴矣,其效力之所及者,仅在于中上社会,而下等社会无闻焉。欲无老无幼、无上无下,人人能有国家思想,而受其感化力者,舍戏剧莫由。盖戏剧者,学校之补助品也。今海上诸梨园亦稍稍知改良戏曲矣,然仅在上海之一部分,而所演新剧又为诸剧中之一部分。即此一部分中,去其词曲鄙劣者,十之三;去其宗旨乖谬者,十之三;去其所引证事实与时局无涉者,十之三;则夫异日所获之实,亦仅矣。吾闻华严入法界品,有所谓婆须密多者。吾愿吾国戏剧家咸知此义,以其一身化亿万身,以救此众生;吾尤愿吾内地十八行省,肖省得志士,设剧场、收廉值,以灌输文明思想;吾更愿吾海上诸名伶取旧日剧本而更订之，凡有害风化、窒思想者，举黜弗用，以为我民造无量幸福。仆也不才，夕夕而祝之，旦旦而祈之。

秦腔、京调与昆曲优劣辩

藜床卧读生

声音之道微矣哉！盛世之音雍以和，乱世之音噍以杀，故先王以礼乐治天下，其关系固非浅也。自元代以曲取士，及第后，设筵饷贺客，奏其中式之曲以为荣。前明士夫每一曲脱稿，辄开筵以家乐奏演。

国朝张文敏奉诏搜罗散套传奇数千百种，汇成曲海；更集九宫大成，每剧题以四字。京外宴会，一尚昆剧。咸同后，京调遂兴；然内廷演唱单中先昆后京，尚无所谓秦腔也。自陈㸌碧起始唱秦腔，又经某相国提倡，渐尚北鄙杀伐之音。庚子乘舆播迁，始悟击筑歌呼，实兆幸陕之先机。苏、沪近年，昆曲亦成广陵散。岁晚时间，偶聆一奏，虽江浙文士不少知音，然听而恹恹欲倦者，辄占其多数也。秦腔词俚意鄙，所谓北鄙杀伐之音，于时为秋籁，于人为暮年，令人闻之而魄动，听之而心寒，无乃非声音之正乎？若夫京调之部位、神情、做工、腔调，尚以须生为最；然其倒、快、紧、慢、二六板中，字句略可增减，声音高低疾徐，稍可任意施为。昆曲则无半字可讹，无一眼可误，尤有闭口、撮口、鼻音、穿齿、张唇、阴出、阳收各唱法。元人素谙律吕宫商，以北为宗；南之九宫，本不入调，词人制曲，牵合不少；而北音以中州为正，今北直人尚不相宜，无论蛮舌矣。洵如是言，则何者为优，何者为劣，自有不容相紊者矣。呜呼！一声檀板，四座倾听；白云阳春，和声鸣盛。盖其理有关乎世运人心者。吾为此辩，愿以质诸一般之爱听“小东人”及爱听张口攒眉唱“沙锅安把”之怯调韵者。

论上海人之观剧

藜床卧读生

芦城蕞尔区，繁华之境、文明之域，卓然为新中国十八行省之冠；而其中之游冶主义，厥分两端：一曰花国，一曰梨园。花国不具论,请先论梨园。梨园者,戏馆之代名词也。就目下以上海一隅言之,计有京班馆四:曰天仙、曰丹桂、曰春仙、曰春桂;髦儿戏馆一,曰群仙。天仙开设既久,商标亦老,故外省客之来沪者,绝不知有他馆,惟曰天仙、天仙而已,是天仙尤为他人所特别注意。丹桂次之,春仙次之,春桂又次之。其中之角色如何、规模如何、行头如何,均不赘。惟见于于而来者,皆观剧之人也;攘攘而往者,皆听戏之人也。其于鞠部胜瞩,歌场别裁,全不置意。以为妙也,则无盐即是嫱施;以为恶也,则素蛮亦为嫫母。一犬吠声,百犬吠影,此上海观剧人之代表也。其脑气筋所深嵌者,曰汪桂芬之老生、曰李长胜之净角、曰李春来之武生、曰高彩云之花旦、曰何家声之小丑,以外更不知有何杰才、有何名角,以管窥天、以蠡测海,无怪乎其眼孔之詹詹小焉如是也。若夫北京则不然,坐场既不爽垲,行头又非华丽;然其注重之点,在于唱工曲调之疾徐、板眼之高下,几于无爽累黍。故北京人不曰观剧,而曰听戏,即以此。如是则北京之与上海,以观剧一端而论,实有文野之分、雅郑之别。盖戏剧之尚唱工,并非北京人之私义,实古今来之公理也。礼云礼云,玉帛云乎哉!乐云乐云,钟鼓云乎哉!夫岂上海人所知耶。噫!

论戏曲(白话)

列位呀!有一件事,世界上没有一个不喜欢,无论男男女女、老老少少,个个都顺心悦意,受他的教训,他可算得是世界上第一大教育家。却是说出来,列位有些不相信,你道是一件什么事呢?就是那唱戏的事啊。列位看我说的话,各人自己想想看,有一个不喜欢看戏的吗?我看列位到戏园里去看戏,比到学堂里去读书心里喜欢多了,脚下又走的快多了,所以没有一个人看戏不大大的被戏感动的。譬如看了《长板坡》、《恶虎村》,便生些英雄气概;看了《烧骨计》、《血手印》,便要动哀怨的心肠;看了《文昭关》、《武十回》,便起了报仇的念头;看了《卖胭脂》、《珍珠衫》,还要动那淫欲的邪念。此外像那神仙鬼怪、富贵荣华,我们中国这些下贱性质,那一样不是受了戏曲的教训,深信不疑呢?依我说起来,戏园子是众人的大学堂;戏子是众人的大教师,世上人都是他们教训出来的。列位看我这话说得错不错呢?但是有了一班书呆子们说道:“世界上要紧的事业多得狠,有用学问也不少,怎么你都不提起?何必单单说这里鄙俗淫靡、游荡无益的戏曲?果真就这样要紧么?况且倡优吏卒四项人,便朝廷的功令,还不许他过考为官;就是寻常人家,忘八、戏子、吹鼓手,那个看得起他们?你今把戏子的身分,说得这样高法,未免有些荒唐罢。”哈哈,列位呀!我看书呆子之言差矣。世上人的贵贱,应当在品行善恶分别,原不在执业高低,况且只有我中国把唱戏当作贱业,不许和他人平等。泰西各国是把戏子和文人学士一样看待,因为唱戏一事与一国的风俗教化大有关系,万不能不当一件正经事做。那里好把戏子看贱了呢?就是考起中国戏曲的来由,也不是贱业。古代圣贤都是亲自学习音律,像那云门咸池韶濩大武各种的乐,上自郊庙,下至里巷,都是看得很重的。到了周朝,就变有雅颂(就是我们念的《诗经》)。汉朝以后,变有乐府,唐宋变为填词,元朝变为昆曲,近两年才变为戏曲,可见当今的戏曲,原和古乐是一脉相传的,可不重哉!

顾曲者言

闻之故老言,乾嘉时代都中剧馆,竞尚昆腔,卑视二黄,不啻阳春下里之别,秦腔更视等自桧以下。自京伶程长庚翻新声于旧谱,曾不数年,一时之嗜好,为之转移;而余、汪、谭、孙遂相踵而起,迭主夏盟,今日都中舞台上昆腔殆成广陵散矣。平心论之,昆腔虽文词优美,然音节涣散,不能动人兴会;二黄则宫商、变徵之音,兼而有之,哀乐各有所宜,惟文词间有稍嫌卑俚处。此亦由士大夫好古之心太热,通晓音律者,皆好谱为传奇,以寄一时之兴,薄今乐而不为,而二黄所演诸剧,乃不得不出自无识优伶之手也。实则二黄之战胜昆腔,乃循优胜劣败之公理,其能以附庸而蔚为大国,且不胫而走,遍于江河流域,必有合于我国社会之心理,亦颇有研究之价值。音韵、文学本为二事,苟海内骚坛能以优美之文词,择中外历史或稗官野乘中之宜于舞台者,演成二黄脚本,则必受社会之无上欢迎,收非常美满之效果。海内不乏文学家而兼有周郎癖者,记者行将出其所见,共相商榷,庶几以剧场辅学校之不逮,为铸造新国民之一手段焉。

论谭鑫培与孙菊仙

小叫天、孙菊仙同负时望,同供奉内廷,其艺同登峰造极,无可指摘。惟二人虽私淑长庚,叫天更参以余三胜,故规模声调,分道扬镳;且叫天以髫年入梨园,菊仙中道改行,论造就,自各不同。兹就其不同处,比事论之。

以诗论。叫天如杜工部,苍凉恳挚,藻不妄抒;菊仙如李太白,天马行空,不可羁勒。

以文论。叫天如左氏,奇正相生,无格不备;菊仙如庄周寓言,奇诡间出,神妙无穷。

以昆曲论。叫天如老曲师,循规蹈矩,无不入格;菊仙如清客妙手,探喉发响,似有天籁。

以书法论。叫天为神品;菊仙为逸品。

以佛法论。叫天如苦行僧;菊仙殆所谓立地成佛者。

若夫神明于规矩之中,则殊途同归,宁有二致?老于顾曲者,当不河汉斯言。

俞振庭、杨小楼合论

杨月楼死,俞菊生老(即俞毛豹)。京中武生,仍推振庭、小楼,此外更莫能相尚。彼二人,一为菊生之子,一为菊生之弟。观其《铁龙山》、《艳阳楼》、《长板坡》、《水帘洞》、《金钱豹》诸剧,俨然当日之俞菊生,彼伶何人,善继人之志、善述人之事乃尔。彼都人士,于武角中,莫不抑振庭而扬小楼,此狃于故习,俗子凡夫一般之见识也。小楼台步工稳,口白清朗,剧中应有者,无不尽有。就寻常戏学而论,固亦尽美无间矣。然此特兢兢守法,非所与论于法之外也。而振庭之登台也,个中有我,忘其身之在舞台矣。《艳阳楼》之高登,则矫纵之态横生;《长板坡》之赵云,则忠诚之概毕露;《铁龙山》之姜维，气足以塞两间；《牛头山》之高冲，勇足以冠三军；《茂州庙》、《花蝴蝶》，则悍然不惧王法之强徒；《贾家楼》、《嘉兴府》，则凛然不可侵犯之大将。每一出帘，如临大敌。其为剧也，可以鼓勇、可以教忠，岂寻常戏剧家言可得而绳之哉！君子闻鼓鼙之声，则思将师之臣。予观俞振庭之演剧时，不禁怦怦心动焉。

海上梨园杂志　卷二

名伶列传

小叫天

京师名优小叫天，姓谭氏，名鑫培，湖北人。供奉内廷有年，以善用汉调变易京调得名，其演剧规模声容，卓越一时。髫年入梨园，初以武生著，后唱须生，私淑程长庚，更参以余三胜，于是登峰造极，执戏界之牛耳。其声调能以韵胜，苍凉恳挚、奇正相生，令人如读汉魏六朝文字，出乎自然，古峭棱厉，可为千古绝唱，洵非余子所能几及。《打棍出箱》一剧，世界殆无其匹，都人尊之为菊部尚书。现因多病停演，迫以情面，始允登台，亦不过仅演数日。然戏单一贴，九城震动，其盛名动人如此。

孙菊仙

孙菊仙，天津人。幼年曾习米业，后改业为伶。工须生，唱奎调而能得其正者，惟彼一人。声调浏亮，道白清切，高唱入云，其抑扬顿挫处，尤得纯任自然之妙，非他人所可企及。所演《四郎探母》、《举鼎观画》、《李陵碑》、《三娘教子》、《硃砂痣》、《蒯彻装疯》、《鱼藏剑》、《王佐断臂》等拿手各戏之多，不下数十出；而串《骂杨广》之伍建章，其骂殿一场，尤觉忠愤之气，溢于言表，令人拍案叫绝。惜近年来不肯加意从事，病在以老卖老，每一登场，潦草塞责，岂以南人无知音者。菊仙、菊仙，何太骄矜乃尔！然其为人鲠直，每为梨园中排难解纷，以是人多敬而重之。在京时供奉内廷，曾食三品官俸，故人皆称之为老供奉云。

十 三 旦

十三旦,梆子花旦而兼武生者也。其负盛名最久,其声望在想九霄等之上,誉之者称为剧界之魁首,盖世无双。其擅长处,则在身段之灵活、做工之齐整、白口之清楚,如《英杰烈》、《大劈棺》、《翠屏山》、《花田错》、《紫霞宫》、《伐子都》、《八大锤》诸剧,皆其绝技。后以唱戏致富,经商于张家口一带,开设商店甚夥,今成富家翁矣。说者谓以唱戏而蓄财致富者,惟十三旦一人。近年时常到京,各园争相邀聘,每一出台,必格外上座,彼亦乐此不疲,有求必应。名不拿份,其谢礼亦实不资。此可知人之见重于世,必有一技之长。十三旦,一伶人耳,能受社会之欢迎若此,彼立身人世间、碌碌无所表见者,直十三旦不若矣。

想 九 霄

想九霄,姓田名际云,北京人。工串梆子花旦,貌丰腴,如春透牡丹,于妩媚中别具一种富丽之态,在京时颇见赏于名公巨卿。所演《少华山》、《蝴蝶杯》、《大铁弓缘》、《拾玉镯》等戏,或以庄静胜,而不掩其娇;或以幽媚胜,而不流于荡,适合闺阁女郎态度,见者佥叹为得未曾有。光绪初年莅沪,创玉成班,与小生金红排演《斗牛宫》一剧,田扮仙女情入画,(今各班皆作清水画者,非。)殊有飘飘欲仙之致,见者皆色授神与,以是每演是戏,卖座独多。今田已返京多年,前岁曾遇之都门,已两颏鬑鬑,不复如前之丰彩矣。

刘 鸿 声

刘鸿声,北京人。初唱净角,唱工白口并皆佳妙,惜沪上知音者鲜,故名不甚彰。后试唱老生,大为沪人所欢迎,于是乃精心结构,极意翻腾,其艺大进。厥后入都奏技,声名大震,即叫天亦颇畏其锋。昔日叫天每日所演之戏,均是临时排定,不预期告知。自鸿声到京后,不敢懈忽从事,隔日之剧,先一日挂出,亦可见刘之声价矣。刘又仿效叫天之声调,艺益精进,而赏识者益众,名震海内外矣。今春航海南来，沪上人士咸以先睹为快，工演《李陵碑》、《四郎探母》、《捉放曹》、《桑园寄子》、《洪羊洞》、《辕门斩子》、《斩黄袍》等戏，如孤猿啼峡，哀鸿唳云，独鸟鸣春，九钟奏夏，能得乎纯任自然之妙，叫天外之第一人也。而《空城计》一出，尤其生平最得意之剧，每一演及，举国若狂。未出台前，彩声已四起，如八面春雷；及城楼一段，响遏行云，尽抑扬顿挫之致，几有铜山东倾、洛钟西应之势。而且羽扇纶巾，风流儒雅，绝类叫天，伶界中可推巨擘。

崔灵芝

崔灵芝，善奏声，旧有菊部侍郎之目，青衫中之小叫天也。间唱花旦，亦能出俗轶群。当其舞衫登场，一曲清歌，周郎倾倒，声如深峡之啼猿、平沙之落雁，响彻云表；说白则字字清爽，而又纯任自然，起伏顿挫，摹仿逼真。工演《忠义侠》、《蝴蝶杯》、《算粮登殿》、《血手印》、《遗翠花》、《梅降雪》、《新安驿》、《平贵回窑》、《玉堂春》、《苏三起解》、《西湖阴配》、《回荆州》、《三疑计》等戏，令人击节不置，使老于顾曲者对之，有登泰山而小天下之概。

贾洪林

贾伶洪林，小字狗儿，顺天大兴县人。少敏慧，喜音律，年十岁，常从塾中偷出，至戏园窃听名角演剧，归即效之。及冠，受业于张胜奎，尽得其传，故一切规模，酷似孙春恒，于是声名大噪，皆呼之为贾狗儿。常恨生晚，不及见程长庚，故又名曰慕庚。名角谭鑫培闻其名，思欲罗致门下。贾既得盛名，目空侪辈，不欲傍人门户。因谭系个中前辈，难拂其意，遂为私淑弟子。与刘永春、罗百岁演《乌盆记》全本，即摹谭派也。他如《洪羊洞》、《空城计》，皆空前绝后。此二戏本张胜奎极得意之作，贾则青出于蓝云。

朱素云

素云丰姿绰约，傅粉风流，小生中之杰出也。演《三国志》、《辕门射戟》、《白门楼》、《岳家庄》、《飞虎山》、《忠孝全》、《贩马记》等戏,神化无方,仙乎,仙乎,不食人间烟火矣。其武艺则英武非凡,锋利无比;而演文剧,则风流潇洒,一种逸致闲情,尤觉别饶幽致,洒落出群,岂他人所能企及哉!

德珺如

德处名珺如,满洲人,道光朝某相之孙也。为二黄青衫中之首选,端若贯珠,清同叩玉,当其舞袖登台,疑似新莺出谷,红氍毹上,直不啻仙子临凡。演《彩楼配》、《探寒窑》、《祭宝塔》、《别宫祭江》、《宇宙疯》、《孝义节》、《六月雪》、《三娘教子》、《落花园》、《二度梅》、《杏元和番》、《竹林计》、《三击掌》、《五花洞》等戏,歌喉浏亮出群,直欲穿云裂石;而缠绵往复,雅韵欲流,一波三折,余音绕梁,极沨沨移人之致。兼演小生,则落落大方,佼佼不群,其技实驾朱素云而上之。谓余不信,请质之老于顾曲者。

金秀山

金秀山,调正音清,不同凡响。每一发声,屋瓦皆震,大有喑呜则山岳崩颓、叱咤则风云变色之概,犹若天风浪浪于浩荡之中,别含浑穆之致。每演《草桥关》、《黑风帕》、《锁五龙》、《探阴山》、《九龙柱》、《打龙袍》、《忠心保国》、《法门寺》、《忠孝全》、《黄金台》、《沙陀国》、《穆柯寨》、《白良关》、《叹皇灵》等戏,说白之清切、描摹之逼真,无出其右,令人如聆铁板铜琵,一曲大江东去,四座为之激赏不置云。

路三宝

花旦路三宝,工唱徽调,早负时誉。演《贵妃醉酒》,则风流蕴藉,粉腻脂柔,令人神往;演《翠屏山》,则媚态横生,浓情欲滴;演《双钉记》等戏,则又凶泼异常,杀气横生,令人胆为之寒。歌喉如唳鹤啼猿,响彻云表;做工则描摹尽致,一时无二。兼串雉尾生,温文尔雅,潇洒风流,梨园中之全才也。

王凤卿

近日唱汪调者,除王凤卿外,竟无一人。凤卿北京人,与大头相处日久,不但能摹仿其腔调,且能酷肖其神情状态一切。其演《硃砂痣》一折,不知者竟疑大头复生矣。工演《文昭关》、《鱼藏剑》、《取成都》、《钓金龟》、《打鼓骂曹》、《捉放曹》、《天水关》等剧,传大头衣钵者,必此人也。

小杨猴

都下武生,近以小杨猴为最著。杨名嘉训,字小楼,都人呼为杨猴子,名伶杨月楼之子也。英姿飒爽,卓尔不群,其武技不师其父,而全仿俞菊生一派(即俞毛包)。所演武生各剧,如行文家,得清刚隽永四字之妙,非他武生所能望其项背。此中领袖,舍杨其谁?工演《盗御马》、《落马湖》、《金钱豹》、《拿高登》、《三雄绝义》、《独虎营》各剧,而《翠屏山》之石秀、《鸳鸯楼》之武松最擅胜场,"舞刀"一节,锋利无匹,如浪花泼雪、疾风卷云,令人拍案叫绝。至于扮演得神,各造其巅,尤其余事耳。

贵俊卿

贵俊卿,仿谭调,能得其薪传,描摹神似,腔调喉咙,无不逼肖,宛然一叫天也。其唱如孤猿啸月、寒鹤唳空,声调并佳,足冠侪辈。演《空城计》,坐在城上,唱"我本是卧龙岗散淡的人"一段,恍见羽扇纶巾,飘飘逸致;末段二六板,手挥目送,流走自然,阴调虽多,然静穆之气,较之一味叫嚣者,有天壤之别,岂负虚名者所可同日语哉!

吴彩霞

二黄青衫吴伶彩霞,珠喉沥沥,清音润耳。每一发声,宛如瑶岛鹤音,一洗人间凡响。今春偕刘伶鸿声南下,同莅春贵,每一登场,貂蝉满座;后至者虽欲插足而不可得,亦可见其名重一时矣。演《宇宙疯》、《采桑》、《别宫祭江》、《六月雪》、《探寒窑》、《彩楼配》、《落花园》、《四郎探母》、《孝义节》、《二度梅》、《杏元和番》等戏,声调俱佳,可称双绝,宜其脍炙人口也。

李鑫甫

李鑫甫仿效叫天,亦颇得个中三昧,做工在贵俊卿之上,而声调则不及之。《打棍出箱》、《空城计》、《卖马》、《九更天》、《李陵碑》、《八大锤》、《硃砂痣》等剧,是其所长;而演武戏如《盗御马》、《落马湖》之黄天霸,《翠屏山》之石秀,武艺亦纯熟非常,尤能排演新剧,则非贵俊卿所能及矣。

刘永春

净角以体魄伟大者为上乘,若刘永春者,堪当其选矣。永春字隐庐,净角中之老前辈,声音宏亮,泱泱大风也。每一发声,屋瓦皆震,真黄钟大吕之音;而尾声愈为宏大,有三日绕梁之致。以《草桥关》、《铡美案》、《锁五龙》、《黑风帕》、《打龙袍》、《双投唐》、《白绫记》等戏,为最出色;而《探阴山》一折,尤脍炙人口,令人心旷神怡,大有叱咤一声,风云变色。功候至此,炉火纯青。

白文奎

白文奎十年前在沪,无甚大名。后去沪至京,师孙供奉菊仙,居然义山学杜,具体而微。声音即宏亮非凡,而抑扬顿挫处,又能一一神似,顾曲者誉之不绝于口。然邹忌究远胜徐公,盖一则自然,一则勉强耳。

郎德山

郎德山嗓音宏亮,躯干魁梧,口齿英爽,状貌威严,善使鼻音,为一时所推向。说白之清切,无出其右。演《草桥关》、《黑风帕》、《法门寺》、《忠孝全》等剧,不仅唱白俱佳,台步更臻惟妙;而《取洛阳》、《马武颁兵》之马武,则虎虎如生,精神焕发;《忠孝全》、《法门寺》之刘瑾,状貌威肃,穆然可怖,为他伶所不能效学,洵称绝唱。

德　建　堂

德建堂，奉天人。工架从容，音圆声宏，清和朗润，而抑扬顿挫、高下疾徐，无不合拍，如独鸟之鸣春、孤猿之啸月。与郎德山演《忠孝全》、《法门寺》、《捉放曹》、《沙陀国》、《铡美案》等剧，尤称双绝。

吕　月　樵

月樵为何家声之婿，初习武生，不过一配角耳，月薪仅八十元。厥后因嗓音甚好，乃习为须生，大受欢迎。今莅大舞台，包银增至一千元矣。《戏迷传》一戏，首创于彼，将诸名伶擅长之声调，撷菁删芜，镕为一炉，无奇不收，无美不备，诚大观也。能仿各调如孙菊仙、朱素云等，皆能曲肖；而以唱《二进宫》中段，青衫、须生、大面三调兼唱，各擅其长，并不脱板，尤为独出冠时。惟字句模糊，殊为白圭之玷。近颇致力于改良新戏，然文字不通，出语粗俗，颇有西望长安之诮。

李　春　来

李春来，字起山，山东人。躯干彪伟，矫健绝伦，英气勃勃，溢于眉表。然他人之为武小生者，无不能兼充武老生，而李则故步自封，至老不变。所能之技，不稍改良，除三十余出把子戏外，别无他能矣。故李之足迹所至，总不出苏、沪二处，盖以苏、沪之人最为可欺也。其性淫荡，专以勾引妇女为事，亦无非藉此以为渔利之计，心术实不堪问。前岁因奸骗黄开甲京卿之妾朱素珍一案，自知罪迹昭彰，不容于诛，乃辇金运动西人，出头干预。于是广肇公所同人，大动公愤，禀请道台从严究办，卒判押西牢三年，期满递解回籍，一时人心大快。后在牢又运动管牢西捕头，托言在牢工作勤健，少押九个月，扣至今年八月二十六，乃期满之日也。

高福安　毕永霞

《金钱豹》一剧，沪上向未注意。自王俊卿在申演唱以来，各园争相效之;然终难见妙,惟高福安驾乎其上。观其“耍叉”一段,身手敏锐,技艺绝伦,非他武生所能望其项背。《鸳鸯楼》、《狮子楼》最擅胜场,舞刀如疾风卷云,浪花泼雪,而末后从五只台上跳下,成一一字形,尤属罕睹之绝技。《白水滩》、《伐子都》、《翠屏山》、《花蝴蝶》、《挑华车》、《恶虎村》、《茂州庙》、《四杰村》、《盗御马》、《拿高登》、《界牌关》等戏,亦为杰出之作。其副毕永霞,亦骁勇异常,以去《金钱豹》中之孙悟空最佳,一时无二,接叉时连跌数十次,可谓二难并矣。

双　处

双处声音宏亮,每一发声,屋瓦皆震,真黄钟大吕之音。台步腔调,纯效孙供奉菊仙一派,描摹神似,但具体而微耳。工演《四郎探母》、《硃砂痣》、《鱼藏剑》、《空城计》、《举鼎观画》、《三娘教子》、《八义图》、《洪羊洞》、《文昭关》等戏,佥谓其能传孙供奉之一脉,誉之不绝于口;然细辨别之,究不及远甚。盖一则出于自然,一则勉强从事耳。都下号之曰“噎死狗”,未免谑而近虐矣。

七盏灯　毛仲琪

申江梨园,能以风流旖旎称者,其惟七盏灯乎？七盏灯姓毛名钟林,字畹芳,湖北人,张国泰第一得意之徒也。貌丰腴,如春透牡丹,于妍媚中别饶富丽之象。工秦腔花旦,而胡子、雉尾、青衫、黑头、秦腔、花旦、老旦,色色俱能,演《三疑计》、《烧骨计》、《双断桥》、《黑藉冤魂》,则苦绪幽情,曲为传出,即宋广平铁石心肠,亦应为之百折;及演《新安驿》、《遗翠花》、《富春楼》,则又啼妆龋齿,淫荡风流,令人神摇目眩;唱老生则落落大方,佼佼不群,引吭发声,非彼嘤嘤作儿啼者可比;兼唱雉尾生,台步从容,饶有书生气概。近日专致力于新剧,作时世妆,尤觉妩媚可爱。其弟毛仲琪,昔日唱须生,亦名重一时。今喉音已咽哑,无足观矣。惜哉!

丁灵芝

秦腔花旦丁灵芝，色艺均不足道，经某报为之提倡，又以善演淫戏，于是荡妇、淫娼趋之若鹜，得稍负时名。惟灵芝草虽寄迹梨园，而名已传于香国。落台之后，辄与同类游荡，以施其吊膀子之手段。后与沪上巨商祝某之妾吴莲卿姘识，并怂恿吴姬席卷巨万之金饰同逃。祝某控之于官，告以奸拐之罪。官一再严讯，而丁已备受诸刑，犹不肯指实莲卿之所在。官乃判以递解回籍之罪。李春来开春桂时，丁又胆敢化名来沪，改称为盖三省，未数日为祝某窥破，又控之新署，丁乃闻风而遁。

小桂芬

小桂芬者，以幼童而唱须生，名噪一时。声音清朗，能一字百转，极抑扬顿挫之致，真阳春白雪也。初隶天仙，继入春仙，拜为李春来之义子。李出后，小桂芬亦为丹桂所延，一时视为栋梁，每月包银千元，以此积赀甚巨。乃与李春来合赀，创春桂于大新街玉仙之旧址，未几辞而他去。工演《秦琼卖马》、《搜孤救孤》、《取成都》、《打鼓骂曹》、《空城计》、《捉放曹》、《打金枝》等戏，惜近年以来，歌喉失润，声价因之而贬，不及昔日多多。回首当年，能无咨嗟叹息乎？

小子和

小子和，姓冯名旭初，乳名小牛，苏州人。冯三喜之子、二狗之弟、四盏灯之妹婿也。幼从夏月珊习艺，歌喉浏亮出群，呖呖玉音，字字清越，恍聆霓裳仙曲。而芙蓉其面，杨柳其腰，旖旎风流，靡曼无双，一肌一容，咸具美人之风格，足以迷下蔡而惑阳城。演新戏作时下妆，尤足令人心醉神驰。做工则从容自然，不即不离，恰到好处，是以名振一时。去岁在新舞台，因举止轻佻，淫恶无耻，借歌舞之场，为桑濮之地，良家妇女之受其害者，不可缕计。议论飞腾，人言啧啧，为其师夏月珊逐出。今莅南京南洋第一舞台，闻大舞台有聘之来沪之说，未知确否。

三麻子

三麻子,王其姓,鸿寿其名。工红生剧,扮关壮缪,雄纠纠、气昂昂,令人在数千载下,犹得想见武圣当年之威风,不觉为之肃然起敬。《水淹七军》尤擅胜场,在山顶饮酒时,俨似武圣当年,英气勃勃,威风凛凛,做工则淋漓尽致,刀法亦纯熟非凡。演徽调《观画》、《跑城》、《扫松下书》、《三搜苏府》、《王英下山》,无不丝丝入扣,落落大方,非彼毻毦从事者可比。

周凤林

周凤林,字桐荪,苏之吴县人,乳名小老虎,昔年之花魁也。精音律,能书解画,风雅绝伦,作钟鼎字,颇具腕力。天姿亦聪颖异常,幼隶三雅园之大雅班,工演贴旦各剧,惊鸿其态,飞燕其身,灵犀其心,娇莺其舌,望之真如绝妙女郎,令人倾倒。串《思凡下山》、《佳期拷红》、《借茶活捉》、《挑帘裁衣》、《跳墙着棋》、《惊梦》、《独占》等戏,柔情绰态,宛转抑扬,几如空前绝后,同班鲜与颉颃。兼演刺杀旦之《刺虎》、《盗令》、《杀山》、《劈棺》,则又杀气横生,与贴旦绝不相类。二十岁后隶天仙等部,改习乱弹,善排全本新戏,《笑笑笑》之秋香最为一时无两。后掌丹桂部,又与何家声排全本《查潘斗胜》,亦颇戛戛独造,与拾人牙慧者异。他如刀马旦之全本《文武香球》、《孤鸾阵》等各戏,亦颇台步工稳,卓然名家。总之周伶擅长之剧,不可缕计,故虽今已年逾四十,在法界新剧场售技,往观者犹啧啧称直不衰云。

四盏灯 周福全

四盏灯,姓周名永棠,字漱玉,秦腔青衫之上上品也。声如唳鹤啼猿,响彻云表,直欲裂石穿云。唱《血手印》、《烧骨计》、《忠孝牌》、《韩琪杀庙》等戏,回肠荡气,伊郁酸辛,如聆河满一声,令人双泪如珠下。每一奏曲,则台下鸦雀无声,所谓"一声已动,四座无言"者。兼唱花旦、老生,亦能各尽其妙。其弟福全,武艺不失为中乘,亦武二花中之翘楚也。

李德奎

李德奎，嗓音太小，故难中耳，惟调尚可取，工亦可观，能指挥如意，有旁若无人之概。演《八蜡庙》、《溪皇庄》、《伐东吴》等剧，英武奋勇，至不可遏。而唱秦腔老生，去《回荆州》之刘备、《算粮登殿》之薛平贵、《蝴蝶梦》之庄周，以及《十八扯》、《梅龙镇》，尤为一时之冠。人有讥其为“头等扫边老生”者，（班中呼诸戏杂扮之须生曰扫边老生。）又有讥其为“跑龙套之天字第一号”者，求全责备之词，未免谑而虐矣。

汪笑侬

汪笑侬，名僢，自号伶隐，皖人，今之伤心人也。乃仕而优者，怀才不遇，隐于梨园，借登场袍笏，一吐其胸中块磊。故其引吭也，静逸幽雅，有林下隐士风味。抑扬顿挫，一字一珠，一珠一泪，所谓绞出汁浆者，岂时下名伶所能望其项背哉！然沪人不喜听之，阳春白雪，曲高和寡，此笑侬之所以一曲青衫，潦倒至于今日也。噫！“咄尔拔萃才，伤哉知音稀”。读古人诗，不禁感慨系之。

时慧宝

近日须生，已成麟角。若时慧宝者，不得不谓之优等人物矣。慧宝工书善画，风雅绝伦，较之笑侬，不相伯仲。唱时大开大合，引吭发声，迥非彼嘤嘤作儿啼者可比；台步亦佳，仪态安详，亦无鄙野之习，所谓“腹有诗书气自华”也。

盖叫天　张斌奎

盖叫天，名英杰，为张英浦之弟。丰姿绰约，轻捷矫健，以身段活泼胜；而架子臂力亦加人一等，其身手之敏捷、武艺之超群，皆足执牛耳，而为是中之盟主矣。初唱须生，名振一时；后因倒嗓，乃改习武生，又为一时之冠，与李春来、高福安鼎足而三。演《白水滩》、《花蝴蝶》、《界牌关》、《挑华车》、《恶虎村》、《四杰村》等戏，英气勃勃，溢于言表；而《金钱豹》、《铁龙山》，尤能曲尽其艺，允为独出冠时。其侄张斌奎,今名苗胜春,文武皆能,每演一戏,英武非常。噫!是子真能跨灶矣。

小一盏灯

小一盏灯,歌喉清越,浏亮不群,做工则描摹尽致。演《铁弓缘》、《女得状元》、《新安驿》、《蝴蝶梦》、《五虎群羊阵》、《破洪州》、《紫霞宫》、《翠屏山》、《梵王宫》、《红梅阁》等戏,一时无两。兼串武生及雉尾生,去《伐子都》之子都、《黄鹤楼》之周瑜,亦皆英武可观。惟貌仅中人,每为皮相者所鄙;然老于顾曲者,固定评具在,决不以貌取人也。

小益芳

小益芳,调门尚属稳称,惜欠自然。每演一剧,至紧要处,往往勉强从事,率尔操觚,殊不雅观。然演《空城计》、《四郎探母》、《李陵碑》、《洪羊洞》等戏,工架从容,音圆声宏,尽抑扬顿挫之致,亦未可厚非也。

王俊卿

沪上当年武剧,以《赵家楼》、《马家湖》、《大悲楼》等最注重。李春来极红时,以《花蝴蝶》、《白水滩》、《恶虎村》为卖座之戏。自俞菊生(即毛豹)之徒王俊卿来沪,演《金钱豹》、《拿高登》以来,沪人多以为奇。后来者皆以此戏领首,各伶争相效之,然终难与之颉颃。演《挑华车》、《长板坡》等戏,亦敏捷异常,锋利无比,的是朔方健儿,身手迥非末学新进所可同日而语也。

张桂轩

张桂轩为名伶景四宝之徒,调高响逸,体正腔圆,工架则确尔不磨,无微不至;武艺则卓乎特立,有美皆臻,长甲、短靠皆能扮演得神,各造其巅。至于玩弄各种器械,尤其余事耳。演《花蝴蝶》、《盗御马》、《挑华车》、《下河东》、《大闹山塘街》、《翠屏山》等剧,英气勃勃，矫健绝伦，洵非他人所能步尘而及。

沈韵秋　沈飘香　沈紫英

沈韵秋，天津人，为名伶任七之婿。工武生各剧，而演鸭尾子巾之白胡子武生尤佳。自少至壮而老，往来沪地最久，生平拿手各戏，如《义旗令》之薛金龙，道白之清、台步之稳，无出其右；又《溪皇庄》、《虮蜡庙》之褚彪、《莲花湖》之胜英、《五老聚会剑锋山》之秋成等，亦俱精神百倍，恰合老当益壮四字；他如《恶虎村》、《盗御马》、《落马湖》之黄天霸，及靠把戏之《长板坡》、《连营寨》之赵云、《割发代首》之张绣、《飞叉阵》之马伏波、《天献铜桥》之岳飞、《挑华车》之高冲等，或以精彩胜、或以英奋胜、或以激昂慷慨胜，无不各有所长，不可殚述。现隶三马路之大舞台。子飘香，初唱花旦，今改青衣，亦颇不凡。又，紫英，唱文老生，十四五岁时，曾隶丹桂，颇负胜名；嗣因倒嗓回籍，今与其弟串武行之文元、文成等，随父俱隶大舞台。

纳　绍　先

纳绍先，声音宏亮，叱咤风云，泱泱大风，有三日绕梁之致。《九龙柱》、《黑风帕》、《草桥关》、《打龙袍》、《法门寺》、《双包案》、《探阴山》等戏，是其所长。惟说白不甚清楚，殊为白圭之玷。大舞台告白谓其在金秀山、小穆之上，无乃太过欤？

小　连　生

小连生，姓潘名月樵，梨园中之伟人也。以做工见长，每演一戏，喜怒哀乐，无不神情逼肖。于描摹处，真能穷形尽相，如《铁公鸡》之张国樑、《捉拿王三麻子》之张文元、《回荆州》之刘备、《九更天》之马义，绘形绘声，一时无二。近又致其全力于改良新戏，与夏月珊合创新舞台于南市，志切改良，以开通社会、启迪民智为宗旨，采取泰西之规模，牵合本国之剧目，经营擘画，煞费苦心，其热心诚不可及。呜呼！若月樵者，可以风矣。

任作田　任长海

任作田,为任七之侄。家学渊源,的非凡品。其演《挑华车》,身段活泼,工架老当,自始至终,无懈可击,盖武生难演之戏,此居其一。王俊卿亦工是剧,然听令时勇往百倍,挑车时腾跃之工,终不及任。余戏亦皆各具其妙,其介弟任长海,又名任海儿,初习须生,亦名振一时。后因倒嗓,乃隶新舞台,为扫边老生。

李　顺　来

李顺来,武生中之全才也。声音清朗,武艺斐然。演《落马湖》、《盗御马》、《恶虎村》、《白水滩》、《九更天》等戏,最擅胜场,情文兼茂,描摹逼真。而《长板坡》一剧,酷仿李春来,"哭井"一段,尤为神似,声气激昂,作金石响,足以振起尚武之精神。余戏亦能发挥无遗,冠绝时流。

赵　如　泉

赵如泉,多艺多才,一时无两,能演武老生、武生、须生、小丑、红生等戏。其与三麻子相处日久,私淑有年,又正当壮年,故演红生诸戏,较三麻子有过之而无不及。惟《水淹七军》"观春秋"一段,神情尚欠老成,不及三麻子多多。近又致力于改良新戏,《三门街》一戏,为其所编排,颇欢迎于一时,因是其名益振。演《铁公鸡》、《九更天》、《四进士》、《张汶祥刺马》、《宋十回》、《大名府》等戏,活泼淋漓,描摹入微,与小连生不相伯仲,声价之高,迥非侪辈所能与之比肩。曩隶天仙部时,颇知振作,为都人士所赞赏,乃一入大舞台,身列艺员,即大改宗旨,专以滑头等剧敷衍塞责,且身价自高,致该舞台他伶皆啧有烦言。噫!赵伶其猛省。

夜　来　香

夜来香,姓周名凤文,名伶周钊泉之子,姑苏台畔人也。天生丽质,风流善媚,生平最工昆曲,影白曲文典型老成。亦工京戏,演《打花鼓》、《堂楼详梦》、《卖身投靠》、《笑笑笑》、《荡湖船》、《探亲相骂》等戏，媚态横生，令人心醉；间去《白门楼》之吕布，亦落落大方，有书生气概。每演新戏，皆作时下装，尤觉妩媚可爱。张子房美人之誉，何足多耶。

赛活猴

赛活猴，善扮孙悟空。所奏各艺，皆独出心裁，非他人所能望其项背。故年虽耄而手足之敏捷、精神之强健，胜于少年。观其演《火焰山》一出，盗扇之时，能尽态极妍；末场烧时，乃身折一团，其形如球，在火中转翻连旋二十余次，仍固紧如初，观者皆叹为绝技，而击节不止。余戏皆类此。

夏月润

夏月润，皖人，为小叫天之婿，昔日最著名之武生、绰号“活马超”夏晖章之第八子。家学渊源，能承父业，昔年称艳一时，有“武榜状元”之目。惟近年以来，不肯加意从事，每一登场，潦草塞责，沪上人士都以为憾。然颇致力于新剧，加意经营，不遗余力，皆能尽情尽致，足为小连生、夏月珊之辅。

小桃红

小桃红，圆姿替月，润脸羞花，流荡憨跳，慧媚绝世。善扮荡妇，以妖冶胜，每一登场，貂蝉满座。演《遗翠花》、《小牧牛》、《割发代首》、《蝴蝶梦》、《梵王宫》、《红梅阁》等戏，淫荡天然，令人心醉神驰；间唱须生，去《空城计》之诸葛亮武侯、《李陵碑》之杨老令公，亦能尽善尽美。

小小桂芬　董德春

小小桂芬，总角年华，早已誉满海天。初唱须生，名重一时；近因歌喉失润，改演武剧，亦能游刃有余。演《花蝴蝶》出场，台步整齐，英勇逼人，身轻伶俐，形如小猿；战时刀法纯熟，把力巩固；末节鸳鸯桥水战，尤显精神活泼，雄气凛凛。而《金钱豹》一出，尤擅胜场,玩弄钢叉得心应手、指挥如意,以是大受沪人欢迎。其师董德春,骁勇异常,亦出类拔萃才也。

大大奎官　赵小廉

大大奎官,姓赵,乳名小马,赵筱廉之子。昔年唱须生兼净角,皆卓然有为,声驰菊部。后因倒嗓,改习武生,丰姿爽飒,矫健绝伦。演《花蝴蝶》、《白水滩》、《鸳鸯楼》、《泗州城》等戏,发扬踔厉,咸中乎节,足以启发人之精神,小廉可谓有子矣。小廉昔年亦称艳一时,惟近年不肯加意从事,殊未餍阅者之意。英雄老去,不免颓唐,然颇致力于新戏。

小明海亮

小明海亮,精神活泼,身段轻灵。才届舞勺之年,即已峥峥见头角,他日所造,何可限量。观其演《鸳鸯楼》一戏,英气蓬勃,声调工架,自是不凡;而舞刀一节,步伐整齐,疾徐进退,皆楚楚有致;入后但见寒光万道,缭绕盘旋于颈际,末由三只台上跳下,到地成一一字,真雏伶中之难得者。

沈月来

沈月来为沈韵秋之侄,躯干彪伟,技艺绝伦。演《伐子都》、《恶虎村》、《挑华车》、《界牌关》、《四杰村》、《长板坡》等戏,英狠异常,勇不畏死,的是健儿身手,迥非吴下阿蒙所可同日而语也。

孟鸿寿　鸿芳　鸿荣　鸿群

三十年前鼎鼎大名武二花兼武生之孟七,有子四人:长名鸿寿,有足疾,不良于行,工胡琴鼓板,曾为丹桂后场,兼演丑角,每发一言,令人忍俊不禁;次名鸿芳,系秃子,望之如牛山之濯濯,工文武小丑,作《翠屏山》之海阇黎、《清廉访案》之纳云和尚,可谓得天然之妙;三名鸿荣,即小孟七,为三麻子之徒,工文武老生,能继父业,演《大名府》、《翠屏山》、《宋十回》、《四进士》、《九更天》、《桑园寄子》等,冠绝时流;四名鸿群,演白胡子武生,亦老成练达,英武可观。

李 春 利

李春利说白雄健,声如洪钟,唱则声凌霄汉,做则描摹尽致。《白水滩》一戏,跌仆之多,冠绝一时。其演《收关胜》,末后被擒时,身披铠甲,脚着厚底靴,从五只台上甩下,复跌扑不绝,颇觉余勇可贾,可谓神乎技矣。某次排演是戏,从上跌下,伤及脊骨;后遂不肯竭力从事,无复如前之虎虎有生气矣。惜哉!

郭蝶仙 郭秀华

郭蝶仙,今名郭少兰,丰容盛鬋,靡曼无双,舞态歌声,一时无两。《贵妃醉酒》、《红梅阁》、《蝴蝶梦》、《文章大会》、《翠屏山》、《梅龙镇》、《小上坟》、《珍珠衫》等戏,是其所长。惟蝶仙淫荡性成,借歌舞之场,以施其吊膀子之手段。前岁因犯奸案,驱逐出境。其父秀华串青衫,昔年名噪一时,与孙瑞堂不相伯仲;近来年华水去,风致全非,回首当年,能无感慨?

应 宝 莲

应宝莲,当其发迹之初,不过一武行之配角耳;厥后竿头日上,一跃而为上乘,其艺已达炉火纯熟之候。《白水滩》、《界牌关》、《恶虎村》皆其拿手;而演《花蝴蝶》能跳六只台,铁杠上工夫,尤能深造而达于极点;《伐子都》之金殿,亦为一时之冠。惟声音太低,缘斲伐太甚,元气凋伤,有以致之。寄语宝莲,好自为之,幸勿浪用有用之精神,而促短一己之生命;则厥后技与年进,安知他日不能压倒侪辈,而为是中之盟主哉!

王 永 利

王永利,年富力强,骁勇异常。前在春仙与高福安、盖叫天合演武剧,已推极等;离沪后,遍游南北,技益精进。前观其《铁笼山》一出,台步架子的属正派;而打工复能一丝不懈,溜马一节,尤能曲尽其艺。《金钱豹》、《白水滩》、《艳阳楼》、《收关胜》、《嘉兴府》,尤为一时之冠。沪上各武二花对之,皆当退避三舍。惜无武生如李春来、高福安、盖叫天作配,用是不获观其技耳。

夏月恒　夏月华

夏月恒,字鸣皋,精拳棒,善超跃,以开口跳(即武丑)著名于一时。演《三叉口》、《时迁偷鸡》等戏,为其生平最得意之作,是中人物,无有堪与抗衡者。兼演武生戏亦佳。后因充引线获某巨匪有功,不愿领赏,乃保功名,由把总而千总。长白某制军督两江时,又以网罗革命党有功,提絜至游戎,充督辕武巡捕,旋即因事为继任某督奏参。迩来闲居海上,大有官场如戏场之叹。其季弟月华,演武二花戏,亦庸中之佼佼者。前岁其兄月恒充督辕巡捕时,月华充督辕戈什哈。未几,以不谙礼节,复来海上,改名赛魁冠,今隶新舞台。

夏月珊

夏月珊以做工擅长,演《阴阳河》、《天雷报》独冠一时。去小丑尤佳,方朔诙谐,淳于滑稽,兼而有之;能于改良诸剧中,现身说法,真可令顽石点头。与小连生始创梨园公所,设立榛苓学堂。又见南市商业之不振兴,乃创新舞台于其地,以为补苴之策。其座位之宽敞、视线之正确、布景之灵妙、演戏之认真,实为我国未有之创局。且凡遇各水旱之灾,以及商界、学界有经费竭蹶不支者,辄为之演剧募捐,代为将伯之呼。急公好义,热心公益,不可谓非伶界之伟人矣。

赵黑灯

赵黑灯,骁勇异常,身手敏捷。耍鞭及刀枪诸技,般般入妙,层出不穷,真有宜僚弄丸之神,足与大奎官后先并美矣。

九阵风

武旦九阵风,貌艳于花,身轻似叶,所演如《取金陵》、《泗州城》、《氤氲阵》等剧，打出手之佳，无出其右，颇有从容不迫气象。按，此技都下首推朱四十，南中武旦向不以此见重，今得九阵风，又开一番生面矣。

刘坤华

刘坤华，小字阿桂。行如猿跃，迅似燕飞，翻跌等技，纯熟无比，是中人物，无有堪与抗衡者。《三岔口》、《双跑马》为其生平最得意之作。

周蕙芳

周蕙芳，浓花绕鬓，酒晕生涡，轻盈流利，慧媚温柔。演《遗翠花》、《新安驿》等戏，时而目成眉语，时而钏舞钗飞，啼妆龋齿，淫荡天然。唱新戏，亦妙造自然，无一毫矫揉造作。然喉音恶劣，恰似丁灵芝，而台步做工不如远甚。或曰：风姿颇佳，此青楼荡妇之智也。不然，尔爱其艾豭，彼将爱尔娄猪矣。

常春恒

常春恒，名教师国泰之子也。演带须戏，最为出色当行。生平拿手各剧，如《义旗令》扮薛金龙、《虮蜡庙》扮褚彪、《一箭仇》扮史文恭、《连营寨》扮赵云，皆虎虎有生气。家学渊源，声容台步，唱工道白，均色色到家。惜近来颇有暧昧事，致演剧时毫无精彩。吾愿常伶有以改之。

小万盏灯

小万盏灯，赵小廉之妹婿也，为李小园之徒。神清如水，貌艳于花，歌喉亦落落大方，演《打花鼓》、《双摇会》、《游龙戏凤》等戏，轻盈流利，压倒群芳。近日专致力于新戏，作时下妆，尤觉令人生怜。

冯 志 奎

冯志奎,声音宏亮,体魄雄伟,去《长板坡》之张飞最肖,灞陵桥一段,大喝数声,惊魂动魄,大有翼德当年喝断灞桥之气概。《夺小沛》、《取洛阳》亦为得意之作。自去岁隶新剧场后,益复努力从事,是中人物,皆退避不遑矣。

余 少 琴

余少琴为京师老庙首余庄儿之侄,长身玉立,风度不凡,精技击,工唱武旦。演《泗州城》与沪上所奏者略异,首次出台,唱倒板口音甚和,貌亦艳丽;中间各技尚好,试刀时旋子连次数十次,神彩飞扬,令人目眩;末次倒甩三台,则飘然下降,诚如仙子临凡。余戏亦不弱。

小春来　李福祥

小春来为李福祥之子,武艺亦颇足称。工演《白水滩》、《花蝴蝶》、《金雁桥》等戏;而《界牌关》尤其拿手,与其父大战之时,空心筋斗连翻二十余个,末截盘肠时,将欲殒命,从台上跳下,又时几个旋子,更觉骁勇,雏伶中之杰出也。其父李福祥,为配角则有余,独当一面则不足。

小 么 六

小么六即唐景云,唱工既不清楚,貌亦恶劣,不知其究何所取。对此小么六,令人思想当年小喜凤之体态,较之若辈,不啻天壤。

崔 雪 琴

崔雪琴,非昔日京师最著名之武老生崔雪琴也,此其赝鼎耳。然演《虮蜡庙》去褚彪,功架甚好,甩须撞城一段,十分灵巧,花园锦簇,较之沈伶,不相伯仲,自是斫轮老手。余戏亦慷慨激昂,英武可观。

李百岁

李百岁，以歌唱胜人，唱《化子拾金》、《请名医》、《戏迷传》、《打沙锅》、《丑表功》、《十八扯》等戏，生旦净丑，皆能头头是道，颇称颂于一时，丑角中之首出也。

盖俊卿

俊卿丰姿绰约，潇洒风流，去秦腔小生，已能神化无方，而武艺亦臻纯熟之候。兼串武生，去《伐子都》之子都，亦英武非常，尽情尽致。惟淫荡性成，每演戏必注视包厢，以施其吊膀子之手段，荡妇淫娼趋之若鹜。俊卿、俊卿，前车可鉴，其慎之哉！

陈嘉祥

陈嘉祥，英风飒飒，卓然名家。演《遗翠花》、《送银灯》、《铁弓缘》、《富春楼》、《白门楼》、《岳家庄》等剧，名振一时。除盖俊卿外，当首屈一指，小生中之不易才也。

张德俊　张玉林

张德俊为玉林之子，身手敏捷，丰姿爽飒。每演一戏，英武非凡，的是朔方健儿。身手无论长甲、短靠，皆能扮演得神，以是颇能见重于时。其父张玉林，串秦腔老生，亦为一时之冠。

李少棠

李少棠，唱秦腔老生、小生及武老生，不蔓不支，的是能手。唱新戏亦能尽情尽致，诽谐玩世。演《顶花砖》、《滚红灯》，怕妻之态，描摹尽致，令人拍案叫绝。

富仙舫

富仙舫，调高逸响，尽抑扬顿挫之致。演《断太后》、《目莲救母》、《吊金龟》等戏，以全副精神出之，凄楚苍凉，泪垂声下，足见该伶之技精艺粹矣。

小毛豹

小毛豹,年仅十二三岁,一出台即名振一时。演《挑华车》、《花蝴蝶》、《拿高登》、《鸳鸯楼》,英气蓬勃,武艺高超,使老伶工一齐敛手。较之小明海亮,无多让焉。后生可畏,该雏伶有焉。

王瑞云

王瑞云,身手敏捷,工演《泗州城》、《跑马卖艺》等戏,莺捎燕掠,锦簇花团,灯下观之,令人眉飞色舞,为之倾倒不止,足与黑儿后先辉映矣。武旦如斯,年来仅见。

龚云仙

龚云仙,英爽中别饶妩媚,歌喉嘹亮不群,技艺亦臻上乘,打出手尤为一时之冠,洵非易材也。近日九阵风、王祥云皆不在沪,遂俨然为是中第一人矣。

小如意

小如意,年约二八,妩媚可爱,唱不出声,专门翻跌。演《蝴蝶梦》,做工自然,极妍尽致,描摹当时之态,如绘如影,武艺之精,乃花旦中别开生面。劈棺时勇猛切齿,实为惊人。末节五鬼追捉,飞步跳翻,一时并奏。尤险者,从三只台上倒跌下地,身体似燕,毫不见疲。余戏多类此,非彼碌碌者所能比拟也。

小金娃

小金娃,亦庸中矫矫也。聆其音,如并刀剪、如哀家梨,柔情苦绪,曲曲传神,固宜艳驰菊部。唱青衫,大脚走小步,娉婷妖娆,恰是老槐随风更胜杨柳一筹,直后起之秀也。

小九山

小九山,年幼音狭,惟《探阴山》一折,调门甚好,气象从容。虽云奎复生,不能擅美于前矣。

晚香玉

晚香玉，喉音已变，所奏诸艺，皆以形色中睹。演《双钉记》、《红鸾禧》、《十二红》等剧，尚可中听入目。

紫金仙

紫金仙为刘永春之婿，二簧花旦之上品也。娇小玲珑，动人怜爱，丹山雏凤，早已誉满海天。演《二姐逛庙》、《小放牛》、《樊江关》、《遗翠花》等戏，声调俱佳，蕴籍非凡。当盛年时，顾盼自豪，小桃红辈皆为之副；今则珠喉失润，后来居上，回首当年，能无感慨？

小桂枝

小桂枝，流利馨逸，顾盼生姿，亦工京戏；然其擅场，究在昆曲。演《佳期》、《梳妆跪池》、《游殿》等剧，柔情绰态，宛转抑扬；今则蛾眉渐改，无复旧日丰姿，而按部随班，犹不失方家举止。后起名花，断难望其项背。

赵文连

赵文连，即十七盏灯之化身，七盏灯之师弟也。台步声容，均无可取，每演一剧，潦草塞责，大有委靡不振之势。新舞台主人列之于舞台名角，颇谓不伦。

张顺来

张顺来，初为拳师，继乃业伶。其艺已神化无方，演《四杰村》一戏，耍三节连环棍，海上可推独步。惟新舞台重夏而轻彼，故不得逞其材，大有英雄不遇时之感。

何家声　小魁仙

何家声，为吕月樵之泰山。所演丑角，诙谐入妙，今之东方朔也。自己亥出丹桂后，前三年春间与吕共隶玉成，后以该园生涯堕落,改往他埠。前年曾隶丹桂,今应大舞台之聘,重来海上,总理内台事务,斫轮老手,非邯郸学步者所能仿佛之也。其子小魁仙,年才成童,唱须生,亦能抑扬顿挫,曲尽其致。

林步青

林步青,其东方曼倩之流亚欤?诙谐百出,随机应变,一启齿,辄令人捧腹,海上丑角难与抗手。隶丹桂多年,后夏氏因其所排之戏,往往临时未到,啧有烦言。(林唱滩黄,驰誉申江。凡值喜庆者多招之,每以林到为快。)林以不能两面讨好,故弃演剧而专唱滩黄。然有多至数起者,林实疲于奔走也。前岁春桂新开,林应其情,曾演数日,后仍中止。今正夏氏又邀其搭班,林以旧好难却,仍登舞台。其演剧或庄或谐,口齿清切,滔滔不竭,谈笑之中,有玩世之心,寓劝惩之意,有裨世道,实非浅鲜。观者仅赏其艺工,犹浅乎视之矣。

何金寿

何金寿,皖人,名伶四麻子之子也。工吴语,喜笑怒骂,皆成文章。无论去何人,皆能摹仿神肖,恰得其分。方朔诙谐,淳于滑稽,兼而有之,丑角中之上上乘也。

小保成 邱蕊卿

小保成,昔年唱净角,卓绝一时,其名在小子和之上;今则声音咽哑,后来居上,升沉之感,伶界亦有同情。然唱小丑,亦能谈笑生风,诙谐玩世,词令新颖,几疑敬亭复生、曼倩再世。其父邱蕊卿,唱小生,得乎中庸之道。演新戏颇能形容尽致,尽情尽理。

马飞珠

马飞珠,不徒以诙谐见长也。面部各处,咸能转动自如。其言语之土傻、形状之鬼怪,令人捧腹喷饭。最工演《海潮珠》、《卖绒花》、《打花鼓》等戏,时庄时谐,令人不可测度,洵未易材也。惟不能操吴下语,是则一憾事耳。

冯　二　狗

冯二狗，小子和之胞兄也。插科打诨，全无意趣，而沪人士多喜之。闻其在汉口，更名重一时。客来观者，必先以二狗演否为问，大有非狗不乐之意，可谓奇矣。

坤伶列传

恩　晓　峰

恩晓峰，满洲人，某相之孙女也。声调绝佳，足冠侪辈，悠扬婉转，咸尽其致，如时鸟之鸣春，九钟之奏夏，令听者心怡神醉，说白复声情俱至。每一登场，貂蝉满座，可见其名重一时矣。演《空城计》、《四郎探母》、《李陵碑》、《桑园寄子》、《打鼓骂曹》、《打棍出箱》等剧，风流儒雅，酷类叫天，响遏行云，能得乎纯任自然之妙，岂负虚名者所可同日语哉！

杨　翠　喜

杨翠喜者，直隶北通州人也。家素贫，十二岁时，由其父母携往天津。时拳匪鸱张，乃逃往芦台。匪乱既炽，无可谋生，其父售翠喜于土棍陈某。联军攻破天津，陈某遂挈翠喜至津，居城中白家胡同，与杨茂尊为邻，乃转售翠喜于杨。是为翠喜堕落孽海之始。是时津沽间之声伎，颇称一时之盛。时有陈国璧者，购幼女二，一名翠凤，一名翠红，在上天仙演戏，均得善价。杨茂尊羡甚，乃谋于陈，令翠喜随翠凤等学戏。专演花旦，所演诸戏，亦均淫哇之音，若《拾玉镯》、《珍珠衫》、《卖胭脂》、《青云下书》之类。年十四，在侯家后协盛茶园，初登舞台，每出之价，仅自一元至二元。未几，受大观园之聘，声价为之一振；又未几，而见赏于王益孙、段芝贵。以一道员、一富商之力，左提右挈，而声价又为之一振，时翠喜年十八矣。后翠喜又就天仙之聘，声名益高，月获包银，可八百元。会振贝子以调查东三省事宜，道出天津，遍招名伎侑觞，独顾赏翠喜不置。段芝贵时于贝子，方有特别之运动。闻之，乃假翠喜为奇货，托名王益孙购买为妾，而送翠喜至京，进于贝子。及参案事发，翠喜乃亟由京乘火车奔还天津王益孙家云。

王　克　琴

王克琴,以碧月年华,隶羽衣仙籍,娇声呖呖,舞袖翩翩,一曲清歌,周郎为之倾倒。然克琴赋性狷侠,大有蝼蚁王侯思想。闻在都某亲贵,欲以金屋藏之,克琴善辞以却,视彼朝为越女,暮作吴妃,身如柳絮,不克自持者,奚啻鸾凤燕雀之判耶!

林　黛　玉

林黛玉,以众香国元戎,为四金刚领袖。再入复出,既蹶又振。庚子之役,几罹国难。今年已四旬外矣,而丰姿如昔,歌喉嘹亮,殆可谓得天独厚者矣。

陆　菊　芬

陆菊芬,芙蓉其面,杨柳其腰,旖旎风流,足以迷下蔡而惑阳城。唱白皆呖呖玉音,字字清越;做工则从容自然,令人观之神化。其演《纺纱花》为其擅长之一,所唱小曲,正如树上黄鹂,初调喉舌,中间能作声浪,摇曳生姿。即林凤仙向以善歌名者,两两相较,林终逊陆一筹,可见其声价之高矣。

花　四　宝

花四宝,素负盛名,颇为京津一带士夫所赞赏。昔年在沪,曾与菊榜魁首林凤仙相颉颃,名噪一时;今者徐娘老去,丰韵依然。所唱梆子,声如裂帛,一弦一柱,无非惜年华而感身世也。

小　保　珊

小保珊,丰姿绰约,轻捷矫健,巾帼英雄也。每演一剧,身手敏捷,技艺绝伦,扮演得神,各造其巅,令人拍案叫绝。而《血溅鸳鸯楼》,尤擅胜场,去武松英气勃勃,分外精神;试真刀时,如雪花飘舞,但见寒光万道,闪闪逼人;耍棍亦具五花八门之妙,从三只台跳下成一一字，尤觉技艺超群。女伶若是，实为创见。按，此剧男伶如赛活猴，固已驰誉南北。今观小保珊，亦无多让焉。

金玲子

金玲子，李德奎之女也。家学渊源，的非凡品。唱青衫，宛如瑶岛鹤音，雅韵欲流，一洗人间凡响；做工亦娓娓动人，无半些烟火气儿绕其胸际。有时间唱须生、老旦，声清调圆，亦颇不弱，坤角中之杰出品也。

荣桂

荣桂，天津产，髫龄时即以善歌闻。初至烟台，入书寓鬻歌，(北方之乐伎，如昔时苏帮之唱书女先生，非今之长三书寓，兼操淫业者比也。)名噪甚。旅顺某园震其誉，聘往搭班，唱梆子青衣。既而至营口，转入哈尔滨，嫁伶人小喜顺，随至吉林。去岁游济南，所至髦儿班争聘之，身价之高，月俸常在千金以上。荣桂貌昳丽，妍媚绝伦辈，足纤小不及三寸，登场无乔装，而举止轻盈，无扭捏村俗态，歌喉嘹亮如初织簧，清脆独绝。梆子腔极遒上，与南方花旦所唱者殊异。道口白，字字使劲，语语清楚，如《卖绒花》等剧，则摹仿闺女口吻；《翠屏山》等剧，则摹仿妇人口吻，娘儿、姐儿，音不相混，尤其独擅之技。历游辽沈，舆论推为关外第一。今来沪上，都人士知之者尚鲜，而闻名相思者，固已一哄而集矣。

海上梨园杂志　卷三

古今名伶佚事

伶达

报　癖

赖某，番禺人，向在某菊部，为文武须生。赖自入菊部后，借他人杯酒，浇自己块垒。计亦良得，半世功名富贵，不访作如是观。嗣因粉墨逢迎，究失本来面目，遂急流勇退，不敢贻恋栈之讥。混迹鱼盐,翛然物外,见之者,不知其已历二十年公侯将相也。赖退休后,始娶某氏女为妻,以图偕隐,乌纱、红粉相对于青山碧水之间。为追述当年烜赫声华,回首有如梦幻,不觉悲歌慷慨,起舞中宵。盖烈士暮年,感慨系之矣。妻见其状,因笑谓之曰:“昔日剧场事业,君岂以为真耶?胡若是牢愁百倍也?”赖曰:“否。天下惟不朽者,为真事业。若仅取快意夸耀一时,则彼生前显赫、老死无闻,又何尝非戏哉?甚或倚权藉势,蠹国病民,及至时异势殊,卒罹后患。何如我黄粱一熟,饱领豪华?迄今春梦初醒,犹得与卿徉狂于山巅水涯之为愈也。”

报癖曰:吾国曩时菊部,诲淫诲盗,装鬼装神,腐败达于极点。迄于近日,稍稍改良。惟须生一脚,所演各剧,大率皆英雄本色,往往出膺节钺、入赞纶綍,袍笏庄严,犹令人想见古大臣风度。谚云:聊把官场作戏场。观于今日之傀儡登场,要亦无非一戏而已。赖某以旷达之襟怀,现身说法,不诚为梨园子弟中绝无仅有之人哉!

朱四芬

选

《癸辛杂识续集》载,高疏寮守栝日,有籍妓洪渠者,慧黠过人。一日歌《真珠帘》词,至“病酒情怀犹困懒”,使之演其声若病酒而困懒者,疏寮极称赏之。适有客云:卿自用卿法。高因视洪云:吾亦爱吾渠。遂与脱籍而去。道光时,都中有苏旦朱四芬者,年十四,与徽旦中至美者刘爱红,并称第一花。因刘长一岁,人又呼朱为亚红。有倪姓者入都应京兆试,狎之。一日开筵宴客,令朱佐觞,柔情绰态,四座尽眙。命之歌《藏舟》剧“小坡羊”[①]一曲,此曲本哀感者,起句即曰“泪盈盈做了江干花片”,朱虑听者不欢,樱喉乍启,一笑嫣然。客有褒周郎癖者,乃口占一绝调之曰:“看花灯下爱花明,花为人看花有情。粉面春风年十四,尊前笑唱泪盈盈。”朱曰:“殆

① 应为“山坡羊”。

谓歌此曲，不应笑耶？”因又唱《跌包》剧“红衫儿”一曲，嫩喉凄凉，神色惨至，合座倾听，不觉泣下。倪至挽其颈勿令再唱，而前客亦倾倒备至矣。声色惑人，真无所不至哉！其后倪留滞都门，为朱倾家，身染沉疴，不三月而卒。然病中朱仅一往视之。

荷　官

选

桐城光（聪谐）律元先生，记嘉庆间百文敏公（龄）总制两江时，搜于江西，中丞胡公（克家）果泉，设筵宴之。文敏丰裁峻整，竟日无言，自中丞以下，莫不震慑。次日再宴演剧，有伶人荷官者，旧为京师菊部之冠，文敏昵焉。是日适登场，文敏见之色动，顾问：“此非荷官耶？曷至是？齿亦长矣，无怪老夫之鬓已皤矣。”荷官因跪进至膝，捋其须曰：“太师不老。”盖用院本貂蝉口白。文敏大喜，为之引满三爵，曰：“尔可谓‘荷老尚余擎雨盖’，老夫可谓‘菊残犹有傲霜枝’矣。”公字菊溪，故自谓也。是日四座尽欢，校阅军实，一无举劾。方（东树）植之先生时在中丞幕府，实亲见之，颇疑中丞预储以待，用江南主之待陶谷、文潞国之待何剡故事。按，张乖厓帅蜀时悦一姬，赵清献亦悦一姬，又何必不以之相拟也。

文　伶

选

杭嘉湖道王燧以贪婪伏法，亲友皆散。一所昵伶人为之殡殓，若辈亦知报恩耶。

某　优

都中有某优者，固满州世家子也。本为客串，后众以其技精，劝使登台，遂为优。无何将袭爵，以为优故不得袭。或劝其勿为优，再设法谋干，或可得爵。优怪问：“何故使我弃优以求爵？”曰：“优者贱业，爵者荣名。舍贱取荣，固人情也。”优曰：“吾为优，幸不污辱，上之则作皇帝，下亦不失将军大臣。掀帘出则导拥盈前，于人间威荣至矣。何他求为?”或曰:“此是假者耳。”优曰:“汝谓袭爵之荣是真事乎?”或无以诘而罢。

十 三 旦

选

山西某县一老贡生,年垂六十矣。穷苦不能自活,念有一二亲友在都下,或可得其资给。因徒步千里往觅之,风雪辛苦,仅而得至。则其人并不在京,懊怅欲绝,且自念资用已绝,即归复何策以养妻儿? 转辗寻思,惟有在都觅死一法。已而念徒死殊不值,闻都中戏剧极佳,不如先往观剧,再归觅死亦尚不迟。因信步至某戏园观剧,是时名优十三旦新登台,色艺均佳,名震京师。每一登场,貂蝉满座,贵人豪富,皆列坐两厢耸瞩,争得其一盼以为至荣。某贡生至园,亦杂坐诸贵人中。久之,十三旦掀帘而出,喝采之声,不绝于耳。某正凝视,忽有人送一水烟筒至,诸贵人皆倾注。某谓园中例有之事,亦漫取吸之。已而十三旦演剧已毕,某方吸烟不置,忽见一少年时式衣装,至己前半跪请安。某正惊讶,不审所云。问何人,起垂手立,谨对曰:“某即十三旦是也。先生非山西某县某村之某老先生乎? 某少时在乡中从师读书,每被师楚打,辄荷老先生保全,使得有今日,故时念先生德不置。顷在台上,瞥见老先生在此观剧,未审缘何得暇来此,故特来请安。”贡生念前在乡中,果有斯事。少年复详询居址所在,云已事忙,不能久谈,今夜十二下钟,当遣人奉迎至家,稍叙旧日恩情。某惊喜交并,不知所措,遂唯唯应诺。惟见少年至诸贵人处,一一酬应。某归客店,夜饭毕,兀坐以俟。至十二下钟,未得消息。直至四下钟,犹复杳然。某盼极生疑,自念穷老求死之人,恐无此大福;又思此等伶人,语过辄忘,我犹在此相守,岂非大痴? 不如就死为是。方解带欲就缢,忽闻敲门声若雷。店中人从睡梦中惊起开门,惟见笼灯三四、大鞍车二三辆、长随二人,遽问山西某客在店中否? 店中人指示某住屋所在,长随入见,谨白主人某人令将车相迎,并欲携取箱笼。某言身外无多长物,乃只身随去。行四五里,迤逦至一宅中,导入一屋,则燃烛如昼，陈设华丽，椅披垫咸用大红缎，上绣团鹤。长随延之坐，言主人酬应贵人，尚未归。稍顷，又延之出，过一厅事，则椅垫悉用黄缎，盖延王贝勒起坐之地。遂至一处，装饰精雅，古书满架，长随持饮食出，亦极精美。俄而十三旦回，亟趋入见，言屈居敝庐，实太简亵，又未获陪侍，尤为抱歉。君读书人，必喜观书，插架尚富，可资赅览。如欲出游，可随意命仆辈随侍，因拨仆从数人，命专伺候，遂匆匆去。某住彼饮馔丰美，服御温丽，如入迷香洞中，顾念妻儿在家中，不知饥饿作何状，心辄如割。日中无聊，或假僮出游，夜欹枕卧，不能成寐，悠悠十余日。忽一日，主人至，言实以忙冗，不得陪奉，因问居处惯否。某言乡僻老人，睹此奢靡，心实如醉。惟千里家山，时萦思梦，正未识妻孥作何策度日矣。主人曰："此何敢烦老先生虑，久命人驰往安置，此时恐已鸠材营屋矣。"某欣喜过望，亟称谢。主人复曰："顷复思为老先生筹长久计，顾思老先生他无所能，诸事恐非所谙，惟有作官，尚是一策。"某惊曰："吾读书一生，平常欲得一馆，尚未能，安敢求官？"主人笑曰："老先生真乡间人，天下惟作官乃最易耳，容为筹之。"遂去数日，又至云："已与侪辈言，欲拢一会，报老先生大德。侪辈咸欣诺，苦所集未多，才得三万余金，他官恐非老先生所宜，拟为捐一候补道如何？"某大惊曰："候补道当称大人，岂我寒酸所能当？"则笑曰："天下惟大官，乃愈易做，无虑也。"翌日，少年整衣入贺，袖出道员之实收文凭，及王公大臣属托信函，并云衣装舆仆悉已预备，请即首途，好自为之，无忧不得意也。某喜极称谢而去。至中途，忽患病，又乏医，遂死。所随仆函告十三旦，乃诣班主谒假，言将为恩人某公治丧。班主大惊，言汝平日未尝轻出京，况王公贵人有事，非汝则不乐，奈何以此事虚费时日乎？十三旦则出涕曰："某先生相待至厚，我无某先生则不得有今日。"固请，乃驰往逆旅为经纪丧事，而括其捐官所余，得万余金，使人扶柩，并送致其家焉。

汪大头（丽丽所优语录之一）

汪桂芬，大头其徽号也。性孤僻，少皈依三宝。生平志高气傲,倜傥不群,唱须生,推为杰出。负艺不轻奏,莫可以利动,莫可以势胁。其在歇浦,向视烟寮为安乐窝,横陈一榻,吞云吐雾,而后烟虫不复恶作剧,精神矍铄,兴亦弥豪,辄引吭高歌一二出,珠玉弗稍吝,甚且累唱十余出焉。众烟仙心窃讶之,交头接耳,悉集视线于其一身,勿顾也。后入京,名益噪,维舞台歌馆中,匝月间不数见其身影。一日登场,全城雷动,如临大敌。十余年来,卓绝侪辈,盛名鼎鼎不少衰。王公贵胄、大人先生咸乐与之游,争罗致之,而某亲王宠之尤深,逢迎之维恐勿周,优礼之蔑以加。盖项庄舞剑,意因别有在也。顾汪则澹焉、漠焉,卒不轻易度一曲,王亦无如之何也。亡何得一计,就邸中特治精室一,陈设种种,靡不精雅,意欲扫榻以居之。令仆召之至,初不语以故,导之入室,汪见室之清洁也,顾而乐之。王故问曰:“室何如?”曰:“善。令人徘徊不忍去。”曰:“然则居汝可乎?”则答曰:“不敢请耳,固所愿也。”王见其喜,心口相庆祝,自信计莫善于此,意良得,欣欣然出语左右曰:“今而后大头之喉,吾其专利矣。”左右亦争相贺曰:“王其常饱耳福矣。”汪既来之翌日,王莅其室,则见案头新者、古者、大者、小者、高者、矮者、玉者、牙者、铜者、铁者、土者、木者,左昭右穆,次第井井者,皆所谓佛与菩萨类也,笑询之,则手舞足蹈以对曰:“若者为如来,若者为观音,若者为释迦,若者为弥陀,几世祖何以种因?几世祖何缘证果……”谭不少辍,津津然若有深味。王漫应之,回顾庋于架上者,则金刚也、高王观世音也、弥陀也、般若波罗密多心也;更有悬于钩上者,则木鱼也、木锤也、菩提珠也。王复出语左右曰:“畴谓予聘得名伶者,乃一得道僧耳。”嗣是日必隐伺其隔厢,满拟有所闻,而一扩耳界也。庸讵知久而久也,愿终不获偿。忽一日匆匆自内出,闻有异响,自汪室来,喜欲狂,一若奉意外恩诏,急奔入隔厢,倾耳而听,不图惊喜未定,已如冷水浇背矣,仍大失望。盖汪方木鱼卜卜敲,口诵婆提萨摩诃喃喃不休也。愤愤出,蹙额告左右曰:“余之别垂青眼,优待无已者,冀其动于中而有以报效也。渠今顽然罔觉,余何贵夫有此礼谶之和尚为?”寻左右献策曰:“盍物色能京胡二弦者两人,处其紧邻以诱之。”王鼓掌称妙曰:“然。”立召家人至,选其二,试之,不验后,如是诱者屡次,而鱼仍不上钩。计穷,王莫名其懊丧,命说客亟请于汪,汪弗许;请一段,亦弗许;请数句,又弗许。轩渠答曰:"吾之来,为佛觅干净土计也。岂为唱戏来哉!王如迫吾,吾宁与吾佛迁地为良。今请致意王爷,谓某房饭费可偿,只字不可唱;贵地可即离,素心莫可强。愿王斟酌二者而审择之。"说客辞塞,归白王。王闻之,默不作一语,笑置之,殊不罪汪。噫!汪亦僻矣。

小叫天(丽丽所优语录之一)

小叫天,谭氏名鑫培。性好阔,寻常出入,从者必鱼贯随。交颇广,类皆亲贵、士大夫,酬应费巨,所入不敷出。戊申,宿逋犹累累,今则不知。居恒颇拘礼,家教綦严,每餐子妇十三对咸侍立,秩序不紊,且整肃,莫敢少离左右。男女佣亦若是。曩瓯友黄进谒某贵,入则先有一人在,横卧绣榻,方从事芙蓉城游。一俊仆坐矮凳上,傍榻作乡导,呼吸有间,徐徐起,向贵者耳语久,声细莫能辨,揣意旨,似涉宫事。言已,贵者色立霁,见感激状,少选兴辞去。友询下人以客名,则谭也。其尊、其势大都如是,人因以谭贝勒称之。起胡子生,兼文武,逸而不靡,威而不猛,卓然一家,全才也。其始令闻噪畿辅,然不得志于沪,乃有南人不识戏之诮。迨后名益著,申之往聘者踵相接,币虽厚弗就。一日唱"刘阿斗"三字,"阿"唱作"挨",(如上海土音"挨上门"之"挨"。)倒好声遽自楼座来,谭举首望见为一儒者,乃志其形容、位次。匆匆落台,遣使邀之至酒楼,叩姓字讫,揖之上坐,三觥敬罢,进而请曰:"适不敏,竟污清听。今不揣渎冒,敢就有道而正焉。脱不我弃者教毋吝。"儒者正色曰:"子蜚声京内外久矣。顾名家而字音犹未辨正耶。"谭嗫嚅曰:"乞道其详。"曰:"'阿'当如蜀音唱'厄'(读若沪音'呕')。"言未毕,谭忽跃起,击节叹曰:"然哉!然哉!得其故矣,谨谢惠。(按,疑为刘主蜀故。)"及席终,复三揖以谢,此谭生平第一谦恭事也。(按,此节心窃疑之,然耳自金秀山高足德子文口,不敢必其必无,姑妄言之。)某岁孝钦万岁,内廷传戏。例优伶须黎明即入侍候,而谭竟误时。内数传,仍未至。内务府大臣某与谭有素,于心戚戚,为谭危。将及午,方见谭仓皇来,大臣跌足曰:“休矣!休矣!何物包尔胆,敢姗姗其来迟耶?!内三四询,左右举莫能对,斯真老佛爷破天荒之拂意事。我眼几为汝望穿、肠几为汝急断,我心则至今尚忐忑未已也。”谭犹夷半晌,不能作一语,忽投袂起,大踏步入朝孝钦。孝钦问何晚,则从容奏曰:“为黄粱扰,致失觉,儿女辈畏逾闲,不敢以时刻闻,遂冒万死罪。”(按,梨园习于迷信,台前不言更,台后不言梦,更以金代,黄梁代梦。)孝钦闻奏,谕内侍曰:“渠齐家有方,着赏银百两,为治国者劝云。”侥幸哉!侥幸哉!

贾洪林

选

京师名伶贾洪林,为人豪迈不羁。庚子团匪肇事时,两宫西巡。一日贾在大栅栏天和馆,演《击鼓骂曹》,居然以时事改为白文,痛诋端、刚、赵、董辈,慷慨悲愤,不可一世。观者咸声泪俱堕,一时争相传播,俱称贾为义伶云。

汪笑侬

选

汪笑侬,仕而优者也。汪初以明经膺乡选,大挑用知县。挟资次京师,自以新贵将得官,乃谋置一妾与之省,不知其适为黄带子也。事闻于台官,奏之朝,按验例当斩。汪有家奴,私请曰:“其无救乎?”汪曰:“救可为,惟必有任其罪者乃得耳。”奴曰:“诚能乞得主人命,奴万死不辞也。”汪曰:“审乎?”奴曰:“第勉为之,奴誓无悔也。”汪知其诚,乃出赀贿朝贵,遂坐奴买献罪,而汪仅以失察褫职免。然汪本风流文学士,夙善歌,至是丧赀失官无所俚,而又感奴之以义死,恨己之不复能人也,遂伍伶人,登场作傀儡。其所至奏艺处,殆无不倾座欢迎者。惟至如《莫成替死》、《马义救主》诸悲剧,则终身不扮演,盖伤之也。

海上梨园杂志　卷四

新剧闲评

瓜种兰因

伶隐笑侬，曩在春仙时，值日俄竞争，因借《波兰与土耳其战史》，编成新戏，名《瓜种兰因》，寓深意于中，以冀发人警醒，力图自强。笑侬真有心人也。

新荡湖船

林步青唱《新荡湖船》，除“吾姓李，名字叫做李君甫”，及来船扳梢数句外，余皆一扫旧套，尽用新词穿插其间。如云：“余一闻国丧，不禁魂飞天外。诸公骤闻此言，几疑余好吹牛屄。然国丧期内，戏既停演，滩簧亦不能唱。试思二十七天中，余白白丢去数百金，安得不魂飞天外耶！”满座闻其言，皆捧腹不置。其余或庄或谐，滔滔不竭，谈笑之中，仍寓规劝，有裨世道，实非浅鲜。沪上各戏园，所登戏目，必加“改良”二字，然所演者，仍属旧样。试问改在何处？良在何处？若林此剧，真改良已。

丹桂之新剧与春仙之新剧

丹桂之新剧，多动人感情；春仙之新剧，多启人知识。丹桂之新剧，如《潘烈士投海》、《黑籍冤魂》、《惠兴女士》等，动人感情之作也。春仙之新剧，如《立宪镜》、《自由结婚》、《桃花扇》、《人和社》、《美人手》、《党人碑》、《苦旅行》、《瓜种兰因》、《缕金箱》等，启人知识之作也。春仙之新剧，识者称之，不识者不知也；丹桂之新剧，识与不识，均称之。

不平世

《不平世》系钟声伶隐所编，以立宪为主意，其中情节以立宪何者为要、何者为有关于民族之要点，并且诙谐动人，大有稗益于社会上也。

刑 律 改 良

《刑律改良》一戏,初名《洗冤录》,又名《破腹验花》,又名《挖人心》。自新名词出现,伶家争以新奇名剧,又苦于不知意义,遂更今名。此剧实于刑律无所改良也。钉五心之刑废已久矣,其所谓改良,谅指末场当堂演说罚锾官吏而言,然不足当改良二字。如遇枉断,罚锾已足蔽辜,则世之昏官,拼出金钱,将草菅人命,而无所忌惮矣。呜呼!于戏名且不求确切,伶界之人才可知矣。

《张汶祥刺马》之比较

按此剧本钟声所编,前在春桂时,曾经数四扮演。后入天仙,与春桂同时扮演,记者来往两园,纵观一切情景,将其得失,一一胪列,以供众览。

天仙去张汶祥者,即系钟声,春桂则李庆棠。天仙汪笑侬去马新贻,春桂则王德全。三麻子去窦礼和,天仙则赵如泉去之。以万盏灯去窦礼和之妻,春桂则系夜来香。他非重要,兹不缕述。

以仆察之,张汶祥为千古大侠,自应有沉着激越身分,若李庆棠则一既粗且俗之笨虫,以继钟声之后,真不啻狗尾续貂矣。王德全之鄙陋,亦非复马新贻当日精明之气概。赵如泉非常活泼淋漓,妙在带有强盗神气;三麻子虽差强人意,但年华已老,面貌又甚瘦削。万盏灯、九月仙等,虽乏夜来香、小桂枝之聪颖,然有文娱轩主以救其失,惜稍近于流荡。

赵如泉扮窦礼和,描摩神气,有非笔所能尽者。在马新贻处祝寿,见妻与马眉目传情,勃然大怒。临行时,愤懑难遏,曲肖武夫之状。迨其妻回,出示札子,改怒为喜,一再陪罪,儿女心肠、英雄气概,兼擅其胜,又皆恰到好处。至半路调回,怀疑莫释,现于词色,审问时叠言老帅栽培。及后见王命,始顿悟云:“我晓得了!我晓得了!”难言之隐,殊令抱热肠者为之一哭。从容谢恩,永诀同寅,慷慨引颈,视死如归,恍睹当日生气凛凛。演剧如是,我于此叹观止矣！三麻子虽老手，亦望尘不及也。

钟声气概轩昂，颇合义侠身分。窦被戮后，出场临哭，怒发冲冠，四座莫不动色。后经旁人提醒，告以君子报仇之义，而满腔愤恨，未能曲达，只作伸拳怒目，似意到而神情有未到处。譬诸行文，思想颇好，而笔不足以达之。责备贤者，窃自附《春秋》之义焉。

张刺马之前，怀怒未发，寓于客旅。有武弁四人，到其寓中，然并不谋面，无始无终，亦是此出缺点。

马授意首县，罗织窦罪，文娱轩主扮孙令之妻，规劝其夫，侃侃而道，是为巾帼之须眉。至刻画女子身分，惟妙惟肖，虽小子和、七盏灯，亦不过是。设非面壁功深，安能造此妙诣。

万盏灯去窦妻，虽无大过人处，然装点风情，不落下乘。

绍兴师爷猝遇素不相识之人，遽行贿赂，托其告发窦之罪状。按之情理，似有未当，不如删去此节。即于县令前补述，已经安排妥置，或假县令口中补出，较为完善，亦如小说中暗渡之一法也。

筱荣祥去马新贻，体态情状，宛如大官模样。审问窦时，一派官话，想见当时酿成莫须有之冤。

第三本，伶隐去巡抚，旁坐一藩司赔审，差役解张汶祥上堂。会讯之下，语甚激昂。汶祥仍以钟声去之，巡抚问曰："你刺死制台，有何冤仇？今日你到了公堂，可晓得王法难逃？赶紧招出，免受刑法！"汶祥对曰："大丈夫生在天地之间，一人做事一人当。光明磊落，焉肯抵赖！吾刺死他，自有道理。"乃陈缕与马新贻、窦礼和三人当贫苦时生死之交，及后来刺死情形，一一供出。适江宁县令在旁，献计曰："张汶祥有子，将其子捉来一问。"去其子者，乃赵春奎也。其子上堂，巡抚问曰："你父刺死马制台，是何人主使？尚有何人帮凶？你晓得否？"对曰："我不晓得什么制台不制台！"又问："你在家所作何事？"则对以"在家终日磨刀"。问其"磨刀何为"？则对以"你要杀我父亲，我要杀你，将来替我父亲报仇"！巡抚闻而异之，县令又献计，谓可将其子刖其两足，免得后来贻害。临分别时，父子相抱痛哭，观者咸为之泪下。汶祥依然不肯招出主使及帮凶之人，乃将其拇指斩下，鲜血淋淋，毫无惧色。当未斩指之前,曾牵累一将军,将军乃以李春利去之。汶祥说:“我刺死制台,是将军叫我刺的。”巡抚骇极,即差门役去请将军。适将军在家与其妾饮酒,被其妻窥见,二人争风吵闹不休。妻则以万盏灯去之,妾则文娱轩主去之。文娱轩主做工描摹精致,装出一副矫模矫样儿。适外间通报巡抚相请,将军连忙穿衣带帽,左妻右妾,夺穿其衣,争戴其帽,妖艳动人,酷似缙神家一部“现形记”也。将军至抚署,与汶祥对质。始供云:“受刑不起,以致诬攀将军。然制台是我一人刺死,并无主使之人。”演至此即完,钟声之编是剧,亦具英雄肝胆、菩萨心肠者。

铁 公 鸡

《铁公鸡》在近日新戏中首屈一指。或病其写长毛处太草率,抑之过甚,故不足以形容向、张。或举以询某君,某君笑曰:“此实大难。脚色只有此数,无法分配。以之扮演官兵。则官兵出色;以之扮演长毛,则长毛出色。若欲匀衬,其奈人材消乏?”何中国现时无论何种事业社会,皆有此状,岂仅演戏云乎哉!

梦 游 上 海

新年灯彩戏,最无意识,不得列入改良新戏中。此出亦灯彩戏之流亚也。仅借习见两事,如书馆、马戏等叠砌而成,阅之终不审命义所在。书馆一段中,形容留学生气焰,而状以武汉人口音,最堪发噱;马戏一段,蒙人以皮,最无意识。大象尤不类。惟盖叫天技艺尚可取,几不减于西伶之好身手也。

大少爷拉东洋车

天仙演《大少爷拉东洋车》,赵如泉扮败家精。当其与赵筱廉所扮之下流胚,征逐花丛,兴高彩烈,唤赛西施侑酒,赛为文娱轩主为之。声音、笑貌、态度、神情,按之彼姝,不爽累黍。入座后以说白当歌曲,首述天仙名角之多,次谓又有钟声排演改良新戏,即文娱轩主亦为所邀,老此面皮,以登舞台云云。风光措辞绝妙,入后叫东洋车，与车夫（败家精已流为车夫）操浦东乡音，亦妙。非有灵心妙舌，曷克臻此？至赵如泉之喜笑怒骂，皆成文章。所能如此，神乎技矣！

王勋伯

新舞台《王勋伯》一戏，配角匀称，情节完善，诚新剧佳本也。助以景致，愈觉可观。试略述如下：

夏月润去王勋伯，勇敢之气，露于词色。将到上海时，与其祖母言别（任长海扮），告诫叮咛，恋恋之情，不忍遽别。能令观者为之泣下。

王教商团体操，进退行止，秩然不紊，初不以儿戏忽之。

夏月珊去板箱店老板，与其妇口角（七盏灯扮），讥讽佞佛，痛快莫伦。

薛瑶卿去王之房东，系寡居老妇。因王贷其洋，作感恩语，保你夫言急自引咎，宛似老妪口吻。

群贼图窃时，板箱店主妇在楼窗上大声疾呼，布景如真。小保成去窃贼王阿仁，论做工，亦属不恶。至刺王时，王穿白色衫裤，锋刃所指，即现猩红，入后满身，点点皆是，座客为之寒心。出彩之敏捷，有足多者。

年大将军

夫戏曲一道，所以移风易俗，开通民智，提倡宗教，使乡愿下愚，不识字、不读书之人，观看之，从而知其善恶如是分明，不敢越礼法于范围之外也。书史有本末，戏曲亦有本末，能自头至尾，一一观毕，揆其情而度其理，揣摩其底蕴，犹胜于观书史也。此泰西各国近改良戏剧，所以开通民智之基础也。吾国年来剧中，曰“改良”、曰“特别”，皆名不副实，反增其淫邪，非徒无益，而又害之。若《活落门闩》、《穷花富叶》等剧，更觉荒谬，等于淫剧。天仙部伶隐与钟声合编之《年大将军》一剧，情节离奇，一动一静，无非陶淑人心，彰善瘅恶，使愚民不入邪僻，此改良剧之先声也。所谓年大将军者,即年羹尧。请先将何伶扮演何人,然后将其中情节一一表明。

头本《年大将军》,汪笑侬去赵以文,赵如泉去年大将军手下之统领尚无敌,筱荣祥去年羹尧,王钟声去西藏侦探员,马飞珠去都统尔图恒,赵春奎去赵以文之子,万盏灯去赵以文之妻张氏,何金寿去都统之幕府,赵小廉去年大将军手下炮队官叶忠奇,九月仙去侦探之妻。

先是都统尔图恒往庙焚香,巧遇赵以文学究之妻张氏亦在庙内,窥见容颜美而丽,赞叹不已,心中暗自忖曰:"吾若得此美妇人,作一夕之缘,虽死亦甘心。否则做都统有甚趣味?"及归府第,寝食俱废,似痴非痴,似呆非呆。适幕府在旁,问其有何心事,都统将其在庙中焚香时,见一美貌女子,询之系赵以文之妻,欲得之苦无妙计。幕府笑曰:"此种事易如反掌耳。吾闻学究在村中,训蒙为生。大人何不请其至府中,使令侄从其肄业,丰其束修,徐徐图进取之策,岂不妙乎?"都统大喜,从其言。即饬人往请赵学究为师,讯其犹子。时天下方太平未久,党锢甚严,赵之祖父,固明末遗老,有遗诗数首尚存,语多诽谤。适一日都统之幕府往访学究,学究出其乃祖所遗下之诗示之,幕府佯为赞美,阴喜其可以有隙可乘,归而告诸都统。俟赵他出,窃其诗,暗地使人讼诸刑部。都统复以贿厚赂审问官,使诬以谋反大逆不道。赵乃一介书生,苦于刑具,乃诬供之,所谓屈打承招也。问官即定以大罪,发往云南充军。未几赭衣就道,其妻与之相抱痛哭,状甚悲惨。及至云南,苦遭惨刑,誓不欲生,竟染疾病,卧床不起。会有年大将军手下之侦探员某甲与统领尚无敌二人,遇学究于旅店,问学究何罪而至此。学究告其冤枉遭罪,故充罪至此,一一诉明。尚无敌与侦探员某甲亦心腹最热之人,乃与其结为生死之交,并告以汝死之后,将来自有为之报仇之一日。及尚无敌与侦探员某甲返京师,耳闻其妻已死于无辜,更惨于学究。因学究充军后,都统时常遣人送其钱物于张氏,都统亦不时往其家调戏张氏。一日张氏问都统曰:"丈夫已为罪人,今既去世,小妇人是未亡人矣。大人不时驾临寒舍,恐非相宜。"都统曰:

“吾爱娘子之面。”说犹未了，张氏大怒，顿时面色泛赤，怒容而问曰：“爱面中何物？”都统曰：“爱娘子一副秋波绝世无双。”张氏立将剪刀戳丧其双目。又问：“还爱何物？”曰：“爱娘子之口似樱桃。”张氏又将剪刀戳碎其口，鲜血满地。既而戳其心，乃倒地而亡。是时其子在旁，呼天抢地，哀号悲动乡里，演至此，头本即完。钟声之编是剧，有裨世道人心，诚非浅鲜，改良剧之佳本也。

光绪四十二年之中国

丙午岁，上海环球学生会，假座英界大马路小菜场前西人议事厅，扮演新剧，剧目曰《光绪四十二年之中国》，盖为十年后实行立宪作张本也。借优孟之衣冠，为现身之说法，其中情节之奇、结构之佳，为海上改良剧曲之冠。

立宪镜

昔伶隐汪笑侬隶春仙部时，曾排新剧一出，曰《立宪镜》。命意极佳，然其中洋操一场，步伐错落，远不及潘月樵所排小金台班之《童子队》。至开会议一段，值场面者始则设椅朝外，继复移椅相对向，诸伶亦或坐或立，具见纷扰景象。夫演剧仅为形式上之举动，而程度已相差若此，哀哉！

剖腹验花

《剖腹验花》一剧，情节颇好，可惜最后弄出些鬼鬼怪怪来，仍旧脱不了“戏不够，神仙凑”之病。

斗牛宫

《斗牛宫》一剧，为想九霄与小生金红所排，无甚意识，不过热闹而已。然某日春仙演是剧，与他园稍异。中有学究二人，互相谈云：“我知中文，为中文教习；尔知西文，为西文教习。我二人可合开一中西学堂。”中教习云：“读书还是读中国的书好。中国书如《百家姓》、《千字文》等，都是有用的。”西文教习云：“试问《百家姓》

有何用处?”中文教习云:“《百家姓》都是人家的姓,小时读了他,大时便可认识许多人。”西文教习云:“那么西文读的书,也都是有用的。”中文教习云:“试问一只狗、一只牛,读他何用?”西文教习云:“小时读了他,大时也可认得许多畜生。”语虽滑稽,尚有余味。

明末遗恨

各舞台所编新戏,当以新舞台之《明末遗恨》为最善,颇有国家思想。而全剧中尤以“杀宫”、“辞庙”、“自缢”三段为最佳,淋漓尽致,凄惨辛酸,令人遥想当年国破家亡之惨,为之泪下。新剧中之破天荒也。

发明新骗术

《发明新骗术》一名《郎中先生掮木梢》,情节颇好,形容骗子之狡诈、医生之时髦,无不惟妙惟肖,新剧中之佳构也。

补天恨

歌舞台编排《补天恨》新剧,乃南宋岳武穆直捣黄龙府,迎徽、钦二宗还朝故事。意思颇为新颖,由金兵侵宋国汴梁,掳徽、钦二宗及康王回北,以张邦昌监国,宗留守归天,岳武穆交印刺字,韩世忠夫妻父子勤王,岳武穆拜帅,泥马渡康王,李若水骂贼未死,岳帅兵进朱仙镇,秦桧夫妻回南,计设东窗,被丫鬟泄漏,胡迪演说,下十二道金牌,岳帅招降陆文龙,不奉诏直捣王龙府,救回二圣,虎骑龙背,岳帅班师请罪,秦桧夫妻伏诛等事,非常热闹。以三麻子去岳帅、李春利去金兀术、客串管去胡迪、张凤台去牛皋、孟鸿群去韩世忠、奇来凤去梁夫人,其中情节完善,配色匀称,真一篇锦绣文章也。

侦探血手印

新舞台《侦探血手印》,布景既佳,做工亦渐近自然,不落常蹊。新戏如此,可以观矣。然本剧如此,原可将“侦探”二字删去。

三门街

此戏乃赵如泉与李春利、三麻子等所艞，共三十二本，情节甚多。剧中小孟尝每逢急难时，有一能作隐身术者，出为解救，亦艞戏者之取巧法也。

国民福

歌舞台所艞之《国民福》，演至代表断指上书一段，最为精彩。体操队之步伐，齐整亦无间可击，殿以提灯会、抚洋琴、唱爱国歌，并唱国会滩簧，尤为戏中特色。惟前半出微嫌散漫，能再以各艺员擅长之唱片，编成几节，仿《戏迷传》式短比鳞次，加入其中，则不但花样翻新，即观者愈有兴味，而全本亦自见警策矣。说白一门，还须斟情修改。然而艞新戏难；艞关于社会之新戏则尤难；艞关于国家之新戏则更难；艞关于国家之新戏，而能迎合于时俗人之耳目，则大难而特难。若三麻子辈，伶界人耳，不图其为国会计，竟能煞费经营，呕出如许心血也。噫！孰谓秦无人？

新舞台之《刑律改良》

新舞台演《刑律改良》，小连生与七盏灯兄妹商议及上堂时一段，苍凉伊郁，悲愤填膺，最为当行出色。小保成扮姜不良，第二场出来，说白中有曰："若不忍心害理，焉能家道兴旺？"真骂世语也。出中捏造情书写《西江月》一阕，煞尾两句云："从此各自两分张，休作胡思乱想。"尚嫌未恰。按，此出惩淫励节，裨益社会不少。或云"借尸还阳"一段，迹涉荒诞，戏癖曰："否！否！此正排戏者之一片劝世婆心，所以不得不出此斡旋造化之手段耳。乌可厚非。"

妻党同恶报

《妻党同恶报》，以员外挈同幼孩奔赴庵中面求伊媳回家一段，为此出中聚精会神处。"翁媳对白"一场，句句入理入情，小小连生滚地哭求，七盏灯挥泪婉辞，呜咽相对，声泪俱下。演戏到此种地步,观者几忘其为戏矣。

小小连生年仅舞勺,历观其配演各出新戏,做工均能体会入微,说白又能字字真挚,曲尽其妙,克荷薪传,可喜月樵有子。

某伶持剑立台左,扮魔将像(即俗称四金刚也)。有时上下其手,且常左右顾,殊为不合。

媳落发受戒时,邱蕊卿扮尼姑,率众尼讽经一场,观者咸为捧腹。

卖 橄 榄

林步青演《卖橄榄》,中唱国会预备歌,信手拈来,头头是道,且皆有益世道人心语。人人意中所有,人人腕下所无,君房言语妙天下,吾于步青亦云。戏癖谓:"步青是伶界之有心人,亦社会之大元勋,不得以滩簧家少之。"观此益信。是日卖座甚踊,故林亦唱得格外认真。

新 茶 花

是剧以七盏灯、夏月珊二伶,最为出色。其中状军人之丑史、写侠女之奇情,庄谐杂出,奇正相生,命观者忽喜忽惊,犹之目迷五色。此出唤起同胞爱国思想,不得仅作寻常戏剧观也。

末一场布景,泉瀑山林,色色俱备。陈少美领兵袭击,群从台下鼓噪跃上,亦是生面别开。

金 府 关 亡

林步青演《金府关亡》,描摹女巫种种丑态,唤醒痴人不少。

清 廉 访 案

歌舞台之《清廉访案》即《杀子报》,当以月月红做工独一。私听设计、书房报信、求娘赦弟、收尸哭弟等节,真真做来,入情入理,活是一副大姐姐身分,演得十分伤心,使吾眼泪夺眶而出,吾不禁拍案叫曰:"是儿可造!"其初出台时,衣素衣蒙薄粉,举止轻飘,言辞婉悦，极似少女不解愁之景象也。迨见杀弟时，滚地哀号，语不成声，既泣而惧，既惧复泣，涕泪模糊，惨不忍睹。兄妹骨肉之真情，一时尽现。斯时也，弱弟既遭惨戮，母氏又欲株连，哀惧交迫，无地自容，我恨不能挈月月红之纤手，挺身而为之救护也。猗欤休哉！我可爱之月月红，尔何伶俐若此！我敬之！我重之！我不特祝汝月月红，更祝汝千年红！万年红！

起桂宾之幼童，也算难得。惟被杀时，赤身露体，一丝不挂，未免太不雅观。将来再演，以改穿最紧汗衫为宜。

孟鸿群起塾师，唱作俱佳，尤以假笑为最。

三麻子起通州州官，公堂及察访二段均妙。惟诫随侍曰："不要到四马路去兜圈子。"则大不解，岂通州亦有四马路耶？人谓三麻子为戏才子，然而语虽滑稽，未免失节。

胡富生起李活落，诙谐亦好，火候已到。与州官闲谈中，凡述及和尚二字，其手必向后一甩，其音必格外加响，盖正厅上适有两个光头在也。因之观者群向伊所指处看去，咸捧腹不置。起衲云者，亦尚不差。

郭少兰满面杀气，武工亦佳，恰是狠心肠泼妇身分。惜音太沙，杀子一段，倍极淋漓。

该舞台于此剧中淫荡各节，概已削除净尽。悲惨处，令吾流泪不止。方今社会龌龊之际，亦未始非劝善之一助。诚能再如修饰，必更有可观者矣。余于该园排戏者，有厚望焉。

血　泪　碑

全剧最佳者，则小子和也。唱工、做工，均为出色当行，如初写黄庭，到恰好处。惟其后因为情而死，死而复扮女鬼，此等戏终不能出迷信二字之范围。现今当预备立宪时代，风气日趋于文明，智识日见其开通。社会上之旧习，凡关于迷信二字者，均须一律革除。故戏中神鬼迷信之剧，亦当急行改良，似不宜再演此等迷信之剧，以增长社会之迷信人。

艳 情 策

《艳情策》乃西班牙故事,不知从何蓝本而来。小子和规摹泰西闺女情状,一种袅娜之态,殊非笔墨所能形容万一者。能于爱情缠绵之中,绝不露一毫荡态。奏风琴一场,尤为娱耳。由是看客兴高采烈,上下鼓掌声、喝彩声,犹如春雷四合。旭初、旭初,抑何令人倾倒若是耶!

大大奎官扮张佩章,聆其言语,似富有新思想。且描摹爱情,尤非夏月润、吕月樵辈所能及。大大奎官,的是可儿。

明海山扮张佩章之挚友,可谓妙极。其言语之慷慨激烈、举止之雄武活泼,似与潘月樵相伯仲。

碧月花扮西妇亦佳,惟太无做工,始终若木鸡。

廖连卿诙谐杂出,观者无不哄堂。

赵小廉不佳,因扮美珍之表兄,举动粗鲁,不脱武生本来面目。寄语小廉,好自为之,克副众人殷殷之望也可。

野 蛮 公 子

大舞台演《野蛮公子》,赵如泉去武进士,活泼淋漓,慷慨激昂,颇合义侠身分。惟上堂时对知县曰“我中国自庚子国变以来,种种受外人挟制”云云,则大不通。盖此系彭雪琴宫保时事,岂是时即知后四五十年有国变之事耶!语虽警醒,未免失检。

海上梨园杂志　卷五

改良戏曲谭

新戏曲宜求高尚

近日戏曲改良之说,渐灌输于士夫之脑中,故除戏园以外,各处之编演新戏者甚多,顾窃谓宜稍求高尚。夫戏曲之所以唤醒社会迷梦,固宜将各社会之状态,一一描摹之。然恶俗之态、猥鄙之语,亦宜屏绝。此其影响于社会不小也。

新戏曲宜以动人感情为胜

泰西名优，其卓卓者，均以悲剧擅胜场。良以动人感情之戏曲，悲剧尤甚于喜剧也。我国旧剧亦多悲凉之作，回肠荡气，往往使满座堕泪。近日新戏剧专事搬演，所以无味。又或加入无意识之插科打诨，则况而愈下矣。

戏曲与文章

编排新戏，当求关节紧凑，变换灵活，方能提人精神、动人感欢。最无味者，是铺排场面，题外生枝，如大出丧、大开吊、迎亲、洋操等等，徒事敷衍，令人意兴索然。雪苑侯子论文章曰："渴虹饮水，霜隼搏空。"又曰："人不着意之处，正当极力描写。至于大经大道，惯见习闻者，只宜数语便当控住，以归含蓄。"吾谓编戏亦然，得此诀者，其惟《党人碑》乎？

新戏剧中古衣冠之不可废

自新戏盛行后，舞台上均用现代衣服，非长袍短褂，即红顶花翎，虽花样入时，而迥不如以前之大方家数。因此台步声容，咸不讲究。且习为轻佻儇薄之状，品斯下矣。我愿编演新戏者，宜稍加之意焉。

提 倡 旧 曲

旧戏中多慷慨悲壮之戏，是为中国戏剧中之国髓，宜保全之，不可听之消灭者也。曾见小叫天演《李陵碑》，亦即其一。其声音之静穆清朗，令人如读汉魏六朝文字，气味醇厚，骎骎而入于古，是为旧戏中之宜提倡者。

演剧不宜裸体

东西各国，莫不以裸体为大不敬事。我国梨园子弟之俗称跳虫者(即武行)，大概皆裸体下场，似于进步时代，不免缺憾。鄙意宜参仿东洋，均服杨妃色汗衫裤，腰服锦绣，庶为动目，兼可合于文明之法。

演剧不宜多无味之铺排

上海各戏园前半之剧,角色甚劣,而敷衍甚长,殊令观者如魏文侯听古乐而惟恐卧。迨至末出名角登台,往往以为时已晏,不能终曲,硬行中止,甚为恶习。(此习北市各园,皆不能免。惟从前夏氏开丹桂时,鲜蹈此弊。今新舞台亦不免。)寄语各园,盍节此无谓之铺排,而于末出加之意哉!

《遗翠花》等剧不宜演于今时

《遗翠花》等剧,淫态毕露,描形如真,令少年见者而易动心思欲。惟目今改良剧艺时代,如此之戏,宜禁而不宜多演。乃竟视为妙文,数日必奏一次,余甚不解其何取益哉!尚望任斯责者,宜稍加之意焉。

扮演角色不宜杂乱无章

梨园中扮演角色,往往杂乱无章,有莫明其妙者。如程咬金于《锁五龙》中,则扮之以丑,至《义结金兰》中,则又扮之以武净;余千例宜以武净扮之,而《四杰村》则扮之以武生;褚彪明明是白胡子武老生,乃竟有扮之武净者。呜呼!角色且如此杂乱,况戏曲乎?此改良戏曲家所不可不知者。

新剧之结果

见怪神者、因果报应,此下等社会之迷信也。养成此听天由命之习惯,而社会日以退化者,此迷信之结果也。近日所编新戏,每每借此等事,为穿插、为楔子,是推其波而助之澜也。矫去此弊,当以百事,但凭人力,引起其竞争之心。

伶人不宜改变曲中词句

京调词句虽粗俗,然一句一字,皆前人所酌定,有万不能改变者。而近来伶人，往往率然变改戏中词句，以自命为通文，然每多不可解之处，令人捧腹。如老供奉孙菊仙之唱《三娘教子》，将“见三娘发雷霆机房闷坐”三句改为“三主母在机房机房闷坐”。既云“机房闷坐”，则三娘之在机房无疑矣。又何必联床叠被，将“发雷霆”三字易去乎？时人比菊仙为《品花宝鉴》中之孙嗣徽，诚千古不易之确论也。呜呼！供奉内廷者尚如此，况他伶乎？此伶人之所以贱视于人也。

新剧不宜牵合他国之事实

新戏为转移风俗之无上品，固不易之论矣。然而曲本不完善，未克收其效。今有人焉，于此嘐嘐然，以他国之戏剧，强施之于我国，而谓其能转移风俗者，吾未见其当也。其亦知风俗人情各有不同乎？

新剧宜先编辑曲本

今欲改良戏剧，当从编辑曲本入手。务求切合社会情形，毋为高远难行之说，庶克有效。

曲本不宜改头换面多似是而非之谈

改良戏剧，为开通社会之嚆矢；编撰曲文，为改良戏剧之入手。则曲本之重要，固无待言。然而环顾各舞台所演者，类皆改头换面之作，似是而非之谈，求一宜雅宜俗、可劝可讽者，未可多得。是亦菊部人才消乏之故耳。

髦儿戏改良之难

上海男戏改良，日有进步，髦儿戏未之闻也。一因半妓半优，则无排戏之时间；二因不识字者十人而九，则无排戏之智识；三因岁数稍大，出名之后，非嫁人，即为俗务所累，则无排戏之精力。合此三因，虽有大力，莫之能转。

欲增进国民之智识必从改良戏剧入手

戏剧最为感动人心、改良社会。中国所演者,无非《卖胭脂》、《巧姻缘》、《封神榜》、《西游记》之类,为导淫之媒、为迷信之师,深入人心,因之风俗愈偷,人心愈险,民智愈弱。欲增进国民之智识,必从改良戏剧入手。

戏园不宜翻新淫戏

戏园之本旨,为移风易俗而设;观者之志愿,为娱情怡性而往。兹上海戏园林立,所演者惟改换头面,互相效法,致能使人生感慨者,竟不多见。近更有以十余年不演之淫剧,而翻新招徕者。此其所以为上海文明戏园乎?呜呼!我惧戏园。

戏园不应注重客串插淫戏

改良戏剧,为改良风俗之元素。能从任侠孝义着手,即彩旦亦剧场中正角人物。近来各园,好请客串插淫戏,以事招徕。岂淫剧为客串之本色,非此不合观剧者之心理乎?窃愿各园主一矫正之。

新剧宜翻译外国曲本而以中国名称扮演出之

社会教育,戏剧与有力焉。近日竞言改良新剧,率皆不中不西、不伦不类。不但外国人见之好笑,中国人见之,亦莫名其妙。窃谓欲改良社会,须以外国优美高尚之风俗事实为资料,而以单纯之中国名称扮演出之。不然,纵演得尽情极致,人皆目之曰:"此某国人则然也。"

改良戏剧之难

戏剧多有不可解者,如《天雷报》之妇人,老旦也,而有用小花脸扮之者;《群英会》之蒋干,小花脸也,而有用老旦扮之者。有类近日之倒串,其不可解者一。戏宜熟也,而谓之生;花脸秽状也,而谓之净;女子阴象也,而谓之旦;院公内差也,而谓之外。有类于文章之反写,其不可解者二。

王累忠臣也，而扮者则为豆腐脸；陈登豪杰也，而扮者亦豆腐脸；程咬金伉爽直躬者也，而扮者亦豆腐脸。《献剑》之曹操与《捉放》时之曹操，脸色因事而异，判然如出两人。外此颠倒是非，不一而足。其最含冤者，莫如潘美；其最矫情者，莫如包拯。薛平贵、仁贵，一而二，二而一，毕竟是一是二，顾无成见。其不可解者三。

有此三不可解，而尚曰"改良"，是诚谬以毫厘，差以千里者矣。

改良戏剧与进化之关系

社会之进化，操其特权者，小说而外，其惟戏剧乎？中国改良戏剧之实行，自春阳社成立，而将见灌输之众、津逮之宏，其效果可断言者，即反比例以明之。旧时戏剧所演《三国》、《水浒》、《封神》、《西游》、《施公案》、《彭公案》、《七侠五义》等等之故事，深入人心，淫盗迷信，社会中皆其影响也。试取近日新小说，有关系于社会，足以助其进化者，登场演之。吾知风俗之改良，影响于社会，尤大且速。

杜十娘应服古装

《杜十娘怒沉百宝箱》一戏，系古事，应服古装。而近日演此戏，有着新式装者殊不合。

戏情有明暗之分明

大凡戏剧有明事而暗写者，有暗事而明写者；明事而暗写是省笔，暗事而明写是补笔，要皆以戏中之宾主为增减。如《白马坡》一出，主人翁全在关公一人，故曹营各将与颜良大战，多用暗笔，不特省却无数气力，且可缩短无数时间。又如《翠屏山》一出，若潘巧云既同杨雄安寝，旋即直接演入明晨，未免于情理不合。故于夜半更深，潘氏复起，暗中历述其与海和尚勾搭情节，一时淫声浪语，刺刺不休者，亦在使观者悉其当日之心事，故补叙于此，不然独不畏杨雄窃听耶！故观剧时，当分别事之明暗，幸勿为其瞒过。

演戏须注重道白

唱工与道白二者,不可偏废,久已成为铁案。余以为道白尤重于唱工,唱工不过循节按板,尽抑扬之致,使识者发临时之欢娱。若以门外汉当之,既不知词曲,又不解韵调,对之未免生厌,其关系于社会之范围甚狭。道白时,无丝竹之乱耳,字字易于听闻,能使观者了然其中之情节,故其感化力较速。即常演之剧,如《探母》之杨四郎、《黄金台》之田单,当出台之始,或先白后唱,率多前后重复其词者,殆皆以此之故欤?近人每不喜道白,而优人亦从而轻之,讵知其关系甚大。所愿各优加意于兹,庶几听戏者亦易以领会焉。

装　束

北京谚云:冻不死的衫子(正旦),热不死的武净。盖因扮武净者,每登台必着胖衣,以表示其体格肥大,威不可犯之态度。即三伏天气,热度升至沸腾点,亦必着此,是虽有害于卫生,然犹可振发观者尚武之精神。独扮正旦者,即冬日严寒之际,亦仅着薄衣一领,以摹仿女子弱不胜衣之状态。其实状容肖否,全在神情与言语,而身腰之粗细,乃天然长成,殊不能以衣服之厚薄而变其形像也。

改良戏曲宜先从旧曲入手

今日之新学家,莫不以改良社会为己任。至于戏曲,近来虽有热心志士,力谋改良,大都注意于新剧,所有旧曲均未注意。昔荀子尝曰:“乐中平则民和而不流,乐庄肃则民齐而不乱。”试问今改良之戏曲,果能合于中平庄肃之程度乎?我国戏曲,以京师为最讲究,谭鑫培、王瑶卿、俞振亭等,颇能得其中平,此外皆不足道矣。次则若天津、奉天、上海、汉口,铺张扬厉,穷极奢靡淫荡之态度,不过求一时之悦目,至于声调之合度、衣冠之适体,多以为无足轻重,如此江河日下,岂不可叹!

风气之转移,惟戏曲能操其劵,忠义则如《李陵碑》、《九更天》等剧是也;贞节则如《忠义侠》、《御碑亭》等剧事也;但是此类,多出于稗官小说之附会,愚夫愚妇无不乐闻,而且最足移人情性,往往巷议街谈，视为真有其事，虽百口分辨，终不能破其迷信。

旧戏之音调有四，一二黄；一西皮；一高腔；一梆腔。其中虽有须生、花面、小生、小丑、青衣、花旦之别，总不外此四者之范围。新戏只有说白、弹唱二种，情节之确切，无一毫粉饰假借，为旧曲所不及。如激昂慷慨，当以旧曲为最。

为今之计，如仅以说白演新戏，徒用新名词，如自由、平等、国仇、国粹等语，为激动人心之鼓动，只可对上等社会中人言之，下等则茫无觉察也。上等输入文明者久矣，此种言语，人人脑筋均已布满。下等既未深悉欧美之事实，又于此戏无一感情，如盲人瞎马，不辨东西。音声之能感动人心，出于自然，故悦者闻之则悦，忧者闻之则忧。孔子闻韶，三月不知肉味，可以识其心之专也。目既不睹，则其心之不专也可知矣。

若有人焉，起而创为一说。取所有之旧曲，删其淫辞俚句，合中外之所长，而舍其所短，使其音合乎中外，其容遵夫庄肃，无一破坏风俗之处，而能启我民智于无形，则戏曲之功效，不亦大且远哉！旧曲中亦可间以新曲，必须人所尽知之事，无论中外均可选入，更为唱调以补助之。若独以语白登场，味同嚼蜡，识者听之，反而生倦，不识者又何知其奥妙耶。此则不可不知也。今日之改良家，固知以欧美之新戏，谋优界之改良；殊不知我亦自有改良之术在也。求礼于野，不若问俗于国，是在改良戏曲者所当注意也。

做戏须入情入理

戏剧之做工，须入情入理。如初拓黄庭，到恰好处，方能动人。若畸轻畸重，则必不能酷肖某人当日之身分。近演各剧，多不免此弊。然一由于材力不及，一由于习而不察故耳。如《牧虎关》一出，高旺调笑儿妇，原由于不知个中关系，其轻佻正所以应后文之惭愧，故百般形容，不厌其烦。至合家团圆儿妇拜见时，则只可稍露惭愧及踽蹐之状。乃近日演者，竟至局促一隅，以椅垫掩面，儿妇进房，乃翁即无地自容，亦当不至如是也。

海上梨园杂志　卷六

淫伶与荡妇之交涉

金媛媛与秦美云之价值

秦美云居三马路时,尝与春仙伶人渤海氏者,有秘密交涉。渤海向其索钻戒一枚,美云不能却。因以丽德洋行五元之品馈之,渤海不辨也,系于指,夸示同侪。同侪哗笑之,渤海惭而怒,交遂绝。讯梧楼金媛媛之于春桂伶东河公也,谈判于半醉居,濒行,即将指上值洋二百余元之钻戒一枚赠东河,以为订交之券。夫五元与二百元,其悬绝几四十倍,即谓渤海所长,不若东河,然此中相间,不容以寸,何至遂增四十倍之价值?然则此五元、二百元,即谓美云、媛媛之自定其身之价值可也。此议出,二人保无有以价之高下生喜怒心。虽然,怒犹可也,喜难言矣。

鸥波小榭与应宝莲

鸥波小榭年已半老,犹复装束如美少年。与其姘识之应伶宝莲,作汗漫游,张园、愚园,无日不到,不顾旁人之轻视,犹以为姘识伶人之妙手。习气之重,竟至于斯,堪为浩叹!

应宝莲之凶横无耻

荡妓苏缓媛前在大观戏园观戏,遗失金小镜子一面,疑在旁看白戏之矮胖子所窃。时其姘夫应伶宝莲在傍闻之,竟不问捉贼捉赃之例,将其凶殴。呜呼!应宝莲一伶人耳,明目张胆,当众客之前,陪其姘妇观剧,已属非理。况殴人乎?况殴无凭无据徒疑其所窃之人乎?呜呼!上海之伶人,吾知霍春祥、李春来之覆辙,应伶必不免矣。

浣花小榭与常春恒

浣花小榭近亦放浪纵淫,日与春桂伶人常春恒优游泥城桥某总会，一若彼之招待所也。前晚有客征召叙商楼西餐，浣花托故而出，先赴总会，以践常伶之约。比至拍手大笑，伶即出脚踏车以玩。未几入内，闭门寂然良久。侍者老四伺候于外，乃至叙商楼，该客早已散矣。

其　二

浣花小榭其与常伶也，匪一日矣。初因尚无私第，乃托人说项，暂赁跑马厅之某总会，为秘密所。近竟明目张胆，公然不避。呜呼！如浣花者，下贱已达极点矣。

夏月阁与小子和

夏月阁其姘夫小子和，固与视夏月阁为家鸡矣。其秘密室，铺陈精致，寻常客人往往不能一瞻美富。盖夏月阁特辟斯室，以为新舞台焉。而一班走马章台者，仍以和酒报效，与小子和角逐花场，不亦愚哉！

其　二

夏月阁辟一秘密室，与小子和作巫山相会之所，寻常游客均不知。前有某公子瞥见之，欲于其中碰和。夏月阁居然以阳台对，谓只许参欢喜禅，不许作竹林游。颜之厚兮，其夏月阁之谓乎！

玉兰香与某花旦

玉兰香人尚风流，貌亦不俗。前昨应某花旦之招，一乘香舆，至大庆楼而止。有心者迹其痴情，盖与某花旦颇有难舍难分之势。“劝君更尽一杯酒，莫负千金一刻时”，可为玉兰香咏之。

鸥波小榭与应宝莲其二

鸥波小榭管韻芳，聪明俊逸，能诗解韵，惟不善自爱。与应伶宝莲结不解缘，未免反被聪明所误矣。闻近日生涯大非昔比，不亦可惜哉！

其 三

鸥波小榭,观其命名,可谓得雅人深致,宜入画境。孰知其好与优伶作偶,应宝莲,应宝莲,闲鸥当卧尔叶底耶。名妓不惜身,往往如此。鸥波其一而已。

谢青云与小子和

谢青云近来与花旦冯旭初为莫逆交,几乎无人不知矣。而冯与谢亦俨然自许为双宿双飞,谊同夫妇矣。所不解者,有槐荫公子犹复向谢处点菜摆酒,吾不知槐荫公子之耳若目,何如是聋瞶哉!说者曰:“此乃冯伶之密友,与冯实一而二、二而一者。”此说容或近理。

其 二

谢青云与花旦小子和结不解缘,固已妇稚皆知。乃冯伶不知改过,与其兄二狗恳求某报馆,莫将底事和盘登出。某报姑念痴情,不提其事。岂料冯伶又在茶肆张扬,以为探花问柳,自己本领。真所谓吹绉一池春水,干卿底事也。其出口夸大有如此。

桂芳、琼林与小子和

桂芳、琼林与小子和颇形水乳,前次迎春三受灾时,该伶闻信后即飞至保护,该伶其情之所动耶。

龙凤金与应宝莲

龙凤金与应伶宝莲有啮臂盟,故门前车马顿觉星稀,非复往日气象矣。

某小姐与盖叫天

文监师路某某坊某公馆之某小姐,媚态柔情,风骚异常。近与盖叫天结欢喜□,往来极□,每夕鹤张惊伏,暗度巫山。他日漏泄春光,必有一番孽海风波之险。寄语盖伶,尚祈自省之。

花元春与应宝莲

花元春平日芳名“鹊起”，自与应伶相识以来，生涯寂寂。足见取友一道，亦在乎端不端而已，更何论乎夫妇哉！

筱青柳与小子和

筱青柳与小子和有双飞双宿之约，自诩为时髦倌人。一种标劲，不堪向迩，时时开罪游客，故醋海容易掀波，且负债颇巨，房中侍媪，无一不担忧愁。而夏月阁得过且过，只知有小子和，不知其他也。呜呼！筱青柳其痴矣。

金美凤与常春恒

金美凤轻盈娇腻，秀色可餐。自与常伶姘识以来，无日不往春贵观剧，旁人莫不指而目之曰：“是常伶之姘头。”美凤不自惜，吾惜之；美凤不自羞，吾羞之。

秦天楼与周蕙芳

秦天楼与大舞台花旦周蕙芳，结不解缘。每夕必往观其剧，眉目传情，放荡无忌，人皆侧目。秦天、秦天，何太自轻乃尔！

某绅之妾与某伶

妓女喜姘戏子，已于论说内详言之。而缙绅宅眷，亦多有效颦者。李春来、霍春祥、高彩云往事，昭昭在人耳目也。记者昨游苏台，道路喧传，人言籍籍，谓近又有某绅之妾，与善演《花蝴蝶》之某伶，结不解缘。然欤？否欤？其亦所谓趋时之髦欤？

俞振亭与翠兰润卿

俞振亭即小毛豹，为老毛豹俞菊笙之子，剧本中一花蝴蝶也。而近来爱情最注者，惟翠兰润卿，曾形诸笔墨，自认不讳。鼓钟于宫，声闻于外，章台走马者咸引为谈助。而润卿生涯，遂大受其影响。润卿知之而不忍与俞绝，乃决意从俞而终焉。商诸俞，芙蓉帐里已订密约矣。润卿多外债,其母二疯子又视为钱树。俞伶虽为舞台上好身手健儿,而酒地花天,纵情挥霍,囊中金实无青楼买妾资格。思以空空妙手,夺此美人,润卿迫于情,曲从之。事为二疯子所闻,以大义责润卿曰:“从良,好事也。从良而非其人,误汝一生矣。汝自欲之,又焉避害?然吾之育汝,所求者利耳。汝去听之,我之利不可失。汝告爱汝者,偿我相当之利,然后行。”润卿急甚,愤而言曰:“母言利,母之志也,然母分我利亦多矣。我堕孽海久且深,屡欲自脱,今得意中人而事之,祸福苦乐自召之而自甘之。母必重利而轻婚姻,我将诉诸公庭。”母惧,奔告于俞曰:“子害吾女矣!吾之生事死葬,皆赖此一块肉。子以术媚吾女而夺之,子贫不能为吾谋,吾其与子偕亡乎?”于是俞伶亦惧,嗟乎!情似海深,囊如水洗,造物之弄人,往往如此。然侬有一信为俞伶告者,百日国恤期已将满,梨园生业可复旧观。嗣后当奋登舞台,储蓄演剧之资,节省浪用之费,则终必有金屋装成贮阿娇之一日也。

某伶与柯宦之姨太太

善演张国樑之某伶,与现住某某里柯宦之姨太太姘识。记者早有所闻,然恐谣传,未能深信。某日记者偕友往观,坐二层楼特别包厢第五十五号,柯宦之姨太太在五十九号,与记者仅隔一板。至某伶出场时,二人相对一笑,眉目传情,真好看煞人。后其子某某竟上楼来,对柯宦之姨太太曰:“我爸爸请伃等会子到咱们家去叉麻雀。”柯宦之姨太太点首答应,不待戏终,急姗姗而去。夫某伶非平日自命志士,以改良戏曲为宗旨,创办伶界自治会之人乎?宜如何尊重其人格,乃非特不能略尽其责任,反藉此恣行其不法,凌贱士夫,冠履倒置,尤为情理难恕,实属此中之野狐禅。直可谓戏曲中之门外汉,何能以色身示人,为社会作先导哉!呜呼!平日自负为文明之人且如此,伶界之人品可知矣,宜乎贱视于人也。

海上优伶之恣肆跋扈

海上优伶,恣肆跋扈已达极点。杨月楼与粤人韦姓母女交涉系狱，竟将脚筋割断，此为往事，姑不必道。而近数年如高彩云之于金氏，既与其妾顾彩林通奸无忌，复敢持刀入室，恐骇主人，淫凶肆恶，为从来所未有。自是而后，如霍春祥之于费氏，既通其母，复奸其女。而近来发现，如郭蝶仙之于冯氏；与丁灵芝草之于祝氏（此事另详）；与夫李春来之事，前后如出一辙焉。虽然，亦有不可尽为伶界罪者。盖贱妓淫倡之以得一姘识优伶为荣者，亦未始无人，此殆已成为上海北里之恶俗。且不特贱妓淫娼而已，则贵家姬人、富室娇娃时出观剧，目成心许，以歌舞之场为桑濮之地者，亦时有所闻。而淫伶平日之所挟持注意者，亦无非欲得妇女而私之，并藉此以为渔利之计，其心术实不堪问也。昔日有名之妓女，如林黛玉、陆兰芬、刘爱珠、王素香辈，亦均与李春来姘识多年。此外为著者所未悉者，逮不知其几何，如灵芝草之与胡莲卿、李春来之与朱素珍（此事另详），亦先在为娼时所姘识，迨胡从良之后，丁灵芝草尤复私之，而至于卷逃。呜呼！观于此而娶妓为姬者，可不慎欤！

丁灵芝草与胡莲卿之交涉

秦腔花旦丁灵芝草与淫妓胡莲卿姘识，未几，胡忽决意从良，与祝某订偕老之约。祝某固商界中之巨子也，富于资，即为赎身，置莲卿于如夫人之例。莲卿既属于祝某，而美衣鲜食，虽任其所欲；然以淫荡成性，不安于室，于是私背祝某，暗侑御者，复与丁灵芝私姘。一月忽失其踪迹，并席卷去巨万之金饰，祝某乃侦骑四出，终无弋获。乃控丁灵芝于会审公堂，告以奸拐之罪，丁不承认，复转解县署，以便刑鞫。丁自知难以卸罪也，乃饰词登一广告，略谓莲卿亡去，彼实不知，如有能寻获者，当以二百金为酬。此广告发现之后，亦毫无影响，或谓祝于侦探之次，得一灵芝草与胡莲卿合摄之影片，乃呈之于官，以实其罪。县令某以伶人奸拐妇女，罪在非轻，非重惩不足以儆将来，乃一再严讯，而灵芝草终不承认。问官以其狡猾，或杖或笞，鞭之、挞之，至于再三，而灵芝草已备受诸刑，犹不指实莲卿之所在。而最终之讯，官乃判以递解回籍之罪，一时人皆快之。

某武生与左翠玉

左翠玉居三马路时,即与某舞台善演《花蝴蝶》之某武生姘识。现左已嫁甬商某姓,仍不时往来,毫无顾忌云。

某花旦与朱素珍

朱素珍自李春来系狱后,常莅某舞台观剧。某日某花旦方登舞台演剧,朱忽大声喝彩,并脱其钻石手钏,掷诸某伶之身,观者无不发指。呜呼!如朱素珍者,其下贱已达极点矣。

某花旦与黄太太

黄太太近日忽移其爱情于某花旦,将钻戒掷之台上,为夏月珊看见,即登台宣言,曰:"此钻石戒指虽不知何人所掷,以理想度之,或为其人颜面攸关,姑不必道其名姓。然当众人之前,竟明目张胆,公然行此无耻之事,可谓廉耻丧尽矣。彼虽无耻,本舞台决不令该艺员领受此不义之财。如系洋圆,鄙人决不阻拦。今系首饰,我梨园向无此例,况方今时局艰难,民多失业,饥民遍野。照鄙人之意见,不如将此钻戒变换银洋,以充善举,诸公以为然否?"于是众皆拍掌赞成,黄太大始面赧,悻悻而去。或云黄太太系托车夫送与该伶,并非掷之台上,两说未知孰是。

李春来与朱素珍

朱素珍,吴门之山塘上人。其父业屠,殁后,母即改嫁棕棚匠。朱氏幼时性嗜剧,且喜作男子装,有小棕棚之目。大观、庆乐两剧场,盖无日不有其母若女之踪迹焉。久之,其母以棕棚匠不遂所欲,遽与离异。黄朱氏亦届破瓜之年,吴俗故多轻薄子,游蜂浪蝶,时萃其门。邻右毛妪,夙以七十鸟为业者,瞰其姿媚,知为奇货可居也。婉转怂恿,遂入海上乐籍,命名曰朱淑真。三马路之公羊里,其香窟焉。顾以美未殊众,不甚知名,性犹狂傲,与客恒落落寡合。一日作西装游于张氏味莼园,纤腰一握,袅娜如临风之柳,诚有所谓行一步可人怜者,蓦然见五百年风流业冤。盖京卿之遇彼姝，适其时矣。一见即剧赏之，即夕召使侑觞，两情伉俪，遽赋定情。未逾月，畀其母以明珠千斛，置诸金钗之列焉。氏性聪慧，自幼粗解文义，喜读说部书，尤嗜《水浒》及《施公案》，尝叹黄天霸之为人，而惜其莽武不情。适京卿后，怪其文弱过甚，与人言及，自伤非偶。盖不俟京卿之殁，而已蓄异志矣。夙好观剧，至是益逞其欲。于某园踪迹尤勤，李春来者，某园中之著名者也，尝扮黄天霸等，戏剧儿好身手已镂入美人之肺肝，而情电所磨荡，眼线所接触，益觉刚健中含有妩媚风格。李伶渐窥其隐，柳梢月上，克遂私约。久之，不复顾忌，鹊巢鸠居，公然如伉俪。于是人言藉藉，中冓之耻。论者至指京卿以为戒，李伶犹不知敛迹，稔其积有巨资，百计骗取。适李春来隶春桂时，朱几无日不诣该园观剧。一日，朱之坐位忽为他人所占，争之不得，大愤。归而与李伶谋，欲独辟一园以泄愤，李亦欣然从之。乃退出春桂，而以其园替之于某君，改名为玉成。李又另赁基址，于玉成之前，与之望衡对宇，而于建筑时，又复别出心裁，装置一切，克臻美善，为海上各园之冠。朱氏亦自居于老板娘娘而不疑，与李偕往偕来。未几，李伶因丁伶改名来沪事被逮，而海上不平人，与粤东诸同乡公函控诉，两罪并发，朱氏出其全力，辇金运动，致成交涉之案。审讯之日，有人目击李伶衣春纱衫、乘汽车而至，不加刑具，神色自若，令人忘其为淫凶恶极之羁犯焉。或曰：京卿积赀如许，皆由多行不义而来。悖入悖出，亦固其所。而朱氏独始终不隳其志，讯期辄驾车而往，侦探消息。念李伶之就押所也，则尝太息流涕，曰：侬诚薄命，致苦我黄天霸。平心论之，得不谓之情种乎哉！惜用之非其人耳。

李春来与刘爱珠

海上名妓刘爱珠，素与李春来私。既嫁钱姓，犹时相往来。其夫听之，不加管束。刘乃公然就李春来宿于园中，人有呼以老板娘娘者，刘应之，毫不知耻，亦可异也。

盖三省与水鲜花

花旦水鲜花,天津产也。幼堕平康,其母作莺迁乔木计,使学戏于盖三省。(此盖三省另一人,姓陈名云波,系唱青衫子,非丁灵芝草化名之盖三省也。)时年已及笄,陈渔其色,私与通。其母亦听之,遂易师生而为夫妇。数年已来,无甚间言。陈在庆丰自成一班,赔累甚巨,乃之呼兰,仍如庆丰之所为,赔累益巨。返哈尔滨后,水鲜花久不登台,仅恃其徒余四胜供给,所入无几,以致衣食维艰。其母欲令脱陈羁绊,另谋生活,日前大肆詈骂,陈不能堪,将其母头颅打伤,已呈控四区,尚未知作何结局。惟闻水鲜花犹有恋陈之意,不欲遽离云。

管海峰与西装妇

客串管,名海峰,前因在大舞台串《拾黄金》时,向一西装之荡妇自称系路三宝,该妇以姘识伶人为荣,不问其貌之美恶、艺之优劣,于是与之租小房子于某某里。后真路三宝来沪,该妇始知受骗,与之决裂,是以有"滑头路三宝"之徽号。此该伶丑历史之一,其他劣迹不可胜纪。

筱青柳与某伶

筱青柳私识春贵部某伶,近忽反目,欲与割席。盖青柳性荡而无恒,与人交一度,亲其肌肤,即怀厌弃之心。寄语某伶,勿恋恋也。

龙凤金与冯伶

龙凤金与伶人冯某,赁一私第于南京路某里,戴月披星,终宵仆仆。惟冯伶为人甚无状,得陇望蜀,既得凤金为禁脔,复与三马路某妓作衾穴之约,狡狯哉冯伶!

应宝莲与陈姓女

淫伶应宝莲,当其发迹之初,不过一武行之打手耳(即俗称跳虫者)。厥后竿头日上,一跃而为上驷。惟性淫荡,善媚妇人,为海上诸淫伶之冠。平生专以勾引妇女为事,借歌舞之场,为桑濮之地。见包厢中有妇女,必注目直视。近隶丹桂第一台,倚红新岁多暇,每夜辄至该台观剧。有陈姓女,不知何许人,或云住新马路,即○○党[①]之老五,举止阔绰,体态动人,连至该台数次。该伶衣獭绒领大衣,戴西人便帽,每俟其至,则立其包厢之后,眉目传情,丑态毕露,令人发指。宝莲、宝莲,好自为之,无蹈李春来之覆辙也。

海上梨园杂志　卷七

歌　舞　志

沪上梨园之历史

沪上戏园,凡经三变:始唱昆曲;继歌二黄;近则专尚京调。燕台雏凤,誉满江南,而向日之文班已如广陵散矣。南市及大新宝善等街一带,檀板高歌,行云可遏,而余音袅袅,犹三日绕梁者,无非京都头等名角。所唱之戏,除向日著名之曲本外,又有改良新剧,藉为人心世道之助,亦可见伶界之进步也。

戏　迷　传

某报曾论《戏迷传》以汪笑侬为最,吕月樵、七盏灯有时声音杂出,殊非正板云云,仆颇不谓然。盖是剧所唱各调,多多益善。汪笑侬喉音是阴调,唱老旦最佳,故究少变化。七盏灯唱戏迷,台步从容,饶有书卷气,所唱各调,颇能推陈出新,然不能模仿他人,较之吕月樵,似逊一筹。吕摹仿各调,如孙菊仙、朱素云等,皆能曲肖,而以唱《二进宫》中段,青衫、须生、大花面三调兼唱,各擅其长,并不脱板,尤为独出冠时。谓予不信,请质之曾看吕之《戏迷传》者。恩晓峰亦工是剧,共有六本,二本脱胎七盏灯之《戏迷传》,第

---

① 原文如此。

三本亦学吕月樵《二进宫》一段,颇能曲肖,他如《钓金龟》、《奇冤报》、《卖马》、《飞虎山》、《彩楼配》、广东调、梆子、昆腔、汉调、徽调、大鼓书、扬州调、天津小曲、滩簧、山歌各调,宛转尽致,余音绕梁。第五本陆菊芬扮假戏迷,唱《三娘教子》(青衫、须生对唱),“小东人”一段,沉着苍凉,亦似不弱,若此尤觉难能可贵。第六本《戏迷传》,其中情节变化百出,出台时与假戏迷二人,同带手拷,解至府署,假戏迷是伍月仙扮演,将要上堂时,恩伶则唱《捉放曹》,是曹操初见陈宫时之一段急板也。后官审问其何人是真戏迷、何人是假戏迷,二人忽然又唱一出《双包案》真假包龙图,恩之调门仿金秀山一派也。再解至京师,行于道路之间,恩又唱一出戏,听之则朱素云之《飞虎山》也。后见皇上时,则唱一出《祁山》孔明见后主上表一段,适皇后在旁,恩即与之合唱一出《遗翠花》,恩去小生,以皇后代翠香。颠之倒之,无穷幻境,北人曰“胡闹”,此戏真可谓胡闹戏矣。惟恩伶之多才多艺,调既五花八门,戏亦诙谐,空前绝后,叹为观止。

八 大 锤

《八大锤》一戏,为谭鑫培生平最得意之作,乃演王佐断臂故事,原本于《说岳精忠传》小说,其中关目情节,最能动人感情,悲惨凄厉、壮快淋漓并有之。“说书”一段,尤有无限寓意,语语刻骨,结末二语,所谓“马尚知退,思念故乡,不忘祖国;而今的人,连畜生都不如了”,真乃慨乎其言之。

紫 霞 宫

新舞台七盏灯演《紫霞宫》,唱梆子,尚觉苍凉宛转,后被勒死上吊时,僵死于梁上。小保成去其小叔,鬼头鬼脑,贼胆心虚,后翻斗剥衣,行荒山野地,全用电光布成景致,宛似真在荒郊中行路,道旁坟窝青草,树木森森,即观者亦为之胆寒,点缀之妙,为各园所无,是真特色。末截借尸还阳,七伶在台中连翻二十余个筋斗,加放焰火,光华夺目,可谓四美具、二难并矣。

回荆州

丹桂部昔演《回荆州》，以四盏灯去孙夫人、贵俊卿去刘皇叔、盖叫天去赵子龙、赵黑灯去张翼德，是剧皆配名角。中间一段，在路遇蒋钦、周泰时，皇叔则跪于夫人之前请死；夫人则巾帼须眉，语甚煊赫；子龙则倒竖虎眉，杀气凛凛，描摩尽致，吾于是叹观止矣。

汪笑侬与小连生

汪笑侬之于《骂阎罗》、《党人碑》，小连生之于《铁公鸡》、《明末遗恨》，所唱所演，均从肺腑中流出，是谓以剧演人，非以人演剧也。

贵俊卿之《乌盆计》

贵俊卿演《乌盆计》，去刘世昌，从作贾回乡做起。被赵大谋害毒发时，从桌上滚下，辗转垂毙，惨状宛然。至在张别古家唱二簧一段，如深夜孤鹤，引吭悲鸣，绵邈之致，殊令出蛰潜蛟，闻之起舞。

小连生之《南天门》

新舞台小连生与李吉才演《南天门》，满台用电光布成雪景，装出山是山、桥是桥。小连生去老家人，苍颜白发，所带白须，长几三尺，灯光之下，仍是闪灿。李吉才去小姐，所唱梆子，惜字眼不清，调门亦时常脱板，较之小连生，似乎稍逊一筹。末段主仆二人扶携上山，在雪中行路，甚是滑达。至山顶上，如真雪景天，忽然跌下，遍体皆白雪，观者皆赞赏其似真也。

郎德山之《黄金台》

郎德山与德建堂合演《黄金台》，德去田单，工唱俱长。郎去伊黎，绘声绘影，活似权奸态度，说白字字清亮，极像老奸口吻，洵是独一无二之作，不愧斫轮老手。

盖叫天之《狮子楼》

《武松杀嫂》，盖叫天去武行者，唱口不能听，然把力之佳，在申当推第一。在《狮子楼》杀奸一节,更觉含冤莫伸,忿不能忍,不啻身入当时之境。

汪笑侬之《骂阎罗》

汪笑侬演《骂阎罗》,此剧乃渠生平得意之拿手剧,唱做均妙,工架亦佳。"算账"一节,尤如身入其境,令人屡观不厌。

七盏灯

七盏灯演《桑园寄子》、《逍遥津》,音节苍凉,声泪俱下,其描摹入微处,断非粗心浮气者所能及。如《逍遥津》"搜诏"一段,初搜袍袖时,故作漫不经意,略露笑容,而笑容又若从惊惶中出来,设身处地,如亲其境者。

小连生

小连生每演一剧,于描摹处,真能穷形尽相。如《铁公鸡》,去张国樑,捉拿王三麻子去张文元,绘影绘声,一时无两。至若《回荆州》去刘皇叔,则叫嚣跳跃,未免过火,不若七盏灯之去孙夫人,华贵英武,不即不离,恰到好处。

刘永春、德建堂之《双投唐》

德建堂演《双投唐》,去王伯当,与刘永春合唱,刘去李密,二人嗓音宏亮,殆堪彷佛。唱到紧要之处,浑打一顿,抑扬顿挫,余音绕越,自是能手。声如狮吼,调门无丝毫脱板。

沈韵秋之《义旗令》

沈韵秋态度闲雅,精神满足,自是能手。演《义旗令》去薛金龙,沈月来去黄天霸,两人会面时,沈月来通名"黄天霸"三字,有声有色,气为之壮;夺刀时,一往一来,灵紧英伦;入后舍刀而搏,彼此腾跃,亦属精动。

汪桂芬、小叫天之《战长沙》

大头伏处京师，从不登演，偶值有堂戏时，经人再三烦请，始一发声。尝与小叫天合唱《战长沙》一剧，叫天去黄忠、大头去关羽，真所谓“此曲只应天上有，人间那得几回闻”矣。

三国志

昔年小叫天尝与朱素云、罗百岁、贵俊卿，合演《三国志》一剧，从蒋干渡江起，至草船借箭止。叫天去鲁肃、素云去周瑜、罗百岁去蒋干、贵俊卿去孔明，实为空前绝后之作，京师传为美谈。

新舞台之《斗牛宫》

新舞台演《斗牛宫》一剧，电光布景，玲珑华丽，五花八门，巧夺化工，如入山阴道上，令人应接不暇。中间辄以木人戏一段，以小连生、马飞珠为主使之人，忽唱《御碑亭》、忽唱《小上坟》，令人捧腹不置，他舞台皆望尘莫及。

夜来香之《顶花砖》

夜来香演《顶花砖》，描摩泼妇气象，皆为尽致。小保成串其夫，形容怕妻之态，妙肖毕至。

铁公鸡

大舞台演第〇本[①]《铁公鸡》，白文奎去向大人，病容憔悴，有诸葛武侯光景。何家声去医生费伯雄，江湖学术，口角生风，观其三指按脉望舌四大诀，莫不尽情入理、据案开方。后去天医星乃小丑何金寿，在暗中指指，以自己之须作龙须、脚作鳖甲、口作荳蔻之类，奇形怪状，观者绝倒。赵如泉去张国樑，英雄豪爽，闻古人有割股疗病之说，遂引刃自划其臂，血流殷地，其痛可知；然犹强云不痛，报恩感德，此其质知矣。

---

① 原文如此。

汪笑侬之《乌盆计》

汪笑侬演《乌盆计》,声音甚低,而调之圆顺,实伶人中之别树一帜者。诉冤反板,更为苍凉,一字一泪,令人击节不置。

崔灵芝之《忠义侠》

崔灵芝演《忠义侠》,唱白清脆,做工绝精,观其慷慨舍身,足令观者下泪。再得小生马全禄作配,神彩愈足,听至悲呼"恩嫂,收拾收拾,随他们去罢"数语,真是一字一泪,一泪一珠,感发人心,端推此种。

春桂之《宦海潮》

春桂演《宦海潮》,摹写官场形状毕肖,三麻子之英雄落魄、汪笑侬之义气凌云,以及熊文通之装腔做势,冯二狗、邱凤翔之油头滑脑,无不刻划入微。"落雪"一场,王德全之老家人,与小小桂芬之公子,跋涉关山,雪中横卧,竟令人挥泪不止。后半场,夜来香之余夫人,郁郁独坐,悲夫念子。及后花园母子相见一段,四座掌声雷动,伤心人不忍见矣。

恩晓峰之骄妄

恩晓峰妄自尊大,礼拜日不登台演唱,观者啧有烦言。孙老供奉颖新舞台时,礼拜日尚且登台,而恩伶高抬声价,一似李春来当年之语曰:"惟我独尊。"以绝技自鸣于世,然品格高则高矣,戏曲佳则佳矣,高自位置,不度人议其后乎?呜呼!

应宝莲铁梗上之盘旋

铁梗上之盘旋,盖叫天、应宝莲较他武生为优,身体灵便,工夫亦臻纯熟。每以腰睡铁梗上,如飞燕掠波,自上而下,待至足湾始行钩住,不知者为之寒心,应则只用一足钩牢,较之盖尤胜一筹。

刘永春之《草桥关》

刘永春演《草桥关》，描摹姚期气概，于执鞭上马时，顾盼生姿，令人遥想当年老将神威。调亦应弦合节，黄钟大吕之音，不图复闻于海上。

李春利之《嘉兴府》

李春利演《嘉兴府》，去鲍自安，威武惊人，把力甚佳，说白清楚。常春恒去监斩将，勇奋异常，刀法精锐，二人对敌，尤似战场决死，各显所长。

郭少娥之《天水关》

郭少娥演《祁山得胜》、《收姜维》时，在山顶哈哈一笑，笑得潇洒风雅，不减当年盛时之气概。金处去姜维，功架甚好，如大将风度。

郎德山之《法门寺》

郎德山演《法门寺》，去九千岁刘瑾，说白声音宏亮，貌状威肃，穆然可怖。刘静轩之青衫，珠喉呖呖，清音润耳。李百岁之小丑，描态毕至，状如奸役。明海山去梅乌县，大审时惊慌失措，一若真境。

红菊花之凤阳婆

群仙红菊花演《洛阳桥》，去缝穷女子，口操凤阳白，声容态度，描写无遗，足为全剧生色。盖红菊花台形殊佳，然宜于淡装，而不宜于浓抹。观于扮凤阳婆，裙布钗荆，益增妩媚。

盖叫天之《花蝴蝶》

盖叫天自受伤以来，佥谓将一蹶不振；然今声誉之隆，不减曩昔。演《花蝴蝶》水战一场，三十七个旋子，游刃有余，令人拍案叫绝。

小明海亮之《义旗令》

小明海亮与小小桂芬合演《义旗令》,小明海亮去黄天霸,小小桂芬去薛金龙,对打及夺刀一场,盘旋玲珑,奕利莫返;收束时,小明海亮仍余勇可贾,有距跃三百之概,以视小春来,直有上下床之别。雏伶若此,所造未可限量。

花 四 宝

花四宝演《纺绵花》,神情逼现,高出陆菊芬之上。其演《红梅阁》一剧,唱工尚好,惜无武艺,少翻筋斗。因此戏自尽后,变鬼必须时起时跌,方能出色也。

李德奎之《白马坡》

李德奎演《白马坡》,去关美髯,出场颇有神威,衣服华丽过人,随从马童共有四人,亦皆猛勇。至于唱工,反西皮慢板调虽和洽,然声音甚劣,架子平常。

永 庆 升 平

丹桂演第六本《永庆升平》,李德奎去马成龙,一派烂漫天真,有绘声之妙;贵俊卿去伊里布,说白清晰;崔雪琴去马孟太,点缀颇佳;何家声去顾焕章,亦穿插入妙。第七八本,马成龙仍李德奎为之,不特卤莽神气活现,而一味大话诳话,见者无不捧腹;崔雪琴改去邱成,精神奕奕,态度自然;何家声、贵俊卿仍去顾焕章、伊里布,惟马孟太以他角承乏,即无趣味。甚矣!戏虽小道,顾无一足观之剧,令名角为之,亦能引人入胜;若笨伯登场,虽新之剧,何异傀儡戏。然虽小道,乌可忽哉!

铜 网 阵

春桂演《铜网阵》一剧,纯是《七侠五义》中事,其情节一一吻合。头本李鑫甫去白玉堂,登冲霄楼时,英气勃勃,一往无前;二本去蒋平,身段玲珑,口齿清切,座客无不赞赏。

刘永春之《铡美案》

刘永春演《铡美案》，串包文正，威风凛凛，精神磅礴，唱则音调合韵，字字入弦。德建堂去陈世美，工架从容，音圆声宏，二人对唱，尤称双佳。

只好剪辫子

新舞台《只好剪辫子》，即天仙所演《看看最有趣》一剧，新舞台多“剪辫子”一节耳。小子和扮村女，衣破袖大，首裹青布，曲肖乡间妇，所唱田歌，珠喉一串，余音袅袅。

打　花　鼓

新舞台夜来香、林步青、马飞珠合演《打花鼓》，南词北曲，无美不备，说白科诨，插入时事，尤觉诙谐尽致，足令合座捧腹。

《庆重阳》中之滩簧

大舞台演《庆重阳》，中间范少山弹唱新词闹公堂一案，后台经理以现当市面恐慌之际，恐市虎讹传，人心摇动，遂即戛然而止，不可谓非维护之深心也。

明 末 遗 恨

小连生之演新戏，当以《明末遗恨》思宗杀宫时为最佳，淋漓尽致，吾无间然，他人不能到也。

又

杀宫时，小黎青扮太子，曰：“留我一条命，他日当为祖宗报仇。”闻之令人惨然。

小保珊与小德喜

凤舞台之小保珊，真女中丈夫；新舞台之小德喜（小黎青亦佳），真男中闺秀。是皆天然配偶，惜不能男女合演耳。

穷花富叶

小子和扮《穷花富叶》中之江北女儿,初进妓院,一种不知不识之态,曲曲传神,固非笨伯所能梦见。

黑驴告状

凤舞台恩晓峰演《黑驴告状》,即《打棍出箱》,喉音高亮,工力悉敌,为近来出色之戏。从此改良,尚可收之桑榆耳。

张少泉

丹桂坤角张少泉,为名伶张泳泉之女,幼习须生,现已卓然成家。昨于该园聆其《二进宫》一出,音调之佳,罕与伦比;净角一声雷,支配得宜,可称合璧。

赶三

十年前名丑刘赶三者,以唱《青山石》与《探亲相骂》二戏得名。其演《探亲家》也,骑真驴子一头,在台上绕行一周,虽内廷传唱,亦如是也。

七盏灯与小子和、王克琴

沪上花旦,以七盏灯、小子和、王克琴为出色当行,以神妙处在纯任自然,不落做作之臼窠。不独艳情各剧称量而无余憾,即如侠情的,七盏灯去《明末遗恨》、小子和去《血泪碑》、王克琴去《巾帼英雄》,豪情侠气,溢于眉宇,为他伶所百学不到者。惜各园主不串演《桃花扇》,以三伶配切合之脚色耳。

孙菊仙与王钟声

孙菊仙入京,王钟声亦入京。吾知京中之王孙公子,必欢迎上海之王、孙名伶也。

十三旦

十三旦，梆子花旦而兼武生也。以唱戏致富后，经商于张家口一带，开店甚夥，已成富家翁矣。今年年近花甲，入京又复登场，是谓富且益坚、老当益俏。

凤舞台之客串

须才学堂筹措经费，假法界凤舞台演剧，客串如鲍飞云之《打龙袍》、凤云阁之《三娘教子》、花再芳之《苏三起解》，均唱做兼到之作。而鲍飞云之黑头，声音宏亮，举止从容，尤为他人所不及。金黛玉串《硃砂痣》，至焚毁文契时，忽将文契交与陈大哥之妻，观者大笑。我谓黛玉有心人，彼以好宝贝之银子，购此文契，一旦烧毁，中心不免痛惜。还之者，所以示慎重银子之意也。

林凤来之《兴隆会》

秦腔越调，自成风气，擅胜处，各树一帜。新剧社继文舞台文剧场而起，开幕日，林凤来演《兴隆会》一出，奋狮子搏兔全力，独擅胜场，令人眉飞色舞，惟科白操乡音，颇费索解，尚为美中不足云。

凤舞台之名角如林

凤舞台名角如林，恩晓峰、小宝珊、王克琴三伶，独出冠时。而伶伶生雄武，赛小馥清丽。沈翠芬之哀艳动人、韩孝峰之奇韵悠扬，均各标一帜。再于侠情警世各剧注意排演，亦改良风俗之竿影。至谢小兰，说白好用秽琐语，则为丑角之下乘耳。

沈翠芬

凤舞台沈翠芬，以悲剧胜，演《净瓶结婚》认女出戏，具一种骚态，令人轩渠。

王克琴之《巾帼英雄》

王克琴擅长情剧，一颦一笑，言情极妍，独演《巾帼英雄》，传侠妓神气，栩栩欲活，是青衣、花旦亦能于易地时互换其作用者，不得以形色上概论其精神也。

周惠芳之淫荡

大舞台淫伶周惠芳，前在春桂演戏时，曾犯串骗案，事发后即逃避他处。乃该伶运动力大，近复搭入大舞台。日前观其串演《侠妓之爱情》一剧，服西式衣，手带钻戒四只，在灯光之下，照耀不定，五光十色，观剧者眼帘几为之迷，若故意卖弄其有钱，及显露其身手者。而且吐属粗鄙，两眼屡向包箱中注射一种淫荡态，令人见而发指。吾不知大舞台素称文明，何竟甘冒不韪，容留此等淫伶。吾更不知租界章程綦严，对此犯重案之周惠芳，竟一任其放荡无忌，而置之不问也。

张少泉之《四郎探母》

丹桂坤角张少泉，演《四郎探母》，奕奕有神，唱作俱到，令人有肩飞色舞之概。

小　叫　天

京师大老每好听叫天之戏，甚且尊为菊部尚书。又因其性傲岸，睥睨一世，有“谭贝勒”之称。盖谭之唱者，系宫音，若刘鸿声、王雨田、龚处辈所唱诸调，虽响遏行云，若令其与叫天儿对唱，则终不若叫天儿之抑扬合度。盖刘、王诸伶辈，所唱者商音，商音终不若宫音之气度从容也。

翁梅倩之《硃砂痣》

翁梅倩演《硃砂痣》至(“世界上的银钱，可算得是一件好东西、好宝贝”，即接连“我救你急、救你难、救你贫困，我全你节、全你贞、全你婚姻。我娶妻不生子前生造定，我岂肯错婚姻，到后来留下骂名”。)一段卖头，其出神入化，无懈可击。想未了人间之亦不禁潸然泪下，音曲之感人，甚矣哉！

白文奎之《四郎探母》

大舞台白文奎演《四郎探母》，声振屋瓦，真黄钟大吕之音，台步腔调，纯效孙供奉。配角伍月华，妆饰衣服，纯效满装，声脆调圆，真双绝也。

贵俊卿

贵俊卿在京时，声誉颇隆，唱口虽或不逮刘鸿声、张毓亭，而说白过之。今迎贵罗而致之，盈台无人之讥，庶几或可从此稍雪矣。

富仙舫之《目莲救母》

富仙舫演《目莲救母》，高歌入云，字字合弦，而哭调尤多转折。

金筱菊

金筱菊在凤舞台客串《地府寻母》，方唱至出神入化时，有某客掷赏洋一封，迎面而来，适中筱菊额上，筱菊一时痛不可忍，欲急行中止，恐有背戏律，不得已忍痛终曲。噫！一赏洋也，何至于此？苟一不幸，则赏洋几变为东平安之手枪，金筱菊将随其同姓之四少去矣。

王克琴之《遗翠花》

看王克琴之《遗翠花》，使人心荡，佳则佳矣，此种戏终当改良也。

王克琴

闻王克琴在天津，其名誉在杨翠喜之上，人不知者，因未遇王孙耳。

陈嘉祥之《黄鹤楼》

迎贵演《黄鹤楼》，贵俊卿去刘皇叔、陈嘉祥去周郎。迨登楼饮酒，周郎呼刘皇叔，三呼不应，陈忽变其口吻曰："唯。唯。唯。"知戏者咸诧为不伦不类。盖"唯"字口吻,用之滑头戏则可用,用之正场戏则不可。嘉祥尚蹈此等恶习,遑论其他。

张文奎

新丹桂女戏园开幕之数日,顾曲者实繁有徒。而张文奎登台,则具一种娴雅状态,曲调谐和,绝无生涩粗鄙气,为彩旦之卓卓者,可与王克琴瑜亮一时。

小宝珊

凤舞台坤伶小宝珊,种种态度,私淑陈长庚,而出化入神处,则又远过之。且为沪上各园武角之冠,青出于蓝而胜于蓝二语,可以持赠云。

客串管

客串管名海峰,嗓音既劣,调亦平常,在伶界中不过葛玉庭之类耳。而歌舞台经理聘之为正脚,岂欲以虚声夺人欤?海峰、海峰,宁不愧死耶!

盖叫天之凶狂

芜湖城内,崔故绅国英之次子由桢(乳名小狗子),自中江大舞台聘请伶人开演以来,日日挟妓观戏,人人莫不指之为崔家之"活报应"。又特于日前伶人盖叫天出演时,由桢在台下连喊好数声,干犯该伶之怒,当即指面痛骂一顿。由桢忍气吞声,不敢与较,遂俛首而退,亦可羞矣。

歌舞台开幕盛况

法界吉祥街歌舞台,系就南诚信旧址所建造,经营几及十月,始得工竣。舞台形式,系湾月形,造法极为新颖,虽宽广不及大舞台,而团结则过之。且铺陈既极精美,布置又为的当。而最为优胜之点,则在于视线之近碻、声浪之响亮,虽新舞台亦不能与之媲美。

开幕之第一日，脚色颇觉整齐，若李玉奎之《落马湖》、李顺来之《长板坡》、三麻子之《汉津口》、客串管之《硃砂痣》、李百岁之《化子拾金》、奇来凤之《泗洲城》，皆精神百倍，而中间又以李玉奎、李顺来、三麻子为最。说者谓歌舞台如此苦心缔造，竭力经营，苟能于开通社会之新剧，加意规画，力图上乘，则演坛之幕门一开，必能与大舞台、新舞台并驱争先矣。

林步青之《打城隍》

金琴荪被匪枪毙之后一夕，新舞台林步青演《打城隍》，至城隍庙见座上无神，乃曰："城隍菩萨想必是去捉枪毙金琴荪之凶手去了。"合座无不拍掌赞赏，非有灵心妙舌，曷克臻此？步青真海上之大滑稽家也。

路三宝之《贵妃醉酒》

唐玄宗宠幸杨玉环，册封贵妃，玉环嗜饮，故世有酒醉杨妃之说。是剧描摹妃在百花亭大醉，作种种醉态，无甚情节。而演时最难在翻身仰饮，三个软腰。昔惟湖北花旦月月红最擅胜名，今路三宝盖亦不下月月红当日也。

李玉奎之《落马湖》

《施公案》小说，内载水寇猴儿李配，霸占落马湖，劫太守施贤臣，欲加谋害。黄天霸得耗，乃单身私访，踪迹于酒楼，向酒保密探。此剧为文武老生李玉奎之拿手好戏，唱做均佳，非平常武生所能望其项背。

李百岁之《拾黄金》

名丑李百岁演《化子拾黄金》，最为出色，一时无两。按昆剧中向有《拾金》一出，乃一花子拾得黄金一锭，胡思乱想销金之法，调侃世人。京剧仿之，易为西皮、二黄、梆子各种新曲小调，颇堪娱耳，亦甚解颐。

歌舞台之角色

歌舞台自十月初二开锣后,其中角色缺如。如须生素号台柱,所以支撑全班者,该园乃以戏曲中之门外汉客串管当之,然每日座客常满,殊不可解。或曰:以其园之为新建也。夫顾曲者,不问其角色之优劣,而徒以其为新园也而趋之。甚矣!知音之难得也。

大舞台之门帏

上海舞台布景始于新舞台,厥后新剧场、大舞台俱力争上。研究布景,无非为一新耳目、胜入引人耳。如山水城郭,宛如身入其中,几令观者视赝为真,所谓戏假情真也。今大舞台门帏,用五洲大药房画布,杂以人物东洋车等,每逢傀儡登场,令人目迷五色,未免淆乱视线,窃为不取。吾劝该舞台改良焉。

恩晓峰与小连生

恩晓峰之唱工,一字不苟;小连生之做工,一步不苟,真梨园中双绝也。

北京之戏园

近年北京内城新开戏园,如东安、西安各市场内,皆得卖堂客(即女座)。外城则除骡马市文明一家外,概奉堂谕,不卖堂客。此指白日言也。若夫黑夜,则无城内城外,凡所谓文明电影、义务夜戏、会馆团拜、宅门庆祝,则鬓影钗声,嚷嚷纷纷,金吾不禁矣。

夏月珊之好名

皖省之灾,夏月珊桑梓情深,慨捐五百元。盛哉!其热心也。或曰:“月珊好名,故其五百元必托民立报馆转交,为假途扬名之计。”记者曰:“今之士大夫,惟恐其不好名耳;今之社会,唯恐好名者之少耳。”

陆菊芬之《纺绵花》

陆菊芬色艺冠时，昔在丹凤，久有公评。记者之违颜色者，两年于兹矣。日前诣丹桂，重睹玉容，妩媚犹昔，而丰腴过之。其《纺绵花》一剧，北曲南词，手口并奏，末唱东乡调，科诨新颖，尤能道人所不能道。宜乎！一上氍毹，采声若雷也。

客串管之不守规则

歌舞台客串管，本西人之侍者，尝随某西人至日本。平生专以吊膀子为事，上其钩者，率罄其所有焉。近在歌舞台客串，不守规则，见包厢中有妇女，必注目直视，或竟进包厢，而坐其傍。正经妇女见之，咸退避不遑；而惹草拈花者，得此以为乐。不知客串管其宗旨不专在色，而专在财，前车可鉴，其慎之哉！

一千红

坤角一千红系天津娼妓出身，现为吕月樵之妇。上年在汉口怡园演唱，三楚人士极欢迎之，以其调高而响逸也。倦游返沪，蛰伏多时。偶一登场客串，貂蝉满座，可见技之高超矣。

小保成之《小磨房》

小保成演丑角，亲炙于夏月珊、林步青等，日见进步，而形容状态，宛如廖连卿，并不如赵文连之规摹小子和，出于有意效颦也。前演《小磨房》，按诸戏中情节，此时门尚未开，乃在门外之小双凤，即持带向小保成头上乱击。小保成操吴语曰："耐（你也）格人实头弗讲道理，我格门才覅开。哪哼就可以跑进来，拿我来瞎敲一泡。"观者咸为捧腹。

新舞台之布景谈

新舞台布景，好在真假杂出，故观者亦疑假疑真，迷离不定。演《海潮珠》，房中铺设甚为精雅，应有尽有，遥望之，几忘其为空中楼阁也。当时扮崔子之小连生，倘非和衣穿靴大踏步跨至床中，则自始至终,即不露一毫假扮形迹矣。寄语台主人,如欲人信假作真,远望你虚题实做。

文明新剧社之风潮

三马路文明新剧社,因有京角客串,卖座极为拥挤,几无容足之地。某月演至《金钱豹》一出,筱菊笙去金钱豹,叉法纯熟,客无间言。惟配角赵燕飞,因病未能登台奏枝,临时以小德喜代去孙行者。出场后,手忙脚乱,连次飞叉均未接住。看客哄然,群起以茶碗、椅垫向台上乱掷,不得已,乃由筱菊笙独演叉法数次,始敷衍了事。

恩晓峰之《四郎探母》

凤舞台恩晓峰唱《探母》,自坐宫至见娘止,愈唱愈劲,一丝不懈。表白至"本宫杨延辉"一句,将头向两傍观顾,以示隐姓易名,私表真名之意,为他伶所不经意者,晓峰犹能曲意关照。唱"表家园"一段,间以说白,有"那杨八郎乃是我父螟蛉义子",即紧接唱片,确为该伶之卖头,满座喝好之声如春雷四合。座客皆听至其进门帘内,将"儿去去就来"的"来"字余音已尽,始行散去。

小宝珊之《八大锤》

《八大锤》之陆文龙,本系雉尾生所唱。某夕小宝珊去陆文龙,雉尾生之台步闲雅、靠把生之气概英武,皆兼而有之。其四场之台步解数,场场不同,末场殿以左右双托天镫。(用手将脚举起向天,个中人谓之"托天镫",将左右脚替换举起者,谓之"双托天镫"。)男角中惟张顺来能为,余不多觏,不图于坤角中见之,可儿!可儿!

《国民福》之内容

第一场,某界代表万年清邀集各界代表,会议定期进京。第二场,女界公举某学堂教习加入代表团。第三场,代表出发,各界欢送登舟,挥巾脱帽,盛极一时。第四场,代表到京,投寓永清旅馆。

第五场，代表进见王爷，总管某纳门包而始允见，求转达王爷，以无贿不允。第六场，女代表以求见无效，愿挺身运动内路。第七场，代表进谒某部两侍郎，稍坐即端茶送客。右侍说烟瘾发，左侍说要去吃花酒，遂下。第八场，侍郎妻妾争风，妻旗装，妾上海时装，正泼醋时，女代表进见，受挥斥。旋侍郎归，左右做人难，描摹尽致。第九场，女代表以运动无效，思自尽，同伴止之。众益愤激。第十场，某代表断指血书。第十一场，某代表割臂。第十二场，华侨代表欲以手枪自尽，亦为同伴救止之。第十三场，强迫递禀。第十四场，亲王收禀。第十五场，亲王贝勒会议奏闻。第十六场，亲王贝勒召集各部大臣签字，发表缩短国会年限。第十七场，代表叩谢天恩。第十八场，代表回南。第十九场，国民欢迎代表，唱通俗道情。第二十场，提灯大会，有军乐一队，旗章灯彩无数，内容丰富，表情优美，极兴会淋漓之致。闻该剧脚本脱稿未及三日，系尽前一夕之功。操练纯熟，急就章造此地步，真不易也。

小蕙芬之《一捧雪》

小惠芬去《一捧雪》之莫成，台步稳熟，体态自然，固已无烦称许。中间科白云："我倒提起了一椿心事了。"遂详道相面先生之言，字字清脆，圆折有致。至后劝莫太常一段，有"恐怕没有第二个不怕死的莫成代死了"，此几句沉郁苍凉，令座客不禁凄然有感。名角名剧，有功世道人心岂浅鲜哉！

王克琴之《富春楼》

《富春楼》一戏，他伶演唱，非无精采，即流于淫荡。前晚王克琴唱此剧，声容并茂，应有尽有，毫无淫荡可厌之状，能眉听、能目语，转觉喜滋滋、活泼泼，柔情憨态，令人心醉神怡。

李百岁之《请名医》

《请医》一出，即《寻亲记》中之《请医》也。不过此则京调，彼则昆曲耳。百岁描写庸医丑态，诙谐皆出，大致与昆曲相仿。"用药"

一段,似脱胎于旧戏《刘金定服药》。中至于剪去两面箭枝、内科外科等说,又是串插滩簧中诨语矣。甫出门,与店主所说一节,全以药名连用联合,有如好语珠串,得未曾有,惟百岁口操北音,观者未必一一领略,殊为憾事。

中国国会万岁

有友人称新舞台排一戏曰《中国国会万岁》,分三本,一梦中波兰,一梦中日本,一醒时中国。其主人翁系一留学生,曾梦见波兰因开不完全之国会,竟无救于亡;又梦见日本自开国会后,上下一心,竟败中国、败俄国,始回国,运动中国速开国会,命意甚好,不知将来如何做法。

谢青云之《胭脂虎》

客串谢即谢青云,串《胭脂虎》石妓,以妓扮妓,自是本地风光。因举止舛误,观者齿冷,至连声叫哥哥之时,某看客胡调答应,合座哄然,台上橘皮等物,几与日前新剧社之垫子相仿,一时喝倒彩者,东响西应。而谢已见惯司空,殊不在意,闻不肯藏拙,拟再串演,冀洗前耻。语云:“有弗学,学之弗能,弗措。”青云有焉。故人谓其脸老,吾服其心坚。

叫 天 停 演

谭叫天在广德楼登台,一般戏迷派中人,几乎由戏迷主义一跃而为戏疯主义了。今知叫天已停演,但广德楼义务夜戏,却没停止。于是俞振亭大卖力气,十月二十三夜先演《薛家窝》,后又演《取南郡》,王凤卿、朱素云、王蕙芳亦都争卖力气。惟听戏的人,终觉不见叫天,心不痛快。这可见俞、朱、二王四人的势力,竟不如叫天一个人。叫天!叫天!何等权力,执戏界的牛耳,真可称剧场大王。

秦腔、广调之粗俗

京调词句粗俗，远不及昆曲之雅驯。然以秦腔较之，犹为此善于彼。秦腔中《令公碰碑》，末数句有云：“李陵碑本是石头的，有心再碰两三碰，冰凉挺硬怪痛的。”此真可发一大笑也。又广调某剧有云：“孤王江山摇摇动，东宫太子打手铳。六宫妃子看春宫，皇太后还要钓鱼松（广谚谓吊膀子也）。教孤王将奈何？呵呵呵！”可谓绝妙好词。

二　黄

二黄权舆于湖北之黄陂、黄冈二县，故曰二黄。今则别成一种汉调，即朱素云所唱者是。

秦　腔

秦腔俗曰梆子腔，谓始于秦二世胡亥，故秦腔皆祀胡亥，亦犹昆腔之祀明皇也。都下之擅秦腔者，首推元儿红，次则十三红、扬娃子等，南中人士多不解此。所以来沪者，仅有秦腔中之旦角一门，余无闻焉。

朱素云之《渡银河》

七夕文明茶园演《渡银河》，朱素云说：“如今年头赶的老牛都会说话啦！”资政院开幕以来，杨度、严复不发一议，余亦说：“年头赶的他俩也会不说话啦！”

小惠芬之《鱼藏剑》

坤角须生恩晓峰独出冠时，久为顾曲者所公认。小惠芬前于凤舞台演《鱼藏剑》“吹箫”一段，抑郁伊凉，酷似芦中人情景，余音缭绕，较之恩晓峰，可称骖靳一时，亦后起之秀也。

张文艳与白玉梅

彩旦能兼丑角、生角者，男伶推七盏灯，女伶则以张文艳、白玉梅为最。彩旦性质,与丑角相近,要以诙谐超脱、流动灵活、不落荡冶窠臼为上乘,说白、唱曲、做工,色色可人,不谓雏伶中有此可儿。

大舞台之《笑笑笑》

大舞台演《笑笑笑》,此出为数年前已故邱伶凤翔、王伶小山,与今之何金寿、周凤文、小桂枝、金阿庆、熊文通等,独出心裁之作。现大舞台以吕月樵扮唐伯虎,虽举止言词不及邱伶之温文尔雅,然初次串演小生,毫无不惬人意处,亦可谓多艺多才。丑角何金寿演“追舟”一段,插科打诨,雅而不谑,观者欢声雷动,洵为此出中出色人材。

路三宝与周蕙芳之《人才驸马》

路三宝与周蕙芳同演《人才驸马》,周伶与丑角何家声搭讪一节,观者大为捧腹。周伶貌较路伶稍胜,然嗓子不及路伶之清脆,亦是瑜不掩瑕。

谭贝勒第二

新舞台之新剧,见悦于人者,良由关节入情入理,加之各艺员尽力描摹,所以他家之新剧万万赶不上。描摹之法非难,只要自己认为剧中人物,设演至剧中不幸之处,只当作自己身上有不幸之事,能使顾客皆为之悲惋。丑角之滑稽语亦要有着有落,不可一味胡诌。夏月珊、小保成深明其意,堪为小丑难得之才。须生中能循规蹈矩,处处合剧中关目,一丝不走者,仅一小叫天而已。贵伶俊卿亦臻此妙境,良由与叫天私淑有年,故能做作自然、不同凡响。且喉音声调亦仿佛似之,去《卖马》之秦叔宝,宛然落魄英雄;《群英会》之鲁子敬,不失古大臣态度,真须生中万难选一之名角,在沪竟不卖座,可觇沪上观剧人虽众,知音者难得矣。

谭鑫培之近状

谭鑫培执北省戏界之牛耳,于今历有年所矣。后起之辈,无能及其背项者，故马齿虽长，而盛名未衰。自去岁由申回京之后，不复按日搭班，如以情面迫其出台，亦不过仅演数日，然戏单一贴，九城震动。某晚在广德楼演《失街亭》一出，当未开戏之前，园中已无隙地；及其散戏之时，大栅栏之车马，一望无际，凡路经该处者，咸闻叫好之声，观此亦可见谭鑫培之声价矣。

马飞珠之《夜壶说话》

是剧即《大悲楼》之化名也，马飞珠去济颠僧，虽不及夏月珊之活泼，然亦能涉语成趣，不愧丑角老手。

小子和之《汉皋宦海》

新剧场小子和演头本《汉皋宦海》，去余千秋之妻，“见子”一段，凄惋情状令人下泪；迨见汪知县时，大哭不已，作无数悲态，忽回首向包厢中某氏妾斜睨微笑。噫！小子和得意众人，有趣极矣。其如看客大为扫兴何？

群仙之《张汶祥刺马》

群仙林黛玉与尹鸿兰合演《张汶祥刺马》新剧，情节离奇。此戏本出自钟声之手，经林黛玉推陈翻新，自尔出色当行。西人有言：凡事一经妇女为之，必觉加倍生色。斯言信哉！

新舞台之新剧

新舞台夏、潘二伶善编新剧，如《赌徒造化》、《黑藉冤魂》、《义节奇冤》等剧，皆抱一片婆心，固非他人所能及。而摹仿西国剧园办法，每剧加以布景，亦精致异常。他舞台无论如何标新领异，似总不及新舞台之异样惊人也。

林　鞶　卿

新剧场伶人林鞶卿，即曩者演唱须生之林小芬改名。近演花旦，然只演二簧戏尚可观；若唱秦腔，未免美中不足。

周蕙芳之《骗珠花》

大舞台周蕙芳演《骗珠花》新剧,诙谐滑稽,令人解嘲。而周伶尤以小戏为特色,如《鸿鸾禧》、《梅龙镇》等剧,皆生平得意之作也。

李长胜

戏曲一道最难者,无论生旦丑净,必须能辨宫商字眼,方无缺憾。新剧场之李长胜,所唱黑头,无一可辨。字迹既模糊,而腔调又劣,真庸材也。该剧场居为奇货,亦可怪已。

一盏灯

迎贵部小一盏灯,虽为秦腔花旦,而武艺娴熟,若《伐子都》、《黄鹤楼》等剧,虎虎有生气,似尚胜于四盏灯、七盏灯,洵不愧为常国泰之高足弟子也。

新舞台之《血手印》

新舞台之《血手印》,以夜来香之起婢女、七盏灯之起小姐最为得神,其描摹入细,顷刻变化,真有落花无言、令人魂醉之妙。无怪一经登场,座客常满也。

北京人之观剧

京师戏园中,官座离台甚远。上海戏园头二三排椅位,每入夜,即为捷足者所得。若演武剧,飞尘蓬勃,不知有何好处,甚为不解。

又,名角如小叫天之类,皆于各园轮流演唱。譬如叫天今日在此园演《鱼藏剑》,明日至彼园亦演《鱼藏剑》,观者仍复拥挤,不以重复为嫌。若在此间,必目之为老调。

又,名角上台时,必薄暮,一曲甫阕,城门已下钥矣。彼都人士,颇有因便于听戏,而移居左近者,亦可见其嗜好之深矣。

又,每日必有昆腔一出,唱至是,即有多数人哄然起立,出外溲溺,时人因指昆腔为"车前子",以其利人小便也。

小子和之《花田错》

小子和演《花田错》，起丫鬟，为公子、小姐作红娘，双方周旋，语语得体，手段活泼，乐而不淫。误请周同，跪求主人饶恕夏楚时，哭一声，甚现抑凄惨情状。（此盖效颦路三宝者。）欲小姐叫伊姐姐，及后欲公子屈膝乞怜时，一言一动，憨态可掬。惜京话太生，未能圆转自如，致病道白不清。做工当以做鞋一段，为最有工夫。

语 妙 天 下

奉天庆丰茶园丑角胖连喜，某夕演《探亲相骂》，去乡下亲家母。当安慰其女时，有曰："多年媳妇熬成婆，多年秤杆熬成砣。你熬着罢！熬到宣统五年，开了国会就好了！"其思想殊觉新颖。第匆促间，误宣统五年为光绪五年，愈开座客笑颜。咄咄此伶，殆有讥诽之微意乎？

张德禄之《金钱豹》

张德禄演《金钱豹》，手段紧凑，于跨下飞叉者二次、倒串飞叉一次、独自试叉三次，均极受看客赏赞，以其手法活泼、轮转迅疾，或左或右、或前或后、或上或下、或卧或俯，皆飞舞合拍，既不呆钝，又能花样翻新耳。青年得此，殊堪嘉尚。如再加熏陶，必能更上一层也。德禄勉旃！

筱菊荪之《金钱豹》

筱菊荪之《金钱豹》，其工架技艺，为沪上各武生、武二花之冠。飞叉、接叉，纯熟无比；耍叉、背花等，无不圆转如意，如宜僚之弄丸，观者无不咋舌惊奇。按此戏自沪地通演以来，以高福安为独步，王俊卿次之；今得菊荪，高、王二伶不能专美矣。菊荪口含橡皮獠牙两只，能向上下撩动，栩栩如生，亦是特色。

路三宝之《百花亭》

路三宝唱《百花亭》，星眼朦胧，莲步摇曳不定，活似一醉杨妃重复出现。三次衔杯俯饮,作鹞子旋身状,合座大为叫绝。是剧布景亦佳。

贵俊卿、盖俊卿之《群英会》

《群英会》盖俊卿去周公瑾、贵俊卿去鲁子敬,可称二难并。盖伶丰神奕奕,体态翩翩,宛似当年一潇洒风流之周郎也。口齿清晰,道白中以“公瑾”之“瑾”字,为最有味,笑亦笑得有神。贵伶做工神情甚好,代诸葛孔明着急时,其形状、其手势演得慌慌张张,确到好处,令人拍案叫绝。

小紫合之《三休梨花》

烟台庆丰部,小紫合演《三休樊梨花》。“见姑”一段,如泣如诉,落板“我那婆母娘呵”六字,千回万转,听者为之神移,有“山穷水复疑无路,柳暗花明又一村”之妙。入后别儿反二黄一段,如孤城吹角,夜雨闻铃,极人世凄宛之致。若紫合者,庶可与之论悲剧矣。

蒋双奎之《入侯府》

蒋双奎师弟之《入侯府》,诙谐尽致,妙趣横生。其酒令有所读古记儿、有趣儿,不谓写儿者,尤为一时传诵。客有仿其格调,为改小来凤所行之酒令者,云:“我这副金镯,就是个古记儿;金光亮灿,有趣儿;拿了去换银子,可不能、可不过写意儿。”

曹寿山之《草桥关》

曹寿山演《草桥关》,嗓子微沙,调尚好。在金殿唱“皇恩厚”一段,至末句“正龙裳褂甲朝参见君王”之“君”字,用鼻音最好。其后“数万儿郎”一节,第二句“那蛮夷不敢扰边庭”之“庭”字,又末句“万姓瞻仰贺圣恩”之“恩”字,均好。

贵俊卿之《黄鹤楼》

《黄鹤楼》贵俊卿去刘备，做工神情极佳。“先生把话错来讲”一段西皮，甚工稳。后在楼上饮酒时，“都督吓”接下一段西皮，尤为出色当行。盖俊卿去周瑜，神采风流，举止潇洒，笑更笑得有神。

吴彩霞之《落花园》

吴彩霞唱《落花园》，中有二黄两段，最为聚精会神，惟慢板稍逊。胡琴则过门较他人尤多，的是好手。青衫之难，在声音必从喉间逼出，故自然者甚少。今彩霞无论嗓子提高放平，绝无半点力竭牵强之声；不问本音余音，唱来必绰绰有余。因之反二黄中一波一折，能极其婉转哀鸣之巧妙也。

陈文启之《断后龙袍》

陈文启唱《断后龙袍》，摇板及西皮皆平平而已，及后“一见皇儿怒气升”一段，颇能动人，尤以“那一宫是儿生身老娘亲”一句为最；“内侍看过紫金棍”“棍”字，加多余音七字，是其长处。按文启乃假嗓子，仿佛与大舞台之吕月樵同出一辙，惟确能声兼雌雄，是大胜月樵处。

贵俊卿之《平贵回窑》

贵俊卿唱《平贵回窑》一段，西皮甚好，以“家住在”一句为最，做工更觉出色。配角张红玉，倒亦有好几句动人之作，做工亦不坏。二人且善斗趣，当以贵伶眼望看客，口喊“街坊邻舍来劝呀”，及对值台作揖，请其代勤等，为最得神，但嫌不合戏情耳。全剧中“夫妻们双双无投奔”一段西皮，腔调最为别致，不愧为谭贝勒第二。

张德俊之《伐子都》

张德俊不愧为后起之秀，演《伐子都》金殿一段，自始至终，做工一丝不透乱。受饮御酒后，即惊极而晕，其于时而周身战栗，时而目定口呆、时而胡言乱语、时而举动失常等处,均能刻意描摹,形容尽致。及至在四只台上表暴罪状时,一句一字,皆不闻有半点喘吁声息;且说白甚长,口齿清晰,历历可辨。迨说完,即倒翻筋斗跳下,又能植立台中,安稳如常。此真武行中不可多得之才也。德俊德俊,良足以是豪侪辈矣。

白文奎之《硃砂痣》

白文奎唱《硃砂痣》,唱来有声有力有味,的是古派。变化虽少,然谨严老当,无懈可击。字字工稳,句句清朗,气势融和,落落大方。尤以“暗地里观看娇娘”句中之“里”字、“娇”字、“娘”字,为最有佳味。“一样风光”之“风”字,比众不同,“有道何妨”之“道”字亦然。“且请起施礼还到”之“起”字、“到”字,既有变化,又有声势,收音更好。

陈文启之《目莲救母》

正月十三夜丹桂第一台初次唱全本《目莲救母》,以故关节颠倒参错,布景费时过久,又少游四殿。老旦陈文启去柳氏,自出场起,至开荤止,唱做、道白均极生疏,益以适逢倒嗓,愈觉毫无精采。烧火时所唱数句,竟声细如蚊,只字不能辨。惟食狗肉后,所唱“叫丫鬟搀扶我后堂来进”三句,尚属娓娓动听。(按,京调大都七字或十字为一句,每句另分为三大停顿。今我以一句分三句者,一则便于品评,再则便于初学听戏者故耳。)

得病归阴、接叉,均应宝莲演唱。一段二黄慢板,字字唱得清楚,音韵虽有不逮,腔调则甚自然,矧能从容不迫,绝不气促声嘶,尤为难得。全段中,只三数字不圆活而已。若非十二分火候,曷克臻此?寄语应伶,好自为之。无论须生、老旦,唱工能由是着鞭,进步自易;脱再痛下运气之功,更不难使吕氏月樵退避三舍也。宝莲勉旃!

“适才间”一段倒板,因嗓子太低,有许多字难于转提,是以始终不过尔尔,未见有大好处。

接叉太不紧凑，呆滞异常。第一叉只因乱了顶上一把烦恼丝，几乎破了颈上一颗好头颅，险极险极！

筱菊笙耍叉，活泼泼地，煞是可观。尤以将收未收之际，最为得神。

菊笙飞叉，手腕灵捷，固自不凡。独惜一株牡丹，却无一片绿叶扶持，殊觉减色不少。盖同班中竟无一人可以接叉，类皆非该伶对手，故每演《金钱豹》、《飞叉阵》等剧，飞者恒大声招呼，使接者留意；而接者反坐是慌忙历乱，手足无所措，致英雄无用武之地，不得尽献所长，是亦该伶一莫大憾事也。

自后即接演《滑油山》，仍为陈文启所唱，嗓子似稍复。（《滑油山》本当排在《游十殿》之后，该舞台反移在前，不通之至。）于簾内所唱摇板首句“黑暗暗”之“黑”字、“暗”字，及第三句“日月遭困”之“遭”字、“困”字，音韵甚为雄厚，而尤以第二句“雾蒙蒙”之“蒙”字，最为余音绕缭，一波三折，纵放有力。“阴惨惨”、“又来到”、“天地无光”之“光”字，嗓子太干，提转嫌直。其下少说“老身今年”白口一句，少唱“五十岁”及“早知道四十九作事荒唐”四句。“悔不该在阳间打僧骂道”至“俱都是的报应昭彰”一段，句句无懈可击，惟均改唱快板（此乃当今京津时行唱法），“我的儿吓”一句亦佳。“那边厢行善人金桥来往”一段，当以“一对一对对对成双”的“双”字，唱得最是意味深浓，惜其复将“作恶的人”至“牵断了肝肠”等句脱落耳。“放我回阳转”之“放”字、“回”字，及“吃斋念佛”之“念”字，亦有声有势。

“听长官他叫我将天叫”一段，声调洪远，亦颇动人，做工不过如是。

迨后六殿“听他言不由我喜之不尽”一段，除“望长官你与我盘问细情”一句外，并无惊人句，未见有出色处。

站在城上唱三句摇板，不强硬、不涩滞，可谓珠圆玉润。接下“叫一声又的儿细听消息”之“息”字，较《滑油山》内“天地无光”之“光”字，余音加长，转音加多，且气势充足，音韵悠扬。二黄“儿本是”以下，更句句老到，字字清楚，转快后“娘不该”以下，唱来圆如走盘珠、速如顺流水，真有如泣如诉、如怨如慕之概。“我的儿吓”一句之余音，异样收煞，故与《滑油山》中一句不致雷同，是诚好处。该舞台告白中称其为“有音有字”，洵非过誉。然较龚处，吾以为不如远甚。

迎贵之《八蜡庙》

迎贵之《八蜡庙》，张桂轩去黄天霸、李少棠去褚彪、王益芳去费德公、张德禄去贺仁杰，搭配齐全，可称杰作。惟有双见面一场，王益芳一个筋斗，略为莽迫，被褚彪一刀，砍破手指中缝，流血不止。后一场，黄、褚同上打连环时，张桂轩持刀翻旋子之际，李少棠趋步太急，被天霸砍伤左膊，顿时肿胀。竣事至后台，大启口角。谈者谓是日幸系假刀，若换用真刀，则不演杨君谋惨剧，亦将为废残之人矣。险哉！

海上梨园杂志　卷八

游 戏 文 章

严禁戏子至妓院治游示

管理各堂子福州路乐部尚书某，为出示严禁事。照得娼优虽同类，而其中显分高下。京派戏子，见妓女须请安，口呼“姑奶奶”，定例何等严肃，岂容彼此杂乱，致坏嫖章。乃本部堂，近闻有无耻客人，带同不法戏子，至各妓院碰和吃酒叫局等事，实属藐玩已极。若不亟加惩治，何以伸大老官之气，而张小忘八之威。除通饬各妓院娘姨大姐，一体查拿，并许该妓院本家自行出首外，再行出示严禁，俾无耻客人、不法戏子知悉。尔等苟能藏头露尾，痛改前非，则本部堂体上天好生之德，尚可网开三面。如有复蹈故辙、阳奉阴违者，一经捕获到案，当用西例枪毙，以期惩一儆百，切切特示。

剧 名 对

《卖马》《偷鸡》；《绝龙岭》《落凤坡》；《金钱豹》《玉面猫》；

《六月雪》《九更天》；《花蝴蝶》《金鸳鸯》；《金山寺》《白水滩》；
《玉蜻蜓》《金鸳鸯》；《五花洞》《百草山》；《玉簪记》《铁弓缘》；
《鱼藏剑》《龙戏珠》；《群英会》《四杰村》；《大跑马》《小放牛》；
《取西蜀》《伐东吴》；《迷人馆》《望儿楼》；《计上计》《错中错》；
《卧龙岗》《飞虎山》；《南楼传》《西厢记》；《黄鹤楼》《白虎堂》；
《蟠桃会》《芳草坡》；《日月图》《阴阳河》；《打城隍》《骂阎罗》；
《二进宫》《双投唐》；《金雁桥》《铁龙山》；《黑风帕》《紫霞宫》；
《伍申会》《巴骆和》；《七星灯》《五雷阵》；《遗翠花》《拾玉镯》；
《武当山》《文昭关》；《逍遥津》《快活岭》；《黄鹤楼》《乌龙院》；
《白雀寺》《黄鹤楼》；《送银灯》《拾玉镯》；《乌龙院》《白虎堂》；
《乌龙院》《翠凤楼》；《花蝴蝶》《玉麒麟》；《玉芙蓉》《花蝴蝶》；
《凤凰山》《蜈蚣岭》；《一疋布》《九件衣》；《失金钗》《拾玉镯》；
《九花洞》《百草山》；《黑风帕》《绿云衣》；《入侯府》《别皇宫》；
《八蜡庙》《四杰村》；《鸳鸯桥》《凤凰岭》；《青石山》《黑沙洞》；
《青石山》《黑水国》；《铁龙山》《金鸡岭》；《三叉口》《十字坡》；
《鸳鸯楼》《蜈蚣岭》；《取三郡》《反五关》；《收关胜》《斩郑文》；
《新安驿》《会稽城》；《收关胜》《借赵云》；《取三郡》《杀四门》；
《新安驿》《浔阳楼》；《双状元》《四进士》；《双状元》《三进士》；
《迷人馆》《会仙楼》；《三进士》《两将军》；《笑笑笑》《奇奇奇》；
《笑笑笑》《醒醒醒》；《凤凰山》《蜈蚣岭》；
《黑驴告状》《乌盆伸冤》；《举鼎观画》《打棍出箱》；
《七擒孟获》《三气周瑜》；《八美妙计》《三矮奇闻》；
《火烧赤壁》《水漫蓝桥》；《蒋忠打虎》《周处斩蛟》；
《尉迟骂殿》《司马逼宫》；《梆子上殿》《班师回朝》；
《弃儿救侄》《杀妾供军》；《独骑救驾》《匹马解围》；
《掘地见母》《造楼望儿》；《罗通扫北》《左公平西》；
《抱娃入府》《打侄上坟》；《秋胡戏妻》《春娥教子》；
《火烧赤壁》《水漫金山》；《花大汉别妻》《窦老儿送女》；
《刀劈王天化》《箭射史文恭》；《潘烈士投海》《孙夫人祭江》；
《濮阳城火烧曹操》《洞庭湖水战杨么》；

《独木关枪挑安殿宝》《定军山刀劈夏侯渊》。

七绝四首集京剧名

其一

状元谱上认题真,也算风云会玉京。及第同夸金榜乐,绝胜买篆汴梁城。

其二

何必魁星现宝光,斗牛宫阙焕文章。傲他金马门前客,一样琼林宴玉觞。

其三

三百六十进士多,玉堂春满听鸣珂。何如鞠部群英会,双状元开文武科。

其四

指日京津战太平,回龙阁畔奏新声。何须更喜封侯贵,高夺秋魁早得名。

寄内诗六绝集嵌昆曲戏名

选

睡去鳌头曾独占 (独占) 醒来兰怨读回文 (兰怨)
几时遂我真返棹 (返棹) 赓韵妆楼对细君 (赓韵)

年年多病请医来 (请医) 算命原知命里该 (算命)
海外望乡千里外 (望乡) 宵宵寻梦到妆台 (寻梦)

讵是男儿甘失约 (失约) 囊空不剩一文钱 (一文钱)
秋江记得临歧语 (秋江) 莫误佳期早着鞭 (佳期)

榷舍东巡又北巡 (东巡) 密筹忙煞苦吟身 (密筹)
囊空兼又金貂敝 (金貂) 照镜愁容太怆神 (照镜)

寻诗怕玩三更月　（寻诗）　寄柬懒裁五色云　（寄柬）
春店宵寒眠不得　（春店）　借茶当酒岂能醺　（借茶）

杀狗庸才我自嗤　（杀狗）　肘悬金印待何时　（金印）
宵宵衣锦荣归梦　（荣归）　心梦还须心药医　（心梦）

答内书嵌文班戏目

选

浣纱溪畔吟风阁主人妆次（浣纱溪）（吟风阁）：忆自西楼一别（西楼），不觉东海长游（东海），途次赶车（赶车），天涯问路（问路）。对镜则形容渐瘦（对镜），闻铃而魂梦难安（闻铃）。遥忆幽闺寂寞（幽闺），也同南浦相思（南浦），总不嗟悔嫁黔娄（悔嫁），孤吟兰怨（兰怨）；定深怪钟情杜牧（钟情），乱订花交（花交）。是以回文织恨（织恨），遣仆遥呈（遣仆）；锦字缄愁（缄愁），教郎细读（教郎）。那不使入幕之宾（入幕），望乡心切（望乡）；更怎禁闻铃之客（闻铃），寻梦魂惊耶（寻梦）！于是有劈燕笺新（燕子笺），书桃花扇底（桃花扇），叹伤离已久（伤离），念欢聚无多（欢聚）。一文钱少（一文钱），未遂荣归（荣归）；千钟禄虚（千钟禄），时增妒悔（妒悔）。看此日浩魄重圆（重圆），算几时修眉再画（再画）。岂有男儿失约（失约），本来我辈钟情（钟情）。锦鸡唱早（鸡唱），恨他雨梦惊回（雨梦）；白兔毫挥（白兔），助我风谣写就（风谣）。无如敝貂季子（敝貂），借债重重（借债）；怀驿殷生（怀驿），书空咄咄（书空）。看羊肠之路曲（看羊），空自思乡（思乡）；闹鸡唱之声繁（闹鸡），最愁惊梦（惊梦）。记否赏灯时节（赏灯），罢宴沉酣（罢宴）；春睡方浓（春睡），夜香不断（夜香）。堪夸人月双圆（双圆），何异女牛七夕耶（七夕）。卑人则麒麟阁上无思（麒麟阁），翡翠园中有梦（翡翠园）。东海纪游（东海），频年走雨（走雨）；西川图献（西川），远道观风（观风）。迩乃望洋兴感（望洋），弹铗思归（思归），正拟秋江急返（秋江），续联东阁欢吟（东阁）。重圆有日（重圆），寄书先慰愁眉（愁眉）；再顾多情（再顾），赓韵不妨附尾（赓韵）。自有长生乐（长生乐），休惊恶梦

(恶梦);岂无万里圆(万里圆),渐近佳期(佳期)。卿宜暂释闺愁(闺愁),仆当先颂阃喜(阃喜)。

菊　榜

选

一、武榜(并序)

鼓鼙动地,北望惊心;烽火烛天,西巡惨目。干城乏选,丸泥讵可封关;易地而观,药石未能医国。画粥枉忧天下,寂寂此时;题糕已过重阳,栖栖何事。睹柳营之技艺,等儿戏于棘门;叹菊部之范围,见英雄于草泽。淮阴未遇,终属胯夫;汾阳久沦,难安丑虏。倘欲取彼福相,谁为燕颔虎头?若能成我功名,端藉狼腰猿臂。此百花词主人所以有梨园武榜之订也。时则霜满刀弓,风生剑铗;红毹乍展,白袷同临。剧场姑作校场,赌看健儿身手;忧国当思报国,活描我辈肝肠。燕市抛金,肯沽恩于骏骨;蟾宫泻玉,竟嗣响于鳌头。(注云:菊榜状元七盏灯及此届武榜状元夏月润均隶丹桂,故云。)羡他慧眼偏忙,才别燕莺,更判罴虎;愧我文心未曲,枉教鸡惊,滥杂鸳鸯。然而大戟长枪,斯世未容用武;窄衣短袖,吾曹难煞从戎。不访纸上空谈,如荼如火;等是场中作剧,有色有声。教士十年,几辈能卧薪尝胆;养军千日,阿谁有成竹在胸。反不若优孟衣冠,可看升平之颂;伶工剑佩,得增日月之光。尔乃鉴空衡平,譬诸选佛;量才较艺,迥不犹人。网铁一张,盈得珊枝无算;泥金十副,耀将银海都迷。待他年偃武修文,删除若辈;趁此日征歌选舞,陶写中年。吾无间然,因此中大有人在;后之览者,见斯文必能感生。

一甲　状元　夏月润

原评　英

醉墨生加评　英气勃勃,有侠士风,洵金鳌顶上人也。

善演《冀州城》、《花蝴蝶》、《独木关》、《挑华车》、《剑峰山》、《左公平西》等戏。

一甲　榜眼　吕月樵

原评　雄

醉墨生加评　慷慨激昂，越显男儿身手；能歌能舞，余韵悠扬，若冠一军，亦足以服侪辈。

善演《鸳鸯楼》、《翠屏山》、《伐子都》、《一枝桃》等戏，兼唱须生《戏迷传》、《十八扯》、《四郎探母》，最为脍炙人口。

一甲　探花　张顺来

原评　豪

醉墨生加评　超乎象外，得其环中，亦出类拔萃才也。

善演《四杰村》、《曾头市》、《武当山》、《泗洲城》等戏，使三节连环棍，为个中绝技，侪辈无能望其项背。

二甲　传胪　赵小廉

原评　杰

醉墨生加评　倜傥玲珑，如梁间燕子，颇得巧借之力。

善演《铁公鸡》、《白水滩》、《九美夺夫》、《佘塘关》，翩翩美少年，似太原公子，裼裘而来，人乐观之。

二、文榜（并题词）

世事原如戏，伊谁付达观。承平劳鼓吹，优孟幻衣冠。
飘渺梨云堕，淋漓粉墨寒。剧场塞寰宇，我辈愧伶官。

尽有凌云翮，翻飞在一鸣。能为多士式，才使主司惊。
鹤立群中矫，龟年劫后情。愿渠持此意，更唱报升平。

衮衮看袍笏，悠悠听管炫。风情消子夜，哀乐杂中年。
老眼金篦刮，新班玉笋联。何如曲江宴，潇洒列群仙。

何以遣闲情，梨园寄品评。龙门高可接，燕市价难平。
菊部寒花茁，茅檐小草荣。不胜惆怅处，禾黍感神京。

一甲　状元　汪笑侬

原评　正

加评　得中正和平之旨，尽抑扬顿挫之长。一声羌笛，飞出秦关；万片天花，散落尘壒。冠兹多士，不负奇才。

工唱须生,兼擅老旦。善演《骂阎罗》、《马嵬坡》、《党人碑》、《取成都》、《空城计》、《洪羊洞》、《取帅印》、《阴阳河》、《一捧雪》、《目莲救母》、《钓金龟》、《四郎探母》之佘太君等剧。胎息程长庚,睥睨汪桂芬。至品度之高洁,才具之优长,尤足冠绝侪辈。盖由读书得来,非寻常伶官比也。

赠诗

蕊榜宏开万目惊,梨园重见魏长生。文明预兆团云侣,一往潆洄潭水清。

一甲　榜眼　小连生

原评　韵

加评　骐骥之才,琼瑶之品,色色入妙,簇簇生新。一曲商声,不自觉其激楚。

工唱文武老生,善演《九更天》、《汴梁杀宫》、《桑园寄子》、《回荆州》、《借赵云》、《盗御马》、《割发代首》,兼善新戏《铁公鸡》等剧,演《翠屏山》之石秀,一股英飒很毒之气,真能毕肖拚命三郎。

赠诗

九天缥缈系人思,仙乐悠扬入耳时。彩彻云衢因底事,上林花放茁双枝。

一甲　探花　小桃红

原评　奇

加评　歌翻白纻,曲唱黄河,桂窟之音,梨园竞爽。不图得之弱龄童子,特以上苑一枝花宠之。

工唱净面,如《草桥关》、《打龙袍》、《双包案》、《黑风帕》等剧,与七盏灯、小喜禄合串《二进宫》,人称三绝,真为后起之秀。

赠诗

歌翻白纻绕梁尘,曲唱黄河见性真。踞坐花前斟玉斝,偏衫侧帽试新声。

二甲　传胪　李长胜

原评　洪

加评　听一声声大江东去,如雷灌耳,足副"实大声洪"四字。

惜鼻音欠清，不足以膺元选。

工唱净剧，如《铡包勉》、《铡美案》、《双包案》、《黑风帕》、《打銮架》、《铡判官》、《断密涧》等，声音之宏，一时无两。

三甲　刘廷玉

原评　奋

加评　嬉笑怒骂，似渔阳挝鼓之英才；叱咤喑呜，疑钜鹿摐金之西主。

善唱副净，尤工武老生，演《下河东》之欧阳芳、《八义图》之赵盾；《溪皇庄》、《八蜡庙》之褚彪，如天半朱霞，缤纷舞彩。

三、菊榜

一甲　状元　七盏灯

品花　珍珠花

原评　魁

加评　粉黛须眉，英雄儿女，皆超上乘，此如意珠也。

赠诗

胡帝胡天思不群，名香日夕把伊薰。一朝扶上金鳌顶，仙乐嗷嘈散五云。

一甲　榜眼　小喜禄

品花　虞美人

原评　清

加评　贞静幽娴，美人本色，发声处纯乎天籁。

赠诗

天籁悠扬洗俗尘，浪持彩笔拟真真。等闲漫渍青衫泪，低首应输第一人。

一甲　探花　小万盏灯

品花　绣球

原评　灵

加评　风神绰约，似仙子凌波；扎束双钩，为个中独步。所谓绣球灯儿也。

赠诗

小步珊珊上苑来,个侬生是不凡才。倚云红杏藏怀袖,端整宫袍替剪裁。

二甲　传胪　小喜凤

品花　金钱

原评　艳

加评　皓齿流芳,纤眉入画,传神处全在阿堵。

赠诗

娇喉嫩舌尽交倾,唱到传胪第一清。从此周郎来顾曲,红氍毹上几移情。

四、女榜

一甲　状元　郭少娥

评云　缑山之鹤,华顶之云,雍容华贵,卓尔不群。

举止大方,姿态明秀。工唱须生,如《取城都》、《捉放曹》、《举鼎观画》、《文昭关》、《沙陀国》、《诸仙镇》,俱擅胜场;至若《开山府》、《打鼓骂曹》、《洪羊洞》、《李陵碑》、《九更天》、《铁莲花》、《天雷报》等剧,尤极激昂悲感之致,能令老伶工一齐敛手。须眉巾帼,仅见此人;拔置状头,定符众论。

赠诗

鞠部年来细品评,会逢此豸便移情。偶拈彩笔抡高下,为唱鸿胪第一声。

其二

冠冕群仙意气豪,蛮靴窄窄踏金鳌。官场儿戏多如此,似尔还能立品高。

其三

替他端正写泥金,体贴东皇一片心。夜草绿章三叩首,年年休待乞春阴。

其四

居然巾帼有须眉,谁道男儿胜女儿。黄鹤楼中留好句,阿谁振笔再题诗。

一甲　榜眼　张福贵

评云

如并州剪，如哀家梨，撩人醉眼，沁人诗脾。

简洁精当，绝无瑕疵。工唱秦腔青衣旦，如《十万金》、《紫霞宫》、《汾河湾》、《九件衣》等，皆其得意之作；兼唱二黄，如《祭长江》、《玉堂春》诸剧，亦能出人头地；有时唱须生，老气横秋，不可一世，女梨园中不易才也。使无少娥珠玉在前，则拔冠全军，亦所不愧。今以第二人屈之者，位置限之，非抑之也。

赠诗

个人品格比梅花，合住孤山处士家。坠溷飘茵缘底事，旅魂消尽在天涯。

其二

听到当场激楚音，一腔哀怨怆人心。我来顾曲银灯下，似把《离骚》细细吟。

其三

豪竹哀丝满剧场，此儿久把姓名扬。翩翩一鹤惊凡鸟，奋翮秋风独引吭。

其四

偶然短气似才人，斯世原难假笑颦。我有生花一枝笔，可能为汝脱风尘。

一甲　探花　白兰花

评云

大璞之玉，蕴椟之珠，莹洁可爱，圆转自如。

娇小玲珑，憨态可掬。工唱花旦，如《桃山洞》、《胭脂虎》、《关王庙》、《拾玉镯》等，皆当行出色之作，描摹神态，惟妙惟肖，诚后来之秀也。畀以上林一枝，庶足鼓励后起，盖赏识于牝牡骊黄之外者。

赠诗

娇鸟翩翩出上林，轻啼宛转引诗心。下风侥幸何人立，俗耳休来听好音。

其二

此豸娟娟信可人,宜颦宜笑更宜嗔。阿谁艳福深如海,消得真真画里身。

其三

东墙宋玉赋闲情,活色生香画不成。绮业未除工绮语,窥臣端底许卿卿。

其四

前身依约住瑶台,底事无端堕刼来。赢得群仙来顾曲,人人都说可怜才。

二甲　传胪　金处

评云

熊熊旭日,朗朗天风,庸中之佼,雌中之雄。

唱净面,声音宏亮,口齿清利,台步亦雍容娴雅,不疾不除,一洗女伶习染。男伶中著名之李长胜,且瞠乎其后。善演《捉放曹》、《沙沱国》、《御果园》、《草桥关》、《探阴山》、《黑风帕》诸剧。

赠诗

铜琵铁板大江东,粉黛登场便不同。几辈披襟来挹爽,问谁领略到雄风。

其二

响遏行云信有由,还教喝住大江流。一声长啸狂如虎,石破天惊我欲愁。

其三

震惊俗耳仗斯人,音绕雕梁绝点尘。毕竟曲高才和寡,不劳词客谱阳春。

其四

胪声隐隐上蓬莱,正是文人得意回。宴罢琼林歌一曲,九天阊阖五云开。

二甲　二名　张贵廷

唱须生,逼真男伶态度。善演《汴梁图》、《杀庙》、《三疑计》等戏;并唱二簧《打鼓骂曹》、《九更天》、《鱼藏剑》、《探母》诸剧。

赠诗

画眉家世说张郎，灵气偏钟窈窕娘。更莫临风消鬓影，教人撩乱九回肠。

二甲　三名　周处

唱须生，工演《审头刺汤》、《乌盆计》、《坐楼》、《戏凤》诸剧；兼唱净面，《除三害》、《铡美案》、《御果园》等，俱能生色。与金处合演《双包案》，洵属珠联璧合。

赠诗

十年香国久蜚声，一上氍毹辈辈倾。听到斩蛟堪发噱，竟将周处自通名。

戏子别解

选

戏子以歌舞媚人，且或益以身媚、益以色媚，其贱已云至矣。亦有事同贵介，而望若天人者，则惟二三妓流耳。妓女苛于择客，而独恕于戏子，非知其贱而恕之也。俗货利之见，适为爱情所阻，于是而戏子之别解出焉。

《诗》不云乎"彼姝者子"、"俟我于城隅"，又云"子兮子兮，如此良人何"。妇女珍其所欢，辄曰"之子"；又吴谚"阿团"之称，慈母煦噢其爱子也。而里娘佻竖横陈荐寝之余，亦有借呼出珍偶者。妓女之爱戏子，犹慈母之爱爱子也。戏则春戏秘戏之流，女以戏求，男以戏应，戏之斯爱之矣，爱之斯子之矣。

呜呼！人必习于秘戏，如演戏之勤且殷，而后堪为妓流枕席钟爱之假子耳。戏子别解，如是如是。

丹桂戏园铭（仿陋室铭）

选

园不在精，戏好则名；帐不在写，认识则灵。斯是京班，惟丹桂馨。电灯摇影绿，沸水烹茶青；包厢多女客，正桌鲜白丁。可以吊膀子、假正经，有锣声之乱耳，叹跌打之劳形。月润《花蝴蝶》，菊仙

《失街亭》,看者云:"何厌之有?"

戏作淫伶李春来奸占官妾判

选

淫伶李春来妖甚雄狐,狡逾雌兔,历充红像姑,拥背偏能蛊惑;大战青面虎,随身不无片长。非老蟹之乐妍,全仗金钩施钩蟹伎俩;乃骗马之是学,传言玉女有拉马先生。色胆大于彩云,功架好如杨月。素香梦蚀,王素香为抱衾裯;爱珠掌擎,刘爱珠久成眷属。乃欲犹未餍,力不自量,府入黄龙(黄子名文龙),私学吕韦称假父;门延朱履,竟如武媚选男妃。已成居巢之爽鸠,复作栖梁之海燕。梳头鸦雀婢,惯听雨夜之更筹;对面牛奶棚,亲见露台之秘戏。既而园开春桂,银划华俄,二万头出自奁资,盖三省供其指使。花楼虚左,分明待月之西厢;纱罩生辉(妇至另设电灯两盏),此是零星之东道。迨下场之未久,又卜夜以为言,招摇乘过市之车,不如归去;席荐效盘肠之战,未可已乎。既主夺而宾喧,复桃僵而李代。自比产禄,将继刘氏而王;遑恤京卿,竟作若敖之鬼。(逢黄生死忌辰,李竟霸阻朱氏,不许祭祀。)唐、朱二姓,受托孤之重;广肇全体,蒙旁及之羞。不杀此獠,何以清君侧?不除非种,何以慰九泉?此广帮所以具其罪状,而淫伶所以遭人告发也。恶难擢发,祸不旋踵,李复无心罪己,摇尾向人。恃其神通之钱,欲觅推磨之鬼;怕露马脚,上堂全是枝梧。挂龙旗入籍,倒填年月,臂助幸有情节,口供串于律师,图覆公堂,几酿交涉,独孤误我,方知芝草无灵;(过犯灵芝草,为李密友,以朱好听梆子,故聘之来沪,后竟以此获罪。)优伶无人,妄想花圈作赠。(李所延律师有"英皇宠异优伶,死后赠以花圈"云云。)幸人证之具在,遂定爰书;知天道之祸淫,难逃法网。罚作鬼薪钳镬,提蓝桥且住三年;会看依样葫芦,有情人无非一嫁。

戏为狎优之妓女作解嘲说

选

妓等偶不检束,昵比优伶,不过自糜其肌体,亦何损于他人利权。而龟鸨禁之,佣媪阻之,侪辈讪笑之,狎客诟谇之。妒眼成城,几以身为集谤之鹄。窃思龟鸨之禁我,为营业计耳;佣媪之阻我,为带挡地耳;侪辈之讪笑,我则捻酸争宠耳;独至狎客诟谇,殊觉问罪之无因,而干预之非其道也。夫凹凸异体,男女平权,氤氲化醇,独则不乐;阴阳翕合,奇则不长。妓等溺身溷厕,实命不臧;惟知鬻笑行酒,为吾天职之所当尽。此外荐梦倾身,抱衾市爱,固惟妓等意指所欲而施,即为神圣不可侵犯之权。宋儒有言曰:饮食男女,人之大欲存焉。明言女人之大欲,舍饮食外,固惟男子是耽。又宋山阴公主,谓文帝曰:“妾与陛下,男女虽殊,俱托体先帝。陛下后宫数百,而妾惟驸马一人,似太不均。”帝乃为置面首左右三十人。事实备见史乘,女界足资矜式。妓等虽非贵主,而端居寡偶,角枕兴悲。优伶与我同尘,等是声色为饵,实有媚术,足娱晨昏;何物狂夫,施其责备。爰历举古贤陈迹,藉解扬雄客嘲。凡我女界,及反对妓等狎优者,幸各垂察焉。

小马夫哭金琴荪(仿京剧《三娘教子》二簧调)

选

吾东人遭下了滔天大祸,好一似冷火中爆出热栗。见凶手发三枪巷堂穿过,回转来看一看东人已故,东人吓!你算命教道你恶时避过,为什么忘他言竟遇了恶客,我的东人吓!现在是缉之不懈,中西之官各处加严,匪定获。小马夫进孝堂双膝跪落,双膝跪落,我的东人吓!问东人在阴曹疼痛如何?

金琴荪之医生唱西皮(仿《空城计》司马懿唱慢板)

选

坐在车上来观病,医院内坐的是金氏琴荪。左右看的无数人,都说他在医院痛的真要性命。我本当将枪子一剜而尽,(白)且住!又恐怕惊了他死鬼灵魂。坐在椅上再看定,尊一声琴荪听分明:你的鬼魂休吓我,你是鬼来我是人。

新徽调(仿《观画》、《跑城》剧中徐策唱片)

选

耳边厢又听得老将答应,城门官管城门,我的耳又清来眼又明,眼明耳清、耳清眼明,听不聋来看不昏。又只见城门口来了许多人,我不必问众人,你的名和姓,并住在那路、那里、那区、那一门。你来要进城、你来要出城,你要一角洋钱拿端正。无论江南省、无论湖北省,你要拿得出来付得清,老将就此忙开城。去下了的铁闩,让你来过城。你若是拿不出来付不清,你要想我开城门,这就是万不能来,万万不能。

海上梨园杂志　卷九

戏　考

打鼓骂曹

《三国志》曹操大会宾客,欲辱祢衡,使为鼓吏。被衡裸衣大骂,数操之恶,为渔阳三挝,渊渊作金石声,宾客皆感泣,操斥使退。后修书一封,荐祢衡往刘表处。

龙虎斗

呼延赞之父为宋太祖赵匡胤所杀,赞起兵与父报仇。太祖亲自与之对敌,赞被太祖一鞭,现出白虎,太祖知赞为虎将;后太祖被赞一鞭,现出金龙,赞知太祖为真命帝主,于是乃投诚太祖。星象之说,荒诞不经,而戏剧中往往有之。

御果园

《说唐》载尉迟恭至御果园洗马,适太宗与兄建成、弟元吉相戏。建成、元吉谋危太宗,因令部将伪扮单雄信,演当日追赶太宗故事以毙之。太宗几濒于危,尉迟恭见之,单鞭直入救驾,击死部将,并毙建成、元吉。太宗大惊,扭尉迟欲见高祖面奏,军师徐勣及程知节(即程咬金)等同往救护。此剧又名《单鞭救主》。

贾家楼

隋唐单雄信，发函邀齐三十六友，结为金兰。为秦叔宝之母祝寿，在贾润甫店中，适叔宝为长叶岭劫饷一案，被太守限破被责，访至店中，乃与雄信等相遇。

花园赠珠

《花园赠珠》一剧，乃从昆剧《花园赠塔》串插出来。故其节目，大略相同。剧中某书生进园，有美婢引小姐出，赠明珠一颗，以定终身。盖梆子腔戏随意编串，故无从考其时代者多也。

乌龙院

《乌龙院》一名《刺媳》，又名《宋江杀媳》，出《水浒传》。晁盖等既并王伦，夺得梁山，因差刘唐下山，送书及金与宋江，报其相救之恩。宋江与之遇于酒楼，遣刘去后，醉归乌龙院。被阎婆媳察出破绽，留书挟制，欲嫁张文远，百般刁难。宋江由是怒起，刺死婆媳，取书而逃。

巴骆和

《绿牡丹》小说，骆宏勋往访花振芳，路过巴家寨，误射死巴九之子。巴氏弟兄系花振芳之舅，振芳欲以其女碧莲招骆为婿，乃与鲍自安等与之讲和。以花与巴皆无子，命骆一子三祧，乃寝事。

十八扯

《十八扯》一戏，并无定规，亦鲜出处。因兄妹串戏，随意歌唱，曲多而调高者为佳。盖与《戏迷传》大致相同，亦戏中之戏也。

探阴山

有女柳金蝉者，因看胜会，被风吹至桥下。强暴欲污之，女抵拒毙命，凶遁。而其表兄适至相认，众诬其表兄所为，含冤莫白，告至包公案下。小说家言包公有阴阳宝枕，卧之可至阴府判事。包公因是亲探阴山,判明此案。

八 百 年

《八百年》即《渭水河》。周文王因飞熊入梦,卜之,主得贤人辅佐,缘亲访之。遇姜太公钓于渭水河滨,以后车载之归朝。竟开周八百年天下,非偶然也。

黑 风 帕

西番国人高旺,本在宋室为臣,后忽隐居不仕,能使黑风异术。适天堂六国作叛,有妹杨姓女,向高求救。高不愿往,命僮儿高来拒之,佯称出外。被杨觑破,哄高晤面勉允。高乃扮作马夫,背鞭班兵,过牧虎关,与守关将张保会战。张使黑风擒高,被破。张妻出阵,又使黑风,将高困住。高乃变犬脱逃,破黑风,反施调谑。张与妻因诉知其母,上关巡视,讵高系其夫,有一黑风手帕为据。于是开关迎人,夫妻、父子、翁媳团圆,是戏乃毕。按,京剧中每多不可考证之戏。即如此剧,高与其妻若何失散?天堂六国属于何处?皆不可考,观剧者当惟一笑置之而已。

镇 檀 州

《镇檀州》即《九龙山》。《岳传》载,杨再兴在九龙山落草,岳武穆征之。两军既遇,相约不准有人助战。适岳云解粮回营,部将牛皋虑主帅不能胜敌,怂令出助,为杨所讥。岳回营后,按军法责云,送至杨处请验。杨佩岳之军威,然卒无归化之意。后武穆于梦中得杨衮教授枪法,衮系再兴之祖,始得阵前收服,威镇檀州。再兴卒成名将,后于小商河战殁。

翠香寄柬

《翠香寄柬》一剧,与昆剧中《红娘寄柬》同一戏情,乃主婢私一书生。其主命婢翠香寄柬与生,翠香乃先与生通情,招生至内闺楼,并贻翠花一枝。(按此戏又名《遗翠花》,实系《贻翠花》之误。)

正欲欢会，适老夫人至，撞破幽情，乃面许其女终身，并令赠银二锭，作为赴考之资。翠香给以三锭，老夫人不予深究，挥之使去。责打翠香，翠香反嘲老夫人家教不严，盖黠婢也。

四郎探母

杨四郎名延辉，宋将金刀杨令公之第四子。金沙滩双龙大会时，被萧邦所擒，改名木易，萧后赘为驸马。越十八载，思母情切，面带泪容，为公主盘出真情，许回宋营探望。因无令箭出关，公主故抱孑入朝，以儿啼欲乞令箭玩耍为名，给夫星夜返宋。至营，为六郎延昭之子宗保所获，弟兄晤面，母子相逢，夫妻重叙。至天明出关回令，盖四郎不欲有负公主也。

定军山

《定军山》一名《取东川》。乃三国时黄忠、严颜平定东川，火烧天荡山，大战张郃，刀劈夏侯渊，曹军大败故事。黄、严俱系老将，故又名《老将得胜》。其实东川之胜，半由张郃等欺黄年迈，半由诸葛武侯以激将法，智激而成也。

泗洲城

《泗洲城》系妖怪戏，出《西游记》。乃一猪婆龙小怪，在水府魅一状元，赠以明珠，并于江滨兴波作浪，颠覆舟船。地方官焚香祈祷，观音大士因化为老妪，与妖相遇。妖适沿途汲水，媪以口渴借饮，转瞬吸去一筒。妖知有异，与媪为难。媪倩韦驮护法，并召众天将及孙行者下凡降妖，至擒住乃止。

贵妃醉酒

《贵妃醉酒》又名《百花亭》。因贵妃杨玉环，在百花亭饮酒大醉，作种种醉态，无甚情节。

郎中掮木梢

此戏形容骗子之狡诈也。有一骗子,至郎中处,言妹有暗疾,欲就医,少顷即至。又向卖珠宝女娘处,诳言某医生欲购珠花,请同往论价。比至,医生因看诊甚忙,骗子呈珠花上,托言好否,医生颔之。盖意在诊脉,不知其何故也。骗子因与女娘言:"向内呈太太看去。"乘间而遁,后女娘久候不出,即向医生交涉云。

长板坡

赵子龙百万军中救阿斗,此戏凡读过《三国志》者,无不知之,无须详考。然赵身入重地,非徐庶向曹操设策,只许生擒,不可伤害,并得青罡剑护身,险蹈不测。至堕入陷马坑,几濒于危,幸赖后主之福得免,致有本是子龙救阿斗,反成阿斗救子龙之说。此则小说家附会之言,不足为信。

采石矶

采石矶在金陵境,明朱洪武取金陵时,徐达挂帅,令先锋常遇春攻采石矶,大破之。

五台山

宋杨令公继业之第五子,自金沙滩赴会后,在五台山代圣出家。后六郎延昭为萧邦所败,道经山中,与兄相遇,杀退萧兵,卫送出境。

秦琼卖马

唐秦叔宝微时,病困天堂川旅店,资用乏绝。乃以黄骠马出售,遇单雄信,乘之而去。又将金锏质钱,幸逢王伯当、谢应登,助以川资,得免于厄。

海潮珠

列国时,崔杼之妻棠姜,与齐王私通。崔杼闻之,托病回家,齐王亲至崔府，以探病为由，与棠姜叙旧。崔杼自后园与妻并杀之。

目莲救母

目莲僧之母，因生前不敬鬼神，死后在酆都城，受冥司种种罪谴。目莲仗佛法救母，拔出地狱，致放冤魂八百万，为黄巢造反，杀人八百万张本。小说荒唐，固不值识者一笑。惟愚夫愚妇，偏喜阅此种迷信之剧，此改良新戏之所以难施于下等社会也。

富春楼

《富春楼》即《缝搭膊》。乃妓女陈三两，与客有啮臂盟。客为人所侮，诉之于妓。妓戏谓如能跪呼"姊姊"三声，当贷汝金，出门贸易。大丈夫手中有钱，何患受人渎侮。客闻，长跪呼恳，妓乃赠银三百两，缝一搭膊，束诸腰间而去。盖妓之深于情者也。

九更天

此戏又名《义仆救主》。乃义仆马义，因主人米姓，被寡嫂调奸不从，寡嫂私通一胥吏，名侯花瑞，设计杀死其妻，指为米生所害，具控公堂。马义闻之，替主伸雪。官以该女有尸无头，命马义寻头交案，可释尔主。马以无处可寻，回家杀女献头。官以案证确凿，置米于法。马因赴文天祥案下，遂滚钉板鸣冤。文夜梦一猴，口衔一花，详出凶犯姓名，星夜命马差吊卷，米已将正典刑。幸是夜五更已过，天色未明，更夫敲至九更。马差到境，始获天曙。乃赦米回家，而置淫妇奸夫于法。

盗魂铃

《西游记》唐僧取经遇妖，孙行者、猪八戒、沙和尚与妖大战，八戒变化，盗取魂铃，唱各种小曲，最为动听，演至降伏妖魔始止。

双投唐

《双投唐》，一名《双代箭》，又名《李密投唐》，又名《断密涧》。

乃李密与王伯当,弃瓦岗寨,投降唐室。途遇小秦王出猎,引见唐王,奏请以公主尚之。李密酒醉,杀死公主,与王星夜图遁。李世民带弓箭手追之,至断密涧,李密、王伯当俱乱箭射死。

伐子都

子都系列国时人,见《左传》。然只有与瑕叔盈夺鳌弧登城一事,并无与颖考叔争功各节。戏中子都,因与考叔争战惠南王,举旗拉车,夺取帅印。惠南王被擒之后,子都以袖箭射死考叔,班师回师。致考叔附身索命,子都金殿吐血而死,皆为正史所无。

孝感天

此戏乃郑庄公掘地见母故事,然与正史有异。戏中乃母子相逢梦中,而又名之为《孝感天》,一若庄公竟为孝子也者。是可异也。

战太平

陈友亮围困太平城,守将花云誓死不降,与陈大战,无如众寡不敌,花云卒被擒获,以乱箭射死。其妻装疯脱逃,得免于难。

紫霞宫

《紫霞宫》一戏,乃一僧人卖卜,有女子吴彩霞者,因夫久出,拔钗请卜归期,讵为小叔及小姑所见,诬指赠钗与僧,向彩霞之姑刁唆是非。幸姑明察,反责刁唆之人,小叔、小姑遂向彩霞赔罪为名,俟其携手相搀,用带勒死,而以自缢为报。彩霞之姑大恐,将小叔、小姑痛责,盛殓彩霞。小叔、小姑又萌恶念,掘墓盗物,彩霞幸神人以五丈扇扇尸还阳,投奔父家,盖惨剧也。

虮蜡庙

《施公案》中,有大盗费德公,霸占招贤镇,在虮蜡庙强抢烧香民女,杀死丫环。由金大力引领家人,赴施公案下控告。副将黄天霸，亦已至庙亲访，得悉此事，施公遂令天霸等往拿。褚彪因扮作烧香老汉，天霸之妻张桂兰扮作民女，贺人杰扮作小孩，被费德公强抢入庄。一面由关太调动官军，里应外合，擒费正法。

绒花计

贫儒郑文焕，聘崔监生之长妹为室，崔欲赖婚，文焕具控良乡县署。崔妹夜遁，县令提讯。崔监生以一千二百金，令仆人至官衙行赂。县令一清如水，不准人情。崔因事急，令其二妹上堂，教以口供，咬定不愿意三字，故此戏又名《三不愿意》。后经县宰以一千二百金作崔女奁资，并认郑为义子，当堂断令夫妇团圆。崔监生竟无如之何，见者皆称快不置。

捉放曹

《三国志》，曹操欲诛董卓，董因行文各郡，四处捉拿。为中牟县差所获，县令陈宫释之，弃官偕逃。途遇曹之父执吕伯奢，款留。厨中杀猪饷客，曹闻刀声，疑其图己，杀吕全家，陈宫苦劝不听。曹之奸险至此，千载下皆痛骂之。

阴阳河

商人张茂盛，娶妾李桂莲，夫妇恩爱似胶如漆。一夜适逢中秋，星月交辉，因茂盛欲动身至四川经商，其夜夫妻偶犯不谨，妻得暴疾逝世。后张经商四川，道出阴阳河，见妻在途汲水，讶之。回店询之逆旅主人，主人以此间阴阳杂居，所见亡魂，已嫁李判，即居河畔。张因往寻之，叩门而入，与妻遇，抱持痛哭。适判归家撞破，桂莲以亲戚对，嘱判送之还阳，判姑诺之。置酒相款，张乃乘间得出，惟还阳则为戏中所无也。

下书扫松

昆剧《琵琶记》有张广才扫松一出，乃蔡伯阶倩人至陈留郡下书，向张询问蔡之一切家事。系老外好戏，三麻子翻作京剧，甚为特别,尽为京戏生色。

独木关

唐薛仁贵投军,为张士贵所阻,仅充火头军。适敌将安殿宝围次独木关,士贵之子被擒,士贵令薛出战。薛适抱病,部下周青等怒打差官。士贵亲往,薛令周青等出敌,不能胜;因带病出战,刺死安殿宝,救出张子,亦云勇矣。

挑华车

宋时金兵犯寇,岳武穆拒战于牛头山,令高冲掌大纛旗①督战。适金人布华车阵,驱车直入,众军披靡。高见之毛发皆竖,单身入阵,力挑华车数辆。卒以马力不胜,竟毙车下。武穆哭之恸,令牛皋等率军死战,大破金兵。

戏迷传

是戏乃一酷喜听戏之人,竟成心疾,人皆以戏迷称之。一日心疾大发,遍唱各戏,其妻患之,请医医治。医亦有戏癖者,与之对唱,于是控之于官。讵官亦患戏迷者,对唱京、昆、徽、汉、广、陕各戏,及各种小曲。此戏不特各班所演不同,即各伶所演,亦人各不同,毫无情节,真胡闹戏也。

儿子讨娘

有一荡子,因嗜冶游,为孀母训责,并请母舅至家,分产各居。荡子自析产后,悦一药店之女,商之荡妇巧凤。与流氓设计,诱药店女与荡子相会。佯称此女愿嫁荡子,竟得重金。一面佯称药店主,意欲娶妇,说合荡子之母再醮,荡子母以不能孀守许之。合卺之夕,亲友闹房,讵荡子所娶者,非意中人,即系其母,于是讼之于官。经官讯出巧凤与流氓作媒,当堂讯责,而以荡子母嫁药店主,

① 原作“大毒旗”,据文意改。

药店女竟嫁荡子云。

刑律改良

本出系以旧刑律审判，往往不足以成信谳，故非改良不可。剧中叙说苏州有李、杨两绅士，因联姻控告衅命一案。李名家华，有一子一女，子名殿甲，习武；女名秀英，许字杨如贵之子杨升福为妻，尚未完娶。时李殿甲将赴武试，其父生日在迩，与妹秀英计议，提前称祝。适其表兄弟姜不良来为殿甲送行，见李家正在预先做寿，即随同叩祝。得见表妹李秀英，惊其美丽，思娶为妻。翤知久已许字杨升福，即设计破坏，假作情书，诬秀英不端。故遗杨家，升福见而果怒，欲退婚。李氏不允，遂在吴县结讼。县官用古法刺血为证，姜不良又赂通官稳婆作弊，报称秀英已非处女，因而断离。正难解决，李殿甲已试毕归来，当即详问秀英，知实无别情，即偕妹在本府上控。援《洗冤录》为证，谓处女心与妇人不同，情愿当堂剖验。本府再三解劝无事，秀英无面目归家，即用刀自刭。李殿甲见妹既死，即剖出其心，果仍处女，秀英之冤始白。适抚宪已阅兵回辕，正欲上控。而姜不良以虽已计陷秀英，知终不能娶其为妻，遂另行聘娶。成亲之夕，新娘甫入房即气绝，李秀英魂即附身，痛詈姜不良，历言其计陷之恶，复在抚宪处鸣冤，于是全案昭雪。府县初令候参，既乃罚锾，充办善举，姜不良立即正法。即以李秀英魂附之新娘，判归杨升福为妻云。

恶虎村

《施公案》载，黄天霸之拜兄武天虬、濮天雕霸占踞恶虎村，因报施公杀九黄七珠各盗之仇，于施公卸江都县事赴京陛见时，掳入庄中。适神弹子李五保送镖车过庄，为武、濮二人所劫。天霸见而解围，入庄拜寿，并探施公消息，瞥见公之骡轿，察出真情。夤夜复入，与李五里应外合，毁庄救出施公。武、濮二人，一中镖而死，一中弹而亡，故又名《三雄绝义》。

徐 策 跑 城

此戏即《举鼎观画》之后,又名《观画跑城》。乃薛蛟搬兵回城,徐策在城楼,不敢遽开,盘问薛蛟踪迹,蛟一一答明,始命启城放入。幸薛氏此次沉冤得报,欣喜万状,由城飞步回家。剧中“跑城”一段,台步最难,三麻子演之,非常出色,真好戏也。

借 赵 云

此戏又名《一将难求》,为三国时曹操发兵攻打刘备,刘备自知寡不敌众,特至公孙瓒处求借赵云同归。张飞不服,出言轻慢。适操令典韦索战,张飞大败。赵云不忍坐视,奋勇杀退曹军,刘备乃痛斥张飞。飞始自知不及,钦佩赵云不置。

三 官 堂

即《韩琪杀庙》,系《铡美案》前段。驸马陈世美遣旗牌韩琪杀妻灭子,踪迹至三官堂得之。陈妻挈子一再哀诉,韩琪始知世美种种负心,不忍加害,乃于庙中自刎而死。陈妻遂挈子至开封府控诉。

月 华 缘

即《卖胭脂》。有郭华者,不详其何代人,道出汴梁,悦一胭脂铺女子,名王月英,竟订婚姻之约。女子之母适归,见生米已成熟饭,允之。厥后郭华早夭,月英矢志不嫁,幸已得一子,教之成名,竟成节妇。此剧徽班中向有全本,惟京班未经演过。

伍 家 坡

薛平贵投军征番,与妻王三姐分别,夫妇依依不舍。薛去后,三姐跑坡望之,故是剧又名《跑坡》。然薛竟以嘱别误时,至营已过三卯,魏虎拟绳之以法,经苏龙缓颊,始改责军棍五十。

收关胜

水浒天勇星大刀关胜，领兵剿灭梁山泊，与混江龙李俊大战。智多星吴用设策，令燕青、孙二娘、时迁、白胜、呼延灼等，诱关胜登陆，以绊马索擒关，获胜归顺，大兴梁山。此戏昔年以小奎官及孟七为最，今推李春利出人头地，以刀法台步，卓越寻常，翻跌亦首屈一指也。

财迷传

是戏即昆剧中之《罗梦》。乃一骡夫，其主人见其操作辛勤，赐以白金一锭。不意骡夫一夜不眠，梦魂颠倒，时觉有人劝之饮酒骗其金；时觉有美人伴其宿骗其金；忽而有人借其金；忽而有盗夺其金，内含酒色财气四字，竟得财迷。至翌日，还去此金始已。李百岁师其意，翻成京戏，诚别开生面之剧也。

空城计

《三国志》诸葛武侯命马谡镇守街亭，王平副之。马谡靠山扎营，王平力谏不听，乃命人至蜀献图，武侯见而大惊；而司马懿已夺取街亭，兵临城下。时城中兵将空虚，无人出敌，武侯乃设一计，将西城四门大开，令老军诱敌入城，已则在城楼饮酒鼓琴以疑之。司马果虑内有伏兵，收军而还。及至探系空城，返兵复进，而赵云已回，大受挫折。然马稷则以失机之罪，按军法处斩；王平幸曾谏阻，获免。

双钉记

《双钉记》一出，梨园演唱已久，均以为包孝肃故事，不知此乃姚忠肃事，以龙图有善折狱名，遂归美及之耳。至元二十年，忠肃公为辽东按察使，武平县民刘义，讼其嫂与其所私杀其兄成。县尹丁钦以成尸无伤，忧懑不食，其妻韩氏问之，钦语以故。韩曰："恐项囟有钉涂其迹耳。"临之果然，狱定上谳。公召钦问之，钦因矜其妻之能，以实对。公曰："若妻处女耶？抑再醮耶？"钦对以再醮。

公令有司开其前夫之棺,毒与成同,并正其辜,钦因此悸卒。时人咸颂神明云。

黄　金　台

齐湣王无道,宠邹妃及太监伊哩。燕昭王筑黄金台,遣乐毅伐齐。伊哩入奏,太子田法章以乐毅先曾投齐,伊哩不用,今日乃有是祸,将伊哩一脚驱出。伊哩衔之,诉于邹妃。以太子习医,邹妃佯称有病,召令入宫诊治,诬指调戏。湣王立遣伊哩杀之,幸赖宫女报信乃免。(以上近日梨园演者甚鲜。)太子乃夜出宫,途遇西台御史田单巡夜获住,偕回府中。伊哩带领校尉搜府,太子乔扮田单之妹,得未被获。田单遂弃官,与太子偕遁。

花　蝴　蝶

《七侠五义》载,大盗花蝴蝶花冲(梨园作姜永志,不知何所据。)奸淫妇女,无恶不作。包公命五鼠及南侠展昭、北侠欧阳春等擒之。按,捉拿花蝴蝶,京戏有二:一在邓车处捉拿,由翻江鼠蒋平在鸳鸯桥下拿获,与书中有异;一即大闹碧云庵,后本则与正传微合。

调寇审潘

宋呼必显在雁门关,锁拿潘美至京,派御史寇准,审问害杨令公兵败阵亡一案。潘妃特馈厚礼,贿准用情,准不敢受,奏明八贤王,将礼全收。案则依旧秉公审讯,讵潘抵死不招,直至设计阴审,始吐实定罪。

苏三起解

此戏即《玉堂春》起解,自拜别狱神堂至太原府进城止。途中解役,忽喜忽怒,玉春堂诸般顺受,颇受描摹罪犯之苦,系梆子青衫子好戏,因既须唱工,亦须做工也。

搜孤救孤

一名《八义图》，又名《救赵孤》。乃列国时，晋之赵盾与屠岸贾有仇，屠杀赵全家。赵有门下客程婴，匿赵遗孤，即赵朔子名武，庄姬所生，藏诸药箱而出。虑屠知悉，商诸其友公孙杵臼。程以己子给杵臼，认为赵氏孤儿，亲向屠岸贾出首：言公孙将孤儿藏匿首阳山下。屠遣卫士搜之，果得是儿，立与公孙同时斩讫。程婴告称，小人有子，与孤儿同庚，恐遭波累，故而告发。屠命携子来见，抚为义子。逮长，得报父仇，程婴及杵臼之力也。

取金陵

明太祖攻取金陵，元驸马郝福寿与夫人凤吉公主调兵出战。郝福寿勇敌万人，适遇胡福下山，连发袖箭，劝郝投降；郝恐被射，损平日威名，乃自刎死。凤吉公主率兵为夫报仇，背城血战，卒为常、胡、李、木各将所杀，金陵遂为太祖所取。

翠屏山

水浒病关索杨雄之妻潘巧云，与僧人海阇黎有私，为拼命三郎石秀所悉，诉知杨雄。以赴翠屏山烧香为名，杀死巧云并婢迎儿。途遇时迁，投奔梁山。

瞎子睁眼

此戏一瞽者之妻，与人有私。因欺瞽者双目不明，竟敢同桌饮酒。嗣为瞽者察悉呼捕，因气而眼复明。其中情节颇足解颐。

过五关

《三国志》，关壮缪保送皇嫂，由曹营归汉。经过五关，守关曹将纷纷阻止。关公或以智取、或以力敌，共杀六将（六将姓名情节俱见《三国》），始至古城。关公之智勇足备，千载下皆景仰之。

硃砂痣

有韩员外者,有善人之目,生有一子,足心有硃砂痣。遇乱失散后,因发妻逝世,续娶一妇。花烛之夕,见妇面有泪痕,异之。询悉妇本有夫,何姓,因贫改嫁,韩乃遣之使返,并焚毁身契,另赠银二百两,与何医疾。何夫妇感激异常,登门叩谢。见韩无子,何因于出外收帐之日,购一贫妪之子献韩,请作螟蛉。韩笑纳之,见儿貌颇类己,疑为前失之子,证以硃砂痣,果符。盖失散后,由贫妪留养,今又出售者,于是父子重圆,非常欣喜。韩以一念之善,还人之妻,得己之子,天之报施,诚不爽也。

海上梨园杂志　卷十

丛　谈

十　三　绝

都下诚一斋字画铺,在廊房头条胡同,有贺世魁所绘人物匾额,其人皆名擅歌坛者,号曰"十三绝",为霍六、王三秃子、石才官、玉顺、连喜等。又,齐家胡同某裱画店,亦有"梨园十三绝"图,为程长庚、杨月楼、卢台子、梅巧龄、刘赶三、谭叫天及小香、小福等,皆近时人。程、杨等先后物化,惟一谭叫天,如硕果之尚存。然叫天彼时固以武生著,而未以须生著,今则卓然名家,又于歌台别树一帜。如叫天者,可谓双绝矣。

戏台联

无锡城隍庙戏台有联云:是耶非耶其信然耶;秦欤汉欤将近代欤。

戏　案

戏剧中《十五贯》,苏州吴县事也;《玉堂春》,山西洪洞事也;《拾玉镯》、《法门寺》,陕西梅河县事也。今三案全卷犹存,尝有好事者,至其处,特吊取全案卷宗观之,与今剧中所演大略不差云。

刺　马

同治初，两江总督马公被刺时，上海戏园撰成《刺马》一戏。藩司梅小岩方伯为丑角，而巡抚张公则装白面，闻后赂以金，乃改为黑面。优伶小人敢玩弄尊贵人如此，可叹也！

新安驿

《新安驿》一戏，起于道咸间，不知所托始。或曰是剧羌无故实，实则为十三旦而设也。初，十三旦至京，主者患无以扬之。有词林某为制此剧，故始则红须装束严急，令人但闻其声；已而去须，已而改为艳装，已而又改为便服，装束雅淡。顷刻之间，变换数四，无不绝妙。于是一二日闻，名已大噪。

变　法

上海优伶中有名丑何家声者，以善滑稽名。一日演《青溪洞》，何扮孙悟空。向来扮是脚色者，当追逐妖魔时，变幻百出，令人眼迷。是日何演是剧时，摇身三四，安然不动。旁有一人问之曰："人人皆要看汝变法，汝何以竟变不出来？"何指座中诸人曰："你看诸位大人，没有一个想变法的，如何你单要我变起来？"

孝感天

都下有人家畜一猫，颇伶俐。一日忽失去，遍觅不得。两年余，忽自外归，以为必为人窃去，今脱羁绁自归也。一日晚间，忽闻有老生唱二簧，调甚清亮，闻其声似在屋上。谛听所唱，乃《孝感天》一出，且摹仿小叫天声口，甚为清澈；更细察之，乃所蓄猫，坐屋脊上，且唱且演，一如伶人演剧。大骇，伺其下，执而询之，绝无言语。怒迫以火刃之属，始言曰："前者尝与一狸，约至深山修炼道术，勇猛精锐，年余渐通人语。不意道侣偶出，为人所杀，余独处无侣，故即走归。"人始知前此之失去，实自逸也。

淫　　戏

有德儒至申,其友与至戏园观剧,见《卖胭脂》等剧,大怪曰:“吾真不解世间竟有人肯演此等剧,又不解更有人肯观此等剧,中国人性情真不可解!”

花面胡骚

直隶某,以即用补得奉天某县。其妻乡人女也,偶遇新年,县丞夫人特发帖请听戏。某谓其妻曰:“汝在乡,向未知应酬礼节,今日汝至县丞署中,切勿多言语,致惹姗笑。如戏班中请点戏,汝只点《宫花报喜》可也。”妻唯唯去。届时,主人安坐,即有按目持戏单半跪,请点戏。妻约略省记,便率然曰:“不须点别戏,即唱《花面胡骚》可也。”按目回曰:“此戏班中向未唱过,请太太另点。”县夫人怒曰:“他人点戏皆有,独我的便无,岂非欺我不懂事乎?”于是县丞夫人及他女客皆怒,亦群起叱按目没规矩,并令从速照演。按目惶惧,因与班主商量,令戏子数十人,杂涂各种花面而出,俄而相嘲谑,俄而相侮弄;或翻筋斗,或竖蜻蜓,已而轰然一时散去。复令按目跪禀县夫人曰:“太太所点《花面胡骚》之戏,谨已演毕矣。”

群　　仙

群仙初开时,座客常满,利市三倍。各戏园妒之,会议倘有至群仙教戏者,以后各戏园一概不用此人,盖为对付之法也。

某昆曲戏园

从前上海有某昆曲戏园,初开设时,往观者寥廖。一日,座客尤少,正桌乃止一二人,班中人意兴甚倦。主人乃遍属诸名角云:“今日客虽少,然诸君扮演尤应格外齐整,不可忽也。”众咸曰:“诺。”于是扮演各剧,曲拍极清楚,而身段情节尤分外精彩。不意坐客乃富而最讲音律者,见其如是,甚为称赏,即点戏数出,次日遍告诸富商。自是往观者日多,至座为满,遂大获利。余谓人果能如是,必无不能兴之事业矣。

黄天霸

京剧如《虮蜡庙》、《盗御马》、《落马湖》、《恶虎村》等，皆本于小说《施公案》。按，施讳世纶，为施侯琅之后，官京兆尹，迁漕督，有直声，与于公成龙齐名。特黄天霸之事实，则不可得而考见。然戏园扮演，莫不以黄天霸为武生正角，而施公反为无足重轻之配角。昔苏抚刚毅入都陛见，曾于太后前荐其昔日抚苏时之中军王定扬，竟是臣手下一个黄天霸。慈圣颇哂之，时荣相亦同召见，出谓刚曰："黄天霸虽好，但只可惜去那施不全的，竟是一个包袱脚儿如何。"包袱脚者，京师语谓人满腹是戏，口中却唱不出之谓也。刚闻之，甚以为恨。

其二

考察政治大臣端午桥之出洋也，亦携有剧中去黄天霸之正角一人(即夏月恒)。此行其将演《虮蜡庙》耶？抑将演《恶虎村》耶？然其为配角，也有断然者。

其三

归安陈兆甲，字友三，官户部云南司主事。素不谙事情，一日忽大悟曰："今日岂犹是闭门寂处时乎？正须广求天下英雄豪杰，而与之结交，斯可矣。"逾时，偶往观四喜班所演戏剧，见扮黄天霸某武生，拍案大喜曰："真英雄在此矣！"观戏毕，亟往求其人而与之缔交，并结为异姓兄弟。又求武生之友，而遍与之交，饮食往还无虚日。又时括家中金，或质贷得金而与之。陈虽为京官，不晓张罗之术，家中落拓殊甚。其妻粤东某方伯之妹也，与议曰："汝为京官，贫欲死。吾当至粤向家兄贷金若干，与汝捐一直隶州，差堪自活。"陈唯唯。妻遂至粤，筹得数千金，携至京与陈。陈则不报捐，又不还债，而悉贷与武生及其诸友。岁暮债户蝟集，陈但视天无一语。其妻微怨之，陈愧甚，遽吞鸦牙烟而死。

教　子

《教子》一出,京调则三娘名王春娥,家人名薛宝;在昆腔中,则易春娥名为碧莲,薛宝名为冯仁云。

跳　加　官

京沪戏园中,开场必首演跳加官。若堂会戏,凡一贵客至,必传演一回,以表颂祝之意。久而为例,不如此似不足以敬客;客亦必以犒封掷台上,名加官封,是跳加官遂为堂会戏中不可少之戏。客虽厌观,每或阻之,而跳如故;不跳,恐滋客不悦也。然跳加官之历史,问诸扮加官之优伶,固不知也;更问诸受此颂祝之嘉宾,亦不知也。尝读天问楼丛书,载剧场之加官,乃为六朝时之冯道。因其历仕三朝,位均卿相,后人恶其无耻,故令优人扮之,蒙假面具,跳舞台上,逢人献婚,诋其丑形。相沿末世,罔知其由,梨园子弟反以为致敬嘉宾,而观者懵然不考,且喜其翻复锦轴之"天官赐福"、"一品当朝"、"加官进爵",多吉利语,遂受之而不疑矣。

颠　倒　戏

沪上每值岁阑,各戏园多为颠倒戏,如以武花作旦、小丑作生、旦作武生。记者颇不谓然,盖人各有所长,讵得用其所不习,觍颜为之,必成笑柄。虽然,天下事何一非戏,天下戏又何一不颠倒,于若辈奚责焉。

诗　钟

诗钟一道,虽属雕虫小技,为各大名家所不屑置意,然藉以摅写性灵、消遣岁月,亦客窗暇晷、钩心斗角之韵事也。近有京师某诗钟社课,新拟一题,一为左右翼旗兵,一为名伶。有某卷,颇为出色。诗云:"东西翊卫长安地,南北轰传小叫天。"观此则谭鑫培之名誉声价,在优伶中洵推一时独步,可以想见。宜乎梁任公诗集中有"满城争说叫天儿"之句也。

妓与优之位置

近日庶政维新，百废待举。凡百老师宿儒，均为谋出身之途，亦可谓圣朝无缺事也。顷有人建议，以各界均有出身，惟优、妓两途，一至色衰爱弛，则废弃不用，殊与造物爱材之意相背，亦宜代为设法。甲曰："惟置之存古学堂甚便。"乙怪之，以为优与妓未尝学问，何以能入学校，此言未免过当。甲曰："不然。闻存古学堂，分经、史两科。试问经科之发达，孰甚于妓？史科之发达，孰甚于优？妓入经科、优入史科，前程固自远大也。"言罢，均鼓掌称善。

香与声音之关系

法国格致家，验得香味与声音甚有关系。故教歌唱者，严禁其徒用香水及香味之花。某曲师禁之至严。有插兰于衿者，即屏之门墙外。据云以验喉镜，察得兰花之味，为害最甚。其味能使喉中音线结瘤。

一道河

尝闻之老于京华道上者言，凡七八龄之童子，售于伶人，作为弟子，每人身价不过制钱三五千而已。而身契成立之后，另用笔墨划一黑线于其上，其名谓之"一道河"。十年之内，存亡生死，父母皆不得过问云。

巴黎最著名之女伶

巴黎女伶，以梅儿为最著，盛名之下，现已为皇室剧场中之领班。尝言曾应某剧场之聘，登台奏伎，适英故皇爱德华临幸，大加称赏。演毕亲至其旁，握手殷勤，慰劳备至。梅儿感恩知己，每对人言此，辄复盈盈欲涕，不减华清宫女说霓裳羽衣时事也。

桃叶运

海上某妓，素与某戏园主某伶私。既嫁某贾，犹时相往来。某贾察之审，逐而出之，盖惟不愿以绿头巾压倒须眉也。讵自妓去后,某贾凡所营运,靡不亏折。回忆其未下堂时,几于投无不利。乃再迓之返,不一年而所失尽复。贾大喜悦,尝夸于人曰:“得彼人一笑,而买丝获若干;与彼人一握手,而趸金又获若干。富若可求,龟亦良得。”而某妓乃公然就某园主宿,人有呼之以“老板娘娘”者,某妓应之,某贾亦正不仅默许之矣。或曰:“是佳运也。厥名桃叶,盖随其闺中人之一部好桃花运而为运者也。可以致富,亦可以致贵。”然耶?否耶?

楹　　联

楹联中有拆字格者,亦颇新颖。京中有赠歌郎倚云一联云:“香草美人,奇士所托;纸窗夜雨,云谁之思。”分拆“倚云”二字,嵌入联内,弥有巧思也。

老　郎　神

吴下老郎神,梨园子弟鼻祖也。其神少年白皙,冠服如王者,相传即唐玄宗。意玄宗自称三郎,因霓裳偷谱之事而附会之。又因禅位倦勤,退为上皇之事而老郎之。然戏剧不自玄宗始,其说容非至当。余按《山海经》颛顼之子,名老郎,居騩山,其声如钟磬,为音乐所自始,老郎明有其人。《山海经》非僻书,奈何数典忘祖,傅会三郎,诬以兔园头目耶!

伦敦观剧记

录《小说月报》

西五六月为伦敦最佳之时日,气候温和,烟雾罕作。虽偶或暴雨大集,草木为震;然瞬息云破,阳光重见,洵可乐也。且议院方开,剧场正盛,乡居之民,亦于此时乘农事之未登,览皇都之壮丽,流连玩赏,逾月而返似为常。今岁以英皇爱德华晏驾,似无往年之繁盛;然常行之欢事,并不稍减。而剧场中尤兴高采烈,盖观剧之事,英人视为优美的游戏;而场中观客,亦均系上流社会中人,衣裳楚楚,文雅有礼,不若美、法之参差杂乱,高下莫辨。至其戏曲之執优孰劣暨演法之孰良孰窳，姑不置论。第论其剧场之美丽，及夫游客所得之兴趣，则美、法不逮英伦远矣。

购票及定位

游客一入剧场，即有一操英语之知宾，引至售票处，以便购定座位。按此等知宾，悉是上品人为之，衣服修整，招待殷勤，良非吾国剧场中案目可比。至售票处各职员，亦莫不和霭可亲，观客每当剧后或剧时小憩，辄就晤谈，藉资消遣。而此种司剧场门票之人名，又靡不登诸日报，俾人易于辨认，观剧时得以从容不迫，所以为游客计者，无微不至。法至良，意至美也。

六辨士之堂彩

游客购票毕，乃入接待所，即有一穿号衣之仆从，趋前引路，至一短衣小帽之女史前。此女史秀丽过人，见客遂为免冠除衣。俟登楼入座，始授以戏单，而向之索取英金六辨士，充当堂彩之用。游客所耗，尽在于此，舍是别无丝毫之费矣。或有谓剧场主人，盍使票价稍昂，以免是种种周折者。不知英人之性，好于泥古，积习相沿，遂成风俗，而不肯别创新例以矫其弊。尝有人以戏单分赠，不取堂彩，大起观客之疑讶，群以破例相责。今 Mr. Charles Frohman's 剧场，虽已除去此习，然游客仍自行给赏，不稍吝惜；而剧场中之女史，遂因此而获厚利焉。

官　厅(Stall)

伦敦剧场之制，舞台前为奏乐所，更前为官厅。官厅座位，均排列成行，秩然有序。其椅悉有靠背搁手，且每椅之前后左右间，有二尺半之余地，故观客无摩肩触膝之苦。

后　厅(Pit)

官厅座位，统计有八九行，其后为后厅，以短屏障之为界。其座位悉用长凳，观客均并肩而坐，故不能如官厅包厢之宽适。然先期定座之人,欲占优位,仍须早到而后可。是以每于排演名剧之晚,一至七句钟,即有无数观客,拥挤剧场之外以待启户。至后厅观客中,虽亦有尊贵之人,大抵为学识渊博、性好节俭而不仅仅于衣饰者。盖官厅每票约售十二先令(合鹰洋五元左右),后厅只售二先令六辨士(合鹰洋一元二角左右)。且坐于官厅者,咸衣夜服;坐于后厅者则不然,而其位置之先后,则固相去无多也。

厢　楼

后厅上有三层楼,第一层为头等厢座,即包厢(Dress Circle),其座客咸衣夜服,每票售七先令六辨士(合鹰洋三元五角左右);第二层为二等厢座(Balcony),其票价视头等厢座稍廉,观客亦不衣暮服;最上为三等厢座(Gallery),每票售一先令(合六角左右),其座位悉用长凳,不能预定。凡官厅及包厢,皆视为高等客座,后厅次之,三等厢座又次之。

开　幕

开幕大率在九句钟,盖伦敦于五六月间,时日甚长,英人晚膳,亦因之而迟。然开幕之前,后厅暨三等厢座之观客,往往先已到齐。因是场中特于八句半钟启幕,或奏乐一曲,或演短剧一本,以娱来宾。按,美之著作者,常以短剧之销路停滞为恨,若携往伦敦,则必能邀剧场中之欢迎也。

剧场中小憩

剧中必有一二次小憩,观客得以至酒室买酒,或静坐听乐,或入接待所吸烟。此种酒室,咸附设于剧场之内,其执事悉为妇女,华装艳服,游客辄乐与交谈。小憩时,常有女史踱来报往于剧场中,以销售糖水咖啡糕饼之属。如逢日戏,每客更有茶茗一杯,官厅椅背上凸出之小台,即为置此茶杯之用。

剧场建筑之失当

伦敦剧场中之管理，固称完善，而屋宇之构筑，则无一足以及美者。美之剧场，旁宽而中浅，英则不然。中窈而深，两旁仍窄隘不舒。且其第一层厢楼，适与地面平行，故其官厅、后厅，均幽藏于地面之下，观客出入，咸由梯阶。一遇火灾，则厢座之客，必先拥塞于剧场之门，而官厅、后厅之客，势将坐以待毙。且此种屋式，与卫生亦大不相宜。英人未尝不自知其失，然屡拟改革而终未实行，亦可见积习之难除矣。

伦敦剧场之特色

伦敦剧场之性质，无一相同，有以装饰著名者、有以应接殷勤著名者；有善于演爱情戏曲者、亦有善于演社会戏曲者，争奇斗胜，各不相谋。其优点为游客不必身入剧场，目睹内容，而即能任其所好往观。然亦有绝妙之良剧，以不得合式之剧场，致不能引起观客之兴趣者，则又不得不归咎于其拘泥之过矣。

Shaftesbury Avenue The Straud 及 St. Martins Same 数地，为伦敦剧场最盛之区。每逢开演之晚，马龙车水，络绎不绝，往往丽谯声彻，而鞭丝帽影，犹征逐于三衢九陌间。时则皓魄横空，电灯摇碧，清歌妙舞，隐约可闻，固胜地之繁华，亦梨园之盛事已。

一 字 直 写

自世人竞谈新学，举凡中国数千年来之经史典籍，靡不束之高阁，鄙为旧学，而不屑一顾。夫天下固无不明异国情事之外交家，亦断无不通本国之字之政治家。欲为祖国谋振兴，乃几至不解祖国之文字。某君尝谓十数年后，西文教习或者不患无人；独至华文教习，恐当远求之于英国南部之奥克司福及堪孛利区等大学校，诚慨乎其言之也。伶人林步青，滑稽善谑。一日演剧，先是场上有状如学究者，乃揖而请曰："'一'字如何写？"答曰："一横。"林即作倾倒状，曰："佩服、佩服。如今学堂里人，只知道一字是直写的了。"一时观者咸为之狂笑不止。

圆明园戏台联

近日戏台之对联多矣,然可观者少。惟圆明园之戏台一联云:"尧舜生、汤武净、五霸七雄丑末耳。伊尹、太公,便算一只要手。其余拜将封侯,不过摇旗呐喊称奴婢。◎四书白、六书引、诸子百家杂说也。杜甫、李白,会唱几句乱弹。此外咬文嚼字,大都缘街乞食闹莲花。"其气凌人如此。

谑　诗

某伶唱《三矮奇闻》,其上场诗曰:"人人都怕做四衔,四衔常被二衔卡(平声)。二衔虽比四衔大,四衔到底多两衔。"趣人趣语,令人捧腹。

戏　评　家

北京大戏评家,以古随云集山人为第一。皖桐吴蔼航,称其如捉优孟衣冠人,撮入照相镜,又曰:"'将军善画盖有神',可为先生咏之,非过誉也。"惟齿牙所及,多属傅粉儿郎,是其一偏。然以其最所赏识之千盏灯,仍位置于崔灵芝之次,循名责实,终不谬于好恶之公。何物部曹充隐,竟真千盏灯为盖灵芝,推许过情,其识见不及山人远矣。盖崔灵芝可庄可谐,而千盏灯则可谐而不可庄,山人以崔灵芝为旦中时圣,而列千盏灯于柳下之流,最为平允。

扬州某戏台联

扬州有一戏台,其楹联云:"想当年那段情由,未必如此;看今日这般光景,或者有之。"虚字传神,何其妙也。

张　子　青

南皮张子青中堂,年已耄耋,而神气英健,无殊少壮人。恭亲王尝问之曰:"君何修而得此?"张曰:"吾无他术,独能不用心耳。"恭亲王曰:"是真不可及。位至军机,而能不用心,无怪君如是也。"又,张最爱看演戏,亦自能唱戏。其府第花厅中常陈设戏服等物,张时饰作优孟，以娱宾客。京师有僧名虚舟者，日在其府中为戏班提调，甚被宠昵，名丑赶三尝谑之曰："有一僧死见阎罗王，王斥其戒律不严，僧极陈守戒清苦，可请验。王命剖视其腹，则满贮清菜豆腐也。继一尼至，王斥如前，尼亦力辩。王又命剖视尼腹，则满贮稀粥浆(北音"稀粥"音近"虚舟"，故云)。"一时座客闻之大噱。后虚舟被言官弹之，始逐其出都。

海上梨园杂志　卷十一

小　说

海淫场(武汉时事)

夜色暝朦中，洋场一带的电灯，早已照耀人目。只见一码头江干，有个古装老者，倚着铁梁，低头闷闷不语。一会忽抬起头，望着那东方的一轮冷月，很叹了几声，说道："明月、明月，你自己顾名思义，能不惭愧么！可怜你的光线不能照及尘埃，空被一般电灯、煤灯闹得乌烟瘴气，真成了个正不胜邪、上难制下！我劝你从今夜西没后，永远的再不东升罢！"那老者说毕，又着实的叹了几声，依旧闷闷的低下头去。一会那老者忽如触电一般，蓦地跳起，蹑至一株大树后，蹲着不语。原来树前亦蹲着有两个时髦少年，在叨叨絮话。只听得一少年说道："兄弟，现在这几家□□园子[①]一开，真是我们绝好的机会，需钱既不多，赌阔又极容易。要干起那营生来，并不多花本钱，算来真正便宜。前日张家弟弟与胡家哥哥两人，弄着两个雏儿，乐了不算数，还一个人弄了一个金镯子，可不是人财两得吗?"这个少年惊道："有这样事么？究是怎的弄着财喜的呀?"那少年道："说来未免问心不过，原来他们是装的圈套。先用两个人与那雏儿胡混，再用两人前去捉拿。那雏儿吓了，便拿出金镯来敷衍。做那一个偷情，一个捉拿的故事哩。"这少年道："这等真问

① 原文如此。

心不过。我们若是弄着了,可不要如此呵。”那少年道:“这个自然。此时不早,我们就在后花楼那家去罢。”说着,二少年起身向后花楼一家门首点电灯、挂木牌的屋内走入。那古装老者,咬着牙骂了声:“好贼!”便也随着走入那屋内,这时只听那屋内好似做道场般,叮铛呗铛的声音,与屋外好似开战般萧萧鄰鄰的声音相和答,和答了有几个钟头。那屋内忽拥出一阵人来,男男女女、老老少少,一窝蜂的吼叫车子,便有一群东洋车将这一窝蜂的男女老少载起走了。那屋门口便只剩有一个十八九岁的少女与一个中年妇人,那少女道:“姨妈,我们也坐车子走罢。”中年妇人道:“你能坐车吗?我是不能坐车的,那些促狭鬼摹做得叫人难受。先前看那大反情、小反情,已经是心如火烧;后来看了点的那《小放牛》,我下面便有些湿润润的。姑娘,你觉得怎样?”少女道:“我也是,看着陈奶奶点的《小放牛》,下面才打湿哩。”妇人道:“如此再坐车子,还能受那震动么?我们就走罢。”说着便携了手,向马路后走去。少女又问道:“姨妈,台上那些怪难为情的事,难道真有人做么?”妇人笑道:“傻姑娘!俗言道‘台上有,台下有’。(此是最害人的话头。)要不真有,难道他们能臆造出来么?”少女道:“像我遇着男子,便不好意思。他们那般放浪,却好意思么?”妇人道:“做得两回,便好意思了。”少女道:“不怕羞耻吗?”妇人道:“古人都做了,我们效法有何羞耻?(呜呼!戏原演淫恶获谴之事以劝人,愚妇无知,误以为古人尚且如此,于我何独不然?伤风败俗之事于是而来,甚矣!夫淫恶之戏贻毒于愚妇匪浅也。)”少女道:“姨妈,我再不来看了,看得心神昏花,怪难过的。”妇人道:“这个如何禁得住?我先也是想不再来看,那知每日晚间,不知不觉的便又来了。实告姑娘,这事是有瘾的。不上瘾则已,上了瘾,比戒烟还要难哩!”少女便不做声,一会低语道:“后面跟着两个男子哩。”妇人回头一看,道:“倒生得很风致。”原来二女身后男子,便是古装老者跟的那两个少年。那两少年在园中便注意二女,此时跟在后面,二女所说的听得一清二楚,早想放肆动手,无奈自己后面还跟着那古装老者,多有不便。此时听得妇人说自己生得风致,知道是个容易入彀的,不禁情急,便商量一个毒法,要将老者使开。可怜那老者一番热肠,想跟着看个究竟,那里知道他们的伎俩,还只跟在后面。留心察看走了半晌,走到一块黑处,那两个少年忽然折转头,向老者扑来。老者未曾防备,早被扑倒在地。两少年又使力在老者腿上踢了几下,直将老者跌得不能弹动,两少年便扬长的跟着二女而去。老者好心不获好报,睡在地下足足疼了一个时候,方才挣扎起来。正要走动,急见那两少年跄跄走来,口中还一递一声唱道:“时人不识余心乐,春宵一刻值千金。”老者听了,只气得身躯发颤,暗骂道:“好淫贼!好淫贼!”欲待上前将二人置于死地,无奈寡不敌众,伤又未愈,只得闪在暗处,看那二少年已走拢来。一个道:“我们二人今夜真快活极了!只可怪的,两雏儿裤是湿的,难道先曾与人交过么?”一个道:“不然、不然。那是在园中看戏春心动了所致的。”一个道:“如此说,我们要谢媒人了。”一个道:“谢甚媒人呀?”一个道:“便是那园主。那园主不开园子,便不得唱淫戏;不唱淫戏,便不得引坏人家女子,我们也讨不着这些便宜。看来那园子便是一个诲淫场,那园主便是一个媒人,我们可不是要谢他吗?”说着,此时二人已经走远,以下的言语,便不听见。老者在暗中,已是气昏了。见二人走远,便叹了声,一拐一拐的回到江干铁栏上靠着,用手拍着栏杆,忿声骂道:“伤风败俗,莫此为甚!地方有司,难道都是土偶,一毫不管吗?小官虽是怕外人干涉,不敢来管;难道大官也怕外人吗?咳!那做官的都是要盘小老婆、叉麻雀,那里有暇及此?况且阶级极多,一层隔一层,下情不能上达,料想还不知道。看来也不能怪他呵。哦,是了。你看那月儿明明,照着这般鬼域,尚且不管,这月儿岂不比那官还要可恨吗?我倒将眼前月儿忘去,只责备那深居简出的官府,可不大误吗?”那老者想至此,便将满腔牢骚,尽在月上发泄,指着月儿乱骂,越骂越气,越气越骂,气到极处,便捏着拳双脚一跳,向那月儿使力击去。谁知用力过猛,越出栏杆,咕咚一声,掉在江里。可怜这老者,热翻潮管,竟做了个采石捉月的李谪仙。这时候但觉月寒风冷,江涛呜咽,现出一种极悲惨的光景。

记者曰:“当槛王不知,当车自取死。老者之义可风,老者之愚不可及也。记者窃怪僻乡愚民,浑厚朴实,亦多桑间陌上事。迨稽之,实花鼓淫戏有以诲之也。夫花鼓淫戏于朴实之民,为害如是。汉口四达之冲,风偷俗淫,更益以诲淫之花鼓戏,其害尚堪问乎?吁!淫风日炽,民德以薄。民德以薄,其国鲜有昌者。是花鼓淫戏所关甚大也。(观于亡国佛子之淫可知。)然则一般贤有司,可不禁哉!”

《失街亭》之观感(历史短篇小说)

诸君、诸君,看啊、看啊!你看戏台上,一个紫面紫甲、雄纠纠气昂昂、一步一步望前进的,不是那魏国的名将张郃么?一个黑面绿甲、心慌意乱、一步一步往后退的,不是那蜀国的参军马谡么?马谡是个文官,本来没有十分武艺,在卧龙先生跟前夸下海口,不料偏偏碰着那勇敢善战的张郃,逼得他逃又不是、战又不能。看他两个,一人手中一枝枪,张郃的枪头被马谡拿住,马谡的枪头被张郃拿住。就表面上看起来,两个势力甚是平均,但张郃是仰攻,马谡是俯取,似乎马谡倒稍为得势些。再向他下面脚步一看,马谡的脚只管倒退,张郃的脚却只管前进。看戏的人大叫道:“坏了!坏了!一个尽量前进,一个尽量退后,这街亭不眼见的要失掉了么?”看戏的看到此时,神昏胆怕,忽然又叫道:“这究竟是什么地方?是街亭么?是间岛么?是湾仔么?是苏杭甬铁路么?这个人可是大将的马谡么?我愿上中国大舞台的人,千万不要像戏台上的马谡才好。”

大闹嘉兴府(寓言短篇小说)

灯节伊迩,海上各戏园,率排新式灯戏,以娱观者而博利市。

一日偶过某园,见门外大书特书曰:今日准演新排新戏《大闹嘉兴府》。记者爰入而观之。

入门则见万头攒动,几无隙地。人气、烟气氤氤氲氲,混为一片,刺鼻欲呕。

其时钲鼓喧阗,令人脑裂头晕。赖前后左右均有人为挟持,不尔者仆矣。

台上设公案一，印敕架一，围以红布，颜色鲜明，此固新年景象也。

俄有一人奔入，着短衣，围犊鼻裈，汗出如豆，脑筋根根拱起作紫色，两手扭一人，亦怒气冲天，若不相下，随而观者无数。

俄又有无数人奔至，其行如风，步伐参差不整齐，各手掮洋枪一枝，勇气勃勃，大有搥碎黄鹤楼、踢翻鹦鹉州之概，若将临大敌建殊勋。

既而枪声猝发，火光熊熊，杂以呼喊，其声震天。台上诸人，咸如鸟散、如兽窜，既而枪止火息，则见印敕架横陈地上，公案碎如齑粉，台上诸角色若扭人之人、若被扭之人、若看热闹之人、若掮枪之无数人，皆倏忽不见。惟见一人，僵卧台隅，血缕缕自项中出，其状绝惨。

观者至此，目始定、神始凝，然心房犹弼弼跳不止，其声滴滴答答，状若钟摆之摇动。

闻一人微语曰："此放枪者，当是枭匪。"

一人曰："非是。当是防枭之官兵。"

记者观剧既毕，步行而归，惘惘然不解所谓。不审肇事者果枭匪耶？抑官兵耶？还请问诸排新戏者。

儿戏(一名《新旧纷争》)

余不知戏，又未识戏之结构。承高等小学实业学堂附属小学诸君之请，戏拟一出名曰《儿戏》。后承沈叔达先生改正，又因小学诸君之善于形容，昨见所演，视原稿胜千万矣。冷识。

第一、卖票人。(两个穿号衣，持铃，旁设一桌。)

铃铃铃铃，买票买票！高等实业学堂震旦学院演剧助赈。

铃铃铃铃，买票买票，徐家汇李公祠堂。

铃铃铃铃，头等一元，二等八角，三等五角。

至第二次出来，向茶馆堂倌，借板凳将票及铃放下，买票人捧腹说道：

“啊唷、啊唷！肚里饿来、肚里饿来！今朝卖了一早晨的票，还没有吃过饭。唉、唉！说起了肚子饿，便令我想着江淮的饥民。我不曾吃得还是这样难过，不要说他们多少时不得吃，多少人不得吃哩。唉！怕饿的人，快来买票！”铃铃铃铃，“买票买票！”

茶馆内二人，手提鸟笼，出游龙华。

第二、老学究。(大袍阔服，戴着玳瑁边眼镜，拱着手，踱方步而出。)说道：

“老夫以教读为生，现在张大先生家教他两个儿子。听说今朝徐家汇李公祠演戏助赈，说是又是他们学堂里的人闹的，不知又是甚么一件笑话。今日两个小徒跟着他家里人游龙华去了，闲着无事，不如我且去看他们一看。回来也好警戒警戒小徒们。”

便踱至卖票案前，卖票人便说着道：

“老先生真正是个慈善家。”

老学究勃然怒道：

“卖票的！你说甚么？我看你的戏、买你的票，又甚么慈善家不慈善家！我最恨的，便是现在哪些不是缠脚的妇人。”

卖票人道：

“老先生休怒，老先生可要买第几等的票？”

老学究看了一看价目，摇摇头；又看了一看，才勉勉强强说道：

“三等罢，三等罢。”

买票已毕，踱了进去。卖票的又摇着铃说道：

“买票买票！今朝礼拜日，譬如玩龙华，龙华的和尚吃得肥头胖耳，不须你们再赈济了。快来赈济不得吃的江淮饥民罢！”铃铃。

第三、商人。(衣服不大不小、不时不古，急急快快的走出台来。)说道：

“今朝天气还好，听说徐家汇李公祠里做戏赈灾，也是一件好事。我在租界上开了一家洋货店，平日原是一毛不拔的；近来听人说起，江皖两处，荒的苦，又有戏看，不如买他一张三等票，去看看罢，也算我做了一场好事。”

便向卖票买了一张三等票，转身向内走。

第四、洋行司事。（油头松辫，短衣窄袖，贼头贼脑的出来。）自言自语道：

“也斯、也斯。今朝我也不到龙华去玩，也不到张园去游，我不如到了徐家汇，去看看实业学堂震旦学院的做戏罢。”

便走至卖票台前喊道：

“买票的来了。”

卖票人道：

“要买第几等的票。”

洋行司事道：

“一等的太贵了，三等的太不像样，二等的罢。”

买了票后，说了一声，转身又走。

第五、学生。（披头散发，长裤管，皮鞋，趋步而出。）

“呀呀，今朝是实业学堂震旦学院在李文忠公祠做戏呀，快去看罢，快去看罢！”

便一跑跑到卖票台前，说道：

“二等票一张，快些。”

取了票又跑了进去。

第六、留学生。（西装，高帽，手杖，挺身而出。）说道：

“中国的风气，现在倒也渐渐儿开了。听说今朝徐家汇有学生做戏，我倒要去看看。”

走至卖票桌前，卖票人又问道：

“买第几等？”

留学生道：

“自然是第一等，这还问甚么？”

取了票，又转身走。随后那卖票也收了票，说道：

“时候已不早了，想来也没有人再买，我们也回去罢。”

于是又起身走去。

第七、老学究、商人、洋行司事、学生、留学生挨顺而出，每人约离三步。走至将近台中间，老学究一头看票子，一头自言语道：

“哈哈！这样的事,也算新法？如今愈出愈奇了,原来开学堂是为做戏的。”

老学究在前边说,商人便在后边听着,老学究说完,商人便指着老学究笑道：

“这个人真真旧的不堪了,现在的时候,还说这样的话,他们是做戏赈灾,又不是做戏赚钱,什么倒说他不好？你看看他这副样子,我早知道他是个守旧的家伙。”

商人在前边说,洋行司事又在后边听,商人说完,洋行司事哈哈大笑道：

“他也说别人家旧,你看他外国话也不懂一句,外国朋友也没有一个,满身穿的、着的,都是中国的东西,他还说人家旧哩!”

洋行司事说,学生又在后边听,洋行司事说完,学生叹了一口气,说道：

“真正可耻！真正可耻！他学了几句外国话,认得了几个外国人,便自以为新了,其实他还不知道新是什么讲,怪不得弄的这样不三不四,和西崽一般。”

学生在那里说,留学生又在后边听,听罢,又说道：

“你们听他说,他真个知道新的吗？他不过拾了我们几句口头禅,他也说说人家了。他说人家不三不四,我看他身上才叫做不三不四哩。中又不是中,西又不是西,半新不旧。咳！中国的变法,就是这样了。”

五人正在前走,方才那个卖票人又从左边出来,看见五个人,叫道：

“诸位先生不是去徐家汇看戏的吗？走错了路了,这是向静安寺去的。”

五个人于是均回身转来,此时留学生在前,学生、洋行司事、商人、学究依次而走。留学生一头走时,手内拿了一枝杖转个不住,口里唱着歌,学生见他这样形状,便说道：

“新也新得有个数的,何必一定穿了西装,学了一付外国人的样子,弄得好不过多了一个外国人,于中国有何益处？”

学生的说话未完，洋行司事早在他背后说道：

“你说人家新，我也说你新。既然你不喜西装，你为甚么脚上穿着皮靴、头上戴着呢帽？”

洋行司事还没有说完，商人又在后边说道：

“你也不用说人家人穿着皮靴，你戴着金丝眼镜；人家戴着呢帽，你衔着雪茄烟，你也未必不新！”

老学究听了，在后边接说道：

“你们还说甚么？你们都是中国的汉奸，你看你脚上穿的袜、身上挂的表，不都是新货吗？”

商人被老学究骂他汉奸，便大怒，指着老学究骂道：

“你这个旧东西！”

老学究也大怒，骂道：

“你这个新东西！”

于是洋行司事骂商人旧，商人骂洋行司事新；学生骂洋行司事旧，洋行司事骂学生新；留学生骂学生旧，学生骂留学生新。

正在此时，卖票人又在对门出来，问道：

“你们何事喧闹？”

商人指着学究、洋行司事指着商人、学生指着洋行司事、留学生指着学生，挨顺说道：

“他说我新！”

“他说我新！”

“他说我新！”

“他说我新！”

卖票人又问学究道：

“你为什么说他新？”

于是众人一回身，学生指着留学生、洋行司事指着学生、商人指着洋行司事、学究指着商人，又挨着说道：

“他说我旧！”

“他说我旧！”

“他说我旧！”

“他说我旧!”

卖票人因分解道:

“旧还有旧的,新还有新的,你们不用相争罢。”

留学生不服道:

“那里还有比我新的?”

卖票人道:

“你不是留学生吗?你学外国人,那外国人不是比你更新?”

众人都说道:

“不差、不差。”

老学究又不服道:

“那里还有比我旧的?”

卖票人道:

“老先生虽然旧,还肯来看戏;还有不来看戏的,不是比你更旧?”

众人又都说道:

“不错、不错。”

卖票人于是指着门口道:

“到了、到了。”

众人同进门去,口里说道:

“看戏罢,看戏罢。”

海上杂志　卷十二

词　　苑

改良戏剧《冬青树》

汪笑侬

伤心一曲《冬青树》,洒泪登台不忍听。若使君臣心不死,等闲羞作小朝廷。

又《党人碑》

宋儒理学尚清谈,知否金兵已犯南。歌罢党人碑一曲,中原时事更何堪。

又《桃花扇》

无端燕子弄簧舌，扑灭春灯半晌红。一自美人流热血，桃花从此笑东风。

又《苦旅行》

偌大地球难立足，绝无优待对波兰。强权世界无公理，始信人生行路难。

又《长乐长》①

演出贰臣新列传，笑他三姓旧家奴。不须挝捽祢衡鼓，痛快淋漓骂老夫。

无题

一腔热血付红牙，惨睹中原何处家。黑水逼沉上相李，青门争捉故侯瓜。

纵翻乐府传新草，空向歌台唱落花。且喜热心寒未透，不愁沦落到琵琶。

古寺

古佛放眼观，老僧垂头睡。相对两无言，不管人间事。

有待

斜月上银屏，冷露凄金井。蜡屐久无声，立近梧桐影。

题鸳鸯券

几日长安花看遍，千红万紫尽知名。分明一幅鸳鸯券，多少黄

① 剧名误，应为《长乐老》。

金做得成。

闻楚观言囊经事即成

一误直教错到底,赚侬月下换弓鞋。穷途幸遇黄衫客,盗去红绡事竟谐。

顶上生疮剪发口占

自愧满头真腐败,中央今又乱如麋。今当快取并州剪,剪断八千烦恼丝。

《瓜种兰因》题词

红豆社主

是谁引水入墙去,从此开门揖盗来。铸铁九州难铸错,当年遗祸已成胎。

明知大局难回挽,借一何妨战背城。首鼠目虾缘底事,利权需与外人争。

几多肉食鄙愚夫,无定河边骨已枯。卧榻岂容鼾睡者,可怜辜负好头颅。

前车之覆后车鉴,当日波澜起竞争。请向场头观现象,瓜分惨剧已排成。

惟尔能流百世芳,兴衰谱出太凄凉。龟年一自谈天宝,怀抱琵琶自感伤。

戏赠武生盖叫天三绝

藜床卧读生

横览中原感慨多,一声高唱大风歌。是儿俱有英雄气,只手欲平海国波。

茫茫身世感沧桑,今古兴亡草上霜。北士悲歌心在国,羡君壮志卧沙场。

策马高歌天地空,雄心剑影大王风。楼船横海真多事,忍说滩前百战功。

观汪笑侬演《马嵬坡》有感

梅

温文儒雅擅词场，未改庐山气概昂。竹脆丝柔新岁月，酒情诗梦旧疏狂。

逃名漫借衣冠隐，谱曲能陶今古伤。最是马嵬坡下路，不堪回首恨茫茫。

咏王克琴用澹庐美人六咏原韵

影

于飞影，雏凤可如依？隐约昭君遗照在，琵琶海上送征鸿，又见舞台中。

病

佯多病，消瘦不胜衣。眼倦祛开声欲咽，腰肢无力倩人支，一曲酷相思。

恨

多少恨，良夜只扪心。学得羽霓仙乐会，长生殿里苦长吟，好事误而今。

醉

浑如醉，颠倒演偷香。问郎酒味何如沫，仍交檀口嚼槟榔，酥煞看官狂。

梦

寻好梦，惊散峡云情。到底花姑恁般妒，牡丹亭畔问流莺，新曲串分明。

嗔

为谁嗔，横波具有神。怒来一变胭脂虎，还疑猛虎不如人，毕竟戏耶真。

摘录上海杂记青楼各事词二首

半禅居士

戏馆(调寄《蝶恋花》)

吴浙青阳纷竞演。妙舞新歌,北部今称冠。处处逢场邀采伴,香风溢巷云锐满。 地火灯屏明灿烂。傍玉偎兰,入坐听忘倦,三叠霓裳宵未半,四围罗绮偏先散。

女 优

小队登场姿婉娈。袅袅婷婷,早入勾阑选。一曲凌波罗袜浅,临风欲把仙裾挽。 忽引娇吭歌调变。侧帽宫花,斜压蝉云颤。巾帼须眉俄顷换,雌雄扑朔浑难辨。

申江竹枝词

西国芳名重女伶,明眸皓齿体娉婷。最奇马亦知人意,似弄猴儿一样灵。

迷离扑朔辨难清,一曲氍毹贴地平。台下千声同喝彩,凤仙花旦少娥生。

一声宫调出台前,老辈应推孙菊仙。此是内廷旧供奉,飘零不独李龟年。

点缀堆成假石山,愚园楼阁极回环。陶情还有髦儿戏,最好无如鸿福班。

妖姬十五惯偷情,戏子相帮一律姘。轧得马夫真要好,骗人还说小先生。

玉仙丹桂与天仙,更有春仙列并肩。正桌包厢都满座,笙歌灯烛自年年。

春仙丹桂奏仙韶,铁板铜琶彻九霄。守旧诸公宜看戏,绳趋规步学前朝。

裂布支篷马戏场,红男绿女兴如狂。怜他娇小轻于燕,跳动如丸越画梁。

菊仙犹胜贾洪林,又到当年余玉琴。两面包厢常吊膀,二排正桌最开心。

装腔喝采咦呀好，旦角登场啊唷淫。喜煞各园都减价，桂仙角半可光临。

一阕登场妙入神，个中人是意中人。如何滴下伤时泪，细辨原来小上坟。

感占丹桂髦儿张文奎、张文艳六绝并跋

若药

其　一

琼树经年蕊不开，探花逸兴已成灰。何缘又见霓裳舞，簇拥双女俏影来。

其　二

闻道嫦娥旧姓张，发光油耀猎新装。如今月里人何在，丹桂丛中应漏长。

其　三

小乔名并大乔双，铜雀楼头二女藏。消受东南共朝夕，问谁顾曲是周郎。

其　四

生小倾城又善歌，风前两美共婆娑。一般凤舞群仙舞，都让卿卿妩媚多。

其　五

大好天仙一对儿，相看不厌惹相思。剧怜燕燕双飞处，风送衣香有木樨。

其　六

花开并蒂树连枝，浓艳凝香好护持。灵药偷来休自悔，蟾宫有客望成痴。

跋云：海上髦儿戏旦角，除王克琴外，当推张文奎、张文艳，有目共赏，其妙处可无俟赘辞。然而文艳小娃，尤为可造，自加珍重，前程更未可量也。彼美一人，岂限于丹桂哉！

题女伶白玉梅四绝并跋

愚

其一

小春时节艳阳天,记取花奴次第传。羯鼓一声花数点,花魁占得岭头先。

其二

玉骨冰肌望若仙,芳姿未许俗尘沾。几生修到嫦娥伴,丹桂枝头问夙缘。

其三

双清人玉影双圆,不受人怜剧可怜。消受怜卿且怜我,和羹消息尚茫然。

其四

梅花叠叠玉田田,玉笛声声人未眠。清夜赏音何处是,招来黄鹤白云边。

跋云:曲之难和难赓者,阳春而外,厥惟白雪。白羽之白也,犹白雪之白;白雪之白,犹白玉之白欤?白玉之白,犹白梅之白欤?若白伶者,白玉不足方其朗润,白梅未易比其清华,春风一曲,令人之意也消。知音者,其孤山处士乎?

三伶咏

苍苍不可叫,万喙播奇名。犹是人间曲,竟成天上声。效颦皆老耦,低首让先鸣。挥尽黄金土,周郎一座情。(右咏谭鑫培。)

百年一瞬耳,何处是蓬莱。惟有逢场乐,能销斫地哀。斯人旃孟技,当世衍仪才。更祝君千岁,令余笑口开。(右咏罗百岁。)

例作莺莺啭,崔家在上头。扫眉如虢国,弹泪唱伊州。鹤唳空亭梦,猿声四座秋。洒兰吾亦老,重听不胜愁。(右咏崔灵芝。)

赠丹桂张文奎

小　痴

藐姑仙子谪风尘,重见云英掌上身。一曲清歌天上有,人间那得几回闻。

天教名花显色艺，故来人世作优伶。从来多少名门女，不落风尘不擅名。

题丹桂女伶陆菊芬四绝并跋

胡　闹

战惯秋风年复年，天工妆点幻金钱。偷来五柳门前种，移向蟾宫丹桂园。

桂花丛里菊花鲜，中有天宫女谪仙。俊俏脸儿谁得似，琼楼玉宇认婵娟。

销魂一曲纺棉花，压倒群芳不计家。只有黄花能解语，临风消瘦可怜他。

无端戏着葛巾斜，洒落风流一大家。底事佳人与佳种，也随群艳斗繁华。

陆伶雅负盛名，所可惜者，风流而欠蕴藉耳。菊芬勉乎哉！《纺棉花》一曲，已冠绝一时，其余各曲，尚其自加珍重。传神处稍留余地，毋徒以妖冶炫长，庶几哉！宜雅宜风，可与渊明偕隐矣。指明日之黄花，恐美人之迟暮，菊芬勉乎哉！闹又跋。

海上梨园新历史

题茗水狂生著，其人不详。本书共计四卷，包括名伶列传、遗珠补录、歌舞丛谈、剧名录、各名伶拿手戏表、游戏文等。书之内容多采撷自晚清上海报章，而加以修饰润色。与《海上梨园杂志》比照而阅，可知清末上海梨园之大略。清宣统二年(1910)六月上海小说进步社出版，定价大洋五角，总发行所为新新小说社、鸿文书局。谷曙光整理。

自　序

昔者孔子闻韶，三月不知肉味。以大成之圣，犹且入于耳者动于心，至心一于是，而不及于他。甚矣哉！音乐感人之深也。若夫弹丝吹竹，戛玉敲金，渊鱼为之耸鳞，枥马为之仰秣，季札因之观德，师旷用以觇兵。则乐也者，尤可以移风而易俗也。尝考舞始于黄帝，乐始于帝尧，垂及后世，唐有上元之作，汉有文始之传，玄宗有霓裳羽衣之曲，后主有后庭花之歌。崔学士之回波，酣沉内殿；戚夫人之翘袖，怅望天涯。歌舞于斯为盛。至于元代，骚客词人，竞为弹词，而昆曲即滥觞于是。迨夫今日，二簧秦腔之风盛，有迭为盛衰之势，而昆曲遂如广陵散矣。然而此二曲者，皆无昆曲之雅驯，渐失前人之遗意。虽然，观《三娘教子》等戏，则思孝；《二进宫》等戏，则思忠；《硃砂痣》等戏，则喜善人之终有后；《双投唐》等戏，则叹元憝之终授首。其余如廉吏之狷介、烈妇之节义、武士之捐躯御敌、义士之为国忘身，皆能一一演诸于戏，奕奕乎有生气。则今日之戏曲，犹可激发人心，尚不失劝善惩恶之旨也。申江乃通商大埠，梨园之盛，甲于天下。余每逢穷愁寂寞之时，辄约二三韵友，效周郎之故事，归而以其所见所闻笔之于书，久而成帙，乃付之剞劂，聊以供诸公酒后茶余之谈助，亦何异诣桂园而顾曲哉！然操觚率尔，俚俗不文，阅是编者，当不禁哄堂一笑耳。

己酉冬月，编录既竟，爰志数语于右

序

《左传》有观优鱼里之事，《乐记》有优侏儒之语，汉和帝有弄参军戏，唐明皇有梨园子弟；他如踏摇娘、苏郎中之类，无非后世演戏之权舆。唐咸通以后，弄假妇人为戏，见段安节《乐府杂录》，则又乔装扮演之滥觞。戏之由来，盖已久矣。顾乡村报赛、庙宇酬神、会馆公所之款宾、富室巨家之行乐,氍毹贴地,粉墨登场,非不风发而韵流,亦自兴高而彩烈。然而台场草草,既鲜辉煌金碧之观;角色平平,谁当优孟衣冠之选?则春申江上之繁华,有足尚也;而苕水狂生之记载,大可观已。上海除旧有戏园外,近有大舞台也、有新舞台也、有新剧场也,层楼高起,杰构翻新。电火通明,不夜之城差拟;笙歌竞奏,极乐之国如何?又复艺员有拿手之戏文,客串有擅场之佳作,嬉笑怒骂,皆成文章;离合悲欢,许多关目。以改良为宗旨,新剧频编;以劝善为关键,苦心煞费。一洗旧剧诲淫之习,足餍周郎顾曲之心也。狂生此著曰"名伶列传"、曰"遗珠补录"、曰"歌舞丛谈"、曰"剧名录"、曰"各名伶拿手戏表",殿以游戏文一篇,汇成一册,鉴空衡平,譬诸选佛,量才较艺,迥不犹人,铁网宏开,赢得珊枝无算;瑶篇乍启,耀将银海都迷。拜读一过,为之定其名曰"海上梨园新历史",并志数语于简端而归之。

时宣统二年孟夏中澣伧楚序于吴门

海上梨园新历史目录

海上梨园新历史　卷一

茗水狂生著

名伶列传

小叫天

须生而能文武兼全、声艺俱佳者，非绝世聪明，不能臻此。数十年来，仅小叫天一人而已。叫天谭其姓，鑫培其名，供奉内廷有年，与汪、周、孙齐名，乃名角中之历劫不磨者。其所演《空城计》、《打棍出箱》、《打鼓骂曹》、《翠屏山》、《桑园寄子》、《三国志》、《九更天》等戏，气格苍老，古色斑斓，如游龙夭矫，神化无方，可为千古绝唱，真所谓"此曲只应天上有，人间那得几回闻"也。而其摹写戏情处，尤能具登峰造极之妙。至其声音之静穆清朗、气度之从容不迫，令人如读汉魏六朝文字，气味醇厚，骎骎而入于古。尤妙在不矜才、不使气，出乎自然，自成一家。一时之摹仿者，颇不乏人，然总不能及其万一也。惟性颇傲岸，睥睨一世，故有"谭贝勒"之称。

刘鸿昇

天下本无难事，只在能用工夫，竭力磨砖，尚期作镜；诚心点石，直欲成金。刘鸿昇初唱净角，卓负盛名。后试唱老生，各报誉之不置，乃精心结构，极意翻腾，而其艺果大进，然犹未能登高造极也。厥后入都奏技，大为都人所欢迎。叫天亦畏其盛名，先期排出戏目，（初叫天所演之戏当日排出，不预期告知。）因是其名大震，传遍海内外矣。鸿昇又见夫叫天之以静穆胜也，乃窃仿效之，一变其向日之格局，（向日刘以声音洪亮胜。）自是骎骎乎深入堂奥矣。而赏识者益众，遂复航海南来，沪上人士咸以先睹为快。登台之日，接踵而至，卖座之盛，得未曾有。按，鸿昇最工演《空城计》、《李陵碑》、《洪羊洞》、《斩黄袍》、《辕门斩子》等戏，如独鸟之鸣春、如九钟之奏夏、如孤猿之啸月、如寒鹤之唳空，皆能得乎纯任自然之妙，堪与叫天逐鹿于中原矣。

孙 菊 仙

屈指梨园中,唱奎调而能得其正者,其惟老供奉孙菊仙乎？菊仙声调浏亮,道白清切,如朱弦疏越,一唱三叹,以去伍员为最佳,故《文昭关》、《浣纱计》、《鱼藏剑》等戏,为其生平最出色当行之作。而《硃砂痣》一出,亦能别出心裁,翻成新样,至今菊部中犹争相效尚,奉为圭璋。尤工为《骂炀广》,忠义之气溢于言表,令人拍案叫绝。惜近年来不肯加意从事,沪上人士都以为憾,有“如意仙”之称。惟菊仙秉性鲠直,的是忠厚长者,每为梨园中排难解纷,以是人多敬而重之。近又倡议禁止优伶为断袖之行,是说果行,则有功于梨园,非浅鲜矣。

高福安 毕永霞

近年武生辈出,几于车载斗量;而较短量长,终不能出乎高福安之上。福安把子老练,技艺绝伦,非他武生所能望其项背,此中领袖,舍高其谁?《鸳鸯楼》一戏,最擅胜场。舞刀一节,锋利无比,如浪花泼雪,疾风卷云,而末后从五只台跳下,成一“一”字形,尤属罕睹之绝技。《金钱豹》、《伐子都》等戏,亦为杰出之作。使高而奋武于沙场,何患不博取斗大黄金印,而仅以优伶终其身,殊可惜矣。其副毕永霞,亦骁勇异常,以去《金钱豹》中之孙悟空为尤佳。

崔 灵 芝

崔灵芝善秦声,声如唳鹤啼猿,响彻云表,青衫中之杰出也。或谓秦声不足登大雅之堂者,今见灵芝,当亦爽然自返矣。每演《忠义侠》、《血手印》、《算粮登殿》诸戏,哀怨动人,而一种苦绪幽情,尤觉描摹尽致,卫洗马所谓“卿言愁我始欲愁”者,其在斯乎?其在斯乎？间唱花旦,亦能出俗轶群。

四 盏 灯

四盏灯面如满月,别饶一种风韵;而探喉发响,真欲裂石穿云,每一奏曲,其声缭绕盘旋,忽如深峡之啼猿、忽如平沙之落雁,久之，则愈唱愈高，直有“一声已动物皆静，四座无言星欲稀”之概。其演《女中侠》也，红虬怒磔，绿鬓低盘，儿女英雄，令人又惊又爱；及上铁杆，盘旋跳荡，如鸟如猿，则又为之咋舌不止。除青衣、花旦之外，兼能唱老生、武旦，各尽其妙，多艺多才，当之无愧。

吴彩霞

吴彩霞，二簧青衣中之首选也。端若贯珠，清同叩玉，一波三折，余音绕梁。当奏技登场时，疑似新莺出谷；红氍毹上，直不啻仙子临凡也。每演《宇宙疯》、《六月雪》、《彩楼配》等戏，雅韵欲流，极沨沨移人之致，令人闻之，一涤荡其俗肠，不复有尘世想矣。

刘永春

净角以体魄伟大者为上乘，若刘永春者，堪当其选矣。永春净角中之老前辈也，每一发声，屋瓦皆震，大有喑呜则山岳崩颓、叱咤则风云变色之概。而尾声愈为宏大，有三日绕梁之致。以《黑风帕》、《锁五龙》、《草桥关》、《打龙袍》等戏为最出色，余戏亦各擅胜场。

李鑫甫

自汪桂芬辍歌后，小叫天遂无敌于天下，自成一派，名为“谭调”。一时争相仿效，实繁有徒，能神肖其一二者，即可鸣于时。若李鑫甫者，岂特能神肖其一二，实已尽得其薪传；描摹神似，但具体而微耳。《九更天》、《空城计》、《打棍出箱》等戏，是其所长，余戏亦不弱。

郎德山

使用鼻音，虽非大家所尚，然亦足以出奇制胜。郎德山之声音，无刘永春之宏亮，而其歌韵之妙，全从鼻窍中动宕而出，为一时所推尚。说白之清切，无出其右。每一发声，则真所谓铁板铜琶，唱大江东去，令人胸襟为之一开。以《草桥关》、《法门寺》、《黑风帕》为最。

吕 月 樵

《戏迷传》一戏,首创于是君,将诸名伶擅长之声调,撷菁删芜,镕为一炉,无奇不收,无美不备,诚大观也。厥后风行一时,无论先进后进,几以不演此戏为羞,亦可见其价值矣。近年来如七盏灯、李百岁、恩晓峰、尹鸿兰等,皆演是戏之佼佼者也,然总不能及月樵之万一。盖其摹仿孙调之处,非特毛似神肖,直能青胜于蓝、冰寒于水;其余各调,亦能一字不走。及演文武诸剧、新旧各戏,又皆神乎其神,是非聪明绝世,不克臻斯妙境也。人有讥其"文不如荣波而能叫、武不如春来而能跳"者,未免谑而虐矣。虽然,德尊而谤兴,道高而毁来,求全责备之词,固在所难免也。

七 盏 灯

七盏灯丰容盛鬋,靡曼无双,远而望之,如初日芙蓉,摇曳于红桥绿水。及其曼声徐度,嚼徵含宫,则又清越轻圆,恍聆霓裳仙曲。兼唱老生及雉尾生,皆落落大方,佼佼不群。每演新戏,皆效时下妆,尤觉妩媚可爱。

盖叫天 张斌奎

武生所尚者三:一曰架子、二曰臂力、三曰身段,得一即足以自豪。盖叫天以身段活泼胜,而架子臂力,亦皆加人一等,无论长甲短靠诸戏,皆能扮演得神,各造其巅。至于玩弄各种器械,尤其余事耳。初唱须生,声名鹊起,后改唱武生,则又为一时之冠,与李春来、高福安鼎足而三。近年来又加演《铁龙山》、《金钱豹》二戏,益能深入堂奥矣。其侄张斌奎,唱老生亦不弱,后改名苗胜春,演《铁龙山》一戏,英武非常,不逊大阮。

小 子 和

小子和,天上之神仙、人间之尤物也。既非玉环之肥,亦非飞燕之瘦，纤秾合度，修短适中。一肌一容，咸具美人之风格；一颦笑间，尤足迷下蔡而惑阳城矣。所可嘉者，不染妖冶之习，的有大家风度。清幽静穆，无殊月下芙蕖。娟娟此豸，诚可儿也。歌喉亦浏亮出群，直欲穿云裂石，而缠绵往复，纯任自然。其演《三娘教子》也，庄雅不佻，节烈之气形于色；其演《怒沉百宝箱》也，苦绪幽情，曲为传出，沉沉娇喘，细若蚕丝，即宋广平铁石心肠，亦应为之百折也；及演《花田错》、《梅龙镇》、《阴阳河》等戏，又婉丽可爱，莫不中乎情、合乎节。尝效时下妆，扮女学生，红绳约辮，嬉戏无常，恍惚十三四女郎斗草簸钱光景。间奏风琴数曲，情文兼茂，尤足令人心醉神驰。

三麻子

汉寿亭侯，实为千古之伟人，其丰功硕德，可诵可歌。后人将其事实编为曲文，付之梨园演唱，粉墨登场，居然英风犹在，亦所以追念前贤而垂示来者之一道也。数十年来，程长庚演是等戏，最能描摹得体，允为是中巨擘。近年来能嗣响于后者，三麻子是也。演《过五关》等戏，英气勃勃，自眉宇间出，令人在数千载下，犹得想见武缪当日之威风，不觉为之肃然起敬。其于新戏，亦三折肱，工夫深到，迥非趋效时风者所可同年而语也。

贵俊卿

教歌者，不能教喉咙；教哭者，不能教眼泪，此古谚也。而今贵俊卿，则能反是矣。俊卿与叫天相处日久，私淑有年，不但能摹仿其腔调，且兼能酷肖其喉咙；而神情状态一切，又宛然一叫天也。他年能传叫天衣钵者，必此人也无疑。每演一戏，则台下鸦雀无声，所谓“一声已动，四座无言”者。以《空城计》、《三国志》、《打棍出箱》等戏为最得意之作。

盖俊卿

沪上京调小生，寥落若晨星，求其佳者，固不可得。即不得已而求其次，亦徒呼负负也。今秋有盖俊卿者自京来，庶免此憾矣。俊卿丰姿绰约，傅粉风流，演《三国志》、《岳家庄》等戏，仙乎仙乎？不食人间烟火矣。即朱素云亦不过尔尔，惟声调胜俊卿一筹耳。最难得者，兼串秦腔小生、文武老生，皆能头头是道。其武艺亦臻纯熟之候，是则当在朱素云之上矣。

潘馨山

每奏一曲，神锋豁露，犀利非凡，是潘馨山固铁中之铮铮也。有时气度安闲，有时神情遑迫，各能因时而异趣，因事而异致。故演《空城计》、《九更天》、《打棍出箱》等戏，皆擅胜场。

李春利

武净以力勇者为上乘，而善唱者次之；若能兼二者而有之，则洵足为是中上上乘人物矣。李春利之所以为菊部中推重者，实因于此。李唱则声凌霄汉，武堪辟易千人，演《白水滩》一戏，跌扑之多，无出其右。《收关胜》末后被擒一段，从六只台甩下后，复血战不止，颇觉余勇可贾。后因某次排演是戏，从上而下，偶一不慎，伤其脊骨，遂不肯竭力从事，无复如前之虎虎有生气矣。闲去武老生，颇佳。

郭蝶仙

郭蝶仙貌丰腴，如春透牡丹，于妍媚中别饶富丽之象；而舞态歌声，亦属一时无两。每演《贵妃醉酒》，风流蕴藉，粉腻脂柔，令人神往。而唱《红梅阁》、(每演必连台接演，共计八本。)《蝴蝶梦》等戏，亦能称艳于时。尤工为《文章大会》、《小上坟》及《珍珠衫》，媚态横生，浓情欲滴也。惟蝶仙淫荡性成，专以勾引妇女为事，后因犯奸情案，驱逐出境。今忽复来海上，隶新剧场，岂亦因地居法界，法令有所不及，而得徜徉于此耶？

小益芳

小益芳，后起之杰也。每奏一曲，不自矜持，而高下疾徐，抑扬顿挫，无不合拍，是熟极而流，无待按谱矣。余每逢风日孔嘉之会，约二三友人诣园小坐，香茗一杯，屏息洗耳，静听小益芳唱《空城计》、《李陵碑》、《洪羊洞》等戏，不觉耳目为之一新、心神为之一怡。噫！殊足乐矣。

李顺来

求全才于武角中，其惟李顺来乎？顺来声音清朗，唱《九更天》、《翠屏山》等戏，最擅胜场。而工架确尔不磨，无微不至；武艺卓乎特立，有美皆臻，尤足无敌于街东矣。每演《白水滩》、《恶虎村》、《八蜡庙》等戏，情文兼茂，有声有色，的是健儿身手，非末学新进者所可同日而语也。

沈韵秋

年华水去，潘鬓已凋；回首当年，能无感慨？沈韵秋当盛年时，与李春来旗鼓相当，今则皤然一老矣。然而去《八蜡庙》中之褚彪、《义旗令》中之薛金龙，有所谓老当益壮、宁知白首者，矍铄哉！此翁真大似伏波马老也。

小东方亮　葫芦红

东方亮娇小玲珑，动人怜爱，秋波一转，百媚横生，见之者咸以韩家雏凤目之。演《红梅阁》、《蝴蝶梦》、《紫霞宫》等戏，以娇小之身，能为天魔之舞，令人又惊又爱，是真花旦中之全才也。其昆玉葫芦红，亦风雅宜人，每演必与之俱，璧合珠联，有目共赏。

赵如泉

三日不见，便当刮目相看。赵如泉当其发迹之初，不过一配角耳。厥后竿头日上，一跃而为上乘武老生。又工唱改良新剧，《三门街》一戏，为其所编排，颇欢迎于一时，因是其名益震。今复加演红生、须生诸戏,益能登高造极,声价之高,迥非侪辈所能与之比肩。惟声调无甚可取,殊为白圭之玷耳。虽然,以配角起家,而能为人所推重如此,非独具能力者不办。如泉、如泉,其亦足以自豪矣。不知当年曾思及有此一日否?

王永利

昔年以武净鸣于时者,厥惟三人:李春利、王永利、赵黑灯是也。今李无足道矣,而王、赵则依然旧日规模,至今犹在。惟赵之所长者,王无不尽能之;王之所长者,赵或当敬谢不敏也。故王当为是中独步,其演《铁龙山》也,最足引人入胜,而溜马一节,尤能曲尽其艺;其演《金钱豹》也,使用双叉,允为独出冠时,余戏亦皆各具其妙。

王永祥

王永祥客串于新剧场,仅三日,即翩然而去,大如神龙见首不见尾之意。其演《金钱豹》一戏,玩弄钢叉,得心应手,指挥如意,不在王永利之下。惜未见其全豹,至今犹以为憾耳;然观凤一毛,亦足自矜眼福矣。

夜来香

夜来香昆腔及二簧花旦中之上上品也。柔情艳骨,潇洒风流,颊晕娇红,眉凝惨绿。演《打花鼓》、《卖身投靠》等戏,媚态横生,冠绝侪辈。间去《白门楼》之吕布,易钗而弁,亦能风雅宜人,情文兼茂。而尤善唱新戏,已得其中三昧。昔年吴门开菊榜,品为第一。

林颦卿

林颦卿芳龄笃小,密意犀含,微步珊珊,离尘独立。及其捧心献媚,作意经营,翠黛低含,天然风韵,固无让潇湘妃子也。笑问颦卿,谁是你宝哥哥乎?歌喉激楚,响落梁尘,黄竹白云,无此音节。

最工演《酒醉失节》、《遗翠花》、《寿山会》、《小上坟》等戏，体微入细，荡冶非凡。

汪笑侬

隐伦逸士，代不乏人，有隐于耕者、有隐于渔者、有隐于版筑之间者、有隐于陇冈之上者，隐之道固不一也。若夫以伶隐者，厥惟汪笑侬。笑侬诗词歌赋，皆成绝调；而时遘阳九，不得志于举子业，乃以优伶善其身，是亦能于下下乘中求立足地也。善排改良新剧，如《党人碑》、《瓜种兰因》、《立宪镜》、《博览会》、《骂阎罗》等戏，皆其所手定。借优孟之衣冠，为现身之说法，其心亦良苦矣。《卫风·简兮》一诗，读之有余慨也。桃花潭水，具有深情，昔年海上开菊榜，曾拔之为文榜状头。

小孟七

小孟七，孟七之子也。颇能世父业，唱须生，既能宛转自如，恰得好处；而演武戏，又卓尔不群，尤善于描摹戏情，戛戛独造，非他人所能学步。以《全家福》、《淤泥河》、《九更天》为最出色，而《十八扯》内唱"宁波人哭老公"小调，尤觉别致非凡也。

张德俊

人固有长于此而短于彼者，巧于此而拙于彼者。论人者，乌可见其一长，而遽谓之优；见其一短，而遽谓之劣耶？当观其全豹而衡量之，庶几能免信口雌黄之诮乎？吾初观张德俊之《义旗令》，不甚奇之，以为是亦中驷之才耳。后观其演《花蝴蝶》、《界牌关》等戏，则倾佩之心，油然而生。身手之矫健、武艺之出神，皆足执牛耳，而为是中之盟主矣。余信之过甚，谓其艺或当在盖叫天之上者。是说也，人亦有韪之者。及观其演《长板坡》、《铁龙山》等戏，虽亦卓然可观，而实力究未充足，不及叫天多矣。于是而始知月旦梨园，亦一难事，未可草率以从事也。

小明海亮

每观雏伶去武生者,武艺有余,而精神辄不足,殊为缺憾,是亦力不能从心耳。若小明海亮者,堪免此病矣。海亮当总角年华,即已声驰菊部,丰姿绰约,身段轻灵,演诸武剧,不让福安、叫天等,是真天生美材,雏伶中之杰出者也。拍十三下,迅如鹰隼,洵非他人所能步尘而及。

张桂轩

张桂轩曾从名伶景四宝游,得其薰陶,颇能嗣响于后,其艺已臻炉火纯熟之候。演《独木关》、《挑华车》、《下河东》、《国民义气》、《翠屏山》等剧,调高响逸,体正腔圆。而英气勃勃,溢于眉表,声气激昂,作金石响,尤足振起尚武之精神矣。及演《白水滩》、《花蝴蝶》,亦能冠绝时流。

德建堂

德建堂声调绝佳,清和朗润,抑扬有致,如时鸟之鸣春,与郎德山两人,俱得势而名益章。既有才又有势,大丈夫功名,安得不赫赫哉!

双处

义山学杜,具体而微。若双处者,其是之谓欤?双处全仿孙供奉一派,声音既宏亮非凡,而抑扬顿挫处,又能一一神似,故顾曲者佥谓其能传孙供奉之一脉,誉之不绝于口。然细辨别之,则邹忌究远逊徐公,盖一则自然,一则勉强耳。

李德奎

李德奎之声调,娇娇不群,的是方家举止,惜其音太小耳。然亦无碍,唱《八义图》、《南天门》、《雪杯圆》等戏,颇能圆转自如,去《八蜡庙》之褚彪,亦英武可观也。

曹寿山

曹寿山声音宏亮，叱咤风云，声调一切，说者咸谓其与昔年谢云奎依稀仿佛，视郎德山等辈，稍有不及处。同春园广告，谓其兼金秀山、小穆之美，虽属铺张门面之词，然尚非过誉。

小一盏灯

小一盏灯貌仅中人，盖不以色选，而以艺征者也。歌喉浏亮不群，枪法纯熟无比，兼串武生及雉尾生，皆不愧方家举止。闻尝从十三旦游，颇能得其真传，然耶？否耶？当质之知音者。

小桃红

小桃红袅袅婷婷，丰神绝世，浓妆艳裹，独出冠时。善扮荡妇，啼妆龋齿，淫荡天然，演《遗翠花》、《小放牛》、《梵王宫》等戏，时而目成眉语，时而钏舞钗飞，皆足令人神摇目眩，盖以妖冶胜也。尝去老生，串《空城计》一出，尽善尽美，颇似刘伶鸿昇别派。

赵黑灯

武净之所重者有二：一跌扑、二器械，其所练工夫，若能兼此而有之，即可为是中上乘人物矣。虽不能唱，无伤也。赵黑灯骁勇异常，兼此二艺，跌仆之多，冠绝一时，固无论矣。而玩弄各种器械，上之下之，左之右之，无不如意，真有王僚弄丸之神。昔年与王、李齐名，今李敷衍从事，而赵独为王之劲敌，《收关胜》、《金钱豹》、《闹昆阳》、《金雁桥》等戏，为最出色当行之作。

沈月来

沈月来躯干彪伟，武艺斐然，每演《牛头山》、《界牌关》等戏，英武非凡，锋利无比，的是朔方健儿身手。而演短靠诸武戏，亦敏捷异常，以是颇能见重于时。

应 宝 莲

应宝莲昔年名噪一时,每演必与王永利俱,堪称合璧。演《花蝴蝶》,能跳六只台,铁杠上工夫,亦深造而臻于极点。其余诸技,亦皆卓然有为。近年稍形退步,藉王永利之才以掩其拙,有随骥尾而名彰之势。惟与吕月樵合演《十八扯》一戏,工力悉敌,无瑕可击,是则难得耳。

小小桂芬 董德春

小小桂芬总角年华,即已峥峥见头角。唱老生,固超超元著,不愧后起之杰;而兼演武剧,亦能游刃有余,尤工为《金钱豹》,玩弄钢叉,惬心应手,以是名震一时,声驰菊部。见之者,咸以杨月楼期望之,而桂芬亦自负不凡。岂知天实不德,厄运横生,离沪不久,而桂芬嗓竟失润,自是每唱须生,遇抑扬顿挫处,咸不能指挥如意,颇觉费力。是亦文武兼演,元气凋伤所致耳。其师董德春,艺亦出类而拔萃。

小 春 阳

小春阳声音清朗而又嘹亮,能一字百转,极抑扬顿挫之致,真乃白雪阳春、名副其实矣。演《翠屏山》一戏,声调工架,自是不凡;而舞刀一节,步伐整齐,疾齐进退,皆楚楚有致。入后但见万道寒光,缭绕盘旋于颈际,是能兼高福安、盖叫天、张桂轩诸人之妙。及唱《空城计》、《金钱豹》等戏,亦能发挥无遗,恰得好处。

孟 鸿 群

孟鸿群昔年隶天仙部时,不过一配角耳。厥后技与年进,日臻佳境,骎骎乎上跻名伶矣。即细察其艺,亦老成练达,迥非吴下阿蒙所可同日语。醴泉无源,不其然矣。要在人之好学不倦耳。

玻 璃 翠

玻璃翠歌喉清越,不同凡响,一声初度,几于飞上九天。唱《宝全灯》、《烧骨记》、《拜寿》、《算粮》、《忠孝碑》等戏，回肠荡气，伊郁酸辛，如聆河满一声，令人双泪如珠下，声音之感人，竟如是乎？

李百岁

丑之派别，厥分二类：一重诙谐，一重歌唱。李百岁者，善唱丑角中之首出者也。唱《化子拾金》一出，摹仿小叫天、郭秀华、朱素云、刘永春诸名伶之调，头头是道，几将青胜于蓝，是能以一人之身而兼生旦净丑四角色者。谓之是中领袖，谁曰不宜？《十八扯》、《戏迷传》等剧，亦能称颂一时，惟不能操吴下语，是则一憾事耳。

何家声　小魁仙

喜笑怒骂，皆成文章，故丑角为班中必不可少之人物，非绝顶聪明人不能为也，而以能庄谐并用者为上乘。若何家声者，是其人矣。家声任去何人，无不摹仿神肖，恰得其分，口齿亦清切异常；又能时而庄时而谐，令人不可测度，盖不徒以诙谐见长者也。面部各处，咸能转动自如，谚所谓眉能言、目能语者，此其近之矣。《滚红灯》、《苏州人》二戏，为最得意之作，余戏亦皆楚楚可观。乃郎小魁仙，年才成童耳。每演一戏，声调既臻完善，而又肯竭力从事，他年必能大成。吾为家声贺，而又嘉魁仙之能绍箕裘也。

周蕙芳

周蕙芳珊珊仙骨，弱不胜衣，袅袅婷婷，齐齐整整。演《梅龙镇》等戏，宜嗔宜喜，令人生怜。无何去沪，不久复来，虽舞衫歌扇，不异昔时；而珠喉已非畴日矣，为之惋惜久之。近日专演新戏，喜作时世妆，迷离扑索，几不能辨其雌雄也。

常春恒

常春恒，名教师国泰之子也。家学渊源，的非凡品。其艺在夏、赵二人之上，而又肯竭力从事，演《恶虎村》、《白水滩》、《长坂坡》等戏，皆虎虎有生气，故能于武生中自树一帜。间去武老生，亦颇佳;惟少年盛气,临事尚欠雍容,犹未臻炉火纯青之候耳。

郭厚斋

郭厚斋每一发声,自是黄钟大吕之音,不同凡响。比之李长胜有余,比之郎德山不足,闻系孙寿山之师,未知确否?

八岁红

以乍骑竹马之年,而具出神入化之技,实为千古所罕睹,不期见之于今日。今春有小神童者,献技于丹桂,人已诧为奇观;无何又有八岁红者出,较之神童更胜一筹,吁!何此乡之宁馨儿,若是之多耶?演《花蝴蝶》、《鸳鸯楼》等戏,发扬踔厉,咸中乎节,而足启发人之精神。虽较之大名鼎鼎之盖叫天、张德俊等,无多让也。设遇有小秦王其人者,必当佩金削刀,而歌归来矣。

小神童　赵鹏飞

让梨尝闻孔融,泣砚争传范子。六甲早知,三生犹记。此皆昔日之神童,而千古传为佳话也。不图今有小神童者,出现于丹桂部,年才龆龀,可谓名副其实。演须生诸戏,唱做俱佳,能文能武,真赵家之千里驹也,鹏飞有子矣。惜乎其不生于诗书大族,奋发有为,而屈身于优伶也。且谚有之曰:小时了了,大未必佳。神童其毋蹈斯辙,毋应斯言,勿致故步自封,精益求精,始足以解之。前程远大,勉之勉之!余不禁拭目俟之矣。其父赵鹏飞,去武丑,为一时之冠。

刘廷玉

刘廷玉,武净之善唱者也。去张飞为最神肖,《长坂坡》灞陵桥一段,大喝数声,惊魂动魄,大有翼德当年喝断灞桥之气概。《李七长亭》一戏,亦为得意之作。间摹仿孙调,有独到处,迥异凡辈也。

小连生　夏月珊

智识日开，文明日进，于是伶界杰出之士，纷纷倡议，以改良戏剧为开通社会之先声。小连生、夏月珊者，是中之哥仑布也。致其全力于新戏，若何可以开通社会、若何可以输进文明，研之究之，不遗余力。又见南市商业之不振兴，乃创新舞台于其地，以为补苴之策，经营煞费苦心，规模可称完善，其热心诚不可及。且凡遇各省水旱之灾，以及商界、学界有经费竭蹶不支者，又辄为之演剧募捐，代为将伯之呼。所演《潘烈士投海》、《黑藉冤魂》、《赌徒造化》、《明末遗恨》等戏，皆有裨于世道人心非浅，有心人也可以风矣，唱旧戏亦各有所长。

小万盏灯

小万盏灯，李小园之高足也。歌喉落落大方，丰神楚楚有致，演《打花鼓》、《看香叫喜》、《卖身投靠》等戏，轻盈流利，压倒群芳。亦能唱新戏，妙造自然，无一毫矫揉造作，当与夜来香相伯仲。

富仙舫

唱老旦而欲出人头地，其亦难矣。非具有绝世之资，不足以有为也。昔日杨寿长既已专美于前，而近年富仙舫颇能嗣响于后。仙舫每演一戏，跌宕淋漓，悠扬婉转，咸尽其致，所谓“太常法曲自是正声”者是矣。

紫金仙

紫金仙初至申江，年才总角耳。丹山雏凤，早已誉满海天。每一登场，貂蝉满座，后至者虽欲插足而不可得，亦可见其名重一时矣。盖金仙神清如水，貌艳于花，流荡憨跳，慧媚温柔。演《遗翠花》、《七星庙》、《小放牛》、《二姐逛庙》等戏，蕴藉非凡，声调俱佳，可称双绝，宜其脍炙人口也。惜近年珠喉稍涩，声价因之而贬，不及昔日多多。回首当年，能无咨嗟叹息乎？

夏 月 润

夏月润昔年称艳一时,有武榜状元之目,声名鹊躁,几与春来相埒,此谭贝勒之所以以女妻之也。近年来以改良为宗旨,于新戏颇能加意经营,不遗余力,想亦新舞台艺员,分当如是耳。

大大奎官

大大奎官昔年唱须生兼净角,皆卓然有为,名振一时,有千里驹之目。后因嗓子失润,改唱武生,丰姿爽飒,傅粉风流,演《花蝴蝶》等戏,轻捷矫健,胜乃父多多。噫! 是子真能跨灶矣。其父赵小廉,昔年曾称艳一时,惟近年不肯加意从事,然颇致力于新戏。

五 月 华

五月华幽娴贞静,的有大家丰度。每一发声,宛如瑶岛鹤音,一洗人间凡响,是正旦中妙选也。

郭 仙 舟

郭仙舟每唱一戏,悠扬婉转,无不合拍,是于梨园子弟中,已足副升堂入室之选矣。惟台容欠佳,殊少从容之状态。唱老旦尚可,去老生非其所宜。

陈 嘉 祥

陈嘉祥温文尔雅,潇洒风流。去秦腔小生,已能神化无方。及演《三国志》等戏,其一种逸致闲情,尤觉别饶幽致,洒落出群也。

龚 云 仙

龚云仙浓花绕鬓,酒晕生涡,貌艳于花,身轻似叶,正似燕赵佳人,潇洒中别饶俊秀。打出手之佳,无出其右。善舞单鞭双刀,脱手弹丸,熟能生巧。玩弄水火流星,亦神乎其技,非王瑞云等辈所可得而及也。

小桂枝

小桂枝昆部中之妙选也。生平最工昆曲，影白曲文，典型老成。亦工京剧，以《会稽城》一戏最为杰作。每唱新戏，皆能尽情尽致，足为夜来香之辅。

李长胜

李长胜声音宏亮，固泱泱大风也。惟字句太模糊，殊为白圭之玷。《草桥关》、《黑风帕》、《锁五龙》等戏，最为拿手之作，瑜不掩瑕，亦瑕不掩瑜。

刘坤华

刘坤华每演一戏，不必作意经营，自能游戏传神，亦工亦肖，是中人物，无有堪与抗衡者。即统历年来，沪上诸武丑，亦不过一赵鹏飞，似可与伯仲耳。《三岔口》一戏，为其生平最得意之作，能以手击碎数瓦，而上一瓦，仍完然如故，亦可见其神技矣。

王瑞云

王瑞云精拳棒，善超跃，而歌喉亦嘹亮不群。《女中侠》、《泗洲城》、《红桃山》等戏，为最得意之作。近年以来，王祥云、七仙旦都不在沪，遂俨然为是中第一人矣。

何金寿

何金寿，名伶四麻子之子也。以冷胜，每发一语，令人深索不尽。若与家声对垒，则真所谓棋逢敌手，将遇良才，推陈出新，勾心斗角，好看煞人也。

冯二耇

冯二耇昔年以善诙谐称，非不名重一时。会有人指摘及之，于是变其故习，不敢发诨打科，而欲以歌唱胜人，与百岁决一雌雄。然惟《化子拾金》一出，摹仿孙调，有独到处，余皆不免有遗议。海上有嗜痂之癖者,则又谓其佳妙,与乃弟并称二难。哈哈!平心论之,是亦聪明人物,不可多得之才耳。

马飞珠

丑角之中,有以峭胜者,有以冷胜者,有以雅胜者,有以俗胜者。然无论其峭也、冷也、雅也、俗也,要皆以能解人颐为第一要义。马飞珠以俗胜,言语之土傻、形状之鬼怪,固无人不为之哈哈大笑也。最工演《卖绒花》,忽庄忽谐,淋漓尽致,洵为独出冠时之作,非侪辈所能步及。

林步青

林步青,经天纬地之改良摊簧家也。有辩才,每演一戏,诙谐百出,而新名词尤多。其演《荡湖船》也,最能别开生面,扫除俗套。盖其独出心裁,增以无数新语,不落前人窠臼也。

草上飞

草上飞行如猿跃,迅似燕飞,落花蝴蝶,有诩诩欲活之势。翻跌等技,纯熟无比,即腾云冲霄,亦当能之。曰"草上飞",殆未足尽其长也。武丑中除赵鹏飞、刘坤华外,当首屈一指。

夏月恒　月珊　月润　月华

梨园子弟,一门鼎盛,久推夏氏。昆仲骈居共爨,式相好而无相尤,门内怡怡,得诸若辈,殊为仅见。月恒曩以开口跳著名,为某督提挈至游戎,旋即因事废黜,迩来海上闲居,大有官场一戏场之叹。月珊以老生而作小丑,方朔诙谐、淳于滑稽,兼而有之,能于改良诸剧中现身说法,真可令顽石点头。月润健儿好身手,与李春来齐名。月华声誉,较乃兄为稍逊,然亦为此中不可多得之人才。至其急公好义,与小连生始创梨园公所,设立榛苓学堂,一般热心公益,不可谓非伶界中之贤圣矣。

赵小廉

赵小廉，亦沪上著名之武老生也。矫健绝伦，与月润、春来不相上下，戏情亦甚臻至。惜近来稍不如前，殊未餍阅者之意，英雄老去，不免颓唐。幸有跨灶之大奎官，家学渊源，雏凤殊清于老凤耳。

海上梨园新历史 卷二

遗珠补录

周凤林，吴人，小字桐荪，昔年之花魁也。圆姿替月，润脸羞花，顾盼生姿，流利馨逸。亦工京戏，然其擅场者，究在昆曲。所演《惊梦》、《盗令》、《挑帘》、《佳期》、《独占》等剧，柔情绰态，宛转抑扬。近在新剧场售技，秋娘半老，风致全非，而按部随班，犹不失方家举止。缠头一曲，妙响入云，后起名花，断难望其项背。然歌场寥落，赏识者希，终不能与惨绿少年，争胜于枣花帘角矣。日月不淹，美人迟暮，镜中白发，能无慨乎？

小桂林温然其性，娟然其容，羞羞涩涩，顾影生怜。每一登场，貂蝉满座，后至者虽欲插足而不可得。今则蛾眉渐改，无复旧日丰姿。回首当年，能无自伤老大？

三盏灯，昔年之名旦也。当盛年时，顾盼自豪，四盏灯犹为之副，今则后来居上，而三盏灯反每况愈下，升沉之感，伶界亦有同情。

小金红，昔年大名鼎鼎，一时无敌；今已老矣，无能为矣。惟规模尚存一二，未始非先正典型。

云中凤，长身玉立，风度不凡，而妍媚中别有英爽之气。精技击，善为角抵戏。武旦中除龚云仙外，是子当首屈一指。

六阵风，舞弄各种器械，妙造自然。及演《虹霓关》、《双摇会》等戏，闲情逸致，洒落出群。

春桂部有去《八蜡庙》之金大力者，玩弄大棍，浑脱自如。沪上自孙剑芬去后，此调已成绝响，今得是子，当能后先媲美矣。惜未知其名,或系谭永奎其人乎?愿以质之老于顾曲者。

刘燕权、王春华二人,其名虽不甚著,然有数戏,亦颇足称者。如演《红鸾嬉》一出,刘去叫化秀才,酸态穷腔,狂形痴状,一时毕露;而王亦能一一应付,诙谐尽致,是戏堪称合璧。

汪德宝乃中驷之才,间有一二语,亦颇足令人解颐者。

段春章虽非名丑,然去《蝴蝶梦》之童男,则维妙维肖,非他人所可步尘而及,吾为之叹观止矣。

彩霞旦声容均颇不恶,跷工能盘旋缭绕,左右自如,是则又胜人一着耳。

李庆棠唱秦腔老生、小生及武老生,皆得乎中庸之道。唱新戏,亦能尽情尽致。

小梨青、小六子、小德喜三人,才届舞勺之年,唱新旧诸戏,皆斐然可观,他年必能有成。而梨青神情尤妙,允为是中之冠,想亦家学渊源耳。

今日之杨寿长,非昔日大名鼎鼎之杨寿长,此其赝鼎也。每扮老妪,一种龙钟老态,能一一传出,是足称者。

赵文连,十七盏灯之化身也。昔日声调台步,均是无可訾议,虽非上乘人物,亦不失为中驷之才。今则每况愈下,大有委靡不振之势。惟唱新戏,则似较前稍胜矣。

李金茂隶大观部时,其名寂寂无闻焉;今则竭力讲求,大有蒸蒸日上之势。即平心论其技,亦颇有可观者。

董长青,三雄之子也。箕裘相绍,的是不凡。

邱蕊卿唱小生不过尔尔,及演改良新戏,颇能形容尽致,诙谐百出,与乃郎小保成不相上下也。

陈燕奎,即向日之陈太平。每发一语,亦颇能令人解颐,大有竿头日上之势。

谭月明,长甲短靠诸武剧皆能之,惟不精耳。及去关公戏内之马夫,则颇英武可观。

王德全唱新戏,已臻乎完善之境。

赛魁冠、周福全、肖国贞诸人,为配角则有余,独当一面则不足。

张顺来、李祥麟二人，其武艺皆卓然可观，是亦难能可贵者。

毛仲琪，七盏灯之弟也。昔日唱须生诸戏，抑扬顿挫，咸能恰得好处；今声已咽哑，无足观矣。惜哉！

沈瑞堂唱正旦颇不凡，除小子和、五月华外，当首屈一指。惟正旦不为人所注重，故未能出人头地。

羊长喜其声调虽不及富仙舫，然台容老态，有过之而无不及。

小荣祥、刘培山唱须生皆颇不恶。

金翠红光盈宝月，艳夺明霞，圆转若珠，清莹若水。惟歌喉未能尽善尽美耳。

刘静轩其声高亢激厉，呖呖如枭鸣，二簧青衣中不可多得之才也。

王桂山唱做俱佳，指挥如意，有旁若无人之概；而唱秦腔老生，尤为一时之冠，堪与满堂红并驾齐驱。

晚香玉貌楚楚动人怜，其声亦璆然若鸾凤之鸣。唱《遗翠花》、《海潮珠》等戏，粉腻脂柔，令人追忆当年盛时之紫金仙不置。

邱凤翔，昆腔小生也。风流潇洒，的有文人风韵，唱新戏亦佳。

董月山，即董喜来之化身也。其艺亦已神化无方，惟丹桂重盖而轻彼，故不得逞其材，大有英雄不遇时之感。

小春来武艺亦颇足称，是升堂矣，未入于室也。每与乃父李福祥对战一场，则颇英武，吾为之击掌不止。

殷春虎声音宏亮，响遏云霄，武艺亦不失为中乘，是二花面中之豪杰也。唱《夺小沛》、《盗御马》等戏，最能胜称一时，非董长青、冯志奎等，无能与之比肩矣。

焦庆利，庸中之佼佼也。虽不足与李、王、赵三人相抗衡，然亦能自树一帜。演《收关胜》、《白水滩》、《嘉兴府》等戏，皆英武可观。

小保成，邱蕊卿之子也。昔年唱净角，卓绝一时。后因声就咽哑，改唱小丑，亦能诙谐尽致。

熊文通唱须生诸戏，平稳而已。惟唱新戏，则颇足可称。以去近日之官吏为最佳，盖能摹刻逼肖也。

小一阵风,工演《跑马卖艺》一戏,莺捎燕舞,锦簇花团,灯下观之,令人眉飞色舞,为之倾倒不止。盖其一生技艺,咸会萃于是,故能曲尽其妙,虽王瑞云、龚云仙等辈,亦当退避三舍。

廖连卿于丑角中亦能自树一帜,的非易易。每演一戏,嬉笑怒骂,都成妙谛,自是明末敬亭一流人物。

刘溎淙隶大观时,不过一配角耳。自王永利去,而刘遂独当一面,竭力练习,勇不畏死,而得以大有成效。演《大兴梁山》一出,英狠异常,能甩四只半台,亦可云勇矣。若再能精益求精,则层楼更上,他年必能与诸名伶抗衡也。

赵春奎昔年唱须生,颇能浑脱自如,今已无足道矣。惟近来改唱武丑,竟能神化无方,有足称者,则春奎其亦足以自慰矣。

姜善珍,昆部中之妙选也。词令新颖,几疑敬亭复生、曼倩再世,今已垂垂老矣,惟规模犹剩在耳。

陈永奎骁勇异常,亦二花面中之翘楚也。尝见其演《大兴梁山》,从三只半台甩下,后复跌扑不绝,颇觉余勇可贾,余戏亦各有到处。

左东林,小生之中不易才也。英风飒飒,卓然名家。

世聪玉流荡憨跳,慧媚温柔,雏发未干,风情浅逗。歌喉亦能一鸣惊人,是能具当年紫金仙之规模矣。

小溜溜旦貌楚楚动人怜,其歌亦泱泱大风,有三日绕梁之致。惟其调平淡无奇,故未能出人头地。

雏伶盖桂芬、十三元、小长庚三人,唱须生已能指挥如意,是有进步之候。

盖月山艺亦纯熟,惟未有出色惊人处。为配角则有余,独当一面恐难胜任也。

明海山、陆金奎皆以情韵胜,声调亦无可訾议。

一奎既无赫赫之名,亦无落落之诮。所谓官样文章,三平两满者是也。

小毛豹、小吉瑞、盖月樵三人,一出台即名盛一时,艺亦斐然成章,后生可畏也。虽然,实力究未充足,欲与前席争胜,难矣。

韦久峰，孙供奉之高足也。唱《硃砂痣》等戏，颇能神似。

李少棠去小生及武老生，不蔓不支，的是能手。间唱新戏，亦能谈笑生风、俳谐玩世也。

冯志奎声音宏亮，叱咤风云，一声帛裂，四座皆惊。自隶新剧场后，益复努力从事，是中人物，皆退避不遑矣。

碧月花色艺皆平平，而以流利胜。每演新戏，颇能妙造自然。

唐景云亦流利异常，惟声如雀鸣，犹未能入化耳。

海上梨园新历史　卷三

歌舞丛谈

电光布景，巧夺化工，倏而城郭楼台，倏而山水草木，令人恍如身入其境，是真能壮都邑之瞻观、极俳优之能事矣。

各戏园之五彩景片，尽善尽美，吾无间然矣。惟景片与地板接笋处，尚不能如天衣之无缝，是为美中之不足。

铁杠亦武剧中一点缀品，无之即足减色，新舞台无此物，大舞台用未久即撤去，是亦一憾事。

五彩布景以大舞台为第一，新舞台次之。新剧场大半仍仿钟声之规模，稍改革其一二耳。

大舞台轮奂轩畅，金碧辉煌，各园中当首屈一指。而场式作圆形，客座逐次而高，尤能中乎程式。

大舞台武角跻跻跄跄，颇极一时之盛，如吕月樵、赵如泉、沈韵秋、沈月来、王永利、应宝莲、刘坤华、草上飞、龚云仙、云中凤等辈，类皆一时选，余亦知名之士。惟花旦有西望长安之诮。

新剧场武角非不多，而真才实少。除赵黑灯外，余皆碌碌无所表见。惟花旦盛极一时，小子和、郭蝶仙、林颦卿三人，皆风月之选，佼佼铮铮，是堪独当方面也。

演唱改良新戏，新剧场有三麻子、小子和、林颦卿、郭蝶仙等；新舞台有七盏灯、小连生、夜来香、夏月珊等，皆是中之泰山北斗，而足旗鼓相当。大舞台除赵如泉外，余皆中驷之才，未免相形见拙。

新舞台唱旧剧角色,颇付阙如,顾曲者咸以为憾事,不能与大舞台争胜者。职是之故,有管理该园之职者,曾一念及之否?

改良戏剧为开通社会之嚆矢,编撰曲文为改良戏剧之入手。则曲本之重要,固无待言。然而环顾各园所演者,类皆改头换面之作,似是而非之谈,求一宜雅宜俗、可劝可讽者,未可多得,是亦菊部人才消乏之故耳。

大舞台《斗牛宫》戏内,辄以木人戏一段,吕月樵、赵如泉为主使之人,是即双簧之变相,然一经渲染,便觉别致非凡。

新舞台演《斗牛宫》一戏,五花八门,如入山阴道上,令人应接不暇。中间缀以五色电光,尤觉热闹,大舞台望尘莫及。

新舞台新排《明末遗恨》一戏,颇有国家思想。中间辞庙、自缢二段,凄惨辛酸,令人为之泪下,具见国破家亡之惨。而费宫人刃贼一节,尤属义烈可风。戏剧可以改良风俗、感化人心,固不易之论矣。然而今日我国之戏剧,尚未足以语此。试观于剧场,闻一二诙谐语,则鼓掌呼啸,万声齐作;及闻一二沉痛语,则掉首不顾,若不相闻,惟一二有心人在室隅叹息而已。若真为其感化者,能有几人耶?且梨园子弟,又皆儇薄之流、无识之辈,勾引招摇,为其目的。以改良社会为己任者,渺无其人;即有之,而其识又不足以副之。是则欲其不导引淫风,尚不可得,改良风俗云何哉!

某园肆无忌惮,专演淫剧。而花旦某某者,又为吊膀子之老手,目引眉招,是其惯技。而妇女亦趋之若鹜,几成诲淫之地,令人为之发指。是亦教育不普及之故耳,谁是有心人,急起而澄清之耶!

闻叫天尝为人言,贵俊卿演《硃砂痣》一戏,卓绝一时,出于彼上。此虽叫天谦词,然能为叫天称及,是戏当必不凡。一经品题,声价十倍矣。

昔年小叫天、朱素云、罗百岁、贵俊卿合演《三国志》一戏,实为空前绝后之作,京都传为美谈,此曲只应天上,难得人间矣。

沈韵秋其一切技艺,皆得之乃岳任七之师承。

李顺来唱《长坂坡》，酷仿李春来者。哭井一段，尤为神似。

十年前名丑刘赶三者，以唱《青山石》与《探亲相骂》二戏得名。其演《探亲家》也，骑真驴子一头，在台上绕行一周，虽内廷传唱，亦如是也。太皇太后未宾天时，每年元宵左右，必出灯虎数则，命供奉诸伶射之。某年出阳鸟攸居四字，继揭晓，系射南巢二字，为刘永春所得，赏以小银锞一枚，元宵五十枚，亦异数也。

天仙《大香山》戏内之布景，玲珑华丽，巧夺化工。若得之于大舞台等戏园，固已数见不鲜；今得之于天仙，则可嘉耳。

王永利去《水淹七军》之周仓，作意经营，尽情尽致，能将一周仓活活现出，王真妙人也。

三麻子洵洵如儒者，又富于经验，故其所编曲本，皆能有所发挥，足以震聋启聩，洵非率尔操觚者可比。

新舞台所编曲本，皆能洞悉人情，通达世故，颇具有对症发药之手段。是中大有人才在，不知果为谁氏也。

赵如泉与三麻子相处颇久，私淑有日，又正当壮年，故演红生诸戏，较三麻子有过之而无不及。惟观春秋一段，神情尚欠老成，不及三麻子多多。赌博一事，实为社会一大害，因之而倾家败产者，不知凡几。新舞台特排《赌徒造化》一戏，藉以唤醒世人，其亦具救世之苦心矣。中间如纨绔子弟之沉溺樗蒱、其父之教子不严、赌徒之多方引诱、翻戏之鬼蜮情形，咸能体会入微，形容尽致。迨至五本无灵，家产荡尽，犹无河清之日，其戚知其不可劝，非一二言语所能奏其功，必经大挫折，始足回其心而折其节。乃使其妾乔装阔公子，妻其妻，役其身。是时也，正山穷水尽之日，复感之以其父之神灵、羞之以其妻之凌辱，然后自怨自艾，折节向善，卒成克家令子。其中夫妻相恃对泣一段，凄惨动人，尤足惊醒赌徒情节。若是之离奇宛转，咸能曲折如绘，诸艺员不愧能者。按，是戏有伏笔、有应笔，前后贯合，一丝不走，不知果出自谁氏之手笔也。人虽欲增减其半笔，而不可得矣。

三雅既歇，子弟散若晨星；法曲飘零，几至音沉响绝。近日沪上伶人能此者，仅周凤林、小子和、小桂林、夜来香、小桂枝、万盏灯、林步青、陈砚香、姜善珍、金阿庆等数人而已。

大沽书即津门盛行之大沽调也。因须击鼓,人多误为大鼓书。有广恩甫者,业此而精,曾客串登场,得一聆其妙响。

高腔行于湖南,而梆子有直隶、山西之别。所谓二簧者,权舆于湖北之黄州,今则别成一种汉调,即朱素云所唱者是。

初沪上不尚秦腔、杂剧,有弋阳、梆子出山西,粉墨登场,适贻木鸡之诮。自十三旦、想九霄等出,于是亦靡然成风矣。

昔年花旦之文武兼全者,以十三旦为开山初祖,声名之噪,几遍瀛寰。近年来四盏灯颇能具体而微,张小棣、范少山二人,皆以唱改良摊簧名于时,大舞台罗而致之,颇欢迎于一世,为之庆得人之盛也。

转台亦减省布景时间之一妙法耳。而各戏园以为奇货可居,大书特书"大转舞台",藉以轰动人之耳目,未免重视乎末。

泰西各国,视戏剧为转移风俗之无上品。各衿绅富豪、文人通士,为之筹款项、编戏曲,经营维持,不遗余力。是以剧场程度,蒸蒸日上。今我国人士虽亦稍稍知此义矣,而蔑视优伶之旧见,尚不能泯然于中,故戏剧程度犹未臻乎极点也。

《双泪碑》、《血泪碑》、《情天劫》三戏,皆为哀情之作。或言夫婿之无良,退婚别娶;或起风波于情海,阻彼良缘。后母不情,夺人佳偶。皆相爱于始,未能如愿于终,卒至相与身殉,抱恨终天,徒使天下有心人洒泪凭吊而已。今日欧化西来,竞言情爱,自由结婚之声,不绝于耳鼓。当其指环初换,其乐融融;及至其后,鲜有不仳离而反目者。盖亦不能慎之于始耳;然则今日之言情者,慎毋慕此浮名,而求得乎情之正道可耳。盍观于此三戏?

途见不平,拔刀相助,扶良除暴,不稍宽容。此侠士之行也。我国自两汉以还,朱家、郭解等辈,应运而起,此风最炽。时至今日,已成强弩之末,索然无生气矣。新剧场所排《罗汉传》及四本《汉皋宦海》,皆为描写侠士之作,其亦欲提倡任侠之风耶?

戒烟则有《黑藉冤魂》,劝赌则有《赌徒造化》。《新茶花》等戏,系言情之作;《罗汉传》等戏,乃任侠之行。《明末遗恨》,颇具国家思想;《汉皋宦海》,畅谈政界行藏。《潘烈士投海》,义烈可风;《张汶祥刺马》,人心咸快。《刑律改良》,言讼狱之黑暗;《惠兴女士》,放女界之光明。《善恶报》出嫖界之丑态毕露;《打野鸡》演僧尼之怪状尽形。《元宵佳节》,安能无诵圣之章;《五岁朝天》,因是而作中秋胜日。不可乏纪胜之篇,《广寒仙梦》之所以成。《天河配》亦七夕之佳话,《接财神》实迷信之一端。下至《三大废物》、《妻党同恶报》、《沉香床》、《博览会》等戏,亦莫不有命意之所在,吁!盛矣哉!夥矣哉!今日之改良戏剧也。如禹鼎铸奸,无怪不备。

改良新戏最忌关节散漫,《幻海蜃楼》、《灯节奇案》、《荡子报》皆蹈此病。

海上梨园新历史　卷四

剧　名　录

武　剧

《花蝴蝶》《溪皇庄》《八蜡庙》《伐子都》《金雁桥》《长板坡》《恶虎村》《茂州庙》《白水滩》《泗洲城》《四杰村》《中外和》《莲花湖》《挑华车》《翠屏山》《盗御马》《狮子楼》《战宛城》《曾头市》《摇钱树》《落马湖》《掉枪花》《迷人馆》《潮金顶》《剑峰山》《嘉兴府》《红桃山》《金刀阵》《巴蕉扇》《石头洞》《蔡家庄》《十字坡》《金钱豹》《铁龙山》《武当山》《女中杰》《拿高登》《取金陵》《双跑马》《铁公鸡》《三叉口》《闹昆阳》《猴盗碑》《界牌关》《义旗令》《丁甲山》《青石山》《鸳鸯楼》《赵家楼》《烧连营》《濮阳城》《巴骆和》《昊天关》《收关胜》《取洛阳》《白马坡》《大名府》《夺小沛》《百草山》《殷家堡》《五花洞》《贾家楼》《摩天岭》《蜈蚣岭》《鸡爪山》《黄一刀》《定中原》《闹东京》《九龙杯》

《罗四虎》《翠凤楼》《三门街》《凤凰岭》《盗仙草》《乾元山》《钱塘盗库》《一枝兰花》《神州打擂》《天献铜桥》《李达招亲》《左公平西》《永庆升平》《仁贵救驾》《演火棍》《劫魏营》《五人义》《武文华》《祝家庄》《金山寺》《闹江州》《喜崇台》《蟠桃会》《时迁盗鸡》《盗降龙木》《莲花岛》

旦剧(青衫附)

《遗翠花》《富春楼》《少华山》《蝴蝶梦》《送银灯》《拾玉镯》《小放牛》《梅龙镇》《卖绒花》《烈女传》《断桥会》《双摇会》《三疑计》《十万金》《三世修》《日月图》《新安驿》《烧骨记》《火焰驹》《阴阳河》《汾河湾》《紫霞宫》《血手印》《十二红》《回荆州》《忠孝牌》《锁云囊》《富贵图》《忠孝图》《双锁山》《红梅阁》《海潮珠》《汴梁图》《女起解》《玉堂春》《乌龙院》《梵王宫》《十八扯》《破洪州》《铁弓缘》《土番国》《春秋配》《双官诰》《柳林池》《胭脂虎》《打花鼓》《红鸾禧》《反延安》《珍珠塔》《查头关》《顶花砖》《背板凳》《梅降雪》《风筝误》《打樱桃》《珍珠衫》《瑞云庵》《芳草坡》《送学堂》《笑笑笑》《关王庙》《卖胭脂》《百万斋》《双钉记》《杀子报》《明月珠》《宝全灯》《马上缘》《玉玲珑》《立志投军》《算粮登殿》《小上坟》《忠义侠》《贪欢报》《男女错》《对银杯》《三上轿》《卖身投靠》《五虎群羊阵》《金府关亡》《堂楼详梦》《浪子烧灵》《七星庙》《虹霓关》《烈火旗》《佘塘关》《池水驿》

须生剧(老旦附)

《空城计》《九更天》《一捧雪》《五雷阵》《战长沙》《取荣阳》《七星灯》《除三害》《天雷报》《南天门》《鱼藏剑》《乌盆记》《黑水国》《八义图》《焚绵山》《洪羊洞》《文昭关》《铁莲花》《吊金龟》《硃砂痣》《黄金台》《定军山》《独木关》《乾坤带》《捉放曹》《天水关》《牧羊卷》《审刺客》《取成都》《柴桑口》《群臣宴》《山海关》《桑园会》《李陵碑》《庆顶珠》《伐东吴》《战蒲关》《黄鹤楼》《凤鸣关》《双狮图》《武昭关》《龙虎斗》《斩黄袍》《白虎堂》《回龙阁》《清官册》《马嵬坡》《骂严嵩》《卖马》《教子》《探母》《四进士》《打金枝》《琼林宴》《御碑亭》《计上计》《险中险》《骂杨广》《荐诸葛》《骂阎罗》《赐黄袍》《诸仙镇》《党人碑》《难中福》《雪杯圆》《阳平关》《行路哭灵》《戏迷传》《金水桥》《打登州》《胭脂褶》《宫门挂带》《太平桥》《采石矶》(老旦)《八珍汤》《滑油山》《目莲救母》《观画跑城》《时来运转》《打侄上坟》《青石浦》《南阳关》《桃花宫》《箭台赐宴》《赶三关》《战盘河》《楚晋争》《落凤坡》《九龙山》《御林郡》《伍申会》《逍遥津》《双龙会》《进蛮诗》《天雷报应》《退陶三春》《骂王朗》《骂安禄山》《司马逼宫》《喜封侯》《蔺相如》《临潼山》《八百年》《宝莲灯》《浪子装鬼》《挡友亮》

正 旦 剧

《宇宙疯》《落花园》《彩楼配》《二度梅》《三击掌》《六月雪》《探寒窑》《杏元和番》《祭长江》《祭宝塔》《五花洞》《竹林计》

京调小生剧

《白门楼》《岳家庄》 《罗梦》《反西凉》 《监酒令》《夺小沛》《飞虎山》 《赵延借寿》《对刀步战》

净角剧(二花面附)

《征北海》《大保国》《双投唐》《二进宫》《渭水河》 《沙陀国》 《法门寺》 《赵州桥》 《穆柯寨》 《打龙袍》 《白良关》 《双包案》 《黑风帕》 《白绫记》 《探阴山》 《草桥关》 《御果园》 《叹皇灵》《借人头》《铡美案》《铡判官》《铡包勉》《五台山》 《打鸾驾》《清河桥》《锁五龙》《下河东》《滚鼓山》《光武兴》 《两张飞》 《李刚反朝》 《反五侯》

红　生　剧

《汉津口》《华容道》《斩颜良》《诛文丑》《江东宴》《古城会》《过五关》 《斩六将》 《淹七军》 《斩车胄》《赠袍赐马》《战长沙》《斩貂蝉》《风云会》

小　丑　剧

《丑表功》《请名医》《拾黄金》《瞎子逛灯》《磨房迷》《打城隍》《呆大做亲》 《顶花砖》 《滚红灯》 《浣花溪》 《探亲相骂》 《送亲演礼》 《祥梅寺》 《过新年》《瞎捉奸》《送灰面》《吃鼻烟》《看香头》 《双脱衣》 《打沙锅》《打面缸》

新　剧

《三门街》 《百花台》《九头狮子印》 《十八个大好老》 《一家三命》 《四大金刚》 《神道改良》 《夜游新马路》 《杜十娘》《穷花富叶》《金扇子》 《惠

兴女士》　《沭阳女士》《两县令竞义婚孤女》　《黄勋伯》　《潘烈士投海》《卖油郎》　《妻党同恶报》《掷杯戏曹》《不是冤家不碰头》　《神头鬼面》　《乡下人》　《知人知面不知心》《再生缘》　《南楼传》《刑律改良》《吕大郎还金完骨肉》　《博览会》　《拉东洋车》　《白相黄浦滩》　《大姐捉强盗》《马快捉臭虫》《游张园》《张汶祥刺马》《徐锡麟》《五福临门》《黑籍冤魂》　《三大废物》　《孽海花》《汉皋宦海》《大男寻父》《蓝桥别墅》《顾咸伯》《戒烟禁赌》《许阿妹》　《阿姊妹子一道嫁》　《赌徒造化》　《校书心好也成佛》《狮子岭》《捉拿宋老窝子》　《真人不漏相》　《幻海蜃楼》　《曾公平逆》　《小辈英雄出世》《捉拿大好老》　《白奶计》《兴亡鉴》《人不如狗》《群芳祝寿》　《万国赛珍会》　《斗牛宫》　《明末遗恨》　《洛阳桥》《大香山》《活落门闩》《死人偷大洋钱》　《金屋藏娇》　《和尚捉鸦片烟鬼》《五岁朝天》《清官一朝错》　《前车之鉴》　《包龙图坐牢监》《思志诚》　《铁膀子张三》　《一口咬死皇甫吟》　《女夺状元》　《官场现形记》　《灯节奇案》　《败子回头》《死人撒烂污》　《罗汉传》　《美人手》　《家主婆出租》　《苦旅行》《孟姜女》　《瓜种兰因》　《愚妇退贼》《拿鱼壳》　《大跑马》　《情天劫》　《警世钟》　《血泪碑》　《双泪碑》《荡子报》《二十世纪新茶花》　《查潘斗胜》　《良缘自误》　《明明白白》　《是是非非》《嫖界现形记》《沉香床》《天河配》　《平地一声雷》《滑稽剧》《接财神》　《浪子堕落》

以上诸剧就现所常演者记之，遗漏者尚多，而昆剧亦未录入，尚望谅之。

各名伶拿手好戏表

小桃红	《遗翠花》	《梵王宫》	《红梅阁》
小孟七	《全家福》	《淤泥河》	《十八扯》
万盏灯	《双摇会》	《看香叫喜》	《龙戏凤》
马飞珠	《卖绒花》	《浣花溪》	《十八扯》
何金寿	《送亲演礼》	《顶砖》	《浣花溪》
吕月樵	《硃砂痣》	《戏迷传》	《翠屏山》
	《八蜡庙》		
贵俊卿	《李陵碑》	《空城计》	《卖马》
	《硃砂痣》		
李春利	《收关胜》	《白水滩》	《八蜡庙》
	《白马坡》		
赵如泉	《三门街》	《白水滩》	《铁公鸡》
	《花蝴蝶》		
东方亮	《红梅阁》	《小放牛》	《紫霞宫》
	《蝴蝶梦》		
汪笑侬	《骂阎罗》	《党人碑》	《硃砂痣》
	《乌盆计》		
盖俊卿	《黄鹤楼》	《三国志》	《岳家庄》
	《八大锤》		
林颦卿	《遗翠花》	《花田错》	《小上坟》
	《文章大会》		
赵黑灯	《金雁桥》	《金钱豹》	《收关胜》
沈月来	《花蝴蝶》	《挑华车》	《四杰村》
沈韵秋	《史文恭》	《八蜡庙》	《义旗令》
小一盏灯	《五虎群羊阵》	《蝴蝶梦》	《英节烈》
玻璃翠	《烧骨记》	《宝全灯》	《十万金》
李德奎	《南天门》	《八义图》	《十八扯》
小益芳	《洪洋洞》	《空城计》	《李陵碑》
张德俊	《花蝴蝶》	《界牌关》	《白水滩》

刘鸿昇	《空城计》	《李陵碑》	《硃砂痣》
	《斩黄袍》	《洪羊洞》	
盖叫天	《白水滩》	《花蝴蝶》	《界牌关》
	《四杰村》		
吴彩霞	《六月雪》	《彩楼配》	《宇宙疯》
何家声	《滚红灯》	《苏州人》	《浣花溪》
四盏灯	《女中侠》	《算粮登殿》	《玉堂春》
	《十八扯》	《紫霞宫》	
孟鸿群	《剑峰山》	《八蜡庙》	《水淹七军》
孙菊仙	《文昭关》	《鱼藏剑》	《浣纱计》
	《硃砂痣》	《第一忠臣》	
七盏灯	《烈女传》	《遗翠花》	《新安驿》
小子和	《三娘教子》	《阴阳河》	《梅龙镇》
	《花田错》		
小连生	《南天门》	《九更天》	《开山府》
夏月珊	《打城隍》	《送亲演礼》	《阴阳河》
高福安	《鸳鸯楼》	《金钱豹》	《伐子都》
	《牛头山》		
赛活猴	《金刀阵》	《鸳鸯桥》	《巴蕉扇》
夜来香	《打花鼓》	《堂楼详梦》	《卖身投靠》
三麻子	《水淹七军》	《过五关》	《跑城》
	《古城会》		
双处	《四郎探母》	《硃砂痣》	《文昭关》
李长胜	《黑风帕》	《二进宫》	
张桂轩	《花蝴蝶》	《白水滩》	《挑华车》
周蕙芳	《梅龙镇》	《乌龙院》	《翠屏山》
刘廷玉	《长坂坡》	《李七长亭》	《十八扯》
郭仙舟	《行路哭灵》	《目莲救母》	《张义得宝》
小叫天	《空城计》	《乌盆计》	《打棍出箱》
	《翠屏山》	《卖马》	《黄金台》

刘坤华	《三岔口》	《双跑马》	《偷鸡》
小桂芬	《李陵碑》	《白水滩》	《金钱豹》
小春阳	《翠屏山》	《金钱豹》	《空城计》
曹寿山	《打龙袍》	《草桥关》	《黑风帕》
林步青	《荡湖船》	《打城隍》	《送亲演礼》
	《探亲相骂》		
冯二耆	《拾黄金》	《送亲演礼》	《十八扯》
小桂枝	《会稽城》	《打花鼓》	
李百岁	《拾黄金》	《丑表功》	《戏迷传》
德建堂	《天水关》	《鱼藏剑》	《金水桥》
李鑫甫	《九更天》	《打棍出箱》	《翠屏山》
	《空城计》		
草上飞	《三岔口》	《双跑马》	《小放牛》
刘永春	《草桥关》	《黑风帕》	《锁五龙》
	《打龙袍》		
五月华	《宇宙疯》	《祭江》	《斩窦娥》
郎德山	《草桥关》	《打龙袍》	《法门寺》
	《忠孝全》		
富仙舫	《张义得宝》	《滑油山》	《目莲救母》
八岁红	《花蝴蝶》	《鸳鸯楼》	《白水滩》
崔灵芝	《忠义侠》	《算粮登殿》	《血手印》
	《柳林池》		
明海亮	《花蝴蝶》	《白水滩》	《金钱豹》
李顺来	《翠屏山》	《白水滩》	《恶虎村》
	《八蜡庙》		
潘馨山	《九更天》	《空城计》	《翠屏山》
	《打棍出箱》		
陈嘉祥	《岳家庄》	《三国志》	《监酒令》
常春恒	《史文恭》	《长板坡》	《八蜡庙》
应宝莲	《花蝴蝶》	《白水滩》	《长坂坡》

王永利	《铁笼山》	《拿高登》	《收关胜》
夏月润	《恶虎村》	《花蝴蝶》	《一枝桃》
小神童	《翠屏山》	《打棍出箱》	《打鱼杀家》
赵鹏飞	《时迁盗鸡》	《三岔口》	《双跑马》
龚云仙	《泗洲城》	《红桃山》	《取金陵》

游　戏　文

金秀山之巅，有桂云峰焉。东牟小隐刘鸿昇隐于是。君字永春，原籍盖三省。先世曾为贵俊卿，数传至永春，以收伏王三麻子之役有功也，锡爵张桐君。然君不为小富贵所蔽，思富贵如草上霜耳。高福安能久享，一日乘富仙舫游于张英浦，见金秀山之峻秀也，遂弃官。筑室于桂云峰上，署其堂曰“德建堂”。有张桂轩、杨月楼、盖月楼、张月亭、张云亭、夏月阁、刘静轩，诸名胜参错其中，而尤以张桂轩为最杰出。四旁植以小桂枝，枝皆芬芳可爱。入轩仰见四盏灯高悬于上，案置小金钟，钟声铿锵悦耳。壁悬五飞图，乃时慧宝所绘。案陈王雅琴、崔雪琴，不知主人善弹何家声调。开窗凭眺，则见左有牛松山、黄月山，而以恩晓峰为最峻峭；右有郎德山、潘馨山，而刘小峰巍然高耸于其上。至夜，主人于是轩中饮夜来红酒一杯，佐之以数枚小金豆，一盘胪肉红香可口，夏月恒以之为消遣之计也。轩旁有赵如泉、于永泉、周永泉鼎足而三，分流合派。泉旁池开应宝莲，稍左则有葛玉庭、赵春庭相并而峙，庭畔有李百岁矣。园中春来则有白玉梅、白兰花，夏至则有玉兰花、芝兰花，至红菊花、白菊花、海棠花争妍于秋日，水仙花、灵芝花竞艳于冬季矣。园之四旁皆植以晚香玉，一至夜来香气更芬芳扑鼻。冯二着、小金牛、小阳猴、赛活猴、云中凤等家禽分畜各处，以之点缀园景。噫！是园者，盖北方之名胜欤？惜君于王金元年五月仙逝，子小桂芬贤而早夭，幸有孙菊仙、春恒，当能继小芬之后也。夏月华亭小子和谨为之记。

梨园小史

蠹仙著，其人不详。刊于清末之期刊《小说月报》。为路三宝、朱文英、谭鑫培、德珺如、田桂凤数伶立传。商务印书馆曾将《梨园小史》与《梨园佳话》等合印为一书。谷曙光整理。

路三宝　朱文英

路三宝以花旦名，朱四十（文英别名）以刀马旦名，均京华一时之选，其行事亦有足多者。旧例京中旗人之有力者，大半罗置伶官于幕下，夸多斗靡，成一牢不可破之习惯。立山掌内务府时，檀板金樽，几无虚夕。梨园中人，均以原尝目之，路、朱亦时厕其列。拳匪初起，端、刚等推重甚至，立独持异议，言于孝钦曰："义和拳，诸无赖耳。不可恃，且开罪外人，恐非宗社福。"孝钦默然。端、刚等怒其抗己，矫旨戮立于市曹。立之亲戚故旧，均恐波及，不敢问讯。路谓朱曰："立公平素衣我食我，今渠遭不白之冤，而任渠尸骸暴露，心窃不忍，文英盍偕往菜市，用收骏骨？"朱曰："玉珊（路字）言当，纵有不测，我辈亦可以报知己。"于是衣冠缟素，舆榇而往。卒敛其骨，寄棺某寺中。乱定后始告其家人，营葬如礼。宗人仲樵告余曰："余每见路、朱时，渠揖必答揖，不敢以伶人而薄之也。"呜呼！是亦可风也已。

谭　鑫　培

鑫培须生之名，洋溢九城。其出身固武生也，行事豪侠有朱家、郭解风。因忆其一事录之。汪桂芬在申江时，偶眷一妇，生一女矣。顾汪性奇癖，颇抱厌世主义，醉心浮屠宗教。庚子春，乘津门天福茶园聘，弃家北上。是时余尚见之，金圈束额，垂发齐眉，俨然一头陀也。未几由津而京，寓某寺中。时值拳匪之乱，联军进薄，两宫西狩，梨园子弟，大半风流云散。桂芬至此，感沧桑之浩劫，哀身世之多艰，由是梵经佛偈，收拾歌词；暮鼓晨钟，唤醒绮梦。彼沪上某妇者，固已付之镜花水月矣。回銮后时局大定，大内仍以声歌为乐事。鑫培悯桂芬之穷无所归也，乃密贡诸内廷。初唱《取城都》，"皇儿奏本"四字才脱口，孝钦曰："是何声调之酷似长庚乎？"及剧终，孝钦击节叹赏，颁赐金帛无算，传旨供奉内廷，资用赖以不乏。汪固梦想不到，谭亦始终未尝以此事告汪也。某妇自桂芬离沪后，形单影只，风雨凄其。侧闻燕台烽火，伶官之避难南下者，实繁有徒，而良人独消息渺然。歌成黄鹄，徒为寡妇之吟；信杳青鸾,待化望夫之石。加以劳燕分飞,数阅寒暑,钗环典尽,力益不支。不得已,携其幼女,辗转至京,审汪寓某寺,乃负女求见,冀汪收养。汪曰:“嘻!误矣!出家人安有是者?”妇曰:“纵不我恤,独不怜此襁褓物乎?”汪卒不之顾,妇号泣而去。诉诸鑫培,谭闻言,怒发冲冠,痛诋大头薄幸,慰某妇曰:“有谭某在,保汝母子不冻馁死也。”适馆授餐,供养极丰。一日,内廷传差,桂芬先在。谭一见汪,即手掴其颊者三,汪不知所措,问获罪之原因,谭曰:“大丈夫不能庇一女子,何以为人?自问力量不及,何不安分唱戏?我也到过上海数次,从未敢一开色戒者,即为此也。汝始乱之,而终弃之,甚至将自己亲生之女,弃若敝屣。天理何在?良心何在?”某邸方入值,闻声至,悉其情,亦不直汪。汪曰:“余非愿为陈世美,奈力不足耳。”谭曰:“是何难?吾月助汝二十金,何如?”某邸感谭之义,亦允月助二十金。使汪父女夫妇得以一朝团聚者,谭之力也。

杨　小　朵

范某,四川人。听鼓鄂垣。戊戌年,得解饷差,莅京,寓夔府馆。范风流自赏,雅嗜声色。北里曲家,踪迹殆遍,而尤赏识小朵。小朵者,名旦桂云之子,与瑶卿、素云,京中素称为三美者也。范一见倾心,直以德春堂(小朵寓名)为天仙胜境,奔走不遑。惟置酒听歌,关系于小朵所费,直不过二百余金耳。盖范固于男色外,兼嗜女色者也。一日小朵方下馆,从车中瞥见范面目憔悴,身衣敝袍,较初见时判若两人。乃下车询之曰:“客非范叔乎?何一寒至此?”范猝睹杨,状颇跼蹐。小朵乃命御者同载至范寓所,叩其究竟。范嗫嚅言曰:“余本拟即回省销差,所以迟滞京师者,缘有数家店账未了耳。”言间颇露不安状。杨曰:“究少若干?”范曰:“二百金足矣。”杨立命御者取二百金,授范曰:“吾非特厚于足下,恐人谓客之失足,咎在我辈耳。长安销金窟,不宜久恋,幸客早作归计,勿再迟淹。”范感极涕零,誓言即日摒挡出京。逾半月,小朵归自剧场,车经胭脂胡同,见有敝衣露肘,彳亍于道左者,非他人,范也,大异之。载之归,问其故。范曰:“某妓误我!实告君,赠款已作报效资矣。”

小朵辗转筹思，计非用强权不能终始成全。乃命人伴范赴沪，名为护送，实监守耳。抵沪复转托梨园中人，沿途照料，直至武昌为止。于是范之一官，赖以保全。

德珺如

伶界中有自由平等思想者，珺如一人而已。珺如为故相穆彰阿孙，以荫生内用，官某部主事。先是，珺如父与程长庚为八拜交，每值程登场，珺如父必拱而立，昭其敬也。珺如默识之，不敢忘。既长，有乃父风，好与伶人交接。唱青衫，一以小福为师。余曾聆其《六月雪》、《宇宙疯》诸剧，歌反二簧，喉舌间似奏笙簧网乐，诚绝唱也。乃父去世后，益自放浪形骸，以客串为乐事，所有遗产，撒手殆尽。各园主以其声调之足以左右座客也，劝之搭班，而珺如遂为伶人矣。其叔萨廉，官内务府郎中，止之曰："优伶，贱业也。吾家世代簪缨，何堪为此！"珺如曰："吾每年开销，至少须三千金，叔父能助我乎？倘能助我，准从此改行；如其未也，请许我自由。凡人为不善事，则宗族乡党往往姗笑随之。试问号寒啼饥时，果有何人安慰之乎？此可为太息者也。且优伶一业，亦何尝辱没先人哉！叔父必欲余弃优而官，试问今日吾国之官之心地之才识，超出于伶人上者，能有几人？与其为龌龊之官吏，宁为完全之伶人！贵贱非所计也。"萨廉无以难之，乃曰："即为优人，亦不宜唱包头！"珺如曰："改唱小生，何如？"明日即唱《黄鹤楼》，儒将风流，宛然公瑾，喜怒尽致，四座叫绝。次日唱《辕门射戟》，羽翎一发，直贯戟心，尤为他伶所不及。由是德伶之名，噪于京师。惟不供奉内廷，惧以门第获谴也。今年逾知命，唱《叫关》、《小显》等剧，喉音高朗，仍非素云所能比拟。其长女适小朵，次女适鑫培之子谭五，俨然优孟世家已。

田桂凤

京中唱玩笑旦者，以桂凤为鼻祖。乙巳夏，湖广馆唱堂戏，余往观焉。桂凤唱《红鸾喜》，前段饰金玉奴，小家碧玉，摇曳多姿。

最妙处,能将后段棒打神情,传诸意外,余击节不止。惟嫌渠面庞,过于燕瘦。友人王君季白告余曰:“桂凤之瘦,良非无因,君愿闻其轶事乎?”余曰:“甚愿。”王曰:“桂凤前数年时,颇负盛名,宝马盈门,金貂满座,一曲红绡,不可数计。一日,阍者入白,有客求见,云慕老班名,特自远方来者。驺从极盛,类富家儿。桂凤立请见,衣服丽都,丰神俊逸,固一翩翩美少年也。侍者五六人,皆作豪奴装,俨然内城世家气派,惟口音略异。客一见桂凤,谛视良久,曰:‘吾此行不虚矣。余晋人,久闻桂凤名,今日一见,饱余眼福不浅哉!’立命设膳,田问有客也未,曰:‘余不惯酬应,吾二人偕饮如何?’田见其举止甚豪,且夙知晋省多富者,亦极意笼络之。席间为歌数曲,客叹赏者再。席终,命侍者以千金置几上,曰:‘以此为桂凤寿。是区区者,不足重轻,幸鉴吾远客之诚。’田拜而受之。自是以后,或顾曲梨园,或招饮酒家,无日不与桂凤见面。既而谓桂凤曰:‘吾旅居颇厌尘嚣,不比汝家清净,能为吾下榻乎?’桂凤瞰其多金,唯唯惟命。由是食则同席,出则同乘,长安市上,几无人不知某客为桂凤之第一老斗矣。某客每购货物,必选最上等者、最轻巧者,命人送至桂凤家,各店家深信之。及至节前数日,则某客携其所有,杳如黄鹤,而珠宝首饰、古董估衣各店家,纷纷向桂凤寓所索账,数在二万金外。桂凤至是,始悟某客为念秧一流,引为大辱。又不便向人明言,只得一一照付。而积年所入之资,付诸流水矣。此瘦之所由来也。”余闻斯言,莞尔而笑曰:“翻手为云,覆手为雨;朝为厕卒,暮作公卿。京华固骗子之一大制造厂也。若某客者,抑何大才小用乎?然而桂凤苦矣。”

璧云集

较早的伶人专集，初刊于1911年出版之《小说月报》。先列歌郎贾璧云之传记，再汇集樊增祥、易顺鼎、罗瘿公、包天笑等人吟赞咏赠其人之诗词。贾璧云是清末民初红极一时的花旦优伶。谷曙光整理。

贾璧云传

贾郎，扬之江都人。九龄，其父挈之营口，使习小旦。郎慧甚，习诸剧，辄精能。年十一，出登场，已耀其曹。历辽阳、沈阳、哈尔滨，而至青岛、烟台、济南，得资皆丰。日人某乃聘之至东京，演剧数月归，则技益进。年十七八，明丽绝代。所至苏州、杭州、宁波、上海、汉口，登台必倾座客。光绪初叶，京师有十三旦者，宣化人也，以艳慧噪于时，艺亦殊绝。郎遂自名小十三旦。宣统辛亥，郎方在汴梁，或介之入京师。至则先至剧院，遍观诸伶，归而哂曰："吾震首都，谓诸伶艺皆绝人，今独崔灵芝差可耳。吾何恧焉。"乃复原名为贾璧云，隶三庆部。三庆有小喜翠者，亦以花衫献艺，颇娱座客。郎初来，尚压于喜翠。既而观者俟郎罢演，皆散去，园主人始重视郎。一时豪贵，皆与之游。值京师全盛，王侯第宅，歌舞无休。时每召郎登场，赉恒绝丰，月入达万金。上自王公，下逮负贩，靡不倾动。老伶谭鑫培闻而往观，则极叹许，欲与配剧，会武昌事起而止。光绪以还，名伶以色艺倾动京师者，推十三旦与田桂凤，今并老矣。桂凤为城中梨园世家，独十三旦以外籍驰誉九城，并时无与伦比。郎至，声名与十三旦全盛时埒，都人靡不道贾郎。郎性和婉，而有介节。登场则仪态万方，贞淫庄恣，各极其妍；下场则独居操翰，理绘事而已，无他嗜也。性至孝，其父用财无节，郎所入悉以献，至则立尽，郎亦无愠容。娶妇不逾中人，而琴瑟静好，郎恂恂如儒生，虽相惊以璧人，无敢嫚者。某王当国，势赫甚。王子某治酒，屡招郎不至，则怫然怒。杨小楼虑郎忤王子，滋不利，乃强拉之来。王子甚欢，命今夕毋登场，郎辞焉。则言吾能赉尔千金，宁不足余耶？郎言："吾业伶，安有数千人候登场，吾置不顾，反从尔冶游者？"王子咄之。郎抗声曰："吾鬻技四方，奚必京师？吾宁不能去此耶！"王子怒呼巡士系之，小楼仓皇为请罪，久乃释，而郎不顾去。其事传诸京师，今犹有能道之者，足以愧奴颜之士夫矣。兵事急，京师大震，郎去之济南。比还京，逢第五镇戍兵之变，坊市萧条,都人乃请郎复登场,市人走集观之,旬日而商业复焉。汉口战后,百业凋敝,鄂人思振之,乃新其剧院,聘郎去,两月而汉上渐繁兴。郎乃辞之沪,一时名流寓公海上争与之接,咸为诗歌以张之。郎画山水,宗戴文节、张文达,端秀有逸气。比识平等阁主人,出所藏宋元诸本,饫观之,艺乃益进矣。

璧云集

贾郎曲

实甫

广陵一片繁华土,不重生男重生女。
碧玉何妨出小家,黄金大半销歌舞。
昔年我亦踏香尘,十里红楼遍访春。
依然廿四桥头路,不见三千殿脚人。
蕃厘地媪真奇慧,别产琼花收间气。
幻出秦青杨白华,开成魏紫姚黄卉。
问姓红楼旧世家,问名云上玉无瑕。
二分占尽司勋月,一抹生成定子霞。
髫年便证明僮果,未向茵飘先溷堕。
小史真如日在东,诗人欲赋风怀左。
吹台登罢又明湖,佼好人人说子都。
缑岭月明看控鹤,高唐风气为绵驹。
京国从来盛游衍,樱桃万树樱桃馆。
百戏鱼龙镜槛开,五陵莺燕筝人满。
贾郎初到未知名,一曲登场万众惊。
妃子能空六宫色,念奴解作九天声。
一时观者皆倾倒,万口同声听叫好。
压倒丰台芍药花,休言晋国灵芝草。
红氍毹上涌华鬘,此宝乾坤不敢悭。
大千秋色凭眉夺,五万春魂借体还。

红梅阁唱西梆曲，艳鬼来时万灯绿。
落雁沉鱼避笑颦，女龙雌凤传歌哭。
香车宝马帝城春，都为来看贾璧云。
菊部诸郎空黯澹，椒房七贵致殷勤。
从来一部娄罗历，歌舞酣时国将毕。
岂意羊车看璧人，已悲凤阙迁金狄。
移宫换羽亦伤神，萧瑟还为去国人。
解佩多时留夏口，履珠昨日到春申。
沪滨遍吸人间电，贾郎一到开生面。
惊起鸳鸯卅六双，掷尽鹰蚨三百万。
玉面金钱月万元，歌台声价试评论。
名高始信优伶贵，禄薄谁求总统尊。
瑶光夺婿堪愁煞，堆满车中是罗帕。
花里秦宫岂愿生，路旁卫玠还妨杀。
我友罗君曾告余，贾郎内行有谁如。
梨眉老父长丰膳，椎髻闺人只俭梳。
丹青酷嗜还成癖，竟日相依惟笔墨。
画罢常教茜袖乌，客来忘却朱唇黑。
冶游闻更却亲藩，桃李冰霜孰敢干。
拂衣不顾沉沉者，辞辇真成望望然。
昨观所画罗君箑，山水萧疏得师法。
协律难逢汉武皇，濡毫且拟张文达。（贾郎喜临南皮张相国画。）
京师我见梅兰芳，娇嫩真如好女郎。
珠喉宛转绕梁曲，玉貌娉婷绝世妆。
谁知艳质争娇宠，贾郎似蜀梅郎陇。
尤物同销万古魂，天公不断多情种。
卅载春明感梦华，只今霜鬓客天涯。
还倾桑海千行泪，来写优昙一朵花。

碧云辞和实甫

樊　山

相逢相识始相思，此人有情犹未痴。
澧州公子慕贾午，未见先赋香奁诗。
繁钦尺牍谀车子，元相长歌寄管儿。
月下如闻环佩响，梦中深费衍波词。
佩兰弱冠传名字，今也华年三十二。
往日金梁桥畔游，宪王乐府从头记。
结交鼎鼎多胜流，书画英英饶士气。
雪苑春花五万枝，时人总道侬家媚。
流传名花入玉京，声华一日满都城。
公主第中催送酒，岐王宅里坐调笙。
长白山头王气歇，龙种人人亲粉墨。
大行在殡天下哀，二叔酣嬉预歌席。
白头当国一亲王，生子都如元显狂。
父为茄花蒙世诟(谓奶子嬷嬷)，儿因绿草挂弹章。
小年贝勒如鼸鼠，心醉贾郎鸲鹆舞。
踪迹朝朝菊部头，优伶辈辈金兰谱。
夜深沉醉酒家楼，笑曳郎裾北里游。
欲得宿花双蝶喜，宁知掩镜一莺羞。
此时温郎绝裾去，小子侯犹色然恕。
身是扬州芍药花，难为斜巷樱桃树。
家有糟糠丑丑妻，肯将扑朔混迷离。
生非春草羞随马，心似莲花不染泥。
都人约略传其事，声价梨园增十倍。
试问中朝士大夫，几人敢拂王公意？
中丞簪花学美女，相公傅粉随歌妓。
十年妖孽满朝廷，不中与郎作奴隶。
可惜金台舞柘枝，说诗不遇鼎来时。
苏卿早日逢双渐，扫地添香定不辞。

沪上楼台绚金粉，郎来争掷缠头锦。
杨柳风吹缥渺音，梨花月照娉婷影。
此时公子抱琴归，消渴文园减带围。
毕竟江东逢卫玠，恍从画里识崔徽。
访素西楼犹有待，求凰巧遇嫠何害。（是夕演《棠姜》一出。）
满月难争玉面光，剪淞不尽秋波泪。
老我重看海国春，红氍毹上怅前尘。
伊凉久已翻新调，娟态何曾是旧人。
三颗珠沉荀学赞，（悉伯师有《菊部三珠赞》。）五云门沕复堂文。（甲戌会试，景和堂五云最知名，仲修收入《群芳小集》。）
可怜朝市俱非故，忍复春明觅梦痕。
吁嗟乎！春申江上花无数，琉璃笼眼揩花雾。
老坡无复进歌头，吏部犹能商乐句。
小试花丛月旦评，歌台大有流连处。
君不见氤氲海上三朵云，颜色鲜明青碧素。（谓云青、碧云、素云。）

观贾璧云演剧口占

天笑

竟藉眉痕网众材，绕梁丝竹我低徊。眼波讵让秦郎伺，道是花魁即党魁。

昨夕偕友往观贾璧云《独占花魁》一剧，闻京师士夫，倾倒于贾郎者，盛极一时，时人称为“贾党”。盖于共和党、国民党、民主党以外，所谓第四党也。

恐是优昙示现身（定公句），最难巧笑与轻颦。评论何福传香口，齐转青胪看璧人。

海上闺阁，欢迎倍至，座常满焉。前日闻隔厢女伴，评论璧云，论其竟体之艳，全在双眸。此评可谓得颔下珠，余亦云然。盖决非几何学之美人也。

阿谁天喜说红鸾,鹣鲽未成盟已寒。迟我尊前三尺泪,回肠荡气不忍看。

闻友人言,璧云演《红鸾禧》,为京师中绝唱;连演《棒打薄情郎》,能将女儿哀怨之情,曲曲传出。其他如《少华山》、《马上缘》、《打樱桃》诸剧均妙,而海上独不排演者何也?

观贾璧云演剧口占和天笑生

阿 严

金雀鸦鬟笑语痴,惯携明盼散相思。可怜绣户传娇语,正是风清月白时。

贾郎善饰婢女,所演《翠香寄柬》、《青云下书》、《打樱桃》、《明月珠》诸剧,均工妙入神。都人士至谓虽十三旦、杨小朵三五少年时,亦无此色艺也。

洛下羊车事有无,浪垂清泪洒蘼芜。春江十万蛾眉队,尽道娉婷更不如。

贾郎到沪,声誉大起。每值登场奏技,则钏影钗光,座为之满。而花丛姊妹,倾倒尤至,色授魂与,盖几于看杀卫玠矣。至扮演悲剧时,多掩面泣下者。

清真乐府梅溪句,一样飘零旧梦痕。动我年华迟暮感,为谁声价总销魂?

《杜十娘怒沉百宝箱》剧中,有谓"我杜十娘十年辛苦,才有今天名誉",璧云易为"始有如今声价"。盖有取于周美成词"旧时歌舞惟有旧家秋娘声价如故",及史梅溪"却向旧家门巷首询声价"之句,吐属风雅,正不仅善用玄机诗语而已。

观贾璧云剧和天笑三绝句

珠 雾

描尽红闺宛转姿,凝眸何事费寻思。人间第一消魂地,自下珠帘故故迟。

璧云演《梵王宫》一剧，能描画女儿情态，其“放帘”一段，尤觉姿态闲雅，令阅者神往不禁。

缕缕香魂护玉郎，刀光扇影互低昂。传来哀艳镌心骨，亲见当年贾慧娘。

《红梅阁》一剧，璧云扮演时，哀艳悱恻，非人所及。其以全力卫护裴生，扇影刀光，令人目迷神乱。慧娘当日甘为情死之状，如在目前。

万一能留未可知，声声咽泪尽堪悲。明珠拼葬无情水，正是痴儿掩泪时。

璧云演《杜十娘怒沉百宝箱》剧，至手握明珠将投河时，语李迁仙云：“我本拟将此宝物献与高堂，那时节堂上双亲，或者肯收留我也未可知。”一字一泪，由柔肠百转而出。友人某君听至此句，不觉下泪。校书怡情别墅张娟娟等，群调之曰：“干卿底事？毋乃痴儿！”

三叠韵和秋岳简瘿公问贾郎消息

实　甫

灵和殿外柳丝丝，绿上衣裳又上眉。湘浦秋多瑶瑟怨，广陵春在玉溪诗。芳尘镜槛留前约，残泪金台续古悲。海上明珰曾寄否，开缄定感别经时。

次韵瘿公送贾郎之汉口

泽　山

妙舞天魔一指伸，堵墙万辈等微尘。故卿枉许称花国，洛下争传看璧人。儿女娇痴各殊特，风沙聚教本平均。汉皋解佩浑闲事，憔悴诗人北海滨。

排日观贾郎登场书示弱庵荷庵

瘿　公

翠舞珠歌小中兴,倾城一顾自相矜。已拚颠倒欢场共,还遣沉忧酒力胜。月影山河怜破碎,梦中心事不飞腾。虞渊顾影吾宁讳,日礼华鬘尔亦能。

贾郎画山水箑为三六桥都护题

瘿　公

矩策京华劫后尘,偶然鞶箑一相亲。江山纵好吾安往,奈此风华绝代人。

贾郎将之汉口为诗送之

瘿　公

哀郢招魂怨未伸,烦君歌舞定兵尘。汉皋莫误逢神女,燕市还劳念酒人。去日秦声流历下,归来楚佩梦灵均。过江卫玠防看杀,珍重羊车傍洛滨。

瘿公有诗送贾郎赴汉口即次其韵

哲　维

微波传语意难申,蹋地新歌洗酒尘。共说倾城矜绝色,谁令空谷迓佳人。风流暂隔余能惜,顽艳相乘感未均。鄂渚春来花正发,遥知环佩动江滨。

用瘿公韵送贾郎之汉口

孝　起

倦极闻歌一欠伸,素衣笑我老缁尘。抛家久不知乡事,得汝真堪傲国人。花落江南无杜甫,楚亡泽畔有灵均。朝云暮雨多神女,珍重新声汉水滨。

瘿公属赠贾郎即送之汉口

鹤　柴

缩髻涂妆屡误真，神清如子更无伦。灵和张绪思前事，顾影何郎有替人。入市竞疑珠照乘，画山能使笔生春。汉皋交甫空捐佩，莫遣庸奴强效颦。

次瘿公韵赠贾郎

时　百

广座翘看意未伸，舞衫一去冷京尘。百年掌故留歌席，一代声华属璧人。禹域山河余战伐，楚台风月与平均。红毹倩影华灯见，莫误惊鸿起落滨。

赠贾郎璧云

悉　公

翠暖珠香掩舜华，云郎风调玉无瑕。那将威武南巡曲，写作胭脂北地花。（余初观贾郎演剧，为《梅龙镇》、《凤阳花鼓》二出，极为倾倒。）五代伶官欧史传，二分明月碧城槎。岐王已废龟年老（谓谭伶叫天），天遗孤芳照海涯。

流虹影事渺秋烟，（戊申之秋，贾郎在润州演剧，有影事颇与叶元礼流虹桥之事相类，余别有纪。）旧梦推排倍可怜。粉墨登场歌当哭，繁华转毂海成田。春风花底秦宫活，夜雨筵前蜀国弦。我愧才情如水绘，璧云应共紫云传。

钧天曾记听云璈，醉把兴亡付浪淘。本事征题郭芍药，新词偷唱郑樱桃。西风梦影重帘隔，南国愁心独茧缫。莫向红楼问消息，神瑛小谪在江皋。

浣溪纱（观贾翰卿演《杜十娘》剧）

彦　通

相见平生意已多。绛花红泪护清歌。好留情志折销磨。

□楫三竿人似玉,青山两剪水如螺。一声归去奈愁何。

壁满花秾又一时。东风连夜妒横枝。却凭辛苦自矜持。梦过西楼长作伴,恨填香海悔来迟。三生应自忏情痴。

贾郎招饮赋索同座诸君和

樊　山

赌唱旗亭第二回,画堂雪霁绮筵开。薛门声价青萍长,娄上歌诗紫稼催。入市瑶光思夺婿,阅人菊部独多才。经年不赴朱门饮,生受萧郎酒一杯。

贾郎招饮和樊山即席之作

阿　严

更携舞袖剩香回,密宴珠楼墨会开。绿鬓云裁杨柳软,红墙星转柘枝催。招摇海市稀真赏,管领春人此俊才。消尽年时罗绮恨,为君含笑倚深杯。

和樊山、琴志赠贾璧云诗元韵

狮　啸

争似如皋射雉回,迷离扑朔笑眸开。好贻两字琼箫谥,媚博三郎羯鼓催。壁画旗亭征韵事,歌从天宝忆人才。当筵认取樱桃色,勘入红尘付酒杯。

次樊山韵并东伯欣

忝　公

暗尘细马逐香回,海角寻芳倦眼开。帝里楼台天共远,残年歌舞日相催。料星花部从何记(伯欣方作《花部宵谈》),描写春魂亦费才。不用萧郎亲手劝,红盐一曲一深杯。

贾郎璧云招饮天琴有诗即和其韵

琴　志

明月高楼又几回，三生生面要重开。（“高楼明月清歌夜，知是人生第几回”，张梦晋句也。仙言余前身为梦晋。）图宜水绘其年画，妆异丰台大可催。（用陈迦陵、毛西河事。）天下二分真艳色，（贾郎扬州人。张亨甫《王郎曲》云：“天下三分月，二分在扬州。一分乃在王郎之眉头。”）地球第一此惊才。（沪上谓贾郎色艺为寰球第一。）紫云亲劝狂奴酒，应胜长星劝帝杯。

赠歌者贾郎

伯　远

娇语明珰俨丽容，卷帘儿女快相逢。眼飞万矢心都热，笑博千金态尚慵。独抱吟哦消绮日，还将点染遣清冬。殷勤为谢羞花活，赢得诸郎取次供。

纷纷海上传丝管，谁似霓裳舞羽衣。老去龟年今昔判，重来崔护笑言微。烟飘尺六腰仍瘦，竽滥三千人总非。闻道玉骢明发意，家山风破不须归。

杨小楼外传

一名《亡国之妖孽风流福晋》，题汉史氏著，其人不详，大约为晚清积极倡导排满革命之人。此书在日本出版，题“黄帝纪元四千六百九年(即1911年)十月出版”，据吴晓铃藏书整理。吴氏于书前题云：“晚清迄民初，关于小楼私生活谰言至多，且有涉及慈禧者，余见有《杨白花传奇》(邹铨撰，附流霞书屋遗稿)，即衍此事。此本恐事出乌有，然作者署名汉史氏，纪年称黄帝，出版假日本人，则知其宗旨为清末革命者排满之作，而印行于共和改元，示‘共弃’之意耳。”事虽子虚不经，不妨作一种特殊史料看待。

目　次

亡国之妖孽风流福晋

汉史氏著

第一章　绪　论

汉史氏曰:“传云:‘国家将亡,必有妖孽。’岂不信哉!岂不信哉!爱新觉罗氏以犬羊贱种,腥膻丑类,乘中原鼎沸,窃据神器,凭陵华夏,于今二百六十有余年。天佑大汉,义军四起,旬月之间,清祚覆亡。自古迄今,革命功成,未有若斯之速者也。是盖天怒于上,人怨于下,蕴酿郁勃,匪伊朝夕,一旦触发,如火厝薪,如燃导线,燎原之势,轰天之威,胥以顷刻出之。满清政府,正当淫威大肆之日,骤闻此变,正如迅雷不及掩耳,张皇失措,情状至为可笑。虽然,础润而雨,月晕而风,事变之来,必有预兆,人自不察耳。方事之未发也,京师辇毂之下,乃发现一至秽鄙、至恶劣之丑历史。识者观此,已知清廷之不永矣。其事维何?则清监国摄政王载沣之妻,所称为醇王福晋者,即宣统帝之本生母,淫于伶人杨小楼,事洩偕逃之事也。呜呼!事之可丑,孰有逾于此者乎?此岂犹可以靦然处于四百兆人民之上乎?以如此淫贱之皇室,而使代表我四百兆人民,我四百兆人民削色尽矣。震踔奋起,驱之逐之,屏诸四裔,不与同中国,宜哉宜哉!虽然,此不足为满政府责也。彼固习俗如此,不以为羞者也。不观其初入关乎?顺治帝之母,所谓皇太后者,先以劝降之故,尝蛊惑我督师洪承畴,使臣节不终;又与彼时之摄政王多尔衮蒸淫,而有皇太后下嫁摄政王之盛举。后先辉映,可谓无独有偶,真足以遗臭于史册矣。我乃叹天之巧于布置也,于清室之二百余年中,以摄政王始之,复以摄政王终之,而又以一淫妇人,周旋于两摄政王之间,一若非此不足以丑之者。造物之巧,无以复加矣。今取曩在京津时所闻醇王福晋之佚事,详著于篇,以示国人。俾知天生妖孽,事固非偶,而北狄之俗,淫而无耻,与我同胞共弃焉。”

第二章　醇王福晋之家世

福晋姓□□□氏，清大学士谥文忠荣禄之女也。满清入主中国之后，极力为满人张权势，凡为满人无不入旗籍者，名为尽当兵之义务，实则享食粮之权利。故旗人甫堕地，即已食朝廷之饷糈，即已剥汉族之脂膏。而世族之家，则黄口小儿，无不给予顶戴。近畿一带，庄头林立，皆满洲贵族之私业，岁入殆各巨万。故其子弟皆习为骄淫，不知菽粟，宫室车马，饮食征逐，精美无有伦比。荣禄又为国之懿亲，尤称富厚，金张甲第，王谢华宗，方斯蔑焉。而绝世之丽人，褒妲后身，乃降生于其邸第。豪华门第，冠绝京师，金屋之娇，有非寻常罗绮所能望者。且也满族生居寒带，其人率肌肤莹白，女子尤丰媚多姿。故福晋方三四岁时，即有粉妆玉琢、柔骨丰肌之致，至十五六则出落得别样风流，游龙惊鸿，不足誉也。惟秋波流动，而不凝注；春山斜逗，而不端庄，此即其好淫之一证。然而目挑眉语，更足以销人魂，而殢人魄矣。又，荣禄者，佥壬小人也。戾气所钟，其遗传性尤为独厚，故福晋性敏捷而口辩给，戚党间既艳其貌，复钦其才，艳名遂噪于京国矣。满洲女子之装束，不及汉人之轻便美观；然高髻方履，亦复大雅。加以天足不缠，别饶风趣，琪花插鬓，黎涡印腮，一种妩媚移人之态，又汉妆妇人所不及也。福晋尝绾方黑大髻，满簪花朵，珍珠缨络，垂垂覆额，丰颐隆准，倩目秀眉，两颊敷脂，色如朝霞，手携素巾，时掩口作美笑；身服花缎袍，方履橐橐，直有惑阳城、迷下蔡之致。“借问汉宫谁得似？可怜飞燕倚新妆。”今则可云：“借问清宫谁得似？可怜西后倚新妆。”盖斯时惟那拉氏颜色为清宫冠，惜已徐娘老去，后起之英，不得不让福晋首屈一指矣。

第三章　荣禄氏之历史

荣禄氏与西太后那拉氏有葭莩亲，故信任綦笃。然当光绪之初，荣禄常屡起屡踬，不获大肆，盖厄于恭亲王也。迨恭王殁，始一跃而为直隶总督，为李文忠之代。戊戌之变，遂入掌军机，为大学士,其事另详。庚子拳乱,荣禄实主其谋,与刚毅同为祸首。徒以狡诡善谋,一方面主张排外,尽杀洋人;一方面则馈送食物于外交团,以为后图。故事后索惩诸罪魁,而荣禄独免,即此足见其权术之一斑矣。荣禄为人,善言语,工酬应,深情厚貌,人皆易为所欺。而不识文字,腹中空洞无所有,以此亦为大雅所讥。尝奏对曰:“董福祥骁勇善战,可为奴才之黄天霸。”盖耳熟稗史《施公案》,而不知其为委巷不经之谈也,其鄙陋如此。独是满人善以礼貌罗致汉人,习俗相沿,已成风尚。即其民间延师授读,其主人颇能致敬尽礼,故士乐为用。此殆其祖宗相传之家法,用以笼络我同胞者也。荣禄濡染此风,亦颇能延揽高才博学之士,置之幕中,如樊云门、连文冲辈,皆其选也。回銮之后,仍掌军机如故,然不敢如前之专擅矣。未几即殁,谥曰文忠。综其生平,固一险诈小人,无足评论。徒以凭藉宠灵,恣为威福,一再酿乱,遂不得不为历史上重要人物。而诞生祸水,更为满清亡国之妖。传云:“恶不积,不足以杀身。”吾见行赤汝族矣。

第四章　戊戌政变述略

先是,甲午中东之战,中国腐败之状,始暴露于外,朝野上下,佥知非变法图强,不能自存。各省立会办报,言新法者日众。于是广东人康有为,应召入都,充清廷之顾问。康有为者,夙以圣人自称,讲学于粤中,门弟子甚夥,主变法最力。至是,乃与其弟子梁启超,力劝光绪帝以行新法,去秕政,尽除廷臣之梗己者。尝一月而黜礼部长官六人,盈廷震骇,群谋所以去之。则赴诉于西太后那拉氏,时那拉氏已归政于光绪帝,而安享于颐和园。闻之,痛责光绪帝,欲杀康有为等。康等谋先发,有袁世凯者,以练兵著闻于时,而官仅侍郎,恒怏怏不自得。康等说以非常之事,欲使袁以重兵围颐和园,拘西太后幽之禁中,而尽杀诸朝贵。袁许之,将先杀直隶总督荣禄,而后行。荣禄得其谋,盛设卫而召袁。袁至见状,大骇,尽吐实,而愿反正自赎,荣禄即单骑星夜入京告变。翌日,捕康党谭嗣同、林旭等六人诛之,世所称六君子者是也。康有为、梁启超先期遁去，不果杀。或曰："袁将杀荣，亲诣荣所，见荣咸设兵卫，灯火如织，大惊，疑荣已知其谋，遂反面。"未知孰是？要之，袁一热中功名人也，有能予我功名者从之，他非所计也。康等不察，欲倚之以成功，误矣。而荣禄侥倖得全，遂肆其无上专制之威，钳制汉族，疾视新法，卒酿庚子之变。西太后既复训政，幽光绪帝于瀛台，屡欲杀之。虽未果行，而以怀抱郁逆，劳瘵以终。此荣禄以祸汉族者、祸满清帝室也。

第五章　摄政王载沣之家庭

摄政王之家庭，如但就前半观之，诚一有幸福之家庭哉。摄政王之父奕谖，乃道光帝之子，而咸丰帝之弟也。高贵无上，非世所称为金枝玉叶者哉！锡封醇王，赐给邸第，分虽亚于恭王，功亦不逮；然王谦谨好礼，世多称之。醇邸之福晋，即西太后那拉氏之胞妹也。甚谄事其姊，故自西太后擅权，而醇邸之宠愈固。那拉氏者，咸丰帝之妃也。以生同治帝故，于其立也，与慈安后同称太后，垂帘听政。后性机警，而手段甚辣，尝抑慈安而下之。同治帝荒于色，后因其不受教，阴使人鸩之，无子。大臣谋立长君，后以醇邸有妹之亲，且其子载湉少，可利用之，排众议而立载湉为帝，号曰"光绪"，以嗣咸丰帝为子，而不为同治帝立后，大臣无敢枝梧者。那拉氏复垂帘，慈安后卒以抑郁死，故光绪帝实为摄政王之胞兄。自光绪帝入承大统，而摄政王乃以次子袭封醇王。祖为帝，兄为帝，后其子亦为帝，已则南面摄政，号为摄政王。自上古以来，未之有也。载沣之弟曰载洵，曰载涛，于载沣为摄政王时，日聒于其母老福晋，欲得大权。老福晋以责载沣，载沣勿能违也。乃封洵、涛同为贝勒，一任海军部大臣，一任军谘府大臣，年皆二旬余耳。全国军事，尽操二孺子之手，措置失当，专权自擅。洵贪贿而好嬉，涛任性而尚气，循至军心尽变，国以瓦解，皆二子之罪也。载沣则优柔寡断，政出多门，朝发一令，曰从某大臣请也；夕入又一大臣之言，则取前令而改之；明日又惑他大臣言，而取消之矣。海内失望，国遂以亡。

第六章　那拉氏之指婚

那拉后既立载湉，训政者十余年，经戊戌之变，已归政而复训政，恶光绪帝之无状也，屡欲废之。时荣禄氏秉政，与咸丰帝之侄端王载漪相结纳，谋立其子溥儁为帝，日夜说后，便举大事。己亥之冬，乃先立溥儁为大阿哥，以觇天下之从违。幸江督刘坤一、鄂督张之洞不奉诏，端王知群臣未服，思立非常之功，以箝制人口。会北方有拳匪者，盖市中无赖之流，演习拳棒，兼托诸神道设教，以敛赀财。独痛嫉西人指为洋教，时有焚杀之事。端王乃与荣禄、刚毅、赵舒翘谋，欲利用拳匪之摇惑人心，使举兵尽杀各西人之在中国者，则大功盖世，而溥儁可晏然称帝，无虞诸臣之不服矣。果也，北方风气未通，人心迷惑，亦为异端邪说所诳。又重以诏旨褒奖王公赞助，一时从风而靡者，累数十万人，号为扶清灭洋，虽妇人孺子，亦手白刃而携红灯，欲使髯虬黄发之流，绝迹于中国。端王辈方拊手谓大功将成，孰知八国联兵，连樯内犯，京师失守，銮舆西巡，豆粥敝衣，饱尝辛苦，此那拉后挈光绪帝出奔西安时之景况也。数十万之拳民，死者死，逃者逃，无一存者。而生灵涂炭，衣冠扫地，京津之间，血流成河，不得不痛恨满清诸贼臣，以私利而荼毒我大汉人民也。于是不得已，而赔款议和，严惩罪魁。诸人皆伏法，独荣禄犹免，回銮之后，仍执大柄如故。虽然溥儁既废，则光绪帝仍居大位。设一旦那拉氏殁，光绪复辟，则谋所以复铁室之仇者，荣禄百口将不保，由是日求所以免祸之计。那拉氏乃以荣禄之女，指婚于醇王载沣，为福晋，盖所以调和仇怨，而保荣禄之身家也。岂知蛾眉善蛊，既于衽席之间，有以辑丈夫之雄心，而变为阘茸者流。荣禄之身家，固已保矣；而又以广置面首，追踪武曌。一若以此身供汉族之寝处，为二百余年前之人洩冤解忿者，不出尽满清之丑耶！

第七章　忽闻河东狮子吼，拄杖落地心茫然

摄政王载沣，固一翩翩年少之王孙也。韩嫣挟弹，富平御车，其风流不可一世。重以凭藉之厚，趋奉之多，声色嗜好，无求不遂。

相传庚子乱后，王尝奉命赴德国谢擅杀使臣之罪，当时道出上海，曾微服游于妓院，见歌姬沈□□悦之，为留宿焉。一夕之欢，至今留为谈柄，则王固风流放诞人也。一旦得艳名素著之荣氏女为室，香艳之福，为王占尽，京师人无不啧啧称羡者。亲迎之夕，奁赠之富，如云如水；粧饰之美，胡帝胡天。洞房一入，几疑身坠云雾中；定情之后，夫妻鱼水有非笔墨所能形容者。西太后之姊若妹观之，咸欣欣然谓佳儿佳妇，洵天然一双佳偶也。岂知荣禄之女，生长豪门，骄奢成性，虽嫔于王府，其性曾未稍改。凡妇女之性，骄则必淫。盖口腹耳目之欲，无不遂，则易于发动其春情，而不可遏止也。淫则必妒，盖既据其夫为已身淫乐之具，则必不容他人之近我禁脔也。妒则必悍，盖欲其夫之不他骛，必当盛其威严，使惧我而有所不敢也。积此数因，故福晋既嫔之后，始犹受媚其夫；继则防闲其夫；终则庸奴其夫。而摄政王则因爱生敬，因敬生畏，男儿气短，牝鸡司晨矣。夫优柔寡断之人，虽平居亦犹有一隙之明，或尚思奋发有为，而一入寝门，则艳妻司令，忽闻河东狮子吼，拄杖落地心茫然，有不神骇魄悚、形若木鸡者哉！宜其临朝而一无主张也。呜呼！负图袭扆，无上等荣，外观固赫奕也。岂知其闺门之内，如居狴犴，一切游观玩好之事，固丝毫不能自主哉！

第八章　男儿好身手

京师繁华甲天下，戏园尤极盛一时，笙歌鼎沸，鱼龙曼衍，京调之流行，几遍十八行省。闾巷之间，三尺童子，皆能引吭发声，应弦合节，盖习尚然也。梨园子弟，修容饰貌，斗媚争研。其装束皆极时制，诚所谓六郎似莲花，抑亦莲花似六郎也。其始但供王公贵人之玩好，名曰“相公”，扑索迷离，盖阳其形而阴其性者，其品卑下，见妓女须屈膝称姑，抑贱之也。自庚子之后，风气大开，一切摹仿上海，女闾遍设，南妓纷来。一时貂裘夜走者，舍北而南，群趋于所谓八大胡同一带，遂少顾问后庭花者。而当时之优伶，亦一染沪上之习气，专以吊膀子、轧姘头为事，易阴而阳，非复若从前之为兔儿崽子矣。就中以武生为尤出人头地，男儿好身手,结束登场,英武不可一世。演黄天霸、十一郎诸剧,恍睹英雄身段,彼凭栏而观之诸贵人眷属,未尝不芳心默忖曰:若而人者,其身材既矫健如是,则夫衽席之上,出其手段,颠倒纵送,其乐何如?故珠光宝气、电影花香之中,时有以目挑眉语之丰神,向舞台遥送者。而彼武生,亦心心相应,不惜尽技,以博美人之一粲。迨夫剧终人散,郎乘油碧,妾坐香车,相将而归。则鸳鸯已野合矣,风俗淫靡,可胜浩叹!而荣禄女以福晋之尊,乃亦堕入此旋涡中,甘冒多露之讥,卒至身败名裂而不顾,岂不怪哉!吾故曰:"天生尤物,所以丑满清也。"

第九章　面首三十人任卿自置耳

福晋骄妒性成,既如前述,然犹未驰情于外也。顾妇人之性,既自矜其雌威,以为言莫予违。则其视夫也,亦渐有厌薄之意,而诟谇时生。向之爱情,旋归于乌有之乡,觉一举动皆足以生我之厌弃,遂不免见异思迁,而有一尝异味之思焉。此则盈天下如是,固不独福晋为然。是以君子贵齐家也,当是时,妇有外心,夫唯慑伏,则乘隙而进,如韩寿其人者,固大不乏,而唯时周旋于左右者,为最易于入幕。盖其所浸润者久也,则有若俊仆、供执役者;也有若衣工,量身裁者也;有若圉人,备驱策者也。是数者,皆足以得主妇之欢心,而入侍枕席,天下比比然也。独是王府之中,尊严备至,有非寻常仕宦可同日语者。役使者为内监,其淫具已去也。内外有界,外人不得入也。是前数者,均不能得,无已,惟有如那拉氏之于李莲英,使未阉之人,冒为宦官而入侍乎?而福晋曰:"无庸也。"盖那拉氏好演剧,宫中筑有戏台,除以内监充优伶外,时召外间名角之有声望者,入宫客串,名为供奉,每次辄赉予无算。由是王公化之,亦家舞台,而人名角,甚至贝子、贝勒亦尝粉墨登场,与伶人杂坐,冲决樊篱,奔贵礼教,有如此者。彼伶人至府,其升堂入室,穿房度户,固视为常事。则福晋于斯时,张我纲罗,视有美好者弋之,不大易易乎?面首三十人,任卿自置耳。

第十章　杨小楼可谓入幕之宾矣

先是，京伶有杨月楼者，武生也，容艺冠一时，生平所识大家妇女无算。迨中年来上海，犹以奸案失败，为邑令刖其足胫而流之，至今人犹称道不衰。杨小楼即其子也，矫捷尤胜乃父，且青年美貌，最能得妇人欢心。其尤为特长者，则嫪毐之具，不愧如意君之锡名，更足以维持爱情于不败。初出台袭父业为武生，即声名鹊起，辇毂之下，贵妇人、贵闺秀，上自福晋、格格，下至达官侧室、小家碧玉、青楼妙伎、金屋娇姝，识与不识，咸啧啧谓若个粉男儿，不知将为谁家帐中之至宝乎？所以蜂媒蝶使，此争彼攘，皆思夺此一块肉去。孰知满清第一贵人之妻——第一贵妇，方以美色为饵、巨金为钓，攫之于股掌之中，而玩之于衽席之上。宝帐春重重，一双红芙蓉。并蒂花开，合欢被展，杨小楼可谓入幕之宾矣。有知其事者，谓小楼以干犯宸严为惧，再三辞不敢往；而福晋不惜纡尊降贵，自往就之。初近肌肤，即叫绝不禁，以为生平所未经也。由是爱若心膂，珍同珠宝，益视摄政王为猥琐不足道矣。小楼亦感激殊恩，沦肌浃髓，誓此身永奉裳衣，没齿不二。“在天愿作比翼鸟，在地愿为连理枝”，此情此景，恍惚似之。吾不能不羡小楼之艳福无双也。嗟乎！满清入关之时，奸淫我汉族妇女无数，聊以此至贵之满妇人，于末造时，受我汉族至贱之伶人所奸淫，庶几稍得报酬耳。

第十一章　控鹤监之续记

福晋肌骨丰柔有余，身材修短合度，当横陈时，媚态横生，娇声宛转，令男子御之，有魂销魄夺之乐。尝于春夜，薄醉微醺，春情勃发，福晋乃命侍女，铺波斯之锦茵，设于阗之玉枕，展合欢之衾，解同心之结，尽弛亵衣，仅留红诃子一事，与小楼相搂而卧，玉骨霜肤，交相掩映，窗外聆之，但闻吃吃笑声。小楼具甚坚伟，彻夜不疲。初御时，不免艰涩，为福晋所难堪。然小楼范我驰驱，不自作主，进退迟速，悉唯福晋之命是听，且故作停顿以媚之。一出入也，必使有至美之味，存于其间，而不敢轻易放过。故福晋于此，但觉其可乐，更不知劳，盖使有休息之余地，而复有可贪之至乐。则翕翕然畅美,唯有绵延于若死若活之趣味,不觉东方之几白矣。兴酣情极,辄呼小楼为"亲夫",小楼则敬谨对曰:"臣该万死!臣乃福晋之役使隶耳,敬进薄具,为福晋搔抑疴痒,谓为福晋之下体侍者则可,若'亲夫'之称,有王爷在,臣昧死不敢奉诏。恐王爷闻之,将重臣之罪戾。"福晋以足勾小楼之臀,而以舌吮其颊曰:"我爱子毋然,子畏王爷,岂犹以王爷为真龙乎?其实渠乃一懒龙,惰而不能兴云雨。我已罚之,使为困龙以自忏,子何畏彼哉!但与我长乐可也。"语至此,不复发声,但御床轧轧响不止,一似为摄政王鸣其不平者。春宵苦短,一刻千金,此乐正无极耳。

第十二章　富贵逼人来

福晋之帷薄不修,人言啧啧,醇邸犹不痴不聋,作阿家翁气度,而岂知绿头巾已戴上矣。是年十月光绪帝有疾不豫,未几即殁,而那拉氏后二日亦殁,连遭大丧,亦古今所罕见者。至今疑窦甚多,或曰那拉后实先殁,荣禄之党恐光绪帝复位后,将不利于己,故鸩杀帝而以先崩告;或曰不然,帝实先被弑,那拉后则以惊愤而死耳。事涉两歧,俟再考证。要之,醇亲王与其弟载洵、载涛等,实与其谋,则可想见。当光绪帝崩逝之先一日,已有诏立醇王载沣之子溥仪,入嗣同治帝为子,兼祧于光绪帝,封为大阿哥。翌日发布哀诏后,即立溥仪为帝,年号曰宣统,时才三龄耳。以年少故,奉懿旨封醇亲王为监国摄政王,摄行国政,如国初多尔衮故事。再明日,而太后之哀诏又布矣。当是时主少国疑,人心不靖,安庆首以兵变闻,国几大乱。所幸者,光绪帝以变法被幽,国人怜之,今虽已崩,而摄政者即其胞弟,嗣位者即其胞侄。故怜光绪帝者,移而属之宣统帝,人心未去,乱事旋平,此盖一大原因也。由是富贵逼人、淫贱之福晋,竟得为皇帝之母,而杨小楼不啻为皇帝之假父矣。宣统帝既即位,诸亲贵皆挟定策功,互争权利,摄政王不能制,则各以重要之职任位置之,于是各部之大臣,为亲贵所据者,十之五六。迨内阁官制发表,亦以亲贵任之,汉人登进之阶殆绝;而亲贵之执权者,率黩货无厌,惟利是图,天下失望,卒酿辛亥之大革命。

第十三章　穷奢极侈之游观

光绪帝之殁也，实有隐秘不可告人之处，故载沣兄弟，遇在廷诸臣，多所假借，惧讨其罪也。而于光绪帝之后，后称为隆裕太后者，尤尽尊崇之礼，一切随其嗜好而进奉之，亦所以关其口也。然因此摄政王福晋，亦恣为游观之乐，以上媲于国母。其意以为皇帝固我亲生子，当以天下养我矣。今试举其妯娌穷奢极侈之荦荦大者，一曰园林，自畅春、圆明二园废后，那拉后别建所谓颐和园，至是隆裕后复拨款修理之；福晋亦于府内大建花园，崇楼杰阁，琪草瑶花，阆苑瑶池，不是过也。一曰宫室，隆裕后特仿英国之制，建筑水晶宫一座；福晋亦另建摄政王邸第，荇藻接于阶庭，鱼龙游于殿府，可谓极人世之奇观矣。一曰演剧，国服满后，终日笙歌，优人供奉，锡予纷繁；如福晋之夙以狎伶闻者，更不足奇矣。一曰巡游，高车骏马，骑从如云，时而南苑，时而瀛台，跸路所经，行人怵慑；福晋更以京师褊小，不足以畅其游踪，屡欲税驾津门，一览海滨风景，且遂与小楼双飞之乐，后为多人劝止，心终怏怏，卒为破笼脱柄之举。呜呼！自庚子赔款应付以来，国帑困穷，民生凋敝，敲骨吸髓，输之官府而不足；飞泥洒沙，耗之宫帏而有余。举以上所谓园林宫室、演剧巡游诸事，每一动作，辄去千百万以至百什万金不止，是皆吾汉族人辛苦血汗、卖儿鬻女之钱也。彼恣为淫佚时，曷尝一念及此哉！宜乎革命之声四起，而光复之绩顿成，报仇雪恨，固无庸远溯入关故事也。

第十四章　霹雳一声惊破痴人痴梦

当是时也，满洲政府，自载沣以及诸亲贵，方谓富贵可以长享，国祚万世一系，汉族可以压制，违制格杀勿论。故于请愿国会者、争路者、争亲贵不可以任内阁者、争片马不可割让者，皆一以威力对付之。而于铁路国有政策，尤为强硬。方且予智自雄，以为莫可谁何矣。孰知革命之老杰孙汶，方与少年之英雄黄兴，投袂而起，一举而覆其族哉！先是，政府创办新军，改募为征，入伍者皆读书达道、少年豪杰之士，以学生之在外洋毕业者统率之，期以通国练成三十六镇,志甚壮也。岂知各兵士素具种族思想,又愤专制淫威,早与海外之革命党联合,蓄而待发者久矣。辛亥八月武昌首举义旗,推黎元洪为首,即日光复武汉三镇,鄂督瑞澂逃逸,旬日之间,兵威大震。长沙首先响应,各省继之。虽清廷派兵南下,意欲绥清,然仅相持于汉口一隅,而天下之宣告独立,仅一月间,已有十六行省。胡运告终,天心难挽,摄政王情见势绌,知已不敌,乃挈宣统帝退回漠北,仍其氈幕。我族亦不穷追,即谋建立共和政府,废君主而立总统,事事取决于民,改正国号曰"大中华民国"。自此亿万斯年,长享太平幸福,足与美州之合众国东西媲美。自有国史,表扬盛烈,故本书不复详言,但求摄政王福晋之结果于下章云。

第十五章　西伯利亚之出走

摄政王福晋与杨小楼奸淫之历史,通京师人无不知之,播为口实。所不知者,唯摄政王载沣一人耳。然而龟者最灵者也,其寿千岁,能知未来之事。岂区区肘腋间,而顾若聋若盲乎?殆摄于牝威,姑付之不见不闻耳。至是则报章载之,东西各国亦喧传之,几有不可终秘之势。载沣亦自觉赧颜,稍稍思为防闲之计;福晋则大忿,以为我固有自由权。我与小楼欢,我之自由也,岂汝野蛮之男子所得而干预哉!又以为汝今日安享富贵,我之力也,汝尝许我曰:"苟富贵,一唯所欲。今奈何欲食前言哉!"又以为脐下方寸地,亦犹是人身一肢体耳。顾与人握手、与人栉发,皆所不禁乎?而独不许我以下体与人相密接乎?是皆不平之尤者,我誓不与汝野蛮之男子同中国矣。我闻巴黎、伦敦之都,其男女自由结婚,亦可自由离婚。虽皇帝之后,亦各有情人,以分其爱嬺,此真天仙之国也。我何必局促于专制之地,而不一享西方极乐乎?乃密与小楼谋,收拾宝器,打点珍饰,并携银币六十万金,乘武汉初起事,摄政王方派兵筹饷,旰夕不遑之时,夤夜潜出京师,乘火车至天津,由天津而山海关,而奉天向哈尔浜,改乘西伯利亚铁道而去。此去道出圣彼德堡后,或英或法,尚未有闻。然以往巴黎为近是,可羡哉!一对野鸳鸯,竟飞出天罗地网,今而后东西南北,任意双栖,地久天长,永无离别。回首故夫，方且穷蹙而无所归，失国亡家，阿依岂甘同受此苦哉！智矣哉！福晋也，然而淫贱极矣。

第十六章　结论

汉史氏曰：甚矣！天道之好还也。夫因果之说，肇自释氏，儒者或不屑道。然而哲学勃兴，渐输灌于禹域，其于原因结果二大端，发挥而光大之，诚以实有精理存乎其间也。历观东西上古之史，凡以乘人之危立国者，其子孙必为他人所乘；凡欺人寡妇孤儿立国者，其子孙必为他人所欺；而尤以宫帏之间，多有秽德者，迨其末造，必以艳妻牝后，帷薄不修，贻笑后世为丝毫不爽。如唐如清，其最著者也。尝考其故，盖由于人心之醞酿，而天心亦复随之。夫既以淫乱著闻，则其宫中已无一毫廉耻，其子孙既视为寻常，其妇女遂以狎媟为天然之职，反若不如是，不足以绳其祖武者。积二三百年之家庭教育，变本加厉，非擅奇淫而酿大乱不止。彼躬为狎亵者，以圣人观之，岂不能为幽娴贞静之人哉！徒以积习相沿，遗传成性，且为众人心理所役使，故举动轶出乎范围而不自觉。我侪尚论者，须知摄政王福晋今日得此结果，其小原因，但为荣禄氏家教不善所致；其大原因，实满清开国恣为淫乱时所种也。彼福晋，何足责哉！

梨园原

题黄旛绰撰，实为假托。本书被视为古代少有的论述戏曲表演艺术的专著，向为伶人看重，往往以手钞本形式在梨园行内流传。大约是梨园耆宿汇集、总结生平表演经验之作，非一时一人之作，殆成于众手。谷曙光据民国七年(1918)商务印书馆印本整理，版权者题梦菊居士。《中国古典戏曲论著集成》所收版本，尚有梦菊居士《重修〈梨园原〉序》，附于书末。

梨　园　原

修正增补《梨园原》序

己丑之岁，余旅京师。暑夏长昼，颇厌尘嚣，梨园中有俞维琛、龚瑞丰者，雅通文墨，于逆旅中时相过从，余每叹其艺之精也。俞、龚谦抑特甚，处久之，一日龚谓余曰："吾子不尝许吾之技为可观乎？"余曰："然。诚绝技也。"龚曰："吾之技皆吾师教诲有方之力也。吾师黄旛绰先生，本江南书香，以家寒弃儒习乐，竟享大名。尝汇其生平所得，笔之于书，名曰《明心鉴》。有胥园居士佳其志，助其考古证今，凡有关于梨园一业者，虽片纸只字，皆续载之于是书。经数年之久，乃臻完美，复更其名曰《梨园原》。余幼孤，赖吾师鞠养。及长，教之以技，每出示《梨园原》使读之。尝谓：'梨园之业，非贱业也。切须束身勿邪以自重，虚心勿怠以精其技。勿负吾言。'其后余出游南省，数载始归，而吾师已作古人矣。余吊其家，赠其资。询以是书，乃其后人不知爱护，鼠啮蠹食，殆过半矣。余携之归，每欲修补以供后人，又苦不文。今吾子不以下交为辱，敢布腹心，欲出此残书，并平生所得，干君撰补，吾子其亦慨许乎？"余欣然答之曰："余于戏曲，固不了了，然心喜之深矣。况供撰缮之役，尚可勉为。无已，谨任执笔之劳，以成君之志。"翌日，龚出其书。残缺处，余代修补之；舛误处，余代考证之；龚、俞之所心得，余代撰述之。凡数十日，始告厥成。文不求工，但取其浅而易解。贻笑大方，是所不计。呜呼！戏曲小道，精奥乃尔，可轻视乎？书成，爰序数语以志。

道光九年，岁次己丑，季夏，秋泉居士题

梨　园　原　序

《乐记》云："古者，乐部有乐师，分五音六律，以定四时八节之声，以备享庙之用。"乐部之设，所由来也。今日梨园乐，虽无金声玉震、薰木贯珠，然亦作于朝庙，达乎乡国，何为乎以娼优例之，岂不负此梨园一业也。观胥园居士赠黄旛绰先生梨园序，论梨园出处数则,皆有先圣先贤证据,班班可考,梨园之不应例入娼优也明矣。孟子有言曰:“今之乐,犹古之乐也。”能无重?余本陋劣无知,略明大义,爰叙数语以弁首。

嘉庆二十四年己卯望日,惕庵居士题

惕庵居士姓郑,名锡瀛,顺天大兴县人。己亥科举人,乙巳科进士。

胥园居士赠黄旛绰先生《梨园原》序

“鬼门道”者,乃戏房出入之所。谓之“鬼门道”者,言其扮演者代鬼行事,故谓之“鬼门道”。愚俗不知,因戏场置鼓于门,即讹传为“鼓门道”,于理无据;又曰“右门道”,皆非也。东坡诗云:“扮演古人事,出入鬼门道。”正此谓也。赵子昂曰:“戏曲,良家子弟所扮者,谓之‘行家生活’;娼优所扮者,谓之‘戾家把戏’。”或问其故,予曰:“戏文者,出于鸿儒硕士、骚人墨客。其所作者,娼优岂能扮乎?推其门,正其理,倡优故以为戾家也。良家子弟扮者,虽亦有风花雪月,然均合乎情理。当太平之盛,雍熙之治,欲追昔感今,故取良家子弟通于音律者,扮演戏曲,以饰太平,隋谓之‘康衢戏’,唐谓之‘梨园戏’,宋谓之‘莘林戏’,元谓之‘升平乐’。‘梨园乐’者,唐明皇所赐。至于娼优,乃勾栏中乐工也。愚俗不明,呼为一类,实未明其原耳。”

胥园居士姓庄,名肇奎,顺天宛平人,乾隆癸酉科举人

梨　园　原

论　戏　统

古时戏始一出鬼门道，必先唱“红芍药”一词。何也？因传奇内必有神佛仙贤、君王臣宰，及说法宣咒等事。故先持一咒，以释其罪，兼利诸己。隔宿昧爽，因喉音闭塞，故齐声而扬。古制云：“太子午秋岁，春闱昼锦堂。一株红芍药，开遍满庭芳。”取其曲牌名为引口词。后人因其单薄，添“倒垂莲”，套其体也。

老　郎　神

老郎神即唐明皇。逢梨园演戏，明皇亦扮演登场，掩其本来面目。惟串演之下，不便称君臣，而又关于体统，故尊为老郎之称。今遗有广帽，谓之老郎盔，即此义也。戏中所抱小娃，谓之喜神，取其善而利于技，非即老郎。今人供翼宿星君为老郎，其义未详。

谢阿蛮论戏始末

戏者，以虚中生戈。汉陈平刻木人御城退白登，事后为之效，名曰“傀儡”。至唐明皇，选良家子弟，于梨园中演习戏文，分为“生”、“旦”、“净”、“末”、“丑”、“外”、“小旦”、“小生”，此八角为正；而后增“付净”、“作旦”、“贴旦”、“老旦”，共十二人为全角，余皆供侍从者。现身说法，表扬忠孝节义、才子佳人、离合悲欢、扬善惩恶，此亦大美事也。至元、宋则尤盛矣。董解元有曰：“扮演古人事，出入鬼门道。”以四方之音传戏，各从土语所传，不可讹错，习者择之而取焉。

王大梁详论角色

角色者，言其本角之物色也。（生者），主也。凡一剧由主而起，一帙之事在其主终始，故曰“生”。（旦者），乃于寅刻之先，以男扮女,是男非男,似女非女,见时不能分,因其扮妆时,在天甫黎明,故曰“旦”。(丑者),即醜字,言其丑陋匪人所及,撮科打诨,丑态百出,故曰“丑”。(净者),静也,言其闹中取静,静中取闹,故曰“净”。(外者),以外姓人有尊崇之色者,故曰“外”。(老旦),其所司母姑乳婆,亦应于黎明扮妆,老少虽不同,其以男扮女则一也,故曰“老旦”。(末者),道始末也,先出场述其家门,言其始末,故曰“末”。(小生),或作主之子侄,或作良朋故旧,或作少年英雄,或作浪荡子弟,故曰“小生”。(小旦),或侍妾,或养女,或娼妓,或不贞之妇,故曰“小旦”。(贴旦),即副旦也。凡男女角色,既妆何等人,即当作何等人自居,喜怒哀乐、离合悲欢,皆须出于己衷,则能使看者触目动情,始为现身说法,可以化善惩恶,非取其虚戈作戏为嬉戏也。

论鼓板乐式

雷海青传古乐器云:“瑟、管、弦、丝、竹、埙、篪、鼓,文庙祀丁之日,合全乐奏之。”汉武帝时,有东方曼倩其人,能识神鸟,能解鸟语,善戏谑谈笑,帝宠为大夫。同朝之臣,恶其谄主,遣其他出。忽一日,神鸟至殿,身羽五色,尾长三尺,朗鸣于庭。鸣时,双目开闭不定,昂头,立一足,伸一足,鸟尾摇摆,良久始去。帝诏朝臣问之,无一能识者,乃诏曼倩归。帝述神鸟状,曼倩答曰:“此神鸟,名十二鸿也。其鸣,乃歌也;其立,乃舞也。歌之时闭左目,出阳声;闭右目,出阴声。摆尾,乃分板眼。其尾分十二支,乃按十二月之数,如闰月生者,则十三支也。立一足、伸一足者,乃舞耳。”帝未深信。又过旬日,其鸟复至,朗鸣如前。帝使曼倩听之。曼倩曰:“其所歌者,升平之词也。”帝命记其词,大悦。即日命诸臣作歌作词,而使曼倩作曲。于是曼倩按天文、地理、人物、宫室,分门编其牌名,依名填词。其后有毗陵蒋维忠先生,名孝,嘉靖进士,制十三词调谱;又有松陵词隐先生,姓沈,名璟,万历进士,撰九宫详曲,辨阴阳,为世所传。此乃曲词之始。至笙管笛箫,古制有鸟头,掩孔出字,即如十二鸿闭目出阴阳声。(笛)有两垂须,盖即鸟足之义。(琴瑟)在周时就有,始三十六弦、二十四弦、二十六弦,后九弦、七弦。(月琴)四弦。(琵琶)四弦。弹出曰琵,弹进曰琶。琴瑟调和,取“仙翁”二字和叶。(弦子)等调,俗曰“堂。”诸乐器分为尺、工、五、凡、六、合、四、一、上九字,而一、凡为半音,六、合为高低合音。此外尚有鼓、板、锣。(鼓)之式,中心记黑红月,分阴阳钉,盖即取十二鸿眼眶肉粟。古制有数尺见圆者,后来愈化愈小,故失钉数。(板),古式十二块,刻羽文在上,即如十二鸿鸟尾。(锣)乃点静塞闹。古制:进兵鼓、退兵锣。今人乱为敲锣,可谓非法极矣。总之,各种乐器,均仿于十二鸿神鸟,依式草创耳。

论曲原

王伯良曰:“曲者,乐之支也。”自“康衢”、“击壤”、“黄泽”、“白云”以降,于是“越人”、“易水火”、“风瓢子”之歌继作,声渐靡矣。乐府之名,仿于西汉,其属有鼓吹、簧吹、相和,及清商、杂调诸曲。入唐而以绝句为曲,“清平调”、“郁轮袍”、“梁州水”之类,又创为“忆秦娥”、“菩萨蛮”等曲。盖太白、龟年辈,实为作俑。入宋而词始大振,周侍御、柳屯田其最也。入元而益漫衍,其制北声北曲,遂擅一代,顾未免滞于弦索,且多染胡语。迨明季又变为南曲,婉丽妩媚,一唱三叹,于善美兼至,极声调之能事。始犹南北画地相角,近年以来,燕都之歌童舞女,咸弃其捍拨,尽效南声,而北调几废。何元朗谓:“更数世后,北曲必且失传矣。”

明心鉴

词曰:“闲来仔细看端详,关心音韵论几桩:辨一番形状腔白情文理,揣摩曲意词合章。要将关目作家常,宛若古人一样。乐处颜开喜悦,悲哉眉目怨伤。听者鼻酸泪两行,直如真事在望。个个点头称赞,人人拍手声扬。余前多受良方,今日始知无恙。”

夫除恙者,非除人染病之恙,乃除梨园艺病之恙也。人病用药疗之,艺病岂可不求疗治之法。求潦治之法如何?必须于书中求之。可叹人不知自己之艺病,不肯虚心,遂染成各种难改之艺病。病根一深,则虽欲再治,但恐不易耳。我梨园子弟,务须慎之谨之,不必求其有功,只求无有艺病,日久技术必精,则可成为上好之角色。即如人不必求身体何等强壮,如能善养,使其永久无病,则自然日见强壮矣。技艺之道亦然。

艺病十种

曲踵(腿湾也)。白火(说白过火)。错字(认字不真)。讹音(将字音念讹)。口齿浮(口齿无力)。强颈(项颈不动)。扛肩(耸肩)。腰硬(腰不活动)。大步(行走太忙)。面目板(脸上不分喜怒)。

曲踵

无论踢腿抬腿、坐时立时,必须将腿伸直,不可曲弯。而行走时更须腿直身不动,方能合乎台步。万不可如平人随便走路,曲直不定也。

白火

说白固须字字清楚,不可含混,然而要分出阴阳、轻重、急徐。按其文之缓急,查当时之情形,应急念则急,应缓念则缓,方为上乘。若一意急念,用力过猛,必致不合乎戏文;日久习惯,则成过火之病也。

错字

每读剧本之时,必须字字斟酌,如有不认识者,或领教于人,或查阅字汇,必使其字音、字义,全然了了,然后出口。总之,虚心好问,即无此病矣。

讹音

讹音者,似是而非也。比如“遗诏”念成“一道”、“舞蹈”念成“无道”,均系以讹传讹,不但其音不对,听者无从解释,而其义亦无法讲解也。

口　齿　浮

凡唱曲说白，必须口齿用力，一字重千斤，方能达到听者之耳；不然，广园旷地，人数众多，未必能人人听清。

强　　颈

凡唱念之时，总须头颈微摇，方能传出神理；若永久不动，则成傀儡矣。

扛　　肩

耸眉则觉项短，于台下视之，尤不美观。

腰　　硬

腰硬则全身不灵活，文则如上马下马，武则如舞弄刀枪，皆仗腰间之灵活，方能出色。

大　　步

台步须大小合宜，大则野，小则迟。行走过忙，势必全身摇动，冠带散乱，殊不雅观。

面　目　板

凡演戏之时，面目上须分出喜、怒、哀、乐等状。面目一板，则一切情状俱难发挥，不足以感动人心，则观者非但不啼不笑，反生厌恶也。

以上十病，皆系平素怠惰而得，切宜早自医治。有诗如下：

艺病浑身染，多因旧日惰。虚心当药饵，病则立除却。

曲　白　六　要

音韵　　句读（音逗）　　文义　　典故　　五声　　尖团

音 韵

每发一字,先审其唇、齿、喉、舌、鼻,或半唇半喉,或半舌半齿,或半齿半鼻,均须辨明,各有一定部分,不可强使归于他部。特制出一表列下。按表类推,则不致有误矣。

唇……………………………………………非夫奉微

齿……………………………………………至耻是射

喉……………………………………………号奥靠欧

舌……………………………………………黎楼亮列

(鼻)无纯乎鼻音,皆系与他音相辅者。如:西一令进。

按上表所列类推之,则发出之音,自然字正音圆,不致有唱者为"天",听者为"焉";唱者为"地",听者为"息";唱者为"元",听者为"言";唱者为"黄",听者为"旁"之弊也。

句 读

句者,一整句也;读(音逗)者,半句也。唱曲时不分句读,尚有腔调以绳之;惟说白必须句读分明,方能达出本意。如"岂不知圣人云","岂不知"三字为"读",至"圣人云"始为一"句"。说白至"读"时,略微一顿,不可过久,至一句则稍久亦无妨也。

文 义

曲白须先知其讲解。又有字同义不同、字同音不同之别。

(字同义不同):容易　从容　容貌

(字同音不同):华山(音画)　华夏(音划)　华萼(音花)

以此类推,虚心研习,可免讹字讹音之疵。

典 故

词曲说白之内,往往引用古人典故,务须查明出处,心中了了,则可以传神。

五 声

五声系阴平、阳平、上、去、入是也。唱曲不知发声收声之理,则其字音出口即变。要知五声之别,须将下列之表读熟千遍,然后逢字即知阴阳矣。

五声表

阴平	阳平	上	去	入
风	缝	讽	奉	父
烟	言	眼	宴	易
声	绳	省	盛	是
书	赎	属	树	朔

(阴平) 由高而低。发音高,收音低。

(阳平) 由低而高。发音低,收音高。

(上) 其音向上。

(去) 其音向前。

(入) 其音短而急。

凡工尺短者,可以脱口而出;工尺长者,须将一字分为数音,如("人"字);若工尺长,则可分为("任"、"恶"、"恩"),徐徐吐之。惟阴平字不宜分音。神而明之,得其三昧矣。

尖团

尖字、团字之分,近日罕有知其据者,往往团字变为尖字,实为曲白之大病。夫尖字系半齿音,如酒、箭、线,乃半齿音,故应用尖;久、剑、现,则不然,非随意可以念成尖字也。近时多不察之。

身段八要

辨八形　分四状　眼先引　头微晃

步宜稳　手为势　镜中影　无虚日

(辨八形)　身段中有八形,须细心分清。

贵者:威容　正视　声沉　步重

富者:欢容　笑眼　弹指　声缓

贫者:病容　直眼　抱肩　鼻涕

贱者:鬗容　邪视　耸肩　行快

痴者:呆容　吊眼　口张　摇头

疯者:怒容　定眼　啼笑　乱行

病者:倦容　泪眼　口喘　身颤

醉者:困容　模眼　身软　脚硬

(分四状)　四状为:喜、怒、哀、惊。

喜者:摇头为要　俊眼　笑容　声欢

怒者:怒目为要　皱鼻　挺胸　声恨

哀者:泪眼为要　顿足　呆容　声悲

惊者:开口为要　颜赤　身战　声竭

但看儿童有事物触心,则面发其状,口发其声;喜、怒、哀、惊现于面,欢、恨、悲、竭发于声。

(眼先引)凡作各种状态,必须用眼先引。故昔人有曰:“眼灵睛用力,面状心中生。”

(头微晃)头须微晃,方显活泼。然只能微晃,不可大晃及乱晃也。

(步宜稳)台步不可大,尽人皆知矣,然而亦不可过小。总之,须求其适中,以稳为要;虽于极快极忙时,亦要清楚。

(手为势)凡形容各种情状,全赖以手指示。

(镜中影)学者宜对大镜演习,自观其得失,自然日有进益也。

(无虚日)言其日日用功,不可间断。间断一日,则三日不能复原。学者切记之。

宝山集六则

声　曲　白　势

观相　难易　宝山集　宜勉力

声

(声欢)降气　白宽　心中笑

(声恨)提气　白急　心中燥

(声悲)噎气　白硬　心中悼

(声竭)吸气　白缓　心中恼

各声虽皆从口出,若无心中意,万不能切也。

曲

曲者,勿直。按情行腔,阴阳缓急,板眼快慢,当时情理如何,身段如何,与曲合之为一,斯得之矣。

白

白病数字。数字者,即按字直念也。昔人有词曰:“说白病数字,佳者四声全。(四声乃欢、恨、悲、竭。)长短高低语,官私紧慢言。有如家常语,还同事样般。听者有兴趣,能泣亦能欢。”

势

样势也。昔人有词曰:“势贵如真,要在虚心。对镜去病,日见增新。”

观　相

学者于私下妆作古人,对镜自观。其品行忠直者,正直为之;奸逆者,邪曲为之。有意有情,一脸神气两眼灵。喜则令人悦,怒则使人恼,哀则动人惨,惊则叫人怯,如同古人一样,始谓之真戏。视听之学,实私下工夫也。有等登场者,意乱心荒,胆怯神散,虽认真演唱,观者恶之矣。

难　易

概曰:“难。”余曰:“不难。”夫学者,必先难而后易。除是跨海越山,余无难事耳。能笃志学习,时时不倦,未登场之前慎思之,既归场之后审问之,焉有不日新日精者?若私下无工,而妄想得大名者,未之有也。

宝　山　集

《宝山集》云:“曲唱千回腔自转,白将四声练如真。状多镜里形容也,势向三光观影身。”(三光乃日、月、灯之光也。影中勤练,看势好歹。)曲唱千遍,其声自转。

宜　勉　力

宝山集云:“生、旦、净、丑、末,虽分理一般。少年宜勉力,废寝与忘餐。苦心天不负,技艺日加善。一朝闻妙道,夕死心也甘。”

《宝山集》载六宫十三调

六　宫

仙吕宫	清新绵邈	南吕宫	感叹悲声
中吕宫	高下闪转	黄钟宫	富贵缠绵
正　宫	惆怅雄壮	道　宫	飘逸清幽

十三调

大石调	风流酝藉	小石调	旖旎妩媚
高平调	迢遥滉漾	歇指调	急并虚歇
般涉调	惆怅顿挫	商角调	悲伤宛转
角　调	呜咽悠扬	宫　调	典雅沉重
徵　调	摇曳闪转	商　调	凄惨怨慕
羽　调	缠绵幽逸	水　调	清幽委婉
双　调	健捷激昂		

涵虚子论杂剧十二科

一曰	神仙道化	二曰	山林泉壑
三日	披袍秉笏	四曰	忠臣烈士
五曰	孝义廉节	六曰	叱奸骂谗
七曰	逐臣孤子	八曰	钹刀赶棒
九曰	风花雪月	十曰	离合悲欢
十一曰	烟花粉黛	十二曰	神头鬼面

书成何所名？名曰《明心鉴》。要诀尽其中，莫作等闲看。

留赠后进者，暇时仔细参。天下无难事，惟须立志坚。

大清道光九年，岁次己丑，夏日，秋泉居士撰文。梨园后学俞维琛、龚瑞丰口述。

秋泉居士姓叶，名元清，字莹之，保定府人。

重修《梨园原》序

余客京师，近十年矣。每于公余之暇，留心社会。全国首都，百凡优美，而更以戏曲为各埠冠，故酷好之。丙辰夏，访余友逸庵于其斋，适有梨园老伶郑蕙舫者，持抄本《梨园原》求售。盖是书为梨园前辈所撰述，后学视为珍宝，秘不示人者。前清咸、同时代，三庆班名伶卢胜奎（俗名卢台子）独藏此本。郑为卢之弟子，故得抄录一册。迨至今日，乃成独本。余素闻其书，无由得睹，乃嘱吾友代购之。暇而披阅，始知遗漏甚多，深以为憾。今岁孟秋，偶游东晓市，见残书堆中有抄本《梨园原》四页，购之以归。与旧本详校，乃竟系旧本所缺者，欣喜过望。于是求助于逸庵，正其讹，考其误，不半月是书乃成。并请于吾友，精印成书，以为梨园后起之向导，顾曲者茶余之谈助。爰叙颠末，以为重修是书之序。

中华民国六年十月上旬鄂人梦菊居士题

明心宝鉴

北京大学图书馆藏有清同治年间钞本《明心宝鉴》(后附《梨园原序》、《梨园辨讹》、《见闻杂记》),与通行流传本《梨园原》不同,南京大学吴新雷先生曾撰文介绍之。封面有"同治壬戌年桂月中秋日步云志,瑞鹤山房"字样,每卷前又有"吴下吴永嘉古亭原本,茂苑杜双寿步云抄订"。为更好地利用、研究文献,特抄出,以资比较。谷曙光整理。

目　次

陈　序

予幼年蒙老教习徐懋德先生，授得反切声韵之法、平仄阴阳之诀。自入大内，又暇侍茂林孙先生处，学习一切梨园心法，得授诸般奥诀。又常讨论于大戏教习绍廷张先生辈。忽一日，吾师孙先生问予曰:“唱戏是何事?”予曰:“唱戏者,唱理也,唱意也。无非诵才子之文章,劝善惩恶;扬古人之忠孝,化俗导愚。总之,说与人听,学与人看耳。”师曰:“然。虽如此,但说与人听,必要口齿清爽,音韵分析;若学与人看,更须观像在形,审事在心。否则,听者不懂,看者模糊也。尔岂不知戏房中俗谈曰:‘想情度理,做与大家看。’此言乃大要诀。”后予裁革出禁,就附外班,研究此者少遇矣。一日,借剧本于好友王启元处,见有前辈刘亮采先生所刊之涵虚子《梨园原集》刻本,并踬鍪陈吾省之《梨园辨讹》抄本,随即借誊,同予向在奚松年先生处所抄之《明心鉴集》于一处,一则使文人墨士观此知梨园之难易、技艺之精粗;二来为同人后学见此者,作为准的指南,不致以讹传讹,亦蕲少助于同道耳。

时道光庚子嘉平望后二日学古篆伶人陈金雀

煦堂志于京(燕)都宣武坊观心室中

明 心 鉴 序

盖闻古之学者必有师,此非特传道为然也,而学艺亦然。学艺之始,必贵择师,师善则弟子受其益;师不善,则奥妙不能传。然又有从师未必善而自成名家,从师善而迄无所成。其故何哉?在乎用心不用心而已矣。《孟子》有云:“梓匠轮舆,能与人规矩,不能使人巧。”又曰:“智譬则巧也,圣譬则力也,犹射于百步之外也,其至尔力也,其中非尔力也。”夫人之资质,至圣而止矣;而苟非用心以濬其智,则无异射者发而难之中。可知天下事,惟用心者始能得其巧而成其成名耳。

即如梨园一道,全贵用心。师教之,须自研究之。揣摩勤练,得暇便学,见善便学,自少至老,无一时废学。譬诸璞玉经雕,瑕疵尽去,光华呈露,可得善价。彼不用心者,何为甘居人下哉!苟能醒悟自勉,未有不成绝艺者也。否则,笙箫管弦助其声,而抑扬无情,妍媸何别;衣冠彩绣饰其体,而周折乖度,观者厌烦,亦何异乎傀儡哉!况鸿词丽曲,皆才子所传,乐部宫商,皆名家所谱。苟非考究其精微,细心演习,师传虽妙,鲜有成其名者矣。

古亭老宗师(台)先生以《明心鉴》见示,观览之下,恍然领会,而知先生为后学之子弟指示迷津,苦心良可见也。其大旨在乎“用心”二字,心不用安得明,心不明何由鉴?对鉴仅可以见形,对心则可以见理,以心为鉴,明益求明,而凡曲之抑扬,身之周折,无不从容中道矣,故自题曰《明心鉴》。其条目详明,解释厘析,自始至末,分为四卷。览者慎勿视为游之谈,直以为珠玉之品,珍之箧笥可也。

明心鉴释症集　卷之一

西江月二首

名曰《明心宝鉴》,闲来仔细端详。却非虚度岁时光,渐觉技高艺广。　穷究白中道理,揣摩曲内文章。便将关目作家常,宛比古人模样。

乐矣颜开喜悦,哀哉眉锁悲伤。听声酸鼻泪两行,觑状娱心快畅。　个个点头道美,人人鼓掌称扬。余前多病受良方,今日略知除恙。

除恙言

夫除恙者,非除人染恙之谓,乃除吾梨园一业毛病之恙。然毛之纤微,未感于腑,不除何害?且云:毛虽细小,易入于骨,因学艺不精,而成患不除,则为人终身莫大之患,何不可除哉!甚矣,此恙非神医妙药不能治焉。

药引诀

此恙何须药医治,只寻一引然而易。全将翼宿秘方传,只恐引儿难道地。

毛病十六症

错意	讹音	心怯	意急
强颈	扛肩	腰硬	臀瘪
大步	立直	白无情	曲无趣
口齿浮	面目板	不次序	有慌忙

以上十六样,皆为毛病,乃素日心昏而得,切宜早治。不用服药,常览影,鉴诗书,日渐明心,病自除矣。

勤服诀

毛病浑身染,都因旧日昏。鉴书为药饵,勤服尽除根。

明心鉴秘诀集　卷之二

音　　韵

字有喉、舌、齿、牙、唇，并各半之分；音有阴、阳、平、上、去、入之用，当看《字汇》末卷韵图，并《中原音韵》、《问奇一览》、《音韵辑要》等书便知。凡有叶声异音之字，须下圈于字之四角别之。假如“假”字，圈于左下角，即平声，音嘉，美也，又与遐同。圈于左上角，即上声，音贾，真之反也，又借也。圈于右上角，即去声，音驾；假，告休沐也。圈于右下角，即入声，音格，至也，《易》云“王假有庙”。余仿此。

反　　切

如“无邦”切，“无”字乃出音，“邦”字乃收韵，切出“忘”字。如“烦邦”切，“烦”字出音，“邦”字收韵，切出“房”字。“忘”字不出声念，“房”字出声念。切音之法，难以尽书，亦勤看《字汇》、《中原音韵》等书自明也。

音韵、反切合解诀

喉齿牙唇各半分，收于某音四声分。阴阳反切无差字，音韵工夫须自勤。

句读（读字音“窦”）

半句为读，以朱点于中，一句以朱点于傍。如《琵琶记·逼试》白云：“伊尹负鼎俎于汤。”伊尹，读；负鼎，读；俎于汤，句。又如《鸣凤记·河套》白云：“自古袪河北贼易。”自古，句；袪，读；河北贼，读；易，句。凡念法，读则拖长，句则断。

对　　句

或四言、五言、六言俱为对句，如《双珠记·投渊》出内，真武大帝白云“北辰合德，春日同仁”，乃四言一对。“赞化玉清，道参天而至妙；调元金阙，功俾帝以难名”，乃四六对句。“契真宰于东皇，对长生之南极",乃六言一对。凡四、五、六、七言对,俱仿此。

古　典

当常看《四书》、《春秋》、《黄白眉故事》、《幼学须知》等书,则不致混做身段也。

诗　意

当鉴《诗经》、《唐诗合解》、《名人诗》等,往往定场白、下场白都用集唐句者,勤览则知意趣。

字　义

当览《字汇》、《说文》等书,则明曲白字义焉。

五则合解诀

句读无分语不明,断联对句岂成文。日渐勤览诗书汇,渐渐知文渐渐亨。

平　仄

阴阳平声,谓之平。上、去、入三声,谓之仄。

绝　句

起句　平(可仄)仄平平仄(可平)仄平
承句　仄(可平)平平(可仄)仄仄平平
转句　平(可仄)平仄(可平)仄平平仄
结句　仄(可平)仄平平仄(可平)仄平

合 解 诀

一三五不论,二四六分明。起结要排仄,承转点缀平。

律　句

八句为律，平仄同前，中间四句作两对。然体格甚多不一，须看碛砂唐诗便知也。

中　眼

一板之后，接点三眼，次点谓之中眼。

黑　板

红板词曲若加黑板，便将中眼为之。

合解诀

一拍香檀板，眼儿点三下。中眼次点为，黑板中眼化。

曲音声

阳平声之字，若沉腔，则误为上声之字也。上声之字，若不沉腔，又误为阴平声之字也。若去声，须音挑而作腔，否则误为平声。如入声，须出字续断，再做腔。

解　诀

平若沉腔则误上，上腔不落误阴平。去声不挑平声误，入字连腔误两音。

落腔、沉腔者一也，连腔者，出字不断也。

白音声

如阴阳平声“英雄”二字，“英”字乃阴平也，宜轻出浮于口；“雄”字乃阳平也，宜重出沉于喉。如上声“饮酒”二字，须“饮”字沉，“酒”字提而沉，否则误平声。又如“饮了酒”三字，须“饮”字提而沉，“了”字不用提，“酒”又提沉。若三字皆提而沉，则犬吠也。如去声“就去”二字，须“就”字转音，“去”字虚腔。又如“就要去”三字，须“就要”二字转音，“去”字虚腔，如入声之“出”字。凡入声有一妙诀,将上字拖长,则入声不致误也。假如“英雄出少年”五字,将“雄”字拖长,则“出”字不误去声也。能于表白者,高低紧慢,官私冷热,接打股段,送入人耳内矣。

解　诀

阴平音不动,阳平音在喉。上声提字落,去声音啭收。惟有入声易,字断音休留。浮轻随口诵,听者未知由。

落者,音落于喉。动音不误上,则误去也。

明心鉴方法集　卷之三

八　形　像

老、少、文、武、醉、癫、贫、富,辨八门之形像。

老者:容板,肩扛,背曲,膝硬,步平,转身慢。

少者:容乐,眼俊,声雅,身轻。

文者:容威,眉舒,袖恭,体雅,步踱。

武者:容壮,胸挺,臀躬,侧立,腰劲,忽硬忽软。

醉者:容呆,模酥眼,嘴笃,步踵,脚心不着地,浑身软惟脚硬,容眼与病者同。

癫者:容呆,眼定。观其何故而为,切勿脱本来面目。

贫者:容愁,眉锁,状与思意同。肘瘪,有酸气者摩腕,打头,揩涕,搔臀,套手;或畏风雪,搔鬓,缩肩,搔肩,食姜之声,顿足。

富者:容欢,体雅。有书卷气者,剔指甲,螳螂头,露肘,点胸,硬颈,挥拳,反绑手踱,捻指,指画圈,食之反手揩鼻涕。

四　色　分

分喜、怒、苦、惊“四色状”,又分心中欢、恨、悲、极“四色声”。

喜状:欢声罅嘴为要,俊眼,堆容,宽胸,笑则起肩,头动。乐状皆同。

怒状:恨声睁眼为要,皱鼻,蛊嘴,挺胸,忿则起肩提气。恼状皆同。

苦状:悲声嗅鼻为要,霎眼,皱容,瘪嘴,哭则起肩头点。愁状皆同。

惊状:极声张嘴为要,身顿,缩颈,呆容,闪则起肩睁眼。急状皆同。

为旦者宜怒容,不宜皱鼻盎嘴。

八形辩合解诀

八形俱在一身分,不费心思也费神。莫道书中形载足,此形活泼看来因。(因者,由也。)

四色分合解诀

四状休忘最要,分别诸形为妙。否如马面牛脸,全无半点哭笑。

解 声 诀

声虽口中出,无心诵不切。色声心内生,何心学唇舌。

色声,乃欢、恨、悲、极之声也。

心 触 发

但看孩童,事物触心,则面发其状,口发其声。状则喜、怒、苦、惊四状也,声则欢、恨、悲、极四声。虽则状声发于面、口,实从心上发出也。

解 诀

二色原来没处寻,只缘学问不能深。孩童发现何曾习,声状原来总在心。

此承上二色之言。"只缘"者,"只因"也;"二色"者,色状、色声也。

口 齿 清

最要提清四声,分别句读,使听者清清爽爽入耳。若不提不分,满口糊涂,听者不知所云何事何言,岂不被视听之人憎恶耶!

面做状 眼先引

作喜、怒、苦、惊四状。引者,引见其色,故云“眼先引”。曰:“眼灵睛用力,面状心中生。”又曰:“引见其色。”色者,乃一切事物之谓,故见色则动心,心动则发状。所以欲发其状,先动其心;欲动其心,先见其色,故云“眼先引”。

解 诀

眼灵睛用力,神气顿然生。欲睁而先小,欲小而先睁。

头摇点 肩落兴(兴者,起也)

须侧为妙,务仰其面,侧仰助势之雅。以下数则,皆宜降气,落肩则身段和软也,故云“肩落兴”,又曰肩之起落。助,乃助势之雅;起则助哭笑,落则软身腰。

三则合解诀

起落双肩助势雅,清爽口齿有人夸。侧头仰面点摇诀,省步转旋便不差。

手 为 势

最忌肘起。或指左右,须眼先领手势。眼须欲睁先收,欲小先放,头自随势也。

脚 宜 蹲

膝少弯,谓之蹲。趋步为要,稳步宜小;欲进先退,欲退先进。或左足步前,右足拖进;右足步前,左足拖进。或转左边,右脚尖旋之;或转右边,左脚尖旋之。此是省步法也。

知 凸 腰

腰凸于左，头侧在右；腰凸于右，头侧在左。

识 躬 臀

臀躬于左，腰凸于右；臀躬于右，腰凸于左，须知躬凸，不共一边也。

合 解 诀

凸侧从来不一边，头臀上下共相连。可知形势何为雅，妙在头腰臀脚肩。

明心鉴勤学集 卷之四

声

声欢：降气，白宽，心中笑。

声恨：提气，白硬，心中恼。

声悲：噎气，白硬，心中悼。

声竭：吸气，白急，心中恼。

声虽口中出，心无总不切。名曰四色分，诚是真妙诀。

曲

曲者，勿直。挑情弄腔，音声和顺，收放阴阳，色声软硬，板促撒荡。音者，平、上、去、入。色者，欢、恨、悲、竭。

曲 情 诀

歌曲宫商按，鹤啼岭上寒。知音都点额，镇日不嫌烦。

白

“白病数字也，妙白八声全。长、短、高、低语，官、私、紧、慢言。赛过家常话，还同事体然。听者皆有兴，越听越情牵。”八声，乃欢、恨、悲、竭，无有不爱听；平、上、去、入，无有不入耳。故全备般般语,犹如家常话,使人有兴牵情也。

白趣诀

妙白何难道,全凭次序焉。长短高低语,官私紧慢言。只当家常说,还同事体然。不由不意惹,越听越情牵。(絜也)

势雅

假如右手指右边,头侧于左边,右腰凸右边,臀躬于左边,右足踹右边。(聒也)

解诗二首

手势摆如画,头腰曲曲弯。臀脚弯弯曲,手易却烦难。

势宜先降气,气降必沉肩。肩沉身自软,手后眼先牵。

沉肩,落也;牵者,引也。

气色诀

气降心发喜欢笑,气升心发怒恨恼。气噎心发苦悲伤,气急心发惊竭叫。

四气存心,二色顿发。

观像

熟娴私下,点缀登场,妆做古人,对镜观像。观像者,观其古人品行。忠孝者,正直为之;奸逆者,邪曲为之。取曲之文理、白之缘由,依其发声发状,有款有段,有意有情。一脸神气,两眼鲜灵。喜则令人悦,怒则使人恼,哀则动人惨,惊则教人怯,如若古人一样,谓之真戏。视听娱之,实亏私下工夫也。有等登场者,意乱心慌,胆怯神散,焉有关目于当场耶?此是私下无工夫之故也。演虽认真,徒然费力,视听必恶之矣。

别见一论

观像者，观古人品格、贤愚，像古人行藏、虚实，总在曲白内文中，细看道理缘由，生情生意，作状作声。未登场慎思之，既归场审问之，习如古人作事一般，设身处地，出于自然。喜则令人悦，怒则教人恼，苦则动人惨，惊则使人懔，虽则为之戏，意当为真。欲得其秘，非私下工夫不能也。余前私下无工，登场意乱心慌，胆怯神散，焉有当场关目！虽得认真，徒然费力，此真谓戏也。试问私下无工而成高明者，未之有也。

解　诀

体效古人状，事效古人行。熟娴于私下，登场谁不称。

难　易

习业心懒，闲游不倦，未失素常，苟安日惛，业之难成。

习业心勤，钻研不倦，未失素常，苟有日新，业之易成。

合解诀

越山跨海原非易，访友寻师没甚难。万里程途举足到，镜帏懒揭面何堪。

宝山集

“曲唱千回声自滑，白将四色总生情。面从一镜凭妆状，势向三光觑影形。”俗云：“曲唱千遍，其声自溜。”白中或用欢、恨、悲、竭之色声，则生情意。面从镜里，任作喜、怒、苦、惊之状，则有神气。三光乃日、月、灯，身向光中取势，看手影身形之好歹也。四者乃习练之诀法也。

宜勉力

曲白面势，宝山藏匿，如玉如珠，如金如璧。行去行来，谁知谁识，懒学难寻，勤心易拾。生旦净丑，虽分各式，道理一般，大家学得。幼时勤习,老来有益,朝闻妙道,夕死也直。维琛废寝,内行难敌,瑞丰忘餐,惯家不及。一技藏身,天子宠锡,若望名高,宜早勉力。

维琛俞先生,串末教生,岂非大名人耶!瑞丰龚先生,老、正、小三旦皆高名。此二公世之罕有也。乾隆皇上南巡七次,梨园高名者,皆赐玉帛金貂,恩荣之极也。

余　文

"一心珍重明心鉴,莫把明心视等闲。不遇诚心人不授,空教心嚼舌津干。"此绝五个"心"字,意在曲、白、声、状、势五则之内,故特明言之。声者,总言音、色二声也。一心在"声",一心在"曲",一心在"白",一心在"势",一心在《宝山集》。心起心结,鉴始鉴终。

梨 园 原 序

《乐记》云：古有乐部，设有乐师，五音六律以定，四时八节之声，九变六成格，郊享庙之所用。乐部之设，所由来也。今日梨园，乐虽无金声玉震、藁木贯珠，然亦作于朝庙，达乎乡国，曷为乎以倡优例之，岂不有负此梨园一业也。盍观董解元赠黄旛绰先生论梨园出处数则，皆有先圣先贤证据，班班可考，梨园之不应例入倡优也明矣。所以《孟子》有言曰："今之乐，犹古之乐也。"能无重之？余本陋劣无知，略明大义，爰序数语以弁首。

嘉庆二年秋七月既望惕庵居士题

董解元赠黄旛绰先生梨园序

刘亮采纂辑　杜步云抄录

论鬼门道

"鬼门道"者，戏房出入之所，谓之"鬼门道"也。鬼者，言其所扮者，皆是以往昔日人，今人之所扮者，代鬼行事，故谓之"鬼门道"也。愚俗不知，因置鼓于门，讹传为"鼓门道"也，于理无据；亦曰"古门道"，非也。东坡诗云："搬演古人事，出入鬼门道。"正此谓也。

倡　优

俳优所演者队伍，谓之倡优，故曰"勾栏"。子昂赵先生曰："良家子弟所扮者，谓之'戏文'，谓之'行家生活'；倡优所扮者院本，谓之'戾家把戏'。"或问其故，予曰："戏文者，出于鸿儒硕士、骚人墨客。所作者，良人也。若我辈所作，倡优岂能扮乎？推其明，正其理，倡优故为戾家也。良家子弟所扮者，是我一家风月。虽是戏，亦合于理。故取良家子弟，有通于音律者，又当生太平之盛，乐雍熙之治，欲追古感今，以饰太平，隋为之'康衢戏'，唐为之'梨园乐’,宋为之‘华林戏’,元为之‘升平乐’。‘梨园乐’,明皇赐也。倡优,乃勾栏中乐工也。愚俗不明,呼为一类,未明其原耳。”

论戏统

丹丘先生涵虚子编

古置戏,未出排场鬼门道,齐先唱“红芍药”一词。何也?因传奇内必有神佛仙贤、君王臣宰,及说法宣咒等事。故先持一咒,以释其咎,兼利诸色。隔宿未爽,喉音闭塞,故齐声而扬开和哩啰嗹。古制云:“太子千秋岁,春闹昼锦堂。一株红芍药,开遍满庭芳。”取其曲牌名,为引口词。未尝作一套“红芍药”也。后人道单薄,添“倒垂莲”、“倒拖船”,成其套,非其体也。

老郎神

老郎神即唐明皇。梨园嬉戏,傅粉登场,掩其本身颜面。演串下,不便称君臣,而关体统,则尊老郎之称。故遗有唐帽,谓之老郎盔。戏中所抱者喜神,取其喜,而利于技,非即老郎也。今人供翼宿星君为老郎,其义未详。(翼宿星君乃天上之乐星也,今人故供之。)戏道者,不可不知其义存焉。

谢阿蛮串始论戏始末

戏者,以虚中生戈,始于汉陈平。刻木人御城,退白登事,后效为之,曰“傀儡”。化为矗戏、托戏、影戏、偶戏。至唐明帝,选良家子,于梨园中演习,为大家技,曰“生”、“旦”、“丑”、“净”、“外”、“末”、“小旦”、“小生”,八脚为正。后增“付净”、“作旦”、“贴旦”、“老旦”,十二人为全脚。余供侍从者,多多犹善,曰“现身说法,表扬忠孝节义、才子佳人、离合悲欢、旌善惩恶,此大美事也。”元、宋极盛。

董解元解脱词曰:“出入鬼门道,搬演古人事。”然四方之音传剧,皆犹一体,邪正各从土语所传,不以为讹错。习者,择之而取焉。

王大梁始派详论角色

脚色者，言其本脚之物色。生者，主也。凡一帙传奇剧，由主而起，一传之事，在其主终始，故曰“生”。旦，乃寅刻之光，以男扮女，是男非男，似女非女，见时不能分，故曰“旦”。丑，即醜字，言其丑陋睚人，及撮科打诨，故曰“丑”。净，静也，言其闹中取静，静中取闹，兼为豪贵烦嚣者，故曰“净”。外，以作外姓人，兼为尊崇之色，而言“外”。老旦，所司母、姑、鸨、乳、娼，曰“老旦”。末者，道始末也，先出排其家门，故言其“末”。小生，或作主之子侄，或作良朋故旧等人，而曰“小生”。副净为代净之色。小旦，或侍妾、婢、养女，曰“小旦”。贴旦，即副旦。凡男女各色，妆何等人，即作甚人，喜怒哀乐、离合悲欢，当酷肖己衷，则使观者，动情触目，始为现身说法，可以化善惩恶，非取其虚戈作戏，为嬉戏也。

论四方音

黄旛绰始曲之音，属于分野。刘緦涂山歌，始为南音。有娀谣于飞燕，始为北音。豫章荆楚为西声。自陈与隋属吴浙，为东西南音。至唐黄旛绰，昆山人，始变为昆腔，其取平上去入四声，正而无腔，字有肩，板有眼，阴阳清洁。至明初魏良辅，善用繁腔，而四声不正，败肩腔顿为四平，此南音之野狐也。北调叶弦索，取字重无南声者，腔在弦出，如用南字南腔，兼用乐府调，而为两头蛮，此北声之野狐也。西曲，今之弋阳腔，字不辨声，板无定规，合和为例。连三板，促板，涉混啰啰腔，此西曲之野狐也。东曲，今之海盐腔，腔杂，板无眼，字前声，板后腔，兼用拉腔、拽锯腔、鬼腔、抖腔，此东曲之野狐也。今西声入北，东曲列南，皆元末而无所归。及散词，而为小令。至元末明初，骚人并不成章帙，取其遇景而作散曲。一人独奏，叶箫管和声，不叶鼓板，以扇为拍，取字清腔缓，悠扬而歌。任板长短，不知所止，今传为时曲清唱者，可笑。

论鼓板乐式

雷海青传，古乐器，五帝所置。六艺，礼乐射御书数。琴、瑟、管、弦、丝、竹之音,埙、篪、鼓、吹之乐,文庙祀丁之日,乐器毕设可证。犹是神鸟所遗,但始置未详。至汉武帝时,有东方曼倩,能识其鸟,能解鸟语,善戏谑谈笑,帝宠,为大夫。班臣恶其谄主,遣使他出。忽神鸟至殿,身羽五色,尾长三尺,朗鸣于庭。鸣时双目开闭,尾拍头身至足,良久而去。帝诘班臣,无识者可答。旬日后,曼倩复旨而朝。帝将鸟鸣询之,曼倩滑稽答曰:“此神鸟,名十二鸿也。非鸣,乃歌也。歌时闭目,出阴阳声。闭左出阴声,闭右出阳声。尾拍,即分板眼。凡飞禽之尾,正十二根,按十二月之数,如闰月生者,十三根。该头板,随字出拍;而腰板,随腰而拍;底板,声尽而拍。”班臣为诬,帝亦未考。过旬日,其鸟复至殿庭,朗鸣如前。曼倩滑稽听之,则言而更阳,而更阴,今当止也。果如言,则止而去。其状歌鸣,与前同。问曼倩:“汝知鸟音,适歌何调?”即书其词上览,帝欢然喜悦。颁词臣作歌作词,而后作曲。曼倩按天文、地理、人物、宫室各种,逐门编其牌名,依名设骷髅格填词。后有毗陵蒋维忠,讳孝,嘉靖进士,置十三调谱。松陵词隐先生,姓沈,讳璟,万历进士,撰九宫,详曲声阴阳,为世所传。此论曲乐之式。笙笛箫管,古置有鸟头,掩孔出字,即如十二鸿开闭目出阴阳声。笛两垂须带,即鸟足。琴瑟周时就有,始三十六弦,或二十四弦,或十六弦,后九弦、七弦。月琴四弦。琵琶四弦,弹出曰琵,弹进曰琶。琴瑟和调,取“仙翁”二字和叶。弦子等调,取马道人和之,俗曰“堂叮当。”箫笛和调,尺、上、五、六、凡、合、工、四、乙九字和之。鼓之式,中心记红黑月,此分阴阳,钉即十二鸿,眼眶肉粟。古置有数目者,后化大小不一,故失钉数。板,古式十二块,刻羽文在上,即如鸟尾十二根之数。后变六块、四块、三块,大失其体。戏文排场,鼓止两下,即取开和二字。锣亦两声。排场者,古置走三角,分家门。原古词有家门,谩道末句白:“交过排场,紧做慢唱。”后人排场,站定不动,何异祝献通疏。锣鼓打三下,不知作何三字和之,不知所出之典。锣乃点静塞闹,凡冷处助声。古置:进兵鼓,退兵锣。非繁与杂沓者。今人乱为,将锣合曲,反言花巧,可谓非法之极。一切音乐,皆由十二鸿神鸟之遗式,非草创耳。

论 曲 源

王伯良曰:"曲者,乐之支也。"自"康衢"、"击壤"、"黄泽"、"白云"以降,于是"越人"、"易水"、"大风"、"瓠子"之歌继作,声渐靡矣。乐府之名,昉于西汉,其属有鼓吹、横吹、相和、清商、杂调诸曲。六代沿其声调,稍加藻艳,于今曲略近。入唐而以绝句为曲,如"清平调"、"郁轮袍"、"梁州水调"之类,然不尽其变。而于是始创为"忆秦娥"、"菩萨蛮"等曲。盖太白、飞卿辈,实为作俑。入宋而词始大振,署曰"诗余",于今曲益近。周待制、柳屯田,其最也。然单调双韵,歌止一阕,又不尽其变。而金章宗时,渐更为北词,如世所传,《董解元西厢记》者,其声犹未纯也。入元而益漫衍其制,节调比声,北曲遂擅一代。顾未免滞于弦索,且多染胡语。其声近噍以杀,南人不习也。迨季世明,又变而为南曲,婉丽妩媚,一唱三叹,于是美善兼至,极声调之致。始犹南北画地相角,迩年以来,燕都之歌童舞女,咸弃其捍拨,尽效南声,而北调几废。何元朗谓:"更数世后,北曲必且失传。"宇宙气数,于此可觇。至北之滥流而为粉红莲、银纽丝、打枣竿,南之滥流而为吴之山歌、越之采桑诸小曲,不啻郑声,然各有其致。由兹而往,吾不知其所终矣。

华 林 十 要

一正字母
二辨阴阳
三类
四声
五音
六律
七政
八法
九宫
十三调

梨 园 辨 讹

(略)

见闻杂记(摘录)

梨园登场三字诀

轻(飘色自然)

清(曲白口齿,官私清楚)

新(一番提起一番新,并无俗态厌恶)

登场十字诀

一曰趣

二曰天然

三曰能感人

四曰雅俗共赏

弋侉腔杂戏场面题纲

本书系稿本，记录数十出戏之检场、道具基本情况。此类戏曲史料，乃戏班实物，实为第一手珍贵资料。按，“弋”，自指弋阳腔；而“侉腔”，犹言“乱弹”，秦腔、黄腔、吹腔、时剧等皆可包含在内。值得注意的是，“侉腔”是清代宫廷演剧及其档案中时常出现的一个特殊名词。根据书之性质、抄录字迹，疑为清宫之物。谷曙光整理。

衣锦还乡

外上，引二句，放正椅一张，起撤。二丑上见面，放八字椅二张，左边接八字一张。苏秦念白“阖府的丫环、小子与我跪着”，左边台口面上放正椅一张，同起全撤。

徐庶见母

老旦上，引四句，随放正椅一张，徐庶坐起撤。

平章拷姬

净上，引四句，放正桌椅，桌上放灯一盏，书一本，剑一把，出桌全撤。

争功请罪

净上，引四句，放正椅一张。老生上唱，下轿，右边台口面上放正椅一张，起撤。净起撤正椅。老生念白“有话何不讲来”，净白“听俺道来”，随放八字椅二张，起撤。老生下轿，放正椅一张，起撤。净上白二句，放正椅一张。场上预备荆条一根，起撤。郎官白“来此已是”，右边台口面上放正椅一张，起撤。

虎撞窑门

正旦上唱，右边台口放窑门一座，正旦下撤。

计说

二夫人上唱，末句放八字椅二张。老爷上见面，左边台口斜放椅一张，三场报子上，“张辽到此，我有主意，二位夫人请回”，起全撤。随放正椅一张。老爷白“看坐”，右边下椅一张。老爷、张辽念下场白，同起撤。

怒斩丁香

黄巢、正旦同上，下马。左边台口随放正椅一张，右边放正椅一张,前后放,同起全撤。

古 城 相 会

关公上白三句,紧随身后放正椅一张。孤鸿鸟应场完,关公又唱,小军念白“请爷上马”,起撤。关公二场上,见刘备拜完,关公唱第二支重句“忠心不改,忠心不改”,随放正椅右下椅,关公白“小弟有罪了”。撤右椅右台口,关公身后面向左台口斜放椅一张,关公唱重句“贪淫恋酒色,贪淫恋酒色”,撤台口椅,随放右下椅,又唱,同起全撤。

勘 问 吉 平

曹操上下轿,随放虎头公案一分,随交椅一张。众官见曹操面,随放对面椅四张。曹操出桌,全撤。左右预备鸭嘴棍二根,左边预备□□一把,长枷一面,右边预备鞭子一把。

敬 德 闯 宴

茂公三人上唱贯门,念旨意后,正放酒桌一张,随椅一张,对面酒桌二张,各随椅一张。左右预备执壶二把,杯盘四分,随盘二个。右边预备金斗一个,敬德见面,敬德拿斗喝酒完,全撤。敬德白完,薛宗显白“国公听禀”,唱,随正放桌一张,上放盔甲,膀(旁)方天戟一杆,挂弓一张,中军搭撤。

罗 成 托 梦

老旦上引二句,放正椅一张,椅后放桌一张,起撤。椅放在桌内,正旦上见面,老旦白“我儿不要回房,就在此处安歇了罢”。左桌头放椅一张,二判官上,左右场门随彩火二把,上跳,各随彩火三把,正旦醒,出桌全撤。

河 梁 赴 会

周瑜上引二句,随放正椅一张,起撤。刘备、关公上,放正椅一张,右边放下椅一张,起撤。刘备、周瑜二人拜,放八字酒桌二张,各随一张,右边预备酒一坛,肉一块,馒首。左边预备更锣,左右预备杯盘二分,卮壶二把。关公拿周瑜出桌,全撤,脱衣。

张飞落草

草鸡大王上,跳白二句,随正放空椅一张,下撤。张飞白"摆队上山",贯门下马,放正椅一张,写字完起撤。左边预备黄布一块,右边笔砚杠子。

敬德赏军

贯门后场,正预备香案桌一张,上放酒三杯,拜完中军,搭撤。后放公案桌一张,随椅一张。左边预备功劳簿一本,右边预备酒一杯。二次出桌,桌内椅放在桌前,左边放下椅一张,起撤。下椅、正椅挪在桌内,又出桌,桌内椅放在桌前,左边放下椅一张,后撤。公案同起全撤。

文道害命

外进庙门,放正椅一张,左边预备茶盅一个。服毒二次起撤。绕场,左边斜放空椅一张,随彩下撤。

把总上任

把总进门,放正椅一张,二把总见面,撤正椅。随放八字椅二张,左右预备盖碗二个,随盘。刘把总告辞起撤。

张旦借靴

二丑见面进门,随放八字椅二张,丑念白,取靴,起撤。随正放琴桌一张,拿靴子撤。张旦上,引二句,放正椅一张,起撤。

怀德别女

老生上唱,放正椅一张,老生唱"千山万水",起撤。随放正桌一张,随小笔砚一分,寸书一封,红带一根,随正椅一张,右桌头放椅一张,小旦出桌全撤。

打门吃醋

丑奶奶上,引二句,随放正椅一张,起撤。左边预备锁头一把,殷氏上引二句,随放正椅一张,右边台口斜设椅一张门。老生打下门来,撤门。老生二次起撤正椅,丑奶奶进门随放正椅一张,上放响板一块,老生见面起撤。随放八子椅二张,右边椅上放响板一块,丑奶奶撞老生起,全撤。左边预备响棍一根,二卩下场,随放正椅一张,丑奶奶下撤。

请美猴王

净上唱,下轿后,随正放条桌二张,左右杌子二个,上放正椅一张。净下台,放正椅一张,右边放下椅一张,起撤。净二次下台,全撤。随正放椅一张,右边放椅一张,起撤。正椅、下椅不动,左边预备棒一根,净上撤椅。

夏驲赠书

老生上,引二句,放正椅一张。老旦、老生见面,场上预备椅一张,二人同起全撤。随放正小笔砚桌一张,上放寸书一个,随椅一张,出桌全撤。老生进门,随放正椅一张,起撤。

夜看春秋

净上,引四句,正放桌一张,随椅一张,桌上放灯一盏,剑一把,书一本,出桌吹灯全撤。剑响完,起曲子,左边斜放监门椅一张,倒放打开撤雄虎。员外上四句,放正椅一张,后放桌一张,上放灯一盏。正旦坐完撤椅,家将二次放灯撤桌。

五瘟魔障

正旦末上,正放桌一张,椅一张,右边预备香一古。金奴拿香出，桌全撤。正放香案桌一张，后放高台条桌二张，左右杌子二个，上放正椅一张，瘟神绕桌子，刘氏靠桌子，完撤香桌。刘氏白“自己花园，偏要回去”，瘟神踢科完，放正椅一张。罗卜上，瘟神将椅放倒，撤椅，下台全撤。

懒妇烧锅

小旦上唱，放正椅一张，丑滚进门，起撤。随放八字椅二张，老王叫门，同起全撤。丑跳影子完白，放正椅一张，对面椅二张，起撤。正椅、对面椅不动，小儿进门，同起全撤。

公子打围

公子上唱完白完，放正椅一张，站下撤。

孟良打棍

老旦上唱，丑梅香上放正椅一张，排风孟良比武，下场起撤。右边预备棍二根，老旦上，左边斜放椅一张，起撤。

拿夫修城

范杞良上唱，白“到城隍庙大大许一个愿”，起曲子，正放桌一张，随椅一张，桌上放元领一件，纱帽一顶，响板一块。右边台上预备马夫巾一个，卒褂一件，马鞭一把。二差人拿马童完，出庙全撤。

丽容探病

丽容上二句，放正椅一张，右边预备琵琶一个，驴鞭一个，有才代驴鞭子，丽容起撤。小生上，放正桌一张，随椅一张，左边预备蛋盘，一个菜，小酒壶一把，酒盅二个。老生进门，左桌头放椅一张，司书、有才二人妆老爷，丽容、小生作打，二人出桌全撤。

入吴吊孝

孔明、鲁肃见面，左边斜放青帐幔桌一张，上放灵牌一个，香案一分,酒三杯。孔明奠酒完唱完,绕场撤香案桌。随放八字椅二张,众将见面起,全撤。

蒙正逻斋

蒙正上唱,末句正放桌一张,随椅一张。右边预备水碗一个,和尚拿碗浇火,蒙正出桌全撤。

蒙正祭灶

小生白"祭礼打点出来",左边斜台口倒放空椅一张,右边预备鸭蛋盘一个,土碗一个,水碗一个,蒿子棍一根。二人拜完,正旦白"水冻成冰了",撤。二人进窑门,左右预备小板凳二条,右边预备书一本,二人背靠背坐,完撤小板凳。

针线算命

丑妈妈等上白,正放桌一张,上放针线簸箩一个,衣服一件,正椅一张,左右桌头放椅二张。张小旦推醒丑妈妈,撤左桌头椅一张。丑妈妈抱小旦,小旦作回桌内,出桌撤椅,正桌不动。丑妈翻桌打傻小子,扶起桌子,撤桌。小生进门,正场预备桌一张,左边斜放椅一张。摆好桌子,内桌头放椅一张。小旦白"打盅",右边台口正放椅一张,写状子完,撤台口正椅。小旦唱曲儿完,要钱,出桌撤桌头椅,小生桌上拿书包,全撤。右边预备茶盅一个。

探亲相骂

丑妈妈上引二句,放正椅一张,备驴撤椅。右边预备大钱岔子一个,内妆窝窝,左边预备驴鞭子一把。丑妈妈下驴进门,随放正椅一张。大娘上,见面起撤,随放八字椅二张。右边预备茶盅二个,老头子进门,随放正椅一张,起撤正椅。遭死鹌鹑,起撤八字椅。

灏不服老

付进门,老生见面,放八字椅二张。梁灏上,老生拜完,右边放下椅一张,右边预备官告一分。小生上,左边急放下椅一张。院子上后,正放酒桌一张,上放杯盘,四分同起,全撤。酒桌内放正椅二张,左右桌头放椅二张,出桌全撤。

花子判断

大花子上唱,正放躺椅一张。刘二上,见面,左边台口放砖一块。大花子白"将他送到定兴",同起全撤。

下海投文

小生上引二句,正放公案桌一张,随椅一张,上放公文一个,出桌全撤。老王丑见面,正小放桌一张,左右随椅二张。右边预备壶一把,酒盅二个,苹果一盘。老王取果,丑出桌全撤。二差人见面,丑白,随正放公案桌一张,随椅一张,出桌全撤。左边预备银包二个。

遣子经商

小生上唱,正放桌一张,上放炉瓶三式,经一本,经袱一块,桌后放佛像桌一张。小生叩两个头,左桌头放斜椅一张,正旦坐完白"金奴随我打点去",起撤。正旦二场上,左边放斜椅一张,罗卜出门全撤。

六殿逢母(左边火彩)

班头上左边斜拉丰都城一座,刘氏内唱完,城内放占下撤。刘氏进城,撤城。

刘氏望乡

看台鬼二次下场,正放望乡台,下撤。

秉烛待旦

驲丞、关公见面进门,放正椅一张,四官见面,放对面椅四张,起撤,正椅不动。关公唱白“待旦也是分所当然”,椅后放正桌一张,上放书一本,灯一盏,起撤。椅放在桌内,出桌,关公拿灯,桌内椅放在桌前。关公放灯撤桌,张辽见面起,撤左边板子一块。

张三打父

老外上唱,放正椅一张,左边倒放空椅一张,上麻草鞋一双,小板凳一个。张三进门,撤正椅不动。老外下场,张三起撤。

徐母击曹

曹操上,引二句,放正椅一张。右边预备小笔砚桌一张,徐母拿砚台打曹操,起全撤。

扫塔擒怪

悟空开门正放香案桌一张,唐僧白“我们回去吧”,出门撤桌。

浪暖桃香

小生上,引四句,放正椅一张。左边预备琴剑书箱,左边马鞭子,起撤。

质玺借兵

孙策上,引二句,放正椅一张,起撤。曲子完,放正椅一张。老生上见面,左边放下椅一张,同起全撤。袁术上,引四句,放正椅一张。孙策上,见面,左边放下椅一张,兵上,同起全撤。

耒阳判事

庞统上,引四句,随正放酒桌,椅儿上放酒壶一把。张飞上,见面,出桌。换公案桌。开门左边斜放椅一张,审事完,出桌全撤。

公案前放枷棍敲板二块,板子二块,棍一根。

大 盗 施 恩

张佑大上唱,放正椅一张。观音下场,坐完起撤。

摇　　会

大娘上,白二句,放正椅一张。二娘上起撤,正放小放桌一张,随椅二张。左边椅子上预备家法一块,出桌全撤。大娘下场,放正椅一张,见小生面,起撤。大娘打二娘,打小生上,随放八字椅二张。二老者取骰子,正放桌一张,上放茶盅二个。大娘扔骰子,撤桌。二老者白“大娘买不成”,起撤左边椅。

倒 打 杠 子

外上,引二句,放正椅一张,起撤,随放八字椅二张,同起全撤。丑上白四句,放正椅一张,二次起撤。

瞎 子 逛 灯

二和尚进门随放八字椅二张,二次起撤。

十 字 坡

小旦上白,放正椅一张,起撤。左边台口面上放筒子椅一张,右边预备幌子一个。武松见面起撤。正放桌一张,随椅一张,左右桌头放椅二张,右边预备包子一盘,二次出桌,撤左右桌头椅,正椅不动。武松吹灯,将椅挪右桌头。武松坐起,撤椅。二人打完,桌上放刘唐裤手镯一个。武松下桌撤桌,右边预备哨棍一根,小解子上正场,预备门撑子一根。丑妇人上,正放桌一张,上放棒槌一根。拿棒槌撤桌。小解子二场上,正场预备拐子一对。孙二娘叫张青,左边场上预备哨棍一根。

飞云浦

武松解子徒弟五人见面,正拉飞云浦桥,后正放条桌一张,左右机子二个,右边台口预备水碗二个。武松赶小徒弟,过桥下全撤。

鸳鸯楼

蒋门神等上唱,仙楼挂匾,楼上正放酒桌一张,随正椅一张,左右桌头椅二张,桌上放杯盘三分,小酒壶一把。武松上左边,预备空椅一张,武松跳下撤。武松杀完,壁上写字,楼上放彩头二个,下楼全撤。门军上,左边斜拉孟州城一座,内顺放接脚对垛口,条桌一张,上放琴桌一张。琴桌上放机子一个,上下机子二个,武松跳下全撤。

煤黑上档

煤黑子上唱,正放桌一张,左桌头放椅一张,桌上放□盘帐,起撤椅,正桌不动。煤黑子放酒壶,撤桌。张二混进门,见旦面,放正椅一张。刘二混见面起撤,随放八字椅二张。张二混白"叫煤黑子去",起撤。左边预备煤筐一个,煤黑子、刘二混见面打,随放正椅一张,八字椅二张。煤黑子白"失陪",同起全撤。随放八字椅二张,张二混请煤黑子起撤。左边预备钱二贯,大银包五个。众人见面,正放桌一张,正椅一张,左右桌头椅二张。右边预备菜一盘,小酒壶、酒盅、骰盆子、骰子、纸笔墨砚一分,随盘三个。差人锁煤黑子,撤椅。煤黑子下场,二混白完,撤桌。

打面缸

张知县上白,急放公案桌一张,公文一道,纸一张,随椅一张。张知县桌上拿印击鼓,全撤。王书吏进门,见腊梅面,正放桌一张,左右桌头放椅二张。张才上白"忙点上一把火",左边随彩火一把,右边棍一根。张知县钻出桌,撤正桌。左边椅、右边椅,腊梅挪正。

张才白“我要包”，起撤。

顶　　砖

丑上进门，正放椅一张。小旦上白“赏他个坐”，左边预备椅一张，正椅走场人挪八字。小旦起曲子，打丑，全撤。随放正椅一张，丑顶灯完顶砖，旦起撤正椅。小旦上白“请小生”，随放八字椅二张。丑顶砖完穿衣，正放琴桌一张，丑坐下撤桌。丑揪小生耳朵，起全撤。随正放椅一张，丑、小生打小旦。旦起，撤右边，预备灯一盏，砖一块。左边预备剑一把，背包一个，马鞭子一把。

打灶分家

灶君上唱，走圆场，白完，左边台口斜放椅一张，面向右。桃三春上白二句，放正椅一张，起撤，打灶君完，灶君起撤台口椅，老大、老旦上放八字椅二张，桃三春上，见面右边放下椅一张，老旦起撤。右边八字椅一张，丑老二进门。左边台口放正椅一张，三人打，同起全撤。

打　　刀

赵匡胤进门，放正椅一张，匡胤白“三更要得”，起撤。左边预备风箱，锤子二把，镊子二把，小板凳二个，半大小板凳一个，刀一把。赵匡胤上，放正椅一张，正旦摸银子，杀完起撤。右边预备水一碗。

偷　　鸡

杨雄、石秀、店家见面，正放一字桌一张，正椅二张。时迁上楼，左桌头放椅一张，右边预备小酒壶一把，酒杯三个，灯一盏。后台鸡叫，左边鸡一只，时迁白“你合我根儿”，左边随彩火一把。时迁店家摸黑，店家白“我要扑”，桌头椅挪斜，时迁上桌撤椅，杨雄、石秀出桌撤椅。右桌头放正椅一张，时迁起撤。正桌上放行李，时迁、店家下楼,二人作打,时迁下桌撤桌。左右预备长短把子,左边短二,右一。左边预备火把一根。祝龙上引二句,随放正椅一张,起撤。

貂蝉拜月

貂蝉上唱,凤头鞋步月行左边台口。向右场门斜放桌一张,上放炉瓶,三(式)拜完撤。王允白,随我到亭上去,绕场,放正椅一张。王允唱国家大事,起撤。

打樱桃

小旦上引二句,放正椅一张,起撤。右边预备花篮一个,竹杆一根。小生上,正放桌一张,椅一张。小生白出去,右边顺放小板凳一条。小旦上唱,瓶儿白,已到花园,左台口放椅一张,小生出,桌撤。小旦起,撤椅。瓶儿拿桃打小生下,撤小板凳。小旦上二句,放正椅一张,后放正桌一张,桌上放小笔砚寸书一分,起撤椅,放在桌内,出桌全撤。随放正椅一张,瓶儿起撤。小生上,随正放小笔砚桌一张,随椅一张,小生白出去。左边顺放小板凳一条,丑去开门,撤板凳。瓶儿、小生见面,左边备椅一张,(管)彦起撤。拉小生出桌,瓶儿出桌,全撤。随正放椅一张,三次起撤。

送盒子

小旦上白二句,放正椅一张,二次起撤。丑见面进门,放八字椅二张,起撤。随放正椅一张,起撤。丑上,进门,随正放小放桌一张,左右随椅二张,三人见面出,桌全撤。

油漆罐

丑上数板,放正椅一张,起撤。右边预备油罐一个。小生、门军见面,门军下场,左边台口躺放空椅一张。丑悄随彩火一把。小生起撤。丑、小生进门,放八字椅二张,小生白,告辞起全撤。丑进暴家门,放八字椅二张,丑白请狗阴阳去,全撤。右边预备包儿一个。丑回家进门,作打暴妈妈,放八字椅二张。狗阴阳打丑,放正桌一张,左边预备灯一盏,丑三次点灯。白完左边台口正倒放空椅一张。狗阴阳查日子完,撤台口空椅。丑穿裤子完,全撤。

李鬼断路

小旦上唱,放正椅一张,李鬼上座完,起撤。随放八字椅二张,小旦白锅烟子、抹花花,起撤。放正椅一张,正场头预备鸭蛋盘一个,镜子一面黑白笔二支,砚台一块,小旦坐起,撤左边,预备假纸张火芥一把。

金定探病

君保上唱,正放桌一张,随椅一张,左边茶盅一个,出桌撤。

魏虎发配

解差上,进监门,放正椅一张。魏虎白骡夫轿马,起撤正椅。小旦上白,放正椅一张,左边正放杌子一个,起撤正椅。小旦杌子上拿饽饽,撤杌子,摆在左台口。解差、魏虎上白完,右边台口躺放空椅一张,解差省起撤。小旦上,看完撤椅子。解差进门,放正椅一张。解差听曲儿完,白完,撤正椅。杌子上放盆面饽饽,随茶盘一个。

闯山

董金莲上唱,正放条桌二张,左右椅子二个,上放正椅一张,下全撤。拿住保林回山贯门,左边台口斜放正空椅一张,上绑杆子,放正椅一张。周鼎挪台口,起撤,走场人挪正。拿鞭子打保林完,起撤,松绑撤台口椅。

锯缸

丑上,左边预备担子一分。丑下场,随正放琴桌一张、彩火一把,跳下,撤。小旦上,见丑面,进门。随正放梳妆桌一张、椅一张,右边预备瓦罐缸,出桌全撤。右边随放斜椅一张,丑出门撤椅。小旦下场,随彩火一把。

打　场

净上白,放正椅一张,先生见面起撤。放八字椅二张,同起全撤。

拷打红娘

老旦二场上,见红娘面放正椅一张,椅上放家法一块,张生上见面,起撤。

洗心斋盔箱

本书为清末戏班之穿戴提纲，系戏班实物，钞写字迹工整，封面自右至左分别题“洗心斋，乐世清闲，盔箱，彩场庄严”字样。记录七十余出戏之穿戴情况，每出戏列角色、行当、行头及砌末名目，多数是乱弹皮黄剧目，为研究清代戏剧服装道具之第一手史料。原为周明泰所藏，谷曙光整理。

目　　录①

① 目录与正文内容并不完全一致，如目录中《法门寺》一剧，正文即阙如。且目录戏名与正文写法时有不同，一般不作改动。

受嘱传灯

（庄严三昧　下接真主驱魔）

慧远公

生扮

高方,黑三,富贵衣,丝绦,红裤,方靴,执伞,包袱

舍利佛

生扮

红毗卢,黑三,蓝缎褶子,大衣,丝绦,红裤,方靴,执拂尘

侍者

手下扮

大帽,蓝褶子,云履,执锡杖、钵经

四云牌

手下扮

红卒巾,红龙套,执云牌

青除灾金刚

花扮

黑披发,银二龙箍,蓝刘唐衣,黄丝绦,虎裙,虎带,红裤,打靴,执杵

辟毒金刚

花扮

黑披发,银二龙箍,青百骨钮,白丝绦,虎裙,虎带,红裤,打靴,执杵

黄随求金刚

花扮

蓝披发,金二龙箍,淡青刘唐衣,蓝丝绦,虎裙,虎带,红裤,打靴,执杵

白净水金刚

花扮

红披发,金二龙箍,紫刘唐衣,黄丝绦,虎裙,虎带,红裤,打靴,

执杵

赤声火金刚

花扮

黑披发，金二龙箍，白刘唐衣，紫丝绦，虎裙，虎带，红裤，打靴，执杵

定持灾金刚

花扮

黑披发，银二龙箍，蓝刘唐衣，蛋青丝绦，虎裙，虎带，红裤，打靴，执杵

紫贤金刚

花扮

黑披发，金二龙箍，黄刘唐衣，黑丝绦，虎裙，虎带，红裤，打靴，执杵

大神力金刚

花扮

红披发，银二龙箍，紫刘唐衣，绿丝绦，虎裙，虎带，红裤，打靴，执杵

监戒菩萨

武生扮

金帅盔，彩球，黄靠，红裤，方靴，执杵

贪

丑扮

白扎巾盔，白靠，黑八字，红裤，打靴，执元宝枪

瞋

花扮

黑披发，黑发球，金鹅绿靠，红裤，打靴，执大刀

痴

刀马扮

七星鹅，打袄，彩裤，花鞋，鸾带，执绳子刀

睡

花扮

白披发，白发球，银鹅子，黑靠，红裤，打靴，执枪

樵夫

末扮

蓝毡，天白四喜，蓝水衣，腰包，执斧

虎形

手下扮

起　解

苏三

占

大头，青打袄，奸襟，红汗衣，红裤，豆青裙子

解子

丑

白毡，天白四喜，蓝布箭，红裤鞋，执行李文书

四衙

丑

圆纱，黑吊吊，青官衣，红裤，彩靴

叹　皇　灵

徐彦昭

净

金耳不闻，白满，白蟒，红裤，彩靴，执锤

杨波

生

官纱，白三，绿蟒，红裤，彩靴，执牙笏

大郎

生

黄扎巾盔,黑三,黄靠,红裤,彩靴

二郎

生

绿扎巾盔,黑满,绿靠,红靠,彩靴

三郎

花

黑扎巾盔,黑开口,黑耳毛,黑靠,红裤,彩靴

四郎

小生

白武生巾,白蟒箭,銮带,青马褂,红裤,彩靴

小赵飞

丑

白武生巾,紫箭袖,马褂,銮带,红裤,彩靴

二家将

青罗帽,黑满,青褶子,红裤,彩靴

一 定 襄 阳

二家将

武生扮

青罗帽,青、蓝箭袖,红裤,方靴

仲

花扮

白大叶巾,蓝褶子,黄蟒,草王盔,雉尾,狐尾,黑满,红裤,方靴

季

花扮

绿靠,绿扎巾,黑开口,红裤,方靴

四军

武行扮

青百骨钮,黑虎帽,红裤,打靴

关

红净扮

平顶冠,绿蟒,黑发髯,红裤,方靴

周

花扮

黑帅盔,荷叶片倒缨,黑靠,黑开口,红裤,方靴,执大刀

平

武生扮

银八角冠,火燕彩球,白靠,红裤,方靴,捧印

四云牌

手下扮

红卒巾,红龙套,执云牌

马童

花扮

黑打头,百骨钮,银鹅茨菇叶,黑裤,打靴

白马童

武生扮

白打头,白刘唐衣,金鹅茨菇叶,红裤打靴

采访

生扮

金帅盔,荷叶片倒缨,黄靠,黑三,红裤,方靴,执马鞭、令旗、令箭

祝

末扮

僧帽,紫花老斗,丝绦,白二字,红裤,方靴,执拂尘

老将

丑扮

白帅盔,白靠,白开口,红裤,方靴,执枪

四卒

手下扮

黄虎帽,黄刘唐衣,红裤,打靴,执枪

僧

丑扮

大帽,僧袍,丝绦,执拂尘

道

丑扮

道巾,紫花老斗,丝绦,白四喜,执拂尘

儒

丑扮

荷叶巾,绿褶子,黑吊吊,执扇

医

丑扮

绿箭袖,秋帽,官靴

探子

手下扮

大叶巾,蓝布箭袖,红裤,打靴

钱眼开

丑扮

尖纱,红官衣,黑八字,方靴

莫进忠

丑扮

水衣,红裤,腰包,方靴,执圆纱,黑吊吊

老人

丑扮

白毡,天白满,红裤,方靴,执裙子包袱,紫花老斗

僧

丑扮

僧帽,青袍,丝绦,红裤鞋,执铙钹

桓宣

红净扮

金侯帽,红靠,苍三,红裤,方靴,绿蟒

中军

末扮

中军盔,黑满,二蓝褶子,红裤,方靴,执令旗

桓义

生扮

荷叶盔,白靠,黑三,红裤,方靴

将

生扮

黄虎头盔,黄靠,黑三,红裤,打靴

将

花扮

黑虎头盔,黑靠,黑开口,红裤,打靴

将

生扮

绿扎巾盔,黑箭袖,黑三,红裤,打靴

将

小生扮

白扎巾盔,白箭袖,红裤,打靴

四标旗

手下扮

红卒巾,红龙套,执红标旗

四标旗

手下扮

白卒巾,白龙套,执白标旗

劝开大士说因代捉魂

刘贾

丑扮

荷叶巾，黑吊吊，绿褶子，红裤，方靴，执扇

金奴

花衣扮

便衣，执扇

刘氏

老跕扮

黑攒网，蓝对批，绿腰包

土地

末扮

素三开头，白满，香色褶子，丝绦，红裤，方靴，龙拐杖，执拂尘

监斋

净扮

红披发，红发球，金鹅子，蓝刘唐衣，虎裙，虎带，红裤，彩靴，掖斧，执拂尘

判官

花扮

红判帽，红开口，耳毫，红官衣，红裤，方靴，执册笔

小鬼

丑扮

红鬼发，水衣，虎皮坎肩

安童

丑扮

孩发，水衣

李厚德

末扮

花三开头，苍三，蓝对批，红裤，方靴

贾童

丑扮

罗帽，罗汉衣，挑礼物盒

佃户

末扮

白毡,天白满,紫花老斗,便鞋,执扇子

佃户

丑扮

蓝毡,天水衣,腰包(下二人同)

城隍

末扮

官纱,文阳翅,红帽罩,红斗蓬,蓝官衣,黑三,红裤,方靴,执牙笏

业道

小生扮

金大镫,绿靠,红裤,方靴,执册笔

灶君

生扮

莲花冠,黑披发,银二龙箍,黑三,蓝八卦褶子,红裤,方靴,执七星圭

灶童

小生扮

孩发,罗汉衣

观音

青衣扮

观音斗,白女褶子,大衣,丝绦,云履

金刚

花扮

二龙箍,红披发,紫刘唐衣,虎裙,虎带,红裤,打靴,执杵

金刚

花扮

二龙箍,黑披发,绿刘唐衣,虎裙,虎带,红裤,打靴,执杵

五道

小生扮

银大镫,白靠,红裤,方靴,执圣旨

韦陀

武生扮

金帅盔,黄靠,红裤,方靴,执杵

四云牌

手下扮

红卒巾,红龙套,执云牌

地藏

小生扮

红毗卢,佛冠,月白褶子,大衣,丝绦,云履

二侍者

手下扮

俱大帽、罗汉衣、斋衣,头执钵,次执锡杖

采访

武生扮

金帅盔,荷叶片黄靠,红裤,方靴,执令旗、令箭、马鞭,黑三

天齐

红净扮

平顶冠,黄蟒,金面,黑发髯,红裤,方靴,执圭

天将

生扮

金帅盔,黄靠,黑三,红裤,方靴

天将

末扮

金大镫,绿靠,黑满,红裤,方靴

天将

生扮

银帅盔,红靠,黑三,红裤,方靴

天将

末扮

银大镫,白靠,黑满,红裤,方靴

大鬼

花扮

红披发,金鹅红发球,红开口,紫蟒箭,红裤,方靴,执虎头牌、令箭

监斋使者

花扮

黄披发,金二龙箍,黄发球,紫刘唐衣,虎裙,虎带,红裤,方靴,掖扑刀

傅

生扮

浩然巾,蓝褶子,丝绦,黑三,红裤,方靴

泥鬼

丑扮

红鬼发,水衣,虎皮坎肩

二鬼

花扮

黑发,黑箭袖,红裤,打靴,执狼牙棒

二风神

手下扮

俱黑发、黄刘唐衣、红裤、打靴、执黑旗

五钗鬼

花扮

俱黑发、金鹅青百骨钮、虎裙、虎带、红裤、打靴

魂子

武行扮

甩发,紫花老斗,腰包,掖纸条

讲 三 字 经

温蕴

花

黑刁,黑满,黑蟒,红裤,彩靴

罗隐

生

青高方,黑三,蓝褶子,黄丝绦,红裤,彩靴

归弁

丑

红大叶巾,黑四喜,绿素箭,青马褂,红裤,彩靴

二旗牌

手下

白大叶巾,紫箭袖,黑八字,马褂,红裤,打靴

一旗牌

手下

白大叶巾,紫箭袖,青马褂,红裤,打靴

四青衣

手下

红蓁艽帽,青衣

一差官

白大叶巾,黑吊吊,白箭袖,红裤,打靴

四红龙套

手下

红卒巾

泗 洲 城

观音

青衣扮

观音斗,白女褶子,大衣,淡青腰包,黄丝绦,红云履

韦陀

武生扮

金帅盔,黄靠,红裤,方靴,捧杵

四云牌

手下扮

红卒巾,红龙套,执云牌

州官

生扮

官纱,蓝官衣,黑三,红裤,方靴,执香炉盘

化身

老跕扮

白发球,紫花老斗,绿裙

大女妖

刀马扮

蓝衫裙,打袄,彩裤,斗蓬,挑水桶

四小男妖

武行扮

四色鬼发,水衣,蓝刘唐衣,红裤,打靴

灵官

花扮

金紫金冠,红靠,红开口,红裤,方靴

玄坛

花扮

黑大镫,黑靠,黑开口,红裤,方靴

青龙

花扮

苍披发,金鹅子,绿靠,红裤,方靴

白虎

花扮

白披发,银鹅子,白靠,红裤,方靴

金吒

武生扮

太子冠,线发,白蟒箭,红裤,打靴,结子

木吒

武生扮

太子冠,线发,紫蟒箭,红裤,打靴,结子

哪吒

武生扮

太子冠,线发,刘唐衣,花裤,打靴,结子

迦蓝

花扮

黑披发,黑发球,金二龙箍,青百骨钮,绿袈裟,黑裤,打靴

大圣

武生扮

黄罗帽,金箍,茨菇叶,黄刘唐衣,虎裙,红裤,虎靴

西 川 图

颜彦

老生

白扎巾盔,雉尾,狐尾,白靠,红裤,彩靴

张飞

花

黑扎巾盔,黑耳毛,黑开口,黑靠,红裤,彩靴

一老军

丑

白毡,天白四喜,紫花老斗

二老军

丑

沿毡帽,黑吊吊,蓝衣

徐大汉

丑

沿毡帽,金鹅子,黑开口,黑两段头,青褶子

四白标旗

手下

白卒巾,白龙套

四黑标旗

手下

黑卒巾,黑龙套

虎　狼　弹

四牢子

丑

黄茨菇叶,红毡,天蓝衣,白卒褂,銮带,仝

牛简

花

尖纱,换中军帽,红开口,红耳毛,绿蟒,朝珠,绿蟒箭,青褂子

金氏

占

大头,青对匹,豆青裙子,腰裙

王氏

老占

白发,紫花老斗,绿裙子

四红龙套

手下

红卒巾

苏元进

生

官纱，白三，红大蟒，红裤，彩靴

土地

老生

青三开头，白满，紫花老斗

无　底　洞

大圣

武生扮

黄罗帽，金箍，茨菇叶，黄刘唐衣，虎裙，红裤，虎靴

小妖

手下扮（二名）

红鬼发，水衣，红裤，打靴

二男妖

花扮

发球，绿刘唐衣，百骨钮，红裤，打靴

二女小妖

武旦扮

打袄，彩裤，帽罩

大女妖

刀马扮

七星鹅，雉尾，狐尾，打袄，彩裤，裙子

八戒

丑扮

大帽，青褶子，瓜打嘴

沙僧

花扮

黑披发，金箍，绿袈裟，青百骨钮，红裤，方靴

玉皇

生扮

平顶冠,黄蟒,黑发髯,红裤,方靴

金星

生扮

浩然巾,开氅,黑三,红裤,方靴,执拂尘

四云牌

手下扮

红卒巾,红龙套,执云牌

天王

红净扮

金帅盔,佛冠,红蟒,黑三,红裤,方靴,执牙笏

哪吒

武生扮

太子冠,线发,结子,淡青刘唐衣,穿月白褶子,绣花彩裤,彩打靴,执拂尘

二郎神

武生扮

金八角冠,红彩球,黄蟒箭,红裤,打靴

金吒

武生扮

太子素发冠,结子,白蟒箭,红裤,打靴

木吒

武生扮

太子素发冠,结子,紫蟒箭,红裤,打靴

天将

武行扮

道巾,刘唐衣,红裤,打靴

巨灵

花扮

黑披发,金鹅子,雉尾,黑靠,彩裤,方靴,执双锤

猫神

花扮

白披发，银鹅子，白发球，白满，白素箭披，白开氅，红裤，打靴

二猫神

花扮

黑披发，金鹅子，黑发，黑满，青百骨钮，披青花褶子，青裤，打靴

三猫神

花扮

苍披发，苍发球，苍满，紫刘唐衣，披绿褶子，红裤，打靴

猫形

手下扮

鼠形

手下扮

牧 虎 关

高望

花

花三，开头，苍发究，苍满，青素箭，銮带，丝绦，蓝对匹，红裤，彩靴

高来

丑

青罗帽，青褶子，红裤，鞋

达婆

占

大头，七星鹅子，雉尾，狐尾，宫衣，红裤，彩鞋

□□

老占

蓝对匹，绿裙子，彩鞋

杨八姐

占

帖鬓,白武生巾,红帽罩,紫蟒箭,青马褂,红斗蓬,红裤,彩鞋

张保

小生

银太子冠,雉尾,狐尾,白蟒箭,青马褂,红裤,彩鞋

四手下

手下

沿毡帽,青衣,执风旗

一风旗

手下

鬼发,蓝汗衣,执风旗

青　石　山

王老道

丑扮

道冠,白四喜,紫花老斗,执包,八卦衣,宝剑,拂尘

买符二人

丑扮

蓝毡,天水衣

院子

老生扮

青罗帽,白满,青褶子,黄銮带,红裤,方靴

大妖

刀马扮

七星鹅,结子,掖龙带,狐形,打袄,銮带,彩裤,彩鞋,执彩板,披斗篷

四小妖

武跕扮

帽罩，打袄，彩裤，彩鞋

吕祖

生扮

吕祖巾，黑三，黄开氅衣，红裤，方靴，背宝剑

公曹

末扮

白大叶巾，黑三，黄马褂，绿箭袖，红裤，方靴，执马鞭，牙笏

关

红净扮

夫子巾，黑发髯，绿蟒，红裤，方靴

周

花扮

黑帅盔，倒缨荷叶片，雉尾，黑开口，黑靠，红裤，方靴，执大刀

平

武生扮

银八角冠，火燕，彩球，白靠，红裤，方靴，执印

天将

武行扮

银荷叶盔，绿靠，红裤，打靴

天将

武行扮

金大镫，黑满，红靠，红裤，打靴

马童

花扮

黑打头，金鹅子，结子，青百骨钮，白丝绦，白銮带，红裤，打靴

马童

武生扮

白打头，银鹅子，结子，白刘唐衣，蓝丝绦，三蓝銮带，红裤，打靴

四云牌

手下扮

红卒巾,红龙套,执云牌

西湖放生(金刚三昧)

韦陀

武生扮

金帅盔,黄靠,黄丝绦,红裤,方靴,背杵

钱王

生扮

九龙冠,黑三,黄开氅,红裤,方靴;换王帽、黄蟒

大太监

小生扮

大太监帽,月白褶子,红裤,方靴,执灯、拂尘

四太监

手下扮

小太监帽,黄太监衣

占官

末扮

官纱,黑三,红官衣,红裤,方靴,执牙笏

王税司

生扮

官纱,黑三,蓝官衣,红裤,方靴,香色褶子,腰包

院子

老生扮

青罗帽,白满,青褶子,黄銮带,红裤,方靴

小妹

青衣扮

月白对批,青对批,淡青腰包,彩鞋

丫鬟

贴行扮

绿褶子，红青大坎肩，淡青腰包，淡青带

船户

丑扮

白毡，天白四喜，蓝水衣，淡青腰包，执棹

车夫

手下扮

蓝毡，天黑，四喜，蓝水衣，淡青腰包，执车

卖鱼

丑扮

白八字，蓝水衣，淡青腰包，挑鱼桶二个

卖鸟

丑扮

黑八字，蓝水衣，淡青腰包，挑鸟笼二个

赵公子

丑扮

棒锤巾，绿褶子，红裤，方靴，执扇子

许自新

生扮

官纱，绿蟒，黑三，红裤，方靴，红斗蓬，红帽罩

门子

手下扮

青罗帽，青褶子

四贴堂

手下扮

红卒巾，红龙套，执贴堂刀

差人

丑扮

黑毡帽，黑八字，蓝箭袖，銮带

投文人

丑扮

大叶巾,黑吊吊,蓝箭袖,銮带,彩裤,方靴,执文书

观音

青衣扮

白观音斗,白女褶子,黄丝绦,大衣,红云履

金刚

花扮

红披发,银二龙箍,紫刘唐衣,虎裙,虎带,红裤,打靴,执杵

金刚

花扮

黑披发,金二龙箍,绿刘唐衣,虎裙,虎带,红裤,打靴,执杵

四云牌

手下扮

红卒巾,红龙套,执云牌

小鬼

丑扮

黑鬼发,青百骨钮,虎裙,虎带,红裤,打靴,执牌

小鬼

丑扮

红鬼发,青百骨钮,虎裙,虎带,红裤,打靴,执锁

刽子手

花扮

红大叶巾,黑三,红马褂,红战裙,红裤,打靴,执鬼头刀

刽子手

花扮

红大叶巾,黑满,红马褂,红战裙,红裤,打靴,执鬼头刀

皇门官

末扮

官纱,黑三,红官衣,红裤,方靴,执本匣圣旨

大太监

小生扮

大太监帽，绿蟒，红裤，方靴，执念珠、拂尘

四云旗

手下扮

白卒巾，白龙套，执云旗

四钺斧

武行扮

红大叶巾，红大铠，执钺斧旗

千 里 瞻 风

永寿禅师

生扮

高方巾，黑三，蓝褶子，彩裤，方靴，执马鞭，黄丝绦

翠岩禅师

生扮

黑披发，金箍，黑三，蓝褶子，彩裤，方靴，执拂尘，黄丝绦

侍者

小生扮

大帽，蓝褶子，红云履

顶 砖

常天保

丑

荷叶巾，绿褶子

丫环

丑

绿对匹，红花背心

□□
花衣
大头,汗衣,彩裤,彩鞋
周子清
小生
月白文生巾,二蓝褶子,红裤,彩靴

变　羊　记

柳氏
花衣
大头,月白对匹,豆青裙子,彩裤,彩鞋
苍头
丑
白毡帽,白四喜,紫花老斗
苏东坡
老生
花三开头,苍三,蓝对匹,彩靴
婆子
丑
大头,蓝布汗衣,彩裤

逗机发愿七笔勾尘(幻相三昧)

金刚
花扮
金帅盔,倒缨,黄靠,黄丝绦,红裤,方靴,执杵
莲池
生扮
花三开头,黑三,蓝对批,彩裤,方靴

沈娘子

青衣扮

月白对批,淡青裙,彩鞋

丫鬟

丑扮

绿褶子,红青坎肩,执茶盘

徐妈妈

老跕扮

白发球,紫花老斗,绿裙,执杖

空　城　计

孔明

生

孔明巾,苍三,八卦衣,彩裤,方靴

二琴童

手下

孩发,褶子,一执琴,一执酒壶

差人

大叶巾,小黑三,布箭袖,銮带,执地理图

报子

沿毡帽,水衣,卒褂,执令旗

二老军

沿毡帽,青衣,一白四喜,一黑八字

四标旗

手下

白卒巾,白龙套

司马师

红扎巾盔,黑一字,红靠,彩裤,方靴,执枪

司马昭

白扎巾盔,白靠,彩裤,方靴,执枪

司马懿

银大镫,白满,白蟒,彩裤,方靴,执鞭

竹窗垂范(福田三昧)

莲池

生扮

黑披发,金箍,黑三,蓝褶子,黄丝绦,红裤,方靴,执拂尘

侍者

小生扮

孩发,月白褶子,红裤,方靴,执书、拂尘

金 锁 阵

四红龙套

手下

红卒巾

刘备

生

白武生巾,黑三,紫蟒箭,青马褂,彩靴

四白龙套

手下

白卒巾

公孙赞

生

黑刁,黑三,绿大蟒,红裤,彩靴

一、二旗牌

丑

青大叶巾，青、绿箭

赵云

小生

白扎巾，银翠鹅子，白靠，彩靴

中军

生

中军帽，绿裙子

四白大铠

手下

白大叶巾

四黑龙套

手下

黑卒巾

张飞

花

黑扎巾盔，黑开口，黑耳毛，黑靠，披蟒，彩靴

典韦

花

黄扎巾盔，红一字，黄靠，红裤，彩靴

四红大铠

手下

红大叶巾

天官赐福

天官

生扮

文阳，发髯，红蟒，红裤，方靴，执如意

老人

生扮

浩然巾,白满,黄开氅,丝绦,红裤,方靴,龙拐杖,执拂尘

牛郎

小生扮

月白鸭尾巾,二蓝褶子,丝绦,红裤,方靴,执拂尘

织女

青衣扮

大过桥,宫衣,彩鞋,执拂尘、帛

张仙

小生扮

白武生巾,黑三,香色褶子,丝绦,红裤,方靴,执弓

财神

花扮

黑大镫,金花黑一字,黑蟒,红裤,方靴,执金宝

魁星

手下扮

魁星脸,绿靠,执斗笔

四云牌

手下扮

红卒巾,红龙套,执云牌

四太监

手下扮

太监帽,铁梁衣,执瓜棍

二宫娥

跕行扮

小过桥,红、绿褶子,云肩,腰包,执凤扇

二童

手下扮

孩发,蓝罗汉衣,执拂节

别　窑

王三姐

占

大头，青对四，豆青裙子，豆青带子，彩鞋

薛贫贵

小生

银帅盔，白靠，彩裤，方靴

中军

花

青大叶巾，黑开口，紫蟒箭，青马褂，彩靴，红裤

百　寿　图

管辂

生

道巾，黑三，鹤氅

南斗

生扮

白披发，白发球，金二龙箍，白三，八卦褶子，丝绦，红裤，方靴，执拂尘

北斗

净扮

黑披发，黑发球，银二龙箍，黑满，紫八卦氅，丝绦，红裤，方靴，执拂尘

四云牌

手下扮

红卒巾，红龙套，执云牌

赵彦

小生扮

高方巾,草帽,蓝水衣,腰包,执盘、酒壶、酒盅

赵范

生

白毡天,紫花老斗

老旦

老占

紫花老斗

射　　戟

四白龙套

手下

白卒巾

吕布

小生

银太子冠,雉尾,白蟒箭,白大蟒,红裤,彩靴

一旗牌

手下

白大叶巾,黑八字,绿布箭袖

一旗牌

手下

青大叶巾,青布箭袖

四红标旗

手下

红卒巾,红龙套

纪灵

花

金帅盔,黑满,绿大蟒,红裤,彩靴

中军

生

中军帽,黑三,绿褶子,彩靴

刘备

生

白武生巾,黑三,青马褂,紫蟒箭,红裤,彩靴

孙乾

生

绿扎巾盔,黑三,绿褶子

张飞

花

黑扎巾盔,黑耳毛,黑开口,黑靠,红裤,彩靴

渭 水 河

文王

生扮

九龙冠,黑三,黄开氅,红裤,方靴,王帽,黄蟒,红斗蓬,红帽罩

大太监

丑扮

大太监帽,绿褶子,红裤,方靴,执拂尘

四太监

手下扮

太监帽,铁梁衣

散宜生

末扮

官纱,黑三,红官衣,红裤,方靴,执牙笏

将

生扮

红扎巾盔,黑三,红靠,红裤,方靴

将

生扮

绿扎巾盔,黑满,绿靠,红裤,方靴

将

花扮

黑扎巾盔,黑开口,黑靠,红裤,方靴

将

小生扮

白扎巾盔,白靠,红裤,方靴

四标旗

手下扮

红卒巾,红龙套,执红标旗

执伞人

手下扮

白大叶巾,蓝布箭袖,鸾带,打靴,执伞

太子

小生扮

金紫金冠,黄开氅,红裤,方靴

太子

小生扮

银紫金冠,白开氅,红裤,方靴

武吉

丑扮

青罗帽,草帽,黑八字,蓝布箭袖,銮带,红裤,打靴,执板斧;二场金鹅子,黄马褂

姜太公

净扮

高方巾,草帽,紫花老斗,腰包,红裤,方靴,白满,执鱼杆;二场八卦氅,执拂尘

打　金　枝

唐王

生扮

王帽，黑三，黄蟒，红裤，方靴

四太监

手下扮

太监帽，铁梁衣

正宫

青衣扮

半凤，黄女蟒，淡青裙，彩鞋，执牙笏

大太监

丑扮

大太监帽，绿褶子，执拂尘

公主

青衣扮

半凤，宫衣，淡青裙，彩鞋

郭子仪

生扮

黑大镫，白满，红蟒，红裤，方靴，执牙笏

驸马

小生扮

白武生巾，紫蟒箭，鸾带，红裤，方靴；二场官纱，翠套翅，绿蟒，执牙笏

大　保　国

徐彦昭

净

金耳不闻,白大满,白蟒,彩裤,方靴

杨波

生

官纱,白三,绿大蟒,彩裤,方靴

李良

花

相纱,苍满,红蟒,彩裤,方靴

李后

占

大凤,黄女蟒,豆青裙子,彩鞋

二宫娥

占

大头,红、绿素对匹,云尖,豆青裙子,彩鞋

四太监

手下

太监帽,黄太监衣

祭　　江

龙王

末扮

银八角冠,白满,白蟒,红裤,方靴,执拂尘

四水卒

手下扮

鬼发,白龙套,执水旗

四跕枪

手下扮

红卒巾,红龙套,执跕堂枪

四太监

手下扮

太监帽，铁梁衣，执爪棍

二宫娥

跕行扮

小过桥，红、绿褶子，淡青裙，云肩

孙夫人

青衣扮

半凤，白女蟒，淡青裙，彩鞋，青对匹；二场红女蟒，执拂尘

车夫

手下扮

太监帽，蓝布褶子，执车

开　山　府

邹应龙

生

官纱，黑三，蓝官衣，彩裤，方靴，后换红官衣

门官

丑

圆纱，黑吊吊，青官衣，彩裤，方靴

严嵩

花

文阳，苍满，红大蟒，彩裤，方靴，后换酱色官衣，相纱

小王

小生

金太子冠，黄开氅，黄蟒箭，彩裤，方靴

四红大铠

手下

红大叶巾，红大铠

四太监

手下

太监帽,黄太监衣

探　　母

四郎

生扮

官纱,翠套翅,雉尾,狐尾,黑三,红蟒,红裤,方靴;

二场红帽罩,红青马褂,紫蟒箭,銮带,带宝剑

公主

花衣扮

旗衣,便服,旗鞋

丫鬟

丑扮

绿褶子,红青大坎肩,淡青裙

萧太后

青衣扮

钿子,褂子,氅衣,旗鞋

丫鬟

跕行扮二名

红、绿褶子,淡青裙,小过桥,云肩

四国舅

手下扮

随时官帽,袍套,尖靴

四龙套

手下扮

红龙套

小番

丑扮

毡帽,狐尾,蓝布箭袖

守关

丑扮二名

秋帽,黄马褂,黑、绿箭袖,带腰刀,黑三,黑八字

六郎

生扮

官纱,黑三,白蟒,红裤,方靴

宗保

小生扮

白武生巾,红青马褂,白蟒箭,红裤,方靴

四跕堂

手下扮

白卒巾,白龙套,执跕堂刀

佘太君

老跕扮

苍发网,黄女蟒,彩裙,执龙拐杖

八姐

跕行扮

绿对匹,撒云肩,裙子,彩鞋

九妹

跕行扮

粉对匹,撒肩,裙子,彩鞋

杨四娘

青衣扮

青对匹,淡青裙,彩鞋

求　计

鲁肃

生

官纱,黑三,蓝官衣,红裤,彩靴

乔国老

老生

相纱,白三,香色褶子,丝绦,红裤,彩靴

家院

生

青罗帽,苍满,青褶子,銮带,红裤,彩靴

四青衣

手下

黑红帽

状　元　谱

陈员外

生扮

花三开头,苍三,蓝对匹,执书,彩裤,方靴

夫人

老占扮

蓝对匹,绿裙子,彩鞋

张公道

丑扮

白毡帽,黑八字,紫花老斗

四童儿

手下扮

孩发,二沿毡帽,二青衣,执喜神、娃子一

院子

生扮

青罗帽,黑满,青褶子,彩裤,方靴,銮带;二场执祭礼

陈明生

小生扮

青高方,富贵衣,丝绦,彩裤,便鞋;二场执烧□;炮竹

朱溶

丑扮

蓝毡帽,水衣,腰包;换青褂子,官帽

彩　楼　配

王宝川

贴扮

月白对匹,裙子;换半凤,宫衣,云肩,彩鞋

丫鬟

贴行扮二名

红、绿对匹,大背心,裙子,腰带

薛贫贵

小生扮

开花帽,富贵衣,丝绦,红裤,便鞋,执棍

□□[1]

生扮

高方巾,青褶子,彩裤,方靴,执扇

□□

小生扮

白文生巾,白褶子,彩裤,方靴,执扇

□□

小生扮

文生巾,月白褶子,彩裤,方靴,执扇

□□

丑扮

棒锤巾,绿褶子,白满,执扇

① 原书此处空行,下同。

门官

生扮

元纱,青褶子,黑满,彩裤,方靴

老人

生扮

浩然巾,白三,黄开氅,红裤,方靴,执拂尘

孝　感　天

小生

小生

金太子冠,红大蟒,彩裤,方靴

旦角

占

半凤,红女蟒,豆青裙子,彩鞋

老旦

老占

花布手巾,黄女帔,酱色褶子,绿裙子,彩鞋

二宫娥

占

大红、绿对帔,云尖,豆青裙子,彩鞋

四小鬼

手下

四色鬼发,蓝汗衣,红裤,打靴

五　台　山

杨五郎

净扮

披发,金箍,黑一字,百骨钮,袈裟,銮带,红裤,方靴,执拂尘,

挂东珠

老僧

生扮

僧帽,白一字,紫花老斗,丝绦,红裤,方靴,执拂尘

杨六郎

生扮

白武生巾,石青马褂,白箭袖,红裤,方靴,挂剑,执靴

番兵

丑扮

黄马褂,绿箭袖,腰刀,执枪

北　渡

达摩

净扮

披发,金箍,挂东珠,黑二字,百骨钮,袈裟,銮带,红裤,方靴,执方便(金),挂草鞋

昭明太子

小生扮

金太子冠,黄开氅,红裤,方靴

大太监

丑扮

大太监帽,绿褶子,执拂尘

四太监

手下扮

太监帽,铁梁衣,执爪棍

战 北 原

孔明

生扮

孔明巾,八卦衣,红裤,方靴,执扇

将

生扮

金大镫,黑三,红靠,红裤,方靴

将

生扮

银大镫,黑三,绿靠,红裤,方靴

将

花扮

黑大镫,苍满,黑靠,红裤,方靴

将

生扮

银荷叶盔,黑三,白靠,红裤,方靴

四卒

手下扮

红卒巾,红龙套

正文

净扮

甩发,黑满,绿蟒箭,绿靠排,红裤,方靴,挂剑,执鞭

车夫

手下扮

沿毡帽,青衣,卒褂,执车旗

报子

手下扮

沿毡帽,青衣,卒褂,执令旗

差人

手下扮

沿毡帽,青衣,卒褂

秦朗

丑扮

跑　　坡

薛贫贵

生扮

大帽,黑三,石青马褂,紫蟒箭,红裤,方靴,挂剑,执鞭

王宝川

青衣扮

青对匹,腰带,裙子,彩鞋,执篮

滑　油　山

大鬼

花

黑披发,黑发球,金鹅子,紫蟒箭,銮带,虎皮裙,红裤,方靴

刘氏

老占

甩发,花布手巾,酱色女褶子,绿裙子,彩鞋

吊客

花

白高方巾,白纸条,白褶子,彩裤,方靴

地里鬼

丑

小缨帽,黑八字,水衣,豆青裙子,彩靴,打靴

教　　子

薛哥

娃生扮

孩发,水衣,便鞋,执书包

薛夫人

青衣扮

青对匹,腰带,裙子,彩鞋

薛保

生扮

白毡帽,系黄布带,紫花老斗,銮带,腰包,云履

换　子

夫人

老占扮

蓝对匹,裙子,彩鞋

徐策

生扮

三开,苍三,蓝对匹,红裤,方靴

薛猛

生扮

青方巾,黑三,青褶子,腰包,红裤,方靴

马氏夫人

青衣扮

青对匹,裙子,腰包,彩鞋,抱娃子

张太

花扮

相纱,黑满,红官衣,红裤,方靴

丫鬟

占行扮

对匹,大背巾,裙子,腰带

二童儿

手下扮

青罗帽,青衣,腰带,抬盒子

二刀夫手

手下扮

红大叶巾,红马褂,红两开,髯口不拘

四牙役

手下扮

黑红毡帽,青衣

老母

老占扮

乌 盆 记

赵大

丑扮

荷叶巾,黑八字,红裤,便鞋,执扇

张别古

丑扮

白毡帽,白四喜,紫花老斗,红裤,便鞋,执杖

刘世昌

生扮

黑甩发,掖白纸条,青裙子,黑三,红裤,方靴

戏 妻

秋胡

生扮

官纱,黑三,蓝官衣;换高方,蓝褶子,红裤,方靴

四牙役

手下扮

蓁椒帽,青衣,执红门旗

罗氏女

青衣扮

青对四,裙子,腰带,彩鞋,执篮

□□

老占扮

白发球,紫花老斗,绿裙,执杖

审　七

四牙役

手下扮

黑红毡帽,青衣

差役

手下扮

沿毡帽,蓝布箭袖,銮带,执大彩板

王良

小生扮

武生巾,月白褶子,红裤,方靴

王顺天

生扮

官纱,黑三,蓝官衣,红裤,方靴

禁子

丑扮

白毡帽,水衣,腰包

李七

花扮

黑披发(代草),黑开口,红衣,百骨钮,代锁链、手镯、脚拌,红裤,方靴

宝　莲　灯

陈

生扮

官纱,黑三,蓝对匹,红裤,方靴

王桂英

青衣扮

蓝对匹,裙子;二场青对匹,腰包,彩鞋

秋儿

小生扮

文生巾,月白褶子;二场甩发,水衣,腰包,红裤,方靴

陈香

小生扮

高方巾,青褶,红裤,方靴

四牙役

手下扮

红毡帽,青衣,执鸭尾棍

群　英　会

周瑜

小生扮

银太子盔,雉尾,白蟒,白文生巾,白褶子,红裤,方靴

黄盖

净扮

金大镫,白满,白发球,黄靠,黄蟒箭,红裤,方靴

甘宁

小生扮

金荷叶盔,绿靠,红裤,方靴

太史慈

花扮

黑大镫,红扎,黑靠,红裤,方靴

阚泽

末扮

银荷叶盔,黑三,红靠,红裤,方靴

鲁肃

生扮

官纱,黑三,蓝官衣,红裤,方靴

孔明

生扮

八卦巾,黑三,八卦衣,红裤,方靴,持羽扇

四白文堂

手下扮

白卒巾,白龙套

曹操

净扮

文阳,黑满,红蟒,红裤,方靴

蒋斡

丑扮

荷叶巾,黑吊搭,绿褶子,丝绦,红裤,方靴

蔡冒

花扮

红扎巾盔,黑满,紫蟒箭,銮带,红裤,方靴

张允

花扮

黑扎巾盔,黑扎,黑箭袖,銮带,红裤,方靴

蔡中

小生扮

沿毡帽,蓝布箭袖,銮带,红裤,方靴

蔡和

小生扮

沿毡帽，蓝布箭袖，銮带，红裤，方靴

琴童

小生扮

孩发，蓝褶子

船夫

手下扮

沿毡帽，蓝布褶子，击带

四红文堂

手下扮

红卒巾，红龙套

二刀夫

手下扮

大页巾，青衣，白卒褂

滚 古 山

张飞

花

黑扎巾，苍、黑开口，耳毛，黑靠

寥化

生

甩发，黑三，白箭

刘封

丑

太子冠，黑吊吊，红蟒

报子

丑

四黑标

四红标

乾　坤　带

（中段）

唐王

生扮

王盔,黄蟒,苍三,红裤,方靴

占妃

占扮

凤冠,宫衣,裙子,彩鞋

公主

花扮

凤冠,红女蟒,裙子,彩鞋,执牙笏

秦英

太子都,绿箭袖,銮带,红裤,方靴,绿褶子

二刀夫手

手下扮

红大页巾,红龙套

长孙后

老占扮

黄女蟒,裙子,挂珠,彩鞋

大太监

丑扮

大太监帽,绿褶子,执拂尘

四太监

手下扮

太监帽,黄铁梁衣

徐吉

生扮

相纱,白三,白大蟒,红裤,方靴,执牙笏

挡　　曹

关公

红净

绿扎巾,金鹅子,黑三,绿大蟒,彩裤,方靴

曹操

净

文阳,黑满,红大蟒,彩裤,方靴

许褚

丑

黑扎巾盔,黑吊吊,黑靠,彩裤,方靴

张辽

生

绿扎巾盔,黑三,绿靠,彩裤,方靴

四红大铠

手下

红大叶巾,执岳虎旗

打　金　枝

唐明皇

生扮

王盔,黑三,黄蟒,红裤,彩靴

郭子仪

老生扮

金刁,白满,红蟒,红裤,方靴,执牙笏

娘娘

占扮

凤冠,红蟒,裙子,彩鞋

公主

占扮

凤冠,官衣

郭艾

小生扮

武生巾,绿箭袖,銮带;二场官纱,套翅,绿大蟒,红裤,方靴,执牙笏

大太监

丑扮

大太监帽,绿褶子,执拂尘

四太监

手下扮

太监帽,铁梁衣

钓 金 龟

张仪

丑扮

蓝毡帽,草帽圈,水衣,腰包,执鱼杆

康氏

老占扮

紫花老斗,绿裙子,执杖

周家伯伯

生扮

白毡帽,白满,紫花老斗

鱼人

丑扮

水衣,腰包,执乂

水卒

手下扮

鬼发,卒褂,执水旗

探　窑

王夫人

老占扮

黄蟒,绿裙子,丝绦,彩鞋

丫环

占扮

绿对匹,大背心,裙子,腰带,彩鞋,执衣服

家院

生扮

青罗帽,白满,青褶子,銮带,红裤,方靴,执口袋

王宝川

青衣扮

青对匹,裙子,腰带,彩鞋

车夫

手下

善　宝　庄

白俭

生扮

官纱,苍三,蓝官衣;二场高方巾,香色褶子,腰色,红裤,方靴

庄子

生扮

道巾,黑三,八卦褶子,丝绦,红裤,方靴,执扇

张

小生扮

青罗帽,蓝布箭袖,銮带,红裤,方靴

门子

小生扮

青罗帽,青褶子

四牙役

手下扮

黑红毡帽,青衣

虎形

青　风　岭

徐凤英

武占

大头,七星鹅子,雉尾,狐尾,打裙,打裤,銮带,丝绦,斗篷,寸子

大代王

丑

红蓁葜帽,银鹅子,雉尾一根,黑八字,刘裳衣,卒褂,靠排子,红裤,打靴,背护二根

二代王

丑

与大代王同

报子

丑

毡,天水衣,红裤,打靴

四喽啰

手下

沿毡帽,青衣

四下手

武行

黑虎帽，蓝汗衫，红裤打靴

李虎

武生

青罗帽，青百骨钮，白銮带，丝绦，青裤，打靴，青褶子

四上手

武行

黄虎帽，黄汗衣，红裤，打靴，执车旗

雄 州 关

韩世忠

生扮

官纱，金帅盔，黑三，红蟒，红靠，红裤，方靴，执枪

韩彦直

小生扮

太子都，结子，白蟒箭，白褶子，红裤，方靴，执锤

将

银荷叶盔，黑三，白靠，白背护

将

金荷叶盔，黑满，绿靠

将

银刁，黑满，黄靠

将

黑刁，黑开口，黑靠

孙浩

黑帅盔，黑开口，黑蟒，黑靠，背护，红裤，方靴，执枪

兀术

花扮

金太子冠,雉尾,狐尾,黄靠,黄背护,红裤,方靴,执金刀、花枪

番将

白披发,开口,雉尾,狐尾,白靠,白背护,红裤,方①,执枪

番将

番将

番将

报子

毡天,黄布打头,蓝卒挂,红裤,打靴,执令旗

中军

末扮

中军盔,黑满,二蓝褶子,红裤,方②

四手下

黄虎帽,打衣,执枪

四青衣

手下扮

蓁椒帽,罗汉衣,执鸭尾棍

四红标旗

手下扮

红卒巾,红龙套

四黑标旗

手下扮

黑卒巾,黑龙套

玉 堂 春

王孙公子

小生扮

---

① 缺"靴"字。

② 缺"靴"字。

官纱,蓝对四,红大蟒,红裤,方靴

布政

官纱,苍三,红官衣,红裤,方靴

按察

官纱,□三,蓝官衣,红裤,方靴

玉堂春

院子

青罗帽,青褶子

大夫

官帽,白四喜,绿箭袖,青褂子,红裤,方靴

解子

白毡天,白八字,红裤,水衣,腰包,便鞋

门刀

红卒巾,红龙套

四牙役

绒 花 计

知县

生扮

官纱,黑三,蓝官衣,红裤,方靴

崔华

丑扮

荷叶巾,黑八字,绿褶子,红裤,彩鞋,执扇子

崔八

丑扮

白毡天,葛布衫,破衣、破裤,侉袜、侉鞋,执蒲扇

大小姐

花占扮

汉袄,红裤,便鞋

二小姐

汉袄,红裤,便鞋

丫鬟

丑扮

绿褶子,背心

邓母

老占扮

高冠,酱色老斗,绿裙子,豆青褡苞

皂吏

丑扮

缨帽,青布挂,便鞋

四牙役

黑红帽,青衣,便鞋

轿夫

沿毡帽

邓文焕

小生扮

文生巾,月白褶子;二场开花帽,富贵衣,红裤,方靴

门子

青罗帽,黑满,青褶子,便鞋

宾香

四长工

手下

青衣,沿毡帽

东 昌 开 悟

莲池

生扮

黑披发,金箍,黑三,蓝褶子,挑担子,丝绦,执拂尘,红裤,方靴

观音

占扮

花观音兜,白女褶子,大衣,云履

善才女

占

绿褶子,蝠儿,背心,执净瓶

善才男

小生

孩发,白流,唐衣,鸾带

韦陀

小生

金帅盔,黄靠,执杵

四金刚

花

执佛旗,背杵

四金刚

花

执镜

慧岸

武生

太子督,白蟒箭,蝠儿,背心,鸾带,彩球

智神

生

黑披发,金箍,黑三,蓝褶子,丝绦,执拂尘

魔

花

黑披发,金鹅子,雉尾,狐尾,黑满,绿靠

佛

小生

毗庐冠,月白褶子,丝绦,大衣,云履

黑虎玄坛

花

黑刁,红彩球,黑开口,黑靠,执鞭

掳僧

丑

僧帽,紫老斗,丝绦,黑一字

二僧

丑

僧帽,青褶子,丝绦

庙僧

丑

僧帽,香色褶子,丝绦,白二字,执拂尘

庙二僧

僧帽,僧袍,丝绦

老道

生

月白道巾,紫花老斗,白一字

县官

丑

元纱,红官衣,黑八字

书吏

丑

丑高方,青布褶子

四衙役

手下

蓁椒帽,青衣

水秀才

小生

文生巾,月白褶子

沈公

生

官纱，黑三，蓝官衣

院子

生

青罗帽，黑满，青褶子

四衙役

手下

黑红帽，青褶子

虎形

白　良　关

贞官

小生

王盔，黑三，黄大蟒，彩裤，方靴

徐茂公

老生

官刁，仓三，白色蟒，彩裤，方靴

秦琼

生

仓三，金帅盔，红蟒，彩裤，方靴

敬德

净

银耳不闻，黑刁，黑靠，背护，黑蟒，仓满，彩裤，方靴

尉迟保林

白扎巾，鹅子，雉尾，狐尾，白靠，白褶子，彩裤，方靴

刘国贞

红扎巾盔，红靠，红开口，红褶子，雉尾，狐尾，红背护，彩裤，方靴

梅秀英

占

月白对匹,豆青裙子

程咬金

丑

银刁,黑开口,绿靠,绿蟒,彩裤,方靴

四黑标旗

手下

黑卒巾,黑龙套

四红标旗

手下

红卒巾,红龙套

报子

手下

四白标旗

手下

白卒巾,白龙套

四红大铠

手下

红大叶巾

法　门　寺

刘锦

净

金荷盔,红蟒

贾贵

丑

大太监帽,绿褶子

太后

老占

黄女蟒,裙子

车夫

手下

大太监帽,月白褶子

宋先生

生

青高方,青褶子,黑三

宋巧娇

占

青对匹,豆青裙子

知县

生

官纱,黑三,蓝官衣

刘公道

白毡天,紫花老斗,白四喜

刘标

蓝毡天,黑一字,青衫

刘媒婆

蓝布衫

四红大铠

四太监

手下

太监帽,铁梁衣

四衙役

手下

八 大 锤

陆文龙

小生

银太子冠,雉尾,狐尾,白褶子,白蟒箭,白大蟒,黄銮带,丝绦,彩裤,方靴,执双枪

兀术

花

官帽,大翎子,金环,黄蟒箭,黄銮带,黄马褂,红斗蓬,彩裤,方靴,执开路

岳帅

生

银荷叶盔,黑三,白靠,丝绦,彩裤,方靴,执枪

王佐

生

官纱,青高方,黑三,蓝褶子,青对匹,黄丝绦,彩裤,方靴

一正将

花

黄虎盔,红靠,丝绦,彩靴,执锤

二正将

武生

绿扎巾,鹅子,绿靠,红裤,彩靴,执锤

三正将

武生

白扎巾,鹅子,白靠,执锤

四正将

花

黑虎盔,黑靠,执锤

一番将

花

银鹅子,黄披发,黑开口,雉尾,狐尾,黄靠,执锤

二番将

花

金鹅子,红靠,红披发,红开口,雉尾,狐尾,执锤

三番将

花

银鹅子,绿靠,仓披发,仓开口,雉尾,狐尾,执锤

四番将

花

金鹅子,黑靠,白披发,白开口,雉尾,狐尾,执锤

乳娘

老占

蓝对匹,绿裙子

汤怀

生

金刀,红靠,黑三

一旗牌

丑

黑大页巾,黑八字,绿布箭袖,红裤

二旗牌

丑

黑大页巾,黑吊吊,青布箭袖,执灯

一小番

蓝布箭袖,黄马褂

四纛旗

手下

檐毡帽,蓝布汉衫,白卒褂,红裤

四小番

手下

蓝布汉衫,红裤

四粮车

手下

黄虎帽,黄汉衫,红裤

车夫

丑

黄马褂,蓝汉衫,红裤

四白标旗

手下

四黑标旗

手下

四红标旗

手下

四绿标旗

手下

报子

丑

檐毡帽,蓝汉衫,白卒褂,红裤

恶　虎　村

李五

生

鸭尾巾,黄刘棠,黄弹囊,黄銮带,黄绦,红裤,方靴,执鞭子、波刀弓

一标车英雄

红灰罗帽,紫刘棠,红裤,打靴,绿銮带,丝绦,红灰褶子

二标车英雄

绿罗帽,蓝刘棠衣,红丝绦,銮带,红裤,打靴,绿褶子

三标车英雄

豆青罗帽,豆青刘棠衣,紫銮带,绦,红裤,打靴,白褶子

四标车英雄

蓝罗帽,绿刘棠衣,蓝銮带,丝绦,红裤,打靴,青褶子

施公

生

青高方,黑三,蓝褶子,黄丝绦,红裤,彩靴

四标车

黄刘棠衣,黄罗帽,执车

施安

手下

青罗帽,青褶子

四下手

蓝罗帽,蓝汉衣

店家

手下

白毡天,白四喜,水衣,腰包,红裤

普天刁

插花红绒球罗帽,黑耳毛子,黑扎,紫箭袖,绿丝绦,绿銮带,米色褶子,红裤,方靴,执巨尺刀、鞭子

武天球

绿绒球罗帽,红耳毛子,红开口,插花,绿布箭袖,黄丝绦,黄銮带,紫褶子,红裤子,方靴,执刺,执鞭子

丁三巴

回回帽子,黄茨菇叶,黄刘棠衣,銮带,外套紫花老斗,红裤,打靴,执单刀、木盆

四红文堂

手下

红龙套,卒巾

四青衣

手下

一祝寿英雄郝文

青罗帽,黑扎,黑发究,青刘棠衣,白銮带,白绦,青裤,打靴,二蓝褶子

二祝寿英雄

绿罗帽,紫刘棠衣,绿绦,绿銮带,红裤,打靴,绿褶子

三祝寿英雄于六

黄罗帽,蓝刘棠衣,豆青銮带,豆青绦,红裤,打靴,红褶子

四祝寿英雄于七

甩发,黑耳毛子,白布箭袖,绿銮带,红裤,打靴,白褶子,各执双刀

黄天霸

武生

白罗帽,红绒球,湖色刘棠衣,黄銮带,黄丝绦,红灰彩裤,花靴子,豆青褶子,标囊,鞭子,单刀

王梁

宗帽,蓝绒球,百钮,白銮带,丝绦,青彩裤,青靴子,青褶子,执单刀,鞭子

王栋

青罗帽,黑一字,青箭袖,紫銮带,红裤,打靴,青褶子,执单刀、鞭子

大嫂

武旦

二嫂

武旦

均打袄,打裤,褶子

降魔德道

文佛

小生

太子冠，黄开氅；换月白褶子，大衣，草珠冠

吉祥菩萨

小生

草珠冠，蓝褶子，丝绦，执拂尘

游戏佛

武生

黄披发，莲花冠，金箍，黄蟒箭，蝠儿，背心，銮带，丝绦，米色褶子，大衣

灯光佛

净

黑披发，莲花冠，金箍，紫蟒箭，蝠儿，背心，銮带，丝绦，红褶子，执铁棍

大太监

丑

大太监帽，绿褶，拂尘

四太监

手下

太监帽，铁梁衣，执爪棍

车夫

手下

大太监帽，红龙套，执车旗

八金刚

花

照传灯庄严

二童

武生

黄流,唐衣,蝠背襟,彩裤,打靴

波旬

花

黑披发,金鹅子,雉尾,狐尾,黑蟒箭,銮带,绿褶子,执大刀

大妖

武生

白披发,银鹅子,雉尾,狐尾,白蟒箭,銮带,白褶子,执枪

二妖

花

红披发,金鹅子,紫流,唐衣,丝绦,銮带,红花褶子,执双刀

三妖

花

苍披发,金鹅子,蓝流,唐衣,青褶子,銮带,丝绦,执双刀

女妖

刀马

七星鹅子,雉尾,狐尾,宫衣,打袄,打裙,斗蓬,执拂尘,执大刀

花衣

占

粉对匹裙子

花衣

占

二蓝对匹裙子

老旦

紫花老斗,蓝匹裙子

四小妖

武行

鬼发,百骨钮,红裤,打靴,各执双刀

白衣

占

观音兜，白女褶子，丝绦，执拂尘

老道

生

黑披发，莲花冠，紫八卦衣，丝绦，执拂尘

四云旗

白龙套，卒巾

四云牌

红龙套，卒巾

四云童

孩发，流唐衣，打靴，红裤

东 林 结 社

（欠宗炳刘遗民张三鬓）

头将

老生

金帅盔，苍三，黄靠，黄纛旗

二将

生

银帅盔，黑三，红靠，红纛旗

三将

小生

金帅盔，绿靠，绿纛旗

四将

花

黑帅盔，黑开口，黑靠，黑纛旗

四纛旗

手下

白大页巾，白卒褂，青衣；或穿两断头

四门刀

手下

红卒巾,红龙套,执站堂刀

桓宣

红净

金猴帽,红蟒,藕荷箭袖,白武生巾,红青马褂,黑三,銮带

桓义

武生

扎巾,白靠,白蟒

远公

生

披发,金箍,黑三,蓝褶子,丝绦,执拂尘

陶渊明

生

花三开头,苍三,蓝对匹,执扇

中军

生

中军帽,黑三,绿褶子

差人

丑

白大页巾,黑吊吊,绿布箭袖

侍者

小生

孩发,月白褶子

修静

小生

道冠,道帽,蓝八卦褶,丝绦,执拂尘

周续之

小生

青高方,青褶子,丝绦,执扇

黄　河　楼[①]

周瑜

小生

银太子冠,雉尾,白大蟒,红裤,方靴

刘备

生

王盔,红大蟒,黑三,红帽罩,红斗蓬,方靴

孔明

生

八卦巾,八卦衣,黑三

张飞

花

扎巾,银鹅子,黑开口,黑耳毫,黑大蟒,彩裤,方靴

金太子冠,黄开场

甘宁

丑

扎巾盔,绿箭袖,青马褂,黑三

鲁肃

末

官纱,蓝官衣,黑三

赵云

银荷叶盔,白靠,白大蟒

四红标旗

手下

红卒巾,红龙套

---

① 按,目录中并无此戏,且戏名误,应作“黄鹤楼”。

四白标旗

手下

白卒巾,白龙套

镇坛州

岳帅

生

黑三,银荷叶盔,白蟒,白靠,红裤,彩靴

岳云

武生

青马褂,白蟒箭,银太子冠,红裤,彩靴

张宪

武生

青马褂,紫蟒箭,太子冠,鹅子

牛皋

花

黑扎巾盔,黑软靠,黑开口,耳毛子

施全

生

黑三,绿扎巾盔,绿靠

纪青

生

白扎巾盔,白靠,黑满

王贵

花

黄扎巾盔,黄靠,黑满

祭礼官

丑

圆纱,青官衣,白四喜

徐仁
老生
忠纱,白三,香色大蟒
杨再兴
武生
红软扎巾,银鹅子,红靠,雉尾,狐尾
杨六郎
老生
金大铠,黄靠,黄开氅,苍三
四上手
手下
黄虎帽,黄汗衫,红裤
四小鬼
手下
鬼发,蓝汗衫,红裤
四红标旗
手下
红卒巾,红龙套
四红大铠
手下
红大叶巾
四白标旗
手下
白卒巾,白龙套
四白大铠
手下
白大叶巾

英　雄　会

豆尔墩

花

蓝扎巾,蓝留棠衣,黄銮带,蓝褶子,红裤,彩靴

黄三太

花

黄花鸭尾巾,苍满,黄留棠衣,紫銮带,米色褶子,标袋,红裤,彩靴

计全

武生

白罗帽,豆青留棠衣,花銮带,白褶子,标旗,花裤,花靴

杨香武

武丑

宗帽,苍八字,青百骨钮,白銮带,青裤,青褶子,打靴

贺照雄

老生

蓝罗帽,黑三,蓝留棠衣,銮带,月白褶子,红裤,打靴

普大永

花

紫罗帽,黑满,紫留棠衣,銮带,绿褶子,红灰裤,打靴

武万年

花

绿罗帽,黑一字,绿留棠衣,銮带,红褶子,红裤,打靴

李七侯

生

青罗帽,黑三,青箭袖,銮带,青褶子,青裤,打靴

万君照

武生

豆青罗帽,豆青留棠衣,銮带,豆青褶子,花裤,花靴

社青

花

红灰罗帽,黑满,豆青留棠衣,銮带,白花褶子,红裤,打靴

社红

武生

青罗帽,青留棠衣,銮带,青褶子,红裤,打靴

孙立

丑

黄罗帽,丑三,绿布箭袖,香色褶子,红裤,打靴,銮带

朱光祖

武丑

宗帽,黑八字,青箭袖,銮带,青裤,打靴

常六

花

红罗帽,黑一字,留棠衣,銮带,绿褶子,红裤,打靴

郝世洪

花

紫罗帽,苍满,紫留棠衣,红灰褶子,銮带,红裤,打靴

李配

花

绿罗帽,黑满,蓝留棠衣,銮带,绿花褶子,红裤,打靴

谢珍

生

青花罗帽,黑三,蓝留棠衣,蓝褶子,青裤,打靴

李玉

老生

月白鸭尾巾,苍三,蓝褶子,丝绦,彩靴

黄用

生

白毡天,白满,紫花老斗

四青衣

手下

蓝罗帽

豆尔墩手下英雄

便服

店家

蓝毡天,青衣,黑八字

淮 安 府

蔡天化

花

苍披发,石头道冠,苍满,银鹅子,白留棠衣,福儿背心,銮带,丝绦,米色褶子,白开氅,红裤,打靴

一丑老道

丑

月白道巾,白四喜,紫花老斗,红裤鞋

四小老道

手下

月白道巾,青衣

李兴

丑

青罗帽,青褶子,红裤鞋

二青衣

手下

沿毡帽

一、二、三、四大老道

花

金道冠,福儿背心,黑披发,蓝、紫、白、绿留棠衣,銮带,青花、

绿花、白花、红灰褶子,红裤,打靴

贺仁杰

武生

白珠罗帽,茨菇叶,插绒球,红灰留棠衣,红灰花裤,丝绦,銮带,白褶子,红裤,花打靴

黄天霸

武生

湖色珠罗帽,茨菇叶,插绒球,白蟒,豆青褶子,黄銮带,丝绦,花裤,花彩靴

四官兵

武行

黄罗帽,黄汗衣,红裤,打靴

关泰

花

绿珠罗帽,黑三,绿蟒箭,銮带,丝绦,绿褶子,红裤,彩靴

计全

生

白大叶巾,黑三,白褶子,红裤,彩靴

何路通

花

黄花罗帽,红一字,黄留棠衣,銮带,丝绦,红褶子,红裤,打靴

郭起凤

蓝花罗帽,黑三,蓝留棠衣,銮带,丝绦,二蓝褶子,红裤,打靴

王殿臣

生

青罗帽,黑三,青留棠衣,銮带,丝绦,蓝褶子,红裤,打靴

朱光祖

武丑

宗帽,侉衣,侉裤,青褶子,銮带,丝绦,打靴

金大力

花

缨帽,蓝布箭,青褂子,銮带,丝绦,打靴

真主驱魔

定静尊者

小生

太子都,白褶子,丝绦,执镜

智慧尊者

小生

太子都,红褶子,丝绦,执宝剑

禅证尊者

老生

红毗卢,黑三,蓝褶子,丝绦,大衣,执如意,红裤,彩靴

忍辱尊者

老生

黑披发,莲花冠,金箍,黑三,紫蟒箭,福儿背心,銮带,丝绦,米色褶子,红裤,彩靴,执杵、宝圈

精进尊者

小生

太子都,绿蟒箭,福儿背心,蓝褶子,銮带,丝绦,执红帆,红裤,彩靴

虎神

花

黄披发,黄发究,金鹅子,黄蟒箭,福儿背心,丝绦,銮带,红裤,打靴

寒山仙

小生

孩儿发,蓝英雄衣,虎皮裙,虎带,红裤,红云履

功曹

生

黄扎巾盔，黑满，黄软靠，红裤，彩靴

四揭谛

花

金刁黑开口、金八角冠黑满、银八角冠黑满、黑刁黑开口黑，黄、绿、红、黑靠，红裤，彩靴，执杵

识魔

武丑

绿披发，金鹅子，绿排子，绿留棠衣，銮带，丝绦，执双镜、黑帆，红裤，打靴

眼魔

花

绿披发，金鹅子，绿留棠衣，绿褶子，红裤，打靴

耳魔

花

黑披发，银鹅子，青百骨钮，青褶子，红裤打靴

鼻魔

花

白披发，金鹅子，白留棠衣，白褶子，红裤

舌魔

花

红披发，金鹅子，红留棠衣，黄褶子，红裤，打靴

身魔

花

黄披发，金鹅子，黄留棠衣，黄褶子，红裤，打靴

意魔

占

七星鹅子，雉尾，狐尾，软女靠，红裤，彩鞋

四小妖

武行

鬼发,青汗衣

四云旗

手下

白卒巾,白龙套

太　行　山

姚刚

花

草王盔,黑大蟒,雉尾,狐尾,黑耳毛,黑满,彩靴,红裤

王英

花

绿罗帽,绿蟒箭,绿褶子,红一字,彩靴,红裤,銮带

四牢子

丑

红蓁艽帽,黄茨菇叶,水衣,卒褂,红裤,打靴

四黑龙套

手下

黑卒巾

二宫娥

占

大头,红、绿对匹,裙子,彩鞋

忠　孝　全

二刽手

手下

红紫巾,两开红马褂

四太监

手下

黄太监衣,小太监帽

四红龙套

手下

红卒巾

中军

花

中军帽,黑满,箭袖,青马褂,銮带,红裤,彩靴

王振

花

金荷叶盔,红大蟒,朝珠,彩靴

秦记龙

武生

白扎巾,银鹅子,白布箭袖,銮带,白靠,彩靴

安泰

丑

蓝毡天,水衣,腰包

一、二、三、四正将

生

红扎巾盔,靠,黑三

生

黄扎巾盔,靠,黑满

武生

绿扎巾盔,靠

花

黑扎巾盔,靠,黑开口

四上手

手下

黄虎帽,黄汗衣,红裤

四黑标旗

手下

黑卒巾,黑龙套

金鳌

花

金太子冠,雉尾,狐尾,黄靠

一、二、三、四番将

花

黑、苍、红、绿披发,金、银、金、金鹅子,黑、白、红、绿靠

秦洪

老生

官纱,白发究,白三,香色褶子,腰包,红裤,彩靴

四青衣

手下

黑红帽

取　落　阳

吴汉

花

绿扎巾盔,红帽罩,黑满,绿靠,绿蟒箭,銮带,红裤,彩靴

姚期

花

黑扎巾盔,黑帽罩,黑满,黑蟒箭,銮带,黑靠,红裤,彩靴

岑彭

武生

白扎巾,银鹅子,白蟒箭,銮带,白靠,红裤,彩靴

马五

花

红札巾,金鹅子,红耳毛,红开口,红蟒箭,銮带,红靠,红褶子,

红裤,彩靴

四纛旗

下手

黑虎帽,蓝汗衣,白卒褂,红裤,彩靴

刘秀

小生

金太子冠,黄开氅,红裤,彩靴

邓禹

生

金侯帽,换忠纱,黑三,绿莽,红裤,彩靴

四下手

手下

黑虎帽,蓝汗衣,红裤,彩靴

杜茂

生

银荷叶盔,黑三,绿蟒箭,銮带,青马褂,红裤,彩靴

苏献

花

金侯帽,苍满,香色蟒,黄靠,红裤,彩靴

王元

花

黑刁,黑满,绿箭袖,青马褂,銮带,彩靴,红裤

苏龙

老生

绿札巾盔,黑三,红大铠,红裤,彩靴

苏虎

小生

白札巾,红大铠,红裤,彩靴

苏豹

丑

黑扎巾盔,黑四喜,红大铠,红裤,彩靴

报子

丑

沿毡帽,青衣,卒褂

四上手

武行

黄虎帽,黄汗衣,红裤,打靴

一旗先

手下

沿毡帽,青衣

二牢子手

武行

黄虎帽,黄汗衣,红裤,打靴

四黑标旗

手下

黑卒巾,黑龙套

大 铁 弓 缘

四红龙套

手下

红卒巾

中军

末

中军帽,黑三,绿褶

王进钦

生

官纱,苍三,红大蟒,彩靴

四黑大铠

手下

黑大叶巾

石须龙

花

尖纱，黑帅盔，黑耳毛，黑开口，黑靠，黑大蟒，彩靴

赵普

丑

大叶巾，黑八字，绿布褶子，改箭袖青马褂，銮带，彩靴

一旗牌

丑

青大叶巾，黑八字，青箭袖，銮带，彩靴

匡印龙

生

官纱，黑三，红帽罩，红斗蓬，红开氅，红箭袖，蓝褶子，荷叶盔

一轿夫

丑

沿毡帽，青衣

陈秀英

花占

大头，汗衣，花裤，白武生巾，银荷叶盔，白褶子，白靠，彩鞋

匡忠

武生

白武生巾，白布箭袖，白褶子，黄銮带，彩靴

四上手

武行

黄虎帽，黄汗衣，红裤

四标车

手下

黄尾帽，黄汗衣，红裤

四娄兵

手下

沿毡帽,青衣

关伯

花

王盔,雉尾,狐尾,黄大蟒,彩靴

公主

武占

大头,七星鹅子,雉尾,狐尾,官衣,女靠

王福刚

武生

青罗帽,金鹅子,青布箭袖,青马褂,黄銮带,彩靴

报子

手下

沿毡帽,青衣卒褂

四上手

手下

黄虎帽,黄汗衣,红裤

一、二火牌

武丑

白毡天,蓝布箭袖,黄包袱,带铃铛,红裤,打靴

院子

老生

青罗帽,白满,青褶子,彩靴

小姐

占

大头,粉红对匹,披花斗蓬,彩鞋

石文

丑

棒垂巾,绿褶子

四青衣

丑

青罗帽,青衣,打靴

陈婆子

丑

大头,帽罩子,蓝汉衣,蓝褶子,蓝裤,大脚鞋

一、二解子

丑

白毡天、蓝毡天,白四喜,水衣,腰包,红裤鞋

闹 江 州

宋江

生

黑刁,翎尾,黑三,红大蟒

吴用

生

八卦巾,黑三,蓝鹤氅

卢俊义

生

银刁,黑三,豆青大蟒

李逵

花

宗帽,黑耳毛,黑开口,金鹅子,翎尾,黑靠;换青褶子,青百骨钮,青裤

燕青

武生

白罗帽,鹅子,翎尾,白靠;换豆青英雄衣,花裤

关胜

花

绿扎巾,金鹅子,黑满,绿靠,绿大蟒

时千

武丑

白毡天,黑八字,蓝水衣,豆青腰包

白胜

武丑

蓝毡帽,白八字,蓝水衣,豆青腰包

李俊

生

青罗帽,黑三,青开氅,换青蟒箭

史进

小生

武生巾,月白褶子

朱富

生

三开头,黑满,白开氅;换白罗帽,白蟒箭

陈达

花

黑蓬头,黑一字,青褶子

王英

花

黑虎头盔,翎尾,青百骨钮,黄虎铠,红一字

施恩

武生

白罗帽,白褶子

邹渊

花

绿花罗帽,红一字,英雄衣,绿褶子

邹润

花

红罗帽,红褶子

雷横

花

黄虎头盔，换黄罗帽，红一字，香色英雄衣，黄褶子

李云

生

青罗帽，黑满，青褶子

燕顺

武生

白罗帽，白褶子

丁得孙

生

蓝扎巾，黑三，蓝褶子

龚旺

花

黄扎巾，红开口，黄开氅

戴宗

生

绿札巾，黑三，绿开氅

石秀

武生

蓝罗帽，蓝褶子，蓝英雄衣

杨雄

生

青素罗帽，青褶子，青素箭

张顺

武生

豆青罗帽，豆青英雄衣，豆青褶子

阮小二、五、七

武丑

俱黑发球，黑八字，蓝水衣，腰包，草帽圈，加白毡帽、加蓝毡帽

武松
武生
黑蓬头,百骨钮,绿背心,青裤
杨林
花
虎头盔,红开口,黄靠
扈三娘
武占
大头,七星鹅子,翎子,斗蓬,打袄,打裤
孙二娘
武占
同前
顾大嫂
王花娘
俱大头,结子,插龙,斗蓬,打袄,打裤
李鬼
花
宗帽,黑耳毛,黑开口,青百骨钮,青裤,素青褶子
李母
老占
白发球,紫花老斗,绿裙子
李达
丑
蓝毡帽,苍八字,青布褶子
高俊
生
官纱,黑三,蓝官衣
二快班
丑
沿毡帽,黑八字吊吊,蓝布箭袖

禁子

丑

白毡帽，白四喜，紫花老斗

王元

武老生

黄札巾，鹅子，苍三，青色蟒，香色靠

中军

生

中军帽，黑满，绿褶子

四大刀手

武行

帽罩子，布青、绿、黑、紫箭袖

酒保

丑

蓝毡帽，黑八字，水衣，腰包

公孙胜

生

莲花冠，黑披发，黑满，开氅

四红大铠

门刀

四红龙套

四青衣

红毡帽

头、二本草桥关

郭荣

花

相刁，苍满，黑蟒

马武

花

金耳不闻,红开口,红耳毛,红蟒;后换红扎巾盔,红靠

岑彭

武生

银耳不闻,黑三,白蟒;后换白扎巾盔,白靠

杜茂

生

金耳不闻,苍三,绿蟒;后换绿札巾盔,绿靠

刘秀

生

王盔,黑三,黄蟒;后换九龙巾,黄对匹

姚期

净

闻阳,黑蟒,白满;后换黑靠

姚刚

花

太子都,黑蟒箭,銮带,青褶子

姚能

武生

太子都,白蟒箭,銮带,白褶子

中军

生

中军帽,黑满,绿开氅

老旦

老占

红青对匹,绿裙子,彩鞋

报子

丑

沿毡帽,青衣卒褂,打靴

院子
生
青罗帽，黑满，青褶子
一、二旗牌
丑
青大页巾，黑满、八字，绿、青布箭袖，黄马褂，銮，打靴
娘娘
占
大凤，女对匹，豆青裙子，彩鞋
牛毛
花
绿披发，金鹅子，翎尾，黑开口，耳毛，绿靠，绿蟒
玩月娥
武占
七星鹅子，翎尾，白女靠，红女蟒
一番将
花
白披发，银鹅子，白靠
二番将
花
绿披发，金鹅子，绿靠
智君章
花
黄虎头盔，红开口，绿软靠，矮走打靴
二丫环
占
大头，红、绿对匹背心，豆青裙子
二宫娥
占
大头，红、绿对匹，小过桥，豆青裙子

四太监

四青衣

红蓁椒帽

芦 花 荡

张飞

花

青扎巾,草帽圈,黑开口,耳毛,青百骨钮,青裤,豆青腰包,打靴

周瑜

小生

银太子冠,白蟒,箭青马褂

四黑标

四白标

天 雷 报

□□

老生

台毡帽,白满,紫花老斗;换富贵衣

老旦

老占

白发球,紫花老斗,绿裙;换富贵衣

主考

生

官纱,黑三,红蟒

丑举子

丑

棒垂巾,黑吊吊,绿褶子

张金宝

小生

文生巾，红褶子；换官纱，红官衣

旦角

占

大头，藕荷对匹，豆青裙子

老生

三开头，黑三，藕荷对匹

地方

丑

蓝毡帽，黑八字，水衣，腰包

雷公

脸子，膀子，绿两段头

闪电

占

大头，过桥，素红对匹，云肩，豆青腰包，裙子，执镜

灵官

红大页巾，黑满，红大铠

四青衣

四红龙套

四云牌

戏班结禀花名册草目

稿钞本，为清同治初年至宣统年间北京戏班申报内务府、精忠庙备案文件之目录。从中可知清同治以后北京戏班变迁之大略。谷曙光据周明泰藏本整理。

戏班结禀花名册草目

号数	班名	名称	年月	件数	备考
一号	万顺和班	李克勤甘结	同治二年十月	一件	
		花名		一件	
		安禀		一件	
二号	三发班	程椿甘结	同治二年十月	一件	
		花名		一件	
		安禀		一件	
三号	四喜班	袁听泉、张发祥甘结	同治二年十月	一件	
		花名		一件	
		安禀		一件	
四号	广和成班	周凤梧甘结	同治二年十月	一件	
		花名		一件	
		安禀		一件	
五号	奎发昆腔班	王允和、曹发林甘结	同治二年月	一件	
		会首程椿甘结		一件	
		花名		一件	
		安禀		一件	
六号	双奎班	王允和、曹发林甘结	同治二年十一月	一件	
		会首程椿等甘结		一件	
		后入安禀		一件	
		花名		一件	

续　表

号　数	班　名	名　称	年　月	件数	备　考
七号		庆奎　呈	同治二年十二月	一件	请改禄寿堂戏庄为戏馆一体演戏
八号	双顺和班	李文学甘结	同治三年　月	一件	
		会首程椿甘结		一件	
		花名		一件	
		安禀		一件	
九号	月嵩祝成班	徐宝成、刘万议、龚宛香、周玉衡甘结	同治三年　月	一件	
		会首程椿甘结		一件	
		花名		一件	
		安禀		一件	
十号	吉生昆弋班	祥顺甘结	同治三年三月	一件	
		会首程椿甘结		一件	
		花名		一件	
		安禀		一件	
十一号	普庆昆腔班	王玉亭甘结	同治三年　月	一件	
		会首程椿甘结		一件	
		花名		一件	
		安禀		一件	
十二号	镒胜班	张金荣甘结	同治三年八月	一件	
		会首程椿等甘结		一件	
		花名		一件	

续表

号数	班名	名称	年月	件数	备考
		安禀		一件	
十三号	后出双奎班	张吉元甘结	同治三年　月	一件	
		会首程椿等甘结		一件	
		花名		一件	
		安禀		一件	
十四号	后出发寿班	刘玉秀甘结	同治三年　月	一件	
		会首程椿等甘结		一件	
		花名		一件	
		安禀		一件	
十五号	全顺和班	宋德宽甘结	同治三年　月	一件	
		会首程椿等甘结		一件	
		花名		一件	
		安禀		一件	
十六号	集发华班	王月亭甘结	同治四年六月	一件	
		会首程椿等甘结		一件	
		花名		一件	
		安禀		一件	
十七号	后出阜成班	赵殿奎甘结	同治四年七月	一件	
		会首程椿等甘结		一件	
		花名		一件	
		安禀		一件	
十八号	双顺立班	李界年甘结	同治五年　月	一件	
		会首程椿等甘结		一件	
		花名		一件	

续 表

号数	班名	名称	年月	件数	备考
		安禀		一件	
十九号	祥泰班	关瑞祥甘结	同治五年 月	一件	
		会首程椿等甘结		一件	
		花名		一件	
		安禀		一件	
二十号		精忠庙会首程椿等红禀	无年月	一件	报双奎班已散
二十一号		内务府奏稿	同治十三年十月廿九日	一件	十八号
二十二号	升平署黄白片	黄片边得奎 白片善连		二件	
二十三号	秦腔德胜和班	姚增禄、王福成甘结	光绪廿五年五月	一件	
		庙首俞光耀、谭鑫培、时发、田际云加结		一件	
		花名		一件	
		安禀		一件	
二十四号	久和班	侯幼云、薛固久甘结	光绪廿七年十一月	一件	
		庙首俞光耀、谭鑫培、田际云加结		一件	欠花名、安禀
二十五号	小双发和班	赵宝珠、姚意云、李文汉甘结	光绪二十九年六月	一件	
		庙首俞光耀、田际云、谭鑫培、余雨琴加结		一件	

续 表

号 数	班 名	名 称	年 月	件数	备 考
		花名		一件	
		安稟		一件	
二十六号	承平班	吴松泉、陈春元等甘结	光绪卅三年三月	一件	
		庙首俞光耀、田际云、谭鑫培、余雨琴加结		一件	
		花名		一件	
		安稟		一件	
二十七号	喜发和班	周瑞彬、翟禄喜、李雅亭等甘结	宣统元年闰二月	一件	
		庙首俞光耀、田际云、谭鑫培、余雨琴加结		一件	
		花名		一件	
		安稟		一件	
二十八号	德顺和班	杨宝珍甘结	宣统元年　月	一件	
		庙首俞光耀、田际云、谭鑫培、余雨琴加结		一件	
		花名		一件	
		安稟		一件	
二十九号	小福胜秦腔班	朱贵廷甘结	同治二年十月	一件	
		花名		一件	
		安稟		一件	
三十号	安庆昆弋班	刘玉秀结	同治二年十月	一件	

续表

号数	班名	名称	年月	件数	备考
		花名		一件	
		安禀		一件	
三十一号	万顺奎昆腔班	任春廷、刘万义结	同治二年十月	一件	
		花名		一件	
		安禀		一件	
三十二号	后出重庆班	胡清海结	同治二年月	一件	
		花名		一件	
		安禀		一件	
三十三号	春台班	周春奎、胡喜禄结	同治二年十月	一件	
		花名		一件	
		安禀		一件	
三十四号	阜成班	李双如结	同治二年十月	一件	
		花名		一件	
		安禀		一件	
三十五号	双和秦腔班	崔承业结	同治二年十一月	一件	
		会首程椿等加结		一件	
		花名		一件	
		安禀		一件	
三十六号	禧庆昆腔班	黄玉佩、沈九兰结	同治三年正月	一件	
		会首程椿等加结		一件	
		花名		一件	

续表

号数	班名	名称	年月	件数	备考
		安禀		一件	
三十七号	复出久和昆腔班	张子久结	同治三年　月	一件	
		会首程椿等加结		一件	
		花名		一件	
		安禀		一件	
三十八号	胡莱领重庆班	让宋德、宽领结	同治三年　月	一件	
		花名		一件	
		安禀		一件	
三十九号	全庆和班	邓天祥、何潮洞结	同治四年　月	一件	
		会首程椿等加结		一件	
		花名		一件	
		安禀		一件	
四十号	复出嵩发班	张奎书结	同治四年　月	一件	
		会首程椿等加结		一件	
		花名		一件	
		安禀		一件	
四十一号	义顺和班	孙珍玉、常源海结	同治五年　月	一件	
		会首程椿等加结		一件	
		花名		一件	
四十二号	复出金台班	陈永顺结	同治五年十二月	一件	
		会首程椿等加结		一件	

续 表

号 数	班 名	名 称	年 月	件数	备 考
		花名		一件	
		安禀		一件	
四十三号		会首程椿为复出重庆班胡清海具加结	同治二年 月	一件	
		安禀		一件	
四十四号	奎发班	花名		一件	
		安禀		一件	

都门纪略

《都门纪略》乃清代北京生活指南性质的书籍，为方便外省暂居京城的士人举子、行旅客商而编纂，最早刊行于道光二十五年(1845)。由于实用性强，深受社会欢迎，遂不断增订再版，延续使用到民国初年。周明泰撰有《〈都门纪略〉中之戏曲史料》(光明印刷局1932年版)，专门辑录、揭示其戏曲史料价值。《都门纪略》版本极多，书贾为牟利，校刻多未精审，脱衍错讹极夥，周书有选择地辑录了六种版本的《都门纪略》；然而周书辑录的，今之整理者却未能全部寓目。整理者在力所能及的情况下，选择了数种版本的《都门纪略》，辑录其中戏曲史料，以裨比较研究。谷曙光辑录整理。

都门纪略

（道光廿五年[乙巳，1845年]刻本）

李南圃校正　杨静亭编辑

风　　俗

京师最尚繁华，市廛铺户妆饰富甲天下，如大栅栏、珠宝市、西河沿、琉璃厂之银楼缎号，以及茶叶铺、靴铺，皆雕梁画栋，金碧辉煌，令人目迷五色。至肉市、酒楼、饭馆，张灯列烛，猜拳行令，夜夜元宵，非他处所可及也。

京师最尚应酬。外省人至，群相邀请，筵宴、听戏、往来馈送，以及挟优饮酒，聚众呼卢，虽有数万金，亦不足供其挥霍。

对　　联

国香花媚（句法新颖），
安宅春多。

国安堂司坊下处在留守卫。

和声鸣盛世，（切演剧，切新正，又切班名，三者具备，故佳。）
春色满皇都。

和春班在李铁拐斜街路南。

翰　　墨

诚　一　斋

人物匾额，时人贺世魁画。所绘之人皆名擅词场。霍六、王三、秃子、开泰、才官、沙四、赵五虎、张恒、大头卢、老李公、陈丑子、玉顺、连喜，号十三绝。其服皆戏场装束，纸上传神，望之如有生气。来往观者，络绎不绝。

字画铺在廊房头条胡同东口路南。

市　廛

……

三庆园(初一至初四日三庆;五至八春台;九至十二和春;十三至十六四喜;十七至廿春台;廿一至廿三嵩祝;廿四至廿七和春;廿八至三十和春。)

在大栅栏中间路南。

同乐轩(戏无准转)

在大栅栏门框胡同口内路西。

庆乐园(初一至初四日大景和;五至八三庆;九至十二嵩祝;十三至十六和春;十七至十九三庆;廿日和春;廿一至廿三春台;廿四至廿七四喜;廿八至三十大景和。)

在大栅栏中间路北。

广德楼(初一至初四日春台;五至八嵩祝;九至十二春台;十三至十六三庆;十七至十九嵩祝;廿至廿三四喜;廿四至廿七三庆;廿八至三十四喜。)

在大栅栏中间路北。

庆和园(初一至初四日四喜;五至八和春;九至十一三庆;十三至十六双和;十七至廿永庆;廿一至廿三无转;廿四至廿七嵩祝;二十八至三十春台。)

在大栅栏西口路北。

中和园(初一至初四日永庆;五至八翠秀;九至十二春喜;十三至十六双和;十七至十九四喜;廿至廿三三庆;廿四至廿七大景和;廿八至三十双和。)

在粮食店北口路西。

庆春园(现未卖座)

在杨梅竹斜街路北。

广和楼(初一至初四日和春;五至八四喜;九至十二大景和;十三至十六春台;十七至廿双和;廿一至廿三和春;廿四至廿七春台;

廿八至三十三庆。）

在肉市北口路东。

裕兴园（初一至初四日双和；五至八大景和；九至十二四喜；十三至十六大景和；十七至廿翠秀；廿一至廿三无转；廿四至廿七双和；廿八至卅永庆。）

在鲜鱼口内抄手胡同路西。

天乐园（初一至初四日嵩祝；五至八永庆；九至十二双和；十三至十六嵩祝；十七至十九和春；二十嵩祝；廿一至廿三大景和；廿四至廿七嵩祝；廿八至三十嵩祝。）

在鲜鱼口内小桥路南。

广兴园（戏无准转）

在崇文门大街路西木厂胡同。

庆顺园（戏无准转）

在宣武门大街路西。

芳草园（戏无准转）

在齐化门外大街路西。

隆和园（戏无准转）

在齐化门外路北日坛对过。

德胜园（戏无准转）

在德胜门外关厢路西。

皇成园（戏无准转）

在平则门外桥头路南。

词场并序著名脚色随时增入①

近阅《缀白裘》一书，采列古今昆弋诸剧至备，然未尝追溯词场始于何代、创自何人。古之歌于朝者喜起明良，歌于野者叩缶击壤歌之作也。盖自唐虞已有然矣。又尝考《周礼》方相氏所掌之傩

① 词场门之序言，各种版本的《都门纪略》均一样，故后文不再重复收录。

焉,傩行于乡人,圣人为之朝服阼阶,故《鲁论集注》内称傩近于戏。盖以涂面狂歌,藉以驱疫,虽非演戏,而戏即兆端于傩与歌斯二者。及秦二世子胡亥演为词场,谱以管弦,歌舞之风,由兹益盛。后世遂号为秦腔(俗名梆子腔)。逮秦以下,历千有余年,至于唐世明皇,癖好歌声,遂辟梨园之地为教坊,命李龟年、雷海青、贺怀智、马仙期、黄旛绰诸辈掌之,按丝竹之宫商,演以词曲,是为昆腔,而梨园子弟由此名焉。故后世秦腔皆祀胡亥,昆剧皆祀明皇,为词场衍派之祖。至元世以填词取士,昆曲冠绝一时,压倒盛唐。明季边大绶《虎口余生》及《铁冠图》等剧,昆弋并演,或者高腔之名,由此渐兴欤?

我朝开国伊始,都人尽尚高腔。延及乾隆年,六大名班九门轮转,称极盛焉。其各班各种脚色,亦复荟萃一时,故诚一斋绘"十三绝图像",悬于门额(注见前翰墨门)。至嘉庆年盛尚秦腔,尽系桑间濮上之音,而随唱胡琴,善于传情,是最足动人倾听。曾经奏明,禁止渐革,此风近日又尚。黄腔(黄腔始于湖北黄陂县,一始于黄冈县,故曰二黄腔。)铙歌妙舞,响遏行云,洵属鼓吹休明,藉以鸣国家之盛。故京都及外省之人,无不欢然附和,争传部曲新奇。不独昆腔阒寂,即高腔亦渐同广陵散矣。虽内城尚有学步高腔者,然亦硕果之仅存也。兹集所注词场诸人,多系黄腔著名者。至昆弋出色诸人,不难按名胪举,第以风会所趋,未免有先后进之分。惟恐违众戾时,惹人倦听,用是昆弋诸贤,概不赘入。

静亭主人谨识

三 庆 班

程长庚

演《法门寺》赵廉;《借箭》鲁子敬;《文昭关》伍子胥;《让城都》刘璋。

潘德奎

演《三挡》秦琼。

胖双秀

演《祭塔》白蛇。

范四保

演《摔琴》俞伯牙;《莽台》王莽。

马老旦

演《佘太君辞朝》;《钓金龟》老旦。

三雄儿

演《赶考》商天保。

曹喜林

演《草船借箭》周公瑾。

姚二官

演《冥判》大判官。

大金龄

演《小宴惊变》杨太真。

春　台　班

余三盛

演《定军山》黄忠;《探母》杨四郎;《当剑卖马》秦琼;《双尽忠》李广;《捉曹放曹》陈宫;《碰碑》杨令公;《琼林宴》范仲虞;《战樊城》伍员。

李六

演《醉写贺蛮书》李白;《扫雪》刘子忠。

朱大麻子

演《阳平关》曹操;《琼林宴》包文正。

产滚子

演《斩蛟》周处。

蟾桂

演《探母》孟金榜。

凤林

演《探母》公主。

朱三喜

演《红鸾喜》花子头。

玉兰

演《祭塔》白蛇。

四 喜 班

张二魁

演《探母》杨四郎;《捉曹放曹》陈宫。

余子仔

演《双沙何》魏小生。

王寿先

演《困曹》赵玄郎;《采石矶》徐达。

阴阿度

演《写本》杨椒山。

夏花脸

演《断密涧》李密。

黑贵喜

演《探母》公主。

松林

演《水淹泗州》龙母。

全儿

演《探母》杨六郎。

丁三

演《打金砖》汉光武。

才儿

演《叫关》罗成。

凤林

演《回龙阁》王宝川。

和　春　班

王洪贵

演《让城都》刘璋；《击鼓骂曹》祢衡。

段二

演《打鱼杀家》萧恩；《太平桥》施敬思。

黄玉林

演《宫门挂带》褚遂良。

王先爵

演《铁龙山》司马师。

陈花脸

演《二进宫》徐彦昭。

潘锡寿

演《铁龙山》姜维。

阎老旦

演《药茶记》老旦。

汪法林

演《因果报》娘娘；《探母》萧太后。

龙小生

演《辕门射戟》吕布；《黄鹤楼》赵云。

嵩　祝　班

张如林

演《清河桥》楚庄王。

宝成

演《恶虎庄》姚刚。

大和尚

演《胭脂血》白皂吏。

福官

演《击鼓骂曹》祢衡。

兰儿

演《罗章跪楼》红月娥。

玉宝

演《劝妻》曹庄。

红喜

演《卖饼子》花旦。

新兴金钰班(脚色近日多归全胜和)

(票)薛印轩

《让城都》刘季玉;《断密涧》李密;《捉曹放曹》陈宫;《南天门》曹宏演;《双请灵》岳飞;《探母》杨四郎;《芦花河》薛丁山;《绝缨会》庄王;《乾坤带》唐太宗;《法门寺》赵廉;《五雷阵》燕孙膑;《烟鬼叹》正鬼。

周连贵

演《清官册》寇准;《骂王朗》孔明。

周凤山

演《断密涧》王伯党。

胡莱

演《五台会兄》杨五郎。

阿四

演《漆匠嫁女》阴阳生。

刘德儿

演《弹词》李龟年。

清香

演《探母》萧太后。

双儿

演《快活林》武松;《狮陀岭》孙悟空。

大吉祥

演《铁笼山》姜维。

曹松林

演《芦花河》樊梨花;《探母》公主。

官儿

演《出塞》王昭君。

库儿

演《水淹泗州》龙母。

右载薛印轩者，雒南世家，入籍京师。年少通书史，谙词场，未经师授，自能独开生面。妆点古来忠臣义士，慷慨悲歌，无不毕肖其情状。宾白、科诨口吻皆当。并曲词中有文近鄙俚者，悉能改正，归于典雅。立票局，号为雅乐先声。班中特聘，每日帮演一出，推为词场第一，名重京师。

双　和　班

马官

演《南阳关》伍云昭；《九龙山》岳飞。

三喜儿

演《薛礼回家》柳迎春。

二达子

演《泉滩》武旦。

小徽州

演《杀宫》崇祯。

甄娃子

演《翠屏山》石秀；《杀嫂》武松。

麦思远

演《逼宫》司马师；《马踏五营》杨滚。

黑虎

演《拐磨子》小丑。

大 景 和 班

任花脸

演《搜杯》严世蕃；《刺秦庭》荆轲；《借赵云》公孙瓒；《庆顶珠》

萧恩。

梅东

演《李陵碑》杨令公;《打金枝》郭子仪。

靳老虎

演《神书剑》黄飞虎;《太平城》花云。

金狗仔

演《临童山》李渊;《探母》杨四郎。

杨五

演《大保国》李彦妃;《探母》孟金榜。

田福儿

演《翠花宫》花旦;《探母》萧太后;《绮兰阁》丑旦。

王安仔

演《探母》佘太君。

小耗子

演《探母》公主。

德升

演《探母》杨六郎。

周三

演《探母》杨宗保;《借云》赵子龙。

以上各班角色,或艺或貌或声韵,数年来,皆余目睹心赏,实为一时之盛。无过人之长者,不便采取入书。

都门纪略

（同治三年[1864]刊本。

内封题“同治上元甲子年季夏中浣”，荣录堂重镌）

杨静亭编辑　张琴鹤泉　徐永年寿臣　氏增补

李南圃校正　赵昶子明　金德藻建候　氏重校

市　厘

文昌馆（自此至天寿堂俱是宴会之所，皆包办南席，可搭棹演戏。）

在铁门南头路西。

宴汇堂

在大栅栏中间路北。

汇元堂

在西珠市口路南。

财神馆

在宣武门大街南头路西。

禄寿堂

在打磨厂中间路北。

天和馆

在煤市街南口外路北。

燕喜堂

在北孝顺胡同北头路东。

鹿鸣堂

在大蒋家胡同南口路东。

天寿堂

在西珠市口东头路北。

景泰园(以下三家俱是杂耍馆)

在隆福寺口内中间路北。

泰华园

在东四牌楼南路东。

万兴园

在西四牌楼北路东。

广德楼(初一至初四日春台;五至八嵩祝成;九至十二春台;十三至十六三庆;十七至十九双顺和;二十至二十三四喜;二十四至二十七三庆;二十八至三十四喜。)

在大栅栏西头路北。

庆和园(初一至初四日四喜;五至八□□;九至十二三庆;十三至十六嵩祝成;十七至十九四喜;二十至二十三三庆;二十四至二十七□□;二十八至三十春台。)

在大栅栏西口内路北。

庆乐园(初一至初四日□□;五至八三庆;九至十二□□;十三至十六万顺和;十七至十九三庆;二十□□;二十一至二十三春台;二十四至二十七四喜;二十八至三十□□。)

在大栅栏中间路北。

同乐轩(初一至初四日□□;五至八双顺和;九至十二嵩祝成;十三至十六□□;十七至二十日□□;二十一至二十三嵩祝成;二十四至二十七□□;二十八至三十双顺和。)

在大栅栏门框胡同口内路西。

三庆园(初一至初四日三庆;五至八春台;九至十二四喜;十三至十六四喜;十七至二十春台;二十一至二十三□□;二十四至二十七嵩祝成;二十八至三十嵩祝成。)

在大栅栏中间路南。

中和园(初一至初四日□□;五至八双顺和;九至十二嵩祝成;十三至十六□□;十七至十九□□;二十至二十三嵩祝成;二十四至二十七□□;二十八至三十双顺和。)

在粮食店北口路西。

广和楼(初一至初四日双顺和;五至八四喜;九至十二万顺和;十三至十六春台;十七至二十嵩祝成;二十一至二十三万顺和;二十四至二十七春台;二十八至三十三庆。)

在肉市北口路东。

庆春园(现未卖座)

在杨梅竹斜街路北。

裕兴园(初一至初四日□□;五至八□□;初九至十二□□;十三至十六□□;十七至二十□□;二十一至二十三□□;二十四至二十七□□;二十八至三十□□。)

在鲜鱼口内抄手胡同路西。

天乐园(初一至初四嵩祝成;五至八□□;九至十二双顺和;十三至十六□□;十七至二十□□;二十一至二十三双顺和;二十四至二十七日久和;二十八至三十□□。)

在鲜鱼口内小桥路南。

广兴园(戏无准转)

在崇文门大街路西木厂胡同。

庆顺园(戏无准转)

在宣武门大街路西。

芳草园(戏无准转)

在齐化门外大街路西。

隆和园(戏无准转)

在齐化门外路北日坛对过。

德胜园(戏无准转)

在德胜门外关厢路西。

阜成园(戏无准转)

在平则门外桥头路南。

词场并序著名脚色随时增入

三　庆　班

程长庚

《法门寺》赵廉;《草船借箭》鲁子敬;《洪洋洞》杨六郎;《监酒令》汉刘璋;《审钗钏》问官;《汜水关》、《华容道》、《战长沙》关公。

王贵

《骂阎》胡迪;《临江会》刘备。

夏奎章

《易州城》马超;《打登州》秦叔宝。

殷德瑞

《宁武关》周遇吉;《斩黄袍》高怀德;《三挡》秦琼。

周开月

《战长沙》魏延;《捉曹放曹》曹操;《打嵩》严嵩。

孙大常

《入府》李瓶;《纺绵花》首饰楼掌柜。

小珍

《探庄》石秀;《临江会》周瑜;《岳家庄》岳云。

孙八

《因果报》女鬼;《起解》玉堂春;《落园》陈杏元;《斩窦娥》窦娥。

曹玉秀

《杀狗》萧氏;《摇会》大婆。

宝云

《彩楼配》王宝川;《教子》王春娥;《回龙阁》代战公主。

春　台　班

周春奎

《五雷阵》孙膑;《骂曹》弥衡;《探母》杨四郎;《牧羊圈》朱春登;《琼林宴》范仲禹;《翠屏山》杨雄;《坐楼杀惜》宋江;《盗宗卷》陈平;《胭脂虎》元帅;《打嵩》邹应龙。

张喜儿

《赶三关》薛平贵;《黄金台》田单;《庆顶珠》萧恩。

胡大魁

《辕门斩子》杨六郎;《断密涧》王伯当;《烟墩》申侯。

胡来

《大保国》徐彦昭;《锁五龙》单雄信;《打銮驾》包拯;《会兄》杨五郎。

郝蓝田

《断后》李宸妃;《六殿》刘氏;《辞朝》佘太君。

王三

《十美图》花子;《药茶记》浪子。

喜禄

《玉玲珑》梁红玉;《三堂会审》玉堂春;《四郎探母》公主;《血手印》殷小姐。

常四

《彩楼配》王宝川;《走雪》曹玉姐;《戏妻》罗氏女。

长寿

《岳家庄》岳云;《八大锤》陆文龙;《蜈蚣岭》武松。

张光玉

《五人义》校尉;《白水滩》青面虎;《神洲擂》任元。

菊生

《昊天关》赵义;《连环套》黄天霸;《十美图》张顺。

四　喜　班

王九龄

《战蒲关》王霸;《乌盆记》绸缎客;《骂王朗》诸葛亮。

黄豹

《火烧绵山》介子推;《太平桥》史敬塘。

姜三

《跑坡》薛平贵;《戏妻》秋胡。

赶三

《思志诚》老妈;《绒花记》崔八;《拾玉镯》刘媒婆;《入府》李瓶儿;《探亲》乡下妈妈;《卖饽饽》魏虎。

杨三

《荡湖船》布客;《打花鼓》公子;《活捉》张文远;《投文》夏德海;《僧尼会》和尚。

冯玉春

《望儿楼》窦太真;《断后》李宸妃。

刘五

《梅玉配》周其发;《绒花记》崔公子;《打灶》二哥。

三元

《探母》杨四郎;《江东桥》康茂才;《断密涧》王伯党。

连升

《挡谅》陈友谅;《黑风帕》高望;《黄金台》伊哩。

巧龄

《梅玉配》少夫人;《探母》萧太后;《浣花溪》任容仙;《闺房乐》夫人。

秀兰

《探母》公主;《教子》王春娥;《斩窦娥》窦娥。

小福

《宇宙锋》赵小姐;《芦花河》樊梨花;《斩子》木桂英。

桂香

《击掌》王允;《教子》薛保;《让成都》刘璋。

张发祥

《梅玉配》徐铁梅;《贪欢报》安道全;《放粮》陈大官。

福官

《拾玉镯》孙玉姣;《摇会》二婆。

福宝

《梅玉配》黄婆;《浣花溪》夫人;《变羊》贾氏;《牧羊圈》婶娘。

小红喜

《探庄》石秀；《闹海》哪吒；《青龙棍》龙神。

叶中定

《除三害》周楚；《出祁山》郑文；《四杰村》鲍赐安。

吕增禄

《五人义》周老；《恶虎村》黄天霸；《三岔口》任唐辉。

玉喜

《八蜡庙》贺仁杰；《合家欢乐》小姑娘；《打店》孙二娘。

小元

《泗州城》龙母；《青龙棍》杨排风。

嵩 祝 成 班

周全

《醉写》、《金马门》李太白。

杓子刘

《捉放》陈公；《骂曹》弥衡；《一捧雪》穆成。

景四宝

《烧绵山》介子推；《庆顶珠》萧恩；《黄鹤楼》刘备。

宝成

《下河东》欧阳方；《定中原》司马师；《黄金台》伊哩；《独虎营》罗四虎；《连环套》窦尔墩。

奎官

《铡美案》、《断双钉》包文正；《御果园》尉迟公。

黄三雄

《判断》花子头；《龙凤配》狗阴阳；《东昌府》郝似玉；《红鸾喜》花子头；《叫街》蓝季子。

韩双盛

《连环套》朱光祖；《背凳》不长座；《双打店》大价；《十二红》毕朋；《下河南》湖公子。

旺儿

《双钉记》白金莲;《双沙河》宝云公主;《背凳》。

龚翠兰

《红霓关》夫人;《贪欢报》老鸨。

伊子

《贪欢报》李香兰;《摇会》二婆;《下河南》媒婆。

恒秀峰

《南天门》曹玉姐;《探窑》王宝川;《宇宙锋》赵小姐。

杨全

《闹地府》猴儿;《四杰村》余干;《泗州城》猴儿。

双顺和班

徽州

《柴桑口》孔明;《药王卷》孙思邈;《打金枝》唐王;《探母》杨四郎。

洒金红

《骂殿》赵二社;《一捧雪》莫成;《斩子》杨六郎;《白门楼》陈宫。

秃红

《晋阳宫》李渊;《天门阵》杨六郎;《宫门挂带》褚遂良。

一声雷

《铡美案》包公;《牟虎关》高望;《二进宫》徐彦昭;《龙凤剑》闻太师。

杌凳子

《击掌》王丞相;《带剑入宫》司马师;《南天门走雪》曹福;《血诏带》曹操。

七金子

《伐子都》子都;《独虎营》黄天霸;《芦花荡》赵云;《四杰村》濮天鹏。

大武生

《八蜡庙》褚彪;《擒方腊》武松;《佘塘关》杨衮。

四像官

《女起解》苏三;《教子》三娘;《双官诰》春娥女;《淤泥河》薛仁贵。

三毛子

《三堂会审》玉堂春;《二进宫》李娘娘;《夜宿花亭》张美英;《二度梅》陈杏元。

满天星

《宜鸾阁》丑小姐;《芦花荡》孙夫人;《百花点将》公主;《卞梁图》刘娘娘。

小老虎

《双巧配》女春兰;《卞梁图》西宫。

九儿

《泗洲城》水母;《朝金顶》狐狸精;《卖艺》张三妻。

小六儿

《佘塘关》佘赛花;《演火棍》排风;《正德戏凤》李凤姐。

祥 和 泰 班

十八红

《斩子》六郎;《走雪山》曹福;《骂殿》赵二社;《探母》四郎。

童子红

《醉写》李太白;《捉曹放曹》陈宫。

靳老虎

《假金牌》孙伯阳;《战太平》花荣;《临潼山》李渊。

强五十

《碰碑》杨令公;《城都》刘璋。

水上漂

《三上轿》崔氏;《断桥》白蛇;《牧羊圈》赵景棠;《三堂会审》玉堂春。

红儿

《裙边扫雪》周太君;《南天门》曹玉姐。

海儿

《送女》周兰英;《教子》王春娥。

皂儿

《八扯》小姑娘;《翠屏山》潘巧云;《拾玉镯》孙玉娇;《瑞云庵》广姑子;《河珠配》河珠。

文寿

《五福堂》牡丹;《双合印》丫环。

盖七省

《二度梅》陈杏园;《祭江》孙夫人;《击掌》王三姐。

盖三省

《反延安》双阳公主;《船仓训子》鱼婆;《七圣庙》佘太君。

秃丑

《丑表工》捞毛;《拾金》花子;《斗牌打架》丑婆子。

八官

《截江》赵云。

银玉

《九龙杯》黄三太;《殷家堡》殷红;《赵家楼》王通。

庞八

《贾家楼》程咬金;《五人义》阎佩温;《恶虎庄》姚刚。

周十

《连环套》窦尔墩;《九龙杯》周应龙;《神州擂》任元。

田套

《四杰村》肖月;《落马湖》于亮。

李四

《落马湖》黄天霸;《四杰村》余谦;《普球山》张彦忠;《翠屏山》石秀。

大嘴

《双打店》大价;《佛手橘》秋小义;《落马湖》朱光祖;《盗甲》时迁。

都门纪略(都门汇纂)

(同治癸酉年[1873]春刊,京都名德堂藏板)

杨静亭编辑　绣谷李静山氏增补

风　俗

京师最尚应酬。外省人至,群相邀请,筵宴、听戏、往来馈送,以及挟优饮酒,聚众呼卢,虽有数万金,亦不足供其挥霍。

对　联

学君臣,学父子,学夫妇,学朋友,汇千古忠孝节义,重重演出,漫道逢场作戏。

或富贵,或贫贱,或喜怒,或哀乐,将一时离合悲欢,细细看来,管教拍案惊奇。

广和楼戏园书此一联,在肉市中间路东。

翰　墨

诚　一　斋

人物匾额,时人贺世魁画。所绘之人皆名擅词场。霍六、王三、秃子、开泰、才官、沙四、赵五虎、张恒、大头卢、老李公、陈丑子、玉顺、连喜,号十三绝。其服皆戏场装束,纸上传神,望之如有生气。观者络绎不绝。

字画铺在廊房头条胡同东口路南。

技　艺

盔　头　作

凡购瓶盆景棹面摆设及戏房切模,各样稀希玩物,皆以纸为之。其手艺精妙,可盖天下。

戏衣局

洪兴号

自置苏杭各色戏衣发行开设前门外西珠市口铺衬市路西便是。

市　　厘

……

(此后俱宴会之所,并可搭棹演戏。)

文昌馆

在铁门南头路西。

汇元堂

在西珠市口路南。

财神馆

在宣武门大街南头路西。

禄寿堂

在打磨厂中间路北。

天和馆

在煤市街南口外路北。

燕喜堂

在北孝顺胡同北头路东。

宴汇堂

在大栅栏中间路北。

鹿鸣堂

在大蒋家胡同南口路东。

天寿堂

在西珠市口东头路北。

东麟堂

在樱桃斜街中间路南。

景泰园

在隆福寺口内中间路北。

泰华园

在东四牌楼南路东。

万兴园

在西四牌楼北路东。

三庆园(初一至初四三庆;初五至初八日春台;初九至十二瑞和成;十三至十六日四喜;十七至二十春台;二十一至二十三双顺和;二十四至廿七□□;二十八至三十日瑞和成。)

在大栅栏中间路南。

广德楼(初一至初四春台;初五至初八三庆;初九至十二春台;十三至十六日三庆;十七至十九双顺和;二十至廿三日四喜;廿四至廿七三庆;廿八至三十日四喜。)

在大栅栏西头路北。

庆和园(初一至初四四喜;初五至初八□□;初九至十二三庆;十三至十六日□□;十七至十九四喜;廿一至廿三日三庆;廿四至廿七全胜和;廿八至三十日春台。)

在大栅栏西口内路北。

庆乐园(初一至初四瑞和成;初五至初八日三庆;初九至十二永胜奎;十三至十六日瑞和成;十九至廿日全胜和;二十一至廿三日春台;廿四至廿七四喜;廿八至三十日永胜奎。)

在大栅栏东口路北。

同乐轩(初一至初四永胜奎;初五至初八日双顺和;初九至十二四喜;十三至十六日□□;十七至十九永胜奎;二十日双顺和;二十一至三瑞和成;二十四至廿七永胜奎;二十八至三十双顺和。)

在大栅栏门框胡同口内路西。

中和园(初一至初四日全胜和;初五至初八日永胜奎;初九至十二□□;十三至十六日全胜和;十七至十九三庆;二十至二十三永胜奎;廿四至廿七□□;廿八至三十日三庆。)

在粮食店北口路西。

广和楼(初一至初四□□;初五至初八四喜;初九至十二全胜和;十三至十六日春台;十七至二十□□;廿一至廿三日□□;廿四

至廿七春台;廿八至三十日□□。)

在肉市北口路东。

裕兴园(初一至初四双顺和;初五至初八日□□;初九至十二□□;十三至十六日双顺和;十七至十九日□□;廿日至廿三□□;二十四至廿七双顺和;廿八至三十□□。)

在鲜鱼口内抄手胡同路西。

天乐园(初一至初四□□;初五至初八日全胜和;初九至十二双顺和;十三至十六日胜春奎;十七至十八全胜和;二十一至廿三全胜和;二十四至廿七日瑞和成;廿八至三十全胜和。)

在鲜鱼口内小桥路南。

广兴园(戏无准转)

在崇文门大街木厂胡同。

芳草园(戏无准转)

在齐化门外大街路西。

隆和园(戏无准转)

在齐化门外日坛对过。

德胜园(戏无准转)

在德胜门外关厢路西。

阜成园(戏无准转)

在平则门外桥头路南。

三 庆 班

程长庚

《法门寺》赵廉;《草船借箭》鲁子敬;《洪洋洞》杨六郎;《监酒令》汉刘璋;《审钗钏》问官;《汜水关》、《华容道》、《战长沙》关公。

殷德瑞

《宁武关》周遇吉;《斩黄袍》高怀德;《三挡》秦琼。

卢台子

《空城计》孔明;《打严嵩》邹应龙;《安五路》孔明;《胭脂虎》元帅。

何九

《捉放》、《骂曹》曹操；《双包案》包公；《黄一刀》姚二楞。

初连奎

《斩黄袍》赵太祖；《黑风帕》高旺。

小叫天

《大神州》玉永；《金钱豹》猴儿；《攻潼关》二郎；《黄鹤楼》赵云。

小珍

《探庄》石秀；《临江会》周瑜；《岳家庄》岳云。

小湘

《草船借箭》周公瑾。

小二格

《法门寺》贾桂。

春 台 班

张光玉

《五人义》校尉；《白水滩》清面虎；《神州擂》任元。

张喜儿

《赶三关》薛平贵；《黄金台》田单；《庆顶珠》萧恩。

菊生

《昊天关》赵义；《连环套》黄天霸；《十美图》张顺。

郝蓝田

《断后》李宸妃；《六殿》刘氏；《辞朝》余太君。

恒子

《回龙阁》、《跑坡》薛平贵；《芦花河》薛仁贵；《五雷阵》孙膑。

李四

《虎斗》赵太祖；《善宝庄》白俭。

长腿王

《十美图》花子；《药茶记》浪子。

孙大常

《入府》李瓶；《纺棉花》首饰楼掌柜。

喜禄

《玉玲珑》梁红玉;《三堂会审》玉堂春;《四郎探母》公主;《血手印》殷小姐。

长寿

《岳家庄》岳云;《八大锤》陆文龙;《蜈蚣岭》武松。

常四

《彩楼配》王宝川;《走雪》曹玉姐;《戏妻》罗氏女。

张三元

《庆阳图》李广;《□花枪》杨滚;《天雷报》老旦;《解宝收威》程敬思;《节义廉明》杨春;《破洪州》杨六郎。

四　喜　班

王九龄

《战蒲关》王霸;《乌盆记》绸缎客;《骂王朗》诸葛亮;《除三害》太守。

叶中定

《除三害》周楚;《出祁山》郑文;《四杰村》鲍赐安。

福官

《拾玉镯》孙玉姣;《摇会》二婆。

赶三

《思志诚》老妈;《绒花记》崔八;《拾玉镯》刘媒婆;《入府》李瓶儿;《探亲》乡下妈妈。

杨三

《荡湖船》布客;《打花鼓》公子;《活捉》张文远;《投文》夏德海;《僧尼会》和尚。

冯玉春

《望儿楼》窦太真;《断后》李宸妃。

画儿李

《梅玉配》周其发;《绒花计》崔公子;《打□》二哥。

三元

《探母》杨四郎；《江东桥》康茂才；《断密涧》王伯党。

连升

《挡谅》陈友谅；《黑风帕》高望；《黄金台》伊哩。

巧龄

《梅玉配》少夫人；《探母》萧太后；《浣花溪》任容仙；《闺房乐》夫人。

秀兰

《探母》公主；《教子》王春娥；《斩窦娥》窦娥。

小福

《宇宙锋》赵小姐；《芦花河》樊梨花；《斩子》穆桂英。

桂香

《击掌》王允；《教子》薛保。

黄豹

《火烧绵山》介子推；《太平桥》史敬塘。

小元

《泗州城》龙母；《青龙棍》杨排风。

连喜

《金水桥》孙□；《马蹄金》柯金。

福宝

《梅玉配》黄婆；《浣花溪》夫人；《变羊》贾氏；《牧羊圈》婶娘。

佩云

《琵琶行》浔阳妓；《荡湖船》船家；《卖脚鱼》渔婆。

吕增禄

《五人义》周老；《恶虎村》黄天霸；《三岔口》任唐辉。

玉喜

《八蜡庙》贺仁杰；《合家欢乐》小姑娘；《打店》孙二娘。

全胜和班

盖天红

《清河桥》楚庄王;《战北原》孔明;《铁龙山》姜维;《乌玉带》郭简;《芦花记》闵子骞父;《雁门关》吴三贵;《一捧雪》穆成。

童子红

《醉写》李太白;《捉曹放曹》陈宫。

靳老虎

《假金牌》孙伯阳;《战太平》花荣;《临潼山》李渊。

强五十

《碰碑》杨令公;《城都》刘璋。

十三旦

《三上较》崔氏;《断桥》白蛇;《牧羊圈》赵锦堂;《三堂会审》玉堂春。

自来红

《裙边扫雪》周太仓;《南天门》曹玉姐。

海儿

《送女》周兰英;《教子》王春娥。

皂儿

《八扯》小姑娘;《翠屏山》潘巧云;《拾玉镯》孙玉娇;《瑞云菴》广姑子;《河珠配》河珠。

文寿

《五福堂》牡丹;《双合印》丫环。

盖七省

《二度梅》陈杏园;《祭江》孙夫人;《击掌》王三姐。

盖三省

《反延安》双阳公主;《船仓训子》鱼婆;《七圣庙》佘太君。

秃丑

《丑表工》捞毛;《拾金》花子;《斗牌打架》丑婆子。

八官

《截江》赵云。

田套

《四杰村》萧月；《落马湖》于亮。

杂　　咏

风　　俗

团　　拜

同乡团拜又同年，会馆梨园设盛筵。灯戏更闻邀内眷，夜深歌舞尚流连。

庆　　贺

匹马前驱引路来，跟班长套称身材。下车正是开中轴，问道才从散值回。

代请分子

分子于今事更新，央人到处杂邀宾。但将二两银交去，看戏何须问主人。

私　　坊

崎岖小巷路途生，醉眼迷离记未清。不便向人称领教，喃喃月下找堂名。

人事门

小　　绺

街头杂乱属今年，小绺新添几万千。零物失亡犹未觉，归来仍唱《荡湖船》。

时尚门

挂像姑(俗作相公，未知孰是?)

捐班新到快嬉游，戏旦连朝闹不休。博得黄金买歌舞，终归潜夜渡芦沟。

打　茶　围

看花客喜夜中行，到处灯笼蜡烛明。羊角铁丝须细认，分他钗弁两堂名。

市 厘 门

戏 园

携来绝好雨前茶，苦水烹煎味迥差。何物最能消酒渴，提壶人卖杏仁茶。

像 姑 车

斜街曲巷趁香车，隐约雏伶貌似花。应怕路人争看杀，帘垂一副子儿纱。

花 厂

下斜街里景如何，万紫千红锦绣窠。怪道寻香人不绝，瑞春厂内好花多。

戏 提 调 歌

京师戏班甲于天下，非止行头新鲜，声音响亮，缘班中诸脚色，平时居养有素，故登场举止笑言，有迥不犹人之概，非外省演戏者所能仿佛也。团拜每省、每科，并各衙门俱有。作寿，及搭席请客，可以衣冠聚会者，名曰："戏庄子"。文昌馆、财神馆是最著者。自同治年来，演戏盛于正二月，渐至四月始止。每演戏一日，必继以夜，金鼓丝竹，鞺鞳喧阗。一日夜戏价、酒席之资，虽有定格，而戏赏添菜则夸多斗靡，有费至四五百金者，亦一时积习然也。如团拜作寿，先期必于同人中，择一熟习世务者，凡定班搭席，及是日点戏添菜，一切杂务专司之，美其名曰"戏提调"。韩幼芸别驾言，某友常充是选，编有《戏提调歌》。录以见示，形容尽致，存之以博轩渠。歌曰：

众宾皆散我不散，来手(班中管事之名)未到我已到。巍然独踞下场门，赫赫新衔戏提调。定席要便宜，点戏夸精妙。怒目有官人，(是日必向司坊中借二三执鞭者，在门前弹压，名曰"官人"，又曰"小马"。)软语磨车轿。(老师并各堂官车轿夫饭钱最难开销，且易得罪，故须磨以软语。)遍索年前旧戏单，烂熟胸中新堂号。(京师旦脚曰"相公"，所居之寓曰某堂。知其堂，知其人，知其人住某堂，始能点其戏。)大蜡亲试三枝头，(曰受热、曰坐蜡、皆京师俗呼为难者之别名，此语有双关之意。)靴页偶装几千吊。(京官多穷，故曰“偶装”，亦见是所费不菲矣。）小香到，提调笑；喜禄病，提调跳。锁得长庚跟兔暂向柜房存，待到半夜三更自己转湾仍放掉。吁嗟乎！三更曲罢尤可怜，昏花二目饥肠穿。左有牙笏右掌柜，小马纷来满堂前。灯火全不见，阴森疑到阎罗殿。此时提调锦囊空，只余三字“明天算”！

词场门

（并序）（略）

观剧

茶园楼上列纷纷，宦款游来气焰熏。坐褥横铺盘腿坐，手摇团扇假斯文。

公子

翩翩公子甚斯文，也向楼头惯解醺。左右玉人肩并倚，不知谁是小郎君。

老斗

老斗从来体贴周，雏伶偏自解风流。不知果是朱衣未，上坐居然也点头。

官座

坐时双脚一齐盘，红纸开来窄戏单。左右并肩人似玉，满园不向戏台看。

斋戒

典衣看戏是京师，谊重亲朋莫可辞。恰遇忌辰斋戒日，算来还是占便宜。

黄腔（注见前部词场序内）

二奎今日已沦亡，三胜由来没准常。若向词场推巨擘，个中还让四箴堂。（每有贴戏，长庚必写“四箴堂程”，余直书名而已。）

玩票

缘何玩票异江湖，车笼当年自备储。为问近来诸子弟，轻财还似昔时无？

喊 嗓 子

枭枭娇莺响更高,梨园子弟不辞劳。若非日出东方亮,隔巷分明是鬼嚎。

卖 座

入门齐嚷这边瞧,空座随凭自己挑。最是桌头容易卖,绝无人订也粘条。

查 堂

查堂柜上一声呼,骂得闲人片语无。跟座车夫齐跕起,此时威势比金吾。

茶 票

当十青铜八百全,付来观剧也怡然。恨他有意相欺哄,牌上偏书小制钱。

彩 戏

堂会虽然有彩钱,朝朝俗剧不新鲜。而今都爱观灯晚,四喜新排《戏目莲》。

卖 艺

歌童粉旦妙娉婷,小戏多从四喜听。卖艺最宜灯下演,夜间看耍火流星。

思 志 诚

黄报黏来思志诚,诸公可去验人情。不然误入迷香洞,个里原依样式行。

都门纪略

(同治上元甲戌年[1874]季夏中浣,荣录堂重镌)

文昌馆(自此至天寿堂俱是宴会之所,皆包办南席,可搭棹演戏。)

在铁门南头路西。

宴汇堂

在大栅栏中间路北。

汇元堂

在西珠市口路南。

财神馆

在宣武门大街南头路西。

禄寿堂

在打磨厂中间路北。

天和馆

在煤市街南口外路北。

燕喜堂

在北孝顺胡同北头路东。

鹿鸣堂

在大蒋家胡同南口路东。

天寿堂

在西珠市口东头路北。

景泰园(以下三家俱是杂耍馆)

在隆福寺口内中间路北。

泰华园

在东四牌楼南路东。

万兴园

在西四牌楼北路东。

广德楼(初一至初四日春台;五至八永胜奎;九至十二春台;十

三至十六三庆;十七至十九双顺和;二十至二十三四喜;二十四至二十七三庆;二十八至三十四喜。)

在大栅栏西头路北。

庆和园(初一至初四日四喜;五至八□□;九至十二三庆;十三至十六永胜奎;十七至十九四喜;二十至二十三三庆;二十四至二十七□□;二十八至三十春台。)

在大栅栏西口内路北。

庆乐园(初一至初四日□□;五至八三庆;九至十二□□;十三至十六瑞胜和;十七至十九三庆;二十□□;二十一至二十三春台;二十四至二十七四喜;二十八至三十□□。)

在大栅栏中间路北。

同乐轩(初一至初四日□□;五至八双顺和;九至十二永胜奎;十三至十六□□;十七至二十日□□;二十一至二十三永胜奎;二十四至二十七□□;二十八至三十双顺和。)

在大栅栏门框胡同口内路西。

三庆园(初一至初四日三庆;五至八春台;九至十二四喜;十三至十六四喜;十七至二十春台;二十一至二十三□□;二十四至二十七永胜奎;二十八至三十永胜奎。)

在大栅栏中间路南。

中和园(初一至初四日□□;五至八双顺和;九至十二永胜奎;十三至十六□□;十七至十九□□;二十至二十三永胜奎;二十四至二十七□□;二十八至三十双顺和。)

在粮食店北口路西。

广和楼(初一至初四日瑞胜和;五至八四喜;九至十二瑞胜和;十三至十六春台;十七至二十嵩祝成;二十一至二十三瑞胜和;二十四至二十七春台;二十八至三十三庆。)

在肉市北口路东。

庆春园(现未卖座)

在杨梅竹斜街路北。

裕兴园(初一至初四日双顺和;五至八□□;初九至十二□□;

十三至十六双顺和；十七至二十□□；二十一至二十三□□；二十四至二十七双顺和；二十八至三十□□。）

在鲜鱼口内抄手胡同路西。

天乐园（初一至初四永胜奎；五至八□□；九至十二双顺和；十三至十六□□；十七至二十□□；二十一至二十三双顺和；二十四至二十七日久和；二十八至三十□□。）

在鲜鱼口内小桥路南。

广兴园（戏无准转）

在崇文门大街路西木厂胡同。

庆顺园（戏无准转）

在宣武门大街路西。

芳草园（戏无准转）

在齐化门外大街路西。

隆和园（戏无准转）

在齐化门外路北日坛对过。

德胜园（戏无准转）

在德胜门外关厢路西。

阜成园（戏无准转）

在平则门外桥头路南。

词场并序

（略）

三　庆　班

程长庚

《法门寺》赵廉；《草船借箭》鲁子敬；《洪洋洞》杨六郎；《监酒令》汉刘璋；《审钗钏》问官；《汜水关》、《华容道》、《战长沙》关公。

王贵

《骂阎》胡迪；《临江会》刘备。

夏奎章

《易州城》马超;《打登州》秦叔宝。

殷德瑞

《宁武关》周遇吉;《斩黄袍》高怀德;《三挡》秦琼。

周开月

《战长沙》魏延;《捉曹放曹》曹操;《打嵩》严嵩。

孙大常

《入府》李瓶;《纺绵花》首饰楼掌柜。

小珍

《探庄》石秀;《临江会》周瑜;《岳家庄》岳云。

孙八

《因果报》女鬼;《起解》玉堂春;《落园》陈杏元;《斩窦娥》窦娥。

曹玉秀

《杀狗》萧氏;《摇会》大婆。

宝云

《彩楼配》王宝川;《教子》王春娥;《回龙阁》代战公主。

小叫天

《赵家楼》化云龙;《翠屏山》石秀。

春台班

张奎官

《五雷阵》孙膑;《骂曹》弥衡;《探母》杨四郎;《牧羊圈》朱春登;《琼林宴》范仲禹;《翠屏山》杨雄;《坐楼杀惜》宋江;《盗宗卷》陈平;《胭脂虎》元帅;《打嵩》邹应龙。

张喜儿

《赶三关》薛平贵;《黄金台》田单;《庆顶珠》萧恩。

胡大魁

《辕门斩子》杨六郎;《断密涧》王伯当;《烟墩》申侯。

胡来

《大保国》徐彦昭;《锁五龙》单雄信;《打銮驾》包拯;《会兄》杨

五郎。

郝蓝田

《断后》李宸妃；《六殿》刘氏；《辞朝》佘太君。

王三

《十美图》花子；《药茶记》浪子。

喜禄

《玉玲珑》梁红玉；《三堂会审》玉堂春；《四郎探母》公主；《血手印》殷小姐。

常四

《彩楼配》王宝川；《走雪》曹玉姐；《戏妻》罗氏女。

长寿

《岳家庄》岳云；《八大锤》陆文龙；《蜈蚣岭》武松。

张光玉

《五人义》校尉；《白水滩》青面虎；《神洲擂》任元。

菊生

《昊天关》赵义；《连环套》黄天霸；《十美图》张顺。

四　喜　班

王九龄

《战蒲关》王霸；《乌盆记》绸缎客；《骂王朗》诸葛亮。

黄豹

《火烧绵山》介子推；《太平桥》史敬塘。

姜三

《跑坡》薛平贵；《戏妻》秋胡。

赶三

《思志诚》老妈；《绒花记》崔八；《拾玉镯》刘媒婆；《入府》李瓶儿；《探亲》乡下妈妈；《卖饽饽》魏虎。

杨三

《荡湖船》布客；《打花鼓》公子；《活捉》张文远；《投文》夏德海；《僧尼会》和尚。

冯玉春

《望儿楼》窦太真;《断后》李宸妃。

刘五

《梅玉配》周其发;《绒花记》崔公子;《打灶》二哥。

三元

《探母》杨四郎;《江东桥》康茂才;《断密涧》王伯党。

连升

《挡谅》陈友谅;《黑风帕》高望;《黄金台》伊哩。

巧龄

《梅玉配》少夫人;《探母》萧太后;《浣花溪》任容仙;《闺房乐》夫人。

秀兰

《探母》公主;《教子》王春娥;《斩窦娥》窦娥。

小福

《宇宙锋》赵小姐;《芦花河》樊梨花;《斩子》木桂英。

桂香

《击掌》王允;《教子》薛保;《让成都》刘璋。

张发祥

《梅玉配》徐铁梅;《贪欢报》安道全;《放粮》陈大官。

福官

《拾玉镯》孙玉姣;《摇会》二婆。

福宝

《梅玉配》黄婆;《浣花溪》夫人;《变羊》贾氏;《牧羊圈》婶娘。

小红喜

《探庄》石秀;《闹海》哪吒;《青龙棍》龙神。

叶中定

《除三害》周楚;《出祁山》郑文;《四杰村》鲍赐安。

吕增禄

《五人义》周老;《恶虎村》黄天霸;《三岔口》任唐辉。

玉喜

《八蜡庙》贺仁杰;《合家欢乐》小姑娘;《打店》孙二娘。

小元

《泗州城》龙母;《青龙棍》杨排风。

永 胜 奎 班

周春奎

《回龙阁》薛贫贵;《牧羊卷》朱春登;《骂曹》弥衡。

小鸿福

《捉放》陈公;《骂曹》弥衡;《一捧雪》穆成;《定军山》黄忠。

景四宝

《烧绵山》介子推;《庆顶珠》萧恩;《黄鹤楼》刘备。

宝成

《下河东》欧阳方;《定中原》司马师;《黄金台》伊哩;《独虎营》罗四虎;《连环套》窦尔墩。

奎官

《铡美案》、《断双钉》包文正;《御果园》尉迟公。

黄三雄

《判断》花子头;《龙凤配》狗阴阳;《东昌府》郝似玉;《红鸾喜》花子头;《叫街》蓝季子。

韩双盛

《连环套》朱光祖;《背凳》不长座;《双打店》大价;《十二红》毕朋;《下河南》湖公子。

松林

《双钉记》白金莲;《双沙河》宝云公主;《背凳》。

韩二

《红霓关》夫人;《贪欢报》老鸨。

伊子

《贪欢报》李香兰;《摇会》二婆;《下河南》媒婆。

彩珠

《南天门》曹玉姐;《探窑》王宝川;《宇宙锋》赵小姐。

杨全

《闹地府》猴儿;《四杰村》余千;《泗州城》猴儿。

双 顺 和 班

徽州

《柴桑口》孔明;《药王卷》孙思邈;《打金枝》唐王;《探母》杨四郎。

洒金红

《骂殿》赵二社;《一捧雪》莫成;《斩子》杨六郎;《白门楼》陈宫。

秃红

《晋阳宫》李渊;《天门阵》杨六郎;《宫门挂带》褚遂良。

一声雷

《铡美案》包公;《牟虎关》高望;《二进宫》徐彦昭;《龙凤剑》闻太师。

杌凳子

《击掌》王丞相;《带剑入宫》司马师;《南天门走雪》曹福;《血诏带》曹操。

七金子

《伐子都》子都;《独虎营》黄天霸;《芦花荡》赵云;《四杰村》濮天鹏。

大武生

《八蜡庙》褚彪;《擒方腊》武松;《佘塘关》杨衮。

四像官

《女起解》苏三;《教子》三娘;《双官诰》春娥女;《淤泥河》薛仁贵。

一斗金

《三堂会审》玉堂春;《二进宫》李娘娘;《夜宿花亭》张美英;《二度梅》陈杏元。

满天星

《宜鸾阁》丑小姐;《芦花荡》孙夫人;《百花点将》公主;《卞梁图》刘娘娘。

万人迷

《双巧配》女春兰；《女起解》苏三；《卞梁图》西宫；《打金枝》公主。

九儿

《泗洲城》水母；《朝金顶》狐狸精；《卖艺》张三妻。

小六儿

《佘塘关》佘赛花；《演火棍》排风；《正德戏凤》李凤姐。

全胜和班

十八红

《斩子》六郎；《走雪山》曹福；《骂殿》赵二社；《探母》四郎。

童子红

《醉写》李太白；《捉曹放曹》陈宫。

靳老虎

《假金牌》孙伯阳；《战太平》花荣；《临潼山》李渊。

强五十

《碰碑》杨令公；《城都》刘璋。

水上漂

《三上轿》崔氏；《断桥》白蛇；《牧羊圈》赵景棠；《三堂会审》玉堂春。

红儿

《裙边扫雪》周太君；《南天门》曹玉姐。

高五

《送女》周兰英；《教子》王春娥。

皂儿

《八扯》小姑娘；《翠屏山》潘巧云；《拾玉镯》孙玉娇；《瑞云庵》广姑子；《河珠配》河珠。

十三旦

《五福堂》牡丹；《珍珠衫》周兰英；《双合印》丫环。

珠儿

《二度梅》陈杏园；《祭江》孙夫人；《击掌》王三姐。

盖三省

《反延安》双阳公主;《船仓训子》鱼婆;《七圣庙》佘太君。

秃丑

《丑表工》捞毛;《拾金》花子;《斗牌打架》丑婆子。

八官

《截江》赵云。

银玉

《九龙杯》黄三太;《殷家堡》殷红;《赵家楼》王通。

庞八

《贾家楼》程咬金;《五人义》阎佩温;《恶虎庄》姚刚。

周十

《连环套》窦尔墩;《九龙杯》周应龙;《神州擂》任元。

田套

《四杰村》肖月;《落马湖》于亮。

李四

《落马湖》黄天霸;《四杰村》余谦;《普球山》张彦忠;《翠屏山》石秀。

大嘴

《双打店》大价;《佛手橘》秋小义;《落马湖》朱光祖;《盗甲》时迁。

增补都门纪略[1]

（光绪二年丙子[1876]刻本）

三庆园（初一至初四三庆；初五至初八日春台；初九至十二瑞和成；十三至十六日四喜；十七至二十春台；二十一至廿三双顺和；二十四至廿七□□；二十八至三十日瑞和成。）

在大栅栏中间路南。

广德楼（初一至初四春台；初五至初八三庆；初九至十二春台；十三至十六日三庆；十七至十九双顺和；二十至廿三日四喜；廿四至廿七三庆；廿八至三十日四喜。）

在大栅栏西口路北。

庆和园（初一至初四四喜；初五至初八瑞和成；初九至十二三庆；十三至十六日永胜奎；十七至十九四喜；廿一至廿三日三庆；廿四至廿七全胜和；廿八至三十日春台。）

在大栅栏西口路北。

庆乐园（初一至初四瑞和成；初五至初八日三庆；初九至十二永胜奎；十三至十六日瑞和成；十九至廿日全胜和；二十一至廿三日春台；廿四至廿七四喜；廿八至三十日永胜奎。）

在大栅栏东口路北。

同乐轩（初一至初四永胜奎；初五至初八日双顺和；初九至十二四喜；十三至十六日□□；十七至十九永胜奎；二十日双顺和；二十一至三瑞和成；二十四至廿七永胜奎；二十八至三十双顺和。）

在大栅栏门框胡同口内路西。

中和园（初一至初四日全胜和；初五至初八日永胜奎；初九至十二□□；十三至十六日全胜和；十七至十九三庆；二十至二十三永胜奎；廿四至廿七□□；廿八至三十日三庆。）

---

① 此本与同治癸酉年(1873)《都门纪略》基本一样，仅将略有不同的戏园“轮转”情况录出。

在粮食店北口路西。

广和楼(初一至初四□□;初五至初八四喜;初九至十二全胜和;十三至十六日春台;十七至二十□□;廿一至廿三日□□;廿四至廿七春台;廿八至三十日□□。)

在肉市北口路东。

裕兴园(初一至初四双顺和;初五至初八日□□;初九至十二□□;十三至十六日双顺和;十七至十九日□□;廿日至廿三□□;二十四至廿七双顺和;廿八至三十□□。)

在鲜鱼口内抄手胡同路西。

天乐园(初一至初四□□;初五至初八日全胜和;初九至十二双顺和;十三至十六日胜春奎;十七至十八全胜和;二十一至廿三全胜和;二十四至廿七日瑞和成;廿八至三十全胜和。)

在鲜鱼口内小桥路南。

广兴园(戏无准转)

在崇文门大街木厂胡同。

芳草园(戏无准转)

在齐化门外大街路西。

隆和园(戏无准转)

在齐化门外日坛对过。

德胜园(戏无准转)

在德胜门外关厢路西。

阜成园(戏无准转)

在平则门外桥头路南。

增补都门纪略

光绪四年(戊寅,1878 年)刻本,与光绪二年(丙子,1876)刻本基本一样,多出《菊部群英》、《增补菊部群英》二种。此二书已收入专书部分,可参看。

新增都门纪略

(光绪三十三年[丁未,1907年]刻本,京都荣录堂藏版)

市　廛

文昌馆(自此至天寿堂俱是宴会之所,皆包办南席,可搭棹演戏。)

在铁门南头路西。

宴汇堂

在宣武门大街南头路西。

天和馆

在煤市街南口外路北。

天寿堂

在西珠市口路北。

燕喜堂

在北孝顺胡同北头路东。

福寿堂

在打磨厂中间路北。

广德楼

在大栅栏西头路北。

三庆园

在大栅栏中间路南。

庆乐园

在大栅栏中间路北。

中和园

在粮食店北口路西。

广和楼

在肉市北口路东。

天乐园

在鲜鱼口内小桥路南。

词场并序（略）

同 庆 班

谭鑫培

《鱼藏剑》伍子胥；《洪洋洞》杨延景；《当锏卖马》秦琼。

谭小培

《空城计》孔明；《牧羊圈》朱春登；《让城都》刘璋；《乌龙院》宋江。

王瑶卿

《汾河湾》柳迎春；《二进宫》李燕妃；《教子》王春娥。

德珺如

《胭脂虎》王寻玉；《马上缘》薛丁山；《群英会》周瑜。

水仙花

《红鸾喜》金玉姐；《双沙河》公主；《翠屏山》潘巧云。

小凤凰

《玉玲珑》梁鸿玉；《破洪州》穆桂英；《双摇会》二夫人。

慈瑞全

《群英会》蒋干；《绒花计》崔八；《贪欢报》张旺。

金秀山

《草桥关》姚期；《法门寺》刘瑾；《穆家寨》孟良。

穆春山

《打龙袍》包拯；《捉放曹》曹操；《二进宫》徐彦昭。

刘春喜

《凤鸣关》赵云；《定军山》黄忠；《镇潭州》岳飞。

许德义

《翠凤楼》花振芳；《八蜡庙》费德公；《丁甲山》李逵。

黄小山

《恶虎村》黄天坝；《普球山》张彦忠；《盗魂铃》悟空。

张春斌

《四杰村》鲍金花；《泗州城》龙母；《清风岭》徐凤英。

王长林

《落马湖》朱光祖;《盗甲》时千;《巴家寨》胡理。

侯玉林

《拾玉镯》刘媒婆;《珍珠衫》薛妈妈;《溪皇庄》窦氏。

长　春　班

张毓亭

《失街亭》孔明;《洪洋洞》杨延景;《寄子》邓伯道。

王凤卿

《定军山》黄忠;《让城都》刘璋;《取帅印》秦琼。

姜妙香

《彩楼配》王宝川;《祭江》孙夫人;《落园》陈杏元。

胡素仙

《二进宫》李燕妃;《教子》王春娥;《会审》玉堂春。

陆小芬

《奇双会》;《得意缘》;《借云》。

陆华云

《八大硾》;《马上缘》;《美人计》。

杨哮亭

《拾玉镯》;《荣归》;《打樱桃》。

张采林

《过新年》;《一疋布》;《红鸾喜》。

郭春山

《借靴》;《大小骗》。

高四保

《荣归》;《拾玉镯》。

陈文启

《滑油山》;《钓金龟》;《药茶计》;《打龙袍》。

李小山

《铡美案》;《探阴山》;《打龙袍》。

徐立堂

《失街亭》;《洪洋洞》;《取帅印》。

李春龄

《溪皇庄》褚彪;《恶虎村》李五。

黄润甫

《青风寨》;《取洛阳》;《下河东》;《李七》;《八蜡庙》;《罗四虎》。

周春平

《四杰村》余千。

迟春明

《恶虎村》黄天坝。

朱桂芳

《泗洲城》;《娘子军》;《摇钱树》;《金山寺》。

闻春宝

《九龙杯》;《溪皇庄》。

张春山

《青石山》;《巧连环》。

荣春善

《恶虎村》。

赵春锦

《风筝误》。

宝 胜 和 班

达子红

《乌玉带》郭得富;《杀庙》韩祺;《五雷阵》孙膑;《海潮珠》崔杼。

马六

《十万金》李翠莲;《三疑计》李月英;《忠孝义》王春娥。

五月鲜

《南天门》曹玉姐;《珍珠衫》王三巧;《红梅阁》蕙娘;《会审》玉堂春。

德建堂

《回龙阁》薛平贵;《牧羊圈》朱春登;《取荥阳》汉高祖。

刘景然

《四进士》宋士杰;《一捧雪》莫成;《喜封侯》蒯彻;《七星灯》孔明。

吴彩霞

《彩楼配》王宝川;《祭江》孙夫人;《宇宙峰》赵小姐;《金水桥》公主。

孙喜云

《二进宫》李彦妃;《打金枝》升平公主;《孝感天》公叔段夫人。

路三宝

《醉酒》杨贵妃;《马上缘》樊梨花;《小上坟》小寡妇;《杀皮》内掌柜。

孟小如

《双摇会》大夫人;《胭脂虎》石中玉;《翠屏山》潘巧云。

小五

《绒花计》崔八;《玉虎坠》王成;《翠屏山》潘老丈。

郎得山

《莫虎关》高望;《天水关》姜维;《断密涧》李密;《黄金台》伊立。

马德成

《独木关》薛礼;《恶虎村》李五;《剑锋山》邱成。

张喜华

《挑花车》高宠;《金钱豹》豹子;《四平山》裴元庆。

杨小楼

《连环套》黄天坝;《泗州城》悟空;《邓家堡》花冲。

黑登

《玉虎坠》马武;《四平山》李元坝;《长板坡》张飞。

义顺和班

小源红

《金沙滩》杨继业;《斩子》杨延景;《坐楼》宋江;《战猇亭》刘备。

二宝红

《葵花峪》秋胡;《讨荆州》鲁肃;《战北原》孔明。

盖天红

《竹影计》宋王;《汾河湾》薛礼;《马安山》仲子琪。

燕子红

《忠报国》杨卜;《骂阎》胡迪;《打金枝》唐明皇。

十二红

《卞梁图》刘王;《斩黄袍》赵太祖;《串龙珠》徐达。

盖陕西

《十万金》李翠莲;《三疑计》李月英;《二进宫》李燕妃。

玻璃翠

《琵琶计》金香莲;《芦花计》李氏;《回荆州》孙夫人。

升娃娃

《汾河湾》柳迎春;《教子》王春娥;《击掌》王宝川。

灵芝草

《战完城》邹氏;《乌龙院》阎婆惜;《断桥》白蛇。

天明亮

《二度梅》陈杏元;《女写状》李桂枝;《义侠记》潘金莲。

小旋风

《穆家寨》穆桂英;《珍珠衫》王三巧;《双合印》丫环。

玉娃娃

《翠屏山》潘巧云;《断桥》白蛇;《狐狸缘》四姑姑。

喜荣生

《凤仪亭》吕布;《富贵图》姬光;《少华山》倪俊。

一千红

《回荆州》赵云;《快活林》武松;《伐子都》公孙菸。

祁春泰

《翠屏山》石秀;《双合印》董瑚;《烈火旗》狄青。

牛春华

《击掌》王丞相;《龙凤剑》纣王;《长板坡》张飞。

七百黑

《明公断》包公;《八义图》屠安古;《游龟山》卢陵。

于永海

《女三战》关胜;《八蜡庙》费德公;《战猇亭》甘宁。

双印

《反延安》双阳公主;《炎火棍》杨排风;《卞梁图》刘娘娘。

玉 成 班

杨宝珍

《法门寺》赵廉;《上天台》汉光武;《乌玉带》郭得富;《卞梁图》刘王。

十三红

《十王府》李文忠;《五雷阵》孙膑;《铁冠图》崇祯帝;《凤鸣关》赵云。

香九霄

《佘塘关》佘赛花;《关王庙》苏三;《珍珠衫》王三巧;《成唐关》哪咤。

十三旦

《卞梁图》刘娘娘;《黄鹤楼》周公瑾;《红梅阁》蕙娘。

陈鸿禧

《翠屏山》潘巧云;《戏凤》李凤姐;《打樱桃》平儿。

李玉贵

《遗翠花》春香;《闯山》董金莲;《杀狗》萧氏。

吴昆甫

《双锁山》高俊保;《跪楼》罗章;《春秋配》李春花。

贵俊卿

《黄金台》田丹;《草船借箭》鲁子敬;《捉放曹》陈宫。

纪寿臣

《洪洋洞》杨六郎;《胭脂虎》金元帅;《文昭关》伍员。

吴连奎

《滚钉板》家人;《状元谱》陈伯愚;《取帅印》秦琼。

孙怡云

《岳家庄》岳飞夫人;《教子》王春娥;《祭江》孙夫人。

朱素云

《举鼎观画》薛蛟;《射戟》吕布;《镇潭州》杨再兴。

陆杏林

《玉玲珑》韩世忠;《御碑亭》柳生春;《红鸾喜》莫稽。

罗百岁

《十二红》碧员外;《双沙河》魏小生;《杀皮》乐子其。

王子实

《群英会》蒋干;《绒花计》崔八;《双铃记》毛先生。

龚处

《打龙袍》李宸妃;《六殿》刘氏;《辞朝》佘太君。

刘鸿升

《草桥关》姚期;《白良关》尉迟公;《法门寺》刘谨。

梅处

《天水关》姜维;《断密涧》李密;《打龙袍》包文正。

瑞德宝

《镇潭州》岳飞;《剑锋山》邱成;《挑花车》高宠。

李连仲

《九龙杯》黄三太;《殷家堡》殷红;《四杰村》鲍赐安。

李金茂

《溪皇庄》华德雷;《连环套》窦二墩;《普球山》蔡庆。

杨孝芳

《落马湖》黄天坝;《四杰村》余千;《赵家楼》华云龙。

张占福

《填王庄》朱光祖;《溪皇庄》贾亮;《九龙杯》杨祥五。

崇 庆 社

八百红

《金沙滩》杨继业;《长板坡》孔明;《牧羊圈》朱春登。

洒金红

《斩黄袍》赵太祖;《倒听门》张三;《铡美案》陈世美。

海棠红

《宁武关》周遇吉;《斩子》八千岁;《海潮珠》崔杼。

十四红

《白蟒山》刘彦明;《进蛮诗》李太白;《芦花计》闵得仁。

云遮月

《汾河湾》柳迎春;《牧羊圈》赵景堂;《二进宫》李燕妃。

六六旦

《三上轿》崔氏;《柳林池》金香莲;《教子》王春娥。

小金钟

《忠义侠》周夫人;《击掌》王宝川;《芦花计》李氏。

小菊花

《十万金》李翠莲;《三疑计》李月英;《金水桥》西宫。

宝珠钻

《卖胭脂》王月英;《杀狗》萧氏;《双锁山》刘金定。

小金升

《打金枝》郭暧;《驰水驲》倪俊;《破洪州》杨宗保。

光亮红

《游龟山》卢公子;《闯山》周鼎;《百花亭》巴喇公。

崇怀

《铡美案》包文正;《二进宫》徐彦昭;《击掌》王丞相。

小活猴

《铁公鸡》陈大帅;《金钱豹》悟空。

一声雷

《金沙滩》杨七郎；《霸州》张飞；《取洛阳》马武。

云来雁

《九龙杯》杨祥五；《剑锋山》邱明月。

吉 祥 班

小金林

《桑园会》秋胡；《竹影计》赵仁宗；《南天门》曹夫。

小宝

《桑园会》罗氏女；《翠屏山》潘巧云；《铁弓缘》姑娘。

葵香

《捉放曹》陈宫；《清官册》寇准；《朱砂痣》韩天赐。

小菊仙

《黄金台》田丹；《战蒲关》王霸；《奇冤报》绸缎客。

小芳

《文昭关》伍员；《空城计》孔明；《战长沙》关公。

宝云

《宇宙锋》赵小姐；《朱砂痣》江氏；《彩楼配》王宝川。

小锁

《玉玲珑》梁红玉；《打灶》李三春；《上坟》萧素贞。

如香

《绒花计》二小姐；《拾玉镯》孙玉娇；《下河南》媒婆。

玉华

《上坟》刘鹿京；《梅降雪》花由锦；《法门寺》贾桂。

玉安

《二进宫》徐彦昭；《御果园》尉迟公；《击掌》王丞相。

冯筱芳

《镇潭州》岳飞；《战太平》华云；《定军山》严颜。

玉墨

《铁龙山》姜维；《借胜威》关胜；《凤鸣关》赵云。

小永春

《草桥关》姚期;《打龙袍》包公;《除三害》周楚。

小金奎

《天水关》姜维;《捉放曹》曹操;《断密涧》李密。

都门纪略

（宣统庚戌年[1910]荣录堂刻本）

徐永年等增补

词场门

观剧

静亭

茶园楼上列纷纷，宦款游来气焰熏。坐褥横铺盘腿坐，手摇团扇假斯文。

公子

静亭

翩翩公子甚斯文，也向楼头惯解醺。左右玉人肩并倚，不知谁是小郎君。

老斗

静亭

面目何分黑与麻，衣裳总是要豪华。身无百万黄金锭，老斗名难买到家。

官座

坐时双脚一齐盘，红纸开来窄戏单。左右并肩人似玉，满园不向戏台看。

斋戒

静亭

典衣看戏是京师，谊重亲朋莫可辞。恰遇忌辰斋戒日，算来还是估便宜。

黄腔注见前部词场序内

静亭

时尚黄腔喊似雷,当年昆弋话无媒。而今特重余三盛,年少争传张二魁。(现时已没。)

卖　座

静亭

时兴小戏得人和,四大徽班势倒戈。虽是园中不上座,原图堂会彩钱多。

玩　　票

静亭

名班总仗票帮扶,奎庆新班甚可虞。不见春奎班即散,果然子弟胜江湖。

学唱青衫

乐山

信口狂歌亦大痴,青衫正旦却应时。满街喊叫声娇嫩,阴胜阳衰理可知。

喊　嗓　子

乐山

袅袅娇莺响更高,梨园子弟不辞劳。若非日出东方亮,隔巷分明是鬼嚎。

长　春　班

孝先

时兴长春戏新鲜,都下传闻有几年。同庆徽班刚唱座,如何卖票就抽钱。

卖　艺

静亭

歌童粉旦妙娉婷，小戏多从四喜听。卖艺最宜灯下演，夜间看耍火流星。

思　志　诚

子振

黄报黏来思志诚，诸公可去验人情。不然误入迷香洞，个里原依样式行。

名　优

鹤泉

优伶早把姓名传，甫出场门叫好连。若是无人来指道，任他绝技阿谁怜。

叫　像　姑

乐山

厚底靴儿彳亍行，入门一笑最关情。三拳两胜匆匆去，十吊京钱改日清。（如当时局钱系短客并且人谓外行也。）

文昌馆（自此至天寿堂，俱是宴会之所，皆包办南席，可搭桌演戏。）

在铁门南头路西。

宴汇堂

在宣武门大街南头路西。

文明茶园

在煤市街南口外路北。

天寿堂

在西珠市口路北。

燕喜堂

在北孝顺胡同北头路东。

福寿堂

在打磨厂中间路北。

广德楼

在大栅栏西头路北。

三庆园

在大栅栏中间路南。

庆乐园

在大栅栏中间路北。

中和园

在粮食店北口路西。

广和楼

在肉市北口路东。

天乐园

在鲜鱼口内小桥路南。

词场并序著名脚色随时增入

四 喜 班

谭鑫培

《鱼藏剑》伍子胥;《洪洋洞》杨延景;《当锏卖马》秦琼。

谭小培

《空城计》孔明;《牧羊圈》朱春登;《让城都》刘璋;《乌龙院》宋江。

姜妙卿

《汾河湾》柳迎春;《二进宫》李燕妃;《教子》王春娥。

德珺如

《胭脂虎》王寻玉;《马上缘》薛丁山;《群英会》周瑜。

水仙花

《红鸾喜》金玉姐;《双沙河》公主;《翠屏山》潘巧云。

小凤凰

《玉玲珑》梁鸿玉;《破洪州》穆桂英;《双摇会》二夫人。

慈瑞全

《群英会》蒋幹;《绒花计》崔八;《贪欢报》张旺。

金秀山

《草桥关》姚期;《法门寺》刘瑾;《穆家寨》孟良。

穆春山

《打龙袍》包拯;《捉放曹》曹操;《二进宫》徐彦昭。

刘春喜

《凤鸣关》赵云;《定军山》黄忠;《镇潭州》岳飞。

许德义

《翠凤楼》花振芳;《八蜡庙》费德公;《丁甲山》李逵。

黄小山

《恶虎村》黄天坝;《普球山》张彦忠;《盗魂铃》悟空。

张春斌

《四杰村》鲍金花;《泗州城》龙母;《清风岭》徐凤英。

王长林

《落马湖》朱光祖;《盗甲》时千;《巴家寨》胡理。

侯玉林

《拾玉镯》刘媒婆;《珍珠衫》薛妈妈;《溪皇庄》窦氏。

长　春　班

张毓亭

《失街亭》孔明;《洪洋洞》杨延景;《寄子》邓伯道。

王凤卿

《定军山》黄忠;《让城都》刘璋;《取帅印》奏琼。

姜妙香

《彩楼配》王宝川;《祭江》孙夫人;《落园》陈杏元。

胡素仙

《二进宫》李燕妃;《教子》王春娥;《会审》玉堂春。

陆小芬

《奇双会》;《得意缘》;《借云》。

陆华云

《八大硾》;《马上缘》;《美人计》。

杨哮亭

《拾玉镯》;《荣归》;《打樱桃》。

张采林

《过新年》;《一疋布》;《红鸾喜》。

郭春山

《借靴》;《大小骗》。

高四保

《荣归》;《拾玉镯》。

陈文启

《滑油山》;《钓金龟》;《药茶计》;《打龙袍》。

李小山

《铡美案》;《探阴山》;《打龙袍》。

徐立堂

《失街亭》;《洪洋洞》;《取帅印》。

李春龄

《溪皇庄》褚彪;《恶虎村》李五。

黄润甫

《青风寨》;《取洛阳》;《下河东》;《李七》;《八蜡庙》;《罗四虎》。

周春平

《四杰村》余千。

迟春明

《恶虎村》黄天坝。

朱桂芳

《泗洲城》;《娘子军》;《摇钱树》;《金山寺》。

闻春宝

《九龙杯》;《溪皇庄》。

张春山

《青石山》;《巧连环》。

荣春善

《恶虎村》。

赵春锦

《风筝误》。

庆寿和班

十二红

《乌玉带》郭得富;《杀庙》韩祺;《五雷阵》孙膑;《海潮珠》崔杼。

盖陕西

《十万金》李翠莲;《三疑计》李月英;《忠孝义》王春娥。

灵芝草

《南天门》曹玉姐;《珍珠衫》王三巧;《红梅阁》蕙娘;《会审》玉堂春。

德建堂

《回龙阁》薛平贵;《牧羊圈》朱春登;《取荣阳》汉高祖。

小马五

《四进士》宋士杰;《一捧雪》莫成;《喜封侯》蒯彻;《七星灯》孔明。

吴彩霞

《彩楼配》王宝川;《祭江》孙夫人;《宇宙峰》赵小姐;《金水桥》公主。

孙喜云

《二进宫》李彦妃;《打金枝》升平公主;《孝感天》公叔段夫人。

路三宝

《醉酒》杨贵妃;《马上缘》樊梨花;《小上坟》小寡妇;《杀皮》内掌柜。

孟小如

《双摇会》大夫人;《胭脂虎》石中玉;《翠屏山》潘巧云。

小五

《绒花计》崔八;《玉虎坠》王成;《翠屏山》潘老丈。

郎得山

《莫虎关》高望;《天水关》姜维;《断密涧》李密;《黄金台》伊立。

明海亮

《独木关》薛礼;《恶虎村》李五;《剑锋山》邱成。

张喜华

《挑花车》高宠;《金钱豹》豹子;《四平山》裴元庆。

杨小楼

《连环套》黄天坝;《泗州城》悟空;《邓家堡》花冲。

黑登

《玉虎坠》马武;《四平山》李元坝;《长板坡》张飞。

义顺和班

郭宝臣

《金沙滩》杨继业;《斩子》杨延景;《坐楼》宋江;《战猇亭》刘备。

二宝红

《葵花峪》秋胡;《讨荆州》鲁肃;《战北原》孔明。

盖天红

《竹影计》宋王;《汾河湾》薛礼;《马安山》仲子琪。

十四红

《忠报国》杨卜;《骂阎》胡迪;《打金枝》唐明皇。

十三红

《下梁图》刘王;《斩黄袍》赵太祖;《串龙珠》徐达。

云遮月

《十万金》李翠莲;《三疑计》李月英;《二进宫》李燕妃。

两股风

《琵琶计》金香莲;《芦花计》李氏;《回荆州》孙夫人。

升娃娃

《汾河湾》柳迎春;《教子》王春娥;《击掌》王宝川。

毛毛旦

《战完城》邹氏;《乌龙院》阎婆惜;《断桥》白蛇。

天明亮

《二度梅》陈杏元;《女写状》李桂枝;《义侠记》潘金莲。

小旋风

《穆家寨》穆桂英;《珍珠衫》王三巧;《双合印》丫环。

玉娃娃

《翠屏山》潘巧云;《断桥》白蛇;《狐狸缘》四姑姑。

元元生

《凤仪亭》吕布;《富贵图》姬光;《少华山》倪俊。

一千红

《回荆州》赵云;《快活林》武松;《伐子都》公孙菸。

祁春泰

《翠屏山》石秀;《双合印》董瑚;《烈火旗》狄青。

牛春华

《击掌》王丞相;《龙凤剑》纣王;《长板坡》张飞。

七百黑

《明公断》包公;《八义图》屠安古;《游龟山》卢陵。

于永海

《女三战》关胜;《八蜡庙》费德公;《战猇亭》甘宁。

双印

《反延安》双阳公主;《炎火棍》杨排风;《卞梁图》刘娘娘。

双庆班文明茶园

贾洪林

《法门寺》赵廉;《上天台》汉光武;《乌玉带》郭得富;《卞梁图》刘王。

宝芬

《十王府》李文忠;《五雷阵》孙膑;《铁冠图》崇祯帝;《凤鸣关》赵云。

王瑶卿

《汾河湾》柳迎春;《庆顶珠》渔家女。

十三旦

《卞梁图》刘娘娘;《黄鹤楼》周公瑾;《红梅阁》蕙娘。

陈鸿禧

《翠屏山》潘巧云;《戏凤》李凤姐;《打樱桃》平儿。

李玉贵

《遗翠花》春香;《闯山》董金莲;《杀狗》萧氏。

吴昆甫

《双锁山》高俊保;《跪楼》罗章;《春秋配》李春花。

贵俊卿

《黄金台》田丹;《草船借箭》鲁子敬;《捉放曹》陈宫。

刘景然

《四进士》宋士杰;《胭脂虎》金元帅;《七星灯》孔明。

吴连奎

《滚钉板》家人;《状元谱》陈伯愚;《取帅印》秦琼。

孙怡云

《岳家庄》岳飞夫人;《教子》王春娥;《祭江》孙夫人。

朱素云

《举鼎观画》薛蛟;《射戟》吕布;《镇潭州》杨再兴。

陆杏林

《玉玲珑》韩世忠;《御碑亭》柳生春;《红鸾喜》莫稽。

罗百岁

《十二红》碧员外;《双沙河》魏小生;《杀皮》乐子其。

王子实

《群英会》蒋幹;《绒花计》崔八;《双铃记》毛先生。

陈文启

《打龙袍》李宸妃;《六殿》刘氏;《辞朝》佘太君。

刘鸿升

《桑园寄子》邓伯道;《乌龙院》宋江;《法门寺》赵廉。

梅处

《天水关》姜维；《断密涧》李密；《打龙袍》包文正。

瑞德宝

《镇潭州》岳飞；《剑锋山》邱成；《挑花车》高宠。

李连仲

《九龙杯》黄三太；《殷家堡》殷红；《四杰村》鲍赐安。

李金茂

《溪皇庄》华德雷；《连环套》窦二墩；《普球山》蔡庆。

俞振庭

《落马湖》黄天坝；《四杰村》余千；《赵家楼》华云龙。

张占福

《坝王庄》朱光祖；《溪皇庄》贾亮；《九龙杯》杨祥五。

洪胜和班燕喜茶园

童子红

《金沙滩》杨继业；《长板坡》孔明；《牧羊圈》朱春登。

娃娃红

《斩黄袍》赵太祖；《倒听门》张三；《铡美案》陈世美。

海棠红

《宁武关》周遇吉；《斩子》八千岁；《海潮珠》崔杼。

十四红

《白蟒山》刘彦明；《进蛮诗》李太白；《芦花计》闵得仁。

云遮月

《汾河湾》柳迎春；《牧羊圈》赵景堂；《二进宫》李燕妃。

六六旦

《三上轿》崔氏；《柳林池》金香莲；《教子》王春娥。

小金钟

《忠义侠》周夫人；《击掌》王宝川；《芦花计》李氏。

小菊花

《十万金》李翠莲；《三疑计》李月英；《金水桥》西宫。

宝珠钻

《卖胭脂》王月英;《杀狗》萧氏;《双锁山》刘金定。

小金升

《打金枝》郭暧;《驰水驲》倪俊;《破洪州》杨宗保。

光亮红

《游龟山》卢公子;《闯山》周鼎;《百花亭》巴喇公。

崇怀

《铡美案》包文正;《二进宫》徐彦昭;《击掌》王丞相。

小活猴

《铁公鸡》陈大帅;《金钱豹》悟空。

一声雷

《金沙滩》杨七郎;《霸州》张飞;《取洛阳》马武。

云来雁

《九龙杯》杨祥五;《剑锋山》邱明月。

吉 祥 班

小金林

《桑园会》秋胡;《竹影计》赵仁宗;《南天门》曹夫。

小宝

《桑园会》罗氏女;《翠屏山》潘巧云;《铁弓缘》姑娘。

葵香

《捉放曹》陈宫;《清官册》寇准;《朱砂痣》韩天赐。

小菊仙

《黄金台》田丹;《战蒲关》王霸;《奇冤报》绸缎客。

小芳

《文昭关》伍员;《空城计》孔明;《战长沙》关公。

宝云

《宇宙锋》赵小姐;《朱砂痣》江氏;《彩楼配》王宝川。

小锁

《玉玲珑》梁红玉;《打灶》李三春;《上坟》萧素贞。

如香

《绒花计》二小姐;《拾玉镯》孙玉娇;《下河南》媒婆。

玉华

《上坟》刘鹿京;《梅降雪》花由锦;《法门寺》贾桂。

玉安

《二进宫》徐彦昭;《御果园》尉迟公;《击掌》王丞相。

冯筱芳

《镇潭州》岳飞;《战太平》华云;《定军山》严颜。

玉墨

《铁龙山》姜维;《借胜威》关胜;《凤鸣关》赵云。

小永春

《草桥关》姚期;《打龙袍》包公;《除三害》周楚。

小金奎

《天水关》姜维;《捉放曹》曹操;《断密涧》李密。

朝 市 丛 载

此书盖《都门纪略》之衍生品也。系以《都门纪略》为基础,略加修订改编而成。名为《朝市丛载》,而书内径直题名作《新增都门纪略》,可知书贾为牟利,延用旧版,竟未挖改。整理者看到的版本有光绪十二年京都松竹斋刻本、光绪十二年京都群经堂刻本、光绪十三年京都懿文斋刻本、光绪十三年京都秀文斋刻本、光绪十五年京都荣宝斋刻本、光绪十七年京都广兴堂刻本等。因内容大同小异,不再录出。